Marktwertermittlung nach ImmoWertV

Marktwertermittlung nach ImmoWertV

Praxiskommentar zur Verkehrswertermittlung von Grundstücken

Herausgegeben von

Prof. Dr. Wolfang Kleiber

Dipl.-Ing., Ministerialrat a.D. im Bundesministerium
für Verkehr, Bau und Stadtentwicklung

Professor an der Hochschule Anhalt (Hochschule
für angewandte Wissenschaften)

Fellow of The Royal Institution of Chartered Surveyors
(FRICS)

10., neu bearbeitete Auflage 2025

Reguvis

Bibliografische Information der Deutschen Nationalbibliothek
Die Deutsche Nationalbibliothek verzeichnet diese Publikation in der Deutschen Nationalbibliografie; detaillierte bibliografische Daten sind im Internet über http://dnb.d-nb.de abrufbar.

Reguvis Fachmedien GmbH
Amsterdamer Str. 192
50735 Köln

www.reguvis.de

Beratung und Bestellung:
Tel.: +49 (0) 221 97668-306
Fax: +49 (0) 221 97668-236
E-Mail: bau-immobilien@reguvis.de

ISBN (Print): 978-8462-1606-4

Satz: Cicero Computer GmbH, Bonn
Druck und buchbinderische Verarbeitung: C.H. Beck, Nördlingen

Printed in Germany

Vorwort zur zehnten Auflage

Die in 10. Auflage vorliegende „Marktwertermittlung von Grundstücken“ erscheint turnusmäßig im Wechsel mit der ebenfalls vom Reguvis Verlag zuletzt im Jahre 2023 herausgegebenen „Verkehrswertermittlung von Grundstücken“. Inhaltlich beschränkt sie sich auf eine Neukommentierung der Immobilienwertermittlungsverordnung (ImmoWertV). Die einschlägigen nicht unerheblichen Änderungen der Kommentierung sind auch der Grund der Neubearbeitung.

Die am 01.01.2022 in Kraft getretene ImmoWertV hat einen grundlegenden Umbruch der Wertermittlungspraxis eingeleitet, der maßgeblich durch die den Gutachterausschüssen für Grundstückswerte aufgegebenen Ableitung der „für die Wertermittlung erforderlichen Daten“ und ihrer modellkonformen Anwendung beherrscht wird. Diese Änderungen sind inzwischen bei den Gutachterausschüssen „angekommen“ und werden dementsprechend in der Neuauflage berücksichtigt. Darüber hinaus wurde die ImmoWertV durch die vom zuständigen Bundesministerium veröffentlichten Muster-Anwendungshinweise zur Immobilienwertermittlungsverordnung (ImmoWertA) ergänzt und nunmehr in der Neubearbeitung berücksichtigt. Hinzu kommt, dass die Marktwertermittlung von Grundstücken nach den Grundsätzen der ImmoWertV eine immer größer werdende Bedeutung für die steuerliche Bewertung hat. Dementsprechend sind jüngst von der finanzgerichtlichen Rechtsprechung weitreichende Impulse für die Marktwertermittlung ausgegangen.

Die Muster-Anwendungshinweise zur Immobilienwertermittlungsverordnung (ImmoWertA) wurden zusammen mit deren Begründung in der bei Reguvis Fachmedien in 14. Aufl. erschienenen Textsammlung zur ImmoWertV 2021 abgedruckt. Die amtliche Begründung der ImmoWertV 21 ist zusammen mit in den übrigen einschlägigen Rechtsvorschriften zur Marktwertermittlung in der zuvor bei Reguvis Fachmedien in 13. Aufl. erschienenen Textsammlung zur ImmoWertV 2021 abgedruckt.

All dies spiegelt sich in umfangreichen Änderungen gegenüber den Vorauflagen ab und ist wohl auch ein Grund dafür, dass die Vorauflagen in kurzer Zeit vergriffen waren.

Die moderne Marktwertermittlung ist mit den nunmehr verbindlich vorgegebenen Modellansätzen und der engen Verzahnung mit den von den Gutachterausschüssen abgeleiteten „für die Wertermittlung erforderlichen Daten“ und ihrer modellkonformen Anwendung komplizierter denn je. Eine deutlich gewachsene Bedeutung kommt dabei den Vergleichsfaktoren bebauter Grundstücke zu (Wohn- bzw. Nutzflächenwerte, Immobilienrichtwerte), wobei immer höhere Anforderung an die Aktualität und Konkretisierung der herangezogenen Vergleichsdaten gestellt werden. Diese müssen jeweils „vor Ort“ stichtagsbezogen gründlich eruiert werden. Dies stellt nicht nur den Sachverständigen, sondern vor allem die Gutachterausschüsse für Grundstückswerte fortwährend vor große Herausforderungen. Mehr denn je sind sie gefordert, bei der Führung und Auswertung der Kaufpreissammlung die Vergleichsgrundstücke mit ihren konkreten wertbeeinflussenden Grundstücksmerkmalen vollständig zu erfassen. Diese Bezugsmerkmale müssen auch bei der Veröffentlichung der „für die Wertermittlung erforderlichen Daten“, den Bodenrichtwerten, Liegenschaftszinssätzen, Vergleichs- und Sachwertfaktoren, usw konkretisiert werden. Denn wie sonst können diese Daten dem zu bewertenden Grundstück „objektspezifisch“ und referenzkonform angepasst werden, was aber von der ImmoWertV ausdrücklich gefordert wird. Diesbezüglich kann ein Gutachter immer nur so gut oder so schlecht sein, wie der Gutachterausschuss ist.

Die vergangenen Jahre haben auch gezeigt, dass ein Grundstücksmarkt stets in Bewegung ist und die Daten dementsprechend fortzuführen sind. Aus diesem Grunde wird klarstellend darauf hingewiesen, dass die diesem Werk angeführten empirischen Daten nur beispielhaft sein können und bei der Marktwertermittlung vorbehaltlich des § 10 Abs. 2 ImmoWertV die aktuellen Daten heranzuziehen sind.

Wolfgang Kleiber, Berlin

im Februar 2025

Inhaltsverzeichnis

Abschnitt 3
Allgemeine Grundsätze der Wertermittlung

Teil 2
Für die Wertermittlung erforderliche Daten

Abschnitt 1
Allgemeines

Abschnitt 2
Bodenrichtwerte

Teil 3
Besondere Grundsätze zu den einzelnen Wertermittlungsverfahren

Abschnitt 1
Vergleichswertverfahren (§§ 24 bis 26 ImmoWertV)

Systematische Darstellung des Vergleichswertverfahrens

Teil 5
Schlussvorschriften

Fachspezifisches Abkürzungsverzeichnis

A	Anfangswert i.S. des § 154 Abs. 2 BauGB
AB	Ausgleichsbetrag
AF	Abzinsungsfaktor auch Abschreibungsfaktor
AGVGA	Abzinsungsfaktor auch Abschreibungsfaktor
Argebau	Arbeitsgemeinschaft der Vorsitzenden der Gutachterausschüsse für Grundstückswerte in Nordrhein-Westfalen
ArGeVGA	Arbeitsgemeinschaft der für das Bau-, Wohnungs- und Siedlungswesen zuständigen Minister (Senatoren) der Länder
BBauG	Bundesbaugesetz
BelWertV	Beleihungswertverordnung
BetrKV	Betriebskostenverordnung
BewG	Bewertungsgesetz
BewR Gr	Bewertungsrichtlinien (Grundvermögen)
BMBau	Bundesministerium für Raumordnung, Bauwesen und Städtebau
BMF	Bundesministerium der Finanzen
BMVBS	Bundesministerium für Verkehr, Bau- und Stadtentwicklung
boG	Besondere objektspezifische Grundstücksmerkmale (i.S. des § 8 Abs. 3 ImmoWertV)
BRI	Brutto-Rauminhalt
BRS	Thiel-Gelzer Baurechtssammlung
BRW-RL	Richtlinien zur Ermittlung von Bodenrichtwerten (Bodenrichtwertrichtlinie)
BSG	Bundessozialgericht
BVS	Bund der öffentlich bestellten und vereidigten sowie qualifizierten Sachverständigen
BW	Bodenwert
E	Endwert i. S. des § 154 Abs. 2 BauGB
ebf	erschließungsbeitragsfrei
ebpf	erschließungsbeitragspflichtig
EFH	Einfamilienhaus
EG	Erdgeschoss
EMZ	Ertragsmesszahl
EW	Ertragswert
EzGuG	Entscheidungssammlung zum Grundstücksmarkt und Grundstückswert; Verlag Wolters & Kluwer
FLK	Freilegungskosten
FN	Forstwirtschaftliche Nutzfläche
g	geschlossene Bauweise
G	Gebäudewert
Gl	Industriegebiet
gif	Gesellschaft für Immobilienwirtschaftliche Forschung
GND	Gesamtnutzungsdauer
GRZ	Grundflächenzahl
GuG	Grundstücksmarkt und Grundstückswert
Gutachterausschuss VO	Gutachterausschussverordnung
IfS	Institut für Sachverständigenwesen e. V.
KF	Kapitalisierungsfaktor
KP	Kaufpreis
LandR	Entschädigungsrichtlinien Landwirtschaft
LF	Landwirtschaftliche Fläche
LN	Landwirtschaftliche Nutzfläche
LW	Liquidationswert
LZ	Liegenschaftszinssatz
MD	Mitteilungsdienst Verband Sozialer Wettbewerb e.V.

MF	Marktanpassungsfaktor
MI	Mischgebiet
NF	Nutzfläche
NFF	Nutzflächenfaktor
NGF	Netto-Grundflächen
O	offene Bauweise
q	Zinsfaktor = 1 + Liegenschaftszinssatz/100
RE	Reinertrag
RHK	Regelherstellungskosten
RND	Restnutzungsdauer
RoE	Rohertrag
SO	Sondergebiet
StBauFG	Städtebauförderungsgesetz
SV	Sachverständige(r)
SVO	(Muster-)Sachverständigenordnung des Industrie- und Handelstags
SW	Sachwert
SW-RL	Richtlinie zur Ermittlung des Sachwerts (Sachwertrichtlinie – SW-RL)
TH	Traufhöhe
UG	Untergeschoss
UR	Umbauter Raum
WA	Allgemeines Wohngebiet
WaldR	Waldwertermittlungsrichtlinien
WB	Besonderes Wohngebiet
WE	Wohneinheit
WERTR	Wertermittlungsrichtlinien
WertV	Wertermittlungsverordnung
WF	Wohnfläche
WGFZ	Wertrelevante Geschossflächenzahl
WoFlV	Wohnflächenverordnung
WW	Warmwasser
YP	Years Purchase
Z	Zahl der Vollgeschosse
ZH	Zentralheizung

Schrifttumshinweise

Aust/Jacobs/Pasternak, Die Enteignungsentschädigung, 8. Aufl. 2021, De Gruyter.

Dröge, Handbuch der Mietpreisbewertung für Wohn- und Gewerberaum, 4. Aufl. 2018, Luchterhand.

Kleiber, Entscheidungssammlung zum Grundstücksmarkt und Grundstückswert – EzGuG – , Losebl. Luchterhand.

Kleiber, ImmoWertV (2021): Sammlung amtlicher Vorschriften und Richtlinien der Ermittlung des Verkehrswerts von Grundstücken, 13. Aufl. 2021, Reguvis Fachmedien.

Kleiber/Fischer/Werling, Verkehrswertermittlung von Grundstücken. Kommentar und Handbuch zur Ermittlung von Marktwerten (Verkehrswerten) und Beleihungswerten sowie zur steuerlichen Bewertung unter Berücksichtigung der ImmoWertV, 9. Aufl., 2020, Reguvis Fachmedien; auch unter: www.kleiber-digital.de.

Kröll/Hausmann/Rolf, Rechte und Belastungen bei der Verkehrswertermittlung von Grundstücken, 5. Aufl. 2015, Werner Verlag.

Petersen/Schnoor/Seitz, Verkehrswertermittlung von Immobilien, 3. Aufl. 2018, Richard BoorbergVerlag.

Schaper/Moll-Amrein, Basiswissen Wertermittlungsverfahren, 2016, Bundesanzeiger Verlag.

Schwirley/Dickersbach, Die Bewertung von Wohnraummieten bei Miet- und Verkehrswertgutachten, 3. Aufl. 2017, Bundesanzeiger Verlag.

Sommer/Kröll, Lehrbuch zur Immobilienbewertung, 5. Aufl. 2017, Werner Verlag.

Tillmann/ Kleiber/Seitz, Tabellenhandbuch zur Ermittlung des Verkehrswerts und des Beleihungswerts von Grundstücken, 2. Aufl. 2017, Bundesanzeiger Verlag.

Tillmann/Kleiber, Trainingshandbuch Grundstückswertermittlung, 2. Aufl. 2014, Bundesanzeiger Verlag.

Periodika:

Grundstücksmarkt und Grundstückswert – GuG – , Luchterhand Neuwied

Teil I

Gesetzliche Grundlagen

ImmoWertV – Verordnung über die Grundsätze für die Ermittlung der Verkehrswerte von Immobilien und der für die Wertermittlung erforderlichen Daten (Fassung ab 01.01.2022)

in der Fassung der Bekanntmachung vom 14. Juli 2021 (BGBl. I S. 2805)

Auf Grund des § 199 Absatz 1 des Baugesetzbuchs in der Fassung der Bekanntmachung vom 3. November 2017 (BGBl. I S. 3634) verordnet die Bundesregierung:

Inhaltsübersicht

Anlagen

Teil 1
Allgemeines

Abschnitt 1
Anwendungsbereich; Gegenstand und Grundlagen der Wertermittlung

§ 1
Anwendungsbereich; Wertermittlungsobjekt

(1) Diese Verordnung ist anzuwenden

1. bei der Ermittlung der Verkehrswerte (Marktwerte) der in Absatz 2 bezeichneten Gegenstände, auch wenn diese nicht marktfähig oder marktgängig sind (Wertermittlung), und
2. bei der Ermittlung der für die Wertermittlung erforderlichen Daten.

(2) Gegenstände der Wertermittlung (Wertermittlungsobjekte) sind

1. Grundstücke und Grundstücksteile einschließlich ihrer Bestandteile sowie ihres Zubehörs,
2. grundstücksgleiche Rechte, Rechte an diesen und Rechte an Grundstücken (grundstücksbezogene Rechte) sowie grundstücksbezogene Belastungen.

§ 2
Grundlagen der Wertermittlung

(1) Der Wertermittlung sind die allgemeinen Wertverhältnisse auf dem Grundstücksmarkt zum Wertermittlungsstichtag und der Grundstückszustand zum Qualitätsstichtag zugrunde zu legen.

(2) Die allgemeinen Wertverhältnisse richten sich nach der Gesamtheit der am Wertermittlungsstichtag für die Preisbildung von Grundstücken im gewöhnlichen Geschäftsverkehr maßgebenden Umstände, wie nach der allgemeinen Wirtschaftssituation, nach den Verhältnissen am Kapitalmarkt sowie nach den wirtschaftlichen und demografischen Entwicklungen des Gebiets.

(3) Der Grundstückszustand ergibt sich aus der Gesamtheit der rechtlichen Gegebenheiten, der tatsächlichen Eigenschaften, der sonstigen Beschaffenheit und der Lage des Wertermittlungsobjekts (Grundstücksmerkmale). Zu den Grundstücksmerkmalen können insbesondere zählen

1. der Entwicklungszustand,
2. die Art und das Maß der baulichen oder sonstigen Nutzung,
3. die tatsächliche Nutzung,
4. der beitragsrechtliche Zustand,
5. die Lagemerkmale,
6. die Ertragsverhältnisse,
7. die Grundstücksgröße,
8. der Grundstückszuschnitt,
9. die Bodenbeschaffenheit,

10. bei bebauten Grundstücken zusätzlich
    a) die Art der baulichen Anlagen,
    b) die Bauweise und die Baugestaltung der baulichen Anlagen,
    c) die Größe der baulichen Anlagen,
    d) die Ausstattung und die Qualität der baulichen Anlagen einschließlich ihrer energetischen Eigenschaften und ihrer Barrierefreiheit,
    e) der bauliche Zustand der baulichen Anlagen,
    f) das Alter, die Gesamtnutzungsdauer und die Restnutzungsdauer der baulichen Anlagen,
11. bei landwirtschaftlichen Grundstücken Dauerkulturen und bei forstwirtschaftlichen Grundstücken die Bestockung,
12. die grundstücksbezogenen Rechte und Belastungen.

(4) Der Wertermittlungsstichtag ist der Zeitpunkt, auf den sich die Wertermittlung bezieht und der für die Ermittlung der allgemeinen Wertverhältnisse maßgeblich ist.

(5) Der Qualitätsstichtag ist der Zeitpunkt, auf den sich der für die Wertermittlung maßgebliche Grundstückszustand bezieht. Er entspricht dem Wertermittlungsstichtag, es sei denn, dass aus rechtlichen oder sonstigen Gründen der Zustand des Grundstücks zu einem anderen Zeitpunkt maßgeblich ist.

Abschnitt 2
Begriffsbestimmungen zu einzelnen Grundstücksmerkmalen

§ 3
Entwicklungszustand; sonstige Flächen

(1) Flächen der Land- oder Forstwirtschaft sind Flächen, die, ohne Bauerwartungsland, Rohbauland oder baureifes Land zu sein, land- oder forstwirtschaftlich nutzbar sind.

(2) Bauerwartungsland sind Flächen, die nach ihren weiteren Grundstücksmerkmalen eine bauliche Nutzung aufgrund konkreter Tatsachen, insbesondere nach dem Stand der Bauleitplanung und nach der sonstigen städtebaulichen Entwicklung des Gebiets, mit hinreichender Sicherheit erwarten lassen.

(3) Rohbauland sind Flächen, die nach den §§ 30, 33 oder 34 des Baugesetzbuchs für eine bauliche Nutzung bestimmt sind, deren Erschließung aber noch nicht gesichert ist oder die nach Lage, Form oder Größe für eine bauliche Nutzung unzureichend gestaltet sind.

(4) Baureifes Land sind Flächen, die nach öffentlich-rechtlichen Vorschriften und nach den tatsächlichen Gegebenheiten baulich nutzbar sind.

(5) Sonstige Flächen sind Flächen, die sich keinem der Entwicklungszustände nach den Absätzen 1 bis 4 zuordnen lassen.

§ 4
Alter, Gesamt- und Restnutzungsdauer

(1) Das Alter einer baulichen Anlage ergibt sich aus der Differenz zwischen dem Kalenderjahr des maßgeblichen Stichtags und dem Baujahr.

(2) Die Gesamtnutzungsdauer bezeichnet die Anzahl der Jahre, in denen eine bauliche Anlage bei ordnungsgemäßer Bewirtschaftung vom Baujahr an gerechnet üblicherweise wirtschaftlich genutzt werden kann.

(3) Die Restnutzungsdauer bezeichnet die Anzahl der Jahre, in denen eine bauliche Anlage bei ordnungsgemäßer Bewirtschaftung voraussichtlich noch wirtschaftlich genutzt werden

kann. Die Restnutzungsdauer wird in der Regel auf Grundlage des Unterschiedsbetrags zwischen der Gesamtnutzungsdauer und dem Alter der baulichen Anlage am maßgeblichen Stichtag unter Berücksichtigung individueller Gegebenheiten des Wertermittlungsobjekts ermittelt. Individuelle Gegebenheiten des Wertermittlungsobjekts wie beispielsweise durchgeführte Instandsetzungen oder Modernisierungen oder unterlassene Instandhaltungen des Wertermittlungsobjekts können die sich aus dem Unterschiedsbetrag nach Satz 2 ergebende Dauer verlängern oder verkürzen.

§ 5
Weitere Grundstücksmerkmale

(1) Art und Maß der baulichen oder sonstigen Nutzung ergeben sich vorbehaltlich des Satzes 2 aus den für die planungsrechtliche Zulässigkeit von Vorhaben maßgeblichen Vorschriften des Städtebaurechts und aus den sonstigen Vorschriften, die die Nutzbarkeit betreffen. Wird vom städtebaulich zulässigen Maß im Sinne des Satzes 1 in der Umgebung regelmäßig abgewichen oder wird das Maß bei der Kaufpreisbemessung regelmäßig abweichend von den für die planungsrechtliche Zulässigkeit maßgeblichen Vorschriften des Städtebaurechts bestimmt, so ist das Maß der Nutzung maßgebend, das auf dem jeweiligen Grundstücksmarkt üblicherweise zugrunde gelegt wird.

(2) Für den beitragsrechtlichen Zustand des Grundstücks ist die Verpflichtung zur Entrichtung von grundstücksbezogenen Beiträgen maßgebend. Als Beiträge im Sinne des Satzes 1 gelten auch grundstücksbezogene Sonderabgaben und beitragsähnliche Abgaben.

(3) Die Ertragsverhältnisse ergeben sich aus den tatsächlich erzielten und aus den marktüblich erzielbaren Erträgen. Marktüblich erzielbare Erträge sind die nach den Marktverhältnissen am Wertermittlungsstichtag für die jeweilige Nutzung in vergleichbaren Fällen durchschnittlich erzielten Erträge.

(4) Lagemerkmale von Grundstücken ergeben sich aus der räumlichen Position des Grundstücks und beziehen sich insbesondere auf die Verkehrsanbindung, die Nachbarschaft, die Wohn- und Geschäftslage sowie die Umwelteinflüsse.

(5) Die Bodenbeschaffenheit umfasst beispielsweise die Bodengüte, die Eignung als Baugrund und das Vorhandensein von Bodenverunreinigungen.

Abschnitt 3
Allgemeine Grundsätze der Wertermittlung

§ 6
Wertermittlungsverfahren; Ermittlung des Verkehrswerts

(1) Grundsätzlich sind zur Wertermittlung das Vergleichswertverfahren, das Ertragswertverfahren, das Sachwertverfahren oder mehrere dieser Verfahren heranzuziehen. Die Verfahren sind nach der Art des Wertermittlungsobjekts unter Berücksichtigung der im gewöhnlichen Geschäftsverkehr bestehenden Gepflogenheiten und der sonstigen Umstände des Einzelfalls, insbesondere der Eignung der zur Verfügung stehenden Daten, zu wählen; die Wahl ist zu begründen.

(2) In den in Absatz 1 Satz 1 genannten Wertermittlungsverfahren sind regelmäßig in folgender Reihenfolge zu berücksichtigen:

1. die allgemeinen Wertverhältnisse;
2. die besonderen objektspezifischen Grundstücksmerkmale.

(3) Die in Absatz 1 Satz 1 genannten Wertermittlungsverfahren gliedern sich in folgende Verfahrensschritte:

1. Ermittlung des vorläufigen Verfahrenswerts;

2. Ermittlung des marktangepassten vorläufigen Verfahrenswerts;
3. Ermittlung des Verfahrenswerts.

Bei der Ermittlung des vorläufigen Verfahrenswerts und des marktangepassten vorläufigen Verfahrenswerts sind § 7 und § 8 Absatz 2 zu beachten; bei der Ermittlung des Verfahrenswerts ist § 8 Absatz 3 zu beachten.

(4) Der Verkehrswert ist aus dem Verfahrenswert des oder der angewendeten Wertermittlungsverfahren unter Würdigung seiner oder ihrer Aussagefähigkeit zu ermitteln.

§ 7
Berücksichtigung der allgemeinen Wertverhältnisse

(1) Die Berücksichtigung der allgemeinen Wertverhältnisse erfolgt

1. im Vergleichswertverfahren bei Ermittlung des vorläufigen Verfahrenswerts insbesondere durch den Ansatz von Vergleichspreisen, Vergleichsfaktoren und Indexreihen,
2. im Ertragswertverfahren bei Ermittlung des vorläufigen Verfahrenswerts insbesondere durch den Ansatz von marktüblich erzielbaren Erträgen und Liegenschaftszinssätzen und
3. im Sachwertverfahren bei Ermittlung des marktangepassten vorläufigen Verfahrenswerts insbesondere durch den Ansatz von Sachwertfaktoren.

(2) Lassen sich die allgemeinen Wertverhältnisse bei Verwendung der Daten nach Absatz 1 auch durch eine Anpassung nach § 9 Absatz 1 Satz 2 nicht ausreichend berücksichtigen, ist zur Ermittlung des marktangepassten vorläufigen Verfahrenswerts eine Marktanpassung durch marktübliche Zu- oder Abschläge erforderlich.

§ 8
Berücksichtigung der allgemeinen und besonderen objektspezifischen Grundstücksmerkmale

(1) Im Rahmen der Wertermittlung sind Grundstücksmerkmale zu berücksichtigen, denen der Grundstücksmarkt einen Werteinfluss beimisst.

(2) Allgemeine Grundstücksmerkmale sind wertbeeinflussende Grundstücksmerkmale, die hinsichtlich Art und Umfang auf dem jeweiligen Grundstücksmarkt regelmäßig auftreten. Ihr Werteinfluss wird bei der Ermittlung des vorläufigen Verfahrenswerts berücksichtigt.

(3) Besondere objektspezifische Grundstücksmerkmale sind wertbeeinflussende Grundstücksmerkmale, die nach Art oder Umfang erheblich von dem auf dem jeweiligen Grundstücksmarkt Üblichen oder erheblich von den zugrunde gelegten Modellen oder Modellansätzen abweichen. Besondere objektspezifische Grundstücksmerkmale können insbesondere vorliegen bei

1. besonderen Ertragsverhältnissen,
2. Baumängeln und Bauschäden,
3. baulichen Anlagen, die nicht mehr wirtschaftlich nutzbar sind (Liquidationsobjekte) und zur alsbaldigen Freilegung anstehen,
4. Bodenverunreinigungen,
5. Bodenschätzen sowie
6. grundstücksbezogenen Rechten und Belastungen.

Die besonderen objektspezifischen Grundstücksmerkmale werden, wenn sie nicht bereits anderweitig berücksichtigt worden sind, erst bei der Ermittlung der Verfahrenswerte insbesondere durch marktübliche Zu- oder Abschläge berücksichtigt. Bei paralleler Durchführung mehrerer Wertermittlungsverfahren sind die besonderen objektspezifischen Grundstücksmerkmale, soweit möglich, in allen Verfahren identisch anzusetzen.

§ 9
Eignung und Anpassung der Daten; ungewöhnliche oder persönliche Verhältnisse; Herkunft der Daten

(1) Kaufpreise sowie weitere Daten wie insbesondere Bodenrichtwerte und sonstige für die Wertermittlung erforderliche Daten sind zur Wertermittlung geeignet, wenn die Daten hinsichtlich Aktualität in Bezug auf den maßgeblichen Stichtag und hinsichtlich Repräsentativität den jeweiligen Grundstücksmarkt zutreffend abbilden und etwaige Abweichungen in den allgemeinen Wertverhältnissen sowie wertbeeinflussende Abweichungen der Grundstücksmerkmale des Wertermittlungsobjekts nach Maßgabe der Sätze 2 und 3 berücksichtigt werden können. Bei Abweichungen der allgemeinen Wertverhältnisse sind die Daten durch geeignete Indexreihen oder in anderer Weise an die Wertverhältnisse am Wertermittlungsstichtag anzupassen. Wertbeeinflussende Abweichungen der Grundstücksmerkmale des Wertermittlungsobjekts sind durch geeignete Umrechnungskoeffizienten, durch eine Anpassung mittels marktüblicher Zu- oder Abschläge oder in anderer Weise zu berücksichtigen. Die Kaufpreise sind um die Werteinflüsse besonderer objektspezifischer Grundstücksmerkmale zu bereinigen.

(2) Zur Wertermittlung sind solche Kaufpreise und andere Daten wie beispielsweise Mieten heranzuziehen, bei denen angenommen werden kann, dass sie nicht durch ungewöhnliche oder persönliche Verhältnisse beeinflusst worden sind. Eine Beeinflussung durch ungewöhnliche oder persönliche Verhältnisse kann angenommen werden, wenn die Kaufpreise und anderen Daten erheblich von den Kaufpreisen und anderen Daten in vergleichbaren Fällen abweichen.

(3) Maßstab für die Wahl der Quelle, aus der die Daten herangezogen werden, ist ihre Eignung nach Absatz 1 Satz 1. Stehen keine geeigneten sonstigen für die Wertermittlung erforderlichen Daten zur Verfügung, können sie oder die entsprechenden Werteinflüsse auch sachverständig geschätzt werden; die Grundlagen der Schätzung sind zu dokumentieren.

§ 10
Grundsatz der Modellkonformität

(1) Bei Anwendung der sonstigen für die Wertermittlung erforderlichen Daten sind dieselben Modelle und Modellansätze zu verwenden, die der Ermittlung dieser Daten zugrunde lagen (Grundsatz der Modellkonformität). Hierzu ist die nach § 12 Absatz 6 erforderliche Modellbeschreibung zu berücksichtigen.

(2) Liegen für den maßgeblichen Stichtag lediglich solche für die Wertermittlung erforderlichen Daten vor, die nicht nach dieser Verordnung ermittelt worden sind, ist bei Anwendung dieser Daten im Rahmen der Wertermittlung von dieser Verordnung abzuweichen, soweit dies zur Wahrung des Grundsatzes der Modellkonformität erforderlich ist.

§ 11
Künftige Änderungen des Grundstückszustands

(1) Künftige Änderungen des Grundstückszustands sind zu berücksichtigen, wenn sie am Qualitätsstichtag mit hinreichender Sicherheit aufgrund konkreter Tatsachen zu erwarten sind.

(2) Bei künftigen Änderungen des Grundstückszustands ist die voraussichtliche Dauer bis zum Eintritt dieser Änderung (Wartezeit) auch in Verbindung mit einer verbleibenden Unsicherheit des Eintritts dieser Änderung (Realisierungsrisiko) angemessen zu berücksichtigen.

Teil 2
Für die Wertermittlung erforderliche Daten

Abschnitt 1
Allgemeines

§ 12
Allgemeines zu den für die Wertermittlung erforderlichen Daten

(1) Zu den für die Wertermittlung erforderlichen Daten gehören die Bodenrichtwerte und die sonstigen für die Wertermittlung erforderlichen Daten. Sonstige für die Wertermittlung erforderliche Daten sind insbesondere

1. Indexreihen,
2. Umrechnungskoeffizienten,
3. Vergleichsfaktoren,
4. Liegenschaftszinssätze,
5. Sachwertfaktoren,
6. Erbbaurechts- und Erbbaugrundstücksfaktoren sowie
7. Erbbaurechts- und Erbbaugrundstückskoeffizienten.

Die sonstigen für die Wertermittlung erforderlichen Daten sind auf einen Stichtag zu beziehen.

(2) Die für die Wertermittlung erforderlichen Daten werden insbesondere aus der Kaufpreissammlung auf der Grundlage einer ausreichenden Anzahl geeigneter Kaufpreise ermittelt.

(3) Geeignet im Sinne des Absatzes 2 sind Kaufpreise, die hinsichtlich der allgemeinen Wertverhältnisse und des jeweiligen Grundstückszustands hinreichend übereinstimmen. Eine hinreichende Übereinstimmung liegt vor, wenn sich etwaige Abweichungen

1. bei Vorliegen einer hinreichend großen Anzahl von Kaufpreisen in ihren Auswirkungen auf die Preise ausgleichen oder
2. in entsprechender Anwendung des § 9 Absatz 1 Satz 2 und 3 berücksichtigen lassen.

Die Kaufpreise sind um die Werteinflüsse besonderer objektspezifischer Grundstücksmerkmale zu bereinigen. Hinsichtlich einer Beeinflussung durch ungewöhnliche oder persönliche Verhältnisse gilt § 9 Absatz 2 entsprechend.

(4) Zur Ermittlung der sonstigen für die Wertermittlung erforderlichen Daten sind geeignete statistische Verfahren heranzuziehen.

(5) Bei Ermittlung der sonstigen für die Wertermittlung erforderlichen Daten sind zur Festlegung der Gesamtnutzungsdauer die Modellansätze der Anlage 1 und ist zur Ermittlung der Restnutzungsdauer im Fall der Modernisierung von Wohngebäuden das in Anlage 2 beschriebene Modell zugrunde zu legen. Bei Ermittlung der Liegenschaftszinssätze sind als Bewirtschaftungskosten im Sinne des § 32 Absatz 1 Satz 2 Nummer 1 bis 3 die Modellansätze der Anlage 3 zugrunde zu legen. Bei Ermittlung der Sachwertfaktoren sind der Ermittlung der durchschnittlichen Herstellungskosten im Sinne des § 36 Absatz 2 die Normalherstellungskosten nach Anlage 4 zugrunde zu legen.

(6) Zur Sicherstellung der nach § 10 Absatz 1 gebotenen modellkonformen Anwendung der sonstigen für die Wertermittlung erforderlichen Daten sind die zugrunde gelegten Modellansätze, Modelle und Bezugseinheiten sowie weitere Informationen in einer Modellbeschreibung anzugeben; hierzu gehören insbesondere

1. die Angabe von Rahmendaten zum Beispiel zum Stichtag, auf den sich das zur Wertermittlung erforderliche Datum bezieht, zum sachlichen und räumlichen Anwendungsbereich und zur Datengrundlage,
2. die Beschreibung der Stichprobe,
3. die Beschreibung der Ermittlungsmethodik,
4. die Beschreibung der verwendeten Parameter und der zugrunde gelegten Bezugseinheiten sowie
5. sonstige Selektionsparameter.

Abschnitt 2
Bodenrichtwerte

§ 13
Bodenrichtwert und Bodenrichtwertgrundstück

(1) Der Bodenrichtwert ist bezogen auf einen Quadratmeter Grundstücksfläche des Bodenrichtwertgrundstücks.

(2) Das Bodenrichtwertgrundstück ist ein unbebautes und fiktives Grundstück, dessen Grundstücksmerkmale weitgehend mit den vorherrschenden grund- und bodenbezogenen wertbeeinflussenden Grundstücksmerkmalen in der nach § 15 gebildeten Bodenrichtwertzone übereinstimmen. Je Bodenrichtwertzone ist ein Bodenrichtwert anzugeben. Bodenrichtwertspannen sind nicht zulässig.

§ 14
Grundlagen der Bodenrichtwertermittlung

(1) Bodenrichtwerte sind vorrangig im Vergleichswertverfahren nach den §§ 24 und 25 zu ermitteln. Für die Anpassung der Kaufpreise an die Grundstücksmerkmale des Bodenrichtwertgrundstücks und an den Bodenrichtwertstichtag gilt § 9 Absatz 1 Satz 2 und 3 entsprechend.

(2) Für die Bodenrichtwertermittlung in Gebieten ohne oder mit geringem Grundstücksverkehr können Kaufpreise und Bodenrichtwerte aus vergleichbaren Gebieten oder aus vorangegangenen Jahren herangezogen werden; Absatz 1 Satz 2 gilt entsprechend. Darüber hinaus können deduktive oder andere geeignete Verfahrensweisen angewendet werden.

(3) Bei der Bodenrichtwertermittlung in bebauten Gebieten können der Zustand und die Struktur der das Gebiet prägenden Bebauung zu berücksichtigen sein.

(4) Bodenrichtwerte enthalten keinen Wertanteil für den Aufwuchs.

(5) Das oder die angewendeten Verfahren für die Ermittlung der Bodenrichtwerte sind zu dokumentieren. Einzelne Bodenrichtwerte sind nicht zu begründen.

§ 15
Bildung der Bodenrichtwertzonen

(1) Eine Bodenrichtwertzone besteht aus einem räumlich zusammenhängenden Gebiet. Die Bodenrichtwertzonen sind so abzugrenzen, dass lagebedingte Wertunterschiede zwischen den Grundstücken, für die der Bodenrichtwert gelten soll, und dem Bodenrichtwertgrundstück grundsätzlich nicht mehr als 30 Prozent betragen. Wertunterschiede, die sich aus nicht mit dem Bodenrichtwertgrundstück übereinstimmenden Grundstücksmerkmalen einzelner Grundstücke ergeben, sind bei der Abgrenzung nicht zu berücksichtigen.

(2) Einzelne Grundstücke oder Grundstücksteile mit einer vom Bodenrichtwertgrundstück abweichenden Art der Nutzung oder Qualität, wie zum Beispiel Grünflächen, Waldflächen, Wasserflächen, Verkehrsflächen und Gemeinbedarfsflächen, können Bestandteil der Bodenrichtwertzone sein; der dort angegebene Bodenrichtwert gilt nicht für diese Grundstücke.

(3) Bodenrichtwertzonen können sich in begründeten Fällen deckungsgleich überlagern; dies gilt insbesondere, wenn sich aufgrund der unregelmäßigen Verteilung von Grundstücken mit unterschiedlichen Nutzungen oder anderen erheblichen Unterschieden in wertbeeinflussenden Grundstücksmerkmalen keine eigenen Bodenrichtwertzonen abgrenzen lassen. Bei der Bildung von sich deckungsgleich überlagernden Bodenrichtwertzonen muss eine eindeutige Zuordnung der Grundstücke zu einem Bodenrichtwertgrundstück möglich sein; hierbei ist unschädlich, wenn sich einzelne Grundstücke nicht eindeutig zuordnen lassen. Bei Bodenrichtwerten nach § 196 Absatz 1 Satz 7 des Baugesetzbuchs können sich die Bodenrichtwertzonen auch nicht deckungsgleich überlagern.

(4) Bei der Bildung von Bodenrichtwertzonen für die Entwicklungszustände Bauerwartungsland und Rohbauland sind Bauleitpläne sowie die Entwicklung am Grundstücksmarkt zu berücksichtigen. Die Bodenrichtwertzonen sind so abzugrenzen, dass in der Bodenrichtwertzone ein überwiegend einheitlicher Entwicklungsgrad der Grundstücke gegeben ist.

§ 16
Grundstücksmerkmale des Bodenrichtwertgrundstücks

(1) Das Bodenrichtwertgrundstück weist keine Grundstücksmerkmale auf, die nur im Rahmen einer Einzelbegutachtung ermittelt werden können; dies betrifft insbesondere nur für einzelne Grundstücke bestehende privatrechtliche, öffentlich-rechtliche und tatsächliche Besonderheiten. Satz 1 findet keine Anwendung auf wertbeeinflussende Grundstücksmerkmale, die in der Bodenrichtwertzone vorherrschend sind.

(2) Von den wertbeeinflussenden Grundstücksmerkmalen des Bodenrichtwertgrundstücks sind der Entwicklungszustand und die Art der Nutzung darzustellen. Weitere Grundstücksmerkmale sind darzustellen, wenn sie wertbeeinflussend sind; hierzu können insbesondere gehören

1. das Maß der baulichen Nutzung nach § 5 Absatz 1,
2. die Bauweise oder die Gebäudestellung zur Nachbarbebauung,
3. die Grundstücksgröße,
4. die Grundstückstiefe und
5. die Bodengüte als Acker- oder Grünlandzahl.

Bei baureifem Land gehört zu den darzustellenden Grundstücksmerkmalen zusätzlich stets der beitragsrechtliche Zustand. Bei förmlich festgelegten Sanierungsgebieten und förmlich festgelegten Entwicklungsbereichen ist zusätzlich darzustellen, ob sich der Bodenrichtwert auf den sanierungs- oder entwicklungsunbeeinflussten Zustand oder auf den sanierungs- oder entwicklungsbeeinflussten Zustand bezieht; dies gilt nicht, wenn nach § 142 Absatz 4 des Baugesetzbuchs ein vereinfachtes Sanierungsverfahren durchgeführt wird.

(3) Die wertbeeinflussenden Grundstücksmerkmale des Bodenrichtwertgrundstücks sind nach Anlage 5 zu spezifizieren.

(4) Wird beim Maß der baulichen Nutzung auf das Verhältnis der Flächen der Geschosse zur Grundstücksfläche abgestellt und ist hierbei nach § 5 Absatz 1 Satz 2 ein gegenüber den planungsrechtlichen Zulässigkeitsvorschriften abweichend bestimmtes Maß wertbeeinflussend, so sind zur Ermittlung dieses Maßes die Flächen aller oberirdischen Geschosse mit Ausnahme von nicht ausbaufähigen Dachgeschossen nach den jeweiligen Außenmaßen zu berücksichtigen. Geschosse gelten in Abgrenzung zu Kellergeschossen als oberirdische Geschosse, soweit ihre Deckenoberkanten im Mittel mehr als 1,40 Meter über die Geländeoberfläche hinausragen; § 20 Absatz 1 der Baunutzungsverordnung findet keine Anwendung. Ausgebaute oder ausbaufähige Dachgeschosse sind mit 75 Prozent ihrer Fläche zu berücksichtigen. Staffelgeschosse werden in vollem Umfang berücksichtigt. Hohlräume zwischen der obersten Decke und der Bedachung, in denen Aufenthaltsräume nicht möglich sind, sind keine Geschosse. Das

nach Satz 1 bis 5 ermittelte Verhältnis der Flächen der oberirdischen Geschosse zur Grundstücksfläche ist die wertrelevante Geschossflächenzahl (WGFZ).

(5) Bodenrichtwerte für baureifes Land sind vorbehaltlich des Satzes 2 für beitragsfreie Grundstücke zu ermitteln. Aufgrund örtlicher Gegebenheiten können vorübergehend Bodenrichtwerte für Grundstücke ermittelt werden, für die noch Beiträge zu entrichten oder zu erwarten sind.

§ 17
Automatisiertes Führen der Bodenrichtwerte

Die Bodenrichtwerte sind in automatisierter Form auf der Grundlage der amtlichen Geobasisdaten zu führen.

Abschnitt 3
Sonstige für die Wertermittlung erforderliche Daten

§ 18
Indexreihen

(1) Indexreihen dienen der Berücksichtigung von im Zeitverlauf eintretenden Änderungen der allgemeinen Wertverhältnisse.

(2) Indexreihen bestehen aus Indexzahlen, die sich aus dem durchschnittlichen Verhältnis der Preise eines Erhebungszeitraums zu den Preisen eines Basiszeitraums mit der Indexzahl 100 ergeben. Die Indexzahlen können auch auf bestimmte Zeitpunkte innerhalb des Erhebungs- und Basiszeitraums bezogen werden.

(3) Die Indexzahlen werden aus geeigneten Kaufpreisen für Grundstücke bestimmter räumlicher und sachlicher Teilmärkte ermittelt.

§ 19
Umrechnungskoeffizienten

(1) Umrechnungskoeffizienten dienen der Berücksichtigung von Wertunterschieden ansonsten gleichartiger Grundstücke, die sich aus Abweichungen einzelner Grundstücksmerkmale, insbesondere aus dem unterschiedlichen Maß der baulichen Nutzung oder der Grundstücksgröße und -tiefe, ergeben.

(2) Umrechnungskoeffizienten geben das Verhältnis des Werts eines Grundstücks mit einer bestimmten Ausprägung eines Grundstücksmerkmals zu dem Wert eines Grundstücks mit einer bestimmten Basisausprägung dieses Grundstücksmerkmals (Normgrundstück) an.

(3) Die Umrechnungskoeffizienten werden aus geeigneten Kaufpreisen für solche Grundstücke abgeleitet, die sich abgesehen von solchen Abweichungen, die durch Anpassung der Kaufpreise nach § 9 Absatz 1 Satz 2 und 3 berücksichtigt werden, im Wesentlichen nur in dem Grundstücksmerkmal unterscheiden, für das die Umrechnungskoeffizienten abgeleitet werden.

§ 20
Vergleichsfaktoren

(1) Vergleichsfaktoren dienen der Ermittlung von Vergleichswerten insbesondere für bebaute Grundstücke.

(2) Vergleichsfaktoren sind durchschnittliche, auf eine geeignete Bezugseinheit bezogene Werte für Grundstücke mit bestimmten wertbeeinflussenden Grundstücksmerkmalen (Normobjekte).

(3) Vergleichsfaktoren werden ermittelt auf der Grundlage von

1. geeigneten Kaufpreisen und
2. der diesen Kaufpreisen entsprechenden Flächen- oder Raumeinheit (Gebäudefaktoren), den diesen Kaufpreisen entsprechenden marktüblich erzielbaren jährlichen Erträgen (Ertragsfaktoren) oder einer sonstigen geeigneten Bezugseinheit.

§ 21
Liegenschaftszinssätze; Sachwertfaktoren

(1) Liegenschaftszinssätze und Sachwertfaktoren dienen der Berücksichtigung der allgemeinen Wertverhältnisse auf dem jeweiligen Grundstücksmarkt, soweit diese nicht auf andere Weise zu berücksichtigen sind.

(2) Liegenschaftszinssätze sind Kapitalisierungszinssätze, mit denen Verkehrswerte von Grundstücken je nach Grundstücksart im Durchschnitt marktüblich verzinst werden. Liegenschaftszinssätze werden nach den Grundsätzen des Ertragswertverfahrens nach den §§ 27 bis 34 auf der Grundlage von geeigneten Kaufpreisen und den ihnen entsprechenden Reinerträgen ermittelt.

(3) Sachwertfaktoren geben das Verhältnis des vorläufigen marktangepassten Sachwerts zum vorläufigen Sachwert an. Die Sachwertfaktoren werden nach den Grundsätzen des Sachwertverfahrens nach den §§ 35 bis 38 auf der Grundlage von geeigneten Kaufpreisen und den ihnen entsprechenden vorläufigen Sachwerten ermittelt.

§ 22
Erbbaurechts- und Erbbaugrundstücksfaktoren

(1) Erbbaurechts- und Erbbaugrundstücksfaktoren dienen im Wesentlichen der Berücksichtigung der dem Erbbaurecht allgemein beizumessenden Werteinflüsse, soweit sie nicht bereits im finanzmathematischen Wert berücksichtigt sind.

(2) Erbbaurechtsfaktoren geben das Verhältnis des vorläufigen Vergleichswerts des Erbbaurechts zum finanzmathematischen Wert des Erbbaurechts an. Erbbaugrundstücksfaktoren geben das Verhältnis des vorläufigen Vergleichswerts des Erbbaugrundstücks zum finanzmathematischen Wert des Erbbaugrundstücks an.

(3) Die Erbbaurechtsfaktoren und Erbbaugrundstücksfaktoren werden nach den Grundsätzen der §§ 50 und 52 auf der Grundlage von geeigneten Kaufpreisen und den diesen Kaufpreisen entsprechenden finanzmathematischen Werten ermittelt.

§ 23
Erbbaurechts- und Erbbaugrundstückskoeffizienten

(1) Erbbaurechts- und Erbbaugrundstückskoeffizienten dienen im Wesentlichen der Berücksichtigung der dem Erbbaurecht allgemein beizumessenden Werteinflüsse.

(2) Die Erbbaurechtskoeffizienten geben das Verhältnis des vorläufigen Vergleichswerts des Erbbaurechts zum Wert des fiktiven Volleigentums im Sinne des § 49 Absatz 1 Satz 2 an. Die Erbbaugrundstückskoeffizienten geben das Verhältnis des vorläufigen Vergleichswerts des Erbbaugrundstücks zum Bodenwert des fiktiv unbelasteten Grundstücks im Sinne des § 47 Absatz 1 Satz 1 Nummer 2 an.

(3) Die Erbbaurechtskoeffizienten werden auf der Grundlage von geeigneten Kaufpreisen und den diesen Kaufpreisen entsprechenden Werten des fiktiven Volleigentums ermittelt. Die Erbbaugrundstückskoeffizienten werden auf der Grundlage von geeigneten Kaufpreisen und den diesen Kaufpreisen entsprechenden Bodenwerten der fiktiv unbelasteten Grundstücke ermittelt.

Teil 3
Besondere Grundsätze zu den einzelnen Wertermittlungsverfahren

Abschnitt 1
Vergleichswertverfahren

§ 24
Grundlagen des Vergleichswertverfahrens

(1) Im Vergleichswertverfahren wird der Vergleichswert aus einer ausreichenden Anzahl von Vergleichspreisen im Sinne des § 25 ermittelt. Neben oder anstelle von Vergleichspreisen können insbesondere bei bebauten Grundstücken ein objektspezifisch angepasster Vergleichsfaktor im Sinne des § 26 Absatz 1 und bei der Bodenwertermittlung ein objektspezifisch angepasster Bodenrichtwert im Sinne des § 26 Absatz 2 herangezogen werden.

(2) Der vorläufige Vergleichswert kann ermittelt werden

1. auf Grundlage einer statistischen Auswertung einer ausreichenden Anzahl von Vergleichspreisen oder
2. durch Multiplikation eines objektspezifisch angepassten Vergleichsfaktors oder eines objektspezifisch angepassten Bodenrichtwerts mit der entsprechenden Bezugsgröße des Wertermittlungsobjekts.

(3) Der marktangepasste vorläufige Vergleichswert entspricht nach Maßgabe des § 7 dem vorläufigen Vergleichswert.

(4) Der Vergleichswert ergibt sich aus dem marktangepassten vorläufigen Vergleichswert und der Berücksichtigung vorhandener besonderer objektspezifischer Grundstücksmerkmale des Wertermittlungsobjekts.

§ 25
Vergleichspreise

Zur Ermittlung von Vergleichspreisen sind Kaufpreise solcher Grundstücke (Vergleichsgrundstücke) heranzuziehen, die mit dem zu bewertenden Grundstück hinreichend übereinstimmende Grundstücksmerkmale aufweisen und die zu Zeitpunkten verkauft worden sind (Vertragszeitpunkte), die in hinreichender zeitlicher Nähe zum Wertermittlungsstichtag stehen. Die Kaufpreise sind auf ihre Eignung im Sinne des § 9 Absatz 1 Satz 1 zu prüfen und bei etwaigen Abweichungen nach Maßgabe des § 9 Absatz 1 Satz 2 und 3 an die Gegebenheiten des Wertermittlungsobjekts anzupassen.

§ 26
Objektspezifisch angepasster Vergleichsfaktor; objektspezifisch angepasster Bodenrichtwert

(1) Zur Ermittlung des objektspezifisch angepassten Vergleichsfaktors ist der nach § 20 ermittelte Vergleichsfaktor auf seine Eignung im Sinne des § 9 Absatz 1 Satz 1 zu prüfen und bei etwaigen Abweichungen nach Maßgabe des § 9 Absatz 1 Satz 2 und 3 an die Gegebenheiten des Wertermittlungsobjekts anzupassen.

(2) Zur Ermittlung des objektspezifisch angepassten Bodenrichtwerts sind die nach den §§ 13 bis 16 ermittelten Bodenrichtwerte auf ihre Eignung im Sinne des § 9 Absatz 1 Satz 1 zu prüfen und bei etwaigen Abweichungen nach Maßgabe des § 9 Absatz 1 Satz 2 und 3 an die Gegebenheiten des Wertermittlungsobjekts anzupassen.

Abschnitt 2
Ertragswertverfahren

Unterabschnitt 1
Allgemeines

§ 27
Grundlagen des Ertragswertverfahrens

(1) Im Ertragswertverfahren wird der Ertragswert auf der Grundlage marktüblich erzielbarer Erträge ermittelt. Soweit die Ertragsverhältnisse mit hinreichender Sicherheit aufgrund konkreter Tatsachen wesentlichen Veränderungen unterliegen oder wesentlich von den marktüblich erzielbaren Erträgen abweichen, kann der Ertragswert auf der Grundlage periodisch unterschiedlicher Erträge ermittelt werden.

(2) Der vorläufige Ertragswert wird auf der Grundlage des nach den §§ 40 bis 43 zu ermittelnden Bodenwerts und des Reinertrags im Sinne des § 31 Absatz 1, der Restnutzungsdauer im Sinne des § 4 Absatz 3 und des objektspezifisch angepassten Liegenschaftszinssatzes im Sinne des § 33 ermittelt.

(3) Der marktangepasste vorläufige Ertragswert entspricht nach Maßgabe des § 7 dem vorläufigen Ertragswert.

(4) Der Ertragswert ergibt sich aus dem marktangepassten vorläufigen Ertragswert und der Berücksichtigung vorhandener besonderer objektspezifischer Grundstücksmerkmale des Wertermittlungsobjekts.

(5) Für die Ermittlung des Ertragswerts stehen folgende Verfahrensvarianten zur Verfügung:

1. das allgemeine Ertragswertverfahren;
2. das vereinfachte Ertragswertverfahren;
3. das periodische Ertragswertverfahren.

Unterabschnitt 2
Verfahrensvarianten

§ 28
Allgemeines Ertragswertverfahren

Im allgemeinen Ertragswertverfahren wird der vorläufige Ertragswert ermittelt durch Bildung der Summe aus

1. dem kapitalisierten jährlichen Reinertragsanteil der baulichen Anlagen zum Wertermittlungsstichtag, der unter Abzug des Bodenwertverzinsungsbetrags ermittelt wurde (vorläufiger Ertragswert der baulichen Anlagen), und
2. dem Bodenwert.

Der Ermittlung des Bodenwertverzinsungsbetrags und der Kapitalisierung des jährlichen Reinertragsanteils der baulichen Anlagen ist jeweils derselbe objektspezifisch angepasste Liegenschaftszinssatz zugrunde zu legen. Die Kapitalisierungsdauer entspricht der Restnutzungsdauer der baulichen Anlagen.

§ 29
Vereinfachtes Ertragswertverfahren

Im vereinfachten Ertragswertverfahren wird der vorläufige Ertragswert ermittelt durch Bildung der Summe aus

1. dem kapitalisierten jährlichen Reinertrag zum Wertermittlungsstichtag (Barwert des Reinertrags) und

2. dem über die Restnutzungsdauer der baulichen Anlagen abgezinsten Bodenwert.

Der Kapitalisierung des jährlichen Reinertrags und der Abzinsung des Bodenwerts ist jeweils derselbe objektspezifisch angepasste Liegenschaftszinssatz zugrunde zu legen. Die Kapitalisierungs- oder Abzinsungsdauer entspricht der Restnutzungsdauer der baulichen Anlagen.

§ 30
Periodisches Ertragswertverfahren

(1) Im periodischen Ertragswertverfahren kann der vorläufige Ertragswert ermittelt werden durch Bildung der Summe aus

1. den zu addierenden und auf den Wertermittlungsstichtag abgezinsten, aus gesicherten Daten abgeleiteten Reinerträgen der Perioden innerhalb des Betrachtungszeitraums und

2. dem über den Betrachtungszeitraum auf den Wertermittlungsstichtag abgezinsten Restwert des Grundstücks.

(2) Der Betrachtungszeitraum, für den die periodisch unterschiedlichen Erträge ermittelt werden, ist so zu wählen, dass die Höhe der im Betrachtungszeitraum anfallenden Erträge mit hinreichender Sicherheit ermittelt werden kann; hierbei sollen zehn Jahre nicht überschritten werden. Der Abzinsung ist in der Regel der objektspezifisch angepasste Liegenschaftszinssatz zugrunde zu legen.

(3) Der Restwert des Grundstücks kann ermittelt werden durch Bildung der Summe aus

1. dem Barwert des Reinertrags der Restperiode und

2. dem über die Restperiode abgezinsten Bodenwert.

Die Restperiode ist die um den Betrachtungszeitraum reduzierte Restnutzungsdauer. Die Kapitalisierung des Reinertrags der Restperiode erfolgt über die Dauer der Restperiode. Der Kapitalisierung und der Abzinsung ist jeweils derselbe objektspezifisch angepasste Liegenschaftszinssatz zugrunde zu legen.

Unterabschnitt 3
Ermittlung des Ertragswerts

§ 31
Reinertrag; Rohertrag

(1) Der jährliche Reinertrag ergibt sich aus dem jährlichen Rohertrag abzüglich der Bewirtschaftungskosten.

(2) Der Rohertrag ergibt sich aus den bei ordnungsgemäßer Bewirtschaftung und zulässiger Nutzung marktüblich erzielbaren Erträgen; hierbei sind die tatsächlichen Erträge zugrunde zu legen, wenn sie marktüblich erzielbar sind. Bei Anwendung des periodischen Ertragswertverfahrens ergibt sich der Rohertrag insbesondere aus den vertraglichen Vereinbarungen.

§ 32
Bewirtschaftungskosten

(1) Bewirtschaftungskosten sind die für eine ordnungsgemäße Bewirtschaftung und zulässige Nutzung entstehenden regelmäßigen Aufwendungen, die nicht durch Umlagen oder sonstige Kostenübernahmen gedeckt sind. Zu den Bewirtschaftungskosten gehören

1. die Verwaltungskosten,
2. die Instandhaltungskosten,
3. das Mietausfallwagnis und
4. die Betriebskosten im Sinne des § 556 Absatz 1 Satz 2 des Bürgerlichen Gesetzbuchs.

(2) Verwaltungskosten umfassen insbesondere die Kosten der zur Verwaltung des Grundstücks erforderlichen Arbeitskräfte und Einrichtungen, die Kosten der Aufsicht und die Kosten der Geschäftsführung sowie den Gegenwert der von Eigentümerseite persönlich geleisteten Verwaltungsarbeit.

(3) Instandhaltungskosten umfassen die Kosten, die im langjährigen Mittel infolge Abnutzung oder Alterung zur Erhaltung des der Wertermittlung zugrunde gelegten Ertragsniveaus der baulichen Anlagen während ihrer Restnutzungsdauer marktüblich aufgewendet werden müssten.

(4) Das Mietausfallwagnis umfasst

1. das Risiko einer Ertragsminderung, die durch uneinbringliche Zahlungsrückstände von Mieten, Pachten und sonstigen Einnahmen oder durch vorübergehenden Leerstand von Grundstücken oder Grundstücksteilen entstehen, die zur Vermietung, Verpachtung oder sonstigen Nutzung bestimmt sind,
2. das Risiko von bei uneinbringlichen Zahlungsrückständen oder bei vorübergehendem Leerstand anfallenden, vom Eigentümer zusätzlich zu tragenden Bewirtschaftungskosten sowie
3. das Risiko von uneinbringlichen Kosten einer Rechtsverfolgung auf Zahlung, auf Aufhebung eines Mietverhältnisses oder auf Räumung.

§ 33
Objektspezifisch angepasster Liegenschaftszinssatz

Zur Ermittlung des objektspezifisch angepassten Liegenschaftszinssatzes ist der nach § 21 Absatz 2 ermittelte Liegenschaftszinssatz auf seine Eignung im Sinne des § 9 Absatz 1 Satz 1 zu prüfen und bei etwaigen Abweichungen nach Maßgabe des § 9 Absatz 1 Satz 2 und 3 an die Gegebenheiten des Wertermittlungsobjekts anzupassen.

§ 34
Barwertfaktor

(1) Der Kapitalisierung und der Abzinsung sind Barwertfaktoren auf der Grundlage der Restnutzungsdauer und des objektspezifisch angepassten Liegenschaftszinssatzes zugrunde zu legen.

(2) Der jährlich nachschüssige Rentenbarwertfaktor für die Kapitalisierung (Kapitalisierungsfaktor) ist nach der folgenden Formel zu ermitteln:

$$\text{Kapitalisierungsfaktor (KF)} = \frac{q^n - 1}{q^n \times (q - 1)} \qquad q = 1 + LZ \qquad LZ = \frac{p}{100}$$

LZ = Liegenschaftszinssatz

p = Zinsfuß

n = Restnutzungsdauer

(3) Der Barwertfaktor für die Abzinsung (Abzinsungsfaktor) ist nach der folgenden Formel zu ermitteln:

$$\text{Abzinsungsfaktor (AF)} = \frac{1}{q^n} \qquad q = 1 + LZ \qquad LZ = \frac{p}{100}$$

LZ = Liegenschaftszinssatz

p = Zinsfuß

n = Restnutzungsdauer

Abschnitt 3
Sachwertverfahren

§ 35
Grundlagen des Sachwertverfahrens

(1) Im Sachwertverfahren wird der Sachwert des Grundstücks aus den vorläufigen Sachwerten der nutzbaren baulichen und sonstigen Anlagen sowie aus dem Bodenwert ermittelt.

(2) Der vorläufige Sachwert des Grundstücks ergibt sich durch Bildung der Summe aus

1. dem vorläufigen Sachwert der baulichen Anlagen im Sinne des § 36,
2. dem vorläufigen Sachwert der baulichen Außenanlagen und sonstigen Anlagen im Sinne des § 37 und
3. dem nach den §§ 40 bis 43 zu ermittelnden Bodenwert.

(3) Der marktangepasste vorläufige Sachwert des Grundstücks ergibt sich durch Multiplikation des vorläufigen Sachwerts mit einem objektspezifisch angepassten Sachwertfaktor im Sinne des § 39. Nach Maßgabe des § 7 Absatz 2 kann zusätzlich eine Marktanpassung durch marktübliche Zu- oder Abschläge erforderlich sein.

(4) Der Sachwert des Grundstücks ergibt sich aus dem marktangepassten vorläufigen Sachwert und der Berücksichtigung vorhandener besonderer objektspezifischer Grundstücksmerkmale des Wertermittlungsobjekts.

§ 36
Vorläufiger Sachwert der baulichen Anlagen; durchschnittliche Herstellungskosten

(1) Zur Ermittlung des vorläufigen Sachwerts der baulichen Anlagen, ohne bauliche Außenanlagen, sind die durchschnittlichen Herstellungskosten mit dem Regionalfaktor und dem Alterswertminderungsfaktor zu multiplizieren.

(2) Die durchschnittlichen Herstellungskosten der baulichen Anlagen stehen für die aufzuwendenden Kosten, die sich unter Beachtung wirtschaftlicher Gesichtspunkte für die Errich-

tung eines dem Wertermittlungsobjekt nach Art und Standard vergleichbaren Neubaus am Wertermittlungsstichtag unter Zugrundelegung zeitgemäßer, wirtschaftlicher Bauweisen ergeben würden. Der Ermittlung der durchschnittlichen Herstellungskosten sind in der Regel modellhafte Kostenkennwerte zugrunde zu legen, die auf eine Flächen-, Raum- oder sonstige Bezugseinheit bezogen sind (Normalherstellungskosten), und mit der Anzahl der entsprechenden Bezugseinheiten der baulichen Anlage zu multiplizieren. Von den Normalherstellungskosten nicht erfasste werthaltige einzelne Bauteile sind durch marktübliche Zuschläge bei den durchschnittlichen Herstellungskosten zu berücksichtigen. Zur Umrechnung auf den Wertermittlungsstichtag ist der für den Wertermittlungsstichtag aktuelle und für die jeweilige Art der baulichen Anlage zutreffende Preisindex für die Bauwirtschaft des Statistischen Bundesamtes (Baupreisindex) zu verwenden. Ausnahmsweise können die durchschnittlichen Herstellungskosten der baulichen Anlagen nach den durchschnittlichen Kosten einzelner Bauleistungen ermittelt werden.

(3) Der Regionalfaktor ist ein vom örtlich zuständigen Gutachterausschuss festgelegter Modellparameter zur Anpassung der durchschnittlichen Herstellungskosten an die Verhältnisse am örtlichen Grundstücksmarkt.

§ 37
Vorläufiger Sachwert der baulichen Außenanlagen und sonstigen Anlagen

Der vorläufige Sachwert der für die jeweilige Gebäudeart üblichen baulichen Außenanlagen und sonstigen Anlagen ist gesondert zu ermitteln, soweit die Anlagen wertbeeinflussend sind und nicht bereits anderweitig erfasst wurden. Der vorläufige Sachwert kann entsprechend § 36 nach den durchschnittlichen Herstellungskosten, nach Erfahrungssätzen oder hilfsweise durch sachverständige Schätzung ermittelt werden. Werden durchschnittliche Herstellungskosten zugrunde gelegt, richtet sich die bei Ermittlung der Alterswertminderung anzusetzende Restnutzungsdauer in der Regel nach der Restnutzungsdauer der baulichen Anlage.

§ 38
Alterswertminderungsfaktor

Der Alterswertminderungsfaktor entspricht dem Verhältnis der Restnutzungsdauer zur Gesamtnutzungsdauer.

§ 39
Objektspezifisch angepasster Sachwertfaktor

Zur Ermittlung des objektspezifisch angepassten Sachwertfaktors ist der nach § 21 Absatz 3 ermittelte Sachwertfaktor auf seine Eignung im Sinne des § 9 Absatz 1 Satz 1 zu prüfen und bei etwaigen Abweichungen nach § 9 Absatz 1 Satz 2 und 3 an die Gegebenheiten des Wertermittlungsobjekts anzupassen.

Teil 4
Bodenwertermittlung; grundstücksbezogene Rechte und Belastungen

Abschnitt 1
Bodenwertermittlung

§ 40
Allgemeines zur Bodenwertermittlung

(1) Der Bodenwert ist vorbehaltlich des Absatzes 5 ohne Berücksichtigung der vorhandenen baulichen Anlagen auf dem Grundstück vorrangig im Vergleichswertverfahren nach den §§ 24 bis 26 zu ermitteln.

(2) Neben oder anstelle von Vergleichspreisen kann nach Maßgabe des § 26 Absatz 2 ein objektspezifisch angepasster Bodenrichtwert verwendet werden.

(3) Steht keine ausreichende Anzahl von Vergleichspreisen oder steht kein geeigneter Bodenrichtwert zur Verfügung, kann der Bodenwert deduktiv oder in anderer geeigneter Weise ermittelt werden. Werden hierbei die allgemeinen Wertverhältnisse nicht ausreichend berücksichtigt, ist eine Marktanpassung durch marktübliche Zu- oder Abschläge erforderlich.

(4) Bei der Ermittlung der sanierungs- oder entwicklungsbedingten Bodenwerterhöhung zur Bemessung von Ausgleichsbeträgen nach § 154 Absatz 1 oder § 166 Absatz 3 Satz 4 des Baugesetzbuchs sind die Anfangs- und Endwerte bezogen auf denselben Wertermittlungsstichtag zu ermitteln. Der jeweilige Grundstückszustand ist nach Maßgabe des § 154 Absatz 2 des Baugesetzbuchs zu ermitteln.

(5) Die tatsächliche bauliche Nutzung kann insbesondere in folgenden Fällen den Bodenwert beeinflussen:

1. wenn dies dem gewöhnlichen Geschäftsverkehr entspricht, ist ein erhebliches Abweichen der tatsächlichen von der nach § 5 Absatz 1 maßgeblichen Nutzung bei der Ermittlung des Bodenwerts bebauter Grundstücke zu berücksichtigen;
2. wenn bauliche Anlagen auf einem Grundstück im Außenbereich rechtlich und wirtschaftlich weiterhin nutzbar sind, ist dieser Umstand bei der Ermittlung des Bodenwerts in der Regel werterhöhend zu berücksichtigen;
3. wenn bei einem Grundstück mit einem Liquidationsobjekt im Sinne des § 8 Absatz 3 Satz 2 Nummer 3 mit keiner alsbaldigen Freilegung zu rechnen ist, gilt § 43.

§ 41
Erhebliche Überschreitung der marktüblichen Grundstücksgröße

Bei einer erheblichen Überschreitung der marktüblichen Grundstücksgröße kommt eine getrennte Ermittlung des Werts der über die marktübliche Grundstücksgröße hinausgehenden selbstständig nutzbaren oder sonstigen Teilfläche in Betracht; der Wert der Teilfläche ist in der Regel als besonderes objektspezifisches Grundstücksmerkmal zu berücksichtigen.

§ 42
Bodenwert von Bauerwartungsland und Rohbauland

Der Bodenwert von Bauerwartungs- oder Rohbauland kann in Anwendung des § 40 Absatz 3 ausgehend vom Bodenwert für entsprechend genutztes oder nutzbares baureifes Land deduktiv durch angemessene Berücksichtigung der auf dem örtlichen Grundstücksmarkt marktüblichen Kosten der Baureifmachung und unter Berücksichtigung der Wartezeit in Verbindung mit einem Realisierungsrisiko nach Maßgabe des § 11 Absatz 2 oder in sonstiger geeigneter Weise ermittelt werden.

§ 43
Nutzungsabhängiger Bodenwert bei Liquidationsobjekten

(1) Ist bei einem Grundstück mit einem Liquidationsobjekt im Sinne des § 8 Absatz 3 Satz 2 Nummer 3 insbesondere aus rechtlichen Gründen mit der Freilegung erst zu einem späteren Zeitpunkt zu rechnen (aufgeschobene Freilegung) oder ist langfristig nicht mit einer Freilegung zu rechnen, so ist bei der Bodenwertermittlung von dem sich unter Berücksichtigung der tatsächlichen Nutzung ergebenden Bodenwert (nutzungsabhängiger Bodenwert) auszugehen, soweit dies marktüblich ist.

(2) Im Fall einer aufgeschobenen Freilegung ist der Wertvorteil, der sich aus der künftigen Nutzbarkeit ergibt, bei der Wertermittlung als besonderes objektspezifisches Grundstücksmerkmal zu berücksichtigen, soweit dies marktüblich ist. Der Wertvorteil ergibt sich aus der abgezinsten Differenz zwischen dem Bodenwert, den das Grundstück ohne das Liquidationsobjekt haben würde, und dem nutzungsabhängigen Bodenwert. Die Freilegungskosten sind über den Zeitraum bis zur Freilegung abzuzinsen und als besonderes objektspezifisches Grundstücksmerkmal zu berücksichtigen, soweit dies marktüblich ist.

§ 44
Gemeinbedarfsflächen

Gemeinbedarfsflächen sind Flächen, für die eine öffentlichen Zweckbindung besteht. Bei Ermittlung des Werts ist danach zu differenzieren, ob es sich um Gemeinbedarfsflächen handelt, die

1. weiterhin für denselben öffentlichen Zweck genutzt werden oder die unter der Änderung der öffentlichen Zweckbindung einem anderen Gemeinbedarf zugeführt werden sollen (bleibende Gemeinbedarfsflächen),
2. ihre öffentliche Zweckbindung verlieren (abgehende Gemeinbedarfsflächen) oder
3. bislang keiner öffentlichen Zweckbestimmung unterlagen und erst für Gemeinbedarfszwecke zu beschaffen sind (künftige Gemeinbedarfsflächen).

§ 45
Wasserflächen

Der Verkehrswert von Wasserflächen hängt in erster Linie von der rechtlich zulässigen Nutzungsmöglichkeit ab. Dabei kann insbesondere eine Abhängigkeit von dem Verkehrswert einer mit der Wasserfläche in unmittelbarem wirtschaftlichen Zusammenhang stehenden Landfläche bestehen oder eine ertragsorientierte Nutzung der Wasserfläche maßgeblich sein.

Abschnitt 2
Grundstücksbezogene Rechte und Belastungen

Unterabschnitt 1
Allgemeines

§ 46
Allgemeines zu grundstücksbezogenen Rechten und Belastungen

(1) Grundstücksbezogene Rechte und Belastungen können den Wert des begünstigten und den Wert des belasteten Grundstücks beeinflussen sowie Gegenstand einer eigenständigen Wertermittlung sein.

(2) Als grundstücksbezogene Rechte und Belastungen kommen insbesondere in Betracht

1. grundstücksgleiche Rechte,
2. weitere beschränkte dingliche Rechte,
3. Baulasten,
4. grundstücksbezogene gesetzliche Beschränkungen des Eigentums sowie
5. miet-, pacht- und wohnungsrechtliche Bindungen.

§ 47
Grundsätze der Wertermittlung bei Rechten und Belastungen

(1) Der Wert des begünstigten oder des belasteten Grundstücks kann ermittelt werden

1. aus Vergleichspreisen oder
2. ausgehend vom Wert des fiktiv nicht begünstigten oder des fiktiv unbelasteten Grundstücks.

Hierbei sind die allgemeinen Wertverhältnisse im Hinblick auf das Recht oder die Belastung zu berücksichtigen.

(2) In den Fällen nach Absatz 1 Satz 1 Nummer 2 kann der Wert des begünstigten oder des belasteten Grundstücks ermittelt werden

1. durch den Ansatz von Umrechnungskoeffizienten oder
2. durch Berücksichtigung des Werteinflusses des Rechts oder der Belastung.

(3) Der Werteinfluss im Sinne des Absatzes 2 Nummer 2 kann ermittelt werden

1. durch Berücksichtigung der wirtschaftlichen Vor- und Nachteile oder
2. in anderer geeigneter Weise.

(4) Der Wert eines Rechts oder einer Belastung kann ermittelt werden

1. aus dem Vergleich mit Kaufpreisen für vergleichbare Rechte oder Belastungen,
2. durch Berücksichtigung der wirtschaftlichen Vor- und Nachteile,
3. ausgehend vom Wert des fiktiv nicht begünstigten oder des fiktiv unbelasteten Grundstücks oder
4. in anderer geeigneter Weise.

Hierbei sind die allgemeinen Wertverhältnisse im Hinblick auf das Recht oder die Belastung zu berücksichtigen.

(5) Wird der Werteinfluss oder der Wert des Rechts oder der Belastung aus wirtschaftlichen Vor- und Nachteilen ermittelt, so sind die jährlichen Vor- und Nachteile über die Restlaufzeit des Rechts oder der Belastung zu kapitalisieren. Sind Rechte oder Belastungen an das Leben gebunden, ist mit Leibrentenbarwertfaktoren zu kapitalisieren. Ist der Berechtigte eine juristische Person, ist von einem angemessenen Zeitrentenbarwertfaktor auszugehen.

Unterabschnitt 2
Erbbaurecht und Erbbaugrundstück

§ 48
Allgemeines zum Erbbaurecht und Erbbaugrundstück

Der Verkehrswert des Erbbaurechts und der Verkehrswert des Erbbaugrundstücks sind unter Berücksichtigung der vertraglichen Vereinbarungen und der sonstigen wertbeeinflussenden Umstände in Abhängigkeit von den zur Verfügung stehenden Daten zu ermitteln. Der Verkehrswert des Erbbaurechts kann im Vergleichswertverfahren nach den §§ 49 und 50 oder auf andere geeignete Weise ermittelt werden. Der Verkehrswert des Erbbaugrundstücks kann im Vergleichswertverfahren nach den §§ 51 und 52 oder auf andere geeignete Weise ermittelt werden.

§ 49
Vergleichswertverfahren für das Erbbaurecht

(1) Im Vergleichswertverfahren kann der Wert des Erbbaurechts insbesondere ermittelt werden

1. aus Vergleichspreisen für veräußerte Erbbaurechte,
2. ausgehend von dem nach § 50 zu ermittelnden finanzmathematischen Wert des Erbbaurechts oder
3. ausgehend vom Wert des fiktiven Volleigentums im Sinne des Satzes 2.

Der Wert des fiktiven Volleigentums ist der Wert des fiktiv unbelasteten Grundstücks, der dem marktangepassten vorläufigen Vergleichs-, Ertrags- oder Sachwert ohne Berücksichtigung von besonderen objektspezifischen Grundstücksmerkmalen entspricht.

(2) Der vorläufige Vergleichswert des Erbbaurechts kann insbesondere ermittelt werden

1. auf der Grundlage einer statistischen Auswertung einer ausreichenden Anzahl von Vergleichspreisen,
2. durch Multiplikation des finanzmathematischen Werts des Erbbaurechts mit einem objektspezifisch angepassten Erbbaurechtsfaktor oder
3. durch Multiplikation des Werts des fiktiven Volleigentums mit einem objektspezifisch angepassten Erbbaurechtskoeffizienten.

Zur Ermittlung des objektspezifisch angepassten Erbbaurechtsfaktors und des objektspezifisch angepassten Erbbaurechtskoeffizienten ist das nach dem § 22 oder § 23 *ermittelte* Datum auf seine Eignung im Sinne des § 9 Absatz 1 Satz 1 zu prüfen und bei etwaigen *Abweichungen* nach Maßgabe des § 9 Absatz 1 Satz 2 und 3 an die Gegebenheiten des Wertermittlungsobjekts anzupassen.

(3) Der marktangepasste vorläufige Vergleichswert des Erbbaurechts entspricht nach Maßgabe des § 7 dem vorläufigen Vergleichswert des Erbbaurechts.

(4) Der Vergleichswert des Erbbaurechts ergibt sich aus dem marktangepassten vorläufigen Vergleichswert des Erbbaurechts und der Berücksichtigung vorhandener besonderer objektspezifischer Grundstücksmerkmale des Wertermittlungsobjekts.

§ 50
Finanzmathematischer Wert des Erbbaurechts

(1) Ausgangsgröße für die Ermittlung des finanzmathematischen Werts des Erbbaurechts ist der Wert des fiktiven Volleigentums im Sinne des § 49 Absatz 1 Satz 2.

(2) Der finanzmathematische Wert des Erbbaurechts wird ermittelt durch Bildung der Summe aus

1. dem Wert des fiktiven Volleigentums abzüglich des Bodenwerts des fiktiv unbelasteten Grundstücks und
2. der über die Restlaufzeit des Erbbaurechts kapitalisierten Differenz aus dem angemessenen und dem erzielbaren Erbbauzins oder ausnahmsweise der Differenz aus dem jeweils über die Restlaufzeit des Erbbaurechts kapitalisierten angemessenen und erzielbaren Erbbauzins.

Bei einer über die Restlaufzeit des Erbbaurechts hinausgehenden Restnutzungsdauer der baulichen Anlagen ist ergänzend zu Satz 1 der bei Zeitablauf nicht zu entschädigende Wertanteil der baulichen Anlagen abzuzinsen und abzuziehen.

(3) Der angemessene Erbbauzins wird in der Regel auf der Grundlage des angemessenen Erbbauzinssatzes und des Bodenwerts des Grundstücks, an dem das Erbbaurecht bestellt wird, ermittelt. Der angemessene Erbbauzinssatz ist der Zinssatz, der sich bei Neubestellung von Erbbaurechten der betroffenen Grundstücksart am Wertermittlungsstichtag im gewöhnlichen Geschäftsverkehr ergibt oder ein anderer geeigneter Zinssatz.

(4) Der erzielbare Erbbauzins ist der Betrag, der sich aus dem im Erbbaurechtsvertrag vereinbarten Erbbauzins unter Berücksichtigung vertraglich vereinbarter und gesetzlich zulässiger Anpassungsmöglichkeiten ergibt.

§ 51
Vergleichswertverfahren für das Erbbaugrundstück

(1) Im Vergleichswertverfahren kann der Wert des Erbbaugrundstücks insbesondere ermittelt werden

1. aus Vergleichspreisen für veräußerte Erbbaugrundstücke,
2. ausgehend von dem nach § 52 zu ermittelnden finanzmathematischen Wert des Erbbaugrundstücks oder
3. ausgehend vom Bodenwert des fiktiv unbelasteten Grundstücks.

(2) Der vorläufige Vergleichswert des Erbbaugrundstücks kann insbesondere ermittelt werden

1. auf Grundlage einer statistischen Auswertung einer ausreichenden Anzahl von Vergleichspreisen für Erbbaugrundstücke,
2. durch Multiplikation des finanzmathematischen Werts des Erbbaugrundstücks mit einem objektspezifisch angepassten Erbbaugrundstücksfaktor oder
3. durch Multiplikation des Bodenwerts des fiktiv unbelasteten Grundstücks mit einem objektspezifisch angepassten Erbbaugrundstückskoeffizienten.

Für die Ermittlung des objektspezifisch angepassten Erbbaugrundstücksfaktors und des objektspezifisch angepassten Erbbaugrundstückskoeffizienten gilt § 49 Absatz 2 Satz 2 entsprechend.

(3) Der marktangepasste vorläufige Vergleichswert des Erbbaugrundstücks entspricht nach Maßgabe des § 7 dem vorläufigen Vergleichswert des Erbbaugrundstücks.

(4) Der Vergleichswert des Erbbaugrundstücks ergibt sich aus dem marktangepassten vorläufigen Vergleichswert des Erbbaugrundstücks und der Berücksichtigung vorhandener besonderer objektspezifischer Grundstücksmerkmale des Wertermittlungsobjekts.

§ 52
Finanzmathematischer Wert des Erbbaugrundstücks

(1) Ausgangsgröße für die Ermittlung des finanzmathematischen Werts des Erbbaugrundstücks ist der Bodenwert des fiktiv unbelasteten Grundstücks.

(2) Der finanzmathematische Wert des Erbbaugrundstücks wird ermittelt durch Bildung der Summe aus

1. dem über die Restlaufzeit des Erbbaurechts abgezinsten Bodenwert des fiktiv unbelasteten Grundstücks und
2. dem über die Restlaufzeit des Erbbaurechts kapitalisierten erzielbaren Erbbauzins im Sinne des § 50 Absatz 4.

Bei einer über die Restlaufzeit hinausgehenden Restnutzungsdauer der baulichen Anlagen ist ergänzend zu Satz 1 der bei Zeitablauf nicht zu entschädigende Wertanteil der baulichen und sonstigen Anlagen abzuzinsen und hinzuzuaddieren.

Teil 5
Schlussvorschriften

§ 53
Übergangsregelungen

(1) Bei Verkehrswertgutachten, die ab dem 1. Januar 2022 erstellt werden, ist unabhängig vom Wertermittlungsstichtag diese Verordnung anzuwenden.

(2) Bis zum Ablauf des 31. Dezember 2024 kann bei Ermittlung der sonstigen für die Wertermittlung erforderlichen Daten die Gesamtnutzungsdauer abweichend von § 12 Absatz 5 Satz 1 und Anlage 1 festgelegt sowie die Restnutzungsdauer abweichend von § 12 Absatz 5 Satz 1 und Anlage 2 ermittelt werden.

§ 54
Inkrafttreten, Außerkrafttreten

Diese Verordnung tritt am 1. Januar 2022 in Kraft. Gleichzeitig tritt die Immobilienwertermittlungsverordnung vom 19. Mai 2010 (BGBl. I S. 639), die durch Artikel 16 des Gesetzes vom 26. November 2019 (BGBl. I S. 1794) geändert worden ist, außer Kraft.

Schlussformel

Der Bundesrat hat zugestimmt.

Anlagen

Anlage 1 (zu § 12 Absatz 5 Satz 1)

Modellansätze für die Gesamtnutzungsdauer

(Fundstelle: BGBl. I 2021, 2819)

Zur Festlegung der Gesamtnutzungsdauer sind bei Ermittlung der sonstigen für die Wertermittlung erforderlichen Daten die nachfolgenden Modellansätze zugrunde zu legen.

Art der baulichen Anlage	Gesamtnutzungsdauer
freistehende Ein- und Zweifamilienhäuser, Doppelhäuser, Reihenhäuser	80 Jahre
Mehrfamilienhäuser	80 Jahre
Wohnhäuser mit Mischnutzung	80 Jahre
Geschäftshäuser	60 Jahre
Bürogebäude, Banken	60 Jahre
Gemeindezentren, Saalbauten, Veranstaltungsgebäude	40 Jahre
Kindergärten, Schulen	50 Jahre
Wohnheime, Alten- und Pflegeheime	50 Jahre
Krankenhäuser, Tageskliniken	40 Jahre
Beherbergungsstätten, Verpflegungseinrichtungen	40 Jahre
Sporthallen, Freizeitbäder, Heilbäder	40 Jahre
Verbrauchermärkte, Autohäuser	30 Jahre
Kauf- und Warenhäuser	50 Jahre
Einzelgaragen	60 Jahre
Tief- und Hochgaragen als Einzelbauwerk	40 Jahre
Betriebs- und Werkstätten, Produktionsgebäude	40 Jahre
Lager- und Versandgebäude	40 Jahre
Landwirtschaftliche Betriebsgebäude	30 Jahre

Für nicht aufgeführte Arten baulicher Anlagen ist die Gesamtnutzungsdauer aus der Gesamtnutzungsdauer vergleichbarer baulicher Anlagen abzuleiten.

Anlage 2 (zu § 12 Absatz 5 Satz 1)

Modell zur Ermittlung der Restnutzungsdauer von Wohngebäuden bei Modernisierungen

(Fundstelle: BGBl. I 2021, 2820 - 2821)

Bei Ermittlung der sonstigen für die Wertermittlung erforderlichen Daten ist zur Ermittlung der Restnutzungsdauer von Wohngebäuden im Fall von Modernisierungen das nachfolgend beschriebene Modell zugrunde zu legen.

Die Verwendung des nachfolgenden Modells ersetzt nicht die erforderliche sachverständige Würdigung des Einzelfalls.

I. Ermittlung der Modernisierungspunktzahl

Die Modernisierungspunktzahl kann durch Punktevergabe für einzelne Modernisierungselemente nach Nummer 1 oder durch sachverständige Einschätzung des Modernisierungsgrades nach Nummer 2 ermittelt werden.

1. Punktevergabe für einzelne Modernisierungselemente

Auf der Grundlage der nachfolgenden Tabelle 1 sind unter Berücksichtigung der zum Stichtag oder der kurz vor dem Stichtag durchgeführten Modernisierungsmaßnahmen entsprechende Punkte für Modernisierungselemente zu vergeben. Aus den für die einzelnen Modernisierungselemente vergebenen Punkten ist eine Gesamtpunktzahl für die Modernisierung (Modernisierungspunkte) zu bilden.

Liegen die Maßnahmen weiter zurück, ist zu prüfen, ob nicht weniger als die maximal zu vergebenden Punkte anzusetzen sind. Wenn nicht modernisierte Bauelemente noch zeitgemäßen Ansprüchen genügen, sind mit einer Modernisierung vergleichbare Punkte zu vergeben.

Modernisierungselemente	Maximal zu vergebende Punkte
Dacherneuerung inklusive Verbesserung der Wärmedämmung	4
Modernisierung der Fenster und Außentüren	2
Modernisierung der Leitungssysteme (Strom, Gas, Wasser, Abwasser)	2
Modernisierung der Heizungsanlage	2
Wärmedämmung der Außenwände	4
Modernisierung von Bädern	2
Modernisierung des Innenausbaus, z. B. Decken, Fußböden, Treppen	2
Wesentliche Verbesserung der Grundrissgestaltung	2

Tabelle 1: einzelne Modernisierungselemente mit den maximal zu vergebenden Punkten.

2. Sachverständige Einschätzung des Modernisierungsgrades

Auf der Grundlage einer sachverständigen Einschätzung des Modernisierungsgrades kann aufgrund der Tabelle 2 eine Gesamtpunktzahl für die Modernisierung ermittelt werden.

Modernisierungsgrad	Modernisierungs-punktzahl
nicht modernisiert	0 bis 1 Punkt
kleine Modernisierungen im Rahmen der Instandhaltung	2 bis 5 Punkte
mittlerer Modernisierungsgrad	6 bis 10 Punkte
überwiegend modernisiert	11 bis 17 Punkte
umfassend modernisiert	18 bis 20 Punkte

Tabelle 2: Ermittlung des Modernisierungsgrades.

II. Ermittlung der Restnutzungsdauer bei Modernisierungen

1. Allgemeines

Aus der nach I. ermittelten Modernisierungspunktzahl ergibt sich die Restnutzungsdauer der baulichen Anlage unter Nutzung der Formel unter II.2 auf der Grundlage der zugrunde gelegten Gesamtnutzungsdauer und des Alters der baulichen Anlage.

Davon abweichend kann die Restnutzungsdauer bei kernsanierten Objekten bis zu 90 Prozent der jeweiligen Gesamtnutzungsdauer betragen. Durch eine Kernsanierung wird das Gebäude in einen Zustand versetzt, der nahezu einem neuen Gebäude entspricht. Bei einer Kernsanierung ist als Baujahr das Jahr der fachgerechten Sanierung zugrunde zu legen. Die teilweise noch verbliebene alte Bausubstanz oder der von neuen Gebäuden abweichende Zustand z. B. des Kellers ist durch einen Abschlag zu berücksichtigen.

2. Formel zur Ermittlung der Restnutzungsdauer

Der Ermittlung der Restnutzungsdauer im Fall von Modernisierungen liegt ein theoretischer Modellansatz zugrunde. Das Modell geht davon aus, dass die Restnutzungsdauer (RND) auf maximal 70 Prozent der jeweiligen Gesamtnutzungsdauer (GND) gestreckt und nach der folgenden Formel berechnet wird:

$$RND = a \times \frac{Alter^2}{GND} - b \times Alter + c \times GND$$

Für die Variablen a, b und c sind die Werte der Tabelle 3 zu verwenden. Dabei ist zu beachten, dass Modernisierungen erst ab einem bestimmten Alter der baulichen Anlagen Auswirkungen auf die Restnutzungsdauer haben. Aus diesem Grund ist die Formel in Abhängigkeit von der anzusetzenden Gesamtnutzungsdauer erst ab einem bestimmten Alter (relatives Alter) anwendbar.

Das relative Alter wird nach der folgenden Formel ermittelt:

$$\frac{Alter}{GND} \times 100\ \%$$

Liegt das relative Alter unterhalb des in der Tabelle 3 angegebenen Wertes, gilt für die Ermittlung der Restnutzungsdauer die Formel:

$$RND = GND - Alter$$

Modernisierungs-punkte	a	b	c	ab einem relativen Alter von
0	1,2500	2,6250	1,5250	60 %
1	1,2500	2,6250	1,5250	60 %
2	1,0767	2,2757	1,3878	55 %
3	0,9033	1,9263	1,2505	55 %
4	0,7300	1,5770	1,1133	40 %
5	0,6725	1,4578	1,0850	35 %
6	0,6150	1,3385	1,0567	30 %
7	0,5575	1,2193	1,0283	25 %
8	0,5000	1,1000	1,0000	20 %
9	0,4660	1,0270	0,9906	19 %
10	0,4320	0,9540	0,9811	18 %
11	0,3980	0,8810	0,9717	17 %
12	0,3640	0,8080	0,9622	16 %
13	0,3300	0,7350	0,9528	15 %
14	0,3040	0,6760	0,9506	14 %
15	0,2780	0,6170	0,9485	13 %
16	0,2520	0,5580	0,9463	12 %
17	0,2260	0,4990	0,9442	11 %
18	0,2000	0,4400	0,9420	10 %
19	0,2000	0,4400	0,9420	10 %
20	0,2000	0,4400	0,9420	10 %

Tabelle 3: Angabe der Variablen a, b, c und des relativen Alters für die Anwendung der Formel zur Ermittlung der Restnutzungsdauer.

Anlage 3 (zu § 12 Absatz 5 Satz 2)

Modellansätze für Bewirtschaftungskosten

(Fundstelle: BGBl. I 2021, 2822 - 2823)

Bei Ermittlung der Liegenschaftszinssätze sind die nachfolgenden Modellansätze zugrunde zu legen.

I. Bewirtschaftungskosten für Wohnnutzung

1. Verwaltungskosten (Stand 1. Januar 2021)

298 Euro	jährlich je Wohnung bzw. je Wohngebäude bei Ein- und Zweifamilienhäusern
357 Euro	jährlich je Eigentumswohnung
39 Euro	jährlich je Garage oder ähnlichem Einstellplatz

Die vorstehend genannten Werte gelten für das Jahr 2021. Für Wertermittlungsstichtage in den Folgejahren sind sie wie unter III. dargestellt anzupassen.

2. Instandhaltungskosten (Stand 1. Januar 2021)

11,70 Euro	jährlich je Quadratmeter Wohnfläche, wenn die Schönheitsreparaturen von den Mietern getragen werden
88 Euro	jährlich je Garage oder ähnlichem Einstellplatz einschließlich der Kosten für Schönheitsreparaturen

Die vorstehend genannten Beträge gelten für das Jahr 2021. Für Wertermittlungsstichtage in den Folgejahren sind die Beträge wie unter III. dargestellt anzupassen.

3. Mietausfallwagnis

2 Prozent	des marktüblich erzielbaren Rohertrags bei Wohnnutzung

II. Bewirtschaftungskosten für gewerbliche Nutzung

1. Verwaltungskosten

3 Prozent	des marktüblich erzielbaren Rohertrags bei reiner und gemischter gewerblicher Nutzung

2. Instandhaltungskosten

Den Instandhaltungskosten für gewerbliche Nutzung wird jeweils ein Prozentsatz der Instandhaltungskosten für Wohnnutzung zugrunde gelegt.

100 Prozent	für gewerbliche Nutzung wie z. B. Büros, Praxen, Geschäfte und vergleichbare Nutzungen bzw. gewerblich genutzte Objekte mit vergleichbaren Baukosten, wenn der Vermieter die Instandhaltung für „Dach und Fach“ trägt
50 Prozent	für gewerbliche Nutzung wie z. B. SB-Verbrauchermärkte und vergleichbare Nutzungen bzw. gewerblich genutzte Objekte mit vergleichbaren Baukosten, wenn der Vermieter die Instandhaltung für „Dach und Fach“ trägt
30 Prozent	für gewerbliche Nutzung wie z. B. Lager-, Logistik- und Produktionshallen und vergleichbare Nutzungen bzw. gewerblich genutzte Objekte mit vergleichbaren Baukosten, wenn der Vermieter die Instandhaltung für „Dach und Fach“ trägt

3. Mietausfallwagnis

4 Prozent	des marktüblich erzielbaren Rohertrags bei reiner bzw. gemischter gewerblicher Nutzung

III. Jährliche Anpassung

Die Anpassung der Werte nach den Nummern I.1 und I.2 erfolgt jährlich auf der Grundlage der in Satz 3 genannten Basiswerte mit dem Prozentsatz, um den sich der vom Statistischen Bundesamt festgestellte Verbraucherpreisindex für Deutschland für den Monat Oktober 2001 gegenüber demjenigen für den Monat Oktober des Jahres, das dem Stichtag der Ermittlung des Liegenschaftszinssatzes vorausgeht, erhöht oder verringert hat. Die Werte für die Instandhaltungskosten pro m^2 sind auf eine Nachkommastelle und bei den Instandhaltungskosten pro Garage oder ähnlichem Einstellplatz sowie bei Verwaltungskosten kaufmännisch auf den vollen Euro zu runden.

Es wird von folgenden Basiswerten für die Verwaltungs- und Instandhaltungskosten ausgegangen:

1. Verwaltungskosten

230 Euro	jährlich je Wohnung bzw. je Wohngebäude bei Ein- und Zweifamilienhäusern
275 Euro	jährlich je Eigentumswohnung
30 Euro	jährlich je Garage oder ähnlichem Einstellplatz

2. Instandhaltungskosten

9,00 Euro	jährlich je Quadratmeter Wohnfläche, wenn die Schönheitsreparaturen von den Mietern getragen werden
68 Euro	jährlich je Garage oder ähnlichem Einstellplatz einschließlich der Kosten für Schönheitsreparaturen

Anlage 4 (zu § 12 Absatz 5 Satz 3)

Normalherstellungskosten 2010 (NHK 2010)

Verordnung über die Grundsätze für die Ermittlung der Verkehrswerte von Immobilien und der für die Wertermittlung erforderlichen Daten (Immobilienwertermittlungsverordnung – ImmoWertV)

(Fundstelle: BGBl. I 2021, 2824 - 2855)

I. Grundlagen

1. Allgemeines

(1) Bei Ermittlung der Sachwertfaktoren sind der Ermittlung der durchschnittlichen Herstellungskosten die Modellkosten dieser Anlage zugrunde zu legen.

(2) Die Kostenkennwerte der Normalherstellungskosten 2010 nach Nummer II beziehen sich auf eine Art der baulichen Anlage (Gebäudeart) unter Berücksichtigung einer Standardstufe. Die Zuordnung des Wertermittlungsobjekts zu einer Gebäudeart erfolgt aufgrund seiner Nutzung. Die Zuordnung zu einer Standardstufe erfolgt nach Nummer III aufgrund seiner Standardmerkmale; dabei sind zur Ermittlung eines zutreffenden Kostenkennwerts alle wertrelevanten Standardmerkmale des Wertermittlungsobjekts sachverständig einzustufen, auch wenn sie nicht in Nummer III beschrieben sind.

(3) Die Normalherstellungskosten 2010 erfassen die Kostengruppen 300 und 400 der DIN 2761 , die Umsatzsteuer und die üblicherweise entstehenden Baunebenkosten (Kostengruppen 730 und 771 der DIN 276[1]), insbesondere Kosten für Planung, Baudurchführung, behördliche Prüfungen und Genehmigungen. Darüber hinaus enthalten sie weitere Angaben zur Höhe der eingerechneten Baunebenkosten, teilweise Korrekturfaktoren zur Anpassung des jeweiligen Kostenkennwerts wegen der speziellen Merkmale des Wertermittlungsobjekts sowie teilweise weitergehende Erläuterungen.

(4) Die Kostenkennwerte der Normalherstellungskosten sind in Euro pro Quadratmeter Grundfläche angegeben. Sie sind bezogen auf den im Jahresdurchschnitt bestehenden Kostenstand des Jahres 2010.

2. Brutto-Grundfläche

(1) Die Brutto-Grundfläche (BGF) ist die Summe der bezogen auf die jeweilige Gebäudeart marktüblich nutzbaren Grundflächen aller Grundrissebenen eines Bauwerks. Für die Ermittlung der Brutto-Grundfläche ist die DIN 2772 anzuwenden, deren Vorgaben für die Anwendung der Normalherstellungskosten durch die nachfolgenden Absätze teilweise ergänzt werden.

(2) In Anlehnung an die DIN 277[2] sind bei den Grundflächen folgende Bereiche zu unterscheiden:

a) Bereich a: überdeckt und allseitig in voller Höhe umschlossen,

b) Bereich b: überdeckt, jedoch nicht allseitig in voller Höhe umschlossen,

c) Bereich c: nicht überdeckt.

Für die Ermittlung der Brutto-Grundfläche sind nur die Grundflächen der Bereiche a und b zu berücksichtigen. Balkone, einschließlich überdeckter Balkone, sind dem Bereich c zuzuordnen.

(3) Für die Ermittlung der Brutto-Grundfläche sind die äußeren Maße der Baukonstruktionen einschließlich Bekleidung in Höhe der Oberseite der Boden- oder Deckenbeläge anzusetzen.

(4) Nicht zur Brutto-Grundfläche gehören beispielsweise Flächen von neben dem Dachgeschoss bestehenden weiteren untergeordneten Ebenen innerhalb des Dachraums (Spitzböden), Flächen von Kriechkellern, Flächen, die ausschließlich der Wartung, Inspektion und Instandsetzung von Baukonstruktionen und technischen Anlagen dienen, sowie Flächen unter konstruktiven Hohlräumen, zum Beispiel über abgehängten Decken.

(5) Im Dachgeschoss richtet sich die Anrechenbarkeit der Grundflächen nach ihrer Nutzbarkeit. Ausreichend ist, wenn eine untergeordnete Nutzung möglich ist, die beispielsweise als Lager- und Abstellraum der Hauptnutzung dient (eingeschränkte Nutzbarkeit). Die Nutzbarkeit von Dachgeschossen setzt eine lichte Höhe von circa 1,25 Metern und ihre Begehbarkeit voraus; eine Begehbarkeit setzt eine feste Decke und die Zugänglichkeit voraus, wobei sich die Art der Zugänglichkeit nach der Intensität der Nutzung richtet. Nicht nutzbare Dachgeschossebenen sind nicht anzurechnen.

3. Besonderheiten und Grad der wirtschaftlichen Nutzbarkeit bei freistehenden Ein- und Zweifamilienhäusern, Doppelhäusern und Reihenhäusern

(1) Freistehende Ein- und Zweifamilienhäuser, Doppelhäuser und Reihenhäuser mit nicht nutzbaren Grundrissebenen im Dachraum sind der Gebäudeart mit Flachdach oder flach geneigtem Dach zuzuordnen.

(2) Trotz gleicher Brutto-Grundfläche können sich bei freistehenden Ein- und Zweifamilienhäusern, Doppelhäusern und Reihenhäusern mit ausgebautem oder ausbaufähigem Dachgeschoss im Sinne der Absätze 3 und 4 Unterschiede hinsichtlich des Grades der wirtschaftlichen Nutzbarkeit ergeben, die insbesondere auf Unterschieden der Dachkonstruktion, der Gebäudegeometrie und der Giebelhöhe beruhen können.

(3) Bei Gebäuden mit nicht ausgebautem Dachgeschoss ist zu unterscheiden zwischen

a) Gebäuden mit Dachgeschossen, die nicht zu einer Wohnnutzung als Hauptnutzung ausbaubar sind, jedoch im Unterschied zur Gebäudeart mit Flachdach oder flach geneigten Dach eine untergeordnete Nutzung zulassen (nicht ausbaufähig) und

b) Gebäuden mit Dachgeschossen, die für eine Wohnnutzung als Hauptnutzung ausbaubar sind.

Bei nicht ausgebauten Dachgeschossen, die nicht im Sinne des Satzes 1 Buchstabe a ausbaufähig sind, ist in der Regel ein Abschlag vom Kostenkennwert anzusetzen.

(4) Bei Gebäuden mit ausgebautem Dachgeschoss bestimmt sich der Grad der wirtschaftlichen Nutzbarkeit des Dachgeschosses insbesondere nach dem Verhältnis der vorhandenen Wohnfläche zur Grundfläche. Die Wohnfläche ist im Wesentlichen abhängig von Dachneigung, Giebelbreite und Drempelhöhe. Ein fehlender Drempel ist in der Regel durch Abschläge zu berücksichtigen. Ein ausgebauter Spitzboden im Sinne von Nummer 2 Absatz 4 ist in der Regel durch Zuschläge zu berücksichtigen.

(5) Ein teilweiser Ausbau des Dachgeschosses oder eine teilweise Unterkellerung können durch anteilige Heranziehung der jeweiligen Kostenkennwerte für die verschiedenen Gebäudearten berücksichtigt werden (Mischkalkulation).

1 DIN 276-1:2006-11, Kosten im Bauwesen - Teil 1: Hochbau. Das Normblatt ist bei der Beuth Verlag GmbH, 10772 Berlin, zu beziehen und ist bei dem Deutschen Patentamt archivmäßig gesichert niedergelegt.

2 DIN 277-1:2005-02, Grundflächen und Rauminhalte von Bauwerken im Hochbau – Teil 1: Begriffe, Ermittlungsgrundlagen. Das Normblatt ist bei der Beuth Verlag GmbH, 10772 Berlin, zu beziehen und ist bei dem Deutschen Patentamt archivmäßig gesichert niedergelegt.

Kostenkennwerte für

1.	freistehende Ein- und Zweifamilienhäuser Doppel- und Reihenendhäuser Reihenmittelhäuser
2.	Mehrfamilienhäuser
3.	Wohnhäuser mit Mischnutzung, Banken und Geschäftshäuser
4.	Bürogebäude
5.	Gemeindezentren, Saalbauten, Veranstaltungsgebäude
6.	Kindergärten, Schulen
7.	Wohnheime, Alten- oder Pflegeheime
8.	Krankenhäuser, Tageskliniken
9.	Beherbergungsstätten, Verpflegungseinrichtungen
10.	Sporthallen, Freizeitbäder oder Heilbäder
11.	Verbrauchermärkte, Kauf- oder Warenhäuser, Autohäuser
12.	Garagen
13.	Betriebs- oder Werkstätten, Produktionsgebäude
14.	Lagergebäude
15.	sonstige Gebäude (Museen, Theater, Sakralbauten, Friedhofsgebäude)

landwirtschaftliche Betriebsgebäude

Reithalien, Pferdeställe

16.	Reithallen
17.	Pferdeställe

Rinderställe, Melkhäuser

18.	Kälberställe
19.	Jungvieh-, Mastbullen- oder Milchviehställe ohne Melkstand und Warteraum
20.	Milchviehställe mit Melkstand und Milchlager
21.	Melkhäuser mit Milchlager und Nebenräumen als Einzelgebäude ohne Warteraum und Selektion

Schweineställe

22.	Ferkelaufzuchtställe
23.	Mastschweineställe
24.	Zuchtschweineställe, Deck-, Warte- oder Abferkelbereich
25.	Abferkelstall als Einzelgebäude

Geflügelställe

26.	Mastgeflügel, Bodenhaltung (Hähnchen, Puten, Gänse)
27.	Legehennen, Bodenhaltung
28.	Legehennen, Volierenhaltung
29.	Legehennen, Kleingruppenhaltung, ausgestalteter Käfig

sonstige bauliche Anlagen

30.	landwirtschaftliche Mehrzweckhallen
31.	Außenanlagen zu allen landwirtschaftlichen Betriebsgebäuden

1. Kostenkennwerte für freistehende Ein- und Zweifamilienhäuser, Doppelhäuser, Reihenhäuser[1]

Keller-, Erdgeschoss		Dachgeschoss voll ausgebaut						Dachgeschoss nicht ausgebaut						Flachdach oder flach geneigtes Dach				
Standardstufe		1	2	3	4	5		1	2	3	4	5		1	2	3	4	5
freistehende Einfamilienhäuser[2]	1.01	655	725	835	1005	1260	1.02	545	605	695	840	1050	1.03	705	785	900	1085	1360
Doppel- und Reihenendhäuser	2.01	615	685	785	945	1180	2.02	515	570	655	790	985	2.03	665	735	845	1020	1275
Reihenmittelhäuser	3.01	575	640	735	885	1105	3.02	480	535	615	740	925	3.03	620	690	795	955	1195

Keller-, Erd-, Obergeschoss		Dachgeschoss voll ausgebaut						Dachgeschoss nicht ausgebaut						Flachdach oder flach geneigtes Dach				
Standardstufe		1	2	3	4	5		1	2	3	4	5		1	2	3	4	5
freistehende Einfamilienhäuser[2]	1.11	655	725	835	1005	1260	1.12	570	635	730	880	1100	1.13	665	740	850	1025	1285
Doppel- und Reihenendhäuser	2.11	615	685	785	945	1180	2.12	535	595	685	825	1035	2.13	625	695	800	965	1205
Reihenmittelhäuser	3.11	575	640	735	885	1105	3.12	505	560	640	775	965	3.13	585	650	750	905	1130

Erdgeschoss, nicht unterkellert		Dachgeschoss voll ausgebaut						Dachgeschoss nicht ausgebaut						Flachdach oder flach geneigtes Dach				
Standardstufe		1	2	3	4	5		1	2	3	4	5		1	2	3	4	5
freistehende Einfamilienhäuser[2]	1.21	790	875	1005	1215	1515	1.22	585	650	745	900	1125	1.23	920	1025	1180	1420	1775
Doppel- und Reihenendhäuser	2.21	740	825	945	1140	1425	2.22	550	610	700	845	1055	2.23	865	965	1105	1335	1670
Reihenmittelhäuser	3.21	695	770	885	1065	1335	3.22	515	570	655	790	990	3.23	810	900	1035	1250	1560

Erd-, Obergeschoss, nicht unterkellert		Dachgeschoss voll ausgebaut						Dachgeschoss nicht ausgebaut						Flachdach oder flach geneigtes Dach				
Standardstufe		1	2	3	4	5		1	2	3	4	5		1	2	3	4	5
freistehende Einfamilienhäuser[2]	1.31	720	800	920	1105	1385	1.32	620	690	790	955	1190	1.33	785	870	1000	1205	1510
Doppel- und Reihenendhäuser	2.31	675	750	865	1040	1300	2.32	580	645	745	895	1120	2.33	735	820	940	1135	1415
Reihenmittelhäuser	3.31	635	705	810	975	1215	3.32	545	605	695	840	1050	3.33	690	765	880	1060	1325

[1] einschließlich Baunebenkosten in Höhe von 17%

[2] Korrekturfaktor für freistehende Zweifamilienhäuser: 1,05

2. Kostenkennwerte für Mehrfamilienhäuser[3]

			Standardstufe		
			3	4	5
	4.1	Mehrfamilienhäuser[4 5] mit bis zu 6 WE	825	985	1 190
	4.2	Mehrfamilienhäuser[4 5] mit 7 bis 20 WE	765	915	1 105
	4.3	Mehrfamilienhäuser[4 5] mit mehr als 20 WE	755	900	1 090

[3] einschließlich Baunebenkosten in Höhe von	Gebäudeart	4.1 – 4.3	19 %
[4] Korrekturfaktoren für die Wohnungsgröße	ca. 35 m² WF/WE ca. 50 m² WF/WE ca. 135 m² WF/WE	= 1,10 = 1,00 = 0,85	
[5] Korrekturfaktoren für die Grundrissart	Einspänner Zweispänner Dreispänner Vierspänner	= 1,05 = 1,00 = 0,97 = 0,95	

3. Kostenkennwerte für Wohnhäuser mit Mischnutzung, Banken und Geschäftshäuser[6]

			Standardstufe		
			3	4	5
	5.1	Wohnhäuser mit Mischnutzung7 8 9	860	1 085	1 375
	5.2	Banken und Geschäftshäuser mit Wohnungen10	890	1 375	1 720
	5.3	Banken und Geschäftshäuser ohne Wohnungen	930	1 520	1 900

[6] einschließlich Baunebenkosten in Höhe von	Gebäudeart Gebäudeart	5.1 5.2 – 5.3	18 % 22 %
[7] Korrekturfaktoren für die Wohnungsgröße	ca. 35 m² WF/WE ca. 50 m² WF/WE ca. 135 m² WF/WE	= 1,10 = 1,00 = 0,85	
[8] Korrekturfaktoren für die Grundrissart	Einspänner Zweispänner Dreispänner Vierspänner	= 1,05 = 1,00 = 0,97 = 0,95	

[9] Wohnhäuser mit Mischnutzung sind Gebäude mit überwiegend Wohnnutzung und einem geringen gewerblichen Anteil. Anteil der Wohnfläche ca. 75 %. Bei deutlich abweichenden Nutzungsanteilen ist eine Ermittlung durch Gebäudemix sinnvoll.

[10] Geschäftshäuser sind Gebäude mit überwiegend gewerblicher Nutzung und einem geringen Wohnanteil. Anteil der Wohnfläche ca. 20 – 25 %.

4. Kostenkennwerte für Bürogebäude[11]

		Standardstufe		
		3	4	5

	6.1	Bürogebäude, Massivbau	1 040	1 685	1 900
	6.2	Bürogebäude, Stahlbetonskelettbau	1 175	1 840	2 090

[11] einschließlich Baunebenkosten in Höhe von	Gebäudeart	6.1 – 6.2	18 %

5. Kostenkennwerte für Gemeindezentren, Saalbauten, Veranstaltungsgebäude[12]

			Standardstufe			
			3	4	5	
	7.1	Gemeindezentren	1 130	1 425	1 905	
	7.2	Saalbauten/Veranstaltungsgebäude	1 355	1 595	2 085	

[12]

einschließlich Baunebenkosten in Höhe von	Gebäudeart	7.1 – 7.2	18 %

6. Kostenkennwerte für Kindergärten, Schulen[13]

			Standardstufe		
			3	4	5
	8.1	Kindergärten	1 300	1 495	1 900
	8.2	Allgemeinbildende Schulen, Berufsbildende Schulen	1 450	1 670	2 120
	8.3	Sonderschulen	1 585	1 820	2 315

[13] einschließlich Baunebenkosten in Höhe von	Gebäudeart Gebäudeart Gebäudeart	8.1 8.2 8.3	20 % 21 % 17 %

7. Kostenkennwerte für Wohnheime, Alten- oder Pflegeheime[14]

			Standardstufe		
			3	4	5
	9.1	Wohnheime/Internate	1 000	1 225	1 425
	9.2	Alten-/Pflegeheime	1 170	1 435	1 665

[14] einschließlich Baunebenkosten in Höhe von	Gebäudeart	9.1 – 9.2	18 %

8. Kostenkennwerte für Krankenhäuser, Tageskliniken[15]

			Standardstufe		
			3	4	5
	10.1	Krankenhäuser/Kliniken	1 720	2 080	2 765
	10.2	Tageskliniken/Ärztehäuser	1 585	1 945	2 255

[15] einschließlich Baunebenkosten in Höhe von	Gebäudeart	10.1 – 10.2	21 %

9. Kostenkennwerte für Beherbergungsstätten, Verpflegungseinrichtungen[16]

		Standardstufe		
		3	4	5

	11.1	Hotels	1 385	1 805	2 595

[16] einschließlich Baunebenkosten in Höhe von	Gebäudeart	11.1	21 %

10. Kostenkennwerte für Sporthallen, Freizeitbäder oder Heilbäder[17]

			Standardstufe		
			3	4	5
	12.1	Sporthallen (Einfeldhallen)	1 320	1 670	1 955
	12.2	Sporthallen (Dreifeldhallen/Mehrzweckhallen)	1 490	1 775	2 070
	12.3	Tennishallen	1 010	1 190	1 555
	12.4	Freizeitbäder/Heilbäder	2 450	2 985	3 840

[17] einschließlich Baunebenkosten in Höhe von	Gebäudeart Gebäudeart Gebäudeart	12.1 + 12.3 12.2 12.4	17 % 19 % 24 %

11. Kostenkennwerte für Verbrauchermärkte, Kauf- oder Warenhäuser, Autohäuser[18]

			Standardstufe		
			3	4	5
	13.1	Verbrauchermärkte	720	870	1 020
	13.2	Kauf-/Warenhäuser	1 320	1 585	1 850
	13.3	Autohäuser ohne Werkstatt	940	1 240	1 480

[18] einschließlich Baunebenkosten in Höhe von	Gebäudeart Gebäudeart Gebäudeart	13.1 13.2 13.3	16 % 22 % 21 %

12. Kostenkennwerte für Garagen[19]

			Standardstufe		
			3	4	5
	14.1	Einzelgaragen/Mehrfachgaragen[20]	245	485	780
	14.2	Hochgaragen	480	655	780
	14.3	Tiefgaragen	560	715	850
	14.4	Nutzfahrzeuggaragen	530	680	810

[19] einschließlich Baunebenkosten in Höhe von	Gebäudeart Gebäudeart Gebäudeart	14.1 14.2 – 14.3 14.4	12 % 15 % 13 %

[20] Standardstufe 3: Fertiggaragen; Standardstufe 4: Garagen in Massivbauweise; Standardstufe 5: individuelle Garagen in Massivbauweise mit besonderen Ausführungen wie Ziegeldach, Gründach, Bodenbeläge, Fliesen o.ä., Wasser, Abwasser und Heizung

13. Kostenkennwerte für Betriebs- oder Werkstätten, Produktionsgebäude[21]

		Standardstufe		
		3	4	5
15.1	Betriebs-/Werkstätten, eingeschossig	970	1 165	1 430
15.2	Betriebs-/Werkstätten, mehrgeschossig ohne Hallenanteil	910	1 090	1 340
15.3	Betriebs-/Werkstätten, mehrgeschossig, hoher Hallenanteil	620	860	1 070
15.4	Industrielle Produktionsgebäude, Massivbauweise	950	1 155	1 440
15.5	Industrielle Produktionsgebäude, überwiegend Skelettbauweise	700	965	1 260

[21] einschließlich Baunebenkosten in Höhe von	Gebäudeart Gebäudeart	15.1 – 15.4 15.5	19 % 18 %

14. Kostenkennwerte für Lagergebäude[22]

		Standardstufe		
		3	4	5
16.1	Lagergebäude ohne Mischnutzung, Kaltlager	350	490	640
16.2	Lagergebäude mit bis zu 25 % Mischnutzung[23]	550	690	880
16.3	Lagergebäude mit mehr als 25 % Mischnutzung[23]	890	1 095	1 340

[22] einschließlich Baunebenkosten in Höhe von	Gebäudeart Gebäudeart Gebäudeart	16.1 16.2 16.3	16 % 17 % 18 %

[23] Lagergebäude mit Mischnutzung sind Gebäude mit einem überwiegenden Anteil an Lagernutzung und einem geringeren Anteil an anderen Nutzungen wie Büro, Sozialräume, Ausstellungs- oder Verkaufsflächen etc.

15. Kostenkennwerte für sonstige Gebäude (Museen, Theater, Sakralbauten, Friedhofsgebäude)[24]

		Standardstufe		
		3	4	5
17.1	Museen	1 880	2 295	2 670
17.2	Theater	2 070	2 625	3 680
17.3	Sakralbauten	1 510	2 060	2 335
17.4	Friedhofsgebäude	1 320	1 490	1 720

24 einschließlich Baunebenkosten in Höhe von	Gebäudeart Gebäudeart Gebäudeart Gebäudeart	17.1 17.2 17.3 17.4	18 % 22 % 16 % 19 %

16. Kostenkennwerte für Reithallen

18.1.1 Reithallen			
Standardstufe	3	4	5
300 Bauwerk – Baukonstruktion	215	235	280
400 Bauwerk – Technische Anlagen	20	25	30
Bauwerk	235	260	310
einschließlich Baunebenkosten in Höhe von	12 %		
Traufhöhe	5,00 m		
BGF/Nutzeinheit	–		
Korrekturfaktoren	Gebäudegröße BGF		
	500 m² 1,20		
	1 000 m² 1,00		
	1 500 m² 0,90		

17. Kostenkennwerte für Pferdeställe

18.1.2 Pferdeställe			
Standardstufe	3	4	5
300 Bauwerk – Baukonstruktion	310	450	535
400 Bauwerk – Technische Anlagen	55	70	90
Bauwerk	365	520	625
einschließlich Baunebenkosten in Höhe von	12 %		
Traufhöhe	3,50 m		
BGF/Nutzeinheit	15,00 – 20,00 m²/Tier		
Korrekturfaktoren	Gebäudegröße BGF		
	250 m² 1,20		
	500 m² 1,00		
	750 m² 0,90		

18. Kostenkennwerte für Kälberställe

18.2.1 Kälberställe			
Standardstufe	3	4	5
300 Bauwerk – Baukonstruktion	335	375	455
400 Bauwerk – Technische Anlagen	145	165	195
Bauwerk	480	540	650
einschließlich Baunebenkosten in Höhe von	12 %		

Traufhöhe	3,00 m	
BGF/Nutzeinheit	4,00 – 4,50 m²/Tier	
Korrekturfaktoren	Gebäudegröße BGF	Unterbau
	100 m² 1,20	Güllekanäle (Tiefe 1,00 m) 1,05
	150 m² 1,00	ohne Güllekanäle 1,00
	250 m² 0,90	

19. Kostenkennwerte für Jungvieh-, Mastbullen- oder Milchviehställe ohne Melkstand und Warteraum

18.2.2 Jungvieh-/Mastbullen-/Milchviehställe ohne Melkstand und Warteraum			
Standardstufe	3	4	5
300 Bauwerk – Baukonstruktion	235	260	310
400 Bauwerk – Technische Anlagen	55	65	80
Bauwerk	290	325	390
einschließlich Baunebenkosten in Höhe von	12 %		
Traufhöhe	4,00 m		
BGF/Nutzeinheit	6,50 – 10,50 m²/Tier		
Korrekturfaktoren	Gebäudegröße BGF	Unterbau	
	500 m² 1,20	Güllekanäle (Tiefe 1,00 m) 1,20	
	1 000 m² 1,00	ohne Güllekanäle 1,00	
	1 500 m² 0,90	Güllelagerraum (Tiefe 2,00 m) 1,40	

20. Kostenkennwerte für Milchviehställe mit Melkstand und Milchlager

18.2.3 Milchviehställe mit Melkstand und Milchlager			
Standardstufe	3	4	5
300 Bauwerk – Baukonstruktion	225	255	310
400 Bauwerk – Technische Anlagen	100	110	130
Bauwerk	325	365	440
einschließlich Baunebenkosten in Höhe von	12 %		
Traufhöhe	4,00 m		
BGF/Nutzeinheit	10,00 – 15,00 m²/Tier		

Korrekturfaktoren	Gebäudegröße BGF	Unterbau
	1 000 m² 1,20	Güllekanäle (Tiefe 1,00 m) 1,20
	1 500 m² 1,00	ohne Güllekanäle 1,00
	2 000 m² 0,90	Güllelagerraum (Tiefe 2,00 m) 1,40

21. Kostenkennwerte für Melkhäuser mit Milchlager und Nebenräumen als Einzelgebäude ohne Warteraum und Selektion

18.2.4 Melkhäuser mit Milchlager und Nebenräumen als Einzelgebäude ohne Warteraum und Selektion			
Standardstufe	3	4	5
300 Bauwerk – Baukonstruktion	700	780	935
400 Bauwerk – Technische Anlagen	470	520	625
Bauwerk	1 170	1 300	1 560
einschließlich Baunebenkosten in Höhe von	12 %		
Traufhöhe	3,00 m		
BGF/Nutzeinheit	–		
Korrekturfaktoren	Gebäudegröße BGF		
	100 m² 1,20		
	150 m² 1,00		
	250 m² 0,90		

22. Kostenkennwerte für Ferkelaufzuchtställe

18.3.1 Ferkelaufzuchtställe			
Standardstufe	3	4	5
300 Bauwerk – Baukonstruktion	300	330	395
400 Bauwerk – Technische Anlagen	155	175	215
Bauwerk	455	505	610
einschließlich Baunebenkosten in Höhe von	12 %		
Traufhöhe	3,00 m		
BGF/Nutzeinheit	0,45 – 0,65 m²/Tier		

Korrekturfaktoren	Gebäudegröße BGF	Unterbau
	400 m² 1,20	Güllekanäle (Tiefe 0,60 m) 1,10
	600 m² 1,00	ohne *Güllekanäle* 1,00
	800 m² 0,90	Güllelagerraum (Tiefe 1,50 m) 1,20

23. Kostenkennwerte für Mastschweineställe

18.3.2 Mastschweineställe			
Standardstufe	3	4	5
300 Bauwerk – Baukonstruktion	290	325	400
400 Bauwerk – Technische Anlagen	125	145	170
Bauwerk	415	470	570
einschließlich Baunebenkosten in Höhe von	12 %		
Traufhöhe	3,00 m		
BGF/Nutzeinheit	0,90 – 1,30 m²/Tier		
Korrekturfaktoren	Gebäudegröße BGF	Unterbau	
	750 m² 1,20	Güllekanäle (Tiefe 0,60 m) 1,10	
	1 250 m² 1,00	ohne *Güllekanäle* 1,00	
	2 000 m² 0,90	Güllelagerraum (Tiefe 1,50 m) 1,20	

24.Kostenkennwerte für Zuchtschweineställe, Deck-, Warte- oder Abferkelbereich

18.3.3 Zuchtschweineställe, Deck-/Warte-/Abferkelbereich			
Standardstufe	3	4	5
300 Bauwerk – Baukonstruktion	305	340	405
400 Bauwerk – Technische Anlagen	165	180	220
Bauwerk	470	520	625
einschließlich Baunebenkosten in Höhe von	12 %		
Traufhöhe	3,00 m		
BGF/Nutzeinheit	4,50 – 5,00 m²/Tier		

Korrekturfaktoren	Gebäudegröße BGF	Unterbau
	750 m² 1,20	Güllekanäle (Tiefe 0,60 m) 1,10
	1 250 m² 1,00	ohne Güllekanäle 1,00
	2 000 m² 0,90	Güllelagerraum (Tiefe 1,50 m) 1,20

25. Kostenkennwerte für Abferkelstall als Einzelgebäude

18.3.4 Abferkelstall als Einzelgebäude			
Standardstufe	3	4	5
300 Bauwerk – Baukonstruktion	320	350	420
400 Bauwerk – Technische Anlagen	205	235	280
Bauwerk	525	585	700
einschließlich Baunebenkosten in Höhe von	12 %		
Traufhöhe	3,00 m		
BGF/Nutzeinheit	6,30 – 6,50 m²/Tier		
Korrekturfaktoren	Gebäudegröße BGF	Unterbau	
	200 m² 1,20	Güllekanäle (Tiefe 0,60 m) 1,10	
	400 m² 1,00	ohne Güllekanäle 1,00	
	600 m² 0,90		

26. Kostenkennwerte für Mastgeflügel, Bodenhaltung (Hähnchen, Puten, Gänse)

18.4.1 Mastgeflügel, Bodenhaltung (Hähnchen, Puten, Gänse)			
Standardstufe	3	4	5
300 Bauwerk – Baukonstruktion	210	235	280
400 Bauwerk – Technische Anlagen	50	55	70
Bauwerk	260	290	350
einschließlich Baunebenkosten in Höhe von	12 %		
Traufhöhe	3,00 m		
BGF/Nutzeinheit	0,05 – 0,06 m²/Tier		
Korrekturfaktoren	Gebäudegröße BGF		
	1 000 m² 1,20		
	1 900 m² 1,00		
	3 800 m² 0,90		

27. Kostenkennwerte für Legehennen, Bodenhaltung

18.4.2 Legehennen, Bodenhaltung			
Standardstufe	3	4	5
300 Bauwerk - Baukonstruktion	290	325	390
400 Bauwerk - Technische Anlagen	130	145	170
Bauwerk	420	470	560
einschließlich Baunebenkosten in Höhe von	12 %		
Traufhöhe	3,00 m		
BGF/Nutzeinheit	0,15 – 0,20 m²/Tier		
Korrekturfaktoren	Gebäudegröße BGF	Unterbau	
	1 000 m² 1,20	Kotgrube (Tiefe 1,00 m) 1,10	
	2 500 m² 1,00		
	3 500 m² 0,90		

28. Kostenkennwerte für Legehennen, Volierenhaltung

18.4.3 Legehennen, Volierenhaltung			
Standardstufe	3	4	5
300 Bauwerk – Baukonstruktion	335	370	445
400 Bauwerk – Technische Anlagen	275	305	365
Bauwerk	610	675	810
einschließlich Baunebenkosten in Höhe von	12 %		
Traufhöhe	3,00 m		
BGF/Nutzeinheit	0,07 – 0,10 m²/Tier		
Korrekturfaktoren	Gebäudegröße BGF		
	500 m² 1,20		
	1 600 m² 1,00		
	2 200 m² 0,90		

29. Kostenkennwerte für Legehennen, Kleingruppenhaltung, ausgestalteter Käfig

18.4.4 Legehennen, Kleingruppenhaltung, ausgestalteter Käfig			
Standardstufe	3	4	5
300 Bauwerk – Baukonstruktion	340	370	450
400 Bauwerk – Technische Anlagen	335	370	445
Bauwerk	675	740	895
einschließlich Baunebenkosten in Höhe von	12%		
Traufhöhe	3,00 m		
BGF/Nutzeinheit	0,05 – 0,07 m²/Tier		

Korrekturfaktoren	Gebäudegröße BGF		
	500 m² 1,20		
	1 200 m² 1,00		
	1 500 m² 0,90		

30. Kostenkennwerte für landwirtschaftliche Mehrzweckhallen

18.5 Landwirtschaftliche Mehrzweckhallen			
Standardstufe	3	4	5
300 Bauwerk – Baukonstruktion	230	255	330
400 Bauwerk – Technische Anlagen	15	15	20
Bauwerk	245	270	350
einschließlich Baunebenkosten in Höhe von	11 %		
Traufhöhe	5,00 m		
BGF/Nutzeinheit	–		
Korrekturfaktoren	Gebäudegröße BGF	Unterbau	
	250 m² 1,20	Remise (ohne Betonboden) 0,80	
	800 m² 1,00		
	1 500 m² 0,90		

31. Kostenkennwerte für Außenanlagen zu allen landwirtschaftlichen Betriebsgebäuden

Raufutter-Fahrsilo	60–100	€/m³ Nutzraum
Kraftfutter-Hochsilo	170–350	€/m³ Nutzraum
Fertigfutter-Hochsilo	170–350	€/m³ Nutzraum
Mistlager	60–100	€/m³ Nutzraum
Beton-Güllebehälter	30–60	€/m³ Nutzraum
Waschplatz (4,00 x 5,00 m) mit Kontrollschacht und Ölabscheider	4 000–5 000	€/Stck.
Vordach am Hauptdach angeschleppt	80–100	€/m²
Hofbefestigung aus Beton-Verbundsteinen	40–50	€/m²
Laufhof für Rinder	70–100	€/m² Nutzfläche
Auslauf mit Spaltenboden	150–220	€/m² Nutzfläche
Auslauf, Wintergarten für Geflügel	100–120	€/m² Nutzfläche
Schüttwände bis 3,00 m Höhe	100–125	€/m²

Beschreibung der Gebäudestandards für

1.	Freistehende Ein- und Zweifamilienhäuser, Doppelhäuser und Reihenhäuser
2.	Mehrfamilienhäuser, Wohnhäuser mit Mischnutzung
3.	Bürogebäude, Banken, Geschäftshäuser
4.	Gemeindezentren, Saalbauten oder Veranstaltungsgebäude, Kindergärten, Schulen
5.	Wohnheime, Alten- oder Pflegeheime, Krankenhäuser, Tageskliniken, Beherbergungsstätten, Verpflegungseinrichtungen
6.	Sporthallen, Freizeitbäder oder Heilbäder
7.	Verbrauchermärkte, Kauf- oder Warenhäuser, Autohäuser
8.	Garagen
9.	Betriebs- oder Werkstätten, Produktionsgebäude, Lagergebäude
10.	Reithallen
11.	Pferdeställe
12.	Rinderställe und Melkhäuser
13.	Schweineställe
14.	Geflügelställe
15.	landwirtschaftliche Mehrzweckhallen

1. Beschreibung der Gebäudestandards für freistehende Ein- und Zweifamilienhäuser, Doppelhäuser und Reihenhäuser

	Standardstufe					Wägungsanteil
	1	2	3	4	5	
Außenwände	Holzfachwerk, Ziegelmauerwerk; Fugenglattstrich, Putz, Verkleidung mit Faserzementplatten, Bitumen-Schindeln oder einfachen Kunststoffplatten; kein oder deutlich nicht zeitgemäßer Wärmeschutz (vor ca. 1980)	ein- /zweischaliges Mauerwerk, z. B. Gitterziegel oder Hohlblocksteine; verputzt und gestrichen oder Holzverkleidung; nicht zeitgemäßer Wärmeschutz (vor ca. 1995)	ein- /zweischaliges Mauerwerk, z. B. aus Leichtziegeln, Kalksandsteinen, Gasbetonsteinen; Edelputz; Wärmedämmverbundsystem oder Wärmedämmputz (nach ca. 1995)	Verblendmauerwerk, zweischalig, hinterlüftet, Vorhangfassade (z. B. Naturschiefer); Wärmedämmung (nach ca. 2005)	aufwendig gestaltete Fassaden mit konstruktiver Gliederung (Säulenstellungen, Erker etc.), Sichtbeton-Fertigteile, Natursteinfassade, Elemente aus Kupfer- /Eloxalblech, mehrgeschossige Glasfassaden; Dämmung im Passivhausstandard	23
Dach	Dachpappe, Faserzementplatten/Wellplatten; keine bis geringe Dachdämmung	einfache Betondachsteine oder Tondachziegel, Bitumenschindeln; nicht zeitgemäße Dachdämmung (vor ca. 1995)	Faserzement-Schindeln, beschichtete Betondachsteine und Tondachziegel, Folienabdichtung; Rinnen und Fallrohre aus Zinkblech; Dachdämmung (nach ca. 1995)	glasierte Tondachziegel, Flachdachausbildung tlw. als Dachterrassen; Konstruktion in Brettschichtholz, schweres Massivflachdach; besondere Dachformen, z. B. Mansarden-, Walmdach; Aufspar-	hochwertige Eindeckung z. B. aus Schiefer oder Kupfer, Dachbegrünung, befahrbares Flachdach; aufwendig gegliederte Dachlandschaft, sichtbare Bogendachkonstruktionen;	15

	Standardstufe					Wägungsanteil
	1	2	3	4	5	
				rendämmung, überdurchschnittliche Dämmung (nach ca. 2005)	Rinnen und Fallrohre aus Kupfer; Dämmung im Passivhausstandard	
Fenster und Außentüren	Einfachverglasung; einfache Holztüren	Zweifachverglasung (vor ca. 1995); Haustür mit nicht zeitgemäßem Wärmeschutz (vor ca. 1995)	Zweifachverglasung (nach ca. 1995), Rollläden (manuell); Haustür mit zeitgemäßem Wärmeschutz (nach ca. 1995)	Dreifachverglasung, Sonnenschutzglas, aufwendigere Rahmen, Rollläden (elektr.); höherwertige Türanlage z. B. mit Seitenteil, besonderer Einbruchschutz	große, feststehende Fensterflächen, Spezialverglasung (Schall- und Sonnenschutz); Außentüren in hochwertigen Materialien	11
Innenwände und -türen	Fachwerkwände, einfache Putze/ Lehmputze, einfache Kalkanstriche; Füllungstüren, gestrichen, mit einfachen Beschlägen ohne Dichtungen	massive tragende Innenwände, nicht tragende Wände in Leichtbauweise (z. B. Holzständerwände mit Gipskarton), Gipsdielen; leichte Türen, Stahlzargen	nicht tragende Innenwände in massiver Ausführung bzw. mit Dämmmaterial gefüllte Ständerkonstruktionen; schwere Türen, Holzzargen	Sichtmauerwerk, Wandvertäfelungen (Holzpaneele); Massivholztüren, Schiebetürelemente, Glastüren, strukturierte Türblätter	gestaltete Wandabläufe (z. B. Pfeilervorlagen, abgesetzte oder geschwungene Wandpartien); Vertäfelungen (Edelholz, Metall), *Akustikputz*, Brandschutzverkleidung; raumhohe aufwendige Türelemente	11
Deckenkonstruktion und Treppen	Holzbalkendecken ohne Füllung, Spalierputz; Weichholztreppen in einfacher Art und Ausführung; kein Trittschallschutz	Holzbalkendecken mit Füllung, Kappendecken; Stahl- oder Hartholztreppen in einfacher Art und Ausführung	Beton- und Holzbalkendecken mit Tritt- und Luftschallschutz (z. B. schwimmender Estrich); geradläufige Treppen aus Stahlbeton oder Stahl, Harfentreppe, Trittschallschutz	Decken mit größerer Spannweite, Deckenverkleidung (Holzpaneele/Kassetten); gewendelte Treppen aus Stahlbeton oder Stahl, Hartholztreppenanlage in besserer Art und Ausführung	Decken mit großen Spannweiten, gegliedert, Deckenvertäfelungen (Edelholz, Metall); breite Stahlbeton-, Metall- oder Hartholztreppenanlage mit hochwertigem Geländer	11
Fußböden	ohne Belag	Linoleum-, Teppich-, Laminat- und PVC-Böden einfacher Art und Ausführung	Linoleum-, Teppich-, Laminat- und PVC-Böden besserer Art und Ausführung, Fliesen, Kunststeinplatten	Natursteinplatten, Fertigparkett, hochwertige Fliesen, Terrazzobelag, hochwertige Massivholzböden auf gedämmter Unterkonstruktion	hochwertiges Parkett, hochwertige Natursteinplatten, hochwertige Edelholzböden auf gedämmter Unterkonstruktion	5
Sanitäreinrichtungen	einfaches Bad mit Stand-WC; Installation auf Putz; Ölfarbenanstrich,	1 Bad mit WC, Dusche oder Badewanne; einfache Wand- und Bodenfliesen,	1 Bad mit WC, Dusche und Badewanne, Gäste-WC; Wand- und Bodenfliesen,	1 bis 2 Bäder mit tlw. zwei Waschbecken, tlw. Bidet/Urinal, Gäste-WC, boden-	mehrere großzügige, hochwertige Bäder, Gäste-WC; hochwertige Wand- und Bo-	9

	Standardstufe					Wägungsanteil
	1	2	3	4	5	
	einfache PVC-Bodenbeläge	teilweise gefliest	raumhoch gefliest	gleiche Dusche; Wand- und Bodenfliesen; jeweils in gehobener Qualität	denplatten (oberflächenstrukturiert, Einzel- und Flächendekors)	
Heizung	Einzelöfen, Schwerkraftheizung	Fern- oder Zentralheizung, einfache Warmluftheizung, einzelne Gasaußenwandthermen, Nachtstromspeicher-, Fußbodenheizung (vor ca. 1995)	elektronisch gesteuerte Fern- oder Zentralheizung, Niedertemperatur- oder Brennwertkessel	Fußbodenheizung, Solarkollektoren für Warmwassererzeugung, zusätzlicher Kaminanschluss	Solarkollektoren für Warmwassererzeugung und Heizung, Blockheizkraftwerk, Wärmepumpe, Hybrid-Systeme; aufwendige zusätzliche Kaminanlage	9
Sonstige technische Ausstattung	sehr wenige Steckdosen, Schalter und Sicherungen, kein Fehlerstromschutzschalter (FI-Schalter), Leitungen teilweise auf Putz	wenige Steckdosen, Schalter und Sicherungen	zeitgemäße Anzahl an Steckdosen und Lichtauslässen, Zählerschrank (ab ca. 1985) mit Unterverteilung und Kippsicherungen	zahlreiche Steckdosen und Lichtauslässe, hochwertige Abdeckungen, dezentrale Lüftung mit Wärmetauscher, mehrere LAN- und Fernsehanschlüsse	Video- und zentrale Alarmanlage, zentrale Lüftung mit Wärmetauscher, Klimaanlage, Bussystem	6

2. Beschreibung der Gebäudestandards für Mehrfamilienhäuser, Wohnhäuser mit Mischnutzung

	Standardstufe		
	3	4	5
Außenwände	ein- /zweischaliges Mauerwerk, z. B. aus Leichtziegeln, Kalksandsteinen, Gasbetonsteinen; Edelputz; Wärmedämmverbundsystem oder Wärmedämmputz (nach ca. 1995)	Verblendmauerwerk, zweischalig, hinterlüftet, Vorhangfassade (z. B. Naturschiefer); Wärmedämmung (nach ca. 2005)	aufwendig gestaltete Fassaden mit konstruktiver Gliederung (Säulenstellungen, Erker etc.), Sichtbeton-Fertigteile, Natursteinfassade, Elemente aus Kupfer- /Eloxalblech, mehrgeschossige Glasfassaden; hochwertigste Dämmung
Dach	Faserzement-Schindeln, beschichtete Betondachsteine und Tondachziegel, Folienabdichtung; Dachdämmung (nach ca. 1995)	glasierte Tondachziegel; Flachdachausbildung tlw. als Dachterrasse; Konstruktion in Brettschichtholz, schweres Massivflachdach; besondere Dachform, z. B. Mansarden-, Walmdach; Aufsparrendämmung, überdurchschnittliche Dämmung (nach ca. 2005)	hochwertige Eindeckung z. B. aus Schiefer oder Kupfer, Dachbegrünung, befahrbares Flachdach; stark überdurchschnittliche Dämmung
Fenster und Außentüren	Zweifachverglasung (nach ca. 1995), Rollläden (manuell); Haustür mit zeitgemäßem Wärmeschutz (nach ca. 1995)	Dreifachverglasung, Sonnenschutzglas, aufwendigere Rahmen, Rollläden (elektr.); höherwertige Türanlagen z. B. mit Seitenteil, besonderer Einbruchschutz	große, feststehende Fensterflächen, Spezialverglasung (Schall- und Sonnenschutz); Außentüren in hochwertigen Materialien

	Standardstufe		
	3	4	5
Innenwände und -türen	nicht tragende Innenwände in massiver Ausführung bzw. mit Dämmmaterial gefüllte Ständerkonstruktionen; schwere Türen	Sichtmauerwerk; Massivholztüren, Schiebetürelemente, Glastüren, strukturierte Türblätter	gestaltete Wandabläufe (z. B. Pfeilervorlagen, abgesetzte oder geschwungene Wandpartien); Brandschutzverkleidung; raumhohe aufwendige Türelemente
Deckenkonstruktion	Betondecken mit Tritt- und Luftschallschutz (z. B. schwimmender Estrich); einfacher Putz	zusätzlich Deckenverkleidung	Deckenvertäfelungen (Edelholz, Metall)
Fußböden	Linoleum-, Teppich-, Laminat- und PVC-Böden besserer Art und Ausführung, Fliesen, Kunststeinplatten	Natursteinplatten, Fertigparkett, hochwertige Fliesen, Terrazzobelag, hochwertige Massivholzböden auf gedämmter Unterkonstruktion	hochwertiges Parkett, hochwertige Natursteinplatten, hochwertige Edelholzböden auf gedämmter Unterkonstruktion
Sanitäreinrichtungen	1 Bad mit WC je Wohneinheit; Dusche und Badewanne; Wand- und Bodenfliesen, raumhoch gefliest	1 bis 2 Bäder je Wohneinheit mit tlw. zwei Waschbecken, tlw. Bidet/Urinal, Gäste-WC, bodengleiche Dusche; Wand- und Bodenfliesen jeweils in gehobener Qualität	2 und mehr Bäder je Wohneinheit; hochwertige Wand- und Bodenplatten (oberflächenstrukturiert, Einzel- und Flächendekors)
Heizung	elektronisch gesteuerte Fern- oder Zentralheizung, Niedertemperatur- oder Brennwertkessel	Fußbodenheizung, Solarkollektoren für Warmwassererzeugung	Solarkollektoren für Warmwassererzeugung und Heizung, Blockheizkraftwerk, Wärmepumpe, Hybrid-Systeme
Sonstige technische Ausstattung	zeitgemäße Anzahl an Steckdosen und Lichtauslässen; Zählerschrank (ab ca. 1985) mit Unterverteilung und Kippsicherungen	zahlreiche Steckdosen und Lichtauslässe, hochwertige Abdeckungen, dezentrale Lüftung mit Wärmetauscher, mehrere LAN- und Fernsehanschlüsse, Personenaufzugsanlagen	Video- und zentrale Alarmanlage, zentrale Lüftung mit Wärmetauscher, Klimaanlage; Bussystem; aufwendige Personenaufzugsanlagen

3. Beschreibung der Gebäudestandards für Bürogebäude, Banken, Geschäftshäuser

	Standardstufe		
	3	4	5
Außenwände	ein- /zweischalige Konstruktion; Wärmedämmverbundsystem oder Wärmedämmputz (nach ca. 1995)	Verblendmauerwerk, zweischalig, hinterlüftet, Vorhangfassade (z. B. Naturschiefer); Wärmedämmung (nach ca. 2005)	aufwendig gestaltete Fassaden mit konstruktiver Gliederung (Säulenstellungen, Erker etc.), Sichtbeton-Fertigteile, Natursteinfassade, Elemente aus Kupfer- /Eloxalblech, mehrgeschossige Glasfassaden; Vorhangfassade aus Glas; stark überdurchschnittliche Dämmung
Dach	Faserzement-Schindeln, beschichtete Betondachsteine und Tondachziegel, Folienabdichtung; Dachdämmung (nach ca. 1995)	glasierte Tondachziegel; schweres Massivflachdach; besondere Dachform; überdurchschnittliche Dämmung (nach ca. 2005)	hochwertige Eindeckung z. B. aus Schiefer oder Kupfer; Dachbegrünung; befahrbares Flachdach; aufwendig gegliederte Dachlandschaft; stark überdurchschnittliche Dämmung

	Standardstufe		
	3	4	5
Fenster und Außentüren	Zweifachverglasung (nach ca. 1995)	Dreifachverglasung, Sonnenschutzglas, aufwendigere Rahmen, höherwertige Türanlagen	große, feststehende Fensterflächen, Spezialverglasung (Schall- und Sonnenschutz); Außentüren in hochwertigen Materialien; Automatiktüren
Innenwände und -türen	nicht tragende Innenwände in massiver Ausführung; schwere Türen	Sichtmauerwerk, Massivholztüren, Schiebetürelemente, Glastüren, Innenwände für flexible Raumkonzepte (größere statische Spannweiten der Decken)	gestaltete Wandabläufe (z. B. Pfeilervorlagen, abgesetzte oder geschwungene Wandpartien); Wände aus großformatigen Glaselementen, Akustikputz, tlw. Automatiktüren; rollstuhlgerechte Bedienung
Deckenkonstruktion	Betondecken mit Tritt- und Luftschallschutz; einfacher Putz; abgehängte Decken	höherwertige abgehängte Decken	Deckenvertäfelungen (Edelholz, Metall)
Fußböden	Linoleum- oder Teppich-Böden besserer Art und Ausführung; Fliesen, Kunststeinplatten	Natursteinplatten, Fertigparkett, hochwertige Fliesen, Terrazzobelag, hochwertige Massivholzböden auf gedämmter Unterkonstruktion	hochwertiges Parkett, hochwertige Natursteinplatten, hochwertige Edelholzböden auf gedämmter Unterkonstruktion
Sanitäreinrichtungen	ausreichende Anzahl von Toilettenräumen in Standard-Ausführung	Toilettenräume in gehobenem Standard	großzügige Toilettenanlagen jeweils mit Sanitäreinrichtung in gehobener Qualität
Heizung	elektronisch gesteuerte Fern- oder Zentralheizung, Niedertemperatur- oder Brennwertkessel	Fußbodenheizung; Solarkollektoren für Warmwassererzeugung	Solarkollektoren für Warmwassererzeugung und Heizung, Blockheizkraftwerk, Wärmepumpe, Hybrid-Systeme; Klimaanlage
Sonstige technische Ausstattung	zeitgemäße Anzahl an Steckdosen und Lichtauslässen; Zählerschrank (ab ca. 1985) mit Unterverteilung und Kippsicherungen; Kabelkanäle; Blitzschutz	zahlreiche Steckdosen und Lichtauslässe; hochwertige Abdeckungen, hochwertige Beleuchtung; Doppelboden mit Bodentanks zur Verkabelung; ausreichende Anzahl von LAN-Anschlüssen; dezentrale Lüftung mit Wärmetauscher, Messverfahren von Verbrauch, Regelung von Raumtemperatur und Raumfeuchte, Sonnenschutzsteuerung; elektronische Zugangskontrolle; Personenaufzugsanlagen	Video- und zentrale Alarmanlage; zentrale Lüftung mit Wärmetauscher, Klimaanlage; Bussystem; aufwendige Personenaufzugsanlagen

4. Beschreibung der Gebäudestandards für Gemeindezentren, Saalbauten, Veranstaltungsgebäude, Kindergärten, Schulen

	Standardstufe		
	3	4	5
Außenwände	ein- /zweischalige Konstruktion; Wärmedämmverbundsystem oder Wärmedämmputz (nach ca. 1995)	Verblendmauerwerk, zweischalig, hinterlüftet; Vorhangfassade (z. B. Naturschiefer); Wärmedämmung (nach ca. 2005)	aufwendig gestaltete Fassaden mit konstruktiver Gliederung (Säulenstellungen, Erker etc.), Sichtbeton-Fertigteile, Natursteinfassade, Elemente aus Kupfer- /Eloxalblech, mehrgeschossige Glasfassaden; stark überdurchschnittliche Dämmung

	Standardstufe		
	3	4	5
Dach	Faserzement-Schindeln, beschichtete Betondachsteine und Tondachziegel, Folienabdichtung; Dachdämmung (nach ca. 1995)	glasierte Tondachziegel; besondere Dachform; Dämmung (nach ca. 2005)	hochwertige Eindeckung z. B. aus Schiefer oder Kupfer, Dachbegrünung, befahrbares Flachdach; aufwendig gegliederte Dachlandschaft, stark überdurchschnittliche Dämmung
Fenster und Außentüren	Zweifachverglasung (nach ca. 1995)	Dreifachverglasung, Sonnenschutzglas, aufwendigere Rahmen, höherwertige Türanlagen	große, feststehende Fensterflächen, Spezialverglasung (Schall- und Sonnenschutz); Außentüren in hochwertigen Materialien
Innenwände und -türen	nicht tragende Innenwände in massiver Ausführung bzw. mit Dämmmaterial gefüllte Ständerkonstruktionen; schwere und große Türen	Sichtmauerwerk, Massivholztüren, Schiebetürelemente, Glastüren	gestaltete Wandabläufe (z. B. Pfeilervorlagen, abgesetzte oder geschwungene Wandpartien); Vertäfelungen (Edelholz, Metall), Akustikputz, raumhohe aufwendige Türelemente; tlw. Automatiktüren; rollstuhlgerechte Bedienung
Deckenkonstruktion	Betondecken mit Tritt- und Luftschallschutz; einfacher Putz; abgehängte Decken	Decken mit großen Spannweiten , Deckenverkleidung	Decken mit größeren Spannweiten
Fußböden	Linoleum- oder Teppich-Böden besserer Art und Ausführung; Fliesen, Kunststeinplatten	Natursteinplatten, hochwertige Fliesen, Terrazzobelag, hochwertige Massivholzböden auf gedämmter Unterkonstruktion	hochwertiges Parkett, hochwertige Natursteinplatten, hochwertige Edelholzböden auf gedämmter Unterkonstruktion
Sanitäreinrichtungen	ausreichende Anzahl von Toilettenräumen in Standard-Ausführung	Toilettenräume in gehobenem Standard	großzügige Toilettenanlagen mit Sanitäreinrichtung in gehobener Qualität
Heizung	elektronisch gesteuerte Fern- oder Zentralheizung, Niedertemperatur- oder Brennwertkessel	Solarkollektoren für Warmwassererzeugung; Fußbodenheizung	Solarkollektoren für Warmwassererzeugung und Heizung; Blockheizkraftwerk, Wärmepumpe, Hybrid-Systeme; Klimaanlage
Sonstige technische Ausstattung	zeitgemäße Anzahl an Steckdosen und Lichtauslässen; Zählerschrank (ab 1985) mit Unterverteilung und Kippsicherungen; Kabelkanäle; Blitzschutz	zahlreiche Steckdosen und Lichtauslässe; hochwertige Abdeckungen, hochwertige Beleuchtung; Doppelboden mit Bodentanks zur Verkabelung, ausreichende Anzahl von LAN-Anschlüssen; dezentrale Lüftung mit Wärmetauscher, Messverfahren von Raumtemperatur, Raumfeuchte, Verbrauch, Einzelraumregelung, Sonnenschutzsteuerung; elektronische Zugangskontrolle; Personenaufzugsanlagen	Video- und zentrale Alarmanlage; zentrale Lüftung mit Wärmetauscher, Klimaanlage; Bussystem

5. Beschreibung der Gebäudestandards für Wohnheime, Alten- oder Pflegeheime, Krankenhäuser, Tageskliniken, Beherbergungsstätten, Verpflegungseinrichtungen

	Standardstufe		
	3	4	5
Außenwände	ein- /zweischalige Konstruktion; Wärmedämmverbundsystem oder Wärmedämmputz (nach ca. 1995)	Verblendmauerwerk, zweischalig, hinterlüftet, Vorhangfassade (z. B. Naturschiefer); Wärmedämmung (nach ca. 2005)	aufwendig gestaltete Fassaden mit konstruktiver Gliederung (Säulenstellungen, Erker etc.), Sichtbeton-Fertigteile, Natursteinfassade, Elemente aus Kupfer- /Eloxalblech, mehrgeschossige Glasfassaden; hochwertigste Dämmung
Dach	Faserzement-Schindeln, beschichtete Betondachsteine und Tondachziegel, Folienabdichtung; Dachdämmung (nach ca. 1995)	glasierte Tondachziegel; besondere Dachformen; überdurchschnittliche Dämmung (nach ca. 2005)	hochwertige Eindeckung z. B. aus Schiefer oder Kupfer, Dachbegrünung, befahrbares Flachdach; aufwendig gegliederte Dachlandschaft; sichtbare hochwertigste Dämmung
Fenster und Außentüren	Zweifachverglasung (nach ca. 1995) nur Wohnheime, Altenheime, Pflegeheime, Krankenhäuser und Tageskliniken: Automatik-Eingangstüren	Dreifachverglasung, Sonnenschutzglas, aufwendigere Rahmen; nur Beherbergungsstätten und Verpflegungseinrichtungen: Automatik-Eingangstüren	große, feststehende Fensterflächen, Spezialverglasung (Schall- und Sonnenschutz)
Innenwände und -türen	nicht tragende Innenwände in massiver Ausführung bzw. mit Dämmmaterial gefüllte Ständerkonstruktionen; schwere Türen; nur Wohnheime, Altenheime, Pflegeheime, Krankenhäuser und Tageskliniken: Automatik-Flurzwischentüren; rollstuhlgerechte Bedienung	Sichtmauerwerk; nur Beherbergungsstätten und Verpflegungseinrichtungen: Automatik-Flurzwischentüren; rollstuhlgerechte Bedienung	gestaltete Wandabläufe (z. B. Pfeilervorlagen, abgesetzte oder geschwungene Wandpartien); Akustikputz, raumhohe aufwendige Türelemente
Deckenkonstruktion und Treppen	Betondecken mit Tritt- und Luftschallschutz; Deckenverkleidung, einfacher Putz	Decken mit großen Spannweiten	Decken mit größeren Spannweiten; hochwertige breite Stahlbeton-, Metalltreppenanlage mit hochwertigem Geländer
Fußböden	Linoleum- oder PVC-Böden besserer Art und Ausführung; Fliesen, Kunststeinplatten	Natursteinplatten, hochwertige Fliesen, Terrazzobelag, hochwertige Massivholzböden auf gedämmter Unterkonstruktion	hochwertiges Parkett, hochwertige Natursteinplatten, hochwertige Edelholzböden auf gedämmter Unterkonstruktion
Sanitäreinrichtungen	mehrere WCs und Duschbäder je Geschoss; Waschbecken im Raum	je Raum ein Duschbad mit WC nur Wohnheime, Altenheime, Pflegeheime, Krankenhäuser und Tageskliniken: behindertengerecht	je Raum ein Duschbad mit WC in guter Ausstattung; nur Wohnheime, Altenheime, Pflegeheime, Krankenhäuser und Tageskliniken: behindertengerecht
Heizung	elektronisch gesteuerte Fern- oder Zentralheizung, Niedertemperatur- oder Brennwertkessel	Solarkollektoren für Warmwassererzeugung	Solarkollektoren für Warmwassererzeugung und Heizung; Blockheizkraftwerk, Wärmepumpe, Hybrid-Systeme; Klimaanlage

	Standardstufe		
	3	4	5
Sonstige technische Ausstattung	zeitgemäße Anzahl an Steckdosen und Lichtauslässen; Blitzschutz, Personenaufzugsanlagen	zahlreiche Steckdosen und Lichtauslässe; hochwertige Abdeckungen; dezentrale Lüftung mit Wärmetauscher; mehrere LAN- und Fernsehanschlüsse	Video- und zentrale Alarmanlage, zentrale Lüftung mit Wärmetauscher, Klimaanlage, Bussystem; aufwendige Aufzugsanlagen

6. Beschreibung der Gebäudestandards für Sporthallen, Freizeitbäder oder Heilbäder

	Standardstufe		
	3	4	5
Außenwände	ein- /zweischalige Konstruktion; Wärmedämmverbundsystem oder Wärmedämmputz (nach ca. 1995)	Verblendmauerwerk, zweischalig, hinterlüftet; Vorhangfassade (z. B. Naturschiefer); Wärmedämmung (nach ca. 2005)	aufwendig gestaltete Fassaden mit konstruktiver Gliederung (Säulenstellungen, Erker etc.), Sichtbeton-Fertigteile, Elemente aus Kupfer- /Eloxalblech, mehrgeschossige Glasfassaden; hochwertigste Dämmung
Dach	Faserzement-Schindeln, beschichtete Betondachsteine und Tondachziegel, Folienabdichtung; Dachdämmung (nach ca. 1995)	glasierte Tondachziegel; besondere Dachformen, überdurchschnittliche Dämmung (nach ca. 2005)	hochwertige Eindeckung z. B. aus Schiefer oder Kupfer, Dachbegrünung; aufwendig gegliederte Dachlandschaft, sichtbare Bogendachkonstruktionen; hochwertigste Dämmung
Fenster und Außentüren	Zweifachverglasung (nach ca. 1995)	Dreifachverglasung, Sonnenschutzglas, aufwendigere Rahmen, höherwertige Türanlagen	große, feststehende Fensterflächen, Spezialverglasung (Schall- und Sonnenschutz); Automatik-Eingangstüren
Innenwände und -türen	nicht tragende Innenwände in massiver Ausführung bzw. mit Dämmmaterial gefüllte Ständerkonstruktionen; schwere Türen	Sichtmauerwerk; rollstuhlgerechte Bedienung	gestaltete Wandabläufe (z. B. Pfeilervorlagen, abgesetzte oder geschwungene Wandpartien); Akustikputz, raumhohe aufwendige Türelemente
Deckenkonstruktion und Treppen	Betondecke	Decken mit großen Spannweiten	Decken mit größeren Spannweiten; hochwertige breite Stahlbeton-, Metalltreppenanlage mit hochwertigem Geländer
Fußböden	nur Sporthallen: Beton, Asphaltbeton, Estrich oder Gussasphalt auf Beton; Teppichbelag, PVC; nur Freizeitbäder/Heilbäder: Fliesenbelag	nur Sporthallen: hochwertigere flächenstatische Fußbodenkonstruktion, Spezialteppich mit Gummigranulatauflage; hochwertigerer Schwingboden	nur Sporthallen: hochwertigste flächenstatische Fußbodenkonstruktion, Spezialteppich mit Gummigranulatauflage; hochwertigster Schwingboden; nur Freizeitbäder/Heilbäder: hochwertiger Fliesenbelag und Natursteinboden
Sanitäreinrichtungen	wenige Toilettenräume und Duschräume bzw. Waschräume	ausreichende Anzahl von Toilettenräumen und Duschräumen in besserer Qualität	großzügige Toilettenanlagen und Duschräume mit Sanitäreinrichtung in gehobener Qualität
Heizung	elektronisch gesteuerte Fern- oder Zentralheizung, Niedertemperatur- oder Brennwertkessel	Fußbodenheizung; Solarkollektoren für Warmwassererzeugung	Solarkollektoren für Warmwassererzeugung und Heizung, Blockheizkraftwerk, Wärmepumpe, Hybrid-Systeme
Sonstige technische Ausstattung	zeitgemäße Anzahl an Steckdosen und Lichtauslässen; Blitzschutz	zahlreiche Steckdosen und Lichtauslässe, hochwertige Abdeckungen, Lüftung mit Wärmetauscher	Video- und zentrale Alarmanlage; Klimaanlage; Bussystem

7. Beschreibung der Gebäudestandards für Verbrauchermärkte, Kauf- oder Warenhäuser, Autohäuser

	Standardstufe		
	3	4	5
Außenwände	ein- /zweischalige Konstruktion, Wärmedämmverbundsystem oder Wärmedämmputz (nach ca. 1995)	Verblendmauerwerk, zweischalig, hinterlüftet; Vorhangfassade (z. B. Naturschiefer); Wärmedämmung (nach ca. 2005)	aufwendig gestaltete Fassaden mit konstruktiver Gliederung (Säulenstellungen, Erker etc.), Sichtbeton-Fertigteile, Natursteinfassade, Elemente aus Kupfer- /Eloxalblech, mehrgeschossige Glasfassaden; hochwertigste Dämmung
Dach	Faserzement-Schindeln, beschichtete Betondachsteine und Tondachziegel, Folienabdichtung; Rinnen und Fallrohre aus Zinkblech; Dachdämmung (nach ca. 1995)	glasierte Tondachziegel; besondere Dachform; überdurchschnittliche Dämmung (nach ca. 2005)	hochwertige Eindeckung z. B. aus Schiefer oder Kupfer, Dachbegrünung; aufwendig gegliederte Dachlandschaft; hochwertigste Dämmung
Fenster und Außentüren	Zweifachverglasung (nach ca. 1995)	Dreifachverglasung, Sonnenschutzglas, aufwendigere Rahmen, höherwertige Türanlagen	große, feststehende Fensterflächen, Spezialverglasung (Schall- und Sonnenschutz); Außentüren in hochwertigen Materialien
Innenwände und -türen	nicht tragende Innenwände in massiver Ausführung bzw. mit Dämmmaterial gefüllte Ständerkonstruktionen; schwere Türen	Sichtmauerwerk	gestaltete Wandabläufe (z. B. Pfeilervorlagen, abgesetzte oder geschwungene Wandpartien); Akustikputz, raumhohe aufwendige Türelemente; rollstuhlgerechte Bedienung, Automatiktüren
Deckenkonstruktion	Betondecken mit Tritt- und Luftschallschutz, einfacher Putz, Deckenverkleidung	Decken mit großen Spannweiten	Decken mit größeren Spannweiten, Deckenvertäfelungen (Edelholz, Metall)
Fußböden	Linoleum- oder Teppich-Böden besserer Art und Ausführung; Fliesen, Kunststeinplatten	Natursteinplatten, Fertigparkett, hochwertige Fliesen, Terrazzobelag, hochwertige Massivholzböden auf gedämmter Unterkonstruktion	hochwertiges Parkett, hochwertige Natursteinplatten, hochwertige Edelholzböden auf gedämmter Unterkonstruktion
Sanitäreinrichtungen	Toilettenräume	ausreichende Anzahl von Toilettenräumen, jeweils in gehobenem Standard	großzügige Toilettenanlagen mit Sanitäreinrichtung in gehobener Qualität
Heizung	elektronisch gesteuerte Fern- oder Zentralheizung; Niedertemperatur- oder Brennwertkessel	Fußbodenheizung; Solarkollektoren für Warmwassererzeugung	Solarkollektoren für Warmwassererzeugung und Heizung; Blockheizkraftwerk, Wärmepumpe, Hybrid-Systeme; Klimaanlage

	Standardstufe		
	3	4	5
Sonstige technische Ausstattung	zeitgemäße Anzahl an Steckdosen und Lichtauslässen, Zählerschrank (ab 1985) mit Unterverteilung und Kippsicherungen; Kabelkanäle; Blitzschutz; Personenaufzugsanlagen	zahlreiche Steckdosen und Lichtauslässe; hochwertige Abdeckungen, hochwertige Beleuchtung; Doppelboden mit Bodentanks zur Verkabelung, ausreichende Anzahl von LAN-Anschlüssen; dezentrale Lüftung mit Wärmetauscher, Messverfahren von Raumtemperatur, Raumfeuchte, Verbrauch, Einzelraumregelung, Sonnenschutzsteuerung	Video- und zentrale Alarmanlage; zentrale Lüftung mit Wärmetauscher, Klimaanlage; Bussystem; Doppelboden mit Bodentanks zur Verkabelung; aufwendigere Aufzugsanlagen

8. Beschreibung der Gebäudestandards für Garagen

	Standardstufe		
	3	4	5
Außenwände	offene Konstruktion	Einschalige Konstruktion	aufwendig gestaltete Fassaden mit konstruktiver Gliederung (Säulenstellungen, Erker etc.)
Konstruktion	Stahl- und Betonfertigteile	überwiegend Betonfertigteile; große stützenfreie Spannweiten	größere stützenfreie Spannweiten
Dach	Flachdach, Folienabdichtung	Flachdachausbildung; Wärmedämmung	befahrbares Flachdach (Parkdeck)
Fenster und Außentüren	einfache Metallgitter	begrünte Metallgitter, Glasbausteine	Außentüren in hochwertigen Materialien
Fußböden	Beton	Estrich, Gussasphalt	beschichteter Beton oder Estrichboden
Sonstige technische Ausstattung	Strom- und Wasseranschluss; Löschwasseranlage; Treppenhaus; Brandmelder	Sprinkleranlage; Rufanlagen; Rauch- und Wärmeabzugsanlagen; mechanische Be- und Entlüftungsanlagen; Parksysteme für zwei PKW übereinander; Personenaufzugsanlagen	Video- und zentrale Alarmanlage; Beschallung; Parksysteme für drei oder mehr PKW übereinander; aufwendigere Aufzugsanlagen

9. Beschreibung der Gebäudestandards für Betriebs- oder Werkstätten, Produktionsgebäude, Lagergebäude

	Standardstufe		
	3	4	5
Außenwände	ein- /zweischaliges Mauerwerk, z. B. aus Leichtziegeln, Kalksandsteinen, Gasbetonsteinen; Edelputz; gedämmte Metall-Sandwichelemente; Wärmedämmverbundsystem oder Wärmedämmputz (nach ca. 1995)	Verblendmauerwerk, zweischalig, hinterlüftet; Vorhangfassade (z. B. Naturschiefer); Wärmedämmung (nach ca. 2005)	Sichtbeton-Fertigteile; Natursteinfassade, Elemente aus Kupfer- /Eloxalblech; mehrgeschossige Glasfassaden; hochwertigste Dämmung
Konstruktion	Stahl- und Betonfertigteile	überwiegend Betonfertigteile; große stützenfreie Spannweiten; hohe Deckenhöhen; hohe Belastbarkeit der Decken und Böden	größere stützenfreie Spannweiten; hohe Deckenhöhen; höhere Belastbarkeit der Decken und Böden

	Standardstufe		
	3	4	5
Dach	Faserzement-Schindeln, beschichtete Betondachsteine und Tondachziegel; Folienabdichtung; Dachdämmung (nach ca. 1995)	schweres Massivflachdach; besondere Dachformen; überdurchschnittliche Dämmung (nach ca. 2005)	hochwertige Eindeckung z. B. aus Schiefer oder Kupfer, hochwertigste Dämmung
Fenster und Außentüren	Zweifachverglasung (nach ca. 1995)	Dreifachverglasung, Sonnenschutzglas, aufwendigere Rahmen; höherwertige Türanlage	große, feststehende Fensterflächen, Spezialverglasung (Schall- und Sonnenschutz); Außentüren in hochwertigen Materialien
Innenwände und -türen	Anstrich	tlw. gefliest, Sichtmauerwerk; Schiebetürelemente, Glastüren	überwiegend gefliest; Sichtmauerwerk; gestaltete Wandabläufe
Fußböden	Beton	Estrich, Gussasphalt	beschichteter Beton oder Estrichboden; Betonwerkstein, Verbundpflaster
Sanitäreinrichtungen	einfache und wenige Toilettenräume	ausreichende Anzahl von Toilettenräumen	großzügige Toilettenanlagen
Heizung	elektronisch gesteuerte Fern- oder Zentralheizung; Niedertemperatur- oder Brennwertkessel	Fußbodenheizung; Solarkollektoren für Warmwassererzeugung; zusätzlicher Kaminanschluss	Solarkollektoren für Warmwassererzeugung und Heizung; Blockheizkraftwerk; Wärmepumpe; Hybrid-Systeme; aufwendige zusätzliche Kaminanlage
Sonstige technische Ausstattung	zeitgemäße Anzahl an Steckdosen und Lichtauslässen; Blitzschutz; Teeküchen	zahlreiche Steckdosen und Lichtauslässe; hochwertige Abdeckungen; Kabelkanäle; dezentrale Lüftung mit Wärmetauscher; kleinere Einbauküchen mit Kochgelegenheit, Aufenthaltsräume; Aufzugsanlagen	Video- und zentrale Alarmanlage; zentrale Lüftung mit Wärmetauscher, Klimaanlage; Bussystem; Küchen, Kantinen; aufwendigere Aufzugsanlagen

10. Beschreibung der Gebäudestandards für Reithallen

	Standardstufe		
	3	4	5
Außenwände	Holzfachwerkwand; Holzstützen, Vollholz; Brettschalung oder Profilblech auf Holz-Unterkonstruktion	Kalksandstein- oder Ziegel-Mauerwerk; Metallstützen, Profil; Holz-Blockbohlen zwischen Stützen, Wärmedämmverbundsystem, Putz	Betonwand, Fertigteile, mehrschichtig; Stahlbetonstützen, Fertigteil; Kalksandstein-Vormauerung oder Klinkerverblendung mit Dämmung
Dach	Holzkonstruktionen, Nagelbrettbinder; Bitumenwellplatten, Profilblech	Stahlrahmen mit Holzpfetten; Faserzementwellplatten; Hartschaumplatten	Brettschichtholzbinder; Betondachsteine oder Dachziegel; Dämmung mit Profilholz oder Paneelen
Fenster und Außentüren bzw. -tore	Lichtplatten aus Kunststoff, Holz-Brettertüren	Kunststofffenster, Windnetze aus Kunststoff, Jalousien mit Motorantrieb	Türen und Tore mehrschichtig mit Wärmedämmung, Holzfenster, hoher Fensteranteil
Innenwände	keine	tragende bzw. nicht tragende Innenwände aus Holz; Anstrich	tragende bzw. nicht tragende Innenwände als Mauerwerk; Sperrholz, Gipskarton, Fliesen
Deckenkonstruktion	keine	Holzkonstruktionen über Nebenräumen; Hartschaumplatten	Stahlbetonplatte über Nebenräumen; Dämmung mit Profilholz oder Paneelen

	Standardstufe		
	3	4	5
Fußböden	Tragschicht: Schotter, Trennschicht: Vlies, Tretschicht: Sand	zusätzlich/alternativ: Tragschicht: Schotter, Trennschicht: Kunststoffgewebe, Tretschicht: Sand und Holzspäne	Estrich auf Dämmung, Fliesen oder Linoleum in Nebenräumen; zusätzlich/alternativ: Tragschicht: Schotter, Trennschicht: Kunststoffplatten, Tretschicht: Sand und Textilflocken, Betonplatte im Bereich der Nebenräume
baukonstruktive Einbauten	Reithallenbande aus Nadelholz zur Abgrenzung der Reitfläche	zusätzlich/alternativ: Vollholztafeln fest eingebaut	zusätzlich/alternativ: Vollholztafeln, Fertigteile zum Versetzen
Abwasser-, Wasser-, Gasanlagen	Regenwasserableitung	zusätzlich/alternativ: Abwasserleitungen, Sanitärobjekte (einfache Qualität)	zusätzlich/alternativ: Sanitärobjekte (gehobene Qualität), Gasanschluss
Wärmeversorgungsanlagen	keine	Raumheizflächen in Nebenräumen, Anschluss an Heizsystem	zusätzlich/alternativ: Heizkessel
lufttechnische Anlagen	keine	Firstentlüftung	Be- und Entlüftungsanlage
Starkstrom-Anlage	Leitungen, Schalter, Dosen, Langfeldleuchten	zusätzlich/alternativ: Sicherungen und Verteilerschrank	zusätzlich/alternativ: Metall-Dampfleuchten
nutzungsspezifische Anlagen	keine	Reitbodenbewässerung (einfache Ausführung)	Reitbodenbewässerung (komfortable Ausführung)

11. Beschreibung der Gebäudestandards für Pferdeställe

	Standardstufe		
	3	4	5
Außenwände	Holzfachwerkwand; Holzstützen, Vollholz; Brettschalung oder Profilblech auf Holz-Unterkonstruktion	Kalksandstein- oder Ziegel-Mauerwerk; Metallstützen, Profil; Holz-Blockbohlen zwischen Stützen, Wärmedämmverbundsystem, Putz	Betonwand, Fertigteile, mehrschichtig; Stahlbetonstützen, Fertigteil; Kalksandstein-Vormauerung oder Klinkerverblendung mit Dämmung
Dach	Holzkonstruktionen, Vollholzbalken; Nagelbrettbinder; Bitumenwellplatten, Profilblech	Stahlrahmen mit Holzpfetten; Faserzementwellplatten; Hartschaumplatten	Brettschichtholzbinder; Betondachsteine oder Dachziegel; Dämmung mit Profilholz oder Paneelen
Fenster und Außentüren bzw. -tore	Lichtplatten aus Kunststoff, Holz-Brettertüren	Kunststofffenster, Windnetze aus Kunststoff, Jalousien mit Motorantrieb	Türen und Tore mehrschichtig mit Wärmedämmung, Holzfenster, hoher Fensteranteil
Innenwände	keine	tragende bzw. nicht tragende Innenwände aus Holz; Anstrich	tragende bzw. nicht tragende Innenwände als Mauerwerk; Sperrholz, Putz, Fliesen
Deckenkonstruktion	keine	Holzkonstruktionen über Nebenräumen; Hartschaumplatten	Stahlbetonplatten über Nebenräumen; Dämmung mit Profilholz oder Paneelen
Fußböden	Beton-Verbundpflaster in Stallgassen, Stahlbetonplatte im Tierbereich	zusätzlich/alternativ: Stahlbetonplatte; Anstrich, Gummimatten im Tierbereich	zusätzlich/alternativ: Stahlbetonplatte als Stallprofil mit versetzten Ebenen; Nutzestrich auf Dämmung, Anstrich oder Fliesen in Nebenräumen, Kautschuk im Tierbereich
baukonstruktive Einbauten	Fütterung: Futtertrog PVC	Fütterung: Krippenschalen aus Polyesterbeton	Fütterung: Krippenschalen aus Steinzeug

	Standardstufe		
	3	4	5
Abwasser-, Wasser-, Gasanlagen	Regenwasserableitung, Wasserleitung	zusätzlich/alternativ: Abwasserleitungen, Sanitärobjekte (einfache Qualität) in Nebenräumen	zusätzlich/alternativ: Sanitärobjekte (gehobene Qualität), Gasanschluss
Wärmeversorgungsanlagen	keine	Elektroheizung in Sattelkammer	zusätzlich/alternativ: Raumheizflächen, Heizkessel
lufttechnische Anlagen	keine	Firstentlüftung	Be- und Entlüftungsanlage
Starkstrom-Anlage	Leitungen, Schalter, Dosen, Langfeldleuchten	zusätzlich/alternativ: Sicherungen und Verteilerschrank	zusätzlich/alternativ: Metall-Dampfleuchten
nutzungsspezifische Anlagen	Aufstallung: Boxentrennwände aus Holz, Anbindevorrichtungen Fütterung: Tränken, Futterraufen	Aufstallung: zusätzlich/alternativ: Boxentrennwände: Hartholz/Metall Fütterung: zusätzlich/alternativ: Fressgitter, Futterautomaten, Rollraufe mit elektr. Steuerung	Aufstallung: zusätzlich/alternativ: Komfort-Pferdeboxen, Pferde-Solarium Fütterung: zusätzlich/alternativ: Futter-Abrufstationen für Rau- und Kraftfutter mit elektr. Tiererkennung und Selektion, Automatische Futterzuteilung für Boxenställe

12. Beschreibung der Gebäudestandards für Rinderställe und Melkhäuser

	Standardstufe		
	3	4	5
Außenwände	Holzfachwerkwand; Holzstützen, Vollholz; Brettschalung oder Profilblech auf Holz-Unterkonstruktion	Kalksandstein- oder Ziegel-Mauerwerk; Metallstützen, Profil; Holz-Blockbohlen zwischen Stützen	Betonwand, Fertigteile, mehrschichtig; Stahlbetonstützen, Fertigteil; Klinkerverblendung
Dach	Holzkonstruktionen, Vollholzbalken, Nagelbrettbinder; Bitumenwellplatten, Profilblech	Stahlrahmen mit Holzpfetten; Faserzementwellplatten; Hartschaumplatten	Brettschichtholzbinder; Betondachsteine oder Dachziegel; Dämmung mit Profilholz oder Paneelen
Fenster und Außentüren bzw. -tore	Lichtplatten aus Kunststoff	Kunststofffenster, Windnetze aus Kunststoff, Jalousien mit Motorantrieb	Türen und Tore mehrschichtig mit Wärmedämmung, Holzfenster, hoher Fensteranteil
Innenwände	keine	tragende und nicht tragende Innenwand aus Holz; Anstrich	tragende und nicht tragende Innenwände aus Mauerwerk; Sperrholz, Putz, Fliesen
Deckenkonstruktion	keine	Holzkonstruktionen über Nebenräumen; Hartschaumplatten	Stahlbetonplatte über Nebenräumen; Dämmung mit Profilholz oder Paneelen
Fußböden	Stahlbetonplatte	zusätzlich/alternativ: Stahlbetonplatte mit Oberflächenprofil, Rautenmuster; Epoxidharzbeschichtung am Fressplatz, Liegematten im Tierbereich	zusätzlich/alternativ: Stahlbetonplatte als Stallprofil mit versetzten Ebenen; Estrich auf dem Futtertisch, Liegematratzen im Tierbereich, Gussasphalt oder Gummiauflage
baukonstruktive Einbauten	Aufstallung: Beton-Spaltenboden, Einzelbalken	Aufstallung: Beton-Spaltenboden, Flächenelemente; Krippenschalen aus Polyesterbeton; Güllerohre vom Stall zum Außenbehälter	Aufstallung: Spaltenboden mit Gummiauflage, Gussroste über Treibmistkanal; Krippenschalen aus Steinzeug; zusätzlich/alternativ: Spülleitungen für Einzelkanäle
Abwasser-, Wasser-, Gasanlagen	Regenwasserableitung; Wasserleitung	zusätzlich/alternativ: Abwasserleitungen, Sanitärobjekte (einfache Qualität) in Nebenräumen	zusätzlich/alternativ: Sanitärobjekte (gehobene Qualität); Gasanschluss

	Standardstufe		
	3	4	5
Wärme-, Versorgungsanlagen	keine	Elektroheizung im Melkstand	zusätzlich/alternativ: Raumheizflächen, Heizkessel
lufttechnische Anlagen	keine	Firstentlüftung	Be- und Entlüftungsanlage
Starkstrom-Anlage	Leitungen, Schalter, Dosen, Langfeldleuchten	zusätzlich/alternativ: Sicherungen und Verteilerschrank	zusätzlich/alternativ: Metall-Dampfleuchten
nutzungsspezifische Anlagen	Aufstallung: Fressgitter, Liegeboxenbügel, Kälberboxen, Abtrennungen aus Holz, Kurzstandanbindung Fütterung: Selbsttränke, Balltränke Entmistung: keine Technik (Schlepper) Tierproduktentnahme: Fischgrätenmelkstand, Melkanlage, Maschinensatz, Milchkühltank, Kühlaggregat, Wärmerückgewinnung	Aufstallung: zusätzlich/alternativ: Einrichtungen aus verz. Stahlrohren Fütterung: Tränkewanne mit Schwimmer, Tränkeautomat für Kälber Entmistung: Faltschieber mit Seilzug und Antrieb, Tauchschneidpumpe, Rührmixer Tierproduktentnahme: zusätzlich/alternativ Milchflussgesteuerte Anrüst- und Abschaltautomatik	Aufstallung: zusätzlich/alternativ: Komfortboxen Fütterung: Edelstahl-Kipptränke, computergesteuerte Kraftfutteranlage mit Tiererkennung Entmistung: Schubstangenentmistung Tierproduktentnahme: zusätzlich/alternativ: Melkstand-Schnellaustrieb, Tandem oder Karussellmelkstand, Automatisches Melksystem (Roboter)

13. Beschreibung der Gebäudestandards für Schweineställe

	Standardstufe		
	3	4	5
Außenwände	Holzfachwerkwand; Holzstützen, Vollholz; Brettschalung oder Profilblech auf Holz-Unterkonstruktion	Kalksandstein- oder Ziegel-Mauerwerk; Metallstützen, Profil; Holz-Blockbohlen zwischen Stützen, Beton-Schalungssteine mit Putz	Betonwand, Fertigteile, mehrschichtig; Stahlbetonstützen, Fertigteil; Kalksandstein-Vormauerung oder Klinkerverblendung mit Dämmung
Dach	Holzkonstruktionen, Vollholzbalken; Nagelbrettbinder; Bitumenwellplatten, Profilblech	Stahlrahmen mit Holzpfetten; Faserzementwellplatten; Hartschaumplatten	Brettschichtholzbinder; Betondachsteine oder Dachziegel; Dämmung, Kunststoffplatten, Paneele
Fenster und Außentüren bzw. -tore	Lichtplatten aus Kunststoff, Holz-Brettertüren	Kunststofffenster, Windnetze aus Kunststoff, Jalousien mit Motorantrieb, Metalltüren	Türen und Tore mehrschichtig mit Wärmedämmung, Holzfenster, hoher Fensteranteil
Innenwände	keine Innenwände	tragende Innenwände aus Mauerwerk, Putz und Anstrich; nichttragende Innenwände aus Kunststoff-Paneele mit Anstrich	tragende Innenwände als Betonwand, Fertigteile, Anstrich; nichttragende Innenwände aus Mauerwerk, Putz und Anstrich; Sperrholz, Putz, Fliesen
Deckenkonstruktion	keine Decke	Holzkonstruktionen über Nebenräumen; Hartschaumplatten	Stahlbetonplatten über Nebenräumen; Dämmung, Kunststoffplatten, Paneele
Fußböden	Stahlbetonplatte	Stahlbetonplatte; Verbundestrich	zusätzlich/alternativ: Stahlbetonplatte als Stallprofil mit versetzten Ebenen; Stallbodenplatten mit Dämmung, Fliesen auf Estrich in Nebenräumen
baukonstruktive Einbauten	Fütterung: Tröge aus Polyesterbeton	Aufstallung: Beton-Spaltenboden, Flächenelemente Fütterung: Tröge aus Polyesterbeton Entmistung: Güllerohre vom Stall zum Außenbehälter, Absperrschieber in Güllekanälen	Aufstallung: Gussroste in Sauenställen, Kunststoffroste in Ferkelställen Fütterung: Tröge aus Steinzeug Entmistung: zusätzlich/alternativ: Spülleitungen für Einzelkanäle

	Standardstufe		
	3	4	5
Abwasser-, Wasser-, Gasanlagen	Regenwasserableitung, Wasserleitung	zusätzlich/alternativ: Abwasserleitungen, Sanitärobjekte (einfache Qualität) in Nebenräumen	zusätzlich/alternativ: Sanitärobjekte (gehobene Qualität), Gasanschluss
Wärmeversorgungsanlagen	Warmluftgebläse, Elt.-Anschluss	Raumheizflächen oder Twin- bzw. Delta-Heizungsrohren, Anschluss an vorh. Heizsystem	zusätzlich/alternativ: Warmwasser-Fußbodenheizung, Heizkessel mit Gasbefeuerung, Wärmerückgewinnung aus Stallluft
lufttechnische Anlagen	Zuluftklappen, Lüftungsfirst	Be- und Entlüftungsanlage im Unterdruckverfahren; Zuluftkanäle oder Rieseldecke; Einzelabsaugung, Abluftkanäle, Ventilatoren	zusätzlich/alternativ: Gleichdrucklüftung, Zentralabsaugung, Luftwäscher
Starkstrom-Anlage	Leitungen, Schalter, Dosen, Langfeldleuchten	zusätzlich/alternativ: Sicherungen und Verteilerschrank	zusätzlich/alternativ: Metall-Dampfleuchten
nutzungsspezifische Anlagen	Aufstallung: Buchtenabtrennungen aus Kunststoff-Paneelen, Pfosten und Beschläge aus verz. Stahl, Abferkelbuchten, Selbstfang-Kastenstände für Sauen Fütterung: Trockenfutterautomaten, Tränkenippel	Aufstallung: zusätzlich/alternativ: Pfosten und Beschläge aus V2A, Ruhekisten, Betteneinrichtungen Fütterung: zusätzlich/alternativ: Transportrohre, Drahtseilförderer, Rohrbreiautomaten mit Dosierung Entmistung: Tauchschneidpumpe, Rührmixer	Aufstallung: zusätzlich/alternativ: Sortierschleuse Fütterung: zusätzlich/alternativ: Flüssigfütterungsanlage mit Mixbehälter, Sensorsteuerung, Fütterungscomputer, Abrufstation, Tiererkennung, Selektion Entmistung: Schubstangenentmistung

14. Beschreibung der Gebäudestandards für Geflügelställe

	Standardstufe		
	3	4	5
Außenwände	Holzfachwerkwand, Holzstützen, Vollholz, Brettschalung oder Profilblech auf Holz-Unterkonstruktion	Kalksandstein- oder Ziegel-Mauerwerk, Metallstützen, Profil, Metall-Sandwichelemente mit Hartschaumdämmung	Betonwand, Fertigteile, mehrschichtig, Stahlbetonstützen, Fertigteil, Klinkerverblendung
Dach	Holzkonstruktionen, Vollholzbalken, Nagelbrettbinder, Bitumenwellplatten, Profilblech	Stahlrahmen mit Holzpfetten, Faserzementwellplatten, Hartschaumplatten	Brettschichtholzbinder, Betondachsteine oder Dachziegel, Dämmung, Profilholz oder Paneele
Fenster und Außentüren bzw. -tore	Lichtplatten aus Kunststoff; Holz-Brettertüren	Kunststofffenster; Windnetze aus Kunststoff, Jalousien mit Motorantrieb	Türen und Tore mehrschichtig mit Wärmedämmung, Holzfenster, hoher Fensteranteil
Innenwände	keine	tragende bzw. nicht tragende Innenwände aus Holz; Anstrich	tragende bzw. nicht tragende Innenwände als Mauerwerk; Profilblech, Plantafeln, Putz
Deckenkonstruktion	keine	Holzkonstruktionen über Nebenräumen; Hartschaumplatten	Stahlbetonplatten über Nebenräumen; Dämmung, Profilblech oder Paneelen
Fußböden	Stahlbetonplatte	zusätzlich/alternativ: Oberfläche maschinell geglättet; Estrich mit Anstrich (Eierverpackung)	zusätzlich/alternativ: Stallprofil mit versetzten Ebenen, Estrich mit Fliesen (Eierverpackung)
Abwasser-, Wasser-, Gasanlagen	Regenwasserableitung, Wasserleitung	zusätzlich/alternativ: Abwasserleitungen, Sanitärobjekte (einfache Qualität) in Nebenräumen	zusätzlich/alternativ: Sanitärobjekte (gehobene Qualität), Gasanschluss

	Standardstufe		
	3	4	5
Wärmeversorgungsanlagen	Warmluftgebläse, Elt.-Anschluss	zusätzlich/alternativ: Raumheizflächen oder Twin- bzw. Delta-Heizungsrohre, Heizkessel	zusätzlich: Wärmerückgewinnung aus der Stallluft
lufttechnische Anlagen	Firstentlüftung	Be- und Entlüftungsanlage im Unterdruckverfahren; Zuluftklappen, Abluftkamine, Ventilatoren	zusätzlich/alternativ: Gleichdrucklüftung, Zentralabsaugung, Luftwäscher
Starkstrom-Anlage	Leitungen, Schalter, Dosen, Langfeldleuchten	zusätzlich/alternativ: Sicherungen und Verteilerschrank	zusätzlich/alternativ: Metall-Dampfleuchten
nutzungsspezifische Anlagen	Aufstallung: Geflügelwaage	Aufstallung: zusätzlich/alternativ: Kotroste, Sitzstangen, Legenester Fütterung: Vollautomatische Kettenfütterung, Strang-Tränkeanlage, Nippeltränken Entmistung: Kotbandentmistung Tierproduktentnahme: Eier-Sammelband	Aufstallung: zusätzlich/alternativ: Etagensystem (Voliere, Kleingruppe) Entmistung: zusätzlich/alternativ: Entmistungsbänder mit Belüftung Tierproduktentnahme: zusätzlich/alternativ: Sortieranlage, Verpackung

15. Beschreibung der Gebäudestandards für landwirtschaftliche Mehrzweckhallen

	Standardstufe		
	3	4	5
Außenwände	Holzfachwerkwand; Holzstützen, Vollholz; Brettschalung oder Profilblech auf Holz-Unterkonstruktion	Kalksandstein- oder Ziegel-Mauerwerk; Metallstützen, Profil; Holz-Blockbohlen zwischen Stützen, Wärmedämmverbundsystem, Putz	Betonwand, Fertigteile, mehrschichtig; Stahlbetonstützen, Fertigteil; Kalksandstein-Vormauerung oder Klinkerverblendung mit Dämmung
Dach	Holzkonstruktionen, Nagelbrettbinder; Bitumenwellplatten, Profilblech	Stahlrahmen mit Holzpfetten; Faserzementwellplatten; Hartschaumplatten	Brettschichtholzbinder; Betondachsteine oder Dachziegel; Dämmung mit Profilholz oder Paneelen
Fenster und Außentüren bzw. -tore	Lichtplatten aus Kunststoff, Holztore	Kunststofffenster, Metall-Sektionaltore	Türen und Tore mehrschichtig mit Wärmedämmung, Holzfenster, hoher Fensteranteil
Innenwände	keine	tragende bzw. nicht tragende Innenwände aus Holz; Anstrich	tragende bzw. nicht tragende Innenwände als Mauerwerk; Sperrholz, Gipskarton, Fliesen
Deckenkonstruktion	keine	Holzkonstruktionen über Nebenräumen; Hartschaumplatten	Stahlbetonplatte über Nebenräumen; Dämmung mit Profilholz oder Paneelen
Fußböden	Beton-Verbundsteinpflaster	zusätzlich/alternativ: Stahlbetonplatte	zusätzlich/alternativ: Oberfläche maschinell geglättet; Anstrich
Abwasser-, Wasser-, Gasanlagen	Regenwasserableitung	zusätzlich/alternativ: Abwasserleitungen, Sanitärobjekte (einfache Qualität) in Nebenräumen	zusätzlich/alternativ: Sanitärobjekte (gehobene Qualität) in Nebenräumen, Gasanschluss
Wärmeversorgungsanlagen	keine	Raumheizflächen in Nebenräumen, Anschluss an Heizsystem	zusätzlich/alternativ: Heizkessel
lufttechnische Anlagen	keine	Firstentlüftung	Be- und Entlüftungsanlage
Starkstrom-Anlage	Leitungen, Schalter, Dosen, Langfeldleuchten	zusätzlich/alternativ: Sicherungen und Verteilerschrank	zusätzlich/alternativ: Metall-Dampfleuchten

	Standardstufe		
	3	4	5
nutzungsspezifische Anlagen	keine	Schüttwände aus Holz zwischen Stahlstützen, Trocknungsanlage für Getreide	Schüttwände aus Beton-Fertigteilen

Fußnote

Anlage 4 Abschnitt II Nr 22 und 23 Kursivdruck: Aufgrund offensichtlicher Unrichtigkeit wurde das Wort „Güllekänale“ durch das Wort „Güllekanäle“ ersetzt.
Anlage 4 Abschnitt III Nr 1 Tab Zeile 5 Spalte 5 Kursivdruck: Aufgrund offensichtlicher Unrichtigkeit wurde das Wort „Akkustikputz“ durch das Wort „Akustikputz“ ersetzt.

Anlage 5 (zu § 16 Absatz 3)

Katalog der Grundstücksmerkmale des Bodenrichtwertgrundstücks

(Fundstelle: BGBl. I 2021, 2856 - 2859)

Wertbeeinflussende Grundstücksmerkmale, die nicht in dieser Anlage aufgeführt sind, dürfen nur dann berücksichtigt werden, wenn die aufgeführten Grundstücksmerkmale zur marktgerechten Beschreibung des Bodenrichtwertgrundstücks nicht ausreichend sind.

I. Nutzungsartenkatalog

Für jeden Bodenrichtwert ist der Entwicklungszustand und die Art der Nutzung anzugeben. Lässt sich das Bodenrichtwertgrundstück aufgrund seiner rechtlichen und tatsächlichen Merkmale keinem der Entwicklungszustände nach § 3 Absatz 1 bis 4 zuordnen, ist das Bodenrichtwertgrundstück der Kategorie „Sonstige Flächen" im Sinne des § 3 Absatz 5 zuzuordnen. Zusätzlich zur Art der Nutzung kann eine Ergänzung zur Art der Nutzung angegeben werden.

Nr.	Art der Nutzung bzw. Ergänzung zur Art der Nutzung	Art der Nutzung	Ergänzung zur Art der Nutzung
Baureifes Land (B) **Rohbauland (R)** **Bauerwartungsland (E)**			
1	Wohnbaufläche	W	
1.1	Kleinsiedlungsgebiet	WS	
1.2	reines Wohngebiet	WR	
1.3	allgemeines Wohngebiet	WA	
1.4	besonderes Wohngebiet	WB	
2	gemischte Baufläche (auch Baufläche ohne nähere Spezifizierung)	M	
2.1	Dorfgebiet	MD	
2.2	Dörfliches Wohngebiet	MDW	
2.3	Mischgebiet	MI	
2.4	Kerngebiet	MK	
2.5	Urbanes Gebiet	MU	
3	gewerbliche Baufläche	G	
3.1	Gewerbegebiet	GE	
3.2	Industriegebiet	GI	
4	Sonderbaufläche	S	
4.1	Sondergebiet für Erholung	SE	
4.2	sonstige Sondergebiete	SO	
5	Baufläche für Gemeinbedarf	GB	
Die Bauflächen (1 bis 5) können zusätzlich durch folgende Ergänzungen zur Art der Nutzung weiter spezifiziert werden in:			
	Ein- und Zweifamilienhäuser		EFH
	Mehrfamilienhäuser		MFH
	Sozialer Mietwohnungsbau		SOW
	Geschäftshäuser (mehrgeschossig)		GH
	Wohn- und Geschäftshäuser		WGH
	Büro- und Geschäftshäuser		BGH
	Bürohäuser		BH
	Produktion und Logistik		PL
	Wochenendhäuser		WO
	Handel und dienstleistungsorientiertes Gewerbe		GD

Nr.	Art der Nutzung bzw. Ergänzung zur Art der Nutzung	Art der Nutzung	Ergänzung zur Art der Nutzung
	Ferienhäuser		FEH
	Freizeit und Touristik		FZT
	Läden (eingeschossig), nicht großflächiger Einzelhandel		LAD
	Einkaufszentren, großflächiger Einzelhandel		EKZ
	Messen, Ausstellungen, Kongresse, Großveranstaltungen aller Art		MES
	Bildungseinrichtungen		BI
	Gesundheitseinrichtungen		MED
	Hafen		HAF
	Garagen, Stellplatzanlagen, Parkhäuser		GAR
	Militär		MIL
	landwirtschaftliche Produktion		LP
	Bebaute Flächen im Außenbereich		ASB
	Bauflächen für Energieerzeugung		EE
Flächen der Land- oder Forstwirtschaft (LF)			
6	landwirtschaftliche Fläche	L	
6.1	Acker	A	
6.2	Grünland	GR	
6.3	Erwerbsgartenanbaufläche	EGA	
6.3.1	Obstanbaufläche	EGA	OG
6.3.2	Gemüseanbaufläche	EGA	GEM
6.3.3	Blumen- und Zierpflanzenanbaufläche	EGA	BLU
6.3.4	Baumschulfläche	EGA	BMS
6.4	Anbaufläche für Sonderkulturen	SK	
6.4.1	Spargelanbaufläche	SK	SPA
6.4.2	Hopfenanbaufläche	SK	HPF
6.4.3	Tabakanbaufläche	SK	TAB
6.5	Weingarten	WG	
6.5.1	Weingarten in Flachlage	WG	FL
6.5.2	Weingarten in Hanglage	WG	HL
6.5.3	Weingarten in Steillage	WG	STL
6.6	Kurzumtriebsplantagen, Agroforst	KUP	
6.7	Unland, Geringstland, Bergweide, Moor	UN	
7	forstwirtschaftliche Fläche	F	
Sonstige Flächen (SF)			
8.1	private Grünfläche	PG	
8.2	Kleingartenfläche (Bundeskleingartengesetz)	KGA	
8.3	Freizeitgartenfläche	FGA	
8.4	Campingplatz	CA	
8.5	Sportfläche (u.a. Golfplatz)	SPO	
8.6	sonstige private Fläche	SG	
8.7	Friedhof	FH	
8.8	Wasserfläche	WF	
8.9	Flughäfen, Flugplätze usw.	FP	
8.10	private Parkplätze, Stellplatzfläche	PP	
8.11	Lagerfläche	LG	

Nr.	Art der Nutzung bzw. Ergänzung zur Art der Nutzung			Art der Nutzung	Ergänzung zur Art der Nutzung
8.12		Abbauland		AB	
8.12.1			Abbauland von Sand und Kies	AB	SND
8.12.2			Abbauland von Ton und Mergel	AB	TON
8.12.3			Abbauland von Torf	AB	TOF
8.12.4			Steinbruch	AB	STN
8.12.5			Braunkohletagebau	AB	KOH
8.13		Gemeinbedarfsfläche (kein Bauland)		GF	
8.14		Sondernutzungsfläche		SN	

II. Weitere Grundstücksmerkmale

Bei baureifem Land ist der beitragsrechtliche Zustand anzugeben. Die weiteren Grundstücksmerkmale sind anzugeben, soweit sie wertbeeinflussend sind.

1. Beitragsrechtlicher Zustand

   frei beitragsfrei

   ebf erschließungsbeitrags-/kostenerstattungsbetragsfrei und beitragspflichtig nach Kommunalabgabenrecht,

   ebp erschließungsbeitrags-/kostenerstattungsbetragspflichtig und beitragspflichtig nach Kommunalabgabenrecht

2. Bauweise oder Gebäudestellung zur Nachbarbebauung

   o offene Bauweise

   g geschlossene Bauweise

   a abweichende Bauweise

   eh Einzelhäuser

   ed Einzel- und Doppelhäuser

   dh Doppelhaushälften

   rh Reihenhäuser

   rm Reihenmittelhäuser

   re Reihenendhäuser

3. Maß der baulichen Nutzung

   ZVG Zahl der Vollgeschosse

   ZOG Zahl der oberirdischen Geschosse (§ 16 Absatz 4)

   GFZ Geschossflächenzahl

   WGFZ wertrelevante Geschossflächenzahl (§ 16 Absatz 4)

   GRZ Grundflächenzahl

   BMZ Baumassenzahl

4. Angaben zum Grundstück

   t Grundstückstiefe in Metern

   b Grundstücksbreite in Metern

   f Grundstücksfläche in Quadratmetern

5. Sanierungs- oder Entwicklungszusatz

   SU sanierungsunbeeinflusster Zustand, ohne Berücksichtigung der rechtlichen und tatsächlichen Neuordnung

   SB sanierungsbeeinflusster Zustand, unter Berücksichtigung der rechtlichen und tatsächlichen Neuordnung

   EU entwicklungsunbeeinflusster Zustand, ohne Berücksichtigung der rechtlichen und tatsächlichen Neuordnung

   EB entwicklungsbeeinflusster Zustand, unter Berücksichtigung der rechtlichen und tatsächlichen Neuordnung

6. Bewertung der Bodenschätzung

   AZ Ackerzahl

   GZ Grünlandzahl

Annex
(nichtamtliche Anlagen)

Anlage: Jährlich nachschüssige Kapitalisierungsfaktoren (KF)

– identisch mit BewG und BelWertV –

Berechnungsvorschrift für die der Tabelle nicht zu entnehmenden Kapitalisierungsfaktoren (Rentenbarwertfaktoren)

$$\text{Kapitalisierungsfaktor} = \frac{q^n - 1}{q^n(q-1)} \quad \text{wobei } q = \text{Zinsfaktor} = \frac{1 + LZ}{100}$$

LZ = Liegenschaftszinssatz n = Restnutzungsdauer

Bei einer Rest-nutzungs-dauer von .... Jahren	Bei einem Zinssatz in Höhe von								
	1,0 v.H.	1,5 v.H.	2,0 v.H.	2,5 v.H.	3,0 v.H.	3,5 v.H.	4,0 v.H.	4,5 v.H.	5,0 v.H.
1	0.99	0.99	0.98	0.98	0.97	0.97	0.96	0.96	0.95
2	1.97	1.96	1.94	1.93	1.91	1.90	1.89	1.87	1.86
3	2.94	2.91	2.88	2.86	2.83	2.80	2.78	2.75	2.72
4	3.90	3.85	3.81	3.76	3.72	3.67	3.63	3.59	3.55
5	4.85	4.78	4.71	4.65	4.58	4.52	4.45	4.39	4.33
6	5.80	5.70	5.60	5.51	5.42	5.33	5.24	5.16	5.08
7	6.73	6.60	6.47	6.35	6.23	6.11	6.00	5.89	5.79
8	7.65	7.49	7.33	7.17	7.02	6.87	6.73	6.60	6.46
9	8.57	8.36	8.16	7.97	7.79	7.61	7.44	7.27	7.11
10	9.47	9.22	8.98	8.75	8.53	8.32	8.11	7.91	7.72
11	10.37	10.07	9.79	9.51	9.25	9.00	8.76	8.53	8.31
12	11.26	10.91	10.58	10.26	9.95	9.66	9.39	9.12	8.86
13	12.13	11.73	11.35	10.98	10.63	10.30	9.99	9.68	9.39
14	13.00	12.54	12.11	11.69	11.30	10.92	10.56	10.22	9.90
15	13.87	13.34	12.85	12.38	11.94	11.52	11.12	10.74	10.38
16	14.72	14.13	13.58	13.06	12.56	12.09	11.65	11.23	10.84
17	15.56	14.91	14.29	13.71	13.17	12.65	12.17	11.71	11.27
18	16.40	15.67	14.99	14.35	13.75	13.19	12.66	12.16	11.69
19	17.23	16.43	15.68	14.98	14.32	13.71	13.13	12.59	12.09
20	18.05	17.17	16.35	15.59	14.88	14.21	13.59	13.01	12.46
21	18.86	17.90	17.01	16.18	15.42	14.70	14.03	13.40	12.82
22	19.66	18.62	17.66	16.77	15.94	15.17	14.45	13.78	13.16
23	20.46	19.33	18.29	17.33	16.44	15.62	14.86	14.15	13.49
24	21.24	20.03	18.91	17.88	16.94	16.06	15.25	14.50	13.80
25	22.02	20.72	19.52	18.42	17.41	16.48	15.62	14.83	14.09
26	22.80	21.40	20.12	18.95	17.88	16.89	15.98	15.15	14.38
27	23.56	22.07	20.71	19.46	18.33	17.29	16.33	15.45	14.64
28	24.32	22.73	21.28	19.96	18.76	17.67	16.66	15.74	14.90
29	25.07	23.38	21.84	20.45	19.19	18.04	16.98	16.02	15.14
30	25.81	24.02	22.40	20.93	19.60	18.39	17.29	16.29	15.37
31	26.54	24.65	29.94	21.40	20.00	18.74	17.59	16.54	15.59
32	27.27	25.27	23.47	21.85	20.39	19.07	17.87	16.79	15.80
33	27.99	25.88	23.99	22.29	20.77	19.39	18.15	17.02	16.00
34	28.70	26.48	24.50	22.72	21.13	19.70	18.41	17.25	16.19
35	29.41	27.08	25.00	23.15	21.49	20.00	18.66	17.46	16.37
36	30.11	27.66	25.49	23.56	21.83	20.29	18.91	17.67	16.55
37	30.80	28.24	25.97	23.96	22.17	20.57	19.14	17.86	16.71
38	31.48	28.81	26.44	24.35	22.49	20.84	19.37	18.05	16.87
39	32.16	29.36	26.90	24.73	22.81	21.10	19.58	18.23	17.02
40	32.83	29.92	27.36	25.10	23.11	21.36	19.79	18.40	17.16
41	33.50	30.46	27.80	25.47	23.41	21.60	19.99	18.57	17.29
42	34.16	30.99	28.23	25.82	23.70	21.83	20.19	18.72	17.42
43	34.81	31.52	28.66	26.17	23.98	22.06	20.37	18.87	17.55
44	35.46	32.04	29.08	26.50	24.25	22.28	20.55	19.02	17.66
45	36.09	32.55	29.49	26.83	24.52	22.50	20.72	19.16	17.77
46	36.73	33.06	29.89	27.15	24.78	22.70	20.88	19.29	17.88
47	37.35	33.55	30.29	27.47	25.02	22.90	21.04	19.41	17.98
48	37.97	34.04	30.67	27.77	25.27	23.09	21.20	19.54	18.08
49	38.59	34.52	31.05	28.07	25.50	223.28	21.34	19.65	18.17
50	39.20	35.00	31.42	28.36	25.73	23.46	21.48	19.76	18.26

Bei einer Rest-nutzungs-dauer von .... Jahren	Bei einem Zinssatz in Höhe von									
	5,5 v.H.	6,0 v.H.	6,5 v.H.	7.0 v.H.	7,5 v.H.	8,0 v.H.	8,5 v.H.	9,0 v.H.	9,5 v.H.	10,0 v.H.
1	0.95	0.94	0.94	0.93	0.93	0.93	0.92	0.92	0.91	0.91
2	1.85	1.83	1.82	1.81	1.80	1.78	1.77	1.76	1.75	1.74
3	2.70	2.67	2.65	2.62	2.60	2.58	2.55	2.53	2.51	2.49
4	3.51	3.47	3.43	3.39	3.35	3.31	3.28	3.24	3.20	3.17
5	4.27	4.21	4.16	4.10	4.05	3.99	3.94	3.89	3.84	3.79
6	5.00	4.92	4.84	4.77	4.69	4.62	4.55	4.49	4.42	4.36
7	5.68	5.58	5.48	5.39	5.30	5.21	5.12	5.03	4.95	4.87
8	6.33	6.21	6.09	5.97	5.86	5.75	5.64	5.53	5.43	5.33
9	6.95	6.80	6.66	6.52	6.38	6.25	6.12	6.00	5.88	5.76
10	7.54	7.36	7.19	7.02	6.86	6.71	6.56	6.42	6.28	6.14
11	8.09	7.89	7.69	7.50	7.32	7.14	6.97	6.81	6.65	6.50
12	8.62	8.38	8.16	7.94	7.74	7.54	7.34	7.16	6.98	6.81
13	9.12	8.85	8.60	8.36	8.13	7.90	7.69	7.49	7.29	7.10
14	9.59	9.30	9.01	8.75	8.49	8.24	8.01	7.79	7.57	7.37
15	10.04	9.71	9.40	9.11	8.83	8.56	8.30	8.06	7.83	7.61
16	10.46	10.11	9.77	9.45	9.14	8.85	8.58	8.31	8.06	7.82
17	10.86	10.48	10.11	9.76	9.43	9.12	8.83	8.54	8.28	8.02
18	11.25	10.83	10.43	10.06	9.71	9.37	9.06	8.76	8.47	8.20
19	11.61	11.16	10.73	10.34	9.96	9.60	9.27	8.95	8.65	8.36
20	11.95	11.47	11.02	10.59	10.19	9.82	9.46	9.13	8.81	8.51
21	12.28	11.76	11.28	10.84	10.41	10.02	9.64	9.29	8.96	8.65
22	12.58	12.04	11.54	11.06	10.62	10.20	9.81	9.44	9.10	8.77
23	12.88	12.30	11.77	11.27	10.81	10.37	9.96	9.58	9.22	8.88
24	13.15	12.55	11.99	11.47	10.98	10.53	10.10	9.71	9.33	8.98
25	13.41	12.78	12.20	11.65	11.15	10.67	10.23	9.82	9.44	9.08
26	13.66	13.00	12.39	11.83	11.30	10.81	10.35	9.93	9.53	9.16
27	13.90	13.21	12.57	11.99	11.44	10.94	10.46	10.03	9.62	9.24
28	14.12	13.41	12.75	12.14	11.57	11.05	10.57	10.12	9.70	9.31
29	14.33	13.59	12.91	12.28	11.70	11.16	10.66	10.20	9.77	9.37
30	14.53	13.76	13.06	12.41	11.81	11.26	10.75	10.27	9.83	943
31	14.72	13.93	13.20	12.53	11.92	11.35	10.83	10.34	9.89	9.48
32	14.90	14.08	13.33	12.65	12.02	11.43	10.90	10.41	9.95	9.53
33	15.08	14.23	13.46	12.75	12.11	11.51	10.97	10.46	10.00	9.57
34	15.24	14.37	13.58	12.85	12.19	11.59	11.03	10.52	10.05	9.61
35	15.39	14.50	13.69	12.95	12.27	11.65	11.09	10.57	10.09	9.64
36	15.54	14.62	13.79	13.04	12.35	11.72	11.14	10.61	10.13	9.68
37	15.67	14.74	13.89	13.12	12.42	11.78	11.19	10.65	10.16	9.71
38	15.80	14.85	13.98	13.19	12.48	11.83	11.23	10.69	10.19	9.73
39	15.93	14.95	14.06	13.26	12.54	11.88	11.28	10.73	10.22	9.76
40	16.05	15.05	14.15	13.33	12.59	11.92	11.31	10.76	10.25	9.78
41	16.16	15.14	14.22	13.39	12.65	11.97	11.35	10.79	10.27	9.80
42	16.26	15.22	14.29	13.45	12.69	12.01	11.38	10.81	10.29	9.82
43	16.36	15.31	14.36	13.51	12.74	12.04	11.41	10.84	10.31	9.83
44	16.46	15.38	14.42	13.56	12.78	12.08	11.44	10.86	10.33	9.85
45	16.55	15.46	14.48	13.61	12.82	12.11	11.47	10.88	10.35	9.86
46	16.63	15.52	14.54	13.65	12.85	12.14	11.49	10.90	10.36	9.88
47	16.71	15.59	14.59	13.69	12.89	12.16	11.51	10.92	10.38	9.89
48	16.79	15.65	14.64	13.73	12.92	12.19	11.53	10.93	10.39	9.90
49	16.86	15.71	14.68	13.77	12.95	12.21	11.55	10.95	10.40	9.91
50	16.93	15.76	14.72	13.80	12.97	12.23	11.57	10.96	10.41	9.91

Bei einer Rest-Nutzungs-dauer von .... Jahren	Bei einem Zinssatz in Höhe von 1,0 v.H.	1,5 v.H.	2,0 v.H.	2,5 v.H.	3,0 v.H.	3,5 v.H.	4,0 v.H.	4,5 v.H.	5,0 v.H.
51	39.80	35.47	31.79	28.65	25.95	23.63	21.62	19.87	18.34
52	40.39	35.93	32.14	28.92	26.17	23.80	21.75	19.97	18.42
53	40.98	36.38	32.50	29.19	26.37	23.96	21.87	20.07	18.49
54	41.57	36.83	32.84	29.46	26.58	24.11	21.99	20.16	18.57
55	42.15	37.27	33.17	29.71	26.77	24.26	22.11	20.25	18.63
56	42.72	37.71	33.50	29.96	26.97	24.41	22.22	20.33	18.70
57	43.29	38.13	33.83	30.21	27.15	24.55	22.33	20.41	18.76
58	43.85	38.56	34.15	30.45	27.33	24.69	22.43	20.49	18.82
59	44.41	38.97	34.46	30.68	27.51	24.82	22.53	20.57	18.88
60	44.96	39.38	34.76	30.91	27.68	24.94	22.62	20.64	18.93
61	45.50	39.78	35.06	31.13	27.84	25.07	22.71	20.71	18.98
62	46.04	40.18	35.35	31.35	28.00	25.19	22.80	20.77	19.03
63	46.57	40.57	35.64	31.56	28.16	25.30	22.89	20.83	19.08
64	47.10	40.96	35.92	31.76	28.31	25.41	22.97	20.89	19.12
65	47.63	41.34	36.20	31.96	28.45	25.52	23.05	20.95	19.16
66	48.15	41.71	36.47	32.16	28.60	25.62	23.12	21.01	19.20
67	48.66	42.08	36.73	32.35	28.73	25.72	23.19	21.06	19.24
68	49.17	42.44	36.99	32.54	28.87	25.82	23.26	21.11	19.28
69	49.67	42.80	37.25	32.72	29.00	25.91	23.33	21.16	19.31
70	50.17	43.15	37.50	32.90	29.12	26.00	23.39	21.20	19.34
71	50.66	43.50	37.74	33.07	29.25	26.09	23.46	21.25	19.37
72	51.15	43.84	37.98	33.24	29.37	26.17	23.52	21.29	19.40
73	51.63	44.18	38.22	33.40	29.48	26.25	23.57	21.33	19.43
74	52.11	44.51	38.45	33.57	29.59	26.33	23.63	21.37	19.46
75	52.59	44.84	38.68	33.72	29.70	26.41	23.68	21.40	19.48
76	53.06	45.16	38.90	33.88	29.81	26.48	23.73	21.44	19.51
77	53.52	45.48	39.12	34.03	29.91	26.55	23.78	21.47	19.53
78	53.98	45.79	39.33	34.17	30.01	26.62	23.83	21.50	19.56
79	54.44	46.10	39.54	34.31	30.11	26.68	23.87	21.54	19.58
80	54.89	46.41	39.74	34.45	30.20	26.75	23.92	21.57	19.60
81	55.33	46.71	39.95	34.59	30.29	26.81	23.96	21.59	19.62
82	55.78	47.00	40.14	34.72	30.38	26.87	24.00	21.62	19.63
83	56.22	47.29	40.34	34.85	30.47	26.93	24.04	21.65	19.65
84	56.65	47.58	40.53	34.97	30.55	26.98	24.07	21.67	19.67
85	57.08	47.86	40.71	35.10	30.63	27.04	24.11	21.70	19.68
86	57.50	48.14	40.89	35.22	30.71	27.09	24.14	21.72	19.70
87	57.92	48.41	41.07	35.33	30.79	27.14	24.18	21.74	19.71
88	58.34	48.68	41.25	35.45	30.86	27.19	24.21	21.76	19.73
89	58.75	48.95	41.42	35.56	30.93	27.23	24.24	21.78	19.74
90	59.16	49.21	41.59	35.67	31.00	27.28	24.27	21.80	19.75
91	59.57	49.47	41.75	35.77	31.07	27.32	24.30	21.82	19.76
92	59.97	49.72	41.91	35.87	31.14	27.37	24.32	21.83	19.78
93	60.36	49.97	42.07	35.98	31.20	27.41	24.35	21.85	19.79
94	60.75	50.22	42.23	36.07	31.26	27.45	24.37	21.87	19.80
95	61.14	50.46	42.38	36.17	31.32	27.48	24.40	21.88	19.81
96	61.53	50.70	42.53	36.26	31.38	27.52	24.42	21.90	19.82
97	61.91	50.94	42.68	36.35	31.44	27.56	24.44	21.91	19.82
98	62.29	51.17	42.82	36.44	31.49	27.59	24.46	21.92	19.83
99	62.66	51.40	42.96	36.53	31.55	27.62	24.49	21.94	19.84
100	63.03	51.62	43.10	36.61	31.60	27.66	24.50	21.95	19.85

Bei einer Rest-Nutzungs-dauer von .... Jahren	Bei einem Zinssatz in Höhe von									
	5,5 v.H.	6,0 v.H.	6,5 v.H.	7.0 v.H.	7,5 v.H.	8,0 v.H.	8,5 v.H.	9,0 v.H.	9,5 v.H.	10,0 v.H.
51	17.00	15.81	14.76	13.83	13.00	12.25	11.58	10.97	10.42	9.92
52	17.06	15.86	14.80	13.86	13.02	12.27	11.60	10.99	10.43	9.93
53	17.12	15.91	14.84	13.89	13.04	12.29	11.61	11.00	10.44	9.94
54	17.17	15.95	14.87	13.92	13.06	12.30	11.62	11.01	10.45	9.94
55	17.23	15.99	14.90	13.94	13.08	12.32	11.63	11.01	10.45	9.95
56	17.28	16.03	14.93	13.96	13.10	12.33	11.64	11.02	10.46	9.95
57	17.32	16.07	14.96	13.98	13.12	12.34	11.65	11.03	10.47	9.96
58	17.37	16.10	14.99	14.00	13.13	12.36	11.66	11.04	10.47	9.96
59	17.41	16.13	15.01	14.02	13.15	12.37	11.67	11.04	10.48	9.96
60	17.45	16.16	15.03	14.04	13.16	12.38	11.68	11.05	10.48	9.97
61	17.49	16.19	15.05	14.06	13.17	12.39	11.68	11.05	10.48	9.97
62	17.52	16.22	15.07	14.07	13.18	12.39	11.69	11.06	10.49	9.97
63	17.56	16.24	15.09	14.08	13.19	12.40	11.70	11.06	10.49	9.98
64	17.59	16.27	15.11	14.10	13.20	12.41	11.70	11.07	10.49	9.98
65	17.62	16.29	15.13	14.11	13.21	12.42	11.71	11.07	10.50	9.98
66	17.65	16.31	15.14	14.12	13.22	12.42	11.71	11.07	10.50	9.98
67	17.68	16.33	15.16	14.13	13.23	12.43	11.71	11.08	10.50	9.98
68	17.71	16.35	15.17	14.14	13.24	12.43	11.72	11.08	11.50	9.98
69	17.73	16.37	15.19	14.15	13.24	12.44	11.72	11.08	10.51	9.99
70	17.75	16.38	15.20	14.16	13.25	12.44	11.73	11.08	10.51	9.99
71	17.78	16.40	15.21	14.17	13.25	12.45	11.73	11.09	10.51	9.99
72	17.80	16.42	15.22	14.18	13.26	12.45	11.73	11.09	10.51	9.99
73	17.82	16.43	15.23	14.18	13.27	12.45	11.73	11.09	10.51	9.99
74	17.84	16.44	15.24	14.19	13.27	12.46	11.74	11.09	10.51	9.99
75	17.85	16.46	15.25	14.20	13.27	12.46	11.74	11.09	10.51	9.99
76	17.87	16.47	15.26	14.20	13.28	12.46	11.74	11.10	10.52	9.99
77	17.89	16.48	15.26	14.21	13.28	12.47	11.74	11.10	10.52	9.99
78	17.90	16.49	15.27	14.21	13.29	12.47	11.74	11.10	10.52	9.99
79	17.92	16.50	15.28	14.22	13.29	12.47	11.75	11.10	10.52	9.99
80	17.93	16.51	15.28	14.22	13.29	12.47	11.75	11.10	10.52	10.00
81	17.94	16.52	15.29	14.23	13.30	12.48	11.75	11.10	10.52	10.00
82	17.96	16.53	15.30	14.23	13.30	12.48	11.75	11.10	10.52	10.00
83	17.97	16.53	15.30	14.23	13.30	12.48	11.75	11.10	10.52	10.00
84	17.98	16.54	15.31	14.24	13.30	12.48	11.75	11.10	10.52	10.00
85	17.99	16.55	15.31	14.24	13.30	12.48	11.75	11.10	10.52	10.00
86	18.00	16.56	15.32	14.24	13.31	12.48	11.75	11.10	10.52	10.00
87	18.01	16.56	15.32	14.25	13.31	12.48	11.75	11.10	10.52	10.00
88	18.02	16.57	15.32	14.25	13.31	12.49	11.76	11.11	10.52	10.00
89	18.03	16.57	15.33	14.25	13.31	12.49	11.76	11.11	10.52	10.00
90	18.04	16.58	15.33	14.25	13.31	12.49	11.76	11.11	10.52	10.00
91	18.04	16.58	15.33	14.26	13.31	12.49	11.76	11.11	10.52	10.00
92	18.05	16.59	15.34	14.26	13.32	12.49	11.76	11.11	10.52	10.00
93	18.06	16.59	15.34	14.26	13.32	12.49	11.76	11.11	10.52	10.00
94	18.06	16.60	15.34	14.26	13.32	12.49	11.76	11.11	10.52	10.00
95	18.07	16.60	15.35	14.26	13.32	12.49	11.76	11.11	10.52	10.00
96	18.08	16.60	15.35	14.26	13.32	12.49	11.76	11.11	10.52	10.00
97	18.08	16.61	15.35	14.27	13.32	12.49	11.76	11.11	10.52	10.00
98	18.09	16.61	15.35	14.27	13.32	12.49	11.76	11.11	10.52	10.00
99	18.09	16.61	15.35	14.27	13.32	12.49	11.76	11.11	10.52	10.00
100	18.10	16.62	15.36	14.27	13.32	12.49	11.76	11.11	10.53	10.00

Teil II

Erläuterungen

Gliederungsübersicht *Rn.*

1 Vorbemerkungen zur Immobilienwertermittlungsverordnung (ImmoWertV 21)

1.1 Allgemeines

1.1.1 Marktwert und andere Wertbegriffe

1.1.1.1 Marktwert (Verkehrswert)

Schrifttum: *Fischer/Lorenz/Biederbeck/Astl,* Verkehrswertermittlung von bebauten und unbebauten Grundstücken, 2005; *Gottschalk, G.,* Immobilienwertermittlung, 2. Aufl. München 2014; *Kleiber, W.,* Immobilienbewertung – quo vadis? Der Sachverständige 2015, 130; *Kleiber:* Immobilienbewertung in der Bundesrepublik Deutschland, in Francke, H.-H./Rehkugler, H., Immobilienmärkte und Immobilienbewertung, Vahlen Verlag 3. Aufl. 2020; *Kleiber,* Komm. zur ImmoWertV in Ernst/Zinkahn/Bielenberg/Krautzberger, BauGB, Beck-Verlag; *Kleiber/Tillmann*, Trainingshandbuch 2. Aufl. Bundesanzeiger Verlag 2014, *Kleiber/Tillmann/Seitz,* Tabellenhandbuch, 2. Aufl. Bundesanzeiger Verlag 2017; *Kröll/Hausmann,* Rechte und Belastungen bei der Verkehrswertermittlung von Grundstücken, 6. Aufl. 2024; *Petersen/Schnoor/Seitz/Vogels*, Verkehrswertermittlung von Immobilien, Boorberg 2014; *Pohnert/Ehrenberg/Haase/Joeris,* Kreditwirtschaftliche Wertermittlungen, 7. Aufl. 2011; *Schaper/Moll-Amrein,* Wertermittlungsverfahren – Basiswissen für Einsteiger, 2. Aufl. Reguvis Fachmedien; *Sommer/Kröll,* Lehrbuch der Immobilienbewertung, 6. Aufl. 2022; *Zimmermann, P.*, ImmoWertV, 2. Aufl. Beck-Verlag 2019.

1 Marktwert und Verkehrswert sind Synonyma. Mit dem Europarechtsanpassungsgesetz[1] hat der Gesetzgeber klargestellt, dass der **„Verkehrswert“ materiell identisch mit dem „Marktwert“** ist. Ein Unterschied zwischen dem Verkehrswert nach § 194 des Baugesetzbuchs (BauGB) und dem Marktwert i.S. europäischer Vorgaben besteht nicht[2].
Der **Verkehrswert**[3] **wird** nach § 194 BauGB

1 Europarechtsanpassungsgesetz (EAG Bau) vom 24.06.2004 (BGBl. I 2004, 1359).
2 BGH, Beschl. vom 28.04.2011 – V ZR 192/10 –, GuG 2011, 319 = EzGuG 19.57; EuGH, Urt. vom 16.12.2010 – RS C 239/09 –, NL–BzAR 2011, 33 = EzGuG 19.56g; KG Urt. vom 26.08.2010 – 22 U 179/09 –; GuG-aktuell 2013, 6 = EzGuG 19.56.
3 Die Definition geht maßgeblich auf die Rechtsprechung des Reichsgerichts zur Entschädigung von Grundstücken zurück (RG, Urt. vom 18.10.1904); Eger, G., Das Gesetz über die Enteignung von Grundeigentum.

„durch den Preis bestimmt, der in dem Zeitpunkt, auf den sich die Ermittlung bezieht, im gewöhnlichen Geschäftsverkehr nach den rechtlichen Gegebenheiten und tatsächlichen Eigenschaften, der sonstigen Beschaffenheit und der Lage des Grundstücks oder des sonstigen Gegenstands der Wertermittlung ohne Rücksicht auf ungewöhnliche oder persönliche Verhältnisse zu erzielen wäre."

Der so definierte Verkehrswert nimmt im Wirtschafts- und Rechtsleben eine allgemeingültige Bedeutung ein. Er ist mit dem **„wahren", „inneren", „wirklichen"** oder schlicht mit dem **„Wert"** des Grundstücks gleichzusetzen (vgl. Rn. 33; § 11 ImmoWertV Rn. 5; Teil VII Rn. 31 ff.)[4].

Der Verkehrswert (Marktwert) ist auch als **„Wert des Grundstücks" i.S. des bürgerlichen Rechts** anzusehen, z.B. nach § 453 und § 2311 BGB bei Erbauseinandersetzungen, nach § 2325 BGB bei Pflichtteilsergänzungen oder bei Abwendung der Herausgabe noch vorhandener Nachlassgegenstände zum Zwecke der Befriedigung eines Nachlassgläubigers durch Zahlung des Werts nach § 1973 Abs. 2 BGB (des Weiteren § 1515 Abs. 1 und 3 BGB, §§ 2049 und 2312 BGB; auch §§ 385, 764, 1221 und 1235 BGB sowie § 821 ZPO).

Der um die auf einem Grundstück lastenden **Schulden und Verbindlichkeiten** verminderte Verkehrswert wird in der Immobilienwirtschaft auch als *Net Asset Value*[5] bezeichnet.

Der Markt- bzw. Verkehrswert entspricht materiell auch der Direktive des Europäischen Rates von 1991[6], der EU-Grundstücksmitteilung[7] und **international gebräuchlichen Marktwertdefinitionen**. Ein Unterschied zwischen dem Verkehrswert nach § 194 BauGB und dem Marktwert i.S. der Direktive des Europäischen Rates von 1991[8] sowie europäischer Vorgaben besteht nicht[9]. Die deutsche Definition des Verkehrswerts (Marktwert) hat sich als modern und international vorbildlich erwiesen.

Der Wert von Immobilien, die in **offenen oder geschlossenen Immobilienfonds** (alternative Investmentfonds – AIF) gehalten werden, bestimmt sich nach der Investment-Rechnungslegungs- und -Bewertungsverordnung (KARBV) nach dem Verkehrswert[10].

Materiell identisch mit dem in § 194 BauGB definierten Markt- bzw. Verkehrswert ist auch der in § 16 Abs. 2 Satz 4 des Pfandbriefgesetzes – **PfandBG** – beschriebene Marktwert, als

„der geschätzte Betrag, für welchen ein Beleihungsobjekt am Bewertungsstichtag zwischen einem verkaufsbereiten Verkäufer und einem kaufbereiten Erwerber, nach angemessenem Vermarktungszeitraum, in einer Transaktion im gewöhnlichen Geschäftsverkehr verkauft werden könnte, wobei jede Partei mit Sachkenntnis, Umsicht und ohne Zwang handelt."

Nach § 16 Abs. 2 Satz 3 PfandBG ist der *„nach einem anerkannten Bewertungsverfahren ermittelte"* Verkehrswert (Marktwert) die Obergrenze des Beleihungswerts. Anerkannte Bewertungsverfahren sind in erster Linie die in der ImmoWertV geregelten Verfahren.

4 BGH, Urt. vom 01.04.1992 – XII ZR 146/91 –, GuG 1995, 56 = EzGuG 20.139b; BGH, Urt. vom 23.10.1985 – IVb ZR 62/84 –, NJW–RR 1986, 226 = EzGuG 20.110b.

5 Der Ausdruck *property valuation* hat sich gegenüber dem Begriff *asset valuation* durchgesetzt.

6 Art. 49 Abs. 2 – 91/647/EEC.

7 Mitteilung der Kommission betreffend Elemente staatlicher Beihilfe bei Verkäufen von Bauten und Grundstücken durch die öffentliche Hand Nr. 97C 209/03 vom 10.07.1997 (ABl. 1997 C 209, S. 3 = GuG 1997, 363); vgl. auch Art. 49 Abs. 2 der Richtlinie 91/674 EWG des Rates (ABl. Nr. L 374 vom 31.12.1991, S. 7); § 3 ImmoWertV Rn. 23; Syst. Darst. des Vergleichswertverfahrens Rn. 45.

8 Art. 49 Abs. 2 – 91/647/EEC.

9 Die materielle Identität ist herrschende Auffassung in Rechtsprechung und Schrifttum und braucht von daher nicht weiter erörtert zu werden; vgl. Ernst/Zinkahn/Bielenberg/Krautzberger, BauGB § 194 BauGB Rn. 2 ff.; Krautzberger in Battis/Krautzberger/Löhr, BauGB, 11. Aufl. Rn. 1; Federwisch in Spannowsky/Uechtritz, BauGB, § 194 BauGB Rn. 3; BGH, Beschl. vom 28.04.2011 – V ZR 192/10 –, GuG 2011, 319 = EzGuG 19.57; KG Urt. vom 26.08.2010 – 22 U 179/09 –, GuG-aktuell 2013, 6 = EzGuG 19.56; EuGH, Urt. vom 16.12.2010 – RS C 239/09 –, NL–BzAR 2011, 33= EzGuG 19.56g; BGH, Urt. vom 13.06.2001 – XII ZR 49/99 –, GuG 2001, 302 = EzGuG 20.178; BGH, Urt. vom 30.06.2004 – XII ZR 11/01 –, GuG 2004, 359 = EzGuG 20.192.

10 Vgl. analoge Definition in § 2 Nr. b der Kapitalanlage-Rechnungslegungs- und -Bewertungsverordnung (KaBRV), der allerdings nach § 30 Abs. 1 Satz 1 „in der Regel" auf der Grundlage des Ertragswerts zu ermitteln ist.

1.1.1.2 Beleihungswert

Schrifttum: *Bienert, K.*, Zum Beleihungswertbegriff, GuG 2005, 344; *Europäisches Parlament und Rat*, Richtlinie 98/32/EG vom 22.06.1998 (Hypothekardarlehensrichtlinie) zur Änderung der Richtlinie 89/647 EWG des Rates über einen Solvabilitäts-koeffizienten für Kreditinstitute; *BAKred*, RdSchr. vom 30.12.1996 an alle Kreditinstitute in der Bundesrepublik Deutschland zu § 20 Abs. 3 Satz 2 Nr. 4 des Gesetzes über das Kreditwesen (KWG); *BAKred*, RdSchr. 16/96 vom 30.12 1996; *BAKred*, RdSchr. bezüglich Verkehrswert, Freibetragsregelung und Bewertungsvorschriften GuG 1997, 242; *BAKred*, RdSchr. 16/96, GuG 1997, 238; *BAKred*, RdSchr. Nr. 14 vom 28.08.1998 und Nr. 2/99 vom 21.01.1999; *BAKred*, RdSchr. 16/96 vom 30.12.1996 zu § 20 Abs. 2 Satz 2 Nr 4 KWG. Anrechnungserleichterung für dinglich auf Wohnungseigentum gesicherte Kredite (GuG 1997, 242); *BAKred*, RdSchr. 14/98 vom 26.08.1998 zum Grundsatz I (GS I) gem. §§ 10 Abs. 1 und 10a Abs. 1 KWG; *BAKred*, RdSchr 2/99 vom 21.01.1999 zu § 20 Abs. 3 Satz 2 Nr. 5 KWG; *BAKred*, RdSchr. vom 10.03.1999 zu Eigennutzung oder Vermietung als Erläuterung zu dem RdSchr. 14/98 und 2/99; Auszug aus den Erläuterungen zu den Meldungen der Institute zum GS I vom 18.03.1999; *BAKred*, Schreiben vom 07.09.1999 an die Deutsche Bundesbank wegen Anforderungen an die Eignung der Gutachter für die Wertermittlung nach den Richtlinien zu § 20 Abs. 3 Satz 2 Nr. 5 KWG, GuG 2001, 243; *BAKred*, Schreiben zur Ermittlung des Beleihungswerts gemäß § 12 HBG Kleindarlehensgrenze, GuG 2000, 298; *BAKred*, Schreiben vom 22.06.1999 an den Verband deutscher Hypothekenbanken betr. Kleindarlehensgrenze, GuG 2000, 374; *BAKred*, Schreiben vom 21.12.1999 an die Deutsche Bundesbank wegen Anrechnung gewerblicher Realkredite gem. RdSchr 14/98 vom 26.08.1998; *BAKred*, Schreiben vom 17.04.2000 an die Deutsche Bundesbank bez. Anrechnungserleichterungen für gewerbliche Realkredite im GS I und den Großkreditvorschriften sowie Anforderungen an die Eignung als Gutachter für die Wertermittlung nach den Richtlinien gem. § 20 Abs. 3 Satz 2 Nr. 5 KWG; Vorschlag zur Behandlung und Kriterien zur Festlegung einer Ausnahmebehandlung von gewerblichen Immobilienkrediten des Baseler Ausschusses für Bankaufsicht; *BAKred*, Erläuterungen vom 20.07.2000 zur Bekanntm. über die Änderung und Ergänzung der Grundsätze über die Eigenmittel und die Liquidität der Institute; RdSchr des BaFin 13/2009 vom 08.09.2009 (BA 32 FR 2670 – 2008/0001) GuG 2009, 368; Vereinbarung zur Zusammenarbeit zwischen dem Bundesaufsichtsamt für das Kreditwesen, dem Bundesaufsichtsamt für das Versicherungswesen, dem Bundesaufsichtsamt für den Wertpapierhandel und der Deutschen Bundesbank vom 03.11.2000; Einheitliche Wertermittlungsanweisung des genossenschaftlichen FinanzVerbundes für das Realkreditgeschäft nach den §§ 11 und 12 HBG, GuG 2001, 93; *Werth, A.*, Vom Verkehrswert unabhängige Beleihungswerte im Blickfeld der Europäischen Union, GuG 1998, 257; Weyers, G., Kreditwirtschaftliche Immobilienbewertung in Deutschland, GuG 2000, 267; Beleihungsgrundsätze für Sparkassen, ABl. für Brandenburg 1991, 409; VO über die Organisation und den Geschäftsbetrieb der Sparkassen (SparkassenVO) in Bayern vom 01.12.1997 (BayGVBl. 1997, 816); *Verband der deutschen Hypothekenbanken*, Grundsatzpapier zum Beleihungswert von Immobilien, GuG 1997, 239. Wesentliche Aspekte der Beleihungswertermittlung vom 03.06.1998.

▶ *Vgl. Rn. 160; § 1 ImmoWertV Rn. 12; zu den Verfahren § 6 ImmoWertV Rn. 56, 210; § 21 ImmoWertV Rn. 59 ff.; Syst. Darst. des Ertragswertverfahrens Rn. 114; Syst. Darst. des Sachwertverfahrens Rn. 158, 301*

2 Der Beleihungswert selbst wird in der Verordnung über die Ermittlung der Beleihungswerte von Grundstücken gemäß § 16 Abs. 1 und 2 des PfandBG (Beleihungswertermittlungsverordnung (BelWertV)[11] definiert. § 3 Abs. 1 BelWertV definiert den der Beleihung zugrunde zu legenden **Beleihungswert** als

„den Wert der Immobilie, der erfahrungsgemäß unabhängig von vorübergehenden, etwa konjunkturell bedingten Wertschwankungen am maßgeblichen Grundstücksmarkt und unter Ausschaltung von spekulativen Elementen während der gesamten Dauer der Beleihung bei einer Veräußerung voraussichtlich erzielt werden kann."

In Art. 4 Nr. 76 der im Bankwesen geltenden **Kapitaladäquanzverordnung der EU**[12], die die in der bisherigen Solvabilitätsverordnung umgesetzten Einzelvorschriften übernimmt,

11 Beleihungswertermittlungsverordnung (BelWertV) vom 12.05.2006 (BGBl. I 2006, 1175), zuletzt geändert durch Art. 5 der Pfandbrieflichen Änderungsverordnung vom 04.10.2022 (BGBl. I 2022, 1614, 1709); Crimman, W., Die neue ImmoWertV und ihre Auswirkungen auf die Beleihungswertermittlung und BelWertV, GuG 2012, 333; Ott, R., Hat der Beleihungswert ein Verhältnis?, GuG 2013, 342.

12 Kapitaladäquanzverordnung, Verordnung (EU) Nr. 575/2013 des Europäischen Parlaments und Rats vom 26.06.2013 über Aufsichtsanforderungen an Kreditinstitute und Wertpapierfirmen und zur Änderung der Verordnung (EU) Nr. 646/2012 (CRR Capital Requirements Regulation).

wird neben anderen Legaldefinitionen bankrechtlicher Begriffe der „Marktwert" – materiell identisch mit dem Verkehrswert i.S. des § 194 BauGB – wie folgt definiert:

„Marktwert" im Hinblick auf Immobilien ist der geschätzte Betrag, zu dem die Immobilie am Tag der Bewertung nach angemessenem Marketing im Rahmen eines zu marktüblichen Konditionen getätigten Geschäfts, das die Parteien in Kenntnis der Sachlage, umsichtig und ohne Zwang abschließen, vom Besitz eines veräußerungswilligen Verkäufers in den Besitz eines kaufwilligen Käufers übergehen dürfte."

Im Unterschied zur Marktwertdefinition des BauGB spricht diese Definition allerdings nicht von einem zu ermittelnden Wert, sondern von einem „geschätzten" Betrag: Dies deutet darauf hin, dass geringere Anforderungen an die Zuverlässigkeit des „geschätzten" Betrags gestellt werden.

1.1.1.3 Gemeiner Wert der steuerlichen Bewertung

▶ *Allgemeines vgl. § 1 ImmoWertV Rn. 13; zur steuerlichen Aufteilung in einen Boden- und Gebäudeanteil (Abschreibung) vgl. § 40 ImmoWertV Rn. 96 ff.; Syst. Darst. des Vergleichswertverfahrens Rn. 166*

Die Definition des Markt- bzw. Verkehrswerts in § 194 BauGB entspricht trotz abweichenden Wortlauts im Übrigen auch der **Definition des „gemeinen Werts" des Steuerrechts** (§ 9 Abs. 2 des Bewertungsgesetzes – BewG –)[13] **und dem „vollen Wert"** i.S. der Bundes- und Landeshaushaltsordnungen sowie der Gemeindeordnungen der Länder. 3

Der gemeine Wert wird mit § 9 Abs. 2 BewG als der Preis definiert, „der im gewöhnlichen Geschäftsverkehr nach der Beschaffenheit des Wirtschaftsgutes bei seiner Veräußerung zu erzielen wäre. Dabei sind alle Umstände, die den Preis beeinflussen, zu berücksichtigen. Ungewöhnliche oder persönliche Verhältnisse sind nicht zu berücksichtigen." Der als „gemeiner Wert" nach den Regeln des BewG abgeleitete Einheits- bzw. Grundbesitzwert unterscheidet sich vom aktuell ermittelten Verkehrswert lediglich hinsichtlich des Wertermittlungsstichtags und der zur Anwendung kommenden Wertermittlungsmethodik. Die steuerliche Bewertung ist, da es sich um eine „Massenbewertung" handelt, auf pauschalierende Vereinfachungen gegenüber der „spitzen" Verkehrswertermittlung angelegt. Aufgrund der (notwendigerweise) pauschalierenden Bewertungsmethodik des Steuerrechts müssen die festgestellten Einheitswerte erhebliche Disparitäten zu den (im Städtebaurecht) zumeist zeitnah ermittelten Verkehrswerten aufweisen[14]. Eine Angleichung des Wortlauts der *Definition des „gemeinen Werts" (§ 9 BewG) an § 194 BauGB wäre bei alledem zu fordern.*

Der *gemeine Wert* ist – soweit nichts anderes vorgeschrieben wird – Bewertungsmaßstab für die **steuerlich maßgeblichen Werte des Grundvermögens**[15], nämlich für

- den auf die Grundsteuer anzuwendenden *Einheitswert*[16] nach den §§ 19 ff. BewG,
- den Grundsteuerwert im Rahmen der Bewertung des Grundbesitzes für die Grundsteuer ab 01.01.2022, wobei dieser als „objektiviert-realer Grundsteuerwert festgestellt wird und auf eine Bemessungsgrundlage für eine relations- und realitätsgerechte Besteuerung" abzielt, der sich an die Verkehrswertermittlung nach dem BauGB anlehnt[17] ,
- den auf die Grunderwerbsteuer ab dem 01.06.1997 anzuwendenden Bedarfswert (*Grundbesitzwert nach den §§ 138 ff. BewG)* und
- den auf die Erbschaft- und Schenkungsteuer ab dem 01.01.2009 anzuwendenden Bedarfswert (*Grundbesitzwert nach § 12 ErbStG i.V.m. § 157 und §§ 176 ff.* BewG).

---

13 BFH, Urt. vom 02.02.1990 – III R 173/86 –, BFHE 159, 505 = BStBl. II 1990, 497 = GuG 1992, 217 = EzGuG 20.131; vgl. RB 177 Satz 2 der ErbStR 2011.

14 Baulandbericht 1986: Schriftenreihe des Bundesministeriums für Raumordnung, Bauwesen und Städtebau 03.100, S. 52, sowie Baulandbericht 1993.

15 Grundvermögen i.S. des BewG ist der Grundbesitz, der weder dem land- und forstwirtschaftlichen Vermögen (§ 33 BewG) noch dem Betriebsvermögen (§ 99 BewG) zuzurechnen ist. Hiervon abweichend werden im Rahmen der Ermittlung von Grundsteuerwerten nach § 218 BewG Betriebsgrundstücke i.S. des § 99 Abs. 1 Nr. 1 BewG dem Grundvermögen zugeordnet und sind wie Grundvermögen zu bewerten.

16 BVerfG, Beschl. vom 22.06.1995 – 2 BvL 37/91 –, BVerfGE 95, 309 = GuG 1995, 309 = EzGuG 1.61; BVerfG, Beschl. vom 07.11.2006 – 1 BvL 10/02 –, BVerfGE 117, 1 = EzGuG 1.71a.

17 Vgl. dazu BT-Drs. 19/11085, S. 84 f., FG Rheinland-Pfalz, Urt. vom 23.11.2023 – 4 V 1429/23 – und – 4 V 1295/23 –.

1.1.1.4 Voller Wert

▶ *§ 194 BauGB Rn. 70 ff.*

4 Der Verkehrswert/Marktwert ist nach § 63 Abs. 3 der Bundeshaushaltsordnung (BHO) als „**voller Wert**“ Bemessungsgrundlage für die Veräußerung von Vermögensgegenständen der öffentlichen Hand. Im Staats- und Verwaltungsrecht gilt indes der – aus Rechtsstaatsprinzipien, insbesondere aus dem Willkürverbot sich ergebende – Grundsatz, nach dem der Staat (die staatliche Verwaltung) nichts verschenken darf und Bestandteile des Staatsvermögens nur aufgrund eines formellen Gesetzes unentgeltlich oder unter dem Verkehrswert veräußert werden dürfen (vgl. Einheimischenmodelle)[18]. Ausnahmen können im Haushaltsplan zugelassen werden. Ist der Wert gering oder besteht ein dringendes Bundesinteresse, so kann das Bundesministerium der Finanzen Ausnahmen zulassen.
Der „volle Wert“ wird vielfach nicht (alleine) gutachterlich festgestellt, sondern durch ein **Bieterverfahren** ermittelt (vgl. Syst. Darst. des Vergleichswertverfahrens Rn. 49 ff.)[19].
Der Haushaltsausschuss des Deutschen Bundestages hat zu alledem die „Richtlinie der Bundesanstalt für Immobilienaufgaben zur verbilligten Abgabe von Konversionsgrundstücken“ beschlossen. Der einschlägige Haushaltsvermerk (Nr. 60.3 im Einzelplan 60 Kapitel 6004 Titel 121 01) ist auch auf den Erwerb von weiteren entbehrlichen Liegenschaften für Zwecke des sozialen Wohnungsbaus anzuwenden. Die BImA hat ergänzend dazu mit Schreiben vom 26.11.2015 die angepasste „Richtlinie der Bundesanstalt für Immobilienaufgaben zur verbilligten Abgabe von Grundstücken“ (VerbR) in Kraft gesetzt[20].

1.1.1.5 Beizulegender Zeitwert (Fair value)

▶ *Vgl. § 40 ImmoWertV Rn. 10; zum Begriff des Investitionswerts (investment value) vgl. § 6 ImmoWertV Rn. 18 sowie Syst. Darst. des Ertragswertverfahrens Rn. 17, 51; § 194 BauGB Rn. 67 ff.*

5 Auch das **Bilanzrecht** orientiert sich in zunehmendem Maße – alternativ zum Buchwert und den Anschaffungs- und Herstellungskosten – am Marktwert. Soweit dort (nur) vom Marktwert die Rede ist, handelt es sich um den Verkehrswert. In den aktuellen Verordnungen der Europäischen Kommission zur „Übernahme bestimmter Rechnungslegungsstandards, die auf die „*International Financial Reporting Standards*“ (IFRS) und die „*International Accounting Standards*“ (IAS) zurückgehen, ist allerdings vom „Marktwert“ (*market value*) nur noch peripher die Rede. Die Bilanzierung von Sachanlagen wird dort zum sog. „beizulegenden Zeitwert“ zugelassen.
Der **„beizulegende Zeitwert“** (*fair value*) definiert sich nach IAS 16 § 6, IAS 32 § 11 und IAS 38 § 8, IAS 40 § 5 als

„der Betrag, zu dem ein Vermögenswert zwischen sachverständigen, vertragswilligen und voneinander unabhängigen Geschäftspartnern getauscht werden könnte“[21].

---

18 Vgl. BGH, Urt. vom 30.01.1967 – III ZR 35/65 –, BGHZ 47, 30 = EzGuG 1 6a; BayVerfGH, Entsch. vom 23.01.2007 – Vf. 42-VI-06 –, MittBayNot 2008, 412 = EzGuG 12.129a; BayObLG, Beschl. vom 14.09.2022 – 101 ZRR 180/21 –, BayVBl 2023, 26 = EzGuG 12; VGH München, Urt. vom 17.11.1994 – 6 B 93.512 –, BeckRS 1994, 122233; VGH München, Urt. vom 22.12.1998 – 1 B 94.3288 –, BRS Bd. 60 Nr. 232 = EzGuG 3.125e.

19 Vgl. auch BR-Drs. 19/260; vgl. Parl. Anfrage in BT-Drs. 19/6021 = GuG 2019, 116.

20 GuG 2018, 246.

21 Verordnung (EG) Nr. 211/2005 der Kommission vom 04.02.2005 zur Änderung der Verordnung (EG) Nr. 1725/2003 betr. die Übernahme bestimmter internationaler Rechnungslegungsstandards in Übereinstimmung mit der Verordnung (EG) Nr. 1606/2002 des Europäischen Parlaments und des Rates im Hinblick auf den „International Financial Reporting Standards“ (IFRS) Nr. 1 und 2 und die „International Accounting Standards“ (IAS Nr. 12, 16, 19, 32, 33 38 und 39, ABl. EU L 41/1 vom 11.02.2005), vgl. § 189 a Z 4 des österreichischen Unternehmensgesetzbuchs (UGB), RGBl S. 219/1897, zuletzt geändert durch Art. 19; BGBl. I 2018 Nr. 58, Verordnung (EG) Nr. 2238/2004 der Kommission vom 29.12.2004 zur Änderung der Verordnung (EG) Nr. 1725/2003 betr. die Übernahme bestimmter internationaler Rechnungslegungsstandards in Übereinstimmung mit der Verordnung (EG) Nr. 1606/2002 des Europäischen Parlaments und des Rates betr. IFRS 1 und IAS Nrn. 1 bis 10, 12 bis 17, 19 bis 24, 27 bis 38, 40 und 41 und SIC Nrn. 1 bis 7, 11 bis 14, 18 bis 27 und 30 bis 33 (ABl. EU Nr. L 394/1 vom 31.12.2004). Verordnung (EG) Nr. 2236/2004 der Kommission vom 29.12.2004 zur Änderung der Verordnung (EG) Nr. 1725/2003 betr. die Übernahme bestimmter internationaler Rechnungslegungsstandards in Übereinstimmung mit der Verordnung (EG) Nr. 1606/2002 des Europäischen Parlaments und des Rates betr. „International Financial Reporting Standards“ (IFRS)

Der **beizulegende Zeitwert definiert sich damit materiell identisch mit dem Verkehrs- bzw. Marktwert** (§ 194 BauGB) und auch die in den IAS vorgegebenen Ermittlungsgrundsätze entsprechen den materiellen Grundsätzen der für die Verkehrs- bzw. Marktwertermittlung maßgeblichen Grundsätze der ImmoWertV.

- IAS 16 § 31 bestimmt für die **Bilanzierung von Sachanlagen**, dass der beizulegende Zeitwert von Grundstücken und Gebäuden i.d.R. nach den auf dem Markt basierenden Daten ermittelt wird, wobei man sich normalerweise der Berechnungen hauptamtlicher Gutachter bedient. Der beizulegende Zeitwert für technische Anlagen und Betriebs- und Geschäftsausstattungen ist i.d.R. der durch Schätzungen ermittelte Marktwert. Gibt es auf Grund der speziellen Art der Sachanlage und ihrer seltenen Veräußerung, ausgenommen als Teil eines fortbestehenden Geschäftsbereiches, keine marktbasierten Nachweise für den beizulegenden Zeitwert, muss ein Unternehmen den beizulegenden Zeitwert „eventuell" unter Anwendung eines Ertragswertverfahrens oder der abgeschriebenen Wiederbeschaffungswertmethode schätzen (IAS 16 § 33).
- Der **beizulegende Zeitwert von als Finanzinvestition gehaltenen Immobilien** entspricht nach IAS 40 § 36 wiederum dem Preis, zu dem die Immobilien zwischen sachverständigen, vertragswilligen und voneinander unabhängigen Geschäftspartnern getauscht werden könnten. Er bildet nach IAS 40 § 38 die Marktbedingungen am Bilanzstichtag, nicht dagegen zukünftige Ausgaben zur Verbesserung oder Wertsteigerung noch den damit einhergehenden künftigen Nutzen ab (IAS 40 § 51). Eine Transaktion zwischen unabhängigen Geschäftspartnern ist nach IAS 40 § 40 ein Geschäftsabschluss zwischen Parteien, die keine besondere oder spezielle Beziehung zueinander haben, die marktuntypische Transaktionspreise begründet. Der beizulegende Zeitwert der als Finanzinvestition gehaltenen Immobilien berücksichtigt neben anderen Dingen die Mieterträge aus den gegenwärtigen Mietverhältnissen sowie angemessene und vertretbare Annahmen, die dem entsprechen, was sachverständige und vertragswillige Geschäftspartner für Mieterträge aus zukünftigen Mietverhältnissen nach den aktuellen Marktbedingungen annehmen würden (IAS 40 § 40). Er wird ohne Abzug der dem Unternehmen gegebenenfalls beim Verkauf oder bei einem andersgearteten Abgang entstehenden Transaktionskosten bestimmt (IAS 40 § 37).

Der **beizulegende Zeitwert ist vornehmlich nach dem Vergleichswertverfahren zu ermitteln**. In IAS 40 § 45 heißt es hierzu: „Den bestmöglichen substanziellen Hinweis für den beizulegenden Zeitwert erhält man durch auf einem aktiven Markt notierte aktuelle Preise ähnlicher Immobilien, die sich am gleichen Ort und im gleichen Zustand befinden und Gegenstand vergleichbarer Mietverhältnisse und anderer, mit den Immobilien zusammenhängender Verträge sind. Ein Unternehmen hat dafür Sorge zu tragen, jegliche Unterschiede hinsichtlich Art, Lage oder Zustand der Immobilien in den Vertragsbedingungen der Mietverhältnisse und in anderen mit den Immobilien zusammenhängenden Verträgen festzustellen."

1.1.1.6 Unternehmens- bzw. Geschäftswert/Firmenwert (good will)

▶ *Vgl. § 6 ImmoWertV Rn. 160; Teil V Rn. 223, 315, 406, 441; Teil VII Rn. 81*

Der Firmenwert (Unternehmens- bzw. Geschäftswert) ist auch als der aus (der „Marke") erzielbare **Mehrwert** (Übergewinn) gegenüber dem Betrag definiert worden, **der sich aus einer angemessenen Verzinsung des Substanzwerts ergibt**[22]. In diesem Sinne hat der BFH[23] den Firmenwert als den Mehrwert definiert, „der einem gewerblichen Unternehmen über den Wert der Einzelwirtschaftsgüter hinaus innewohnt". Dem Firmenwert ist eine zeitlich befristete Bestandkraft beizumessen. 6

Fortsetzung Fußnote 21
Nr. 1, 3 bis 5, „International Accounting Standards" (IAS) Nr. 1, 10, 12, 14, 16 bis 19, 22, 27, 28, 31 bis 41 und die Interpretation des „Standard Interpretation Committee" (SIC) Nr. 9, 22,28 und 32 (ABl. EU Nr. L 392/1 vom 31.12.2004).

22 Viel/Bredt/Renard, Die Bewertung von Unternehmungen und Unternehmensanteilen, Zürich 1970, S. 17 ff.

23 BFH, Urt. vom 07.11.1985 – IV R 7/83 –, BFHE 145, 194 = BStBl II 1986, 176 = EzGuG 19.39e.

- Bei Unternehmen, die über eine ausgebaute Stellung auf dem Markt verfügen, wird dem *objekt-gebundenen* Firmenwert (Übergewinn) eine Zeitspanne von fünf bis acht Jahren beigemessen.
- Bei Unternehmen, deren Erfolg stark vom persönlichen Einsatz des Unternehmers abhängt, wird dem *subjektgebundenen* Firmenwert (Übergewinn) eine Zeitspanne von drei bis fünf Jahren beigemessen.

Grundlage der Unternehmensbewertung (Firmenwert/*good will*) sind **betriebswirtschaftliche Bewertungsverfahren**. Der Unternehmenswert ist im Wesentlichen von der künftigen Führung des Betriebs geprägt und wird nicht aus typisierten Durchschnittsparametern abgeleitet; er ist mithin ein individueller Unternehmensertragswert.

1.1.1.7 Gebrauchswert

▶ *Vgl. § 32 ImmoWertV Rn. 116; § 7 Abs. 3 NdsDSchG*

7 Unter dem wirtschaftstheoretischen Begriff des Gebrauchswerts (use value) wird der Wert einer Sache verstanden, der ihr hinsichtlich ihrer Fähigkeit und Brauchbarkeit sowie ihrer objektiven Eignung für bestimmte Funktionen, Nutzungen und sonstige Zwecke beizumessen ist. Der Begriff wird auch vielfach als Synonym zum Nutzwert und im Zusammenhang mit dem Modernisierungsbegriff verwendet (vgl. § 32 ImmoWertV Rn. 117; § 7 Abs. 3 NdsDSchG). Unter **Gebrauchsfähigkeit** ist nicht nur die Möglichkeit der üblichen Nutzung im engeren Sinne, bei einem Wohnhaus also die Bewohnbarkeit, zu verstehen, vielmehr ist auch die Verkäuflichkeit mitgemeint[24].

1.1.1.8 Nutzwert

8 Im **steuerlichen Bereich** wird dagegen der Begriff Nutzwert bzw. **Nutzungswert** i.S. des gemeinen Werts (Verkehrswert), z.B. im Rahmen der Nutzungswertbesteuerung für eigengenutzte Wohnungen, gebraucht[25]; er wird nach fiktiven Einkünften ermittelt (vgl. § 13 Abs. 2 Nr. 2 EStG).
Im **nichtsteuerlichen Bereich** wird der Begriff „Nutzungswert“[26] dagegen vielfach zur Unterscheidung der Werthaltigkeit eines Grundstücks aufgrund der tatsächlich ausgeübten Nutzung von dem höheren sich nach anderen Kriterien bildenden Verkehrswert verwandt[27], z.B. zur Abgrenzung des landwirtschaftlichen Nutzungswerts vom Verkehrswert.

1.1.1.9 Geltungswert

9 Neben dem Gebrauchs- bzw. Nutzungswert wird der Wert einer Sache auch durch seinen Geltungswert beeinflusst, der durch das Erscheinungsbild der Sache, ihrem Image und Prestige geprägt wird. Dies betrifft insbesondere repräsentative und luxuriöse Wohnimmobilien,

---

24 BGH, Urt. vom 14.01.1971 – VII ZR 3/69 –, BGHZ 55, 198 = EzGuG 3.34.

25 BFH, Urt. vom 11.08.1989 – IX R 87/86 –, BFHE 158, 240 = BStBl II 1990, 59 = EzGuG 12.58; BFH, Urt. vom 20.01.1978 – III R 120/75 –, BFHE 124, 234 = BStBl II 1978, 257 = EzGuG 14.58b; BFH, Urt. vom 11.10.1977 – VIII R 20/75 –, BFHE 123, 347 = BStBl II 1977, 860 = EzGuG 20.68; BFH, Urt. vom 30.01.1974 – IV R 110/73 –, BFHE 113, 183 = BStBl II 1975, 3 = EzGuG 20.56a; BFH, Urt. vom 30.01.1974 – IV R 105/72 –, BFHE 112, 35 = BStBl II 1974, 608 = EzGuG 3.42a; BFH, Urt. vom 10.08.1972 – VIII R 82/71 –, BFHE 106, 543 = BStBl II 1972, 833 = EzGuG 20.53; BFH, Urt. vom 10.08.1972 – VIII R 80/69 –, BFHE 107, 199 = BStBl II 1973, 70 = EzGuG 20.52; BFH, Urt. vom 17.10.1969 – VI R17/67 –, BFHE 97, 117 = BStBl II 1970, 60 = EzGuG 20.45; BFH, Urt. vom 20.10.1965 – VI 292/64 U –, BFHE 8, 437 = BStBl III 1966, 13 = EzGuG 20.42; BFH, Urt. vom 29.07.1960 – III 206/56 U –, BFHE 66, 124 = BStBl III 1960, 456 = EzGuG 14.13; BFH, Urt. vom 30.07.1991 – IX R 49/90 –, BFHE 165, 92 = BStBl II 1992, 27 = EzGuG 3.99; BFH, Urt. vom 30.06.1966 – VI 292/65 –, BStBl III 1966, 541 = EzGuG 2.8a.

26 Zum „Nutzungswert“: OLG Düsseldorf, Urt. vom 24.02.1994 – 16 U 135/93 –, GuG 1995, 125 = EzGuG 20.150b, Weyers in GuG 1994, 353.

27 OLG Köln, Urt. vom 09.04.1963 – 9 U 2/63 –, RdL 1963,159 = EzGuG 14.15b; BVerwG, Urt. vom 09.06.1959 – 1 C B 27/58 –, BVerwGE 8, 343 = EzGuG 17.13; BGH, Urt. vom 22.11.1991 – V ZR 160/90 –, NJW 1992, 892 = EzGuG 3.103.

Kunstwerke usw., während bei einfachen gewerblich genutzten Immobilien regelmäßig der Gebrauchs- bzw. Nutzungswert im Vordergrund steht.

1.1.1.10 Investitionswert

10 Unter einem Investitionswert (investment value) wird in der Wertermittlungslehre nicht ein Wert, sondern ein Preis verstanden, der im Einzelfall von einem Investor based on individual investment requirements unter Berücksichtigung seiner individuellen Nutzungsabsichten, Möglichkeiten, Kapazitäten und Finanzkraft auf der Grundlage einer in enger Tuchfühlung mit der Gemeinde anvisierten Bebauung, mit mehr oder minder durch Ankermieter abgesicherten Erträgen, einer indivi-duell angestrebten Verzinsung unter Einbeziehung des investitutionsspezifischen Risikos als Erwerbspreis kalkuliert wird (investment analysis). Das American Institute (of Real Estate) definiert den Investitionswert dement-sprechend als einen „specific value of a property of investors based on individual investment requirements, **destinguished from market value, which is impersonal and detached**" (investment analysis)[28]. Zu den Besonderheiten vgl. Rn. 43 ff., § 20 ImmoWertV Rn. 44, § 21 ImmoWertV Rn. 34, 83, Syst. Darst. des Ertragswertverfahrens Rn. 51 ff.

1.1.2 Normative Vorgaben für die Marktwertermittlung (Verkehrswertermittlung)

1.1.2.1 Allgemeines

▶ *Vgl. § 194 BauGB Rn. 7 ff.*

11 Der Marktwert eines Grundstücks wird in § 194 BauGB als der nach normierten Grundsätzen erzielbare Preis (pretium) des Grundstücks definiert. Der Marktwert (Verkehrswert) bemisst sich dabei nach folgenden **normativen Vorgaben:**
Der Marktwert bestimmt sich nach dem Preis, der im *„gewöhnlichen Geschäftsverkehrs …* ohne Rücksicht auf ungewöhnliche oder persönliche Verhältnisse" zu erzielen wäre. Von ungewöhnlichen oder persönlichen Verhältnissen beeinflusste Vergleichspreise, Ertragsverhältnisse und Herstellungskosten müssen dabei grundsätzlich ebenso außer Betracht bleiben wie die in Abteilung 3 des Grundbuchs eingetragenen Grundpfandrechte (§ 8 Abs. 3 ImmoWertV);

a) der Marktwert bestimmt sich nach den *allgemeinen Wertverhältnissen* (Lage auf dem Grundstücksmarkt) des Zeitpunkts, auf den sich die Marktwertermittlung bezieht (= Wertermittlungsstichtag i.S. des § 2 Abs. 4 ImmoWertV);

b) der Marktwert bestimmt sich auf der Grundlage aller am Qualitätsstichtag (§ 2 Abs. 5 ImmoWertV) gegebenen wertbeeinflussenden tatsächlichen und rechtlichen Grundstücksmerkmale eines Grundstücks. Zu den tatsächlichen Grundstücksmerkmalen gehört auch die Erwartung anderweitiger Nutzungen, jedoch sollen künftige Entwicklungen nach § 11 ImmoWertV allerdings nur berücksichtigt werden, wenn sie mit hinreichender Sicherheit auf Grund konkreter Tatsachen zu erwarten sind;

c) der Marktwert bestimmt sich nach § 194 BauGB als ein nach den vorgegebenen Normen verobjektivierter Tauschwert, der unabhängig von der angewandten Wertermittlungsmethodik in der Synthese aller Wertmomente „im gewöhnlichen Geschäftsverkehr" am wahrscheinlichsten zu erzielen ist[29]. Als der im gewöhnlichen Geschäftsverkehr „am wahrscheinlichsten" zu erzielende Kaufpreis (*„most probable selling price"*) kann der Verkehrs-

---

28 The Appraisal of Real Estate, 12. Aufl. (Chicago 2001, S. 570 ff.); Kleiber, Glosse 2024/6 GuG

29 BT-Drs. 10/6166, S. 123. Hierin unterscheidet sich die angelsächsische Anschauung nicht mehr von der deutschen Wertermittlungslehre, nachdem die *Royal Institution of Chartered Surveyors* die Definition des *„Open Market Value"* als den „besten Preis" aufgegeben und sich mit dem *„Market Value"* der deutschen Verkehrswertdefinition angeglichen hat (vgl. § 194 BauGB Rn. 205).
vgl. OLG Brandenburg, Urt. vom 30.11.2006 – 5 U 89/02 –, EzGuG 10.29a.

wert ermittlungstechnisch zugleich als statistischer Durchschnittswert angesehen werden, d.h. als Wert, der sich auf der Grundlage des ausgewogenen Mittels der zum Vergleich herangezogenen Daten ergibt. Im Bericht des Ausschusses des Deutschen Bundestags zum BauGB wurde in diesem Zusammenhang darauf hingewiesen, dass der Ausschuss unter dem Verkehrswert begrifflich den Wert versteht, der im allgemeinen Grundstücksverkehr am **wahrscheinlichsten** zu erzielen ist (vgl. Rn. 21)[30].

Der **Marktwert eines Grundstücks** kann auch **nach vorgegebenen Maßgaben** ermittelt werden. Es kann sich dabei um gesetzliche Maßgaben handeln, z.B. im Rahmen des Sanierungs- und Entwicklungsmaßnahmenrechts die sanierungsunbeeinflussten Grundstückswerte, Neuordnungswerte, Anfangs- und Endwerte bzw. im Enteignungsrecht nach Maßgabe des § 95 Abs. 2 BauGB oder nach den vom Auftraggeber auf den Zweck der Marktwertermittlung ausgerichteten Maßgaben. In Betracht kommt insbesondere im Rahmen einer Unternehmensbewertung

- der Marktwert der ausgeübten Nutzung – auch Fortführungswert genannt (*Existing [continued] Use Value, EUV* bzw. Wertermittlungen nach dem sog. *Going Concern Prinzip* bei der Bilanzaufstellung bzw. der Teilwertermittlung nach § 6 Abs. 1 Nr. 1 Satz 3 EStG),
- der Marktwert der projektierten Nutzung (*Projected Market Value, PMV*).

In der Kommentierung zu IAS/IFRS wird mitunter nach dem *fair value in use* (d.h. Marktwert bei Fortführung) und *value in use* oder *entity specific value* (Nutzungswert auf der Grundlage unternehmensspezifischer, subjektiver Nutzungsperspektive) unterschieden[31].

12 Der **Verkehrswert (Marktwert) eines Grundstücks ist eine zeitabhängige Größe,** und zwar in doppelter Hinsicht:

1. Einerseits ist der Zustand eines Grundstücks in seinen Eigenschaften regelmäßig Änderungen ausgesetzt, so z.B. durch bauliche und sonstige Maßnahmen auf dem Grundstück, aber auch durch entsprechende Maßnahmen in der Umgebung des Grundstücks (externe Effekte), die zu Änderungen der Lagemerkmale des Grundstücks führen. Solche Einflüsse bestehen mehr oder minder ständig und können „über Nacht" oder auch erst allmählich die verkehrswertbeeinflussenden Eigenschaften und Merkmale eines Grundstücks und damit auch seinen Verkehrswert (Marktwert) „nach oben oder nach unten" verändern.
2. Andererseits ist der Verkehrswert selbst bei gleichbleibenden Eigenschaften des Grundstücks (Zustand) und seiner Umgebung regelmäßig allein schon aufgrund der allgemeinen Wirtschaftslage, der allgemeinen rechtlichen (einschließlich steuerrechtlichen) Rahmenbedingungen, der allgemeinen (auch städtebaulichen) Verhältnisse in der Gemeinde und der sonstigen die allgemeine Lage auf dem Grundstücksmarkt bestimmenden Rahmenbedingungen ständigen Wandlungen unterworfen.

Zur richtigen Einschätzung eines Verkehrswerts (Marktwerts) **gehört** deshalb begriffsnotwendigerweise **die Angabe des Wertermittlungsstichtags und des maßgeblichen Grundstückszustands** mit seinen wertbeeinflussenden Merkmalen.

Nach Maßgabe vorstehender Erläuterungen kann der Verkehrswert (Marktwert) als ein „Zeitwert" angesehen werden. Der **Begriff des Zeitwerts ist** allerdings **wegen seiner materiellen Unschärfe streitbefangen und sollte aufgegeben werden**[32]. Mit dem Begriff des „Zeitwerts" wird zunächst lediglich verdeutlicht, dass es sich um einen auf einen bestimmten Zeitpunkt bezogenen Wert handeln soll.

Bei dem „Zeitwert" handelt es sich im Übrigen um einen schillernden Begriff, denn als Zeitwert kann jeder Wert in Betracht kommen, der auf einen bestimmten Stichtag bzw. Zeitpunkt bezogen ist. Von daher sind

---

30 BT-Drs. 10/6166, S. 137 f.

31 Freiberg, Jens; Hoffmann, Wolf-Dieter: Außerplanmäßige Abschreibungen, Wertaufholungen; Rn. 39, S. 499 in: Lüdenbach/Hoffmann (Hrsg.): Haufe IFRS-Komm., 11. Aufl., Freiburg, München 2013.

32 So schon Brückner, Wertermittlung von Grundstücken, 4. Aufl. 1973, S. 295 f., 320; auf die Unbestimmtheit weist auch Köhne hin: Landwirtschaftliche Taxationslehre, 3. Aufl. 1999, S. 14. Abzulehnen ist die überholte Auffassung von Ross/Brachmann, nachdem der Zeitwert einseitig der Neubauwert abzüglich Alterswertminderung sei (Ross/Brachmann, Ermittlung des Bauwerts, 24. Aufl. 1983).

neben dem Verkehrswert (Marktwert) auch der Beleihungswert, die auf einen bestimmte Hauptfeststellungszeitpunkt bzw. Feststellungszeitpunkt bezogenen steuerlichen Werte (Einheitswert, Grundbesitzwert) und selbst die sog. Stopppreise „Zeitwerte". Welcher Wert im materiellen Sinne als „Zeitwert" maßgeblich ist, muss aus den jeweiligen Rechtsgrundlagen abgeleitet werden. Soweit im Rechtsverkehr, z.B. in Verträgen, auf den „Zeitwert" Bezug genommen wird, muss letztlich aus dem Willen der Vertragsparteien sein Sinngehalt abgeleitet werden. Im Grundstücksverkehr wird der Begriff allerdings häufig eingeschränkt auf den Wertanteil einer baulichen Anlage verwandt. Soll es dabei um den Verkehrswertanteil des Gebäudes gehen, so sind die allgemeinen Grundsätze des § 6 ImmoWertV für die Wahl des Wertermittlungsverfahrens maßgebend. Soll es dagegen um den Substanzwert einer baulichen Anlage unabhängig von dem Marktgeschehen gehen, so ist der im Sachwertverfahren zu ermittelnde Ersatzbeschaffungswert, ggf. unter Berücksichtigung einer Wertminderung infolge Alters und Baumängeln sowie Bauschäden, maßgebend. Der Begriff des Zeitwerts wird leider auch in einer Reihe von gesetzlichen Vorschriften gebraucht, so z.B. in

- § 7 Abs. 1 Satz 2 sowie § 10 Abs. 1 und 2 DMBilG, nach dem als „Zeitwert" der höhere Verkehrswert angesetzt werden kann[33],
- § 12 Abs. 2 Satz 1 und § 48 Abs. 2 Satz 2 SchuldRAnpG[34],
- der Preisverfügung Nr. 3/82 der DDR, die dem Beschluss des Ministerrates der DDR vom 28.07.1977 entspricht[35], und schließlich
- der internationalen Bilanzbewertung, wo vom „beizulegenden Zeitwert" (*fair value*) gesprochen wird.

Daneben fand der Begriff **„Zeitwert" vor allem in der Versicherungswirtschaft Anwendung** (§ 1 Abs. 1a VGB i.V.m. § 7 Abs. 3 b VGG), wobei sich sein materieller Gehalt aus den maßgeblichen Versicherungsbestimmungen erschloss[36].

Da es sich bei den (auch im gewöhnlichen Geschäftsverkehr) auf dem Grundstücksmarkt erzielten Entgelten um intersubjektive Preise[37] handelt, sind die Regelungen zur Ermittlung des Marktwerts (Verkehrswerts) einer verobjektivierenden Wertlehre folgend darauf gerichtet, als **Marktwert** (Verkehrswert) **einen frei von subjektiver Betrachtungsweise allein an den objektiven Merkmalen eines Grundstücks orientierten Wert zu ermitteln** (verum rei pretium).

Der nach vorstehenden Normierungen abgeleitete Marktwert (Verkehrswert) stellt einen ver- **13**
objektivierten Tauschwert dar, wie er sich im freien Spiel zwischen Angebot und Nachfrage bildet. Der Marktwert (Verkehrswert) lässt sich allerdings auch nicht als der von jedermann zu erzielende Preis definieren (sog. **Jedermanns-Preis**)[38]. Der Grundstücksmarkt zerfällt nämlich in eine Vielzahl sektoraler und regionaler Teilmärkte mit jeweils spezifischen Käufer-

---

33 BFH, Urt. vom 27.03.2001 – I R 42/99 –, BFHE 195, 234 = BStBl. II 2001, 477 = DB 2001, 1229 = EzGuG 20.178c.

34 Nach der Begründung zu § 12 Abs. 2 SchuldRAnpG (BT-Drs. 12/7135, S. 47) wird der Begriff „Zeitwert" als Synonym zum Verkehrswert (-anteil) gebraucht, der aus dem Ertrags- oder Sachwert – je nach Nutzungsart des Gebäudes – nach den Regeln der WertV abzuleiten ist. Die genannten Vorschriften verwenden diesen Begriff i.S. des „Verkehrswertanteils" baulicher Anlagen (vgl. Zimmermann in RVI, B 412 § 12 Rn. 27 ff., 23 ff.).

35 Nach Abschnitt III b war die Entschädigung für ein Mietwohngrundstück als „Zeitwert" das Mittel aus Sach- und Ertragswert zu bilden (vgl. BVerwG, Urt. vom 07.06.1999 – 8 B 99/99 –, GuG 2000, 58 = EzGuG; BVerwG, Urt. vom 16.03.1995 – 7 C 39/93 –, GuG 1995, 264 = EzGuG 10.9; BVerwG, Urt. vom 24.06.1993 – 7 C 27/92 –, BVerwGE 94, 16 = EzGuG 10.6a; vgl. BT-Drs. 12/2480, S. 38).

36 BGH, Urt. vom 08.07.1992 – IV ZR 229/91 –, NJW-RR 1992, 1376 = EzGuG 19.40d; BFH, Urt. vom 27.03.2001 – I R 42/99 –, BFHE 195, 234 = BStBl. II 2001, 477 = EzGuG 20.178c.

37 BGH, Urt. vom 25.10.1967 – VIII ZR 215/66 –, BGHZ 48, 344 = EzGuG 19.11; zur geschichtlichen Entwicklung des Verkehrswertbegriffs vgl. § 138 Abs. 1 RAO vom 13.12.1919; zuvor RG, Urt. vom 19.11.1879 (Gruchot Beitr. Bd. 24, 409); Bonczek, Stadt und Boden, 1978; Freudling in BayVBl. 1982, 108 sowie die Zusammenstellung der reichsgerichtlichen Rechtsprechung, aus der die heutige Definition hervorgegangen ist, in AVN 1920, 326 ff.; die Subjektivität der Werteinschätzung illustriert Antoine de Saint-Exupéry in „Das Wunder des heimatlichen Hauses" mit den Worten: „Das Wunder des heimatlichen Hauses besteht nicht darin, dass es uns schützt und wärmt, es besteht auch nicht im Stolz des Besitzes – seinen Wert erhält es dadurch, dass es in langer Zeit einen Vorrat von Beglückung aufspeichert, dass es tief im Herzen die dunkle Masse sammelt, aus der wie Quellen die Träume entspringen!"

38 PrOVG, Urt. vom 18.01.1902, EzGuG 20.6a; RG, Urt. vom 19.11.1879 in AVN 1920, 327 = EzGuG 19.2; BGH, Urt. vom 30.11.1959 – III ZR 130/59 –, BGHZ 31, 238 = EzGuG 19.5; BGH, Urt. vom 25.06.1964 – III ZR 111/61 –, BRS Bd. 19 Nr. 128 = EzGuG 20.37; BGH, Urt. vom 19.09.1966 – III ZR 216/63 –, BRS Bd. 19 Nr. 136 = EzGuG 6.92; BGH, Urt. vom 24.03.1977 – III ZR 32/75 –, BRS Bd. 34 Nr. 88 = EzGuG 6.190; BGH, Urt. vom 22.04.1982 – III ZR 131/80 –, BRS Bd. 45 Nr. 192 = EzGuG 17.44.

potenzialen und nicht jeder ist daran interessiert, jedes Grundstück zu erwerben (zu den persönlichen Verhältnissen vgl. § 9 ImmoWertV Rn. 5).
Der Marktwert (Verkehrswert) eines Grundstücks bestimmt sich deshalb nach den Usancen des jeweiligen Teilmarktes, wobei auch ein eingeschränkter Käuferkreis den Markt bilden kann (Teilmarkttheorie)[39]. *The Appraisal of Real Estate, Chicago*[40], stellt neben dem allgemeinen Grundstücksmarkt im vorstehenden Sinne als weitere Teilmärkte heraus:

a) *Limited-market property: A property that has relatively few potential buyers at a particular time.*

b) *Special-purpose property: A limited-market property with a unique physical design, special construction materials or a layout that restricts its utility to the use for which it was built; also called special-design property.*

14 Auf die irgendwie definierte **„Angemessenheit" dieses Tauschwerts kommt es nicht an**[41]. „Ob die Preise dem Gemeinwohl, dem Wohlergehen der Gesamtheit entsprechen oder nicht, darüber zu befinden, ist nicht Sache der Tatsachengerechtigkeit", hat *Nell-Breuning* schon 1928 festgestellt. Bodenpolitisch kann es auch nicht darauf ankommen, Grund und Boden möglichst zu verbilligen, wie von demselben festgestellt worden ist; es komme vielmehr auf den „richtigen" Bodenwert an[42]. Wenn bei ansteigenden Bodenwerten die Funktionsfähigkeit des Bodenmarktes bemängelt wird, so wird mit dieser Kritik übersehen, dass gerade damit die Funktionsfähigkeit unter Beweis gestellt wird. Denn steigende Preise stellen einen marktkonformen Ausgleich zwischen einem sich verkleinernden Angebot einerseits und einer sich verstärkenden Nachfrage andererseits her[43].
Das BauGB enthält nur eine materielle Definition des Markt- bzw. Verkehrswerts. Die Ermittlung des Markt- bzw. Verkehrswerts ist in der „Verordnung über Grundsätze für die Ermittlung der Verkehrswerte von Immobilien (Immobilienwertermittlungsverordnung – ImmoWertV)" geregelt. Die Verordnung enthält nur **allgemeine Grundsätze zur Ermittlung des Verkehrswerts, die keinen Anspruch auf Vollständigkeit erheben und auch nach allgemein anerkannten Grundsätzen modifizierbar sind.** Darüber hinaus enthält das BauGB in seinem ersten Teil des dritten Kapitels Regelungen zur Einrichtung der Gutachterausschüsse für Grundstückswerte und zu ihren Aufgaben. Grundstücke stellen Unikate dar. Deshalb ist die Verkehrswertermittlung eines Grundstücks regelmäßig mit der Notwendigkeit einer Einzelbewertung verbunden.

1.1.2.2 Gewöhnlicher Geschäftsverkehr

► *Vgl. § 6 ImmoWertV Rn. 45 ff.; § 9 ImmoWertV Rn. 5, 29 sowie § 8 ImmoWertV Rn. 38 ff.; zum Begriff der* **Verkehrsauffassung** *vgl. § 11 ImmoWertV Rn. 12 ff.*

15 Der Marktwert (Verkehrswert) bestimmt sich nach dem Vorhergesagten als der im gewöhnlichen Geschäftsverkehr erzielbar Preis. Der „gewöhnliche Geschäftsverkehr" (*arms length*

---

39 BGH, Urt. vom 23.05.1995 – III ZR 10/84 –, BGHZ 95, 1 = EzGuG 6.228; BGH, Urt. vom 18.04.1991 – III ZR 79/90 –, GuG 1992, 125 = BRS Bd. 53 Nr. 127 = EzGuG 18.114; BFH, Urt. vom 29.04.1987 – X R 2/80 –, BFHE 150, 453 = BStBl. II 1987, 769 = EzGuG 19.39f; BFH, Urt. vom 23.02.1979 – III R 44/77 –, BFHE 128, 254 = BStBl II 1979, 618 = EzGuG 19.34; RFH, Urt. vom 08.10.1926 – II A 429/26 – II A 429/26 –, JW 1928, 44 = ZfV 1928, 117 = EzGuG 14.1b; PrOVG, Urt. vom 14.01.1916 – VII C 291/14 –, PrVBl. 37, 569. Abzulehnen ist die Entscheidung des OLG Brandenburg, Urt. vom 29.12.2001 – 2 U 126/97 –, GuG 2002, 117 = EzGuG 19.49. Das Gericht hat in dem zu entscheidenden Fall einen Teilmarkt u.a. damit verneint, dass die Gutachterausschüsse dafür keine Bodenrichtwerte ausgewiesen hätten (sic!).

40 The Appraisal of Real Estate 12. Aufl. Chicago 2001: USPAP – Uniform Standards of Professional Practice; Appraisal Institute, S. 25.

41 Volkstümlich heißt es: „Verkehrswert ist das, was der dümmste Anleger zahlt"; im Rheinland: „Verkehrswert is dat, wat der Jeck zahlt".

42 Nell-Breuning: Grundzüge der Börsenmoral, Freiburg 1928.

43 Nell-Breuning in BBauBl. 1952, 181; zur Diskussion über den sittlich „gerechten" und wirtschaftlich „richtigen" Grundstückspreis Lütge, „Wohnungswirtschaft", Stuttgart 1949, S. 101, 163 ff. m.w.N.

transaction[44]) kann als das wichtigste Kriterium des Marktwerts gelten. Die Gepflogenheiten des gewöhnlichen Geschäftsverkehrs sind mithin auch für die **Wahl des anzuwendenden Wertermittlungsverfahrens** maßgebend.

Gewöhnlicher Geschäftsverkehr[45] ist der Handel nach den wirtschaftlichen Grundsätzen von Angebot und Nachfrage **16**

- auf einem freien Markt, wobei weder Käufer noch Verkäufer unter Zeitdruck, Zwang oder Not stehen und allein objektive Maßstäbe preisbestimmend sind,
- zwischen vertragswilligen und voneinander unabhängigen Geschäftspartnern, die hinreichend und ggf. sachverständig aufgeklärt sind und
- wo die Marktteilnehmer in einer Situation der Markt- und Wettbewerbsauthentizität mit anderen Marktteilnehmern interagieren[46].

Im gewöhnlichen Geschäftsverkehr werden Grundstücke offen am Markt angeboten. **17**
Für die Aushandlung des Verkaufs soll ein der Art des Grundstücks angemessener Zeitraum zur Verfügung stehen. Die Verkaufsmodalitäten müssen eine ordnungsgemäße Veräußerung ermöglichen. Die in den IFRS 40 gegebenen Erläuterungen zur Bestimmung des beizulegenden Zeitwerts (*fair value*) sind mit den für die Ermittlung des Verkehrswerts (Marktwerts) maßgeblichen Kriterien des gewöhnlichen Geschäftsverkehrs deckungsgleich. Danach ist

- ein Käufer „vertragswillig", wenn er zum Kauf motiviert, aber nicht gezwungen ist; ein solcher Käufer ist weder übereifrig noch entschlossen, um jeden Preis zu kaufen; der angenommene Käufer würde keinen höheren Preis als den bezahlen, der von einem Markt, bestehend aus sachverständigen und vertragswilligen Käufern und Verkäufern, gefordert würde;
- ein Verkäufer „vertragswillig", wenn er zum Verkauf motiviert, aber weder übereifrig noch zum Verkauf gezwungen ist. Er ist weder bereit, zu jedem Preis zu verkaufen, noch wird er einen unter den aktuellen Marktbedingungen als unvernünftig angesehenen Preis verlangen; der vertragswillige Verkäufer ist daran interessiert, ein Grundstück zu dem nach den Marktgegebenheiten bestmöglichen erzielbaren Preis zu verkaufen.

Die Parteien handeln

- „*unabhängig*" voneinander, wenn sie keine besonderen oder speziellen Beziehungen zueinander haben, die marktuntypische Transaktionspreise begründen. Es ist zu unterstellen, dass die Transaktion zwischen einander nicht nahestehenden, voneinander unabhängig handelnden Parteien stattfindet,
- „*sachverständig*", wenn sowohl der vertragswillige Käufer als auch der vertragswillige Verkäufer ausreichend über die Art und die Merkmale des Grundstücks, seine gegenwärtige und mögliche Nutzung und über die Marktbedingungen zum Zeitpunkt des Verkaufs informiert sind.

Der Einsatz eigenen Verhandlungsgeschicks und das Verfechten eigener Interessen in Form von wirtschaftlichen Motiven stehen einem im gewöhnlichen Geschäftsverkehr zustande gekommenen Kaufpreis gerade nicht entgegen, sondern sind vielmehr Ausfluss desselben.[47]

---

44 „*Arm's-length transaction*": A transaction between unrelated parties under no duress; The Appraisal of Real Estate, Chicago 2001 12. Aufl., S. 150.

45 BGH, Urt. vom 01.03.1984 – III ZR 197/82 –, BGHZ 90, 243 = EzGuG 6.224; BGH, Urt. vom 20.03.1975 – III ZR 153/72 –, BRS Bd. 34 Nr. 120 = EzGuG 18.64; BGH, Urt. vom 29.01.1970 – III ZR 30/69 –, BRS Bd. 26 Nr. 97 = EzGuG 18.48; BGH, Urt. vom 25.06.1964 – III ZR 111/61 –, BRS Bd. 19 Nr. 128 = EzGuG 4.22; BGH, Urt. vom 08.06.1959 – III ZR 66/58 –, BGHZ 30, 281 = EzGuG 6.41; BFH, Urt. vom 26.04.2006 – II R 58/04 –, BFHE 2013, 207 = BstBl II 2006 793 = EzGuG 20.203

46 Entsprechend dem EG-beihilferechtlichen Paradigma des „market economy vendor"; vgl. EuGH, Urt. vom 21.03.1991 – RsC 305/89 –, EuGHE I 1991, 1603 Rn. 19 ff.; Rs C 303/89 –, ENI–Lanerossi Slg. 1991 – I 1433 Rn. 20 ff.

47 FG Berlin-Brandenburg, Urt. vom 07.06.2022 – 3 K 3247/18 –, GuG 2022, 311=EzGuG 20.410; FG Berlin-Brandenburg, Urt. vom 18.07.2017 – 3 K 3047/17 –, EFG 2017, 1499 = EzGuG 20.260.

Der gewöhnliche Geschäftsverkehr wurde vielfach mit einem rational agierenden homo oeconomicus beschrieben. *Selten*[48] hat hierzu nachgewiesen, dass sich der Mensch im gewöhnlichen Geschäftsverkehr nur eingeschränkt rational verhält. Zum Rekurs auf die sog. **Verkehrsauffassung** hat die Rechtsprechung[49] festgestellt, dass auf die Allgemeinheit vernünftig denkender Menschen abzustellen sei. Hierunter sei die Auffassung zu verstehen, die urteilsfähige und unvoreingenommene Staats-bürger von einer Sache haben oder gewinnen, wenn sie mit ihr befasst werden (vgl. auch § 11 ImmoWertV Rn. 12 ff.).

18 Dem gewöhnlichen Geschäftsverkehr sind nicht Kaufpreise und andere als Wertparameter in Betracht gezogene Daten zuzurechnen, die durch **ungewöhnliche oder persönliche Verhältnisse** beeinflusst sind. Auf subjektive Verwertungsabsichten und Einschätzungen künftiger Entwicklungen soll es auch nicht ankommen[50].
Was in der Definition des § 194 BauGB mit dem abstrakten Begriff des „gewöhnlichen Geschäftsverkehrs" umfassend umschrieben ist, entspricht dem *marché normale* der französischen Gesetzgebung und dem *Market Value* der *Royal Institution of Chartered Surveyors.*

19 Die Definition des Verkehrswerts und seine Ableitung aus dem Geschehen auf dem Grundstücksmarkt setzt grundsätzlich einen **Grundstücksmarkt mit freier Preisbildung** voraus, wobei für die Verkehrswertermittlung allein die Preisbildung im „gewöhnlichen Geschäftsverkehr" maßgeblich ist. Im gewöhnlichen Geschäftsverkehr werden Grundstücke – unabhängig von der Form ihrer Vermarktung – in aller Regel zu dem Höchstpreis veräußert, der entsprechend der Art des Grundstücks nach angemessenem Vermarktungszeitraum und angemessenen Verkaufsmodalitäten erzielt werden kann. Dementsprechend handelt es sich auch bei den in der Kaufpreissammlung der Gutachterausschüsse für Grundstückswerte nach § 195 BauGB registrierten Kaufpreisen i.d.R. um die im gewöhnlichen Geschäftsverkehr erzielten Höchstpreise. Auch der Verkauf eines Grundstücks zu dem aus einer **Ausschreibung bzw. Versteigerung** resultierenden Höchstgebot stellt insofern keine Besonderheit dar; der entsprechende Kaufpreis ist deshalb auch in die Kaufpreissammlung einzupflegen. Ist indessen ein Grundstück zu einem Kaufpreis veräußert worden, der erheblich von dem in vergleichbaren Fällen üblicherweise erzielten und erzielbaren Höchstpreis abweicht, muss von einem Vertragsabschluss ausgegangen werden, der durch ungewöhnliche oder persönliche Verhältnisse i.S. des § 9 Abs. 2 ImmoWertV beeinflusst ist.
Sofern auf dem Grundstücksmarkt Preisvorschriften zu beachten sind, z.B. in förmlich festgelegten Sanierungsgebieten und städtebaulichen Entwicklungsbereichen, ist der im gewöhnlichen Geschäftsverkehr erzielbare Preis der gesetzlich zulässige Preis. Die gesetzwidrige Umgehung von Preisvorschriften ist, auch wenn sie einen größeren Umfang annimmt, ein ungewöhnlicher Umstand, der auf die Ermittlung des gemeinen Werts keinen Einfluss hat[51].

20 Bei den **im gewöhnlichen Geschäftsverkehr erzielbaren Höchstpreisen** handelt es sich in aller Regel zudem um Höchstpreise, die nach dem Prinzip des sog. *„highest and best use"* unter Berücksichtigung der Nutzung und Nutzbarkeit eines Grundstücks sowie absehbarer anderweitiger Nutzungen erzielbar sind, wenn diese Nutzungen mit hinreichender Sicherheit aufgrund konkreter Tatsachen zu erwarten sind.

21 Auch wenn Grundstücke in aller Regel zu dem nach vorstehenden Grundsätzen erzielbaren Höchstpreis veräußert werden, bildet dieser im Einzelfall erzielte Höchstpreis nicht direkt den Marktwert ab, denn auf dem allgemeinen Grundstücksmarkt streuen die unabhängig voneinander abgegebenen Höchstgebote in einer dem gewöhnlichen Geschäftsverkehr zurechenbaren Bandbreite (Toleranzbereich). Dem wird in der allgemein anerkannten Praxis der Marktwertermittlung dadurch Rechnung getragen, dass der Marktwert aus einer hinreichen-

48 Selten, Reinhard (deutscher Nobelpreisträger der Wirtschaftswissenschaften, 1930–2016).
49 BFH, Urt. vom 03.02.1956 - III 206/55 U –, BFHE 62, 205 = BStBl III 1956, 78 = EzGuG 20.18 und BFH, Urt. vom 27.05.1970 - III R 65/68 -, BFHE 99, 493 = BStBl II 1970, 678 = EzGuG 20.47a.
50 BFH, Urt. vom 23.02.1979 – III R 44/77 –, BFHE 128, 254 = BStBl II 1979, 618 = EzGuG 19.35; BFH, Urt. vom 14.02.1969 – III R 88/65 –, BFHE 95, 334 = BStBl II 1969, 395 = EzGuG 19.16.
51 BFH, Urt. vom 03.04.1964 – III 293/61 –, HFR 1965, 453 = EzGuG 19.7a.

den Anzahl von Vergleichspreisen abgeleitet wird, die regelmäßig aus Vermarktungen von vergleichbaren Grundstücken zum jeweiligen Höchstgebot stammen. **Marktwert ist mithin der ggf. gewogene Durchschnitt aller zur Marktwertermittlung herangezogenen Höchstpreise**. Als Marktwert (Verkehrswert) wird deshalb nicht der höchste im gewöhnlichen Geschäftsverkehr erzielbare Preis, sondern – wie vorstehend bereits erläutert – der ggf. gewogene Durchschnitt aller zur Marktwertermittlung heranziehbaren Höchstpreise vergleichbarer Grundstücke bezeichnet. In diesem Sinne ist der Marktwert zugleich auch der am wahrscheinlichsten erzielbare Wert (vgl. Rn. 10).

Erfahrungsgemäß geht der wirtschaftlich kalkulierende Grundstückskäufer bei der Bemessung seines Kaufpreises vom Nutzen aus (Reinertrag, Wertzuwachs, steuerliche Entlastung), den er von dem Objekt erwartet. Die Kapitalisierung des Reinertrags bildet im Allgemeinen seine Wertvorstellung ab. Je größer nun von ihm der Reinertrag veranschlagt wird und je geringer der Zinssatz ist, mit dem er sich zufriedengeben möchte, umso höher ist der Preis, den er dem Verkäufer bieten kann. Nicht jede Wertvorstellung (Kaufpreiserwartung) führt jedoch zu einem entsprechenden Preis (Kaufabschluss) und nicht jeder Preis entspricht dem Wert des Objektes. Der Kaufpreis ist der durch die individuellen Wertvorstellungen sowohl auf der Seite des jeweiligen Käufers als auch auf der Seite des Verkäufers sich ergebende Tauschpreis. Demgegenüber ergibt sich der Verkehrswert aus der allgemeinen Angebots- und Nachfragesituation auf dem Grundstücksmarkt. **Kaufpreise und Verkehrswert** (Marktwert) **sind deshalb nur selten identisch.** **22**

Der unter bestimmten normativen Vorgaben als Preis definierte **Verkehrswert (Marktwert)** ist aus den vorstehenden Gründen **nicht mit dem** im Einzelfall auf dem Grundstücksmarkt ausgehandelten **Kaufpreis gleichzusetzen,** denn dieser muss nicht dem Verkehrswert entsprechen. Der im Einzelfall ausgehandelte Preis ist lediglich ein intersubjektives Maß für den Verkehrswert, wobei sowohl auf der Seite des Verkäufers als auch des Käufers Zufälligkeiten nie ganz ausgeschlossen werden können[52]. Der BGH[53] hat hierzu treffend ausgeführt: **23**

„Der Preis einer Sache muss nicht ihrem Wert entsprechen. Er richtet sich gerade bei Grundstücken und vor allem, wie hier, bei luxuriösen Villen-Grundstücken nach Angebot und Nachfrage und wird jeweils zwischen Käufer und Verkäufer ausgehandelt. „Marktpreis“ und objektiver Verkehrswert spielen keine entscheidende Rolle, vielmehr sind oft spekulative Momente (Kaufkraft, Geldwert usw.) von erheblicher Bedeutung, häufig auch die persönlichen Vorstellungen und Wünsche des Kaufinteressenten. Der Verkäufer versucht den höchstmöglichen Preis zu erzielen, mag dieser auch unvernünftig sein. Der Käufer ist bestrebt, möglichst wenig zu zahlen, mag dabei das Grundstück auch „verschenkt“ sein. Wer bei diesem Ringen um den Preis den Gegner in seine Karten blicken lässt, hat bald verspielt“[54].

Lässt sich ein ermittelter Verkehrswert trotz geschäftsüblicher Veräußerungsanstrengungen am Markt nicht „realisieren“, so kann dies als deutlicher Hinweis auf eine nicht marktgerechte Verkehrswertermittlung oder auf signifikante Änderungen der Marktverhältnisse gegenüber den zum Zeitpunkt der Wertermittlung vorherrschenden Marktverhältnissen verstanden werden. Bei Maklern gilt der Satz, dass jedes Objekt zu verkaufen ist, wenn der Preis stimmt. Umgekehrt kann eine sehr schnelle Veräußerung eines Grundstücks zum ermittelten Verkehrswert auch auf eine sehr „moderate“ (fehlerhafte) Verkehrswertermittlung deuten. Es gehört zum Marktgeschehen, dass Grundstücke erst in „zähen“ Verhandlungen zwischen Verkäufer und potenziellen Erwerbern zum Verkauf gelangen[55]. Angebote werden vom Verkäufer regelmäßig als zu niedrig beurteilt, während die Kaufpreisforderungen von potenziellen Käufern

---

52 BGH, Urt. vom 13.03.1991 – IV ZR 52/90 –, WM 1991, 1352 = EzGuG 20.134b; BGH, Urt. vom 25.03.1954 – IV ZR 146/53 –, BGHZ 13, 45 = EzGuG 20.17; BGH, Urt. vom 04.06.1954 – V ZR 10/54 –, BGHZ 13,378 = EzGuG 6.7d; BGH, Urt. vom 30.09.1954 – IV ZR 43/54 –, BGHZ 14, 368 = EzGuG 6.8a.

53 BGH, Urt. vom 25.10.1967 – VIII ZR 215/66 –, BGHZ 48, 344 = EzGuG 19.11; LG Darmstadt, Beschl. vom 16.10.1958 – 5 T 18/58 –, MDR 1959, 225 = EzGuG 19.4.

54 Anders bezüglich des Geschäftswerts OLG München, Urt. vom 05.01.1995 – 3 Z BR 291/94 –, DNotZ 1995, 778 = EzGuG 19.43a.

55 Eine „zügige“ Veräußerung fordert das OVG Bremen im Urt. vom 10.12.2001 – 1 D 203/01 –, UPR 2002, 459 = EzGuG 15.102 im Rahmen von städtebaulichen Entwicklungsmaßnahmen (vgl. BVerwG, Urt. vom 17.12.2003 – 4 BN 54/03 –, NVwZ-RR 2004, 325 = EzGuG 15.109a).

als zu hoch beklagt werden. Der Ausgleich unterschiedlicher Interessenlagen erfolgt schließlich über den Preis. Damit stellt die Preisbildung zugleich auch einen Ausgleich zwischen Angebot und der Nachfrage her (**Marktausgleichsfunktion**). Des Weiteren stellt der **Markt** im Rahmen der landesplanerischen und städtebaulichen Rechtsordnung (Allokation) den **Verteilungsmechanismus** (Distribution) dar, d.h., über den Preis gelangt der Grund und Boden – wenn er zum Verkauf ansteht – regelmäßig dorthin, wo er am effektivsten genutzt wird, soweit nicht in diesen Prozess, z.B. über sog. **„Einheimischenmodelle“**[56], durch direkte oder indirekte Förderungen (Gewerbeansiedlungspolitik) oder durch planerische Nutzungsbindungen eingegriffen wird. Neben der Anreiz-, Koordinations- und Marktausgleichsfunktion gehen von den Preisen auch wichtige Signal- und Informationsfunktionen aus (Abb. 1).

Abb. 1: Marktausgleichsfunktion des Grundstücksmarktes (Schema)

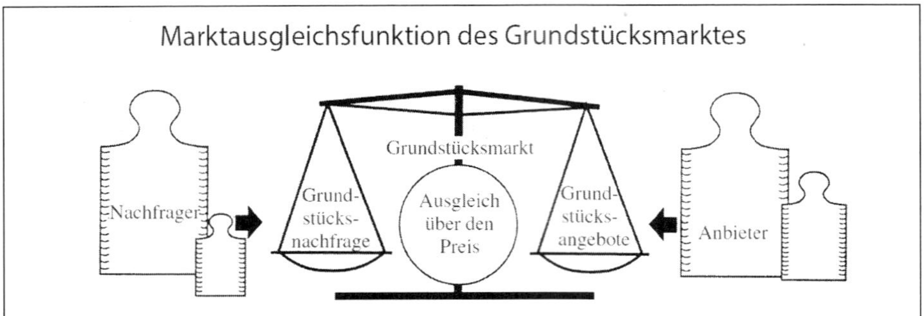

Nachfragekriterien	Auswahl	**Angebotskriterien**
– Grundstückseigenschaften (Grundstücksteilmarkt)		– Fortfall des Bedarfs
– Renditeüberlegungen		– Kostendruck
– „Sachwertdenken“		– Persönliche Präferenzen
– Prestige		– Vermögensumschichtung
– Annehmlichkeiten		– Annehmlichkeiten
– Liquidität (gegebene)		– Liquidität (fehlende)
– Produktionsstandort		– Produktionsaufgabe
– Kosten-Nutzen-Vergleich		– Kosten-Nutzen-Vergleich

© W. Kleiber 2021

56 BGH, Urt. vom 16.04.2010 – V ZR 175/09 –, NJW 2010, 3503 – EzGuG 6.297a; BGH, Urt. vom 29.11.2002 – V ZR 105/02 –, DVBl 2003, 519 = EzGuG 3.127a; BGH, Urt. vom 02.10.1998 – V ZR 45/98 –, NJW 1999, 208 = EzGuG 4.172a; VGH München, Urt. vom 22.12.1998 – 1 B 94.3288 –, BRS Bd. 60 Nr. 232 = GuG-aktuell 1999, 46 = EzGuG 4.172a; VGH München, Urt. vom 11.04.1990 – 1 B 85 A. 14/80 –, BayVBl. 1991, 47 = EzGuG12.69a; BVerwG, Urt. vom 11.02.1993 – 4 C 18/91 –, GuG 1993, 250 = EzGuG 12.116; OLG Hamm, Urt. vom 11.01.1996 – 22 U 67/95 –, BayVBl. 1997, 536 = EzGuG 12.120; VG München, Urt. vom 27.02.1996 – M 1 K 95.174 – NVwZ-RR 1997, 375 = EzGuG 3.119b; OLG München, Urt. vom 20.01.1998 – 25 U 4623/97 –, GuG 1999, 64, 125 = EzGuG 14.131; LG Karlsruhe, Urt. vom 13.02.1997 – 80516/96 –, DNotZ 1998, 483 = EzGuG 12.121; OLG München, Urt. vom 27.06.1994 – 30 U 974/93 –, BayVBl. 1995, 282 = EzGuG 14.122a; OLG Koblenz, Urt. vom 05.11.1997 – 7 U 370/97 –, DNot-report 1998, 25 = EzGuG 12.122; LG Traunstein, Urt. vom 29.10.1998 – 7 O 3458/98 –, NJW-RR 1990, 891 = EzGuG 3.125a; Brohm in JZ 2000, 321; Grziwotz, KommJur 2009, 376; Baulandbericht 1986: Bundesministerium für Raumordnung, Bauwesen und Städtebau. Schriftenreihe 03.116, Bonn 1986, S. 131; ders.: Baulandbericht 1993, Bonn 1993; Glück, Wege zum Bauland, München 1994; Kleiber in Bauen in Städten und Gemeinden. KAS Kommunal-Verlag in Düsseldorf 1991; Beck, M., Die Einheimischenmodelle Bayern, Diss. 1993 Regensburg; Burgi, M., Die Legitimität von Einheimischenprivilegierungen im globalen Dorf, JZ 1999, 873.

Der **„gewöhnliche Geschäftsverkehr“**[57] **ist** im Übrigen **gleichbedeutend mit** den vom BGH oft auch gebrauchten Begriffen des **„gesunden“**[58] **und** des **„allgemeinen“ Geschäftsverkehrs**[59]. 24

1.1.2.3 Allgemeine Wertverhältnisse des Wertermittlungsstichtags

Der **Markt- bzw. Verkehrswert ist eine vom Geschehen auf dem Grundstücksmarkt bestimmte und von der am Wertermittlungsstichtag** (§ 2 Abs. 4 ImmoWertV) gegebenen Lage auf dem Grundstücksmarkt abhängige Größe. Wertermittlungsstichtag ist der Zeitpunkt, auf den sich die Wertermittlung in Bezug auf die der Wertermittlung zugrunde liegenden allgemeinen Wertverhältnisse auf dem Grundstücksmarkt (§ 2 Abs. 2 ImmoWertV) bezieht und nicht zwangsläufig mit dem Zeitpunkt der Ermittlung des Markt- bzw. Verkehrswerts, d.h. dem Zeitpunkt der Erstellung eines entsprechenden Gutachtens, gleichzusetzen (Ausfertigungsdatum eines Gutachtens). 25
Nach § 194 BauGB bestimmt sich der Verkehrswert (Marktwert) durch einen nach normativen Vorgaben auf einen Zeitpunkt ermittelten Preis. § 2 Abs. 4 ImmoWertV präzisiert diesen **Zeitpunkt** als den Wertermittlungsstich*tag*, obwohl kein Sachverständiger angesichts der allgemeinen Schätzungsgenauigkeit in der Lage wäre, einen Verkehrswert – quasi seismographisch – auf den Tag genau zu ermitteln. Selbst eine auf einen bestimmten Wertermittlungsmonat bezogene Marktwertermittlung dürfte in aller Regel problematisch sein. **Der als Bezugszeitpunkt der ImmoWertV vorgegebene Wertermittlungs*stichtag* täuscht** insoweit **eine nicht vorhandene und auch nicht leistbare Genauigkeit der Verkehrswertermittlung vor** (vgl. Rn. 42).

1.1.2.4 Grundstücksmerkmale des Qualitätsstichtags

▶ *§ 2 ImmoWertV Rn. 70 ff.*

Vom Wertermittlungsstichtag zu unterscheiden ist darüber hinaus der Zeitpunkt, zu dem das zu bewertende Grundstück besichtigt wurde (**Zeitpunkt der Ortsbesichtigung**) und vor allem der sog. Qualitätsstichtag. 26

Qualitätsstichtag ist der Zeitpunkt, auf den sich der für die Wertermittlung maßgebliche Grundstückszustand bezieht (§ 2 Abs. 5 ImmoWertV). Er entspricht dem Wertermittlungsstichtag, sofern nicht aus rechtlichen oder sonstigen Gründen der Zustand zu einem anderen (in der Vergangenheit oder Zukunft liegenden) Zeitpunkt maßgeblich ist, z.B. bei der Bemessung einer Enteignungsentschädigung unter Anwendung des Vorwirkungsgrundsatzes. 27

57 BGH, Urt. vom 01.03.1984 – III ZR 197/82 –, BGHZ 90, 243 = EzGuG 6.224; BGH, Urt. vom 20.03.1975 – III ZR 153/72 –, BRS Bd. 34 Nr. 120 = EzGuG 18.64; BGH, Urt. vom 29.01.1970 – III ZR 30/69 –, BRS Bd. 26 Nr. 97 = EzGuG 18.48; BGH, Urt. vom 25.06.1964 – III ZR 111/61 –, BRS Bd. 19 Nr. 128 = EzGuG 20.37; BGH, Urt. vom 08.06.1959 – III ZR 66/58 –, BGHZ 30, 281 = EzGuG 6.41.

58 BGH, Urt. vom 14.06.1984 – III ZR 41/83 –, BRS Bd. 45 Nr. 133 = EzGuG 8.61; BGH, Urt. vom 01.07.1982 – III ZR 10/81 –, BRS Bd. 45 Nr. 186 = EzGuG 4.86; BGH, Urt. vom 03.06.1982 – III ZR 98/79 –, BRS Bd. 45 Nr. 148 = EzGuG 4.83; BGH, Urt. vom 13.07.1978 – III ZR 166/76 –, WM 1979, 952 = EzGuG 18.84; BGH, Urt. vom 22.06.1978 – III ZR 92/75 –, BGHZ 72, 51 = EzGuG 17.35; BGH, Urt. vom 10.01.1972 – III ZR 61/68 –, BRS Bd. 26 Nr. 15 = EzGuG 16.18; BGH, Urt. vom 08.05.1967 – III ZR 148/65 –, BRS Bd. 19 Nr. 73 = EzGuG 14.28; BGH, Urt. vom 20.12.1963 – III ZR 60/63 –, BGHZ 40, 312 = EzGuG 14.17; BGH, Urt. vom 08.11.1962 – III ZR 86/61 –, BGHZ 39, 198 = EzGuG 8.5.

59 BGH, Urt. vom 22.02.1971 – III ZR 131/70 –, BRS Bd. 26 Nr. 56 = EzGuG 8.34a; BGH, Urt. vom 08.02.1971 – III ZR 200/69 –, BRS Bd. 26 Nr. 60 = EzGuG 6.134; BGH, Urt. vom 13.12.1962 – III ZR 164/61 –, BRS Bd. 19 Nr. 110 = EzGuG 6.67.

1.1.2.5 Berücksichtigung von Zukunftserwartungen

a) Allgemeines

▶ *Vgl. § 5 ImmoWertV Rn. 138ff.; § 21 ImmoWertV Rn. 16ff., 148; § 27 ImmoWertV Rn. 44; Syst. Darst. des Ertragswertverfahrens Rn. 4, 19 ff.; zur retrograden Marktwertermittlung vgl. § 2 ImmoWertV Rn. 66; zur absehbaren Zeit vgl. § 3 ImmoWertV Rn. 139 ff.; § 6 ImmoWertV Rn. 108; § 194 BauGB Rn. 3, 44*

28 Auch wenn der **Verkehrswert eine auf den Wertermittlungsstichtag** (§ 2 Abs. 4 ImmoWertV) **bezogene „Momentaufnahme" (Zeitwert)** ist, **wird seine Höhe maßgeblich von der** den gewöhnlichen Geschäftsverkehr beherrschenden **Zukunftserwartung bestimmt** (*anticipation*). Dies wird besonders bei Renditeobjekten deutlich.

29 Auf dem Grundstücksmarkt wird – wie an der Börse – die Zukunft gehandelt. **Für das Gewesene gibt der Kaufmann nichts!** Im gewöhnlichen Geschäftsverkehr bestimmt sich der Markt- bzw. Verkehrswert eines Grundstücks deshalb nach seiner künftigen Nutzbarkeit, sofern nicht rechtliche „Gegebenheiten" i.S. der Verkehrswertdefinition dies ausschließen oder dies beeinträchtigen. Solche rechtlichen Gegebenheiten sind insbesondere die nach dem Städtebaurecht ausgeschlossenen Werterhöhungen, z.B. der Ausschluss sanierungs- oder entwicklungsbedingter Werterhöhungen nach § 153 Abs. 1 BauGB bzw. der Ausschluss von Werterhöhungen nach § 95 Abs. 2 BauGB bei enteignungsbefangenen Grundstücken.

30 Der **Marktwert (Verkehrswert) stellt trotz seiner Bezugnahme auf den Zeitpunkt**, auf den sich die Ermittlung bezieht (Wertermittlungsstichtag), gewissermaßen **das Kondensat der Zukunft** dar (Zukunftserfolgswert)[60]. Der Wert eines Grundstücks wird nämlich durch Zukunftserwartungen bestimmt (*value is created by the anticipation of future benefits*). Dies wird besonders deutlich bei Anwendung des Ertragswertverfahrens. Der Ertragswert wird dabei letztlich als Barwert aller künftigen Erträge ermittelt.

a) Bei **Anwendung des Vergleichswertverfahrens** wird der Marktwert zwar (in Bezug auf den Wertermittlungsstichtag) aus möglichst gegenwartsnah zustande gekommenen Vergleichspreisen abgeleitet. Gleichwohl ist auch dieser Wert ein zukunftsorientierter Wert, denn die Vergleichspreise werden maßgeblich durch die Zukunftserwartungen der Käufer geprägt.

b) Bei **Anwendung des Ertragswertverfahrens** wird allein schon dadurch der Blick in die Zukunft in den Vordergrund gerückt, weil das **Verfahren a priori darauf angelegt** ist, **den Marktwert aus der künftigen Nutzung (bzw. Nutzungsfähigkeit) abzuleiten**. Damit sind bei einem bebauten Grundstück die Erträge angesprochen, die über die gesamte Zeitschiene der wirtschaftlichen Nutzbarkeit vor allem des Gebäudes erwartet werden können. Dies kann ein sehr langer, kaum übersehbarer Zeitraum sein, jedoch ist der Anwender damit gehalten, das in die Wertermittlung einzustellen, was er bei wirtschaftlich vernünftiger Betrachtung am Wertermittlungsstichtag hätte erkennen können. Grundsätzlich kann der Sachverständige darauf vertrauen, dass er mit den am Wertermittlungsstichtag marktüblich erzielbaren Ertragsverhältnissen die nachhaltige Ertragssituation „einfängt", wenn er zur Kapitalisierung dieser Erträge den (dynamischen) Liegenschaftszinssatz heranzieht, der auf dem Grundstücksmarkt im Hinblick auf die nachhaltige Entwicklung ermittelt wurde. Der zur Ermittlung des Ertragswerts heranzuziehende Liegenschaftszinssatz ist darauf angelegt, die künftige Entwicklung in die Verkehrswertermittlung einzustellen.

c) Der Sachwert baulicher Anlagen wird zwar i.d.R. mit Hilfe von Normalherstellungskosten der Vergangenheit abgeleitet, die zunächst auf den Wertermittlungsstichtag mit Hilfe von Baupreisindexreihen umgerechnet wurden. Diese Kosten haben im Rahmen der Marktwertermittlung nur insoweit Bedeutung, wie sie das abbilden, was **der Grundstückseigentümer heute (am Wertermittlungsstichtag) mit Blick auf die zukünftige Nutzung an eigenen Aufwendungen erspart.** Bei alledem geht es nicht um die „historischen Rekons-

60 „Value is created by the anticipation of future benefits", The Appraisal of Real Estate, 12. Aufl. Chicago, S. 35.

truktionskosten" nach den Verhältnissen zum Zeitpunkt der Errichtung des Gebäudes, sondern um die **Ersatzbeschaffungskosten** *(replacement costs)* nach den Verhältnissen am Wertermittlungsstichtag. Insoweit ist auch bei Anwendung des Sachwertverfahrens die Vergangenheit nur von begrenzter Bedeutung.

Im Kern geht es deshalb bei Anwendung des Sach-, Vergleichs- und Ertragswertverfahrens darum, möglichst wertermittlungsstichtagsnahe Erfahrungssätze über die auf dem Grundstücksmarkt vorherrschende Wertschätzung des Objekts (Vergleichspreise), die Herstellungskosten (Normalherstellungskosten) und Erträge unter Berücksichtigung der künftigen Nutzung in das Verfahren einzuführen. 31
Bei alledem müssen bei der Marktwertermittlung **spekulative Zukunftserwartungen außer Betracht bleiben**. In der Rechtsprechung des RG sowie des BGH zur Enteignungsentschädigung wurde stets herausgestellt, dass der Grundstücksverkehr **künftige Nutzungsmöglichkeiten** berücksichtigt[61], jedoch müssen diese „so sicher unmittelbar" bevorstehen, dass sie sich bereits als wertbildender Faktor auswirken und der allgemeine Grundstücksverkehr ihnen also schon Rechnung trägt"[62]. **Auf bloße Hoffnungen, Wünsche sowie subjektive Verwertungsabsichten**[63] **soll es nicht ankommen.** Was in absehbarer Zeit nicht realisiert werden kann, kann sich im gewöhnlichen Geschäftsverkehr nicht auf die Höhe des Marktwerts niederschlagen. Demzufolge fordert z.B. § 3 Abs. 2 ImmoWertV, dass Grundstücksflächen nur als Bauerwartungsland eingestuft werden können, wenn diese *„eine bauliche Nutzung auf Grund konkreter Tatsachen mit hinreichender Sicherheit erwarten lassen"*. Dies entspricht dem allgemein in § 11 ImmoWertV herausgestellten Grundsatz zur Berücksichtigung künftiger Entwicklungen. Auf die bisherige Nutzung kommt es nur insoweit an, wie dadurch die künftige Nutzung beeinflusst wird (§ 5 ImmoWertV Rn. 139 ff., § 11 ImmoWertV Rn. 1 ff.).

In der vorstehend angeführten Rechtsprechung ging es zwar um die Verkehrswertermittlung landwirtschaftlicher Grundstücke, jedoch kann dies gleichermaßen für die Nutzungsfähigkeit bebauter Grundstücke gelten, zumindest dann, wenn nicht ein entschädigungslos hinzunehmender Planungsschaden für eine nicht ausgeübte Nutzung i.S. des § 42 BauGB droht.

Liegen die genannten Voraussetzungen für die Berücksichtigung erwarteter Entwicklungen nicht vor, kann nach Maßgabe der Vorgaben des Auftraggebers gleichwohl ein Gutachten über den (fiktiven) Verkehrswert eines Grundstücks über die dann zu spezifizierenden Erwartungen erstattet werden. In diesem Fall muss dies im Gutachten eindeutig klargestellt werden (Gutachten nach Maßgabe). Entscheidend für den Inhalt des privat erstatteten Gutachtens ist die konkrete **Absprache zwischen dem Sachverständigen und seinem Auftraggeber**. 32

b) Wurzeltheorie

▶ *Vgl. Näheres bei § 11 ImmoWertV Rn. 5; zur retrograden Marktwertermittlung § 3 ImmoWertV Rn. 4, 14; zur absehbaren Zeit vgl. § 3 ImmoWertV Rn. 138 f.*

Die vornehmlich im Rahmen der Unternehmensbewertung entwickelte **Wurzeltheorie** gilt auch für die Marktwertermittlung von Grundstücken. Die Rechtsprechung hat zutreffend festgestellt, dass sich auf den Marktwert nur solche Verhältnisse und Gegebenheiten auswirken können, die zum Wertermittlungsstichtag hinreichend konkretisiert sind, sodass zumindest mit ihrer Tatsache gerechnet werden konnte (Wurzeltheorie). **Spätere Entwicklungen,** deren Wurzeln in der Zeit nach dem Wertermittlungsstichtag liegen, **müssen** dagegen **außer Betracht bleiben**. 33

---

61 BT-Drs. 7/4793, S. 22 und 43 Nr. 45; RG, Urt. vom 30.05.1911 – VII 368/10 –, JW 1911, 726 = EzGuG 20.10; BGH, Urt. vom 22.04.1982 – III ZR 131/80 –, BRS Bd. 56 Nr. 192 = EzGuG 17.44; BGH, Urt. vom 07.10.1976 – III ZR 60/73 –, BGHZ 67, 200 = EzGuG 6.188.Urt. vpm 17.12.1964 – III ZR 96/63 –, BRS Bd. 19 Nr. 112 = EzGuG 11.47; BGH, Urt. vom 06.12.1962 – III ZR 113/61 – BRS BD. 19 Nr. 109 = EzGuG 6.65; BGH, Urt. vom 08.11.1962 – III ZR 86/61 –, BGHZ 39,198 = EzGUG 8.5; LG Bremen, Urt. vom 05.11.1954 – 1 O 749/54 (B) – EzGUG 6.10.

62 BGH, Urt. vom 09.01.1969 – III ZR 51/68 –, BRS Bd. 26 Nr. 56 = EzGuG 6.119.

63 BGH, Urt. vom 30.05.1963 – III ZR 230/61 –, BRS Bd. 19 Nr. 75 = EzGuG 8.8.

Ein dunkles Kapitel der Marktwertermittlung ist die Nichtberücksichtigung kurzfristiger und vorüber-gehender Wertausschläge auf dem Immobilienmarkt (sog. Flaute auf dem Immobilien-markt), die für einen durchschnittlich besonnenen, nüchternen Betrachter im gewöhnlichen Geschäftsverkehr erkennbar sind[64]. Nach der Rechtsprechung zum Zugewinnausgleich soll an Stelle des aus aktuellen stichtagsbezogenen Vergleichspreisen abgeleitete Verkehrswert der „wahre" oder *„wirkliche" Wert*[65] maß-gebend sein, d.h. der Verkehrswert, der sich bei einer Nichtberücksichtigung solcher Ausschläge (z.B. kurzfristig vorüber-gehende „Flaute auf dem Grundstücksmarkt") ergibt. Die begriffliche Differenzierung ist tatsächlich nur geboten, wenn die Wurzeln der späteren Entwicklung im gewöhnlichen Geschäftsverkehr nicht am Bewertungsstichtag mit hinreichender Sicherheit aufgrund konkreter Tatsachen erkennbar waren[66] oder wenn bei der Verkehrswertermittlung das Stichtagsprinzip missver-standen wurde[67] (vgl. § 11 ImmoWertV Rn. 5 ff.). Konsequenter-weise sind dann nicht nur kurzfristige und vorübergehende Ausschläge „nach unten", sondern auch „nach oben" zu berücksichtigen. Dementsprechend hat der BGH[68] auch schon 1965 in seiner sog. Chrustschow-Entschei-dung im Rahmen der Bemessung einer sich nach dem Verkehrswert bemessenden Enteignungs-entschädi-gung unter Verwendung des Begriffs „innerer Wert" entschieden. Im Kern geht es bei den genannten Fällen um eine sachgerechte Anwendung des Verkehrs-wertprinzips unter Ausschluss „ungewöhn-licher Verhältnisse".

c) Highest and best use value

Schrifttum: *Finch/Casavant*, Highest and Best Use and the Special Purpose Property, The Appraisal Journal 1996, 195.

▶ *§ 6 ImmoWertV Rn. 137; § 8 ImmoWertV Rn. 121; § 11 ImmoWertV Rn. 22; § 43 ImmoWertV Rn. 14; § 194 BauGB Rn. 42*

34 Aus der Erkenntnis, dass der Marktwert (Verkehrswert) als Zukunftserfolgswert verstanden werden muss, folgt, dass bei der Marktwertermittlung von **Grundstücken, bei denen mit der tatsächlichen Nutzung ein am Wertermittlungsstichtag vorhandenes** (schlummerndes) **Entwicklungspotenzial nicht ausgeschöpft wird**, die (künftige) Nutzung in die Wertermittlung eingehen muss, die sich einem verständigen Eigentümer unter Berücksichtigung der rechtlichen Möglichkeiten und der Präferenzen des Grundstücksmarktes aufdrängt (Grundsatz des *highest and best use bzw. market economy vendor principle*: *„Highest and best use is the reasonably probable and legal use of vacant or an improved property that is physically possible, legally permissible, appropriately supported, financially feasible, and that results in the highest value"*[69]. Die vorhandene Nutzung kann sich dabei als hinderlich erweisen; auch dies muss ggf. berücksichtigt werden. Es handelt sich in solchen Fällen um Immobilien mit Entwicklungspotenzial *(property in transition)*.

35 *Bieten sich* verschiedene Alternativnutzungen an, kann regelmäßig die Nutzung der Marktwertermittlung zugrunde gelegt werden, die bei geringstem Risiko die höchste Ertragsfähigkeit *(maximally productiv)* verspricht. Der Marktwertermittlung muss in solchen Fällen eine Kosten-Nutzen-Analyse vorausgehen. Bei alledem kann es nicht auf bloße Wunschvorstellun-

---

64 BGH, Urt. vom 01.04.1992 – XII ZR 146/91 –, NJW-RR 1992, 898 = EzGuG 20.139a; BGH, Urt. vom 23.10.1985 – IVb ZR 62/84 –, NJW-RR 1986, 226 = EzGuG 20.110b; BGH, Urt. vom 31.05.1965 – III ZR 214/63 –, NJW 1965, 1589 = EzGuG 19.8; vgl. auch OLG Köln, Beschl. vom 03.05.1962 – 4 W7/62 –, AVN 1963, 122 = EzGuG 20.30; BFH, Urt. vom 06.05.1977 – III R 17/75 –, BFHE 122, 334 = BStBl II 1977, 626 = EzGuG 19.32.

65 BGH, Urt. vom 01.04.1992 – XII ZR 146/91 –, GuG 1995, 56 = NJW-RR 1992, 899 = EzGuG 20.139b; BGH, Urt. vom 23.10.1985 – IVb ZR 62/84 –, NJW-RR 1986, 226 = EzGuG 20.110b.

66 BGH, Urt. vom 28.04.1977 – II ZR 208/75 –, WM 1977, 781 = EzGuG 20.66a.

67 BGH, Urt. vom 31.05.1965 – III ZR 214/63 –, NJW 1965, 1589 = EzGuG 19.8; BGH, Urt. vom 01.04.1992 – XII ZR 146/91 –, NJW-RR 1992, 899 = EzGuG 20.139a; hierzu Kleiber in GuG-aktuell 1995, 1.

68 BGH, Urt. vom 31.05.1965 – III ZR 214/63 –, NJW 1965, 1589 = EzGuG 19.8; vgl. auch BGH, Urt. vom 01.04.1992 – XII ZR 146/91 –, NJW-RR 1992, 898 = EzGuG 20.139a; BGH, Urt. vom 23.10.1985 – IVb ZR 62/84 –, NJW-RR 1986, 226 = EzGuG 20.110b; 8; vgl. auch OLG Köln, Beschl. vom 03.05.1962 – 4 W7/62 –, AVN 1963, 122 = EzGuG 20.30; BFH, Urt. vom 06.05.1977 – III R 17/75 –, BFHE 122, 334 = BStBl II 1977, 626 = EzGuG 19.32.

69 The Appraisal of Real Estate, The American Institute, 12. Aufl., S. 306.

gen des Eigentümers ankommen; vielmehr sind die vorhandenen und absehbaren **rechtlichen und wirtschaftlichen Möglichkeiten realitätsbezogen ohne spekulative Momente anzuhalten**.

Abb. 2: Verkehrswert von Immobilien mit Entwicklungspotenzial

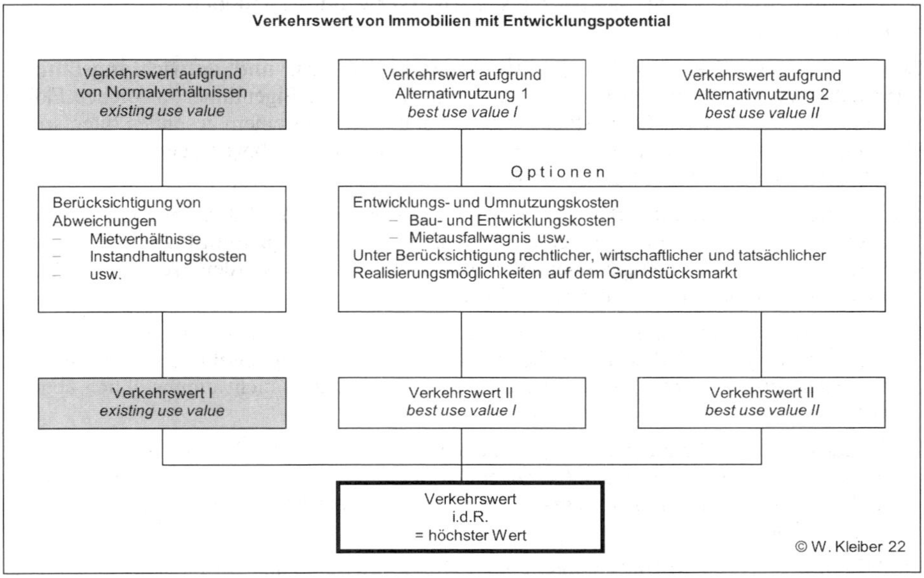

Dass Entwicklungspotenziale bei der Marktwertermittlung berücksichtigt werden müssen, folgt aus der Definition des Marktwerts als dem im gewöhnlichen Geschäftsverkehr erzielbaren Preis. Im gewöhnlichen Geschäftsverkehr wird nämlich neben der tatsächlichen Nutzung auch die Nutzungsfähigkeit eines Grundstücks berücksichtigt. **Zu den „tatsächlichen Eigenschaften" i.S. des § 194 BauGB gehört mithin nicht nur das tatsächlich „Vorhandene", sondern auch das bei nüchterner Betrachtung unter Berücksichtigung der rechtlichen und wirtschaftlichen Gegebenheiten „Mögliche",** selbst dann, wenn sich dies noch nicht rechtlich verfestigt hat. Maßgeblich ist dabei die gesunde Verkehrsauffassung. **36**

Die „höchste und beste Nutzung" der Marktwertermittlung zugrunde zu legen, kann also als ein der Marktwertdefinition innewohnender Grundsatz angesehen werden. Dies ist keinesfalls eine der angelsächsischen Bewertungslehre ureigene Auffassung, sondern lag stets auch dem deutschen Verständnis vom Marktwert zugrunde[70]. **37**

Das Verständnis von einem Marktwert (Verkehrswert), der sich nach dem *„best use"* eines wirtschaftlich vernünftig Handelnden bemisst, hat seit jeher die Wertermittlungspraxis bestimmt[71]. Bestimmte **Spielarten der klassischen Wertermittlungsverfahren** sind gezielt darauf gerichtet, den für eine vorgefundene immobilienwirtschaftliche Situation erzielbaren *„best use value"* zu ermitteln, so z.B. **38**

– das **Liquidationswertverfahren** (vgl. § 3 Abs. 3 Nr. 3 ImmoWertV; § 43 ImmoWertV; § 40 Abs. 5 Nr. 3 ImmoWertV),

70 So schon bei Kleiber/Simon, WertV 98, 5. Aufl., Köln 1999; so aber auch Tegova, Anerkannte Europäische Standards für die Immobilienbewertung, London 1997, S. 20.

71 Auch und vor allem in der Unternehmensbewertung: OLG Düsseldorf, Beschl. vom 17.02.1984 – 19 W 1/81 –, DB 1984, 817 = EzGuG 20.104b.

- die sog. „Zerlegungs- oder **Zerschlagungstaxe**" (vgl. § 6 ImmoWertV Rn. 22, 136 ff.) oder
- die Berücksichtigung von „Verschmelzungswertrelationen" (**Vereinigungswert**).

Diese Auslegung führt im Übrigen zum Ergebnis, dass insoweit keine Disparität zur Beleihungswertermittlung besteht, bei der die sog. **Drittverwendungsmöglichkeit** seit jeher Berücksichtigung findet[72].

39 Diese Vorgehensweise ist z.B. bei **entwicklungsbetroffenen und entwicklungsfähigen Grundstücken** (*property in transition*) angezeigt. So wie der Eigentümer in solchen Fällen verschiedene Optionen der Grundstücksnutzung hat und sich aus einem gesunden Interesse an einer Gewinnmaximierung überlegen kann, welche Nutzung zu bevorzugen ist, muss dies auch bei der Wertermittlung berücksichtigt werden.

40 Das Verständnis des Marktwerts vom *„highest and best use value"* darf bei alledem jedoch nicht schematisch überstrapaziert werden. Er muss mit **großer Sensibilität zur Anwendung** kommen. Dabei müssen aber gewissenhaft einige Regeln beachtet werden, wenn solche Überlegungen zum Marktwert (Verkehrswert) führen sollen:

a) Bei der Berücksichtigung zukünftiger Nutzungsmöglichkeiten kann nur das zugrunde gelegt werden, was nach den **rechtlichen und tatsächlichen Gegebenheiten ohne spekulative Elemente erwartet werden kann,** wobei Erwartungen nicht unumstößlich abgesichert sein müssen.

b) Es dürfen nur solche Nutzungsmöglichkeiten berücksichtigt werden, die im Immobilienverkehr nach den Verwertungsmöglichkeiten des Objektes „gewöhnlich" und damit markt- und wertbestimmend sind; auf **persönliche Nutzungsabsichten eines Erwerbers kommt es** also **nicht an.**

c) **Alle in die Wertermittlung eingehenden Daten müssen**, auch soweit es dabei um eine fiktive Verkehrswertermittlung für den Umnutzungsfall geht, **dem gewöhnlichen Geschäftsverkehr entsprechen** und von ungewöhnlichen oder persönlichen Verhältnissen unbeeinflusst sein.

41 Die höchste Nutzung wird nicht ganz befriedigend vom ***International Valuation Standards Committee*** **(IVSC)** wie folgt definiert:

„Die wahrscheinlichste Nutzung einer Immobilie, die physisch möglich, angemessen gerechtfertigt, rechtlich zulässig und finanziell durchführbar ist und die der bewerteten Immobilie den höchsten Wert verleiht."

1.1.2.6 Missverstandenes Stichtagsprinzip

▸ *Vgl. Rn. 25; § 2 ImmoWertV Rn. 65 ff.; Syst. Darst. des Ertragswertverfahrens Rn. 2; zur retroperspektiven Marktwertermittlung § 2 ImmoWertV Rn. 66 ff.*

42 Nach § 194 BauGB soll sich der Verkehrswert lediglich auf den „*Zeitpunkt*" seiner Ermittlung beziehen. Die zur Ermittlung des Verkehrswerts erlassene Rechtsverordnung engt den Ermittlungszeitpunkt auf einen Wertermittlungsstichtag ein. Tatsächlich ist das weder leistbar noch sachgerecht. Der Stichtagsbezug kann zu nicht erfüllbaren Erwartungen führen (missverstandenes Stichtagsprinzip).

---

72 So auch ausdrücklich die Interpretation des marché normal in Art. 2 des Règlement no 99-10 du Comité de la réglementation bancaire et financière sur les sociétés de credit foncière (Journal officiel de la République Française 1999 vom 27.07.1999); auch die englische Interpretation des Verkehrswerts im *Red Book* (2002), nach der der Verkehrswert „*the prospect of development where there is no current permission for that development*" einschließt.

1.1.2.7 Grundstückstransaktionskosten

▶ *§ 20 ImmoWertV Rn. 33; § 21 ImmoWertV Rn. 21; § 42 ImmoWertV Rn. 99 ff.; zur Beleihungswertermittlung vgl. § 194 Rn. 59 ff., 171; Teil IX Rn. 232*

Der Marktwert (Verkehrswert) einer Immobilie wird in § 194 BauGB unter Ausschluss der üblicherweise anfallenden Grundstückstransaktionskosten (Grunderwerbsnebenkosten bzw. Grundstücksnebenkosten) **definiert**. Das ist darin begründet, dass die bei dem Grunderwerb anfallenden Transaktions-kosten bei dem Erwerber anfallen und dem Veräußerer nicht zufließen und damit im gewöhnlichen Geschäftsverkehr“ nicht den bei der Veräußerung erzielbaren „Preis“ erhöhen. 43
Die beim Grunderwerb neben dem Kaufpreis anfallenden Grunderwerbskosten können jedoch das Marktgeschehen beeinflussen. Angesichts der nicht unerheblichen Höhe der Transaktionskosten muss nämlich davon ausgegangen werden, dass im Rahmen der **Preisbildung auf dem Grundstücksmarkt** diese Kosten vom Erwerber in seine Gesamtkalkulation eingestellt worden sind. Der im Kaufvertrag schließlich vereinbarte und ausgewiesene Kaufpreis stellt gewissermaßen das Ergebnis dieser Gesamtkalkulation dar. Diese Kaufpreise gehen nun als Vergleichspreise in die Kaufpreissammlung ein und bilden die Grundlage der Marktwertermittlung. Damit wird deutlich, dass die Transaktionskosten durchaus den Marktwert beeinflussen, und zwar in der üblichen und objektspezifischen Höhe[73]. Um den allgemeinen Einfluss der üblicherweise anfallenden Transaktionskosten auf den Marktwert an einem drastischen Beispiel zu verdeutlichen, sei auf den Fall hingewiesen, dass die Grunderwerbsteuer auf 50 v.H. (!) heraufgesetzt würde, was zu deutlich niedrigeren Kaufabschlüssen führen würde.

Grunderwerbsnebenkosten bzw. Grundstücksnebenkosten sind die im Zusammenhang mit der Veräußerung von Grundstücken auftretenden Grundstückstransaktionskosten. Die **DIN 276/1993** führt unter Ziff. 4.3 hierzu auf: 44

- Vermessungsgebühren,
- Gerichtsgebühren,
- Notariatsgebühren (*legal and registration fees*),
- Maklerprovision (*agents fees*),
- Grunderwerbsteuer (*transfer tax; stamp duty*),
- Wertermittlungen/Untersuchungen (z.B. bez. Altlasten),
- Genehmigungsgebühren,
- Bodenordnung/Grenzregulierung,
- Sonstige Grundstücksnebenkosten (Kosten für die Bestellung von Grundschulden und Hypotheken zur Kaufpreisfinanzierung; Kosten der Löschung von Belastungen im Grundbuch, die der Käufer nicht trägt; § 449 BGB).

Die **Grundstückstransaktionskosten** werden **durchschnittlich mit ca. 12 Prozent des Kaufpreises** eingeschätzt (1,5 % Notar, Grundbuch, ca. 4,0 % Grunderwerbsteuer; 6 % Maklerprovision; 1 % Bank- und Bearbeitungsgebühren) sowie ggf. zusätzliche Kosten für die Risikoabdeckung durch Lebensversicherung und Arbeitslosigkeit[74]. 45

Grundstückstransaktionskosten werden in marktkonformer Höhe **zumeist bereits indirekt mit den herangezogenen Vergleichsdaten „im“ Wertermittlungsverfahren berücksich-** 46

73 Diesen Gedankengängen folgend stellte § 6 Abs. 3 WertV 88/98 richtigerweise heraus, dass nur die aus Anlass des Erwerbs und der Veräußerung entstehenden Aufwendungen, die nicht üblicherweise entstehen, bezüglich ihres Einflusses auf den (Vergleichs- bzw.) Kaufpreis unberücksichtigt bleiben müssen.

74 BT-Drs. 15/3928 S. 2.

tigt[75]. Eine zusätzliche Berücksichtigung der Grundstücksnebenkosten, die überdies je nach persönlichen Umständen unterschiedlich ausfallen können, ist von daher abzulehnen. Vielmehr sind diese den ungewöhnlichen oder persönlichen Verhältnissen zuzuordnen, wenn sie von den üblichen Kosten abweichen (§ 9 Satz 2 ImmoWertV). Kein Grundstückseigentümer wäre zum Verkauf „unter" Verkehrswert nur deshalb bereit, weil ein bestimmter Erwerber aus seiner persönlichen Situation heraus besonders hohe Nebenkosten hat.

47 Bei der Marktwertermittlung von Grundstücken nach den klassischen Wertermittlungsverfahren ist regelmäßig davon auszugehen, dass die Grundstückstransaktionskosten „automatisch" Eingang in die Wertermittlung finden, weil

- bei **Anwendung des Vergleichswertverfahrens** bereits von Vergleichspreisen ausgegangen wird, die i.d.R. unter dem Einfluss der üblicherweise vom Erwerber daneben aufzubringenden Grunderwerbskosten bereits gemindert sind,
- bei **Anwendung des Ertragswertverfahrens** auf der Grundlage marktkonformer Liegenschaftszinssätze von Zinssätzen ausgegangen wird, die aus Kaufpreisen bebauter Grundstücke abgeleitet worden sind, für die der Erwerber die Grunderwerbskosten aufzubringen hat und die, wie im vorstehenden Fall, bereits mit dem Kaufpreis berücksichtigt werden,
- bei **Anwendung des Sachwertverfahrens** insbesondere von dem aus Vergleichspreisen abgeleiteten Bodenwert und den zur Anwendung kommenden Marktanpassungsfaktoren ausgegangen wird, die wiederum aus Vergleichspreisen bebauter Grundstücke abgeleitet worden sind, bei denen der Erwerber die Grunderwerbskosten berücksichtigt hat.

48 Anders stellt sich die Situation bei Anwendung des **prognosegestützten Ertragswertverfahrens (*Discounted-Cashflow*-Verfahren)** auf der Grundlage von Abzinsungszinssätzen dar, die sich am Zins für langfristige Kapitalanlagen (z.B. Bundesobligationen) orientieren. Diese Zinssätze werden für Geldanlagen gewährt, die im Vergleich zu Immobilienanlagen verhältnismäßig geringe Transaktionskosten aufweisen, sodass der Ertrag um die Transaktionskosten vermindert werden muss, wenn man diese Zinssätze hilfsweise auf die Verkehrswertermittlung von Grundstücken überträgt. Wendet man das prognosegestützte Ertragswertverfahren (*Discounted-Cashflow*-Verfahren) in der Weise an, dass man nur den Investitionszeitraum der ersten (zehn) Jahre (Betrachtungszeitraum, *holding period*) auf der Grundlage der bankenüblichen Zinssätze kapitalisiert und den Restwert auf der Grundlage des Liegenschaftszinssatzes kapitalisiert, so hat man bezüglich dieses Wertanteils aber – wie bei Anwendung des klassischen Ertragswertverfahrens – die Transaktionskosten mit dem Liegenschaftszinssatz berücksichtigt.

49 Eine Besonderheit liegt auch bei Anwendung des **Extraktionsverfahrens** (**Residualwertverfahren)** vor (vgl. § 42 ImmoWertV Rn. 1 ff.). Bei Anwendung dieses Verfahrens will man den Verkehrswert aus den Kosten der Grundstücksentwicklung ableiten, und wenn in diesem Rahmen ein (zusätzlicher) Grunderwerb erforderlich ist, so ist darin eine gesonderte Berücksichtigung der Grunderwerbskosten – quasi als unvermeidliche Entwicklungskosten im erweiterten Sinne – begründet. Im Zuge der Grundstücksentwicklung wird dann nämlich ein zusätzlicher Zwischenerwerb erforderlich. Die Grunderwerbskosten werden deshalb auch nur einmal und nicht im Hinblick auf den Verkauf der Immobilie an den „Enderwerber" ein zweites Mal berücksichtigt. Der „Endverkauf" z.B. eines neu errichteten Wohnhauses zum Marktwert unter Abzug der Grunderwerbsnebenkosten wäre nicht dem gewöhnlichen Geschäftsverkehr zuzurechnen[76].

75 Vgl. FG Köln, Urt. vom 12.02.2014 – 4 K 3081/13 –, GuG 2015, 60 = EzGuG 20.230; Kleiber in GuG 2000, 321 ff.
76 Hierzu die Glosse in GuG-aktuell 2000, 9.

50 Die Grunderwerbskosten haben darüber hinaus im Rahmen der Investitionsberechnung Bedeutung für die sog. Nettoanfangsrendite. Die **Nettoanfangsrendite** (*initial rent,* vgl. § 21 ImmoWertV Rn. 34; Teil V Rn. 403) ergibt sich – bezogen auf den Zeitpunkt des Grundstückserwerbs – aus:

$$\text{Nettoanfangsrendite} = \frac{\text{Reinertrag (RE) gemäß Vertragsmiete}}{\text{Gesamtinvestitionskosten (einschließlich Grundstückstransaktionskosten)}}$$

51 Zusammenfassend ist festzustellen, dass Grundstückstransaktionskosten generell den Marktwert beeinflussen. Einer besonderen Berücksichtigung dieses Einflusses bedarf es bei Anwendung der gängigen Wertermittlungsverfahren jedoch nicht, da der Einfluss bereits implizit mit den Wertermittlungsparametern berücksichtigt wird. Wenn jedoch in Einzelfällen bei Anwendung besonderer Wertermittlungsverfahren die Grunderwerbskosten nicht indirekt Eingang in die Marktwertermittlung finden, so kann ein gesonderter Abzug in Betracht kommen.

52 Abzulehnen ist die mit dem Hinweis auf „**internationale Bewertungsstandards**" erhobene pauschale Forderung, die Grunderwerbskosten bei der Ermittlung des Verkehrswerts stets zum Abzug zu bringen. Dabei wird unzulässigerweise der Begriff der „internationalen Bewertungs*standards*" als internationale Bewertungs*verfahren* verstanden. Als „internationale Bewertungs*standards*" können nun allenfalls die Regelungen der internationalen Rechnungslegung und Bilanzierung verstanden werden. In die internationale und im Übrigen auch in die deutsche Rechnungslegung und Bilanzierung wird nun zunehmend das Verkehrswertprinzip (Marktwertprinzip) eingeführt und auch dann sind Grunderwerbskosten nicht gesondert in Ansatz zu bringen. Nur in besonderen Ausnahmefällen der internationalen und deutschen Bilanzierung sind jedoch die Grunderwerbskosten gesondert abzusetzen, z.B. wenn eine anstehende Grundstückstransaktion zu einer Vermögensminderung führt. So soll nach Abschn. 7 Art. 49 Abs. 5 der EG-Richtlinie von 1991 (91/647/EEC) im Rahmen der Rechnungslegung und Bilanzierung von Unternehmenswerten der Marktwert ... um die tatsächlichen oder geschätzten Verkaufskosten reduziert werden ..., wo der Wert an dem Tag festgesetzt wurde, an dem die Bilanzen aufgestellt werden, an dem Land und Gebäude verkauft wurden oder binnen kurzer Zeit verkauft werden.
Bei alledem ist die Forderung abwegig, die ImmoWertV dahingehend zu ergänzen, dass bei der Verkehrswertermittlung die Grunderwerbskosten zum Abzug zu bringen sind. Wie die deutsche Definition des Verkehrswerts enthält im Übrigen auch die **angelsächsische Definition** des *Market Value* **keine Vorgaben zu einer besonderen Berücksichtigung der Transaktionskosten bei der Verkehrswertermittlung.** Immerhin hat sich selbst die Tegova zu der in Deutschland seit jeher herrschenden Auffassung bekannt, dass der „Marktwert ... nicht um die Transaktionskosten" zu berichtigen ist[77]. Dementsprechend wird selbst im **Blauen Buch** der Tegova[78] herausgestellt, dass als Marktwert (und der Verkehrswert ist ein Marktwert sic!) der „geschätzte Wert einer Immobilie *ohne Berücksichtigung der Kosten von Verkauf oder Kauf und ohne Aufrechnung irgendwelcher damit im Zusammenhang stehender* Steuern" zu verstehen sei.

1.1.2.8 Umsatzsteuer

Schrifttum: *Baumann, U.,* Auswirkungen der Absenkung des Umsatzsteuersatzes auf die Wertermittlung, GuG 2021, 20; *Lamprecht,* Umsatzsteuer in der Immobilienwirtschaft und deren Auswirkungen auf die Bewertung, GuG 2020, 295 ff.; *Wollein, A.* Umsatzsteuer im Bewertungsverfahren, Der Sachverständige 2011, 144; *Ulrich, J.*, DS 2001, 209.

▶ *Vgl. § 21 ImmoWertV Rn. 116; § 31 ImmoWertV Rn. 9, 113; § 32 ImmoWertV Rn. 72; § 36 ImmoWertV Rn. 16; Syst. Darst. des Sachwertverfahrens Rn. 55; Beleihungswert Teil IX Rn. 231*

53 Wird von einem Bauträger auf einem Grundstück ein Gebäude errichtet und wird das Grundstück bzw. die Eigentumswohnung an einen Endverbraucher veräußert, so wird i.d.R. die auf die Baukosten entfallene Umsatzsteuer mit dem Veräußerungspreis geltend gemacht; es handelt sich also um den **Teilmarkt der Endverbraucher,** für die alle Preise Bruttopreise (einschließlich MwSt.) sind und für die das Wertniveau „brutto" besteht. Lediglich beim Verkauf

77 Tegova, Anerkannte Europäische Standards für die Immobilienbewertung, 1. Aufl. 1997, S. 100.
78 Tegova, Anerkannte Europäische Standards für die Immobilienbewertung, 1. Aufl. 1997, S. 18 der 1. Aufl. London 1997 und auf S. 105 ff. der 2. Aufl. 2003.

an einen gewerblichen Vermieter kann die an den Bauträger geleistete Umsatzsteuer als „Durchlaufposten“ im Zuge des Vorsteuerabzugs vom Finanzamt erstattet werden; **Teilmarkt der optierenden Personen**, für die das „Wertniveau“ nicht brutto (einschließlich MwSt.), sondern netto (ohne MwSt.) zu sehen ist[79].

Kauft ein **Gewerbetreibender** z.B. eine schlüsselfertige Lagerhalle, dann erwirbt er sie eigentlich zum Nettopreis, da er die gezahlte MwSt. seiner geschäftlich eingenommenen Umsatzsteuer gegenrechnen kann. Die MwSt. ist für ihn also kostenneutral. Das Wertniveau bewegt sich für ihn demnach auf der Basis von Nettopreisen. Dieses Gedankenmodell scheitert jedoch bei Verkauf oder Kauf von optierenden und nicht optierenden Personen untereinander.

54 Die Berücksichtigung einer Vorsteuerabzugsberechtigung ist mit dem Verkehrswert nicht vereinbar, weil sie zu den ungewöhnlichen oder persönlichen Verhältnissen gehört[80]. Nach der hier vertretenen Auffassung wird der **Marktwert** (Verkehrswert) **einer Immobilie generell im System des „Endverbrauchers“ ermittelt**. Entsprechend dem allgemeinen Einfluss der Umsatzsteuer auf den Verkehrswert wird sie mit den zur Marktwertermittlung herangezogenen Vergleichspreisen (Vergleichswertverfahren), den aus „Endpreisen“ abgeleiteten Liegenschaftszinssätzen (Ertragswertverfahren) sowie Sachwertfaktoren (Sachwertverfahren) berücksichtigt. Dementsprechend schließen die bei *Anwendung des Sachwertverfahrens anzusetzenden* Normalherstellungskosten die Mehrwertsteuer ein. Hat der Sachverständige auf Wunsch eines optierenden Auftraggebers den Grundstückspreis ohne Umsatzsteuer ermittelt, so sollte dies im Gutachten deutlich herausgestellt werden.

Hat der Sachverständige auf Wunsch eines optierenden Auftraggebers den Grundstückspreis ohne Umsatzsteuer ermittelt, so sollte dies im Gutachten deutlich unter **Hinweis auf die dann gegebenen Unterschiede zum Verkehrswert** herausgestellt werden.

1.1.2.9 Ungewöhnliche oder persönliche Verhältnisse

▶ *Vgl. § 9 ImmoWertV Rn. 5 ff.; Syst. Darst. des Vergleichswertverfahrens Rn. 94, 103 ff.; § 193 BauGB Rn. 76; Teil VIII Rn. 148 ff.*

a) Allgemeines

55 **Kaufpreise und andere zum Preisvergleich in Betracht kommende** Daten (Mieten und Bewirtschaftungskosten) **müssen** nach § 9 Abs. 2 ImmoWertV[81] **bei der Marktwertermittlung grundsätzlich unberücksichtigt bleiben, wenn sie durch „ungewöhnliche oder persönliche Verhältnisse“ beeinflusst sind, denn sie sind nach § 194 BauGB nicht dem gewöhnlichen Geschäftsverkehr zuzurechnen**.

Dem kann zunächst gefolgt werden, wenn es um **ungewöhnliche oder persönliche Verhältnisse** geht, **die den Preis im Einzelfall aus der Person des Käufers bzw. des Verkäufers** in dem Sinne **beeinflusst haben**, wie dies der Regelung des § 9 Abs. 2 ImmoWertV zugrunde liegt.

Danach kann u.a. bei einem Kaufpreis eine Beeinflussung durch ungewöhnliche oder persönliche Verhältnisse grundsätzlich angenommen werden, wenn dieser von den in *„vergleichbaren“* Fällen vereinbarten Kaufpreisen erheblich abweicht. Insoweit stellt der „gewöhnliche

---

79 Bei gemischt genutzten Grundstücken ist nach § 14 Abs. 4 Satz 3 UStG die abziehbare Vorsteuer im Verhältnis der tatsächlichen Nutzflächen aufzuteilen; vgl. BFH, Urt. vom 28.09.2006 – V R 43/03 –, DStR 2006, 2172; BFH, Urt. vom 02.03.2006 – V R 49/05 –, BStBl I 2006, 729; FG Düsseldorf, Urt. vom 22.11.2006 – 5 K 1807/03 U –, EFG 2007, 1203; FG Brandenburg, Beschl. vom 09.03.2005 – 1 K 414/03 –, DStR 2005, 1229; FG Brandenburg, Beschl. vom 17.10.2005 – 1 K 430/03 –, EFG 2006, 380; FG Niedersachsen, Urt. vom 05.10.2006 – 5 K 109/05 –, EFG 2006, 1946; vgl. BMF, Erl. vom 22.05.2007 – S 7306/07/0003 –, DStR 2007, 952; Erl. vom 24.11.2004 – IV A 5 – S 7306 –, BStBl I 2004, 1125; Erl. vom 06.12.2005 – IV A 5 S 7316 – 25/05 –, BStBl 2005, 1068.

80 Vgl. BGH, Urt. vom 10.07.1991 – XII ZR 109/90 –, WM 1981, 1887 = EzGuG 20.134e; Gottschalk, Immobilienbewertung, 2. Aufl. München 2003, S. 35, 64, 366, 369, 371 ff., 492.

81 Die Vorgängerregelung (§ 4 Abs. 3 WertV 72) hat in Anlehnung an § 194 BauGB darüber hinaus auch noch ausdrücklich die Verwendung von Kaufpreisen ausgeschlossen, die „nicht im gewöhnlichen Geschäftsverkehr“ zustande gekommen sind. Der Verordnungsgeber hatte dies seinerzeit damit begründet, dass „beide Voraussetzungen ... vorliegen müssen“.

Geschäftsverkehr“ in der Verkehrswertdefinition sowie der Ausschluss „ungewöhnlicher oder persönlicher Verhältnisse“ eine Tautologie dar [82].

b) Ungewöhnliche Verhältnisse

Ungewöhnliche Verhältnisse i.S. der Verkehrswertdefinition sind nur solche ungewöhnlichen Konstellationen, die im Grundstücksverkehr zwischen Käufer und Verkäufer bestehen können, insbesondere ungewöhnlicher Vertragsgestaltungen und Nebenbedingungen (Koppelungsklauseln und dgl.) sowie der Finanzierungen, die zu Preisvereinbarungen führen, die nicht dem gewöhnlichen Geschäftsverkehr entsprechen. Ungewöhnliche Verhältnisse sind indessen nicht **ungewöhnliche Grundstücksmerkmale**, die bei der Verkehrswertermittlung zu berücksichtigen sind. Es wäre mit dem „gewöhnlichen Geschäftsverkehr“ unvereinbar, wenn ungewöhnliche Eigenschaften und eine ungewöhnliche Beschaffenheit des Grundstücks wie z.B. ein ungewöhnlich schwieriger Baugrund oder ein Recht an dem Grundstück bei der Marktwertermittlung als „ungewöhnliche Verhältnisse“ außer Betracht blieben. **56**

c) Persönliche Verhältnisse

▶ *§ 1 ImmoWertV Rn. 53; § 46 ImmoWertV Rn. 40; § 47 ImmoWertV Rn. 47, 55 ff.*

Wie im Falle *„ungewöhnlicher“* Verhältnisse definiert sich der Verkehrswert nur unter Ausschluss solcher *„persönlichen“* Verhältnisse, die zu Preisvereinbarungen führen können, die nicht dem gewöhnlichen Geschäftsverkehr entsprechen. Dazu gehört z.B. persönliche Unerfahrenheit seitens des Käufers oder Verkäufers, Unwissenheit bis hin zu einer bewussten oder grob fahrlässigen Verdrängung erheblicher Tatsachen und dgl., aus denen u.a. ein Missverhältnis des Kaufpreises und der Gegenleistung resultieren kann. **Personen- und zugleich objektbezogene Gegebenheiten können indessen auf sektoralen Teilmärkten den gewöhnlichen Geschäftsverkehr prägen,** so z.B. bei den beschränkt *persönlichen* Dienstbarkeiten. Maßgeblich sind die Wertvorstellungen der „**maßgeblichen Verkehrskreise**“[83]. **57**
In diesem Zusammenhang muss dem Trugschluss widersprochen werden, dass sich der Verkehrswert (Marktwert) als der Preis definiert, der im gewöhnlichen Geschäftsverkehr von jedermann zu erzielen wäre (**sog. Jedermanns-Preis**)[84]. Der **Grundstücksmarkt zerfällt** bekanntlich **in eine Vielzahl sektoraler und regionaler Teilmärkte** mit jeweils spezifischen Käuferpotenzialen. Nicht jedermann ist daran interessiert, jedes Grundstück allerorts zu erwerben.
Insbesondere bei der vorstehend angesprochenen **Ermittlung des Verkehrswerts von Rechten an Grundstücken** sowie des Verkehrswerts der davon betroffenen Grundstücke kann es geboten sein, **die „persönlichen Verhältnisse“ der betroffenen Rechtsinhaber** zu berücksichtigen. So bestimmt sich der Verkehrswert einer „beschränkt persönlichen Dienstbarkeit“ (§§ 1090 bis 1093 BGB) sowie des davon betroffenen Grundstücks schon begrifflich nach den persönlichen Verhältnissen des Rechtsinhabers. Soweit sie nicht übertragbar, nicht vererblich sind und spätestens mit dem Tode des Berechtigten erlöschen, sind das Alter und die Lebenserwartung des Berechtigten am Wertermittlungsstichtag ein wesentlicher Wertermittlungsparameter (z.B. Wohnungsrecht, Nießbrauch (§§ 1030 bis 1089 BGB), Altenteil, Wegerecht). In der allgemeinen Wertermittlungslehre ist *die persönliche Lebenserwartung des Berechtigten* nach Maßgabe der statistischen Lebenserwartung des Berechtigten bei der Marktwertermittlung zu berücksichtigen. Darüber hinaus stellt sich hier die für den Sachverständigen unangenehme Frage, ob davon abweichend nicht sogar die dem konkreten Fall entsprechende persön-

82 So ausdrücklich BR-Drs. 265/72, S. 9 ff.
83 BGH, Urt. vom 26.04.2023 – XII ZR 83/22 –, GuG 2023, 374 = EzGuG 11.3425.
84 PrOVG, Urt. vom 18.01.1902, EzGuG 20.6a; BGH, Urt. vom 25.06.1964 III ZR 111/61 –, BRS Bd. 19 Nr. 128 = EzGuG 20.37; BGH, Urt. vom 30.11.1959 – III ZR 130/59 –, BGHZ 31, 238 = EzGuG 19.5; BGH, Urt. vom 19.09.1966 – III ZR 216/63 –, BRS Bd. 19 Nr. 136 = EzGuG 6.92.

liche Lebenserwartung des Berechtigten zu beachten ist, wenn dies in entsprechender Anwendung des § 11 ImmoWertV dem gewöhnlichen Geschäftsverkehr entspricht[85]. Dementsprechend hat der BGH entschieden, dass bei der Marktwertermittlung von lebenszeitbezogenen Nutzungs-rechten auf die ggf. zu schätzende **„mut-maßliche Lebensdauer des Nutzungs-berechtigten" am Stichtag** abzustellen ist[86].

58 Bei alledem muss man einräumen, dass der **Eigentümer eines** „Schikanierzwickels" **eines mit einem Erbbaurecht belasteten Grundstücks** oder eines Grundstücks mit bergfreien Bodenschätzen die höheren Preise solange nicht realisieren kann, wie die damit in persönlicher Beziehung stehenden Berechtigten nicht kaufwillig sind. Jedoch ist zumindest im Falle des mit einem Erbbaurecht belasteten Grundstücks in aller Regel ein Eigentümer an dem Verkauf zunächst auch gar nicht interessiert. Wer die Bestellung eines Erbbaurechts an seinem Grundstück und dessen Verkauf betrieben hat, will ja sein Eigentum längerfristig gerade nicht aufgeben und stattdessen sich des Erbbauzinses erfreuen. Wenn er also schon mit der Bestellung des Erbbaurechts auf die Realisierung des vollen Verkehrswerts mit der Absicht verzichtet, dass ihm wieder das „Volleigentum" nach Ablauf des Erbbaurechts zufällt, so erscheint es durchaus verständlich, dass er im Falle des Verkaufs des mit einem Erbbaurecht belasteten Grundstücks den höheren (i.d.R. nur vom Erbbauberechtigten erzielbaren) Verkaufserlös erwartet. Von daher kann durchaus von einem gewöhnlichen Geschäftsverkehr gesprochen werden, wenn der Verkehrswert aus den ohnehin nur zur Verfügung stehenden deutlich höheren Preisen ermittelt wird, die allein die Erbbauberechtigten (und nicht Dritte) in aller Regel zu zahlen bereit sind. Ungewöhnlich ist in solchen Fällen dagegen der Verkauf des Erbbaurechts an Dritte. Der gewöhnliche Geschäftsverkehr, so er überhaupt bei dieser Konstellation besteht, „schrumpft" in solchen Fällen auf einen bipolaren Teilmarkt zusammen.

1.1.2.10 Teilmarkttheorie

Schrifttum: *Schwarz, E.*, Teilmarktproblematik im Rahmen der Grundstückswertermittlung, GuG 2003, 100.

▶ *Vgl. § 3 ImmoWertV Rn. 140; § 9 ImmoWertV Rn. 5, 9; § 46 ImmoWertV Rn. 5; § 47 ImmoWertV Rn. 11; Teil VIII Rn. 144 ff., 213 ff.*

a) Allgemeines

59 Wie vorstehend bereits angesprochen, kann sich auch aus der örtlichen Situation ein besonderes Interesse an dem Erwerb eines bestimmten Grundstücks, Grundstücksteils oder eines Rechts an einem Grundstück ergeben. Die besondere Interessenlage kann einen erheblich höheren Kaufpreis rechtfertigen, als er von Dritten erzielt werden könnte. Aus der Sicht dieses Erwerbers liegen jedenfalls keinesfalls spekulative Gründe für die Preiszugeständnisse vor; für ihn stellen die höheren Preise den gewöhnlichen Geschäftsverkehr dar. Umgekehrt gibt es **Grundstücke, die** aufgrund ihrer Besonderheiten einen **eingeschränkten Interessentenkreis** haben.

---

85 Gegen die in der Praxis der Wertermittlung übliche Heranziehung der Sterbetafeln des Statistischen Bundesamtes kann eingewandt werden, dass sie die Lebenserwartung der Gesamtbevölkerung wiedergeben, während z.B. die Inhaber von Wohnrechten „gehobenen" Bevölkerungskreisen zuzurechnen seien, die eine längere Lebenserwartung als die Durchschnittsbevölkerung aufweisen. Will man bzgl. der anzusetzenden Lebenserwartung auf die gruppenspezifische oder die individuelle Lebenserwartung Einzelner abstellen, so spricht dafür auch der Umstand, dass bei den Erwerbsverhandlungen eines mit einem Wohnrecht belasteten Grundstücks im gewöhnlichen Geschäftsverkehr die individuelle gesundheitliche Verfassung des Berichtigten Beachtung findet.

86 Vgl. KG, Urt. vom 12.08.1987 – 18 UF 6287/86 –, EzGuG 14.81b unter Berufung auf BGH, Urt. vom 01.10.1986 – IVb ZR 69/85 –, NJW 1987, 321 = EzGuG 20.117; BGH, Urt. vom 09.06.1983 – IX ZR 41/82 –, BGHZ 87, 367 = EzGuG 11.138c; BGH, Urt. vom 10.10.1979 – IV ZR 79/78 –, BGHZ 76, 195 = EzGuG 20.81a. Auch nach OLG Bremen, Urt. vom 29.11.1967 – U B c 5/67 –, NJW 1968, 657 = EzGuG 14.31 ist bei der Verkehrswertermittlung von Wohnrechten von der Lebenserwartung „des Berechtigten" auszugehen. Dass in dieser Entscheidung die sich aus der einschlägigen Sterbetafel ergebende durchschnittliche Lebenserwartung zugrunde gelegt wird, wurde damit begründet, dass in dem zu entscheidenden Fall keine Gründe ersichtlich waren, die es rechtfertigen könnten, von dieser „nach oben oder unten abzuweichen." Vgl. auch OLG Saarbrücken Beschl. vom 12.02.2004 – 5 W 15/04 –, BauR 2004, 887 = EzGuG 11.374a.

The Appraisal of Real Estate, Chicago[87], stellt neben dem allgemeinen Grundstücksmarkt im vorstehenden Sinne als weitere **Teilmärkte** heraus:

a) *Limited-market property: A property that has relatively few potential buyers at a particular time.*

b) *Special-purpose property: A limited-market property with a unique physical design, special construction materials or a layout that restricts its utility to the use for which it was built; also called special-design property.*

In dem nachfolgenden *Beispiel* der Abb. 3 soll für den Eigentümer des Grundstücks A die Möglichkeit bestehen, sein Grundstück, das mangels Erschließung als Rohbauland einzustufen wäre, durch Zukauf des Flurstücks 14/2 vom Eigentümer B baureif zu machen. Durch den Zukauf erhöhe sich der Marktwert seines Grundstücks in den derzeitigen Grenzen (Rohbauland) um 200 €/m², d.h. um 200 000 €. In solchen Fällen müsste man schon vom **ungewöhnlichen Geschäftsverkehr** sprechen, wenn der Eigentümer B beim Verkauf des Flurstücks 14/2 an diesem Wertsprung nicht partizipieren wollte. 60

Abb. 3: Lageplan

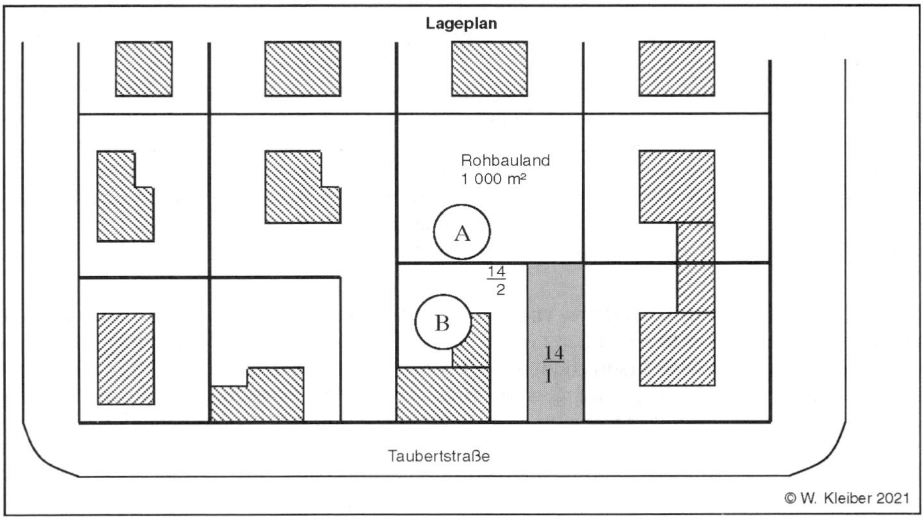

Im Rahmen einer objektiven Wertlehre lässt sich die Wertermittlung nicht von den jeweiligen Entscheidungsträgern abstrahieren. Diese müssen vielmehr explizit Berücksichtigung finden, wobei subjektiv rationales Verhalten unterstellt wird (sog. gerundive Wertermittlung)[88]. In diesem Sinne müssen nach § 2 Abs. 3 des österreichischen Bundesgesetzes über die gerichtliche Bewertung von Liegenschaften bei der Marktwertermittlung zwar „die besondere Vorliebe und andere ideelle Wertzumessungen einzelner Personen“ (**Affektionswerte**) außer Betracht bleiben. Nach der Begründung zu dieser Vorschrift gilt dies jedoch nur für „besondere insbesondere ideelle Wertzumessungen“, während subjektive Wertzumessungen einzelner Personen dann jedoch in die Verkehrswertermittlung eingehen sollen, wenn sie für wirtschaftliche Ge- 61

87 The Appraisal of Real Estate 12. Aufl. Chicago 2001: USPAP – Uniform Standards of Professional Practice; Appraisal Institute, S. 25.

88 Wöhe, Einführung in die allgemeine Betriebswirtschaftslehre, München; Engels, W., Betriebswirtschaftliche Bewertungslehre im Lichte der Entscheidungstheorie, Beiträge zur betriebswirtschaftlichen Forschung, Köln und Opladen 1962; Spiller, K., Der betriebswirtschaftliche Wert, Diss. Hamburg 1962; Metz, Entscheidungsorientierte Wertermittlung von Grundstücken, Diss. Berlin 1979.

gebenheiten berücksichtigt werden sollen[89]. Als Beispiel für solche wirtschaftlichen Gegebenheiten wird der Fall genannt, dass die Sache für einen bestimmten Interessenten deshalb von besonderem vermögensrechtlichem Interesse ist, weil er sie zu seinem wirtschaftlichen Vorteil besonders günstig in sein sonstiges Vermögen einfügen könnte[90]. Dies wiederum sind die vorstehend diskutierten Fallgestaltungen. Im Übrigen wird mit Recht in der Begründung darauf hingewiesen, dass eine allgemeine im affektiven (ideellen) Bereich begründete Bereitschaft zur Leistung eines höheren Preises bei der Ermittlung des Marktwerts „in Anschlag zu bringen" ist.

62 Dass sich der gewöhnliche Geschäftsverkehr auf einen kleinen Kreis von Interessenten **(eingeschränkter Interessentenkreis)** verengen kann, ist in der Rechtsprechung seit jeher anerkannt. So hat das LG Potsdam erkannt, dass eine **Verengung des Grundstücksmarktes auf wenige Interessenten durchaus dem gewöhnlichen Geschäftsverkehr zuzurechnen** sei, wenn kein Abschlusszwang bestehe[91]. Es gibt auch nach der Rechtsprechung des BGH keinen Erfahrungssatz des Inhalts, dass selbst die unter dem Druck einer Enteignung ausgehandelten Preise „unangemessen" seien[92]. Dass selbst bei bestehenden Enteignungsmöglichkeiten das Marktgeschehen durch überhöhte Preise gekennzeichnet ist, mag auf ein unzweckmäßig geregeltes Enteignungsverfahren zurückzuführen sein. Gleichwohl kann es in Zeiten steigender Baukosten sinnvoll sein, solche Preise zur Vermeidung von Verzögerungen hinzunehmen[93]. Bei alledem kann in der Praxis zunehmend eine Hinwendung zu der Teilmarkttheorie festgestellt werden.

Der eingeschränkte Interessentenkreis kann sich sogar auf ein **bilaterales Beziehungsgeflecht** („Zweierbeziehung") **verengen.** In diesen Fällen **kann sich ein Beziehungswert ergeben**, wenn ein einzelner Markteilnehmer aus objektiven und rational nachvollziehbaren Gründen beim Ankauf gegenüber anderen Marktteilnehmern höhere Preiszugeständnisse machen kann. In derartigen Fällen wird die dem „Verkehrswert" innewohnende Rechtsfigur des „gewöhnlichen Geschäftsverkehrs" nicht gerecht, wenn sich diese auf das bilaterales Beziehungsgeflecht verengt. So wird derzeit auch der sog. **Vereinigungswert** im Allgemeinen nicht als Marktwert angesehen.

63 Im Falle der im Zuge des **Grunderwerbs von Grundstücken mit bergfreien Bodenschätzen** am Markt zu beobachtenden deutlich höheren Preise, die die Bergwerkseigentümer üblicherweise zahlen, ist in der Rechtsprechung der Theorie von einem spezifischen Teilmarkt (**Teilmarkttheorie**) mit der Begründung widersprochen worden, dass hier aus ökonomischen Zwängen kein freier Markt entstehe und die überhöhten Preise nur zur Vermeidung zeitaufwendiger Erwerbsverhandlungen hingenommen werden[94]. Das LG Potsdam hat demgegenüber erkannt, dass **eine Verengung des Grundstücksmarktes auf wenige Interessenten durchaus dem gewöhnlichen Geschäftsverkehr zuzurechnen** sei, wenn kein Abschlusszwang bestehe[95]. Es gibt auch nach der Rechtsprechung des BGH keinen Erfahrungssatz des Inhalts, dass selbst die unter dem Druck einer Enteignung ausgehandelten Preise „unangemes-

89 Beilage zu den StenProt des Nationalrats XVIII GP 333, abgedruckt am 07.01.1992, Erläuterungen zu § 2.
90 Spielbüchler in Rummel, ABGB Rn. 2 ff. zu § 305.
91 LG Potsdam, Urt. vom 21.08.1997 – 7 S 276/96 –, GuG-aktuell 1997, 38 = EzGuG 19.45.
92 BGH, Urt. vom 28.04.1966 – III ZR 24/65 –, WM 1966, 794 = EzGuG 19.9; BGH, Urt. vom 12.10.1970 – III ZR 117/67 –, BRS Bd. 26 Nr. 83 = EzGuG 6.128; BGH, Urt. vom 01.07.1982 – III ZR 10/81 –, BRS Bd. 45 Nr. 147 = EzGuG 4.86; BGH, Urt. vom 23.05.1985 – III ZR 10/84 –, BGHZ 95, 1 = EzGuG 6.228; BGH, Urt. vom 20.04.1989 – III ZR 237/87 –, BRS Bd. 53 Nr. 129 = EzGuG 18.110a; anders LG Koblenz, Urt. vom 01.10.1979 – 4 0 11/79 –, EzGuG 19.35b; vgl. auch BR-Drs. 205/72 zu § 4 Abs. 3c.
93 Salzwedel in Erichsen (Hrsg.), Allgemeines Verwaltungsrecht, 10. Aufl. 1995, § 49 Rn. 31; OLG Frankfurt am Main, Urt. vom 20.03.1980 – 1 U 198/77 –, BRS Bd. 45 Nr. 116 = EzGuG 19.35c.
94 LG Neuruppin, Urt. vom 09.04.1997 – 1a O 658/96 –, GuG 1997, 254 = EzGuG 4.166b (nicht rechtskräftig); hierzu Gutbrod/Töpfer, Praxis des Bergrechts, RWS Köln 1996, S. 512; Aust/Jacobs/Pasternak, Die Enteignungsentschädigung, 8. Aufl. 2021 Rn. 497 ff. und 705 f.
95 LG Potsdam, Urt. vom 21.08.1997 – 7 S 276/96 –, GuG-aktuell 1997, 38 = EzGuG 19.45.

sen" seien[96]. Dass selbst bei bestehenden Enteignungsmöglichkeiten das Marktgeschehen durch überhöhte Preise gekennzeichnet ist, mag auf ein unzweckmäßig geregeltes Enteignungsverfahren zurückzuführen sein. Gleichwohl kann es in Zeiten steigender Baukosten sinnvoll sein, solche Preise zur Vermeidung von Verzögerungen hinzunehmen[97]. Bei alledem kann in der Praxis zunehmend eine Hinwendung zu der Teilmarkttheorie festgestellt werden. Der BGH[98] ist allerdings in Bezug auf den Teilmarkt für Flächen über bergfreien Bodenschätzen ohne nähere Auseinandersetzung entgegengetreten (zur Verkehrswertermittlung vgl. § 3 ImmoWertV Rn. 375).

b) Vereinigungswert

▶ *§ 6 ImmoWertV Rn. 140; § 47 ImmoWertV Rn. 11*

Von einem Vereinigungswert *(assemblage, marriage value)* wird gesprochen, wenn im „gewöhnlichen Geschäftsverkehr" höhere Preiszugeständnisse im Hinblick auf den Wertzuwachs erwartet werden, den ein „Stammgrundstück" durch den Zuerwerb eines Grundstücks, Grundstücksteils oder -rechts an einem Grundstück erfährt (vgl. *Beispiel* Abb. 4). In den Erläuterungen des *Red Book* zum *Market Value wird* darauf hingewiesen, dass der Marktwert Elemente einschließe, wie *„the realisation of „marriage value" arising from merger with another property or interests within the same property"*[99]. **64**

Abb. 4: Lageplan

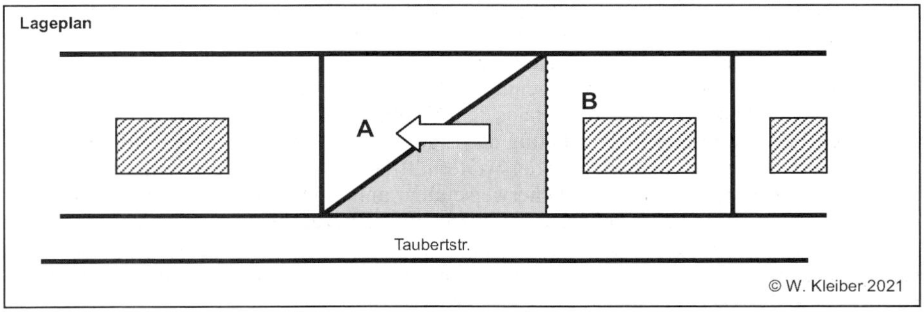

Die in dem *Beispiel* hervorgehobene Teilfläche des Grundstücks B weist eine besondere Lagegunst in Bezug auf den Eigentümer A auf, dessen Grundstück mit dem Erwerb des Grundstücks baureif wird. Der **Vereinigungswert** des Grundstücks würde mit dem Zukauf der Teilfläche erheblich über das ansteigen, was sich auf der Grundlage eines Erwerbspreises der Teilfläche zu dem üblichen Bodenwert für die unbebaubare Teilfläche ergäbe. Mit der **65**

96 BGH, Urt. vom 28.04.1966 – III ZR 24/65 –, WM 1966, 774 = EzGuG 19.9; BGH, Urt. vom 12.10.1970 – III ZR 117/67 –, BRS Bd. 26 Nr. 83 = EzGuG 6.128; BGH, Urt. vom 01.07.1982 – III ZR 10/81 –, BRS Bd. 45 Nr. 147 = EzGuG 4.86; BGH, Urt. vom 23.05.1985 – III ZR 10/84 –, BGHZ 95, 1 = EzGuG 6.228; BGH, Urt. vom 20.04.1989 – II ZR 237/87 –, BRS Bd. 53 Nr. 129 = EzGuG 18.110a; anders LG Koblenz, Urt. vom 01.10.1979 – 4 O 11/79 –, EzGuG 19.35b; vgl. auch BRDrs. 205/72 zu § 4 Abs. 3c.

97 Salzwedel in Erichsen (Hrsg.), Allgemeines Verwaltungsrecht, 10. Aufl. 1995, § 49 Rn. 31; OLG Frankfurt am Main, Urt. vom 20.03.1980 – 1 U 198/77 –, BRS Bd. 45 Nr. 116 = EzGuG 19.35a.

98 BGH, Beschl. vom 19.12.2002 – III ZR 41/02 –, NJW-RR 2003, 374 = EzGuG 4.186.

99 Red Book Teil I Ziff. 3.3; in der Enteignungsrechtsprechung englischer Gerichte ist die Partizpation bestätigt worden: 1961 Stokes v Cambridge Corporation, 30 %–33 %; 1988 Ozanne v Hertfordshire County Council (Lands Tribunal Decision – 1st Court level) 50 % for ransom, the whole of the ransom was apportioned amongst the multiple owners; 1989 Batchelor v Kent County Council (Lands Tribunal Decision) 15 % was the ransom amount appropriate to the owner, as there was a possible alternative access; 1991 Ozanne v Hertfordshire County Council (Lands Tribunal Decision November 1991 House of Lords); 1991 Batchelor v Kent County Council (Lands Tribunal Remission October 1991 – Court of Appeal 1990 & 1992); 1997 Crown House Developments v Chester City Council (Lands Tribunal Decision 1996) 30 % ransom following from Stokes; 2004 Snook v Somerset Council (Lands Tribunal Decision 2004) 50 % for ransom.

Vereinigung werden nämlich die Flächen A und B zugleich von einer Rohbaulandqualität in die Qualität des baureifen Landes hineinwachsen. In der Praxis ist es deshalb durchaus üblich, den Wertzuwachs als Verhandlungsbasis für eine Aufteilung des Zugewinns seitens des Verkäufers ins Feld zuführen. Die ansonsten – zumindest baulich – nicht selbstständig nutzbare Fläche des Grundstücks B hat insoweit für den Eigentümer des Grundstücks keinen gegenüber seiner Hauptfläche geminderten Wert, sondern sogar einen höheren Wert. Dass für solche Teilflächen üblicherweise auch höhere Preise erzielt werden, zeigt die Praxis. Würde diese Fläche „nur" zu dem Preis an den Eigentümer des Grundstücks A zum Verkauf gelangen, der dem üblichen Preis für unbebaubare Teilflächen entspricht, müsste auch ein erhebliches Abweichen von den üblichen Kaufpreisen i.S. des § 9 Abs. 2 ImmoWertV konstatiert werden, denn in derartigen Fällen kommt es regelmäßig nur zum Verkauf an die jeweiligen Nachbarn, und die sind im Hinblick auf den Wertzuwachs des Gesamtgrundstücks regelmäßig zu höheren Preiszugeständnissen bereit. Umgekehrt müsste man es auch als ungewöhnlichen Geschäftsverkehr bezeichnen, wenn sich der Eigentümer A diesem Begehren verweigert und auf eine Realisierung des Vereinigungswerts verzichtet.

Dem kann auch nicht entgegengehalten werden, dass am Wertermittlungsstichtag der Eigentümer des Grundstücks A erklärtermaßen gar nicht zum Kauf bereit wäre und der Eigentümer des Grundstücks B auf das angewiesen wäre, was ein Dritter ohne den besonderen Vorteil für das Grundstück A zu bezahlen bereit wäre. Zum einen ist der gewöhnliche Geschäftsverkehr für solche Teilflächen durch einen langen Atem des Grundstückseigentümers A gekennzeichnet, denn er wird bereit sein, auf seine Chance zu warten, zumal ein Dritter in einem solchen Fall allenfalls nur einen besonders niedrigen Preis zu zahlen bereit wäre, wenn eine Weiterveräußerung an A gänzlich ausgeschlossen wäre. Zum anderen ist es aber auch nicht ausgeschlossen, dass ein Dritter eine solche Teilfläche ankauft, um dann zu gegebener Zeit einen Teil des Vereinigungswerts gegenüber dem Eigentümer A zu „realisieren".

Wie und nach welchen Grundsätzen der aus dem Vereinigungswert resultierende Wertzuwachs in den Teilflächenwert einfließt, ist häufig das Ergebnis des **Verhandlungsgeschicks der Beteiligten** und stellt ein dunkles Kapitel der Wertermittlungslehre dar. In der Vergangenheit sind solche Fälle vornehmlich aber möglicherweise allzu unbedacht a priori als „ungewöhnliche oder persönliche Verhältnisse" abgehandelt worden; ihre Berücksichtigung wurde mit diesem Argument verworfen. Gleichwohl muss man aber in Anbetracht des Geschehens auf dem Grundstücksmarkt hier fragen, ob sich die Verkehrswertlehre für das tatsächliche Geschehen auf dem Grundstücksmarkt nicht als zu starr erwiesen hat.

Von einem Vereinigungswert kann auch gesprochen werden, wenn bei dem Erwerb von Erbbaugrundstücken durch den Erbbauberechtigten höhere Preiszugeständnisse als von Dritten gemacht werden. Der Eigentümer eines mit einem Erbbaurecht belasteten Grundstücks kann praktisch nur an den Erbbauberechtigten veräußern, denn für jeden Dritten wäre es wegen der mangelnden Renditefähigkeit uninteressant. Damit wird aber der Tatbestand der „ungewöhnlichen oder persönlichen Verhältnisse" zum „gewöhnlichen Geschäftsverkehr". Es besteht nur ein sogenannter „bipolarer Grundstücksteilmarkt" zwischen Erbbaurechtsgeber und Erbbauberechtigten. Der äußerst seltene Verkaufsfall an einen fremden Dritten wird dagegen zum ungewöhnlichen Fall. Nach einer Untersuchung des Gutachterausschusses *Bergisch Gladbach* ergaben sich bei **Kauf der belasteten Grundstücke durch die Erbbauberechtigten folgende Preisspannen bezogen auf den „vollen" Bodenwert**.

Abb. 5: Kaufpreise für Erbbaurechtsgrundstücke, die vom Erbbauberechtigten erworben wurden

Bebauung	Kauffälle	Spanne (Bodenwert = 100 %)	Mittelwert (Bodenwert = 100 %)
Eigenheime*	9	24 %–96 %	58 %
Geschäftshäuser, Gewerbe**	12	56 %–120 %	99 %
* Kaufpreis vereinbart 2016–2022 ** Kaufpreis vereinbart 1992–2022			

Quelle: Grundstücksmarktbericht 2023

Aus dieser Aufstellung wird ersichtlich, dass bei den Eigenheimen immerhin zwischen 24 % und 96 %, im Mittel 58 % des Bodenwerts von den Erbbauberechtigten gezahlt werden. Bei Geschäftshäusern und im gewerblichen Bereich wird annähernd z.T. sogar ein höherer Bodenwert akzeptiert. Das mag daran liegen, dass bei den Wohn- und Geschäftshäusern im Gegensatz zum Eigenheim eine höhere Rendite erwirtschaftet wird. Im Übrigen decken sich diese Abschläge mit Erfahrungen von kommunalen Einrichtungen, Stiftungen und Genossenschaften, die Erbbaurechtsgrundstücke vermarkten[100], wobei die Abschläge z.T. von verschiedenen Parametern abhängig sind.

Darüber hinaus kann auch von einem Vereinigungswert gesprochen werden, wenn z.B. **eine ideelle Miteigentumshälfte an dem Hausgrundstück** geerbt, geschenkt oder erworben wird und der Erbe, Beschenkte oder Erwerber bereits Eigentümer der anderen Miteigentumshälfte ist und er damit Alleineigentümer des Hausgrundstücks wird. Denn ein ideeller Miteigentumsanteil ist im gewöhnlichen Geschäftsverkehr nur schwer verkäuflich, sodass bei der Verkehrswertermittlung ein deutlicher Abschlag anzusetzen wäre [101].

c) Bodenschätze

Von einem Vereinigungswert kann auch im Falle des **Grunderwerbs von Grundstücken mit bergfreien Bodenschätzen** in den neuen Bundesländern gesprochen werden. Die Grundstücke wurden von den Bergwerkseigentümern zu deutlich höheren Preisen erworben, als sie sonst für land- oder forstwirtschaftliche Flächen erzielt werden konnten. In der Rechtsprechung ist der Theorie von einem spezifischen Teilmarkt (**Teilmarkttheorie**) mit der Begründung widersprochen worden, dass hier aus ökonomischen Zwängen kein freier Markt entstehe und die überhöhten Preise nur zur Vermeidung zeitaufwendiger Erwerbsverhandlungen hingenommen wurden[102]. Dem kann nicht gefolgt werden, zumal auch der BGH dem in Bezug auf den Teilmarkt für Flächen über bergfreien Bodenschätzen ohne nähere Auseinandersetzung entgegengetreten ist[103]. **66**

d) Schikanierzwickel

Auch bei dem Erwerb sog. „Schikanierzwickel" werden dem „schikanierenden" Grundstückseigentümer in aller Regel deutlich höhere Kaufpreiszugeständnisse gemacht, jedoch wäre es abwegig, diesbezüglich vom gewöhnlichen Geschäftsverkehr zu sprechen. Die „harmlosere" Form des Schikanierzwickels sind **Arrondierungsflächen,** unter denen gemeinhin selbststän- **67**

100 Stadt Wolfsburg bis zu 30 %, Land Baden-Württemberg seit 2005 pauschal 20 %, (Drucksache 14/420 vom 11.10.2006), Land Berlin rd. 10 % bei sehr wenigen Verkäufen, sodass davon ausgegangen werden muss, dass bei 10 % Abschlag der Anreiz zu erwerben zu gering ist. Pressemitteilung Dez. 2003 Liegenschaftsfonds Berlin).

101 BGH, Urt. vom 13.05.2015 – IV ZR 138/14 –, MDR 2015, 775 = EzGuG 19; BFH, Beschl. vom 18.01.2016 – II B 29/15 -; BFH, Beschl. vom 22.07.2005 – II B 58/05 –; FG Münster, Urt. vom 24.11.2022 – 3 K 1201/21 –, EzGuG 20.232; Revision BFH II R 57/22.

102 LG Neuruppin, Urt. vom 09.04.1997 – 1a O 658/96 –, ZfB 1998, 74 = EzGuG 4.167 (nicht rechtskräftig); hierzu Gutbrod/Töpfer, Praxis des Bergrechts, RWS Köln 1996, S. 512; Aust/Jacobs/Pasternak, Die Enteignungsentschädigung 8. Aufl. 2021 Rn. 497 ff. und 705 f.

103 BGH, Beschl. vom 19.12.2002 – III ZR 41/02 –, NJW-RR 2003, 374 = EzGuG 4.186.

dig nicht bebaubare Teilflächen verstanden werden, die zusammen mit einem angrenzenden Grundstück dessen bauliche Ausnutzbarkeit erhöhen oder einen ungünstigen Grenzverlauf verbessern. Hier besteht bei der Interpretation des gewöhnlichen Geschäftsverkehrs eine Grauzone.

e) Massenverkäufe

▶ *Vgl. § 6 ImmoWertV Rn. 135 ff., 152*

68 Immobilien werden i.d.R. längerfristig gehalten und gelangen nur „stückweise" auf den Markt. Verkäuferseitig wird häufig eine „Hausse" abgewartet, und nur bei einer lang anhaltenden „Baisse" schwindet die Hoffnung auf die Rentierlichkeit weiteren Zuwartens. Dies zeigen auch die auf den einzelnen regionalen und sektoralen Teilmärkten zu beobachtenden Umsatzentwicklungen: Sie weisen gegenüber der Immobilienpreisentwicklung deutlich höhere Ausschläge der Umsatzentwicklung, häufig verbunden mit einer Phasenverschiebung, auf. Wertsteigerungen wirken also selten umsatzstimulierend, während **Wertrückgänge einen Attentismus zur Folge haben**.

Nicht selten können solche „Normalverhältnisse" dadurch „gestört" werden, dass überdurchschnittlich große Grundstücksbestände mehr oder minder schlagartig zum Verkauf gelangen (Massenangebot), die aus der üblichen Umsatzentwicklung singulär herausfallen. Diese **Grundstücksbestände** können **so groß** sein, **dass** im Falle ihrer „stückweisen" Veräußerung der **„Verkäufermarkt" in einen „Käufermarkt" mit drastischem Preisverfall umschlagen würde**. Die bei Verkäufen von großen Immobilienbeständen (Blockverkäufe von Immobilienportfolios) auftretenden Marktkonstellationen sind von denen der Einzelveräußerung grundsätzlich zu unterscheiden. Deshalb ist auch der „gewöhnliche Geschäftsverkehr" von „Massenverkäufen" ein anderer als bei der Veräußerung einzelner Grundstücke. Dem muss auch im Rahmen einer sog. Massenbewertung Rechnung getragen werden.

- Dies betrifft insbesondere die jeweils zu berücksichtigenden sog**. besonderen objektspezifischen Grundstücksmerkmale.** Bei einer Einzelbewertung werden in dem für den Verkehrswert maßgebenden „gewöhnlichen Geschäftsverkehr" die besonderen objektspezifischen Grundstücksmerkmale weitaus umfänglicher berücksichtigt als bei der Ermittlung des Verkehrswerts eines Immobilienportfolios. So werden z.B. bei der Verkehrswertermittlung eines einzelnen Verwaltungsgebäudes ein vom übrigen Objekt abweichender Instandhaltungszustand, ein bestehendes Wegerecht oder andere Besonderheiten konkret berücksichtigt, während solche Besonderheiten bei dem Erwerb der Immobilie als Bestandteil eines Immobilienportfolios im „gewöhnlichen Geschäftsverkehr" gar keine Beachtung finden. Dies gilt sowohl für werterhöhende als auch wertmindernde Besonderheiten. Der gewöhnliche Geschäftsverkehr lässt sich hier von dem Gedanken leiten, der auch bei Massenbewertungsverfahren zum Tragen kommt, nämlich von dem Gedanken, dass sich solche Besonderheiten in der Summe ausgleichen. Wenn bei Anwendung von Massenbewertungsverfahren im Unterschied zu Einzelbewertungen derartigen Besonderheiten nicht Rechnung getragen wird, so geht damit eigentlich keine den Verkehrswert verfälschenden Vereinfachungen einher, vielmehr ist diese Vorgehensweise sogar i.S. der Verkehrswertermittlung eines Immobilienportfolios sachgerecht und sogar geboten. Die bei Massenbewertungsverfahren zur Anwendung kommenden „Vereinfachungen" und „Pauschalierungen" sind von daher „verkehrswertimmanent", wenn es um den Verkehrswert des Gesamtpakets geht.
- Bei Blockverkäufen gelangen häufig nicht nur Immobilien, sondern vielfach Unternehmen ganz oder teilweise zum Verkauf, ohne dass die auf den jeweiligen Verkaufsgegenstand entfallenden Preisanteile ausgewiesen werden. Die erzielten Kauferlöse werden vereinzelt zwar auch von den Gutachterausschüssen registriert, jedoch aus den vorstehenden Gründen nicht ausgewertet[104].

---

104 Vgl. Grundstücksmarktbericht von Essen 2007.

1.2 Marktwertermittlung (Verkehrswertermittlung)

1.2.1 Marktwert und Marktwertspanne

Der Marktwert (Verkehrswert) einer Immobilie ist zwar einerseits als der „spitze" im gewöhnlichen Geschäftsverkehr zu erzielende Preis (Punktwert) definiert, jedoch ist andererseits **für den *„gewöhnlichen Geschäftsverkehr"* i.S. des § 194 BauGB kennzeichnend, dass die auf dem Grundstücksmarkt erzielten Kaufpreise nicht unerheblich voneinander streuen** (Spreizung des gewöhnlichen Geschäftsverkehrs). **69**
Die Streuung der dem „gewöhnlichen Geschäftsverkehr" zurechenbaren Preise, aus denen der Marktwert (Verkehrswert) i.S. des § 194 BauGB abgeleitet wird, bestimmt sich im Wesentlichen durch den Ausschluss solcher Preise, die durch **ungewöhnliche oder persönliche Verhältnisse** beeinflusst worden sind, wobei zuvor allerdings vergleichsstörende Momente ausgeschlossen werde müssen. Nach § 9 Abs. 2 ImmoWertV soll bei einer „erheblichen" Überschreitung angenommen werden, dass solche Preise durch **ungewöhnliche oder persönliche Verhältnisse** beeinflusst worden sind, ohne dass die Vorschrift die Erheblichkeitsschwelle konkretisiert wird. Sie muss aus nachstehenden Gründen weit gezogen werden.
Aufgrund der Vielzahl unbestimmter Rechtsbegriffe, die die Definition des Marktwerts kennzeichnen, kann es nicht wundernehmen, dass der **Marktwert** trotz der detaillierten Verfahrensvorschriften der ImmoWertV **keine mathematisch exakt ermittelbare Größe** ist, und dementsprechend gelangen voneinander unabhängige Gutachter selbst bei Anwendung gleicher Grundsätze für ein und dasselbe Wertermittlungsobjekt regelmäßig zu voneinander divergierenden Ergebnissen. Diese Situation kommt auch in nachstehender sicherlich nicht ganz ernst gemeinten Definition des Marktwerts zum Ausdruck: „Da es den Wert des Objektes nicht gibt, bedarf es einer ganzen Reihe von Denkmanipulationen, um einen theoretischen Wert zu ermitteln, den wir dann vor Freude, ihn gefunden zu haben, Verkehrswert nennen"[105]. „Wertermittlung eine rechnerische Verschleierung der Unsicherheit". Eine ebenfalls nicht ernst gemeinte Auffassung definiert als Verkehrswert den Preis, den ein hoch interessierter Käufer nach langem Zaudern „mit schmerzverzerrtem Gesicht" noch akzeptiert.

Dass die **Ermittlung von Marktwerten** (Verkehrswerten) **letztlich stets eine mit Unschärfen behaftete Schätzung**[106] bleibt, hat der Gesetzgeber gesehen und gewissermaßen billigend in Kauf genommen, sei es, dass es um die Ermittlung von Enteignungsentschädigungen oder von Ausgleichsbeträgen oder um die Begutachtung von Grundstücken im privaten Bereich geht[107]. Auch wenn der Marktwert keine mathematisch exakt ermittelbare Größe sein kann, ist es im Wirtschafts- und Rechtsleben unumgänglich, **Entscheidungen auf der Grundlage eines** „spitz" ermittelten **Marktwerts** (Verkehrswerts) zu treffen. **70**
Am letztlich doch bewährten Marktwertprinzip führt bei alledem kein vernünftiger Weg vorbei. Rechts- und Wirtschaftsleben kommen nicht an der Notwendigkeit eines „spitz" ermittelten Verkehrswerts (Punktwert) vorbei, auch wenn dieser bei verschiedenen Anlässen in Frage gestellt werden mag. Eine sich irgendwie an der Genauigkeit der Verkehrswertermittlung orientierende **Wertermittlungsspanne** (**Rahmenwert**) kann nicht den Kaufpreis ersetzen, auf den sich Käufer und Verkäufer letztlich einigen müssen. Es kommt vor allem hinzu, dass es auch eine klar definierte Wertspanne gar nicht geben kann, denn auch die „Wertspanne" ist zwangsläufig mit Unsicherheiten ihrer Ermittlung behaftet.

---

105 OLG Saarbrücken, Urt. vom 13.07.1971 – 2 U 127/70 –, NJW 1972, 55 = EzGuG 11.80 unter Berufung auf BGH.

106 BVerwG, Urt. vom 17.05.2002 – 4 C 6/01 –, NVwZ 2003, 211 = EzGuG 15.105; Haas, Rechtsfragen der Bodenwertermittlung und Entschädigung, ISW München, Städtebauliche Beträge 1967, Heft 1, S. 224; zu dieser Problematik auch Schmidt-Eichstaedt in DÖV 1978, 130; Gaentzsch, Die Bodenwertabschöpfung im StBauFG, Siegburg 1975, S. 152; Engelken in NJW 1977, 413; Niehans, J., Die Preisbildung bei unsicheren Erwartungen, SZVS 1948, 433; Wittmann, Der Wertbegriff in der Betriebswirtschaftslehre, Köln 1956, S. 84.

107 BVerwG, Urt. vom 24.11.1978 – 4 C 56/76 –, BVerwGE 57, 87 = EzGuG 15.9; vgl. auch zur Kostenermittlung im Erschließungsbeitragsrecht BVerwG, Urt. vom 16.08.1985 – 8 C 120–122/83 –, NJW 1986, 1122 = EzGuG 9.59.

71 Im Übrigen hat die Rechtsprechung Wege aufgezeigt, wie dem **Problem der Unsicherheiten bei der Verkehrswertermittlung ohne Aufgabe des Verkehrswertprinzips** im Interesse des Rechtsfriedens und der Praxis **Rechnung getragen werden** kann.
Irgendwie geartete Marktwert*spannen* wären für den Grundstücksverkehr gemeinhin völlig unbrauchbar. Auch bei der Bemessung von Enteignungsentschädigungen kann man sich im Übrigen letztlich nur auf einen bestimmten Wert und nicht auf Wertspannen einigen. § 194 BauGB definiert deshalb den Marktwert (Verkehrswert) als einen bestimmten Preis und nicht als Preisspanne.
Dem vielfach gebrauchten Begriff der **Wertschätzung** bzw. **Schätzung** von Grundstückswerten unter Einbeziehung von Wahrscheinlichkeitsableitungen und unter Einkalkulierung und Abwägung der Möglichkeiten bis hin zur Berufung auf Erfahrungssätze kann sogar vielfach eine größere Realitätsnähe als dem Begriff der „Wertermittlung" beigemessen werden. Mit diesem Begriff werden oftmals unerfüllbare Erwartungen geweckt. Im bürgerlichen Recht hat der Begriff der Schätzung wohlbedacht seinen Platz gefunden[108]; Begriffe wie „Schätzwert" oder *„Schätzungswert"* (§ 1048 Abs. 2; §§ 501 und 2312 Abs. 1 Satz 2 BGB) haben dabei allerdings keine eigentliche materielle Bedeutung, sondern sind von methodischer Natur. Eine Schätzung kann erforderlich sein, „wenn die individuelle Ermittlung des Werts eines einzelnen Bewertungsobjekts unmöglich oder nur mit einem unvertretbaren Zeit- und Kostenaufwand möglich ist"[109].
Die **Schätzung stellt ihrer Natur nach eine Art Beweiswürdigung dar,** wobei auch dafür zu fordern ist, dass zuvor der Sachverhalt vollständig aufgeklärt worden ist und die Schätzung in sich schlüssig sein muss[110].

72 In jedem Fall muss es bei der **Ermittlung des Marktwerts** (Verkehrswerts) **um die Ableitung eines „spitz"**, wenngleich abgerundeten **abgeleiteten Werts** („Punktwert") **und nicht etwa um die Ermittlung einer Marktwert*spanne* gehen**, die im Übrigen ebenfalls mit Unsicherheiten behaftet wäre. Hieran muss schon aus rechtspolitischen Gründen festgehalten werden, auch wenn mehrere Gutachter bei der Ermittlung des Marktwerts (Verkehrswerts) für ein und dasselbe Grundstück zu unterschiedlichen Ergebnissen kommen und Abweichungen in der Rechtsprechung in Kauf genommen werden (vgl. Rn. 94). Im Streitfalle muss nolens volens das als Verkehrswert angesehen werden, was letztinstanzlich Bestand hat und die größte Gewähr für Richtigkeit bietet.

73 194 BauGB definiert den Marktwert (Verkehrswert) gleichwohl als einen bestimmten Preis und nicht als Preisspanne, denn letztlich müssen sich im Geschäftsverkehr Käufer und Verkäufer auf einen bestimmten Preis (Wert) einigen. Entsprechendes gilt für die Bemessung von Enteignungsentschädigungen[111] und Bewertungen im Zuge städtebaulicher Maßnahmen (Einwurfs- und Zuteilungsbewertungen; Anfangs- und Endwerte) usw. **Die dem Verkehrswert zurechenbare Unschärfe** kann dabei von nicht unerheblicher Bedeutung sein, denn sie **beleuchtet das mit der Grundstückstransaktion eingegangene „Preisrisiko"**. Angaben zur Unschärfe des ermittelten Verkehrswerts (Toleranzbereich) sind deshalb der Bewertungspraxis nicht fremd. Die Praxis ist dabei allerdings uneinheitlich. Es gibt keine Vorgaben für die Ableitung einer dem Verkehrswert zurechenbaren Wertspanne, zumal auch die Grenzwerte einer solchen Wertspanne wiederum mit Unsicherheiten behaftet sein müssen.

---

108 Nach § 738 Abs. 2 BGB ist der Wert des Gesellschaftsvermögens „im Wege der Schätzung zu ermitteln". Des Weiteren § 287 und § 587 ZPO; im Steuerrecht: § 217 AO.
109 Adler/Düring/Schmaltz, Rechnungslegung und Prüfung der Unternehmen, 2011; Rn. 57 zu § 252 HGB.
110 Im römischen Recht gilt die Formel: Ex sententia animi tui te aestimare oportere, quid aut credas aut parum probatum tibi opinaris.
111 Im Ergebnis so auch Mampel in DÖV 1992, 556; vgl. auch Reisnecker im Kohlhammer Komm., BauGB § 95 Rn. 16; a.A. Gronemeyer in BauR 1979, 112 sowie in NVwZ 1986, 92; Krit. Leisner im AgrarR 1977, 356 und BB 1975, 1.

1.2.2 Sanierungsrechtliche Besonderheiten

▶ *Vgl. § 2 ImmoWertV Rn. 19; § 3 ImmoWertV Rn. 25, 121 ff.; § 5 ImmoWertV Rn. 76, 314; § 40 ImmoWertV Rn. 149 ff. sowie Teil VI Rn. 298, 385 ff.*

74 In förmlich festgelegten Sanierungsgebieten orientiert sich die **Preisprüfung nach § 142 BauGB i.V.m. § 153 Abs. 2 BauGB** grundsätzlich am sanierungsunbeeinflussten Verkehrswert. Nach der Rechtsprechung des BVerwG dürfen jedoch unwesentliche Überschreitungen des „spitz" ermittelten Verkehrswerts nicht zur Versagung der sanierungsrechtlichen Grundstücksverkehrsgenehmigung führen[112]. Dies ist darin begründet, dass es angesichts der bestehenden Unsicherheiten bei der Verkehrswertermittlung weder dem Erwerber noch dem Veräußerer zugemutet werden kann, sich an den „spitz" ermittelten Marktwert heranzutasten oder von vornherein **„Sicherheitsabschläge"** in Kauf zu nehmen, damit der Kaufpreis genehmigungsfähig ist.

75 Im Anschluss an die Rechtsprechung des BVerwG hat das OVG Lüneburg[113] festgestellt, dass es der Gemeinde bei der Ermittlung des Ausgleichsbetrags nicht verwehrt sein könne, „die **mit der Ermittlung des Verkehrswerts notwendig verbundenen Ungewissheiten** durch eine vorsichtige, an die untere Grenze des Vertretbaren heranreichende Veranschlagung aufzufangen". Rechtlich und rechtspolitisch bedenklich wäre aber, wenn hieraus ein Rechtsanspruch des Ausgleichsbetragspflichtigen abgeleitet wird. In einer Entscheidung des VG Münster[114] wird unter Bezugnahme auf die o.a. Rechtsprechung des BVerwG ausgeführt: „Die Entscheidung des Gesetzgebers für die sog. ‚Wertlösung' ist angesichts der dargestellten Bewertungsunsicherheiten nur hinnehmbar, wenn die – mathematisch nun einmal nicht ‚auszurechnenden' – Bewertungsgesichtspunkte so angesetzt werden, dass Unsicherheiten nicht zu Lasten des Abgabepflichtigen ausschlagen. Die im vorliegenden Fall nach den vorstehenden Erörterungen sowohl hinsichtlich des Endwerts als auch mit Bezug auf den Anfangswert bestehenden Unsicherheiten bewertet die Kammer in Anwendung der ihr zustehenden Schätzungsbefugnis gemäß § 287 ZPO auf 20 v.H. der sich nach den zonalen Grundwerten ergebenden Differenz. Damit ist den im Einzelnen dargelegten Unsicherheiten der Verkehrswertermittlung in erforderlichem – aber auch ausreichendem – Maße Rechnung getragen"[115].

76 Die in der zuletzt genannten Entscheidung vertretene Auffassung ist allerdings abzulehnen, denn sie würde konsequenterweise dazu führen, dass man im Enteignungsfall die Höhe der Entschädigung ebenfalls durch eine vorsichtige an die obere Grenze des Vertretbaren heranreichende Veranschlagung auffangen müsste, d.h., bei der Bemessung der Enteignungsentschädigung dürften Bewertungsunsicherheiten nicht zu Lasten des Enteigneten ausschlagen und bestehende Unsicherheiten müssten bei der Bemessung der Enteignungsentschädigung durch entsprechende Zuschläge berücksichtigt werden. Im Ergebnis würde das zu einer Aufweichung des auf dem Marktwertprinzip aufbauenden boden-, enteignungs- und ausgleichsrechtlichen Systems des Städtebaurechts führen.

77 Tatsächlich werden in der vorstehenden Entscheidung des VG Münster zwei klar zu unterscheidende Probleme nicht voneinander abgegrenzt, nämlich die Ermittlung der sanierungsbedingten Bodenwerterhöhungen einerseits und die vom BVerwG entwickelten Prinzipien zur Preisprüfung nach § 153 Abs. 2 BauGB (§ 15 Abs. 3 Satz 2 StBauFG) andererseits. Die oben genannte Rechtsprechung des BVerwG zur Preisprüfung rechtfertigt nämlich keineswegs, vom strikten Verkehrswertprinzip bei der Ausgleichsbetragserhebung abzuweichen: Bei dem zu entscheidenden Fall ging es um die Genehmigung eines Rechtsgeschäfts, wobei der Versagungsgrund (§ 153 Abs. 2 BauGB) nach Auffassung des Gerichts nur scheinbar an die Geneh-

---

112 BVerwG, Urt. vom 24.11.1978 – 4 C 56/76 –, BVerwGE 57, 87 = EzGuG 15.9; Kremers in BIGBW 1969, 129, und Hintzsche in BIGBW 1969, 233.

113 OVG Lüneburg, Urt. vom 30.10.1986 – 6 A 32/85 –, ZfBR 1987, 206 = EzGuG 15.50. So zuvor schon VG Münster, Urt. vom 18.02.1988 – 3 K 2268/86 –, KStZ 1988, 211 = EzGuG 15.60 mit einem Abschlag von 20 % des ermittelten Ausgleichsbetrags.

114 VG Münster, Urt. vom 18.02.1988 – 3 K 2268/86 –, KStZ 1988, 211 = EzGuG 15.60.

115 Kritisch hierzu Mampel in DÖV 1992, 562.

migungsbehörde adressiert ist, in seinem Kern jedoch ein an den Rechtsverkehr gerichtetes Verbot sei, bei der rechtsgeschäftlichen Veräußerung des Grundstücks mit dem vereinbarten Gegenwert den sanierungsunbeeinflussten Grundstückswert zu überschreiten. Da dieser Marktwert im mathematischen Sinne keine exakt errechenbare Größe darstelle, nötige die Versagung der Genehmigung bei unwesentlicher Überschreitung des sanierungsunbeeinflussten Grundstückswerts den Veräußerer in verfassungswidriger Weise, bei der Preisvereinbarung „sicherheitshalber" auch unter dem sanierungsunbeeinflussten Grundstückswert zu bleiben, wenn er der Genehmigung sicher sein wolle. In der „Nötigung" zur Inkaufnahme einer „freiwilligen Vermögenseinbuße" sah das Gericht eine Verletzung des Eigentums nach Art. 14 GG.

78 Anders stellt sich jedoch die Situation bei **Grundstücksverhandlungen zur Vermeidung einer Enteignung, bei Wertermittlungen** im Rahmen von **Umlegungsverfahren** und auch bei der **Ausgleichsbetragserhebung** dar. Durch Unsicherheiten bei der Verkehrswertermittlung wird der Betroffene hier nicht zur „Inkaufnahme" einer „freiwilligen" Vermögenseinbuße genötigt. Der Vollzug der einschlägigen Bestimmungen stellt ihn hier auch nicht vor das Problem, sich an einen mit einer Unsicherheitsmarge behafteten Wert herantasten zu müssen. Sofern der Betroffene in den genannten Verfahren den zugrunde gelegten Wert nicht akzeptieren will, steht ihm der Rechtsweg offen. Dies gilt auch für die Ausgleichsbetragserhebung, ohne dass damit die freie Verfügbarkeit des Eigentums eingeschränkt wird. Von daher besteht keine Rechtfertigung, das im Städtebaurecht geltende Verkehrswertprinzip für die Ausgleichsbetragserhebung zu modifizieren.

79 Fraglich bleibt, bis zu welcher Grenze eine Überschreitung des sanierungsunbeeinflussten Grundstückswerts als „unwesentlich" bezeichnet werden kann. Das BVerwG (a.a.O.) hat hierzu lediglich ausgeführt, dass der **vereinbarte Gegenwert** i.S. des § 153 Abs. 2 BauGB solange nicht über dem gemäß § 153 Abs. 1 BauGB ermittelten sanierungsunbeeinflussten Grundstückswert liegt, wie nicht Werte vereinbart wurden, die **in einer für den Rechtsverkehr erkennbaren Weise deutlich das verfehlten, was auch sonst, nämlich im gewöhnlichen Geschäftsverkehr, ohne Rücksicht auf ungewöhnliche oder persönliche Verhältnisse zu erzielen wäre**. Feste Margen können nicht vorgegeben werden, da es wesentlich auf das allgemeine (absolute) Bodenwertniveau sowie auf die Homogenität des örtlichen Grundstücksmarktes ankommt[116]. In der Rechtsprechung sind Überschreitungen von 7,6 % als unschädlich erachtet worden[117]; die Grenze wird man eher bei 20 % ziehen müssen (*spread interval*).

1.2.3 Genauigkeit und Leistungsfähigkeit der Marktwertermittlung

1.2.3.1 Allgemeines

Schrifttum: *Brückner/Neumann*, MDR 2003, 906; *Jester, S./Roesch, G.*, Der Verkehrswert als Näherungswert, GuG 2006, 157; *Ermert, H.*, Die Fehlerübertragung beim Ertragswertverfahren, AVN 1967, 213; *Haack, B.*, Sensitivitätsanalyse zur Verkehrswertermittlung von Grundstücken, Diss. Bonn 2006; *Soergel/Spickhoff*, BGB, 13. Aufl. § 839a Rn. 30; *Kummer, M./Theussl, P./Hofstadler, Ch.; Berücksichtigung von Unsicherheiten bei der Bewertung von Wohnimmobilien, GuG 2020, 135; Zimmerling*, BGB, 2. Aufl. 2004 § 839a Rn. 13.

80 **Der Marktwert (Verkehrswert) ist** trotz einer Vielzahl verfahrensrechtlicher Wertermittlungsvorschriften und einer modernen Wertermittlungslehre **keine mathematisch exakt er-**

116 Ähnlich stellt sich diese Frage bei Anwendung der sog. Bagatellklausel des § 155 Abs. 3 BauGB, vgl. Teil VI Rn. 526.

117 VG Bremen, Urt. vom 27.10.1982 – 1 A 503/82 –, EzGuG 15.23; nicht genehmigungsfähig bei Überschreitung von 7 % (absolut: 10 000 DM); VGH München, Urt. vom 16.11.1989 – 2 B 89.1217 –, GuG 1991, 102 = EzGuG 15.65: 5 %; LG Darmstadt, Urt. vom 28.04.1993 – 9 017/92 –, GuG 1994, 62 = EzGuG 15.86.

mittelbare Größe[118]. Es gibt mithin kein exakt richtiges oder falsches Ergebnis bei der Bewertung von Immobilien. Keine Marktwertermittlung kann für sich in Anspruch nehmen, dass sie mit absoluter Gewissheit zum „richtigen" Marktwert (Verkehrswert) führt. Voneinander unabhängige Gutachter gelangen selbst bei Anwendung gleicher Grundsätze für ein und dasselbe Wertermittlungsobjekt regelmäßig zu voneinander divergierenden Ergebnissen. Bereits die Wahl der Wertermittlungsmethode, vor allem aber die angewandten Verfahren und die jeweils dazu herangezogenen Vergleichsdaten sind mehr oder weniger auch auf vielfältige Einschätzungen angewiesen, sodass die Ermittlung von Marktwerten (Verkehrswerten) letztlich stets eine Schätzung ist. Es kann stets nur darum gehen, den Marktwert so genau wie möglich zu ermitteln[119]; Marktwert ist mithin der Wert, der die größte Gewähr der Richtigkeit bietet.

Die **Grundstücksbewertung ist** – wie der BGH[120] betont hat – **„notwendig mit Unschärfen behaftet und deshalb nicht fehlerhaft, solange sich das Bewertungsergebnis im Rahmen zulässiger Toleranzen bewegt.** Fehlerhaft ist das Ergebnis erst dann, wenn es als solches nicht mehr vertretbar ist." **81**

Die der Marktwertermittlung anhaftende Unschärfe (Toleranzmarge) hat viele Ursachen:

1. Eine **Marktwertermittlung kann nicht genauer sein als der Markt** und die im gewöhnlichen Geschäftsverkehr vereinbarten Kaufpreise streuen, ohne dass sie durch ungewöhnliche oder persönliche Verhältnisse beeinflusst worden sind[121]. Die Streuung der zur Marktwertermittlung herangezogenen Vergleichsdaten bestimmt – statistisch betrachtet – den Grad der Genauigkeit einer Marktwertermittlung.

2. Der Verkehrswert (Marktwert) einer Immobilie ist das „Kondensat" des zukünftigen Nutzens einer Immobilie („Zukunftserfolgswert") und der **Blick in die Zukunft ist mit Unsicherheiten behaftet**.

3. Eine **Marktwertermittlung kann nicht genauer sein als die für eine fundierte und sachgerechte Marktwertermittlung zur Verfügung stehenden Vergleichsdaten**. Die Marktwertermittlung steht deshalb in einem unmittelbaren Zusammenhang mit der den Gutachterausschüssen für Grundstückswerte obliegenden Führung und Auswertung der Kaufpreissammlung nach Maßgabe der § 192 ff. BauGB. Die vom Gutachterausschuss für Grundstückswerte im Rahmen dieser Auswertung dem Sachverständigen zur Verfügung

---

118 BGH, Urt. vom 10.10.2013 – III ZR 345/12 –, BGHZ 198, 265 = GuG 2014, 246 = EzGuG 11.1073; BGH, Urt. vom 02.07.2004 – V ZR 213/03 –, BGHZ 160, 8 = EzGuG 19.49e; BGH, Urt. vom 26.04.1991 – V ZR 61/90 –, NJW 1991, 2761 = GuG 1992, 165 = EzGuG 7.114; BGH, Urt. vom 18.10.1984 – III ZR 116/83 –, AVN 1985, 175 = EzGuG 15.34; BGH, Urt. vom 04.03.1982 – III ZR 156/80 –, BRS Bd. 45 Nr. 113 = EzGuG 11.127; BGH, Urt. vom 01.02.1982 – III ZR 93/80 –, BGHZ 83, 61 = EzGuG 14.69; BGH, Urt. vom 01.02.1982 – III ZR 100/80 –, BRS Bd. 45 Nr. 167 = EzGuG 14.70; BGH, Urt. vom 31.03.1977 – III ZR 10/75 –, BRS Bd. 34 Nr. 160 = EzGuG 14.56; BGH, Urt. vom 02.07.1968 – V BLw 10/68 –, BGHZ 50, 297 = EzGuG 19.14; BGH, Urt. vom 08.02.1965 – III ZR 174/63 –, WM 1965, 460 = EzGuG 14.22; BGH, Urt. vom 25.06.1964 – III ZR 111/61 –, BRS Bd. 19 Nr. 128 = EzGuG 20.37; BGH, Urt. vom 20.12.1963 – III ZR 112/63 –, BRS Bd. 19 Nr. 138 = EzGuG 14.18; BGH, Urt. vom 20.12.1963 – III ZR 60/63 –, BGHZ 40, 312 = EzGuG 14.17; BGH, Urt. vom 13.12.1962 – III ZR 97/61 –, MDR 1963, 569 = EzGuG 14.15; BGH, Urt. vom 23.11.1962 – V ZR 148/60 –, BGHZ 39, 285 = EzGuG 20.32; BGH, Urt. vom 26.04.1961 – V ZR 183/59 –, MDR 1961, 670 = EzGuG 19.5b; BGH, Urt. vom 22.01.1959 – III ZR 186/57 –, WM 1959, 408 = EzGuG 6.38; BGH, Urt. vom 09.11.1959 – III ZR 148/58 –, BGHZ 32, 1 = EzGuG 14.12; BVerwG, Urt. vom 24.11.1978 – 4 C 56/78 –, BVerwGE 57, 88 = EzGuG 15.9; OLG Schleswig, Urt. vom 06.07.2007 – 14 U 61/06 –, MDR 2008, 25 = EzGuG 11.592; OLG Rostock, Urt. vom 27.06.2008 – 5 U 50/08 –, MDR 2009, 146 = EzGuG 11.649; OLG Köln, Urt. vom 08.12.2010 – 2 U 8/10 –, BeckRS 2011, 25253 = EzGuG 11.778a; LG Berlin, Urt. vom 13.01.2004 – 9 O 42/02 –, GuG 2004, 185 = EzGuG 10.24; MüKoBGB/Wagner 6. Aufl., § 839a Rn. 17; Hintzen in Hintzen/Engels/Rellermeyer, ZVG, 14. Aufl., § 74a Rn. 71; Erichsen in VerwArch. III 23, 337; Vogel in DStZ A 1979, 28.

119 LG Berlin, Urt. vom 13.01.2004 – 9 O 42/02 –, GuG 2004, 185 = EzGuG 10.24.

120 BGH, Beschl. vom 21.10.2014 – XI ZB 12/12 –, BGHZ 203,1 = GuG 2015, 240 = EzGuG 20.237.

121 So weist beispielsweise das BVerfG, Beschl. vom 07.11.2006 – 1 BvL 10/02 –, BVerfGE 117, 1 = EzGuG 1.71a i unter Berufung auf empirische Untersuchungen auf örtliche Streubreiten von 20 bis 100 % des gemeinen Werts (Verkehrswert) hin; vgl. Moench/Weinman, Erbschaft- und Schenkungsteuer; Haegert/Meiterth, StuW 2002, 248; zu Hamburg den Erfahrungsbericht von Strahl, Kölner Steuerdialog 1997, 11253.

gestellten Daten sind von entscheidender Bedeutung für die Qualität der Marktwertermittlung, insbesondere

- die Kaufpreise geeigneter Vergleichsgrundstücke unter vollständiger und konkretisierender Angabe aller wertbeeinflussenden Grundstücksmerkmale,
- die sog erforderlichen Daten der Wertermittlung (Vergleichsfaktoren bebauter Grundstücke [Immobilienrichtwerte, Wohn- bzw. Nutzflächenwerte], Liegenschaftszinssätze, Sachwertfaktoren, Umrechnungskoeffizienten, Indexreihen) einschließlich der Bodenrichtwerte unter Angabe aller Grundstücksmerkmale des (fiktiven) Bodenrichtwertgrundstücks, der angewandten Methoden (Modellkonformität) und sämtlicher Eigenschaften der Referenzgrundstücke.

Die Schärfe bzw. Unschärfe der Marktwertermittlung hängt deshalb entscheidend von der Führung und Auswertung der Kaufpreissammlung, d.h. der „**Auswertungsqualität“ der Gutachterausschüsse für Grundstückswerte,** ab (vgl. zum Vollzugsdefizit: Rn. 85).

4. Die einem Gutachten zugrunde liegenden **Befund- bzw. Anknüpfungstatsachen** sind vielfach auch bei sorgfältigster Recherche **mit Unsicherheiten behaftet** oder sogar i.S. eines zu ermittelnden Verkehrswerts falsch. Sie sind im Rahmen des Auftrags möglicherweise auch gar nicht mit hinreichender Sicherheit ermittelbar. Als Beispiele seien genannt die Verkehrswertermittlung von Grundstücken,
   - für die in absehbarer Zeit eine andere Nutzung zu erwarten ist (**entwicklungsbetroffene Grundstücke**),
   - deren planungsrechtliche Zulässigkeit von Vorhaben (**Nutzbarkeit, insbesondere Bebaubarkeit** nach den §§ 30, 33, 34 und 35 BauGB) im Rahmen des Auftrags nicht hinreichend genau ermittelt werden kann (vgl. § 5 ImmoWertV Rn. 3 ff., § 3 ImmoWertV Rn. 157, 174 ff., zum Begriff des Aufenthaltsraums vgl. § 5 ImmoWertV Rn. 51),
   - mit **Denkmaleigenschaft** im Hinblick auf deren Bebaubarkeit und eingeschränkte Nutzung, deren wirtschaftliche Vor- und Nachteile, die Zumutbarkeit wirtschaftlicher Lasten und Entlastung durch direkte und indirekte Förderungen (vgl. Teil V Rn. 730 ff.),
   - mit **Baumängeln und Bauschäden** (aber auch Bodenverunreinigungen), deren Wertminderung vielfach nur mit mehr oder minder großer Zuverlässigkeit abgeschätzt werden kann.
5. Der Markt ist trotz der heute bestehenden vielen Möglichkeiten der Informationsbeschaffung und des im internationalen Vergleich hohen Standards der systematischen Erfassung und Auswertung des Marktgeschehens durch die Gutachterausschüsse für Grundstückswerte intransparent (terra incognita)[122]. Die **den Marktwert bestimmenden rechtlichen, technischen und wirtschaftlichen Gegebenheiten weisen i.d.R. eine so hohe Komplexität auf, dass sie sich dem Beurteilungsvermögen auch verständiger Marktteilnehmer nicht immer vollumfänglich erschließen**, selbst wenn dem gewöhnlichen Geschäftsverkehr nur solche Verkaufsfälle zugerechnet werden, bei denen sowohl der vertragswillige Käufer als auch der vertragswillige Verkäufer ausreichend über die Art und die Merkmale des Grundstücks, seine gegenwärtige und mögliche Nutzung und über die Marktbedingungen zum Zeitpunkt des Verkaufs informiert sind.

122 Presseveröffentlichungen, Marktreports und dgl., auf die vielfach zurückgegriffen wird, sind i.d.R. von eingeschränkter Aussagekraft, da aufgrund datenschutzrechtlicher Beschränkungen kein allgemeiner Zugriff auf „robuste“ Marktdaten besteht.

Abb. 6: Unschärfen der Marktwertermittlung

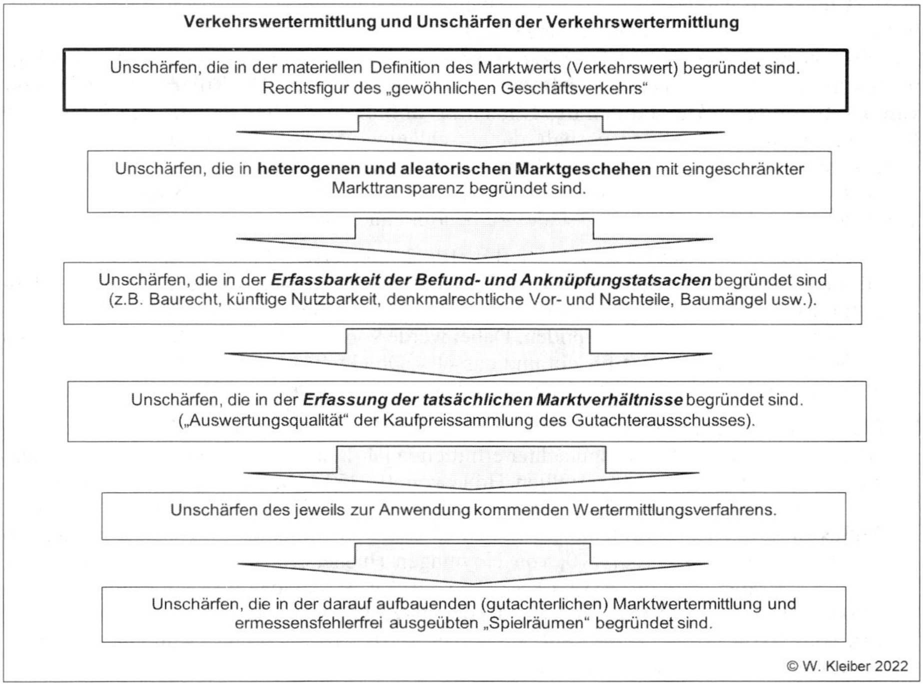

Die Marktwertermittlung ist auch insoweit per se in nicht unerheblichem Maße selbst dann mit einer Unsicherheitsmarge behaftet, wenn der Sachverständige den Marktwert ohne Denkfehler in einer methodisch nicht zu beanstandenden Weise aus den ihm zur Verfügung stehenden Vergleichsdaten ableitet.

Unschärfen der Marktwertermittlung sind grundsätzlich auf der Grundlage der Unschärfen der Eingangsparameter und unter Anwendung der Fehlerfortpflanzungsgesetze auf das jeweils angewandte Wertermittlungsverfahren zu ermitteln[123]. Bei Anwendung des Vergleichswertverfahrens lässt sich die Unschärfe der Marktwertermittlung (Toleranzmarge) mit dem mittleren Fehler bzw. dem Vertrauensbereich nicht abschließend ermitteln, da diese von der „richtigen" Auswahl der herangezogenen Vergleichsdaten abhängig ist und der mittlere Fehler allenfalls geeignet ist, die „Stimmigkeit" der herangezogenen Vergleichsdaten untereinander zu beschreiben (vgl. Vorbem. zum Vergleichswertverfahren Rn. 110).

In Literatur und Rechtsprechung zur Marktwertermittlung von Grundstücken werden 82
Abweichungen *(range of valuation)* **von**
„bis zu ± 20 bis ± 30 %" des ermittelten Marktwerts (Verkehrswerts)

123 Ermert H., Die Fehlerübertragung beim Ertragswertverfahren, AVN 1967, 213.

akzeptiert[124]. Eine Abweichung von 16,79 % hat der BGH sogar als geringfügig bezeichnet[125]. Umgekehrt hat das OLG Hamm[126] einen Spielraum von +/– 30 % in dem von ihm behandelten Fall als „eher zu niedrig“ angesehen.
Die Erheblichkeit oder Unerheblichkeit einer Schätzungsabweichung darf dabei allerdings nicht schematisch nach einem festen Prozentsatz beurteilt werden. Die **Toleranzgrenzen sind von den besonderen Umständen des Einzelfalls abhängig**[127]. Dies sind u.a. die Art und die Lage der zu bewertenden Liegenschaft, die einschlägigen Marktverhältnisse, die zur Anwendung kommenden Wertermittlungsverfahren und die dafür jeweils zur Verfügung stehenden Vergleichsdaten. Die nachfolgend aufgeführte Rechtsprechung ist deshalb vor dem Hintergrund der einschlägigen Verhältnisse des zu beurteilenden Sachverhalts zu sehen:

a) BVerfG, Beschl. vom 07.11.2006 – 1 BvL 10/02 –, BVerfGE 117, 1 = EzGuG 1.71a:
Für Grundvermögen gibt es keinen absolut und sicher realisierbaren Marktwert, sondern allenfalls ein Marktwertniveau, auf dem sich mit mehr oder weniger großen Abweichungen vertretbare Verkehrswerte bilden. Dabei werde von einer **Streubreite von plus/minus 20 % der Verkaufspreise** für ein und dasselbe Objekt ausgegangen, innerhalb derer ein festgestellter Verkehrswert als noch vertretbar angesehen werde.

b) BGH, Urt. vom 26.04.1991 – V ZR 61/90 –, GuG 1992, 165 = EzGuG 7.114:
„Zwischen dem vom Schiedsgutachter ermittelten jährlichen Erbbauzins von 12 320 € und der im Berufungsurteil festgestellten Höhe von 10 250 € besteht eine Differenz von 2 070 €, also von 16,79 %. Dazu verweist die Revision auf eine im Schrifttum vertretene Auffassung, wonach Abweichungen bis zu 25 % im Allgemeinen hinzunehmen seien (so z.B. Laule, DB 1966, 769, 770; von Hoyningen-Huene, Die Billigkeit im Arbeitsrecht 1978, S. 38; Soergel-Wolf, BGB 12. Aufl., § 319 Rn. 8; ähnlich OLG München, Urt. vom 15.05.1959 – 8 U 1490/56 –, EzGuG 11.18a; **20–25 %**). Der erkennende Senat hat in dem Urt. vom 26.04.1961 – V ZR 183/59 –, MDR 1961, 670 = EzGuG 19.5b jedenfalls eine Abweichung von **ca. 18 %** nicht als offenbar unbillig angesehen.“

c) BGH, Urt. vom 01.04.1987 – IVa ZR 139/85 –, MDR 1987, 914 = EzGuG 11.163l:
„Daher ist erst dann von der Unverbindlichkeit einer Sachverständigenfeststellung auszugehen, wenn die Feststellung erheblich außerhalb des an sich üblichen Toleranzbereichs entsprechender Schätzungen liegt. Das wird bei Abweichungen in einer Größenordnung von **unter 15 %** (Berechnungsmethode: geforderter höherer Betrag mit 100 % gleichgesetzt) regelmäßig zu verneinen sein.“

d) BGH, Urt. vom 28.06.1966 – VI ZR 287/64 –, WM 1966, 1150 = EzGuG 11.51:
Eine Abweichung von 78 % ist nach Ansicht des Gerichts „grob falsch“. Das Gericht führt aus: „Der Revision kann nicht zugegeben werden, dass sich der Unterschied im Rahmen des Vertretbaren halte. Der Sachverständige hat ausgeführt, bei Schätzungen von Altbau-Grundstücken, deren Gebäude kriegsbeschädigt und wie hier teilweise mit alten Baustoffen wiederhergestellt sind, könne nur ein Genauigkeitsgrad von ± **20 Prozent bis 30 Prozent** erwartet werden. Die Grenze ist weit überschritten.“

e) BGH, Urt. vom 30.05.1963 – III ZR 230/61 –, BRS Bd. 19 Nr. 75 = EzGuG 8.8:
„Hier ist die Entschädigungsfestsetzung der Verwaltungsbehörde um etwas über 100 % von dem wirklichen durch das Berufungsgericht festgestellten Wert der Grundstücke abge-

---

124 Vgl. Bienert/Funk (Hrsg.), Immobilienbewertung Österreich, die in der 3. Aufl. (2014, S. 569) der hier vertretenen Auffassung gefolgt sind (vgl. 2. Aufl. 2009, Ziff. 9.3; und 1. Aufl. 2007, Ziff. 8.3); Laule, G., Zur Bestimmung der Summe durch mehrere Dritte nach billigem Ermessen, DB 1966, 769.

125 BGH, Urt. vom 21.10.2014 – XI ZB 12/12 –, BGHZ 203, 1 = GuG 2015, 249 = EzGuG 20.237.

126 OLG Hamm, Urt. vom 15.01.2009 – 22 U 39/08 –, EzGuG 11.671f; OLG Rostock, Urt. vom 26.05.2004 – 6 U 13/00 –, BeckRS 2005, 13171 = EzGuG 11.383; OLG Rostock, Urt. vom 27.06.2008 – 5 U 50/08 –, MDR 2009, 145 = EzGuG 11.649.

127 BGH, Urt. vom 01.04.1987 – IVa ZR 139/85 –, MDR 1987, 914 = EzGuG 11.163l; von „maßlos übersetzten“ Preisen spricht der BGH in seinem Urt. vom 28.05.1976 – V ZR 170/74 –, MDR 1976, 916 = EzGuG 19.26; von einem auffälligen Missverhältnis bei Überschreitung von 50 % spricht das LG Darmstadt, Urt. vom 14.01.1972 – 2 KLS 2/71 –, NJW 1972, 1244 = EzGuG 3.38a.

wichen. Es trifft zwar zu, dass der erkennende Senat die Verschiebung des Berechnungszeitpunkts schon in Fällen für erforderlich gehalten hat, in denen die Differenz zwischen der administrativen Festsetzung und dem objektiv richtigen Wert des Grundstücks **unter 10 %** lag ... Zu beachten ist hierbei jedoch, dass es auf die Prozentzahl allein nicht entscheidend ankommen kann, sondern dass auch die konkreten Werte, die der Prozentzahl zu Grunde liegen, mit in die Betrachtung hineinzuziehen sind."
Das Gericht ließ in diesem Fall bei einem Grundstückswert von 2 040 € eine Abweichung von **12 %** gelten.

f) BGH, Urt. vom 26.04.1961 – V ZR 183/59 –, MDR 1961, 670 = EzGuG 19.5b:
Der BGH hat eine Abweichung von ca. 18 % von der untersten Grenze eines zweiten als richtig befundenen Wertgutachtens nicht beanstandet:
„... unter Zugrundelegung der Schätzung des Gemeinderats insgesamt 38 400 DM für die zu übernehmende Liegenschaft zu zahlen, während er nach der Ersatzbestimmung durch das Berufungsgericht insgesamt 47 000 DM zu leisten hätte. Auch wenn man in Betracht zieht, dass der Gemeinderat nach der Schätzverfügung den Verkehrswert zu bestimmen hat, und der Tatrichter bei der Ersatzbestimmung seinerseits einen „vorsichtigen Maßstab" angewendet hat, also an der unteren Grenze des Werts geblieben ist, kann bei einer Abweichung in Höhe von nur 8 600 DM nicht festgestellt werden, dass sich der vom Gemeinderat geschätzte Teil des Übernahmepreises in dem dargelegten Maße als verfehlt offenbart und die Schätzung des vom Gemeinderat hier zu beachtenden Grundsatzes von Treu und Glauben in grobe Weise verletzt."

g) OVG Berlin-Brandenburg, Urt. vom 27.06.2018 – 6 A 7/17 –, EzGuG 19.60:
Die Erheblichkeit oder Unerheblichkeit einer Schätzungsabweichung darf dabei nicht schematisch nach einem bestimmten Prozentsatz beurteilt werden, sondern ist nach den besonderen Umständen des Einzelfalles zu entscheiden.

h) OLG Hamm, Urt. vom 15.01.2009 – 22 U 39/08 –, EzGuG 11.671f:
Der dem Beklagten zu 3) zugebilligte Toleranzaufschlag von 30 % auf den objektiven Verkehrswert in Höhe von 530.000 € erscheint als gerechtfertigt.

i) OLG Rostock, Urt. vom 27.06.2008 – 5 U 50/08 –, MDR 2009, 145 = EzGuG 11.649:

Nach der Rspr. würden Toleranzen zwischen 20 bis 30 % akzeptiert.

j) OLG Köln, Urt. vom 25.08.2009 – 14 U 11/05 –, EzGuG 11.705 f; nachfolgend: BGH, Urt. vom 29.04.2010 – III ZR 250/09 –, DRspNr. 2010/8853 = EzGuG 11.733c:
In Verbindung mit einem Wertgutachten kann dem Gutachter ein erheblicher Beurteilungsspielraum zustehen, der jedoch bei einem angesetzten Verkehrswert, der um 37,5 % über dem vom gerichtlichen Sachverständigen ermittelten Wert liegt, eindeutig überschritten ist.

k) OLG Brandenburg, Urt. vom 10.06.2008 – 11 U 170/05 –, NJOZ 2008, 3324 = EzGuG 11.644a:
Ein Verkehrswertgutachten ist falsch, wenn es um ca. 50 % von dem wirklichen Verkehrswert abweicht.

l) OLG Schleswig, Urt. vom 06.07.2007 – 14 U 61/06 –, MDR 2008, 25 = EzGuG 11.592:
Für die sachliche Richtigkeit eines Verkehrswertgutachtens im Rahmen eines **Zwangsversteigerungsverfahrens** kommt es nur darauf an, ob der Verkehrswert richtig geschätzt worden ist, wobei Abweichungen von 12,5 % sich noch im tolerablen Rahmen halten.

m) OLG Rostock: Urt. vom 26.05.2004 – 6 U 13/00 –, BeckRS 2005 13171 = EzGuG 11.393g:
Bei Schiedsgutachten sind starre Grenze, bei deren Überschreiten der Schluss auf die grobe Unrichtigkeit zu ziehen wäre, zwar nicht zu bestimmen. Selbst Fehleinschätzungen des Gutachters auch erheblichen Umfangs machen die Bestimmung nicht ohne Weiteres offenbar unbillig (vgl. Palandt/Heinrichs, a.a.O., § 319 BGB Rn. 3). Die Toleranzgrenze

wird in der gefestigten höchst- und obergerichtlichen Rspr. bei 20–25 % angesetzt[128] (sodass Abweichungen von 28 oder 85 % jedenfalls nicht mehr hinnehmbar sind, vgl. SchlHA 1999, 620). Eine solche Grenzziehung wird auch in der Kommentarliteratur anerkannt (vgl. Palandt/Heinrichs, a.a.O., § 319 BGB Rn. 3; Soergel/Wolf, a.a.O., § 319 BGB Rn. 8).

n) OLG Nürnberg, Urt. vom 14.04.1987:
„Bei einer Abweichung der Schätzung um nur **2,4 %** liegt sie damit in einem Ungenauigkeitsbereich, der gering und angesichts der Gesamthöhe wirtschaftlich unerheblich ist. Die Abweichung im Gutachten des Beklagten kann unter diesen Umständen nicht als vertragswidrige Schadenszuführung eingestuft werden."

o) LG Berlin, Urt. vom 17.10.1978 – 7 O 131/78 –, VersR 1979, 365 = EzGuG 11.113c:
„Die Kammer hält danach eine erhebliche Abweichung frühestens dann für gegeben, wenn die Abweichungen auf Grund nachgewiesener offensichtlicher Fehler der Sachverständigen insgesamt – d.h. unter Zusammenrechnung aller Einzelpunkte und Berücksichtigung eventueller Ausgleichspositionen – mindestens 10 % der festgestellten Schadenssumme ausmachen."

p) OLG Frankfurt am Main, Urt. vom 19.09.1974 – 6 U 5/74 –, WM 1975, 993 = EzGuG 11.94a:
Das Gutachten eines „grob nachlässig handelnden" öffentlich bestellten und vereidigten Sachverständigen hat nach Feststellung des Gerichts zu einer Überbewertung des Verkehrswerts um 200 bis 300 % geführt.

q) OLG Braunschweig, Urt. vom 17.04.1975 – 1 U 34/73 –, VersR 1976, 329 = EzGuG 19.26a:
Im **Versicherungswesen** wird von einer allgemeinen Schätzungsunschärfe von **20 bis 25 %** ausgegangen und erst bei einer größeren Abweichung zwischen Versicherungssumme und Versicherungswert eine Berufung des Versicherers auf Unterversicherung anerkannt (so auch OLG München, Urt. vom 15.05.1959 – 8 U 1490/56 –, VersR 1959, 1017 = EzGuG 11.18: 40 % und OLG Schleswig, VersR 1987, 1001; OLG Schleswig, Urt. vom 26.10.1953 – 4 U 82/53 –, VersR 1954, 506 sowie BGH, Urt. vom 01.04.1953 – II ZR 88/52 –, BGHZ 9, 195 = EzGuG 19.3d; BGH, Urt. vom 26.02.1986 – Iva ZR 138/84 –, VersR 1986, 482 = EzGuG 11.151b; LG Baden-Baden, Urt. vom 31.01.1992 – 1 S 70/91 –, VersR 1992, 440 = EzGuG 11.191a: 20 – 25 %; LG Köln, Urt. vom 23.04.1980 – 74 O 209/78 –, VersR 1980, 1066: 12 %. Der BGH[129] verweist in diesem Zusammenhang auf die in der Rechtsprechung zur Anwendung gekommene Richtschnur von 20 bis 25 %[130].

r) LG Hamburg, Urt. vom 31.10.1960 – 10 O 30/60 –, BBauBl 1961, 376 = EzGuG 18.15:
„Erfahrene Sachverständige haben dem Gericht immer wieder bestätigt, dass Abweichungen in der Bewertungshöhe **um 10 % nach oben und nach unten** auch bei sorgfältigen Feststellungen und Bemühungen gar nicht zu vermeiden wären. Häufig ist der Ungenauigkeitsbereich noch größer."

s) LG Berlin, Urt. vom 22.11.1955 – 4 O 338/54 –:
Nach dieser Entscheidung können die Abweichungen **bis ± 15 %** ausmachen.

t) VGH München, Urt. vom 13.06.1990 – M 9 K 89.2465 –, GuG 1992, 29 = EzGuG 11.178:
„Schätzgutachten von Grundstücken und Bauten können niemals – etwa rein rechnerisch – den exakten Wert einer Immobilie bestimmen. Wenn der von der Klägerin beauftragte B. also zu anderen Werten gekommen ist als der Gutachterausschuss in dem streitgegenständ-

128 Vgl. BGH, Urt. vom 26.04.1991 – V ZR 61/90 –, GuG 1991, 165 = EzGuG 7.114; OLG Frankfurt am Main, Urt. vom 05.05.1994 – 1 U 176/92 –, NJW-RR 1995, 79 = EzGuG 14.121b.

129 BGH, Urt. vom 01.04.1987 – Iva ZR 139/85 –, NJW-RR 1987, 917 = EzGuG 11.163l.

130 Vgl. Stiefel/Hofmann, Kraftfahrtversicherung, 13. Aufl. § 14 Rn. 33: Abweichung von 20–25% erforderlich; Bruck/Möller, VVG 8. Aufl. § 64 Anm. 57: Abweichung von mehr als 10 % reicht aus; Prölss/Martin VVG 23. Aufl. § 64 Anm. 7; RG JRPV 1928, 369; RG JW 1931, 3194.

lichen Gutachten, so besagt dies nichts darüber aus, dass das Gutachten des Gutachterausschusses völlig daneben liegt. Bei Gutachten über den Wert von Immobilien haben die Gerichte nach den allgemein gemachten Erfahrungen von Abweichungen im Bereich **bis zu 20 %** auszugehen. Die von B. beanstandeten Werte in den streitgegenständlichen Gutachten bewegen sich nicht in einem solchen Bereich, dass die Kammer davon ausgehen könnte, eines der beiden Gutachten sei völlig falsch. Bei zwei verschiedenen Gutachten muss immer gedacht werden, dass das eine Gutachten die Spanne der möglichen Abweichungen voll nach oben und das andere voll nach unten in Anspruch nimmt …"

u) VG Münster, Urt. vom 18.02.1988 – 3 K 2268/86 –, KStZ 1988, 211 = EzGuG 15.60: „Berücksichtigt man ferner, dass die gerichtlichen Sachverständigen mit jeweils vertretbarer Begründung zu abweichenden Ergebnissen gelangt sind und nicht selten die Auffassung der jeweils anderen Sachverständigen als durchaus auch vertretbar gekennzeichnet haben, so hält es die Kammer für geboten, den unter Berücksichtigung der zonalen Grundwerte sich ergebenden Differenzbetrag mit einem allgemeinen Wertabschlag zu berücksichtigen. Die Entscheidung des Gesetzgebers für die sog. „Wertlösung" ist angesichts der dargestellten Bewertungsunsicherheit nur hinnehmbar, wenn die – mathematisch nun einmal nicht „auszurechnenden" – Bewertungsgesichtspunkte so angesetzt werden, dass Unsicherheiten nicht zu Lasten des Abgabepflichtigen ausschlagen. Die im vorliegenden Fall nach den vorstehenden Erörterungen sowohl hinsichtlich des Endwerts als auch mit Bezug auf den Anfangswert bestehenden Unsicherheiten bewertet die Kammer in Anwendung der ihr zustehenden Schätzungsbefugnis gemäß § 287 ZPO auf **20 v.H.** der sich nach den zonalen Grundwerten ergebenden Differenzen …"

v) Das BVerfG hat angenommen, dass es für Grundvermögen keinen absolut und sicher realisierbaren Marktwert gebe, sondern allenfalls ein Marktwertniveau, auf dem sich mit mehr oder weniger großen Abweichungen vertretbare Verkehrswerte bilden. Dabei werde von einer Streubreite von +/– 20 % der Verkaufspreise für ein und dasselbe Objekt ausgegangen, innerhalb derer ein festgestellter Verkehrswert als noch vertretbar angesehen werde[131].

w) Auch im **Erschließungsbeitragsrecht** wird den Gemeinden im Übrigen bei der Kostenermittlung eine „Schätzbefugnis" eingeräumt, die ihr einen „gewissen Spielraum" gibt und aus Gründen der Verwaltungspraktikabilität dem Grundsatz der „pfenniggenauen" Kostenermittlung eine Grenze setzt[132].

Im Bereich **der steuerlichen Bewertung** ist hervorgehoben worden, dass Unsicherheiten der **83**
Schätzung hinzunehmen sind, wenn zuvor der Sachverhalt vollständig aufgeklärt und die Schätzung in sich schlüssig ist. Der BFH[133] hat hierzu ausgeführt:

„Die Schätzung ist ein Verfahren, Besteuerungsgrundlagen mit Hilfe von Wahrscheinlichkeitsüberlegungen zu ermitteln, wenn eine sichere Feststellung trotz des Bemühens um Aufklärung nicht möglich ist. Dabei sind alle Umstände zu berücksichtigen, die für ein solches Verfahren von Bedeutung sein können. Auszugehen ist von dem aufgeklärten Sachverhalt. Es bedarf weiterhin der Feststellung, dass eine weitere Sachaufklärung nicht möglich oder zumutbar ist. Erst in diesem Stadium setzten die Schätzungsüberlegungen ein, die aus dem festgestellten Sachverhalt folgern, dass die Besteuerungsgrundlagen in einer wahrscheinlichen Höhe verwirklicht worden sind (BFH, Urt. vom 02.02.1982 – VIII R 65/80 –, BFHE 135, 185 =EzGuG 20.93b)[134].

Die durch Schätzung ermittelte Besteuerungsgrundlage enthält einen **Unsicherheitsbereich,** der vom Wahrscheinlichkeitsgrad der Schätzung abhängig ist. Die Wahrscheinlichkeit, dass eine Schätzung zutreffend ist, wird umso größer sein, je umfangreicher der zu Grunde gelegte gewisse Sachverhalt und je zuverlässiger die

131 BVerfG, Beschl. vom 07.11.2006 – 1 BvL 10/02 –, BVerfGE 117, 1 = EzGuG 1.71a; OVG Berlin-Brandenburg, Urt. vom 27.06.2018 – 6 A 7/17 –, EzGuG 19.60.

132 BVerwG, Urt. vom 16.08.1985 – 8 C 120-122/83 –, BRS Bd. 43 Nr. 51 = EzGuG 9.59; weitere Rspr.: BGH, Urt. vom 10.06.1976 – VII ZR 129/74 –, BGHZ 67, 1 = EzGuG 11.103; LG Braunschweig, Urt. vom 09.03.1966 – 2 O 116/65 –, BB 1966, 1325 = EzGuG 11.50a; OLG Düsseldorf, Urt. vom 11.03.1988 – 7 U 4/86 –, BB 1988, 1001 = EzGuG 20.124; LG Arnsberg, Urt. vom 28.05.1985 – 5 T 150/85 –, DWW 1986, 43 = EzGuG 5.19; BGH, Urt. vom 28.06.1966 – VI ZR 287/64 –, WM 1966, 1150 = EzGuG 11.51; BGH, Urt. vom 02.11.1983 – IVa ZR 20/82 –, NJW 1984, 355 = EzGuG 20.103.

133 BFH, Urt. vom 18.12.1984 – VIII R 195/82 –, BFHE 142, 558 = BStBl II 1986, 226 = EzGuG 20.108b.

134 Tipke, K., Über Schätzung im Verwaltungsverfahren und im Verwaltungsprozess, VerwArch 1969, 136.

angewandte Schätzungsmethode ist. Eine genaue Bestimmung der Besteuerungsgrundlage kann im Schätzwege trotz Bemühens um Zuverlässigkeit allenfalls zufällig erreicht werden.

Diese **Unschärfe, die jeder Schätzung anhaftet,** kann im Allgemeinen vernachlässigt werden. Soweit sie sich zugunsten des Steuerpflichtigen auswirkt, muss er sie hinnehmen, zumal wenn er den Anlass für die Schätzung gegeben hat (BFH, Urt. vom 26.04.1983 – VIII R 38/82 –, BFHE 138, 323 =BStBl II 1983, 618 = EzGuG 11.137i).

Welche Schätzungsmethode dem Ziel, die Besteuerungsgrundlagen durch Wahrscheinlichkeitsüberlegungen so zu bestimmen, dass sie der Wirklichkeit möglichst nahekommen, am besten gerecht wird, ist grundsätzlich eine Frage der Tatsachengerechtigkeit …

Schätzungen müssen insgesamt in sich schlüssig sein; ihre Ergebnisse müssen darüber hinaus wirtschaftlich vernünftig und möglich sein …"

Eine **Schätzung**[135] erweist sich **erst dann** als **rechtswidrig, wenn sie den durch die Umstände des Falles gezogenen Schätzungsrahmen verlässt**.

84 Die in Literatur und Rechtsprechung zur Marktwertermittlung von Grundstücken herausgestellte Unschärfe der Bewertung*(range of valuation)***hat eine Vielzahl von Ursachen.**

1. Die Unschärfe einer Marktwertermittlung ist bereits in der materiellen Definition des Verkehrswerts begründet. Der Marktwert (Verkehrswert) einer Immobilie ist zwar einerseits als der „spitze" im gewöhnlichen Geschäftsverkehr zu erzielende Preis (Punktwert) definiert, jedoch ist andererseits **für den „gewöhnlichen Geschäftsverkehr" i.S. des § 194 BauGB kennzeichnend, dass die auf dem Grundstücksmarkt erzielten Kaufpreise nicht unerheblich voneinander streuen (Spreizung des gewöhnlichen Geschäftsverkehrs)**[136]**.** Die Streuung der im gewöhnlichen Geschäftsverkehr ausgehandelten „Preise" ist nicht nur aleatorischer Art. Sie resultiert u.a. insbesondere aus unterschiedlichen Präferenzen, Abneigungen und Wertvorstellungen, unterschiedlicher Zahlungsbereitschaft und Kaufkraft der Käufer, unterschiedlichem Verhandlungsgeschick[137] (vgl. Rn. 11) und dem soziologischen Hintergrund der Marktteilnehmer und vielem mehr.
   Beispielsweise ist ein unmittelbar in der Nachbarschaft eines Wohnhauses gelegener Kinderspielplatz für den einen Käufer ein werterhöhender Umstand und für den anderen Käufer ein wertmindernder Umstand. Käufer und Verkäufer tasten den Grundstücksmarkt mit unterschiedlichen Erfahrungen ab, taktieren bei Preisverhandlungen mit unterschiedlichem Verhalten nach divergierenden Mustern, agieren nach unterschiedlichen rationalen, aber auch emotionalen Maßstäben.
   Auch der **Einsatz eigenen Verhandlungs-geschicks** und das Verfechten eigener Interessen in Form von wirtschaftlichen Motiven müssen nicht einem im gewöhnlichen Geschäftsverkehr zustande gekommenen Kaufpreis entgegenstehen, sondern sind vielmehr Ausfluss desselben[138].
   Die Wertermittlung von Grundstücken ist vor diesem Hintergrund als der Versuch bezeichnet worden, mit theoretischen Modellen ökonomische Prozesse abzubilden, bei denen nicht Zahlen, sondern Menschen und Märkte im Mittelpunkt stehen und Menschen nicht immer ökonomisch handeln.

---

135 Zur Leistungsfähigkeit der Wertermittlung im Rahmen der Einheitsbewertung: BFH, Urt. vom 01.10.1992 – IV R 34/90 –, BFHE 169, 503 = BStBl II 1993, 259 = EzGuG 20.142a; BFH, Urt. vom 18.12.1984 – VIII R 195/82 –, BFHE 142, 558 = BStBl II 1986, 228 = EzGuG 20.108b; BFH, Urt. vom 02.02.1982 – VIII R 65/80 –, BFHE 135, 158 = BStBl II 1982, 408 = EzGuG 20.93b; BFH, Urt. vom 26.04.1983 – VIII R 38/82 –, BFHE 138, 323 = BStBl II 1983, 618 = EzGuG 11.137i; vgl. auch BGH, Urt. vom 22.01.1959 – III ZR 148/57 –, BGHZ 29, 217 = EzGuG 6.37.

136 Vgl. BVerfG vom 07.11.2006 – 1 BvL 10/02 – BVerfGE 117 1 = EzGuG 1 1a; Moench/ Weinmann Erbschaft- und Schenkungsteuer, Komm. Loseblatt, Haufe 2022; Hagert/Meiterth, StuW 2022, 248; vgl. weiter zu Hamburg den Erfahrungsbericht von Strahl, KölnerSteuerdialog 1997, 11253.

137 Vgl. FG Berlin-Brandenburg, Urt. vom 07.06.2022 – 3 K 3247/18 –; GuG 2022, 311 = EzGuG 20.419; FG Berlin-Brandenburg, Urt. vom 19.07.2017 – 3 K 3047/17 –, EFG 2017, 1499 = EzGuG 20.260.

138 FG Berlin-Brandenburg, Urt. vom 07.06.2022 – 3 K 3247/18 –, GuG 2022, 311 = EzGuG 20.410; FG Berlin-Brandenburg, Urt. vom 19.07.2017 – 3 K 3047/17 –, EFG 2017, 1499 = EzGuG 20.260.

2. Es kommt hinzu, dass sich der Marktwert (Verkehrswert) als „Zukunftserfolgswert" definiert und die **Zukunft wird beim Kauf einer Immobilie auf dem allgemeinen Grundstücksmarkt unterschiedlich beurteilt.** Darüber hinaus weisen die den Marktwert bestimmenden rechtlichen, technischen und wirtschaftlichen Gegebenheiten eine so hohe Komplexität auf, dass sie sich dem Beurteilungsvermögen auch verständiger Marktteilnehmer nicht immer vollumfänglich erschließen, selbst wenn dem gewöhnlichen Geschäftsverkehr nur solche Verkaufsfälle zugerechnet werden, bei denen sowohl der vertragswillige Käufer als auch der vertragswillige Verkäufer ausreichend über die Art und die Merkmale des Grundstücks, seine gegenwärtige und mögliche Nutzung und über die Marktbedingungen zum Zeitpunkt des Verkaufs informiert sind. Hinzu kommt, dass Grundstücke schon aufgrund ihrer Lage „Unikate" sind und der Immobilienmarkt im Unterschied zu Märkten, auf denen produzierte Güter mit einheitlicher bzw. standardisierter Beschaffenheit gehandelt werden, besonders unübersichtlich ist, insbesondere wenn es sich um ein Marktsegment handelt, bei dem keine oder nur geringe Marktaktivitäten gegeben sind.

Die Unschärfe, die jeder Verkehrswertermittlung anhaftet, ist insoweit Ausfluss der materiel- **85**
len Definition des zu ermittelnden Marktwerts (Verkehrswerts). Davon zu unterscheiden sind **Unschärfen, die aus der Bewertung selbst resultieren** (*range of valuation*). Auch diese Unschärfen haben viele Ursachen und sind nicht allein auf die angewandten Wertermittlungsmethoden und die Professionalität des Grundstücksbewerters (Sachverständiger) zurückzuführen. Der Sachverständige steht sogar erst am Ende einer Vielzahl von Ursachen, die zwangsläufig zu einer Unsicherheitsmarge führen, die jeder Marktwertermittlung innewohnt.

1. Der vom gutachterlich tätigen Sachverständigen ermittelte Marktwert (Verkehrswert) ist wiederum abhängig von der **Anzahl, derQualität und den Unschärfen der dem Sachverständigen zur Verfügung stehenden Vergleichsdaten (z.B. Vergleichspreise)**. Das Ergebnis der Marktwertermittlung kann nicht genauer sein als die zur Marktwertermittlung sachgerecht herangezogenen Vergleichsdaten. Die Marktwertermittlung ist auch insoweit per se in nicht unerheblichem Maße selbst dann mit einer Unsicherheitsmarge behaftet, wenn der Sachverständige den Marktwert ohne Denkfehler in einer methodisch nicht zu beanstandenden Weise aus den ihm zur Verfügung stehenden Vergleichsdaten ableitet. Unschärfen der Marktwertermittlung sind in nicht unerheblichem Umfang in der unvollständigen Erfassung der tatsächlichen Grundstückstransaktionen und Marktverhältnisse und der unzureichenden Ableitung erforderlicher Daten der Marktwertermittlung begründet. Dies ist von zentraler Bedeutung für die „Güte" der Marktwertermittlung (*garbage in garbage out*).

   Eine bedeutende Rolle spielt dabei die Kaufpreissammlung der Gutachterausschüsse für Grundstückswerte. Die Erfassung aller Grundstückstransaktionen und deren „Auswertung" ist nach § 192 ff. BauGB Pflichtaufgabe der Gutachterausschüsse. Zur Auswertung der Kaufpreissammlung gehört die Registrierung der Kaufpreise selbst, zusammen mit der umfassenden und unverfälschten Erfassung und Beschreibung aller wesentlichen wertbeeinflussenden Merkmale des jeweiligen Grundstücks. Mit der Auskunft aus der Kaufpreissammlung nach § 195 Abs. 3 BauGB soll dem Sachverständigen ein vollständiges und originäres Abbild des Marktgeschehens nebst aller wesentlichen Begleitumständen vermittelt werden können. **Umfang und Qualität der dem Sachverständigen für eine fundierte Marktwertermittlung zur Verfügung stehenden Vergleichsdaten, insbesondere Vergleichspreise, sind mithin von der „Auswertungsqualität" der Gutachterausschüsse für Grundstückswerte abhängig.** Unschärfen der Marktwertermittlung sind in nicht unerheblichem Umfang in der unvollständigen Erfassung der tatsächlichen Grundstückstransaktionen und Marktverhältnisse und der unzureichenden Ableitung erforderlicher Daten der Marktwertermittlung begründet.

Diesbezüglich wird vom FG Rheinland-Pfalz[139] ein **Vollzugsdefizit** gesehen. In der Praxis der Verkehrswertermittlung zeigt sich immer wieder, dass die Gutachterausschüsse für Grundstückswerte personell[140] bzw. organisationsmäßig nicht in der Lage sind, die ihnen übermittelten Auskünfte der Grundstückseigentümer zur Beschaffenheit des erworbenen Grund und Bodens bzw. des aufstehenden Gebäudes[141] mit der erforderlichen Systematik und Intensität zu überprüfen bzw. selbst ergänzende Sachverhaltsfeststellungen vornehmen zu können (vgl. zu Eigentumswohnungen Syst. Darst. des Vergleichswertverfahrens Rn. 116, 134; § 13 ImmoWertV Rn. 47). **Aus dem Vollzugsdefizit folgt zwangsläufig eine lückenhafte Datenbasis für eine fundierte Verkehrswertermittlung einschließlich der Bodenrichtwertermittlung.**

Auch die im Rahmen des direkten Preisvergleichs zur Marktwertermittlung herangezogenen **Kaufpreise können zu Unschärfen** einer sich darauf stützenden Marktwertermittlung **beitragen, wenn sie vom Gutachterausschuss für Grundstückswerte** nach Maßgabe des § 195 Abs. 3 BauGB nur **in anonymisierter Form**[142] **bereitgestellt worden sind**[143]. Allein eine nicht anonymisierte Auskunft gewährleistet i.d.R. eine sachgerechte Verwendung der vom Gutachterausschuss bereitgestellten Kaufpreise, denn ohne genaue Kennzeichnung der Vergleichsobjekte ist es nicht möglich, ihre Vergleichbarkeit umfassend nachzuprüfen (Syst. Darst. des Vergleichswertverfahrens Rn. 19, 25; § 31 ImmoWertV Rn. 207) [144].

2. Die Streuung der dem „gewöhnlichen Geschäftsverkehr" zurechenbaren Preise, aus denen der Marktwert (Verkehrswert) i.S. des § 194 BauGB abgeleitet wird, bestimmt sich im Wesentlichen durch den Ausschluss solcher Preise, die durch ungewöhnliche oder persönliche Verhältnisse beeinflusst worden sind, wobei zuvor allerdings vergleichsstörende Momente ausgeschlossen werden müssen. Die der Marktwertermittlung innewohnende **Unschärfe ist davon abhängig, wo die Grenze zwischen den dem „gewöhnlichen Geschäftsverkehr" zurechenbaren Vergleichspreisen und solchen Vergleichspreisen gezogen wird**, bei denen „ungewöhnliche oder persönliche Verhältnisse" angenommen werden müssen. Auszuschließen sind nach § 9 Abs. 2 ImmoWertV solche Kaufpreise und andere Daten, die „erheblich" von den Kaufpreisen und anderen Daten in vergleichbaren Fällen abweichen. In welchem Maße die zur Marktwertermittlung herangezogenen Vergleichsdaten „streuen", wird damit weder in § 194 BauGB noch in der hierzu erlassenen Rechtsverordnung (ImmoWertV) vorgegeben. Da die Streuung der zur Marktwertermittlung herangezogenen Vergleichsdaten zugleich auch – statistisch betrachtet – den Grad der Genauigkeit einer Marktwertermittlung bestimmt, ist die bei der Marktwertermittlung im Einzelfall erzielte Genauigkeit (Toleranzbreite bzw. Unschärfe) von den Modalitäten des Ausschlusses

139 FG Rheinland-Pfalz, Urt. vom 23.11.2023 – 4 V 1429/23 –; EFG 2024, 93 FG Berlin-Brandenburg, Urt. vom 19.07.2017 – 3 K 3047/17 –, EFG 2017, 1499 = EzGuG 20.260; FG Berlin-Brandenburg, Urt. vom 10.06.2015 – 3 K 3248/11 –, GuG 2016, 267 = EzGuG 19.75.

140 Ache/Krägenbring, zfv 2023, 137; Hendricks, Bodenrichtwertermittlung, 1. Aufl. 2017, 42; Eichholz, DStR 2020, 1158; a.A. Richter/Wagner, DB 2023, 1254.

141 Nach Ache/Krägenbring/Voß (zfv 2022, 86) ca. 1 Mio. Grundstückstransaktionen pro Jahr.

142 Auskünfte aus der Kaufpreissammlung gelten als anonymisiert, wenn die angegebenen Daten sich nicht auf eine identifizierte oder identifizierbare natürliche Person (im Folgenden „betroffene Person") beziehen. Als identifizierbar wird eine natürliche Person angesehen, die direkt oder indirekt, insbesondere mittels Zuordnung zu einer Kennung wie einem Namen, zu einer Kennnummer, zu Standortdaten, zu einer Online-Kennung oder zu einem oder mehreren besonderen Merkmalen, die Ausdruck der physischen, physiologischen, genetischen, psychischen, wirtschaftlichen, kulturellen oder sozialen Identität dieser natürlichen Person sind, identifiziert werden kann.

143 Bundesrechtlich ist nicht ausdrücklich vorgeschrieben, dass Auskünfte stets nur in anonymisierter Form gewährt werden dürfen. § 34 Abs. 3 GrundWertVO NRW geht von dem Verständnis aus, dass die nicht anonymisierte Auskunft aus der Kaufpreissammlung „keine Auskunft aus der Kaufpreissammlung i.S. des § 195 Abs. 3 BauGB" ist.

144 BGH, Urt. vom 27.09.1990 – III ZR 97/89 –, GuG 1991. 38 = EzGuG 4.134. FG Berlin-Brandenburg Urt. vom 17.04.2024 – 16 K 3045/22 –, BeckRS 2024, 15128 = EzGuG 20.484.; FG Berlin-Brandenburg, Urt. vom 19.06.2018 – 3 K 3047/17 –, EFG 2017, 1499 = EzGuG 20.260; hierzu FG Niedersachsen, Urt. vom 01.12.2022 – 1 K 90/19 – , EFG 2023, 760; zur Offenbarungspflicht von Vergleichsmieten § 31 ImmoWertV Rn. 70, 213.

solcher Kaufpreise und anderer Daten abhängig, die „erheblich" i.S. des § 9 Abs. 2 ImmoWertV von den Kaufpreisen und anderen Daten in vergleichbaren Fällen abweichen.
§ 9 Abs. 2 ImmoWertV geht von der Fiktion aus, dass ungewöhnliche oder persönliche Verhältnisse immer dann „angenommen" werden können, wenn ein Kaufpreis von Kaufpreisen in vergleichbaren Fällen „erheblich" abweicht. Auf andere Indizien für „ungewöhnliche oder persönliche Verhältnisse", wie sie in der Vorgängerregelung des § 6 Abs. 2 WertV 88 vorgegeben waren, namentlich ein außergewöhnliches Interesse des Veräußerers oder des Erwerbers an dem Verkauf oder dem Erwerb des Grundstücks bzw. besondere Bindungen verwandtschaftlicher, wirtschaftlicher oder sonstiger Art zwischen den Vertragsparteien, soll es nicht mehr entscheidend ankommen. Da die **„Erheblichkeitsschwelle" in der Verordnung** und in den dazu erlassenen Empfehlungen **nicht konkretisiert** wird, muss im Rahmen einer Marktwertermittlung eigenverantwortlich entschieden werden, wann ein als Vergleichspreis in Betracht kommender Kaufpreis „erheblich" von „Kaufpreisen in vergleichbaren Fällen" abweicht und zur Marktwertermittlung nicht herangezogen werden darf.
Kaufpreise „vergleichbarer Fälle" sind dabei die übrigen zum Preisvergleich geeigneten Fälle, die gemäß § 25 ImmoWertV „mit dem zu bewertenden Grundstück hinreichend übereinstimmende Grundstücksmerkmale aufweisen". Soweit diese Vergleichspreise abweichende Grundstücksmerkmale aufweisen oder sich auf einen anderen Zeitpunkt beziehen, müssen die Kaufpreise insoweit zuvor preislich „bereinigt" werden, d.h. alle miteinander verglichenen Kaufpreise müssen auf identische Eigenschaften des Grundstücks und auf denselben Zeitpunkt „justiert" sein, damit die von vergleichbaren Fällen „erheblich" abweichenden Kaufpreise identifiziert werden können. Die **Justierbarkeit der zur Marktwertermittlung in Betracht kommenden Kaufpreise vergleichbarer Fälle ist wieder von der „Auswertungsqualität" des Gutachterausschusses für Grundstückswerte abhängig**, denn dieser muss die wesentlichen wertbeeinflussenden Merkmale der Vergleichsobjekte vollständig im Rahmen der Auswertung der von ihm geführten Kaufpreissammlung erfasst haben. Diesbezüglich können aber Auswertungsdefizite beklagt werden[145].

3. Die Streuung der bei Anwendung des Vergleichswertverfahrens herangezogenen Vergleichspreise hat ihre Parallelität in der **Streuung der Vergleichsparameter, die bei der Ableitung des Marktwerts unter Anwendung des Ertrags- oder Sachwertverfahrens ersatzweise herangezogen werden**. Beispielsweise ist bei Anwendung des Ertragswertverfahrens aus den oben genannten Gründen auch der anzusetzende Reinertrag aufgrund der *Streuung der Vergleichsmieten* mit Unschärfen behaftet[146]. Dem folgend ist in der Rechtsprechung auf eine Bandbreite von 10 % des empirisch-statistisch ermittelten Mietpreises hingewiesen worden[147].
Des Weiteren können selbst **Flächenermittlungen** nicht unerhebliche Unschärfen aufweisen. Dies ist in der nicht immer unproblematischen Auslegung der maßgeblichen Flächenberechnungsnorm begründet. Zwar lassen sich Länge und Breite fehlerfrei multiplizieren, jedoch führt allein die Zuordnung und Berücksichtigung einzelner Teilflächen nach Maßgabe der zur Anwendung kommenden Flächenberechnungsnorm zwangsläufig zu unterschiedlichen Ergebnissen. Diesbezüglich kann man – von „einfachen" Baukörpern abgesehen – eine Ungenauigkeit von mindestens ± 10 % unterstellen, wobei diese oftmals sogar deutlich höher ausfällt[148].

---

145 Glosse in GuG-aktuell 2018, 9; 2022, 1.
146 Engels in GuG 2008, 271.
147 LG Mannheim, Urt. vom 25.09.1975 – 4 S 85/75 –, MDR 1976, 316 = EzGuG 3.56a.
148 Der Eigentümerverband Haus & Grund verwies im Zusammenhang mit der Rechtsprechung zur Mieterhöhung darauf, dass die tatsächliche Wohnfläche in der Praxis schwer zu ermitteln sei. Ein Test des Verbands habe ergeben, dass bei der Vermessung einer Wohnung und eines Hauses durch drei verschiedene Experten Abweichungen von 16 Prozent herauskamen. Deshalb sei eine gewisse Toleranz notwendig (Pressemitteilung vom 16.11.2015; vgl. hierzu BlnGE 2015, 1583).

Bezüglich **Mieten** sind Abweichungen von 25 % als unzulässige Überschreitung bezeichnet worden[149].
Die genannten Unsicherheitsmargen wirken sich gleich doppelt auf die Ertragswertermittlung aus. Zum einen finden sie direkt mit dem im Einzelfall angesetzten **Reinertrag** und der angesetzten **Nutzfläche** Eingang in die Ertragswertermittlung. Zum anderen kommen diese Unschärfen auch bei der **Ableitung des Liegenschaftszinssatzes** zum Tragen. Es ist mithin kaum möglich, den *Liegenschaftszinssatz* auf 0,5 Prozentpunkte mathematisch exakt zu bestimmen. Allein eine Unschärfe von 0,5 Prozentpunkten im Liegenschaftszinssatz führt zwangsläufig zu einer Unsicherheit von rd. 10 % des Ergebnisses. Aus alledem ergibt sich, dass der Ertragswert – selbst wenn das Wertermittlungsverfahren exakt zur Anwendung gekommen ist – mit einer Unsicherheitsmarge von ± 30 % behaftet ist. Im Übrigen gilt dies für alle zur Anwendung kommenden Ertragswertverfahrens und insbesondere für die sich auf eine prognostizierte Ertragsentwicklung stützende Ertragswertvermittlung (Discounted-Cashflow-Verfahren).

4. Ein weiterer oftmals unterschätzter Unsicherheitsfaktor stellt die marktkonforme Berücksichtigung sonstiger objektspezifischer Besonderheiten dar, denn sie sind vielfach nur „schätzbar“. Dazu gehören auch die ggf. zu berücksichtigenden **Baumängel und Bauschäden** (Instandhaltungsrückstau), denn der Grundstücksbewerter ist i.d.R. nicht auch zugleich Bausachverständiger. Dabei orientiert sich der gutachterlichen Praxis an den letztlich nur schätzbaren Schadensbeseitigungskosten, wobei auch dabei erhebliche Unsicherheiten hinzunehmen sind. Für eine fundierte **Kostenschätzung** bedarf es ggf. eines Sondergutachtens (z.B. auf der Grundlage der Bauteilmethode). Kostenschätzungen sind auf Grund vielfältiger Unwägbarkeiten nur mit relativ hoher Ungenauigkeit von ± 25 % möglich[150]. Es kommt hinzu, dass die geschätzten Schadensbeseitigungskosten bei der Marktwertermittlung nur insoweit berücksichtigungsfähig sind, wie dies wiederum dem gewöhnlichen Geschäftsverkehr entspricht, und auch diesbezüglich ist der gewöhnliche Geschäftsverkehr uneinheitlich.
5. Aus der Streuung der von den Gutachterausschüssen für Grundstückswerte in der Kaufpreissammlung nach § 195 BauGB registrierten und ausgewerteten Vergleichspreise resultiert zwangsläufig, dass die von den Gutachterausschüssen für Grundstückswerte nach Maßgabe des § 193 Abs. 5 BauGB i.V.m. dem 2. Teil der ImmoWertV daraus abgeleiteten **„zur Wertermittlung erforderlichen Daten“, insbesondere der Vergleichsfaktoren bebauter Grundstücke (Wohn- bzw. Nutzflächenwerte), Liegenschaftszinssätze und Sachwertfaktoren,** mit einer entsprechenden Unsicherheitsmarge behaftet sein müssen. Diese Unschärfen gehen zwangsläufig in die Marktwertermittlung ein.

86 Um subjektive Einschätzungen eines einzelnen Gutachters möglichst auszuschalten, wurden die **Gutachterausschüsse für Grundstückswerte mit** dem BauGB **als Kollegialorgane** ausgestaltet; der **selbstständig tätige Sachverständige ist dagegen** i.d.R. **„Einzelkämpfer“.**

1.2.3.2 Mit Unschärfen behaftete Befund- und Anknüpfungstatsachen

87 Nach obenstehenden Ausführungen sind die einem Sachverständigen zur Erfüllung seines Auftrags eigenverantwortlich in nachvollziehbarer und nachprüfbarer Weise festzustellenden und seinem Gutachten zugrunde liegenden **Befunde** auch bei sorgfältigster Recherche i.d.R. mit Unschärfen behaftet: Sie sind im Rahmen des Auftrags vielfach gar nicht mit hinreichender Sicherheit ermittelbar. Dies gilt grundsätzlich auch für die mit einem Beweisbeschluss eines Gerichts oder dem Inhalt der Gerichtsakten vorgegebenen **Anknüpfungstatsachen,** denn

149 LG Mannheim, Urt. vom 29.09.1975 – 4 S 85/75 –, ZMR 1976, 239 = EzGuG 3.56a; von einem auffälligen Missverhältnis bei Überschreitung von 50 % spricht das LG Darmstadt, Urt. vom 14.01.1972 – 2 KLS 2/71 –, NJW 1972, 1244 = EzGuG 3.38a.

150 Schmitz/Krings/Dahlhaus/Meisel, Baukosten, Verlag Wingen 23. Aufl., S. 10.

allein mit solchen Vorgaben ist nicht ausgeschlossen, dass diese nicht mit Unschärfen behaftet sind.

Dies kann verschiedene Gründe haben: **88**

- Der **Sachverständige** ist im Rahmen der vereinbarten Honorierung schon **aufgrund seiner Sachkunde vielfach nicht in der Lage, stets alle bei der Marktwertermittlung des Grundstücks auftretenden Fragen einer eindeutigen Klärung** zuzuführen. Zudem konfligiert das gutachterliche Sachaufklärungsgebot in der Praxis immer wieder mit dem Kompetenzeinhaltungsgebot. Der Sachverständige für Grundstückswerte ist mitunter mit rechtlichen Problemstellungen überfordert. In komplizierten Fällen können die für den Marktwert einer Immobilie maßgeblichen **bau-, miet-, denkmalschutz-, umwelt- oder sonstigen *rechtlichen Gegebenheiten*** nicht immer mit der gebotenen Vertrauenswürdigkeit hinreichend gewürdigt werden. Er ist i.d.R. auch kein Bausachverständiger und auch kein Toxikologe, der Bauschäden, Verunreinigungen oder spezialtechnische Sachverhalte nach Art und Umfang vollständig erfassen kann, insbesondere wenn dafür weitergehende Untersuchungen erforderlich wären.
- Der **Sachverständige ist** im Rahmen der **vereinbarten Honorierung überfordert,** bei Auftragserteilung nicht erkennbare **unsichere Sachverhalte aufgrund des zeitlichen und finanziellen Ermittlungsaufwands einer eindeutigen Klärung zuzuführen**. Dies können z.B. bei großflächigen Bauwerken die für die Marktwertermittlung erforderlichen Flächenberechnungen sein, die nach Art und Umfang einen Auftrag sprengen können (vgl. Teil II Rn. 504).

Sofern die damit verbundenen Unwägbarkeiten nicht durch Hinzuziehung von Spezialisten **89** bzw. der Erweiterung des Auftrags einer Klärung zugeführt werden können oder selbst bei Heranziehung von Spezialisten nicht eindeutig aufgeklärt werden können, ist eine auf unsichere Befundtatsachen gründende Marktwertermittlung zwangsläufig mit einer Unsicherheitsmarge behaftet. Dies gilt im Übrigen auch für Marktwertermittlungen, die sich auf vorgegebene Anknüpfungstatsachen gründen, wenn diese tatsächlich mit Unsicherheiten behaftet sind. Für den Fall, dass Anknüpfungs- und Befundtatsachen und daraus gezogene Schlussfolgerungen des Gutachters mit Unsicherheiten behaftet bleiben müssen, sollten **Sicherheit und Genauigkeit** der **dem Gutachten zugrunde gelegten Tatsachen im Gutachten dargelegt werden**. *Rudolph*[151] *empfiehlt* folgende Abstufungen:

- „an Sicherheit grenzende Wahrscheinlichkeit", d.h. in höchstem Maße wahrscheinlich, ohne dass volle Sicherheit besteht,
- äußerst wahrscheinlich (höchstgradige Wahrscheinlichkeit),
- sehr wahrscheinlich (stark überwiegende Wahrscheinlichkeit),
- wahrscheinlich (überwiegende Wahrscheinlichkeit),
- eher wahrscheinlich (leicht überwiegende Wahrscheinlichkeit),
- unwahrscheinlich (überwiegende Unwahrscheinlichkeit),
- sehr unwahrscheinlich (stark überwiegende Unwahrscheinlichkeit),
- äußerst unwahrscheinlich (höchstgradige Unwahrscheinlichkeit).

151 Mayr in Bayerlein, Praxishandbuch Sachverständigenrecht, 4. Aufl. 2008, S. 456 f.

90 **Künftige Entwicklungen dürfen** nach Maßgabe des § 2 Abs. 1 Satz 2 ImmoWertV i.V.m. § 11 ImmoWertV **nur berücksichtigt werden, wenn sie „mit hinreichender Sicherheit aufgrund konkreter Tatsachen" auch tatsächlich erwartet werden können.** Die Regelung ist darin begründet, dass sich eine Marktwertermittlung nur auf das stützen darf, was ohne spekulative Erwartungen im gewöhnlichen Geschäftsverkehr unter Berücksichtigung der rechtlichen und tatsächlichen Gegebenheiten (z.B. der Situationsgebundenheit) erwartet werden kann[152]. Bei alledem kann die **künftige Entwicklung gleichwohl mit Unsicherheiten behaftet sein**. Ist z.B. mit „hinreichender Sicherheit" zu erwarten, dass eine aufgegebene industrielle oder auch militärische Nutzung künftig als Wohnbauland genutzt werden soll, so können insbesondere die Entwicklungsdauer i.S. des § 11 Abs. 2 ImmoWertV, die konkrete Art der künftigen Wohnnutzung, das Maß der baulichen Nutzung und weitere den Marktwert beeinflussende Parameter mit Unsicherheiten behaftet bleiben[153].
Im Ergebnis muss in solchen Fällen bedacht werden, dass der Marktwert (Verkehrswert) als stichtagsbezogener, aber dennoch zukunftsorientierter Wert mit einer umso höheren Sicherheit und Genauigkeit ermittelt werden kann, je konkreter sich die Zukunft abzeichnet und bei der Wertermittlung berücksichtigt werden kann.

91 Wird der Sachverständige mit der Ermittlung des Marktwerts eines entwicklungsbefangenen Grundstücks beauftragt, obwohl sich die **künftige Nutzung noch nicht „mit hinreichender Sicherheit aufgrund konkreter Tatsachen" abzeichnet, ist er nach den vorgenannten Maßstäben der ImmoWertV praktisch überfordert.** In diesen Fällen kann hilfsweise nach den allgemeinen Grundsätzen der ImmoWertV zur Marktwertermittlung von Grundstücken ein nach vorgegebenen Maßgaben abzuleitender Marktwert (Verkehrswert) ermittelt werden **(Szenariobewertung; Verkehrswertermittlung nach sog. Maßgaben)**, indem z.B. der Auftraggeber

– dem Sachverständigen bestimmte *Vorgaben zur künftigen Nutzung* macht, die dann die Grundlage der Marktwertermittlung des Sachverständigen sind,
– den Sachverständigen zusätzlich beauftragt, die *künftige Nutzbarkeit* unter Einbeziehung und Würdigung aller Gegebenheiten *eigenverantwortlich abzuschätzen* und seiner Marktwertermittlung zugrunde zu legen,
– dem Sachverständigen aufgibt, die *jeweiligen Marktwerte auf der Grundlage alternativer Vorgaben* zu ermitteln.

92 Entsprechend wird in der Praxis auch häufig in den Fällen verfahren, in denen **wesentliche wertbestimmende Grundstücksmerkmale, insbesondere rechtliche, bautechnische, toxikologische und andere Gegebenheiten, nicht eindeutig bestimmt** werden können.

152 BGH, Urt. vom 08.11.1962 – III ZR 86/61 –, BGHZ 39, 198 = EzGuG 8.5; BGH, Urt. vom 25.03.1975 – V ZR 92/74 –, MDR 1977, 827 = EzGuG 4.50; BGH, Urt. vom 28.10.1971 – III ZR 84/70 –, BRS Bd. 37 Nr. 61 = EzGuG 8.37; BGH, Urt. vom 20.12.1963 – III ZR 60/63 –, BGHZ 40, 312 = EzGuG 14.17; BGH, Urt. vom 30.09.1963 – III ZR 59/61 –, NJW 1964, 202 = EzGuG 8.9; BVerwG, Urt. vom 27.01.1967 – 4 C 33/65 –, BVerwGE 26, 111 = EzGuG 8.20; BVerwG, Urt. vom 09.06.1959 – 1 CB 27/58 –, BVerwGE 8, 343 = EzGuG 17.13.

153 Haas, Rechtsfragen der Bodenwertermittlung und Entschädigung. ISW München. Städtebauliche Beträge 1967, Heft 1, S. 224; zu dieser Problematik auch Schmidt-Eichstaedt in DÖV 1978, 130; Gaentzsch, Die Bodenwertabschöpfung im StBauFG, Siegburg 1975, S. 152; Engelken in NJW 1977, 413; Niehans, J., Die Preisbildung bei unsicheren Erwartungen, SZVS 1948, 433; Wittmann, Der Wertbegriff in der Betriebswirtschaftslehre, Köln 1956, S. 84.

Abb. 7: Alternative Vorgehensweisen bei unscharfen Befundtatsachen (Szenariobewertung)

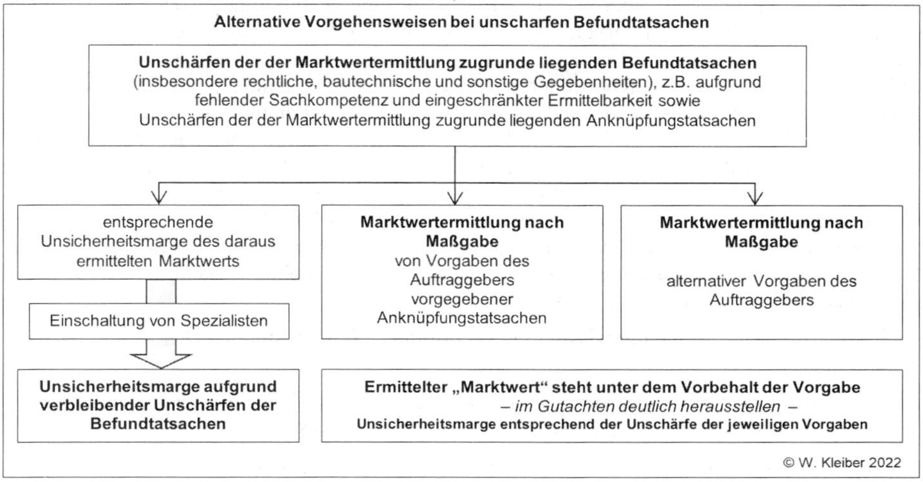

In allen diesen Fällen muss im Gutachten verdeutlicht werden, dass der so ermittelte **„Marktwert" unter** dem **Vorbehalt** der vorgegebenen Grundlage steht. Die Unschärfen, die den Vorgaben anhaften, schlagen auf den daraus ermittelten „Marktwert" durch. Gutachten, die auf der Grundlage davon abweichender Vorgaben erstattet werden, können im Übrigen zwangsläufig sogar zu deutlich abweichenden „Marktwerten" führen. 93

1.2.3.3 Wertermittlungs- bzw. Schätzungsspielraum

▶ *Vgl. Rn. 72; Teil VI Rn. 298, 555, 655*

Im Hinblick auf eine gerichtliche Kontrolle insbesondere von Wertermittlungen, die **Grundlage hoheitlichen Handelns sind**, findet in der Gerichtspraxis nur eine eingeschränkte gerichtliche Kontrolle in Form einer Plausibilitätskontrolle statt. Diese steht in einem Spannungsverhältnis zur Rechtsschutzgarantie des Art. 19 Abs. 4 Satz 1 GG, nach dem Verwaltungshandeln grundsätzlich einer vollständigen gerichtlichen Nachprüfbarkeit in rechtlicher und tatsächlicher Hinsicht unterliegt. 94
Da sich der Verkehrswert eines Objekts nicht anhand einer Berechnungsformel oder einer anderen naturwissenschaftlichen Methode genau berechnen lässt, sind im Rahmen der Überprüfung von Wertgutachten innerhalb eines „Wertermittlungsspielraums" von bis zu 30 % abweichende Gutachten in der Rechtsprechung toleriert worden[154].
In diesem Zusammenhang ist auf die Rechtsprechung zur „Abschöpfung" sanierungs- bzw. entwicklungsbedingter Bodenwerterhöhungen durch Ausgleichsbeträge nach den §§ 154 f. BauGB hinzuweisen. In der einschlägigen Rechtsprechung[155] ist den Gemeinden schon seit

---

154 OLG Hamm, Urt. vom 15.01.2009 – 22 U 39/08 –, EzGuG 11.671; OLG Karlsruhe, Urt. vom 30.05.2014 – 4 U 248/13 –, EzGuG 11,1184.

155 BVerwG, Urt. vom 27.11.2014 – 4 C 31/13 –, GuG 2915, 313 = EzGuG 15.159; BVerwG, Beschl. vom 16.11.2004 – 4 B 71/04 –, GuG 2005, 248 = EzGuG 15.114; OVG Berlin-Brandenburg, Urt. vom 27.01.2022 – 10 B 6/19 –, EzGuG 15.230; OVG Berlin-Brandenburg, Beschl. vom 22.04.2021 – 10 S 36/19 –; OVG Berlin-Brandenburg, Urt. vom 11.10.2018 – 2 B 2/16 –, IBRRS 2019, 0856 = EzGuG 15, 203; OVG Berlin-Brandenburg, Beschl. vom 10.07.2017 – 2 B 1/16 –,GuG 2018, 58 = EzGuG 15.190; OVG Berlin-Brandenburg, Beschl. vom 14.03.2016 – 10 S 9/16 –, GuG 2016, 404 = EzGuG 15.174; OVG Berlin-Brandenburg, Beschl. vom 11.03.2014 –- 10 S 1/14 –, EzGuG 15.151; OVG Berlin-Brandenburg, Beschl. vom 21.06.2010 – 2 S 23/10 –, EzGuG 15.128h; OVG Berlin-Brandenburg, Urt. vom 05.11.2009 – 2 B 7/07 –, NJW-Spezial 2010, 398 = EzGuG 15.127a; OVG Berlin-Brandenburg, Urt. vom 24.08.2006 – 10 S 7/06 –, EzGuG 15.119b; OVG Hamburg, Urt. vom 26.01.2017 – 3 Bf 52/15 –, GuG 2018, 62 = EzGuG 15.186; OVG Hamburg, Urt. vom 21.06.2016 – 3 Bf 54/15 –; OVG

jeher ein **Wertermittlungs- bzw. Schätzungsspielraum** bei der Bemessung des sanierungsrechtlichen Ausgleichsbetrags zugesprochen worden. So ließen sich Anfangs- und Endwert nicht einfach „ausrechnen" oder in ihrer Höhe einer Tabelle entnehmen, sondern gingen aus einem Ermittlungsverfahren hervor, das zumindest praktisch vielfältig Gelegenheit bietet, so oder anders vorzugehen.
Jeder Wertermittlung haften in besonderem Maße wertende Elemente an und diese Wertungen könnten nicht richtig oder falsch, sondern nur vertretbar oder eben nicht vertretbar vorgenommen werden[156]. Deshalb seien Wertermittlungen zur Erhebung von Ausgleichsbeträgen einer gerichtlichen (Rechts-)Kontrolle nicht vollständig zugänglich[157]. Dementsprechend könnte die Entscheidung der Gemeinden gerichtlich nur überprüft werden, ob sie sich im Rahmen dessen hält, was der Schätzungsspielraum als rechtlich vertretbar zulässt[158].
Die Rechtsprechung leitet den Wertermittlungsspielraum nicht aus einer normativen Ermächtigung, sondern durch Auslegung des BauGB und der allgemeinen Erkenntnis ab, dass die Marktwertermittlung von Grundstücken

- **immer nur eine mit Ungewissheiten verbundene Schätzung** (vgl. Rn. 70)[159] darstellt und
- Erfahrung und Sachkunde voraussetzt, über die ein insoweit nicht sachkundiges Gericht weniger verfügt als die Mitglieder der Gutachterausschüsse.

95 In der Rechtsprechung wird dieser Wertermittlungsspielraum ausdrücklich nur den Gutachterausschüssen für Grundstückswerte eingeräumt und wurde damit begründet, dass es sich hierbei um ein gesetzlich legitimiertes selbstständiges und weisungsunabhängiges Sachverständigengremium mit besonderer fachlicher Legitimation handele. Normativ ist den Gemeinden gleichwohl nicht verwehrt, auch andere Personen und Stellen zu beauftragen. Dabei muss deren besondere Sachkunde, Erfahrung und Unabhängigkeit gewährleistet und gegebenenfalls nachweisbar sein. Dementsprechend werden in der breiten Praxis auch freischaffende und unabhängige Sachverständige, die die erforderliche besondere Sachkunde gewährleisten, im Zuge der Durchführung städtebaulicher Sanierungs- und Entwicklungsmaßnahmen damit beauftragt, die erforderlichen Grundstückswerte (Anfangs- und Endwerte, sanierungsunbeeinflusste Bodenwerte und Neuordnungswerte) zu ermitteln.
Verkehrswerte sind nach vorstehenden Ausführungen nicht mathematisch exakt ermittelbar und stets mit einer mehr und minder großen Unschärfe verbunden. Dies ist der eigentliche sich einer gerichtlichen Kontrolle entziehende Wertermittlungs- bzw. Schätzungsspielraum. Vor diesem Hintergrund stellt die Verkehrswertermittlung, wie die Rechtsprechung herausstellt, immer nur eine Schätzung dar. Dies gilt gleichermaßen für Marktwertermittlungen der Gutachterausschüsse für Grundstücke und anderer Personen und Stellen, die gleichermaßen die erforderliche besondere Sachkunde, Erfahrung und Unabhängigkeit haben. In personell-institutioneller Hinsicht darf sich deshalb der Wertermittlungsspielraum nicht auf die Marktwerter-

---

Fortsetzung Fußnote 155
Hamburg, Urt. vom 16.04.2015 – 4 Bf 66/13 –, GuG 2016, 269 = EzGuG 15.163; OVG Koblenz, Urt. vom 14.09.2004 – 6 A 10530/04 –, GuG-aktuell 2005, 39 = EzGuG 15.111e; OVG Berlin-Brandenburg, Beschl. vom 05.11.2009 – 2 B 7/07, EzGuG 15.111e; VGH Kassel, Urt. vom 20.06.2013 – 3 A 1832/11 –, GuG 2014, 127 = EzGuG 15.146; OVG Hamburg, Urt. vom 26.01.2017 – 3 Bf 52/15 –, GuG 2018, 62 = EzGuG 15.186; OVG Hamburg, Urt. vom 16.04.2015 – 4 Bf 66/13 –, GuG 2015, 269 = EzGuG 15.163; OVG Bautzen, Beschl. vom 25.07.2018 – 1 B 210/18 –; OVG Bautzen, Urt. vom 17.06.2004 – 1 B 854/02 –, GuG 2004, 248 = EzGuG 15.111; OVG Münster, Urt. vom 09.04.1990 – 22 A 1185/89 –, GuG 1991, 31 = EzGuG 15.67, so schon VG Münster, Urt. vom 18.02.1988 – 3 K 2268/85 –, GuG 1991, 31 = EzGuG 15.60.

156 Vgl. die Rechtsprechung zur sanierungsrechtlichen Preisprüfung (Teil VI Rn. 298 ff.).

157 Fehlerhafte Schätzungen können auf der Grundlage des Prozessrechts gemäß § 173 VwGO i.V.m. § 287 Abs. 2 ZPO durch eine eigene Schätzung ersetzt werden. Vgl. hierzu BFH, Urt. vom 02.02.1982 – VIII R 65/80 –, BFHE 135. 158 = BStBl II 1982, 409 = EzGuG 20.93b; OVG Münster, Urt. vom 17.03.1977 – 13 A 424/76 –, DGemStZ 1978, 59 ff.

158 BVerwG, Urt. vom 17.05.2002 – 4 C 6/01 –, GuG 2002, 314 = EzGuG 15.105; OVG Berlin-Brandenburg, Urt. vom 11.10.2018 – 2 B 2/16 –, IBRRS 2019, 0856 = EzGuG 15.203; OVG Münster, Urt. vom 09.04.1990 – 22 A 1185/89 –, GuG 1991, 31 = EzGuG 15.67; BGH, Urt. vom 14.03.2002 – III ZR 320/00 –, GuG 2002, 249 = EzGuG 18.118.

159 OVG Bautzen, Urt. vom 04.04.2002 – 7 D 35/01 F –.

mittlung durch den Gutachterausschuss für Grundstückswerte beschränken. Dies gilt insbesondere dann, wenn die Aufgabe der beauftragten Sachverständigen bzw. Stellen allein darauf beschränkt ist, im Rahmen einer vom Gutachterausschuss für Grundstückswerte bestätigten Wertermittlungsmethode (z.B. Zielbaumverfahren), erforderliche städtebauliche Feststellungen und Bewertungen vorzunehmen[160].

In der obergerichtlichen Rechtsprechung haben bislang kleine Bedenken bestanden, dass sich die Gemeinden bei der Bemessung von Ausgleichsbeträgen nach § 154 BauGB auf Wertbeurteilungen der Geschäftsstelle des Gutachterausschusses gestützt haben[161]. Dabei hat es sich allerdings um sog. „*flankierende*“ Bewertungen gehandelt, bei der der Ausgleichsbetrag (Anfangs- und Endwerte) auf der Grundlage des von dem Gutachterausschuss für Grundstückswerte abgeleiteten Bodenrichtwerten i.V.m. dem ebenfalls vom Gutachterausschuss abgeleiteten Zielbaumverfahren ermittelt wurde. Dementsprechend beschränkt sich die Tätigkeit der Geschäftsstelle des Gutachterausschusses im Wesentlichen auf **96**

- die Feststellung des Sachverhalts, insbesondere der Anknüpfungstatsachen (Zustandsfeststellungen) und
- die Ermittlung der prozentualen Wertrelevanz der jeweiligen Haupt- und Unterkriterien der Zielbaummatrix.

Diese sind erforderlich, um Gutachten darzulegen, und unterliegen, ebenso wie das zur Anwendung kommende Wertermittlungsverfahren, der richterlichen Nachvollziehbarkeitskontrolle.

Die Geschäftsstellen des Gutachterausschusses sind ein Organ des Gutachterausschusses, die nach § 192 Abs. 4 BauGB den unabhängigen und selbstständigen Gutachterausschuss nach dessen Weisungen unterstützen. Die Tätigkeit der Bediensteten einer Geschäftsstelle des Gutachterausschusses ist breit gefächert. Sie reicht von der Erhebung von Daten im Zuge der Auswertung von Kaufverträgen, besonderen Fähigkeiten der Datenverarbeitung, der Ableitung von erforderlichen Daten der Wertermittlung, Feststellungen des Sachverhalts[162] bis hin zur Gutachtenerstellung zur Vorbereitung von Sitzungen des Gutachterausschusses. Die Bediensteten der Geschäftsstelle des Gutachterausschusses (in ihrer Gesamtheit) müssen dafür nicht die für die eigenständige Erstattung von Gutachten erforderliche Sachkunde und Erfahrung aufweisen. Gleichwohl kann es nicht ausbleiben, dass bei langjähriger Befassung mit der Auswertung der Kaufpreissammlung, der Ableitung erforderlicher Daten und insbesondere der Ausarbeitung von Gutachten in der Geschäftsstelle des Gutachterausschusses besonders qualifizierte Bedienstete die notwendige Sachkunde und Erfahrung erwerben und mitunter bessere Voraussetzungen für fundierte Wertermittlungen mitbringen als freischaffende Sachverständige. Dies ist darin begründet, dass sie aufgrund ihrer Nähe zur Führung und Auswertung der Kaufpreissammlung einschließlich der Ableitung erforderlicher Daten die Lage auf dem Grundstücksmarkt besonders gut einschätzen können und damit eine markt- und modellkonforme Wertermittlung gewährleistet ist.

Die für die Erstattung von Gutachten erforderliche Sachkunde und Erfahrung kann vor diesem Hintergrund bei einzelnen Mitarbeitern gegeben sein, insbesondere wenn sie dafür die einschlägige Ausbildung vorweisen können. Die Beauftragung der „Geschäftsstelle des Gutachterausschusses“ kann sich entsprechend dem Höchstpersönlichkeitsgrundsatz nur an einzelne Mitarbeiter richten, die diese Voraussetzungen erfüllen.

Die Geschäftsstellen des Gutachterausschusses sind in den Verwaltungsaufbau der Gebietskörperschaft eingegliedert, für den der Gutachterausschuss gebildet wurde. Dass im Falle einer direkten Beauftragung eines sachkundigen Mitarbeiters der Geschäftsstelle als „Sachverständiger“, z.B. durch eine weisungsbefugte Festsetzungsstelle, mit der sachverständigen Ermittlung eines Ausgleichsbetrags dieser gerade deshalb beauftragt wird, weil die Festsetzungsstelle die für die Ermittlung der maßgeblichen Werte erforderli-

---

160 OVG Berlin-Brandenburg, Beschl. vom 22.04.2021 – 10 S 36/19 –.

161 OVG Hamburg, Urt. vom 02.02.2012 – 4 Bf 75/09 –, GuG 2013, 246 = EzGuG 15.137; OVG Hamburg, Urt. vom 16.04.2015 – 4 Bf 66/13 –, BauR 2015, 1459 = EzGuG 15.163; OVG Hamburg, Urt. vom 21.06.2016 – 3 Bf 54/15 –, BauR 2017, 247 = EzGuG 15.176; VGH Kassel, Urt. vom 20.06.2013 – 3 A 1832/11 –, GuG 2014, 127 = EzGuG 15.146; OVG Münster, Urt. vom 09.04.1990 – 22 A 1185/89 –, GuG 1881, 31 = EzGuG 15.67.

162 OLG Stuttgart, Urt. vom 25.11.1993 – 1 Ws 232/93 –, Rpfleger 1994, 183 = EzGuG 11.207e.

che Sachkunde und Erfahrung selbst nicht hat, schließt konkludent Weisungen auch dann aus, wenn dies nicht zur Vermeidung des Anscheins der Befangenheit[163] ausdrücklich vereinbart wurde.

97 An der Rechtsprechung zum Wertermittlungsspielraum sind zahlreiche Klagen gegen die angewandten Wertermittlungsverfahren (z.B. Zielbaum- bzw. Multifaktorenverfahren; Hagedorn-Methode) und die Höhe des ermittelten Ausgleichsbetrags gescheitert. Nach der Dogmatik der Entscheidungsspielräume soll die richterliche Kontrolle umfassend bleiben, solange beispielsweise die Heranziehung sachverständiger Hilfe vernünftigerweise die Klärung der Sachfrage erwarten lässt. Von daher wird beklagt, dass mit Hinweis auf die vorgenannte Rechtsprechung nicht – wie sonst üblich – von der Möglichkeit Gebrauch gemacht wird, einen Sachverständigen als „Gehilfen des Richters" hinzuzuziehen.
Dass im Rahmen der gerichtlichen Kontrolle Wertermittlungen nur beanstandet werden, wenn die Grenzen der „Wertermittlungsspielräume" überschritten werden, darf nicht dahingehend missbraucht werden, dass ein Parteigutachter bei der Ermittlung von Verkehrswerten auch die für die maßgeblichen Ausgangsparameter bestehende „Wertermittlungsspielräume" in der Weise ausnutzt, dass sich ein besonders niedriger oder hoher „Verkehrswert" ergibt. Grundsätzlich müssen diese in fundierter Weise in der jeweils „wahrscheinlichsten" Höhe in die Marktwertermittlung eingehen, d.h. auf der Grundlage des ausgewogenen Mittels der zum Vergleich herangezogenen Daten.

1.2.4 Auf- oder Abrundung

Schrifttum: *Roesch, A.*, Rundungsregeln bei geschätzten Marktwerten, GuG 2015, 222.

▶ *Vgl. § 194 BauGB Rn. 59*

98 Grundsätzlich ist bei der Marktwertermittlung von Grundstücken zu unterscheiden zwischen Rundungen bei den einzelnen Rechenschritten und der Rundung des Gesamtergebnisses. Die früher bei „händischer" Marktwertermittlung vorgenommenen Rundungen der Zwischenergebnisse waren in erster Linie in den „Rechenerleichterungen" begründet. Darüber hinaus sollten diese Rundungen dem Leser eines Gutachtens signalisieren, dass sich auch die Zwischenergebnisse i.d.R. nicht mit „Centgenauigkeit" ermitteln lassen.
Bei der heute üblichen computerbasierten Marktwertermittlung ergeben sich durch Rundungen der Zwischenergebnisse keine Rechenerleichterungen; es können sich vielmehr Verfälschungen des Rechenergebnisses ergeben, wenn z.B. mehrfach vornehmlich auf- oder abgerundet wird, was sich dann „aufschaukeln" kann. Aus diesem Grunde sollte grundsätzlich **auf Ab- und Aufrundungen der Zwischenergebnisse verzichtet** werden und nur noch das Gesamtergebnis auf- bzw. abgerundet werden[164].
Dies entspricht dem allgemeinen Marktgeschehen, denn im gewöhnlichen Geschäftsverkehr sind Marktwerte mit **„Centgenauigkeit"** höchst ungewöhnlich. Folgende **Auf- und Abrundungen** *(rounding)* sind gebräuchlich (Abb. 8).

Abb. 8: Auf- oder Abrundung bei der Marktwertermittlung

Auf- oder Abrundung der Marktwertermittlung	
Höhe des Verkehrswerts	**Höhe des Verkehrswerts**
bis 10 000 € 10 000 bis 500 000 € 500 000 bis 1 000 000 € über 1 000 000 €	volle Hunderter volle Tausender volle Zehntausender volle Hunderttausender
	© W. Kleiber 2024

163 Zur Befangenheit vgl. auch OVG Berlin-Brandenburg, Beschl. vom 22.04.2021 – 10 S 36/19 –.
164 Vgl. auch OLG Koblenz, Urt. vom 20.02.2009 – 10 U 57/05 –, EzGuG 20.207b.

Nach DIN 1333 wird im Falle einer Rundestelle, d.h. der letzten Stelle, die nach dem Runden noch beider Zahl verbleibt, mit den Ziffern 0 bis 4 abgerundet und bei den Ziffern 5 bis 9 aufgerundet.

In der Gutachterpraxis können die **mit „Centgenauigkeit" ausgeworfenen Zwischenergebnisse** einen falschen Eindruck über die Leistungsfähigkeit der Marktwertermittlung erwecken, z.B. wenn der Sachverständige gleichzeitig ein unbedeutendes Recht am Grundstück allein mit dem Hinweis abhandelt, dass es in der Aus- bzw. Abrundung des Gesamtergebnisses „aufgeht". Von daher kann es sinnvoll sein, in den Vorbemerkungen zum Gutachten darauf hinzuweisen, dass die Zwischenergebnisse lediglich eine rechentechnische Genauigkeit abbilden. Darüber hinaus können einzelne Zwischenergebnisse (plakativ) auch ab- bzw. aufgerundet ausgeworfen werden, ohne dass mit diesen Werten weitergerechnet wird.

1.2.5 Konsistenz der Marktwertermittlung

▶ *Zum Beleihungswert vgl. Rn. 168*

Mit dem vorstehend angesprochenen sprachlichen Problem steht auch die Frage nach der zeitlichen Konsistenz einer stichtagsbezogenen Marktwertermittlung im Zusammenhang. Dies ist z.B. in den Fällen von Bedeutung, in denen sich Kaufverhandlungen auf der Grundlage eines vorher erstellten Marktwertgutachtens über eine längere Zeit hinziehen. **99**
Grundsätzlich ist eine Marktwertermittlung solange konsistent, wie sich die maßgeblichen Wertermittlungsparameter und ihr Einfluss auf die allgemeinen Wertverhältnisse nicht unerheblich geändert haben. Der Zeitraum der Konsistenz einer stichtagsbezogenen Marktwertermittlung ist von der jeweiligen Lage auf dem örtlichen Grundstücksmarkt abhängig.
Nr. 3.1 der TLG -Verkaufsrichtlinie[165] hat **Marktwertgutachten als Entscheidungsgrundlage für den Grundstücksverkauf** grundsätzlich **eine sich auf 8 Monate erstreckende Gültigkeit** beigemessen, wobei dieser Zeitraum für *Berlin* allerdings auf vier Monate beschränkt wurde[166]. Der Zeitraum soll sich nach dem Wertermittlungsstichtag und dem Beurkundungstag bemessen und ist durchaus realistisch, wenn man einmal von dem Sonderfall sich kurzfristig und zugleich nachhaltig verändernder allgemeiner Wertverhältnisse auf dem Grundstücksmarkt absieht.

1.2.6 Missverhältnis zwischen Leistung und Gegenleistung im Immobilienwesen

Schrifttum: *Cuypers*, IBR 1992, 121; *Klose*, IBR 2004, 654; *Kummer*, jurisPR-BGHZivilR 32/2004; *Ulrich, J.*, Immobilienkauf und Gutachten, Vergleichswert oder Ertragswert? GuG 2014, 5; *Schwenker*, IMR 2013, 33.

▶ *Vgl. § 3 ImmoWertV Rn. 21; § 195 BauGB Rn. 83*

Nach der Rechtsprechung des BGH sind Rechtsgeschäfte bei einem **besonders groben Missverhältnis zwischen Leistung und Gegenleistung** sittenwidrig. In derartigen Fällen der Sittenwidrigkeit des Rechtsgeschäftes darf vom Notar die Beurkundung des Rechtsgeschäfts nicht vorgenommen werden. Ein im Vorfeld der Baulandausweisung geschlossener städtebaulicher Vertrag ist nichtig, wenn die Gemeinde ein Grundstück unter dem bei der Annahme geltenden Verkehrswert erwirbt[167]. **100**

Von einem **sittenwidrigen Missverhältnis zwischen dem Marktwert einer Immobilie und dem dafür als Gegenleistung vereinbarten Kaufpreis** spricht der BGH, wenn der verein- **101**

165 TLG-Verkaufsrichtlinie (Stand 10.02.1996), abgedruckt bei Bielenberg/Kleiber/Söfker, Vermögensrecht, Jehle Rehm, II 04.02.13.

166 Für Gutachten eines Mieterhöhungsverlangens wurde vom LG Berlin (Urt. vom 03.02.1998 – 63 S 364/97 –, NJW-RR 1999, 91 = EzGuG 11.262) von einer zweijährigen Aktualität des Gutachtens ausgegangen.

167 OLG München, Beschl. vom 12.04.1999 – 31 U 5443/98 –, ZfIR 2000, 389 = EzGuG 12.125.

barte Kaufpreis vom tatsächlichen Verkehrswert um mehr als 100 % abweicht[168] und dies offenkundig ist. Von einer die subjektiven Voraussetzungen der Sittenwidrigkeit begründenden Vermutung kann erst ausgegangen werden, wenn der Wert der Leistung knapp doppelt so hoch ist wie der Wert der Gegenleistung[169]; ein den Wert der Sache um 80 % übersteigenden Preis soll jedoch noch keine die Vermutung begründendes Missverhältnis darstellen[170]. Ein grobes Missverhältnis zwischen Leistung und Gegenleistung kann in folgenden Fällen auftreten:

- bei (gemischten) Schenkungen[171],
- bei Miet- und Pachtverhältnissen (Verhältnis der Vermieterleistung zur gezahlten Miete; zur Pachtwertmethode (EOP-Methode), vgl. Syst. Darst. des Ertragswertverfahrens Rn. 56[172],
- bei Zwangsversteigerungen im Verhältnis zwischen Grundstückswert und Meistgebot[173],
- bei Erbbaurechten (Verhältnis zwischen dem dem Grundstückswert angemessenen und dem tatsächlichen Erbbauzins)[174],
- bei Denkmälern (Verhältnis zwischen Erhaltungsaufwand und Verkehrswert bei Erhaltungsgebot)[175],
- bei Bierbezugsverträgen[176],
- bei Abfindungen eines Gesellschafters bei dessen Ausscheiden aus der Gesellschaft[177].

102 Im **Grundstücksverkehr mit land- oder forstwirtschaftlichen Grundstücken** ist bei Vorliegen eines groben Missverhältnisses zwischen Leistung und Gegenleistung das Rechtsgeschäft nach § 9 Abs. 1 Nr. 3 GrdstVG nicht genehmigungsfähig[178]. Dieser Fall ist i.d.R. gegeben, wenn der Verkehrswert um mehr als 50 % überschritten wird, jedoch soll auch in diesem Fall nicht schematisch nach Prozentsätzen, sondern unter Berücksichtigung des Einzelfalls

168 BGH, Urt. vom 10.02.2012 – V ZR 51/11 –, GuG 2013, 188 = EzGuG 12.137; BGH, Urt. vom 09.10.2009 – V ZR 178/08 –, NJW 2010, 363 = EzGuG 12.133b; BGH, Beschl. vom 02.04.2009 – V ZR 177/08 –, NJW-RR 2009, 1236 = EzGuG 12.133a; BGH, Urt. vom 02.07.2004 – V ZR 213/03 –, BGHZ 160, 8 = EzGuG 19.49e; BGH, Urt. vom 27.09.2002 – V ZR 218/01 –, NJW 2003, 284 = EzGuG 12.125c; BGH, Urt. vom 19.07.2002 – V ZR 240/01 –, NJW 2002, 3165 = EzGuG 19.48e; BGH, Urt. vom 08.12.2000 – V ZR 270/99 –, EzGuG 12.125c; BGH, Urt. vom 08.11.1991 – V ZR 160/90 –, NJW 1992, 892 = EzGuG 3.103; BGH, Urt. vom 08.11.1991 – V ZR 2260/90 –, NJW 1992, 899 = EzGuG 12.96; BGH, Urt. vom 18.01.1991 – V ZR 171/89 –, NJW-RR 1991, 589 = EzGuG 12.80a; BGH, Urt. vom 18.01.1985 – V ZR 123/83 –, WM 1985, 948 = EzGuG 12.40; BGH, Urt. vom 30.03.1984 – V ZR 61/83 –, WM 1984, 874 = EzGuG 12.37a; BGH, Urt. vom 30.01.1981 – V ZR 7/80 –, WM 1981, 404 = EzGuG 12.29e; BGH, Urt. vom 18.01.1980 – V ZR 34/78 –, WM 1980, 597 = EzGuG 12.26; KG, Urt. vom 15.06.2012 – 11 U 18/11 –, IMR 2013, 34 = EzGuG 19.57b; OLG Celle, Urt. vom 30.08.2012 – 13 U 135/11 –, MDR 2012, 1402 = EzGuG 12.138; LG Berlin, Urt. vom 03.12.1991 – 20 O 388/91 –, AgrarR 1992, 105 = EzGuG 12.99.

169 BGH, Beschl. vom 08.01.2019 – XI ZR 535/17 –, GuG 2019, 252 = EzGuG 20.290; BGH, Urt. vom 02.07.2004 – V ZR 213/03 –, BGHZ 160, 8 = GuG 2019, 252 = EzGuG 19.48e; BGH, Urt. vom 18.03.2003 – XI ZR 188/02 –, NJW 2003, 1088 = EzGuG 12.127b; BGH, Urt. vom 12.11.2002 – XI ZR 3/01 –, WM 2003, 61 = EzGuG 12.127a; BGH, Urt. vom 19.01.2001 – V ZR 437/99 –, BGHZ 146, 298 = EzGuG 12.125c.

170 BGH, Urt. vom 20.05.2003 – XI ZR 248/02 –, NJW 2003, 2529 = EzGuG 12.127c.

171 OLG Köln, Urt. vom 26.03.1992 – 18 U 123/91 –, AgrarR 1993, 1 = EzGuG 12.106b.

172 LG Köln, Urt. vom 18.02.1975 – 39-2/74 –, WuM 1976, 34 = EzGuG 3.55a; LG Darmstadt, Urt. vom 14.01.1972 – 2 Kla 2/71 –, NJW 1972, 1244 = EzGuG 3.38a; OLG Köln, Urt. vom 22.08.1978 – 1 Ss 381/78 –, WuM 1980, 36 = EzGuG 20,77; OLG Frankfurt am Main, Beschl. vom 01.06.1994 – 2 Ws (B) 335/94 –, GuG 1995, 125 = EzGuG 20.151; zur EOP-Methode: BGH, Urt. vom 13.06.2001 – XII ZR 49/99 –, GuG 2001, 303 = EzGuG 10.178; OLG Stuttgart, Beschl. vom 19.06.2001 – 5 U 121/00 –, EzGuG 20.179 = GuG 2001, 313.

173 BVerfG, Beschl. vom 07.12.1977 – 1 BvR 734/77 –, BVerfGE 46, 325 = EzGuG 19.33.

174 BGH, Urt. vom 05.10.2001 – V ZR 237/00 –, GuG 2002, 113 = EzGuG 7.133; BGH, Urt. vom 20.10.1972 – V ZR 196/71 –, WM 1973, 42 = EzGuG 7.31a; OLG Celle, Urt. vom 20.02.1962 – 4 U 184/61 –, AVN 1968, 125 = EzGuG 7.6; OLG Hamburg, Urt. vom 22.02.1972 – 4 U 155/73 –, MDR 1973, 851 = EzGuG 7.32.

175 VGH München, Beschl. vom 05.05.1980 – 14 CS 80 A.99 –, EzGuG 5.8a.

176 BGH, Urt. vom 07.10.1970 – VIII ZR 202/68 –, WM 1970, 1402 = EzGuG 14.41a.

177 BGH, Urt. vom 16.12.1991 – II ZR 58/91 –, BGHZ 116, 359 = EzGuG 20.138.

178 BGH, Beschl. vom 02.07.1968 – V Blw 10/68 –, BGHZ 50, 297 = EzGuG 19.14; BGH, Urt. vom 27.04.2001 – BLw 14/00 –, NJW-RR 2001, 1021 = EzGuG 19.48; OLG Frankfurt am Main, Beschl. vom 15.09.1955 – 6 Wb 26/54 –, RdL 1955, 309 = EzGuG 12.1.

entschieden werden[179]. Dabei ist nicht mehr auf den innerlandwirtschaftlichen Grundstücksverkehr abzustellen, sondern auf den Marktwert, der sich auch unter Berücksichtigung von Kaufpreisen ergibt, die Nichtlandwirte gezahlt haben[180].

1.3 Immobilienwertermittlungsverordnung (ImmoWertV)

1.3.1 Rechtsgrundlagen

Schrifttum: *Gottschalk, G.-J.*, Immobilienwertermittlung, 3. Aufl. 2014; *Petersen/Schnoor/Seitz/Vogel*, Verkehrswertermittlung von Immobilien, 2. Aufl. 2013. *Zimmermann, P.*, ImmoWertV, München 2010.

▶ *Zu den Ermächtigungsgrundlagen vgl. Vorbem. zum BauGB Rn. 4 ff.; zum Inkrafttreten § 199 BauGB Rn. 4 ff.; zur Ermächtigung von Regelungen über die Verkehrswertermittlung in Sanierungsgebieten und Entwicklungsbereichen § 199 BauGB Rn. 4, 18 ff.; Teil VI Rn. 271 ff.*

Das Recht der Wertermittlung ist im Baugesetzbuch – BauGB – im ersten Teil des dritten Kapitels (§§ 192 bis 199 BauGB) geregelt. Die §§ 192 ff. BauGB enthalten im Wesentlichen Regelungen über die **Einrichtung der Gutachterausschüsse für Grundstückswerte und deren Aufgaben, die materielle Definition des** im Städtebaurecht maßgeblichen **Marktwerts (Verkehrswerts) von Grundstücken sowie** die **Ermächtigungsgrundlagen** zum Erlass von Vorschriften über **103**

a) die Anwendung gleicher Grundsätze bei der **Ermittlung der Verkehrswerte** (Immobilienwertermittlungsverordnung) und **die Ableitung der für die Wertermittlung „erforderlichen" Daten einschließlich der Bodenrichtwerte** durch die Bundesregierung (§ 199 Abs. 1 BauGB) und

b) die Bildung und das Tätigwerden von **Gutachterausschüssen, Oberen Gutachterausschüssen und Zentralen Geschäftsstellen** (Gutachterausschussverordnung) durch die Landesregierungen.

Es bleibt fraglich, ob es einer besonderen Ermächtigung zum Erlass von Vorschriften über die Ableitung der für die Wertermittlung erforderlichen Daten überhaupt bedarf, da diese zum Zwecke der Verkehrswertermittlung abgeleitet werden und insoweit unter die dafür einschlägige Ermächtigung fallen. Dass gleiche Grundsätze auch hierfür gelten müssen, wenn Wertermittlungen und ihre Ergebnisse im Interesse einheitlicher Lebens- und Wirtschaftsverhältnisse bundesweit vergleichbar sein sollen, ist selbstverständlich. Die ausdrückliche Erwähnung der „Ableitung erforderlicher Daten" kann deshalb nur als Klarstellung angesehen werden. **104**

Die **Gesetzgebungskompetenz des Bundes** zum Erlass von Vorschriften über die Wertermittlung von Grundstücken stützt sich auf Art. 74 Nr. 18 GG. Das Bundesverfassungsgericht – BVerfG – hatte im Jahre 1954 auf Antrag des Bundestags, des Bundesrates und der Bundesregierung ein Gutachten über die Erfordernisse der Bau- und Bodengesetzgebung erstattet und führt hierin wie folgt aus: „Bodenbewertung kann nicht Selbstzweck sein. Sie ist für die verschiedensten Zwecke erforderlich, außer für die in dem Gutachtenantrag genannten bau- und bodenrechtlichen Vorgänge, z.B. auch für die Vermögensteuer, die Grundsteuer und die Grunderwerbsteuer. Sie stellt daher kein selbstständiges Rechtsgebiet dar. Darum ist eine Zuständigkeit des Bundes zur Gesetzgebung über die Bodenbewertung nur so weit zu bejahen, als diese im Zusammenhang steht mit Materien, für die eine Gesetzgebungszuständigkeit des Bundes gegeben ist. Soweit in diesem Gutachten die Bundeszugehörigkeit für einzelne Materien bejaht ist, ist daher auch die Zuständigkeit des Bundes für die Gesetzgebung über Boden- **105**

179 OLG Stuttgart, Beschl. vom 29.11.1965 – 10 WLw 21/65 –, RdL 1966, 98 = EzGuG 19.8a.
180 BGH, Beschl. vom 29.04.2016 – BLw 2/12 –, GuG 2016, 335 = EzGuG 19.80; OLG Celle, Beschl. vom 12.01.2017 – 7 W 48/16 –, GuG-aktuell 2018 = EzGuG 20.254.

bewertung gegeben; sie kann einheitlich oder für die einzelnen Materien gesondert geregelt werden“[181].

Abb. 9: Rechtsgrundlagen der Verkehrswertermittlung

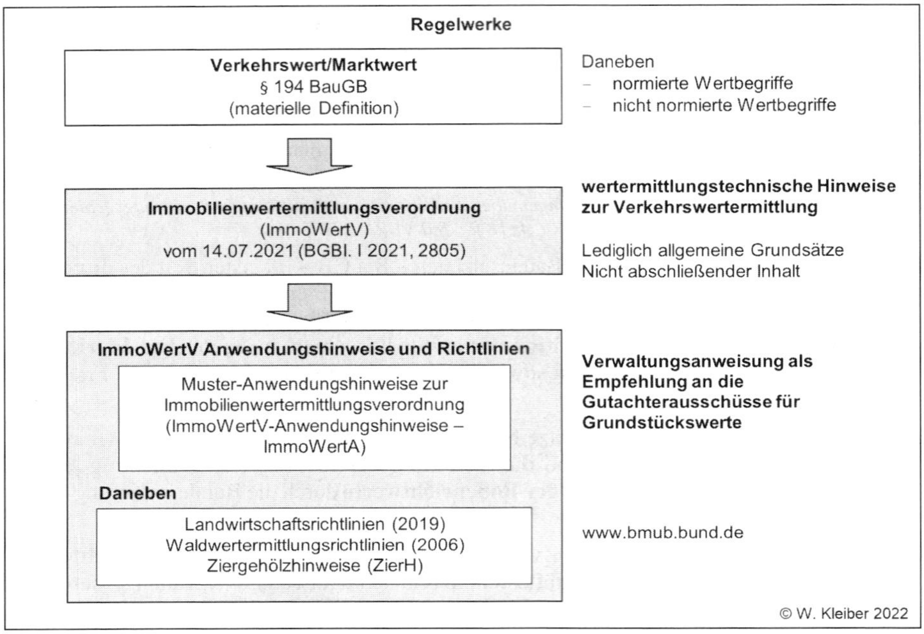

106 Die Bundesregierung hat die Ermittlung des Verkehrswerts (Marktwerts) und die Ableitung der für die Wertermittlung „erforderlichen“ Daten einschließlich der Bodenrichtwerte erstmals in der **am 01.07.2010 in Kraft getretenen Immobilienwertermittlungsverordnung (ImmoWertV)** geregelt (nun mehr §§ 13 ff. ImmoWertV). Die Verordnung regelt

a) Grundsätze für die Ermittlung des – *materiell* – in § 194 BauGB definierten Verkehrswerts von Grundstücken (auch von Teilen von Grundstücken) sowie von Rechten an Grundstücken – ausdrücklich auch von grundstücksgleichen Rechten und Rechten an diesen (vgl. § 1 Abs. 2 Nr. 2 ImmoWertV sowie § 200 Abs. 2 BauGB, der allerdings nur die grundstücksgleichen Rechte anspricht) – in *verfahrensrechtlicher* Hinsicht;

b) die nach § 193 Abs. 3 BauGB den Gutachterausschüssen obliegende Ermittlung[182] „sonstiger erforderlicher Daten“ der Wertermittlung einschließlich der Bodenrichtwerte (vgl. §§ 12 ff. ImmoWertV);

c) Begriffsbestimmungen, die für die vorstehenden Wertermittlungen im Interesse einer einheitlichen Handhabung erforderlich sind.

107 **Der Immobilienwertermittlungsverordnung (ImmoWertV)** des Bundes **kommt im Rechts- und Wirtschaftsleben eine breite Allgemeingültigkeit zu**. Sie enthält Verfahrensvorschriften, die auf jahrzehntelangen Erfahrungen beruhen und sich in der Praxis bewährt ha-

181 Rechtsgutachten des BVerfG über die Zuständigkeit des Bundes zum Erlass eines Baugesetzes vom 16.06.1954 – 1 P BvV 2/52 –, BVerfGE 3, 407 = EzGuG 19.3e.

182 Gesetz- und Verordnungsgeber benutzen die Begriffe „Ermittlung“ und „Ableitung“ der erforderlichen Daten im Übrigen mit identischem Inhalt (vgl. einerseits § 193 Abs. 3 BauGB und andererseits § 199 Abs. 1 BauGB); unterschiedlich auch die WertV (einerseits Vorblatt der amtl. Begründung zur WertV, § 6 Abs. 1 Satz 1, § 8 Abs. 1 Satz 1 und § 9 Abs. 4 WertV und andererseits: § 11 Abs. 2 WertV).

ben. Auch wenn in der Rechtsprechung betont wird, dass die Verordnung nicht für Gerichte verbindlich sei, so wurden deren Verfahrensvorschriften als im gerichtlichen Verfahren grundsätzlich verwertbar bezeichnet und den in der ImmoWertV normierten Grundsätzen der Verkehrswertermittlung eine solche Bedeutung beigemessen, dass sich der Richter damit auseinanderzusetzen hätte[183].

1.3.2 Entstehungsgeschichte

1.3.2.1 Allgemeines

► *Vgl. Vorbem. zum BauGB Rn. 4 ff.; § 199 BauGB Rn. 6 ff., 18 ff.; Historischer Rückblick zur Entwicklung des Bewertungswesens in Deutschland, in Kleiber, Verkehrswertermittlung von Grundstücken, 5. Aufl. 2007, S. 143 ff.*

Die Bewertung von Grundstücken hat stets aus den verschiedensten Anlässen (Gerichtswesen, Besteuerung, Beleihung, Städtebau und Bodenordnung) eine große Bedeutung gehabt. Kodifikationen mit teilweise detaillierten Regelungen sind zurückgehend bis ins Mittelalter überliefert. **108**

In der Bundesrepublik Deutschland hat die Aufhebung des zuletzt noch für unbebaute Grundstücke bestehenden Preisstopps[184] mit Erlass des BBauG von 1960 den entscheidenden Impuls für den Erlass von Rechtsvorschriften über „*die Anwendung gleicher Grundsätze bei der Ermittlung des Verkehrswerts*" gegeben. Sie zielen darauf ab, der Unterschiedlichkeit von Ermittlungsmethoden entgegenzuwirken, die vielfach zu stark voneinander abweichenden Ergebnissen bei der Verkehrswertermittlung von Grundstücken geführt hat[185]. **109**
Zur **Integration des Wertermittlungsrechts in das Städtebaurecht des Bundesbaugesetzes (BBauG)** vgl. Vorbem. zu Teil III Rn. 7. Die historischen Vorläufer sind im bürgerlichen Recht[186], der Allgemeinen Gerichtsordnung[187], im Beleihungswesen und maßgeblich im Steuerrecht verankert[188]. Ein wichtiger Markstein war das Pr. Schätzungsamtsgesetz (SchAG) zusammen mit den hierzu erlassenen Ausführungen[189]. Der Referentenentwurf für ein Reichsstädtebaugesetz von 1931 regelte die Wertermittlung in Anlehnung an das Reichsbewertungsgesetz (RArbBl. I 1931, 266). Für die Ermittlung von Entschädigungen war in § 69 des Entwurfs eine Schätzbehörde vorgesehen, deren Festsetzungen nicht verbindlich sein sollten.

1.3.2.2 WertV 61

Die Urmutter der geltenden Immobilienwertermittlungsverordnung (ImmoWertV) ist die **Wertermittlungsverordnung von 1961 – WertV 61**[190]. **110**

Mit Inkrafttreten des Städtebauförderungsgesetzes[191] – StBauFG – war Anlass für eine Novellierung der WertV von 1961 gegeben. Der Aufgabenbereich der Gutachterausschüsse wurde **111**

---

183 BGH, Urt. vom 24.01.1966 – III ZR 15/66 –, BB 1969, 197 = EzGuG 6.85; BGH, Urt. vom 27.04.1964 – III ZR 136/63 –, BRS Bd. 19 Nr. 131 = EzGuG 6.75; BGH, Urt. vom 26.10.1972 – III ZR 78/71 –, BRS Bd. 26 Nr. 106 = EzGuG 18.57; BGH, Urt. vom 20.03.1975 – III ZR 153/72 –, BRS Bd. 34 Nr. 120 = EzGuG 18.64; BGH, Beschl. vom 11.03.1993 – III ZR 24/92 –, GuG 1994, 116 = EzGuG 20.144b.

184 Verordnung über das Verbot von Preiserhöhungen vom 26.11.1936 – PreisstoppVO – (RGBl I 1936,955).

185 Begründung zur WertV 61 im BAnz. Nr. 154 vom 12.08.1961 auf S. 3.

186 Allgemeines preußisches Landrecht (Art, 111 ff. ALR); vgl. Kleiber, Verkehrswertermittlung von Grundstücken, 5. Aufl. 2007, S. 143 ff. Vfg. des JM vom 18.03.1914 und 16.09.1918 (ABl. 1918, 137) sowie Vfg. des JM betr. die amtliche Schätzung von Grundstücken (ABl. 2014, 27); Vfg. des JM vom 17.12.1919 betr. die amtliche Schätzung von Grundstücken.

187 Allgemeine Gerichtsordnung (AGO) GA 1948, 131 (Teil II).

188 Vgl. Kleiber, Verkehrswertermittlung von Grundstücken, 5. Aufl. 2007, S. 143 ff., 157 ff; Offenberg, Die Abschätzung der Immobilien in Stadt und Land, Parey 1915.

189 Pr. Schätzungsamtsgesetz (SchAG) vom 08.06.1918 (ABl. 1918, 463 = Pr. GS I 1918, 83 = Jahrbuch der Bodenreform 1918, 47.

190 Verordnung über die Grundsätze für die Ermittlung der Verkehrswerte von Grundstücken – WertV 61 – vom 07.08.1961 (BGBl. I 1961, 1183).

191 Städtebauförderungsgesetzes – StBauFG – vom 15.08.1972 (BGBI. I 1972, 1416).

mit diesem Gesetz auf die **Ermittlung sanierungs- und entwicklungsunbeeinflusster Grundstückswerte** i.S. des § 153 Abs. 1 und § 169 Abs. 4 BauGB (§§ 23 und 57 Abs. 4 StBauFG), Neuordnungswerte i.S. des § 153 Abs. 4 und § 169 Abs. 8 BauGB (§ 25 Abs. 6 und § 59 Abs. 5 StBauFG), die Ermittlung von Ausgleichsbeträgen i.S. der §§ 154 ff. BauGB (§ 41 Abs. 4 bis 11 StBauFG) sowie auf die Ermittlung der maßgeblichen Werte für die Überführung von Grundstücken in das Treuhandvermögen eines Sanierungsträgers und für die Rücküberführung i.S. des § 160 Abs. 5 und 7 BauGB (§ 36 Abs. 5, 7 und 8 StBauFG) erweitert. Die Ermächtigungsgrundlage des BBauG 1961 wurde hierfür durch die Ermächtigungen des § 91 Nr. 1 und Nr. 2 StBauFG ergänzt; sie hatten folgenden Wortlaut:

„Die Bundesregierung wird ermächtigt, mit Zustimmung des Bundesrates durch Rechtsverordnung Vorschriften zu erlassen über

1. die Anwendung gleicher Grundsätze bei der Ermittlung der nach § 23 Abs. 1 bis 3 und nach § 57 Abs. 4 maßgeblichen Grundstücks- und Gebäudewerte,
2. die Anwendung gleicher Grundsätze bei der Ermittlung der Verkehrswerte nach § 25 Abs. 6 und § 59 Abs. 5 sowie der Erhöhung der Grundstückswerte nach § 41 Abs. 5."

1.3.2.3 WertV 72

112 Die Novellierung wurde zum Anlass genommen, über eine Ergänzung der WertV durch Vorschriften zur Wertermittlung in förmlich festgelegten Sanierungsgebieten und Entwicklungsbereichen hinaus „gewisse Klarstellungen und Verbesserungen der bisherigen Vorschriften" vorzunehmen[192]. Den von der Bundesregierung beschlossenen Entwurf einer Verordnung zur Änderung und Ergänzung der Verordnung über die Grundsätze für die Ermittlung des Verkehrswerts von Grundstücken hat der Bundesrat in seiner 383. Sitzung am 17.07.1972 mit insgesamt 11 vom federführenden BR-Ausschuss für Städtebau und Wohnungswesen empfohlenen Änderungsvorschlägen zugestimmt[193]. Die Bundesregierung hat die Empfehlungen des Bundesrates aufgegriffen und die ÄnderungsVO unter dem Datum des 10.08.1972 erlassen (BGBl. I 1972, 1409). Die novellierte **WertV i.d.F. der Bek. vom 15.08.1972** wurde im BGBl. vom gleichen Tage verkündet (BGBl. I 1972, 1417). Nach Art. 4 der ÄnderungsVO ist die WertV 72 am Tage nach der Verkündung, also am 16.08.1972, in Kraft getreten.

113 Ergänzend zu den Wertermittlungsvorschriften der WertV 72 hat die Bundesregierung mit der **Verordnung über die Erhebung von Ausgleichsbeträgen nach den §§ 41 und 42 des Städtebauförderungsgesetzes (AusgleichsbetragV) vom 06.02.1976** (BGBl. I 1976, 273) neben verfahrensrechtlichen auch wertermittlungstechnische Vorschriften über die Bemessung von Ausgleichsbeträgen erlassen. Es handelt sich hierbei um das in den §§ 3 und 4 AusgleichsbetragV geregelte Grundwertverfahren. Die AusgleichsbetragV ist mit Inkrafttreten des BauGB am 01.07.1987 aufgehoben worden. An die Stelle der in den §§ 3 und 4 AusgleichsbetragV geregelten lagetypischen und zonalen Grundwerte sind die nunmehr in § 196 Abs. 1 Satz 5 BauGB geregelten besonderen Bodenrichtwerte getreten.

1.3.2.4 WertV 88

▶ *§ 199 BauGB Rn. 6, 18 ff.; Vorbem. zum BauGB Rn. 4 ff.; Teil VI Rn. 271*

114 Mit **§ 144 Abs. 1 Nr. 2 BBauG 76** wurde die Ermächtigung zum Erlass einer Rechtsverordnung über die Anwendung gleicher Grundsätze bei der Ermittlung der Verkehrswerte nochmals erweitert. Die Bundesregierung wurde damit ausdrücklich ermächtigt, mit Zustimmung des Bundesrates auch Vorschriften über „die Ableitung wesentlicher Daten für die Wertermittlung (*früher* § 143a Abs. 3) sowie deren Fortschreibung und Veröffentlichung" zu erlassen, „damit § 143a Abs. 3 *(BBauG 76)* überall gleichmäßig ausgefüllt werden kann"[194]. Bis zum

192 Vgl. BR-Drs. 265/72, 3 ff.
193 Vgl. BR-Drs. 265/1/72 und 265/2/72.
194 So die Begründung in BT-Drs. 7/4793, 54.

Inkrafttreten des BauGB hat die Bundesregierung von dieser Ermächtigung keinen Gebrauch gemacht.

Die WertV 72 ist mit dem am 01.07.1987 in Kraft getretenen BauGB nicht aufgehoben worden. In Anlehnung an die **Ermächtigungsvorschrift des BBauG 76 wurde mit § 199 Abs. 1 BauGB** (a.F.) die Bundesregierung erneut ermächtigt, „mit Zustimmung des Bundesrates durch Rechtsverordnung Vorschriften über die Anwendung gleicher Grundsätze bei der Ermittlung der Verkehrswerte und bei der Ableitung der für die Wertermittlung erforderlichen Daten" zu erlassen. In der Begründung zu dieser Vorschrift[195] wird hierzu ausgeführt, dass sich die Ermächtigung darauf beschränkt, „im Interesse einer einheitlichen Rechtsanwendung nur Vorschriften über allgemeine Grundsätze der Wertermittlung zu erlassen. Darin sollen die allgemein anerkannten und überall angewandten Regeln und Verfahren für die Wertermittlung und die Ableitung der für die Wertermittlung erforderlichen Daten niedergelegt werden. Die Hinzufügung der „Ableitung der für die Wertermittlung erforderlichen Daten" erfolgte nur aus Gründen der Klarstellung. Dass gleiche Grundsätze auch hierfür gelten müssen, wenn die Wertermittlung und ihre Ergebnisse bundesweit im Interesse einheitlicher Lebens- und Wirtschaftsverhältnisse gleichmäßig und vergleichbar sein sollen, ist selbstverständlich." 115

Im Unterschied zu den bisherigen Ermächtigungsgrundlagen enthält das BauGB **keine ausdrückliche Ermächtigung zum Erlass von Vorschriften über Wertermittlungen in förmlich festgelegten Sanierungsgebieten und Entwicklungsbereichen** (bisher: § 91 Nr. 1 und 2 StBauFG). Der Gesetzgeber hat eine dahin gehende Ermächtigung als überflüssig angesehen, da die Grundsätze der Verkehrswertermittlung auch in diesen Veranstaltungsgebieten Anwendung finden. Das BauGB verwendet zwar in den §§ 153 ff. verschiedentlich den Begriff „Wert" anstelle des Begriffs „Verkehrswert" (vgl. § 153 Abs. 1 und 5), jedoch wird das Verkehrswertprinzip auch in diesem Rechtsbereich nicht aufgegeben. Es geht auch in den förmlich festgelegten Sanierungsgebieten und Entwicklungsbereichen um die Ermittlung eines normativ festgelegten Verkehrswerts. 116

Der A-Ber. zum StBauFG spricht im Hinblick auf den Ausschluss von Werterhöhungen auf Grund der Aussicht auf die Sanierung, ihre Vorbereitung und Durchführung von einem „**modifizierten Verkehrswert**"[196]. Ob tatsächlich die Wertermittlung nach Maßgabe des § 153 Abs. 1 BauGB als eine Modifikation des Verkehrswerts anzusehen ist, bleibt aber fraglich. Im Hinblick auf die Erhebung von Ausgleichsbeträgen nach Abschluss des Sanierungsverfahrens müssen nach dieser Vorschrift zwar sanierungsbedingte Werterhöhungen unberücksichtigt bleiben; andererseits entspräche es jedoch nicht dem gewöhnlichen Geschäftsverkehr, wenn beim Erwerb eines ausgleichsbetragspflichtigen Grundstücks in erkennbarer Weise sanierungsbedingte Werterhöhungen in den Kaufpreis eingingen, obwohl der Erwerber insoweit der Ausgleichsbetragspflicht nach den §§ 154 ff. BauGB unterliegt. Im Ergebnis würde nämlich der Fall eines überhöhten Kaufpreises vorliegen, der nach der Definition des § 194 BauGB nicht für den Verkehrswert repräsentativ sein kann. Schon bei der Verabschiedung des StBauFG ist deshalb darauf hingewiesen worden, dass es der besonderen Ermächtigung des § 91 Nr. 1 und 2 StBauFG nicht bedurft hätte, um die WertV durch Vorschriften über Wertermittlungen in förmlich festgelegten Sanierungsgebieten und städtebaulichen Entwicklungsbereichen zu ergänzen.

Von modifizierten Verkehrswerten im Rahmen von Wertermittlungen in Sanierungsgebieten und Entwicklungsbereichen kann im Hinblick auf die besonderen Rechtsvorschriften schon deshalb nicht gesprochen werden, weil die Definition des Verkehrswerts ausdrücklich auf die Berücksichtigung „rechtlicher Gegebenheiten" abhebt und diese damit verkehrswertimmanent sind. Noch deutlicher wurde dies in der Vorgängerregelung zu § 194 BauGB herausgestellt. Bereits in § 142 Abs. 1 Satz 2 BBauG 1975 wird hervorgehoben, dass bei der Ermittlung des Verkehrswerts „insbesondere Vorschriften über die Berücksichtigung oder Nichtberücksichti-

195 BT-Drs. 10/4630, zu § 199.

196 Vgl. BT-Drs. VI/2204, zu § 57; so auch BVerwG, Urt. vom 24.11.1978 – 4 C 56/76 –, BVerwGE 57, 57 = EzGuG 15.9.

gung bestimmter Umstände zu beachten" sind[197]. Dieser ausdrückliche und klarstellende Hinweis ist später mit der Zusammenführung von BBauG und StBauFG im Jahre 1987 ersatzlos fortgefallen, da es sich dabei letztlich um Selbstverständliches handelt[198].
Die ergänzenden Vorschriften für Sanierungsgebiete und städtebauliche Entwicklungsbereiche (§§ 26 bis 28 WertV a.F.) haben erst nach Inkrafttreten des Städtebauförderungsgesetzes – StBauFG – auf der Grundlage der Ermächtigung des § 91 Nr. 1 und 2 StBauFG in die WertV von 1972 Eingang gefunden. Dies war seinerzeit sogar der eigentliche Anlass für die Novellierung der Ursprungsfassung der WertV von 1961[199]. Die Vorschriften wurden seinerzeit als erforderlich angesehen, um eine **sachgerechte Wertermittlung bei der Anwendung der allgemeinen Wertermittlungsgrundsätze auf sanierungs- und entwicklungsrechtliche Wertermittlungen** zu gewährleisten.
Bereits bei der Novelle der WertV im Jahre 1988 stellte sich die Frage, ob für diese Regelungen ein unabweisbares Erfordernis bestand bzw. welche Regelungen aufgrund der gewachsenen Erfahrungen, insbesondere der Gemeinden und der Gutachterausschüsse, und mit Blick auf die gewachsene Verwaltungskraft entfallen konnten. Schon seinerzeit wurde darauf hingewiesen, dass es der ergänzenden Vorschriften für Sanierungsgebiete und Entwicklungsbereiche eigentlich gar nicht bedürfe und der Teil V der WertV 72 weitgehend die gesetzlichen Vorschriften wiederhole und zumindest von daher zu umfänglich gewesen sei. Aus diesem Grunde wurden die sanierungsrechtlichen Vorschriften der WertV 68 gegenüber der WertV i.d.F. von 1972 erheblich gestrafft und neu strukturiert. Dem kam entgegen, dass die allgemeinen Regelungen der WertV eine Reihe von Bestimmungen enthalten, die – beschränkt auf förmlich festgelegte Sanierungsgebiete und städtebauliche Entwicklungsbereiche – im Teil V der WertV 72 enthalten waren (z.B. § 22 WertV 72 = § 4 Abs. 1 WertV 88/98) und die in § 24 Abs. 1 WertV 72 i.V.m. § 2 Abs. 1 AusgleichsbetragV[200] geregelte **Ermittlung von Ausgleichsbeträgen** sich bereits weitgehend aus § 154 Abs. 2 BauGB ergibt[201].

117 Anlässlich der dritten Beratung des BauGB hat der Deutsche Bundestag die Bundesregierung in einer Entschließung aufgefordert, in der 11. Legislaturperiode das Ausführungsrecht zu dem am 01.07.1987 in Kraft getretenen BauGB zu novellieren[202]. Neben der BauNVO und der PlanzV war damit die WertV i.d.F. der Bek. vom 15.08.1972 angesprochen. Die **Vorarbeiten für eine Novellierung der WertV** reichen jedoch bis zum Jahr 1976 zurück. Im Zuge der ersten durchgreifenden Novellierung des BBauG von 1960 wurden auch die Vorschriften des siebenten Teils des BBauG (Ermittlung von Grundstückswerten) unter Beibehaltung der bisherigen Definition des Verkehrswerts mit der BBauG-Novelle 76 fortentwickelt. Dabei wurde auch eine alsbaldige Verbesserung der für die Verkehrswertermittlung maßgeblichen materiellen Rechtsgrundlagen der WertV für unerlässlich gehalten[203]. Mit Rücksicht auf vordringlichere gesetzliche Maßnahmen sowie auf die Zweckmäßigkeit, Erfahrungen mit der zu regelnden Materie zu sammeln, erschien es jedoch vertretbar, die Einleitung eines Verordnungsgebungsverfahrens zurückzustellen.

---

197 In der Begründung wurde herausgestellt, dass diese Regelung nur deklaratorischen Charakter habe und bereits im Verkehrswertprinzip begründet sei. Nur eine Minderheit des damals federführenden BT-Ausschusses befürchtete ein Abgehen vom Verkehrswertprinzip (BT-Drs. 7/4792, S. 53). Bereits der BFH hat aber mit Urt. vom 03.04.1964 – III 293/61 –, HFR 1965, 453 = EzGuG 19.7a beispielsweise festgestellt, dass eine gesetzeswidrige Umgehung von Preisvorschriften, auch wenn sie einen größeren Umfang annähme, auf die Verkehrswertermittlung keinen Einfluss haben dürfe.

198 In der Begründung wurde die Regelung des § 142 Abs. 1 BBauG 1975 als „überflüssig" bezeichnet (BR-Drs. 675/35 S. 150).

199 BR-Drs. 265/72, Begründung S. 2 ff.

200 Der Regelungsgehalt der „Verordnung über die Erhebung von Ausgleichsbeträgen nach den §§ 41 und 42 StBauFG" (AusgleichsbetragV) wurde – soweit nicht ersatzlos aufgehoben – mit den einschlägigen besonderen sanierungsrechtlichen Vorschriften der §§ 152 ff. BauGB verschmolzen (vgl. Kleiber in ZfBR 1986, 263).

201 Abwegig insofern Zimmermann in ImmoWertV (München 2010) – dort bei § 4 Rn. 8 ff. –, der von einem „fachlichen Fehler im Gesetzgebungsverfahren" und von einem „Verstoß gegen Art. 80 GG" spricht.

202 Vgl. BT-Drs. 10/6252.

203 Kleiber, BBauBl. 1988, 611.

Erst nach Verabschiedung des BauGB wurden die Arbeiten an einer grundlegenden Neufassung der WertV auf der Grundlage der bisherigen Vorentwürfe unter Beteiligung von Experten aus den Bundesländern und den Kommunen wieder aufgenommen. Die Anhörungen zum überarbeiteten Entwurf und dessen Abstimmung erfolgte im Bundesministerium für Raumordnung, Bauwesen und Städtebau am 18.02.1988 (Berufsverbände), am 23.02.1988 (Wirtschaftsverbände), ams 26.02.1988 (Kommunale Spitzenverbände), am 29.02.1988 (Bundesressorts) und am 10.03.1988 (Länderressorts). Der **Entwurf für eine Neufassung der WertV** wurde von der Bundesregierung am 13.07.1988 beschlossen und mit Schreiben vom 20.07.1988 dem Bundesrat zugeleitet. Der Bundesrat hat dem Verordnungsentwurf in seiner 593. Sitzung am 14.10.1988 mit zwei Änderungen gem. Art. 80 Abs. 2 GG zugestimmt. Beteiligt waren der Unterausschuss „Städtebau und Wohnungswesen" des Ausschusses für Innere Angelegenheiten (Sitzung vom 31.08.1988), der Ausschuss für Innere Angelegenheiten[204] und der Agrarausschuss des Bundesrates[205]. Den vom Bundesrat beschlossenen Änderungen hat die Bundesregierung gem. § 70 Abs. 2 GGO II zugestimmt. Mit der **WertV 88**[206] wurde die Verkehrswertermittlung von Grundstücken auf eine konsequente Berücksichtigung der jeweiligen Marktverhältnisse ausgerichtet. Die Verordnung hatte 22 Jahre Bestand. **118**

1.3.2.5 WertV 98

Mit Art. 3 BauROG 98[207] ist die WertV 88 redaktionell der zwischenzeitlich eingetretenen Rechtsentwicklung angepasst worden[208]. Die Änderungen der **WertV 98**[209] betreffen **119**

a) die redaktionelle Anpassung der Überschrift des § 26 WertV 88 an die mit dem BauROG 98 geänderte Verweisungskette des § 169 Abs. 1 BauGB,

b) die redaktionelle Anpassung der Überschrift des § 28 Abs. 2 WertV 88 an die Festlegung und Aufhebung städtebaulicher Entwicklungsmaßnahmen als Satzung gemäß Investitionserleichterungs- und Wohnbaulandgesetz 1993.

c) Schließlich wurde die sog. Berlin-Klausel (§ 30 WertV 88), die mit der Deutschen Einheit aufgrund des Sechsten Überleitungsgesetzes vom 25.09.1990 (BGBl. I 1990, 2106) gegenstandslos geworden ist, gestrichen.

1.3.2.6 ImmoWertV 2010

Schrifttum: *Kleiber,* Verkehrswertermittlung von Grundstücken, 9. Aufl. 2019, Vorbem. zur ImmoWertV Rn. 108 ff.

Im Jahre 2007 hat das BMVBS eine erneute Novellierung der WertV eingeleitet, um die Entwicklungen auf dem Grundstücksmarkt, die zunehmende Internationalisierung der Immobilienwirtschaft und die Weiterentwicklung von Wissenschaft und Praxis der Wertermittlung zu berücksichtigen. **120**

Eigentlicher Anlass für die eingeleitete **Novellierung der WertV** war die am 01.07.2009 in Kraft getretene Änderung der Ermächtigungsnorm des § 199 Abs. 1 BauGB. Mit dem ErbStRG[210] ist die Vorschrift mit dem klarstellenden Hinweis ergänzt worden, nachdem die **121**

---

204 587. Sitzung vom 07.09.1988.

205 489. und 491. Sitzung vom 02. und 26.09.1988.

206 Verordnung über die Grundsätze für die Ermittlung der Verkehrswerte von Grundstücken – WertV 88 – vom 06.12.1988 (BGBl. I 1988, 2209).

207 Gesetz zur Änderung des Baugesetzbuchs und zur Neuregelung des Rechts der Raumordnung – BauROG 98 – vom 18.08.1997 (BGBl. I 1997, 2081).

208 Vgl. BT-Drs. 13/6392, S. 90.

209 Verordnung über die Grundsätze für die Ermittlung der Verkehrswerte von Grundstücken – WertV 98 – vom 06.12.1988 (BGBl. I 1988, 2209), zuletzt geändert durch Art. 3 des Gesetzes vom 18.08.1997 (BGBl. I 1997, 2081).

210 Erbschaftsteuerreformgesetz – ErbStRG – vom 24.12.2008 (BGBl. I 2008, 3018).

Ermächtigung der Bundesregierung zum Erlass von Vorschriften über die „für die Wertermittlung erforderlichen Daten" auch „Bodenrichtwerte" umfasst (§ 199 Abs. 1 BauGB in der ab 01.07.2009 geltenden Fassung). Dies wurde für erforderlich gehalten, um eine für die steuerliche Bewertung sachgerechte Ableitung der Bodenrichtwerte zu gewährleisten, denn die Ableitung von Bodenrichtwerten erfolgte in den Ländern nach teilweise erheblich voneinander abweichenden Grundsätzen (auf der Grundlage des § 199 Abs. 2 Nr. 4 in der bis 31.12.2007 geltenden Fassung). Die nunmehr geltende Fassung dieser Vorschrift ermächtigt die Länder nur noch, die Veröffentlichung der Bodenrichtwerte und sonstiger Daten der Wertermittlung zu regeln. Der Erlass von Vorschriften über die Ableitung von Bodenrichtwerten fällt nunmehr in die Bundeskompetenz. Ergänzend zu dieser Vorschrift hat das Bundesministerium für Verkehr, Bau- und Stadtentwicklung eine Richtlinie zur Ermittlung von Bodenrichtwerten (Bodenrichtwertrichtlinie – BRW-RL)[211] erlassen.

122 Im hierzu vorgelegten „Bericht des Sachverständigengremiums zur Überprüfung des Wertermittlungsrechts" wurde eine Reihe von Vorschlägen unterbreitet, die in die Praxis bereits Einzug gehalten haben und in den Vorauflagen dieses Werks bereits entsprechend so dargestellt wurden. Zusammenfassend wurde vom Gremium festgestellt, dass sich die WertV 88 bewährt habe und die deutsche Wertermittlung im internationalen Vergleich eine führende Rolle einnimmt.

a) Erster Regierungsentwurf

▶ *Vgl. § 15 ImmoWertV Rn. 12*

123 Die Bundesregierung ist zunächst mit dem am 01.04.2009 beschlossenen **1. Regierungsentwurf**[212] erheblich von den Vorschlägen der eingesetzten Arbeitsgruppe abgewichen. Es wurden insbesondere die Vorschläge zum Bodenrichtwertverfahren, Kapitalisierungszinssatz, Nachhaltigkeitspostulat usw. nicht aufgegriffen. Der Bundesrat hat am 15.05.2009 in seiner 858. Sitzung dem 1. RegE vom 01.04.2009[213] nur mit einer Reihe materiell bedeutsamer Maßgaben zustimmen können[214]:

1. Der Bundesrat hat die Zusammenfassung der bisherigen Regelungen der §§ 19, 24 und 25 WertV 88 über die subsidiäre Berücksichtigung besonderer objektspezifischer Grundstücksmerkmale in § 8 Abs. 3 ImmoWertV 2010 begrüßt, jedoch die vorgeschlagene Herausnahme dieses für nahezu jede Marktwertermittlung wichtigen Verfahrensschrittes aus den jeweiligen Wertermittlungsverfahren abgelehnt. Nach dem Beschluss des Bundesrates sind entsprechend der bisherigen Systematik der WertV die besonderen objektspezifischen Grundstücksmerkmale „in" den jeweiligen Wertermittlungsverfahren zu berücksichtigen. Der Beschluss des Bundesrates trägt der berechtigten Kritik am 1. RegE Rechnung, denn die darin vorgesehene Herausnahme der Berücksichtigung besonderer objektspezifischer Grundstücksmerkmale aus den Wertermittlungsverfahren hätte bedeutet, dass sich bei Anwendung des Vergleichs-, Ertrags- und Sachwertverfahrens ein anderer Vergleichs-, Ertrags- und Sachwert als nach bisherigem Recht ergibt. Nach dem 1. RegE hätte sich beispielsweise als „Sachwert" des Grundstücks lediglich ein sachwertorientierter Wert ergeben, mit dem wesentliche wertbestimmende Grundstücksmerkmale nicht berücksichtigt werden.
2. Vom Bundesrat wurde jedoch neben einer fakultativen Attribuierung der Bodenrichtwerte (§ 10 Abs. 2 ImmoWertV 2010) empfohlen, die in § 10 Abs. 3 des 1. RegE vorgesehene Regelung zur Abgrenzung von Bodenrichtwertzonen dahingehend abzuändern, dass eine Abweichung der Bodenwerte der einzelnen Grundstücke einer Zone bis zu 30 % ober- oder

211 Bodenrichtwertrichtlinie – BRW-RL) vom 11.01.2011 (BAnz Nr. 24 vom 11.02.2011 S. 597 = GuG 2011, 165).
212 BR-Drs. 296/09 vom 03.04.2009, BR-Drs. 296/09 (Beschluss) vom 15.05.2009, BR-Drs. 171/10.
213 BR-Drs. 296/09 vom 03.04.2009, BR-Drs. 171/10 vom 26.03.2010.
214 BR-Drs. 296/09 (Beschluss) vom 15.05.2009.

unterhalb des Bodenrichtwerts (anstelle 20 %) zulässig sein soll (vgl. § 15 ImmoWertV Rn. 8 ff.).

3. Die weitergehenden **Empfehlungen der Ausschüsse**[215] wurden nicht vom Bundesrat übernommen.

b) Zweiter Regierungsentwurf

Das Bundeskabinett hat am 24.03.2010 einen 2. RegE beschlossen und dem Bundesrat erneut zugeleitet[216]. Die BReg hat mit dem 2. RegE der vom Bundesrat vorgeschlagenen Heraufsetzung der Abweichungsquote (einzelnen Grundstücke vom Bodenrichtwert) unverständlicherweise nicht zustimmen wollen. Im 2. RegE wurde § 10 Abs. 3 i.d.F. des 1. RegE ersatzlos fallen gelassen. **124**

Der Bundesrat hat dem 2. RegE in seiner 869. Sitzung am 07.05.2010 ohne Maßgaben zugestimmt[217]. Zuvor hatten der Ausschuss für Agrarpolitik und Verbraucherschutz, der Finanzausschuss und der Ausschuss für Städtebau, Wohnungswesen und Raumordnung am 22.04.2010 dem 2. RegE einstimmig zugestimmt; lediglich im Finanzausschuss gab es eine Enthaltung. **125**

Die **ImmoWertV** vom 27.05.2010 **ist** im BGBl. I Nr. 25 vom 27.05.2010 auf S. 639 verkündet worden und **am 01.07.2010 in Kraft getreten.** Die ImmoWertV 2010 ist mit Art. 16 des Gesetzes vom 26.11.2019 (BGBl. I 2019, 1794) geändert worden. § 10 Abs. 2 der ImmoWertV 2010 wurde dahingehend modifiziert, dass Bodenrichtwertzonen nach § 196 Abs. 1 Satz 3 BauGB grundsätzlich so abzugrenzen sind, dass lagebedingte Wertunterschiede zwischen der Mehrheit der Grundstücke und dem Bodenrichtwertgrundstück nicht mehr als 50 % betragen. Die Änderungen sind am 27.09.2019 in Kraft getreten. **126**

1.3.2.7 ImmoWertV 2021

Die ImmoWertV 2010 ist aufgrund einer Vielzahl in der 9. Aufl. dieses Werks behandelter Unzulänglichkeiten nach nur zehnjähriger Geltungsdauer 2021 neu gefasst worden: **127**

a) Allgemeine Zielsetzung

▶ *Vgl. bereits die gesetzgeberische Motivation zum Erlass des Bundesbaugesetzes (BauGB), Vorbem. zum BauGB Rn. 5 ff.*

Bezüglich der allgemeinen mit der ImmoWertV verfolgten Zielsetzungen erscheint es angezeigt, zunächst auf die in der Begründung zur Ursprungsfassung (WertV 1961) herausgestellten Ziele hinzuweisen. Mit der WertV sollten (erstmals) **einheitliche Methoden der Verkehrswertermittlung** geschaffen werden, da die Ergebnisse der Verkehrswertermittlung allein schon aufgrund unterschiedlicher Ermittlungsmethoden nicht unerheblich voneinander abwichen. Dem sollte durch einheitliche Rechtsgrundlagen entgegengewirkt werden[218]. Neben einheitlichen Ermittlungsmethoden war es auch Ziel der WertV 1961, im Interesse einer gleichmäßigen Handhabung und einer besseren Vergleichbarkeit der Ergebnisse die erforderlichen Begriffsbestimmungen zu geben, da gerade die Verwendung gleicher Begriffe, wenn sie verschieden verstanden werden, häufig Ursache von unterschiedlichen Ermittlungsergebnissen ist. Werden **allgemeine Begriffsbestimmungen** bei der bei der Marktwertermittlung unzutreffend verwendet, kann dies zu sachlich fehlerhaften Ergebnissen führen[219].

---

215 BR-Drs. 296/1/09 vom 04.05.2009, BR-Drs. 171/10 vom 26.03.2010.
216 BR-Drs. 171/10 vom 26.03.2010.
217 BR-Drs. 171/10 (Beschluss) vom 07.05.2010.
218 Begründung zur WertV 61, BAnz. Nr. 154 vom 12.08.1961 S. 3. Der Bundesrat hat dem Verordnungsentwurf der Bundesregierung (BT-Drs. 261/61) ohne Änderungen in seiner 236. Sitzung am 14.07.1961 (S. 205) gem. Art. 80 Abs. 2 GG mehrheitlich zugestimmt, nachdem der BR-Ausschuss für Wiederaufbau und Wohnungswesen in seiner 108. Sitzung am 06.07.1961 keine Änderungsanträge beschlossen und dem Bundesrat die Zustimmung empfohlen hatte (vgl. auch Sitzung des Unterausschusses vom 28.06.1961).
219 BFH, Urt. vom 28.06.1977 – VIII R 115/73 –, BFHE 122, 512 = BStBl II 1977, 725 = EzGuG 11.110a.

128 Diese Zielsetzung ist bereits in dem von der Bundesregierung beschlossenen Entwurf eines Bundesbaugesetzes[220], der noch keine Ermächtigungsvorschrift enthielt, erkennbar. § 168 Abs. 3 des Entwurfs regelt im Einzelnen, auf welchem Weg die Schätzstelle zu dem Verkehrswert zu gelangen hat. Der Gesetzesentwurf lehnt sich im Wesentlichen an den von der Hauptkommission für die Baugesetzgebung beim Bundesminister für Wohnungsbau vorgelegten Entwurf eines Baugesetzes vom 02.03.1956[221] an. Bereits in der Begründung des Gesetzentwurfs wird festgestellt, dass die allgemeinen Grundsätze des § 168 naturgemäß nicht ausreichen, „um zu gewährleisten, dass die Schätzstelle auch tatsächlich nach den gleichen Methoden und nach den gleichen Gesichtspunkten schätzen“, und es allgemeiner Verwaltungsvorschriften bedarf, „die sich bis in die technischen Einzelheiten erstrecken müssen“. Es war vorgesehen, über Art. 84 Abs. 2 GG zu gegebener Zeit entsprechende Vorschriften zu erlassen. Anstelle der im RegE vorgeschlagenen Festlegung der anzuwendenden Ermittlungsmethoden hat der Gesetzgeber die Bundesregierung schließlich ermächtigt, durch Rechtsverordnung mit Zustimmung des Bundesrates Vorschriften zu erlassen, um die Anwendung gleicher Grundsätze bei der Ermittlung der Verkehrswerte zu sichern. Eine einheitliche Regelung konnte bis dahin nur durch Verwaltungsvorschriften erreicht werden. Für den Bereich der Bundesvermögens- und Bauverwaltung waren deshalb vom BMF die Richtlinien für die Wertermittlung von Grundstücken vom 16.04.1955[222] erlassen worden, aus der die WertV 1961 hervorgegangen ist.

129 Der vorstehenden Zielsetzung kommt eine gewachsene Bedeutung zu, da mit der ImmoWertV nunmehr auch das Ziel verfolgt wird, dass Marktwertermittlungen auf eine Reihe verbindlich vorgegebener „Modellansätze“ gestützt werden und die Wertermittlungsverfahren unter stringenter Beachtung der **Modell- und Referenzkonformität** zur Anwendung kommen. Dies ist der wesentlichste mit der ImmoWertV verfolgte Paradigmenwechsel.

130 Während sich nämlich die ImmoWertV 10 darauf beschränkte, entsprechend der ihr zugrunde liegenden Ermächtigungsgrundlage des § 199 Abs. 1 BauGB die „*Anwendung gleicher Grundsätze bei der Ermittlung der Verkehrswerte und bei der Ableitung der für die Wertermittlung erforderlichen Daten einschließlich der Bodenrichtwerte*“ zu erlassen, und dementsprechend die zur ImmoWertV 10 erlassenen Richtlinien[223] nur Empfehlungen zur Anwendung der in der ImmoWertV in Grundzügen geregelten Wertermittlungsverfahren einschließlich dabei **„modellhaft“ anzuwendenden Wertermittlungsparameter** enthielten, werden diese nunmehr verbindlich vorgeschrieben. Dies richtet sich vornehmlich an die nach § 192 BauGB bei den Gemeinden und Landkreisen gebildeten „*selbständigen und unabhängigen*“ Gutachterausschüsse für Grundstückswerte. Diese müssen nunmehr bundesweit bei der Erfüllung der ihnen nach § 193 BauGB obliegenden Aufgaben, insbesondere bei der Ermittlung von Bodenrichtwerten und sonstigen zur Wertermittlung erforderlichen Daten, diese Vorgaben beachten. Dies sind insbesondere Liegenschaftszinssätze, Sachwert- und Vergleichsfaktoren bebauter Grundstücke, Umrechnungskoeffizienten und Indexreihen. Die Gutachterausschüsse für Grundstückswerte unterliegen insoweit der Rechtsaufsicht.

---

220 BR-Drs. 352/56 vom 28.09.1956.

221 Schriftenreihe des BMWo Bd. 7 Köln.

222 BAnz Nr. 91 vom 12.05.1955.

223 Richtlinien zur Ermittlung von Bodenrichtwerten – Bodenrichtwertrichtlinie BRW-RL vom 11.01.2011 (BAnz Nr. 25 vom 11.02.2011 S. 597 = GuG 2011, 165); Richtlinie zur Ermittlung des Sachwerts (Sachwertrichtlinie – SW-RL) vom 05.09.2012 (BAnz AT 08.10.2012 B1); Richtlinie zur Ermittlung des Vergleichswerts und des Bodenwerts (Vergleichswertrichtlinie – VW-RL) des Bundesministeriums für Umwelt, Naturschutz, Bau und Reaktorsicherheit vom 20.03.2014 (BAnz AT 11.04.2014 B3 = GuG 2014, 183); Richtlinie zur Ermittlung des Ertragswerts und des Bodenwerts (Ertragswertrichtlinie – VW-RL) des Bundesministeriums für Umwelt, Naturschutz, Bau und Reaktorsicherheit vom 12.11.2015 (BAnz AT 04.12.2015 B4 = GuG 2016, 54), alle abgedruckt in Kleiber, Sammlung amtlicher Vorschriften … 12. Aufl. 2016.

Die in erster Linie sich an die Gutachterausschüsse richtenden Vorgaben haben eine **Allgemeinverbindlichkeit**, denn sie sind auch für jeden Anwender der ImmoWertV verbindlich, der mit der ImmoWertV angehalten ist, die vom Gutachterausschuss für Grundstückswerte abgeleiteten „erforderliche Daten der Wertermittlung“ in modell- und referenzkonformer Weise anzuwenden. Bei Anwendung der sonstigen für die Wertermittlung erforderlichen Daten sind im Rahmen der Ermittlung des jeweiligen *vorläufigen* Verfahrenswerts also dieselben Modelle und Modellansätze zu verwenden, die der Ermittlung dieser Daten entsprechend den Vorgaben der ImmoWertV zugrunde lagen (Grundsatz der Modellkonformität). Dass dies der bundesweiten Grundstücksmarkttransparenz diene, wie die Begründung herausstellt, ist wohl mehr einer fachpolitischen Rhetorik geschuldet, denn dazu bedürfte es einer aktiven Rechts- und Fachaufsicht. Indessen wurde bereits den mit § 193 BauGB und mit den bisherigen Fassungen der ImmoWertV gegebenen Vorgaben vielerorts nicht oder nur unvollständig nachgekommen. Viele Gutachterausschüsse für Grundstückswerte sehen sich schlichtweg überfordert. **131**

Die Vorgabe verbindlicher und bundeseinheitlicher Modellansätze und die Anwendung der auf dieser Grundlage von den Gutachterausschüssen nach Maßgabe der ImmoWertV abgeleiteten Liegenschaftszinssätze, Sachwert- und Vergleichsfaktoren bebauter Grundstücke, Umrechnungskoeffizienten und Indexreihen ist der wohl wesentlichste mit der ImmoWertV verfolgte **Paradigmenwechsel**. Damit verbunden ist das unausgesprochene Ziel einer Automatisierbarkeit der Verkehrswertermittlung. **132**

Dieser Paradigmenwechsel zielt erklärtermaßen auch auf *„nach einheitlichen Grundsätzen“* ermittelte und den Finanzämtern nach § 193 Abs. 5 Satz 3 BauGB für steuerliche Zwecke mitzuteilende Daten ab. Dies sind Liegenschaftszinssätze für die verschiedenen Grundstücksarten, insbesondere Mietwohngrundstücke, Geschäftsgrundstücke und gemischt genutzte Grundstücke sowie Sachwertfaktoren, insbesondere für die Grundstücksarten Ein- und Zweifamilienhäuser. Damit soll die **Verwertbarkeit der von den Gutachterausschüssen ermittelten Daten für steuerliche Bewertungen** herbeigeführt werden. **133**

Die angestrebte Konvergenz der Marktwertermittlung mit steuerlichen Bewertungen nach typisierten Bewertungsverfahren ist eine Folge der seit Jahren zu beobachtenden Entwicklung des steuerlichen Bewertungsrechts, das sich schon seit vielen Jahren an die von den Gutachterausschüssen für Grundstückswerte zur Ermittlung des Verkehrswerts abgeleiteten „erforderlichen Daten der Wertermittlung“ bis hin zur fragwürdigen WGFZ „angedockt“ hat. Diese dürfen indessen nur i.V.m. den diesen zugrunde liegenden „Modellen“ und „Referenzen“ zur Anwendung kommen und dürfen infolgedessen nicht mit andersartigen Modellen der typisierten Bewertungsverfahren verquickt werden[224]. Dieses Dilemma geht auf die Bundesfinanzverwaltung zurück und ist in erster Linie im Bewertungsrecht zu bereinigen. Es wäre mit einer sachgerechten Verkehrswertermittlung nicht vereinbar, sich den typisierenden Modellen des Bewertungsrechts anzugleichen. **134**

In der ersten Beteiligungsphase („Jedermann-Beteiligung“), die in der Zeit vom 19.06. bis zum 21.08.2020 stattfand, bestand für die gesamte Fachöffentlichkeit, aber auch für sonstige natürliche und juristische Personen des Privatrechts die Möglichkeit zur Stellungnahme zu beiden Entwürfen. Der aufgrund der Ergebnisse der ersten Beteiligungsphase geänderte Entwurf der ImmoWertV war im Februar 2021 Gegenstand einer zweiten Beteiligungsphase für kommunale Spitzenverbände, Länder und Fachverbände. Die Anhörungen der kommunalen Spitzenverbände, der Länder und der Fachverbände fanden Anfang März 2021 statt. Der überarbeitete Referentenentwurf wurde dabei verbändeübergreifend (in alphabetischer Reihen- **135**

224 Vgl. schon die Glosse in GuG-aktuell 2012, 17.

folge: BDGS, BIIS, BVS, gif e.V., HypZert, IVD, RICS und ZIA) hart kritisiert[225]. So seien die vorgegebenen Modelle für die Adressaten nicht nachvollziehbar und erfüllten damit nicht eine der wesentlichen und geforderten Voraussetzungen eines Sachverständigengutachtens. Die heranzuziehenden wertrelevanten Parameter, z.B. die gewöhnlichen Herstellungskosten, Gesamt- und Restnutzungsdauern, Modernisierungspunktesysteme oder das zwingende Verfahren zur Ableitung einer verlängerten Restnutzungsdauer, kämen mit ihrer **Scheingenauigkeit** in der Realität des gewöhnlichen Geschäftsverkehrs nicht vor.
Das Bundeskabinett[226] hat die ImmoWertV 2021 dessen ungeachtet am 12.05.2021 beschlossen.
Der Referentenentwurf wurde sodann dem Bundesrat zugeleitet. Der Bundesrat hat diesem in seiner 1006. Sitzung am 25.06.2021 nach vorheriger Beteiligung des federführenden Ausschusses für Städtebau, Wohnungswesen und Raumordnung, des Finanz- und Innenausschusses[227] nach Maßgabe einer Änderung der Vorschrift zur Alterswertminderung (§ 38 ImmoWertV) zugestimmt.
Gleichzeitig wurde eine Entschließung verabschiedet, mit der eine regelmäßige Aktualisierung der Normalherstellungskosten, beispielsweise im Rhythmus von fünf oder 10 Jahren, angeregt wurde (vgl. Syst. Darst. des Sachwertverfahrens Rn. 51).
Das BMI hat angekündigt, in Abstimmung mit Ländern und Verbänden einen Vorschlag für Muster-Anwendungshinweise zur Immobilienwertermittlungsverordnung (ImmoWertA) zu erarbeiten, die der Fachkommission Städtebau als dem zuständigen Gremium der Bauministerkonferenz mit der Empfehlung der abschließenden Beratung und Beschlussfassung übermittelt werden soll. Im Falle der Beschlussfassung durch die Fachkommission sollen die ImmoWertA als Muster für entsprechende Erlasse der Länder dienen.

1.3.3 Aufbau der ImmoWertV 2021

1.3.3.1 Zweistufigkeit der Wertermittlungsverfahren

136 Die ImmoWertV hält wie schon die WertV von 1961 und die ImmoWertV 2010 im Kern an der **Unterteilung zwischen Vergleichs-, Ertrags- und Sachwertverfahren** fest. Die Verfahren sind im Teil 3 deutlich gegenüber der ImmoWertV 10 verbessert gegliedert und konsequent auf eine modell- und referenzkonforme Anwendung der von den Gutachterausschüssen für Grundstückswerte abgeleiteten erforderlichen Daten der Wertermittlung wie Liegenschaftszinssätze, Sachwert- und Vergleichswertfaktoren bebauter Grundstücke ausgerichtet.

225 Gemeinsame Stellungnahme des BDGS, BIIS, BVS, IVD, RICS sowie der ZIA, gif e.V. und der HypZert vom 26.02.2021.
226 BR-Drs. 407/21 (Beschl.) vom 25.06.2021.
227 BR-Drs. 407/1/21 vom 10.06.2021.

Abb. 10: Aufbau der ImmoWertV 21

Aufbau der ImmoWertV

TEIL 1 ALLGEMEINES

Abschnitt 1: Anwendungsbereich, Gegenstand und Grundlagen der Wertermittlung (§§ 1 und 2 ImmoWertV)
Abschnitt 2: Begriffsbestimmungen zu einzelnen Grundstücksmerkmalen (§§ 3 bis 5 ImmoWertV)
Abschnitt 3: Allgemeine Grundsätze der Wertermittlung (§§ 6 bis 11 ImmoWertV)

TEIL 2: BODENRICHTWERTE UND SONSTIGE FÜR DIE WERTERMITTLUNG ERFORDERLICHE DATEN

Abschnitt 1: Allgemeines (§ 12 ImmoWertV)
Abschnitt 2: Bodenrichtwerte (§§ 13 bis 17 ImmoWertV)
Abschnitt 3: Sonstige für die Wertermittlung erforderliche Daten (§§ 18 bis 23 ImmoWertV)

TEIL 3: BESONDERE GRUNDSÄTZE ZU DEN EINZELNEN WERTERMITTLUNGSVERFAHREN

Abschnitt 1:	Vergleichswertverfahren	(§§ 24 bis 26 ImmoWertV)
Abschnitt 2:	Ertragswertverfahren	(§§ 27 bis 34 ImmoWertV)
Abschnitt 3:	Sachwertverfahren	(§§ 35 bis 39 ImmoWertV)

TEIL 4: REGELUNGEN FÜR BESTIMMTE WERTERMITTLUNGSOBJEKTE

Abschnitt 1: Bodenwertermittlung (§§ 40 bis 45 ImmoWertV)
Abschnitt 2: Grundstücksbezogene Rechte und Belastungen (§§ 46 bis 52 ImmoWertV)

TEIL 5: SCHLUSSVORSCHRIFT (§§ 53 und 54 ImmoWertV)

ANLAGEN:
Anlage 1: Modellansätze für die Gesamtnutzungsdauer
Anlage 2: Modell zur Ermittlung der Restnutzungsdauer von Wohngebäuden bei Modernisierungen
Anlage 3: Modellansätze für Bewirtschaftungskosten
Anlage 4: Normalherstellungskosten 2010 (NHK 2010)
Anlage 5: Katalog der Grundstücksmerkmale des Bodenrichtwertgrundstücks

Wie schon nach der ImmoWertV 2010 gliedern sich die Wertermittlungsverfahren weiterhin in zwei Komponenten:

a) in die Ermittlung eines „*vorläufigen*“ an die allgemeinen Wertverhältnisse auf dem Grundstücksmarkt „*marktangepassten*“ Vergleichs-, Ertrags- und Sachwerts und

b) in die Ermittlung des (endgültigen) Vergleichs-, Ertrags- und Sachwerts. Die Vorgaben stehen unter dem Telos, dass Vergleichs-, Ertrags- und Sachwert den Marktwert (Verkehrswert) abbilden.

Vergleichs-, Ertrags- und Sachwert ergeben sich jeweils aus dem „*vorläufigen marktangepassten*“ Vergleichs-, Ertrags- und Sachwert zuzüglich der Berücksichtigung der *besonderen objektspezifischen Grundstücksmerkmale* i.S. des § 8 ImmoWertV.

Der sich unter Berücksichtigung der „Lage auf dem Grundstücksmarkt“ sowie der besonderen objektspezifischen Grundstücksmerkmale ergebende Vergleichs-, Ertrags- und Sachwert ist zugleich der Marktwert (Verkehrswert). Kommen mehrere Verfahren zur Anwendung, ist der Verkehrswert aus den angewendeten Wertermittlungsverfahren unter Würdigung ihrer Aussagefähigkeit zu ermitteln.

137 **Mit der Dichotomie der Wertermittlungsverfahren sind die Weichen für eine weitgehende Automatisierung der Marktwertermittlung gestellt.**

1. In der **ersten Stufe** wird der vorläufige (marktangepasste) Vergleichs-, Ertrags- und Sachwert auf der Grundlage der vom Gutachterausschuss für Grundstückswerte abgeleiteten Liegenschaftszinssätze sowie Sachwert- und Vergleichsfaktoren bebauter Grundstücke (Wohn- und Nutzflächenwerte) abgeleitet. Hieraus folgt, dass dann auch die zur Ableitung dieser „erforderlichen" Daten von den Gutachterausschüssen jeweils angewandten Verfahrensmodelle einschließlich der einschlägigen Modell- bzw. Referenzparameter auch bei der Ermittlung des *vorläufigen* (marktangepassten) Vergleichs-, Ertrags- und Sachwerts zur Anwendung kommen müssen (Grundsatz der Modell- und Referenzkonformität). Dies gewährleistet im ersten Schritt eine weitgehende Automatisierung der Ermittlung der vorläufigen (marktangepassten) Vergleichs-, Ertrags- und Sachwerte.

   Die mit der ImmoWertV den Gutachterausschüssen für Gutachterausschüsse verbindlich vorgegebenen **Modellansätze** sind zunächst nur für die **Gutachterausschüsse für Grundstückswerte** und auch nur im Rahmen der ihnen obliegenden **Ableitung für die Wertermittlung erforderlichen Daten** (insbesondere Liegenschaftszinssätze sowie Vergleichs- und Sachwertfaktoren) verbindlich. Dies betrifft insbesondere

   – die **Gesamt- und die daraus abgeleitete Restnutzungsdauer** baulicher Anlagen nach Anl. 1 zur ImmoWertV, einschließlich

   – der nach Maßgabe der Anl. 2 sich im Falle einer Modernisierung von Wohngebäuden ergebenden **modifizierten Restnutzungsdauer**,

   – die Ableitung von Liegenschaftszinssätzen (auf der Grundlage der Modellansätze der Bewirtschaftungskosten nach Anl. 3) und

   – die Ableitung von Sachwertfaktoren (auf der Grundlage der Modellansätze der NHK 2010).

   – Im Rahmen der konkreten Marktwertermittlung bestimmen sich die genannten Wertermittlungsparameter (Gesamt- und Restnutzungsdauer, Bewirtschaftungskosten, Normalherstellungskosten) nicht nach den Modellansätzen der ImmoWertV, sondern nach den materiellen Vorgaben der ImmoWertV, d.h.

   – die **objektspezifische Gesamt- und Restnutzungsdauer** bestimmen sich nach § 4 Abs. 2 und 3 ImmoWertV nach der *„Anzahl der Jahre, in denen eine bauliche Anlage bei ordnungsgemäßer Bewirtschaftung vom Baujahr an gerechnet üblicherweise (unter Berücksichtigung individueller Gegebenheiten des Wertermittlungsobjekts) wirtschaftlich genutzt werden kann";*

   – die **objektspezifischenBewirtschaftungskosten** bestimmen sich nach § 32 Abs. 1 ImmoWertV nach den für *„eine ordnungsgemäße Bewirtschaftung und zulässige Nutzung (unter Berücksichtigung individueller Gegebenheiten des Wertermittlungsobjekts) entstehenden regelmäßigen Aufwendungen, die nicht durch Umlagen oder sonstige Kostenübernahmen gedeckt sind*";

   – die **objektspezifischen Normalherstellungskosten** bestimmen sich nach § 36 Abs. 1 ImmoWertV nach den „durchschnittlichen Herstellungskosten der baulichen Anlagen ... für die aufzuwendenden Kosten, die sich unter Beachtung wirtschaftlicher Gesichtspunkte für die Errichtung eines dem Wertermittlungsobjekt nach Art und Standard vergleichbaren Neubaus am Wertermittlungsstichtag unter Zugrundelegung zeitgemäßer, wirtschaftlicher Bauweisen ergeben würden".

Diese sind nach wie vor grundsätzlich für die Marktwertermittlung maßgebend. Werden die auf der Grundlage der genannten Modellansätze von den Gutachterausschüssen für Grundstückswerte abgeleiteten Liegenschaftszinssätze, Vergleichs- und Sachwertfaktoren sowie Erbbaurechts- und Erbbaugrundstücksfaktoren und Erbbaurechts- und Erbbaugrundstückskoeffizienten zur Marktwertermittlung herangezogen, so ist nach dem Grundsatz der Modell- und Referenzkonformität von den genannten Modellansätzen auszugehen. Ergeben sich dabei erhebliche Abweichungen (Modellverbiegungen) insbesondere gegenüber der im konkreten Bewertungsfall konkret gegebenen Gesamt- und Restnutzungsdauer nach § 4 Abs. 2 und 3 ImmoWertV sowie den Bewirtschaftungskosten nach § 32 Abs. 1 ImmoWertV müssen der Liegenschaftszinssatz und der Sachwertfaktor „objektspezifisch angepasst" werden. Entsprechendes gilt im Übrigen auch im Falle einer Heranziehung der von den Gutachterausschüssen abgeleiteten Bodenrichtwerte.

Mit den **„objektspezifisch angepassten" Bodenrichtwerten, Liegenschaftszinssätzen sowie Sachwert- und Vergleichsfaktoren** usw. können abweichende Wertermittlungsparameter des Wertermittlungsobjekts sowohl hinsichtlich der genannten Modellansätze als auch der Referenzmerkmale der herangezogenen Bodenrichtwerte, Liegenschaftszinssätze, Vergleichs- und Sachwertwertfaktoren bereits bei der Ermittlung des *vorläufigen* Verfahrenswerts berücksichtigt werden.

Die dafür vornehmlich heranzuziehenden Umrechnungskoeffizienten stehen derzeit aber allenfalls nur regional und dann auch nur für besondere Grundstücksarten zur Verfügung. Langfristig gesehen ist auch dies durch Ableitung einschlägiger Umrechnungskoeffizienten automatisierbar.

2. In der **zweiten Stufe** werden die mit dem *vorläufigen* (marktangepassten) Verfahrenswert nicht erfassten besonderen objektspezifischen Grundstücksmerkmale (boG) einschließlich der von den Modellansätzen und einschlägigen Referenzmerkmalen **abweichenden und unberücksichtigt gebliebenen Wertermittlungsparameter des Wertermittlungsobjekts** subsidiär berücksichtigt. Dies stellt den Anwender der ImmoWertV vor große Herausforderungen, zumal in der Praxis auf diesem Wege die objektspezifischen Besonderheiten „aufzufangen" sind, was in sachgerechter Weise nicht mit der vorstehenden „objektspezifischen" Anpassung zu leisten ist.

Abb. 11: Dichotomie der Wertermittlungsverfahren

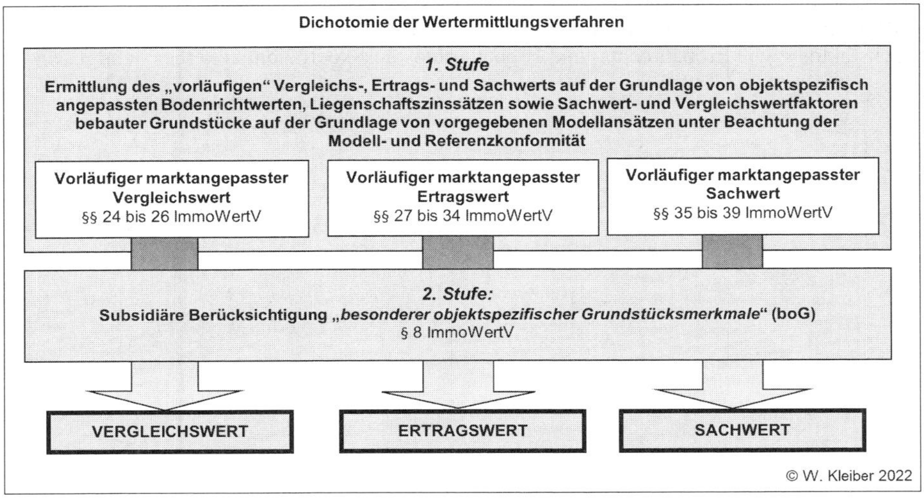

1.3.3.2 Vorläufiger marktangepasster Verfahrenswert

138 Der vorläufige marktangepasste Vergleichs-, Ertrags- und Sachwert bestimmt sich unter Berücksichtigung der allgemeinen für die Preisbildung von Grundstücken im gewöhnlichen Geschäftsverkehr maßgebenden Wertverhältnisse i.S. des § 2 Abs. 2 ImmoWertV entsprechend der örtlichen Lage auf dem Grundstücksmarkt.
Der sich unter Berücksichtigung der „Lage auf dem Grundstücksmarkt" sowie der besonderen objektspezifischen Grundstücksmerkmale ergebende Vergleichs-, Ertrags- und Sachwert ist zugleich der Marktwert (Verkehrswert). Kommen mehrere Verfahren zur Anwendung, ist der Verkehrswert aus den angewendeten Wertermittlungsverfahren unter Würdigung ihrer Aussagefähigkeit zu ermitteln.
Die Anpassung an die **Lage auf dem Grundstücksmarkt (Marktanpassung)** erfolgt durch den Ansatz von Vergleichspreisen, Vergleichsfaktoren, Indexreihen, marktüblich erzielbaren Erträge, Liegenschaftszinssätzen, Sachwert-, Erbbaurechts- und Erbbaugrundstücksfaktoren sowie Erbbaurechts- und Erbbaugrundstückskoeffizienten, die sich auf die allgemeinen Wertverhältnisse auf dem Grundstücksmarkt zu dem jeweils angegeben Bezugsstichtag beziehen (§ 7 Abs. 1 ImmoWertV). Bei zurückliegenden Wertermittlungsstichtagen sind deshalb die für diese Stichtage ermittelten für die Wertermittlung erforderlichen Daten zugrunde zu legen (vgl. § 53 Abs. 2 ImmoWertV). Soweit sich die Lage auf dem Grundstücksmarkt am Wertermittlungsstichtag gegenüber den Verhältnissen zum angegebenen Bezugsstichtag geändert hat, sind die herangezogenen Liegenschaftszinssätze, Vergleichs- und Sachwert-, Erbbaurechts- und Erbbaugrundstücksfaktoren sowie Erbbaurechts- und Erbbaugrundstückskoeffizienten nach § 9 Abs. 1 Satz 2 ImmoWertV „objektspezifisch" auf der Grundlage geeigneter Indexreihen oder in anderer sachgerechter Weise fortzuschreiben („objektspezifisch angepasste" Bodenrichtwerte, Liegenschaftszinssätze, Vergleichs-, Sachwert-, Erbbaurechts- und Erbbaugrundstücksfaktoren sowie Erbbaurechts- und Erbbaugrundstückskoeffizienten (§§ 26, 33, 39, § 49 Abs. 2 Satz 1 Nr. 3 und Abs. 2, § 51 Abs. 2 Satz 1 Nr. 2 und Satz 2 ImmoWertV).

139 Eine ergänzende Marktanpassung zur Berücksichtigung der Lage auf dem Grundstücksmarkt kann insoweit nur erforderlich werden, wie sie noch nicht hinreichend durch einen „angepassten" Liegenschaftszinssatz, Sachwert-, Vergleichswert-, Erbbaurechts- und Erbbaugrundstücksfaktor sowie Erbbaurechts- und Erbbaugrundstückskoeffizienten berücksichtigt wurde.

Abb. 12: Ableitung des Verkehrswerts aus dem Vergleichs-, Ertrags- und/oder Sachwertverfahren

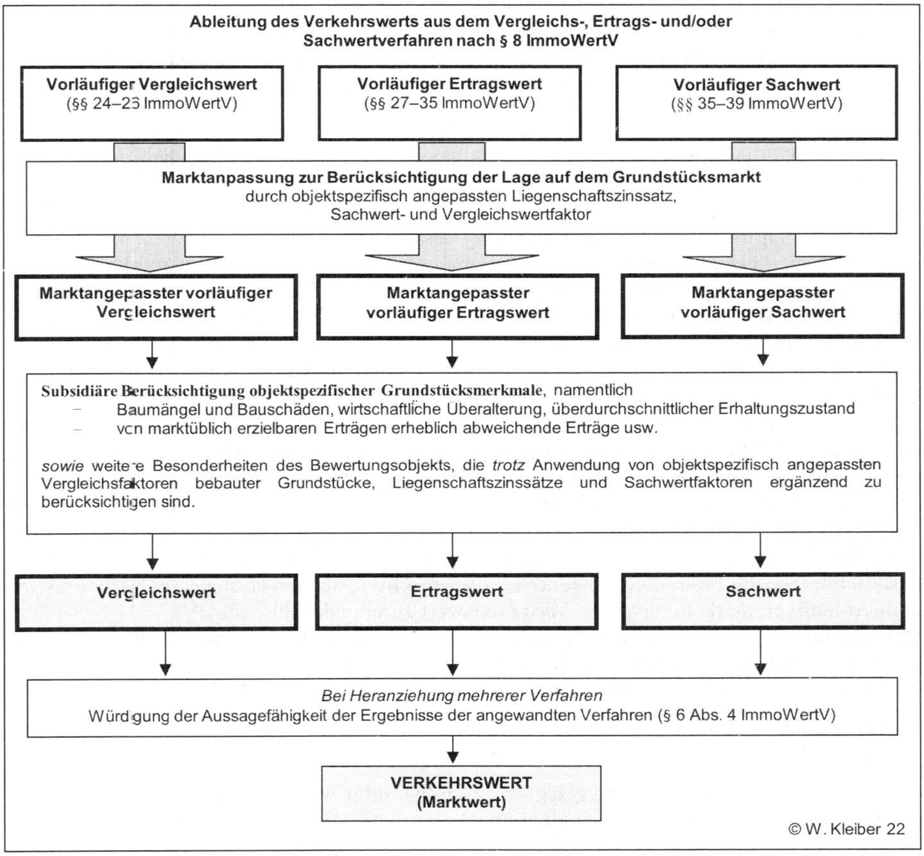

1.3.3.3 Allgemeine und besondere objektspezifische Grundstücksmerkmale

▶ *Vgl. § 8 ImmoWertV Rn. 1 ff.; § 4 ImmoWertV Rn. 17; § 27 ImmoWertV Rn. 10, 24; § 32 ImmoWertV Rn. 13, 185; Syst. Darst. des Ertragswertverfahrens Rn. 60, 103, 199, 215*

Die wertbeeinflussenden Grundstücksmerkmale sind hinsichtlich Art und Umfang gemäß § 8 **140**
ImmoWertV zu unterscheiden nach

a) *allgemeinen* auf dem jeweiligen Grundstücksmarkt regelmäßig auftretenden Grundstücksmerkmalen und

b) besonderen „erheblich" von den auf dem jeweiligen Grundstücksmarkt üblichen abweichenden objektspezifischen Grundstücksmerkmalen (boG). Dazu gehören auch „erheblich" von den zugrunde gelegten Modellen oder Modellansätzen abweichende Grundstücksmerkmale (vgl. den in § 8 Abs. 3 Satz 2 ImmoWertV gegebenen Katalog sowie sonstige Besonderheiten § 8 ImmoWertV Rn. 11).

Diese mit § 8 Abs. 2 und 3 ImmoWertV vorgegebene Abgrenzung ist unscharf und widersprüchlich (vgl. § 8 ImmoWertV Rn. 1 ff.). Unter dem zweiten Schritt sind nur solche besonderen objektspezifischen Grundstücksmerkmale (boG) ergänzend zu berücksichtigen, die nicht bereits anderweitig z.B. mit angepassten Vergleichspreisen (§ 25 Satz 2 ImmoWertV), objektspezifisch angepassten Vergleichsfaktoren, Bodenrichtwerten, Liegenschaftszinssätzen und Sachwertfaktoren berücksichtigt worden sind. **Sie sind** dann **gegebenenfalls insbesondere durch marktübliche Zu- oder Abschläge zu berücksichtigen**.

1.3.3.4 Erhebliche Abweichungen der besonderen objektspezifischen Grundstücksmerkmale von dem auf dem jeweiligen Grundstücksmarkt Üblichen und von den zugrunde gelegten Modellen oder Modellansätzen

141 Mit den zweistufigen Verfahrensmodellen der ImmoWertV kann sich die Ermittlung des jeweiligen vorläufigen marktangepassten Verfahrenswerts deutlich vereinfachen, wenn dieser auf der Grundlage vorgegebener Modellansätze unter Ausschluss besonderer objektspezifischer Grundstücksmerkmale (boG) ermittelt wird. Dies ist trügerisch, denn die eigentlichen Schwierigkeiten treten erst bei der Ermittlung des Werteinflusses der im zweiten Schritt ergänzend zu berücksichtigenden besonderen objektspezifischen Grundstücksmerkmale (boG) auf. Der Katalog der in Betracht kommenden besonderen objektspezifischen Grundstücksmerkmale (boG) geht weit über das hinaus, was allein schon in § 8 Abs. 3 Satz 2 ImmoWertV genannt ist. Im konkreten Bewertungsfall können diese nach Art und Umfang quantitativ und qualitativ ein erhebliches Ausmaß haben und den Verkehrswert maßgeblich beeinflussen (§ 8 ImmoWertV Rn. 11 ff.)
Die besondere Problematik der Berücksichtigung besonderer objektspezifischer Grundstücksmerkmale (boG) besteht darin, dass sie **insbesondere durch marktübliche Zu- oder Abschläge zu berücksichtigen sind, d.h. nur insoweit, wie sie nach der Lage auf dem Grundstücksmarkt den Verkehrswert beeinflussen**, jedoch dafür vielfach keinerlei empirischen Vergleichsdaten zur Verfügung stehen. Von daher sind gute Gründe gegeben, alle mit der ImmoWertV zugelassenen „anderweitigen" Möglichkeiten (§ 3 Abs. 3 Satz 3 ImmoWertV) auszuschöpfen, die besonderen objektspezifischen Grundstücksmerkmale (boG) bereits mit dem vorläufigen marktangepassten Verfahrenswert zu berücksichtigen.
Die genannte Problematik löst sich nicht dadurch auf, dass die **besonderen objektspezifischen Grundstücksmerkmale (boG)** nach § 3 Abs. 3 ImmoWertV nur dann **ergänzend zu berücksichtigen sind, wenn sie „erheblich" von**

- **dem auf dem jeweiligen Grundstücksmarkt Üblichen** (vgl. § 8 Abs. 3 ImmoWertV Rn. 11 ff.) **oder**
- **erheblich von den zugrunde gelegten Modellen oder Modellansätzen** (z.B. Δ Gesamt- und Restnutzungsdauer, Δ Instandhaltungskosten und Mietausfallwagnis)

abweichen. Was dabei *„erheblich"* ist, lässt die ImmoWertV offen. Es wäre aber ein Trugschluss, wenn allein mit einem pauschalen Hinweis auf die „nicht erhebliche Abweichung" die Berücksichtigung einer Vielzahl von objektspezifischen Grundstücksmerkmalen leichtfertig verworfen wird.

Nach der hier vertretenen Auffassung muss von einer „erheblichen" Abweichung grundsätzlich ausgegangen werden, **wenn sie die Höhe des Verkehrswerts in einer Größenordnung beeinflusst, die im Rahmen der Auf- und Abrundung** (vgl. Rn. 93) **auf das Ergebnis „durchschlägt".** Vor diesem Hintergrund kommt es im Falle einer Vielzahl von ergänzend zu berücksichtigenden besonderen objektspezifischen Grundstücksmerkmalen (boG) auf die Gesamtheit der abweichenden Besonderheiten an, denn die einzelnen nicht erheblichen Abweichungen können zu einer erheblichen Größenordnung anwachsen. Bereits zwei unerhebliche Abweichungen können den Verkehrswert erheblich beeinflussen.

Dementsprechend muss es zu einer Verfälschung der Verkehrswertermittlung führen, wenn infolge einer „großzügigen" Auslegung des „Erheblichkeitsbegriffs" eine Vielzahl von Grundstücksmerkmalen unberücksichtigt blieben, die **von den zugrunde gelegten Modellen oder Modellansätzen bzw. sonst als besondere objektspezifische Grundstücksmerkmale (boG) klassifiziert wurden, die nicht erheblich von dem auf dem jeweiligen Grundstücksmarkt Üblichen abweichen.** Dies muss im Gutachten vollständig dargelegt und analysiert werden.

1.3.4 Grundsatz der Modell- und Referenzkonformität

▶ *Vgl. § 8 ImmoWertV Rn. 66; § 10 ImmoWertV Rn. 1 ff.; § 21 ImmoWertV Rn. 45 ff., 148; Syst. Darst. des Ertragswertverfahrens Rn. 33; Syst. Darst. des Sachwertverfahrens Rn. 13, 19; Syst. Darst. des Vergleichswertverfahrens Rn. 6*

Die in der ImmoWertV geregelten Vergleichs-, Ertrags- und Sachwertverfahren sind unter stringenter Beachtung des **Grundsatzes der Modellkonformität** anzuwenden. Nach diesem Grundsatz muss der *vorläufige marktangepasste Verfahrenswert* des jeweils herangezogenen Wertermittlungsverfahrens in seinem **Aufbau** (Modell) **und** hinsichtlich der Ermittlung des vorläufigen Verfahrenswerts gemäß den zugrunde liegenden **Modellansätzen** exakt in der Weise ermittelt werden, wie es vom Gutachterausschuss für Grundstückswerte bei der Ableitung der erforderlichen Daten der Wertermittlung i.S. des Zweiten Abschnitts (Liegenschaftszinssätze, Vergleichs- und Sachwert-, Erbbaurechts- und Erbbaugrundstücksfaktoren sowie Erbbaurechts- und Erbbaugrundstückskoeffizienten) praktiziert worden ist. **142**

1.3.5 Sonstige Wertermittlungsverfahren

Die im Teil 3 der ImmoWertV geregelten **Wertermittlungsverfahren entsprechen dem bisherigen Recht und werden weiterhin lediglich in ihren Grundzügen ohne Anspruch auf Vollständigkeit geregelt.** Damit ist die Anwendung anderer in der ImmoWertV nicht ausdrücklich geregelter Methoden nicht ausgeschlossen. Auch eine Modifizierung der geregelten Verfahren ist zulässig. Dies bedeutet aber andererseits auch nicht, dass damit jedes andere Verfahren zur Anwendung kommen kann; vielmehr muss es sich um geeignete Verfahren handeln, die zu einem sachgerechten Ergebnis i.S. der Verkehrswertdefinition führen. **143**

Die im Teil 3 der ImmoWertV geregelten **Wertermittlungsverfahren können auch in sachgerechter Weise modifiziert werden.** **144**

Das BVerwG[228] hat zu alledem festgestellt, dass zumindest in den Fällen, in denen eine der in der WertV vorgesehenen Methoden nicht angewendet werden kann, **auch andere geeignete Methoden** zur Anwendung kommen und entwickelt werden können. Zu fordern ist jedoch, dass das angewandte Verfahren in sich „schlüssig" ist[229] und nicht das Wertbild verzerrt[230]. **145**

Die ImmoWertV verweist in diesem Zusammenhang auf die Anwendung sog. deduktiver Verfahren, ohne allerdings hierzu konkrete Hinweise zu geben. Im Zusammenhang mit der Ermittlung des Bodenwerts von Bauerwartungsland und Rohbauland wird in der ImmoWertV erstmals das Extraktionsverfahren (Residualwertverfahren) genannt, das insbesondere dann zur Anwendung kommt, wenn es um die Marktwertermittlung umnutzungsbefangener Immobilien mit Entwicklungspotential geht. Bei Anwendung dieses Verfahrens wird – vereinfacht ausgedrückt – der Verkehrswert eines Grundstücks aus dem z.B. im Wege des Vergleichs- oder Ertragswertverfahrens ermittelten Verkehrswert, der sich fiktiv nach Durchführung einer beabsichtigten Entwicklung ergibt, unter Berücksichtigung der Entwicklungs- und ggf. Herstellungskosten abgeleitet. Auch der Marktwert von warteständigem Bauland wird ähnlich abgeleitet, wenn dafür keine geeigneten Vergleichspreise zur Verfügung stehen. Dabei wird vom Verkehrswert für baureifes Land ausgegangen, der um die Kosten der Baulandentwicklung vermindert wird. Der Differenzbetrag stellt in solchen Fällen das Residuum dar, das dann Grundlage der Wertermittlung sein soll. Die Extraktion (Residualwertverfahren) ist allerdings nur dann geeignet, wenn sich die miteinander in Beziehung gesetzten Größen am Verkehrswert orientieren. **146**

---

228 BVerwG, Urt. vom 16.01.1996 – 4 B 69/95 –, GuG 1996, 111 = EzGuG 15.83.

229 BFH, Urt. vom 18.12.1984 – VIII R 195/82 –, BFHE 142, 558 = BStBl II 1986, 226 = EzGuG 20.108b.

230 BGH, Urt. vom 29.05.1967 – III ZR 126/66 –, BGHZ 48, 65 = EzGuG 18.35; BGH, Urt. vom 02.02.1971 – III ZR 165/69 –, BGHZ 57, 108 = EzGuG 20.51; BGH, Urt. vom 26.10.1972 – III ZR 78/71 –, BRS Bd. 26 Nr. 106 = EzGuG 18.57; BGH, Urt. vom 20.03.1975 – III ZR 153/72 –, BRS Bd. 34 Nr. 120 = EzGuG 18.64; BGH, Urt. vom 14.12.1978 – III ZR 6/77 –, BRS Bd. 34 Nr. 152 = EzGuG 4.63; BGH, Urt. vom 23.06.1983 – III ZR 39/82 –, BRS Bd. 45 Nr. 102 = EzGuG 20.102; vgl. auch Maunz/Dürig/Herzog/Scholz, GG, Art. 14, S. 66.

147 **Die ImmoWertV enthält nach wie vor keinerlei Regelungen über ein auf Prognosen gestütztes Ertragswertverfahren (*Discounted-Cashflow*-Verfahren)**. Im Schrifttum und in der Praxis wird unter einem *Discounted-Cashflow*-Verfahren eine besondere Variante des Ertragswertverfahrens verstanden, bei dem nicht von den am Wertermittlungsstichtag marktüblich erzielbaren Erträgen, sondern von prognostizierten Erträgen ausgegangen wird. Diese Erträge werden konsequenterweise nicht unter Heranziehung des Liegenschaftszinssatzes (*all over capitalization rate*), sondern mit einem besonderen kapitalmarktorientierten Abzinsungs- bzw. Kapitalisierungszinssatz kapitalisiert. Es handelt sich um ein anerkanntes Verfahren der Unternehmensbewertung und der Ermittlung von Investitionswerten.

148 Da es derzeit kein für die Verkehrswertermittlung (Marktwertermittlung) geeignetes prognosegestütztes Ertragswertverfahren (*Discounted-Cashflow*-Verfahren) gibt, ist die Aufnahme des Verfahrens im Zuge der Beratungen zur ImmoWertV 10 von dem im Vorfeld der Novellierung einberufenen Gremium abgelehnt worden. Das in der ImmoWertV geregelte Ertragswertverfahren lässt grundsätzlich nur eine sich auf marktüblich erzielbare Erträge stützende Ertragswertermittlung zu und schreibt für deren Kapitalisierung ausdrücklich die Heranziehung von Liegenschaftszinssätzen vor.

149 Gleichwohl schließt die ImmoWertV ein prognosegestütztes Ertragswertverfahren (*Discounted-Cashflow*-Verfahren) auch nicht aus. Die vorstehend genannte Entscheidung des BVerwG[231], nach der weitere in der Wertermittlungspraxis unter anderer Bezeichnung angewandte Verfahren grundsätzlich anwendbar sind, gilt auch bezüglich des *Discounted-Cashflow*-Verfahrens. Allerdings haben sich in der Wertermittlungspraxis noch keine allgemein anerkannten Verfahrensgrundsätze eines prognoseorientierten Ertragswertverfahrens (*Discounted-Cashflow*-Verfahrens) herausgebildet und auch die von der gif und dem BIIS entwickelten Verfahren haben keine allgemeine Anerkennung finden können. Abzulehnen sind insbesondere kommerziell angebotene „*Black Box*"-Verfahren, die vor deutschen Gerichten schon deshalb kaum Bestand haben können, weil dem Anwender und „Verbraucher" dieser Rechenverfahren die gemachten Ansätze undurchsichtig und unbegründet sind.

1.3.6 Sonstige Änderungen

150 Über die vorstehenden allgemeinen Zielsetzungen hinaus gibt es in der ImmoWertV keine wesentlichen materiellen Änderungen. Das bisherige Recht der Marktwertermittlung wird in einer deutlich verbesserten Systematik neu und übersichtlich gegliedert und führt eine Reihe neuer Legalbegriffe ein, die die Wertermittlungspraxis schon nach bisherigem Recht gebraucht hat (vgl. SystDarst des Sachwertverfahrens Rn. 53, 161 ff.).

151 Neu in die ImmoWertV aufgenommen sind:

1. Eine Ergänzung des Sachwertverfahrens um einen Regionalfaktor, mit dem die mit Anl. 4 zur ImmoWertV vorgegebenen modellhaften Normalherstellungskosten 2010 (NHK 2010), die sich auf das gesamte Bundesgebiet beziehen und abweichend von den vorher zur Anwendung gekommenen NHK 1995/2000 nicht zu regionalisieren waren, erweitert werden. Die ImmoWertV kehrt damit zu der Wertermittlungspraxis zurück, die sich vor Inkrafttreten der ImmoWertV 2010 und der NHK 2010 bewährt hat (vgl. SystDarst des Sachwertverfahrens Rn. 53, 161 ff.).
2. Allgemeine Grundsätze zur Wertermittlung bei grundstücksbezogenen Rechten und Belastungen, und zwar in Form von allgemeinen Grundsätzen (§§ 46 und 47 ImmoWertV) und nicht abschließenden Regelungen zur Wertermittlung von Erbbaurechten und Erbbaugrundstücken (§§ 48 bis 52 ImmoWertV).

231 BVerwG, Beschl. vom 16.01.1996 – 4 B 69/95 –, GuG 1996, 111 = EzGuG 15.83.

3. Die mit der Bodenrichtwertrichtlinie von 2011 eingeführte sog. wertrelevante Geschossflächenzahl (WGFZ) wird nach 10-jähriger Experimentierzeit unter dem Druck der daran geübten Kritik[232] abgeschafft.
Gleichzeitig soll unter Verwendung derselben Bezeichnung eine neuartige WGFZ für die **Beschreibung des Maßes der baulichen Nutzung von Bodenrichtwertgrundstücken** eingeführt werden und **in besonderen Ausnahmefällen** neben der bauplanungsrechtlichen GFZ i.S. des § 20 BauNVO zur Anwendung kommen. Die neue WGFZ ist ein völlig neues „Konstrukt", das mit der gleichnamigen WGFZ der aufgehobenen Bodenrichtwertrichtlinie nichts mehr gemein hat und das dysfunktionale Wertbild verzerrt.
Dementsprechend soll **bei der Veröffentlichung von Bodenrichtwerten das Maß der baulichen Nutzung unterschiedlich dargestellt werden**:
    a) In Bodenrichtwertzonen, in denen sich der durchschnittliche **Lagewert des Grund und Bodens nach der bauplanungsrechtlich zulässigen GFZ** bestimmt (§ 5 Abs. 1 Satz 1 ImmoWertV), ist dem Bodenrichtwertgrundstück diese in bewährter Weise dem Bodenrichtwert zuzuordnen.
    b) Nach der in die ImmoWertV aufgenommene **Ausnahmeregelung** des **§ 16 Abs. 4 ImmoWertV** soll nunmehr jedoch für Bodenrichtwertzonen, in denen zum maßgeblichen Stichtag nicht die planungsrechtlich zulässige, sondern die lagetypische GFZ i.S. des § 5 Abs. 1 Satz 2 ImmoWertV maßgebend ist, nicht mehr die unter entsprechender Anwendung der für die Ermittlung der planungsrechtlichen GFZ geltenden Berechnungsvorschriften ermittelte wertrelevante GFZ dargestellt werden, sondern es soll eine neu definierte sog. WGFZ unter Berücksichtigung von vorgegebenen Modellansätzen für „ausgebaute und ausbaufähige" Dachgeschosse von den Gutachterausschüssen für Grundstückswerte ermittelt werden (vgl. § 16 ImmoWertV Rn. 32 ff.).

   Mit dieser Ausnahmevorschrift geht ein die Transparenz der Bodenrichtwerte beeinträchtigender Systembruch einher, der zwangsläufig die Ableitung unterschiedlicher GFZ- bzw. WGFZ-bezogener Umrechnungskoeffizienten zur Folge hat. Problematisch wird es dann, wenn im Rahmen des Preisvergleichs unterschiedlich attribuierte Bodenwerte herangezogen werden.
4. Neu aufgenommen werden Regelungen zu **Gemeinbedarfsflächen** (§ 44 ImmoWertV) und Wasserflächen (§ 45 ImmoWertV). Abschnitt 2 (§§ 46 bis 52 ImmoWertV) enthält anders als die bisherigen Wertermittlungsverordnungen auch Vorgaben zur Wertermittlung von grundstücksbezogenen Rechten und Belastungen, und zwar in Form von allgemeinen Grundsätzen (§§ 46 und 47 ImmoWertV) und nicht abschließenden Regelungen zur Wertermittlung von **Erbbaurechten und Erbbaugrundstücken** (§§ 48 bis 52 ImmoWertV).

1.3.7 Inkrafttreten und Überleitung

Die Immobilienwertermittlungsverordnung vom 14.07.2021 ist im BGBl. I Nr. 44 vom 19.07.2021 auf S. 2805 verkündet worden und tritt am 1. Januar 2022 in Kraft und ist von da an bei der Erstellung von Verkehrswertgutachten unabhängig vom Wertermittlungsstichtag anzuwenden. **152**
Gleichzeitig tritt die Immobilienwertermittlungsverordnung vom 19. Mai 2010 (BGBl. I, S. 639), die durch Art. 16 des Gesetzes vom 26.11.2019 (BGBl. I, S. 2019, 1794) geändert worden ist, außer Kraft.

232 *Kleiber, W.*, Purgatorische Gedanken zum Maß der baulichen Nutzung, GuG 2017, 64.

153 Nach § 53 ImmoWertV kann bis zum Ablauf des 31.12.2024 bei Ermittlung der sonstigen für die Wertermittlung erforderlichen Daten

- die Gesamtnutzungsdauer abweichend von den in der Anl. 1 zur ImmoWertV festgelegten Modellansätzen der Gesamtnutzungsdauer sowie
- die Restnutzungsdauer im Fall der Modernisierung von Wohngebäuden abweichend von dem in Anl. 2 zur ImmoWertV festgelegten Modell der Ermittlung der Restnutzungsdauer

ermittelt werden. Dies betrifft übergangsweise insbesondere Bodenrichtwerte, Liegenschaftszinssätze, Vergleichs-, Sachwert-, Erbbaurechts- und Erbbaugrundstücksfaktoren sowie Erbbaurechts- und Erbbaugrundstückskoeffizienten, die nicht auf der Grundlage der erst mit der geltenden ImmoWertV verbindlich vorgegebenen „Modellansätze" ermittelt wurden und erst im Verlauf des Jahres 2022 zur Fortschreibung anstehen.

154 Liegen für den maßgeblichen Stichtag lediglich solche für die Wertermittlung erforderlichen Daten vor, die nicht nach den vorstehenden Modellansätzen sowie den Modellvorgaben der neuen ImmoWertV, insbesondere den mit Anl. 3 vorgegebenen Modellansätzen der Bewirtschaftungskosten, ermittelt worden sind, ist nach § 10 Abs. 2 ImmoWertV bei Anwendung dieser Daten im Rahmen der Wertermittlung von dieser Verordnung abzuweichen, soweit dies zur Wahrung des Grundsatzes der Modellkonformität erforderlich ist.
Nach der vorstehenden „Überleitungsregelung" wird man sich auch nach dem 31.12.2024 modellkonform im alten System so lange bewegen, wie von da ab die für die Wertermittlung erforderlichen Daten nicht fortgeführt worden sind.

1.4 Ergänzende Wertermittlungsrichtlinien

1.4.1 Allgemeines

Schrifttum: *Austermann, C.*, Die neue Ertragswertrichtlinie – Genauere Berechnung oder nur scheinbar genau?, GuG 2016, 372; *Bundesverband Deutscher Grundstückssachverständiger (BDGS)*, Vorschläge zur Überarbeitung des Teil II WertR 96, GuG 1999, 1; *Bertz, U.*, Neubekanntmachung der WERTR 02, GuG 2003, 22; *Kleiber*, Verkehrswertermittlung von Grundstücken, 9. Aufl. Vorbem. zur ImmoWertV 10, Rn. 149; *Schmalgemeier, H.*, Neue Wertermittlungsrichtlinien – Anforderungen der Praxis, GuG 1991, 41; *Seitz, W.*, Der Entwurf der Vergleichswertrichtlinie, GuG 2014, 141; *Simon, J.*, Anmerkungen zu den Wertermittlungs-Richtlinien, GuG 1992, 68; *Simon, J.*, Bewertung von Erbbaurechten nach WERTR 06, GuG 2006, 129; *Simon, J.*, Verkehrswert von Wohnungsrecht und Nießbrauch nach WERTR 06, GuG 2006, 211; *Stemmler, J./Menning, U.*, Zur Novellierung der Wertermittlungsrichtlinien, GuG 2006, 61.

155 Noch vor dem erstmaligen Erlass der Wertermittlungsverordnung (WertV) im Jahre 1961 hat das Bundesministerium der Finanzen (BMF) für den Bereich der Bundesvermögens- und Bauverwaltung bereits im Jahre 1955 Wertermittlungsrichtlinien[233] – WertR – herausgegeben. Diese Richtlinien wurden später laufend fortgeschrieben (WertR vom 31.05.1976 (WertR 76)[234], WertR vom 11.06.1991 – WertR 91)[235], WertR vom 19.07.2002[236] sowie zuletzt WERTR 06 vom 01.03.2006[237]. Die WertR wurde weitgehend durch die Bodenrichtwertrichtlinie vom 11.01.2011 (BAnz. Nr. 24 S. 597), die Sachwertrichtlinie (SW-RL) vom 05.09.2012 (BAnz. AT 18.10.2012 B1), die Vergleichswertrichtlinie (VW-RL) vom 20.03.2014 (BAnz. AT 11.04.2014 B3) und die Ertragswertrichtlinie (EW-RL) vom 15.11.2015 (BAnz. AT 04.12.2015 B4) ersetzt (abgedruckt in Kleiber, Sammlung amtlicher Vorschriften, 12. Aufl. 2016). Ursprünglich war beabsichtigt, die Einzelrichtlinien zur Verkehrswertermittlung und

233 Richtlinien zur Wertermittlung von Grundstücken herausgegeben – WertR vom 16.04.1955 – BAnz Nr. 91 vom 12.05.1955.
234 WertR 76 vom 31.05.1976; BAnz Nr. 146 vom 06.08.1976 (Beil. 21/76).
235 WertR 91 vom 11.06.1991 (BAnz Nr. 182a vom 27.09.1991).
236 WertR 02, BAnz Nr. 238a vom 20.12.2002.
237 BAnz Nr. 108a vom 10.06.2006.

die fortgeltenden Teile der Wertermittlungsrichtlinien 2006 zu einem späteren Zeitpunkt in einer neuen Richtlinie zusammenzufassen.
Mit Inkrafttreten der ImmoWertV sind die Richtlinien gegenstandslos geworden.

1.4.2 ImmoWertA (ImmoWertV-Anwendungshinweise)

Mit den vom Bundesministerium für Wohnen, Stadtentwicklung und Bauwesen am 04.10.2023 im Online-Portal des Ministeriums veröffentlichten vorgelegten Muster- Anwendungshinweisen zur Immobilienwertermittlungsverordnung (ImmoWertV-Anwendungshinweise – ImmoWertA) werden **unverbindliche Empfehlungen zur ImmoWertV** mit dem Ziel einer einheitlichen Anwendung der Verordnung gegeben. **156**
Die **bundesministeriellen „Muster-Anwendungshinweise zur Immobilienwertermittlungsverordnung" (ImmoWertV-Anwendungshinweise – ImmoWertA)** können – anders als die im Bundesanzeiger veröffentlichten bundesministeriellen Richtlinien – nicht für sich in Anspruch nehmen, als allgemein anerkannte „Bewertungsgrundsätze" zu gelten (vgl. hierzu Rn. 160). Insbesondere durch die in den Anhängen abgedruckten „beispielhaften" und den Einzelfall betreffenden Modellbeschreibungen und Modellrechnungen lässt sich das erklärte Ziel einer bundesweiten Vereinheitlichung der Wertermittlungspraxis herbeiführen.
Die Fachkommission Städtebau der Arbeitsgemeinschaft der für Städtebau, Bau- und Wohnungswesen zuständigen Minister und Senatoren der 16 Länder der Bundesrepublik Deutschland hat die Muster-Anwendungshinweise am 20.09.2023 unverbindlich zur Kenntnis genommen.
Inhaltlich richten sie sich vornehmlich an die Gutachterausschüsse für Grundstückswerte und sind insbesondere darauf gerichtet, die ihnen nach § 193 Abs. 5 BauGB obliegende **Ableitung der für die Wertermittlung erforderlichen Daten (§§ 12 bis 23 ImmoWertV) und ihre Präsentation** (vgl. Anhang A zur ImmoWertA) **zu vereinheitlichen**. Dafür besteht ein dringendes Bedürfnis, denn unter dem Regime des Modellkonformitätsgrundsatzes kann nur so vermieden werden, dass die bundesweit zur Anwendung kommenden Wertermittlungsverfahren der ImmoWertV unterschiedliche Ausgestaltungen erfahren. Dies ist zu besorgen, denn die Gutachterausschüsse können sich im Rahmen der Ableitung der für die Wertermittlung erforderlichen Daten über die mit der ImmoWertV vorgegebenen Verfahrensmodelle und Modellansätze hinaus weitere Vorgaben zur Ausgestaltung des Modells, zu den Modellansätzen, den jeweiligen Bezugsgrundlagen und vieles mehr geben. Um hier einen „Flickenteppich" zu vermeiden, hat der Bundesgesetzgeber die Bundesregierung mit § 199 Abs. 1 BauGB unter anderem ermächtigt, durch Rechtsverordnung Vorschriften über die Ableitung der für die Wertermittlung erforderlichen Daten einschließlich der Bodenrichtwerte zu erlassen.
Die Regelungen der §§ 12 bis 23 ImmoWertV können eine einheitliche Ableitung und sachgerechte Anwendung der für die Wertermittlung erforderlichen Daten nach Art und Umfang, den dafür maßgeblichen Bezugsgrundlagen usw. bis hin zu ihrer Präsentation nicht leisten. Dort wird den Gutachterausschüssen für Grundstückswerte lediglich für die Veröffentlichung von Bodenrichtwerten aufgegeben, den Entwicklungszustand, die Art der Nutzung sowie gegebenenfalls den beitragsrechtlichen Zustand bei der Veröffentlichung „darzustellen". Weitere Grundstücksmerkmale sind danach zwar darzustellen, wenn sie „wertbeeinflussend" sind, jedoch wird damit die Tür für eine unzureichende Darstellung der Bodenrichtwerte geöffnet, denn die in § 16 Abs. 2 Satz 2 ImmoWertV genannten Grundstücksmerkmale sind nach den Vorschriften der ImmoWertV i.d.R. wertbeeinflussend. Ohne Angaben der maßgeblichen Referenzgrößen des Bodenrichtwerts ist eine fundierte mit § 26 Abs. 2 ImmoWertV vorgeschriebene objektspezifische Anpassung des Bodenrichtwerts an die Gegebenheiten eines Wertermittlungsobjekts nicht möglich.
Für die sonstigen erforderlichen Daten der Wertermittlung, insbesondere für Liegenschaftszinssätze, Sachwertfaktoren und sonstige Faktoren und Koeffizienten, werden in der ImmoWertV keinerlei verbindliche Vorgaben für deren Darstellung gemacht, obwohl dafür – vergleichbar mit Bodenrichtwerten – eine Notwendigkeit besteht, wenn diese Daten den Gegebenheiten des Wertermittlungsobjekts angepasst werden sollen. Eine fachlich fundierte Anpassung des Liegenschaftszinssatzes und sonstiger Daten an die Gegebenheiten eines Wert-

ermittlungsobjekts ist – wie es die ImmoWertV fordert – ohne Angaben der Referenzmerkmale nicht möglich.

157 Die Muster-Anwendungshinweise zur ImmoWertV – ImmoWertA – können diese Lücke selbst dann nicht schließen, wenn die zuständigen obersten Landesbehörden und die obersten Bundesbehörden für ihren Geschäftsbereich die Anwendung verbindlich vorgeben. Auch gibt die ImmoWertA weder Vorgaben noch Empfehlungen, wie die zur Anpassung der erforderlichen Daten der Wertermittlung an die Gegebenheiten eines Wertermittlungsobjekts heranzuziehenden Umrechnungskoeffizienten abzuleiten und zu veröffentlichen sind. Dementsprechend ist zu besorgen, dass die Praxis der Wertermittlung in der Bundesrepublik Deutschland weiter auseinanderdriften wird, zumal viele Gutachterausschüsse personell und organisatorisch überfordert sind, der ambitionierten Zielsetzung der ImmoWertV 21 zu genügen. Die überregional tätigen Sachverständigen werden sich infolgedessen unter dem Regime der Modellkonformität weiterhin mit unterschiedlichsten Ausgestaltungen der „normierten" Wertermittlungsverfahren der ImmoWertV auseinandersetzen müssen.

1.4.3 WaldR 2000, LandR 19, ZierH 2000 und JagdH 01

158 Ergänzend zu den Wertermittlungsrichtlinien (WertR) wurden vom Bundesministerium der Finanzen im Einvernehmen mit dem Bundesministerium für Verkehr, Bau- und Wohnungswesen die **Hinweise zur Wertermittlung von Ziergehölzen als Bestandteil von Grundstücken** (Schutz- und Gestaltungsgrün) vom 20. März 2000 – **Ziergehölzhinweise 2000 –** erlassen[238].

159 Darüber hinaus hat das Bundesministerium der Finanzen die **Waldwertermittlungsrichtlinien**[239] **– WaldR –** und die Bundesanstalt für Immobilienaufgaben die **Entschädigungsrichtlinien Landwirtschaft**[240] **– LandR 19 –** bekannt gegeben. Schließlich hat das Bundesministerium der Finanzen im Einvernehmen mit dem Bundesministerium für Verkehr, Bau- und Wohnungswesen **Hinweise zur Ermittlung von Entschädigungen für die Beeinträchtigungen von gemeinschaftlichen Jagdbezirken (JagdH 01)**[241] bekannt gemacht.

160 **Die bundesministeriellen Richtlinien bilden** zusammen **ein Regelwerk, an das die Gerichte** – wie schon in Bezug auf die Immobilienwertermittlungsverordnung – **in keiner Weise gebunden sind, auf die bislang aber in der Rechtsprechung zurückgegriffen wurde**[242]. Ihr Inhalt wurde bislang als geltender „Bewertungsgrundsatz" betrachtet[243]. Wegen ihrer übergreifenden Bedeutung haben sich bislang auch frei praktizierende Sachverständige für Grundstückswerte und auch die Gutachterausschüsse für Grundstückswerte ihrer bedient.

---

238 BAnz Nr. 94 vom 18.05.2000 = GuG 2000, 155; vormals Kleiber, WertR 76/96, 6. Aufl. 1997, Köln, S. 438; BAnz Nr. 94 vom 18.05.2000 = GuG 2000, 155; Wilbat/Bracke in GuG 2001, 74.

239 Waldwertermittlungsrichtlinien 2000 – WaldR 2000 – i.d.F. vom 12.07.2000 (BAnz Nr. 168 = GuG 2000, 301), Vorgängerin: Waldwertermittlungsrichtlinien i.d.F. vom 25.02.1991 (WaldR 91; BAnz. Nr. 100a vom 05.06.1991).

240 Bekanntmachung der Richtlinien für die Ermittlung des Verkehrswerts landwirtschaftlicher Grundstücke und Betriebe, anderer Substanzverluste und Vermögensnachteile (Entschädigungsrichtlinie Landwirtschaft – LandR 19) vom 09.05.2019 (BAnz AT 04.06.2019.85 vom 04.06.2019).

241 Hinweise zur Ermittlung von Entschädigungen für die Beeinträchtigungen von gemeinschaftlichen Jagdbezirken – JagdH 01 – i.d.F. vom 07.06.2001 (BAnz Nr. 146a vom 08.08.2001 = GuG 2003, 104).

242 BGH, Urt. vom 28.09.1972 – III ZR 44/70 –, BGHZ 59, 250 = EzGuG 14.47; BGH, Beschl. vom 11.03.1993 – III ZR 24/92 –, GuG 1994, 116 = EzGuG 20.144a.

243 OVG Lüneburg, Urt. vom 15.12.1977 – 1 A 311/74 –, BRS Bd. 32 Nr. 201 = EzGuG 15.7; Revision: BVerwG, Urt. vom 24.11.1978 – 4 C 56/76 –, BVerwGE 57, 87 = EzGuG 15.9.

1.5 Beleihungswertermittlungsverordnung (BelWertV)

1.5.1 Ermächtigungsgrundlage

▶ *Vgl. zum Beleihungswert Rn. 2; § 1 ImmoWertV Rn. 12; zu den Verfahren § 6 ImmoWertV Rn. 56, 210; § 21 ImmoWertV Rn. 59 ff.; Syst. Darst. des Ertragswertverfahrens Rn. 114; Syst. Darst. des Sachwertverfahrens Rn. 158, 301; Teil IX*

Ermächtigungsgrundlage für die „Verordnung über die Ermittlung der Beleihungswerte von Grundstücken" gemäß § 16 Abs. 1 und 2 des Pfandbriefgesetzes (**Beleihungswertermittlungsverordnung – BelWertV**) ist § 16 Abs. 4 des Pfandbriefgesetzes (PfandBG): 161

„(4) Das Bundesministerium der Finanzen wird ermächtigt, im Einvernehmen mit dem Bundesministerium der Justiz durch Rechtsverordnung, die nicht der Zustimmung des Bundesrates bedarf, Einzelheiten der Methodik und Form der Beleihungswertermittlung sowie die Mindestanforderungen an die Qualifikation des Gutachters zu bestimmen. Die Rechtsverordnung kann für die Bewertung von überwiegend zu Wohnzwecken genutzten Beleihungsobjekten Erleichterungen vorsehen. Vor Erlass der Rechtsverordnung sind die Spitzenverbände der Kreditwirtschaft anzuhören. **Das Bundesministerium der Finanzen kann diese Ermächtigung durch Rechtsverordnung auf die Bundesanstalt für Finanzdienstleistungsaufsicht übertragen.** Mit Inkrafttreten der Rechtsverordnung nach Satz 1 werden die nach § 13 des Hypothekenbankgesetzes genehmigten Wertermittlungsanweisungen unwirksam."

Mit § 1 Nr. 4 der Verordnung zur Übertragung von Befugnissen zum Erlass von Rechtsverordnungen auf die Bundesanstalt für Finanzdienstleistungsaufsicht vom 13.12.2002 (BGBl. I 2002, 3) ist die Ermächtigung auf die **Bundesanstalt für Finanzdienstleistungsaufsicht – BaFin –** übertragen worden. Die Übertragung der Zuständigkeit auf die BaFin war keine gute Entscheidung, denn die BaFin 162

1. verfügt nicht über die notwendige Fachkompetenz über die Verkehrs- und Beleihungswertermittlung und
2. ist auch in der Gesetzgebung unerfahren.

Es ist deshalb immer wieder verwunderlich, wenn auf eine angeblich „BaFin-bestätigte Tätigkeit" hingewiesen wird.

Entsprechend den Ermächtigungsgrundlagen wurden im Verordnungsgebungsverfahren allein die Spitzenverbände der Kreditwirtschaft beteiligt. Gegenstand der BelWertV sind jedoch wertermittlungstechnische Fragen und die üblicherweise zu beteiligenden Ressorts sowie die wesentlichen Fachverbände wurden förmlich „geschnitten"; darauf können die Unzulänglichkeiten der BelWertV zurückgeführt werden[244]. 163

Die BelWertV ist grundsätzlich nur im Rahmen der Pfandbriefrefinanzierung verbindlich; andere Kreditinstitute lehnen sich jedoch an die BelWertV an. Darüber hinaus wird in anderen Rechtsvorschriften lediglich auf die Vorschriften des § 16 Abs. 1 bis 3 PfandBG verwiesen. 164

1.5.2 Beleihungswert

▶ *Teil IX Rn. 143*

Der **Beleihungswert wird in** § 3 der Verordnung über die Ermittlung der Beleihungswerte von Grundstücken (Beleihungswertermittlungsverordnung (BelWertV)[245] ohne verfassungsrechtliche Grundlage definiert *als* 165
„... Wert, der der Beleihung zugrunde gelegt wird (Beleihungswert), ist der Wert einer Immobilie, der erfahrungsgemäß unabhängig von vorübergehenden, etwa konjunkturell bedingten

---

244 Vgl. GuG 2006, 69; GuG-aktuell 2015, 1.

245 Beleihungswertermittlungsverordnung (BelWertV) vom 12.05.2006 (BGBl. I 2006, 1175); zuletzt geändert durch Art. 5 der Pfandbriefrechtlichen Änderungsverordnung vom 04.10.2022 (BGBI. I 2022, 1709) Crimman, W., Die neue ImmoWertV und ihre Auswirkungen auf die Beleihungswertermittlung und BelWertV, GuG 2012, 333; Ott, R., Hat der Beleihungswert ein Verhältnis?, GuG 2013, 342.

Wertschwankungen am maßgeblichen Grundstücksmarkt und unter Ausschaltung von spekulativen Elementen während der gesamten Dauer der Beleihung bei einer Veräußerung voraussichtlich erzielt werden kann[246]."

Abb. 13: Beleihungswert

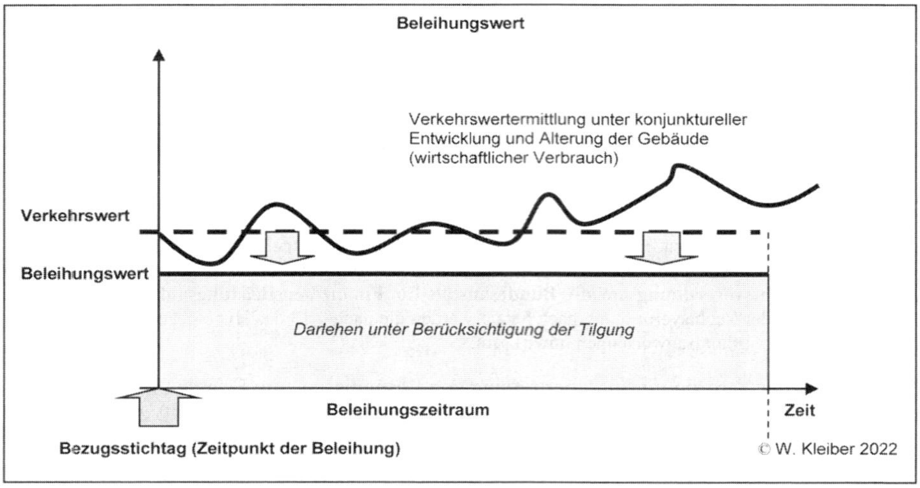

166 Generell sind die Verkehrswerte in den vergangenen Jahrzehnten kontinuierlich – mit temporären Ausschlägen nach „oben" und „unten" – gestiegen. Vor dem Hintergrund dieser Volatilität des Grundstücksmarktes orientiert sich der Beleihungswert an den „Tälern" dieser „Berg- und Talfahrt", die in dem Beleihungszeitraum zu erwarten sind. Denn die Notwendigkeit einer „Verwertung" der beliehenen Liegenschaft muss eher in den Zeiten einer wirtschaftlichen Flaute mit einbrechenden Grundstückspreisen erwartet werden. Dementsprechend gibt § 16 Abs. 2 Satz PfandBG vor, dass der **Beleihungswert** (bisher „der bei der Beleihung angenommene Wert") **zwei Schranken nicht überschreiten darf**, nämlich

a) den Wert, der sich zum Zeitpunkt der Beleihung im Rahmen einer vorsichtigen Bewertung der zukünftigen Verkäuflichkeit einer Immobilie und unter Berücksichtigung der langfristigen, nachhaltigen Merkmale des Objekts, der normalen regionalen Marktgegebenheiten sowie der derzeitigen und möglichen anderweitigen Nutzungen ergibt, sowie

b) den Marktwert[247] zum Zeitpunkt der Beleihung.

---

246 Inhaltlich ist die Definition auf dem alten Stand des Grundsatzpapiers zum Beleihungswert von Immobilien des VdH (GuG 1997, 238) – die Philosophie des Beleihungswerts i.S. von § 12 HBG – stehen geblieben.

247 Im Unterschied zur Vorgängerregelung, nach der der Beleihungswert nicht den durch „sorgfältige Ermittlung festgestellten Verkaufswert" übersteigen durfte, wird mit dem geltenden Recht erfreulicherweise dieser „Verkaufswert" durch den „Marktwert" ersetzt, der materiell mit dem „Verkehrswert" i.S. des § 194 BauGB identisch definiert wird (GuG aktuell 1995, 1, 17; Kleiber in DLK 1996, 200). In der Rechtsprechung ist der „Verkaufswert" schon immer mit dem „Verkehrswert" gleichgesetzt worden, und zwar schon zu einer Zeit, als das auf das Jahr 1899 zurückgehende Hypothekenbankgesetz erlassen wurde (PrOVG, Urt. vom 11.03.1897 – VII a 66 –, EzGuG 19.2c; Pr. OVG, Urt. vom 17.06.1918 – VIII C 89/18 –, EzGuG 19.2e; so schon Spohr in AVN 1937, 605; Rothkegel in AVN 1952, 105). Hieran hat auch die höchstrichterliche Rechtsprechung bis heute festgehalten. Der BGH hat im Urt. vom 28.06.1966 – VI ZR 287/64 –, WM 1966, 1150 = EzGuG 11.51 (so auch BGH, Urt. vom 22.10.1986 – IVa ZR 143/85 –, BGHZ 98, 382 = EzGuG 20.117b; BGH, Urt. vom 22.10.1986 – IVa ZR 76/85 –, BGHZ 98, 375 = EzGuG 20.117a; LG Darmstadt, Beschl. vom 16.10.1958 – 5 T 18/58 –, MDR 1959, 224 = EzGuG 19.4) völlig unmissverständlich die Gleichung Verkaufswert = Verkehrswert aufgestellt (Goldberg/Müller, Versicherungsaufsichtsgesetz Bln. 1980, S. 484). Eindeutig wird auch in der Vfg. des Justizministeriums vom 18.03.1914 (ABl. 1914, 37) zur „Schätzung zum Zweck einer Beleihung", in deren Ergänzungen zu § 4 vom 16.09.1918, in der Vfg. vom 17.12.1919 sowie in der Vfg. vom 17.12.1919 (ABl. 1921, 153) die Identität von Verkehrs- und Verkaufswert herausgestellt, sodass Zweifel hieran abwegig sind.

Darüber hinaus dürfen – wie schon bei der Ermittlung von Verkehrswerten – nach § 16 Abs. 2 Satz 2 PfandBG **spekulative Elemente** nicht berücksichtigt werden.

Beleihungswerte dürfen bei alledem i.d.R. nur in Verbindung mit dem einschlägigen Marktwert (Verkehrswert) ermittelt werden. Es steht infolgedessen im ureigensten Interesse der Beleihungswertermittlung, sich so eng wie möglich an die zeitgemäßen Begrifflichkeiten und Verfahrensregeln der Immobilienwertermittlungsverordnung anzulehnen. Dies dient nicht nur der Transparenz einer Beleihungswertermittlung. Damit wird auch ein unnötiger kostentreibener bewertungstechnischer Aufwand vermieden.

Der Beleihungswert bestimmt sich nach vorstehenden Ausführungen als ein Wert, der angesichts der angesprochenen Volatilität des Grundstücksmarktes im Rahmen der Beleihung eines Grundstücks dem Kreditgeber, der zu einem späteren Zeitpunkt das Grundstück tatsächlich verwerten muss, die Sicherheit verleiht, dass er auch im Falle einbrechender Marktwerte das Darlehen realisieren kann. Er kann deshalb auch als ein **auf den Beleihungszeitraum bezogener „Dauer- und Sicherheitenwert“** bezeichnet werden. **167**
Bewertungstechnisch ist die Ermittlung deshalb von dem sog. „Vorsichtsprinzip“ geprägt. Dem wird in der BelWertV insbesondere mit vorgegebenen Grenz- und Mindestwerten einschlägiger Wertermittlungsparameter (Bewirtschaftungskosten, Modernisierungsrisiko, Nutzungsdauer, Kapitalisierungszinssätze) sowie mit **Sicherheitsab- und -zuschlägen** entsprochen. Bezüglich der Nutzungsdauer baulicher Anlagen kommt das Vorsichtsprinzip in der Praxis nicht konsequent zur Anwendung, denn deren Restnutzungsdauer wird, vergleichbar mit der Verkehrswertermittlung, ausgehend von den in Anl. 2 zur BelWertV vorgegebenen „Erfahrungssätzen für die Nutzungsdauer baulicher Anlagen“, auf deren Grundlage des Zeitraums (Restnutzungsdauer) ermittelt, in dem die bauliche Anlage noch wirtschaftlich genutzt werden kann. Dieser Zeitraum wird in der Praxis auf der Grundlage eines zum aktuellen Wertermittlungsstichtag gegebenen Alters der baulichen Anlage und nicht etwa auf der Grundlage des Alters abgeleitet, den die bauliche Anlage zum Zeitpunkt der „Verwertung“ der Immobilie haben könnte.

Die **wesentlichen Stellschrauben** sind bei Anwendung des **168**

- *Ertragswertverfahrens* der Ansatz eines Kapitalisierungssatzes, der sich nach Maßgabe des § 12 Abs. 4 BelWertV unter Berücksichtigung eines Mindestzinssatzes zuzüglich etwaiger Risikoaufschlage bemisst,

- *Sachwertverfahrens* der Ansatz eines Herstellungswerts, der nach Maßgabe des § 16 Abs. 2 BerlWertV mindestens um einen Sicherheitsabschlag von 10 Prozent zu kürzen ist, und

- *Vergleichswertverfahrens* der Ansatz eines Vergleichswerts, der nach Maßgabe des § 19 Abs. 1 BelWertV mindestens um einen Sicherheitsabschlag von 10 Prozent zu kürzen ist.

Darüber hinaus dürfen bei Anwendung des Ertragswertverfahrens nach Maßgabe des § 11 Abs. 1 BelWertV die sich aus Anl. 1 zur BelWertV ergebenden Mindestansätze für die Bewirtschaftungskosten nicht unterschritten werden, ggf. unter Einbeziehung weiterer durch Umlagen nicht gedeckter Betriebskosten sowie eines objektspezifischen Modernisierungsrisikos nach § 11 Abs. 7 BelWertV.

Die allein im Rahmen des Ertrags-, Sach- und Vergleichswertverfahrens angesprochenen Sicherheitsabschläge (bzw. -zuschläge) dürfen aber bei richtigem Verständnis des Beleihungswerts nicht schematisch zur Anwendung kommen. Entscheidend ist das für das Kreditinstitut bestehende **objektbezogene Risiko**. Zu diesem eigentlichen Kern des Beleihungswerts gibt die BelWertV allerdings keinerlei Hinweise. **169**

Abb. 14: Wesentliche Stellschrauben der Beleihungswertermittlung

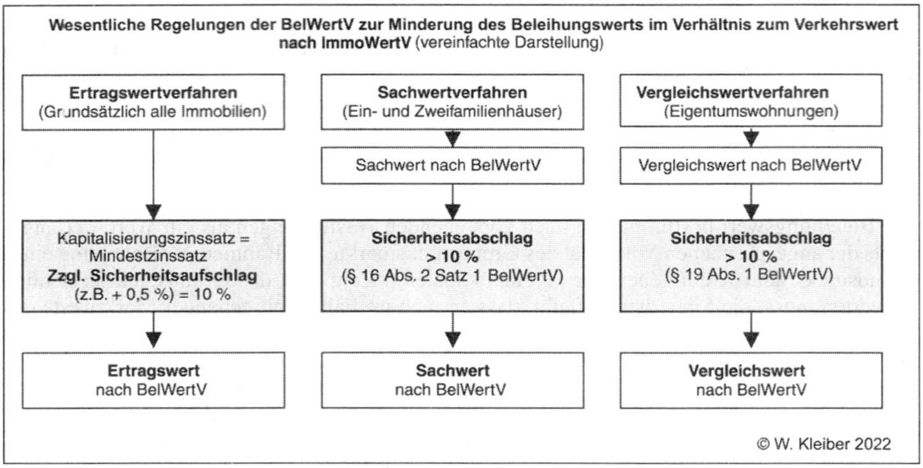

1.5.3 Zeitlicher Bezug des Beleihungswerts

170 Der Beleihungswert ist nach vorstehenden Ausführungen der Wert einer Immobilie, der erfahrungsgemäß unabhängig von vorübergehenden, etwa konjunkturell bedingten Wertschwankungen am maßgeblichen Grundstücksmarkt und unter Ausschaltung von spekulativen Elementen während der gesamten Dauer der Beleihung bei einer Veräußerung selbst bei einbrechenden Grundstückspreisen voraussichtlich noch erzielt werden kann. Wenn mitunter als wesentlicher Unterschied des Beleihungswerts zum Verkehrswert herausgestellt wird, dass der Beleihungswert ein „**zeitraumbezogener Wert**" sei, während der Marktwert *stichtagsbezogen* ermittelt werde, so stellt dies ein völlig überstrapaziertes Randproblem dar[248]. Tatsächlich ist der Beleihungswert materiell zwar ein zeitraumbezogener Wert und es wird in der Definition des § 3 BelWertV auch nicht expressis verbis auf einen bestimmten Wertermittlungsstichtag Bezug genommen, jedoch ist auch der Beleihungswert – wie die Verkehrswertermittlung – nicht ohne Bezugnahme auf einen bestimmten „Zeitpunkt" ermittelbar (vgl. Rn. 25, 42; § 194 BauGB). Denn es geht dabei nicht um irgendeinen Zeitraum von Jahren, sondern um den objektspezifischen Zeitraum der Beleihung, dem ein Bezugsstichtag zugrunde liegt.
Vor diesem Hintergrund macht es auch keinen Sinn, den Beleihungswert eines Grundstücks als „Dauerwert" herauszustellen, denn mit fortschreitender Zeit verändert sich nicht nur sein Verkehrswert, sondern auch sein Beleihungswert (vgl. zur Konsistenz der Verkehrswertermittlung Rn. 99).

171 Dementsprechend bedarf es auch bei der Ermittlung des zeitraumbezogenen Beleihungswerts eines Bezugsstichtags, der für die der Beleihungswertermittlung zugrunde zu legenden Parameter (Kapitalisierungszinssatz, Bodenwert usw.) maßgebend ist. In einer Reihe von Einzelregelungen wird demzufolge „versteckt", aber konsequent auf stichtagsbezogene Verhältnisse abgestellt. Nach § 4 Abs. 3 BelWertV ist z.B. die Wertminderung wegen Baumängeln und Bauschäden auf der Grundlage der für ihre Beseitigung „**am Wertermittlungsstichtag**" (sic!) bekannten oder „vorsichtig geschätzten Anwendungen" zu berücksichtigen[249]. Nach § 20 Satz 3 BelWertV darf nur ein (am Wertermittlungsstichtag) „gesichertes Bebauungsrecht ...

248 Vgl. Kleiber GuG 2006, 69.
249 Mit dieser Vorschrift wird deutlich, dass auch der Beleihungswert stichtagsbezogen sein muss, wobei allerdings in der Bewertung zwischen dem „Zeitpunkt der Bewertung" und dem „Wertermittlungsstichtag", d.h. dem Zeitpunkt, auf den sich die Bewertung bezieht, zu unterscheiden ist. Auf den Zeitpunkt der Bewertung kommt es diesbezüglich allerdings nicht an.

berücksichtigt werden". Und wie sonst sollte die auch für die Beleihungswertermittlung maßgebliche Restnutzungsdauer im Rahmen des Ertragswertverfahrens oder die Alterswertminderung eines Sachwerts ermittelt werden, wenn nicht zuvor ein Bezugsstichtag bestimmt werden worden ist? Warum, so fragt sich auch, verlangen die Kreditinstitute bei der Kreditaufnahme nach einem aktuellen Beleihungswertgutachten, wenn der Beleihungswert als „zeitraumbezogener Wert" dann auch eine zeitraumbezogene Gültigkeit in Anspruch nehmen könnte.
Zu jeder Beleihungswertermittlung gehört mithin die Angabe eines Bezugsstichtags und von daher ist es abwegig, dem Beleihungswert „gebetsmühlenartig" einen Stichtag abzusprechen und daraus falsche Schlüsse zu ziehen[250]. Allein damit kann auch nicht die Eigenständigkeit der Beleihungswertermittlung begründet werden[251]. Daraus ergibt sich vor allem auch keine Rechtfertigung, sich in der Beleihungswertermittlung von den Grundsätzen der ImmoWertV auch in Bereichen „abzukoppeln", wo dafür gar keine Notwendigkeiten bestehen.

1.5.4 BelWertV 22

1.5.4.1 Allgemeines

Mit dem Erlass der ImmoWertV 2010 war die **BelWertV 2006/2009 in** ihrem **Aufbau, ihren Methoden und** ihren **Begrifflichkeiten überholt.** Sie wurde gleichwohl erst im Jahre 2022 mit Art. 5 der Pfandbrieflichen Änderungsverordnung vom 04.10.2022 (BGBI I 2022, 1614 1709) novelliert (BelWertV 22)[252]. Die BelWertV 22 vom 04.10.2022 ist am 08.10.2022 in Kraft getreten. 172

Rechtsgrundlage der Novellierung der BelWertV 173
Mit § 1 c der Verordnung zur Übertragung von Befugnissen zum Erlass von Rechtsverordnungen auf die Bundesanstalt für Finanzdienstleistungsaufsicht i.d.F. der 24. Änderungsverordnung vom 10.05.2021 (BGBl I 2021, 1095) ist die BaFin ermächtigt worden, Rechtsverordnungen auf der Grundlage des Sanierungs- und Abwicklungsgesetzes zu erlassen

1. im Einvernehmen mit der Deutschen Bundesbank nach Maßgabe des § 19 Abs. 4 Satz 1 und 2,
2. im Einvernehmen mit der Deutschen Bundesbank und nach Anhörung der Abwicklungsbehörde nach Maßgabe des § 21a Abs. 1 Satz 1 und 3 und
3. Im Einvernehmen mit der Deutschen Bundesbank und im Benehmen mit der Abwicklungsbehörde nach Maßgabe des § 21a Abs. 2 Satz 1.

1.5.4.2 Regelungsübersicht

Die neugefasste BelWertV beschränkt sich trotz ihrer überholten Struktur im Wesentlichen auf eine Neuregelung von Mindestsätzen für die einzelnen Bewirtschaftungskosten einschließlich vorgegebener Prozentsätze zur Berücksichtigung eines sich nach den Herstellungskosten bemessenden Modernisierungsrisikos (Anl. 1) sowie Maximalansätzen für die (Gesamt-)Nutzungsdauer baulicher Anlagen (Anl. 2). 174

Von besonderer Bedeutung sind angesichts der gestiegenen Verkehrswerte von Grundstücken und der Zinsentwicklung auf dem Kapitalmarkt vor allem **die Neuregelungen zum Kapitalisierungszinssatz** (Anl. 3). Ausgehend von der Rendite 30-jähriger Bundesanleihen, die von der Deutschen Bundesbank veröffentlicht werden, soll der Kapitalisierungszinssatz nach § 12 Abs. 4 Satz 1 BelWertV innerhalb der dort vorgegebenen Schranken zuzüglich etwaiger für einzelne Nutzungsarten nach Anl. 3 zu berücksichtigender Aufschläge zum Ansatz kommen. Der Mindestkapitalisierungszinssatz wurde mit Bekanntgabe der Bundesanstalt für Finanz- 175

250 Vgl. Glosse in GuG-aktuell 6/2022.
251 Abwegig: Wilms, U., in Münscher, Praktikerhandbuch Baufinanzierung Heidelberg 2007, S. 190; abwegig auch Pohnert u.a., Kreditwirtschaftliche Wertermittlung, 7. Aufl. S. 2.
252 Vgl. GuG 2023, 1.

dienstleistungen (BaFin) vom 10.10.2022 (vorbehaltlich der in § 12 Abs. 5 BelWertV für Objekte mit wohnwirtschaftlicher Nutzung mit 5,1 % und für Objekte mit gewerblicher Nutzung mit 6,1 % zu berücksichtigender Aufschläge) jeweils zuzüglich etwaiger Aufschläge für einzelne Nutzungsarten nach Anlage 3 der BelWertV, festgesetzt.
Das ist dem in der Beleihungswertermittlung obwaltenden Vorsichtsprinzip geschuldet. Es will aber nicht so recht zu dem in § 12 Abs. 3 BelWertV materiell definierten Kapitalisierungszinssatz passen, der dort **expressis verbis** als **ein „aus der regional maßgeblichen langfristigen und nutzungsspezifischen Marktentwicklung" abgeleiteter Zinssatz definiert wird, mit dem „die *künftig* erzielbaren nachhaltigen Reinerträge eines Grundstücks" berücksichtigt werden sollen** (all over capitalization method). Ein so definierter Zinssatz kommt dem Verkehrswertermittler irgendwie bekannt vor.

176 Mit der BelWertV in der geltenden Fassung geht eine Abkehr vom vielbeschworenen **Drei- bzw. Zweisäulenprinzip** einher. Zwar ist für die Ermittlung des Beleihungswerts nach § 4 Abs. 1 BelWertV grundsätzlich der Ertragswert dominant und weiterhin der Sachwert als Kontrollwert zu ermitteln, jedoch kann der **Beleihungswert** von „zu eigenen Zwecken nutzbaren Ein- und Zweifamilienhäusern sowie Wohnungseigentum" **allein am Vergleichswert** (i.V.m. einem Sicherheitsabschlag) „orientiert" werden und eine Ertrags- oder Sachwertermittlung entfallen.
Der Beleihungswert von Ein- und Zweifamilienhäusern sowie Wohnungseigentum kann nach § 4 Abs. 2 Satz 1 BelWertV **alternativ auch allein am Sachwert „orientiert" werden,** wenn das zu bewertende Objekt nach Objekt- und Standortqualität zweifelsfrei zur Eigennutzung geeignet ist und von potenziellen Erwerbern für die eigene Nutzung dauerhaft nachgefragt wird.

177 Die **Ermittlung des Sachwerts bleibt in der Beleihungswertermittlung** sowohl hinsichtlich ihrer Methodik als auch hinsichtlich der Stellung des Sachwerts problematisch. Bei dem nach den §§ 14 bis 17 ermittelten beleihungsrechtlichen „Sachwert" geht es nach wie vor nicht um einen „*Wert*" des Grundstücks, denn dieser setzt sich aus dem Bodenwert und den mit einem Sicherheitsabschlag von 10 % versehenen altersspezifischen regional und objektspezifisch angemessen Herstellungs*kosten* der baulichen Anlagen sowie der Außenanlagen zusammen. Eine Anpassung an den Wert i.S. des § 7 Abs. 1 Nr. 3 ImmoWertV, d.h., **eine Marktanpassung, kennt auch die neugefasste BelWertV nicht.** Die Kosten einer baulichen Anlage können nun aber erheblich höher oder erheblich niedriger ausfallen als der damit ins Werk gesetzte Wert der baulichen Anlage.
Diese Vorgehensweise ist nach wie vor überholt, denn letztlich geht es auch in der Beleihungswertermittlung darum, den im Falle einer Verwertung der beliehenen Liegenschaft unter Berücksichtigung der Volatilität des Grundstücksmarkts auf dem allgemeinen Grundstücksmarkt erzielbaren Marktwert zu ermitteln und nicht die virtuellen Kosten der Immobilie, zumal diese auf der Grundlage fragwürdiger Kostenansätze für einen Neubau ermittelt werden und der damit ermittelte „Sachwert" selbst unter Berücksichtigung der sog. Alterswertminderung nicht zum *Wert* der baulichen Anlage führt (vgl. § 21 ImmoWertV Rn. 137; § 39 ImmoWertV Rn. 1 f.). Dazu bedürfte es einer ergänzenden Marktanpassung. Dies entspräche der Vorgehensweise, die bei der Ermittlung des Beleihungswerts im Wege des Vergleichswertverfahrens zur Anwendung kommt. Denn der Beleihungswert orientiert sich in diesem Fall an einem Wert, der aus geeigneten Vergleichspreisen abgeleitet wird, und diese bilden unmittelbar das allgemeine Marktgeschehen auf dem Grundstücksmarkt ab.
Dass im diametralen Widerspruch zum Vergleichswertverfahren bei Anwendung des Sachwertverfahrens eine Marktanpassung in der BelWertV nicht zugelassen wird, lässt sich mithin auch nicht damit begründen, dass es bei der Beleihungswertermittlung nicht um den Verkehrswert, sondern um einen vom Vorsichtsprinzip geprägten Beleihungswert ginge. Dem könnte – analog zur Ableitung des Beleihungswerts aus dem Vergleichswert – dadurch Rechnung getragen werden, dass der bei Anwendung des Sachwertverfahrens anzubringende „Sicherheitsabschlag" nicht bei den Herstellungskosten, sondern an den marktangepassten Sachwert anzusetzen ist.

Im Übrigen bleiben bei der Ermittlung des Beleihungswerts eine Reihe „**besonderer objektspezifischer Grundstücksmerkmale“(boG)** im Hinblick auf das obwaltende Vorsichtsprinzip nach wie vor unberücksichtigt. Dies betrifft namentlich die Berücksichtigung der „nachhaltigen Miete“, wenn diese die „vertraglich vereinbarte Miete“ übersteigt (§ 10 Abs. 1 Satz 2 BelWertV), Umlagen, die vom Mieter oder Pächter zur Deckung von Betriebskosten zu zahlen sind (§ 10 Abs. 1 Satz 4 BelWertV), die Berücksichtigung von Maschinen und Betriebsvorrichtungen (§ 23 BelWertV) und nicht gesicherte Baurechte (§ 20 BelWertV, vgl. § 11 ImmoWertV). **178**

2 Die Rechtsgrundlagen der Immobilienwertermittlungsverordnung im Einzelnen

Teil 1
Allgemeines

Abschnitt 1 Anwendungsbereich; Gegenstand und Grundlagen der Wertermittlung

§ 1 ImmoWertV
Anwendungsbereich, Wertermittlungsobjekt

(1) Diese Verordnung ist anzuwenden

1. **bei der Ermittlung der Verkehrswerte (Marktwerte) der in Absatz 2 bezeichneten Gegenstände, auch wenn diese nicht marktfähig oder marktgängig sind (Wertermittlung), und**
2. **bei der Ermittlung der für die Wertermittlung erforderlichen Daten.**

(2) Gegenstände der Wertermittlung (Wertermittlungsobjekte) sind

1. **Grundstücke und Grundstücksteile einschließlich ihrer Bestandteile sowie ihres Zubehörs,**
2. **grundstücksgleiche Rechte, Rechte an diesen und Rechte an Grundstücken (grundstücksbezogene Rechte) sowie grundstücksbezogene Belastungen.**

Gliederungsübersicht *Rn.*

1 Anwendungsbereich (§ 1 Abs. 1 ImmoWertV)

1.1 ImmoWertV

▶ *Zur Anwendung der zur ImmoWertV erlassenen Richtlinien vgl. Vorbem. zur ImmoWertV Rn. 103 ff., 156 ff.*

1 Die Vorschrift ist aus § 1 ImmoWertV 2010 hervorgegangen. Danach ist die ImmoWertV weiterhin anzuwenden bei

- der Ermittlung des materiell in § 194 BauGB definierten Marktwerts (Verkehrswerts) von Grundstücken (Abs. 1) und Teilen von Grundstücken einschließlich ihrer Bestandteile und ihres Zubehörs, auch wenn diese wie z.B. Gemeinbedarfsflächen nicht marktfähig sind und keinen „Markt" bzw. einen eingeschränkten Käuferkreis haben (Wertermittlung),
- der den Gutachterausschüssen für Grundstückswerte nach § 195 Abs. 5 BauGB obliegenden Ableitung von Bodenrichtwerten und sonstigen erforderlichen Daten der Wertermittlung i.S. des Zweiten Teils der Verordnung (Abs. 1),
- der Ermittlung des Marktwerts (Verkehrswerts) von grundstücksgleichen Rechten an Grundstücken, Rechten an diesen und Rechten an Grundstücken (grundstücksbezogene Rechte) sowie grundstücksbezogene Belastungen (Abs. 2 Nr. 2).

2 Die ImmoWertV enthält entsprechend ihrer Ermächtigungsgrundlage zu alledem nur allgemeine Grundsätze der Marktwertermittlung. Die verfahrensrechtlichen Regelungen sind nicht abschließend[1]. Kann z.B. ein in der ImmoWertV vorgesehenes Wertermittlungsverfahren nicht angewandt werden, hindert dies nicht, **andere geeignete Methoden** zu entwickeln und anzuwenden.

3 Die **Anwendung der Verordnung** ist insbesondere **den** nach den §§ 192 ff. BauGB eingerichteten **Gutachterausschüssen für Grundstückswerte vorgeschrieben**. Auch wenn in der Rechtsprechung betont wurde, dass die **Verordnung „nur für die Gutachterausschüsse"** nach den §§ 192 ff. BauGB **und nicht für Gerichte verbindlich sei**[2], so hat die Rechtsprechung die Verfahrensvorschriften der ImmoWertV dennoch als im gerichtlichen Verfahren „grundsätzlich verwertbar" bezeichnet und den in der ImmoWertV normierten Grundsätzen der Verkehrswertermittlung eine solche Bedeutung beigemessen, dass ihre Anwendbarkeit im Streitfall nicht auf die Gutachterausschüsse[3] beschränkt sei und sich der Richter damit ausei-

---

1 BVerwG, Beschl. vom 16.01.1996 – 4 B 96/95 –, GuG 1996, 111 = EzGuG 15.83.

2 BGH, Beschl. vom 11.03.1993 – III ZR 24/92 –, GuG 1994, 116 = EzGuG 20.144a; BGH, Urt. vom 04.03.1982 – III ZR 156/80 –, BRS Bd. 45 Nr. 18 = EzGuG 11.127; BGH, Urt. vom 20.03.1975 – III ZR 153/72 –, BRS Bd. 34 Nr. 120 = EzGuG 18.64; BGH, Urt. vom 26.10.1972 – III ZR 78/71 –, BRS Bd. 26 Nr. 106 = EzGuG 18.57; BGH, Urt. vom 28.09.1972 – III ZR 44/70 –, BGHZ 59, 250 = EzGuG 14.47; BGH, Urt. vom 09.12.1968 – III ZR 114/66 –, BRS Bd. 26 Nr. 96 = EzGuG 4.28; BGH, Urt. vom 24.01.1966 – III ZR 15/66 –, BB 1969, 197 = EzGuG 6.85; Reisnecker in Kohlhammer, Komm. BauGB, § 95 Rn. 19; Runkel in Ernst/Zinkahn/Bielenberg/Krautzberger, BauGB, § 95 Rn. 6.

3 BGH, Urt. vom 12.01.2001 – V ZR 420/99 –, GuG 2001, 181 = EzGuG 20.176; OVG Lüneburg, Urt. vom 15.12.1977 – 1 A 311/74 –, BRS Bd. 32 Nr. 201 = EzGuG 15.7; Revision: BVerwG, Urt. vom 24.11.1978 – 4 C 56/76 –, BVerwGE 57, 87 = EzGuG 15.9.

nanderzusetzen hätte[4], denn sie enthalte „allgemein anerkannte Regeln der Wertermittlungslehre“[5]. Insoweit entfaltet die ImmoWertV eine mittelbare Bindungswirkung.

Die Bedeutung der ImmoWertV ist auch nicht auf Wertermittlungen nach dem Städtebaurecht beschränkt. Da der in § 194 BauGB definierte Marktwert (Verkehrswert) identisch mit einer Vielzahl anderer Wertbegriffe ist, kommt den Vorschriften der ImmoWertV auch von daher eine **breite Allgemeingültigkeit im Rechts- und Wirtschaftsleben** zu. 4
Anders als noch mit § 1 WertV 72 wird der Anwendungsbereich im geltenden Recht der ImmoWertV nicht mehr damit umschrieben, dass die Verordnung bei **Wertermittlungen nach dem Städtebaurecht** anzuwenden ist. Die Begründung zur WertV 88 führt hierzu aus, dass die Beibehaltung der bisherigen Formulierung missverständlich wäre, da die Verordnung nicht nur bei Wertermittlungen in Durchführung des BauGB angewendet werden soll, sondern bei allen nach den §§ 192, 193 und 199 BauGB vom Gutachterausschuss vorzunehmenden Wertermittlungen. Hierzu gehören neben Wertermittlungen auf Antrag von Gerichten und Behörden insbesondere solche nach Maßgabe der §§ 18 (längere Dauer von Veränderungssperren) und 21 Abs. 2 und 3, § 22 Abs. 7; § 28 Abs. 3, 4 und 6 (gemeindliches Vorkaufsrecht), §§ 39 und 40 Abs. 3, § 41 Abs. 2, §§ 42 bis 44 (Planungsschäden), § 57 bis 61, §§ 93 bis 103, § 126 Abs. 2, § 128 Abs. 1, § 145 Abs. 5, §§ 149, 150 Abs. 2, §§ 153 bis 155, § 160 Abs. 5 und 7, § 164 Abs. 4 und 5, § 165 Abs. 3 Nr. 3, § 166 Abs. 3 und 4, § 168 Abs. 2 (Übernahmeverlangen), §§ 169 und 173 Abs. 2 und 3, § 176 Abs. 4 (Entschädigungs- und Übernahmeanträge), § 176 Abs. 5 (Baugebot) § 179 Abs. 3 (Rückbau- und Entsiegelungsgebot), § 181 BauGB (Bemessung des Härteausgleichs), § 185 Abs. 1 BauGB (Aufhebung von Miet- und Pachtverhältnissen), § 190 BauGB (Geldentschädigung bei städtebaulich veranlassten Flurbereinigungen), § 209 Abs. 2 BauGB (Entschädigung für Schäden durch Vorarbeiten auf Grundstücken) und § 210 Abs. 2 BauGB (Entschädigung bei Wiedereinsetzung in den vorigen Stand), u.a. auch Wertermittlungen auf Antrag des Grundstückseigentümers (vgl. auch § 217 Abs. 1 Satz 1 und 2 BauGB). Denn auch in diesem Fall kann die Gutachtenerstattung als „Wertermittlung nach dem Städtebaurecht“ angesehen werden, da sich das Antragsrecht und die Erstattungspflicht aus dem Städtebaurecht ergeben (§ 193 Abs. 1 Nr. 3 BauGB). Das geltende Recht stellt deshalb eine Klarstellung gegenüber § 1 WertV 72 und keine materielle Änderung dar.

Die Verordnung findet darüber hinaus insbesondere auch in folgenden Rechtsbereichen Anwendung: 5

a) Nach **§ 198 BewG** gelten die Vorschriften der ImmoWertV insbesondere für den Nachweis des niedrigeren gemeinen Werts (Rn. 24), der Aufteilung der Anschaffungskosten für den Grund- und Bodenanteil und den Gebäudeanteil (§ 40 ImmoWertV Rn. 102) und generell im Rahmen der Einkommensteuerveranlagung[6].

b) Nach **§ 85 Abs. 3 BBergG**[7] ist die ImmoWertV bei der Bemessung von Entschädigungen nach diesem Gesetz entsprechend anzuwenden.

c) Des Weiteren ist der Gutachterausschuss für Grundstückswerte nach **§ 7 NutzEV** verpflichtet, Gutachten über ortsübliche Nutzungsentgelte zu erstatten; darüber hinaus sind Gutachten nach **§ 92 Abs. 2 SachenRBerG** unter Anwendung der ImmoWertV zu erstatten.

d) Die Vorschriften der ImmoWertV sind im Zusammenhang mit der Prüfung eines Anspruchs nach **§ 16 Abs. 1 Satz 1** des **Investitionsvorranggesetzes (InVorG)** anzuwenden[8].

---

4 BGH, Urt. vom 27.04.1964 – III ZR 136/63 –, BRS Bd. 19 Nr. 131 = EzGuG 6.75.
5 BGH, Urt. vom 04.03.1982 – III ZR 156/80 –, BRS Bd. 45 Nr. 19 = EzGuG 11.127; OLG Karlsruhe, Urt. vom 30.05.2014 – 4 U 248/13 –, GuG-aktuell 2015, 23 = EzGuG 11.1186.
6 BFH, Urt. vom 02.02.1990 – III R 173/86 –, BFHE 159, 505 = BStBl II 1990, 497 = GuG 1992, 217 =EzGuG 20.131.
7 Kühne/Maßenhausen/Boldt/Weller, BBergG, 2. Aufl. 2015, § 85 Rn. 1 ff.
8 BGH, Urt. vom 12.01.2001 – V ZR 420/99 –, GuG 2001, 181 = EzGuG 20.176.

e) Die Vorschriften der ImmoWertV sind bei der Bestimmung des **Wertausgleichs gemäß § 25 Abs. 1, Abs. 2 BBodSchG** – maßgebliche Erhöhung des Verkehrswerts eines Grundstücks durch Sanierungsmaßnahmen – anzuwenden[9]; die freihändige Schätzung des Verkehrswerts durch die zuständige Behörde, auch aufgrund von Angaben der Vertragsparteien in einem Kaufvertrag über das sanierte Grundstück, genügt dem nicht[10].

f) Die Vorschriften der ImmoWertV sind bei der Ermittlung des Werts eines Bauwerks nach **§ 12 Abs. 3 SchuldRAnpG**[11] anzuwenden.

6 Schließlich sind die Vorschriften der ImmoWertV mittelbar auch in sonstigen Rechtsbereichen zu beachten, wenn der Gutachterausschuss wertermittlerisch tätig wird. So ist der Gutachterausschuss nach § 5 Abs. 2 **KleingG** verpflichtet, Gutachten über den ortsüblichen **Pachtzins** im erwerbsmäßigen Obst- und Gemüsebau zu erstatten.

7 Darüber hinaus ist die Anwendung der ImmoWertV in einer Reihe von Verwaltungsanweisungen **anderen Stellen** vorgeschrieben[12].

8 Aus den vorstehenden Gründen sind auch **privat tätige Sachverständige** zumindest de facto an die Vorschriften der ImmoWertV gebunden, insbesondere wenn sie nach der für sie einschlägigen **Sachverständigenordnung** zur Anwendung der ImmoWertV ausdrücklich verpflichtet sind[13]. Faktisch sind privat tätige Sachverständige nicht nur an die Vorschriften der ImmoWertV gebunden, die entsprechend ihrer Ermächtigungsgrundlage ohnehin nur allgemeine Grundsätze der Marktwertermittlung enthält. Der privat tätige Sachverständige ist faktisch auch daran gebunden, wie die mit der ImmoWertV vorgegebenen Grundsätze vom Gutachterausschuss für Grundstückswerte materiell und verfahrenstechnisch ausgefüllt werden.

9 Die mit der ImmoWertV vorgegebenen Grundsätze sind nämlich darauf ausgerichtet, die Marktwertermittlung auf die von den Gutachterausschüssen für Grundstückswerte nach Maßgabe des § 195 BauGB gesammelten und ausgewerteten Kaufpreise zu stützen. Zu diesem Zweck werden im Rahmen der Auswertung der Kaufpreissammlung von den Gutachterausschüssen sog. „erforderlichen Daten der Wertermittlung", insbesondere Bodenrichtwerte, Vergleichsfaktoren bebauter Grundstücke, Liegenschaftszinssätze, Sachwert-, Erbbaurechts- und Erbbaugrundstücksfaktoren abgeleitet und veröffentlicht. Mit der in der ImmoWertV vorgeschriebenen Anwendung dieser Daten im Rahmen des zur Anwendung kommenden Wertermittlungsverfahrens wird die Marktwertermittlung mit den aus der Kaufpreissammlung gewonnenen Erkenntnissen zur Lage auf dem Grundstücksmarkt verzahnt. Dies gewährleistet eine marktkonforme Marktwertermittlung und ist der zentrale Grundgedanke einer modernen Marktwertermittlung.

10 Mit der in der ImmoWertV vorgeschriebenen Heranziehung der von den Gutachterausschüssen für Grundstückswerte abgeleiteten und veröffentlichen Vergleichsfaktoren bebauter Grundstücke, Liegenschaftszinssätze, Sachwert-, Erbbaurechts- und Erbbaugrundstücksfaktoren sind unter dem Regime der **Modell- und Referenzkonformität** die in der ImmoWertV geregelten Vergleichs-, Ertrags- und Sachwertverfahren und sonstigen Wertermittlungsmethoden exakt in der Weise anzuwenden, wie dies der Ableitung dieser Daten nach einem *methodisch eindeutig definierten Bewertungsmodell* zugrunde gelegt worden ist. Dabei müssen auch die Grundstücksmerkmale beachtet werden, die den jeweiligen Vergleichsfaktoren bebauter

9 VGH Kassel, Urt. vom 05.04.2011 – 2 A 2931/09 –, GuG 2013, 63 = EzGuG 4.202a.
10 VGH Kassel, Urt. vom 05.04.2011 – 2 A 2931/09 –, GuG 2013, 63 = EzGuG 4.202a.
11 BGH, Urt. vom 15.01.2014 – XII ZR 83/13 –, GuG 2014, 315 = EzGuG 12.141.
12 Vgl. Rn. 1; Baden-Württemberg: Schreiben des FM vom 22.04.1992 (GeschZ VV 2030-19) – abgedruckt in GuG 1992, 278 sowie GuG 1993, 42 (in der Darstellung etwas unentschlossen); Niedersachsen: RdErl. des nds. MF vom 23.12.1991 – Gütl. 151/666 – abgedruckt in GuG 1992, 209; Schleswig-Holstein: Schreiben des FM vom 19.08.1991 (GeschZ 596-3540), abgedruckt in GuG 1992, 277; Thüringen: Schreiben des FM vom 12.08.1991 (GeschZ 42.01), abgedruckt in GuG 1992, 277; Rheinland-Pfalz: Schreiben des Ministeriums des Innern und für Sport vom 12.07.1991 (GeschZ 366/648-15/0), abgedruckt in GuG 1992, 278; Hessen: Erl. des IM vom 22.01.1991 (GeschZ 4161a 24-1/91), abgedruckt in GuG 1991, 166; Sachsen-Anhalt: Erl. des MF vom 06.07.1992 (MBl LSA 1992, 1100 = GuG 1993, 42).
13 Hamb. Sachverständigenordnung (Hamb. Amtl. Anz. vom 07.07.1989, S. 1345, Nr. 11 j).

Grundstücke, Liegenschaftszinssätzen, Sachwert-, Erbbaurechts- und Erbbaugrundstücksfaktoren zugrunde liegen (*Referenzgrundstücke*). Damit kommt der ImmoWertV eine weit über ihren Regelungsgehalt hinausgehende Bindungswirkung zu.

Werden die von den Gutachterausschüssen für Grundstückswerte abgeleiteten und veröffentlichen Vergleichsfaktoren bebauter Grundstücke, Liegenschaftszinssätze, Sachwert-, Erbbaurechts- und Erbbaugrundstücksfaktoren nicht als vertrauenswürdig oder für den konkreten Bewertungsfall nicht als einschlägig bzw. als modifizierungsbedürftig angesehen, so empfiehlt sich, dies im Gutachten zu begründen. 11

1.2 BelWertV

▶ *Weitere Hinweise vgl. Vorbem. zur ImmoWertV Rn. 2, 164; Teil IX § 1 BelWertV Rn. 132*

Beleihungswerte nach § 16 Abs. 1 und 2 des Pfandbriefgesetzes sowie die „*Erhebung der für die Wertermittlung erforderlichen Daten*“ sind nach § 1 BelWertV nach den Vorschriften der BelWertV zu ermitteln. Die Beleihungswertermittlung koppelt sich damit nicht nur von den Grundsätzen der ImmoWertV zur Ermittlung von Marktwerten, sondern auch ausdrücklich von sämtlichen nach Maßgabe der ImmoWertV abgeleiteten erforderlichen Daten der Wertermittlung ab. 12

1.3 Steuerliche Bewertung

1.3.1 Übersicht über Einheits-, Grundsteuer- und Grundbesitzwerte

Schrifttum: *Eisele,* Jahressteuergesetz 2007: Neuerungen im erbschaftsteuerlichen Bewertungsrecht, INF 2007, 136¸ *Halaczinsky, R.,* Der bewertungsrechtliche Grundbesitzwert; ein falscher Verkehrswert?, GuG 2004, 291; *Halaczinsky, R./Teß, W.* Grundbesitzbewertung für Erbfall und Schenkung, 2. Aufl. Bundesanzeiger Verlag 2004; *Höll, K./Moench, D.,* Die neue Erbschaftsteuer, Luchterhand Verlag 1997; *Klein, F.,* Erbschaft- und Schenkungsteuergesetz, Nomos 1997; *Meincke, J.-P.,* Erbschaft- und Schenkungsteuergesetz, Beck-Verlag 2002; *Rössler/Troll,* Bewertungsgesetz, Vahlen-Verlag; *Schneider, N.,* Erbschaft-/Schenkungsteuerrecht, 3. Aufl. Haus- und Grund 2009; *Stöckel,* Grundbesitzwert für bebaute Grundstücke, NWB Fach 10, 1515; *Weinmann, N.,* Das neue Erbschaftsteuerrecht, 1997, Beck-Verlag.

▶ *Vgl. Rn. 5; zum niedrigeren Wert Rn. 24; § 3 ImmoWertV Rn. 26, 166, 196; § 6 ImmoWertV Rn. 63 ff., 211 ff.; § 8 ImmoWertV Rn. 159, 294; § 13 ImmoWertV Rn. 42 ff., 45 ff.; § 15 ImmoWertV Rn. 9; § 21 ImmoWertV Rn. 64 ff., 174; § 40 ImmoWertV Rn. 7, 96, 223; Syst. Darst. des Vergleichswertverfahrens Rn. 9, 166; zur steuerlichen Aufteilung in einen Boden- und Gebäudeanteil (Abschreibung) vgl. § 40 ImmoWertV Rn. 96; Syst. Darst. des Ertragswertverfahrens Rn. 48, 118, 234; Syst. Darst. des Sachwertverfahrens Rn. 170, 192, 317*

Im Rahmen der steuerlichen Bewertung von Immobilien sind grundsätzlich die **Regelungen des Bewertungsgesetzes (BewG)** auf alle Steuerarten anzuwenden; dabei wird der ImmoWertV die Bedeutung einer anerkannten Schätzungsmethode beigemessen[14]. 13

Nach dem BewG werden für das steuerliche Grundvermögen (§ 68 bis 94 BewG)[15] verschiedene steuerliche Werte ermittelt, nämlich 14

a) der auf die Grund- und Gewerbesteuer anzuwendende *Einheitswert* nach den §§ 19 ff. BewG sowie der *Grundsteuerwerte* nach den §§ 18–94, 122–132, 218 ff. BewG,

---

14 BFH, Urt. vom 17.08.1999 – IV B 116/98 –, GuG 2000, 236 = EzGuG; 20.173; BFH, Urt. vom 22.04.1998 – IV B 42/97 –, BFH/NV 1998, 1214 = EzGuG 19.45b; BFH, Urt. vom 15.01.1985 – IX R 81/83 –, BFHE 143, 61 = BStBl II 1985, 252 = EzGuG 20.109; BFH, Urt. vom 28.03.1984 – IV R 224/81 –, EzGuG 20.106; FG Nürnberg, Urt. vom 29.03.2001 – IV 419/99 –, GuG 2002, 62 = EzGuG 4.181.

15 Grundvermögen i.S. des BewG ist der Grundbesitz, der weder dem land- und forstwirtschaftlichen Vermögen (§ 33 BewG) noch dem Betriebsvermögen (§ 99 BewG) zuzurechnen ist.

b) der auf die Grunderwerbsteuer anzuwendende *Grundbesitzwert nach den §§ 138 ff. BewG* und

c) der auf die Erbschaft- und Schenkungsteuer anzuwendende *Grundbesitzwert nach § 157 und §§ 176 ff.* BewG. Die Bereicherung eines Erwerbers (§ 10 Abs. 1 Satz 1 ErbStG) ist, soweit sie der Besteuerung unterliegt, nach den in § 12 ErbStG genannten allgemeinen und besonderen Bewertungsvorschriften des BewG zu bewerten, vgl. ErbStR 2019, zu § 12 ErbStG[16].

15 Davon zu unterscheiden ist die **steuerliche Bewertung von Immobilien im Ertragsteuerrecht**. Hierbei geht es insbesondere um die Ermittlung der Anschaffungskosten und der Herstellungskosten als Bemessungsgrundlage der Abschreibung (Absetzung für Abnutzung AfA, § 253 Abs. 2 HGB, § 7 EStG), um die Ermittlung der um die Abschreibung verminderten Anschaffungs- und Herstellungskosten (Buchwert) sowie um die Ermittlung von Teilwerten[17].

16 **Teilwert** ist nach § 6 Abs. 1 Nr. 1 Satz 3 EStG der Betrag, den ein Erwerber eines ganzen Betriebs im Rahmen des Gesamtkaufpreises (einschließlich Nebenkosten) für das einzelne Wirtschaftsgut – „Grund und Boden“ sowie „Gebäude“ – (oder des entsprechenden Miteigentumsanteils) unter der Voraussetzung einer Fortführung des Betriebs – wie erworben, weitergenutzt bzw. weitervermietet – ansetzen würde.

17 Der **Einheitswert** wird **für Zwecke der Grundsteuer** nach den §§ 19 ff. BewG festgestellt für Betriebe der Land- und Forstwirtschaft sowie für Grundstücke einschließlich Betriebsgrundstücke bezogen auf den Zeitpunkt der letzten Hauptfeststellung (01.01.1964), wobei in den neuen Bundesländern die Einheitswerte der Hauptfeststellung zum 01.01.1935 mit den sich aus § 133 BewG ergebenden Zuschlägen zur Anwendung kommen[18].

18 Die **Bewertung des Grundbesitzes für die Grundsteuer folgt ab 01.01.2022** den Regelungen des § 218 BewG. Dafür werden in Zeitabständen von sieben Jahren (Hauptfeststellung) **Grundsteuerwerte** für land- und forstwirtschaftliches Vermögen (§ 232 BewG) sowie für Grundvermögen (§ 243 BewG) nach dem siebten Abschnitt des BewG ermittelt. Den Ländern steht jedoch für die Grundsteuer eine eigene Gesetzgebungskompetenz (Länderöffnungsklausel) mit der Folge zu, dass das Bundesgesetz nicht zur Anwendung kommt (Landesgrundsteuergesetze).

1. Elf der 16 Bundesländer folgen dem Bundesmodell zur Ermittlung des Grundsteuerwerts auf der Grundlage von Bodenrichtwerten sowie Mietpreisen unter Berücksichtigung der Gebäudeart und des Baujahres.
   - Ein- und Zweifamilienhäuser, Mietwohngrundstücke und das Wohneigentum sind nach § 250 BewG im *Ertragswertverfahren* zu bewerten (vgl. Syst. Darst. des Ertragswertverfahrens Rn. 116 f.). Geschäftsgrundstücke, gemischt-genutzte Grundstücke, das Teileigentum sowie sonstige bebaute Geschäftsgrundstücke sind im *Sachwertverfahren* zu bewerten (vgl. Syst. Darts. des Sachwertverfahrens Rn. 319).
   - Dabei ist jeweils vom Bodenwert nach § 247 BewG auszugehen.

---

16 Allgemeine Verwaltungsvorschrift zur Anwendung des Erbschaftsteuer- und Schenkungsteuerrechts (Erbschaftsteuer-Richtlinien 2019 – ErbStR 2019) vom 16.12.2019 (BStBl. I Sondernr. 1 S. 2).

17 BFH, Urt. vom 29.05.2008 – IX R 36/06 –, BFH/NV 2008, 1668 = EzGuG 20.205; BFH, Urt. vom 11.02.2003 – IX R 13/00 –, GuG 2003, 316 = EzGuG 4.186a; BFH, Urt. vom 10.10.2000 – IX R 86/97 –, BFHE 193, 326 = BStBl II 2001, 183 = GuG 2001, 253 = EzGuG 4.177a; BFH, Urt. vom 15.01.1985 – IX R 81/83 –, BFHE 20.109 = BStBl II 1985, 252 = EzGuG 20.109.

18 Gemäß § 23 BewG werden sog. Nachfeststellungen vorgenommen, wenn eine wirtschaftliche Einheit bzw. Untereinheit nach dem Hauptfeststellungszeitpunkt neu entstanden ist und ein Einheitswert erstmals und nachträglich festgestellt werden muss. Ein festgestellter Einheitswert ist des Weiteren nach § 22 BewG fortzuschreiben, wenn eine Anpassung an geänderte Verhältnisse oder eine Berichtigung von Fehlern notwendig ist. Hierbei wird nach Wert-, Art und Zurechnungsfortschreibung unterschieden. Ein Einheitswert ist aufzuheben, wenn die wirtschaftliche Einheit/ Untereinheit weggefallen ist oder der Einheitswert nicht mehr benötigt wird.

2. In *Hamburg, Hessen* und *Niedersachsen* bestimmt sich der Grundsteuerwert allein auf der Grundlage der Fläche des Grundstücks, Gebäudes und des Wohnraums sowie der Lage des Grundstücks. *Bayern* hat sich ein „reines" Flächenmodell ohne Berücksichtigung der Lage vorgegeben.

3. In *Baden-Württemberg* bestimmt sich der Grundsteuerwert allein auf der Grundlage der Grundstückgröße und des einschlägigen Bodenrichtwerts.

Der **Grundbesitzwert** wird seit dem 01.01.2009 bei Bedarf (Bedarfsbewertung) nach den §§ 148 ff. BewG festgestellt **für Zwecke der Grunderwerbsteuer** unter Berücksichtigung der tatsächlichen Verhältnisse hinsichtlich der Beschaffenheit des Grundstücks und des Ausbauzustands eines Gebäudes zum Zeitpunkt, an dem die Grunderwerbsteuer entstanden ist (Besteuerungszeitpunkt), und zwar **19**

- bis zum 31.12.2006 bezogen auf die allgemeinen Wertverhältnisse zum 01.01.1996 und
- ab dem 01.01.2007 bezogen auf die allgemeinen Wertverhältnisse zum Besteuerungszeitpunkt.

Der **Grundbesitzwert** wird des Weiteren ab dem 01.01.2009 bei Bedarf (Bedarfsbewertung) nach § 157 BewG und den §§ 176 ff. BewG festgestellt **für Zwecke der Erbschaft- und Schenkungsteuer** unter Berücksichtigung der tatsächlichen Verhältnisse hinsichtlich der Beschaffenheit des Grundstücks und des Ausbauzustands eines Gebäudes zum Zeitpunkt der Entstehung der Erbschaft- und Schenkungsteuer (Besteuerungszeitpunkt, § 9 ErbStG) sowie der am Besteuerungszeitpunkt herrschenden allgemeinen Wertverhältnisse[19]. **20**

Mit dem Erbschaftsteuerreformgesetz ist die erbschaftsteuerliche Bewertung auf eine neue Rechtsgrundlage gestellt worden. Nach den Vorgaben des BVerfG[20] soll die erbschaftsteuerliche Bemessungsgrundlage trotz erforderlicher Typisierungen und Pauschalierungen mit einem Wert erfasst werden, der sich an dem gemeinen Wert (§ 9 BewG) orientiert. Dementsprechend regelt daher § 177 BewG, dass der steuerlichen Bewertung des Grundvermögens der gemeine Wert zugrunde zu legen ist. Der **gemeine Wert** entspricht inhaltlich dem Verkehrswert nach § 194 BauGB. Mit den §§ 176 bis 200 BewG werden die entsprechenden erbschaftsteuerlichen Bewertungsverfahren vorgegeben. Die dabei anzusetzenden Liegenschaftszinssätze, Bewirtschaftungskosten, Gesamtnutzungsdauer sind im Zusammenhang mit den in der Verkehrswertermittlung üblichen Daten abgedruckt. **21**

Der **Einheits- und Grundbesitzwert** ist **nach den** einschlägigen **Vorgaben des BewG zu ermitteln**. Bewertungsmaßstab ist jeweils der gemeine Wert nach § 9 BewG. Die Feststellung der Werte erfolgt durch das Finanzamt des Bezirks, in dem das betreffende Grundstück liegt (Lagefinanzamt) in Form eines Feststellungsbescheids, der den Einheits- bzw. Grundbesitzwert, die Grundstücksart und die Zurechnung bezüglich des oder der Eigentümer ausweist. Es handelt sich hierbei um einen Grundlagenbescheid mit bindender Wirkung für Folgebescheide; bei festgestellten Einheitswerten ist der Bescheid auch für jeden Rechtsnachfolger bindend. Einwendungen gegen die im Feststellungsbescheid ausgewiesenen Feststellungen des Finanzamtes müssen durch Einspruch bzw. ggf. durch Klage geltend gemacht werden. **22**

Bewertungsobjekt ist jeweils das Grundstück als **wirtschaftliche Einheit** (§ 2 BewG). Was als wirtschaftliche Einheit zu gelten hat, ist dabei **nach den Anschauungen des Verkehrs (Verkehrsauffassung)** zu entscheiden. **23**

---

19 Allgemeine Verwaltungsvorschrift zur Anwendung des Erbschaftsteuer- und Schenkungsteuerrechts (Erbschaftsteuer-Richtlinien 2019 – ErbStR 2019) vom 16.12.2019 (BStBl. I Sondernr. 1 S. 2).

20 BVerfG, Urt. vom 07.11.2006 – 1 BvL 10/02 –, BVerfGE 117, 1 = EzGuG 1.71a.

1.3.2 Nachweis des niedrigeren Steuerwerts (Öffnungsklausel: Escape-Klausel)

Schrifttum: *Bruschke,* Der Erbschaft-Steuerberater – ErbStB – 2016, 31 ff.; *Drostzohl,* Der Nachweis des niedrigeren gemeinen Werts durch Sachverständigengutachten, ZEV 2019, 421 = LSK 2019, 37811736; *Jardin, A.;* Anforderungen an Verkehrswertgutachten zum Nachweis des niedrigeren gemeinen Werts, GuG 2015, 19; *Halaczinsky, R./Teß, W.,* Grundbesitzbewertung für Erbfall und Schenkung, 2. Aufl. Bundesanzeiger Verlag 2004, S. 42; OFD Münster, Kurzinformation vom 14.11.2011 (Bew Nr. 004/2011).

▶ *Vgl. Rn. 5, 13, 24 ff.; § 3 ImmoWertV Rn. 26, 165, 196; § 6 ImmoWertV Rn. 42; § 13 ImmoWertV Rn. 53; zur steuerlichen Aufteilung in einen Boden- und Gebäudeanteil für Abschreibungen vgl. § 40 ImmoWertV Rn. 96; Syst. Darst. des Vergleichswertverfahrens Rn. 9, 166*

24 Für den Fall, dass das typisierte Bewertungsverfahren des BewG zu einem steuerlichen Wertansatz führt, der über dem Verkehrswert (Marktwert) des Grundstücks liegt, eröffnet das BewG dem Steuerpflichtigen die Möglichkeit des Nachweises, dass der „gemeine Wert der wirtschaftlichen Einheit“ i.S. des § 9 BewG (Markt- bzw. Verkehrswert) der nach § 179, 182 bis § 196 BewG festgestellte Wert ist. **Der niedrigere Wert ist** gemäß höchstrichterlichen Rechtsprechung[21] **nach den Vorschriften der ImmoWertV zu ermitteln**.
Diese Möglichkeit wird dem Steuerpflichtigen im Rahmen des **typisierte Bewertungsverfahren des BewG zur Bewertung des Grundvermögens für Zwecke der Grundsteuer nach dem Bundesmodell** ab 01.01.2025 und zur Aussetzung der Vollziehung von Bescheiden über die Feststellung des Grundsteuerwerts wurde den Steuerpflichtigen **in den §§ 218 ff. BewG** nicht eröffnet worden. Gleichwohl kann im Hinblick auf die Rechtsprechung des BFH die Feststellung eines niedrigeren Werts im Einzelfall in Betracht kommen, wenn der festgestellte Wert „erheblich (40 %) über das „normale Maß“ hinausgeht. Mit Art. 35 des JStG 2024 wurde deshalb eine Escape Klausel in das Grundsteuergesetz eingefügt (§ 220 Abs. 2 BewG).
Auch bei der **Bewertung des Grundvermögens für Zwecke der Grundsteuer nach dem Bundesmodell** ab 01.01.2025 und zur Aussetzung der Vollziehung von Bescheiden über die Feststellung des Grundsteuerwerts kann im Hinblick auf die Rechtsprechung des BFH[22] die Feststellung eines niedrigeren Werts im Einzelfall in Betracht kommen[23], wenn der festgestellte Wert „erheblich (40 %) über das „normale Maß“ hinausgeht.

25 Der Steuerpflichtige hat nicht nur die Darlegungs-, sondern auch die Nachweislast[24]. Kann der Nachweis geführt werden, ist der Markt- bzw. Verkehrswert festzusetzen (sog. ***Escape*-Klausel**); zur Bewertung des land- und forstwirtschaftlichen Vermögens im Rahmen der Erbschaft- und Schenkungsteuer vgl. § 165 Abs. 3 und § 167 Abs. 4 BewG[25].
§ 198 BewG, Nachweis des niedrigeren gemeinen Werts:

„Weist der Steuerpflichtige nach, dass der gemeine Wert der wirtschaftlichen Einheit am Bewertungsstichtag niedriger ist als der nach den §§ 179, 182 bis 196 ermittelte Wert, so ist dieser Wert anzusetzen. Für den Nachweis des niedrigeren gemeinen Werts gelten grundsätzlich die auf Grund des § 199 Abs. 1 des Baugesetzbuchs erlassenen Vorschriften.“

26 Das **Gesetz fordert nur den Nachweis, dass der gemeine Wert im Vergleich zu dem nach einem typisierenden Verfahren festgestellten Grundbesitzwert „niedriger“ ist**, ohne dass dieser nach dem Wortlaut der Öffnungsklausel exakt ermittelt werden muss.

27 Der Steuerpflichtige ist grundsätzlich frei in der Wahl der Mittel zum Nachweis eines geringeren Werts. Dem vom Gesetz geforderten „Nachweis“ genügt eine bloße Darlegung anderer

---

21 BFH, Urt. vom 14.10.2020 – II R 7/18 –, BFH/NV 2021, 464 = EzGuG 20.360.

22 BFH, Beschl. vom 27.05.2024 – II B 78/23 (AdV) – und – II B 79/23 (AdV) – GuG 2024, 305; Bodden, NWB 25/2024 S. 1692.

23 Hierzu: **Oberste Finanzbehörden der Länder** vom 24.6.2024 – S 3017 –.

24 BFH, Urt. vom 11.09.2013 – II R 61/11 –, GuG 2014, 127 = BFHE 243, 376 = BStBl. II 2014, 363 = EzGuG 20.203b; BFH, Beschl. vom 14.12.2006 – II B 53/06 –, BFH/NV 2007, 403 = EzGuG 19.54.

25 Gleich lautende Ländererlasse zum Ansatz eines niedrigeren gemeinen Werts bei der Bewertung des Grundvermögens für Zwecke der Grundsteuer ab 01.01.2025 (BStBl I 2024, 1073 = GuG 2024, 301); Grundsteuerhebesatzgesetz NRWGrStHsG; Jardin in GuG 2024, 305.

Wertvorstellungen bzw. die Vorlage von Auszügen aus der Kaufpreissammlung allerdings nicht. Vielmehr ist **als Nachweis regelmäßig ein Gutachten des zuständigen Gutachterausschusses für Grundstückswerte oder von Personen erforderlich**.

Nach der zu § 198 BewG in der bis zum 22.07.2021 geltenden Fassung (§ 198 Abs. 1 BewG) ergangenen Rechtsprechung des BFH[26] konnte der **Nachweis regelmäßig nur durch ein Gutachten eines öffentlich bestellten und vereidigten Sachverständigen** erbracht werden[27]. Nicht geeignet sind zertifizierte und auch nicht nach einem internationalen Zertifikat als Fachmann auf dem Gebiet der Immobilienbewertung ausgewiesene Sachverständige sowie Gutachten von Wirtschaftsprüfergesellschaften[28]. Das Gutachten muss unter Beachtung der maßgeblichen Vorschriften unter namentlicher Hervorhebung der ImmoWertV ordnungsgemäß erstellt werden[29]. 28
Nach dem mit Gesetz zur erleichterten Umsetzung der Reform der Grundsteuer und Änderung weiterer steuerrechtlicher Vorschriften (GrStRefUG) vom 16.07.2021 (BGBl I 2021, 2931) in § 198 BewG eingefügten Abs. 2 kann der **Nachweis des niedrigeren gemeinen Werts** auch mit einem Gutachten erbracht werden, das **von einem Sachverständigen oder Gutachter** erbracht wird, der von einer **staatlichen bzw. staatlich anerkannten oder von einer nach DIN EN ISO/IEC 17024 akkreditierten Stelle** für die Wertermittlung von Grundstücken **bestellt oder zertifiziert worden ist[30]**. Diese Regelung soll nach der Rechtsprechung des FG Berlin-Brandenburg[31] jedoch nur bei einem Bewertungsstichtag nach dem 22.07.2021 Anwendung finden. Nicht geeignet sind weiterhin die mit einem internationalen Zertifikat als Fachmann auf dem Gebiet der Immobilienbewertung ausgewiesenen Sachverständigen sowie Gutachten von Wirtschaftsprüfergesellschaften[32]. Im Übrigen muss das Gutachten unter Beachtung der maßgeblichen Vorschriften unter namentlicher Hervorhebung der ImmoWertV ordnungsgemäß erstellt werden[33].

Neben dem Nachweis durch Gutachten kann auch ein **zeitnah zum maßgeblichen Besteuerungsstichtag** (Zeitpunkt der Entstehung der Steuer: § 9 ErbStG) für das zu bewertende Grundstück **erzielter Kaufpreis** als Nachweis dienen[34]. Ein zeitnah erzielter Kaufpreis ist regelmäßig ein solcher, der innerhalb eines Jahres *vor oder nach dem Besteuerungszeitpunkt* zustande gekommen ist und bei dem die maßgeblichen Verhältnisse gegenüber den Verhältnissen des Bewertungsstichtags unverändert geblieben sind (vlg. Syst. Darst. Vergleichswertverfahren, Rn. 34 ff., auch § 2 ImmoWertV Rn. 69 und § 12 ImmoWertV Rn. 19)[35]. Grundstücksver- 29

26 BFH, Urt. vom 05.12.2019 – II R 9/18 –, BFHE 267, 380 = BStBl II 2021, 135 = GuG 2020, 388 = EzGuG 20.330; BFH, Urt. vom 11.09.2013 – II R 61/11 –, GuG 2014, 127 = BFHE 243, 376 = BStBl II 2014, 363 = EzGuG 20.203b; FG Berlin-Brandenburg, Beschl. vom 17.01.2018 – 3 K 3178/17 –, GuG-aktuell 2019, 7 = EzGuG 11.2071; FG Berlin-Brandenburg, Urt. vom 10.06.2015 – 3 K 3151/13 –, DStRE 2016, 227 = EzGuG 19.75; vgl. auch OVG Bautzen, Urt. vom 07.05.2013 – 3 A 834/11 –, GuG 2014, 191 = EzGuG 11.1018; OVG Bautzen, Urt. vom 14.03.2017 – 3 A 645/16 –, GuG 2017, 302 = EzGuG 11.1830; OVG Münster, Beschl. vom 06.04.2017 – 4 B 799/16 –, GuG 2017, 404 = EzGuG 11.1853.

27 BFH, Urt. vom 05.12.2019 – II R 9/18 –, BFHE 267, 380 = BStBl II 2021, 135 EzGuG 29.380; BFH, Beschl. vom 09.09.2009 – II B 69/09 –, BFH/NV 2009, 197 = GuG-aktuell 2010, 23 = EzGuG 20.208; BFH, Urt. vom 11.05.2005 – II R 21/02 –, BFHE 210, 48 = BStBl II 2005, 686 = GuG 2005, 376 = EzGuG 4.195; FG Köln, Urt. vom 12.02.2014 – 4 K 3081/13 –, GuG 2015, 60 = EzGuG 20.230; ErbStR 2011 vom 19.12.2011 (BStBl. Sondernr. 1, 2); ErbStH 2011 vom 19.12.2011 (BStBl. Sondernr. 1/2011 S. 117 = GuG 2012, 167 ff., 228 ff.; zu § 196 BewG RB 198 – GuG 2012, 234).

28 Sog. Nichtanwendungsschreiben vom 19.02.2014 (BStBl ll 2014, 808); BMF-Schreiben vom 19.03.2018 – IV A 2 – 0 2000/17/10001 (BStBl. I 2018, 322).

29 BFH, Urt. vom 24.10.2017 – II R 40/15 –, BFHE 260, 80 = BStBl II 2019, 21 = GuG 2018, 126 = EzGuG 20. 258.

30 Zur Verwendung der Bezeichnung DIN EN ISO/IEC 17024 vgl GuG-aktuell 2024, 45.

31 FG Berlin-Brandenburg, Beschl. vom 20.03.2024 – 16 K 3070/23 –; FG Berlin-Brandenburg, Urt. vom 17.04.2024 – 16 K 3045/22 –, GuG 2024, 383.

32 Sog Nichtanwendungsschreiben vom 19.02.2014 (BStBl ll 2014, 808); BMF-Schreiben vom 19.03.2018 – IV A 2 – 0 2000/17/10001 (BStBl. I 2018, 322).

33 BFH, Urt. vom 24.10.2017 – II R 40/15 –, BFHE 260, 80 = BStBl II 2019, 21 = GuG 2018, 126 = EzGuG 20. 258.

34 BFH, Urt. vom 30.01.2019 – II R 9/16 –, BFHE 263, 257 = BStBl II 2019, 599 = EzGuG 3.178, BFH, Urt. vom 08.10.2003 – II R 27/02 –, BFHE 204, 306 = BStBl II 2004, 179 = EzGuG 19.49a; Mannek in Gürsching/Stenger, Bewertungsrecht, § 183 BewG Rn. 31; Halaczinsky in Rössler/Troll, BewG, § 183 BewG Rn. 5; Grootens in Lippross/Seibel, Basiskommentar Steuerrecht, § 183 BewG Rn. 43.

35 Glosse in GuG-aktuell 2025, 1.

käufe, die eine wesentlich längere Zeit als ein Jahr entfernt liegen, bilden im Allgemeinen keine geeignete Grundlage zur unmittelbaren Ableitung des gemeinen Werts[36]. Der Einjahreszeitraum darf nach der hier vertretenen Auffassung nicht als starrer Zeitraum verstanden werden, denn der Zeitraum hängt entscheidend von der am Bezugsstichtag herrschenden Dynamik des Grundstücksmarktes ab (vgl. Syst. Darst. des Vergleichswertverfahrens Rn. 35). Von daher kann er kürzer, aber auch länger sein. Dementsprechend ist der Einjahreszeitraum in der Rechtsprechung unter bestimmten Voraussetzungen auf bis zu drei Jahre ausgedehnt worden[37].
Ein außerhalb der Jahresfrist liegender Kaufpreis kann regelmäßig aber nur dann berücksichtigt werden, wenn die aufgrund des Abstandes zum Stichtag nachlassende Indizwirkung, dass sich die maßgeblichen Verhältnisse zum Wertermittlungsstichtag (Entwicklung der Bodenwerte und Jahresmieten) nicht geändert haben, durch einen Sachverständigen oder vom örtlichen Gutachterausschuss bestätigt wurde[38].

30 Die durch zeitlichen Abstand zum maßgeblichen Besteuerungszeitpunkt nachlassende Indizwirkung des Kaufpreises für den gemeinen Wert kann jedoch durch ein Gutachten des Gutachterausschusses zur Entwicklung der Bodenwerte und durch unveränderte erzielte Jahresmieten ausgeglichen werden[39]. Im Übrigen bestehen nach den genannten Richtlinien regelmäßig keine Bedenken, den so ermittelten Wert ohne Wertkorrekturen als Grundbesitzwert festzustellen.

31 Führt der Steuerpflichtige den Nachweis eines niedrigeren gemeinen Werts durch ein Gutachten, so handelt es sich um ein Privatgutachten und damit um substanziiertes, urkundlich belegtes Parteivorbringen[40]. Das vorgelegte Gutachten bzw. die zum Nachweis vorgelegten Kaufpreise sind für die Feststellung des Grundbesitzwerts nicht bindend und unterliegen der freien **Beweiswürdigung[41] durch das Finanzamt**.

32 Danach ist das Gutachten auf inhaltliche Richtigkeit, Plausibilität und Schlüssigkeit zu prüfen. Enthält das Gutachten Mängel (z.B. methodische Mängel oder unzutreffende Wertansätze), ist es nach R B 198 Abs. 2 Satz 3 ErbStR 2019 zurückzuweisen; ein Gegengutachten durch das Finanzamt ist nicht erforderlich.

33 Im Gutachten müssen die tatsächlichen Grundlagen der Wertermittlung schlüssig nachvollziehbar dargelegt sein[42]; dazu gehören „*methodische Qualität und eine zutreffende Erhebung*“

36 Vgl. zur Einheitsbewertung BFH, Urt. vom 26.09.1980 – III R 21/78 –, BFHE 132, 101 = BStBl II 1981, 153 = EzGuG 20.86; BFH, Urt. vom 17.05.2017 – II R 60/15 –, BFH/NV 2017, 1299 = EzGuG 20.258.

37 BFH, Urt. vom 02.07.2004 – II R 55/01 –, BFHE 205, 492 = BStBl II 2004, 703 = EzGuG 19.49d; BFH, Beschl. vom 22.07.2004 – II B 176/02 –, BFH/NV 2004, 1628 = EzGuG 19.50.

38 BFH, Beschl. vom 22.07.2004 – II B 176/02 –, BFH/NV 2004, 1628 = EzGuG 19.50; BFH, Urt. vom 02.07.2004 – II R 55/01 –, BFHE 205, 492 = BStBl II 2004, 703 = EzGuG 19.49d; FG Berlin-Brandenburg, Urt. vom 19.07.2017 – 3 K 3047/17 – (nicht rechtskräftig); EFG 2017, 1499 = EzGuG 20.260.

39 BFH, Urt. vom 02.07.2004 – II R 55/01 –, BFHE 205, 492 = BStBl II 2004, 703 = EzGuG 19.49d: Der BFH führt hierzu aus: „Wird der Nachweis eines niedrigeren gemeinen Werts durch einen nach fast drei Jahren im gewöhnlichen Geschäftsverkehr erzielten Kaufpreis für ein bebautes Grundstück durch eine gutachterliche Äußerung des Gutachterausschusses für Grundstückswerte ergänzt, aus der sich ergibt, dass die Bodenwerte – nicht nur die Bodenrichtwerte – seit dem maßgeblichen Besteuerungszeitpunkt unverändert geblieben sind, und ist auch die für § 146 Abs. 2 BewG maßgebliche erzielte Jahresmiete gleich geblieben, so ist die Schlussfolgerung, dass der Kaufpreis dem gemeinen Wert zum Besteuerungszeitpunkt entspricht, nach Denkgesetzen und allgemeinen Erfahrungssätzen möglich“ (vgl. BFH, Urt. vom 06.11.2001 – IX R 97/00 –, BFHE 197, 151 = BStBl II 2002, 726= EzGuG 20.182d).

40 BGH, Urt. vom 27.05.1982 – III ZR 201/80 –, NJW 1982, 2874 = EzGuG 11.131.

41 BFH, Urt. vom 03.12.2008 – II R 19/08 –, GuG 2009, 248 = BFHE 224, 268 = BStBl II 2009, 403 = EzGuG 20.206; BFH, Urt. vom 10.11.2004 – II R 69/01 –, GuG 2005, 184 = BFHE 207, 352 = BStBl. II 2005, 259 = EzGuG 11.407; FG Nürnberg, Urt. vom 29.03.2001 – IV 419/99 –, EFG 2001, 960 = EzGuG 20.179.

42 FG Berlin-Brandenburg, Urt. vom 19.07.2017 – 3 K 3047/17 –, EFG 2017, 1499 = EzGuG 20.260; FG Berlin-Brandenburg, Urt. vom 10.06.2015 – 3 K 3248/11 –, GuG 2016, 267 = EzGuG 19.75; zur Schließung von Lücken im Gutachten durch FA und Gericht, sofern dies ohne Beweiserhebung möglich ist, BFH, Urt. vom 05.05.2010 – II R 25/09 –, DStRE 2010, 1066 = EzGuG 19.55a.

und Dokumentation der Begutachtungsgrundlagen. Das FG Berlin-Brandenburg[43] fordert in diesem Zusammenhang, dass bei Anwendung des Vergleichswertverfahrens die **Vergleichsgrundstücke „... mit genauer Anschrift angegeben sein" müssen;** wenn ein Gutachter aus Gründen seiner Rechtsverhältnisse (z.B. Datenschutz, Amtsverschwiegenheit, standesrechtliche Schweigepflicht o.ä.) ein Grundstück nicht individualisieren darf, sei das Grundstück als Vergleichsgrundstück nicht geeignet (vgl. Vorbem. zur ImmoWertV Rn. 85; Syst. Darst. des Vergleichswertverfahrens Rn. 25). Die Lage auf dem Grundstücksmarkt muss (z.B. durch marktgerechte Liegenschaftszinssätze und Sachwertfaktoren) berücksichtigt worden sein[44] und das angewandte Wertermittlungsverfahren muss für das zu bewertende Grundstück geeignet sein. Sämtliche wertbeeinflussenden Umstände zur Ermittlung des gemeinen Werts (Verkehrswerts) von Grundstücken müssen berücksichtigt worden sein. Hierzu gehören auch die den Wert beeinflussenden Rechte und Belastungen privatrechtlicher und öffentlich-rechtlicher Art, z.B. Grunddienstbarkeiten und persönliche Nutzungsrechte.

Mit Ausnahme des Nachweises der üblichen Miete (R B 186.5 Abs. 5) kommt ein Einzelnachweis zu den Bewertungsgrundlagen nach § 179 und den §§ 182 bis 196 BewG, z.B. hinsichtlich der Bewirtschaftungskosten, nicht in Betracht[45]. Auszüge aus der Kaufpreissammlung können ein Gutachten nicht ersetzen. Hierbei ist zu entscheiden, ob das vorgelegte Gutachten plausibel ist oder einen anderen als den vom Finanzamt ermittelten Wert rechtfertigt. **34**

Um die Vergleichbarkeit der zum Vergleich herangezogenen Grundstücke beurteilen zu können, bedarf es zumindest einer Außenbesichtigung der Vergleichsgrundstücke. Eine Online-Besichtigung über den Modus „Vogelperspektive" durch im Internet einsehbare Luftbilder (**Google Maps bzw. BING Maps**) ist nach Auffassung des FG Berlin-Brandenburg (a.a.O.) nicht geeignet, den persönlichen Eindruck durch eine Besichtigung der Realität vor Ort zu ersetzen, denn bei einer realen statt einer virtuellen Besichtigung können z.B. der Lärmpegel, die soziale Struktur der Umgebung, die Lagegegebenheiten, das gesamte Erscheinungsbild etc. sehr viel besser erfasst und daher hinsichtlich der Vergleichbarkeit beurteilt werden. Darüber hinaus ist auch das „Innenleben" der Vergleichsobjekte im Hinblick auf die Eignung dieser Objekte von Bedeutung. Die **Unkenntnis vom Ausbauzustand** des Vergleichsobjekts **führt** nach Auffassung des Gerichts **zu mangelnder hinreichender Übereinstimmung** (vgl. Syst. Darst. des Vergleichswertverfahrens Rn. 25 ff.). **35**

Gutachten, die auf Vergleichspreisen beruhen, ohne die Vergleichsobjekte zu benennen, werden nicht zugelassen[46]. **36**

Ein Gegengutachten des Finanzamtes ist im Übrigen nicht erforderlich[47]. Etwaige Lücken im Gutachten können vom Gericht selbst geschlossen werden, wenn und soweit dies ohne Sachverständige im üblichen Rahmen einer Beweiswürdigung möglich ist[48]. **37**

Im Rahmen des Nachweises des niedrigeren gemeinen Werts für Zwecke der Erbschaft- und Schenkungsteuer sowie der Grunderwerbsteuer ist des Weiteren zu beachten, dass nach § 68 Abs. 2 Satz 1 Nr. 2 BewG Maschinen und sonstige Vorrichtungen aller Art, die zu einer Be- **38**

---

43 FG Berlin-Brandenburg, Urt. vom 17.04.2024 – 16 K 3045/22 –, BeckRS 2024, 15128 = EzGuG 20.484; FG Berlin-Brandenburg, Urt. vom 07.06.2022 – 3 K 3247/18 –, GuG 2022, 311 = EzGuG 20.410; FG Berlin-Brandenburg, Urt. vom 19.07.2017 – 3 K 3047/17 –, EFG 2017, 1499 = EzGuG 20.260; zur Rechtsprechung betr. Offenbarungspflicht von Vergleichsmieten § 31 ImmoWertV Rn. 70, 213; BGH, Urt. vom 27.09.1990 – III ZR 97/89 –, GuG 1991, 38 = EzGuG 4.134;

44 BFH, Urt. vom 03.12.2008 – II R 19/08 –, GuG 2009, 248 = BFHE 224, 268 = BStBl II 2009, 403 = EzGuG 20.27.

45 FG Sachsen, Urt. vom 08.04.2009 – 2 K 1655/08 –, ErbBstg 2010, 90 = EzGuG 19.54e.

46 BGH, Urt. vom 15.04.1994 – V ZR 286/92 –, GuG 1995, 121 = EzGuG 20.152.

47 Ein Gutachten ist schon deswegen nicht plausibel, weil es die Wertminderung aufgrund von Baumängeln und Bauschäden mit den Kosten ihrer Beseitigung gleichsetzt, vgl. § 8 ImmoWertV Rn. 198 ff.; FG Berlin-Brandenburg, Urt. vom 10.06.2015 – 3 K 3248/11 –, GuG 2016, 267 = EzGuG 19.75; Erl. des FM Baden-Württemberg vom 24.08.1998 – S 3014 –, DB 1998, 1840.

48 BFH, Beschl. vom 09.09.2009 – II B 69/09 –, BFH/NV 2009, 1972 = EzGuG 20.208.

triebsanlage gehören (**Betriebsvorrichtungen**), nicht in das Grundvermögen einzubeziehen sind und damit nicht als Gegenstand der Bewertung des Grundvermögens zu erfassen sind[49].

39 Zur **Berücksichtigung eines unentgeltlichen Nutzungsrechts** beim Nachweis eines niedrigeren gemeinen Werts nach § 146 Abs. 7 BewG vgl. Gleich lautende Erlasse der obersten Finanzbehörden der Länder vom 23.12.2008[50].

2 Gegenstand und Grundlagen der Wertermittlung (§ 1 Abs. 2 ImmoWertV)

2.1 Grundstück und Grundstücksteil

2.1.1 Übersicht

40 Im Mittelpunkt der Regelungen der ImmoWertV steht die Ermittlung des Marktwerts (Verkehrswerts) von Grundstücken, Grundstücksteilen einschließlich ihrer Bestandteile und ihres Zubehörs sowie von grundstücksgleichen Rechten, Rechten an diesen und Rechten an Grundstücken (grundstücksbezogene Rechte) sowie grundstücksbezogenen Belastungen.

41 Am Anfang einer jeden Wertermittlung muss zunächst festgestellt werden, was „Gegenstand der Wertermittlung" ist, d.h., der Gutachter muss sich Klarheit über das Wertermittlungsobjekt verschaffen. Dabei geht es in der Praxis nicht nur um die Ermittlung des Verkehrswerts von Grundstücken oder von den bereits mit § 1 Abs. 2 ImmoWertV angesprochenen grundstücksgleichen Rechten bzw. Rechten an Grundstücken. Häufig geht es auch um die Verkehrswertermittlung von Grundstücksteilen oder um Bestandteile eines Grundstücks. **Gegenstand der Wertermittlung** kann sein:

a) das Grundstück einschließlich seiner Bestandteile sowie des Zubehörs,

b) ein Grundstücksteil einschließlich seiner Bestandteile sowie des Zubehörs,

c) grundstücksgleiche Rechte, Rechte an diesen und Rechte an Grundstücken (grundstücksbezogene Rechte) sowie grundstücksbezogene Belastungen.

42 Die **Marktwertermittlung von Bestandteilen** eines Grundstücks ist bei alledem nur möglich, wenn es sich um Bestandteile handelt, die eigenständig handelbar sind, denn nur dafür kann sich ein Marktwert tatsächlich bilden. Wesentliche Bestandteile i.S. des § 93 BGB, die nicht voneinander getrennt werden können, ohne dass der eine oder andere Teil zerstört oder in seinem Wesen verändert wird, können begrifflich keinen eigenen Marktwert (Verkehrswert) haben; sie haben allenfalls einen Anteil am Verkehrswert (Verkehrswertanteil). Dies betrifft insbesondere den auf einem Grundstück vorhandenen Aufwuchs sowie bauliche Außenanlagen.

43 Gegenstand der Wertermittlung kann aber auch eine in der Vorschrift unerwähnt gebliebene **wirtschaftliche Einheit** im steuerlichen Sinne, aber auch im allgemein verstandenen Sinne sein.

---

49 Gleich lautende Erlasse der obersten Finanzbehörden der Länder zur Abgrenzung des Grundvermögens von den Betriebsvorrichtungen vom 05.06.2013 (GuG 2013/5); vgl. BFH, Urt. vom 09.07.2009 – II R 7/08 –, BFH/NV 2009, 1609 = EzGuG 3.143a.

50 Gleich lautende Erlasse der obersten Finanzbehörden der Länder vom 23.12.2008 (GuG 2009, 172); vgl. BFH, Urt. vom 08.10.2003 – II R 27/02 –, BFHE 204, 306 = BStBl II 2004, 179 = EzGuG 19.49a; aufgehoben: Erl. vom 01.03.2004 – S 3 3014/19 –, DB 2004, 1013.

Der Gegenstand der Wertermittlung bestimmt sich maßgeblich nach dem **Wertermittlungsantrag** bzw. **Wertermittlungsauftrag**. Dieser soll 44

a) das *Wertermittlungsobjekt* eindeutig bezeichnen; dabei ist besonders anzugeben, wenn sich die Wertermittlung auf

- den Grund und Boden eines Grundstücks (ohne bauliche oder sonstige Anlagen),
- Teile des Grundstücks mit oder ohne bauliche und sonstige Anlagen,
- einzelne bauliche oder sonstige Anlagen oder
- auf das Zubehör

beschränken soll;

b) den *Wertermittlungsstichtag* (§ 2 Abs. 4 ImmoWertV)
enthalten; erscheint der Wertermittlungsantrag nicht sachgerecht, so sollte sich der Gutachter mit dem Antragsteller ins Benehmen setzen und ihn veranlassen, den Wertermittlungsantrag entsprechend zu ändern[51];

c) den *Qualitätsstichtag* nennen, d.h. den Zeitpunkt, auf den sich der für die Wertermittlung maßgebliche Grundstückszustand beziehen soll (§ 2 Abs. 5 ImmoWertV).

§ 665 BGB schreibt für die Beauftragung vor: 45

„**§ 665 BGB (Abweichung von Weisungen)** Der Beauftragte ist berechtigt, von den Weisungen des Auftraggebers abzuweichen, wenn er den Umständen nach annehmen darf, dass der Auftraggeber bei Kenntnis der Sachlage die Abweichung billigen würde. Der Beauftragte hat vor der Abweichung dem Auftraggeber Anzeige zu machen und dessen Entschließung abzuwarten, wenn nicht mit dem Aufschub Gefahr verbunden ist.“

In verbleibenden Zweifelsfällen wird es unvermeidbar sein, **von plausiblen Annahmen** auszugehen und **im Gutachten zu erläutern,** ob und inwieweit bei der Wertermittlung eines Grundstücks dessen Bestandteile und das Zubehör erfasst worden sind und welcher Wertermittlungsstichtag zugrunde gelegt wurde. 46

2.1.2 Grundstück

In den meisten Fällen wird es sich bei dem Wertermittlungsobjekt um ein Grundstück im grundbuchrechtlichen Sinne handeln, das im Gutachten durch 47

- seine Lagebezeichnung (Ort, Straße, Hausnummer),
- seine Grundbuchbezeichnungen (Grundbuch, Grundbuchblatt, Nr. eines gemeinschaftlichen Grundbuchblatts) und
- seine Katasterbezeichnung (Gemarkung, Flur, Flurstück[e])

bestimmt wird. Die Anwendung der ImmoWertV auf die Verkehrswertermittlung von Grundstücken im Rechtssinne zu beschränken, wäre nicht sachgerecht[52]. Der in der ImmoWertV verwendete **Grundstücksbegriff ist deshalb untechnisch auszulegen.** Wertermittlungsobjekt kann z.B. im Zuge bodenordnerischer Maßnahmen ein fiktives und einer sachgerechten Auslegung des hier verwandten Grundstücksbegriffs Rechnung tragendes Grundstück sein. Auch

51 BR-Drs. 352/88, S. 32 f.

52 So auch in der steuerlichen Bewertung (vgl. § 70 BewG; hierzu BewR Gr. vom 19.09.1966 [BAnz Nr. 183 Beil. = BStBl. I 1966, 890]); ErbStR zu § 145 BewG.

bei derartigen Grundstücken ist allerdings eine eindeutige Beschreibung des Grundstücks nach Lage und Größe im Gutachten erforderlich[53].

Das **„Baugrundstück“** wird weder im BauGB noch die BauNVO gesetzlich definiert. Nach der Rechtsprechung des BVerwG ist das Grundstück im bauplanungsrechtlichen Sinne grundsätzlich mit dem bürgerlich-rechtlichen (grundbuchrechtlichen) Grundstück gleichzusetzen. Ausnahmen hiervon sind nur dort vertretbar – dann allerdings auch geboten –, wo bei Verwendung des grundbuchrechtlichen Begriffs die Gefahr entstünde, dass der Sinn einer bestimmten bau- und bodenrechtlichen Regelung handgreiflich verfehlt würde[54]. Zur **„überbaubaren Grundstücksfläche“** vgl. § 5 ImmoWertV Rn. 70.

2.1.3 Grundstücksteil

48 Neben den Bestandteilen eines Grundstücks kann ausdrücklich auch ein Grundstücksteil Gegenstand der Wertermittlung sein. Damit sind im Wesentlichen Grundstücksteilflächen angesprochen, die z.B. bei Abtretung von Straßenverbreiterungsflächen zu entschädigen sind. Die **Grundstücksteilfläche muss im Verkehrswertgutachten beschrieben werden,** wobei es sich nicht um eine bereits vermessene Teilfläche handeln muss. Mitunter mag sogar eine Flächenangabe genügen, wenn die genaue Festlegung der Teilflächenbegrenzung für das Ergebnis der Wertermittlung unerheblich ist.

2.1.4 Bruchteils-, Gesamthands- und Miteigentum

Schrifttum: *Bothe, P.,* Die Teilungsversteigerung und ihre vielen Probleme, GuG 2020, 288; Haug, S., Bewertung von Bruchteilseigentum; GuG 2023, 285.

▶ *Zum Wertermittlungsverfahren vgl. § 6 ImmoWertV Rn. 75; zum WEG vgl. § 1 ImmoWertV Rn. 42; § 6 ImmoWertV Rn. 169; Teil V Rn. 39 ff.; zum Beleihungswert Teil IX Rn. 157; zum Eigentum § 44 ImmoWert Rn. 112 ff.; Teil VIII Rn. 8 ff.*

49 Eigentum (§ 903 BGB) ist das volle dingliche und unbeschränkte Recht an einer Sache (z.B. ein Grundstück).
Die übrigen Grundstücksrechte sind grundstücksgleiche **Rechte und beschränkt dingliche Rechte oder Rechte Dritter**[55]. Diese Rechte sind Belastungen des Eigentums durch Nutzungs- (z.B. Wegerecht) oder Verwertungsrechte (z.B. Hypothek). Grundstücksrechte und Belas tungenn lassen sich wie folgt grob gliedern (Abb. 1).

53 Das US-amerikanische Rechtssystem unterscheidet interessanterweise zwischen:
- real estate = Physical land and appurtenances attached to the land, e.g. structures;
- real property = All interests, benefits, and rights inherent in the ownership of physical real estate; the bundle of rights with which the ownership of the real estate is endowed.
American Institute of Real Appraisers, The Appraisal of Real Estate, 12. Aufl. Chicago 2001: USPAP – Uniform Standards of Professional Practice (Appraisal Institute Chicago).

54 BVerwG, Urt. vom 26.06.1970 – 4 C 73/68 –, BauR 1970, 224 = EzGuG 3.32b; BVerwG, Urt. vom 14.12.1973 – 4 C 48/72 –, BVerwGE 44, 250 = EzGuG 3.42a.

55 Das Erbbaurecht gilt als „grundstücksgleiches Recht“.

Abb. 1: Rechte und Beschränkungen an Grundstücken

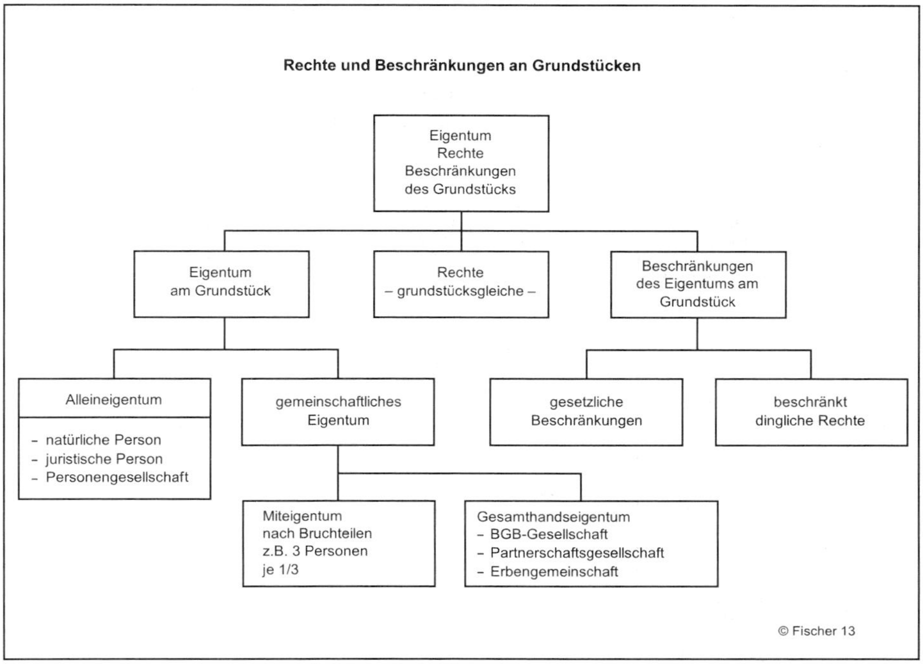

Eigentum setzt einen Rechtstitel voraus, aus dem sich die rechtliche „Verfügungsgewalt" ergibt, während im Unterschied hierzu der „Besitzer" über die Sache lediglich verfügt. Eigentum wird durch Art. 14 GG garantiert; Inhalt und Schranken werden durch Gesetze bestimmt. Der Gebrauch des Eigentums wird durch die grundgesetzliche Beschränkung auf die Sozialpflichtigkeit (Art. 14 Abs. 2 GG) begrenzt.
Das Eigentum am Grundstück i.S. des Vollrechts muss nicht einem einzigen Eigentümer zustehen (Alleineigentümer). **Eine Sache kann auch mehreren Eigentümern gehören.**
Steht das Eigentum am Grundstück mehreren Personen zu, so besteht unter ihnen eine Gemeinschaft und zwar

a) nach Bruchteilen (Bruchteilseigentum §§ 1008 bis 1011 BGB – Miteigentum nach Bruchteilen; die Vorschriften über die Bruchteilsgemeinschaft ergeben sich aus den §§ 741 ff. BGB) oder

b) (ausnahmsweise, weil nur in bestimmten, durch Gesetz zugelassenen Fällen) zur gesamten Hand (Gesamthandseigentum).

Dies kann bei der Verkehrswertermittlung z.B. im Hinblick auf bestehende Beitrags- und Abgabepflichten (vgl. § 6 Abs. 3 ImmoWertV) von Bedeutung sein (vgl. auch § 5 ImmoWertV Rn. 108; Syst. Darst. des Vergleichswertverfahrens Rn. 318 ff. sowie Teil VI Rn. 485 ff.).

Abb. 2: Übersicht über Eigentumsarten

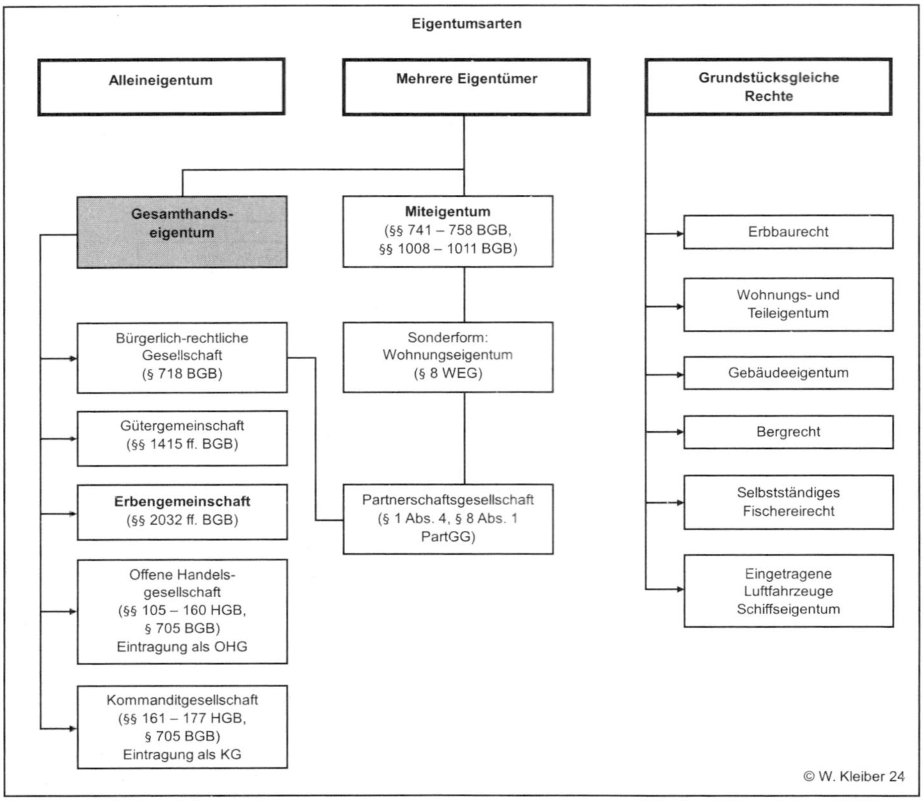

50 Das **Bruchteilseigentum oder Miteigentum nach Bruchteilen** ist eine besondere Form des Eigentums, bei der die Sache mehreren Personen gehört, wobei die Eigentumsanteile sich nach Bruchteilen bestimmen (§§ 1008–1011 BGB). Alle Eigentümer zusammen bilden die Bruchteilsgemeinschaft. Jeder kann dabei über seinen Anteil selbst verfügen. Jeder Anteil ist ideell und die Eigentümer bilden eine Bruchteilsgemeinschaft. Bruchteilsgemeinschafter sind beispielsweise Ehegatten im gesetzlichen Güterstand (z.B., wenn sie ihr Eigenheim zu Miteigentum von je 1/2 erworben haben) oder Freiberufler in Sozietät, die zusammen ein Geschäftshaus erworben haben.

Der Erwerb eines **Miteigentumsanteils an einem Grundstück** ist mit erheblichen Risiken verbunden, die insbesondere aus der eingeschränkten Verfügungsgewalt resultieren. Der Verkehrswert von Miteigentumsanteil ist daher mit einem gegenüber dem prozentualen Anteil am Gesamteigentum deutlich geringeren Wertanteil am Verkehrswert verbunden. Eine Expertenbefragung hat in Anlehnung an die nicht rechtskräftige Entscheidung vom FG Münster für einen hälftigen Miteigentumsanteil an einer Immobilie einen Marktanpassungsabschlag von rd. 20 % ergeben[56].

Bei **Wohnungs- und Teileigentum** besteht ein Bruchteilseigentum allein in Bezug auf das Gemeinschaftseigentum und nicht auf das Sondereigentum. Die jeweilige Höhe der Miteigentumsanteile (MEA) bemisst sich zumeist aus dem Anteil der Wohn- und Nutzfläche, die ein

56 FG Münster, Beschl. vom 24.11.2022 – 3 K 1201/21 F –, EzGuG 20.232, nicht rechtskräftig; Haug in GuG 2023, 285.

Miteigentümer (Wohnung oder sonstiges Sondereigentum) hat und der gesamten Wohn- und Nutzfläche der Gemeinschaft und ergibt sich aus der Teilungserklärung. Sie sind i.d.R. in tausendstel (1/1.000) oder auch zehntausendstel (1/10.000) Anteilen dargestellt.

Bei **Gesamthandseigentum** steht den Gesamthändern dagegen kein ideeller Eigentumsanteil am Grundstück zu. Ihnen gehört das Eigentum zur gesamten Hand, ohne dass der Anteil des einzelnen Gesamthänders an den einzelnen zum Gesamthandsvermögen gehörenden Gegenständen sachenrechtlich fassbar ist, sodass über ihn auch nicht verfügt werden kann[57]. Jeder ist Eigentümer und über das Eigentum kann nur gemeinschaftlich verfügt werden, weil Bruchteile nicht existieren (Miteigentümergemeinschaft). Das Rechtsverhältnis zwischen den Gesamthändern ist in den §§ 2058 ff. BGB abschließend geregelt. Gesamthandseigentum besteht bei der BGB-Gesellschaft (§§ 70 ff. BGB), bei der ehelichen Gütergemeinschaft (§§ 1415 ff. BGB), der Erbengemeinschaft (§§ 2032 ff. BGB, gesamtschuldnerische Haftung nach § 2058 BGB) und bei der OHG (§§ 105 ff. HGB). Wie beim Bruchteilseigentum ergibt sich das Gesamthandseigentum aus der Eintragung im Grundbuch. Aus dem Grundbuch ist indessen nicht ersichtlich, welche konkreten Bruchteilsquoten innerhalb einer Erbengemeinschaft bestehen. 51

Eine besondere Form des Miteigentums nach Bruchteilen an einem Grundstück ist das **Wohnungseigentum** nach § 1 Abs. 2 WEG. Das Wohnungseigentum ist das Sondereigentum an einer Wohnung i.V.m. dem Miteigentum (nach Bruchteilen und nicht als Gesamthandseigentum) am gemeinschaftlichen Grundstück (§ 1 Abs. 2 WEG)[58]. Es ist belastbar, kann vermietet und verpachtet werden (§ 13 Abs. 1 WEG), Gegenstand der Zwangsversteigerung sein und ist vererbbar. Das Wohnungseigentum **setzt sich zusammen** aus 52

– dem *Sondereigentum an einer Wohnung* (einschließlich der dazugehörigen Nebenräume wie Kellerräume, Bodenräume und Garagen, sofern sie nicht selbstständiges Teileigentum sind), i.V.m.

– dem *Miteigentum* (nach Bruchteilen und nicht als Gesamthandseigentum) am gemeinschaftlichen Grundstück.

Da über den gemeinschaftlichen Gegenstand im Ganzen nur gemeinschaftlich verfügt werden kann, steht jedem Teilhaber das Recht zu, die Aufhebung der Gemeinschaft nach § 749 Abs. 1 BGB zu verlangen. Nach § 749 Abs. 2 BGB kann die **Aufhebung auch dann verlangt werden, wenn der Erblasser sie für immer oder auf Zeit ausgeschlossen hat. Ist eine Kündigungsfrist bestimmt worden, so kann sie ohne Einhaltung der Frist verlangt werden.** Das bedingt aber, dass ein wichtiger Grund vorliegt.[59]

Der **Verkehrswert eines Miteigentumsanteils** ist im Allgemeinen geringer als der entsprechende Bruchteil des Verkehrswerts (Marktwerts) des Grundstücks, weil der Miteigentümer in seiner Verfügungsmacht über das Grundstück erheblich eingeschränkt ist und der Kreis möglicher Käufer für solche Miteigentumsanteile sehr begrenzt ist[60]. In der Rechtsprechung blieb es bei alledem unbeanstandet, wenn aufgrund fehlender Vergleichspreise der Abschlag für derartige Miteigentumsanteile nur aus allgemeinen Erfahrungssätzen abgeleitet wird[61]. In der finanzgerichtlichen Rechtsprechung ist unter Bezugnahme auf eine vom Gutachterausschuss vorgelegte Datengrundlage angesichts der mit dem Erwerb eines hälftigen Miteigentumsanteils im gewöhnlichen Geschäftsverkehr verbundenen ganz erheblichen wirtschaftlichen Risiken **ein Abschlag von mindestens 20 v.H.** als plausibel erkannt worden[62]. Dieses 53

57 Baur, Lehrbuch des Sachenrechts, München 1983, S. 13 ff.; Bengel/Simmerding, Grundbuch, Grundstück, Grenze, 3. Aufl. 1989, S. 269.

58 *Fritz*, Gewerberaummietrecht, 2. Aufl. Beck-Verlag München 1995, Rn. 460 ff.

59 *Baur*, Lehrbuch des Sachenrechts, München 1983, S. 13 ff.; *Bengel/Simmerding*, Grundbuch, Grundstück, Grenze, 3. Aufl. 1989, S. 269.

60 BGH, Urt. vom 12.01.2001 – V ZR 420/99 –, GuG 2001, 181 = EzGuG 20.176; VGH München, Urt. vom 13.06.1990 – M 9 K 89.2465 –, GuG 1992, 29, 32 = EzGuG 11.178 (dort mit 25 % geschätzt).

61 VGH München, Urt. vom 13.06.1990 – M 9 K 89.2465 –, GuG 1992, 29, 32 = EzGuG 11.178.

62 FG Münster, Beschl. vom 24.11.2022 – 3 K 1201/21 F –, EzGuG 20.232, nicht rechtskräftig; Revision BFH – II R 57/22 –.

Risiko schlägt allerdings in einen Vermögensvorteil um (Vereinigungswert), wenn der Miteigentümer selbst den komplementären Miteigentumsanteil erwirbt (vgl. Vorbem. zur ImmoWertV Rn. 53).

54 **Immobilen im Eigentum einer nicht auflösbaren Bruchteilsgemeinschaft** i.S. von § 1010 BGB i.V.m. §§ 749 ff. BGB sowie isoliert betrachtete Miteigentumsanteile sind schwer marktgängig. I.d.R. lässt sich nämlich ein Käufer auf die vage Hoffnung, dass sich alle Eigentümer auf eine Löschung dieser Klausel einlassen, nicht ein. Ist die Aufhebung der Gemeinschaft für „immer" ausgeschlossen, so erlaubt § 749 BGB jedoch auch in diesen Fällen, die Aufhebung der Gemeinschaft zu verlangen, wenn ein wichtiger Grund vorliegt. Als wichtiger Grund liegt nach der Rechtsprechung vor, wenn eine ordnungsgemäße gemeinschaftliche Nutzung und Verwaltung unter Abwägung aller prägenden Umstände unmöglich ist und der Beteiligte, der die Aufhebung begehrt, den wichtigen Grund nicht allein oder überwiegend herbeigeführt hat[63] bzw. sich der gemeinschaftliche Gegenstand wegen Zerstörung des Vertrauensverhältnisses nicht mehr verwalten und nutzen lässt[64]. Im Zweifelsfall müsste ein Miteigentümer eine gerichtliche Entscheidung herbeiführen, wobei die Unwägbarkeiten eines Zivilprozesses zu berücksichtigen sind.

55 Zu diesem Zweck kann ein Miteigentümer nach Maßgabe des § 869 ZPO i.V.m. § 180 Abs. 1 ZVG die Zwangsversteigerung des Grundstücks „zum Zwecke der Aufhebung einer Gemeinschaft" nach § 180 Abs. 1 ZVG („**Teilungsversteigerung**") i.V.m. der Teilung oder Hinterlegung des Erlöses beantragen.

2.1.5 Gegenstand der Wertermittlung nach BelWertV

56 Gegenstand der Beleihungswertermittlung ist nach **§ 2 BelWertV** „das Grundstück, grundstücksgleiche Recht oder vergleichbare Recht einer ausländischen Rechtsordnung, das mit dem Grundpfandrecht belastet ist oder belastet werden soll."

2.2 Wirtschaftliche Einheit

▶ *Zur Restnutzungsdauer vgl. § 4 ImmoWertV Rn. 26, 99*

57 In der steuerlichen Bewertung ist Gegenstand der Bewertung i.d.R. die wirtschaftliche Einheit. **Was als wirtschaftliche Einheit zu gelten hat, ist** nach § 2 Abs. 1 Satz 2 BewG **nach den Anschauungen des Verkehrs unter Berücksichtigung der örtlichen Gewohnheit, der tatsächlichen Übung, der Zweckbestimmung und der wirtschaftlichen Zusammengehörigkeit der einzelnen Wirtschaftsgüter zu entscheiden** (§ 2 Abs. 1 Satz 3 und 4, § 60 Abs. 1, § 157 Abs. 3, § 244 Abs. 1 BewG; vgl. auch § 6 Abs. 2 Satz 2 EStG)[65]. Bezüglich der Zweckbestimmung kommt es darauf an, dass der subjektive Wille des Eigentümers mit der Anschauung des Verkehrs im Einklang steht[66].

58 Ob mehrere Grundstücke zusammen oder Teile eines Grundstücks jeweils für sich eine wirtschaftliche Einheit bilden, hängt nicht von der tatsächlichen Nutzung ab und damit auch nicht von der aus ihr abgeleiteten und deshalb nur **auf dem Willen des Eigentümers beruhenden Zusammengehörigkeit oder Selbstständigkeit**. Dies ist vielmehr ausschließlich nach bau-

---

63 BGH, Urt. vom 05.12.1994 – II ZR 268/93 –, NJW-RR 1995, 334.

64 OLG Bamberg, zitiert nach Palandt, § 749 Rn. 6, Komm. zum BGB, 75. Aufl.

65 RFH, Urt. vom 22.11.1934 – III A 176 und 247/34 –, RStBl 1935, 109; BFH, Urt. vom 20.01.1955 – V 120/54 U –, BFHE 60, 239 = BStBl III 1955, 93; BFH, Urt. vom 03.02.1956 – III 206/55 U –, BFHE 62, 205 = BStBl III 1956, 78 = EzGuG 20.18; BFH, Urt. vom 13.06.1969 – III 17/65 –, BFHE 96, 57 = BStBl II 1969, 517; BFH, Urt. vom 13.06.1969 – III R 132/67 –, BFHE 96, 365 = BStBl II 1969, 612; BFH, Urt. vom 07.12.1973 – III R 158/72 –, BFHE 111, 264 = BStBl II 1974, 195; BFH, Urt. vom 02.07.1976 – III R 54/75 –, BStBl II 1976, 640 = BFHE 119, 294 = EzGuG 20.63b.

66 BFH, Urt. vom 23.02.1979 – III R 44/77 –, BFHE 128, 254 = BStBl II 1979, 618 = EzGuG 19.34; BFH, Urt. vom 04.10.1974 – III R 127/73 –, BFHE 113, 470 = BStBl II 1975, 302; BFH, Urt. vom 15.10.1954 – III 148/54 U –, BFHE 60, 1 = BStBl III 1955, 2; RFH, Urt. vom 26.03.1931 – III A 567/30 –, RStBl 1931, 802; RFH, Urt. vom 10.04.1930 – III A 294/30 –, RStBl 1930, 298; RFH, Urt. vom 20.10.1938 – III R 148/38 –, RStBl 1938, 1155.

planungsrechtlichen Gegebenheiten zu beurteilen. Ein ausreichender Grund für die Annahme einer wirtschaftlichen Einheit ist gegeben, wenn wegen verbindlicher planerischer Vorstellungen oder tatsächlicher Geländeverhältnisse ein Teil eines Grundstücks nur selbstständig baulich genutzt werden kann und deshalb sinnvollerweise einen eigenen Anschluss an eine öffentliche Einrichtung zur Wasserversorgung erhalten muss oder wenn mehrere Grundstücke desselben Eigentümers nicht jeweils für sich, sondern nur zusammen baulich genutzt werden können und deshalb nur einen Anschluss benötigen[67].

Zu einer wirtschaftlichen Einheit können jedoch nach § 2 Abs. 2 BewG nur der Grundbesitz (bzw. die Wirtschaftsgüter) zusammengefasst werden, die demselben Eigentümer gehören. In den ErbStR 2019[68] heißt es u.a. hierzu: **59**

R B 176.2 ErbStR 2019 – Grundstück:

(1) Die wirtschaftliche Einheit des Grundvermögens ist das Grundstück. Der Begriff „Grundstück" ist dabei nicht gleichbedeutend mit dem Begriff des Grundstücks im Sinne des Bürgerlichen Rechts. Maßgebend ist nach § 2 BewG allein, was als wirtschaftliche Einheit nach den Anschauungen des Verkehrs anzusehen ist. Nach § 2 Absatz 2 BewG kann zu einer wirtschaftlichen Einheit nur Grundbesitz zusammengefasst werden, der demselben Eigentümer gehört. Flächen, die im Eigentum eines Eigentümers stehen, und Flächen, die ihm und anderen Personen gemeinsam – gesamthänderisch oder nach Bruchteilen – gehören, können daher keine wirtschaftliche Einheit bilden.

(2) Grenzt eine unbebaute Fläche an eine Grundstücksfläche, die zum Beispiel mit einem Einfamilienhaus bebaut ist, können beide Flächen auch bei so genannter offener Bauweise selbstständige wirtschaftliche Einheiten bilden. Wird von einem größeren Grundstück eine Teilfläche verpachtet und errichtet der Pächter auf dieser Fläche ein Gebäude, ist die Teilfläche als besondere wirtschaftliche Einheit zu bewerten.

(3) Der Anteil des Eigentümers an gemeinschaftlichen Hofflächen oder Garagen ist nach § 157 Absatz 3 Satz 2 BewG in das Grundstück einzubeziehen, wenn der Anteil zusammen mit diesem genutzt wird.

R B 180 ErbStR 2019 – Begriff des bebauten Grundstücks:

(3) Zur wirtschaftlichen Einheit eines bebauten Grundstücks gehören der Grund und Boden, die Gebäude, die sonstigen Bestandteile und das Zubehör (> R B 176.1 Absatz 1). Nicht einzubeziehen sind Maschinen und Betriebsvorrichtungen (> R B 176.1 Absatz 4).

(4) Zum Grund und Boden gehören die bebaute Fläche und die mit dem Gebäude im Zusammenhang stehende unbebaute Fläche, insbesondere der Hofraum sowie Haus- und Vorgarten. Bei einer hieran anschließenden größeren unbebauten Fläche ist für die Beurteilung, was als wirtschaftliche Einheit gilt, die Verkehrsanschauung maßgebend (> R B 176.2 Absatz 1).

(5) …

R B 190.8 ErbStR 2019 – Grundstück mit mehreren Gebäuden bzw. Gebäudeteilen:

(1) Besteht eine wirtschaftliche Einheit aus mehreren Gebäuden oder Gebäudeteilen von einer gewissen Selbstständigkeit, die eine verschiedene Bauart aufweisen, unterschiedlich genutzt werden oder die in verschiedenen Jahren bezugsfertig geworden sind, ist jedes Gebäude und jeder Gebäudeteil für sich zu bewerten. ...

(2) …

(3) Bei einer wirtschaftlichen Einheit mit mehreren nichtselbstständigen Gebäuden bzw. Gebäudeteilen ist von einer einheitlichen Alterswertminderung auszugehen. Zur Bestimmung der wirtschaftlichen Gesamtnutzungsdauer gelten in diesen Fällen R B 185.3 Abs. 2 Sätze 1 bis 4 entsprechend.

Zum **Wohnungs- und Teileigentum** heißt es hierzu in den ErbStR 2019: **60**

R B 181.2 ErbStR 2011 – Wohnungs- und Teileigentum:

(1) Jedes **Wohnungseigentum** und jedes **Teileigentum** gilt als ein Grundstück im Sinne des Bewertungsgesetzes (§ 176 Absatz 1 Nummer 3 BewG). Wohnungseigentum und Teileigentum werden nach § 2 WEG entweder durch vertragliche Einräumung von Sondereigentum (§ 3 WEG) oder durch Teilung (§ 8 WEG) begründet. Nach § 3 WEG kann Sondereigentum auch an Räumen in einem erst zu errichtenden Gebäude eingeräumt werden. Ebenso ist die Teilung durch den Eigentümer auch bei einem erst noch zu errichtenden

67 VGH München, Urt. vom 11.01.1985 – 23 B 83 A. 1017 –, NVwZ 1987, 348 = EzGuG 9.54.

68 Allgemeine Verwaltungsvorschrift zur Anwendung des Erbschaftsteuer- und Schenkungsteuerrechts (Erbschaftsteuer-Richtlinien 2019 – ErbStR 2019) vom 16.12.2019.

Gebäude möglich (§ 8 Absatz 1 WEG). Die rechtliche Zusammenführung von Sondereigentum und Miteigentumsanteil bildet von Beginn an Wohnungseigentum oder Teileigentum im Sinne des § 1 Absatz 2 und 3 WEG.

(2) Das **Wohnungs-/Teileigentum entsteht** zivilrechtlich mit der Anlegung des Wohnungs- oder Teileigentumsgrundbuchs. Schenkungssteuerrechtlich gilt das Wohnungs-/Teileigentum bereits dann als entstanden, wenn die Teilungserklärung beurkundet ist und die Anlegung des Grundbuchs beantragt werden kann (> R E 9.1 Absatz 1). Dies gilt sowohl für am Bewertungsstichtag noch nicht bezugsfertige Gebäude als auch für bereits bestehende Gebäude.

(3) Die wirtschaftliche Einheit des Wohnungs-/Teileigentums setzt sich aus dem **Sondereigentum und dem Miteigentumsanteil** an dem gemeinschaftlichen Eigentum zusammen, zu dem es gehört. Sind bei einem Wohnungseigentum mehrere Wohnungen mit nur einem Miteigentumsanteil verbunden, sind sie grundsätzlich zu einer wirtschaftlichen Einheit zusammenzufassen. Eine Ausnahme besteht jedoch dann, wenn die tatsächlichen Gegebenheiten der Verkehrsanschauung entgegenstehen. Liegen die **Wohnungen** in demselben Haus unmittelbar übereinander oder nebeneinander und sind sie so **miteinander verbunden**, dass sie sich als ein Raumkörper darstellen, bilden sie eine wirtschaftliche Einheit. Besteht keine derartige Verbindung, weil sich die Wohnungen getrennt von anderen im Sondereigentum stehenden Wohnungen im Gebäude befinden, sind nach der Verkehrsanschauung mehrere wirtschaftliche Einheiten anzunehmen.

(4) Handelt es sich dagegen um **mehrere Wohnungen**, die jeweils mit einem Miteigentumsanteil am Grundstück verbunden sind, und liegen mithin zivilrechtlich mehrere selbstständige Wohnungseigentumsrechte vor, ist trotz des tatsächlichen Aneinandergrenzens und der Eintragung auf ein gemeinsames Wohnungsgrundbuchblatt eine Zusammenfassung zu einer einheitlichen wirtschaftlichen Einheit nicht möglich. Werden mehrere Wohnungen durch größere bauliche Maßnahmen zu einer einzigen Wohnung umgestaltet und sind sie danach nicht mehr ohne größere bauliche Veränderungen getrennt veräußerbar, bilden sie nur eine wirtschaftliche Einheit. Dies gilt entsprechend für die bauliche Zusammenfassung von Wohnung und Gewerberaum.

(5) **Zubehörräume**, insbesondere Kellerräume und sonstige Abstellräume, die der Grundstückseigentümer gemeinsam mit seinem Miteigentumsanteil nutzt, sind ohne Rücksicht auf die zivilrechtliche Gestaltung in die wirtschaftliche Einheit einzubeziehen. Gehören zu der Wohnung auch Garagen, sind sie in die wirtschaftliche Einheit des Wohnungseigentums einzubeziehen (§ 157 Absatz 3 Satz 2 in Verbindung mit § 70 Absatz 1 und 2 BewG). Es kommt nicht darauf an, ob sich die Garagen auf dem Grundstück der Eigentumswohnungsanlage oder auf einem Grundstück in der näheren Umgebung befinden. An Abstellplätzen außerhalb von Sammelgaragen kann kein Sondereigentum begründet werden. Derartige Abstellplätze sind Gemeinschaftseigentum, die jedoch mittels einer Nutzungsvereinbarung einem bestimmten Wohnungseigentums- oder Teileigentumsrecht zugeordnet werden können.

61 Die **wirtschaftliche Einheit eines Gewerbegrundstücks** oder eines sonstigen Grundstücks umfasst regelmäßig den Grund und Boden, die Gebäude, die Außenanlagen, insbesondere Wege- und Platzbefestigungen sowie Einfriedungen, die sonstigen wesentlichen Bestandteile und das Zubehör. Der Umstand, dass die Gebäude zu unterschiedlichen Zwecken genutzt werden, steht der Annahme einer wirtschaftlichen Einheit nicht entgegen.

62 Nicht in die wirtschaftliche Einheit einzubeziehen sind **Maschinen und sonstige Vorrichtungen** aller Art, die zu einer Betriebsanlage gehören.

63 Zum **Grund und Boden** gehören die im räumlichen Zusammenhang stehenden bebauten und unbebauten Flächen. Demnach sind auch die unbebauten Flächen zwischen Fabrikgebäuden sowie Lagerflächen, die innerhalb des Fabrikgeländes liegen, der wirtschaftlichen Einheit des zu bewertenden Grundstücks zuzurechnen.

64 Die **räumliche Trennung von Flächen** steht der Annahme einer wirtschaftlichen Einheit grundsätzlich entgegen. Grundstücke, die räumlich getrennt liegen, können nicht deshalb zu einer wirtschaftlichen Einheit zusammengefasst werden, weil sie zu demselben Gewerbebetrieb gehören. Sind die Flächen eines Gewerbebetriebs durch eine öffentliche Straße voneinander getrennt, können sie regelmäßig nicht als eine wirtschaftliche Einheit angesehen werden. Hiervon kann jedoch in den Fällen abgewichen werden, in denen nach der Verkehrsauffassung (§ 2 BewG) wegen der örtlichen Gewohnheit und der tatsächlichen Nutzung eine wirtschaftliche Zusammengehörigkeit derart besteht, dass sich die Zusammenfassung zu einer wirtschaftlichen Einheit für einen Außenstehenden aufdrängt (z.B. bei Verbindung von räumlich getrennt liegenden Produktionsstätten durch einen Tunnel oder eine Brücke).

Stückländereien sind einzelne land- und forstwirtschaftlich genutzte Flächen, bei denen die Wirtschaftsgebäude oder die Betriebsmittel oder beide Arten von Wirtschaftsgütern nicht dem Eigentümer des Grund und Bodens gehören. Stückländereien bilden steuerlich eine gesonderte selbstständig zu bewertende wirtschaftliche Einheit. 65

2.3 Bestandteile des Grundstücks

2.3.1 Übersicht

Als Bestandteil ist allgemein jeder Teil einer einheitlichen oder zusammengesetzten Sache anzusehen. Das Bürgerliche Gesetzbuch unterscheidet in den §§ 93 bis 95 zwischen den wesentlichen und den unwesentlichen Bestandteilen. Die **Bestandteile** eines Grundstücks lassen sich **untergliedern in** 66

- wesentliche Bestandteile,
- unwesentliche Bestandteile und
- Scheinbestandteile.

Wesentliche Bestandteile einer Sache sind solche, die voneinander nicht getrennt werden können, ohne dass der eine oder andere Teil zerstört oder in seinem Wesen verändert wird (§ 93 BGB). Zu den wesentlichen Bestandteilen eines Grundstücks gehören die mit dem Grund und Boden fest verbundenen Sachen, insbesondere Gebäude, sowie die Erzeugnisse des Grundstücks, solange sie mit dem Boden zusammenhängen. Samen wird mit dem Aussäen, eine Pflanze wird mit dem Einpflanzen wesentlicher Bestandteil des Grundstücks (§ 94 Abs. 1 BGB). Demzufolge gehören auch Bäume zu den wesentlichen Bestandteilen[69]. 67

Ein auf einem Erbbaurecht errichtetes Gebäude ist allerdings nur Scheinbestandteil des mit dem Erbbaurecht belasteten Grundstücks. 68

Zu den wesentlichen Bestandteilen eines Gebäudes gehören nach § 94 Abs. 2 BGB die zur Herstellung des Gebäudes eingefügten Sachen, insbesondere Werkstoffe, aus denen Mauern, Fußböden, Decken, Verputz, Treppen, Fenster, Türen usw. hergestellt sind[70]. 69

Zu den **unwesentlichen Bestandteilen** eines Grundstücks gehören umgekehrt solche, die voneinander getrennt werden können, ohne dass sie das andere Teil zerstören oder sein Wesen verändern. 70

Nach § 96 BGB gelten als Bestandteil des Grundstücks auch **Rechte, die mit dem Eigentum an einem Grundstück verbunden sind:** z.B. Grunddienstbarkeiten[71], dingliche Vorkaufsrechte, Reallasten, Jagdrechte sowie der in das Grundbuch eingetragene Erbbauzinsanspruch[72]. 71

Nicht zu den Bestandteilen eines Grundstücks gehören nach § 95 BGB **solche Sachen, die nur zu einem vorübergehenden Zwecke mit dem Grund und Boden verbunden sind.** Das Gleiche gilt für ein Gebäude oder anderes Werk, das in Ausübung eines Rechts an einem fremden Grundstück von dem Berechtigten mit dem Grundstück verbunden worden ist **(Scheinbestandteile).** Entsprechendes gilt also für Gebäude, die in Ausübung eines Rechts an einem 72

69 BGH, Urt. vom 13.05.1975 – VI ZR 85/74 –, NJW 1975, 2061 = EzGuG 2.14; OVG Koblenz, Urt. vom 25.04.1963 – 3 C 97/61 –, ZMR 1964, 155 = EzGuG 2.6; LG Tübingen, Urt. vom 14.02.1986 – 2 O 1/86 –, VersR 1986, 982 = EzGuG 2.42.

70 BGH, Urt. vom 27.03.2015 – V ZR 216/13 –, NJW 2015, 2489.

71 KG Berlin, Urt. vom 10.07.1967 – U 485/67 –, NJW 1968, 2014 = EzGuG 14.30; PrOVG, Urt. vom 10.06.1932 – VII C 183/31 –, AVN 1967, 405 = EzGuG 14.2.

72 §§ 96, 94 BGB, § 9 Abs. 1 Satz 1, Abs. 2 Satz 1 ErbbauG, § 1105 BGB; vgl. BFH, Beschl. vom 28.11.1986 – II R 32/83 –, BFHE 148, 80 = BStBl. II 1987, 101 = EzGuG 7.01.

fremden Grundstück (Erbbaurecht[73], Nießbrauch, Dienstbarkeit, Überbaurecht und dgl.) vom Berechtigten mit dem Grund und Boden verbunden worden sind. So sind auch Windkraftanlagen Scheinbestandteil eines Grundstücks, wenn sie nur zu einem vorübergehenden Zweck mit dem Grundstück verbunden sind[74].

73 Dass ein **Recht an einem Grundstück eigenständiger Gegenstand der Wertermittlung** sein kann, bedeutet nicht, dass dabei eine vorhandene Beziehung zu einem „dienenden" oder „herrschenden" Grundstück außer Betracht bleibt.

74 Nach § 5 Art. 231 des Einführungsgesetzes zum BGB gehören in den der **Bundesrepublik Deutschland beigetretenen Gebieten** nicht zu den Bestandteilen eines Grundstücks Gebäude, Baulichkeiten, Anlagen, Anpflanzungen oder Einrichtungen, die gemäß dem am Tag vor dem Wirksamwerden des Beitritts (02.10.1990) geltenden Recht vom Grundstückseigentum unabhängiges Eigentum sind. Das Gleiche gilt, wenn solche Gegenstände am Tag des Wirksamwerdens des Beitritts (03.10.1990) oder danach errichtet oder angebracht werden, soweit dies aufgrund eines vor dem Wirksamwerden des Beitritts begründeten Nutzungsrechts an dem Grundstück oder eines Nutzungsrechts nach den §§ 312 bis 315 des Zivilgesetzbuchs der DDR zulässig ist. Das Nutzungsrecht an dem Grundstück und die erwähnten Anlagen, Anpflanzungen oder Einrichtungen gelten als wesentliche Bestandteile des Gebäudes[75].

2.3.2 Bauliche und sonstige Anlagen

2.3.2.1 Allgemeines

75 Die **ImmoWertV unterscheidet** grundsätzlich **nach *baulichen Anlagen* und *sonstigen Anlagen*** (§ 21 Abs. 1 Satz 1 ImmoWertV). Die Unterscheidung ist insbesondere **bei Anwendung des Sachwertverfahrens** von Bedeutung.

2.3.2.2 Bauliche Anlagen

▶ *Vgl. zur baulichen Nutzung § 3 ImmoWertV Rn. 174 ff.; zur Beschaffenheit § 5 ImmoWertV Rn. 14 ff.; zur Gebäudeart § 6 ImmoWertV Rn. 69 ff.*

76 Was unter **baulichen Anlagen** und unter den unter diesen Begriff fallenden „Gebäuden" zu verstehen ist, ergibt sich aus dem Bundesrecht[76] i.V.m. den Bestimmungen der Landesbauordnungen[77]. § 2 Abs. 1 und 2 der BbgBO vom 16.07.2003 bestimmt z.B.:

„(1) *Bauliche Anlagen* sind mit dem Erdboden verbundene, aus Bauprodukten hergestellte Anlagen; eine Verbindung mit dem Boden besteht auch dann, wenn die Anlage durch eigene Schwere auf dem Boden ruht oder auf ortsfesten Bahnen begrenzt beweglich ist oder wenn die Anlage nach ihrem Verwendungszweck dazu bestimmt ist, überwiegend ortsfest benutzt zu werden. ...

1. Aufschüttungen und Abgrabungen,
2. Lagerplätze, Abstellplätze und Ausstellungsplätze,
3. Sport- und Spielflächen,
4. Campingplätze, Wochenendplätze und Zeltplätze,
5. Freizeit- und Vergnügungsparks,
6. Stellplätze für Kraftfahrzeuge und Abstellplätze für Fahrräder,

---

73 BGH, Urt. vom 28.05.1971 – V ZR 121/68 –, MDR 1971, 997 = EzGuG 19.25; BGH, Urt. vom 12.04.1961 – VIII ZR 152/60 –, NJW 1961, 1251 = EzGuG 3.16; BGH, Urt. vom 09.03.1960 – V ZR 189/58 –, NJW 1960, 1003 = EzGuG 3.14a; BGH, Urt. vom 31.10.1952 – V ZR 36/51 –, BGHZ 8,1 = EzGuG 3.2.

74 BGH, Urt. vom 07.04.2017 – V ZR 52/16 –, NJW 2017, 2099 = EzGuG 3.164.

75 BGBl. II 1990, 942.

76 BVerwG, Urt. vom 17.12.1976 – 4 C 6/75 –, BRS Bd. 30 Nr. 117; BVerwG, Urt. vom 31.08.1973 – 4 C 33/71 –, BVerwGE 44, 59 = EzGuG 3.41a; BVerwG, Urt. vom 10.12.1971 – 4 C 33-35/69 –, BVerwGE 39, 154; BGH, Urt. vom 27.03.2015 – V ZR 216/13 –, NJW 2015, 2489; vgl. z.B. § 1 Abs. 1 Satz 3 VerkFlBerG.

77 GVBl. 1984, 419.

7. Gerüste,

8. Hilfseinrichtungen zur statischen Sicherung von Bauzuständen.

(2) *Gebäude* sind selbstständig benutzbare, überdeckte bauliche Anlagen, die von Menschen betreten werden können und geeignet oder bestimmt sind, dem Schutz von Menschen, Tieren oder Sachen zu dienen."

Das **Gebäude** ist auch in den Richtlinien zum Bewertungsrecht definiert[78]: 77

„(1) Nach den in der höchstrichterlichen Rechtsprechung aufgestellten Grundsätzen ist ein Bauwerk als Gebäude anzusehen, wenn es Menschen oder Sachen durch räumliche Umschließung Schutz gegen Witterungseinflüsse gewährt, den Aufenthalt von Menschen gestattet, fest mit dem Grund und Boden verbunden, von einiger Beständigkeit und ausreichend standfest ist[79]. Bestehen Zweifel, ob ein bestimmtes Merkmal des Gebäudebegriffs vorliegt, so ist nach der Verkehrsauffassung zu entscheiden. Zum Begriff der Verkehrsauffassung vgl. BFH, Urt. vom 03.02.1956 – III 206/55 U -, BStBl. III 1956, 78 = StZBl. Bln. 1956, 1093 = EzGuG 20.18.

(2) Der Begriff des Gebäudes setzt nicht voraus, dass das Bauwerk über die Erdoberfläche hinausragt. Auch unter der Erdoberfläche befindliche Bauwerke, z.B. Tiefgaragen, unterirdische Betriebsräume, Lagerkeller, Gärkeller, können Gebäude im Sinne des Bewertungsgesetzes sein. Das Gleiche gilt für Bauwerke, die ganz oder zum Teil in Berghänge eingebaut sind. Ohne Einfluss auf den Gebäudebegriff ist auch, ob das Bauwerk auf eigenem oder fremdem Grund und Boden steht." 78

Die Definition ist im Übrigen auch für das **Einkommensteuer- und Körperschaftsteuerrecht** maßgeblich[80]. 79

Neben dem Gebäude gehören zu den baulichen Anlagen auch die **baulichen Außenanlagen.** Die Außenanlagen werden in verschiedenen Regelwerken definiert, z.B. in der Zweiten Berechnungsverordnung (II. BV, vgl. Anl. 1 Nr. 2 und 4 zu § 5 Abs. 5 II. BV; dem entspricht Nr. 5 der DIN 276, Teil 2, April 1981). Die dem ebenfalls entsprechende Anl. 2 und § 15 Abs. 3 WertV 72 gehen noch auf die DIN 276 i.d.F. vom März 1954 zurück; diese Anl. ist schon bereits nicht in die WertV 88 übernommen worden. 80

Die **Außenanlagen waren in der DIN 276/1954/81 wie folgt definiert:** 81

„**2.2** Kosten der Außenanlagen

Das sind die Kosten sämtlicher Bauleistungen, die für die Herstellung der Außenanlagen erforderlich sind, gegliedert nach den Technischen Vorschriften für Bauleistungen (VOB Teil C, neueste Ausgabe):

Hierzu gehören die:

2.2.1 Kosten der Entwässerungs- und Versorgungsanlagen vom Hausanschluss ab bis an das öffentliche Netz oder an nicht öffentliche Anlagen, die Daueranlagen sind, außerdem alle anderen Entwässerungs- und Versorgungsanlagen außerhalb der Gebäude, Kleinkläranlagen, Sammelgruben, Brunnen, Zapfstellen usw.

2.2.2 Kosten für das Anlegen von Höfen, Wegen und Einfriedungen, nicht öffentlichen Spielplätzen usw.

2.2.3 Kosten der Gartenanlagen und Pflanzungen, die nicht zu den besonderen Betriebseinrichtungen gehören (vgl. Abschn. 2.4), der nicht mit einem Gebäude verbundenen Freitreppen, Stützmauern, fest eingebauten Flaggenmasten, Teppichklopfstangen, Wäschepfähle usw.

2.2.4 Kosten sonstiger Außenanlagen, z.B. Luftschutzaußenanlagen, Kosten für Teilabbrüche außerhalb der Gebäude, soweit diese nicht in den Abschn. 1.3.2 gehören.

Bei den Kosten der Außenanlagen sind zu berücksichtigen:

– die Kosten aller eingebauten oder mit den Außenanlagen fest verbundenen Sachen (Bestandteile);

– die Kosten aller vom Bauherrn erstmalig zu beschaffenden nicht eingebauten oder nicht fest verbundenen Sachen an und in den Außenanlagen (Zubehör), z.B. Aufsteckschlüssel für äußere Leitungshähne und -ventile, Feuerlöschanlagen (Schläuche, Stand- und Stahlrohre für äußere Feuerlöschanlagen)."

---

78 RdErl. vom 31.03.1967 – S 3190-1-V1 –, BStBl. II 1967, 127; BFH, Urt. vom 30.01.1991 – II R 48/88 –, BFHE 163, 236 = BStBl II 1991, 618 = GuG 1991, 341; vgl. BewR Gr vom 19.09.1966 (BAnz Nr. 183 Beil. = BStBl. I 1966, 890).

79 BFH, Urt. vom 24.05.1963 – III 140/60 U –, BFHE 77, 156 = BStBl III 1963, 376 = EzGuG 3.24.

80 Vgl. im Übrigen zum Begriff: BFH, Beschl. vom 26.11.1973 – GrS 5/71 –, BFHE 111, 242 = BStBl II 1974, 132 = EzGuG 20.56.

82 In der **DIN 276 Teil 2 Nr. 5 vom April 1991** werden die Außenanlagen wie folgt definiert:

„Hierzu gehören die Kosten für die Herstellung aller Anlagen außerhalb des Bauwerks, einschließlich der Verbindung mit den öffentlichen oder nichtöffentlichen Erschließungsanlagen, ferner die Kosten, die durch die Erschließung (siehe Abschnitt 2.2. Absatz 3) und die Oberflächengestaltung des Baugrundstücks entstehen.

Es sind dies in der Regel Kosten für: Einfriedungen, Geländebearbeitung, Versorgungs- und Abwasseranlagen, Wirtschaftsvorrichtungen, Straßen, Wege, Plätze, Treppen, Grünflächen, ferner Außenanlagen für besondere Zweckbestimmungen.

Bei größeren baulichen Anlagen können die jeweiligen Kosten der Außenanlagen auch einzelnen Bauwerken bzw. Baukörpern zugeordnet werden.

Beim Umbau von Außenanlagen gehören hierzu auch die Kosten von Teilabbruch-, Sicherungs- und Demontagearbeiten.

Der Wert wiederverwendeter Bauteile ist gesondert auszuweisen. Werden Eigenleistungen erbracht, so sind dafür die Kosten einzusetzen, die für die entsprechenden Auftragnehmerleistungen entstehen würden.“

83 Die **DIN 276 nach dem Stand Juni 1993** hat diese Definition erheblich erweitert und zählt unter Ziff. 4.3 Tabelle 1. Kostengruppe 500 auf:

„Kosten der Bauleistungen und Lieferungen für die Herstellung aller Gelände- und Verkehrsflächen, Baukonstruktionen und technischen Anlagen außerhalb des Bauwerks, soweit nicht in Kostengruppe 200 erfasst. In den einzelnen Kostengruppen sind die zugehörigen Leistungen, wie z.B. Erdarbeiten, Unterbau und Gründungen, enthalten.“

84 Die **Kostengruppe 500** gliedert die Außenanlagen auf nach den Positionen

510 Geländeflächen
520 Befestigte Flächen
530 Baukonstruktionen in Außenanlagen
540 Technische Anlagen in Außenanlagen
550 Einbauten in Außenanlagen sowie
590 Sonstige Maßnahmen für Außenanlagen

85 Die DIN 276 (Stand Juni 1993) ist für die Belange der Verkehrswertermittlung in ihrer Detailliertheit unpraktikabel, wenngleich sie in Zweifelsfällen herangezogen werden kann. Praktikabler ist hier schon die **Anl. 1** zu § 5 Abs. 5 **II. BV.** Dort sind als Kosten der Außenanlage sämtliche Bauleistungen definiert, die für die Herstellung der Außenanlagen erforderlich sind:

„Hierzu gehören

a) die Kosten der Entwässerungs- und Versorgungsanlagen vom Hausanschluss ab bis an das öffentliche Netz oder an nichtöffentliche Anlagen, die Daueranlagen sind (13d), außerdem alle anderen Entwässerungs- und Versorgungsanlagen außerhalb der Gebäude, Kleinkläranlagen, Sammelgruben, Brunnen, Zapfstellen usw.,

b) die Kosten für das Anlegen von Höfen, Wegen und Einfriedungen, nicht öffentlichen Spielplätzen usw.,

c) die Kosten der Gartenanlagen und Pflanzungen, die nicht zu den besonderen Betriebseinrichtungen gehören, der nicht mit einem Gebäude verbundenen Freitreppen, Stützmauern, fest eingebauten Flaggenmaste, Teppichklopfstangen, Wäschepfähle usw.,

d) die Kosten sonstiger Außenanlagen, z.B. Luftschutzaußenanlagen, Kosten für Teilabbrüche außerhalb der Gebäude, soweit sie nicht zu den Kosten für das Herrichten des Baugrundstücks gehören.

Zu den Kosten der Außenanlagen gehören auch

a) die Kosten aller eingebauten oder mit den Außenanlagen fest verbundenen Sachen,

b) die Kosten aller vom Bauherrn erstmalig zu beschaffenden, nicht eingebauten oder nicht fest verbundenen Sachen an und in den Außenanlagen, z.B. Aufsteckschlüssel für äußere Leitungshähne und -ventile, Feuerlöschanlagen (Schläuche, Stand- und Strahlrohre für äußere Feuerlöschanlagen).“

2.3.2.3 Sonstige Anlagen (Aufwuchs)

Schrifttum: *Aust,* Zur Bewertung von Ziergehölzen, GuG 1991, 90; *Aust/Jacobs,* Die Enteignungsentschädigung, 4. Aufl. S. 221; *Büchs,* Grunderwerb und Entschädigung beim Straßenbau, 2. Aufl. Rn. 155; *Berndt, M.,* Ertragswert einer Gärtnerei, SVK-Verlag 1988; *Berndt, M.,* HLBS-Report, Heft 1998/1, Verlag Pflug und Feder, St. Augustin 1998; *Breloer, H.,* Was ist mein Baum wert?, Thalacker Medien, 3. Aufl. 1995; *Breloer, H.,* Wertermittlung von Bäumen und Sträuchern, SVK Verlag 1988; *Breloer, H./Koch,* Baumwert und Baumschutzsatzungen, SVK-Verlag 1986; *Buchwald,* Wertermittlung von Ziergehölzen, St. Augustin 1987; *Dieterich, H.,* in Ernst/Zinkahn/Bielenberg/Krautzberger, BauGB, § 194 Rn. 120 ff.; *Dieterich, H.,* BuG 1971, 21; *Dieterich, H.,* Baulandumlegung, 3. Aufl. München 1996, Rn. 314; *Fleckenstein, K.,* VersR 1987, 236; *Fleckenstein, K.,* Sachgerechte Ermittlung von Gehölzwerten, Verlag Pflug und Feder 1987; *Fleckenstein, K.,* Ermittlung von Schadensursachen und Gehölzwerten, Verlag Pflug und Feder 1992; *Franzki,* DRiZ 1976, 113: *Friedrich, H.,* VR 1981, 426, 438; *Hötzel, H.-J.,* Der Zinssatz bei der Gehölzwertermittlung nach der Methode Koch, HLBS-report 2001, 136 = DS 2001, 314; *Hötzel, H.-J.,* AgrarR 1997, 369; *Kamphausen* GuG 1993, 31; *Kappus,* VersR 1984, 1021; *Koch W./Breloer, H.,* Aktualisierte Gehölzwerttabellen, 3. Aufl. 1997 m.w.N.; *Köhne,* M., Landwirtschaftliche Taxationslehre, 3. Aufl. Berlin 2000, S. 413; *Kleiber, W.,* Das Gartenamt 1981, 525; *Köhne, M.,* AgrarR 1978, 127, 244, 272, 274 und AgrarR 1979, 36; *Palandt,* BGB, 49. Aufl. § 249 Anm. 5b; *Rauw,* WF 1984, 171 und WF 1985, 77; *Schmid,* MDR 1980, 191; *Schulz, H.-J.,* Die Ziergehölzhinweise (ZierH 2000) im Vergleich zur Methode Koch, GuG 2002, 212; *Schulz-Kleeßen* in DS 1989, 15; *Staudinger-Medicus,* Komm. zum BGB, 12. Aufl. § 251 Rn. 78; *Wedemeyer,* HLBS-report 1998, 15; *Wedemeyer* in Einzelbaumbewertung in Theorie und Praxis, Verlag Pflug und Feder, St. Augustin 1999; *Wilbat, D./Bracke, J.,* Die neuen Ziergehölzhinweise des Bundesministeriums der Finanzen, GuG 2002, 74; dagegen Amtliche Verlautbarungen zur Ermittlung von Aufwuchswerten: Schreiben des BMBau vom 23.05.1980, abgedruckt in ZSW 1981, 25 = BWGZ 1980, 637 = MittDSt vom 10.07.1980 Nr. 819/80; Verfügung des BMF vom 12.12.1980 – VIB 2 – VV 3610 – 23/80 –; Baumwertrichtlinien des Deutschen Städtetags in MittDSt vom 20.12.1983 Nr. 1028/84; MittDSt vom 11.02.1987 Nr. 155/87; Bearbeitungshinweise des BMV, BMF und BMVg i.d.F. der Bekanntmachung vom 05.02.1985, BAnz. Nr. 41a vom 28.02.1985, abgedruckt bei Kleiber, WertR, 6. Aufl.Bundesanzeiger Verlag 1997; ZierH 2000, WERTR 06, 12. Aufl. Bundesanzeiger Verlag 2015; Berechnungsgrundlagen für die Ermittlung von Schäden an landwirtschaftlichen Kulturen und Grundstücken, Verb. der Landwirtschaftskammern, Bonn 1986; abgedruckt im Anh. 14.1 der 3. Aufl.

▶ *§ 8 ImmoWertV Rn. 223; § 14 ImmoWertV Rn. 28; vgl. Syst. Darst. des Sachwertverfahrens Rn. 211 ff., 223 ff., 237 ff.; § 37 ImmoWertV Rn. 1 ff.; § 40 ImmoWertV Rn. 5; Syst. Darst. des Ertragswertverfahrens Rn. 174; zur Verkehrswertermittlung von Waldgrundstücken vgl. § 3 ImmoWertV Rn. 80 ff.; bei Kleingärten vgl. Kleiber/Simon/Weyers, Verkehrswertermittlung von Grundstücken, 3. Aufl. S. 2247 ff.; zur Bewertung mehrjähriger Kulturen in Baumschulbetrieben nach § 6 Abs. 1 Nr. 2 EStG vgl. BMF-Schreiben vom 08.09.2009 – IV C 2 2163/09/10001–, GuG 2010, 108*

§ 35 Abs. 1 ImmoWertV unterscheidet zwischen *baulichen* und *sonstigen* Anlagen. Die 86
Außenanlagen[81] **werden** wiederum in § 37 ImmoWertV **nach den *baulichen*und *sonstigen* Außenanlagen untergliedert**. Hieraus folgt, dass mit „*sonstigen* Anlagen" i.S. dieser Vorschrift insbesondere der auf einem Grundstück vorhandene Aufwuchs angesprochen ist. Dem entspricht auch die Begründung zu § 21 WertV 88[82], die als „sonstige Anlagen" ausdrücklich „Gartenanlagen, Anpflanzungen und Parks" herausstellt. Hieran ist Kritik mit der Begründung geübt worden, dass auch im Garten- und Landschaftsbau *„gebaut"* werde[83].

---

81 Hierzu eine Definition in § 5 Abs. 5 II BV.
82 BR-Drs. 352/88.
83 DIN 18915 Vegetationstechnik im Landschaftsbau, Bodenarbeiten
DIN 18916 Vegetationstechnik im Landschaftsbau; Pflanzen und Pflanzarbeiten
DIN 18917 Vegetationstechnik im Landschaftsbau; Rasen und Saatarbeiten
DIN 18918 Vegetationstechnik im Landschaftsbau; Ingenieurbiologische Sicherungsbauweisen, Sicherungen durch Aussaaten, Bepflanzungen, Bauweisen mit lebenden und nicht lebenden Stoffen und Bauteilen, kombinierte Bauweisen
DIN 18919 Vegetationstechnik-Landschaftsbau; Entwicklungs- und Unterhaltungspflege von Grünflächen
DIN 18920 Vegetationstechnik im Landschaftsbau, Schutz von Bäumen, Pflanzenbeständen und Vegetationsflächen bei Baumaßnahmen
BMV STLK Standardleistungskatalog für den Straßen- und Brückenbau, (Leistungsbereich 1017, Juni 1986), Leistungsbereich 107, Juni 1986); Musterleistungsverzeichnis Freizeitanlagen – MLV – Ausgabe 1990 der Forschungsgesellschaft Landschaftsentwicklung – Landschaftsbau e.V. Bonn 1990.

87 Tatsächlich schließt der Garten- und Landschafts*bau* auch **Pflanzarbeiten** ein; auf der anderen Seite definieren die Landesbauordnungen – wie ausgeführt – als *bauliche* Anlagen[84] lediglich die mit dem Erdboden verbundenen, „aus Baustoffen und Bauteilen hergestellten Anlagen" und der Verordnungsgeber hat ersichtlich hierauf abgestellt: Im Umkehrschluss hierzu hat er in naturverbundener Weise den nicht aus Bauteilen und Baustoffen hergestellten Aufwuchs (in der Begründung zu § 21) nicht als *bauliche* Außenanlage herabsetzen wollen. Im Übrigen wäre ein solcher Streit um begriffliche Zuordnungen überflüssig, wo es dem Verordnungsgeber um eine sinnvolle Aufteilung ging.

88 Im Unterschied zur ImmoWertV gehören nach den **Grundsätzen der BelWertV** die Außenanlagen zu den baulichen Anlagen, ohne dass zwischen baulichen und „sonstigen" Anlagen unterschieden wird (§ 14 BelWertV). Zu den baulichen Anlagen gehören nach den Grundsätzen der BelWertV indessen nicht „**Maschinen und besondere Betriebsvorrichtungen**", die nach § 23 BelWertV bei der Ermittlung des Sachwerts grundsätzlich unberücksichtigt bleiben.

89 Aufwuchs sind nach der **steuerlichen,** aber auch hier sachgerechten **Definition** lebende im Boden verwurzelte Pflanzen, insbesondere das stehende Holz und Dauerkulturen[85].

90 Mit § 37 ImmoWertV hat der Verordnungsgeber bestimmt, dass bei Anwendung des Sachwertverfahrens nur ein „*wertbeeinflussender*" **Wertanteil von baulichen Außenanlagen und sonstigen Anlagen** „gesondert" **zu ermitteln ist und auch nur dann, wenn und soweit er nicht** „bereits anderweitig erfasst wurde" (§ 40 ImmoWertV Rn. 5). Die WertV 88 weist in diesem Zusammenhang ausdrücklich auf eine **Erfassung „mit dem Bodenwert"** hin. Nach der amtlichen Begründung zu der entsprechenden Regelung der WertV 88 betrifft dies insbesondere die „üblichen Zier- und Nutzgärten", die im gewöhnlichen Geschäftsverkehr bereits vom Bodenwert miterfasst werden. Lediglich bei außergewöhnlichen Anlagen und besonders wertvollen Anpflanzungen soll sich – so die Begründung – ihr Herstellungswert nach Erfahrungssätzen oder „*notfalls* aus den gewöhnlichen Herstellungskosten" ergeben[86]. Des Weiteren wird in der Begründung darauf hingewiesen, dass die „sonstigen Anlagen" (Aufwuchs) für das Ertragswertverfahren „in der Regel … nicht von Bedeutung sind, und gegebenenfalls als besonderes objektspezifisches Grundstücksmerkmal (boG) erfasst werden können"[87].

91 Die genannte Vorschrift zielt im Kern darauf ab, eine **doppelte Berücksichtigung des Wertanteils von Außenanlagen und sonstigen Anlagen** bei der Verkehrswertermittlung des Grundstücks zu vermeiden, und zwar in den Fällen, in denen sich der zum Vergleich herangezogene Bodenwert auf ein Grundstück bezieht, das z.B. eine mit dem zu bewertenden Grundstück vergleichbare Bepflanzung aufweist. Dies kann insbesondere bei geringfügig und in ortsüblicher Weise bepflanzten Grundstücken sein.

92 Fragen der **Wertermittlung von Aufwuchs** und des **Schadenersatzes** für Aufwuchs werden im Schrifttum im Übrigen äußerst kontrovers und nicht immer mit der gebotenen Sachlichkeit und Nüchternheit behandelt. Im Vordergrund steht dabei das von den Anhängern der Methode *Koch* geradezu mit einem Alleinvertretungsanspruch vertretene spezielle Sachwertverfahren, das im Schrifttum auf Kritik gestoßen ist.

93 Im Zuge der manchmal sogar emotional überladen geführten Diskussion zur Wertermittlung von Aufwuchs blieb manche beachtenswerte – selbst höchstrichterliche – **Rechtsprechung** unbeachtet oder wurde nicht immer hinreichend genau zitiert. Vor allem wird vielfach nicht beachtet, dass sich die Rechtsprechung des BGH[88], soweit sie die Methode Koch bestätigt hat, auf Fälle bezieht, in denen Schadensersatz für die Beschädigung eines Baumes zu leisten war,

84 BVerwG, Urt. vom 17.12.1976 – 4 C 6/75 –, BRS Bd. 30 Nr. 117; BVerwG, Urt. vom 01.11.1974 – 4 C 13/73 –, BRS Bd. 28 Nr. 89 = NJW 1977, 2090; BVerwG, Urt. vom 31.08.1973 – 4 C 33/71 –, BVerwGE 44, 59 = EzGuG 3.141a; BVerwG, Urt. vom 26.06.1970 – 4 C 116/68 –, BRS Bd. 23 Nr. 129.

85 BFH, Urt. vom 07.05.1987 – IV R 150/84 –, BFHE 150, 130 = BStBl II 1987, 130.

86 BR-Drs. 352/88, S. 56.

87 BR-Drs. 352/88, S. 61; vom wertmindernden Einfluss spricht Dresen in Nachr. der rh.-pf. Kat.- und VermVw. 1988, 184; vgl. auch Parl. Anfrage in BT-Drs. 27/1298, GuG-aktuell 2010, 18 sowie GuG-aktuell 2010, 17 und 21.

88 Zuletzt BGH, Urt. vom 25.01.2013 – V ZR 222/12 –, GuG 2013, 304 = EzGuG 2.70.

und dass sie damit nur von eingeschränkter Bedeutung für die Marktwertermittlung eines Grundstücks ist. Da ein Baum als wesentlicher Bestandteil eines Grundstücks – abgesehen vom Sonderfall der zum Verkauf oder sonst zur wirtschaftlichen Verwertung bestimmten Bäume – kein eigenständiges entschädigungsfähiges Rechtsgut darstellt, stellt die Beschädigung des Aufwuchses eine Schädigung des Grundstücks dar, die damit eine Ersatzverpflichtung auslöst[89].

Der Umfang der vorinstanzlichen Rechtsprechung mit erheblich divergierenden Auffassungen macht zudem deutlich, dass die Methode nicht nur von den Grundstücksbewertern, sondern auch in der Rechtsprechung gleichwohl nicht überzeugen kann. Damit sich der Anwender hierüber ein objektives Bild verschaffen kann, soll hierauf nur unter Angabe der Fundstellen verwiesen werden[90]. **94**

89 BGH, Urt. vom 27.01.2006 – V ZR 46/05 –, NJW 2006, 1424 = EzGuG 2.65a.

90 BGH, Urt. vom 09.04.1956 – III ZR 135/55 –, WM 1956, 929 = EzGuG 2.1; BGH, Urt. vom 15.03.1962 – III ZR 211/60 –, BGHZ 37, 44 = EzGuG 2.2; BGH, Urt. vom 07.05.1962 – III ZR 35/61 –, MDR 1962, 803 = EzGuG 2.3; OLG Stuttgart, Urt. vom 07.03.1962 – 1 U 1/62 –, BWGZ 1965, 215 = EzGuG 2.5; OVG Koblenz, Urt. vom 25.04.1963 – 3 C 97/61, 46/62 –, ZMR 1964, 155 = EzGuG 2.6; BGH, Urt. vom 19.03.1964 – III ZR 141/63 –, MDR 1964, 662 = EzGuG 2.7; BGH, Urt. vom 12.07.1965 – III ZR 214/64 –, BRS Bd. 19 Nr. 96 = EzGuG 2.8; BFH, Urt. vom 15.10.1965 – VI 181/65 U –, BFHE 84, 83 = EzGuG 20.41; BFH, Urt. vom 30.06.1966 – VI 292/65 –, BStBl III 1966, 541 = EzGuG 2.8a; OLG Hamburg, Urt. vom 10.10.1969 – 1 U 61/68 –, MDR 1970, 150 = EzGuG 2.9; BGH, Urt. vom 12.10.1970 – III ZR 117/67 –, BRS Bd. 26 Nr. 83 = EzGuG 6.128; OLG Köln, Urt. vom 10.03.1972 – 4 U 183/71 –, BRS Bd. 26 Nr. 103 = EzGuG 2.11; BGH, Urt. vom 05.04.1973 – III ZR 74/72 –, WM 1974, 696 = EzGuG 2.12; KG Berlin, Urt. vom 21.02.1974 – 12 U 1762/73 –, DAR 1974, 159 = EzGuG 2.13; BGH, Urt. vom 13.05.1975 – VI ZR 85/74 –, NJW 1975, 2061 = EzGuG 2.14; OLG Düsseldorf, Urt. vom 26.10.1976 – 4 U 41/76 –, VersR 1977, 1107 = EzGuG 2.15a; KG Berlin, Urt. vom 21.06.1977 – 9 U 253/77 –, VersR 1978, 871 = EzGuG 2.16; KG Berlin, Urt. vom 17.11.1977 – 12 U 1543/77 –, DAR 1978, 103 = EzGuG 2.17; LG Berlin, Urt. vom 20.01.1978 – 2 S 152/77 –, VersR 1980, 1053 = EzGuG 2.18; KG Berlin, Urt. vom 02.10.1978 – 22 U 1867/78 –, NJW 1979, 1167 = EzGuG 2.19; KG Berlin, Urt. vom 20.11.1968 – 12 U 1974/78 –, NJW 1979, 1168 = EzGuG 2.20; OLG Hamburg, Urt. vom 06.12.1978 – 5 U 237/77 –, NJW 1979, 1168 = EzGuG 2.22; LG Heilbronn, Urt. vom 06.02.1979 – 4 O 1843/77 –, AgrarR 1979, 236 = EzGuG 2.23; LG Hannover, Urt. vom 07.03.1979 – 16 S 297/78 –, VersR 1979, 678 = EzGuG 2.24; OLG Köln, Urt. vom 22.12.1980 – 7 U 209/79 –, VersR 1984, 71 = EzGuG 2.25; LG Detmold, Urt. vom 04.06.1981 – 1 O 181/81 –, VersR 1982, 253 = EzGuG 2.26; LG Kassel, Urt. vom 12.01.1982 – 6 O 98/81 –, VersR 1984, 92 = EzGuG 2.27; OLG Koblenz, Urt. vom 13.01.1982 – 1 U 6/80 –, AVN 1988, 158 = EzGuG 2.28; LG Baden-Baden, Urt. vom 22.01.1982 – 1 O 257/81 –, VersR 1984, 72 = EzGuG 2.29; OLG Celle, Urt. vom 09.12.1982 – 5 U 69/82 –, NJW 1983, 2391 = EzGuG 2.30; LG Mannheim, Urt. vom 15.12.1982 – 4 O 30/82 –, Justiz 1984, 200 = EzGuG 2.30a; OLG Frankfurt am Main, Urt. vom 17.01.1983 – 1 U 6/81 –, BRS Bd. 45 Nr. 118 = EzGuG 2.31; BGH, Urt. vom 09.06.1983 – IX ZR 41/82 –, BGHZ 87, 367 = EzGuG 11.138c; AG Wiesbaden, Urt. vom 21.06.1983 – 97 C395/83 –, VersR 1984, 72 = EzGuG 2.32; LG Itzehoe, Urt. vom 22.06.1983 – 2 O 104/81 –, VersR 1984, 92 = EzGuG 2.33; BGH, Beschl. vom 29.09.1983 – III ZR 66/83 –, AgrarR 1987, 250 = EzGuG 2.34; OLG Lüneburg, Urt. vom 26.10.1983 – 9 U 11/83 –, SchlHA 1984, 14 = EzGuG 2.35; OLG Lüneburg, Urt. vom 06.12.1983 – 6 O 124/82 –, VersR 1986, 1165 = EzGuG 2.36; OLG Zweibrücken, Urt. vom 14.12.1983 – 2 U77/83 –, BRS Bd. 45 Nr. 117 = EzGuG 2.37; LG Freiburg, Urt. vom 06.03.1984 – 10 80/82 –, VersR 1986, 1007 = EzGuG 2.38; BGH, Beschl. vom 29.11.1984 – III ZR 181/83 –, VersR 1990, 576 = EzGuG 6.226a; LG Osnabrück, Urt. vom 24.01.1985 – 9 O 231/83 –, VersR 1986, 398 = EzGuG 2.39; OLG Celle, Urt. vom 19.03.1985 – 16 U 228/84 –, EzGuG 2.40 = GuG 1990, 49; OLG Oldenburg, Urt. vom 07.06.1985 – 6 U 246/84 –, ZSchR 1986, 366 = EzGuG 2.40a; OLG Nürnberg, Urt. vom 25.07.1985 – 2 U 1585/83 –, MDR 1986, 233 = EzGuG 2.40b; OLG Celle, Urt. vom 27.01.1986 – 19 U 5/85 –, VersR 1986, 973 = EzGuG 2.41; LG Tübingen, Urt. vom 14.02.1986 – 2 O 1/86 –, VersR 1986, 298 = EzGuG 2.42; OLG Karlsruhe, Urt. vom 11.07.1986 – 10 U 28/86 –, VersR 1990, 1017; OLG Düsseldorf, Urt. vom 24.10.1986 – 22 U 104/86 –, VersR 1987, 1139 = EzGuG 2.42a; LG Karlsruhe, Urt. vom 13.02.1987 – 35/85 –, NVwZ 1989, 188 = EzGuG 2.43; OVG Bremen, Beschl. vom 04.12.1987 – 1 B 84/87 –, NVwZ 1988, 742 = EzGuG 15.58; OLG Karlsruhe, Urt. vom 20.04.1988 – 13 U 61/85 –, ZSchR 1989, 305 = EzGuG 2.44; OLG München, Urt. vom 18.11.1988 – 21 U 5260/87 –, NVwZ 1989, 187 = EzGuG 2.45; BGH, Beschl. vom 07.03.1989 – VI ZR147/88 –, NuR 1991, 94 = EzGuG 2.46; LG Mainz, Urt. vom 06.06.1989 – 2 O 45/89 –, NuR 1991, 96 = EzGuG 2.47; LG Oldenburg, Urt. vom 24.07.1989 – 7 O 1037/79 –, EzGuG 2.48; LG Stuttgart, Urt. vom 20.11.1989 – 15 O 188/89 –, NuR 1991, 96 = EzGuG 2.49; OLG Celle, Urt. vom 17.07.1990 – 4 U 27/90 –, GuG 1991, 41 = EzGuG 2.50 – Rev; BGH, Urt. vom 02.07.1992 – III ZR 162/90 –, BGHZ 119, 62 = GuG 1993, 524 = EzGuG 2.54; BGH, Urt. vom 27.09.1990 – III ZR 97/89 –, GuG 1991, 38 = EzGuG 2.51; LG Bielefeld, Urt. vom 14.05.1991 – 23 O 186/96 –, NJW-RR 1992, 26 = EzGuG 2.51a; OLG Düsseldorf, Urt. vom 27.05.1991 – 1U 36/90 –, GuG 1993, 382 = EzGuG 2.51b; VGH München, Urt. vom 01.08.1991 – 13 A 89.2413 –, NVwZ 1992, 214 = EzGuG 2.52; OLG Düsseldorf, Urt. vom 18.10.1991 – 22 U 220/90 –, EzGuG 2.53 = GuG 1993, 61; OLG Hamm, Urt. Vom 28.02.1992 – 9 U 206/90 –, EzGuG 2.53a; BGH, Urt. vom 02.07.1992 – III ZR 162/90 –, BGHZ 119, 62 = EzGuG 2.54 = GuG 1993, 524; BVerwG, Beschl. vom 03.09.1992 – 11 B 2/92 –, NVwZ 1992, 214 = EzGuG 2.55; OLG Karlsruhe, Urt. vom 19.10.1993 – 17 U 29/91 –, GuG 1994, 119 = EzGuG 2.56; LG Arnsberg, Urt. vom 12.11.1993 – 5 S 96/92 –, VersR 1995, 844 = EzGuG 2.57; LG Berlin, Urt. vom 11.01.1994 – 31 O 266/93 –, VersR 1995, 107 =

95 Zu alledem wird im *Palandt*[91] ausgeführt: „Bei der Schadensbemessung folgt die Rechtsprechung z.T. den Veröffentlichungen von **Koch**[92]. Dessen Methode führt aber zu übersetzten Entschädigungsbeträgen, die mit den Mehrpreisen, die bei Grundstücksverkäufen für Baumbestand zusätzlich bezahlt werden, offensichtlich unvereinbar sind.“ Der Kommentar nimmt Bezug auf entsprechende Ausführungen in *StaudMedicus*[93]. Dieser führt hierzu aus, dass sich die Methode *Koch* von § 251 Abs. 2 BGB weit entferne und daher bedenklich sei. Wörtlich heißt es u.a. dort: „Denn wenn man zunächst die Kosten einer Teilherstellung zuspricht und dann auch noch die verbleibende Wertminderung nach den Kosten einer (freilich modifizierten) Herstellung berechnet, wird der als Schadensersatz geschuldete Betrag doch *erheblich durch die Kosten der unverhältnismäßig teuren Herstellung* bestimmt. Zu rechtfertigen wäre, dass allenfalls mit der *ökologischen Bedeutung* von Bäumen …“. Das OLG Zweibrücken hat im Urt. vom 25.01.2005[94] (a.a.O.) hierzu festgestellt, dass bei der Bewertung von Bäumen nach der Methode Koch eine Reduktion auf null sachgerecht sein kann.

96 Für die Marktwertermittlung von Ziergehölzen als Bestandteile von Grundstücken (Schutz- und Gestaltungsgrün) sind vom BMF die **Ziergehölzhinweise 2000 – ZierH 2000 –** erlassen worden[95].

97 **Eine isolierte von der Gesamtsituation des Grundstücks „abgekoppelte“ Ermittlung des Werts von Aufwuchs insbesondere durch sog. „Gehölzwertsachverständige“ ist fragwürdig**, denn der Anteil des auf einem Grundstück vorhandenen Aufwuchses am Marktwert (Verkehrswert) lässt sich nur im Zusammenhang mit dem Gesamtgrundstück beurteilen. Es kommt entscheidend darauf an, ob und ggf. in welchen Umfang sich der Marktwert dadurch erhöht, vermindert oder der Aufwuchs wertneutral ist. Der immobilienwirtschaftlich tätige „Gehölzsachverständige“ muss wie der Kunstsachverständige einen „kaufmännischen Sinn“ haben und Marktwerte kennen; „Sendungsbewusstsein“ und „Hang zur Vertrauensseligkeit“ schließen eine Eignung des Sachverständigen aus[96].

Fortsetzung Fußnote 90

EzGuG 2.58; OLG München, Urt. vom 28.04.1994 – 1 U 6995/93 –, VersR 1995, 843 = EzGuG 2.58a; BVerwG, Urt. vom 16.06.1994 – 4 C 2/94 –, BVerwGE 96, 110 = EzGuG 2.59; VGH Mannheim, Urt. Vom 02.10.1996 – 5 S 831/95 –, EzGuG 2.59a; OLG Düsseldorf, Urt. vom 12.12.1996 – 18 U 118/95 –, NJW-RR 1997, 856 = EzGuG 2.59b; OLG Koblenz, Urt. vom 13.06.1997 – 8 U 1009/96 –, OLGR-Koblenz 1997, 138 = EzGuG 2.60; OLG Oldenburg, Urt. vom 04.09.1998 – LA 12/98 –; OLG Köln, Urt. vom 13.11.1998 – 20 U 66/98 –, NZM 2000, 108 = EzGuG 20.60a; KG; Urt. vom 22.02.1999 – 25 U 6860/98 –, NJW-RR 2000, 160 = EzGuG 2.60b; LG Traunstein, Urt. vom 27.05.1999 – 2 O 1849/98 –, MDR 1999, 1446 = EzGuG 2.61; OLG Hamm, Beschl. vom 24.09.2001 – 5 U 298/00 –; OLG Hamm, Urt. vom 18.02.2002 – 5 U 120/01 –, NuR 2005, 276 = EzGuG 2.61b; OLG Düsseldorf, Urt. vom 28.07.2003 – 7 U 12/03 –, VersR 2005, 1445; OVG Lüneburg, Beschl. vom 09.09.2004 – 8 ME 52/04 –, GuG-aktuell 2006, 15 = EzGuG 2.64; OLG Zweibrücken, Urt. vom 25.01.2005 – 8 U 105/04 –, NZM 2005, 438 = EzGuG 2.64a; OVG Berlin-Brandenburg, Urt. vom 26.01.2006 – 11 B 12/05 –, BlnGE 2006, 515 = EzGuG 2.65; BGH, Urt. vom 27.01.2006 – V ZR 46/05 –, NJW 2006, 1424 = EzGuG 2.65a; BGH, Beschl. vom 30.11.2006 – V ZB 44/06 –, GuG 2008, 122 = EzGuG 2.66, OLG Brandenburg, Urt. vom 24.03.2009 – 2 U 17/08 –, GuG 2010, 58 = EzGuG 2.67; OLG Düsseldorf, Urt. vom 05.08.2009 – 15 U 100/08 –, EzGuG 2.68; LG Dortmund, Urt. vom 03.11.2009 – 5 O 229/09 –, AUR 2010, 171 = EzGuG 2.69; LG Traunstein, Urt. vom 25.04.2012 – 5 S 3085/11 –, EzGuG 2.69a; BGH, Urt. vom 25.01.2013 – V ZR 222/12 –, GuG 2013, 304 = EzGuG 2.70; OLG München, Urt. vom 26.11.2020 – 29 U 2518/20 –, BeckRS 2020, 51066 = EzGuG 2.75; LG Frankfurt am Main, Urt. vom 06.02.2024 – 9 U 35/23 –, GuG-aktuell 2024, 33 = EzGuG 2.77.

91 BGB, 67. Aufl., § 251 Rn. 11; vgl. GuG-aktuell 2008, 18.

92 Zuletzt VersR 1985, 213.

93 Staud/Schiemann, Komm. zum BGB, § 251 Rn. 91.

94 OLG Zweibrücken, Urt. vom 25.01.2005 – 8 U 105/04 –, NZM 2005, 438 = EzGuG 2.64a.

95 Ziergehölzhinweise vom 20.03.2000, BAnz Nr. 94 vom 18.05.2000; abgedruckt in GuG 2000, 155 und Kleiber, ImmoWertV; Sammlung amtlicher Vorschriften, 13. Aufl. Bundesanzeiger Verlag 2021; hierzu Wilbat/Bracke in GuG 2001, 74.

96 Vgl. VG Ansbach, Beschl. vom 08.04.1971 – 9931/37 – V/71 –, EzGuG 11.77g.

2.3.3 Besondere Betriebsvorrichtungen

2.3.3.1 Verkehrswertermittlung

Schrifttum: *Dippold, R.*, Wertermittlung von Hochregallagern für kreditwirtschaftliche Zwecke, GuG 2013/4; Pohnert, Kreditwirtschaftliche Wertermittlung, 7. Aufl. 2010, S. 440; Handbuch zur Verkehrswertermittlung von Maschinen und Anlagen in klein- und mittelständischen Betrieben nach AWJ Standard, Arbeitskreis Wertermittlungen des Zentralverbandes des Deutschen Handwerks, 2004.

▶ *Vgl. § 8 ImmoWertV Rn. 160 ff., 172 f.; § 36 ImmoWertV Rn. 11; Teil V Rn. 204 (Hochregal), 222; zur Beleihungswertermittlung vgl. Teil IX Rn. 398*

Der **Begriff der besonderen Betriebsvorrichtungen** (*special equipment and mechanical systems*) ist der DIN 276 (vom März 1954) entliehen. In Anlehnung hieran rechneten nach **Anl. 2 zur WertV 72**[97] hierzu: 98

a) *bei Wohngebäuden:* Personen- und Lastenaufzüge, Müllbeseitigungsanlagen, Hausfernsprecher, Uhrenanlagen, gemeinschaftliche Wasch- und Badeeinrichtungen usw.;

b) *bei öffentlichen Bauten, Anstalten und Gebäuden für Sonderzwecke*: Anlagen und Einrichtungen, die für die Zweckbestimmung des Gebäudes notwendig sind, z.B. Einrichtungen für Lehr- und Hörsäle, Meldeanlagen, Einrichtungen für Archive und Büchereien, Einrichtungen für Kassen- und Tresoreinrichtungen, Tankanlagen;

c) *bei gewerblich genutzten Gebäuden usw.*: Anlagen und Einrichtungen, die für die Zweckbestimmung des Gebäudes notwendig sind, z.B. Schankanlagen, Back-, Koch-, Hebevorrichtungen, Gleisanlagen, Förderanlagen, Hochregale[98] sowie Kühlanlagen. Dazu gehören insbesondere auch Kühlaggregate, Dämm-Einhausung usw., die nicht mit dem Gebäude fest verbunden sind (modular als „Haus in Haus"-Technik ggf. auch vom Mieter).

Betriebsvorrichtungen sind insbesondere in der steuerlichen Bewertung von Grundvermögen abzugrenzen[99] **, da sie den Grundbesitzwert nicht erhöhen** (vgl. § 68 sowie § 243 BewG betr. Grundsteuer und § 176 BewG betr. Erbschaft-, Schenkung- und Grunderwerbsteuer). 99

Zur Abgrenzung von Gebäude und besonderen Betriebsvorrichtungen in der Wohnungswirtschaft vgl. im Übrigen RdErl. der Länder vom 31.03.1967[100]. 100

Im Unterschied zu § 21 Abs. 1 WertV 88/98 werden die „besonderen Betriebsvorrichtungen" in der geltenden ImmoWertV nicht mehr als Gegenstand der Verkehrswertermittlung genannt. Daraus kann jedoch nicht geschlossen werden, dass die besonderen Betriebsvorrichtungen nicht mehr zu berücksichtigen sind. Ihre besondere Hervorhebung konnte entfallen, da sie bereits in der **DIN 276** (vom **Juni 1993**) als Bestandteile der „Kosten des Bauwerks" (Kostengruppe 400 ff.) aufgegangen sind. 101

Hinweise zur **technischen Lebensdauer der besonderen Betriebsvorrichtungen** enthielt Anl. 8 zur WertR 96, die später ersatzlos fortgefallen ist. 102

2.3.3.2 Steuerliche Bewertung

Schrifttum: Gleich lautende Erlasse der obersten Finanzbehörden der Länder zur Abgrenzung des Grundvermögens von den Betriebsvorrichtungen vom 05.06.2013 (BStBl. I 2013, 752 = GuG 2013, 295).

Besondere Betriebsvorrichtungen („Maschinen und sonstigen Vorrichtungen aller Art, die zu einer Betriebsanlage gehören [Betriebsvorrichtungen]") sind nach § 68 Abs. 2 Satz 1 Nr. 2 103

97 BT-Drs. 352/88, S. 61.

98 BFH, Urt. vom 29.09.1989 – III R 186/85 –, BFH/NV 1990, 453 = EzGuG 3.76; BFH, Urt. vom 18.03.1987 – II R 222/84 –, BFHE 150, 62 = BStBl II 1987, 551 = EzGuG 3.70e.

99 Gleich lautende Erlasse der obersten Finanzbehörden der Länder zur Abgrenzung des Grundvermögens von den Betriebsvorrichtungen vom 05.06.2013 (BStBl. I 2013, 752 = GuG 2013, 295).

100 BStBl. II 1967, 127.

BewG nicht in das Grundvermögen einzubeziehen, auch wenn sie wesentliche Bestandteile sind. Sie sind damit nicht als Gegenstand der Bewertung des Grundvermögens zu erfassen[101].

104 Dementsprechend ist ein **Hochregallager** steuerrechtlich eine besondere Betriebsvorrichtung[102].

Ein Hochregallager ist steuerrechtlich kein Gebäude, sondern eine Betriebsvorrichtung. Es weist nicht alle für die **bewertungsrechtliche Zuordnung** zu einem Gebäude erforderlichen Gebäudemerkmale auf. Insbesondere ist es nicht selbstständig standfest. Es würde zusammenbrechen, wenn man das als Betriebsvorrichtung angesehene Regal entfernen würde. Zudem ist der nicht nur vorübergehende Aufenthalt von Menschen nicht gewährleistet, da sich in dem im Betrieb befindlichen Hochregallager keine Menschen aufhalten dürfen. Bei der Grundstückswertermittlung ist deshalb zu beachten, dass im Normalfall das Hochregallager eines Betriebs bei den Betriebsvorrichtungen erfasst und abgeschrieben wird. Eine gleichzeitige Berücksichtigung des Baukörpers bei der Verkehrswertermittlung des Grundstücks führt danach möglicherweise zu einer Doppelberücksichtigung. Soll das Hochregallager dennoch bei der Grundstückswertermittlung erfasst werden, ist im Gutachten auf diesen Umstand hinzuweisen. Bei Wertermittlungen für Versicherungszwecke spielt die steuerrechtliche Abgrenzung keine Rolle.

2.3.3.3 Beleihungswertermittlung

105 Im Rahmen der Beleihungswertermittlung sind Maschinen und Betriebseinrichtungen nach § 23 BelWertV **bei der Ermittlung des Sachwerts grundsätzlich unberücksichtigt** zu lassen, sofern sie nicht wesentliche Bestandteile des Gegenstandes der Beleihungswertermittlung i.S. des § 2 BelWertV sind. Der Wert solcher wesentlichen Bestandteile ist, wenn sich das Grundpfandrecht darauf erstreckt, unter Berücksichtigung einer normalen Abschreibung und ausreichender Abschläge für Abnutzung und technische Entwertung gesondert zu schätzen. Sofern bei Maschinen infolge der technischen Entwicklung mit einer schnellen Überalterung zu rechnen ist, können diese wertmäßig nicht angesetzt werden.

106 Als Betriebseinrichtungen sind Hochregallager nicht realkreditfähig. Nur wenn das Lager als Gebäude auch ohne die besonderen Betriebseinrichtungen wirtschaftlich tragfähig ist, kann für das Lagergebäude ein **Beleihungswert** ermittelt werden.

2.3.4 Zubehör

107 **Zubehör sind** nach § 97 BGB bewegliche **Sachen, die, ohne Bestandteil der Hauptsache zu sein, dem wirtschaftlichen Zwecke der Hauptsache zu dienen bestimmt sind und zu ihr in einem dieser Bestimmung entsprechenden räumlichen Verhältnis stehen.** Zubehör sind danach dem Eigentümer gehörende Beleuchtungskörper, Mülltonnen, Treppenläufer und dgl. Eine Sache ist allerdings nicht Zubehör, wenn sie im Verkehr nicht als Zubehör angesehen wird[103]. Ergänzend zu § 97 BGB schreibt **§ 98 BGB** vor:

---

101 Gleich lautende Erlasse der obersten Finanzbehörden der Länder zur Abgrenzung des Grundvermögens von den Betriebsvorrichtungen vom 05.06.2013; vgl. GuG 2013/4 sowie BFH, Urt. vom 09.07.2009 – II R 7/08 –, BFH/NV 2009, 1609 = EzGuG 3.143a.

102 BFH, Urt. vom 28.05.2003 – II R 41/01 –, BFHE 202, 376 = BStBl II 2003, 693 = EzGuG 3.127e; BFH, Urt. vom 09.12.1998 – II R 1/96 –, BFHE 180, 490 = BFH/NV 1999, 909; BFH, Urt. vom 30.01.1991 – II R 48/88 –, GuG 1991, 341 = BFHE 163, 236 = BStBl II 1991, 618; BFH, Urt. vom 29.09.1989 – III R 186/85 –, BFH/NV 1990, 453 = EzGuG 3.76a; BFH, Urt. vom 18.03.1987 – II R 222/84 –, BFHE 150, 62 = BStBl II 1987, 551 = EzGuG 3.70e; BFH, Urt. vom 25.03.1977 – III R 5/75 –, BFHE 122, 150 = BStBl II 1977, 584; BFH, Urt. vom 05.03.1971 – III R 90/69 –, BFHE 102, 107 = BStBl II 1971, 455; BFH, Urt. vom 13.06.1969 – III R 132/67 –, BFHE 96, 365 = BStBl II 1969, 612 = EzGuG 3.31d; BFH, Urt. vom 13.06.1969 – III 17/65 –,BFHE 96, 56 = BStBl II 1969, 517 = EzGuG 3.31c; vgl. Erlass zur Abgrenzung des Grundvermögens von den Betriebsvorrichtungen vom 31.03.1992 (BGBl. I 1992, 342).

103 BewR Gr vom 19.09.1966 zu § 68 BewG, BAnz Nr. 193 Beil. = BStBl. I 1966, 890.

„Dem wirtschaftlichen Zweck der Hauptsache sind zu dienen bestimmt:

1. bei einem Gebäude, das für einen gewerblichen Betrieb dauernd eingerichtet ist, insbesondere bei einer Mühle, einer Schmiede, einem Brauhaus, einer Fabrik, die zu dem Betriebe bestimmten Maschinen und sonstigen Gerätschaften;
2. bei einem Landgute, das zum Wirtschaftsbetriebe bestimmte Gerät und Vieh, die landwirtschaftlichen Erzeugnisse, soweit sie zur Fortführung der Wirtschaft bis zu der Zeit erforderlich sind, zu welcher gleiche oder ähnliche Erzeugnisse voraussichtlich gewonnen werden, sowie der vorhandene, auf dem Gute gewonnene Dünger."

2.3.5 Kunstgegenstände

Schrifttum: *Heuer, C.-H.,* Der gemeine Wert von Kunstgegenständen, DStR 2002, 845; *Heuer, C.-H.,* DStR 1995, 438 und 1999, 1389; *Wolff-Diepenbrock,* DStR 1987, Beilage zu Heft 12.

Die Verkehrswertermittlung von Kunstgegenständen gehört in aller Regel nicht zum Aufgabenbereich des Sachverständigen für Grundstückswerte. In Einzelfällen kann jedoch die Frage nach dem Wert von Kunstgegenständen aufgeworfen sein, so z.B. bei einer in die bauliche Anlage oder in einen Garten integrierten künstlerisch wertvollen Skulptur. Wie im Steuerrecht[104] ist dann gegebenenfalls der **Verkehrswert** (gemeiner Wert) des Kunstgegenstands maßgebend. Der BFH misst dabei dem Vergleichswertverfahren eine herausgehobene Stellung bei. **108**

3 Anwendung der Verordnung auf grundstücksbezogene Rechte und Belastungen (§ 1 Abs. 2 ImmoWertV)

► *Zum Miteigentumsanteil vgl. Rn. 49; § 2 ImmoWertV Rn. 61; § 3 ImmoWertV Rn. 229 ff.; § 8 ImmoWertV Rn. 43 ff., 372; zur Verkehrswertermittlung von Baulasten vgl. Teil VIII Rn. 17 ff., 52 ff. und von Wohnungseigentum Teil V Rn. 39 ff.*

Grundsätzlich können die Regelungen der ImmoWertV **entsprechend Anwendung** finden auf die Wertermittlung von grundstücksbezogenen Rechten und Belastungen, insbesondere auf **109**

– grundstücksgleiche und weitere beschränkt dingliche Rechte (Rn. 11; Teil VIII Rn. 16),
– Baulasten (§ 3 ImmoWertV Rn. 229; Teil VIII Rn. 18 ff.),
– gesetzliche Beschränkungen des Eigentums sowie
– miet-, pacht- und wohnungsrechtliche Bindungen

Rechte und Belastungen sind, soweit sie nicht Gegenstand einer eigenständigen Wertermittlung sind, als Zustandsmerkmal des davon betroffenen Grundstücks zu berücksichtigen. Dies folgt aus § 2 Abs. 3 Nr. 12 ImmoWertV.

4 Anwendung der Verordnung auf nicht marktgängige Wertermittlungsobjekte

§ 1 Abs. 2 ImmoWertV erklärt deklaratorisch die entsprechende Anwendbarkeit der Regelungen der ImmoWertV auf Wertermittlungsobjekte, für die kein Markt besteht[105]. Nach der Begründung zu dieser Vorschrift sollen damit insbesondere Rechte wie das **Wohnungsrecht** (§ 1093 BGB) als beschränkte persönliche Dienstbarkeit und der **Nießbrauch** (§§ 1030 ff. BGB) angesprochen werden, die nur, wenn sie juristischen Personen zustehen, unter bestimm- **110**

104 BFH, Urt. vom 06.06.2001 – II R 7/98 –, BFH/NV 2002, 28 = EzGuG 19.48a, Revision zu FG Münster, Urt. vom 27.11.1997 – 3 K 6236/94 Erb –, EFG 1998, 680; BFH, Urt. vom 14.11.1980 – III R 9/79 –, BFHE 132, 308 = BStBl II 1981, 251: RFH, Urt. vom 24.06.1929, RStBl 1929, 497; FG München, Urt. vom 08.10.1998 – 4 V 1954/98 –, DStR 1999, 1389.

105 Dazu gehören auch „Ladenhüter".

ten Voraussetzungen übertragbar sind (§§ 1059 Satz 2, 1059a, 1092 Abs. 2 BGB)[106]. Dafür hätte es dieser mit der ImmoWertV erstmals eingeführten Ergänzung nicht bedurft, denn die ImmoWertV ist – wie schon die WertV 88/98 – ohnehin auf die Verkehrswertermittlung von Rechten an Grundstücken „entsprechend“ anzuwenden[107].

111 Das Spektrum nicht marktgängiger bzw. -fähiger Wertermittlungsobjekte geht allerdings weit über die genannten Rechte hinaus (z.B. sog. bleibende Gemeinbedarfsflächen usw.) und wird den Sachverständigen auch weiterhin vor Probleme stellen. Denn allein mit dem Hinweis darauf, dass der Marktwert in diesen Fällen auf der Grundlage marktkonformer Modelle „unter **Berücksichtigung wirtschaftlicher Vor- und Nachteile**“ und unter Zugrundelegung des „wahrscheinlichsten Marktverhaltens der Beteiligten“ ermittelt werden kann, werden ihm **keine neuen Erkenntnisse** gegeben.

112 Nach der Rechtsprechung des BGH kann zur Begründung zumindest von Teilen eines Gutachtens auch eine „**Expertenbefragung**“ treten, wenn im Einzelfall für die Marktwertermittlung kein Markt besteht.

106 BR-Drs. 171/10; BR-Drs. 296/09.
107 Von einer irreführenden und blamablen Doppelregelung spricht auch Zimmermann in HLBS 2011, 170.

§ 2 ImmoWertV
Grundlagen der Wertermittlung

(1) Der Wertermittlung sind die allgemeinen Wertverhältnisse auf dem Grundstücksmarkt zum Wertermittlungsstichtag und der Grundstückszustand zum Qualitätsstichtag zugrunde zu legen.

(2) Die allgemeinen Wertverhältnisse richten sich nach der Gesamtheit der am Wertermittlungsstichtag für die Preisbildung von Grundstücken im gewöhnlichen Geschäftsverkehr maßgebenden Umstände, wie nach der allgemeinen Wirtschaftssituation, nach den Verhältnissen am Kapitalmarkt sowie nach den wirtschaftlichen und demografischen Entwicklungen des Gebiets.

(3) Der Grundstückszustand ergibt sich aus der Gesamtheit der rechtlichen Gegebenheiten, der tatsächlichen Eigenschaften, der sonstigen Beschaffenheit und der Lage des Wertermittlungsobjekts (Grundstücksmerkmale). Zu den Grundstücksmerkmalen können insbesondere zählen

1. **der Entwicklungszustand**
2. **die Art und das Maß der baulichen oder sonstigen Nutzung,**
3. **die tatsächliche Nutzung**
4. **der beitragsrechtliche Zustand,**
5. **die Lagemerkmale,**
6. **die Ertragsverhältnisse,**
7. **die Grundstücksgröße,**
8. **der Grundstückszuschnitt,**
9. **die Bodenbeschaffenheit,**
10. **bei bebauten Grundstücken zusätzlich**
    a) **die Art der baulichen Anlagen,**
    b) **die Bauweise und die Baugestaltung der baulichen Anlagen,**
    c) **die Größe der baulichen Anlagen,**
    d) **die Ausstattung und die Qualität der baulichen Anlagen einschließlich ihrer energetischen Eigenschaften und ihrer Barrierefreiheit,**
    e) **der bauliche Zustand der baulichen Anlagen,**
    f) **das Alter, die Gesamtnutzungsdauer und die Restnutzungsdauer der baulichen Anlagen,**
11. **bei landwirtschaftlichen Grundstücken Dauerkulturen und bei forstwirtschaftlichen Grundstücken die Bestockung,**
12. **die grundstücksbezogenen Rechte und Belastungen.**

(4) Der Wertermittlungsstichtag ist der Zeitpunkt, auf den sich die Wertermittlung bezieht und der für die Ermittlung der allgemeinen Wertverhältnisse maßgeblich ist.

(5) Der Qualitätsstichtag ist der Zeitpunkt, auf den sich der für die Wertermittlung maßgebliche Grundstückszustand bezieht. Er entspricht dem Wertermittlungsstichtag, es sei denn, dass aus rechtlichen oder sonstigen Gründen der Zustand des Grundstücks zu einem anderen Zeitpunkt maßgeblich ist.

Gliederungsübersicht *Rn.*

1 Grundlagen der Wertermittlung

▶ *Vgl. zur Marktwertermittlung entwicklungsbetroffener und entwicklungsfähiger Grundstücke § 5 ImmoWertV Rn. 76; § 40 ImmoWertV Rn. 149; Teil V Rn. 294; Teil VI Rn. 556, 714*

Mit § 2 ImmoWertV werden die bereits mit § 1 ImmoWertV angesprochenen Grundlagen der Marktwertermittlung in Bezug auf die der Marktwertermittlung zugrunde zu legenden allgemeinen Wertverhältnisse auf dem Grundstücksmarkt sowie hinsichtlich des maßgeblichen Grundstückszustands bestimmt. Der Grundstückszustand wird als die Gesamtheit der Grundstücksmerkmale definiert, die in § 8 ImmoWertV unterschieden werden nach 1

a) den allgemeine Grundstücksmerkmalen, d.h. hinsichtlich Art und Umfang der auf dem jeweiligen Grundstücksmarkt regelmäßig auftretenden Grundstücksmerkmale und

b) den besonderen Grundstücksmerkmalen, die nach Art oder Umfang erheblich von dem auf dem jeweiligen Grundstücksmarkt Üblichen abweichen.

Zur Gesamtheit der Grundstücksmerkmale gehören nach dieser Vorschrift wortgleich mit der tautologischen Aufzählung des § 194 BauGB die rechtlichen Gegebenheiten, die tatsächlichen Eigenschaften, die sonstige Beschaffenheit und die Lage des Grundstücks.

Dazu gehören auch konkret absehbare künftige Änderungen des Grundstückszustands i.S. des § 11 ImmoWertV. Künftige Änderungen sind vor diesem Hintergrund insbesondere bei umnutzungsbefangenen Grundstücken (vgl. § 11 Rn. 13) dann von Bedeutung, wenn sie zum Qualitätsstichtag im Kern angelegt waren und im gewöhnlichen Geschäftsverkehr erkannt werden konnten (sog. **Wurzeltheorie,** vgl. § 1 ImmoWertV Rn. 5 ff.). 2

Der Grundstückszustand bestimmt sich nicht nur nach den *sichtbaren* Eigenschaften der auf einem Grundstück ausgeübten, aber am Qualitätsstichtag bereits zulässigen höherwertigeren Nutzung. Auch *„konkret absehbare künftige Änderungen"* des Grundstückszustands (Nutzungspotenziale), deren Realisierung in absehbarer Zeit „mit hinreichender Sicherheit aufgrund konkreter Tatsachen" zu erwarten sind, gehören zum Grundstückszustand. 3

Der **Verkehrswert** (Marktwert) **ist ein stichtagsbezogener Wert**. Dementsprechend sind der Marktwertermittlung die zu einem vorgegebenen Wertermittlungsstichtag vorherrschenden **allgemeinen Wertverhältnissen auf dem Grundstücksmarkt zugrunde zu legen**. Diese werden in § 2 Abs. 2 ImmoWertV als die Gesamtheit der **für die Preisbildung von Grundstücken im gewöhnlichen Geschäftsverkehr maßgeblichen** Umstände definiert (vgl. Rn. 4). Allein unter dem Einfluss der mit der Zeit einhergehenden Änderungen der so definierten konjunkturellen Verhältnisse verändern sich regelmäßig auch die Marktwerte, ohne dass sich gleichzeitig der Zustand der Grundstücke verändert hat. 4

Nicht immer sind der Wertermittlung die Grundstücksmerkmale (Zustandsmerkmale) zugrunde zu legen, die am Wertermittlungsstichtag tatsächlich gegeben sind; d.h., nicht immer ist der Wertermittlungsstichtag zugleich Qualitätsstichtag. **Ausgangspunkt einer jeden Verkehrswertermittlung** ist deshalb zunächst 5

a) **die Qualifizierung des Zustands des zu bewertenden Grundstücks** zum *Qualitätsstichtag* sowie

b) die Feststellung des **Zeitpunkts, auf den sich die Wertermittlung beziehen soll** (*Wertermittlungsstichtag*)[1].

1 BGH, Urt. vom 22.04.1982 – III ZR 131/80 –, BRS Bd. 45 Nr. 192 = EzGuG 17.44; BGH, Urt. vom 13.07.1978 – III ZR 112/75 –, BRS Bd. 34 Nr. 80 = EzGuG 6.200; BGH, Urt. vom 25.09.1958 – III ZR 82/57 –, BGHZ 28, 160 = EzGuG 6.35; BayObLG, Urt. vom 27.01.1987 – RReg 1 Z 167/86 –, BayVBl. 1987, 472 = EzGuG 6.233.

2 Allgemeine Wertverhältnisse (§ 2 Abs. 2 ImmoWertV)

2.1 Allgemeines

▶ *Vgl. § 21 ImmoWertV Rn. 1 ff., 11, 136 ff.*

6 Die allgemeinen Wertverhältnisse auf dem Grundstücksmarkt werden mit § 2 Abs. 2 ImmoWertV als die **Gesamtheit der am Wertermittlungsstichtag für die Preisbildung von Grundstücken im gewöhnlichen Geschäftsverkehr (marktüblich) maßgeblichen Umstände** definiert, die nach der allgemeinen Wirtschaftssituation und den Verhältnissen am Kapitalmarkt sowie den wirtschaftlichen und demografischen Entwicklungen des Gebiets einschließlich der Abnahme der Kaufkraft, des Angebots und der Nachfrage von Grundstücken sowie der „Baulust" usw. den konjunkturellen Marktwert von Grundstücken bestimmen. Mit der Bezugnahme auf den gewöhnlichen Geschäftsverkehr ist die Preisbildung umsichtig handelnder und hinreichend informierter Käufer und Verkäufer angesprochen, von denen man auch erwarten kann, dass ihnen bei Kaufabschluss die einschlägigen und zugänglichen Erkenntnisquellen über die herrschenden Wertverhältnisse auf dem Grundstücksmarkt bekannt waren.

7 Die „allgemeinen Wertverhältnisse auf dem Grundstücksmarkt" werden häufig auch als „allgemeine Preis- und Währungsverhältnisse" oder als „Lage auf dem Grundstücksmarkt" bezeichnet.

8 Es kommt mithin auf das am Wertermittlungsstichtag für die Preisbildung von Grundstücken im gewöhnlichen Geschäftsverkehr (marktüblich) komplexe Geschehen auf dem Immobilienmarkt an, das mit fortschreitender Zeit bei gleichbleibendem Zustand der Grundstücke ihren Wert im gewöhnlichen Geschäftsverkehr mehr oder weniger beeinflusst. **Einzelne die allgemeinen Wertverhältnisse auf dem Grundstücksmarkt beeinflussende Umstände**, wie namentlich das Wirtschaftswachstum, die Bevölkerungsentwicklung, Änderungen im (konsumptiven) Verhalten der Marktteilnehmer und der Einkommensverhältnisse, die Entwicklung der Geldzinspolitik und der Kaufkraft, das Aufkommen und Abklingen einer Sachwertpsychose[2] sowie die Entwicklung der allgemeinen städtebaulichen und stadtwirtschaftlichen Verhältnisse, können bei alledem i.d.R. für sich allein nicht als repräsentativ für die Entwicklung der allgemeinen Wertverhältnisse auf dem Grundstücksmarkt gelten. Infolge der Komplexität des Geschehens auf dem Grundstücksmarkt wird dieser vielmehr durch die **Gesamtheit der für die Preisbildung maßgeblichen Umstände** bestimmt.
Der Begriff der „allgemeinen Wertverhältnisse auf dem Grundstücksmarkt" wurde vom Gesetzgeber erstmals in § 23 Abs. 2 Satz 2 StBauFG[3] verwandt. In der Rechtsprechung fand der Begriff schon früher Verwendung. Unter „allgemeinen Wertverhältnissen" wurden dort „alle Umstände tatsächlicher und rechtlicher Art (wie die Lage des Grundstücks), aber auch die Baulust, Knappheit von Baugelände, Abnahme der Kaufkraft usw." verstanden[4].

9 Die **„allgemeinen Wertverhältnisse auf dem Grundstücksmarkt" bzw. die „Lage auf dem Grundstücksmarkt" soll bei** *Anwendung des Vergleichswertverfahrens* mit der Heranziehung entsprechend geeigneter Vergleichspreise bzw. Vergleichsfaktoren bebauter Grundstücke und der sonstigen Wertermittlungsparameter berücksichtigt werden, wobei ggf. Änderungen der allgemeinen Wertverhältnisse auf dem Grundstücksmarkt nach § 18 ImmoWertV mit Indexreihen erfasst werden sollen. Bei *Anwendung des Ertrags- und Sachwertverfahrens* sind die „allgemeinen Wertverhältnisse auf dem Grundstücksmarkt" insbesondere mit den herangezogenen Ertragsverhältnissen und den nach § 21 Abs. 1 ImmoWertV von den Gutachteraus-

2 Niehans, SZVS 1966, 195 sowie hierzu Sieber, ebenda S. 1; Sieber, Bodenpolitik und Bodenrecht, Bern 1970, S. 51 ff., 73 ff.
3 Vgl. § 153 Abs. 1 Satz 2 BauGB; vgl. zu BT-Drs. VI/2204, S. 12.
4 BGH, Urt. vom 30.11.1959 – III ZR 122/59 –, BGHZ 31, 244 = EzGuG 6.45; BGH, Urt. vom 30.11.1959 – III ZR 130/59 –, BGHZ 31, 238 = EzGuG 19.5.

schüssen für Grundstückswerte abgeleiteten **Liegenschaftszinssätzen sowie Sachwertfaktoren zu erfassen.**

2.2 Wirtschaftliche Entwicklungen des Gebiets

Als „maßgebende Umstände" werden die Verhältnisse am Kapitalmarkt sowie die wirtschaftlichen und demographischen Entwicklungen genannt. Im Kern geht es um die allgemeine konjunkturelle Wirtschaftslage, das Wirtschaftswachstum, Änderungen im (konsumptiven) Verhalten der Marktteilnehmer und der Einkommensverhältnisse, die Entwicklung der Geldzinspolitik und der Kaufkraft, das Aufkommen einer Sachwertpsychose[5] sowie die Entwicklung der allgemeinen städtebaulichen und stadtwirtschaftlichen Verhältnisse einschließlich der örtlichen immobilienwirtschaftlich bedeutsamen Standortbedingungen (Olympiastadt-, Hauptstadt- oder Zentralfunktionen). Zu den allgemeinen Wertverhältnissen auf dem Grundstücksmarkt gehören dagegen nicht die kleinräumige städtebauliche Entwicklung (z.B. in einem Sanierungsgebiet). Diese wird bewertungstechnisch durch entsprechend ausdifferenzierte Lagemerkmale erfasst. Hieraus ergibt sich oftmals eine Grauzone, in der eine die kleinräumigen Lageverhältnisse verändernde Entwicklung von der Entwicklung der „allgemeinen Wertverhältnisse auf dem Grundstücksmarkt" abgegrenzt werden muss. 10
Die Abgrenzung der „allgemeinen Wertverhältnisse auf dem Grundstücksmarkt" von städtebaulichen Zustandsänderungen kann bei alledem problematisch sein.

2.3 Demographische Entwicklungen des Gebiets

In der Definition der „allgemeinen Wertverhältnisse auf dem Grundstücksmarkt" (Lage auf dem Grundstücksmarkt) werden neben den „Verhältnissen am Kapitalmarkt" sowie den „wirtschaftlichen Entwicklungen des Gebiets" ausdrücklich die „demographischen Entwicklungen[6] des Gebiets"[7] genannt. Es geht dabei insbesondere um vorteilhafte und nachteilige Bevölkerungsentwicklungen. 11
Die Vorschrift geht auf die WertV 88/98 zurück, in der nur allgemein die „Entwicklung am Ort" angesprochen wurde. Bereits mit der ImmoWertV 10 wurde diese durch die „demographischen Entwicklungen des Gebiets" ersetzt. Der klarstellende Hinweis auf die Berücksichtigung demographischer Verhältnisse geht u.a. auf die damalige Kritik an den Gutachterausschüssen für Grundstückswerte zurück, die angeblich überhöhte Bodenrichtwerte für leerstandsbetroffene Gebiete abgeleitet hätten und den Funktionsverlust aufgrund zurückgehender Bevölkerungszahlen unzureichend berücksichtigt hätten[8]. Dies habe, so die damalige Kritik, den **Stadtumbau** insbesondere im Hinblick auf Entschädigungsansprüche erschwert.

Grundsätzlich sind im Rahmen der Gutachtenerstattung bei der Darstellung der Makro- und Mikrolage ergänzende Hinweise zur demographischen Entwicklung insoweit darzulegen, wie daraus für die Marktwertermittlung konkrete Schlussfolgerungen gezogen werden müssen. **Demographische Entwicklungen des Ortes**, die bereits mit den zur Marktwertermittlung herangezogenen Wertermittlungsparametern, insbesondere den zum Preisvergleich herangezogenen Kaufpreisen bzw. Vergleichsfaktoren bebauter Grundstücke (Wohn- und Nutzflächenwerte), Ertragsverhältnissen, Liegenschaftszinssätzen; Marktanpassungsfaktoren (Sachwertfaktoren) hinreichend erfasst sind, müssen im Gutachten nicht in (oftmals epischer) Breite dargelegt werden[9]. Daraus ließen sich im Übrigen auch kaum Schlussfolgerungen ziehen, denn die demographische Entwicklung ist ohnehin nur insoweit zu berücksichtigen, wie sie vom gewöhnlichen Geschäftsverkehr am Wertermittlungsstichtag berücksichtigt wird, und die 12

5 Niehans in SZVS 1966, 195; Sieber, ebenda, S. 1; ders., Bodenpolitik und Bodenrecht, Bern 1970, S. 51 ff., S. 73 ff.
6 Die demographische Entwicklung kann abgerufen werden unter www.wegweiser-kommune.de.
7 Demographischer Wandel und Zuwanderung, GuG 2016, 123.
8 Vgl. Kleiber, Zur Bodenwertentwicklung beim Stadtumbau, in Nachhaltige Stadt- und Raumentwicklung, Beck-Verlag München 2008, S. 285.
9 Vgl. Kleiber Glosse, GuG-aktuell 2017, 25.

Einschätzung des gewöhnlichen Geschäftsverkehrs wird durch die genannten Wertermittlungsparameter abgebildet.

13 Nach dem Wortlaut der ImmoWertV geht es dabei auch nur um die **demographischen Entwicklungen des Gebiets**, in dem das zu bewertende Grundstück liegt (Belegenheitsgebiet). Eine ergänzende Berücksichtigung der gebietlichen Besonderheiten kann vor diesem Hintergrund nur in Betracht kommen, wenn entsprechend den Vorgaben der ImmoWertV eine besondere Entwicklung *„in dem Gebiet“* zu beachten ist und Vergleichspreise aus Gebieten herangezogen werden müssen, die eine davon deutlich abweichende demographische Entwicklung aufweisen. Dies gilt entsprechend im Falle der Heranziehung von Liegenschaftszinssätzen und Sachwertfaktoren, die aus Kaufpreisen von Grundstücken abgeleitet wurden, die wiederum aus Gebieten stammen, die eine vom Belegenheitsgebiet deutlich abweichende demographische Entwicklung aufweisen.

14 Solche Entwicklungen dürfen bei der Marktwertermittlung letztlich aber auch nur dann berücksichtigt werden, wenn sie auch tatsächlich ihren **Niederschlag im gebietlichen Wertgefüge** gefunden haben und im allgemeinen Geschäftsverkehr Beachtung finden. Dann aber gehen sie bereits in die zur Marktwertermittlung herangezogenen Wertermittlungsparameter ein, insbesondere in die zum Preisvergleich herangezogenen Kaufpreise, Ertragsverhältnisse (Mieten), in die Leerstandquote, Bodenrichtwerte und in die sonstigen für die Wertermittlung erforderlichen Daten, insbesondere in die Liegenschaftszinssätze sowie Vergleichs- und Sachwertfaktoren. Insoweit ist die Hervorhebung der demographischen Entwicklung lediglich eine Klarstellung, die sich insbesondere an die Gutachterausschüsse für Grundstückswerte richtet. Sie müssen nämlich die Lage auf dem Grundstücksmarkt (allgemeine Wertverhältnisse auf dem Grundstücksmarkt) einschätzen. Bei alledem sind die jeweiligen grundstücksspezifischen Marktverhältnisse maßgebend. So wird z.B. in der Rechtsprechung zwischen sanierten Wohnungen und Plattenbauten unterschieden[10], wobei uneingeschränkt auf den Mietspiegel der Stadt zurückgegriffen werden kann, um dem allgemeinen wie auch einem bevölkerungsentwicklungsspezifischen Leerstandsrisiko im Rahmen des veranschlagten Mietausfallwagnisses Rechnung zu tragen. Diese bilden den Einfluss der vom Grundstücksmarkt erwarteten demografischen Entwicklung mit „einer der Vorausschau innewohnenden Unsicherheit“ ab. Ansonsten sind im Rahmen der Gutachtenerstattung bei der Darstellung der Makro- und Mikrolage ergänzende Hinweise zur demographischen Entwicklung insoweit darzulegen, wie daraus für die Marktwertermittlung konkrete Schlussfolgerungen gezogen werden müssen; auf überflüssige und letztlich belanglose Darstellungen sollte dagegen verzichtet werden[11].

15 Soweit die demographische Entwicklung mit den genannten Vergleichsdaten bereits berücksichtigt wird, führt eine darauf „aufgesattelte“ Berücksichtigung der demographischen Entwicklung zu einer Doppelberücksichtigung.

16 Eine ergänzende Berücksichtigung kann vor diesem Hintergrund nur in Betracht kommen, wenn entsprechend den Vorgaben der ImmoWertV eine **besondere Entwicklung „in dem Gebiet“** zu beachten ist und Vergleichspreise aus Gebieten herangezogen werden müssen, die eine davon deutlich abweichende demographische Entwicklung aufweisen.

17 Des Weiteren hat die zu erwartende demographische Entwicklung eine besondere Bedeutung insbesondere im Rahmen einer Abschätzung der **voraussichtlichen Dauer eines strukturellen Leerstandes**[12].

---

10 OLG Dresden, Urt. vom 09.04.2008 – 8 U 1819/07 –, WM 2008, 1682 = EzGuG 20.204.
11 Vgl. Kleiber, Glosse, GuG-aktuell 2011, 9.
12 Vgl. Kleiber, Glosse, GuG-aktuell 2017, 25.

3 Grundstückszustand (§ 2 Abs. 3 ImmoWertV)

3.1 Allgemeines

▶ *Zur Unterscheidung von unbebauten und bebauten Grundstücken vgl. § 6 ImmoWertV Rn. 64 ff.*

Der Grundstückszustand definiert sich nach § 2 Abs. 3 ImmoWertV nach der **Gesamtheit der „rechtlichen Gegebenheiten und tatsächlichen Eigenschaften**, der sonstigen Beschaffenheit und der Lage“ des Wertermittlungsobjekts (Grundstücksmerkmale)[13]. Die Definition lehnt sich wortgleich an § 194 BauGB an und führt für die tautologische Aufzählung als Sammelbegriff den Begriff des „Grundstückszustands“ ein. 18
Der „Zustand“ des Grundstücks wird nicht allein nach der ausgeübten Nutzung bestimmt, sondern auch nach der lagebedingten Nutzungsfähigkeit des Grundstücks im Rahmen der baurechtlichen Ordnung[14]. Nutzungsmöglichkeiten, deren Verwirklichungen nicht in greifbarer Nähe liegen und die deshalb den Verkehrswert nicht beeinflussen können, dürfen nicht berücksichtigt werden (vgl. Vorbem. Zur ImmoWertV Rn. 32; § 5 ImmoWertV Rn. 139 ff.).
Der der Wertermittlung zugrunde zu legende **Grundstückszustand** bestimmt sich grundsätzlich **nach den tatsächlichen Gegebenheiten des im Gutachten anzugebenden Qualitätsstichtags**[15]. Es kann sich dabei insbesondere aus rechtlichen Gründen um einen vom Wertermittlungsstichtag abweichenden Stichtag handeln, so z.B. im Rahmen der Bemessung von Enteignungsentschädigungen nach dem Vorwirkungsstichtag (Zeitpunkt des Ausschlusses von der sog. konjunkturellen [besser: qualitativen] Weiterentwicklung).

Ein von den am Wertermittlungsstichtag tatsächlich gegebenen Verhältnissen abweichender Grundstückszustand kann der **Marktwertermittlung auch *ohne Angabe eines Qualitätsstichtags*** zugrunde gelegt werden. So kann der Auftraggeber dem Gutachter entsprechend dem Zweck der Wertermittlung bestimmte Maßgaben deskriptiv aufgeben. Es kann sich aber auch um gesetzliche Vorgaben zum maßgeblichen Grundstückszustand handeln. Beispiel dafür ist die Ermittlung des sanierungsunbeeinflussten Grundstückswerts (Ausgangswert), des Neuordnungswerts (Endwerts) nach Maßgabe des § 154 Abs. 2 BauGB und die Bemessung der Enteignungsentschädigung unter Ausschluss einer sog. konjunkturellen (besser qualitativen) Weiterentwicklung (Vorwirkungsgrundsatz). Der maßgebliche Grundstückszustand wird dann auf der Grundlage eines Qualitätsstichtags ermittelt, der dann erst nach Maßgabe der zu beachtenden gesetzlichen Vorschriften bestimmt werden muss. 19

Die wesentlichen Zustandsmerkmale werden mit der in § 2 Abs. 3 Satz 2 ImmoWertV gegebenen Übersicht konkretisiert. Die darin genannten „grundstücksbezogenen Rechte und Belastungen“ werden zusammen mit Hinweisen zur Marktwertermittlung davon betroffener Grundstücke in den §§ 46 ff. ImmoWertV erläutert. 20

An erster Stelle der Übersicht wird der **Entwicklungszustand** genannt. Auch dies ist ein Sammelbegriff für die in § 3 ImmoWertV definierten Entwicklungszustandsstufen, die angefangen von den „Flächen der Land- oder Forstwirtschaft“ das gesamte Spektrum des werdenden Baulandes bis hin zum „baureifen Land“ umfasst; weitere Zustandsmerkmale werden in § 5 ImmoWertV – ohne Anspruch auf Vollständigkeit – zusammen mit entsprechenden wertermittlungstechnischen Hinweisen erläutert. Die Aufzählung wird ergänzt durch die Definition der **Gemeinbedarfsflächen** in § 44 ImmoWertV. 21
Zu den Grundstücksmerkmalen können insbesondere zählen

1. der Entwicklungszustand (§ 3 ImmoWertV; Syst. Darst. des Vergleichswertverfahrens Rn. 202 ff.),

---

13 BGH, Urt. vom 30.06.1966 – III ZR 3/64 –, BRS Bd. 19 Nr. 114 = EzGuG 19.10; BGH Urt. vom 03.03.1977 – III ZR 36/75 –, BRS Bd. 34 Nr. 84 = EzGuG 6.189a.
14 BGH, Urt. vom 30.06.1966 – III ZR 3/64 –, NJW 1966, 2211 = EzGuG 19.10.
15 BGH, Beschl. vom 29.09.2015 – II ZB 23/14 –, BGHZ 207, 114= EzGuG 20.241.

2. die Art und das Maß der zulässigen baulichen oder sonstigen Nutzung (§ 5 Abs. 1 ImmoWertV),
3. der beitragsrechtliche Zustand (§ 5 ImmoWertV Rn. 108; § 8 ImmoWertV Rn. 45; zur Berücksichtigung von Abgaben und Beiträgen vgl. Syst. Darst. des Vergleichswertverfahrens Rn. 318 ff.),
4. die Lagemerkmale, wobei zwischen der Makro- und Mikrolage zu unterscheiden ist (§ 5 ImmoWertV Rn. 120 ff. und Syst. Darst. des Vergleichswertverfahrens Rn. 376),
5. die tatsächliche Nutzung (am Qualitätsstichtag) einschließlich konkret absehbarer Nutzungen i.S. des § 11 ImmoWertV),
6. die Ertragsverhältnisse,
7. die Grundstücksgröße (§ 41 ImmoWertV; Syst. Darst. des Vergleichswertverfahrens Rn. 247 ff.),
8. der Grundstückszuschnitt (Syst. Darst. des Vergleichswertverfahrens Rn. 303 ff.),
9. die Bodenbeschaffenheit, Bodenschätze, Bodengüte bei landwirtschaftlichen Grundstücken sowie Topographie (Hanglagen),
10. bei bebauten Grundstücken zusätzlich
    a) die Art der baulichen Anlagen,
    b) die Bauweise und die Baugestaltung (Konstruktionsart, Dachform) der baulichen Anlagen,
    c) die Größe der baulichen Anlagen,
    d) der Gebäudestandard, die Ausstattung und die Qualität der baulichen Anlagen einschließlich ihrer energetischen Eigenschaften (Energieausweis) und ihrer Barrierefreiheit (entsprechend bauordnungsrechtlicher Vorschriften),
    e) der bauliche Zustand (Instandhaltungs- und Modernisierungszustand) der baulichen Anlagen,
    f) das Alter, die Gesamtnutzungsdauer und die Restnutzungsdauer der baulichen Anlagen (§ 4 ImmoWertV),
11. bei forstwirtschaftlichen Grundstücken die forstlich nutzbare Bestockung,
12. die grundstücksbezogenen Rechte und Belastungen (§§ 46 f. ImmoWertV).

3.2 Tatsächlich ausgeübte Nutzung

▶ *§ 40 ImmoWertV Rn. 148 ff.; Teil V Rn. 215 ff.*

22 Neben der rechtlichen Nutzbarkeit kann auch die tatsächlich ausgeübte Nutzung ein den Bodenwert beeinflussender Realfaktor des Grundstücks sein, insbesondere im Falle einer **atypischen Bebauung**. Diese kann sich von der nach § 5 Abs. 1 ImmoWertV maßgeblichen Nutzung, nämlich der rechtlich zulässigen bzw. lagetypischen Nutzung und der in diesem Rahmen wirtschaftlich vernünftigen Nutzung, unterscheiden.

– Bei der Verkehrswertermittlung grundsätzlich nicht zu berücksichtigen sind Abweichungen von der rechtlich zulässigen Nutzung, wenn die davon abweichende **tatsächliche Nutzung am Qualitätsstichtag unzulässig ist, nicht genehmigungsfähig ist und auch nicht unter Bestandsschutz fällt**. Von besonderer Problematik sind dabei solche unzulässigen und nicht genehmigungsfähigen Nutzungen, die bislang geduldet worden sind und nach Anschauung des gewöhnlichen Geschäftsverkehrs (aufgrund konkreter Tatsachen) weiterhin geduldet werden.

- Soweit die tatsächliche Nutzung zulässigerweise von der nach § 5 Abs. 1 ImmoWertV maßgeblichen Nutzung oder von einer sonst zulässigen und wirtschaftlich vernünftigen Nutzung erheblich abweicht, ist der Bodenwert des Grundstücks abweichend von der Grundsatzregelung des § 40 Abs. 1 ImmoWertV zu ermitteln. Entsprechendes gilt für Liquidationsobjekte (vgl. hierzu die Erläut. zu den §§ 40 Abs. 5 und 43 ImmoWertV).
- Die tatsächliche Nutzung ist des Weiteren im Falle einer **Herabzonung** nach den planungsschadensrechtlichen Regelungen des § 42 Abs. 3 und 4 BauGB von Bedeutung (vgl. Teil VI Rn. 190 ff.).
- Bei der Ermittlung des Bodenwerts müssen nach Maßgabe der planungsschadensrechtlichen Regelungen des § 43 Abs. 4 Nr. 1 und 2 BauGB auf dem Grundstück zulässige und ggf. ausgeübte Nutzungen unberücksichtigt bleiben, soweit sie auf **städtebaulichen Missständen**[16] beruhen. Städtebauliche Missstände, liegen vor, wenn die Nutzung den allgemeinen Anforderungen an gesunde Wohn- und Arbeitsverhältnisse oder an die Sicherheit der auf dem Grundstück oder im umliegenden Gebiet wohnenden oder arbeitenden Menschen nicht entspricht (§ 14 ImmoWertV Rn. 19; § 40 ImmoWertV Rn. 19).

§ 43 Abs. 4 BauGB; die Vorschrift hat folgenden Wortlaut:

„(4) Bodenwerte sind nicht zu entschädigen, soweit sie darauf beruhen, dass

1. die zulässige Nutzung auf dem Grundstück den allgemeinen Anforderungen an gesunde Wohn- und Arbeitsverhältnisse oder an die Sicherheit der auf dem Grundstück oder im umliegenden Gebiet wohnenden oder arbeitenden Menschen nicht entspricht oder
2. in einem Gebiet städtebauliche Missstände im Sinne des § 136 Absatz 2 und 3 bestehen und die Nutzung des Grundstücks zu diesen Missständen wesentlich beiträgt."

Was als **städtebaulicher Missstand** anzusehen ist, wird in § 136 Abs. 2 und 3 BauGB definiert. Danach ist bei städtebaulichen Missständen zwischen Substanz- und Funktionsschwächen zu unterscheiden; in der Praxis treten regelmäßig Mischformen auf (vgl. Teil VI Rn. 637). 23

Eine **Substanzschwäche** liegt nach § 136 Abs. 2 Nr. 1 i.V.m. Abs. 3 BauGB vor, wenn das Gebiet nach seiner vorhandenen Bebauung oder nach seiner sonstigen Beschaffenheit den allgemeinen Anforderungen an gesunde Wohn- und Arbeitsverhältnisse oder an die Sicherheit der in ihm wohnenden oder arbeitenden Menschen nicht entspricht, insbesondere in Bezug auf 24

a) die Belichtung, Besonnung und Belüftung der Wohnungen und Arbeitsstätten,

b) die bauliche Beschaffenheit von Gebäuden, Wohnungen und Arbeitsstätten,

c) die Zugänglichkeit der Grundstücke,

d) die Auswirkungen einer vorhandenen Mischung von Wohn- und Arbeitsstätten,

e) die Nutzung von bebauten und unbebauten Flächen nach Art, Maß und Zustand,

f) die Einwirkungen, die von Grundstücken, Betrieben, Einrichtungen und Verkehrsanlagen ausgehen, insbesondere durch Lärm, Verunreinigungen und Erschütterungen sowie

g) die vorhandene Erschließung.

Eine **Funktionsschwäche** liegt nach § 136 Abs. 2 Nr. 2 i.V.m. Abs. 3 BauGB vor, wenn das Gebiet in der Erfüllung der Aufgaben erheblich beeinträchtigt ist, die ihm nach seiner Lage und Funktion obliegen, insbesondere in Bezug auf 25

a) den fließenden und ruhenden Verkehr,

b) die wirtschaftliche Situation und Entwicklungsfähigkeit des Gebiets unter Berücksichtigung seiner Versorgungsfunktion im Verflechtungsbereich und

16 *Berkemann* DVBl 1999, 1285; *Söfker*, DVBl. 179, 107; *Uechtritz*, BauR 1983, 523; *Wendt*, DVBl. 1978, 356.

c) die infrastrukturelle Erschließung des Gebiets, seine Ausstattung mit Grünflächen, Spiel- und Sportplätzen und mit Anlagen des Gemeinbedarfs, insbesondere unter Berücksichtigung der sozialen und kulturellen Aufgaben dieses Gebiets im Verflechtungsbereich.

3.3 Grundstücksgröße, Grundstückszuschnitt und -beschaffenheit

▶ *Vgl. Syst. Darst. des Vergleichswertverfahrens Rn. 247 ff., 301; § 3 ImmoWertV Rn. 88 ff.; § 5 ImmoWertV Rn. 70 ff.*

26 Die **Abhängigkeit des Bodenwerts baulich nutzbarer Grundstücke (Bauland) von der Grundstücksgröße und dem Grundstückszuschnitt** sowie dem Baugrund wird im Zusammenhang mit der Bodenwertermittlung nach dem Vergleichswertverfahren in der Syst. Darst. des Vergleichswertverfahrens bei Rn. 247 ff., 314 ff. (Größe und Zuschnitt) sowie bei § 5 ImmoWertV Rn. 365 (Baugrund) und bei § 41 ImmoWertV (Übergröße) behandelt.

27 Die **Abhängigkeit des Bodenwerts land- und forstwirtschaftlich nutzbarer Grundstücke von der Grundstücksgröße, dem Grundstückszuschnitt** und der Bodengüte wird in § 3 ImmoWertV unter Rn. 88 ff. behandelt.
Zur **Grundstücksbeschaffenheit** vgl. § 3 ImmoWertV Rn. 375; § 5 ImmoWertV Rn. 296, § 8 ImmoWertV Rn. 35 sowie Syst. Darst. des Vergleichswertverfahrens Rn. 314; § 40 ImmoWertV Rn. 4; zu **bodenwertbezogenen Rechten am Grundstück** (§ 8 Abs. 3 Satz 2 Nr. 6 ImmoWertV) vgl. § 8 ImmoWertV Rn. 43 ff. und § 40 ImmoWertV Rn. 5.

3.4 Art und Zustandsmerkmale baulicher Anlagen

3.4.1 Allgemeines

Schrifttum: IVD Berlin-Brandenburg, Immobilienpreisservice 2016/17, abgedruckt in Tillmann/Kleiber/Seitz, Tabellenhandbuch zur Ermittlung des Verkehrswerts, 2. Aufl. 2017.

▶ *Vgl. zum Gebäudestandard Syst. Darst. des Sachwertverfahrens Rn. 102 ff.; zum Bestandsschutz § 5 ImmoWertV Rn. 80; zum Gebäudebegriff § 1 ImmoWertV Rn. 64; § 8 ImmoWertV Rn. 17 ff.; § 16 ImmoWertV Rn. 8; zur baulichen Nutzung § 3 ImmoWertV Rn. 186; § 5 ImmoWertV Rn. 4 ff. sowie zur Art der Bebauung § 8 ImmoWertV Rn. 52 ff.*

28 § 2 Abs. 3 ImmoWertV enthält in erster Linie Hinweise zur Berücksichtigung der tatsächlichen Eigenschaften des Grund und Bodens und der baulichen Anlagen eines Grundstücks.

3.4.2 Art der baulichen Anlage

3.4.2.1 Übersicht

▶ *Vgl. Rn. 28; zur steuerlichen Bewertung vgl. § 5 ImmoWertV Rn. 18; § 6 ImmoWertV Rn. 63 ff.; Syst. Darst. des Sachwertverfahrens Rn. 100 ff.; Teil V Rn. 169*

29 Was unter **Baulichen Anlagen** und unter diesen Begriff fallenden „*Gebäuden*" zu verstehen ist, ergibt sich aus dem Bundesrecht i.V.m. den Bestimmungen der Landesbauordnungen (erläutert bei § 1 ImmoWertV Rn. 75 ff.). Die „Art der baulichen Anlage" ist zu unterscheiden von der in § 5 Abs. 1 ImmoWertV geregelten „*Art der baulichen Nutzung*".
Die Art der baulichen Nutzung (Gebäudeart) ist ein wesentliches Element der Grundstücksart und damit ein wesentliches Kriterium für die **Wahl des anzuwendenden Wertermittlungsverfahrens** nach Maßgabe des § 6 Abs. 1 Satz 2 ImmoWertV. Bei *Anwendung des Sachwertverfahrens* ist die Gebäudeart auch ein wesentliches **Kriterium für die der Sachwertermittlung zugrunde zu legenden Normal- bzw. Regelherstellungskosten** (vgl. Syst. Darst. des Sachwertverfahrens Rn. 100).
Bezüglich der Arten und Merkmale baulicher Anlagen kann auf die **Untergliederungen** zurückgegriffen werden, wie sie sich in der Praxis der Gutachterausschüsse, aber auch der **Finanzverwaltungen** bei der Einheitsbewertung, herausgebildet haben. Im Rahmen der steuer-

lichen Bewertung wird nach bebauten und unbebauten Grundstücken unterschieden. Die bebauten Grundstücke werden wiederum mit den §§ 74, 181 und 249 BewG untergliedert in Ein- und Zweifamilienhäuser, Mietwohngrundstücke, Wohnungs- und Teileigentum, Geschäftsgrundstücke, gemischt genutzte Grundstücke und sonstige bebaute Grundstücke.

Abb. 1: Bebaute Grundstücke

	Grundsteuerwert	**Grundbesitzbewertung***
Gebäudeart	§ 249 BewG	§ 181 BewG i.V.m. Abschn. 8 der Ländererlasse
Ein- und Zweifamilienhäuser		Wohngrundstücke mit bis zu zwei Wohnungen Mitnutzung für betriebliche oder öffentliche Zwecke von weniger als 50 % – berechnet nach der Wohn- und Nutzfläche – ist unschädlich, soweit dadurch nicht die Eigenart als Ein- und Zweifamilienhaus wesentlich beeinträchtigt wird.
Einfamilienhäuser	Wohngrundstücke, die eine Wohnung enthalten und kein Wohnungseigentum sind. Ein Grundstück gilt auch dann als Einfamilienhaus, wenn es zu weniger als 50 Prozent der Wohn- und Nutzfläche zu anderen als Wohnzwecken mitbenutzt und dadurch die Eigenart als Einfamilienhaus nicht wesentlich beeinträchtigt wird.	kein Wohnungseigentum nach Nr. 3
Zweifamilienhäuser	Wohngrundstücke, die zwei Wohnungen enthalten und kein Wohnungseigentum sind. Ein Grundstück gilt auch dann als Zweifamilienhaus, wenn es zu weniger als 50 Prozent der Wohn- und Nutzfläche zu anderen als Wohnzwecken mitbenutzt und dadurch die Eigenart als Zweifamilienhaus nicht wesentlich beeinträchtigt wird.	
Mietwohngrundstücke	Grundstücke, die zu mehr als 80 Prozent der Wohn- und Nutzfläche Wohnzwecken dienen und nicht Ein- und Zweifamilienhäuser oder Wohnungseigentum sind.	Grundstücke, die zu mehr als 80 % – berechnet nach der Wohn- oder Nutzfläche – Wohnzwecken dienen und nicht Ein- und Zweifamilienhäuser i.S. der Nr. 1 oder Wohnungseigentum nach Nr. 3 sind.
Wohnungs- und Teileigentum	Wohnungseigentum ist das Sondereigentum an einer Wohnung in Verbindung mit dem Miteigentumsanteil an dem gemeinschaftlichen Eigentum, zu dem es gehört. Teileigentum ist das Sondereigentum an nicht zu Wohnzwecken dienenden Räumen eines Gebäudes in Verbindung mit dem Miteigentum an dem gemeinschaftlichen Eigentum, zu dem es gehört.	Wohnungseigentum ist das Sondereigentum an einer Wohnung i.V.m. dem Miteigentumsanteil an dem gemeinschaftlichen Eigentum, zu dem es gehört (§ 1 Abs. 2 WEG). Teileigentum ist das Sondereigentum an nicht zu Wohnzwecken dienenden Räumen eines Gebäudes i.V.m. dem Miteigentumsanteil an dem gemeinschaftlichen Eigentum, zu dem es gehört (§ 1 Abs. 3 WEG).

	Grundsteuerwert	Grundbesitzbewertung*
Geschäftsgrundstücke	Grundstücke, die zu mehr als 80 Prozent der Wohn- und Nutzfläche eigenen oder fremden betrieblichen oder öffentlichen Zwecken dienen und nicht Teileigentum sind.	Grundstücke, die zu mehr als 80 % – berechnet nach der Wohn- und Nutzfläche – zu eigenen oder fremden betrieblichen oder öffentlichen Zwecken dienen und nicht Teileigentum nach Nr. 3 sind.
Gemischt genutzte Grundstücke	Grundstücke, die teils Wohnzwecken, teils eigenen oder fremden betrieblichen oder öffentlichen Zwecken dienen und nicht Ein- und Zweifamilienhäuser, Mietwohngrundstücke, Wohnungseigentum, Teileigentum oder Geschäftsgrundstücke sind.	Grundstücke, die teils Wohnzwecken, teils eigenen oder fremden betrieblichen oder öffentlichen Zwecken dienen und kein Grundstück i.S. der Nr. 1 bis 4 sind.
Sonstige bebaute Grundstücke	Grundstücke sind solche Grundstücke, die nicht unter die Absätze 2 bis 8 fallen.	Grundstücke, die nicht unter die Nummern 1 bis 5 fallen.
* Vgl. R B 181.1 ErbStR		

Bei der Festlegung der Grundstücksart ist stets die gesamte **wirtschaftliche Einheit** zu betrachten. Dies gilt auch, wenn sich auf einem Grundstück mehrere Gebäude oder Gebäudeteile unterschiedlicher Bauart oder Nutzung befinden.

Die vorstehende Differenzierung des Bewertungsrechts kennt keine **Dreifamilienhäuser**. Dazu gehören auch Objekte, die in der „Grauzone" zwischen „Ein- und Zweifamilienhäusern" und Mehrfamilienhäusern anzusiedeln sind („kleine" Mehrfamilienhäuser; vgl. § 33 ImmoWertV Rn. 39, Teil V Rn. 18 ff.)[17]. Dreifamilienhäuser sind im Rahmen der Grundsteuer formal Mietwohngrundstücke, wenn mehr als 80 % der Wohn- und Nutzfläche Wohnzwecken dienen und es sich *nicht* um Ein- und Zweifamilienhäuser oder Wohnungseigentum handelt (§ 249 Abs. 4 BewG). In der finanzgerichtlichen Rechtsprechung wird im Übrigen der tatsächlichen Nutzung eine ausschlaggebende Rolle gegeben[18].

30 Der Immobilienbestand lässt sich daneben nach seiner *Nutzung* in **Wohn- und Gewerbeimmobilien einschließlich ihrer Mischformen (gemischt genutzte Immobilien)** aufgliedern (Abb. 2 und 3).

17 BFH, Urt. vom 20.10.1965 – VI 190/65 U –, BFHE 84, 238 = BStBl II 1970, 780 = EzGuG J. 28a.
18 Zur Einliegerwohnung: BFH, Urt. vom 12.06.1959 – VI 18/57 U –, BFHE 69, 119 = BStBl III 1959, 307; BFH, Urt. vom 13.04.1962 –, VI 102/61 – HFR 1962, 335.

Abb. 2: Typologie nach Immobilienarten

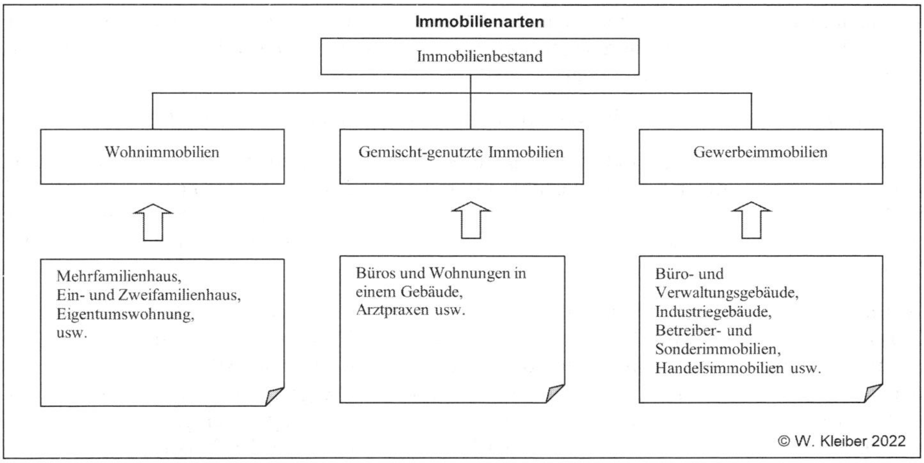

Wohnimmobilien lassen sich wiederum in folgende Segmente untergliedern:

Abb. 3: Wohnimmobilien

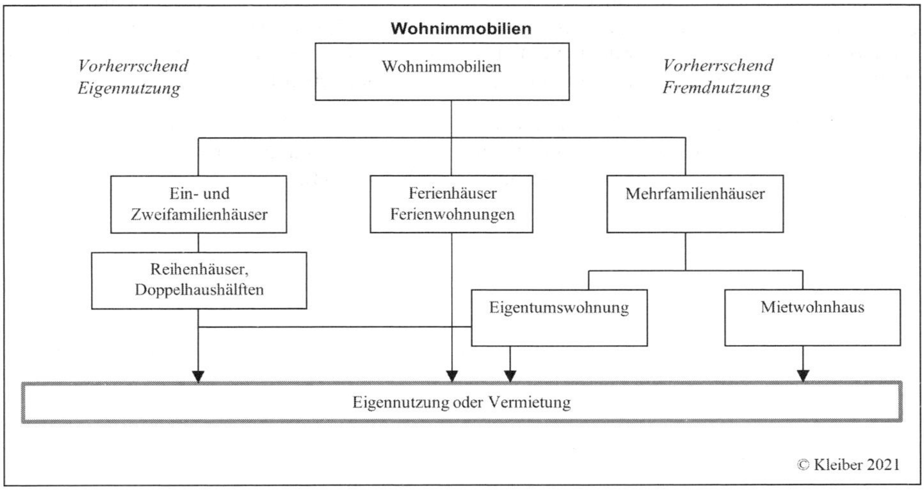

Darüber hinaus wird insbesondere im Bau-, Wohnungs- und Steuerrecht nach Neu- und Altbauten unterschieden, ohne dass es eine allgemein verbindliche **Abgrenzung zwischen Neubau und Altbau** gibt. Zwar besagt das Mietrecht, dass alle Bauten nach 1949 als Neubauten deklariert werden[19], jedoch wären danach auch Gebäude mit einer über 70-jährigen Nutzungsdauer als Neubauten zu klassifizieren.

19 Wohnungsbindungsgesetz a.F.; vgl. auch § 7 Abs. 4 EStG.

Grundsätzlich lassen sich Alt- und Neubauten voneinander abgrenzen auf der Grundlage

- qualitativer, insbesondere bautechnischer Merkmale, wie lichte Raumhöhen von weniger als 3 m, Einbau von Isolierglasfenstern und die systematische Verwendung von Beton, Grundrisse und Ausstattung oder
- schlichtweg des (wirtschaftlichen) Alters bzw. des Zeitpunkts ihrer Herstellung,

wobei ggf. durchgreifende Modernisierungen berücksichtigt werden und nach Neubauanteilen, z.B. für einen umgebauten Dachstuhl, differenziert werden kann. Dementsprechend wird im Baurecht der Begriff Neubau auch dann angewendet, wenn es bei einer Sanierung zu einer wesentlichen Änderung der Bausubstanz kommt und sich das Aussehen und die Größe der Immobilie ändert.

Altbauwohnungen wird aufgrund ihres „Charmes" in Abhängigkeit von der Lage und dem Zustand im Vergleich zu Neubauwohnungen ein bis zu 40 % geringeres Preisniveau zugesprochen[20]. Das mag vor dem Hintergrund der verminderten Restnutzungsdauer logisch erscheinen, jedoch kann dieser Pauschalität nicht uneingeschränkt zugestimmt werden, zumal derartige Objekte häufig in begehrten und hochpreisigen Innenstadtlagen gelegen sind und wenn sie durch größere Sanierungsarbeiten an der Heizungsanlage, dem Dach, der Dämmung, der Stromleitungen und der Nasszellen aufgewertet wurden (*upcycling*). Zudem weisen Altbauwohnungen typischerweise Räume mit einer Deckenhöhe von über drei Metern, Kastenfenster ebenso wie Mauerwerkswände und Holzbalken auf. Nicht zwingend, aber typisch für den Altbau sind auch Parkettböden – vor allem Fischgrätenparkett – und dekorativer Stuck an den Zimmerdecken und eventuell auch um Türrahmen und in manchen Teilen Deutschlands auch große die Wohn- und Esszimmer voneinander trennende Flügeltüren auf. Umgekehrt weisen Altbauwohnungen eine gegenüber Neubauwohnungen geringere Dämmung, veraltete Leitungssysteme und dgl. verbunden mit einem nicht unerheblichen Kostenrisiko auf.

31 **Gewerbliche Immobilien** lassen sich nur schwerlich typisieren. Neben den klassischen Büro- und Verwaltungsimmobilien sowie industriell genutzten gehören dazu insbesondere Handelsimmobilien und Betreiberimmobilien (Abb. 4, Teil V Rn. 168).

20 Vgl. Postbank Wohnatlas 2023.

Abb. 4: Gewerbeimmobilien

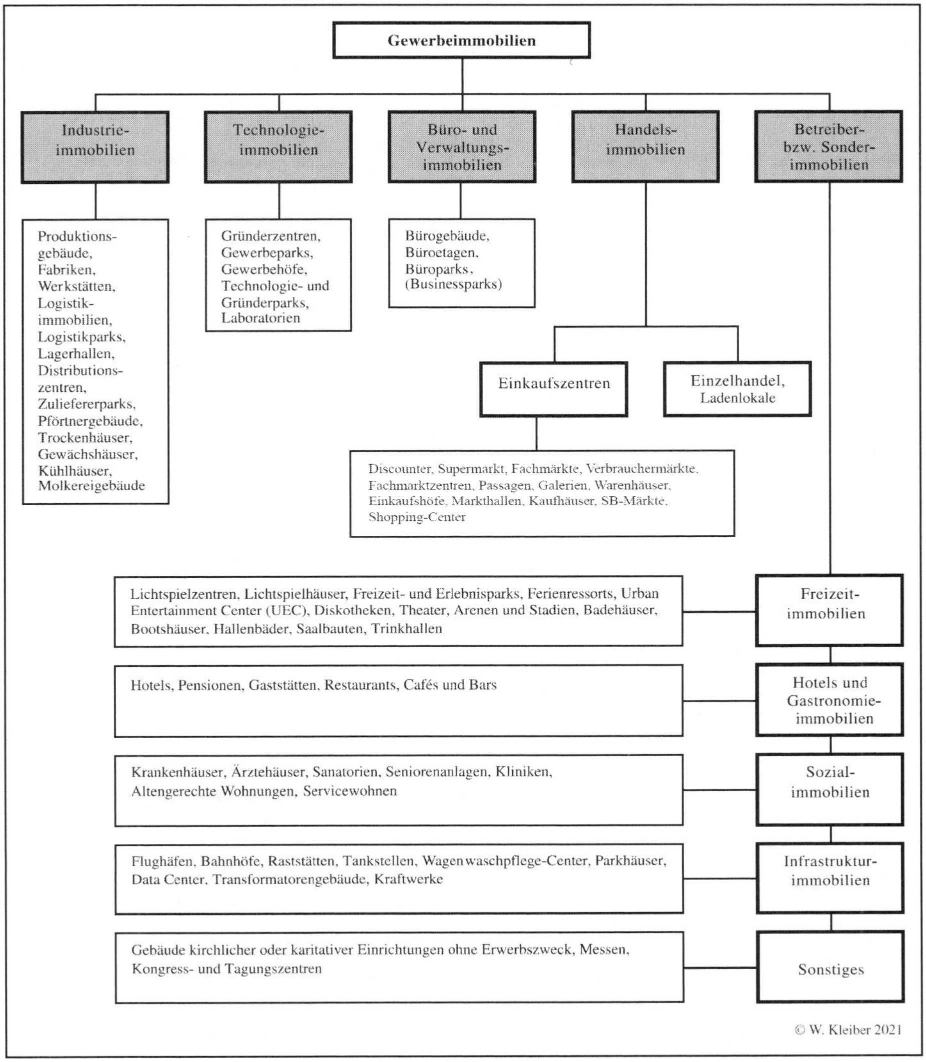

Darüber hinaus wird von einem Grundstücksmarkt der **Sonder- bzw. Spezialimmobilien**, der sog. *Management-* und auch Frequenzimmobilien gesprochen, wobei die Übergänge fließend sind und die Märkte nicht eindeutig voneinander abgrenzbar sind (vgl. Teil V Rn. 313 ff.). Von Sonder- und Spezialimmobilien spricht man bei einer speziellen Ausrichtung der Grundstücksnutzung einer Immobilie, die i.d.R. mit einer mehr oder minder eingeschränkten Drittverwendungsfähigkeit verbunden ist. Die Immobilien lassen sich auch nach den Akteuren und Immobiliennutzern gliedern (Abb. 5). 32

Abb. 5: Typologie der Immobilienarten und -nutzer

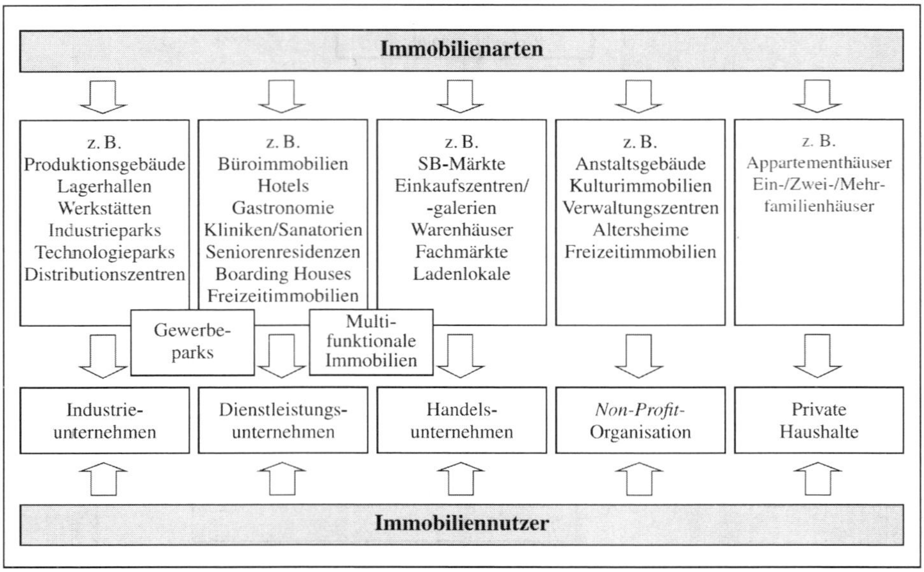

Quelle: Schmitz-Morkramer, 1990, S. 416; Falk, 1992, S. 586; Bone-Winkel, 1994, S. 33.

3.4.2.2 Fertighaus

Schrifttum: *Schäfer, S.*, Bewertung von älteren Fertighäusern, GuG 2022.

▶ *Vgl. Syst. Darst. des Vergleichswertverfahrens Rn. 150; zu den Kosten einer Vollmodernisierung vgl. § 8 ImmoWertV Rn. 489*

33 Als Fertighaus wird im Allgemeinen ein Haus bezeichnet, dessen Elemente ganz oder teilweise werkseitig auf der Grundlage einer Typengenehmigung vorgefertigt und an der Baustelle endmontiert wird. In der Regel werden lediglich die Fundamente vor Ort erstellt. Die Elemente von Fertighäusern können wie beim Plattenbau in Massivbauweise (etwa Stahlbeton- oder Mauerwerk oder in Leichtbauweise (z.B. Stahl-Leichtbau- oder Holzbauweise) gefertigt sein.

Für **Fertighäuser** sind im allgemeinen Marktgeschehen gegenüber konventionell errichteten Eigenheimen in Abhängigkeit vom Baujahr Preisabschläge hinzunehmen. Dies gilt insbesondere für ältere Fertighäuser (Baujahr bis 1989), zumal sie, wie sich aus den Baubeschreibungen der Fertigbauhersteller ergibt, als schadstoffbelastet gelten (Asbest, Formaldehyd) und hohe Sanierungskosten verursachen.

In der allgemeinen Wertermittlungspraxis werden die Marktwerte von Fertighäusern gegenüber Massivhäusern auf der Grundlage

- von verminderten Normalherstellungskosten,
- eines erhöhten Sachwertfaktors (vgl. § 39 ImmoWertV Rn. 44),
- erhöhten Liegenschaftszinssatzes sowie
- einer verminderten Restnutzungsdauer

ermittelt. Im Rahmen der Veröffentlichung von empirisch ermittelten Liegenschaftszinssätzen und Sachwertfaktoren werden von verschiedenen Gutachterausschüssen entsprechende Umrechnungskoeffizienten ermittelt (vgl. z.B. Veröffentlichung von Liegenschaftszinssätzen und Sachwertfaktoren für Berlin)[21].

3.4.2.3 Fachwerkhaus

▶ *SystDarst. des Vergleichswertverfahrens Rn. 153.*

Ein Fachwerkhaus ist ein Skelettbau aus Holz, das mittels schräg eingebauter Streben ausgesteift wird, deren Zwischenräume (Gefache) mit einem mit Lehm verputzten Holzgeflecht oder mit Mauerwerk ausgefüllt sind. Aus der früheren Fachwerkbauweise haben sich die heutige Holzständerbauweise sowie der Holzrahmenbau (Decken und Wände) entwickelt. Bei dem damit verwandten Holztafelbau werden großformatige und bereits vollständig gedämmte Wand- und Deckenelemente komplett vorgefertigt. 34

3.4.2.4 Kettenhaus und Townhaus

Als Kettenhäuser werden in der Immobilienbranche Einfamilienwohnhäuser bezeichnet, die im Verbund mit gleichartig gestalteten Häusern und dazwischenliegenden Stallungen oder Garagen in geschlossener Reihung errichtet werden. Als ***Townhouses*** werden vornehmlich in angelsächsischen Ländern, aber auch in Asien mehrgeschossige (mindestens zweigeschossige) in Reihe errichtete preisgünstige Einfamilienhäuser bezeichnet. Soweit sie nach Art und Ausstattung Reihenhäusern gleichzusetzen sind, können sie dieser Gebäudeart zugerechnet werden. Derartige Begriffe werden vielfach als begriffliche Aufwertung von Reihenhäusern verwendet. 35

3.4.2.5 Hochhaus

Schrifttum: *Debus, M.,* Umrechnungskoeffizienten für Bürohochhäuser GUG 2000, 279, ders. in GuG 2014, 6; *Kasyska, R.,* Die Wertermittlung von Wolkenkratzern in Deutschland, GuG 20223, 350.

▶ *Vgl. § 31 ImmoWertV Rn. 129; § 32 ImmoWertV Rn. 76; Syst. Darst. des Vergleichswertverfahrens Rn. 233*

Hochhäuser sind Gebäude von mehr als 22 m Höhe[22]. Als **„Wolkenkratzer“** gelten in Deutschland Gebäude mit einer Höhe ab 150 m[23]. Für Hochhäuser gelten besondere Anforderungen, die sich aus der jeweiligen Bauordnung bzw. besonderen Hochhausverordnungen des Landes sowie aus den Hochhausrichtlinien[24] ergeben. Diese betreffen 36

- die Gründung,
- die Immissionsbelastungen,
- die Klimatisierung (Be- und Entlüftung, Tagesbelichtung, öffnungsfähige Fenster),
- die Planung (Windschneisen, Verschattung, Sichtachsen),
- das Tragwerk (Schwingungen, Eigen- und Fremdgewichte),
- den Brandschutz,
- die Fassadenbeschaffenheit (Wind, Spiegelung, Energie) und
- die vertikale Versorgung (Aufzugsanlagen, Wärme, Wasser, Abwasser, Energie, Telekommunikation).

Hochhäuser erfordern i.d.R. höhere Betriebskosten von 6,00 €/m². Zu den **Verwaltungskosten** für Eigentumswohnungen in Hochhäusern vgl. Teil V Rn. 105.

---

21 Kleiber, Marktwertermittlung von Grundstücken, 9. Aufl. 2022, S. 1068.
22 Z.B. nach § 2 Abs. 8 hess. LBauO; § 2 Abs. 4 BlnBO.
23 Zur Abhängigkeit des Bodenwerts von der GFZ vgl. Debus in GuG 2000, 289.
24 Vgl. Muster-Richtlinie über den Bau und Betrieb von Hochhäusern/ Muster-Hochhaus-Richtlinie – MHHR) der Fachkommission Bauaufsicht i.d.F. April 2008, zuletzt geändert durch Beschl. vom Februar 2012.

3.4.2.6 „Schwarzbau“

Schrifttum: *Schäfer, St.*, Schwarzbauten bei Wohngebäuden erkennen und im Gutachten berücksichtigen, in: Schaper, Aktuelle Herausforderungen für die Immobilienbewertung, Immobilienwirtschaft und Bodenpolitik, Reguvis 2023, 203.

▶ *Zum Bestandsschutz vgl. § 5 ImmoWertV Rn. 80.*

37 „Schwarzbauten“ werden von *Schäfer* als Bauwerke definiert, die ohne oder abweichend von einer öffentlich-rechtlichen Genehmigung errichtet worden sind. Derartige bauliche Anlagen haben nur dann Bestandsschutz, wenn sie nach ihrer Errichtung über einen wesentlichen Zeitraum dem materiellen Recht entsprochen haben und demzufolge genehmigungsfähig waren (vgl. § 5 ImmoWertV Rn. 80). Zur Berücksichtigung von Schwarzbauten bei der Erstattung von Verkehrswertgutachten vgl. Schäfer (a.a.O.).

3.4.3 Bauweise und Baugestaltung

▶ *Vgl. § 5 ImmoWertV Rn. 68; Syst. Darst. des Vergleichswertverfahrens Rn. 245*

38 Unter der Bauweise einer baulichen Anlage wird mit § 2 Abs. 3 Nr. 10b ImmoWertV begrifflich die **allgemeine Art und Weise angesprochen, in der ein Bauwerk** errichtet wird in Bezug auf die verwendeten Baustoffe (Holz- oder Mauerwerk), die Baukonstruktion (Leicht- und Massivbauweise), die Tragwerke (Skelett- und Schottenbauweise) sowie die montierten Bauelemente (Fertigbau-, Großtafel- und Raumzellenbauweise).
Begrifflich ist die damit angesprochene Bauweise von der der baurechtlich in § 22 BauNVO definierte Bauweise in Bezug auf die grundstücksbezogene Stellung einer baulichen Anlage in offener, geschlossener oder einer davon abweichenden Bauweise abzugrenzen (vgl. § 5 ImmoWertV Rn. 68).
Unter der **Baugestaltung** ist die äußere Gestaltung baulicher Anlagen und anderer Anlagen und Einrichtungen einschließlich der Einfriedungen des Grundstücks zu verstehen. Hierüber können die Gemeinden zur Durchsetzung gebietsspezifischer gestalterischer Absichten auf der Grundlage der Ermächtigung des § 9 Abs. 4 BauGB örtliche Bauvorschriften als Satzung für das Gemeindegebiet oder Teile des Gemeindegebiets erlassen (**Gestaltungssatzung**). Derartige Bauvorschriften können auch in einen Bebauungsplan nach § 30 Abs. 1 bis 3 BauGB oder eine Satzung nach § 34 Abs. 4 Satz 1 Nr. 2 und 3 BauGB als Festsetzungen aufgenommen werden. Für diese Festsetzungen sind die Verfahrensvorschriften des BauGB entsprechend anzuwenden[25].

3.4.4 Gebäudeausstattung

39 Zur Gebäudeausstattung gehören alle fest im Haus installierten Anlagen und Einrichtungen, die zur funktionsgerechten und energieeffizienten Nutzung notwendig sind bzw. den Komfort steigern, z.B.

- Systeme für Gebäudeheizung und Trinkwassererwärmung, Fernwärme, Fernkälteversorgung und Systeme zur Nutzung von Abwärme aus Produktionsprozessen,
- Raumluft- und kältetechnische Anlagen (Belüftung, Klimatisierung),
- Systeme zur Nutzung erneuerbarer Energien (Solarthermie, Geothermie, Photovoltaik, Biomasse),

25 BVerwG, Beschl. vom 10.07.1997 – 4 NB 15/97 –, BauR 1997, 999; OVG Koblenz, Urt. vom 01.10.2008 – 1 A 10362/02 –, NVwZ-RR 2009, 258; VGH Mannheim, Urt. vom 11.06.2007 – 3 S 881/06 –, DVBl 2007, 1234; VGH Kassel Urt. vom 28.04.2005 – 9 UE 372/04 –, BauR 2005, 1817; VGH München, Beschl. vom 23.11.2001 – 26 ZB 99.3368; OVG Münster, Urt. vom 24.07.2000 – 7a D 179/98 –, BauR 2001, 62; OVG Münster, Urt. vom 09.02.2000 – 7 A 2386/98 –, NVwZ-RR 2001, 14; OVG Münster, Urt. vom 29.01.1999 – 11 A 4952/97 – BauR 2000, 92; OVG Koblenz, Urt. vom 09.10.1997 – 1 A 12163/96 –; OVG Koblenz, Urt. vom 24.04.1997 – 1 A 12050/96 –, OVG Koblenz, Urt. vom 05.08.1993 – 1 A 11772/92 –, NVwZ-RR 1994, 429.

- Wasser- und Abwasserversorgungsanlagen (sanitäre Installationen),
- Informationstechnik, Melde- und Kommunikationsanlagen, Medienversorgung für Labore, Krankenhäuser etc.,
- Stromversorgungsanlagen,
- Feuerlösch- und Entrauchungsanlagen.

3.4.5 Wohnungsausstattung

▶ *Zur Ausstattung von Wohnungen vgl. § 31 ImmoWertV Rn. 125*

Bezüglich des Standards von Wohngebäuden wird in der steuerlichen Förderung vor allem nach Umfang und Qualität der „zentralen Ausstattungsmerkmale", nämlich der Heizungs-, Sanitär- und Elektroinstallation sowie der Fenster, unterschieden[26]: **40**

a) Ein **sehr einfacher Wohnungsstandard** liegt vor, wenn die zentralen Ausstattungsmerkmale nur im nötigen Umfang oder in einem technisch überholten Zustand vorhanden sind. Beispiele: **41**
   - Das Bad besitzt kein Handwaschbecken.
   - Das Bad ist nicht beheizbar.
   - Eine Entlüftung ist im Bad nicht vorhanden.
   - Die Wände im Bad sind nicht überwiegend gefliest.
   - Die Badewanne steht ohne Verbindung frei.
   - Es ist lediglich ein Badeofen vorhanden.
   - Die Fenster haben nur eine Einfachverglasung.
   - Es ist eine technisch überholte Heizungsanlage vorhanden (z.B. Kohleöfen).
   - Die Elektroversorgung ist unzureichend.

b) Ein **mittlerer Standard** liegt vor, wenn die zentralen Ausstattungsmerkmale durchschnittlich sind und selbst höheren Ansprüchen genügen.

c) Ein sehr **anspruchsvoller Standard** (Luxus) liegt vor, wenn bei dem Einbau der zentralen Ausstattungsmerkmale nicht nur das Zweckmäßige, sondern das Mögliche, vor allem durch den Einbau außergewöhnlich hochwertiger Materialien, verwendet wurde.

3.4.6 Baulicher Zustand

▶ *Zur Unbenutzbarkeit von Gebäuden vgl. § 8 ImmoWertV Rn. 48.*

Unter den baulichen Zustand kann einerseits der bauliche Unterhaltungszustand (Modernisierungen, Baumängel und Bauschäden, Bauausführung (Ausstattung, Qualität) des Rohbaus (Baukonstruktion nach KG 300 DIN 276) und des Ausbaus (Technische Anlagen nach KG 400 DIN 276), Ver-und Entsorgungseinrichtungen, Bodenbe-festigungen, Einfriedungen), aber auch der Zustand im Hinblick auf die Einhaltung bauordnungs-rechtlicher Anforderungen bis hin zur Nutzbarkeit von Gebäuden, ihrer Standsicherheit und der Wahrung der öffentlichen Sicherheit und Ordnung, insbesondere Schutz des Lebens, der Gesundheit und der natürlichen Lebensgrundlagen, einschließlich Schutz vor Schädlingsbefall, verstanden werden. **42**

---

26 Schreiben des BMF vom 18.07.2003 (IV C 3 S 2211 – 94/03).

43 Der Gutachterausschuss für Grundstückswerte von *Berlin* unterscheidet in seinen Veröffentlichungen zwischen einem guten, normalen und schlechten baulichen Zustand wie folgt

Gut: Guter, deutlich überdurchschnittlicher baulicher Unterhaltungszustand. Neuwertige oder sehr geringe Abnutzung, unbedeutender Instandhaltungs- und Reparaturaufwand. Zustand in der Regel nach durchgreifender Modernisierung, Sanierung oder Instandsetzung, die deutlich über eine Renovierung hinausgeht und in die Substanz eingreift.

Normal: Normaler, im Wesentlichen durchschnittlicher baulicher Unterhaltungszustand. Geringe oder normale Verschleißerscheinungen, geringer oder mittlerer Instandhaltungs- und Reparaturanstau (z.B. malermäßige Renovierung der Fassaden/Fenster, Klempnerarbeiten).

Schlecht: Schlechter, weitgehend desolater baulicher Unterhaltungszustand. Stärkere bis sehr hohe Verschleißerscheinungen, hoher Reparaturanstau, umfangreichere Instandsetzung der Substanz notwendig (z.B. an Fassaden, Dächern, Mauerwerk).

3.4.6.1 Bauordnungsrechtliche Anforderungen

▶ *Zum Bestandschutz § 5 ImmoWertV Rn. 80; zur Benutzbarkeit von Gebäuden vgl. § 40 ImmoWertV Rn. 7; zur baulichen Nutzbarkeit nach § 16 Abs. 3 Satz 2 Nr. 1 ImmoWertV Rn. 23 ff.; § 5 Abs. 1 und 2 ImmoWertV Rn. 93 ff.*

44 Ein baurechtswidriger Zustand bleibt, soweit er nicht unter Bestandsschutz fällt, bei der Verkehrswertermittlung grundsätzlich unberücksichtigt. Dies betrifft auch die Regelung des Bauordnungsrechts wie z.B. die Bebauung eines Grundstücks, die die bauordnungsrechtlichen Vorgaben der öffentlichen Sicherheit oder Ordnung nicht berücksichtigt.

3.4.6.2 Barrierefreiheit

Schrifttum: DIN 18040-1 Barrierefreies Bauen – Teil 1: Öffentlich zugängliche Gebäude, DIN 32984 Bodenindikatoren, Leitstreifen etc. und DIN 32975 Gestaltung Informationen im öffentlichen Raum.

45 Barrierefrei sind nach § 4 des Behindertengleichstellungsgesetzes (BGG) „bauliche und sonstige Anlagen, Verkehrsmittel, technische Gebrauchsgegenstände, Systeme der Informationsverarbeitung, akustische und visuelle Informationsquellen und Kommunikationseinrichtungen sowie andere gestaltete Lebensbereiche, wenn sie für Menschen mit Behinderungen in der allgemein üblichen Weise, ohne besondere Erschwernis und grundsätzlich ohne fremde Hilfe auffindbar, zugänglich und nutzbar sind. Hierbei ist die Nutzung behinderungsbedingt notwendiger Hilfsmittel zulässig."

46 Die Anforderungen an barrierefreie bauliche Anlagen ergeben sich aus den **Bauordnungen der Länder**.

3.4.6.3 Brandschutz

Schrifttum: *Unglaube, D.*: Sachverständige als Allrounder, GuG 2024.

47 Bauliche Anlagen sowie andere Anlagen und Einrichtungen sind insbesondere so anzuordnen, zu errichten, zu ändern und instand zu halten, dass die öffentliche Sicherheit oder Ordnung, insbesondere das Leben, die Gesundheit oder die natürlichen Lebensgrundlagen, nicht gefährdet werden. Von öffentlichen Verkehrsflächen ist im Rahmen des Brandschutzes insbesondere für die Feuerwehr ein geradliniger Zu- oder Durchgang zu schaffen

1. zur Vorderseite rückwärtiger Gebäude,
2. zur Rückseite von Gebäuden, wenn eine Rettung von Menschen außer vom Treppenraum nur von der Gebäuderückseite aus möglich ist.

48 Der **Zu- oder Durchgang** muss mindestens 1,25 m breit sein (vgl. z.B. § 5 Abs. 1 LBauO NRW). Bei Türöffnungen und anderen geringfügigen Einengungen genügt eine lichte Breite von 1 m. Die lichte Höhe des Zu- oder Durchgangs muss mindestens 2 m betragen.

49 Zu Gebäuden, bei denen die Oberkante der Brüstung notwendiger Fenster oder sonstiger zum Anleitern bestimmter Stellen mehr als 8 m über dem Gelände liegt, ist als **Zu- oder Durchgang für die Feuerwehr** eine mindestens 3 m breite Zu- oder Durchfahrt mit einer lichten Höhe von mindestens 3,50 m zu schaffen. Wände und Decken von Durchfahrten sind in der Feuerwiderstandsklasse F 90 und in den wesentlichen Teilen aus nichtbrennbaren Baustoffen (F 90-AB) herzustellen (vgl. z.B. § 5 Abs. 2 LBauO NRW). Die Zu- und Durchfahrten sowie

die befahrbaren Flächen dürfen nicht durch Einbauten eingeengt werden und sind ständig freizuhalten sowie zu kennzeichnen. Sie müssen für Feuerwehrfahrzeuge ausreichend befestigt und tragfähig sein. Die befahrbaren Flächen zum Aufstellen von Hubrettungsfahrzeugen müssen nach oben offen sein. Kraftfahrzeuge dürfen in den Zu- und Durchfahrten sowie auf den befahrbaren Flächen nicht abgestellt werden (vgl. z.B. § 5 Abs. 6 LBauO NRW).

3.4.6.4 Treppen

Schrifttum: *Gädtke/Temme/Heintz/Czepuck*, Komm. zur BauO NRW, 11. Aufl. 2008. S. 855 ff.

Jedes nicht zu ebener Erde liegende Geschoss und der benutzbare Dachraum eines Gebäudes **50**
müssen nach Maßgabe der Vorschriften der Landesbauordnung mindestens mit einer Treppe zugänglich sein (notwendige Treppe). Einschiebbare Treppen und Leitern sind bei Gebäuden geringer Höhe als Zugang zu einem Dachraum ohne Aufenthaltsräume zulässig; sie können als Zugang zu sonstigen Räumen, die keine Aufenthaltsräume sind, gestattet werden, wenn wegen des Brandschutzes Bedenken nicht bestehen.

Maßgebliche Norm für Treppen ist die **DIN 18064,5;** sie sieht folgende Grenzmaße vor **51**
(Abb. 6):

Abb. 6: Grenzmaße (Fertigmaße im Endzustand)

Grenzmaße von Treppen (Fertigmaße im Endzustand)					
Spalte	**1**	**2**	**3**	**4**	**5**
Zeile	**Gebäudeart**	**Treppenart**	**Mindestens nutzbare Treppenlaufbreite (cm)**	**Maximale Treppensteigung s2) (cm)**	**Mindestens Treppenauftritt a3) (cm)**
1	Wohngebäude mit nicht mehr als zwei Wohnungen[1])	Treppen, die zu Aufenthaltsräumen führen	80	20	23[4]
2		Kellertreppen, die nicht zu Aufenthaltsräumen führen	80	21	21[5]
3		Bodentreppen, die nicht zu Aufenthaltsräumen führen	50	21	21[5]
4	sonstige Gebäude	baurechtlich notwendige Treppen	100	19	26
5	alle Gebäude	baurechtlich nicht notwendige Treppen	50	21	21

[1] schließt auch Maisonette-Wohnungen in Gebäuden mit mehr als 2 Wohnungen ein
[2] aber nicht < 140 mm
[3] aber nicht > 370 mm
[4] Bei Stufen, deren Treppenauftritt a unter 260 mm liegt, muss die Unterschneidung umindestens so groß sein, dass insgesamt 260 mm Trittfläche (a+u) erreicht werden.
[5] Bei Stufen, deren Treppenauftritt a unter 240 mm liegt, muss die Unterschneidung u mindestens so groß sein, dass insgesamt 240 mm Trittfläche (a+u) erreicht werden.
Gemessen wird hierbei im Gehbereich, der bei geraden, viertel- und halb gewendelten Treppen 1/5 der Treppenlaufbreite in der Mitte des Laufes beträgt.

3.4.6.5 Gefahrenlage

52 Grundsätzlich sind bei der Feststellung des Sachverhalts auch besondere gefährdende Umstände wie z.B. eine Einsturzgefahr, ein gefährlicher Schimmelbefall und dgl. zu erfassen und im Gutachten darzustellen und ggf. auf Gefahren für Leib und Leben hinzuweisen. Nach der hier vertretenen Auffassung muss das auch für einen gerichtlich beauftragten Sachverständigen gelten, auch wenn damit über den Beweisbeschluss hinausgegangen wird, denn derartige Umstände beeinflussen i.d.R. den Verkehrswert (Marktwert) eines Grundstücks. Der gerichtlich beauftragte Sachverständige muss in diesem Fall aber vermeiden, dass er sich dem Vorwurf der Befangenheit aussetzt, und sollte sich diesbezüglich zuvor mit dem Richter ins Benehmen setzten[27].

3.4.6.6 Verunreinigte und schadstoffbehaftete bauliche Anlage (Hausschwamm und Hausbock)

Schrifttum: *Führer/Kobler,* Schimmel und andere Schadfaktoren am Bau, Bundesanzeiger Verlag 2018; *Staudinger/Schiemann* (2017), BGB, § 251 Rn. 94; *Tewis, N.*, Merkantiler Minderwert bei Hausschwammbefall, GuG 2000, 33; *WTA-Merkblätter* der Wissenschaftlich-Technischen Arbeitsgemeinschaft für Bauwerkserhaltung und Denkmalpflege e.V. Fraunhofer; *Unglaube, D.*, Der Einfluss von Schadstoffen auf den Verkehrswert, GuG 2023, 202.

▶ *Vgl. § 8 ImmoWertV Rn. 72 ff.; Teil V Rn. 229; zur Unbenutzbarkeit von Gebäuden vgl. § 6 Rn. 66*

53 Bauwerke können insbesondere in Abhängigkeit der zum Zeitpunkt ihrer Errichtung bzw. Änderung verwandten Baustoffe eine Vielzahl von baujahrstypischen Schadstoffen aufweisen, von denen nur wenige im allgemeinen Grundstücksverkehr bekannt sind, insbesondere Asbest, Schimmel, Formaldehyd, polycyclische Kohlenwasserstoffe (PAK)[28], polychlorierte Biphenyle (PCB), künstliche Mineralfaser (KMF). Dabei kann es sich um sichtbare schadstoffhaltige Baustoffe handeln, z.B. Bodenbeläge, Dacheindeckungen sowie Brandschutz- und Fassadenbekleidungen; andere Schadstoffe bleiben darüber hinaus im gewöhnlichen Geschäftsverkehr häufig unerkannt. Im Rahmen der Marktwertermittlung findet eine Beprobung (Bauteilöffnung) i.d.R. nicht statt.
Die erkannten Schadstoffe sowie darauf hindeutende Verdachtsmomente sind in einem Gutachten grundsätzlich aufzuführen.
Eine gesonderte Berücksichtigung von Schadstoffen als besonderes objektspezifisches Grundstücksmerkmal kann in Betracht kommen, soweit sie nicht bereits mit den zur Anwendung kommenden baujahrsabhängigen Wertermittlungsparametern (insbesondere Vergleichspreise, Liegenschaftszinssätze, Sachwertfaktoren) erfasst sind und nach Art und Umfang deutlich über das übliche Maß hinausgehen und mit einer potenziellen Gesundheitsgefährdung verbunden sind.

54 Im Falle eines Befalls und auch im Falle eines Verdachts auf Hausbock bzw. Hausschwammbefall ist sofortige Abhilfe geboten, insbesondere wenn es sich um den echten Hausschwamm handelt. Er ist an dunkelbrauner Verfärbung und würfelartiger Zersetzung des Holzes, an feinen Bohrlöchern und kleinen Pilzgeflechten sowie an frischem Holzmehl erkennbar.
Der Befall gehört damit zu den nicht disponiblen Schäden. Die damit einhergehende Minderung des Marktwerts einer Immobilie bestimmt sich damit nach den erforderlichen Schadensbeseitigungskosten. Die erforderlichen Maßnahmen und deren Kosten können nur unter Heranziehung eines einschlägigen Sachverständigen ermittelt werden. Soweit der Schaden zum Qualitätszeitpunkt bereits beseitigt worden ist, kann eine sog. merkantile Wertminderung bei der Marktwertermittlung zu berücksichtigen sein (vgl. § 8 ImmoWertV Rn. 411).

---

27 *Bayerlein*, Praxishandbuch Sachverständigenrecht, 6. Aufl. 2021.
28 BGH, Urt. vom 07.05.2004 – V ZR 77/03 –, NJW 2004, 2526 = EzGuG 4.187c.

3.4.6.7 Wertbeeinflussende Rechte und Belastungen (§ 3 Abs. 3 Nr. 12 ImmoWertV)

▶ *Vorbem. zur ImmoWertV Rn. 96; § 3 ImmoWertV Rn. 229; § 8 ImmoWertV Rn. 443, § 194 BauGB Rn. 23*

Die in § 3 Abs. 3 Nr. 12 ImmoWertV gegebenen Hinweise sind klarstellender Natur. Danach sind **„wertbeeinflussende" Rechte und Belastungen bei der Verkehrswertermittlung grundsätzlich zu berücksichtigen**. Es kann sich dabei um wertbeeinflussende Rechte und Belastungen privatrechtlicher und öffentlich-rechtlicher Art handeln. **55**

Rechte und Belastungen sind als Zustandsmerkmal der davon betroffenen Grundstücke zu berücksichtigen (§ 3 Abs. 2 Nr. 12 ImmoWertV). Sie können nach § 46 Abs. 1 ImmoWertV auch eigenständiger Gegenstand einer Wertermittlung sein. Dies betrifft in erster Linie Grunddienstbarkeiten, die dem jeweiligen Eigentümer eines Grundstücks das Recht zur Benutzung eines anderen Grundstücks gewähren (§§ 1018 bis 1029 BGB). Dabei **muss zwischen dem aus der Grunddienstbarkeit resultierenden Vorteil für das herrschende Grundstück und dem Nachteil für das dienende Grundstück unterschieden werden.** Vor- und Nachteile können erfahrungsgemäß um ein Vielfaches auseinandergehen[29]. **56**

3.4.7 Energetische Eigenschaften

3.4.7.1 Allgemeines

§ 2 Abs. 3 Buchstabe d ImmoWertV hebt als ein besonderes Grundstücksmerkmal die energetischen Eigenschaften des Bauwerks hervor. Diese Eigenschaften werden indirekt bereits mit den herangezogenen Vergleichsfaktoren bebauter Grundstücke, den angesetzten Ertragsverhältnissen i.V.m. dem herangezogenen Liegenschaftszinssatz, den Normalherstellungskosten i.V.m. dem herangezogen Sachwertfaktoren in dem Maße berücksichtigt, wie sie darin eingegangen sind. Die energetischen Eigenschaften der zu bewertenden baulichen Anlage sind ergänzend nur dann als „besonderes objektspezifisches Grundstücksmerkmal" (boG) zu berücksichtigen, wenn sie nicht schon zuvor in den vorläufigen Vergleichs-, Ertrags- oder Sachwert Eingang gefunden haben. Dies ist im ersten Schritt zu prüfen. **57**

Die **energetischen Eigenschaften** eines Gebäudes können dem **Energieausweis entnommen werden** und sind im Gutachten darzustellen. Seit dem 01.05.2014 ist jeder Energieausweis mit einer vom Aussteller bei der zuständigen Behörde beantragten Registrierungsnummer zu versehen. **58**

Die energetischen Anforderungen an Gebäude sind mit der Zeit kontinuierlich gestiegen. **59**

Chronologie der Gesetzgebung in Deutschland	
1976	Energieeinsparungsgesetz (EnEG)
1977	I. Wärmeschutzverordnung (I. WSchVO)
1984	II. Wärmeschutzverordnung (II. WSchVO)
1995	III. Wärmeschutzverordnung (III. WSchVO)
2002	Energieeinsparverordnung (EnEV)
2004	1. Änderung zur Energieeinsparverordnung (EnEV)
2005	2. Änderung des Energieeinsparungsgesetzes (EnEG) zur Umsetzung der EU-Richtlinie 2002/91/EG vom 16.12.2002

29 BGH, Beschl. vom 30.01.1957 – V ZR 263/56 –, BGHZ 23, 205 = EzGuG 14.5; KG Berlin, Urt. vom 10.07.1967 – 4 U 486/67 –, NJW 1968, 2014 = EzGuG 14.39.

Chronologie der Gesetzgebung in Deutschland	
01.10.2007	Energieeinsparverordnung (EnEV)
	Höchstwerte für Jahresprimärenergiebedarf und des spezifischen (auf die Wärme übertragende Umfassungswände bezogenen) Transmissionswärmeverlustes
29.04.2009	Energieeinsparverordnung i.d.F. vom 29.04.2009 (BGBl. I 2009, 954)
2013	Energieeinsparverordnung (EnEV), geändert durch Art. 4 des Gesetzes 05.12.2012 (BGBl. I S. 2449), der Zweiten Verordnung zur Änderung der EnEV vom 18.01.2013 (BGBl. I S. 3951),
01.05.2014	EnEV 2014 gemäß dem Vierten Gesetz zur Änderung der Energieeinsparverordnung vom 04.07.2013 BGBl. I 2013, 2197
2016	Energieeinsparverordnung (EnEV) 2016 gemäß Verordnung vom 24.10.2015 (BGBl. 2015, 1789)
01.11.2020	GebäudeEnergieGesetz – GEG – vom 08.08.2020 (BGBl. I 2020, 1728)

60 Durch das **Gebäudeenergiegesetz (GEG)** werden EnEG, EnEV und EEWärmeG in einem Gesetz zusammengeführt. Die wichtigsten Regelungen des GEG:

1. Eingeführt wird ein neues gleichwertiges Verfahren zum Nachweis der Einhaltung der energetischen Anforderungen bei der Errichtung von Wohngebäuden (sog. Modellgebäudeverfahren für Wohngebäude).
2. Die beim Neubau bestehende Pflicht zur Nutzung erneuerbarer Energien kann auch durch die Nutzung von gebäudenah erzeugtem Strom aus erneuerbaren Energien erfüllt werden.
3. Flexibilisierungsoptionen bei der Erfüllung der energetischen Neubaustandards. Diese betreffen insbesondere die Anrechnungsmöglichkeiten von gebäudenah erzeugtem Strom aus erneuerbaren Energien sowie von gasförmiger Biomasse bei der energetischen Bilanzierung.
4. Die bei der Berechnung des zulässigen Jahres-Primärenergiebedarfs zu verwendenden Primärenergiefaktoren werden im GEG geregelt.
5. Einführung einer befristeten Innovationsklausel. Diese ermöglicht jeweils in Einzelfällen zweierlei.
   a) Bis Ende 2023 war es möglich, durch eine Befreiung durch die zuständige Behörde die nach dem GEG erforderlichen Anforderungen anstelle über die Hauptanforderung des zulässigen Jahres-Primärenergiebedarfs über ein auf die Begrenzung der Treibhausgasemissionen ausgerichtetes System und den zulässigen Jahres-Endenergiebedarf nachzuweisen, soweit die Gleichwertigkeit der Anforderungen gegeben ist.
   b) Bis Ende 2025 ist es möglich, bei Änderungen von bestehenden Gebäuden die Einhaltung der Anforderungen über eine gemeinsame Erfüllung im Quartier, also eine Gebäudemehrheit, sicherzustellen[30].

61 **Energetische Sanierungen** wirken sich nach allgemeinen Marktbeobachtungen selten auf den Kaufpreis und damit auf den Verkehrswert aus.

30 Kippes, St. Marktmonitor Immobilien 2015.

3.4.7.2 Energetische Kenngrößen von Gebäuden und Bauteilen

Es kommen verschiedene Kenngrößen zur Beschreibung des energetischen Zustands in Betracht. **62**

a) Je nachdem, ob der **Energieausweis** ein Bedarfs- oder Verbrauchsausweis ist, wird die energetische Qualität eines Gebäudes entweder errechnet oder gemessen.

- Der *Bedarfsausweis* enthält den anhand der jährlich für Heizung, Warmwasser, Lüftung und Kühlung pro Quadratmeter (Wohn- oder Nettogrund-)fläche (kWh/(m²a)) berechneten Energiebedarf, mit dem die normierte Rauminnentemperatur und die Erwärmung des Warmwassers über das ganze Jahr sichergestellt wird (**Energiebedarfskennwert**).
- Der *Verbrauchsausweis* enthält den **Energieverbrauchskennwert** in Kilowattstunden pro Jahr und Quadratmeter (Wohn- oder Nettogrund-)fläche (kWh/(m²a)), der sich als Mittelwert nach der in den vergangenen drei Jahren zur Beheizung, Lüftung, Warmwasserbereitung und Kühlung des Gebäudes benötigten und gemessenen Energie bemisst.

$$\text{Energieverbrauchswert} = \frac{\sum \text{Jahresenergieverbräuche der letzten drei Jahre}}{3 \text{ x Nettogrundfläche}}$$

Der Energieverbrauchswert ist vom subjektiven Nutzerverhalten abhängig und deshalb als objektiver Vergleichsmaßstab ungeeignet. Verbrauchswerte liegen im Durchschnitt bis zu 30 % niedriger als Bedarfswerte.

b) *Jahresprimärenergiebedarf*
Der Jahresprimärenergiebedarf (kWh/m²a[31]) beschreibt den Energiebedarf ab Herstellung bzw. Gewinnung der Energiequelle sowie beim Transport und Verbrauch. Bei Wohngebäuden berechnet sich der Jahresprimärenergiebedarf vereinfacht aus der Summe des Jahresheizwärmebedarfs und des Zuschlags für Warmwasser multipliziert mit einer Anlagenaufwandszahl.
Der Jahresprimärenergiebedarf ist abhängig von der Art der Energie und nur zu einem Bruchteil von den gebäudespezifischen Eigenschaften und deshalb als objektiver Vergleichsmaßstab ungeeignet.

c) *Transmissionswärmeverlust*
Unter dem Transmissionswärmeverlust versteht man die Wärmeverluste eines Gebäudes aufgrund der Wärmeleitung durch die Gebäudehülle.

d) *Lüftungswärmeverlust*
Unter dem Lüftungswärmeverlust versteht man die Wärmeverluste eines Gebäudes durch Lüftung.

e) *Wärmedurchgangskoeffizient*
Der Wärmedurchgangskoeffizient (W/m²·K), auch U-Wert bzw. k-Wert genannt, beschreibt den Wärmedurchgang durch einen festen Körper (bei Gebäuden eine Wand) aufgrund eines Temperaturunterschiedes zwischen den Wänden, d.h. den Wärmestrom (Wärmeenergie pro Zeit) je Fläche der Wand und je Kelvin Temperaturunterschied.

---

31 Dabei ist kWh = Kilowattstunde und a = Jahre.

4 Wertermittlungsstichtag (§ 2 Abs. 4 ImmoWertV)

4.1 Allgemeines

▶ *Vgl. Vorbem. zur ImmoWertV Rn. 41; Syst. Darst. des Vergleichswertverfahrens Rn. 34; § 6 ImmoWertV Rn. 109 f.; Syst. Darst. des Ertragswertverfahrens Rn. 2; zur retroperspektiven Marktwertermittlung § 2 ImmoWertV Rn. 75 ff.; § 40 ImmoWertV Rn. 149 ff.; zum Wertermittlungsstichtag bei städtebaulichen Sanierungs- und Entwicklungsmaßnahmen vgl. Teil VI Rn. 556, 714; Teil IX Rn. 138*

63 **Wertermittlungsstichtag ist** nach § 2 Abs. 4 ImmoWertV **der Zeitpunkt, auf den sich die Wertermittlung bezieht und der für die Ermittlung der allgemeinen Wertverhältnisse maßgeblich ist,** d.h., die zu diesem Zeitpunkt auf dem Grundstücksmarkt vorherrschenden allgemeinen Wertverhältnisse sollen maßgebend sein. Dies kann ein gegenwärtiger, aber auch – im Falle einer sog. retrograden Verkehrswertermittlung – ein zurückliegender Zeitpunkt, jedoch kein in der Zukunft liegender Zeitpunkt sein. Denn der Gutachter kann nicht „vorhersehend" mit der gebotenen Sicherheit die künftige Entwicklung auf dem Grundstücksmarkt prognostizieren. Indessen kann der Wertermittlung aber durchaus ein Zustand des Grundstücks zugrunde gelegt werden, wie er sich nach konkreten Anhaltspunkten voraussichtlich in der Zukunft darstellt. Dies kann zum Beispiel auf der Grundlage eines zur Realisierung anstehenden Bebauungsplans erfolgen.

64 Der **Wertermittlungsstichtag muss von dem Zeitpunkt der Wertermittlung** (bzw. Zeitpunkt der Bewertung), d.h. dem Zeitpunkt der An- und Ausfertigung z.B. eines Gutachtens sowie dem Zeitpunkt der Ortsbesichtigung, **unterschieden werden**.

65 Der vom Verordnungsgeber eingeführte Begriff des Wertermittlungsstichtags ist irreführend, wenngleich unvermeidlich. Auf der einen Seite kommt man im allgemeinen Rechtsverkehr und insbesondere auch bei der Durchführung städtebaulicher Maßnahmen nicht umhin, die Verkehrswertermittlung auf einen bestimmten Zeitpunkt zu beziehen (z.B. im Rahmen der Enteignungsentschädigung, der Verkehrswertermittlung in Umlegungs- und Sanierungsgebieten sowie Entwicklungsbereichen). Auf der anderen Seite muss man mit Blick auf die Leistungsfähigkeit der Wertermittlung aber auch klar sehen, dass es **in Zeiten sich verändernder allgemeiner Wertverhältnisse auf dem Grundstücksmarkt keinem Sachverständigen gelingen kann, den Verkehrswert mit seinem Tageswert zu ermitteln** und vielleicht sogar noch täglich fortzuschreiben. Insoweit gaukelt der Begriff „Wertermittlungs*stichtag*" eine nicht leistbare Genauigkeit vor und selbst die Bezugnahme auf einen Bezugs*monat* wäre ein kaum stets erfüllbares Versprechen[32].
Zum missverstandenen Stichtagsprinzip vgl. die Erläuterungen bei den Vorbem. zur ImmoWertV Rn. 42.

4.2 Retroperspektive Wertermittlung

Schrifttum: *Findeleise, St.*, Die Spezifika von Wertermittlungen mit zurückliegendem Wertermittlungsstichtag, GuG 2023, 88; *Halaczinsky* in Rössler/Troll, BewG, § 138 BewG; Erlass des Bay. Landesamtes für Steuern vom 15.11.2013 – S 0351 –.

▶ *Vgl. § 10 ImmoWertV Rn. 18; § 11 ImmoWertV Rn. 5; § 53 ImmoWertV Rn. 5; Teil II Rn. 190*

66 Bei der retroperspektivischen (retrograden) Marktwertermittlung, d.h. bei einer auf einen zurückliegenden Stichtag bezogenen Wertermittlung (ex post), bestimmt sich der Verkehrswert auf der Grundlage des gewöhnlichen Geschäftsverkehrs am Wertermittlungsstichtag (*retrospective value opinion*). Dies bedeutet nicht nur, dass **die am Wertermittlungsstichtag herrschenden allgemeinen Wertverhältnisse auf dem Grundstücksmarkt** (Lage auf dem Grundstücksmarkt) maßgeblich sind; auch der Grundstückszustand, d.h. sowohl die allgemeinen als auch die besonderen Grundstücksmerkmale des Grundstücks, sind entsprechend dem

32 Vgl. Kleiber in Glosse, GuG aktuell 2020, 19.

maßgeblichen Qualitätsstichtag so zu qualifizieren, wie sich die Marktbedingungen für aufgeklärte, vertragswillige und voneinander unabhängige Geschäftspartner im Rahmen einer ordnungsgemäßen Vermarktung am Wertermittlungsstichtag dargestellt haben.

Dementsprechend sind alle im gewöhnlichen Geschäftsverkehr zum Wertermittlungsstichtag **67** üblicherweise zugänglichen Erkenntnisse zum Grundstückszustand und den allgemeinen Wertverhältnissen auf dem Grundstücksmarkt der Wertermittlung zugrunde zu legen. Es sind auch Entwicklungen zu berücksichtigen, mit denen zum Wertermittlungsstichtag im gewöhnlichen Geschäftsverkehr aufgrund konkreter Tatsachen und mit hinreichender Sicherheit gerechnet werden konnte (**Wurzeltheorie;** vgl. 11 ImmoWertV Rn. 5). Entwicklungen, die zu dem zurückliegenden Wertermittlungsstichtag nicht erkennbar waren, müssen dagegen außer Betracht bleiben.

Der Sachverständige hat sich in solchen Fällen grundsätzlich (und vorbehaltlich anderer Vor- **68** gaben) in den Erkenntnisstand zu versetzen, den er am Wertermittlungsstichtag haben konnte. Grundsätzlich können sich nämlich nur solche Verhältnisse und Gegebenheiten auf den Marktwert auswirken, die zum Wertermittlungsstichtag gegeben waren bzw. mit denen mit hinreichender Sicherheit zu rechnen war. Würde man nachträglich bessere Erkenntnisse über die Beschaffenheit eines Grundstücks oder Gebäudes in die Wertermittlung einbeziehen, so würde man den Marktverhältnissen des Stichtags nicht mehr gerecht werden. Denn im gewöhnlichen, nicht spekulativen Geschäftsverkehr des Stichtags würden bisher verborgen gebliebene Eigenschaften oder Zustände eines Grundstücks allenfalls dann beachtet, wenn ein greifbarer Anhalt für deren Vorliegen bestünde[33].

- Die „jüngeren“ Preisvereinbarungen sowie Bodenrichtwerte, die zu einem zurückliegenden Wertermittlungsstichtag (z.B. zum 01.02. des Jahres) noch nicht veröffentlicht worden waren, können nur berücksichtigt werden, wenn die sich darin manifestierende Preisentwicklung des Vorjahres mit hinreichender Sicherheit aufgrund konkreter Tatsachen am Wertermittlungsstichtag erwartet werden konnte.
- Entsprechendes gilt auch für die der Wertermittlung zugrunde zu legenden Grundstücksmerkmale (Zustand des Grundstücks).
  Auch **neuere Erkenntnisse über die Lebenserwartung von Nutzungsberechtigten sind bei retroperspektivischer Verkehrswertermittlung** (ex post) **nicht zu berücksichtigen,** wenn es z.B. um die Verkehrswertermittlung eines Wohnrechts oder eines Nießbrauchs geht. In diesem Fall sind mithin die jeweiligen Leibrentenfaktoren heranzuziehen, die zum Wertermittlungsstichtag dem Sachverständigen zugänglich waren; die Leibrentenfaktoren berücksichtigen bereits die am Wertermittlungsstichtag gegebene Überlebenswahrscheinlichkeit.
- Umgekehrt hat der BGH in seiner Rechtsprechung nicht ausgeschlossen, dass **aus „Kaufpreisen, die** bei etwas anders gelagerten Grundstücken oder **zu einer anderen Zeit … erzielt worden sind, auf den im vorliegenden Fall zutreffenden Preis“ geschlossen werden kann**. Denn „aus der Höhe späterer Preise“ können „auch Schlüsse auf die Höhe von früheren Werten gezogen werden …, weil die Preisentwicklungen nicht unüberschaubar zu sein brauchen“[34].
- Es können auch die **vom Gutachterausschuss erforderlichen Daten der Wertermittlung (Liegenschaftszinssätze, Sachwertfaktoren, Bodenrichtwerte, Umrechnungskoeffizienten)** zur Anwendung kommen, die erst nach dem Wertermittlungsstichtag auf der Grundlage von Vergleichspreisen der Vorjahre veröffentlicht worden sind, denn diese bilden die zum Wertermittlungsstichtag herrschenden allgemeinen Wertverhältnisse ab und waren zudem am Wertermittlungsstichtag zugänglich (§ 12 ImmoWertV Rn. 19; vgl. auch § 1 ImmoWertV Rn. 29).

---

33 FG Mecklenburg-Vorpommern, Urt. vom 10.12.2014 – 1 K 332/11 –, ZEV 2015, 435 = EzGuG 20.239; FG Rheinland-Pfalz, Urt. vom 13.09.1995 – 1 K 2509/91 –, EFG 1996, 280.

34 BGH, Urt. vom 19.06.1958 – III ZR 32/57 –, WM 1958, 1360 = EzGuG 20.21.

69 **Nachträglich bekannt gewordene Grundstücksmerkmale** (z.B. über Altlasten oder Schadensbeseitigungskosten für nicht erkennbare Baumängel) machen ein Verkehrswertgutachten nicht fehlerhaft, zumindest dann, wenn die nachträglich bekannt gewordenen Tatsachen am Wertermittlungsstichtag nicht erkennbar waren[35].

5 Qualitätsstichtag (§ 2 Abs. 5 ImmoWertV)

5.1 Allgemeines

70 **Qualitätsstichtag ist** nach § 4 Abs. 1 Satz 1 ImmoWertV **der Zeitpunkt, auf den sich der für die Wertermittlung „maßgebliche" Grundstückszustand i.S. des Abs. 2 bezieht.** Der Begriff des Qualitätsstichtags, auch Qualitätsfestschreibungszeitpunkt genannt, ist in der Entschädigungsrechtsprechung[36] und im Schrifttum entwickelt worden und hat allgemein Anerkennung gefunden. Mit dem Begriff soll in prägnanter Weise der Zeitpunkt fixiert werden, nach dem sich die für die Wertermittlung maßgeblichen Grundstücksmerkmale bestimmen[37], die von den am Wertermittlungsstichtag tatsächlich gegebenen Zustandsmerkmalen abweichen können, insbesondere wenn die der Wertermittlung zugrunde zu legenden Grundstücksmerkmale von den am Wertermittlungsstichtag tatsächlich gegebenen Grundstücksmerkmalen

- aufgrund besonderer Vorgaben des Auftraggebers,
- aufgrund rechtlicher Bestimmungen oder
- sonstiger Gründe

abweichen.

71 *Beispiele* für einen abweichenden Qualitätsstichtag sind Wertermittlungen im Rahmen von

- Umlegungsverfahren,
- Enteignungsverfahren,
- städtebaulichen Sanierungsverfahren,
- städtebaulichen Entwicklungsverfahren,
- Verfahren zur Ermittlung des Zugewinnausgleichs im ehelichen Güterrecht.

72 Unter *„sonstigen Gründen"* i.S. des § 2 Abs. 5 Satz 2 ImmoWertV, die zu einem Auseinanderfallen des Wertermittlungs- und Qualitätsstichtags führen können, sind generell Vermögensauseinandersetzungen[38] zu nennen.

---

35 FG Mecklenburg-Vorpommern, Urt. vom 10.12.2014 – 1 K 332/11 –, EzGuG 20.239; BFH, Urt. vom 01.04.1998 – X R 150/95 –, GuG 1998, 373 = BFHE 186, 70 = BStBl II 1998, 519 = EzGuG 19.45.

36 Der BGH spricht im Rahmen der Enteignungsentschädigung vom „Zeitpunkt des Eingriffs": BGH, Urt. vom 17.11.1988 – III ZR 210/87 –, BRS Bd. 53 Nr. 130 = EzGuG 18.109; BGH, Urt. vom 11.02.1988 – III ZR 64/87 –, BRS Bd. 48 Nr. 115 = EzGuG 5.30; BGH, Urt. vom 19.06.1986 – III ZR 22/85 –, NVwZ 1986, 1053 = EzGuG 6.229, BGH, Urt. vom 22.04.1982 – III ZR 131/80–, BRS Bd. 45 Nr. 192 = EzGuG 17.44; BGH, Urt. vom 13.07.1978 – III ZR 112/75 –, BRS Bd. 34 Nr. 80 = EzGuG 6.200; BGH, Urt. vom 24.03.1977 – III ZR 32/75 –, BRS Bd. 34 Nr. 188 = EzGuG 6.190; BGH, Urt. vom 24.03.1977 – III ZR 32/75 –, BRS Bd. 34 Nr. 188 = EzGuG 6.190; BGH, Urt. vom 08.05.1967 – III ZR 148/65 –, BRS Bd. 19 Nr. 73 = EzGuG 14.28; BGH, Urt. vom 29.11.1965 – III ZR 34/64 –, BRS Bd. 19 Nr. 72 = EzGuG 6.82; BGH, Urt. vom 25.09.1958 – III ZR 82/57 –, BGHZ 28, 160 = EzGuG 6.35; BayObLG, Urt. vom 27.01.1987 – RReg 1 Z 167/86 –, BayVBl. 1987, 472 = EzGuG 6.233.

37 BGH, Urt. vom 19.06.1986 – III ZR 22/85 –, NVwZ 1986, 1053 = EzGuG 6.229; BGH, Urt. vom 24.03.1977 – III ZR 32/75 –, BRS Bd. 34 Nr. 188 = EzGuG 6.190; BGH, Urt. vom 29.11.1965 – III ZR 34/64 –, BRS Bd. 19 Nr. 72 = EzGuG 6.82; BayObLG, Urt. vom 27.01.1987 – RReg 1 Z167/86 –, BayVBl. 1987, 472 = EzGuG 6.233; Schmidt-Aßmann in Ernst/Zinkahn/Bielenberg/Krautzberger, BauGB Komm., § 93 BauGB Rn. 69 ff.

38 BR-Drs. 352/88, S. 32 f.

73 Die Definition des Qualitätsstichtags als den „Zeitpunkt, auf den sich der für die Wertermittlung maßgebliche Grundstückszustand bezieht", hat in der Praxis zu einer Reihe von Missverständnissen führen müssen, weil nach dem Wortlaut der gegebenen Definition grundsätzlich die Gesamtheit aller am Qualitätsstichtag tatsächlich gegebenen Grundstücksmerkmale der Wertermittlung zugrunde zu legen ist. In den Fällen, in denen der Qualitätsstichtag praktische Bedeutung hat, ist dies aber keineswegs der Fall. Auch in der Entschädigungsrechtsprechung ist der **Begriff in erster Linie nur für die Qualifizierung des Entwicklungszustands i.S. des § 3 ImmoWertV** eines zu entschädigenden Grundstücks geprägt worden. Für die auf dem Grundstück vorhandene bauliche Anlage kann indessen ein anderer (zumeist mit dem Wertermittlungsstichtag identischer) Qualitätsstichtag maßgeblich sein. In diesem Fall gibt es also zwei Zeitpunkte, „auf den sich der für die Wertermittlung maßgebliche Grundstückszustand" i.S. des § 2 Abs. 5 Satz 1 ImmoWertV bezieht (gemischte Qualitätsstichtage), d.h., in diesem Fall muss zwischen dem Boden und den darauf befindlichen baulichen Anlagen und sonstigen Einrichtungen differenziert werden. Mit dem Qualitätsstichtag wird vor allem nicht die zu diesem Zeitpunkt gegebene Restnutzungsdauer der baulichen Anlage „eingefroren" (Abb. 7).

Abb. 7: Gemischte Qualitätsstichtage

Gemische Qualitätsstichtage

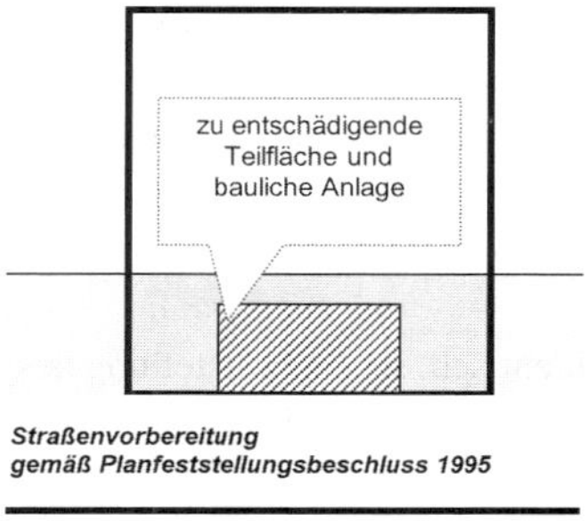

Aufgrund einer rechtsverbindlichen Planung war das Grundstück im Jahre 1995 von der konjunkturellen Weiterentwicklung (Vorwirkung) ausgeschlossen.

Qualitätsstichtag: 1995

Der Verkehrswert der für die Straßenverbreiterung zu entschädigenden Teilfläche sowie des aufstehenden Gebäudes wird **zum Wertermittlungsstichtag 01.01.2011** unter Berücksichtigung entschädigungsrechtlicher Grundsätze ermittelt, d.h.

- Bodenwert nach der „Qualität" von 1995 und den allgemeinen Wertverhältnissen auf dem Grundstücksmarkt von 2011.
- Gebäude nach der „Qualität" und den allgemeinen Wertverhältnissen auf dem Grundstücksmarkt von 2011, insbesondere auch der Restnutzungsdauer von 2011.

© W. Kleiber 16

74 Der Qualitätsstichtag kann grundsätzlich mit dem Wertermittlungsstichtag identisch sein, er kann in der Vergangenheit, aber auch in der Zukunft liegen. Es ist **nicht** stets **erforderlich, den Qualitätsstichtag mit einem Kalenderdatum vorzugeben**; dies wird, insbesondere bei Qualitätsstichtagen, die in der Zukunft liegen, auch gar nicht möglich sein. Es kann ausreichen, den Qualitätsstichtag z.B. abstrakt mit dem „Ereignis" vorzugeben, zu dem der maßgebliche Grundstückszustand gegeben ist. Qualitätsstichtag kann z.B. der Tag sein, an dem eine bestimmte Modernisierung, Instandsetzung und derartige Maßnahmen oder eine städtebauliche Maßnahme abgeschlossen worden ist.

75 Ein vom Wertermittlungsstichtag abweichender Qualitätsstichtag kann sich insbesondere aus den Zielen und Zwecken der Marktwertermittlung ergeben und der Sachverständige ist gut beraten, sich mit dem Auftraggeber ins Benehmen zu setzen, wenn dessen Vorgaben nicht dem der Gutachtenerstattung entsprechen.

Beispiel:

Qualitätsstichtag für die Ermittlung des Neuordnungswerts im Rahmen von Sanierungs- bzw. Entwicklungsmaßnahmen: Zeitpunkt nach Abschluss der Sanierungs- bzw. Entwicklungsmaßnahme (Aufhebung der förmlichen Festlegung).

5.2 Identität von Wertermittlungsstichtag und Qualitätsstichtag

76 Im Allgemeinen ist bei der Marktwertermittlung der Grundstückszustand „maßgeblich", der den tatsächlichen Verhältnissen am Wertermittlungsstichtag (§ 2 Abs. 5 Satz 2, 1. Halbsatz ImmoWertV) entspricht, wobei künftige Entwicklungen nach allgemeinen Grundsätzen der Verkehrswertermittlung als Zustandsmerkmale zu berücksichtigen sind. **Wertermittlungsstichtag und Qualitätsstichtag sind dann identisch**. In der Regel wird bei der Beauftragung eines Sachverständigen noch nicht einmal der Qualitätsstichtag vorgegeben, selbst dann nicht, wenn nach Sinn und Zweck des Auftrags ein vom Wertermittlungsstichtag abweichender Qualitätsstichtag maßgebend ist.

77 Von dem am Wertermittlungsstichtag gegebenen Grundstückszustand ist deshalb grundsätzlich auszugehen, es sei denn,

- der Auftraggeber macht dem Sachverständigen andere „maßgebliche" Vorgaben,
- es ist nach den im Einzelfall gegebenen Verhältnissen (insbesondere den rechtlichen Gegebenheiten wie der Lage des Grundstücks in einem Sanierungsgebiet, in einem städtebaulichen Entwicklungsbereich, in einem Umlegungsgebiet) der Grundstückszustand eines vom Wertermittlungsstichtag abweichenden Zeitpunkts für die Qualifizierung des Grundstückszustands maßgeblich.

78 Es kann sich dabei um Zustandsmerkmale der Vergangenheit, aber auch der Zukunft handeln. Im Überblick ist zwischen **folgenden Fallgestaltungen** zu unterscheiden:

a) Vorverlegung des Zeitpunkts der Zustandsqualifizierung gegenüber dem Wertermittlungsstichtag;

b) Berücksichtigung eines künftigen Grundstückszustands gegenüber dem Wertermittlungsstichtag.

79 Sind **Wertermittlungsstichtag und Qualitätsstichtag** identisch, ist die Feststellung des maßgeblichen Grundstückszustands einfach, weil der Gutachter „vor Ort" die tatsächlichen Zustandsmerkmale feststellen und sich hierüber einen persönlichen Eindruck verschaffen kann (vgl. Abb. 8).

Abb. 8: Identität von Wertermittlungs- und Qualitätsstichtag

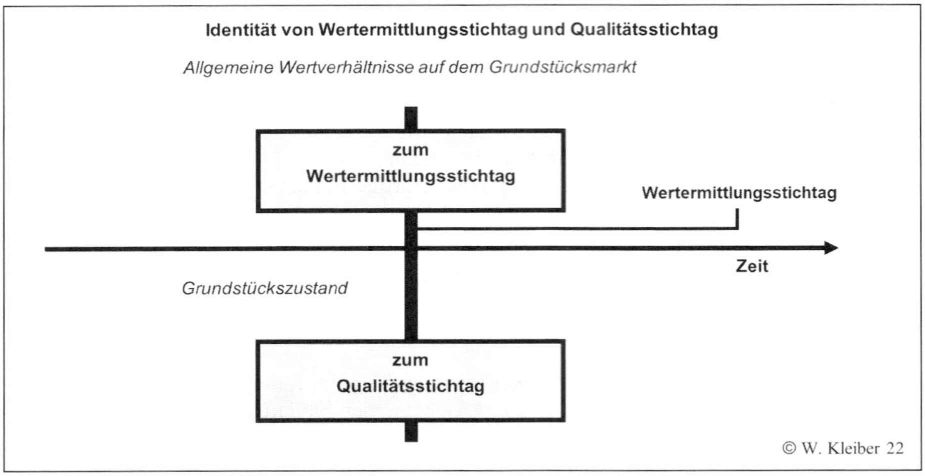

5.3 Unterschiedlicher Wertermittlungs- und Qualitätsstichtag

5.3.1 Allgemeines

Wie dargelegt sind im „Normalfall“ der Wertermittlungsstichtag und der Zeitpunkt, der für die Qualifizierung des Grundstückszustands maßgeblich ist (Qualitätsstichtag), identisch. Aus verschiedenen Anlässen können jedoch **80**

- der Wertermittlungsstichtag und
- der für die Qualifizierung des Grundstückszustands maßgebliche Zeitpunkt (Qualitätsstichtag)

auseinanderfallen. Deshalb bestimmt § 2 Abs. 5 Satz 2 ImmoWertV, dass der Wertermittlung **ein vom Wertermittlungsstichtag abweichender Grundstückszustand zugrunde zu legen ist, wenn dies aus rechtlichen oder sonstigen Gründen geboten** ist. Grundsätzlich kann es sich dabei um jeden fiktiven – vernünftigen Gesichtspunkten Rechnung tragenden – Grundstückszustand handeln, der dann in dem Gutachten hinreichend genau qualifizierend beschrieben werden muss. In den einschlägigen Fällen wird der Gutachter aber schon aus praktischen und rechtlichen Erwägungen danach trachten, den maßgeblichen Grundstückszustand nach den Verhältnissen eines bestimmten in der Vergangenheit oder in der Zukunft liegenden Qualitätsstichtags zu qualifizieren[39]:

Beispiel: **81**
Ein Erblasser hinterlässt zwei Erben ein Wohngebäude, in dem einer der Erben wohnt. Im Zuge der Erbauseinandersetzung soll der andere Erbe auf der Grundlage des aktualisierten Wertanteils ausgezahlt werden. Zwischenzeitlich wurden aber von dem im Gebäude wohnenden Erben erhebliche bauliche Änderungen vorgenommen. Die damit bewirkten Wertverbesserungen sollen ihm aber in voller Höhe erhalten bleiben. Zur Ermittlung des Erbanteils ist deshalb der heutige Verkehrswert des Grundstücks nach dessen Zustand zum Zeitpunkt des Erbgangs zu ermitteln.

Vor allem **im öffentlich-rechtlichen Bereich fallen der Wertermittlungsstichtag und der für die Qualifizierung des Grundstückszustands maßgebliche Zeitpunkt auseinander.** **82**

5.3.2 Rückwärtiger Zeitpunkt der Zustandsqualifizierung (Qualitätsstichtag)

▶ *Qualitätsstichtag bei der Enteignung vgl. Teil VI Rn. 74 ff.*

Bei der Bemessung von Enteignungsentschädigungen sowie im Zuge städtebaulicher Veranstaltungen, z.B. **83**

- Sanierungsverfahren unter Anwendung der besonderen sanierungsrechtlichen Vorschriften der §§ 152 ff. BauGB (klassisches bzw. umfassendes Sanierungsverfahren),
- Entwicklungsmaßnahmen nach den §§ 165 ff. BauGB sowie
- Umlegungsverfahren nach den §§ 45 ff. BauGB,

stellt sich die Aufgabe, den Verkehrswert des Grundstücks oder den jeweiligen Bodenwert (des bebauten Grundstücks) auf der Grundlage der Zustandsmerkmale des Grundstücks zu einem (gegenüber dem Wertermittlungsstichtag) zurückliegenden Zeitpunkt zu ermitteln. Man spricht in diesem Fall – etwas vereinfacht – vom Verkehrswert des Grundstücks „nach den **Zustandsmerkmalen von gestern und den allgemeinen Wertverhältnissen von heute**“. In diesen Fällen müssen die Zustandsmerkmale des Grundstücks zu einem „historischen“, d.h.

---

39 Grundsätzlich muss zur Qualifizierung des maßgeblichen Grundstückszustands nicht unbedingt ein bestimmter Stichtag vorgegeben werden; es reicht aus, die wertbestimmenden Merkmale eines der Wertermittlung zugrunde zu legenden Grundstückszustands „qualitativ“ vorzugeben.

zu einem zurückliegenden Zeitpunkt festgestellt werden. Der Verkehrswert wird dann unter Zugrundelegung dieses Zustands und der aktuellen allgemeinen Wertverhältnisse auf dem Grundstücksmarkt ermittelt (Abb. 9).

Abb. 9: Verkehrswertermittlung auf der Grundlage eines „historischen" Grundstückszustands

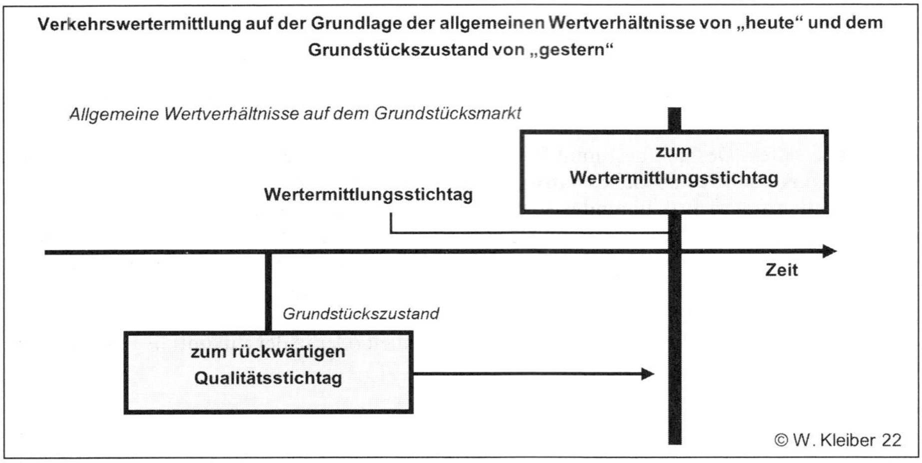

84 Bei der **Bemessung von Enteignungsentschädigungen** bestimmen sich nach § 93 Abs. 4 und § 95 Abs. 1 BauGB zwar sowohl der maßgebliche Grundstückszustand als auch die der Wertermittlung zugrunde zu legenden allgemeinen Wertverhältnisse übereinstimmend nach dem Zeitpunkt, in dem die Enteignungsbehörde über den Enteignungsantrag entscheidet[40], jedoch führt insbesondere bei der Enteignung künftiger Gemeinbedarfsflächen das Institut der enteignungsrechtlichen Vorwirkung zu einer Zurückverlegung des Stichtags, nach dem sich der Zustand des zu enteignenden Grundstücks bestimmt. Danach ist also die Grundstücksqualität (Zustand des Grundstücks) maßgebend, die für das **Grundstück in dem Zeitpunkt** bestand, **in dem eine Enteignung mit Sicherheit und hinreichender Bestimmtheit zu erwarten war** (Zeitpunkt des enteignenden Eingriffs, Teil VI Rn. 557 ff.).

a) Auch bei der Bemessung der **Enteignungsentschädigung nach dem Landbeschaffungsgesetz – LBG –** bestimmt sich gemäß § 17 Abs. 3 LBG der Grundstückszustand nach den Verhältnissen zum Zeitpunkt des Enteignungsbeschlusses. Bei vorzeitiger Besitzeinweisung ist gemäß § 39 Abs. 1 Nr. 5 LBG der Zeitpunkt maßgebend, in dem diese wirksam wird.

b) Im Falle einer **Umlegungsmaßnahme** nach den §§ 45 ff. BauGB ist der Grundstückszustand nach Maßgabe des § 57 BauGB zum Zeitpunkt des Umlegungsbeschlusses unter Ausschluss der umlegungsbedingten Werterhöhung (Rohbauland) maßgebend.

c) Im Falle einer **„klassischen" Sanierungsmaßnahme oder** einer **Entwicklungsmaßnahme** nach Maßgabe des § 153 Abs. 1 bzw. § 169 Abs. 1 Nr. 7 oder Abs. 4 BauGB ist der Grundstückszustand zum Zeitpunkt des beginnenden Sanierungs- oder Entwicklungseinflusses maßgebend.

40 Zeitpunkt der letzten Tatsachenverhandlung vgl. BGH, Urt. vom 29.04.1968 – III ZR 177/65 –, BRS Bd. 19 Nr. 122 = EzGuG 16.8; BGH, Urt. vom 27.06.1963 – III ZR 165/61 –, BRS Bd. 19 Nr. 76 = EzGuG 6.69; BGH, Urt. vom 27.06.1963 – III ZR 166/61 –, BGHZ 40, 87 = EzGuG 6.70; BGH, Urt. vom 28.06.1954 – III ZR 49/53 –, BGHZ 14, 106 = EzGuG 6.7h; BGH, Urt. vom 23.09.1957 – III ZR 224/56 –, BGHZ 25, 225 = EzGuG 6.23; BGH, Urt. vom 24.02.1958 – III ZR 181/56 –, BGHZ 26, 373 = EzGuG 6.29; BGH, Urt. vom 22.01.1959 – III ZR 186/57 –, BGHZ 29, 217 = EzGuG 6.38.

5.3.3 Zukünftiger Zeitpunkt der Zustandsqualifizierung (Qualitätsstichtag)

▶ *Weitere Ausführungen hierzu im Teil VI (Sanierungs- und Entwicklungsmaßnahmen)*

Eine marktkonforme Verkehrswertermittlung erlaubt es nicht, in der Zukunft sich erst (noch) bildende Verkehrswerte präskriptiv zu ermitteln. Dies könnte nur auf der Grundlage spekulativer Annahmen geschehen, denn die Entwicklung der allgemeinen Wertverhältnisse auf dem Grundstücksmarkt lässt sich im Allgemeinen nicht voraussehen (*prospective value opinion*). Davon zu unterscheiden ist aber die auf einen aktuellen Wertermittlungsstichtag bezogene **Verkehrswertermittlung unter Zugrundelegung eines bestimmten vorhersehbaren Grundstückszustands.** Diese Aufgabe stellt sich im Zuge der Durchführung städtebaulicher Veranstaltungen und ist insoweit lösbar, wie der künftige Zustand z.B. auf Grund einer Bauleitplanung und der beabsichtigten städtebaulichen Maßnahme absehbar ist. Derartige Aufgaben stellen sich insbesondere im Zuge der Durchführung von Umlegungs-, Sanierungs- und Entwicklungsmaßnahmen. 85

In diesen Fällen müssen die **Zustandsmerkmale des Grundstücks auf der Grundlage der anstehenden Maßnahmen und der rechtlichen Neuordnung** bezogen auf die aktuellen allgemeinen Wertverhältnisse auf dem Grundstücksmarkt ermittelt werden (Abb. 10). 86

Abb. 10: Berücksichtigung des künftigen Grundstückszustands bei der Verkehrswertermittlung

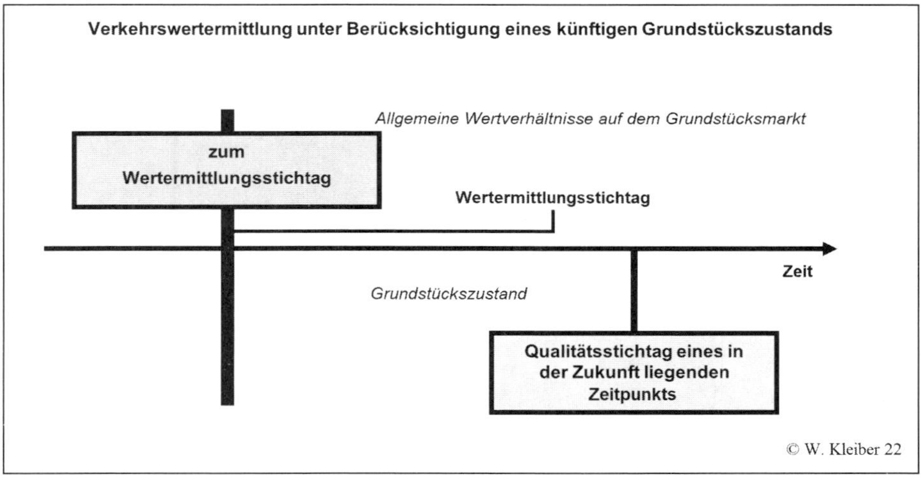

Bei alledem ist es **nicht erforderlich, den Zeitpunkt genau bestimmen zu können, zu dem der nach der Planung und den beabsichtigten Maßnahmen zugrunde zu legende Zustand tatsächlich verwirklicht worden ist**. Es reicht aus, wenn sich der künftige Zustand insbesondere auf der Grundlage einer Bauleitplanung und der anstehenden Maßnahmen qualifizieren lässt. Im Falle der Durchführung von Sanierungs- und Entwicklungsmaßnahmen ist dies der Verkehrswert unter Berücksichtigung der rechtlichen und tatsächlichen Neuordnung nach Maßgabe des § 153 Abs. 4 und des § 169 Abs. 8 BauGB. Im Falle der Durchführung einer Umlegungsmaßnahme nach den §§ 45 ff. BauGB ist dies der auf den Umlegungsbeschluss bezogene Verkehrswert (Zuteilungswert) unter Berücksichtigung der umlegungsbedingten Werterhöhung. Soll zudem die Wartezeit bis zum Eintritt des zugrunde gelegten Grundstückszustands berücksichtigt werden, muss allerdings diese vom Gutachter geschätzt werden (vgl. § 11 ImmoWertV). 87

Abschnitt 2 Begriffsbestimmungen zu einzelnen Grundstücksmerkmalen

§ 3 ImmoWertV
Entwicklungszustand; sonstige Flächen

(1) Flächen der Land- oder Forstwirtschaft sind Flächen, die, ohne Bauerwartungsland, Rohbauland oder baureifes Land zu sein, land- oder forstwirtschaftlich nutzbar sind.

(2) Bauerwartungsland sind Flächen, die nach ihren weiteren Grundstücksmerkmalen eine bauliche Nutzung aufgrund konkreter Tatsachen, insbesondere nach dem Stand der Bauleitplanung und nach der sonstigen städtebaulichen Entwicklung des Gebiets, mit hinreichender Sicherheit erwarten lassen.

(3) Rohbauland sind Flächen, die nach den §§ 30, 33 und 34 des Baugesetzbuchs für eine bauliche Nutzung bestimmt sind, deren Erschließung aber noch nicht gesichert ist oder die nach Lage, Form oder Größe für eine bauliche Nutzung unzureichend gestaltet sind.

(4) Baureifes Land sind Flächen, die nach öffentlich-rechtlichen Vorschriften und nach den tatsächlichen Gegebenheiten baulich nutzbar sind.

(5) Sonstige Flächen sind Flächen, die sich keinem der Entwicklungszustände nach den Absätzen 1 bis 4 zuordnen lassen.

Gliederungsübersicht *Rn.*

1 Allgemeines

1.1 Regelungsübersicht und allgemeine Zielsetzung

Im 2. Abschnitt des ersten Teils der ImmoWertV werden die wesentlichsten Merkmale einer Immobilie (Grundstücksmerkmale) in insgesamt drei Paragrafen definiert. Eine herausgehobene Stellung nehmen dabei ein 1

- in Bezug auf den Bodenwert der Entwicklungszustand eines Grundstücks (§ 3 ImmoWertV) und
- in Bezug auf die Bebauung das Alter sowie die Gesamt- und Restnutzungsdauer (§ 4 ImmoWertV).

Zur Qualifizierung insbesondere des Grund und Bodens werden mit § 5 ImmoWertV als „weitere Grundstücksmerkmale die in der Marktwertermittlung maßgebliche Art sowie das maßgebliche Maß der baulichen Nutzung, der beitragsrechtliche Zustand eines Grundstücks, die einer Ertragswertermittlung zugrunde zu legenden marktüblich erzielbaren und tatsächlich erzielten Erträge, die Lagemerkmale sowie die Bodenbeschaffenheit“ benannt.

Mit § 3 ImmoWertV werden für die Belange der Wertermittlung von Grundstücken bundeseinheitliche Begriffsbestimmungen für die unterschiedlichen Entwicklungszustandsstufen des Grund und Bodens, angefangen von den Flächen der Land- oder Forstwirtschaft über das „werdende Bauland“ (Bauerwartungsland und Rohbauland) bis hin zum baureifen Land gegeben. Dies dient der **Qualifizierung des Grundstücks, das zur Wertermittlung ansteht, und der Auswahl geeigneter Vergleichsgrundstücke,** z.B. bei Anwendung des Vergleichswertverfahrens.

Der Verordnungsgeber will damit „Missverständnissen“ und Trugschlüssen in der Rechtsprechung und im Schrifttum entgegenwirken, die sich aus unterschiedlichen Auffassungen zu diesen Begriffen gebildet hätten[1]. Ansonsten sind **mit der Klassifizierung des Entwicklungszustands nach § 3 ImmoWertV keine Rechtsfolgen** im Hinblick auf bestehende oder nicht bestehende Baurechte oder Entschädigungsansprüche **verbunden.** 2

Einheitliche Begriffsbestimmungen für den Entwicklungszustand von Grundstücken dienen insbesondere 3

- bei der *Verkehrswertermittlung* der Qualifizierung des Wertermittlungsobjekts und der Auswahl der zum Preisvergleich heranzuziehenden Grundstücke,
- bei der *Bodenrichtwertermittlung* nach § 196 BauGB der Qualifizierung des Bodenrichtwertgrundstücks,
- bei der *Ableitung erforderlicher Daten der Wertermittlung* nach Teil 2 der ImmoWertV der Auswahl geeigneter (gleichartiger) Grundstücke.

Das Fehlen derartiger Begriffsbestimmungen hat in der Tat in Rechtsprechung und Schrifttum zu Irritationen geführt. Der BGH[2] hat hierzu ausgeführt: „Unjuristische, vom Gesetz nicht umrissene, örtlich vielfach unterschiedlich angewandte Ausdrücke – wie „Bauerwartungsland“ oder werdendes oder ‚**merkantiles Bauland**‘ oder „Baurohland“[3] –, die lediglich eine höhere Qualifikation als Ackerland besagen wollen, haben für sich keine selbstständige Bedeutung, sie enthalten eine typische Wertung; es fehlt ihnen das für eine Tatsache wesentliche Element der Bestimmtheit.“ 4

---

1 Dies gilt im Bereich der Beleihungswertermittlung nach den Studienbriefen der HypZert leider noch immer. So entsprechen die Hinweise von Rüchardt (Studienbriefe HypZert 2001 S. 47) weder den gesetzlichen Definitionen noch der allgemein anerkannten Auffassung.

2 BGH, Urt. vom 28.04.1966 – III ZR 24/65 –, WM 1966, 774 = EzGuG 19.9; BGH, Urt. vom 20.12.1963 – III ZR 60/63 –, BGHZ 40, 312 = EzGuG 14.17; BGH, Urt. vom 08.11.1962 – III ZR 86/61 –, BGHZ 39, 198 = EzGuG 8.5.

3 RG, Urt. vom 30.05.1911 – VII 568/10 –, Gruchot, Bd. 55, 1176 = EzGuG 20.10.

5 § 3 ImmoWertV ist abgesehen von den „Flächen der Land- oder Forstwirtschaft" nach § 3 Abs. 1 ImmoWertV auf Definitionen solcher Entwicklungszustandsstufen[4] beschränkt, die auf eine privatwirtschaftliche **bauliche Nutzung** ausgerichtet sind. Baurechtlich sind damit solche Nutzungen angesprochen, die auf die Errichtung oder Änderung baulicher Anlagen ausgerichtet sind. Als bauliche Anlage gelten dabei nicht nur Gebäude, sondern auch bauliche Anlagen i.S. des Bauordnungsrechts[5].
Flächen für Aufschüttungen und Abgrabungen, Lager-, Abstell- und Ausstellungsplätze, Camping- und Wochenendplätze, Sport- und Spielplätze, Stellplätze für Kraftfahrzeuge sowie Kleingärten (vgl. § 9 Abs. 1 Nr. 15 und § 5 Abs. 1 Nr. 5 BauGB). Die Flächen fallen mithin nicht unter die land- oder forstwirtschaftlich nutzbaren Flächen.

6 **§ 3 ImmoWertV enthält mithin keine abschließende Aufstellung aller denkbaren Entwicklungszustände und Nutzungen**. Flächen, die sich keinem der Entwicklungszustände nach § 3 Abs. 1 bis 4 ImmoWertV in eindeutiger Weise zuordnen lassen oder deren Zuordnung auf Grund spezifischer Besonderheiten problematisch ist, werden als „sonstige Flächen" bezeichnet. Dazu gehören insbesondere Öd-, Un- und Geringstland, Gemeinbedarfsflächen, Schutzgebiete, Abbauland, Gartenland.

1.2 Systematik der Regelung

7 Ausgehend von den „Flächen der Land- oder Forstwirtschaft" folgt § 3 ImmoWertV in seinem Aufbau der Baulandentwicklung. Nach der **Systematik der Vorschrift** bestimmt sich der Entwicklungszustand entsprechend den vorliegenden objektiven Zustandsmerkmalen nach der „ranghöchsten" Stufe (vgl. Abb. 1).

---

4 Unter den Begriff „Entwicklungszustand" fallen nach Auffassung des Bundesrates nur das Bauerwartungsland, Rohbauland und das baureife Land, während die Flächen der Land- oder Forstwirtschaft keine Entwicklungsstufe bilden. Anders als nach dem RegE zur WertV (BR-Drs. 352/88, S. 4), nach dem die Überschrift zu § 4 noch „Entwicklungszustand" lautete, wurde dies auf Empfehlung des Bundesrates in „Zustand und Entwicklung des Grund und Bodens" abgeändert, denn es dürfe nicht der Eindruck entstehen, „alles Agrarland" befände sich in einer Vorstufe zum Bauland (vgl. BR-Drs. 352/1/88, S. 1).

5 Der im BauGB gebrauchte Begriff der baulichen Anlage (§ 29 BauGB) wird dort unabhängig vom Landesrecht gebraucht: vgl. BVerwG, Urt. vom 31.08.1973 – 4 C 33/71 –, BVerwGE 44, 59 = EzGuG 3.41a; zu den Unterschieden: Ernst/Zinkahn/Bielenberg/Krautzberger, BauGB, § 29 Rn. 2 ff.).

Abb. 1: Übersicht über die in § 3 ImmoWertV definierten Entwicklungszustandsstufen

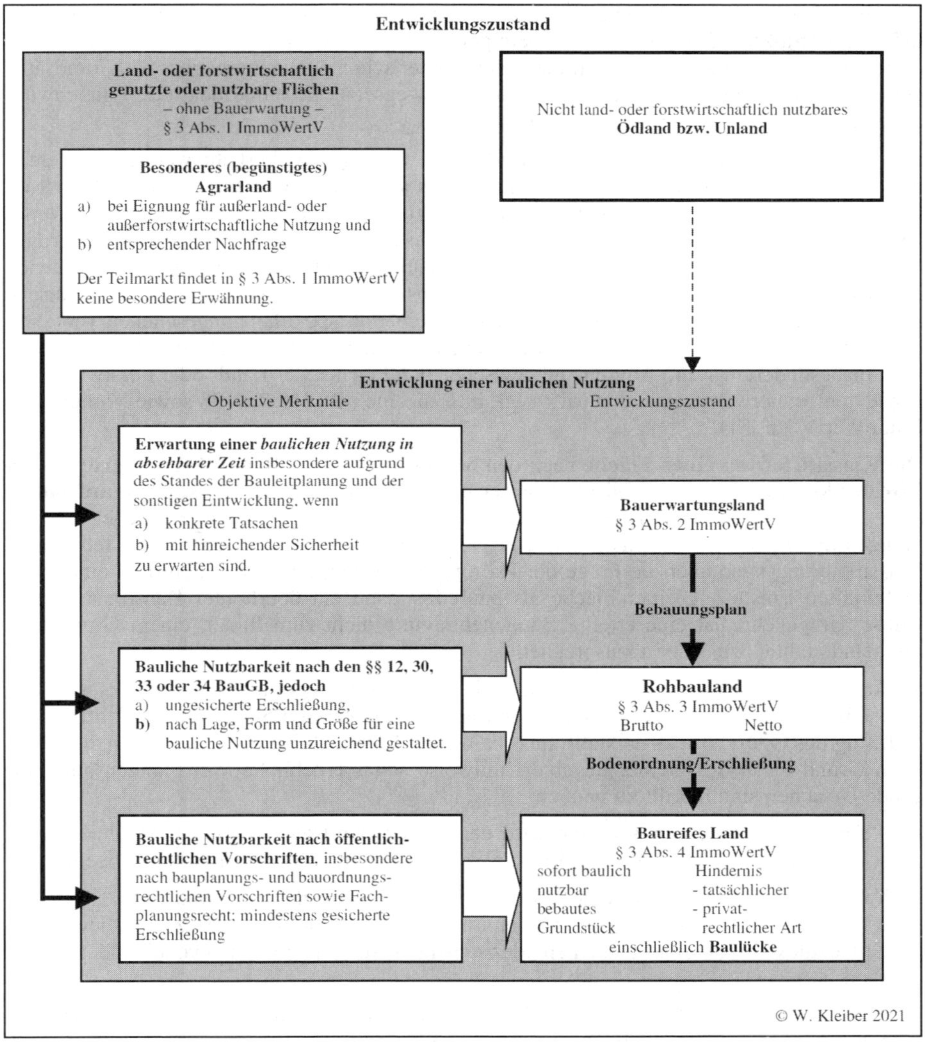

Bei der Qualifizierung des Entwicklungszustands eines Grundstücks ist seit jeher der sog. **Verkehrsauffassung** und den sich darauf gründenden Kaufpreisen für ein Grundstück[6] eine maßgebliche Bedeutung beigemessen worden. In unzulässiger Vereinfachung wurde z.B. eine Fläche pauschal als Bauerwartungsland eingestuft, von der man glaubte, dass sie der Grundstücksverkehr unabhängig von den qualitativen Eigenschaften als solche betrachtet habe. Dies hat nicht selten zu Fehleinschätzungen geführt. Spekulativ überhöhte und nicht auf Einzelfälle beschränkte Preise haben dazu verleitet, von einer höherwertigen Grundstücksqualität auszu- **8**

6 BVerwG, Urt. vom 06.12.1956 – 1 C 75/55 –, BVerwGE 4, 191 = EzGuG 8.3; BGH, Urt. vom 28.10.1971 – III ZR 84/70 –, BRS Bd. 26 Nr. 61 = EzGuG 8.37.

gehen, auch wenn alle sonstigen für einen gesunden Geschäftsverkehr ausschlaggebenden Anhaltspunkte dagegen sprachen.

9 Die **Qualifizierung einer Fläche** nach Maßgabe des § 3 ImmoWertV **soll** deshalb **ausschließlich nach objektiven Gegebenheiten erfolgen,** wobei vor allem die „ungesunde" Verkehrsauffassung keine Rolle spielen darf, die sich mitunter schon auch einmal über die Grundsätze einer geordneten städtebaulichen Entwicklung hinwegsetzt und ein kollektives – gleichwohl spekulatives – Meinungsmonopol bilden kann.

10 Rechtspolitisch hat der Verordnungsgeber das Ziel verfolgt, das Verkehrswertprinzip bereits bei der Qualifizierung des **Entwicklungszustands auf seinen von spekulativen Aspekten freien Kern zurückzuführen.** In der Begründung zu § 4 WertV 88, aus dem § 3 ImmoWertV hervorgegangen ist, wird deshalb herausgestellt, dass sich der Entwicklungszustand „grundsätzlich nach den rechtlichen Vorgaben" richte[7]. Auf die im Geschäftsverkehr aufgetretenen Preiszugeständnisse[8] auf subjektive Verwertungsabsichten[9] sowie Hoffnungen und Wünsche kann es nicht ankommen[10]. Die Grenzen zwischen einer als spekulativ angesehenen Verkehrsauffassung und einem gesunden Geschäftsverkehr können im Einzelfall allerdings fließend sein, insbesondere was die Abgrenzung zwischen den Flächen der Land- oder Forstwirtschaft sowie dem Bauerwartungsland betrifft (vgl. im Einzelnen Rn. 15 ff., 138 sowie Vorbem. zur ImmoWertV Rn. 31).

11 Die **Klassifizierung einer Fläche** nach den Maßstäben des § 3 ImmoWertV **begründet im Übrigen keine rechtliche Qualität i.S. einer Aussicht oder gar eines Anspruchs auf Zulassung eines Vorhabens.** Ein Baurecht kann nur aus den einschlägigen baurechtlichen Bestimmungen und nicht aus der Einschätzung des Gutachters hergeleitet werden. Eine fehlerhafte Klassifizierung kann aber die Frage der Haftung aufwerfen, z.B. wenn aufgrund einer grob fehlerhaften Einstufung einer Fläche als baureifes Land ein überhöhter Kaufpreis bezahlt wurde. Umgekehrt hat eine erteilte Baugenehmigung nicht zum Inhalt, einem Grundstück „Baulandqualität" zu- oder abzusprechen[11].

12 Schließlich bleibt darauf hinzuweisen, dass die **Klassifizierung eines Grundstücks** nach den Maßstäben des § 3 ImmoWertV **keine wertmäßige, sondern lediglich eine qualitative Einordnung des Grundstücks** darstellt. Innerhalb eines Entwicklungszustands weisen die jeweiligen Grundstücke des Gemeindegebiets teilweise sogar erhebliche Wertspannen auf. Folgende Ursachen sind hierfür zu nennen:

a) Neben dem Entwicklungszustand wird der Verkehrswert eines Grundstücks durch seine sonstigen, insbesondere die in § 5 ImmoWertV genannten Zustandsmerkmale beeinflusst.

b) Vor allem die Verkehrswerte des „werdenden bzw. warteständigen Baulandes" – Bauerwartungsland und Rohbauland – können im Hinblick auf die sog. Wartezeit der jeweiligen Grundstücke bis zu einer baulichen oder sonstigen Nutzung erheblich voneinander abweichen.

13 Hieraus folgt, dass die **Verkehrswerte der Grundstücke eines bestimmten Entwicklungszustands in Abhängigkeit von den gegebenen Situationsmerkmalen und den Planungsaussichten eine große Bandbreite aufweisen können**. Es gibt deshalb nicht „den" Wert des Bauerwartungslandes. Der Wert des Bauerwartungslandes wird vielmehr maßgeblich von der konkreten Aussicht bestimmt, dass das Grundstück in das Rohbauland „hineinwächst" oder

7 BR-Drs. 352/88, S. 34.
8 So allerdings noch BVerwG, Urt. vom 21.06.1955 – 1 C 173/54 –, BVerwGE 2, 154 = EzGuG 17.2.
9 BGH, Urt. vom 30.05.1963 – III ZR 230/61 –, BRS Bd. 19 Nr. 75 = EzGuG 8.8.
10 OLG München, Urt. vom 29.11.1979 – U 3/79 –, BRS Bd. 45 Nr. 110 = EzGuG 8.55.
11 BVerwG, Beschl. vom 12.04.1976 – 4 B 123/75 –, EzGuG 8.48.

– umgekehrt – seine Eigenschaft als Bauerwartungsland verliert. In diesem Zusammenhang wird auch von der „Reife“ des Grundstücks bzw. dem „Entwicklungsgrad“ (§ 15 Abs. 4 Satz 2 ImmoWertV) gesprochen. Um dem Rechnung zu tragen, hat der Verordnungsgeber in § 11 ImmoWertV bestimmt, dass neben dem Entwicklungszustand

– die „voraussichtliche Dauer bis zum Eintritt der rechtlichen und tatsächlichen Voraussetzungen für die Realisierbarkeit einer baulichen oder sonstigen Nutzung eines Grundstücks (**Wartezeit**) sowie

– Die verbleibende Unsicherheit des Eintritts dieser Änderung (**Realisierungsrisiko**)

zu berücksichtigen“ sind.

Im Unterschied zur bisherigen Praxis[12], in der neben der Wartezeit als eine besondere Komponente auch das **für den Vollzug der erforderlichen Maßnahmen bestehende Risiko** berücksichtigt wurde (Risikoabschläge), wird mit der in § 11 ImmoWertV gegebenen Definition unter der Wartezeit auch das Realisierungsrisiko (Wagnis) subsumiert (vgl. Rn. 151; § 40 ImmoWertV Rn. 15, 153 ff.; § 11 ImmoWertV Rn. 26 ff.; § 42 ImmoWertV Rn. 71 ff.; Syst. Darst. des Vergleichswertverfahrens Rn. 206 ff., 425). **14**

Die wohl erstmals von *Bonczek*[13] vorgestellte bildliche Darstellung der Baulandentwicklung – die sog. **Bonczek’sche Treppenkurve** (in der nachfolgenden Abb. 2 mit der dick hervorgehobenen Linie angedeutet) – vermittelt schon nach dem Vorhergesagten ein völlig falsches Bild von der tatsächlichen Bodenwertentwicklung. Obwohl diese „Treppenkurve“ schon seinerzeit nur – grob vereinfachend – zur Veranschaulichung des Baulandentwicklungsprozesses und seines Einflusses auf die Bodenwertentwicklung vorgestellt wurde, erfährt sie immer wieder unkritisch im Schrifttum eine persönliche Neuauflage des jeweiligen Verfassers. Tatsächlich verläuft die Wertentwicklung in den meisten Fällen nämlich weitaus kontinuierlicher, wobei bestimmte rechtliche und tatsächliche Maßnahmen durchaus auch schon einmal einen Wertschub bewirken können, der sich zumeist nur in „abgefederter Weise“ niederschlägt, denn z.B. ein Bebauungsplan wird nicht „über Nacht“ aufgestellt. **15**

Entsprechend den vorstehenden Ausführungen wird in der Abb. 2 die **Entwicklung eines Grundstücks von der land- oder forstwirtschaftlichen Nutzung bis hin zur Baureife** dargestellt: **16**

12 Nds. RdErl. vom 02.05.1988 – 301-21013 –, Nds. MBl. 1988, 547, Nr. 228.3.4.
13 Erstmalig wohl bei Bonczek, W./Halstenberg, F., Bau-Boden, Hamburg 1963.

Abb. 2: Wertentwicklung einer land- oder forstwirtschaftlichen Fläche im Verlauf ihres Übergangs zum baureifen Land

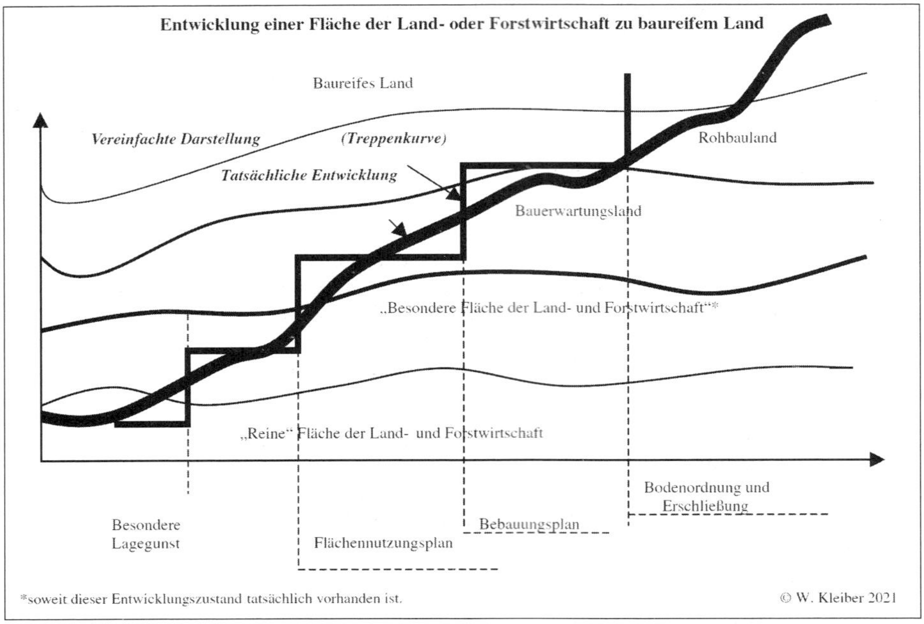

17 Auf das mit der Bonczek'schen Treppenkurve vermittelte unzutreffende Bild der tatsächlichen Bodenwertentwicklung mag auch die bequeme, aber abzulehnende Praxis der Wertermittlung zurückzuführen sein, den Verkehrswert z.B. von Bauerwartungsland mit einem der Literatur entnommenen **Vomhundertsatz des Bodenwerts für baureifes Land** schematisch abzuleiten. Dies stellt eine äußerst fragwürdige Methode (vgl. Syst. Darst. des Vergleichswertverfahrens Rn. 429 ff.) dar, die oft genug mit dem Scheinargument begründet wird, dass keine Vergleichspreise für Bauerwartungsland vorlägen. Vielfach konnten in derartigen Fällen aber lediglich Bequemlichkeiten des Sachverständigen ausgemacht werden.

2 Flächen der Land- oder Forstwirtschaft (§ 3 Abs. 1 ImmoWertV)

2.1 Vorbemerkungen

Schrifttum: *Bewer, C.,* Der Verkehrswert landwirtschaftlicher Grundstücke, AgrarR 1975, 85; *Feuerstein, H.,* Bodenpreis und Bodenmarkt; Strothe Hannover 1971; *Feuerstein, H.,* Bestimmungsgründe der Preise und des Transfers land- und forstwirtschaftlich genutzten Bodens, Agrarwirtschaft 1970, 22; *Fischer, R./Lorenz, H.-J. Biederbeck, M., Astl, B.,* Verkehrswertermittlung bebauter und unbebauter Grundstücke, Bundes Anzeiger 2005; *Kindler, R.,* Zur Ermittlung von Bodenrichtwerten für landwirtschaftliche Flächen, GuG 2002, 264; *Klages, B.,* Kaufwertpauschalierung für landwirtschaftliche Nutzflächen im Rahmen des Flächenerwerbsprogramms, GuG 1996, 65; *Köhne, M.,* Novellierung der Entschädigungsrichtlinien Landwirtschaft von 1978, GuG 1997, 133; *Mantau, R.,* Bestimmung der Bodenpreise für landwirtschaftlich genutzte Flächen, AgrarR 1980, 67; *Semmelroggen, K.,* Bodenrichtwerte landwirtschaftlich genutzter Flächen im Landkreis Göttingen, Nachr. der nds. Kat.- und VermVw 1985, 211; *Stock, Kl.-D.,* Probleme der Bewertung landwirtschaftlicher Betriebe in den neuen Bundesländern, GuG 1992, 73; *Stock, Kl.-D.,* Verkehrswertermittlung für landwirtschaftliche Nutzflächen unter Beachtung spezieller betriebswirtschaftlicher Einflüsse, GuG 1993, 83; *Ternes, H.-P.,* Wertermittlung im ländlichen Raum, ZfV 1988, 44; *Uherek, H., Vonran, Y.,* Kaufpreisanalyse stadtnaher landwirtschaftlicher Flächen, untersucht am Umfeld der Stadt Leipzig, GuG 1996, 83; *Dittrich/Uherek/Plewka*, Pachtprägung der Bodenrichtwerte in den neuen Bundesländern, GuG 2009, 101.

▶ *Syst. Darst. des Vergleichswertverfahrens Rn. 312; § 44 ImmoWertV Rn. 157*

2.1.1 Land- und Forstwirtschaft

Landwirtschaft i.S. des § 201 BauGB ist insbesondere der Ackerbau, die Wiesen- und Weidewirtschaft einschließlich Tierhaltung, soweit das Tierfutter auf den zum landwirtschaftlichen Betrieb gehörenden Flächen erzeugt werden kann[14], die gartenbauliche Erzeugung, der Erwerbsobstbau, der Weinbau, die berufsmäßige Imkerei und die berufsmäßige Binnenfischerei[15]. Allein die Produktion auf „landwirtschaftlichem" Boden ohne Verwendung von pflanzlichen oder tierischen Erzeugnissen aus dem Boden ist i.d.R. eine gewerbliche, aber keine landwirtschaftliche Betätigung (z.B. Schweinemast). 18

Nach § 1 Abs. 2 des **Grundstücksverkehrsgesetzes (GrdstVG)** ist „Landwirtschaft die Bodenbewirtschaftung und die mit der Bodennutzung verbundene Tierhaltung, um pflanzliche oder tierische Erzeugnisse zu gewinnen, besonders der Ackerbau, die Wiesen- und Weidewirtschaft, der Erwerbsgartenbau, der Erwerbsobstbau und der Weinbau sowie die Fischerei in Binnengewässern". 19

Forstwirtschaft kann allgemein als planmäßige Waldbewirtschaftung durch Anbau, Pflege und Abschlag verstanden werden, d.h. die Gütererzeugung *aus dem Boden*[16]. Darüber hinaus fällt unter den Begriff auch die im Rahmen der Zweckbestimmung des § 1 BWaldG fallende Schutz- und Erholungsfunktion sowie die Wiederaufforstung kahlgeschlagener oder verpflichteter Flächen. Von daher fallen die entsprechenden Flächen unter die Definition des § 3 Abs. 1 ImmoWertV, auch wenn die ImmoWertV – anders als das BauGB[17] – den Wald nicht ausdrücklich nennt. In der Begründung zur WertV 88 wird zu alledem darauf hingewiesen, dass der Wert eines Erholungswaldes unter den Wert einer „rein" forstwirtschaftlichen Fläche absinken kann[18]. 20

Nach § 3 Abs. 1 ImmoWertV sollen die Flächen der Land- und Forstwirtschaft land- oder forstwirtschaftlich *„nutzbar"* sein. Allein unter rechtlichen Gesichtspunkten ist dies nicht gegeben, wenn die Flächen z.B. als Naturschutzgebiet, Trocken- oder Feuchtbiotop, Schutz- oder Sperrstreifen (SchutzbereichG, WHG) unter Schutz gestellt sind.

Im Übrigen kann allgemein festgestellt werden, dass auch die Preisbildung auf dem landwirtschaftlichen Grundstücksmarkt zwar mit der **Ertragsfähigkeit** korreliert, gleichwohl davon abgekoppelt ist.

---

14 BVerwG, Beschl. vom 27.06.1983 – 4 B 206/82 –, ZfBR 1983, 284 = EzGuG 3.65b; BFH, Urt. vom 26.01.1973 – III R 122/71 –, BFHE 108, 445 = BStBl II 1973, 282 = EzGuG 19.25a; BFH, Urt. vom 16.11.1978 – IV R 191/74 –, BFHE 126, 126 = BStBl II 1979, 246 = EzGuG 19.33b; BFH, Urt. vom 05.12.1980 – III R 56/77 –, BFHE 133, 212 = BStBl II 1981, 498 = EzGuG 19.35e.

15 Ernst/Zinkahn/Bielenberg/Krautzberger, BauGB, Komm., Stand: 15.04.2009, § 201 Rn. 12 ff.; Köhne/Moser/Kleiber, Entwicklungslinien der landwirtschaftlichen Sachverständigenpraxis, HLBS 2005 Heft 171 S. 90; dementsprechend auch nach SachenRBerG: OVG Magdeburg, Urt. vom 17.11.2009 – 8 K 2/08 –, EzGuG 10.31.

16 In § 22 Abs. 6 Satz 2 WertV 72 war sie als die Erzeugung und Gewinnung von Rohholz definiert. Diese Definition erwies sich als zu eng, denn zunehmend steht bei Wäldern die Erholungs- und Schutzfunktion im Vordergrund.

17 § 1 Abs. 5 Satz 3, § 5 Abs. 2 Nr. 9b, § 9 Abs. 1 Nr. 18b BauGB; vgl. hierzu BVerwG, Beschl. vom 19.02.1996 – 4 B 20/96 –, BRS Bd. 58 Nr. 98 = EzGuG 4.163a; OVG Münster, Urt. vom 22.01.1988 – 10 A 1299/87 –, NVwZ 1988, 84 = EzGuG 8.64; mit der Übernahme des Begriffs „Wald" in das BauGB hat der Gesetzgeber den Begriffsbestimmungen der Waldgesetze des Bundes und der Länder entsprechen wollen und eine klare Flächenzuordnung dort ermöglichen wollen, wo die Erholungs- und Schutzfunktion im Vordergrund steht (BT-Drs. 10/4630, S. 62 und 68); zum Begriff vgl. landesrechtliche Vorschriften, z.B. § 2 bbg. Landeswaldgesetz (GVBl. 1991, 213).

18 BR-Drs. 352/88, S. 37.

2.1.2 Rechtliche Besonderheiten des land- und forstwirtschaftlichen Grundstücksmarktes

2.1.2.1 Grundstückverkehrsgesetz

Schrifttum: *Netz*, Grundstückverkehrsgesetz, 9. Aufl. 2022.

▶ *Rn. 117; zum Missverhältnis vgl. Vorbem. zur ImmoWertV Rn. 100; zur Ausschreibung vgl. Syst. Darst. des Vergleichswertverfahrens Rn. 49 ff.*

21 Nach § 2 Abs. 2 Satz 1 GrdstVG bedürfen die rechtsgeschäftliche Veräußerung eines Grundstücks und der schuldrechtliche Vertrag hierüber vorbehaltlich der in § 4 GrdstVG geregelten Fälle[19] der Genehmigung einer nach Landesrecht zuständigen Behörde (Genehmigungsbehörde), soweit nicht das Gericht zu entscheiden hat (§ 3 GrdstVG).
Nach § 9 Abs. 1 Nr. 3 GrdstVG darf die Genehmigung nur versagt oder durch Aufhebung (§ 10 GrdstVG) oder Bedingungen (§ 11 GrdstVG) eingeschränkt werden, wenn Tatsachen vorliegen, aus denen sich ergibt, dass der Gegenwert – also der **Kaufpreis – in einem groben Missverhältnis zum Wert des Grundstücks** steht. Ob diese Regelung mit europäischem Recht vereinbar ist, wird derzeit vom Europäischen Gerichtshof geprüft[20].

„§ 9 Abs. 1–7 GrdstVG

(1) Die Genehmigung darf nur versagt oder durch Auflagen (§ 10) oder Bedingungen (§ 11) eingeschränkt werden, wenn Tatsachen vorliegen, aus denen sich ergibt, dass

1. die Veräußerung eine ungesunde Verteilung des Grund und Bodens bedeutet oder
2. durch die Veräußerung das Grundstück oder eine Mehrheit von Grundstücken, die räumlich oder wirtschaftlich zusammenhängen und dem Veräußerer gehören, unwirtschaftlich verkleinert oder aufgeteilt würde oder
3. der Gegenwert in einem groben Missverhältnis zum Wert des Grundstücks steht.

(2) Eine ungesunde Verteilung des Grund und Bodens im Sinne des Absatzes 1 Nr. 1 liegt in der Regel dann vor, wenn die Veräußerung Maßnahmen zur Verbesserung der Agrarstruktur widerspricht.

(3) Eine unwirtschaftliche Verkleinerung oder Aufteilung im Sinne des Absatzes 1 Nr. 2 liegt in der Regel dann vor, wenn durch Erbauseinandersetzung, Übergabevertrag oder eine sonstige rechtsgeschäftliche Veräußerung

1. ein selbständiger landwirtschaftlicher Betrieb seine Lebensfähigkeit verlieren würde;
2. ein landwirtschaftliches Grundstück kleiner als ein Hektar wird;
3. ein forstwirtschaftliches Grundstück kleiner als dreieinhalb Hektar wird, es sei denn, dass seine ordnungsgemäße forstliche Bewirtschaftung gewährleistet erscheint;
4. in einem Flurbereinigungsverfahren zugeteilte oder anlässlich einer mit öffentlichen Mitteln geförderten Aufstockung oder Aussiedlung eines landwirtschaftlichen Betriebes erworbene Grundstücke in der Weise geteilt werden, dass die Teilung diesen Maßnahmen zur Verbesserung der Agrarstruktur widerspricht.

(4) Wird das Grundstück für andere als land- oder forstwirtschaftliche Zwecke veräußert, so darf die Genehmigung aus Absatz 1 Nr. 3 nicht versagt werden.

(5) Liegen die Voraussetzungen vor, unter denen das Vorkaufsrecht nach dem Reichssiedlungsgesetz ausgeübt werden kann, so darf, wenn das Vorkaufsrecht nicht ausgeübt wird, die Genehmigung aus Absatz 1 Nr. 1 nur versagt oder durch Auflagen oder Bedingungen eingeschränkt werden, falls es sich um die Veräußerung eines land- oder forstwirtschaftlichen Betriebes handelt.

(6) Bei der Entscheidung über den Genehmigungsantrag muss auch allgemeinen volkswirtschaftlichen Belangen Rechnung getragen werden, insbesondere wenn Grundstücke zur unmittelbaren Gewinnung von Roh- und Grundstoffen (Bodenbestandteile) veräußert werden.

---

19 Z.B. Veräußerungen des „Bundes"; vgl. BGH, Beschl. vom 27.11.2009 – BLw 4/09 –, NJW-RR 2010, 886.

20 BGH, Beschl. vom 29.11.2013 – 2 BLw 2/12 –, GuG 2014, 376 = EzGuG 20.226; OLG Stuttgart, Urt. vom 29.03.2011 – 101 W 1/10 –, NJW-RR 2011, 1385 = EzGuG 12.136; OLG Jena, Urt. vom 15.12.2011 – Lw U 201/10 –, NJOZ 2012, 1400 = EzGuG 20.114.

(7) Die Genehmigung soll, auch wenn ihr Bedenken aus den in Absatz 1 aufgeführten Gründen entgegenstehen, nicht versagt werden, wenn dies eine unzumutbare Härte für den Veräußerer bedeuten würde."

2.1.2.2 Grobes Missverhältnis eines Kaufpreises zum Wert des Grundstücks

Von einem groben **Missverhältnis** i.S. des § 9 Abs. 1 Nr. 3 GrdstVG ist i.d.R. auszugehen, 22
wenn der vereinbarte Kaufpreis den „Wert des Grundstücks" um mehr als 50 % übersteigt (vgl. auch Vorbem. zur ImmoWertV Rn. 100).
Als „Wert des Grundstücks" i.S. des § 9 Abs. 1 Nr. 3 GrdstVG wird in der Rechtsprechung der „**landwirtschaftliche Verkehrswert**" genannt, der sich als der Wert definieren soll, „der bei einem Verkauf von einem Landwirt an einen anderen Landwirt durchschnittlich erzielt wird"[21]. Nach dieser Definition handelt es sich bei dem „landwirtschaftlichen Verkehrswert" um einen Marktwert sui generis, nämlich um einen Marktwert, der auf einem Grundstücksmarkt erzielt werden kann, auf dem nur Landwirte als Käufer und Verkäufer handeln. Nach dem Grundgedanken dieser Vorschrift wird davon ausgegangen, dass die in einem derart eingeschränkten Grundstücksverkehr ausgehandelten Kaufpreise allein im Hinblick auf eine Fortsetzung der land- und forstwirtschaftlichen Nutzung entrichtet worden sind und somit Kaufpreis ausgeschlossen werden, die im Hinblick auf ertragreichere Nutzungen entrichtet würden. Damit sollen sog. Spekulationsgeschäfte mit landwirtschaftlichen Grundstücken und überhöhte und mit einer landwirtschaftlichen Nutzung nicht begründete Kaufpreisforderungen ausgeschlossen werden[22].
Der BGH[23] hat 2016 seine bisherige Rechtsprechung zum „innerlandwirtschaftlichen Verkehrswert" § 9 GrdstVG aufgegeben. Nunmehr ist auch nach dieser Vorschrift der **Marktwert** zu verstehen**, der sich nach dem Preis bestimmt, den Kaufinteressenten – auch Nichtlandwirte – für das Grundstück zu zahlen bereit sind**. Des Weiteren wird auch die Ableitung des Marktwerts aus Verkäufen in einem offenen, transparenten und bedingungslosen Ausschreibungsverfahren zugelassen (vgl. Syst. Darst. des Vergleichswertverfahrens Rn. 49). Auf ein grobes Missverhältnis zwischen dem Preis und dem Wert des Grundstücks gestützte Versagungen von Verkäufen an den Meistbietenden in einem offenen, transparenten und bedingungsfreien Ausschreibungsverfahren sind danach nur dann rechtmäßig, wenn das Höchstgebot nicht den Marktwert des Grundstücks widerspiegelt, sondern spekulativ überhöht ist.
§ 9 Abs. 1 Nr. 3 GrdstVG ist im Übrigen nicht anzuwenden, wenn ungünstige **Auswirkungen auf die Agrarstruktur** nicht zu erwarten sind[24].
§ 9 Abs. 1 GrdstVG schließt indessen nicht aus, dass dem „Verkauf von einem Landwirt an einen anderen Landwirt" eine **Ausschreibung** vorangegangen ist und der vereinbarte Kaufpreis aus dem daraus erzielten Höchstgebot hervorgegangen ist. Zwischen einer förmlichen Ausschreibung und einer Vermarktung unter Einschaltung von Maklern oder etwa Annoncen in Tages- und Fachzeitschriften bestehen allenfalls graduelle Unterschiede. Liegt ein Gutachten eines Sachverständigen über den „innerlandwirtschaftlichen Verkehrswert" vor, ist die Genehmigung nach § 9 Abs. 1 Nr. 3 GrdstVG zu einem höheren Preis zu erteilen, wenn in einem Bieterverfahren mehrere um dieselbe Fläche konkurrierende Landwirte bereit sind, einen (annähernd) gleich hohen Preis zu zahlen[25].

Nach der überholten Rechtsprechung des BGH sollte der „landwirtschaftliche Verkehrswert" 23
nicht gleichbedeutend mit dem „Marktwert" sein, wie ihn die Kommission der Europäischen Gemeinschaft insbesondere in ihrer sog. **EU-Grundstücksmitteilung**[26] versteht. Das wird unverständlicherweise damit begründet, dass nach dieser Grundstücksmitteilung der in einem bedingungsfreien Biet(er)verfahren (Ausschreibung) für ein Grundstück erzielte Höchstpreis

21 BGH, Beschl. vom 27.04.2001 – BLw 14/00 –, NJW-RR 2001, 1021 = EzGuG 19.48.
22 BGH, Beschl. vom 02.07.1968 – V BLw 10/68 –, BGHZ 50, 297 = EzGuG 19.14.
23 BGH, Urt. vom 29.04.2016 – BLw 2/12 –, GuG 2016, 335 = EzGuG 19.80.
24 BGH, Beschl. vom 27.04.2001 – BLw 14/00 –, NJW-RR 2001, 1021 = EzGuG 19.48.
25 BGH, Urt. vom 25.04.2014 – BLw 5/13 –, NJW-RR 2014, 1168 = EzGuG 19.70.
26 Mitteilung der Kommission betreffend Elemente staatlicher Beihilfe bei Verkäufen von Bauten und Grundstücken durch die öffentliche Hand Nr. 97 C 209/03 vom 10.07.1997 ABl. 1997 C 209 S. 3 = GuG 1997, 363.

in der Tat nicht identisch mit seinem Marktwert sein muss (Syst. Darst. des Vergleichswertverfahrens Rn. 49 ff.). Dennoch muss die in der Rechtsprechung[27] vertretene Auffassung entschieden abgelehnt werden, denn auch mit der Grundstücksmitteilung wird dieser „Höchstpreis" nicht mit dem „Marktwert" (Verkehrswert) gleichgesetzt, wie er von der EU in Übereinstimmung mit der Definition des Verkehrswerts in § 194 BauGB definiert wird[28]. Der in einem bedingungsfreien Biet(er)verfahren erzielte Höchstpreis kann nach der Grundstücksmitteilung jedoch in aller Regel die Vermutung für sich in Anspruch nehmen, dass mit dem Verkauf des Grundstücks zum Höchstpreis keine unzulässige Beihilfe einhergeht. Und dies entspricht der mit der Grundstücksmitteilung verfolgten Zielsetzung. Der „Marktwert", wie ihn die Kommission der Europäischen Gemeinschaft versteht, bleibt gleichwohl mit dem Verkehrswert bzw. Marktwert i.S. des § 194 materiell identisch[29].

2.1.3 Land- und forstwirtschaftliche Flächen nach ImmoWertV

► *Zum „reinen" Agrarland vgl. anschließend Rn. 26 ff.; zu den besonderen land- oder forstwirtschaftlichen Flächen vgl. Rn. 117 ff.; zum Wald Rn. 80 ff.; Syst. Darst. des Vergleichswertverfahrens Rn. 312 ff.; Teil VI Rn. 385*

24 § 3 Abs. 1 ImmoWertV definiert die Flächen der Land- oder Forstwirtschaft als **land- oder forstwirtschaftlich *nutzbare* Flächen, die nicht bereits Bauerwartungsland, Rohbauland oder baureifes Land sind**. Materiell sind damit auch Flächen erfasst, die land- oder forstwirtschaftlich *genutzt* werden. In jedem Fall sind jedoch Flächen ausgeschlossen, die bereits Bauerwartungsland, Rohbauland oder baureifes Land sind, denn grundsätzlich sind auch derartige Flächen land- und forstwirtschaftlich nutzbar.

Der mit der WertV 88 erstmals eingeführte Begriff lehnt sich an § 1 Abs. 5 Nr. 8, § 5 Abs. 1 Nr. 9a, § 9 Abs. 1 Nr. 18 a und § 35 Abs. 1 Nr. 1 BauGB sowie an § 69 BewG an.

§ 69 Abs. 1 BewG lautet: „(1) Land- und forstwirtschaftlich genutzte Flächen sind dem Grundvermögen zuzurechnen, wenn nach ihrer Lage, den im Feststellungszeitpunkt bestehenden Verwertungsmöglichkeiten oder den sonstigen Umständen anzunehmen ist, daß sie in absehbarer Zeit anderen als land- und forstwirtschaftlichen Zwecken, insbesondere als Bauland, Industrieland oder Land für Verkehrszwecke, dienen werden."

Bereits mit § 5 Abs. 1 ImmoWertV 10 wurde die bislang vorgegebene Unterscheidung zwischen „reinen" und „besonderen" Flächen der Land- oder Forstwirtschaft ohne überzeugende Begründung aufgegeben[30]; hieran hält die geltende ImmoWertV fest. § 4 Abs. 1 WertV 88 in der bis zum Inkrafttreten der ImmoWertV geltenden Fassung definierte land- und forstwirtschaftliche Flächen wie folgt:

„(1) Flächen der Land- und Forstwirtschaft sind entsprechend genutzte oder nutzbare Flächen,

1. von denen anzunehmen ist, dass sie nach ihren Eigenschaften, der sonstigen Beschaffenheit und Lage, nach ihren Verwertungsmöglichkeiten oder den sonstigen Umständen in absehbarer Zeit nur land- und forstwirtschaftlichen Zwecken dienen werden,
2. die sich, insbesondere durch ihre landschaftliche oder verkehrliche Lage, durch ihre Funktion oder durch ihre Nähe zu Siedlungsgebieten geprägt, auch für außerlandwirtschaftliche oder außerforstwirtschaftliche Nutzungen eignen, sofern im gewöhnlichen Geschäftsverkehr eine dahin gehende Nachfrage besteht und auf absehbare Zeit keine Entwicklung zu einer Bauerwartung bevorsteht."

Die Nachfolgeregelung unterscheidet im Unterschied zu § 4 Abs. 1 der bisherigen Fassung der WertV nicht mehr zwischen

a) den **reinen Flächen der Land- oder Forstwirtschaft** (§ 4 Abs. 1 Nr. 1 WertV 88) ohne anderweitige Eignungen (sie entsprechen dem sog. innerlandwirtschaftlichen Verkehrswert) und

27 Vgl. z.B. OLG Naumburg, Beschl. vom 31.07.2012 – 2 Ww 12/10 –, GuG 2013, 124 = EzGuG 20.217.
28 Art. 49 Abs. 2 der Richtlinie 91/674 EWG des Rates, ABl. Nr. L 374 vom 31.12.1991 S. 7.
29 BGH, Beschl. vom 28.04.2011 – V ZR 192/10 –, GuG 2012, 308 = GuG 2011, 319 = EzGuG 19.57; EuGH, Urt. vom 16.12.2010 – C 4 480/09 P – ABl. EU 2011 Nr. C 55, 15.
30 BVerwG, Urt. vom 22.02.1995 – 11 C 20/90 –, GuG 1995, 372 = EzGuG 4.160; vgl. auch § 1 Abs. 2 GrdstVG.

b) den **besonderen Flächen der Land- oder Forstwirtschaft** (§ 4 Abs. 1 Nr. 2 WertV 88[31]) mit einer Eignung für außerland- und außerforstwirtschaftliche Zwecke ohne Bauerwartung (sie entsprechen dem außerlandwirtschaftlichen Verkehrswert).

In der Begründung[32] wird hierzu ausgeführt, dass die „besonderen" Flächen der Land- oder Forstwirtschaft (begünstigtes Agrarland) in seiner Bedeutung häufig missverstanden und einseitig als Beschreibung eines „begünstigten", d.h. höherwertigen Agrarlands interpretiert werde. Dabei werde vielfach übersehen, dass diese Flächen „durch ihre besondere Situation auch nachteilig betroffen sein können"[33]. Überdies bestünden auch inhaltliche Abgrenzungsschwierigkeiten zwischen § 4 Abs. 1 Nr. 2 und Abs. 2 WertV 88, die damit im Zusammenhang stehen, dass das sog. „begünstigte" Agrarland zutreffenderweise keine besondere Entwicklungsstufe des werdenden Baulands darstellt. Der Verordnungsgeber hat es nicht vermocht, die angesprochenen Abgrenzungsschwierigkeiten zu lösen. In der Begründung wird gleichwohl die Existenz eines dualen Marktes für land- und forstwirtschaftliche Flächen mit dem Hinweis eingeräumt, „eine differenzierte Behandlung des Agrarlands entsprechend seiner jeweiligen Wertigkeit wie nach geltendem Recht bleibt im Übrigen zulässig"[34]; dies werde auch durch den neuen § 4 Abs. 3 ImmoWertV verdeutlicht.

Die Aufgabe der Unterscheidung zwischen einem inner- und außerlandwirtschaftlichen Verkehrswert ist fachlich auf Kritik gestoßen, denn tatsächlich haben die Gutachterausschüsse für Grundstückswerte die **Existenz eines dualen Markts für land- und forstwirtschaftliche Flächen** empirisch nachgewiesen und in ihren Marktberichten dargestellt[35]. Zudem hat der Entwicklungszustand der besonderen Flächen der Land- und Forstwirtschaft zwischenzeitlich Eingang in die allgemeine Wertermittlungspraxis gefunden (z.B. bei Golfplätzen)[36]. Aus diesem Grunde ist nach wie vor von entsprechenden Teilmärkten auszugehen, auch wenn der Verordnungsgeber daran gescheitert ist, die bisherige Definition der besonderen land- und forstwirtschaftlichen Flächen zu verbessern.

Zu den landwirtschaftlichen Flächen gehören auch die bewirtschafteten und nicht bewirtschafteten **Gewässerflächen** sowie im erweiterten Sinne auch die land- und forstwirtschaftlichen Wegeflächen und der Hofraum. Auch die brach gefallenen land- und forstwirtschaftliche Flächen im Außenbereich sind land- oder forstwirtschaftlichen Flächen.

Mit der Definition der Flächen der Land- oder Forstwirtschaft als die Flächen, die land- und forstwirtschaftlich „*nutzbar*" sind, werden auch entsprechend land- und forstwirtschaftlich „*genutzte*" Flächen erfasst. Mithin kommt es auf eine **tatsächlich ausgeübte land- oder forst-**

---

31 Die Vorschrift war aus § 22 Abs. 5 WertV 72 hervorgegangen. Danach bestimmt sich der „innerlandwirtschaftliche Verkehrswert" in Anlehnung an § 9 Abs. 1 Nr. 3 GrdstVG (vgl. auch Begründung zu dieser Vorschrift in BR-Drs. 265/72, S. 30) durch den Preis, „der im gewöhnlichen Geschäftsverkehr zwischen Landwirten nach den Eigenschaften, der sonstigen Beschaffenheit und der Lage des Grundstücks ohne Rücksicht auf ungewöhnliche oder persönliche Verhältnisse im Hinblick auf eine dauernde landwirtschaftliche Nutzung zu erzielen wäre". Da die den Grund und Boden handelnden Vertragsparteien allenfalls nur ein Indiz für einen bestimmten Entwicklungszustand sein können, wird mit der Nachfolgeregelung an diesem Tatbestand nicht mehr festgehalten. Ausschlaggebend soll vielmehr sein, dass die Flächen nach allen objektiven Gegebenheiten nur land- oder forstwirtschaftlichen Zwecken dienen werden. In der Nachfolgeregelung wurde nicht mehr ausdrücklich bestimmt, dass ungewöhnliche oder persönliche Verhältnisse bei der Qualifizierung des Grundstücks unberücksichtigt bleiben müssen. Mit der damaligen Regelung hat der Verordnungsgeber ausschließen wollen, dass hohe Preiszugeständnisse, die Landwirte als Käufer deshalb gemacht haben, weil sie ihrerseits zu noch höheren Preisen ihre Grundstücke als Bauerwartungsland oder zu ähnlichen Zwecken veräußert haben und nun den Gewinn zu einem Teil in den Erwerb von nahe liegendem Ersatzland anlegen, bei der Ermittlung des innerlandwirtschaftlichen Verkehrswerts berücksichtigt werden. Diese Regelung konnte entfallen, weil ungewöhnliche oder persönliche Verhältnisse ohnehin schon nach § 194 BauGB und § 7 ImmoWertV bei der Verkehrswertermittlung unberücksichtigt bleiben müssen und Besonderheiten bei der Preisgestaltung für die Qualifizierung eines Entwicklungszustands bedeutungslos sind (vgl. BR-Drs. 265/72, S. 30).

32 BR-Drs. 171/10.

33 Vgl. Nr. 2.2.1.1 der aufgehobenen WERTR 06 i.d.F. vom 01.03.2006, BAnz Nr. 108a ber. BAnz. Nr. 121.

34 Vgl. BR-Drs. 171/10.

35 Fischer, Ist die Neufassung der Wertermittlungsverordnung erforderlich? GuG 2009, 16.

36 BVerwG, Urt. vom 22.02.1995 – 11 C 20/94 –, GuG 1995, 372 = EzGuG 4.160; BVerwG, Beschl. vom 04.02.1991 – 5 B 91/90 –, NVwZ 1992, 768 = EzGuG 4.137a; BVerwG, Beschl. vom 29.05.1991 – 5 B 27/91 –, GuG 1992, 224 = EzGuG 17.67; BVerwG, Urt. vom 16.12.1992 – 11 C 3/92 –, GuG 1994, 184 = EzGuG 17.70; VGH Mannheim, Urt. vom 11.05.1995 – 7 S 2194/94 –, GuG 1996, 181 = EzGuG 4.162.

wirtschaftliche Nutzung nicht an; wohl muss aber eine land- oder forstwirtschaftliche Nutzung zulässig sein. Auf der anderen Seite darf für diese Flächen eine Entwicklung zu einer Bauerwartung nicht bevorstehen.

Die Unterscheidung zwischen „reinen" und „besonderen" Flächen der Land- und Forstwirtschaft ist auch bei Wertermittlungen nach dem Flurbereinigungsrecht geboten[37]. Im Übrigen ist bei **Wertermittlungen in Flurbereinigungsverfahren** § 28 Abs. 1 FlurbG zu beachten:

„**§ 28 Abs. 1 FlurbG:** (1) Für landwirtschaftlich genutzte Grundstücke ist das Wertverhältnis in der Regel nach dem Nutzen zu ermitteln, den sie bei gemeinüblicher ordnungsmäßiger Bewirtschaftung jedem Besitzer ohne Rücksicht auf ihre Entfernung vom Wirtschaftshofe oder von der Ortslage nachhaltig gewähren können. Hierbei sind die Ergebnisse einer Bodenschätzung nach dem Bodenschätzungsgesetz vom 20. Dezember 2007 (BGBl. I S. 2007, 3150, 3176) in der jeweils geltenden Fassung zugrunde zu legen; Abweichungen sind zulässig."

2.1.4 Land- und forstwirtschaftliche Flächen nach BelWertV

▶ *Vgl. Teil IX Rn. 42; § 22 BelWertV Rn. 391 ff.*

25 Nach **§ 22 Abs. 1 BelWertV** sind landwirtschaftlich genutzte Objekte „solche, deren überwiegender Teil des Rohertrags durch land- oder forstwirtschaftliche Nutzung erzielt wird". Der Wert von „Acker, Grünland, Obst- und Weinbauflächen sowie Wald" ist nach § 22 Abs. 2 BelWertV unter Berücksichtigung der vorgefundenen Grundstücksmerkmale aus geeigneten Vergleichspreisen abzuleiten; § 15 BelWertV ist entsprechend anzuwenden. Dabei sind Art, Struktur und Größe des Grundstücks im Hinblick auf regionale Gegebenheiten unter besonderer Berücksichtigung der Bodenqualität und der klimatischen Bedingungen im Gutachten besonders zu würdigen und bei der Ableitung des Bodenwerts zu berücksichtigen.

2.1.5 Land- und forstwirtschaftliches Vermögen in der steuerlichen Bewertung

Schrifttum: Gleich lautender Erl. zur Reform des Erbschaftsteuer- und Bewertungsrechts vom 01.04.2009, GuG 2010, 99 = BStBl I 2009, 552); *Wiegand, S.,* Die Bewertung des land- und forstwirtschaftlichen Vermögens für Zwecke der Erbschaft- und Schenkungsteuer, GuG 2011, 268; *Wiegand, S.,* Praxisrelevante Einzelfragen zur Bewertung land- und forstwirtschaftlichen Vermögens, HLBS Report 2010, 80.

▶ *Zur Wirtschaftlichen Einheit sowie zu Stückländereien § 1 ImmoWertV Rn. 57 ff.; zur Öffnungsklausel § 1 ImmoWertV Rn. 24; § 8 ImmoWertV Rn. 159; zur Bewertung mehrjähriger Kulturen in Baumschulbetrieben nach § 6 Abs. 1 Nr. 2 EStG vgl. BMF-Schreiben vom 08.09.2009 – IV C 2 2163/09/10001 –, GuG 2010, 108*

26 Grundlage für die Bewertung des land- und forstwirtschaftlichen Vermögens ist die Bodenschätzung i.S. des BodSchätzG nach Maßgabe des in § 12 BodSchätzG geregelten Bodenschätzungsverfahrens.
Im Rahmen der **Einheitsbewertung** gehören nach § 33 Abs. 1 und 2 BewG zum land- und forstwirtschaftlichen Vermögen alle Wirtschaftsgüter, die einem Betrieb der Land- und Forstwirtschaft dauernd zu dienen bestimmt sind. Zu den Wirtschaftsgütern, die einem Betrieb der Land- und Forstwirtschaft dauernd zu dienen bestimmt sind, gehören insbesondere der Grund und Boden, die Wohn- und Wirtschaftsgebäude, die stehenden Betriebsmittel und ein normaler Bestand an umlaufenden Betriebsmitteln; als normaler Bestand gilt ein solcher, der zur gesicherten Fortführung des Betriebs erforderlich ist.
Betrieb der Land- und Forstwirtschaft ist die wirtschaftliche Einheit des land- und forstwirtschaftlichen Vermögens.

---

37 BVerwG, Urt. vom 22.02.1995 – 11 C 20/94 –, GuG 1995, 372 = EzGuG 4.160; BFH, Urt. vom 26.01.1973 – III R 122/71 –, BFHE 108, 445 = BStBl. II 1973, 282= EzGuG 19.25a; Reiterhof und Pferdezucht: BFH, Urt. vom 16.11.1978 – IV R 191/74 –, BFHE 126, 230 = BStBl II 1979, 246 = EzGuG19.33b; BFH, Urt. vom 05.12.1980 – III R 56/77 –, BFHE 133, 212 = BStBl. II 1981, 498 = EzGuG 19.35e; vgl. auch § 1 Abs. 2 GrstVH.

Der **Einheitswert land- oder forstwirtschaftlicher Betriebe** bestimmt sich gemäß § 36 BewG grundsätzlich nach dem Ertragswertverfahren. Der Ertrag wird i.d.R. durch ein Vergleichswertverfahren ermittelt, das in knappen Grundsätzen in den §§ 38 bis 40 BewG normiert ist, seine eigentliche Erkenntnisquelle jedoch erst in der allgemeinen Verwaltungsvorschrift über Richtlinien zur Bewertung des land- und forstwirtschaftlichen Vermögens findet[38]. Land- und forstwirtschaftliche Grundstücke werden nicht als solche bewertet, sondern gehen indirekt über die Unternehmensbewertung des land- und forstwirtschaftlichen Vermögens in den insgesamt nach Gesichtspunkten des Ertragswerts ermittelten Einheitswert ein. Die in § 40 Abs. 2 BewG festgelegten Ertragswerte stützen sich auf einen abgesenkten Reinertrag[39].
Im Rahmen der **Ermittlung des grunderwerbsteuerlichen Grundbesitzwerts** sind nach § 138 Abs. 1 BewG für die wirtschaftlichen Einheiten des land- und forstwirtschaftlichen Vermögens und für Betriebsgrundstücke i.S. des § 99 Abs. 1 Nr. 2 BewG die land- und forstwirtschaftlichen Grundbesitzwerte unter Anwendung der §§ 139 bis 144 BewG zu ermitteln.
Im Rahmen der **Ermittlung des Grundbesitzwerts** bei **Erbschaft und Schenkung** ist nach § 158 Abs. 2 BewG die wirtschaftliche Einheit des land- und forstwirtschaftlichen Vermögens der Betrieb der Land- und Forstwirtschaft. Wird ein Betrieb der Land- und Forstwirtschaft in Form einer Personengesellschaft oder Gemeinschaft geführt, sind in die wirtschaftliche Einheit auch die Wirtschaftsgüter einzubeziehen, die einem oder mehreren Beteiligten gehören, wenn sie dem Betrieb der Land- und Forstwirtschaft auf Dauer zu dienen bestimmt sind.

Synopse zum land- und forstwirtschaftlichen Vermögen im Steuerrecht		
Bewertung des land- und forstwirtschaftlichen Vermögens für die Grundsteuer ab 01.01.2022	**Grunderwerbsteuerliche Grundbesitzwert**	**Erbschaftsteuerlicher Grundbesitzwert**
§§ 232–240 BewG	**§§ 140–144 BewG**	**§ 158–175 BewG**
Ein Betrieb der Land- und Forstwirtschaft umfasst:		
Die wirtschaftliche Einheit des land- und forstwirtschaftlichen Vermögens ist nach § 232 BewG der Betrieb der Land- und Forstwirtschaft. Zu den Wirtschaftsgütern, die dem Betrieb der Land- und Forstwirtschaft dauernd zu dienen bestimmt sind, gehören insbesondere: 1. der Grund und Boden, 2. die Wirtschaftsgebäude, 3. die stehenden Betriebsmittel, 4. der normale Bestand an umlaufenden Betriebsmitteln, 5. die immateriellen Wirtschaftsgüter.	nach § 141 BewG: 1. den Betriebsteil, 2. die Betriebswohnungen und 3. den Wohnteil.	nach § 160 Abs. 1 BewG: 1. den Wirtschaftsteil, 2. die Betriebswohnungen und 3. den Wohnteil.

38 Teil 1 bis 4 und 8, BStBl I 1967, 397; Teile 5 bis 7 BStBl I 1968, 223.
39 Schriftlicher Bericht des Finanzausschusses des Bundestags, zu BT-Drs. IV/3508, S. 3 f; Gürsching/Stenger, BewG, VermG, 9. Aufl. 1992 § 40 Rn. 4 ff.; BVerfG, Beschl. vom 22.06.1995 – 2 BvL 37/91 –, GuG 1995, 309 = EzGuG 1.61.

<table>
<tr><th colspan="3">Synopse zum land- und forstwirtschaftlichen Vermögen im Steuerrecht</th></tr>
<tr><td colspan="3">Umfang des Wirtschafts- bzw. Betriebsteils:</td></tr>
<tr>
<td>§ 234 BewG:
Der Betrieb der Land- und Forstwirtschaft umfasst
1. die land- und forstwirtschaftlichen Nutzungen:
a) die landwirtschaftliche Nutzung,
b) die forstwirtschaftliche Nutzung,
c) die weinbauliche Nutzung,
d) die gärtnerische Nutzung,
e) die übrigen land- und forstwirtschaftlichen Nutzungen;
2. die Nutzungsarten:
a) Abbauland,
b) Geringstland,
c) Unland,
d) Hofstelle;
3. die Nebenbetriebe.</td>
<td>§ 141 Abs. 2 und 3 BewG:
Der Betriebsteil umfasst den Wirtschaftsteil eines Betriebs der Land- und Forstwirtschaft (§ 34 Abs. 2 BewG), jedoch ohne die Betriebswohnungen (§ 141 Abs. 3 BewG). § 34 Abs. 4 bis 7 BewG ist bei der Ermittlung des Umfangs des Betriebsteils anzuwenden; Betriebswohnungen sind Wohnungen einschließlich des dazugehörigen Grund und Bodens, die einem Betrieb der Land- und Forstwirtschaft zu dienen bestimmt, aber nicht dem Wohnteil zuzurechnen sind.</td>
<td>§ 160 Abs. 2 BewG:
Der Wirtschaftsteil eines Betriebs der Land- und Forstwirtschaft umfasst nach § 160 Abs. 2 BewG
1. die land- und forstwirtschaftlichen Nutzungen:
a) die landwirtschaftliche Nutzung,
b) die forstwirtschaftliche Nutzung,
c) die weinbauliche Nutzung,
d) die gärtnerische Nutzung,
e) die übrigen land- und forstwirtschaftlichen Nutzungen;
2. die Nebenbetriebe;
3. die folgenden nicht zu einer Nutzung nach den Nummern 1 und 2 gehörenden Wirtschaftsgüter:
a) Abbauland (vgl. Rn. 306),
b) Geringstland (vgl. Rn. 249),
c) Unland (vgl. Rn. 249).</td>
</tr>
<tr><td colspan="3">Bewertungsgrundsätze</td></tr>
<tr>
<td>Nach § 236 BewG ist bei der Bewertung eines Betriebs der Land- und Forstwirtschaft der Ertragswert zugrunde zu legen. Bei der Ermittlung des Ertragswerts ist von der Ertragsfähigkeit auszugehen. Ertragsfähigkeit ist der bei ordnungsmäßiger Bewirtschaftung gemeinhin und nachhaltig erzielbare Reinertrag eines pacht- und schuldenfreien Betriebs mit entlohnten fremden Arbeitskräften (Reinertrag).
Der Reinertrag wird aus den Erhebungen nach § 2 des Landwirtschaftsgesetzes oder aus Erhebungen der Finanzverwaltung für jede gesetzliche Klassifizierung gesondert ermittelt. Bei der Ermittlung des jeweiligen Reinertrags ist zur Berücksichtigung der nachhaltigen Ertragsfähigkeit ein Durchschnitt aus den letzten zehn vorliegenden Wirtschaftsjahren zu bilden, die vor dem Hauptfeststellungszeitpunkt geendet haben.</td>
<td>Für die wirtschaftlichen Einheiten des land- und forstwirtschaftlichen Vermögens und für Betriebsgrundstücke i.S. des § 99 Abs. 1 Nr. 2 BewG sind nach § 138 Abs. 2 BewG die land- und forstwirtschaftlichen Grundbesitzwerte unter Anwendung der §§ 139 bis 144 BewG zu ermitteln.
Für die wirtschaftlichen Einheiten des Grundvermögens und für Betriebsgrundstücke i.S. des § 99 Abs. 1 Nr. 1 BewG sind nach § 138 Abs. 3 BewG Grundstückswerte abweichend von § 9 BewG mit einem typisierenden Wert unter Anwendung der §§ 68, 69 und 99 Abs. 2 und der §§ 139 und 145 bis 150 BewG zu ermitteln. § 70 BewG gilt mit der Maßgabe, dass der Anteil des Eigentümers eines Grundstücks an anderem Grundvermögen (zum Beispiel an gemeinschaftlichen Hofflächen oder Garagen) abweichend von § 138</td>
<td>Nach § 162 Abs. 1 BewG ist bei der Bewertung des Wirtschaftsteils der gemeine Wert zugrunde zu legen. Dabei ist davon auszugehen, dass der Erwerber den Betrieb der Land- und Forstwirtschaft fortführt. Bei der Ermittlung des gemeinen Werts für den Wirtschaftsteil sind die land- und forstwirtschaftlichen Nutzungen, die Nebenbetriebe, das Abbau-, Geringst- und Unland jeweils gesondert mit ihrem Wirtschaftswert (§ 163 BewG) zu bewerten. Dabei darf ein Mindestwert nicht unterschritten werden (§ 164 BewG).
Der Wirtschaftsteil des Betriebs ist nach § 162 Abs. 2 BewG mit dem unter Anwendung des sog. Reingewinnverfahrens nach § 163 Abs. 1 bis 14 BewG ermittelten gemeinen Wert des Betriebs unter dem Gesichtspunkt der Betriebsfortführung zu bewerten. Nach dem Nachbewertungsvorbehalt</td>
</tr>
</table>

Synopse zum land- und forstwirtschaftlichen Vermögen im Steuerrecht		
	Abs. 2 Satz 1 BewG in das Grundstück einzubeziehen ist, wenn der Anteil zusammen mit dem Grundstück genutzt wird. § 20 Satz 2 BewG ist entsprechend anzuwenden. Der **Wert des Betriebsteils** (Betriebswert) wird nach § 142 Abs. 1 und 2 BewG unter sinngemäßer Anwendung der §§ 35 und 36 Abs. 1 und 2 BewG, der §§ 42, 43 und 44 Abs. 1 BewG und der §§ 45, 48a, 51, 53, 51a, 54, 56, 59 und 62 Abs. 1 BewG ermittelt. Abweichend von § 36 Abs. 2 Satz 3 BewG ist der Ertragswert das 18,6-Fache des Reinertrags.	des § 162 Abs. 3 BewG ist hiervon abweichend im Falle der Veräußerung des gesamten Betriebs der Liquidationswert nach § 166 BewG anzusetzen.
Bei der Ermittlung des Ertragswerts für einen Betrieb der Land- und Forstwirtschaft sind die land- und forstwirtschaftlichen Nutzungen, Nutzungsarten und die Nebenbetriebe (§ 234 Abs. 1 BewG) mit ihrem jeweiligen Reinertrag nach § 237 Abs. 2 bis 8 BewG zu bewerten. Die Summe der Reinerträge des Betriebs einschließlich der Zuschläge (§§ 237, 238 BewG) ist zur Ermittlung des Ertragswerts mit dem Faktor 18,6 zu kapitalisieren und ergibt den Grundsteuerwert des Betriebs der Land- und Forstwirtschaft.	(2) Der **Betriebswert** setzt sich zusammen aus den Einzelertragswerten für Nebenbetriebe (§ 42 BewG), das Abbauland (§ 43), die gemeinschaftliche Tierhaltung (§ 51a) und die in Nummer 5 nicht genannten Nutzungsteile der sonstigen land- und forstwirtschaftlichen Nutzung sowie den in § 142 Abs. 2 BewG aufgeführten Ertragswerten.	
§ 235 BewG: Bewertungsstichtag: Für die Größe des Betriebs sowie für den Umfang und den Zustand der Gebäude sind die Verhältnisse im Feststellungszeitpunkt maßgebend. Für die stehenden und umlaufenden Betriebsmittel ist der Stand am Ende des Wirtschaftsjahres maßgebend, das dem Feststellungszeitpunkt vorangegangen ist.	§ 138 Abs. 1 BewG: Abweichend von § 19 Abs. 1 und § 126 Abs. 2 BewG werden land- und forstwirtschaftliche Grundbesitzwerte für das in § 138 Abs. 2 BewG und Grundstückswerte für das in § 138 Abs. 3 BewG bezeichnete Vermögen unter Berücksichtigung der tatsächlichen Verhältnisse zum Besteuerungszeitpunkt und der Wertverhältnisse zum 01.01.1996 festgestellt. § 138 Abs. 4 BewG: Die Wertverhältnisse zum 01.01.1996 gelten für Feststellungen von Grundbesitzwerten bis zum 31.12.2006	§ 161 BewG: Bewertungsstichtag: Für die Größe des Betriebs, für den Umfang und den Zustand der Gebäude sowie für die stehenden Betriebsmittel sind die Verhältnisse am Bewertungsstichtag maßgebend. Für die umlaufenden Betriebsmittel ist der Stand am Ende des Wirtschaftsjahres maßgebend, das dem Bewertungsstichtag vorangegangen ist.

Vermögen besteht **im Rahmen der erbschaft- und schenkungsteuerlichen Grundbesitzbewertung** aus

- dem **Wirtschaftsteil**, der nach einem typisierten Ertragswertverfahren gemäß den §§ 162 ff. BauGB als „Fortführungswert" entweder
- nach dem sog. *Reingewinnverfahren* (§ 163 BewG) oder
- dem *Mindestwertverfahren* (§ 164 BewG) bewertet wird, und
- den **Betriebswohnungen** sowie dem **Wohnteil**, die wie Grundvermögen mit einem Abschlag von 15 % bewertet werden.

Das **Reingewinnverfahren** nach § 163 BewG ist das Regelverfahren der Ertragswertermittlung. Der Regelertragswert wird danach ermittelt, indem der maßgebliche Reingewinn aus dem durchschnittlichen Reingewinn der letzten fünf Jahre je Hektar Eigentumsfläche multipliziert wird mit der Eigentumsfläche und einem Kapitalisierungsfaktor von 18,6:

Abb. 3: Reingewinnverfahren nach § 163 BewG

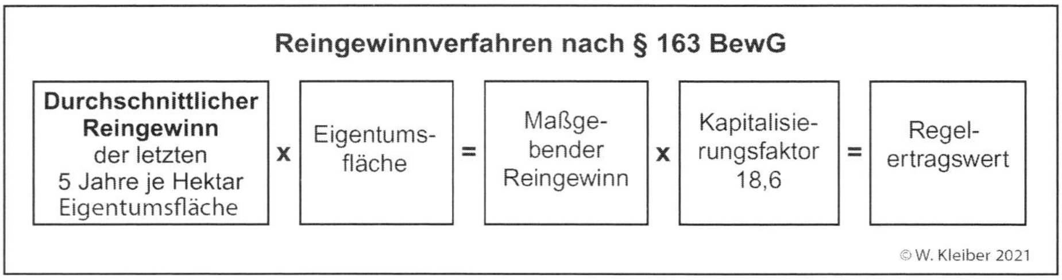

Bei Anwendung des **Mindestwertverfahrens** nach § 164 BewG setzt sich der Ertragswert der Wirtschaftsgüter zunächst aus dem Wert des Grund und Bodens und dem Wert der übrigen Wirtschaftsgüter (Besatzkapital) zusammen. Mindestwert ist der mit einem Kapitalisierungsfaktor von 18,8 kapitalisierte Ertragswert der Wirtschaftsgüter unter Berücksichtigung von Zu- und Abschlägen für die damit in unmittelbarem wirtschaftlichem Zusammenhang stehenden Verbindlichkeiten.

Abb. 4: Mindestwertverfahren nach § 164 BewG

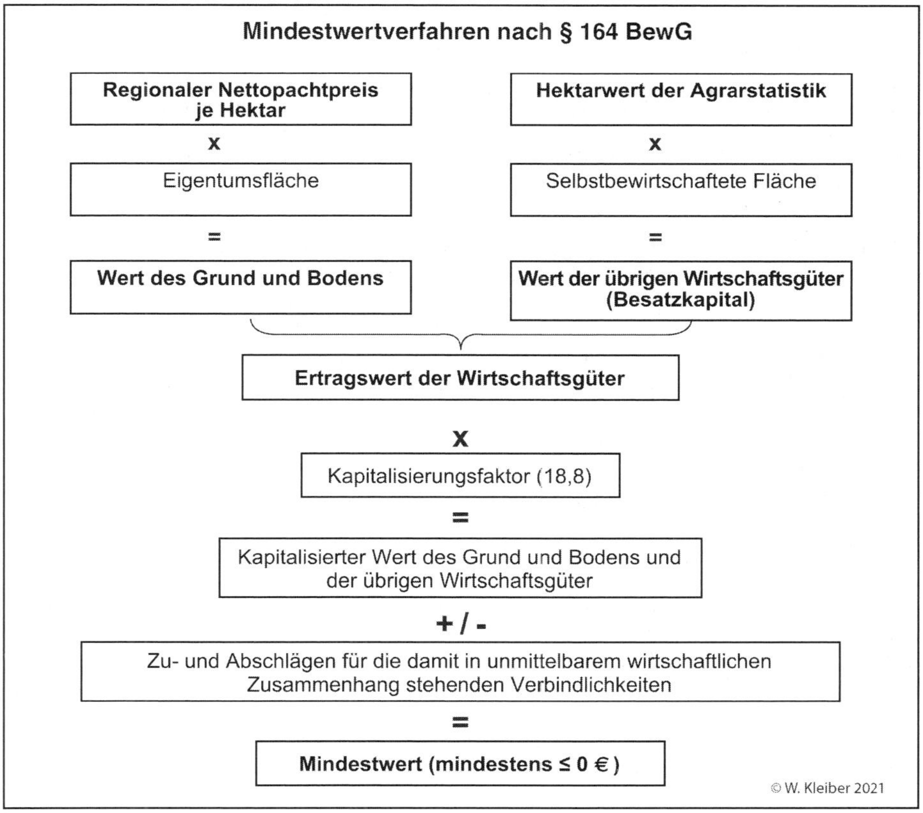

Die **Öffnungsklausel** (*Escape*-Klausel) findet jeweils nach § 165 Abs. 3 bzw. § 167 Abs. 4 BewG Anwendung, d.h., dass auch für einzelne Teile des Betriebs der Land- und Forstwirtschaft der niedrigere Wert nachgewiesen werden kann (vgl. § 1 ImmoWertV Rn. 24).

Der Wirtschaftsteil unterliegt einem **Bewertungsvorbehalt** von 15 Jahren (§§ 13a, 13b ErbStG).

Fortführungswert ist der Wert des Betriebs, der den Nutzungen, Nebenbetrieben und übrigen Wirtschaftsgütern im fortgeführten land- und forstwirtschaftlichen Betrieb auf der Grundlage objektiver ökonomischer Bedingungen beizumessen ist[40].

40 Vgl. Abschn. 28 Nr. 1 der Gleich lautenden Erlasse zur Bewertung land- und forstwirtschaftlicher Vermögen vom 01.04.2009 – AEBewLuF (BStBl I 2009, 552 = GuG 2010, 99).

2.2 Reine Flächen der Land- und Forstwirtschaft

2.2.1 Allgemeines

Schrifttum: *Fischer/Biederbeck/Lorenz,* Bewertung von reinem Agrarland, in Neue Fallstudien zur Wertermittlung, 2. Aufl. Bundesanzeiger Verlag, S. 59; *Gekle, L.*, Leitfaden zur Lösung landwirtschaftlicher Bewertungsprobleme, HLBS Verlag 2002; *Köhne, M.*, Landwirtschaftliche Taxationslehre, Parey Buchverlag 3. Aufl. 2000; *Stock, K.-D.*, Wertveränderungen an einem Anwesen sowie Feststellung des Verkehrswerts von Grundstücksflächen, HLBS Verlag 1995.

▶ *Vgl. Rn. 138, 150 ff.; § 40 ImmoWertV Rn. 5*

27 § 3 Abs. 1 ImmoWertV definiert Flächen der Land- und Forstwirtschaft als land- oder forstwirtschaftlich nutzbare Flächen. Im Umkehrschluss zur Definition des Bauerwartungslands kann eine bauliche Nutzung auf Grund konkreter Tatsachen mit hinreichender Sicherheit nicht erwartet werden. Auch **Flächen, die nur in eingeschränktem Maße einer land- oder forstwirtschaftlichen Nutzung zu dienen bestimmt sind,** fallen unter die Definition des § 3 Abs. 1 ImmoWertV. Dies kann sich z.B. aus Düngebeschränkungen in Wasserschutzgebieten oder aus einer eingeschränkten forstwirtschaftlichen Nutzbarkeit, z.B. als Schutz- oder Bannwald, ergeben. Entsprechendes gilt auch für Brachflächen, die durch Maßnahmen zur Reduzierung der landwirtschaftlichen Überschussproduktion betroffen sind[41].

28 Im Unterschied zu § 3 Abs. 1 ImmoWertV werden im **Steuerrecht** land- und forstwirtschaftlich genutzte Grundstücke dem Grundvermögen zugerechnet, wenn nach ihrer Lage, den im Feststellungszeitpunkt bestehenden Verwertungsmöglichkeiten oder den sonstigen Umständen anzunehmen ist, dass sie *„in absehbarer Zeit"* anderen als land- und forstwirtschaftlichen Zwecken, insbesondere als Bauland, Industrieland oder Land für Verkehrszwecke, dienen werden (§§ 69, 233 BewG). In der **Rechtsprechung der Finanzgerichte** ist die absehbare Zeit ein Zeitraum, für den die Entwicklung mit einiger Wahrscheinlichkeit übersehen werden kann, besonders in der Richtung, dass sich der Übergang von der landwirtschaftlichen zu einer anderen Nutzung vollziehen werde[42]. In § 233 Abs. 2 BewG wird in Anlehnung an diese Rechtsprechung ein Zeitraum von 7 Jahren genannt.
Der BGH hat grundsätzlich nicht ausschließen wollen, dass landwirtschaftlich genutzte Gebiete ihrer Qualität nach in die Zwischenstufe gehören, also im weitesten Sinne als Bauland anzusehen sind, „wenn innerhalb von etwa sechs Jahren eine Bebauung nicht zu erwarten ist"[43]. Auf der anderen Seite wurde in der Rechtsprechung[44] eine Nutzungsmöglichkeit, die erst in 30 Jahren realisiert werden soll, nicht als absehbar bezeichnet[45].
Was als **absehbare Zeit** anzusehen ist, lässt sich nicht vorgeben[46]. Es handelt sich hierbei um einen unbestimmten Rechtsbegriff, der nach der jeweiligen Situation des Einzelfalls auszulegen ist[47]. Generell ist der Zeitraum in strukturschwachen landwirtschaftlich orientierten Gebieten langfristiger anzusetzen als in Gebieten, die unter Siedlungsdruck stehen und in denen deswegen eine andere als land- oder forstwirtschaftliche Nutzung erwartet werden könnte. Aus der **Situationsgebundenheit** dieser Flächen heraus müssen in den strukturschwachen Ge-

41 BR-Drs. 352/88 S. 35 f.
42 RFH, Urt. vom 30.04.1931 – III A 1283/30 –, RStBl 1932, 110 = EzGuG 4.2e; RFH, Urt. vom 21.07.1932 – III A 679/31 –, RStBl 1932, 980 = EzGuG 4.2g; RFH, Entsch. vom 27.07.1938 – III 322/37 –, RFHE 33, 279 = EzGuG 8.1c; BFH, Urt. vom 04.08.1972 – III R 47/72 –, BFHE 106, 464 = BStBl II 1972, 849 = EzGuG 4.36a; BewR Gr vom 19.09.1966 (BAnz Nr. 183 Beil. = BStBl I 1966, 890) zu Nr. 3 Abs. 7; schon der Reichskommissar für die Preisbildung verstand darunter eine Frist von 6 Jahren [Erl Nr. 66/42 vom 01.06.1942 (MittBl I 1942, 466)].
43 BGH, Urt. vom 08.11.1962 – III ZR 86/61 –, BGHZ 39, 198 = EzGuG 8.5; wird dort näher ausgeführt.
44 BGH, Urt. vom 18.09.1986 – III ZR 83/85 –, BGHZ 98, 341 = EzGuG 4.111; BGH, Urt. vom 01.02.1982 – III ZR 93/80 –, BGHZ 83, 61 = EzGuG 14.69.
45 So aber die Praxis in dem dem Urt. des LG Koblenz vom 06.03.1989 – 4 O 18/88 –, EzGuG 8.66 zugrunde liegenden Fall.
46 BGH, Urt. vom 08.11.1962 – III ZR 86/61 –, BGHZ 39, 198 = EzGuG 8.5.
47 Zur „Absehbarkeit" im Erschließungsbeitragsrecht vgl. BVerwG, Urt. vom 22.02.1985 8 C 114/83 –, BRS Bd. 43 Nr. 126 = EzGuG 9.55.

bieten jedoch sehr konkrete Anhaltspunkte für eine anderweitige Nutzung gefordert werden, wenn ihnen eine Bauerwartung beigemessen werden soll.
Zur Wertermittlung können hilfsweise die **regionalen Wertansätze** i.S. von § 5 Abs. 1 Satz 2 der **Flächenerwerbsverordnung** herangezogen werden[48]. Diese werden im Wesentlichen aus den Bodenrichtwerten nach § 196 BauGB hergeleitet und weisen daher eine geringe Aktualität auf. Dies ist einerseits darauf zurückzuführen, dass in die Bodenrichtwertableitung die Ergebnisse abgeschlossener und dem Gutachterausschuss übermittelter und von diesem ausgewerteter Kaufverträge eingehen und die Bodenrichtwerte im 1- bis 2-Jahres-Rhythmus aktualisiert veröffentlicht werden. Grundlage der Bodenrichtwerte ist mithin das Marktgeschehen, das i.d.R. zwei Jahre oder mehr zurückliegt. Schon aus diesem Grund bilden sie das aktuelle Marktgeschehen nur unzureichend ab. Für die Ermittlung der EALG-Kaufpreise spielen die regionalen Wertansätze deshalb inzwischen nur noch eine untergeordnete Rolle.

2.2.2 Flächenerwerbsverordnung

Schrifttum: *Zimmermann* in RVI, Flächenerwerbsverordnung, München Losebl.

▶ *Zum Bieterverfahren vgl. Syst. Darst. des Vergleichswertverfahrens Rn. 49*

Die auf das Entschädigungs- und Ausgleichsleistungsgesetz (EALG) gestützte **Flächenerwerbsverordnung** sieht in § 5 Abs. 1 folgende Regelung für die Ermittlung des Verkehrswerts vor, von dem der EALG-Kaufpreis durch Abzug von 35 % hergeleitet wird[49]: 29

„Kaufpreis für landwirtschaftliche Flächen

Der Verkehrswert für landwirtschaftliche Flächen nach § 3 Abs. 7 Satz 1, Satz 6 und § 3a Abs. 2 des Ausgleichsleistungsgesetzes wird ermittelt nach den Vorgaben der Wertermittlungsverordnung. Soweit für Acker- und Grünland Regionale Wertansätze vorliegen, soll der Wert hiernach bestimmt werden. Die Regionalen Wertansätze werden vom Bundesminister der Finanzen im Bundesanzeiger veröffentlicht. Wenn tatsächliche Anhaltspunkte dafür vorliegen, dass die regionalen Wertansätze als Ermittlungsgrundlage ungeeignet sind, unterbreitet die Privatisierungsstelle ein die Wertentwicklung berücksichtigendes Angebot. Kommt eine Einigung nicht zustande, können der Kaufbewerber oder die Privatisierungsstelle eine Bestimmung des Verkehrswerts durch ein Verkehrswertgutachten des nach § 192 des Baugesetzbuchs eingerichteten und örtlich zuständigen Gutachterausschusses oder eines öffentlich bestellten und vereidigten Sachverständigen, bei dem auch die aktuelle Wertentwicklung nach Bieterverfahren für vergleichbare Flächen für die Verkehrswertermittlung heranzuziehen ist, verlangen."

2.2.3 Acker- und Grünland

2.2.3.1 Allgemeines

▶ *Vgl. Teil VI Rn. 118; Teil VII Rn. 22, 56*

Zur Verkehrswertermittlung landwirtschaftlicher Nutzflächen kann hier nur ein allgemeiner Überblick gegeben und auf die weiterführende Literatur verwiesen werden[50]. Als amtliche Hinweise können die **Entschädigungsrichtlinien Landwirtschaft vom 03.05.2019 – LandR 19 –** herangezogen werden. 30

Generell wird bei der Verkehrswertermittlung land- oder forstwirtschaftlicher Nutzflächen (NF) nach folgenden **Nutzungsarten** unterschieden: 31

- landwirtschaftliche Nutzflächen (LN oder LF),
- forstwirtschaftliche Nutzflächen (FN),
- bewirtschaftete und nicht bewirtschaftete Gewässerflächen,

48 Bekanntmachung der Regionalen Wertansätze 2006 für Ackerland und Grünland nach der Flächenerwerbsverordnung vom 24.05.2004 (BAnz Nr. 145a vom 04.08.2006).

49 Das EALG wurde im Jahre 2000 bei der Kommission der europäischen Gemeinschaften notifiziert und von dieser genehmigt. Die EALG-Verkäufe an Pächter sind bis zum 31.12.2009 abzuschließen.

50 *Köhne, M.*, Landwirtschaftliche Taxationslehre, 3. Aufl. Hamburg/Berlin 2000 m.w.N.

- Ödlandflächen,
- Unlandflächen und
- sonstige Flächen wie Wege, Hofraum, Gebäude, Gräben, Hecken und dgl. einschließlich Abbauland.

32 Als **Kulturflächen** bezeichnet man davon diejenigen Flächen, die bewirtschaftet werden (land- oder forstwirtschaftliche Flächen einschließlich bewirtschafteter Gewässer).

33 Zu den **landwirtschaftlichen Nutzflächen** gehören:

- das Ackerland,
- das Dauergrünland, Hutungen (= Grünlandflächen mit geringer natürlicher Ertragsfähigkeit),
- das Wechselland, auf dem ein Wechsel von ackerbaulicher und Grünlandnutzung in einem geringen Abstand stattfindet,
- die Kurzumtriebsflächen,
- das Gartenland (Haus- und Erwerbsgärten),
- die Obstanlagen,
- das Rebland,
- die Hopfengärten,
- die Baumschulen und
- die Korbweidenanlagen.

34 Die **Verkehrswertermittlung land- oder forstwirtschaftlicher Nutzflächen** muss deutlich abgegrenzt werden von der

- steuerlichen Ermittlung des gemeinen Werts (Einheits- bzw. Grundbesitzbewertung) dieser Grundstücke und
- der Ertragswertermittlung im Rahmen des Erbrechts bzw. für die Ermittlung des Zugewinnausgleichs nach bürgerlichem Recht.

35 Im Rahmen des **Erbrechts und der Bemessung des Zugewinnausgleichs sowie des ehelichen Güterrechts** bemisst sich der Wert eines Landguts nach den § 1376 Abs. 4, § 2049 Abs. 2 und § 2312 Abs. 1 BGB zum Zwecke des Erhalts landwirtschaftlicher Betriebe grundsätzlich nach dem im Vergleich zum Verkehrswert niedrigeren Ertragswert (vgl. Teil VII Rn. 22 ff., 51 ff.).

36 Generell ist aber auch bei der Ermittlung des Verkehrswerts landwirtschaftlicher Betriebe zu beachten, dass der **Wertanteil des Grund und Bodens** am Verkehrswert des Betriebs nicht losgelöst vom landwirtschaftlichen Betrieb abgeleitet wird; vielmehr steht auch hier eine betriebsbezogene Verkehrswertermittlung im Vordergrund.

2.2.3.2 Wertbestimmende Grundstücksmerkmale

37 Die **allgemeinen wertbestimmenden Merkmale** sind

- die allgemeine Lage des Grundstücks, insbesondere auch zum Ort,
- die gemeinübliche Bewirtschaftung,
- die planerischen Ausweisungen in der Regional- und Landesplanung, der Bauleitplanung (Flächennutzungs- und Bebauungsplan) und dgl.,
- Nutzungseinschränkungen (Wasserschutz-, Naturschutzgebiete),
- langfristige Pachtverträge,

- Nutzungsart (wobei im Wesentlichen zwischen Acker- und Grünland sowie Sonderkulturen unterschieden wird),
- Größe und Form des Grundstücks (Einsetzbarkeit von Maschinen),
- Erschließung des Grundstücks (Zuwege),
- Oberflächengestalt (z.B. Hängigkeit),
- Bodenwert und Bodenqualität (Bonität),
- Bodenverbesserungsmaßnahmen (z.B. Drainage),
- Klima,
- Waldnähe und sonstige Beeinträchtigungen und Hindernisse,
- besondere Nutzungsmöglichkeiten für Intensivkulturen,
- die allgemeine Nachfrage im sog. „innerland- oder forstwirtschaftlichen Grundstücksverkehr" sowie für außerland- oder forstwirtschaftliche Nutzungen (Zahl der Vollerwerbsbetriebe, vergleichbares Pachtpreisniveau),
- Verbund mit Produktionsquoten (z.B. für Milch und Zuckerrüben),
- Aussicht auf eine Flurneuordnung (Flurbereinigungsverfahren),
- Schadstoffbelastungen.

Die **gemeinübliche Bewirtschaftung** i.S. des § 2 Abs. 2 Satz 1 BodSchätzG des Kulturbodens richtet sich nach der natürlichen Ertragsfähigkeit. Gemeinüblich ist nach der Rechtsprechung des BFH[51] die in der jeweiligen Gegend für die durch dieselbe Ertragsfähigkeit charakterisierten Flächen allgemein übliche Nutzung, sofern diese Nutzung der natürlichen Ertragsfähigkeit entspricht. Die Gemeinüblichkeit kann durch externe Faktoren mitbestimmt werden; die aktuelle und konkrete Nutzung des jeweiligen Flurstücks ist unerheblich.

2.2.4 Grundstücksgröße und Grundstücksgestalt (-zuschnitt)

Schrifttum: *Kindler, R.,* Zum Vergleichspreissystem der BVVG, GuG 2009, 280; *Koepke,* Kaufpreise für Ackerland in Ausschreibung der BVVH, GuG 2010, 257; *Müller, W.*, Niveau und Entwicklung von Kaufpreisen, Neue Landwirtschaft: Bodenmarkt 2009, 8; *Reinhard, W.,* Die Fläche als wertrelevante Größe für individuelles Wohnbauland in ländlichen Bereichen, GuG 2008, 321.

► *Zur Abhängigkeit bei forstwirtschaftlich genutzten Grundstücken vgl. Rn. 88; vgl. Syst. Darst. des Vergleichswertverfahrens Rn. 247, 275, 306 ff.; § 5 ImmoWertV Rn. 70; § 41 ImmoWertV Rn. 1 ff.*

Bei der **Berücksichtigung von Lagemerkmalen** landwirtschaftlicher Grundstücke gelten folgende **Grundsätze:** **38**

a) *Grundstücksgröße:* Allgemein gilt im landwirtschaftlichen Bereich schon im Hinblick auf die Mechanisierung, dass **größere Grundstücke zumeist auch zu höheren Preisen gehandelt werden**[52].
   Für das Land *Brandenburg* hat *Kindler*[53] festgestellt, dass umgekehrt nur für Flächen unter 1 ha Größe höhere Kaufpreise erzielt werden, während darüber hinaus der Einfluss der Flächengröße unwesentlich sei[54]. Bei Flächen unter 1 ha ist der Mittelwert der Flächen bei Ackerland um 75 % und bei Grünland um 29 % höher als für Flächen ab 1 ha Größe.

---

51 BFH, Urt. vom 01.09.2021 – II R 7/19 –, GuG 2022, 183 = EzGuG 20.378.

52 Stock, GuG 1993, 87, 355; Meinhardt, GuG 1993, 329 ff.; Kindler: Neue Landwirtschaft 1992, 15; Klare/Koch, DLG-Mitteilungen 1993, 44; Weber, AgE 1993/14; Uherek, GuG 1993, 277.

53 Kindler, R., Zur Ermittlung von Bodenrichtwerten für landwirtschaftliche Flächen, GuG 2002, 263.

54 Der Obere Gutachterausschuss für Grundstückswerte stellt in seinem Marktbericht 2007 (S. 48) fest, dass keine signifikante Abhängigkeit des Bodenpreises von der Flächengröße festgestellt werden konnte.

Aus Verkäufen der Jahre 2008 bis 2010 hat der Obere Gutachterausschuss für Grundstückswerte in Brandenburg die sich aus Abb. 5 ergebende Abhängigkeit des Kaufpreises von der Flächengröße festgestellt.

Abb. 5: Abhängigkeit des Kaufpreises von der Flächengröße bei Ackerlandverkäufen 2014–2016 im Land Brandenburg

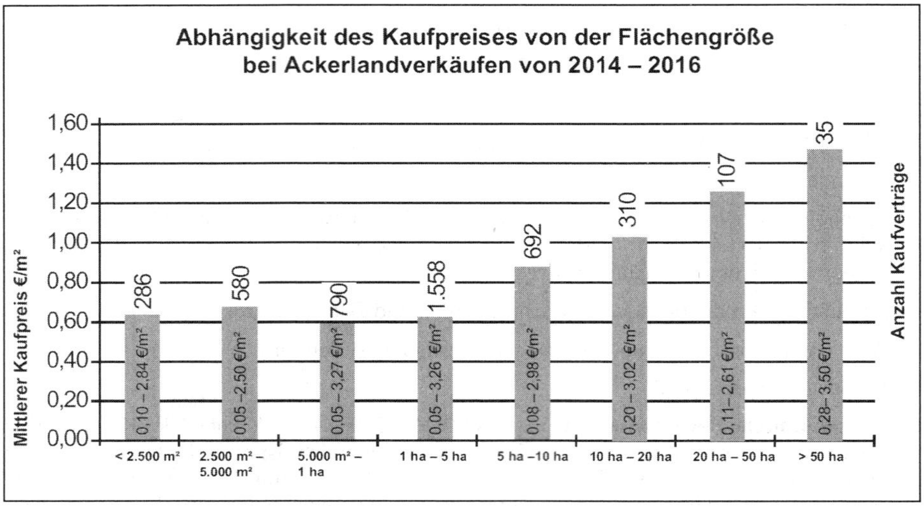

Quelle: Grundstücksmarktbericht 2016 des Oberen Gutachterausschusses in Brandenburg

39 Der Gutachterausschuss in *Bergisch Gladbach* hat die aus Abb. 6 ersichtliche Abhängigkeit empirisch abgeleitet.

Abb. 6: Abhängigkeit des Quadratmeterwerts landwirtschaftlich genutzter Grundstücke von der Grundstücksgröße

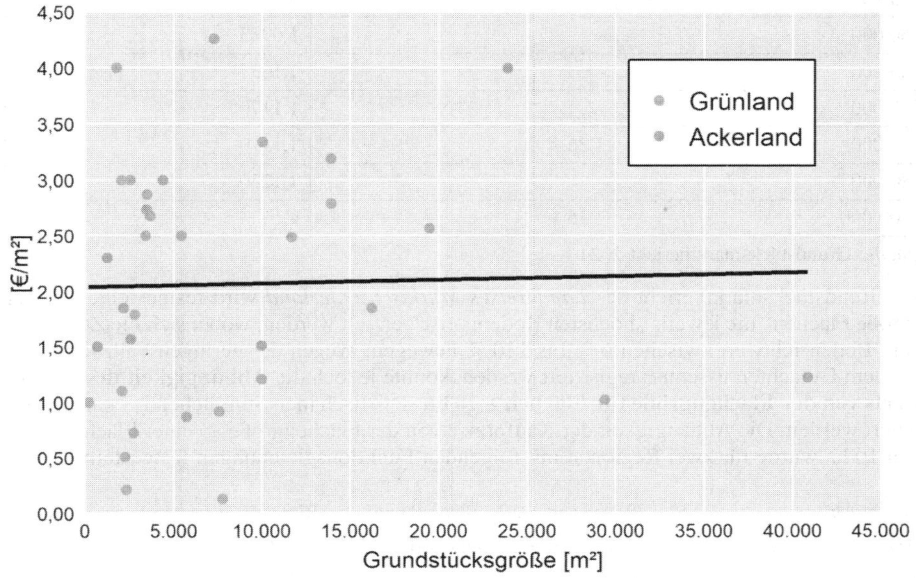

Quelle: Grundstücksmarktbericht 2023 Bergisch Gladbach

Von einzelnen Gutachterausschüssen ist für Grünland keine **Abhängigkeit der Preise von der Flächengröße** festgestellt worden, wohl aber **für Ackerland**:

Abb. 7: Umrechnungskoeffizienten zur Abhängigkeit des Bodenwerts von der Grundstücksfläche bei Ackerland

Fläche [m²]	**Hochsauerlandkreis 2024**	**Landkreis Soest/Lippstadt 2024**
1 000	-	**0,7782**
5 000	0,96	0,8904
7 500	0,97	-
10 000	0,98	0,9436
12 500	0,99	-
15 000	**1,00**	0,9762
17 500	1,01	-
20 000	1,02	**1,0000**
25 000	1,04	1,0189
30 000	1,06	1,0345
35 000	1,09	1,0480
40 000	1,11	1,0597
45 000	-	1,0702
50 000	1,15	1,0797

Fläche [m²]	Hochsauerlandkreis 2024	Landkreis Soest/Lippstadt 2024
55 000	-	1,0884
60 000	-	1,0963
65 000	-	1,1037
70 000	-	1,1170
75 000	1,26	1,1170
80 000	-	1,1230
100 000	1,36	-

Quelle: Grundstücksmarktbericht 2024

Im Grundstücksmarktbericht des *Landkreises Märkisch-Oderland* wird festgestellt, dass für „große Flächen“ die jeweils „höchsten Bodenpreise“ erzielt werden, wobei sich die Zuschläge zum Bodenrichtwert zwischen 6 % bis 110 % bewegen. Wegen der geringen Fallzahlen, die bei dem Gutachterausschuss registriert werden, konnte jedoch die **Abhängigkeit des Bodenwerts von der Flächengröße für Flächen ≥ 10 ha** statistisch nicht hinreichend genau quantifiziert werden. Die Abhängigkeit der Kaufpreise von der Flächengröße ab einer Flächengröße von 10 ha wurde für zwei Regionen mit folgenden Funktionsgleichungen festgestellt:

Oderbruch	Bodenwert = 2E – 06x + 0,6665	$R^2 = 0,4037$
Ostbrandenburgische Platte	Bodenwert = 2 E – 0,6 + 0,4956	$R^2 = 0,6899$
Hamburg (2014)	Acker	UK = $(\text{Fläche} / 1\,000\ m^2)^{-0,1105}$
	Grünland	UK = $(\text{Fläche} / 1\,000\ m^2)^{-0,0633}$
	Erwerbsgartenanbaufläche	UK = $(\text{Fläche} / 1\,000\ m^2)^{-0,1371}$
	Wald	UK = $(\text{Fläche}/ 1\,000\ m^2)^{-0,1449}$
Borken (2018)	Kaufpreis/Richtwert = F_O x $\text{Fläche}_{(ha)}$ + f_1 wobei F_O = 0,018536 und $F_!$ = 1,063710	

Abb. 8: Umrechnungskoeffizienten für die Abhängigkeit des Bodenwerts von der Grundstücksgröße von Ackergrundstücken in Sachsen-Anhalt (2017)

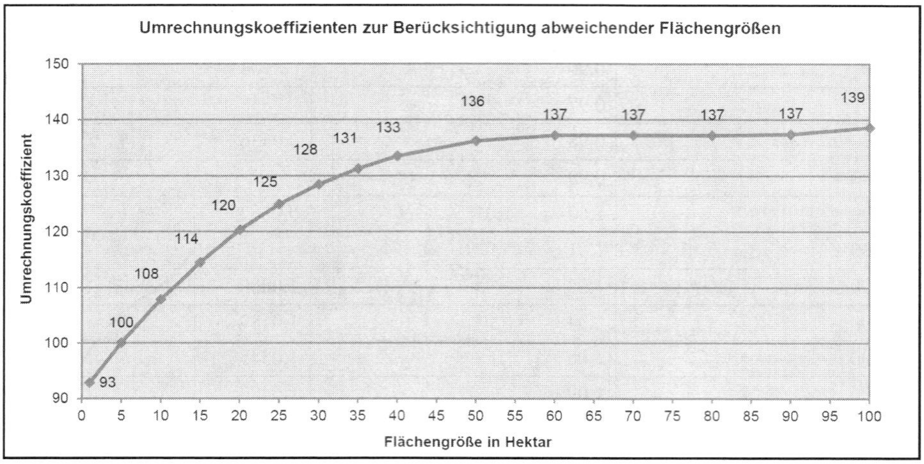

Quelle: Marktbericht 2017 von Sachsen-Anhalt

Der Gutachterausschuss von *Hildburghausen* unterscheidet zwischen Acker- und Grünlandflächen:

Abb. 9: Umrechnungskoeffizienten für die Abhängigkeit des Bodenwerts von der Grundstücksgröße von Acker- und Grünlandfläche

Umrechnungskoeffizienten für die Abhängigkeit des Bodenwerts von der Grundstücksgröße für Acker- und Grünland in Hildburghausen		
Fläche	**Umrechnungskoeffizient**	
ha	**Ackerfläche**	**Grünlandfläche**
1	**1,00**	**1,00**
2	0,95	0,95
3	0,94	0,91
4	0,92	-

Quelle: Grundstücksmarktbericht 2012

b) *Grundstücksgestalt (Zuschnitt):* Ein rechteckiges Grundstück mit geraden Grenzverläufen bietet die besten Bewirtschaftungsvoraussetzungen. Nachteile bieten dreieckige Grundstücke und Grenzversprünge (vgl. Syst. Darst. des Vergleichswertverfahrens Rn. 247 ff.). Wertminderungen, die sich aus einer **ungünstigen Grundstücksform** ergeben, lassen sich aus den zusätzlichen Bewirtschaftungskosten, z.B.

- Arbeitszeitverluste,
- Maschinenkosten,
- Saatverluste, Düngeverluste und dgl. im Randstreifen,

ermitteln. Die kapitalisierten zusätzlichen Bewirtschaftungskosten können Minderwerte von 0,50 bis 1,50 €/m² ausmachen und bei kleinen Flächen sogar den Restwert übersteigen. Die Wertminderung beläuft sich auf -5 bis -15 %.

c) *Geländeneigung:*
Der Wert der Fläche mindert sich mit der Geländeneigung

Geländeneigung	Prozentuale Auswirkung
5 %	– 4 %
10 %	– 7 %

▶ *Zur Arrondierung land- und forstwirtschaftlicher Flächen vgl. Syst. Darst. des Vergleichswertverfahrens Rn. 312.; zu Leitungsdurchschneidungen Kleiber, Verkehrswertermittlung on Grundstücken, 8. Aufl., Teil VIII Rn. 401 ff.*

2.2.5 Bonität 40

2.2.5.1 Allgemeines

Für Zwecke der Besteuerung sowie nichtsteuerliche Zwecke, insbesondere der Agrarordnung, dem Bodenschutz und Bodeninformationssystemen wurden in Fortführung der Reichsbodenschätzung (1934) nach Maßgabe des **Bodenschätzungsgesetzes (BodSchätzG)** einheitliche Bewertungsgrundlagen für landwirtschaftlich nutzbare Flächen des Bundesgebiets geschaffen. Zur Sicherung der Gleichmäßigkeit der Bodenschätzung wurden ausgewählte Bodenflächen als Musterstücke geschätzt, die einen Querschnitt über die im Bundesgebiet hauptsächlich vorhandenen Böden hinsichtlich ihrer natürlichen Ertragsfähigkeit abbilden sollen. Darüber hinaus sind nach § 7 BodSchätzG in jeder Gemarkung für die wichtigsten und besonders typischen Böden Vergleichsstücke auszuwählen, zu beschreiben und in Anlehnung an die Muster- 41 stücke zu bewerten. Die Systematik der Bodenschätzung ist darauf angelegt, alle Grundstücke ins Verhältnis zu einem Musterstück bzw. Vergleichsstück zu setzen und zu bewerten. Das Mustergrundstück mit den besten natürlichen Standortbedingungen und Ertragsverhältnissen erhielt dazu die Vergleichszahl 100[55]. Die gesetzlichen Grundlagen der Reichsbodenschätzung sind im Bodenschätzungsgesetz[56] aufgegangen.

42 Nach § 2 BodSchätzG ist zwischen folgenden landwirtschaftlichen **Kulturarten (Nutzungsarten) zu unterscheiden:**

Ackerland	A
Grünland	Gr

43 Das **Ackerland (A)** umfasst die Bodenflächen zum feldmäßigen Anbau von Getreide, Hülsen- und Ölfrüchten, Hackfrüchten, Futterpflanzen, Obst- und Sonderkulturen sowie von Gartengewächsen. Außerdem gehört zum Ackerland auch das Acker-Grünland, das durch einen Wechsel in der Nutzung von Ackerland und Grünland gekennzeichnet ist.

44 Das **Grünland (Gr)** umfasst die Dauergrasflächen, die i.d.R. gemäht und beweidet werden sowie den **Grünland-Acker**, der durch einen Wechsel in der Nutzung von Grünland und Ackerland gekennzeichnet ist. Von dem Grünland sind besonders zu bezeichnen:

- als *Grünland-Wiese* (GrW) diejenigen Dauergrasflächen, die infolge ihrer feuchten Lage nur gemäht werden können (absolutes Dauergrünland),
- als *Grünland-Streuwiese* (GrStr) diejenigen stark vernässten Dauergrünlandflächen, die ausschließlich oder in der Hauptsache durch Entnahme von Streu genutzt werden können,
- als *Grünland-Hutung* (GrHu) diejenigen Flächen geringer Ertragsfähigkeit, die nicht bestellt werden können und im Allgemeinen nur eine Weidenutzung zulassen.

45 Für Acker- und Grünland sind einheitliche **Schätzungsrahmen** aufgestellt worden, die die *Wertzahlen* ausweisen.

---

55 Umfassend Rösch, A./Kurandt, F., Bodenschätzung und Liegenschaftskataster, 3. Aufl. Nachdruck 1968 Carl Heymanns Verlag Berlin 1950.

56 Gesetz zur Schätzung des landwirtschaftlichen Kulturbodens (Bodenschätzungsgesetz – BodSchätzG –) i.d.F. vom 20.12.2007 (BGBl. I 2007, 3150).

Abb. 10: Auszug aus der Liegenschaftskarte mit Angaben zur Bonität

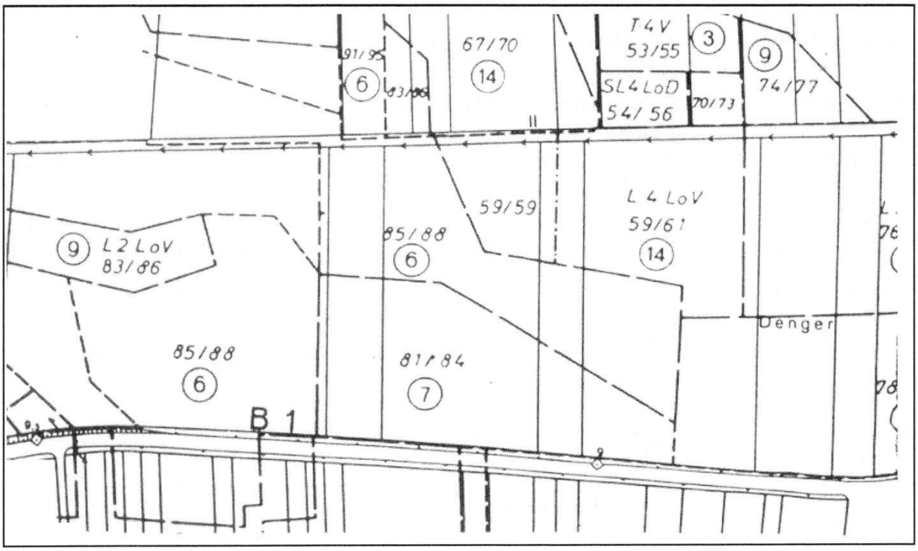

Die **Wertzahl** ist in § 3 Satz 2 BodSchätzG als Verhältniszahl definiert, die Unterschiede im Reinertrag bei gemeinüblicher und ordnungsgemäßer Bewirtschaftung zum Ausdruck bringen. Bei der Ermittlung der Wertzahlen sind alle die natürliche Ertragsfähigkeit beeinflussenden Umstände zu berücksichtigen, insbesondere **46**

- bei Ackerland Bodenart, Zustandsstufe und Entstehung;
- bei Grünland Bodenart, Bodenstufe, Klima- und Wasserverhältnisse.

a) Für das **Ackerland** können dem Liegenschaftskataster zwei Wertzahlen entnommen werden:

  - Die **Bodenzahl** bringt die durch die Verschiedenheit der Bodenbeschaffung im Zusammenhang mit den Grundwasserverhältnissen bedingten Ertragsunterschiede zum Ausdruck.
  - Die **Ackerzahl** berücksichtigt außerdem noch die Ertragsunterschiede, die auf das Klima, die Geländegestaltung und andere natürliche Ertragsbedingungen zurückführbar sind.

  Boden- und Ackerzahl gelten nicht stets für das gesamte Flurstück, sondern gelten häufig nur jeweils für Teilflächen.

b) Für das **Grünland** können dem Liegenschaftskataster ebenfalls zwei Wertzahlen entnommen werden: **47**

  - Die **Grünlandgrundzahl** bringt die aufgrund der Beurteilung von Bodenbeschaffenheit, Klima und Wasserverhältnisse sich ergebenden Ertragsunterschiede zum Ausdruck.
  - Die **Grünlandzahl** berücksichtigt außerdem die Ertragsunterschiede, die auf Geländegestaltung und andere natürliche Ertragsbedingungen zurückzuführen sind[57], durch prozentuale Abrechnungen an der Grünlandgrundzahl.

57 Nr. 12 Abs. 2 BodSchätzTechnAnw.

48 Bei der Schätzung von Grünland-Hutungen und Grünland-Streuwiesen werden nur die Grünlandzahlen festgelegt.

49 Die **Wertzahlen sind Reinertragszahlen** und setzen eine gemeinübliche und ordnungsgemäße Bewirtschaftung voraus.

50 Die **Bodenbeschaffenheit** der Klassen- und Klassenabschnittsflächen ist nach § 8 BodSchätzG anhand eines für die jeweilige Klasse und den jeweiligen Klassenabschnitt typischen **Bodenprofils** – bestimmendes Grabloch – zu beschreiben; ihre Ertragsfähigkeit wird in Anlehnung an Muster- und Vergleichsstücke geschätzt.

- *Klassenflächen* sind Flächen, die sich in Bodenbeschaffenheit, Geländegestaltung, klimatischen Verhältnissen und Wasserverhältnissen nicht wesentlich unterscheiden.
- *Klassenabschnittsflächen* sind Teilflächen innerhalb von Klassenflächen mit abweichender Bodenbeschaffenheit oder abweichenden Wasserverhältnissen.
- *Sonderflächen* sind Flächen, die wesentliche Abweichungen der übrigen Ertragsbedingungen von den Eigenschaften der Klassenflächen aufweisen.

Abb. 11: Umrechnungskoeffizienten zur Abhängigkeit des Bodenwerts von der Wertzahl bei Acker- und Grünland

Wertzahl	**Hochsauerlandkreis**	
	Faktor (Ackerzahl)	**Faktor (Gründlandzahl)**
Bezugszeitpunkt	**2024**	
10	0,76	0,83
15	0,82	0,88
20	0,88	0,92
25	0,94	0,96
30	**1,00**	1,00
35	1,06	1,04
40	1,12	1,08
45	1,18	1,12
50	1,24	1,17
60	1,36	1,25
70	1,48	1,33
80	1,60	1,42

Quelle: Grundstücksmarktbericht 2024

2.2.5.2 Schätzungsrahmen

a) Ackerschätzungsrahmen

Bodenarten

Der Ackerschätzungsrahmen (Abb. 12) untergliedert sich in der Hauptsache nach **Bodenarten,** wobei der bodenartige Gesamtcharakter einschließlich Steingehalt und Grobkörnigkeit ausschlaggebend ist: 51

S	Sand	mineralische Bodenarten
Sl	anlehmiger Sand	
lS	lehmiger Sand	
SL	stark lehmiger Sand	
sL	sandiger Lehm	
L	Lehm	
LT	schwerer Lehm	
T	Ton	
Mo	Moor	

Abb. 12: Ackerschätzungsrahmen[58]

Ackerschätzungsrahmen								
Bodenart	**Entstehung**	**(Boden-)Zustandstufe**						
		1	**2**	**3**	**4**	**5**	**6**	**7**
Ackerschätzungsrahmen								
S	D		41–34	33–27	26–21	20–16	15–12	11–7
	Al		44–37	36–30	29–24	23–19	18–14	13–9
	V		41–34	33–27	26–21	20–16	15–12	11–7
Sl (S/lS)	D		51–43	42–35	34–28	27–22	21–17	16–11
	Al		53–46	45–38	37–31	30–24	23–19	18–13
	V		49–43	42–36	35–29	28–23	22–18	17–12
lS	D	68–60	59–51	50–44	43–37	36–30	29–23	22–16
	Lö	71–63	62–54	53–46	45–39	38–32	31–25	24–18
	Al	71–63	62–54	53–46	45–39	38–32	31–25	24–18
	V		57–51	50–44	43–37	36–30	29–24	23–17
	Vg			47–41	40–34	33–27	26–20	19–12
SL (lS/sL)	D	75–68	67–60	59–52	51–45	44–38	37–31	30–23
	Lö	81–73	72–64	63–55	54–47	46–40	39–33	32–25
	Al	80–72	71–63	62–55	54–47	46–40	39–33	32–25
	V	75–68	67–60	59–52	51–44	43–37	36–30	29–22
	Vg			55–48	47–40	39–32	31–24	23–16

58 Richtlinien zur Bewertung land- und forstwirtschaftlicher Grundstücke (BAnz Nr. 224 vom 30.11.1967 BStBl. I 1967, 3973).

Ackerschätzungsrahmen								
sL	D	84–76	75–68	67–60	59–53	52–46	45–39	38–30
	Lö	92–83	82–74	73–65	64–56	55–48	47–41	40–32
	Al	90–81	80–72	71–64	63–56	55–48	47–41	40–32
	V	85–77	76–68	67–59	58–51	50–44	43–36	35–27
	Vg			64–55	54–45	44–36	35–27	26–18
L	D	90–82	81–74	73–66	65–58	57–50	49–43	42–34
	Lö	100–92	91–83	82–74	73–65	64–56	55–46	45–36
	Al	100–90	89–80	79–71	70–62	61–54	53–45	44–35
	V	91–83	82–74	73–65	64–56	55–47	46–39	38–30
	Vg			70–61	60–51	50–41	40–30	29–19
LT	D	87–79	78–70	69–62	61–54	53–46	45 – 38	37–28
	Al	91–83	82–74	73–65	64–57	56–49	48 – 40	39–29
	V	87–79	78–70	69–61	60–52	51–43	42 – 34	33–4
	Vg			67–58	57–48	47–38	37 – 28	27–17
T	D		71–64	63–56	55–48	47–40	39–30	29–18
	Al		74–66	65–58	57–50	49–41	40–31	30–18
	V		71–63	62–54	53–45	44–36	35–26	25–14
	Vg			59–51	50–42	41–33	32–24	23–14
Mo	–		54–46	45–37	36–29	28–22	21–16	15–10

52 **Übergänge und Schichtwechsel zwischen Mineral- und Moorböden** werden durch Kombinationen bezeichnet, z.B. SMo, LMo, TMo oder MoS, MoL und MoT.

53 Die **Hauptuntergliederung nach Bodenarten** unterscheidet zusätzlich noch nach

- Entstehungsarten und
- (Boden-)Zustandsstufen.

54 *Entstehungsarten:*
Mit der Entstehungsart werden die für die Entstehung des Bodens maßgeblichen Kräfte beschrieben. Es sind dies:

D	=	Diluvium (Lockersediment und -gestein aus eiszeitlichem und tertiärem Ausgangsmaterial)
Al	=	Alluvium (nacheiszeitliches Lockersediment aus Abschwemmmassen und Ablagerungen von Fließgewässern)
Lö	=	Lößß (Lockersediment aus Windablagerung)
V	=	Verwitterungsboden (Bodenentwicklung aus anstehendem Festgestein)
Vg	=	stark steinige Verwitterungs- und Gesteinsböden
G	=	Zusatz bei hohem Grobbodenanteil von D- und Al-Böden (führt zur Wertminderung).

55 **Moorböden** nehmen dabei eine Sonderstellung ein; sie zählen nicht zu den mineralischen Bodenarten. Ihre Bonität wird maßgeblich durch den Grad der Zersetzung bestimmt.
Bodenzustandsstufen:

56 Mit der Einteilung in (Boden-)Zustandsstufen werden die **Bodeneigenschaften** beschrieben, die durch lang dauernde Einwirkungen von Klima, früherem Pflanzenbestand, Geländegestaltung, Grundwasser, Art der Nutzung und Gestein bedingt sind.

Es wird zwischen **sieben Zustandsstufen** unterschieden, von denen die Stufe 1 den günstigsten und die Stufe 7 den ungünstigsten Zustand beschreibt. 57
Beispiel:

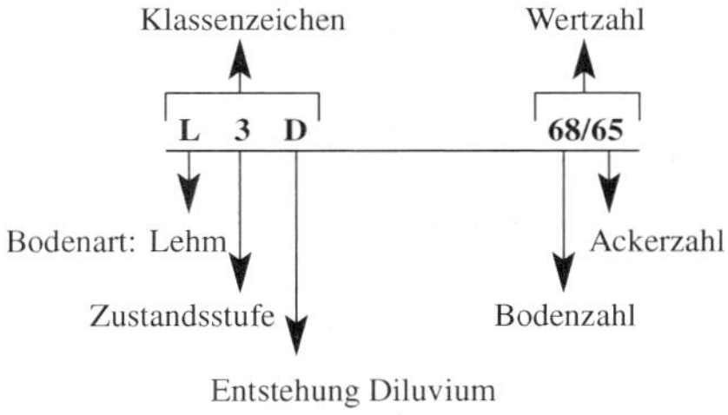

b) Grünlandschätzungsrahmen

Der Grünlandschätzungsrahmen (Abb. 13) untergliedert sich in der Hauptsache wiederum nach den Bodenarten, die auch für den Ackerschätzungsrahmen maßgeblich sind; er beschränkt sich allerdings auf nur **fünf Bodenarten:** 58

S	Sand
LS	lehmiger Sand
L	Lehm
T	Ton
Mo	Moor

Abb. 13: Grünlandschätzungsrahmen[59]

Grünlandschätzungsrahmen							
Bodenklima			**Wasserverhältnisse**				
Art	**Stufe**		**1**	**2**	**3**	**4**	**5**
S	I (45–40)	a	60–51	50–43	42–35	34–28	27–20
		b	52–44	43–36	35–29	28–23	22–16
		c	45–38	37–30	29–24	23–19	18–13
	II (30–25)	a	50–43	42–36	35–29	28–23	22–16
		b	43–37	36–30	29–24	23–19	18–13
		c	37–32	31–26	25–21	20–16	15–10
	III (20–15)	a	41–34	33–28	27–23	22–18	17–12
		b	36–30	29–24	23–19	18–15	14–10
		c	31–26	25–21	20–16	15–12	11–7

59 Richtlinien zur Bewertung land- und forstwirtschaftlicher Grundstücke (BAnz Nr. 224 vom 30.11.1967 BStBl. I 1967, 3973).

Grünlandschätzungsrahmen							
Bodenklima			Wasserverhältnisse				
lS	I (60–55)	a	73–64	63–54	53–45	44–37	36–28
		b	65–56	55–47	46–39	38–31	30–23
		c	57–49	48–41	40–34	33–27	26–19
	II (45–40)	a	62–54	53–45	44–37	36–30	29–22
		b	55–47	46–39	38–32	31–26	25–19
		c	48–41	40–34	33–28	27–23	22–16
	III (30–25)	a	52–45	44–37	36–30	29–24	23–17
		b	46–39	38–32	31–26	25–21	20–14
		c	40–34	33–28	27–23	22–18	17–11
L	I (75–70)	a	88–77	76–66	65–55	54–44	43–33
		b	80–70	69–59	58–49	48–40	39–30
		c	70–61	60–52	51–43	42–35	34–26
	II (60–55)	a	75–65	64–55	54–46	45–38	37–28
		b	68–59	58–50	49–41	40–33	32–24
		c	60–52	51–44	43–36	35–29	28–20
	III (45–40)	a	64–55	54–46	45–38	37–30	29–22
		b	58–50	49–42	41–34	33–27	26–18
		c	51–44	43–37	36–30	29–23	22–14
T	I (70–65)	a	88–77	76–66	65–55	54–44	43–33
		b	80–70	69–59	58–48	47–39	38–28
		c	70–61	60–52	51–43	42–34	33–23
	II (55–50)	a	74–64	63–54	53–45	44–36	35–26
		b	66–57	56–48	47–39	38–30	29–21
		c	57–49	48–41	40–33	32–25	24–17
	III (40–35)	a	61–52	51–43	42–35	34–28	27–20
		b	54–46	45–38	37–31	30–24	23–16
		c	46–39	38–32	31–25	24–19	18–12
Mo	I (45–40)	a	60–51	50–42	41–34	33–27	26–19
		b	57–49	48–40	39–32	31–25	24–17
		c	54–46	45–38	37–30	29–23	22–15
	II (30–25)	a	53–45	44–37	36–30	29–23	22–16
		b	50–43	42–35	34–28	27–21	20–14
		c	47–40	39–33	32–26	25–19	18–12
	III (20–15)	a	45–38	37–31	30–25	24–19	18–13
		b	41–35	34–28	27–22	21–16	15–10
		c	37–31	30–25	24–19	18–13	12–7

<table>
<tr><th colspan="2">Grünlandschätzungsrahmen</th></tr>
<tr><th>Bodenklima</th><th>Wasserverhältnisse</th></tr>
<tr><td>Klima:</td><td>a = 7,9 °C Jahreswärme und darüber
b = 7,9 bis 7,0 °C Jahreswärme
c = 6,9 bis 5,7 °C Jahreswärme</td></tr>
<tr><td colspan="2">Bei besonders ungünstigen klimatischen Verhältnissen in Gebirgslagen mit einer Jahresdurchschnittstemperatur unter 5,7 °C kann eine weitere Klimastufe d gebildet werden, die eine entsprechend geringere Bewertung zulässt.</td></tr>
</table>

Die **Hauptuntergliederung** nach Bodenarten unterscheidet zusätzlich noch nach 59

- Bodenzustandsstufen,
- Klimastufen und
- Wasserverhältnissen.

Eine weitere Untergliederung des Grünlandschätzungsrahmens nach **Entstehungsarten des Bodens** ist für die Bonitierung bedeutungslos; der Grünlandschätzungsrahmen verzichtet deshalb hierauf. 60

Bodenzustandsstufen

Der Grünlandschätzungsrahmen sieht lediglich **drei Bodenzustandsstufen** vor, wobei gegenüber dem Ackerschätzungsrahmen mehrere Zustandsstufen zusammengefasst werden konnten: 61

Zustandsstufe I	=	Zustandsstufe 2 und 3 des Ackerschätzungsrahmens, günstigster Zustand (günstige Basenverhältnisse, durchlässig)
Zustandsstufe II	=	Zustandsstufe 4 und 5 des Ackerschätzungsrahmens
Zustandsstufe III	=	Zustandsstufe 6 und 7 des Ackerschätzungsrahmens, ungünstigster Zustand (sauer, dicht)

Lediglich für **Moorböden** besteht Identität der Zustandsstufen; Stufe 1 kann im Übrigen bei der Einteilung des Grünlandes entfallen. 62

Wasserverhältnisse

Der **Feuchtigkeitsgrad** des Grünlandes wird im Wesentlichen durch das Grundwasser, den Niederschlag und die Bodenverhältnisse bestimmt. Der Grünlandschätzungsrahmen sieht insgesamt fünf Wasserzustandsstufen vor, die wie folgt charakterisiert sind: 63

Wasserstufe 1:	Frische, gesunde Lagen mit gutem Süßgräserbestand (besonders günstig),
Wasserstufe 2:	Zwischenlage,
Wasserstufe 3:	Feuchte Lagen, aber noch keine stauende Nässe; weniger gute Gräser mit nur geringem Anteil an Sauergräsern. Trockene Lagen mit noch verhältnismäßig guten, aber harten Gräsern,
Wasserstufe 4:	Zwischenlage (bei besonders trockenen Lagen ergänzend mit einem Minuszeichen gekennzeichnet),
Wasserstufe 5:	Ausgesprochen nasse bis sumpfige Lagen mit stauender Nässe; schlechte Gräser mit starkem Hervortreten der Sauergräser. Sehr trockene, dürre Lagen (häufig scharfe, leicht ausbrennende Südhänge) mit weniger guten und harten Gräsern (besonders ungünstig). Besonders trockene Lagen werden wiederum mit einem Minuszeichen gekennzeichnet.

Klimaverhältnisse

64 Für die Bonitierung sind die Klimaverhältnisse von Bedeutung. Im Vordergrund steht dabei die **Jahreswärme** und nicht die bereits durch die Unterteilung nach Wasserverhältnissen berücksichtigten Niederschlagsverhältnisse. Der Grünlandschätzungsrahmen sieht **drei Klimastufen** vor:

Klimastufe a:	Durchschnittliche Jahreswärme ≥ 7,9 °C
Klimastufe b:	Durchschnittliche Jahreswärme 7,9 ° bis 7,0 °C
Klimastufe c:	Durchschnittliche Jahreswärme 6,9 ° bis 5,7 °C

65 **Klimatische Sonderverhältnisse** müssen allerdings berücksichtigt werden:

Klimastufe d:	Ungünstige Klimaverhältnisse in hohen Gebirgslagen mit einer durchschnittlichen Jahreswärme ≤ 5,6 °C

66 Gemäß § 11 des Bodenschätzungsgesetzes sind die rechtskräftig festgestellten Schätzungsergebnisse in das Liegenschaftskataster zu übernehmen. Sie wurden in **Schätzungskarten** übernommen[60].
Beispiel:

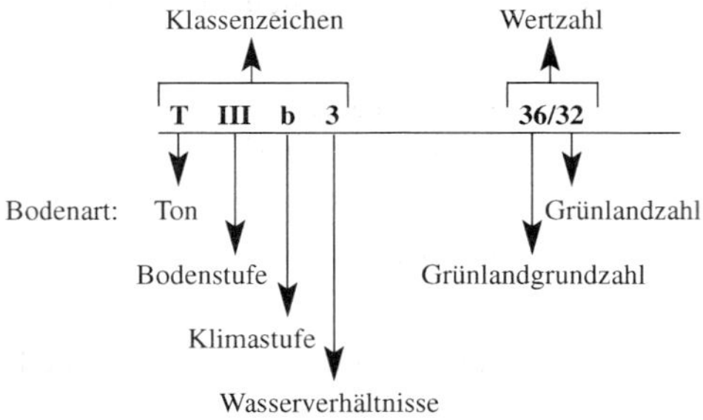

2.2.5.3 Ertragsmesszahl

Schrifttum: *Böhme, K.*, Kaufwerte für landwirtschaftliche Grundstücke abhängig von Ertragsmesszahl und Größe der verkauften Fläche, NL-BZAR 2008, 417.

67 Die **Ertragsmesszahl definiert sich als Produkt der Fläche in Ar und der Acker- und Grünlandzahl** (§ 9 Abs. 1 Satz 2 BodSchätzG) und beschreibt die natürliche Ertragsfähigkeit dieser Fläche in Abhängigkeit von der zu wertenden Fläche. Bestehen innerhalb einer Fläche mehrere Teilflächen unterschiedlicher Acker- oder Grünlandzahlen (Wertzahlen), so bildet die Summe der Produkte der einzelnen Flächen in Ar und der jeweiligen Wertzahl die Ertragsmesszahl der Gesamtfläche (**Bonität**).

$$EMZ\ [m^2] = Fläche \times Acker\text{- oder } Grünlandzahl/100 \qquad (1)$$

Die **Ackerzahl** (1 bis 120) ergibt sich unter Berücksichtigung der Bodenart, der Entstehung und der Zustandsstufe aus der dem Ackerschätzungsrahmen entnommenen Bodenzahl (von 7 bis 100) zuzüglich bzw. abzüglich eines Zu- oder Abschlags zur Berücksichtigung des Klimas, der Geländegestaltung (u.a.) von maximal +/- 20.

60 RdErl. des RMI vom 08.06.1937 – VI A 5223/6833 –, zuletzt ergänzt durch Erl. vom 28.03.1939, RMBl. 1939, 971.

Die **Grünlandzahl** (1 bis 100) ergibt sich unter Berücksichtigung der Bodenart, der Bodenstufe, der Klima- und Wasserverhältnisse aus der dem Grünlandschätzungsrahmen entnommenen Grünlandgrundzahl (von 7 bis 88) zuzüglich bzw. abzüglich eines Zu- oder Abschlags zur Berücksichtigung der Geländegestaltung (u.a.) von maximal +/- 12.

Die **Ertragsmesszahl ist im Liegenschaftsbuch angegeben**.

Beispiel:

Gemeindebezirk .... **Grundbuch ....** Bd. ...... Bl. ...... **Erbbaugrundbuch ....** Bd. .... Bl. ....

Jahrgang der Entstehung	Nummer		Lage	Nutzungsart (Nr. des Gebäudebuchs)	Fläche			Ertragsmesszahl	Fortführung				Bestand
	der Flur	des Flurstücks			Gesamtfläche des Flurstücks				Jahr	von Nummer	an Nummer	Hinweis auf die Fortführungsunterlagen	Bemerkungen
					ha	a	qm						
1	2		3	4	5			6	7				8
	4	57	In der Sonne	A	12	47	83	50713					

Die EMZ definiert sich damit als die in **Quadratmetern angegebene Größe einer Bodenfläche höchster Ertragsfähigkeit** (mit der Wertzahl 100), die in Bezug auf den Reinertrag der Fläche gleichwertig mit der jeweiligen Fläche ist: 68
Beispiel:

Größe der Fläche	1 400 m²
Ackerzahl der Fläche	65

EMZ = 1400 m² × 65/100 = 910 m²

d.h., die 1 400 m² große Bodenfläche mit der Wertzahl 65 entspricht einer 910 m² großen Bodenfläche mit der Wertzahl 100.

Die **Ertragsmesszahl (EMZ) kennzeichnet die natürliche Ertragsfähigkeit des Bodens** 69 aufgrund der natürlichen Ertragsbedingungen, insbesondere der Bodenbeschaffenheit, der Geländegestaltung und der klimatischen Verhältnisse. Sie wird anhand der Ergebnisse der amtlichen Bodenschätzung berechnet und bildet eine der Grundlagen für die Einheitsbewertung und damit für die Besteuerung des land- und forstwirtschaftlichen Vermögens. In den neuen Bundesländern erfolgt die Einheitsbewertung durch die Finanzverwaltungen aufgrund ungeklärter Eigentumsverhältnisse und aus Vereinfachungsgründen gegenwärtig noch überwiegend anhand gemeindedurchschnittlicher Ertragsmesszahlen.

Besteht ein Flurstück bzw. **Grundstück aus mehreren Nutzungsarten** mit verschiedenen 70 Teilen von Klassenflächen, so sind die Flächen und Ertragsmesszahlen (EMZ) der einzelnen Nutzungsarten für jedes Teilstück summarisch auszuweisen[61]. Die Summe aller Ertragsmesszahlen eines Grundstücks dividiert durch seine Fläche in Ar ergibt die **durchschnittliche Ertragsmesszahl,** aus der die Bonität erkennbar wird.

Die große Bedeutung, die der Ertragsmesszahl für die Wertfindung beigemessen wird, trifft 71 nach *Köhne*[62] nur für Standorte mit bindigen Böden und nicht für Standorte mit hoher Viehdichte, leichteren Böden mit Beregnung sowie für Grünland zu.

Der **Verkehrswert landwirtschaftlicher Flächen kann nach Vergleichspreisen oder auf-** 72 **grund von Bodenrichtwerten abgeleitet** werden, die sich im Allgemeinen auf ein landwirt-

61 Nr. 52 f. des Bodenschätzungsübernahmeerlasses – BodSchätzÜbernErl. des Rderl. vom 23.09.1936, zuletzt ergänzt durch RdErl. vom 22.02.1938 – VI a 4074/38-6833.
62 Köhne, Landwirtschaftliche Taxationslehre 3. Aufl. 2000, S. 59.

schaftlich genutztes Grundstück von ca. 2 ha Größe, in regelmäßiger Grundstücksform und in einem normalen Kulturzustand beziehen:
Beispiel für Bodenrichtwerte gemäß Anl. 5 zu § 16 Abs. 3 ImmoWertV

Flächen der Land- oder Forstwirtschaft (LF)			
6	landwirtschaftliche Fläche	L	
6.1	Acker	A	
6.2	Grünland	GR	
6.3	Erwerbsgartenanbaufläche	EGA	
6.3.1	Obstanbaufläche	EGA	OG
6.3.2	Gemüseanbaufläche	EGA	GEM
6.3.3	Blumen- und Zierpflanzenanbaufläche	EGA	BLU
6.3.4	Baumschulfläche	EGA	BMS
6.4	Anbaufläche für Sonderkulturen	SK	
6.4.1	Spargelanbaufläche	SK	SPA
6.4.2	Hopfenanbaufläche	SK	HPF
6.4.3	Tabakanbaufläche	SK	TAB
6.5	Weingarten	WG	
6.5.1	Weingarten in Flachlage	WG	FL
6.5.2	Weingarten in Hanglage	WG	HL
6.5.3	Weingarten in Steillage	WG	STL
6.6	Kurzumtriebsplantagen, Agroforst	KUP	
6.7	Unland, Geringstland, Bergweide, Moor	UN	
7	forstwirtschaftliche Fläche	F	

Für die **Verkehrswertermittlung landwirtschaftlicher Flächen im Wege des Vergleichswertverfahrens** bietet es sich an, Vergleichspreise bezogen auf die Ertragsmesszahl zu ermitteln, denn die landwirtschaftlichen Verkehrswerte sind vielfach eine Funktion der Ertragsfähigkeit des Bodens, wobei eine regional unterschiedliche Abhängigkeit festgestellt worden ist. Untersuchungen für den Landkreis *Müritz* haben z.B. ergeben, dass die Bodenpreise ausgehend von einem Grundwert eine Bonitätsabhängigkeit aufweisen. Folgende Empfehlung wurde im Grundstücksmarktbericht 2003 gegeben:

Ackerlandwert (€/ha) = 1 000 € + 72 €/ha × Ackerzahl

Allein mit der einfachen Bildung eines Quotienten aus Kaufpreis und Bonität ist noch keine funktionale Abhängigkeit des Bodenwerts von der Bonität nachgewiesen. Von vielen Gutachterausschüssen für Grundstückswerte werden Untersuchungen über die Abhängigkeit des Bodenwerts von der Ertragsfähigkeit mit unterschiedlichen Ergebnissen veröffentlicht. Soweit eine Abhängigkeit nachgewiesen werden konnte, kann eine Anpassung der Bodenwerte in **Abhängigkeit von der Acker- und Grünlandzahl** mit folgender Gleichung vorgenommen werden.

Aus (1): EMZ = Flächen m² × Acker- oder Grünlandzahl/100

folgt (2): $EMZ_{1\,m^2}$ = 1 m² × Acker- oder Grünlandzahl/100

Beispiel: 73

Grundstücksgröße 1 m² (fiktiv)

Ackerzahl 65

Ertragsmesszahl $(EMZ)_{1\,m^2}$ = 65/100 × 1 m²= 0,65 m²

Da die **Ertragsmesszahl eines Grundstücks von** dessen individueller **Flächengröße abhängt**, bietet die direkte Bezugnahme der Vergleichspreise auf die Acker- bzw. Grünlandzahl eine größere Operationalität. Sie stellt gewissermaßen die auf 1 Quadratmeter Grundstücksfläche bezogene Ertragsmesszahl dar.

Ist nun aus Vergleichsuntersuchungen der Durchschnittspreis in €/EMZ oder in €/m² Acker- oder Grünlandzahl bekannt, kann daraus der **Verkehrswert** abgeleitet werden. Das Preisniveau von Ackerflächen schwankt kleinräumig in erheblichem Maße, sodass durchschnittliche Preise einer Region keine Aussagekraft haben. 74

Beispiel A: 75

EMZ (Ertragsmesszahl) des Grundstücks	910 m²
Durchschnittspreis je EMZ (von 1 m²)	0,75 €/m² EMZ
Grundstücksgröße	1 400 m²

Vergleichswert: 910 m² × 0,75 €/m²= 682,50 €

Umgerechnet auf den Quadratmeter Grundstücksfläche:

Vergleichswert: 682,50 €/1 400 m²= 0,49 €/m² ≈ **0,50 €/m²**

Beispiel B: 76

Ackerzahl (AZ) der Fläche	65
Durchschnittspreis je AZ	0,0076 €/m²
Grundstücksgröße	1 400 m²
Vergleichswert:	0,0076 €/m² × 65 ≈ **0,50 €/m² AZ**
	1 400 m² × 0,50 €/m² AZ = 700 €

Im *Beispiel A* erhält man direkt den Gesamtwert des Grundstücks; im *Beispiel B* zunächst den auf den Quadratmeter Grundstücksfläche bezogenen Bodenwert, der zunächst vielleicht anschaulicher ist.

Nachfolgend sind regionale Untersuchungsergebnisse abgedruckt:

Abb. 14: Umrechnungskoeffizienten zur Abhängigkeit des Bodenwerts von der Ackerzahl

Umrechnungskoeffizienten zur Abhängigkeit des Bodenwerts von der Ackerzahl												
Ackerzahl	**Regionalbereich Anhalt**	**LK Diepholz**	**LK Harburg**	**LK Holzminden**	**LK Oberspreewald Lausitz**	**LK Osterode Harz**	**LK Lüneburg**	**LK Lippstadt**	**LK Northeim**	**Köln**	**LK Göttingen**	**Soest**
	2017	**2013**	**2013**	**2004**	**2011**	**2012**	**2013**	**2024**	**2019**	**2024**	**2012**	**2024**
10	-	-	-	-	0,591	-	-	0,6835	-	-	-	0,6825
15	-	-	-		0,693	-	-	0,7442	-	-	-	0,7441
20	0,51	0,88	0,87	-	0,795	-	0,79	0,7912	-	-	-	0,7912

	Umrechnungskoeffizienten zur Abhängigkeit des Bodenwerts von der Ackerzahl											
Ackerzahl	**Regionalbereich Anhalt**	**LK Diepholz**	**LK Harburg**	**LK Holzminden**	**LK Oberspreewald Lausitz**	**LK Osterode Harz**	**LK Lüneburg**	**LK Lippstadt**	**LK Northeim**	**Köln**	**LK Göttingen**	**Soest**
	2017	**2013**	**2013**	**2004**	**2011**	**2012**	**2013**	**2024**	**2019**	**2024**	**2012**	**2024**
25	0,56	0,92	0,92	-	0,898	-	0,89	0,8297	-	-	-	0,8297
30	0,62	0,95	0,97	-	1,000	-	0,96	0,8626	-	-	-	0,8626
35	0,67	0,98	**1,00**	0,65	1,102	0,80	**1,00**	0,8914	0,77	-	-	0,8924
40	0,73	**1,00**	1,03	0,72	1,205	0,85	1,02	0,9172	0,81	0,90	0,78	0,9172
45	0,80	1,03	1,05	0,78	1,307	0,90	1,01	0,9405	0,86	0,90	0,83	0,9405
50	0,86	1,05	1,07	0,85	1,409	0,95	1,00	0,9619	0,90	0,90	0,89	0,9619
55	0,93	1,08	1,09	9,92	1,511	**1,00**	0,99	0,9816	0,96	0,90	0,94	0,9816
60	**1,00**	1,10	1,11	**1,00**	1,614	1,05	0,98	**1,0000**	**1,00**	0,95	**1,00**	**1,0000**
65	1,07	-	1,12	1,08	-	1,11	0,99	1,0172	1,05	0,95	1,06	1,0172
70	1,14	-	1,14	1,15	-	1,16	1,02	1,0334	1,11	**1,00**	1,13	1,0334
75	1,20	-	-	1,24	-	1,23	-	1,0487	1,16	1,00	1,20	1,0487
80	1,27	-	-	**1,44**	-	1,29	-	1,0633	1,22	1,08	1,27	1,0633
85	1,33	-	-	-	-	1,35	-	1,0771	1,28	-	1,35	1,0771
90	1,39	-	-	-	-	-	-	1,0903	1,35	-	1,43	1,0903
95	1,44	-	-	-	-	-	-	-	-	1,08	-	-
100	1,50	-	-	-	-	-	-	-	-	-	-	-

Quelle: Landesgrundstücksmarktberichte der angegebenen Jahre

Beispiel:

Zu bewertendes Grundstück: 20 000 m² – Ackerzahl 55

Bodenrichtwertgrundstück: 10 000 m² – Ackerzahl 40

Bodenrichtwert: 1,75 €/m²

Wertermittlung

Bodenwert: 1,75 €/m² × 1,03 / 1,00 × 1,08 / 0,96 ≈ 2,03 €/m²

Abb. 15: Umrechnungskoeffizienten zur Abhängigkeit des Bodenwerts von der Ackerzahl und der Grundstücksgröße

Ackerzahl	**Grundstücksgröße in Hektar**							
	0,25	**0,50**	**0,75**	**1,00**	**1,50**	**2,00**	**2,50**	**3,00**
25	0,805	0,810	0,815	0,820	0,830	0,840	0,850	0,860
30	0,841	0,846	0,851	0,856	0,866	0,876	0,886	0,896
35	0,877	0,882	0,887	0,892	0,902	0,912	0,922	0,932
40	0,913	0,918	0,923	0,928	0,938	0,948	0,958	0,968
45	0,949	0,954	0,959	0,964	0,974	0,984	0,994	1,004
50	0,985	0,990	0,995	1,000	1,100	1,020	1,030	1,040
55	1,021	1,026	1,031	1,036	1,046	1,056	1,066	1,076
60	1,057	1,062	1,067	1,072	1,082	1,092	1,102	1,112

Ackerzahl	Grundstücksgröße in Hektar							
65	1,093	1,098	1,103	1,108	1,118	1,128	1,138	1,148
70	1,129	1,134	1,139	1,144	1,154	1,164	1,174	1,184
75	1,165	1,170	1,175	1,180	1,190	1,200	1,210	1,220
80	1,200	1,205	1,210	1,215	1,225	1,235	1,245	1,255
85	1,236	1,241	1,246	1,251	1,261	1,271	1,281	1,291

Quelle: GAA Höxter, Grundstücksmarktbericht 2024

Im Grundstücksmarktbericht 2010 des Oberen Gutachterausschusses für das Land *Brandenburg* wird im Unterschied zu früheren Marktberichten darauf hingewiesen, dass sich keine signifikante Abhängigkeit des Bodenpreises für Ackerland von der Ackerzahl nachweisen lasse (Abb. 15)[63]. Dies wird im Grundstücksmarktbericht 2012 des *Landkreises Märkisch-Oderland* bestätigt, wobei folgende Funktionsgleichung angegeben wird:

Oderbruch: Bodenpreis = 0,0077 x Ackerzahl + 0,4419 $R^2 = 0{,}0767$

Ostbrandenburgische Platte: Bodenpreis = 0,0062 x Ackerzahl + 0,5045 $R^2 = 0{,}0275$

Es liegen aus anderen Regionen folgende Untersuchungsergebnisse vor (Abb. 16):

Abb. 16: Umrechnungskoeffizienten zur Abhängigkeit des Bodenwerts von Grünlandgrundstücken von der Bonitierung

Umrechnungskoeffizienten zur Abhängigkeit des Bodenwerts von der Bonitierung									
Grünlandzahl	**LK Harburg**	**LK Hildesheim**	**Hildburghausen**	**LK Lüchow Dannenberg**	**LK Lüneburg**	**Sachsen-Anhalt**	**Altmark**	**LK Oberspreewald Lausitz**	**LK Uelzen**
	2013		**2012**	**2013**	**2013**	**2017**	**2013**	**2011**	**2013**
10	-	-	-	-	-	-	-	0,490	-
15	-	-	0,94	-	-	-	-	0,618	-
20	0,71	-	-	0,94	0,81	91	0,272	0,745	1,00
25	0,86	0,79	0,97	0,96	0,89	91	-	0,873	1,00
30	0,96	0,82	-	0,98	0,95	92	-	1,000	1,00
35	1,00	0,85	1,00	1,00	1,00	96	-	1,127	1,00
40	0,99	0,88	-	1,02	1,04	100	-	1,255	1,00
45	0,95	0,91	1,03	1,04	1,08	105	-	1,382	1,00
50	0,90	0,94	-	1,06	1,12	111	-	1,510	1,00
55	0,84	0,97	1,06	1,09	1,15	117	-	1,637	1,00
60	0,81	1,00	-	1,11	1,18	122	-	1,764	1,00
65	0,80	1,04	-	1,13	1,21	126	-	-	1,00
70	0,83	1,08	-	1,16	1,23	129	-	-	1,00
75	-	1,12	-	-	-		-	-	-
80	-	1,16	-	-	-	-	-	-	-
85	-	1,20	-	-	-	-	-	-	-

Quelle: Landesgrundstücksmarktberichte

2.2.6 Ertragswertermittlung

▶ *Vgl. Syst. Darst. des Ertragswertverfahrens Rn. 1 ff.*

Nach allgemeinen Grundsätzen errechnet sich der Ertragswert durch Kapitalisierung der Reinerträge. Diese ergeben sich aus den (Roh-)Erträgen abzüglich des gewöhnlichen Aufwands während eines Wirtschaftsjahres. Bei **betriebswirtschaftlicher Betrachtungsweise** (Unter- **77**

63 Grundstücksmarktbericht 2010, S. 56; vgl. Grundstücksmarktbericht 2007 in Kleiber, Verkehrswertermittlung von Grundstücken, 6. Aufl. S. 646.

nehmensbewertung) werden Zins- und Pachtaufwendungen berücksichtigt[64]. Des Weiteren wird zur Ermittlung des Reinertrags auch der Lohnansatz für den Betriebsleiter und seine mitarbeitenden nicht entlohnten Betriebsangehörigen in Abzug gebracht. Der sich daraus ergebende Reinertrag wird als Erfolgsanteil des im Betrieb eingesetzten Kapitals einschließlich des Grund und Bodens, der Gebäude, des Viehs, der Vorräte und aller Betriebseinrichtungen (Geräte und Maschinen) angesehen.
Die Höhe der Pacht orientiert sich an dem erzielbaren Einkommen, insbesondere nach den

- grundstücksindividuellen Besonderheiten, etwa Nutzungsart (Acker bzw. Grünland), der natürlichen Ertragskraft des Bodens und den Lieferrechten,
- betriebsindividuellen Besonderheiten wie der Qualifikation des Betriebsleiters, der Auslastung vorhandener Gebäude und Maschinen sowie deren technischem Stand und dem Flächenbedarf für die Dungverwertung bei Veredelungsbetrieben,
- lokalen und regionalen Gegebenheiten wie den naturräumlichen und klimatischen Verhältnissen, den regionalen Auflagen und regionalen Ausgleichszahlungen,
- fiskalischen Faktoren wie z.B. der EU-Agrarreform, Investitionsförderung, struktur-, sozial-, steuer- und umweltpolitischen Maßnahmen (Ausgleichszahlungen),
- gesamtwirtschaftlichen Verhältnissen (z.B. Arbeitslosigkeit, Investitionsneigung usw.).

Der Reinertrag ist unter Berücksichtigung gesetzlicher Vorgaben zu kapitalisieren; der kapitalisierte Reinertrag ist der Ertragswert. Der **Reziprokwert des Verzinsungssatzes stellt den Kapitalisierungsfaktor dar**:

$$\text{Kapitalisierungsfaktor} = \frac{100}{\text{Verzinsungssatz}}$$

Für *Nordrhein-Westfalen* beträgt die Verzinsung 4 %:

$$\text{Kapitalisierungsfaktor } \textit{Nordrhein-Westfalen} = \frac{100}{4} = 25$$

Für *Bayern* beträgt die Verzinsung 5,5 %; hieraus ergibt sich ein Kapitalisierungsfaktor von 18.

Dieser auf die Einheitsbewertung zurückführbare Zinssatz wird dort auf einen stark reduzierten Hektar Reinertragssatz angewandt, sodass sich tatsächlich eine wesentlich niedrigere Verzinsung von etwa 2,75 % ergibt.

78 Bei **Erbauseinandersetzungen** gehen die Gerichte zur Ermittlung des Ertragswerts in *Bayern* vom 18-fachen, in den meisten anderen Bundesländern vom 25-fachen Jahresreinertrag aus[65]. Von den Gutachterausschüssen des Landes *Sachsen-Anhalt* ist die Abhängigkeit des Bodenwerts von der Restpachtdauer (in Jahren) für Ackerflächen untersucht worden:

64 Die Durchschnittspacht für landwirtschaftlich genutzte Grundstücke beträgt zum Beispiel im Landkreis Wesel 0,8 bis 2,5 % des Bodenrichtwerts (Grundstücksmarktbericht 2017), sodass sich bei einem Bodenrichtwert von 5,0 €/m² eine jährliche Spanne von 400 bis 1 250 €/ha ergibt.

65 Sichtermann, Das Grundstücksverkehrsgesetz, 3. Aufl. Stuttgart 1980, S. 19.

Abb. 17: Umrechnungskoeffizienten zur Abhängigkeit des Bodenwerts von Ackergrundstücken mit abweichender Restpachtdauer

Umrechnungskoeffizienten Abhängigkeit des Bodenwerts von der Restpachtdauer bei Ackerflächen	
Restpachtdauer	**Sachsen-Anhalt**
Jahre	2014
0	107
2	103
4	104
6	97
8	95
10	94
12	93
14	92
16	92
18	92

Quelle: Landesgrundstücksmarktberichte 2017

2.2.7 Verhältnis von Acker zu Grünland

Der Gutachterausschuss von Leipzig hat im Wege der Auswertung der Kaufpreissammlung ermittelt, dass Grünlandflächen im Durchschnitt 25 % unterhalb der Preise für Ackerland gehandelt werden. **79**

Für die Anpassung eines Bodenrichtwerts von Acker auf Grünland ist dieser mit dem Faktor 0,75 zu multiplizieren.

BRWGrünland = BRWAckerland x 0,75

Für die Anpassung eines Bodenrichtwerts von Grünland auf Acker ist dieser mit dem Faktor 1,333 zu multiplizieren.

BRWAckerland = BRWGrünland x 1,333

2.2.8 Waldfläche

2.2.8.1 Allgemeines

Schrifttum: *Bewer, S.*, Minderung des Werts von Jagdbezirken durch Straßen- oder Bahntrassen, Wertermittlungsforum SVK Verlag 1988, Heft 4, S. 180; *Bewer, S.*, Jagdwertminderung, Wertermittlungsforum SVK Verlag 1994, Heft 1, S. 13; *Bormann, G.*, Analyse des forstwirtschaftlichen Bodenverkehrs in Sachsen-Anhalt, Masterarbeit Universität Göttingen 2001; *Harbort, H.-K.*, Bewertung von Waldgrundstücken, Nachr. der nds. Kat.- und VermVw 1988, 318; *König, K.-H.*, Die Wertermittlung von Waldboden und Holzbeständen bei Berücksichtigung der Richtlinien zur Waldbewertung in Nordrhein-Westfalen, GuG 1991, 83; *Mantel, W.*, Waldbewertung – Einführung und Anleitung, 6. Aufl. BLV Verlagsgesellschaft 1982; *Möhrung/Leefken*, Bewertung von forstlichem Vermögen für Zwecke der Erbschaft- und Schenkungsteuer, HLBS-report 2009, 119; *Moog, M.*, Überlegungen zum Verkehrswert von Waldflächen und zur Anwendung des Vergleichswertverfahrens in der Waldbewertung; Forstarchiv S. 272 ff.; *Offer, A.* Ermittlung von Bodenwerten für Forstflächen, GuG 2018, 227; *Sagl, W.*, Bewertung in Forstbetrieben, Blackwell Wissenschaftsverlag 1995; *Sagl, W.*, Entschädigung für Grundbeanspruchung, Universität für Bodenkultur, Bd. 15, Wien 1992; Bewertung in Forstbetrieben, Wien 1995; *Thies, H. J.*, Rechtliche und ökonomische Probleme bei der Beurteilung von Jagdwertminderungen, AgrarR 1991, 85; Wolf, Th., Bewertung von Jagdschäden beim Grunderwerb für den Neubau von Bundesfernstraßen, AFZ 1969, Heft 44, S. 866–869; aktualisiert in: *Meyer-Ravenstein, Köhne, Wolf, Wenzl, Wolfram,* Jagdwertminderung Heft 121 der HLBS-Schriftenreihe, 1987; *Ohrmann, S.*, Analyse wertbestimmender Faktoren von Waldgrundstücken, Masterarbeit Universität Göttingen 2009; *Wagner, L.*,

Bestimmungsgründe von Waldgrundstückspreisen in Hessen, zugl.: Diss. Univ. Göttingen, Sauerländer Frankfurt am Main 2011.

▶ *Zum Begriff der Forstwirtschaft vgl. Rn. 25*

80 **Nach der Legaldefinition des** § 2 BWaldG ist Wald jede mit Forstpflanzen bestockte Grundfläche. Als Wald gelten auch kahlgeschlagene oder verlichtete Grundflächen, Waldwege, Waldeinteilungs- und Sicherungsstreifen, Waldblößen und Lichtungen, Waldwiesen, Wildäsungsplätze, Holzlagerplätze sowie weitere mit dem Wald verbundene und ihm dienende Flächen; dabei kommt es für die Qualifizierung einer Fläche als Wald allein auf die tatsächlichen Verhältnisse an. In der Flur oder im bebauten Gebiet gelegene kleinere Flächen, die mit einzelnen Baumgruppen, Baumreihen oder mit Hecken bestockt sind oder als Baumschulen verwendet werden, sind nicht Wald i.S. des BWaldG.

Unter den **Begriff Wald** fallen nach Maßgabe landesrechtlicher Vorschriften die beholzten und nichtbeholzten Waldflächen; § 2 LWaldG M-V definiert den Wald z.B. wie folgt:

§ 2 LWaldG MV[66]

„(1) Wald im Sinne dieses Gesetzes ist jede mit Waldgehölzen bestockte Grundfläche. Waldgehölze sind alle Waldbaum- und Waldstraucharten. Bestockung ist der flächenhafte Bewuchs mit Waldgehölzen, unabhängig von Regelmäßigkeit und Art der Entstehung.

(2) Als Wald gelten auch kahlgeschlagene oder verlichtete Grundflächen, Waldwege, Waldeinteilungs- und Sicherungsstreifen, Waldwiesen, Waldblößen, Lichtungen, Waldpark- und Walderholungsplätze sowie als Vorwald dienender Bewuchs. Als Wald gelten ferner im Wald liegende oder mit ihm verbundene und ihm dienende Flächen wie insbesondere:

- Wildäsungsflächen und Holzlagerplätze,
- Pflanzgärten und Leitungsschneisen,
- Weihnachtsbaum- und Schmuckreisigkulturen,
- Teiche, Weiher, Gräben und andere Gewässer von untergeordneter Bedeutung sowie deren Uferbereiche,
- Moore, Heiden und sonstige ungenutzte Ländereien (Ödflächen).

(3) Nicht als Wald gelten:

in der Feldflur oder im bebauten Gebiet gelegene kleinere Flächen, die mit einzelnen Baumgruppen, Baumreihen oder Hecken bestockt sind,

- in der Feldflur gelegene Weihnachtsbaum- und Schmuckreisigkulturen, Baumschulen und zum Wohnbereich gehörende Parkanlagen,
- mit Waldgehölzen bestockte Friedhöfe, sofern die Waldfunktionen eingeschränkt sind,
- mit Waldgehölzen bestockte Grundflächen, die die Mindestgröße von 0,2 Hektar nicht erreichen
- Grundflächen, auf denen Baumarten mit dem Ziel baldiger Holzentnahme angepflanzt werden und deren Bestände eine Umtriebszeit von nicht länger als 20 Jahren haben (Kurzumtriebsplantagen),
- Flächen mit Baumbestand, die gleichzeitig dem Anbau landwirtschaftlicher Produkte dienen (agroforstliche Nutzung) und
- mit Forstpflanzen bestockte Flächen, die am 6. August 2010 in dem in § 3 Satz 1 der InVeKoS-Verordnung bezeichneten
- Flächenidentifizierungssystem als landwirtschaftliche Flächen erfasst sind, solange deren landwirtschaftliche Nutzung andauert.

(4) Ob eine Grundfläche Wald im Sinne dieses Gesetzes ist, kann auf Antrag von der Forstbehörde durch Verwaltungsakt festgestellt werden.“

Für die **Qualifizierung einer Fläche als Wald** kommt es nach der Rechtsprechung allein auf die tatsächlichen Verhältnisse an; dabei sei es unerheblich, wie die Bestockung der Fläche mit Forstpflanzen entstanden ist. Eine unbebaute Fläche, auf der sich im Wege ungestörter natürli-

66 Landeswaldgesetz LWaldG – MV vom 27.07.2011 (GVOBl. M-V 2011, 870).

cher Sukzession Forstpflanzen ansiedeln, kann auch dann zu einem Wald im Rechtssinne heranwachsen, wenn sie in einem Bebauungsplan als Wohngebiet ausgewiesen ist[67].

Grundsätze und Hinweise für die **Ermittlung des Verkehrswerts von Waldflächen** enthalten die Waldwertermittlungsrichtlinien 2000 – WaldR 2000 –. Es handelt sich dabei um „Formelverfahren", die vornehmlich für die Enteignungsentschädigung entwickelt worden sind. Nach den WaldR setzt sich der Waldwert zusammen aus

- dem Wertanteil für den Boden und
- dem Holzbestand.

Der Wert[68] bestimmt sich maßgeblich durch den Bestand, insbesondere Alter, Oberhöhe, den Brusthöhendurchmesser (BhD) und Bestockungsgrad (B).

Von besonderer Bedeutung ist die vorherige Genehmigung der Forstbehörden im Falle einer **Umwandlung des Waldes** (Rodung und Überführung in eine andere Nutzungsart). Soweit nachteilige Wirkungen einer ständigen oder befristeten Umwandlung nicht ausgeglichen werden können, muss bei der Wertermittlung geprüft werden, ob und in welcher Höhe eine **Walderhaltungsabgabe** zu entrichten ist, die neben Ersatzmaßnahmen verlangt werden kann (vgl. Syst. Darst. des Vergleichswertverfahrens Rn. 374). **81**

2.2.8.2 Waldboden

Der „Wert des Waldbodens" bestimmt sich nach Nr. 5 WaldR in Anlehnung an § 104 BauGB durch den Preis, der am Wertermittlungsstichtag im gewöhnlichen Geschäftsverkehr ohne Rücksicht auf ungewöhnliche oder persönliche Verhältnisse für Waldboden zu erzielen wäre. Der **Waldbodenverkehrswert (Bodenwertanteil)** ist grundsätzlich aus Vergleichspreisen von Verkäufen vergleichbarer Waldflächen abzuleiten, wobei Vergleichbarkeit insbesondere hinsichtlich **82**

- Lage (Nr. 2.3.1 WaldR 2000), insbesondere Nähe zum Ballungsraum mit einem i.d.R. höheren Waldbodenwert, Absatzmarkt und Erholungsraum,
- Funktion,
- Größe,
- Flächengestalt (Arrondierungsgrad),
- Erschließungszustand,
- Bodenbeschaffenheit,
- Ertragsfähigkeit sowie
- Art und Maß der tatsächlichen und rechtlichen Nutzung

gegeben sein soll (Nr. 5.1 WaldR 2000).

I.d.R. liegen keine Vergleichspreise über „waldleere" Vergleichsgrundstücke vor, da Waldgrundstücke überwiegend als Einheit von Boden und Waldbestand verkauft werden. Deshalb können **hilfsweise landwirtschaftliche Vergleichspreise** herangezogen werden[69]. Auf der Grundlage des Verhältnisses des mittleren landwirtschaftlichen Bodenverkehrswerts zum mittleren Waldbodenpreis wird dabei der örtlich einschlägige landwirtschaftliche Bodenverkehrs-

67 OVG Münster, Urt. vom 06.07.2000 – 7a D 101/97 –, BRS Bd. 63 Nr. 16 = EzGuG 2.61a; OVG Münster, Urt. vom 22.01.1988 – 10 A 1299/87 –, NVwZ 1988, 1048 = EzGuG 8.64; zur Weihnachtsbaumkultur als Wald i.S. des BWaldG; Wiederaufforstungspflicht des Eigentümers: OVG Münster, Urt. vom 11.06.1985 – 20 A 460/84 –, RzF § 44 Abs. 2 FlurbG.

68 Vgl. auch Waldbewertungsrichtlinien (WBR) des LM Niedersachsen vom 01.09.1986; NdsMinBl. 1986, 936; WBR NRW 2005, Hrsg. Landesamt für Ökologie, Bodenordnung und Forsten Nordrhein-Westfalen, 2005.

69 OLG Zweibrücken, Urt. vom 14.12.1983 – 2 U 77/83 –, BRS Bd. 45 Nr. 111 = EzGuG 2.37; zum Wertverhältnis zwischen land- oder forstwirtschaftlichen Flächen vgl. BGH, Urt. vom 05.04.1973 – III ZR 74/72 –, WM 1874, 696 = EzGuG 2.12; ferner Leisner in AgrarR 1977, 356.

wert durch Multiplikation mit diesem Prozentsatz abgeleitet. Die in den WaldR angegebene Verhältniszahl von 45 % stellt lediglich einen Beispielsfall dar und darf nicht als Normalwert missverstanden werden (Abb. 18).

Abb. 18: Land- und forstwirtschaftlich genutzte Grundstücke im Ennepe-Ruhr-Kreis

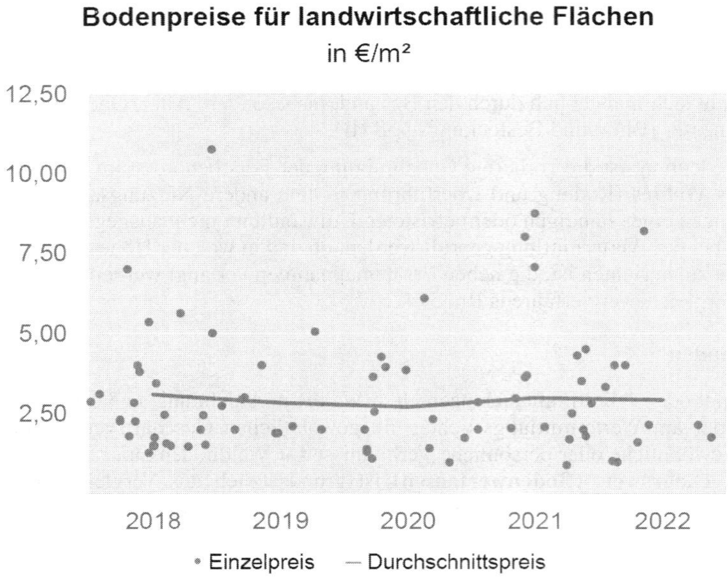

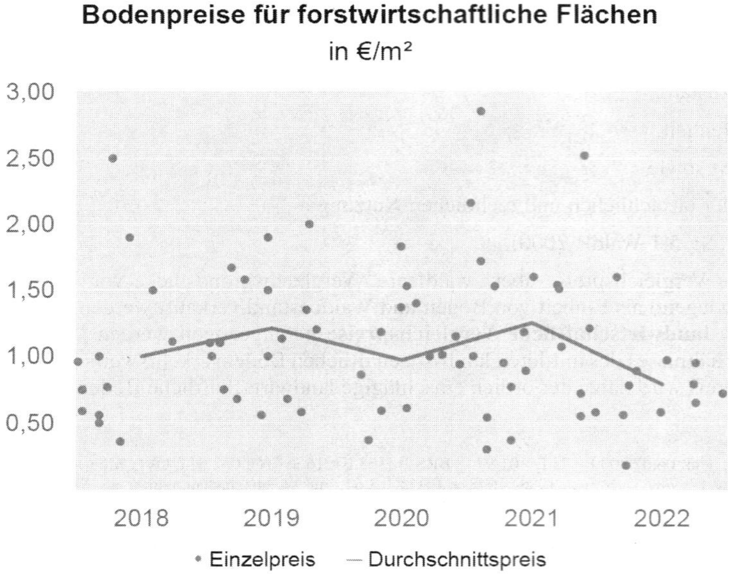

Quelle: Grundstücksmarktbericht Ennepe-Ruhr-Kreis 2023

Sofern die herangezogenen Kaufpreissammlungen oder auf sonstige Weise ermittelten Vergleichspreise auch bei Einholung ergänzender Informationen keine hinreichenden Aufschlüsse über die im gewöhnlichen Geschäftsverkehr für Waldflächen gezahlten Preise versprechen, kommt eine Wertermittlung 83

- nach den Waldbewertungsrichtlinien des Bundes (WaldR) oder
- nach Bewertungsrichtlinien des Landes (z.B. WB 95 von Sachsen-Anhalt)

in Betracht[70].

Als vergleichbar können **Vergleichspreise** aus Gebieten herangezogen werden, **die hinsichtlich** 84

- Gemeindegröße i.V.m. der Bevölkerungsdichte und
- **Ertragsfähigkeit ihrer landwirtschaftlichen Flächen** (gemessen an der Ertragsmesszahl)

vergleichbar sind.

Beispiel: 85

- Örtlich maßgebender landwirtschaftlicher Bodenwert: 9 000 €/ha
- Verhältnis der Waldbodenpreise zu den landwirtschaftlichen Bodenpreisen in vergleichbaren Gebieten 45 : 100

Der **Waldbodenwert** beträgt mithin: 9 000 €/ha x 45/100 = **4 050 €/ha**

Als Vergleichspreise besonders geeignet sind solche, die sich auf Böden mit gleichwertigem Waldbestand beziehen. Dementsprechend definiert Nr. 2.1 WaldR den **Waldwert** als den Wert, der die Wertanteile für den Boden und für den Waldbestand umfasst. Die häufig gewählte Methode, den Waldbodenwert schematisch mit dem Wert des Waldes aufzuaddieren, darf nicht ungeprüft zur Anwendung kommen, weil beide Wertanteile nicht dem Gesamtwert entsprechen müssen. Bevor man zu dieser Methode greift, sollte sie deshalb auf Plausibilität geprüft werden. 86

Der Waldwert wird insbesondere beeinflusst von 87

- der Lage (Nähe zu Siedlungsgebieten, Ballungsräumen, Erholungszentren usw.),
- der Erschließung, der Größe und dem Arrondierungsgrad der Waldflächen,
- dem tatsächlichen Zustand des Waldbestands und seinem Betriebsziel,
- den gegendüblichen Preis- und Lohnverhältnissen,
- den besonderen Umständen, die den Waldwert beeinflussen können, wie z.B. Dienstbarkeiten, rechtliche Gegebenheiten, Erholungsfunktion des Waldes.

2.2.8.3 Grundstücksgröße

Schrifttum: *Wagner,* L., Bestimmungsgründe von Waldgrundstückspreisen in Hessen, zugl.: Diss. Univ. Göttingen, Sauerländer Frankfurt am Main 2011.

▶ *Vgl. Rn. 38; Syst. Darst. des Vergleichswertverfahrens Rn. 247, 275, 306 ff.; § 5 ImmoWertV Rn. 70; § 41 ImmoWertV Rn. 1 ff.*

Der auf den Quadratmeter bezogene **Grundstückswert steigt** im Hinblick auf die forstwirtschaftliche Nutzung – wie im Grundstücksverkehr mit rein landwirtschaftlichen Flächen – nach allgemeiner Auffassung auch bei forstwirtschaftlichen Flächen **mit der Grundstücksgröße** an. Aus Abb. 19 sind allerdings andere Ergebnisse einer hierzu durchgeführten empiri- 88

70 BGH, Urt. vom 05.07.2002 – V ZR 97/01 –, GuG 2003, 178 = EzGuG 12.126; BGH, Urt. vom 02.07.1992 – III ZR 162/90 –, GuG 1993, 52 = EzGuG 2.54.

schen Untersuchung des Gutachterausschusses für den Bereich von *Bergisch Gladbach* ersichtlich.

Abb. 19: Abhängigkeit des Quadratmeterwerts forstwirtschaftlich genutzter Grundstücke (Waldflächen von der Grundstücksgröße)

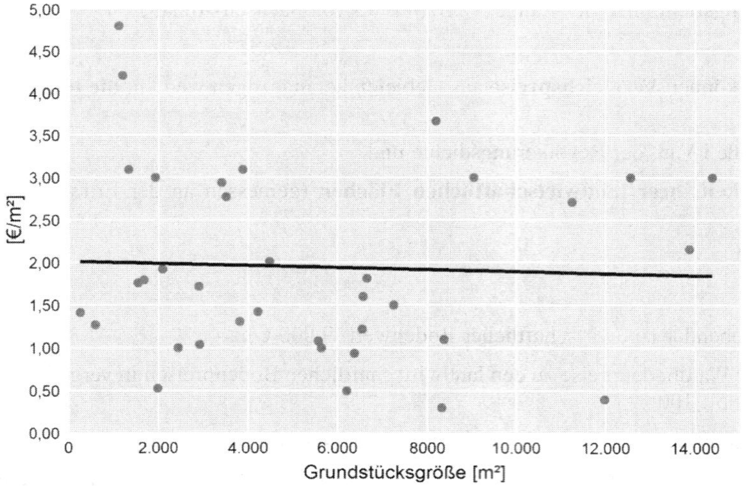

Quelle: Grundstücksmarktbericht Bergisch Gladbach 2023

Abb. 20: Abhängigkeit des Bodenwerts von der Grundstücksgröße (ortsnahe Waldflächen)

Abhängigkeit des Bodenwerts von der Grundstücksgröße (ortsnahe Waldflächen)	
Größe (m²)	**LK Oberspreewald Lausitz 2011**
500	2,245
1 000	1,498
1 500	1,183
2 000	**1,000**
2 500	0,878
3 000	0,789
3 500	0,722
4 000	0,667
4 500	0,623
5 000	0,586
6 000	0,527
7 000	0,482
8 000	0,446
9 000	0,416
10 000	0,391

Nach Untersuchungen des Oberen Gutachterausschusses für Grundstückswerte im Land *Brandenburg* besteht folgende Abhängigkeit des Bodenpreises (y) von der Flächengröße (x) bei Flächen bis 25 Hektar:

- Laubholz- und Mischwaldbestand: y = 8 E – 0,5x + 0,2087
- Nadelholzbestand y = – 0,004x + 0,204

2.2.8.4 Besonderheiten für Erholungswälder

Wald kann nach Maßgabe landesrechtlicher Vorschriften auf Antrag oder von Amts wegen **zum Erholungswald erklärt werden**, wenn es das Wohl der Allgemeinheit erfordert, entsprechende Waldflächen für Zwecke der Erholung zu schützen, zu pflegen oder zu gestalten. Privatwald darf nur dann zu Erholungswald erklärt werden, wenn Staatswald und Körperschaftswald zur Sicherung des Erholungsbedürfnisses nicht ausreichen oder wegen ihrer Lage und Beschaffenheit nicht oder nur geringfügig für die Erholung in Anspruch genommen werden können (vgl. § 22 LWaldG M-V). 89

Zur Frage der **Berücksichtigung von Naherholungsfunktionen eines Waldgebiets** hat der **BGH** ausgeführt:

„Es ist nicht zu beanstanden, dass der Sachverständige die Bedeutung des Waldes als Landreserve, als Naherholungsgebiet und als potenzielles Wassergewinnungsgebiet berücksichtigt hat. Insbesondere durfte er auch für die stadtnäheren Teile der beanspruchten Flächen einen höheren Preis ansetzen als für die dem Siedlungsgebiet ferner liegenden. … Die Eigenschaft als Naherholungsgebiet durfte deshalb berücksichtigt werden, weil die Schaffung und Erhaltung solcher Gebiete eine wichtige und immer wichtiger werdende kommunale Aufgabe darstellt. Die Aufwendungen, die für den Ersatz oder die Ergänzung von Erholungsgebieten erforderlich sind, die ganz oder teilweise für andere Zwecke freigegeben werden mussten, geben daher für die abgebende Körperschaft einen berechtigten Grund ab, bei freihändigem Verkauf ihre Preisforderung entsprechend zu gestalten“[71].

Bei Heranziehung dieser Entscheidung darf allerdings nicht übersehen werden, dass es bei dem zu entscheidenden Fall um die **Bemessung der Enteignungsentschädigung** ging, die den Enteigneten in den Stand setzen soll, sich für die Entschädigung gleichwertiges Ersatzland zu kaufen. Die für das Gemeinwesen in dieser Entscheidung herausgestellten Eigenschaften sind bei privatwirtschaftlichem Erwerb derartiger Flächen dagegen i.d.R. nicht bzw. nur in dem Maße kaufpreisbeeinflussend, wie sie wirtschaftlich „realisierbar“ sind. 90

Zu der **Naherholungsfunktion des Waldes** gehört auch seine Nutzbarkeit im privaten Bereich. So hat der BGH[72] in einer Entscheidung darauf hingewiesen, dass die Lage eines Waldgrundstücks in der Nähe einer guten Straße, das zum Abstellen von Wohnwagen (an Wochenenden) dient, seinen Wert so erhöhen kann, dass es dem Wert von landwirtschaftlich genutzten Grundstücken selbst dann gleichkommt, wenn es in einem Landschaftsschutzgebiet liegt. 91

2.2.8.5 Waldbestand

Schrifttum: *Baader,* Untersuchungen über Randschäden, Schriftenreihe der forstlichen Universität Göttingen Bd. 3 Frankfurt am Main 1952; *Haub/Weimann,* Neue Alterswertfaktoren der Bewertungsrichtlinien, AFZ 22/2000; *Köhne, M.*, Landwirtschaftliche Taxationslehre. 3. Aufl. 2000; *Sagl, W.*, Bewertung in Forstbetrieben, Blackwell Wissenschafts-Verlag Berlin 1995; *Speidel,* Forstwirtschaftliche Betriebswirtschaftslehre, Parey Berlin 1995.

Bezüglich der **Berücksichtigung des Holzbestands** ist der maßgebliche Entwicklungszustand der Waldfläche von Bedeutung. Grundsätzlich ist der Ertragswert des Aufwuchses im Falle einer Enteignung des Grundstücks nicht gesondert zu entschädigen, wenn das Grundstück z.B. als baureifes Land eingestuft wurde, weil der Verkehrswert derartiger Grundstücke 92

---

71 BGH, Urt. vom 12.10.1970 – III ZR 117/67 –, BRS Bd. 26 Nr. 83 = EzGuG 2.10; BGH, Urt. vom 05.04.1973 – III ZR 74/72 –, WM 1974, 696 = EzGuG 2.12.

72 BGH, Urt. vom 14.03.1968 – III ZR 200/65 –, RdL 1969, 327 = EzGuG 4.27a.

in ausschlaggebender Weise durch die bauliche und nicht durch die forstwirtschaftliche Nutzbarkeit bestimmt wird[73]. Kann jedoch der Bewuchs vor der baulichen Nutzung zusätzlich wirtschaftlich verwertet werden, so schließt dies infolgedessen nicht aus, „dass der Grundeigentümer aus forstlichem Gelände den Nutzen zieht, auf den es nach seiner bisherigen und gegenwärtigen … Bewirtschaftungsform angelegt ist. Die Erwartung einer baulichen Nutzung und der Hiebreife können nämlich nebeneinander bestehen“[74]. Die zur Erzielung des Nutzens erforderlichen Aufwendungen müssen dabei allerdings berücksichtigt werden.
Im Bereich der **Beleihungswertermittlung** bleiben im Übrigen Holzbestände unberücksichtigt[75].

93 Bei der **Verkehrswertermittlung der Waldbestände** (Bestandswald) wird unterschieden zwischen

- dem Altersklassenwald,
- dem Plenterwald (Rn. 113),
- dem Mittelwald (Rn. 113),
- dem Niederwald (Rn. 114) und
- dem Bauernwald (Rn. 115).

Vom Gutachterausschuss des *Rheinisch-Bergischen Kreises* wurden Kaufpreise für forstwirtschaftliche Flächen ab 2 500 m² gegliedert nach Nadel-, Laub- und Mischwald einschließlich Aufwuchs in Abhängigkeit vom Alter statistisch ausgewertet:

Abb. 21: Durchschnittspreise forstwirtschaftlicher Flächen einschließlich Aufwuchs im Rheinisch-Bergischen Kreis

Durchschnittspreise forstwirtschaftlicher Flächen einschließlich Aufwuchs im Rheinisch-Bergischen Kreis			
Art des Aufwuchses	**Durchschnittspreis in €/m²**	**Spanne (Min-Max) in €/m²**	**Anzahl**
Nadelwald	1,20	0,55–2,10	7
Laubwald	1,60	0,60–3,60	54
Mischwald	1,50	0,50–3,85	20

Quelle: Grundstücksmarktbericht 2024

a) Altersklassenwald

94 Für **Waldbestände eines Altersklassenwaldes, die die Umtriebszeit (U) erreicht oder überschritten haben, ist nach den Vorgaben der WaldR als Bestandswert der Abtriebswert zu ermitteln.** Für jüngere Waldbestände des Altersklassenwaldes ist der Bestandswert nach dem Alterswertfaktorverfahren (vgl. Nr. 6.6 WaldR) zu ermitteln. Ist jedoch der Abtriebswert größer als der nach dem Alterswertfaktorverfahren ermittelte Wert, so ist als Bestandswert der Abtriebswert anzusetzen. In den Fällen, in denen das Alterswertfaktorverfahren nicht durchgeführt werden kann, ist der Bestandswert nach einem anderen anerkannten Verfahren zu ermitteln. Dabei ist zu beachten, dass der Bestandswert i.d.R. nicht niedriger liegt als die Kosten, die für die Wiederbegründung eines Bestands gleicher Holzart, Wuchsleistung

73 OLG Hamburg, Urt. vom 10.10.1969 – 1 U 61/68 –, MDR 1970, 150 = EzGuG 6.186a unter Bezugnahme auf BGH, Urt. vom 12.07.1965 – III ZR 214/64 –, BRS Bd. 19 Nr. 96 = EzGuG 2.8; vgl. auch OLG Stuttgart, Urt. vom 7.3.1962 – 1 U 1/62 –, BWGZ 1965, 215 = EzGuG 2.5.

74 BGH, Urt. vom 28.04.1969 – III ZR 189/66 –, BRS Bd. 26 Nr. 102 = EzGuG 6.121a; BGH, Urt. vom 07.10.1976 – III ZR 60/73 –, BRS Bd. 34 Nr. 123 = EzGuG 6.188.

75 Rüchardt, Studienbriefe HypZert 2001, S. 46.

und Qualität bei ordnungsgemäßer Bewirtschaftung gegendüblich aufgewendet werden würden.

Der **Abtriebswert eines Waldbestands** entspricht dem Marktpreis, der beim Verkauf des gefällten und aufgearbeiteten Holzes nach Abzug der Holzerntekosten erzielbar wäre. 95
Bei der **Ermittlung des Abtriebswerts** ist im Einzelnen wie folgt zu verfahren:

Der **Holzvorrat** ist nach Handelsklassen zu sortieren. Weicht die Aushaltungsgrenze von der nach Nr. 4.3 Abs. 3 WaldR 2000 zu Grunde gelegten Grenze ab, ist der Vorrat im Bereich der betroffenen Sortimente entsprechend zu korrigieren. 96

Die **Waldbestände sind** entsprechend ihrem tatsächlichen Zustand **nach der gegendüblichen Sortierung** oder im Anhalt an Sortenertragstafeln **einzuschätzen.** Besondere Gütemerkmale sind zu berücksichtigen. 97

Die **Sortenanteile** sind mit den in der jeweiligen Gegend nachhaltig erzielbaren Bruttoholzpreisen (Nettoholzpreis + Umsatzsteuer) anzusetzen. Der Forstabsatzfondsbeitrag wird nicht abgezogen. Bei der Ermittlung der nachhaltigen Holzpreise ist von den in größeren Forstverwaltungen im Durchschnitt mehrerer dem Wertermittlungsstichtag vorangegangener Forstwirtschaftsjahre erzielten Holzpreisen auszugehen. Die allgemeine Entwicklungstendenz der Holzpreise und die besonderen gegendüblichen Verhältnisse sind angemessen zu berücksichtigen. 98

Auf der Grundlage des ermittelten Holzvorrats, seiner Sortierung und der nachhaltigen Holzpreise ist der **Bruttoverkaufserlös des Waldbestands** zu ermitteln. 99

Als Holzerntekosten sind die zum Wertermittlungsstichtag in der jeweiligen Gegend üblichen **Holzerntekosten** anzusetzen. Hierzu gehören **die Kosten des Holzeinschlags** unter Berücksichtigung der besonderen Hieb- und Arbeitsbedingungen, **der Holzvermessung, der Holzbringung und** die **anteiligen Lohnnebenkosten.** Soweit in der jeweiligen Gegend bei der Holzernte Unternehmereinsatz üblich ist, ist auch die dabei anfallende Umsatzsteuer zu den Holzerntekosten zu rechnen. 100

Der **Bestandswert nach dem Alterswertfaktorverfahren** ist nach der sog. Blume'schen Formel zu ermitteln: 101

$$\mathbf{H_a = [(A_u - c) \times f + c] \times B}$$

H_a	=	Bestandswert für 1 ha im Alter a
A_u	=	Abtriebswert je ha eines Waldbestandes im Alter der Umtriebszeit U
c	=	Kulturkosten je ha
f	=	Alterswertfaktor für das Alter a
B	=	Bestockungsfaktor (Wertrelation zu einem vollbestockten Bestand) im Alter a (siehe auch Nr. 6.6.1 WaldR 2000)
A	=	Alter a (ggf. wirtschaftliches Alter der Pflanzen)

Abtriebswert im Alter U (Au) ist die Differenz zwischen dem Bruttoverkaufserlös für das im Alter U gefällte und aufgearbeitete Holz eines Waldbestands (Nr. 6.5.1 WaldR 2000) und den dabei anfallenden Holzerntekosten (Nr. 6.5.2 WaldR 2000). 102

Die **Umtriebszeit U** ist grundsätzlich nach dem Betriebswerk bzw. Betriebsgutachten oder nach der gegendüblichen Umtriebszeit anzusetzen. Soweit für Einzelbestände ein wesentlich abweichendes Endnutzungsalter zu erwarten ist, gilt dieses für diese Bestände als Umtriebsalter. 103

Der **Bestockungsfaktor** soll im Gegensatz zu dem bei der Waldaufnahme festgestellten Bestockungsgrad in der Formel so angesetzt werden, dass Regenerationsfähigkeit und Lichtungszuwachs sowie eine von der angewendeten Ertragstafel abweichende waldbauliche Zielbestockung des Bestandes angemessen berücksichtigt werden. 104

105 **Kulturkosten** sind die gegendüblichen Kosten der Wiederbegründung eines Waldbestandes. Dazu sind zu rechnen: die Kosten für Schlagräumung und etwaige Bodenbearbeitung, für Pflanzenbeschaffung und Pflanzung, für etwa erforderlichen Schutz der Kultur (Einzelschutz oder Flächenschutz), zur Abwendung sonstiger Risiken und für Kulturpflege (Freischneiden, chemische Unkrautbekämpfung) bis zur Sicherung der Kultur. Zu den Kulturkosten rechnen auch die anteiligen Lohnnebenkosten und die anteilige Umsatzsteuer. Für Unternehmereinsatz gilt Nr. 6.5.2. WaldR letzter Satz entsprechend.

106 **Kosten, die erst nach der Sicherung der Kultur auftreten**, wie z.B. Pflege, Säuberungs- und Läuterungskosten, rechnen nicht zu den Kulturkosten i.S. der WaldR 2000.

107 Der **Alterswertfaktor für das Alter a** ist den Tabellen der Anl. 1 WaldR 2000[76] = Abb. 22 für die betreffende Umtriebszeit zu entnehmen.

Abb. 22: Alterswertfaktoren zu den Waldwertermittlungsrichtlinien 2000 (Anl. 1)

Alter	Eiche	Buche	Fichte	Kiefer	Alter	Eiche	Buche	Fichte	Kiefer	Alter	Eiche	Buche
1	0,005	0,007	0,007	0,007	**61**	0,367	0,480	0,603	0,528	**121**	0,761	0,932
2	0,011	0,013	0,013	0,014	**62**	0,374	0,488	0,616	0,538	**122**	0,767	0,938
3	0,016	0,020	0,020	0,020	**63**	0,381	0,497	0,628	0,548	**123**	0,773	0,943
4	0,021	0,027	0,027	0,027	**64**	0,387	0,506	0,640	0,558	**124**	0,779	0,948
5	0,027	0,033	0,034	0,034	**65**	0,394	0,515	0,652	0,568	**125**	0,784	0,952
6	0,032	0,040	0,041	0,041	**66**	0,401	0,523	0,664	0,578	**126**	0,790	0,957
7	0,037	0,047	0,048	0,048	**67**	0,408	0,532	0,676	0,588	**127**	0,796	0,961
8	0,043	0,054	0,055	0,055	**68**	0,415	0,541	0,688	0,598	**128**	0,801	0,966
9	0,048	0,060	0,062	0,062	**69**	0,422	0,549	0,700	0,608	**129**	0,807	0,970
10	0,053	0,067	0,070	0,069	**70**	0,429	0,558	0,712	0,617	**130**	0,812	0,974
11	0,059	0,074	0,078	0,076	**71**	0,436	0,567	0,724	0,627	**131**	0,818	0,977
12	0,064	0,081	0,085	0,084	**72**	0,442	0,575	0,736	0,637	**132**	0,823	0,981
13	0,070	0,088	0,093	0,091	**73**	0,449	0,584	0,748	0,647	**133**	0,829	0,984
14	0,075	0,095	0,102	0,099	**74**	0,456	0,592	0,760	0,656	**134**	0,834	0,987
15	0,080	0,102	0,110	0,106	**75**	0,463	0,601	0,771	0,666	**135**	0,839	0,990
16	0,086	0,109	0,118	0,114	**76**	0,470	0,609	0,783	0,676	**136**	0,845	0,993
17	0,091	0,116	0,127	0,122	**77**	0,477	0,617	0,794	0,685	**137**	0,850	0,995
18	0,097	0,123	0,135	0,129	**78**	0,484	0,626	0,806	0,695	**138**	0,855	0,997
19	0,103	0,131	0,144	0,137	**79**	0,491	0,634	0,817	0,704	**139**	0,860	0,999
20	0,108	0,138	0,153	0,145	**80**	0,497	0,642	0,828	0,714	**140**	0,865	1,000
21	0,114	0,146	0,162	0,153	**81**	0,504	0,651	0,839	0,723	**141**	0,870	
22	0,120	0,153	0,171	0,162	**82**	0,511	0,659	0,850	0,733	**142**	0,875	
23	0,125	0,161	0,180	0,170	**83**	0,518	0,667	0,860	0,742	**143**	0,880	
24	0,131	0,168	0,190	0,178	**84**	0,525	0,675	0,871	0,751	**144**	0,885	
25	0,137	0,176	0,199	0,187	**85**	0,531	0,683	0,881	0,761	**145**	0,890	
26	0,143	0,183	0,209	0,195	**86**	0,538	0,691	0,891	0,770	**146**	0,894	
27	0,148	0,191	0,219	0,204	**87**	0,545	0,699	0,901	0,779	**147**	0,899	
28	0,154	0,199	0,229	0,212	**88**	0,552	0,707	0,911	0,788	**148**	0,904	

76 Kleiber, ImmoWertV (2021), Sammlung amtlicher Vorschriften, 13. Aufl. Reguvis Köln 2021 ; Königs, GuG 1991, 83; Mantel/Weinmann, Waldbewertung, 6. Aufl. München 1982.

Alter	Eiche	Buche	Fichte	Kiefer	Alter	Eiche	Buche	Fichte	Kiefer	Alter	Eiche	Buche
29	0,160	0,207	0,239	0,221	**89**	0,558	0,715	0,920	0,797	**149**	0,908	
30	0,166	0,215	0,249	0,230	**90**	0,565	0,723	0,929	0,805	**150**	0,913	
31	0,172	0,223	0,259	0,239	**91**	0,572	0,731	0,938	0,814	**151**	0,917	
32	0,178	0,231	0,269	0,248	**92**	0,578	0,739	0,946	0,823	**152**	0,921	
33	0,184	0,239	0,280	0,257	**93**	0,585	0,746	0,954	0,831	**153**	0,926	
34	0,190	0,247	0,290	0,266	**94**	0,592	0,754	0,962	0,840	**154**	0,930	
35	0,197	0,255	0,301	0,275	**95**	0,598	0,761	0,970	0,848	**155**	0,934	
36	0,203	0,264	0,312	0,284	**96**	0,605	0,769	0,977	0,856	**156**	0,938	
37	0,209	0,272	0,323	0,294	**97**	0,612	0,776	0,983	0,865	**157**	0,942	
38	0,215	0,280	0,334	0,303	**98**	0,618	0,784	0,989	0,873	**158**	0,946	
39	0,222	0,289	0,345	0,312	**99**	0,625	0,791	0,995	0,880	**159**	0,949	
40	0,228	0,297	0,356	0,322	**100**	0,631	0,798	1,000	0,888	**160**	0,953	
41	0,234	0,306	0,367	0,331	**101**	0,638	0,806		0,896	**161**	0,957	
42	0,241	0,314	0,378	0,341	**102**	0,644	0,813		0,903	**162**	0,960	
43	0,247	0,323	0,390	0,351	**103**	0,650	0,820		0,911	**163**	0,963	
44	0,254	0,331	0,401	0,360	**104**	0,657	0,827		0,918	**164**	0,967	
45	0,260	0,340	0,413	0,370	**105**	0,663	0,834		0,925	**165**	0,970	
46	0,267	0,348	0,424	0,380	**106**	0,670	0,841		0,931	**166**	0,973	
47	0,273	0,357	0,436	0,389	**107**	0,676	0,847		0,938	**167**	0,976	
48	0,280	0,366	0,448	0,399	**108**	0,682	0,854		0,944	**168**	0,979	
49	0,286	0,375	0,459	0,409	**109**	0,688	0,861		0,950	**169**	0,981	
50	0,293	0,383	0,471	0,419	**110**	0,695	0,867		0,956	**170**	0,984	
51	0,299	0,392	0,483	0,429	**111**	0,701	0,874		0,962	**171**	0,986	
52	0,306	0,401	0,495	0,439	**112**	0,707	0,880		0,968	**172**	0,988	
53	0,313	0,409	0,507	0,449	**113**	0,713	0,886		0,973	**173**	0,990	
54	0,320	0,418	0,519	0,459	**114**	0,719	0,892		0,978	**174**	0,992	
55	0,326	0,427	0,531	0,469	**115**	0,725	0,898		0,982	**175**	0,994	
56	0,333	0,436	0,543	0,478	**116**	0,731	0,904		0,986	**176**	0,996	
57	0,340	0,445	0,555	0,488	**117**	0,737	0,910		0,990	**177**	0,997	
58	0,347	0,453	0,567	0,498	**118**	0,743	0,916		0,994	**178**	0,998	
59	0,353	0,462	0,579	0,508	**119**	0,749	0,922		0,997	**179**	0,999	
60	0,360	0,471	0,591	0,518	**120**	0,755	0,927		1,000	**180**	1,000	

Das **Alter a ist das Kulturalter des Bestands.** Ist das Kulturalter eines Bestands nicht zu ermitteln, können vom festgestellten Pflanzenalter zur hilfsweisen Ermittlung des Kulturalters bei den einzelnen Baumartengruppen die nachstehend aufgeführten Jahre vom Pflanzenalter abgesetzt werden: **108**

Eiche 3

Buche 3

Fichte 4

Kiefer 2

Bei deutlich abweichendem Wuchsverlauf ist das wirtschaftliche Alter anzusetzen.

109 Die **Zuordnung zu den Baumartengruppen** erfolgt im Regelfall wie folgt:

Eiche	alle Eichenarten
Buche	alles Laubholz, außer Eichenarten
Fichte	alle Nadelbaumarten, außer den bei der Baumartengruppe Kiefer aufgeführten
Kiefer	alle Kiefern- und Lärchenarten

110 Folgende **Umtriebszeiten** liegen den Alterswertfaktoren zugrunde:

Eiche	180 Jahre
Buche	140 Jahre
Fichte	100 Jahre
Kiefer	120 Jahre

111 Bei **Abweichungen** von den vorstehenden Umtriebszeiten (höher und niedriger) ist zunächst ein Korrekturfaktor (k) aus der Umtriebszeit der Standardtabelle (U_S), dividiert durch die wirkliche Umtriebszeit (U_W), zu bilden. Durch Multiplikation des Alters (a) mit k ergibt sich ein verändertes Eingangsalter, mit dem der Alterswertfaktor (f) in der entsprechenden Baumartengruppe abgelesen wird.

112 *Beispiel:*
Für die Berechnung eines Bestandswerts nach dem Alterswertfaktorverfahren bei abweichender Umtriebszeit:
Wertermittlungsgrundlagen:
Esche 1,0 ha, Alter 80 Jahre, Bestockungsfaktor 0,9, Umtriebszeit 120 Jahre.
A120 = 11 000 €/ha c = 3 000 €/ha
K = US / UW = 140 / 120 = 1,16
Alter = 80 Jahre x 1,167 = 93,4 Jahre
Durch Verwendung der Standardtabelle für die Baumartengruppe Buche und Interpolation zwischen
f93 = 0,746 und f94 = 0,754 ergibt sich f = 0,749
Rechengang:
H80 = [(11 000 – 3 000) x 0,749 + 3 000] x 0,9
H80 = [8 000 x 0,749 + 3 000] x 0,9
H80 = [5 992 + 3 000] x 0,9
H80 = 8 992 x 0,9
H80 = 8 093 €
Der nach dem Alterswertfaktorverfahren hergeleitete Bestandswert für eine noch nicht gesicherte Kultur ist um den Teilbetrag der nach Nr. 6.6.2 WaldR (vgl. Rn. 110) zugrunde gelegten Kulturkosten zu kürzen, der bis zum Wertermittlungsstichtag noch nicht aufgewendet sein kann.

b) Plenterwald und Mittelwald

113 Für Waldbestände des Plenterwaldes und des Mittelwaldes ist zunächst der Abtriebswert (Rn. 100) des haubaren und annähernd haubaren Holzvorrats zu ermitteln. Sodann ist nach dem Alterswertfaktorverfahren (Rn. 106) der Wert des nicht hiebsreifen Unter- und Zwischenstands auf der ihm zuzurechnenden Anteilfläche (ideelle Teilfläche) zu ermitteln. Die **Summe aus dem Abtriebswert und dem Wert des nicht hiebsreifen Unter- und Zwischenstands ergibt den Bestandswert des Plenterwaldes bzw. Mittelwaldes.**

c) Niederwald

Für Waldbestände des Niederwaldes ist als **Bestandswert der Abtriebswert** (Rn. 100) zu ermitteln. An Stelle des Abtriebswerts können gegendübliche Erfahrungswerte angesetzt werden. 114

d) Bauernwald[77]

▶ *Zur Verkehrswertermittlung von Waldgebieten mit Naherholungsfunktion vgl. Rn. 89 ff.*

„Bauernwald" ist ein „bäuerlicher Waldbesitz" bis 200 ha Größe, der mit einem landwirtschaftlichen Betriebsteil zusammen als ein Betrieb durch die Person des Betriebsinhabers und seiner Familienangehörigen **bewirtschaftet wird.** In der historischen Entwicklung wurde dem bäuerlichen Waldbesitz eine Ausgleichsfunktion für ungünstige landwirtschaftliche Standort- und damit Produktionsbedingungen zugewiesen. Waldbesitz sollte über seine verschiedenen Nutzungsmöglichkeiten – neben der Holznutzung auch als Waldweide, Streulieferant und als zeitweiliges Ackerland im Wald-Feldbaubetrieb – das Überleben von landwirtschaftlichen Betrieben in den zahlreichen Mittelgebirgslagen des Landes sichern. 115
Es handelt sich um wild wachsende Waldflächen mit Stockausschlag. Als **Stockausschlag** wird die natürliche Verjüngung eines Waldbestandes durch die Fähigkeit mancher Laubbaumarten (z.B. Eiche, Buche, Hainbuche, Linde, Birke, die verschiedenen Erlenarten, Weide) sowie weniger Nadelbaumarten (z.B. Eibe) zur vegetativen Vermehrung bezeichnet, insbesondere durch Ausschlagung der sogenannten schlafenden Augen des Stockes. Diese Erscheinung tritt besonders nach einer Winterfällung auf. Diese Art der Verjüngung wurde im heute forstwirtschaftlich nicht mehr aktuellen Niederwald ausgenutzt und als „auf den Stock setzen" bezeichnet. Da Bäume aus Stockausschlag aber meist nur minderwertige Stammqualität aufweisen, wird der Stockausschlag in der modernen Forstwirtschaft kaum noch genutzt. Die Rekultivierung der Flächen als landwirtschaftliche Flächen ist zumeist unrentierlich, sodass sie i.d.R. als landwirtschaftliche Flächen bewertet werden.

2.2.9 Gestaute Wasserflächen, Fischteiche

▶ *Zur Verkehrswertermittlung von Wasserflächen vgl. Rn. 5, 272, 435 ff.; § 3 ImmoWertV Rn. 116, 223; § 45 ImmoWertV Rn. 1 ff.; Syst. Darst. des Vergleichswertverfahrens Rn. 401*

Den land- und forstwirtschaftlichen Grundstücken sind auch entsprechend genutzte Wasserflächen zuzurechnen. 116

2.3 Besondere Flächen der Land- oder Forstwirtschaft

2.3.1 Allgemeines

Schrifttum: *Dieterich, H.*, Gibt es kein begünstigtes Agrarland mehr? GuG 2010, 86; *Dippold, R.*, Begünstigtes Ackerland im Wertermittlungsrecht von Grundstücken, RdL 2013, 116 ff.; *Fischer in* GuG 2009, 106; *Schaper, D.*, Bewertung von begünstigtem Agrarland, GuG 2013, 174.

▶ *Hierzu bereits allgemeine Hinweise bei Rn. 21 ff.; zum „reinen" Agrarland vgl. anschließend Rn. 26 ff.; zu den besonderen land- oder forstwirtschaftlichen Flächen vgl. Rn. 117 ff.; zum Wald Rn. 80 ff.; Syst. Darst. des Vergleichswertverfahrens Rn. 312 ff.; Teil VI Rn. 284, 385 ff.*

§ 4 Abs. 1 Nr. 2 WertV 88/98 definierte die besonderen Flächen der Land- oder Forstwirtschaft als entsprechend genutzte oder nutzbare Flächen, die sich aufgrund 117

a) **besonderer Eigenschaften auch für außerland- und forstwirtschaftliche Nutzungen eignen** und

b) **für** die im gewöhnlichen Geschäftsverkehr **eine** dahin gehende **Nachfrage besteht.**

---

77 OLG Düsseldorf, Urt. vom 26.10.1976 – 4 U 41/76 –, VersR 1977, 1107 = EzGuG 2.15a.

118 Der **Wert dieser Flächen** wird im Unterschied zum innerlandwirtschaftlichen Verkehrswert **auch als außerlandwirtschaftlicher Verkehrswert bezeichnet**. Auch wurde in der Vergangenheit vom begünstigten Agrarland gesprochen; dieser von *Seele*[78] vorgeschlagene unscharfe Begriff hat sich aber nicht durchsetzen können.
Die ImmoWertV hat die Regelung ersatzlos gestrichen, obwohl die Existenz dieses Grundstücksteilmarktes und ihre Bedeutung alljährlich in den Grundstücksmarktberichten der Gutachterausschüsse für Grundstückswerte dokumentiert worden ist und auch noch nach Inkrafttreten der ImmoWertV dokumentiert wird; so wird z.B. im bln. Grundstücksmarktbericht 2010/2011 darauf hingewiesen, dass die in Berlin auf den Markt kommenden land- und forstwirtschaftlichen Flächen i.d.R. als „begünstigtes Agrarland" gehandelt werden. Die Definition hat zu Missverständnissen Anlass gegeben, denn die in der Definition hervorgehobene „Eignung für außerland- und außerforstwirtschaftliche Nutzungen" öffnete allzu breite Interpretationsspielräume und wurde mit einer Bauerwartung gleichgesetzt, obwohl die Definition klarstellend darauf hinwies, dass eine **„Entwicklung zu einer Bauerwartung" nicht gegeben sein darf**[79].

119 Dass die ImmoWertV die besonderen land- und forstwirtschaftlichen Flächen nicht mehr definiert, bedeutet nicht, dass dieser Grundstücksteilmarkt nicht existiert. Die Nachfolgeregelung schließt die besonderen Flächen der Land- oder Forstwirtschaft ein, ohne sie ausdrücklich hervorzuheben. Von daher ist in den einschlägigen Fällen die ersatzlos gestrichene Definition der WertV 88/98 weiterhin von Bedeutung. Als **besondere Flächen der Land- oder Forstwirtschaft kommen** – wie für die „reinen" land- und forstwirtschaftliche Flächen – nur solche land- und forstwirtschaftlich nutzbaren **Flächen in Betracht, die** nach dem Stand der Bauleitplanung und der sonstigen Entwicklung des Gebiets **auf absehbare Zeit eine bauliche Nutzung nicht erwarten lassen**.
Zum **Wertverhältnis der besonderen land- und forstwirtschaftlichen Flächen zu den „reinen" land- und forstwirtschaftliche Flächen** vgl. die nachfolgende Veröffentlichung des Gutachterausschusses des Kreises *Borken* (Abb. 23):

78 BT–Drs. 7/4739, § 135b, § 143b Abs. 3, S. 46, 53; Seele in VR 1974, 161; allein schon die begriffliche Beschränkung auf Agrarland stellt eine unzutreffende Einengung dar; in der Rechtsprechung ist auch von „höherwertigem Agrarland", „Bauhoffnungsland", „spekulativem Ackerland" und „stadtnahem Ackerland" gesprochen worden; vgl. BGH, Urt. vom 28.01.1974 – III ZR 11/72 –, BGHZ 62, 96 = EzGuG 8.42; BGH, Urt. vom 12.06.1975 – III ZR 25/73 –, BGHZ 64, 382 = EzGuG 4.44; OLG Koblenz, Urt. vom 28.08.1985 – 1 U 95/84 –, VR 1988, 130 = EzGuG 8.62; BayObLG, Urt. vom 18.05.1977 – 2 Z 108/76 –, BayVBl. 1977, 574 = EzGuG 8.51; OLG Köln, Urt. vom 21.11.1972 – 4 U 199/71 –, BRS Bd. 26 Nr. 125 = EzGuG 8.39; auch Gelzer in NJW Schriftenreihe Heft 2, Rn. 13.

79 VGH Mannheim, Urt. vom 27.09.2018 – 7 S 1875/15 –, DÖV 2019, 245 = EzGuG 17.105a.

Abb. 23: Wertverhältnis der besonderen land- und forstwirtschaftlichen Flächen zum „reinen“ Agrarland

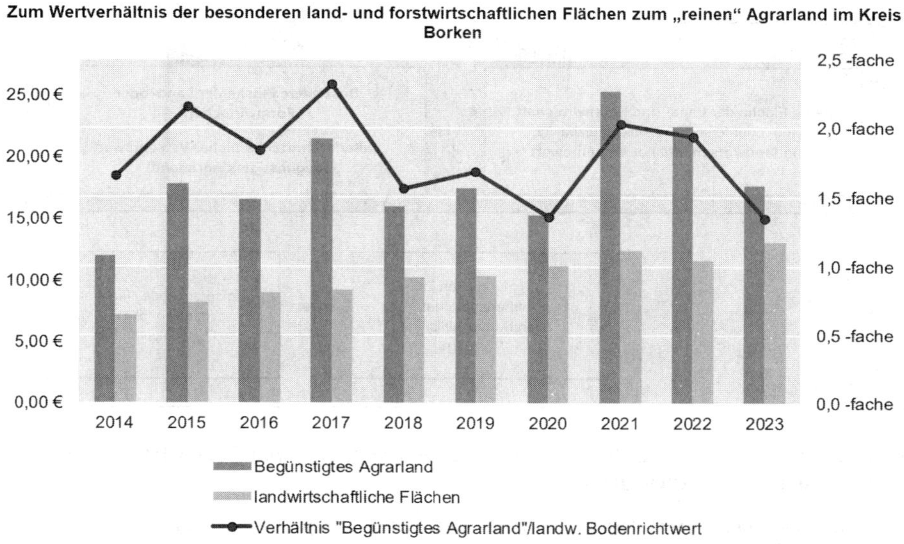

Quelle: Gutachterausschuss für Grundstückswerte im Kreis Borken 2024

Im Bereich des Gutachterausschusses für den *Rheinisch-Bergischen Kreis* wurde für besondere Flächen der Land- und Forstwirtschaft 2024 ein Durchschnittspreis von 4,45 €/m² gegenüber einem Durchschnittspreis von 2,80 €/m² für (reine) landwirtschaftlichen Flächen bezahlt.

Bei der im alten Recht genannten Eignung für **„außerland- und außerforstwirtschaftliche Nutzungen**“ muss es sich also um Nutzungen handeln, die nicht unter die Bestimmungen der §§ 30, 33 und 34 BauGB fallen.

Die „Eignung“ für eine „außerland- und außerforstwirtschaftliche Nutzung“ allein reicht nicht ausus, um ein Grundstück als besondere land- und forstwirtschaftliche Fläche zu qualifizieren. Es muss auch eine dem gewöhnlichen Geschäftsverkehr zurechenbare Nachfrage nach diesen Flächen im Belegenheitsgebiet bestehen. **Beide Voraussetzungen müssen kumulativ erfüllt sein**. **120**

Abb. 24: Fläche der Land- oder Forstwirtschaft

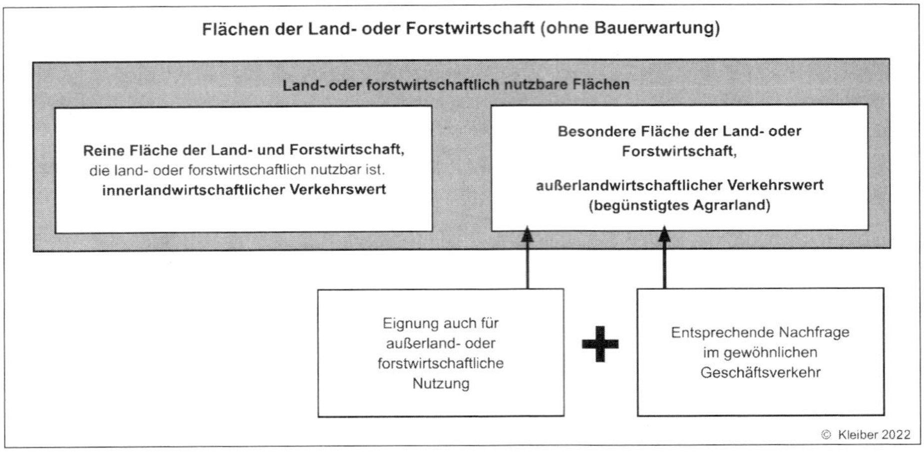

Abb. 25: Abhängigkeit der besonderen Flächen der Land- und Forstwirtschaft von der Grundstücksgröße

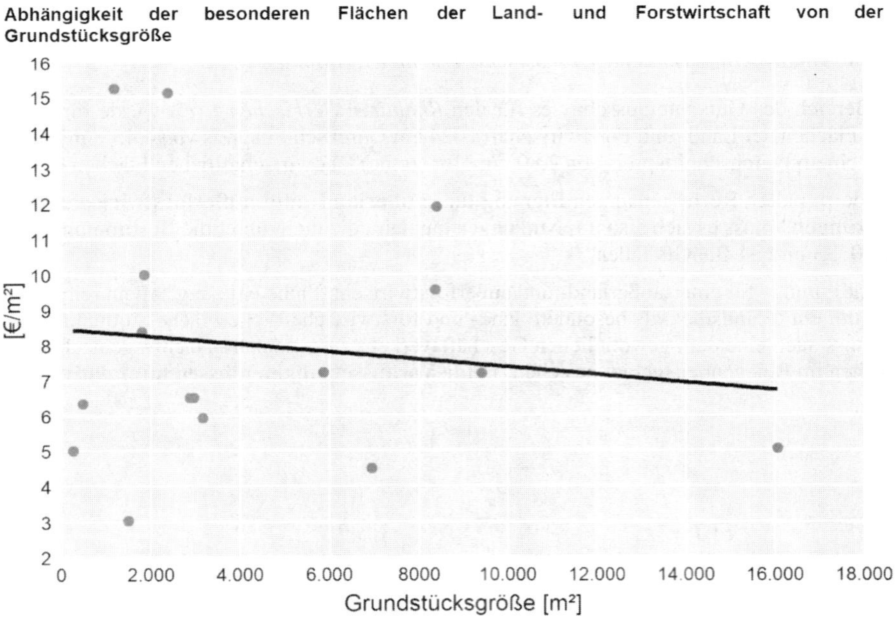

Quelle: Grundstücksmarktbericht Bergisch Gladbach 2023

2.3.2 Sanierungsgebiete und Entwicklungsbereiche

▶ *Vgl. Rn. 25; Vorbem. zur ImmoWertV Rn. 74; § 2 ImmoWertV Rn. 19; § 5 ImmoWertV Rn. 76; § 40 ImmoWertV Rn. 149 sowie Teil VI Rn. 385 ff.*

Rechtshistorisch ist die **Definition der besonderen Flächen der Land- oder Forstwirtschaft aus dem städtebaulichen Entwicklungsmaßnahmenrecht** der §§ 165 ff. BauGB (vormals §§ 53 ff. StBauFG) **hervorgegangen**. Nach § 169 Abs. 4 BauGB (vormals § 57 Abs. 4 StBauFG) ist nämlich die entschädigungsrechtliche Reduktionsklausel des § 153 Abs. 1 BauGB (vormals § 23 StBauFG) in städtebaulichen Entwicklungsbereichen mit besonderer Maßgabe anzuwenden: 121

a) Grundsätzlich bemessen sich auch in den städtebaulichen Entwicklungsbereichen die Ausgleichs- und Entschädigungsleistungen in entsprechender Anwendung des § 153 Abs. 1 BauGB; dies folgt aus § 169 Abs. 1 Nr. 6 BauGB[80]. 122
§ **153 Abs. 1 BauGB** hat folgenden Wortlaut:
„(1) Sind auf Grund von Maßnahmen, die der Vorbereitung oder Durchführung der Sanierung im förmlich festgelegten Sanierungsgebiet dienen, nach den Vorschriften dieses Gesetzbuchs Ausgleichs- oder Entschädigungsleistungen zu gewähren, werden bei deren Bemessung Werterhöhungen, die lediglich durch die Aussicht auf die Sanierung, durch ihre Vorbereitung oder ihre Durchführung eingetreten sind, nur insoweit berücksichtigt, als der Betroffene diese Werterhöhungen durch eigene Aufwendungen zulässigerweise bewirkt hat. Änderungen in den allgemeinen Wertverhältnissen auf dem Grundstücksmarkt sind zu berücksichtigen."

b) Ergänzend hierzu bestimmt **§ 169 Abs. 4 BauGB** für städtebauliche Entwicklungsbereiche: 123
„(4) Auf land- oder forstwirtschaftlich genutzte Grundstücke ist § 153 Absatz 1 mit der Maßgabe entsprechend anzuwenden, dass in den Gebieten, in denen sich kein von dem innerlandwirtschaftlichen Verkehrswert abweichender Verkehrswert gebildet hat, der Wert maßgebend ist, der in vergleichbaren Fällen im gewöhnlichen Geschäftsverkehr auf dem allgemeinen Grundstücksmarkt dort zu erzielen wäre, wo keine Entwicklungsmaßnahmen vorgesehen sind."

c) Hieraus folgt, dass § **169 Abs. 4 BauGB nur zur Anwendung kommt, wenn sich im städtebaulichen Entwicklungsbereich kein vom „innerlandwirtschaftlichen Verkehrswert abweichender Wert" gebildet hat.** Des Weiteren findet das Bewertungsprivileg nach dem ausdrücklichen Wortlaut des § 169 Abs. 4 BauGB **nur auf land- oder forstwirtschaftlich „genutzte" Grundstücke** Anwendung. 124

Ein derartiger Fall ist allenfalls die **Ausnahme,** weil sich erfahrungsgemäß in den Städten, in denen die Durchführung städtebaulicher Entwicklungsmaßnahmen erforderlich wird, regelmäßig höhere Verkehrswerte gebildet haben, sodass dort bei einer entsprechenden Anwendung des § 153 Abs. 1 BauGB bereits ein Entwicklungszustand i.S. der besonderen land- oder forstwirtschaftlichen Flächen mit einem außerlandwirtschaftlichen Verkehrswert bzw. sogar ein „höherer" Entwicklungszustand maßgeblich ist[81]. 125

Im Übrigen ist in der Rechtsprechung darauf hingewiesen worden, dass sich selbst die Preise „rein" **landwirtschaftlicher Grundstücke im Ausstrahlungsbereich von Großstädten ohnehin nicht mehr am Ertragswert orientieren**[82]. 126

---

80 Vgl. Parlamentarische Anfrage vom 14.03.2006 (BT-Drs. 16/1043 = GuG 2007, 49).

81 OVG Lüneburg, Urt. vom 15.12.1977 – 1 A 311/74 –, BRS Bd. 32 Nr. 201 = EzGuG 15.7.

82 BGH, Urt. vom 01.02.1982 – III ZR 100/80 –, BRS Bd. 45 Nr. 167 = EzGuG 14.70; BGH, Urt. vom 30.09.1976 – III ZR 149/75 –, BGHZ 67, 190 = EzGuG 20.64; BGH, Urt. vom 08.11.1962 – III ZR 86/61 –, BGHZ 39, 198 = EzGuG 8.5; BGH, Urt. vom 09.11.1959 – III ZR 149/58 –, MDR 1960, 119 = EzGuG 14.12; BGH, Urt. vom 17.12.1964 – III ZR 96/63 –, BRS Bd. 19 Nr. 112 = EzGuG 11.47; BGH, Urt. vom 20.12.1963 – III ZR 60/63 –, BGHZ 40, 312 = EzGuG 14.17; BGH, Urt. vom 08.05.1967 – III ZR 148/65 –; BRS Bd. 19 Nr. 73 = EzGuG 14.28; OLG München, Beschl. vom 23.11.1967 – X X V 2/66 –, RdL 1967, 121 = EzGuG 8.23.

127 Obwohl bei dieser Sachlage die Regelungen des § 169 Abs. 4 BauGB weitgehend „leer" laufen, ist die Frage kontrovers behandelt worden, welcher Entwicklungszustand in den äußerst seltenen Anwendungsfällen des § 169 Abs. 4 BauGB zu entschädigen ist[83]. Ursächlich dafür ist letztlich die als politischer Kompromiss zu erklärende „unscharfe" gesetzliche Regelung des § 169 Abs. 4 BauGB (vormals § 57 Abs. 4 StBauFG)[84]. Nach dieser Vorschrift wird für die Bemessung der Mindestentschädigung nicht auf den Entwicklungszustand „Bauerwartung" abgehoben. Dies wurde im Verlauf des Gesetzgebungsverfahrens zwar mit Nachdruck gefordert, jedoch hat der Gesetzgeber diesen ansonsten gängigen Begriff vermieden und stattdessen auf den Wert abgehoben, der „auf dem allgemeinen Grundstücksmarkt dort zu erzielen wäre, wo keine Entwicklungsmaßnahme vorgesehen ist". Zur Klarstellung ist aber noch einmal darauf hinzuweisen, dass dieses **Bewertungsprivileg** nur in den seltenen Fällen „greift", wo sich tatsächlich nur der innerlandwirtschaftliche Verkehrswert gebildet hat.

2.3.3 Qualifikationsmerkmale

128 Als besondere Flächen der Land- oder Forstwirtschaft sind zunächst nur solche Flächen einzustufen, die aufgrund objektiver Kriterien besondere Eigenschaften aufweisen. Die Vorschrift nennt

- die landschaftliche oder verkehrliche Lage,
- die Funktion der Flächen und
- ihre Nähe zu Siedlungsgebieten,

die eine **Eignung für außerlandwirtschaftliche oder außerforstwirtschaftliche Nutzungen** begründen. Der Verordnungsgeber hat es nicht vermocht, diese Nutzungen positiv zu definieren. Dies ergibt sich aus der Begründung[85]: In Betracht kommen vor allem Nutzungen für Freizeit- und Erholungszwecke, als Ausflugsziel für Ausflügler[86], die Hobbypferdehaltung insbesondere aufgrund

- der Beschaffenheit des Grundstücks, z. B. dessen Geländeform und Besonnung,
- der besonderen Anziehungskraft der Umgebung, insbesondere einer landschaftlich schönen Gegend,
- der Erreichbarkeit, z.B. durch Erholungssuchende (auch aufgrund der Verkehrsverhältnisse), und der Nähe zu Ballungsgebieten.

129 Neben den genannten Nutzungen kommt auch die **Eignung für eine zulässige und befristete Nutzung** solcher Flächen **aus bestimmten Anlässen,** z.B. als Versammlungsfläche, für Jahrmärkte und Schützenfeste, Dorf- und Bürgerfeste, aber auch als befristete Park- und Abstellplätze, in Betracht. Als *Beispiel* sei ein im Außenbereich gelegener Hotelkomplex angeführt, der in größerem Umfang landwirtschaftliche Flächen aufgekauft und parkähnlich mit Liegewiese angelegt hat.

130 Allein die Eignung einer land- oder forstwirtschaftlichen Fläche auch für **außerlandwirtschaftliche oder außerforstwirtschaftliche Nutzungen** führt nicht automatisch zu deren Einstufung als besondere Fläche der Land- oder Forstwirtschaft. Es muss eine dahin gehende

83 Giehl in BayVBl. 1973, 311; Heinemann in AgrarR 1973, 172; Seele in VR 1974, 161, und VR 1975, 53; Gaentzsch, Die Bodenwertabschöpfung im StBauFG, Siegburg 1975, S. 112; Janning, Bodenwert und Städtebaurecht, Berlin 1976, S. 276; Reisnecker in BayVBl. 1977, 655; Stich in DVBl. 1976, 139; Schlichter, BerlKomm. zum BauGB, § 169 Rn. 25 ff.

84 Rechtlich geht es dabei um die Frage, ob für eine bestimmte Gruppe von Enteignungsbetroffenen eine höhere Enteignungsentschädigung vorgesehen werden kann als sonst gewährt wird (vgl. im Einzelnen Kleiber in Ernst/Zinkahn/Bielenberg/Krautzberger, BauGB, Komm. zu § 5 ImmoWertV Rn. 23 ff.); vgl. BT-Drs. VI/510, S. 66, 76; BT-Drs. VI/2204, S. 23; Prot. der 127. BT-Sitzung am 16.06.1971, S. 7328, 7339; BT-Ausschuss für Städtebau und Wohnungswesen, Sitzung am 26.04.1970, S. 148, am 23.04.1970, S. 106 und 116, am 29.04.1971, S. 22; BT Rechtsausschuss, Sitzung am 29.04.1971, S. 14.

85 BR-Drs. 352/88, S. 37.

86 BR-Drs. 352/88, S. 36 f.

Nachfrage hinzutreten, und zwar **im gewöhnlichen Geschäftsverkehr.** Einzelne Ankäufe zu diesen Zwecken reichen also nicht aus, wenn ansonsten der Grundstücksverkehr durch „rein" land- oder forstwirtschaftliche Nutzungsabsichten beherrscht wird. Dass der Verordnungsgeber allein bei der Definition der besonderen Flächen der Land- oder Forstwirtschaft neben objektiven Zustandsmerkmalen auch das Geschehen auf dem Grundstücksmarkt hier eingebunden hat, ist darin begründet, dass ansonsten jede landschaftlich schöne und verkehrsgünstig gelegene land- oder forstwirtschaftliche Fläche in diese Qualität einzuordnen wäre, auch wenn diese Vorteile nicht „marktgängig" sind.

Die für die Qualifizierung einer Fläche als „besondere Fläche der Land- und Forstwirtschaft" **geforderte Nachfrage setzt nicht voraus, dass das Grundstück oder die in der Umgebung gelegenen Grundstücke auch tatsächlich Gegenstand des Grundstücksverkehrs waren.** Der Entwicklungszustand kann auch gegeben sein, wenn die übrigen Voraussetzungen vorliegen und in der weiteren Umgebung vergleichbare Grundstücke entsprechend gehandelt werden. Es genügt also die bloße Nachfrage in vergleichbaren Gebieten. Indessen können insbesondere naturbedingte oder sonstige Hindernisse, z.B. eine Autobahntrasse, Verhältnisse schaffen, die ansonsten vergleichbare land- oder forstwirtschaftliche Grundstücke von der Nachfrage abschneiden. Das Gleiche gilt für Grundstücke, die durch planerische Festsetzungen, z.B. als Naturschutzgebiet, von der Nachfrage abgeschnitten sind (vgl. Abb. 26). 131

Abb. 26: Besondere land- oder forstwirtschaftliche Flächen

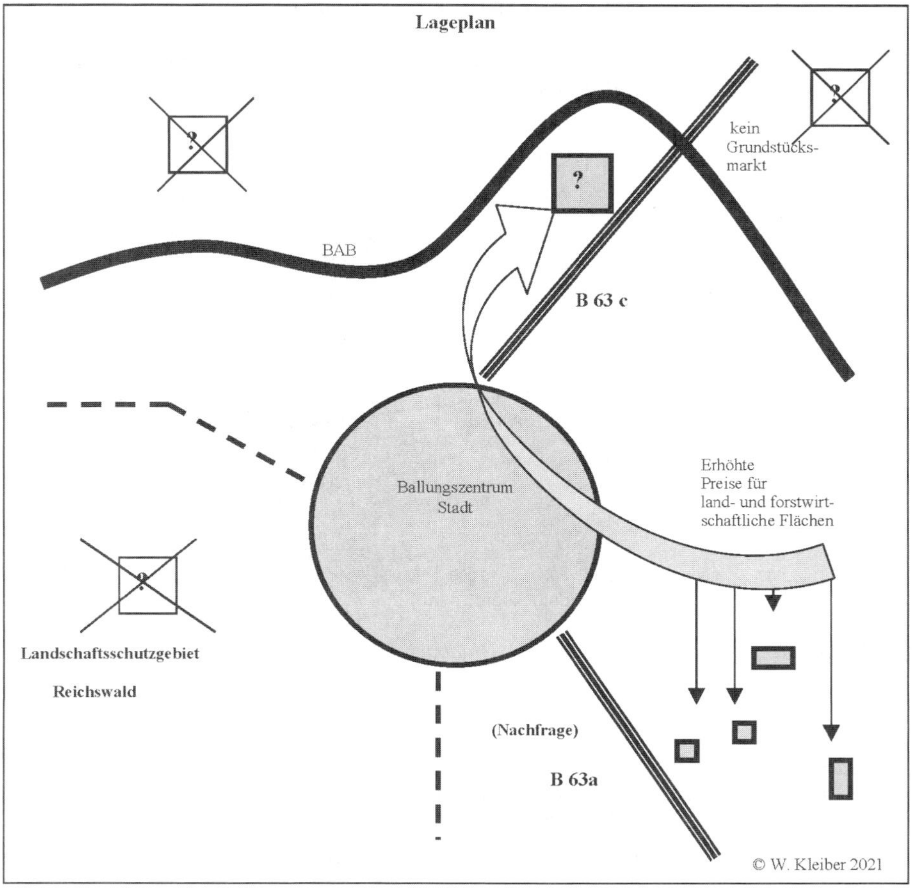

Grundstücke, die als **Landschafts- oder Naturschutzgebiet** festgesetzt sind, sind indessen nicht davon ausgenommen, dass für diese erhöhte Grundstückspreise im Hinblick auf eine außerland- oder außerforstwirtschaftliche Nutzung entrichtet werden (vgl. Rn. 268)[87].

132 Liegen die oben angeführten Voraussetzungen vor, so bildet sich in weiten Bereichen des **Ausstrahlungsbereichs großer Ballungszentren** für derartige Flächen regelmäßig ein höheres Bodenwertniveau selbst dort, wo eine Bauerwartung nicht besteht[88].
Auf der anderen Seite kann aber nicht davon ausgegangen werden, dass im Umland großer Ballungszentren für außerland- und außerforstwirtschaftlich nutzbare Grundstücke auch stets eine entsprechende Nachfrage besteht und die Flächen stets und ausschließlich als besondere Flächen der Land- und Forstwirtschaft zu qualifizieren sind. Vielmehr können im Umland der Ballungszentren sowohl reine als auch besondere Flächen der Land- und Forstwirtschaft gelegen sein. Diesbezüglich können topografische und naturbedingte Hindernisse die Grenze ziehen (z.B. eine Autobahn- und Eisenbahntrasse)[89].
Der **Verkehrswert der besonderen land- oder forstwirtschaftlichen Flächen** (Wert des „begünstigten Agrarlands") weist nach den Erfahrungen der Gutachterausschüsse etwa den **zwei- bis dreifachen, mitunter auch vierfachen Betrag des Werts der reinen land- oder forstwirtschaftlichen Flächen** (innerlandwirtschaftlicher Verkehrswert) **auf.**
Im Unterschied zu den reinen land- oder forstwirtschaftlichen Flächen, deren Quadratmeterwert im Hinblick auf die land- oder forstwirtschaftliche Nutzung mit der Größe des Grundstücks leicht ansteigt, vermindert sich nach empirischen Untersuchungen der **auf den Quadratmeter bezogene Wert der besonderen land- oder forstwirtschaftlichen Flächen,** je größer das Grundstück ist (vgl. Syst. Darst. des Vergleichswertverfahrens Rn. 306 ff., Abb. 27).

Abb. 27: Abhängigkeit des Quadratmeterwerts der besonderen Flächen der Land- oder Forstwirtschaft von der Grundstücksgröße

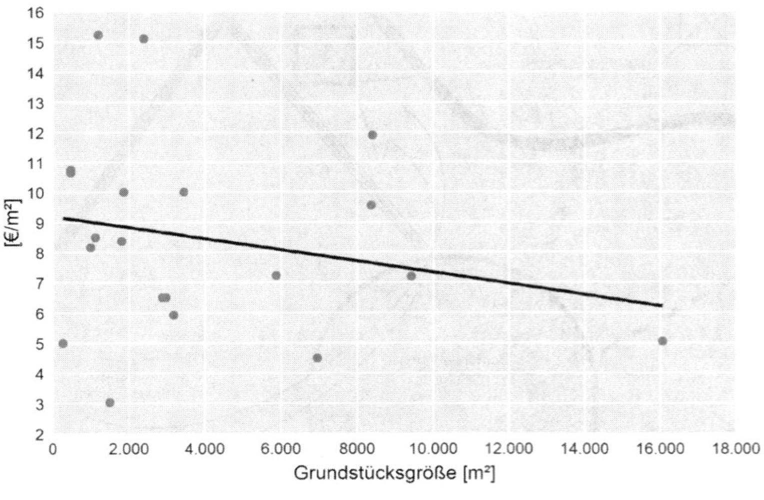

Quelle: Grundstücksmarktbericht Bergisch Gladbach 2024

87 BGH, Urt. vom 20.10.1967 – V ZR 78/65 –, BGHZ 48, 340 = EzGuG 4.27.
88 BGH, Urt. vom 28.04.1969 – III ZR 189/66 –, BRS Bd. 26 Nr. 102 = EzGuG 6.121a; vgl. auch 48. Sitzung des BT-Ausschusses für Raumordnung, Bauwesen und Städtebau vom 21.04.1975, S. 21 ff.
89 LG Hannover, Urt. vom 05.08.1998 – 43 0 7/97 –, GuG 2000, 379; LG, Hannover, Urt. vom 14.10.1998 – 43 0 8-10/97 –.

2.4 Hofstelle, Hofanschlussflächen, hofnahe und -ferne Flächen

2.4.1 Allgemeines

Schrifttum: *Fischer/Biederbeck,* Bewertung eines landwirtschaftlichen Betriebs, in Neue Fallstudien zur Wertermittlung, 2. Aufl. Bundesanzeiger Verlag, S. 548.

▶ *Vgl. zur Verkehrswertermittlung der Umgriffsflächen Rn. 245 ff.; Syst. Darst. des Vergleichswertverfahrens Rn. 284 sowie zur Ermittlung von Resthofschäden bei Enteignungen Teil VI Rn. 152 ff.; zur Beleihungswertermittlung Teil IX Rn. 396*

Unter einer Hofstelle wird eine Einheit eines Grundstücks verstanden, das mindestens mit einem Wohnhaus und einem oder mehreren im ursprünglichen landwirtschaftlichen Betrieb genutzten Wirtschaftsgebäuden bebaut ist. Sie können innerhalb der Ortslage, am Ortsrand oder in freier Feldflur liegen. Der wohl häufigste Fall ist die im Außenbereich gelegene Hofstelle. Es handelt sich hierbei lediglich um eine **katasterrechtlich festgestellte Nutzungsart**, die keinerlei Bedeutung für die baurechtliche Einordnung der Hofstelle hat[90]. Gleichwohl wird im Baurecht (§ 35 Abs. 4 Nr. 1c BauGB) sowie im Steuerrecht der Begriff gebraucht. 133
Flächenmäßig werden der Hofstelle die Gesamtheit der Gebäude- und Freiflächen (insbesondere der Wohn- und Wirtschaftsgebäude) zugeordnet, die einem land- oder forstwirtschaftlichem Betrieb zugeordnet sind und miteinander in einem engen funktionalen Zusammenhang stehen. Es empfiehlt sich vor allem im Falle einer auseinandergerissenen Bebauung, die Grenzen der Umgriffsfläche eng zu ziehen, ohne dass sich die Umgriffsfläche entsprechend dem verwirklichten Maß der Bebauung auf die entsprechende baurechtlich erforderliche Mindestfläche beschränken muss. Damit lassen sich entsprechende Abschläge vermeiden, die sonst bei der Bodenwertermittlung übergroßer Umgriffsflächen auf der Grundlage von Vergleichspreisen normal geschnittener Grundstücke berücksichtigt werden müssten.
Hofstelle[91] ist diejenige Stelle, von der aus land- und forstwirtschaftliche Flächen ordnungsgemäß nachhaltig bewirtschaftet werden. Umfang und Ausstattung der Hofstelle richten sich grundsätzlich nach den Erfordernissen und der Größe der von dieser Stelle aus bewirtschafteten Fläche. Eine Hofstelle umfasst die Wirtschaftsgebäude und die dazugehörigen Nebenflächen (ErbStR 130 Abs. 4 und 5). Hecken, Gräben, Grenzraine und dergleichen gehören nur dann zur Hofstelle, wenn sie in räumlicher Verbindung mit den Wirtschaftsgebäuden stehen.
Als **Hofstelle** i.S. des § 35 Abs. 4 Satz 1 Nr. 1e BauGB gelten **nur solche Gebäude, die einem landwirtschaftlichen Betrieb dienen**, wenn mindestens eines der Gebäude ein landwirtschaftliches Wohngebäude ist[92].
Eine **Resthoffläche** ist ein ehemaliger landwirtschaftlicher Betrieb, der i.d.R. ein Bauernhaus und landwirtschaftliche Nebengebäude mit einer ebenerdigen Nutzfläche von mindestens 100 m² aufweist, dessen Werthaltigkeit sich nach den Verwendungsmöglichkeiten, z.B. für Hobby- und Freizeittierhalter oder Handwerker (Werkstatt, Lager), bemisst.

Bei der Verkehrswertermittlung von *Hofflächen im Außenbereich* ist zwischen zwei **Teilmärkten** zu unterscheiden: 134

a) dem Teilmarkt für Landwirte, für die der Hof eine landwirtschaftliche Fläche mit einer privilegierten Bebauung darstellt und dessen Verkehrswert sich nach landwirtschaftlichen Kriterien bemisst, und

b) dem Teilmarkt für Nichtlandwirte, für die sich der Verkehrswert nach den nichtlandwirtschaftlichen Nutzungsmöglichkeiten (Wohnen und Gewerbe) der Hofflächen bemisst.

Planungsrechtlich empfiehlt sich, neben dem Flächennutzungs- und Bebauungsplan auch den **Gebietsentwicklungsplan** einzusehen, der die großräumige Entwicklung des Gebiets darstellt. Darüber hinaus ist zu prüfen, ob über die Privilegierung des § 35 BauGB hinaus andere

90 Zum Begriff vgl. auch ErbStR 130 Abs. 4 und 5.
91 § 157 Abs. 2 ErbStR.
92 BVerwG, Beschl. vom 14.03.2006 – 4 B 10/06 –, NVwZ 2006, 696 = EzGuG 3.141.

Nutzungsmöglichkeiten im Rahmen des § 35 Abs. 4 und 6 BauGB möglich sind (§ 3 ImmoWertV Rn. 68); dabei ist insbesondere nach einer

- Nutzbarkeit für Wohnzwecke und
- gewerbliche Zwecke zu unterscheiden.

Bei **Hofflächen im Innenbereich sind** die Möglichkeit einer Teilung des Grundstücks und die dabei anfallenden Teilungskosten (ggf. auch Erschließungskosten) zu berücksichtigen.

Im Rahmen der **Beleihungswertermittlung** sind bei bebauten Grundstücken der Landwirtschaft, sofern sie in die „Bewertung einbezogen werden sollen, … für diese jeweils der Ertragswert und der Sachwert zu ermitteln" (§ 23 BelWertV). Den Gebäuden kann ein eigenständiger Wert, der bei der Beleihungswertermittlung berücksichtigt werden kann, nur dann beigemessen werden, „wenn sie selbständig und auch außerhalb des jeweiligen landwirtschaftlichen Betriebs genutzt werden können". § 4 Abs. 4 BelWertV ist entsprechend anzuwenden.

2.4.2 Hofstelle

Schrifttum: *Fischer, R.*, Bewertung von landwirtschaftlichen Liegenschaften und Betrieben, in Bienert, Bewertung von Spezialimmobilien; *Köhne M.*, landwirtschaftliche Taxationslehre, 3. Aufl. 2000; *Krietsch*, Ableitung von Marktanpassungsfaktoren für Resthofstellen in Sachsen-Anhalt, GuG 2010, 203.

▶ *Vgl. Zum faktischen Bauland im Außenbereich Rn. 195; § 40 ImmoWertV Rn. 226; Syst. Darst. des Vergleichswertverfahrens Rn. 284 ff.*

135 Nach § 35 Abs. 1 BauGB privilegiert bebaute Flächen im Außenbereich sind de facto nach Maßgabe des § 40 Abs. 5 Nr. 2 ImmoWertV als baureifes Land i.S. des § 3 Abs. 4 ImmoWertV zu bewerten. Dazu gehören insbesondere die Hofstellen (**landwirtschaftliche Hof- und Gebäudeflächen**). Gebäude, die einem landwirtschaftlichen Betrieb dienen, können nur dann eine Hofstelle i.S. des § 35 Abs. 4 Satz 1 Nr. 1 Buchst. e BauGB bilden, wenn jedenfalls eines der Gebäude ein landwirtschaftliches Wohngebäude ist[93].
Der **Bodenwert landwirtschaftlicher Hofstellen** wird in der Praxis in Anlehnung an den Bodenwert bebauter Grundstücke im Außenbereich ermittelt, wobei im Hinblick auf die vielfach vorgefundene Hofstellenfläche von 3 000 bis 5 000 m² Abschläge wegen Übergröße anzubringen sind[94]. Daneben wird der Bodenwert häufig auch mit dem zwei- bis vierfachen Bodenwert landwirtschaftlicher Flächen angesetzt. Je höher der landwirtschaftliche Bodenwert ist, desto kleiner ist dabei der Kapitalisierungsfaktor. Auch die Kombination beider Verfahren ist gebräuchlich.
Der **Bodenwert landwirtschaftlicher Hofstellen** (i.d.R. > 3 000 m²) **im Außenbereich** bestimmt sich in Abhängigkeit von

- der Größe des Grundstücks,
- der Lage im Innen- oder Außenbereich, wobei wiederum zwischen Ortsrandlage und freier Feldflur zu unterscheiden ist,
- der Entfernung zur nächsten Ortslage bzw. Stadt,
- der verkehrsmäßigen Anbindung und der vorhandenen Infrastruktur,
- der Beschaffenheit, u.a. dem Erschließungszustand (Wasser, Elektro- und Kommunikationsanschlüsse),
- den (außerlandwirtschaftlichen) Nutzungsmöglichkeiten (Flächennutzungs- und Bebauungsplan, § 35 BauGB) und
- der Höhe des Bodenrichtwerts

93 BVerwG, Beschl. vom 14.03.2006 – 4 B 10/06 –, NVwZ 2006, 696 = EzGuG 3.140 f.

94 *Reinhardt, W.*, Die Fläche als wertrelevante Größe für individuelles Wohnbauland in ländlichen Bereichen, GuG 2008, 321.

nach einem Vomhundertsatz des nächstliegenden Bodenrichtwerts (ebf, jedoch ohne Berücksichtigung von Kanalbaubeiträgen) vergleichbarer Lage.

Als **Richtgrößen** können gelten:

30 % bis 40 % des Bodenrichtwerts des Dorfgebiets bei Lage im Außenbereich,

60 % bis 70 % des Bodenrichtwerts des Dorfgebiets bei Lage im Innenbereich.

Der Vomhundertsatz steigt allerdings deutlich mit geringer werdenden Bodenrichtwerten an.

Im Hinblick auf die vielfach vorgefundene Hofstellenfläche von 3 000 bis 5 000 m² sind Abschläge bis zu 50 % wegen Übergröße anzubringen. Darüber hinaus ist ein umso höherer Abschlag anzusetzen, je weiter das Grundstück von der Ortsbebauung entfernt liegt.

Vereinzelt werden von den Gutachterausschüssen für Grundstückswerte für den Teilmarkt „Hofstellen landwirtschaftlicher Betriebe“ aus den Kaufpreissammlungen **durchschnittliche Bodenwerte** entsprechender Flächen abgeleitet und im Grundstücksmarktbericht jährlich veröffentlicht. So werden vom Gutachterausschuss des Landkreises *Wesel* folgende Bodenwerte in Abhängigkeit von der zugehörigen Grundstücksfläche angegeben:

Abb. 28a: Bodenwerte für landwirtschaftliche Hof und Gebäudeflächen im Außenbereich (Landkreis Wesel 2011)

Bodenwerte für landwirtschaftliche Hof- und Gebäudeflächen im Außenbereich (Landkreis Wesel 2011)	
Bodenwert in €/m²	**Zugehörige Grundstücksfläche in m²**
8	3 500
10	2 750
12	2 000

Quelle: Grundstücksmarktbericht 2011

Der Gutachterausschuss hat auch für die gemäß § 35 Abs. 2 BauGB bebauten Wohngrundstücke im Außenbereich Bodenwerte in Abhängigkeit von der Entfernung der Grundstücke zum Rand des nächstgelegenen bebauten Ortsteils der Gemeinde (Luftlinie) und des dafür maßgebenden Bodenrichtwertes ermittelt:

Abb. 28b: Bodenwerte für bebauten Wohngrundstücke im Außenbereich (Landkreis Wesel)

Bodenwerte für bebauten Wohngrundstücke im Außenbereich (Landkreis Wesel)	
Entfernung zum nächstgelegenen bebauten Ortsteil (Luftlinie)	**Bodenwert** in % des Bodenrichtwerts für den nächstgelegenen bebauten Ortsteil
bis 500 m	75 bis 100
500 m bis 1 500 m	55 bis 75
1 500 m bis 3 000 m	25 bis 55

Quelle: Grundstücksmarktbericht 2024

Der Gutachterausschuss von *Moers* gibt für 2 000 bis 3 500 m² große landwirtschaftlich genutzte Hof- und Gebäudeflächen in seinem Grundstücksmarktbericht 2018 einen Bodenwert von 10 bis 20 €/m² an.

Folgende **Vergleichsfaktoren** sind für die *LK Aurich, Leer* und *Wittmund* sowie für die Stadt *Emden* abgeleitet worden (Abb. 29):

Abb. 29: Umrechnungskoeffizienten zur Ermittlung des Bodenwerts bebauter Wohngrundstücken sowie von landwirtschaftlichen Hofstellen im Außenbereich

Umrechnungskoeffizienten zur Ermittlung des Bodenwerts bebauter Wohngrundstücke sowie von landwirtschaftlichen Hofstellen im Außenbereich		
Bodenrichtwert bebauter bzw. bebaubarer Grundstücke der benachbarten Ortslage – erschließungsbeitragsfrei – [€/m²]	**Vergleichsfaktor**	
	bebaute Wohngrundstücke	**landwirtschaftliche Hofstelle**
15,00	0,73	0,31
20,00	0,71	0,29
25,00	0,70	0,27
30,00	0,65	0,25
35,00	0,63	0,22
40,00	0,60	0,20
45,00	0,57	0,19
50,00	0,55	0,18
55,00	0,52	–
60,00	0,49	–
65,00	0,47	–

Quelle: Grundstücksmarktbericht Niedersachsen 2006 (LK Aurich, Leer und Wittmund, Stadt Emden), ohne Berücksichtigung der Kanalbaubeiträge

Neben den Bodenrichtwerten bzw. Vergleichspreisen für baureifes Land angrenzender Baugebiete werden auch **Vergleichspreise angrenzender landwirtschaftlicher Flächen** herangezogen, die **mit einem Zuschlag von 100 bis 300 %** versehen werden, wobei der Zuschlag umso niedriger ist, je höher das Preisniveau der herangezogenen Vergleichspreise ist.

Für die unterschiedlichen Betriebstypen, Betriebsgrößen und Betriebsleitungen können regionale **Deckungsbeiträge** aus den Sammlungen aktueller Buchführungsergebnisse entnommen werden[95]. Die sich auf der Grundlage von Deckungsbeiträgen ergebenden wirtschaftlichen Nachteile sind dann mit Ausgleichs- und Entschädigungsleistungen zu verrechnen.

Landwirtschaftliche Hofräume im Innenbereich mit einer Flächengröße bis zu 3 000 m² weichen in ihrer Wertigkeit aufgrund ihrer Größe und ihrer Bebauung mit landwirtschaftlichen Nebengebäuden von den sonst im Dorfgebiet gelegenen Grundstücken ab. Vom Gutachterausschuss in Solingen werden folgende Bodenwerte in Relation zu den Bodenrichtwerten angegeben:

Bodenwerte von landwirtschaftlichen Hofräumen im Innenbereich in Relation zu den Bodenrichtwerten						
Bodenrichtwert im Dorfgebiet (€/m²)	10	20	30	40	50	60
Bodenwert von Hofraumflächen bis 3 000 (€/m²)	7	12	17	20	24	26

Quelle: Grundstücksmarktbericht Solingen 2013

95 Z.B. Buchführungsergebnisse des Bay. Staatsministeriums für Ernährung, Landwirtschaft und Forsten; Riemann, A., Rechtliche Grundlagen und Berechnungsmethoden für den Ausgleich von wirtschaftlichen Nachteilen in Wasserschutzgebieten in Nordrhein-Westfalen, WF 1991, 62.

2.4.3 Hofanschlussfläche, hofnahe- und hofferne Fläche

▶ *Vgl. Teil VI Rn. 120 ff.*

Als ein wertbeeinflussendes Merkmal mit individueller Ausprägung gilt die **Lage einer landwirtschaftlichen Nutzfläche zur Hofstelle** und auch zur Ortslage. Man unterscheidet hier zwischen **136**

- Hofanschlussflächen,
- hofnahen und
- hoffernen Flächen.

Hofanschlussflächen sind solche, die einen unmittelbaren Anschluss an die Hofstelle haben und ohne Benutzung öffentlicher Wege über private Wirtschaftswege erreichbar sind. Eine landwirtschaftliche Fläche weist einen Hofanschluss auf, wenn die Fläche unmittelbar mit dem Hof verbunden ist; sie kann also ohne Benutzung von Flächen und Wegen, die im Eigentum anderer stehen, erreicht werden. Die Fläche ist insoweit nicht für jedermann wertvoller, wohl aber für den Eigentümer der Hofstelle.

Im Unterschied zu einer Hofanschlussfläche weist eine **hofnahe Fläche** keinen unmittelbaren Anschluss an den Hof auf; sie ist aber vom Hof aus auf kurzem Weg erreichbar. Hofnahe Flächen haben nur für den Eigentümer des Hofes, nicht aber für „jedermann" einen subjektiv höheren Wert. Deshalb wird nach der Rechtsprechung des BGH[96] für den Fall des Entzugs hofnaher Flächen ein **Hofnähezuschlag** nicht anerkannt. Der betroffene Eigentümer hat nämlich keinen Rechtsanspruch auf Erhalt einer günstigen Wegeverbindung. Im Übrigen ist der Verlust der Hofnähe weitgehend mit der Inkaufnahme von Mehrwegen identisch.

Beckmann[97] nennt als **Vorteile**:

- Maschinenfahrten ohne Umrüstung auf die im Straßenverkehr zulässigen Breiten und Beförderungsarten,
- Lastfuhren ohne die im Straßenverkehr erforderlichen Lastensicherungen,
- keine Rückleuchtenmontagen an Feldmaschinen, die ihrer Bauart und Verwendungsart wegen keine festen Rückleuchten tragen,
- Traktorführen ohne Führerschein,
- keine Reinigung nach Fahrten mit verschmutzten Reifen,
- keine Wartezeiten an Kreuzungen bzw. Abbiegungen,
- in den Mittagspausen und Unterbrechungen verbleiben die Maschinen auf dem Feld,
- die Mitnahme von Abdeckplanen für das erdroschene Erntegut bei unbestimmter Witterung ist nicht erforderlich,
- gute Beobachtungsmöglichkeiten von der Hofstelle, wenn Kornwagen gefüllt und leere Wagen zum Feld gebracht werden müssen,
- Wegstreckenvorteile gegenüber entlegenen Parzellen,
- problemloser Eintrieb von Milchkühen und anderem Vieh,
- kurze Entfernung für die Verlegung von Versorgungsleitungen (Weidenzaunstrom, Tränkwasser, Beregnungswasser).

96 BGH, Urt. vom 06.03.1986 – III ZR 146/84 –, BRS Bd. 45 Nr. 131 = EzGuG 13.76; Köhne, Landwirtschaftliche Taxationslehre, 3. Aufl. 2000, S. 172 f.
97 AgrarR 1979, 73.

137 Der **Wegekostenvorteil der Hofanschlussflächen** kann analog zum Wegekostennachteil für hoffernere Flächen ermittelt werden, er bemisst sich nach:

- der Wegestrecke,
- der Größe der Fläche, die über diesen Weg zu erreichen ist,
- der Intensität und Art der Bewirtschaftung der Fläche und der sich hieraus ergebenden Arbeitskraft- und Maschinenkosten sowie aus
- evtl. Wartezeiten beim Überqueren und Einbiegen stark befahrener öffentlicher Straßen und
- den im Weg vorhandenen Steigungen.

Der Wegekostenvorteil steigt mit größer werdender Fläche degressiv, weil umgekehrt der Wegekostennachteil für hofferne Flächen mit der Größe dieser Flächen abnimmt. Im Gutachten wird der Wegekostenvorteil gesondert als **Sonderwert für Hofanschlussflächen** ausgewiesen.

Folgende **Fallgestaltungen** haben eine rechtliche Klärung bei der Bemessung der Enteignungsentschädigung von Höfen erfahren:

a) Der **Gemeingebrauch eines öffentlichen Wegs, der eine günstige Verbindung zwischen zwei zu demselben landwirtschaftlichen Betrieb gehörenden Grundstücken gewährleistet,** begründet kein verfassungsrechtlich geschütztes Vertrauen darauf, dass eine solche dem Betrieb nützliche Linienführung erhalten bleibt. Geschützt ist dagegen die Zugänglichkeit eines Betriebs nach außen[98].

b) **Zusätzliche Straßenüberquerungen** eines Altwagenverschrottungsbetriebs infolge Zerschneidung des Grundstücks durch eine Straße[99].

3 Bauerwartungsland (§ 3 Abs. 2 ImmoWertV)

3.1 Materielle Definition

Schrifttum: *Burkhard,* Die Baulandqualität von Grundstücken und ihre Behandlung nach dem BauGB, BlGBW 1987, 87; *Hintzsche, M.,* Bauerwartungsland und Rohbauland als Wertbegriffe, NJW 1968, 1269; *Jonas, C.*, Der Ärger mit dem Bauerwartungsland, Der Städtetag 1988, 458, hierzu *Hintzsche, M.*, ebenda; *Koenig* in AVN 1966, 2 = Staats- und Kommunalverwaltung 1965, 141; *Fischer/Biederbeck/Lorenz,* Bewertung von Bauerwartungsland, in Neue Fallstudien zur Wertermittlung, 2. Aufl. Bundesanzeiger Verlag, S. 86; *Kröner,* Die Eigentumsgarantie in der Rechtsprechung des BGH, 2. Aufl. Berlin 1969; *Krüger* in BuG 1971, 19; *Jung* in BB 1964, 112; *Kerschner, F.,* Das Bauerwartungsland insbesondere im Recht der Enteignungsentschädigung, Juristische Blätter 2014, 345; *Mayr,* Wertermittlung von höherwertigem Gartenland, SV 2011, 14; *Wilsing, H.,* Das Bauerwartungsland, das Bundesbaugesetz und das Grundstücksverkehrsgesetz, AVN 1964, 131.

► *Vgl. Rn. 10, 27 ff.; zu den deduktiven Verfahren zur Ermittlung von werdendem Bauland ggf. mit Hilfe deduktiver Verfahren vgl. Syst. Darst. des Vergleichswertverfahrens Rn. 425 ff.; § 6 ImmoWertV Rn. 18, 83; § 40 ImmoWertV Rn. 15, 143 ff.; § 42 ImmoWertV Rn. 15 und 153; zu konkret absehbaren künftigen Änderungen vgl. § 11 ImmoWertV Rn. 5 ff.*

138 **Bauerwartungsland sind** nach § 3 Abs. 2 ImmoWertV **Flächen, die** nach ihren Grundstücksmerkmalen, insbesondere dem Stand der Bauleitplanung und der sonstigen städtebaulichen Entwicklung des Gebiets, **eine bauliche Nutzung aufgrund konkreter Tatsachen mit hin-**

---

98 BGH, Urt. vom 13.03.1975 – III ZR 152/72 –, BRS Bd. 34 Nr. 127 = EzGuG 4.43; BGH, Urt. vom 29.05.1967 – III ZR 126/66 –, BGHZ 48, 65 = EzGuG 18.35; BGH, Urt. vom 08.02.1971 – III ZR 33/68 –, BGHZ 55, 261 = EzGuG 18.54.

99 BGH, Urt. vom 09.11.1978 – III ZR 91/77 –, WM 1979, 168 = EzGuG 20.78.

reichender Sicherheit erwarten lassen. Die Vorschrift fordert für die Qualifizierung eines Grundstücks als Bauerwartungsland objektive und „**konkrete Tatsachen**", aus denen sich mit hinreichender Sicherheit die Erwartung einer baulichen Nutzung ergibt; auf bloße Einschätzungen soll es nicht ankommen. Dies entspricht einer Forderung, die bereits zu der Vorgängerregelung (§ 4 Abs. 2 WertV 88) erhoben wurde[100].

Materiell koppelt sich die ImmoWertV von der Entschädigungsregelung des § 95 Abs. 2 Nr. 1 BauGB ab, nachdem sich die Entschädigung nach dem Verkehrswert i.S. des § 194 BauGB unter Ausschluss von Wertsteigerungen eines Grundstücks bestimmt, wobei Wertsteigerungen, die in der Aussicht auf eine Änderung der zulässigen Nutzung eingetreten sind, unberücksichtigt bleiben, wenn die Änderung nicht in absehbarer Zeit zu erwarten ist. Änderungen, die „in absehbarer Zeit" zu erwarten sind, sind im Enteignungsfall also zu entschädigen[101]. **139**

Allein die Erwartung, dass nach der allgemeinen Verkehrsauffassung[102] eine land- und forstwirtschaftlich genutzte Fläche „*in absehbarer Zeit*" einer baulichen Nutzung zugeführt wird, reicht nach § 3 Abs. 2 ImmoWertV nicht aus, um die Fläche als Bauerwartungsland zu qualifizieren; dies gilt schon gar nicht für eine „spekulative" Verkehrsauffassung oder für Bauhoffnungen[103]. Insoweit ist die Rechtsprechung des BGH zur Qualifizierung einer land- und forstwirtschaftlich genutzten Fläche überholt. Der BGH hat – wie in § 69 BewG – für die Qualifizierung einer land- und forstwirtschaftlich genutzten Fläche als Bauerwartungsland auch auf Nutzungsmöglichkeiten abgehoben, deren Verwirklichung in „greifbarer" Nähe liegt. Der **Begriff der „greifbaren Nähe"** ist aus semantischer Sicht enger als der **Begriff der „absehbaren Zeit"** auszulegen. Allgemein kann nämlich weiter gesehen als gegriffen werden und tatsächlich kann auch nur das die Höhe des Verkehrswerts beeinflussen, was in „greifbarer Nähe" liegt[104], also künftige Nutzungsmöglichkeiten[105], die „so sicher unmittelbar" bevorstehen, „dass sie sich bereits als wertbildender Faktor auswirken und der allgemeine Grundstücksverkehr ihnen also schon Rechnung trägt"[106]. **140**

In der Rechtsprechung des BGH wurde allerdings nicht stets gefordert, dass die bauliche Nutzung „*mit Sicherheit*" erwartet werden muss. Der BGH[107] hat hierzu ausgeführt: „Es (*das RG im Urt. vom 30.05.1911 – VII 568/10 – in Gruchot 55/1176 = EzGuG 20.10*) hat ausdrücklich hervorgehoben, dass c, es genüge vielmehr, dass „sie mit mehr oder weniger großer Wahr- **141**

100 BR-Drs. 352/1/88, S. 2.; VGH Mannheim, Urt. vom 27.09.2018 – 7 S 1875/15 –, DÖV 2019, 245 = EzGuG 17.105a.

101 Was als „absehbare Zeit" zu gelten hat, entzieht sich einer Verallgemeinerung: BVerwG, Beschl. vom 23.07.1993 – 4 NB 26/93 –, Buchholz 46.15 Nr. 4 zu § 5 StBauFG = EzGuG 17.76b; FG München, Urt. vom 22.11.2000 – 13 K 2630/95 –, GuG-aktuell 2001, 31; 145 = 4.177c Jahre sind absehbar; FG Düsseldorf, Urt. vom 07.10.2004 – 11 K 757/02 –, GuG-aktuell 2006, 15 = EzGuG 4.189.

102 Die Verkehrsauffassung bzw. „Anschauung des Verkehrs" ist nicht der Standpunkt der einschlägigen Wirtschaftskreise, sondern als die Auffassung der Allgemeinheit vernünftig denkender Menschen und die urteilsfähiger und unvoreingenommener Staatsbürger zu verstehen, die sie von einer Sache haben oder gewinnen, wenn sie mit ihr befasst werden (BFH, Urt. vom 03.02.1956 – II 206/55 U –, BFHE 62, 205= BStBl III 1956, 78 = EzGuG 20.18; BFH, Urt. vom 27.05.1970 – III R 65/68 –, BFHE 99, 493 = BStBl II 1970, 678 = EzGuG 20.47a).

103 OLG München, Urt. vom 29.11.1979 – U 3/79 –, BRS Bd. 45 Nr. 110 = EzGuG 8.55.

104 BGH, Urt. vom 03.06.1982 – III ZR 98/79 –, NJW 1982, 2730 = EzGuG 4.83; BGH, Urt. vom 22.04.1982 – III ZR 131/80 –, WM 1982, 878 = EzGuG 17.44; BGH, Urt. vom 03.05.1979 – III ZR 114/77 –, BRS Bd. 34 Nr. 30 = EzGuG 8.54; BGH, Urt. vom 07.10.1976 – III ZR 60/73 –, BGHZ 67, 200 = EzGuG 6.188; BGH, Urt. vom 28.10.1971 – III ZR 84/70 –, BRS Bd. 26 Nr. 61 = EzGuG 8.37; BGH, Urt. vom 09.01.1969 – III ZR 51/68 –, BRS Bd. 26 Nr. 56 = EzGuG 6.119; BGH, Urt. vom 06.12.1962 – III ZR 113/61 –, BRS Bd. 19 Nr. 109 = EzGuG 6.65.

105 BT-Drs. 7/4793 S. 22 und 43 Nr. 45; RG, Urt. vom 30.05.1911 – VII 368/10 –, JW 1911, 726 = EzGuG 20.10; BGH, Urt. vom 22.04.1982 – III ZR 131/80 –, EzGuG 17.44; BGH, Urt. vom 07.10.1976 – III ZR 60/73 –, BGHZ 67, 200 = EzGuG 6.188.

106 BGH, Urt. vom 09.01.1969 – III ZR 51/68 –, BRS Bd. 26 Nr. 56 = EzGuG 6.119.

107 BGH, Urt. vom 09.01.1969 – III ZR 51/68 –, BRS Bd. 26 Nr. 56 = EzGuG 6.119; BGH, Urt. vom 30.06.1966 – III ZR 3/64 –, NJW 1966, 2211 = EzGuG 19.10; BGH, Urt. vom 08.06.1959 – III ZR 66/58 –; BGHZ 30, 281 = EzGuG 6.41; BVerwG, Urt. vom 16.09.1975 – 5 C 32/75 –, RdL 1976, 74 = EzGuG 17.32d; BVerwG, Urt. vom 27.01.1967 – 4 C 33/65 –, BVerwGE 26, 111 = EzGuG 8.20; BVerwG, Urt. vom 09.06.1959 – 1 CB 27/58 –, BVerwGE 8, 343 = EzGuG 17.13; BVerwG, Urt. vom 21.06.1955 – 1 C 173/54 –, BVerwGE 2, 154 = EzGuG 17.2 auch RG, Urt. vom 01.07.1931 – V 95/31 –, EzGuG 4.2f; RG, Urt. vom 30.05.1911 – VII 368/10 –, JW 1911, 726 = EzGuG 20.10.

scheinlichkeit zu erwarten oder (sogar nur) zu erhoffen sei“. Es hat in Anlehnung an die Rechtsprechung des RG noch die **„Inkaufnahme“ eines gewissen Vorwirkungsrisikos dem „gesunden Grundstücksverkehr“ zugerechnet, wenn bei Erwerb von Ackerland eine Bebaubarkeit erwartet wird und sich diese bei der Beurteilung des Grundstückspreises niederschlagen kann“**[108]. Auf die Sicherheit der künftigen Bebauung war demnach nicht abzustellen. Im Unterschied zu dieser Rechtsprechung soll künftig eine bauliche Nutzung aufgrund konkreter Tatsachen mit „hinreichender Sicherheit“ zu erwarten sein, um ein Grundstück als „Bauerwartungsland“ zu qualifizieren.

142 Im Bereich der **Beleihungswertermittlung** gibt es den Entwicklungszustand „Bauerwartungsland“ nicht, da nach § 20 Satz 2 BelWertV nur ein „gesichertes Bebauungsrecht“ bei der Beleihungswertermittlung berücksichtigt werden darf.

143 § 3 Abs. 2 ImmoWertV definiert das **Bauerwartungsland als Vorstufe zum Rohbauland**, das gemäß § 3 Abs. 3 ImmoWertV „nach den §§ 30, 33 und 34 des Baugesetzbuchs für eine bauliche Nutzung“ bestimmt ist. Demzufolge handelt es sich um Flächen, die außerhalb

– eines Bebauungsplans nach § 30 BauGB,
– eines im Zusammenhang bebauten Ortsteils nach § 34 BauGB,
– eines Vorhaben- und Erschließungsplans und
– eines Gebiets liegen, für das ein Beschluss über die Aufstellung eines Bebauungsplans gefasst wurde (§ 33 BauGB).

144 Hieraus folgt, dass mit der Bezugnahme auf den Stand der Bauleitplanung in erster Linie die Flächennutzungsplanung angesprochen ist, d.h. eine Darstellung der Fläche im Flächennutzungsplan als Bauland. Eine derartige Darstellung führt jedoch nur dann zu einer Bauerwartung, wenn **„eine bauliche Nutzung mit hinreichender Sicherheit“ erwartet werden kann.** Nicht jede Darstellung einer baulichen Nutzung im Flächennutzungsplan bietet indessen die Gewähr einer baulichen Nutzung und vor allem nicht in absehbarer Zeit. Eine Darstellung, deren Realisierung nicht absehbar ist oder deren Realisierung nach der städtebaulichen Situation sogar eher unwahrscheinlich ist, lässt eine Bauerwartung nicht aufkommen.

145 Neben einer entsprechenden Darstellung im Flächennutzungsplan kann sich eine Bauerwartung auch aus der „**sonstigen städtebaulichen Entwicklung des Gebiets**“ ergeben; auf eine entsprechende Darstellung im Flächennutzungsplan kommt es mithin nicht ausschließlich an. Eine Bauerwartung kann sich jedoch auch in diesem Falle nur dann ergeben, wenn die „sonstige(n) städtebauliche(n) Entwicklung des Gebiets“ eine bauliche Nutzung aufgrund konkreter Tatsachen mit hinreichender Sicherheit in absehbarer Zeit erwarten lässt.

146 Wie das Rohbauland i.S. des § 3 Abs. 3 ImmoWertV weist auch das **Bauerwartungsland** innerhalb des Gemeindegebiets i.d.R. kein einheitliches Wertniveau auf; seine Wertigkeit bestimmt sich vielmehr entsprechend den jeweiligen Gegebenheiten rechtlicher und tatsächlicher Natur nach der zu erwartenden Wartezeit bis zur tatsächlichen baulichen Nutzbarkeit und den damit verbundenen Realisierungsrisiken (Wagnis, vgl. 11 ImmoWertV; § 5 ImmoWertV Rn. 108).

147 Allgemein gilt, dass die preisdämpfende Wirkung des Risikos, das mit der Erwartung einer baulichen Nutzung in absehbarer Zeit verbunden ist, i.d.R. mit der Verkürzung der Wartezeit (einschließlich des damit verbundenen Wagnisses) möglicherweise bis auf ein „Restrisiko“ schwindet. Die Wartezeit ist damit ein entscheidender Faktor für die Wertigkeit des Bauerwartungslandes, wobei unter „absehbarer Zeit“ Zeiträume bis acht Jahre und auch mehr verstanden werden. Das **Bauerwartungsland weist** demzufolge **eine breite Spanne der Wertigkeit auf.**

108 BGH, Urt. vom 08.02.1971 – III ZR 200/69 –, BRS Bd. 26 Nr. 60 = EzGuG 6.134; BGH, Urt. vom 08.11.1962 – III ZR 86/61 –, BGHZ 39, 198 = EzGuG 8.5; RG, Urt. vom 30.05.1911 in Gruchot 553, 1176; RG, Urt. vom 07.05.1909 – VII 358/08 –, PrVBl. 1910, 262.

Bei einer entsprechenden **Darstellung im Flächennutzungsplan** besteht lediglich eine „Chance“ (Rn. 153 ff.), dass die Fläche in „absehbarer Zeit“ tatsächlich einer baulichen Nutzung zugeführt werden kann. Diese Chance kann sich mitunter „über Nacht“ zerschlagen, ohne dass Entschädigungsansprüche für derartige „Herabzonungen“ geltend gemacht werden können. 148

Die **Möglichkeit einer entschädigungslosen Änderung entsprechender Darstellungen in Flächennutzungsplänen wirkt sich im Geschäftsverkehr preisdämpfend aus.** Es kommt hinzu, dass bei der Preisbildung für Bauerwartungsland berücksichtigt wird, dass für naturschutzrechtliche Ausgleichsmaßnahmen, Erschließungsmaßnahmen und sonstige Gemeinbedarfszwecke in erheblichem Umfang Flächen bereitgestellt werden müssen. Im Hinblick auf den gewachsenen Gemeinbedarf und – darüber hinaus – auf die naturschutzrechtliche Eingriffsregelung wird dabei die für Erschließungsumlegungen nach den §§ 45 ff. BauGB geltende Flächenbeitragsbegrenzung von 30 % als oft nicht mehr ausreichend anzusehen sein. Neben der Wartezeit und dem Verwirklichungsrisiko wirkt sich auch dies preisdämpfend auf die Verkehrswertbildung für Bauerwartungsland aus. 149

Umgekehrt kann sich der **Wert des Bauerwartungslands kurzfristig nicht unerheblich erhöhen,** wenn aufgrund unerwarteter Entwicklungen eine langfristig erwartete bauliche Nutzung in greifbare Nähe rückt, z.B. wenn aufgrund der Initiative eines Investors (*„developer“)* in Kooperation mit dem Planungsträger die bauliche Nutzbarkeit herbeigeführt wird. Dies gilt grundsätzlich auch dann, wenn der Investor (bzw. *„developer“*) im Rahmen städtebaulicher Verträge die damit verbundenen Kosten, die sonst der Gemeinde entstehen, in einem angemessenen und durch die Entwicklung bedingten Umfang übernimmt. Es entspricht den Usancen des Grundstücksmarktes, dass in derartig gelagerten Fällen die vom Investor (*„developer“)* initiierte Bodenwertsteigerung insoweit beim Grunderwerb – quasi kompensatorisch – unberücksichtigt bleibt. 150

Im Kern kommt eine fundierte Wertermittlung von Bauerwartungsland nicht umhin, **Chancen, Risiken, die voraussichtliche Entwicklungszeit (Wartezeit) und die zu erwartenden Kosten** individuell **abzuschätzen,** um sich die notwendige Klarheit zu verschaffen, ob die vom Verordnungsgeber geforderte „hinreichende Sicherheit“ einer zu erwartenden baulichen Nutzung tatsächlich gegeben ist. 151

Abb. 30: Bauerwartungsland in Abhängigkeit von der Wartezeit

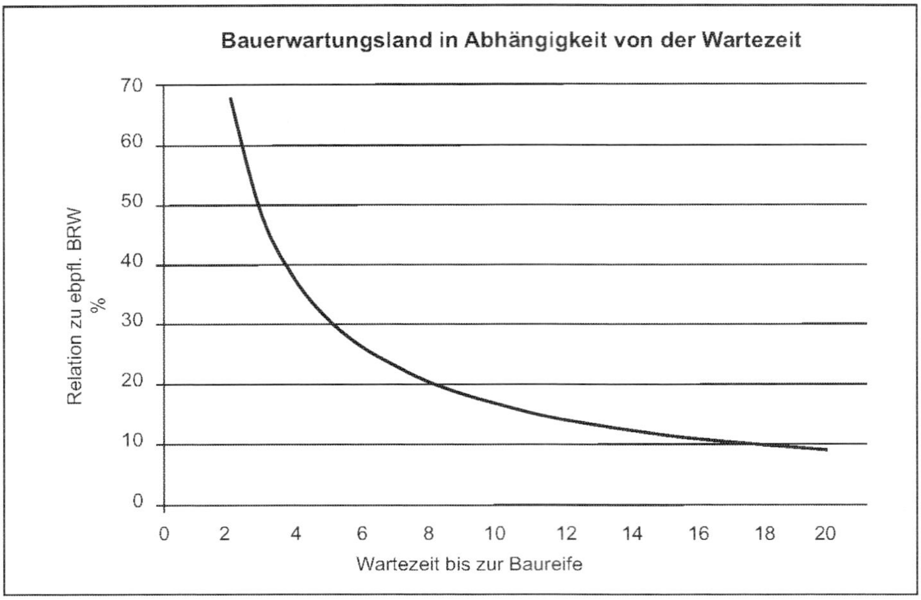

Quelle: Immobilienmarktbericht Südhessen 2019

Aus der Grafik ergibt sich, je nach Wartezeit, eine Spanne von ca. 19 bis 65 % des Werts von erschließungsbeitragspflichtigem baureifem Land. Allgemein gilt

- Flächen mit einer geringen Bauerwartung liegen in einer Spanne von ca. 10 bis 30 % vom Wert des baureifen Lands,
- Flächen mit einer hohen Bauerwartung liegen in einer Spanne von ca. 30 bis 65 % vom Wert des baureifen Lands.

152 Bauerwartungsland i.S. des § 5 Abs. 2 ImmoWertV stellt bei alledem eine **Zwischenstufe zwischen den sog. Flächen der Land- oder Forstwirtschaft** nach § 3 Abs. 1 ImmoWertV **und dem Rohbauland** nach § 3 Abs. 3 ImmoWertV dar. Es handelt sich um einen äußerst **„labilen“ und risikobehafteten Übergangsbereich** im untersten Bereich des „werdenden Baulands“.

153 Wegen der Vielfalt der häufig nicht abschätzbaren Einflüsse und der unterschiedlichsten Situationsverhältnisse kann selbst im Wege einer individuellen Wertermittlung der Verkehrswert von **Bauerwartungsland nicht exakt „berechnet“** werden und die ermittelten Verkehrswerte können sich schon im Hinblick auf die mit der Bauleitplanung und anderen Planungsgrundlagen verbundenen Unsicherheiten bereits nach kurzer Zeit „verflüchtigen“ bzw. stark ansteigen. Bauerwartungsland stellt insofern trotz der vom Verordnungsgeber geforderten „hinreichenden Sicherheit“ der Erwartung einer baulichen Nutzung einen „flüchtigen“ Entwicklungszustand dar. Bei der Verkehrswertermittlung von Bauerwartungsland geht es deshalb in erster Linie darum, eine Vielzahl einzelner „Indizien“, die für oder gegen die Erwartung einer baulichen Nutzung sprechen, zu aggregieren, um daraus den **Grad der Bauerwartung** und damit die Wertigkeit des Bauerwartungslands möglichst objektiv abzuleiten.

154 Bei der Ermittlung des Verkehrswerts von Bauerwartungsland aus Vergleichspreisen für baureifes Land unter Abzug anfallender Kosten und unter Berücksichtigung der Wartezeit (Investitionsrechnung) wird in der Praxis mitunter noch ein **Wagnisabschlag** (von ca. 10 %) angebracht. Diesbezüglich muss vor einer schematischen Vorgehensweise gewarnt werden (vgl.

Syst. Darst. des Vergleichswertverfahrens Rn. 206; 425 ff.; § 11 ImmoWertV Rn. 26; § 40 ImmoWertV Rn. 15, 153 ff.).

Es kommt hinzu, dass die angesetzte **Wartezeit und** ein zusätzlich angesetzter **Risikoabschlag in Wechselbeziehung** zueinander stehen können. Die Wartezeit wird regelmäßig im Wege der Schätzung angesetzt und kann zu recht langen Zeithorizonten von 10 Jahren und sogar mehr führen. Grundsätzlich kann ein verbleibendes Wagnis, etwa dass sich eine erwartete bauliche Nutzung aufgrund unvorhersehbarer Ereignisse verzögert – zumindest vom Ergebnis her –, bereits durch eine entsprechend „großzügig" bemessene Wartezeit berücksichtigt werden. Dies bedeutet, dass in solchen Fällen die Wartezeit umso enger zu bemessen ist, je höher der angesetzte Risikoabschlag eingeführt wird. Verfahrenstechnisch dürfte es jedoch praktikabler sein, mit einer entsprechend großzügig kalkulierten Wartezeit das Risiko uno actu zu subsumieren. Im Rahmen von Investitionsberechnungen wird damit zugleich der Gefahr begegnet, dass sich mit dem Ansatz einer Vielzahl von jeweils für sich kleinen Einzelpositionen diese zusammen zu einem Betrag aufsummieren, der dann zu unrealistischen Ergebnissen führt. **155**

Der **Entwicklungszustand Bauerwartungsland stellt für den Eigentümer des Grundstücks keine geschützte Rechtsposition** in dem Sinne **dar,** dass für die sich nicht erfüllenden Erwartungen eine Entschädigung beansprucht werden kann. Für wegfallende „Chancen" kann der Eigentümer nämlich nur dann einen Wertausgleich beanspruchen, wenn sein Grundstück unmittelbar dem enteignenden Zugriff ausgesetzt und damit der privaten Nutzung entzogen wird[109]. Art. 14 GG schützt nur konkrete Rechtspositionen und nicht bereits „Chancen". Dies gilt selbst in den Fällen, in denen „bloße" Erwartungen auf Grund von Maßnahmen der hohen Hand wegfallen[110]. **156**

3.2 Stand der Bauleitplanung

▶ *Vgl. § 5 ImmoWertV Rn. 3 ff.*

Ein Grundstück ist nach § 3 Abs. 2 ImmoWertV als Bauerwartungsland zu qualifizieren, wenn es „insbesondere nach dem **Stand der Bauleitplanung**" eine bauliche Nutzung „auf Grund konkreter Tatsachen mit hinreichender Sicherheit" erwarten lässt. Nach dem Wortlaut der Vorschrift stehen der „Stand der Bauleitplanung" und die Sicherheit verleihenden „konkreten Tatsachen" nebeneinander, d.h. der Stand der Bauleitplanung allein kann noch keine Bauerwartung begründen. Es müssen kumulativ weitere „konkrete" Anhaltspunkte hinzukommen, die die sichere Erwartung einer baulichen Nutzung rechtfertigen. **157**

Mit der Bezugnahme auf den „Stand der Bauleitplanung" kann nur die Darstellung der Fläche im Flächennutzungsplan als Bauland[111] angesprochen sein, denn ein Planungsstand nach den §§ 30, 33 oder 34 BauGB führt nach § 3 Abs. 3 und 4 ImmoWertV zu einem höherwertigeren Entwicklungszustand. **158**

Allgemein wird angenommen, dass die **Darstellung einer Baufläche oder eines Baugebiets in einem Flächennutzungsplan** nach § 5 BauGB Bauerwartungslandqualität begründet. Tatsächlich kann dies aber keinesfalls als unumstößliche Regel gelten, und zwar sowohl, was den Ausschluss einer Fläche von einer baulichen Nutzung als auch die Darstellung einer Fläche als Baugebiet oder Baufläche im Flächennutzungsplan anbelangt: **159**

---

109 BGH, Urt. vom 07.01.1982 – III ZR 114/80 –, BGHZ 83, 1 = EzGuG 6.213a; BGH, Urt. vom 10.03.1977 – III ZR 195/74 –, BRS Bd. 34 Nr. 139 = EzGuG 18.72; BGH, Urt. vom 29.03.1976 – III ZR 98/73 –, BGHZ 66, 173 = EzGuG 8.47; BGH, Urt. vom 12.06.1975 – III ZR 25/73 –, BGHZ 64, 382 = EzGuG 4.44; BGH, Urt. vom 25.11.1974 – III ZR 42/73 –, BGHZ 63, 240 = EzGuG 6.174; BGH, Urt. vom 28.01.1974 – III ZR 11/76 –, BGHZ 62, 96 = EzGuG 8.42; BGH, Urt. vom 14.12.1970 – III ZR 102/67 –, BGHZ 55, 82 = EzGuG 6.131; BGH, Urt. vom 04.05.1972 – III ZR 111/70 –, WM 1972, 890 = EzGuG 6.151b.

110 BGH, Urt. vom 29.03.1976 – III ZR 98/73 –, BGHZ 66, 173 = EzGuG 8.47; BGH, Urt. vom 28.01.1974 – III ZR 11/72 –, BGHZ 62, 96 = EzGuG 8.42; BGH, Urt. vom 12.06.1975 – III ZR 25/73 –, BGHZ 64, 382 = EzGuG 4.44; BGH, Urt. vom 07.10.1976 – III ZR 60/73 –, BGHZ 67, 200 = EzGuG 6.188.

111 BFH, Urt. vom 27.01.1978 – III R 101/75 –, BFHE 124, 367 = BStBl II 1978, 292 = EzGuG 4.54a.

a) Eine die Bebauung ausschließende vorläufige oder endgültige Planung steht *nicht unbedingt* einer zu erwartenden Bebauung entgegen, weil Planungen auch geändert werden können[112].

b) Die Planung ist zwar erforderlich, um „ein gesundes, sicheres, ungestörtes Zusammenleben mit Rücksicht auf die Knappheit des Grund und Bodens" zu ermöglichen[113], und es liegt auch in der Natur der Sache, dass „planerische Festsetzungen auf Markt- und Erwerbschancen Einfluss nehmen"[114], jedoch wurde in der Rechtsprechung auch darauf hingewiesen, dass die Ausweisung eines Grundstücks als Bauland allein nicht genüge, um die Eigenschaft als Bauland zu bejahen. Es muss hinzukommen, dass aufgrund der tatsächlichen Entwicklung mit der Bebauung in absehbarer Zeit gerechnet werden kann[115].

c) Auch das Fehlen einer Bebauungsplanung sowie die Lage eines Grundstücks außerhalb eines im Zusammenhang bebauten Ortsteils nach § 34 BauGB schließen nicht aus, dass für ein Grundstück eine bauliche Nutzung in absehbarer Zeit erwartet werden kann[116].

160 Ausschlaggebend sollen demnach die sich aus der **Situationsgebundenheit des Grundstücks** ergebenden tatsächlichen Eigenschaften sein, die nach der in der Rechtsprechung zum Ausdruck kommenden Auffassung zumindest in Ausnahmefällen einer Planung zuwiderlaufen können (§ 44 ImmoWertV Rn. 65). Damit darf aber der kommunalen Bauleitplanung nicht die Steuerungsfunktion abgesprochen werden, die aus guten Gründen auch gegen den „Trend" gerichtet sein kann. Eine geordnete städtebauliche Entwicklung ist nämlich nicht denkbar, wenn mit ihr sich vermeintlich aufdrängende Entwicklungen nicht verhindern ließen. Immerhin ist auch vom Grundsatz anerkannt, dass die Darstellungen in Flächennutzungsplänen unter bestimmten Voraussetzungen zum Ausschluss von der konjunkturellen Weiterentwicklung führen können. Dennoch bleibt aber festzuhalten, dass allein die Darstellung einer baulichen Nutzung im Flächennutzungsplan i.d.R. nicht eine unumstößliche Sicherheit verleiht, dass die bauliche Nutzung auch „tatsächlich" zu erwarten ist[117].

161 Spätestens mit dem **Beschluss der Gemeinde, einen Bebauungsplan aufzustellen**, werden Umstände geschaffen, die mit mehr oder minder großer Wahrscheinlichkeit es erwarten oder erhoffen lassen, dass ein Grundstück einer Bebauung zugänglich gemacht wird, und es ist von daher gerechtfertigt, von Bauerwartungsland zu sprechen[118].

3.3 Städtebauliche Entwicklungen

162 Nach § 3 Abs. 2 ImmoWertV kann sich eine Bauerwartung auf „**sonstige städtebauliche Entwicklungen**" gründen. Diese kann sich z.B. in sog. informellen Planungen, z.B. Struktur- und Rahmenplänen, aber auch in einer Investitionsplanung konkretisieren. Schon im Hinblick auf die ausstehende formelle Bauleitplanung, verbunden mit einer Öffentlichkeits- und Behördenbeteiligung nach den §§ 34, 13 Abs. 2 und 3 sowie § 4a BauGB, wird sich eine Bauerwartung nicht auf einzelne Planungsvorstellungen gründen können. Zumindest ist zu fordern, dass eine

112 BGH, Urt. vom 20.12.1963 – III ZR 60/63 –, BGHZ 40, 312 = EzGuG 14.17; OLG Bremen, Urt. vom 5.4.1967 – UB (c) 10/65 –, EzGuG 9.21a.
113 BGH, Urt. vom 28.04.1966 – III ZR 24/65 –, WM 1966, 774 = EzGuG 19.9; BGH, Urt. vom 25.06.1959 – III ZR 220/57 –, BGHZ 30, 338 = EzGuG 6.43.
114 BVerwG, Beschl. vom 09.11.1979 – 4 N 1/78 –, BVerwGE 59, 87 = EzGuG 4.68a.
115 BGH, Urt. vom 08.11.1962 – III ZR 86/61 –, BGHZ 39, 198 = EzGuG 8.5; BGH, Urt. vom 25.03.1977 – V ZR 92/74 –, MDR 1977, 827 = EzGuG 4.50; BGH, Urt. vom 28.10.1971 – III ZR 84/70 –, BRS Bd. 26 Nr. 61 = EzGuG 8.37; BGH, Urt. vom 20.12.1963 – III ZR 60/63 –, BGHZ 40, 312 = EzGuG 14.13; BGH, Urt. vom 30.09.1963 – III ZR 59/61 –, NJW 1964, 202 = EzGuG 8.9; BVerwG, Urt. vom 27.01.1967 – 4 C 33/65 –, BVerwGE 26, 211 = EzGuG 8.20; OVG Lüneburg, Urt. vom 11.01.1962 – 1 A 106/60 –, AVN 1963, 274 = EzGuG 8.4.
116 BVerwG, Urt. vom 09.06.1959 – 1 CB 27/58 –, BVerwGE 8, 343 = EzGuG 17.13; OLG München, Urt. vom 27.11.1969 – I a Z 13/68 –, BRS Bd. 26 Nr. 95 = EzGuG 19.20; OVG Greifswald, Urt. vom 04.07.1996 – 9 K 5/94 –, GuG 1997, 190 = EzGuG 4.166.
117 BGH, Urt. vom 25.11.1974 – III ZR 42/73 –, BGHZ 63, 240 = EzGuG 6.174.
118 OLG Frankfurt am Main, Urt. vom 30.04.1998 – 15 U 65/97 –, GuG 1999, 121 = EzGuG 4.171.

informelle Planung vom Gemeinderat zustimmend zur Kenntnis genommen wurde und auch die tatsächlichen Verhältnisse eine Bauerwartung rechtfertigen.

Darüber hinaus soll sich eine Bauerwartung[119] auch auf „weitere Grundstücksmerkmale" i.S. des § 3 ImmoWertV gründen. Hieraus folgt, dass es bei der Klassifizierung einer Fläche als Bauerwartungsland maßgeblich auf die mit dem gegebenen Hinweis auf die „weiteren Grundstücksmerkmale" nach § 5 ImmoWertV angesprochenen tatsächlichen Zustandsmerkmale und nicht entscheidend auf formale Gesichtspunkte (Ortsplanung, Festsetzung von Fluchtlinien) ankommt. Von maßgeblicher Bedeutung sind die aus der Natur der Sache gegebenen Möglichkeiten der Benutzung und der wirtschaftlichen Ausnutzung, wie sie sich aus der örtlichen Lage des Grundstücks bei wirtschaftlicher Betrachtungsweise objektiv anbieten. Nach ständiger Rechtsprechung ist also die sog. **Situationsgebundenheit des Grundstücks** ausschlaggebend[120]. **163**

Von Bedeutung ist in diesem Zusammenhang vor allem ein in einer Gemeinde bestehender **Siedlungsdruck** aufgrund von Wanderungen oder der Zunahme der Bevölkerung oder im gewerblich-industriellen Bereich und dem sich daraus ergebenden Baulandbedarf. Hinzu kommt die Nähe der Gemeindebesiedlungsgrenze[121] oder eine **günstige Lage innerhalb des Siedlungsgebiets,** z.B. auf Grund vorhandener Infrastruktureinrichtungen einschließlich günstiger Verkehrsverhältnisse durch Straßen-, Eisenbahn-, Omnibus- oder Straßenbahnlinien. Umgekehrt stehen naturbedingte Hindernisse, ein Bevölkerungsrückgang sowie der Abzug von Industrie und Gewerbe einer Bauerwartung entgegen. Ökologische einer Bebauung entgegenstehende Belange haben manche Bauflächenausweisungen in Flächennutzungsplänen obsolet werden lassen. Es verbietet sich bei alledem, allein aus der **Großstadtnähe** „quasi naturgesetzlich" auf eine Bauerwartung zu schließen[122]. **164**

3.4 Einer Bauerwartung entgegenstehende Gegebenheiten

Die Ausweisung einer Fläche als Landschafts- oder Naturschutzgebiet sowie ihre Einbeziehung in den Geltungsbereich einer **Flora-Fauna-Habitat-Richtlinie**[123] **(Natura 2000)** bzw. der **Vogelschutzrichtlinie**[124] steht einer Bauerwartung grundsätzlich entgegen. **165**

3.5 Bauerwartung in der steuerlichen Bewertung

Schrifttum: *Loodr/Stenger,* Bewertungsrecht, Verlag Otto Schmidt.

Land- und forstwirtschaftlich genutzte Flächen sind im Rahmen der **Ermittlung von Einheitswerten** nach § 69 Abs. 1 BewG dem Grundvermögen zuzurechnen, wenn nach ihrer Lage, den im Feststellungszeitpunkt bestehenden Verwertungsmöglichkeiten oder den sonstigen Umständen anzunehmen ist, dass sie **in absehbarer Zeit** (vgl. Rn. 159) **anderen als land- und forstwirtschaftlichen Zwecken, insbesondere als Bauland, dienen werden**. Ob ein Grundstück dauernd einem Betrieb der Land- und Forstwirtschaft zu dienen bestimmt ist, ist nach objektiven Gesichtspunkten, insbesondere nach der Zweckbestimmung durch den Eigen- **166**

---

119 BGH, Urt. vom 14.06.1984 – III ZR 41/83 –, BRS Bd. 45 Nr. 133 = EzGuG 8.61; BGH, Urt. vom 25.03.1977 – V ZR 92/74 –, BGHZ 74, 346 = EzGuG 4.50; BGH, Urt. vom 22.02.1965 – III ZR 126/63 –, BRS Bd. 19 Nr. 108 = EzGuG 8.14; BayObLG, Urt. vom 27.11.1969 – 1 a Z – 13/68 –, BRS Bd. 26 Nr. 95 = EzGuG 19.20; BGH, Urt. vom 17.12.1964 – III ZR 96/63 –, BRS Bd. 19 Nr. 112 = EzGuG 11.47.

120 BGH, Urt. vom 14.06.1984 – III ZR 41/83 –, BRS Bd. 45 Nr. 133 = EzGuG 8.61; BGH, Urt. vom 22.04.1982 – III ZR 131/80 –, BRS Bd. 45 Nr. 192 = EzGuG 17.44; BGH, Urt. vom 15.11.1979 – III ZR 78/78 –, BGHZ 76, 274 = EzGuG 17.36; BGH, Urt. vom 12.02.1976 – III ZR 184/73 –, BRS Bd. 34 Nr. 166 = EzGuG 19.28; BGH, Urt. vom 25.11.1974 – III ZR 42/73 –, BGHZ 63, 240 = EzGuG 6.174; BGH, Urt. vom 28.04.1966 – III ZR 24/65 –, WM 1966, 774 = EzGuG 19.9; BGH, Urt. vom 30.09.1963 – III ZR 59/61 –, BRS Bd. 19 Nr. 13 = EzGuG 8.9.

121 LG Koblenz, Urt. vom 06.03.1989 – 4. 0. 18/88 –, EzGuG 8.66.

122 OLG Frankfurt am Main, Urt. vom 08.03.1976 – 1 U 4/74 –, EzGuG 18.67a.

123 FFH-Richtlinie 92/43/EWG vom 21.05.1992.

124 Vogelschutz-Richtlinie 79/409/EWG vom 02.04.1979.

tümer, zu entscheiden. Die Zweckbestimmung durch den Eigentümer muss nach außen erkennbar in Erscheinung getreten sein[125].
Land- und forstwirtschaftlich genutzte Flächen sind im Rahmen der **Ermittlung von Grundsteuerwerten** nach § 233 Abs. 2 BewG dem Grundvermögen zuzurechnen, wenn nach den vorstehenden Umständen anzunehmen ist, dass sie *innerhalb eines Zeitraums von sieben Jahren* anderen als land- und forstwirtschaftlichen Zwecken, insbesondere als Bau-, Gewerbe- oder Industrieland oder als Land für Verkehrszwecke, dienen werden. Die Flächen sind stets dem Grundvermögen zuzurechnen, wenn sie in einem Bebauungsplan als Bauland festgesetzt sind, ihre sofortige Bebauung möglich ist und die Bebauung innerhalb des Plangebiets in benachbarten Bereichen begonnen hat oder schon durchgeführt ist. Dies gilt jedoch nicht für die Hofstelle.

4 Rohbauland (§ 3 Abs. 3 ImmoWertV)

4.1 Materielle Definition

▶ *Vgl. Rn. 80; § 42 ImmoWertV Rn. 1 ff.*

167 § 3 Abs. 3 ImmoWertV definiert das Rohbauland als **Flächen, die nach** den **bauplanungsrechtlichen Bestimmungen** der §§ 30, 33 oder 34 BauGB **für eine bauliche Nutzung bestimmt sind,**

a) deren Erschließung aber noch nicht gesichert ist *oder*

b) die nach Lage, Form oder Größe für eine bauliche Nutzung (noch) unzureichend gestaltet sind.

Ein **Rechtsanspruch auf Erschließung** besteht nach § 123 Abs. 3 BauGB grundsätzlich nicht, die gemeindliche Erschließungsaufgabe kann sich aber nach Treu und Glauben zu einer mit einem korrespondierenden Anspruch verbundenen Erschließungspflicht verdichten[126].

168 Im Unterschied zur Definition des „baureifen Landes" (§ 3 Abs. 4 ImmoWertV) soll es auf die **(sofortige) Zulässigkeit einer baulichen Nutzung** nach sonstigen öffentlich-rechtlichen Vorschriften nicht ankommen. Auch sind privatrechtliche Hinderungsgründe, wie z.B. eine die Bebauung ausschließende Grunddienstbarkeit, oder tatsächliche Hindernisse außer Betracht zu lassen.

169 **Im Außenbereich gelegene Grundstücke** stehen nach einer geordneten städtebaulichen Entwicklung gemäß § 35 BauGB grundsätzlich nicht zur Bebauung an[127]. § 3 Abs. 3 ImmoWertV lässt die **Zulässigkeit einer baulichen Nutzung nach § 35 BauGB** unerwähnt, weil sich die Bebaubarkeit eines im Außenbereich gelegenen Grundstücks nur unter bestimmten sich aus § 35 BauGB[128] ergebenden Voraussetzungen ergeben kann.

170 Im Außenbereich sind zunächst nur die in § 35 Abs. 1 BauGB enumerativ und abschließend aufgeführten „*privilegierten Vorhaben*" zulässig sind. ***„Sonstige Vorhaben"*** können **nach § 35 Abs. 2 BauGB** unter bestimmten Maßgaben im Einzelfall zugelassen werden. Darüber hinaus hat der Gesetzgeber ein grundsätzliches Bauverbot mit Ausnahmevorbehalt für bestimmte Vorhaben der Nutzungsänderung, der Ersatzbauten, des Wiederaufbaus und der Erweiterung sowie Änderung oder Nutzungsänderung erhaltenswerter Gebäude ausgesprochen. Damit sind die sog. „*begünstigen Vorhaben*" nach § 35 Abs. 4 BauGB angesprochen.

---

125 FG Düsseldorf, Urt. vom 07.10.2004 – 11 K 757/02 –, EFG 2005, 94 = EzGuG 4.190.
126 BVerwG, Urt. vom 15.06.2022 – 9 B 32/21 –, GuG 2023, 370 = EzGuG 9.99.
127 BVerwG, Urt. vom 25.06.1969 – 4 C 14/68 –, BVerwGE 32, 226 = EzGuG 9.7.
128 Zum Rechtsanspruch auf Zulassung eines Vorhabens vgl. BGH, Urt. vom 26.10.1970 – III ZR 132/67 –, BRS Bd. 23 Nr. 51 = EzGuG 8.32; zur Bebaubarkeit nach § 35 Abs. 2 BauGB; BGH, Urt. vom 01.12.1977 – III ZR 130/75 –, BRS Bd. 34 Nr. 141 = EzGuG 18.78.

Vorstehende die Zulässigkeit von Vorhaben regelnde Bestimmungen sind bei der Qualifizierung des Zustands eines Grundstücks nach Maßgabe des § 3 ImmoWertV zu berücksichtigen, auch wenn § 3 Abs. 3 ImmoWertV hierauf nicht expressis verbis verweist; dabei ist die **zeitliche Befristung** angemessen zu berücksichtigen. 171

Entsprechend dem Regelungsgehalt dieser Vorschrift kann auch nach § 3 Abs. 4 ImmoWertV 172 **im Außenbereich** nur von baureifem Land gesprochen werden, wenn für ein privilegiertes Vorhaben die Zulassung eines Vorhabens unmittelbar ansteht oder **vorhandene bauliche Anlagen auf einem Grundstück rechtlich und wirtschaftlich weiterhin nutzbar sind**. Von dahin gehenden theoretischen Erwägungen zur Erlangung einer höheren Entschädigung auszugehen, wäre abwegig. Im Übrigen besagt die im Einzelfall gegebene Einstufung einer Außenbereichsfläche als „baureif" für ein privilegiertes, sonstiges oder begünstigtes Vorhaben noch nichts über die Höhe des Verkehrswerts. Im Hinblick auf die eingeschränkte Nutzbarkeit derartiger Flächen für privilegierte oder begünstigte Vorhaben orientiert sich der Wert ohnehin nicht etwa an dem im Innenbereich gelegenen baureifen Land.

4.2 Brutto- und Nettorohbauland

▶ *Vgl. § 42 ImmoWertV Rn. 27*

Rohbauland stellt eine Zwischenstufe vom Bauerwartungsland zum baureifen Land dar. Dementsprechend lässt sich beim **Rohbauland begrifflich zwischen dem Brutto- und Nettorohbauland unterscheiden**[129]. Das Bruttorohbauland umfasst (noch) die für öffentliche Zwecke, insbesondere die Erschließung benötigten Flächen des Plangebiets, während sich das Nettorohbauland auf die verbleibenden Baugrundstücke bezieht (Abb. 31): 173

Abb. 31: Aufteilung des Rohbaulands in Brutto- und Nettorohbauland

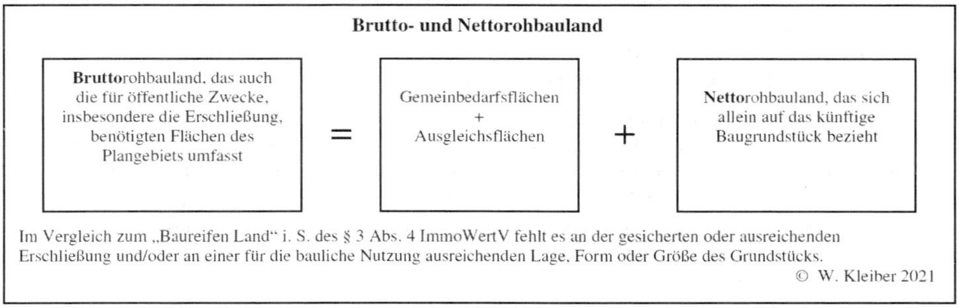

4.3 Bauliche Nutzung

▶ *Vgl. Rn. 7, 192, 203; zum Begriff der baulichen Nutzung vgl. Rn. 6, 185; § 5 ImmoWertV Rn. 3 ff.; § 8 ImmoWertV Rn. 46 ff.*

Voraussetzung für die Einstufung einer Fläche als Rohbauland ist nach dem vorher Gesagten, 174 dass einerseits eine **bauliche Nutzung der Fläche** nach

- den Festsetzungen eines Bebauungsplans i.S. des § 30 BauGB oder
- den Festsetzungen eines Vorhaben- und Erschließungsplans i.S. des § 12 BauGB oder
- ihrer Lage innerhalb eines im Zusammenhang bebauten Ortsteils gemäß § 34 BauGB oder
- ihrer Lage innerhalb eines Gebiets, für das die Aufstellung eines Bebauungsplans beschlossen worden ist, nach Maßgabe des § 33 BauGB

129 Zur Beziehung vgl. Hoenig, Der Städtebau, 1920, S. 177.

zulässig ist, andererseits **jedoch** die **Erschließung nicht gesichert oder** das **Grundstück nach Lage, Form oder Größe** (noch) **unzureichend gestaltet ist.**

175 **Bebauungspläne, die wegen Funktionslosigkeit außer Kraft getreten sind,** müssen bei der Klassifizierung einer Fläche nach § 5 ImmoWertV außer Betracht bleiben[130]. Hierzu gehören nicht die Bebauungspläne, mit denen die Gemeinde das Ziel verfolgt, preisgünstiges Bauland für Einheimische bereitzustellen und zur Dämpfung der Bodenpreise beizutragen[131].

176 Eine **gesicherte Erschließung** gehört nach § 30 Abs. 1 letzter Satz, § 33 Abs. 1 Nr. 4 und § 34 Abs. 1 Satz 1 BauGB zu den bauplanungsrechtlichen Voraussetzungen für die Zulässigkeit einer baulichen Nutzung[132]. Unter der Erschließung ist eine ordnungsgemäß benutzbare verkehrsmäßige Anbindung eines Baugrundstücks durch Straßen, Wege oder Plätze sowie durch ordnungsgemäß benutzbare Ver- und Entsorgungsleitungen für Elektrizität, Wasser und Abwasser zu verstehen.

177 „**Erschlossen**" ist ein Grundstück nach § 131 Abs. 1 BauGB, wenn der Eigentümer die Möglichkeit hat, von einer Erschließungsanlage aus eine Zufahrt bzw. einen Zugang zu einem Grundstück zu nehmen. Nach den bauordnungsrechtlichen Vorschriften der Länder ist die Erschließung „gesichert", wenn bis zum Beginn der Benutzung eines zur Errichtung anstehenden Gebäudes Zufahrtswege, Wasserversorgungs- und Abwasserbeseitigungsanlagen in dem erforderlichen Umfang benutzbar sind[133].

178 Liegen diese Voraussetzungen nicht vor, so ist die Fläche insoweit als Rohbauland einzustufen, selbst wenn das Grundstück im Übrigen nach Lage, Form und Größe „zureichend" gestaltet ist. Von daher kann es **im Einzelfall erforderlich** werden, **ein Grundstück entsprechend seiner nicht erschlossenen Teile einerseits und der erschlossenen bzw. erschließungsmäßig „gesicherten" Teile andererseits** für eine sachgerechte Wertermittlung **aufzuteilen.** Zur Trennlinie zwischen den jeweiligen Teilflächen vgl. Syst. Darst. des Vergleichswertverfahrens Rn. 265.

179 Bei der Wertermittlung von Rohbauland muss grundsätzlich auch der Fall berücksichtigt werden, dass sich im konkreten Einzelfall die allgemeine Erschließungspflicht der Gemeinde zu einem **Rechtsanspruch auf Erschließung** verdichtet hat, insbesondere wenn auf den Erschließungsbeitrag Vorleistungen erhoben worden sind[134].

180 Umgekehrt ist bei einer zumindest gesicherten Erschließung eine nach den §§ 30, 33 oder 34 BauGB für eine bauliche Nutzung bestimmte Fläche als „Rohbauland" einzustufen, wenn sie dafür nach ihrer **Lage, Form und Größe unzureichend gestaltet ist**. In diesem Fall bedarf es noch einer Bodenordnung. Die Definition des Rohbaulandes knüpft damit an bauordnungsrechtliche Bestimmungen an, nach denen Gebäude u.a. nur errichtet werden dürfen, wenn das

---

130 BVerwG, Urt. vom 31.08.1989 – 4 B 161/88 –, UPR 1990, 27 = EzGuG 15.63a; BVerwG, Urt. vom 21.11.1986 – 4 C 22/83 –, BVerwGE 75; BVerwG, Urt. vom 21.11.1986 – 4 C 60/84 –, BRS Bd. 46 Nr. 4; BVerwG, Beschl. vom 05.08.1983 – 4 C 96/79 –, BVerwGE 67, 334; BVerwG, Urt. vom 29.04.1977 – 4 C 39/75 –, BVerwGE 54, 5 = EzGuG 3.59b; BVerwG, Urt. vom 10.03.1967 – 4 C 87/65 –, BVerwGE 26, 282 = EzGuG 4.26b; BGH, Urt. vom 28.06.1984 – III ZR 35/83 –, BRS Bd. 42 Nr. 5= EzGuG 13.70; OVG Berlin, Urt. vom 20.02.1987 – 2 A 4/83 –, BRS Bd. 47 Nr. 213; VGH München, Urt. vom 30.10.1986 – 2 B 86.01790 –, UPR 1987, 232; OVG Greifswald, Urt. vom 04.07.1996 – 9 K 5/94 –, GuG 1997, 190 = EzGuG 10.12.

131 OVG Lüneburg, Urt. vom 20.05.1987 – 1 C 23/86 –, MittDST vom 05.02.1988 = EzGuG 3.71a.

132 Für privilegierte Vorhaben nach § 35 BauGB ist hingegen eine „ausreichende" Erschließung erforderlich (hierzu: OVG Lüneburg, Urt. vom 29.08.1988 – 1 A 5/87 –, BRS Bd. 48 Nr. 79 = EzGuG 4.121b).

133 BVerwG, Urt. vom 08.05.2002 – 9 C 5/01 –, KStZ 2002, 232 = EzGuG 8.72; BVerwG, Urt. vom 17.06.1994 – 8 C 24/92 –, BVerwGE 96, 116 = EzGuG 9.86c; BVerwG, Urt. vom 04.06.1993 – 8 C 33/91 –, BVerwGE 92, 304 = EzGuG 9.86; BVerwG, Urt. vom 03.05.1988 – 4 C 54/85 –, BRS Bd. 48 Nr. 92 = EzGuG 9.65a; BVerwG, Urt. vom 25.01.1984 – 8 C 77/82 –, BRS Bd. 43 Nr. 62 = EzGuG 9.50; BVerwG, Beschl. vom 24.03.1982 – 8 B 94/81 –, BRS Bd. 43 Nr. 66 = EzGuG 8.58; BVerwG, Urt. vom 14.03.1975 – 4 C 44/72 –, BVerwGE 48, 117 = EzGuG 9.23; BVerwG, Urt. vom 27.01.1967 – 4 C 33/65 –, BVerwGE 26, 111 = EzGuG 8.68; OVG Münster, Urt. vom 31.01.1989 – 3 A 922/87 –, KStZ 1990, 117 = EzGuG 8.68; Art. 4 Abs. 1 Nr. 3 BayBauO.

134 BVerwG, Urt. vom 28.10.1981 – 8 C 4/81 –, BVerwGE 64, 186 = EzGuG 9.42; BVerwG, Urt. vom 26.11.1976 – 4 C 79/74 –, BRS Bd. 37 Nr. 175 = EzGuG 9.30; BVerwG, Urt. vom 02.02.1978 – 4 B 122/77 –, BRS Bd. 37 Nr. 7 = EzGuG 9.33; BVerwG, Urt. vom 10.09.1976 – 4 C 5/76 –, BRS Bd. 37 Nr. 6 = EzGuG 9.2; BVerwG, Urt. vom 04.10.1974 – 4 C 59/72 –, BRS Bd. 28 Nr. 19 = EzGuG 9.23; in der Umlegung nach den §§ 45 ff. BauGB: BVerwG, Urt. vom 04.02.1981 – 8 C 13/81 –, BVerwGE 61, 316 = EzGuG 17.39; OVG Münster, Urt. vom 16.06.1988 – 7 A 675/87 –, BRS Bd. 48 Nr. 93 = EzGuG 9.65b.

Grundstück „nach Lage, Form, Größe und Beschaffenheit für die beabsichtigte Bebauung geeignet ist“[135]. Auch diesbezüglich kann es erforderlich werden, die Gesamtfläche eines Grundstücks nach solchen Teilflächen aufzugliedern, die z.B. als baureif i.S. des § 3 Abs. 4 ImmoWertV und als Rohbauland einzustufen sind, soweit die Teilfläche noch einer Bodenordnung bedarf.

4.4 Besonderheiten für Umlegungsgebiete

▶ *Teil VI Rn. 773 ff., 889 ff.*

Für die in ein Umlegungsverfahren bzw. in ein Grenzregelungsverfahren nach den §§ 45 ff. 181
und den §§ 80 ff. BauGB einbezogenen Grundstücke gelten eine Reihe von **Besonderheiten.** Grundsätzlich ist hier zwischen

- dem Einwurfswert und
- dem Zuteilungswert

zu unterscheiden. Eine weitere Besonderheit besteht für Umlegungsverfahren in förmlich festgelegten Sanierungsgebieten, wo sich Einwurfs- und Zuteilungswerte nach Maßgabe des § 153 Abs. 5 BauGB bemessen.

Gemeinbedarfsflächen, die im Falle ihres Erwerbs unter Anwendung des Vorwirkungs- 182
grundsatzes zu erwerben wären, werden im Rahmen von Umlegungsverfahren regelmäßig als Rohbauland qualifiziert.

5 Baureifes Land (§ 3 Abs. 4 ImmoWertV)

5.1 Materielle Definition

5.1.1 Allgemeines

▶ *Vgl. zum Begriff des Baulandes Rn. 189 ff.; zum Begriff der baulichen Nutzung Rn. 6 ff., 174; § 5 ImmoWertV Rn. 10 ff.; § 8 ImmoWertV Rn. 46 ff.*

Als baureifes Land werden mit § 3 Abs. 4 ImmoWertV Flächen definiert, für die **nach der** 183
Gesamtheit der öffentlich-rechtlichen Vorschriften und den tatsächlichen Gegebenheiten ein Anspruch auf Zulassung einer baulichen Anlage besteht (§ 29 BauGB)[136]. Zum baureifen Land gehören auch bebaute Grundstücke bzw. bebaubare Grundstücksteilflächen, soweit deren Bebauung genehmigt worden ist bzw. genehmigungsfähig ist oder unter Bestandsschutz fällt.
Zu den **ausdrücklich genannten tatsächlichen Gegebenheiten** gehören z.B. naturbedingte einer Baureife entgegenstehende Hindernisse. Dies entspricht dem Bauordnungsrecht, denn für die Zulassung eines Vorhabens wird auch bauordnungsrechtlich gefordert, dass ein Grundstück nicht nur nach „Lage, Form und Größe“, sondern auch nach seiner „Beschaffenheit“ für eine beabsichtigte Bebauung geeignet ist[137]. Tatsächliche Gegebenheiten können vielfach technisch oder sonstwie überwunden werden. Soweit tatsächliche Gegebenheiten technisch und wirtschaftlich überwindbar sind, stehen sie der Einordnung der Fläche als baureifes Land

135 Art. 4 Abs. 1 BayBauO; zum Begriff vgl. auch § 45 Abs. 1 BauGB.

136 BVerwG, Urt. vom 14.01.1983 – 8 C 81/81 –, BRS Bd. 43 Nr. 109 = EzGuG 9.48; BVerwG, Urt. vom 27.01.1967 – 4 C 33/65 –, BVerwGE 26, 111 = EzGuG 8.20; BVerwG, Urt. vom 12.12.1957 – 1 C 87/57 –, BVerwGE 6.56 = EzGuG 8.3a; BVerwG, Urt. vom 27.06.1957 – 1 C 3/56 –, BVerwGE 5, 143 = EzGuG 16.3; a.A. OLG Köln, Beschl. vom 25.06.1964 – 9 WI 1/64 –, AVN 1966, 101 = EzGuG 8.12; unter Hinweis auf RG, Urt. vom 28.02.1930 – III 87/29 –, RGZ 128, 18.

137 Vgl. OLG Köln, Beschl. vom 25.06.1964 – 9 W 11/64 –, AVN 1966, 101 = EzGuG 8.12 unter Hinweis auf BGH, Urt. vom 14.12.1960 – V ZR 40/60 –, BGHZ 34, 32 = EzGuG 12.4.

nicht entgegen; sie sind dann lediglich wertmindernd zu berücksichtigen. Der Baureife stehen nur die technisch und wirtschaftlich nicht überwindbaren tatsächlichen Gegebenheiten entgegen.

184 Bezüglich der „rechtlichen Gegebenheiten", die nach der Definition des § 194 BauGB von den „tatsächlichen Eigenschaften" zu unterscheiden sind, spricht die Vorschrift ausdrücklich nur „öffentlich-rechtliche Vorschriften" und nicht auch *privatrechtliche* Rechtsverhältnisse an. Wird die bauliche Nutzung eines Grundstücks z.B. durch ein Wege- oder Aussichtsrecht eingeschränkt, ist deshalb „formal" von baureifem Land auszugehen, dessen Marktwert sich indessen aufgrund dieser Einschränkung entsprechend vermindert.

185 Grundsätzlich wird die Zulässigkeit einer baulichen Anlage in einem **Baugenehmigungsverfahren** geprüft. In diesem Verfahren wird geprüft, ob das Bauvorhaben oder eine planungsrechtlich relevante Nutzungsänderung

- planungsrechtlichen und
- bauordnungsrechtlichen

Vorschriften entsprechen. Das Baugenehmigungsverfahren ist antragsgebunden.

186 Für Vorhaben, welche die **Errichtung, Änderung oder Nutzungsänderung** baulicher Anlagen zum Inhalt haben, gelten nach § 29 Abs. 1 BauGB die planungsrechtlichen Zulässigkeitsvorschriften der §§ 30 bis 37 BauGB. Auf der Grundlage der mit dem BauROG geänderten Fassung des § 29 Abs. 1 BauGB steht es den Ländern frei, ob und in welchem Umfang sie die genannten Maßnahmen von einem präventiven Zulassungsverfahren abhängig machen. Grundsätzlich ist auch nach den Bauordnungen der Länder die Errichtung, Änderung oder Nutzungsänderung baulicher Anlagen genehmigungsbedürftig, jedoch ist für Vorhaben mit nicht wesentlicher städtebaulicher Bedeutung ein Anzeigeverfahren vorgesehen bzw. die Maßnahmen sind gänzlich von der Genehmigung freigestellt (Freistellungsregelung). Soweit weitere Genehmigungen und Zulassungen erforderlich sind, so bestimmt sich das Verhältnis der Baugenehmigung zu diesen fachgesetzlichen Genehmigungen und Zulassungen nach den jeweiligen Gesetzen, wobei die Baugenehmigung von diesen Genehmigungen grundsätzlich abhängig sein soll (Schlusspunkttheorie Abb. 32).

Abb. 32: Genehmigungs-, Zustimmungs- und Anzeigeverfahren

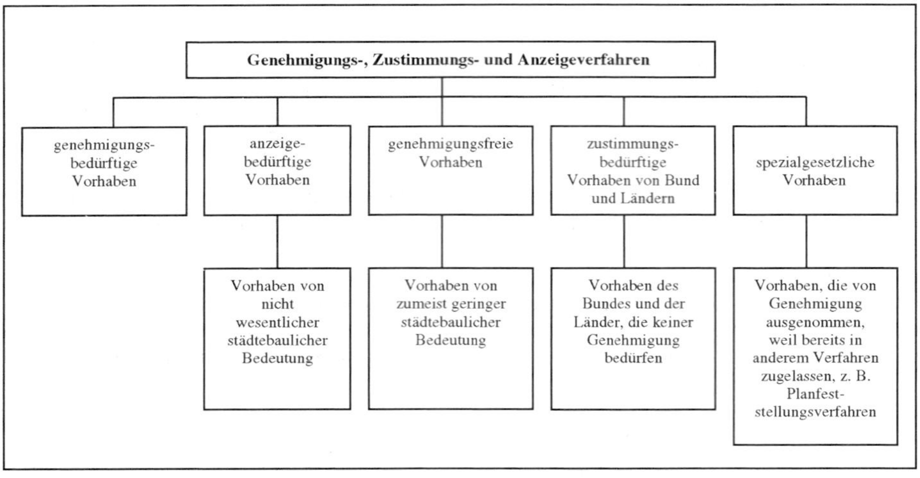

187 Nach bauordnungsrechtlichen Vorschriften ist Voraussetzung für die Zulassung eines Vorhabens jedoch, dass das **Grundstück „nach Lage, Form, Größe und Beschaffenheit für die beabsichtigte Bebauung geeignet** ist". Insoweit kann es erforderlich werden, eine übergroße

Grundstücksfläche in Teilflächen unterschiedlichen Entwicklungszustands für eine sachgerechte Wertermittlung (gedanklich) aufzuteilen.

Mit der Qualifizierung einer Fläche als „baureifes Land“ wird lediglich der Entwicklungszustand bestimmt. Der Zustand muss für die Belange der Wertermittlung konkretisiert werden, insbesondere im Hinblick auf **Art und Maß der baulichen Nutzung**. **188**

Der **Begriff des „Baulandes“ schließt** auch **bebaute Grundstücke** ein (vgl. Rn. 183 ff.). **189** Zwischen „baureifem Land“ und dem im Baurecht (z.B. § 133 Abs. 1 Satz 2 BauGB, § 19 Abs. 3 BauNVO), in einigen Gutachterausschussverordnungen der Länder (vgl. § 14 Abs. 1 Satz 1, § 15 Abs. 2 hess VO BauGB), im Steuerrecht (§ 189 Abs. 3 BewG), in der Beleihungswertermittlung (§ 20 BelWertV) mitunter noch genutzten **Begriff des Baulandes** besteht vielfach Begriffsidentität, jedoch wird der Begriff vielfach auch als Sammelbegriff unter Einbeziehung des Bauerwartungslandes und des Rohbaulandes benutzt. Zum Bauland gehören die Flächen, die nach ihrer Zweckbestimmung für eine Bebauung mit baulichen Anlagen im planungsrechtlichen Sinne vorgesehen sind. Dies sind in erster Linie die im Bebauungsplan als Baugebiet festgesetzten Flächen und entsprechende Flächen nach Maßgabe des § 34 BauGB. Nicht zum Bauland gehören hingegen die nicht für eine Bebauung vorgesehenen Flächen wie private Grünflächen[138] und die der straßenmäßigen Erschließung (auch von Hinterliegergrundstücken) dienenden Flächen. Die dem Bauland zurechenbare Fläche wird zur Straße hin entweder von der festgesetzten Straßenbegrenzungslinie oder der tatsächlichen Straßengrenze begrenzt (§ 19 Abs. 3 BauNVO).
Wenn auch nicht mit gänzlich identischem Inhalt lehnt sich der für die Belange der Wertermittlung definierte Begriff des „baureifen Landes“ an den im **Erschließungsbeitragsrecht** gebrauchten Baulandbegriff an[139].

- Wie im Erschließungsbeitragsrecht[140] steht auch hier z.B. eine privatrechtliche, durch beschränkt persönliche Dienstbarkeit gesicherte Verpflichtung, ein Grundstück nicht zu bebauen, der Baureife nicht entgegen[141].
- Im Unterschied zum Erschließungsbeitragsrecht soll nach der Begründung zu § 4 Abs. 4 WertV 88 auch ein bebautes Grundstück, das am Wertermittlungsstichtag nicht mehr bebaut werden dürfte, für die Belange der Wertermittlung als baureif gelten[142].
- Ansonsten wird auch im Erschließungsbeitragsrecht auf das Merkmal der „Baureife“ abgestellt.

Der **Begriff des „Baulands“** (vgl. § 19 Abs. 3 BauNVO) geht zurück auf § 9 Abs. 1 Nr. 1 BBauG in der bis zur BBauG-Novelle 1976 geltenden Fassung und wird in der Nachfolgeregelung nicht mehr gebraucht. Neben dem § 19 Abs. 3 Satz 1 BauNVO wird er noch in § 133 Abs. 1 Satz 2 BauGB gebraucht. Zum Bauland gehören auch die nicht überbaubaren Grundstücksflächen nach § 9 Abs. 1 Nr. 2 BauGB i.V.m. § 23 BauNVO, denn mit der überbaubaren Grundstücksfläche wird nur der Standort von baulichen Anlagen und nicht die dem Bauland zurechenbare Fläche begrenzt[143]. Dies gilt selbst dann, wenn der Bebauungsplan für diese Flä-

---

138 BVerwG, Beschl. vom 24.04.1991 – 4 NB 24/90 –, BRS Bd. 52 Nr. 19 = EzGuG 4.143a.

139 In der Rspr. ist der Baulandbegriff unterschiedlich zumeist sogar im erweiterten Sinne unter Einbeziehung des werdenden Baulandes gebraucht worden; BVerwG, Urt. vom 27.06.1957 – 1 C 3/56 –, BVerwGE 5, 143 = EzGuG 16.3; BVerwG, Urt. vom 27.01.1967 – 4 C 33/65 –, BVerwGE 26, 111 = EzGuG 8.20; OLG Köln, Beschl. vom 25.06.1964 – 9 W I 1/64 –, AVN 1966, 101 = EzGuG 8.12; vgl. Burkhardt in BlGBW 1967, 87; zum Baulandbegriff vgl. auch VGH Mannheim, Beschl. vom 04.07.2003 – 8 S 1251/03 –, GuG 2004, 248 = EzGuG 4.187.

140 BVerwG, Urt. vom 27.01.1967 – 4 C 33/65 –, BVerwGE 26, 111 = EzGuG 8.20; BVerwG, Urt. vom 27.06.1957 – 1 C 3/56 –, BVerwGE 5, 143 = EzGuG 16.3; BVerwG, Urt. vom 12.12.1957 – 1 C 87/57 –, BVerwGE 6, 56 = EzGuG 8.3a.

141 BVerwG, Beschl. vom 24.03.1982 – 8 B 94/81 –, BRS Bd. 43 Nr. 66 = EzGuG 8.58; OVG Berlin, Urt. vom 5.2.1971 – 2 B 37/69 –, NJW 1971, 410 = EzGuG 8.34.

142 BGH, Urt. vom 02.02.1978 – III ZR 90/76 –, BRS Bd. 34 Nr. 116 = EzGuG 18.81; BGH, Urt. vom 08.12.1977 – III ZR 163/75 –, BGHZ 71, 1 = EzGuG 18.82; BVerwG, Urt. vom 20.09.1974 – 4 C 70/72 –, BRS Bd. 37 Nr. 151 = EzGuG 9.20; abweichend: BVerwG, Urt. vom 12.11.1971 – 4 C 11/70 –, BRS Bd. 37 Nr. 157= EzGuG 8.37a.

143 Stock, BauNVO § 19 BauNVO Rn. 13a und § 23 BauNVO Rn. 10 ff.; OVG Bautzen, Beschl. vom 17.11.1998 – 1 S 669/98 –, BRS Bd. 60 Nr. 167= EzGuG 3.1256c.

chen zusätzliche Festsetzungen wie Pflanzgebote oder Pflanzbindungen nach § 9 Abs. 1 Nr. 25 BauGB trifft. Das Gleiche gilt für bauliche Anlagen, soweit sie nach Landesrecht in den Abstandsflächen zulässig sind oder zugelassen werden können[144].

190 **Gemeinbedarfsflächen** (vgl. 44 ImmoWertV) werden üblicherweise nicht dem baureifen Land zugerechnet (vgl. Rn. 8 sowie § 73 Abs. 2 Satz 2 BewG).

5.1.2 Bebaute Grundstücke

▶ *Zum Bestandsschutz § 5 ImmoWertV Rn. 80 ff.; § 6 ImmoWertV Rn. 69 ff.; Teil VI Rn. 759*

191 **Bebaute Grundstücke** werden in § 3 ImmoWertV nicht als eigenständiger Entwicklungszustand definiert. Sie **sind grundsätzlich dem Entwicklungszustand „baureifes Land" zuzuordnen**. Bei übergroßen Grundstücken gilt dies allerdings zunächst nur für die der Bebauung zuzurechnende Grundstücksteilfläche. Der Entwicklungszustand der darüber hinausgehenden Teilfläche bestimmt sich dagegen nach allgemeinen Grundsätzen.
Im Einzelfall ist auch zu prüfen, ob nach den zum Wertermittlungsstichtag maßgebenden Umständen die bauliche Nutzung auf Dauer oder nur vorübergehend aufgrund des **Bestandsschutzes einer baulichen Anlage**[145] gewährleistet ist[146]. Dieser Bestandsschutz besteht allerdings nur für zulässigerweise errichtete Anlagen. Für die in einem Gebäude ausgeübte Nutzung endet der Bestandsschutz mit dem tatsächlichen Beginn einer andersartigen Nutzung, sofern diese nicht nur vorübergehend ausgeübt werden soll[147].

192 Ist danach die Fortführung der bisherigen baulichen Nutzung „auf Dauer" gewährleistet, kommt ein Risikoabschlag im Hinblick auf einen unvorhersehbaren Unglücksfall entsprechend den Gepflogenheiten des gewöhnlichen Geschäftsverkehrs in Betracht. Im Übrigen ist – vom Planungsschadensersatz abgesehen – der **Fortfall von Baurechten** aufgrund des Bestandsschutzes gänzlich oder teilweise dadurch berücksichtigungsfähig, dass der Unterschied zwischen dem Bodenwert aufgrund der derzeitigen und der künftigen (d.h. der sich nach Abgang der baulichen Anlage ergebenden) Nutzbarkeit über die Restnutzungsdauer diskontiert wird.

193 Im Unterschied zur ImmoWertV wurde in einigen zwischenzeitlich außer Kraft getretenen Gutachterausschussverordnungen der Länder zwischen dem baureifen Land und dem **bebauten Land** unterschieden, wobei dieses jedoch materiell nicht definiert wurde[148]. Eine Definition enthält § 74 BewG, nach dem bebaute Grundstücke solche sind, auf denen sich benutzbare Gebäude befinden, sofern deren Zweckbestimmung und Wert gegenüber der Zweckbestimmung und dem Wert des Grund und Bodens nicht von untergeordneter Bedeutung ist (§ 72 Abs. 2 BewG) oder in denen sich aufgrund des Verfalls der Gebäude keine auf Dauer benutzbaren Räume befinden (§ 72 Abs. 3 BewG).

---

144 VGH Mannheim, Beschl. vom 04.07.2003 – 8 S 1251/03 –, GuG 2004, 248 = EzGuG 4.187.

145 BVerwG, Urt. vom 24.05.1988 – 4 CB 12/88 –, BRS Bd. 48 Nr. 137 = EzGuG 3.72b; BVerwG, Urt. vom 17.01.1986 – 4 C 80/82 –, BVerwGE 72, 362 = EzGuG 3.70; BVerwG, Urt. vom 24.10.1980 – 4 C 81/77 –, BRS Bd. 36 Nr. 99 = EzGuG 3.63b; BVerwG, Urt. vom 23.01.1981 – 4 C 83/77 –, BRS Bd. 38 Nr. 89 = EzGuG 3.63d; BVerwG, Beschl. vom 20.03.1981 – 4 B 195/80 –, BRS Bd. 38 Nr. 102 EzGuG 3.63e; BVerwG, Urt. vom 18.10.1974 – 4 C 75/71 –, BVerwGE 47, 126 = EzGuG 3.49; BVerwG, Urt. vom 22.09.1967 – 4 C 109/65 –, BRS Bd 23 Nr. 115 = EzGuG 3.30; BVerwG, Urt. vom 19.10.1966 – 4 C 16/66 –, BRS Bd. 18 Nr. 24 = EzGuG 3.29.

146 BT-Drs. 352/88, S. 35; vgl. zur Fortentwicklung Sarnighausen, DÖV 1993, 758.

147 BVerwG, Urt. vom 25.03.1988 – 4 C 21/85 –, BRS Bd. 48 Nr. 138 = EzGuG 3.27.

148 § 13 Abs. 1 rh.-pf. GutachterausschussVO; § 14 saarl. GutVO.

5.1.3 Baulücke

Baulücken sind ebenfalls dem baureifen Land zuzurechnen. Unter Baulücken im engeren Sinne werden nämlich „unbebaute Grundstücke" verstanden[149]. Ausschlaggebend ist, inwieweit die aufeinanderfolgende Bebauung trotz vorhandener Baulücken den **Eindruck der Geschlossenheit (Zusammengehörigkeit)** vermittelt, wofür letztlich die „Verkehrsauffassung" maßgebend ist[150]. Im Verhältnis zu dem weiträumig unbebauten baureifen Land weisen Baulücken i.d.R. jedoch eine höhere Wertigkeit auf, wenn durch die Nachbarschaftsbebauung eine geordnete städtebauliche Einbindung mit allen ihren Lagevorteilen einhergegangen ist. **194**

5.1.4 Faktisches Bauland in Außenbereichslagen (§ 35 Abs. 2 BauGB)

▶ *Vgl. zu Hofstellen Rn. 135, 246; § 40 ImmoWertV Rn. 223*

Bebaute im Außenbereich (§ 35 BauGB) gelegene Grundstücke sind nach § 40 Abs. 3 Nr. 4 ImmoWertV sog. faktisches Bauland bzw. sog. „De-facto-Bauland"; der BGH spricht in diesem Zusammenhang auch vom „speziellen Verkehrswert" als Bauland für eine landwirtschaftliche Nutzung[151]. Diese Eigenschaft resultiert aus der vorhandenen Bebauung, wenn diese **zulässigerweise errichtet wurde** und nach den Regelungen des § 35 BauGB über privilegierte bzw. begünstigte Vorhaben weiterhin **wirtschaftlich genutzt werden kann** (Bestandsschutz). Soweit mit dem Fortfall der baulichen Nutzung zu rechnen ist, muss dies allerdings nach Maßgabe des § 11 ImmoWertV berücksichtigt werden. **195**

Dem faktischen Bauland sind insbesondere die nach **§ 35 Abs. 2 BauGB bebauten Grundstücke** zuzurechnen. Danach können „neben den privilegierten Vorhaben im Einzelfall auch „*sonstige Vorhaben*" zugelassen werden, wenn ihre Ausführung oder Benutzung öffentliche Belange nicht beeinträchtigt und die Erschließung gesichert ist." Nach der Rechtsprechung des BGH und des BVerwG gewährt diese Vorschrift trotz ihres Wortlauts („können") einen Rechtsanspruch auf Zulassung eines Vorhabens, wenn öffentliche Belange nicht beeinträchtigt werden[152].

Zur Marktwertermittlung bebauter Grundstücke im Außenbereich, deren bauliche Anlagen rechtlich und wirtschaftlich weiterhin nutzbar sind, wird darauf hingewiesen, dass sie i.d.R. einen höheren Bodenwert als unbebaute Grundstücke im Außenbereich hätten und der Bodenwert auf der Grundlage des Bodenwerts vergleichbarer baureifer Grundstück benachbarter Baugebiete unter Berücksichtigung von wertbeeinflussenden Merkmalen wie Entfernung zur Ortslage, besondere Lagemerkmale, Erschließungssituation, eingeschränkte Nutzungsänderungs- bzw. Erweiterungsmöglichkeiten oder Grundstücksgröße ermittelt werden könnte.

Von den Gutachterausschüssen für Grundstückswerte werden vielfach die Ergebnisse entsprechender Marktanalysen angegeben.

– Nach Untersuchungen des Gutachterausschusses von *Bergisch Gladbach* (2024) weist z.B. das „**faktische Bauland**" (§ 35 Abs. 2 BauGB) bei einer Baugrundstücksgröße von 354 bis 2 700 m² ein durchschnittliches Wertniveau von rd. 65 % des nächstgelegenen erschließungsbeitragsfreien Bodenrichtwerts bei einer Spanne von 50 bis 85 % auf.

---

149 BVerwG, Urt. vom 14.12.1973 – 4 C 48/72 –, BVerwG 44, 250; BVerwG, Urt. vom 06.11.1968 – 4 C 2/66 –, BVerwGE 31.20 = EzGuG 8.27; BVerwG. Urt. vom 02.07.1963 – 1 C 110/62 –, BRS Bd. 14, S. 51 = EzGuG 3.23a; OVG Lüneburg, Urt. vom 13.12.1963 – 1 A 150/62 –, BRS Bd. 14 Nr. 22; VGH Mannheim, Urt. vom 09.03.1950 – III 280/49 –, BRS Bd. 1 S. 11 ff = EzGuG 3.1a.

150 BVerwG, Urt. vom 06.12.1967 – 4 C 94/66 –, BVerwGE 28, 268; BVerwG, Urt. vom 14.04.1967 – 4 C 134/65 –, BRS Bd. 18 Nr. 23 = EzGuG 3.29b; BVerwG, Beschl. vom 25.05.1967 – 4 B 184/66 – EzGuG 4.26c; BVerwG, Urt. vom 10.03.1967 – 4 C 32/66 –, Buchholz 46.11 § 35 BauGB Nr. 30 = EzGuG 3.29a.

151 BGH, Urt. vom 26.10.1999 – LwZR 9/99 –, WM 2000, 322 = EzGuG 19.47b.

152 BGH, Urt. vom 05.02.1981 – III ZR 119/79 –, NJW 1981, 982 = EzGuG 8.57; BGH, Urt. vom 12.02.1976 – III ZR 184/73 –, BRS Bd. 34 Nr. 166 = EzGuG 19.28; BVerwG, Urt. vom 29.04.1964 – 1 C 30/62 –, BRS Bd. 15 Nr. 49 = EzGuG 8.11; a.A. Gaentzsch im Berliner Komm. § 42 Rn. 9. Nach Driehaus (Erschließungs- und Straßenausbaubeitragsrecht in Aufsätzen, vhw-Verlag 2004, S. 145) handelt es sich zumindest beitragsrechtlich nicht um „Bauland", da diese Flächen nicht im Rahmen einer „geordneten baulichen Entwicklung der Gemeinde" zur Bebauung anstehen (§ 133 Abs. 1 Satz 2 BauGB).

– Der Gutachterausschuss von *Bielefeld* hat einen entsprechenden Prozentsatz von 65 % des nächstgelegenen Bodenrichtwerts für baureifes Land bezogen auf eine Grundstücksfläche von rd. 800 m² ermittelt[153].

– Die Gutachterausschüsse von *Köln* und der linksrheinischen Gemeinden und Kreise gehen hingegen von einem Bodenwert aus, der nur 25 % des ansonsten vergleichbaren Baulands ausmacht.

– Vom Gutachterausschuss in *Moers* wurden 21 Bodenrichtwertzonen für „Wohnen im Außenbereich“ mit einer Preisspanne von 120–245 €/m² festgestellt[154].

– Vom Gutachterausschuss des Landkreises *Wesel*[155] werden die Prozentsätze in Abhängigkeit vom Rand des nächstgelegenen bebauten Ortsteils der Gemeinde und des dafür maßgebenden Bodenrichtwerts (erschließungsbeitrags- und kostenerstattungsbetragsfreier Grundstücke) ermittelt (vgl. Rn. 135).
Problematisch für die Marktwertermittlung des faktischen Wohnbaulands im Außenbereich ist die Abgrenzung der der Bebauung zurechenbaren Flächen, zumal zu den Wohngebäuden Nebengebäude errichtet worden sind. Der Gutachterausschuss von *Steinfurt* empfiehlt für Wohnbauflächen im Außenbereich folgendes Anwendungsmodell auf der **Grundlage des Bodenrichtwerts eines „Normgrundstücks“ für „reines“ Wohnen im Außenbereich (W-ASB)** – unter Ausschluss der Wohnbauflächen landwirtschaftlicher Hofstellen –, das sie wie folgt definiert:
– Grundstücksgröße: 1 000 m²

– Bauweise: freistehend, 1 bis 2 Vollgeschosse,

– Erschließung: ortsüblich, nach Art und Umfang (erschließungsbeitragsfrei nach BauGB und KAG)

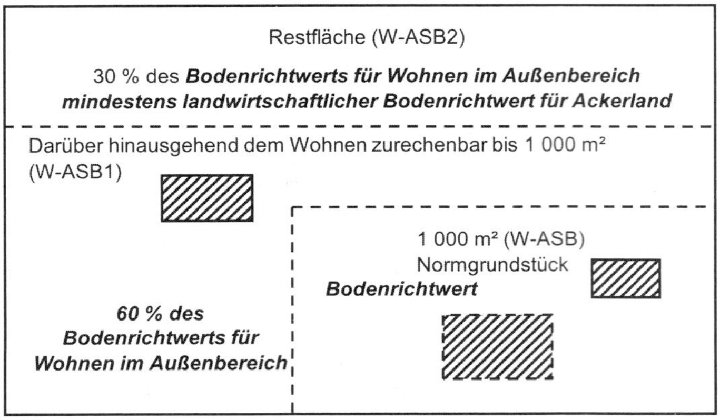

153 Grundstücksmarktbericht 2024.
154 Grundstücksmarktbericht 2024
155 Grundstücksmarktbericht 2024

5.1.5 Steuerliche Bewertung

▶ *Vgl. Rn. 26, 31, 46 ff., 166; Vorbem. zur ImmoWertV Rn. 3; zum niedrigeren Wert § 1 ImmoWertV Rn. 24; § 6 ImmoWertV Rn. 46 f., 195; § 8 ImmoWertV Rn. 45 f.; § 15 ImmoWertV Rn. 9; § 21 ImmoWertV Rn. 66 ff., 177; § 40 ImmoWertV Rn. 7, 28; Syst. Darst. des Vergleichswertverfahrens Rn. 126 ff., 166 ff., 277; Syst. Darst. des Ertragswertverfahrens Rn. 118, 196, 264, 271; Syst. Darst. des Sachwertverfahrens Rn. 169, 170, 324*

Für den Bereich der steuerlichen Bewertung definiert § 73 Abs. 2 BewG als „baureifes Grundstück" solche unbebauten Grundstücke, die in einem Bebauungsplan als Bauland festgesetzt sind, deren sofortige Bebauung möglich ist und bei denen die Bebauung innerhalb des Plangebiets in benachbarten Bereichen begonnen hat oder schon durchgeführt ist. Diese Definition ist aus steuerlichen Gründen zu einengend, da sie auf die „bauliche Akzeptanz" abstellt, die nicht für den maßgeblichen Entwicklungszustand, sondern allenfalls für die Wertigkeit steht. Inhaltlich ist das in § 3 Abs. 4 ImmoWertV definierte „baureife Land" nicht identisch mit dem im Steuerrecht maßgeblichen Begriff des „baureifen Grundstücks" nach § 73 BewG, weil mit dieser Vorschrift allein die in Bebauungsplänen als Bauland festgesetzten Flächen und nicht auch das in „§ 34er-Gebieten" gelegene „baureife Land" erfasst wird. 196
Das steuerliche Bewertungsrecht unterscheidet in den §§ 74, 191 und 249 BewG **nach folgenden Grundstücksarten**:

1. Mietwohngrundstücke,
2. Geschäftsgrundstücke,
3. gemischt genutzte Grundstücke,
4. Einfamilienhäuser,
5. Zweifamilienhäuser,
6. Wohnungseigentum,
7. Teileigentum und
8. sonstige bebaute Grundstücke.

5.1.6 Beleihungswertermittlung

▶ *Teil VI Rn. 759; Teil IX Rn. 44 ff.*

§ 20 BelWertV, nach dem „bei der Wertermittlung von Bauland ... sowohl dessen Entwicklungszustand als auch der künftige Bedarf" an Bauland zu prüfen ist, lässt nicht erkennen, ob unter den Begriff „Bauland" nur das Bauland im engeren Sinne (baureifes Land) oder im erweiterten Sinne unter Einschluss des Bauerwartungslands und des Rohbaulands angesprochen ist. Nach Satz 3 dieser Vorschrift ist nur ein **„gesichertes Bebauungsrecht"** bei der Beleihungswertermittlung zu berücksichtigen; darüber hinaus darf bei der Bodenwertermittlung nach § 15 Abs. 2 Satz 2 BelWertV „keine höherwertige Nutzung als zulässig zugrunde gelegt werden." 197

5.2 Baureife begründende rechtliche Gegebenheiten

5.2.1 Bauplanungsrecht

▶ *Vgl. zum Außenbereich Rn. 231 f.; § 5 ImmoWertV Rn. 10 ff.*

Wesentliche **Merkmale der Baureife** aufgrund öffentlich-rechtlicher Vorschriften: 198

a) Nach den §§ 30, 33, 34 und 35 BauGB besteht **Anspruch auf Genehmigung eines baulichen Vorhabens** (§ 29 BauGB), das die Errichtung, Änderung oder Nutzungsänderung einer baulichen Anlage zum Inhalt hat.

In diesem Rahmen kann sich der Anspruch auf Genehmigung eines Vorhabens nach § 30 Abs. 2 BauGB auch aus einem **vorhabenbezogenen Bebauungsplan** bestimmen, der auf der Grundlage eines Vorhaben- und Erschließungsplans und eines Durchführungsvertrags erlassen wurde. Grundsätzlich gehören hierzu auch die nach § 37 BauGB zulässigen baulichen Maßnahmen des Bundes und der Länder sowie solche baulichen Maßnahmen, deren Zulässigkeit nach § 38 BauGB von den §§ 29 ff. BauGB unberührt sind. Die Begründung zu § 4 Abs. 4 WertV 88 (entspricht § 5 Abs. 4 ImmoWertV) weist ausdrücklich darauf hin, dass als baureifes Land auch solche Flächen einzustufen sind, auf denen nur bestimmte Nutzungen, z.B. Sonderbauflächen (§§ 10 f. BauNVO), zulässig sind[156].

b) Im Allgemeinen liegt das baureife Land an endgültig oder vorläufig ausgebauten bzw. zum Ausbau vorgesehenen Straßen. Es genügt aber nach den §§ 30, 33, 34 und 35 BauGB, dass die **Erschließung „gesichert" bzw. „ausreichend"** ist.
Ob ein Erschließungsbeitrag bereits entstanden, durch Bescheid fällig gestellt oder bereits entrichtet wurde, ist für die Einstufung einer Fläche als baureifes Land grundsätzlich unerheblich. Nichtsdestoweniger ist der beitrags- und abgabenrechtliche Zustand des Grundstücks bei der Verkehrswertermittlung zu berücksichtigen. Dies gilt im Übrigen auch für Umlegungsleistungen nach § 64 BauGB, Ausgleichsbeträge nach den §§ 154 f. BauGB sowie für KAG-Beiträge (vgl. Syst. Darst. des Vergleichswertverfahrens Rn. 321 ff.).

c) Der Zulassung einer baulichen Nutzung steht entgegen, wenn ein Grundstück oder ein Grundstücksteil nicht nach **Lage, Form, Größe und Beschaffenheit** „zureichend" gestaltet ist (vgl. Rn. 185, 192); diesbezüglich können die Vorschriften der BauO des Landes einer Bebauung entgegenstehen.

199 Bauplanungsrechtlich kommt es für die Einordnung einer Fläche als baureifes Land nicht darauf an, dass die **Fläche zum Zwecke der Bebauung katasteramtlich vermessen und im Grundbuch eingetragen** ist[157].

200 Nach § 29 Abs. 1 BauGB bestimmt sich die **Zulässigkeit von Vorhaben,** welche die Errichtung, Änderung oder Nutzungsänderung zum Inhalt haben, nach den §§ 30 bis 37 BauGB. Das BauGB unterscheidet dabei nach Vorhaben

– im Geltungsbereich eines qualifizierten Bebauungsplans nach § 30 Abs. 1 BauGB,

– im unbeplanten Innenbereich nach § 34 BauGB und

– im Außenbereich nach § 35 BauGB.

201 **Qualifiziert ist ein Bebauungsplan,** der allein oder gemeinsam mit sonstigen baurechtlichen Vorschriften mindestens Festsetzungen über

a) die Art und das Maß der baulichen Nutzung,

b) die überbaubaren Grundstücksflächen und

c) die örtlichen Verkehrsflächen

enthält.

Die Zulässigkeit kann sich auch nach einem **Bebauungsplan der Innenentwicklung nach § 13a BauGB** bestimmen, der in einem beschleunigten Verfahren aufgestellt wurde.

202 Im **unbeplanten Innenbereich** ist ein Vorhaben nach § 34 Abs. 1 BauGB zulässig, wenn es sich

– nach Art und Maß der baulichen Nutzung,

156 BR-Drs. 352/88, S. 38.

157 BVerwG, Beschl. vom 28.09.1988 – 4 B 175/88 –, NVwZ 1989, 354 = EzGuG 8.65; BVerwG, Urt. vom 12.06.1970 – 4 C 77/68 –, BVerwGE 35, 256 = EzGuG 16.12; BVerwG, Urt. vom 03.03.1972 – 4 C 4/69 –, BRS Bd. 25 Nr. 39 = EzGuG 8.38; BVerwG, Urt. vom 22.02.1963 – 4 C 249/61 –, NJW 1963, 1515 = EzGuG 8.7; vgl. auch BewR Gr vom 19.09.1966 (BAnz Nr. 183 Beil. = BStBl I 1966, 890, zu § 69 zu Nr. 2).

- der Bauweise und
- der Grundstücksfläche, die überbaut werden soll,

in die Eigenart der näheren Umgebung einfügt und die Erschließung gesichert ist. Für Vorhaben im Geltungsbereich eines einfachen Bebauungsplans ist § 34 BauGB ergänzend heranzuziehen (Abb. 33).

Abb. 33: Zulässigkeit von Vorhaben

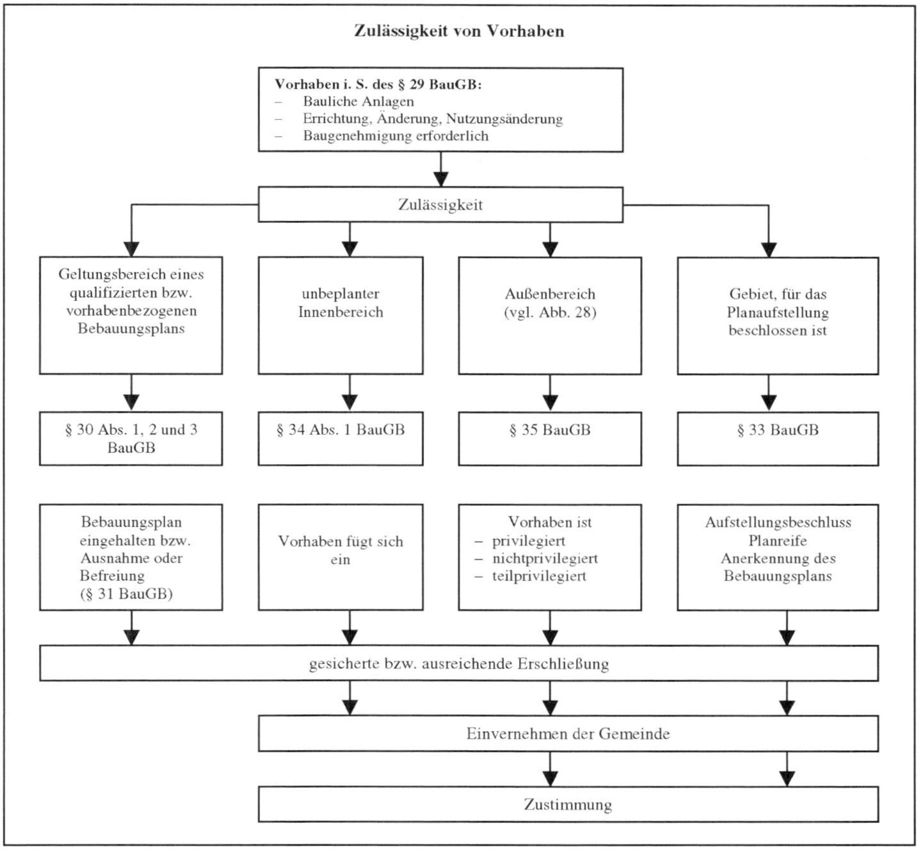

5.2.2 Zulässigkeit von Vorhaben im Geltungsbereich eines Bebauungsplans nach § 30 BauGB

203 Ein **Vorhaben** ist **nach § 30 Abs. 1 BauGB bauplanungsrechtlich zulässig, wenn es sämtlichen Festsetzungen eines qualifizierten Bebauungsplans entspricht und die Erschließung gesichert ist.** Nach § 31 BauGB können Ausnahmen und Befreiungen im Einvernehmen mit der Gemeinde gewährt werden (§ 36 BauGB).

204 Des Weiteren ist **nach § 30 Abs. 2 BauGB ein Vorhaben** bauplanungsrechtlich **zulässig, wenn es im Geltungsbereich eines vorhabenbezogenen Bebauungsplans liegt, ihm nicht widerspricht und die Erschließung gesichert ist.** Weitere Voraussetzungen sind

- ein Vorhaben- und Erschließungsplan des Investors,
- ein Durchführungsvertrag zwischen Investor und Gemeinde sowie
- eine Satzung über den vorhabenbezogenen Bebauungsplan (Abb. 34).

Abb. 34: Verfahrensablauf eines Vorhaben- und Erschließungsplans

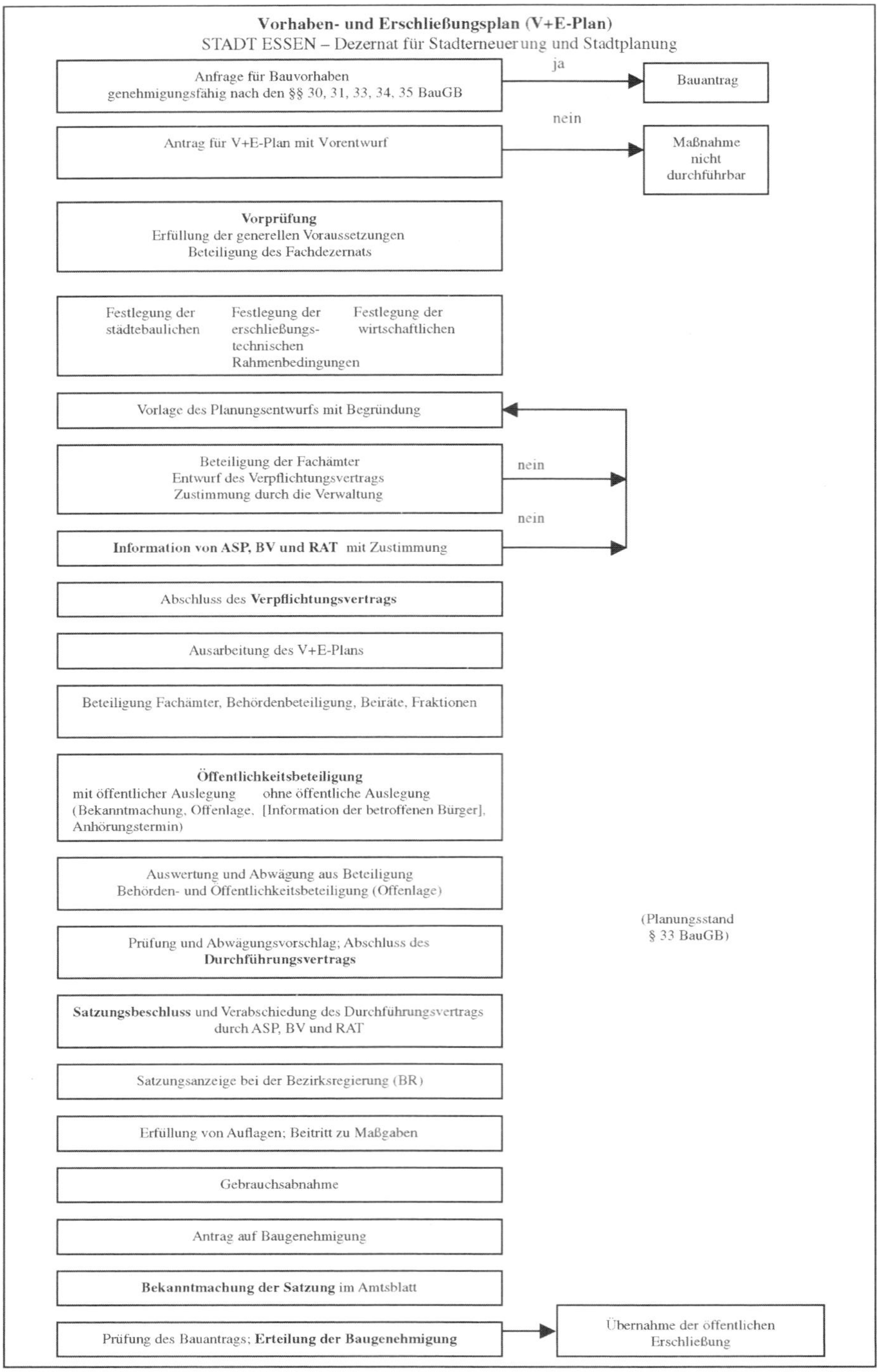

5.2.3 Zulässigkeit von Vorhaben bei Planreife nach § 33 BauGB

Während der Aufstellung eines Bebauungsplans ist ein Vorhaben zulässig, wenn die 205

- formelle Planreife i.S. des § 33 Abs. 1 BauGB oder
- materielle Planreife i.S. des § 33 Abs. 2 BauGB gegeben ist.

Die **formelle Planreife** ist nach § 33 Abs. 1 BauGB gegeben, wenn 206

1. die öffentliche Auslegung durchgeführt und die Träger öffentlicher Belange beteiligt worden sind,
2. anzunehmen ist, dass das Vorhaben den künftigen Festsetzungen des Bebauungsplans nicht entgegensteht,
3. der Antragsteller für sich und seine Rechtsnachfolger diese Festsetzungen schriftlich anerkennt und
4. die Erschließung gesichert ist.

Die **materielle Planreife** ist nach § 33 Abs. 2 BauGB gegeben, wenn vor Durchführung der 207 öffentlichen Auslegung und der Beteiligung der Träger öffentlicher Belange die unter den Nrn. 2 bis 4 genannten Voraussetzungen erfüllt sind. Den betroffenen Bürgern und berührten Behörden (Träger öffentlicher Belange) ist jedoch vor Erteilung der Genehmigung Gelegenheit zur Stellungnahme innerhalb angemessener Frist zu geben, soweit sie dazu nicht vorher Gelegenheit hatten.

5.2.4 Zulässigkeit von Vorhaben im unbeplanten Innenbereich nach § 34 BauGB

5.2.4.1 Allgemeines

Schrifttum: *Bienek, H.,* Zulässigkeit von Vorhaben im unbeplanten Innenbereich, GuG 2017, 162.

▶ *Hierzu auch § 5 ImmoWertV Rn. 73 ff.*

In den im Zusammenhang bebauten Ortsteilen bestimmt sich die Zulässigkeit von Vorhaben 208 nach § 34 BauGB:
§ 34 Abs. 1 BauGB „(1) Innerhalb der im Zusammenhang bebauten Ortsteile ist ein Vorhaben zulässig, wenn es sich nach Art und Maß der baulichen Nutzung, der Bauweise und der Grundstücksfläche, die überbaut werden soll, in die Eigenart der näheren Umgebung einfügt und die Erschließung gesichert ist. Die Anforderungen an gesunde Wohn- und Arbeitsverhältnisse müssen gewahrt bleiben; das Ortsbild darf nicht beeinträchtigt werden."
Nach dieser Vorschrift ist innerhalb eines **im Zusammenhang bebauten Ortsteils** ein **Vorhaben zulässig, wenn es sich nach Art und Maß der baulichen Nutzung, der Bauweise und der Grundstücksfläche,** die überbaut werden soll, **in die Eigenart der näheren Umgebung einfügt und die Erschließung gesichert ist.** Es handelt sich um eine Planersatzvorschrift.

Ein **„im Zusammenhang bebauter Ortsteil"** i.S. des § 34 Abs. 1 BauGB (Innenbereich) ist 209 nach der Rechtsprechung des BVerwG jeder **Bebauungskomplex** im Gebiet einer Gemeinde, **der nach der Zahl der vorhandenen Bauten ein gewisses Gewicht besitzt und Ausdruck einer organischen Siedlungsstruktur ist** *(Projects within continuously Built-up Areas).* Als Bebauungszusammenhang ist eine aufeinander folgende Bebauung anzusehen, die trotz vorhandener Baulücken den Eindruck der Geschlossenheit vermittelt[158]. Der Begriff erschließt sich erst im Lichte der Rechtsprechung. Folgende Grundsätze sind dabei beachtlich:

a) Ein **„Bebauungszusammenhang"** ist durch eine „aufeinander folgende Bebauung" gekennzeichnet, die trotz vorhandener Baulücken den Eindruck der Geschlossenheit (Zusam-

158 BVerwG, Urt. vom 06.11.1968 – 4 C 2/66 –, BVerwGE 31, 20 = EzGuG 8.27.

mengehörigkeit) vermittelt. Bei der Beurteilung der Geschlossenheit kommt es maßgebend auf die Verkehrsauffassung nach den Verhältnissen des Einzelfalls an. Dies gilt auch dafür, ob etwa Straßen oder Geländehindernisse irgendwelcher Art den Bebauungszusammenhang unterbrechen[159].

b) Ein im Zusammenhang bebauter Ortsteil ist jeder Bebauungskomplex im Gebiet einer Gemeinde, der **nach der Zahl der vorhandenen Bauten ein gewisses Gewicht besitzt und Ausdruck einer organischen Siedlungsstruktur** ist. Die organische Siedlungsstruktur erfordert nicht, dass es sich um eine nach Art und Zweckbestimmung einheitliche Bebauung handeln muss. Auch eine unterschiedliche, ja u.U. sogar eine in ihrer Art und Zweckbestimmung gegensätzliche Bebauung kann einen Ortsteil bilden[160]. Zum Bebauungszusammenhang gehört die tatsächlich vorhandene Bebauung, unabhängig davon, ob die Baulichkeiten genehmigt worden sind oder aber in einer Weise geduldet werden, die keinen Zweifel daran lässt, dass sich die zuständigen Behörden mit ihrem Vorhandensein abgefunden haben.

c) Ein Grundstück liegt nicht schon deshalb innerhalb eines Bebauungszusammenhangs, weil es von Bebauung umgeben ist. Erforderlich ist vielmehr weiter, dass das **Grundstück selbst einen Bestandteil des Zusammenhangs** bildet. **Eine nach § 34 BauGB bebaubare Baulücke** ist nicht gegeben, wenn die Fläche so groß ist, dass sie in den Möglichkeiten ihrer Bebauung von der bereits vorhandenen Bebauung nicht mehr geprägt wird[161].

d) **Ob eine bauliche Anlage einem im Zusammenhang bebauten Ortsteil zuzurechnen ist, hängt nicht davon ab, ob sie Bestandsschutz** genießt (Rn. 191 ff., 243, 253; § 5 ImmoWertV Rn. 80; § 40 ImmoWertV Rn. 186; Teil VI Rn. 759)[162].

e) Ob ein Grundstück dem Innen- oder dem Außenbereich zugehört, kann nicht von der Art der auf ihm **beabsichtigten Nutzung** abhängig sein[163].

f) Ob ein Bebauungskomplex nach seinem Gewicht ein Ortskern oder eine (unerwünschte) Splittersiedlung ist, beurteilt sich nach der **Siedlungsstruktur in der jeweiligen Gemeinde.** Für die Beurteilung, ob eine zusammenhängende Bebauung ein Ortsteil i.S. des § 34 Abs. 1 BauGB ist, ist nur auf die Bebauung im jeweiligen Gemeindegebiet abzustellen. Nur ein Bebauungszusammenhang, der auch Ortsteil ist, vermittelt ein Baurecht nach § 34 BauGB. Bei der Beurteilung der Bebauung kommt es auf die äußerlichen (mit dem Auge) wahrnehmbaren Gegebenheiten der vorhandenen Bebauung und der übrigen Geländeverhältnisse an[164].

g) Die Frage der überwiegenden Prägung durch gewerbliche Nutzungen i.S. des § 6 Abs. 2 Nr. 8 BauNVO ist nicht stets dann zu verneinen, wenn der prozentuale Anteil der jeweils grundstücksbezogen ermittelten gewerblich genutzten Geschossflächen gegenüber dem Anteil der der Wohnnutzung dienenden Geschossflächen rechnerisch kein Übergewicht hat. Die Beurteilung einer prägenden Wirkung erfordert eine Gesamtbetrachtung und dabei

---

159 BVerwG, Urt. vom 06.11.1968 – 4 C 2/66 –, BVerwGE 31, 20 = EzGuG 8.27; BVerwG, Urt. vom 22.04.1966 – 4 C 34/65 –, BBauBl 1967, 117; BVerwG, Urt. vom 25.05.1967 – 4 B 184/66 –, EzGuG 4.26c; BVerwG, Urt. vom 12.02.1967 – 4 C 47/67 –, DVBl 1968, 521 = EzGuG 9.5; BVerwG, Urt. vom 10.03.1967 – 4 C 32/66 –, Buchholz 406, 11 § 35 BauGB Nr. 38 = EzGuG 3.29a; –; BVerwG, Urt. vom 14.04.1967 – 4 C 134/65 –, BRS Bd. 18 Nr. 23 –; BVerwG, Urt. vom 06.12.1967 – 4 C 94/66 –, BVerwGE 28, 268.

160 BVerwG, Urt. vom 06.11.1968 – 4 C 31/66 –, BVerwGE 31, 22; BVerwG, Urt. vom 17.02.1984 – 4 C 56/79 –, NVwZ 1984, 434.

161 BVerwG, Urt. vom 01.12.1972 – 4 C 6/71 –, BVerwGE 41, 227 –; BVerwG, Beschl. vom 30.03.1972 – 4 C 4/69 –, BRS Bd. 24 Nr. 112; BVerwG, Beschl. vom 08.11.1967 – 4 C 19/66 –, BRS Bd. 20 Nr. 67; BVerwG, Beschl. vom 16.02.1988 – 4 B 19/88 –, BRS Bd. 48 Nr. 44; BVerwG, Beschl. vom 10.03.1994 – 4 B 50/94 –, Buchholz 406, 11 § 34 BauGB Nr. 165; BVerwG, Beschl. vom 04.01.1995 – 4 B 273/94 –, BRS Bd. 57 Nr. 93 –; BVerwG, Beschl. vom 01.04.1997 – 4 B 11/97 –, BRS Bd. 59 Nr. 75.

162 BVerwG, Urt. vom 14.09.1992 – 4 C 15/90 –, BRS Bd. 54 Nr. 64; BVerwG, Urt. vom 06.11.1968 – 4 C 31/66 –, BVerwGE 31, 26.

163 BVerwG, Urt. vom 12.12.1990 – 4 C 40/87 –, BRS Bd. 50 Nr. 72 = EzGuG 13.115.

164 BVerwG, Beschl. vom 03.12.1998 – 4 C 7/98 –, GuG 1999, 112 = NVwZ 1999, 527; BVerwG, Urt. vom 14.09.1992 – 4 C 15/90 –, BRS Bd. 54 Nr. 64.

die Einbeziehung auch weiterer – gebietsprägender – Faktoren; dabei kann auch von Bedeutung sein, in welchem Maße die **Erdgeschossebene** gewerblich genutzt ist und inwieweit die gewerbliche Nutzung bis in die Obergeschosse reicht[165].

h) Ein im Zusammenhang bebauter Ortsteil i.S. des § 34 Abs. 1 BauGB kann sich auch über **Gemeindegrenzen** hinaus erstrecken[166].

i) Ein an einem im Zusammenhang bebauten Ortsteil angrenzendes Grundstück gehört nicht schon deshalb zu diesem Bebauungszusammenhang, weil es mit seiner anderen Seite an eine Gemeindegrenze reicht[167].

j) Bei der Entscheidung, ob i.S. des § 34 BauGB ein Bebauungszusammenhang gegeben ist, sind unbebaute Grundstücke nicht deshalb wie bebaute zu behandeln, weil ihre **Bebauung beabsichtigt und** auch schon **genehmig**t ist[168].

k) Dem Eindruck eines geschlossenen Bebauungszusammenhangs steht auch nicht entgegen, wenn die **Nutzungen sehr unterschiedlich** sind. Entsprechendes gilt z.B. auch, wenn ein Baukörper zwar als Fremdkörper anzusehen ist, jedoch die übrige Bebauung den im Zusammenhang bebauten Ortsteil prägt.
Ein zum Zwecke der Wiederbebauung eines Innenbereichsgrundstücks beseitigter Altbestand verliert nicht dadurch seine die Innenbereichsqualität des Grundstücks wahrende und die „Eigenart der näheren Umgebung" mitprägende Wirkung, dass über die Art und Weise der Bebauung mit der Gemeinde und der Bauaufsichtsbehörde jahrelang erfolglos verhandelt wurde[169].

l) Bei der Ermittlung der Eigenart der näheren Umgebung i.S. von § 34 Abs. 1 und Abs. 2 BauGB sind **singuläre Anlagen,** die in einem auffälligen Kontrast zu der sie umgebenden im Wesentlichen homogenen Bebauung stehen, regelmäßig **als Fremdkörper unbeachtlich,** soweit sie nicht ausnahmsweise ihre Umgebung beherrschen oder mit ihr eine Einheit bilden (Unbeachtlichkeit singulärer Anlagen)[170].

m) Bei der Beurteilung eines geschlossenen Bebauungszusammenhangs wirkt auch eine bereits abgerissene und den im Zusammenhang bebauten Ortsteil bislang prägende Bebauung fort, wenn **Rückbau (Abriss) und Ersatzbau in einem engen zeitlichen Zusammenhang** stehen und nach der Verkehrsauffassung mit einer Wiederbebauung zu rechnen war, d.h., die Prägung durch eine aufgegebene Nutzung ist zu berücksichtigen. Indessen verliert eine tatsächliche und endgültig beendete bauliche Nutzung ihre die übrige Bebauung mitprägende Kraft. Die Beseitigung des letzten zum Bebauungszusammenhang gehörenden Gebäudes zum Zwecke der alsbaldigen Errichtung eines Ersatzbauwerks bewirkt nicht, dass das Grundstück seine Innenbereichsqualität einbüßt und zu einem Außenbereichsgrundstück wird[171].

n) Auch **unbebaute Flächen, die zwischen bebauten Grundstücken liegen,** können am Bebauungszusammenhang teilhaben, sofern durch sie der Eindruck der Zusammengehörigkeit und Geschlossenheit nicht verloren geht[172].

o) Selbst ein nicht als Bahnanlage zu qualifizierender **Schrottplatz auf ehemaligem Bahngelände,** der jahrzehntelang entsprechend einer (sogar) der Rechtslage widersprechenden Praxis sowohl von der Bahn als auch von der zuständigen Bauaufsichtsbehörde als legal

165 BVerwG, Urt. vom 07.02.1994 – 4 B 179/93 –, DVBl 1994, 711.
166 VGH München, Urt. vom 18.12.1997 – 1 B 95.2014 –, DVBl 1998, 61.
167 BVerwG, Beschl. vom 15.05.1997 – 4 B 74/97 –, BauR 1997, 805.
168 BVerwG, Urt. vom 26.11.1976 – 4 C 69/74 –, NJW 1977, 1978; BVerwG, Urt. vom 31.10.1975 – 4 C 16/73 –, BRS Bd. 29 Nr. 33; BVerwG, Urt. vom 29.11.1974 – 4 C 10/73 –, BRS Bd. 28 Nr. 28; BVerwG, Urt. vom 12.06.1970 – 4 C 77/68 –, BVerwGE 35, 256 = EzGuG 16.12.
169 BVerwG, Urt. vom 19.09.1986 – 4 C 15/84 –, BVerwGE 75, 34= EzGuG 4.112a.
170 BVerwG, Urt. vom 15.02.1990 – 4 C 23/86 –, BVerwGE 84, 322.
171 BVerwG, Urt. vom 12.09.1980 – 4 C 75/77 –, BRS Bd. 36 Nr. 55; BVerwG, Urt. vom 15.01.1982 – 4 C 58/79 –, NVwZ 1982, 312; BVerwG, Urt. vom 03.02.1984 – 4 C 25/82 –, BVerwGE 68, 360 = EzGuG 4.98a.
172 OVG Berlin, Beschl. vom 8.4.1994 – 2 S 29/93 –, NuR 1995, 41.

angesehen wurde, prägt als vorhandene Bebauung auch nach der Entwidmung die Eigenart der näheren Umgebung i.S. von § 34 BauGB[173].

p) Ein Grundstück wird nur dann zum Bebauungszusammenhang, wenn es selbst einen Bestandteil des Zusammenhangs bildet und am **Eindruck der Geschlossenheit** teilnimmt; ansonsten handelt es sich um ein Außenbereichsgrundstück[174].

q) Ob eine Überschreitung des Maßes der in der näheren Umgebung vorhandenen Bebauung den für die Frage des Einfügens (§ 34 Abs. 1 BauGB) erheblichen Rahmen sprengt, kann nicht allgemein an Hand eines **prozentualen Maßstabs** bestimmt werden[175].

r) Die **Ansammlung von nur vier Wohngebäuden** besitzt regelmäßig nicht das für einen im Zusammenhang bebauten Ortsteil i.S. des § 34 BauGB erforderliche Gewicht[176].

s) Eine Gesamtheit von **Bauten, die kleingärtnerischen Zwecken dienen,** bildet keinen im Zusammenhang bebauten Ortsteil[177].

t) Das **Erfordernis des Einfügens** schließt nicht aus, dass auch etwas verwirklicht werden kann, was in der Umgebung bisher nicht vorhanden ist, d.h. es **zwingt** also **nicht zur Uniformität**[178].

u) Eine Bebauung oder **bauliche Nutzung, die in früherer Zeit zwar genehmigt worden ist,** die in den tatsächlichen Gegebenheiten aber deshalb keinen Niederschlag mehr findet, weil sie später wieder beseitigt oder eingestellt worden ist, hat bei der Qualifizierung der „Eigenart der näheren Umgebung" grundsätzlich außer Betracht zu bleiben[179].

5.2.4.2 Großflächige Einzelhandelsbetriebe

210 Nach § 34 Abs. 3 BauGB dürfen von Vorhaben nach § 34 Abs. 1 oder 2 BauGB keine schädlichen Auswirkungen auf zentrale Versorgungsbereiche in der Gemeinde oder in anderen Gemeinden zu erwarten sein. Dies betrifft insbesondere **großflächige Einzelhandelsbetriebe**. Nach § 34 Abs. 3 BauGB sind die von einem großflächigen Einzelhandelsbetrieb ausgehenden Fernwirkungen z.B. auf Nachbargemeinden vor allem im Hinblick auf zentrale Versorgungsbereiche in der Gemeinde und in anderen Gemeinden ein maßgebliches Zulässigkeitskriterium (Abb. 35).

---

173 OVG Münster, Urt. vom 27.04.1998 – 7 A 3818/96 –, BRS Bd. 60 Nr. 165 = EzGuG 4.170c.
174 BVerwG, Urt. vom 01.12.1972 – 4 C 6/71 –, BVerwGE 41, 227.
175 BVerwG, Beschl. vom 29.04.1997 – 4 B 67/97 –, BRS Bd. 59 Nr. 80.
176 BVerwG, Beschl. vom 19 04.1994 – 4 B 77/94 –, BVerwGE 95, 167.
177 OVG Greifswald, Urt. vom 16.12.1997 – 3 K 17/97 –, LKV 1999, 68.
178 BVerwG, Urt. vom 26.05.1978 – 4 C 9/77 –, BVerwGE 55, 369 EzGuG 4.56.
179 BVerwG, Urt. vom 27.08.1998 – 4 C 5/98 –, BRS Bd. 60 Nr. 83; BVerwG, Urt. vom 06.11.1968 – 4 C 2/66 –, BVerwGE 31, 20 = EzGuG 8.27; BVerwG, Urt. vom 14.01.1993 – 4 C 19/90 –, BRS Bd. 55 Nr. 175.

Beispiel:

Abb. 35: Großflächiger Einzelhandel

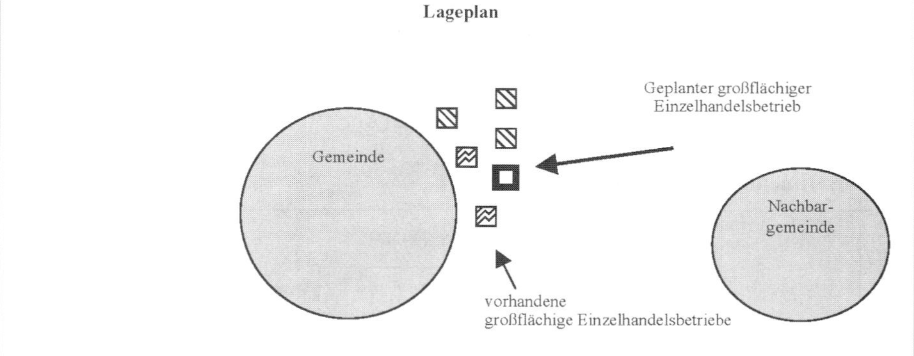

Der geplante großflächige Einzelhandelsbetrieb fügt sich in die Umgebung zwar ein – hat aber „schädliche" Fernwirkungen auf die Nachbargemeinde (zentrale Versorgungsfunktion) und ist deshalb nicht zulässig.
© W. Kleiber

Maßgeblich für Art und Maß der baulichen Nutzung ist nach Maßgabe des § 34 BauGB die **Umgebungsbebauung.**

Das **Erfordernis des Einfügens** schließt nicht aus, dass auch etwas verwirklicht werden kann, was in der Umgebung bisher nicht vorhanden ist, d.h., es zwingt also nicht zur Uniformität[180]. Aus dem Gebot der Rücksichtnahme folgt ferner, dass nicht nur die nähere Umgebung, sondern auch das Umfeld beachtet werden muss. **211**

Die **Art der Nutzung** bestimmt sich in Anlehnung an die im Ersten Abschnitt der BauNVO geregelten Nutzungsarten, d.h. zur Typisierung können grundsätzlich die Nutzungsarten der BauNVO herangezogen werden[181]. **212**

Bezüglich des **Maßes der baulichen Nutzung** kann ebenfalls auf die Begriffskategorien der BauNVO zurückgegriffen werden (§ 16 BauNVO), jedoch kommt es bei Anwendung des § 34 Abs. 1 BauGB auf die Grundstücksgrenzen und die Grundstücksgröße nicht an[182]. Maßstab, der zwangsläufig grob und ungenau sein muss, ist das tatsächlich Vorhandene. **213**

Hieraus folgt, dass vorrangig die absoluten Größen von Grundfläche, Geschosszahl und Höhe baulicher Anlagen sowie bei offener Bauweise zusätzlich auch ihr Verhältnis zur umgebenden Freifläche zugrunde zu legen sind; Grundflächen- und Geschossflächenzahl müssen dagegen zurücktreten[183]. **214**

5.2.5 Innenbereichssatzungen

Da die **Abgrenzung des Innenbereichs vom Außenbereich** in der Praxis zu erheblichen Schwierigkeiten führen kann, hat der Gesetzgeber die Gemeinden mit § 34 Abs. 4 BauGB ermächtigt, verschiedene Innenbereichssatzungen zu erlassen. § 34 Abs. 4 BauGB unterscheidet zwischen **215**

180 BVerwG, Urt. vom 26.05.1978 – 4 C 9/77 –, BVerwGE 55, 369 EzGuG 4.56.

181 BVerwG, Urt. vom 03.02.1984 – 4 C 25/82 –, BVerwG 68,360 = EzGuG 4.98a; BVerwG, Urt. vom 19.09.1986 – 4 C 15/84 –, BVerwGE 75, 34 EzGuG 4.112a; BVerwG, Urt. vom 03.04.1987 – 4 C 41/84 –, BRS Bd. 47 Nr. 63; BVerwG, Urt. vom 15.12.1994 – 4 C 13/93 –, BRS Bd. 56 Nr. 61.

182 BVerwG, Urt. vom 23.03.1994 – 4 C 18/92 –, ZfBR 1994, 190 = EzGuG 4.155b; BVerwG, Urt. vom 12.06.1970 – 4 C 77/68 –, BVerwG 35, 256 = EzGuG 16.12; BVerwG, Beschl. vom 21.11.1980 – 4 B 142/80 –, BRS Bd. 36 Nr. 65 = EzGuG 4.74b; BVerwG, Beschl. vom 28.09.1988 – 4 B 175/88 –, NVwZ 1989, 35 = EzGuG 8.65.

183 BVerwG, Urt. vom 23.03.1994 – 4 C 18/92 –, ZfBR 1994, 190 = EzGuG 4.155b.

a) *Klarstellungssatzungen* (Nr. 1), mit denen die Gemeinde – deklaratorisch – die Grenzen für die im Zusammenhang bebauten Ortsteile oder Teile davon festlegen kann;

c) *Entwicklungssatzungen* (Nr. 2), mit denen bebaute Bereiche im Außenbereich festgelegt werden, wenn die Flächen im Flächennutzungsplan als Bauflächen dargestellt sind; mit der Satzung werden diese Flächen konstitutiv zum Innenbereich erklärt;

c) *Ergänzungssatzungen* (Nr. 3), mit denen einzelne Außenbereichsflächen in den im Zusammenhang bebauten Ortsteil einbezogen werden, wobei einzelne Festsetzungen nach § 9 Abs. 1, 2 und 4 BauGB getroffen werden können (Abb. 36).

216 **Abb. 36: Innenbereichssatzungen**

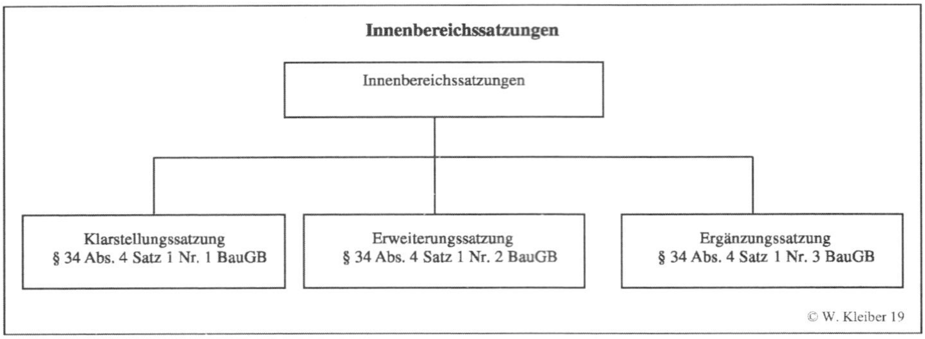

217 Ansonsten darf bei einer unregelmäßigen Bebauung des Ortsrandes die **Grenze zwischen Außen- und Innenbereich** keinesfalls entlang der am weitesten in den Außenbereich hineinragenden Gebäude gezogen werden. Vielmehr ist die Grenze entlang der einzelnen Gebäude gezogen, auch wenn sich dadurch ein unregelmäßiger Grenzverlauf ergibt. Im Übrigen lässt sich die Abgrenzung zwischen Innenbereich (§ 34 BauGB) und Außenbereich (§ 35 BauGB) nicht unter Anwendung geographisch-mathematischer Maßstäbe allgemein bestimmen. Zu einer sachgerechten Entscheidung führt nur eine die gesamten örtlichen Verhältnisse würdigende Betrachtung[184].

5.3 Der Baureife entgegenstehende rechtliche Gegebenheiten

5.3.1 Öffentlich-rechtliche Nutzungsbeschränkungen

218 An öffentlich-rechtlichen Nutzungsbeschränkungen sind insbesondere zu nennen

a) Festsetzungen von **Wasserschutz- und Überschwemmungsgebieten** nach den §§ 19 und 32 WHG i.V.m. dem Landesrecht,

b) Festsetzungen von **Naturschutzgebieten, Landschaftsschutzgebieten, Nationalparks, Naturparks, Flora-Fauna-Habitat-Gebieten und geschützten Landschaftsbestandteilen** nach den §§ 12 ff. BNatschG i.V.m. dem Landesrecht.

184 BVerwG, Urt. vom 1.4.1997 – 4 B 11/97 –, BRS Bd. 59 Nr. 75 = EzGuG 4.166d.

5.3.2 Sonstige rechtliche Gegebenheiten

5.3.2.1 Allgemeines

▶ *Weitere Ausführungen zu Bodenvorkommen (Abbauland) vgl. Rn. 311 ff.; Teil VI Rn. 759; Teil V Rn. 226 ff.*

Die **Erteilung einer Teilungsgenehmigung (Wohnsiedlungsgenehmigung)** wirkt nach Auffassung des BGH nicht „dinglich" in dem Sinne, dass sie einem Grundstück eine Qualität geben könnte, die es nicht hatte; die Rechtsprechung verwendet in diesem Zusammenhang den Begriff einer „*relativen Baulandqualität*" und verweist auf den Rechtsanspruch, dass die Bebauungsgenehmigung erteilt wird, sofern nicht besondere Gründe entgegenstehen[185]. Andernfalls war in Anwendung des mit dem BauROG aufgehobenen § 21 BauGB eine Entschädigung zu gewähren[186]. 219

Zur **Ermittlung des Verkehrswerts eines unbeplanten Grundstücks, für das die Gemeinde die Haftung für dessen Bebaubarkeit privatrechtlich übernommen hat,** kann es zweckmäßig sein, von Vergleichspreisen für baureifes Land auszugehen und die Wartezeit durch Abschläge zu berücksichtigen. Dabei muss allerdings auch berücksichtigt werden, unter welchen Voraussetzungen die Gemeinde z.B. durch Zeitablauf und durch Veränderung der Planungskonzeption von der Haftung befreit werden kann. Nach den allgemeinen Auslegungskriterien von Treu und Glauben mit Rücksicht auf die Verkehrssitte hat der BGH[187] eine zeitlich unbeschränkte Haftung ohne Rücksicht auf die spätere Entwicklung der Marktverhältnisse ausgeschlossen. 220

Einer Bebauung können **Anbauverbote, Anbaubeschränkungen** sowie **Baubeschränkungen** nach 221

- Bundesnaturschutzgesetz (§§ 8a ff. BNatSchG),
- Bundes- und Landesstraßengesetzen,
- Wassergesetzen,
- Landschafts- und Naturschutzgesetzen,
- Luftverkehrs- und Schutzbereichsgesetzen,
- Immissionsschutz- und Gewerberecht,
- Abfallbeseitigungsrecht,
- Zivilschutz- und Atomrecht,
- Denkmalschutzrecht

entgegenstehen[188].

---

185 BGH, Urt. vom 27.06.1968 – III ZR 93/65 –, BGHZ 50, 338 = EzGuG 8.25; BVerwG, Urt. vom 12.08.1977 – 4 C 48 u. 49/75 –, NJW 1978, 340; BGH, Urt. vom 20.12.1973 – III ZR 85/70 –, NJW 1974, 638 = EzGuG 8.41a; auch: BVerwG. Urt. vom 14.07.1972 – 4 C 69/70 –, BRS Bd. 25 Nr. 163.

186 BGH, Urt. vom 12.01.1978 – III ZR 98/76 –, MDR 1978, 821 = EzGuG 6.195a.

187 BGH, Urt. vom 11.05.1989 – III ZR 88/87 –, NJW 1990, 245 = EzGuG 8.67; BGH, Urt. vom 20.12.1973 – III ZR 85/70 –, NJW 1974, 638 = EzGuG 8.41a.

188 Zur Frage der Vorwirkung und entschädigungsrechtlichen Ansprüchen vgl. u.a.: BVerwG, Urt. vom 27.06.1957 – 1 C 3/56 –, BVerwGE 5, 143 = EzGuG 16.3; BVerwG, Beschl. vom 25.06.1968 – 4 B 181/67 –, BRS Bd. 20 Nr. 208 = BRS Bd. 19 Nr. 9 = EzGuG 16.9; BGH, Urt. vom 29.04.1968 – III ZR 177/65 –, BRS Bd. 19 Nr. 122 = EzGuG 16.8; BGH, Urt. vom 25.01.1973 – III ZR 113/70 –, BGHZ 60, 126 = EzGuG 4.39; BGH, Urt. vom 20.09.1971 – III ZR 18/70 –, BGHZ 57, 278 = BRS Bd. 26 Nr. 13 = EzGuG 16.15; BGH, Urt. vom 20.12.1971 – III ZR 83/69 –, BRS Bd. 26 Nr. 14 = EzGuG 16.17; BGH, Urt. vom 29.04.1968 – III ZR 141/65 –, BRS Bd. 19 Nr. 117 = EzGuG 16.7; BGH, Urt. vom 10.01.1972 – III ZR 61/68 –, BRS Bd. 26 Nr. 15 = EzGuG 16.18; BGH, Urt. vom 18.06.1973 – III ZR 122/72 –, BRS Bd. 26 Nr. 130 = EzGuG 16.20; BGH, Urt. vom 01.12.1977 – III ZR 130/75 –, BRS Bd. 34 Nr. 141 = EzGuG 18.78; BGH, Urt. vom 08.11.1962 – III ZR 86/61 –, BGHZ 39, 198 = EzGuG 8.5; BGH, Urt. vom 13.07.1978 – III ZR 28/76 –, BGHZ 84, 223 = EzGuG 4.59; BGH, Urt. vom 26.11.1981 – III ZR 49/80 –, NVwZ 1983, 118 = EzGuG 14.67; OLG Köln, Urt. vom 21.11.1972 – 4 U 199/71 –,

5.3.2.2 Anbauverbote nach Straßenrecht

222 Als *Beispiel* sei hier auf das **Anbauverbot**[189] **nach § 9 FStrG** verwiesen. Abs. 1 und 2 der Vorschrift hat folgenden Wortlaut:

„(1) Längs der Bundesfernstraßen dürfen nicht errichtet werden

1. Hochbauten jeder Art in einer Entfernung bis zu 40 m bei Bundesautobahnen und bis zu 20 m bei Bundesstraßen außerhalb der zur Erschließung der anliegenden Grundstücke bestimmten Teile der Ortsdurchfahrten, jeweils gemessen vom äußeren Rand der befestigten Fahrbahn,
2. bauliche Anlagen, die außerhalb der zur Erschließung der anliegenden Grundstücke bestimmten Teile der Ortsdurchfahrten über Zufahrten oder Zugänge an Bundesstraßen unmittelbar oder mittelbar angeschlossen werden sollen.

Satz 1 Nr. 1 gilt entsprechend für Aufschüttungen oder Abgrabungen größeren Umfangs. Satz 1 Nummer 1 gilt nicht für technische Einrichtungen, die für das Einbringen von öffentlich zugänglichen Telekommunikationsdiensten erforderlich sind.

Weitergehende bundes- oder landesrechtliche Vorschriften bleiben unberührt.

(2) Im Übrigen bedürfen Baugenehmigungen oder nach anderen Vorschriften notwendige Genehmigungen der Zustimmung der obersten Landesstraßenbaubehörde an Bundesfernstraßen, soweit dem Bund die Verwaltung einer Bundesfernstraße zusteht, der Zustimmung und des Fernstraßen-Bundesamtes, wenn

1. bauliche Anlagen längs der Bundesautobahnen in einer Entfernung bis zu 100 m und längs der Bundesstraßen außerhalb der zur Erschließung der anliegenden Grundstücke bestimmten Teile der Ortsdurchfahrten bis zu 40 m, gemessen vom äußeren Rand der befestigten Fahrbahn, errichtet, erheblich geändert oder anders genutzt werden sollen,
2. bauliche Anlagen auf Grundstücken, die außerhalb der zur Erschließung der anliegenden Grundstücke bestimmten Teile der Ortsdurchfahrten über Zufahrten oder Zugänge an Bundesstraßen unmittelbar oder mittelbar angeschlossen sind, erheblich geändert oder anders genutzt werden sollen.

Die Zustimmungsbedürftigkeit nach Satz 1 gilt entsprechend für bauliche Anlagen, die nach Landesrecht anzeigepflichtig sind. Weitergehende bundes- oder landesrechtliche Vorschriften bleiben unberührt.“

5.3.2.3 Veränderungssperre; Bausperre

▶ *Teil VI Rn. 759, 897 ff.*

223 Vorübergehenden und entschädigungslos hinzunehmenden **Baubeschränkungen** wird man nicht die rechtliche Qualität beimessen können, die Veranlassung geben könnte, eine ansonsten baureife Fläche einem anderen Entwicklungszustand zuzuordnen. Zu erwähnen sind hier

- die Zurückstellung eines Baugesuchs nach § 15 BauGB,
- die Veränderungssperre nach den §§ 16 ff., 51 oder 144 BauGB; vgl. auch § 86 WHG[190] sowie **§ 9a Abs. 2 FStrG,** der folgende Fassung hat:

„(2) Dauert die Veränderungssperre länger als vier Jahre, so können die Eigentümer für die dadurch entstandenen Vermögensnachteile vom Träger der Straßenbaulast eine angemessene Entschädigung in Geld verlangen. Sie können ferner die Übernahme der vom Plan betroffenen Flächen verlangen, wenn es ihnen mit Rücksicht auf die Veränderungssperre wirtschaftlich nicht zuzumuten ist, die Grundstücke in der bisherigen oder einer anderen zulässigen Art zu benutzen. Kommt keine Einigung über die Übernahme zustande, so können die Eigentümer die Entziehung des Eigentums an den Flächen verlangen. Im Übrigen gilt § 19 (Enteignung).“

Fortsetzung Fußnote 188
BRS Bd. 26 Nr. 125 = EzGuG 8.39; BVerwG, Beschl. vom 14.11.1975 – 4 C 2/74 –, BVerwGE 49, 365 = EzGuG 16.21; BVerwG, Urt. vom 24.02.1978 – 4 C 12/76 –, BVerwGE 55, 272 = EzGuG 16.32; BGH, Urt. vom 02.02.1978 – III ZR 15/76 –, MDR 78, 647 = EzGuG 16.22; BGH, Urt. vom 25.01.1973 – III ZR 118/70 –, BGHZ 60, 145 = EzGuG 16.19.

189 Zur Frage der Entschädigung bei einem Wiederaufbauverbot BGH, Urt. vom 13.07.1967 – III ZR 11/65 –, BRS Bd. 19 Nr. 4 = EzGuG 18.39.

190 BVerwG, Beschl. vom 28.03.1989 – 4 NB 39/88 –, NVwZ-RR 1989, 617 = EzGuG 6.244; im immissionsschutzrechtlichen Genehmigungsverfahren VGH Mannheim, Urt. vom 06.07.1989 – 10 S 2687/88 –, ZfBR 1990, 50 = EzGuG 6.246.

Durch derartige **Bausperren betroffene Flächen** sind (zunächst nur vorübergehend) von einer Bebauung ausgeschlossen[191]. Die genannten Bestimmungen stehen nach dem Wortlaut des Abs. 4 zwar einer baulichen Nutzung entgegen, jedoch wird man zumindest solange weiterhin von baureifem Land sprechen können, wie nicht als Vorwirkung der späteren Enteignung ein Entschädigungsanspruch auf der Grundlage des Ausschlusses von der konjunkturellen Weiterentwicklung ausgelöst wird[192]. **224**

Nach § 17 BauGB tritt eine **Veränderungssperre** grundsätzlich nach Ablauf von zwei Jahren außer Kraft. Die Frist kann von der Gemeinde um ein Jahr verlängert werden. Wenn besondere Umstände es erfordern, kann die Gemeinde mit Zustimmung der nach Landesrecht zuständigen Behörde die Frist nochmals bis zu einem weiteren Jahr verlängern. Dauert die Veränderungssperre länger als vier Jahre über den Zeitpunkt ihres Beginns oder der ersten Zurückstellung eines Baugesuchs nach § 15 Abs. 1 BauGB hinaus, ist den Betroffenen nach § 18 BauGB für dadurch entstandene Vermögensnachteile eine angemessene Entschädigung nach Maßgabe der entschädigungsrechtlichen Bestimmungen des BauGB zu gewähren. **225**

Dies schließt nicht aus, dass schon vorher von einer **Bausperre** betroffene Flächen im gewöhnlichen Geschäftsverkehr zu entsprechend verminderten Preisen gehandelt werden. **226**

Dabei wird u.a. darauf abzuheben sein, welches Gewicht der **gesunde Grundstücksverkehr** im Rahmen einer sinnvollen Nutzung des Grundstücks den bestehenden Planungsvorstellungen der Gemeinde beimisst[193]. Nicht auszuschließen ist im Übrigen auch, dass eine höherwertige Nutzbarkeit erwartet wird, die sich ebenfalls auf die Preisgestaltung auswirken kann. **227**

Fazit: Entschädigungslos hinzunehmende Bausperren[194] stehen zwar formell einer baulichen Nutzung entgegen; im Rahmen der Wertermittlung wird man davon betroffene Flächen dennoch als „baureifes Land" einstufen und ausgehend von entsprechenden Vergleichspreisen die (vorübergehenden) Einschränkungen wertmindernd in angemessenem Umfang berücksichtigen. Sofern sich in Erwartung einer höherwertigen Nutzbarkeit auch Werterhöhungen ergeben, sind sie mit den vorübergehenden Einschränkungen einer baulichen Nutzbarkeit zu „verrechnen". Erst bei länger als vier Jahre dauernden Veränderungssperren i.S. der §§ 16 ff. BauGB entsteht ein Entschädigungsanspruch für die dem Betroffenen entstandenen Vermögensnachteile (§ 96 BauGB). Dies setzt voraus, dass materiell dem Betroffenen ein ansonsten jederzeit durchsetzbarer Rechtsanspruch auf Bebauung gegeben war[195]. Im Übrigen bemisst sich die Entschädigung für eine Änderung oder Aufhebung einer zulässigen Nutzung nach den §§ 39 ff. BauGB. **228**

191 BVerwG, Urt. vom 12.12.1969 – 4 C 100/68 –, NJW 1970, 417.

192 BGH, Urt. vom 20.03.1975 – III ZR 16/72 –, BRS Bd. 34 Nr. 104 = EzGuG 6.178.

193 BGH, Urt. vom 29.05.1972 – III ZR 188/70 –, WM 1972 1030 = EzGuG 6.152; BGH, Urt. vom 13.07.1978 – III ZR 166/76 –, NJW 1979, 2303 = EzGuG 18.84; BGH, Urt. vom 12.07.1973 – III ZR 111/71 –, BRS Bd. 26 Nr. 86 = EzGuG 6.160.

194 Zur Entschädigung bei **rechtswidrigen faktischen Bausperren** vgl. BGH, Urt. vom 15.12.1988 – III ZR 110/87 –, EzGuG 6.243; BGH, Urt. vom 01.12.1983 – III ZR 38/82 –, BRS Bd. 45 Nr. 23 = EzGuG 8.60.

195 BGH, Urt. vom 18.11.1982 – III ZR 24/82 –, DWW 1983, 96 = EzGuG 6.217; BGH, Urt. vom 25.09.1980 – III ZR 18/79 –, BGHZ 78, 152 = EzGuG 6.208; BGH, Urt. vom 08.11.1979 – III ZR 51/78 –, MDR 1980, 560 = EzGuG 6.203; BGH, Urt. vom 14.12.1978 – III ZR 77/76 –, BGHZ 73, 161 = EzGuG 6.202; BGH, Urt. vom 12.02.1976 – III ZR 184/73 –, BRS Bd. 34 Nr. 136 = EzGuG 19.28; BGH, Urt. vom 10.07.1975 – III ZR 161/72 –, BRS Bd. 34 Nr. 76 = EzGuG 6.180; BGH, Urt. vom 03.07.1972 – III ZR 134/71 –, BRS Bd. 25 Nr. 90 = EzGuG 6.152; BGH, Urt. vom 26.06.1972 – III ZR 203/68 –, BRS Bd. 26 Nr. 85 = EzGuG 6.155; BGH, Urt. vom 19.6.1972 – III ZR 106/70 –, BRS Bd. 26 Nr. 19 = EzGuG 6.154; BGH, Urt. vom 10.02.1972 – III ZR 188/69 –, BGHZ 58, 124 = EzGuG 6.149; BGH, Urt. vom 10.02 1972 – III ZR 139/70 –, BRS Bd. 26 Nr. 90 = EzGuG 6.144a; BGH, Urt. vom 20.09.1971 – III ZR 18/70 –, BGHZ 57, 278 = EzGuG 16.15; BGH, Urt. vom 04.06.1962 – III ZR 163/61 –, BGHZ 37, 269 = EzGuG 6.57; auch BGH, Urt. vom 17.11.1988 – III ZR 210/87 –, BRS Bd. 53 Nr. 130 = EzGuG 18.19.

5.3.2.4 Baulast

Schrifttum: *Dageförde, H.-J.*, Die öffentlich-rechtliche Baulast und ihre Möglichkeiten, Bln GE 2004, 524; *Döring, Ch.*, Die öffentlich-rechtliche Baulast und das nachbarrechtliche Grundverhältnis, Werner Verlag 1994; *Meendermann, D.*, Die öffentlich-rechtliche Baulast, Waxmann Verlag 2003; *Sandner/Weber* (Hrsg.), Lexikon der Immobilienwertermittlung, 2. Aufl. Bundesanzeiger Verlag 2005, S. 92; *Serong*, Anspruch auf Bewilligung einer Baulast, BauR 2004, 433; *Schwarz, B.*, Baulasten im öffentlichen Recht und im Privatrecht, Bauverlag Berlin 1995; *Weismann*, Anspruch des Grundeigentümers auf Löschung der Baulast, NJW 1997, 2857; *Wenzel, G.*, Baulasten in der Praxis, Bundesanzeiger Verlag 2012.

▶ *Vgl. § 1 ImmoWertV Rn. 109; zur Berücksichtigung vgl. § 8 ImmoWertV Rn. 43 ff., 372; § 46 ImmoWertV Rn. 52; Teil V Rn. 39 ff.; Teil VIII Rn. 17 ff., 52*

229 Die Baulast ist eine freiwillig übernommene **öffentlich-rechtliche Verpflichtung, die den Grundstückseigentümer zu einem sein Grundstück betreffendes Tun, Dulden oder Unterlassen verpflichtet**, das sich nicht bereits aus dem öffentlichen Baurecht ergibt. Rechtsgrundlage ist das Bauordnungsrecht der Länder. Mit Ausnahme von *Bayern* sind die Baulasten in den Landesbauordnungen (LBO) geregelt[196].
Auch **Baulasten** können öffentlich-rechtliche Baubeschränkungen zum Inhalt haben.

230 Die **Minderung des Verkehrswerts** aufgrund einer Eintragung einer Baulast[197] lässt sich auf der Grundlage

- der i.d.R. damit einhergehenden Einschränkungen der Nutzbarkeit nach Art und Umfang sowie
- der voraussichtlichen Dauer der Einschränkungen

ermitteln.

5.4 Außenbereich

5.4.1 Allgemeines

Schrifttum: *Christoffer, R./Menke, S.*, Verkehrswertermittlung von Gewächshausanlagen, GuG 2015, 101.

▶ *Näheres hierzu bei Rn. 134, 169 ff., 195, 210 ff., 246 ff.; § 5 ImmoWertV Rn. 7, 74 ff.; § 40 ImmoWertV Rn. 226*

231 Als **Außenbereich** definieren sich diejenigen **Gebiete, die weder innerhalb des räumlichen Geltungsbereichs eines (qualifizierten) Bebauungsplans** i.S. des § 30 Abs. 1 BauGB **noch innerhalb eines im Zusammenhang bebauten Ortsteils** i.S. des § 34 BauGB **gelegen sind**[198]. Zum Außenbereich gehören mithin alle von den §§ 30 und 34 BauGB nicht erfassten Flächen.

232 *Einfache* Bebauungspläne stehen einer Zurechnung eines Grundstücks zum Außenbereich nicht entgegen.

233 Auch eine **Außenbereichssatzung** i.S. des § 35 Abs. 6 BauGB ändert an der Zuordnung eines Grundstücks zum Außenbereich nichts, wohl aber an der Zulässigkeit von Vorhaben. Für die Errichtung von Vorhaben im Außenbereich *(Projects in Outlying Areas)* hat der Gesetzgeber eine generelle gesetzliche enumerative und abschließend geregelte Zulässigkeitsvorschrift mit § 35 BauGB vorgegeben. Problematisch kann die Grenzziehung zwischen Außen- und Innen-

---

196 Baden-Württemberg: § 71 LBauO; Berlin § 84 BauO Bln; Bremen: § 85 Brem. LBauO; Hamburg § 79 LBauO; Hessen: § 75 HBO; Mecklenburg-Vorpommern; § 83 LBauO M.-V.; Niedersachsen: §§ 92 f. NBauO; Nordrhein-Westfalen LBauO NRW; Rheinland-Pfalz: § 86 LBauO; Saarland: § 83 LBauO; Sachsen: § 83 SächsBauO; Sachsen-Anhalt: § 87 LBauOLSA; Schleswig-Holstein: § 89 LBauO; Thüringen: § 80 ThürBauO; vgl. auch § 79 MBO.

197 Meterkamp in Nachr. der nds. Kat.- und VermVw 1986, 36; Bodenstein in Nachr. der nds. Kat.- und VermVw. 1987, 152.

198 BVerwG, Urt. vom 01.12.1972 – 4 C 6/71 –, BVerwGE 41, 227.

bereich in den Fällen sein, in denen es sich um Außenbereichsflächen innerhalb eines unbeplanten Innenbereichs i.S. des § 34 BauGB handelt.

Im Außenbereich kann eine Bebaubarkeit gegeben sein. § 35 BauGB sieht **drei Kategorien von Vorhaben mit unterschiedlichen Zulässigkeitsvoraussetzungen** vor: 234

a) *privilegierte* Vorhaben nach § 35 Abs. 1 BauGB,

b) die „sonstigen" *nichtprivilegierten Vorhaben* nach § 35 Abs. 2 BauGB, die nach § 35 Abs. 3 BauGB regelmäßig unzulässig sind und

c) die teilprivilegierten *begünstigten* Vorhaben nach § 35 Abs. 4 BauGB, bei denen entgegenstehende Belange überwunden werden können[199].

Die Vorschrift enthält Regelungen,

- zum Erhalt bestehender Gebäude,
- zur Änderung und Nutzungsänderung bestehender Gebäude,
- zur Neuerrichtung und Erweiterung bestehender Gebäude und
- zur Neuerrichtung bestimmter baulicher Anlagen im Einzelfall.

„§ 35 Bauen im Außenbereich

(1) Im Außenbereich ist ein Vorhaben nur zulässig, wenn öffentliche Belange nicht entgegenstehen, die ausreichende Erschließung gesichert ist und wenn es

1. einem land- oder forstwirtschaftlichen Betrieb dient und nur einen untergeordneten Teil der Betriebsfläche einnimmt,
2. einem Betrieb der gartenbaulichen Erzeugung dient,
3. der öffentlichen Versorgung mit Elektrizität, Gas, Telekommunikationsdienstleistungen, Wärme und Wasser, der Abwasserwirtschaft oder einem ortsgebundenen gewerblichen Betrieb dient,
4. wegen seiner besonderen Anforderungen an die Umgebung, wegen seiner nachteiligen Wirkung auf die Umgebung oder wegen seiner besonderen Zweckbestimmung nur im Außenbereich ausgeführt werden soll, es sei denn, es handelt sich um die Errichtung, Änderung oder Erweiterung einer baulichen Anlage zur Tierhaltung, die dem Anwendungsbereich der Nummer 1 nicht unterfällt und die einer Pflicht zur Durchführung einer standortbezogenen oder allgemeinen Vorprüfung oder einer Umweltverträglichkeitsprüfung nach dem Gesetz über die Umweltverträglichkeitsprüfung unterliegt, wobei bei kumulierenden Vorhaben für die Annahme eines engen Zusammenhangs diejenigen Tierhaltungsanlagen zu berücksichtigen sind, die auf demselben Betriebs- oder Baugelände liegen und mit gemeinsamen betrieblichen oder baulichen Einrichtungen verbunden sind,
5. der Erforschung, Entwicklung oder Nutzung der Wind- oder Wasserenergie dient,
6. der energetischen Nutzung von Biomasse im Rahmen eines Betriebs nach Nummer 1 oder 2 oder eines Betriebs nach Nummer 4, der Tierhaltung betreibt, sowie dem Anschluss solcher Anlagen an das öffentliche Versorgungsnetz dient, unter folgenden Voraussetzungen:
   a) das Vorhaben steht in einem räumlich-funktionalen Zusammenhang mit dem Betrieb,
   b) die Biomasse stammt überwiegend aus dem Betrieb oder überwiegend aus diesem und aus nahe gelegenen Betrieben nach den Nummern 1, 2 oder 4, soweit letzterer Tierhaltung betreibt,
   c) es wird je Hofstelle oder Betriebsstandort nur eine Anlage betrieben und
   d) die Kapazität einer Anlage zur Erzeugung von Biogas überschreitet nicht 2,3 Millionen Normkubikmeter Biogas pro Jahr, die Feuerungswärmeleistung anderer Anlagen überschreitet nicht 2,0 Megawatt,

199 Krautzberger in Battis/Krautzberger/Löhr, BauGB, § 35 Rn. 1 ff.; Brügelmann, BauGB-Komm., § 35 Rn. 1 ff.; Cholewa/David/Dyong/von der Heide, Raumodnung, § 35 Rn. 1 ff.; Dyong in Ernst/Zinkahn/Bielenberg/Krautzberger, BauGB, § 35BauGB Rn. 1 ff.; Gaentzsch § 35 Rn. 1 ff.; Schlichter/Stich, BK, § 35 Rn. 1 ff.; Schrödter, BauGB-Komm, § 35 Rn. 1 ff.; Schütz/Frohberg, Komm. BBauG, § 35 Rn. 1 ff.

7. der Erforschung, Entwicklung oder Nutzung der Kernenergie zu friedlichen Zwecken oder der Entsorgung radioaktiver Abfälle dient, mit Ausnahme der Neuerrichtung von Anlagen zur Spaltung von Kernbrennstoffen zur gewerblichen Erzeugung von Elektrizität, oder
8. der Nutzung solarer Strahlungsenergie in, an und auf Dach- und Außenwandflächen von zulässigerweise genutzten Gebäuden dient, wenn die Anlage dem Gebäude baulich untergeordnet ist.

(2) Sonstige Vorhaben können im Einzelfall zugelassen werden, wenn ihre Ausführung oder Benutzung öffentliche Belange nicht beeinträchtigt und die Erschließung gesichert ist.

(3) Eine Beeinträchtigung öffentlicher Belange liegt insbesondere vor, wenn das Vorhaben

1. den Darstellungen des Flächennutzungsplans widerspricht,
2. den Darstellungen eines Landschaftsplans oder sonstigen Plans, insbesondere des Wasser-, Abfall- oder Immissionsschutzrechts, widerspricht,
3. schädliche Umwelteinwirkungen hervorrufen kann oder ihnen ausgesetzt wird,
4. unwirtschaftliche Aufwendungen für Straßen oder andere Verkehrseinrichtungen, für Anlagen der Versorgung oder Entsorgung, für die Sicherheit oder Gesundheit oder für sonstige Aufgaben erfordert,
5. Belange des Naturschutzes und der Landschaftspflege, des Bodenschutzes, des Denkmalschutzes oder die natürliche Eigenart der Landschaft und ihren Erholungswert beeinträchtigt oder das Orts- und Landschaftsbild verunstaltet,
6. Maßnahmen zur Verbesserung der Agrarstruktur beeinträchtigt, die Wasserwirtschaft oder den Hochwasserschutzgefährdet,
7. die Entstehung, Verfestigung oder Erweiterung einer Splittersiedlung befürchten lässt oder
8. die Funktionsfähigkeit von Telekommunikations- und Radaranlagen stört.

Raumbedeutsame Vorhaben dürfen den Zielen der Raumordnung nicht widersprechen; öffentliche Belange stehen raumbedeutsamen Vorhaben nach Absatz 1 nicht entgegen, soweit die Belange bei der Darstellung dieser Vorhaben als Ziele der Raumordnung abgewogen worden sind. Öffentliche Belange stehen einem Vorhaben nach Absatz 1 Nummer 2 bis 6 in der Regel auch dann entgegen, soweit hierfür durch Darstellungen im Flächennutzungsplan oder als Ziele der Raumordnung eine Ausweisung an anderer Stelle erfolgt ist.

(4) Den nachfolgend bezeichneten sonstigen Vorhaben im Sinne des Absatzes 2 kann nicht entgegengehalten werden, dass sie Darstellungen des Flächennutzungsplans oder eines Landschaftsplans widersprechen, die natürliche Eigenart der Landschaft beeinträchtigen oder die Entstehung, Verfestigung oder Erweiterung einer Splittersiedlung befürchten lassen, soweit sie im Übrigen außenbereichsverträglich im Sinne des Absatzes 3 sind:

1. die Änderung der bisherigen Nutzung eines Gebäudes, das unter den Voraussetzungen des Absatzes 1 Nummer 1 errichtet wurde, unter folgenden Voraussetzungen:
   a) das Vorhaben dient einer zweckmäßigen Verwendung erhaltenswerter Bausubstanz,
   b) die äußere Gestalt des Gebäudes bleibt im Wesentlichen gewahrt,
   c) die Aufgabe der bisherigen Nutzung liegt nicht länger als sieben Jahre zurück,
   d) das Gebäude ist vor mehr als sieben Jahren zulässigerweise errichtet worden,
   e) das Gebäude steht im räumlich-funktionalen Zusammenhang mit der Hofstelle des land- oder forstwirtschaftlichen Betriebs,
   f) im Falle der Änderung zu Wohnzwecken entstehen neben den bisher nach Absatz 1 Nummer 1 zulässigen Wohnungen höchstens fünf Wohnungen je Hofstelle und
   g) es wird eine Verpflichtung übernommen, keine Neubebauung als Ersatz für die aufgegebene Nutzung vorzunehmen, es sei denn, die Neubebauung wird im Interesse der Entwicklung des Betriebs im Sinne des Absatzes 1 Nummer 1 erforderlich,
2. die Neuerrichtung eines gleichartigen Wohngebäudes an gleicher Stelle unter folgenden Voraussetzungen:
   a) das vorhandene Gebäude ist zulässigerweise errichtet worden,
   b) das vorhandene Gebäude weist Missstände oder Mängel auf,
   c) das vorhandene Gebäude wurde oder wird seit längerer Zeit vom Eigentümer selbst genutzt und

d) Tatsachen rechtfertigen die Annahme, dass das neu errichtete Gebäude für den Eigenbedarf des bisherigen Eigentümers oder seiner Familie genutzt wird; hat der Eigentümer das vorhandene Gebäude im Wege der Erbfolge von einem Voreigentümer erworben, der es seit längerer Zeit selbst genutzt hat, reicht es aus, wenn Tatsachen die Annahme rechtfertigen, dass das neu errichtete Gebäude für den Eigenbedarf des Eigentümers oder seiner Familie genutzt wird,

3. die alsbaldige Neuerrichtung eines zulässigerweise errichteten, durch Brand, Naturereignisse oder andere außergewöhnliche Ereignisse zerstörten, gleichartigen Gebäudes an gleicher Stelle,

4. die Änderung oder Nutzungsänderung von erhaltenswerten, das Bild der Kulturlandschaft prägenden Gebäuden, auch wenn sie aufgegeben sind, wenn das Vorhaben einer zweckmäßigen Verwendung der Gebäude und der Erhaltung des Gestaltwerts dient,

5. die Erweiterung eines Wohngebäudes auf bis zu höchstens zwei Wohnungen unter folgenden Voraussetzungen:

   a) das Gebäude ist zulässigerweise errichtet worden,

   b) die Erweiterung ist im Verhältnis zum vorhandenen Gebäude und unter Berücksichtigung der Wohnbedürfnisse angemessen und

   c) bei der Errichtung einer weiteren Wohnung rechtfertigen Tatsachen die Annahme, dass das Gebäude vom bisherigen Eigentümer oder seiner Familie selbst genutzt wird,

6. die bauliche Erweiterung eines zulässigerweise errichteten gewerblichen Betriebs, wenn die Erweiterung im Verhältnis zum vorhandenen Gebäude und Betrieb angemessen ist.

In begründeten Einzelfällen gilt die Rechtsfolge des Satzes 1 auch für die Neuerrichtung eines Gebäudes im Sinne des Absatzes 1 Nummer 1, dem eine andere Nutzung zugewiesen werden soll, wenn das ursprüngliche Gebäude vom äußeren Erscheinungsbild auch zur Wahrung der Kulturlandschaft erhaltenswert ist, keine stärkere Belastung des Außenbereichs zu erwarten ist als in Fällen des Satzes 1 und die Neuerrichtung auch mit nachbarlichen Interessen vereinbar ist; Satz 1 Nummer 1 Buchstabe b bis g gilt entsprechend. In den Fällen des Satzes 1 Nummer 2 und 3 sowie des Satzes 2 sind geringfügige Erweiterungen des neuen Gebäudes gegenüber dem beseitigten oder zerstörten Gebäude sowie geringfügige Abweichungen vom bisherigen Standort des Gebäudes zulässig.

(5) Die nach den Absätzen 1 bis 4 zulässigen Vorhaben sind in einer flächensparenden, die Bodenversiegelung auf das notwendige Maß begrenzenden und den Außenbereich schonenden Weise auszuführen. Für Vorhaben die nach Absatz 1 Nummer 2 bis 6 ist als weitere Zulässigkeitsvoraussetzung eine Verpflichtungserklärung abzugeben, das Vorhaben nach dauerhafter Aufgabe der zulässigen Nutzung zurückzubauen und Bodenversiegelungen zu beseitigen; bei einer nach Absatz 1 Nummer 2 bis 6 zulässigen Nutzungsänderung ist die Rückbauverpflichtung zu übernehmen, bei einer nach Absatz 1 Nummer 1 oder Absatz 2 zulässigen Nutzungsänderung entfällt sie. Die Baugenehmigungsbehörde soll durch nach Landesrecht vorgesehene Baulast oder in anderer Weise die Einhaltung der Verpflichtung nach Satz 2 sowie nach Absatz 4 Satz 1 Nummer 1 Buchstabe g sicherstellen. Im Übrigen soll sie in den Fällen des Absatzes 4 Satz 1 sicherstellen, dass die bauliche oder sonstige Anlage nach Durchführung des Vorhabens nur in der vorgesehenen Art genutzt wird.

(6) Die Gemeinde kann für bebaute Bereiche im Außenbereich, die nicht überwiegend landwirtschaftlich geprägt sind und in denen eine Wohnbebauung von einigem Gewicht vorhanden ist, durch Satzung bestimmen, dass Wohnzwecken dienenden Vorhaben im Sinne des Absatzes 2 nicht entgegengehalten werden kann, dass sie einer Darstellung im Flächennutzungsplan über Flächen für die Landwirtschaft oder Wald widersprechen oder die Entstehung oder Verfestigung einer Splittersiedlung befürchten lassen. Die Satzung kann auch auf Vorhaben erstreckt werden, die kleineren Handwerks- und Gewerbebetrieben dienen. In der Satzung können nähere Bestimmungen über die Zulässigkeit getroffen werden. Voraussetzung für die Aufstellung der Satzung ist, dass

1. sie mit einer geordneten städtebaulichen Entwicklung vereinbar ist,

2. die Zulässigkeit von Vorhaben, die einer Pflicht zur Durchführung einer Umweltverträglichkeitsprüfung nach Anlage 1 zum Gesetz über die Umweltverträglichkeitsprüfung oder nach Landesrecht unterliegen, nicht begründet wird und

3. keine Anhaltspunkte für eine Beeinträchtigung der in § 1 Absatz 6 Nummer 7 Buchstabe b genannten Schutzgüter oder dafür bestehen, dass bei der Planung Pflichten zur Vermeidung oder Begrenzung der Auswirkungen von schweren Unfällen nach § 50 Satz 1 des Bundes-Immissionsschutzgesetzes zu beachten sind.

Bei Aufstellung der Satzung sind die Vorschriften über die Öffentlichkeits- und Behördenbeteiligung nach § 13 Absatz 2 Satz 1 Nummer 2 und 3 sowie Satz 2 entsprechend anzuwenden. § 10 Absatz 3 ist entsprechend anzuwenden. Von der Satzung bleibt die Anwendung des Absatzes 4 unberührt."

235 Die **Einordnung der Fläche als Außenbereichsfläche schließt nicht aus, dass es sich dennoch um wartestandiges Bauland handeln kann**, insbesondere, wenn eine bauliche Nutzung aufgrund konkreter Tatsachen mit hinreichender Sicherheit erwartet werden kann. Dies kann z.B. durch eine entsprechende Darstellung im Flächennutzungsplan begründet sein. Daneben können es auch tatsächliche und sonstige Gegebenheiten sein, die eine Bauerwartung begründen. Auch § 3 Abs. 2 ImmoWertV fordert dafür nicht zwingend die entsprechende Darstellung in einem Flächennutzungsplan. Hier muss die Rechtsprechung des BGH zur allgemeinen Bauerwartung aufgrund eines Siedlungsdrucks, der Lage des Grundstücks innerhalb des Siedlungsgebiets sowie die vorhandene Infrastruktur einschließlich günstiger Verkehrsverhältnisse beachtet werden. Danach steht selbst eine die Bebauung (noch) ausschließende Planung einer Bauerwartung nicht entgegen, weil Planungen auch geändert[200] werden können (vgl. Rn. 141 ff.).

236 **Zum Außenbereich gehören auch abgrenzbare Militärflächen im Zusammenhang bebauter Ortsteile,** die von ihrer Größenordnung eine zwanglose Fortsetzung der vorhandenen Bebauung nicht aufdrängen[201]. Sie stellen einen „Außenbereich im Innenbereich" dar, wobei solche Militärflächen auch am Ortsrand gelegen sein können. Sie haben grundsätzlich keinen Bestandschutz, jedoch können an den Grenzrändern die vorerwähnten Probleme auftreten.

237 Im Außenbereich gelegene **Militärflächen,** die nicht das gemäß § 34 Abs. 1 BauGB erforderliche Bebauungsgewicht aufweisen (z.B. Flugplätze, Depots, Bunkeranlagen, Kasernenanlagen mit Übungsplätzen), bleiben demzufolge nach Aufgabe der militärischen Nutzung Außenbereich, wenn nicht ein Bebauungsplan mit ziviler Anschlussnutzung aufgestellt werden soll oder bereits aufgestellt ist. Ausnahmen stellen die bereits angesprochenen im Außenbereich gelegenen reinen Wohnanlagen dar, die für zivile Wohnzwecke eine Anschlussnutzung finden.

238 Darüber hinaus kann sich die Bebaubarkeit nach § 35 Abs. 6 BauGB aus der **Lage des Grundstücks im Geltungsbereich einer Außenbereichssatzung ergeben,** ohne dass damit die Fläche zum Innenbereich wird (Abb. 37):

200 BGH, Urt. vom 20.12.1963 – III ZR 60/63 –, BGHZ 40, 312 = EzGuG 14.17.
201 BVerwG, Urt. vom 06.11.1968 – 4 C 2/66 –, BVerwGE 31, 20 = EzGuG 8.27.

Abb. 37: Außenbereich

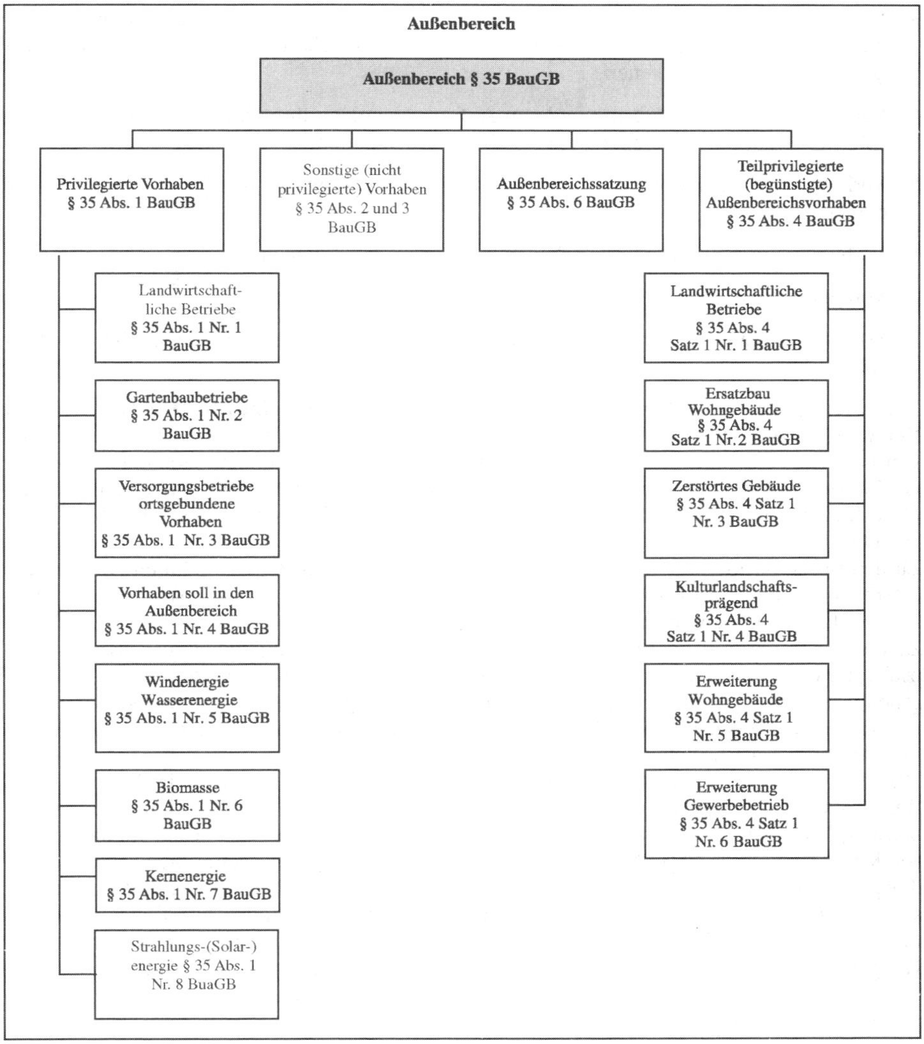

5.4.2 Zulässige Vorhaben

5.4.2.1 Privilegierte Vorhaben

▶ *Zum Begriff der Land- und Forstwirtschaft vgl. Rn. 20 ff.; zum faktischen Bauland im Außenbereich vgl. Rn. 195*

Für privilegierte Vorhaben besteht ein Rechtsanspruch auf Zulassung des Vorhabens, 239
sofern die in § 35 BauGB hervorgehobenen Voraussetzungen erfüllt sind. Insbesondere dürfen öffentliche Belange dem Vorhaben nicht entgegenstehen und es muss eine ausreichende Erschließung gesichert sein.

Als **privilegierte Vorhaben** führt § 35 Abs. 1 BauGB auf: 240

1. Vorhaben, die einem land- oder forstwirtschaftlichen Betrieb dienen,

2. Vorhaben, die einem Betrieb der gartenbaulichen Erzeugung dienen,
3. Vorhaben, die einem Betrieb der Versorgung mit Elektrizität, Gas, Telekommunikationsdienstleistungen, Wärme und Wasser, der Abwasserwirtschaft oder einem ortsgebundenen gewerblichen Betrieb dienen,
4. Vorhaben, die wegen ihrer besonderen Anforderungen an ihre Umgebung und Zweckbestimmung nur im Außenbereich ausgeführt werden sollen,
5. Vorhaben, die der Erforschung, Entwicklung und Nutzung der Wind- und Wasserenergie dienen,
6. Vorhaben, die der energetischen Nutzung von Biomasse dienen,
7. Vorhaben der Kernenergiewirtschaft und
8. Vorhaben zur Nutzung solarer Strahlungsenergie in, an und auf Dach- und Außenwandflächen.

241 Den privilegierten Vorhaben zuzurechnen sind auch **Altenteile eines landwirtschaftlichen Betriebs**; als Bestandteil der landwirtschaftlichen Hofstelle bestimmt sich der Bodenwert davon betroffener Grundstücksflächen nach dem der landwirtschaftlichen Hofstelle. **Wochenendhäuser** sind indessen nicht den privilegierten Vorhaben zuzurechnen, sondern sind den dafür ausgewiesenen Wochenendhausgebieten (Sondergebiet i.S. des § 10 Abs. 1 BauNVO) vorbehalten.
Zu den **ortsgebundenen Betrieben** i.S. des § 35 Abs. 1 Nr. 3 BauGB gehören Anlagen der öffentlichen Ver- und Entsorgung (Umspannwerke, Wasserbehälter und Wassertürme), aber auch Anlagen zur Gewinnung von Bodenschätzen.
Zu den **Vorhaben mit nachteiliger Wirkung auf ihre Umgebung** zählen insbesondere Betriebe, durch deren Emissionen (Gase, Dämpfe, Staub, Lärm und Erschütterungen) die Menschen, Tiere, Pflanzen und Sachen der Umgebung belästigt werden, insbesondere Schweinemästereien, Gerbereien, Gaswerke, Raffinerien, Schlachthöfe, Intensivviehhaltung, Zementfabriken (vgl. § 4 BImSchG).
Nach § 35 Abs. 1 Nr. 6 BauGB ist die energetische Nutzung von Biomasse im Rahmen eines Betriebs nach § 35 Abs. 1 Nr. 1 oder 2 BauGB oder eines Betriebs nach Nr. 4, der Tierhaltung betreibt, künftig ein zusätzlicher Privilegierungstatbestand. Dabei ist zu beachten, dass insbesondere bei kleineren Betrieben zum rentablen Betrieb von **Biomassenanlagen** die Verwendung von Fremdstoffen zur Gaserzeugung erforderlich ist. Für die Privilegierung wird in diesem Zusammenhang gefordert, dass die Gaserzeugung im „räumlich-funktionalen Zusammenhang“ mit der Hofstelle oder dem Betriebsstandort steht, wobei hier vor allem eine Kooperation mehrerer Betriebe im Vordergrund steht. Umgekehrt soll aus ökologischen Gründen ein solcher Zusammenhang nicht bestehen, wenn zum Betrieb der Anlage lange Transporte erforderlich sind (vgl. Rn. 453, 512).

5.4.2.2 Begünstigte Vorhaben

▶ *Vgl. Rn. 25, 121, 133 ff., 195, 237; § 5 ImmoWertV Rn. 74; sowie Teil VI Rn. 385 ff.*

242 **Begünstigte Vorhaben** sind nach § 35 Abs. 4 BauGB:

1. Vorhaben zur *Änderung eines bisher einem land- oder forstwirtschaftlichen Betrieb dienenden Grundstücks*, wenn es öffentliche Belange i.S. des § 35 Abs. 3 nicht beeinträchtigt, die Erschließung gesichert ist und es die Voraussetzungen des § 35 Abs. 4 Nr. 1 BauGB erfüllt (**Entprivilegierung landwirtschaftlicher Gebäude**),
2. *Neuerrichtung eines gleichartigen Gebäudes* an gleicher Stelle (**Neuerrichtung von Wohngebäuden** Satz 1 Nr. 2), wenn es die genannten öffentlichen Belange nicht beeinträchtigt, die Erschließung gesichert ist und die Voraussetzung des § 35 Abs. 4 Nr. 2 BauGB erfüllt,

3. die alsbaldige Neuerrichtung eines zulässigerweise errichteten, durch Brand, Naturereignisse oder andere außergewöhnliche Ereignisse zerstörten gleichartigen Gebäudes an gleicher Stelle (**Wiederaufbau zerstörter Gebäude** Satz 1 Nr. 3),
4. die *Änderung und Nutzungsänderung von erhaltenswerten Gebäuden* (Satz 1 Nr. 4),
5. *die Erweiterung eines Wohngebäudes* (Satz 1 Nr. 5) bis auf höchstens zwei Wohnungen unter den Voraussetzungen des § 35 Abs. 4 Nr. 5 BauGB,
6. *die Erweiterung gewerblicher Betriebe* (Satz 1 Nr. 6).

Es handelt sich vornehmlich um Vorhaben, die aus dem **Bestandsschutz der zulässigerweise errichteten baulichen Anlage** resultieren (vgl. Rn. 253). Ihnen kann nicht der Flächennutzungs- oder Landschaftsplan, die natürliche Eigenart der Landschaft oder die Entstehung einer Splittersiedlung entgegengehalten werden. Es kommt entscheidend auf die materielle Legalität der baulichen Anlage an, die auch dann gegeben sein kann, wenn die Errichtung des Gebäudes nach Landesrecht genehmigungs- und anzeigenfrei war[202]. **243**

Die Gemeinde kann nach § 35 Abs. 6 BauGB für bebaute Bereiche im Außenbereich, die nicht überwiegend landwirtschaftlich geprägt sind und eine Wohnbebauung von einigem Gewicht aufweisen, durch eine **Außenbereichssatzung** die Errichtung von **Wohnhäusern, kleinen Handwerks- und Gewerbebetrieben** ermöglichen. **244**

5.4.2.3 Sonstige Vorhaben

▶ *Vgl. Rn. 195*

Neben den privilegierten Vorhaben nach § 35 Abs. 1 BauGB sind auch „sonstige Vorhaben" nach Maßgabe des § 35 Abs. 2 BauGB zulässig. **245**
§ 35 Abs. 2 BauGB: „Sonstige Vorhaben können im Einzelfall zugelassen werden, wenn ihre Ausführung oder Benutzung öffentliche Belange nicht beeinträchtigt und die Erschließung gesichert ist."
Sonstige Vorhaben sind mithin bereits unzulässig, wenn sie öffentliche Belange beeinträchtigen, was regelmäßig der Fall ist, insbesondere **wenn sie den Darstellungen des Flächennutzungsplans widersprechen**.
Es handelt sich zumeist um verhältnismäßig große mit Eigenheimen bebaute Grundstücke, die bei Übergröße wertmäßig sondiert werden müssen.

5.4.3 Bodenwertermittlung

Schrifttum: *Bolin/Müller,* Bewertung des Grund und Bodens landwirtschaftlicher Hofstellen, HLBS-report 2002, 144; *Reinhardt, W.,* Die Fläche als wertrelevante Größe für individuelles Wohnbauland in ländlichen Bereichen, GuG 2008, 321; *Schmidt, K.-J.,* Nachrichten aus der nds. Vermessungs- und Katasterverwaltung 1982, 348.

▶ *Vgl. Rn. 133, 195; zu den Hofstellen vgl. Rn. 133 ff., 170 ff., 231 sowie § 5 ImmoWertV Rn. 70; § 40 ImmoWertV Rn. 2 ff., 223*

Der **Bodenwert bebauter Außenbereichsgrundstücke** kann nach allgemeinen Grundsätzen im Wege des Vergleichswertverfahrens ermittelt werden, wobei hierbei stets die Eigentümlichkeiten des jeweiligen speziellen Teilmarktes berücksichtigt werden müssen. **246**

Für die den **im Außenbereich zulässigerweise errichteten Gebäuden zurechenbaren Umgriffsflächen** kann von einer „Quasi-Baulandqualität" (faktisches Bauland) ausgegangen werden, wenn die bauliche Anlage zulässigerweise errichtet wurde und sie rechtlich und wirtschaftlich weiterhin nutzbar ist (§ 40 Abs. 6 Nr. 2 ImmoWertV). Allerdings können die Flächen damit in ihrer Wertigkeit nicht unmittelbar dem Grundstücksmarkt für bebaute Grundstücke bzw. für baureife Grundstücke im Innenbereich gleichgesetzt werden. Allgemein **247**

202 BVerwG, Beschl. vom 27.07.1994 – 4 B 48/94 –, BRS Bd. 56 Nr. 85; BVerwG, Urt. vom 12.03.1998 – 4 C 10/97 –, BRS Bd. 60 Nr. 98 = EzGuG 3.124d.

kann hierzu gesagt werden, dass sich der Bodenwert für bebaute Außenbereichsgrundstücke nach

- der Lage des Grundstücks zum nächsten Ort (Baugebiet),
- den besonderen objektspezifischen Lagemerkmalen,
- einer ggf. gegebenen Übergröße,
- der äußeren und inneren Erschließung und
- der eingeschränkten Verwendungs- und Erweiterungsfähigkeit des Grundstücks im Rahmen der Zulässigkeitsregelung des § 35 BauGB und der Marktgängigkeit

bestimmt.

248 Im Schrifttum werden **Bodenpreise** angegeben, die zwischen dem 2-fachen (bei hohen Preisen landwirtschaftlicher Grundstücke) bis 3-fachen Ackerlandwert und bis zu 60 % des Bodenwerts für vergleichbare Grundstücke in Ortslage betragen, wobei dann schon die Bodenpreise des nächsten Ortsrandes heranzuziehen sind[203]. Dabei ist jeweils von Vergleichspreisen solcher Grundstücke auszugehen, die nach Art und Maß der künftigen Nutzung des Außenbereichsgrundstücks entsprechen. Ist z.B. im Rahmen des § 35 BauGB die Umnutzung eines bislang als Wirtschaftsgebäude genutzten Gebäudes zulässig und kann auch davon ausgegangen werden, dass von dieser Möglichkeit üblicherweise Gebrauch gemacht wird, so ist die künftige Nutzung maßgebend. Damit verbundene Kosten der baulichen Umnutzung müssen dann zusätzlich – zweckmäßigerweise bei der Gebäudewertermittlung – berücksichtigt werden.
Zu den Untersuchungen der Gutachterausschüsse vgl. die Marktanalysen bei Rn. 195.

249 Bei entsprechenden Vorhaben im Außenbereich kann diese Qualität im Hinblick auf den Ausnahmecharakter der Zulässigkeit allerdings nur den Flächen zugeordnet werden, für die mindestens ein **Bauvorbescheid** vorliegt. Andernfalls wäre der gesamte Außenbereich potenziell Bauland. Darüber hinaus wird vielfach eine Zerlegung der Hofstelle in Zonen unterschiedlicher Wertigkeiten sinnvoll sein.

250 *Schmidt* hat zur Berechnung des De-facto-Baulandes im Außenbereich vorgeschlagen, den einschlägigen Wert der land- und forstwirtschaftlichen Flächen um den kapitalisierten Bodenwertverzinsungsbetrag aufzustocken, wobei

- eine fiktive (modellhafte) Restnutzungsdauer des Gebäudes,
- der einschlägige Liegenschaftszinssatz und
- als Bodenwert der Unterschied aus dem Bodenwert für vergleichbare Innenbereichslagen und dem Bodenwert der land- und forstwirtschaftlichen Flächen

zugrunde gelegt wird.

$$BW_{\text{De-facto-Bauland}} = (BW_{\text{Vergleichbares Bauland in Innenbereichslage}} - BW_{\text{Land- und Forstwirtschaft}}) \times LZ \times KF$$

wobei

LZ = Liegenschaftszinssatz

KF = Kapitalisierungsfaktor (Rentenbarwertfaktor)

5.4.4 Bodenwert von im Außenbereich baurechtswidrig bebauten Grundstücken

▶ *Vgl. Rn. 195, 243; zum Bestandsschutz vgl. § 5 ImmoWertV Rn. 7, 74 ff.; § 40 ImmoWertV Rn. 226*

251 Nach § 40 Abs. 5 Nr. 2 ImmoWertV sind bei der Bodenwertermittlung eines im Außenbereich gelegenen bebauten Grundstück die vorhanden baulichen Anlagen grundsätzlich zu berück-

203 Gütter in HLBS-report 1998, 13.

sichtigen. Voraussetzung ist jedoch, dass die **baulichen Anlagen rechtlich und wirtschaftlich weiterhin nutzbar** sind.

Im Außenbereich baurechtswidrig errichtete Gebäude können mithin nicht eine Baulandqualität der betroffenen Fläche begründen. Eine **Abrissanordnung** für ein baurechtswidriges Gebäude wäre selbst dann generell nicht unzulässig, wenn das Gebäude lange Zeit geduldet worden ist oder weil der Eigentümer einen Antrag auf Genehmigung einer privilegierten Nutzung gestellt hat, über den noch nicht rechtskräftig entschieden worden ist[204]. **252**

Es handelt sich hierbei um Umstände, die im Rahmen der Ermessensausübung der Bauaufsichtsbehörde im Einzelfall eine Rolle spielen können. Diesbezüglich verlangt der Gleichheitssatz des Art. 3 Abs. 1 GG eine willkürfreie Ermessensausübung. Das BVerwG hat sich damit mehrfach befasst und folgende Grundsätze zum **Bestandsschutz** aufgestellt: **253**

1. Eine **Beseitigungsanordnung** verstößt gegen den Gleichheitsgrundsatz des Art. 3 Abs. 1 GG, wenn sie angesichts vergleichbarer baurechtswidriger Bauten in dem betreffenden Gebiet willkürlich und systemlos ergangen ist. Das ist dann nicht der Fall, wenn die Verwaltungspraxis darin besteht, vor einem bestimmten Zeitpunkt errichtete Bauten zu dulden, soweit an ihnen keine Baumaßnahmen vorgenommen werden[205].
2. Im Hinblick auf die grundsätzliche bauordnungsrechtliche Befugnis der Behörden, gegen ungenehmigte Vorhaben mit dem Mittel der Beseitigungsanordnung vorzugehen, besteht ein Verstoß gegen Art. 3 Abs. 1 GG nur dann, wenn die Behörde – schreitet sie bei einem verbreiteten ordnungswidrigen Zustand nur gegen einen der Störer ein – nicht zu rechtfertigen vermag, weshalb sie gerade gegen diesen eingeschritten ist[206].
3. Verlangt die Behörde die Beseitigung eines ungesetzlichen Bauwerks, so liegt es i.d.R. nicht im Rahmen der Erforschungspflicht des Gerichts, die Möglichkeiten einer Abänderung des Bauwerks zur Behebung eines etwaigen Übermaßes von Amts wegen zu prüfen. Dem liegt die Erwägung zu Grunde, dass das öffentliche Baurecht rechtswidriges Bauen grundsätzlich missbilligt[207].
4. Ein Bestandsschutz, soweit damit eine eigenständige Anspruchsgrundlage gemeint sein soll, besteht nicht, wenn eine gesetzliche Regelung i.S. des Art. 14 Abs. 1 Satz 2 GG vorhanden ist[208].
5. Dem allgemeinen Willkürverbot lässt sich nicht in konkretisierender Weise entnehmen, in welcher Art und Weise eine Behörde gegen **Schwarzbauten** vorgehen darf[209].
6. Der Pflicht, die Ermessensausübung bei Erlass einer Beseitigungsanordnung i.S. fehlender Willkür zu rechtfertigen, genügt es, wenn die Behörde im Laufe eines etwaigen Verwaltungsstreitverfahrens darlegt, weshalb sie gerade gegen die Kläger vorgeht[210].
7. Der Gleichheitssatz gebietet nicht, dass von der Bauaufsichtsbehörde mit Beseitigungsverfügungen gegen unterschiedlich gelagerte Fälle in gleicher Weise vorgegangen werden muss, geschweige denn im gleichen Zeitpunkt. Geboten ist lediglich ein systemgerechtes Vorgehen. Dieses kann selbst dann bejaht werden, wenn eine Behörde gegen „Schwarzbauten" gleichsam Schritt für Schritt vorgeht[211].

---

204 BVerwG, Beschl. vom 15.05.1990 – 4 B 77/90 –, EzGuG 4.133a.
205 BVerwG, Beschl. vom 13.02.1989 – 4 B 16/89 –, EzGuG 6.243a.
206 BVerwG, Beschl. vom 19.07.1976 – 4 B 22/76 –, Buchholz 46.17 Bauordnungsrecht Nr. 5.
207 BVerwG, Beschl. vom 29.09.1965 – 4 B 214/65 –, DÖV 1966, 249.
208 BVerwGE, Urt. vom 16.05.1991 – 4 C 17/90 –, BVerwGE 88, 19 = GuG 1991, 333.
209 BVerwG, Urt. vom 11.01.1994 – 4 B 231/93 –, Buchholz 47.4 § 19 FStrG Nr. 6.
210 BVerwG, Beschl. vom 18.12.1991 – 4 B 208/91 –, unveröffentlicht; BVerwG, Beschl. vom 19.07.1976 – 4 B 22/76 –, Buchholz 46.17 Bauordnungsrecht Nr. 5.
211 BVerwG, Beschl. vom 21.12.1990 – 4 B 184/90 –, unveröffentlicht.

8. Eine Baumaßnahme an einem Wohnhaus im Außenbereich, die mit wesentlichen Änderungen und einer nicht unerheblichen Erweiterung verbunden ist, kann nicht unter dem Gesichtspunkt des Bestandsschutzes genehmigt werden[212].

9. Der Bestandsschutz, den ein ursprünglich in Einklang mit dem materiellen Baurecht errichtetes Gebäude aufgrund des Art. 14 Abs. 1 GG genießt, berechtigt nicht nur dazu, die Anlage in ihrem Bestand zu erhalten und sie wie bisher zu nutzen, sondern auch dazu, die zur Erhaltung und zeitgemäßen Nutzung notwendigen Maßnahmen durchzuführen. Er deckt eine Erweiterung des Bestehenden, wenn hierdurch öffentlich-rechtliche Vorschriften nicht über das hinaus verletzt würden, was die Erhaltung des Bestands und seine weitere Nutzung bereits mit sich bringen[213].

6 Sonstige Flächen (§ 3 Abs. 5 ImmoWertV)

▶ *Vgl. zum Öd- und Unland Rn. 255 ff., 375 ff. (Abbauland); Kleiber, Verkehrswertermittlung von Grundstücken, 8. Aufl. Teil V Rn. 230 (Deponien), 576 ff. (Gemeinbedarf); zu Gemeinbedarfsflächen vgl. Rn. 182 ff., 190; Teil VI Rn. 94, 715 ff., 889 ff.*

254 Der **Katalog der in § 5 ImmoWertV definierten Entwicklungszustandsstufen ist unvollständig.** Die Vorschrift beschränkt sich auf Definitionen zu den Flächen der Land- oder Forstwirtschaft sowie zum werdenden Bauland bis hin zum baureifen Land. Ergänzend werden mit § 44 ImmoWertV **Gemeinbedarfsflächen** definiert.

a) Die nach den tatsächlichen Zustandsmerkmalen land- oder forstwirtschaftlich nutzbaren, aber rechtlich einer derartigen Nutzung entzogenen Flächen (z.B. **Biotope**) sind, soweit sie nicht unter die Definitionen der § 3 Abs. 2 bis 4 ImmoWertV fallen, nicht als „Flächen der Land- oder Forstwirtschaft" einzustufen, denn für diese liegen die mit § 3 Abs. 1 ImmoWertV ausdrücklich geforderten Voraussetzungen nicht vor. Sie sind von einer land- oder forstwirtschaftlichen Nutzung ausgeschlossen. Ist also aus ökologischen Gründen ein derartiger „Dienst" i.S. des § 3 Abs. 1 ImmoWertV nicht zulässig, kann die betroffene Fläche auch nicht als derartige Fläche eingestuft werden[214].

b) Ob eine *Fläche mit abbauwürdigen Bodenschätzen* (**Abbauland**, vgl. § 43 BewG), für die eine Bauerwartung nicht besteht, als „Fläche der Land- oder Forstwirtschaft" oder als „ausgebeutetes Grundstück" einzustufen ist, beantwortet sich nach der Rechtsprechung des BGH[215] danach, „ob und gegebenenfalls in welchem Umfang der Grundstücksverkehr als den Verkehrswert mindernd berücksichtigt, dass das Grundstück während der Dauer des Kiesabbaus und der Rekultivierung forstwirtschaftlich nicht genutzt werden kann"; eine daraus resultierende Werterhöhung sollte allerdings auch nicht außer Betracht bleiben.

c) Sonstige Sondernutzungen wie **Deponien** (vgl. Rn. 253 ff.), Müllverbrennungsanlagen, Kernkraftwerke, Anlagen der Ver- und Entsorgung, Golf- und Bolzplätze, Wochenend- und Ferienhausgebiete sowie Kleingärten werfen besondere Fragen auf.

---

212 OVG Lüneburg, Urt. vom 10.01.1986 – 1 A 165/84 –, BRS Bd. 46 Nr. 71 und 150.
213 BVerwG, Urt. vom 12.03.1998 – 4 C 10/97 –, BVerwGE 106, 228 = EzGuG 3.124d.
214 So auch Zimmermann in WertV 88, S. 83.
215 BGH, Urt. vom 14.12.1978 – III ZR 6/77 –, BRS Bd. 34 Nr. 152 = EzGuG 4.63.

7 Hutungen, Öd-, Un- und Geringstland, Gräben, Wege

7.1 Allgemeines

Schrifttum: *Bruschke* in Gürsching/Stenger, Bewertungsrecht, § 45 BewG Rn. 7; *Eisele* in Rössler/Troll, BewG, § 45 Rn. 3; Abschn. 1.15 Abs. 2 der BewRL, BStBl I 1967, 397.

Der Entwicklungszustand von Unland (Ödland) sowie Geringstland lässt sich auf der Grundlage des § 3 ImmoWertV nur qualifizieren, wenn eine bauliche Nutzung nach Maßgabe des § 5 Abs. 2 bis 4 ImmoWertV erwartet werden kann bzw. nach den §§ 30, 33 oder 34 BauGB zulässig ist[216]. Die Flächen können auch nicht als Fläche der Land- oder Forstwirtschaft eingestuft werden, da z.B. vom Unland (Ödland) ex definitionem nicht angenommen werden kann, dass es nach seinen Eigenschaften, der sonstigen Beschaffenheit und Lage, nach seinen Verwertungsmöglichkeiten oder den sonstigen Umständen i.S. des § 5 Abs. 1 ImmoWertV land- oder forstwirtschaftlich nutzbar ist. **255**

7.2 Hutung

Hutungen sind Viehweiden mit Baumbestand, Gehölzgruppen, Rasenflächen und Hochstauden bzw. Feucht- und Nasswiesen mit geringem Futterwert. Sie sind wertmäßig wie Geringstland einzustufen. **256**

7.3 Ödland

Unter dem steuerrechtlichen Begriff des Ödlands versteht man Flächen, auf denen man einen land- und forstwirtschaftlichen Ertrag nicht erwirtschaften kann[217]. Es ist gleichwohl nicht wertlos, insbesondere wenn es als **Abbauland** z.B. für Kalk, Sand, Lehm oder Mergel nutzbar ist. **257**

Nach § 1 Abs. 1 Satz 1 FlErwB gehört Ödland zu den land- und forstwirtschaftlichen Flächen. **258**

7.4 Unland

Als **Unland** werden in § 45 BewG[218] Betriebsflächen definiert, **die aufgrund ihrer natürlichen Gegebenheiten nicht bewirtschaftet werden können, also nicht kulturfähig sind** und auch bei geordneter Wirtschaftsweise keinen Ertrag abwerfen können. In der steuerlichen Einheitsbewertung wird es deshalb nicht bewertet (vgl. auch § 1 Abs. 2 Satz 1 FlErwV)[219]. **259**

Nach § 1 Abs. 1 Satz 1 FlErwB gehört Unland zu den land- und forstwirtschaftlichen Flächen. **260**

Zum **Unland** gehören ertraglose Böschungen, ausgebeutete und **stillgelegte Kiesgruben und dgl. sowie Steinbrüche, Felsköpfe, Böschungen,** soweit diese nicht kulturfähig sind. Der Bodenwert wird im Grundstücksmarktbericht von *Wesel* (2019) mit durchschnittlich bis zu 0,50 €/m² angegeben. **261**

7.5 Geringstland

▶ *Vgl. zur steuerlichen Restnutzungsdauer bei Modernisierungen § 4 ImmoWertV Rn. 90*

Im Unterschied zum Unland definiert sich das sog. **Geringstland** in § 44 BewG als Betriebsfläche „geringster Ertragsfähigkeit", für die nach dem Bodenschätzungsgesetz keine Wertzah- **262**

216 BFH, Urt. vom 24.01.2018 – II R 59/15 –, BFHE 261, 358 = BStBl II 2018, 619 = EzGuG 4.218.
217 § 13 Abs. 2 Nr. 1 Durchführungsbestimmung zum RBewG vom 02.02.1935 (RGBl I 1935, 81).
218 § 13 Abs. 2 Ziff. 1 RBewG 1935 sowie § 15 Abs. 2 RBewG.
219 RdErl. des nordrh.-westf. IM vom 14.02.1979 (SMBl. NW 71342; § 17 BodSchätzÜbernErl).

len festzustellen sind. Geringstland wird in der steuerlichen Bewertung mit einem Hektarwert von 25 € bewertet[220]. Im Gegensatz zum Unland ist beim Geringstland die Kulturfähigkeit nicht wegen der besonderen objektiven Beschaffenheit der Flächen ausgeschlossen. Es handelt sich vielmehr dem Grunde nach um kulturfähige Flächen, deren Ertragsfähigkeit jedoch so gering ist, dass sie in ihrem derzeitigen Zustand nicht regelmäßig land- und forstwirtschaftlich genutzt werden können und für die die Wiederherstellung des Kulturzustandes in einem Missverhältnis zu der Ertragsfähigkeit steht.

263 In R B 160.20 Erbschaftsteuer-Richtlinien 2019 (ErbStR 2019) heißt es zum **Geringstland:**

„Betriebsflächen geringster Ertragsfähigkeit (Geringstland) sind unkultivierte, jedoch kulturfähige Flächen, deren Ertragsfähigkeit so gering ist, dass sie in ihrem derzeitigen Zustand nicht regelmäßig land- und forstwirtschaftlich genutzt werden können; dazu gehören insbesondere unkultivierte Moor- und Heideflächen sowie die ehemals bodengeschätzten Flächen und die ehemaligen Weinbauflächen, deren Nutzungsart sich durch Verlust des Kulturzustands verändert hat. Der Verlust des Kulturzustands ist dann als gegeben anzusehen, wenn der kalkulierte Aufwand zur Wiederherstellung des Kulturzustands in einem Missverhältnis zu der Ertragsfähigkeit steht, die nach der Rekultivierung zu erwarten ist. Das ist regelmäßig dann der Fall, wenn der Aufwand den einer Neukultivierung übersteigen würde. Bei bodengeschätzten Flächen kann der nachhaltige Verlust des Kulturzustands insbesondere erst nach folgenden Ereignissen eintreten:

1. Ansiedlung von Gehölzen infolge Nichtnutzung bei Hutungen und Hackrainen,
2. Versteinung und Vernässung infolge Nichtnutzung, z.B. bei Hochalmen,
3. Ansiedlung von Gehölzen und Verschlechterung der Wasserverhältnisse infolge Nichtnutzung, z.B. bei Streuwiesen,
4. nachhaltige Verschlechterung des Pflanzenbestandes und der Wasserverhältnisse infolge zunehmender Überflutungsdauer und steigender Wasserverschmutzung bei Überschwemmungsgrünland oder Staunässe in Bodensenkungsgebieten,
5. Vergiftung und Vernichtung des Pflanzenbestandes infolge schädlicher Industrieemissionen.

Bei Weinbauflächen, insbesondere in Steilhanglagen, kann der Verlust des Kulturzustands durch Ansiedlung von Gehölzen, Bodenabtrag sowie Einsturz von Mauern und Treppen infolge Nichtnutzung eintreten."

264 Im Bereich des *Altkreises Göttingen* und im *Landkreis Goslar* werden für entsprechende Flächen ausweislich des Grundstücksmarktberichtes von *Göttingen* (2019) im Mittel 0,49 €/m² gezahlt, im Altkreis *Osterode am Harz* liegt der mittlere Wert bei 0,37 €/m². Für den Bereich des *Landkreises Northeim* wurde der mittlere Wert mit 0,46 €/m² ermittelt und im Landkreis *Holzminden* liegt der mittlere Wert bei 0,38 €/m². Die Vergleichspreise liegen i.d.R. unter dem Bodenrichtwert für Grünland.

7.6 Gräben

265 Gräben sind für die Bewirtschaftung der Felder bzw. für die Vorflut in einem Gebiet notwendig, sie dienen der Entwässerung der landwirtschaftlichen Flächen. Dem Eigentümer obliegt die Unterhaltungslast, ohne dass wirtschaftliche Erträge aus diesen Grundstücken gezogen werden können. Ausweislich des Grundstücksmarktberichtes von Göttingen (2019) geht aus der Kaufpreissammlung hervor, dass in Entschädigungsfällen (Inanspruchnahme für öffentliche Maßnahmen) als mittlerer Wert rd. 0,50 €/m² vereinbart wird.

7.7 Wege

266 Ausweislich des Grundstücksmarktberichtes von Göttingen (2019) geht aus der Kaufpreissammlung hervor, dass im gesamten Zuständigkeitsbereich Wegeflächen im landwirtschaft-

---

220 BGBl. I 1994, 1089 = GuG 1994, 171; vgl. Rösch/Kurandt, Bodenschätzung und Liegenschaftskataster, Heymanns Verlag, Köln, Nachdruck 1968; vgl. auch Ergänzende Vorschriften II vom 28.03.1939 zum RdErl. des RdI zur Übernahme der Bodenschätzungsergebnisse in das Liegenschaftskataster (BodSchätzÜbernErl; RdErl. des RdI vom 27.01.1937 (Ziff. 3 Abschn. D BodSchätzTechnAnw 11).

lich strukturierten Außenbereich zu Preisen zwischen 0,30 €/m² und 4,00 €/m² gehandelt werden, je nach Art und Bedeutung des Weges und ob eine Widmung als öffentliche Fläche oder Unterhaltungslasten bestehen. Bei Inanspruchnahme bzw. Übernahme von Wegen liegt der mittlere Wert bei 0,62 €/m².

8 Schutzgebiete

8.1 Allgemeines

▶ *Vgl. Rn. 218*

In besonderen Schutzgebieten ist eine bauliche, aber auch land- und forstwirtschaftlichen Nutzung besonderen Einschränkungen unterworfen, insbesondere aufgrund von 267

a) Festsetzungen naturschutzrechtlicher Ausgleichsflächen und -maßnahmen,

b) Festsetzungen von **Naturschutzgebieten, Landschaftsschutzgebieten, Nationalparks, Naturparks, Flora-Fauna-Habitat-Gebieten und geschützten Landschaftsbestandteilen**,

c) Festsetzungen von **Wasserschutz- und Überschwemmungsgebieten**,

d) Festsetzungen von **Lärmschutzbereichen** nach dem Gesetz gegen Fluglärm (Fluglärmgesetz) für Flugplätze.

Für den land- und forstwirtschaftlichen Bereich können sich insbesondere folgende **Beschränkungen** ergeben: 268

- Einschränkungen bezüglich des Pflanzenschutzes,
- Einschränkungen bezüglich Düngung,
- Gebot bestimmter Nutzungen,
- Verbot bestimmter Nutzungen,
- Verbot jeder Nutzung und dgl.

Im Einzelnen ergeben sich die Beschränkungen aus den jeweiligen Gesetzen und Verordnungen.

Konkrete Nutzungsbeschränkungen, die über das allgemein übliche Maß hinausgehen, lösen i.d.R. eine Ausgleichs- und Entschädigungspflicht aus, mit der eine Minderung des Verkehrswerts aufgefangen wird, wenn damit auf Dauer zu rechnen ist. Ausgleich und Entschädigung sind landesrechtlich unterschiedlich geregelt. Eine Minderung des Verkehrswerts kann aber bereits durch ein **Verbot der Nutzungsänderung** eintreten, wenn dadurch eine Intensivierung der vorhandenen Nutzung bzw. eine Anpassung an ertragreichere Nutzung verhindert wird. Diese Wertminderung lässt sich im Wege des Vergleichswertverfahrens ermitteln. 269

Ansonsten lässt sich die Wertminderung mithilfe des Deckungsbeitrags ermitteln. Der **Deckungsbeitrag** bestimmt sich aus der Differenz zwischen 270

- dem Erlös aus den auf der Fläche gewonnenen Erzeugnissen und
- den dafür aufgebrachten Produktionskosten (spezialkostenfreier Rohertrag).

Einer Bebauung können **Anbauverbote, Anbaubeschränkungen** sowie **Baubeschränkungen** nach 271

- Bundesnaturschutzgesetz (§§ 8a ff. BNatSchG),
- Bundes- und Landesstraßengesetzen,
- Wassergesetzen,

- Landschafts- und Naturschutzgesetzen,
- Luftverkehrs- und Schutzbereichsgesetzen,
- Immissionsschutz- und Gewerberecht,
- Abfallbeseitigungsrecht,
- Zivilschutz- und Atomrecht,
- Denkmalschutzrecht

entgegenstehen[221].

8.2 Naturschutzrechtliche Ausgleichsflächen und -maßnahmen

8.2.1 Allgemeines

Schrifttum: *Jahn, F.,* Kaufpreisanalyse zu Ausgleichsflächen in Niedersachsen, Nachr. der nds. Kat.- und VermVw 2001/4, S. 4.

▶ *Zum Kostenerstattungsbetrag vgl. Syst. Darst. des Vergleichswertverfahrens Rn. 359 ff.; Teil VI Rn. 170, 197, 586*

272 Naturschutzrechtliche Ausgleichs*flächen* sind Flächen, die zum Ausgleich für „Eingriffe in Natur und Landschaft“ etwa in Gestalt von Grünflächen, Biotopen und extensiv genutzten (Streuobst-)wiesen vorgehalten werden. Naturschutzrechtliche Ausgleichs*maßnahmen* sind entsprechende Bepflanzungen von Grundstücken. **Rechtsgrundlage für naturschutzrechtliche Ausgleichsflächen und -maßnahmen** sind u.a. § 1a BauGB und die §§ 135a ff. BauGB. Den Gemeinden ist danach vorgegeben, im Rahmen der Abwägung nach § 1 Abs. 6 BauGB im Bauleitplanverfahren dem damit verbundenen **Eingriff in Natur und Landschaft** durch entsprechende Festsetzungen von

- Ausgleichsflächen und
- Ausgleichsmaßnahmen

Rechnung zu tragen.

221 Zur Frage der Vorwirkung und entschädigungsrechtlichen Ansprüchen vgl. u.a.: BVerwG, Urt. vom 27.06.1957 – 1 C 3/56 –, BVerwGE 5, 143 = EzGuG 16.3; BVerwG, Beschl. vom 25.06.1968 – 4 B 181/67 –, BRS Bd. 20 Nr. 208 = EzGuG 16.9; BGH, Urt. vom 29.04.1968 – III ZR 177/65 –, BRS Bd. 19 Nr. 122 = EzGuG 16.8; BGH, Urt. vom 25.01.1973 – III ZR 113/70 –, BGHZ 60, 126 = EzGuG 4.39; BGH, Urt. vom 20.09.1971 – III ZR 18/70 –, BGHZ 57, 278 = EzGuG 16.15; BGH, Urt. vom 20.12.1971 – III ZR 83/69 –, BRS Bd. 26 Nr. 14 = EzGuG 16.17; BGH, Urt. vom 29.04.1968 – III ZR 141/65 –, BRS Bd. 19 Nr. 117 = EzGuG 16.7; BGH, Urt. vom 10.01.1972 – III ZR 61/68 –, BRS Bd. 26 Nr. 15 = EzGuG 16.18; BGH, Urt. vom 18.06.1973 – III ZR 122/72 –, BRS Bd. 26 Nr. 130 = EzGuG 16.20; BGH, Urt. vom 01.12.1977 – III ZR 130/75 –, BRS Bd. 34 Nr. 141 = EzGuG 18.78; BGH, Urt. vom 08.11.1962 – III ZR 86/61 –, BGHZ 39, 198 = EzGuG 8.5; BGH, Urt. vom 13.07.1978 – III ZR 28/76 –, BGHZ 84, 223 = EzGuG 4.59; BGH, Urt. vom 26.11.1981 – III ZR 49/80 –, NVwZ 1983, 118 = EzGuG 14.16; OLG Köln, Urt. vom 21.11.1972 – 4 U 199/71 –, BRS Bd. 26 Nr. 125 = EzGuG 8.39; BVerwG, Beschl. vom 14.11.1975 – 4 C 2/74 –, BVerwGE 49, 365 = EzGuG 16.21; BVerwG, Urt. vom 24.02.1978 – 4 C 12/76 –, BVerwGE 55, 272 = EzGuG 16.32; BGH, Urt. vom 02.02.1978 – III ZR 15/76 –, MDR 1978, 647 = EzGuG 16.22; BGH, Urt. vom 25.01.1973 – III ZR 118/70 –, BGHZ 60, 145 = EzGuG 16.19.

In den Bebauungsplänen kommen folgende **Festsetzungen nach § 9 Abs. 1 BauGB** in Betracht: 273

Nr. 15	die öffentlichen und privaten Grünflächen, wie Parkanlagen, Dauerkleingärten, Sport-, Spiel-, Zelt- und Badeplätze, Friedhöfe;
Nr. 16	die Wasserflächen sowie die Flächen für die Wasserwirtschaft, für Hochwasserschutzanlagen und für die Regelung des Wasserabflusses;
Nr. 18	a) die Flächen für die Landwirtschaft und b) Wald;
Nr. 20	die Flächen oder Maßnahmen zum Schutz, zur Pflege und zur Entwicklung von Boden, Natur und Landschaft;
Nr. 22	die Flächen für Gemeinschaftsanlagen für bestimmte räumliche Bereiche wie Kinderspielplätze, Freizeiteinrichtungen, Stellplätze und Garagen;
Nr. 24	die von der Bebauung freizuhaltenden Schutzflächen und ihre Nutzung, die Flächen für besondere Anlagen und Vorkehrungen zum Schutz vor schädlichen Umwelteinwirkungen und sonstigen Gefahren im Sinne des Bundes-Immissionsschutzgesetzes sowie die zum Schutz vor solchen Einwirkungen oder zur Vermeidung oder Minderung solcher Einwirkungen zu treffenden baulichen und sonstigen technischen Vorkehrungen; einschließlich von Maßnahmen zum Schutz vor schädlichen Umwelteinwirkungen durch Geräusche, wobei die Vorgaben des Immissionsschutzrechts unberührt bleiben;
Nr. 25	für einzelne Flächen oder für ein Bebauungsplangebiet oder Teile davon sowie für Teile baulicher Anlagen mit Ausnahme der für landwirtschaftliche Nutzungen oder Wald festgesetzten Flächen a) das Anpflanzen von Bäumen, Sträuchern und sonstigen Bepflanzungen, b) Bindungen für Bepflanzungen und für die Erhaltung von Bäumen, Sträuchern und sonstigen Bepflanzungen sowie von Gewässern.

Unter **Ersatzflächen** werden Flächen außerhalb von Bebauungsplangebieten verstanden, die künftig dem ökologischen Ausgleich für Eingriffe in Natur und Landschaft dienen sollen. 274

Die **Festsetzung von Grünflächen** in einem Bebauungsplan muss ihre – ggf. durch Auslegung zu ermittelnde – Qualifizierung als öffentlich oder privat enthalten. Die Abgrenzung von öffentlichen und privaten Grünflächen erfordert die Verwendung geeigneter Planzeichen[222]. 275

Diese **Festsetzungen können** 276

a) auf den Eingriffsgrundstücken selbst oder auf den ihnen zugeordneten Flächen,

b) als *Einzelzuordnung* oder als *Sammelzuordnung,*

c) als *private oder öffentliche* Fläche den Eingriffsgrundstücken zugeordnet werden.

Die **Durchführung von Ausgleichsmaßnahmen und die Bereitstellung von Ausgleichsflächen obliegen grundsätzlich dem Vorhabenträger** (Eigentümer). Soweit Ausgleichsmaßnahmen und -flächen an anderer Stelle den (Eingriffs-)grundstücken nach § 9 Abs. 1a BauGB zugeordnet sind, soll jedoch die Gemeinde diese an Stelle und auf Kosten der Eigentümer der Grundstücke, denen die Ausgleichsmaßnahmen und -flächen zugeordnet sind, durchführen. In diesen Fällen sind die Kosten auf die zugeordneten Grundstücke unter Berücksichtigung der überbaubaren Grundstücksfläche, der zulässigen Grundfläche, der zu erwartenden Versiegelung oder der Schwere der zu erwartenden Beeinträchtigungen nach Maßgabe einer gemeindlichen Satzung zu verteilen (§ 135a Abs. 2 BauGB). Die Kosten werden mit einem Kostenerstattungsbetragsbescheid geltend gemacht. 277

Der **Verkehrswert eines kostenerstattungsbetragspflichtigen Eingriffsgrundstücks** vermindert sich in analoger Anwendung der Grundsätze, die in der Wertermittlungspraxis zur 278

222 OVG Münster, Urt. vom 15.01.1991 – 11a NE 26/88 –, BRS Bd. 52 Nr. 22 = EzGuG 4.137.

Umrechnung erschließungsbeitragsfreier in erschließungsbeitragspflichtige Grundstücke zur Anwendung kommen, um den zu erwartenden Kostenerstattungsbetrag, wenn von Vergleichspreisen für kostenerstattungsbetragsfreie Grundstücke ausgegangen wird (vgl. § 6 Abs. 3 ImmoWertV). Bei der Verkehrswertermittlung von kostenerstattungsbetragspflichtigen Grundstücken muss die „Belastung“ dann außer Betracht bleiben, wenn Kaufpreise vergleichbarer Grundstücke herangezogen werden, die – unmittelbar vergleichbar – gleichermaßen „belastet“ sind. Entsprechendes gilt für die Heranziehung von Bodenrichtwerten. Werden indessen Vergleichspreise oder Bodenrichtwerte „unbelasteter“ Grundstücke herangezogen, muss die „Belastung“ des zu wertenden Grundstücks in Anlehnung an den monetären Wert dieser „Belastung“ zusätzlich berücksichtigt werden.

279 Festsetzungen zum Ausgleich für Eingriffe in Natur und Landschaft können nach dem vorher Gesagten zum Inhalt haben, dass der Eigentümer eines Grundstücks (Vorhabenträger als Verursacher) entweder

a) mit seinem Baugrundstück die festgesetzten **Ausgleichsflächen** aufbringt und sich somit im Ergebnis die Grundstücksfläche entsprechend vergrößert oder

b) auf seinem Baugrundstück die festgesetzten **Ausgleichsmaßnahmen** (Bepflanzungen) durchführt oder

c) die dem Baugrundstück (ggf. als Sammelzuordnung) zugeordneten *privaten* Ausgleichsflächen aufbringt bzw. für die öffentlichen Ausgleichsflächen „über den Kostenerstattungsbetrag“ aufkommt oder

d) die dem Baugrundstück zugeordneten privaten Ausgleichsflächen e*inschließlich* der dafür festgesetzten Ausgleichsmaßnahmen (z.B. Bepflanzungen) aufbringt bzw. für die öffentlichen Ausgleichsflächen einschließlich der dafür festgesetzten Ausgleichsmaßnahmen aufkommt.

280 Daraus folgt, dass zwischen **Ausgleichsflächen und -maßnahmen** zu unterscheiden ist,

1. **die am Eingriffsort** (bzw. im Eingriffsbereich) aufzubringen bzw. durchzuführen sind, und

2. solchen Ausgleichsflächen und -maßnahmen, die aufgrund entsprechender Zuordnungsfestsetzungen an anderer Stelle durchzuführen sind.

Im Grundstücksmarktbericht von *Moers* (2018) wird der Wert einer naturschutzrechtlichen Ausgleichsfläche mit einer Preisspanne von 4 bis 9 €/m² angeben; ähnlich der *LK Wesel* in seinem Marktbericht 2018 (4 bis 8 €/m²).

8.2.2 Grundstücksintegrierte Ausgleichsflächen und -maßnahmen

281 In den erstgenannten Fällen **(Fall a und b)** ist die Frage nach dem Verkehrswert noch verhältnismäßig leicht zu beantworten. Werden zur Wertermittlung Vergleichspreise von Grundstücken herangezogen, die hinsichtlich der naturschutzrechtlichen Ausgleichs- und Ersatzregelung „unbelastet“ sind, kann davon ausgegangen werden, dass die demgegenüber für das Wertermittlungsobjekt bereitgestellte Ausgleichsfläche zu einer Vergrößerung der Grundstücksfläche führt. Dies wiederum führt im Ergebnis zu einer entsprechenden **Absenkung des Quadratmeterwerts**, denn es entspricht einem alten Erfahrungssatz, dass der Quadratmeterwert eines Grundstücks umso höher ausfällt, je kleiner die Grundstücksfläche ist, und umgekehrt. Ausgleichsmaßnahmen (Bepflanzungen) werden hingegen den Grundstückswert gegenüber kostenerstattungsbetragsfreien Vergleichspreisen nur dann „absenken“, wenn sie ungewöhnlich hoch sind und das Maß dessen überschreiten, was der Grundeigentümer auch sonst an Anpflanzungen vornehmen würde. Soweit hier also eine Bodenwertminderung überhaupt erwartet werden kann, wäre sie an den zusätzlichen Kosten zu orientieren.

8.2.3 Zugeordnete Ausgleichsflächen und -maßnahmen

Problematisch sind die Fälle, in denen die Ausgleichsflächen und -maßnahmen einem Baugrundstück an anderer Stelle zugeordnet sind **(Fall c und d)** und sich nicht im Eigentum dessen befinden, der auf dem Eingriffsgrundstück ausgleichspflichtig wird. Hier stellt sich die Aufgabe, den **Verkehrswert eigenständiger Ausgleichsflächen** zu ermitteln. 282

Handelt es sich dabei um eine öffentliche Ausgleichsfläche, so bemisst sich der **Verkehrswert dieser Ausgleichsfläche** in Anwendung der entschädigungsrechtlichen Grundsätze der §§ 93 ff. BauGB, d.h. **nach dem Vorwirkungsgrundsatz**. 283

Wird im Bebauungsplan ein Grundstück als Ausgleichsfläche festgesetzt, das nach den Festsetzungen eines Bebauungsplans oder nach § 34 BauGB bebaubar war, müssen bei der Verkehrswertermittlung die planungsschadensrechtlichen Regelungen bezüglich fremdnütziger Nutzungen und eines Übernahmeanspruchs beachtet werden (§§ 39 ff. BauGB, insbesondere § 40 BauGB[223]). Im Außenbereich gelegene private Ausgleichsflächen, die Eingriffsgrundstücken an anderer Stelle zugeordnet sind, wurden i.d.R. mit dem Wert des begünstigten Agrarlands (Besondere Flächen der Land- oder Forstwirtschaft) „eingestuft“, zumindest dann, wenn die Flächen nicht zuvor eine allgemeine Bauerwartung aufwiesen. Nach *Stich*[224] ist eine Enteignung von Grundflächen, auf denen nach den Festsetzungen eines Bebauungsplans oder nach den Bestimmungen einer Satzung mit Vorhaben- und Erschließungsplan im „sonstigen Geltungsbereich“ der Planung Ausgleichsmaßnahmen durchgeführt werden sollen, zulässig, wenn das Wohl der Allgemeinheit es erfordert. Die Bauleitplanung und damit die Schaffung von Bauland für Wohn-, Gewerbe-, Industrie- und sonstige Zwecke gehöre nämlich zu den wichtigsten Aufgaben, die die Gemeinden im Interesse der Allgemeinheit zu erfüllen haben. Sie haben die Bauleitpläne und anderen städtebaulichen Planungen nach § 1 Abs. 3 BauGB aufzustellen, zu ändern, zu ergänzen und aufzuheben, sobald und soweit es für die städtebauliche Entwicklung und Ordnung erforderlich ist. Sind rechtsverbindliche städtebauliche Planungen aufgestellt, ist es im Interesse der Allgemeinheit grundsätzlich geboten, dass ihre Festsetzungen und Bestimmungen verwirklicht werden (vgl. auch die städtebaulichen Gebote in den §§ 175 ff. BauGB). Die Enteignungsmöglichkeit sei – nach Stich – dabei zumindest für die Flächen zu bejahen, auf denen Anlagen hergestellt oder Maßnahmen durchgeführt werden sollen, von denen die geordnete städtebauliche Entwicklung im Baugebiet und in der Gemeinde abhängt. Im Ergebnis stellt auch die Ausweisung einer privat nutzbaren Fläche im Bebauungsplan als eine anderen (Eingriffs-)Grundstücken zugeordnete Ausgleichsfläche eine fremdnützige Festsetzung i.S. des § 40 Abs. 1 BauGB dar. Der Verkehrswert von Ausgleichsflächen, für die diese Voraussetzungen vorliegen, bemisst sich dann konsequenterweise wiederum nach den entschädigungsrechtlichen Vorschriften, die auch im Falle eines Übernahmeanspruchs zur Anwendung kommen. 284

Die wohl größte Unsicherheit besteht bei der Verkehrswertermittlung von *privaten* **Ausgleichsflächen**, die Eingriffsgrundstücken an anderer Stelle zugeordnet sind, insbesondere für die **im Außenbereich** gelegenen Flächen, wenn sie in einem Gebiet liegen, für das nach allgemeinen Grundsätzen möglicherweise sogar auf Grund ihrer Lage (in der Nähe zum Siedlungsgebiet) eine allgemeine Bauerwartung bestand. Die Höhe des Verkehrswerts solcher Flächen wird letztlich vom Grundstücksmarkt bestimmt, an dem sich die Verkehrswertermittlung orientieren muss. 285

223 BGH, Urt. vom 09.10.1997 – III ZR 148/96 –, GuG 1998, 175 = EzGuG 4.170.

224 Stich GuG 1997, 301; ders. BerKomm. zum BauGB, § 8 a BNatSchG, Rn. 67; auch Dieterich, Baulandumlegung, 5. Aufl. 2005 München, S. 128; Porger in UPR-Special Bd. 8, München 1995, S. 81 ff.

286 Der BGH[225] hat in einer **fremdnützigen Ausweisung einer Fläche** (in einem Bebauungsplan) **als Grünfläche** i.S. einer naturschutzrechtlichen Ausgleichsfläche als eine fühlbare und nicht unerhebliche „mithin bei vernünftiger wirtschaftlicher Betrachtung die enteignungsrechtliche Opferschwelle überschreitende" Festsetzung erblickt, wobei dabei auf die dadurch eintretenden Vermögensnachteile verwiesen wird. Der BGH hat aber auch herausgestellt, dass in dem zu entscheidenden Fall der Verkehrswert der davon betroffenen Fläche, die vorher eine Bauerwartungslandqualität aufwies, durch die „planerische Herabzonung ganz erheblich gesunken" sei; die bisher ausgeübte landwirtschaftliche Nutzung entfalle nämlich mit der Durchführung des Bebauungsplans, dem die Ausgleichsfläche zugeordnet war.

287 Darüber hinaus hat der BGH die Anrechnung eines Vorteilsausgleichs bejaht, wenn ein funktioneller Zusammenhang zwischen dem Enteigungsunternehmen (der Bereitstellung einer naturschutzrechtlichen Ausgleichsfläche) und der Ausweisung der dahinterliegenden Fläche als Bauland zu sehen ist, und zwar zumindest dann, wenn ein überschaubarer Kreis von Eigentümern mit den Planungsvorteilen zugleich Sondervorteile erfährt.

288 Die Gutachterausschüsse werten den **Teilmarkt der „Ausgleichsflächen"** zunehmend aus und veröffentlichen das festgestellte Bodenwertniveau. So hat z.B. der Gutachterausschuss von *Moers* in seinem Grundstücksmarktbericht einen durchschnittlichen Bodenwert von 4,00 bis 16,40 €/m² (Mittel 7,70 €/m²) für ökologische Ausgleichsflächen festgestellt. Das von der Gemeinde eingerichtete „Öko-Konto" kann dagegen mit 5,00 bis 7,70 €/m² in Anspruch genommen werden. Nach Angaben des Gutachterausschusses des *LK Wesel* lag das Preisniveau 2017 bei 4 bis 8 €/m².

Abb. 38: Flächen für Ausgleichs- und Ersatzmaßnahmen in Niedersachsen

Durchschnittspreise für Ausgleichs- und Ersatzmaßnahmen in Niedersachsen			
	Anzahl		Mittelwert
Landkreis Rotenburg (Wümme), Heidekreis Versen	30	0,36 €/m² bis 3,00 €/m²	1,41 €/m²

Quelle: Gutachterausschuss für Grundstückswerte Verden (2013), Grundstücksmarktbericht

8.2.4 Ausgleichsflächen in Sanierungsgebieten und Entwicklungsbereichen

▶ *Nähere Ausführungen vgl. Teil VI Rn. 438 ff. sowie Rn. 586 ff.*

289 Unproblematisch im Hinblick auf den bodenordnerischen Vollzug und auch auf die Verkehrswertermittlung sind schließlich die Fälle, in denen Ausgleichsflächen in einem städtebaulichen Sanierungsgebiet oder Entwicklungsbereich gelegen sind. Hier bemisst sich der Verkehrswert, unabhängig davon, ob es sich um private oder öffentliche Ausgleichsflächen handelt, nach dem Verkehrswert, der sich in Anwendung des § 153 Abs. 1 BauGB ergibt; das ist der **sanierungs- bzw. entwicklungsunbeeinflusste Grundstückswert.**

225 BGH, Urt. vom 09.10.1997 – III ZR 148/96 –, GuG 1998, 175 = EzGuG 4.170 unter Hinweis auf BGH, Urt. vom 29.04.1968 – III ZR 80/67 –, BGHZ 50, 93 = EzGuG 6.114; BGH, Urt. vom 25.11.1974 – III ZR 42/73 –, BGHZ 83, 240 = EzGuG 6.174; BGH, Urt. vom 08.11.1990 – III ZR 364/89 –, GuG 1991, 99 = EzGuG 6.256a; BGH, Urt. vom 13.12.1984 – III ZR 175/83 –, BGHZ 93, 165 = EzGuG 6.227; BGH, Urt. vom 19.09.1985 – III ZR 162/84 –, BGHZ 97,1= EzGuG 6.228.

8.3 Landschafts- oder Naturschutzgebiete (Flora-Fauna-Habitat)

8.3.1 Allgemeines

▶ *Vgl. zum Kiesabbau im Landschaftsschutzgebiet § 5 ImmoWertV Rn. 9*

Nach § 22 BNatSchG können die Länder bestimmen, dass Teile von Natur und Landschaft **290**
zum

1. Naturschutzgebiet, Nationalpark, Biosphärenreservat, Landschaftsschutzgebiet, Naturpark oder
2. Naturdenkmal oder geschützten Landschaftsbestandteil

erklärt werden können.

„**§ 23 BNatSchG** Naturschutzgebiete

(1) Naturschutzgebiete sind rechtsverbindlich festgesetzte Gebiete, in denen ein besonderer Schutz von Natur und Landschaft in ihrer Ganzheit oder in einzelnen Teilen erforderlich ist

1. zur Erhaltung, Entwicklung oder Wiederherstellung von Lebensstätten, Biotopen oder Lebensgemeinschaften bestimmter wild lebender Tier- und Pflanzenarten,
2. aus wissenschaftlichen, naturgeschichtlichen oder landeskundlichen Gründen oder
3. wegen ihrer Seltenheit, besonderen Eigenart oder hervorragenden Schönheit.

(2) Alle Handlungen, die zu einer Zerstörung, Beschädigung oder Veränderung des Naturschutzgebiets oder seiner Bestandteile oder zu einer nachhaltigen Störung führen können, sind nach Maßgabe näherer Bestimmungen verboten. Soweit es der Schutzzweck erlaubt, können Naturschutzgebiete der Allgemeinheit zugänglich gemacht werden.

(3) In Naturschutzgebieten ist die Errichtung von Anlagen zur Durchführung von Gewässerbenutzungen im Sinne des § 9 Absatz 2 Nummer 3 und 4 des Wasserhaushaltsgesetzes verboten.

§ 24 BNatSchG Nationalparke, Nationale Naturmonumente

(1) Nationalparke sind rechtsverbindlich festgesetzte einheitlich zu schützende Gebiete, die

1. großräumig, weitgehend unzerschnitten und von besonderer Eigenart sind,
2. in einem überwiegenden Teil ihres Gebiets die Voraussetzungen eines Naturschutzgebiets erfüllen und
3. sich in einem überwiegenden Teil ihres Gebiets in einem vom Menschen nicht oder wenig beeinflussten Zustand befinden oder geeignet sind, sich in einen Zustand zu entwickeln oder in einen Zustand entwickelt zu werden, der einen möglichst ungestörten Ablauf der Naturvorgänge in ihrer natürlichen Dynamik gewährleistet.

(2) Nationalparke haben zum Ziel, in einem überwiegenden Teil ihres Gebiets den möglichst ungestörten Ablauf der Naturvorgänge in ihrer natürlichen Dynamik zu gewährleisten. Soweit es der Schutzzweck erlaubt, sollen Nationalparke auch der wissenschaftlichen Umweltbeobachtung, der naturkundlichen Bildung und dem Naturerlebnis der Bevölkerung dienen.

(3) Nationalparke sind unter Berücksichtigung ihres besonderen Schutzzwecks sowie der durch die Großräumigkeit und Besiedlung gebotenen Ausnahmen wie Naturschutzgebiete zu schützen. In Nationalparken ist die Errichtung von Anlagen zur Durchführung von Gewässerbenutzungen im Sinne des § 9 Absatz 2 Nummer 3und 4 des Wasserhaushaltsgesetzes verboten.

(4) Nationale Naturmonumente sind rechtsverbindlich festgesetzte Gebiete, die

1. aus wissenschaftlichen, naturgeschichtlichen, kulturhistorischen oder landeskundlichen Gründen und
2. wegen ihrer Seltenheit, Eigenart oder Schönheit

von herausragender Bedeutung sind. Nationale Naturmonumente sind wie Naturschutzgebiete zu schützen.

§ 25 BNatSchG Biosphärenreservate

(1) Biosphärenreservate sind einheitlich zu schützende und zu entwickelnde Gebiete, die

1. großräumig und für bestimmte Landschaftstypen charakteristisch sind,

2. in wesentlichen Teilen ihres Gebiets die Voraussetzungen eines Naturschutzgebiets, im Übrigen überwiegend eines Landschaftsschutzgebiets erfüllen,
3. vornehmlich der Erhaltung, Entwicklung oder Wiederherstellung einer durch hergebrachte vielfältige Nutzung geprägten Landschaft und der darin historisch gewachsenen Arten- und Biotopvielfalt, einschließlich Wild- und früherer Kulturformen wirtschaftlich genutzter oder nutzbarer Tier- und Pflanzenarten, dienen und
4. beispielhaft der Entwicklung und Erprobung von die Naturgüter besonders schonenden Wirtschaftsweisen dienen.

(2) Biosphärenreservate dienen, soweit es der Schutzzweck erlaubt, auch der Forschung und der Beobachtung von Natur und Landschaft sowie der Bildung für nachhaltige Entwicklung.

(3) Biosphärenreservate sind unter Berücksichtigung der durch die Großräumigkeit und Besiedlung gebotenen Ausnahmen über Kernzonen, Pflegezonen und Entwicklungszonen zu entwickeln und wie Naturschutzgebiete oder Landschaftsschutzgebiete zu schützen.

(4) Biosphärenreservate können auch als Biosphärengebiete oder Biosphärenregionen bezeichnet werden.

§ 26 BNatSchG Landschaftsschutzgebiete

(1) Landschaftsschutzgebiete sind rechtsverbindlich festgesetzte Gebiete, in denen ein besonderer Schutz von Natur und Landschaft erforderlich ist.

1. zur Erhaltung, Entwicklung oder Wiederherstellung der Leistungs- und Funktionsfähigkeit des Naturhaushalts oder der Regenerationsfähigkeit und nachhaltigen Nutzungsfähigkeit der Naturgüter, einschließlich des Schutzes von Lebensstätten und Lebensräumen bestimmter wild lebender Tier- und Pflanzenarten,
2. wegen der Vielfalt, Eigenart und Schönheit oder der besonderen kulturhistorischen Bedeutung der Landschaft oder
3. wegen ihrer besonderen Bedeutung für die Erholung.

(2) In einem Landschaftsschutzgebiet sind unter besonderer Beachtung des § 5 Absatz 1 und nach Maßgabe näherer Bestimmungen alle Handlungen verboten, die den Charakter des Gebiets verändern oder dem besonderen Schutzzweck zuwiderlaufen.

§ 27 BNatSchG Naturparke

(1) Naturparke sind einheitlich zu entwickelnde und zu pflegende Gebiete, die

1. großräumig sind,
2. überwiegend Landschaftsschutzgebiete oder Naturschutzgebiete sind,
3. sich wegen ihrer landschaftlichen Voraussetzungen für die Erholung besonders eignen und in denen ein nachhaltiger Tourismus angestrebt wird,
4. nach den Erfordernissen der Raumordnung für die Erholung vorgesehen sind,
5. der Erhaltung, Entwicklung oder Wiederherstellung einer durch vielfältige Nutzung geprägten Landschaft und ihrer Arten- und Biotopvielfalt dienen und in denen zu diesem Zweck eine dauerhaft umweltgerechte Landnutzung angestrebt wird,
6. besonders dazu geeignet sind, eine nachhaltige Regionalentwicklung zu fördern.

(2) Naturparke sollen auch der Bildung für nachhaltige Entwicklung dienen.

(3) Naturparke sollen entsprechend ihren in Absatz 1 beschriebenen Zwecken unter Beachtung der Ziele des Naturschutzes und der Landschaftspflege geplant, gegliedert, erschlossen und weiterentwickelt werden.

§ 28 BNatSchG Naturdenkmäler

(1) Naturdenkmäler sind rechtsverbindlich festgesetzte Einzelschöpfungen der Natur oder entsprechende Flächen bis zu fünf Hektar, deren besonderer Schutz erforderlich ist

1. aus wissenschaftlichen, naturgeschichtlichen oder landeskundlichen Gründen oder
2. wegen ihrer Seltenheit, Eigenart oder Schönheit.

(2) Die Beseitigung des Naturdenkmals sowie alle Handlungen, die zu einer Zerstörung, Beschädigung oder Veränderung des Naturdenkmals führen können, sind nach Maßgabe näherer Bestimmungen verboten.

§ 29 BNatSchG Geschützte Landschaftsbestandteile

(1) Geschützte Landschaftsbestandteile sind rechtsverbindlich festgesetzte Teile von Natur und Landschaft, deren besonderer Schutz erforderlich ist

1. zur Erhaltung, Entwicklung oder Wiederherstellung der Leistungs- und Funktionsfähigkeit des Naturhaushalts,
2. zur Belebung, Gliederung oder Pflege des Orts- oder Landschaftsbildes,
3. zur Abwehr schädlicher Einwirkungen oder
4. wegen ihrer Bedeutung als Lebensstätten bestimmter wild lebender Tier- und Pflanzenarten.

Der Schutz kann sich für den Bereich eines Landes oder für Teile des Landes auf den gesamten Bestand an Alleen, einseitigen Baumreihen, Bäumen, Hecken oder anderen Landschaftsbestandteilen erstrecken.

(2) Die Beseitigung des geschützten Landschaftsbestandteils sowie alle Handlungen, die zu einer Zerstörung, Beschädigung oder Veränderung des geschützten Landschaftsbestandteils führen können, sind nach Maßgabe näherer Bestimmungen verboten. Für den Fall der Bestandsminderung kann die Verpflichtung zu einer angemessenen und zumutbaren Ersatzpflanzung oder zur Leistung von Ersatz in Geld vorgesehen werden.

(3) Vorschriften des Landesrechts über den gesetzlichen Schutz von Alleen bleiben unberührt."

Die Ausweisung einer Fläche als **Naturschutzgebiet, Nationalpark, Biosphärenreservat, Landschaftsschutzgebiet, Naturpark, Naturdenkmal oder geschützter Landschaftsbestandteil** nach den §§ 12 ff. BNatschG i.V.m. dem Landesrecht, Naturpark sowie ihre Einbeziehung in den Geltungsbereich einer **Flora-Fauna-Habitat-Richtlinie**[226] **(Natura 2000)** bzw. der **Vogelschutzrichtlinie**[227] ist mit erheblichen Nutzungsbeschränkungen und ggf. Ausgleichs- bzw. Entschädigungsansprüchen[228] verbunden und steht einer Bauerwartung grundsätzlich entgegen. Nach dem Grundstücksmarktbericht 2017 des Landes *Sachsen-Anhalt* haben die jährlichen Untersuchungen von Grünlandkaufpreisen in den Natura-Gebieten ((FFH- und Vogelschutzgebiete) im Durchschnitt ein Wertgefüge ergeben, das etwa bei 80 % des entsprechenden Wertgefüges außerhalb dieser Gebiete liegt. Soweit mit der Ausweisung in unzumutbarer Weise in bestehende Baurechte eingegriffen wird, können im Rahmen des Art. 14 GG zur Kompensation Ausgleichsleistungen beansprucht werden[229]. **291**

226 FFH-Richtlinie 92/43/EWG vom 21.05.1992 (ABlEG Nr. L 206/7).

227 Vogelschutz-Richtlinie 79/409/EWG vom 02.04.1979 (ABlEG Nr. L 103 vom 25.04.1979).

228 **§ 39 HENatG:** Sonstige entschädigungspflichtige Maßnahmen
(1) Eine angemessene Entschädigung in Geld ist unter den Voraussetzungen des Art. 14 des Grundgesetzes zu leisten, wenn auf Grund des Gesetzes oder auf Grund einer auf diesem Gesetz beruhenden Rechtsverordnung der Eigentümer dadurch schwer und unzumutbar betroffen wird, weil
1. eine rechtmäßig ausgeübte Nutzung nicht mehr fortgesetzt werden darf oder eingeschränkt wird und hierdurch die wirtschaftliche Nutzbarkeit eines Grundstückes erheblich beschränkt wird oder schutzwürdige Aufwendungen an Wert verlieren;
2. eine beabsichtigte Nutzung unmöglich gemacht wird, die sich nach Lage und Beschaffenheit des Grundstückes unmittelbar anbietet und die der Eigentümer sonst unbeschränkt ausgeübt hätte.
Die Entschädigung wird auf schriftlichen Antrag des Eigentümers gezahlt. Der Antrag muss erkennen lassen, welche Grundstücke betroffen sind, welche Beschränkungen als entschädigungspflichtig angesehen werden und welcher Betrag für angemessen gehalten wird. Der Entschädigungsbetrag ist ab dem Zeitpunkt der Antragstellung mit zwei vom Hundert über dem Basiszinssatz nach § 1 des Diskontsatz-Überleitungsgesetzes vom 09. Juni 1998 (BGBl. I S. 1242), geändert durch Gesetz vom 27. Juni 2000 (BGBl. I S. 897) zu verzinsen. Die Entschädigung wird von der Körperschaft geschuldet, die die entschädigungspflichtige Maßnahme vornimmt. Zugunsten der zur Entschädigung verpflichteten Körperschaft ist eine Nutzungseinschränkung nach Satz 1 durch die Eintragung einer beschränkten persönlichen Dienstbarkeit zu sichern.
(2) Der Grundstückseigentümer kann anstelle einer Entschädigung die Übernahme des Grundstückes verlangen, soweit eine wirtschaftliche Nutzung des Grundstückes nicht mehr zumutbar ist.
(3) Das Land kann nach Maßgabe des Haushaltsgesetzes natürlichen Personen, die nicht Eigentümer sind, insbesondere den Pächtern land- oder forstwirtschaftlich genutzter Grundstücke auf Antrag einen Härteausgleich für erhebliche und nicht nur vorübergehende wirtschaftliche Nachteile gewähren. Bei der Gewährung eines Härteausgleichs ist insbesondere zu berücksichtigen, ob in den Fällen, in denen der Eigentümer eine Entschädigung nach Abs. 1 erhalten hat, eine angemessene Pachtzinsanpassung stattgefunden hat.

229 BVerfG, Beschl. vom 15.07.1981 – 1 BvL 77/78 –, BVerfGE 58, 137 = EzGuG 4.78; BVerwG, Urt. vom 15.02.1990 – 4 C 47/89 –, BVerwGE 84, 361 = EzGuG 6.251; BVerwG, Urt. vom 24.06.1993 – 7 C 26/92 –, BVerwGE 94, 1 = EzGuG 16.36.

292 Die **Belegenheit eines Grundstücks in einem Naturschutz- bzw. Landschaftsschutzgebiet steht einer Einstufung der Fläche als besondere land- oder forstwirtschaftliche Fläche nicht entgegen** (vgl. Rn. 132). Ansonsten ist die Lage einer land- und forstwirtschaftlichen Fläche innerhalb und außerhalb von Landschafts- oder Naturschutzgebieten nach Feststellungen des Gutachterausschusses des Landkreises *Wesel*[230] beim Kauf eher von „geringerem Interesse“.

293 Eine aus Gründen des Landschaftsschutzes ausgesprochene Versagung der Genehmigung zur Ausbeutung eines sand- und kieshaltigen Grundstücks kann der Situationsgebundenheit und damit der Sozialbindung des Eigentums entsprechen. Sie kann jedoch einen **entschädigungspflichtigen Eingriff** darstellen, wenn die eigentumskräftig verfestigte Anspruchsposition des Grundeigentümers angetastet wird[231].

8.3.2 Flora-Fauna-Habitat(FFH)-Richtlinie

Schrifttum: *Stüer,* Handbuch des Bau- und Fachplanungsrechts, 2. Aufl. München, S. 858.

294 Die Einbeziehung eines Grundstücks in die Schutzgebietskulisse eines **Flora-Fauna-Habitats (FFH)** oder eines Vogelschutzgebiets (vgl. Rn. 165) durch Aufnahme in eine gemeinschaftliche Liste der EU schließt nicht die Einstufung einer Fläche als land- oder forstwirtschaftliche Fläche a priori aus. Die Mitgliedsstaaten sind in diesem Fall verpflichtet, diese Gebiete als besondere Schutzgebiete „so schnell wie möglich“ auszuweisen. Mit der Unterschutzstellung besteht die Verpflichtung zu Maßnahmen, die einen günstigen Erhaltungszustand der natürlichen Lebensräume und der Populationen sichern bzw. den natürlichen Lebensraum wiederherstellen. Zur Abschätzung der Folgen für die betroffenen Flächen kann z.B. der „Managementplan“ der Landesregierung herangezogen werden[232].

295 Generell gilt für solche Gebiete:

a) ein **Verschlechterungsverbot**[233], d.h., es sind in solchen Gebieten Veränderungen und Störungen verboten, mit denen die für die Erhaltungsziele maßgeblichen Bestandteile erheblich oder nachhaltig beeinträchtigt werden können. Nicht darunter fallen umgekehrt Maßnahmen der „ordnungsgemäßen land-, forst- und fischereiwirtschaftlichen Nutzung, soweit die Erhaltungsziele für das Gebiet berücksichtigt werden“ Die bayerische Bekanntmachung vom 04.08.2000[234] nennt hierzu beispielsweise privilegierte Vorhaben, den Wegebau, die Schnitthäufigkeit und den Schnittzeitpunkt von Grünland, Verjüngungsverfahren in der Waldbewirtschaftung sowie die Wiederaufnahme und Intensivierung der Düngung und des Pflanzenschutzes,

b) eine **Verträglichkeitsprüfung** für Pläne und Projekte, die zu einer Beeinträchtigung der gemeinschaftlichen Gebiete führen können.

Weitere Einschränkungen ergeben sich aus anderen EU-Rechtsnormen, die auf die FFH- und Vogelschutzgebiete Bezug nehmen (z.B. EU-Wasserrahmenrichtlinie).

296 Für die Land- und Forstwirtschaft folgt aus der Unterschutzstellung, dass entsprechend Art. 3 der EU-Verordnung Nr. 1782/2003 der Bezug betrieblicher Prämien von der Einhaltung der FFH- bzw. Vogelschutzrichtlinie abhängig ist und ein Verstoß zur Prämienkürzung führt (*„Cross Compliance“* – **Überkreuzverpflichtung**). Soweit die genannten Richtlinien nicht in bestehende Baurechte eingreifen und lediglich Bauerwartungen genommen werden, ist dies im Rahmen der Sozialpflichtigkeit des Grund und Bodens entschädigungslos hinzunehmen.

---

230 Grundstücksmarktbericht des Landkreises Wesel 2017, S. 26.

231 BVerfG, Beschl. vom 15.07.1981 – 1 BvL 77/78 –, BVerfGE 58, 137 = EzGuG 4.78; BGH, Urt. vom 22.05.1980 – III ZR 175/78 –, BGHZ 77, 351 = EzGuG 4.74.

232 Z.B. Bayern: Gem. Bekanntmachung Nr. 6.1 des Bay. Umweltministeriums vom 04.08.2000: http://www.umweltministerium.bayern.de.

233 Vgl. Art. 13c BayNatSchG.

234 Z.B. Bayern: Gem. Bekanntmachung Nr. 10 des Bay. Umweltministeriums vom 4.8.2000: http://www.umweltministerium.bayern.de.

Art. 2 Abs. 4 der FFH-Richtlinie stellt hierzu lapidar fest, dass die aufgrund dieser Richtlinie „getroffenen Maßnahmen … den Anforderungen von Wirtschaft, Gesellschaft und Kultur sowie den regionalen und örtlichen Besonderheiten Rechnung“ trage. Die damit einhergehenden Beeinträchtigungen sowie sonstige Bewirtschaftungsauflagen führen gegenüber den nicht betroffenen Flächen zu einer Wertminderung.

Das **Verhältnis des Habitatschutzes zum Baurecht** ist in § 19d BNatSchG geregelt. **297**

8.4 Wasserschutz-, Überschwemmungs- und Heilquellengebiet

8.4.1 Übersicht

Schrifttum: *Fischer/Biederbeck,* Bewertung eines Kirchengebäudes, in Neue Fallstudien zur Wertermittlung, 2. Aufl. Bundesanzeiger Verlag, S. 548; *Knopp, G. M./Schröder, F.*, Wasserrecht, Bay. Verwaltungsschule (Hrsg.) Bd. 30 München 2004; *Meinhardt, P.,* Auswirkungen von Gewässerschutzauflagen auf die Ertrags- und Vermögenslage landwirtschaftlicher Betriebe, Schriftenreihe des HLBS St. Augustin 1991, *Lehmann, H. J.,* Gebäudeschadensermittlungen nach Hochwasser-Ereignissen; Grundstücksbewertung in Überschwemmungsgebieten, GuG 2007, 156; *Stüer, B.*, Handbuch des Bau- und Fachplanungsrechts, 2. Aufl. München, S. 749; TU München, Wertänderung von Grundstücken in Wasserschutzgebieten, Überschwemmungsgebieten sowie Vorrang- und Vorbehaltsgebieten für die öffentliche Wasserversorgung und den Hochwasserabfluss und -rückhalt, Endbericht 2005, Lehrstuhl für Wirtschaftslehre des Landbaus.

► *§ 5 ImmoWertV Rn. 137 ff.; § 45 ImmoWertV Rn. 1 ff.; Syst. Darst. des Vergleichswertverfahrens Rn. 401 ff.; zu Brunnenrechten Teil VIII Rn. 306*

Die Festsetzung einer Fläche als **Wasserschutz-, Überschwemmungs- sowie Heilquellenschutzgebiet** (§ 51, 53 Wasserhaushaltsgesetz – WHG) ist mit erheblichen Nutzungsbeschränkungen verbunden und steht einer Bauerwartung grundsätzlich entgegen. Die für diese Gebiete geltenden (Wasser-)Schutzauflagen beschränken die Grundstücksnutzung. **298**

Die Einbeziehung eines Grundstücks in ein Wasserschutz-, Risiko- und festgesetztes Überschwemmungsgebiet ergibt sich aus dem Wasserbuch. **299**

„**§ 87 WHG** Wasserbuch

(1) Über die Gewässer sind Wasserbücher zu führen.

(2) In das Wasserbuch sind insbesondere einzutragen:

1. nach diesem Gesetz erteilte Erlaubnisse, die nicht nur vorübergehenden Zwecken dienen, und Bewilligungen sowie alte Rechte und alte Befugnisse, Planfeststellungsbeschlüsse und Plangenehmigungen nach § 68,
2. Wasserschutzgebiete,
3. Risikogebiete und festgesetzte Überschwemmungsgebiete.

Von der Eintragung von Zulassungen nach Satz 1 Nummer 1 kann in Fällen von untergeordneter wasserwirtschaftlicher Bedeutung abgesehen werden.

(3) Unrichtige Eintragungen sind zu berichtigen. Unzulässige Eintragungen und Eintragungen zu nicht mehr bestehenden Rechtsverhältnissen sind zu löschen.

(4) Eintragungen im Wasserbuch haben keine rechtsbegründende oder rechtsändernde Wirkung.“

8.4.2 Wasserschutzgebiet

Schrifttum: *Huber, M.,* Wertveränderung landwirtschaftlich genutzter Grundstücke durch Wasserschutzgebietsausweisung, TU München, 2007.

Soweit es das Wohl der Allgemeinheit erfordert, **300**

1. Gewässer im Interesse der derzeit bestehenden oder künftigen öffentlichen Wasserversorgung vor nachteiligen Einwirkungen zu schützen,
2. das Grundwasser anzureichern oder

3. das schädliche Abfließen von Niederschlagswasser sowie das Abschwemmen und den Eintrag von Bodenbestandteilen, Dünge- oder Pflanzenschutzmitteln in Gewässer zu vermeiden,

kann die Landesregierung nach § 51 Abs. 1 WHG durch Rechtsverordnung Wasserschutzgebiete[235] festsetzen. Die Ausweisung zielt darauf ab, das Einsickern von wassergefährdenden Stoffen in den Untergrund und damit in das Grundwasser zu verhindern.

301 Wasserschutzgebiete werden i.d.R. von der Unteren Wasserbehörde kontrolliert.

302 **Wasserschutzgebiete** werden in verschiedene Zonen mit unterschiedlichen Schutzauflagen untergliedert (vgl. Abb. 39):

Abb. 39: Wasserschutzzonen

Zone I	Zone II	Zone III A	Zone III B
Unmittelbare Brunnenanlage Grundsätzlich eingezäunt Jedwede Benutzung ausgeschlossen Eigentum Wasserversorgungsunternehmen	Einzugsbereich des Wassers mit 50-tägiger Fließzeit zum Brunnen (durchschn. 250 000 m^3)	Bereich bis 2 km Radius um Brunnen	Bei größeren Wasserschutzgebieten: Bereich über 2 km Radius

303 An **bodenbezogenen Wasserschutzauflagen** sind hier zu nennen:

- Gebot ganzjähriger Bodenbedeckung, soweit fruchtfolge- und witterungsbedingt möglich,
- Verbot landwirtschaftlicher Nutzung ab Gewässerrändern und um Brunnenanlagen,
- Anbaubeschränkung für Ackerland,
- Verbot intensiver Grünlandnutzung,
- Verbot des Abbaus von Bodenschätzen (Kies, Sand, Torf u.a.),
- Umwandlungs- und Umbruchsverbot,
- Rückumwandlungsgebot für Ackerland,
- Erosionsschutzmaßnahmengebot,
- Ernterückständebeseitigungsgebot,
- Bodenuntersuchungsgebot bzw. Duldungspflicht,
- Abbauverbot für Bodenschätze (Kies, Torf usw.),
- Errichtungs- und Erweiterungsverbot für bauliche Anlagen,
- Verbot bzw. Beschränkung des Einsatzes von Produktionsmitteln (Gülle, Jauche, Pflanzenschutzmittel, Dünger, Klärschlamm, Biokompost, Grünabfall, Beregnung, Abwasserverregnung).

304 An **baulichen Schutzauflagen** sind hier zu nennen:

- Güllebehälter, Festmistlagerstätten, Gärfuttersilos,
- Lagerstätten für flüssige Brennstoffe, Dünge- und Pflanzenschutzmittel,
- Maschinenwaschplätze,
- Verbot von Feldmieten oder Zwischenlagerung von Festmist auf dem Feld,
- Erweiterung oder Erneuerung von Drainagen und Vorflutgräben,

235 Zur Frage der Ausweisung von Wasserschutzgebieten durch die Gemeinde: BVerwG, Beschl. vom 2.02.2005 – 7 BN 4/04 –, EzGuG 6.293c.

- Viehställe, Viehpferche,
- Verbote oder besondere Vorschriften bei der Errichtung und Erweiterung baulicher Anlagen zur Pelztierhaltung, Viehtränken an oberirdischen Gewässern, Intensivnutzung von Tieren.

Die mit der Ausweisung von Wasserschutzgebieten verbundenen **Verbote sind entschädigungslos hinzunehmen, soweit sie sich im Rahmen der Sozialpflichtigkeit halten**. 305
Soweit eine Anordnung nach § 51 Abs. 1 Satz 1 Nr. 1 oder Nr. 2 WHG, auch i.V.m. § 51 Abs. 2 oder Abs. 3 WHG, § 51 Abs. 1 Satz 3 WHG oder andere Maßnahmen vermieden oder ausgeglichen werden können, ist eine Entschädigung zu leisten[236].

Eine nach dem WHG zu leistende Entschädigung hat den eintretenden Vermögensschaden angemessen auszugleichen. Art und Umfang von Entschädigungspflichten bemessen sich nach den §§ 97 ff. WHG. Für den Ausgleich von Nutzungsbeschränkungen sind Kooperationsmodelle oder der Abschluss freiwilliger Vereinbarungen anzustreben; soweit diese nicht zustande kommen, ist ein einzelbetrieblicher Ausgleich zu leisten[237]. 306

Die in dem Wasserschutzgebiet herrschenden Duldungs- und Handlungspflichten ergeben sich nach Maßgabe des § 52 WHG aus der Rechtsverordnung nach § 51 Abs. 1 WHG oder durch behördliche Entscheidung: 307

„**§ 52 WHG** Besondere Anforderungen in Wasserschutzgebieten

(1) In der Rechtsverordnung nach § 51 Absatz 1 oder durch behördliche Entscheidung können in Wasserschutzgebieten, soweit der Schutzzweck dies erfordert,

1. bestimmte Handlungen verboten oder für nur eingeschränkt zulässig erklärt werden,

2. die Eigentümer und Nutzungsberechtigten von Grundstücken verpflichtet werden,

a) bestimmte auf das Grundstück bezogene Handlungen vorzunehmen, insbesondere die Grundstücke nur in bestimmter Weise zu nutzen,

b) Aufzeichnungen über die Bewirtschaftung der Grundstücke anzufertigen, aufzubewahren und der zuständigen Behörde auf Verlangen vorzulegen,

c) bestimmte Maßnahmen zu dulden, insbesondere die Beobachtung des Gewässers und des Bodens, die Überwachung von Schutzbestimmungen, die Errichtung von Zäunen sowie Kennzeichnungen, Bepflanzungen und Aufforstungen,

3. Begünstigte verpflichtet werden, die nach Nummer 2 Buchstabe c zu duldenden Maßnahmen vorzunehmen.

1. bestimmte Handlungen verboten oder für nur eingeschränkt zulässig erklärt werden,
2. die Eigentümer und Nutzungsberechtigten von Grundstücken verpflichtet werden,
   a) bestimmte auf das Grundstück bezogene Handlungen vorzunehmen, insbesondere die Grundstücke nur in bestimmter Weise zu nutzen,
   b) Aufzeichnungen über die Bewirtschaftung der Grundstücke anzufertigen, aufzubewahren und der zuständigen Behörde auf Verlangen vorzulegen,
   c) bestimmte Maßnahmen zu dulden, insbesondere die Beobachtung des Gewässers und des Bodens, die Überwachung von Schutzbestimmungen, die Errichtung von Zäunen sowie Kennzeichnungen, Bepflanzungen und Aufforstungen,
3. Begünstigte verpflichtet werden, die nach Nummer 2 Buchstabe c zu duldenden Maßnahmen vorzunehmen.

Die zuständige Behörde kann von Verboten, Beschränkungen sowie Duldungs- und Handlungspflichten nach Satz 1 eine Befreiung erteilen, wenn der Schutzzweck nicht gefährdet wird oder überwiegende Gründe des

236 BVerwG, Beschl. vom 26.03.1993 – 4 NB 45/92 –, BRS Bd. 55 Nr. 15 = EzGuG 4.149a; BVerwG, Urt. vom 15.02.1990 – 4 C 47/89 –, BVerwGE 84, 361 = EzGuG 6.251.

237 Bayerische Staatsministerien für Landesentwicklung und Umweltfragen und für Ernährung, Landwirtschaft und Forsten: „Ausgleich für Landwirte und Waldbesitzer in Wasser- und Heilquellenschutzgebieten", Allg. ABl. 1997 Nr. 15; Knopp/Schröder, Wasserrecht, Bayerische Verwaltungsschule (Hrsg.) Bd. 30 München 2004, 102 ff.

Wohls der Allgemeinheit dies erfordern. Sie hat eine Befreiung zu erteilen, soweit dies zur Vermeidung unzumutbarer Beschränkungen des Eigentums erforderlich ist und hierdurch der Schutzzweck nicht gefährdet wird. Für die Erteilung der Befreiung gilt § 11a Absatz 4 und 5 entsprechend, wenn die Befreiung für ein Vorhaben zur Erzeugung von Energie aus erneuerbaren Quellen erforderlich ist.

(2) In einem als Wasserschutzgebiet vorgesehenen Gebiet können vorläufige Anordnungen nach Absatz 1 getroffen werden, wenn andernfalls der mit der Festsetzung des Wasserschutzgebiets verfolgte Zweck gefährdet wäre. Die vorläufige Anordnung tritt mit dem Inkrafttreten der Rechtsverordnung nach § 51 Absatz 1 außer Kraft, spätestens nach Ablauf von drei Jahren. Wenn besondere Umstände es erfordern, kann die Frist um höchstens ein weiteres Jahr verlängert werden. Die vorläufige Anordnung ist vor Ablauf der Frist nach Satz 2 oder Satz 3 außer Kraft zu setzen, sobald und soweit die Voraussetzungen für ihren Erlass weggefallen sind.

(3) Behördliche Entscheidungen nach Absatz 1 können auch außerhalb eines Wasserschutzgebiets getroffen werden, wenn andernfalls der mit der Festsetzung des Wasserschutzgebiets verfolgte Zweck gefährdet wäre.

(4) Soweit eine Anordnung nach Absatz 1 Satz 1 Nummer 1 oder Nummer 2, auch in Verbindung mit Absatz 2 oder Absatz 3, das Eigentum unzumutbar beschränkt und diese Beschränkung nicht durch eine Befreiung nach Absatz 1 Satz 3 oder andere Maßnahmen vermieden oder ausgeglichen werden kann, ist eine Entschädigung zu leisten.

(5) Setzt eine Anordnung nach Absatz 1 Satz 1 Nummer 1 oder Nummer 2, auch in Verbindung mit Absatz 2 oder Absatz 3, erhöhte Anforderungen fest, die die ordnungsgemäße land- oder forstwirtschaftliche Nutzung eines Grundstücks einschränken, so ist für die dadurch verursachten wirtschaftlichen Nachteile ein angemessener Ausgleich zu leisten, soweit nicht eine Entschädigungspflicht nach Absatz 4 besteht."

308 Zur Sicherung einer Planung für die räumliche und sachliche Ausweisung eines Wasserschutzgebiets ohne Veränderung einer Wassergewinnungsanlage kann auch eine **Veränderungssperre nach § 86 WHG** festgelegt werden[238].

„**§ 86 WHG** Veränderungssperre zur Sicherung von Planungen

(1) Zur Sicherung von Planungen für

1. dem Wohl der Allgemeinheit dienende Vorhaben der Wassergewinnung oder Wasserspeicherung, der Abwasserbeseitigung, der Wasseranreicherung, der Wasserkraftnutzung, der Bewässerung, des Hochwasserschutzes oder des Gewässerausbaus,
2. Vorhaben nach dem Maßnahmenprogramm nach § 82

kann die Landesregierung durch Rechtsverordnung Planungsgebiete festlegen, auf deren Flächen wesentlich wertsteigernde oder die Durchführung des geplanten Vorhabens erheblich erschwerende Veränderungen nicht vorgenommen werden dürfen (Veränderungssperre). Sie kann die Ermächtigung nach Satz 1 durch Rechtsverordnung auf andere Landesbehörden übertragen.

(2) Veränderungen, die in rechtlich zulässiger Weise vorher begonnen worden sind, Unterhaltungsarbeiten und die Fortführung einer bisher ausgeübten Nutzung werden von der Veränderungssperre nicht berührt.

(3) Die Veränderungssperre tritt drei Jahre nach ihrem Inkrafttreten außer Kraft, sofern die Rechtsverordnung nach Absatz 1 Satz 1 keinen früheren Zeitpunkt bestimmt. Die Frist von drei Jahren kann, wenn besondere Umstände es erfordern, durch Rechtsverordnung um höchstens ein Jahr verlängert werden. Die Veränderungssperre ist vor Ablauf der Frist nach Satz 1 oder Satz 2 außer Kraft zu setzen, sobald und soweit die Voraussetzungen für ihren Erlass weggefallen sind.

(4) Von der Veränderungssperre können Ausnahmen zugelassen werden, wenn dem keine überwiegenden öffentlichen Belange entgegenstehen."

238 BVerwG, Beschl. vom 26.08.1993 – 7 NB 1/93 –, GuG 1994, 53 = EzGuG 4.154a; BVerwG, Beschl. vom 28.03.1989 – 4 NB 39/98 –, NVwZ-RR 1989, 617 = EzGuG 6.244; BVerwG, Urt. vom 10.02.1978 – 4 C 71/75 –, BRS Bd. 33 Nr. 191 = EzGuG 4.55; OVG Lüneburg, Beschl. vom 08.11.1990 – 3 K 2/89 –, NuR 1991, 440 = EzGuG 16.33; OLG Düsseldorf, Beschl. vom 25.08.1986 – 5 Ss 291/86 –, MDR 1987, 346 = EzGuG 16.31; VGH Mannheim, Beschl. vom 24.03.1986 – 5 S 2831/84 –, NVwZ 1987, 241 = EzGuG 16.29; OVG Koblenz, Urt. vom 02.12.1985 – 10 c 26/85 –, NVwZ 1987, 243 = EzGuG 16.28; OLG Düsseldorf, Urt. vom 28.10.1979 – 18 U 78/79 –, BRS Bd. 45 Nr. 182 = EzGuG 16.24; BGH, Urt. vom 25.1.1973 – III ZR 118/70 –, BGHZ 60, 145 = EzGuG 16.19; BGH, Urt. vom 25.01.1973 – III ZR 113/70 –, BGHZ 60, 125 = EzGuG 4.39; OLG Köln, Urt. vom 16.08.1973 – 7 U 18/73 –, BRS Bd. 34 Nr. 117 = EzGuG 19.25a; LG Kiel, Urt. vom 03.11.1989 – 19 O 3/83 –, GuG 1990, 103 = EzGuG 15.64.

Trinkwasserschutzgebiete sollen nach Maßgabe der allgemein anerkannten Regeln der Technik in Zonen mit unterschiedlichen Schutzbestimmungen unterteilt werden (§ 53 Abs. 2 WHG). Die Wasserschutzgebiete gliedern sich in drei Bereiche: 309

- *Wasserschutzzone I* (rot), in der sich der Förderbrunnen befindet und die als besonders geschützter und eingezäunter Bereich nur von berechtigten Personen zur Wartung der Anlagen betreten werden darf.
- *Wasserschutzzone II* (grün), die von der Grenze der Wasserschutzzone I bis zu einer Linie reicht, von der das Grundwasser etwa 50 Tage braucht, bis es die Brunnen erreicht hat (hier steht der Schutz des Grundwassers vor gesundheitsgefährdenden Keimen im Vordergrund. Es darf beispielsweise keine Gülle ausgebracht werden), und
- *Wasserschutzzone IIIa* (gelb) bzw. *IIIb* (braun), in der das Grundwasser vor weitreichenden Beeinträchtigungen geschützt werden soll (hierzu gehören insbesondere nicht oder nur schwer abbaubaren chemische oder radioaktive Verunreinigungen und demzufolge gelten spezielle Regelungen für die Ansiedlung von Industrieunternehmen und die Lagerung wassergefährdender Stoffe).

8.4.3 Überschwemmungsgebiet (Hochwassergebiet)

Schrifttum: *Kropp, S.,* Werteinfluss eines Überschwemmungsrisikos, GuG 2019, 232.

§ 76 WHG definiert das Überschwemmungsgebiet als ein **Gebiet zwischen oberirdischen Gewässern und Deichen oder Hochufern** sowie ein sonstiges Gebiet, das bei Hochwasser überschwemmt oder durchflossen oder das für Hochwasserentlastung oder Rückhaltung beansprucht wird (vgl. Art. 61 BayWG). § 76 WHG hat folgende Fassung: 310

„**§ 76 WHG** Überschwemmungsgebiete an oberirdischen Gewässern

(1) Überschwemmungsgebiete sind Gebiete zwischen oberirdischen Gewässern und Deichen oder Hochufern und sonstige Gebiete, die bei Hochwasser eines oberirdischen Gewässers überschwemmt oder durchflossen oder die für Hochwasserentlastung oder Rückhaltung beansprucht werden. Dies gilt nicht für Gebiete, die überwiegend von den Gezeiten beeinflusst sind, soweit durch Landesrecht nichts anderes bestimmt ist.

(2) Die Landesregierung setzt durch Rechtsverordnung

1. innerhalb der Risikogebiete oder der nach § 73 Absatz 5 Satz 2 Nummer 1 zugeordneten Gebiete mindestens die Gebiete, in denen ein Hochwasserereignis statistisch einmal in 100 Jahren zu erwarten ist, und
2. die zur Hochwasserentlastung und Rückhaltung beanspruchten Gebiete

als Überschwemmungsgebiete fest. Gebiete nach Satz 1 Nummer 1 sind bis zum 22. Dezember 2013 festzusetzen. Die Festsetzungen sind an neue Erkenntnisse anzupassen. Die Landesregierung kann die Ermächtigung nach Satz 1 durch Rechtsverordnung auf andere Landesbehörden übertragen.

(3) Noch nicht nach Absatz 2 festgesetzte Überschwemmungsgebiete sind zu ermitteln, in Kartenform darzustellen und vorläufig zu sichern.

(4) Die Öffentlichkeit ist über die vorgesehene Festsetzung von Überschwemmungsgebieten zu informieren; ihr ist Gelegenheit zur Stellungnahme zu geben. Sie ist über die festgesetzten und vorläufig gesicherten Gebiete einschließlich der in ihnen geltenden Schutzbestimmungen sowie über die Maßnahmen zur Vermeidung von nachteiligen Hochwasserfolgen zu informieren."

Mit dem novellierten Wasserhaushaltsgesetz wurden neue städtebaurechtlich bedeutsame **Gebietstypen** geschaffen, die zu einer weiteren Ergänzung des BauGB geführt haben[239]: 311

a) *festgesetzte Überschwemmungsgebiete* nach § 76 Abs. 2 WHG,

b) *noch nicht festgesetzte Überschwemmungsgebiete* i.S. des § 76 Abs. 3 WHG und

c) *Risikogebiete* i.S. des § 73 Abs. 1 Satz 1 WHG.

239 Zur Frage der Festsetzung von Überschwemmungsgebieten für im Zusammenhang bebaute Ortsteile nach § 34 BauGB: BVerwG, Urt. vom 22.07.2004 – 7 CN 1/04 –, BVerwGE 121, 283 = EzGuG 4.188.

312 Überschwemmungsgebiete sind als natürliche Rückhalteflächen zu erhalten, es sei denn, es bestehen gegenläufige überwiegende Gründe des Allgemeinwohls[240]. Dann sind rechtzeitig entsprechende **Ausgleichsmaßnahmen** zu treffen. Die förmliche Festsetzung als Überschwemmungsgebiet ist für die Verpflichtung unerheblich, da die Pflicht zur Erhaltung von Überschwemmungsgebieten für festgesetzte und auch für nicht festgesetzte Überschwemmungsgebiete gilt. Diese Verpflichtung zur Erhaltung der Flächen trifft alle Behörden, deren Vorhaben die Funktion eines Überschwemmungsgebiets als Rückhalteflächen beeinträchtigt.

313 Nach § 73 Abs. 1 Satz 1 i.V.m. § 74 Abs. 1 WHG bewerten die zuständigen Behörden das Hochwasserrisiko, bestimmen danach die Gebiete mit signifikantem Hochwasserrisiko (**Risikogebiete**) und erstellen für die Risikogebiete in den nach § 73 Abs. 3 WHG maßgebenden Bewirtschaftungseinheiten **Gefahrenkarten** und Risikokarten in dem Maßstab, der hierfür am besten geeignet ist. Die Gefahrenkarten erfassen nach § 74 Abs. 2 WHG die Gebiete, die bei folgenden Hochwasserereignissen überflutet werden:

1. Hochwasser mit niedriger Wahrscheinlichkeit oder bei Extremereignissen,
2. Hochwasser mit mittlerer Wahrscheinlichkeit (voraussichtliches Wiederkehrintervall mindestens 100 Jahre),
3. soweit erforderlich, Hochwasser mit hoher Wahrscheinlichkeit.

Hochwasser ist nach § 72 WHG eine zeitlich beschränkte Überschwemmung von normalerweise nicht mit Wasser bedecktem Land, insbesondere durch oberirdische Gewässer oder durch in Küstengebiete eindringendes Meerwasser. Davon ausgenommen sind Überschwemmungen aus Abwasseranlagen.

314 Nach § 78 WHG dürfen grundsätzlich keine neuen Baugebiete für **förmlich festgesetzten Überschwemmungsgebiete** ausgewiesen werden. Ausnahmen sind unter bestimmten Voraussetzungen zulässig (§ 78 Abs. 2 WHG).

315 Bei bereits bestehenden *Baurechten nach den §§ 33 bis 35 BauGB* bedürfen die **Errichtung und die Erweiterung einer baulichen Anlage in jedem Fall einer Genehmigung**. Die Genehmigung darf nach § 78 Abs. 3 WHG nur erteilt werden, wenn im Einzelfall das Vorhaben

1. die Hochwasserrückhaltung nicht oder nur unwesentlich beeinträchtigt und der Verlust von verloren gehendem Rückhalteraum zeitgleich ausgeglichen wird,
2. den Wasserstand und den Abfluss bei Hochwasser nicht nachteilig verändert,
3. den bestehenden Hochwasserschutz nicht beeinträchtigt und
4. hochwasserangepasst ausgeführt wird

oder wenn die nachteiligen Auswirkungen durch Nebenbestimmungen ausgeglichen werden können.

316 **Festgesetzte Überschwemmungsgebiete** i.S. des § 76 Abs. 2 WHG sollen nach § 5 Abs. 4a und § 9 Abs. 6a BauGB nachrichtlich in den Flächennutzungs- bzw. Bebauungsplan übernommen werden. Noch nicht festgesetzte Überschwemmungsgebiete i.S. des § 76 Abs. 3 WHG sowie als **Risikogebiete** i.S. des § 73 Abs. 1 Satz 1 WHG bestimmte Gebiete sollen im Flächennutzungs- bzw. Bebauungsplan vermerkt werden.

317 Für landwirtschaftliche Nutzflächen im Deichvorland (**Deichvorlandsflächen**) sind im Hinblick auf die regelmäßig wiederkehrenden Überschwemmungsperioden und die damit einhergehenden Ertragsminderungen Wertabschläge von bis zu 40 % angemessen[241].

318 Der **Marktwert eines von einem Überschwemmungsrisiko betroffenen Grundstücks ist gegenüber sonstigen Grundstücken i.d.R. gemindert**. Soweit die Minderung nicht bereits

240 VGH München, Urt. vom 27.04.2004 – 26 N 02.2437 –, EzGuG 4.187b.
241 Grundstücksmarktbericht Wesel (2019); BVerfG, Beschl. vom 15.01.1969 – 1 BvL 3/66 –, BVerfGE 25, 112 = EzGuG 6.119a.

durch Vergleichspreise gleichartig betroffener Grundstücke berücksichtigt werden kann, muss sie ergänzend berücksichtigt werden. Die Minderung ist insbesondere

- von dem nach Intensität, Höhe, Dauer sowie Wiederkehrintervall zu differenzierenden Überschwemmungsrisiko,
- den tatsächlich eingetretenen Überschwemmungsereignissen, wobei diese nach 7 bis 10 Jahren in Vergessenheit geraten,
- der Lage des Grundstücks,
- den privat und hoheitlich durchgeführten Hochwasserschutzmaßnahmen und
- den von der Art der Nutzung abhängigen wirtschaftlichen Beeinträchtigungen

abhängig. Diese bestehen insbesondere in den Mehrkosten eines hochwasserangepassten Bauens, den potenziellen Schadensbeseitigungskosten sowie Versicherungsmehrkosten. Dabei geht es in erster Linie um Feuchte- und Wasserschäden, statische (Gründungs-)schäden sowie Kontaminierungsschäden infolge auslaufenden Heizöls sowie chemischer und biologischer Schadstoffe.

Für Wohnbaugebiete in ausgewiesenen Überschwemmungsgebieten hat *Kropp*[242] auf der **319**
Grundlage von Marktdaten festgestellt, dass sich die Wertminderung mit zunehmendem Bodenwertniveau mit folgender Funktion:
Wertminderung [%] = – 14,1 x ln Bodenwert [€/m²] + 80
deutlich vermindert. Des Weiteren wird auf das Ergebnis einer sog. Expertenbefragung verwiesen, nach der für in ausgewiesenen Überschwemmungsgebieten gelegene bebaute Grundstücke lagebedingte Abschläge zwischen 6 bis 10 % beziehungsweise 16 bis 25 % genannt wurden, wenn das Grundstück zudem durch ein Überflutungsereignis tatsächlich betroffen war.

8.4.4 Risiko- und Gefahrengebiet

Das **Hochwasserrisiko** und davon betroffene Gebiete mit signifikantem Hochwasserrisiko **320**
(Risikogebiete) werden von den zuständigen Behörden nach Maßgabe der Wahrscheinlichkeit des Eintritts eines Hochwasserereignisses in Kombination mit den möglichen nachteiligen Hochwasserfolgen für die menschliche Gesundheit, die Umwelt, das Kulturerbe, wirtschaftliche Tätigkeiten und erhebliche Sachwerte ermittelt und in **Gefahren- und Risikokarten** dargestellt (§ 74 WHG). Auf der Grundlage dieser Karten werden nach § 75 WHG Risikomanagementpläne mit dem Ziel aufgestellt, dass die Gefahren, die an oberirdischen Gewässern mindestens von einem Hochwasser mit mittlerer Wahrscheinlichkeit und beim Schutz von Küstengebieten mindestens von einem Extremereignis ausgehen, zu verringern sind, soweit dies möglich und verhältnismäßig ist.
Betroffene Bereiche können mittels **Hochwassergefahrenkarten und Hochwasserrisikokarten** für Gewässer I. Ordnung, an denen ein besonderes Hochwasserrisiko besteht, sowie durch die nicht verpflichtend aufzustellenden Starkregengefahrenkarten[243] identifiziert werden. Hochwassergefahren- und Hochwasserrisikokarten werden für drei Hochwasserszenarien erstellt[244] und stellen die Überflutungsflächen mit den zugehörigen Überstauhöhen dar (Überflutungstiefen). Auf diesen Grundlagen können kritische Infrastrukturen (KRITIS) ermittelt und Schutzmaßnahmen eingeleitet werden[245].

---

242 *Kropp, S.*, Werteinfluss eines Überschwemmungsrisikos, GuG 2019, 232.
243 https://www.wuppertal.de/microsite/geoprtal/topicmaps/contenseiten/starkregengefahrenkarte.php.
244 HQ100 bezeichnet einen Hochwasserabfluss, der im statistischen Mittel einmal in 100 Jahren erreicht oder überschritten wird. HQextrem): Ein HQextrem bezeichnet einen Hochwasserabfluss, der ca. der 1,5-fachen Abflussmenge eines HQ100 entspricht; HQhäufig bezeichnet einen Hochwasserabfluss, der im statistischen Mittel einmal in 5 bis 20 Jahren erreicht oder überschritten wird.
245 Hochwasserschutzfibel des BMWSB (www.bmvsb.bund.de), https://www.fib-bund.de/Inhalt/themen/Hochwasser.

8.4.5 Vorranggebiet, Vorbehaltsgebiet, Eignungsgebiet

321 Nach § 8 Abs. 5 ROG sollen **Raumordnungspläne** Festlegungen zur Raumstruktur enthalten. Hierzu gehören auch Festlegungen über Freiräume zur Gewährleistung des vorbeugenden Hochwasserschutzes. Neben den Darstellungen in Fachplänen des Verkehrsrechts sowie des Wasser- und Immissionsschutzrechts gehören hierzu insbesondere die raumbedeutsamen Erfordernisse und Maßnahmen des vorbeugenden Hochwasserschutzes nach den Vorschriften des WHG.
Nach § 8 Abs. 7 ROG können die Festlegungen nach den Absätzen 2 und 3 auch Gebiete bezeichnen,

1. die für bestimmte raumbedeutsame Funktionen oder Nutzungen vorgesehen sind und andere raumbedeutsame Nutzungen in diesem Gebiet ausschließen, soweit diese mit den vorrangigen Funktionen oder Nutzungen nicht vereinbar sind (**Vorranggebiete**),
2. in denen bestimmten, raumbedeutsamen Funktionen oder Nutzungen bei der Abwägung mit konkurrierenden raumbedeutsamen Nutzungen besonderes Gewicht beizumessen ist (**Vorbehaltsgebiete**),
3. in denen bestimmten raumbedeutsamen Maßnahmen oder Nutzungen, die städtebaulich nach § 35 BauGB zu beurteilen sind, andere raumbedeutsame Belange nicht entgegenstehen, wobei diese Maßnahmen oder Nutzungen an anderer Stelle im Planungsraum ausgeschlossen sind (**Eignungsgebiete**).

322 Es kann vorgesehen werden, dass Vorranggebiete für raumbedeutsame Nutzungen zugleich die Wirkung von Eignungsgebieten für raumbedeutsame Maßnahmen nach § 8 Abs. 7 Satz 3 ROG haben können.

323 Die Festlegung von Vorranggebieten erfolgt im Rahmen der Regionalplanung zur Erhaltung bzw. Sicherung von Funktionen und Nutzungen. Sie wird u.a. zur Sicherung von Landschaftsräumen sowie des Abbaus oberflächennaher Bodenschätze, zur überörtlichen Steuerung von Siedlungsentwicklungen, zur Sicherung von Wasservorkommen und auch zur Sicherung von Gebieten für den vorbeugenden Hochwasserschutz eingesetzt. Auf dieser Rechtsgrundlage werden außerhalb der bestehenden Wasserschutzgebiete zur Sicherung bestehender Wassergewinnungsanlagen und künftig nutzbarer Grundwassergewinnungsgebiete Vorrang- und Vorbehaltsgebiete für die öffentliche Wasserversorgung (**Vorranggebiet Wasserversorgung**) und **Vorranggebiete für den Hochwasserabfluss und -rückhalt** ausgewiesen.

8.4.6 Wertminderung infolge Natur- und Wasserschutzauflagen

Schrifttum: *Mann, W.* in Kummer/Frankenberg/Kötter, Das deutsche Vermessungs- und Geoinformationswesen, Berlin 2014; *Kropp, S.*, Hochwasserrisiko und Immobilienwerte, Diss. Bonn 2016.

8.4.6.1 Wasserschutzgebiet

324 Generell kann davon ausgegangen werden, dass sich Natur- und Wasserschutzauflagen wertmindernd auswirken, wenngleich empirische Untersuchungen dafür nur bedingt den Nachweis erbringen konnten. Nach *Köhne*[246] haben Natur- und Wasserschutzauflagen keinen „sehr großen Einfluss auf die Bodenpreise." Nach einer Befragung von *Meinhardt*[247] halten die befragten Landwirte „Vermögensverluste infolge von Verkehrswertminderungen der in Wasserschutzgebieten gelegenen Flächen und Betriebe für möglich". Nach einer Untersuchung der *TU München*[248] aus dem Jahre 2005 wird lediglich für Ackerflächen in Wasserschutzgebieten

246 Köhne, M., Landwirtschaftliche Taxationslehre, 3. Aufl. Berlin 2000, S. 59.
247 Meinhardt, P., Auswirkungen von Gewässerschutzauflagen auf die Ertrags- und Vermögenslage landwirtschaftlicher Betriebe, Schriftenreihe des HLBS Heft 1333, St. Augustin 1991.
248 TU München, Wertänderungen von Grundstücken in Wasserschutzgebieten, Überschwemmungsgebieten sowie Vorrang- und Vorbehaltsgebieten, 2005 (Lehrstuhl für Wirtschaftslehre des Landbaus).

im Schnitt 24 % weniger bezahlt als für Vergleichsflächen, und zwar in Abhängigkeit von der Ertragsminderung bzw. Aufwandserhöhung, während für Grünlandflächen die Wertminderung deutlich geringer ausfällt und teilweise auch höhere Preise erzielt wurden; Ausgleichszahlungen haben indessen keinen oder nur einen geringen wertstabilisierenden Einfluss. Eine Wertminderung geht allein schon durch die Ausweisung der Flächen selbst dann einher, wenn derzeit damit keine direkten Nachteile verbunden sind. Die rein planerische Kennzeichnung eines Überschwemmungsgebiets löst nach dieser Untersuchung, soweit diese nicht mit Nutzungsauflagen oder sonstigen Einschränkungen verbunden ist, allenfalls nur eine sehr geringe Wertminderung aus.

Des Weiteren kommt die vorstehende Untersuchung zum Ergebnis, dass sich die Pachtpreise **325** landwirtschaftlicher Flächen in Wasserschutzgebieten nicht ändern, wenn Ausgleichszahlungen gewährt werden.

8.4.6.2 Überschwemmungsgebiet

Die Lage eines Grundstücks in einem ausgewiesenen Überschwemmungsgebiet kann dessen **326** Verkehrswert erhöhen (z.B. aufgrund unverbaubarer Aussicht), mindern und wertneutral sein. Eine Wertminderung ist i.d.R. aufgrund der Beeinträchtigungen künftiger Nutzungsmöglichkeiten (vgl. § 78 WHG), der Beleihbarkeit, der Herstellungs- und Unterhaltungskosten einer hochwasserangepassten Bauweise, des erhöhten Versicherungsschutzes und ggf. erforderlicher Ausgleichsmaßnahmen sowie der Ertrags- und Nutzungsausfälle gegeben; dementsprechend mindern sich auch die Pachtpreise. Liegt das Grundstück im **Außenbereich,** scheidet mit hinreichender Sicherheit und auf Dauer eine Bauerwartung i.S. des § 3 Abs. 2 ImmoWertV aus[249].
Konkret geht es dabei insbesondere um folgende Gefahrenmomente, von denen Gebäude auf Hügeln und Hanglagen besonders betroffen sein können:

- Grundwasserdruck, der den Kellerboden aufbrechen kann,
- Anprallschäden durch Treibgut,
- Keller- und sonstige Wände und vulnerable Öffnungen (Kellerfenster und -türen, Lichtschächte und Kabeleinführungen) für eindringendes Wasser,
- Abwasserleitungen ohne Rückstausicherungen.

Bautechnische der Vermeidung von Hochwasser- und Starkregenschäden dienende Lösungen und deren Kosten können einen Anhaltspunkt für die Wertminderung betroffener Gebäude bieten (z.B. druckwasserdichte Fenster und Kellertür sowie Verschlüsse, flutwasserbeständige Baumaterialien, Verlegung von Elektroinstallationen in Ober- und Dachgeschosse).

Der Lage eines Grundstücks im Überschwemmungsgebiet bzw. im Risikogebiet kann durch **327** Heranziehungen von Vergleichspreisen aus gleichartigen Gebieten Rechnung getragen werden. Wird von Vergleichspreisen aus anderen Gebieten ausgegangen, kann der Überschwemmungsgefährdung durch einen **Wertabschlag** (wegen Hochwasser) Rechnung getragen werden, der sich an den zu erwartenden Kosten insbesondere hinsichtlich der Beseitigung von Hochwasserschäden, den Kosten für Sicherungsmaßnahmen, der Enträumung, Lagerung und Wiedereinrichtung des Hausrats sowie dem Mietausfallwagnis orientiert. Die im Einzelfall zu erwartenden Kosten fallen jährlich aber nur insoweit an, wie nach den im Einzelfall bestehenden Erfahrungen Hochwasser zu erwarten sind. Bei fünfmaligem Hochwasser in 20 Jahren sind dies z.B. 25 % (= 5 x 100/20 Jahre); d.h., jährlich fallen nur 25 % der im Überschwemmungsfall anfallenden Kosten an. Diese Kosten ergeben kapitalisiert über eine unendliche Restnutzungsdauer den Wertabschlag.

249 VGH München, Beschl. vom 31.08.2009 – 8 ZB 09.1618 –, EzGuG 13.156a; VG Regensburg, Urt. vom 13.08.2012 – RO 8 K 12.37 –, EzGuG 6.202a.

8.5 Lärmschutzgebiet

▶ *Zur Einwirkung von Lärm auf den Marktwert von Grundstücken und die einzuhaltenden Grenzwerte vgl. § 5 ImmoWertV Rn. 138 ff.; Teil VI Rn. 700 ff.*

328 ## 9 Gartenland

9.1 Allgemeines

Schrifttum: Zur Bewertung von Baumschulen vgl. BMF-Schreiben vom 10.08.2006 – N C 2163 – 3/06 – Mai 2002 – IV C S 2163 – 16/02 (BStBl. 2002, 526).

▶ *Vgl. Hausgärten Rn. 365 ff.; zu Gärtnereien Rn. 329; Syst. Darst. des Vergleichswertverfahrens Rn. 264 ff.*

329 Gartenland sind

- nicht erwerbsmäßig gartenbaulich genutzte oder nutzbare Flächen einschließlich Haus- und Ziergärten sowie sog. wohnungsfernes Gartenland und
- erwerbsmäßig genutzte Flächen des Gemüse-, Blumen-, Zierpflanz- und Obstanbaus (Gärtnereien; Gartenbauland).

Kleingärten nach dem KleingG, **Baumschulen** sowie Gartenland stellen ein besonderes Segment dar.

Abb. 40: Gartenland

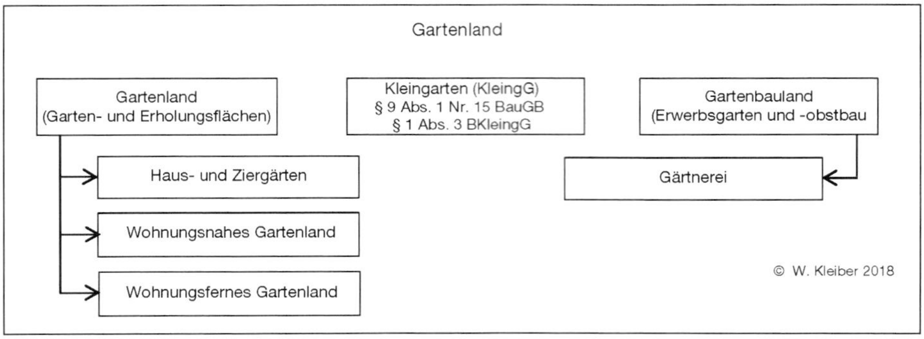

330 **Gartenland im steuerrechtlichen Sinne** sind das Kleingarten- und Dauerkleingartenland nach § 158 Abs. 4 Nr. 2 BewG.

9.2 Kleingarten

9.2.1 Begriffe

Schrifttum: *Hecker, Ch./Kockmeyer, A./Schlotter, M.*, Die Ermittlung der Kleingartenpacht, GuG 2021, 36; GuG 2019, 299.

▶ *§ 193 BauGB Rn. 61*

Eine besondere Bedeutung nimmt der **Kleingarten** ein. Kleingärten sind in § 1 BKleingG als Gärten definiert, die 331

- dem Nutzer (Kleingärtner) zur nichterwerbsmäßigen gärtnerischen Nutzung, insbesondere zur Gewinnung von Gartenerzeugnissen für den Eigenbedarf und zur Erholung, dienen (kleingärtnerische Nutzung) und
- in einer Anlage liegen, in der mehrere Einzelgärten mit gemeinschaftlichen Einrichtungen, zum Beispiel Wegen, Spielflächen und Vereinshäusern, zusammengefasst sind (Kleingartenanlage)[250].

Ein weiteres Wesensmerkmal des Kleingartens ist die Nutzung fremden Landes, d.h., **Kleingärten** i.S. des BKleingG **können nur Pachtgärten sein**. Ein Kleingarten soll 400 m² Grundstücksfläche nicht überschreiten und darf mit einer Laube bis zu 24 m² bebaute Fläche (einschließlich überdachtem Freisitz; Terrasse) bebaut werden. Diese Laube darf weder von der Ausstattung noch von der Einrichtung her zum dauernden Wohnen geeignet sein (§ 3 Abs. 2 BKleingG). 332

Bei Kleingärten ist grundsätzlich zu unterscheiden zwischen 333

a) dem Dauerkleingarten und

b) dem Kleingarten.

Dauerkleingärten sind für eine dauernde kleingärtnerische Nutzung bestimmt und werden **als Grünflächen im Flächennutzungsplan** gemäß § 5 Abs. 2 Nr. 5 BauGB **dargestellt bzw. im Bebauungsplan** gemäß § 9 Abs. 1 Nr. 15 BauGB **dargestellt**. Kleingartenflächen, die nicht als solche in Bebauungsplänen festgesetzt sind, müssen stets dem Außenbereich zugerechnet werden. Sie stellen zumindest kein Baugebiet i.S. des § 1 Abs. 2 BauNVO dar[251]. Dabei ist grundsätzlich vom Bestandsschutz der errichteten Baulichkeiten auszugehen, wobei sich dieser an den Grundsätzen des Außenbereichs und nicht des Innenbereichs orientieren muss. Für derartige Anlagen sind im *Landkreis Wesel* Preise zwischen 12 bis 22 €/m² bezahlt worden (2017). 334

Vom Dauerkleingarten unterscheidet sich der **Kleingarten** dadurch, dass der Bebauungsplan für die Belegenheitsfläche nicht die Festsetzung „Dauerkleingarten" getroffen hat. 335

Des Weiteren sind Kleingärten von den sog. Datschen zu unterscheiden. Dies sind Nutzungsrechte an Grundstücken und Baulichkeiten für Erholungszwecke nach den §§ 312 bis 315 ZGB. Zu den **Kleingärten in den neuen Bundesländern** vgl. die Hinweise in Kleiber, Marktwertermittlung von Grundstücken, 7. Aufl. 2012 § 3 ImmoWertV Rn. 295 ff. 336

Grundsätzlich muss bei der **Verkehrswertermittlung von (Dauer-)Kleingartenanlagen** zwischen dem Wert der Einzelparzelle und dem Wert einer Kleingartenanlage unterschieden werden. Diese umfasst üblicherweise auch die Flächen der Gemeinschaftsanlagen, insbesondere die inneren Erschließungswege, Stellplätze, Vereinsanlagen und sonstige Einrichtungen, in einem Umfang von rd. 10 %. 337

---

250 BGH, Urt. vom 17.06.2004 – III ZR 281/03 –, BGHZ 159, 343 = EzGuG 3.135.

251 Vgl. Dienstbl. des Senats von Berlin, Teil I – Inneres, Finanzen, Justiz und Wirtschaft, Nr. 7 vom 20.10.1995.

338 Kleingärten waren nach der bisherigen Rechtsprechung[252] bei der Einheitsbewertung für die Grundsteuer dem land- und forstwirtschaftlichen Vermögen und nicht dem Grundvermögen zuzuordnen. Im Rahmen der **Grundsteuerbewertung** gelten Kleingartenland und Dauerkleingartenland i.S. des KleingG nach § 240 BewG als Betriebe der Land- und Forstwirtschaft.

9.2.2 Pachtbeschränkungen

339 Der Marktwert (Verkehrswert) von Kleingärten bestimmt sich nach der erzielbaren Pacht für den erwerbsmäßigen Obst- und Gemüseanbau und den jeweils bestehenden **Pachtbeschränkungen**. § 5 BKleingG[253] bestimmt hierzu:

„**§ 5 BKleingG** Pacht

(1) Als Pacht darf höchstens der vierfache Betrag der ortsüblichen Pacht im erwerbsmäßigen Obst- und Gemüseanbau, bezogen auf die Gesamtfläche der Kleingartenanlage, verlangt werden. Die auf die gemeinschaftlichen Einrichtungen entfallenden Flächen werden bei der Ermittlung der Pacht für den einzelnen Kleingarten anteilig berücksichtigt. Liegen ortsübliche Pachtbeträge im erwerbsmäßigen Obst- und Gemüseanbau nicht vor, so ist die entsprechende Pacht in einer vergleichbaren Gemeinde als Bemessungsgrundlage zugrunde zu legen. Ortsüblich im erwerbsmäßigen Obst- und Gemüseanbau ist die in der Gemeinde durchschnittlich gezahlte Pacht.

(2) Auf Antrag einer Vertragspartei hat der nach § 192 des Baugesetzbuchs eingerichtete Gutachterausschuss ein Gutachten über die ortsübliche Pacht im erwerbsmäßigen Obst- und Gemüseanbau zu erstatten. Die für die Anzeige von Landpachtverträgen zuständigen Behörden haben auf Verlangen des Gutachterausschusses Auskünfte über die ortsübliche Pacht im erwerbsmäßigen Obst- und Gemüseanbau zu erteilen. Liegen anonymisierbare Daten im Sinne des Bundesdatenschutzgesetzes nicht vor, ist ergänzend die Pacht im erwerbsmäßigen Obst- und Gemüseanbau in einer vergleichbaren Gemeinde als Bemessungsgrundlage heranzuziehen.

(3) Ist die vereinbarte Pacht niedriger oder höher als die sich nach den Absätzen 1 und 2 ergebende Höchstpacht, kann die jeweilige Vertragspartei der anderen Vertragspartei in Textform erklären, dass die Pacht bis zur Höhe der Höchstpacht herauf- oder herabgesetzt wird. Aufgrund der Erklärung ist vom ersten Tage des auf die Erklärung folgenden Zahlungszeitraums an die höhere oder niedrigere Pacht zu zahlen. Die Vertragsparteien können die Anpassung frühestens nach Ablauf von drei Jahren nach Vertragsschluss oder der vorhergehenden Anpassung verlangen. Im Falle einer Erklärung des Verpächters über eine Pachterhöhung ist der Pächter berechtigt, das Pachtverhältnis spätestens am 15. Werktag des Zahlungszeitraums, von dem an die Pacht erhoben werden soll, für den Ablauf des nächsten Kalendermonats zu kündigen. Kündigt der Pächter, tritt eine Erhöhung der Pacht nicht ein.

(4) Der Verpächter kann für von ihm geleistete Aufwendungen für die Kleingartenanlage, insbesondere für Bodenverbesserungen, Wege, Einfriedungen und Parkplätze, vom Pächter Erstattung verlangen, soweit die Aufwendungen nicht durch Leistungen der Kleingärtner oder ihrer Organisationen oder durch Zuschüsse aus öffentlichen Haushalten gedeckt worden sind und soweit sie im Rahmen der kleingärtnerischen Nutzung üblich sind. Die Erstattungspflicht eines Kleingärtners ist auf den Teil der ersatzfähigen Aufwendungen beschränkt, der dem Flächenverhältnis zwischen seinem Kleingarten und der Kleingartenanlage entspricht; die auf die gemeinschaftlichen Einrichtungen entfallenden Flächen werden der Kleingartenfläche anteilig zugerechnet. Der Pächter ist berechtigt, den Erstattungsbetrag in Teilleistungen in Höhe der Pacht zugleich mit der Pacht zu zahlen.

(5) Der Verpächter kann vom Pächter Erstattung der öffentlich-rechtlichen Lasten verlangen, die auf dem Kleingartengrundstück ruhen. Absatz 4 Satz 2 ist entsprechend anzuwenden. Der Pächter ist berechtigt, den Erstattungsbetrag einer einmalig erhobenen Abgabe in Teilleistungen, höchstens in fünf Jahresleistungen, zu entrichten.“

340 Die **Pacht** i.S. des § 5 Abs. 1 BKleingG **ist das Entgelt für die Überlassung (Bereitstellung) von Grund und Boden zur kleingärtnerischen Nutzung** (§ 546 BGB). Die Pacht umfasst

252 RFH, Urt. vom 07.12.1939 – III 147/39 –, RFHE 48, 62 = RStBl 1940, 9; BFH, Urt. vom 19.01.1979 – III R 42/77 –, BFHE 127, 220 = BStBl 1973, 398 = EzGuG 20.78a; BFH, Urt. vom 09.08.1989 – II R 116/86 –, BFHE 158/90 = BStBl II 1989, 870 = EzGuG 3.75b; a.A, FG Berlin-Brandenburg, Urt. vom 10.05.2017 – 3 K 3246/13 –, AgrB 2017, 332 (Revision) = EzGuG 3.164d.

253 Mit dieser am 01.05.1994 in Kraft getretenen Neufassung hat der Gesetzgeber auf die Entscheidung des BVerfG (BVerfG, Beschl. vom 23.09.1995 – 1 BvL 15/85 –, GuG 1993, 120 = EzGuG 3.109) reagiert, in der die frühere Höchstpachtzinsregelung, nach der der doppelte Betrag des ortsüblichen Pachtpreises im erwerbsmäßigen Obst- und Gemüseanbau verlangt werden durfte, als unvereinbar mit Art. 14 Abs. 1 GG erkannt wurde.

nicht die sog. Nebenleistungen, zu denen der Pächter unter bestimmten Voraussetzungen neben der Pacht verpflichtet sein kann. Hierzu gehören insbesondere die Erstattung von bestimmten Aufwendungen des Verpächters, ferner die Verpflichtung – soweit sie der Pächter übernommen hat –, Lasten zu tragen, die auf dem Kleingartengrundstück ruhen, und schließlich die Entrichtung von Beiträgen zur Finanzierung des Verwaltungsaufwands des Zwischenpächters[254].

Nach § 5 Abs. 5 BKleingG besteht die Möglichkeit der Überwälzung öffentlich-rechtlicher Lasten, die auf dem Kleingartengrundstück ruhen, vom Verpächter auf den Pächter[255]. **341**

Der **Pachtpreis** beinhaltet dagegen die Pacht zuzüglich der i.d.R. vernachlässigbaren Objektkosten, zu denen die Grundsteuer, die Umlagen zur Landwirtschaftskammer sowie die Beiträge zu den Berufsgenossenschaften zählen. Die am Markt gezahlten Pachtpreise müssen ggf. daraufhin untersucht werden, welche Positionen vom Pächter bzw. Verpächter getragen werden[256]. **342**

Als Pacht darf nach § 5 Abs. 1 Satz 1 BKleingG[257] – wie bereits erläutert – höchstens der vierfache Betrag der sog. **„ortsüblichen Pacht im erwerbsmäßigen Obst- und Gemüseanbau** bezogen auf die Gesamtfläche der Kleingartenanlage" verlangt werden. Nach der Vorschrift wird von einer ortsüblichen Pacht für die Gemeinde insgesamt ausgegangen; eine Differenzierung der ortsüblichen Pacht innerhalb der Gemeinde nach räumlicher Lage soll nicht in Betracht kommen[258]. Kann die ortsübliche Pacht nicht unter Heranziehung von Vergleichspachten, die in der Belegenheitsgemeinde vereinbart worden sind, abgeleitet werden, so ist nach § 5 Abs. 1 Satz 3 BKleingG auf die ortsübliche Pacht einer vergleichbaren Gemeinde zurückzugreifen **(Pachtadaptionsregelung).** Nach der Begründung zu dieser Adaptionsregelung kommen Gemeinden gleicher Größenordnung in vergleichbar strukturierter Region unter Berücksichtigung raumordnerischer und landesplanerischer Gesichtspunkte wie Wirtschaftsleistung, Einkommensverhältnisse, Branchenstruktur und Beschäftigungsverhältnisse in Betracht. **343**

Die **Pachtadaptionsregelung** des § 5 Abs. 1 Satz 3 BKleingG **soll** nach Abs. 2 Satz 3 **auch gelten, wenn aus der Belegenheitsgemeinde** z.B. nur ein einziger oder **nur sehr wenige** (drei) **Vergleichspachten zur Ermittlung** *der* **ortsüblichen Pacht zur Verfügung stehen** und deshalb zu besorgen ist, dass mit der Ableitung datenschutzrechtliche Belange berührt sind, weil das Ergebnis der Ableitung der ortsüblichen Pacht damit einem oder wenigen Grundstücken konkret zugeordnet werden könnte. Deswegen bestimmt § 6 Abs. 2 Satz 3 BKleingG, dass auch in solchen Fällen zum Zwecke der Anonymisierung „ergänzend" Pachten aus vergleichbaren Gemeinden als Bemessungsgrundlage mit heranzuziehen sind. Dies ist letztlich vor allem auch wertermittlungstechnisch geboten und hätte eigentlich nicht der Klarstellung bedurft. **344**

Unter der **„ortsüblichen" Pacht** ist **345**

- ein repräsentativer Querschnitt der Pachtbeträge zu verstehen,
- die in der Gemeinde für Flächen mit vergleichbaren wertbestimmenden Merkmalen
- unter gewöhnlichen Umständen tatsächlich und üblicherweise

gezahlt werden; auf regionale oder bundesdurchschnittliche Pachten kommt es somit nicht an. Als vergleichbare wertbestimmende Merkmale können folgende Kriterien gelten: Wege- und Erschließungsbedingungen, Entfernungen zu den Absatzmärkten, werbe- und verkaufswirksame Lage, Entfernung zum Betrieb, Bewässerungsmöglichkeiten, Einfriedung, Bodenquali-

---

254 Maincyk, KleingG. Komm., 7. Aufl., 1997, § 5 Rn. 26 f., 36 ff; ders. GuG 1994, 193.
255 § 135 Abs. 4 Satz 3 BauGB; vgl. BR-Drs. 616/93.
256 Faßbender/Hötzel/Lukanow, Landpachtrecht, 2. Aufl. 1993 Aschendorff, S. 32.
257 BGH, Urt. vom 12.11.1998 – III ZR 87/98 –, NJW-RR 1999, 237 = EzGuG 3.125b.
258 BT-Drs. 12/6154; BT-Drs. 12/6782.

tät, Klima, Pachtlandbedarf, Möglichkeiten der Unterglaskultur, Entfernung zu Ballungsräumen, Lage, Bodenbeschaffenheit, Größe und Grundstücksgestalt[259].

346 In einem Gutachten des Gutachterausschusses *Hamburg* wird hierzu zutreffenderweise ausgeführt:

„Hierzu ist zu bemerken, dass der Standort und die Bodenqualität die Pacht beeinflussen. Die Pacht in einem Obst- oder Gemüseanbaugebiet wird sehr wesentlich von dem Angebot und der Nachfrage nach Pachtflächen bestimmt. Mit entscheidend ist ferner die wirtschaftliche Situation der Betriebe. Darüber hinaus wird die Pacht zu einem wesentlichen Teil von den erzielbaren Erträgen und den sich daraus ergebenden Familieneinkommen bestimmt. Die ortsübliche Pacht ist daher auch von den lokal vorherrschenden Merkmalen der Pachtgrundstücke und den landwirtschaftlichen Ertragsbedingungen abhängig. Eine getrennte Ermittlung einer ortsüblichen Pacht im erwerbsmäßigen Obstanbau und einer ortsüblichen Pacht in erwerbsmäßigen Gemüseanbau und anschließende arithmetische Mittelung ist nur gerechtfertigt, wenn sich die Verpachtungen für den Obst- und Gemüseanbau die Waage halten. Überwiegt z.B. – wie in Hamburg – der Obstanbau, so ist dieser auch entsprechend stärker zu berücksichtigen."

347 Diese **Auslegung des Begriffes Ortsüblichkeit** ermöglicht eine sinnvolle Anwendung des BKleingG auch insofern, als dann auch für Gebiete, in denen zwar Kleingärten verpachtet werden, jedoch kein Obst- und Gemüseanbau auf Pachtland betrieben wird, dennoch eine ortsübliche Pacht ermittelt werden kann. Im Übrigen ist der Pachtbegriff i.S. des bürgerlichen Rechts zu verstehen, d.h. als Summe der Gegenleistungen, die der Pächter schuldet, auch wenn darin Nebenleistungen wie Abgaben usw. enthalten sind.

348 Im Übrigen kann ein Kleingartenpachtvertrag – vorbehaltlich einer einvernehmlichen **Aufhebung des Pachtvertrags –** nur aus den im BKleingG ausdrücklich genannten Gründen durch die Verpächter gekündigt werden (§§ 8 bis 10 BKleingG).

9.2.3 Ermittlung der ortsüblichen Pacht

349 **Die ortsübliche Pacht ist** nach § 5 Abs. 2 Satz 1 BKleingG **auf Antrag** einer Vertragspartei **vom Gutachterausschuss für Grundstückswerte gutachterlich zu ermitteln.** Es handelt sich hierbei um eine Pflichtaufgabe, die den Aufgabenkatalog des § 193 BauGB ergänzt.

350 Nach § 5 Abs. 2 Satz 2 BKleingG sind die für die Anzeige von Landpachtverträgen[260] zuständigen Behörden[261] **(Grundstücksverkehrsausschüsse)** im Wege der Amtshilfe **verpflichtet,** auf Verlangen des Gutachterausschusses für Grundstückswerte diesem **Auskünfte über die ortsüblichen Pachten im erwerbsmäßigen Obst- und Gemüseanbau zu erteilen.**

351 Für die Ermittlung der ortsüblichen Pacht kommen als **Datengrundlage** insbesondere in Betracht:

- Angaben der unteren Landwirtschaftsbehörde, der nach § 2 des Landpachtverkehrsgesetzes i.V.m. dem Landesgesetz über die Anzeigenpflicht der Abschluss von Pachtverträgen anzuzeigen ist,
- Angaben der Bundesvermögens- und Liegenschaftsämter,
- Angaben des Bauernverbandes,
- Angaben freiberuflich tätiger Sachverständiger für Obst- und Gemüseanbau,
- Umfrageergebnisse bei Obst- und Gemüseanbaubetrieben sowie
- Angaben der Kirchen.

259 Vgl. Anl. 6.1 zur rh.-pf. RiWert vom 1.6.1988, a.a.O.

260 Gesetz über die Anzeige und Beanstandung von Landpachtverträgen (Landpachtverkehrsgesetz – LPachtVG) vom 08.11.1985 (BGBl. I 1985, 2075), zuletzt geändert durch Art. 15 des Gesetzes vom 13.04.2006 (BGBl. I 2006, 855).

261 Diese ergeben sich aus den landesrechtlichen Durchführungsverordnungen zum Landpachtverkehrsgesetz (vgl. z.B. Nds. GVBl. 1987, 157).

Abb. 41: Typische Pachten für Kleingärten[262]

Stadt	Ortsübliche Pacht in €/m²im Jahr
Aachen	0,10 €/m²
Berlin/West	0,35 €/m²
Bochum (2019)	0,24 €/m²
Bremen	0,18 €/m²
Chemnitz (2015)	0,14 €/m²
Dortmund	0,15 €/m²
Düsseldorf	0,24 €/m²
Duisburg (2015)	0,23 €/m²
Dresden (2015)	0,16 €/m²
Essen (2015)	0,26 €/m²
Frankfurt am Main (2015) nicht vereinsgebunden	0,51 €/m²
Freiburg im Breisgau (2015)	0,24 €/m²
Hagen	0,20 €/m²
Halle	0,07 €/m²
Hamburg	0,10 €/m²
Köln	0,26 €/m²
Landau (2015)	0,15 €/m²
Leipzig (2015) bei einem „fiktiven" Bodenwert von 3,00 €/m²	0,12 €/m²
Mainz (Grundstücksmarktbericht 2015)	0,12 €/m²
München	0,40 €/m²
Nürnberg	0,36 €/m²
Pforzheim (2015)	0,16 €/m²
Saarbrücken (2015)	0,20 €/m²
Schwerin	0,06 €/m²
Stuttgart (2015)	0,20 €/m²

Quellen: auch Pachtzins-Spiegel des Bundesverbandes Deutscher Gartenfreunde e. V.; Der Fachberater 1992, 20 f.; Aktuelle Grundstücksmarktberichte (z.B. Hagen); in Klammer steht das Mitteilungsdatum

Nach Angaben des Materialienbands zum Agrarbericht 1996 der BReg[263] lagen die Pachtpreise in den alten **Ländern** im Durchschnitt bei 0,045 €/m² p.a. **352**

Es empfiehlt sich, die herangezogenen **Pachtpreise über die Fläche zu mitteln**: **353**

$$\text{Ortsübliche Pacht pro m}^2 = \frac{\text{Summe der Pachten}}{\text{Summe der Pachtflächen}}$$

262 Vgl. GuG 2000, 110.
263 BT-Drs. 13/3681, S. 260, 256, 178.

354 Sofern eine **Beziehung zwischen üblichen Ackerpreisen und den Pachtverhältnissen im erwerbsmäßigen Obst- und Gemüseanbau** als realistisch angesehen werden kann, soll auch diese Möglichkeit zur Bestimmung des Pachtpreises ausgeschöpft werden.

355 **Pachtbeträge,** bei denen anzunehmen ist, dass sie **nicht im gewöhnlichen Geschäftsverkehr zustande gekommen** oder durch ungewöhnliche oder persönliche Verhältnisse beeinflusst worden sind, dürfen zum Vergleich nur herangezogen werden, wenn diese Besonderheiten in ihrer Auswirkung auf die Pachthöhe erfasst werden können und beim Pachtvergleich unberücksichtigt bleiben.

356 **Besonderheiten** können insbesondere vorliegen, wenn

- die vereinbarte Pacht erheblich von den Pachtbeträgen vergleichbarer Fälle abweicht,
- ein außergewöhnliches Interesse des Pächters an der Anpachtung des Grundstücks bestand,
- dringende Gründe für einen alsbaldigen Vertragsabschluss vorgelegen haben,
- besondere Bedingungen verwandtschaftlicher, wirtschaftlicher oder sonstiger Art zwischen den Vertragsparteien bestanden haben.

357 Zur Frage der Ermittelbarkeit von Pacht hat der Deutsche Städtetag 1986 umfassend Stellung genommen, die wegen ihrer grundsätzlichen Bedeutung auszugsweise wiedergegeben werden soll[264]. Danach komme als **Bemessungstatbestand für die Pacht nicht der Betrag in Betracht, der für Grundstücke** zu entrichten wäre (Wochenendhausgrundstücke), **die einem mit Kleingärten vergleichbaren Erholungszweck dienen.** Denn Wochenendhausgrundstücke weisen ganz andere Strukturen und Möglichkeiten als Kleingartenflächen auf (vgl. § 10 BauNVO). Grundsätzlich wird eine Bemessung der Pacht anhand von Verkehrswerten für möglich gehalten.

9.2.4 Kaufpreise von Kleingärten

▶ *Syst. Darst. des Vergleichswertverfahrens Rn. 266*

358 **Kaufpreise für mit Kleingärten vergleichbare „Freizeitgärten" i.S. des § 1 Abs. 2 Nr. 1 BKleingG variieren in Abhängigkeit von ihren Standorten** zwischen 15 bis 25 €/m², vereinzelt auch bis 40 €/m² (Berlin). Legt man den Kaufpreis von 15 €/m² zugrunde, sind für den Erwerb eines Freizeitgartens 4 500 € aufzuwenden; bei 25 €/m² müssten 7 500 € gezahlt werden. Bei einer angemessenen Verzinsung dieses Grundstückswerts in Höhe von 6 % bedeutete dies für einen 300 m² großen Kleingarten eine Jahrespacht von 270 € bzw. 450 € im Jahr.

Preise von Dauerkleingärten		
Frankfurt an der Oder (2011)	0,90 bis 1,50 €/m²	
Potsdam (2011) gesamtes Stadtgebiet	1,50 bis 18,00 €/m²	
Krefeld (2018)	10 bis 20 €/m²	
8 bis 30 €/m² im Mittel	15 €/m²	8 bis 30 €/m² im Mittel
Leipzig (2020)	3,50 €/m²	
Moers (2018)	12 bis 22 €/m²	
LK Oder-Spree (2012)	0,10 bis 5,64 €/m²	bei Flächen von 180 bis 2 500 m²
Landkreis Wesel (2018)	12 bis 22 €/m²	Einzelparzellen

264 Deutscher Städtetag, Stellungnahme vom 24.09.1986 – 6/45-01-Z 5299 –; zur Verfassungsmäßigkeit: BVerfG, Beschl. vom 23.09.1992 – 1 BvL 15/85 –, GuG 1993, 121 = EzGuG 3.19.

9.2.5 Steuerliche Zurechnung von Baulichkeiten in Kleingärten

Zur **steuerlichen Zurechnung von Gartenlauben**[265] hat das FG Münster im rechtskräftigen Urt. vom 25.11.1982 – III 845/79 – entschieden, dass das Gartenhaus mit einem Einheitswert von 1 250 €, das der Kleingärtner auf der ihm vom als gemeinnützig anerkannten Kleingärtnerverein zugewiesenen Kleingartenparzelle errichtete, dem Grundvermögen – Gebäude auf fremdem Grund und Boden – zuzuordnen ist. Entgegen der bisherigen Zurechnung derartiger Gartenlauben auf den Kleingärtner durch die Finanzämter hat das Finanzgericht jedoch entschieden, dass das wirtschaftliche Eigentum an der Gartenlaube aufgrund der in der Gartenordnung des Kleingärtnervereins enthaltenen Beschränkungen hinsichtlich der Vornahme von baulichen Veränderungen und des Abrisses der Gartenlaube sowie der Beschränkung in den Fällen der Mitgliedschaft nicht dem Kleingärtner zustehe. **359**

Der Bundesfinanzhof[266] hat, obwohl die Zurechnung der Gartenlaube nicht unmittelbar Gegenstand des Verfahrens gewesen ist, in einem Urteil entschieden, dass der Kleingärtner als wirtschaftlicher Eigentümer der Gartenlaube angesehen werden muss und ihm dieses Gebäude daher zu Recht als selbstständige wirtschaftliche Einheit zugerechnet worden ist. Obwohl das Finanzgericht Münster vom beklagten Finanzamt auf dieses Urt. aufmerksam gemacht worden ist, ist das Finanzamt in seiner Urteilsbegründung auf dieses BFH-Urteil nicht eingegangen. **360**

Nach *Tipke/Kruse*, Tz. 32 zu § 39 AO ist ein Gebäude auf fremdem Grund und Boden im Regelfall stets dem Erbauer zuzurechnen; auch *Rössler/Troll/Langner* kommen in den Textziffern 51 bis 55 zu § 70 BewG für die Frage der **Zurechnung eines Gebäudes auf fremdem Grund und Boden** zu dem Ergebnis, dass neben der Verfügungsbefugnis von der wirtschaftlichen Interessenlage der Beteiligten auszugehen ist. Es würde der bewertungs- und vermögensteuerrechtlichen Systematik widersprechen, wenn die Aufwendungen des Kleingärtners für die Errichtung einer Gartenlaube einerseits sein Vermögen schmälern, das mit diesen Aufwendungen geschaffene sogenannte Einheitswert-Vermögen aber einem anderen zugerechnet werden sollte. **361**

Die Entscheidung des Finanzgerichts Münster ist hinsichtlich der Zurechnung als Einzelfallentscheidung zu behandeln und kann deshalb nicht allgemein angewendet werden. Anträge auf Zurechnungsfortschreibung oder Aufhebung der Einheitswerte sind mit rechtsbehelfsmäßigen Bescheiden abzulehnen und gegebenenfalls die Frage der Zurechnung in einem Musterprozess durch den Bundesfinanzhof entscheiden zu lassen. **362**

9.2.6 Ermittlung des Wertanteils von Baulichkeiten und Aufwuchs in Kleingärten

Zur **Verkehrswertermittlung von Aufwuchs und Baulichkeiten** werden weitergehende Hinweise in amtlichen Vorschriften sowie in Richtlinien der Landesverbände gegeben: **363**
Bayern: Richtlinien des Landesverbandes bayerischer Kleingärtner e. V. für die Bewertung von Anpflanzungen und Anlagen nach § 11 Abs. 1 des Bundeskleingartengesetzes, Bewertungsrichtlinien – (Oktober 2000, AllMBl. 2000, 729); vorher Bekanntm. des Staatsministeriums des Innern vom 14.02.1985 – II C 4-4709.9-3 – (MABl. 1985, 52), vom 28.11.1986 (MABl. 1986, 579), vom 28.01.1991 (AllMBl. 1991, 105) und vom 08.06.1993 (AllMBl. 1993, 780).
Berlin: Verwaltungsvorschrift über Kündigungsentschädigungen auf Kleingartenland vom 11.02.2003 (ABl. 2003, 814, DBl. VI Nr. 1 S. 2).
Brandenburg: Richtlinien des Landesverbandes Brandenburg der Gartenfreunde e. V. für die Bewertung von Anpflanzungen Gartenlauben, Garteneinrichtungen und sonstige Anlagen in Kleingärten bei Kündigungsentschädigung nach § 11 Abs. 1 des Bundeskleingartengesetzes; Genehmigung vom 01.03.2006 (Amtl. Anz 2006, 267).

---

265 Erl. des FM von Nordrhein-Westfalen vom 23.07.1984 – S 3199 – 1 – V A 4 –.
266 BFH, Urt. vom 19.01.1979 – III R 42/77 –, BFHE 127, 220 = BStBl. II 1979, 398 = EzGuG 20.78a.

Hamburg: Richtlinien für die gutachtliche Schätzung bei Räumung von Kleingärten vom 30.09.1983. Bewertungsgrundlage des Fachamtes für Stadtgrün und Erholung der Behörde für Umwelt und Gesundheit zur Entschädigung von gekündigten Kleingartenflächen vom 15.05.2002 (nicht bekannt gemacht).
Hessen: Landesverband Hessen der Kleingärtner e. V.; Staatsanz. Hessen Nr. 15 v. 6. 04.2020, 456: Neufassung der Richtlinie und Grundsätze für die Wertermittlung von Aufwuchs, Baulichkeiten und sonstige Einrichtungen.
Mecklenburg-Vorpommern: Bekanntmachung des Landwirtschaftsministeriums über die Genehmigung der Richtlinien des Landesverbands der Gartenfreunde Mecklenburg und Vorpommern e. V. über die Bewertung von Anpflanzungen und Anlagen (Schätzungsrichtlinie) vom 16.09.1992 (ABl. 1992, 988; zuletzt geändert am 25.08.2006 ABl. 2006, 578).
Rheinland-Pfalz: Richtlinien des Landesverbandes Rheinland der Kleingärtner e.V.[267].
Saarland: Richtlinie über die Bewertung von Anpflanzungen und Anlagen nach § 11 Abs. 1 des BKleingG vom 01.01.1987 (GMBl. 1987, 31, zuletzt geändert am 19.02.1997 GMBl. 1997, 95).
Sachsen: Richtlinie für die Wertermittlung gemäß § 11 Abs. 1 Satz 2 Bundeskleingartengesetz; Bekanntmachung der Genehmigung des Sächsischen Staatsministeriums für Umwelt und Landwirtschaft vom 22.07.2009 (ABl. 2009, 1279).
Sachsen-Anhalt: Erl. des FM vom 04.10.1991 – 45 – S 3191 – betr. Bewertung von Kleingartenland und von Kleingartenlauben in Kleingartenanlagen. Rahmenrichtlinie für die Wertermittlung in Kleingärten; Bekanntmachung der Genehmigung vom 18.03.1997 (MinBl. 1997, 918; zuletzt geändert am 25.09.2001 MinBl. 2001, 950).
Schleswig-Holstein: Richtlinie über die Bewertung und Entschädigung von Anpflanzungen und Anlagen nach § 11 Abs. 1 des BKleingG vom 13.12.1985 – VIII 360a – 4360.1 – (ABl. 1986, 13) i.d.F. vom 11.07.2008 – V 233 – 4360.12 (ABl. 2008, 691).
Thüringen: VV des FM vom 14.12.1995 – 14 S 3106b A 2 201.5 betr. Bewertung von Wochenendhäusern. Bewertungsrichtlinien nach § 11 Abs. 1 Satz 2 Bundeskleingartengesetz; Bekanntmachung der Genehmigung des Thüringer Ministeriums für Landwirtschaft, Naturschutz und Umwelt vom 13.04.2004 (StAnz. 2004, 1342).
Bundesverband Deutscher Gartenfreunde e.V., Wertermittlung bei Pächterwechsel, GuG 2001, 42.

9.3 Sonstiges Gartenland

9.3.1 Allgemeines

▶ *Vgl. Syst. Darst. des Vergleichswertverfahrens Rn. 266*

364 Für das sonstige Gartenland werden von den Gutachterausschüssen für Grundstückswerte nur vereinzelt Angaben gemacht. Allgemein ist festzustellen, dass das **Gartenland in den innerstädtischen Bereichen** deutlich höher als im städtischen Weichbild gehandelt wird.

365 Es empfiehlt sich, zwischen den Hausgärten und dem sog. wohnungsfernen Gartenland zu unterscheiden.

- **Hausgärten** sind Gartenflächen in der Nachbarschaft zu Wohnbaugrundstücken, die weder bebaut werden dürfen noch als ortsübliche Freifläche eines Wohnbaugrundstücks anzusehen sind und auch keine Bauerwartung aufweisen.
- **Wohnungsnahes und -fernes Gartenland** sind zumeist im Außenbereich gelegene Flächen, die vom Eigentümer oder einem Pächter als Freizeitgarten genutzt werden. Im Innenbereich gelegenes wohnungsfernes Gartenland ist im Bebauungsplan zumeist als „private Grünfläche – Freizeitgärten" ausgewiesen.

267 Abgedruckt in Kleiber/Simon/Weyers, Verkehrswertermittlung von Grundstücken, 3. Aufl., S. 2247.

Das Preisniveau von **Gartenland** wird von vielen Gutachterausschüsse mit einem Wert von 25 % des nächstgelegenen Rohbaulands angegeben. 366

Abb. 42: Gartenland

Garten- und Erholungsflächen			
	(Inneres) Stadtgebiet	Äußeres Stadtgebiet Stadtrandlage	Bemerkungen
Bergisch Gladbach	5 €/m²		
Bremen 2000	11,00–13,50 €/m²		
Landkreis Dahme-Spreewald	0,29–40 €/m² (Ø 9,35 €/m²)		
Dresden 2014	6,47–57,21 €/m (Erholungsgarten)		Je nach Lage und Funktion
Frankfurt 2012 (Erwerbsgartenbauland)		17,00 €/m²	
Göttingen (2012)	23,94 €/m² bei Ø 728 m²		Ca. 10–15 % des benachbarten Bodenrichtwerts
LK Göttingen	5,17 €/m² bei Ø 670 m²		
Leipzig (2013)	2,00–15,00 €/m²		
LK Northeim (2012)	4,93 €/m² bei Ø 1 203 m²		Ca. 10–15 % des benachbarten Bodenrichtwerts
LK Osterode am Harz (2012)	3,15 €/m² bei Ø 1 043 m²		
GAA Potsdam (2020)	Ø 50 €/m² bei Ø 1 126 m²		
LK Oder Spree (2012)	8–14 % des BRW (Ø 19 %)	5–42 % des BRW (Ø 17 %)	
Potsdam 2011	4,60–40,0 €/m²	2,65–35,00 €/m²	
Potsdam-Mittelmark (2011)			ca. 17–34 % des benachbarten Bodenrichtwerts für Wohnbauland

Der Gutachterausschuss von *Mülheim an der Ruhr* hat im Jahre 2016 die Preise von selbstständigen Gartenlandflächen (nicht Gartenland oder Kleingärten i.S. des BKleingG) untersucht. Der Durchschnittswert dieser Flächen ist abhängig von der Gartengröße (vgl. Abb. 43). 367

Abb. 43: Preise von selbstständigem Gartenland in Mülheim an der Ruhr

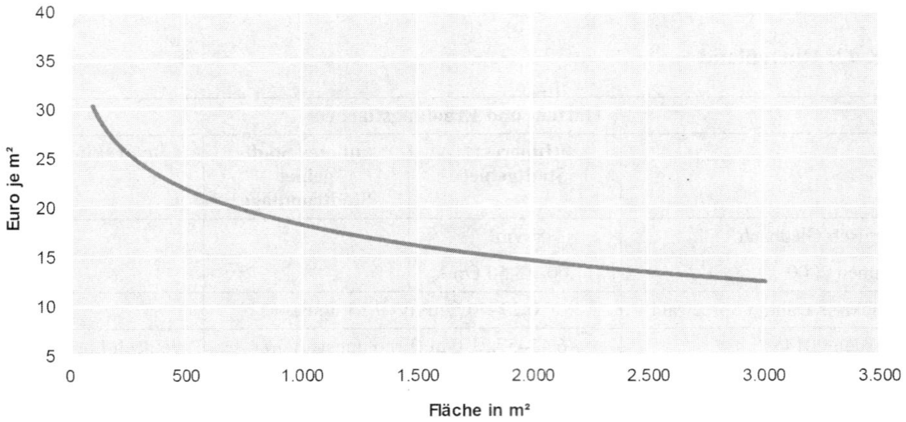

Quelle: Grundstücksmarktbericht 2023

Garten- und Erholungsflächen/Hausgärten				
Stadt/Kreis	**Mitteilungs-jahr**	**Bodenwert €/m²**	**Grundstücks-größe** m²	**Lage, Bemerkungen**
Krefeld	2018	40–90		Flächen zur Vergrößerung des Baugrundstücks, ohne baurechtliche Notwendigkeit
Moers	2018	5–15	200–3 000	
Rheinisch-Bergischer Kreis	2019	4,30–20,00	400–2 500	Ortsrandlage
LK Wesel	2018	5–15	300–5 000	

Quelle: Grundstücksmarktberichte

Zu den Grundstückspreisen in *Niedersachsen* vgl. Kleiber, Verkehrswertermittlung von Grundstücken, 8. Aufl. § 5 ImmoWertV Rn. 303.

9.3.2 Hausgarten

▶ *Syst. Darst. des Vergleichswertverfahrens Rn. 266*

368 Hausgärten liegen i.d.R. 30–35 m hinter der Baugrundstückstiefe und weisen einen Bodenwert von ca. 10 bis 30 % des Bodenrichtwerts des Vorderlandes auf.
Im Grundstücksmarktbericht von Potsdam (2020) wird bei einer durchschnittlichen Grundstücksfläche von 630 m² ein durchschnittlicher Bodenwert von ca. 25 % des Bodenrichtwerts des Vorderlandes genannt.

9.3.3 Wohnungsferne Garten- und Erholungsflächen (im Außenbereich)

369 Wohnungsferne Garten- und Erholungsflächen sind Flächen, die i.d.R. nicht im Innenbereich, d.h. außerhalb des Geltungsbereichs von Bebauungsplänen, und nicht im Zusammenhang bebauter Ortsteile (nach § 34 BauGB) gelegen sind. Die Grundstücksgrößen können dabei je nach Nutzung sehr unterschiedlich ausfallen (300 m² bis 5 000 m²). Die Kaufpreise derartiger Flächen weisen eine Abhängigkeit von der Flächengröße und dem nächstgelegenen (erschließungsbeitragsfreien) Bodenrichtwert auf. Im Immobilienmarktbericht 2015[268] für *Südhessen* wird als Ergebnis einer Untersuchung für vornehmlich im Außenbereich gelegenes und in der Flächennutzungsplanung u.a. als „Freizeit- und Kleingärten" ausgewiesenes sog. „wohnungsfernes Gartenland" eine Abhängigkeit des Bodenwerts vom Bodenrichtwert landwirtschaftlicher Flächen festgestellt.

Der Immobilienmarktbericht für *Südhessen* (2019) weist für das i.d.R. im Außenbereich gelegene sog. „wohnungsferne Gartenland" Kaufpreise in Abhängigkeit vom Bodenrichtwert der Landwirtschaft auf, die sich zwischen dem zwei- bis sechsfachen Bodenrichtwert bewegen. **370**

Abb. 44: Wohnungsfernes Gartenland

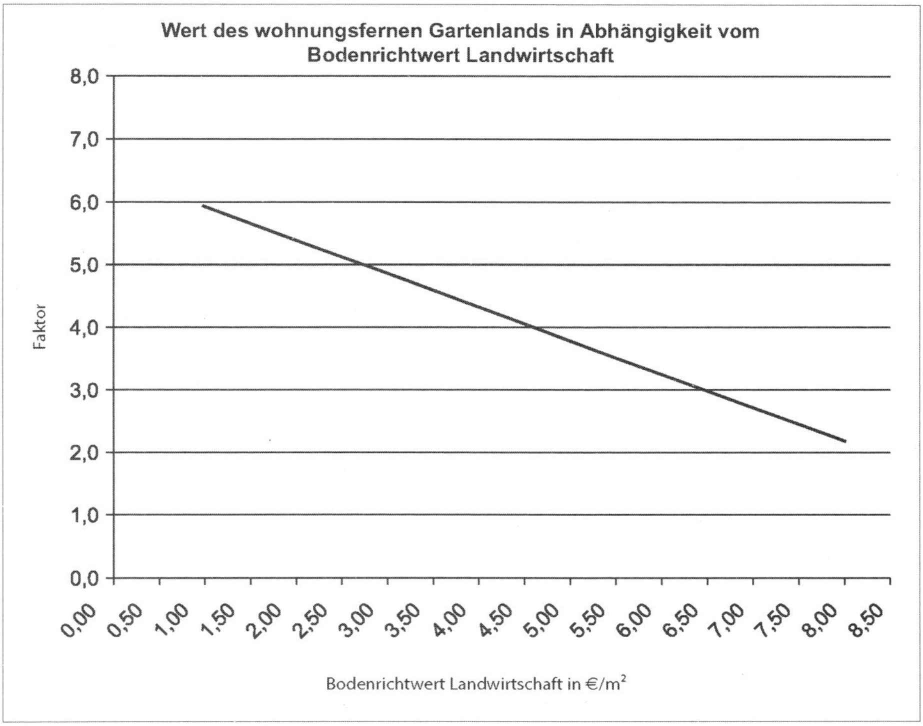

Quelle: Immobilienmarktbericht Südhessen 2019

Die Auswertungen der Kaufpreissammlung des Gutachterausschusses von *Gütersloh*[269] ergaben, dass für die im Außenbereich gelegenen Gartenflächen **durchschnittlich das Doppelte des jeweiligen Ackerlandpreises** in Ansatz gebracht werden kann. Andere Gutachterausschüsse registrieren absolute Kaufpreise (z.B. Gutachterausschuss des *Kreises Wesel: 5,00 bis 15,00 €/m² [2019])*. **371**
Für *Sachsen-Anhalt* wird im Grundstücksmarktbericht 2013 folgende Abhängigkeit festgestellt (Abb. 45):

268 Immobilienmarktbericht 2015 der Gutachterausschüsse für Grundstückswerte für den Bereich des Amtes für Bodenmanagement Heppenheim; vgl. GuG 2011, 296.
269 Grundstücksmarktbericht 2018.

Abb. 45: Gartenland in Abhängigkeit vom Bodenrichtwert des benachbarten Baulands (ebf) (2013)

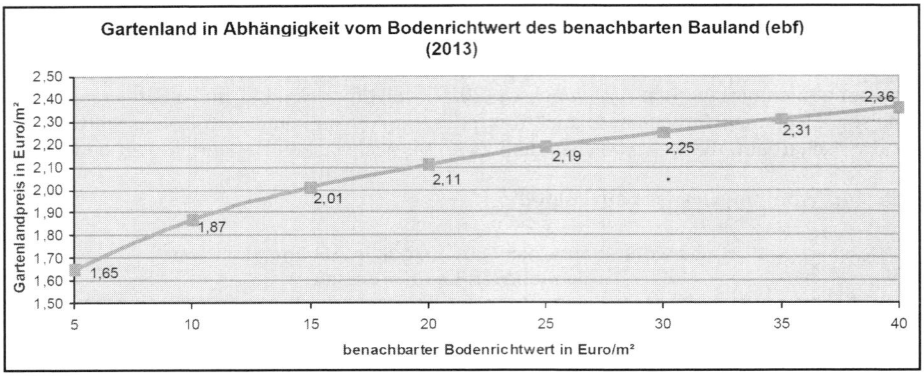

Quelle: Grundstücksmarktbericht 2013 Sachsen-Anhalt

9.3.4 Erwerbsgartenbau- und Erwerbsobstbauland

372 Erwerbsgartenbau- und Erwerbsobstbauland sind Bodenflächen, auf denen zum Zwecke des Erwerbs in begrenztem Umfang insbesondere Obst und Zierpflanzen gehalten werden; hierzu gehören auch **Gärtnereien und Baumschulen**.

373 Die gartenbauliche Nutzung wird vom Gutachterausschuss von *Kleve* nach folgenden Nutzungsarten unterschieden:

a) Bodenertragsnutzung, bei der Pflanzen in den Boden einwurzeln,

b) Standflächennutzungen für Pflanzen in Töpfen, Säcke usw.,

c) Standflächennutzungen auf Tischen und anderen Konstruktionen.

Die Durchschnittspreise für Flächen mit gartenbaulicher Nutzung haben sich insbesondere in den letzten Jahren deutlich erhöht (Abb. 46).

Abb. 46: Durchschnittswerte für Flächen mit gartenbaulicher Nutzung in Kleve

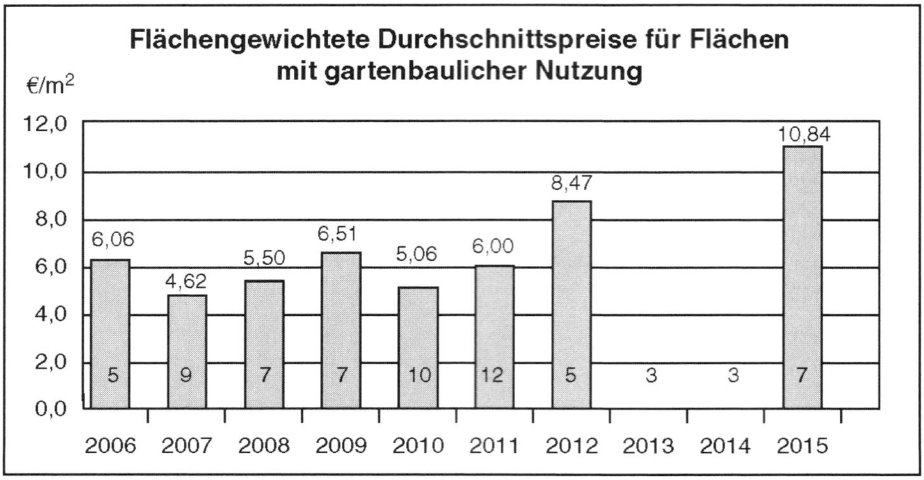

Quelle: Marktbericht des Gutachterausschusses in Kleve 2018

Vom Gutachterausschuss von *Moers* und des Kreises *Wesel* werden Flächen für den Erwerbsgarten- und Erwerbsobstbau im Jahre 2019 mit Kaufpreisen zwischen 5 bis 9 €/m² belegt. Der Gutachterausschuss von *Kleve* weist für gartenbaulich genutzte Flächen im gleichen Jahr einen Richtwertrahmen von 8,00 bis 15,00 €/m² aus (2021). 374

10 Abbauland

10.1 Allgemeines

10.1.1 10.1.1 Begriffe

Schrifttum: *Balloff, H.*, Besonderheiten der Wertermittlung für die Begründung schadensersatzrechtlicher Forderungen in Bergbaugebieten, GuG 1999, 44; *Drisch/Schürken*, Bewertung von Bergschäden und Setzungsrissen von Gebäuden, Hannover 1995; *Finke*, Bergschäden GuG 1999, 266; *Hoffmann, D.*, Wertermittlung von Abbauland, GuG 2004, 156; *Uherek, H.-W./Kölberl, D.*, Verkehrswert von Grundstücken über Kiesvorkommen in den neuen Bundesländern, Verlag Pflug und Feder, 1993.

▶ *Zur Bodenbeschaffenheit vgl. § 5 ImmoWertV Rn. 296 ff., 364 ff.; zur Teilmarktrechtsprechung Vorbem. zu ImmoWertV Rn. 58; § 8 ImmoWertV Rn. 33 ff.; § 40 ImmoWertV Rn. 4*

a) Abbauland

Abbauland sind unbebaute Flächen, die vorherrschend durch Abbau der Bodensubstanz genutzt werden. In der **steuerlichen Bewertung** werden als Abbauland Betriebsflächen definiert, die **durch Abbau von Bodensubstanz überwiegend für den Betrieb nutzbar gemacht** werden; das Gesetz nennt Sand-, Kies-, Lehmgruben, Steinbrüche, Torfstiche und dgl.; z.B. Grauwacke, Bims, Basalt und Ton (vgl. § 43 BewG und Rn. 7)[270]. In der steuerlichen Bewertung wird das Abbauland gesondert mit dem Einzelertragswert bewertet. Das Abbauland ist grundsätzlich den Flächen der Land- oder Forstwirtschaft zuzurechnen, soweit es land- oder forstwirtschaftlich nutzbar ist. Größere Betriebe werden allerdings in der steuerlichen Bewertung i.d.R. nicht dem land- oder forstwirtschaftlichen Vermögen zugerechnet[271]. 375

In diesem Zusammenhang sind noch die **land- und forstwirtschaftlichen Nebenbetriebe i.S. des § 42 BewG** hervorzuheben, die dem land- und forstwirtschaftlichen Hauptbetrieb zu dienen bestimmt sind und nicht einen selbstständigen Gewerbebetrieb darstellen. Bei solchen Betrieben handelt es sich aber meist um Gewerbebetriebe. Steuerlich wird im Wesentlichen zwischen zwei Arten von Nebenbetrieben unterschieden: 376

- den Be- oder Verarbeitungsbetrieben (z.B. Brennereien, Keltereien, Sägewerke) und
- den Substanzbetrieben (z.B. Sandgruben, Kiesgruben, Torfstiche u.ä.).

Da **Mineralienvorkommen im steuerlichen Sinne** nicht zum Grundstück gehören (§ 68 Abs. 2 BewG), muss hier eine Abgrenzung vorgenommen, d.h., es muss ein gesonderter Wert festgestellt werden (Wert des Mineraliengewinnungsrechts i.S. von § 100 BewG). Dieses Recht unterliegt der Gewerbesteuer und nicht der Grundsteuer. 377

Der Abbau erfolgt vom Grundstückseigentümer oder einem Pächter. Die notwendigen **Grundstücke** sind in solchen Fällen (meist langfristig) von Gemeinden und Privatpersonen 378

270 Vgl. ErbStGR 2011 R B 160.19: „Zum **Abbauland** gehören Sandgruben, Kiesgruben, Steinbrüche und dergleichen, wenn sie durch Abbau der Bodensubstanz überwiegend für den Betrieb der Land- und Forstwirtschaft nutzbar gemacht werden. Stillgelegte Kiesgruben und Steinbrüche eines Betriebs der Land- und Forstwirtschaft, die weder kulturfähig sind noch bei geordneter Wirtschaftsweise Ertrag abwerfen können, gehören zum Unland und nicht zum Abbauland."

271 Def. 17 des BodSchätzÜbernErl; RFH, Urt. vom 12.01.1939 – III 157/38 –, RStBl 1939, 605; RFH, Urt. vom 20.03.1931 – III A 386 –, RStBl 1932, 106; vgl. Erl. FM NW vom 06.01.1971 – S 3124 – 3 – VC 1.

(Landwirten) **gepachtet.** Notwendige Kiesförder- und Aufbereitungsanlagen sowie Fuhrwerks-, Waagen- und Wiegehäuser sind im Eigentum der Abbauunternehmer oder geleast. Zu würdigen sind demnach Wertermittlungsansätze sowohl aus Sicht der verpachtenden Grundstückseigentümer als auch der Abbauunternehmen[272].

b) Abgrabungsgrundstücke

379 Bei **Abgrabungsgrundstücken** handelt es sich regelmäßig um (ehemals) landwirtschaftliche Nutzflächen, **die der oberirdischen bzw. oberflächennahen Gewinnung von Bodenschätzen in Tagebauen dienen, soweit die Gewinnung nicht dem Bergrecht unterliegen und im BbergG geregelt ist**. Abgrabungsgrundstücke sind in regionalen Raumordnungsplänen als „Vorrangfläche für die Rohstoffgewinnung" bzw. in Flächennutzungsplänen der Gemeinden als Fläche für Abgrabungen oder für die Gewinnung von Bodenschätzen, z.B. Kiesabbau, dargestellt sind.

380 Bei Abgrabungsgrundstücken handelt es sich häufig um 100 000 bis 300 000 m² große Grundstücke, die an der Oberfläche im **Tagebauverfahren** (Trockenabbau, Abbau unter der Wasseroberfläche) abgegraben oder ausgebeutet werden. Vorwiegend kommen für die Gewinnung im Tagebau folgende Bodenschätze (Grundstoffe) in Betracht:

- Lehm, Ton, Sand[273], Quarzsand, Kies, Torf,
- Bims, Kalk, Gesteine, die in Brüchen abgebaut werden, Braunkohle.

381 Normalerweise erfolgt im Tagebau eine **Abgrabung bis zu einer Tiefe von 20 bis 40 m.** Es werden hauptsächlich Schaufelbagger, Schwimmbagger, Kräne, Brech- und Bohrmaschinen eingesetzt; hinzu kommt meist ein umfangreicher Fuhrpark, insbesondere von Schwer-Lkw und Spezialfahrzeugen. Bei großen Abbautiefen (möglich sind Tiefen bis zu 200 m, beispielsweise bei Quarzsandgruben) unterliegen diese Förderstätten der Aufsicht des zuständigen Bergamts. Hierfür ist eine Zulassung (Genehmigung) dieser Stelle u.a. für die Ausführung von Rahmenbetriebsplan (langfristige Abbauplanung) und Hauptbetriebsplan (mittelfristige Abbauplanung für fünf Jahre) erforderlich.

10.1.2 Abbau- bzw. Abgrabungsgenehmigung

382 Die **oberirdische Abgrabung bedarf der Genehmigung.** Die Abgrabungsgenehmigung ist zu erteilen, wenn

- ein vollständiger Abgrabungsplan vorliegt,
- die Ziele der Raumordnung und Landesplanung sowie die Belange der Bauleitplanung, des Naturhaushalts, der Landschaft und der Erholung beachtet sind und
- andere öffentliche Belange im Einzelfall nicht entgegenstehen.

383 Die Genehmigung berührt grundsätzlich nicht das Recht, dem Eigentümer bzw. dinglich Nutzungsberechtigten der Feldgrundstücke eine dem Gewinnungsberechtigten nachteilige Benutzung der Grundstücksoberfläche (z.B. Verlegung einer Leitung) zu verbieten[274].

384 **Andere öffentliche Belange** stehen einer Abgrabung insbesondere entgegen, wenn

a) das Ortsbild auf Dauer verunstaltet und

b) der Nachweis ausreichender Ab- und Zufahrtswege nicht erbracht wird.

Gegenstand der Genehmigung sind die Abgrabung und die Herrichtung (Rekultivierung) auf den konkret mit Gemarkung, Flurstück- bzw. Parzellennummer zu bezeichnenden Grundstücken.

272 Köhne, GuG 1993, 268 ff.
273 BGH, Urt. vom 25.11.1975 – III ZR 92/73 –, BRS Bd. 34 Nr. 188 = EzGuG 4.45.
274 BGH, Urt. vom 23.11.2000 – III ZR 342/99 –, BGHZ 146, 98 = EzGuG 4.178.

Belange des Naturhaushalts und der Landschaft sind i.d.R. beachtet, wenn durch die Nutzung und Herrichtung des Abbau- und Betriebsgeländes 385

a) der Naturhaushalt durch Eingriffe in die Tier- und Pflanzenwelt, die Grundwasserverhältnisse, das Klima und den Boden nicht nachhaltig geschädigt wird,

b) eine Verunstaltung des Landschaftsbildes auf Dauer vermieden wird,

c) Landschaftsteile von besonderem Wert nicht zerstört werden und

d) den Entwicklungszielen und besonderen Festsetzungen eines aufgrund des Landschaftsgesetzes erlassenen rechtsverbindlichen Landschaftsplanes nicht nachhaltig und erheblich zuwidergehandelt wird.

Ob die Abgrabung außerdem gemäß § 7 WHG der **wasserrechtlichen Erlaubnis** der zuständigen Unteren Wasserbehörde bedarf, ist mit dieser abzustimmen. In dieser Erlaubnis können zusätzliche Bedingungen und Auflagen festgesetzt werden. So kann beispielsweise das Ausbaggern eines Grundstücks bis in den Grundwasserbereich untersagt werden. 386

Die Behörden genehmigen die Abgrabung und die Rekultivierung im Allgemeinen für einen **Zeitraum von 10 bis 15 Jahren,** wobei für die Herrichtung meist ein Jahr angesetzt wird. I.d.R. geschieht dies unter Bedingungen (z.B. Sicherstellung der Rekultivierungsverpflichtung durch Bankbürgschaft; Absteckung und Markierung der Abgrabungsgrenzen durch einen öffentlich bestellten Vermessungsingenieur) und Auflagen (z.B. Schutzstreifen, Neigungsverhältnis der Böschungen, Vermeidung von unzumutbaren Belastungen durch die Wasch-, Sieb- und Silo-Anlagen, Schutz des Abgrabungsgrundstücks gegen das Einbringen von Industriemüll und grundwassergefährdenden Stoffen). Mit der Abgrabung darf vor Erfüllung der Bedingungen nicht begonnen werden. Die Bauerlaubnis für Gebäude, beispielsweise Büro-, Sozial-, Werkstatt-, Wiege- und Trafogebäude sowie Aufbereitungsanlagen auf dem Abgrabungsgrundstück muss gesondert eingeholt werden. 387

Die **Rechte aus der Abgrabungsgenehmigung erlöschen** schließlich, **wenn nicht innerhalb einer bestimmten Frist** (in Nordrhein-Westfalen z.B. drei Jahre) **mit der Abgrabung begonnen wird.** Die Frist kann auf Antrag des Unternehmers verlängert werden. 388

Im städtischen Nahbereich werden Genehmigungen zur **Abgrabung von Grundstoffvorkommen** inzwischen nur noch sehr zögernd erteilt. Abbaugrundstoffe in **Stadtnähe** verfügen jedoch über günstigere Absatzchancen, weil die Entfernung der Förderstätten von den Verwertungsstellen (Baustellen) kostenmäßig eine große Rolle spielt. Andererseits erweisen sich die in Stadtnähe notwendigen Umweltschutzerfordernisse als kostenaufwendiger als in ländlichen Gebieten. Abgrabungsflächen in Stadtnähe werden nach Beendigung der Förderung häufig von Zweckverbänden zur Anlage von Erholungszentren übernommen. 389

10.1.3 Rechtsgrundlage

Die *oberirdische* **Gewinnung von Bodenschätzen** (Abgrabung) ist im Bundesberggesetz (BBergG) und in den Abgrabungsgesetzen der Länder geregelt (z.B. Gesetz zur Ordnung von Abgrabungen – Abgrabungsgesetz – in Nordrhein-Westfalen), soweit sie in der Verfügungsgewalt des Grundeigentümers steht. Bodenschätze sind insbesondere Kies, Sand, Ton, Lehm, Dolomit, sonstige Gesteine, Moorschlamm und Torf. Davon zu unterscheiden sind die zumeist *unterirdischen* Abgrabungen, die der Aufsicht der Bergbehörde unterliegen. 390

In einigen Ländern gelten für die **Genehmigung** spezielle Gesetze, so z.B. in 391

- *Bayern:* Abgrabungsgesetz vom 27.12.1999 (GVBl 1999, 532), zuletzt geändert durch Gesetz vom 23.12.2020 (GVBl. 2020, 663).
- *Rheinland-Pfalz:* Landesgesetz über den Abbau und die Verwertung von Bimsvorkommen (Bimsgesetz) vom 21.07.1952 (GVBl. 1952, 117), zuletzt geändert durch Gesetz vom 11.11.2020 (GVBl. 2020, 451).

- *Niedersachsen:* Nds. Ausführungsgesetz zum Bundesnaturschutzgesetz vom 19.02.2010 (GVBl. 2010, 104), zuletzt geändert durch Gesetz vom 11.11.2020 (GVBl. 2020, 451).
- *Nordrhein-Westfalen:* Gesetz zur Ordnung von Abgrabungen (Abgrabungsgesetz – AbgrabG) i.d.F. der Bekanntmachung vom 23.11.1979 (GVBl. 1979, 922), zuletzt geändert durch Gesetz vom 26.03.2019 (GVBl. 2019, 193).

392 Nach dem Landesplanungsgesetz Nordrhein-Westfalen ist im **Braunkohlenplanverfahren** ein besonderes Verfahren von dem dafür eingesetzten Braunkohlenausschuss (BKA) durchzuführen. Die von ihm aufzustellenden Braunkohlenpläne legen auf der Grundlage des Landesentwicklungsprogramms und von Landesentwicklungsplänen sowie in Abstimmung mit den Gebietsentwicklungsplänen im Braunkohlenplangebiet die Ziele der Raumordnung und Landesplanung fest. Dabei ist zwischen Braunkohlenplänen zu unterscheiden, die

- ein Abbauvorhaben,
- die Darstellung von Umsiedlungsorten

zum Gegenstand haben.

393 Nach dem BBergG hat ein Umsiedler Anspruch auf Entschädigung des Verkehrswerts und der Folgekosten, wobei Einflüsse aus dem bevorstehenden Braunkohletagebau unberücksichtigt bleiben. In der **Entschädigungspraxis** (z.B. der RWE Power) kommt dabei eine Reihe von Besonderheiten zur Anwendung:

- Entschädigung der Differenz zwischen Verkehrswert und festgestelltem Sachwert (Marktanpassung),
- Nichtabschreibung der Baunebenkosten sowie
- Entschädigung des Aufwuchses ausgerichtet auf eine Neuanlage des alten Gartens in handelsüblicher Ausführung, ggf. unter Anrechnung der Aufwuchsentschädigung.

394 Die Gesetze stellen an die Betreiber von Abbauunternehmen **Rekultivierungsanforderungen.** Es wird auf die **Beseitigung der infolge der Abgrabungen verursachten Landschaftsschäden** durch eine sinnvolle Herrichtung des ausgebeuteten Geländes auf Kosten des Abbauunternehmens besonderer Wert gelegt. Hierzu werden Sicherheitsleistungen (Bargeld oder selbstschuldnerische unbefristete Bankbürgschaften) verlangt[275].

395 In den anderen Bundesländern finden sich zumeist in der **Bauordnung** besondere Vorschriften, die wie § 1 und § 2 AbgrabG NW den Unternehmer und subsidiär den Eigentümer zur Herrichtung des Geländes während und nach Abschluss der Abgrabungen verpflichten. Die **Rekultivierung von ausgebeuteten Kies- und Sandgruben** ist i.d.R. in den landesrechtlichen Naturschutzgesetzen geregelt.

396 Zuständig für die Genehmigung der Abgrabung sind die in den Vorschriften für die einzelnen Bundesländer genannten Behörden[276].

10.2 Grundeigene und bergfreie Bodenschätze

10.2.1 Allgemeines

▶ *Vgl. Teil V Rn. 225 ff.*

397 Nach § 905 Abs. 1 BGB gehört zum Eigentum grundsätzlich die Erdoberfläche einschließlich des unter ihr befindlichen Erdkörpers. Das Eigentum umfasst damit grundsätzlich auch das Recht zur Gewinnung von Bodenschätzen[277]. Eine Ausnahme hiervon stellen jedoch seit al-

275 Vgl. hierzu z.B. § 10 AbgG NW.
276 In Nordrhein-Westfalen ist dies z.B. der Regierungspräsident.
277 BGH, Urt. vom 26.01.1984 – III ZR 216/82 –, BGHZ 90, 17 = EzGuG 6.223.

ters[28] die dem Bergregal unterliegenden Bodenbestandteile dar, die nach der Terminologie des Bundesberggesetzes (z.B. § 3 Abs. 2 Satz 2, Abs. 3 BBergG) bergfreien Bodenschätze. Das Gewinnungsrecht an diesen Vorkommen ist nicht Bestandteil des Grundeigentums[278], sondern wird erst durch die bergrechtliche Bewilligung oder Verleihung begründet. Wird das Gewinnungsrecht beeinträchtigt, so kann deshalb keine Entschädigung beansprucht werden (§ 124 Abs. 1 BBergG).

Das bergrechtliche Gewinnungsrecht ist in seiner stärksten Form das **Bergwerkseigentum** **398** nach § 9 Abs. 1 BBergG. Bergwerkseigentum ist das ausschließliche Recht, nach den Vorschriften des BBergG

1. in einem bestimmten Feld (Bewilligungsfeld) die in der Bewilligung bezeichneten Bodenschätze aufzusuchen, zu gewinnen und andere Bodenschätze mitzugewinnen sowie das Eigentum an den Bodenschätzen zu erwerben,
2. die bei Anlegung von Hilfsbauen zu lösenden oder freizusetzenden Bodenschätze zu gewinnen und das Eigentum daran zu erwerben,
3. die erforderlichen Einrichtungen i.S. des § 2 Abs. 1 Nr. 3 BbergG zu errichten und zu betreiben,
4. Grundabtretung zu verlangen.

(vgl. § 8 Abs. 1 Nr. 1 bis 4 BBergG).

Bei der **Verkehrswertermittlung von Grundstücken mit Bodenschätzen** ist entsprechend **399** dem BBergG zwischen

- bergfreien Bodenschätzen (§ 3 Abs. 3 BBergG) und
- grundeigenen Bodenschätzen (§ 3 Abs. 4 BBergG)

zu unterscheiden.

Grundeigene Bodenschätze stehen nach § 3 Abs. 2 Satz 1 BBergG im **Eigentum des** **400** **Grundeigentümers**[279].

Bergfreie Bodenschätze unterliegen dem Bergregal und sind nicht Bestandteil des **401** **Grundeigentums**[280]. Nach § 3 Abs. 2 Satz 2 BBergG erstreckt sich das Grundeigentum nicht auf die bergfreien Bodenschätze. Welche bergfreien Bodenschätze hierunter fallen, ergibt sich abschließend aus § 3 Abs. 3 BBergG. Die Aufsuchung von bergfreien Bodenschätzen setzt nach den §§ 3 ff. BBergG eine Erlaubnis voraus. Die Förderung bedarf zudem der Bewilligung oder des Bergwerkeigentums (Bergrecht). Es verleiht dem Bergbauberechtigten nicht das Eigentum am Grundstück, sondern ein eigentumsähnliches Aneignungsrecht im Umfang der Bewilligung und Verleihung unter Ausschluss des Grundeigentümers. Das Bergrecht geht also von dem Grundsatz aus, dass sich das Grundeigentum nicht auf die bergfreien Bodenschätze erstreckt und jeder, der solche Bergschätze aufsuchen will, einer Erlaubnis bedarf[281]. Bergrechtliche Duldungspflichten des Eigentümers können enteignenden Charakter haben[282].

Die **Zuordnung von grundeigenen und bergfreien Bodenschätzen** ergibt sich aus **§ 3** **402** **Abs. 3 und § 4 BBergG**.

„**§ 3 BBergG** Bergfreie und grundeigene Bodenschätze

(1) Bodenschätze sind mit Ausnahme von Wasser alle mineralischen Rohstoffe in festem oder flüssigem Zustand und Gase, die in natürlichen Ablagerungen oder Ansammlungen (Lagerstätten) in oder auf der Erde, auf dem Meeresgrund, im Meeresuntergrund oder im Meerwasser vorkommen.

---

278 BVerfG, Urt. vom 24.09.1997 – 1 BvR 647/91 –, GuG 1998, 184 = EzGuG 4.169b.
279 BGH, Urt. vom 14.04.2011 – III ZR 229/09 –, BGHZ 189, 218 = EzGuG 6.300.
280 BGH, Urt. vom 14.04.2011 – III ZR 30/10 –, BGHZ 189, 231 = EzGuG 4.202b.
281 § 97 EGBGB.
282 Hoppe-Beckmann, DÖV 1988, 893; Leisner, DVBl 1988, 555; Lange, DÖV 1988, 85.

(2) **Grundeigene Bodenschätze** stehen im Eigentum des Grundeigentümers. Auf bergfreie Bodenschätze erstreckt sich das Eigentum an einem Grundstück nicht.

(3) **Bergfreie Bodenschätze** sind, soweit sich aus aufrechterhaltenen alten Rechten (§§ 149 bis 159) oder aus Absatz 4 nichts anderes ergibt:

Actinium und die Actiniden, Aluminium, Antimon, Arsen, Beryllium, Blei, Bor, Caesium, Chrom, Eisen, Francium, Gallium, Germanium, Gold, Hafnium, Indium, Iridium, Kadmium, Kobalt, Kupfer, Lanthan und die Lanthaniden, Mangan, Molybdän, Nickel, Niob, Osmium, Palladium, Phosphor, Platin, Polonium, Quecksilber, Radium, Rhenium, Rhodium. Rubidium, Ruthenium, Scandium, Schwefel, Selen, Silber, Strontium, Tantal, Tellur, Thallium, Titan, Vanadium, Wismut, Wolfram, Yttrium, Zink, Zinn, Zirkonium – gediegen und als Erze außer in Raseneisen, Alaun und Vitriolerzen –; Lithium; Kohlenwasserstoffe nebst den bei ihrer Gewinnung anfallenden Gasen;

Stein- und Braunkohle nebst den im Zusammenhang mit ihrer Gewinnung auftretenden Gasen; Graphit; Stein-, Kali-, Magnesia- und Borsalze nebst den mit diesen Salzen in der gleichen Lagerstätte auftretenden Salzen; Sole; Flussspat und Schwerspat.

Als **bergfreie Bodenschätze** gelten:

1. alle Bodenschätze im Bereich des Festlandsockels und,
2. soweit sich aus aufrechterhaltenen alten Rechten (§§ 149 bis 159) nichts anderes ergibt,
   a) alle Bodenschätze im Bereich der Küstengewässer sowie
   b) Erdwärme und die im Zusammenhang mit ihrer Gewinnung auftretenden anderen Energien (Erdwärme).

(4) **Grundeigene Bodenschätze** im Sinne dieses Gesetzes sind nur, soweit sich aus aufrechterhaltenen alten Rechten (§§ 149 bis 159) nichts anderes ergibt:

1. Basaltlava mit Ausnahme des Säulenbasaltes; Bauxit; Bentonit und andere montmorillonitreiche Tone; Dachschiefer; Feldspat; Kaolin; Pegmatitsand; Glimmer; Kieselgur; Quarz und Quarzit, soweit sie sich zur Herstellung von feuerfesten Erzeugnissen oder Ferrosilizium eignen; Speckstein, Talkum; Ton, soweit er sich zur Herstellung von feuerfesten, säurefesten oder nicht als Ziegeleierzeugnisse anzusehenden keramischen Erzeugnissen oder zur Herstellung von Aluminium eignet; Trass;
2. alle anderen nicht unter Absatz 3 oder Nummer 1 fallenden Bodenschätze; soweit sie untertägig aufgesucht oder gewonnen werden.“

403 Während die grundeigenen Bodenschätze im Eigentum des Grundeigentümers stehen[283], sind die bergfreien Bodenschätze nicht Bestandteil des Eigentums. **Der Abbau grundeigener Bodenschätze bedarf der Genehmigung** (Erlaubnis, Bewilligung) nach verschiedenen bundes- und landesrechtlichen Vorschriften. Sie kann versagt werden, wenn dem das Wohl der Allgemeinheit entgegensteht.

404 **Steuerrechtlich** stellen Bodenschätze so lange ein vom Grund und Boden getrenntes Wirtschaftsgut nicht dar, wie

a) eine zum Abbau erforderliche behördliche Genehmigung nicht erteilt wird oder

b) die Ausweisungen im Flächennutzungs- bzw. Bebauungsplan einen Abbau nicht möglich machen[284].

---

283 In den Ländergesetzen (vgl. das nordrh.-westf. Abgrabungsgesetz vom 21.11.1972) sind die Gewinnung der Bodenschätze, die Oberflächengestaltung und die Rekultivierung der Grundstücke geregelt; daneben sind das Wasserrecht, das Naturschutz- und Landschaftsschutzpflegegesetz sowie das Raumordnungs- und Landesplanungsrecht zu nennen (vgl. Dingethal/Jürging/Kaule/Weinzierl, Kiesgrube und Landschaft, 2. Aufl. Hamburg, Berlin 1985); zur ertragssteuerlichen Behandlung vgl. Schreiben des BMF vom 09.08.1993 – IV B 2 S 2134 – 208/93.

284 BFH, Urt. vom 29.10.1993 – III R 36/93 –, BFH/NV 1994, 473 = EzGuG 4.154b.

10.2.2 Besonderheiten in den neuen Bundesländern

10.2.2.1 Rechtsentwicklung

▶ *Vgl. Teil III § 194 BauGB Rn. 134*

In den Ländern *Brandenburg, Sachsen, Sachsen-Anhalt, Thüringen* sowie im *Ostteil Berlins* gilt mit bestimmten Maßgaben[285] das Berggesetz der DDR[286] fort. Das Bundesberggesetz[287] ist dort gleichzeitig mit Maßgaben in Kraft getreten. Dieses bestimmt zur **Einordnung von Bodenschätzen in bergfreie und grundeigene Bodenschätze** Folgendes: 405

„Mineralische Rohstoffe im Sinne des § 3 des Berggesetzes der Deutschen Demokratischen Republik vom 12. Mai 1969 (GBl. I Nr. 5 S. 29) und der zu dessen Durchführung erlassenen Vorschriften sind bergfreie Bodenschätze im Sinne des § 3 Abs. 3. Geologische Formationen und Gesteine der Erdkruste, die sich zur unterirdischen behälterlosen Speicherung eignen, gelten als bergfreie Bodenschätze im Sinne des § 3 Abs. 3. Die anderen mineralischen Rohstoffe im Sinne des § 2 des Berggesetzes der Deutschen Demokratischen Republik sind grundeigene Bodenschätze im Sinne des § 3 Abs. 4."

Die genannten **Vorschriften des Berggesetzes der DDR** haben folgende Fassung: 406

„§ 2 BergG der DDR

(1) Mineralische Rohstoffe im Sinne dieses Gesetzes sind die festen, flüssigen und gasförmigen natürlichen Bestandteile der Erdkruste sowie die Bestandteile von Halden und Rückständen der Aufbereitung, soweit die Bestandteile gegenwärtig oder in Zukunft volkswirtschaftlich genutzt werden können. Ausgenommen ist der Boden als die belebte Verwitterungsrinde der Erdkruste.

(2) Lagerstätten sind räumlich begrenzte Abschnitte der Erdkruste, in denen natürliche Konzentrationen von mineralischen Rohstoffen (Lagerstättenvorräte) enthalten sind. Halden und Rückstände der Aufbereitung, die mineralische Rohstoffe enthalten, sind wie Lagerstätten zu behandeln.

§ 3 BergG der DDR

Mineralische Rohstoffe, deren Nutzung von volkswirtschaftlicher Bedeutung ist, sind Bodenschätze und – unabhängig vom Grundeigentum – Volkseigentum."

Das Gesetz gibt **keine klare Aufteilung der Bodenschätze** in 407

– „volkseigene" bergfreie mineralische Rohstoffe und
– „sonstige" (grundeigene) mineralische Rohstoffe;

es fehlt eine eindeutige enumerative Aufzählung[288].

Erst mit der Anl. zur Verordnung über die Verleihung von Bergwerkseigentum[289] ist eine eindeutige **Bestimmung der bergfreien Bodenschätze** für die jungen Bundesländer vorgenommen worden, die weit über das hinausgeht, was als bergfreier Bodenschatz nach dem BBergG gilt. Danach gelten u. a. Minerale und Gesteine, aus denen chemische Erzeugnisse oder ihre Verbindungen gewonnen werden können (Erze, Salze, Spate), als bergfrei[290]. 408

Nach den genannten Vorschriften des Einigungsvertrages galten in den neuen Bundesländern sowie im Ostteil Berlins die in § 2 Abs. 1 des BergG der DDR definierten mineralischen Rohstoffe, die nach § 3 dieses Gesetzes im Volkseigentum standen, als bergfreie Bodenschätze i.S. 409

285 Anl. II Kap. V Sachgeb. D Abschn. III Nr. 1b) des Einigungsvertrags (BGBl. II 1990, 1202); vgl. Boldt/Weller, BBergG, de Gruyter, Berlin 1992, S. 209 ff.

286 Berggesetz der DDR vom 12.05.1969 (GBl. DDR 1969, 29).

287 BBergG vom 23.08.1980 (BGBl. 1980, 1310), zuletzt geändert durch Gesetz vom 12.02.1990 (BGBl. I 1990, 215); vgl. Anl. I Kap. V Sachgeb. D Abschn. III Nr. I des Einigungsvertrages (BGBl. II 1990, 1003 ff.).

288 Auch in der hierzu erlassenen Dritten DVO zum BergG vom 12.08.1976 (GBl. DDR I 1976, 403) findet die Frage keine eindeutige Beantwortung. So wird dort im § 1 bei Mineralien und Gesteinen zwischen „hochwertigen" und sonstigen unterschieden, wobei „Hochwertigkeit" zugleich „Volkseigentum" bedeutete.

289 Verordnung über die Verleihung von Bergwerkseigentum vom 15.08.1990 (GBl. DDR I 1990, 1071).

290 Boldt/Weller a.a.O., S. 214 ff.; die gegen die Regelung des Einigungsvertrags eingebrachte Klage wurde vom BVerfG mit dem Beschl. vom 24.06.1992 – 1 BvR 1028/91 –, BVerfGE 86, 382 = EzGuG 14.114, abgewiesen; es wurde auf den Instanzenweg verwiesen; des Weiteren BGH; Urt. vom 17.05.2001 – III ZR 249/00 –, NJW 2001, 3049 = GuG – aktuell 2001, 47 = EzGuG 4.182.

des § 3 Abs. 3 BBergG. Das Gleiche galt für geologische Formationen und Gesteine der Erdkruste, die sich zur unterirdischen behälterlosen Speicherung eignen[291]. Die anderen mineralischen Rohstoffe i.S. des § 2 des BergG der DDR sind dagegen grundeigene Bodenschätze i.S. des § 3 Abs. 4 BBergG und standen im Eigentum des Grundeigentümers.

410 Des Weiteren blieben nach dem Einigungsvertrag **Untersuchungs-, Gewinnungs- und Speicherrechte des Staates** i.S. des § 5 Abs. 2 bis 4 des BergG der DDR, die Dritten zur Ausübung übertragen worden sind (sog. alte Rechte), bestehen. Dagegen erlosch das Untersuchungs-, Gewinnungs- und Speicherrecht des Staates i.S. des § 5 des BergG der DDR, soweit sich daraus nichts anderes ergibt.

411 Die genannte Bestimmung hat folgende Fassung:

„**§ 5 BergG der DDR**

(1) Das Recht zu Untersuchungsarbeiten (Untersuchungsrecht), zu Gewinnungsarbeiten (Gewinnungsrecht) und zur unterirdischen Speicherung (Speicherrecht) steht dem Staat zu.

(2) Das Untersuchungs-, Gewinnungs- und Speicherrecht wird grundsätzlich durch staatliche Organe oder volkseigene Betriebe ausgeübt. Untersuchungs- und Gewinnungsarbeiten sowie die unterirdische Speicherung dürfen nur im Rahmen der betrieblichen Pläne auf der Grundlage der staatlichen Plankennziffern durchgeführt werden. Vor Aufnahme der Untersuchungsarbeiten hat das staatliche Organ oder der ausübende volkseigene Betrieb die Abstimmung mit dem Rat des Bezirkes herbeizuführen.

(3) Die staatlichen Organe können das Gewinnungsrecht genossenschaftlichen oder anderen sozialistischen Einrichtungen übertragen.

(4) Das Gewinnungsrecht an mineralischen Rohstoffen, die nicht unter § 3 fallen, kann durch die staatlichen Organe auch an Betriebe mit staatlicher Beteiligung sowie an private Industrie- und Handwerksbetriebe übertragen werden.“

412 Des Weiteren sieht der Einigungsvertrag für die neuen Bundesländer sowie den Ostteil Berlins folgende **Sonderregelungen über die Untersuchungs-, Gewinnungs- und Speicherrechte** vor:

„c) **Untersuchungsrechte** erlöschen zwölf Monate nach dem Tage des Wirksamwerdens des Beitritts. § 14 Abs. 1 ist für die Erteilung einer Erlaubnis und insoweit mit der Maßgabe entsprechend anzuwenden, dass an die Stelle des Inhabers einer Erlaubnis der durch ein Lagerstätteninteressengebiet Begünstigte tritt, das auf der Grundlage der Lagerstättenwirtschaftsanordnung vom 15. März 1971 (GBl. II Nr. 34 S. 279) festgelegt worden ist.

d) (1) **Gewinnungsrechte** an mineralischen Rohstoffen im Sinne des § 3 des Berggesetzes der Deutschen Demokratischen Republik kann der zur Ausübung Berechtigte innerhalb einer Frist von sechs Monaten nach dem Tage des Wirksamwerdens des Beitritts bei der für die Zulassung von Betriebsplänen zuständigen Behörde zur Bestätigung anmelden.

(2) Die **Bestätigung** ist zu erteilen, wenn

1. das Gewinnungsrecht
   - 1.1 dem Antragsteller am 31. Dezember 1989 zur Ausübung nach § 5 des Berggesetzes der Deutschen Demokratischen Republik wirksam übertragen war oder
   - 1.2 dem Antragsteller nach dem 31. Dezember 1989
     - auf Grund der Vierten Durchführungsbestimmung zur Verordnung über die Gründung und Tätigkeit von Unternehmen mit ausländischer Beteiligung in der Deutschen Demokratischen Republik – Berechtigung zur Gewinnung mineralischer Rohstoffe – vom 14. März 1990 (GBl. I Nr. 21 S. 189),
     - auf Grund der Verordnung über die Verleihung von Bergwerkseigentum vom 15. August 1990 (GBl. I Nr. 53 S. 1071) als Bergwerkseigentum oder
     - sonst von der zuständigen Behörde übertragen wurde und
   - 1.3 bis zum Tage des Wirksamwerdens des Beitritts nicht aufgehoben worden ist und
2. der Antragsteller das Vorliegen der Voraussetzungen nach Nummer 1, sowie den Umfang der auf Grund der Vorratsklassifikationsanordnung vom 28. August 1979 (Sonderdruck Nr. 1019 des Gesetzblattes), bei

291 BezG Schwerin, Urt. vom 24.04.1991 – S 10/91 –, VIZ 1991, 68 = EzGuG 4.143.

radioaktiven Bodenschätzen auf Grund einer entsprechenden methodischen Festlegung, bestätigten und prognostizierten Vorräte sowie

2.1 in den Fällen der Nummer 1.2. erster und dritter Anstrich das Vorliegen einer Bescheinigung der Staatlichen Vorratskommission über die ordnungsgemäße Übertragung des Gewinnungsrechts,

2.2 in den Fällen der Nummer 1.2. zweiter Anstrich die Eintragung des Bergwerkseigentums in das Bergwerksregister

mit den für die Bestätigung erforderlichen Unterlagen nachweist.

(3) Das **Gewinnungsrecht** ist im beantragten Umfang, höchstens im Umfang der bestätigten und prognostizierten Vorräte sowie

1. in den Fällen des Absatzes 2 Nr. 1.1. und 1.2. erster und dritter Anstrich für eine zur Durchführung der Gewinnung der Vorräte angemessene Frist, die 30 Jahre nicht überschreiten darf,
2. in den Fällen des Absatzes Nr. 1.2. zweiter Anstrich unbefristet

in einer Form zu bestätigen, die den sich aus § 8 oder § 151 in Verbindung mit § 4 Abs. 7 ergebenden Anforderungen entspricht.

(4) Ein **bestätigtes Gewinnungsrecht** gilt für die Bodenschätze, die Zeit und den Bereich, für die es bestätigt wird, 1. in den Fällen des Absatzes 2 Nr. 1.1. und 1.2. erster und dritter Anstrich als Bewilligung im Sinne des § 8,2. im Falle des Absatzes 2 Nr. 1.2. zweiter Anstrich als Bergwerkseigentum im Sinne des § 151.

(5) Die §§ 75 und 76 gelten für bestätigte alte Rechte sinngemäß.

(6) Nicht oder nicht fristgemäß angemeldete Rechte erlöschen mit Fristablauf, Rechte, denen die Bestätigung versagt wird, erlöschen mit dem Eintritt der Unanfechtbarkeit der Versagung.

(7) **Bergrechtliche Pflichten** aus einem bis zum Tage des Wirksamwerdens des Beitritts ausgeübten Gewinnungsrecht bleiben von einer das bisherige Gewinnungsrecht nicht voll umfassenden Bestätigung unberührt. Ist die Rechtsnachfolge in bergrechtlichen Pflichten strittig, stellt die für die Bestätigung zuständige Behörde die Verantwortung fest. Die Rechtsnachfolger sind verpflichtet, die dazu erforderlichen Auskünfte zu erteilen.

e) Für **Gewinnungsrechte** an anderen mineralischen Rohstoffen gilt Buchstabe d) entsprechend mit folgenden Maßgaben:

aa) Der Antragsteller muss zusätzlich nachweisen, dass er sich mit dem Grundeigentümer über eine angemessene Entschädigung für die Gewinnung der Bodenschätze ab dem Tage des Wirksamwerdens des Beitritts geeinigt hat. Ist eine Einigung trotz ernsthafter Bemühungen nicht zustande gekommen, kann der Antragsteller bei der für die Bestätigung zuständigen Behörde eine Entscheidung über die Entschädigung beantragen. Die Behörde entscheidet nach Anhörung des Grundeigentümers in entsprechender Anwendung der §§ 84 bis 90.

bb) Die Bestätigung setzt die Einigung oder die Unanfechtbarkeit der Entscheidung über die Entschädigung voraus.

cc) Die Übertragung der Bewilligung (§ 22) bedarf der Zustimmung des Grundeigentümers. Eine Verleihung von Bergwerkseigentum ist ausgeschlossen. § 31 findet keine Anwendung.

f) Für **Speicherrechte** gilt Buchstabe d) entsprechend mit der Maßgabe, dass an die Stelle der Gewinnung das Errichten und Betreiben eines Untertagespeichers und an die Stelle der bestätigten und prognostizierten Vorräte die vom Antragsteller nachzuweisende voraussichtlich größte Ausdehnung der in Anspruch genommenen geologischen Speicherformation oder des Kavernenfeldes treten. Auf Untersuchungen des Untergrundes und auf Untergrundspeicher findet § 126 mit der Maßgabe Anwendung, dass auch die Vorschriften der §§ 107 bis 125 entsprechende Anwendung finden."

Festgesetzte Bergbauschutzgebiete i.S. des § 11 BergG der DDR, bei denen nach Feststellung der für die Zulassung von Betriebsplänen zuständigen Behörde innerhalb der nächsten 15 Jahre eine bergbauliche Inanspruchnahme von Grundstücken zu erwarten ist, gelten nach dem Einigungsvertrag für den Bereich des Feldes, für das das Gewinnungsrecht bestätigt worden ist, als Baubeschränkungsgebiete nach §§ 107 bis 109 mit der Maßgabe, dass § 107 Abs. 4 unabhängig von den Voraussetzungen für die Festsetzung der Bergbauschutzgebiete gilt, aber erstmalig ab 1. Januar 1995 anzuwenden ist, es sei denn, dass der durch die Baubeschränkung begünstigte Unternehmer eine frühere Aufhebung beantragt. Im Übrigen gelten Bergbauschutzgebiete mit dem Tage des Wirksamwerdens des Beitritts als aufgehoben. Das Register 413 der nach Satz 1 als Baubeschränkungsgebiete geltenden Bergbauschutzgebiete gilt als archivmäßige Sicherung nach § 107 Abs. 2 BergG.

414 Der genannte **§ 11 des BergG der DDR** hat folgende Fassung:

„**§ 11 BergG der DDR**

(1) Zur Einordnung des Abbaus von mineralischen Rohstoffen in die gesellschaftliche und volkswirtschaftliche Entwicklung des Territoriums, zur langfristigen Koordinierung des Abbaus von mineralischen Rohstoffen in den betreffenden Bereichen sowie zur Abwendung gesellschaftlicher Nachteile, die sich durch gegenwärtige oder künftige bergbauliche Einwirkungen ergeben können, sind Bergbauschutzgebiete festzusetzen.

(2) Ein Bergbauschutzgebiet ist auch dann festzusetzen, wenn durch die unterirdische Speicherung keine Einwirkungen auf die Tagesoberfläche zu erwarten sind, jedoch der Schutz der speicherfähigen Gesteine vor Beeinträchtigung notwendig ist.

(3) Zur Abstimmung der für den Abbau von mineralischen Rohstoffen erforderlichen Maßnahmen mit den volkswirtschaftlichen und territorialen Erfordernissen in den Bereichen sind die Betriebe oder die ihnen übergeordneten wirtschaftsleitenden Organe verpflichtet, Bergbauschutzgebiete bei den Räten der Bezirke zu beantragen.

(4) Die Bezirkstage entscheiden über den Antrag und setzen die Bergbauschutzgebiete fest. Bergbauschutzgebiete von überbezirklicher Bedeutung werden durch den Ministerrat festgesetzt.

(5) Die Absätze 1 bis 4 gelten nicht für Lagerstätten medizinisch nutzbarer mineralischer Rohstoffe. Für diese Lagerstätten gelten die hierfür erlassenen Bestimmungen."

415 Die genannten **Sonderregelungen stehen unter** dem **Vorbehalt** der Ermächtigung des Bundesministeriums für Wirtschaft, durch Rechtsverordnung mit Zustimmung des Bundesrates Vorschriften zu erlassen über

a) eine andere Zuordnung der in Buchstabe a) erfassten mineralischen Rohstoffe, soweit dies die im Verhältnis zu § 3 Abs. 3 und 4 geltenden anderen oder unbestimmten Kriterien erfordern,

b) eine Verlängerung der in diesem Gesetz geforderten Fristen um höchstens sechs Monate, soweit das mit Rücksicht auf die erforderliche Anpassung geboten ist,

c) nähere Einzelheiten zur Aufrechterhaltung und Bestätigung alter Rechte i.S. des Buchstaben b) sowie für die nach Buchstabe b) als Baubeschränkungsgebiete geltenden Bergbauschutzgebiete und zu deren Aufhebung.

416 Bezüglich der Verfassungsmäßigkeit der Zuordnung von Bodenvorkommen in den neuen Bundesländern stand lange Zeit eine grundsätzliche Klärung noch aus. Das **BVerfG hat in** seinem **Beschl. vom 24.06.1992** eine Klage gegen die Bestimmungen des Einigungsvertrags hinsichtlich der Abgrabung von Bodenvorkommen mit Hinweis auf den Instanzenweg abgewiesen[292]. Mit Beschl. vom 24.09.1997 hat das BVerfG die Regelung des Einigungsvertrags, nach der Kiese und Kiessande im Beitrittsgebiet vom Grundeigentum abgespaltene bergfreie Bodenschätze sind, als verfassungskonform erkannt[293].

10.2.2.2 Bergrechtsvereinheitlichung

417 Mit dem Gesetz zur Vereinheitlichung der Rechtsverhältnisse bei Bodenschätzen, das am 23.4.1996 in Kraft getreten ist, wurde die **Fortgeltung des Berggesetzes der DDR nach den im Einigungsvertrag vorgegebenen Maßgaben aufgehoben,** jedoch bleiben bestehende Bergbauberechtigungen (Erlaubnis, Bewilligung, Bergwerkseigentum) auf Bodenschätze, die nicht in § 3 Abs. 3 BBergG (vgl. Rn. 324) aufgeführt sind, unberührt. Entsprechendes gilt für fristgemäß zur Bestätigung angemeldete Gewinnungs- und Speicherrechte, über deren Bestätigung noch nicht unanfechtbar entschieden worden ist.

418 Mit Verkündung des Gesetzes finden die Bestimmungen des § 3 BBergG über die Zuordnung von bergfreien und grundeigenen Bodenschätzen im gesamten Bundesgebiet Anwendung. Die

292 BVerfG, Beschl. vom 24.06.1992 – 1 BvR 1028/91 –, BVerfGE 86, 382 = EzGuG 14.114.
293 BVerfG, Beschl. vom 24.09.1997 – 1 BvR 647/91 –, GuG 1998, 184 = EzGuG 4.169b.

in den neuen Bundesländern mit dem Einigungsvertrag zunächst als bergfreie Bodenschätze übergeleiteten „Steine-Erden-Rohstoffe" wurden damit dem Eigentum am Grund und Boden zugeordnet. Davon ausgenommen ist jedoch das **Eigentum an mineralischen Rohstoffen, an denen zum Zeitpunkt des Inkrafttretens des Gesetzes Bergbauberechtigungen bestanden (Bestandsschutz).** Weiterhin bergfrei bleiben nach § 2 des Gesetzes vom 15.04.1996 Bodenschätze, auf die sich eine Bergbauberechtigung oder ein Gewinnungsrecht beziehen, für die Geltungsdauer einer bereits bestehenden Bergbauberechtigung. Der Eigentümer des Grund und Bodens hat insoweit weiterhin keine Rechte an diesen Bodenschätzen.

Der **Bestandsschutz** bezieht sich des Weiteren nach § 2 des Gesetzes vom 15.04.1996 auf **419**

a) das von der DDR der Treuhandanstalt verliehene Bergwerkseigentum, wenn es im Rahmen der Privatisierung auf Dritte übertragen wurde, sowie

b) auf neu nach dem 03.10.1990 verliehenes Bergwerkseigentum.

10.2.2.3 Bergfreie Bodenschätze

Schrifttum: *Linke, Ch.,* Teilmarkt Flächen über Lagerstätten von Kiesen und Sanden unter Bezug auf das Land Brandenburg, GuG 1997, 278; *Schröder, U.,* Abbauland in Brandenburg, GuG 1997, 278; GuG 2000, 352; *Töpfer, F.-R./Butler, J.,* Kein Teilmarkt für Grundstücke über Bodenschätzen in den neuen Bundesländern, GuG 2003, 65; *Uherek, H.-W./Kölbel, D.,* Bewertung von Grundstücken mit Kies und Kiessanden in den neuen Bundesländern, GuG 1993, 274; *Uherek, H.-W.,/Dittrich, F.,* Wertermittlung von Flächen über ausgewählten bergfreien Bodenschätzen in den neuen Bundesländern, GuG 1995, 297; *Uherek, H.-W.,/Dittrich, F.,* Die aktuelle bergrechtliche Situation in den neuen Bundesländern aus der Sicht des Grundstückssachverständigen, GuG 1997, 214; *Wienzek, K.,* Verkehrswertermittlung von Grundstücken über Bodenschätzen in den neuen Bundesländern, GuG 1999, 76; *Wiesner, T.,* Besonderheiten der Wertermittlung für die Begründung schadensersatzrechtlicher Forderungen in Bergbaugebieten, GuG 1999, 44.

▶ *Zum Grundsätzlichen zur Teilmarktrechtsprechung vgl. Vorbem. zur ImmoWertV Rn. 58 ff. sowie Teil III § 194 BauGB Rn. 36; Teil V Rn. 231 ff.*

Für die neuen Bundesländer folgt aus den vorstehenden Überleitungsregelungen die Erhebung einer **Feldes- und Förderabgabe** i.S. der §§ 30 bis 33 BBergG, weil z.B. Kiesvorkommen in der ehemaligen DDR auch nach dem Beitritt weiterhin wie Volkseigentum zu behandeln sind[294]. Nach § 31 Abs. 2 BBergG beträgt die Förderabgabe 10 v.H. des Marktwerts der Bodenschätze. **420**

Der Umstand, dass in den neuen Bundesländern (zunächst) fast alle nutzbaren Bodenschätze bergfrei waren, hat nach Beobachtungen des Bodenmarktes nicht dazu geführt, dass die Flächen im Grundstücksverkehr wertmäßig wie Flächen ohne Bergschätze gehandelt werden; d.h., die **Existenz von Bodenschätzen wirkt sich nicht wertneutral aus.** Es handelt sich hier um einen besonderen Teilmarkt, der dem gewöhnlichen Geschäftsverkehr zuzurechnen ist. **421**

Uherek/Hennig/Kölbel[295] haben verwertbare Kaufpreise von landwirtschaftlichen Nutzflächen über Kiesen und Kiessanden in den Ländern *Sachsen, Sachsen-Anhalt* und *Thüringen* im Zeitraum 2. Hj. 1990 bis 2. Hj. 1992 untersucht. Die Kauffläche hat 697,2 ha betragen; etwa 53 % dieser Fläche wurde zu Preisen von 2,00 bis 2,50 €/m² gehandelt, das Vielfache der mittleren Preise für landwirtschaftliche Nutzflächen bewegte sich im Wesentlichen zwischen dem 2- und 6-Fachen. **422**

In einer älteren Untersuchung[296] über Kies- und Kiessandvorkommen, bei der insgesamt 255 Kauffälle in 48 Gemarkungen mit einer Flächengröße von rd. 7 Mio. Quadratmetern untersucht wurden, ergaben sich Kaufpreise in einer Spanne von 0,50 bis 7,50 €/m². Der mittlere **423**

294 BezG Schwerin, Urt. vom 24.04.1991 – S.10/91 –, VIZ 1991, 68 = EzGuG 4.143.

295 Uherek/Hennig/Kölbel: Bewertung von Grundstücken mit Kies und Kiessanden in den neuen Bundesländern, GuG 1993, 274 ff.; GuG 1995, 257 und GuG 1997, 214; hierzu LG Neuruppin, Urt. vom 09.04.1997 – 1a O 658/96 –, GuG 1997, 253 = GuG 1997, 254 = EzGuG 4.166b; LG Neuruppin, Urt. vom 12.03.1997 – 1a O 658/96 –, EzGuG 4.166 b; LG Potsdam, Urt. vom 21.08.1997 – 7 S 276/96 –, GuG-aktuell 1997, 38 = EzGuG 19.45; Schrödter, GuG 1997, 20 ff., 258 ff., GuG 1998, 266 ff.; Linke, GuG 1999, 226; Wienzek, GuG 1999, 76 = EzGuG 19.45.

296 Diplomarbeit an der Universität Leipzig, Agrarwissenschaftliche Fakultät.

Kaufpreis betrug 2,30 €/m² bei einer Standardabweichung von 0,91 €/m². Mit zunehmender Größe der Fläche sinkt dabei der Kaufpreis, wobei Käufe von Flächen über 20 ha ein deutliches Absinken erkennen ließen[297].

424 In *Brandenburg* lagen die Kaufpreise bei Flächenverkäufen zur Sand- und Kiesgewinnung im Jahre 2010 im Landesdurchschnitt bei 0,45 €/m² bei einer Preisspanne von 0,13 €/m² bis 1,16 €/m² abhängig von den Standorten.

10.3 Verkehrswertermittlung

10.3.1 Allgemeines

▶ *Vgl. Rn. 322 ff.*

425 Der Wert eines Abgrabungsgrundstücks richtet sich in erster Linie nach **Art, Qualität und Volumen des Abbaustoffs.** Hiervon ausgehend sollten sowohl der Ertrags- als auch der Sach- und Verkehrswert ermittelt werden. Bei noch „unverritzten" Grundstücken ist der Verkehrswert aus Kaufpreisen geeigneter Vergleichsgrundstücke abzuleiten, wobei auf Kaufpreise von landwirtschaftlichen Nutzflächen zurückgegriffen wird.

426 Bei der Wertermittlung müssen die **Abgrabungsgenehmigung** und die in diesem Zusammenhang gemachten **Auflagen** ebenso beachtet werden wie auch Fragen der Verkehrsanbindung der Abgrabungsstätte, Absatzlage, Abgrabungs- und Rekultivierungskosten sowie die Preisentwicklung des Abbaustoffs.

427 Maßgeblich für die Wertermittlung ist der **Abgrabungsplan,** aus dem Art und Umfang der abzubauenden Bodenschätze sowie die zeitliche Durchführung hervorgeht. Die Rechte aus einer genehmigten Abgrabung erlöschen, wenn nicht innerhalb von zumeist drei Jahren nach Erteilung der Genehmigung begonnen wurde.

428 Abbauwürdige Bodenvorkommen gehören zur Beschaffenheit von Grundstücken; sie erhöhen den Verkehrswert des Grundstücks i.d.R. um den kapitalisierten Reinertrag. Dieser werterhöhende Faktor kann sich auch dann bilden, wenn die **Ausbeutung** zum Wertermittlungsstichtag zwar noch nicht begonnen hat, dies aber **in absehbarer Zeit geschehen kann**[298]. Bodenvorkommen können den Verkehrswert allerdings nur erhöhen, soweit der Abbau nach den örtlichen Verhältnissen wirtschaftlich rentabel ist, der Abbau zur geschützten Rechtsposition des Eigentümers gehört und die wasserrechtliche Genehmigung nicht versagt werden kann.

429 Nach der Grundsatzentscheidung des BVerfG[299] steht es nämlich mit dem Grundgesetz im Einklang, das unterirdische Wasser zur Sicherung einer funktionsfähigen Wasserwirtschaft mit dem Wasserhaushaltsgesetz – WHG – einer vom Grundstückseigentum getrennten öffentlich-rechtlichen Benutzungsordnung zu unterstellen. Die **Versagung der wasserrechtlichen Genehmigung** (vgl. Rn. 316) zur Vermeidung schädlicher Auswirkungen auf das Grundwasser stellt deshalb keinen zu entschädigenden Eingriff dar, auch wenn sich infolgedessen der Verkehrswert des Grundstücks mindert. Nur wenn dem Vorhaben wasserwirtschaftliche Gründe i.S. des § 6 WHG nicht entgegenstehen, fällt die Versagung einer wasserrechtlichen Genehmigung unter den Schutz des Art. 14 GG[300].

---

297 Kleiber, Verkehrswertermittlung von Grundstücken, 6. Aufl. 2010, S. 746.
298 BGH, Urt. vom 18.09.1986 – III ZR 83/85 –, BGHZ 98, 341 = EzGuG 4.111.
299 BVerfG, Beschl. vom 15.07.1981 – 1 BvL 77/78 –, BVerfGE 58, 300 = EzGuG 4.78.
300 Der „Differenzmethode" wird in der Rspr. gegenüber der „Proportionalmethode" (vgl. Köhne, Landwirtschaftliche Taxationslehre, 3. Aufl., S. 742) der Vorzug gegeben; vgl. BGH, Beschl. vom 27.09.1990 – III ZR 57/89 –, GuG 1991, 31 = EzGuG 4.134; a.A. BFH, Urt. vom 16.12.1981 – I R 131/78 –, BFHE 135, 185 = BStBl II 1982, 320 = EzGuG 4.80 m.w.N.; BGH, Urt. vom 02.02.1984 – III ZR 170/82 –, BRS Bd. 45 Nr. 71 = EzGuG 4.98; BGH, Urt. vom 26.01.1984 – III ZR 179/82 –, BGHZ 90, 4 = EzGuG 4.97; BGH, Urt. vom 26.01.1984 – III ZR 178/82 –, NVwZ 1984, 819 = EzGuG 16.26; BGH, Urt. vom 14.07.1983 – III ZR 215/82 –, BRS Bd. 45 Nr. 156 = EzGuG 4.92; BGH, Urt. vom 29.09.1983 – III ZR 170/82 –, BRS Bd. 45 Nr. 71 = EzGuG 18.94; BVerwG, Urt. vom 13.04.1983 – 4 C 21/79 –, BVerwGE 67, 84 = EzGuG 4.91; BVerwG, Urt. vom 13.04.1983 – 4 C 76/80 –,

Nach *Köhne*[301] ist danach zu unterscheiden, ob mit dem **Abbau begonnen werden kann oder ob der Abbau bereits im Gange** ist. 430

- Im ersten Fall muss geprüft werden, ob eine entsprechende Genehmigung bereits erteilt worden ist bzw. aufgrund eines Rechtsanspruchs erteilt werden müsste. Liegt dies nicht vor, so hat die Behörde die Beweislast, dass die Genehmigung zu versagen (gewesen) wäre, wenn die Bodenschätze nicht entschädigt werden sollen[302]. Im Falle eines Entzugs solcher Flächen sind ggf. nur solche Bodenschätze zu entschädigen, denen der Rechtsverkehr am Wertermittlungsstichtag Rechnung getragen hätte; bloße Zukunftschancen ohne eine entsprechende Rechtsposition begründen hingegen keine Entschädigungspflicht.
- Im zweiten Fall muss zunächst geprüft werden, auf welche Teile des zu entziehenden Grundstücks sich eine erteilte Abbaugenehmigung bezieht. Für die nicht betroffenen Teile gelten die vorherigen Ausführungen. Für die betroffenen Teile sind der Verlust der Rechtsposition mit der Verkehrswertentschädigung sowie etwaige Folgeschäden zu entschädigen[303].

Fazit: Für die Verkehrswertermittlung von Abbauland kommen grundsätzlich das **Vergleichs- und das Ertragswertverfahren** in Betracht. Eine Berücksichtigung der Bodenschätze bei der Verkehrswertermittlung setzt – wie dargelegt – in jedem Falle voraus, dass mit der Abbaugenehmigung gerechnet werden kann und dies wirtschaftlich sinnvoll ist. Das setzt eine entsprechende rechtliche und physische Vorklärung über Umfang und Qualität der Bodenschätze voraus. Des Weiteren ist zu klären, ob und in welchem Umfang die in Betracht kommenden Vergleichspreise sich auf Grundstücke beziehen, die gleichermaßen zulässigerweise abbaubare Bodenschätze aufweisen. In diesem Fall kann direkt von diesen Vergleichspreisen ausgegangen werden, wobei allenfalls noch Unterschiede hinsichtlich Umfang und Qualität der Bodenschätze zu berücksichtigen sind. 431

10.3.2 Vergleichswertverfahren

Der Marktwert von Abbauland ist insbesondere von der Lage, der Abbautiefe, der Kiesmächtigkeit, Körnung usw. abhängig. Bei Anwendung des Vergleichswertverfahrens werden der Einfluss der vorhandenen Mineralien und der Zustandsmerkmale der Oberfläche auf den Wert des Grundstücks in einem Zuge gemeinsam erfasst. Bei Grundstücksflächen, die eine über die für die wirtschaftliche Nutzung der Bodenschätze hinausgehende Flächengröße aufweisen, nimmt dabei erfahrungsgemäß der **Quadratmeterwert mit der Größe des Grundstücks** ab. Die **Preise** für Kies bzw. Sand **je m^3 bzw. je t ab Grube/Kieswerk** orientieren sich an Korngröße und Materialbeschaffenheit (ungewaschen/gewaschen). 432

Bei **Heranziehung von Vergleichspreisen** land- oder forstwirtschaftlicher Flächen werden im Schrifttum für Sand- und Kiesgruben folgende Preisrelationen genannt (Abb. 47). 433

Fortsetzung Fußnote 300
BVerwGE 67, 93 = EzGuG 8.59; BGH, Urt. vom 03.03.1983 – III ZR 93/81 –, BGHZ 87, 66 = EzGuG 4.89; BGH, Urt. vom 03.03.1983 – III ZR 94/81 –, BRS Bd. 45 Nr. 154 = EzGuG 4.90; BGH, Urt. vom 01.07.1982 – III ZR 10/81 –, BRS Bd. 45 Nr. 147 = EzGuG 4.86; BGH, Urt. vom 03.06.1982 – III ZR 28/76 –, BGHZ 84, 223 = EzGuG 4.82; BGH, Urt. vom 03.06.1982 – III ZR 98/79 –, BRS Bd. 45 Nr. 148 = EzGuG 4.83; BGH, Urt. vom 03.06.1982 – III ZR 197/78 –, BGHZ 84, 230 = EzGuG 4.85; BGH, Urt. vom 03.06.1982 – III ZR 170/77 –, MDR 1982, 913 = EzGuG 4.84.

301 Köhne, Landwirtschaftliche Taxationslehre, Hamburg/Berlin 3. Aufl. 2000, S. 324.

302 Krohn/Löwisch, Eigentumsgarantie, Enteignung, Entschädigung, 3. Aufl. Köln 1984, Rn. 270.

303 Aust/Jacobs/Pasternak, Die Enteignungsentschädigung, 7. Aufl. Berlin 2014; Büchs, Grunderwerb und Entschädigung beim Straßenbau, 2. Aufl. Stuttgart 1980, Rn. 14, 174 ff. Zur Berücksichtigung bei Erbauseinandersetzungen vgl. Köhne, a.a.O., S. 145.

Abb. 47: Preisrelation land- oder forstwirtschaftlicher Flächen zu Sand- und Kiesgruben

Region	land- oder forstwirtschaftliche Flächen	Sand- und Kiesgruben
Nordrhein-Westfalen	100 %	300 %[a)]
Raum Hannover	100 %	200–300 %[b)]
Raum Hannover	100 %	150–500 %[c)]

Quellen: a) Vogels, a.a.O., S. 65, b) Gerardy, a.a.O., III F 3, c) Kummer, Nachr. der nds. Kat.- und VermVw 1989, 90

434 Im Allgemeinen gilt, dass landwirtschaftliche Nutzflächen (LN), für die eine Abgrabungserlaubnis zu erwarten ist, zu einem **Vielfachen des Ackerlandpreises** gehandelt werden. In der Literatur wird hierfür der zwei- bis sechsfache Ackerlandpreis genannt, wobei gebietstypische Abbauverhältnisse wie Abbaubedingungen (trocken, nass), Abbaumenge, Materialqualität, Absatzwege und Konjunkturlage den Ausschlag geben.

435 Nach Untersuchungen des Gutachterausschusses von *Hannover* (2012) auf der Grundlage von Kaufpreisen der vergangenen 15 Jahre ergeben sich folgende Preisspannen getrennt nach den Preisanteilen für den Bodenschatz und die Bodenkrume:

Abb. 48: Preisspannen für Abbauland nach Bodenschätzen 2012 Hannover

Preisspannen für Abbauland nach Bodenschätzen							
Bodenschatz	Anzahl	Kaufpreis		Preisanteil			
		Min [€/m²]	Max [€/m²]	Bodenschatz		Bodenkrume	
				Min [€/m²]	Max [€/m²]	Min [€/m²]	Max [€/m²]
Sand	83	2,40	7,10	1,60	6,30	0,50	2,70
Kies	95	3,50	14,20	2,60	11,70	0,50	3,60

Quelle: Grundstücksmarktbericht 2012 des Gutachterausschusses für Grundstückswerte Hannover

436 Ausweislich des Grundstücksmarktberichts 2019 des Gutachterausschusses von *Göttingen* sind in den Jahren 2009 bis 2018 folgende mittlere Preise erzielt worden:

Abb. 49: Preisspannen für Abbauland in Göttingen

Abbauflächen inklusive Wert des Abbaugutes			
Abbaugut	Anzahl 2009–2018	Spanne (€/m²)	Mittlerer Preis (€/m²)
Sand	2	-	-
Mergel	0	-	-
Kreide	10	1,84 bis 7.37	Rd. 3,00
Kies	8	1,05 bis 20,00	Rd. 6,00
Stein (Steinbruch)	12	0,03 bis 11,68	Rd. 2,00

Quelle: Grundstücksmarktbericht Göttingen 2019

437 Für den Kölner Süden wird für Kiesgewinnungsflächen ein durchschnittlicher Kaufpreis von rd. 19,34 €/m² angegeben (2019). An der **Rheinschiene** werden für Abbauland 8,00 bis 15,00 €/m² bezahlt (2011)[304]; so z.B. *Goch/Weeze* rd. 7,90 €/m²; *Wachtendonk* rd. 12,0 €/m².

304 Grundstücksmarktbericht des Landkreises Wesel 2011.

Die Preise für „reines“ **Ackerland** (Eigenschaften: Größe ein Hektar, Ackerzahl 60, regelmäßiger Zuschnitt) bewegen sich zwischen 3,25 und 4,50 €/m². Der Grundstücksmarktbericht 2018 von *Kleve* weist für Abbauflächen (Auskiesung) Kaufpreise von 7 bis 14 €/m² aus. Nach dem Gutachterausschuss von *Wesel* (2023) wird im Außenbereich gelegenes Abbauland in einer Preisspanne von 14 bis 20 €/m² gehandelt.

In *Sachsen-Anhalt* wurden (2013) für Verkäufe, die dem Abbau von Kies und Sanden dienen, im Mittel Verkaufspreise von 0,40 bis 1,45 €/m² registriert[305]. Im Mittel wurde ein Bodenwert von 0,86 €/m² vereinbart, wobei sich der Wert aus 11 Kaufpreisen mit einer mittleren Flächengröße von 3,5 Hektar ergibt. **438**

Abb. 50: Durchschnittswerte für Abgrabungsflächen (Abbauland) im Kreis Kleve 2018

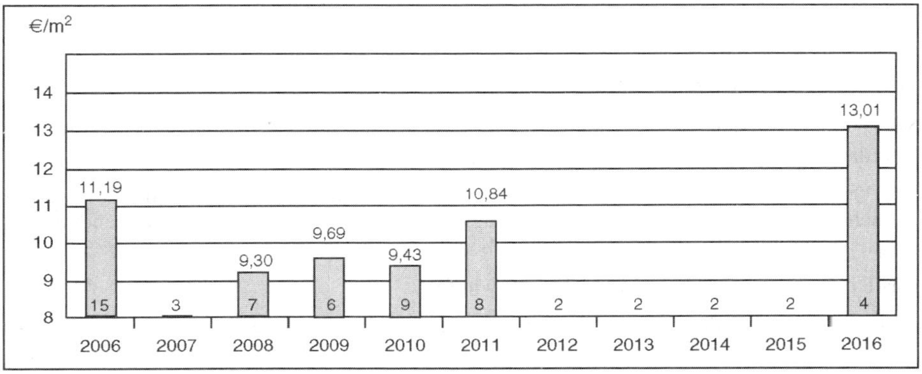

Quelle: Grundstücksmarktbericht Kleve 2019

Ausgekieste Areale im stadtnahen Bereich mit meist unterschiedlichen Anteilen an Flächen über und unter Grundwasserspiegel sowie Böschungsflächen werden mit 1,50 bis 2,50 €/m² gehandelt, wenn die Folgenutzung Naherholungszwecken dient. **439**

Ist der Kies- und Sandgrubenbetreiber nicht auch Grundstückseigentümer, so erhält der Verpächter eine **Pacht,** die sich i.d.R. an der Entnahme orientiert. **440**

Beispielhaft werden die **Pachtpreise von Gruben an Erft- und Rheinscholle** genannt. Die Preise verstehen sich ohne MwSt. und beziehen sich auf einen m³ Kies bzw. Sand in fester Masse. **441**

- Erftscholle: 1,00 bis 1,50 €/m³
- Rheinscholle: 2,00 bis 3,00 €/m³

Bezogen auf **Gewicht in t** (bei einem spezifischen Gewicht von 1,8) sind dies: **442**

- Erftscholle: 0,55 bis 0,85 €/t (gerundet)
- Rheinscholle: 1,10 bis 1,65 €/t (gerundet)

Abbauflächen über Braunkohle wurden im Land *Brandenburg* im Jahre 2012 durchschnittlich zu einem Bodenpreis von 0,75 €/m² bei einer Spanne von 0,50 €/m² bis 1,01 €/m² vorwiegend im Landkreis *Spree-Neiße* veräußert[306]. Flächen zur Sand- und Kiesgewinnung wurden in *Brandenburg* im Jahre 2012 im Landesdurchschnitt bei 1,01 €/m² gehandelt, und zwar abhängig von den Standorten eine Preisspanne von 0,20 €/m² bis 2,50 €/m². Abbauflächen über Braunkohle im *LK Spree-Neiße* wurden durchschnittlich mit einem Bodenpreis von 0,77 €/m² **443**

305 Grundstücksmarktbericht 2013, S. 254.
306 Marktbericht 2012 des Oberen Gutachterausschusses für Grundstückswerte 2012, S. 65.

bei einer Spanne von 0,50 €/m² bis 1,07 €/m² veräußert. Kiesabbauflächen wurden im Zeitraum 1999–2012 im *LK Oder-Spree* mit 0,35–2,50 €/m² und Sandabbauflächen im Zeitraum von 2004 bis 2011 mit 0,10 bis 0,15 €/m² gehandelt (Grundstücksmarktbericht 2012). Abbauland (bergfreie Bodenschätze) wurden im *LK Oberspreewald-Lausitz* in den Jahren 2007 bis 2011

- für Braunkohle mit einer durchschnittlichen Flächengröße von 35,5 ha mit 0,29 bis 1,00 €/m² und
- für Gesteine (Schotter/Split) mit einer durchschnittlichen Flächengröße von 1,1 ha mit 0,33 bis 1,97 €/m²

gehandelt.

444 In *Sachsen-Anhalt* wurde (2013) für Verkäufe, die dem Abbau von Rohbraunkohle dienen, im Mittel Verkaufspreise von 1,09 €/m² registriert[307].

10.3.3 Ertragswertverfahren

445 Neben dem Vergleichswertverfahren kommt für die Ermittlung des Verkehrswerts von Abbauland das Ertragswertverfahren[308] zur Anwendung.

446 Das **Verfahren ist sehr fehleranfällig,** da bereits geringfügige Differenzen in den Ansätzen zu recht erheblichen Unterschieden im Ertragswert führen; von daher ist der Anwendung des Vergleichswertverfahrens der Vorzug zu geben.

447 Das **Ertragswertverfahren** vollzieht sich wie folgt:

a) Es ist zunächst die **Abbaumenge** (förderbares Volumen) unter Berücksichtigung ihrer Schichtung, Bedeckung und Abbaubarkeit in technischer und zeitlicher Hinsicht festzustellen; insbesondere
   - die Zulässigkeit des Abbaus,
   - der Zeitpunkt des Beginns eines Abbaus,
   - die Kosten des Abbaus,
   - die Einnahmen aus dem Abbau.

448 Die sich daraus ergebenden Reinerträge können kontinuierlich in gleichbleibender Höhe oder in verschiedenen Perioden in unterschiedlicher Höhe „fließen“. Dementsprechend ist bei der Ermittlung des kapitalisierten Reinertrags aus dem Abbaugut danach zu unterscheiden, ob

- er sich durch „einfache“ Kapitalisierung über die Gesamtdauer des Abbaus oder
- jeweils durch Kapitalisierung des Reinertrags der zu unterscheidenden Perioden i ergibt, wobei dann der jeweilige kapitalisierte Reinertrag vom Beginn der Periode i auf den Wertermittlungsstichtag abzuzinsen ist und die abgezinsten Reinerträge aufzusummieren sind (periodisches Ertragswertverfahren).

449 Das Wertermittlungsverfahren vereinfacht sich, wenn aufgrund der Gegebenheiten eine **gleichbleibende jährliche Fördermenge** zu erwarten ist; ansonsten finden also verfahrensmäßig die Grundsätze der allgemeinen Barwertmethode *(Discounted-Cashflow-*Verfahren) Anwendung. Hilfsweise sind hierzu

- die Fördermengen von Vergleichsbetrieben bzw.
- die Fördermenge desselben Betriebs heranzuziehen, der andernorts vergleichbar tätig ist.

---

307 Grundstücksmarktbericht 2013, S. 254.
308 KG, Urt. vom 21.12.1965 – 6 U 1901/61 –, EzGuG 4.26a.

b) Die **Reinerträge** lassen sich über Pachtgebühren (vgl. Rn. 361 ff.) oder aus der Bilanz ermitteln, wobei dann aber der Unternehmergewinn in Abzug zu bringen wäre. I.d.R. wird der sog. Grubenzins auf den Kubikmeter des geförderten Minerals bezogen. Soweit der bekannte Grubenzins auf eine Gewichtseinheit (z.B. t) bezogen wird, muss das Gewicht z.B. des auszubeutenden Minerals mit Hilfe seines *spezifischen Gewichts* auf den Kubikmeter umgerechnet werden:

$$\text{Spezifisches Gewicht} = \frac{\text{Gewicht}}{\text{Volumen}} \quad \left[\frac{t}{m^3}\right]$$

$$\text{Volumen} = \frac{\text{Gewicht}}{\text{Spezifisches Gewicht}}$$

1 t = 1000 kg **450**

c) Der **wirtschaftliche absetzbare Jahresbedarf im Liefergebiet** ist für die Marktgängigkeit des Abbauguts nach Angebot und Verbrauch entscheidend. Bei Sanden und Kiesen ist wegen der hohen Transportkosten von einem Liefergebiet im Radius von ca. 20 km auszugehen. Bei einem Jahresbedarf von ca. 8 t pro Einwohner (Bayern) für Sande und Kiese sowie einer bekannten Einwohnerzahl pro km² bemisst sich der **Jahresbedarf im Liefergebiet** nach:
Jahresbedarf im Liefergebiet [to] = $r^2 \times \pi \times E \times 8$ t / Jahr
wobei
r = Radius des Liefergebiets in km
E = Einwohner pro km² t = Tonne

Bei bedarfsgerechter Förderung ergibt dies zugleich den **wirtschaftlichen Grenzwert des Jahresförderungsvolumens.** Ob dieses nach den vorhandenen Möglichkeiten des Grundstücks erreicht werden kann, bedarf weiterer Untersuchungen. **451**

d) Zur Ermittlung des **abbaufähigen Förderungsvolumens** (insgesamt) sind Gutachten von Sonderfachleuten (Bohrunternehmen) erforderlich, die aufgrund von Bohrungen und Bodenuntersuchungen klären, in welcher Tiefe, in welcher Mächtigkeit und in welcher Qualität (Körnung) abbauwürdiges Material ansteht. Regelmäßig sind dem Sachverständigengutachten folgende Unterlagen beigefügt:

- Betriebsbeschreibung des Abbaubetriebs;
- Messtischblatt im Maßstab 1:25.000;
- Kataster-Flurkarte, Auszug aus dem Liegenschaftsbuch;
- Bohrprofile, Schichtverzeichnisse, Schnitte;
- Massenberechnung;
- Abgrabungsplan (z.B. gem. § 4 Abs. 2 AbgG NW) und Rekultivierungsplan im Maßstab 1:500.

Diese Unterlagen müssen dem Antrag auf Abbaugenehmigung, beispielsweise für Kies und Sand, beigefügt werden. **452**

Bei der **Berechnung des Förderungsvolumens (Abbaumasse)** sind die Abstandsflächen zu den unbebauten Nachbargrundstücken und das notwendige Neigungsverhältnis der Böschungen zu berücksichtigen. Das Ergebnis in m³ fester Masse wird durch Anwendung des Auflockerungsfaktors in lose Abbaumasse umgerechnet (bei Kies z.B. Faktor 1,2) und sodann das Gewicht in Tonnen (t) durch Multiplizierung mit dem spezifischen Gewicht des Abbaumaterials (bei trockenem Kies 1,6 und bei nassem Kies 2,0) ermittelt. Bei der Umrechnung von fester Masse m³ in t ist das spezifische Gewicht mit 1,8 anzusetzen (Abb. 51): **453**

$$Y_{(\text{lose Masse})} = V_{(\text{feste Masse})} \times \text{Auflockerungsfaktor} \times \text{spezifisches Gewicht (g)}$$ **454**

455 **Abb. 51: Spezifische Gewichte**

Spezifisches Gewicht (Wichte) g/cm³ = t/m³			
Alaun	1,7	**M**agnesia	3,2
Anthrazit	1,6 ± 0,1	Magneteisenstein	5,0
		Manganerz	3,8 ± 0,3
Basalt	3,0 ± 0,2	Marmor	2,7 ± 0,1
Bergkristall (rein)	2,6	Mauerwerk	
Bimsstein	0,6 ± 0,2	Bruchstein	2,4
Braunkohle	1,4 ± 0,1	Sandstein	2,1
Braunstein	4,2 ± 0,4	Ziegel	1,5
		Mergel	2,4 ± 0,1
Calciumkarbit	2,3	Meteorstein	3,6
Chilisalpeter	2,3		
		Pech	1,1
Dolomit	2,9	Porphyr	2,8 ± 0,1
		Pottasche	2,3
Erde	1,7 ± 0,3		
		Quarz	2,6 ± 0,1
Feldspat	2,6		
Feldsteine	2,5 ± 0,3	**S**alpeter	2,1 ± 0,1
Feuerstein	2,7 ± 0,1	Sand	1,7 ± 0,3
		Sandstein	2,4 ± 0,1
Gips (ungebrannt)	2,2	Schamottestein	2,0
Gips (gebrannt)	1,8	Schiefer	2,7
Glaubersalz	1,4	Schlacke (Hochofen)	2,8
Glimmer	2,9 ± 0,3	Schwefelkies	5,0
Gneis	2,6 ± 0,1	Serpentin	2,6 ± 0,1
Graphit	2,1 ± 0,2	Siedlungsabfall	1,2
Kalk (ungebrannt)	2,6 ± 0,1	**T**öpferton	2,0
Kalk (gebrannt)	1,4 ± 0,1	Torf (trocken)	0,6 ± 0,3
Kalksandstein	1,9	Trass (gemahlen)	0,9
Kaolin	2,2	Tuffstein	1,3
Kies	1,9 ± 0,1		
Kreide	2,2 ± 0,4	**Z**ement	1,4 ± 0,5
		Ziegel (gewöhnlich)	1,5 ± 0,1
Lava (basaltisch)	2,9 ± 0,1	Ziegel (Klinker)	1,8 ± 0,1
Lava (trachytisch)	2,4 ± 0,3	Zinkblende	4,0
Lehm	1,6	Zinnstein	6,7 ± 0,3

e) Das Jahresfördervolumen ergibt multipliziert mit dem Grubenzins den **Jahreswert** z.B. **eines zur Ausbeutung anstehenden Minerals:** 456

Jahreswert = Grubenzins × Jahresfördervolumen

Die **Kapitalisierung des Jahreswerts** hat zur Folge, dass der Wertzuwachs des abbaubaren Bodenvorkommens mit zunehmender Größe des Grundstücks abnimmt (gegen null tendiert), wenn sich damit auch die Förderzeit entsprechend verlängert. Dies ist finanzmathematisch darin begründet, dass sich der Barwert der Jahreseinnahmen mit zunehmender zeitlicher Ferne dieser Einnahmen vermindert. 457

f) Für die Kapitalisierung haben sich **Zinssätze von mindestens 10 %** und mehr als marktgängig erwiesen[309]. 458

g) Neben den Einnahmen aus dem Abbaugut sind auch **Einnahmen aus Kippgebühren** für die Verfüllung zu berücksichtigen; sie fallen regelmäßig zu einem späteren Zeitpunkt an, wenn nämlich mit der Verfüllung[310] begonnen werden kann. Je nachdem, ob diese Einnahmen kontinuierlich in gleicher Höhe oder in unterschiedlichen Perioden in unterschiedlicher Höhe zu „fließen" beginnen, sind die Einnahmen auf den Wertermittlungsstichtag wiederum abzuzinsen. 459

h) Schließlich ist der sich nach der Ausbeutung und Verfüllung ergebende **Restwert unter Berücksichtigung der Folgenutzung** zu ermitteln. Dieser Restwert ist wiederum von dem Zeitpunkt, zu dem das Grundstück wieder disponibel ist, auf den Wertermittlungsstichtag zu diskontieren. Entsprechendes gilt auch für die dann anfallenden Rekultivierungskosten. 460

i) Die **Dauer der Abgrabung** (Restnutzungsdauer) ergibt sich aus der insgesamt vorhandenen Abbaumenge und der beabsichtigten Jahresentnahme, die sich i.d.R. am Jahresbedarf orientiert. Bei der Bestimmung der **Restnutzungsdauer** ist der nachhaltig erzielbare Marktanteil zu berücksichtigen; die jährlich erzielbaren Möglichkeiten der Ausbeute sind nicht allein entscheidend. Demzufolge kann die wirtschaftliche Restnutzungsdauer wie folgt ermittelt werden: 461
Restnutzungsdauer = (V × g)/A
wobei
g = spezifisches Gewicht des Rohstoffs in t/m³
V = abbaubares Nettovolumen in m³
A = nachhaltiger Marktanteil unter gewöhnlichen Verhältnissen in t/Jahr.

309 Vogels: Grundstücks- und Gebäudebewertung marktgerecht, 5. Aufl. 1996, S. 68 ff.; Stannigel/Kremer/Weyers halten bei der Beleihung von speziellen Produktionsstätten 7,5 bis 9,0 % für angebracht; Köhne hält aus der Sicht der verpachtenden Landwirte eher einen Zinssatz für geboten, der langfristigen Finanzanlagen entspricht, beispielsweise 6 bis 8 % (GuG 1993, 268).
310 KG, Urt. vom 21.12.1965 – 6 U 1901/61 –, EzGuG 4.26a.

462 Die **vereinfachte Ermittlung des Bodenwerts von Abbauland** (€/m²) stellt sich damit in Formeln wie folgt dar:

$$BW = \frac{txP}{a} \times KF_1 + \frac{txKG}{b} KF_2 \times AF_a - (R \times AF_{a+b}) + (BW \times AF_{a+b})$$

wobei

t	= mittlere Abbautiefe unter Berücksichtigung der Böschungen in [m]
P	= nachhaltig erzielbare Pacht in € pro m³
a	= Dauer des Abbaues in Jahren
b	= Dauer der Verfüllung in Jahren
KF_1	= Kapitalisierungsfaktor für den Zeitraum des Abbaues a
KF_2	= Kapitalisierungsfaktor für den Zeitraum der Verfüllung b
a + b	= Zeitraum des Abbaues und der Verfüllung in Jahren (= n)
AF	= Abfindungsfaktor, abhängig vom Zins und a, b
q	= Zinsfaktor = 1 + p/100
p	= Zinssatz
KG	= nachhaltig erzielbare Kippgebühren in € pro m³
R	= Rekultivierungskosten in €/m²
BW‘	= Bodenwert der rekultivierten Fläche in €/m²

463 Ein **Schema des Verfahrens** ist in Abb. 52 dargestellt.

Abb. 52: Schema für die Anwendung des Ertragswertverfahrens auf Abbauland

Ertragswert von Abbauland

Barwert der Reinerträge

a) bei gleichbleibenden jährlichen Reinerträgen
Barwert = RE x KF

b) bei zeitlich unterschiedlichen Reinerträgen:
Barwert = $(RE_1 \times KF_1 \times AF_{d1}) + (RE_2 \times KF_2 \times AF_{d2}) + \ldots\ldots (RE_n \times KF_n \times AF_{dn})$

wobei
$RE_{1,2}$ = Barwert nachhaltig, bzw. in Periode i
$KF_{1,2}$ = Kapitalisierungsfaktor nachhaltig, bzw. in Periode i
AF = Abzinsungsfaktor
q = Zinsfaktor = 1 + p
p = Kapitalisierungszinssatz/100 = q – 1
$d_{1,2}$ … = Zeitspanne zwischen Wertermittlungsstichtag und Beginn des „Ertragsflusses" der Periode i bzw. v

+

Barwert der Kippgebühren (Verfüllung)

a) bei gleich bleibenden jährlichen Reinerträgen
Barwert = $1 / q^m$ Kippgebühren x KF

KF = Kapitalisierungsfaktor für Anzahl der Jahre der Verfüllung
AF= Abzinsungsfaktor
m = Zeitspanne zwischen Wertermittlungsstichtag und Beginn der Verfüllung

b) bei zeitlich unterschiedlichen Kippgebühren (KGi)
Barwert = $KG_1 \times KF_1 \times AF_{m1} + KG_2 \times KF_2 \times AF_{m2} + \ldots\ldots\ldots KG_n \times KF_n \times AF_{mn}$

+

Barwert des Restwerts
Barwert = Restwert/q^n

Restwert = Verkehrswert nach Ausbeutung unter Berücksichtigung der Folgenutzung
n = Dauer des Abbaus und der Verfüllung (= a + b)

–

Barwert der Rekultivierungskosten
Barwert = Rekultivierungskosten/q^n

n = Dauer des Abbaus und der Verfüllung
bei zeitlich unterschiedlichem Anfall: Summe aller diskontierten Kosten

=

Ertragswert

Die Ermittlung des Ertragswerts nach vorgestelltem Schema ist durch eine Reihe von Unwägbarkeiten bezüglich der anzusetzenden Größen bestimmt. Die Erfahrungen haben aber gezeigt, dass zur **Kapitalisierung** der Liegenschaftszinssatz hier ungeeignet ist, da es hier um eine vornehmlich ertragswirtschaftliche Nutzung geht und daher die **banküblichen Kapitalmarktzinsen** für die Investition ausschlaggebend sind (vgl. Rn. 366). Bezüglich der Kostenseite ist **464** das vorgestellte Schema auch nicht vollständig, da z.B. Sicherungsmaßnahmen und dgl. ertragsmindernd in die Betrachtung einbezogen werden müssen.

10.4 Bergschaden

10.4.1 Allgemeines

Schrifttum: *Balloff, H.*, Besonderheiten der Wertermittlung für die Begründung schadensersatzrechtlicher Forderungen in Bergbaugebieten, GuG 1999, 44; *Boldt/Weller,* Bundesberggesetz, Komm. 1984, Ergänzungsband; *Piens/Schulte/Graf/Vitzthum,* Bundesberggesetz, Komm., 2. Aufl. 2013; *Schürken/Finke,* Bewertung von Bergschäden, 3. Aufl. Hannover 2008; *Finke,* Bergschäden an Gebäuden, GuG 2014, 78; *Finke, D., Bergschäden – Anmerkungen zur Bewertung und Regulierung, GuG 1999, 266 ff.*; *Hoffmann, D,* Wertermittlung von Abbauland, GuG 2004, 156; *Schürken, J.,* Technischer und merkantiler Minderwert bei Bergschäden, GuG 2003, 154.

▶ *Zum Beleihungswert vgl. Teil IX Rn. 119*

465 Ein **Bergschaden** liegt nach § 114 Abs. 1 BBergG u.a. vor, wenn infolge der Ausübung einer bergbaulichen Tätigkeit oder durch eine bergbauliche Betriebseinrichtung eine Sache (oder Person) beschädigt wird. Voraussetzung ist ein adäquater Ursachenzusammenhang[311]. Zu den Bergschäden gehören neben **Bodensenkungen**, die sich allmählich vollziehen, auch **Tagbrüche**, die plötzlich auftreten, **Bruchspalten, erdbebenartige Erschütterungen, Bodenhebungen** sowie Schäden durch Änderung des Grundwasserspiegels und in sehr seltenen Fällen weiträumige Rutschungen. Dadurch entstehende Schäden, die in erster Linie die Bebauung betreffen (Bauschäden), können erheblich sein und lassen sich i.d.R. nicht vollständig beheben. Ein Bergschaden kann zum vollständigen Verlust des Gebäudes führen, die Bebaubarkeit des Grundstücks dauerhaft ausschließen und die Evakuierung umliegender Grundstücke erfordern.

466 Ein Bergschaden wirkt sich sowohl auf den Verkehrswert als auch i.d.R. auf den Einheitswert[312] des Grundstücks aus.

467 Zur Auslegung des Begriffs „Bergschaden" sind die **allgemeinen im Schadensersatzrecht geltenden Grundsätze der §§ 249 ff. BGB** anzuwenden[313]. Der schädigende Bergbaubetrieb schuldet demzufolge nach § 249 Satz 1 BGB grundsätzlich die „Wiederherstellung in Natur" bzw. nach § 249 Satz 2 BGB den zur Herstellung erforderlichen Geldbetrag. Dieser Geldbetrag bzw. der Zahlungsanspruch des Geschädigten stellte dabei lediglich eine besondere Form des Herstellungsanspruchs dar[314].

„**§ 114 BBergG** Bergschaden

(1) Wird infolge der Ausübung einer der in § 2 Abs. 1 Nr. 1 und 2 bezeichneten Tätigkeiten oder durch eine der in § 2 Abs. 1 Nr. 3 bezeichneten Einrichtungen (Bergbaubetrieb) ein Mensch getötet oder der Körper oder die Gesundheit eines Menschen verletzt oder eine Sache beschädigt (Bergschaden), so ist für den daraus entstehenden Schaden nach den §§ 115 bis 120 Ersatz zu leisten.

(2) Bergschaden im Sinne des Absatzes 1 ist nicht

1. ein Schaden, der an im Bergbaubetrieb beschäftigten Personen oder an im Bergbaubetrieb verwendeten Sachen entsteht,
2. ein Schaden, der an einem anderen Bergbaubetrieb oder an den dem Aufsuchungs- oder Gewinnungsrecht eines anderen unterliegenden Bodenschätzen entsteht,
3. ein Schaden, der durch Einwirkungen entsteht, die nach § 906 des Bürgerlichen Gesetzbuchs nicht verboten werden können,

311 Boldt/Weller/Nöscher, BBergG, 2. Aufl. 2015 Rn. 10 ff. zu § 114 BBergG.
312 OFD Düsseldorf, Erl. vom 25.06.1968 – S 3204/3210 A-St 211; OFD Münster, Erl. vom 09.07.1968 – S 3204 – 19-St 21 –; OFD Köln, Erl. vom 09.07.1968 – S 3204-2 St 211 –, alle abgedruckt StEK BewG 1965 § 82 Nr. 15.
313 Boldt/Weller/Nöscher, BBergG, 2. Aufl. 2015, § 114 BBergG Rn. 11; Finke in ZfB 1992, 170.
314 Piens/Schulte/Vilzhum, BbergG, Komm., 2. Aufl. 2013, § 117 BBergG Rn. 6.

4. ein Nachteil, der durch Planungsentscheidungen entsteht, die mit Rücksicht auf die Lagerstätte oder den Bergbaubetrieb getroffen werden und
5. ein unerheblicher Nachteil oder eine unerhebliche Aufwendung im Zusammenhang mit Maßnahmen der Anpassung nach § 110 BBergG."

Für den Bereich des untertägigen Bergbaus gilt nach § 120 BBergG die sog. **Bergschadensvermutung**.

Bei alledem wird zwischen **nicht behebbaren und behebbaren Bergschäden sowie dem merkantilen Minderwert** unterschieden, wobei diese nebeneinander an einem Grundstück auftreten können. Bergschäden sind nicht behebbar, wenn sie durch Ausbesserung auf Dauer nicht beseitigt werden können. Den nicht behebbaren Bergschäden gleichgestellt sind Bergschäden, die nur mit unverhältnismäßig hohen Kosten beseitigt werden können (vgl. Rn. 405). **468**

Nicht zum Bergschaden gehören nach § 114 Abs. 2 BBergG **469**

- Nachteile als Folge von Planungsentscheidungen, die mit Rücksicht auf Lagerstätten und den Bergbaubetrieb getroffen werden, und
- unerhebliche Nachteile bzw. Aufwendungen im Zusammenhang mit Anpassungsmaßnahmen i.S. des § 110 BBergG,
- ferner Vermögensschäden.

Diesbezüglich bemisst sich der Schadensersatzanspruch nach den §§ 849 ff. BGB i.V.m. § 117 Abs. 1 Satz 1 BBergG.

Eine **Bergschadensgefahr** liegt vor, wenn der Bergschaden zwar noch nicht eingetreten ist, jedoch aufgrund der Art und Weise des umgegangenen Bergbaus, der durchgeführten Sicherungsmaßnahmen, der Abbauteufe (Tiefe) und dem Zeitpunkt die Gefahr eines Bergschadens besteht. Auch eine Bergschadensgefahr kann zu einer Wertminderung führen. **470**

10.4.2 Bergschadenshaftung

Für Bergschäden haftet das bergbauberechtigte Unternehmen, wobei das BBergG zur Vermeidung von Bergschäden z.B. Bauherrn zu vorbeugenden Maßnahmen verpflichtet, für deren Kosten der bergbauberechtigte Unternehmer aufkommt (§§ 110 ff. BBergG)[315]. Dabei ist die Duldungspflicht des Grundeigentümers „nur dann als sachgerecht und im Lichte des Art. 14 GG erträglich" erachtet worden, wenn die tiefgreifende Belastung des Grundeigentums zugunsten des – privaten und mit Gewinnstreben betriebenen – Bergbaus durch eine umfassende Entschädigung des Grundeigentümers ausgeglichen wird[316]. In Einzelfällen, z.B. bei als Kriegsfolge aufgetretenem illegalem Abbau, kann es vorkommen, dass niemand haftbar gemacht werden kann. **471**

---

315 OLG Hamm, Urt. vom 14.07.1986 – 13 U 283/85 –, VersR 1987, 914 = EzGuG 19.39e; OVG Münster, Urt. vom 29.03.1984 – 12 A 2194/82 –, NVwZ 1985, 355 = EzGuG 4.100; OVG Münster, Urt. vom 23.01.1984 – 10 A 23 66/79 –, MittDST 1985, 116 = EzGuG 4.95; BGH, Urt. vom 01.06.1978 – III ZR 158/75 –, BGHZ 71, 329 = EzGuG 20.75; BGH, Urt. vom 22.02.1973 – III ZR 28/71 –, NJW 1973, 656 = EzGuG 20.54; BGH, Urt. vom 16.10.1972 – III ZR 176/70 –, BGHZ 59, 332 = EzGuG 4.37; BGH, Urt. vom 03.07.1972 – III ZR 192/70 –, BGHZ 59, 151 = EzGuG 4.36; BGH, Urt. vom 26.06.1972 – III ZR 114/70 –, NJW 1972, 1493 = EzGuG 4.35; VG Gelsenkirchen, Urt. vom 21.06.1978 – 5 K 2977/78 –, MittDST 1985, 1186 = EzGuG 4.57 – Vorinstanz zu OVG Münster, Urt. vom 23.01.1984, a.a.O.; BGH, Urt. vom 15.06.1965 – V ZR 24/63 –, MDR 1965, 899 = EzGuG 20.39; BGH, Urt. vom 18.03.1964 – V ZR 20/62 –, ZfB 1964, 460 = EzGuG 3.26a; OLG Saarbrücken, Urt. vom 20.05.1960 – 3 U 45/95 –, BlGBW 1961, 174 = EzGuG 4.14; OLG Hamm, Urt. vom 2.02.1960 – 7 U 244/58 –, AVN 1967, 541 = EzGuG 4.12; weiterführendes Schrifttum: Finkel in DWW 1978; 332; Lindner in DWW 1987, 310; Schürken in DWW 1987, 324, ders., GuG 1997, 129 und GuG 1994, 324; MittDST 1985, 1185; Balloff, H./Wiesner, Th., GuG 1999, 44; Dittrich/Böhlitz-Ehrenberg, GuG 1995, 257 und GuG 1997, 214; Finke, GuG 1999, 266.

316 BGH, Urt. vom 16.02.1970 – III ZR 136/68 –, BRS Bd. 19 Nr. 131 = EzGuG 4.30; BGH, Urt. vom 16.02.1970 – III ZR 169/68 –, ZfBR 1970, 446 = EzGuG 6.126a.

472 Für die **neuen Bundesländer** hat der BGH in seiner Rechtsprechung[317] herausgestellt.

a) Die Vorschriften des BBergG über die Haftung für Bergschäden gelten für Bergschäden im Beitrittsgebiet nicht, wenn auch nur eine mitwirkende Ursache vor dem 03.10.1990 gesetzt worden ist[318]. Ursache ist dabei die bergbauliche Betriebshandlung. Als mitwirkende Bedingung in diesem Sinn sind lediglich Umstände anzusehen, die konkret die Gefahr von Bergschäden erhöht haben.

b) Das Berggesetz der ehemaligen DDR gilt auch für Bergschäden, die vor einem Inkrafttreten verursacht worden sind, sofern der Schaden erst danach entstanden ist.

473 Die **Haftung** nach § 18 BBergG **setzt voraus, dass das in Anspruch genommene Unternehmen den Schaden durch eigene Tätigkeit herbeigeführt** oder zumindest mit verursacht hat, falls es nicht Rechtsnachfolger des ursprünglich verantwortlichen Betriebs ist. Gegenüber den gesetzlichen Vorschriften über den Ersatz von Bergschäden tritt der nachbarrechtliche Ausgleichsanspruch analog § 906 Abs. 2 Satz 2 BGB auch dann zurück, wenn der Bergwerkunternehmer im Einzelfall für den Schaden nicht verantwortlich ist[319].

„**§ 115 BBergG** Ersatzpflicht des Unternehmers

(1) Zum Ersatz eines Bergschadens ist der Unternehmer verpflichtet, der den Bergbaubetrieb zur Zeit der Verursachung des Bergschadens betrieben hat oder für eigene Rechnung hat betreiben lassen.

(2) Ist ein Bergschaden durch zwei oder mehrere Bergbaubetriebe verursacht, so haften die Unternehmer der beteiligten Bergbaubetriebe als Gesamtschuldner. Im Verhältnis der Gesamtschuldner zueinander hängt, soweit nichts anderes vereinbart ist, die Verpflichtung zum Ersatz sowie der Umfang des zu leistenden Ersatzes von den Umständen, insbesondere davon ab, inwieweit der Bergschaden vorwiegend von dem einen oder anderen Bergbaubetrieb verursacht worden ist; im Zweifel entfallen auf die beteiligten Bergbaubetriebe gleiche Anteile.

(3) Soweit in den Fällen des Absatzes 2 die Haftung des Unternehmers eines beteiligten Bergbaubetriebs gegenüber dem Geschädigten durch Rechtsgeschäft ausgeschlossen ist, sind bis zur Höhe des auf diesen Bergbaubetrieb nach Absatz 2 Satz 2 entfallenden Anteils die Unternehmer der anderen Bergbaubetriebe von der Haftung befreit.

(4) Wird ein Bergschaden durch ein und denselben Bergbaubetrieb innerhalb eines Zeitraums verursacht, in dem der Bergbaubetrieb durch zwei oder mehrere Unternehmer betrieben wurde, so gelten die Absätze 2 und 3 entsprechend.

§ 116 BBergG Ersatzpflicht des Bergbauberechtigten

(1) Neben dem nach § 115 Abs. 1 ersatzpflichtigen Unternehmer ist auch der Inhaber der dem Bergbaubetrieb zugrunde liegenden Berechtigung zur Aufsuchung oder Gewinnung (Bergbauberechtigung) zum Ersatz des Bergschadens verpflichtet; dies gilt bei betriebsplanmäßig zugelassenem Bergbaubetrieb auch, wenn die Bergbauberechtigung bei Verursachung des Bergschadens bereits erloschen war oder wenn sie mit Rückwirkung aufgehoben worden ist. Der Unternehmer und der Inhaber der Bergbauberechtigung haften als Gesamtschuldner. Soweit die Haftung eines Gesamtschuldners gegenüber dem Geschädigten durch Rechtsgeschäft ausgeschlossen ist, ist auch der andere Gesamtschuldner von der Haftung befreit.“

10.4.3 Bergschadensersatzanspruch

474 Zur Vermeidung bzw. Verringerung künftiger Bergschäden können nach den §§ 110 ff. BBergG unter bestimmten Voraussetzungen vom Bauherrn **Anpassungs- und Sicherungsmaßnahmen** verlangt werden.
Der Bergschadensersatzanspruch kann sich in diesen Fällen vermindern bzw. sogar entfallen, wenn der Bauherr dem nicht nachkommt. Ansonsten hat die Bergwerksgesellschaft grundsätzlich die Kosten von Bergschadensvorbeugemaßnahmen zu tragen, sodass derartige zu erwartende Kosten nicht zu einer Wertminderung führen[320].

---

317 BGH, Urt. vom 17.05.2001 – III ZR 249/00 –, NJW 2001, 3049 = EzGuG 4.182.

318 Vgl. Anl. 1 Kap. V Sachgeb. D Abschn. III Nr. 1 lit. k Sätze 32 und 3 des Einigungsvertrags.

319 BGH, Urt. vom 17.05.2001 – III ZR 249/00 –, NJW 2001, 3049 = EzGuG 4.182 abweichend von BGH, Urt. vom 20.11.1998 – V ZR 411/97 –, WM 1999, 554 = EzGuG 6.288a.

320 Schürken, GuG 1994, 324 ff.; Schürken, GuG 1997, 129 ff.; Baloff/Wiesner, GuG 1999, 2 ff.; Finke, GuG 1999, 266 ff.; Finke in ZfB Bd. 133, 1992, S. 170 ff. = DWW 1992, 259.

Rechtsgrundlage für Bergschadensersatzansprüche ist § 114 BBergG. In der Regulierungspraxis wird unterschieden zwischen 475

a) behebbaren Schäden wie Setzungsrisse einschließlich Folgeschäden und

b) nicht behebbaren Dauerschäden, etwa Schiefstellungen von Gebäuden, die zu Minderwerten führen.

Darüber hinaus besteht ein Anspruch der vom Bergbau betroffenen Grundeigentümer gegenüber dem Bergbauunternehmer, die **Kosten für Anpassungs- und Sicherungsmaßnahmen** zu übernehmen, ausgenommen sind lediglich unerhebliche Nachteile und Aufwendungen. Aufwendungen und Nachteile sind unerheblich, wenn sie 1,5 % der Gesamtherstellungskosten einer baulichen Anlage nicht überschreiten. Hat der Grundstückseigentümer die geforderten Maßnahmen unterlassen, verwirkt er seinen Schadenersatzanspruch (§ 112 BBergG).

Ein Bergschadensersatzanspruch steht grundsätzlich nur denjenigen zu, der zum Zeitpunkt des Eintritts eines Bergschadens Eigentümer war. Ein Bergschaden, dem noch ein entsprechender Schadensersatzanspruch gegenübersteht, verliert insoweit seine Wertneutralität für Dritte. Ein Erwerber kann nur bei neuen Schäden Ersatzansprüche gegenüber dem Bergbauunternehmer geltend machen. 476
Nach der Rechtsprechung des BGH[321] kann ein Schadensersatzanspruch im Verkaufsfalle nicht mehr auf den Käufer übertragen werden, sodass ein bereits entstandener Wiederherstellungsanspruch mit dem Verkauf des Grundstücks untergeht. Für den Sachverständigen kann sich hieraus die Aufgabe ergeben, **alte und neue Schäden voneinander abzugrenzen**[322].

In der **Gesamtschau** sind bei der Verkehrswertermittlung bergschadensbehafteter und bergschadensgefährdeter Grundstücke neben den Bergschäden an baulichen Anlagen Bodenwertminderungen, Bergschadensgefahren und Bergschadensverzichte zu berücksichtigen (Abb. 53): 477

Abb. 53: Übersicht

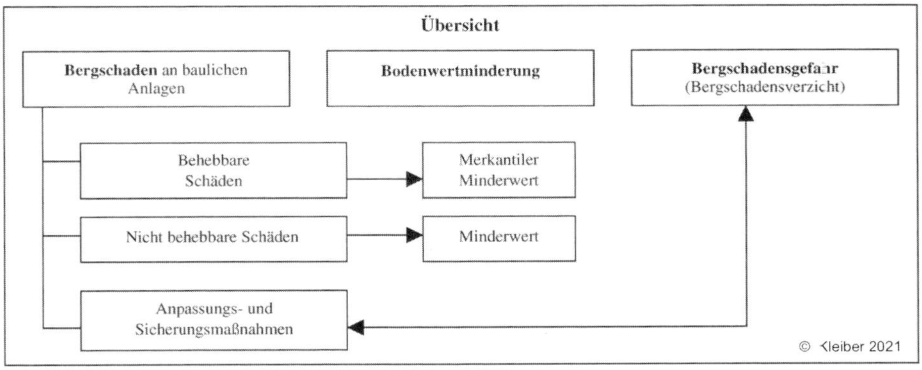

Der Bergschadensersatzanspruch verjährt im Übrigen nach § 117 Abs. 2 BBergG **nach drei Jahren,** gerechnet zum Zeitpunkt, zu dem der Ersatzberechtigte vom Schaden und der Person des Ersatzpflichtigen Kenntnis erlangt hat. Der Schadensersatzanspruch verjährt dagegen kenntnisunabhängig in dreißig Jahren nach Schadensentstehung[323]. 478

321 BGH, Urt. vom 02.10.1981 – V ZR 147/80 –, BGHZ 81, 385 = EzGuG 12.31a; BGH, Urt. vom 05.03.1993 – V ZR 87/91 –, NJW 1993, 1793 = EzGuG 12.115a.

322 Zum Bergschaden auf einem gepachteten Grundstück: BGH, Urt. vom 21.04.1993 – XII ZR 126/91 –, NJW-RR 1993,1034 = EzGuG 11.205a.

323 Finke, Die Verjährung von Bergschadensansprüchen, ZfB Bd. 137/1966, S. 197 ff.

10.4.4 Nicht behebbare Bergschäden (Minderwert)

10.4.4.1 Allgemeines

▶ *Zum merkantilen Minderwert vgl. § 8 ImmoWertV Rn. 380 ff.*

479 Ist die Behebung eines Bergschadens nicht oder nur zu einem Teil möglich (vgl. § 251 BGB), kann zur wertmäßigen Erfassung des Bergschadens nicht auf die Schadensbeseitigungskosten zurückgegriffen werden. In diesem Fall muss der **Minderwert** direkt ermittelt werden.

480 Nicht **behebbare oder nur mit unverhältnismäßig hohen Kosten zu beseitigende Bergschäden**[324] sind insbesondere:

Schieflage	=	eine durch ungleichmäßige Absenkung hervorgerufene Veränderung der Normallage eines Grundstücks, wobei aufstehende Gebäude diese Bewegung mitmachen;
Gefügelockerung	=	eine auch nach Ausführung von Reparaturarbeiten verbleibende Lockerung des Mauerwerkverbands;
Deformierung	=	Veränderung der ursprünglichen und baugerechten Lage von Bauwerksteilen (Verdrehung, Verdrillung, z.B. hervorgerufen durch unterschiedliche Absenkungen aus verschiedenen Richtungen und zu verschiedenen Zeiten);
Versumpfung	=	stauende Nässe, die die Nutzung des Grundstücks oder den Gebäudewert mindernd beeinträchtigt.

481 Zur Ermittlung des Minderwerts eines bergschadensbefangenen Grundstücks sind die **nicht behebbaren Bergschäden zu qualifizieren und ggf. messtechnisch zu erfassen.** Dies sind insbesondere

- eine Schieflage,
- eine Beeinträchtigung der Nutzbarkeit einhergehend mit erhöhten Bewirtschaftungskosten und verminderten Erträgen,
- eine Beeinträchtigung der Beleihbarkeit und Verkäuflichkeit,
- eine verminderte Restnutzungsdauer sowie
- verbleibende Gefügelockerung trotz vollständiger Rissbeseitigung.

Einzelschadensnachweise sind allerdings häufig nicht möglich. In der Praxis wird in den Steinkohlenrevieren auf das Gesamt-Minderwertabkommen zurückgegriffen[325].

482 Grundsätzlich bestehen zwei **Möglichkeiten zur Verkehrswertermittlung eines Grundstücks, dessen Bebauung nicht behebbare Bergschäden aufweist:**

a) Ermittlung des fiktiven Verkehrswerts auf der Grundlage eines mangelfreien Gebäudes sowie die gesonderte Ermittlung des Minderwerts:

	Verkehrswert des mangelfreien Grundstücks
–	Minderwert
=	Verkehrswert des mangelbehafteten Grundstücks

b) Direkte Ermittlung des mangelbehafteten Grundstücks. Der Minderwert ergibt sich dann aus dem Unterschied zwischen dem Verkehrswert des (fiktiv) mangelfreien sowie des mangelbehafteten Grundstücks.

---

324 RdVfg der OFD Düsseldorf vom 25.06.1968 (S 3204/3210 A St. 211).

325 Gesamt-Minderwertabkommen zwischen dem Verband bergbaugeschädigter Bau- und Grundeigentümer e. V. (VBHG) und der Ruhrkohle AG (RAG) vom 15./29.06.1987 i.d.F. vom 02.12.1984, ZfB 1995, 154; hierzu Finke in ZfB 1995, 154.

10.4.4.2 Ermittlung des Minderwerts (Minderwertregelung)

In der Regulierungspraxis der großen Bergsenkungsgebiete ist nach dem Minderungsabkommen die **isolierte Ermittlung des Minderwerts vorherrschend.** Der Verkehrswert des mangelbehafteten Grundstücks ergibt sich dann durch Abzug des Minderwerts von dem Verkehrswert, der für das fiktiv mangelfreie Grundstück ermittelt worden ist. Die Verkehrswertermittlung vollzieht sich demzufolge in drei Schritten (ohne Bodenwert): **483**

- Ermittlung des Gebäudesachwerts eines (fiktiv) mangelfreien Gebäudes,
- Ermittlung des Bergschadens, z.B. einer Schieflage,
- Ermittlung des Minderwerts als Vomhundertsatz des Gebäudesachwerts entsprechend dem Schadensgrad.

Beispiel: **484**

a) Ermittlung der Schieflage

Das zu bewertende Gebäude weist eine Schieflage auf.

Die Schieflage wird nach dem sog. **„Drei-Strahl-Verfahren“**[326] ermittelt.

Zur Ermittlung der Schieflage wird ausgehend von dem Höchstpunkt

- die Entfernung zu den übrigen drei Ecken in [m] und
- die Höhendifferenz der drei angemessenen Punkte in [mm] gegenüber dem Höchstpunkt gemessen (Abb. 54):

Abb. 54: Drei-Strahl-Verfahren

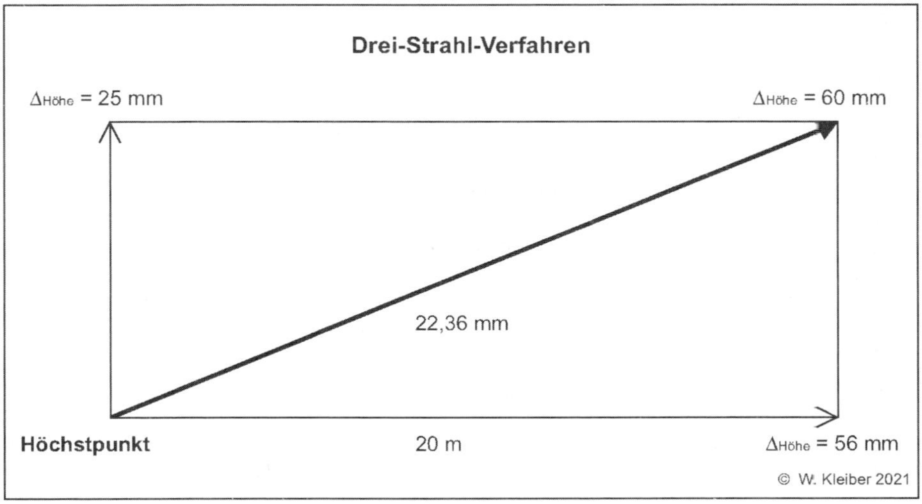

326 Eine einheitliche Vorgehensweise ist anzustreben. Das OLG Saarbrücken hat im Urt. vom 20.05.1960 – 3 U 45/95 –, BBauBl 1962, 18 = EzGuG 4.14. beklagt, dass Sachverständige bei unterschiedlicher Vorgehensweise zu unterschiedlichen Schieflagewerten kommen.

485 Die mittlere Schieflage ergibt sich dann aus dem arithmetischen Mittel der Quotienten aus der Höhendifferenz aller Strahlen zu ihrer jeweiligen Entfernung zum Höchstpunkt:

25 mm: 10,00 m =	2,50 mm/m		
60 mm: 22,36 m =	2,68 mm/m		
56 mm: 20,00 m =	2,80 mm/m		
Summe =	7,98 mm/m	: 3	= 2,66 mm/m

Die Schieflage wird in mm/m gemessen, d.h. in Promille angegeben. Will man zusätzlich noch eine etwaige Krümmung erfassen, muss mindestens ein vierter Punkt angemessen werden.

b) Ermittlung des Gebäudesachwerts (mangelfrei)

Der mangelfreie Gebäudesachwert sei mit 1 Mio. € ermittelt.

c) Ermittlung des Minderwerts

Der Minderwert wird mithilfe eines Vomhundertsatzes des Gebäudesachwerts ermittelt. Üblich ist

Mittlere Schieflage	Minderwertausgleich
bis 2 mm/m	kein Minderwertausgleich
ab 2 mm/m bis 15 mm/m	je 2 mm/m 1 % des Sachwerts
ab 15 mm/m bis 25 mm/m	je 1 mm/m 1,75 % des Sachwerts
über 25 mm/m	statt Minderung: Hebung

10.4.4.3 Steuerliche Bewertungspraxis

486 In der **steuerlichen Bewertungspraxis** (vgl. a.a.O.) sind folgende Abschläge üblich:

a) Ein starker *nicht behebbarer Bergschaden* liegt vor bei einer Schieflage von 20 mm/m und mehr, bei starker Gefügelockerung, bei Deformierung von Bauwerkteilen sowie bei Versumpfung.
Die Wertminderung, die durch Annahme einer verkürzten Restnutzungsdauer oder/und durch Abschlag zu berücksichtigen ist, beträgt hier 15 bis 25 v.H., in besonders begründeten Fällen jedoch auch mehr als 25 v.H. Bei einer Schieflage von mehr als 440 mm/m kann davon ausgegangen werden, dass die Restnutzungsdauer nicht mehr als zehn Jahre betragen wird.

b) Ein mittlerer nicht behebbarer Bergschaden liegt vor bei einer Schieflage von 8 mm/m bis unter 20 mm/m.
Die Wertminderung, die durch Annahme einer verkürzten Restnutzungsdauer oder/und durch Abschlag zu berücksichtigen ist, beträgt hier 5 bis 15 v.H.

c) Ein leichter nicht behebbarer Bergschaden liegt bei einer Schieflage von 2 mm/m bis unter 8 mm/m vor.
Die Wertminderung, die durch Annahme einer verkürzten Restnutzungsdauer oder/und durch Abschlag zu berücksichtigen ist, beträgt hier bis zu 5 v.H.

d) Starke behebbare Bergschäden liegen vor, wenn Bauwerkteile erneuert und starke Risse ausgemauert oder nachträglich Sicherungen und Verankerungen eingebaut werden müssen, wenn Schwebedecken eingebaut werden müssen, weil Deckenrisse mit herkömmlichen Mitteln nicht zu beseitigen sind. Starke behebbare Schäden liegen außerdem vor, wenn Abstützmaßnahmen erforderlich sind und wenn die Standsicherheit gefährdet erscheint; wenn infolge Gefällestörungen die Entwässerung gestört ist; ferner, wenn sich Versumpfungserscheinungen zeigen, die beispielsweise das Mauerwerk durchfeuchten.

e) Der Abschlag kann 15 v.H. und mehr betragen.

f) Mittlere behebbare Bergschäden liegen vor, wenn Risse in Decken, Innen- und Außenwänden auftreten, die durch Ausfüllen mit Mörtel oder mit anderem Material abgedichtet werden müssen, aber noch nicht unter a) fallen.
Der Abschlag kann 5 bis 15 v.H. betragen.

g) Von leichten behebbaren Bergschäden kann gesprochen werden, wenn Risse lediglich in Innenräumen auftreten.
Der Abschlag darf höchstens 5 v.H. betragen.

10.4.5 Anpassungs- und Bergschadenssicherungsmaßnahmen

Maßnahmen zur Bergschadenssicherung sind bei Anwendung des Ertrags- und Sachwertverfahrens unterschiedlich zu berücksichtigen: 487

- Bei Anwendung des *Ertragswertverfahrens* können Maßnahmen zur Bergschadenssicherung außer Betracht bleiben, da für den Gebäudeertragswert allein die künftige Rendite unabhängig von den aufgebrachten Kosten ist. Allenfalls bei Maßnahmen, die auf Dauer die Bebaubarkeit des Grundstücks sichern und dem Grund und Boden zuzurechnen sind, können solche Maßnahmen eine sonst dafür anzusetzende Bodenwertminderung ausgleichen. In diesem Fall kann von dem Bodenwert eines unbelasteten Grundstücks ausgegangen werden.
- Bei Anwendung des *Sachwertverfahrens* sind außergewöhnliche Gründungen durch besonderen Zuschlag zu erfassen. Deshalb ist im Einzelfall zu prüfen, ob vorhandene Bergschadenssicherungen als außergewöhnliche Gründungen anzusehen sind (vgl. auch Abschn. 39 Abs. 1 BewRGr.). Der Zuschlag für außergewöhnliche Gründungen (Bergschadenssicherungen) darf den Abschlag vom Bodenwert wegen Bergschäden und Bergschadensgefahren nicht übersteigen. Oftmals werden sich die Bergschäden und Bergschadensgefahren schon im durchschnittlichen Bodenwert (Bodenrichtwert) mindernd ausgewirkt haben. Dann kommt bei der Verkehrswertermittlung des Einzelgrundstücks ein besonderer Abschlag vom Bodenwert wegen des Bergschadens und der Bergschadensgefahr nicht in Betracht. In solchen Fällen ist der Zuschlag für außergewöhnliche Gründungen (Bergschadenssicherungen) auf den Betrag zu begrenzen, um den der Bodenwert des Einzelgrundstücks höher liegen würde, wenn Bergschäden und Bergschadensgefahren bei der Ermittlung durchschnittlicher Bodenwerte (Bodenrichtwerte) unberücksichtigt geblieben wären.

10.4.6 Behebbare Bergschäden

Behebbare Bergschäden werden zweckmäßigerweise durch einen entsprechenden **Abschlag vom Ertrags- oder Sachwert** berücksichtigt (vgl. § 82 Abs. 3 und § 87 BewG). Dies gilt bei Anwendung des Ertragswertverfahrens insbesondere dann, wenn der Bergschaden keinen Einfluss auf die Ertragsverhältnisse hat. Wertneutralität ist gegeben, wenn ein Anspruch auf Schadensbeseitigung gegenüber dem Bergwerksunternehmer besteht. Da dieser Anspruch dem Eigentümer ad personam zusteht, muss dies allerdings bei der Verkehrswertermittlung in aller Regel unbeachtlich bleiben. 488

10.4.7 Bodenwertermittlung in Bergschadensgebieten

Ein Bergschaden findet bei der Bodenwertermittlung nur dann eine besondere Berücksichtigung, wenn von **Vergleichspreisen bzw. Bodenrichtwerten ausgegangen** wurde, **die nicht durch Bergschäden beeinflusst sind.** Dies ist insbesondere bei Anwendung des Sachwertverfahrens von Bedeutung, weil bei Anwendung des Ertragswertverfahrens, wenn von der Anwendung dieses Verfahrens auf Grundstücke abgesehen wird, deren Bebauung nur noch eine kurze Restnutzungsdauer aufweisen, ohnehin die Bodenwertermittlung für das Gesamtergebnis von eher untergeordneter Bedeutung ist. 489

490 In der **steuerlichen Bewertung** werden Abschläge bis zu 10 v.H. an dem Bodenwert eines unbelasteten Grundstücks angebracht.

491 Insbesondere im Hinblick darauf, dass in Gebieten, die allgemein bergbaulichen Einflüssen unterworfen sind, die herangezogenen Vergleichspreise etwaige Bodenwertminderungen bereits im allgemeinen Sinne „innehaben", hat die Rechtsprechung einen Anspruch gegenüber dem Gutachterausschuss für Grundstückswerte abgelehnt, die **Wertminderung in einem Gutachten gesondert „auszuwerfen"** oder darüber ein eigenständiges Gutachten zu erstatten[327].

10.4.8 Merkantiler Mehr- und Minderwert

▶ *Allgemeines zum merkantilen Minderwert vgl. § 8 ImmoWertV Rn. 380 ff.; bei Altlasten § 5 ImmoWertV Rn. 356*

492 Nach den §§ 249 und 251 BGB ist ein merkantiler Minderwert ersatzfähig. Ein merkantiler Minderwert ist die **Minderung des Verkehrswerts,** die im Grundstücksverkehr trotz ordnungsgemäßer Instandsetzung eines behebbaren Bergschadens schon im Hinblick auf den Verdacht verborgen gebliebener Schäden eintritt.

493 Ein ersatzfähiger merkantiler Minderwert liegt also vor, wenn der Grundstücksverkehr ein Bauwerk im Hinblick auf die Einwirkungen des Bergbaus und seiner Folgen wertmäßig geringer einschätzt als vor dem Eingriff. Gemäß den §§ 114 und 117 BBergG ist deshalb neben dem Wiederherstellungsaufwand für die Beseitigung bergbaubedingter Substanzschäden an dem betroffenen Gebäude der **Minderwert** zu ersetzen, **der trotz ordnungsgemäßer Beseitigung der Schäden verbleibt**[328].

494 Ein merkantiler Minderwert setzt dabei allerdings nach Schadensart und Schadensumfang ein **schädigendes Ereignis von Gewicht** voraus, z.B. Eingriffe in die Tragwerkskonstruktion oder eine durch Unterfangen eines Gebäudes bzw. Hebung ausgeglichene Schieflage. Eingriffe in die Tragkonstruktion oder die Hebung des Gebäudes sind allerdings nicht Voraussetzung für einen merkantilen Minderwert[329].

495 **Bei Bergschäden wird der merkantile Minderwert i.d.R. in einem Vomhundertsatz des Gebäudesachwerts ermittelt.** Diese Praxis ist insbesondere bei Gebäuden, die in besonders hochwertiger Lage errichtet worden sind, nicht unproblematisch, da Gebäude und Boden in einer Schicksalsgemeinschaft stehen. In solchen Fällen ist deshalb die besondere Lagewertigkeit des Grund und Bodens zusätzlich zu berücksichtigen.

496 Nach der Rechtsprechung des OLG Düsseldorf[330] ist ein merkantiler Minderwert zu gewähren, der der Höhe nach durch die in einem Zeitraum von ca. 5 bis 10 Jahren zu erwartenden Schädigungen geprägt ist.

497 Das zwischen dem Verband bergbaugeschädigter Haus- und Grundeigentümer e. V. (VBHG) und der Ruhrkohle AG (RAG) ausgehandelte **Gesamtwertminderungsabkommen**[331] sieht zur Ermittlung des merkantilen Minderwerts von Bergschäden folgendes Verfahren vor:

a) Bei *Schieflagen unter 2 mm/m* wird ein Minderwertausgleich grundsätzlich nicht geleistet.

b) Bei *Schieflagen zwischen 2 mm/m und 15 mm/m* beträgt der Minderwert je 2 mm/m Schieflage 1 % des im Wege des Sachwertverfahrens ermittelten Gebäudewerts.

---

327 OVG Münster, Urt. vom 23.01.1984 – 10 a 23 66/79 –, MittDST 1985, 1186 = EzGuG 4.95; Vorinstanz: VG Gelsenkirchen, Urt. vom 21.06.1978 – 5 K 29 77/78 –, MittDST 1985, 1186 = EzGuG 4.57.

328 Boldt/Weller/Nöscher, BBergG, 2. Aufl. 2015, § 144 BBergG Rn. 48; Piens/Schulte/Vilzhum, BbergG, Komm., 2. Aufl. 2013, § 117 BBergG Rn. 8; Schürken in DWW 1987, 134 ff., OLG Saarbrücken, Beschl. vom 16.05.1994 – 4 W 174/94 –, GuG 1995, 314 = EzGuG 4.157; BGH, Urt. vom 20.04.1981 – III ZR 186/79 –, BRS Bd. 45 Nr. 173 = EzGuG 4.75; BGH, Urt. vom 19.09.1985 – VII ZR 158/84 –, NJW 1986, 428 = EzGuG 19.39d.

329 OLG Düsseldorf, Urt. vom 04.02.2000 – 7 U 67/98 –, GuG 2001, 123 = EzGuG 4.176a.

330 OLG Düsseldorf, Urt. vom 04.02.2000 – 7 U 67/98 –, GuG 2001, 123 = EzGuG 4.176a.

331 Abkommen vom 12.12.2001, GuG 2002, 176.

c) Bei *Schieflagen über 15 mm/m* wird der Minderwert im Wege einer Einzelfallregelung vereinbart. Regelmäßig soll bei Schieflagen über 15 mm/m bis 25 mm/m der Minderwert je 1 mm/m Schieflage 1,75 % des im Wege des Sachwertverfahrens ermittelten Gebäudewerts betragen. Bei Schieflagen von 25 mm/m und mehr, bei denen eine Hebung nicht möglich oder der RAG nicht zumutbar ist, soll die Zunahme des Minderwerts je 1 mm/m Schieflage 2,75 % des im Wege des Sachwertverfahrens ermittelten Gebäudewerts betragen.

Sind bereits Minderwerte abgegolten worden, sind zusätzliche Minderwertausgleiche nur bei Zunahme der Schieflage ab 2 mm/m nach den Grundsätzen der lit. b und c zu leisten; dabei werden bereits geleistete Minderwertausgleiche angerechnet.

Weiterhin gelten folgende **Anhaltswerte**, wenn eine Einigung nach vorstehenden Grundsätzen nicht erzielt werden kann:

- Bei *Schieflagen unter 5 mm/m* beträgt der Minderwert in Abhängigkeit von Gebäude- und Nutzungsart je 3–4 mm/m Schieflage 1 % des im Wege des Sachwertverfahrens ermittelten Gebäudewerts.
- Bei *Schieflagen ab 5 mm/m* beträgt der Minderwert in Abhängigkeit von Gebäude- und Nutzungsart je 3–4 mm/m Schieflage 1 % des im Wege des Sachwertverfahrens ermittelten Gebäudewerts.
- Sind bereits Minderwerte abgegolten worden, sind zusätzliche Minderwertausgleiche nur bei Zunahme der Schieflage ab 3–4 mm/m nach den vorstehenden Grundsätzen für die volle Schieflage vorzunehmen; dabei werden bereits geleistete Minderwertausgleiche (ausgedrückt in % des im Wege des Sachwertverfahrens ermittelten Gebäudewerts) angerechnet.

Ein Anspruch auf Ersatz eines **bergbaubedingten merkantilen Minderwerts** kommt insbesondere in Betracht:

- nach einer Hebung des Gebäudes,
- nach einem sonstigen erheblichen Eingriff in die Tragwerkskonstruktion,
- bei anderweitigen erheblichen Substanzschäden, die einzeln oder kumuliert objektiv geeignet erscheinen, bei Dritten ernsthafte und nachvollziehbare Befürchtungen aufkommen zu lassen.

Der merkantile Minderwert – ausgedrückt in einem Vomhundertsatz des im Wege des Sachwertverfahrens ermittelten Gebäudewerts – ergibt sich als Produkt der Faktoren A 1/A 2 (Reparaturaufwand und Verhältnis zum Gebäudewert), dem Faktor B (Art der Schadensbeseitigung) und dem Faktor C (Verkäuflichkeit des Gebäudes). Bei **Gebäuden mit einer Restnutzungsdauer von < 50 Jahren wird grundsätzlich kein merkantiler Minderwert** anerkannt (Abb. 55 f.).

Abb. 55: Faktor A 1 und A 2 zur Berechnung des merkantilen Minderwerts gem. Anlage des Gesamtminderwertabkommens VBHG/RAG

Anlage zum Gesamt-Minderwertabkommen VBHG/RAG Berechnungstabelle „merkantiler Minderwert“ zu Teil 2 Ziffer II des Abkommens					
	Faktor A 1 [%] **Erheblicher Substanzschaden** Reparaturaufwand		**Faktor A 2 [%]** **Erheblicher Eingriff in die Tragwerkskonstruktion** Reparaturaufwand		
	> 30 und < 50 % des GW oder 75 000 €	> 50 % des Gebäudewerts	> 10 und < 30 % des GW, mindestens 20 000 €	> 30 und < 60 % des GW, mindestens 30 000 €	< 60 % des Gebäudewerts, mindestens 40 000 €
RND in Jahren	**Schadensgrad** in % des GW		**Schadensgrad** in % des GW		
50–69	3	4	2	3	4
70–79	4	5	3	4	5
80–89	5	6	4	5	6
90–99	6	7	5	6	7

Abb. 56: Faktor B und C zur Berechnung des merkantilen Minderwerts gem. Anlage des Gesamtminderwertabkommens VBHG/RAG

Anlage zum Gesamt-Minderwertabkommen VBHG/RAG Berechnungstabelle „merkantiler Minderwert“ zu Teil 2 Ziffer II des Abkommens							
Faktor B **Art der Schadensbeseitigung** Reparaturverfahren					**Faktor C** **Verkäuflichkeit des Grundstücks** Einordnung		
Restnutzungsdauer in Jahren	Standard	Hebung: unter Fundament	Hebung: unter Decke	Ausgleichselemente	gut	normal	schlecht
Korrekturfaktor					**Korrekturfaktor**		
50–69	1	1	1,2	1,3–1,5	0,8	1	1,1
70–79	1	1	1,2	1,3–1,5	0,8	1	1,1
80–89	1	1	1,2	1,3–1,6	0,8	1	1,1
90–99	1	1	1,2	1,3–1,6	0,8	1	1,1

10.4.9 Bergschadensgefahr und Bergschadensverzicht

10.4.9.1 Allgemeines

▶ *In der Beleihungswertermittlung vgl. Teil IX Rn. 119 ff.*

Außer der Wertminderung wegen Bergschäden kann auch eine Wertminderung[332] wegen **Bergschadensgefahr** (auch wegen der als Folge bereits eingetretener Bergschäden mit Sicherheit noch zu erwartenden weiteren Schäden) für Grundstücke in Gebieten in Betracht kommen, in denen Bergbau umgegangen war. **498**

Bei der **Verkehrswertermittlung** unbebauter Grundstücke kommt eine Wertminderung wegen Bergschadensgefahr nur dann in Betracht, wenn sich die Schadensgefahr nicht schon in den durchschnittlichen Bodenwerten (Bodenrichtwerte) mindernd ausgewirkt hat. **499**

Für die **Bemessung der Wertminderung** sind bedeutsam: **500**

a) Art des Abbaus,

b) Ausmaß der Bergschadenssicherungen,

c) Bergschadensverzicht.

Beim oberflächennahen Abbau (bei einer Teufe bis ca. 100 m) **ist die Gefahr einer Schädigung zeitmäßig nicht zu begrenzen.** Die durch Bergbau geschaffenen Hohlräume brechen infolge des geringen Gebirgsdrucks häufig erst nach Jahrzehnten zusammen. In Einzelfällen sind Hohlräume selbst nach mehr als hundert Jahren festgestellt worden. Beim Abbau in mittlerer Teufe (von ca. 100 m bis ca. 400 m) oder in größerer Teufe (mehr als 400 m) wird wegen des zunehmenden Gebirgsdrucks der Zeitfaktor der Einwirkungen verkürzt. **501**

Bei den **Bergschadenssicherungen** ist zu unterscheiden zwischen Vollsicherung und Teilsicherung. Vollsicherungen sind Maßnahmen, die grundsätzlich Schäden bergbaulicher Art verhindern sollen (Dreipunktlagerung). In Ausnahmefällen werden jedoch trotz Vollsicherung Schäden entstehen können (z.B. Versumpfung, Tagesbrüche). Bei Teilsicherungen wird die schädliche Einwirkung des Bergbaus gemindert, jedoch nicht verhindert. Teilsicherungen sind beispielsweise eine Betonplatte, Fundamentverstärkungen, Betonwannen, Ringverankerungen, Trennfugen. **502**

10.4.9.2 Bergschadensverzicht

Verschiedentlich verzichtet ein Grundstückseigentümer gegenüber dem Bergbau vertraglich auf Ersatz von Bergschaden (Bergschadensverzicht). Zu unterscheiden ist **zwischen Vollverzicht** (Ausschluss jeglichen Schadenersatzes) **und Teilverzicht** (Schäden bis zu einer bestimmten Höhe trägt der Eigentümer). Geht ein Vollverzicht den Ansprüchen des Kreditinstituts im Rang vor, so ist das Grundpfandrecht nicht als deckungsstockfähig anzusehen. Ein **vorrangiger Teilverzicht** muss in voller Höhe, d.h. in Höhe des vom Eigentümer selbst zu tragenden Schadensanteils (wie ein Selbstbehalt bei der Feuerversicherung), von der Beleihungsgrenze abgezogen werden. **503**
Ein **nachrangiger Voll- oder Teilverzicht** beeinträchtigt hingegen den Wert des Grundstücks, mindert aber darüber hinaus nicht die Beleihungsgrenze. Häufig haben Kreditinstitute eigene Regelungen zum Umgang mit Bergschadensverzichten. Die Entscheidung, wie mit einem Bergschadenverzicht im Kreditprozess umzugehen ist, obliegt dem Kreditinstitut, nicht dem Gutachter.

Der **Bergschadensverzicht kann mit dinglicher Sicherung,** die im Grundbuch einzutragen ist, **oder** auch nur **durch schuldrechtliche Vereinbarung** vereinbart werden. **504**

---

332 BFH, Urt. vom 16.10.1997 – IV R 5/97 –, BFHE 184, 453 = BStBl. II 1998, 185 = EzGuG 4.170a.

- Die dingliche Sicherung erfolgt durch Begründung einer Grunddienstbarkeit am Grundstück zugunsten des Bergwerkseigentümers, die im Grundbuch eingetragen wird.
- Bei schuldrechtlich vereinbartem Verzicht gilt der Verzicht lediglich zwischen den Vertragsparteien.

Der schuldrechtliche Verzicht ohne Grundbucheintrag könnte vom Kreditnehmer verschwiegen werden, sodass das Kreditinstitut nichts von der Vereinbarung erfährt. Sofern der Gutachter Anlass hat zu vermuten, dass ein solcher Bergschadensverzicht besteht, muss er im Gutachten darauf hinweisen. Dies kann u.a. dann der Fall sein, wenn das Bergbauunternehmen bereits einen Bergschaden auf dem Grundstück reguliert hat oder es in der Region bereits mehrere Bergschäden gegeben hat.

Der Bergschadenverzicht geht dem Grundpfandrecht im Rang vor, wenn er im Grundbuch an besserer Rangstelle eingetragen ist bzw. wenn er schuldrechtlich vor Abschluss des Kreditvertrags vereinbart wurde.

505 **Maßstab für den Bergsschadensverzicht** sind i.d.R. die Kosten der Bergschadenssicherungsmaßnahmen:

- Bei *Wohngebäuden* ist eine Beschränkung des Nichtersatzes von Bergschadenssicherungsmaßnahmen auf 3 % der Herstellungskosten üblich.
- Bei empfindlich auf Bodenbewegungen reagierenden *Gewerbe- und Industriegebäuden* ist ein Nichtersatz bis zu einer Höhe von 7,5 % der Herstellungskosten üblich[333].

Der Abschlag wegen Bergschadensgefahr ist auch dann zu gewähren, wenn eine Wertermäßigung wegen Bergschäden in Betracht kommt.

506 Beim Vorliegen eines **Vollverzichts** beträgt der Abschlag i.d.R. 10 v.H. (in Ausnahmefällen auch bei Vollsicherung). In besonders begründeten Einzelfällen kann der Abschlag jedoch noch höher bemessen werden.

- Im Falle des dinglich gesicherten Vollverzichts besteht keinerlei Anspruch auf Bergschadensersatz.
- Im Falle des schuldrechtlich vereinbarten Vollverzichts kann ein Einzelrechtsnachfolger des Verzichtenden u.U. vom Eigentumserwerb an neue Schadensersatzansprüche geltend machen. Das gilt aber nur dann, wenn der Einzelrechtsnachfolger nicht an die schuldrechtliche Vereinbarung gebunden ist.

507 Beim Vorliegen eines **Teilverzichts** kann der Abschlag bis auf 10 v.H. erhöht werden (in Ausnahmefällen auch bei Vollsicherung).

508 Der Teilverzicht ist i.d.R. beschränkt auf Ersatz in Höhe des infolge bergbaulicher Einwirkungen geminderten Verkehrswerts des Grundstücks.

10.4.9.3 Steuerliche Bewertung

509 In der steuerlichen Bewertungspraxis[334] werden folgende **Abschläge wegen Bergschadensgefahr** angesetzt (Abb. 57):

333 Weiterführend Schürken, GuG 1997, 129; Mühlenbeck, Bewertung von Bergschadensverzichten, Das Markscheidewesen, Verlag Glückauf Essen 1997, S. 2; Drisch/Schürken, Bewertung von Bergschäden und Setzungsschäden an Gebäuden, Hannover 1995.

334 Zur Verkehrswertermittlung und Einheitsbewertung vgl. Spraje, DWW 1992, 281.

Abb. 57: Abschläge wegen Bergschadensgefahr

	bei oberflächennahem Abbau %		bei Abbau in mittlerer Teufe %*)		bei Abbau in größerer Teufe % **)	
bei bebauten Grundstücken						
bei Vollsicherung	i.d.R.	0	i.d.R.	0	i.d.R.	0
bei Teilsicherung	bis höchstens	7	bis höchstens	5	bis höchstens	3
ohne Bergschadenssicherung	bis höchstens	10	bis höchstens	7	bis höchstens	5
bei unbebauten Grundstücken	bis höchstens	10	bis höchstens	7	bis höchstens	5

*) Wenn 10 Jahre lang nach Beendigung des Abbaus keine Bergschäden eingetreten sind, kommen im Allgemeinen Abschläge wegen Bergschadensgefahr nicht in Betracht.

**) Wenn 5 Jahre lang nach Beendigung des Abbaus keine Bergschäden eingetreten sind, kommen im Allgemeinen Abschläge wegen Bergschadensgefahr nicht in Betracht.

Bei unbebauten Grundstücken können in besonders begründeten Einzelfällen **die Abschläge höher als 10, 7 oder 5 v.H. sein,** wenn nachgewiesen wird, dass bei einer Bebauung Sicherungsmaßnahmen erforderlich sein werden, deren Kosten die vorbezeichneten Abschläge bei Weitem übersteigen werden.

11 Flächen zur Erzeugung erneuerbarer Energien

11.1 Allgemeines

▶ *Vgl. § 2 ImmoWertV Rn. 29 ff.; § 4 ImmoWertV Rn. 41; § 8 ImmoWertV Rn. 181 f.; § 21 ImmoWertV Rn. 109; zur Ausstattung von Wohnungen vgl. § 31 ImmoWertV Rn. 125*

Von den Gutachterausschüssen werden zunehmend Verkäufe vornehmlich land- und forstwirtschaftlicher Grundstücke zur Bebauung mit Anlagen zur Energiegewinnung ausgewertet, insbesondere für **510**

- Windenergieanlagen,
- Biogasanlagen und
- Solaranlagen.

11.2 Windenergieanlagen

Schrifttum: *Thiemann,* Wertermittlung im Kontext mit Windenergieanlagen, RdL 2013, 261.

Der Obere Gutachterausschuss für Grundstückswerte im Lande *Brandenburg* hat 2015 durchschnittliche Kaufpreise unbebauter Flächen ermittelt, die künftig für Windenergieanlagen genutzt werden sollen: **511**

Durchschnittspreise für Verkäufe von unbebauten Flächen für eine künftige Nutzung mit Windenergieanlagen (2013–2015) in Brandenburg*			
Grundstücksart	**Anzahl**	**Durchschnitt €/m²**	**Preisspannen unbebauter Flächen zur Errichtung von Windenergieanlagen €/m²**
Flächen für die Errichtung von Windenergieanlagen ohne Differenzierung	25	2,14	0,28 bis 7,31
Standortflächen	7	2,96	0,31 bis 7,35
Wegeflächen*	6	6,37	2,31 bis 11,10
Abstandsflächen	2	1,12	–
Sonstige Flächen	5	2,03	0,58 bis 4,10

* Bei drei oder weniger auswertbaren Kaufverträgen erfolgt keine Angabe einer Preisspanne

11.3 Biogasanlagen

Schrifttum: *Döhler, H./Döhler, S./Niebaum A./Wirth, B.,* Faustzahlen Biogas, 2. Aufl. KTBL-Taschenbuch Darmstadt 2009; *Eder, B./Schulz, H.,* Biogas Praxis, 4. Aufl. 2007; *Fischer/Lorenz/ Biederbeck,* Bewertung einer Biogasanlage, Neue Fallstudien zur Wertermittlung von Immobilien, 2. Aufl. Bundesanzeiger Verlag S. 249; *Homes, M.,* Biogasanlagen – Grundlagen und Wertermittlungsaufgaben, Nachr. der nds. Kat.- und VermVw. 2007, 26; *Jennissen, H-P.,* Bewertung von Biogasanlagen, GuG 2016, 16; *Karg, H.,* Wertermittlung landwirtschaftlicher Biogasanlagen, HLBS Verlag 2007; *Troff, H.,* Biogasanlagen – Grundlagen und Wertermittlung, GuG 2013, 145; *Roos, P.,* Verkehrswertgutachten einer Biogasanlage, GuG 2007, 202.

▶ *Vgl. Rn. 234 ff., 241*

512 Bei Verkäufen unbebauter Flächen für eine künftige Nutzung mit Biogasanlagen ist zu unterscheiden zwischen der Errichtung und dem Betrieb von Biogasanlagen

a) im Zusammenhang mit der Bewirtschaftung eines Landwirtschaftsbetriebs und

b) gewerblichen (meist größeren) Anlagen.

Der Obere Gutachterausschuss für Grundstückswerte im *Land Brandenburg* (2015) hat diesbezüglich unterschiedliche Verkaufspreise registriert:

Durchschnittspreise für Verkäufe unbebauter Flächen für eine künftige Biogasanlagennutzung in Brandenburg 2013–2015			
Grundstücksart	**Anzahl**	**Durchschnitt €/m²**	**Preisspanne unbebauter Flächen zur Errichtung von Biogasanlagen €/m²**
Unbebaute Bauflächen in GE- und SO-Bebauungsplangebieten	3	12,27	-
Land- und forstwirtschaftlich nutzbare Fläche	2	1,43	-
Sonstige Flächen	17	3,81	1,00–12,35

Quelle: Grundstücksmarktbericht Brandenburg 2015

11.4 Solar- und Photovoltaikanlagen

Schrifttum: *Kolb, H.*, Bewertung von Immobilien mit Photovoltaikanlagen GuG 2013, 137 ff.; *Troff, H.*, Bewertung von Grundstücken mit erneuerbaren Energien, München 2015; vdp-RdSchr Photovoltaikanlagen-Aufdachanlagen vom 19.09.2011; *Schaumann, P.*, Photo-Voltaikanlagen und Mieterstrom in der Immobilienbewertung, GuG 2024, 156; *Wölfle, M.*, GuG 2019, 270.

▶ *Vgl. § 2 ImmoWertV Rn. 28 ff.; § 8 ImmoWertV Rn. 196 f.; § 21 ImmoWertV Rn. 109; zur Ausstattung von Wohnungen vgl. § 31 ImmoWertV Rn. 125; § 33 ImmoWertV Rn. 33*

Der Obere Gutachterausschuss für Grundstückswerte im Land *Brandenburg* hat 2015 nachstehende Durchschnittspreise für Verkäufe von unbebauten Flächen für eine künftige Nutzung mit Solar- und Photovoltaikanlagen ermittelt: 513

Durchschnittspreise für Verkäufe von unbebauten Flächen für eine künftige Nutzung mit Solar- und Photovoltaikanlagen (2013–2015) in Brandenburg			
Grundstücksart	**Anzahl**	**Durchschnitt €/m²**	**Preisspannen unbebauter Flächen zur Errichtung von Solar- und Photovoltaikanlagen €/m²**
Unbebaute Bauflächen in GE- und SO-Bebauungsplangebieten	31	6,79	0,52 bis 20,01
sonstige Flächen	28	3,38	0,63 bis 12.35

Quelle: Grundstücksmarktbericht 2015

Nach dem Erlass der Obersten Finanzbehörden der Länder vom 06.03.2024 – S 3015 – (BStBl I 2024, 378) bestimmt sich der **Bodenwert von Grundstücken mit Windkraftanlagen oder Freiflächen-Photovoltaikanlagen** gem. § 179 BewG grundsätzlich nach dem vom örtlichen Gutachterausschuss festgestellten Bodenrichtwert für eine dementsprechende Nutzung, z.B. für Bauflächen für Energieerzeugung (EE). Ist ein derartiger Bodenrichtwert nicht verfügbar, aber werden aus dem Bereich der Gutachterausschüsse der jeweiligen Länder anderweitige geeignete Daten, z.B. Faktoren zum Bodenrichtwert für Ackerlandflächen, zur Bodenwertermittlung von Grundstücken mit Windkraftanlagen oder Freiflächen-Photovoltaikanlagen zur Verfügung gestellt, sind diese anzuwenden. 514

§ 4 ImmoWertV
Alter, Gesamt- und Restnutzungsdauer

(1) Das Alter einer baulichen Anlage ergibt sich aus der Differenz zwischen dem Kalenderjahr des maßgeblichen Stichtags und dem Baujahr.

(2) Die Gesamtnutzungsdauer bezeichnet die Anzahl der Jahre, in denen eine bauliche Anlage bei ordnungsgemäßer Bewirtschaftung vom Baujahr an gerechnet üblicherweise wirtschaftlich genutzt werden kann.

(3) Die Restnutzungsdauer bezeichnet die Anzahl der Jahre, in denen eine bauliche Anlage bei ordnungsgemäßer Bewirtschaftung voraussichtlich noch wirtschaftlich genutzt werden kann. Die Restnutzungsdauer wird in der Regel auf Grundlage des Unterschiedsbetrags zwischen der Gesamtnutzungsdauer und dem Alter der baulichen Anlage am maßgeblichen Stichtag unter Berücksichtigung individueller Gegebenheiten des Wertermittlungsobjekts ermittelt. Individuelle Gegebenheiten des Wertermittlungsobjekts wie beispielsweise durchgeführte Instandsetzungen oder Modernisierungen oder unterlassene Instandhaltungen des Wertermittlungsobjekts können die sich aus dem Unterschiedsbetrag nach Satz 2 ergebende Dauer verlängern oder verkürzen.

Gliederungsübersicht *Rn.*

1 Alter, Gesamt- und Restnutzungsdauer nach § 4 ImmoWertV

1.1 Übersicht

Schrifttum: *Bund technischer Experten (BTE)* Arbeitsgruppe; Statistische Auswertung der Umfrageergebnisse der BTE-Kollegen; *IFB Forschungsbericht F2464, Fraunhofer ITRB Verlag 2005:* Lebensdauer der Baustoffe und Bauteile zur Harmonisierung der wirtschaftlichen Nutzungsdauer im Wohnungsbau; Endbericht Lebens- und Nutzungsdauer von Bauteilen; WertR 2006.

▶ *Syst. Darst. des Sachwertverfahrens Rn. 185 ff.; Syst. Darst. des Ertragswertverfahrens Rn. 265; § 21 ImmoWertV Rn. 122; § 32 ImmoWertV Rn. 148 ff.; § 38 ImmoWertV Rn. 8 ff.; § 39 ImmoWertV Rn. 24, 33*

1 § 4 ImmoWertV regelt in einer eigenständigen Vorschrift die Begriffe Alter einer baulichen Anlage sowie die Gesamt- und Restnutzungsdauer.

2 Die Vorschrift steht in engem Zusammenhang mit § 12 Abs. 5 Satz 1 ImmoWertV, mit dem insbesondere den Gutachterausschüssen für Grundstückswerte befohlen wird, der Ermittlung der für die Wertermittlung erforderlichen Daten die Gesamtnutzungsdauer nach den Modellansätzen der Anl. 1 ImmoWertV zugrunde zu legen, auch wenn diese nicht der Gesamtnutzungsdauer i.S. der mit § 4 ImmoWertV gegebenen Definition entspricht. Dies gilt entsprechend für die mit Anl. 2 zur ImmoWertV vorgegebenen Modellansätze zur Ermittlung der Restnutzungsdauer im Falle einer vorangegangenen Modernisierung der baulichen Anlage. Dies betrifft insbesondere die Ableitung von Liegenschaftszinssätzen, Vergleichswert- und Sachwertfaktoren, Erbbaurechts- und Erbbaugrundstücksfaktoren sowie Erbbaurechts- und Erbbaugrundstückskoeffizienten. Werden die nach den gegebenen Vorgaben abgeleiteten erforderlichen Daten der Wertermittlung herangezogen, sind die den Gutachterausschüssen für Grundstückswerte verbindlich vorgegebenen Modellansätze im Rahmen der Ermittlung des vorläufigen Verfahrenswerts nach dem Grundsatz der Modell- und Referenzkonformität auch für den Anwender verbindlich.

3 Für die Ermittlung des Verkehrswertanteils baulicher Anlagen ist **allein die an der wirtschaftlichen Nutzungsfähigkeit orientierte „*wirtschaftliche*" Gesamtnutzungsdauer der baulichen Anlage und nicht ihre *technische Lebensdauer*[1] von Bedeutung**. Die technische Lebensdauer ist im Hinblick auf die **Ermittlung der Restnutzungsdauer einer baulichen Anlage bei zurückliegender Modernisierung** von Bedeutung (vgl. Rn. 15).

4 In der WertV 72 wurde noch zwischen der „Restnutzungsdauer" und der „Restlebensdauer" unterschieden. In § 17 Abs. 2 WertV 72 war die **Restlebensdauer** als die Anzahl der Jahre definiert, die die bauliche Anlage physisch Bestand hat. Da der physischen Existenz einer baulichen Anlage bei ordnungsgemäßer Instandhaltung kaum Grenzen[2] gesetzt sind und es auch bei Sachwertobjekten allein auf die wirtschaftliche Verwendbarkeit einer baulichen Anlage ankommt, wurde bereits mit der WertV 88 die Unterscheidung zwischen Restnutzungsdauer und Restlebensdauer aufgegeben[3]. Soweit eine technisch zwar noch langfristig verwendungsfähige bauliche Anlage wirtschaftlich verbraucht ist, kann bei vernünftiger wirtschaftlicher Betrachtungsweise eine Restnutzungsdauer nicht mehr angesetzt werden[4]. Umgekehrt ist eine wirtschaftliche Nutzung nur so lange möglich, wie es die technisch bedingte Lebensdauer der baulichen Anlage zulässt. Sowohl beim Ertragswertverfahren als auch bei Anwendung des Sachwertverfahrens soll es allein auf die wirtschaftliche Restnutzungsdauer ankommen.

---

1 BFH, Urt. vom 23.05.1980 – III R 117/78 –, BFHE 130, 547 = BStBl II 1980, 561 = EzGuG 3.62d.

2 Treffend hat der Eigentümer des Hauses Gerberau 20 in Freiburg im Breisgau sein Haus mit der Inschrift versehen „Wenn dieses Haus so lang besteht, bis in der Welt der Neid vergeht, dann wird es wohl so lang bestehen, bis dass die Welt wird untergehen".

3 BR-Drs. 352/88, S. 63.

4 BR-Drs. 265/72, S. 2.

Abb. 1: Lebensdauer (nicht Nutzungsdauer!) von Bauteilen und Materialien

Lebensdauer von Bauteilen und Materialien		
	Ausführung	**Lebensdauer in Jahren**
Konstruktion	einfache Ausführung städtische Ausführung bessere Ausführung monumentale Ausführung Leichtwände	80 80 80 80 40
Dachhaut	Ziegel, Schiefer Asbestzement Zinkblech Doppelte Pappe, Stahlblech	50 40 30 20
Dachstuhl	(Stahl und Holz)	80
Dachrinne	Kupferblech Zinkblech Stahl, verzinkt	40 30 20
Putz	Deckenputz auf Massivdecken Deckenputz auf Putzträger Deckenputz in Nassräumen Innenwandputz Außenwandputz	80 50 30 50 30
Fußböden	Estrich, Plattenbeläge in Mörtel Hartholz Weichholz Kunststoffbeläge Linoleum	30 50 30 30 30
Treppenstufen	Hartholz, Stein Weichholz	50 30
Fenster	Hartholz Weichholz Fensterbänke Fensterläden	50 30 30 30
Türen	Innentüren Außentüren, Hartholz Außentüren, Weichholz	40 50 30

Quelle: Bund Deutscher Baumeister (BDB).

Die technische Lebensdauer insbesondere kurzlebiger Gewerke einer baulichen Anlage ist in der Marktwertermittlung in erster Linie nur im Hinblick auf künftige Instandsetzungskosten von Bedeutung. Die WertR 96 enthielt in den Anl. 5, 7 und 8 noch entsprechende Tabellen[5] zur technischen Lebensdauer von baulichen Anlagen und Bauteilen, Außenanlagen sowie von besonderen Betriebsvorrichtungen und Gerät. 5

Im RdErl. des BMBau vom 12.10.1993[6] wurde hierzu ausgeführt:

„a) Für die Ermittlung des Werts baulicher Anlagen ist ***allein die an der wirtschaftlichen Nutzungsfähigkeit orientierte wirtschaftliche Gesamtnutzungsdauer und nicht die technische Lebensdauer*** *von Bedeutung. Die Tabellen der Anlagen 5, 7 und 8 der WertR 96 geben lediglich die technische Lebensdauer an, die die oberere Grenze der wirtschaftlichen Gesamtnutzung darstellt.*

5 Abgedruckt bei Kleiber, WertR 76/96, 7. Aufl. S. 110. Die technische Gesamtlebensdauer kann auf den S. 1366 ff. der zweiten Auflage dieses Werks nachgelesen werden.
6 RdErl. des BMBau vom 12.10.1993, BAnz Nr. 199 von 1993, 9630 = GuG 1994, 42.

*b) Von **denkmalgeschützten und erhaltenswerten Gebäuden** abgesehen, hat sich die wirtschaftliche Gesamtnutzungsdauer baulicher Anlagen in den vergangenen Jahrzehnten aufgrund gewachsener Ansprüche deutlich vermindert; dies gilt auch für öffentliche Zwecken dienende Gebäude. Im gewerblich-industriellen Bereich haben insbesondere die produktions- und bei technischen Anforderungen (einschließlich der Umweltbelange) die Gesamtnutzungsdauer in nicht unerheblicher Weise verkürzt.*

Damit hat sich die Schere zwischen technischer Lebensdauer und wirtschaftlicher Gesamtnutzungsdauer weiter geöffnet. Die in de 5, 7 und 8 der WertR 96 angegebene technische Lebensdauer hat von daher untergeordnete Bedeutung; insbesondere vertieft eine schematische Heranziehung der angegebenen Werte als wirtschaftliche Gesamtnutzungsdauer.“

1.2 Baujahr und Alter der baulichen Anlagen

▶ *Zum Baualter einer Wohnung nach mietrechtlichen Vorschriften vgl. § 31 ImmoWertV Rn. 157*

6 Das **Alter einer baulichen Anlage** ist nach § 4 Abs. 1 ImmoWertV grundsätzlich aus der Differenz zwischen dem Kalenderjahr des maßgeblichen Stichtags und dem Baujahr zu ermitteln. Maßgeblicher Stichtag ist dabei der der Marktwertermittlung zugrunde zu legende Qualitätsstichtag.

7 Als **Baujahr der baulichen Anlage** gilt nach allgemeinem Verständnis das Kalenderjahr der Fertigstellung i.S. der Bezugsfertigkeit (Fertigstellung) bzw. der überwiegenden Fertigstellung der baulichen Anlage. Anstelle des Jahrs der Fertigstellung kann auch das Jahr der Einleitung des bauaufsichtlichen Zulassungsverfahrens oder das Jahr der Nutzungsaufnahme zugrunde gelegt werden. Wenn sich das Baujahr nicht ermitteln lässt, kann es geschätzt werden.

1.3 Gesamtnutzungsdauer (Nutzungsdauer)

Schrifttum: *Institut für Bauforschung e.V.*, Lebensdauer der Baustoffe und Bauteile zur Harmonisierung der wirtschaftlichen Nutzungsdauer im Wohnungsbau, Forschungsbericht F 815 Juni 2004, Fraunhofer IRB Verlag, Stuttgart 2005; *Gössler/Kinz/Kreienbaum*, Alternative Methode zur Ermittlung der wirtschaftlichen Restnutzungsdauer, GuG 2013/4; *Klöcker, H.*, Gesamt- und Restnutzungsdauer in der Grundstücksbewertung, GuG 1994, 217; *Lang, G.*, Neues Modell zur praktischen Ermittlung der Restnutzungsdauer von Gebäuden im Rahmen der Wertermittlungslehre, GuG 2009, 157; *Lang, G.*, Der Einfluss der Nutzungsdauer auf den Verkehrswert einer Immobilie, Diss. Miskolc 2007; *Möckel, R.*, Zur Berechnung der Restnutzungsdauer aus dem Kaufpreis für ein Ertragsgrundstück, VR 1976, 91; *Rath. J.*, Wirtschaftliche Nutzungsdauer von Bürogebäuden, GuG 2011, 265; *Rüffel, E.*, Verfahren zur Bestimmung der Wertminderung bei Gebäuden und die Beziehung zur Restnutzungsdauer, VR 1984, 326; *Schnoor, J.*, Modifizierte Restnutzungsdauer, GuG 2016, 103; *Schnoor, H.*, Energetische Eigenschaften von Immobilien – Einfache Bewertungstools für Sachverständigengutachten, GuG 2016, 213.

▶ *Hierzu Syst. Darst. des Sachwertverfahrens Rn. 194 ff.; § 32 ImmoWertV Rn. 113*

1.3.1 Allgemeines

8 Die **Gesamtnutzungsdauer**[7] **ist** nach § 4 Abs. 2 Satz 1 ImmoWertV **die Anzahl von Jahren, in denen eine bauliche Anlage bei ordnungsgemäßer Bewirtschaftung vom Baujahr an gerechnet *wirtschaftlich*** (seiner Zweckbestimmung entsprechend) **genutzt werden kann.** Mit der Bezugnahme auf eine „*ordnungsgemäße Bewirtschaftung*“ wird dabei insbesondere lediglich eine laufende Instandhaltung vorausgesetzt und umgekehrt eine künftige Moderni-

7 Der in § 23 ImmoWertV 10 noch synonym gebrauchte Begriff der Nutzungsdauer ist aufgegeben worden. Der Begriff der „Nutzungsdauer“ ist im Einkommensteuerrecht gebräuchlich (§ 7 Abs. 4 Satz 2 EStG; § 11c EStDV) und bezeichnet auch dort den Zeitraum, über den eine bauliche Anlage seiner Zweckbestimmung entsprechend voraussichtlich genutzt werden kann. Die zu schätzende Nutzungsdauer wird bestimmt durch den technischen Verschleiß, die wirtschaftliche Entwertung sowie rechtliche Gegebenheiten, welche die Nutzungsdauer eines Gegenstands begrenzen können. Auszugehen ist von der technischen Nutzungsdauer, also dem Zeitraum, in dem sich das Wirtschaftsgut technisch abnutzt. Ob die wirtschaftliche Nutzungsdauer kürzer als die technische Nutzungsdauer ist, wird nach den Verhältnissen des Einzelfalls beurteilt (BFH, Urt. vom 28.07.2021 – IX R 25/19 –, GuG 2022, 320 = EzGuG 20.375; BFH, Urt. vom 04.03.2008 – IX R 16/07 –; BFH/NV 2008, 1310 = EzGuG 20. 203; m.w.N.).

sierung ausgeschlossen. Eine mathematisch genaue Berechnung der wirtschaftlichen Nutzungsdauer ist nicht möglich[8].

Begrifflich ist die **Gesamtnutzungsdauer mit dem in § 7 Abs. 4 EStG benutzen Begriff der „Nutzungsdauer" gleichzusetzen**.

Die Gesamtnutzungsdauer bestimmt sich nach den aktuellen Verhältnissen und Anschauungen des **Qualitätsstichtags.** Auf die zum Zeitpunkt der Erstellung der baulichen Anlage erwartete Gesamtnutzungsdauer kommt es nicht an. 9

Die auch heute noch gelegentlich vertretene **Anschauung einer im Regelfall 100-jährigen (wirtschaftlichen) Gesamtnutzungsdauer eines Gebäudes ist grundsätzlich überholt**. Die wirtschaftliche **Gesamtnutzungsdauer baulicher Anlagen hat sich in den vergangenen Jahrzehnten aufgrund gewachsener Ansprüche,** neuer Technologien, der sich wandelnden Anforderungen und des Konkurrenzdrucks **gegenüber früheren Einschätzungen deutlich vermindert**. Dies gilt für nahezu alle Immobilienarten einschließlich der öffentlichen Zwecken dienenden Gebäude. Im gewerblich-industriellen Bereich haben insbesondere die produktions- und betriebstechnischen Anforderungen (einschließlich der Umweltbelange) die übliche (durchschnittliche) Gesamtnutzungsdauer (Nutzungsdauer) in nicht unerheblicher Weise verkürzt. Gewerbe- und Industriebauten, die für bestimmte Branchen und Produkte maßgeschneidert errichtet worden sind, entsprechen nicht mehr heutigen Bedürfnissen (verschachtelte Fabrikhallen mit zu geringen Höhen und engen Stützenabständen). Moderne Produktionsmethoden, etwa mit Hilfe von computergesteuerten Maschinen und Robotern, sind heute vornehmlich in erdgeschossigen Aufbauten üblich. 10

Bei **ordnungsgemäßer Bewirtschaftung der baulichen Anlage** können allenfalls solide Ein- und Zweifamilienhäuser eine wirtschaftliche Gesamtnutzungsdauer von 100 Jahren erreichen. Ansonsten fällt die übliche wirtschaftliche Gesamtnutzungsdauer (Nutzungsdauer) weitaus geringer aus und beträgt mitunter – wie z.B. bei Tankstellen – wenige Dezennien. Nach Angaben der Deutschen Bundesbank belief sich 2002 die durchschnittliche Nutzungsdauer von Wohnimmobilien auf 74 Jahre und von Gewerbeimmobilien auf 52 Jahre[9]. *Isenhöfer/Väth*[10] geben für Bürogebäude einen Zeitraum von nur 30 bis 40 Jahren an und prognostizieren bereits 20 Jahre. 11

Als **Instandhaltung** sind die Maßnahmen definiert, die während der Nutzungsdauer zur Erhaltung des bestimmungsgemäßen Gebrauchs getätigt werden müssen, um die durch Abnutzung, Alterung und Witterungseinwirkung entstehenden baulichen und sonstigen Mängel ordnungsgemäß zu beseitigen. 12

Allein die Instandhaltung kann die *wirtschaftliche* Gesamtnutzungsdauer einer baulichen Anlage nicht auf Dauer erhalten. Die Instandhaltung kann allein die physische Lebensdauer der baulichen Anlage erhalten, jedoch wird die bauliche Anlage damit nicht den sich wandelnden Lebensgewohnheiten, Anschauungen und den Ansprüchen der Nutzer an die bauliche Ausgestaltung (Grundriss) von der Ausstattung der baulichen Anlage bis hin zum Zeitgeist angepasst. Allein mit einer laufenden Instandhaltung, die auf eine Erhaltung des Bestands ausgerichtet ist, kann man dem nicht Rechnung tragen. Will man den sich ständig wandelnden Anforderungen an bauliche Anlagen, insbesondere im Hinblick auf Baukonstruktion, Grundrisse und Ausstattung, Rechnung tragen, bedarf es einer Modernisierung der baulichen Anlage. 13

Die zeitlich begrenzte wirtschaftliche Gesamtnutzungsdauer von baulichen Anlagen ergibt sich in erster Linie aus dem **Ausbau und der Ausstattung der baulichen Anlage**. Der *Rohbau der baulichen Anlage* kann dagegen eine für die Belange der Verkehrswertermittlung unbegrenzte Nutzungsdauer haben. Vielfach tragen auch nur Teile des Rohbaus wie z.B. der Grundriss zu einer zeitlich begrenzten Gesamtnutzungsdauer bei. 14

---

8 FG Köln, Urt. vom 23.01.2001 – 8 K 6294/95 –, EFG 2001, 675 = EzGuG 20.177a.
9 Deutsche Bundesbank, Bundesbankbericht Januar 2002 (Nr. 1/54), Der Wohnungsmarkt, S. 30.
10 Isenhöfer/Väth, Immobilienökonomie I, S. 143.

1.3.2 Modellansatz der Gesamtnutzungsdauer nach ImmoWertV

▶ *Vgl. § 21 ImmoWertV Rn. 122*

15 Bei Ermittlung der sonstigen für die Wertermittlung erforderlichen Daten, insbesondere der Liegenschaftszinssätze und Sachwertfaktoren, ist der Gutachterausschuss mit § 12 Abs. 5 Satz 1 ImmoWertV gehalten, die in der Anlage 1 zur ImmoWertV vorgegebenen Modellansätze zugrunde zu legen.

16 **Modellansätze für die Gesamtnutzungsdauer nach Anl. 1 zu § 12 Abs. 5 Satz 1 ImmoWertV**

Zur Festlegung der Gesamtnutzungsdauer sind bei Ermittlung der sonstigen für die Wertermittlung erforderlichen Daten die nachfolgenden Modellansätze zugrunde zu legen. Bei der Wertermittlung ist dieselbe Gesamtnutzungsdauer zugrunde zu legen, die auch der Ermittlung der verwendeten sonstigen für die Wertermittlung erforderlichen Daten zugrunde lag; im Übrigen sind zur Festlegung der Gesamtnutzungsdauer vorrangig die nachfolgenden Modellansätze zugrunde zu legen.

Art der baulichen Anlage Gesamtnutzungsdauer	Gesamtnutzungsdauer
freistehende Ein- und Zweifamilienhäuser, Doppelhäuser, Reihenhäuser	80 Jahre
Mehrfamilienhäuser	80 Jahre
Wohnhäuser mit Mischnutzung	80 Jahre
Geschäftshäuser	60 Jahre
Bürogebäude, Banken	60 Jahre
Gemeindezentren, Saalbauten, Veranstaltungsgebäude	40 Jahre
Kindergärten, Schulen	50 Jahre
Wohnheime, Alten- und Pflegeheime	50 Jahre
Krankenhäuser, Tageskliniken	40 Jahre
Beherbergungsstätten, Verpflegungseinrichtungen	40 Jahre
Sporthallen, Freizeitbäder, Heilbäder	40 Jahre
Verbrauchermärkte, Autohäuser	30 Jahre
Kauf- und Warenhäuser	50 Jahre
Einzelgaragen	60 Jahre
Tief- und Hochgaragen als Einzelbauwerk	40 Jahre
Betriebs- und Werkstätten, Produktionsgebäude	40 Jahre
Lager- und Versandgebäude	40 Jahre
Landwirtschaftliche Betriebsgebäude	30 Jahre
Auffangklausel: Für nicht aufgeführte Arten baulicher Anlagen ist die Gesamtnutzungsdauer aus der Gesamtnutzungsdauer vergleichbarer baulicher Anlagen abzuleiten.	

17 Soweit ein zu bewertendes Grundstück eine Gesamtnutzungsdauer aufweist, die von derjenigen nicht unerheblich abweicht, die vom Gutachterausschuss für Grundstückswerte als Modellansatz der Ableitung der einschlägigen für die Wertermittlung des Grundstücks erforderlichen Daten, insbesondere des Liegenschaftszinssatzes oder des Vergleichs- bzw. Sachwertfaktors angewandt wurde, sind diese gemäß § 9 Abs. 1 Satz 3 ImmoWertV „*durch geeignete Umrechnungskoeffizienten, durch eine Anpassung mittels Zu- oder Abschlägen oder in anderer sachgerechter Weise zu berücksichtigen*“. Nach dieser Vorgabe ist z.B. bei *Anwendung des Ertragswertverfahrens* der vom Gutachterausschuss auf der Grundlage des vorgegebenen Modellansatzes für die Gesamtnutzungsdauer abgeleitete Liegenschaftszinssatz auf den „objekt-

spezifisch angepassten Liegenschaftszinssatz“ zu konfigurieren, wenn dem zu bewertenden Grundstück eine erheblich davon abweichende Gesamt-Restnutzungsdauer beigemessen werden muss. Dies ist ein Schwachpunkt der Modellvorgabe, wenn der Gutachterausschuss für Grundstückswerte dafür keine Umrechnungskoeffizienten aus der Kaufpreissammlung abgeleitet und bereitgestellt hat. Zur Ableitung solcher Umrechnungskoeffizienten werden die Gutachterausschüsse für Grundstückswerte nicht ausdrücklich verpflichtet:

Soweit sich bei alledem *„erhebliche“* **Abweichungen „von den zugrunde gelegten Modellen oder Modellansätzen“ ergeben,** sind diese nach § 8 Abs. 3 Satz 1 ImmoWertV als „besondere objektspezifische Grundstücksmerkmale“ (boG) zu berücksichtigen, soweit sie nicht anderweitig berücksichtigt worden sind (zum Begriff der Erheblichkeit vgl. Vorbem. zur ImmoWertV Rn. 140; § 32 ImmoWertV Rn. 13).

Entsprechendes gilt auch bei *Anwendung des Sachwertverfahrens* unter Heranziehung eines vom Gutachterausschuss auf der Grundlage des vorgegebenen Modellansatzes für die Gesamtnutzungsdauer abgeleiteten Sachwertfaktors. 18

Geht der Gutachterausschuss für Grundstückswerte bei der Ableitung von Liegenschaftszinssätzen sowie Vergleichs- und Sachwertfaktoren für eine bestimmte Grundstücksart modellhaft von einer davon abweichenden üblichen Gesamtnutzungsdauer aus (z.B. generell von 100 Jahren), so bestimmt sich nach dem Grundsatz der Modellkonformität der unter Heranziehung dieses Liegenschaftszinssatzes bzw. Sachwertfaktors zu ermittelnde vorläufige Verfahrenswert nach dieser „Modellgröße“, auch wenn im Einzelfall eine davon abweichende Gesamtnutzungsdauer angezeigt ist. 19

1.3.3 Beleihungswertermittlung

► *Vgl. Syst. Darst. des Ertragswertverfahrens Rn. 270; Teil IX Rn. 404*

Im Rahmen der Beleihungswertermittlung bestimmt sich die Restnutzungsdauer nach § 12 Abs. 2 Satz 1 BelWertV analog zu § 4 Abs. 3 Satz 1 ImmoWertV **nach der Anzahl der Jahre, in denen eine bauliche Anlage bei ordnungsgemäßer Bewirtschaftung voraussichtlich noch wirtschaftlich genutzt werden kann.** Nach § 12 Abs. 2 Satz 3 BelWertV sind jedoch die in **Anl. 2 zur BelWertV genannten Maximalansätze für die (Gesamt-)Nutzungsdauer baulicher Anlagen** zu berücksichtigen. 20

Sie weichen von den Modellansätzen der Verkehrswertermittlung gemäß Anl. 1 zu § 12 Abs. 5 Satz 1 ImmoWertV (vgl. Rn 16) ab, was nach § 177 Abs. 2 BewG im Hinblick auf die **modellkonforme Eignung der von den Gutachterausschüssen i.S. der §§ 192 ff. BauGB ermittelten sonstigen für die Wertermittlung erforderlichen Daten zur steuerlichen Bewertungen nach den §§ 182 bis 196 BewG** von Bedeutung sein kann. Dies betrifft insbesondere die von den Gutachterausschüssen ermittelte und nach Maßgabe des § 177 Abs.: 2 und 3 BewG anzuwendenden

- Vergleichsfaktoren bebauter Grundstücke (§ 183 Abs. 2 BewG),
- Liegenschaftszinssätze (§ 188 Abs. 2 BewG).
- die nach Maßgabe des § 190 Abs. 5 BewG anzuwendenden Regionalfaktoren und Sachwertfaktoren nach § 191 Satz 1 BewG.

1.3.4 Steuerliche Bewertung

Im Rahmen der **Ermittlung des Grundsteuerwerts** bestimmt sich die wirtschaftliche Gesamtnutzungsdauer nach Anl. 38 zum BewG zu § 253 Abs. 2 und § 259 Abs. 4 BewG (BGBl. I 2019, 1834). 21

Im Rahmen der **Grundsteuerbewertung nach** § 253 Abs. 2 und § 259 Abs. 4 BewG (Anl. 38) und der erbschaftsteuerlichen Bewertung nach § 190 Abs. 6 BewG Anl. nach 22 BewG (Anl. 22) bestimmt sich die typisierte Gesamtnutzungsdauer wie folgt (Rn. 90): 22

Typisierte Gesamtnutzungsdauer
der Grundsteuerbewertung nach Anl. 38 zum BewG zu § 253 Abs. 2 Satz 3 und § 259 Abs. 4 BewG sowie der erbschaftsteuerlichen Bewertung nach Anl. 22 BewG zu § 185 Abs. 3 Satz 3, § 190 Abs. 2 Nr. 1 BewG.

	Anl. 38 BewG (zu § 253 Abs. 2 und § 259 Abs. 4 BewG)	**Anl. 22 BewG** (zu § 185 Abs. 3 Satz 3, § 190 Abs. 6 Satz 1 und 2 BewG)
Ein- und Zweifamilienhäuser	80 Jahre	80 Jahre
Mietwohngrundstücke, Mehrfamilienhäuser	80 Jahre	80 Jahre
Wohnungseigentum	80 Jahre	80 Jahre
Geschäftsgrundstücke, gemischt genutzte Grundstücke und sonst. bebaute Grundstücke:		
Gemischt genutzte Grundstücke (Wohnhäuser mit Mischnutzung)	80 Jahre	80 Jahre
Museen, Theater, Sakralbauten, Friedhofsgebäude	70 Jahre	70 Jahre
Bürogebäude, Verwaltungsgebäude	60 Jahre	60 Jahre
Banken und ähnliche Geschäftshäuser	60 Jahre	60 Jahre
Einzelgaragen und Mehrfachgaragen	60 Jahre	60 Jahre
Kindergärten (Kindertagesstätten), Allgemeinbildende und Berufsbildende Schulen, Hochschulen, Sonderschulen	50 Jahre	50 Jahre
Wohnheime, Internate, Alten- und Pflegeheime	50 Jahre	50 Jahre
Kauf-/Warenhäuser	50 Jahre	50 Jahre
Krankenhäuser, Kliniken, Tageskliniken, Ärztehäuser	40 Jahre	40 Jahre
Gemeindezentren, Saalbauten, Veranstaltungsgebäude, Vereinsheime	40 Jahre	40 Jahre
Beherbergungsstätten, Hotels, Verpflegungseinrichtungen	40 Jahre	40 Jahre
Sport- und Tennishallen, Freizeitbäder, Kur- und Heilbäder	40 Jahre	40 Jahre
Tief-, Hoch- und Nutzfahrzeuggaragen als Einzelbauwerke, Carports	40 Jahre	40 Jahre
Betriebs- und Werkstätten, Industrie- und Produktionsgebäude	40 Jahre	40 Jahre
Lager- und Versandgebäude	40 Jahre	40 Jahre
Verbrauchermärkte, Autohäuser	30 Jahre	30 Jahre
Reithallen, ehemalige landwirtschaftliche Mehrzweckhallen, Scheunen und Ähnliches	30 Jahre	30 Jahre

Teileigentum ist in Abhängigkeit von der baulichen Gestaltung den vorstehenden Gebäudearten zuzuordnen.

Typisierte Gesamtnutzungsdauer der Grundsteuerbewertung nach Anl. 38 zum BewG zu § 253 Abs. 2 Satz 3 und § 259 Abs. 4 BewG sowie der erbschaftsteuerlichen Bewertung nach Anl. 22 BewG zu § 185 Abs. 3 Satz 3, § 190 Abs. 2 Nr. 1 BewG.		
	Anl. 38 BewG (zu § 253 Abs. 2 und § 259 Abs. 4 BewG)	**Anl. 22 BewG** (zu § 185 Abs. 3 Satz 3, § 190 Abs. 6 Satz 1 und 2 BewG)
Auffangklausel: Für nicht aufgeführte Gebäudearten ist im Rahmen der Grundsteuerbewertung die wirtschaftliche Gesamtnutzungsdauer aus der wirtschaftlichen Gesamtnutzungsdauer vergleichbarer Gebäudearten abzuleiten.		

Für nicht in Anl. 22 BewG aufgeführte Gebäudearten ist die Gesamtnutzungsdauer aus der Gesamtnutzungsdauer vergleichbarer Gebäudearten abzuleiten. Wird ein Gebäude mit nicht selbstständigen Gebäudeteilen unterschiedlich genutzt, ist die Wahl der maßgeblichen wirtschaftlichen Gesamtnutzungsdauer bei „Mietwohngrundstücken", „Geschäftsgrundstücken" sowie „gemischt genutzten Grundstücken" (i.S. der Grundstücksarten nach § 181 BewG) nach Maßgabe der Empfehlungen der Ziff. I Nr. 1 Abs. 2 Satz 4 des Erlasses zur Umsetzung des StRÄndG 2015[11] zu bestimmen. **23**

Nach § 7 Abs. 4 EStG sind als Absetzung für Abnutzung (AfA) bis zur vollen Absetzung folgende Vomhundertsätze der Anschaffungs- und Herstellungskosten als gleichbleibende jährliche (lineare) Absetzung abzuziehen: **24**

1. bei Gebäuden, soweit sie zu einem Betriebsvermögen gehören und nicht Wohnzwecken dienen und für die der Bauantrag nach dem 31.03.1985 gestellt worden ist, jährlich 3 % über eine Nutzungsdauer von rd. 33 Jahren;
2. bei Gebäuden, soweit sie die Voraussetzungen der Nr. 1 nicht erfüllen und die
   a) nach dem 31.12.1924 fertiggestellt worden sind, jährlich 2 % über eine Nutzungsdauer von 50 Jahren,
   b) vor dem 01.01.1925 fertiggestellt worden sind, jährlich 2,5 % über eine Nutzungsdauer von 40 Jahren.

Weicht die tatsächliche Nutzungsdauer eines Gebäudes davon ab, so können nach § 7 Abs. 4 Satz 2, EStG anstelle der o.g. Absetzungen „die der tatsächlichen Nutzungsdauer entsprechenden Absetzungen für Abnutzung" vorgenommen werden (vgl. Rn. 52). **25**

1.4 Restnutzungsdauer

1.4.1 Allgemeines

Als **Restnutzungsdauer** (*remaining economic life*) wird mit § 4 Abs. 3 Satz 1 ImmoWertV **die prognostizierte Anzahl der Jahre definiert, in denen eine bauliche Anlage bei „*ordnungsgemäßer Bewirtschaftung*"** bezogen auf den Qualitätsstichtag „**voraussichtlich" noch wirtschaftlich genutzt werden kann**. Es handelt sich also, wie bei der aufgrund vorangegangener Modernisierungen nach dem Modell der Anl. 3 ImmoWertV ermittelten „modifizierten" Restnutzungsdauer (vgl. Rn. 52) sowie im Übrigen auch wie bei der Gesamtnutzungsdauer um eine prognostizierte Größe. **26**

Die von einem Käufer im Einzelfall seiner Kalkulation zugrunde liegende Restnutzungsdauer kann auf der Grundlage des in der ImmoWertV normierten Ertragswertverfahrens empirisch

11 Gleich lautende Erlasse der obersten Finanzbehörden der Länder zur Umsetzung des Steueränderungsgesetzes 2015 (Zur Anwendung der Vorschriften für die Bewertung des Grundvermögens im sechsten Abschnitt des Zweiten Teils des BewG für Bewertungsstichtage nach dem 31.12.2015) vom 08.01.2016 (BStBl. I 2016, 173).

durch Auflösung der mathematischen Formel des Ertragswertverfahrens nach der Restnutzungsdauer n ermittelt werden (vgl. SystDarst. des Ertragswertverfahrens Rn 126):

$$\text{Restnutzungsdauer n} = \frac{\log(RE - LZ \times BW) - \log(RE - LZ \times EW)}{\log(1 + LZ)} \qquad \text{wobei } LZ = p/100$$

Wird in dieser Formel der Ertragswert (EW) durch den im Einzelfall erzielten Kaufpreis (KP) ersetzt, lässt sich die dem Kaufpreis zugrunde gelegte Restnutzungsdauer auf der Grundlage des objektspezifischen Reinertrags, Bodenwerts und des Liegen-schafts-zinssatzes wie folgt ermitteln:

Beispiel

Berechnung entsprechend den Ausgangsdaten des in der SystDarst des Ertragswertverfahrens unter Rn. 38 vorgestellten Beispiels

KP = 1 152 333 €

RE p.a. = 71 950 €

LZ = 0,05 bei einem Zinsfuß von 5 %

BW = 200 000 €

$$\text{Restnutzungsdauer n} = \frac{\log(71\,950\,€ - 0{,}05 \times 200\,000\,€) - \log(71\,950\,€ - 0{,}05 \times 1\,152\,323\,€)}{\log(1 + 0{,}05)}$$

$$\text{Restnutzungsdauer n} = \frac{\log\ 61\,950\,€ - \log\ 14\,333.86\,€}{\log 1{,}05} = \frac{4{,}792 - 4{,}156}{0{,}02119} = \textbf{30 Jahre}$$

27 Auch **IAS 16 § 9** definiert die (Rest-)Nutzungsdauer als eine Prognose, nämlich als eine Prognose

(a) des Zeitraums, in dem ein Vermögenswert voraussichtlich von einem Unternehmen nutzbar ist; oder

(b) der voraussichtlich durch den Vermögenswert im Unternehmen zu erzielenden Anzahl an Produktionseinheiten oder ähnlichen Maßgrößen.

Die IAS-Definition lässt dabei offen, ob im Rahmen der Prognose von einer Instandhaltung oder von weitergehenden Maßnahmen zum Erhalt der baulichen Anlage auszugehen ist. Gleichwohl besteht kein materieller Unterschied zur ImmoWertV.

28 Die Restnutzungsdauer wird nach § 4 Abs. 3 Satz 2 ImmoWertV auf Grundlage des **Unterschiedsbetrags zwischen der** üblichen wirtschaftlichen **Gesamtnutzungsdauer und dem Alter der baulichen Anlage am** maßgeblichen Stichtag unter Berücksichtigung individueller Gegebenheiten des Wertermittlungsobjekts ermittelt. „*Maßgeblicher Stichtag*" ist der Qualitätsstichtag.

Restnutzungsdauer RND = Übliche Gesamtnutzungsdauer GND – Alter der baulichen Anlage

wobei:

RND = Übliche Restnutzungsdauer

GND = Übliche Gesamtnutzungsdauer

Bilden **bauliche Außenanlagen oder sonstige Anlagen** mit der baulichen Hauptanlage eine wirtschaftliche Einheit, richtet sich die Restnutzungsdauer der baulichen Außenanlagen und sonstigen Anlagen i.d.R. nach der Restnutzungsdauer der baulichen Hauptanlage.

Die vorgegebene mathematische Berechnungsweise täuscht eine tatsächlich nicht gegebene Berechenbarkeit vor, denn die **Restnutzungsdauer ist letztlich stets eine prognostische** Schätzung[12]. Die Restnutzungsdauer ist wie die Gesamtnutzungsdauer bei ordnungsgemäßer Bewirtschaftung (Instandhaltung) – wie ausgeführt – nicht von der technischen Lebensdauer der baulichen Anlage, sondern von den sich wandelnden Lebensgewohnheiten, Anschauungen und den Ansprüchen der Nutzer an die bauliche Ausgestaltung (Grundriss), von der Ausstattung der baulichen Anlage bis hin zum Zeitgeist abhängig. Diese können sich kurzfristig, z.B. aufgrund neuer Technologien und gewandelter Raumansprüche, ändern. 29

Eine prognostische Schätzung **unter Berücksichtigung des Bau- und Unterhaltungszustands sowie der wirtschaftlichen Verwendungsfähigkeit der baulichen Anlage** ist bei alledem vielfach „ehrlicher", insbesondere wenn das mit Anlage 2 zur ImmoWertV vorgegebene Modell zur Berücksichtigung von Modernisierungen versagt und zu Modellverbiegungen führt. Das, was in der Vergangenheit an Instandsetzungs- und Modernisierungsmaßnahmen durchgeführt worden ist (künstliche Verjüngung), hat seinen Niederschlag in dem Bestand gefunden, der sich dem Sachverständigen am Wertermittlungsstichtag präsentiert. Dies gilt insbesondere für bauliche Anlagen, die eine lange Restnutzungsdauer aufweisen. Selbst grobe Fehler haben bei langer Restnutzungsdauer der baulichen Anlagen auf das Ergebnis der Marktwertermittlung nur einen marginalen Einfluss. Dies zeigt sich auch an den Tafeldifferenzen der Tabelle der Kapitalisierungsfaktoren. 30

1.4.2 Objektspezifische Gegebenheiten

▶ *Zum Begriff der „Kernsanierung" vgl. Rn. 56; § 8 ImmoWertV Rn. 46 ff.; § 32 ImmoWertV Rn. 110, 115 ff.*

1.4.2.1 Allgemeines

Die sich aus dem Unterschied aus der üblichen Gesamtnutzungsdauer GND abzüglich des Alters der baulichen Anlage ergebende Restnutzungsdauer (RND) kann sich durch individuelle Gegebenheiten des Wertermittlungsobjekts, beispielsweise Modernisierungen, unterlassene Instandhaltungen oder andere Gegebenheiten des Wertermittlungsobjekts und des allgemeinen Marktgeschehens, verlängern oder verkürzen. Derartige individuelle Gegebenheiten müssen grundsätzlich bei der Marktwertermittlung berücksichtigt werden. 31

Derartige individuelle Gegebenheiten sind bei der Marktwertermittlung unter Heranziehung von Liegenschaftszinssätzen sowie Vergleichs- und Sachwertfaktoren, die vom Gutachterausschuss für Grundstückswerte nach Maßgabe des § 12 Abs. 5 Satz 1 ImmoWertV auf der Grundlage von Modellansätzen der Gesamtnutzungsdauer (Anl. 1 ImmoWertV) und der daraus abgeleiteten modellkonformen Restnutzungsdauer, ggf. in Verbindung mit dem sich aus Anl. 2 zur ImmoWertV ergebenden Modell zur Berücksichtigung einer Modernisierung, wiederum auf der Grundlage desselben Modells erstellt worden sind, zu berücksichtigen. 32

1.4.2.2 Unterlassene Instandhaltungen

▶ *Vgl. § 8 ImmoWertV Rn. 82; § 32 ImmoWertV Rn. 112*

Unterlassene Instandhaltungen der Gebäudesubstanz führen regelmäßig zu Bauschäden und gegebenenfalls zu einer **Verkürzung der Restnutzungsdauer**, zumindest dann, wenn das Gebäude über längere Zeit nicht mehr instand gehalten wird. Von einer Verkürzung der Restnut- 33

12 FG Münster, Urt. vom 27.01.2022 – 1 K 174/18 E –, DStRE 2022, 1031 = EzGuG 20.390; FG Köln, Urt. vom 23.01.2001 – 8 K 6294/95 –, EFG 2001, 675 = EzGuG 20.177a.

zungsdauer ist i.d.R. auch bei *nicht behebbaren Baumängeln* (z.B. Gründungsmangel) auszugehen, d.h. bei Dauerschäden. Entsprechendes gilt für Schäden, die durch höhere Gewalt entstanden sind und über längere Zeit nicht behoben werden.

34 Bei **unterlassenen Maßnahmen** kann jedoch nicht schematisch eine Verkürzung der üblichen Restnutzungsdauer angenommen werden, denn nicht in jedem Fall wird die übliche Restnutzungsdauer durch unterlassene Instandsetzungsmaßnahmen verkürzt[13].

35 Neben der Verkürzung der üblichen Restnutzungsdauer können die aus der unterlassenen Instandhaltung resultierenden Baumängel und Bauschäden auch zu einer **Minderung des Reinertrags** führen. Grundsätzlich sind beide Komponenten bei der Verkehrswertermittlung nach Maßgabe des § 8 Abs. 3 ImmoWertV zu berücksichtigen, denn die wirtschaftliche Nutzungsfähigkeit des Grundstücks wird in der Tat in diesem Fall in beiderlei Beziehungen beeinträchtigt.

36 Im Falle *behebbarer Baumängel und Bauschäden* empfiehlt es sich grundsätzlich, den vorläufigen Verfahrenswert auf der Grundlage einer ordnungsgemäß instandgehaltenen baulichen Anlage, der modellkonformen Gesamt- und Restnutzungsdauer, den bei ordnungsgemäßer Bewirtschaftung marktüblich erzielbaren Erträgen bzw. den modellkonformen Normalherstellungskosten zu ermitteln und die Baumängel und Bauschäden nach Maßgabe des § 8 Abs. 3 ImmoWertV nachträglich zu berücksichtigen. Dies setzt allerdings voraus, dass die Instandsetzung unter Berücksichtigung der jeweiligen Umstände wirtschaftlich oder auch rechtlich angezeigt ist.

Abb. 2: Unterlassene Instandhaltung (Instandsetzungsrückstau) = Baumängel bzw. Bauschäden

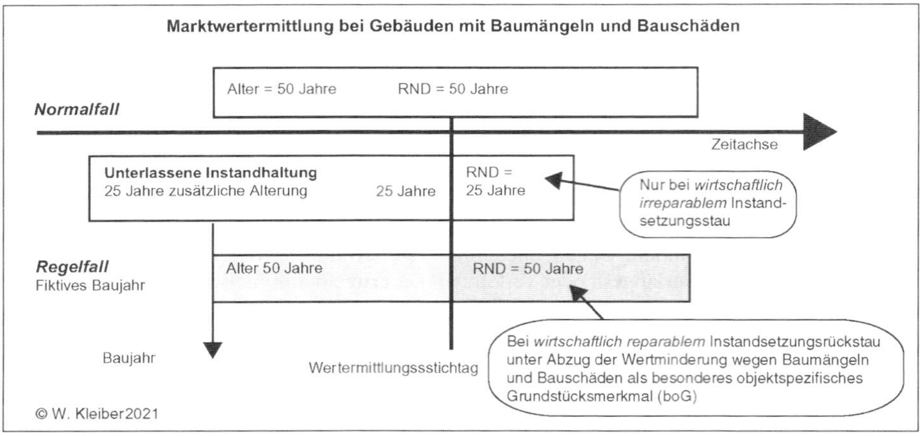

1.4.2.3 Durchgeführte Instandsetzung

▶ *Vgl. § 32 ImmoWertV Rn. 148 ff.*

37 § 4 Abs. 3 Satz 3 ImmoWertV nennt – wie schon die Vorgängerregelung des Abs. 6 Satz 1 ImmoWertV 2010 – neben der Modernisierung auch durchgeführte „*Instandsetzungen*“, die die Restnutzungsdauer verlängern oder verkürzen können.

38 Instandsetzung ist die Behebung von baulichen Mängeln, insbesondere von Mängeln, die infolge von Abnutzung, Alterung, Witterungseinflüssen oder Einwirkungen Dritter entstanden sind. Es handelt sich mithin um Maßnahmen, die im Rahmen einer ordnungsgemäßen Bewirt-

13 BGH, Urt. vom 08.12.1975 – ZRS 93/73 –, BRS Bd. 34 Nr. 126 = EzGuG 20.58.

schaftung als Instandhaltungsmaßnahmen durchgeführt worden sind. Wurde eine bauliche Anlage nicht instand gehalten und hat sich nach Maßgabe vorstehender Ausführungen die Restnutzungsdauer verkürzt, so wird umgekehrt **mit der Instandsetzung die Restnutzungsdauer** wieder **verlängert**.

Soweit mit der „durchgeführten" Instandsetzung der Zustand eines ordnungsgemäß instand gehaltenen Gebäudes wieder hergestellt worden ist, weist das Gebäude insoweit keine Mängel auf und es sind entgegen dem Wortlaut der Regelung **keine Gründe gegeben, die sich für ein ordnungsgemäß instand gehaltenes Gebäude ergebende Restnutzungsdauer zu verlängern**. Von daher macht der Hinweis auf die (vor dem Qualitätsstichtag) durchgeführten Instandsetzungen keinen Sinn. Sie macht auch dann keinen Sinn, wenn mit den durchgeführten Instandsetzungen die aufgrund einer unterlassenen Instandhaltung eingetretenen Mängel nur zum Teil behoben worden sind. In diesem Fall liegt nämlich insoweit eine unterlassene Instandhaltung vor, der ggf. mit einer Verkürzung der Restnutzungsdauer Rechnung getragen werden kann. 39

Eine Verlängerung der Restnutzungsdauer aufgrund von Instandsetzungen kommt bei alledem nur in Betracht, wenn im Rahmen der Instandsetzung nicht nur Mängel beseitigt wurden, die insbesondere durch Alterung, Abnutzung oder Witterungseinflüsse aufgetreten sind, sondern **weitere nutzungsverlängernde Maßnahmen** durchgeführt wurden. Allerdings wird die Restnutzungsdauer eines Gebäudes nicht in jedem Fall durch Instandsetzungs- und Modernisierungsmaßnahmen verlängert[14]. 40

1.4.2.4 Modernisierung

Schrifttum: *Kluft*, BauR 2006, 563; *Schnoor, J.*, Modifizierte Restnutzungsdauer, GuG 2016, 103; zum Begriff der Kernsanierung vgl. hier Rn. 412.

▶ *§ 32 ImmoWertV Rn. 114 ff.; Syst. Darst. des Sachwertverfahrens Rn. 197 ff.*

Unter der Modernisierung sind Maßnahmen zu verstehen, die den Gebrauchswert des Wohnraums nachhaltig erhöhen, die allgemeinen Wohn- und Nutzungsverhältnisse auf Dauer verbessern oder nachhaltig Einsparungen von Energie und Wasser bewirken. Mit Modernisierungs- und Umstrukturierungsmaßnahmen (*refurbishment*) lässt sich die wirtschaftliche Gebrauchsfähigkeit einer Immobilie den sich wandelnden Anforderungen quasi beliebig angleichen. 41

Modernisierungsmaßnahmen sind nach § 555b BGB bauliche Veränderungen,

- durch die in Bezug auf die Mietsache Endenergie nachhaltig eingespart wird (energetische Modernisierung),
- durch die nicht erneuerbare Primärenergie nachhaltig eingespart oder das Klima nachhaltig geschützt wird, sofern nicht bereits eine energetische Modernisierung vorliegt,
- durch die der Wasserverbrauch nachhaltig reduziert wird,
- durch die der Gebrauchswert der Mietsache nachhaltig erhöht wird,
- durch die die allgemeinen Wohnverhältnisse auf Dauer verbessert werden,
- die auf Grund von Umständen durchgeführt werden, die der Vermieter nicht zu vertreten hat, und die keine Erhaltungsmaßnahmen nach § 555a sind, oder
- durch die neuer Wohnraum geschaffen wird.

Mit Modernisierungsmaßnahmen lässt sich mithin die Restnutzungsdauer (theoretisch) beliebig verlängern, sodass bei entsprechendem Modernisierungsaufwand von einer unendlichen Restnutzungsdauer ausgegangen werden kann. Im Ergebnis wird die bauliche Anlage 42

14 BGH, Urt. vom 08.12.1975 – ZRS 93/73 –, BRS Bd. 34 Nr. 126 = EzGuG 20.58.

„auf Dauer" mit einer Restnutzungsdauer → ∞ (100 Jahre) erhalten. Dem kann bei Anwendung des Ertragswertverfahrens dadurch Rechnung getragen werden, indem

- der Reinertrag unter Berücksichtigung periodisch anfallender Modernisierungskosten ermittelt wird oder
- ein entsprechender einmaliger Modernisierungsbetrag

komplementär zur Verlängerung der Restnutzungsdauer abgezogen wird.

43 Einer **Verlängerung der Restnutzungsdauer durch Modernisierungsmaßnahmen können allerdings auch Grenzen gesetzt** sein, nämlich

- wenn der Abriss und eine Neubebauung wirtschaftlich vernünftiger ist oder
- die bauliche Anlage aufgrund der Marktverhältnisse auch in einem modernisierten bzw. umstrukturierten Zustand keine wirtschaftliche Nutzung gewährleistet, insbesondere aufgrund der Marktverhältnisse, wie derzeit die Leerstandsproblematik zeigt *(oversupply in the market).*

44 Von der Möglichkeit einer Ertragswertermittlung auf der Grundlage einer durch Modernisierungs- bzw. Umstrukturierungsmaßnahmen verlängerten Restnutzungsdauer („Modernisierungsmodell") wird insbesondere bei der **Verkehrswertermittlung von Baudenkmälern** Gebrauch gemacht, weil diese Objekte „auf Dauer" zu erhalten sind.

45 Darüber hinaus wird von dieser Möglichkeit – quasi als „Kunstgriff" – Gebrauch gemacht, wenn keine gesicherten Erkenntnisse über die **Höhe des Bodenwerts** vorliegen, weil bei einer langen Restnutzungsdauer des Gebäudes das vereinfachte Ertragswertverfahren (ohne Bodenwert) nach § 29 ImmoWertV zur Anwendung kommen kann. Schließlich muss von dieser Möglichkeit aber auch Gebrauch gemacht werden, wenn nach dem Grundsatz des *„highest and best use"* die Ertragskraft einer Immobilie durch Modernisierungs- und Umstrukturierungsmaßnahmen gesteigert werden kann.

Hat sich die Gesamtnutzungsdauer der zu bewertenden Immobilie aufgrund einer in der Vergangenheit durchgeführten Modernisierung verlängert, verbleibt es bewertungstechnisch stets bei der üblichen Gesamtnutzungsdauer. Das tatsächliche Baujahr wird fiktiv „verjüngt", sodass sich die Restnutzungsdauer entsprechend verlängert (**Verjüngungsprinzip**).

Abb. 3: Gesamt- und Restnutzungsdauer bei vorangegangener Modernisierung

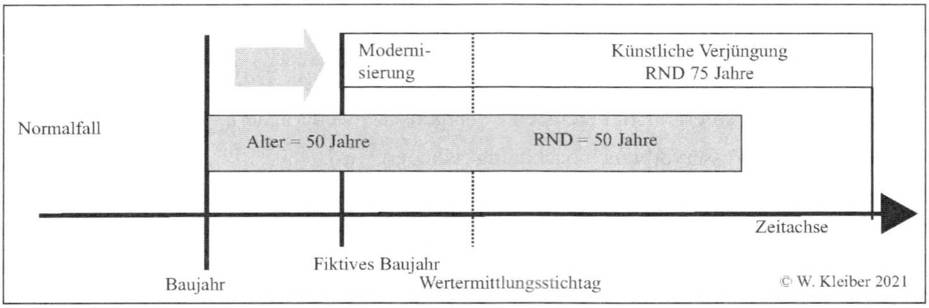

1.4.2.5 Andere Gegebenheiten

46 Die Restnutzungsdauer baulicher Anlagen wird nicht allein durch ihren Erhaltungszustand bestimmt. Sie wird darüber hinaus auch maßgeblich durch die **Lage auf dem Immobilienmarkt** bestimmt und setzt eine entsprechende Nachfrage für eine eigene Nutzung oder durch Dritte voraus. Wo die wirtschaftliche Verwendbarkeit durch eine „wegbrechende Nachfrage" nachhaltig gestört ist (*obsolescence*), kann sich selbst für neuwertige bauliche Anlagen die Restnutzungsdauer sogar erheblich vermindern und im Grenzfall gegen null laufen.

Entspricht eine bauliche Anlage nicht mehr den **allgemeinen Anforderungen an gesunde Wohn- und Arbeitsverhältnisse** oder den Anforderungen an die Sicherheit der auf dem betroffenen Grundstück wohnenden und arbeitenden Menschen, so mindert dies entsprechend die Restnutzungsdauer. Diese Anforderungen unterliegen einem ständigen Wandel (vgl. § 136 Abs. 3 Nr. 1 BauGB und § 43 Abs. 4 BauGB)[15]. Ein derartiger Fall liegt insbesondere dann vor, wenn ein städtebaulicher Missstand gegeben ist, z.B. in Bezug auf 47

a) die Belichtung, Besonnung und Belüftung der Wohnungen und Arbeitsstätten,

b) die bauliche Beschaffenheit von Gebäuden, Wohnungen und Arbeitsstätten,

c) die Zugänglichkeit der Grundstücke,

d) die Auswirkungen einer vorhandenen Mischung von Wohn- und Arbeitsstätten,

e) die Nutzung von bebauten und unbebauten Flächen nach Art, Maß und Zustand,

f) die Einwirkungen, die von Grundstücken, Betrieben, Einrichtungen oder Verkehrsanlagen ausgehen, insbesondere durch Lärm, Verunreinigungen und Erschütterungen,

g) die vorhandene Erschließung.

Darüber hinaus kann es umgekehrt aufgrund rechtlicher Gegebenheiten (Denkmalschutz und sonstige Erhaltungspflichten einschließlich vertraglicher Bindungen) geboten sein, über die bloße Instandhaltung hinaus durch entsprechende Maßnahmen die Restnutzungsdauer zu verlängern. Auch aus wirtschaftlicher Sicht ist dies häufig aus Gründen des Werterhalts geboten. So bedürfen viele **Betreiberimmobilien** (z.B. Hotels, Logistikimmobilien) einer laufenden Modernisierung, weil sie sonst Gefahr laufen, bereits nach kurzer Zeit wirtschaftlich wegzubrechen. Die für Hotels üblicherweise angenommene Gesamtnutzungsdauer ist beispielsweise bei bloßer Instandhaltung unrealistisch. 48

Im Rahmen des Ertragswertverfahrens kann deshalb – ergänzend zu den Bewirtschaftungskosten – der Ansatz eines Modernisierungsrisikos geboten sein.

1.4.3 Modellansatz der Gesamt- und Restnutzungsdauer

1.4.3.1 Allgemeines

Schrifttum: *Kreienbaum, M.*, Alternative Methode zur Ermittlung der wirtschaftlichen Restnutzungsdauer, GuG 2013, 274; GuG 2019, 275.

▶ *Vgl. § 12 ImmoWertV Rn. 20; Syst. Darst. des Sachwertverfahrens Rn. 197*

Bei Ermittlung der sonstigen für die Wertermittlung erforderlichen Daten, insbesondere der Liegenschaftszinssätze sowie Vergleichs- und Sachwertfaktoren, ist der Gutachterausschuss für Grundstückswerte nach § 12 Abs. 5 Satz 1 ImmoWertV gehalten, die der Anlage 1 zur ImmoWertV vorgegebenen Modellansätze zugrunde zu legen. 49

Die **modellkonforme Restnutzungsdauer – RND –** von ordnungsgemäß instand gehaltenen baulichen Anlagen wird i.d.R. so ermittelt[16] , indem von dem Modellansatz der wirtschaftlichen Gesamtnutzungsdauer – GND – das Alter in Abzug gebracht wird. 50

RND = GND – Alter

wobei RND = Modellkonforme Restnutzungsdauer

GND = Modellkonforme Gesamtnutzungsdauer

15 BGH, Urt. vom 13.07.1967 – III ZR 1/65 –, BGHZ 48, 193 = EzGuG 6.104.
16 BGH, Urt. vom 08.12.1975 – III ZR 93/73 –, BRS Bd. 34 Nr. 126 = EzGuG 20.58.

51 *Beispiel:*

Baujahr der zu bewertenden Immobilie	1995
Modellansatz der Gesamtnutzungsdauer	80 Jahre
Wertermittlungsstichtag	2015
Alter der baulichen Anlage mithin (2015–1995)	20 Jahre

Hieraus folgt:

eine modellansatzkonforme Restnutzungsdauer von (80 Jahre – 20 Jahre)	= 60 Jahre
eine modellansatzkonforme Alterswertminderung von (20 Jahre / 80 Jahre) bzw. ein modellansatzkonformer Alterswertminderungsfaktor von	= 25 % 0,7
Die objektspezifische Gesamtnutzungsdauer i.S. des § 4 Abs. 2 ImmoWertV der zu bewertenden Liegenschaft ist aber einzuschätzen mit	60 Jahren
Die objektspezifische Restnutzungsdauer beläuft sich demzufolge auf (60 Jahre – 20 Jahre) =	40 Jahre
Hieraus folgt eine Alterswertminderung von (20 Jahre / 60 Jahre) = bzw. ein modellansatzkonformer Alterswertminderungsfaktor von	33 % 0,667

Die Differenz ist im Rahmen der objektspezifischen Anpassung des Liegenschaftszinssatzes, Vergleichs- oder Sachwertfaktors oder als besonderes objektspezifisches Grundstücksmerkmal (boG) in marktkonformer Höhe zu berücksichtigen.

1.4.3.2 Abschätzung der verlängerten Restnutzungsdauer nach „Modernisierungsgraden"

▶ *Vgl. § 32 ImmoWertV Rn. 114 ff.*

52 Dem Gutachter bereitet die Abschätzung einer verlängerten Restnutzungsdauer aufgrund durchgeführter Modernisierungen oftmals Schwierigkeiten. Zum Zwecke der Operationalisierung dieser Abschätzung wurde ein „**Modell zur Ermittlung der wirtschaftlichen Restnutzungsdauer von Wohngebäuden bei Modernisierungen**" in Anl. 2 zur ImmoWertV aufgenommen. Das „Modell" gaukelt eine mathematisch genaue Ermittelbarkeit der modifizierten Restnutzungsdauer vor. Tatsächlich handelt es sich um eine Schätzung und sie wird als solche auch im Anhang A.III.2 der Anweisungshinweise zur ImmoWertV bezeichnet. Bei der aufgrund durchgeführter Modernisierungsmaßnahmen modifizierten Restnutzungsdauer kann es sich wie bei der originären Restnutzungsdauer stets nur um eine Prognoseentscheidung handeln (vgl. Rn. 26).

Die Anwendung des Modells ist den Gutachterausschüssen für Grundstückswerte mit § 12 Abs. 5 Satz 1 ImmoWertV bei Ermittlung der sonstigen für die Wertermittlung erforderlichen Daten, insbesondere der Ermittlung von Vergleichsfaktoren bebauter Grundstücke, Liegenschaftszinssätzen und Sachwertfaktoren, zur Ermittlung der Restnutzungsdauer von Wohngebäuden im Falle von Modernisierungen vorgeschrieben. Werden die nach den gegebenen Vorgaben abgeleiteten erforderlichen Daten der Wertermittlung herangezogen, sind die für die Gutachterausschüsse für Grundstückswerte verbindlichen Modellvorgaben nach dem Grundsatz der Modell- und Referenzkonformität mittelbar auch für den Anwender verbindlich.

Soweit zur Berücksichtigung einer Modernisierung die Anl. 2 zur Anwendung kommt, muss beachtet werden, dass die sich hieraus ergebende modifizierte Restnutzungsdauer weiterhin eine (vorläufige) modellhafte Restnutzungsdauer ist, die von der *nach § 4 Abs. 3 ImmoWertV maßgeblichen Restnutzungsdauer* nicht unerheblich abweichen kann, denn der Anl. 2 zur ImmoWertV liegt die modellhafte Restnutzungsdauer nach Maßgabe der

Anl. 1 zur ImmoWertV zugrunde. Aus diesem Grunde wird der Anl. 2 zur ImmoWertV in der finanzgerichtlichen Rechtsprechung[17] keine entscheidende Bedeutung beigemessen.

Modernisierungen können nicht nur zu einer verlängerten Restnutzungsdauer führen, sondern auch den marktüblich erzielbaren Ertrag erhöhen. Nach der hier vertretenen Auffassung geht damit keine Doppelberücksichtigung einher, denn sowohl die **Erhöhung des marktüblich erzielbaren Ertrags** als auch die verlängerte Restnutzungsdauer erhöht den Ertragswert einer Immobilie. Anders stellt sich die Situation bei Anwendung von Vergleichswertfaktoren bebauter Grundstücke (Wohnflächen- bzw. Immobilienrichtwerte) dar, wenn eine Modernisierung mit einem daraus resultierenden fiktiven Baujahr bzw. der modifizierten Restnutzungsdauer einhergehend mit der Berücksichtigung eines abweichenden „Modernisierungsgrades" und gegebenenfalls auch noch einer abweichenden „Nettokaltmiete" mittels Umrechnungskoeffizienten berücksichtigt werden sollen (vgl. SystDarst des Vergleichswertverfahrens Rn. 155 ff., § 26 ImmoWertV Rn. 37).

Das Modell kann analog auch bei der **Bewertung von Verwaltungs-, Büro- und Geschäftsgebäuden** Anwendung finden. 53

Modell zur Ermittlung der Restnutzungsdauer von Wohngebäuden bei Modernisierungen 54

Bei Ermittlung der sonstigen für die Wertermittlung erforderlichen Daten ist zur Ermittlung der Restnutzungsdauer von Wohngebäuden im Falle von Modernisierungen das nachfolgend beschriebene Modell zugrunde zu legen. Bei der Wertermittlung ist zur Ermittlung der Restnutzungsdauer dasselbe Modell zugrunde zu legen, dass auch der Ermittlung der verwendeten sonstigen für die Wertermittlung erforderlichen Daten zugrunde lag; im Übrigen ist im Falle der Modernisierung von Wohngebäuden vorrangig das nachfolgend beschriebene Modell zugrunde zu legen.

I Ermittlung des Modernisierungsgrades

In einem *ersten Schritt* sind auf der Grundlage der nachfolgenden Tabelle unter Berücksichtigung der zum Qualitätsstichtag oder *kurz zuvor durchgeführten Modernisierungsmaßnahmen* entsprechende Punkte für einzelne Modernisierungselemente zu vergeben.

Abb. 4: Modernisierungselemente mit maximal zu vergebenden Punktzahlen

Modernisierungselemente	**Max. Punkte**	**Punkte**
Dacherneuerung inklusive Verbesserung der Wärmedämmung	4	
Modernisierung der Fenster und Außentüren	2	
Modernisierung der Leitungssysteme (Strom, Gas, Wasser, Abwasser)	2	
Modernisierung der Heizungsanlage	2	
Wärmedämmung der Außenwände	4	
Modernisierung von Bädern	2	
Modernisierung des Innenausbaus, z. B. Decken, Fußböden, Treppen	2	
Wesentliche Verbesserung der Grundrissgestaltung	2	
	Summe	

Maximal können in der Summe 20 Punkte vergeben werden.

---

17 BFH, Urt. vom 28.07.2021 – IX R 25/19 –, GuG 2022, 320 = EzGuG 20.375; FG Köln, Urt. vom 23.03.2022 – 6 K 923/20 –, EzGuG 20.395 wobei das Gericht keinen Unterschied zwischen der (Rest)nutzungsdauer i.S. des § 7 Abs. 4 Satz 2 EStG und der Restnutzungsdauer i.S. der ImmoWertV gesehen hat.

Liegen die Maßnahmen weiter zurück, ist zu prüfen, ob nicht ein geringerer als der maximale Tabellenwert anzusetzen ist. Wenn nicht modernisierte Bauelemente noch zeitgemäßen Ansprüchen genügen, sind entsprechende Punkte zu vergeben.

Sind die aufgeführten Modernisierungselemente nicht vollumfänglich modernisiert, sind die Tabellenwerte nur anteilig anzusetzen.

Aus den für die einzelnen Modernisierungselemente vergebenen Punkten ist eine Gesamtpunktzahl für die Modernisierung (Modernisierungspunkte) zu bilden.

Im *zweiten Schritt* wird der **Modernisierungsgrad auf der Grundlage einer** „sachverständigen Einschätzung" insbesondere mit Hilfe **von Modernisierungspunktzahlen** bestimmt (Abb. 5).

Abb. 5: Modernisierungsgrad auf der Grundlage der Gesamtpunktzahl nach Modernisierung

Modernisierungsgrad	**Modernisierungspunktzahl**
nicht modernisiert	0 bis 1 Punkt
kleine Modernisierungen im Rahmen der Instandhaltung	2 bis 5 Punkte
mittlerer Modernisierungsgrad	6 bis 10 Punkte
überwiegend modernisiert	11 bis 17 Punkte
umfassend modernisiert	18 bis 20 Punkte

II Ermittlung der Restnutzungsdauer bei Modernisierungen

Sodann kann die daraus resultierende **modifizierte Restnutzungsdauer** entsprechend der jeweils ermittelten Gesamtpunktzahl in Abhängigkeit von dem festgesetzten Modernisierungsgrad auf der Grundlage der zugrunde gelegten Gesamtnutzungsdauer und des jeweiligen Alters der baulichen Anlage nach nachstehender Formel ermittelt werden:

$$Modifizierte\ Restnutzungsdauer = a\ x\ \frac{Alter^2}{Gesamtnutzungsdauer} - b\ x\ Alter + c\ x\ Gesmtnutzungsdauer$$

Bei Anwendung der Formel ist als Alter der baulichen Anlagen höchstens die jeweilige Gesamtnutzungsdauer anzusetzen.

Der Formel liegt das theoretische Modell zugrunde, dass die Restnutzungsdauer (RND) auf maximal 70 Prozent der jeweiligen Gesamtnutzungsdauer (GND) gestreckt wird.

A, b und c bestimmen sich nach den in nachfolgender Tabelle dargestellten Werten.

Variablen a, b, c und relatives Mindestalters für die Anwendung der Formel				
Modernisierungspunkte	**a**	**b**	**c**	**ab einem relativen Alter von**
0	1,2500	2,6250	1,5250	60 %
1	1,2500	2,6250	1,5250	60 %
2	1,0767	2,2757	1,3878	55 %
3	0,9033	1,9263	1,2505	55 %
4	0,7300	1,5770	1,1133	40 %
5	0,6725	1,4578	1,0850	35 %
6	0,6150	1,3385	1,0567	30 %

Variablen a, b, c und relatives Mindestalters für die Anwendung der Formel				
Modernisierungspunkte	**a**	**b**	**c**	**ab einem relativen Alter von**
7	0,5575	1,2193	1,0283	25 %
8	0,5000	1,1000	1,0000	20 %
9	0,4660	1,0270	0,9906	19 %
10	0,4320	0,9540	0,9811	18 %
11	0,3980	0,8810	0,9717	17 %
12	0,3640	0,8080	0,9622	16 %
13	0,3300	0,7350	0,9528	15 %
14	0,3040	0,6760	0,9506	14 %
15	0,2780	0,6170	0,9485	13 %
16	0,2520	0,5580	0,9463	12 %
17	0,2260	0,4990	0,9442	11 %
18	0,2000	0,4400	0,9420	10 %
19	0,2000	0,4400	0,9420	10 %
20	0,2000	0,4400	0,9420	10 %

Beispiel:

Alter der baulichen Anlage	14 Jahre
Gesamtnutzungsdauer	80 Jahre
mittlerer Modernisierungsgrad	10 Punkte

Modifizierte Restnutzungsdauer = 0,4320 x 142 / 80 – 0,9540 x 14 + 0,9811 x 80 = 67,58 Jahre

Bei diesem Modell wird unterstellt, dass Modernisierungen erst ab einem bestimmten Alter der baulichen Anlagen Auswirkungen auf die Restnutzungsdauer haben. Aus diesem Grund ist die Formel in Abhängigkeit von der anzusetzenden Gesamtnutzungsdauer erst ab einem bestimmten Alter (relatives Alter) anwendbar.

Das relative Alter wird nach der folgenden Formel ermittelt:

Relatives Alter = Alter/Gesamtnutzungsdauer x 100 %

Beispiel:

Alter der baulichen Anlage	14 Jahre
Gesamtnutzungsdauer	80 Jahre
Relatives Alter	14/80 x 100 % = **17,5 %**

Liegt das relative Alter unterhalb des in der Tabelle angegebenen Werts, gilt für die Ermittlung der Restnutzungsdauer die Formel:

Restnutzungsdauer = Gesamtnutzungsdauer - Alter

Im *Beispiel*

Restnutzungsdauer = 80 Jahre – 14 Jahre = 66 Jahre

Zur Ermittlung der verlängerten Restnutzungsdauer dienen auch die nachstehenden Tabellen a bis e der ImmoWertV. In den Tabellen b bis f sind für die in Anlage 1 zur ImmoWertV ausgewiesenen Modellansätze der Gesamtnutzungsdauern in Abhängigkeit von dem Alter der baulichen Anlagen und der nach Anlage 2 Nummer I zur ImmoWertV ermittelten Modernisierungspunktzahl auf Grundlage der Formel nach Anlage 2 Nummer II.2 zur ImmoWertV Restnutzungsdauern für Wohngebäude im Falle von Modernisierungen angegeben. Die Tabellenwerte sind auf die volle Jahreszahl gerundet.

Tabelle a: Orientierung zur Vergabe von Modernisierungspunkten für Anlage 2 zur ImmoWertV

Vergabe von Modernisierungspunkten für Anlage 2 zur ImmoWertV gemäß II.3 zur ImmoWertA				
	Maximal zu vergebende Punkte bis			
Modernisierungselemente	5 Jahre	10 Jahre	15 Jahre	20 Jahre
	zurück			
Dacherneuerung inklusive Verbesserung der Wärmedämmung	4	3	2	1
Modernisierung der Fenster und Außentüren	2	2	1	0
Modernisierung der Leitungssysteme (Strom, Gas, Wasser, Abwasser)	2	2	2	1
Modernisierung der Heizungsanlage	2	2	1	0
Wärmedämmung der Außenwände	4	3	2	1
Modernisierung von Bädern	2	1	0	0
Modernisierung des Innenausbaus, z.B. Decken, Fußböden, Treppen	2	2	2	1
Wesentliche Verbesserung der Grundrissgestaltung*	1–2			
* Grundsätzlich zeitunabhängig; z.B. Badeinbau, Beseitigung gefangener Räume, Verkehrsflächenoptimierung (nicht dazu gehört der Ausbau des Dachgeschosses)				

Tabelle b: Restnutzungsdauer bei einer üblichen Gesamtnutzungsdauer von 80 Jahren

GND 80	**Modernisierungspunkte**																				
	0	1	2	3	4	5	6	7	8	9	10	11	12	13	14	15	16	17	18	19	20
Gebäudealter	**Modifizierte Restnutzungsdauer**																				
0	80	80	80	80	80	80	80	80	80	80	80	80	80	80	80	80	80	80	80	80	80
1	79	79	79	79	79	79	79	79	79	79	79	79	79	79	79	79	79	79	79	79	79
2	78	78	78	78	78	78	78	78	78	78	78	78	78	78	78	78	78	78	78	78	78
3	77	77	77	77	77	77	77	77	77	77	77	77	77	77	77	77	77	77	77	77	77
4	76	76	76	76	76	76	76	76	76	76	76	76	76	76	76	76	76	76	76	76	76
5	75	75	75	75	75	75	75	75	75	75	75	75	75	75	75	75	75	75	75	75	75
6	74	74	74	74	74	74	74	74	74	74	74	74	74	74	74	74	74	74	74	74	74
7	73	73	73	73	73	73	73	73	73	73	73	73	73	73	73	73	73	73	73	73	73
8	72	72	72	72	72	72	72	72	72	72	72	72	72	72	72	72	72	72	72	72	72
9	71	71	71	71	71	71	71	71	71	71	71	71	71	71	71	71	71	71	72	72	72
10	70	70	70	70	70	70	70	70	70	70	70	70	70	70	70	70	70	71	71	71	71
11	69	69	69	69	69	69	69	69	69	69	69	69	69	69	69	70	70	70	71	71	71
12	68	68	68	68	68	68	68	68	68	68	68	68	68	68	68	69	69	70	70	70	70

13	67	67	67	67	67	67	67	67	67	67	67	67	67	67	68	68	69	70	70	70	70
14	66	66	66	66	66	66	66	66	66	66	66	66	67	67	67	68	69	69	70	70	70
15	65	65	65	65	65	65	65	65	65	65	65	66	66	66	67	67	68	69	69	69	69
16	64	64	64	64	64	64	64	64	64	64	65	65	65	66	66	67	68	68	69	69	69
17	63	63	63	63	63	63	63	63	63	63	64	64	65	65	66	66	67	68	69	69	69
18	62	62	62	62	62	62	62	62	62	63	63	63	64	64	65	66	67	67	68	68	68
19	61	61	61	61	61	61	61	61	61	62	62	63	63	64	65	65	66	67	68	68	68
20	60	60	60	60	60	60	60	61	61	61	62	62	63	63	64	65	66	67	68	68	68
21	59	59	59	59	59	59	59	60	60	60	61	61	62	63	64	64	65	66	67	67	67
22	58	58	58	58	58	58	58	59	59	59	60	61	61	62	63	64	65	66	67	67	67
23	57	57	57	57	57	57	57	58	58	59	59	60	61	62	63	64	65	66	67	67	67
24	56	56	56	56	56	56	57	57	57	58	59	59	60	61	62	63	64	65	66	66	66
25	55	55	55	55	55	55	56	56	56	57	58	59	60	60	62	63	64	65	66	66	66
26	54	54	54	54	54	54	55	55	56	56	57	58	59	60	61	62	63	64	66	66	66
27	53	53	53	53	53	53	54	54	55	56	57	58	58	59	61	62	63	64	65	65	65
28	52	52	52	52	52	53	53	54	54	55	56	57	58	59	60	61	63	64	65	65	65
29	51	51	51	51	51	52	52	53	53	54	55	56	57	58	60	61	62	63	65	65	65
30	50	50	50	50	50	51	51	52	53	54	55	56	57	58	59	60	62	63	64	64	64
31	49	49	49	49	49	50	50	51	52	53	54	55	56	57	59	60	61	63	64	64	64
32	48	48	48	48	48	49	50	50	51	52	53	55	56	57	58	60	61	62	64	64	64
33	47	47	47	47	47	48	49	50	51	52	53	54	55	56	58	59	61	62	64	64	64
34	46	46	46	46	46	47	48	49	50	51	52	54	55	56	57	59	60	62	63	63	63
35	45	45	45	45	45	46	47	48	49	50	52	53	54	56	57	59	60	62	63	63	63
36	44	44	44	44	44	45	46	47	49	50	51	52	54	55	57	58	60	61	63	63	63
37	43	43	43	43	43	44	46	47	48	49	51	52	53	55	56	58	59	61	63	63	63
38	42	42	42	42	42	44	45	46	47	49	50	51	53	54	56	57	59	61	62	62	62
39	41	41	41	41	41	43	44	45	47	48	49	51	52	54	55	57	59	60	62	62	62
40	40	40	40	40	41	42	43	45	46	47	49	50	52	53	55	57	58	60	62	62	62
41	39	39	39	39	40	41	43	44	45	47	48	50	51	53	55	56	58	60	62	62	62
42	38	38	38	38	39	40	42	43	45	46	48	50	51	53	54	56	58	60	61	61	61
43	37	37	37	37	38	40	41	43	44	46	47	49	51	52	54	56	58	59	61	61	61
44	36	36	37	37	37	39	41	42	44	45	47	49	50	52	54	55	57	59	61	61	61
45	35	35	36	36	37	38	40	42	43	45	46	48	50	52	53	55	57	59	61	61	61
46	34	34	35	35	36	38	39	41	43	44	46	48	49	51	53	55	57	59	60	60	60
47	33	33	34	34	35	37	39	40	42	44	46	47	49	51	53	55	56	58	60	60	60
48	32	32	33	34	34	36	38	40	42	43	45	47	49	50	52	54	56	58	60	60	60
49	31	31	32	33	34	36	37	39	41	43	45	47	48	50	52	54	56	58	60	60	60
50	30	30	31	32	33	35	37	39	41	42	44	46	48	50	52	54	56	58	60	60	60
51	29	29	30	31	32	34	36	38	40	42	44	46	48	49	51	53	55	57	59	59	59
52	28	28	29	30	32	34	36	38	40	42	43	45	47	49	51	53	55	57	59	59	59

53	27	27	28	30	31	33	35	37	39	41	43	45	47	49	51	53	55	57	59	59	59
54	26	26	27	29	31	33	35	37	39	41	43	45	47	49	51	53	55	57	59	59	59
55	25	25	27	28	30	32	34	36	38	40	42	44	46	48	50	52	55	57	59	59	59
56	24	24	26	28	29	32	34	36	38	40	42	44	46	48	50	52	54	56	59	59	59
57	23	23	25	27	29	31	33	35	38	40	42	44	46	48	50	52	54	56	58	58	58
58	22	22	24	26	28	31	33	35	37	39	41	43	45	47	50	52	54	56	58	58	58
59	22	22	24	26	28	30	32	35	37	39	41	43	45	47	49	52	54	56	58	58	58
60	21	21	23	25	27	30	32	34	37	39	41	43	45	47	49	51	54	56	58	58	58
61	20	20	22	25	27	29	31	34	36	38	40	43	45	47	49	51	53	56	58	58	58
62	19	19	22	24	26	29	31	33	36	38	40	42	44	47	49	51	53	55	58	58	58
63	19	19	21	23	26	28	31	33	36	38	40	42	44	46	49	51	53	55	58	58	58
64	18	18	21	23	26	28	30	33	35	37	40	42	44	46	48	51	53	55	57	57	57
65	17	17	20	23	25	28	30	32	35	37	39	41	44	46	48	50	53	55	57	57	57
66	17	17	19	22	25	27	30	32	35	37	39	41	43	46	48	50	53	55	57	57	57
67	16	16	19	22	24	27	29	32	34	37	39	41	43	45	48	50	52	55	57	57	57
68	16	16	19	21	24	27	29	32	34	36	39	41	43	45	48	50	52	55	57	57	57
69	15	15	18	21	24	26	29	31	34	36	38	41	43	45	47	50	52	55	57	57	57
70	15	15	18	21	23	26	29	31	34	36	38	40	43	45	47	50	52	54	57	57	57
71	14	14	17	20	23	26	28	31	33	36	38	40	43	45	47	50	52	54	57	57	57
72	14	14	17	20	23	25	28	31	33	36	38	40	42	45	47	49	52	54	57	57	57
73	14	14	17	20	23	25	28	30	33	35	38	40	42	45	47	49	52	54	57	57	57
74	13	13	16	19	22	25	28	30	33	35	37	40	42	44	47	49	52	54	56	56	56
75	13	13	16	19	22	25	27	30	33	35	37	40	42	44	47	49	52	54	56	56	56
76	13	13	16	19	22	25	27	30	33	35	37	40	42	44	47	49	51	54	56	56	56
77	13	13	16	19	22	24	27	30	32	35	37	39	42	44	47	49	51	54	56	56	56
78	12	12	15	18	22	24	27	30	32	35	37	39	42	44	46	49	51	54	56	56	56
79	12	12	15	18	21	24	27	29	32	34	37	39	42	44	46	49	51	54	56	56	56
80	12	12	15	18	21	24	27	29	32	34	37	39	41	44	46	49	51	54	56	56	56

Tabelle c: Restnutzungsdauer bei einer üblichen Gesamtnutzungsdauer von 60 Jahren

GND 60	Modernisierungspunkte																				
	0	1	2	3	4	5	6	7	8	9	10	11	12	13	14	15	16	17	18	19	20
Gebäudealter	Modifizierte Restnutzungsdauer																				
0	60	60	60	60	60	60	60	60	60	60	60	60	60	60	60	60	60	60	60	60	60
1	59	59	59	59	59	59	59	59	59	59	59	59	59	59	59	59	59	59	59	59	59
2	58	58	58	58	58	58	58	58	58	58	58	58	58	58	58	58	58	58	58	58	58
3	57	57	57	57	57	57	57	57	57	57	57	57	57	57	57	57	57	57	57	57	57
4	56	56	56	56	56	56	56	56	56	56	56	56	56	56	56	56	56	56	56	56	56
5	55	55	55	55	55	55	55	55	55	55	55	55	55	55	55	55	55	55	55	55	55
6	54	54	54	54	54	54	54	54	54	54	54	54	54	54	54	54	54	54	54	54	54

7	53	53	53	53	53	53	53	53	53	53	53	53	53	53	53	53	53	53	54	54	54
8	52	52	52	52	52	52	52	52	52	52	52	52	52	52	52	52	53	53	53	53	53
9	51	51	51	51	51	51	51	51	51	51	51	51	51	51	51	52	52	52	53	53	53
10	50	50	50	50	50	50	50	50	50	50	50	50	50	50	51	51	52	52	52	52	52
11	49	49	49	49	49	49	49	49	49	49	49	49	50	50	50	51	51	52	52	52	52
12	48	48	48	48	48	48	48	48	48	48	48	49	49	49	50	50	51	51	52	52	52
13	47	47	47	47	47	47	47	47	47	47	48	48	48	49	49	50	50	51	51	51	51
14	46	46	46	46	46	46	46	46	46	47	47	47	48	48	49	49	50	50	51	51	51
15	45	45	45	45	45	45	45	45	45	46	46	47	47	47	48	49	49	50	51	51	51
16	44	44	44	44	44	44	44	45	45	45	45	46	46	47	48	48	49	50	50	50	50
17	43	43	43	43	43	43	43	44	44	44	45	45	46	46	47	48	49	49	50	50	50
18	42	42	42	42	42	42	43	43	43	43	44	45	45	46	47	47	48	49	50	50	50
19	41	41	41	41	41	41	42	42	42	43	43	44	45	45	46	47	48	49	49	49	49
20	40	40	40	40	40	40	41	41	41	42	43	43	44	45	46	46	47	48	49	49	49
21	39	39	39	39	39	39	40	40	41	41	42	43	43	44	45	46	47	48	49	49	49
22	38	38	38	38	38	38	39	39	40	41	41	42	43	44	45	46	47	47	48	48	48
23	37	37	37	37	37	37	38	39	39	40	41	42	42	43	44	45	46	47	48	48	48
24	36	36	36	36	36	37	37	38	38	39	40	41	42	43	44	45	46	47	48	48	48
25	35	35	35	35	35	36	36	37	38	39	40	40	41	42	43	44	45	47	48	48	48
26	34	34	34	34	34	35	36	36	37	38	39	40	41	42	43	44	45	46	47	47	47
27	33	33	33	33	33	34	35	36	36	37	38	39	40	41	42	44	45	46	47	47	47
28	32	32	32	32	32	33	34	35	36	37	38	39	40	41	42	43	44	46	47	47	47
29	31	31	31	31	31	32	33	34	35	36	37	38	39	40	42	43	44	45	47	47	47
30	30	30	30	30	30	31	32	33	35	36	37	38	39	40	41	43	44	45	46	46	46
31	29	29	29	29	30	31	32	33	34	35	36	37	39	40	41	42	44	45	46	46	46
32	28	28	28	28	29	30	31	32	33	35	36	37	38	39	41	42	43	45	46	46	46
33	27	27	28	28	28	29	30	32	33	34	35	36	38	39	40	42	43	44	46	46	46
34	26	26	27	27	27	28	30	31	32	33	35	36	37	39	40	41	43	44	45	45	45
35	25	25	26	26	27	28	29	30	32	33	34	36	37	38	40	41	42	44	45	45	45
36	24	24	25	25	26	27	29	30	31	33	34	35	37	38	39	41	42	44	45	45	45
37	23	23	24	24	25	27	28	29	31	32	33	35	36	38	39	40	42	43	45	45	45
38	22	22	23	24	24	26	27	29	30	32	33	34	36	37	39	40	42	43	45	45	45
39	21	21	22	23	24	25	27	28	30	31	33	34	35	37	38	40	41	43	44	44	44
40	20	20	21	22	23	25	26	28	29	31	32	34	35	37	38	40	41	43	44	44	44
41	19	19	20	21	23	24	26	27	29	30	32	33	35	36	38	39	41	43	44	44	44
42	18	18	19	21	22	24	25	27	29	30	31	33	34	36	38	39	41	42	44	44	44
43	17	17	19	20	21	23	25	26	28	30	31	33	34	36	37	39	41	42	44	44	44
44	16	16	18	19	21	23	24	26	28	29	31	32	34	35	37	39	40	42	44	44	44
45	16	16	17	19	20	22	24	26	27	29	31	32	34	35	37	39	40	42	43	43	43
46	15	15	17	18	20	22	24	25	27	29	30	32	33	35	37	38	40	42	43	43	43
47	14	14	16	18	20	21	23	25	27	28	30	32	33	35	36	38	40	42	43	43	43

48	14	14	15	17	19	21	23	25	26	28	30	31	33	35	36	38	40	41	43	43	43
49	13	13	15	17	19	21	22	24	26	28	29	31	33	34	36	38	40	41	43	43	43
50	12	12	14	16	18	20	22	24	26	28	29	31	32	34	36	38	39	41	43	43	43
51	12	12	14	16	18	20	22	24	26	27	29	31	32	34	36	37	39	41	43	43	43
52	11	11	13	16	18	20	22	23	25	27	29	30	32	34	36	37	39	41	43	43	43
53	11	11	13	15	17	19	21	23	25	27	29	30	32	34	35	37	39	41	43	43	43
54	11	11	13	15	17	19	21	23	25	27	28	30	32	34	35	37	39	41	42	42	42
55	10	10	12	15	17	19	21	23	25	26	28	30	32	33	35	37	39	41	42	42	42
56	10	10	12	14	17	19	21	23	25	26	28	30	32	33	35	37	39	41	42	42	42
57	10	10	12	14	16	18	20	22	24	26	28	30	31	33	35	37	39	40	42	42	42
58	9	9	12	14	16	18	20	22	24	26	28	30	31	33	35	37	39	40	42	42	42
59	9	9	11	14	16	18	20	22	24	26	28	29	31	33	35	37	38	40	42	42	42
60	9	9	11	14	16	18	20	22	24	26	28	29	31	33	35	37	38	40	42	42	42

Tabelle d: Restnutzungsdauer bei einer üblichen Gesamtnutzungsdauer von 50 Jahren

GND 50	**Modernisierungspunkte**																				
	0	1	2	3	4	5	6	7	8	9	10	11	12	13	14	15	16	17	18	19	20
Gebäudealter	**Modifizierte Restnutzungsdauer**																				
0	50	50	50	50	50	50	50	50	50	50	50	50	50	50	50	50	50	50	50	50	50
1	49	49	49	49	49	49	49	49	49	49	49	49	49	49	49	49	49	49	49	49	49
2	48	48	48	48	48	48	48	48	48	48	48	48	48	48	48	48	48	48	48	48	48
3	47	47	47	47	47	47	47	47	47	47	47	47	47	47	47	47	47	47	47	47	47
4	46	46	46	46	46	46	46	46	46	46	46	46	46	46	46	46	46	46	46	46	46
5	45	45	45	45	45	45	45	45	45	45	45	45	45	45	45	45	45	45	45	45	45
6	44	44	44	44	44	44	44	44	44	44	44	44	44	44	44	44	44	44	45	45	45
7	43	43	43	43	43	43	43	43	43	43	43	43	43	43	43	43	44	44	44	44	44
8	42	42	42	42	42	42	42	42	42	42	42	42	42	42	43	43	43	44	44	44	44
9	41	41	41	41	41	41	41	41	41	41	41	41	41	42	42	42	43	43	43	43	43
10	40	40	40	40	40	40	40	40	40	40	40	41	41	41	41	42	42	43	43	43	43
11	39	39	39	39	39	39	39	39	39	39	40	40	40	40	41	41	42	42	43	43	43
12	38	38	38	38	38	38	38	38	38	39	39	39	39	40	40	41	41	42	42	42	42
13	37	37	37	37	37	37	37	37	37	38	38	38	39	39	40	40	41	41	42	42	42
14	36	36	36	36	36	36	36	37	37	37	37	38	38	39	39	40	40	41	42	42	42
15	35	35	35	35	35	35	36	36	36	36	37	37	38	38	39	39	40	41	41	41	41
16	34	34	34	34	34	34	35	35	35	35	36	37	37	38	38	39	40	40	41	41	41
17	33	33	33	33	33	33	34	34	34	35	35	36	36	37	38	39	39	40	41	41	41
18	32	32	32	32	32	32	33	33	33	34	35	35	36	37	37	38	39	40	40	40	40
19	31	31	31	31	31	31	32	32	33	33	34	35	35	36	37	38	39	39	40	40	40
20	30	30	30	30	30	30	31	31	32	33	33	34	35	36	36	37	38	39	40	40	40

21	29	29	29	29	29	30	30	31	31	32	33	34	34	35	36	37	38	39	40	40	40
22	28	28	28	28	28	29	29	30	31	31	32	33	34	35	36	37	37	38	39	39	39
23	27	27	27	27	27	28	29	29	30	31	32	33	33	34	35	36	37	38	39	39	39
24	26	26	26	26	26	27	28	29	29	30	31	32	33	34	35	36	37	38	39	39	39
25	25	25	25	25	25	26	27	28	29	30	31	32	32	33	34	35	37	38	39	39	39
26	24	24	24	24	25	25	26	27	28	29	30	31	32	33	34	35	36	37	38	38	38
27	23	23	23	23	24	25	26	27	28	29	30	31	32	33	34	35	36	37	38	38	38
28	22	22	23	23	23	24	25	26	27	28	29	30	31	32	33	35	36	37	38	38	38
29	21	21	22	22	22	23	24	25	27	28	29	30	31	32	33	34	35	37	38	38	38
30	20	20	20	21	21	23	24	25	26	27	28	29	30	32	33	34	35	36	38	38	38
31	19	19	20	20	21	22	23	24	26	27	28	29	30	31	32	34	35	36	37	37	37
32	18	18	19	19	20	21	23	24	25	26	27	29	30	31	32	33	35	36	37	37	37
33	17	17	18	19	20	21	22	23	25	26	27	28	29	31	32	33	34	36	37	37	37
34	16	16	17	18	19	20	22	23	24	25	27	28	29	30	32	33	34	35	37	37	37
35	15	15	16	17	18	20	21	22	24	25	26	28	29	30	31	33	34	35	37	37	37
36	14	14	15	17	18	19	21	22	23	25	26	27	28	30	31	32	34	35	36	36	36
37	13	13	15	16	17	19	20	22	23	24	26	27	28	29	31	32	34	35	36	36	36
38	13	13	14	15	17	18	20	21	23	24	25	27	28	29	31	32	33	35	36	36	36
39	12	12	13	15	16	18	19	21	22	24	25	26	28	29	30	32	33	35	36	36	36
40	11	11	13	14	16	17	19	20	22	23	25	26	27	29	30	32	33	34	36	36	36
41	11	11	12	14	16	17	19	20	22	23	24	26	27	29	30	31	33	34	36	36	36
42	10	10	12	13	15	17	18	20	21	23	24	26	27	28	30	31	33	34	36	36	36
43	10	10	11	13	15	16	18	20	21	23	24	25	27	28	30	31	33	34	36	36	36
44	9	9	11	13	15	16	18	19	21	22	24	25	27	28	30	31	33	34	35	35	35
45	9	9	11	12	14	16	18	19	21	22	24	25	26	28	29	31	32	34	35	35	35
46	8	8	10	12	14	16	17	19	21	22	23	25	26	28	29	31	32	34	35	35	35
47	8	8	10	12	14	15	17	19	20	22	23	25	26	28	29	31	32	34	35	35	35
48	8	8	10	12	14	15	17	19	20	22	23	25	26	28	29	31	32	34	35	35	35
49	8	8	10	12	13	15	17	18	20	22	23	25	26	27	29	31	32	34	35	35	35
50	8	8	9	11	13	15	17	18	20	21	23	24	26	27	29	30	32	34	35	35	35

Tabelle e: Restnutzungsdauer bei einer üblichen Gesamtnutzungsdauer von 40 Jahren

GND 40	**Modernisierungspunkte**																				
	0	1	2	3	4	5	6	7	8	9	10	11	12	13	14	15	16	17	18	19	20
Gebäudealter	**Modifizierte Restnutzungsdauer**																				
0	40	40	40	40	40	40	40	40	40	40	40	40	40	40	40	40	40	40	40	40	40
1	39	39	39	39	39	39	39	39	39	39	39	39	39	39	39	39	39	39	39	39	39
2	38	38	38	38	38	38	38	38	38	38	38	38	38	38	38	38	38	38	38	38	38
3	37	37	37	37	37	37	37	37	37	37	37	37	37	37	37	37	37	37	37	37	37
4	36	36	36	36	36	36	36	36	36	36	36	36	36	36	36	36	36	36	36	36	36

5	35	35	35	35	35	35	35	35	35	35	35	35	35	35	35	35	35	35	36	36	36
6	34	34	34	34	34	34	34	34	34	34	34	34	34	34	34	34	35	35	35	35	35
7	33	33	33	33	33	33	33	33	33	33	33	33	33	33	34	34	34	35	35	35	35
8	32	32	32	32	32	32	32	32	32	32	32	32	33	33	33	33	34	34	34	34	34
9	31	31	31	31	31	31	31	31	31	31	32	32	32	32	33	33	33	34	34	34	34
10	30	30	30	30	30	30	30	30	30	31	31	31	31	32	32	32	33	33	34	34	34
11	29	29	29	29	29	29	29	29	29	30	30	30	31	31	32	32	32	33	33	33	33
12	28	28	28	28	28	28	28	29	29	29	29	30	30	30	31	32	32	33	33	33	33
13	27	27	27	27	27	27	27	28	28	28	29	29	30	30	31	31	32	32	33	33	33
14	26	26	26	26	26	26	27	27	27	28	28	28	29	29	30	31	31	32	33	33	33
15	25	25	25	25	25	25	26	26	26	27	27	28	28	29	30	30	31	32	32	32	32
16	24	24	24	24	24	24	25	25	26	26	27	27	28	28	29	30	31	31	32	32	32
17	23	23	23	23	23	23	24	24	25	26	26	27	27	28	29	29	30	31	32	32	32
18	22	22	22	22	22	23	23	24	24	25	26	26	27	28	28	29	30	31	31	31	31
19	21	21	21	21	21	22	22	23	24	24	25	26	26	27	28	29	30	30	31	31	31
20	20	20	20	20	20	21	22	22	23	24	24	25	26	27	28	28	29	30	31	31	31
21	19	19	19	19	19	20	21	22	22	23	24	25	26	26	27	28	29	30	31	31	31
22	18	18	18	19	19	19	20	21	22	23	23	24	25	26	27	28	29	30	30	30	30
23	17	17	17	18	18	19	20	20	21	22	23	24	25	26	26	27	28	29	30	30	30
24	16	16	16	17	17	18	19	20	21	22	23	23	24	25	26	27	28	29	30	30	30
25	15	15	15	16	17	17	18	19	20	21	22	23	24	25	26	27	28	29	30	30	30
26	14	14	15	15	16	17	18	19	20	21	22	23	24	25	26	27	28	29	30	30	30
27	13	13	14	14	15	16	17	18	19	20	21	22	23	24	25	26	27	28	29	29	29
28	12	12	13	14	15	16	17	18	19	20	21	22	23	24	25	26	27	28	29	29	29
29	11	11	12	13	14	15	16	17	19	20	21	22	23	24	25	26	27	28	29	29	29
30	10	10	11	13	14	15	16	17	18	19	20	21	22	23	25	26	27	28	29	29	29
31	10	10	11	12	13	14	16	17	18	19	20	21	22	23	24	25	27	28	29	29	29
32	9	9	10	12	13	14	15	16	18	19	20	21	22	23	24	25	26	28	29	29	29
33	8	8	10	11	12	14	15	16	17	18	20	21	22	23	24	25	26	27	29	29	29
34	8	8	9	11	12	13	15	16	17	18	19	20	22	23	24	25	26	27	29	29	29
35	7	7	9	10	12	13	14	16	17	18	19	20	21	22	24	25	26	27	28	28	28
36	7	7	8	10	11	13	14	15	17	18	19	20	21	22	24	25	26	27	28	28	28
37	7	7	8	10	11	12	14	15	16	18	19	20	21	22	23	25	26	27	28	28	28
38	6	6	8	9	11	12	14	15	16	17	19	20	21	22	23	25	26	27	28	28	28
39	6	6	8	9	11	12	13	15	16	17	18	20	21	22	23	24	26	27	28	28	28
40	6	6	8	9	11	12	13	15	16	17	18	20	21	22	23	24	26	27	28	28	28

Tabelle f: Restnutzungsdauer bei einer üblichen Gesamtnutzungsdauer von 30 Jahren

GND 30	Modernisierungspunkte																				
	0	1	2	3	4	5	6	7	8	9	10	11	12	13	14	15	16	17	18	19	20
Gebäudealter	Modifizierte Restnutzungsdauer																				
0	30	30	30	30	30	30	30	30	30	30	30	30	30	30	30	30	30	30	30	30	30
1	29	29	29	29	29	29	29	29	29	29	29	29	29	29	29	29	29	29	29	29	29
2	28	28	28	28	28	28	28	28	28	28	28	28	28	28	28	28	28	28	28	28	28
3	27	27	27	27	27	27	27	27	27	27	27	27	27	27	27	27	27	27	27	27	27
4	26	26	26	26	26	26	26	26	26	26	26	26	26	26	26	26	26	26	27	27	27
5	25	25	25	25	25	25	25	25	25	25	25	25	25	25	25	26	26	26	26	26	26
6	24	24	24	24	24	24	24	24	24	24	24	24	24	25	25	25	25	26	26	26	26
7	23	23	23	23	23	23	23	23	23	23	23	24	24	24	24	25	25	25	26	26	26
8	22	22	22	22	22	22	22	22	22	22	23	23	23	23	24	24	24	25	25	25	25
9	21	21	21	21	21	21	21	21	21	22	22	22	23	23	23	24	24	24	25	25	25
10	20	20	20	20	20	20	20	21	21	21	21	22	22	22	23	23	24	24	25	25	25
11	19	19	19	19	19	19	19	20	20	20	21	21	21	22	22	23	23	24	24	24	24
12	18	18	18	18	18	18	19	19	19	20	20	20	21	21	22	22	23	23	24	24	24
13	17	17	17	17	17	17	18	18	19	19	19	20	20	21	21	22	23	23	24	24	24
14	16	16	16	16	16	17	17	17	18	18	19	19	20	20	21	22	22	23	23	23	23
15	15	15	15	15	15	16	16	17	17	18	18	19	19	20	21	21	22	23	23	23	23
16	14	14	14	14	14	15	16	16	17	17	18	18	19	20	20	21	22	22	23	23	23
17	13	13	13	13	14	14	15	15	16	17	17	18	19	19	20	21	21	22	23	23	23
18	12	12	12	13	13	14	14	15	16	16	17	18	18	19	20	20	21	22	23	23	23
19	11	11	11	12	12	13	14	14	15	16	17	17	18	19	19	20	21	22	22	22	22
20	10	10	10	11	12	12	13	14	15	15	16	17	18	18	19	20	21	21	22	22	22
21	9	9	10	10	11	12	13	13	14	15	16	17	17	18	19	20	20	21	22	22	22
22	8	8	9	10	10	11	12	13	14	15	15	16	17	18	19	19	20	21	22	22	22
23	7	7	8	9	10	11	12	13	14	14	15	16	17	17	18	19	20	21	22	22	22
24	7	7	8	9	10	10	11	12	13	14	15	16	16	17	18	19	20	21	22	22	22
25	6	6	7	8	9	10	11	12	13	14	15	15	16	17	18	19	20	21	21	21	21
26	6	6	7	8	9	10	11	12	13	14	14	15	16	17	18	19	20	20	21	21	21
27	5	5	6	7	9	10	11	11	12	13	14	15	16	17	18	19	19	20	21	21	21
28	5	5	6	7	8	9	10	11	12	13	14	15	16	17	18	18	19	20	21	21	21
29	5	5	6	7	8	9	10	11	12	13	14	15	16	17	17	18	19	20	21	21	21
30	5	5	6	7	8	9	10	11	12	13	14	15	16	16	17	18	19	20	21	21	21

Gesamtbetrachtung: Das Modell und seine Anwendung werden abgelehnt. Dementsprechend stieß die Absicht des für die ImmoWertV federführenden Bundesressorts, das „Modell" in eine novellierte ImmoWertV zu verankern, in der Beteiligungsphase (vgl. Vorbem. zur ImmoWertV Rn. 134) – wie schon in der 55

Vorauflage zu diesem Werk – auf eine breite fachliche auf Ablehnung[18], insbesondere weil es eine **die Realität nicht abbildende Scheingenauigkeit** vorgaukele[19]. Vor allem ist die Anwendung im Hinblick auf die **Vergabe der Punkte** gleich aus mehreren Gründen ein äußerst **fehlerträchtiges Unterfangen:**

- Eine in der Vergangenheit (irgendwann) durchgeführte Modernisierung kann bis zum Wertermittlungsstichtag bereits schon ganz oder teilweise wirtschaftlich verbraucht sein und nicht mehr den am Wertermittlungsstichtag bestehenden Anforderungen entsprechen (vgl. hierzu die Orientierungswerte der vorstehend abgedruckten Tabelle a der ImmoWertA).
- In diesem Fall ist die maximale Punktzahl eines Modernisierungselements um einen Reduktionsfaktor zu vermindern, der sich aus der zeitlichen Differenz zwischen dem Wertermittlungsstichtag und dem Zeitpunkt der Modernisierungsmaßnahme im Verhältnis zu der Gesamtlebens- (Gesamtnutzungs-) Dauer des jeweiligen Modernisierungselements (vgl. Rn. 5), ergibt:

$$\textit{Reduktionsfaktor} = \frac{\textit{Wertermittlungsstichtag abzüglich Moderniesierungsstichtag}}{\textit{Gesamtlebens(nutzungs −)dauer des jeweiligen Modernisierungselements}}$$

- Die auf den Wertermittlungsstichtag bezogene Punktzahl ergibt sich dann durch Multiplikation der maximalen Punktzahl mit dem Reduktionsfaktor:
- **Wertermittlungsstichtagsbezogene Punkte = Maximalwert x Reduktionsfaktor**
- In der Regel reicht es aus, den jeweiligen Zeitpunkt mit dem jeweiligen Jahr anzusetzen.

  Beispiel:

  Dacherneuerung inklusive Verbesserung der Wärmedämmung im Jahre 1997

  - Wertermittlungsstichtag 2022
  - Gesamtlebens- (Gesamtnutzungs-)Dauer eines Dachs 50 Jahre
  - Reduktionsfaktor: (2022 – 1997) / 50 = 0,5
  - Maximale Punkte 4 Punkte
  - Wertermittlungsstichtagsbezogene Punkte: 4 x 0,5 = **2 Punkte**
- Die aufgeführten Modernisierungsmaßnahmen können das gesamte Gebäude oder auch nur **einzelne Bauteile** betreffen.

  Die Reduktion lässt sich wie vorstehend nach dem Verhältnis des modernisierten Anteils zu einer entsprechenden Gesamtmaßnahme errechnen. Besonders problematisch sind dann die nicht seltenen Fälle, in denen das **Gebäude in Raten modernisiert** wurde.
- Die Modernisierung (vgl. § 32 ImmoWertV Rn. 113, 148) setzt bauliche Maßnahmen voraus, die über die Instandhaltung hinausgehen und insbesondere den Gebrauchswert erhöhen. Beispielsweise geht es im Rahmen der „Modernisierung der Fenster" oder der Leitungssysteme nicht um einen neuen Fensteranstrich oder die Erneuerung von Muffen, sondern um bauliche Maßnahmen, die den veränderten Anforderungen entsprechen. Dies wird vielfach den Ersatz durch neue wärmegedämmte Fenster und leistungsgerechte Leitungssysteme bedeuten und muss dann die Vergabe der maximalen Punktzahl bedeuten. Entsprechendes gilt auch für die sonstigen in der Tabelle aufgeführten Modernisierungselemente.

Das Modell zur Berechnung der sich durch Modernisierungsmaßnahmen verlängernden Restnutzungsdauer **ist eine Herausforderung für die Gutachterausschüsse für Grundstückswerte,** denn mit § 12 Abs. 5 Satz 1 ImmoWertV wird ihnen das in Anl. 2 zur Ermittlung der sonstigen für die Wertermittlung erforderlichen Daten (Liegenschaftszinssätze, Vergleichs- und Sachwertfaktoren) beschriebene Modell verbindlich vorgegeben, **und zwar nur zur Ermittlung der sonstigen für die Wertermittlung erforderlichen Daten (Liegenschaftszinssätze, Vergleichs- und Sachwertfaktoren).**

18 Stellungnahme der Bundesarchitektenkammer Niedersachsen vom 21.08.2020; Stellungnahme des Bundes der öffentlich bestellten Vermessungsingenieure (BdVI) vom 21.08.2020; jeweils zum Referentenentwurf einer novellierten ImmoWertV vom 19.06.2020.

19 Stellungnahme der Bundesarchitektenkammer Niedersachsen vom 21.08.2020; Stellungnahme des Bundes der öffentlich bestellten Vermessungsingenieure (BdVI) vom 21.08.2020; jeweils zum Referentenentwurf einer novellierten ImmoWertV vom 19.06.2020; Gemeinsame Stellungnahme des BDGS, BIIS, BVS, IVD, RICS sowie der ZIA, gif e.V. und der HypZert vom 26.02.2021.

Daran kann ein Gutachterausschuss scheitern, wenn er zur Ableitung der erforderlichen Daten Kaufpreise von Grundstücken zugrunde legen will und die **Ausstattung der baulichen Anlage, deren Nutzung, Modernisierungselemente, Zustandsmerkmale, Flächen usw. unter Berücksichtigung einer vorangegangenen Modernisierung vollständig schon mangels vorangegangener Begehung** nicht umfassend erfasst werden können.

Problematisch ist auch die Frage, ob man im Falle der Heranziehung der so abgeleiteten Daten nach dem Grundsatz der Modellkonformität daran gebunden ist. Nach diesem Grundsatz sind bei Anwendung der sonstigen für die Wertermittlung erforderlichen Daten dieselben Modelle und Modellansätze zu verwenden, die der Ermittlung dieser Daten zugrunde lagen. Die diesem Grundsatz innewohnende Logik besteht u.a. darin, dass die auf der Grundlage der Modellansätze abgeleiteten Daten, beispielsweise der mit dem Liegenschaftszinssatz oder Sachwertfaktor abgeleitete vorläufige Verfahrenswert, auch dann, wenn die Modellansätze objektiv falsch sind (Modellverbiegung), wieder an die Lage auf dem Grundstücksmarkt angepasst werden. So werden vorläufige Sachwerte auf der Grundlage der synthetischen Kostenkennwerte der NHK 2010 ermittelt und mit dem Sachwert- und Regionalfaktor wieder „gerichtet".

Hier muss kritisch gefragt werden, ob die mit § 10 Abs. 1 ImmoWertV vorgegebene modellkonforme Anwendung eines Liegenschaftszinssatzes oder Sachwertfaktors auch im Falle der in dieser Vorschrift nicht ausgenommenen Anl. 2 (vorangegangene Modernisierung) sachgerecht ist.

- Kommen Liegenschaftszinssätze oder Sachwertfaktoren entsprechend dieser Vorgabe modellkonform auf ein Bewertungsobjekt zur Anwendung, das nicht von einer vorangegangenen Modernisierung betroffen ist, so geht eine nach Anl. 2 fehlerhaft ermittelte Restnutzungsdauer in den Liegenschaftszinssatz oder Sachwertfaktor ein, ohne dass sich der Fehler entsprechend der dem Modellkonformitätsgrundsatz innewohnenden Logik mit deren Anwendung kompensiert wird. Das Gleiche gilt, wenn bei der Ableitung des Liegenschaftszinssatzes oder Sachwertfaktors Modernisierungselemente berücksichtigt wurden, die nicht mit denen übereinstimmen, die es bei dem Bewertungsobjekt zu berücksichtigen gilt. In beiden Fällen führt der Modellkonformitätsgrundsatz zu einer Verfälschung des Ergebnisses.
- Grundsätzlich ist es sachlich nicht zu begründen, dass der Anwender des Liegenschaftszinssatzes oder Sachwertfaktors die Anl. 2 nach dem Modellkonformitätsgrundsatz anwenden muss, wenn es Modernisierungselemente zu berücksichtigen gilt, die im Rahmen der Ableitung des Liegenschaftszinssatzes oder Sachwertfaktors keine Rolle gespielt haben.

Wird bei Veröffentlichung dieser Daten „floskelhaft" angemerkt, dass diese Daten unter Beachtung der Anl. 2. zur ImmoWertV abgleitet worden seien, mag man es glauben oder nicht, reicht dies für eine sachgerechte Anwendung aus den vorstehenden Gründen nicht aus.

1.4.3.3 Restnutzungsdauer bei sog. kernsanierten Objekten

Schrifttum: *Tillmann/Kleiber/Seitz,* Tabellenhandbuch zur Ermittlung des Verkehrswerts, 2. Aufl. 2017, S. 14; www.geodata.de/dl-delby-2-0); bei https://www.boris.nrw.de.

▶ *Zur steuerlichen Bewertung vgl. Syst. Darst. des Ertragswertverfahrens Rn. 116*

Die vorstehenden Tabellen unterscheiden sich deutlich von den seit jeher von der AGVGA Nordrhein- **56**
Westfalen zur Anwendung empfohlenen Tabellenwerken, die einer massiven Kritik ausgesetzt waren[20]. Die Kritik kann am Beispiel eines sog. **„kernsanierten" Gebäudes** verdeutlicht werden. Darunter ist ein Gebäude zu verstehen, bei dem insbesondere die Erneuerung der Dacheindeckung, der Fassaden(dämmung), der nicht tragenden Innen- und Außenwände, der Fußböden, Fenster, Türen sowie der technischen Systeme (Innenausbau, Be- und Entwässerung, Medienversorgung, Heizung, Sanitär, Elektroinstallation usw.) zu verstehen ist. Es handelt sich dabei um ein Maßnahmenpaket, bei dem alle Bauteile unter Verwendung der tragenden Bauteile des Gebäudes instandgesetzt und modernisiert wurden („Vollsanierung"). Dabei muss keinesfalls die Erneuerung aller Bauteile geboten und sinnvoll sein. Mit diesen Maßnahmen kann ein Gebäude in einen Zustand versetzt werden, der weitgehend einem neuen Gebäude entspricht, ein „Quasi-Neubau".

Dies soll an einem *Beispiel* erläutert werden, wobei zur Verdeutlichung eine 100-jährige Gesamtnutzungs- **57**
dauer unterstellt wird:

20 Kleiber, Verkehrswertermittlung von Grundstücken, 6. Aufl. 2010, S. 906 ff.

Beispiel:

- Ein Gründerzeithaus mit einer üblichen Gesamtnutzungsdauer von 100 Jahren sei „umfassend" i.S. der vorstehenden Empfehlung mit einem Modernisierungsgrad von 20 Punkten (maximale Punktzahl) modernisiert worden.
- Nach der Tabelle ergibt sich eine Restnutzungsdauer von 70 Jahren.
- Nach dem bisherigen Tabellenwerken der AGVGA ergab sich im vorstehenden Fall nur eine modifizierte Restnutzungsdauer von 50 Jahren.

58 Das vorstehende *Beispiel* zeigt die Schwachpunkte der Tabellen deutlich: Die in den Tabellen zugrunde liegenden Modernisierungselemente (Abb. 4) beziehen sich im Wesentlichen auf Ausbaumaßnahmen; lediglich die zuletzt in der Tabelle der Modernisierungselemente angesprochene „Wesentliche Änderung der ... Grundrissgestaltung" hat den Rohbau zum Gegenstand. Wenn sich (im „Maximalfall") trotz vollständiger Modernisierung des Ausbaus einer baulichen Anlage nach diesem Tabellenwerk stets nur eine modifizierte Restnutzungsdauer von ca. 70 % der jeweiligen Gesamtnutzungsdauer eines Neubaus ergibt, so wird damit unterstellt, dass der nicht modernisierte **Rohbau** die sonst übliche Gesamtnutzungsdauer weiterhin absenkt, weil er **wirtschaftlich verbraucht** sei **und nicht modernisiert** wurde[21]. Das kann, muss aber nicht so sein, denn vielfach ergibt sich für den Rohbau gar kein oder nur in engen Grenzen ein Modernisierungsbedarf. Eine differenzierte Betrachtungsweise nach Art und Umfang des sich auf den Rohbau beziehenden Modernisierungsbedarfs ist deshalb angezeigt.

59 Der **Rohbauanteil eines Gebäudes ist nicht zwangsläufig in gleichem Maße wie sein Ausbauanteil** von den sich wandelnden Anforderungen an Gebäude betroffen und i.d.R. einer weitaus geringeren wirtschaftlichen Wertminderung unterworfen. Ein Rohbau kann auch nach 100 Jahren noch weitgehend den wirtschaftlichen Anforderungen entsprechen. Dann kann sich durch eine Vollmodernisierung des Ausbaus eine weitaus längere Restnutzungsdauer ergeben. Bei **kernsanierten Objekten**[22] kann die Restnutzungsdauer bis zu 90 % der jeweiligen „Gesamtnutzungsdauer" betragen. Allein mit diesem Hinweis wird man den grundlegenden Mangel der Tabellen nicht heilen können, denn die zeitliche Spannbreite der wirtschaftlichen Nutzungsfähigkeit des Rohbaus kann ganz oder teilweise erheblich differieren, während dem Modell dieser Tabellen die unzulässige Annahme zugrunde liegt, dass mit dem wirtschaftlichen Verbrauch des Ausbaus der Rohbau regelmäßig zu 30 % wirtschaftlich verbraucht ist. Tatsächlich müssen im konkreten Einzelfall stets die Besonderheiten des Rohbaus in die Betrachtung einbezogen werden.

Abb. 6: Wirtschaftliche Wertminderung nach Rohbau und Ausbaugewerken

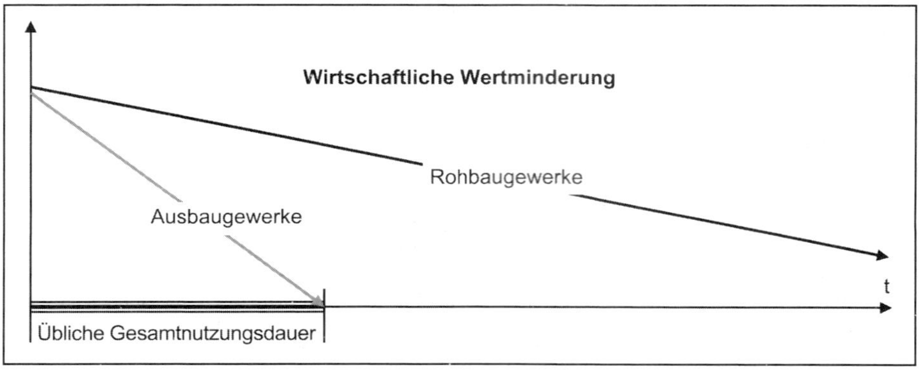

60 Mit der Anl. 2 zu § 4 Abs. 3 ImmoWertV wird dieser Kritik unter II Nr. 1 Abs. 2 in erkennbarer Weise weitgehend Rechnung getragen. Danach beträgt **die Restnutzungsdauer bei kernsanierten Objekten** bis zu 90 % der jeweiligen Gesamtnutzungsdauer, denn durch eine Kernsanierung wird das Gebäude in einen Zustand versetzt, der nahezu einem neuen Gebäude entspricht.

---

21 Nach dem bis zum Inkrafttreten der SachwertR empfohlenen Tabellenwerk ergab sich sogar nur eine modifizierte Restnutzungsdauer von ca. 50 % der Gesamtnutzungsdauer eines Neubaus.

22 LG Düsseldorf, Urt. vom 19.03.1998 – 21 S 600/97 –, EzGuG 3.124d. Für eine Kernsanierung typische Maßnahmen sind insbesondere Außenwandisolierungen, Erneuerung und Anpassung der Zwischendecken an die Wärme-, Dämm- und Schallschutzvorschriften nach heutiger DIN; Vgl. Klaft, BauR 2006, 563 ff.

Als Baujahr ist im Falle einer Kernsanierung das Jahr der fachgerechten Sanierung zugrunde zu legen. Die teilweise noch verbliebene alte Bausubstanz oder der von neuen Gebäuden abweichende Zustand z.B. des Kellers ist durch einen Abschlag zu berücksichtigen.

1.4.3.4 Ermittlung des fiktiven Baujahrs (Alters) und der verlängerten Restnutzungsdauer nach Teilmodernisierungen

▶ *Vgl. Syst. Darst. des Sachwertverfahrens Rn. 185 ff.*

Ist das zu bewertende Objekt in der Vergangenheit modernisiert worden und soll die Restnutzungsdauer aus der Gesamtnutzungsdauer abzüglich Alter ermittelt werden, stellt sich die Frage nach dem angemessenen **fiktiven Baujahr** (*effective age*). 61

In der Praxis wird dazu auf folgende Formeln zurückgegriffen: 62

$$\text{Fiktives Baujahr} = \frac{\text{Baujahr (alt)} \times \text{BGF (alt)} + \text{Baujahr (neu)} \times \text{BGF (neu)}}{\text{BGF insgesamt}}$$

$$\text{Fiktives Baujahr} = \frac{\text{Baujahr (alt)} \times \text{WF (alt)} + \text{Baujahr (neu)} \times \text{WF (neu)}}{\text{WF insgesamt}}$$

$$\text{Fiktives Baujahr} = \frac{\text{Baujahr (alt)} \times \text{\% alte Bausubstanz} + \text{Baujahr (neu)} \times \text{\% neue Bausubstanz}}{100}$$

wobei BGF = Brutto-Grundfläche

WF = Wohnfläche

Der prozentuale Anteil der neuen Bausubstanz wird bei vorangegangener Modernisierung zumeist auf der Grundlage der **Wertanteilstabelle** ermittelt. 63

Beispiel 1 (auf der Grundlage der BGF): 64

Wohngebäude Baujahr 1905,

BGF 1 500 m², davon im Jahre 1996 800 m² durchgreifend modernisiert:

Berechnung: [1905 x 700 m² + 1996 x 800 m²] / 1 500 m² = **1954 (fiktives Baujahr)**

Bei *vollständiger Modernisierung des Ausbaus im Jahre 2008*:

[1905 x 0 m² + 2008 x 1 500 m²] / 1 500 m² = 2008 (fiktives Baujahr) richtig, wenn

Nach NRW-Tabelle = 1958 (fiktives Baujahr)

Die Formel ist sachgerecht, wenn Rohbau „zeitlos" ist und nur der Ausbau einschließlich Keller- und Dachgeschoss einer wirtschaftlichen Wertminderung unterworfen ist.

Ist die BGF zu 100 % modernisiert worden, wird bei Anwendung der Formel eine Modernisierung des gesamten Baukörpers unterstellt.

Beispiel 2 (auf der Grundlage der WF): 65

Wohngebäude Baujahr 1905,

WF 1 200 m², davon im Jahre 2008 1 200 m² durchgreifend modernisiert:

Berechnung: [1905 x 0 m² + 2008 x 1 200 m²] / 1 200 m² = 2008 (fiktives Baujahr)

Die Formel „ignoriert" sowohl die Rohbaugewerke als auch die Verkehrsflächen (Treppenhaus) sowie den Zustand der nicht ausgebauten Dach- und Kellergeschosse.

Ist die WF/NF zu 100 % modernisiert worden, bleibt bei Anwendung der Formel eine Modernisierung der Flächen, die nicht Wohn- oder Nutzflächen sind, ggf. unberücksichtigt.

66 *Beispiel 3 (auf der Grundlage der Wertanteilstabelle):*

Wohngebäude Baujahr 1905, davon im Jahre 1996 durchgreifend modernisiert:

– Dach	7,20 %	Anteil an Neubaukosten
– Haustechnik	19,80 %	Anteil an Neubaukosten
gesamt	27,00 %	

Berechnung: [(1905 x [100 – 27]) + 1996 x 27] / 100 = **1929,6 (fiktives Baujahr)**

Die Formel ist nur sachgerecht, wenn der *Roh- und Ausbau* einer gleichen wirtschaftlichen Wertminderung unterworfen ist.

67 Es handelt sich dabei um eine grobe Überschlagsformel, denn die zu berücksichtigenden Verhältnisse liegen tatsächlich komplizierter. Aus den Wertanteilstabellen ergibt sich der Wertanteil einzelner Bauteile (Gewerke) am Gesamtwert des Gebäudes, der sich in der Grobgliederung aus Rohbau- und Ausbaukosten zusammensetzt. **Roh- und Ausbau unterliegen indessen einem unterschiedlichen Wertverschleiß**. Ein Rohbau kann im „günstigsten" Fall sogar so errichtet worden sein, dass er eine für die Belange der Verkehrswertermittlung quasi unbegrenzte Nutzungsdauer aufweist. Wird der gesamte Ausbau modernisiert, kann in diesem Fall aus wertermittlungstechnischer Sicht von einem Neubau ausgegangen werden. Das Gleiche gilt aber auch, wenn vom Rohbau lediglich das nicht wärmegedämmte Außenmauerwerk sowie die Grundrissgestaltung einem wirtschaftlichen Wertverfall unterlag und im Zuge der Modernisierung der Grundriss und das Außenmauerwerk modernisiert wurden.

68 Die Roh- und Ausbaukosten stehen nach den Wertanteilstabellen indessen in einem Verhältnis von etwa 50 : 50 zueinander. Ist der gesamte Ausbau eines Gebäudes erneuert worden und hat dies quasi zu einem Neubau geführt, würde sich nach der vorstehenden Formel infolgedessen nur eine hälftige Verjüngung ergeben, was aber den mit der Modernisierung herbeigeführten Gegebenheiten nicht entspräche. Deshalb erscheint es geboten den **Wertanteil der modernisierten Bauteile entsprechend seiner Bedeutung für die Gesamtnutzungsdauer zu gewichten**.

69 *Beispiel 4:*

Roh- und Ausbau stehen in einem Verhältnis von 47,1 % zu 52,9 % zueinander, der Rohbau sei so gut beschaffen, dass er praktisch keinem wirtschaftlichen Wertverzehr unterliegt.

Es wurde die gesamte Haustechnik mit einem Wertanteil von 19,8 % am Gesamtwert erneuert. Der für die Berechnung der Verjüngung des Gebäudes maßgebliche Wertanteil ergibt sich mithin zu:

19,8 % x 100 / (100 – 47,1) = 37,4 %

Wohngebäude Baujahr 1912, davon im Jahre 2006 durchgreifend modernisiert:

[(1912 x [100 – 37,4]) + 2006 x 37,4] / 100 = **1947 (fiktives Baujahr)**

70 *Beispiel 5:*

Unterliegen Teile des Rohbaus (z.B. Außenmauerwerk und Grundrisse mit einem Wertanteil von 24,1 %) einem wirtschaftlichen Wertverfall, so unterliegen nur 23,0 % des Bauwerks (= 47,1 % – 24,1 %) keinem Wertverzehr. Der für die Berechnung der Verjüngung des Gebäudes maßgebliche Wertanteil ergibt sich mithin zu

19,8 % x 100 / (100 – 23,0) = 25,7 %

Wohngebäude Baujahr 1912, davon im Jahre 2006 durchgreifend modernisiert:

[(1912 x [100 – 25,7]) + 2006 x 25,7] / 100 = **1936 (fiktives Baujahr)**

71 *Beispiel 6:*

Roh- und Ausbau stehen in einem Verhältnis von 47,1 % zu 52,9 % zueinander, der Rohbau sei so gut beschaffen, dass er praktisch keinem wirtschaftlichen Wertverzehr unterliegt.

Es wurde im Zuge einer durchgreifenden Gebäudesanierung der gesamte Ausbau mit einem Wertanteil von 52,9 % am Gesamtwert umfassend erneuert. Der für die Berechnung der Verjüngung des Gebäudes maßgebliche Wertanteil ergibt sich mithin zu:

52,9 % x 100 / (100 – 47,1) = 100,0 %

Wohngebäude Baujahr 1905, davon im Jahre 1996 durchgreifend modernisiert:

[(1912 x [100 – 100]) + 2006 x 100] / 100 = **2006 (fiktives Baujahr)**

Zu einem „Neubau" käme man auch, wenn die Teile des Rohbaus, die einem Wertverzehr unterliege, im Zuge der Maßnahmen ebenfalls erneuert bzw. ergänzt worden wären.

Wenn sich bei dieser Berechnung ein „Neubau" ergibt, so handelt es sich nicht um einen „bautechnischen", sondern ist damit ein **Neubau im wertermittlungstechnischen Sinne**, d.h. um eine bauliche Anlage, die eine wirtschaftliche Nutzung über die für diese bauliche Anlage übliche Gesamtnutzungsdauer erwarten lässt. 72

Dies entspricht im Übrigen nicht dem „Neubau", wie er nach dem Steuerrecht im Hinblick auf die **steuerliche Abschreibung** zur Förderung der Erneuerung des Gebäudebestands nach § 7 Abs. 5 EStG verlangt wird. Der nach dieser Vorschrift geforderte „**bautechnische Neubau**" setzt in Umbaufällen voraus, dass 73

- entweder die bisher vorhandene Gebäudesubstanz – mit Rücksicht auf die für die Nutzungsdauer bestimmenden Gebäudeteile (z.B. Fundamente, tragende Innen- und Außenmauern, Geschossdecken, Dachkonstruktion) – nicht mehr nutzbar waren (sog. Vollverschleiß[23]) oder
- sofern dies nicht gegeben ist, dass die neu eingefügten Gebäudeteile dem Gesamtgebäude in bautechnischer Hinsicht das Gepräge geben (sog. grundlegender Umbau) und die tragenden Gebäudeteile in zumindest überwiegendem Umfang ersetzt werden[24].

Steuerlich ist mithin auch nicht die Zweckbestimmung des Gebäudes, die bewertungsrechtliche Feststellung der Grundstücksart, die Höhe des insgesamt anfallenden Sanierungsaufwands oder die „Verlängerung der Gesamtnutzungsdauer"[25] ausschlaggebend. **Wenn steuerrechtlich die „Verlängerung der Gesamtnutzungsdauer" nicht ausschlaggebend sein soll, so ist damit nicht ausgeschlossen, dass im Rahmen der Verkehrswertermittlung die Gesamtnutzungsdauer zu verlängern** ist, und zwar auch dann, wenn die tragenden Gebäudeteile des Rohbaus „in zumindest überwiegendem Umfang" nicht ersetzt werden. Bei dieser Sachlage ist die zu den steuerrechtlichen Anforderungen an die Herstellung eines bautechnischen Neubaus ergangene Rechtsprechung nicht auf die Verkehrswertermittlung übertragbar. 74

1.4.3.5 Abschätzung der Restnutzungsdauer bei „verbrauchter" Modernisierung

Nicht immer führen Modernisierungsmaßnahmen zu einer Verlängerung der Gesamt- und Restnutzungsdauer, insbesondere dann nicht, wenn **Bauteile modernisiert wurden, deren Nutzungsdauer kürzer als die Gesamtnutzungsdauer der baulichen Anlage** (insgesamt) ist. 75

Der Gutachterausschuss von *Aachen* bedient sich in solchen Fällen eines Verfahrens, bei dem die Normalherstellungskosten entsprechend dem Wägungsanteil gewichtet aus verschiedenen Baujahrsgruppen zum Ansatz kommen. 76

Zu alledem werden von der AGVGA *Nordrhein-Westfalen* folgende **Orientierungswerte zur Vergabe von Modernisierungspunkten** gegeben[26] (vgl. www.geodata.dee/dl-de/by-2-0 bei https://noris.nrw.de). 77

---

23 BFH, Urt. vom 25.05.2004 – VIII R 6/01 –, BFHE 206, 266 = BStBl. II 2004, 783 = EzGuG 19.49b; BFH, Urt. vom 03.12.2002 – IX R 64/99 –, BFHE 201, 148 = BStBl. II 2003, 590 = EzGuG 3.127c; BFH, Urt. vom 17.12.1997 – X R 54/96 –, BFH/NV 1998, 841 = EzGuG 3.124b; BFH, Urt. vom 12.03.1996 – IX R 48/95 –, BFHE 180, 134 = BStBl. II 1996, 514 = EzGuG 19.44a; BFH, Urt. vom 18.06.1996 – IX R 40/95 –, BFHE 181, 23 = BStBl. II 1996, 645 = EzGuG 5.55a; BFH, Urt. vom 09.05.1995 – IX R 116/92 –, BFHE 177, 454 = GuG 1997, 122 = EzGuG 20.152; BFH, Urt. vom 24.10.1990 – II R 9/88 –, BFHE 162, 369 = BStBl II 1991, 60 = EzGuG 4.134a; BFH, Urt. vom 28.11.1990 – II R 36/87 –, BFHE 162, 391 = BStBl. II 1991, 209 = 3.89a.

24 BFH, Urt. vom 12.03.1996 – IX R 48/95 –, BFHE 180, 134 = BStBl. II 1977, 725 = EzGuG 19.44a; BFH, Urt. vom 25.11.1993 – IV R 68/92 –, BFH/NV 1994, 705 = EzGuG 3.112c; BFH, Urt. vom 31.03.1992 – IX R 175/87 –, BFHE 168, 109 = BStBl. II 1992, 808 = EzGuG 19.40a; BFH, Urt. vom 28.06.1977 – VIII R 115/73 –, BFHE 122, 512 = BStBl II 1977, 725 = EzGuG 11.110a.

25 BFH, Urt. vom 31.03.1992 – IX R 175/87 –, BFHE 168, 109 = BStBl. II 1992, 808 = EzGuG 19.40a; BFH, Urt. vom 19.03.1991 – IX R 131/86 –, BFH/NV 1991, 670 = EzGuG 3.92a.

26 Vgl. www.geodata.de/dl-de/by-2-0 bei https://noris.nrw.de.

Abb. 7: Orientierungswerte zur Vergabe von Modernisierungspunkten

Modernisierungs-element	Bis ca. 5 Jahre zurück	Bis ca. 10 Jahre zurück	Bis ca. 15. Jahre zurück	Bis ca. 25 Jahre zurück	Bemerkung
Dacherneuerung inklusive Wärmedämmung	4	3	2	1	Wärmedämmung < 1980 = Stufe 1 (sehr einfach) Wärmedämmung < 1995 = Stufe 2 (einfach)
Modernisierung der Fenster und Türen	2	2	1	0	
Modernisierung der Leitungssysteme	2	2	2	1	
Modernisierung der Heizungsanlage	2	2	1	0	
Wärmedämmung der Außenwände	4	3	2	1	
Modernisierung der Bäder	2	1	0	0	Abnutzung, Mode, wichtigster Punkt bei Vermietung
Modernisierung des Innenausbaus	2	2	2	1	
Wesentliche Verbesserung der Grundrissgestaltung	1 bis 2				Grundsätzlich zeitpunktabhängig: z.B. Badeinbau, gefangene Räume befreien, Verkehrsflächenoptimierung, Hinweis: DG Ausbau gehört nicht dazu.

78 **Allgemein lässt sich bei teilmodernisierten Gebäuden das fiktive Baujahr ermitteln,** indem die modernisierten und nicht modernisierten Geschossflächen (Wohn- oder Nutzflächen) ins Verhältnis zueinander gesetzt werden.

Fiktives Baujahr = [(Nichtmodernisierte WF x Baujahr) + (Modernisierte WF x Modernisierungsjahr)] / Gesamte WF

Beispiel:

a) Sachverhalt

Wohngebäude

Baujahr	1960
Gesamte Wohnfläche	1 000 m²
Modernisierung	1980
Modernisierte Wohnfläche	400 m²

b) Fiktives Baujahr

[(600 m² × 1960) + (400 m² × 1980)] / 1 000 m² = 1968

2 Abschätzung der Restnutzungsdauer bei Gebäudemix

▶ *Vgl. Rn. 8 ff.; Syst. Darst. des Sachwertverfahrens Rn. 194 ff.; zur wirtschaftlichen Einheit vgl. § 1 ImmoWertV Rn. 1, 57*

Bei **Liegenschaften, die sich aus einer Vielzahl von Gebäuden mit unterschiedlicher Restnutzungsdauer** zusammensetzen, stellt sich die Frage, welche Restnutzungsdauer der Marktwertermittlung zugrunde zu legen ist. Dies betrifft auch **Gebäude, die sich aus Gebäudeteilen aus unterschiedlichen Baujahren** bzw. mit unterschiedlichen Nutzungen (mit unterschiedlicher Gesamtnutzungsdauer) zusammensetzen. Damit sind sog. wirtschaftliche Einheiten angesprochen, bei denen Gebäude(teile) technisch bzw. wirtschaftlich *„unter Berücksichtigung der örtlichen Gewohnheit, der tatsächlichen Übung, der Zweckbestimmung und der wirtschaftlichen Zusammengehörigkeit der einzelnen Wirtschaftsgüter"* nicht von einem anderen Grundstücksteil abgetrennt werden können. 79

Beispielsweise setzt sich im Fall 1 der Abb. 8 das **Gebäude aus Bauteilen unterschiedlicher Gestehungszeitpunkte** zusammen und die Gebäudeteile sind untrennbar miteinander verbunden. Im Fall 2 der Abb. 8 handelt es sich um einen **Gewerbebetrieb, bestehend aus insgesamt drei Gebäuden, die** schon aufgrund ihrer speziellen Funktionen (Lager, Produktion und Verwaltung) **eine wirtschaftliche Einheit bilden**. 80

Abb. 8: Fallgestaltungen von Gebäuden und Gebäudeteilen unterschiedlicher Herstellungsjahre

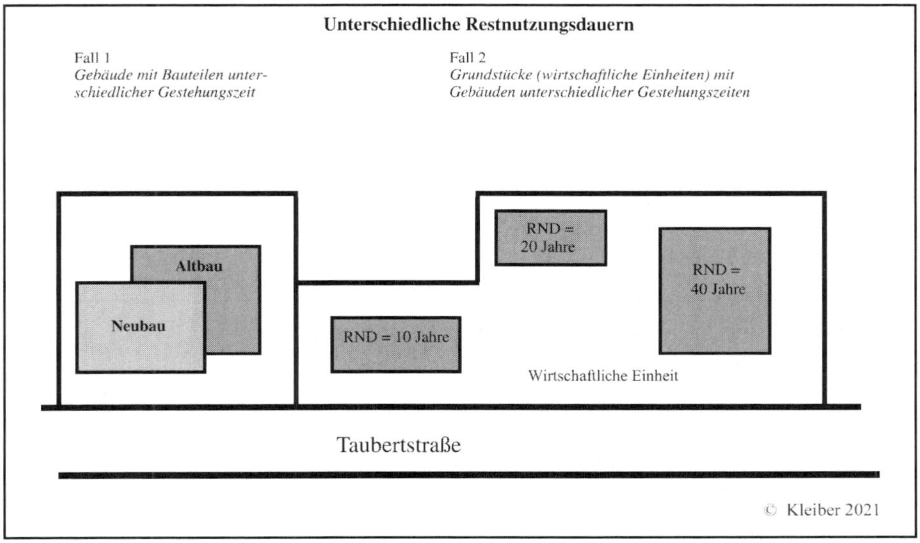

Eine **schematische „Teilwertermittlung" der einzelnen Gebäude(teile) auf der Grundlage der jeweiligen Wertermittlungsparameter und Saldierung der Ergebnisse** ist grundsätzlich abzulehnen. Denn im Falle 1 der Abb. 8 kann nicht davon ausgegangen werden, dass sich der Gebäudeteil mit der längeren Restnutzungsdauer wirtschaftlich nutzen lässt, wenn der übrige Gebäudeteil quasi als Ruine vorgehalten wird[27]. Im Fall 2 der Abb. 8 kann der Betriebsablauf erheblich gestört oder sogar unterbrochen sein, wenn die Nutzung eines der Gebäude ausfiele. Bei wirtschaftlichen Einheiten ist mithin eine Aufteilung der Liegenschaft in voneinander abspaltbare Nutzungen und damit auch der Ansatz unterschiedlicher Nutzungsdauer nicht sachgerecht. 81

Im Rahmen einer „aggregierenden", d.h. die einzelnen Grundstücksbestandteile bündelnden Marktwertermittlung ist das mitunter praktizierte **Prinzip des „schwächsten Glieds einer Kette"** abzulehnen. Bei Anwendung dieses Prinzips bestimmen sich die Wertermittlungsparameter, insbesondere der Liegenschaftszinssatz, der Sachwertfaktor und auch die Gesamt- und Restnutzungsdauer nach dem „schwächsten" Gebäude(teil). Nach diesem Prinzip teilen die Gebäude mit einer längeren Restnutzungsdauer das Schicksal 82

27 Vgl. OLG Jena, Urt. vom 02.11.1999 – 8 U 310/99 – OLGR-Jena 2000, 121 = EzGuG 10.12b betr. landwirtschaftlichen Betriebsanlage, die nur im Ganzen sinnvoll genutzt werden kann.

der Gebäude mit kürzerer Restnutzungsdauer. Das entspricht nicht dem tatsächlichen Geschehen auf dem Grundstücksmarkt insbesondere in den Fällen, in denen sich die Restnutzungsdauer des Gebäude(teil)s mit der kürzesten Restnutzungsdauer verlängern lässt; dies liefe nämlich darauf hinaus, dass Restwerte der Gebäude(teile) mit längerer Restnutzungsdauer ohne Not vernichtet würden. Im Einzelfall muss deshalb untersucht werden, ob und inwieweit die Verlängerung der Restnutzungsdauer des schwächsten Gebäude (-teil)s durch Modernisierungs- bzw. Umstrukturierungsmaßnahmen wirtschaftlich sinnvoll ist; dabei muss auch ein partieller Neubau in Betracht gezogen werden.

83 In der Wertermittlungspraxis wird in den vorstehenden Fällen vielfach der Marktwert (Verkehrswert) auf der Grundlage einer mittleren Restnutzungsdauer ermittelt. Dabei wird die mittlere Restnutzungsdauer zumeist auf der Grundlage der gewichteten Roh- bzw. Reinerträge der Gebäudeteile bzw. der einzelnen Gebäude nach nachstehender Formel ermittelt:

$$RND_{Mittel} = \frac{\sum_{1}^{i}(RoE_i \times RND_i)}{\sum RoE_i}$$

84 *Beispiel:*

1. Sachverhalt (Fall 2 der Abb. 8):

Ermittlung der mittleren Restnutzungsdauer:

Gebäude	RND [Jahre]	Jahresnettokaltmiete [€]	Jahresnettokaltmiete x RND_i [€ × Jahre]
1	40	40 000	1 600 000
2	20	20 000	400 000
3	10	10 000	100 000
Σ Jahresnettokaltmiete = 70 000			2 100 000 = ∑ Jahresnettokaltmiete × RND

Die mittlere Restnutzungsdauer ergibt sich nach vorstehender Formel zu:

RND_{Mittel} = 2 100 000 € / 70 000 € = **30 Jahre**

Das Grundstück weist mit einer Gesamtfläche von 5 000 m² eine Übergröße auf. 4 000 m² sind mit einem Bodenwert von 100 €/m² der Bebauung zurechenbar. Die Grundstücksrestfläche hat einen Wertanteil von 50 000 EUR und wird als ein besonderes objektspezifisches Grundstücksmerkmal berücksichtigt.

Jahresnettokaltmiete		70 000 €
./.	Bewirtschaftungskosten (hier pauschal 25 %)	– 17 500 €
=	Jahresreinertrag	52 500 €
./.	Bodenwertverzinsung (400 000 € × 0,06)	– 24 000 €
um den Bodenwertverzinsungsbetrag geminderter RE		28 500 €
×	Kapitalisierungsfaktor von 30 Jahren und 6 % = 13,76:	392 160 €
+	Bodenwert	+ 400 000 €
=	vorläufiger Ertragswert	**792 160 €**
+	marktübliche objektbezogene überschreitende Grundstücksrestfläche	50 000 €
=	**Ertragswert**	rd. **840 000 €**

Auch diese Methode muss grundsätzlich abgelehnt werden. Im Ergebnis wird bei dieser Vorgehensweise der „Restwert" des Gebäudes 1, das eine Restnutzungsdauer von 40 Jahren aufweist, vernichtet. Darüber hinaus wird unzulässigerweise unterstellt, dass die Gebäude 2 und 3, die am Wertermittlungsstichtag eine Restnutzungsdauer von nur 10 bzw. 20 Jahren aufweisen, noch weitere 20 bzw. 10 Jahre genutzt werden könnten. 85

Fazit: Alle vorstehend in der Vergangenheit praktizierten **Verfahrensweisen stehen** bei Heranziehung der von den Gutachterausschüssen für Grundstückswerte abgeleiteten Liegenschaftszinssätze und Sachwertfaktoren **in Kollision mit dem Grundsatz der Modell- und Referenzkonformität** der modernen Marktwertermittlung. 86

Soweit die wirtschaftliche Nutzung der Liegenschaft von der gleichzeitigen Nutzbarkeit mehrerer Gebäude bzw. Gebäudeteile abhängt, hat man es mit einem komplexen Sachverhalt zu tun, der eine Gesamtbetrachtung erfordert. Dabei sind grundsätzlich alle Möglichkeiten in Betracht zu ziehen, die ein wirtschaftlich vernünftig handelnder Erwerber in Betracht ziehen würde, angefangen von einer im Extremfall denkbaren Liquidation der Gebäude(teile) über eine Modernisierung bzw. Umstrukturierung einzelner Gebäude(-teile) bis hin zu einer umfassenden Modernisierung bzw. Umstrukturierung aller Gebäude(teile). Welche Vorgehensweise im Einzelfall angezeigt ist, lässt sich häufig gar nicht auf den ersten Blick absehen und kann erst aus dem Ergebnis aller alternativ in Betracht kommenden Vorgehensweisen abgeschätzt werden. In der Regel bestimmt sich der Marktwert (Verkehrswert) nach dem Grundsatz des *highest and best use*. Nach diesem Grundsatz bestimmt sich der Marktwert nicht allein nach den tatsächlichen Gegebenheiten, sondern auch unter Berücksichtigung der bei geringstem Risiko ertragreichsten Nutzung *(maximally productiv)*, die bei nüchterner wirtschaftlicher Betrachtungsweise und den rechtlichen und technischen Möglichkeiten realisiert werden kann. Der bei alternativen Nutzungsmöglichkeiten sich ergebende höchste Wert ist mithin der Marktwert. Im Ergebnis kann es deshalb geboten sein, alle eingangs angesprochenen Alternativen, angefangen von einer im Extremfall denkbaren Liquidation der Gebäude(teile) über eine Modernisierung bzw. Umstrukturierung einzelner Gebäude(teile) bis hin zu einer umfassenden Modernisierung bzw. Umstrukturierung aller Gebäude(teile), „durchzuspielen". 87

- Eine „**Liquidation**" wird bei alledem insbesondere dann in Betracht kommen können, wenn die Restnutzungsdauer der ertragreichsten Gebäude(teile) klein ist und ohnehin von einer alsbaldigen Freilegung des Grundstücks ausgegangen werden muss. Die „Liquidation" kann darüber hinaus in den Fällen einer irreparablen Unternutzung i.S. des § 40 Abs. 5 Nr. 1 ImmoWertV angezeigt werden, wenn nicht davon ausgegangen werden kann, dass die Freiflächen im gewöhnlichen Geschäftsverkehr üblicherweise als Baulandreserve vorgehalten werden. Soweit vertragliche oder rechtliche Bestimmungen einer alsbaldigen Freilegung entgegenstehen, müssen zu den üblichen Freilegungskosten angemessene Abstandszahlungen zur Auflösung des Mietverhältnisses angesetzt werden (§ 6 ImmoWertV Rn. 132; § 8 ImmoWertV Rn. 51, 133, § 40 ImmoWertV Rn. 230; § 43 ImmoWertV Rn. 1 ff., 41; § 43 ImmoWertV Rn. 1 ff., 41).
- Soweit es bei den Nutzungsalternativen einer **Modernisierung bzw. Umstrukturierung einzelner Gebäude(teile**) bedarf, um die Restnutzungsdauer einzelner Gebäude(teile) der Restnutzungsdauer der übrigen Gebäude(teile) anzupassen, gilt es im Einzelfall zu beachten, dass diese Maßnahmen nicht nur zu einer Verlängerung der Restnutzungsdauer führen, sondern i.d.R. auch die Ertragsverhältnisse verbessern und sich auch auf den anzusetzenden Liegenschaftszinssatz bzw. Sachwertfaktor auswirken können. Auf der anderen Seite sind Modernisierungs- und Umstrukturierungsmaßnahmen **im Hinblick auf die notwendigen Kosten risikobehaftet.** Dementsprechend sind die angesetzten Kostenschätzungen i.d.R. mit nicht unerheblichen Risikozuschlägen anzusetzen.

Beispiel 1 (zu Fall 1 der Abb. 8): 88

1. Sachverhalt

Auf einem 1 000 m² großen in einem MI-Gebiet gelegenen Grundstück mit einer GFZ von 3,0 befinden sich ein Wohn- und Geschäftshaus.

a) Das Gebäude weist zum Wertermittlungsstichtag ein (Bau-)Alter von 50 Jahre auf und wurde als 3-geschossiges Wohnhaus mit 12 Wohneinheiten (WE) mit jeweils 80 m² Wohnfläche (WF) errichtet.

b) Das Gebäude wurde vor 40 Jahren durch einen 4-geschossigen gewerblichen Anbau ergänzt (Baualter zum Wertermittlungsstichtag 40 Jahre). Der Anbau weist folgende Nutzungen auf

   – 2 Läden mit jeweils 100 m² Nutzfläche (NF)

   – 6 Büros mit jeweils 100 m² Nutzfläche (NF).

   Die zu unterschiedlichen Zeiten errichteten Gebäudeteile sind untrennbar miteinander verbunden (wirtschaftliche Einheit). Das Gebäude ist nicht unterkellert; es weist Flachdächer auf.

c) Die aktuelle Bodenrichtwertkarte weist einen Bodenwert von 1 000 €/m² aus.

Die auf dem Grundstück realisierte WF/NF-Fläche ergibt sich zu 1 760 m² (= [12 WE x 80 m²] + [2 Läden x 100 m²] + [6 Büros x 100 m]) und entspricht bei einem Nutzflächenfaktor von 0,8 einer Geschossfläche (GF) von 2 200 m² GF (= 1 760 m² NF/0,8). Bei einer Grundstücksgröße von 1 000 m² und einer GFZ von 3,0 ergibt sich eine zulässige Geschossfläche von 3000 m² GF (= 1 000 m² x 3,0) und eine Unternutzung des Grundstücks von 800 m² GF bzw. rd. 267 m² Grundstücksfläche (800 m² GF/3,0).

Der „nutzungsbefangene“ Bodenwert wird auf der Grundlage einer Grundstücksgröße von 733 m² (1 000 m² – 267 m²) bei einem Boden(richt)wert von 1 000 €/m² mit 733 000 € ermittelt. Der Wertvorteil aufgrund der verbleibenden Restfläche von 267 m² mit einem Bodenwert von 267 000 wird – diskontiert über die Restnutzungsdauer – als „besonderes objektspezifisches Grundstücksmerkmal“ ergänzend zum vorläufigen Ertragswert berücksichtigt.

Vom örtlichen Gutachterausschuss für Grundstückswerte sind Liegenschaftszinssätze für Wohnen und Gewerbe – nicht hingegen für Mischnutzungen – mit Modellansätzen zur Nutzung, Restnutzungsdauer und Grundstücksfläche auf der Grundlage der Bewirtschaftungskosten nach II BV abgeleitet worden:

Liegenschaftszinssätze mit Referenzen				
	Liegenschafts-zinssatz LZ	Übliche Gesamtnutzungs-dauer n	liegenschaftszinssatzbezogene	
			Restnutzungs-dauer	Grundstücks-fläche
Wohnen Gewerbe (Büro)	4,0 % 7,0 %	80 Jahre 50 Jahre	30 Jahre 30 Jahre	Baurechtlich zulässige Grundstücksfläche

Marktüblich erzielbare Nettokaltmiete für Objekte gleicher Lage und Ausstattung am Wertermittlungsstichtag

a) Wohnraum 8,00 €/m²

b) Büroraum 15,00 €/m²

c) Läden 40,00 €/m²

Die Auswertung der Mietverträge ergab, dass für das Objekt die marktüblich erzielbaren Nettokaltmieten erzielt werden. Lediglich für 3 Büros ergeben sich Besonderheiten: Sie sind (zum Wertermittlungsstichtag) auf 5 weitere Jahre zu 18,00 €/m² NF im Monat (indexiert mit Verbraucherpreisindex) vermietet. Die Mieter haben ein Optionsrecht zur Verlängerung ihres Mietverhältnisses auf weitere 5 Jahre zu den bestehenden Konditionen.

2. Lösungsskizze

Zeitliche Abfolge:

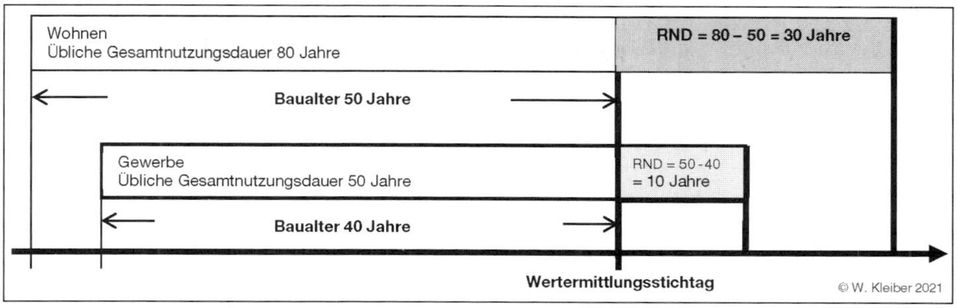

Bezüglich der **Restnutzungsdauer** ergeben sich folgende Möglichkeiten:

a) Alsbaldige Liquidation der Bebauung und Marktwertermittlung auf der Grundlage der „vollen" Ausnutzung des Bodenwerts.

b) Marktwert auf der Grundlage einer Restnutzungsdauer von 10 Jahren nach dem Prinzip des schwächsten Gliedes einer Kette.

c) Marktwert auf der Grundlage einer Restnutzungsdauer von 30 Jahren, wobei die Restnutzungsdauer des Gewerbeteils durch angemessene Modernisierungsmaßnahmen um 20 Jahre verlängert werden muss.

d) **Marktwert auf der Grundlage einer üblichen Restnutzungsdauer von 80 Jahren, wobei die Restnutzungsdauer des Wohn- und Gewerbeteils durch umfassende Modernisierungs- bzw. Umstrukturierungsmaßnahmen entsprechend verlängert werden muss.**

Nach dem Prinzip des *highest and best use* indiziert das höchste Ergebnis aller denkbaren in Betracht kommenden Möglichkeiten den Marktwert.

Zu a) Im Falle einer Liquidation der Gebäude muss berücksichtigt werden, dass das Objekt vermietet ist:

Bodenwert = 1 000 m² x 1 000 €/m² = 1 000 000 €

Umbauter Raum (überschlägig) bei einer GF von 2 200 m² und einer Geschosshöhe von 3,20 m = 7 040 m³

Freilegungskosten bei 30 €/m³ umbauten Raums =	211 200 €	
Bodenwert abzüglich Freilegungskosten =	788 800 €	= 1 000 000 € – 211 200 €
abzüglich Abstandszahlungen (geschätzt)	100 000 €	
Vorläufiger Liquidationswert	rd. 600 000 €	

Zu b bis d) Der Marktwert des Renditeobjekts bestimmt sich unter Anwendung des Ertragswertverfahrens. Der vorläufige Ertragswert kann gesamtheitlich für die Wohn- und Gewerbenutzung, aber auch getrennt nach dem Wohn- und Gewerbeanteil ermittelt werden.

Modellansatz des „nutzungsabhängigen" Bodenwerts 733 000 € bei einer Grundstücksgröße von 733 m² (vgl. oben).

Die Ertragsverhältnisse stellen sich wie folgt dar:

Ermittlung der Jahresreinerträge						
Wohnen						
Wohn- bzw. Nutzfläche		Monatliche Nettokaltmiete	Jahresnetto-kaltmiete (gesamt)	(Pauschaler) Modellansatz Bewirtschaf-tungskosten	Jahres-reinertrag (RE)	Anteil am RE in %
12 WE x 80 m²	= 960 m²	8,00 €/m² WF	92 160 €	16 000 €	76 160 €	28
Gewerbe						
2 GE x 100 m²	= 200 m²	40,00 €/m² NF	96 000 €	2 900 €		
6 GE x 100 m²	= 600 m²	15,00 €/m² NF	108 000 €	3 200 €		
Insgesamt			204 000 €	6 100 €	197 900 €	72
Vorläufiger Gesamtreinertrag (ermittelt auf der Grundlage des Modellansatzes der Bewirtschaftungskosten)					274 060 €	

Der Gutachterausschuss hat keinen **Modellansatz für einen Liegenschaftszinssatz bei Mischnutzung (aus Wohnen und Gewerbe)** abgeleitet. Dieser lässt sich nach dem prozentualen Anteil der Wohn- und Gewerbenutzung am vorläufigen Gesamtreinertrag ermitteln und ergibt sich zu 6,16 % (4,00 % + 2,16 %). Dieser Modellansatz bezieht sich auf eine Restnutzungsdauer (RND) von 30 Jahre.

zu b) Vorläufiger Ertragswert bei RND von 10 Jahren

	Ertragswert bei RND von 10 Jahren		
	vorläufiger Jahresreinertrag		274 060 €
	Liegenschaftszinssatz bei einer RND von 30 Jahren (Modellansatz)	6,16 %	
×	Korrekturfaktor des GAA zur Anpassung an eine RND von 10 Jahren	0,75	
	Liegenschaftszinssatz bei einer RND von 10 Jahren (Modellansatz)	**4,62 %**	
	(auf weitere Anpassungen wird hier verzichtet)		
–	Bodenwertverzinsungsbetrag	733 000 € × 0,0462	– 33 865 €
=	um den Bodenwertverzinsungsbetrag verminderter Jahresreinertrag		= 240 195 €
×	Kapitalisierungsfaktor KF (Rentenbarwertfaktor) bei LZ = 4,62 % = 7,8662		1 889 422 €
+	Modellansatz des „nutzungsabhängigen" Bodenwerts		+ 733 000 €
=	**vorläufiger Ertragswert**		2 622 422 €
+/–	**besondere objektspezifische Grundstücksmerkmale**		
+	„übergroße" Grundstücksteilfläche soweit marktwerterhöhend	rd. 267 m²	+ 171 948 €
	267 m² × 1 000 €/m² = 267 000 € abgezinst über 10 Jahre (AF = 0,644)		
	Jahresmehrerlös wegen Übervermietung (Annahme Optionsrecht wird nicht ausgeübt)		
	18,00 €/m² - 15,00 €/m² = 3,00 €/m² × 300 m² × 12 Monate = 10 800 €		
	kapitalisiert über 5 Jahre mit LZ = 4,62 % – (KF = 4,375)		+ 47 250 €
	Freilegungskosten beim umbauten Raum von 7 049 m³ und Freilegungskosten von 30 €/m³		

	Ertragswert bei RND von 10 Jahren		
–	7 040 m³ × 30 €/m³ (Freilegungskosten) = 211 200 € abgezinst über 10 Jahre (AF = 0,644)		– 136 013 €
	erhebliche Abweichung vom Modellansatz der Bewirtschaftungskosten		
	– sonstige besondere objektspezifische Grundstücksmerkmale		
=	**Ertragswert**		**rd. 2 700 000 €**

Alternative Berechnungsweise auf der Grundlage der Gebäudeteile

Ertragswert bei RND von 10 Jahren
(Ermittlung nach Teilflächen mit unterschiedlichem Liegenschaftszinssatz)

	vorläufiger Ertragswertanteil Wohnen		
	vorläufiger Jahresreinertrag Wohnen		76 160 €
	Liegenschaftszinssatz bei einer RND von 30 Jahren (Modellansatz)	**4,00 %**	
×	Korrekturfaktor des GAA zur Anpassung an eine RND von 10 Jahren	0,75	
	Liegenschaftszinssatz bei einer RND von 10 Jahren (Modellansatz)	3,00 %	
	(auf weitere Anpassungen wird hier verzichtet)		
–	Bodenwertverzinsungsbetrag bei einem Flächenanteil von 400 m²		
	400 m² × 1 000 €/m² =	400 000 € × 0,03	12 000 €
=	um den Bodenwertverzinsungsbetrag verminderter Jahresreinertrag		62 160 €
	Kapitalisierungsfaktor (Rentenbarwertfaktor) bei LZ = 3,00 %	8,5302	530 237 €
+	Modellansatz des „nutzungsabhängigen“ Bodenwertanteils		400 000 €
=	**vorläufiger Ertragswertanteil Wohnen ergibt**		930 237 €
	vorläufiger Ertragswertanteil Gewerbe		197 900 €
	vorläufiger Jahresreinertrag Gewerbe		
	Liegenschaftszinssatz bei einer RND von 30 Jahren (Modellansatz)	**7,00 %**	
×	Korrekturfaktor des GAA zur Anpassung an eine RND von 10 Jahren	0,75	
	Liegenschaftszinssatz bei einer RND von 10 Jahren (Modellansatz)	5,25 %	
	(auf weitere Anpassungen wird hier verzichtet)		
	Bodenwertverzinsungsbetrag bei einem Flächenanteil von 333 m²		
	333 m² × 1 000 €/m² =	333 000 € × 0,0525	– 17 482 €
=	um den Bodenwertverzinsungsbetrag verminderter Jahresreinertrag		180 418 €
×	Kapitalisierungsfaktor (Rentenbarwertfaktor) bei LZ = 5,25 %	7,6288	1 376 372 €
+	Modellansatz des „nutzungsabhängigen“ Bodenwertanteils		333 000 €
=	**vorläufiger Ertragswertanteil Wohnen ergibt**		1 709 373 €
	vorläufiger Ertragswert (insgesamt)	zusammen rd.	**2 639 610 €**

(Das Ergebnis entspricht – von Rundungsfehlern abgesehen – dem obigen Ergebnis)

Ertragswert bei RND von 10 Jahren
(Ermittlung nach Teilflächen mit unterschiedlichem Liegenschaftszinssatz)

besondere objektspezifische Grundstücksmerkmale Wie oben

zu c) Vorläufiger Ertragswert bei RND von 30 Jahren

Ertragswert bei RND von 30 Jahren

	vorläufiger Jahresreinertrag		274 060 €
	Liegenschaftszinssatz bei einer RND von 30 Jahren (Modellansatz)	6,16 %	
	(auf weitere Anpassungen wird hier verzichtet)		
	Bodenwertverzinsungsbetrag	733 000 € × 0,0616	– 45 153 €
=	um den Bodenwertverzinsung betragsverminderter Jahresreinertrag		= 228 907 €
×	Kapitalisierungsfaktor (Rentenbarwertfaktor) bei LZ = 6,16 %	13,532	3 097 570 €
+	Modellansatz des „nutzungsabhängigen" Bodenwerts		+ 733 000 €
=	**vorläufiger Ertragswert**		3 830 570 €
+/-	**besondere objektspezifische Grundstücksmerkmale**		
+	„übergroße" Grundstücksteilfläche	rd. 267 m² soweit markt-werterhöhend	+ 46 458 €
	267 m² × 1 000 €/m² = 267 000 € abgezinst über 30 Jahre (× 0,174)		
+	Jahresmehrerlös wegen Übervermietung (Annahme Optionsrecht wird nicht ausgeübt)		
	18,00 €/m² – 15,00 €/m² = 3,00 €/m² × 300 m² × 12 Monate = 10 800 €		
	kapitalisiert über 5 Jahre mit LZ = 6,16 % (KF = 4,194)		+ 45 295 €
	abzüglich Modernisierungskosten		
	Betroffene Mietfläche: 600 m² Büros + 200 m² Läden = 800 m²		
–	Modernisierungsinvestition 500 €/m² × 800 m² =		– 400 000 €
–	Modernisierungsrisiko (zur Abrundung)		– 22 323 €
	sonstige besondere objektspezifische Grundstücksmerkmale		
=	**Ertragswert**		**rd. 3 500 000 €**

Es ergibt sich ein weitaus höherer Ertragswert als im Falle b).

d) Ertragswert bei RND = 80 Jahre (Durchgreifende Modernisierung)

In diesem Falle muss der Ertragswert einerseits von weitaus höheren Modernisierungskosten und andererseits auch mit höheren Erträgen und einem entsprechend angepassten Liegenschaftszins ermittelt werden.

89 *Beispiel 2 (zu Fall 2 der Abb. 8):*

1. Sachverhalt

Gesamtgrundstücksfläche	5 000 m²
selbständig nutzbare Freifläche	1 000 m²
Bodenrichtwert	100 €/m²
der Bebauung zurechenbarer Bodenwert 100 €/m² × 4 000 m²	400 000 €
Liegenschaftszinssatz	6 %
Bewirtschaftungskosten (zur Vereinfachung pauschal)	25 %

Die anzuwendende Verfahrensweise muss einer eingehenden betrieblichen Analyse folgen, die auf die ertragreichste Nutzung gerichtet ist, die sich wirtschaftlich, rechtlich und technisch bei nüchterner Betrachtungsweise einem vernünftig denkenden Erwerber aufdrängt. Die betriebliche Optimierungsbetrachtung der künftigen wirtschaftlichen Verwendung führt zu folgenden Überlegungen:

a) Gebäude 1 soll weitergenutzt werden; ihm wird eine Grundstücksteilfläche von 2 000 m² zugeordnet werden.

b) Gebäude 2 soll ebenfalls weitergenutzt werden; ihm wird eine Grundstücksteilfläche von 1 000 m² zugerechnet. Für die Betriebsfortführung wäre das Gebäude nicht erforderlich.

c) Gebäude 3 soll in zehn Jahren abgerissen werden (RND = 10 Jahre), Abbruchkosten 30 000 €. Soweit das Gebäude betriebsnotwendige Anlagen enthält, ist Neubau vorgesehen.

Gebäude	**RND Jahre**	**Nettokaltmiete €**	**BewK €**	**RE €**	**KF_i**	**RE × KF_i**	**BW €**	**BW × AF_n €**
Gebäude 1	40	40 000	10 000	30 000	15,05	451 500	200 000	19 444
Gebäude 2	20	20 000	5 000	15 000	11,47	+172 050	100 000	+31 180
		60 000				Summe = 623 550		Σ = 50 624
						+ 50 624	←	
						$EW_1 + EW_2$ = 674 174		

Gebäude 3 muss voraussichtlich bereits in zehn Jahren abgebrochen oder durch Modernisierung in seiner Restnutzungsdauer verlängert werden. Im Falle des Abbruchs fallen aufgrund der kurzen Restnutzungsdauer die Freilegungskosten ins Gewicht und sollen deshalb im Wege des Liquidationswertverfahrens berücksichtigt werden:

Jahresnettokaltmiete$_{\text{Gebäude 3}}$ = 10 000 €

– Bewirtschaftungskosten = 2 500 € (= 25 % der Jahresnettokaltmiete)

Differenz = 7 500 € × KF$_{(\text{LZ} = 6\,\%;\ n = 10\ \text{Jahre})}$ = 55 200 €

Bodenwert$_{(\text{im freigelegten Zustand})}$ = 100 000 €

– Freilegungskosten = 30 000 €

= BW – FLK = 70 000 €

abgezinst über zehn Jahre mit einem Liegenschaftszinssatz von 6 %

bei einem Abzinsungsfaktor von 0,55839 : 70 000 € × 0,55839 = + 39 088 €

= Liquidationswert von Gebäude 3 (EW_3) 94 288 €

+ „überschüssiger" Bodenwert (= 1 000 m² × 100 €/m²) + 100 000 €

+ Ertragswert von Gebäude 1 und 2 + 674 174 €

= Ertragswert (insgesamt) = 868 462 €

Das vorgestellte *Beispiel* verdeutlicht, welche schwerwiegenden Fehler bei einer schematischen Vorgehensweise ohne Berücksichtigung der wirtschaftlichen und funktionalen Zusammenhänge der wirtschaftlichen Einheit auftreten können.

3 Gesamt- und Restnutzungsdauer in der steuerlichen Bewertung

3.1 Allgemeines

▶ *Vgl. zur Aufteilung Syst. Darst. des Vergleichswertverfahrens Rn. 166 f.; Syst. Darst. des Ertragswertverfahrens Rn. 207*

90 Im **erbschaft- und schenkungsteuerlichen** Bereich wird die Restnutzungsdauer nach §185 Abs. 3 Satz 2 und § 190 Abs. 6 Satz 2 BewG grundsätzlich aus dem Unterschied zwischen der typisierten Gesamtnutzungsdauer nach Anl. 22 BewG und dem Alter des Gebäudes am Bewertungsstichtag ermittelt. Das Alter des Gebäudes ist durch Abzug des Jahres der Bezugsfertigkeit des Gebäudes vom Jahr des Bewertungsstichtags zu bestimmen. Sind nach Bezugsfertigkeit des Gebäudes Veränderungen eingetreten, die die Restnutzungsdauer des Gebäudes wesentlich verlängert haben, ist von der entsprechend verlängerten Restnutzungsdauer auszugehen. Die Restnutzungsdauer eines noch nutzbaren Gebäudes beträgt vorbehaltlich nachstehender Ausnahme mindestens 30 Prozent der Gesamtnutzungsdauer. Bei einer bestehenden Abbruchverpflichtung für das Gebäude ist die nach vorstehenden Grundsätzen ermittelte Restnutzungsdauer auf den Unterschiedsbetrag zwischen der tatsächlichen Gesamtnutzungsdauer und dem Alter des Gebäudes am Bewertungsstichtag begrenzt.

91 Wird ein Gebäude mit *nicht selbstständigen Gebäudeteilen* unterschiedlich genutzt, ist die Wahl der maßgeblichen wirtschaftlichen Gesamtnutzungsdauer entsprechend der Grundstücksart des § 181 BewG nach Maßgabe der unter R B 185.3 Abs. 2 ErbStG vorzunehmen. Zur Bestimmung der Gesamtnutzungsdauer bei einer wirtschaftlichen Einheit mit *mehreren selbstständigen Gebäuden bzw. Gebäudeteilen* vgl. R B 185.4 Abs. 2 ErbStR 2019.

92 Die **verlängerte Restnutzungsdauer** ergibt sich bei *Anwendung des Ertragswertverfahrens* aus den entsprechenden Tabellen 2 bis 6 der R B 185.3 ErbStR.

93 Bei Anwendung des *Sachwertverfahrens* ist nach RB 190.7 Abs. 3 ErbStR 2019 das Baujahr zu verschieben:

(1) Ein fiktiv späteres Baujahr ist anzunehmen, wenn in den letzten zehn Jahren durchgreifende Modernisierungen vorgenommen wurden, die nach dem Punktesystem der nachfolgenden Tabelle 1 eine überwiegende oder umfassende Modernisierung ergeben. Hinsichtlich der durchgeführten Modernisierungsarbeiten ist auf die überwiegende Erneuerung bzw. Verbesserung der jeweiligen einzelnen Bauteile (Modernisierungselemente) abzustellen, die Punkte der Tabelle 1 sind für das jeweilige Bauteil folglich nur insgesamt oder gar nicht anzusetzen. Die Anzahl der Jahre der Verlängerung für die Ermittlung des fiktiven späteren Baujahrs ist den nachfolgenden Tabellen 2 bis 6 zu entnehmen. Eine Interpolation ist nicht vorzunehmen. Übersteigt das Gebäudealter am Bewertungsstichtag die übliche Gesamtnutzungsdauer, ermittelt sich das fiktiv spätere Baujahr aus folgender Formel [Beispiel > H B 190.7 (3)]:

$$\text{fiktives Baujahr} = \frac{\text{Jahr des Bewertungsstichtags + Verschiebung Baujahr}}{\text{übliche Gesamtnutzungsdauer}}$$

Die nachfolgenden Tabellen sind für Wohngebäude und analog für Nichtwohngebäude anzuwenden.

94 **Tabelle 1**

Modernisierungselemente	**Punkte**
Dacherneuerung inklusive Verbesserung der Wärmedämmung	4
Modernisierung der Fenster und Außentüren	2
Modernisierung der Leitungssysteme (Strom, Gas, Wasser, Abwasser)	2
Modernisierung der Heizungsanlage	2
Wärmedämmung der Außenwände	4

Modernisierungselemente	**Punkte**
Modernisierung von Bädern	2
Modernisierung des Innenausbaus, z.B. Decken, Fußböden, Treppen	2
Wesentliche Änderung und Verbesserung der Grundrissgestaltung	2

14 bis 16 Punkte: *überwiegend modernisiert*

über 18 Punkte: *umfassend modernisiert*

Tabelle 2

Übliche Gesamtnutzungsdauer von 70 Jahren		
	Modernisierungsgrad	
	14 bis 16 Punkte	**> 18 Punkte**
Gebäudealter (Jahre)	**Verschiebung Baujahr (Jahre)**	
≥ 10 Jahre	0	2
≥ 15 Jahre	2	5
≥ 20 Jahre	4	8
≥ 25 Jahre	6	12
≥ 30 Jahre	9	15
≥ 35 Jahre	12	19
≥ 40 Jahre	15	23
≥ 45 Jahre	18	27
≥ 50 Jahre	22	31
≥ 55 Jahre	26	35
≥ 60 Jahre	30	40
≥ 65 Jahre	34	44
= 70 Jahre	38	49
> 70 Jahre	38 (> Satz 5; Jahr des Bewertungsstichtags + 38/70)	49 (> Satz 5; Jahr des Bewertungsstichtags + 38/70)

Tabelle 3

Übliche Gesamtnutzungsdauer von 60 Jahren		
	Modernisierungsgrad	
	14 bis 16 Punkte	**> 18 Punkte**
Gebäudealter (Jahre)	**Verschiebung Baujahr (Jahre)**	
≥ 10 Jahre	0	2
≥ 15 Jahre	2	6
≥ 20 Jahre	5	9
≥ 25 Jahre	7	13
≥ 30 Jahre	10	16
≥ 35 Jahre	13	20
≥ 40 Jahre	17	24

Übliche Gesamtnutzungsdauer von 60 Jahren		
≥ 45 Jahre	20	28
≥ 50 Jahre	24	33
≥ 55 Jahre	28	37
= 60 Jahre	33	42
> 60 Jahre	33 (> Satz 5; Jahr des Bewertungsstichtags + 33/60)	42 (> Satz 5; Jahr des Bewertungsstichtags + 33/60)

Tabelle 4

Übliche Gesamtnutzungsdauer von 50 Jahren		
	Modernisierungsgrad	
	14 bis 16 Punkte	**> 18 Punkte**
Gebäudealter (Jahres)	**Verschiebung Baujahr (Jahre)**	
≥ 10 Jahre	1	3
≥ 15 Jahre	3	6
≥ 20 Jahre	6	10
≥ 25 Jahre	8	14
≥ 30 Jahre	12	18
≥ 35 Jahre	15	22
≥ 40 Jahre	19	26
≥ 45 Jahre	23	30
= 50 Jahre	27	35
> 50 Jahre	27 (> Satz 5; Jahr des Bewertungsstichtags + 27/50)	35 (> Satz 5; Jahr des Bewertungsstichtags + 27/50)

Tabelle 5

Übliche Gesamtnutzungsdauer von 40 Jahren		
	Modernisierungsgrad	
	14 bis 16 Punkte	**> 18 Punkte**
Gebäudealter (Jahre)	**Verschiebung Baujahr (Jahre)**	
≥ 10 Jahre	0	1
≥ 10 Jahre	2	4
≥ 15 Jahre	4	7
≥ 20 Jahre	7	11
≥ 25 Jahre	10	15
≥ 30 Jahre	13	19
≥ 35 Jahre	17	23
= 40 Jahre	22	28
> 40 Jahre	27 (> Satz 5; Jahr des Bewertungsstichtags + 22/40)	35 (> Satz 5; Jahr des Bewertungsstichtags + 22/40)

Tabelle 6

Übliche Gesamtnutzungsdauer von 30 Jahren		
	Modernisierungsgrad	
	14 bis 16 Punkte	**> 18 Punkte**
Gebäudealter (Jahre)	**Verschiebung Baujahr (Jahre)**	
≥ 10 Jahre	0	1
≥ 10 Jahre	2	5
≥ 15 Jahre	5	8
≥ 20 Jahre	8	12
≥ 25 Jahre	12	16
= 30 Jahre	16	21
> 30 Jahre	16 (> Satz 5; Jahr des Bewertungsstichtags + 16/30)	21 (> Satz 5; Jahr des Bewertungsstichtags + 16/30)

Baumängel und Bauschäden oder wirtschaftliche Gegebenheiten führen im typisierenden Bewertungsverfahren grundsätzlich zu keiner Verkürzung der Restnutzungsdauer. 95

Die Restnutzungsdauer eines noch nutzbaren Gebäudes beträgt nach § 185 Abs. 3 Satz 5 bzw. § 190 Abs. 6 Satz 5 regelmäßig noch **mindestens 30 Prozent der wirtschaftlichen Gesamtnutzungsdauer**. Die Regelung unterstellt einen durchschnittlichen Erhaltungszustand und macht insbesondere bei älteren Gebäuden in vielen Fällen die Prüfung entbehrlich, ob die restliche Lebensdauer infolge baulicher Maßnahmen verlängert wurde. Bei bestehender Abbruchverpflichtung für das Gebäude ist die nach § 185 Abs. 3 Satz 3–6 bzw. § 190 Abs. 6 Satz 2–5 BewG ermittelte Restnutzungsdauer auf den Unterschiedsbetrag zwischen der tatsächlichen Gesamtnutzungsdauer und dem Alter des Gebäudes am Bewertungsstichtag begrenzt. 96

Für die Finanzverwaltung wurde folgendes Schema zur Ableitung des fiktiven Baujahrs unter Berücksichtigung von Modernisierungen vorgegeben: 97

Nebenrechnung zur Aufteilung eines Grundstückskaufpreises

Ableitung des fiktiven Baujahrs unter Berücksichtigung von Modernisierungen (vgl. zum steuerlichen Ertragswertverfahren Syst. Darst. des Ertragswertverfahrens Rn. 116)

Sofern Kenntnisse vorliegen, dass an dem Gebäude in den letzten zwanzig Jahren vor dem Anschaffungsjahr nachfolgend ausgeführte Modernisierungsmaßnahmen durchgeführt wurden, kann fiktiv ein späteres Baujahr angenommen werden.

Grundstücksart — bitte KPA ausfüllen

Übliche Gesamtnutzungsdauer bei ordnungsgemäßer Instandhaltung

bitte KPA ausfüllen

Ursprüngliches Baujahr — bitte KPA ausfüllen

Modernisierungselemente — **durchgreifende Modernisierung (ja, nein, teilweise)**[28]

Dacherneuerung inkl. Verbesserung der Wärmedämmung — nein

28 Bei mehr als 10 Jahre zurückliegenden Modernisierungen können diese als „teilweise Modernisierungen" gewertet werden. Mehr als 20 Jahre zurückliegende Modernisierungen können grundsätzlich nicht berücksichtigt werden.

Modernisierung der Fenster und Außentüren	nein
Modernisierung der Leitungssysteme (Strom, Gas, Wasser, Abwasser)	nein
Modernisierung der Heizungsanlage	nein
Wärmedämmung der Außenwände	nein
Modernisierung von Bädern	nein
Modernisierung des Innenausbaus, z.B. Decken, Fußböden, Treppen	nein
Wesentliche Verbesserung der Grundrissgestaltung	nein
Modernisierungsgrad	–
Fiktives Baujahr	Bitte KPA ausfüllen

Erläuterung:

Als Baujahr ist regelmäßig das Jahr der Bezugsfertigkeit des Gebäudes (ursprüngliches Baujahr) zu erfassen. Die Bezugsfertigkeit ist gegeben, wenn das Gebäude bzw. der Gebäudeteil von den künftigen Bewohnern oder sonstigen Benutzern nach objektiven Verhältnissen genutzt werden kann. Die Abnahme durch die Bauaufsichtsbehörde ist nicht entscheidend. Die Angabe des Baujahrs ist für die Wertminderung wegen Alters des Gebäudes von Bedeutung.

Sofern Kenntnisse vorliegen, dass an dem Gebäude in den letzten zwanzig Jahren vor dem Anschaffungsjahr Modernisierungsmaßnahmen durchgeführt wurden, kann analog zu den Vorgaben der Richtlinie zur Ermittlung des Sachwerts (Sachwertrichtlinie – SW-RL) eine modifizierte Restnutzungsdauer und somit ein fiktives Baujahr bestimmt werden. Die oben stehende Rechenhilfe kann zur Ableitung des fiktiven Baujahrs angewandt werden, da diese in enger Anlehnung an die SachwertR entwickelt wurde.

3.2 Gebäudemix in der steuerlichen Bewertung

3.2.1 Allgemeines

98 Im steuerlichen Bereich wird in den Gleich lautenden Erlassen der obersten Finanzbehörden der Länder[29] empfohlen:
Wird ein Gebäude mit nicht selbstständigen Gebäudeteilen unterschiedlich genutzt, ist die Wahl der maßgeblichen wirtschaftlichen Gesamtnutzungsdauer entsprechend der Grundstücksart des § 181 BewG wie folgt vorzunehmen:

a) Handelt es sich bei der zu bewertenden wirtschaftlichen Einheit um ein **Mietwohngrundstück**, ist die typisierte wirtschaftliche Gesamtnutzungsdauer für Mietwohngrundstücke in Höhe von 70 Jahren anzunehmen. Dies gilt unabhängig davon, ob im Gebäude enthaltene Räume (z.B. Verkaufsräume oder Büros) für Zwecke genutzt werden, für die eine abweichende wirtschaftliche Gesamtnutzungsdauer anzunehmen ist.

b) Handelt es sich bei der zu bewertenden wirtschaftlichen Einheit um ein **Geschäftsgrundstück**, das aus einem Gebäude mit nicht selbstständig nutzbaren Gebäudeteilen verschiedener Bauart oder Nutzung (z.B. geschossweise unterschiedliche Bauart, Tiefgarage oder Bankgebäude) besteht, ist zur Ermittlung einer einheitlichen Restnutzungsdauer die typisierte wirtschaftliche Gesamtnutzungsdauer für Geschäftsgrundstücke laut Anl. 22 zum BewG anzunehmen, die dem durch die Hauptnutzung des Gebäudes bestimmten Gesamtgepräge des Gebäudes entspricht. Dies gilt unabhängig davon, ob im Gebäude enthaltene Räume (z.B. Wohnungen) für Zwecke genutzt werden, für die eine abweichende wirt-

29 Vgl. Ziff. I Nr. 2 Abs. 6 der gleich lautenden Erlasse der obersten Finanzbehörden der Länder zur Umsetzung des Steueränderungsgesetzes 2015 (Reglungen zur Anwendung der Vorschriften für die Bewertung des Grundvermögens im Sechsten Abschnitt des Zweiten Teils des BewG für Bewertungsstichtage nach dem 31.12.2015) vom 08.01.2016 (BStBl. I 2016. 173).

schaftliche Gesamtnutzungsdauer anzunehmen wäre. Ist keine der Nutzungen des Gebäudes prägend, ist für dieses Gebäude bei der Ermittlung der Restnutzungsdauer von der durchschnittlichen Gesamtnutzungsdauer der jeweiligen Gebäudearten der Anl. 22 zum BewG auszugehen.

c) Handelt es sich bei der zu bewertenden wirtschaftlichen Einheit um ein **gemischt genutztes Grundstück**, ist die typisierte wirtschaftliche Gesamtnutzungsdauer für gemischt genutzte Grundstücke in Höhe von 70 Jahren anzunehmen.

3.2.2 Wirtschaftliche Einheiten mit mehreren Gebäuden bzw. Gebäudeteilen

▶ *Vgl. § 1 ImmoWertV Rn. 57*

Zur Bestimmung der **Gesamtnutzungsdauer** bei einer wirtschaftlichen Einheit mit mehreren Gebäuden bzw. Gebäudeteilen vgl. R B 185.3 Abs. 2 Sätze 1 bis 4 sowie R B 190.8 ErbStR 2019. **99**

Besteht eine **wirtschaftliche Einheit aus mehreren Gebäuden oder Gebäudeteilen mit einer gewissen baulichen Selbstständigkeit**, die eine verschiedene Bauart aufweisen, unterschiedlich genutzt werden oder die in verschiedenen Jahren bezugsfertig geworden sind, können sich unterschiedliche Restnutzungsdauern ergeben. **100**

Bei **Ein- und Zweifamilienhäusern, Mietwohngrundstücken, Mehrfamilienhäusern, Wohnungseigentum, Geschäftsgrundstücken, gemischt genutzten Grundstücken und sonstigen bebauten Grundstücken** ist nach Maßgabe der Anl. 22 zum BewG für alle Gebäude bzw. Gebäudeteile eine Gesamtnutzungsdauer von 80 Jahren anzusetzen. Dies gilt auch für Garagen und Nebengebäude. Liegen keine anderweitigen Erkenntnisse vor, bestehen keine Bedenken, bei Garagen und Nebengebäuden die Bezugsfertigkeiten im Zeitpunkt der Bezugsfertigkeit des Hauptgebäudes zu unterstellen.

Ergeben sich bei einer wirtschaftlichen Einheit aus mehreren selbstständigen Gebäuden bzw. Gebäudeteilen unterschiedliche Restnutzungsdauern, ist eine gewogene Restnutzungsdauer unter Berücksichtigung der jeweiligen Roherträge zu ermitteln.

Formel zur Ermittlung der gewogenen Restnutzungsdauer

$$RND_{gewogen} = \frac{RoG_1 \times RND_1 + RoG_n \times RND_n}{RoG_1 + RoG_n}$$

RND = Restnutzungsdauer

RoG = Rohertrag des Gebäudes/Gebäudeteils

Formel zur Ermittlung der gewichteten Restnutzungsdauer

$$RND_{gewichtet} = \frac{WF/NF_1 \times RND_1 + WF/NF_n \times RND_n}{WF/NF_1 + WF/NF_n}$$

RND = Restnutzungsdauer

WF/NF = Wohn- bzw. Nutzfläche des Gebäudes/Gebäudeteils

101 *Beispiel 1 (gewogene Restnutzungsdauer bei Gebäudemix):*

Ermittlung der gewogenen Restnutzungsdauer:

Verwaltungsgebäude:	wirtschaftliche Gesamtnutzungsdauer (Anl. 22 BewG)	= 60 Jahre
	abzüglich Alter am Bewertungsstichtag	– 19 Jahre
	Restnutzungsdauer	= 41 Jahre
Industriegebäude:	wirtschaftliche Gesamtnutzungsdauer (Anl. 22 BewG)	= 50 Jahre
	abzüglich Alter am Bewertungsstichtag	– 19 Jahre
	Restnutzungsdauer	= 31 Jahre

(Mindest-Restnutzungsdauer nach § 185 Abs. 3 Satz 5 BewG jeweils überschritten)

$$RND_{gewogen} = \frac{RoG_1\ (100\,000\ EUR) \times RND_1\ (41\ Jahre) + RoG_2\ (40\,000\ EUR) \times RND_2\ (31\ Jahre)}{RoG_1\ (100\,000\ EUR) + RoG_2\ (40\,000\ EUR)}$$

$$RND_{gewogen} = 38{,}14 = \text{rd. } 38\ Jahre$$

102 *Beispiel 2 (gewichtete Restnutzungsdauer):*

Das Geschäftsgrundstück nach Beispiel 1 wurde zu einem jährlichen Gesamtentgelt in Höhe von 140 000 € vermietet. Das Verwaltungsgebäude hat eine Nutzfläche von 1 000 m² und das Industriegebäude eine Nutzfläche von 800 m².

Ermittlung der gewichteten Restnutzungsdauer:

Verwaltungsgebäude:	wirtschaftliche Gesamtnutzungsdauer (Anl. 22 BewG)	= 60 Jahre
	abzüglich Alter am Bewertungsstichtag	– 19 Jahre
	Restnutzungsdauer	= 41 Jahre
Industriegebäude:	wirtschaftliche Gesamtnutzungsdauer (Anl. 22 BewG)	= 50 Jahre
	abzüglich Alter am Bewertungsstichtag	– 19 Jahre
	Restnutzungsdauer	= 31 Jahre

$$RND_{gewichtet} = \frac{NF_1\ (1\,000\ m^2) \times RND_1\ (41\ Jahre) + NF_2\ (800\ m^2) \times RND_2\ (31\ Jahre)}{NF_1\ (1\,000\ m^2) + NF_2\ (800\ m^2)}$$

$$RND_{gewichtet} = 36{,}56 = \text{rd. } 37\ Jahre$$

4 Typisierte Restnutzungsdauer nach § 7 Abs. 4 EStG

Schrifttum: *Anzinger* in Herrmann/Heuer/Raupach, EStG KStG Kommentar, § 7 EStG Rn. 307; *Blum/Weiss,* Die steuerliche Betriebsprüfung, 2020; *Blum/Weiss,* BB 2007, 2093; *Blümich/Brandis,* Komm. EStG, § 7 EStG Rn. 524; *Pfirrmann,* in Kirchhof, EStG, 19. Aufl., § 7 Rn. 89; *Bartone,* in Korn, Einkommensteuergesetz, § 7 EStG Rn. 173; *Weiss, W.*, Respons zu dem Erlass vom BMF 22.02.2023 über den Nachweis der kürzeren Restnutzungsdauer nach § 7 Abs. 4 Satz 2 EStG, GuG 2023, 136.

Bei Wirtschaftsgütern, deren Verwendung oder Nutzung durch einen Steuerpflichtigen zur Er- **103**
zielung von Einkünften sich erfahrungsgemäß auf einen Zeitraum von mehr als einem Jahr erstreckt, ist nach § 7 Abs. 1 EStG jeweils für ein Jahr der Teil der Anschaffungs- oder Herstellungskosten abzusetzen, der bei gleichmäßiger Verteilung dieser Kosten auf die Gesamtdauer der Verwendung oder Nutzung auf ein Jahr entfällt (Absetzung für Abnutzung in gleichen Jahresbeträgen – AfA). Die Absetzung bemisst sich hierbei nach der **betriebsgewöhnlichen (Rest-)Nutzungsdauer** des Wirtschaftsguts, die sich nach Abs. 3 ff. dieser Vorschrift ergibt. Nutzungsdauer i.S. von § 7 Abs. 4 Satz 2 EStG ist gemäß § 11c Abs. 1 EStDV der Zeitraum, in dem ein Gebäude voraussichtlich seiner Zweckbestimmung entsprechend genutzt werden kann. Die zu schätzende Nutzungsdauer wird bestimmt durch den technischen Verschleiß, die wirtschaftliche Entwertung sowie rechtliche Gegebenheiten, welche die Nutzungsdauer eines Gegenstands begrenzen können.

Nach § 7 Abs. 4 EStG sind bei Gebäuden abweichend von Abs. 1 als Absetzung für Abnut- **104**
zung die folgenden Beträge bis zur vollen Absetzung abzuziehen:

1. bei Gebäuden, soweit sie zu einem Betriebsvermögen gehören und nicht Wohnzwecken dienen und für die der Bauantrag nach dem 31. März 1985 gestellt worden ist, jährlich 3 Prozent,

2. bei Gebäuden, soweit sie die Voraussetzungen der Nummer 1 nicht erfüllen und die

a) nach dem 31. Dezember 2022 fertiggestellt worden sind, jährlich 3 Prozent,

b) vor dem 1. Januar 2023 und nach dem 31. Dezember 1924 fertiggestellt worden sind, jährlich 2 Prozent,

c) vor dem 1. Januar 1925 fertiggestellt worden sind, jährlich 2,5

der Anschaffungs- oder Herstellungskosten, wobei die genannte Restnutzungsdauer unterstellt wird. Nach der gesetzlichen Typisierungsregel in § 7 Abs. 4 Satz 1 EStG beginnt der Abschreibungszeitraum grundsätzlich unabhängig vom Alter des Gebäudes mit jedem Eigentümerwechsel neu.[30]

1. bei Gebäuden, soweit sie zu einem Betriebsvermögen gehören und nicht Wohnzwecken dienen und für die der Bauantrag nach dem 31.03.1985 gestellt worden ist, jährlich 3 Prozent,
2. bei Gebäuden, soweit sie die Voraussetzungen der Nr. 1 nicht erfüllen und die
   a) nach dem 31.12.2022 fertiggestellt worden sind, jährlich 3 Prozent (unterstellte Restnutzungsdauer von 33 1/3 Jahre),
   b) vor dem 01.01.2023 und nach dem 31.12.1924 fertiggestellt worden sind, jährlich 2 Prozent (unterstellte Restnutzungsdauer von 50 Jahre),
   c) vor dem 01.01.1925 fertiggestellt worden sind, jährlich 2,5 Prozent (unterstellte Restnutzungsdauer von 40 Jahre),

---

30 FG Köln, Urt. vom 30.06.2016 – 11 K 3657/14 –, EzGuG 2.47a: „Die vom BFH gesehene und in Kauf genommene Folge der gesetzlichen Typisierung des § 7 Abs. 4 Satz 1 Nr. 2a EStG, dass die Gesamtnutzungsdauer eines Gebäudes bei mehrfacher Veräußerung durchaus „über 100 Jahre ansteigen" kann, verdeutlicht zugleich, dass weder die im BAnz veröffentlichten „Orientierungswerte für die übliche Gesamtnutzungsdauer bei ordnungsgemäßer Instandhaltung", wonach bei MFH zwischen 60 und 80 Jahren zugrunde zu legen sind, noch die in bewertungsrechtlichen Vorschriften, wie etwa in Anl. 22 zum BewG (zu § 185 Abs. 3 Satz 3, § 190 Abs. 2 Satz 2) für Mietwohngrundstücke mit 80 Jahren bezifferte „wirtschaftliche Gesamtnutzungsdauer" für die ertragssteuerrechtliche Bestimmung der Abschreibungszeiträume maßgeblich sind."

105 Nach der Öffnungsklausel des § 7 Abs. 4 Satz 2 EStG kann der steuerpflichtige Eigentümer eine höhere AfA geltend machen, wenn er glaubhaft[31] nachweist, dass nach den Verhältnissen des Einzelfalls die tatsächliche Restnutzungsdauer kürzer ist. Dabei darf er sich nach der Rechtsprechung des BFH[32] grundsätzlich jeder geeigneten **Darlegungsmethode** bedienen, ohne dass dabei ein Bausubstanzgutachten, insbesondere die Zustandsermittlung von Immobilien mit Hilfe des sog. ERAB-Verfahrens (Verfahren zur Ermittlung des Abnutzungsvorrats von Baustoffen)[33], vorgelegt werden muss. Der Bestimmung der kürzeren tatsächlichen Nutzungsdauer ist eine an der größtmöglichen Wahrscheinlichkeit orientierte Schätzung[34] zu Grunde zu legen. Hierbei finden alle – von den Steuerpflichtigen darzulegenden – technischen und wirtschaftlichen Umstände des betreffenden Gebäudes Berücksichtigung[35].

106 Der Nachweis einer im Vergleich zu der mit dem EStG unterstellten Restnutzungsdauer kürzeren Restnutzungsdauer kann durch **Vorlage eines Gutachtens** eines öffentlich bestellten und vereidigten Sachverständigen oder von Personen erbracht werden, die von einer nach DIN EN ISO/IEC 17024 akkreditierten Stelle als Sachverständiger oder Gutachter für die Wertermittlung von Grundstücken nach entsprechender Norm zertifiziert worden sind[36].

107 Für ein derartiges Gutachten reicht es nach Ansicht der Finanzverwaltung[37] nicht aus, wenn der Sachverständige die „kürzere“ Restnutzungsdauer auf der Grundlage der Modellansätze der Anl. 1 (Gesamtnutzungsdauer) und 2 (Modernisierungsfall) der ImmoWertV ermittelt, denn es handelt sich dabei in der Tat eben nur um Modellansätze, die nicht den tatsächlichen Verhältnissen entsprechen müssen (vgl. Rn. 55).

108 Gefordert wird, dass in dem Gutachten vom technischen Verschleiß ausgegangen wird (Ausgangspunkt), konkret der Tragestruktur des Gebäudes (Dachkonstruktion, tragende Innen- und Außenwände, Geschossdecken, Fundamente). **Einzelne unselbstständige Teile des Gebäudes**, die zur Erneuerung oder Ersetzung anstehen, können i.d.R. nicht die Annahme einer kürzeren technischen Nutzungsdauer begründen; vielmehr sei zu fordern, dass durch technischen Verschleiß der tragenden Teile, d.h. insbesondere des Rohbaus, das Gebäude in seiner Gesamtheit in seiner Nutzungsfähigkeit beeinträchtigt ist[38].

Eine kürzere Nutzungsdauer kann sich darüber hinaus vor allem aus einer wirtschaftlichen Entwertung sowie aus rechtlichen Gegebenheiten ergeben, welche die Nutzungsdauer eines Gegenstands begrenzen können. Dabei ist – wie im Rahmen der Verkehrswertermittlung von Grundstücken – entscheidend auf die Frage abzustellen, wie viele Jahre das Gebäude im bestehenden Zustand voraussichtlich noch wirtschaftliche Verwendung finden kann. Die Absicht, ein zunächst noch genutztes Gebäude abzubrechen oder zu veräußern, rechtfertigt für sich allein nicht, eine kürzere Nutzungsdauer des Gebäudes zugrunde zu legen[39]. Eine Verkürzung der Nutzungsdauer kann erst angenommen werden, wenn die Gebäudeabbruchvorbereitungen soweit gediehen sind, dass die weitere Nutzung in der bisherigen oder einer anderen Weise so gut wie ausgeschlossen ist[40].

---

31 BT-Drs. IV/2009, S. 4.

32 BFH, Urt. vom 28.07.2021 – IX R 25/19 –, GuG 2022, 320 = EzGuG 20.375; BFH, Urt. vom 04.03.2008 – IX R 16/07 –, BFH/NV 2008, 1310.

33 https://eldorado.tu-dortmund.de/handle/2003/27675.

34 BFH, Beschl. vom 22.04.2013 – IX B 181/12 –, BFH/NV 2013, 1267; FG Köln, Urt. vom 23.01.2001 – 8 K 6294/95 –, EFG 2001, 675 = EzGuG 20.177a; Blum/Weiss BB 2007, 2093, m.w.N.

35 BFH, Urt. vom 28.09.1971 – VIII R 73/68 –, BFHE 193, 468 = BStBl II 1972; BFH, Beschl. vom 22.04.2013 – IX B 181/12 –, BFH/NV 2013, 1267.

36 Zur Frage der damit einhergehenden Parteilichkeit vgl. BFH, Urt. vom 07.01.2015 – 1 B 42/13 –; BFH, Urt. vom 21.07.2020 – IX R 26/19 –, BFHE 270, 133 = BStBl II 2021, 372 = GuG 2021, 59 = EzGuG 20.350.

37 BMF-Schreiben vom 22.02.2023 – IV C 3 S 2196/100006:005 zur Absetzung für Abnutzung (AfA) von Gebäuden nach der kürzeren tatsächlichen Nutzungsdauer (§ 7 Abs. 4 Satz 2 EStG), GuG 2023, 173.

38 FG Köln, Urt. vom 30.06.2016 – 11 K 3657/14 –, EzGuG 20.247a.

39 BFH, Urt. vom 15.12.1981 – VIII R 116/79 –, BFHE 135, 267 = BStBl II 1982, 385; BFH, Urt. vom 08.07.1980 – VIII R 176/78 –, BFHE 131, 310 = BStBl II 1980, 743; BFH, Urt. vom 22.08.1984 – I R 198/80 –, BFHE 142, 370 = BStBl II 1985, 126.

40 BFH, Urt. vom 08.07.1980 – VIII R 176/78 –, BFHE 131, 310 = BStBl II 1980, 743.

§ 5 ImmoWertV
Weitere Grundstücksmerkmale

(1) Art und Maß der baulichen oder sonstigen Nutzung ergeben sich vorbehaltlich des Satzes 2 aus den für die planungsrechtliche Zulässigkeit von Vorhaben maßgeblichen Vorschriften des Städtebaurechts und aus den sonstigen Vorschriften, die die Nutzbarkeit betreffen. Wird vom städtebaulich zulässigen Maß im Sinne des Satzes 1 in der Umgebung regelmäßig abgewichen oder wird das Maß bei der Kaufpreisbemessung regelmäßig abweichend von den für die planungsrechtliche Zulässigkeit maßgeblichen Vorschriften des Städtebaurechts bestimmt, so ist das Maß der Nutzung maßgebend, das auf dem jeweiligen Grundstücksmarkt üblicherweise zugrunde gelegt wird.

(2) Für den beitragsrechtlichen Zustand des Grundstücks ist die Verpflichtung zur Entrichtung von grundstücksbezogenen Beiträgen maßgebend. Als Beiträge im Sinne des Satzes 1 gelten auch grundstücksbezogene Sonderabgaben und beitragsähnliche Abgaben.

(3) Die Ertragsverhältnisse ergeben sich aus den tatsächlich erzielten und aus den marktüblich erzielbaren Erträgen. Marktüblich erzielbare Erträge sind die nach den Marktverhältnissen am Wertermittlungsstichtag für die jeweilige Nutzung in vergleichbaren Fällen durchschnittlich erzielten Erträge.

(4) Lagemerkmale von Grundstücken ergeben sich aus der räumlichen Position des Grundstücks und beziehen sich insbesondere auf die Verkehrsanbindung, die Nachbarschaft, die Wohn- und Geschäftslage sowie die Umwelteinflüsse.

(5) Die Bodenbeschaffenheit umfasst beispielsweise die Bodengüte, die Eignung als Baugrund und das Vorhandensein von Bodenverunreinigungen.

Gliederungsübersicht *Rn.*

1 Allgemeines

▶ *Zu Rechten an Grundstücken vgl. § 1 ImmoWertV Rn. 109 f. sowie §§ 46 ff. ImmoWertV; Teil VIII Rn. 1 ff.*

§ 5 ImmoWertV enthält zusammen mit § 3 ImmoWertV (Entwicklungszustand) ergänzende **Bestimmungen zu** dem in § 3 Abs. 3 ImmoWertV vorgegebenen Katalog von **Grundstücksmerkmalen**. Im Einzelnen geht es um Regelungen 1

- zur Art und zu dem Maß der baulichen Nutzung (§ 5 Abs. 1 ImmoWertV Rn. 3 ff.),
- zum beitragsrechtlichen Zustand des Grundstücks, vor allem im Hinblick auf Pflichten zur Entrichtung von Erschließungsbeiträgen (§§ 127 ff. BauGB), Ausgleichsleistungen in der

Umlegung (§ 64 BauGB), Ausgleichsbeträgen (§§ 154 f. BauGB sowie § 25 BodSchG), Kostenerstattungsbeträgen und KAG-Beiträgen,

- zu den Ertragsverhältnissen eines Grundstücks (§ 5 Abs. 3 ImmoWertV Rn. 116 f.),
- zu den Lagemerkmalen eines Grundstücks (§ 5 Abs. 4 ImmoWertV Rn. 120 ff.),
- zur Bodenbeschaffenheit (§ 5 Abs. 5 ImmoWertV).

2 Mit der Hervorhebung dieser Zustandsmerkmale enthält die Vorschrift **keine abschließende Aufzählung.**

2 Art und Maß der baulichen und sonstigen Nutzung

2.1 Allgemeines

▶ *Vgl. Rn. 68; zur Abweichung der tatsächlichen Nutzung von der zulässigen bzw. lagetypischen Nutzung vgl. § 40 ImmoWertV Rn. 185; zur Berücksichtigung von Art und Maß der baulichen Nutzung bei Anwendung des Vergleichswertverfahrens vgl. Syst. Darst. des Vergleichswertverfahrens Rn. 218 ff.*

3 **Art und Maß der baulichen und sonstigen Nutzung ergeben sich** nach § 5 Abs. 1 Satz 1 ImmoWertV **grundsätzlich aus dem Bebauungsplan** bzw. Vorhaben- und Erschließungsplan nach § 30 BauGB (bei Planreife nach § 33 BauGB) **und den Vorschriften für „im Zusammenhang bebaute Ortsteile"** (unbeplanter Innenbereich) des § 34 BauGB, wobei

a) sonstige Vorschriften

b) einschließlich privatrechtlicher Vorschriften,

die die Nutzbarkeit betreffen und Art und Maß der baulichen Nutzung mitbestimmen, zu berücksichtigen sind.

Der in den im Zusammenhang bebauten Gebieten nach § 34 BauGB aus der vorhandenen Bebauung zu gewinnende Maßstab, insbesondere für die Qualifizierung der GFZ, ist allerdings grob und ungenau (vgl. § 3 ImmoWertV Rn, 208 ff.)[1].

Sonstige öffentlich-rechtliche Vorschriften, die die Nutzbarkeit betreffen (vgl. § 29 Abs. 2 BauGB), sind insbesondere die des Bauordnungsrechts sowie die Rechtsgrundlagen von wirksam gewordenen bzw. übergeleiteten Plänen, Satzungen und Entscheidungen, die die Wirkungen des damaligen Rechts behalten haben (vgl. Rn. 13, 61). Dies betrifft insbesondere die nach § 173 Abs. 3 BbauG 1969 übergeleiteten baurechtlichen Vorschriften und festgestellten städtischen Pläne (z.B. die vor Inkrafttreten des BbauG nach den Aufbaugesetzen der Länder aufgestellten Durchführungspläne sowie Fluchtlinienpläne[2] u.Ä. einschließlich der nach § 246a Abs. 5 Satz 1 Nr. 1 als Flächennutzungsplan[3] fortgeltenden Generalbebauungspläne. Leitplanungen und Ortsgestaltungskonzeptionen, die auf Grund von Vorschriften der ehemaligen DDR aufgestellt wurden).

4 Damit stellt die Verordnung deutlich heraus, dass i.d.R. die **baurechtlichen Vorgaben für sich allein nicht maßgebend** sind. In der Praxis wird vielfach nicht hinreichend beachtet, dass auch die sonstigen öffentlich-rechtlichen Vorschriften wie z.B. die des Denkmalschutzes und auch privatrechtliche Vorschriften wie z.B. eine eingeschränkte Nutzbarkeit infolge eines

1 BVerwG, Urt. vom 23.03.1994 – 4 C 18/92 –, BauR 1994, 481 = EzGuG 4.155b; BVerwG, Urt. vom 23.04.1969 – 4 C 12/67 –, BVerwGE 31c.

2 BVerwG, Beschl. vom 16.12.2003 – 4 B 105/03 –, ZfBR 2004, 383; OVG Münster , Urt. vom 11.12.1962 – 7 A 214/62 –, BRS Bd 14 Nr. 20, EzGuG 3.23.

3 Nicolai LKV 1998, 329.

Wege- oder Aussichtsrechts, aber auch ein Bestandsschutz beachtlich sind. Sie können für die Verkehrswertermittlung die Zugrundelegung

- einer höheren Art bzw. eines höheren Maßes der baulichen Nutzung oder
- einer minderen Art bzw. eines minderen Maßes der baulichen Nutzung

erforderlich machen, als sich allein nach baurechtlichen Vorschriften ergibt. Besteht die Abweichung nur vorübergehend, z.B. im Hinblick auf den Bestandsschutz der baulichen Anlage, so kann der Wertunterschied gegenüber der (zum Zeitpunkt der Wertermittlung) dauerhaften Art oder dem Maß der baulichen Nutzung aufgrund des Baurechts durch Abzinsung des Wertunterschieds berücksichtigt werden.

Der BGH hat in seiner Rechtsprechung mit Recht wiederholt darauf hingewiesen, dass sich der **Verkehrswert maßgeblich nach der Nutzungsfähigkeit des Grund und Bodens bemisst**[4]. Der Verordnungsgeber hat deshalb mit § 5 Abs. 1 ImmoWertV die Grundsätze zur Berücksichtigung von Art und Maß der baulichen Nutzung bei der Verkehrswertermittlung an den Anfang dieser Vorschrift gestellt. 5

Die sich nach § 5 Abs. 1 ImmoWertV ergebende Nutzung, insbesondere das sich danach bestimmende „Maß der baulichen Nutzung" (bauplanungsrechtliche GFZ), ist die für die Marktwertermittlung „**maßgebliche Nutzung**" (§ 40 Abs. 5 Nr. 1 ImmoWertV).

Art und Maß der baulichen Nutzung bestimmen sich anknüpfend an die bauplanungsrechtlichen Vorschriften des BauGB i.V.m. den Vorschriften der **Baunutzungsverordnung** – BauNVO. **Im Regelfall ist die Fassung der BauNVO zugrunde zu legen, die zum Zeitpunkt der Beschlussfassung über den Bebauungsplan Anwendung fand.** 6

2.2 Rechtliche Gegebenheiten

2.2.1 Übersicht

▶ *Vgl. zu Umlegungsgebieten Teil VI Rn. 773 ff.*

Entwicklungszustand sowie Art und Maß der baulichen Nutzung bestimmen sich nach den rechtlichen *und* tatsächlichen Merkmalen (Situationsgebundenheit) des zu bewertenden Grundstücks. Bauplanungsrechtlich ist dabei nach der Lage eines Grundstücks zu unterscheiden, nämlich 7

- im Geltungsbereich eines **Flächennutzungsplans nach § 5 BauGB**, der für das ganze Gemeindegebiet die beabsichtigte städtebauliche Entwicklung durch entsprechende *Darstellungen* ausweist,
- in einem **Bebauungsplangebiet nach § 30 BauGB**; der Bebauungsplan enthält entsprechende *Festsetzungen* über die Nutzbarkeit des Grundstücks, einschließlich der Voraussetzungen nach § 33 BauGB für die Zulässigkeit einer baulichen Nutzung (vgl. Rn. 10 ff. und § 3 ImmoWertV Rn. 205 ff.),
- in einem **„im Zusammenhang bebauten" Ortsteil** nach § 34 BauGB (vgl. Rn. 71 ff. und § 3 ImmoWertV Rn. 208 ff.),
- im unbeplanten **Außenbereich** nach § 35 BauGB (vgl. Rn. 74 ff. sowie § 3 ImmoWertV Rn. 231 ff.).

---

4 BGH, Urt. vom 06.12.1962 – III ZR 113/61 –, BRS Bd. 19 Nr. 109 = EzGuG 6.65; LG Bremen, Urt. vom 05.11.1954 – 1 O 749/54 (B) –, EzGuG 6.10; BGH, Urt. vom 17.12.1964 – III ZR 96/63 –, BRS Bd. 19 Nr. 112 = EzGuG 11.47; BGH, Urt. vom 08.11.1962 – III ZR 86/61 –, BGHZ 39, 198 = EzGuG 8.5; vgl. Dieterich/Voß in Ernst/Zinkahn/Bielenberg/Krautzberger, BauGB, § 194 BauGB Rn. 65 ff.

Entsprechendes gilt für **Grundstücke im Geltungsbereich entsprechender übergeleiteter Pläne** (z.B. Baustufenplan[5], Baunutzungspläne, Generalbebauungspläne, Fluchtlinienpläne, vgl. Rn. 13).

Darüber hinaus ist insbesondere die Lage eines Grundstücks in einem **Sanierungsgebiet oder städtebaulichen Entwicklungsbereich** nach den §§ 136 und 165 BauGB, einem Umlegungsgebiet nach den §§ 45 ff. BauGB oder im Geltungsbereich einer städtebaulichen Satzung nach den §§ 172 ff. BauGB (Erhaltungsgebiete, Stadtumbaugebiete) von Bedeutung (vgl. Teil VI Rn. 897).

Für die Preisbildung von Grundstücken und damit auch für die Verkehrswertermittlung nicht unbedeutend sind darüber hinaus auch sog. **informelle Planungen** (Bereichsplanung, Rahmenplanung, Gebietsentwicklungsplanung, Innenentwicklungskonzepte i.S. des § 176a BauGB, usw.), insbesondere wenn sie zur Vorbereitung der Bauleitplanung einen „qualifizierten" Stand beispielsweise in der Weise erlangt haben, dass sie von der Gemeinde zustimmend zur Kenntnis genommen wurden und die Verwaltung mit ihrer Umsetzung in einen Bebauungsplanung beauftragt wurde. Sog. Schubladenpläne sind dagegen in aller Regel unbedeutend.

Beispiel:

In Berlin werden beispielsweise **Bereichsentwicklungspläne (BEP)** aufgestellt. Gegenstand der Bereichsentwicklungsplanung (Nutzungskonzept) ist insbesondere die Ermittlung und räumliche Zuordnung der Flächenbedarfe für Einrichtungen der sozialen Infrastruktur, für Grün- und Erholungsflächen, für gewerbliche Betriebe, für den öffentlichen Raum und die verkehrliche Infrastruktur sowie für das Wohnen, ausgerichtet auf einen mittel- bis langfristigen Planungshorizont. Für unterschiedliche Lösungen können Alternativen dargestellt werden. Nicht konsensfähige Abweichungen von beschlossenen gesamtstädtischen Planungen werden als Dissensflächen dargestellt. Für den BEP ist eine textliche Erläuterung auf der Grundlage einer einheitlichen Legende im Maßstab 1:10000 zu erarbeiten.

Zuständig für die Bereichsentwicklungsplanung (BEP) sind seit Anfang der 1990er Jahre die Bezirke. Die Aufgabe der Hauptverwaltung beschränkt sich auf die Regelung von Grundsatzangelegenheiten sowie auf die Einbringung gesamtstädtischer Ziele in den Planungsprozess. Die Ergebnisse der BEPs sollen vom Bezirk beschlossen werden; sie sollen einer sonstigen städtebaulichen Planung (§ 1 Abs. 5 Nr. 10 BauGB) entsprechen, sind verwaltungsintern bindend und in der verbindlichen Bauleitplanung bei der Abwägung zu berücksichtigen (§ 4 Abs. 2 Satz 4 AGBauGB). Von der Planung betroffene Träger öffentlicher Belange sind zu beteiligen. Die BEPs benachbarter Bezirke sind aufeinander abzustimmen. Über die Inhalte der Bereichsentwicklungsplanung ist die Öffentlichkeit zu informieren. Vor Beschluss des Bezirksamtes ist der BEP der für die vorbereitende Planung zuständigen Hauptverwaltung zuzuleiten. Diese benennt mögliche Dissensflächen. Bezirkliche Beschlüsse zur BEP werden im Amtsblatt veröffentlicht. Die Bereichsentwicklungsplanung wird in Form eines Abschlussberichts (Text und Pläne) veröffentlicht sowie an beteiligte Verwaltungen und öffentliche Stellen verteilt.

Innenentwicklungskonzepte i.S. des § 176a BauGB stellen kein städtebauliches Instrument, sondern eine informelle Planung i.S. des § 1 Abs. 6 Nr. 11 BauGB dar[6], die bei der Bebauungsplanaufstellung zu berücksichtigen sind (Selbstbindung der Verwaltung).

---

5 Z.B. Lage des Grundstücks im Bereich eines Baustufenplans nach der Baupolizeiverordnung (BPVO) der Freien und Hansestadt Hamburg vom 06.06.1938 (Slg. des bereinigten hamburgischen Landesrechts I 21 302-n), deren bauordnungsrechtliche Vorschriften zwar durch § 117 Abs. 1 Nr. 23 HBauO 1969 und § 185 BBauG 1960 aufgehoben wurden, jedoch sind die Vorschriften in Bezug auf die fortgeführten Bebauungspläne alten Rechts in Kraft geblieben.

6 *Gierke*, in: Brügelmann, BauGB-Komm., Stand Januar 2021, § 1 Rn. 1197 ff.; *Krautzberger/Stüer*, ZfBR 2021, 33; zu den häufig vorkommenden Zentren- bzw. Gewerbekonzepten vgl. BVerwG, Urt. vom 29.01.2009 – 4 C 16/07 – NVwZ 2009, 1103 und BVerwG, Urt. vom 26.03.2009 – 4 C 21/07 – NVwZ 2009, 1228.

Bei **Flächen**, die von dem Bedarfsträger auch **im Wege der Enteignung erworben werden** 8
können, ist nach der gefestigten höchstrichterlichen Rechtsprechung zum Ausschluss von der konjunkturellen (besser: qualitativen) Weiterentwicklung (Vorwirkung) der Entwicklungszustand nach den rechtlichen Gegebenheiten zu ermitteln, wie sie rückblickend zum Qualitätsstichtag vorlagen, als mit hinreichender Sicherheit und Bestimmtheit erwartet werden konnte, dass die Flächen, ggf. im Wege der Enteignung, erworben werden können (vgl. Teil VI Rn. 74 ff.). Daneben sind für sog. **städtebauliche Veranstaltungsgebiete, insbesondere für Umlegungsgebiete** nach den §§ 45 ff. BauGB, eine Reihe von Besonderheiten zu beachten, auf die hier nicht näher eingegangen werden kann.

Nach § 85 Abs. 1 BauGB können Flächen enteignet werden, um

1. „entsprechend den Festsetzungen des Bebauungsplans ein Grundstück zu nutzen oder eine solche Nutzung vorzubereiten,
2. unbebaute oder geringfügig bebaute Grundstücke, die nicht im Bereich eines Bebauungsplans, aber innerhalb im Zusammenhang bebauter Ortsteile liegen, insbesondere zur Schließung von Baulücken, entsprechend den baurechtlichen Vorschriften zu nutzen oder einer baulichen Nutzung zuzuführen,
3. Grundstücke für die Entschädigung in Land zu beschaffen,
4. durch Enteignung entzogene Rechte durch neue Rechte zu ersetzen,
5. Grundstücke einer baulichen Nutzung zuzuführen, wenn ein Eigentümer die Verpflichtung nach § 176 Abs. 1 oder 2 nicht erfüllt, oder
6. im Geltungsbereich einer Erhaltungssatzung eine bauliche Anlage aus den in § 172 Abs. 3 bis 5 bezeichneten Gründen zu erhalten."

2.2.2 Flächennutzungsplan

▶ *Hierzu auch § 3 ImmoWertV Rn. 148 ff.; Syst. Darst. des Vergleichswertverfahrens Rn. 202 ff.; zum Landschaftsschutzgebiet vgl. § 3 ImmoWertV Rn. 267 ff.*

Im Flächennutzungsplan (*land use plan*) ist nach § 5 BauGB die sich aus der beabsichtigten 9
städtebaulichen Entwicklung ergebende Art der Bodennutzung in ihren Grundzügen für das ganze Gemeindegebiet dargestellt (§ 5 Abs. 2 und 2a BauGB, § 1 Abs. 1 und 2 BauNVO). Die *allgemeine* Art der baulichen Nutzung wird als „**Bau*fläche***" ausgewiesen. Davon zu unterscheiden ist die Ausweisung der *besonderen* Art der baulichen Nutzung als „**Bau*gebiet***" in Bebauungsplänen. Soweit erforderlich, kann die besondere Art der baulichen Nutzung (Baugebiete) auch im Flächennutzungsplan dargestellt werden.

Bauleitplanung (vgl. Rn. 16)				
Bauflächen		***Baugebiete***		
Flächennutzungsplan		**Bebauungsplan**		
§ 1 Abs. 1 BauNVO		§ 1 Abs. 2 BauNVO		
Wohnbauflächen	**W**	Kleinsiedlungsgebiet	**WS**	§ 2 BauNVO
		Reines Wohngebiet	**WR**	§ 3 BauNVO
		Allgemeines Wohngebiet	**WA**	§ 4 BauNVO
		Besonderes Wohngebiet	**WB**	§ 4a BauNVO
		Dorfgebiet	**WB**	§ 5 BauNVO
		Dörfliches Wohngebiet	**MDW**	§ 5a BauNVO

Bauleitplanung (vgl. Rn. 16)				
Gemischte Bauflächen	**M**	Mischgebiet	**MI**	§ 6 BauNVO
		Urbanes Gebiet	**MU**	§ 6a BauNVO
		Kerngebiet	**MK**	§ 7 BauNVO
Gewerbliche Bauflächen	**G**	Gewerbegebiet	**GE**	§ 8 BauNVO
		Industriegebiet	**GI**	§ 9 BauNVO
Sonderbauflächen	**S**	Sondergebiet Erholung	**SO**	§ 10 BauNVO
		Wochenendhausgebiet		Abs. 3
		Ferienhausgebiet		Abs. 4
		Campingplatzgebiet		Abs. 5
		Sonstiges Sondergebiet	**SO**	§ 11 BauNVO
		Fremdenverkehrsgebiet		Abs. 2
		Fremdenbeherbergungsgebiet		
		Ladengebiet		
		Einkaufszentrengebiet		Abs. 3
		Messe-, Ausstellungs- und Kongressgebiet		
		Hochschulgebiet		
		Klinikgebiet		
		Hafengebiet		
		Erneuerbare Energien		
Ferienwohnung Gewerbebetrieb nach § 2 Abs. 3 Nr. 4 BauNVO Gewerbebetrieb nach § 3 Abs. 3 Nr. 1 BauNVO Gewerbebetrieb nach § 4 Abs. 3 Nr. 4 BauNVO Gewerbebetrieb nach § 4a Abs. 2 Nr. 3 BauNVO Gewerbebetrieb nach § 5 Abs. 2 Nr. 6 BauNVO Gewerbebetrieb nach § 5a Abs. 2 Nr. 7 BauNVO Gewerbebetrieb nach § 6 Abs. 2 Nr. 4, Abs. 3 BauNVO Gewerbebetrieb nach § 6a Abs. 2 Nr. 4 BauNVO Gewerbebetrieb nach § 7 Abs. 2 Nr. 2 BauNVO				

Der Flächennutzungsplan enthält keine verbindlichen „Festsetzungen", sondern nur „**Darstellungen**". Die Darstellungen sind insoweit behördenverbindlich, als der Bebauungsplan aus den Darstellungen zu entwickeln ist („vorbereitender Bebauungsplan"). Eine mittelbare Rechtswirkung kann gleichwohl vom Flächennutzungsplan ausgehen: So kann sich z.B. für privilegierte Vorhaben im Außenbereich aus dem Flächennutzungsplan eine Beeinträchtigung „öffentlicher Belange" nach § 35 Abs. 3 BauGB ergeben, nämlich dann, wenn das Vorhaben den Darstellungen des Flächennutzungsplans widerspricht (vgl. auch § 35 Abs. 4 BauGB).

Eine Ausnahme bilden „**Flächen für Windkraftanlagen**" (vgl. § 3 ImmoWertV Rn. 510). Vorhaben die „der Erforschung, Entwicklung oder Nutzung der Wind- oder Wasserenergie" dienen, sind nach § 35 Abs. 1 Nr. 5 BauGB privilegierte Vorhaben und im Außenbereich generell zulässig, jedoch sind die Sonderregelungen des § 249 BauGB und ggf. landesrechtliche Regelungen i.S. des § 249 Abs. 3 BauGB insbesondere im Hinblick auf Mindestabstände beachtlich. Die allgemeine Zulässigkeit von Windkraftanlagen kann durch gemeindliche im Flächennutzungsplan dargestellte Vorranggebiete rechtswirksam eingeschränkt werden:

„**§ 249 BauGB** Sonderregelungen zur Windenergie

(1) Werden in einem Flächennutzungsplan zusätzliche Flächen für die Nutzung von Windenergie dargestellt, folgt daraus nicht, dass die vorhandenen Darstellungen des Flächennutzungsplans zur Erzielung der Rechtswirkungen des § 35 Absatz 3 Satz 3 nicht ausreichend sind. Satz 1 gilt entsprechend bei der Änderung oder Aufhebung von Darstellungen zum Maß der baulichen Nutzung. Die Sätze 1 und 2 gelten für Bebauungspläne, die aus den Darstellungen des Flächennutzungsplans entwickelt werden, entsprechend."

Die Darstellung eines **Landschaftsschutzgebiets im Flächennutzungsplan** begründet dabei allerdings allein noch keine Darstellung als öffentlicher Belang i.S. des § 35 Abs. 3 BauGB[7], jedoch ist ein Vorhaben, das nach landesrechtlichem Natur- und Landschaftsschutzrecht nicht genehmigungsfähig ist, bereits nach § 29 Abs. 2 BauGB i.V.m. den jeweiligen landesrechtlichen Vorschriften nicht genehmigungsfähig.

2.2.3 Bebauungsplan

2.2.3.1 Allgemeines

▶ *Hierzu auch § 3 ImmoWertV Rn. 144 ff., 183 ff.; zum Begriff des Baulands vgl. § 3 ImmoWertV Rn. 189 ff.*

Im Bebauungsplan wird die **Art der baulichen und sonstigen Nutzung** nach § 1 Abs. 3 **10**
BauNVO durch Ausweisung von Baugebieten und sonstigen Bodennutzungen festgesetzt (§ 9 Abs. 1 und 1a BauGB). Die §§ 2 bis 14 BauNVO werden durch diese Festsetzung Bestandteil des Bebauungsplans, soweit nicht aufgrund § 1 Abs. 4 bis 9 BauNVO etwas anderes bestimmt wird.

Der **Bebauungsplan ist** grundsätzlich **aus dem Flächennutzungsplan zu entwickeln** (§ 8 Abs. 2 Satz 1 BauGB). Ein Flächennutzungsplan ist allerdings nicht erforderlich, wenn der Bebauungsplan ausreicht, um die städtebauliche Entwicklung zu sichern. Mit der Aufstellung, Änderung, Ergänzung oder Aufhebung eines Bebauungsplans kann im Parallelverfahren auch der Flächennutzungsplan aufgestellt, geändert oder ergänzt werden (§ 8 Abs. 3 BauGB). *Bebauungspläne der Innenentwicklung* i.S. des § 13a BauGB können im vereinfachten Verfahren nach § 13 Abs. 2 und 3 Satz 1 BauGB auch abweichend von den Darstellungen des Flächennutzungsplans aufgestellt werden, wenn die städtebauliche Entwicklung des Gemeindegebiets dadurch nicht beeinträchtigt wird (§ 13a Abs. 2 Nr. 2 BauGB).

Der Verkehrswertermittlung ist grundsätzlich die in einem Bebauungsplan *(Detailed Local Development Plan)* festgesetzte und zu erwartende Nutzung zugrunde zu legen. Soweit ein Grundstück nach den Festsetzungen des Bebauungsplans und nach sonstigen öffentlich-rechtlichen Vorschriften bebaubar ist, handelt es sich dann um **baureifes Land**, wenn die Erschließung gesichert ist, die Grundstücke nach Lage, Form und Größe bauordnungsrechtlich ausreichend zugeschnitten sind und das Grundstück nach den sonstigen tatsächlichen Gegebenheiten baulich nutzbar ist. Die zulässigen Nutzungen ergeben sich aus der Baugebietsfestsetzung i.V.m. den für dieses Baugebiet einschlägigen Vorschriften der §§ 2 bis 11 BauNVO. Die nach §§ 2 bis 11 BauNVO allgemein oder ausnahmsweise zulässigen Nutzungen können nach Maßgabe des § 1 Abs. 4 bis 10 BauNVO modifiziert sein.

Ist das Grundstück nach Lage, Form und Größe jedoch unzureichend gestaltet oder ist die Erschließung (noch) nicht gesichert, muss die Fläche nach § 5 Abs. 3 ImmoWertV als **Rohbauland** eingestuft werden. Dabei ist die Wartezeit nach § 11 ImmoWertV bis zur Baureife des Grundstücks zu berücksichtigen.

---

7 VGH Mannheim, Urt. vom 06.08.1985 – 5 S 2639/84 –, BRS Bd. 44 Nr. 227 = EzGuG 4.104a.

11 Nach § 30 BauGB wird zwischen vorhabenbezogenen, qualifizierten und einfachen Bebauungsplänen unterschieden (Abb. 1).

Ein **Bebauungsplan ist qualifiziert,** wenn er mindestens Festsetzungen trifft über

- die Art der baulichen Nutzung *(Wohngebiet, Mischgebiet, Gewerbegebiet),*
- das Maß der baulichen Nutzung *(Zahl der zulässigen Vollgeschosse, Gebäudehöhe, Grund- und Geschossflächenzahl),*
- die überbaubaren Grundstücksflächen *(Baugrenzen und Baulinien),*
- die örtlichen Verkehrsflächen (öffentliche Straßen).

Fehlen eine oder mehrere dieser Festsetzungen, handelt es sich nicht um einen qualifizierten, sondern um einen **einfachen Bebauungsplan** (§ 30 Abs. 2 BauGB). Art der baulichen und sonstigen Nutzung bestimmen sich nach dessen Festsetzungen i.V.m. § 34 BauGB (Abb. 1).

Im nicht beplanten Innenbereich, d.h. in den **im Zusammenhang bebauten Ortsteilen,** bestimmen sich Art der baulichen und sonstigen Nutzung nach Maßgabe des § 34 BauGB (vgl. Rn. 63).

Abb. 1: Übersicht über Bebauungspläne

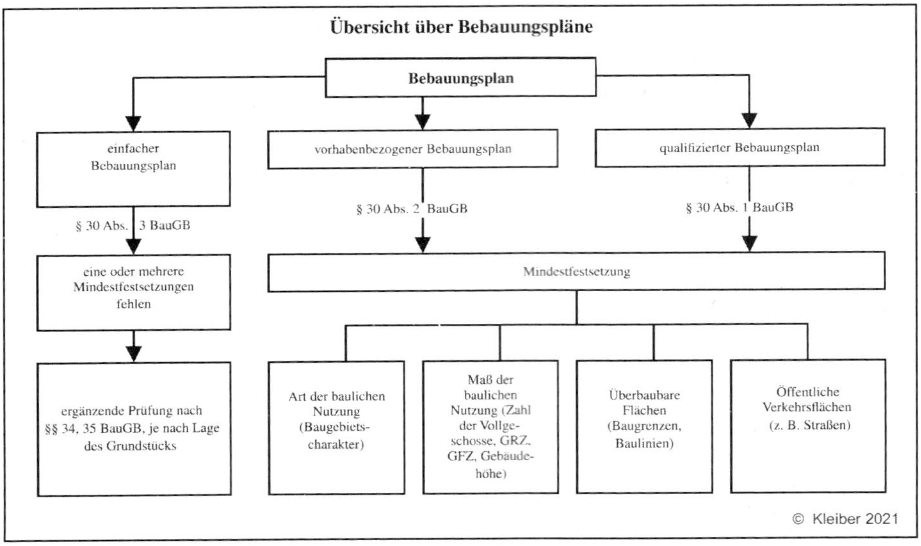

Auszug

Abb. 2: Muster eines Bebauungsplans

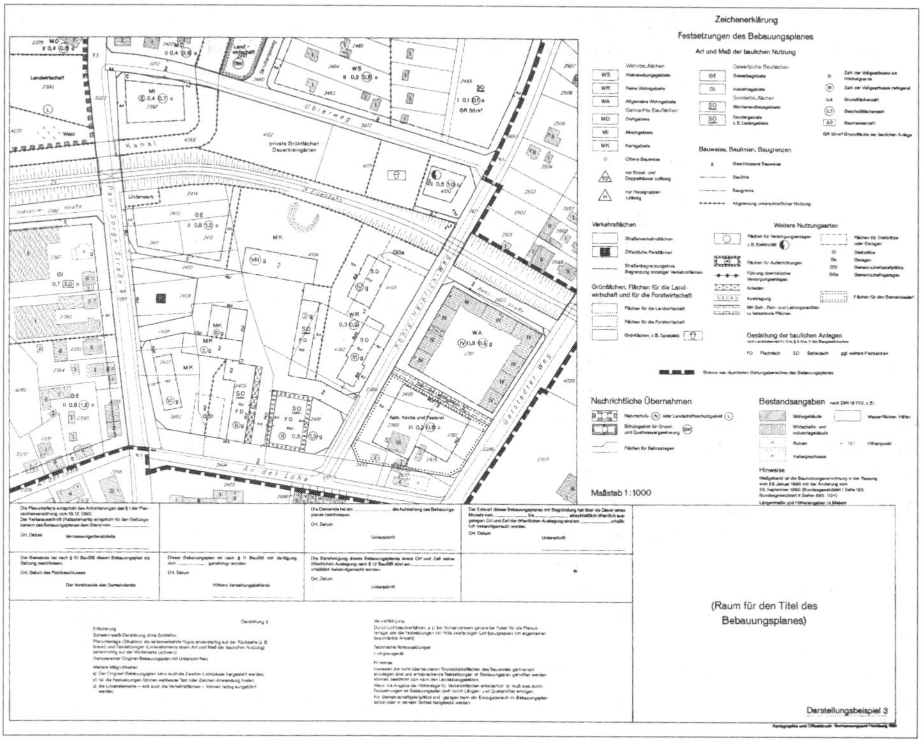

Darüber hinaus ist in § 13a BauGB der „**Bebauungsplan der Innenentwicklung**“ geregelt[8]. Darunter versteht das Gesetzbuch einen Bebauungsplan für „die Wiedernutzbarmachung von Flächen, die Nachverdichtung oder andere Maßnahmen der Innenentwicklung“. Für die Aufstellung eines Bebauungsplans der Innenentwicklung gelten eine Reihe besonderer verfahrensrechtlicher Vorschriften:

- Der Bebauungsplan der Innenentwicklung kann im **beschleunigten Verfahren** aufgestellt werden, wenn in ihm die Grundfläche i.S. des § 19 Abs. 2 BauNVO (Baugrundstücksfläche) im Bauland hinter der Straßenbegrenzungslinie, die von baulichen Anlagen überdeckt werden darf (vgl. Rn. 37), oder eine Größe der Grundfläche festgesetzt wird, die die in § 13a Abs. 1 Satz 2 und 3 BauGB vorgegebenen Schwellenwerte (z.B. 20 000 m²) einhalten, keine gesetzliche Verpflichtung zur Durchführung einer Umweltverträglichkeitsprüfung besteht und keine Anhaltspunkte für eine Beeinträchtigung der Erhaltungsziele und Schutzzwecke der Natura-2000-Gebiete i.S. des BNatSchG bestehen.
- Der Bebauungsplan der Innenentwicklung wird in entsprechender Anwendung der Regelungen des § 13 BauGB Abs. 2 und 3 Satz 1 BauGB über das vereinfachte Verfahren aufgestellt.

8 Eingeführt mit Gesetz zur Erleichterung von Planungsvorhaben für die Innenentwicklung der Städte vom 21.12.2006 (BGBl. I 2007, 3316 – BauGB 2007).

- Der Bebauungsplan der Innenentwicklung kann abweichend von den bestehenden Darstellungen des Flächennutzungsplans aufgestellt werden, wenn die städtebauliche Entwicklung des Gemeindegebiets dadurch nicht beeinträchtigt wird (§ 13a Abs. 2 Nr. 2 BauGB).
- Bei der Aufstellung eines Bebauungsplans der Innenentwicklung soll einem Bedarf an Investitionen zur Erhaltung, Sicherung und Schaffung von Arbeitsplätzen, zur Versorgung der Bevölkerung mit Wohnraum oder zur Verwirklichung von Infrastrukturvorhaben im Rahmen der Abwägung (§ 1 Abs. 7 BauGB) in angemessener Weise Rechnung getragen werden (§ 13a Abs. 2 Nr. 3 BauGB).
- Soweit bei der Aufstellung des Bebauungsplans der Innenentwicklung Eingriffe in die Belange des Umweltschutzes, insbesondere der Bodenschutzklausel nach § 1a Abs. 2 BauGB (sparsamer und schonender Umgang mit dem Grund und Boden), zu erwarten sind, gelten diese Eingriffe (fiktiv) nach § 13a Abs. 2 Nr. 4 BauGB als Eingriffe, die i.S. des § 1a Abs. 3 Satz 5 BauGB bereits vor der planerischen Entscheidung mit der Folge erfolgt und zulässig sind, dass ein naturschutzrechtlicher Ausgleich nicht erforderlich ist.

Die Bauleitplanung kann durch ein **Einzelhandelskonzept** überlagert sein. Ein Einzelhandelskonzept ist im Bereich des Städtebaus und der Raumordnung ein Plankonzept, mit dem der Einzelhandel in einem bestimmten Raum gesteuert werden soll. Ist der Raum, auf den sich ein solches Plankonzept bezieht, eine Kommune (Gemeinde), wird von einem kommunalen Einzelhandelskonzept gesprochen. Bezieht sich das Plankonzept auf eine Region (Gebiet von mehreren Kommunen), wird der Plan als regionales Einzelhandelskonzept bezeichnet.

Allein der Umstand, dass eine Gemeinde bei der Umsetzung ihres Einzelhandelskonzepts bereits vorhandene konzeptwidrige, jedoch Bestandsschutz genießende Einzelhandelsbetriebe nicht auf den eigentumsrechtlichen (passiven) Bestandsschutz verweist, sondern diese – ohne die Möglichkeit einer Erweiterung – planungsrechtlich absichert, vermag das Gewicht ihres Konzepts in der bauplanerischen Abwägung noch nicht zu mindern, wenn dieses lediglich i.S. einer Steuerung von Ansiedlungsvorhaben angewandt wird und sich nicht dazu verhält, wie mit dem vorhandenen Bestand umgegangen werden soll[9].

12 Aus dem Bebauungsplan ergeben sich **Art und Maß der baulichen Nutzung** sowie die einer öffentlichen Zweckbindung unterworfenen Flächen, die ggf. im Wege der Enteignung erworben werden können. Zur Qualifizierung der zuletzt genannten Grundstücke müssen die vorstehend bereits angesprochenen Besonderheiten beachtet werden.

Handelt es sich bei dem zu bewertenden Grundstück um ein bebautes Grundstück, das nach **Art und/oder Maß der auf dem Grundstück realisierten Bebauung Abweichungen gegenüber der bauplanungsrechtlichen Nutzbarkeit** aufweist, müssen die bei § 8 ImmoWertV Rn. 428 ff. sowie bei § 40 ImmoWertV unter Rn. 185 ff. angesprochenen Besonderheiten beachtet werden.

2.2.3.2 Übergeleitete Pläne

13 Festsetzungen übergeleiteter Pläne, Satzungen und Entscheidungen, z.B. Fluchtlinienpläne, gelten nach § 233 BauGB fort. Die Vorgaben der BauNVO können entsprechend herangezogen werden, wenn die festgesetzten Baugebiete den in der BauNVO genannten Baugebieten vergleichbar sind.

2.2.3.3 Obsolete Bebauungspläne

▶ *Zum Bestandsschutz vgl. Rn. 80*

14 Die Festsetzungen eines Bebauungsplans können ganz oder teilweise wegen Funktionslosigkeit außer Kraft getreten sein, soweit sich die tatsächlichen Verhältnisse, auf die sie sich beziehen, nachträglich grundlegend verändert haben und gegen das Gebot der gerechten Abwägung

9 VGH Mannheim, Urt. vom 27.10.2010 – 5 S 875/09 –, GuG-aktuell 2011, 46 = EzGuG 6.299.

verstoßen. Einzelne „Ausreißer“ sind unbeachtlich. Maßgeblich ist grundsätzlich das Plangebiet, in dem die Gemeinde ihre Planungsbefugnis und Gestaltungsfunktion nach § 1 Abs. 3 Satz 1 BauGB wahrge-nommen hat. Die Schutzwürdigkeit des Vertrauens in die Geltung der planerischen Festsetzungen kann erst verloren gehen, wenn sich die weitere bauliche Entwicklung abweichend vom Bebauungs-plan vollzieht[10]. Die rechtmäßig errichtete Bebauung steht im Falle der Funktionslosigkeit grundsätzlich unter Bestandsschutz.

2.3 Art der baulichen Nutzung

2.3.1 Übersicht

▶ *Vgl. § 8 ImmoWertV Rn. 357 ff., § 16 ImmoWertV Rn. 15 ff.; zu den Besonderheiten in Berlin vgl. Rn. 61 ff.; zur Qualifizierung von gewerblich-industriellen Flächen vgl. Syst. Darst. des Vergleichswertverfahrens Rn. 215 ff.; zur Qualifizierung der Art der baulichen Nutzung bei der Wertermittlung nach Maßgabe des § 5 Abs. 1 ImmoWertV vgl. Rn. 84 ff.; zu Läden vgl. Teil V Rn. 276 ff.*

Nach der **allgemeinen Art der baulichen Nutzung** werden in § 1 Abs. 1 BauNVO folgende Bauflächen definiert und in *Flächennutzungsplänen* dargestellt: 15

1.	Wohnbauflächen	(W)
2.	Gemischte Bauflächen	(M)
3.	Gewerbliche Bauflächen	(G)
4.	Sonderbauflächen	(S)

Nach der **besonderen Art der baulichen Nutzung** werden in den §§ 2 bis 11 BauNVO folgende *Baugebiete* definiert und in *Bebauungsplänen* festgesetzt:

1.	Kleinsiedlungsgebiete	(WS)	6.	Mischgebiete	(MI)
2.	Reine Wohngebiete	(WR)	6a.	Urbane Gebiete	(MU)
3.	Allgemeine Wohngebiete	(WA)	7.	Kerngebiete	(MK)
4.	Besondere Wohngebiete	(WB)	8.	Gewerbegebiete	(GE)
5.	Dorfgebiete	(MD)	9.	Industriegebiete	(GI)
5a.	Dörfliche Wohngebiete	(MDW)		Sondergebiete	(SO)

Nachfolgend sind die einschlägigen **Bestimmungen der BauNVO** über die verschiedenen **Gebietstypen** abgedruckt (vgl. hierzu auch die Ausführungen in der Syst. Darst. des Vergleichswertverfahrens Rn. 215).

2.3.2 Wohngebiete

Die BauNVO lässt die Festsetzung folgender Gebiete zu: 16

„**§ 2 BauNVO** Kleinsiedlungsgebiete

(1) Kleinsiedlungsgebiete dienen vorwiegend der Unterbringung von Kleinsiedlungen einschließlich Wohngebäuden mit entsprechenden Nutzgärten und landwirtschaftlichen Nebenerwerbsstellen.

---

10 BVerwG, Urt. vom 24.04.2024 – 4 C 2/23 –, NVwZ 2024, 1419; BVerwG, Beschl. vom 11.12.2000 – 4 BN 58/00 –, ZfBR 2001, 356 ; BVerwG, Urt. vom 03.08.1990 – 7 C 41/89 –, BVerwGE 86, 273; OVG Berlin, Beschl. vom 14.04.1989 – 2 S 4/89 –, NVwZ-RR 1994, 10; BVerwG, Urt. vom 29.04.1977 – 4 C 39/75 –, NJW 1977, 2325, OVG Berlin, Urt. vom 28.09.1992 – 2 B 35/90 –, OVG Berlin, Urt. vom 22.06.2005 – 2 B 5/05 –; vgl. auch: OVG Berlin-Brandenburg, Beschl. vom 05.07.2017 – 10 N 29/16 –, FG Berlin-Brandenburg Urt. vom 17.04.2024 – 16 K 3045/22 –. BeckRS 2024, 15128.

(2) Zulässig sind

1. Kleinsiedlungen einschließlich Wohngebäude mit entsprechenden Nutzgärten, landwirtschaftliche Nebenerwerbsstellen und Gartenbaubetriebe,
2. die der Versorgung des Gebiets dienenden Läden, Schank- und Speisewirtschaften sowie nicht störenden Handwerksbetriebe.

(3) Ausnahmsweise können zugelassen werden

1. sonstige Wohngebäude mit nicht mehr als zwei Wohnungen,
2. Anlagen für kirchliche, kulturelle, soziale und gesundheitliche Zwecke,
3. Tankstellen,
4. nicht störende Gewerbebetriebe.

§ 3 BauNVO Reine Wohngebiete

(1) Reine Wohngebiete dienen dem Wohnen.

(2) Zulässig sind

1. Wohngebäude,
2. Anlagen zur Kinderbetreuung, die den Bedürfnissen der Bewohner des Gebiets dienen.

(3) Ausnahmsweise können zugelassen werden

1. Läden und nicht störende Handwerksbetriebe, die zur Deckung des täglichen Bedarfs für die Bewohner des Gebiets dienen, sowie kleine Betriebe des Beherbergungsgewerbes,
2. sonstige Anlagen für soziale Zwecke sowie den Bedürfnissen der Bewohner des Gebiets dienende Anlagen für kirchliche, kulturelle, gesundheitliche und sportliche Zwecke.

(4) Zu den nach Absatz 2 sowie den §§ 2, 4 bis 7 zulässigen Wohngebäuden gehören auch solche, die ganz oder teilweise der Betreuung und Pflege ihrer Bewohner dienen.

§ 4 BauNVO Allgemeine Wohngebiete

(1) Allgemeine Wohngebiete dienen vorwiegend dem Wohnen.

(2) Zulässig sind

1. Wohngebäude,
2. die der Versorgung des Gebiets dienenden Läden, Schank- und Speisewirtschaften sowie nicht störenden Handwerksbetriebe,
3. Anlagen für kirchliche, kulturelle, soziale, gesundheitliche und sportliche Zwecke.

(3) Ausnahmsweise können zugelassen werden

1. Betriebe des Beherbergungsgewerbes,
2. sonstige nicht störende Gewerbebetriebe,
3. Anlagen für Verwaltungen,
4. Gartenbaubetriebe,
5. Tankstellen.

§ 4a BauNVO Gebiete zur Erhaltung und Entwicklung der Wohnnutzung (besondere Wohngebiete)

(1) Besondere Wohngebiete sind überwiegend bebaute Gebiete, die aufgrund ausgeübter Wohnnutzung und vorhandener sonstiger in Absatz 2 genannter Anlagen eine besondere Eigenart aufweisen und in denen unter Berücksichtigung dieser Eigenart die Wohnnutzung erhalten und fortentwickelt werden soll. Besondere Wohngebiete dienen vorwiegend dem Wohnen; sie dienen auch der Unterbringung von Gewerbebetrieben und sonstigen Anlagen im Sinne der Absätze 2 und 3, soweit diese Betriebe und Anlagen nach der besonderen Eigenart des Gebiets mit der Wohnnutzung vereinbar sind.

(2) Zulässig sind

1. Wohngebäude,
2. Läden, Betriebe des Beherbergungsgewerbes, Schank- und Speisewirtschaften,

3. sonstige Gewerbebetriebe,
4. Geschäfts- und Bürogebäude,
5. Anlagen für kirchliche, kulturelle, soziale, gesundheitliche und sportliche Zwecke.

(3) Ausnahmsweise können zugelassen werden

1. Anlagen für zentrale Einrichtungen der Verwaltung,
2. Vergnügungsstätten, soweit sie nicht wegen ihrer Zweckbestimmung oder ihres Umfangs nur in Kerngebieten allgemein zulässig sind,
3. Tankstellen.

(4) Für besondere Wohngebiete oder Teile solcher Gebiete kann, wenn besondere städtebauliche Gründe dies rechtfertigen (§ 9 Absatz 3 des Baugesetzbuchs), festgesetzt werden, dass

1. oberhalb eines im Bebauungsplan bestimmten Geschosses nur Wohnungen zulässig sind oder
2. in Gebäuden ein im Bebauungsplan bestimmter Anteil der zulässigen Geschossfläche oder eine bestimmte Größe der Geschossfläche für Wohnungen zu verwenden ist.

§ 5 BauNVO Dorfgebiete

(1) Dorfgebiete dienen der Unterbringung der Wirtschaftsstellen land- und forstwirtschaftlicher Betriebe, dem Wohnen und der Unterbringung von nicht wesentlich störenden Gewerbebetrieben sowie der Versorgung der Bewohner des Gebiets dienenden Handwerksbetrieben. Auf die Belange der land- und forstwirtschaftlichen Betriebe einschließlich ihrer Entwicklungsmöglichkeiten ist vorrangig Rücksicht zu nehmen.

(2) Zulässig sind

1. Wirtschaftsstellen land- und forstwirtschaftlicher Betriebe und die dazugehörigen Wohnungen und Wohngebäude,
2. Kleinsiedlungen einschließlich Wohngebäude mit entsprechenden Nutzgärten und landwirtschaftliche Nebenerwerbsstellen,
3. sonstige Wohngebäude,
4. Betriebe zur Be- und Verarbeitung und Sammlung land- und forstwirtschaftlicher Erzeugnisse,
5. Einzelhandelsbetriebe, Schank- und Speisewirtschaften sowie Betriebe des Beherbergungsgewerbes,
6. sonstige Gewerbebetriebe,
7. Anlagen für örtliche Verwaltungen sowie für kirchliche, kulturelle, soziale, gesundheitliche und sportliche Zwecke,
8. Gartenbaubetriebe,
9. Tankstellen.

(3) Ausnahmsweise können Vergnügungsstätten im Sinne des § 4a Absatz 3 Nummer 2 zugelassen werden.

§ 5a BauNVO Dörfliche Wohngebiete

(1) Dörfliche Wohngebiete dienen dem Wohnen sowie der Unterbringung von land- und forstwirtschaftlichen Nebenerwerbsstellen und nicht wesentlich störenden Gewerbebetrieben. Die Nutzungsmischung muss nicht gleichgewichtig sein.

(2) Zulässig sind

1. Wohngebäude,
2. Wirtschaftsstellen land- und forstwirtschaftlicher Nebenerwerbsbetriebe und die dazugehörigen Wohnungen und Wohngebäude,
3. Kleinsiedlungen einschließlich Wohngebäude mit entsprechenden Nutzgärten,
4. nicht gewerbliche Einrichtungen und Anlagen für die Tierhaltung,
5. die der Versorgung des Gebiets dienenden Läden sowie Schank- und Speisewirtschaften,
6. Betriebe des Beherbergungsgewerbes,
7. sonstige Gewerbebetriebe,

8. Anlagen für örtliche Verwaltungen sowie für kirchliche, kulturelle, soziale, gesundheitliche und sportliche Zwecke.

(3) Ausnahmsweise können zugelassen werden

1. Wirtschaftsstellen land- und forstwirtschaftlicher Betriebe und die dazugehörigen Wohnungen und Wohngebäude,
2. Gartenbaubetriebe,
3. Tankstellen.

§ 6 BauNVO Mischgebiete

(1) Mischgebiete dienen dem Wohnen und der Unterbringung von Gewerbebetrieben, die das Wohnen nicht wesentlich stören.

(2) Zulässig sind

1. Wohngebäude,
2. Geschäfts- und Bürogebäude,
3. Einzelhandelsbetriebe, Schank- und Speisewirtschaften sowie Betriebe des Beherbergungsgewerbes,
4. sonstige Gewerbebetriebe,
5. Anlagen für Verwaltungen sowie für kirchliche, kulturelle, soziale, gesundheitliche und sportliche Zwecke,
6. Gartenbaubetriebe,
7. Tankstellen,
8. Vergnügungsstätten im Sinne des § 4a Absatz 3 Nummer 2 in den Teilen des Gebiets, die überwiegend durch gewerbliche Nutzungen geprägt sind.

(3) Ausnahmsweise können Vergnügungsstätten im Sinne des § 4a Absatz 3 Nummer 2 außerhalb der in Absatz 2 Nr. 8 bezeichneten Teile des Gebiets zugelassen werden.

§ 6a BauNVO Urbane Gebiete

(1) Urbane Gebiete dienen dem Wohnen sowie der Unterbringung von Gewerbebetrieben und sozialen, kulturellen und anderen Einrichtungen, die die Wohnnutzung nicht wesentlich stören. Die Nutzungsmischung muss nicht gleichgewichtig sein.

(2) Zulässig sind

1. Wohngebäude,
2. Geschäfts- und Bürogebäude,
3. Einzelhandelsbetriebe, Schank- und Speisewirtschaften sowie Betriebe des Beherbergungsgewerbes,
4. sonstige Gewerbebetriebe,
5. Anlagen für Verwaltungen sowie für kirchliche, kulturelle, soziale, gesundheitliche und sportliche Zwecke.

(3) Ausnahmsweise können zugelassen werden

1. Vergnügungsstätten, soweit sie nicht wegen ihrer Zweckbestimmung oder ihres Umfangs nur in Kerngebieten allgemein zulässig sind,
2. Tankstellen.

(4) Für urbane Gebiete oder Teile solcher Gebiete kann festgesetzt werden, dass in Gebäuden

1. im Erdgeschoss an der Straßenseite eine Wohnnutzung nicht oder nur ausnahmsweise zulässig ist,
2. oberhalb eines im Bebauungsplan bestimmten Geschosses nur Wohnungen zulässig sind,
3. ein im Bebauungsplan bestimmter Anteil der zulässigen Geschossfläche oder eine im Bebauungsplan bestimmte Größe der Geschossfläche für Wohnungen zu verwenden ist, oder
4. ein im Bebauungsplan bestimmter Anteil der zulässigen Geschossfläche oder eine im Bebauungsplan bestimmte Größe der Geschossfläche für gewerbliche Nutzungen zu verwenden ist.

§ 7 BauNVO Kerngebiete

(1) Kerngebiete dienen vorwiegend der Unterbringung von Handelsbetrieben sowie der zentralen Einrichtungen der Wirtschaft, der Verwaltung und der Kultur.

(2) Zulässig sind

1. Geschäfts-, Büro- und Verwaltungsgebäude,
2. Einzelhandelsbetriebe, Schank- und Speisewirtschaften, Betriebe des Beherbergungsgewerbes und Vergnügungsstätten,
3. sonstige nicht wesentlich störende Gewerbebetriebe,
4. Anlagen für kirchliche, kulturelle, soziale, gesundheitliche und sportliche Zwecke,
5. Tankstellen im Zusammenhang mit Parkhäusern und Großgaragen,
6. Wohnungen für Aufsichts- und Bereitschaftspersonen sowie für Betriebsinhaber und Betriebsleiter,
7. sonstige Wohnungen nach Maßgabe von Festsetzungen des Bebauungsplans

(3) Ausnahmsweise können zugelassen werden

1. Tankstellen, die nicht unter Absatz 2 Nummer 5 fallen,
2. Wohnungen, die nicht unter Absatz 2 Nummer 6 und 7 fallen.

(4) Für Teile eines Kerngebiets kann, wenn besondere städtebauliche Gründe dies rechtfertigen (§ 9 Absatz 3 des Baugesetzbuchs), festgesetzt werden, dass

1. oberhalb eines im Bebauungsplan bestimmten Geschosses nur Wohnungen zulässig sind oder
2. in Gebäuden ein im Bebauungsplan bestimmter Anteil der zulässigen Geschossfläche oder eine bestimmte Größe der Geschossfläche für Wohnungen zu verwenden ist.

Dies gilt auch, wenn durch solche Festsetzungen dieser Teil des Kerngebiets nicht vorwiegend der Unterbringung von Handelsbetrieben sowie der zentralen Einrichtungen der Wirtschaft, der Verwaltung und der Kultur dient.“

2.3.3 Gewerbegebiete 17

▶ *Vgl. Teil V Rn. 136 ff.*

Bei der **bauplanungsrechtlichen Qualifizierung von Gewerbeflächen** gehört zu den wichtigsten Unterscheidungsmerkmalen die **Unterscheidung zwischen** 18

a) **Gewerbegebieten** i.S. des § 8 BauNVO (GE) und

b) **Industriegebieten** i.S. des § 9 BauNVO (GI).

Die genannten Gebietstypen lassen **aus wirtschaftlicher Sicht recht unterschiedliche Nutzungen**, jedoch teilweise auch überschneidende Nutzungsmöglichkeiten zu. Dies reicht oftmals vom Schrottplatz bis zu einer hochwertigen Büronutzung (Abb. 3). 19

Abb. 3: Gewerbliche und industrielle Nutzung GE/GI nach BauNVO

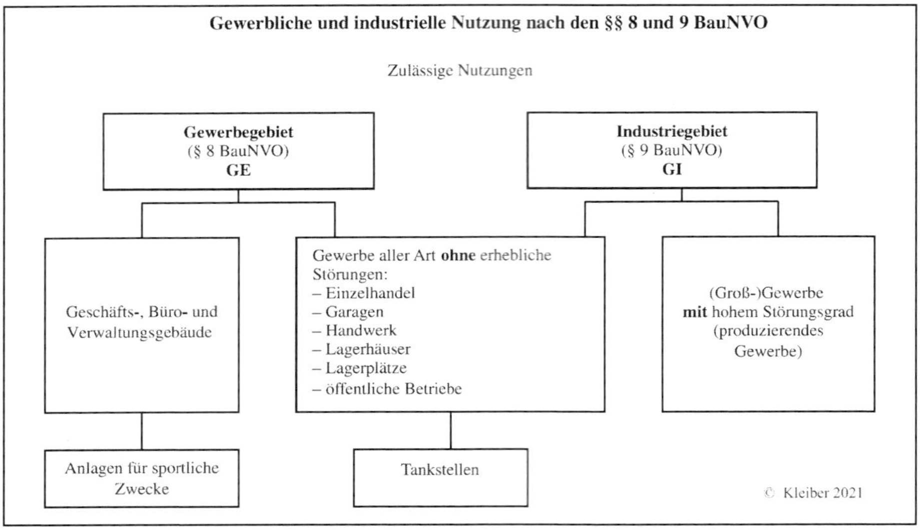

„**§ 8 BauNVO** Gewerbegebiete

(1) Gewerbegebiete dienen vorwiegend der Unterbringung von nicht erheblich belästigenden Gewerbebetrieben.

(2) Zulässig sind

1. Gewerbebetriebe aller Art, Lagerhäuser, Lagerplätze und öffentliche Betriebe,
2. Geschäfts-, Büro- und Verwaltungsgebäude,
3. Tankstellen,
4. Anlagen für sportliche Zwecke.

(3) Ausnahmsweise können zugelassen werden

1. Wohnungen für Aufsichts- und Bereitschaftspersonen sowie für Betriebsinhaber und Betriebsleiter, die dem Gewerbebetrieb zugeordnet und ihm gegenüber in Grundfläche und Baumasse untergeordnet sind,
2. Anlagen für kirchliche, kulturelle, soziale und gesundheitliche Zwecke,
3. Vergnügungsstätten.

§ 9 BauNVO Industriegebiete

(1) Industriegebiete dienen ausschließlich der Unterbringung von Gewerbebetrieben, und zwar vorwiegend solcher Betriebe, die in anderen Baugebieten unzulässig sind.

(2) Zulässig sind

1. Gewerbebetriebe aller Art, Lagerhäuser, Lagerplätze und öffentliche Betriebe,
2. Tankstellen.

(3) Ausnahmsweise können zugelassen werden

1. Wohnungen für Aufsichts- und Bereitschaftspersonen sowie für Betriebsinhaber und Betriebsleiter, die dem Gewerbebetrieb zugeordnet und ihm gegenüber in Grundfläche und Baumasse untergeordnet sind,
2. Anlagen für kirchliche, kulturelle, soziale, gesundheitliche und sportliche Zwecke.“

20 Für die allgemeinen und besonderen Wohngebiete nach § 4 f. BauNVO, Dorfgebiete nach § 5 BauNVO, Mischgebiete nach § 6 BauNVO und Urbane Gebiete nach § 6a BauNVO sowie die Kern-, Gewerbe- und Industriegebiete nach den §§ 7 bis 9 BauNVO können auch die **Art der**

Betriebe und Anlagen und deren besondere Bedürfnisse und Eigenschaften im Bebauungsplan festgesetzt werden.

21 Die bauplanungsrechtliche **Unterscheidung zwischen GE- und GI-Gebieten** i.S. der §§ 8 und 9 BauNVO **führt häufig bereits zu Wertunterschieden von 100 %,** d.h., Industriegebiete weisen dann den hälftigen Wert von sonstigen Gewerbegebieten auf. Allein die Unterscheidung nach GE und GI beschreibt die im Einzelfall maßgeblichen Wertverhältnisse gleichwohl nur unzureichend, denn Gewerbebetriebe ohne erhebliche Störungen sind sowohl im GE- als auch im GI-Gebiet zulässig.

22 In den GE-Gebieten sind darüber hinaus hochwertige Büronutzungen zulässig, sodass GE-Gebiete infolgedessen ebenfalls – je nach Nutzung – große Wertunterschiede aufweisen können. Das **geringste Bodenwertniveau weisen die mit hohem Störungsgrad** zumeist **produktiv genutzten GI-Gebiete** auf.

23 **Gewerbebetriebe** sind insgesamt zulässig in

- Besonderen Wohngebieten,
- Mischgebieten,
- Gewerbegebieten und
- Industriegebieten.

24 **Nicht störende Gewerbebetriebe** sind des Weiteren zulässig in

- Kerngebieten, *ausnahmsweise* in Kleinsiedlungsgebieten,
- im Allgemeinen Wohngebiet.

25 **Nicht störende Handwerksbetriebe** sind zulässig im

- Kleinsiedlungsgebiet,
- Allgemeinen Wohngebiet, *ausnahmsweise* im Reinen Wohngebiet.

26 **Geschäfts-, Büro- und Verwaltungsgebäude** sind zulässig in

- Besonderen Wohngebieten,
- Mischgebieten,
- Kerngebieten und
- Gewerbegebieten.

27 **Tankstellen**[11] sind zulässig in

- Gewerbegebieten,
- Industriegebieten,
- Dorfgebieten, *ausnahmsweise*
  - in Kleinsiedlungsgebieten,
  - im Allgemeinen Wohngebiet,
  - im Besonderen Wohngebiet,
  - im Kerngebiet, ansonsten im Zusammenhang mit Parkhäusern und Garagen.

28 Unter die in GE-Gebieten zulässigen „Gewerbebetriebe aller Art" fallen im Übrigen auch **Einzelhandelsbetriebe**. Dagegen sind großflächige Einzelhandelsbetriebe mit mehr als 1 500 m² Geschossfläche in einem GI-Gebiet unzulässig[12].

29 Bei Heranziehung von Bodenrichtwerten und von Vergleichspreisen müssen Unterschiede in der gewerblichen Nutzung berücksichtigt werden, weil die **Wertunterschiede zwischen den**

11 GuG 1995, 301 = Kleiber/Söfker, Vermögensrecht (a.a.O.), II 7.3.11.
12 BVerwG, Urt. vom 03.02.1984 – 4 C 54/80 –, BVerwGE 68, 343 = EzGuG 4.98a.

genannten Lagen recht hoch ausfallen können. Entsprechend den jeweiligen Nutzungsanteilen sind die Abweichungen im Wege der Interpolation berücksichtigungsfähig.

30 In der Verkehrswertermittlung werden **Gewerbeflächen** unter Berücksichtigung der Situationsgebundenheit, der allgemeinen Verkehrsauffassung und der lagetypischen Nutzung **wie folgt unterschieden**:

- *„klassische" Gewerbeflächen* für das produzierende Gewerbe, Großhandel, Lagerplätze, Speditionen, die zumeist ebenerdig bebaut sind und größere Freiflächen aufweisen (Büroflächenanteil i.d.R. < 30 %); die Verkehrswerte weisen in diesen Gebieten zumeist eine geringe „Empfindlichkeit" gegenüber einem unterschiedlichen Maß der baulichen Nutzbarkeit von i.d.R. (GFZ) 0,4 bis 1,0 auf;
- *„verdichtetes klassisches Gewerbe"* in zumeist mehrgeschossig bebauten älteren und nicht selten mit „Wohnen" durchmischten Baugebieten;
- *„Büro- und Geschäftslage"* mit i.d.R. mehrgeschossiger Bebaubarkeit (typische GFZ von 2,0); die Verkehrswerte weisen in diesen Gebieten häufig eine lineare Empfindlichkeit gegenüber der Geschossfläche (GF) auf;
- *„Shopping-Center"* in zumeist peripher gelegener Lage, zumeist autogerecht mit einem breiten Parkangebot und mit sehr geringer baulicher Ausnutzung (GFZ 0,2 bis 0,6) ausgelegt, insbesondere für Gartencenter, Autohändler und den sog. *(Fast)* „*Food*-Bereich";
- *„Läden",* wobei zwischen „klassischen" Zentrumslagen und Einkaufszentren unterschieden wird.

2.3.4 Sondergebiete

31 Flächen, die in der Bauleitplanung als **Sonderbaufläche oder Sondergebiet** ausgewiesen sind, können entsprechend der Konkretisierung ihrer Nutzung erhebliche Wertunterschiede aufweisen. Dies ist darin begründet, dass das Spektrum der unter den Begriff des Sondergebiets fallenden Nutzungen durch die §§ 10 und 11 BauNVO sehr breit angelegt ist, angefangen bei den der Erholung dienenden Sondergebieten des § 10 BauNVO (Wochenendhausgebiete, Ferienhausgebiete und Campingplatzgebiete) über Fremdenverkehrsgebiete bis hin zu hochwertigen Ladengebieten und Einkaufszentren (sonstige Sondergebiete). Bei der **Qualifizierung von Sonderbauflächen**, sei es im Rahmen der Auswahl von Vergleichspreisen oder sei es bei der Qualifizierung des zu wertenden Grundstücks, muss zunächst unbedingt beachtet werden, dass es sich bei den Sondergebieten um privatwirtschaftlich nutzbare Flächen oder aufgrund eines entsprechenden Zusatzes um Gemeinbedarfsflächen handeln kann, die jedwedem privaten Gewinnstreben entzogen sind, ohne dass es dabei erforderlich ist, dass das SO-Gebiet einer „öffentlichen" Zweckbindung etwa i.S. des § 37 Abs. 1 BauGB dient.

„**§ 10 BauNVO** Sondergebiete, die der Erholung dienen

(1) Als Sondergebiete, die der Erholung dienen, kommen insbesondere in Betracht

- Wochenendhausgebiete,
- Ferienhausgebiete,
- Campingplatzgebiete.

(2) Für Sondergebiete, die der Erholung dienen, sind die Zweckbestimmung und die Art der Nutzung darzustellen und festzusetzen. Im Bebauungsplan kann festgesetzt werden, dass bestimmte, der Eigenart des Gebiets entsprechende Anlagen und Einrichtungen zur Versorgung des Gebiets und für sportliche Zwecke allgemein zulässig sind oder ausnahmsweise zugelassen werden können.

(3) In Wochenendhausgebieten sind Wochenendhäuser als Einzelhäuser zulässig. Im Bebauungsplan kann festgesetzt werden, dass Wochenendhäuser nur als Hausgruppen zulässig sind oder ausnahmsweise als Hausgruppen zugelassen werden können. Die zulässige Grundfläche der Wochenendhäuser ist im Bebauungsplan, begrenzt nach der besonderen Eigenart des Gebiets, unter Berücksichtigung der landschaftlichen Gegebenheiten festzusetzen.

(4) In Ferienhausgebieten sind Ferienhäuser zulässig, die aufgrund ihrer Lage, Größe, Ausstattung, Erschließung und Versorgung für den Erholungsaufenthalt geeignet und dazu bestimmt sind, überwiegend und auf Dauer einem wechselnden Personenkreis zur Erholung zu dienen. Im Bebauungsplan kann die Grundfläche der Ferienhäuser, begrenzt nach der besonderen Eigenart des Gebiets, unter Berücksichtigung der landschaftlichen Gegebenheiten festgesetzt werden.

(5) In Campingplatzgebieten sind Campingplätze und Zeltplätze zulässig."

Nach § 10 BauNVO 1968 waren in Wochenendhausgebieten ausschließlich Wochenendhäuser als Einzelhäuser zulässig. Bei einem **Wochenendhaus** handelt es sich nicht um eine „Dauer-Wohnstätte", mag sie auch zum dauernden Wohnen geeignet sein[13]. Das Bewohnen eines Wochenendhauses auf Dauer stellt daher eine baugebietswidrige Nutzung dar[14]. Ein „**Ferienhaus**" und das „Ferienhausgebiet" wurden erst durch BauNVO 1977 eingeführt (vgl. Teil V Rn. 23). 32

„**§ 11 BauNVO** Sonstige Sondergebiete

(1) Als sonstige Sondergebiete sind solche Gebiete darzustellen und festzusetzen, die sich von den Baugebieten nach den §§ 2 bis 10 wesentlich unterscheiden.

(2) Für sonstige Sondergebiete sind die Zweckbestimmung und die Art der Nutzung darzustellen und festzusetzen. Als sonstige Sondergebiete kommen insbesondere in Betracht

- Gebiete für den Fremdenverkehr, wie Kurgebiete und Gebiete für die Fremdenbeherbergung, auch mit einer Mischung von Fremdenbeherbergung oder Ferienwohnen einerseits sowie Dauerwohnen andererseits, Ladengebiete,
- Gebiete für Einkaufszentren und großflächige Handelsbetriebe,
- Gebiete für Messen, Ausstellungen und Kongresse,
- Hochschulgebiete,
- Klinikgebiete,
- Hafengebiete,
- Gebiete für Anlagen, die der Erforschung, Entwicklung oder Nutzung erneuerbarer Energien, wie Wind- und Sonnenenergie, dienen.

(3)

1. Einkaufszentren,
2. großflächige Einzelhandelsbetriebe, die sich nach Art, Lage oder Umfang auf die Verwirklichung der Ziele der Raumordnung und Landesplanung oder auf die städtebauliche Entwicklung und Ordnung nicht nur unwesentlich auswirken können,
3. sonstige großflächige Handelsbetriebe, die im Hinblick auf den Verkauf an letzte Verbraucher und auf die Auswirkungen den in Nummer 2 bezeichneten Einzelhandelsbetrieben vergleichbar sind,

sind außer in Kerngebieten nur in für sie festgesetzten Sondergebieten zulässig. Auswirkungen im Sinne des Satzes 1 Nummer 2 und 3 sind insbesondere schädliche Umwelteinwirkungen im Sinne des § 3 des Bundes-Immissionsschutzgesetzes sowie Auswirkungen auf die infrastrukturelle Ausstattung, auf den Verkehr, auf die Versorgung der Bevölkerung im Einzugsbereich der in Satz 1 bezeichneten Betriebe, auf die Entwicklung zentraler Versorgungsbereiche in der Gemeinde oder in anderen Gemeinden, auf das Orts- und Landschaftsbild und auf den Naturhaushalt. Auswirkungen im Sinne des Satzes 2 sind bei Betrieben nach Satz 1 Nummer 2 und 3 in der Regel anzunehmen, wenn die Geschossfläche 1 200 m² überschreitet. Die Regel des Satzes 3 gilt nicht, wenn Anhaltspunkte dafür bestehen, dass Auswirkungen bereits bei weniger als 1 200 m² Geschossfläche vorliegen oder bei mehr als 1 200 m² Geschossfläche nicht vorliegen; dabei sind in Bezug auf die in Satz 2 bezeichneten Auswirkungen insbesondere die Gliederung und Größe der Gemeinde und ihrer Ortsteile, die Sicherung der verbrauchernahen Versorgung der Bevölkerung und das Warenangebot des Betriebs zu berücksichtigen."

---

13 Vgl. BGH, Urt. vom 10.04.1986 – III ZR 209/84 –, BRS Bd 46 Nr. 41 = EzGuG 3.69f; BVerwG, Urt. vom 27.03.1974 – 8 C 21/73 –, DÖV 1975, 537 = EzGuG 3.43a.

14 Förster BauNVO, 2. Aufl. § 10 Anm. 2; Franzen BauNVO, § 10 Anm. I, 1; Müller/Neuffer, BauNVO, 3. Aufl. Anm. zu § 10; Fickert/Fieseler, BauNVO, 3. Aufl. Rn. 121; Gelzer, Bauplanungsrecht, 2. Aufl. Rn. 572.

33 Für **Sondergebiete** kann neben der Art der baulichen Nutzung auch die **Zweckbestimmung**[15] **im Flächennutzungsplan dargestellt und im Bebauungsplan festgesetzt** werden (vgl. § 10 Abs. 2 Satz 1 und § 11 Abs. 2 Satz 1 BauNVO).

34 Dementsprechend beantwortet sich die Frage, ob **ein Sondergebiet als Gemeinbedarfsfläche** einzustufen ist, in erster Linie nach den Festsetzungen des Bebauungsplans. § 11 BauNVO stellt hierfür lediglich die Rahmenvorschrift dar und ermächtigt den Planungsträger, „die Zweckbindung und die Art der Nutzung" darzustellen und festzusetzen (vgl. § 10 Abs. 2 Satz 1 BauNVO, der insoweit wörtlich mit § 11 Abs. 2 Satz 1 BauNVO übereinstimmt). Auf dieser Grundlage kann die Festsetzung mit der gleichzeitigen Festsetzung von Flächen für den Gemeinbedarf verbunden werden[16]. Im Falle einer Festsetzung des Sondergebiets für Gemeinbedarfszwecke (z.B. **Kaserne**) sind die im Teil V unter Rn. 604 ff. dargelegten Bewertungsgrundsätze maßgebend. Auf die tatsächliche Nutzung kommt es in diesem Fall nur noch in Bezug auf den Bestandsschutz und etwaige Planungsschadensansprüche an.

2.4 Maß der baulichen Nutzung (Rechtliche Grundlagen)

2.4.1 Übersicht

▶ *Zur Berücksichtigung des Maßes der baulichen Nutzung bei der Ver-kehrs-wertermittlung vgl. Syst. Darst. des Vergleichswertverfahrens Rn. 218 ff.; § 40 ImmoWertV Rn. 185*

35 Im **Flächennutzungsplan wird** nach § 5 Abs. 1 BauGB die Art der Bodennutzung und insbesondere **die allgemeine Art der baulichen Nutzung** *(Bauflächen)* dargestellt.

Zur Darstellung des „**allgemeinen Maßes der baulichen Nutzung" im Flächennutzungsplan** genügt nach Maßgabe des § 16 Abs. 1 BauNVO die Angabe

1. der Geschossflächenzahl (vgl. Rn. 39),
2. der Baumassenzahl (vgl. Rn. 54) oder
3. der Höhe der baulichen Anlagen (vgl. Rn. 60).

36 **Im Bebauungsplan kann** unter Beachtung der Orientierungswerte für Obergrenzen des **§ 17 BauNVO** (vgl. Rn. 41) **das Maß der baulichen Nutzung bestimmt werden** durch Festsetzung der

a) **Grundflächenzahl** (GRZ) *oder* der Größe der Grundflächen der baulichen Anlagen (GR); vgl. Rn. 37,

b) **Geschossflächenzahl** (GFZ) *oder* der Größe der Geschossflächen (GF) der baulichen Anlagen, vgl. Rn. 39,

c) **Baumassenzahl** (BMZ) *oder* die Baumasse (BM), vgl. Rn. 54,

d) **Zahl der Vollgeschosse** (Z); vgl. Rn. 57,

e) **Höhe der baulichen Anlagen**, vgl. Rn. 60.

Bei Festsetzungen des Maßes der baulichen Nutzung im Bebauungsplan ist gemäß § 16 Abs. 3 BauNVO festzusetzen:

1. stets die Grundflächenzahl oder die Größe der Grundflächen der baulichen Anlagen,
2. die Zahl der Vollgeschosse oder die Höhe baulicher Anlagen, wenn ohne ihre Festsetzung öffentliche Belange, insbesondere das Orts- und Landschaftsbild, beeinträchtigt werden können.

---

15 BVerwG, Urt. vom 28.05.2009 – 4 CN 2/08 –, BVerwGE 134, 117 = EzGuG 3.69f.

16 Zur erforderlichen Bestimmtheit vgl. Fickert/Fieseler, BauNVO, 12. Aufl. Köln 2014 § 11 Rn. 8.

2.4.2 Grundflächenzahl (GRZ)

▶ *Zu dem in § 9 Abs. 3 BauNVO gebrauchten Begriff des Baulandes vgl. § 3 ImmoWertV Rn. 189.*

Die Grundflächenzahl (GRZ) gibt an, wie viel Quadratmeter „Grundfläche" der baulichen Anlagen je Quadratmeter „Grundstücksfläche" zulässig sind. Auch die **Größe der Grundflächen der baulichen Anlagen** (GR) kann festgesetzt werden. § 19 BauNVO definiert die Grundflächenzahl und die Grundfläche wie folgt: 37

„**§ 19 BauNVO** Grundflächenzahl, zulässige Grundfläche

(1) Die Grundflächenzahl gibt an, wieviel Quadratmeter Grundfläche je Quadratmeter Grundstücksfläche im Sinne des Absatzes 3 zulässig sind.

(2) Zulässige Grundfläche ist der nach Absatz 1 errechnete Anteil des Baugrundstücks, der von baulichen Anlagen überdeckt werden darf.

(3) Für die Ermittlung der zulässigen Grundfläche ist die Fläche des Baugrundstücks maßgebend, die im Bauland und hinter der im Bebauungsplan festgesetzten Straßenbegrenzungslinie liegt. Ist eine Straßenbegrenzungslinie nicht festgesetzt, so ist die Fläche des Baugrundstücks maßgebend, die hinter der tatsächlichen Straßengrenze liegt oder die im Bebauungsplan als maßgebend für die Ermittlung der zulässigen Grundfläche festgesetzt ist.

(4) Bei der Ermittlung der Grundfläche sind die Grundflächen von

1. Garagen und Stellplätzen mit ihren Zufahrten,
2. Nebenanlagen im Sinne des § 14,
3. baulichen Anlagen unterhalb der Geländeoberfläche, durch die das Baugrundstück lediglich unterbaut wird,

mitzurechnen. Die zulässige Grundfläche darf durch die Grundflächen der in Satz 1 bezeichneten Anlagen bis zu 50 vom Hundert überschritten werden, höchstens jedoch bis zu einer Grundflächenzahl von 0,8; weitere Überschreitungen in geringfügigem Ausmaß können zugelassen werden. Im Bebauungsplan können von Satz 2 abweichende Bestimmungen getroffen werden. Soweit der Bebauungsplan nichts anderes festsetzt, kann im Einzelfall von der Einhaltung der sich aus Satz 2 ergebenden Grenzen abgesehen werden

1. bei Überschreitungen mit geringfügigen Auswirkungen auf die natürlichen Funktionen des Bodens oder
2. wenn die Einhaltung der Grenzen zu einer wesentlichen Erschwerung der zweckentsprechenden Grundstücksnutzung führen würde."

Die zulässige **Grundfläche i.S. des § 19 Abs. 2 BauNVO** ist mithin die Baugrundstücksfläche im Bauland hinter der Straßenbegrenzungslinie, die von baulichen Anlagen überdeckt werden darf. **Für die Ermittlung der zulässigen Grundfläche ist nach** § 19 Abs. 3 Satz 1 BauNVO i.V.m. § 20 Abs. 2 BauNVO **die Fläche des Baugrundstücks maßgebend**, „die im Bauland und hinter der im Bebauungsplan festgesetzten Straßenbegrenzungslinie" liegt[17]; zum Bauland gehören im Allgemeinen auch die nicht überbaubaren Grundstücksflächen i.S. des § 9 Abs. 1 Nr. 2 BauGB und des § 23 BauNVO selbst dann, wenn der Bebauungsplan für diese Flächen zusätzliche Festsetzungen wie Pflanzgebote trifft.

Das Baugrundstück ist von dem grundbuchrechtlichen Grundstücksbegriff und ggf. auch von dem fiktiven Grundstück zu unterscheiden, das Gegenstand der Wertermittlung ist. Hieraus folgt, dass der Sachverständige ggf. in seinem Gutachten das Grundstück im baurechtlichen Sinne nach Bauland und Nichtbauland sondieren muss.

---

17 VGH Mannheim, Urt. vom 04.07.2003 – 8 S 1251/03 –, GuG 2004, 248 = EzGuG 4.186b; OVG Bautzen, Beschl. vom 17.11.1998 – 1 S 669/98 –, BRS Bd. 60 Nr. 167 = EzGuG 3.125c; OVG Lüneburg, Beschl. vom 17.01.1986 – 9 B 37/85 –, ZfBR 1986, 184 = EzGuG 4.107.

Abb. 4: Anrechenbare Baugrundstücksfläche (GRZ)

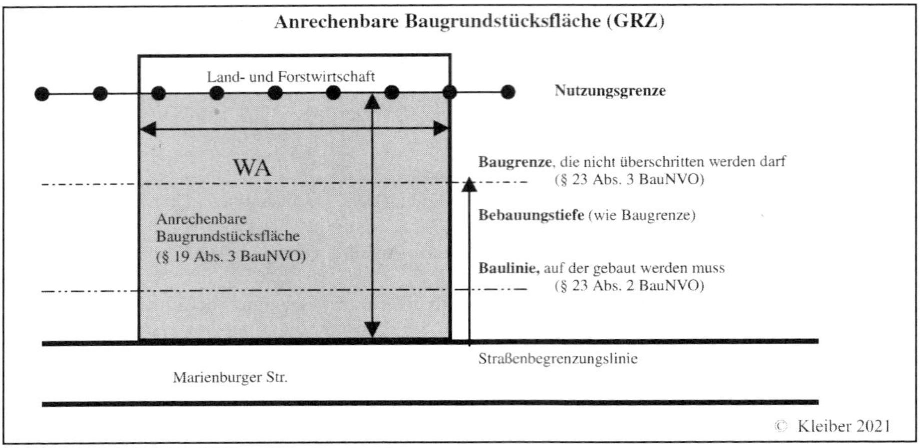

38 Die sich **aus der festgesetzten GRZ ergebende bauplanungsrechtlich zulässige Nutzbarkeit bezieht sich auf sämtliche bauliche Anlagen** und nicht nur auf Gebäude. Daraus folgt, dass zunächst auch die Grundflächen von

- Garagen und Stellplätzen mit ihren Zufahrten,
- Nebenanlagen i.S. des § 14 BauNVO (vgl. Rn. 43) und
- baulichen Anlagen unterhalb der Geländeoberfläche

mitzurechnen sind (§ 19 Abs. 4 Satz 1 BauNVO). Die zulässige GRZ kann diesbezüglich jedoch nach Maßgabe des § 19 Abs. 4 Satz 2 bis 4 BauNVO überschritten werden:

Abb. 5: Grundfläche

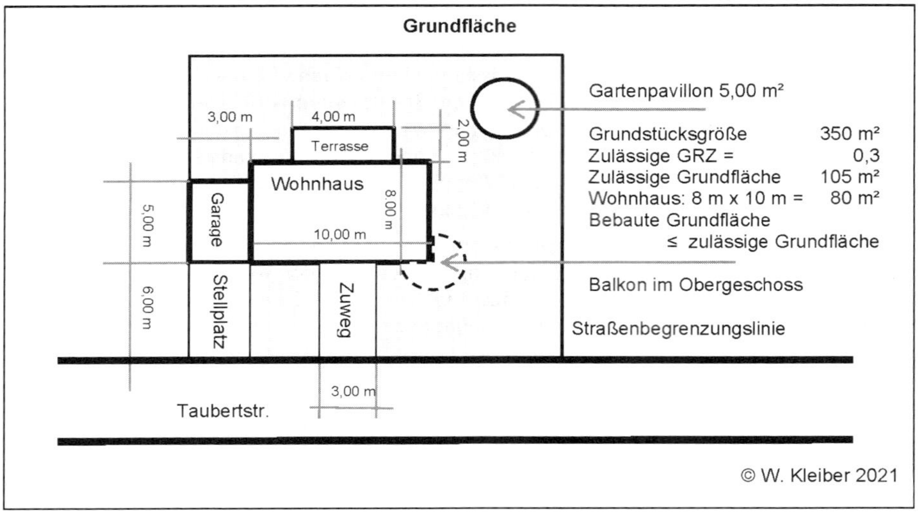

Unter Berücksichtigung der nach § 19 Abs. 4 BauNVO anzurechnenden Flächen ergibt sich:

Wohnhaus	8,00 m x 10,00 m =	80 m²
Garage	3,00 m x 5,00 m =	15 m²
Stellplatz	3,00 m x 6,00 m =	18 m²
Terrasse	4,00 m x 2,00 m =	8 m²
Zuweg	3,00 m x 6,00 m =	18 m²
Gartenpavillon	=	5 m²
zusammen		144 m²

Nach § 19 Abs. 4 Satz 2 BauNVO darf die zulässige Grundfläche durch die Grundflächen der in Satz 1 bezeichneten Anlagen bis zu 50 vom Hundert überschritten werden, höchstens jedoch bis zu einer Grundflächenzahl von 0,8. Hieraus folgt für das vorstehende *Beispiel*:

Die zulässige Grundfläche wurde ermittelt mit	105 m²
Bei Überschreitung um 50 %:	x 1,5 = 157,5 m²

Die GRZ ist für die **Preisbildung von Grundstücken in den Innenstädten** von vielfach unterschätzter Bedeutung. Die hohen Mieterträge, die ebenerdig in einer Einzelhandelslage erzielt werden, machen nämlich ein Vielfaches von dem aus, was im Verhältnis zur GFZ in den oberen Stockwerken erzielbar ist[18].

2.4.3 Geschossflächenzahl (GFZ)

2.4.3.1 Definition

▶ *Vgl. Rn. 93 ff., 107; § 8 ImmoWertV Rn. 34, 428; § 15 ImmoWertV Rn. 53; zur sog. WGFZ vgl. § 16 ImmoWertV Rn. 25, 32 ff.; § 43 ImmoWertV Rn. 83 ff.; zum Dachgeschossausbau vgl. § 5 ImmoWertV Rn. 53; Syst. Darst. des Vergleichswertverfahrens Rn. 43 ff.*

Die Geschossflächenzahl (GFZ) ist in § 20 Abs. 2 BauNVO definiert und **gibt an, wie viele Quadratmeter Geschossfläche** (GF) **je Quadratmeter „Grundstücksfläche"** (i.S. des § 19 BauNVO) **zulässig sind**. **39**

Die **Geschossfläche (GF)** ist eine städtebaurechtlich definierte Flächeneinheit. Sie definiert sich nach § 20 Abs. 3 BauNVO als die Fläche der nach Außenmaßen des Gebäudes ermittelten Grundrissebenen aller Vollgeschosse i.S. der Landesbauordnung.

Eine GFZ von 2,0 besagt also, dass auf der betreffenden Grundstücksfläche – verteilt auf alle Vollgeschosse – doppelt so viel Fläche realisiert werden darf, wie das gesamte Baugrundstück groß ist (Abb. 6).

18 Eine geringe GRZ für Wohngegenden führt nach Untersuchungen der kanadischen University of British Columbia zur Fettleibigkeit der Bevölkerung.

Abb. 6: Berechnungsbeispiel für die Grundflächenzahl (GRZ) und die Geschossflächenzahl (GFZ)

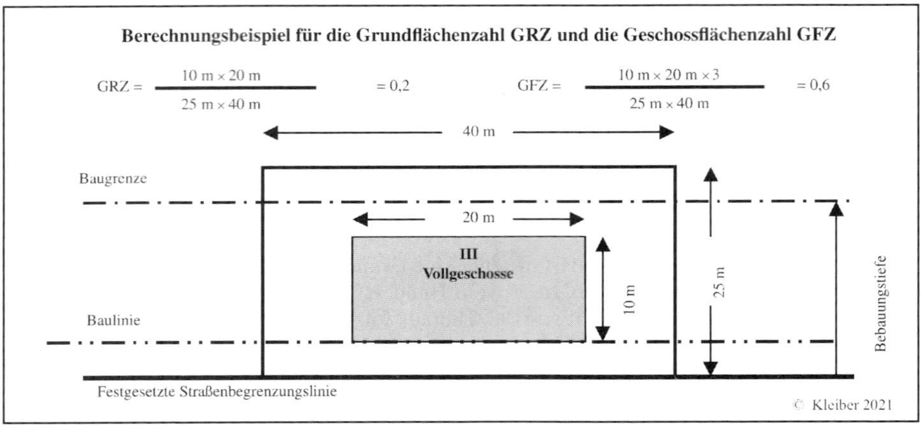

Der GFZ entspricht im angelsächsischen Sprachraum die sog. *„plot ratio“*, die das Verhältnis zwischen der *Gross External Area* (GEA), die sich aus den Flächen aller Grundrissebenen gemessen nach Außenmaßen ergibt, und der Grundstücksgröße *(site area)* definiert.

40 Die **bauplanungsrechtlich zulässige GFZ** eines Grundstücks **bestimmt sich**

1. im *beplanten Innenbereich* **nach den Fest-setzungen des Bebauungsplans und**
2. im *unbeplanten Innenbereich* gemäß § 34 BauGB nach der GFZ, die sich unter Berücksichtigung der Grundstücksfläche, die überbaut werden soll, in die Eigenart der näheren Umgebung einfügt (vgl. Rn. 63).

Von der planungsrechtlich zulässigen GFZ nach § 5 Abs. 1 Satz 1 ImmoWertV ist nach der Systematik der ImmoWertV zu unterscheiden

1. die **lagetypische GFZ nach § 5 Abs. 1 Satz 2 ImmoWertV**, die in einem Teilgebiet (z.B. Bodenrichtwertzone) abweichend von der planungsrechtlich zulässigen GFZ für das Marktge-schehen wertrelevant ist (vgl. Rn. 58 ff.) und dann anstelle der planungsrechtlich zulässigen GFZ maßgebend ist und
2. die auf einem Grundstück abweichend von der nach § 5 Abs. 1 ImmoWertV maßgeblichen GFZ auf dem Wertermittlungsobjekt atypischerweise tatsächlich realisiert wurde und nach Maßgabe des § 40 Abs. 5 Nr. 1 ImmoWertV zu berücksichtigen ist (**objektspezifisch realisierte GFZ**, als Grundlage des nutzungsabhängigen Bodenwerts, vgl. Rn. 70; § 16 ImmoWertV Rn. 31; § 40 ImmoWertV Rn. 185 ff.)

Abb. 7: Unterschiedliche Geschossflächenzahlen nach der Systematik der ImmoWertV

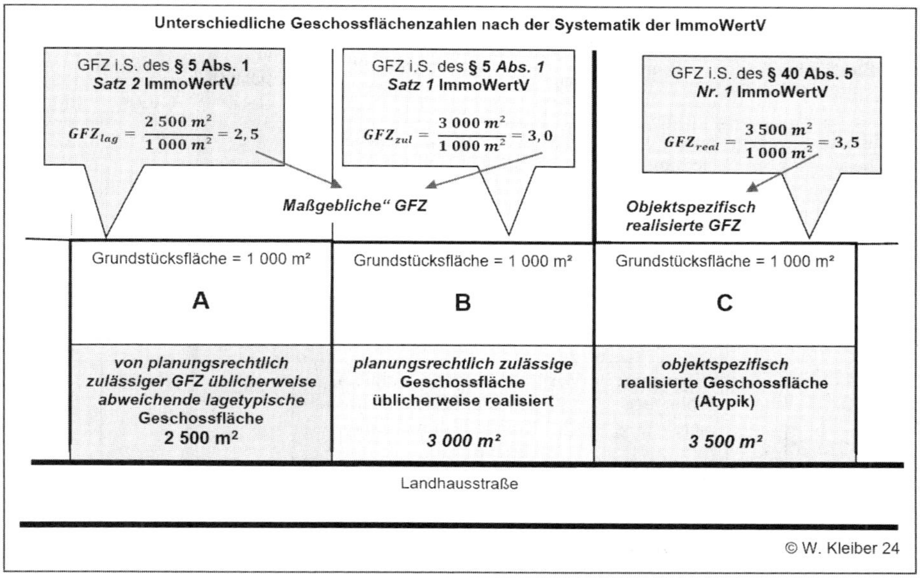

2.4.3.2 Obergrenzen

Für die Bestimmung des Maßes der baulichen Nutzung gelten nach § 17 BauNVO die in Abb. 8 aufgeführten **Orientierungswerte für Obergrenzen.** Die Obergrenzen sind auch einzuhalten, wenn eine Geschossflächenzahl oder eine Baumassenzahl nicht dargestellt oder festgesetzt wird. 41

Die in Abb. 8 aufgeführten **Orientierungswerte** sollen nach § 17 Abs. 2 BauNVO überschritten werden können, wenn die Überschreitung durch Umstände ausgeglichen ist oder durch Maßnahmen ausgeglichen wird, durch die sichergestellt ist, dass die allgemeinen Anforderungen an gesunde Wohn- und Arbeitsverhältnisse nicht beeinträchtigt werden und nachteiligen Auswirkungen auf die Umwelt vermieden werden.

Dies gilt nicht für **Wochenendhaus- und Ferienhausgebiete** (vgl. Teil V Rn. 23 ff.).

Abb. 8: Orientierungsgrenzen für die Bestimmung des Maßes der baulichen Nutzung

Art der baulichen Nutzung					**Maß der baulichen Nutzung**		
Bauflächen		**Baugebiete**		**Charakteristik**	**Obergrenzen**		
					GRZ*	**GFZ***	**BMZ***
Wohnbauflächen	**W**	Kleinsiedlungsgebiete	**WS**	vorwiegend Kleinsiedlungen, landwirtschaftliche Nebenerwerbsstellen und Gartenbaubetriebe	0,2	0,4	–
		Reine Wohngebiete	**WR**	Wohngebäude, ausnahmsweise: unter anderem Läden, nicht störende Betriebe	0,4	1,2	–
		Allgemeine Wohngebiete	**WA**	vorwiegend Wohngebäude: Läden, nicht störende Handwerksbetriebe	0,4	1,2	–
		Ferienhausgebiete			0,4	1,2	–
		Besondere Wohngebiete	**WB**	vorwiegend zum Wohnen: auch mit Wohnnutzung vereinbare Gewerbebetriebe	0,6	1,6	–
Gemischte Bauflächen	**M**	Dorfgebiete	**MD**	Wirtschaftsstellen der Land- und Forstwirtschaft, nicht störende Betriebe, Wohnen	0,6	1,2	–
		Mischgebiete	**MI**	Wohnen und gewerbliche Betriebe, die das Wohnen nicht wesentlich stören	0,6	1,2	–
		Dörfliche Wohngebiete	**MDW**	Wohnen und nicht wesentlich störende gewerbliche Betriebe; gleichgewichtige Nutzungsmischung	0,6	1,2	
		Urbane Gebiete	**MU**	Wohnen, gewerbliche Betriebe und andere Einrichtungen, die das Wohnen nicht wesentlich stören; Nutzungsmischung muss nicht gleichgewichtig sein.	0,8	3,0	–
		Kerngebiete	**MK**	vorwiegend Handelsbetriebe, zentrale Einrichtungen der Wirtschaft, der Verwaltung	1,0	3,0	–

Art der baulichen Nutzung					Maß der baulichen Nutzung		
Gewerbliche Bauflächen	**G**	Gewerbegebiete	**GE**	vorwiegend nicht erheblich belästigende Gewerbebetriebe	0,8	2,4	10,0
		Industriegebiete	**GI**	ausschließlich Gewerbebetriebe: vorwiegend solche, die in anderen Baugebieten unzulässig sind	0,8	2,4	10,0
Sonderbauflächen	**S**	Sonstige Sondergebiete	**SO**	Insbesondere Kurgebiete, Ladengebiete, Gebiete für Einkaufszentren und großflächige Handelsbetriebe, Gebiete für Messen, Ausstellungen und Kongresse, Hochschulgebiete, Klinikgebiete, Hafengebiete	0,8	2,4	10,0
		Wochenendhausgebiete			0,2	0,2	
							© W. Kleiber 2021

* Erläuterung: GRZ = Grundflächenzahl; GFZ = Geschossflächenzahl; BMZ = Baumassenzahl

In **Gebieten, die am 1. August 1962 überwiegend bebaut waren,** können die in Abb. 8 aufgeführten Obergrenzen nach Maßgabe des § 17 Abs. 3 BauNVO überschritten werden, wenn städtebauliche Gründe dies erfordern und sonstige öffentliche Belange nicht entgegenstehen. Nach § 26a BauNVO richtet sich die Regelung für die Überschreitung von Obergrenzen im Bestand in den der Bundesrepublik Deutschland beigetretenen Gebieten nach den am 01.07.1990 bestehenden Verhältnissen. **42**

2.4.3.3 Unterschiedliche GFZ nach jeweils geltender Fassung der BauNVO

Nach der derzeit geltenden Fassung der BauNVO kann im Bebauungsplan festgesetzt werden, dass die Flächen von *Aufenthaltsräumen in anderen Geschossen* einschließlich der zu ihnen gehörenden Treppenräume und einschließlich ihrer Umfassungswände ganz oder teilweise mitzurechnen oder ausnahmsweise nicht mitzurechnen sind. Diese Ausnahmeregelung war materiellen Änderungen unterworfen: **43**

- Nach § 20 Abs. 2 Satz 2 **BauNVO 1962** sind bei der Ermittlung der Geschossfläche die Flächen der im Dachraum oder in Kellergeschossen *zugelassenen* Aufenthaltsräume einschließlich der zu ihnen führenden Treppenräume und einschließlich ihrer Umfassungswände mitzurechnen.
- Nach§ 20 Abs. 2 Satz 2 **BauNVO 68/77** sind dagegen die Flächen von Aufenthaltsräumen in Nichtvollgeschossen einschließlich der zu ihnen führenden Treppenräume und einschließlich ihrer Umfassungswände grundsätzlich mitzurechnen.
- Nach § 20 Abs. 3 Satz 2 **BauNVO 90 und nachfolgenden Fassungen der BauNVO** kann im Wege einer Ausnahmeregelung nach § 31 Abs. 1 BauGB im Bebauungsplan festgesetzt werden, dass die „Flächen von Aufenthaltsräumen in anderen Geschossen einschließlich der zu ihnen führenden Treppenräume und einschließlich ihrer Umfassungswände mitzurechnen" sind.

Abb. 9: Abweichende Geschossflächenzahlen (GFZ) nach den BauNVO 1962/77

Geschossflächenzahl und Geschossfläche		
BauNVO 1962* **§ 20 Abs. 1 und 2**	BauNVO 1977 BauNVO 1968 **§ 20 Abs. 1 und 2**	BauNVO 1990** BauNVO 2013/2017 **§ 20 Abs. 2 und 3**
(1) Die Geschossflächenzahl gibt an, wieviel Quadratmeter Geschossfläche je Quadratmeter Grundstücksfläche im Sinne des § 19 Abs. 3 zulässig sind.	Wie BauNVO 1962	(2) Die Geschossflächenzahl gibt an, wieviel Quadratmeter Geschossfläche je Quadratmeter Grundstücksfläche im Sinne des § 19 Abs. 3 zulässig sind.
(2) Die Geschossfläche ist nach den Außenmaßen der Gebäude in allen Vollgeschossen zu ermitteln. Werden im Dachraum oder in Kellergeschossen Aufenthaltsräume zugelassen, so sind deren Flächen einschließlich der zu ihnen führenden Treppenräume und einschließlich ihrer Umfassungswände mitzurechnen.	(2) Die Geschossfläche ist nach den Außenmaßen der Gebäude in allen Vollgeschossen zu ermitteln. Die Flächen von Aufenthaltsräumen in anderen Geschossen einschließlich der zu ihnen führenden Treppenräume und einschließlich ihrer Umfassungswände sind mitzurechnen.	(3) Die Geschossfläche ist nach den Außenmaßen der Gebäude in allen Vollgeschossen zu ermitteln. *Im Bebauungsplan kann festgesetzt werden, dass die Flächen von Aufenthaltsräumen in anderen Geschossen einschließlich der zu ihnen führenden Treppenräume und einschließlich ihrer Umfassungswände mitzurechnen sind.*
*Verordnung über die bauliche Nutzung von Grundstücken (Baunutzungsverordnung) vom 26.6.1962 (BGBl. I 1962, 429), **Verordnung über die bauliche Nutzung von Grundstücken (Baunutzungsverordnung) vom 23.1.1990 (BGBl. I 1990, 132). Vgl. hierzu BR-Drs. 354/89, S. 46, 89; Heintz, BauR 1990, 166 ff.; Stock in Ernst/Zinkahn/Bielenberg, § 20 BauNV = Rn. 4 ff., 37.		

In den *neuen Bundesländern* sind die Regelungen der BauNVO 1972 bis 1977 nicht zur Anwendung gekommen, da dort das BauGB erst am 03.09.1990 in Kraft getreten ist. In den *alten Bundesländern* sind die Definitionen der BauNVO 1962–1977 ein „Auslaufmodell" da sie nur noch auf „alte" Bebauungspläne bis auf Weiteres Anwendung finden und auch nur insoweit, wie diese Bebauungspläne unter der Herrschaft der Folgeregelungen nicht geändert wurden. Bei allen „neueren" unter der Herrschaft der BauNVO 1990 und späterer Fassungen aufgestellten oder geänderten Bebauungsplänen bestimmt sich die Geschossfläche grundsätzlich nur noch nach den Flächen der Vollgeschosse. Auf dieser Grundlage kann auch die Zulässigkeit von Vorhaben in den im Zusammenhang bebauten Ortsteilen nach § 34 BauGB beurteilt werden.

44 Aus alldem folgt, dass unter dem Begriff „GFZ" in Abhängigkeit von dem Zeitpunkt der Aufstellung bzw. Änderung des Bebauungsplans unter dem Regime der zu diesem Zeitpunkt maßgeblichen BauNVO ein materiell unterschiedliches Maß der baulichen Nutzung maßgebend ist (GFZ_{1962}, GFZ_{1968}, GFZ_{1977}, GFZ_{1990}, $GFZ_{2013/17}$). Während Aufenthaltsräume bis zum Zeitpunkt des Inkrafttretens der BauNVO in die „GFZ" eingegangen sind, bleiben sie seither bei der Ermittlung der GFZ unberücksichtigt. **Mit der Berücksichtigung von „zugelassenen" Aufenthaltsräumen im Dach- und Kellergeschoss** bei der Ermittlung der GFZ nach den bis 1990 geltenden Fassungen der BauNVO **ergibt sich – vorbehaltlich** der Ausnahmeregelung des § 20 Abs. 3 Satz 2 BauNVO (n.F.) – **im Verhältnis zur GFZ nach den ab 1990 geltenden Fassungen der BauNVO bei zahlenmäßig gleicher GFZ eine geringere bauliche Ausnutzbarkeit**, wobei es dafür kein festes Verhältnis gibt. Die Differenz bestimmt sich nämlich nach der im Einzelfall zugelassenen Anzahl und Größe von Aufenthaltsräumen.

Dies bedeutet im Ergebnis, dass sich seither das Maß der bauplanungsrechtlich zulässigen Nutzung infolge der Nichtanrechnung von Aufenthaltsräumen in Nichtvollgeschossen bei einer zahlenmäßig identischen GFZ (z.B. 2,0) faktisch erhöht hat, soweit nicht von der Ausnahmeregelung des § 20 Abs. 3 Satz 2 BauNVO (n.F.) Gebrauch gemacht wird.

Aus den vorstehenden Ausführungen folgt, dass es zweckmäßig sein kann, die Feststellung der nach § 30 BauGB **bauplanungsrechtlich zulässigen GFZ** im Gutachten **mit dem Hinweis auf die einschlägige Fassung der BauNVO zu versehen**. Die Berücksichtigung muss einer Einzelfallbetrachtung vorbehalten bleiben. Ob die Unterschiede in der unterschiedlich definierten GFZ bei der Marktwertermittlung berücksichtigt werden müssen, wird überwiegend theoretisch unter Hinweis auf den vorstehend erläuterten Unterschied beantwortet. Dies dürfte aber weitgehend am Marktgeschehen vorbeigehen, denn es ist praktisch nicht erkennbar, dass der Grundstücksmarkt wertmäßig zwischen den unterschiedlichen Definitionen unterscheidet. 45

Bei alledem kann davon ausgegangen werden, dass die Nutzbarkeit eines Nichtvollgeschosses bei dem Erwerb eines Grundstücks mit einer bestimmten bauplanungsrechtlichen GFZ in den Kaufpreis eingeht, d.h., nach den konkreten Gegebenheiten „eingepreist" wird. Dementsprechend wird mit den aus Vergleichspreisen abgeleiteten Bodenrichtwerten, denen die maßgebliche bauplanungsrechtliche GFZ zugeordnet wird, die Nutzbarkeit von Nichtvollgeschossen nach den Usancen des örtlichen Grundstücksmarktes berücksichtigt.

2.4.3.4 Geschossfläche

▶ *Teil III Rn. 665*

Die **Geschossfläche (GF)** bestimmt sich nach § 20 Abs. 3 Satz 1 BauNVO durch die nach den Außenmaßen des Gebäudes ermittelten **Grundflächen aller Vollgeschosse**. 46

Für die bauplanungsrechtliche Geschossfläche i.S. des § 20 Abs. 3 BauNVO wird vielfach der Begriff „**Brutto-Geschossfläche**" gebraucht. Dieser Begriff ist der BauNVO fremd. Die „Brutto-Geschossfläche" darf nicht mit der Brutto-Grundfläche und der dafür benutzten Abkürzung BGF verwechselt werden. Bei der Ermittlung der Geschossfläche bleiben Nebenanlagen i.S. des § 14 BauNVO nach Maßgabe des § 20 Abs. 4 BauNVO unberücksichtigt.

2.4.3.5 Nebenanlagen

Nebenanlagen i.S. des § 14 BauNVO sind: 47

„**§ 14 BauNVO** Nebenanlagen; Anlagen zur Nutzung solarer Strahlungsenergie und Kraft-Wärme-Koppelungsanlagen

(1) Außer den in den §§ 2 bis 13 genannten Anlagen sind auch untergeordnete Nebenanlagen und Einrichtungen zulässig, die dem Nutzungszweck der in dem Baugebiet gelegenen Grundstücke oder des Baugebiets selbst dienen und die seiner Eigenart nicht widersprechen. Soweit nicht bereits in den Baugebieten nach dieser Verordnung Einrichtungen und Anlagen für die Tierhaltung, einschließlich der Kleintierhaltungszucht, zulässig sind, gehören zu den untergeordneten Nebenanlagen und Einrichtungen im Sinne des Satzes 1 auch solche für die Kleintierhaltung. Im Bebauungsplan kann die Zulässigkeit der Nebenanlagen und Einrichtungen eingeschränkt oder ausgeschlossen werden.

(1a) In den Baugebieten nach den §§ 2 bis 11 sind Nebenanlagen, die der öffentlichen Versorgung mit Telekommunikationsdienstleistungen dienen, zulässig; Absatz 1 Satz 3 gilt entsprechend.

(2) Die der Versorgung der Baugebiete mit Elektrizität, Gas, Wärme und Wasser sowie zur Ableitung von Abwasser dienenden Nebenanlagen können in den Baugebieten als Ausnahme zugelassen werden, auch soweit für sie im Bebauungsplan keine besonderen Flächen festgesetzt sind. Dies gilt auch für fernmeldetechnische Nebenanlagen sowie für Anlagen für erneuerbare Energien, soweit nicht Absatz 1 Satz 1 oder Absatz 1a Anwendung findet.

(3) Soweit baulich untergeordnete Anlagen zur Nutzung solarer Strahlungsenergie in, an oder auf Dach- und Außenwandflächen oder Kraft-Wärme-Kopplungsanlagen innerhalb von Gebäuden nicht bereits nach den §§ 2 bis 13 zulässig sind, gelten sie auch dann als Anlagen im Sinne des Absatzes 1 Satz 1 oder Absatz 1a, wenn die erzeugte Energie vollständig oder überwiegend in das öffentliche Netz eingespeist wird."

48 Bei der Ermittlung der Geschossfläche bleiben **Nebenanlagen** i.S. des § 14 BauNVO, **Balkone, Loggien, Terrassen, Laubengänge**[19] sowie bauliche Anlagen, soweit sie nach Landesrecht in den Abstandsflächen (seitlicher Grenzabstand und sonstige Abstandsflächen) zulässig sind oder zugelassen werden können, nach § 20 Abs. 4 BauNVO unberücksichtigt.

49 Nicht zu den Nebenanlagen gehören **Garagen und Stellplätze**. In Bezug auf Garagen ist zu unterscheiden zwischen

- (Einzel-)Garagen und
- Garagengeschossen (i.S. des § 12 Abs. 4 Satz 1 BauNVO).

50 Nach § 21a Abs. 4 BauNVO bleiben **bei der Ermittlung der Geschossfläche oder der Baumasse unberücksichtigt** die Flächen oder Baumassen von

1. *Garagengeschossen*, die nach den Festsetzungen des Bebauungsplans nicht auf die Zahl der zulässigen Vollgeschosse anzurechnen oder als Ausnahme vorgesehen sind,
2. *Stellplätzen und Garagen*,
   - deren Grundfläche die zulässige Grundfläche überschreiten, wenn die Regelungen des § 19 Abs. 4 BauNVO über die einzuhaltende GRZ dem nicht entgegenstehen oder eine weitergehende Überschreitung ausnahmsweise zugelassen worden ist,
   - in Vollgeschossen, wenn der Bebauungsplan dies festsetzt oder als Ausnahme vorsieht.

Nach § 21a Abs. 5 BauNVO ist die zulässige Geschossfläche oder die zulässige Baumasse um die Flächen oder Baumassen notwendiger **Garagen,** die **unter der Geländeoberfläche** hergestellt werden, insoweit zu erhöhen, als der Bebauungsplan dies festsetzt oder als Ausnahme vorsieht.

2.4.3.6 Vollgeschoss

Schrifttum: *Groth, K.-M.,* Vollgeschoss, Staffelgeschoss und Dachgeschoss, Verwirrung und Entwirrung von Begriffen, Bln GE 2016, 1493.

▶ *Vgl. § 40 ImmoWertV Rn. 191*

51 Die Geschossfläche (GF) bestimmt sich nach den vorstehenden Ausführungen durch die sich nach Außenmaßen des Gebäudes ermittelten Grundflächen aller Vollgeschosse. Als Vollgeschosse gelten nach § 20 Abs. 1 BauNVO Geschosse, die nach landesrechtlichen Vorschriften Vollgeschosse sind oder auf ihre Zahl angerechnet werden. **Vollgeschosse** sind in den Bauordnungen (BauO) der Länder unterschiedlich definiert, insbesondere in Abhängigkeit von einem Mindestmaß, mit dem (die Deckenoberkante) eines Geschosses über die im Mittel gemessene Geländeoberfläche hinausragt (z.B. 1,40 m), einem Mindestmaß der Geschosshöhe (z.B. 2,30 m), zumeist gemessen von der Oberkante des Fußbodens bis zur Oberkante des Fußbodens des darüberliegenden Geschosses oder bis zur Oberkante der Dachhaut des darüberliegenden Daches einem Mindestmaß des Anteils (z.B. zwei Drittel, oder drei Viertel) an der Grundfläche des darüberliegenden Geschosses, das die vorstehende Mindesthöhe aufweist, und der Nutzung eines Geschosses; so gelten beispielsweise Geschosse, die ausschließlich der Unterbringung technischer Gebäudeausrüstungen dienen (Installationsgeschosse) i.d.R. nicht als Vollgeschoss.

a) einem Mindestmaß, mit dem (die Deckenoberkante) eines Geschosses über die im Mittel gemessene Geländeoberfläche hinausragt (z.B. 1,40 m),

b) einem Mindestmaß der Geschosshöhe (z.B. 2,30 m), zumeist gemessen von der Oberkante des Fußbodens bis zur Oberkante des Fußbodens des darüberliegenden Geschosses oder bis zur Oberkante der Dachhaut des darüberliegenden Daches

19 Laubengänge stellen eine an der Gebäudeaußenseite gelegene „innere Erschließung“ dar; Fickert/Fieseler, BauNVO, § 20 BauNVO, Rn. 31.

c) einem Mindestmaß des Anteils (z.B. zwei Drittel, oder drei Viertel) an der Grundfläche des darüberliegenden Geschosses, das die vorstehende Mindesthöhe aufweist, und

d) der Nutzung eines Geschosses; so gelten beispielsweise Geschosse, die ausschließlich der Unterbringung technischer Gebäudeausrüstungen dienen (Installationsgeschosse) i.d.R. nicht als Vollgeschoss.

Geschosse werden nach den Bauordnungen der Länder festgelegt, wobei sie den dort geregelten Mindestmaßen und sonstigen Regelungen entsprechen müssen. Diese können z.B. bestimmen, dass Hohlräume zwischen der obersten Decke und der Bedachung, in denen Aufenthaltsräume nicht möglich sind oder deren lichte Höhe geringer ist, als für Aufenthaltsräume erforderlich sowie offene **Emporen** bis zu einer bestimmten Grundfläche außer Betracht bleiben.

Ein **Staffelgeschoss** ist ein gegenüber den Außenwänden zurückgesetztes oberstes Geschoss. **52**
Unter welchen Voraussetzungen ein Staffelgeschoss als Vollgeschoss gilt, bestimmt sich wiederum nach landesrechtlichen Vorschriften, wenn mehr als zwei Drittel der Grundfläche des darunter liegenden Geschosses eine lichte Höhe von mindestens 2,30 m haben (vgl. z.B. § 2 Abs. 5 BONW). In *Berlin* gilt zudem die Besonderheit, dass auch bei Ausnutzung der zulässigen GFZ durch die Vollgeschosse ein zusätzliches „gegenüber den Außenwänden zurückgesetztes" „**Staffelgeschoss**" als besonderes oberstes Geschoss zulässig ist (§ 2 Abs. 12 Satz 2 Bln BauO „Berliner Dach").

Sog. **Luftgeschosse** (z.B. ein allseits offenes Erdgeschoss zum Abstellen von Kraftfahrzeugen) gelten als Vollgeschosse[20].

Da sich die zulässige Geschossfläche nach dem zulässigen Maß der baulichen Nutzung (GFZ) **53**
bestimmt, ist ein auf eine hohe bauliche Ausnutzung des Grundstücks bedachter Bauherr bestrebt, nach Maßgabe der einschlägigen BauO Dach- und Kellergeschosse nicht zu Vollgeschossen werden zu lassen, um eine möglichst hohe baurechtliche Ausnutzung des Grundstücks zu erreichen (Abb. 10).

– Dementsprechend kann z.B. das Kellergeschoss eines Hanggrundstücks so errichtet werden, dass es geringfügig unter der für ein Vollgeschoss erforderlichen Geländehöhe bleibt. Die „Kellerfläche" kann gleichwohl als „Quasi"-Vollgeschoss mit der entsprechenden Rentierlichkeit ausgebaut werden, ohne dass sie in die Geschossfläche eingeht.

– Darüber hinaus kann z.B. durch Veränderung der Dachneigung, Drempel und Gauben erreicht werden, dass die für ein Vollgeschoss erforderliche Geschosshöhe (z.B. 2,30 m) „kurz" unter dem geforderten Mindestmaß (z.B. 2/3) zurückbleibt und dementsprechend das Dachgeschoss nicht in die Geschossfläche eingeht.

---

20 Absch. 39 Abs. 1 BewRGr sowie OFD Bremen, Erl. vom 10.07.1975, StEK § 85 BewG Nr. 57.

Abb. 10: Kriterien eines Vollgeschosses im Dachraum und Keller (Untergeschoss)

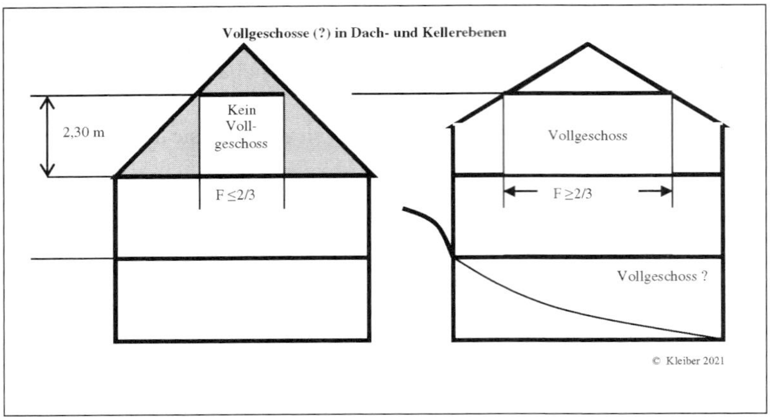

2.4.3.7 Aufenthaltsraum

▶ *Vgl. § 31 ImmoWertV Rn. 128*

54 Als **Aufenthaltsräume** gelten Räume, die zum nicht nur vorübergehenden Aufenthalt von Menschen bestimmt oder geeignet sind und nach Lage, Größe und Beschaffenheit für diesen Zweck benutzt werden können[21]. Zu den Aufenthaltsräumen gehören insbesondere Wohn- und Schlafräume, Büro-, Praxis-, Geschäfts-, Verkaufs- und Arbeitsräume, Gast-, Beherbergungs- und Versammlungsräume sowie Wohnküchen. Nicht zu den Aufenthaltsräumen gehören die üblichen Nebenräume wie Flure, Gänge, Treppenräume, Küchen, Bäder, Toiletten, Abstell-, Heiz- und Lagerräume sowie Hausarbeits- und Hobbyräume.

55 Aufenthaltsräume[22] in anderen als den sog. Vollgeschossen **(Dachgeschosse)** werden nach der ab 1990 geltenden Fassung des § 20 Abs. 3 BauNVO – wie erläutert – auf die zulässige Geschossfläche grundsätzlich nicht angerechnet. Wenn aber bei der Anwendung dieser Vorschrift städtebaulich nachteilige Auswirkungen, etwa wegen Überlastung von Infrastruktureinrichtungen, zu erwarten sind, hat die Gemeinde die Möglichkeit, die Anrechnung von Aufenthaltsräumen in Dach- und Untergeschossen durch Festsetzung im Bebauungsplan im erforderlichen Umfang vorzusehen.

56 **Räume, die nach ihrer baulichen Lage und Beschaffenheit bereits den materiellen Vorschriften des Bauordnungsrechts für Aufenthaltsräume entsprechen** und auf Antrag als solche genehmigt werden müssten, sind Wohnräume, auch wenn sie im Keller- oder Dachgeschoss liegen und in den Bauunterlagen nicht ausdrücklich für einen bestimmten Wohnzweck

---

21 Stock, in Ernst/Zinkahn/Bielenberg, § 20 BauNVO Rn. 33.

22 Aufenthaltsräume sind Räume, die zum nicht nur vorübergehenden Aufenthalt von Menschen bestimmt oder nach Lage und Größe dazu geeignet sind (vgl. § 2 Abs. 5 BO Brandenburg). Des Weiteren stellt § 40 der BO Brandenburg folgende Anforderungen:
„Aufenthaltsräume müssen eine für die Benutzung ausreichende Grundfläche und eine lichte Höhe von mindestens 2,40 m haben. Aufenthaltsräume im Dachraum müssen diese lichte Höhe über mindestens die Hälfte ihrer Grundfläche haben; Raumteile mit einer lichten Höhe unter 1,50 m bleiben dabei außer Betracht. Bei nachträglichem Ausbau von Dachräumen genügt eine lichte Höhe von 2,30 m.
Aufenthaltsräume müssen ausreichend mit Tageslicht beleuchtet und belüftet werden können. Das Rohbaumaß der Belichtungsöffnungen muss mindestens ein Achtel der Grundfläche des Raumes einschließlich der Grundfläche verglaster Vorbauten oder Loggien betragen; die Grundfläche von Vorbauten, die die Beleuchtung des Raumes mit Tageslicht beeinträchtigen, ist mit einzubeziehen.
Aufenthaltsräume, deren Nutzung eine Beleuchtung mit Tageslicht verbietet, sind ohne Belichtungsöffnungen zulässig. Aufenthaltsräume ohne Belichtungsöffnungen müssen durch technische Einrichtungen ausreichend beleuchtet und belüftet werden können."
Zum **Aufenthaltsraum im Keller** vgl. OVG Berlin, Beschl. vom 14.11.2003 – 2 B 6/02 –, BlnGE 2004, 356 = EzGuG 3.130a.

gekennzeichnet sind[23]. Dafür ist mithin nicht Voraussetzung, dass der Ausbau dieser Räume zu einem Wohnraum auf Antrag bauordnungsrechtlich genehmigt worden ist[24].

In **Kellergeschossen** ist es nach Maßgabe bauordnungsrechtlicher Vorschriften zulässig, z.B. wenn der Fußboden der Aufenthaltsräume nicht mehr als 1,50 m unter der Geländeoberfläche liegt und die Geländeoberfläche, die sich an die Außenwände mit notwendigen Fenstern anschließt, in einer Entfernung von 2 m und in Breite der Aufenthaltsräume vor den notwendigen Fenstern nicht mehr als 0,50 m über dem Fußboden der Aufenthaltsräume liegt (vgl. § 41 BbgBO).

Zu Hobby-, Bastel-, Werk- oder Spielräume in Keller- oder Dachgeschossen sowie als **Freizeitraum genutzten Kellerräumen** vgl. § 31 ImmoWertV Rn. 138 f.[25].

2.4.3.8 Dachgeschossausbau

▶ *Vgl. Rn. 96; 104; § 40 ImmoWertV Rn. 190*

Für die **Zulässigkeit eines Dachgeschossausbaus** kommt es nach der Rechtsprechung des BVerwG[26] darauf an, ob sich das Gebäude nach den konkreten Verhältnissen der Umgebung als solches in die Eigenart der näheren Umgebung einfügt. **Es kommt indessen nicht auf die Feinheiten der Berechnungsregeln der BauNVO** für die Geschossfläche an. 57
Das BVerwG (a.a.O.) hat hierzu ausgeführt:

„Für den Ausbau eines bereits vorhandenen DG zu Wohnzwecken ohne größere – von außen erkennbare – bauliche Veränderungen bedeutet dies, dass er sich im Hinblick auf das Maß der baulichen Nutzung regelmäßig schon deshalb in die Eigenart der näheren Umgebung einfügen wird, weil das Gebäude in seinen Ausmaßen unverändert bleibt. Zwar ist die mit dem Dachgeschossausbau verbundene Nutzungsänderung nach denselben Kriterien wie ein Neubauvorhaben zu beurteilen (vgl. BVerwG, Urt. vom 15.11.1974 – 4 C 32/71), so dass ein DG, das sich – als ein Fremdkörper – schon bisher nicht in die Eigenart der Umgebung eingefügt hat, wegen des mit seinem Ausbau verbundenen Verlustes des Bestandsschutzes mangels Einfügens planungsrechtlich unzulässig werden kann. Regelmäßig wird jedoch der Rahmen der maßgeblichen Bebauung im Hinblick auf das Nutzungsmaß auch durch das bereits vorhandene DG bestimmt; denn DG, die sich von ihren baulichen Ausmaßen her zum Ausbau für Wohnzwecke eignen, bieten sich nach der Verkehrsauffassung – und diese ist für die Beurteilung der Eigenart der näheren Umgebung von ausschlaggebender Bedeutung – als mögliche Erweiterungsfläche für die in dem Gebäude ausgeübte Nutzung an. Als Möglichkeit ist die Nutzung vorhandener entsprechend dimensionierter DG, für die es nur innerer Ausbaumaßnahmen bedarf, in der Eigenart einer durch Gebäude mit vorhandenem DG geprägten näheren Umgebung von vornherein mit angelegt. Bei auftretendem Bedarf bietet sich – nach der Verkehrsauffassung – die Aktualisierung dieser Möglichkeit gleichsam an."

2.4.4 Maßgebliche Geschossflächenzahl (GFZ) nach § 5 Abs. 1 ImmoWertV

2.4.4.1 Planungsrechtlich zulässige und lagetypische Geschossflächenzahl

Schrifttum: *Bister, H.-B.*, Modifizierte Geschossflächenzahl, VR 1978, 124; *Blum, A.*, Wirtschaftlichkeit von Wohngebäuden mit unter-schiedlichen Geschosszahlen, BBauBl 1977, 260; *Böser, W./Schwaninger, B.*, Zur Ermittlung und Anwendung von Ge-schoss-flächenzahlen (GFZ) – Umrechnungskoeffizienten in der Grundstücksbewertung, AVN 1984, 412; *Debus*, Zu GFZ-Umrechnungskoeffizienten für Bürohochhäuser, GuG 2000, 279; *Hanach*, GFZ-Umrechnungskoeffizienten für die Stadt Hannover, Nachr. der nds. Kat- und VermVw 2000, 27; *Hildebrandt, H.*, Geschossflächenzahl und Grundstücksmarkt, ZfV 1995, 620; *Jäger*, Ermittlung örtlicher Umrechnungskoeffizienten in GuG 1995, 348; *Junge, V.*, Die Geschossflächenzahl (GFZ)

---

23 BVerwG, Urt. vom 13.12 1965 – 8 C 95/83 – ZMR 1936, 321 = EzGuG 3.69a; OVG Berlin, Beschl. vom 14.11.2003 – 2 B 6/02 –, BlnGE 2004, 356 = EzGuG 3.130a.

24 BVerwG, Beschl. vom 28.11.1980 – 8 E 78/80 – Buchholz 454.4 § 32 WoBauG Nr. 33 = EzGuG 3.63c.

25 Münzenmaier, Chr., Bewertung von Nicht-Aufenthaltsräumen, GuG 2013, 214.

26 BVerwG, Beschl. vom 21.06.1996 – 4 B 84/96 –, NVwZ-RR 1997, 520 = EzGuG 4.165a; BVerwG, Urt. vom 23.03.1994 – 4 C 18/92 –, BauR 1994, 481 = EzGuG 4.155b; BVerwG, Urt. vom 13.12.1985 – 8 C 95/83 –, ZMR 1986, 321 = EzGuG 3.69a; VG München, Beschl. vom 04.08.2016 – M 9 S 16.2365 –, EzGuG 3.162; VG München, Urt. vom 30.09.2013 – M 8 K 12.3499 –, EzGuG 3.153c; VG München, Urt. vom 26.02.2009 – M 11 K 08.2010 –, EzGuG 3.142 f.

als wertbeeinflussendes Merkmal, GuG 1996, 27; *Kellermann, F.*, Bodenwert und Baunutzbarkeit, ZfV 1962, 343; *Kleiber, W., Purgatorische Gedanken zum Maß der baulichen Nutzung, GuG 2017, 65; Seitz, W.*, Zur Praxistauglichkeit der wertrelevanten GFZ – Überforderung oder Notwendigkeit, GuG 2012, 321; *Müller,* Bewertung von Baugrundstücken, Hannover 1968, S. 85; *Schulz, W.-E.*, Zur Abhängigkeit des Bodenpreises von der beim Kauf erhofften Ausnutzbarkeit, VR 1977, 78; *Nuber, G.*, Geschossflächenzahl (GFZ) – Ermittlung in Berlin, GuG 2004, 75; *Tiemann, M.*, Zur Beziehung von Baunutzbarkeit und Bodenwert, Ermittlung von Umrechnungskoeffizienten, VR 1976, 365.

▶ *Vgl. Rn. 39, § 8 ImmoWertV Rn. 11 ff., 428; § 16 ImmoWertV Rn. 25 ff., 38; § 18 ImmoWertV Rn. 22; Syst. Darst. des Vergleichswertverfahrens, Rn 221 ff.; zur GFZ bei Eckgrundstücken § 40 ImmoWertV Rn. 185 ff., weitere Ausführungen zur Ableitung und Anwendung von Umrechnungs-koeffizienten zur Berücksichtigung eines unterschiedlichen Maßes der baulichen Nutzung vgl. § 19 ImmoWertV Rn. 13 ff.*

a) Allgemeines

58 Nach der Systematik des § 5 Abs. 1 ImmoWertV muss bei der Bestimmung des Maßes der baulichen Nutzung unterschieden werden

a) nach Maßgabe des *Satzes 1* nach den für die planungsrechtliche Zulässigkeit von Vorhaben maßgeblichen Vorschriften des Städtebaurechts (§§ 30, 33 und 34 BauGB i.V.m. den genannten Vorschriften der BauNVO) und aus den sonstigen (öffentlich-rechtlichen und privatrechtlichen) Vorschriften, die die Nutzbarkeit betreffen; bestimmt sich das Maß der baulichen Nutzung durch die Geschossflächenzahl (GFZ) i.S. des § 20 Abs. 2 ImmoWertV, wird diese auch bezeichnet als);
GFZ_{zul}

b) nach Maßgabe des *Satzes 2* nach dem **lagetypischen Maß der baulichen Nutzung**, wenn in der Umgebung regelmäßig vom bauplanungsrechtlich zulässigen Maß i.S. des Satzes 1 abgewichen wird oder ein von den für die planungsrechtliche Zulässigkeit maßgeblichen Vorschriften des Städtebaurechts abweichendes Maß am Qualitätsstichtag der Kaufpreisbemessung zugrunde gelegt wird; dementsprechend wird die dann wertrelevante lagetypische Geschoss-flächen-zahl auch bezeichnet als
GFZ_{lag}

a) nach dem **rechtlich höchstzulässigen Maß der baulichen Nutzung**, wobei sich dieses nach den §§ 30, 33 und 34 BauGB i.V.m. den genannten Vorschriften der BauNVO sowie den

– sonstigen öffentlich-rechtlichen und
– privatrechtlichen

Bestimmungen ergibt, soweit sie das realisierbare Maß der baulichen Nutzung beeinflussen (vgl. § 5 Abs. 1 Satz 1 ImmoWertV);

b) nach dem **lagetypischen Maß der baulichen Nutzung**, wenn in der Umgebung regelmäßig vom bauplanungsrechtlich zulässigen Maß i.S. des Satz 1 abgewichen wird oder ein von den für die planungsrechtliche Zulässigkeit maßgeblichen Vorschriften des Städtebaurechts abweichendes Maß am Qualitätsstichtag der Kaufpreisbemessung zugrunde gelegt wird.

59 Die Unterscheidung ist geboten, weil die für die planungsrechtliche Zulässigkeit von Vorhaben maßgeblichen GFZ die Obergrenze der zulässigen Nutzung darstellt und diese i.d.R. nicht ausgeübt werden muss. Als ein typischer Fall kann z.B. ein Einfamilienhausgebiet gelten, in dem die maximal zulässige GFZ häufig nicht ausge-nutzt wird. Dies bedeutet, dass sie im gewöhnlichen Geschäfts-verkehr nicht wertrelevant ist. Als *wertrelevant* muss in diesem Fall die GFZ_{lag} gelten, die in dem jeweiligen Gebiet üblicherweise ausgenutzt wird und die stadträumliche Lage prägt. In diesen Fäll wäre es trügerisch, den in solchen Teilmärkten vereinbarten Kaufpreisen die planungsrechtlich zulässige GFZ_{zul} zuzuordnen, da das Preisverhalten auf eine geringere und dann auch üblicherweise in der „Umgebung" realisierte GFZ ausgerichtet ist. Die GFZ_{lag} ist dann anstelle der GFZ_{zul} als die wertrelevante GFZ maßgebend.

Beispiel 1:

Abb. 11: Einfamilienhausgebiet

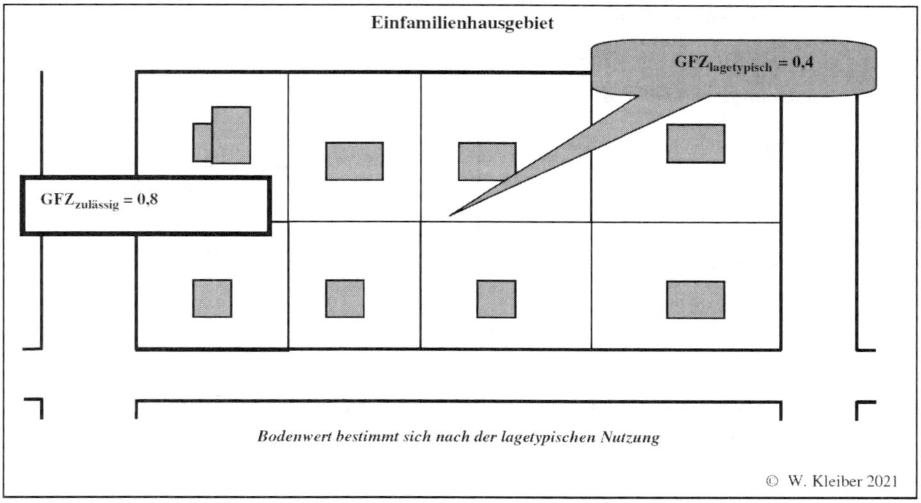

Umgekehrt zum vorstehenden Fall kann die lagetypische GFZ auch die heute nach geltendem Baurecht planungsrechtlich zulässige GFZ überschreiten. Dies betrifft beispielsweise die nach altem Baurecht hochverdichteten und bestandsgeschützten bebauten Innenstadtlagen, die zudem vielfach Gebäude mit sehr hohen Geschosshöhen aufweisen und wo im Zuge der Schließung von Baulücken mit niedrigeren Geschosshöhen eine Überschreitung der Orientierungswerte des § 17 BauNVO zur Vermeidung von „Zahnlücken" regelmäßig dispensiert wird (Befreiungen nach § 31 Abs. 2 BauGB). Auf Einzelfälle beschränkte Ausnahmen kann sich ohne konkrete Anhaltspunkte für eine abermalige Befreiung ein gewöhnlicher Ge-schäfts-verkehr allerdings nicht gründen[27]. 60

Die sich nach Maßgabe des § 5 Abs. 1 Satz 2 ImmoWertV ergebende lagetypische Geschossflächenzahl (GFZ_{lag}) ist gegebenenfalls maßgebend. Der Bodenwert, der sich nach Maßgabe des § 3 Abs. 1 ImmoWertV auf der Grundlage der *planungs-rechtlich zulässigen* bzw. der *lagetypischen* Nutzung ergibt, wird in § 40 Abs. 5 Satz 1 Nr. 1 ImmoWertV als der „**maßgebliche Bodenwert**" bezeichnet. Dementsprechend kann als Oberbegriff für die planungsrechtlich zulässige und die lagetypische GFZ der Begriff der „*maßgeblichen*" GFZ verwandt werden. 61

27 BGH, Urt. vom 10.03.1977 – III ZR 195/74 –, BRS Bd. 34 Nr. 139 = EzGuG 18.72.

Abb. 12: In der Marktwertermittlung nach den Grundsätzen der ImmoWertV maßgebliche Geschossflächenzahl (GFZ)

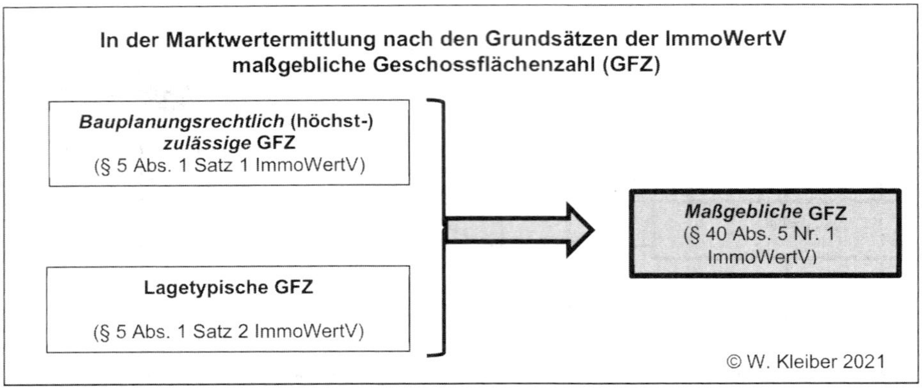

Die vorstehende Regelung findet gleichermaßen für die Qualifizierung des zu bewertenden Grundstücks wie auch für die Qualifizierung der zum Preisvergleich herangezogenen Grundstücke einschließlich der Bodenrichtwerte Anwendung.

a) Planungsrechtlich zulässige GFZ

62 Das sich aus den §§ 30, 33 und 34 BauGB ergebende zulässige Maß der baulichen Nutzung (z.B. die GFZ) stellt grundsätzlich ein „Höchstmaß" dar, das i.d.R. nicht ausgeschöpft werden muss. Die Grundsatzregelung des § 5 Abs. Satz 1 ImmoWertV geht davon aus, das dieses Maß im gewöhnlichen Geschäfts-verkehr ggf. auch unter Inanspruchnahme von Ausnahmen und Befreiungen sowie weiterer sich aus der Bauordnung des Landes ergebenden Nutzungsmöglichkeiten (z.B. Staffel-geschoss) entsprechend den Usancen das örtliche Marktgeschehens prägt und sich in den örtlichen Kaufpreisen abbildet. **Die planungsrechtlich zulässige GFZ ist vorbehaltlich der Regelung des § 5 Abs. 1 Satz 2 ImmoWertV mithin die „wertbeeinflussende" GFZ**[28].

Grundlage der Ermittlung der planungsrechtlich zu-lässigen Geschossflächenzahl sind gemäß § 20 Abs. 1 BauNVO die Geschossflächen aller sich nach landesrechtlichen Vorschriften definierenden Vollgeschosse. Soweit nach landesrechtlichen Vorschriften die Nichtvollgeschosse nach dem örtlichen Marktgeschehen in zulässiger Weise für Wohnzwecke regelmäßig genutzt werden oder nutzbar sind, geht auch dieses Marktgeschehen in die Preisbildung ein. Die die planungsrechtliche GFZ bildet infolgedessen diese Nutzungsmöglichkeit ab und ist auch im Falle des § 5 Abs. 1 Satz 1 die wertbeeinflusse GFZ.

b) Lagetypische GFZ

63 Das **lagetypische Maß der baulichen Nutzung i.S. des § 5 Abs. 1 Satz 2 ImmoWertV ist maßgebend**, wenn

- in der Umgebung des zu bewertenden Grundstücks regelmäßig vom bauplanungs-rechtlichen Maß der baulichen Nutzung abgewichen worden ist, oder
- zum maßgeblichen Qualitätsstichtag „*bei der Kaufpreisbemessung regelmäßig*", d.h. in vergleichbaren Fällen, ein „*von den für die planungsrechtliche Zulässigkeit maßgeb-lichen Vorschriften des Städtebaurechts*" abweichendes Maß der baulichen Nutzung „*üblicherweise zugrunde gelegt wird*" (vgl. § 40 ImmoWertV Rn. 19).

28 Dies ist in der Begründung zu § 5 Abs. 1 WertV 88/98, auf den der geltende § 5 Abs. 1 zurückgeht, entsprechend herausgestellt worden (vgl. BRDrs. 352/88, S. 39).

Die lagetypische GFZ ist unter den genannten Voraussetzungen die „wertbeeinflussende“ GFZ.

Die lagetypische GFZ muss nicht in jedem Fall mit dem in der Umgebung des Grundstücks realisierten Maß der baulichen Nutzung identisch sein. Mit der zuletzt genannten mit der ImmoWertV 21 in die Regelung eingefügten Ergänzung wird hierzu klargestellt, dass die lagetypische GFZ der baulichen Nutzung auch dann maßgeblich ist, wenn sie in der jeweiligen Lage regelmäßig der Kaufpreis-bemessung zugrunde gelegt wird, ohne dass sich ihre Realisierung am Wertermitt-lungsstichtag bereits lageprägend herausgebildet hat. Dies kann insbesondere darin begründet sein, dass sich im gewöhnlichen Geschäftsverkehr die Präferenzen gewandelt haben und die Umgebungsbebauung kein Abbild dessen sind, was das allgemeine Marktgeschehen bestimmt. Vor diesem Hintergrund kann auch eine lagetypische Nutzung (GFZ) maßgeblich sein, die über die bestehende (schützenswerte) Altbebauung der Umgebung weit hinausgeht, wenn sich die städtebauliche Vorstellung geändert hat und **„als Maßstab dient, an dem sich Neubau-vorhaben und Dachgeschossausbauten orientieren sollen“**[29]. 64

Nach dieser Klarstellung soll sich die lagetypische GFZ i.S. des § 5 Abs. 1 Satz 2 ImmoWertV nach dem bestimmen, was abweichend von der planungsrechtlichen GFZ i.S. des § 5 Abs. 1 Satz 1 ImmoWertV und abweichend von der „in der Umgebung regelmäßig“ realisierten GFZ am Qualitätsstichtag „auf dem Grundstücksmarkt üblicherweise zugrunde gelegt wird“. Dabei wird unterstellt, dass die in solchen Gebieten im gewöhnlichen Geschäftsverkehr entrichteten Kaufpreise an dem orientieren, was dann auch üblicherweise unter veränderten Marktverhältnissen realisiert wird.

Beispiel 2:

In einem reinen Wohngebiet ist die nach dem Bebauungsplan zulässige Nutzung einer GFZ von 0,8 regelmäßig unterschritten worden, weil es den Erwerbern stets nur um die Errichtung von Einfamilienhäusern auf großen Grundstücken mit einem hohen Freiflächenanteil ging. Aufgrund veränderter Marktverhältnisse werden die verbliebenen Baulücken nur noch zum Zwecke der Errichtung von kleineren Mehrfamilienhäusern mit Eigentumswohnungen erworben, wobei das zulässige Maß der baulichen Nutzung „voll“ ausgeschöpft wird. Diese Erwerbsfälle sind mit höheren Preiszugeständnissen verbunden und haben „Schule gemacht“, sodass das Marktgeschehen nicht mehr von der das Gebiet prägenden Einfamilienhausbebauung, sondern nur noch durch Erwerbsvorgänge zum Zwecke der Realisierung der höchsten zulässigen Nutzung beherrscht wird.

Maßgeblich ist in diesem Fall die am Qualitätsstichtag das Marktgeschehen bestimmende höherwertige Nutzung und nicht die Nutzung, die aufgrund des zwischenzeitlich überholten Marktgeschehens in der Vergangenheit für das Gebiet noch lagebestimmend ist. Dies bedeutet für das vorstehende Beispiel, dass für die Bestimmung des nach § 5 Abs. 1 ImmoWertV maßgeblichen Maßes der baulichen Nutzung die tatsächlich (noch) lagebestimmende Nutzung als Einfamilienhausgebiet mit einem entsprechend geringeren Maß der baulichen Nutzung überholt ist. Insoweit kann auch der Hinweis in § 5 Abs. 1 Satz 2 ImmoWertV auf die in „der Umgebung regelmäßig“ verwirklichte Nutzung missverständlich sein. Es kommt entscheidend auf die Verhältnisse am Qualitätsstichtag an, auf den die Vorschrift ausdrücklich abhebt. 65

29 VG Berlin, Urt. vom 01.11.2018 – 19 K 69/18 –, VG Berlin, Urt. vom 21.09.2017 – 19 K 99/15 –, VG Berlin, Urt. vom 21.09.2017 – 19 K 272/15 –, VG Berlin, Urt. vom 17.03.2017 – 19 K 65/15 – und VG Berlin, Urt. vom 17.03.2017 – 19 K 66/15 –.

2.4.4.2 Ermittlung der lagetypischen Geschossflächenzahl

▶ *vgl. § 15 ImmoWertV Rn. 53 ff.; § 16 ImmoWertV Rn. 39*

66 **Die lagetypische Nutzung ist maßgebend**, wie sie nach vorstehenden Ausführungen das Geschehen auf dem Grundstücksmarkt am Qualitätsstichtag abbildet **und mithin wertrelevant** ist. Dementsprechend hat das BVerwG[30] entschieden, dass die lagetypische Nutzung so lange maßgebend ist, wie sie das Geschehen auf dem Grundstücksmarkt am Qualitätsstichtag wiedergibt und der gewöhnliche Geschäftsverkehr nicht bereits von geänderten Vorstellungen über die bauliche Nutzung ausgeht.

Die lagetypische Geschossflächenzahl nach § 5 Abs. 1 Satz 2 ImmoWertV ist in sachgerechter Weise analog zu § 20 Abs. 2 BauNVO aus dem Verhältnis der lagetypisch realisierten **Geschossfläche (GF) zur „Grundstücksfläche"** (i.S. des § 19 BauNVO) **ermittelbar.** Dies entspricht der Systematik der ImmoWertV insbesondere auch in Bezug auf die planungsrechtlich zulässige GFZ nach § 5 Abs. 1 Satz 1 ImmoWertV und gewährleistet eine transparente, sachgerechte, verständliche und systemkonforme Bodenwertermittlung auf der Grundlage der einschlägigen Umrechnungskoeffizienten.

Dementsprechend bestimmt sich die der Ermittlung der **lagetypischen Geschossflächenzahl zugrunde zu legende Geschossfläche** wie im Falle der Ermittlung der planungsrechtlich zulässigen Geschossflächenzahl nach der Geschossfläche aller Vollgeschosse.

2.4.4.3 Wertrelevante Geschossflächenzahl (WGFZ)

▶ *vgl. § 16 ImmoWertV Rn. 38 ff.; § 19 ImmoWertV Rn. 15 ff.*

67 Für Bodenrichtwertzonen, in denen die lagetypische Geschoss-flächenzahl nach den Ausführungen die „wertbeein-flussende Geschossflächenzahl" ist, ist es nur folgerichtig, die analog zur planungsrechtlich zulässigen GFZ abgeleitete lagetypische GFZ dem Bodenrichtwertgrundstück zuzuordnen. Hiervon abweichend soll nach Maßgabe der Ausnahmevorschrift des § 16 Abs. 4 ImmoWertV eine davon abweichend definierte sog. „wertbeeinflussende Geschossflächenzahl" (WGFZ) zugeordnet werden. Diese soll sich unter Einbeziehung der in den Nichtvollgeschossen befindlichen ausgebauten und ausbaufähigen Dachgeschossflächen bestimmen[31]. Dies wird damit begründet, dass sie wirtschaftlich nutzbar seien bzw. sein können. Das läuft im Ergebnis auf eine Doppelberücksichtigung hinaus, denn im gewöhnlichen Geschäftsverkehr orientiert sich der Grundstücksmarkt bei der „Kaufpreisbemessung" ohnehin nicht allein an der bauplanungsrechtlichen GFZ, sondern auch an „sonstigen Rechtsvorschriften, die die Nutzbarkeit betreffen" (§ 5 Abs. 1 Satz 1 ImmoWertV). Dazu gehören insbesondere bauordnungsrechtliche Vorschriften zu Voll- und Staffelgeschossen sowie alle rechtlichen Möglichkeiten zur wirtschaftlichen Nutzbarkeit von Geschossen, die nicht Vollgeschosse sind. Soweit dies auf den Marktwert durchschlägt, findet dies – wie im Falle des § 5 Abs. 1 Satz 1 ImmoWertV – naturgemäß bereits seinen Niederschlag in den zur Marktwertermittlung herangezogenen Vergleichspreisen. **Die diesen Vergleichspreisen zuzuordnende planungsrechtliche (aber auch lage-typische) GFZ ist mithin vollumfänglich „wertrelevant"** und braucht deshalb nicht noch „aufgestockt" zu werden. Dafür ist das tatsächliche Marktgeschehen eindrucksvoller Beleg. Jeder Investor ist sich der aus der GFZ ergebenden Nutzbarkeit einer Immobilie in ihrer Gesamtheit wohl bewusst und dies wird auf jeweiligen Grundstücksmarkt üblicherweise der Kaufpreisbemessung zugrunde gelegt (vgl. § 16 ImmoWertV Rn. 39 ff.).

68 Da sich die Höhe des einschlägigen Bodenrichtwerts nach den zu dessen Ermittlung herangezogenen Vergleichspreisen bestimmt, muss sich im Übrigen ein und der gleiche Bodenrichtwert unabhängig davon ergeben, ob dem einschlägigen Bodenrichtwertgrundstück die lagety-

30 BVerwG, Urt. vom 29.01.2019 – 4 B 73/17 –, EzGuG 3.177
31 Vgl. Glosse in GuG-aktuell, 2015, 25; GuG aktuell 2017, 33.

pische GFZ oder die nach Maßgabe des § 16 Abs. 4 ImmoWertV ermittelte sog. WGFZ zugeordnet wird.

Mit einer von den einschlägigen baurechtlichen Vorschriften abweichenden „*wertrelevanten*" Geschossflächenzahl (WGFZ), mit der **ausgebaute oder ausbaufähige Dachgeschosse mit einem ex cathedra vorgegebenen Flächenzuschlag von 75 Prozent zusätzlich berücksichtigt** werden, geht ein das Wertbild verfälschender Systembruch einher. Das macht vor allem dann gar keinen Sinn, wo in der Bodenrichtwertzone noch nicht einmal die planungsrechtlich zulässige GFZ ausgenutzt wird.

Nicht die WGFZ, sondern die **maßgebliche GFZ ist die eigentliche „wertrelevante" Geschoss-flächenzahl**, denn Bodenrichtwerte werden aus geeigneten Kaufpreisen abgeleitet und mit diesen Kaufpreisen wird die Nutzbarkeit von Nichtvollgeschossen so wertmäßig „eingepreist", wie es den Gegebenheiten des örtlichen Grundstücksmarktes entspricht. Das gilt nicht nur in Gebieten, in denen die planungsrechtlich zulässige GFZ ausgeschöpft wird, sondern auch dann, wenn diese in einem Gebiet lagetypischerweise unter- oder überschritten wird und auf dieser Grundlage die lagetypische GFZ in entsprechender Anwendung der für die Ermittlung der planungsrechtlichen GFZ geltenden Berechnungsvorschriften ermittelt wird. **69**

Es macht bei in diesem Zusammenhang auch keinen Sinn, nur in den Fällen, in denen nach Maßgabe des § 5 Abs. 1 ImmoWertV die lagetypische GFZ maßgebend ist, die Gutachterausschüsse für Grundstücks-werte mit § 16 Abs. 4 ImmoWertV zu ermächtigen, abweichend von den Fällen, in denen die planungsrechtliche GFZ maßgebend ist, den von ihnen abzuleitenden Bodenrichtwerten eine für Dritte nicht nachvollziehbar „berechnete" wertbeeinflusste GFZ (WGFZ) beizuordnen. Das schadet der Transparenz des Grundstücks-marktes und führt zu einer völlig überflüssigen Verkomplizierung der Marktwert-ermittlung.

In der Praxis hat die neu mit § 16 Abs. 4 ImmoWertV eingeführte WGFZ keine breite Akzeptanz finden können[32]. So halten z.B. die Gutachterausschüsse (z.B. Köln und Düsseldorf) stattdessen mit anderer Begründung an einer davon abweichenden „gewogenen" GFZ[33] bzw. an ihren „Düsseldorfer Türmchen" fest. Von anderen Gutachterausschüssen wird die Neuregelung ignoriert bzw. es werden die alten GFZ-basierten Umrechnungskoeffizienten schlichtweg ohne Änderung der Wertzahlen in „WGFZ-basierte" Umrechnungskoeffizienten „umgetauft".

2.4.4.4 Realisierte Geschossflächenzahl

▶ *Vgl. hierzu § 8 Abs. 3 ImmoWertV Rn. 33 ff., 428; § 40 ImmoWertV Rn. 185*

Neben der nach § 5 Abs. 1 ImmoWertV „*maßgeblichen*" GFZ ist des Weiteren die „*tatsächliche*" GFZ zu beachten, wenn auf dem Bewertungsobjekt die nach § 5 Abs. 1 ImmoWertV maßgebliche, d.h. planungs-rechtlich zulässige bzw. lagetypische GFZ über- oder unterschritten wird. Dabei geht es nicht um realisierte GFZ, die i.S. des § 5 Abs. 1 Satz 2 ImmoWertV lagetypisch ist, weil sie „in der Umgebung regelmäßig", d.h. üblich ist, sondern um eine **von der maßgeblichen GFZ objekt-spezifisch abweichende realisierte GFZ**: **70**

GFZ_{real}

Weicht am Wertermittlungsstichtag die tatsächliche auf einem Grundstück realisierte GFZ atypischerweise von der nach § 5 Abs. 1 ImmoWertV *maßgeblichen* Nut-zung erheblich ab, kann **71**

32 Soweit einzelne, aber doch nur wenige Gutachterausschüsse für Grundstückswerte davon Gebrauch gemacht haben, ist die Transparenz des Grundstücksmarktes dadurch erheblich gestört worden: vgl. z.B. den Gutachterausschuss in Köln, der eine sog. „gewogene Geschossflächenzahl" (gew. GFZ) ermittelt. Dabei werden zusätzlich zur wertrelevanten WGFZ die Erdgeschossflächen sowie teilweise auch die Geschossflächen der Obergeschosse aufgrund ihrer gewerblichen Nutzung mit einem Mietgewichtsfaktor gewichtet. Der Berliner Gutachterausschuss berücksichtigt wiederum nur ausgebaute Dachge-schosse. Der Dresdner Gutachterausschuss arbeitet weiterhin mit „gewünschten" Geschossflächenzahlen, während der Gutachterausschuss von Düsseldorf an seinen „Düsseldorfer Türmchen" festhält.

33 Vgl. Gutachterausschuss Köln im Grundstücksmarktbericht 2024, in dem die traditionellen auf der Grundlage der BauNVO abgeleiteten Umrechnungskoeffizienten als „wertrelevant" bezeichnet werden, was sie tatsächlich auch sind.

dies die Nutzbarkeit des Grundstücks beeinflussen. Überschreitet die auf einem Grundstück realisierte GFZ die nach § 5 Abs. 1 ImmoWertV maßgebliche GFZ, erhöht sich der *Bodenwert; umgekehrt vermindert sich der Boden-wert, wenn* die auf einem Grundstück realisierte GFZ die nach § 5 Abs. 1 ImmoWertV maßgebliche GFZ unterschreitet.

Abb. 13: Planungsrechtlich zulässige, lagetypische und realisierte GFZ

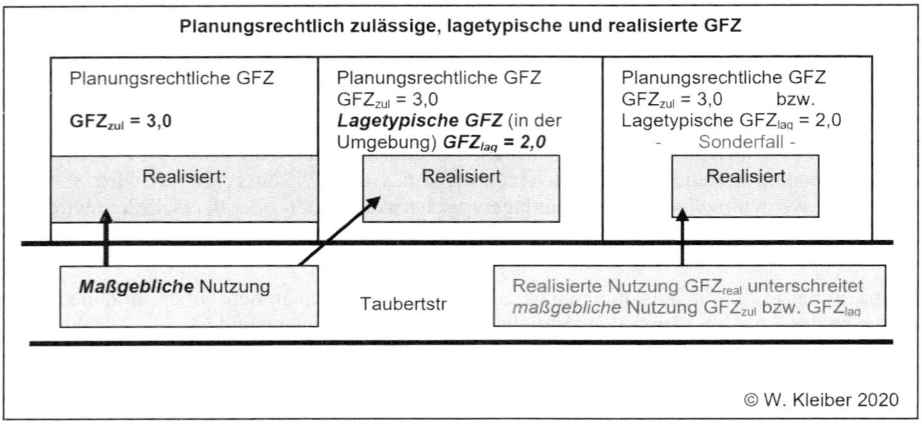

72 Ein erhebliches und singuläres Abweichen der tatsächlichen Nutzung von der maßgeblichen zulässigen bzw. lagety-pischen Nutzung stellt eine atypische Nutzung dar, die bei der Verkehrswert-ermittlung nach Maßgabe des § 40 Abs. 5 Satz 1 Nr. 1 ImmoWertV zu berücksichtigen ist.

Danach wird der auf der Grundlage der jeweils realisierten GFZ ermittelte Bodenwert, der in Anlehnung an § 43 ImmoWertV als „*nutzungs-abhängige*r" Bodenwert bezeichnet werden kann, im Rahmen der Marktwertermittlung bebauter Grundstücke als vorläufiger Bodenwert der Ermittlung des *vorläufigen* Verfahrenswerts zugrunde gelegt (§ 27 Abs. 2, § 35 Abs. 2 Satz 2 Nr. 3 ImmoWertV). Dieser ist mit den ein-schlägigen Wertermittlungs-parametern (z.B. dem Reinertrag) sowie dem zur Anwendung kommenden Liegenschaftszinssatz, Vergleichs- und Sachwertfaktor kompatibel. Die Abweichungen des vorläufigen Bodenwerts von dem Bodenwert, der sich auf der Grundlage der maßgebenden GFZ ergibt, wird subsidiär als besonderes objektspezifisches Grundstücksmerkmal berücksichtigt (vgl. die Erläut. bei § 40 ImmoWertV).

2.4.5 Baumassenzahl

▶ *Vgl. Teil III Rn. 756*

73 **Die Baumassenzahl** (BMZ) *oder* die Baumasse (BM) gibt im Rahmen der Festsetzung des zulässigen Maßes der baulichen Nutzung für Industriegebiete (GS) i.S. des § 9 BauNVO an, wie viel Kubikmeter Baumasse je Quadratmeter Grundstücksfläche i.S. des § 19 Abs. 3 BauNVO zulässig sind. **§ 21 BauNVO** hat folgende Fassung:

„**§ 21 BauNVO** Baumassenzahl, Baumasse

(1) Die Baumassenzahl gibt an, wieviel Kubikmeter Baumasse je Quadratmeter Grundstücksfläche im Sinne des § 19 Abs. 3 zulässig sind.

(2) Die Baumasse ist nach den Außenmaßen der Gebäude vom Fußboden des untersten Vollgeschosses bis zur Decke des obersten Vollgeschosses zu ermitteln. Die Baumassen von Aufenthaltsräumen in anderen Geschossen einschließlich der zu ihnen gehörenden Treppenräume und einschließlich ihrer Umfassungswände und Decken sind mitzurechnen. Bei baulichen Anlagen, bei denen eine Berechnung der Baumasse nach Satz 1 nicht möglich ist, ist die tatsächliche Baumasse zu ermitteln.

(3) Bauliche Anlagen und Gebäudeteile im Sinne des § 20 Absatz 4 bleiben bei der Ermittlung der Baumasse unberücksichtigt.

(4) Ist im Bebauungsplan die Höhe baulicher Anlagen oder die Baumassenzahl nicht festgesetzt, darf bei Gebäuden, die Geschosse von mehr als 3,50 m Höhe haben, eine Baumassenzahl, die das Dreieinhalbfache der zulässigen Geschossflächenzahl beträgt, nicht überschritten werden."

Bei der Ermittlung der Baumasse bleiben **Nebenanlagen**, Balkone, Loggien, Terrassen sowie bauliche Anlagen, die nach Landesrecht im Bauwich oder in den Abstandsflächen zulässig sind oder zugelassen werden können, unberücksichtigt (§ 21 Abs. 3 i.V.m. § 19 Abs. 4 und § 14 BauNVO).

Abb. 14: Baumassenzahl und Geschossfläche

Baumasse und Geschossfläche

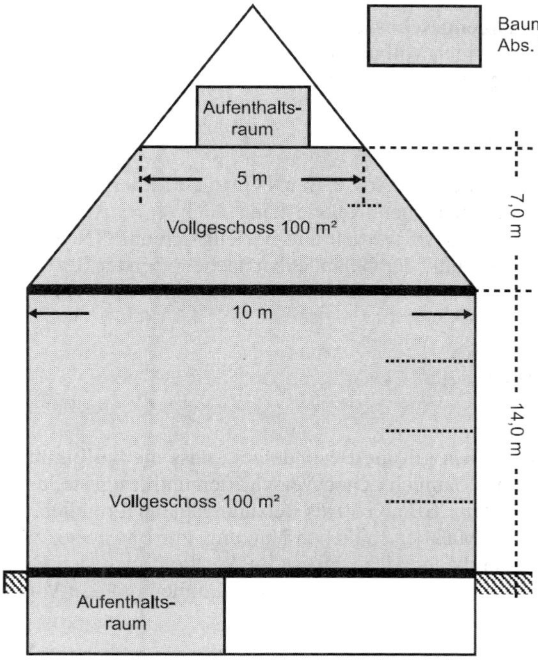

§ 21 Abs. 4 BauNVO:
Ist im Bebauungsplan
– die Höhe der baulichen Anlage oder
– die Baumassenzahl
nicht festgesetzt, darf bei Gebäuden, die Geschosse von mehr als 3,5 m Höhe haben, eine Baumassenzahl, die das Dreieinhalbfache der zulässigen GFZ beträgt, nicht überschritten werden.

Realisierte Baumasse (ohne Aufenthaltsräume in „Nicht Vollgeschossen")

Dachraum	
7,5 m × 10 m × 7 m =	525 m³
Hauptkörper	
100 m² × 14 m =	1 400 m³
zusammen	1 925 m³

Realisierte Geschossfläche

100 m² + 100 m² =	200 m²

Es gibt **kein allgemeingültiges Umrechnungsverhältnis zwischen der GFZ und der BMZ**, insbesondere nicht für bereits errichtete Gebäude. Im Rahmen einer baurechtlich zulässigen BMZ können nämlich die unterschiedlichsten Geschosshöhen realisiert werden. Von daher verbietet es sich, eine planungsrechtlich ausgewiesene BMZ unter Hinweis auf die Regelung des § 21 Abs. 4 BauNVO auf eine GFZ in der Weise umzurechnen, dass die ausgewiesene BMZ durch den Faktor 3,5 geteilt wird. **74**

Es handelt sich bei der Regelung des **§ 21 Abs. 4 BauNVO** um eine **gesetzliche „Kappungsgrenze"** für den Fall, dass eine Baumassenzahl nicht festgesetzt wurde und ein Vorhaben das städtebauliche Erscheinungsbild „sprengen" würde, wenn eine bauplanungsrechtlich zulässige GFZ i.V.m. Geschosshöhen von über 3,5 m realisiert werden soll. § 21 Abs. 4 BauNVO begrenzt im Ergebnis die für ein Vollgeschoss anzurechnende maßgebliche Höhe mittelbar auf 3,5 m. Wird indessen mit dem Bebauungsplan eine Baumasse festgesetzt, so können in diesem Rahmen – in Abhängigkeit von der Geschosshöhe – unterschiedliche Geschossflächen reali- **75** siert werden. Ein 14 m hoher Baukörper kann bei einer Geschosshöhe von 2,80 beispielsweise fünf Geschosse haben. Derselbe Baukörper kann aber auch nur ein Geschoss mit einer Geschosshöhe von 14 m haben. Daraus folgt, dass es keinen Umrechnungsfaktor von 3,5 zur Umrechnung der BMZ in eine GFZ gibt. Der Faktor lässt sich vor allem nicht auf bestehende Gebäude anwenden und insbesondere dann nicht, wenn Geschosshöhen von 3,50 m nicht realisiert worden sind.

2.4.6 Zahl der Vollgeschosse (Z)

▶ *Vgl. Rn. 45; Syst. Darst. des Vergleichswertverfahrens Rn. 244*

76 Nach § 20 Abs. 1 BauNVO gelten als Vollgeschosse solche Geschosse, die nach landesrechtlichen Vorschriften Vollgeschosse sind.

Die **Zahl der Vollgeschosse kann** nach § 16 Abs. 4 Satz 2 BauNVO auch als **zwingend festgesetzt werden.**

77 Nach § 21a Abs. 1 BauNVO sind **Garagengeschosse** oder ihre Baumasse in sonst anders genutzten Gebäuden auf die Zahl der zulässigen Vollgeschosse oder auf die zulässige Baumasse nicht anzurechnen, wenn der Bebauungsplan dies festsetzt oder als Ausnahme vorsieht.

2.4.7 Höhe der baulichen Anlagen

78 **Für die Höhe der baulichen Anlagen sind** § 18 Abs. 1 BauNVO die erforderlichen **Bezugspunkte zu bestimmen**. Die Höhe der baulichen Anlage kann nach § 16 Abs. 4 Satz 2 BauNVO auch als zwingendes Maß festgesetzt werden und bezieht sich auf NN oder einen anderen im Bebauungsplan festgesetzten Punkt der Geländeoberfläche. Oberster Bezugspunkt ist bei Gebäuden mit Satteldächern die Trauf- oder Firstlinie; bei Gebäuden mit Flachdächern die Wandoberkante.

2.4.8 Besonderheiten für Berlin

▶ *Vgl. Rn. 13*

79 Für den (ehemaligen) „Westteil“ von *Berlin* gilt die Besonderheit, dass die bei Inkrafttreten des BBauG vom 23.06.1960 bestehenden baurechtlichen Vorschriften und festgestellten städtebaulichen Pläne gemäß § 173 Abs. 3 Satz 1 BBauG 60 als Bebauungspläne fortgelten, soweit sie verbindliche Regelungen zu Art und Maß der baulichen Nutzung, zur Bauweise, zu überbaubaren Grundstücksflächen (usw.) enthalten. Danach ist im Westteil auch der **Baunutzungsplan** vom 21.12.1958[34] als übergeleiteter Bebauungsplan zusammen mit den Vorschriften der BauO Bln[35] 1958 mit heranzuziehen:

- Rechtsgrundlage des Baunutzungsplans ist § 12 des Gesetzes über die städtebauliche Planung im Land Berlin (Planungsgesetz[36]). Der Baunutzungsplan ist danach Teil des Generalbebauungsplans[37].
- Der **Generalbebauungsplan** zeigt nach § 12 Abs. 1 des Planungsgesetzes zur Vorbereitung aller Bebauungspläne und in Weiterführung des Flächennutzungsplans das Gesamtbild der Stadt, die Gliederung ihrer Masse und ihres Raumes sowie die Gliederung ihrer städtebautechnischen Einrichtungen und soll nach § 13 des Planungsgesetzes nach Bedarf u.a. Art und Maß der in Aussicht genommenen baulichen Nutzung darstellen.

---

34 Baunutzungsplan vom 21.12.1958 (ABl. 1959, 50) i.d.F. der Bekanntmachung vom 22.06.1961 (ABl. 1961, 742).
35 Bauordnung von Berlin i.d.F. vom 21.11.1958 (GVBl. 1958, 1087, 1104 – BO 58 –).
36 Planungsgesetz i.d.F. vom 22.03.1956 (GVBl. 1956, 272).
37 Vgl. Bekanntmachung des Senators für Bau- und Wohnungswesen vom 21.12.1958 – BauWohn II C 7 –, ABl. 1959, 50; Bekanntmachung des Senators für Bau- und Wohnungswesen vom 22.06.1961 – BauWohn II B 1 –, ABl. 1961, 742.

Die Zulässigkeit eines Vorhabens bestimmt sich nach den Festsetzungen des Baunutzungsplans i.V.m. den Vorschriften der BauO von Berlin (1958), wenn nach seiner Bekanntmachung kein rechtskräftiger oder zumindest planreifer Entwurf eines Bebauungsplans aufgestellt wurde und die Festsetzungen des Baunutzungsplans den Anforderungen an einen qualifizierten Bebauungsplan gemäß § 30 Abs. 1 BauGB entsprechen. In den übrigen Fällen bestimmt sich die Zulässigkeit eines Vorhabens nach § 34 BauGB.

Art und Maß der baulichen Nutzung einer im Baunutzungsplan ausgewiesenen Nutzung konkretisieren sich nach § 7 BauO von Berlin (1958). **80**

Einschlägig sind folgende Bestimmungen des § 7 BauO (Grundbestimmungen für die **Art der baulichen Nutzung** der Grundstücke):

- Nach Nr. 2 gelten die Regelungen des § 7 BauO i.V.m. dem Baunutzungsplan, wenn der Bebauungsplan hinsichtlich der baulichen Nutzung nicht alle zur Entscheidung über den Baugenehmigungsantrag erforderlichen Festsetzungen enthält.
- Nach Nr. 3 gelten die Regelungen des § 7 BauO i.V.m. dem Baunutzungsplan, wenn ein Bebauungsplan noch nicht vorliegt und eine Ausnahmebewilligung nach § 18 Abs. 2 des Planungsgesetzes erteilt wird.
- Nach Nr. 4 werden die **Baugebiete** unterschieden nach
  a) *Dorfgebiete*;
  b) *Wohngebiete*, und zwar
  aa) reine Wohngebiete
  bb) allgemeine Wohngebiete;
  c) *gemischte Gebiete*;
  d) *Arbeitsgebiete*, und zwar:
  aa) beschränkte Arbeitsgebiete
  bb) reine Arbeitsgebiete;
  e) *Kerngebiete*.
- Nach Nr. 5 sind in Baugebieten nur bauliche Anlagen, Betriebe und sonstige Einrichtungen zulässig, die der Bestimmung des betreffenden Baugebiets nach Art, Umfang und Zweck entsprechen und durch ihre Benutzung keine Nachteile oder Belästigungen verursachen können, die für die nähere Umgebung nicht zumutbar sind.
- Die in den Baugebieten zulässigen baulichen Anlagen, Betriebe und sonstige Einrichtungen werden in den Nrn. 6 bis 12 konkretisiert.
  Abkürzungen
  M_1 Flächen sind Bereiche mit Kerngebietscharakter und sehr hoher Ausnutzung bei nur geringer anteiliger Wohnnutzung
  M_2 Flächen sind Bereiche mit mischgebietstypischer Nutzung mit mittlerer baulicher Ausnutzung, die sich durch ein ausgewogenes Verhältnis von Dienstleistungs- und Wohnnutzung auszeichnet.

Das Maß der Nutzung in den Baugebieten ergibt sich nach § 7 Nr. 13 ff. BO aus der im Baunutzungsplan angegebenen **Baustufe**. Innerhalb der Baustufe bestimmt sich das Maß der baulichen Nutzung nach der bebaubaren Fläche des Baugrundstücks sowie der zulässigen Zahl der Vollgeschosse. In den beschränkten und reinen Arbeitsgebieten bestimmt sich das Maß der baulichen Nutzung jedoch nach der Baumassenzahl (m^3 umbauten Raumes je m^2 des Baugrundstücks); hiervon abweichend kann eine bauliche Nutzung jedoch im Rahmen der Geschossflächenzahl (m^2 der Summe der Flächen aller Vollgeschosse geteilt durch die Fläche des Baugrundstücks) zugelassen werden.

Abb. 15: Maß der baulichen Nutzung nach § 7 Nr. 15 BO Bln

In Baustufen	Geschosszahl	Bebaubare Fläche	Geschoss-flächenzahl	Baumassen-zahl
II/1	2	0,1	0,2	0,8
II/2	2	0,2	0,4	1,6
II/3	2	0,3	0,6	2,4
III/3	3	0,3	0,9	3,6
IV/3	4	0,3	1,2	4,8
V/3	5	0,3	1,5	6,0
6	–	0,6	–	8,4

81 In der höchsten *Baustufe V/3* ist gerade einmal eine maximale GFZ[38] von 1,5 (BMZ 7,2) zulässig, wenn nur Gebäude errichtet werden, die Wohnungen nicht enthalten; Wohnungen für Aufsichts- und Bereitschaftspersonal bleiben außer Betracht. In besonderen Fällen kann unter den gleichen Voraussetzungen eine bauliche Nutzung bis zu einer GFZ von 2,0 (BMZ 8,0) zugelassen werden.

Die *Baustufe 6* bleibt für reine und beschränkte Arbeitsgebiete vorbehalten. In den beschränkten und reinen Arbeitsgebieten der übrigen Baustufen darf die bebaubare Fläche

- in den *Baustufen II/1, II/2 und II/3* höchstens 0,4,
- in den *Baustufen III/3, IV/3 und V/3* höchstens 0,5

der Fläche des Baugrundstücks betragen.

Nach § 7 Nr. 16 BO gilt in den *Baustufen II/1 und II/2* die offene **Bauweise** und in den *Baustufen II/3 bis 6* die geschlossene Bauweise.

- Als **Baugrundstück** gilt nach § 7 Nr. 17 BO der hinter der Straßengrenze liegende Teil des Grundstücks. Soweit Vorgärten durch Straßenbegrenzungslinien oder Straßenfluchtlinien sowie durch zwingende Baulinien, Baugrenzen oder Baufluchtlinien festgelegt sind, werden sie bis zu einer Tiefe von 5 m – von der Straßenbegrenzungs- oder Straßenfluchtlinie an gemessen – abgezogen.
- Als **bebaute Fläche** gelten nach § 7 Nr. 18 BO die Grundstücksteile, die durch Baulichkeiten oder Bauteile jeder Art über der Erdoberfläche bebaut sind, ferner Licht- und Luftschächte bis 10 m² Größe. Dabei werden nicht berechnet: Gesimse und überhängende Dächer, die nicht über 1,15 m ausladen, Bedachungen von Aufzügen vor den Außenwänden, Grenzmauern, Grenzzäune, Notleitern nebst Podesten, unbedeckte Freitreppen und Terrassen bis 1,50 m Höhe über der Erdoberfläche, ferner bis zu 3 m² große Treppenvorbauten, Schutzdächer, Baulichkeiten zur Unterbringung von Kraftstoffen, Asche und Müll sowie Lauben und Bedürfnisanstalten.
- **Erker, Laubengänge und Balkone** werden nach § 7 Nr. 19 BO der bebauten Fläche zugerechnet, Erker jedoch nur mit dem Bruchteil aus der Anzahl der Geschosse (außer Kellergeschosse), in denen sie ausgeführt werden, und der zulässigen Anzahl der Vollgeschosse des Gebäudes selbst, Balkone nur mit der Hälfte dieses Bruchteils.
- **Baulichkeiten und Bauteile, die über die Straßengrenze vortreten**, werden nach § 7 Nr. 20 BO der bebauten Fläche zugerechnet.

38 Das Höchstmaß ist insbesondere in den dicht bebauten Innenstadtlagen eigentlich obsolet und Überschreitungen der GFZ, GRZ sowie der Zahl der Vollgeschosse werden regelmäßig im Wege des Dispenses mit der Verpflichtung von Ausgleichsmaßnahmen bzw. Befreiungsgebühren gewährt.

– Der **Berechnung der Geschossflächenzahl** sind nach § 7 Nr. 21 BO die Flächen der Vollgeschosse in sinngemäßer Anwendung der vorstehenden Ausführungen zugrunde zu legen. Werden Aufenthaltsräume in Nebengeschossen zugelassen, so sind sie einschließlich der zu ihnen führenden Treppenhäuser und einschließlich ihrer Umfassungswände mitzurechnen. Geschosse ohne Umfassungswände – mit Ausnahme von Kolonnaden, deren Grundflächen dem öffentlichen Verkehr gewidmet sind – sind ebenfalls mitzurechnen.

Annex: **Ausbaufähige Dachgeschosse**[39] werden auf dem Berliner Grundstücksmarkt mitunter mit 50 v.H. des Bodenwerts pro Quadratmeter Wohn- und Nutzfläche berücksichtigt: Bei einem Bodenwert von 700 000 €, einer Wohn- und Nutzfläche von rd. 1 400 m² und einem ausbaufähigen Dachgeschoss mit einer Nutzfläche von insgesamt rd. 260 m² ergibt sich beispielsweise:

700 000 € /1 400 m² =	500 €/m²
davon 50 v.H.:	250 €/m²

Dies ergibt bei einer Wohn- und Nutzfläche von 260 m² insgesamt einen Zuschlag von:

260 m² x 250 €/m² = 65 000 €

2.5 Bauweise

► *Vgl. § 2 ImmoWertV Rn. 47; Syst. Darst. des Vergleichswertverfahrens Rn. 245*

Die **Stellung der Baukörper auf dem Grundstück** wird durch Festsetzungen über die sog. Bauweise und die überbaubare Grundstücksfläche nach Maßgabe der §§ 22 und 23 BauNVO vorgeschrieben. **82**
Nach § 22 BauNVO (**Bauweise**) ist zu unterscheiden nach der

a) *offenen* Bauweise,

b) *geschlossenen* Bauweise und

c) *abweichenden* Bauweise.

Die genannte Vorschrift hat folgenden Inhalt:

„**§ 22 BauNVO** Bauweise

(1) Im Bebauungsplan kann die Bauweise als offene oder geschlossene Bauweise festgesetzt werden.

(2) In der **offenen Bauweise** werden die Gebäude mit seitlichem Grenzabstand als Einzelhäuser, Doppelhäuser oder Hausgruppen errichtet. Die Länge der in Satz 1 bezeichneten Hausformen darf höchstens 50 m betragen. Im Bebauungsplan können Flächen festgesetzt werden, auf denen nur Einzelhäuser, nur Doppelhäuser, nur Hausgruppen oder nur zwei dieser Hausformen zulässig sind.

(3) In der **geschlossenen Bauweise** werden die Gebäude ohne seitlichen Grenzabstand errichtet, es sei denn, dass die vorhandene Bebauung eine Abweichung erfordert.

(4) Im Bebauungsplan kann eine von Absatz 1 **abweichende Bauweise** festgesetzt werden. Dabei kann auch festgesetzt werden, inwieweit an die vorderen, rückwärtigen und seitlichen Grundstücksgrenzen herangebaut werden darf oder muss.“

39 Hierzu Bek. zum Ausbau von Dachräumen zu Wohnzwecken vom 02.11.1990 (ABl. 1990, 2220); IVD Spezialanalyse Dachgeschosswohnungen in Berlin, GuG 2007, 118.

Abb. 16: Bauweise

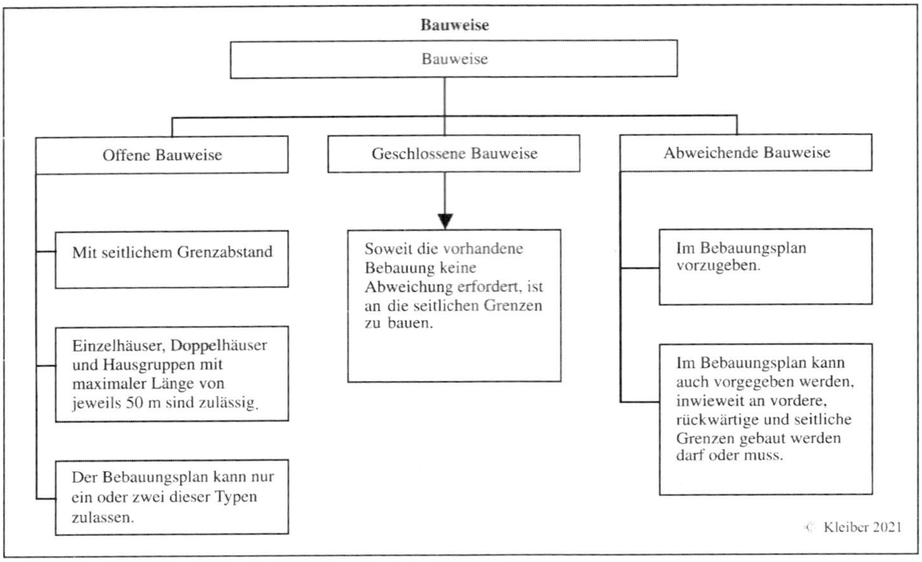

2.6 Überbaubare Grundstücksfläche

▶ *Vgl. zum Begriff des „Baugrundstückes" § 1 ImmoWertV Rn. 47*

83 Die überbaubare Grundstücksfläche[40] kann nach § 23 BauNVO festgesetzt werden durch

a) Baulinien,

b) Baugrenzen,

c) Bebauungstiefen und

d) außerhalb der überbaubaren Grundstücksflächen (Nebenanlagen).

„**§ 23 BauNVO** Überbaubare Grundstücksfläche

(1) Die überbaubaren Grundstücksflächen können durch die Festsetzung von Baulinien, Baugrenzen oder Bebauungstiefen bestimmt werden. § 16 Absatz 5 ist entsprechend anzuwenden.

(2) Ist eine **Baulinie** festgesetzt, so muss auf dieser Linie gebaut werden. Ein Vor- oder Zurücktreten von Gebäudeteilen in geringfügigem Ausmaß kann zugelassen werden. Im Bebauungsplan können weitere nach Art und Umfang bestimmte Ausnahmen vorgesehen werden.

(3) Ist eine **Baugrenze** festgesetzt, so dürfen Gebäude und Gebäudeteile diese nicht überschreiten. Ein Vortreten von Gebäudeteilen in geringfügigem Ausmaß kann zugelassen werden. Absatz 2 Satz 3 gilt entsprechend.

(4) Ist eine **Bebauungstiefe** festgesetzt, so gilt Absatz 3 entsprechend. Die Bebauungstiefe ist von der tatsächlichen Straßengrenze ab zu ermitteln, sofern im Bebauungsplan nichts anderes festgesetzt ist.

(5) Wenn im Bebauungsplan nichts anderes festgesetzt ist, können auf den nicht überbaubaren Grundstücksflächen **Nebenanlagen** im Sinne des § 14 zugelassen werden. Das Gleiche gilt für bauliche Anlagen, soweit sie nach Landesrecht in den Abstandsflächen zulässig sind oder zugelassen werden können."

Die Merkmale des § 23 BauNVO gelten auch in den **im Zusammenhang bebauten Gebieten** (vgl. § 3 ImmoWertV Rn. 208). Auch dort muss sich ein Vorhaben nach § 34 Abs. 1 Satz 1 BauGB in Bezug auf die „*Grundstücksfläche, die überbaut werden soll*" in die Eigenart der

40 Söfker in Ernst/Zinkahn/Bielenberg/Krautzberger, BauGB, § 34 BauGB Rn. 47.

näheren Umgebung einfügen[41]. Maßgeblich sind also die in der näheren Umgebung tatsächlich vorhandenen Baulinien, Baugrenzen und Bebauungstiefen.

Die „überbaubare Grundstücksfläche" gehört nach § 30 Abs. 1 BauGB zu den Mindestfestset- **84**
zungen eines qualifizierten Bebauungsplans. Sie ist zu unterscheiden von der zulässigerweise bebaubaren Grundfläche („zulässige Grundfläche" i.S. von § 19 BauNVO), die sich nach der GRZ bemisst. Mit der „überbaubaren Grundstücksfläche" wird das sog. „**Baufenster**" vorgegeben, in dem das Grundstück mit der „zulässigen Baufläche" bebaubar ist (Abb. 13).

Abb. 17: Baufenster

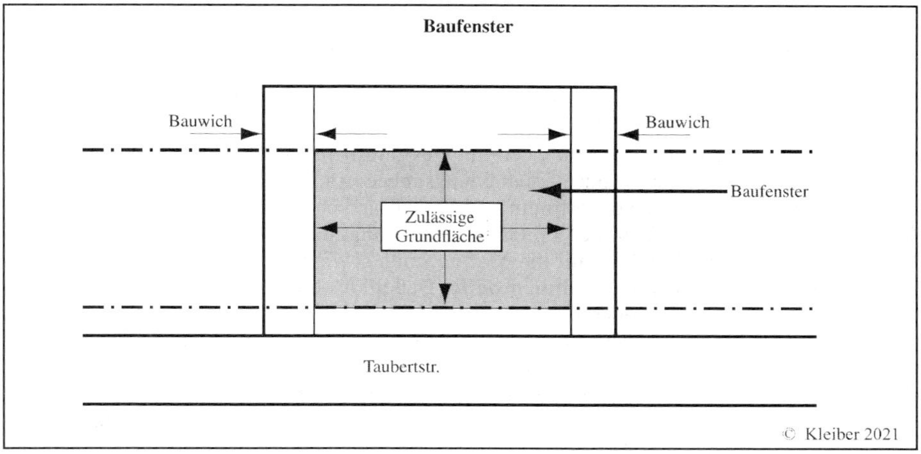

2.7 Abstandstiefe

Die zwischen den Außenwänden von Gebäuden und der Grundstücksgrenze freizuhaltende **85**
Abstandsfläche ergibt sich für Gebiete mit oder ohne Bebauungsplan grundsätzlich aus der jeweiligen Landesbauordnung. Im Bebauungsplan kann nach § 9 Abs. 1 Nummer 2a BauGB ein vom bauordnungsrechtlichen „Maß der Tiefe der Abstandsfläche" (Abstandstiefe) abweichendes größeres als auch kleineres Maß aus städtebaulichen Gründen festgesetzt werden.

2.8 Im Zusammenhang bebaute Ortsteile nach § 34 BauGB

Schrifttum: *Bienek, H.*, Zulässigkeit von Vorhaben im unbeplanten Innenbereich, GuG 2017, 162.

▶ *Rn. 50; hierzu auch § 3 ImmoWertV Rn. 208 ff.; Syst. Darst. des Vergleichswertverfahrens Rn. 215, 218 ff.; Teil V Rn. 603 ff., 617*

In den „im Zusammenhang bebauten Ortsteilen" (**unbeplanter Innenbereich**) nach § 34 **86**
BauGB bestimmt sich Art und Maß der baulichen Nutzung eines Grundstücks (nach) dem, was **sich nach Art und Maß der baulichen Nutzung, der Bauweise und der Grundstücksfläche,** die überbaut werden soll, **in die Eigenart der näheren Umgebung einfügt und wo die Erschließung gesichert ist.**

Die **vorhandene Bebauung** ersetzt zusammen mit den „Regeln" des § 34 BauGB die Festsetzungen eines Bebauungsplans über Art und Maß der baulichen Nutzung.

41 Zum Begriff „Grundstücksfläche, die überbaut werden soll" vgl. BVerwG, Urt. vom 21.11.1980 – 4 B 142/80 –, BRS Bd. 36 Nr. 65 = EzGuG 4.74b.

2.9 Außenbereich nach § 35 BauGB

Schrifttum: *Deventer,* Probleme der Zulässigkeit des Bauens im Außenbereich nach § 35 BauGB, JA 1986, 413.

▶ *Weiteres zum Außenbereich vgl. § 3 ImmoWertV Rn. 135, 195 ff., 231 ff.; § 40 ImmoWertV Rn. 226*

87 Zum Außenbereich i.S. des § 35 BauGB gehören alle Grundstücke, die außerhalb des Geltungsbereichs eines *qualifizierten* Bebauungsplans und außerhalb der im Zusammenhang bebauten Ortsteile (§ 34 BauGB) liegen.

Sie ist darauf ausgerichtet, den Außenbereich grundsätzlich von einer Bebauung freizuhalten.

2.10 Sanierungsgebiete und städtebauliche Entwicklungsbereiche

▶ *Vgl. Vorbem. zur ImmoWertV Rn. 74; § 2 ImmoWertV Rn. 19; § 3 ImmoWertV Rn. 121 ff.; § 15 ImmoWertV Rn. 20; § 40 ImmoWertV Rn. 149 sowie Teil VI Rn. 394 ff., 460 ff. und Rn. 603*

88 In Sanierungsgebieten und städtebaulichen Entwicklungsbereichen wird als Verkehrswert der dort maßgebliche sanierungs- oder entwicklungsunbeeinflusste Grundstückswert ermittelt; d.h., der Entwicklungszustand bestimmt sich grundsätzlich nach dem **Zustand, den das Grundstück** (auch bei Aufgabe der militärischen Nutzung) **unter Ausschluss von Werterhöhungen aufgrund der Aussicht auf die Maßnahmen sowie die Vorbereitung und Durchführung der anstehenden Maßnahmen hätte**. Dabei können die vorstehenden Grundsätze zur Anwendung kommen, jedoch darf dabei allerdings insbesondere nicht die Werterhöhung aufgrund eines Sanierungs- oder Entwicklungsmaßnahmebebauungsplans in die Verkehrswertermittlung eingehen. Maßgebend sind also allein die rechtliche Qualität und der tatsächliche Zustand des Grundstücks (ggf. nach Aufgabe der militärischen Nutzung) zu dem Zeitpunkt, als eine Aussicht auf Vorbereitung und Durchführung der genannten städtebaulichen Veranstaltungen nicht bestehen konnte. Allgemeine Erwartungen und die allgemeinen Situationsverhältnisse, die auch ohne eine Sanierungs- bzw. Entwicklungsmaßnahme bestehen würden, sind hingegen zu berücksichtigen.

2.11 Sonstige öffentlich-rechtliche und privatrechtliche Vorschriften

▶ *Zu Schutzzonen vgl. Rn. 228 ff.; zum Denkmalschutz vgl. § 8 ImmoWertV Rn. 373; § 40 ImmoWertV Rn. 212; vgl. umfassend zum Denkmalschutz die Erläuterungen Teil V Rn. 567 ff.; zu städtebaulichen Erhaltungssatzungen vgl. Teil VI Rn. 897 ff.*

89 Art und Maß der baulichen Nutzung bestimmen sich nicht nur nach den vorgestellten bauplanungsrechtlichen Vorschriften[42]. § 6 Abs. 1 ImmoWertV hebt ausdrücklich „die *sonstigen Vorschriften*" hervor und schließt damit auch privatrechtliche Vorschriften ein.

Dies können z.B. sein

- die Regelungen des **Denkmalschutzes,** die einem Rückbau der baulichen Anlage entgegenstehen, unabhängig davon, ob mit dem vorhandenen Gebäude das bauplanungsrechtlich zulässige Maß der baulichen Nutzung unter- oder überschritten wird,
- Regelungen über **Abstandsflächen** an Verkehrsstraßen sowie über **Schutzzonen**,
- **Zweckentfremdungsverbote** und vieles mehr.

90 Aus dem *privatrechtlichen Bereich* sind insbesondere hervorzuheben:

- bestehende Mietverhältnisse (wohnungs- und mietrechtliche Bindungen),
- Grunddienstbarkeiten, z.B. ein die Bebauung eines Grundstücks verhinderndes Aussichtsrecht, Leitungsrecht, Wegerecht und vieles mehr.

---

42 Zur Berücksichtigung obsoleter Bebauungspläne vgl. § 3 ImmoWertV Rn. 180.

2.12 Bestandsschutz

Schrifttum: *Mampel, D.*, Verkehrte Eigentumsordnung – Das Unwesen des verfassungsunmittelbaren Bestandsschutzes, ZfBR 2002, 327; *Sendler*, NVwZ 1990, 231.

▶ *Vgl. Zu „Schwarzbauten" § 2 ImmoWertV Rn. 37, § 3 ImmoWertV Rn. 191 ff., 209, 243, 253; § 40 ImmoWertV Rn. 186 sowie Teil VI Rn. 759*

Im Falle einer Abweichung der tatsächlichen Nutzung von der bauplanungsrechtlichen Nutzbarkeit ist es regelmäßig geboten, den Bestandsschutz bei der Verkehrswertermittlung zu berücksichtigen. **91**

Unter dem Bestandsschutz versteht man – abgeleitet aus Art 14 Abs. 1 GG – den **Schutz einer in Übereinstimmung mit dem materiellen Recht errichteten bauliche Anlage, die nach ihrer Errichtung über einen wesentlichen Zeitraum dem materiellen Recht entsprochen hat** und demzufolge genehmigungsfähig war. Der Bestandsschutz dient dem Erhalt einer bestehenden baulichen Anlage[43]. Eine nicht mehr funktionsfähige bauliche Anlage, eine Ruine oder gar ein Trümmerhaufen genießen mithin keinen Bestandsschutz[44]. An rechtmäßig bestehenden baulichen Anlagen können nachträgliche Anforderungen nur insoweit gestellt werden, wie dies zur Abwehr von Gefahren für Leben und Gesundheit oder von schweren Nachteilen für die Allgemeinheit notwendig ist[45].

Militärische Anlagen (Verteidigungsanlagen) verlieren mit der endgültigen Aufgabe ihrer Nutzung (Entprivilegierung) ihren Bestandsschutz[46].

Man unterscheidet zwischen

a) dem einfachen bzw. *passiven* Bestandsschutz und

b) dem erweiterten bzw. *aktiven* Bestandsschutz.

Der ***einfache* Bestandsschutz** berechtigt den Eigentümer, ein Bauwerk zu erhalten und weiterhin zu nutzen, auch wenn sich die Rechtslage zwischenzeitlich geändert hat und die Nutzung hiernach unzulässig ist. Er bewahrt ein Gebäude vor Anforderungen, die sich durch eine Änderung der Rechtslage ergeben haben. **92**

Der ***erweiterte* Bestandsschutz** berechtigt den Eigentümer, ein materiell zulässigerweise errichtetes Bauwerk instand zu halten, instand zu setzen und zu erweitern, selbst wenn die Maßnahmen einer baurechtlichen Genehmigung (Zulassung) bedürfen. Der Anspruch auf Erteilung einer Baugenehmigung für eine mittlerweile eigentlich unzulässige Maßnahme soll allerdings nicht gegeben sein[47]. **93**

---

43 BVerwG, Urt. vom 12.12.1975 – 4 C 71/73 –, BVerwGE 50, 49 = EzGuG 8.46; BVerwG; Urt. vom 23.01.1981 – 4 C 82/77 –, BVerwGE 61, 285; BVerwG, Urt., vom 03.02.1984 – 4 C 25/82 –, BVerwGE 68, 360 = EzGuG 4.98a; BVerwG, Urt. vom 17.01.1986 – 4 C 80/82 –, BVerwGE 72, 362 = EzGuG 3.69c.

44 BVerwG, Urt. vom 24.10.1980 – 4 C 81/77 –, BVerwGE 61,112; BVerwG, Urt. vom 17.01.1986 – 4 C 80/82 –, NJW 1986, 2126 = EzGuG 3.69c; BVerwG, Urt. vom 31.10.1990 – 4 C 45/88 –, BauR 1991, 55 = EzGuG 9.75.

45 Vgl. § 58 Abs. 6 bzw. § 76 Musterbauordnung.

46 OVG Lüneburg, Urt. vom 21.01.2000 – 1 L 4202/99 –, BauR 2000, 1030 = EzGuG 4.175c

47 Dürr/Leven/Speckmaier, Baurecht, 15. Aufl. Baden-Baden 2015; Dürr VBlBW 2000, 457.

3 Besondere Gebietsfestsetzungen im Bebauungsplan

3.1 Übersicht

94 Die Regelungen des **§ 9 BauGB** über die Möglichkeiten der Festsetzungen in den Bebauungsplänen sehen u.a. in **Abs. 1 Nr. 7 und 8** vor, dass im Bebauungsplan festgesetzt werden können:

„7. die Flächen, auf denen ganz oder teilweise nur Wohngebäude, die mit Mitteln des sozialen Wohnungsbaus *(soziale Wohnraumförderung)* gefördert werden können, errichtet werden dürfen;

8. einzelne Flächen, auf denen ganz oder teilweise nur Wohngebäude errichtet werden dürfen, die für Personengruppen mit besonderem Wohnbedarf bestimmt sind; …“

95 Darüber hinaus können nach § 9 Abs. 2d BauGB für im Zusammenhang bebaute Ortsteile (§ 34 BauGB) in einem Bebauungsplan besondere Festsetzungen getroffen werden, die der Wohnraumversorgung dienen (**sektorale Bebauungspläne**). Es können insbesondere Flächen festgesetzt werden, auf denen nur Gebäude errichtet werden dürfen

a) bei denen einzelne oder alle Wohnungen die baulichen Voraussetzungen für eine Förderung mit Mitteln der sozialen Wohnraumförderung erfüllen, oder

b) auf denen nur Gebäude errichtet werden dürfen, bei denen sich ein Vorhabenträger hinsichtlich einzelner oder aller Wohnungen dazu verpflichtet, die zum Zeitpunkt der Verpflichtung geltenden Förderbedingungen der sozialen Wohnraumförderung, insbesondere die Miet- und Belegungsbindung, einzuhalten, und die Einhaltung dieser Verpflichtung in geeigneter Weise sichergestellt wird.

a) bei denen einzelne oder alle Wohnungen die baulichen Voraussetzungen für eine Förderung mit Mitteln der sozialen Wohnraumförderung erfüllen, oder

b) auf denen nur Gebäude errichtet werden dürfen, bei denen sich ein Vorhabenträger hinsichtlich einzelner oder aller Wohnungen dazu verpflichtet, die zum Zeitpunkt der Verpflichtung geltenden Förderbedingungen der sozialen Wohnraumförderung, insbesondere die Miet- und Belegungsbindung, einzuhalten und die Einhaltung dieser Verpflichtung in geeigneter Weise sichergestellt wird.

3.2 Soziale Wohnraumförderung (Sozialer Wohnungsbau)

▶ *Vgl. § 6 ImmoWertV Rn. 91, § 27 ImmoWertV Rn. 22, § 31 ImmoWertV Rn. 51; § 32 ImmoWertV Rn. 51, Rn. 135, § 46 ImmoWertV Rn. 147; Teil V Rn. 11; Teil VI Rn. 479*

96 Nach § 9 Abs. 1 Nr. 7 BauGB können im Bebauungsplan aus städtebaulichen Gründen einzelne Flächen festgesetzt werden, auf denen ganz oder teilweise nur Wohngebäude, die mit Mitteln der sozialen Wohnraumförderung gefördert werden können, errichtet werden dürfen. Die Vorschrift stellt im Kern eine Vorschrift dar, die **lediglich Einschränkungen bezüglich Größe der Wohnungen, Grundrissgestaltung und Ausstattung** der Gebäude vorgibt, ohne dass damit ein Anspruch auf Gewährung öffentlicher Mittel oder eine Verpflichtung zur Inanspruchnahme solcher Mittel verbunden ist (vgl. §§ 2, 7, 9 bis 17, 39 bis 41 II. WoBauG). Aus der Festsetzung folgt weder eine Pflicht für den Eigentümer oder Bauherrn, solche Mittel in Anspruch zu nehmen, noch begründet sie den Anspruch auf Bereitstellung von Wohnungsbauförderungsmitteln[48]. Dies alles verbleibt in der Entscheidung des Bauherrn sowie der fördernden Stelle. Im Ergebnis wird mit dieser Festsetzung zunächst lediglich die bauliche Gestaltungsfreiheit eingeschränkt, die im Hinblick auf die künftigen Bewohner des Gebiets nicht nur baulich das „Milieu“ des Gebiets mitbestimmt.

---

48 BVerwG, Beschl. vom 17.12.1992 – 4 N 2/91 –, BVerwGE 91, 318 = GuG 1993, 184 = EzGuG 3.109b.

Werden solche Mittel in Anspruch genommen, so ist damit keineswegs eine für den Bodenwert bedeutsame Ertragseinbuße verbunden, denn der damit einhergehenden Mietpreisbegrenzung stehen in aller Regel **Zinsvorteile aus verbilligten Darlehen** gegenüber, die für den Eigentümer letztlich Erträge darstellen. Sind die Darlehensvorteile größer als die Nachteile aus der Mietpreisbegrenzung, so könnte daraus gefolgert werden, dass dies dann auch auf die Bodenpreisbildung „durchschlägt“. Eine von vergleichbaren Gebieten (ohne Festsetzung nach § 9 Abs. 1 Nr. 7 BauGB) abweichende Bodenpreisbildung konnte bislang allerdings nicht nachgewiesen werden. Zwar ist der in der **Rechtsprechung zum GNotKG** (zuvor KostO) herausgestellten Feststellung zuzustimmen, dass eine **Festsetzung für den sozialen Wohnungsbau** (soziale Wohnraumförderung) **zu einem „eingeschränkten Interessentenkreis“ führt,** jedoch folgt hieraus auch nicht zwangsläufig, dass dies zu Wertminderungen oder aber Werterhöhungen führt. Es ist ein „anderer“ Teilmarkt[49]. **97**

Jedes Grundstück ist entsprechend seiner Qualität einem besonderen **Teilmarkt** mit einem grundstücksspezifischen Käuferkreis zurechenbar. Es kommt bei alledem letztlich auf die mit der Festsetzung nach § 9 Abs. 1 Nr. 7 BauGB einhergehende Ertragsfähigkeit (insgesamt) an, um aus dieser Festsetzung eine wertmindernde oder werterhöhende Wirkung ableiten zu können. **98**

3.3 Personengruppen mit besonderem Wohnbedarf

3.3.1 Allgemeines

▶ *Teil VI Rn. 479*

Nach § 9 Abs. 1 Nr. 8 BauGB können im Bebauungsplan Flächen für bestimmte Personengruppen ausgewiesen werden, beispielsweise für Personen mit geringem Einkommen. Die Vorschrift zielt – vergleichbar mit § 9 Abs. 1 Nr. 7 BauGB – auf eine bestimmte bauliche Gestaltung der in dem Gebiet zu errichtenden Gebäude ab: **99**

- Geschossigkeit,
- Wohnungsgröße,
- Raumaufteilung,
- Außenanlagen,
- artspezifische Zugänglichkeit usw. **(personenbezogene Flächen).**

Es geht dabei i.d.R. um einen atypischen Wohnbedarf einer objektivierbaren bestimmten Personen-gruppe, z.B. nach Geschlecht, Alter, Einkommen sowie sozialen und soziologischen Gesichtspunkten (Behinderte, Studenten, Großfamilien)[50]. Ob sich aus einer Festsetzung nach § 9 Abs. 1 Nr. 8 BauGB ein gegenüber vergleichbaren Gebieten (ohne eine solche Festsetzung) geminderter oder erhöhter Wert ergibt, hängt von der Konkretisierung der Festsetzung und deren Auswirkungen auf die Ertragsfähigkeit ab. Er-fahrungs-werte liegen hierzu nicht vor. **100**

Im Unterschied zu der Festsetzung i.S. des § 9 Abs. 1 Nr. 7 BauGB für den sozialen Wohnungsbau (soziale Wohnraumförderung) muss sich die **Festsetzung i.S. der Nr. 8 für Personengruppen mit besonderem Wohnbedarf** zur Vermeidung von Ghettobildungen auf einzelne Flächen beschränken. Dies entspricht dem Planungsgrundsatz des § 1 Abs. 5 Nr. 2 BauGB, nach dem einseitige Bevölkerungsstrukturen vermieden werden müssen. Personengruppen i.S. der Vorschrift sind insbesondere alte Menschen, Behinderte, Gastarbeiter, Stu-

49 LG München I, Beschl. vom 28.01.1999 – 13 T 10870/98 –, JurBüro 1999, 320 = EzGuG 14.132.
50 BVerwG, Beschl. vom 17.12.1992 – 4 N 2/91 –, BVerwG 91, 318 = GuG 1993, 180 = EzGuG 3.109b; BVerwG, Urt. vom 11.02.1993 – 4 C 18/91 –, GuG 1993, 250 = EzGuG 12.115.

denten und Sanierungsverdrängte. Die Personengruppe muss in der Festsetzung genau bezeichnet werden.

101 Nach § 9 Abs. 2d Satz 1 Nr. 1 BauGB können „Flächen, auf denen Wohngebäude errichtet werden dürfen“, festgesetzt werden. Als Wohngebäude gilt ein Gebäude, das überwiegend dem Wohnen dient, d.h., andere Nutzungszwecke sind parallel zulässig, müssen sich aber unterordnen. Weitere Festsetzungsmöglichkeiten ergeben sich aus § 9 Abs. 2d Satz 1 Nr. 2 und Nr. 3 BauGB. Hiernach dürfen Flächen festgesetzt werden, auf denen nur Gebäude errichtet werden dürfen, bei denen einzelne (oder alle) Wohnungen die baulichen Voraussetzungen für eine Förderung mit Mitteln der sozialen Wohnraumförderung erfüllen (Nr. 2) oder bei denen sich der Vorhabenträger hinsichtlich einzelner (oder aller) Wohnungen dazu verpflichtet, die Förderbedingungen der sozialen Wohnraumförderung einzuhalten, und dies in geeigneter Weise sicherstellt (Nr. 3). Auch hiernach sind andere Nutzungszwecke neben dem Wohnen vorstellbar.

102 Die Festsetzung i.S. des § 9 Abs. 1 Nr. 8 BauGB kann durch **Festlegung eines bestimmten Prozentsatzes des in Betracht kommenden Personenkreises** erfolgen, der im Rahmen der Baugenehmigung durch Auflagen oder aber durch Baulasten bzw. im Wege der Begründung von Dienstbarkeiten zur Durchsetzung gelangt.

3.3.2 Flüchtlingsunterkunft (Asylantenheim)

Schrifttum: *Peetz, St.*, Wertermittlung von Flüchtlingsunterkünften, GuG 216, 277; *Werling, U.*, Bewertung von Gemeinschaftsunterkünften für Flüchtlinge und Asylbegehrende, GuG 2016, 1; Abgeordnetenhaus Berlin Drs. 18/2045 vom 25.07.2019.

103 Nach § 1 Abs. 6 Nr. 12 BauGB sind u.a. die Belange von Flüchtlingen oder Asylbegehrenden und ihrer Unterbringung bei der Aufstellung der Bauleitpläne aus Gründen des Allgemeinwohls zu berücksichtigen[51]. Darüber hinaus kann nach § 31 Abs. 2 BauGB von den Festsetzungen des Bebauungsplans befreit werden, wenn die Grundzüge der Planung nicht berührt werden und Gründe des Wohls der Allgemeinheit, einschließlich der Wohnbedürfnisse der Bevölkerung und des Bedarfs zur Unterbringung von Flüchtlingen oder Asylbegehrenden, die Befreiung erfordern. Die betroffenen Flächen sind dann als „Bauland“ zu qualifizieren, denn Anlagen zur Unterbringung von Flüchtlingen und Asylbegehrenden sind bauplanungsrechtlich regelmäßig **Anlagen für soziale Zwecke mit wohnähnlichem Charakter**; vgl. im Übrigen die befristeten Sonderregelungen für Flüchtlingsunterkünfte gemäß § 246 Abs. 8 ff. BauGB. So können nach § 246 Abs. 10 BauGB **Asylbewerberunterkünfte in einem Gewerbegebiet** nicht als wesensfremd angesehen werden: Nach dem am 26.11.2014 in Kraft getretenen § 246 Abs. 10 Satz 1 BauGB (BGBl. I 2014, 1748) kann bis zum 31.12.2019 in Gewerbegebieten für Aufnahmeeinrichtungen, Gemeinschaftsunterkünfte oder sonstige Unterkünfte für Flüchtlinge oder Asylbegehrende von den Festsetzungen des Bebauungsplans befreit werden, wenn an dem Standort Anlagen für soziale Zwecke als Ausnahme zugelassen werden können oder allgemein zulässig sind und die Abweichung auch unter Würdigung nachbarlicher Interessen mit öffentlichen Belangen vereinbar ist; gleiches gilt für faktische Gewerbegebiete i.S. von § 34 Abs. 2 BauGB i.V.m. § 8 BauNVO[52].

104 Ist im Bebauungsplan eine Wohnnutzung festgesetzt, ist nach §§ 3 und 4 BauNVO jede Form der Wohnnutzung zulässig, die mit der baulichen Ausgestaltung des Gebäudes in Einklang steht. Dazu gehört auch das Zusammenleben von einzelnen Flüchtlingen oder von Flüchtlingsfamilien in derselben Wohnung[53] ebenso wie bei studentischen Wohngemeinschaften, Wohngemeinschaften mit mehreren Arbeitnehmern oder mit älteren Menschen[54]. Der Dauerhaftig-

---

51 VG Ansbach, Beschl. vom 02.06.2015 – AN 3 E 14.01953 –; VG Ansbach, Urt. vom 09.10.2014 – AN 9 K 14.00830 –.

52 BVerwG, Urt. vom 15.11.2018 – 4 B 2/18 –, ZfBR 2019, 158.

53 VGH Kassel, Beschl. vom 03.03.2016 – 4 B 403/16 –, DÖV 2016, 618 = EzGuG.

54 OVG Lüneburg, Beschl. vom 18.09.2015 – 1 ME 126/15 –.

keit der Wohnnutzung[55] steht angesichts der zu erwartenden längeren Dauer von Verfahren zur Anerkennung als Asylberechtigte, als Flüchtlinge oder als subsidiär Schutzberechtigte nicht entgegen, dass die Bewohner voraussichtlich nur für die Dauer ihres Anerkennungsverfahrens in den Wohnungen verbleiben werden.

3.3.3 Weitere Gebietsfestsetzungen

Nach § 201a BauGB werden die Landesregierungen ermächtigt, durch Rechtsverordnung **Gebiete mit einem angespannten Wohnungsmarkt** zu bestimmen (sog. Awoma-Gebiete; vgl. § 31 ImmoWertV Rn. 47). 105

3.4 3.4 Baurecht auf Zeit

Schrifttum: *Krautzberger, M.*, Bodenschutz und Baurecht auf Zeit im Außenbereich, UPR 2010, 81; *Battis/Krautzberger/Löhr*, BauGB, Komm., 2011, S. 198, Rn. 7 ff. und S. 235, Rn. 98 ff.; *Berkemann/Halama*, Erstkommentierung zum BauGB 2004, S. 246 ff.

Nach § 9 Abs. 2 BauGB kann in besonderen Fällen im Bebauungsplan festgesetzt werden, dass bestimmte der in ihm festgesetzten baulichen und sonstigen Nutzungen und Anlagen nur 106

1. für einen bestimmten Zeitraum zulässig oder
2. bis zum Eintritt bestimmter Umstände zulässig oder unzulässig sind.

Die Folgenutzung soll dabei jeweils festgesetzt werden.

Des Weiteren ist mit § 35 Abs. 5 Satz 2 BauGB für Außenbereichsvorhaben eine **Rückbauverpflichtung** bei bestimmten privilegierten Vorhaben eingeführt worden.

3.5 Fremdnützige Festsetzungen

▶ *Vgl. § 3 ImmoWertV Rn. 282 ff.; Syst. Darst. des Vergleichswertverfahrens Rn. 211; Teil VI Rn. 170, 479*

Fremdnützige Festsetzungen sind Festsetzungen des Bebauungsplans, die die Nutzbarkeit eines Grundstücks zugunsten anderer beeinträchtigen (insbesondere die Festsetzung von Flächen für den Gemeinbedarf; Verkehrs-, Versorgungs- und Grünflächen; Flächen zum Schutz, zur Pflege und zur Entwicklung von Boden; Natur und Landschaft, § 40 Abs. 1 BauGB) und den Anspruch auf Entschädigung von Vermögensnachteilen bis hin zur Übernahme der Flächen auslösen können, wenn und soweit es den Betroffenen mit Rücksicht auf die Festsetzung oder Durchführung des Bebauungsplans wirtschaftlich nicht mehr zuzumuten ist, das Grundstück zu behalten oder es in der bisherigen oder einer anderen zulässigen Art zu nutzen. 107

4 Beitragsrechtlicher Zustand (§ 5 Abs. 2 ImmoWertV)

▶ *Vgl. § 2 ImmoWertV Rn. 21; § 8 ImmoWertV Rn. 45; § 40 ImmoWertV Rn. 4; zur Berücksichtigung von Abgaben und Beiträgen vgl. Syst. Darst. des Vergleichswertverfahrens Rn. 227, 318 ff.; Syst. Darst. des Ertragswertverfahrens Rn. 142 ff., 242*

Für die Höhe des Verkehrswerts kommt es nicht allein auf die tatsächlichen Zustandsmerkmale des Grundstücks an. Daneben muss nach § 2 Abs. 3 Nr. 4 ImmoWertV stets geprüft werden, ob und vor allem von wem grundstücksbezogene **öffentlich-rechtliche Beiträge und sonstige nichtsteuerliche Abgaben bzw. beitragsähnliche Abgaben (Ausgleichsbeträge nach § 154 BauGB)** noch zu entrichten sind. 108

---

55 BVerwG, Beschl. vom 25.03.1996 – 4 B 302/95 –, BRS Bd. 58 Nr. 56 = EzGuG 3.119e, BVerwG, Urt. vom 17.12.1998 – 4 C 16/97 –, BVerwGE 108, 190.

109 Für den beitragsrechtlichen Zustand des Grundstücks ist nach § 2 Abs. 3 Nr. 4 ImmoWertV die Pflicht zur Entrichtung von nicht steuerlichen Abgaben maßgebend. „Abgaben" ist der Oberbegriff für Steuern, Gebühren und Beiträge, jedoch sind Steuern (i.S. der Definition des § 3 Abs. 1 AO) ausdrücklich mit § 2 Abs. 3 ImmoWertV ausgenommen.

a) **Beiträge** sind nichtsteuerliche Abgaben, die durch den Aufwandsersatz für bestimmte Leistungen und die Vorteilsverschaffung für bestimmte Personen gekennzeichnet sind.

b) **Gebühren** sind nach § 3 Abs. 1 des Verwaltungskostengesetzes (VwKostG) des Bundes gesetzliche oder aufgrund eines Gesetzes festgelegte Entgelte für die Inanspruchnahme oder Leistung der öffentlichen Verwaltung; damit unterscheiden sie sich von den Steuern, die nicht im Zusammenhang mit einer konkreten Gegenleistung stehen.

c) **Auslagen** sind Aufwendungen, die eine Behörde im Interesse einer kostenpflichtigen Amtshandlung als Zahlung an Dritte zu leisten hat[56], wobei zur Vermeidung gesonderter Berechnungen der Auslagen die Kosten der Auslagen in die Gebühr einbezogen werden können.

110 Bei der Feststellung des „abgabenrechtlichen Zustands" geht es nicht nur um Beiträge (insbesondere den Erschließungsbeitrag), sondern auch um grundstücksbezogene Sonderabgaben und beitragsähnliche Abgaben (insbesondere den Kostenerstattungs- und Ausgleichsbetrag nach den §§ 135a und 154 BauGB); zu alledem vgl. Syst. Darst. des Vergleichswertverfahrens Rn. 318 ff.

111 Unter die Regelung des § 2 Abs. 3 Nr. 3 ImmoWertV fallen indessen nicht die üblicherweise **beim Erwerb eines Grundstücks anfallenden Gebühren** (für Teilungsgenehmigungen, Grundbucheintragungen) sowie Notariats- und Vermessungskosten. Bei Anwendung des Vergleichswertverfahrens gehen derartige Gebühren und Kosten bereits in die Vergleichspreise ein. Soweit es sich um besondere aus Anlass des Erwerbs oder der Veräußerung entstandene Entgelte handelt, die von den üblicherweise vertraglich vereinbarten Entgelten abweichen, gilt dieser Umstand nach § 9 Abs. 2 ImmoWertV als „ungewöhnliche oder persönliche Verhältnisse", die grundsätzlich unberücksichtigt bleiben müssen.

112 Ist von einem Gemeinwesen eine besondere grundstücksbezogene Leistung, z.B. die Erschließung eines Grundstücks i.S. der §§ 123 ff. BauGB oder die Sanierung eines Gebiets nach Maßgabe des besonderen Sanierungsrechts der §§ 136 bis 156 BauGB, erbracht worden, so weist das Grundstück nach seinen tatsächlichen Zustandsmerkmalen eine entsprechend höherwertige Qualität auf. Eine entsprechende Werterhöhung tritt aber erst ein, wenn der dafür zu entrichtende Beitrag auch tatsächlich entrichtet worden ist. Das „erschlossene" Grundstück ist bis dahin erschließungsbeitragspflichtig (ebpf) zu bewerten. Ausgehend von dem Wert eines erschließungsbeitragsfreien (ebf) Grundstücks lässt sich der **Verkehrswert** grundsätzlich durch Abzug des vom Eigentümer oder **im Falle der Veräußerung des Grundstücks vom Erwerber (noch) aufzubringenden Beitrags** ermitteln. Jeder vernünftige Erwerber muss nämlich bei der Kaufpreisbemessung den Betrag in Rechnung stellen, den er als künftiger Eigentümer (noch) zu entrichten hat, es sei denn, dies wird vom Veräußerer vertraglich übernommen oder die Beitragspflicht verbleibt nach den gesetzlichen Bestimmungen bei dem bisherigen Eigentümer.

113 Erst wenn der Beitragspflichtige nach Maßgabe der einschlägigen Bestimmungen feststeht, ist eine neue Situation gegeben:

a) Unproblematisch sind die Fälle, in denen der Beitragspflichtige einen fällig gestellten **Beitrag entrichtet** hat. In diesen Fällen kann von einem beitrags- und abgabenrechtlich freien Grundstückszustand ausgegangen werden (z.B. erschließungsbeitrags- bzw. ausgleichsbetragsfreier Zustand). Wertermittlungstechnisch kann also direkt von Vergleichsgrundstü-

56 § 10 VwKostG, §§ 136 ff., GNotKG, §§ 91 ff. GKG.

cken ausgegangen werden, die in ihren tatsächlichen Zustandsmerkmalen dem Wertermittlungsobjekt entsprechen und die selbst auch nicht beitragspflichtig sind.

b) Problematisch sind indessen die Fälle, in denen der Beitragspflichtige feststeht, dieser aber den **Beitrag noch zu entrichten** hat, sei es, dass der Beitrag noch nicht fällig gestellt wurde, oder sei es, dass er in Zahlungsverzug steht. Hier sind folgende Überlegungen anzustellen:

   – Befindet sich das Grundstück, für das der Beitrag noch zu entrichten ist, in der Hand des Eigentümers, so verkörpert sich für ihn in dem Grundstück ein entsprechend abgesenkter Wert. Dies muss insbesondere auch für Beleihungsinstitute gelten, denn ein noch nicht entrichteter Beitrag kann insoweit vermögensmäßig nicht dem Grundstückswert zugerechnet werden.

   – Der Erwerber eines Grundstücks erwirbt indessen ein beitragsfreies Grundstück, wenn die Beitragspflicht den früheren Eigentümer trifft. Der Käufer übernimmt allerdings ein Risiko, wenn der Beitrag als öffentliche Last auf dem Grundstück ruht. Die Gemeinde kann z.B., wenn der Erschließungsbeitragspflichtige seiner Beitragspflicht möglicherweise nicht nachkommt, gegen den neuen Eigentümer zur Sicherung des Anspruchs einen entsprechenden Duldungs- oder Haftungsbescheid erlassen[57].

Damit ist die Frage aufgeworfen, ob in den Fällen, in denen der Beitragspflichtige nach Maßgabe der einschlägigen Rechtsgrundlage feststeht, als *Verkehrswert* des Grundstücks der des beitragsfreien oder der des beitragspflichtigen Grundstücks zu ermitteln ist. Zur Beantwortung dieser Frage wird in Erinnerung gerufen, dass der Verkehrswert als der Wert definiert ist, den die **Sache für jedermann und nicht nur für eine bestimmte Person** hat (vgl. § 194 BauGB Rn. 31 f.). Deshalb ist grundsätzlich als Verkehrswert der entsprechend höhere Wert zu ermitteln, wobei sich lediglich für das Grundstück in der Hand des beitragspflichtigen Eigentümers ein niedrigerer Wert (Preis) ergibt. **114**

Wie sich diese Betrachtungsweise im Einzelnen bei den unterschiedlichen Beitragsarten auf die Verkehrswertermittlung auswirkt, wird in der Syst. Darst. des Vergleichswertverfahrens unter Rn. 318 ff. erläutert. **115**

5 Ertragsverhältnisse (§ 5 Abs. 3 ImmoWertV)

▶ *Vgl. Erläuterungen zum Ertragswertverfahren §§ 31 ff. ImmoWertV Rn. 1 ff.; Vorbem. zur ImmoWertV Rn. 30*

Zu den Merkmalen eines Grundstücks gehören seine **Nutzbarkeit einschließlich der Ertragsverhältnisse**. Dies gilt für land- und forstwirtschaftliche als auch für baulich genutzte und nutzbare Grundstücke. Die Ertragsverhältnisse werden maßgeblich durch die Erträge beschrieben, die marktüblich erzielbar sind. **Bei Anwendung des Ertragswertverfahrens** ist dies die **maßgebliche Ausgangsgröße** des Verfahrens. **116**

Besondere Ertragsverhältnisse, insbesondere nach Art und Umfang wesentlich von den marktüblich erzielbaren Erträgen abweichende tatsächliche Erträge i.S. des § 8 Abs. 3 Satz 2 Nr. 1 ImmoWertV, können in besonderen Ausnahmefällen – unabhängig von dem zur Anwendung kommenden Wertermittlungsverfahren auch bei der **Ermittlung des anzusetzenden vorläufigen Bodenwerts** von Bedeutung sein: **117**

– Dies betrifft solche Liquidationsobjekte, die eine „nicht mehr wirtschaftlich nutzbare" und „zur alsbaldigen Freilegung" anstehende bauliche Anlage aufweisen, deren Freilegung jedoch „aufgeschoben" wird oder sogar langfristig nicht zu erwarten ist (§ 43 ImmoWertV). In diesem Fall ist nach § 43 ImmoWertV von dem sich unter Berücksichtigung der tatsäch-

57 BVerwG, Urt. vom 20.09.1974 – 4 C 32/72 –, BVerwGE 47, 49 = EzGuG 9.19.

lichen Nutzung ergebenden **nutzungsabhängigen Bodenwert** auszugehen, soweit dies marktüblich ist. Der nutzungsabhängige Bodenwert ist nämlich dann von einer ausgeübten untergeordnete Zwischennutzung der baulichen Anlage oder einer nicht dem „vollen" Bodenwert i.S. der Grundsatzregelung des § 40 Abs. 1 ImmoWertV entsprechenden „Kümmernutzung" abhängig, die sich in entsprechend geminderten Erträgen abbildet.

– Das Gleiche betrifft den Fall eines erheblichen Abweichens der tatsächlichen von der nach § 5 Abs. 1 ImmoWertV maßgeblichen Nutzung (atypische Bebauung), wenn die daraus resultierenden besonderen Ertragsverhältnisse nicht mit dem „vollen" Bodenwert i.S. der Grundsatzregelung des § 40 Abs. 1 ImmoWertV kompatibel ist.

118 **Marktüblich erzielbare Erträge** sind die nach den Marktverhältnissen am Wertermittlungsstichtag für die jeweilige Nutzung in vergleichbaren Fällen entsprechend der Lage, Größe, Nutzbarkeit, Ausstattung und dem Baujahr durchschnittlich erzielbaren Erträge, unabhängig von dem, was tatsächlich erzielt wird. Diese beschreiben das dem Grundstück auf Grundlage der tatsächlichen Verhältnisse innewohnende Ertragspotenzial. Der marktüblich erzielbare Ertrag kann auf der Grundlage geeigneter Vergleichsmieten, Mietspiegel und Mietdatenbanken ermittelt werden.

119 Daneben sind auch die nach bestehenden Miet- und Pachtverhältnissen unter Berücksichtigung der vertraglichen und gesetzlichen Besonderheiten (Vereinbarungen über die Miethöhe, z.B. bei Staffel- und Indexmiete, preisgebundener Wohnraum, Mietendeckel, Milieuschutzsatzung usw.) am Qualitätsstichtag **tatsächlich erzielten Erträge (Mieten)** von Bedeutung. Diese können von den marktüblich erzielbaren Erträgen abweichen und müssen gegebenenfalls bei der Marktwertermittlung – unabhängig von dem zur Anwendung kommenden Wertermittlungsverfahren – berücksichtigt werden. In der Regel sind die Abweichungen entsprechend den vertraglichen und mietrechtlichen Besonderheiten temporär. Die Höhe und die Dauer der Abweichung sind auf der Grundlage der vertraglichen und mietrechtlichen Gegebenheiten, des kalendarischen Vertragsbeginns und der letzten Mietänderung festzustellen.

Soweit der am Qualitätsstichtag tatsächlich erzielte Ertrag nach den vertraglichen und mietrechtlichen Gegebenheiten fortgeschrieben (Anpassung) werden kann, ist der **in fortgeschriebener Höhe tatsächlich erzielte Ertrag** maßgebend. Weicht der in fortgeschriebener Höhe tatsächlich erzielte Ertrag vom marktüblich erzielbaren Ertrag nur geringfügig ab, kann er unbeachtlich bleiben.

6 Lage (§ 5 Abs. 4 ImmoWertV)

6.1 Allgemeines

Schrifttum: *Münzenmaier, Ch.*, Bewertung von Wohnimmobilien in Gewerbebieten, GuG 2014, 288.

► *Hierzu § 2 ImmoWertV Rn. 21; § 5 ImmoWertV Rn. 120ff.; § 15 ImmoWertV Rn. 8 auch Syst. Darst. des Vergleichswertverfahrens Rn. 376 ff. Teil V Rn. 149 ff., 186 ff., 236 ff., 376, 288 ff., Teil VI Rn. 562, 813, 837ff., 876.; zur Wohnlage Syst. Darst. des Vergleichswertverfahrens Rn. 385 ff.; zur Gewerbe- und Geschäftslage vgl. Teil V Rn. 239 ff.; im industriell-produzierenden Bereich (einschließlich Lager- und Logistikimmobilien sowie Gewerbeparks) vgl. Teil V Rn. 176 ff., 184; bei Sonderimmobilien einschließlich Freizeitimmobilien vgl. Teil V Rn. 313 ff., 499 ff.*

120 **Die Lage ist in der Verkehrswertermittlung der umfassendste und vielleicht aber auch der schillerndste Begriff. Gemeinhin wird hierzu die Auffassung vertreten, dass die Lage der eigentliche verkehrswertdominante Faktor ist. Dies kommt auch in der immer wieder angeführten lapidaren Feststellung zum Ausdruck, nach der der Verkehrswert lediglich durch drei Größen bestimmt werde: der Lage, der Lage und wiederum der Lage (*location, location, location*).**

Eine Vielzahl von Lagemerkmalen wird bei der Verkehrswertermittlung aber bereits dadurch berücksichtigt, dass man bei der Auswahl von Vergleichspreisen, Ertragsverhält-

nissen und Normalherstellungskosten grundsätzlich solche Vergleichsdaten heranzieht, die mit dem zu bewertenden Objekt lagemäßig vergleichbar sind, sodass es nur noch lagebedingte „Restunterschiede“ zu berücksichtigen gilt. Dennoch kann der Beachtung der Lage nicht genug Aufmerksamkeit geschenkt werden.

**Die Lage eines Grundstücks wird insbesondere durch seine räumlichen (einschließlich 121
baulichen), funktionalen, ökologischen und sozialen Lagemerkmale geprägt. Die unter § 2 Abs. 3 Nr. 5 ImmoWertV angesprochenen Lagemerkmale werden auch weitgehend durch die übrigen in § 5 ImmoWertV angesprochenen Grundstücksmerkmale beeinflusst und werden in Abs. 4 der Vorschrift auf die Lagebeziehung eines Grundstücks zu seiner Umgebung konkretisiert. Die Vorschrift führt zur Beurteilung der Lage des Grundstücks beispielhaft eine Reihe von Lagebezeichnungen auf; ohne deren Lagemerkmale zu konkretisieren. Ausdrücklich genannt werden**

1. **die Verkehrsanbindung (z.B. Zentrumserreichbarkeit),**
2. **die Nachbarschaft (z.B. Nahversorgung, Gemeinsbedarfseinrichtungen),**
3. **die Wohn- und Geschäftslage sowie**
4. **die Umwelteinflüsse (z.B. Verkehrslärm, Stadtklima).**

Es handelt sich hierbei nicht um einen abschließenden Katalog.

**Die wesentlichen Lagemerkmale des Wertermittlungsobjekts und der Vergleichsgrund- 122
stücke werden im Rahmen einer Standortanalyse nach der Makro- und Mikrolage beschrieben.**

Abb. 18: Standortanalyse

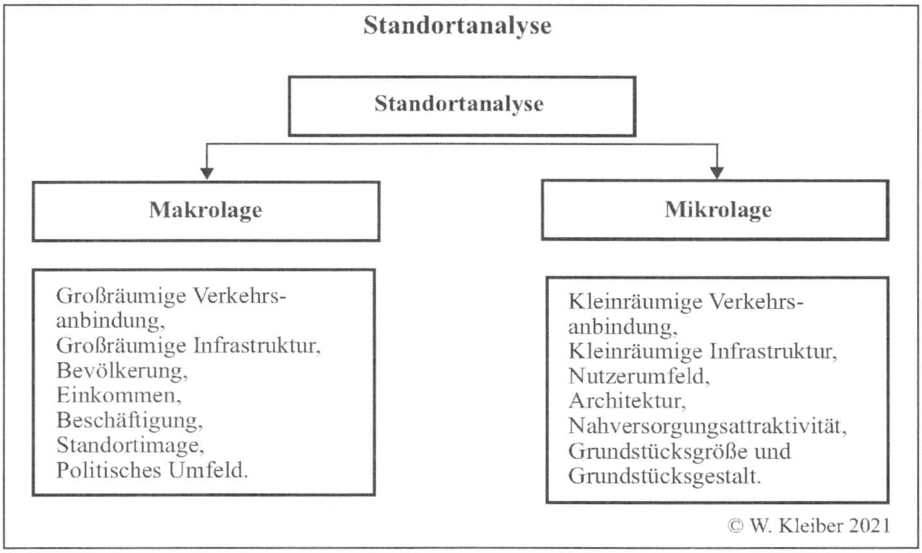

Auf die Ausführungen in der Syst. Darst. des Vergleichswertverfahrens bei Rn. 380 wird verwiesen.

6.1.1 Makrolage

Die Makrolage bestimmt sich in erster Linie durch die *Strukturdaten der Region und der Stadt* 123
und die nach der Art der Immobilie einschlägigen großräumigen *Standortfaktoren* (Stadtteil,

Stadt/Region). Die bewertungstechnische **Kategorisierung der Makrolage** nach „einfacher", mittlerer" und „guter" sowie gegebenenfalls „sehr guter" Lage hat nur eine eingeschränkte Aussagekraft. **In der modernen Wertermittlungspraxis wird die örtliche Makrolage nüchtern und präzise mit dem örtlichen Bodenrichtwertniveau beschrieben.**
Bei gewerblichen Immobilien wird man für eine entsprechende Analyse die Materialien der einschlägigen Kammern und Verbände heranziehen. Zu erwähnen sind des Weiteren die Informationen der Statistischen Ämter des Bundes und der Länder, wissenschaftlicher Institute und dgl. Zur Beurteilung der **Lage von Handelsimmobilien** ist z.B. die Zentralität und Kaufkraft von Bedeutung.

GfK Einzelhandelszentralität 2018					
		Einwohner	**Einzelhandels-kaufkraft in €**	**Index**	**Einzelhandels-zentralität**
1.	Trier	100 111	5 175	88,8	210,1
2.	Passau	51 074	5816	99,8	200,4
3.	Würzburg	120 010	5 954	102,2	199,5
4.	Straubing	47 142	5 838	100,2	196,5
5.	Schweinfurt	52 724	5 684	97,6	191,9
6.	Weiden i.d.O.	42 494	5 777	99,2	191,5
7.	Zweibrücken	34 428	5 574	95,7	178,1
8.	Flensburg	87 432	5 427	93,2	173,1
9.	Rosenheim	62 672	6 192	106,3	171,6
10.	Hof	45 183	5 490	94,3	167,3

Standortfaktoren:

- Lage, städtebauliche und räumliche Einordnung,
- Infrastruktur und Erreichbarkeit (Entfernung zum ÖPNV), Parkmöglichkeit und Erschließung,
- Passantenfrequenz und -qualität,
- Einzugs- und Verflechtungsbereich, Pendlerbewegungen,
- Standortdaten (über komplexe Datenbanken),
- Gewerbesteuer,
- Umsatzsteuerstatistiken,
- Freizeitwert/Umgebung,
- Bevölkerungsentwicklung und -struktur sowie entsprechende Veränderungen,
- Wirtschafts- und Kaufkraft, Kaufkraftströme, Kaufkraftentwicklung, Kaufkraftbindung,
- Branchenanalysen, Konkurrenzsituation (Wettbewerbsposition und Tragfähigkeit), Konzentrationsprozesse,
- Arbeitslosenquote, Beschäftigungsmöglichkeiten,
- Arbeitsplatzbedarf und -nachfrage (Arbeitslosenentwicklung),
- sozialdemographische Struktur.

Bei der Beurteilung der Standortqualität kommt es nicht allein auf die derzeitige Situation (Status quo), sondern vor allem auf die **Entwicklung des Standorts und der Region** an.

Zur Beurteilung der Qualität des Makrobereichs bedient man sich, wie im Übrigen auch zur Beurteilung der Qualität des Mikrobereichs, zumeist eines einfachen Schulnotensystems, indem man je nach Branche die maßgeblichen **Standortqualitätskriterien gewichtet und den „Erfüllungsgrad" des einzelnen Standorts sowie ggf. damit konkurrierender Standorte feststellt.**

Gewichtete Standortfaktoren

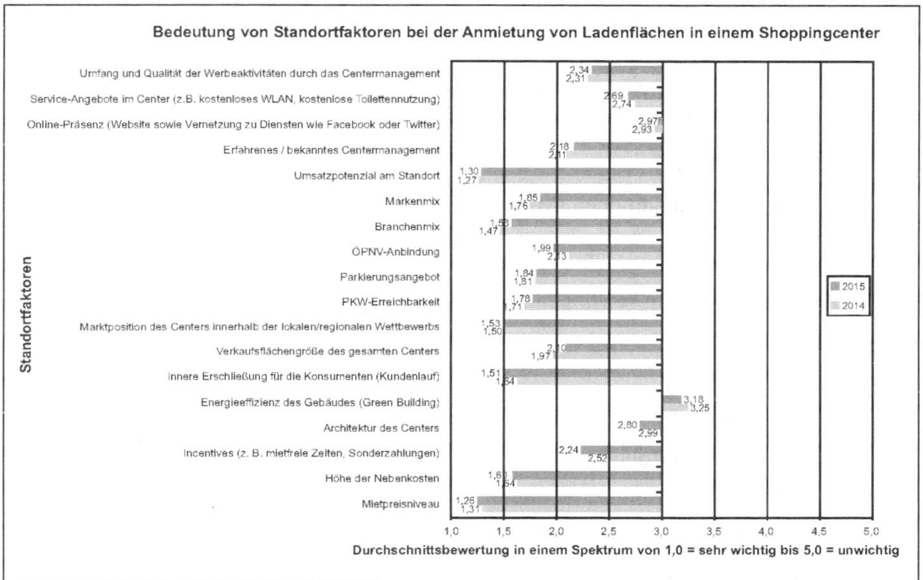

Quelle: ecostra, Shoppingcenter Performance Report Deutschland 2015

Veröffentlichung mit freundlicher Genehmigung der ecostra GmbH

6.1.2 Mikrolage

Im **Mikrobereich** sind insbesondere **Grundstücksmerkmale und die Ausstattung** des Objekts und des fußläufig erreichbaren Umfelds wertbeeinflussend. **124**

a) **Grundstück**

- Lageklassifizierung des jeweiligen Handelssegments einschließlich Infrastruktur,
- die Lagermöglichkeiten, soweit nicht sog. „*Just-in-time*-Bedienung" möglich,
- Möglichkeiten der Außenwerbung (Werbewirksamkeit des Standorts),
- Grundstückszuschnitt (Syst. Darst. des Vergleichswertverfahrens Rn. 303 ff.),
- Grundstückswert, Energiepreise, kommunale Abgaben,
- Parkplatzangebot, Stellplatzablösung,
- Erweiterungsmöglichkeiten.

b) **Nutzungskonzeption**

- Flächenkonzept (Grundrisslösungen, Raumflexibilität, Funktionalität),

- die Ladengröße (Eingangsbereich, Breite der Ladenfront und repräsentationsgeeignete Schaufensterfläche; Ladentiefe; nutzbare Deckenhöhe; Anzahl der Verkaufsebenen, Rastermaß),
- Umgestaltungs- und Erweiterungsmöglichkeiten,
- Lager- und Sozialräume, Warenanlieferung,
- Drittverwendungsfähigkeit,
- markt- und standortgerechte Nutzungskonzeption,
- Portfoliostrategie,
- Ertragskalkulation (objektbezogene Ertrags- und Mietprognose),
- Branchen- und Mietstruktur,
- Vermietungschancen,
- Miet- und Pachtkonditionen (Mietvertragsdauer und ggf. Auflagen sowie Mietanpassung),
- Nebenkosten,
- Finanzierungsmodell/Wirtschaftlichkeitsberechnung.

c) **Betrieb**

- Centermanagement,
- Werbegemeinschaft,
- Betreiber- bzw. Vertriebskonzept.

d) **Marktanalyse**

- Bedarfsberechnungen und Nachfrageanalysen,
- Akzeptanzuntersuchung für Produktpalette,
- quantitative und qualitative Konkurrenzanalyse,
- Wirtschaftsfaktor/Multiplikatoreneffekte,
- Preis- und Mietspiegel,
- Branchenmix,
- kommunales Einzelhandelskonzept.

e) **Bau**

- baulicher Zustand (z.B. Ausbaustandard im Sanitärbereich) und Revitalisierungsbedarf,
- Vorbereitung,
- Durchführung,
- Technik (Bauweise, Baustoffe, Haustechnik, Ausstattung),
- Kosten,
- Baurecht,
- Architektur,
- bauliche Anpassungsmöglichkeiten.

Die Qualität des Mikrobereichs kann nach dem Beispiel der Bewertung des Makrobereichs ermittelt werden.

6.2 Lagetypen

▶ *Vgl. Teil V Rn. 249 ff., 287*

i) Bezüglich der Lage eines Grundstücks wird nach einer Vielzahl von Lagetypen ohne standardisierte Begriffe unterschieden. Allgemein kann zwischen der vorstehend behandelten **Makro- und Mikrolage** unterschieden werden. 125
Ohne Anspruch auf Vollständigkeit werden nachfolgend eine Reihe häufig verwandter Lagetypen aufgeführt:

i) Wohn-, Gewerbe- und Geschäfts- und Einzelhandelslage (Syst. Darst. des Vergleichswertverfahrens Rn. 385 ff., Teil V Rn. 137, 245 ff.),

ii) stadträumliche Lagen (Nahbereichs-, Stadtteil- und Subzentrum, Innenstadtlage, Randlage usw.),

iii) Streulage,

iv) Verkehrslage (Rn. 132),

v) Emissions- bzw. Immissionslage, insbesondere hinsichtlich Störfallbetriebe, Staub-, Geräusch- und Geruchsimmissionen, z.B. durch benachbarte störende Betriebe und Gebäude (vgl. Rn. 136, § 31 ImmoWertV Rn. 223 f.),

vi) Nachbarschaftslage (Syst. Darst. des Vergleichswertverfahrens Rn. 395),

vii) Aussichtslage,

viii) Süd-, West-, Nord- und Ostlage (Syst. Darst. des Vergleichswertverfahrens Rn. 400),

ix) Sonnenlage (Syst. Darst. des Vergleichswertverfahrens Rn. 399),

x) Hanglage (vgl. Syst. Darst. des Sachwertverfahrens Rn. 218, § 40 ImmoWertV Rn. 5),

xi) Wasserlage (einschließlich Überschwemmungslage),

xii) Uferlage (Syst. Darst. des Vergleichswertverfahrens Rn. 401),

xiii) Einkaufs- bzw. Einzelhandelslage, vielfach gegliedert nach
– 1a-Luxus- bzw. Konsumlage, mit höchster Passantenfrequenz bzw. Passantenqualität,
– 1b-Lage mit dichtem Geschäftsbesatz, durch andere Nutzung unterbrochen,
– 1c-Lage mit dünnem Geschäftsbesatz und zahlreichen Unterbrechungen durch andere Nutzungen (vgl. Teil V Rn. 247 ff.),

xiv) Passantenlage bzw. Lauflage,

xv) Ecklage (Syst. Darst. des Vergleichswertverfahrens Rn. 408, § 40 Rn. 186),

xvi) „Gute“ und „schlechte“ Adresse.

6.3 Beeinträchtigungen der Lageverhältnisse

6.3.1 Allgemeines

Beeinträchtigungen der Lageverhältnisse, von wem sie auch ausgehen mögen, **mindern grundsätzlich den Verkehrswert eines Grundstücks.** Bei der Verkehrswertermittlung sind die Beeinträchtigungen in dem Maße zu berücksichtigen, wie dies dse gewöhnlichen Geschäftsverkehr, d.h. dem freien Spiel zwischen Angebot und Nachfrage, entspricht. 126

Eine weitere in diesem Zusammenhang auftretende Frage ist, ob und in welchem Umfang eine von dritter Seite bewirkte Beeinträchtigung der Lageverhältnisse zu Entschädigungsansprüchen führt[58]. Generell lässt sich hierzu feststellen, dass Entschädigungsansprüche in der Rechtsprechung bejaht werden, wenn einerseits bestehende Lageverhältnisse zur eigentumsrechtlich gesicherten Rechtsposition des Eigentümers eines Grundstücks gehören und diese andererseits in einem die Zumutbarkeitsschwelle überschreitenden Maße beeinträchtigt werden. In diesem Fall empfiehlt es sich, bei der Verkehrswertermittlung **neben dem geminderten Verkehrswert** auch auf ggf. **bestehende Entschädigungsansprüche** hinzuweisen. Dies gilt insbesondere dann, wenn im Falle der Veräußerung des Grundstücks der Entschädigungsanspruch auf den Erwerber übergeht. Denn es muss dem gewöhnlichen Geschäftsverkehr zugerechnet werden, dass ein derartiger Entschädigungsanspruch bei der Bemessung angemessen berücksichtigt wird.

Nachstehend wird deshalb auf die von der Rechtsprechung entwickelten **Grundsätze zur Entschädigung für Eingriffe in die Rechtsposition des Eigentümers** eingegangen.

6.3.2 Baumaßnahmen

▶ *Zum Baulärm vgl. Rn. 258; § 31 ImmoWertV Rn. 226*

127 Die Beeinträchtigungen eines Grundstücks durch die auf einem Nachbargrundstück stattfindenden Baumaßnahmen sind i.d.R. nur vorübergehend und können deshalb den Verkehrswert eines Grundstücks kaum nachhaltig mindern. Besonders betroffen sind diesbezüglich allerdings gewerblich genutzte Grundstücke, insbesondere wenn es sich um längerfristig hinzunehmende Baumaßnahmen handelt. Baumaßnahmen können die Zugänglichkeit des Grundstücks beeinträchtigen und es erheblichem Baulärm, Staub und Erschütterungen aussetzen.

128 Entsprechend der jeweiligen Branche kann damit ein gewerblich genutztes Grundstück vorübergehend, aber im Einzelfall auch auf Dauer in seiner Nutzbarkeit beeinträchtigt werden. Wird dabei die **Zumutbarkeitsgrenze** überschritten, kann der Ausgleichsanspruch geltend gemacht werden. Im Streitfalle ist es Aufgabe des Tatrichters, die Zumutbarkeitsgrenze unter Abwägung aller Umstände des Einzelfalls sowie unter Einbeziehung von Billigkeitsgesichtspunkten zu bestimmen[59]. Dabei ist es die Lage des Grundstücks, die die Grenze des entschädigungslos Zumutbaren mitbestimmt[60].

6.3.3 Standfestigkeit

129 Wird die Nutzbarkeit eines Grundstücks durch Vertiefungen auf dem Nachbargrundstück beeinträchtigt, so führt dies i.d.R. zu einer Minderung des Marktwerts (Verkehrswerts). Die Maßnahmen können insbesondere dann einen **entschädigungspflichtigen Eingriff** darstellen, wenn dadurch die Standfestigkeit baulicher Anlagen beeinträchtigt wird (nachbarrechtlicher Ausgleichsanspruch nach § 906 BGB). Sie können auch einen entschädigungspflichtigen Eingriff darstellen, wenn beim Bau einer Erschließungsanlage das Straßengelände in der Weise vertieft wird, dass auf einem benachbarten Hausgrundstück eine senkrecht abfallende ungesicherte Böschung entsteht und der Boden die erforderliche Stütze verliert[61]. Auch die

---

58 Zum Verhältnis des sog. bürgerlich-rechtlichen Aufopferungsanspruchs (nachbarrechtlichen Ausgleichsanspruchs) zum öffentlich-rechtlichen Entschädigungsanspruch BGH, Urt. vom 15.06.1967 – III ZR 23/65 –, BGHZ 48, 98 = EzGuG 13.14; zum Ausgleichsanspruch bei mehreren Immittenten BGH, Urt. vom 13.02.1976 – V ZR 55/74 –, BGHZ 66, 70 = EzGuG 13.26.

59 BGH, Urt. vom 31.05.1974 – V ZR 114/72 –, BGHZ 62, 361 = EzGuG 13.22; BGH, Urt. vom 22.11.1967 – V ZR 11/67 –, BGHZ 49, 148 = EzGuG 13.15.

60 BGH, Urt. vom 26.09.1975 – V ZR 204/73 –, BRS Bd. 34 Nr. 32 = EzGuG 5.5; zur Ortsüblichkeit BGH, Urt. vom 30.05.1962 – V ZR 121/60 –, NJW 1962, 1342 = EzGuG 13.3; VGH Mannheim, Urt. vom 07.06.1989 – 5 S 3040/87 –, UPR 1990, 118 = EzGuG 13.106a; OLG Düsseldorf, Urt. vom 24.02.1994 – 18 U 135/93 –, NJW 1994, 3173 = EzGuG 13.129.

61 BGH, Urt. vom 07.02.1980 – III ZR 153/78 –, NJW 1980, 1679 = EzGuG 4.71; BGH, Urt. vom 26.10.1978 – III ZR 26/77 –, BGHZ 72, 289 = EzGuG 4.62.

Beeinträchtigung der Standfestigkeit eines Hauses infolge der von einer gemeindlichen Kanalisationsanlage ausgehenden Dränagewirkung, verbunden mit der Austrocknung des Grundstücks, kann als unmittelbar enteignender Eingriff angesehen werden[62].

Im Rahmen der Marktwertermittlung ist zu prüfen, ob eine **merkantile Wertminderung** zu besorgen ist.

6.3.4 Zugänglichkeit des Grundstücks

Zum Eigentum von Grundstücken an öffentlichen Straßen gehören die **Verbindung mit der** 130
Straße und damit die **Benutzbarkeit des Grundstücks** derart, dass der Eigentümer über die Grenzen seines Grundstücks auf die vorbeiführende Straße gelangen kann. Wird ein Zugang durch Straßenbaumaßnahmen und damit die bisherige Benutzbarkeit des Grundstücks verändert und infolgedessen sein Verkehrswert nicht unerheblich gemindert, kann darin ein entschädigungspflichtiger Eingriff liegen[63]. Voraussetzung ist, dass als Folge der Veränderung die Verbindung zur öffentlichen Straße bei wirtschaftlicher Betrachtung so beeinträchtigt wird, dass bereits eine Wertminderung des Grundstücks und damit ein Substanzverlust des Grundstücks selbst eingetreten ist[64]. Ein entschädigungspflichtiger enteignender Eingriff in ein Anliegergrundstück liegt auch vor, wenn dessen Zugänglichkeit (Zufahrt im weiteren Sinne) durch verkehrsregelnde Maßnahmen für dauernd wesentlich beeinträchtigt (erheblich erschwert) wird[65].

Ein Entschädigungsanspruch ist auch gegeben, wenn durch **Höherlegung einer Straße** die 131
Zufahrt oder der Zugang von und zu einem anliegenden Grundstück wesentlich erschwert wird (vgl. § 8a FStrG). Entscheidend für die Erheblichkeit des Eingriffs ist wiederum, dass die Benutzbarkeit des Grundstücks wesentlich beeinträchtigt und der Vermögenswert infolgedessen gemindert ist[66]. Die Entschädigung bemisst sich regelmäßig nach dem Aufwand, der erforderlich ist, um eine der bisherigen entsprechende Benutzbarkeit des Grundstücks wiederherzustellen[67]. Allein eine Minderung des Verkehrswerts dadurch, dass infolge der Höherlegung einer Straße verstärkt in ein Grundstück eingesehen werden kann und es optisch einen ungünstigeren Eindruck als vor Durchführung der Maßnahme erweckt, begründet für sich allein noch keine Enteignungsentschädigung[68].

---

62 BGH, Urt. vom 10.11.1977 – III ZR 121/75 –, NJW 1978,1051 = EzGuG 4.54 in Ergänzung zu BGH, Urt. vom 20.12.1971 – III ZR 110/69 –, BGHZ 57, 370 = EzGuG 3.37a; weitere Rechtsprechung; BGH, Urt. vom 19.01.1979 – V ZR 105/76 –, BB 1979, 1631 = EzGuG 7.64; BGH, Urt. vom 21.02.1980 – III ZR 185/78 –, NJW 1980, 2580 = EzGuG 4.72; BGH, Urt. vom 18.12.1987 – V ZR 223/85 –, BGHZ 103, 39 = EzGuG 4.119; zu eindringenden **Baumwurzeln**; BGH, Urt. vom 02.12.1988 – V ZR 26/88 –, BGHZ 106, 142 = EzGuG 4.123; BGH, Urt. vom 08.03.1990 – III ZR 141/88 –, NJW 1990, 3194 = EzGuG 3.81b; BGH, Urt. vom 21.10.1994 – V ZR 12/94 –, NJW 1995, 395, EzGuG 3.113c; BGH, Urt. vom 12.07.1996 – V ZR 280/94 –, BauR 1996, 877 = EzGuG 3.119l; BGH, Urt. vom 12.12.2003 – V ZR 98/03 –, NJW 2004, 1035 = EzGuG 3.131a.

63 Vgl. § 8a FStrG.

64 BGH, Urt. vom 11.01.1979 – III ZR 120/77 –, NJW 1979, 1943 = EzGuG 18.85.

65 OLG München, Urt. vom 21.10.1974 – 2 Z 180/73 –, NJW 1975, 693 = EzGuG 18.61.

66 BGH, Urt. vom 02.07.1959 – III ZR 76/58 –, BGHZ 30, 241 = EzGuG 18.10; BGH, Urt. vom 02.07.1959 – III ZR 81/58 –, BGHZ 30, 241 = EzGuG 18.11.

67 BGH, Urt. vom 31.01.1963 – III ZR 88/62 –, BRS Bd. 19 Nr. 37 = EzGuG 18.19; BGH, Urt. vom 31.01.1963 – III ZR 94/62 –, DB 1963, 651 = EzGuG 18.20; LG Oldenburg, Urt. vom 18.10.1955 – 1 O 311/54 –, BBauBl 1956, 483 = EzGuG 18.4; OLG Hamburg; Urt. vom 26.01.1965 – 1 U 91/63 –, MDR 1965, 660 = EzGuG 18.26; OLG Nürnberg, Urt. vom 14.06.1967 – 4 U 34/67 –, NJW 1968, 654 = EzGuG 18.37; LG Frankfurt am Main, Urt. vom 10.07.1969 – 2/4 O 147/68 –, NJW 1969, 1964 = EzGuG 18.44; BGH, Urt. vom 11.06.1970 – III ZR 74/67 –, BRS Bd. 26 Nr. 55 = EzGuG 18.52.

68 BGH, Urt. vom 11.10.1973 – III ZR 159/71 –, NJW 1974, 53 = EzGuG 18.60.

6.3.5 Verkehrslage

▶ *Zur Lage vgl. Syst. Darst. des Vergleichswertverfahrens Rn. 376 ff.*

132 Was im Einzelfall als eine gute oder schlechte Verkehrslage anzusehen ist, lässt sich nicht nach allgemeingültigen Kriterien bestimmen und hängt entscheidend von der jeweils im Einzelfall gegebenen Nutzung ab.

- Eine überregionale Anbindung an (internationale) Verkehrsflughäfen, das Intercitynetz und die Bundesautobahn sind insbesondere für eine gewerbliche Nutzung ein entscheidender Standortfaktor.
- Innerstädtisch bestimmt sich die Verkehrslage insbesondere durch das örtliche Straßenverkehrsnetz und den öffentlichen Personennahverkehr (ÖPNV).
- Im Bereich des Wohnens steht die „gute" Verkehrsanbindung sowohl im Individualverkehr als auch im öffentlichen Personennahverkehr (ÖPNV) bei gleichzeitig ruhiger Wohnlage im Vordergrund.
- Im gewerblichen Bereich und hier insbesondere im Bereich des Einzelhandels steht nach wie vor die Erreichbarkeit mit dem PKW im Vordergrund. Trotz großer Anstrengungen zur Verbesserung des ÖPNV gilt hier die Regel „*No parking – no shopping*" und aus dieser Regel ziehen die peripher gelegenen Einkaufszentren ihre Attraktivität („*one-stop-parking*").

133 Der Pkw dominiert als Verkehrsmittel des innerstädtischen Einzelhandels. Nach älteren Untersuchungen greift nur rd. ein Drittel der innerstädtischen Einzelhandelsbesucher auf öffentliche Verkehrsmittel zurück. Nur in wenigen Fällen wird bei der Einkaufsfahrt in die Innenstadt auf das „*Park and Ride*" zurückgegriffen. Die Mitnahme der Waren in öffentlichen Verkehrsmitteln und das Umladen in den Pkw werden als lästig empfunden. Die Pkw-Benutzer sind in der Gesamtbilanz des Einzelhandels mit rd. 44 % vertreten, jedoch tätigten sie im Jahre 2000 nahezu 57 % des Umsatzes. Einkäufe ab 130 € sind bei Pkw-Benutzern nahezu doppelt so häufig wie bei allen anderen Verkehrsteilnehmern[69].

134 **Je größer die Stadt ist, desto geringer ist der Anteil der Pkw-Benutzer**. In Städten unter 50 000 Einwohnern sind die Pkw-Anteile sowie der Anteile für Fußgänger und Fahrradfahrer nach älteren Untersuchungen fast doppelt so hoch wie bei Städten über 500 000 Einwohnern[70].

135 Für das **Fortbestehen von Vorteilen, die sich aus einer bestimmten Verkehrslage ergeben,** besteht grundsätzlich keine eigentumsrechtlich gesicherte Rechtsposition[71]. Eine Ausnahme besteht nur, wenn Licht, Luft und Wasser abgeschnitten werden. Auch in Bezug auf *landwirtschaftliche Betriebe* hat der BGH entschieden, dass eine durch einen öffentlichen Weg vermittelte günstige Verbindung zwischen zwei zu demselben landwirtschaftlichen Betrieb gehörenden Grundstücken nicht dem Eigentum an diesem Betrieb zugerechnet werden kann und ein Anspruch auf Erhalt dieses Vorteils nicht besteht[72].

Entschädigungsansprüche können sich **für Betriebe** im Zusammenhang mit der Entschädigung **für eine die Opfergrenze überschreitende Beeinträchtigung durch Baumaßnahmen ergeben**[73]. Wird die Verkehrsführung einer Straße im zeitlichen Anschluss an Baumaßnahmen zum Nachteil des Anliegers geändert, so wirkt sich dies auf den Entschädigungsanspruch des

---

69 Vgl. zur Entwicklung zwischen 1996 bis 2000 die 7. Aufl. dieses Werks in § 6 ImmoWertV Rn. 133.

70 Vgl. zur Entwicklung zwischen 1984 bis 2000 die 7. Aufl. dieses Werks in § 6 ImmoWertV Rn. 134.

71 BGH, Urt. vom 23.05.1985 – III ZR 39/84 –, BGHZ 94, 373 = EzGuG 18.98; BGH, Urt. vom 29.05.1967 – III ZR 143/66 –, BGHZ 48, 58 = EzGuG 18.36; OLG Nürnberg, Urt. vom 28.06.1967 – 4 U 34/67 –, NJW 1968, 654 = EzGuG 18.37; LG Frankfurt am Main, Urt. vom 28.10.1965 – 2/4 O 93/65 –, BB 1965, 1249 = EzGuG 18.32; LG Dortmund, Urt. vom 27.02.1964 – 2 S 274/63 –, MDR 1965, 43 = EzGuG 3.26; BGH, Urt. vom 15.03.1962 – III ZR 211/60 –, BGHZ 37, 44 = EzGuG 2.3; BGH, Urt. vom 04.02.1957 – III ZR 181/55 –, BGHZ 23, 235 = EzGuG 18.6; BGH, Urt. vom 22.12.1952 – III ZR 139/50 –, BGHZ 8, 273 = EzGuG 18.1.

72 BGH, Urt. vom 13.05.1975 – III ZR 152/72 –, BRS Bd. 34 Nr. 127 = EzGuG 4.43.

73 BGH, Urt. vom 11.03.1976 – III ZR 154/73 –, BRS Bd. 34 Nr. 148 = EzGuG 13.28; BGH, Urt. vom 30.04.1964 – III ZR 125/63 –, MDR 1964, 656 = EzGuG 13.6.

Betriebs bereits von dem Zeitpunkt an aus, an dem die neue Verkehrsführung aufgrund der unanfechtbaren Planaufstellung eingetreten wäre[74].

6.3.6 Immissionslage

Aufgrund des gestiegenen Umweltbewusstseins können schädliche auf ein Grundstück einwirkende Immissionen zu erheblichen Belästigungen und somit zu Wertminderungen führen. Unter **Immissionen** definiert § 3 Abs. 2 BImSchG auf Menschen, Tiere und Pflanzen, den Boden, das Wasser, die Atmosphäre sowie Kultur- und Sachgüter einwirkende Luftverunreinigungen, Geräusche, Erschütterungen, Licht, Wärme, Strahlen und ähnliche Umwelteinwirkungen. Emissionen sind dagegen die von einer Anlage ausgehenden Luftverunreinigungen, Geräusche, Erschütterungen, Licht, Wärme, Strahlen und ähnliche Erscheinungen (§ 3 Abs. 3 BImSchG). 136

6.3.7 Wasserlage

▶ *§ 45 ImmoWertV Rn. 1 ff.; Syst. Darst. des Vergleichswertverfahrens Rn. 401 ff.; zu Brunnenrechten Teil VIII Rn. 306*

Auf die Erläuterungen in der Syst. Darst. des Vergleichswertverfahrens bei Rn. 401 ff. wird hingewiesen. 137

7 Lärm

7.1 Allgemeines

Schrifttum: *Bannert. J.,* Der Einfluss von Straßenverkehrslärm und Umgehungsstraßen auf Grundstückswerte in Ortslagen - Bestimmung mittels Expertenbefragung nach der Delphi-Methode, GuG 2024, 197; *Wölfle, M.,* Umgang mit Lärm bei der Immobilienbewertung, GuG 2018, 295.

Einwirkungen von Lärm auf ein Grundstück, häufig mit Rauch, Staub und Erschütterungen verbunden, wirken sich mehr oder weniger mindernd auch auf den Verkehrswert des Grundstücks aus. Dies ist nicht nur eine Frage des **Ausmaßes solcher Immissionen,** sondern vielfach **auch eine Frage der** Lage und der Nutzung unter Berücksichtigung dessen, **was nach Lage und Nutzung ortsüblich ist.** Für eine Tankstelle an einer viel befahrenen Bundesstraße ist ein hoher Geräuschpegel ortsüblich und liegt geradezu in der Natur der Sache. 138

Die TA Lärm[75] bezeichnet Lärm als **störenden Schall.** Er wird in Dezibel (dB) mit der Frequenzkurve A nach DIN 45 633 gemessen. Da das menschliche Ohr ein Geräusch ungefähr doppelt so laut empfindet, wenn sich die Schallstärke verzehnfacht, hat man den Schallpegel als das logarithmische Maß der Schallstärke definiert. Bei empfundener Verdoppelung der Lautstärke erhöht sich demnach der Schallpegel um 10 dB (A). 139

Lärmschutz ist Gegenstand der EU-Richtlinie 2002/49 EG[76] über die Bewertung und Bekämpfung von Umgebungslärm.

---

74 BGH, Urt. vom 28.10.1982 – III ZR 71/81 –, BRS Bd. 45 Nr. 73 = EzGuG 13.58; BGH, Urt. vom 07.07.1980 – III ZR 32/79 –, BRS Bd. 45 Nr. 139 = EzGuG 13.54; BGH, Urt. vom 11.03.1976 – III ZR 154/73 –, BRS Bd. 34 Nr. 148 = EzGuG 13.28; BGH, Urt. vom 20.12.1971 – III ZR 79/69 –, BGHZ 57, 359 = EzGuG 13.19.

75 Sechste Allgemeine Verwaltungsvorschrift zum Bundes-Immissionsschutzgesetz (Technische Anleitung zum Schutz gegen Lärm – TA Lärm vom 26.08.1998 (GMBl 1998, 503).

76 ABl. EG L 189/12 vom 18.02.2002.

140 Als Schall gelten Schwingungen, die sich von einer Quelle wellenförmig ausbreiten; folgende **Definitionen** sind dabei gebräuchlich:

- *Schallemission* ist die **Schallabstrahlung** einer oder mehrerer Schallquellen.
- *Schallimmission* ist die **Schalleinwirkung** auf einen Punkt oder ein Gebiet („Immissionsort").
- Der *Schallleistungspegel* Lw kennzeichnet die Stärke der **Schallemission.** Es ist das logarithmische Maß für die abgestrahlte Schallleistung. Die A-Bewertung in dB (A) berücksichtigt die Frequenzempfindlichkeit des menschlichen Gehörs (vgl. DIN 45 633, Teil 1).

7.2 Verkehrslärm (Straßen und Schienen)

Schrifttum: *Boujong*, Entschädigung für Verkehrslärmimmissionen, UPR 1987,207; *Plauen, W./Rossbach, F./Schielein, F.*, Schienenverkehrslärm – Einflüsse auf den Verkehrswert von Grundstücken, GuG 2025, 3

7.2.1 Immissionsrichtwerte

141 Die Berechnungs- und Beurteilungsgrundlagen für die Erfüllung der gesetzlichen Anforderungen sind in den Gesetzeswerken und den darin genannten DIN-Normen und Richtlinien geregelt. Im Überblick sind dies

- Verkehrslärmschutzverordnung (16. BImSchV),
- DIN 18005-1 Schallschutz im Städtebau, Berechnungsverfahren,
- Richtlinien für den Verkehrslärmschutz an Bundesfernstraßen in der Baulast des Bundes[77],
- Richtlinien für den Lärmschutz an Straßen[78],
- Richtlinie zur Berechnung der Schallimmissionen von Schienenwegen[79].

142 Bei der Feststellung der Belastung durch Verkehrsgeräusche wird i.d.R. von **Beurteilungspegeln** ausgegangen. Dieser ergibt sich aus dem Mittelpegel, an dem für besondere, i.d.R. durch Messung nicht erfassbare Geräuschsituationen entsprechende Zu- oder Abschläge anzubringen sind (vgl. DIN 45 641). Der Beurteilungspegel ist gemäß § 3 der 16. BImSchV i.V.m. Abschnitt 4,0 der **Richtlinien für den Lärmschutz an Straßen (RLS-90)** zu berechnen[80]; das Berechnungsverfahren ist in der Anl. 1 zu § 3 der 16. BImSchV vorgegeben.

143 Als **Bewertungszeiträume** werden verwendet für den Tag 6 bis 22 Uhr (Tagwerte), für die Nacht 22 bis 6 Uhr (Nachtwerte).

- Die Schallemission von Flächenschallquellen (z.B. Industriegebiete) wird durch *flächenbezogene Schallleistungspegel* (Lw) in dB (A)/m² gekennzeichnet.
- Der *Mittelungspegel* (früher: äquivalenter Dauerschallpegel) Lm kennzeichnet die Stärke der Schalleinwirkung (Immission). Er wird ermittelt durch die Schallemission einer Schallquelle abzüglich der ausbreitungsbedingten Pegelminderung Δ L zum Immissionsort (Lm = Lw – Δ L); der Mittelungspegel dient der Beurteilung der Zumutbarkeit des Schallpegels.

144 Der **Grenzpegel,** von dem ab das menschliche Ohr überhaupt erst von Geräuschen bewusst Notiz nimmt, liegt bei etwa 50 dB (A).

Die ausbreitungsbedingte *Schallpegelminderung* Δ L setzt sich zusammen aus

- der Differenz zwischen dem Schallleistungspegel und dem Mittelungspegel im Abstand von der Schallquelle bei ungehinderter Schallausbreitung unter Berücksichtigung der Luft- und Bodenabsorption (Δ Ls),

77 VLärmSchR 97; VkBl Amtlicher Teil Heft 12 1997, S. 434.

78 RLS-90; erarbeitet von der „Forschungsgesellschaft für Straßen- und Verkehrswesen", Arbeitsausschuss „Immissionsschutz an Straßen", Köln 1990.

79 Schall 03 vom 19.03.1990, Information Akustik 03, Bundesbahnzentralamt München.

80 BVerwG, Beschl. vom 06.02.1992 – 4 B 147/91 –, Buchholz 406.25 zu § 43 BImSchG Nr. 1 = EzGuG 13.121.

- der Pegelminderung durch Schallhindernisse (Δ Lz) und
- der Pegelminderung durch schallimmissionsmindernde Bepflanzung (ΔLG).

a) **Immissionsrichtwerte nach TA Lärm und VDI** 145
Für die Beurteilung von Lärmimmissionen können vor allem die in der **16. BImSchV** vom 12.6.1990 (BGBl. I 1990, 1036, zuletzt geändert durch Gesetz vom 25.9.1990 (BGBl. I 1990, 106)) angegebenen Immissionsgrenzwerte herangezogen werden (vgl. Rn. 182). Bis zum Erlass dieser Verordnung waren vor allem die Immissionsrichtwerte der TA Lärm sowie der VDI 2058 und 2719 von Bedeutung. Diese Richtwerte sind nachstehend abgedruckt:

Abb. 19: Immissionsrichtwerte nach TA Lärm[81] 146

Bereich	**Tageszeit**	**Richtwert**
Industriegebiete		70 dB(A)
Gewerbegebiete	Tag	65 dB(A)
	Nacht	50 dB(A)
Mischgebiete	Tag	60 dB(A)
	Nacht	45 dB(A)
Allgemeine Wohngebiete	Tag	55 dB(A)
	Nacht	40 dB(A)
Reine Wohngebiete	Tag	50 dB(A)
	Nacht	35 dB(A)
Kurgebiete, Krankenhäuser und Pflegeanstalten	Tag	45 dB(A)
	Nacht	35 dB(A)

Die Nachtzeit beträgt acht Stunden; sie beginnt um 22 Uhr und endet um 6 Uhr.

(...)

(...)

b) **Immissionsrichtwerte nach VDI 2058** (VDI 2058). 147
Es handelt sich um eine von einem privatrechtlichen Normenverband (Verein Deutscher Ingenieure) aufgestelltes Regelwerk, dem als antizipiertes Sachverständigengutachten bei der Festlegung der Grenze für die Wesentlichkeit von Lärmeinwirkungen auf die Nachbarschaft eine hohe Bedeutung zukommt; lässt eine Behörde die VDI-Richtlinie 2058 außer Acht, wo deren Berücksichtigung bei der Abwägung im Einzelfall geboten war, liegt ein Ermessensfehler und damit die Rechtswidrigkeit der Entscheidung der Behörde vor[82].

Abb. 20: Immissionsrichtwerte nach VDI

Gebietstyp:	**Grenzwerte in db(A):**
Kurgebiete, Krankenhäuser und Pflegeanstalten	Tag: 45 Nacht: 35
Reine Wohngebiete	Tag: 50 Nacht: 35
Allgemeine Wohngebiete	Tag: 55 Nacht: 40

81 Technische Anleitung zum Schutz gegen Lärm – TA Lärm vom 26.08.1998 (GMBl. 1998, 508).
82 OVG Lüneburg, Urt. vom 25.03.1994 – 1 K 6147/92 –, UPR 1994, 354.

Gebietstyp:	Grenzwerte in db(A):
Dorf- und Mischgebiete	Tag: 60 Nacht: 45
Kerngebiete	Tag: 60 Nacht: 45
Gewerbegebiete	Tag: 65 Nacht: 50
Industriegebiete	Tag: 70 Nacht: 70

148 c) **Anhaltswerte für Innengeräuschpegel nach VDI 2719 1987-8** (Schalldämmung von Fenstern und deren Zusatzeinrichtungen)

149 Diese Richtwerte haben ihre Bedeutung aufgrund der in der BImSchV vorgegebenen Immissionsgrenzwerte verloren; auf diese Grenzwerte wird im Folgenden noch einzugehen sein.

150 Im **Bereich der städtebaulichen Planung** (Bauleitplanung) kommt die **DIN 18005-1** 2002-07 (Schallschutz im Städtebau) zur Anwendung, Die DIN 18005 enthält folgende schalltechnische Orientierungswerte:

Abb. 21: Schalltechnische Orientierungswerte nach DIN 18005 (Werte in dB (A))

Nutzungen	Tag	Nacht
Reine Wohngebiete (WR)		
Wochenendhausgebiete		
Ferienhausgebiete	50	40/35
Allgemeine Wohngebiete (WA)		
Kleinsiedlungsgebiete (WS)		
Campingplatzgebiete	55	45/40
Friedhöfe, Kleingarten- und Parkanlagen	55	55
Besondere Wohngebiete (WB)	60	45/40
Dorfgebiete (MD)		
Mischgebiete (MI)	60	50/45
Kerngebiete (MK)		
Gewerbegebiete (GE)	65	55/50
Sonstige Sondergebiete, Industriegebiete (GI) abhängig von einer eventuellen Gliederung nach § 1 Abs. 4 und 9 BauNVO	45–65	35/65

Für den **Bau oder wesentliche Änderungen von öffentlichen Straßen sowie von Schienenwegen** sind die Immissionsgrenzwerte der 16. BImSchV maßgebend (vgl. Rn. 141 ff.)

7.2.2 Verkehrswertermittlung

▶ *Zum Baulärm vgl. Rn. 258*

151 Verkehrsimmissionen, insbesondere Lärm, Abgase und Erschütterungen, wirken sich i.d.R. wertmindernd auf den Verkehrswert eines Grundstücks aus. Eine besondere Berücksichtigung bei der Verkehrswertermittlung wird allerdings erst immer dann in Betracht kommen, wenn diese Immissionen eine ungewöhnlich starke Beeinträchtigung darstellen, von der Bevölkerung nicht als „üblich" empfunden und hingenommen werden und vor allem die bestimmungsgemäße ortsübliche Nutzung des Grundstücks beeinträchtigen. Hierfür sind die **Situationsge-**

bundenheit und die Ortsüblichkeit entscheidend: So wird z.B. eine Wohnlage in sehr viel stärkerem Maße durch Verkehrsimmissionen beeinträchtigt als ein Gewerbegebiet; des Weiteren wird man in Großstädten Verkehrsimmissionen eher hinnehmen und als gegendüblich ansehen als in kleineren Gemeinden.

Dementsprechend hat der BFH die Einwirkung des Straßenverkehrslärms auf ein in einer Großstadt gelegenes Wohngrundstück, die sich innerhalb der üblichen Schwankungsbreite des Straßenverkehrslärms in Großstädten bewegt, nicht als eine „ungewöhnlich starke" Lärmimmission (i.S. des § 82 Abs. 1 Satz 2 Nr. 1 BewG) angesehen[83]. Erst wenn die Bewohner gezwungen sind, z.B. bei einem Wohngrundstück ihre **Lebensgewohnheiten** bezüglich der Nutzung des Grundstücks in einer Weise einzuschränken, die bei einer üblichen Benutzung des Grundstücks in seiner konkreten Beschaffenheit **nicht mehr hingenommen würde,** liegt bewertungsrechtlich eine ungewöhnliche „erhebliche" Beeinträchtigung vor[84]. **152**

Als ein Königsweg zur Berücksichtigung von Lärmimmissionen bei der Verkehrswertermittlung gilt wie bezüglich anderer wertbeeinflussender Umstände, möglichst **Vergleichspreise von Grundstücken** heranzuziehen, **die eine vergleichbare Lärmbelastung aufweisen.** Die Aufgabe, den Einfluss von Lärmimmissionen auf den Verkehrswert besonders zu erfassen, stellt sich erst, **153**

1. wenn Vergleichspreise von Grundstücken herangezogen werden, die hinsichtlich der Lärmimmissionen im Verhältnis zum Wertermittlungsobjekt unterschiedlich sind, sowie
2. im Entschädigungsfall, wenn z.B. ein Grundstück aufgrund einer neuen Verkehrsführung einer zusätzlichen Lärmbelastung ausgesetzt wird.

Nur im zweiten Fall ist es auch für die Verkehrswertermittlung – genauer gesagt für die Ermittlung der Verkehrswertminderung – zwingend erforderlich, sich ein objektives Bild über Art und Ausmaß der Lärmbelastung zu machen und sie anhand objektiver Kriterien zu werten.

Ein Abschlag wegen ungewöhnlich starker Verkehrslärmbeeinträchtigung scheidet bei Anwendung des Vergleichs- oder des Ertragswertverfahrens von vornherein aus, wenn der **wertmindernde Umstand bereits mit den herangezogenen Vergleichspreisen oder dem angesetzten Reinertrag berücksichtigt** wurde; bei Anwendung des Sachwertverfahrens finden Verkehrslärmbeeinträchtigungen dagegen keinen unmittelbaren Eingang in das Wertermittlungsverfahren und müssen besonders berücksichtigt werden. Ansonsten richtet sich die Höhe eines verkehrslärmbedingten Abschlags vom Grundstückswert nach der spezifischen Nutzungsart des betroffenen Grundstücks sowie nach Intensität und Dauer der ungewöhnlich starken Beeinträchtigung, wobei in jedem Fall die Umstände des Einzelfalls berücksichtigt werden müssen. **154**

7.2.3 Wertminderung

Schrifttum: *Bähr,* O./Ollefs, F., Minderung des Verkehrswerts für ein Villengrundstück durch Autobahnlärm, GuG 1992, 9; *Bannert, J.*, Der Einfluss von Straßenverkehrslärm und Umgehungsstraßen auf Grundstückswerte in Ortslagen – Bestimmung mittels Expertenbefragung nach der Delphi-Methode, GuG 2024 ; *Borjans, R.,* Immobilienpreise als Indikatoren der Umweltbelastung durch den städtischen Kraftverkehr, Institut für Verkehrswissenschaft an der Universität Köln, Buchreihe Nr. 44, Düsseldorf 1983; *Borowski, A.*, Einfluss von Verkehrslärm auf den Bodenwert und auf den Verkehrswert von Eigentumswohnungen, DS 2003, 55; *Glathe,* AVN 1974, 376; *Krumbholz* in Nachr. der nds. Kat.- und VermVw. 1989, 164; *Lichtner*, AVN 1975, 127; ders., dng 1975, 39; *Struck, H.*, Ermittlung der Wertminderung von Grundstücken und Gebäuden durch Immissionen, AVN 1973, 104; *Scholland, R.,* Straßenverkehrsgeräusche in Wohngebieten, Dortmunder Beiträge zur Raumplanung 1988, S. 49; *Stege, J.,* Vortragsmanuskript zum Einfluss von Lärmimmissionen auf den Verkehrswert von Grundstücken vom 7.–9.11.1990, Institut für Städtebau Berlin; *Täffner, B.,* Verkehrslärm und Kaufpreis von Eigentumswohnungen, DS 2003, 58.

83 BFH, Urt. vom 23.09.1977 – III R 42/75 –, BFHE 123, 364 = BStBl II 1978, 5 = EzGuG 13.42.
84 BFH, Urt. vom 12.12.1990 – II R 97/87 –, BFHE 163, 229 = BStBl II 1991, 196 = EzGuG 4.136.

▶ *Vgl. Rn. 136 ff.; zur Mietminderung vgl. § 31 ImmoWertV Rn. 221 ff.*

155 Zur **bodenwertmindernden Wirkung von Straßenverkehrsgeräuschen** liegen bislang nur wenige und zugleich auch widersprüchliche Untersuchungen vor[85]. Grundsätzlich kann aber davon ausgegangen werden, dass die bodenwertmindernde Wirkung von Geräuschimmissionen nicht nur von der Lautstärke, sondern – wie ausgeführt – auch von der Art des Gebiets und seiner Vorbelastung abhängt, d.h., die Beeinträchtigungen sind bei reinen Wohngebieten (WR) größer als in allgemeinen Wohngebieten (WA), Mischgebieten (MI) oder gar in Gewerbe- und Industriegebieten (GE, GI).

156 Da eine Verzehnfachung des objektiv messbaren Schallpegels als doppelt so laut wahrgenommen wird, muss des Weiteren davon ausgegangen werden, dass die Abhängigkeit des Bodenwerts von Änderungen des Schallpegels einer Exponentialfunktion folgt. Der Schallpegel ist als das logarithmische Maß der Schallstärke definiert. Deshalb liegt eine Verdoppelung der Schallstärke vor, wenn sich der Schallpegel um 10 Dezibel (dB) mit der Frequenzkurve A nach DIN 45 633 erhöht. Es kann schließlich erwartet werden, dass mit Hilfe einer dem Rechnung tragenden Regressionsanalyse auf der Grundlage ortsspezifischer Daten empirisch gesicherte Umrechnungskoeffizienten für die Abhängigkeit des Bodenwerts von Änderungen des Schallpegels gewonnen werden können.

157 Aus der **Literatur** sind **folgende Angaben** bekannt:

a) Für **Einfamilienhäuser** ergibt sich nach *Borjans* eine mittlere Wertminderung von 0,5 % des Bodenwerts bei Zunahme des Schallpegels um 1 dB (A)[86].

b) Für **reine Wohngebiete** (WR) ergibt sich nach *Scholland* im Bereich eines Schallpegels von 40 bis 60 dB (A) eine mittlere Wertminderung von 1,7 % des Bodenwerts bei Zunahme des Schallpegels um 1 dB (A); in allgemeinen Wohngebieten (WA) ist die Wertminderung etwa halb so groß. Entsprechend der funktionalen Abhängigkeit ist die prozentuale Bodenwertminderung im unteren Bereich kleiner als im oberen Bereich (vgl. Abb. 22).

Abb. 22: Umrechnungskoeffizienten für die prozentuale Bodenwertminderung durch Geräuschemissionen in Wohngebieten für einen Schallpegel von 40 dB (A) bis 60 dB (A) pro V1 dB (A) nach Scholland

Baugebietsart	Verdichtungsgrad		
	hochverdichtet	verdichtet	dünn besiedelt
WR	1,3	3,5	3,3
WA/WS	0,6	1,5	1,4

Quelle: Scholland in AVN 1988, 397

158 *Beispiel:*

– Das Wertermittlungsobjekt liegt in einem verdichteten reinen Wohngebiet und weist einen Schallpegel von 58 dB (A) auf.

– Der Kaufpreis eines Vergleichsobjektes, das ebenfalls in einem reinen Wohngebiet gelegen ist und einen Schallpegel von 50 dB (A) aufweist, beträgt 400 €/m².

85 Struck, AVN 1973, 104; Lichtner, AVN 1975, 127; ders., dng 1975,39; Glathe, AVN 1974, 376; Krumbholz, Nachr. der nds. Kat-. und VermVw. 1989, 164; Bähr, GuG 1992, 9; Ollefs, GuG 1992, 9.

86 Borjans, Immobilienpreise als Indikatoren der Umweltbelastung durch den städtischen Kraftverkehr, Institut für Verkehrswissenschaft an der Universität Köln, Buchreihe Nr. 44, Düsseldorf 1983, der Untersuchung liegen Kölner Verhältnisse zugrunde.

Umrechnung des Vergleichspreises:

	Schallpegel des Wertermittlungsobjekts:	58 dB (A)	
./.	Schallpegel des Vergleichsobjekts:	50 dB (A)	
=	Unterschiedlicher Schallpegel:	8 dB (A)	
	Prozentuale Wertminderung pro 1 dB (A) (lt. Tabelle):	3,5 v.H.	
	Prozentuale Wertminderung insgesamt 8 dB (A) × 3,5:	28,0 v.H.	
	Bodenwertminderung in € bei 400 €/m²:	112 €/m²	(= 400 €/m² × 28/100)
	Umgerechneter Vergleichspreis 400 €/m² - 112 €/m²:	**288 €/m²**	

Anzumerken bleibt, dass die angegebene Tabelle stark vereinfachte Untersuchungsergebnisse wiedergibt und im Bereich eines Schallpegels von 50 dB (A) bis 60 dB (A) die zuverlässigsten Ergebnisse liefert; bei Schallpegeln über 60 dB (A) nehmen die Wertminderungen zu.

c) Eine weitere Untersuchung für **Wohngebiete** (ausgestattet mit Sammelheizung, Bad und Dusche) kommt zum Ergebnis, dass ein hoher Schallpegel an „stark frequentierten" Durchgangsstraßen zu Mietminderungen und damit zu einer Verkehrswertminderung führt, und zwar nur bis zu einem Straßenbegrenzungsabstand von 50 m; *Stege*[87] gibt dafür folgende Beziehung an:

$$\mathbf{RoE_{Minderung} = 0{,}13\ (1 - E/50) \times RoE}$$

wobei 159

RoE = Rohertrag

E = Abstand der Gebäudevorderwand zur Straßengrenze in Metern (m)

Beispiel: 160

Wohnfläche 177 m², Nettokaltmiete 4,50 €/m², E = 7 m, Grundstücksgröße 968 m²

Liegenschaftszins	3,5 %
Jahresrohertrag 4,50 €/m²× 177 m²× 12 Monate	= 9 558 €
Rohertragsminderung 0,13 (1 – 7/50) × 9 558 €	**= 1 069 €**

Die Bodenwertminderung ergibt sich dann unter Anwendung der im Teil VI Rn. 613 ff. vorgestellten Differenzialformel des Ertragswertverfahrens:

$$\Delta \text{ Bodenwert} = \frac{\Delta \text{ Jahresreinertrag}_{\text{Boden}}}{\text{Liegenschaftszinssatz}} \times 100$$

$$\Delta \text{ Bodenwert} = \frac{1\,069\ €}{3{,}5} \times 100 = 30\,543\ €$$

Bodenwertminderung pro Quadratmeter Grundstücksfläche:

$$\Delta \text{ Bodenwert} = \frac{30\,543\ €}{968\ \text{m}^2} = 31{,}55\ €/\text{m}^2$$

87 Stege, J., Vortragsmanuskript zum Einfluss von Lärmimmissionen auf den Verkehrswert von Grundstücken vom 07.-09.11.1990, Institut für Städtebau Berlin.

Kritisch anzumerken bleibt hier, dass die Höhe des Schallpegels nur über das **Kriterium stark frequentierte Durchgangsstraße** eingeht, was allerdings der Realität der Wertermittlungspraxis durchaus entspricht, denn erfahrungsgemäß werden Geräuschbelastungen durch eine Vielzahl anderer wertbeeinflussender Umstände überlagert; ihr Werteinfluss „verwischt“ sich erfahrungsgemäß selbst in guten Wohnlagen.

d) Im Rahmen der **Einheitsbewertung** von Grundstücken besteht die Regel, dass der Abschlag aufgrund von Verkehrslärm nicht über 5 v.H. des Grundstückswerts hinausgeht[88]. Der BFH hat für Beeinträchtigungen aufgrund von Verkehrslärm *in der für Großstädte typischen Schwankungsbreite* im Übrigen jedoch keine Grundlage für eine Herabsetzung des Einheitswerts gesehen[89].

161 e) Die **Beeinträchtigung durch Verkehrslärm** lässt sich auch **mit Hilfe von sog. Lästigkeitsfaktoren** ermitteln, d.h. durch die Differenz der Lästigkeitsfaktoren, bezogen auf die Verkehrsimmission und den Immissionsgrenzwert (IGW, vgl. Rn. 182 ff.). Grundlage hierfür sind folgende in Abb. 23 dargestellte Lästigkeitsfaktoren in Abhängigkeit vom Mittelungspegel der Verkehrsimmission.

162 **Abb. 23: Tabelle der Lästigkeitsfaktoren**

Tabelle der Lästigkeitsfaktoren			
Beurteilungspegel $L_{r,T}$ [dB (A)]	**Lästigkeitsfaktoren LSF**	**Beurteilungspegel $L_{r,T}$ [dB (A)]**	**Lästigkeitsfaktoren LSF**
10 20 30 40 50	Bis 50 dB (A) wird kein Lästigkeitsfaktor berücksichtigt, da bei einem Beurteilungspegel von 50 dB (A) im Freien bei mittlerer Sprechweise noch eine ausreichende Sprachverständlichkeit bei mehr als 1 m Abstand erreicht wird (vgl. Interdisziplinärer Arbeitskreis für Lärmwirkungsfragen beim Umweltbundesamt in Zeitschrift für Lärmbekämpfung 1985, 95 ff.).		
50	32,0	66	97,0
51	34,3	67	104,0
52	36,8	68	111,4
53	39,4	69	119,4
54	42,2	70	128,0
55	45,3	71	137,2
56	48,5	72	147,0
57	52,0	73	157,6
58	55,7	74	168,9
59	59,7	75	181,0
60	64,0	76	194,0
61	68,6	77	207,9
62	73,5	77	207,9

88 BFH, Urt. vom 18.12.1991 – II R 6/89 –, GuG 1991, 212 = BFHE 166, 382 = BStBl 1992, 279 = EzGuG 18.115.
89 BFH, Urt. vom 23.09.1977 – III R 42/75 –, BFHE 123, 364 = BStBl II 1978, 5 = EzGuG 13.42 (vgl. auch § 82e EStDVO zur steuerlichen Behandlung von Lärmschutzeinrichtungen).

Tabelle der Lästigkeitsfaktoren			
63	78,8	78	222,9
64	84,4	79	238,9
65	**90,5**	**80**	**256,0**
Formel für den Lästigkeitsfaktor LSF des Beurteilungspegels $L_{r,T}$ LSF = 2 $_{0,1}$ $L_{r,T}$ Formel für den Lästigkeitsfaktor LSF des anzuwendenden Immissionsgrenzwerts IGW LSF = 2 $_{0,1\ IGW}$			

f) *Borowski*[90] gibt auf der Grundlage von Bodenrichtwertvergleichen in Abhängigkeit von den Lästigkeitsfaktoren folgende Bodenwertminderungen an (Abb. 24):

Abb. 24: Bodenwertminderung in %

Schallimmission an der Straßenrandbebauung dB (A)	Lästigkeitsfaktor nach VLärmSchR 97	Bodenwertminderung in %
40–50	keine Verkehrslärmbelastung	0
50–55	40	2
55–60	55	2,75
60–65	80	4
65–70	110	5,5
70–75	150	7,5
75–80	200	10

g) *Täffner* stellt im Grundstücksmarktbericht 2002 für *Mainz* fest, dass Verkehrswerte von Eigentumswohnungen in Phasen des Angebotsüberhangs deutlich gemindert sind (im Jahre 2001 um etwa 27 % gegenüber einer „leisen“ Wohnung).

Der Beurteilungspegel der Verkehrsimmission kann durch Lärmmessung vor Ort festgestellt werden. Für Belange der Wertermittlung reicht es i.d.R. jedoch aus, den Beurteilungspegel zu berechnen. Das Berechnungsverfahren ist in der 16. DurchführungsVO zum BImSchG (vgl. Rn. 182) dargestellt. Sie enthält **Berechnungsverfahren für den Beurteilungspegel** sowohl für Straßenverkehrslärm als auch für Schienenverkehrslärm; dabei ist jeweils zu unterscheiden nach **163**

- Beurteilungspegel am Tag (6.00–22.00 Uhr) und
- Beurteilungspegel bei Nacht (22.00–6.00 Uhr).

Der **maßgebende Immissionsort** ist bei **164**

- Balkonen und Loggien deren Außenfassade (Brüstung) in Höhe der Geschossdecke der betroffenen Wohnung,
- Terrassen und unbebauten Außenwohnbereichen jeweils deren Mittelpunkt in 2 m Höhe.

Zum **Außenwohnbereich** zählen **165**

- baulich mit dem Wohngebäude verbundene Anlagen, wie z.B. Balkone, Loggien, Terrassen, sog. bebauter Außenwohnbereich,
- sonstige zum Wohnen im Freien geeignete und bestimmte Flächen des Grundstücks, sog. unbebauter Außenbereich. Hierzu zählen z.B. auch Gartenlauben, Grillplätze.

90 Borowski, A-K., DS 2003, 55.

Ob **Flächen** tatsächlich **zum „Wohnen im Freien“** geeignet und bestimmt sind, ist jeweils im Einzelfall festzustellen. Nach der Rechtsprechung des BVerwG[91] sind Freiflächen gegenüber Verkehrslärm nicht allein deswegen schutzbedürftig, weil die gebietsspezifischen IGW überschritten sind. Vielmehr müssen sie darüber hinaus zum Wohnen im Freien geeignet und bestimmt sein.

Ein **Außenwohnbereich** liegt insbesondere nicht vor bei

- Vorgärten, die nicht dem regelmäßigen Aufenthalt dienen,
- Flächen, die nicht zum „Wohnen im Freien“ benutzt werden dürfen,
- Balkonen, die nicht dem regelmäßigen Aufenthalt dienen. Beim Außenwohnbereich ist nur auf den IGW am Tage abzustellen.

7.2.4 Lärmvorsorge

166 Die Lärmvorsorge ist geregelt im **Bundes-Immissionsschutzgesetz** (BImSchG), in der Verkehrslärmschutzverordnung (16. BImSchV) und in der Verkehrswege-Schallschutzmaßnahmenverordnung (24. BImSchV):

- §§ 41 ff. BImSchG verpflichten den Träger der Straßenbaulast – unbeschadet des Gebots nach § 50 BImSchG –, beim Bau oder der wesentlichen Änderung von Straßen den notwendigen Lärmschutz sicherzustellen.
- Die 16. BImSchV setzt die Immissionsgrenzwerte fest, nennt die Voraussetzungen der wesentlichen Änderung i.S. des § 41 BImSchG und regelt das Verfahren für die Berechnung des Beurteilungspegels.
- Die 24. BImSchV regelt Art und Umfang der notwendigen Schallschutzmaßnahmen für schutzbedürftige Räume in baulichen Anlagen.
- Aus § 42 Abs. 2 Satz 2 BImSchG i.V.m. § 74 Abs. 2 VwVfG (L) können sich weitergehende Entschädigungsansprüche lärmbetroffener Eigentümer ergeben.
- Richtlinien für den Verkehrslärmschutz an Bundesfernstraßen in der Baulast des Bundes vom 02.07.1997 – StB 16/14.80.13-65/11 Vy 97[92].

Den Berechnungen des Beurteilungspegels liegen die RLS-90 für Straßen bzw. die Schall 03 für Schienenwege zugrunde. Nach den Richtlinien für den Verkehrslärmschutz an Bundesfernstraßen in der Baulast des Bundes (VLärmSchR 97) kommen Maßnahmen zur Lärmsanierung in Betracht, wenn die nach RLS-90 berechneten Mittelungspegel einen der folgenden Immissionsgrenzwerte übersteigen (Abb. 25).

Abb. 25: Grenzwerte für Lärmsanierung an Straßen in der Baulast des Bundes (Werte in dB [A])

Nutzungen	Tag	Nacht
Krankenhäuser, Schulen, Kur- und Altenheime, Wohn- und Kleinsiedlungsgebiete	70	60
Kern-, Dorf- und Mischgebiete	72	62
Gewerbegebiete	75	65

91 BVerwG, Urt. vom 11.11.1988 – 4 C 11/87 –, NVwZ 1989, 255 = EzGuG 13.01.

92 Allgemeinem Rundschreiben Straßenbau Nr. 26/1997 vom 02.06.1997 – StB 15/14.80.13.-65/11 VA 1997 –, VkBl 1997, 434, geändert mit ARS 20/2006 vom 04.08.2006 – S 13/7144.2/02-11/521247 –.

Verkehrslärm soll bereits bei der **Planung von Verkehrswegen** vermieden werden. An erster Stelle ist hier das Trennungsgebot des § 50 BImSchG zu nennen[93]. Daneben steht die Verpflichtung, die Beeinträchtigung durch Verkehrslärm durch 167

a) aktiven Schallschutz, d.h. Vorkehrungen an der Verkehrsanlage, und

b) passiven Schallschutz, d.h. durch Maßnahmen am Objekt (z.B. Schallschutzfenster, lärmdämmende Fassaden),

zu mindern. Aktiver Schallschutz kann z.B. durch Lärmschutzwälle geleistet werden. Die **Kosten** betrugen im Jahre 2000 etwa 30 €/m³ **Lärmschutzwall.**

Beim Neubau und bei baulichen Änderungen von Verkehrswegen (Straßen [§ 17 Abs. 1 FStrG], Bundeswasserstraßen [§ 14 Abs. 1 WaStrG], Straßenbahnen [§ 28 PBefG] und Schienenwegen [§ 18 Abs. 1 AEG]) sind im Rahmen der **Abwägung** Lärmemissionen als „erheblicher Belang" zu berücksichtigen. Dies gilt auch für Lärmbelästigungen, die keinen Ausgleichsanspruch auslösen, weil sie noch zumutbar sind[94]. 168

Dabei ist zu prüfen, ob und inwieweit ein **Ausgleichsanspruch** 169

- nach den planfeststellungsrechtlichen Schutzauflagevorschriften des § 74 Abs. 2 Satz 2 des Landesverwaltungsverfahrensgesetzes (bisher: § 17 Abs. 4 FStrG a.F.) für durch Plan festzustellende Straßen und
- nach § 42 BImSchG für sonstige öffentliche Straßen

in Betracht kommt[95].

Nach den **planfeststellungsrechtlichen Schutzauflagevorschriften** haben nämlich die von der Planfeststellung Betroffenen einen Anspruch auf solche Maßnahmen, die geeignet sind, nachteilige Auswirkungen auf die Anliegergrundstücke zu vermeiden, soweit die Zumutbarkeitsschwelle überschritten wird[96]. 170

Die entsprechende Bestimmung des § 74 Abs. 2 VwVfG des Bundes lautet: 171

„(2) Im Planfeststellungsbeschluss entscheidet die Planfeststellungsbehörde über die Einwendungen, über die bei der Erörterung vor der Anhörungsbehörde keine Einigung erzielt worden ist. Sie hat dem Träger des Vorhabens Vorkehrungen oder die Errichtung und Unterhaltung von Anlagen aufzuerlegen, die zum Wohl der Allgemeinheit oder zur Vermeidung nachteiliger Wirkungen auf Rechte anderer erforderlich sind. Sind solche Vorkehrungen oder Anlagen untunlich oder mit dem Vorhaben unvereinbar, so hat der Betroffene Anspruch auf angemessene Entschädigung in Geld."

Die entsprechende **Bestimmung des Landesverwaltungsverfahrensgesetzes** ersetzt die bisher geltende Schutzauflagevorschrift des § 17 Abs. 4 FStrG a.F.[97]. Im Einführungserlass des Bundesministeriums für Verkehr vom 27.08.1990 heißt es hierzu: 172

„Als Auflagenvorschrift ist § 17 Abs. 4 FStrG (a.F.) entfallen; Rechtsgrundlage für die Anordnung von Schutzauflagen ist nunmehr § 74 Abs. 2 Satz 2 der Verwaltungsverfahrensgesetze der Länder. Die genannten Vorschriften unterscheiden sich dadurch, dass § 17 Abs. 4 FStrG a.F. für die Anordnung von Auflagen auf „erhebliche Nachteile oder erhebliche Belästigungen" abstellte, während § 74 Abs. 2 der Verwaltungsverfahrensgesetze Auflagen verlangt „zur Vermeidung nachteiliger Wirkungen auf Rechte". Mit der Anwendbarkeit dieser Vorschrift sind im Bereich der Bundesfernstraßenplanung entstandene Zweifel ausgeräumt, ob die Anordnung von Schutzauflagen bei Beeinträchtigung von Rechtspositionen vorgeschrieben ist oder ob erhebliche Nachteile für wirtschaftliche Interessen ausreichen. Anlass zu diesen Zweifeln hatte die Rechtsprechung des Bundesverwaltungsgerichts zu § 17 Abs. 4 FStrG a.F. gegeben (vgl. BVerwG, Urt. vom 18.12.1987 –

93 Sommer, Die höchstrichterliche Rechtsprechung zur Bedeutung des Verkehrslärmschutzes für die Bauleitplanung und die Zulässigkeit von Bauvorhaben, ZfBR 1990, 54.

94 BVerwG, Urt. vom 07.09.1979 – 4 C 7/77 –, BRS Bd. 35 Nr. 15; BVerwGE 59, 87; BVerwG, Urt. vom 22.03.1985 – 4 C 63/80 –, BVerwGE 71, 150 = EzGuG 13.72; Korbmacher, DÖV 1982, 517.

95 BVerwG, Urt. vom 18.12.1987 – 4 C 49/83 –, NVwZ 1989, 147 = EzGuG 18.106, BVerwG, Urt. vom 22.05.1987 – 4 C 17-19/84 –, BVerwGE 77, 285 = EzGuG 13.86, VGH München, Urt. vom 03.10.1989 – 8 B 86.3162 u.a. –, NVwZ 1990, 378 = EzGuG 13.108a.

96 BVerwG, Urt. vom 11.11.1988 – 4 C 11/87 –, NJW 1989, 1295 = EzGuG 13.111.

97 BT-Drs. 11/4310, S. 94.

4 C 49/83 –, EzGuG 18.106 – Verschlechterung einer öffentlichen Wegeverbindung für einen landwirtschaftlichen Betrieb). Nach § 74 Abs. 2 Satz 2 der Verwaltungsverfahrensgesetze müssen Rechte nachteilig betroffen sein.“

173 **Rechtsgrundlage ist § 19a FStrG,** der folgende Fassung hat:

„**§ 19a FStrG** Entschädigungsverfahren

Soweit der Träger der Straßenbaulast nach §§ 8a, 9, 17 Absatz 2 oder auf Grund eines Planfeststellungsbeschlusses oder einer Plangenehmigung verpflichtet ist, eine Entschädigung in Geld zu leisten, und über die Höhe der Entschädigung keine Einigung zwischen dem Betroffenen und dem Träger der Straßenbaulast zustande kommt, entscheidet auf Antrag eines der Beteiligten die nach Landesrecht zuständige Behörde; für das Verfahren und den Rechtsweg gelten die Enteignungsgesetze der Länder entsprechend.“

174 § 19a FStrG schließt für die Festsetzung einer Entschädigung bei erheblichen mittelbaren Beeinträchtigungen eine Lücke. Da die Verwaltungsverfahrensgesetze der Länder für das Planfeststellungsverfahren keine Regelung über die Festsetzung einer Entschädigung der Höhe nach enthalten, musste die Lücke im Fachgesetz geschlossen werden. Miteinbezogen wurden zugleich die Entschädigungsansprüche nach § 8a Abs. 4 und 7 und § 9 Abs. 9 FStrG, da auch hier ein Verfahren für die Entschädigungsfestsetzung fehlte. Insbesondere für die Planfeststellung bedeutet die Neuregelung, dass die Planfeststellungsbehörde über eine Entschädigung in Geld dem Grunde nach zu entscheiden hat, während die **Höhe der Entschädigung erst dann in einem besonderen Verfahren festzusetzen ist, wenn der Betroffene und der Träger der Straßenbaulast keine Einigung erreichen.**

175 Die Regelung entspricht § 42 Abs. 3 BImSchG. Mit ihr wird gerade für Entschädigungen wegen Beeinträchtigungen durch Straßenverkehrslärm eine **einheitliche Zuständigkeitsregelung und Rechtswegzuweisung** bei Streitigkeiten über die Erstattung der Aufwendungen an einer baulichen Anlage (§ 42 Abs. 2 Satz 1 BImSchG) und über eine Entschädigung für den Außenwohnbereich als weitergehenden Anspruch i.S. von § 42 Abs. 2 Satz 2 BImSchG geschaffen. Dies dient der Verfahrenskonzentration. Die neue Regelung erleichtert es den Betroffenen, ihren Anspruch als einheitlichen geltend machen zu können, und zwar auch dann, wenn es sich um keine Enteignungsentschädigung handelt. Soweit nach Enteignungsgesetzen der Länder die Kammern (Senate) für Baulandsachen für die gerichtliche Nachprüfung von Entschädigungsfestsetzungen zuständig sind, kann ihnen auf Grund § 232 BauGB auch die Entscheidung über Entschädigungsansprüche übertragen werden, die nicht auf einer Enteignung beruhen[98].

176 Bei dem **Bau oder der wesentlichen Änderung öffentlicher Straßen sowie von Eisenbahnen und Straßenbahnen** ist nach § 41 BImSchG sicherzustellen, dass durch diese keine schädlichen Umwelteinwirkungen durch Verkehrsgeräusche hervorgerufen werden können, die nach dem Stand der Technik vermeidbar sind. Diese rechtliche Verpflichtung gilt nach dem vorher Gesagten allerdings nicht, soweit die Kosten der Schutzmaßnahme außer Verhältnis zu dem angestrebten Schutzzweck stehen würden. Eine Änderung einer Straße oder eines Schienenweges der Eisenbahnen und Straßenbahnen ist nach § 1 Abs. 2 der 16. BImSchV „wesentlich“, wenn

1. eine Straße um einen oder mehrere durchgehende Fahrstreifen für den Kraftfahrzeugverkehr oder ein Schienenweg um ein oder mehrere durchgehende Gleise baulich erweitert wird oder
2. durch einen erheblichen baulichen Eingriff der Beurteilungspegel des von dem zu ändernden Verkehrsweg ausgehenden Verkehrslärms
   – um mindestens 3 Dezibel (A) oder
   – auf mindestens 70 Dezibel (A) am Tage oder
   – mindestens 60 Dezibel (A) in der Nacht
   erhöht wird.

98 BT-Drs. 10/4630 sowie BT-Drs. 11/4310, S. 100 ff.

Eine Änderung ist auch wesentlich, wenn der Beurteilungspegel des von dem zu ändernden Verkehrsweg ausgehenden Verkehrslärms von mindestens
- 70 Dezibel (A) am Tage oder
- 60 Dezibel (A) in der Nacht
durch einen erheblichen baulichen Eingriff erhöht wird, wobei dies nicht in Gewerbegebieten gilt.

Bei derartigen umfänglichen Baumaßnahmen bzw. bei so starken Belastungen durch Verkehrslärm ist es nach dem Willen des Verordnungsgebers gerechtfertigt, im Zusammenhang mit einem baulichen Eingriff Lärmschutz nach gleichen Kriterien wie beim Neubau zu treffen. **Keine wesentlichen Änderungen sind** nach alledem **Erhaltungs- und Unterhaltungsmaßnahmen sowie kleinere Baumaßnahmen.** Dazu gehören z.B. an Straßen das Versetzen von Bordsteinen, das Anlegen einer Verkehrsinsel und das Anbringen von verkehrsregelnden Einrichtungen sowie an Schienenwegen das Versetzen von Signalanlagen, Auswechseln von Schwellen und der Einbau von Weichen. **177**

Werden in den genannten Fällen die in der Rechtsverordnung festgelegten Immissionsgrenzwerte – IGW – überschritten, so ist dem **Eigentümer in Anwendung des § 42 BImSchG eine Entschädigung zu gewähren**[99]. **§ 42 BImSchG** hat folgende Fassung: **178**

„**§ 42** Entschädigung für Schallschutzmaßnahmen

(1) Werden im Falle des § 41 die in der Rechtsverordnung nach § 43 Absatz 1 Satz 1 Nummer 1 festgelegten Immissionsgrenzwerte überschritten, hat der Eigentümer einer betroffenen baulichen Anlage gegen den Träger der Baulast einen Anspruch auf angemessene Entschädigung in Geld, es sei denn, dass die Beeinträchtigung wegen der besonderen Benutzung der Anlage zumutbar ist. Dies gilt auch bei baulichen Anlagen, die bei Auslegung der Pläne im Planfeststellungsverfahren oder bei Auslegung des Entwurfs der Bauleitpläne mit ausgewiesener Wegeplanung bauaufsichtlich genehmigt waren.

(2) Die Entschädigung ist zu leisten für Schallschutzmaßnahmen an den baulichen Anlagen in Höhe der erbrachten notwendigen Aufwendungen, soweit sich diese im Rahmen der Rechtsverordnung nach § 43 Absatz 1 Satz 1 Nummer 3 halten. Vorschriften, die weitergehende Entschädigungen gewähren, bleiben unberührt.

(3) Kommt zwischen dem Träger der Baulast und dem Betroffenen keine Einigung über die Entschädigung zustande, setzt die nach Landesrecht zuständige Behörde auf Antrag eines der Beteiligten die Entschädigung durch schriftlichen Bescheid fest. Im Übrigen gelten für das Verfahren die Enteignungsgesetze der Länder entsprechend."

In Anwendung des § 42 BImSchG bemisst sich der **Geldausgleich nach den Kosten der Schallschutzmaßnahmen** (vgl. 24. BImSchV) und erst dann nach dem Minderwert des Grundstücks, wenn Schallschutzeinrichtungen **179**

- keine wirksame Abhilfe versprechen oder
- unverhältnismäßige Aufwendungen erfordern.

Zwar gewährt § 42 Abs. 2 Satz 1 BImSchG seinem Wortlaut nach keinen Anspruch auf Entschädigung für verbleibende Beeinträchtigungen der sog. Außenwohnbereiche, jedoch sind zur Vermeidung unterschiedlicher Entschädigungsgrundsätze die planfeststellungsrechtlichen Schutzauflagevorschriften entsprechend anzuwenden.

99 Zum Entschädigungsberechtigten im Zwangsversteigerungsverfahren vgl. BGH, Urt. vom 10.07.2003 – III ZR 379/02 –, GuG 2004, 123 = EzGuG 11.350b.

180 **Es bestanden lange Zeit keine normativ festgesetzten Immissionsgrenzwerte** – IGW –, bei deren Überschreitung eine „schwere und unerträgliche Betroffenheit“ i.S. einer enteignungsrechtlichen Zumutbarkeitsschwelle anzusetzen wäre[100]. Das BVerwG[101] hat solche normativen Festlegungen gefordert und betont, dass, solange derartige Bestimmungen fehlen, die nach § 41 BImSchG „zu beachtende Grenze des Zumutbaren von den Behörden und den Gerichten stets anhand einer umfassenden Würdigung aller Umstände des Einzelfalles … zu bestimmen“ sei.

181 Auch in der Rechtsprechung des BGH[102] ist darauf hingewiesen worden, dass die Zumutbarkeitsschwelle innerhalb eines Spektrums von Möglichkeiten unter Würdigung des Einzelfalls nach der jeweiligen Gebietsart unterschiedlich festzusetzen sei. So muss im Außenbereich dem Gebietscharakter entsprechend Straßenlärm in stärkerem Maße entschädigungslos hingenommen werden als in einem Wohngebiet. Des Weiteren ist nach der Rechtsprechung nicht allein an die Gebietsfestsetzung anzuknüpfen, sondern auch eine (nicht schwere und unerträgliche) **Geräuschvorbelastung** bzw. das Fehlen einer bereits gegebenen Lärmvorbelastung[103] ist zu berücksichtigen. Bei alledem beantwortet sich die Frage nach der Zumutbarkeit nach den Verhältnissen zu dem Zeitpunkt, zu dem das Grundstück von dem enteignenden oder sonst belastenden Eingriff betroffen wurde.

182 Die 16. DurchführungsVO zum BImSchG (VerkehrslärmschutzV, a.a.O.) sieht nunmehr zum Schutz der Nachbarschaft vor schädlichen Umwelteinwirkungen durch Verkehrsgeräusche beim Bau oder bei wesentlichen Änderungen öffentlicher Straßen die in § 2 Abs. 1 in Abb. 26 zusammengestellten **Immissionsgrenzwerte – IGW** – vor.

Abb. 26: Tabelle der Immissionsgrenzwerte (IGW) für Verkehrslärm

Immissionsgrenzwerte (IGW) für Verkehrslärm		
	Tag (6.00–22.00 Uhr)	Nacht (22.00–6.00 Uhr)
1.	an Krankenhäusern, Schulen, Kurheimen und Altenheimen	
	57 Dezibel (A)	47 Dezibel (A)
2.	in reinen und allgemeinen Wohngebieten und Kleinsiedlungsgebieten	
	59 Dezibel (A)	49 Dezibel (A)

100 Zur einheitlichen Handhabung hat der BMV aber „Richtlinien für den Verkehrslärmschutz an Bundesstraßen in der Baulast des Bundes“ erlassen (Richtlinie vom 02.06.1997, VkBl. 1997, 434); vgl. auch BT-Drs. 8/3730; es handelt sich hierbei um nicht bindende Orientierungshilfen; vgl. BGH, Urt. vom 23.10.1986 – III ZR 112/85 –, NJW 1987, 1276 = EzGuG 13.91; BGH, Urt. vom 29.06.1966 – V ZR 91/66 –, BGHZ 46, 35 = EzGuG 13.10.

101 BVerwG, Urt. vom 22.05.1987 – 4 C 33-35/83 –, BVerwGE 77, 295 = EzGuG 13.87; BVerwG, Urt. vom 22.05.1987 – 4 C 17 – 19/84 –, BVerwGE 77, 295 = EzGuG 13.87; weiterhin: Richtlinien für den Verkehrslärmschutz an Straßen des BMV – RLS-90 –, Ausg. 1990 sowie Richtlinie zur Berechnung der Schallimmissionen von Schienenwegen – Schall 03 –, Ausg. 1990.

102 BGH, Urt. vom 30.10.1970 – V ZR 150/67 –, BGHZ 54, 384 = EzGuG 13.17; BGH, Urt. vom 17.04.1986 – III ZR 202/84 –, BGHZ 97, 361 = EzGuG 13.87; BGH, Urt. vom 13.01.1977 – III ZR 6/75 –, BRS Bd. 34 Nr. 167 = EzGuG 13.33.

103 BVerwG, Urt. vom 14.12.1979 – 4 C 10/77 –, BVerwGE 59, 253 = EzGuG 13.53; BVerwG, Urt. vom 07.07.1978 – 4 C 79/76 –, BVerwGE 58, 110 = EzGuG 13.51; BVerwG, Urt. vom 11.02.1977 – 4 C 9/75 –, BRS Bd. 32 Nr. 134 = EzGuG 13.34; BVerwG, Urt. vom 22.03.1985 – 4 C 63/80 –, BVerwGE 71, 150 = EzGuG 13.72; BVerwG, Urt. vom 22.05.1987 – 4 C 33-35/83 –, BVerwGE 77, 295 = EzGuG 13.87; OVG Lüneburg, Urt. vom 24.05.1984 – 6 C 15/83 –, NVwZ 1986, 53 = EzGuG 13.69; OVG Berlin, Beschl. vom 18.04.1986 – 2 S 41/86 –, ZfBR 1986, 249 = EzGuG 13.78; VGH München, Urt. vom 06.05.1986 – 8 A 85 T.43 –, DÖV 1987, 1121 = EzGuG 13.79; OVG Hamburg, Beschl. vom 02.02.1987 – Bs. II 38/86 –, BauR 1987, 657 = EzGuG 13.84; OVG Saarland, Urt. vom 05.12.1980 – 2 R 15/79 –, NJW 1981, 1464 = EzGuG 13.84; OVG Lüneburg, Urt. vom 25.01.1983 – 5 A 23/82 –, NJW 1984, 1474 = EzGuG 13.62; VGH Mannheim, Urt. vom 19.01.1983 – 5 S 641/82 –, DÖV 1983, 512 = EzGuG 13.60.

Immissionsgrenzwerte (IGW) für Verkehrslärm		
3.	in Kerngebieten, Dorfgebieten und Mischgebieten	
	64 Dezibel (A)	54 Dezibel (A)
4.	in Gewerbegebieten und Industriegebieten	
	69 Dezibel (A)	59 Dezibel (A)
		© W. Kleiber 11

Bei den IGW, die zum Schutz der Nachbarschaft in § 2 der 16. BImSchV festgelegt sind, handelt es sich um **Grenzwerte und nicht um Orientierungswerte;** werden sie überschritten, sind Schutzmaßnahmen zu treffen. Bei der Bestimmung des Umfangs des Lärmschutzes müssen die Grenzwerte nicht voll ausgeschöpft sein, d.h., sie können nach Abwägung im Einzelfall unterschritten werden, wenn dies mit vertretbarem Aufwand, z.B. durch Verwendung von Überschussmaterial, erreicht werden kann. **183**

Grundsätzlich sind der Tagwert und der Nachtwert einzuhalten. Jeweils nach der besonderen Nutzung der betroffenen Anlage oder des betroffenen Gebiets nur am Tag oder nur in der Nacht ist bei der Entscheidung über Lärmschutz der IGW für diesen Zeitraum heranzuziehen (§ 2 Abs. 3 der 16. BImSchV); nur auf den Tagwert kommt es an bei Gebäuden oder Anlagen, die bestimmungsgemäß ausschließlich am Tag genutzt werden, z.B. Kindergärten, Schulen oder Bürogebäude. **184**

Die Gebietskategorien sind der BauNVO entnommen. Gebiete und Anlagen sowie Flächen, Gebiete und Anlagen, für die keine Festsetzungen vorgesehen sind, sollen entsprechend der Rechtsprechung des BVerwG[104] nach ihrer **Schutzbedürftigkeit** beurteilt werden. Dies sind insbesondere Krankenhäuser, Schulen, Kur- und Altenheime sowie Gebiete, die vorwiegend dem Wohnen dienen. Nicht in gleicher Weise schutzbedürftig sind dagegen Gebiete, in denen schon nach ihrer Zweckbestimmung i.d.R. eine deutlich merkbare Geräuschvorbelastung vorhanden ist. Dabei werden wiederum Kerngebiete, Dorfgebiete und Mischgebiete, in denen auch die Wohnnutzung eine nicht nur untergeordnete Rolle spielt, gegenüber Gewerbe- und Industriegebieten, in denen Wohnnutzung eine Ausnahme bildet, besser geschützt. **185**

§ 2 Abs. 2 Satz 1 der VerkehrslärmschutzV weist darauf hin, dass sich die Art der Anlagen und Gebiete aus den Festsetzungen in den Bebauungsplänen ergibt. Satz 2 bestimmt, dass die Schutzbedürftigkeit sonstiger Anlagen und Gebiete aus einem Vergleich mit den in Abs. 1 aufgezählten Anlagen und Gebieten zu ermitteln ist; entsprechend der ermittelten Schutzbedürftigkeit sind jeweils die in Abs. 1 festgelegten **Immissionsgrenzwerte** (vgl. Abb. 26) einzuhalten. **186**

Danach sind der **3. Schutzkategorie** (Kern-, Dorf- und Mischgebiet) zuzuordnen: **187**

- Wochenendhausgebiete (§ 10 BauNVO)[105],
- Ferienhausgebiete (§ 10 BauNVO),
- Dauer- und Reisecampingplatzgebiete (§ 10 BauNVO)[106],
- Kleingartengebiete i.S. des Kleingartenrechts (§ 1 Abs. 1 BKleingG, § 9 Abs. 1 Nr. 15 BauGB)[107]. Diese Gebietskategorie ist auch maßgebend, wenn bauliche Anlagen zulässigerweise nach § 20 a BKleingG dauernd zu Wohnzwecken genutzt werden.

104 BVerwG, Urt. vom 21.05.1976 – 4 C 80/74 –, BVerwGE 51, 15 = EzGuG 13.30; BVerwG, Urt. vom 22.05.1987 – 4 C 33-35/83 –, BVerwGE 77, 259 = EzGuG 13.87.

105 VGH Kassel, Urt. vom 08.06.1993 – 2 A 198/89 –, UPR 1994, 160, bestätigt durch BVerwG, Beschl. vom 20.10.1993 – 4 B 170/93 –, DÖV 1994, 344.

106 OVG Lüneburg, Urt. vom 15.04.1993 – 7 K 3383/92 –, VkBl. 1996, 543 = EzGuG 13.127a.

107 BVerwG, Beschl. vom 17.03.1992 – 4 NB 230/91 –, GuG 1992, 222 = EzGuG 13.124.

Der **4. Schutzkategorie** (Gewerbegebiet) sind zuzuordnen:

- Ladengebiete (§ 11 Abs. 2 BauNVO),
- Einkaufszentren,
- im Einzelfall schutzbedürftige Nutzungen in einem Industriegebiet (z.B. Wohnhaus mit Bestandsschutz).

188 Für **bauliche Anlagen im Außenbereich,** der grundsätzlich nicht für eine Bebauung bestimmt ist, gilt die besondere Regelung, dass solche nach Nr. 1, 3 und 4 der in Abb. 26 aufgestellten Tabelle entsprechend der Schutzbedürftigkeit zu beurteilen sind; im Übrigen entspricht dies der Rechtsprechung, die den Außenbereich in Bezug auf den Lärmschutz geringer einstuft als Wohngebiete, da gerade der Außenbereich dazu bestimmt ist, emissionsintensive Anlagen aufzunehmen.

189 Eine weitere Unterscheidung der in § 2 Abs. 1 der 16. BImSchV genannten Schutzkategorien nach **individuell gegebener Lärm-Vorbelastung** ist grundsätzlich nicht zulässig, jedoch ist § 42 Abs. 1 S. 1 2. Hs. BImSchG zu beachten.

190 Die angegebenen Immissionsschutzgrenzwerte (IGW) sind jeweils für **Tag und Nacht** unterschiedlich angesetzt. **Der Unterschied beträgt jeweils 10 dB (A).** I.d.R. ist für den Lärmschutz der Nachtwert maßgebend, weil nachts die Lärmempfindlichkeit höher ist. Bei einem Bürogebäude, das in der Nacht leer steht, kann der Nachtwert dagegen keine Rolle spielen.

191 Erst wenn Maßnahmen zur Milderung schädlicher Auswirkungen mit dem Vorhaben unvereinbar sind oder ihre Kosten außer Verhältnis zum angestrebten Schutzzweck stehen, ist ein angemessener Ausgleich in Geld zu entrichten (§ 74 Abs. 2 Satz 3 VwVfG). Dieser **Ausgleich erstreckt sich auch auf unzumutbare Beeinträchtigungen der für das Wohnen im Freien geeigneten und bestimmten Flächen (sog. Außenwohnbereiche)**[108]**.**

192 Der **Ausgleich bemisst sich** in erster Linie **nach den Schallschutzaufwendungen** auf dem betroffenen Grundstück (passiver Schallschutz)[109]; daneben sind unter bestimmten Voraussetzungen auch die Wertminderungen des Grundstücks zu entschädigen. Im Extremfall besteht ein Übernahmeanspruch[110].

193 Rechtsgrundlage für die Entschädigung im Rahmen von Planfeststellungsverfahren ist § 74 Abs. 2 Satz 3 VwVfG. Danach besteht ein Entschädigungsanspruch, wenn den Betroffenen ein unzumutbarer und nicht mit verhältnismäßigen Mitteln behebbarer Nachteil verbleibt. **Gegenstand der Entschädigung ist** neben den passiven Schallschutzmaßnahmen **auch die verursachte Verkehrswertminderung oberhalb der Zumutbarkeitsgrenze**[111]. Die Zumutbarkeitsgrenze ist entsprechend der 16. BImSchV zu bestimmen.

194 Neben dem Fernstraßengesetz des Bundes und den Straßengesetzen der Länder können die planerischen Grundlagen für Straßen in einem Bebauungsplan festgesetzt werden (§ 17 Abs. 3 Satz 1 FStrG). Werden die **immissionsschutzrechtlichen Belange im Rahmen der Abwägung** ungenügend berücksichtigt, ist dieser nichtig[112].

195 Lassen sich im Rahmen der Bebauungsplanung Lärmbeeinträchtigungen nicht vermeiden, steht dem Eigentümer auch hier ein **Entschädigungsanspruch** zu, der allerdings dann sich nicht auf § 74 Abs. 2 Satz 3 VwVfG gründen lässt. Der Anspruch leitet sich aus dem allgemeinen Rechtsgrundsatz her, der das Nachbarschaftsverhältnis zwischen störender und gestörter Nutzung im Falle unangemessen hohen Aufwands für Maßnahmen der Vermeidung oder Min-

---

108 BVerwG, Urt. vom 16.09.1993 – 4 C 9/91 –, GuG 1994, 117 = EzGuG 13.129; BVerwG, Urt. vom 21.05.1976 – 4 C 80/74 –, BVerwGE 51, 15 = EzGuG 13.30.

109 Boujong, Entschädigung für Verkehrslärmimmissionen, UPR 1987, 206.

110 BVerwG, Urt. vom 26.08.1993 – 4 C 24/91 –, BVerwGE 94, 100 = EzGuG 13.128a; BVerwG, Urt. vom 05.12.1986 – 4 C 13/85 –, BVerwGE 75, 214 = EzGuG 13.83.

111 BVerwG, Urt. vom 16.09.1993 – 4 C 9/91 –, GuG 1994, 117 = EzGuG 13.127.

112 BVerwG, Urt. vom 09.02.1989 – 4 NB 1/89 –, NVwZ 1989, 653.

derung von Immissionen auf ein zumutbares Maß beherrscht. Diesem öffentlich-rechtlich in § 74 Abs. 2 VwVfG und § 41 Abs. 2 BImSchG festgeschriebenen Grundsatz entspricht § 906 Abs. 2 Satz 2 BGB:

§ 906 BGB lautet: 196

„(1) Der Eigentümer eines Grundstücks kann die Zuführung von Gasen, Dämpfen, Gerüchen, Rauch, Ruß, Wärme, Geräusch, Erschütterungen und ähnliche von einem anderen Grundstück ausgehende Einwirkungen insoweit nicht verbieten, als die Einwirkung die Benutzung seines Grundstücks nicht oder nur unwesentlich beeinträchtigt. Eine unwesentliche Beeinträchtigung liegt in der Regel vor, wenn die in Gesetzen oder Rechtsverordnungen festgelegten Grenz- oder Richtwerte von den nach diesen Vorschriften ermittelten und bewerteten Einwirkungen nicht überschritten werden. Gleiches gilt für Werte in allgemeinen Verwaltungsvorschriften, die nach § 48 des Bundes-Immissionsschutzgesetzes erlassen worden sind und den Stand der Technik wiedergeben.

(2) Das Gleiche gilt insoweit, als eine wesentliche Beeinträchtigung durch eine ortsübliche Benutzung des anderen Grundstücks herbeigeführt wird und nicht durch Maßnahmen verhindert werden kann, die Benutzern dieser Art wirtschaftlich zumutbar sind. Hat der Eigentümer hiernach eine Einwirkung zu dulden, so kann er von dem Benutzer des anderen Grundstücks einen angemessenen Ausgleich in Geld verlangen, wenn die Einwirkung eine ortsübliche Benutzung seines Grundstücks oder dessen Ertrag über das zumutbare Maß hinaus beeinträchtigt.

(3) Die Zuführung durch eine besondere Leitung ist unzulässig."

Nach der Rechtsprechung besteht ein **Entschädigungsanspruch, wenn sich für eine vorgegebene Grundstückssituation eine nachhaltige Veränderung ergibt,** die z.B. eine Wohnlage „schwer und unerträglich" beeinträchtigt[113]. 197

Im Unterschied zur BGH-Rechtsprechung hat das BVerwG den Entschädigungsanspruch nicht auf die Verkehrswertminderung erstreckt, die sich durch **passiven Schallschutz** nicht auf ein zumutbares Maß reduzieren lässt. 198

7.2.5 Entschädigung für verbleibende Beeinträchtigungen

7.2.5.1 Entschädigung bei Neubau und Änderung von Verkehrswegen

Verbleibende Beeinträchtigungen sind Lärmeinwirkungen auf das Wohngebäude und das zuzurechnende Grundstück, für die bauliche Schutzmaßnahmen an der Straße oder an der baulichen Anlage keine oder keine ausreichende Abhilfe bringen. 199

Rechtsgrundlagen für Entschädigungen wegen verbleibender Beeinträchtigungen sind

- beim Neubau und bei der wesentlichen Änderung von Straßen (Lärmvorsorge) der Ausgleichsanspruch nach § 74 Abs. 2 Satz 3 VwVfG (L) i.V.m. § 42 Abs. 2 BImSchG,
- bei gleichzeitiger Inanspruchnahme von Teilflächen für den Straßenbau zusätzlich § 19 FStrG i.V.m. den Bestimmungen der Enteignungsgesetze der Länder über die Entschädigung der Wertminderung des Restgrundstücks (vgl. § 96 Abs. 1 Nr. 2 BauGB),
- bei bestehenden Straßen die Grundsätze der Aufopferung, soweit die Einwirkungen schwer und unerträglich, d.h. von enteignender Wirkung sind. In diesen Fällen ist die Entschädigung nach den Umständen des Einzelfalles zu ermitteln, wobei die nachfolgenden Grundsätze entsprechend angewendet werden können.

---

113 BGH, Urt. vom 17.04.1986 – III ZR 202/84 –, BGHZ 97, 361 = EzGuG 13.87; BGH, Urt. vom 06.02.1986 – III ZR 96/84 –, BGHZ 97, 114 = EzGuG 18.100; BGH, Urt. vom 10.11.1977 – III ZR 166/75 –, BRS Bd. 34 Nr. 168 = EzGuG 13.43; BGH, Urt. vom 22.12.1967 – V ZR 11/67 –, BGHZ 49, 148 = EzGuG 13.15; BGH, Urt. vom 30.10.1970 – V ZR 150/67 –, BGHZ 54, 384 = EzGuG 13.17; BGH, Urt. vom 20.03.1975 – III ZR 215/71 –, BGHZ 64, 220 = EzGuG 13.25.

200 Die Richtlinien für den Verkehrslärmschutz an Bundesfernstraßen in der Baulast des Bundes (VLärmSchR 97) geben für die **Bemessung der Entschädigung** folgende Grundsätze vor:

„(1) Bei der Ermittlung der Entschädigung ist vom Wohngrundstück auszugehen; dieses besteht aus dem Wohngebäude und der diesem zuzurechnenden Grundstücksfläche.

(2) Der Gesamtwert eines Wohngrundstücks setzt sich aus verschiedenen Teilwerten zusammen, insbesondere aus den Werten für Wohngebäude, Garage, Gebäudegrundflächen, Außenwohnbereich (z.B. Balkon, Terrasse, Wohngarten), Zufahrt, Vor- und Nutzgarten.

(3) Eine entschädigungspflichtige Beeinträchtigung des Wohngrundstücks liegt nur vor, wenn schädigende Einwirkungen auf die zum Wohnen bestimmten und geeigneten Teile des Wohngrundstückes verbleiben. Keine auszugleichenden Beeinträchtigungen von baulichen Anlagen liegen vor, wenn diese den Anforderungen der 24. BImSchV genügen. Kann ein Fenster wegen Lärmbeeinträchtigungen nur vorübergehend geöffnet werden, ist dies zumutbar und stellt keinen ausgleichspflichtigen Minderwert dar.

(4) Eine verbleibende Beeinträchtigung des Wohngrundstücks durch Lärm ist grundsätzlich durch eine Geldentschädigung auszugleichen, die sich aus der Summe der Wertminderungen der zum Wohnen geeigneten und bestimmten Teilwerte zusammensetzt. Das Ergebnis ist einer Gesamtbetrachtung zu unterziehen, um die besondere Funktion der betroffenen Teilwerte für das Wohngrundstück zu berücksichtigen und gegebenenfalls durch Zu- oder Abschläge anzupassen. Soweit ausnahmsweise Schutzmaßnahmen für den Außenwohnbereich auf dem Wohngrundstück mit vertretbarem Aufwand möglich sind, ist dieser zu erstatten. Dabei ist zu prüfen, ob diese Einrichtungen nicht auch den Innenwohnbereich schützen und deshalb sonst erforderliche Schutzeinrichtungen am Wohngebäude ganz oder teilweise entbehrlich werden.“

Als **Flächengröße für die Ermittlung der Entschädigung** ist bei Balkonen, Loggien sowie Terrassen, die baulich mit dem Wohnhaus verbunden sind, grundsätzlich von der halben Fläche (vgl. WoFlV) auszugehen.

201 Die **Voraussetzungen der wesentlichen Änderung** sind in § 1 Abs. 2 der 16. BImSchV abschließend aufgeführt:

- die bauliche Erweiterung einer Straße um einen oder mehrere durchgehende Fahrstreifen für den Kraftfahrzeugverkehr (§ 1 Abs. 2 S. 1 Nr. 1 der 16. BImSchV). Diese bauliche Erweiterung muss zwischen zwei Verknüpfungen erfolgen; eine Steigerung des Verkehrslärms ist hingegen nicht erforderlich. Keine durchgehenden Fahrstreifen sind ineinander übergehende Ein- und Ausfädelungsstreifen;
- ein erheblicher baulicher Eingriff, wenn durch ihn der bisher vorhandene Beurteilungspegel am jeweiligen Immissionsort
  - um mindestens 3 dB (A) erhöht wird (§ 1 Abs. 2 S. 1 Nr. 2 Alternative 1 der 16. BImSchV);
  - auf mindestens 70 dB (A)/tags oder mindestens 60 dB (A)/nachts erhöht wird (§ 1 Abs. 2 S. 1 Nr. 2 Alternative 2 der 16. BImSchV);
  - von mindestens 70 dB (A)/tags oder mindestens 60 dB (A)/nachts weiter erhöht wird – dies gilt nicht für Gewerbegebiete – (§ 1 Abs. 2 S. 2 der 16. BImSchV).

202 Kennzeichnend für einen **„erheblichen baulichen Eingriff“** sind solche Maßnahmen, die in die bauliche Substanz und in die Funktion der Straße als Verkehrsweg eingreifen. Der Eingriff muss auf eine Steigerung der verkehrlichen Leistungsfähigkeit der Straße abzielen[114]. Eine Einbeziehung von Maßnahmen, die nicht rein baulicher Art sind, die die Substanz der Straße als solche und die vorhandene Verkehrsfunktion unberührt lassen oder der Erhaltung (Unterhaltung, Instandsetzung, Erneuerung) dienen, ist durch § 43 Abs. 1 Satz 1 i.V.m. § 41 BImSchG nicht gedeckt.

203 **Beispiele für erhebliche bauliche Eingriffe:**

- Bau von Anschlussstellen,
- Bau von Ein- und Ausfädelungsstreifen sowie von Abbiegestreifen,

114 BVerwG, Urt. vom 09.02.1995 – 4 C 26/93 –, BVerwGE 97, 367 = EzGuG 4.158.

- Bau von Zusatzfahrstreifen oder Mehrzweckfahrstreifen,
- Bau von Standstreifen,
- Bau von Radwegen,
- Bau von Fahrstreifen für zusätzliche Fahrbeziehungen im Bereich planfreier Knotenpunkte,
- deutliche Fahrbahnverlegung durch bauliche Maßnahmen
- deutliche Veränderung der Höhenlage einer Straße (z.B. kreuzungsfreier Umbau).

Beispiele für nicht erhebliche bauliche Eingriffe:

- Bau von Lichtsignalanlagen, Schilderbrücken, Verkehrsbeeinflussungsanlagen etc.,
- Ummarkierungen (z.B. zur Schaffung zusätzlicher Fahrstreifen),
- Grunderneuerung sowie Erneuerung der Fahrbahnoberfläche im Straßenquerschnitt,
- Bau von Verkehrsinseln,
- Bau von Haltebuchten,
- Bau von Lärmschutzwänden und -wällen.

Wegen der **jahreszeitlich eingeschränkten Nutzung** und einer noch verbleibenden Nutzungsmöglichkeit des Außenwohnbereiches ist zur Ermittlung der Entschädigung grundsätzlich die Hälfte des auf den Außenwohnbereich entfallenden Mietanteils bzw. des Verkehrswerts des Außenwohnbereichs anzusetzen. 204

Zur **Ermittlung der Beeinträchtigung des Außenwohnbereichs** sind in der Tabelle (Anlage V LärmSchR 97) den jeweiligen Beurteilungspegeln am Tage (Lr,T) Lästigkeitsfaktoren zugeordnet. Diese sind keine Entschädigungsprozentsätze. Die Differenz zwischen den Lästigkeitsfaktoren des Beurteilungspegels und denen des IGW stellt die Bemessungsgröße der Entschädigung dar, den sogenannten Entschädigungsprozentsatz. Lästigkeitsfaktoren für Beurteilungspegel unterhalb des jeweiligen IGW sind nur bei Teilinanspruchnahme zu berücksichtigen. 205

Beispiel 1: 206

Beurteilungspegel ($L_{r,T}$)	65 dB (A) Lästigkeitsfaktor	90,5
IGW	59 dB (A) Lästigkeitsfaktor	59,7
Differenz		30,8
Entschädigungsprozentsatz	30,8 %	

Die Differenz zwischen den Lästigkeitsfaktoren des Beurteilungspegels und denen des IGW führt bei hohen Beurteilungspegeln zu Zahlen über 100. Diese bleiben unberücksichtigt; der Entschädigungsprozentsatz übersteigt 100 nicht.

Beispiel 2: 207

Beurteilungspegel ($L_{r,T}$)	78 dB (A) Lästigkeitsfaktor	222,9
IGW	59 dB (A) Lästigkeitsfaktor	59,7
Differenz		163,2
Entschädigungsprozentsatz	100,0 %	

Die Entschädigung für **ungeschützte Balkone, Loggien und Terrassen** wird nach dem auf diese Grundstücksteile entfallenden Mietanteil (ohne Nebenkosten) ermittelt. Bewohnt der Eigentümer das Wohnhaus selbst, sind Vergleichsmieten (Mietspiegel) heranzuziehen und auszuwerten. Bei vermieteten Häusern und Wohnungen lässt sich der Mietanteil über die tatsächlich gezahlte Miete berechnen. Diese ist mit (nur) 50 % in die Ermittlung einzubeziehen und zu kapitalisieren. Der Vervielfältiger (Barwertfaktor) ergibt sich aus der jeweiligen Restnut- 208 zungsdauer des Hauses und dem Zinssatz für den Mietwert des Hauses. Der Zinssatz beträgt bei eigengenutzten Wohngebäuden 4 %, bei vermieteten 5 %. Der auf diese Weise errechnete Betrag ist jedoch noch nicht die Entschädigung für die Beeinträchtigung, sondern ein Zwischenwert. Die Multiplikation mit dem Entschädigungsprozentsatz (Differenz der Lästigkeitsfaktoren aus IGW und Lr,T) ergibt die Höhe der Entschädigung. Restnutzungsdauer sowie der Kapitalisierungsfaktor ergeben sich aus der Verordnung über die Grundsätze für die Ermittlung der Verkehrswerte von Immobilien (ImmoWertV).

209 *Beispiel 3 (Abb. 27):*
Die neue Straße verläuft hinter einem Mietshaus an der Grundstücksgrenze entlang. Das Grundstück liegt im allgemeinen Wohngebiet. An der Hausseite zur neuen Straße hat jede Wohnung einen 10 m² großen Balkon.

Abb. 27: Beeinträchtigung eines bebauten Außenwohnbereichs

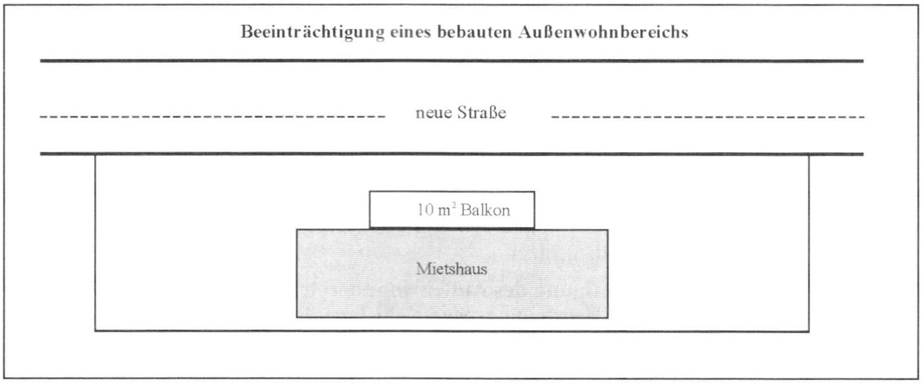

anrechenbare Fläche des betroffenen Balkons (10 m²: 2)	5 m²
Wohnfläche	100 m²
Monatsmiete/kalt nach Mietvertrag	880 €
Mietpreis je m² (880 €: 100 m²)	8,80 €/m²
Berücksichtigungsfähiger Betrag (50 % von 8,80 €/m²)	4,40 €/m²
Jahresbetrag damit (4,40 €/m²× 5 m²× 12 Monate)	264 €
Der Kapitalisierungsfaktor beträgt bei einer Verzinsung in Höhe von 5 % (5 %, da Vermietung) und Restnutzungsdauer (hier: 70 Jahre)	19,342677
Zwischenwert damit (264 € × 19,342677)	5 106,47 €
Beurteilungspegel am IO	68 dB (A)
IGW	59 dB (A)
$L_{r,T}$ zugeordneter Lästigkeitsfaktor	111,4
IGW zugeordneter Lästigkeitsfaktor	59,7
Differenz = Entschädigungsprozentsatz	51,7 %
Entschädigungsbetrag damit 51,7 % des Zwischenwerts: (5106,47 € × 0,517) =	2 640,04 €

210 Maßgebend für den **Wert des unbebauten Außenwohnbereichs** ist der Bodenwert. Er wird i.d.R. durch Preisvergleich ermittelt.

Beispiel 4 (Abb. 28): 211

Abb. 28: Beeinträchtigung eines unbebauten Außenwohnbereichs

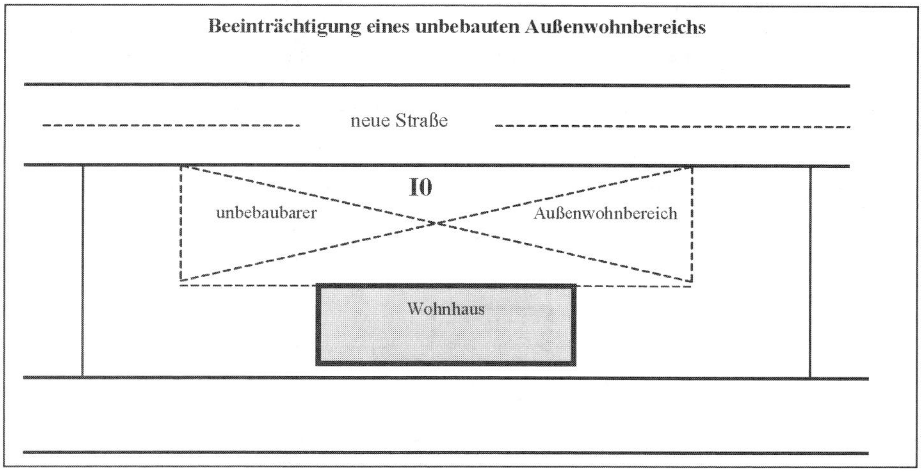

Fläche des betroffenen Außenwohnbereichs	400 m²
Verkehrswert je m²	200 €/m²
Berücksichtigungsfähiger Betrag (50 % von 200 €/m²)	100 €/m²
Zwischenwert damit (100 €/m²× 400 m²)	40 000 €
Beurteilungspegel am IO$L_{r,T}$	68 dB (A)
IGW	59 dB (A)
$L_{r,T}$ zugeordneter Lästigkeitsfaktor	111,4
IGW zugeordneter Lästigkeitsfaktor	59,7
Differenz = Entschädigungsprozentsatz	51,7 %
Entschädigungsbetrag damit 51,7 % des Zwischenwerts: (40 000 € × 0,517) =	20 680 €

212 *Beispiel 5 (Abb. 29):*

Abb. 29: Zusammentreffen einer Beeinträchtigung des bebauten und des unbebauten Außenwohnbereichs

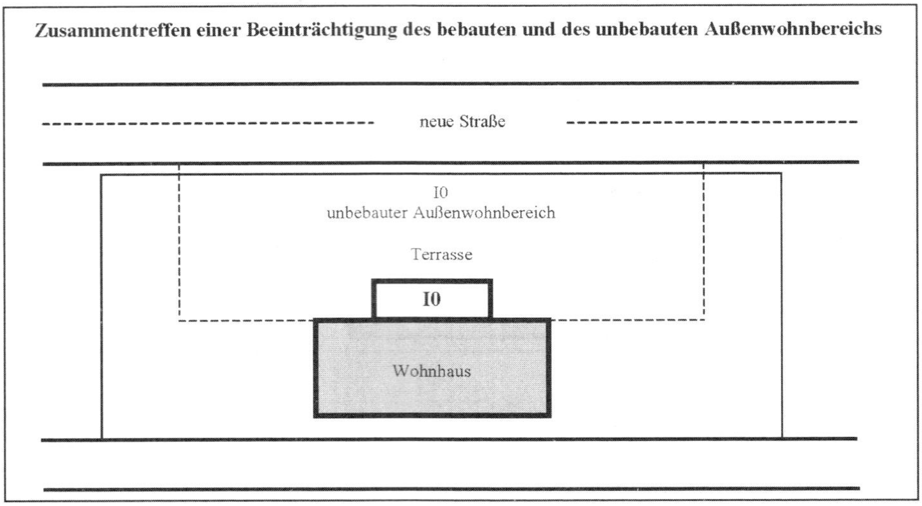

(1) Beeinträchtigung des bebauten Außenwohnbereichs

anrechenbare Fläche der betroffenen Terrasse (26 m²: 2)	13 m²
Wohnfläche	175 m²
Monatsmiete in €/m² kalt nach Vergleichsmiete (Eigennutzung)	9,14 €/m²
Berücksichtigungsfähiger Betrag (50 % von 9,14 €/m²)	4,57 €/m²
Jahresbetrag damit (4,57 €/m²× 13 m²× 12)	712,92 €
Der Kapitalisierungsfaktor beträgt bei einer Verzinsung in Höhe von 4 % (4 %, da Eigennutzung) und Restnutzungsdauer (hier: 70 Jahre)	23,394515
Zwischenwert damit (712,92 € × 23,394515)	16 678,42
Beurteilungspegel am IO Terrasse	67 dB (A)
IGW	64 dB (A)
$L_{r,T}$ zugeordneter Lästigkeitsfaktor	104,0
IGW zugeordneter Lästigkeitsfaktor	**84,4**
Differenz = Entschädigungsprozentsatz	19,6 %
Entschädigungsbetrag damit 19,6 % des Zwischenwerts: (16 678,42 € × 0,196) =	3 268,97 €

(2) Beeinträchtigung des unbebauten Außenwohnbereichs

Fläche des betroffenen Außenwohnbereichs (ohne Terrasse 26 m²)	374 m²
Verkehrswert je m²	200 €/m²
Berücksichtigungsfähiger Betrag (50 % von 200 €/m²)	100 €/m²
Zwischenwert damit (100 €/m²× 374 m²)	37 400 €
Beurteilungspegel am IO unbebauter Außenwohnbereich	68 dB (A)

IGW	64 dB (A)
$L_{r,T}$ zugeordneter Lästigkeitsfaktor	111,4
IGW zugeordneter Lästigkeitsfaktor	**84,4**
Differenz = Entschädigungsprozentsatz	27,0 %
Entschädigungsbetrag damit 27 % des Zwischenwerts: (37 400 € × 0,27) =	10 098 €

(3) Gesamtentschädigung

Terrasse	3 268,97 €
unbebauter Außenwohnbereich	10 098,00 €
Entschädigungsbetrag insgesamt	**13 366,97 €**

7.2.5.2 Entschädigung bei Teilinanspruchnahme

Bei Teilinanspruchnahme eines Grundstückes besteht neben dem Anspruch auf Entschädigung für den Substanzverlust und für eine etwaige Wertminderung des Gebäudes auch ein Anspruch auf Entschädigung wegen Lärmbeeinträchtigung des Außenwohnbereichs, wenn als Folge der Teilinanspruchnahme der Beurteilungspegel 213

- 50 dB (A) am Tage überschreitet und
- gegenüber einer angenommenen Führung der Straße an der Grenze des zusammenhängenden Grundbesitzes[115] um mindestens 3 dB (A) erhöht wird. (Die Aufrundungsregel nach Abschnitt 4.0 der RLS-90 findet Anwendung).

Verhältnis der Entschädigung bei Teilinanspruchnahme zum Ausgleichsanspruch nach § 74 Abs. 2 VwVfG 214

Maßgebend für die Entschädigung ist der weitergehende Anspruch. Dieser gleicht die Lärmbeeinträchtigung insgesamt aus. Eine Doppelentschädigung ist unzulässig.
Die Entschädigung ist zu leisten nach den Grundsätzen der Lärmvorsorge, wenn der Beurteilungspegel nach Abzug der Schutzwirkung der abzugebenden Teilfläche den anzuwendenden IGW überschreitet (Beispiel 6).

Beispiel 6: 215

IGW	59 dB (A)
Beurteilungspegel ($L_{r,T1}$)	66 dB (A)
entfallende Schutzwirkung	3 dB (A)
Lärmbelastung ohne Teilabtretung (Lr,T2)	63 dB (A)
Entschädigt wird die Differenz 66 dB (A)	– 59 dB (A)

Die Entschädigung ist zu leisten nach den Grundsätzen der Enteignungsentschädigung, wenn der Beurteilungspegel nach Abzug der Schutzwirkung der abzugebenden Teilfläche den anzuwendenden IGW nicht überschreitet.

115 BGH, Urt. vom 06.08.1986 – III ZR 146/84 –, NJW 1986, 2424 = EzGuG 13.76.

216 *Beispiel 7:*

IGW	59 dB (A)
Beurteilungspegel ($L_{r,T1}$)	66 dB (A)
entfallende Schutzwirkung	10 dB (A)
Lärmbelastung ohne Teilabtretung (Lr,T2)	56 dB (A)
Entschädigt wird die Differenz 66 dB (A)	– 56 dB (A)

Überschreitet der Beurteilungspegel den anzuwendenden IGW nicht, ist die durch den Wegfall der Schutzwirkung der abzugebenden Teilfläche höhere Lärmbeeinträchtigung bei der Festsetzung der Enteignungsentschädigung zu berücksichtigen (Beispiel 8).

217 *Beispiel 8:*

IGW	59 dB (A)
Beurteilungspegel ($L_{r,T1}$)	58 dB (A)
entfallende Schutzwirkung	4 dB (A)
Lärmbelastung ohne Teilabtretung (Lr,T2)	54 dB (A)
Entschädigt wird die Differenz 58 dB (A)	– 54 dB (A)

Entschädigt wird die Differenz 58 dB (A) – 54 dB (A).

218 **Beispiele für die Berechnung der Entschädigung**

Ein Teil des hinter einem Haus befindlichen Gartens wird für den Straßenbau in Anspruch genommen (Abb. 230).

Abb. 30: Beeinträchtigung eines bebauten und eines unbebauten Außenwohnbereichs bei gleichzeitiger Teilinanspruchnahme

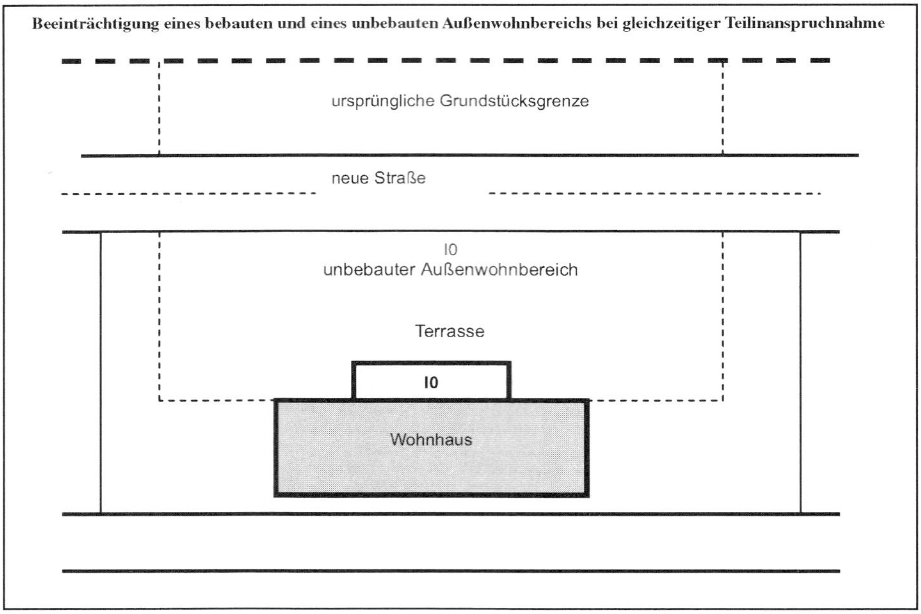

Beispiel 9 (Abb. 30): 219

Beeinträchtigung der Terrasse

anrechenbare Fläche der betroffenen Terrasse (26 m²: 2)	13 m²
Wohnfläche	175 m²
Vergleichsmiete	1 600 €
Mietpreis je m² (1 600 € : 175 m²)	9,14 €/m²
Berücksichtigungsfähiger Betrag (50 % von 9,14 €/m²)	4,57 €/m²
Jahresbetrag damit (4,57 €/m²× 13 m²× 12 Monate)	712,92 €
Der Vervielfältiger beträgt bei einer Verzinsung in Höhe von 4 % (4 %, da Eigennutzung) und Restnutzungsdauer (hier: 70 Jahre)	23,394515
Zwischenwert damit (712,92 € × 23,394515)	16 678,42 €
Beurteilungspegel am IO Terrasse beim Bau der Straße mit Teilinanspruchnahme $L_{r,T1}$ =	65 dB (A)
Beurteilungspegel am IO Terrasse beim Bau der Straße an der ursprünglichen Grundstücksgrenze (fiktiv) $L_{r,T2}$ =	58 dB (A)
Differenz $L_{r,T1} - L_{r,T2}$ = 65 dB (A)	– 58 dB (A)
ist größer als 3 dB (A). Damit ist eine Schutzwirkung vorhanden.	
IGW	59 dB (A)
$L_{r,T1}$ zugeordneter Lästigkeitsfaktor	90,5 %
$L_{r,T2}$ zugeordneter Lästigkeitsfaktor	55,7 %
Differenz = Entschädigungsprozentsatz	34,8 %
Entschädigungsbetrag damit 34,8 % des Zwischenwerts: (16 678,42 € × 0,348) =	**5 804,09 €**

Beispiel 10: 220

Beeinträchtigung des unbebauten Außenwohnbereichs

Fläche des betroffenen Außenwohnbereichs (ohne Terrasse 26 m²)	374 m²
Verkehrswert je m²	200 €/m²
Berücksichtigungsfähiger Betrag (50 % von 200 €/m²)	100 €/m²
Zwischenwert damit (100 €/m²× 374 m²)	37 400 €
Beurteilungspegel am IO unbebauter Außenwohnbereich beim Bau der Straße mit Teilinanspruchnahme	
$L_{r,T1}$	66 dB (A)
Beurteilungspegel am IO unbebauter Außenwohnbereich beim Bau der Straße an der ursprünglichen Grundstücksgrenze (fiktiv)	
$L_{r,T2}$	59 dB (A)
Differenz $L_{r,T1} - L_{r,T2}$ = 66 dB (A)	– 59 dB (A)
ist größer als 3 dB (A). Damit ist eine Schutzwirkung vorhanden.	
IGW	59 dB (A)
$L_{r,T1}$ zugeordneter Lästigkeitsfaktor	97,0 %
$L_{r,T2}$ zugeordneter Lästigkeitsfaktor	59,7 %
Differenz = Entschädigungsprozentsatz	37,3 %

Beeinträchtigung des unbebauten Außenwohnbereichs

Entschädigungsbetrag damit 37,3 % des Zwischenwerts: (37 400 € × 0,373) =	**13 950,20 €**

7.2.5.3 Entschädigung für Altanlagen

221 Die vorstehenden Entschädigungsgrundsätze finden Anwendung bei der Neuanlage oder der Änderung bestehender Verkehrswege. Für sog. Altanlagen, die vor Inkrafttreten des BImSchG angelegt wurden und erst durch die Verkehrsentwicklung nachteilig betroffen sind, kommt eine Entschädigung nur nach der Rechtsfigur des **„enteignenden Eingriffs“** in Betracht. Ein **Entschädigungsanspruch für Beeinträchtigungen eines Grundstücks durch Verkehrslärm** besteht nur, wenn

- die Zufügung der Emissionen nachbarrechtlich nicht untersagt werden kann;
- sie sich als ein unmittelbarer Eingriff in das nachbarliche Eigentum darstellt und
- die Grenze dessen überschritten wird, was der Nachbar nach § 906 BGB entschädigungslos hinnehmen muss[116].

222 Von einem unerträglichen Eigentumseingriff wird man dabei dann ausgehen können, wenn die **einfachrechtliche Zumutbarkeitsschwelle des Immissionsschutzrechts überschritten** wird. Bei einem geräuschvorbelasteten Grundstück wird man aus Art. 14 GG Ausgleichsansprüche auch nur insoweit geltend machen können, als erst durch das Hinzutreten von Verkehrsbelastungen die Zumutbarkeitsschwelle überschritten wird. Ist das Grundstück zuvor erworben worden, so stellt der BGH für die Frage der Entschädigung und ihrer Höhe allein auf die seit dem Erwerb des Grundstücks eingetretenen Verhältnisse und die darauf beruhenden Wertminderungen ab, weil die zuvor bereits eingetretenen Wertminderungen im gewöhnlichen Geschäftsverkehr schon beim Erwerb grundstückswertmindernd berücksichtigt wurden[117]. Demzufolge geht auch ein dem Voreigentümer entstandener Entschädigungsanspruch nicht ohne Weiteres auf den Erwerber über.

---

116 BGH, Urt. vom 10.11.1987 – III ZR 204/86 –, BRS Bd. 33 Nr. 153 = EzGuG 13.89a; OVG Bremen, Urt. vom 19.01.1993 – 1 BA 11/92 –, NVwZ–RR 1993, 468 = EzGuG 13.125a.

117 BGH, Urt. vom 17.04.1986 – III ZR 202/84 –, BGHZ 87, 361 = EzGuG 13.87.

Beispiel: 223

Abb. 31: Ermittlung des Entschädigungsbetrags

Ermittlung des Entschädigungsbetrags

Situation: Mietshäuser mit A) Balkonen/Loggien 10 m² groß
B) unbebauter Außenwohnbereich 400 m² groß

Bodenwert (BW):	100 €/m²
Reinertrag (RE) pro m² WF:	10 €/m² Monat
Liegenschaftszinssatz:	5 %
Restnutzungsdauer:	50 Jahre

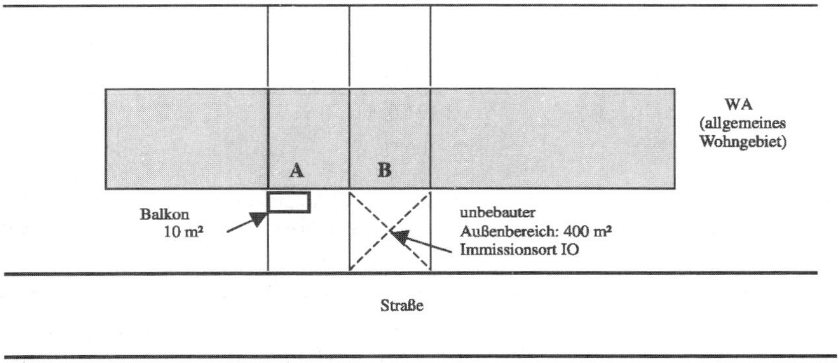

Immissionsgrenzwert (IGW)	59 dB (A) (vgl. Rn. 182)
(für den Außenwohnbereich ist der IGW am Tage maßgebend)	
Berechneter Mittelungspegel am Immissionsort IO	($L_{m,T}$)
für Wohnhaus A (Immissionsort: Geschossdecke):	65 dB (A)
für Wohnhaus B (Immissionsort: Mittelpunkt der genutzten Fläche in 2 m Höhe):	75 dB (A)

Ermittlung der Entschädigung:

- Zum Ausgleich der Beeinträchtigungen des Wohnhauses werden die Aufwendungen für Lärmschutz an der baulichen Anlage nach Maßgabe der VLärmSchR erstattet.
- Die Entschädigung (Ausgleich) für verbleibende Beeinträchtigungen des Außenbereichs erfolgt auf der Grundlage des hälftigen über die Restnutzungsdauer kapitalisierten Reinertrags (auf Grund der witterungsbedingten halbjährlichen Nutzung des Außenbereichs) bzw. des hälftigen Bodenwerts.

a) Ausgleich für Außenbereich (Balkon) des Wohnhauses A:

Reinertrag (RE) pro m² Wohnfläche:	120 €/m²
ergibt für 10 m² großen Balkon:	1 200 €
davon berücksichtigungsfähig 50 %:	600 €
× Kapitalisierungsfaktor 18.26 (LZ = 5 %; n = 50 Jahre):	**10 956 €**

Lästigkeitsfaktor bei $L_{m,T}$	=	65 dB (A): 90,5 %	(lt. Tab., Rn. 162)
Lästigkeitsfaktor bei Lm,T	=	59 dB (A): 59,4 %	(lt. Tab., Rn. 162)
= Differenz = Entschädigungssatz:		31,1 %	
Entschädigungsbetrag	31,1 % des Zwischenwerts (10 956 €) = 3 170,96 €		
	10 956 € = 31,1/100 × 3 170 €		

b) Ausgleich für unbebauten Außenbereich des Wohnhauses B:

Bodenwert (BW) des unbebauten Außenbereichs:			100 €/m²
ergibt für 400 m² großen Außenwohnbereich:			40 000 €
davon berücksichtigungsfähig 50 %:			20 000 €
Lästigkeitsfaktor bei $L_{m,T}$ = 75 dB (A):	181,0 %	(lt. Tab., Rn. 162)	
Lästigkeitsfaktor bei Lm,T = 59 dB (A):	– 59,4 %	(lt. Tab., Rn. 162)	
= Differenz:	121,6 %		
Entschädigungssatz:	100 %		

Hinweis: Bei hohen Mittelungspegeln ergeben sich Differenzen von über 100; in diesen Fällen ist der Entschädigungssatz auf 100 v.H. begrenzt; stets gilt also: Entschädigungssatz = 100 %, wenn Differenz > 100

Entschädigungsbetrag 100 % des Zwischenwerts (20 000 €): 100/100 x 20 000 € = **20 000 €**

224 Zur Ermittlung von Ausgleichs- und Entschädigungslasten bei zusätzlichen **Lärmbeeinträchtigungen infolge von Teilflächen (Vorgärten)** vgl. § 44 ImmoWertV Rn. 146 ff.; zu den **bergbaubedingten Erschütterungen** vgl. *Schürken,* VBHG informiert 2002.

7.3 Gewerbelärm

225 Unter Gewerbelärm versteht man die durch gewerbliche und industrielle Lärmquellen verursachten Geräusche störenden Charakters. Gesetzliche Grundlagen insbesondere zur Vermeidung von Störungen sind

- §§ 3, 22, 26, 50 BImSchG,
- 4. BImSchV[118]; die Verordnung unterscheidet nach Anlagen, die einem förmlichen Genehmigungsverfahren unterliegen, und solchen Anlagen, für die ein vereinfachtes Genehmigungsverfahren genügt,
- BauNVO,
- DIN 18005-1,
- VDI-Richtlinie 2571 (Schallabstrahlung von Industriebauten),
- TA Lärm[119] (vgl. **Immissionsrichtwerte für Immissionsorte außerhalb von Gebäuden nach 6.1 TA Lärm** bei Rn. 146).

226 Der **Betreiber einer genehmigungsbedürftigen Anlage** hat nach § 5 Abs. 1 BImSchG u.a. die Pflicht, seine Anlage so zu errichten und zu betreiben, dass keine schädlichen Umwelteinwirkungen und sonstige Gefahren, erhebliche Nachteile und erhebliche Belästigungen hervor-

---

118 Vierte Verordnung zur Durchführung des Bundes-Immissionsschutzgesetzes (Verordnung über genehmigungsbedürftige Anlagen – 4. BImSchV) vom 02.05.2013 (BGBl. 2013, 973), zuletzt geändert durch Art. 3 des Gesetzes vom 28.04.2015 (BGBl. I 2015, 670).

119 Sechste Allgemeine Verwaltungsvorschrift zum Bundes- Immissionsschutzgesetz (Technische Anleitung zum Schutz gegen Lärm – TA Lärm vom 26.08.1998 (GMBl 1998, 503).

gerufen werden können, sowie Vorsorge gegen schädliche Umweltwirkungen zu treffen, insbesondere durch die dem Stand der Technik entsprechenden Maßnahmen zur Emissionsbegrenzung. Mit § 22 BImSchG wird dem **Betreiber einer nicht genehmigungsbedürftigen Anlage** die Pflicht auferlegt, die Anlage so zu errichten und zu betreiben, dass schädliche Umwelteinwirkungen verhindert werden, die nach dem Stand der Technik vermeidbar sind. Des Weiteren sind die nach dem Stand der Technik unvermeidbaren Umwelteinwirkungen auf ein Mindestmaß zu beschränken. Gemäß § 26 BImSchG kann die zuständige Behörde anordnen, dass der Betreiber sowohl einer genehmigungsbedürftigen als auch einer nicht genehmigungsbedürftigen Anlage Art und Ausmaß der von der Anlage ausgehenden Emissionen sowie die Immissionen im Einwirkungsbereich der Anlage durch eine der vom Landesumweltamt bekannt gegebenen Stellen ermitteln lässt, wenn zu befürchten ist, dass durch die Anlage schädliche Umwelteinwirkungen hervorgerufen werden[120].

In der **steuerlichen Bewertung** kommen für den Feststellungszeitpunkt ab 01.01.1974 die **227**
nach der TA Lärm ermittelten Immissionsrichtwerte zur Anwendung[121]:

7.4 Fluglärm

Schrifttum: *Bateman, I./Day, B./Lake I./Lovett, A.*, The Effect of Road Traffic on Residential Property Values: A Literature Review and Hedonic Pricing Study, Studie für das Scottish Executive Development Department, Edinburgh; *Borowski, A.-K.*, Einfluss von Verkehrslärm auf den Bodenwert und den Verkehrswert von Eigentumswohnungen, DS 2003, 55; *Credit Suisse*, Financial Services, Immobilien-Portfoliopolitik; *DFS Deutsche Flugsicherung* GmbH, http://www.flugsicherung.de; *Dings, J. M. W./Wit, R. C. N./Leurs, B. A./Davidson, M. D.*, External Cost of Aviation, Research Report 299 96 106, UBA-FB 000411, im Auftrag des Umweltbundesamtes, Berlin; European Organisation for the Safety of Air Navigation, verfügbar: http://www.ecacnav.com /rvsm/default.htm (Abruf 23.06.2005); *Faltermeier, K.*, Gutachten zur Ermittlung der Höhe des Abschlags der Grundstückswerte wegen Fluglärms (Flughafen München); *AG Fluglärmreport*, Bericht über die Ergebnisse der Fluglärmüberwachung am Flughafen Frankfurt, Frankfurt; *Guski, R./Schönpflug, W.*, Soziale und ökonomische Auswirkungen, in: Fluglärm 2004, Stellungnahme des Interdisziplinären Arbeitskreises für Lärmwirkungsfragen beim Umweltbundesamt, S. 112–115; *Interdisziplinärer Arbeitskreises für Lärmwirkungsfragen beim Umweltbundesamt,* Fluglärm 2004, Stellungnahme des Interdisziplinären Arbeitskreises für Lärmwirkungsfragen beim Umweltbundesamt, Veröffentlichung des Umweltbundesamtes, Berlin; *Kampe, T.*, Auswirkungen durch die Erweiterung eines Großflughafens (Schönefeld) auf den regionalen Grundstücksmarkt (Dipl.-Arbeit an der TU Hannover 2002); *Krebs, W./Bütikofer, R./Heutschi, K./Plüss, S./Thomann, G.*, „Gutachten – Fluglärmmonitoring Flughafen Frankfurt Main AP2: Akustik“, Bericht Nr. 422’493 im Auftrag des Regionalen Dialogforums Flughafen Frankfurt, EMPA, Dübendorf; verfügbar: http://www.dialogforum-flughafen.de/htm/uploads/a325/-Be422293_Schlussbericht.pdf (Abruf 23.06.2005); *Müller, H.*, Die Kosten von Fluglärm, Diplomarbeit am Lehrstuhl für Finanzwirtschaft und Bankbetriebslehre, Technische Universität Chemnitz, Chemnitz; *Navrud, St.*, „The State-of-the-Art on Economic Valuation of Noise“, Final Report to European Commission DG Environment; *Nelson, J. P.*, Meta-Analysis of Airport Noise and Hedonic Property Values: Problems and Prospects, Journal of Transports Economics and Policy, Vol. 38, No. 1, S. 1–28; *Orszag, P. R./Orszag, J. M.*, Quantifying the Benefits of more stringent Aircraft Noise Regulations, commissioned by Northwest Airlines; Pressemitteilungen des Bundesministeriums für Umwelt, Naturschutz und Reaktorsicherheit, verfügbar: http://www.bmu.de/pressemitteilungen/pressemitteilungen_ ab 01012005/pm/35538.php (Abruf 23.06.2005); *Rat von Sachverständigen für Umweltfragen*, Umwelt und Gesundheit Risiken richtig einschätzen, Sondergutachten, Drucks. 14/2300; *Regionales Dialogforum* (o. J.), Fluglärmkonturen Frankfurt am Main, verfügbar: http://www.noiserus.com/dialogforum/index.php (Abruf 10.08.2005); *Rinderknecht, Th.*, Gutachten über die Wertbeeinflussung steuerlich maßgebender Vermögensteuer- und Eigenmietwerte in der Gemeinde Zumikon aufgrund des „Südanflugs“, Studie im Auftrag des Gemeinderates der Gemeinde Zumikon, Zürich; *Schipper, Y. J. J.*, On the Valuation of Aircraft Noise: A Meta-Analysis, European Regional Science Association, 36th European Congress, Zürich; *Spreng, M., Költzsch P.*, Mess- und Beurteilungsverfahren, in: Fluglärm 2004, Stellungnahme des Interdiszip-

120 BGH, Beschl. vom 25.11.1993 – III ZR 2/93 –, GuG 1995, 120 = EzGuG 13.130; Sägewerk: BGH. Urt. vom 14.03.1969 – V ZR 145/65 –, MDR 1969, 648 = EzGuG 13.16.

121 RdVfg der OFD Düsseldorf vom 01.12.1975 – S 3204 A – St 212 – i.V.m. Abschn. 1.7. des GemRdErl. des Ministeriums für Gesundheit und Soziales NW – III B 2 – 88502 – (III – 4/75), des Ministeriums für Wirtschaft, Mittelstand und Verkehr NW – III/A 3 – 46 – 12 – und des Innenministeriums NW – V A 4 – 270.312 vom 03.02.1975 (MBl. NW 1975, 234).

linären Arbeitskreises für Lärmwirkungsfragen beim Umweltbundesamt; *Thießen, Schnorr*, Immobilien und Fluglärm, Technische Universität Chemnitz, WWDP 69/2005, ISSN 1618-1352, *Uherek, H. W.*, Gutachten zu Auswirkungen der Entwicklung des Flughafens Halle/Leipzig auf die Baulandpreise in der berührten Region, Leipzig 2001; *Weigt, S.*, Der Wert von Einfamilienhäusern unter dem Einfluss von Fluglärm, GuG 2011, 74; Schlenker, W./Reed Walker, W., Airports, Air Pollution and Contemporaneous Health, NBER Working Paper Nr. 17684 (2011).

7.4.1 Allgemeines und Entschädigungsgrundsätze

228 Nach § 1 des Gesetzes zum Schutz gegen Fluglärm (FlugLärmG) vom 31.10.2007 (BGBl. I 2007, 2550) werden zum Schutz der Allgemeinheit und der Nachbarschaft vor Gefahren, erheblichen Nachteilen und erheblichen Belästigungen durch Fluglärm für Verkehrsflughäfen, die dem Fluglinienverkehr angeschlossen sind, und für militärische Flugplätze, die dem Betrieb von Flugzeugen mit Strahltriebwerken zu dienen bestimmt sind, Lärmschutzbereiche festgesetzt. **Der Lärmschutz umfasst das Gebiet außerhalb des Flugplatzgeländes, in dem der durch Fluglärm hervorgerufene äquivalente Dauerschallpegel die nachstehenden Grenzwerte übersteigt** (§ 2 FluglärmG). Nach dem Maße der Lärmbelästigung wird der Lärmschutzbereich in zwei Schutzzonen für den Tag und eine Schutzzone für die Nacht gegliedert. Schutzzonen sind jeweils diejenigen Gebiete, in denen der fluglärmbedingte äquivalente Dauerschallpegel L_{Aeq} sowie bei der Nacht-Schutzzone auch der fluglärmbedingte Maximalpegel L_{Amax} die nachfolgenden Grenzwerte übersteigt, wobei die Häufigkeit aus dem Mittelwert über die sechs verkehrsreichsten Monate des Prognosejahres bestimmt wird:

1. Werte für neue oder wesentlich baulich erweiterte zivile Flugplätze i.S. des § 4 Abs. 1 Nr. 1 und 2 FlugLärmG

Tag-Schutzzone 1			
	$L_{Aeq\ Tag}$	=	60 dB(A)
Tag-Schutzzone 2			
	$L_{Aeq\ Tag}$	=	55 dB(A)
Nacht-Schutzzone			
a) bis zum 31. Dezember 2010			
	$L_{Aeq\ Nacht}$	=	53 dB(A)
	L_{Amax}		6 mal 57 dB(A)
b) ab dem 1. Januar 2011			
	$L_{Aeq\ Nacht}$	=	50 dB(A)
	L_{Amax}		6 mal 53 dB(A)

2. Werte für bestehende zivile Flugplätze i.S. des § 4 Abs. 1 Nr. 1 und 2 FlugLärmG

Tag-Schutzzone 1			
	$L_{Aeq\ Tag}$	=	65 dB(A)
Tag-Schutzzone 2			
	$L_{Aeq\ Tag}$	=	60 dB(A)
Nacht-Schutzzone			
	$L_{Aeq\ Nacht}$	=	55 dB(A)
	L_{Amax}		6 mal 57 dB(A)

1. Werte für neue oder wesentlich baulich erweiterte zivile Flugplätze i.S. des § 4 Abs. 1 Nr. 1 und 2 FlugLärmG

3. Werte für neue oder wesentlich baulich erweiterte militärische Flugplätze i.S. des § 4 Abs. 1 Nr. 3 und 4 FlugLärmG

Tag-Schutzzone 1			
	$L_{Aeq\ Tag}$	=	63 dB(A)
Tag-Schutzzone 2			
	$L_{Aeq\ Tag}$	=	58 dB(A)
Nacht-Schutzzone			
a) bis zum 31. Dezember 2010			
	$L_{Aeq\ Nacht}$	=	53 dB(A)
	L_{Amax}		6 mal 57 dB(A)
b) ab dem 1. Januar 2011			
	$L_{Aeq\ Nacht}$	=	50 dB(A)
	L_{Amax}		6 mal 53 dB(A)

4. Werte für bestehende militärische Flugplätze i.S. des § 4 Abs. 1 Nr. 3 und 4 FlugLärmG

Tag-Schutzzone 1			
	$L_{Aeq\ Tag}$	=	68 dB(A)
Tag-Schutzzone 2			
	$L_{Aeq\ Tag}$	=	63 dB(A)
Nacht-Schutzzone			
	$L_{Aeq\ Nacht}$	=	55 dB(A)
	L_{Amax}		6 mal 57 dB(A)

Gemäß § 4 Abs. 2 FluglärmG wird der jeweilige Lärmschutzbereich durch Rechtsverordnung der Landesregierung festgesetzt.

229 Nach § 5 Abs. 2 FluglärmG dürfen in der stärker verlärmten **Schutzzone 1** und in der Nacht-Schutzzone Wohnungen grundsätzlich nicht errichtet werden, in der **Schutzzone 2** nur dann, wenn die Anforderungen der raumumhüllenden Bauteile (z.B. Schallschutzfenster) nach der Schallschutzverordnung[122] eingehalten werden. Im Lärmschutzbereich dürfen Krankenhäuser, Altenheime, Erholungsheime und ähnliche in gleichem Maße schutzbedürftige Einrichtungen nicht errichtet werden. In den Tag-Schutzzonen des Lärmschutzbereichs gilt Gleiches für Schulen, Kindergärten und ähnliche in gleichem Maße schutzbedürftige Einrichtungen.

230 **Die genannten Dauerschallpegel stellen damit das Ausmaß an Einwirkungen dar, was der Eigentümer im Rahmen der Inhaltsbestimmung des Eigentums entschädigungslos hinzunehmen hat.** Der äquivalente Dauerschallpegel wird nach der Anl. zu § 3 FluglärmG ermittelt. § 9 FluglärmG sieht darüber hinaus für die in der Schutzzone 1 gelegenen Grundstücke (als Ausgleichsmaßnahme) eine Erstattung von Aufwendungen für bauliche Schallschutzmaßnahmen vor.

122 Schallschutzverordnung – SchallSchutzV – vom 05.04.1974 (BGBl. I 1974, 903).

231 Der von einem Militär- oder Zivilflughafen ausgehende **Fluglärm** kann entsprechend

- seiner Intensität und Häufigkeit,
- der Nutzung der davon betroffenen Grundstücke und ihrer Vorbelastung sowie
- der Schutzwürdigkeit und Schutzbedürftigkeit zu einer mehr oder minder großen Verkehrswertminderung führen[123].

232 **Voraussetzung für eine Entschädigung** ist, dass

a) die zugelassene Nutzung des lärmemittierenden Grundstücks die vorgegebene Grundstückssituation nachhaltig verändert und dadurch das benachbarte Wohneigentum **schwer und unerträglich** trifft[124],

b) das Grundstück aufgrund seiner Lage und der damit verbundenen **Vorbelastung** zur Wohnbebauung geeignet war,

c) mit der Lärmbelästigung die **Zumutbarkeitsschwelle** überschritten wird[125].

Es kommt entscheidend auf die Veränderung der vorhandenen Grundstückssituation an. In diesem Sinne hat der BGH entschieden, dass derjenige, der in der Nähe eines Militärflugplatzes ein Wohngebäude an einer Stelle errichtet hat, die von Anfang an stark vom Fluglärm belastet war und nach den später in Kraft getretenen Vorschriften in die Lärmschutzzone (1) des für den Flugplatz festgesetzten Lärmschutzbereichs gefallen ist, keinen Anspruch auf Entschädigung aus enteignendem Eingriff hat[126].

233 Eine **Entschädigung für einen Minderwert** des Grundstücks kommt **erst** in Betracht, **wenn Schutzeinrichtungen keine wirksame Abhilfe versprechen oder unverhältnismäßige Aufwendungen erfordern**[127].

234 Erfolgte der den Entschädigungsanspruch auslösende **Eingriff** auf ein unbebautes Grundstück **noch vor dem Erwerb des Grundstücks** und macht der neue Eigentümer (nach dem **Grundstückswechsel**), in dessen Person der Eingriff spürbar wird, den Entschädigungsanspruch geltend, muss er dartun, dass die vom Voreigentümer erlangte Rechtsposition auf ihn übergegangen ist. Ein solcher Rechtsübergang kann stillschweigend erfolgen und kann angenommen werden, wenn etwa der Kaufpreis dem (um den Wert des Entschädigungsanspruchs erhöhten) Wert des Grundstücks zur Zeit des enteignenden Eingriffs entspricht[128].

---

123 BGH, Urt. vom 25.03.1993 – III ZR 60/91 –, BGHZ 122, 76 = EzGuG 16.35; BGH, Urt. vom 16.03.1995 – III ZR 166/93 –, BGHZ 129, 124 = EzGuG 13.134; OVG Hamburg, Beschl. vom 02.11.1998 – Bf III 43/96 –, NVwZ-RR 1999, 700; OVG Hamburg, Urt. vom 13.12.1994 – Bs III 376/93 –, DVBl 1995, 1026 (LS) = HbgJVBl 1995, 77 = EzGuG 13.133b; BVerwG, Urt. vom 7.07.1978 – 4 C 79/76 –, BVerwGE 56, 110 = EzGuG 13.51, im Anschluss an BVerwG, Urt. vom 21.05.1976 – 4 C 80/74 –, NJW 1976, 1760 = EzGuG 13.30; vgl. auch BVerwG, Urt. vom 05.12.1986 – 4 C 13/85 –, BVerwGE 75, 214 = EzGuG 13.83; ferner: OLG Düsseldorf, Urt. vom 14.10.1974 – 9 U 47/74 –, KdL 1975, 168; OLG Düsseldorf, Urt. vom 08.05.1967 – 18 U 268/66 –, NJW 1967, 555 = EzGuG 13.12; OLG Köln, Urt. vom 14.11.1994 – 2 U 76/93 –, GuG 1995, 190 = EzGuG 13.133.

124 BGH, Urt. vom 25.11.1991 – III ZR 7/91 –, BRS Bd. 53 Nr. 155 = EzGuG 13.120b; BGH, Urt. vom 10.02.1987 – III ZR 204/86 –, BRS Bd. 53 Nr. 153 = EzGuG 13.91.

125 BGH, Urt. vom 16.03.1995 – III ZR 166/93 –, BGHZ 129, 124 = EzGuG 13.134; BGH, Urt. vom 15.06.1977 – V ZR 44/74 –, MDR 1976, 565 = EzGuG 13.40.

126 BGH, Beschl. vom 29.06.2006 – III ZR 253/05 –, GE 2006, 1166 = EzGuG 13.151; BGH, Urt. vom 16.03.1995 – III ZR 166/93 –, NJW 1995, 1823 = EzGuG 13.134.

127 BGH, Beschl. vom 30.01.1986 – III ZR 34/85 –, NJW 1986, 2423 = EzGuG 13.34b; BGH, Urt. vom 25.11.1991 – III ZR 7/91 –, BRS Bd. 53 Nr. 155 = EzGuG 13.120b; BGH, Urt. vom 18.10.1979 – III ZR 177/77 –, BRS Bd. 45 Nr. 130 = EzGuG 13.52; BGH, Urt. vom 13.01.1977 – III ZR 6/75 –, NJW 1977, 894 = EzGuG 13.33; BGH, Urt. vom 20.03.1975 – III ZR 215/71 –, BRS Bd. 34 Nr. 165 = EzGuG 13.25.

128 BGH, Urt. vom 16.03.1995 – III ZR 166/93 –, BGHZ 129, 124 = EzGuG 13.134; BGH, Urt. vom 13.07.1984 – III ZR 166/76 –, NJW 1979, 2303 = EzGuG 18.84; BGH, Urt. vom 02.02.1978 – III ZR 90/76 –, NJW 1978, 941 = EzGuG 18.81; BGH, Urt. vom 13.12.1984 – III ZR 175/83 –, BGHZ 93, 165 = EzGuG 6.227; BGH, Urt. vom 06.02.1986 III ZR 96/84 –, BGHZ 97, 114 = EzGuG 18.100; BGH, Urt. vom 17.04.1986 – III ZR 202/84 –, BGHZ 97, 361 = EzGuG 13.77.

Bei der **Bestimmung der Zumutbarkeitsschwelle** ist zu berücksichtigen, dass Fluglärm im Unterschied zum Straßenverkehrslärm durch kurzzeitige, verhältnismäßig hohe Schalldrücke sowie bestimmte Frequenzzusammensetzungen gekennzeichnet ist. Hieraus folgt, dass ein dem äquivalenten Dauerschallpegel entsprechender Zahlenwert nicht ohne Weiteres als Grenze für die Zumutbarkeit gelten kann[129]. Für die Beurteilung der zivilrechtlichen Ansprüche des Eigentümers nach den §§ 906 und 1004 BGB[130] sind deshalb die in § 2 FlugLärmG zur Abgrenzung der Schutzzonen im Lärmschutzbereich des Flughafens festgelegten äquivalenten Dauerschallpegel weder als Grenz- noch als Richtwerte geeignet. Vielmehr muss der Spitzenpegel stärker berücksichtigt werden[131]. **235**

Folgende **Grundsätze** hat das BVerwG[132] herausgestellt: **236**

- Die Anwohner eines internationalen Großflughafens haben keinen Anspruch auf Festlegung eines absoluten Nachtflugverbots.
- Die Planfeststellungsbehörde kann unter Berücksichtigung der Umstände des Einzelfalls die Zumutbarkeitsgrenze in § 9 Abs. 2 LuftVG im Wege des Ausschlusses höherer fluglärmbedingter Schallpegel als 55 dB(A) im Rauminnern bei geschlossenen Fenstern rechtsfehlerfrei festlegen.
- Der in der Rechtsprechung gebilligte Dauerschallpegel (Außenpegel) zur Bestimmung der äußerstenfalls zumutbaren Geräuscheinwirkung durch Straßenverkehr lässt Rückschlüsse auf die Festlegung der Zumutbarkeitsgrenze für Fluglärm nicht zu.
- Die lärmbedingte Verkehrswertminderung ist nicht identisch mit der Höhe der Entschädigung; sie ist allenfalls ein Indiz.
- Ein Entschädigungsanspruch wegen unzumutbarer Lärmeinwirkung auf den Außenbereich ist nicht von vornherein ausgeschlossen, wenn die Lärmbelastung des Innenwohnbereichs durch Schallschutzmaßnahmen auf ein zumutbares Maß gesenkt worden ist.
- Die Frage der Schutzwürdigkeit kann für den Innen- und Außenwohnbereich nicht einheitlich beantwortet werden; vielmehr ist eine Gesamtbetrachtung anzustellen.

Im Übrigen bleibt darauf hinzuweisen, dass die **Festlegung eines Bauschutzbereichs** i.S. des Luftverkehrsgesetzes das Grundstück i.d.R. **von der konjunkturellen Weiterentwicklung ausschließt** und dies ggf. bei der Bemessung der Entschädigung zu berücksichtigen ist[133]. **237**

7.4.2 Wertminderung wegen Fluglärm

Allgemein wird angenommen, dass vom Fluglärm betroffene Grundstücke in Abhängigkeit von der Intensität gegenüber sonstigen Grundstücken in ihrem Wert gemindert sind; dies gilt insbesondere für Wohngrundstücke, während gewerbliche Grundstücke von der Flugplatznähe profitieren können. Eine Wertminderung braucht bei der Bodenwertermittlung explizit nicht berücksichtigt zu werden, wenn von gleichartig betroffenen **Vergleichsgrundstücken bzw. dem jeweiligen Bodenrichtwert** ausgegangen wird. **238**

Wird bei der Bodenwertermittlung von Vergleichsgrundstücken ausgegangen, die nicht vom Fluglärm betroffen sind, kann eine Wertminderung nicht zwangsläufig unterstellt werden, da umgekehrt mit der Nähe des Flughafens auch Werterhöhungen einhergehen können. Grundstücke in unmittelbarer Flughafennähe bilden einen eigenen **Teilmarkt**, der insbesondere für **239**

129 BGH, Urt. vom 15.06.1977 – V ZR 44/75 –, BGHZ 69, 105 = EzGuG 13.40.
130 Zur Anwendung BGH, Urt. vom 10.11.1972 – V ZR 54/71 –, BGHZ 59, 378 = EzGuG 13.20; BGH, Urt. vom 10.06.1977 – V ZR 242/75 –, BGHZ 69, 118 = EzGuG 13.39.
131 BT-Drs. 8/2254, Nr. 5.3; BGH, Urt. vom 26.11.1980 – V ZR 126/78 –, BGHZ 79, 45 = EzGuG 13.55; BGH, Urt. vom 16.03.1985 – III ZR 166/93 –, BGHZ 129, 124 = EzGuG 13.134; OLG Köln, Urt. vom 14.11.1994 – 2 U 76/93 –, GuG 1995, 190 = EzGuG 13.133.
132 BVerwG, Urt. vom 29.01.1991 – 4 C 51/89 –, BVerwGE 87, 332 = EzGuG 13.117.
133 BGH, Urt. vom 29.04.1968 – III ZR 141/65 –, BRS Bd. 19 Nr. 117 = EzGuG 16.7; BGH, Urt. vom 29.04.1968 – III ZR 177/65 –, NJW 1968, 1278 = EzGuG 16.8.

gewerbliche Nutzungen und auch für die dort Beschäftigten Standortvorteile aufweist. Deshalb darf nicht allein mit Blick auf die Lärmbelastung eine Wertminderung unterstellt werden, zumal vielfach z.B. mit der Erstellung einer neuen Landebahn und der öffentlichen Auseinandersetzung zwar kurzfristig Preiseinbrüche einhergehen, sich das Wertniveau aber längerfristig „erholt". Mit dem Flughafen verbessert sich nämlich die Attraktivität eines Gebiets als Wirtschaftsstandort. Dieser sich allerdings erst mit fortschreitender Zeit einstellende Effekt blieb in empirischen und stichtagsbezogenen Untersuchungen zumeist außer Betracht.

240 Die Wertminderung wurde in einer Untersuchung des Arbeitskreises für Lärmwirkungsfragen beim Umweltbundesamt[134] im Jahre 2004 mit Hilfe des ***„Noise Sensitivity Depreciation Index" – NSDI –*** ermittelt und ergab einen mittleren NSDI von 0,87 pro Dezibel (dB) Lärmbelastung, d.h., bei einer Zunahme um 10 dB ergäbe sich eine Wertminderung von 8,7 %. Die Studie basiert größtenteils auf internationalen Untersuchungsergebnissen, wobei Einzelstudien auch Werterhöhungen erwiesen haben (NSDI bis 1,28; Manchester), sodass weder auf Länderebene noch global ein allgemeingültiger NSDI abgeleitet werden konnte und das Ergebnis nicht verallgemeinert werden kann.

241 **Empirische Untersuchungen** zur Wertminderung infolge Fluglärms in Deutschland zeigen ein recht unterschiedliches Bild und haben auch keinen statistisch hinreichend zuverlässig ableitbaren Zusammenhang zwischen dem absoluten Grundstückswert und der prozentualen Wertminderung ergeben. Von Wertminderungen können insbesondere hochpreisige Marktsegmente betroffen sein:

- Einfamilienhäuser am Flughafen *Hannover-Langenhagen* haben nach Untersuchungen im Jahre 2007 Wertminderungen in Abhängigkeit vom Immobilienwert hinnehmen müssen, nämlich um 3,5 % bei Immobilien bis zu 300 000 € und um bis zu 7,5 % bei Immobilien über 300 000 €.
- In *Düsseldorf* soll Fluglärm bei Kaufpreisen ≤ 500 000 € ohne Einfluss gewesen sein und bei hochpreisigen Immobilien zu Wertminderungen von bis zu 8 % geführt haben[135].
- Nach einer Studie der Technischen Universität Chemnitz sei bei Wohnimmobilien *im Rhein-Main-Gebiet* bei einem NSDI von 3 % eine Wertminderung von 0,83 % je Dezibel Fluglärm oberhalb von 40 dB(A) festgestellt worden[136]. Die Ergebnisse beruhen allerdings lediglich auf einer Befragung ortsansässiger Makler, die erfahrungsgemäß nur bedingt aussagekräftig ist.
- Das Institut für Bodenmanagement will für Einfamilienhäuser am Flughafen *Dortmund* eine Wertminderung von 1,65 % je Dezibel Fluglärm oberhalb von 50 dB(A) festgestellt haben.

Bezugsstichtag für die Ermittlung der Wertminderung ist der Planfeststellungsbeschluss (Berlin-Schönefeld)[137].

---

134 Sondergutachten des Rates von Sachverständigen für Umweltfragen (1999); Guski, R./Schönpflug, W., Soziale und ökonomische Auswirkungen, in: Fluglärm 2004, Stellungnahme des Interdisziplinären Arbeitskreises für Lärmwirkungsfragen beim Umweltbundesamt, S. 112–115.

135 Weigt, Der Wert von Einfamilienhäusern unter dem Einfluss von Fluglärm, GuG 2011, 74.

136 Thießen, Schnorr, Immobilien und Fluglärm, Technische Universität Chemnitz, WWDP 69/2005, ISSN 1618-1352.

137 BVerfG, Urt. vom 23.02.2010 – 1 BvR 2736/08 –, NVwZ 2010, 512 = EzGuG 13.156b.

7.4.3 Steuerliche Bewertung

In der steuerlichen Bewertung sind folgende Wertminderungsabschläge wegen Fluglärms üblich[138] (Abb. 32): 242

Abb. 32: Abschläge nach § 82 Abs. 1 Nr. 1 BewG vom Grundstückswert in der Einheitsbewertung[139]

Art des Flugbetriebs	Lärmschutzzonen nach FluglärmG u.a.	§ 82 BewG	Höhe des Abschlags
kleiner Verkehrs-, Sport- oder Militärflugplatz		(–)	
großer Verkehrs- oder Militärflughafen ohne An- und Abflug von Düsenflugzeugen	Schutzzone I a)	(+)	max. 5 %
	Schutzzone II b)	(+)	max. 3 %
großer Verkehrs- oder Militärflughafen mit An- und Abflug von Düsenflugzeugen	Schutzzone I	(+)	max. 10 %
	Schutzzone II	(+)	max. 5 %
	Schutzzone „C" c)	(–)	
Tief(st)fluggebiete	75–150 m Flughöhe	(+)	ca. 5 %
	150–400 m Flughöhe	(–)	

a) In der Schutzzone 1 dürfen grundsätzlich keine Wohnungen errichtet werden (§ 5 FluglärmG).
b) In der Schutzzone 2 nur, wenn sie über Schallschutzvorrichtungen verfügen (§ 6 FluglärmG). Schutzzone 1 und 2 sind Zonen mit extremer Fluglärmbelästigung (BFH, Urt. vom 4.8.1983 – III R 79, 141/81a – BFHE 139, 210 = EzGuG 13.63a). Ansprüche auf Ersatz der Kosten der Schallschutzmaßnahmen gewährt § 9 FluglärmG für in Schutzzone 1 gelegene Grundstücke. Der Höhe nach ist der Betrag der Aufwendungserstattung auf 50,– Euro je Quadratmeter Wohnfläche begrenzt. Darüber hinaus muss sich die Art der Schutzvorrichtungen an die gem. § 7 FluglärmG für verbindlich zu erklärenden Anforderungen halten. Die Grundstückseigentümer in der Schutzzone 2 haben dagegen keinen Anspruch aus § 9 FluglärmG.
c) Als weitere Anspruchsgrundlage für die Kostenerstattung kommt im Einzelfall § 906 Abs. 2 Satz 2 BGB (vgl. BGH, Urt. vom 26.11.1980 – V ZR 126/78 –, BGHZ 79, 45 = EzGuG 13.55; BGH, Urt. vom 15.6.1977 – V ZR 44/75 –, BGHZ 69, 105 = EzGuG 13.40) oder das Institut des enteignenden Eingriffs (vgl. BGH, Urt. vom 30.1.1986 – III ZR 34/85 –, BRS Bd. 34 Nr. 108 = EzGuG 13.84) in Betracht (vgl. Lorenz,DB 1973, Beil. 6).
d) In der sog. Lärmschutzzone C beträgt der äquivalente Dauerschallpegel zwischen 62 dB(A) und 67 dB(A). BFH, Urt. vom 7.7.1993 – II R 69/90 –, BFHE 172, 113 = BStBl II 1994, 6 = EzGuG 13.128; BFH, Urt. vom 4.8.1983 – III R 79, 141/81 –, BFHE 139, 210 = BStBl II 1983, 708 = EzGuG 13.63a.

Quelle: Günther/Günther, KStZ 1993, 81; vgl. Schlepp, DStZ 1993, 759 und Lück, DStZ 1994, 209

138 Vgl. RdVfg der OFD Freiburg vom 23.05.1986 – S 3204 A.

139 **Rechtsprechungsübersicht zum Fluglärm:** BVerwG, Urt. vom 29.12.1998 – 11 B 21/98 –, NVwZ-RR 1999, 365 = EzGuG 13.142; BVerwG, Urt. vom 27.10.1998 – 11 A 1/97 –, BVerwG, Urt. vom 29.01.1991 – 4 C 51/89 –, BVerwGE 87, 332 = EzGuG 13.117; BVerwG, Urt. vom 27.10.1998 – 11 A 1/97 –; BVerwGE 107, 313 = EzGuG 13.141; BVerwG, Urt. vom 25.06.1982 – 8 C 15/80 –, NJW 1983, 640 = EzGuG 13.57a; BVerwG, Urt. vom 05.03.1979 – 11 A 25/95 –, BVerwGE 104,123 = EzGuG 13.117; BGH, Urt. vom 29.10.1998 – III ZR 137/98 –, NJW-RR 1999, 362 = EzGuG 13.14; BGH, Urt. vom 16.03.1995 – III ZR 166/93 –, BGHZ 129, 124 = EzGuG 13.134; BGH, Urt. vom 25.03.1993 – III ZR 60/91 –, BGHZ 122, 76 = EzGuG 16.35; BGH, Urt. vom 27.05.1993 – III ZR 59/92 –, BGHZ 12, 363 = EzGuG 16.35a; BGH, Urt. vom 25.11.1991 – III ZR 7/91 –, NVwZ 1992, 404 = EzGuG 13.120 b; BGH, Urt. vom 30.01.1987 – III ZR 34/85 –, ZfSch 1987, 165 = EzGuG 16.34b: BGH, Urt. vom 30.01.1986 – III ZR 34/85 –, NJW-RR 1986, 1141 108 = EzGuG 13.74; BGH, Urt. vom 18.10.1979 – III ZR 177/77 –, WM 1980, 680 = EzGuG 13.52; BGH, Urt. vom 10.11.1977 – III ZR 166/75 –, BRS Bd. 34 Nr. 168 = EzGuG 13.43; BGH, Urt. vom 20.03.1975 – III ZR 215/71 –, BGHZ 64, 220 = EzGuG 13.25; OLG Bamberg, Urt. vom 11./12.05.1982 – 3 U 11/82 –, ZLW 1984, 81; KG Berlin, Urt. vom 22.12.1967 – 6 U 761/67 –; OLG Celle, Urt. vom 09.04.1992 – 5 U 20/90 –, VersR 1992, 1480 = EzGuG 13.124a; OLG Hamm, Urt. vom 31.05.1983 – 9 U 294/82 –, AgrarR 1984, 137; OLG Koblenz, Urt. vom 06.05.1998 – 1 U 1568/93 –, OLGR-Koblenz 1998, 297 = EzGuG 13.140; VGH München, Urt. vom 27.07.1989 – 20 B 81 D.I –, DVBl 1990, 115 = EzGuG 13.108a; VGH München, Urt. vom 05.05.1996 – 20 B 92.1055 –, NVwZ-RR 1997, 159; VGH München vom 05.05.1996 – 20 B 92.1055 –, NVwZ-RR 1997, 159; VGH München, Urt. vom 04.11.1997 – 20 A 92.40134 –, BayVBl. 1998, 756 = EzGuG 13.137; OVG Hamburg, Urt. vom 13.12.1994 – Bs III 376/93 –, DVBl 1995, 1026 (LS) = HmbJVBl. 1995, 77 = EzGuG 13.133b; BFH, Urt. vom 07.07.1993 – II R 69/90 –, BFHE 172, 113 = BStBl II 1994, 6 = EzGuG 13.128; BFH, Urt. vom 12.12.1990 – II R 97/87 –, BFHE 163, 229 = BStBl. II 1991, 196 = EzGuG 4.136.

7.5 Spiel- und Sportlärm

243 Nach gegenwärtiger Rechtslage unterfallen nahezu alle Sportanlagen als nicht genehmigungsbedürftige Anlagen der Vorschrift des § 22 Bundes-Immissionsschutzgesetz (BImSchG).

244 **Als Sportanlagen gelten** dabei ortsfeste Einrichtungen i.S. des § 3 Abs. 5 Nr. 1 BImSchG, die der Sportausübung dienen[140]. Diese sind dort wie folgt definiert:

„(5) Anlagen im Sinne dieses Gesetzes sind

1. Betriebsstätten und sonstige ortsfeste Einrichtungen,
2. Maschinen, Geräte und sonstige ortsveränderliche technische Einrichtungen sowie Fahrzeuge, soweit sie nicht der Vorschrift des § 38 unterliegen, und
3. Grundstücke, auf denen Stoffe gelagert oder abgelagert oder Arbeiten durchgeführt werden, die Emissionen verursachen können, ausgenommen öffentliche Verkehrswege."

245 Zur Sportanlage zählen auch **Einrichtungen, die mit der Sportanlage in einem engen räumlichen und betrieblichen Zusammenhang stehen.** Zur Nutzungsdauer der Sportanlagen gehören nach § 1 Abs. 3 der 18. BImSchV[141] auch die Zeiten des An- und Abfahrverkehrs sowie des Zu- und Abgangs.

246 Sportanlagen sind so zu errichten und zu betreiben, dass die Immissionsrichtwerte des § 2 Abs. 2 der 18. BImSchV nicht überschritten werden (Abb. 33)[142]. Einzelne kurzzeitige Geräuschspitzen dürfen diese Werte tags nicht mehr als 30 dB und nachts um nicht mehr als 20 dB überschreiten.

Abb. 33: Tabelle der Immissionsgrenzwerte (IGW) für Sportanlagen

Immissionsrichtwerte (Sportanlagen) – IRW –				
		Tag *außerhalb der Ruhezeiten*		Nacht *innerhalb der Ruhezeiten*
1.	in Gewerbegebieten	65 dB(A)	60 dB(A)	50 dB(A)
2.	in Kerngebieten, Dorfgebieten und Mischgebieten	60 dB(A)	55 dB(A)	45 dB(A)
3.	in allgemeinen Wohngebieten und Kleinsiedlungsgebieten	55 dB(A)	50 dB(A)	40 dB(A)
4.	in reinen Wohngebieten	50 dB(A)	45 dB(A)	35 dB(A)
5.	in Kurgebieten, für Krankenhäuser und Pflegeanstalten	45 dB(A)	45 dB(A)	35 dB(A)

140 Sportanlagenschutzverordnung – 18. BImSchV – vom 18.07.1991 (BGBl. I 1991, 1588, 1790), zuletzt geändert durch Art. 1 der Verordnung vom 09.02.2006 (BGBl. I 2006, 324); vgl. BR-Drs. 17/91; BR-Unterausschuss Umwelt Sitzungsprot. vom 26.02.1991; zur rechtlichen Bedeutung vgl. BVerwG, Urt. vom 12.08.1999 – 4 CN 4/98 –, DVBl 2000, 187 = EzGuG 13.143a; BVerwG, Beschl. vom 08.11.1994 – 7 B 73/94 –, GuG 1995, 314 = EzGuG 13.132; **Tennisplatz:** OLG Zweibrücken, Urt. vom 04.02.1992 – 8 U 103/91 –, NJW 1992, 1242 = EzGuG 13.121; OVG Lüneburg, Beschl. vom 19.01.1988 – 1 B 74/87 –, DWW 1988, 220 = EzGuG 13.92; LG Siegen, Urt. vom 07.11.1986 – 2 O216/85 –, DWW 1987, 48 = EzGuG 13.82; BVerwG, Beschl. vom 07.08.1991 – 7 B 48/91 –, DVBl 1992, 62 = EzGuG 13.120; BVerwG, Urt. vom 19.01.1989 – 7 C 77/87 –, BVerwGE 81, 197 = EzGuG 13.104; BVerwG, Urt. vom 08.11.1994 – 7 B 73/94 –, GuG 1995, 314 = EzGuG 13.132; OVG Berlin, Beschl. vom 16.09.1988 – 2 S 56/87 –, NVwZ 1989, 274 = EzGuG 13.99.

141 18. Verordnung zur Durchführung des Bundes-Immissionsschutzgesetzes (Sportanlagenlärmschutzverordnung – 18. BImSchV) vom 18.07.1991 (BGBl. I 1991, 1588, ber. 1790), geändert durch Art. 1 der Verordnung vom 01.06.2017 (BGBl. I 2017, 1468).

142 Brandenburg: Freizeitlärm-Richtlinie vom 12.08.1996 (ABl. vom 04.09.1996, 878).

Die **18. BImSchV** schreibt des Weiteren in § 2 vor: **247**

„(3) Werden bei Geräuschübertragung innerhalb von Gebäuden in Aufenthaltsräumen von Wohnungen, die baulich, aber nicht betrieblich mit der Sportanlage verbunden sind, von der Sportanlage verursachte Geräuschimmissionen mit einem Beurteilungspegel von mehr als 35 dB(A) tags oder 25 dB(A) nachts festgestellt, hat der Betreiber der Sportanlage Maßnahmen zu treffen, welche die Einhaltung der genannten Immissionsrichtwerte sicherstellen; dies gilt unabhängig von der Lage der Wohnung in einem der in Absatz 2 *(vgl. vorstehende Tabelle)* genannten Gebiete.

(4) Einzelne kurzzeitige Geräuschspitzen sollen die Immissionsrichtwerte nach Absatz 2 tags um nicht mehr als 30 dB(A) sowie nachts um nicht mehr als 20 dB(A) überschreiten; ferner sollen einzelne kurzzeitige Geräuschspitzen die Immissionsrichtwerte nach Absatz 3 um nicht mehr als 10 dB(A) überschreiten

(5) Die Immissionsrichtwerte beziehen sich auf folgende Zeiten:

1.	tags	an Werktagen	6.00 bis 22.00 Uhr,
		an Sonn- und Feiertagen	7.00 bis 22.00 Uhr,
2.	nachts	an Werktagen	0.00 bis 6.00 Uhr
		und	22.00 bis 24.00 Uhr,
		an Sonn- und Feiertagen	0.00 bis 7.00 Uhr
		und	22.00 bis 24.00 Uhr,
3.	Ruhezeit	an Werktagen	6.00 bis 8.00 Uhr
		und	20.00 bis 22.00 Uhr,
		an Sonn- und Feiertagen	7.00 bis 9.00 Uhr,
			13.00 bis 15.00 Uhr
		und	20.00 bis 22.00 Uhr.

Die Ruhezeit von 13.00 bis 15.00 Uhr an Sonn- und Feiertagen ist nur zu berücksichtigen, wenn die Nutzungsdauer der Sportanlage oder der Sportanlagen an Sonn- und Feiertagen in der Zeit von 9.00 bis 20.00 Uhr 4 Stunden oder mehr beträgt.

(6) Die Art der in Absatz 2 bezeichneten Gebiete *(vgl. vorstehende Tabelle)* und Anlagen ergibt sich aus den Festsetzungen in den Bebauungsplänen. Sonstige in Bebauungsplänen festgesetzte Flächen für Gebiete und Anlagen sowie Gebiete und Anlagen, für die keine Festsetzungen bestehen, sind nach Absatz 2 entsprechend der Schutzbedürftigkeit zu beurteilen. Weicht die tatsächliche bauliche Nutzung im Einwirkungsbereich der Anlage erheblich von der im Bebauungsplan festgesetzten baulichen Nutzung ab, ist von der tatsächlichen baulichen Nutzung unter Berücksichtigung der vorgesehenen baulichen Entwicklung des Gebietes auszugehen.

(7) Die von der Sportanlage oder den Sportanlagen verursachten Geräuschimmissionen sind nach dem Anhang zu dieser Verordnung *(hier nicht abgedruckt)* zu ermitteln und zu beurteilen.“

Zur Erfüllung der Pflicht eines Betreibers einer Sportanlage, diese so zu errichten und zu betreiben, dass die in der vorstehenden Tabelle (Abb. 33) genannten Immissionsrichtwerte unter **Einrechnung der Geräuschimmissionen anderer Sportanlagen** nicht überschritten werden, hat der Betreiber nach § 3 der 18. BImSchV insbesondere **248**

„1. an Lautsprecheranlagen und ähnlichen Einrichtungen technische Maßnahmen, wie dezentrale Aufstellung von Lautsprechern und Einbau von Schallpegelbegrenzern, zu treffen,

2. technische und bauliche Schallschutzmaßnahmen, wie die Verwendung lärmgeminderter oder lärmmindernder Ballfangzäune, Bodenbeläge, Schallschutzwände und -wälle, zu treffen,

3. Vorkehrungen zu treffen, dass Zuschauer keine übermäßig lärmerzeugenden Instrumente wie pyrotechnische Gegenstände oder druckgasbetriebene Lärmfanfaren verwenden, und

4. An- und Abfahrtswege und Parkplätze durch Maßnahmen betrieblicher und organisatorischer Art so zu gestalten, dass schädliche Umwelteinwirkungen durch Geräusche auf ein Mindestmaß beschränkt werden.“

249 **Weiterhin gelten** nach § 5 der 18. BImSchV im Einzelfall **folgende Nebenbestimmungen:**

„(1) Die zuständige Behörde soll von Nebenbestimmungen zu erforderlichen Zulassungsentscheidungen und Anordnungen zur Durchführung dieser Verordnung absehen, wenn die von der Sportanlage ausgehenden Geräusche durch ständig vorherrschende Fremdgeräusche nach Nummer 1.4 des Anhangs überlagert werden.

(2) Die zuständige Behörde kann zur Erfüllung der Pflichten nach § 2 Abs. 1 außer der Festsetzung von Nebenbestimmungen zu erforderlichen Zulassungsentscheidungen oder der Anordnung von Maßnahmen nach § 3 für Sportanlagen Betriebszeiten (ausgenommen für Freibäder von 7.00 Uhr bis 22.00 Uhr) festsetzen; hierbei sind der Schutz der Nachbarschaft und der Allgemeinheit sowie die Gewährleistung einer sinnvollen Sportausübung auf der Anlage gegeneinander abzuwägen.

(3) Die zuständige Behörde soll von einer Festsetzung von Betriebszeiten absehen, soweit der Betrieb einer Sportanlage dem Schulsport oder der Durchführung von Sportstudiengängen an Hochschulen dient. Dient die Anlage auch der allgemeinen Sportausübung, sind bei der Ermittlung der Geräuschimmissionen die dem Schulsport oder der Durchführung von Sportstudiengängen an Hochschulen zuzurechnenden Teilzeiten nach Nummer 1.3.2.3 des Anhangs außer Betracht zu lassen; die Beurteilungszeit wird um die dem Schulsport oder der Durchführung von Sportstudiengängen an Hochschulen tatsächlich zuzurechnenden Teilzeiten verringert. Die Sätze 1 und 2 gelten entsprechend für Sportanlagen, die der Sportausbildung im Rahmen der Landesverteidigung dienen.

(4) Bei Sportanlagen, die vor Inkrafttreten dieser Verordnung baurechtlich genehmigt oder – soweit eine Baugenehmigung nicht erforderlich war – errichtet waren und danach nicht wesentlich geändert werden, soll die zuständige Behörde von einer Festsetzung von Betriebszeiten absehen, wenn die Immissionsrichtwerte an den in § 2 Abs. 2 genannten Immissionsorten jeweils um weniger als 5 dB(A) überschritten werden; dies gilt nicht an den in § 2 Abs. 2 Nr. 5 genannten Immissionsorten.

(5) Die zuständige Behörde soll von einer Festsetzung von Betriebszeiten absehen, wenn infolge des Betriebs einer oder mehrerer Sportanlagen bei seltenen Ereignissen nach Nummer 1.5 des Anhangs Überschreitungen der Immissionsrichtwerte nach § 2 Abs. 2

1. die Geräuschimmissionen außerhalb von Gebäuden die Immissionsrichtwerte nach § 2 Abs. 2 um nicht mehr als 10 dB(A), keinesfalls aber die folgenden Höchstwerte überschreiten:
   - tags außerhalb der Ruhezeiten 70 dB(A),
   - tags innerhalb der Ruhezeiten 65 dB(A),
   - nachts 55 dB(A),

   und

2. einzelne kurzzeitige Geräuschspitzen die nach Nummer 1 für seltene Ereignisse geltenden Immissionsrichtwertetags um nicht mehr als 20 dB(A) und nachts um nicht mehr als 10 dB(A) überschreiten.

(6) In dem in Artikel 3 des Einigungsvertrages genannten Gebiet soll die zuständige Behörde für die Durchführung angeordneter Maßnahmen nach § 3 Nr. 1 und 2 eine Frist setzen, die bis zu zehn Jahre betragen kann.

(7) Im Übrigen Geltungsbereich dieser Verordnung soll die zuständige Behörde bei Sportanlagen, die vor In-Kraft-Treten der Verordnung baurechtlich genehmigt oder – soweit eine Baugenehmigung nicht erforderlich war – errichtet waren, für die Durchführung angeordneter Maßnahmen nach § 3 Nr. 1 und 2 eine angemessene Frist gewähren.“

250 Die Beurteilung der **Erheblichkeit von Belästigungen** der Nachbarschaft durch Geräusche (§ 3 Abs. 2 BImSchG) ist weitgehend eine Frage **tatrichterlicher Bewertung:**

- Nach Auffassung des BVerwG führt die Anwendung der TA-Lärm bei Sportgeräuschen zu keiner zutreffenden Beurteilung des Einzelfalls. Diese Aussage gilt auch für die VDI-Richtlinie 2058.

- Das BVerwG hat auch die von der Sport- und Umweltministerkonferenz gebilligten LAI-Hinweise i.d.F. vom 8.5.1987 aus Rechtsgründen nicht berücksichtigt; es misst ihnen keine normative, für das Gericht verbindliche Wirkung bei, sondern bewertet sie lediglich als Tatsachen.

Die Richtlinie VDI 3770 (E1999-8 Emissionskennwerte von Schallquellen, Sport- und Freizeitanlagen) enthält für eine Reihe von Sportstätten Emissionskennwerte.

251 Das BVerwG hat mit seinem Beschl. vom 08.11.1994[143] die bislang offene Frage, ob mit der 18. BImSchV (Sportanlagenverordnung) absolute Obergrenzen gesetzt werden oder die Verordnung Freiräume für eine richterliche Bewertung im Einzelfall ließe, dahin gehend entschieden, dass im Interesse der Rechtssicherheit und Vorhersehbarkeit des ausgangsgerichtlichen Verfahrens nunmehr **normativ festgesetzte absolute Grenzen** bestehen. Die bisherige Rechtsprechung[144], die mangels gesetzlich bestimmter Mess- und Berechnungsverfahren für Lärmwerte zur Beurteilung der Erheblichkeit des von Sportanlagen ausgehenden Lärms auf die gesamten Umstände des Einzelfalls mit der Möglichkeit der Einbeziehung nicht normativer Hinweise[145] abstellte, ist damit insoweit überholt.

252 Ein **von Sportplätzen ausgehender** und mit dem Schutz der Wohnbevölkerung konfligierender **Lärm**[146] kann den Verkehrswert eines Grundstücks mindern. Dies gilt insbesondere für Wohngebiete und unabhängig davon, ob der Nachbar einen Abwehranspruch gegen den Betreiber hat[147].

253 Die für den Abwehranspruch entscheidende Frage der Überschreitung der **Zumutbarkeitsgrenze** von Geräuschen beurteilt sich im öffentlich-rechtlichen Nachbarstreit nach den Maßstäben des § 3 Abs. 1 und des § 22 Abs. 1 BImSchG[148]. § 22 Abs. 1 Nr. 2 BImSchG fordert hierbei, dass nach dem Stand der Technik unvermeidbare schädliche Umwelteinwirkungen auf ein unter dem Gesichtspunkt des nachbarlichen Interessenausgleichs zumutbares Mindestmaß beschränkt werden. Beschränkungen, die der Minderung (nur) erheblicher Belästigungen dienen, dürfen nicht unverhältnismäßig sein.

254 Das BVerwG hat in dem Urteil vom 19.01.1989 ausdrücklich darauf hingewiesen, dass die Erheblichkeitsschwelle i.S. von § 22 Abs. 1 BImSchG möglicherweise höher liegt, wenn Wohn- und Sportnutzung etwa gleichzeitig entstehen oder wenn gar ein **Wohngebiet an eine bereits bestehende Sportanlage heranrückt.** Dabei ist „die Lästigkeit von Geräuschen umso eher auf der Grundlage eines Mittelungspegels zu bewerten, je gleichmäßiger und gleichförmiger sie sind“. Soweit aus dem allgemeinen Grundgeräusch herausragende Einzelgeräusche

---

143 BVerwG, Beschl. vom 08.11.1994 – 7 B 73/94 –, GuG 1995, 314 = EzGuG 13.132; OVG Münster, Urt. vom 28.05.1993 – 21 A 1532/90 –, NVwZ 1994, 1018 = NWVBl. 1994, 18.

144 BVerwG, Urt. vom 19.01.1989 – 7 C 77/87 –, BVerwGE 81, 197 = EzGuG 13.104; BVerwG, Urt. vom 24.04.1991 – 7 C 12/90 –, GuG 1991, 284 = EzGuG 13.128.

145 LAI-Hinweise „Hinweise zur Beurteilung der durch Freizeitanlagen verursachten Geräusche“ (NVwZ 1988, 135); Entwurf einer VDI-Richtlinie 3724; „Hinweise zur Beurteilung der durch Freizeitanlagen verursachten Geräusche“ des nds. Umweltministeriums vom 14.11.1988 (Nds. MBl. 1989, 23).

146 Zur Beurteilung der VDI-Richtlinie 3724; VGH Mannheim, Urt. vom 27.04.1990 – 8 S 1820/89 –, GuG 1991, 106 = EzGuG 13.113.

147 BVerwG, Beschl. vom 08.11.1994 – 7 B 73/94 –, GuG 1995, 314 = EzGuG 13.130; OLG Köln, Urt. vom 11.05.1988 – 13 U 246/87 –, MDR 1988, 777 = EzGuG 13.96; OVG Lüneburg, Beschl. vom 19.01.1988 – 1 B 74/87 –, DWW 1988, 220 = EzGuG 13.92; VG Berlin, Beschl. vom 25.08.1987 – 13 A 157/,87 –, UPR 1988, 160 = EzGuG 13.89; VGH München, Urt. vom 16.02.1987 – 14 B 85 A 3090 –, NJW 1988, 278 = EzGuG 13.85; LG Siegen, Urt. vom 07.11.1986 – 2 O 216/85 –, DWW 1987, 48 = EzGuG 13.82.

148 BVerwG, Urt. vom 19.01.1989 – 7 C 77/87 –, BVerwGE 81, 197 = EzGuG 13.114 mit Anm. von Battis in Jahrbuch des Umwelt und Technikrechts UTR Rd. 12/1990; BVerwG, Beschl. vom 30.01.1990 – 7 B 162/89 –, GuG 1990, 95 = EzGuG 13.121; **Grillplatz**: BGH, Urt. vom 05.02.1993 – V ZR 62/91 –, BGHZ 121, 248 = EzGuG 13.126; **Volksfest**: BGH, Urt. vom 23.03.1990 – V ZR 58/89 –, BGHZ 111, 63 = EzGuG 13.112; BVerwG, Urt. vom 29.04.1988 – 7 C 33/87 –, BVerwGE 79, 254 = EzGuG 13.94; BVerwG, Urt. vom 22.03.1985 – 4 C 63/80 –, BVerwGE 71, 150 = EzGuG 13.72; BVerwG, Urt. vom 21.06.1974 – 4 C 14/74 –, BRS. 28 Nr. 138 = EzGuG 13.23; **Imbissstube**: BVerwG, Urt. vom 04.10.1988 – 1 C 72/86 –, BVerwGE 80, 258 = EzGuG 13.100; **Tierlärm:** OLG Düsseldorf, Urt. vom 25.05.1966 – 9 U 206/64 –, MDR 1968, 841 = EzGuG 13.9; OLG Düsseldorf, Beschl. vom 11.04.1983 – 5 Ss 105/83 –, NVwZ 1984, 1497 = EzGuG 13.63; **Kirchturmuhr**: BVerwG, Urt. vom 30.04.1992 – 7 C 25/91 –, BVerwGE 90, 193 = EzGuG 13.124b; **Sägewerk:** BGH. Urt. vom 14.03.1969 – V ZR 145/65 –, MDR 1969, 648 = EzGuG 13.16; **Tankstelle**: BVerwG, Urt. vom 24.09.1992 – 7 C 6/92 –, BVerwGE 91, 92 = EzGuG 13.125a; **Getränkemarkt**: BVerwG, Beschl. vom 20.01.1989 – 4 B 116/88 –, NJW 1989, 2412 = EzGuG 13.105; **Feuerwehrsirene:** BVerwG, Urt. vom 29.04.1988 – 7 C 33/87 –, EzGuG 13.104; **Froschlärm**: BGH, Urt. vom 20.11.1992 – V ZR 82/91 –, BGHZ 120, 239 = EzGuG 13.125b; **Biergarten**: OVG Lüneburg, Beschl. vom 07.11.1996 – 1 M 5501/96 –, UPR 1997, 157 = EzGuG 13.136; **Bolzplatz**: VGH Kassel, Beschl. vom 24.11.1988 – 6 TG 4463/88 –, ESVGH 39, 93 = EzGuG 13.102; VGH München, Urt. vom 16.02.1987 – 14 B 85 A3090 = BRS Bd. 47 Nr. 176 = EzGuG 13.85; **Zeltplatz**: BGH, Urt. vom 05.02.1993 – V ZR 62/91 –, BGHZ 121, 248 = EzGuG 13.126.

nivelliert werden, liege dies „in der Natur der Mittelungsmethode“ und sei „bis zu einem gewissen Grade unbedenklich.“

255 Als Zeiten besonderer **Ruhebedürfnisse außerhalb der Nachtzeit** (von 22.00 bis 6.00 Uhr) werden im Übrigen die Sonntage und die gesetzlichen Feiertage sowie die Werktage nach 19.00 Uhr angesehen, wobei unter Bezug auf die §§ 2 und 3 der 8. BImSchV für eine Gleichstellung des Samstagnachmittags „kein rechtlicher Grund“ gesehen wird.

7.6 Manöver- und Schießlärm

256 Zur **Entschädigungspflicht für Manöverlärm** stellt der BGH maßgeblich auf das ab, was über die ortsüblichen Einwirkungen hinaus zu einer schweren und unerträglichen Beeinträchtigung führt, wobei im Unterschied zu den Beeinträchtigungen eines Grundstücks auf Grund von Verkehrsgeräuschen hierbei jedoch i.d.R. keine dauernde Lärmbelästigung gegeben ist[149]. Eine Wohnbebauung, die an eine lärmemittierende Schießanlage heranrückt, kann gegen das Gebot der Rücksichtnahme verstoßen, wenn sie sich unzumutbaren Lärmimmissionen aussetzt[150].

257 Bezüglich des in der Nähe von Truppenübungsplätzen auftretenden Manöver- und Schießlärms kann – je nach Entfernung – mit **Wertabschlägen bis zu 10 v.H. des Grundstückswerts** gerechnet werden. Entschädigungsansprüche bestehen jedoch nur insoweit, wie das Grundstück nicht vorbelastet ist Der Eigentümer eines durch Schießlärm von einem Truppenübungsplatz vorbelasteten, aber zumindest für eine vorübergehende Wohnnutzung noch geeigneten und für diesen Zweck mit einem Landhaus bebauten Grundstücks braucht es jedoch nicht entschädigungslos hinzunehmen, dass die Lärmeinwirkung aufgrund von Änderungen des Truppenübungsplatzes oder einer Intensivierung des Übungsbetriebs auch eine vorübergehende Wohnnutzung ausschließt[151].

7.7 Baulärm

▶ *Vgl. Rn. 127*

258 Tritt durch (städtische) Bauarbeiten eine zeitweilige Gebrauchsstörung eines Grundstücks ein, dann sind dadurch entstehende **Verluste an Mieteinnahmen** nach den Grundsätzen für die Entschädigung bei einem enteignungsgleichen Eingriff zu entschädigen. Bei „reinen“ Mietshäusern ist nach der Rechtsprechung darauf abzustellen, ob der Ertragswert gemindert ist[152].

259 Bei vorübergehender Beeinträchtigung der gewerblichen Nutzung kann unmittelbar der Ertragsverlust zur Bemessung des Ausgleichsanspruchs herangezogen werden[153]. Einem im großstädtischen Kerngebiet gelegenen Gewerbebetrieb (Hotel) hat der BGH einen mehrjährigen Ertragsverlust auch im Hinblick auf seine Lage nicht zumuten wollen[154]. Die **Opfergrenze** liegt dabei nicht erst dort, wo die Existenz des Betriebs gefährdet ist; vielmehr ist darauf abzustellen, ob die Folgen des Eingriffs für den Anlieger nach Dauer, Intensität und Auswirkung so erheblich sind, dass eine entschädigungslose Hinnahme nicht mehr zumutbar ist

---

149 BGH, Urt. vom 24.11.1977 – III ZR 153/75 –, MDR 1978, 1005 = EzGuG 13.45; zu Kettenfahrzeugen: BVerwG, Urt. vom 11.11.1988 – 4 C 11/87 –, NJW 1999, 1295 = EzGuG 13.101; **Schießlärm**: BVerwG, Beschl. vom 06.08.1982 – 7 B 67/82 –, NVwZ 1983, 155 = EzGuG 13.57a; Zur Erstattungsfähigkeit von Belegungsschäden durch sowjetische Streitkräfte BGH, Urt. vom 08.12.1994 – III ZR 105/93 –, BGHZ 128, 140 = EzGuG 13.133a.

150 OVG Münster, Beschl. vom 04.09.2001 – 10 B 332/01 –, UPR 2002, 160 (LS) = EzGuG 13.143d.

151 BVerwG, Urt. vom 23.05.1991 – 7 C 19/90 –, BVerwGE 88, 210 = EzGuG 13.118a; OVG Lüneburg, Urt. vom 09.12.1983 – 7 A13/82 –, UPR 1984, 276 = EzGuG 13.65a.

152 OLG Düsseldorf, Urt. vom 24.02.1994 – 16 U 135/93 –, GuG 1995, 124 = EzGuG 20.150b; OLG München, Urt. vom 04.02.1987 – REMiet 2/86 –, NJW 1987, 1950.

153 BGH, Urt. vom 08.06.1988 – V ZR 45/87 –, NJW-RR 1988, 1291 = EzGuG 13.97; BGH, Urt. vom 31.05.1974 – V ZR 114/72 –, BGHZ 62, 361 = EzGuG 13.22.

154 BGH, Urt. vom 03.03.1977 – III ZR 181/74 –, BRS Bd. 34 Nr. 146 = EzGuG 13.107.

und der Betrieb durch die Baumaßnahme „fühlbar“ so beeinträchtigt ist, dass das **Eigentumsrecht in seinem Wesensgehalt angetastet** wird[155].

Mit Nr. 3.1 der Allgemeinen Veraltungsvorschrift zum Schutz gegen Baulärm – Geräuschimmissionen – vom 19.08.1970 werden folgende **Immissionsrichtwerte** festgesetzt:

a)	Gebiete, in denen nur gewerbliche oder industrielle Anlagen und Wohnungen für Inhaber und Leiter des Betriebs sowie für Aufsichts- und Bereitschaftspersonen untergebracht sind	70 dB(A)
b)	Gebiete, in denen vorwiegend gewerbliche Anlagen untergebracht sind	tagsüber 65 dB(A) nachts 60 dB(A)
c)	Gebiete mit gewerblichen Anlagen und Wohnungen, in denen weder vorwiegend gewerbliche Anlagen noch vorwiegend Wohnungen untergebracht sind	tagsüber 60 dB(A) nachts 45 dB(A)
d)	Gebiete, in denen vorwiegend Wohnungen untergebracht sind	tagsüber 55 dB(A) nachts 40 dB(A)
e)	Gebiete, in denen ausschließlich Wohnungen untergebracht sind	tagsüber 50 dB(A) nachts 35 dB(A)
f)	Kurgebiete, Krankenhäuser und Pflegeanstalten	tagsüber 45 dB(A) nachts 35 dB(A)

Zur Beurteilung der Beeinträchtigung eines Gewerbebetriebs ist **von** den erlittenen **Gewinneinbußen auszugehen,** wobei zu berücksichtigen ist, dass „der Gewerbeanlieger einige Zeit Bauarbeiten und damit verbundene Umsatz-/Gewinnrückgänge hinzunehmen hat, ohne eine Entschädigung verlangen zu können; denn ein gesunder Betrieb muss solche Behinderungen vorher einkalkulieren“[156]. Des Weiteren bleibt grundsätzlich zu beachten, dass im Falle einer Entschädigung nur dasjenige entschädigt wird, was im Augenblick des Zugriffs vorhanden ist und genommen wird. Deshalb ist bei der Bemessung der Entschädigung immer nur der Substanzwert im Augenblick der Entziehung maßgebend. Die **hypothetische Weiterentwicklung darf** dagegen **nicht berücksichtigt werden.** Hierin unterscheidet sich die Enteignungsentschädigung vom Schadensersatz[157]. **260**

8 Geruchsimmission

Schrifttum: *Buchholz*, AgrarR 2000, 5; *Gablenz*, GuG 1997, 149; *Gierke* in NdsVBl; 2002,225; *Krause/Munak*, Bestimmung von Geruchsstoffimmissionen, Landtechnik 1995, 268; *Perschau* in UPR 1998, 248; *Hansmann*, Rechtsprobleme bei der Bewertung von Geruchsimmissionen, NVwZ 1999, 1158

Gerüche werden nach § 3 BImSchG bei Erfüllung bestimmter Kriterien als erhebliche Belästigungen eingestuft werden. Um die Erheblichkeit einer Geruchsbelästigung festzustellen und in Genehmigungs- und Überwachungsverfahren berücksichtigen zu können, müssen objektive, reproduzierbare und quantitativ beschreibbare Geruchserhebungsverfahren angewendet werden. Als Maß für die Geruchsbelastung wird die **Geruchshäufigkeit in Prozent der Jahresstunden** mit Geruch herangezogen. Ausnahmen bilden Ekel oder Übelkeit auslösende Gerüche. **261**

155 BGH, Urt. vom 11.03.1976 – III ZR 154/73 –, BRS Bd. 34 Nr. 148 = EzGuG 13.28; BGH, Urt. vom 30.04.1964 – III ZR 125/63 –, MDR 1964, 656 = EzGuG 13.6; zur Frage der Ortsüblichkeit von **Baulärm:** BGH, Urt. vom 30.05.1962 – V ZR 121/60 –, NJW 1962, 1342 = EzGuG 13.3; BGH, Urt. vom 18.06.1970 – III ZR 15/67 –, BRS Bd. 26 Nr. 8 = EzGuG 6.127; BGH, Urt. vom 28.04.1967 – V ZR 216/64 –, MDR 1967, 913 = EzGuG 13.11.

156 BGH, Urt. vom 07.07.1980 – III ZR 32/79 –, BRS Bd. 45 Nr. 139 = EzGuG 13.54; BGH, Urt. vom 20.12.1971 – III ZR 79/69 –, BGHZ 57, 359 = EzGuG 13.19; BGH, Urt. vom 30.04.1964 – III ZR 125/63 –, MDR 1964, 656 = EzGuG 13.6.

157 Zur Enteignungsentschädigung bei **Großbaustellen:** BGH, Urt. vom 10.11.1977 – III ZR 157/75 –, BGHZ 70, 212 = EzGuG 13.44; bei **Untertunnelung:** BGH, Urt. vom 28.10.1982 – III ZR 71/81 –, BRS Bd. 45 Nr. 73 = EzGuG 13.85; BGH, Urt. vom 05.07.1965 – III ZR 173/64 –, NJW 1965, 1907 = EzGuG 13.7.

Zur Feststellung und Beurteilung von Geruchsimmissionen hat sich die von nds. Fachministerien herausgegebene **Geruchsimmissions-Richtlinie**[158] **– GIRL –** zusammen mit den Ausführungshinweisen[159] als geeignetes Instrument erwiesen. Nach der Methode der GIRL werden zur Beurteilung Immissionswerte (vgl. Nr. 3.1 GIRL) in Form von Geruchshäufigkeiten festgelegt.

Auch für Geruchsbelästigungen gilt, dass sie je nach Häufigkeit, Intensität und der Nutzung der davon betroffenen Grundstücke zu Wertminderungen führen. Nach § 906 Abs. 1 BGB müssen Geruchsimmissionen insoweit entschädigungslos hingenommen werden, als sie die Benutzung des Grundstücks nicht oder nur unwesentlich beeinträchtigen und nicht ortsüblich sind[160]. Bei Überschreitung der Zumutbarkeitsgrenze ist sowohl bei vorübergehenden als auch bei dauernden Nutzungsbeeinträchtigungen Entschädigung nach den für enteignende Eingriffe entwickelten Grundsätzen zu gewähren[161]; dies gilt insbesondere für **geruchsempfindliche Wohngebiete.** Umgekehrt kann sich auch der Erlass eines Bebauungsplans, der eine immissionsempfindliche Wohnbebauung vorsieht, auf einen außerhalb des Plangebiets gelegenen geruchsintensiven landwirtschaftlichen Betrieb enteignungsgleich auswirken, wenn der Betrieb schwer und unerträglich betroffen wird, weil nunmehr zu seiner Erhaltung notwendige Modernisierungsmaßnahmen unterbleiben müssen[162].

- Wegen der Beeinträchtigungen, die von einer benachbarten Kläranlage an mehr als 50 % der Tage ausgehen, hat das OLG Celle[163] als Entschädigung für den dadurch geminderten Verkehrswert 30 % des Verkehrswerts für die Wohnfläche und 10 % für die zur Obstlagerung dienende Betriebsfläche anerkannt.
- Geruchsimmissionen eines Schweinemastbetriebs sind in Dorfgebieten dagegen in beschränktem Ausmaß als üblich und unvermeidbar entschädigungslos hinzunehmen[164]; der BFH[165] hat einen Abschlag von 30 % anerkannt.

Insbesondere bei Massentierhaltung und Massentierzucht ist es zu rechtlichen Auseinandersetzungen über Geruchsbelästigungen gekommen[166].

262 Den in technischen Regelwerken[167] vorgegebenen Richtwerten kommt zur **Beurteilung des Geruchsschwellenwerts und der Zumutbarkeit** nur die Bedeutung eines groben Anhalts

158 Feststellung und Beurteilung von Geruchsimmissionen (Geruchsimmissionen-Richtlinie – GIRL -) i.d.F. der Bund/Länderarbeitsgemeinschaft für Immissionsschutz (LAI) vom 29.02.2008 mit einer Ergänzung vom 10.09.2008; Gem. RdErl. des MU, MS, ML und MW vom 23.07.2009 – 33 – 40500/201.2 (Nds. MinBl. 2009, 794); hierzu BVerwG, Beschl. vom 28.07.2010 – 4 B 29/10 –, GuG 2011, 316 = EzGuG 11.751.

159 Begründung und Auslegungshinweise zu GIRL i.d.F. der LAI vom 29.02.2008.

160 BGH, Urt. vom 19.02.1976 – III ZR 13/74 –, NJW 1976, 1204 = EzGuG 13.27; Schrifttum: Gablenz, GuG 1997, 149.

161 BGH, Urt. vom 29.03.1984 – III ZR 11/83 –, BGHZ 91, 20 = EzGuG 13.68; BGH, Urt. vom 29.10.1954 – V ZR 53/53 –, BGHZ 15, 146 = EzGuG 13.1; BGH, Urt. vom 16.12.1963 – III ZR 158/62 –, MDR 1964, 301 = EzGuG 13.5; BGH, Urt. vom 20.01.1966 – III ZR 109/64 –, BGHZ 45, 23 = BStBl II 1974, 608 = EzGuG 13.8.

162 BGH, Urt. vom 28.06.1984 – III ZR 35/83 –, BGHZ 92, 34 = EzGuG 13.70; BVerwG, Urt. vom 01.11.1974 – 1 C 38/71 –, BVerwGE 47, 144 = EzGuG 8.44; zur Entschädigungspflicht bei polizeibehördlicher Untersagung BGH, Urt. vom 20.01.1966 – III ZR 109/64 –, BGHZ 45, 23 = EzGuG 13.8; BVerwG, Urt. vom 25.02.1977 – 4 C 22/75 –, BVerwGE 52, 122 = EzGuG 13.35; BVerwG, Urt. vom 30.09.1983 – 4 C 74/79 –, BVerwGE 68, 58 = EzGuG 13.64; BVerwG, Urt. vom 17.02.1984 – 7 C 8/82 –, BVerwGE 69, 37 = EzGuG 13.66.

163 OLG Celle, Urt. vom 08.04.1987 – 4 U 98/85 –, BWGZ 1987, 358 = EzGuG 13.88.

164 VGH München, Urt. vom 14.09.1977 – 11 XV 73 –, BauR 1978, 46 = EzGuG 13.41; VG Hannover, Urt. vom 04.10.1976 – 4 A 4/76 –, AgrarR 1977, 100 = EzGuG 13.31; BVerwG, Beschl. vom 10.05.1990 – 7 B 57/90 –, UPR 1990, 438 = EzGuG 13.114; OLG Oldenburg, Urt. vom 20.11.1975 – 1 U 165/74 –, RdL 1976, 66 = AgrarR 1976, 75; einen Abschlag von 30 % hat der BFH im Urt. vom 30.01.1974 – IV R 105/72 –, BFHE 112, 35 = BStBl II 1974, 608 = EzGuG 3,42a anerkannt.

165 BFH, Urt. vom 30.01.1974 – IV R 105/72 –, BFHE 112, 35 = BStBl II 1974, 608 = EzGuG 3.42a.

166 OVG Münster, Urt. vom 25.09.2000 – 10a D 8/00 –, RdL 2001, 64 = EzGuG 13.143b.

167 Vgl. für Nordrhein-Westfalen: Feststellung und Beurteilung von Geruchsimmissionen (Geruchsimmissions-Richtlinie – GIRL –) i.d.F. vom 29.02.2008 und einer Ergänzung vom 1.09. 2008.

zu[168]. Da Gerüche im Zusammenhang mit der Luft auftreten, ist auf die Regelwerke zur Reinhaltung der Luft zurückzugreifen:

- im Bereich der Landwirtschaft auf die §§ 4 ff. und §§ 22 ff. BImSchG,
- die Technische Anleitung zur Reinhaltung der Luft (TA-Luft)[169],
- die Richtlinien des Vereins deutscher Ingenieure (VDI-Richtlinien)[170], z.B. VDI-Richtlinie 3894 (2011) Emissionen und Immissionen aus Tierhaltungsanlagen sowie
- Verwaltungsvorschriften[171].

Als **Geruchsschwellenwert** (erstmalige Wahrnehmung; „Geruchseinheit") wird die Geruchskonzentration bezeichnet, die bei einem repräsentativen Personenkreis eine Geruchswahrnehmung auslöst.

Die Beeinträchtigung ist abhängig von

- der Immissionsempfindlichkeit der Umgebung einer emittierenden Anlage[172],
- Art und Intensität des Geruchs,
- der tages- und jahreszeitlichen Verteilung des Geruchs,
- dem Empfinden eines „Durchschnittsmenschen",
- dem Abstand zur Geruchsquelle.

Im Übrigen wird auf die entschädigungsrechtliche **Rechtsprechung** verwiesen (zu einem Schweinemastbetrieb[173]; zu teerölgetränkten Holzschwellen[174]). 263

9 Staubimmission

Ein Grundstück, das aufgrund seiner Nachbarschaftslage z.B. zu einem staubemittierenden Gewerbebetrieb Staubeinwirkungen ausgesetzt ist, wird entsprechend dem Umfang, der Dauer und der Beschaffenheit des Staubs zu einem geminderten Wert gehandelt. 264

Zur Frage eines Ausgleichs- und Entschädigungsanspruchs gegenüber dem Emittenten kommt es zunächst wiederum auf die **Ortsüblichkeit** und die Art des Gebiets an, in dem das Grundstück liegt. Zu den Voraussetzungen eines nachbarrechtlichen Ausgleichsanspruchs i.S. des § 906 Abs. 2 Satz 2 BGB hat der BGH mehrfach Stellung genommen; hierauf wird verwiesen[175]. 265

Maßstab für die Beurteilung der Beeinträchtigung **ist die TA-Luft**[176]. 266

---

168 BVerwG, Beschl. vom 08.07.1998 – 4 B 38/98 –, NJW 1999, 2689= EzGuG 3.124f; zur Rinderhaltung; BVerwG, Beschl. vom 15.02.1988 – 7 B 219/87 –, DVBl 1988, 539 = EzGuG 13.92a; OVG Bautzen, Beschl. vom 15.07.1998 – 1 S 257/98 –, SächsVBl. 1998, 292 = EzGuG 13.140; OVG Bautzen, Beschl. vom 12.06.2001 – 1 B 163/01 –, NVwZ-RR 2002, 20.

169 BVerwG, Urt. vom 21.06.2001 – 7 C 21/00 –, NVwZ-RR 2002, 118.

170 BVerwG, Urt. vom 28.02.2002 – 4 CN 5/01 –, UPR 2002, 313; VGH Kassel, Urt. vom 13.03.2002 – 4 N 2171/96 –, NVwZ-RR 2002, 830.

171 Verwaltungsvorschrift zur Feststellung und Beurteilung von Geruchsimmissionen (GIRL-Geruchsimmissionsrichtlinie) i.d.F. des LAI vom 14.11.2000 (NdsMBl 2001, 224).

172 OVG Lüneburg, Urt. vom 03.07.2000 – 1 K 1014/00 –, NVwZ-RR 2001, 218.

173 VGH Mannheim, Urt. vom 12.10.1994 – 5 S 2609/94 –, RdL 1995, 55.

174 OLG Hamburg, Urt. vom 02.08.1994 – 7 U 40/93 –, NJW-RR 1995, 536.

175 BGH, Urt. vom 01.03.1974 – V ZR 82/72 –, BGHZ 62, 186 = EzGuG 13.21; BGH, Urt. vom 15.06.1967 – III ZR 23/65 –, BGHZ 48, 98 = EzGuG 13.14; BGH, Urt. vom 15.01.1971 – V ZR 110/68 –, BRS Bd. 26 Nr. 26 = EzGuG 13.18.

176 BGH, Urt. vom 16.12.1977 – V ZR 91/75 –, BGHZ 70, 102 = EzGuG 13.47; BVerwG, Urt. vom 17.02.1978 – 1 C 102/76 –, BVerwGE 55, 250 = EzGuG 13.48.

10 Erschütterung

267 Als Erschütterungen werden mechanische Schwingungen fester Körper bezeichnet (DIN 4150). Art und Umfang der davon ausgehenden Beeinträchtigungen hängen insbesondere ab von

- der Schwingungsstärke (KB-Wert),
- der Einwirkungsdauer,
- der Häufigkeit des Auftretens,
- der Art der Erschütterungsquelle (Sichtkontakt, Hörkontakt),
- dem Wohlbefinden der Personen und
- dem Grad der Gewöhnung.

268 Bei dem KB-Wert handelt es sich um eine der menschlichen Wahrnehmung angepasste Größe für die Erschütterung.

11 Elektrosmog

11.1 Allgemeines

Schrifttum: *Blenk, J.*, Zur staatlichen Ausgleichspflicht einer Wertminderung durch Mobilfunkmasten, GuG 2011, 325; *Bobka, G.*, Mobilfunk, Wertminderung für Immobilien durch Sendemasten?, Informationsdienst für Sachverständige 2003, 5/11; *Deutscher Städtetag*, Umdruck 670 vom 5.5.1999 = GuG 2001, 104; *Dippold, R.*, Wertermittlung einer Eigentumswohnung mit einer Mobilfunkanlage, GuG 2008, 282; *Flintrop, H.*, Der Einfluss von Mobilfunkantennen auf den Verkehrswert von bebauten und unbebauten Grundstücken, GuG 2001, 321; *Jennissen, P./Wolbring, N.*, Hochspannungsmast-Entschädigung, HLBS Verlag Heft 113, 2010; *Moldan, D.*, Kann Elektrosmog den Immobilienwert beeinflussen?, GuG 2016, 23, 227; *Nakovics, W.*, Gutachten über die Beeinflussung von Verkehrswerten durch in der Nähe befindliche Mobilfunksendeanlagen, GuG 2007, 40; Rechtsgrundlagen für die Errichtung und den Betrieb von Hoch- und Niederfrequenzanlagen sowie Gleichstromanlagen: 26. Verordnung zur Durchführung des Bundes-Immissionsschutzgesetzes (Verordnung über elektromagnetische Felder – 26. BImSchV) i.d.F. der Bekanntmachung vom 14.08.2013 (BGBl. I 2013, 3266).

269 Die deutsche Strahlenkommission (SSK) wie auch die Weltgesundheitsorganisation (WHO) gehen davon aus, dass bei Einhaltung der geltenden Mobilfunkgrenzwerte keine gesundheitlichen Schäden durch den Mobilfunk bestehen. Danach darf die **Spezifische Absorptionsrate (SAR-Wert)** zwei Watt pro Kilogramm Körpergewebe nicht übersteigen. Die Grenzwerte ergeben sich aus der 26. BImSchV.

270 **Über die Aufstellung von Mobilfunksendeanlagen entscheidet die Bundesnetzagentur für Elektrizität, Gas, Telekommunikation, Post und Eisenbahnen (Bundesnetzagentur; Regulierungsbehörde für Telekommunikation und Post). Für die Aufstellung von Mobilfunkanlagen bedarf es einer Standortbescheinigung über die Einhaltung der Sicherheitsabstände und Grenzwertanforderungen**. Sie wird erteilt, wenn die Grenzwerte im öffentlich zugänglichen Bereich um die Antenne herum unterschritten werden. Ob für die Errichtung einer Mobilfunkanlage darüber hinaus eine **Baugenehmigung** erforderlich ist, bestimmt sich nach dem Bauordnungsrecht der Länder. In den meisten Ländern ist die Errichtung oder Änderung von Antennenanlagen bis zu einer Höhe von 10 m genehmigungsfrei; höhere Anlagen sind ausnahmslos genehmigungspflichtig.

Bauplanungsrechtlich ist eine Mobilfunkanlage zulässig 271

- im Außenbereich ein privilegiertes Vorhaben nach § 35 Abs. 1 BauGB[177],
- in reinen Wohngebieten weder allgemein noch ausnahmsweise,
- in allgemeinen Wohngebieten ausnahmsweise.

Die Aufstellung einer Mobilfunkanlage bedarf nicht der Zustimmung der Mieter, selbst dann nicht, wenn der Mieter einen Herzschrittmacher hat[178]. Nach der Rechtsprechung des BVerfG besteht auch kein **emissionsschutzrechtlich begründeter Abwehranspruch,** wenn die Grenzwerte der 26. BImSchV eingehalten werden[179]. Darüber hinaus werden mit der Aufstellung von Mobilfunkanlagen auch keine Eigentumsrechte im Hinblick auf eine Minderung des Verkehrswerts benachbarter Grundstücke verletzt, denn hoheitlich bewirkte Minderungen des Marktwerts eines Vermögensgegenstands berühren i.d.R. nicht den Schutzbereich des Eigentumsrechts[180]. 272

11.2 Grenzwerte

Bislang ist **wissenschaftlich ungeklärt geblieben, ob von elektrischen und magnetischen Feldern im Bereich von Hochspannungsleitungen und Trafostationen gesundheitliche Auswirkungen ausgehen.** Nach vorliegenden epidemiologischen Untersuchungen können allerdings im Einzelfall Feldstärken auftreten, die Herzschrittmacher stören. Allgemein wird gleichwohl empfohlen, im Rahmen der Abwägung bei der Planaufstellung präventiv eine Wohnbebauung sowie Kinderspielplätze nicht unmittelbar unter Hochspannungsleitungen zu planen. 273

Mit der **26. Verordnung zum Bundes-Immissionsschutzgesetz (26. BImSchV)** sind die derzeit gültigen Grenzwerte für hochfrequente elektromagnetische Felder festgelegt worden[181]. Die maximale Sendeleistung der GSM-Basisstationen für das D-Netz ist auf 50 Watt (W), für das E-Netz auf 20 Watt (W) festgesetzt worden. Die Grenzwerte bemessen sich nach der speziellen Absorptionsrate (SAR), gemessen in Watt pro Kilogramm (W/kg) Körpergewicht. Für Handys, die ausschließlich den Kopf bestrahlen, gilt ein Teilkörpergrenzwert von 0,08 W/kg. 274

Bis zum Inkrafttreten dieser Verordnung wurden u.a. die **Empfehlungen der SSK „Elektrische und magnetische Felder im Alltag“** vom 18./19.04.1991 herangezogen. Dies entspricht auch der Anregung des Bundesamtes für Strahlenschutz. Diese Grenzwerte sind niedriger als die der DIN VDE 8048 Teil 4, Okt. 1989. Der VGH München[182] hat in einer Entscheidung zu den 110 kV-Bahnstromleitungen auf diese Empfehlungen der Deutschen Strahlenschutzkommission zurückgegriffen. 275

---

177 VGH Mannheim, Urt. vom 25.08.1997 – 8 S 1861/97 –, BRS Bd. 59 Nr. 88.

178 BGH, Urt. vom 15.03.2006 – VIII ZR 74/05 –, GuG-aktuell 2006, 31 = WuM 2006, 304.

179 BVerfG, Beschl. vom 24.01.2007 – 1 BvR 382/05 –, GuG 2007, 239 = EzGuG 13.152a; vgl. auch BVerfG, Urt. vom 28.02.2002 – 1 BvR 1676/01 –, NJW 2002, 1638 = EzGuG 3.126b.

180 BVerfG, Urt. vom 05.02.2002 – 2 BvR 348/93 –, BVerfGE 105, 17 = EzGuG 3.126b; BVerwG, Urt. vom 16.03.2006 – 4 A 1001/04 –, NVwZ 2008, 105; BVerwG, Urt. vom 29.01.1991 – 4 C 51/89 –, BVerwGE 87, 331 = GuG 1991, 274 = EzGuG 13.117.

181 BR-Drs. 12/4453; Parl. Anfrage vom 03.03.1993; vgl. Gesetz über die elektromagnetische Verträglichkeit von Geräten (EMVG) i.d.F. der Bekanntmachung vom 30.08.1995 (BGBl. I 1995, 1118); vgl. auch Verordnung über elektromagnetische Felder – 26. BImSchV – vom 16.12.1996 (BGBl. I 1996, 1966); zuletzt geändert durch Art. 1 Nr. 13 des Gesetzes vom 09.10.1996 (BGBl. I 1996, 1498); BT-Drs. 14/5848; BVerfG, Urt. vom 17.02.1996 – 1 BvR 1658/96 –, NJW 1997, 2509; Empfehlungen der Internationalen Strahlenschutzvereinigung (IRPA) und der Deutschen Strahlenschutzkommission (SSK). Verordnung über Beiträge nach dem Gesetz über die elektromagnetische Verträglichkeit von Geräten (EMVBeitrV) vom 12.08.2002 (BGBl. I 2002, 3359); Verordnung über das Nachweisverfahren zur Begrenzung elektromagnetischer Felder (BEMFV) vom 20.08.2002 (BGBl. I 2002, 3366).

182 VGH München, Urt. vom 27.01.1993 – 20 A 92.40093 –, NVwZ 1993, 1121; Eisenschmidt, WuR 1997, 21; VGH Mannheim, Urt. vom 14.05.1996 – 10 S 1/96 –, GuG-aktuell 1997, 22 = NJW 1997, 676 = EzGuG 14.128; VGH Kassel, Urt. vom 22.03.1993 – 2 A 3300/89 –, NVwZ 1993, 291.

276 Es besteht ein internationaler Konsens, dass bei den **IRPA-Grenzwerten zum Schutz der Bevölkerung** – elektrische Feldstärke 5 kV/m und magnetische Flussdichte 100 μT – Gesundheitsbeeinträchtigungen nicht zu besorgen sind.

277 Dennoch empfiehlt es sich bei Neuplanungen, die Immissionen durch elektromagnetische Felder, denen die Bevölkerung ausgesetzt ist, grundsätzlich möglichst gering zu halten und auch die **IRPA-Grenzwerte nicht voll auszuschöpfen,** da wegen fehlender Kenntnisse die Möglichkeit nachteiliger Folgen für die Gesundheit auch unterhalb dieser international anerkannten Grenzwerte nicht ausgeschlossen werden kann (Belästigung besonders empfindlicher Personen durch das elektromagnetische Feld und indirekte Feldwirkungen, kein sicherer Schutz der Implantatsträger, keine Berücksichtigung möglicher krebserzeugender, krebsfördernder bzw. synergistischer Wirkungen).

278 Zum Schutz von Implantatträgern vor Energiefeldern sollte im **Aufenthaltsbereich das elektromagnetische Feld 2,5 kV/m und die magnetische Flussdichte 10 μT nicht überschreiten.** Um den Ergebnissen der derzeit kontrovers diskutierten epidemiologischen Studien zum Krebsrisiko Rechnung zu tragen, wären zur Minimierung der Exposition Werte von nicht mehr als 0,5 kV/m und einigen μT anzustreben.

279 Für bestimmte Anlagen bestehen folgende **Grenzwerte:**

a) *Hochfrequenzsender:*
– 26. Verordnung zum Bundes-Immissionsschutzgesetz (26. BImSchV),
– Grenzwerte der DIN/VDE Normenentwurf 0848 Teil 2 (Stand 10/1991)[183].

b) *Hochspannungsleitungen:*
– Grenzwerte der DIN/VDE 0848 Teil 4 (Stand 10/1989) für Hochspannungsleitungen bis zu 400 KV;
– Grenzwerte der IRPA nach Empfehlung der Strahlenschutzkommission „Elektrische und magnetische Felder im Alltag", verabschiedet in der 103. Sitzung am 18./19.04.1991.

280 Die empfohlenen **Grenzwerte** sind nachfolgend abgedruckt (Abb. 34):

Abb. 34: Grenzwerte

Nationale und internationale Grenzwerte für 0 Hz bis 30 kHz					
Land	Frequenz f (Hz)	Expositionsgrenzwerte			Bemerkungen
		V/m	A/m	mT	
IRPA (199/Ø)	50–60	10 000	400	0,5	Arbeitszeit bis 24 Stunden pro Tag
Beruflich beschäftigte Bevölkerung	50–60	5 000	80	0,1	
Nationale und internationale Grenzwerte für die Hochfrequenz					
Land	Frequenz f (MHz)	Expositionsgrenzwerte			Bemerkungen
		V/m	A/m	W/m²	
International	0,1–1	614	1,6/f	–	Dauerexposition während der Arbeitszeit
IRPA/IPNIRC 1988	1–10	614/f	1,6/f	–	
	10–400	61	0,16	1	

183 BMFT, Vfg. 95/1992 (ABl. des BMFT Nr. 12 vom 01.07.1992, S. 275).

Beruflich Beschäftigte	400–2 000	$3f^{1/2}$	$0{,}008f^{1/2}$	f/40	
	2 000–300 000	137	0,36	50	Dauerexposition
Bevölkerung	0,1–1	87	$0{,}23/f^{1/2}$	–	
	1–10	$87/f^{1/2}$	$0{,}23/f^{1/2}$	–	
	10–400	27,5	0,073	2	
	400–2 000	$1{,}375/f^{1/2}$	$0{,}004f^{1/2}$	f/200	
	2 000–300 000	61	0,16	10	

Zur Umrechnung häufig verwendeter Größen sind folgende Angaben oft hilfreich:

1 T (Tesla) = 10 000 G (Gauss);

1 G = 100 µT

1 TV 0,796 = 10^6 A/m; 1 A/m V 1,27 µT

1 mW/cm^2 = 10 W/m^2

1 mW/cm^2 = 0 dBm1 µV/m = 0 dBµV/m

1 W/m^2 = 19,42 V/m = 0,052 A/m (unter Fernfeldbedingungen)

Größenordnungen:

Frequenz: 1 kHz = 10^3 Hz

1 MHz = 10^3 kHz = 10^6 Hz

1 GHz = 10^3 MHz = 10^6 kHz = 10^9 Hz

elektrisches Feld:

1 kV/m = 10^3 V/m

magnetisches Feld:

1 nT = 10^{-3} µT = 10^{-6} mT = 10^{-3} T

1 µT = 10^{-3} mT = 10^{-6} T

1 mT = 10^{-3} T

Bei der **Verkehrswertermittlung von Grundstücken im Bereich einer Mobilfunksendeantenne** ist zunächst zu unterscheiden zwischen 281

a) Grundstücken, die mit einer Mobilfunksendeantenne „bestückt" sind, und

b) Grundstücken in der Umgebung von Mobilfunksendeantennen.

Dabei ist nicht allein auf die tatsächliche Möglichkeit einer Gesundheitsbeeinträchtigung abzustellen, da auch ästhetische und allgemeine auf dem Grundstücksmarkt vorherrschende irrationale Gesichtspunkte zu einer Wertminderung führen können. Bei **Grundstücken, die mit einer Mobilfunksendeantenne „bestückt" sind,** ist neben einer sich im Einzelfall ergebenden Minderung der Mieteinnahmen der Barwert des Nutzungsentgelts werterhöhend zu berücksichtigen. 282

11.3 Mindestfläche

Die erforderliche Mindestfläche für Grundstücke mit Antennenträgern wird durch bauordnungs- und immissionsschutzrechtliche Anforderungen, aber auch durch andere gesetzliche Bestimmungen (z.B. FStrG) in Abhängigkeit von der **Höhe (H) und** dem Gebietscharakter vorgegeben. Es ergeben sich – je nach Bundesland – kreisförmige Flächen mit einem Radius von 0,4 H bis 1,0 H (Hamburg). Im Hinblick auf die im Erdreich verlegten Erdungsmaßnahmen ergibt sich jedoch bereits eine Mindestkreisfläche mit dem Radius der Masthöhe. 283

11.4 Nutzungsentgelte

284 Für **Antennenanlagen des Mobilfunks** auf Hausdächern, Türmen und Masten werden – abhängig vom Umfang der Anlage – Nutzungsentgelte in Höhe von 3 000 € bis 6 000 € p.a. und in besonderen Fällen bis 7 500 € bei einer Befristung bis höchstens 30 Jahre und bei Zahlung im Voraus vereinbart. Der Kapitalisierungszinssatz liegt zwischen 4 bis 6 %[184]. Das **Nutzungsentgelt für Mobilfunkstationen in Straßentunnels** liegt – unabhängig von der Länge und Frequentierung des Tunnels – bei 2 500 € pro Station.

Durchschnittliche Nutzungsentgelte für Telekommunikationseinrichtungen nach Angaben der Vodafone D2 GmbH.

1. Betreiber errichtet eigenen Mast	1 500 bis 3 999 € p.a.
2. Mitbenutzung Fremdmast bei eigener Stellfläche	1 000 bis 2 000 € p.a.
3. Mitbenutzung Fremdmast ohne eigene Stellfläche	0 bis 1 000 €/m² p.a.
4. Gebäudestandorte durchschnittlich	3 000 bis 4 500 € p.a.

5. über 5 000 € p.a. nur bei großen Sammlerstandorten oder städtischen Standorten mit besonders hohem Nutzungsvolumen

285 Von anderen Unternehmen wurden auf der Grundlage von Rahmenverträgen für Maststandorte mit einer durchschnittlich betriebsnotwendigen Fläche von insgesamt 325 m² (250 m² zuzüglich eines 30%igen Reserveaufschlags) im Außenbereich Entgelte von bis zu rd. 4 000 € (p.a.), d.h. bis zu 16 €/m², vereinbart. Bei Nutzung des Standorts durch mehrere Betreiber werden zusätzlich 1 500 € p.a. pro Untervermietung entrichtet. Das Entgelt nimmt mit der Grundstücksgröße degressiv ab (Abb. 35):

Abb. 35: Jährliche Nutzungsentgelte für Antennengrundstücke

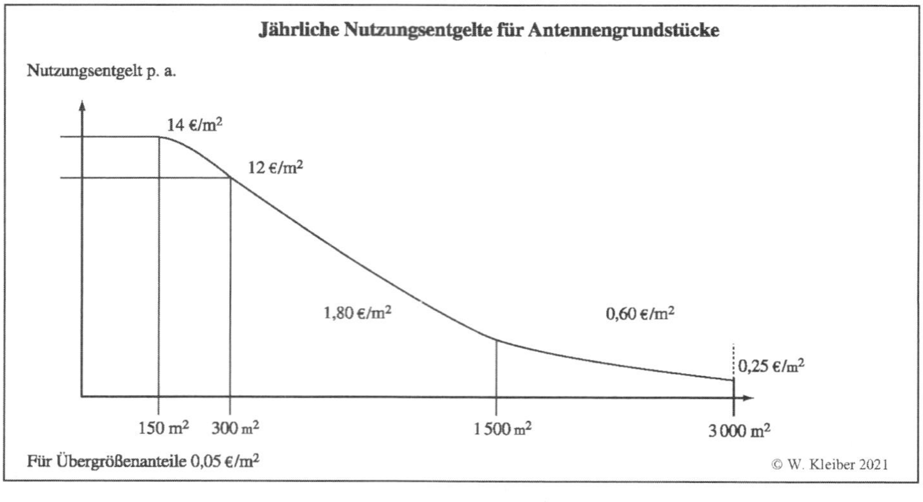

286 Die Kapitalisierung des Nutzungsentgelts (mit 5,5 bis 6 %), das i.d.R. mit keinen Bewirtschaftungskosten verbunden ist, ist auf den voraussichtlichen Zeitraum des Bestands der Einrichtungen zu beschränken. Dabei ist die technische Entwicklung bezüglich des Umfangs und ei-

184 Vgl. DST Umdruck 670 vom 05.05.1999 = GuG 2001, 104; Flintrop, H., Der Einfluss von Mobilfunkantennen auf den Verkehrswert, GuG 2001, 321.

nes schädlichen Einflusses der emittierenden Anlage zu berücksichtigen, die möglicherweise sogar diese Einrichtungen eines Tages entbehrlich macht.

11.5 Minderung der Nutzungsentgelte

Mobilfunkanlagen sind nach der Rechtsprechung kein Grund für Mietminderungen[185]. Eine im Einzelfall gegebene Minderung des Mietertrags infolge tatsächlichen bzw. vermuteten Elektrosmogs gegenüber „unbelasteten" Grundstücken kann indessen im Falle einer Neuvermietung durchaus hinzunehmen sein. Diese kann wertmäßig durch **Kapitalisierung des Mindererertrags** berücksichtigt werden. Dies ist insbesondere dann in Betracht zu ziehen, wenn die Schwellenwerte der 26. BImSchV überschritten werden, jedoch ist die Kapitalisierung auf den Zeitraum zu beschränken, der durch eine Änderung der emittierenden Anlage vorgegeben ist. Die Besorgnis einzelner Personen, dass trotz Einhaltung der Grenzwerte für Mobilfunksendestationen Gesundheitsgefährdungen bestehen, stellt für sich allein noch keine Beeinträchtigung dar[186], jedoch kann ein Abschlag in Betracht kommen, wenn nach allgemeinem Marktverhalten mit einem Minderertrag auch weiterhin gerechnet werden muss[187]. Ist vom Mobilfunkbetreiber eine **einmalige Ablösesumme** zum Ausgleich der Mietminderung bereits entrichtet worden, so sind die künftigen Mindereinnahmen gleichwohl in die Wertermittlung einzustellen, da diese Ausgleichszahlung im Falle der Veräußerung des Grundstücks dem Veräußerer verbleibt. 287

Bei **Grundstücken im Umfeld von Mobilfunksendeantennen** können sich im Einzelfall vor allem in Abhängigkeit von ihrer Nähe (bis zu 150 m) lediglich Minderungen der Mieteinnahmen ergeben, ohne dass ihnen zusätzliche Einnahmen gegenüberstehen. 288

Daneben kommt auch eine **pauschale Berücksichtigung der Nähe einer Mobilfunksendeanlage** (im Umkreis von 150 m) in Betracht. Hierzu liegen unterschiedliche Angaben vor. Sie reichen in Abhängigkeit von der Auffälligkeit komplexer Antennenkonstruktionen von einer Wertminderung gegenüber „unbelasteten" Grundstücken in Höhe von bis zu 50 % (in extremer Nähe zur Mobilfunksendeantenne) bis hin zu wenigen Prozentpunkten und nicht signifikantem Einfluss. Ein solcher Abschlag ist indessen nicht anzusetzen, wenn von Vergleichspreisen bzw. Bodenrichtwerten ausgegangen wird, die sich für Grundstücke ergeben haben, die ebenfalls im unmittelbaren Umkreis von Sendeanlagen liegen. Bei pauschaler Berücksichtigung sind die Mindereinnahmen i.d.R. nicht zusätzlich zum Abzug zu bringen, wenn dies zu einer Doppelberücksichtigung führt. 289

In jedem Fall ist **im Gutachten auf eine Mobilfunksendeantenne und die Nähe einer Mobilfunksendeantenne hinzuweisen** (vgl. Datenbank der Regulierungsbehörde für Telekommunikation und Post (Reg TP)[188]. 290

11.6 Rechtsprechung zum Mobilfunk

Gesundheitliche Aspekte: BVerfG, Urt. vom 28.02.2002 – 1 BvR 1676/01 –, NJW 2002, 1638 = EzGuG 3.126c; BGH, Urt. vom 13.02.2004 – V ZR 217/03 –, NJW 2004, 1317 = EzGuG 13.148; BVerfG, Beschl. vom 17.02.1997 – 1 BvR 1658/96 –, BRS Bd. 59 Nr. 183 = EzGuG 4.169b; BVerwG, Beschl. vom 02.08.1994 – 7 VR 3/94 –, NVwZ 1994, 100 = EzGuG 13.131a; OVG Koblenz, Beschl. vom 20.08.2001 – 1 A 10382/01 –, NVwZ-RR 2002, 17 = EzGuG 13.143d; VGH München, Beschl. vom 31.01.2001 – 14 ZS 00.3418 –, BauR 2002, 439 = EzGuG 13.143a; VGH Kassel, Beschl. vom 29.07.1999 – 4 TG 2118/99 –, BauR 2000, 1162 = EzGuG 13.142c; VGH München, Urt. vom 20.05.1998 – 14 B 92.2959 –; OVG Lüne- 291

185 LG Kempten, Urt. vom 14.01.2004 – 5 S 2572/02 –, JWO-MietR 2004, 53.
186 LG Saarbrücken, Urt. vom 15.02.2002 – 1 O 146/00 –, EzGuG 13.144.
187 So die Einschätzung von Medinger Immobilienbetreuungs GmbH, München, aufgrund einer Befragung bei RdM-Maklern in Bayern und Baden-Württemberg (März 2002).
188 Mobilfunkstrahlung abrufbar unter www.izmf.de.

burg, Urt. vom 26.03.1998 – 1 L 1796/97 –, BRS Bd. 60 Nr. 148 = EzGuG 3.124f; OVG Lüneburg, Beschl. vom 19.01.2001 – 1 O 2761/00 –, GuG 2002, 189; OVG Bautzen, Beschl. vom 17.12.1997 – 1 S 746/96 –, BRS Bd. 59 Nr. 118; VGH München, Urt. vom 08.07.1997 – 14 B 93.3102 –, NVwZ 1998, 419; VGH Mannheim, Beschl. vom 02.01.1997 – 8 S 3396/96 –, NVwZ 1997, 704 = EzGuG 13.136a; VGH München, Beschl. vom 25.10.1994 – 20 CS 93.3622 –, NVwZ 1995, 919; AG Köln, Urt. vom 22.09.1993 – 213 C 77/93 –, ZMR 1994, 369; AG München, Beschl. vom 30.03.1998 – 432 C 7381/95 –, MDR 1998, 645 = EzGuG 13.139a; LG Freiburg, Urt. vom 25.07.1996 – 3 S 294/95 –; AG Traunstein, Urt. vom 03.03.1999 – 310 C 2158/98 –, ZMR 2000, 389 = EzGuG 13.142b; VG Schleswig, Urt. vom 22.08.1997 – 12 A 77/93 –, NVwZ 1998, 434; VG Hamburg, Beschl. vom 24.04.1997 – 13 VG 127/97.

Baurechtliche Aspekte: BVerwG, Beschl. vom 01.11.1999 – 4 B 3/99 –, BauR 2000, 703 = EzGuG 13.143; VGH Kassel, Beschl. vom 19.12.2000 – 4 TG 3639/00 –, NVwZ-RR 2001, 429; VGH Kassel, Beschl. vom 29.07.1999, 4 TG 2118/99 –, NVwZ 2000, 694 = EzGuG 13.142c; VGH München, Beschl. vom 21.06.1999 – 20 CE 98.3374 –; VGH Mannheim, Urt. vom 26.10.1998, 8 S 1848/98 –, BauR 2000, 712 = EzGuG 13.140a; OVG Bautzen, Beschl. vom 17.12.1997 – 1 S 746/96 –, BRS Bd. 59 Nr. 118; VGH Mannheim, Beschl. vom 25.08.1997 – 8 S 1861/97 –, BRS Bd. 59 Nr. 88; VGH München, Beschl. vom 08.07.1997 – 14 B 93.3102 – NVwZ 1998, 419; VGH Kassel, Beschl. vom 17.08.1995 – 3 TH 2275/94 –, NVwZ 1995, 1010; OVG Lüneburg, Urt. vom 13.07.1994 – 1 L 250/91 –, NVwZ 1995, 917; VGH München, Beschl. vom 10.05.1993 – 26 CS 92.1538 –; VGH Mannheim, Urt. vom 27.06.1990 – 3 S 2655/89 –, BauR 1990, 703 = EzGuG 3.83; VG Düsseldorf, Beschl. vom 28.08.2001 – 9 L 1021/01 –. MMR 2002, 183 = EzGuG 13.143e; VG Gießen, Beschl. vom 28.03.2001 – 1 G 562/01 –, EzGuG 13.143b; OVG Münster, Beschl. vom 25.02.2003 – 10 B 2417/02 –, NVwZ-RR 2003, 37 = EzGuG 13.145a; OLG Frankfurt am Main, Beschl. vom 18.06.2003 – 23 U 137/02 –, MMR 2003, 671 = EzGuG 13.145b; LG Berlin, Urt. vom 23.07.2002 – 63 S 366/01 –, BlnGE 2003, 53 = EzGuG 13.145a.

12 Bodenbeschaffenheit (§ 5 Abs. 5 ImmoWertV)

12.1 Allgemeines

Schrifttum: *Groß, M.*, Schadstoffe in Immobilien, Einfluss auf die Immobilienbewertung, GuG 2921, 221.

▶ *Vgl. Syst. Darst. zum Vergleichswertverfahren Rn. 314; zum Abbauland vgl. § 3 ImmoWertV Rn. 375 ff.; § 8 ImmoWertV Rn. 35.; ImmoWertV Rn. 229 ff.; zu den Besonderheiten der Beleihungswertermittlung ImmoWertIX Rn. 30.*

292 Zur Bodenbeschaffenheit gehören vor allem auch

- die **Bodengüte,** insbesondere die Ertragsfähigkeit land- und forstwirtschaftlicher Grundstücke und die Oberflächenbeschaffenheit (vgl. LandR 19 sowie WaldR 77[189]),
- die **Eignung als Baugrund** (Tragfähigkeit), aber auch schädliche Bodenveränderungen,
- die sonstige Eignung des Grund und Bodens für bauliche (und sonstige) Nutzung (Bauland), insbesondere seine Tragfähigkeit, die Oberflächengestaltung, die physikalischen Eigenschaften des Bodens, die Grundwasserverhältnisse (Sumpflage) sowie ein felsiger Untergrund,
- schädliche Bodenveränderungen (**Bodenverunreinigungen**, Altlasten), aber auch
- abbauwürdige **Bodenvorkommen** (Abbauland).

---

189 Kleiber, ImmoWertV (2021) Sammlung amtlicher Texte zur Wertermittlung von Grundstücken, 13. Aufl. Köln 2021 Reguvis Fachmedien GmbH.

Darüber hinaus können in Gebieten, in denen der **Bergbau** umhergeht, auch Bergschäden und Berggefahren gerade bei Baugrundstücken zu Wertminderungen führen. Sie können das allgemeine Marktgeschehen beeinflussen und gehen in die dort anfallenden Kaufpreise und mithin auch in die dort abgeleiteten Bodenrichtwerte ein. Das Gleiche gilt im Übrigen auch für **radonbelastete Gebiete**[190]. Dadurch eingetretene Wertminderungen brauchen deshalb i.d.R. nicht gesondert ermittelt werden. 293

Die **Verkehrswertermittlung von Grundstücken mit Bodenschätzen (Abbauland)** wird unter § 3 ImmoWertV Rn. 375 ff. behandelt. 294

Nachfolgend wird insbesondere die Berücksichtigung schädlicher Bodenveränderungen (Altlasten) behandelt.

12.2 Bodenverunreinigungen

12.2.1 Allgemeines

Schrifttum: *Effenberg, P.,* Wertminderung eines Grundstücks aufgrund eines Eintrags im Bodenbelastungskataster, GuG 2013, 37; *Grunewald, V.,* Die umweltfachliche Wertermittlung als Instrument einer marktorientierten Bewertung kontaminierter Grundstücke, GuG 2002, 44; *Grunewald, V.,* Altlasten und Verkehrswertermittlung, GuG 1995, 224; *Nolte, A.,* Der Einfluss von Altlasten auf die Wertermittlung, DS 2002, 135; *Kanngießer, E./Schuhr, W.,* Analyse der Altlastenproblematik in der Grundstückswertermittlung, GuG 1998, 332; *Möller, K.-W.,* Wertbeeinflussung eines Grundstücks durch Grundwasserverunreinigung, GuG 2008, 208; *Morgenstein, M./Messer, N.,* Zur Berücksichtigung von Altlasten im Zwangsversteigerungsverfahren, GuG 2007, 98; *Roller, G.,* GuG 2000, 336, GuG 2001, 162; *Roller, G.,* Marktorientierte Bewertung kontaminierter Grundstücke „Umweltfachliche Wertermittlung" als Lösung?, GuG 2002; *Roller, G.,* Grundstückswertminderungen als Schaden i.S. des § 2 Abs. 3 BBodSchG, GuG 2002, 156; *Simon, S.,* Berücksichtigung von Umweltschadstoffen bei der Wertermittlung, GuG 2002, 257.

▶ *Vgl. Syst. Darst. des Vergleichswertverfahrens Rn. 354 ff.; § 8 ImmoWertV Rn. 36; 380; § 40 ImmoWertV Rn. 5; zu Flächen der Landesverteidigung vgl. § 44 ImmoWertV Rn. 62 ff., 109 ff*

Die landläufig vertretene These von der Unzerstörbarkeit des Grund und Bodens ist falsch. Der Boden ist vielmehr ein ökologisch höchst anfälliges Gut, in dem sich Schadstoffeintragungen im Vergleich zu Luft und Wasser stärker ansammeln, da sich Schadstoffe hier weniger verteilen können. Bei einer beträchtlichen Belastung des Grund und Bodens spricht man von Altlasten. 295

Bodenverunreinigungen können vorliegen bei schädlichen Bodenveränderungen, Verdachtsflächen, Altlasten und altlastenverdächtigen Flächen i.S. des BBodSchG und beim Vorhandensein von **Kampfmitteln** i.S. der Landeskampfmittelverordnung. 296

a) **Schädliche Bodenveränderungen** sind Beeinträchtigungen der Bodenfunktionen, die geeignet sind, Gefahren, erhebliche Nachteile oder erhebliche Belästigungen für den einzelnen oder die Allgemeinheit herbeizuführen (§ 2 Abs. 3 BBodSchG).

b) **Verdachtsflächen**sind Grundstücke, bei denen der Verdacht schädlicher Bodenveränderungen besteht (§ 2 Abs. 4 BBodSchG).

c) **Altlasten**sind stillgelegte Abfallbeseitigungsanlagen sowie sonstige Grundstücke, auf denen Abfälle behandelt, gelagert oder abgelagert worden sind (Altablagerungen), und Grundstücke stillgelegter Anlagen und sonstige Grundstücke, auf denen mit umweltgefährdenden Stoffen umgegangen worden ist, ausgenommen Anlagen, deren Stilllegung einer Genehmigung nach dem Atomgesetz bedarf (Altstandorte), durch die schädliche Bodenveränderungen oder sonstige Gefahren für den Einzelnen oder die Allgemeinheit hervorgerufen werden (§ 2 Abs. 5 BBodSchG).

---

190 Klingelhöfer/Leicht, Radon und Radonschutz im Bauwesen, Reguvis Fachmedien GmbH 2023.

d) **Altlastenverdächtige Flächen** sind Altablagerungen und Altstandorte, bei denen der Verdacht schädlicher Bodenveränderungen oder sonstiger Gefahren für den einzelnen oder die Allgemeinheit besteht (§ 2 Abs. 6 BBodSchG).

e) **Kampfmittel**sind nach den Vorgaben der jeweiligen Landes-Kampfmittelverordnung gewahrsamslos gewordene, zur Kriegsführung bestimmte Gegenstände und Stoffe militärischer Herkunft und Teile solcher Gegenstände, die

- Explosivstoffe oder Rückstände dieser Stoffe enthalten oder aus Explosivstoffen oder deren Rückständen bestehen (z.B. Gewehrpatronen, Granaten, Bomben, Zünder, Minen, Spreng- und Zündmittel),
- chemische Kampfstoffe, Nebelstoffe, Brandstoffe, Reizstoffe oder
- Rückstände dieser Stoffe enthalten oder
- Kriegswaffen oder wesentliche Teile von Kriegswaffen sind.

297 Grundstücke, bei denen der Verdacht schädlicher Bodenveränderungen besteht, sind **Verdachtsflächen** i.S. des § 2 Abs. 4 BBodSchG. **Altlastenverdächtige Flächen** i.S. des § 2 Abs. 6 BBodSchG sind Altablagerungen und Altstandorte, bei denen der Verdacht schädlicher Bodenveränderungen oder sonstiger Gefahren für den einzelnen oder die Allgemeinheit besteht. Nicht nur ein konkreter Altlastenverdacht, sondern auch ein **abstrakter Altlastenverdacht** kann den Marktwert eines Grundstücks beeinflussen und muss daher im Gutachten dargelegt werden, z.B. die **Möglichkeiten von Altlasten aufgrund der früheren Nutzung im Zusammenhang mit einem Hafen**[191]. Auch **Altlasten in unmittelbarer Nachbarschaft zu einem Grundstück** können dessen Marktwert mindern. Beachtet ein Sachverständiger bei der Bewertung des Verkehrswerts eines Grundstücks z.B. nicht, dass der Boden wegen einer in unmittelbarer Nachbarschaft betriebenen Chemiefabrik kontaminiert sein könnte, ist die Bewertung falsch und der Sachverständige handelt grob fahrlässig[192].

298 **Altlasten führen** schon aufgrund der Haftung des jeweiligen Eigentümers als Zustandsstörer **zu einer Wertminderung des Grund und Bodens gegenüber vergleichbaren unbelasteten Flächen**, insbesondere wenn die Kontaminierung erheblich ist[193]. In der Vergangenheit ist diesem Umstand allerdings nicht immer in angemessener Weise Rechnung getragen worden, weil selbst die öffentliche Hand beim Erwerb von kontaminierten Flächen nicht selten Preise bezahlt hat, die erheblich über dem Verkehrswert lagen[194]. Zurückzuführen ist dies auf die schwierigen rechtlichen und wertermittlungstechnischen Fragen und auf das Bestreben, zeitraubenden Verhandlungen aus dem Wege zu gehen. Nur so kann auch erklärt werden, dass nach den **Bewertungsvorgaben des Grundstücksfonds Ruhr** die Belastung eines kontaminierten Grundstücks wertmäßig nur mit „mindestens" den hälftigen Kosten der Aufbereitung, Sanierung und Baureifmachung der Gelände zu berücksichtigen ist.

299 Zur **Bewertung heißt es** dort[195]:

„Die Grundlage für die Bewertung eines Grundstücks ist zunächst die rechtlich mögliche Nutzung auf Grund der bauplanungsrechtlichen Situation. Bei großflächigen Brachen ist diese regelmäßig nach §§ 34 oder 35 Baugesetzbuch definiert, da Bebauungspläne für die Brachflächen meistens nicht bestehen. Auf Grund der so gegebenen baurechtlichen Situation wird zunächst ein ‚Bruttowert' auf der Grundlage von Richtwertkarten und Befragungen der Gutachterausschüsse ermittelt. Diesem Bruttowert werden die Kosten für Aufbereitung, Sanierung und Baureifmachung der Gelände gegenübergestellt. Diese Kosten werden mindestens in Höhe von 50 % vom Bruttowert abgezogen. Für sonstige wertmindernde Faktoren wie z.B. mangelnde Erschließung, Grün- und Abstandsflächen, freizuhaltende Leitungstrassen usw. werden weitere Abschläge vorgenommen. So ermittelt sich der ‚Nettowert' als Maßstab für den vertretbaren Kaufpreis.

---

191 BGH, Beschl. vom 13.06.2023 – XI ZB 17/21 –, ZIP 2022, 2397.
192 OLG Celle, Urt. vom 31.07.2013 – 4 U 15/13 –, EzGuG 11.1046.
193 Kleiber, ZfBR 1988, 168; ders., WiVerw 1990, 198.
194 Dieterich/Schlag, AVN 1985, 402.
195 MSWV, Rechenschaftsbericht zum Grundstücksfonds Ruhr vom 31.12.1988, S. 19 f.

Auch die Bewertung von Gebäuden und Anlagen kann nicht nach den allgemein üblichen Normen vorgenommen werden. Es ist davon auszugehen, dass ein Gebäude, dessen ursprüngliche spezifische Funktion aufgegeben wurde, entweder keinen oder nur einen erheblich vom technischen Bauwert abweichenden Wert besitzt. Eine Bewertung erfolgt deswegen nur dann, wenn Gebäude und Anlagen

- auf Grund ihrer Bauweise und Ausstattung ohne wesentliche Investitionen für eine andere Nutzung geeignet sind,
- entsprechend den Planungsabsichten der Städte und Gemeinden weiterhin voll oder teilweise genutzt werden sollen oder
- wenn eine Nutzungsmöglichkeit durch vorhandene langfristige Mietverträge bestätigt ist.

Liegt eine dieser oder liegen mehrere Voraussetzungen vor, werden bei der Wertermittlung folgende wirtschaftliche Faktoren als Abschläge berücksichtigt:

- Investitionsaufwand zur Herrichtung für eine andere Nutzung,
- Ertragswertminderung durch geringere Einnahmen auf Grund anderer Nutzungen oder
- Abschlag für Verwertungsrisiken infolge ungünstiger konjunktureller Rahmenbedingungen.“

Der Vorgehensweise kann nur im Grundsatz zugestimmt werden, denn der danach vorgesehene **hälftige Ansatz der Wiederinwertsetzungskosten hat mit einer Verkehrswertermittlung wenig zu tun,** denn ein vernünftiger Käufer (homo oeconomicus) wird die von ihm aufzubringenden Kosten in voller Höhe in seine Kalkulation einbringen. **300**

Auch **Neulasten** sind bei der Verkehrswertermittlung zu berücksichtigen. Es handelt sich dabei um die *nach* Inkrafttreten des AbfG (01.06.1972) abgelagerten Abfälle; sie stehen unter den Regelungen des LAbfG, soweit es sich um Abfälle i.S. dieses Rechts handelt[196]. **301**

12.2.2 Belastete Flächen in der Bauleitplanung

12.2.2.1 Abwägungsgebot

In der Bauleitplanung sind nach dem Abwägungsgebot des § 1 Abs. 6 BauGB **Verunreinigungen des Grund und Bodens noch unterhalb der polizeirechtlichen Gefahrenschwelle beachtlich:** **302**

- Eine dem Wohle der Allgemeinheit entsprechende sozialgerechte Bodennutzung,
- die Sicherung einer menschenwürdigen Umwelt,
- der Schutz der natürlichen Lebensgrundlagen,
- die allgemeinen Anforderungen an gesunde Wohn- und Arbeitsverhältnisse und die Sicherheit der Wohn- und Arbeitsbevölkerung,
- die Belange des Umweltschutzes, des Naturschutzes und der Landschaftspflege, insbesondere des Naturhaushalts, des Wassers, der Luft und des Bodens sowie des Klimas (§ 1 Abs. 5 Satz 1 und 2 Nr. 1 und 7 BauGB)

fordern, dass die Bauleitplanung die Bevölkerung vor unzumutbaren Nachteilen und Belästigungen auch noch unterhalb der polizeirechtlichen Gefahrenschwelle für öffentliche Sicherheit oder Ordnung schützt. Hieran muss sich die Abwägung orientieren.

Ein Verstoß gegen das Abwägungsgebot kann zur **Nichtigkeit eines Bebauungsplans** führen, wenn nämlich die Gefahr für Gesundheit und Sicherheit mehr als nur geringfügig ist und zum Zeitpunkt der Beschlussfassung die Möglichkeit einer Beeinträchtigung aufgrund von Verunreinigungen für die Gemeinde erkennbar war. Bekanntlich sind es aber gerade die Festsetzungen eines Bebauungsplans, die für die Höhe des Verkehrswerts eines Grundstücks von ausschlaggebender Bedeutung sind. Am Bauplanungsrecht lässt sich deshalb besonders ein- **303**

196 Schink, DVBl. 1986, 181; Kothe, ZRP 1987, 399.

drucksvoll nachweisen, dass auch Verunreinigungen des Grund und Bodens unterhalb der polizeirechtlichen Gefahrenschwelle von erheblicher Bedeutung für die Höhe des Verkehrswerts sein können[197].

12.2.2.2 Kennzeichnungspflicht

304 Nach § 5 Abs. 3 Nr. 3 und § 9 Abs. 5 Nr. 3 BauGB sind **Flächen, deren Böden „erheblich mit umweltgefährdenden Stoffen belastet sind", im Flächennutzungs- und Bebauungsplan zu kennzeichnen,** wobei sich diese Pflicht bei Flächennutzungsplänen auf die für eine bauliche Nutzung vorgesehenen Flächen beschränkt.

305 Die vorstehende Kennzeichnungspflicht besteht allerdings nur für die unter der Herrschaft des BauGB aufgestellten Bauleitpläne, d.h. für die nach dem 01.07.1987 aufgestellten Bauleitpläne sowie für die nach Maßgabe des Gesetzbuchs geänderten Teile dieser Bauleitpläne. Überdies besteht die Kennzeichnungspflicht nur für Flächen, die (mit an Sicherheit grenzender Wahrscheinlichkeit) auch tatsächlich in „erheblichem Maße" mit umweltgefährdenden Stoffen belastet sind. Für bloße Verdachtsflächen werden die Gemeinden umgekehrt durch die genannten Vorschriften noch nicht einmal zu entsprechenden Nachforschungen verpflichtet[198], jedoch **müssen** sie **im Rahmen des Abwägungsgebots dem Verdacht einer Bodenbelastung nachgehen, wenn und soweit eine Beeinträchtigung der geplanten Nutzung zu erwarten ist.** Aus alledem folgt, dass für eine Fläche, die nicht im Bauleitplan gekennzeichnet ist, keine absolute Gewähr besteht, dass sie frei von erheblichen Belastungen mit umweltgefährdenden Stoffen ist.

306 Ist eine Fläche im Flächennutzungsplan nach Maßgabe des § 5 Abs. 3 Nr. 3 oder des § 9 Abs. 5 Nr. 3 BauGB im Bebauungsplan gekennzeichnet, so kann i.d.R. hieraus geschlossen werden, dass eine erkannte Belastung des Grund und Bodens zwar „erheblich", aber grundsätzlich mit der im Bauleitplan ausgewiesenen Nutzung vereinbar ist. Denn die **Kennzeichnungspflicht lässt das Abwägungsgebot nach § 1 Abs. 6 BauGB unberührt.** In die Abwägung sind nämlich alle Belange einzubringen, die nach Lage der Dinge in die Abwägung eingestellt werden müssen. Das sind alle Belange, für die bei der Entscheidung über den Plan mit hinreichender Wahrscheinlichkeit absehbar ist, dass die schutzwürdigen Interessen bestimmter Personen von dem Plan in mehr als geringfügiger Weise betroffen werden. Denn grundsätzlich darf die Planung nicht Gefahrentatbestände i.S. des allgemeinen Polizeirechts schaffen und muss die **Bevölkerung** in den einzelnen Gebieten auch unterhalb dieser Schwelle **vor unzumutbaren Nachteilen und Belästigungen schützen**[199]. Danach sind im Hinblick auf die in § 1 Abs. 5 und 6 BauGB genannten Belange auch Gefahrentatbestände unterhalb der polizeirechtlichen Gefahrenschwelle in die Abwägung einzubeziehen. Neben der Gefahrenabwehr ist es präventiv Aufgabe der Bauleitplanung, Gefahren vorzubeugen **(Gefahrenvorbeugung)**, die Umwelt lebenswert zu gestalten und darüber hinaus vorhandene und zu erwartende Konflikte auszuräumen, zu vermeiden oder zumindest auf ein vertretbares Maß zu minimieren.

307 Liegen hinreichend **Anhaltspunkte für eine abwägungsrelevante Verunreinigung des Grund und Bodens** vor **(Verdachtsflächen),** so muss die Gemeinde aus der Verpflichtung, das gesamte in die Abwägung einzubeziehende Material zu beschaffen, auf eigene Kosten die erforderlichen Ermittlungen über mögliche Verunreinigungen anstellen. Dies kann zu einer Verpflichtung der Gemeinde führen, ein Sachverständigengutachten einzuholen, wenn ohne eine sachverständige Stellungnahme keine hinreichende Grundlage für eine vom Rat zu treffende Entscheidung gegeben ist[200].

---

197 Zur polizeilichen Anordnung zum Austausch kontaminierten Bodens: VGH Mannheim, Beschl. vom 14.12.1989 – 1 S 2719/89 –, DÖV 1990, 344 = EzGuG 4.129.

198 RdErl. Min. f. SWV Nordrh.-Westf. vom 06.07.1987, MinBl. 1987, 1276.

199 LG Bielefeld, Urt. vom 17.09.1985 – 4 O 114/85 –, DWW 1985, 318 = EzGuG 4.104, nicht rechtskräftig.

200 OVG Lüneburg, Urt. vom 30.04.1986 – 1 C 4/86 –, BRS Bd. 46 Nr. 26 = EzGuG 4.109b; zu den Untersuchungskosten bei Verunreinigungen des Grundwassers: VGH Mannheim, Urt. vom 08.09.1989 – 5 S 3099/88 –, DÖV 1990, 394 = EzGuG 4.127.

Nach dem Beschluss des BVerwG[201] umfasst die **Nachforschungspflicht** im Rahmen der Abwägung allerdings nicht das, „was die planende Stelle nicht sieht und was sie nach den gegebenen Umständen auch nicht zu sehen braucht“. 308

Aus alledem folgt, dass die Festsetzungen eines Bebauungsplans auf Grund der Planungsgrundsätze und des Abwägungsgebots mit erkannten und im Bauleitplan gekennzeichneten Verunreinigungen des Grund und Bodens grundsätzlich vereinbar sein müssen. Darüber hinaus muss im Falle einer Kennzeichnung einer „erheblich mit umweltgefährdenden Stoffen belasteten Fläche“ diesen Verunreinigungen im Rahmen der zulässigen Nutzung Rechnung getragen werden (können), insbesondere im Rahmen des Baugenehmigungsverfahrens[202]. Die **Kennzeichnung im Bauleitplan** darf deshalb keineswegs dazu verleiten, bei der Verkehrswertermittlung von einem nicht bebauungsplanmäßig nutzbaren Grundstück auszugehen. Anzumerken ist hier, dass das BauGB einerseits nicht die Möglichkeit eröffnet, die Sanierung einer Fläche festzuschreiben, und andererseits – zumindest nicht expressis verbis – auch nicht die Zulässigkeit einer festgesetzten Nutzung in Abhängigkeit von einer Bodensanierung zu stellen. 309

Die **Ausweisung von Baurechten auf kontaminierten Flächen** enthebt den Eigentümer nicht von der Gefahrenbeseitigungspflicht[203].

12.2.2.3 Schadensersatz bei Abwägungsmängeln in der Bauleitplanung

Nach der Grundsatzentscheidung des BGH[204] haben die **Amtsträger der Gemeinde die Pflicht, bei der Aufstellung von Bebauungsplänen Gesundheitsgefährdungen zu verhindern,** die den zukünftigen Bewohnern des Plangebiets aus dessen Bodenbeschaffenheit drohen. Den davon betroffenen Bewohnern wurde ein geldwerter Vermögensausgleich für Nachteile zugesprochen, die ihnen durch die Bebauung entstanden sind. Die **Amtspflicht besteht auch gegenüber demjenigen als „Drittem“, der nach der planerischen Ausweisung ein dem Wohnen dienendes Grundstück für ein noch zu errichtendes Wohnhaus erwirbt.** Die Haftung wegen einer Verletzung dieser Amtspflicht umfasst auch Vermögensschäden, die die Erwerber dadurch erleiden, dass sie im Vertrauen auf eine ordnungsgemäße Planung Wohnungen errichten oder kaufen, die nicht bewohnbar sind. 310

Schon in der Vorinstanz ist erkannt worden, dass ein Verstoß gegen das Abwägungsgebot (§ 1 Abs. 6 BauGB) zur **Nichtigkeit des Bebauungsplans** führen kann, wenn nämlich die Gefahr für die Gesundheit und Sicherheit mehr als nur geringfügig ist und zum Zeitpunkt der Beschlussfassung die Möglichkeit einer Beeinträchtigung auf Grund von Verunreinigungen des Grund und Bodens für die Gemeinde erkennbar war[205]. Wird dennoch eine rechtswidrige Baugenehmigung erteilt, so wird darin eine schuldhafte Amtspflichtverletzung i.S. des § 839 BGB i.V.m. Art. 34 GG gesehen[206]. Dies kann zu Schadensersatzansprüchen aus Amtshaftung (Be- 311

---

201 BVerwG. Beschl. vom 09.11.1979 – 4 N 1/78 –, BVerwGE 59, 87 = EzGuG 4.68a.

202 Altlasten im Städtebau, Kohlhammer-Verlag Köln 1989, S. 2 ff.

203 OVG Lüneburg, Urt. vom 15.12.2004 – 7 LB 248/02 –, NVwZ-RR 2006, 22 = GuG-aktuell 2006, 47 = EzGuG 4.192.

204 BGH, Urt. vom 26.01.1989 – III ZR 194/87 –, BGHZ 106, 323 = EzGuG 4.124; BGH, Urt. vom 06.07.1989 – III ZR 251/87 –, BGHZ 108, 224 = EzGuG 4.125; BGH, Urt. vom 21.12.1989 – III ZR 49/88 –, BGHZ 110, 1 = EzGuG 4.132; BGH; Urt. vom 21.12.1989 – III ZR 118/88 –, BGHZ 109, 380 = EzGuG 4.133; VGH Mannheim, Urt. vom 07.05.1999 – 3 S 1265/98 –, ESVGH 49, 266 = EzGuG 4.173a.

205 LG Bielefeld, Urt. vom 17.09.1985 – 4 O 114/85 –, DWW 1985, 318 = EzGuG 4.104a; LG Dortmund, Urt. vom 19.12.1986 – 2 O 199/86 –; NVwZ 1986, 835 = EzGuG 4.113; LG Dortmund, Urt. vom 19.12.1986 – 2 O 217/86 –, VersR 1987, 264 = EzGuG 4.113a; LG Dortmund, Urt. vom 19.12.1986 – 2 O 450/85 –, DWW 1987, 414 = EzGuG 4.114.

206 BGH, Urt. vom 10.04.1986 – II ZR 209/84 –, BRS Bd. 46 Nr. 41 = EzGuG 11.152; OLG Hamm, Urt. vom 26.06.1987 – 11 U 346/85 NVwZ 1988, 573 = – EzGuG 4.116.

bauungsplan) und z.B. aus § 39 OBG Nordrh.-Westf. (Erteilung der Baugenehmigung), insbesondere für die im Vertrauen auf die Baugenehmigung getätigten Investitionen, führen[207].

312 Voraussetzung ist ein schuldhaftes Handeln des Amtswalters, wobei die Rechtsprechung hohe Anforderungen an die Sorgfaltspflicht auf die Entscheidungen der Vergangenheit projiziert hat. Der **Schadensersatz** ergibt sich ggf. nach den §§ 249 ff. BGB. Aufstellung und Vollzug eines unwirksamen Bebauungsplans stellen zudem einen rechtswidrigen Eingriff dar, der einen Entschädigungsanspruch nach den für den enteignungspflichtigen Eingriff entwickelten Grundsätzen auslösen kann[208].

313 Ersatz ist insbesondere zu gewähren für

- die im Vertrauen auf die planungsrechtlich zulässige Nutzung getätigten Aufwendungen (z.B. Kaufpreis und die Investitionen zur Vorbereitung einer Nutzung des Grundstücks, Errichtung eines nicht oder nur eingeschränkt nutzbaren Gebäudes);
- eine ursächlich auf die Bodenverunreinigung zurückzuführende Wertminderung des Grundstücks, wenn das Eigentum am Grundstück nicht aufgegeben wird; bei Aufgabe des Grundstücks der Verkehrswertanteil, der sich für ein im Vertrauen auf die zulässige Nutzbarkeit errichtetes Gebäude ergeben würde, wenn das Grundstück nicht verunreinigt wäre;
- Nutzungseinschränkungen (Mietausfälle) sowie Ausgleichsmaßnahmen;
- sonstige Folgekosten (entspricht § 95 BauGB).

12.2.3 Verkehrswertermittlung

▶ *Näheres Rn. 155 ff. und Syst. Darst. des Vergleichswertverfahrens Rn. 354 ff.; zur Ermittlung der Kosten der Erfassung, Gefährdungsabschätzung, Sanierungsmaßnahmen und Überwachung vgl. Rn. 318 ff.; zum merkantilen Minderwert, vgl. § 8 ImmoWertV Rn. 380, Teil V Rn. 230 f.*

314 Bei der Ermittlung des Marktwerts (Verkehrswerts) kontaminierter Flächen gilt es zunächst, sich zu vergegenwärtigen, dass sich der **Verkehrswert**

- einerseits nach den rechtlichen Gegebenheiten und
- andererseits nach den tatsächlichen Eigenschaften

des **Grundstücks bemisst** (§ 194 BauGB). Zu den tatsächlichen Eigenschaften des Grundstücks gehört auch die Beschaffenheit des Grund und Bodens und mithin auch ggf. dessen Verunreinigung. § 8 Abs. 3 Satz 3 Nr. 4 ImmoWertV stellt dies klar.

315 Der **Feststellung der rechtlichen Gegebenheiten** kommt bei der Ermittlung des Verkehrswerts kontaminierter Flächen insoweit eine maßgebliche Bedeutung zu, als sich danach die Frage beantwortet, wer für die Sanierung einer kontaminierten Fläche aufzukommen hat. Trifft die Sanierungslast nicht den Eigentümer des Grundstücks, sondern einen Dritten, z.B. die öffentliche Hand, so ergibt sich für das Grundstück eine Wertminderung gegenüber einem unbelasteten Grundstück nur insoweit, wie der Eigentümer bis zum Abschluss der Sanierungsmaßnahmen eine entschädigungslos hinzunehmende Nutzungseinschränkung zu tragen hat. Deshalb muss zuallererst geprüft werden, von wem die Kosten einer Sanierung der kontaminierten Fläche getragen werden müssen. Es kommt also entscheidend darauf an, ob die Sanierungskosten vom

- gegenwärtigen die Sachherrschaft über das Grundstück ausübenden Eigentümer (vgl. Rn. 349) oder
- einem Erwerber oder

207 OLG Hamm, Urt. vom 26.06.1987 – 11 U 346/85 –, NVwZ 1988, 573 = EzGuG 4.116; einschränkend zur Frage der drittschützenden Wirkung noch OLG Oldenburg, Urt. vom 30.10.1987 – 6 U 18/87 –, MittNWStGB 1988, 214 = EzGuG 4.117; LG Osnabrück, Urt. vom 27.10.1986 – 10 O 229/86 –; jedoch BGH, Urt. vom 06.07.1989 – III ZR 251/87 –, BGHZ 108, 224 = EzGuG 4.125.

208 BGH, Urt. vom 28.06.1984 – III ZR 35/83 –, BGHZ 92, 34 = EzGuG 13.70.

- einem Dritten, insbesondere dem Verursacher (vgl. Rn. 350), dem Voreigentümer oder nach dem Gemeinlastprinzip von der Allgemeinheit,

aufzubringen sind. Dabei müssen vertragliche Vereinbarungen beachtet werden, die z.B. beim Erwerb solcher Flächen im Hinblick auf die „Wiederinwertsetzung" getroffen wurden.

Sind nach alledem die Sanierungskosten vom Eigentümer oder dem Erwerber des Grundstücks nicht zu tragen, so werden **Wertminderungen** des Grundstücks auf Grund von Verunreinigungen weitgehend **durch die von einem (dritten) Sanierungspflichtigen zu tragenden Kosten aufgefangen;** eine Wertminderung kann sich in diesem Fall allerdings noch insoweit ergeben, wie das Grundstück vorübergehend einer Nutzung entzogen ist und dafür kein Entschädigungsanspruch besteht.

In den unterschiedlichen **Kostenanlastungsprinzipien** liegt also das eigentliche oft schwer durchschaubare Problem bei der Verkehrswertermittlung kontaminierter Flächen. Von besonderer Bedeutung sind hier bei Gefahr für die öffentliche Sicherheit und Ordnung das Polizeirecht, das das Verhältnis zwischen Ordnungsbehörde und dem Herangezogenen regelt[209], sowie das Zivilrecht, das vor allem bei zwischenzeitlichen Grundstücksübertragungen in Bezug auf Gewährleistungsansprüche, ihre Verjährung oder Haftungsausschlüsse schlechthin für vertragliche Ansprüche bedeutsam ist. **316**

Die **Feststellung des Sanierungspflichtigen** wirft eine Reihe komplizierter juristischer Fragen auf, die von dem Sachverständigen für Grundstückswertermittlungen i.d.R. nicht geklärt werden können. Sofern ihm die Frage des Sanierungspflichtigen nicht vorgegeben wird, sollte in Abstimmung mit dem Auftraggeber **317**

- von bestimmten vorgegebenen Annahmen oder
- den Feststellungen eines hinzuzuziehenden Gutachters

ausgegangen werden. Im Gutachten ist dies deutlich zu machen.

Das BBodSchG regelt die Problematik der Finanzierung der **Sanierung bei nicht mehr greifbaren Verursachern.** Das Gesetz enthält in seinem § 25 Abs. 1 eine Regelung über den Wertausgleich beim Einsatz öffentlicher Mittel. Danach hat der zu Maßnahmen i.S. des § 4 BBodSchG verpflichtete Eigentümer im Falle der durch den Einsatz öffentlicher Mittel bedingten Verkehrswerterhöhung seines Grundstücks einen Wertausgleich an den öffentlichen Kostenträger zu leisten, wenn er die Kosten der Maßnahmen, in erster Linie Sanierungskosten, nicht oder nicht vollständig getragen hat. Der Ausgleichsbetrag ruht als öffentliche Last auf dem Grundstück[210]. **318**

Die Kontamination eines Grundstücks ist bei der Verkehrswertermittlung grundsätzlich zu berücksichtigen, wenn die **Sanierungslast vom jeweiligen Eigentümer des Grundstücks getragen** werden muss und dafür kein Dritter einsteht. Dies wirft schwierige wertermittlungstechnische Fragen auf. Die Schwierigkeiten bestehen insbesondere darin, dass kaum jemals Vergleichspreise für gleichartig kontaminierte Flächen zur Verfügung stehen. Vergleichspreise liegen dagegen schon eher für vergleichbare nicht kontaminierte Flächen vor. Deshalb wird in der Praxis regelmäßig vom Verkehrswert eines nicht kontaminiert gedachten Grundstücks ausgegangen, der sich mit den Erfahrungen der gängigen Wertermittlungspraxis ermitteln lässt. Für den Regelfall, dass kein Grundstücksmarkt und somit keine Vergleichspreise für ein kontaminiertes Grundstück vorliegen und diesem Mangel auch nicht mit der Fiktion eines gewöhnlichen Geschäftsverkehrs für solche Grundstücke abgeholfen werden kann, wird bei dieser Konstellation von dem Modell ausgegangen, dass sich der Verkehrswert eines Grundstücks im kontaminierten und nicht kontaminierten Zustand grundsätzlich um die Kosten unterscheidet, die für die Beseitigung der Kontamination üblicherweise aufzubringen wären. Im Prinzip **319**

209 BGH, Urt. vom 11.06.1981 – III ZR 39/80 –, NJW 1981, 2457 = EzGuG 4.76.
210 Vgl. § 25 Abs. 6 BBodSchG i.V.m. der Verordnung über die Eintragung des Bodenschutzlastvermerks, BGBl. I 1999, 497.

wird von diesem Modell in der Wertermittlungspraxis auch bei der Umrechnung des Verkehrswerts eines erschließungsbeitragspflichtigen und -freien Grundstücks ausgegangen (vgl. Abb. 36).

Abb. 36: Bodenwert eines kontaminierten Grundstücks

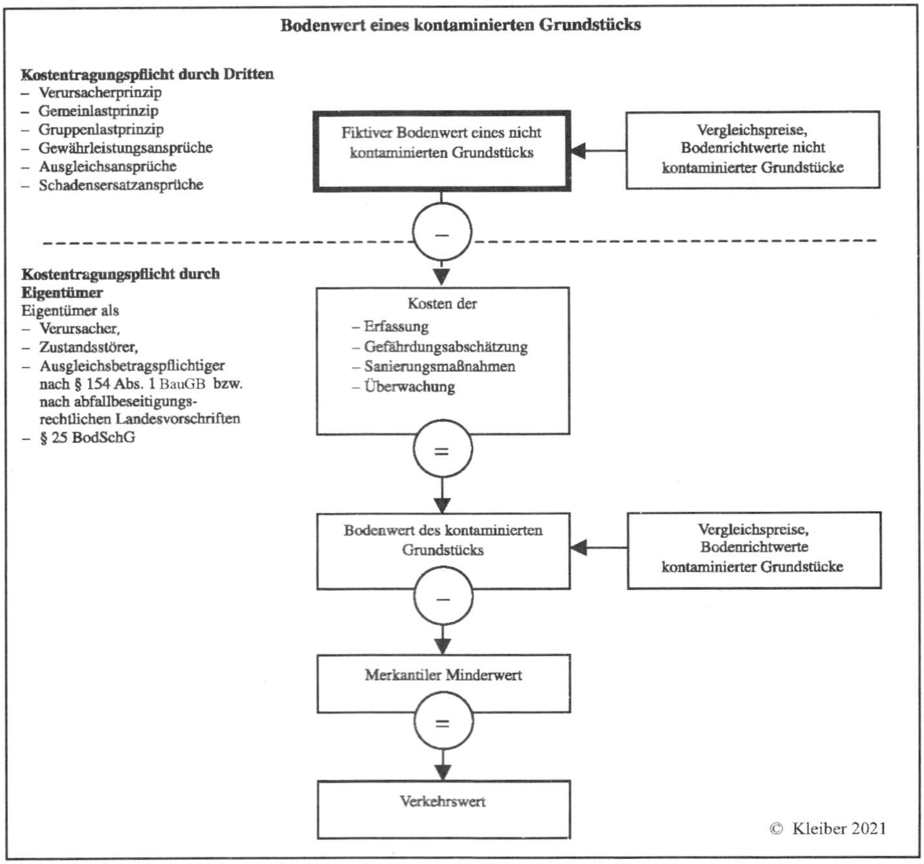

320 Auch im Rahmen der **Enteignungsentschädigung** ist entsprechend den vorstehenden Grundsätzen der Verkehrswert um die Höhe der Sanierungskosten (einschließlich Untersuchungs- und Sicherungskosten) zu reduzieren, wenn ein begründeter Verdacht besteht, dass – enteignungsrechtlich zu entschädigende – Baulichkeiten und Anlagen von Altlasten befallen sind[211].

321 Die Ermittlung des Verkehrswerts einer kontaminierten Fläche steht mitunter im Zusammenhang mit einer Änderung der rechtlichen Festsetzungen. Beispielsweise soll eine bisher gewerblich oder industriell genutzte Fläche künftig als höherwertiges Wohnbauland genutzt werden. In diesem Fall muss geprüft werden, ob bei der Ermittlung des fiktiven Bodenwerts des Grundstücks im dekontaminierten Zustand auch die **Werterhöhung aufgrund einer Planungsänderung** oder der Aussicht auf die Planungsänderung zu berücksichtigen ist.

322 Angesichts der erfahrungsgemäß hohen Sanierungskosten muss das beschriebene Verfahren dazu führen, dass der Verkehrswert des Grundstücks selbst bei hohen Ausgangswerten häufig

---

211 BGH, Urt. vom 04.11.2004 – III ZR 372/03 –, BGHZ 161, 38 = EzGuG 4.191.

auf einen Anerkennungsbetrag „zusammenschrumpft“. Dies selbst dann, wenn nach der Sanierung des Grundstücks auf Grund einer Neuplanung eine höherwertige Nutzung zulässig wird. Tatsächlich ist auch bereits manch kontaminiertes Grundstück (unter Übernahme aller Haftungen) „verschenkt“ worden; auch ist in einem Zwangsversteigerungsverfahren aufgrund der Bodenverunreinigungen der Verkehrswert für ein Erbbaurecht schon einmal mit „null“ angesetzt worden[212]. Selbst dann, wenn ein entsprechender Handlungsbedarf noch nicht festgestellt worden ist, kann eine Altlastenverdachtsfläche bereits dermaßen stigmatisiert sein, dass sie praktisch nicht mehr gegen Entgelt veräußerbar ist (res extra commercium). Darüber hinaus stellt sich bei entsprechend hohem Handlungsbedarf die Frage, ob hier ein **Fall** gegeben ist, **der** zu **negativen Bodenwerten (Unwerten)** führt. Wird deshalb das Eigentum zivilrechtlich durch Verzichterklärung gegenüber dem Grundbuchamt aufgegeben (§ 959 BGB), kann sich die Ordnungsbehörde nach § 18 Abs. 3 OBG Nordrh.- Westf. an den bisherigen Eigentümer halten, für den das Eigentum am Grundstück zu einer finanziellen Last wird. Von daher ist es durchaus nicht abwegig, von einem negativen Grundstückswert zu sprechen.

Es kommt allerdings hinzu, dass im Rahmen des BBodSchG die **Zustandsverantwortung** **323**
des Eigentümers hinsichtlich des Ausmaßes dessen, was ihm zur Gefahrenabwehr abverlangt werden kann, begrenzt ist. Der Verkehrswert des Grundstücks nach Durchführung der Sanierung kann nach der Rechtsprechung des BVerfG[213] Anhaltspunkt für die dem Eigentümer zumutbaren Belastungen sein. Das BVerfG hat folgende Grundsätze aufgestellt:

a) Eine die Grenzen überschreitende Belastung kann insbesondere dann unzumutbar sein, wenn die vom Grundstück ausgehende Gefahr aus Naturereignissen, aus der Allgemeinheit zuzurechnenden Ursachen oder von nicht nutzungsberechtigten Dritten herrührt.

b) Die Belastung des Zustandsverantwortlichen mit Sanierungskosten bis zur Höhe des Verkehrswerts kann in den Fällen unzumutbar sein, in denen das sanierte Grundstück den wesentlichen Teil des Vermögens bildet und Grundlage der privaten Lebensführung des Pflichtigen und seiner Familie bildet.

c) Eine den Verkehrswert des sanierten Grundstücks übersteigende Kostenbelastung kann zumutbar sein, wenn der Eigentümer das Risiko bewusst in Kauf genommen hat oder die Augen in fahrlässiger Weise vor Risikoumständen verschlossen hat.

d) Ist eine Kostenbelastung über den Verkehrswert des sanierten Grundstücks hinaus zumutbar, kann sie nicht auf die gesamte Leistungsfähigkeit des Eigentümers bezogen werden.

Sofern mit dem Erwerb des Grundstücks auch eine Pflicht zur Sanierung der Flächen auf den **324**
Erwerber übergeht und die Kosten der Sanierung mit dem Verkehrswert des sanierten Grundstücks nicht gedeckt werden können, wird im gewöhnlichen Geschäftsverkehr die Bereitschaft zum Erwerb des kontaminierten Grundstücks nur gegeben sein, wenn der zur Sanierung verpflichtete bisherige Eigentümer bei der Veräußerung des Grundstücks den Differenzbetrag an den Erwerber entrichtet. Denn mit dem Eigentumsübergang würden auf den Erwerber lediglich finanzielle Verpflichtungen und keine Vermögensvorteile übergehen. Wirtschaftlich gesehen zeigt auch dies, dass in der Tat dann der Fall eines negativen Bodenwerts gegeben ist, wenn **mit dem Eigentum am Grundstück finanzielle Verpflichtungen verbunden** sind, denen auf Dauer keine gleichwertigen Vermögensvorteile gegenüberstehen; auch von daher wurden kontaminierte Grundstücke tatsächlich schon zum „Nullwert“ mit der Forderung nach Übernahme aller Haftungen angeboten. Dass bei derartigen Konstellationen der Wert einer Immobilie in einen Unwert umschlagen kann, ist im Übrigen auch aus anderen Bereichen bekannt. Dies kann sich z.B. auch für Eigentumswohnungen in stark heruntergekommenen Großwohnanlagen mit extremen Leerständen ergeben, wenn der Eigentümer auf Grund des Gemeinschaftsverhältnisses außerordentlich hohen Belastungen ausgesetzt ist, denen keine angemessenen Einnahmen gegenüberstehen. In einer täglich Schlagzeilen ausgesetzten Groß-

212 AG Hannover, Beschl. vom 21.03.1986 – 731 K 114/85 –, EzGuG 15.45.
213 BVerfG, Urt. vom 16.02.2000 – 1 BvR 242, 315/99 –, GuG 2000, 311 = EzGuG 4.177.

siedlung sind deshalb auch schon Erwerber gesucht worden, denen eine Eigentumswohnung „geschenkt“ werden sollte.

325 Sofern **Planungsgewinne** den Kosten der Dekontaminierung „gegengerechnet“ werden können, muss zusätzlich geklärt werden, ob dieser Wertzuwachs dem Eigentümer kompensationslos zufällt oder von demjenigen beansprucht werden kann, der die Kosten der Dekontamination trägt. Angesichts der regelmäßig hohen Sanierungskosten ist eine Abschöpfung des planungsbedingten Mehrwerts bei Sanierungsmaßnahmen durch die öffentliche Hand von besonderer Bedeutung.

326 Die **Inanspruchnahme planungsbedingter und sonstiger Mehrwerte zur Finanzierung der Sanierungskosten** kann häufig nicht verhindern, dass die Sanierungskosten den künftigen Bodenwert auch unter Berücksichtigung einer künftigen höherwertigen Nutzung überschreiten. Verbleibt jedoch auch nach Abzug der Sanierungskosten ein Wert, so ist wiederum zu prüfen, ob und in welchem Maße dieser Wert noch für die vorübergehende Nutzungsbeschränkung bis zum Zeitpunkt der wieder herbeigeführten Nutzbarkeit des Grundstücks zu vermindern ist. Auszuschließen wäre dies, wenn hierfür eine Entschädigung durch Dritte gewährt wird oder aber dem Eigentümer ein angemessenes Entgelt für die kontaminierende Nutzung des Grundstücks zufließt (z.B. Pachtzins eines entsprechenden Gewerbebetriebs). Bei entschädigungslos hinzunehmenden vorübergehenden Nutzungseinschränkungen lässt sich der Bodenwert durch Abzinsung des Unterschiedsbetrags zwischen dem Bodenwert im kontaminierten und dekontaminierten Zustand über die Dauer der Nutzungsbeschränkung (Abzinsungsfaktor $1/q^n$) ermitteln.

327 Wertermittlungstechnisch wird man entsprechend verfahren können, wenn die Untersuchungs-, Sicherungs- und Sanierungskosten vom Eigentümer selbst zu tragen sind, die in diesem Fall zusätzlich zu berücksichtigen sind. Zur Anwendung können die in § 43 ImmoWertV normierten Grundsätze kommen; es handelt sich hierbei um das **Liquidationswertverfahren.**

328 Der Grund und Boden eines Grundstücks steht mit seinen Aufbauten bekanntlich in einer Schicksalsgemeinschaft. Soweit durch Bodenverunreinigungen die Nutzbarkeit eines Grundstücks beeinträchtigt ist, gilt dies i.d.R. auch für **vorhandene Aufbauten.** Entsprechend reduziert sich der Verkehrswertanteil eines vorhandenen Gebäudes. Selbst der Verkehrswertanteil eines Neubaus kann sich im Falle seiner Unbewohnbarkeit und Unbenutzbarkeit zu null reduzieren und sogar zu einer zusätzlichen Wertminderung führen, wenn für die Dekontaminierung des Grundstücks ein Gebäudeabtrag erforderlich wird und die Verwertung der Aufbauten (z.B. Schrottwert von Stahl- und Eisenkonstruktionen) nicht die Freilegungskosten auffängt. Umgekehrt führt die Dekontaminierung eines bebauten Grundstücks zu entsprechenden Gebäudewerterhöhungen, wenn damit das Gebäude wieder nutzbar wird; der Gebäudewert wird in diesem Fall „reaktiviert“. Möglicherweise werden die Sanierungskosten erst damit wieder „aufgefangen“.

329 In Anbetracht der dargestellten Problematik bei der Verkehrswertermittlung kontaminierter Grundstücke haben sich in der Praxis **drei unterschiedliche Verfahren** entwickelt:

a) Verkehrswertermittlung unter „Ausklammerung“ einer vermuteten oder auch verifizierten Altlast mit Verweis auf eine vertragliche Regelung im Falle der Veräußerung des Grundstücks bzw. mit dem Hinweis auf die Notwendigkeit eines Sondergutachtens,

b) Berücksichtigung der Wertminderung infolge von Altlasten bemessen nach Sanierungskosten und

c) Berücksichtigung der Wertminderung infolge von Altlasten durch pauschale Wertabschläge.

12.2.4 Verifizierung von Ablagerungen

Ablagerungen gehören zu den Eigenschaften und zur sonstigen Beschaffenheit eines Grundstücks und müssen bei der Ermittlung des Verkehrswerts grundsätzlich berücksichtigt werden. Ein Gutachten ist fehlerhaft, wenn diese nicht berücksichtigt werden. Der Gutachter ist deshalb gut beraten, wenn er diesbezüglich seinen Sorgfaltspflichten besonders gewissenhaft nachkommt. Nach der Rechtsprechung müssen dabei auch der Sachverstand anderer Stellen und selbst populärwissenschaftliche Veröffentlichungen beachtet werden. Insbesondere bei vorsätzlichem und (grob) fahrlässigem Handeln ist damit die **Haftung des Gutachters für Nachteile** angesprochen, **die aufgrund eines fehlerhaften Gutachtens entstehen.** Hieraus folgt, dass der Gutachter alle Erkenntnisquellen über etwaige Verunreinigungen nutzen und Verdachtsmomenten nachgehen muss. Es empfiehlt sich, nach den Umständen des Einzelfalls im Gutachten deutlich zu machen, 330

- ob etwaige Altablagerungen außer Betracht gelassen wurden,
- ob diesbezüglich Feststellungen vorgenommen wurden,
- ob ein Verdacht besteht und wie dem nachgegangen wurde,
- aufgrund welcher Anhaltspunkte ggf. von welchen Verunreinigungen bei der Verkehrswertermittlung ausgegangen wurde.

Bei bestimmten ehemaligen Nutzungen ist einem Grundstück der Altlastenverdacht gewissermaßen auf die „Stirn geschrieben". Dies sind: Gaswerke, Kokereien, Steinkohlenbergbau, NE-Metallerzbergbau, Eisen- und Stahlherstellung, Mineralölerzeugung und -lagerung, NE-Metallumschmelzwerke, Metallgießereien, Oberflächenveredelung/Härtung von Metallen, Batterien- und Akkumulatorenherstellung, Herstellung von anorganischen Grundstoffen, Chemikalien, Farben, Lacken, Kunststoffen, Pharmazeutika, Handelsdünger, Schädlingsbekämpfungsmitteln, Munition, Explosivstoffen, Glas, Papier, Textilien sowie Schrottplätze, Bahnbetriebswerke, Flugplätze, Chemische Reinigungen, Betriebskläranlagen, Kfz-Reparaturwerkstätten sowie Verarbeitungsstätten von Holz, Gummi und Leder[214]. Hinweise auf derartige Nutzungen können sich bereits aus den Ortsbezeichnungen ergeben, z.B. Zechenweg, Industriestraße, An der Gerberau usw. 331

Auch im **Zwangsversteigerungsverfahren** ist das Vollstreckungsgericht verpflichtet, alle den Grundstückswert beeinflussenden Umstände tatsächlicher und rechtlicher Art sorgfältig zu ermitteln und zu berücksichtigen[215]. Kosten für ein Bodengutachten sind jedenfalls dann aufzuwenden, wenn sie in einem angemessenen Verhältnis zu den Auswirkungen stehen, die das Gutachten auch angesichts der Aussagekraft vorhandener Unterlagen auf den Verkehrswert haben kann. 332

Der **Sachverständige für Grundstückswerte ist von seiner Ausbildung her** i.d.R. überfordert, 333

- die Ablagerungen im Grund und Boden (Altlasten/Neulasten) sowie
- das Gefährdungspotenzial vorhandener Ablagerungen nach Art und räumlicher Verteilung

selbst festzustellen. Zwar sind mancherlei Verunreinigungen des Grund und Bodens selbst für den Laien schon an der Beschaffenheit der Oberfläche erkennbar, jedoch verbergen sich Verunreinigungen vielfach unter der Oberfläche; es sind unsichtbare (Alt-)Lasten. Selbst wenn der Sachverständige für Grundstückswerte das Vorhandensein verunreinigender Ablagerungen erkannt hat, reicht dies für eine sachgerechte Berücksichtigung bei der Verkehrswertermittlung nicht aus, denn ihm fehlt i.d.R. die Vorbildung für eine sachgerechte Einschätzung des davon ausgehenden Gefährdungspotenzials.

---

214 Vgl. hierzu den RdErl. des nordrh.-westf. MSV im MinBl. NW 1992, 876, abgedruckt in der 2. Aufl. S. 1389.

215 BGH, Urt. vom 18.05.2006 – V ZB 142/05 –, GuG 2006, 318 = EzGuG 4.196; Stöber, ZVG, 18. Aufl. § 74a Rn. 7.5, § 66 Rn. 6.2c.

334 **Fazit:** Der Sachverständige für Grundstückswerte wird bei der Ermittlung des Marktwerts (Verkehrswerts) verunreinigter Flächen sein Gutachten auf „Hilfsquellen“ stützen müssen, die er selbst kaum nachzuprüfen vermag, oder er wird einen weiteren Sachverständigen (Toxikologen) hinzuziehen müssen. In jedem Fall ist dies im Gutachten darzulegen und sollte mit dem Auftraggeber abgeklärt sein.

335 Zur **Feststellung über das Vorhandensein von Verunreinigungen** durch einen Sachverständigen für Grundstücke ist von folgenden **allgemeinen Erkenntnisquellen** auszugehen:

a) Nach den Erfahrungen der Praxis kann i.d.R. schon allein aus der *bisherigen Nutzung* auf Verunreinigungen geschlossen werden; zu nennen sind hier Mülldeponien, Gaswerke, Tankstellen, Kokereien, Zechengelände, Teerverarbeitungsbetriebe[216]. Um nach dem vorher Gesagten Verunreinigungen des Grund und Bodens bei der Verkehrswertermittlung angemessen berücksichtigen zu können, müssen diese nach Art und Umfang verifiziert werden. Dies ist Voraussetzung, um einerseits die davon ausgehende Gefährdung und andererseits den Handlungsbedarf abschätzen zu können.

b) Erkenntnisquellen sind im Veräußerungsfall die *Angaben des Verkäufers*. Dieser muss seine Kenntnisse über Verunreinigungen des Grund und Bodens einem Erwerbswilligen offenbaren (§§ 459 ff. BGB), wenn er nicht Gefahr laufen will, sich wegen eines Betrugs nach § 263 StGB strafbar zu machen.

c) Zunehmend von Bedeutung sind die kommunalen *Altlastenkataster*. Auch bei Heranziehung solcher Erkenntnisquellen muss beachtet werden, was nach Art und Ausmaß des Gefährdungspotenzials Gegenstand dieser Kataster ist, d.h., Verunreinigungen unterhalb einer bestimmten dem Kataster zu Grunde liegenden Gefahrenschwelle können demzufolge diesem Kataster nicht entnommen werden.

d) Weitere Erkenntnisquellen sind insbesondere
   - Hinweise aus Bevölkerung und Verwaltung,
   - Luftbilder,
   - Akten und Aufzeichnungen,
   - Sicherungsergebnisse.

e) Für *Hamburg* besteht die Besonderheit, dass der Senat nach § 81 Abs. 8 HBauO durch Rechtsverordnung Gebiete festlegen kann, in denen nach bisher vorliegenden Erkenntnissen mit Bodenverunreinigungen zu rechnen ist, die – wiederum „nur“ polizeirechtlich – eine Gefahr für die öffentliche Sicherheit und Ordnung darstellen können.

336 Zur **Abschätzung des Gefährdungspotenzials (toxikologische Bewertung)** sollte sich, wie bereits erläutert, der Sachverständige für Grundstückswerte möglichst auf die Sachkunde der Spezialdisziplinen stützen. Entscheidende Bedeutung für die Beurteilung des Gefährdungspotenzials haben dabei die sog. Gefährdungspfade, d.h. die Kausalkette, auf denen Schadstoffe den menschlichen Organismus erreichen. Daneben sind aber auch Gefährdungen der Flora und Fauna und sonstiger Sachen hervorzuheben, wobei diesbezüglich noch differenziert werden kann. Gefährdungspfade sind das Grundwasser, das Oberflächenwasser, der Boden, die Luft (Bodengase) und der direkte Kontakt. Für eine Gefährdungsabschätzung bedarf es letztlich der (politischen) Vorgabe, welches Gut bis zu welchem Maße als schutzwürdig definiert wird; die Naturwissenschaften können hier nur Hilfestellungen geben. Dies alles ist damit also nicht nur eine naturwissenschaftlich unzureichend aufgearbeitete Materie, sondern eine letztlich auch politisch zu entscheidende Frage. Aus ihr ergeben sich der Handlungsbedarf und somit der Kostenbetrag der „Wiederinwertsetzung“.

---

216 Altlasten im Städtebau, a.a.O., S. 16; Roller, GuG 2001, 240; Grunewald, GuG 1997, 291; Großmann/Grunewald/Weyers, GuG 1996, 154; Grunewald/Duken, GuG 1995, 224.

Die toxikologische Bewertung des Gefährdungspotenzials bereitet nach dem vorher Gesagten heute noch erhebliche Schwierigkeiten. Deshalb ist auch die Minderung des Verkehrswerts eines unbelasteten Grundstücks in Abhängigkeit von der toxikologischen Belastung kaum in den Griff zu bekommen. Auch deshalb kommt man nicht umhin, die Wertminderung auf Grund der Belastungen des Grund und Bodens nach den Kosten der Untersuchung, Sicherung und Sanierung der belasteten Fläche (Wiederinwertsetzungskosten) zu bemessen. Bei Anwendung des vorgestellten Modells (vgl. Rn. 321 f.) verlagert sich also das Problem der Verkehrswertermittlung kontaminierter Flächen in die Ermittlung der **Kosten der Wiederinwertsetzung,** denn mit der Sanierung des Grundstücks wird dessen Minderwert (Mangelschaden) beseitigt. Sie **setzen sich zusammen aus den Kosten** der 337

- Maßnahmen zur Verhütung und Beseitigung von Beeinträchtigungen durch die Verunreinigungen bis hin zur Wiedereingliederung der betroffenen Flächen in Natur und Landschaft oder eine städtebauliche Nutzung,
- Maßnahmen zur Untersuchung von Art, Umfang und Ausmaß der Verunreinigungen, insbesondere Kosten der Entnahme und Untersuchung von Luft-, Wasser- und Bodenproben einschließlich der Errichtung und des Betriebs von Kontrollstellen,
- erforderlichen Sicherungsmaßnahmen und
- der Überwachung.

Die **Wiederinwertsetzungskosten** sind angesichts der unterschiedlichsten Arten und des unterschiedlichsten Maßes von Verunreinigungen sowie der sich noch in der Entwicklung befindlichen unterschiedlichen Sanierungstechniken schwer abschätzbar, jedoch liegen hierfür zunehmend **Erfahrungswerte** vor. 338

Auf der Grundlage von Kostenangaben verschiedener Quellen hat der Sachverständigenrat „Altlasten“ die Größenordnung des Kostenrahmens (niedrigste und höchste Kosten) zusammengestellt[217]; die Tabelle gibt allerdings nur allgemeine Hinweise, weil die Größenordnungen außerordentlich schwanken[218]. Im Einzelfall können zur Abschätzung der Sanierungskosten fallspezifisch Kostenvoranschläge eingeholt werden[219]. 339

Wie bereits erläutert, sind neben den Sanierungskosten auch die **Untersuchungskosten** zu berücksichtigen; die Untersuchungen müssen auf Verdichtung oder Ausräumung eines bestehenden Verdachts der Bodenbelastungen ausgerichtet sein, wobei sie sich üblicherweise an der zu erwartenden Art der Belastungen orientieren müssen[220]. 340

Es wird davon ausgegangen, dass die Behörde im Verdachtsfalle zunächst selbst festzustellen hat, ob überhaupt eine zu beseitigende Störung vorliegt; die Kosten sind i.d.R. von der Behörde zu tragen[221]. Etwas anderes kann nach Bauordnungsrecht gelten, wenn der Eigentümer z.B. eine Baugenehmigung begehrt. Die Untersuchung dem Eigentümer anzuordnen, wäre auch im Hinblick auf Gefahren für die öffentliche Sicherheit und Ordnung ordnungsrechtlich nicht gedeckt[222]. Steht dies fest oder besteht zumindest ein objektiv begründeter Verdacht, so 341

217 Vgl. Kostentabelle in Kleiber, Verkehrswertermittlung von Grundstücken, 3. Aufl.

218 Vgl. auch Bracke, Leistungsbuch Altlastensanierung und Flächenentwicklung 1997/98; Arbeitshilfe, i.A. Landesumweltamt Nordrhein-Westfalen, Essen 1998.

219 Wegweiser für Altlasten- und Bodensanierung, Bundesumweltamt, Berlin 1988, mit Informationen (Adressen über Planer, Firmen und Gutachter).

220 BVerwG, Urt. vom 17.02.2005 – 7 C 14/04 –, GuG-aktuell 2005, 39 = NVwZ-RR 2006, 22 = EzGuG 4.193.

221 OVG Saarland, Beschl. vom 21.09.1983 – 2 W 1635/83 –, NVwZ 1986, 922 = EzGuG 4.94; wonach aber der Ordnungspflichtige in Anspruch genommen werden kann. Bei sofortigen Abwehrmaßnahmen können die Aufwendungen nach dem Polizeirecht einiger Länder dem Verursacher aufgetragen werden (vgl. § 8 PolG Bad.-Württ.; § 9 Bay. PAG; § 6 PVG Rh.-Pf.).

222 § 14 Ordnungsbehördengesetz – OBG – Nordrh.-Westf.

kann allerdings der verantwortliche Eigentümer – als Bestandteil umfassender **Maßnahmen zur Gefahrenabwehr** – verpflichtet werden, Untersuchungen über

- die Bestimmung des Gefahrenherds und
- die Sicherungs- und Sanierungsmaßnahmen

anzustellen[223], auch dies sind deshalb wertmindernde rechtliche Gegebenheiten.

342 Rechtsgrundlage ist das Bundes-Bodenschutzgesetz i.V.m. der **Bundes-Bodenschutz- und Altlastenverordnung**. Die Verordnung regelt

- die Anforderungen an die Untersuchung und Bewertung von Verdachtsflächen und altlastenverdächtigen Flächen (§§ 3 f. BBodSchV);
- die Anforderungen an die Sanierung von schädlichen Bodenveränderungen und Altlasten (§ 5 BBodSchV),
- Maßnahmen für die Gefahrenabwehr von schädlichen Bodenveränderungen aufgrund von Bodenerosion durch Wasser (§ 8 BBodSchV) und
- Maßnahmen gegen das Entstehen schädlicher Bodenveränderungen (§§ 9 ff. BBodSchV).

343 Des Weiteren enthält die Verordnung im Anhang **Regelungen**

- über die Anforderungen an die Probeentnahme, Analytik und Qualitätssicherung bei der Untersuchung,
- über Maßnahme-, Prüf- und Vorsorgewerte,
- über Anforderungen an Sanierungsuntersuchungen und den Sanierungsplan sowie
- über Anforderungen an die Untersuchung und Bewertung von Flächen, bei denen der Verdacht einer schädlichen Bodenveränderung auf Grund von Bodenerosion durch Wasser vorliegt (Abb. 37).

Abb. 37: Prüfwerte nach Anh. 2 BBodSchV für die direkte Aufnahme von Schadstoffen [mg/kg]

Stoff	Kinderspielflächen	Wohngebiete	Park- und Freizeitanlagen	Industrie- und Gewerbegrundstücke
Arsen	25	50	1,25	140
Blei	200	400	10 000	2 000
Cadmium	10*	20*	50	60
Cyanide	50	50	50	100
Chrom	200	400	1 000	1 000
Nickel	70	140	350	900
Quecksilber	10	20	50	80
Adrin	2	4	10	–
Benzo(a)pyren	2	4	10	12
DDT	40	80	200	–
Hexachlorbenzol	4	8	20	200

* In Haus- und Kleingärten, die sowohl als Aufenthaltsbereiche für Kinder als auch für den Anbau von Nahrungspflanzen genutzt werden, ist für Cadmium ein Wert 2,0 mg/kg als Prüfwert anzuwenden.

223 VGH Mannheim, Urt. vom 13.02.1985 – 5 S 1380/83 –, NVwZ 1986, 325 = EzGuG 4.103; OVG Hamburg, Beschl. vom 20.06.1986 – Bs II 22/86 –, HmbJVBl. 1986, 93 = EzGuG 4.109a; OVG, Münster, Beschl. vom 10.01.1985 – 4 B 1434/85 –, NVwZ 1985, 355 = EzGuG 4.102; OVG Münster, Beschl. vom 10.01.1985 – 4 B 1434/84 –, NVwZ 1985, 355 = EzGuG 4.102; vgl. auch im Hinblick auf eine bauordnungsrechtliche Baugenehmigung z.B. § 63 Abs. 3 Satz 1 BauO Nordrh.-Westf.

Abb. 38: Prüfwerte für nichtflüchtige Stoffe, Vorschlag Ständiger Ausschuss Altlasten der Bund/Länder Arbeitsgemeinschaft (LABO) vom 01.09.2008

Prüfwerte für nichtflüchtige Stoffe						
	Stoff Stoffgruppe	Chemical Abstracts Services-Nr.	Prüfwert-Vorschlag [mg/kg TM]			
			Kinderspielflächen	Wohngebiete	Park- und Freizeitanlagen	Industrie- und Gewerbegrundstücke
1	Antimon und Verbindungen	7440 – 36 – 0 (Sb)	50	100	250	250
2	Beryllium und Verbindungen	7440 – 41 – 7 (Be)	250	500	500	500
3	Chrom (VI)	18540 – 29 – 9	130	250	250	250
4	Kobalt und Verbindungen	7440 – 48 – 4 (Co)	300	600	600	300
5	Thallium und Verbindungen	7440 – 28 – 0 (Ti)	5	10	25	keine Daten
6	Vanadium und Verbindungen	7440 – 62 – 2	280	560	1400	unpraktikabel hoch
7	PAK, gesamt		In Bearbeitung			
8	Dinitrotoluol 2,4- R	121 – 14 – 2	3	6	15	50
9	Dinitrotoluol 2,6- R	606 – 20 – 2	0,2	0,4	1	5
10	Diphenylamin	122 – 39 – 4	unpraktikabel hoch			
11	Hexogen	121 – 82 – 4	100	200	500	500
12	Hexanitrodiphenylamin (Hsxyl) R	131 – 73 – 7	150	300	750	1500
13	Nitropenta (PETN)	75 – 11 – 5	500	1000	2500	5000
14	Oktogen (HMX)	2691 – 41 – 0	unpraktikabel hoch			
15	Trinitrobenzol 1,3,5-	99 – 35 – 4	unpraktikabel hoch			
16	Trinitrotoluol, 2,4,6- R	116 – 96 – 7	20	40	100	200

Abb. 39: Prüfwerte für nichtflüchtige Stoffe Vorschlag Ständiger Ausschuss Altlasten der Bund/Länder Arbeitsgemeinschaft (LABO) vom 01.09.2008

Prüfwerte für nichtflüchtige Stoffe				
	Stoff Stoffgruppe	Chemical Abstracts Services Nr.	Orientierende Hinweise auf Prüfwerte [mg/kg TM]	
			Wohngebiete	Industrie- und Gewerbegrundstücke
17	Benzin	8006 – 61 – 9	–	–
18	Benzol	71 – 43 – 2	0,1	0,4
19	Ethylbenzol	100 – 41 – 4	3	30
20	Chlorbenzol	108 – 90 – 7	15	170
21	Chloroform	67 – 66 – 3	0,1	0,5
22	Dichlorbenzol: m-	541 – 73 – 1	50	unpraktikabel hoch

Prüfwerte für nichtflüchtige Stoffe				
23	Dichlorbenzol: o-	95 – 50 – 1	50	unpraktikabel hoch
24	Dichlorbenzol: p-	106 – 46 – 7	50	unpraktikabel hoch
25	Dichlormenthan	75 – 00 – 2	0,1	2
26	Dichlorpropam: 1,2	78 – 87 – 5	1	5
27	Nitrobenzol	98 – 95 – 3	1	15
28	Phenol	79 – 34 – 5	50	unpraktikabel hoch
29	Tetrachlorethan: 1,1,2,2-	127 – 18 – 4	0,03	0,3
30	Tetrachlrethen (PER)	108 – 88 – 3	1,5	25
31	Toluol	120 – 82 – 1	10	120
32	Trichlorbenzol: 1,2,4-	71 – 55 – 6	25	300
33	Trichlorethen: 1,1,1-	79 – 01 – 6	15	180
34	Trichlorethen	108 – 67 – 8	0,3	5
35	Trimethylbenzol: 1,3,5- und andere TMB-Isomere	1330 – 20 – 7	200	2000
36	Xylole		10	100

Abb. 40: Behelfsmäßige Bodenorientierungswerte für Einzelfallprüfungen bei Rüstungsaltlasten, Vorschlag Ständiger Ausschuss Altlasten der Bund/Länder Arbeitsgemeinschaft (LABO) vom 01.09.2008

Behelfsmäßige Bodenorientierungswerte für Einzelfallprüfungen bei Rüstungsaltlasten						
	Stoff Stoffgruppe	**Chemical Abstracts-Nr.**	**Behelfsmäßige Bodenorientierungswerte [mg/kh TM]**			
			Kinder-spiel-flächen	**Wohn-gebiete**	**Park- und Freizeit-anlagen**	**Industrie und Gewerbe-gebiete**
37	4-amino-2 5-dinitrotolu-ene	19406 – 51-D	20	40	100	200
38	2-amino-2,5-dinitrotoluene	35572 – 78 – 2	20	40	100	200
39	Dinitrodiphenylamin: 2,4-	961 – 68 – 2	keine Daten			
40	Dinitrobenzol: 1,3-	99 – 65 – 0	15	30	75	150
41	Nitrodiphenylamin: 2-	110 – 75 – 5	keine Daten			
42	Nitrodiphenylamin: 4-	836 – 30 – 6	unpraktikabel hoch			
43	Nitrotoluol: 2-	66 – 72 – 2	0,2	0,4	1	5
44	Nitrotoluol: 3-	99 – 08 – 1	–	1 000	unpraktikabel hoch	
45	Nitrotoluol: 4-	99 – 99 – 0	–	250	–	3000
46	N-Methyl-N,2,4,6-tetranitroanilin (Tetryl)	479 – 45 – 8	200	400	1000	2000
47	Trintrophenol: 2,4,5- (Pik-rinsäure)	86 – 89 – 1	8	15	40	80

Zu den **Kosten der Altlastensanierung** (Kostengruppe 213 DIN 276) vgl. 3. Aufl. 1998, S. 2137 ff.

12.2.5 Sanierungsmaßnahmen

Als Sanierungsmaßnahmen kommen in Betracht 344

- der Bodenaustausch (Auskofferung), oft bis zu mehreren Metern,
- die Abkapselung (Abdeckung), d.h. die Versiegelung von oben und seitlich einschließlich einer auf Jahrzehnte angelegten Kontrolle auf Austritt von schädlichen Stoffen und Gasen,
- die Sanierung „vor Ort" durch „Bodenwäsche", d.h. durch chemische, physikalische, biologische, mechanische oder thermische Reinigung,
- besondere Gründungen,
- Dränagen,
- Gasringleitungen.

12.2.6 Sanierungslast

Nach dem vorher Gesagten gehören Verunreinigungen des Grund und Bodens zu den tatsächlichen Eigenschaften eines Grundstücks, die entsprechend Art und Ausmaß der Verunreinigung grundsätzlich bei der Verkehrswertermittlung zu berücksichtigen sind, soweit nicht die öffentliche Hand (nach dem Gemeinlastprinzip) oder ein Dritter (z.B. als Verursacher) für die Kosten der Wiederinwertsetzung aufkommt. Selbst wenn der **Eigentümer** die Verunreinigungen nicht verursacht hat, konnte er schon vor Erlass des BBodSchG nach dem Ordnungsrecht **als Zustandsstörer** bei Gefahr für die öffentliche Sicherheit und Ordnung herangezogen werden[224]. Nach § 18 Abs. 1 und 2 Satz 1 OBG Nordrh.-Westf. sind ordnungsrechtliche Maßnahmen deshalb gegen den Eigentümer zu richten. Darüber hinaus kann die Ordnungsbehörde ihre Maßnahmen auch gegen den „Inhaber[225] der tatsächlichen Gewalt" richten. Gerechtfertigt wird dies aus der Verfügungsgewalt des Eigentümers über den „Herd" der Gefahrenquelle, z.B. durch Vermietung zum Zwecke gefährlicher Ablagerungen[226]. Gerechtfertigt ist dies vor allem auch dann, wenn der Eigentümer wirtschaftlich den Nutzen aus der Überlassung des Eigentums an den Betreiber, z.B. in Form eines Pachtzinses, gezogen hat (vgl. § 10 Abs. 2 AbfG). In diesem Fall können die Grundsätze des unter Rn. 314 ff. vorgestellten Modells zur Anwendung kommen, d.h., die vom Eigentümer zu tragenden Untersuchungs-, Sicherungs- und Sanierungskosten sind wertmindernd auf den fiktiven Bodenwert eines nicht kontaminiert gedachten Grundstücks anzurechnen. 345

Anders stellt sich die Situation allerdings dar, wenn 346

- ein Anspruch gegenüber dem **Verhaltensstörer** nach § 683 BGB (Geschäftsführung ohne Auftrag) besteht und noch nicht verjährt ist[227];
- schwer nachweisbare Gewährleistungsansprüche nach § 477 Abs. 1 BGB innerhalb eines Jahres geltend gemacht werden können, die allerdings schon im Hinblick auf die kurze Verjährungsfrist des § 477 BGB regelmäßig verjährt sind, oder Ansprüche eines Erwerbers aus positiver Vertragsverletzung bestehen[228],

---

224 A.A. Bauer, JZ 1964, 354; vgl. Schmidt, BB 1991, 1273.

225 VGH München, Beschl. vom 13.05.1986 – 20 CS 86.00338 –, NVwZ 1986, 943 = EzGuG 4.109; hierzu Rank, BayVBl 1988, 390, einschränkend; VGH Mannheim, Urt. vom 11.10.1985 – 5 S 1738/85 –, NVwZ 1986, 325 = EzGuG 4.105.

226 Vgl. jedoch BGH, Urt. vom 18.09.1986 – III ZR 227/84 –, BGHZ 98, 235 = EzGuG 4.112 unter Hinweis auf die in dem zu entscheidenden Fall nach § 22 Abs. 2 WHG maßgebende kurze Verjährungsfrist des § 55 BGB; hierzu Diederichsen, BB 1988, 917.

227 Zu dieser Problematik Reuter, BB 1988, 497.

228 BGH, Urt. vom 05.04.1979 – VII ZR 308/77 –, BGHZ 74, 206 = EzGuG 12.24; BGH, Urt. vom 04.05.1964 – III ZR 159/63 –, NJW 1964, 1414 = EzGuG 12.7a.

- Haftungsausschlüsse im Grundstückskaufvertrag vereinbart wurden und wirksam werden[229].

347 Bezüglich der Sanierungspflicht wird im Umweltschutzrecht zwar grundsätzlich von der zentralen Maxime des **Verursacherprinzips** ausgegangen[230]. Danach hat derjenige als „Handlungsstörer" (vgl. § 17 OBG Nordrh.-Westf.) für die Kosten der Gefahrenbeseitigung aufzukommen, der die Umweltgefahr „gesetzt" hat[231]. Als Handlungsstörer steht er in Verantwortung. In Betracht kommen hierbei z.B.

- der Abfallproduzent oder dessen Rechtsnachfolger, soweit er unmittelbar konkret zur Gefahr für die öffentliche Sicherheit und Ordnung beigetragen hat und allein schon die Herstellung eine über das Normalmaß hinausgehende Gefahrentendenz aufweist,
- der Abfallanlieferer,
- vor allem aber der Inhaber sowie ehemalige Inhaber oder dessen Rechtsnachfolger einer kontaminierenden Anlage, der für den ordnungsgemäßen Betrieb und die Sicherung der Anlage verantwortlich ist oder war[232], auch wenn ihm gewerbepolizeilich die störende Handlung explizit oder konkludent genehmigt worden ist[233],
- bei Abfallbeseitigungsanlagen, die zum Zeitpunkt des Inkrafttretens des Abfallbeseitigungsgesetzes (AbfG) in Betrieb waren, der Deponiebetreiber (§ 10 Abs. 2 AbfG); bei Anlagen, die zum Zeitpunkt des Inkrafttretens des Gesetzes (11.06.1972) bereits stillgelegt waren, kann der frühere Deponiebetreiber allerdings nur nach Maßgabe des Polizeirechts herangezogen werden, d.h., wenn Gefahren für die öffentliche Sicherheit oder Ordnung bestehen. Nach der Neufassung des AbfG vom 27.08.1986 kann die zuständige Behörde aus Gründen des Wohles der Allgemeinheit die Überwachung auch auf stillgelegte Abfallentsorgungsanlagen und auf Grundstücke erstrecken, auf denen vor dem 11.06.1972 Abfälle angefallen, behandelt, gelagert oder abgelagert worden sind. Das Abfallgesetz ist jedoch nur auf den bundesrechtlich normierten Abfallbegriff i.S. des § 1 Abs. 1 AbfG anzuwenden und nicht auf sonstige Altablagerungen und Altstandorte.
- Für ehemalige Zechengelände, Produktionsstätten von Kokereien, Teerverarbeitungsbetriebe sind dagegen § 53 Abs. 1 Satz 1 und § 55 Abs. 2 Satz 1 Nr. 1, 2 und 6, § 69 Abs. 1 und 2 BBergG einschlägig.
- Des Weiteren sind die §§ 3 und 5 Abs. 1 Nr. 3 BImSchG zu nennen.
- Soweit ein durch Ablagerungen oder sonstige Stoffe verunreinigter Grund und Boden eine Gefahr für Gewässer darstellt, finden die Vorschriften des Gesetzes zur Ordnung des Wasserhaushaltes (WHG) sowohl auf Verdachtsflächen als auch auf festgestellte Verunreinigungen Anwendung[234]. Vor Inkrafttreten des WHG (01.03.1980) erfolgte Ablagerungen fallen allerdings nicht hierunter[235].

348 Sieht man von den in den verschiedenen Rechtsmaterien aufgesplitterten spezialgesetzlichen Regelungen ab, so ist das **Verursacherprinzip** aber **nur in wenigen Einzelfällen in der Praxis durchsetzbar.** Vielfach ist der Verursacher überhaupt nicht bekannt oder nicht mehr „greifbar"; z.B. wenn er sich durch Aufgabe des Eigentums, z.B. durch Konkurs oder Firmen-

---

229 Deutscher Städtetag Reihe E Heft 19 Altlasten im Grundstücksverkehr.

230 Der Veräußerer eines Grundstücks ist Verursacher der Verunreinigung („Verhaltensstörer"), so VGH Kassel, Beschl. vom 20.03.1986 – 7 TH 455/86 –, DÖV 1989, 260 = EzGuG 4.107a.

231 Koch, Bodensanierung nach dem Verursacherprinzip, Heidelberg 1985; Kloepfer, NuR 1987, 7.

232 BVerwG, Beschl. vom 14.04.1986 – 7 B 18/86 –, DVBl. 1986, 687 = EzGuG 4.108.

233 VGH, Kassel, Beschl. vom 05.10.1989 – 3 TH 1174/89 –, NJW 1990, 1619 = EzGuG 4.128; OVG Münster, Beschl. vom 29.03.1984 – 12 A 2194/82 –, NVwZ 1985, 355 = EzGuG 4.100; OVG Münster, Beschl. vom 10.01.1985 – 4 B 1434/85 –, NVwZ 1985, 355 = EzGuG 4.102; a.A. Papier, DVBl. 1985, 873; ders., NVwZ 1986, 256. Folgte man dessen nicht abwegiger These, so kann diesem Verursacher die Verantwortung und damit die Kostentragung nicht zugeordnet werden; a.A. Kloepfer, NuR 1987, 13; Schink, DVBl 1986, 167.

234 Schink, DVBl. 1986, 161.

235 Näheres Scheier, ZfU 1984, 333; Reuter, BB 1988, 497; OVG Münster, Urt. vom 29.03.1984 – 12 A 2194/82 –, NVwZ 1985, 355 = EzGuG 4.100.

umgründung, seiner Verpflichtung entzieht. Das OVG München[236] hat die Rechtsnachfolge allerdings auch im Falle einer gesellschaftsrechtlichen Umwandlung bejaht. Auch ist die Heranziehung des Handlungsstörers nicht unumstritten, wenn

- sein Handeln genehmigt worden ist[237] oder
- der Grundeigentümer eine bestehende Verunreinigung beim Grundstückserwerb weder kannte noch kennen musste.

Darüber hinaus besteht die Ansicht, dass allein schon ein **jahrzehntelanges Dulden** eines ordnungswidrigen Zustands eine schutzwürdige Position entstehen lassen kann. **349**

Unter den gesetzlichen Voraussetzungen der §§ 136 ff. BauGB können Verunreinigungen des Grund und Bodens – eingebunden in ein städtebauliches Konzept – auch im Rahmen von **städtebaulichen Sanierungsmaßnahmen** unter Einsatz öffentlicher Förderungsmittel behoben werden[238]. Die Maßnahmen sind als Ordnungsmaßnahmen einzuordnen[239]. Nach dem dabei zur Anwendung kommenden Subsidiaritätsprinzip werden Förderungsmittel aber nur eingesetzt, soweit der Eigentümer, der Verursacher oder ein Dritter nicht herangezogen werden kann; im Übrigen folgt das Förderungsrecht dabei grundsätzlich dem Entschädigungsrecht[240]. Eine Privatisierung der durch Einsatz öffentlicher Mittel durchgeführten Dekontaminierung des Grund und Bodens und der dadurch bewirkten Werterhöhung kann dadurch vermieden werden, dass die Dekontaminierung im Rahmen einer Sanierungsmaßnahme unter Anwendung der besonderen sanierungsrechtlichen Vorschriften der §§ 152 bis 156 BauGB durchgeführt wird und die Werterhöhungen durch Erhebung von Ausgleichsbeträgen nach den §§ 154 f. BauGB „abgeschöpft“ werden. Das Sanierungsrecht eröffnet hier den Gemeinden die Chance, in Anwendung des Gemeinlastprinzips Verunreinigungen des Grund und Bodens zu beseitigen und durch Erhebung von Ausgleichsbeträgen nach den §§ 154 f. BauGB die Eigentümer zumindest teilweise an den „Wiederinwertsetzungskosten“ des Grund und Bodens zu beteiligen. **350**

Entsprechendes gilt z.B. auch für **vor Inkrafttreten der abfallgesetzlichen Regelungen stillgelegte Abfallentsorgungsanlagen,** wenn nach dem Abfallgesetz der betroffene Grundstückseigentümer zum Wertausgleich für die durch Sanierungsmaßnahmen bewirkten Werterhöhungen des Grundstücks verpflichtet ist[241]. **351**

In förmlich festgelegten Sanierungsgebieten und Entwicklungsbereichen finden nach § 25 Abs. 1 Satz 4 BBodSchG die Regelungen über einen Wertausgleich nach diesem Gesetz keine Anwendung. Der bodenschutzrechtliche Ausgleichsbetrag wird durch den sanierungsrechtlichen Ausgleichsbetrag ersetzt. **352**

Kann neben dem Eigentümer als Zustandsstörer ein Verhaltensstörer oder der „Inhaber der tatsächlichen Gewalt“ herangezogen werden, so steht es im pflichtgemäßen Ermessen der zuständigen Behörde, zwischen beiden zu wählen oder sie nebeneinander heran- **353**

---

236 BVerwG, Urt. vom 02.12.1977 – 4 C 75/75 –, BVerwGE 55, 118 = EzGuG 13.46; dagegen OVG Münster, Beschl. vom 29.03.1984 – 12 A 2194/82 –, NVwZ 1985, 355 = EzGuG 4.100; OVG Münster, Beschl. vom 10.01.1985 – 4 B 1434/84 –, NVwZ 1985, 355 = EzGuG 4.102.

237 BVerwG, Urt. vom 10.02.1978 – 4 C 71/75 –, NJW 1978, 2311 = EzGuG 4.55.

238 § 136 Abs. 4 Nr. 3 BauGB; BT-Drs. 10/2039, S. 12.

239 § 147 Abs. 1 BauGB; BT-Drs. 10/4630, zu § 144.

240 Nach den Bay. Städtebauförderungsrichtlinien vom 08.12.2006 – IIC5 – 4607 – 003/04) sind die Kosten für die Beseitigung von Bodenkontaminationen oder von Grundwasserverunreinigungen nicht förderfähig (vgl. Nr. 5.3.6).

241 Z.B. § 15 Abs. 2 AbfG Nordrh.-Westf.; § 13 Abs. 4 brem. Ausführungsgesetz zum AbfallbeseitigungsG; in Anlehnung an diese Regelung und unter Erweiterung auf alle altlastenverdächtigen Flächen sieht § 21 der Kabinettsvorlage des hess. Umweltministers zur (5.) Änderung des AbfG die Erhebung eines sich nach der Verkehrswerterhöhung zu bemessenden Ausgleichsbetrags vor.

zuziehen, um die Wiederinwertsetzungskosten anteilsmäßig geltend zu machen[242]. In diesem Fall kann der Gutachter bei der Verkehrswertermittlung nur nach Vorgabe oder nach vorgegebenen Voraussetzungen vorgehen.

354 Für die **Wahl des „Adressaten" der Gefahrenabwehrmaßnahmen** sind maßgeblich

- die sachliche und persönliche Nähe zum Gefahrenherd,
- die Verantwortungs- und Verhaltensbeziehung zur Gefahrenquelle[243],
- die finanzielle Leistungsfähigkeit des Störers,
- die gerechte Lastenverteilung,
- das Übermaßverbot,
- der Gleichbehandlungsgrundsatz und
- die wirksame und schnelle Abhilfe.

355 In der Rechtslehre herrscht diesbezüglich noch Unsicherheit[244]. Für den Fall einer **gemeinsamen Heranziehung von Zustands- und Verhaltensstörer als Gesamtschuldner** wird unter Hinweis auf das Urt. des BGH vom 18.09.1986[245] die Anwendung des § 426 BGB als aussichtslos angesehen, da der zivilrechtliche Ausgleichsgedanke im Polizeirecht keinen Niederschlag gefunden habe; nach diesem Urteil kann der Erwerber vom Veräußerer Ersatz der von ihm verauslagten Sanierungskosten verlangen[246].
Soweit sich ein Grundstückseigentümer als Zustandsstörer einer Sanierungspflicht nicht entziehen kann, verbleibt zu prüfen, inwieweit ein interner Ausgleich zwischen Zustands- und Handlungsstörer z.B. nach zivilrechtlichen Vorschriften (§ 426 BGB) durchsetzbar ist **(Rückgriff).** Des Weiteren sind als Beispiel

- unverjährte Gewährleistungsansprüche wegen Sachmängeln[247],
- die deliktische Haftung[248],
- Ansprüche aus Schadensersatz gemäß § 22 Abs. 1 und 2 WHG[249],
- Bereicherungsansprüche

zu nennen. Wegen dieser i.d.R. unklaren Rechtsverhältnisse und bestehender Unklarheiten über das „Vorhandensein" wird bei der Grundstücksveräußerung dazu übergegangen, Gewährleistungspflichten vertraglich auszuschließen. Auch werden im Hinblick auf verbleibende Risiken entsprechende Wertabschläge im Geschäftsverkehr angebracht. Dies gilt insbesondere bei der Beleihung des Grundstücks (Sicherheitsabschläge, vgl. Teil IX).

---

242 BGH, Urt. vom 11.06.1981 – III ZR 39/80 –, NJW 1981, 2457 = EzGuG 4.76; BGH, Urt. vom 18.09.1986 – III ZR 227/84 –, BGHZ 98, 235 = EzGuG 4.112; des Weiteren OVG Saarland, Beschl. vom 21.09.1983 – 2 W 1635/83 –, NVwZ 1986, 922 = EzGuG 4.94; den Eigentümer „bevorzugend": VGH München, Beschl. vom 13.05.1986 – 20 CS 86.00338 –, DÖV 1986, 976 = EzGuG 4.109; OVG Lüneburg, Beschl. vom 27.01.1986 – 3 B 163/85 –, BRS Bd. 46 Nr. 219 = EzGuG 6.288c; dagegen OVG Münster, Beschl. vom 10.01.1985 – 4 B 1390/85 –, NVwZ 1985, 355 = EzGuG 4.102; VGH Kassel, Beschl. vom 05.10.1989 – 3 TH 1774/89 –, NJW 1990, 1619 = EzGuG 4.128; OVG Hamburg, Urt. vom 19.02.1989 – Bf. VI 48/86 –, NVwZ 1990, 788 = EzGuG 4.130.

243 BGH, Urt. vom 15.12.1954 – II ZR 277/53 –, BGHZ 16, 12 = EzGuG 3.4; OVG Saarland, Beschl. vom 21.09.1983 – 2 W 1635/83 –, DÖV 1984, 471 = EzGuG 4.94.

244 Koch, Bodensanierung nach dem Verursacherprinzip, Heidelberg 1985; Papier, NVwZ 1986, 256; Drews/Wacke/Vogel/Martens 1986, § 313; Brandt/Lange 1987, S. 14; Stampe, DVBl. 1988, 606.

245 BGH, Urt. vom 18.09.1986 – III ZR 227/84 –, BGHZ 98, 325 = EzGuG 4.112.

246 Reuter, BB 1988, 497; Rank, BayVBl. 1988, 390.

247 Nach der Rechtsprechung des BGH geht mit dem Verkauf eines mängelbehafteten Grundstücks keine Eigentumsverletzung einher (vgl. BGH, Urt. vom 18.09.1986 – III ZR 227/84 –, BGHZ 98, 235 = EzGuG 4.112), sodass Ansprüche aus § 1004 BGB bzw. auch aus § 823 BGB ausscheiden dürften; zur Haftung bei rechtswidriger und schuldhafter Handlung vgl. Diederichs, BB 1973, 485; BB 1986, 1723 und BB 1988, 917; Merkisch, BB 1990, 223; vgl. die gesetzliche Gewährleistungspflicht von nur einem Jahr nach § 477 Abs. 1 BGB.

248 Sofern die tatbestandsmäßigen Voraussetzungen überhaupt vorliegen (§ 823 Abs. 1 BGB); vgl. Schmidt-Jortzig, DÖV 1991, 753.

249 Zur Verjährung: § 852 BGB.

12.2.7 Merkantiler Minderwert altlastenbetroffener Grundstücke

▶ *Vgl. § 8 ImmoWertV Rn. 380*

Ob der Verkehrswert eines von Altlasten betroffenen Grundstücks neben einer nach vorstehenden Grundsätzen ermittelten („technischen") Wertminderung auch eine merkantile Wertminderung aufweist, bestimmt sich nach Art und Umfang der Altlast sowie in Abhängigkeit von der künftigen Nutzung. Sie ist ggf., ergänzend als besonderes objektspezifisches Grundstücksmerkmal (boG) zu berücksichtigen, unabhängig davon, ob und in welchem Umfang das Grundstück dekontaminiert wurde. **356**

12.2.8 Berücksichtigung von Bodenverunreinigungen bei Grundstücksveräußerungen des Bundes

Die **Erfassung, Bewertung und Sanierung von Altlasten ist nach der verfassungsrechtlichen Kompetenzverteilung des Grundgesetzes** (Art. 30, 83 GG Kriegsfolgelasten sowie AKG) **grundsätzlich Sache der Länder**[250]. Eine generelle Dekontaminierung altlastenbehafteter Böden auf ehemaligen militärischen Liegenschaften durch den Bund kommt deshalb nicht in Betracht, zumal sie seine Finanzkraft übersteigen würde. Gemäß Art. 120 GG trägt die Bundesrepublik Deutschland Aufwendungen für **Kriegsfolgelasten** nur nach näherer Bestimmung von Bundesgesetzen. Ein entsprechendes Gesetz zur Kostentragung für Rüstungsaltlasten besteht nicht. Insbesondere wurde ein vom Bundesrat beim Deutschen Bundestag eingebrachter Entwurf eines allgemeinen Gesetzes über die Finanzierung von Maßnahmen zur Sanierung von Rüstungsaltlasten vom Bundestag nicht als Gesetz verabschiedet[251]. Das Allgemeine Kriegsfolgengesetz[252] handelt von Ansprüchen gegen das ehemalige Deutsche Reich, erfasst aber nicht Schäden aus Rüstungsaltlasten. Nach ständiger Praxis trägt die Bundesrepublik nur die Kosten für die Beseitigung von Kampfmitteln auf bundeseigenen Grundstücken (Haftung als Zustandsstörer) und, soweit es sich um andere Grundstücke handelt, nur die Kosten für die Beseitigung ehemals reichseigener Kampfmittel (Haftung des Rechtsnachfolgers des Handlungsstörers). Im vorliegenden Fall handelt es sich vorwiegend um Chemikalien zur Herstellung von Kampfmitteln durch private Rüstungsfirmen, die noch nicht in den Besitz des Reiches übergegangen waren und die zudem auch nicht auf Grundstücken der Bundesrepublik Deutschland lagern. **357**

Der **Bund führt auf bundeseigenen Liegenschaften Altlastensanierungen dann durch,** wenn er zur Beseitigung **akuter Gefahrenstellen** auf Grund bestehender Rechtsvorschriften, wie z.B. **358**

- der Abfallgesetze,
- des Wasserhaushaltsgesetzes oder
- des allgemeinen Polizei- und Ordnungsrechtes,

öffentlich-rechtlich verpflichtet ist.

Auch **Gefahrenerforschungsmaßnahmen** führt der Bund auf seine Kosten durch, wenn er für bereits **erkannte oder dem Anschein nach angenommene Gefahren polizeirechtlich verantwortlich ist** und weitere Untersuchungen erforderlich sind, um die richtigen Maßnahmen anzuordnen oder treffen zu können. **359**

Außerhalb öffentlich-rechtlicher Verpflichtungen des Bundes werden Altlastenuntersuchungen und -sanierungen in **begründeten Einzelfällen** zur Herstellung der Verwertbarkeit **360**

250 VGH München, Urt. vom 26.04.1995 – M 7 K 94.1795 –, GuG 1995, 381 = EzGuG 4.161, VGH München, Urt. vom 14.05.1997 – 4 B 95.2874 –, GuG 1998, 126 = EzGuG 4.169.

251 BT-Drs. 12/3257.

252 Allgemeines Kriegsfolgengesetz vom 05.11.1957 (BGBl. I 1957, 1747), zuletzt geändert durch Art. 214 der Verordnung vom 19.06.2000 (BGBl I 2020, 1328).

von Liegenschaften bzw. aus besonderen liegenschaftsspezifischen Interessenlagen vorgenommen, wenn dies wirtschaftlich geboten und vertretbar ist.

361 Bei **Grundstücksveräußerungen** werden **Kontaminationen geringerer Art und Schwere** zugunsten des Erwerbers bereits im Rahmen der **Verkehrswertermittlung** angemessen berücksichtigt.

362 Bei **stärkeren Verunreinigungen** oder erheblicher Unsicherheit hierüber wird ggf.

– im **Kaufvertrag eine Beteiligung des Bundes an den Kosten einer Sanierung bis max. zur Höhe des gezahlten Kaufpreises,**
– bei einer **Eigenbeteiligung des Käufers in Höhe von 10 % an den Sanierungskosten**

für den Fall vereinbart, dass das Kaufgrundstück **binnen 3 Jahren seit Kaufvertragsabschluss** für den vertraglich vorausgesetzten Gebrauch hergerichtet oder eine nachträglich festgestellte polizeirechtlich relevante Gefahr beseitigt werden muss[253].

12.2.9 Bodenverunreinigungen im Bewertungsrecht[254]

363 Zur Berücksichtigung von Bodenverunreinigungen in der steuerlichen Bewertung wird auf den Steuererlass des Bad-Württ. FM verwiesen, abgedruckt in Kleiber, Verkehrswertermittlung von Grundstücken, 6. Aufl., S. 890 ff.

12.3 Bodenvorkommen (Bodenschätze)

12.3.1 Allgemeines

▶ *Vgl. zur Bodenbeschaffenheit vgl. Rn. 296 ff.; zu Abbauland § 3 ImmoWertV Rn. 375; zur Teilmarktrechtsprechung Vorbem. zur ImmoWertV Rn. 58; § 8 ImmoWertV Rn. 33 f., 41; § 40 ImmoWertV Rn. 4; Teil V Rn. 228 ff.; zur Beleihungswertermittlung Teil IX Rn. 40*

364 Bodenvorkommen ist eine werterhöhende Bedeutung beizumessen, wenn es sich um abbauwerte Vorkommen handelt und dem Abbau keine rechtlichen Hindernisse entgegenstehen.

Dies gilt grundsätzlich auch für Eigentumsbodenschätze (§ 3 ImmoWertV Rn. 397), deren Abbau einer öffentlich-rechtlichen Genehmigung bedürfen, die nur erteilt werden kann, wenn er im Einklang mit dem Landschafts- und Naturschutz bzw. dem Wasserschutz stehe. Stehen dem Abbau rechtliche Hindernisse entgegen, kann der Bodenschatz nach bei der Grundstücksbewertung grundsätzlich nicht werterhöhend berücksichtigt werden[255].

12.4 Baugrund

Schrifttum: Englert/Grauvogl/Maurer, Handbuch des Baugrund- und Tiefbaurechts; Ganten, Der Bausachverständige 2023, 50.

▶ *Syst. Darst. des Vergleichswertverfahrens Rn. 314 ff.; Syst. Darst. des Sachwertverfahrens Rn. 218*

365 Die Abhängigkeit des Bodenwerts von den topographischen und physischen Eigenschaften des Grund und Bodens einschließlich des Grundwasserniveaus, insbesondere seine Eignung als Baugrund, wird bei der Syst. Darst. des Vergleichswertverfahrens unter Rn. 314 ff. behandelt.

---

253 Zur Gestaltung von Grundstückskaufverträgen bei Altlasten vgl. Leinemann, GuG 1991, 61, Schlemminger, BB 1991, 1433 sowie Leinemann, Altlasten im Grundstücksverkehr (Deutscher Städtetag, Reihe DST-Beiträge E-19, 2. Aufl. Köln 1990); Reuter, BB 1989, 497.

254 Zum Erlassentwurf der Bundesfinanzverwaltung vgl. Kleiber/Simon/Weyers, Verkehrswertermittlung von Grundstücken, 2. Aufl., S. 420 sowie Stöckel, DStZ 1991, 109.

255 OLG Jena, Urt. vom 12.08.2009 – BI U 664/08 –, EzGuG 20.207f.

Soweit auf einem Grundstück zum maßgeblichen Qualitätsstichtag zur Herbeiführung seiner Bebaubarkeit bereits besondere Maßnahmen durchgeführt worden sind, z.B. Pfahlgründungen im Uferbereich, Stützmauern bei Hanglagen oder besondere Fundierungen im Einwirkungsbereich einer ICE-Trasse, können diese Maßnahmen und ihre Gründungsmehrkosten bei der Marktwertermittlung grundsätzlich außer Betracht bleiben, wenn der Bodenwert auf der Grundlage von Vergleichspreisen von Grundstücken ermittelt wurde, die derartiger Maßnahmen nicht bedürfen. Vielmehr muss dann geprüft werden, ob diese Maßnahmen wertmindernde Unterhaltungskosten verursachen (vgl. Syst. Darst. des Sachwertverfahrens Rn. 119)[256]
.

256 OVG Lüneburg, Urt. vom 17.01.1997 – 1 L 1218/95 –, BRS Bd. 59 Nr. 250 = EzGuG 15.87a.

Abschnitt 3 Allgemeine Grundsätze der Wertermittlung

§ 6 ImmoWertV
Wertermittlungsverfahren; Ermittlung des Verkehrswerts

(1) Grundsätzlich sind zur Wertermittlung das Vergleichswertverfahren, das Ertragswertverfahren, das Sachwertverfahren oder mehrere dieser Verfahren heranzuziehen. Die Verfahren sind nach der Art des Wertermittlungsobjekts unter Berücksichtigung der im gewöhnlichen Geschäftsverkehr bestehenden Gepflogenheiten und der sonstigen Umstände des Einzelfalls, insbesondere der Eignung der zur Verfügung stehenden Daten, zu wählen; die Wahl ist zu begründen.

(2) In den in Absatz 1 Satz 1 genannten Wertermittlungsverfahren sind regelmäßig in folgender Reihenfolge zu berücksichtigen:

1. die allgemeinen Wertverhältnisse;

2. die besonderen objektspezifischen Grundstücksmerkmale.

(3) Die in Absatz 1 Satz 1 genannten Wertermittlungsverfahren gliedern sich in folgende Verfahrensschritte:

1. Ermittlung des vorläufigen Verfahrenswerts;

2. Ermittlung des marktangepassten vorläufigen Verfahrenswerts;

3. Ermittlung des Verfahrenswerts.

Bei der Ermittlung des vorläufigen Verfahrenswerts und des marktangepassten vorläufigen Verfahrenswerts sind § 7 und § 8 Absatz 2 zu beachten; bei der Ermittlung des Verfahrenswerts ist § 8 Absatz 3 zu beachten.

(4) Der Verkehrswert ist aus dem Verfahrenswert des oder der angewendeten Wertermittlungsverfahren unter Würdigung seiner oder ihrer Aussagefähigkeit zu ermitteln.

Gliederungsübersicht *Rn.*

1 Übersicht

▶ *Vgl. Vorbem. zur ImmoWertV Rn. 142 ff.*

1 **§ 6 ImmoWertV nimmt in der Systematik der ImmoWertV eine zentrale Schlüsselfunktion für alle in der ImmoWertV geregelten Wertermittlungsverfahren ein.**
Die Vorschrift regelt verfahrensübergreifend

a) in *Abs. 1* die grundsätzlich in Betracht kommenden Wertermittlungsverfahren (Vergleichs-, Ertrags- und Sachwertverfahren), die allgemeinen Grundsätze der Wahl des Wertermittlungsverfahrens sowie die Pflicht zur Begründung der Verfahrenswahl.

b) in *Abs. 2* die Aufspaltung der Wertermittlungsverfahren in die Ermittlung eines vorläufigen marktangepassten Verfahrenswerts und eine ergänzende Berücksichtigung der besonderen objektspezifischen Grundstücksmerkmale (boG),

c) in *Abs. 3* die wertermittlungstechnische Abfolge der Verfahrensschritte und

d) in *Abs. 4* die Ermittlung des Verkehrswerts aus dem Verfahrenswert des oder der angewendeten Wertermittlungsverfahren.

2 Neben den in § 6 Abs. 1 ImmoWertV ausdrücklich hervorgehobenen Vergleichs-, Ertrags- und Sachwertverfahren werden beschränkt auf die Ermittlung des Bodenwerts in § 40 Abs. 3 ImmoWertV auch „**deduktive Verfahren**" ausdrücklich zugelassen. Den deduktiven Verfahren zuzurechnen ist auch das nicht unproblematische Residualwertverfahrens (Extraktion), dessen Anwendung mit § 42 ImmoWertV beschränkt auf die Ermittlung des Bodenwerts von Bauerwartungs- und Rohbauland zulässig sein soll.

3 Die Wertermittlungsverfahren werden in zwei Teile aufgegliedert, nämlich in einen im 1. Schritt ermittelten *„vorläufigen"* und nach Maßgabe des § 7 ImmoWertV an die allgemeinen Wertverhältnisse auf dem Grundstücksmarkt *„marktangepassten vorläufigen"* Verfahrenswert und den im zweiten Schritt unter Berücksichtigung der *besonderen objektspezifischen Grundstücksmerkmale* i.S. des § 8 Abs. 3 ImmoWertV ermittelten Verfahrenswert (vgl. Vorbem. zur ImmoWertV Rn. 137). Die Vorgaben stehen unter dem Telos, dass Vergleichs-, Ertrags- und Sachwert den Marktwert (Verkehrswert) abbilden. Vergleichs-, Ertrags- und Sachwerte sind jeweils aus dem *„vorläufigen marktorientierten"* Vergleichs-, Ertrags- und Sachwert abzuleiten.

4 **Mit der Dichotomie der Wertermittlungsverfahren sind die Weichen für eine weitgehende Automatisierung der Marktwertermittlung gestellt**:

– Die Ermittlung des vorläufigen Vergleichs-, Ertrags- und Sachwerts steht nämlich unter dem Regime des Gutachterausschusses für Grundstückswerte. Denn der vorläufige Vergleichs-, Ertrags- und Sachwert soll auf der Grundlage der vom Gutachterausschuss für Grundstückswerte abgeleiteten Vergleichsfaktoren bebauter Grundstücke (Wohn- und Nutzflächenwerte), Liegenschaftszinssätze und Sachwertfaktoren abgeleitet werden. Hieraus folgt, dass dann auch die zur Ableitung dieser „erforderlichen" Daten von den Gutachterausschüssen jeweils angewandten Verfahrensmodelle einschließlich der einschlägigen Modelle, Modellansätze und Referenzparameter auch bei der Ermittlung des vorläufigen Vergleichs-, Ertrags- und Sachwerts zur Anwendung kommen müssen (Grundsatz der Modell- und Referenzkonformität). Dies gewährleistet im ersten Schritt eine marktkonforme Marktwertermittlung und eine weitgehende **Automatisierung der Ermittlung der *vorläufigen* Vergleichs-, Ertrags- und Sachwerte**.

- Auch die im zweiten Schritt ergänzend zu berücksichtigenden *besonderen objektspezifischen Grundstücksmerkmale* sind auf der Grundlage empirisch aus der Kaufpreissammlung abgeleiteter Umrechnungskoeffizienten (Anpassungs- bzw. Korrekturfaktoren) automatisierbar.

2 Marktwert

2.1 Wertermittlungsverfahren der ImmoWertV (§ 6 Abs. 1 ImmoWertV)

2.1.1 Allgemeines

5 Nach § 6 Abs. 1 Satz 1 ImmoWertV sind zur Verkehrswertermittlung (Marktwertermittlung)

a) das Vergleichswertverfahren *(comparison method oder sales comparison approach)*,

b) das Ertragswertverfahren *(income approach oder income capitalization approach)* und

c) das Sachwertverfahren *(cost approach)*.

oder mehrere dieser Verfahren heranzuziehen.

6 Bei den genannten Verfahren handelt es sich um die **klassischen und international gebräuchlichen Wertermittlungsverfahren** (*valuation methodology*), die weltweit das methodische Gerüst der Verkehrswertermittlung mit allerdings unterschiedlichem Gewicht und unterschiedlicher Tradition bilden. Das Vergleichs-, Ertrags- und Sachwertverfahren können als die eigentlichen internationalen Verfahren bezeichnet werden[1].

7 In ihren Grundzügen werden mit den klassischen in der ImmoWertV geregelten Wertermittlungsverfahren (Vergleichs-, Ertrags- und Sachwertverfahren) simulationsartig die **Preismechanismen** nachgespielt, die nach der Art des Grundstücks auf dem jeweiligen Grundstücksteilmarkt im gewöhnlichen Geschäftsverkehr preisbestimmend sind. Dies ist auch für die Wahl des Ermittlungsverfahrens von Bedeutung. Demzufolge findet

- das *Vergleichswertverfahren* Anwendung, wenn – wie insbesondere bei unbebauten Grundstücken oder Eigentumswohnungen – sich der Grundstücksmarkt an Vergleichspreisen orientiert;
- das *Ertragswertverfahren* bei der Verkehrswertermittlung solcher Immobilien Anwendung, die üblicherweise zum Zwecke der Ertragserzielung (Renditeobjekte) gehandelt werden;
- das *Sachwertverfahren* in den wenigen Fällen Anwendung, in denen eine nicht auf Ertragserzielung gerichtete Eigennutzung (z.B. Einfamilienhaus) das Marktgeschehen bestimmt.
- Herstellungskosten können im Rahmen der Verkehrswertermittlung **insoweit von Bedeutung** sein, wie sie das abbilden, **was ein Erwerber selbst aufbringen müsste, wenn er alternativ zum Kauf eines bebauten Grundstücks die bauliche Anlage selbst errichten würde** (vgl. Rn. 118).

---

1 The Appraisal of Real Estate; 12. Aufl. 2001, S. 62.

Im Kern können alle Verfahren als Vergleichswertverfahren angesehen werden. Während nämlich bei Anwendung des Vergleichswertverfahrens die Verkehrswertermittlung im Wege des direkten Preisvergleichs gesucht wird, sind das Ertrags- und Sachwertverfahren darauf ausgerichtet, deduktiv über den Vergleich der Ertragsverhältnisse bzw. der Herstellungskosten zum Verkehrswert zu gelangen. Bei allen Verfahren geht es im Kern auch darum, objektspezifisch und authentisch die Markt- und Wettbewerbssituation (des gewöhnlichen Geschäftsverkehrs) zu simulieren. 8

Jedes der klassischen Wertermittlungsverfahren muss darauf gerichtet sein, zu dem Wert zu gelangen, den der Grundstücksmarkt der Immobilie mit Blick in die Zukunft beimisst. Der Rückgriff in die Vergangenheit, z.B. auf in der Vergangenheit aufgebrachte Herstellungskosten oder auf die in der Vergangenheit für vergleichbare Objekte erzielten Erträge, muss bei sachverständiger Anwendung der Verfahren stets daraufhin überprüft werden, ob und inwieweit er sich auf die Verhältnisse am Wertermittlungsstichtag mit dem in diesem Zeitpunkt in die Zukunft gerichteten Blick übertragen lässt. Um diesbezüglich „Übertragungsfehler" gering zu halten, muss deshalb der Anwender der Verfahren bestrebt sein, möglichst **wertermittlungsstichtagsnahe Vergleichspreise, Erfahrungssätze über (Normal-)Herstellungskosten oder vergleichbare Erträge** heranzuziehen, um sie dann mit Blick auf die Zukunft möglicherweise noch „nachzukorrigieren". Dies gilt grundsätzlich für alle der genannten Verfahren, auch wenn dies in Bezug auf die Praxis des Sachwertverfahrens unter Heranziehung von 13er-Werten mitunter übersehen wurde. Der Rückgriff auf Vergleichsdaten der Vergangenheit, seien es Vergleichspreise, vergleichbare Herstellungskosten oder vergleichbare Einnahmen, ist also darauf gerichtet, verlässliche Grundlagen zu erlangen, die sich auf die Zukunft übertragen lassen. 9

Wenn also ein wesentlicher **Unterschied des Ertragswertverfahrens zum Sachwertverfahren** darin gesehen wird, dass nur bei diesem Verfahren die Zukunft Berücksichtigung findet, während sich der Sachwert aus den in der Vergangenheit aufgebrachten Herstellungskosten ableite, so ist dies nur bedingt richtig. Bei einer genaueren Analyse erweisen sich solche Überlegungen als irreführend. 10

a) Der Sachwert baulicher Anlagen wird zwar mit Hilfe von Normalherstellungskosten der Vergangenheit abgeleitet und mitunter scheuen sich Gutachter auch heute nicht, auf Normalherstellungskosten von Jahr 1913 zurückzugreifen, jedoch werden die Kosten stets auf den Wertermittlungsstichtag indexiert und sind nur mit Blick auf die künftige Nutzung werthaltig.
Bei alledem geht es nicht um die „historischen Rekonstruktionskosten" nach den Verhältnissen zum Zeitpunkt der Errichtung des Gebäudes, sondern um die „**Ersatzbeschaffungskosten**" *(replacement costs)* nach den neuzeitlichen Verhältnissen des Wertermittlungsstichtags. Insoweit ist auch bei Anwendung des Sachwertverfahrens die Vergangenheit nur von begrenzter Bedeutung.

b) Auch der **Vergleichswert** wird zwar aus **möglichst gegenwartsnah** (in Bezug auf den Wertermittlungsstichtag) **zustande gekommenen Vergleichspreisen** abgeleitet; gleichwohl ist auch dieser Wert ein zukunftsorientierter Wert, denn die Vergleichspreise werden maßgeblich durch die Zukunftserwartungen der Käufer geprägt.

c) Bei Anwendung des **Ertragswertverfahrens** auf der Grundlage der am Wertermittlungsstichtag ortsüblich erzielbaren Erträge wird die nachhaltige Ertragssituation „eingefangen", wenn zur Kapitalisierung dieser Erträge der Liegenschaftszinssatz herangezogen wird. Mit den Liegenschaftszinssätzen werden diese Erträge „vernachhaltigt", denn sie werden aus Kaufpreisen abgeleitet, die mit Blick auf die künftige Entwicklung des Grundstücksmarktes einschließlich der erwarteten Ertragsentwicklung entrichtet wurden (vgl. § 21 ImmoWertV Rn. 11 ff.). Soweit am Wertermittlungsstichtag die tatsächlich erzielten Erträge insbesondere aufgrund vertraglicher Bindungen bzw. des geltenden Mietrechts von den marktüblich erzielbaren Erträgen der Höhe nach temporär abweichen, muss dem ergänzend Rechnung getragen werden.

Die klassischen Verfahren können in vielfältiger Weise modifiziert und kombiniert werden.

11 Alle Verfahren müssen grundsätzlich darauf gerichtet sein, dass sie möglichst direkt zum Verkehrswert führen. Aus dieser Sicht kann das Ertragswertverfahren im Verhältnis zum Sachwertverfahren in aller Regel die höhere Zuverlässigkeit und Überzeugungskraft für sich in Anspruch nehmen; darüber hinaus ist es am ehesten geeignet, zu zueinander „stimmigen" Werten zu kommen. Indessen ist die Anwendung von Verfahren, die zunächst zu Ergebnissen führen, aus denen der Verkehrswert erst über **Zu- oder Abschläge in einer zum Ergebnis erheblichen Größenordnung** abgeleitet werden muss, schon fast nur noch als Nachweis ihrer Ungeeignetheit zu werten. Dies kann allenfalls nur mitgetragen werden, wenn tatsächlich keine geeigneteren Verfahren zur Verfügung stehen.

12 Mit der Beschränkung auf die Regelung der drei sog. klassischen Wertermittlungsverfahren ist die **Anwendung anderer sachgerechter Verfahren nicht ausgeschlossen**, denn die ImmoWertV regelt die Verkehrswertermittlung ohnehin nur in ihren Grundzügen. Andere in Betracht zu ziehende Verfahren sind ohnehin Derivate der genannten Verfahren, die auch als deduktive Methoden bezeichnet werden, so z.B. die Zielbaummethode, das Extraktionsverfahren (Residualwertverfahren), die allgemeine Barwertmethode (periodisches Ertragswertverfahren), die als „Urform" des Ertragswertverfahrens angesehen werden kann, und viele mehr. **Andere zur Verkehrswertermittlung herangezogene Methoden** müssen aber geeignet sein und **dürfen nicht das Wertbild verzerren**[2].

13 Das BVerwG hat mit seiner Entscheidung vom 16.01.1996 den **klassischen Verfahren eine Priorität** eingeräumt und in diesem Zusammenhang darauf hingewiesen, dass auf andere geeignete Methoden erst ausgewichen werden kann, wenn eine in der ImmoWertV vorgesehene Methode nicht angewandt werden kann. Die ImmoWertV sei insoweit nicht abschließend[3].

14 Zur Kontrolle können auch überschlägige Berechnungen auf der Grundlage von Herstellungskosten, Feuerversicherungswerten, Beleihungswerten und „Maklerformeln" vorgenommen werden. Überschlagsrechnungen (Faustformeln) haben den Vorteil, dass bei sachkundiger Anwendung mit ihrer Hilfe die Größenordnung des Verkehrswerts schnell abgeschätzt werden kann. Sie haben jedoch den Nachteil, dass die Wertermittlungsgrundlagen (Preis- oder Zinsansätze) nicht nachprüfbar sind. Damit genügen sie nicht den Anforderungen, die die Rechtsprechung an Gutachten stellt[4].

15 Die **Wertermittlungsverfahren stellen Hilfswege für die Ableitung** des sich am Geschehen auf dem Grundstücksmarkt orientierenden **Verkehrswerts** dar (§ 194 BauGB). In der Begründung zur WertV 61 war dies besonders für das Ertrags- und Sachwertverfahren herausgestellt. Dort hieß es, dass diese Verfahren „immer nur ein Hilfsmittel zur Bestimmung des Verkehrswerts" darstellen[5]. Dies gilt grundsätzlich für alle zur Ermittlung des Verkehrswerts herangezogenen Verfahren und damit auch für solche, die in der ImmoWertV nicht geregelt sind.

16 Zur Verkehrswertermittlung können entgegen einer weitverbreiteten Auffassung Elemente des Vergleichs-, Ertrags- und Sachwertverfahrens miteinander kombiniert werden **(Kombinationswertverfahren)**. Dies ist bei Anwendung des Ertrags- und Sachwertverfahrens im Hinblick auf den regelmäßig im Vergleichswertverfahren ermittelten Bodenwert systemimmanent.

2 BGH, Urt. vom 12.02.2001 – V ZR 420/99 –, GuG 2991, 181 = EzGuG 20.176; OLG Brandenburg, Urt. vom 11.01.2006 – 4 U 85/05 –, EzGuG 20.200c.

3 BVerwG, Urt. vom 16.01.1998 – 4 B 69/95 –, GuG 1996, 111 = EzGuG 15.83.

4 BGH, Urt. vom 17.12.1964 – III ZR 96/63 –, BRS Bd. 19 Nr. 112 = EzGuG 11.47; BGH, Urt. vom 02.02.1977 – VIII ZR 155/75 –, NJW 1977, 801 = EzGuG 11.106.

5 BAnz Nr. 154 vom 12.08.1961.

Als weitere *Beispiele* für die Kombination von Elementen verschiedener Wertermittlungsverfahren können insbesondere die sog. deduktiven Verfahren gelten, namentlich **17**

- das **Extraktionsverfahren** (Residualwertverfahren),
- die sog. **kalkulatorische Bodenwertermittlung** über die Ertragsfähigkeit des Grund und Bodens.

Wie noch näher ausgeführt wird, muss allerdings gefordert werden, dass die zu kombinierenden Elemente verschiedener Wertermittlungsverfahren aufeinander „abgestimmt" sind und die Kombination nicht zu einer „**Verzerrung des Wertbilds**" führt.

2.1.2 Deduktive Wertermittlungsverfahren

▶ *Vgl. § 40 ImmoWertV Rn. 15, 143; § 42 ImmoWertV Rn. 1 ff.; Syst. Darst. des Vergleichswertverfahrens Rn. 418; Teil VI Rn. 467*

In der Praxis der Wertermittlung von Grundstücken hat sich eine fast unüberschaubare Zahl von Wertermittlungsverfahren herausgebildet, die allesamt letztlich auf die klassischen Grundverfahren zurückgehen. Die über die genannten Verfahren hinaus **in der Praxis der Wertermittlung entwickelten deduktiven und sonstigen Verfahren stellen letztlich nur Derivate der klassischen Wertermittlungsverfahren** dar. Sie haben sich aus den verschiedensten Gründen aus den klassischen Wertermittlungsverfahren herausgebildet, insbesondere im Hinblick auf **18**

a) die mit der Wertermittlung verfolgte Zielsetzung, z.B. im Steuer-, Beleihungs-, Rechnungs-, Bilanz- oder Versicherungswesen,

b) die Lösung besonderer Problemstellungen wie die Bemessung von Enteignungsentschädigungen, die Verkehrswertermittlung von Teilflächen und die Verkehrswertermittlung im Zusammenhang mit der Durchführung städtebaulicher Maßnahmen,

c) die im Einzelfall geforderte Genauigkeit oder

d) geeignete Rechentechniken.

Von besonderer Bedeutung ist die „Marktwertermittlung" zur Vorbereitung von Investitionsentscheidungen. Es geht dabei nicht immer um den Marktwert, sondern um den sog. **Investitionswert** (*investment value*). Investitionswert ist eigentlich nicht der „Wert", sondern der „Preis", der für einen Investor unter Berücksichtigung seiner individuellen Belange „angemessen" ist. Er basiert auf bestimmten individuellen Parametern wie eine angestrebte Verzinsung des investierten Kapitals, ggf. aufgegliedert nach Eigen- und Fremdkapital, vorgegebenen Nutzungsverhältnissen (z.B. von sog. „Ankermieten"), objektspezifischen Maßnahmen und dgl. So sind insbesondere das Residualwertverfahren und das *Discounted-Cashflow*-Verfahren methodisch darauf angelegt, einen Investitionswert zu ermitteln.

Deduktive Verfahren werden in § 40 Abs. 3 ImmoWertV für die Ermittlung von Bodenwerten ausdrücklich zugelassen, wenn keine ausreichende Anzahl von Vergleichspreisen oder kein geeigneter Bodenrichtwert zur Verfügung steht. In der Wertermittlungspraxis kommen deduktive Verfahren auch zur Marktwertermittlung bebauter Grundstücke zur Anwendung. **19**

Schließlich haben sich in der Wertermittlungspraxis für besonders gelagerte Wertermittlungsaufgaben noch näher darzulegende Wertermittlungsverfahren entwickelt, für die die Praxis eigene Begriffe geprägt hat. **20**

a) Im Rahmen der Verkehrswertermittlung von Teilflächen (vgl. § 44 ImmoWertV Rn. 146 ff.), die aus einem Stammgrundstück herausgetrennt werden, sind hier namentlich zu nennen:

   - das **Differenzwertverfahren,** bei dessen Anwendung der Teilflächenwert aus dem Unterschied des Verkehrswerts eines Stammgrundstücks zum Restgrundstück ermittelt wird; ggf. unter Einbeziehung der Entschädigung für weitere Vermögensnachteile, die das Restgrundstück durch die Abtretung erfährt (vgl. Rn. 149);

- die **pauschale Bruchteilsbewertung** (vgl. § 44 Rn. 38).

b) Bei der Bewertung sog. „Bleibender Gemeinbedarfsflächen", die mangels Verkehrswertfähigkeit begrifflich keinen Verkehrswert haben können (§ 44 ImmoWertV Rn. 16 ff.), bedient man sich gewisser Kunstgriffe, um zu einem Wert (nicht Verkehrswert) zu kommen, der letztlich nur zu einem gerechten Interessensausgleich führt. Als Kunstgriff bedient man sich hier gewisser Denkmodelle, insbesondere

- des **aktualisierten Beschaffungswertprinzips**,
- des **Ersatzbeschaffungsprinzips**.

21 Vor besonderen Herausforderungen steht der Sachverständige in diesem Zusammenhang in den Fällen, in denen es um die Verkehrswertermittlung von

1. umnutzungsträchtigen Immobilien mit Entwicklungspotenzialen und
2. größeren aus einer Vielzahl von Grundstücken bestehenden Immobilien **(wirtschaftliche Einheit)**, z.B. eines gewerblichen oder land- oder forstwirtschaftlichen Betriebs,

geht. Hier stellt sich die grundsätzliche Frage, ob der Verkehrswert auf der Grundlage der ausgeübten Nutzung (ggf. des Gesamtbetriebs) oder auf der Grundlage einer sinnvollen Verwertung der Immobilie durch Umstrukturierungs- oder Modernisierungsmaßnahmen oder ggf. durch Zerschlagung (Zerlegung) des Betriebs ermittelt wird.

22 Bei einer sich aus einer Vielzahl von Einzelgrundstücken zusammensetzenden Immobilie (wie z.B. einem landwirtschaftlichen Betrieb) ist zunächst grundsätzlich festzustellen, dass der (Gesamtverkehrs)Wert nicht zwangsläufig der Summe der Verkehrswerte aller eigenständig nutzbaren Einzelflächen entspricht, wie sie sich mosaikartig bilden ließen. Dies wäre eher sogar der Ausnahmefall. Generell kann sogar gesagt werden, dass die Summe der Verkehrswerte aller Mosaikflächen höher oder niedriger ist als der Verkehrswert des Gesamtgrundstücks. Die Ermittlung des Verkehrswerts des Gesamtgrundstücks im Wege des sog. **Mosaikverfahrens,** bei dem die Verkehrswerte der entsprechenden Teilflächen gesondert ermittelt und aufsummiert werden, ist daher nicht unproblematisch. Die Zusammenfassung verschiedener Einzelgrundstücke kann zu einer Erhöhung des Gesamtwerts führen **(Verschmelzungswert/** ***marriage value)***, wenn sich damit die Nutzungsmöglichkeiten (Ertragsfähigkeit) der Immobilie verbessern. Umgekehrt kann gerade im Zuge der wirtschaftlichen Umstrukturierung eine „Zerschlagung" (Zerlegung) einer solchen Immobilie in selbstständig verwertbare Einzelgrundstücke dazu führen, dass die Summe der Verkehrswerte dieser Einzelgrundstücke zu einem höheren Gesamtwert führt als sich als Verkehrswert des Gesamtgrundstücks ergibt. Der dafür geprägte Begriff der Zerschlagungstaxe kommt letztlich dem Liquidationswert gleich. Während man bei der Unternehmensbewertung diesbezüglich auch vom **Liquidationswert** als dem Mindestwert des Unternehmens spricht, ist im land- und forstwirtschaftlichen Bereich der Begriff der **Zerschlagungstaxe** gängig. Unter den genannten Voraussetzungen ist die Verkehrswertermittlung verfahrensmäßig nicht auf der Grundlage der ausgeübten Nutzung vorzunehmen, sondern unter Anwendung des Liquidationswertverfahrens bzw. auf der Grundlage der Zerschlagungstaxe, denn die Fortsetzung einer unwirtschaftlichen Nutzung wäre begrifflich nicht mit der Verkehrswertdefinition vereinbar.

23 Entsprechendes gilt auch für bebaute (Einzel-)Grundstücke, die gegenüber der ausgeübten Nutzung ein **Entwicklungspotenzial** aufweisen, das eine ertragreichere Nutzung erwarten lässt. Dieses Entwicklungspotenzial kann durch eine durchgreifende Modernisierung, durch eine Umstrukturierung oder (bei Objekten mit Instandhaltungsrückstau) durch eine durchgreifende Instandhaltung aktivierbar sein. Welche der Alternativen hier als sinnvollste gelten kann, ist im Einzelfall oftmals nur feststellbar, indem die jeweiligen Verkehrswerte auf der Grundlage der verschiedenen Alternativen mit dem jeweils dann sachgerechten Wertermittlungsverfahren ermittelt und miteinander verglichen werden. Als Verkehrswert und als das im Einzel-

fall angemessene Wertermittlungsverfahren kann in aller Regel das Ergebnis gelten, das zum höchsten Wert führt *(highest and best value)*.

Sowohl bei der Verkehrswertermittlung von *unbebauten* als auch *bebauten* Grundstücken müssen Entwicklungspotenziale berücksichtigt werden. So kann der Verkehrswert z.B. von (unbebautem) Bauerwartungsland durch die Lage des Grundstücks oder eine vorbereitende Planung beeinflusst sein. Bei bebauten Grundstücken sind Entwicklungspotenziale insbesondere von Bedeutung, wenn das Grundstück eine „**Fehlnutzung**" aufweist oder eine strukturelle Umnutzung ansteht (z.B. aufgelassenes Gewerbegebiet, Bahngebiet oder Konversionsfläche). 24

Die Wahl des Wertermittlungsverfahrens bestimmt sich in diesen Fällen **nach der künftigen Nutzung** (vgl. § 11 ImmoWertV). 25

2.2 Verfahren zur Preisermittlung für Investitionsentscheidungen

▶ *Vgl. Rn. 111; Syst. Darst. des Ertragswertverfahrens Rn. 30 ff.; vgl. auch zur Extraktion bei § 42 ImmoWertV Rn. 5 ff.*

In enger Anlehnung an die vorgestellten Verfahren zur Ermittlung des Verkehrswerts von Grundstücken hat sich auch eine Vielzahl von Verfahren entwickelt, die auf die Vorbereitung von Investitionsentscheidungen ausgerichtet sind. Sie sind ausgerichtet auf die Ermittlung eines **Investitionswerts** (*investment value*). Dieser definiert sich als der spezielle Wert (besser: Preis), **der sich für einen bestimmten Investor** oder für eine bestimmte Gruppe von Investoren **auf der Grundlage der individuellen Rahmenbedingungen ergibt**[6]. Völlig abwegig ist es, die darauf ausgerichteten Wertermittlungsverfahren als „angelsächsische Verfahren" zu bezeichnen[7]. 26

Die zur Ermittlung des Investitionswerts gebräuchlichen Verfahren unterscheiden sich von den Methoden der Marktwertermittlung im Wesentlichen darin, dass bei Anwendung dieser Verfahren von einzelfallspezifischen (projektbezogenen) Wertermittlungsparametern auch unter **Einbeziehung besonderer individueller Kosten (z.B. Finanzierungs-, Grundstückstransaktions- und Verwertungskosten)** ausgegangen wird. Dabei wird häufig einseitig auf die Belange eines Investors abgestellt (einschließlich seines Investitionsrisikos). Dementsprechend sind diese Verfahren im Vergleich zu den klassischen Wertermittlungsverfahren i.d.R. auch komplizierter ausgestaltet. Zu erwähnen sind in diesem Zusammenhang das vornehmlich für die Ableitung von Investitionswerten (*investment value*) zur Anwendung kommende prognoseorientierte Ertragswertverfahren (*Discounted-Cashflow*-Verfahren), aber auch das auf die Belange des Investors ausgerichtete Extraktionsverfahren (Residualwertverfahren). 27

Insbesondere zur **Vorbereitung von Investitionsentscheidungen** sowie bei den bereits angesprochenen Immobilien mit Entwicklungspotenzialen, die einer anderen, insbesondere höherwertigen Nutzung zugeführt werden sollen (Umnutzungsfall), lässt sich deren Verkehrswert nicht immer mit den herkömmlichen Verfahren ermitteln und es wird zunehmend (hilfsweise) auf das **Extraktionsverfahren (Residualwertverfahren)** zurückgegriffen (vgl. § 42 ImmoWertV Rn. 1 ff.). Bei Anwendung dieses Verfahrens wird – vereinfacht ausgedrückt – der Verkehrswert des Grundstücks aus dem z.B. im Wege des Vergleichs- oder Ertragswertverfahrens ermittelten Verkehrswert, der sich fiktiv nach Durchführung einer beabsichtigten Entwicklung ergibt, unter Abzug der Entwicklungs- und ggf. Herstellungskosten abgeleitet. Der Differenzbetrag stellt das Residuum dar, aus dem der Verkehrswert erst noch abzuleiten ist. 28

Das Extraktionsverfahren (Residualwertverfahren) ist nur dann zur Verkehrswertermittlung geeignet, wenn sich die miteinander in Beziehung gesetzten Größen selbst am Verkehrswert 29

---

6 The Appraisal of Real Estate, 12. Aufl. (Chicago 2001), S. 26 ff., 476 ff.: „Investment value is the specific value of a property to a particular investor or class of investors based on individual investment requirements, distinguished from market value, which is impersonal and detached."

7 So z.B. Korduan, Spezialimmobilien von A-Z, 2. Aufl. Bundesanzeiger Verlag 2014, S. 31.

orientieren, d.h. marktorientiert sind. Werden indessen in die Extraktion (das Residualwertverfahren) z.B. Kosten eingeführt, die nicht den gewöhnlichen Herstellungs- sowie sonstigen Kosten entsprechen, sondern sich an den besonderen Verhältnissen eines einzelnen Investors orientieren, so kann das Extraktionsverfahren (Residualwertverfahren) auch nur zu dem Preis führen, der den persönlichen Verhältnissen eines Investors entspricht (Investorenmethode). Im Übrigen ist das **Extraktionsverfahren (Residualwertverfahren)** trotz seiner hohen Überzeugungskraft äußerst **anfällig gegenüber fehlerhaften Ansätzen** und wird deshalb in der Praxis der Verkehrswertermittlung kritisch angesehen[8].

2.3 Internationale „Bewertungsverfahren“ und Bewertungsstandards

Schrifttum: *Adair, A./Downie, M. L./McGreal, St./Vos, G.*, European Valuation Practice, Theory and Techniques, London E&FN Spon 1996; *Eisele, D.*, Verkehrswertnachweis durch internationale Bewertungsstandards, NWB Nr. 3, 15.1.2007; *Tegova:* Europäische Bewertungsstandards, Zweite deutsche Ausgabe 2003; *Kleiber, W.*, Was sind eigentlich internationale Bewertungsverfahren, GuG 2004, 193; *Kleiber, W.*, Die europäischen Bewertungsstandards des blauen Buchs, GuG 2000, 321; *Wyatt, P.*, Property Valuation in an economic context, Oxford Blackwell 2007; *Seitz, W.*, Deutsche Bewertungsstandards vs. Red Book – Bestandsaufnahme, Vergleich und Einordnung, GuG 2013, 334; *Wohlhage, L.*, Alternative Bewertungsmethoden unter Berücksichtigung internationaler Immobilienmarktstrukturen, GuG 2017, 11.

▶ *Vgl. § 21 ImmoWertV Rn. 41 f.; Syst. Darst. des Ertragswertverfahrens Rn. 19 ff.; § 40 ImmoWertV Rn. 24; § 194 BauGB Rn. 226; Teil II Rn. 32*

30 Die Begriffe „internationale Bewertungsstandards“ und „internationale Bewertungs*verfahren*“ dürfen nicht gleichgesetzt werden.

a) Unter **internationalen „Bewertungsstandards“** können verstanden werden:
– die *International Valuation Standards* (IVS) des *International Valuation Standards Committee* (IVSC)[9] und
– die *European Valuation Standards* (EVS) der *European Group of Valuers' Association* (TEGoVA)
und speziell für das Rechnungswesen
– die *International Financial Reporting Standards* (IFRS/IAS)
Diese Standards enthalten im Wesentlichen einen Verhaltenskodex für Gutachter und die Erstattung von Gutachten. **Die „internationalen Bewertungsstandards“ bleiben in ihren Anforderungen zumeist hinter den deutschen Bewertungsstandards zurück.**
Die *European Valuation Standards* (EVS) der TEGoVA sind im sog. **Blauen Buch** (*Blue Book*) veröffentlicht und basieren auf den Bewertungsstandards des britischen RICS[10].

Die *International Valuation Standards* (IVS) des IVSC sind im **Weißen Buch** (*White Book*) veröffentlicht worden. Das IVSC ist ein aus einer Initiative britischer und nordamerikanischer Bewertungsorganisationen hervorgegangener privatrechtlicher Zusammenschluss von Bewertungsverbänden[11] mit dem Ziel der Erarbeitung weltweit anerkannter Bewertungsstandards, sog. *Generally Accepted Valuation Principles* (GAVP), vornehmlich für die externe Rechnungslegung. Die bislang veröffentlichten Bewertungsstandards beschränken sich auf allgemein gehaltene Definitionen, die sich materiell von nationalen Definitionen nicht unterscheiden:

– IVS 1: Allgemeine Definition des Marktwerts (*Market Value Basis of Valuation*),
– IVS 2: Allgemeine Definitionen sog. marktferner Bewertungsmaßstäbe (*Valuation Basis Other Than Market Value*), so zum Nutzungswert (*value in use*), Investitionswert (*investment value*), Fortführungswert (*going concern value*), Versicherungswert (*insureable value*), Steuerwert (*taxable value*), zu den fortgeführten Ersatzbeschaffungskosten (*deprecia-*

8 OVG Lüneburg, Urt. vom 25.01.2001 – 1 L 5020/96 –, GuG 2002, 182 = EzGuG 15.99d.
9 Dorchester Vella, The Appraisal Journal, January 2000 S. 81.
10 Edge, Valuation Insights & Perspectives, 2nd Quarter 2000, S. 7.
11 www.ivsc.org.board.htm. Das IVSC ist u.a. Mitglied der Vereinten Nationen, der Weltbank sowie der OECD.

ted replacement cost), dem Restwert (*salvage value*), Liquidationswert (*liquidation or forced sale value*), Sonderwert (*special value*) und Beleihungswert (*mortgage lending value*).

- IVS 3: Formale und inhaltliche Anforderungen an den Bewertungsbericht.

Diese Standards werden durch Anwendungsrichtlinien, Anwendungshilfen und Anwendungspapiere ergänzt: 31

- *International Valuation Applications* (IVA),
- *Guidance Notes* (GN),
- *White Paper* (WP).

Als **nationale Bewertungsstandards** können gelten 32

- Die Sachverständigenordnung (SVO) der Industrie- und Handelskammer, die für öffentlich bestellte und vereidigte Sachverständige weitaus höhere Anforderungen als die internationalen Bewertungsstandards stellt.
- Das sog. *Red Book* der *Royal Institution of Chartered Surveyors* (RICS), das sich inhaltlich der Buchführung und Berichterstattung über Wertermittlungen in Großbritannien unter Verzicht auf Hinweise zu Wertermittlungsverfahren widmet.
- Das *Red Book* kennt wie die ImmoWertV auch nur die drei international gebräuchlichen Wertermittlungsverfahren, nämlich die
  – *Comparative Method* (Vergleichswertverfahren)
  – *Investment Method* (Ertragswertverfahren) und
  – *Depreciated Replacement Method* (Sachwertverfahren).
  Die übrigen dort genannten Verfahren, das Residualwertverfahren (Extraktion), die *Profit Method* (Gewinnmethode) und das *Discounted-Cashflow*-Verfahren sind wiederum nur modifizierte Ausformungen der drei Grundverfahren.
  – Die *Uniform Standards of Professional Practice* (USPAP) des *American Institute of Appraisers* Chicago).
  Der nationale Verhaltenskodex wird über die nationalen Standards hinaus maßgeblich durch die nationale Rechtsprechung der Gerichte, z.B. zur Haftung des Gutachters, bestimmt, und da stellen deutsche Gerichte die wohl weltweit schärfsten Anforderungen.

b) Es mag internationale Bewertungs*standards* geben; **es gibt jedoch keine „internationalen Bewertungsverfahren“**, die sich von den auf nationalstaatlicher Ebene seit jeher zur Anwendung kommenden Wertermittlungsverfahren grundlegend unterscheiden[12]. Weltweit kommen die klassischen Wertermittlungsverfahren (Vergleichs-, Ertrags- und Sachwertverfahren) mit unterschiedlicher Ausformung, Tradition und Bedeutung zur Anwendung. Diese Verfahren können damit als die eigentlichen „internationalen Bewertungsverfahren“ gelten. Deutschland kann dabei für sich in Anspruch nehmen, dass es im internationalen Vergleich moderne und ausgereifte Marktwertmethoden entwickelt hat[13]. Es gibt im Übrigen auch keine genuinen **„angelsächsischen Bewertungsverfahren“**[14], die fälschlicherweise mitunter als „internationale Bewertungsverfahren“ bezeichnet werden. Wenn in diesem Zusammenhang spezielle Methoden genannt werden, handelt es sich regelmäßig um englische Bezeichnungen allgemein üblicher Rechenverfahren.

---

12 Robinson (Drivers Jonas) plädiert in AIZ 2006, 63 für „internationale Bewertungsverfahren“, ohne sie definieren zu können. Er räumt vielmehr ein, dass die weltweit und auch in Deutschland zur Anwendung kommenden Varianten des Ertragswertverfahrens allesamt Ertragswertverfahren sind.

13 Im internationalen Vergleich zeichnet sich die deutsche Wertermittlung als besonders zuverlässig insbesondere im direkten Vergleich mit der englischen Bewertungspraxis aus (vgl. RICS/IPD-report: Valuation and Sale Price 2006, GuG 2007, 173).

14 In Großbritannien sind die weltweit und auch in Deutschland zur Anwendung kommenden Verfahren gebräuchlich, die Verfahren kommen allerdings in einer „Kümmerform“ (englische „Magerbewertung“) zur Anwendung; *Kleiber, W.*, Was sind eigentlich internationale Bewertungsverfahren, GuG 2004, 193.

Beispiele[15]:
„Top and bottom slicing" Auf- und Abschichtungsmethode
„Term and Reversion" differentielle Kapitalisierungsfaktoren
Es handelt sich hierbei nicht um Bewertungsverfahren, sondern lediglich um Rechentechniken zur Berücksichtigung besonderer objektspezifischer Grundstücksmerkmale (Anomalien) im Rahmen der klassischen Wertermittlungsverfahren, wie sie auch in Deutschland seit jeher praktiziert werden. Ansonsten werden auch in Großbritannien die klassischen Wertermittlungsverfahren praktiziert, und zwar in einer neuzeitlichen Ansprüchen nicht mehr genügenden Weise (sog. englische Mager- bzw. Kümmerbewertung).

c) Die Forderung nach einer internationalen „**Harmonisierung der Wertermittlungsverfahren**" läuft von daher bei näherer Betrachtung leer. Es bedarf nicht einer „Harmonisierung der Verfahren", sondern allenfalls einer Harmonisierung der immobilienwirtschaftlichen Rahmenbedingungen.

33 Der **Verkehrs- bzw. Marktwert wird** nämlich **entscheidend durch nationale Besonderheiten, insbesondere des Bau-, Umwelt-, Wirtschafts- und Steuerrechts sowie der Normen und Standards bestimmt**. So bestehen beispielsweise selbst innerhalb der Europäischen Gemeinschaft bereits erhebliche Unterschiede in der Berechnung der immobilienwirtschaftlich bedeutsamen Flächen (BGF, Wohn- und Nutzfläche, bauplanungsrechtliche Flächen). Noch größer sind die Unterschiede im Bau-, Miet-, Umwelt und Steuerrecht. Die Verkehrs- bzw. Marktwertermittlung ist derzeit deshalb allenfalls in beschränktem Maße allgemeingültigen internationalen Standards zugänglich. Aus eben diesem Grunde gehört die Verkehrs- bzw. Marktwertermittlung in der Europäischen Gemeinschaft auch zum sog. ungeregelten Bereich. Internationale Bewertungsstandards und Bewertungsmethoden kann es mithin allenfalls in Grundsätzen geben.

Abb. 1: Grenzen der Harmonisierung

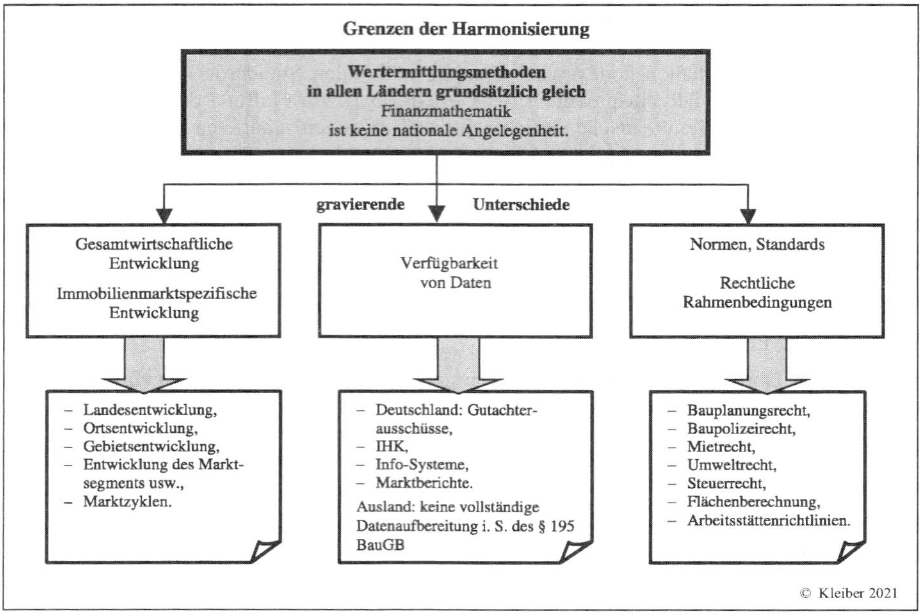

15 Wenn man diese Verfahren als „angelsächsische Bewertungsverfahren" bezeichnet; könnte man auch die Grundrechenarten zu angelsächsischen Verfahren erklären.

Bei alledem können allenfalls die internationalen Rechnungslegungs-Standards (*International Accounting Standards – IAS –)* für sich in Anspruch nehmen, als internationale Bewertungs-*standards* zu gelten, und zwar speziell für das **internationale Bilanz- und Rechnungswesen**. Diese beschränken sich indessen auf wenige allgemeine Grundsätze über die in den internationalen Bilanzen auszuweisenden Werte und hier vor allem auf das Marktwertprinzip, wie es der deutschen Verkehrswertermittlungspraxis schon seit jeher innewohnt. Die internationalen Regelwerke zur Rechnungslegung enthalten dagegen keine methodischen Standards der Verkehrswert- bzw. Marktwertermittlung, die als internationale Bewertungsmethoden gelten können. Auch die von der Tegova unter der irreführenden Bezeichnung „Europäische Bewertungsstandards" herausgegebene siebte Auflage (2012) ist speziell auf die Rechnungslegung ausgerichtet und enthält überhaupt keine Verfahrenshinweise, die im allgemeinen Sinne als internationale Standards der Verkehrs- bzw. Marktwertermittlung gelten können. 34

Das mit den ***International Accounting Standards – IAS –*** in das internationale Rechnungswesen eingeführte Verkehrs- bzw. Marktwertprinzip führt im Übrigen methodisch zu demselben Ergebnis wie das in Deutschland schon seit jeher herrschende Marktwertprinzip bei der Verkehrswertermittlung. Die Hinwendung der *International Accounting Standards – IAS –* zum Marktwert (Verkehrswert) ist konsequenterweise mit der Anwendung marktorientierter Bewertungsmethoden verbunden, d.h., es müssen solche Verfahren zur Anwendung kommen, die den Gepflogenheiten des Geschäftsverkehrs (§ 6 Abs. 1 Satz 2 ImmoWertV) entsprechen. Deshalb wäre es mit den Zielen dieser Standards unvereinbar, wenn unter der Herrschaft des Marktwertprinzips die Anwendung des **investitionsorientierten Prognoseverfahrens (*Discounted-Cashflow-Verfahren*)** an die Stelle des marktorientierten Ertragswertverfahrens gerückt wird. Wo es um die Ermittlung von Markt- und Verkehrswerten geht, kann das prognoseorientierte Ertragswertverfahren (*Discounted-Cashflow*-Verfahren) keineswegs für sich in Anspruch nehmen, ein allgemeingültiges „internationales Bewertungsverfahren" zu sein; international gesehen kommt im Rahmen der Marktwertermittlung eher das vereinfachte Ertragswertverfahren zur Anwendung, während sich die Bedeutung des prognoseorientierten Ertragswertverfahrens (*Discounted-Cashflow*-Verfahren) auf die Ermittlung von Investitionswerten beschränkt und allenfalls zur Verkehrswertermittlung weniger anlageorientierter Investitionsobjekte herangezogen wird (vgl. Syst. Darst. des Ertragswertverfahrens Rn. 51 ff.). 35

Für den **steuerlichen Bereich** ist zutreffend festgestellt worden, dass der Verkehrswertermittlung nach den bewährten deutschen Vorschriften Vorrang einzuräumen ist, auch wenn die sog. internationalen Standards keinen grundsätzlichen Gegensatz erkennen lassen[16]. 36

3 Wahl des Wertermittlungsverfahrens (§ 6 Abs. 1 Satz 2 ImmoWertV)

3.1 Grundsatzregelung

3.1.1 Allgemeines

▶ *Vgl. Syst. Darst. des Vergleichswertverfahrens Rn. 1 ff.; Syst. Darst. des Ertragswertverfahrens Rn. 1 ff.; Syst. Darst. des Sachwertverfahrens Rn. 6 ff.; zu Hotels vgl. Teil V Rn. 369; zum Beleihungswert Teil IX Rn. 360*

In § 6 Abs. 1 Satz 1 ImmoWertV werden die drei klassischen Wertermittlungsverfahren „angeboten". 37

Die drei **Wertermittlungsverfahren sind grundsätzlich gleichrangig**[17]. Ein Vorrang wird mit § 40 Abs. 1 ImmoWertV lediglich dem Vergleichswertverfahren gegeben, soweit es um die Ermittlung des Bodenwerts geht. 38

16 Eisele, D., NWB Nr. 3, 15.01.2007.

17 BGH, Urt. vom 15.06.1965 – V ZR 24/63 –, MDR 1965, 899 = EzGuG 20.39; BFH, Urt. vom 02.02.1990 – III R 173/86 –, BFHE 159, 505 = BStBl II 190, 497 = GuG 1992, 217 = EzGuG 20.131; BGH, Urt. vom 13.07.1970 – VII ZR 189/68 –, NJW 1970, 2018 = EzGuG 20.49.

39 Es kann kein einheitliches Verfahren der Marktwertermittlung geben, denn die charakteristischen Merkmale, die den Wert eines Grundstücks bestimmen, sind bei den einzelnen Grundstücksarten verschieden[18]. Die **Wahl der zur Anwendung kommenden Wertermittlungsverfahren** oder eines einzelnen Wertermittlungsverfahrens stellt deshalb eine entscheidende Weichenstellung für die Verkehrswertermittlung dar. Nach den in § 6 Abs. 1 Satz 2 ImmoWertV genannten Grundsätzen bestimmt sich das Wertermittlungsverfahren nach:

a) den *im gewöhnlichen Geschäftsverkehr bestehenden Gepflogenheiten*, d.h. nach den Überlegungen, die im Grundstücksverkehr nach der „**Art des Wertermittlungsobjekts**" für die Preisbemessung maßgebend sind, sowie

b) den *sonstigen Umständen des Einzelfalls*, worunter in erster Linie die dem Sachverständigen **für die Wertermittlung zur Verfügung stehenden Vergleichsdaten** zu verstehen sind.

Bei dem zur Anwendung kommenden Verfahren ist von den Maßstäben auszugehen, die der Verkehr beim Grundstückskauf anzuwenden pflegt[19]. Dieser Grundsatz ist entsprechend auf andere in der ImmoWertV nicht geregelten Verfahren ebenfalls anzuwenden[20].

Wird die Art und Weise der Bewertung eines Vermögensgegenstandes vom Gesetz nicht geregelt, ist es in Streitfällen zur Bemessung des Zugwinnausgleichs Aufgabe des Tatrichters, im Einzelfall eine geeignete Bewertungsart sachverhaltsspezifisch auszuwählen und anzuwenden[21].

40 Mit der „*Art des Wertermittlungsobjekts*" ist in erster Linie die *Grundstücks- bzw. Immobilienart* (Gebäudeart) angesprochen. Allgemein kann der Grundstücksmarkt in seiner Gesamtheit in einen städtischen sowie einen land- und forstwirtschaftlichen Grundstücksteilmarkt untergliedert werden.

41 Von maßgeblicher Bedeutung ist die Nutzbarkeit des Grundstücks; auf die tatsächlich **ausgeübte Nutzung** (vgl. § 2 Abs. 3 Satz 2 Nr. 3 ImmoWertV) kommt es bei der Wahl des Wertermittlungsverfahrens in aller Regel nicht an, wenn diese nicht der künftigen marktüblichen Nutzung entspricht. In diesem Sinne bestimmt auch § 75 Abs. 5 Satz 4 BewG, dass ein Einfamilienhaus weiterhin als Einfamilienhaus nach dem dafür einschlägigen Wertermittlungsverfahren zu bewerten ist, wenn es zu gewerblichen, freiberuflichen oder öffentlichen Zwecken mitbenutzt wird und dadurch seine Eigenart nicht wesentlich beeinträchtigt wird (Abb. 2).

Abb. 2: Wahl des Wertermittlungsverfahrens

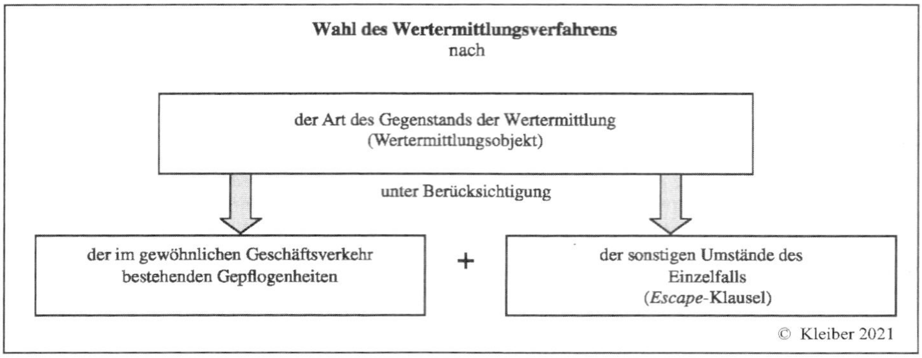

18 BVerfG, Beschl. vom 07.05.1968 – 1 BvR 420/54 –, BVerfGE 23, 242 = EzGuG 20.43.
19 OLG Köln, Urt. vom 28.08.1968 – 9 U 28/58 –, NJW 1962, 2161 = EzGuG 20.31.
20 BVerwG, Beschl. vom 16.01.1996 – 4 B 69/95 –, GuG 1996, 111 = EzGuG 15.83.
21 BGH, Urt. vom 17.11.2010 – XII ZR 170/09 –, NJW 2011, 601 = EzGuG 20.313a; BGH, Urt. vom 12.06.1995 – XII ZR 109/94 –, BGHZ 130,298 und BGH, Urt. vom 17.07.2002 –XII ZR 218/00 –; Budzikoewics, Komm., 17. Aufl., § 1376 BGB Rn. 10.

Nach der Art des Gegenstands der Wertermittlung kann es beispielsweise angezeigt sein, das Vergleichswertverfahren anzuwenden. Stehen dem Sachverständigen aber **keine geeigneten Vergleichspreise** in ausreichender Zahl zur Verfügung, so sind dies Umstände, die ein Ausweichen auf weniger geeignete Verfahren rechtfertigen („*Escape*-Klausel"). 42

Generell führt die Berücksichtigung der bestehenden **Gepflogenheiten des Geschäftsverkehrs** zu den sich aus Abb. 3 ergebenden Wertermittlungsverfahren: 43

Abb. 3: Wahl des Wertermittlungsverfahrens

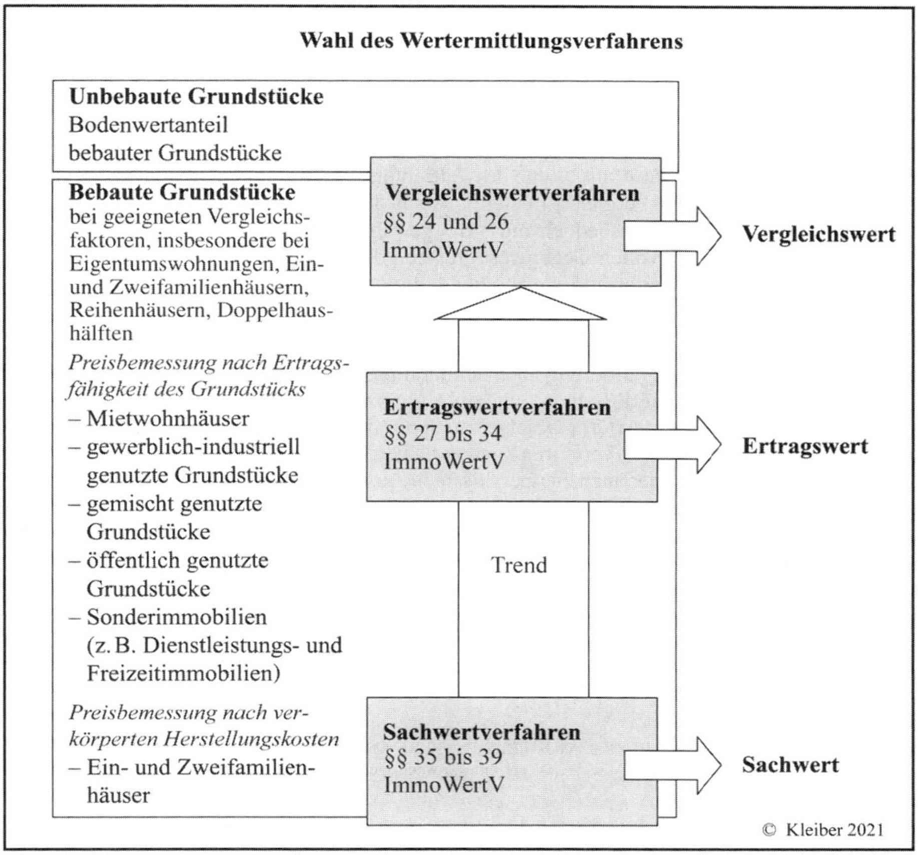

Der Grundstückssachverständige ist grundsätzlich frei in der Wahl seines Schätzverfahrens[22]. Die Auswahl des Verfahrens liegt in seinem sachverständigen Ermessen. **Bei der Wahl des Wertermittlungsverfahrens muss sich der Gutachter aber der allgemein anerkannten Regeln der Wertermittlungslehre bedienen** und zu diesem Zweck alle ihm zugänglichen Erkenntnisquellen vollständig und sachgerecht auswerten und in nachvollziehbarer Weise dartun. Solche anerkannten Schätzpraktiken sind in den Regelwerken ImmoWertV und den 44

22 Die Gutachterausschüsse haben sich bei städtebaulichen Wertermittlungen grundsätzlich an die Vorschriften der ImmoWertV zu halten.

hierzu erlassenen Richtlinien bzw. Anweisungen veröffentlicht und in der BGH-Rechtsprechung anerkannt[23].
Mit den allgemeinen Grundsätzen der Verkehrswertermittlung und der unabhängigen Tätigkeit eines Sachverständigen unvereinbar war die Vorgabe des Abgeordnetenhauses von Berlin[24], bei der Veräußerung von erbbaurechtsbelasteten Grundstücken die dort vorgegebenen (politisch ausgerichteten) „Bewertungsmodelle" anzuwenden, die nicht nur nach Auffassung des Rechnungshofes von Berlin[25] mit einer objektiven Marktwertermittlung und der BGH-Rechtsprechung unvereinbar sind.

45 Welches Wertermittlungsverfahren dem Ziel der Verkehrswertermittlung am besten gerecht wird, ist dabei eine Frage der Tatsachenfeststellung. Diese Feststellungen dürfen nicht auf einem Rechtsirrtum oder einem Verfahrensmangel beruhen. Den materiellen Rechtsfehlern stehen dabei Verstöße gegen die angewandte Schätzmethode, gegen (allgemeine) Denkgesetze und anerkannte Schätzungsgrundsätze gleich[26].

46 Im gerichtlichen Verfahren ist die **Wahl des Wertermittlungsverfahrens** in erster Linie eine Rechtsfrage[27]. Sie ist im Streitfalle Sache des Tatrichters[28]; dies gilt gleichermaßen für die Ermittlung von ortsüblichen Vergleichsmieten[29]. Auch der Tatrichter ist bei der Auswahl der Wertermittlungsmethoden frei, jedoch muss die gewählte Wertermittlungsmethode geeignet sein, mit ihrer Hilfe den „vollen Gegenwert" für den dem Eigentümer genommenen Gegenstand zu erfassen. Eine Wertermittlungsmethode, die das Wertbild verzerrt, hat daher auszuscheiden[30]. Die angewandten Verfahren müssen in sich „schlüssig" sein[31].

47 **Grundsätzlich kann die Wertermittlung auch auf ein einziges Verfahren gestützt werden**. Eine allgemeingültige Forderung nach der parallelen Durchführung von mindestens zwei Verfahren besteht nicht. Die Beschränkung auf ein einziges Verfahren ist insbesondere dann sachgerecht, wenn nach der Art des Objektes auch nur dieses Verfahren angezeigt ist. Die zusätzliche Anwendung weiterer Verfahren kann zur Überprüfung des Ergebnisses eines anderen Verfahrens nützlich sein, aber auch zu überflüssigen Auseinandersetzungen führen. Eine letztlich nur nachrichtlich mitgeschleppte Sachwertermittlung hat häufig schon dazu geführt, dass ein Sachverständiger im Streitfall an hierbei begangenen Fehlern „demontiert" wurde, obwohl seine Ertragswertermittlung, auf die es entscheidend ankam, durchaus sachgerecht war. Von daher muss sich der Sachverständige fragen, ob eine zur (persönlichen) Absicherung durchgeführte Sachwertermittlung auch Bestandteil des Gutachtens sein muss.

---

23 BGH, Urt. vom 27.04.1964 – III ZR 136/63 –, BRS Bd. 19 Nr. 131 = EzGuG 6.75. Die Behauptung von Robinson (Drivers Jonas) in AIZ 2006, 61, die WertV sei eine „Zwangsjacke", mit der zudem das aktuelle Zeitgeschehen ignoriert werde, ist falsch.

24 LT-Drs. 15/1002.

25 Schreiben des Rechnungshofs von Berlin vom 23.08.2002 (II A3/PA just) und vom 15.10.2002 (II B/II B 1 PA Just 2) an die Senatsverwaltung für Finanzen.

26 BFH, Urt. vom 18.12.1984 – VIII R 195/82 –, BFHE 142, 558 = BStBl II 1986, 226 = EzGuG 20.108a.

27 BGH, Urt. vom 02.12.1971 – III ZR 165/69 –, BGHZ 57, 108 = EzGuG 20.51; BGH, Urt. vom 26.10.1972 – III ZR 78/71 –, BGHZ 26, 106 = EzGuG 18.57.

28 BGH, Beschl. vom 08.01.2019 – XI ZR 535/17 –, GuG 2019, 252 = EzGuG 20.290; BGH, Urt. vom 18.12.2007 – XI ZR 324/06 –, NJW-RR 2008, 1436 = EzGuG 20.203c, m.w.N.; BGH, Urt. vom 18.10.2016 – XI ZR 145/14 –, GuG 2017, 200 = EzGuG 20.248.

29 BGH, Urt. vom 24.04.2019 – VIII ZR 62/18 –, GuG 2019, 315 = EzGuG 20.30; BGH, Urt. vom 08.11.1962 – III ZR 86/61 –, BGHZ 39, 198 = EzGuG 8.5; BGH, Urt. vom 02.12.1971 – III ZR 165/69 –, BGHZ 57, 108 = EzGuG 20.51; BGH, Urt. vom 26.10.1972 – III ZR 78/71 –, BRS Bd. 26 Nr. 106 = EzGuG 18.57; Kröner, Die Enteignungsentschädigung in der Rechtsprechung des Bundesgerichtshofs, 2. Aufl., S. 128; ders., DRiZ 1961, 381; Gelzer/Busse, Der Umfang des Enteignungsentschädigungsanspruchs aus Enteignung und enteignungsgleichem Eingriff, 2. Aufl., S. 30.

30 BGH, Urt. vom 29.05.1967 – III ZR 126/66 –, BGHZ 48, 65 = EzGuG 18.35; BGH, Urt. vom 02.02.1971 – III ZR 165/69 –, BGHZ 57, 108 = EzGuG 20.51; BGH, Urt. vom 26.10.1972 – III ZR 78/71 –, BRS Bd. 26 Nr. 106 = EzGuG 18.57; BGH, Urt. vom 20.03.1975 – III ZR 153/72 –, BRS Bd. 34 Nr. 120 = EzGuG 18.64; BGH, Urt. vom 14.12.1978 – III ZR 6/77 –, BRS Bd. 34 Nr. 152 = EzGuG 4.63; BGH, Urt. vom 23.06.1983 – III ZR 39/82 –, BRS Bd. 45 Nr. 102 = EzGuG 20.102; vgl. auch Maunz/Dürig/Herzog/Scholz, GG, Art. 14, S. 66.

31 BFH, Urt. vom 18.12.1984 – VIII R 195/82 –, BFHE 142, 558 = BStBl II 1986, 226 = EzGuG 20.108b.

Auch wenn es im Einzelfall angezeigt ist, die Wertermittlung auf ein einziges **Verfahren** zu stützen, kann es erforderlich werden, dieses **in unterschiedlichen „Variationen“** anzuwenden. 48

Es können auch mehrere der genannten Verfahren herangezogen werden, wobei der Verkehrswert dann unter Würdigung ihrer Aussagefähigkeit zu bemessen ist. Theoretisch muss jedes auf die Verkehrswertermittlung ausgerichtete Verfahren bei sachgerechter Anwendung zum Verkehrswert führen, jedoch ist je nach Einzelfall in aller Regel ein bestimmtes Verfahren unter Berücksichtigung der zur Verfügung stehenden Wertermittlungsgrundlagen besonders geeignet und deshalb von besonderem Gewicht. **Sind mehrere Verfahren herangezogen worden, so sind die jeweiligen Ergebnisse entsprechend ihrem Gewicht und ihrer Aussagekraft zu würdigen und angemessen zu berücksichtigen.** Dies kann auch dazu führen, dass ein ergänzend zum ermittelten Ertragswert abgeleiteter Sachwert in „angemessener“ Weise überhaupt nicht berücksichtigt wird, nämlich immer dann, wenn er aus Vorsicht allein zur Kontrolle zusätzlich ermittelt wurde. 49

Bei der **Verkehrswertermittlung eines in Teilen unterschiedlich genutzten Grundstücks** kann es geboten sein, den Verkehrswertanteil der verschieden genutzten Grundstücksteilflächen nach unterschiedlichen Wertermittlungsverfahren zu ermitteln (Mosaikmethode). Dabei muss gefordert werden, dass dies den Gepflogenheiten des gewöhnlichen Geschäftsverkehrs entspricht[32]. 50

3.1.2 Begründungspflicht

▶ *Vgl. Teil II Rn. 516 ff.; § 3! ImmoWertV Rn. 70, 213 ff.*

Die **Wahl des** geeigneten **Wertermittlungsverfahrens ist** nach § 6 Abs. 1 letzter Halbsatz ImmoWertV **zu begründen**. 51
Die **Begründungspflicht** beschränkt sich auch nicht allein auf die Wahl des Wertermittlungsverfahrens, sondern erstreckt sich auf den gesamten Inhalt eines Marktwertgutachtens einschließlich der *Befund-, Zusatz- und Anknüpfungstatsachen*. „Ein Gutachten, das dem Gericht nicht ermöglicht, den Gedankengängen des Gutachters nachzugehen, sie zu prüfen und sich ihnen anzuschließen oder sie abzulehnen, ist für den Rechtsstreit wertlos“[33].
Das Begründungsgebot gilt generell und nicht nur für Gutachterausschüsse für Grundstückswerte[34]. In einer Entscheidung des VG Augsburg[35] wird hervorgehoben, dass auch der Gutachterausschuss für Grundstückswerte sich seiner Begründungspflicht nicht allein unter **Berufung auf seine langjährige Erfahrung** entziehen kann und neben den Gedankengängen zur Wahl des oder der Wertermittlungsverfahren auch die herangezogenen Vergleichspreise, Ertragsverhältnisse und sachwertbezogenen Daten und auch die „sonstigen“ für die Wertermittlung maßgeblichen Gesichtspunkte offenlegen muss. Solche „sonstigen“ Gesichtspunkte sind insbesondere die Gründe, die bei Heranziehung mehrerer Wertermittlungsverfahren für die Ableitung des Verkehrswerts aus den Ergebnissen der herangezogenen Wertermittlungsverfahren ausschlaggebend sind.

---

32 KG Berlin, Urt. vom 31.03.1970 – U 2199/68 –, AVN 1971, 409 = EzGuG 20.47.

33 So OLG Frankfurt am Main, Urt. vom 18.10.1962 – 6W 425/62 –, NJW 1963, 400 = EzGuG 11.28; BGH, Urt. vom 30.05.1963 lll ZR 230/61 –, BRS Bd. 19 Nr. 75 = EzGuG 8.8; BGH, Urt. vom 17.12.1964 111 ZR 96/63 –, BRS Bd. 19 Nr. 112 = EzGuG 11.47; OLG Oldenburg, RE vom 19.12.1980 – 5 UH 13/80 –, OLGZ 1981, 194 = EzGuG 11.121o; LG Bremen, Beschl. vom 17.01.1977 – 7 – 30 1584/70 –, NJW 1977, 2126 = EzGuG 1.105.

34 BGH, Urt. vom 30.04.1952 – III ZR 198/51 –, BGHZ 6, 62 = EzGuG 11.2; BGH, Urt. vom 17.12.1964 – III ZR 96/63 –, BRS Bd. 19 Nr. 112 = EzGuG 11.47; BGH, Urt. vom 04.02.1982 – III ZR 156/80 –, BRS Bd. 45 Nr. 18 = EzGuG 11.127; OLG Frankfurt am Main, Urt. vom 18.10.1962 – 6 W 425/62 –, JurBüro 1962, 676 = EzGuG 11.28; LG Bremen, Beschl. vom 17.01.1977 – 3 0 1584/70 –, NJW 1977, 2126 = EzGuG 11.105; VG Augsburg, Urt. vom 10.02.1982 – 4 K 80 A 914 –, NJW 1983, 301 = EzGuG 11.126; VG Ansbach, Beschl. vom 08.04.1971 (9331/37 – V/71 –, EzGuG 11.77f.

35 VG Augsburg, Urt. vom 10.02.1982 – 4 K 80 A 914 –, EzGuG 11.126.

3.1.3 Gepflogenheiten des gewöhnlichen Geschäftsverkehrs

▶ *Vgl. Vorbem. zur ImmoWertV Rn. 15 ff.; Syst. Darst. des Vergleichswertverfahrens, Rn. 1 ff.*

52 Die Verordnung gibt mit § 6 Abs. 1 Satz 2 ImmoWertV für die Wahl des Wertermittlungsverfahrens vor, dass mit der Methode die **Maßstäbe und Mechanismen zur Anwendung kommen, die im gewöhnlichen Geschäftsverkehr zwischen Käufer und Verkäufer bei ihren Preisverhandlungen zur Geltung kommen**[36]. Wie ausgeführt, ist dieses Kriterium gegenüber den weiterhin zu berücksichtigenden „sonstigen Umständen des Einzelfalls" i.d.R. vorrangig. Grundlage für die Verfahrenswahl ist nach den Gepflogenheiten des gewöhnlichen Geschäftsverkehrs die objektive Nutzbarkeit des Grundstücks; auf subjektive Nutzungsabsichten kann es nicht ankommen. Darüber hinaus hat eine Wertermittlungsmethode auszuscheiden, die das Wertbild verzerrt[37].

53 Nach der Rechtsprechung des BFH[38] ist unter dem **gewöhnlichen Geschäftsverkehr** der Handel zu verstehen, der sich nach marktwirtschaftlichen Grundsätzen von Angebot und Nachfrage vollzieht und bei dem jeder Vertragspartner ohne Zwang und nicht aus Not, sondern freiwillig in Wahrung seiner eigenen Interessen zu handeln in der Lage ist.

54 Die zur Anwendung kommende Methode muss mithin ein Abbild der Preismechanismen des gewöhnlichen Geschäftsverkehrs sein. Bei der **Verkehrswertermittlung unbebauter Grundstücke** ist nach § 16 Abs. 1 Satz 1 ImmoWertV vorrangig das Vergleichswertverfahren anzuwenden. Bei der **Verkehrswertermittlung bebauter Grundstücke** wird dagegen vornehmlich auf das Ertrags- oder Sachwertverfahren zurückgegriffen[39]. Diese Praxis ist darauf zurückzuführen, dass bebaute Grundstücke im Vergleich zu unbebauten Grundstücken üblicherweise eine große Individualität aufweisen und daher geeignete Vergleichspreise in ausreichender Zahl selten zur Verfügung stehen. Einhergehend mit einer Verlagerung des Grundstücksverkehrs in den Bestand und einer Verbesserung der Wertermittlungsmethodik bebauter Grundstücke in der Wertermittlungspraxis ist unverkennbar eine stärkere Hinwendung zum Vergleichswertverfahren auch für bebaute Grundstücke festzustellen.

3.1.4 Sonstige Umstände des Einzelfalls

55 Als weiteres bei der Wahl des Wertermittlungsverfahrens zu berücksichtigendes Kriterium nennt § 6 Abs. 1 Satz 2 ImmoWertV die „sonstigen Umstände des Einzelfalls". In erster Linie sind dies die für die Wertermittlung **zur Verfügung stehenden Ausgangsdaten (Parameter)**[40]. Stehen dem Gutachter im Einzelfall für die Anwendung des unter Berücksichtigung der Gepflogenheiten des gewöhnlichen Geschäftsverkehrs anzuwendenden Wertermittlungsverfahrens z.B. keine hinreichenden Datengrundlagen zur Verfügung, so kann nach dieser Vorschrift auch auf andere Verfahren ausgewichen werden oder sie sind unterstützend heranzuziehen[41]. Dies betrifft nicht nur die Anwendung des Vergleichswertverfahrens, dessen Anwendung eine „ausreichende Zahl" geeigneter Vergleichspreise voraussetzt, sondern auch das Ertrags- und Sachwertverfahren. Eine Sachwertermittlung kann z.B. nicht durchgeführt wer-

---

36 OLG Köln, Urt. vom 28.08.1962 – 9 U 28/58 –, NJW 1962, 2161 = EzGuG 20.31; vgl. auch Begründung zur WertV 61 im BAnz Nr. 145 vom 12.08.1961 sowie zur WertV 72; BR-Drs. 265/72, S. 7; Pagendarm, WM 1958, 1350.

37 BGH, Urt. vom 29.05.1967 – III ZR 126/66 –, BGHZ 48, 65 = EzGuG 18.35; BGH, Urt. vom 02.02.1971 – III ZR 165/69 –, BGHZ 57, 108 = EzGuG 20.51; BGH, Urt. vom 26.10.1972 – III ZR 78/71 –, BRS Bd. 26 Nr. 106 = EzGuG 18.57; BGH, Urt. vom 20.03.1975 – III ZR 153/72 –, BRS Bd. 34 Nr. 120 = EzGuG 18.64; BGH, Urt. vom 14.12.1978 – III ZR 6/77 –, BRS Bd. 34 Nr. 152 = EzGuG 4.63; BGH, Urt. vom 23.06.1983 – III ZR 39/82 –, BRS Bd. 45 Nr. 102 = EzGuG 20.102; vgl. auch Maunz/Dürig/Herzog/Scholz, GG, Art. 14, S. 66.

38 BFH, Urt. vom 23.02.1979 – III R 44/77 –, BFHE 128, 254 = BStBl II 1979, 618 = EzGuG 19.35, auch BFH, Urt. vom 14.02.1969 – III R 88/65 –, BFHE 95, 334 = BStBl II 1969, 395 = EzGuG 19.16.

39 LG Arnsberg, Beschl. vom 28.05.1985 – 5 T 180/85 –, DWW 1986, 43 = EzGuG 5.19.

40 BFH, Urt. vom 17.08.1999 – IV B 116/98 –, GuG 2000, 236 = EzGuG 20.173.

41 Abwegig die Auffassung von Vogel (GuG 2013, 3), dass „nunmehr dem Vergleichswertverfahren auf der Grundlage der „zur Verfügung stehenden Daten" die erste Priorität eingeräumt" wurde. Bei allen nach den Gepflogenheiten des gewöhnlichen Geschäftsverkehrs zu wählenden Wertermittlungsverfahren sind mit der gebotenen Sorgfalt die notwendigen Vergleichsparameter zu recherchieren.

den, wenn keine verlässlichen Angaben über Herstellungskosten von Objekten vergleichbarer Art vorliegen[42]. Auch der BGH hat es nicht beanstandet, dass im Einzelfall von der Anwendung des Ertragswertverfahrens in Ermangelung hinreichender tatsächlicher Anknüpfungspunkte abgesehen und auf das Sachwertverfahren ausgewichen wurde[43].

3.2 Verfahrensvorgaben bei der Beleihungswertermittlung

▶ *Vgl. Syst. Darst. des Sachwertverfahrens Rn. 313; Syst. Darst. des Vergleichswertverfahrens Rn. 172 ff.; § 8 ImmoWertV Rn. 45 ff.; Teil IX Rn. 4 ff., 360 ff.*

Die in der Verkehrswertermittlung gebräuchlichen Wertermittlungsverfahren, nämlich das Vergleichs-, Ertrags- und Sachwertverfahren, kommen auch zur Ermittlung des Beleihungswerts nach den Grundsätzen der BelWertV zur Anwendung (vgl. § 6 Abs. 1 Satz 1 ImmoWertV). Gleichwohl koppelt sich die die BelWertV unverständlicherweise von den bewährten Grundsätzen der ImmoWertV zur Wahl des geeigneten Wertermittlungsverfahrens ab (§ 6 Abs. 1 Satz 2 ImmoWertV) und nimmt dem Sachverständigen die freie sachverständige Entscheidung über die zur Ermittlung des Beleihungswerts anzuwendenden Verfahren. Nach **der Grundsatzregelung des § 4 Abs. 1 Satz 1 und 2 BelWertV wird dem Sachverständigen befohlen, grundsätzlich den Ertrags- und Sachwert** kumulativ zu ermitteln. **Für die Ableitung des Beleihungswerts soll jedoch „regelmäßig der Ertragswert maßgebend" sein**, der nicht überschritten werden darf. Im Unterschied zur Verkehrswertermittlung der ImmoWertV muss nach der BelWertV das Sachwertverfahren stets und selbst bei „reinrassigen" Ertragsobjekten zur Anwendung kommen, auch wenn es für den Beleihungswert bedeutungslos ist. 56

Ertrags- und Sachwert sind „getrennt" voneinander zu ermitteln. Die besondere Hervorhebung der „getrennten" Ermittlung von Sach- und Ertragswert ist bedeutungslos, denn Sach- und Ertragswert werden durch unterschiedliche Parameter bestimmt, sodass sie in der Wertermittlungspraxis eigentlich stets voneinander getrennt ermittelt werden. 57

Für **Ein- und Zweifamilienhäuser sowie Wohnungs- und Teileigentum** sieht die BelWertV Sonderregelungen vor. Danach kann anstelle des Sachwerts auch der Vergleichswert (§ 4 Abs. 1 Satz 1, 2. Halbsatz i.V.m. § 19 BelWertV) ermittelt werden. **Maßgeblich für die Ableitung des Beleihungswerts ist** auch in diesem Falle, gemäß dem nachstehenden § 4 Abs. 2 Satz 2 BelWertV **regelmäßig der Ertragswert**. 58

Dem Ertragswert kommt nach diesen **apodiktischen Vorgaben** auch in den Fällen eine dominante Bedeutung zu, wo dem Vergleichswert nach den Gegebenheiten des Einzelfalls eine höhere Vertrauenswürdigkeit beigemessen werden muss. **Dem Sachwert kommt dagegen nach Maßgabe des § 4 Abs. 1 Satz 3 lediglich eine Kontrollfunktion zu.** Bleibt der Sachwert (und alternativ der Vergleichswert) um mehr als 20 Prozent hinter dem Ertragswert zurück, bedarf es nämlich einer besonderen Überprüfung der Nachhaltigkeit der zugrunde gelegten Erträge und ihrer Kapitalisierung. 59

Im Widerspruch zu dem apodiktischen Postulat des § 4 Abs. 1 Satz 2 BelWertV soll sich die **Beleihungswertermittlung** nach § 4 Abs. 2 Satz 1 BelWertV **bei Ein- und Zweifamilienhäusern sowie Wohnungseigentum am Sachwert oder Vergleichswert orientieren und eine Ertragswertermittlung entfallen können**. Dafür soll Voraussetzung sein, dass das zu bewertende Objekt nach Objekt- und Standortqualität zweifelsfrei zur *Eigennutzung* geeignet ist und von potenziellen Erwerbern für die eigene Nutzung dauerhaft nachgefragt wird. 60

Das **Kriterium der „*Eigennutzung*" ist** allerdings für die „Orientierung" der Beleihungswertermittlung am Vergleichs- bzw. Ertragswertverfahren zum Sachwertverfahren **ein völlig überholtes Kriterium**, denn viele auf Ertragserzielung ausgerichtete (gewerbliche) Objekte sind eigengenutzt („missverstandenes Eigennutzprinzip"). 61

---

42 BR-Drs. 352/88, S. 52.

43 BGH, Urt. vom 15.06.1965 – V ZR 24/63 –, BB 1965, 690 = EzGuG 20.39.

62 Bei **Ein- und Zweifamilienhäusern** darf eine Orientierung am Vergleichswert nach § 4 Abs. 2 Satz 3 BelWertV grundsätzlich jedoch nur dann erfolgen, wenn der Ermittlung aktuelle Vergleichspreise von mindestens fünf Objekten zugrunde liegen. Diese müssen zum Preisvergleich geeignet sein, d.h., sie müssen hinsichtlich der maßgeblich ihren Wert beeinflussenden Merkmale, insbesondere Lage, Ausstattung und Nutzungsmöglichkeiten, mit dem zu bewertenden Objekt hinreichend übereinstimmen (§ 19 Abs. 1 BelWertV). Darüber hinaus fordert § 4 Abs. 2 Satz 3 BelWertV, dass sie „auch" hinsichtlich der Wohnfläche mit dem zu bewertenden Objekt hinreichend übereinstimmen (Abb. 4).

Abb. 4: Wertermittlungsverfahren der Beleihungswertermittlung

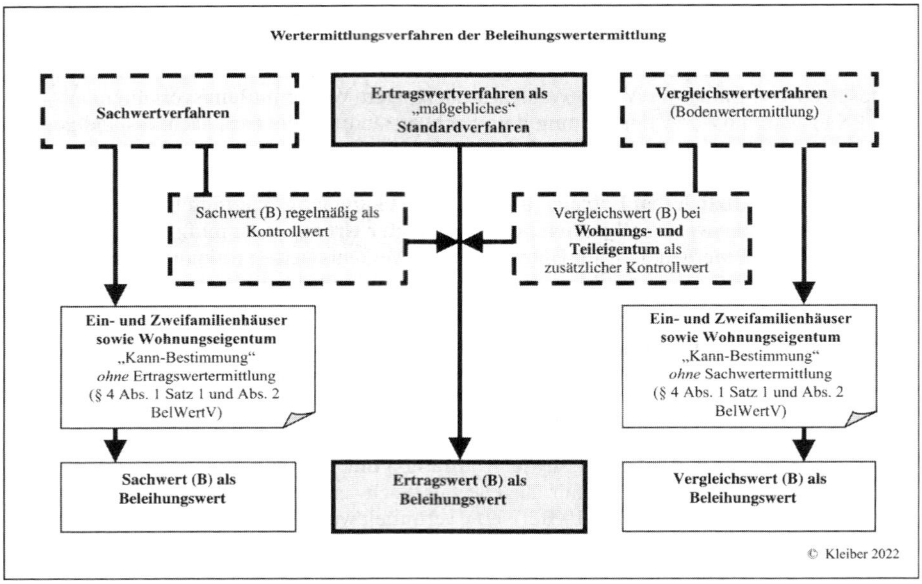

3.3 Verfahrensvorgaben für die steuerliche Bewertung

3.3.1 Allgemeines

Schrifttum: *Hecht/Cölln,* Bewertung bebauter Grundstücke nach dem BewG i.d.F. des Erbschaftsteuerreformgesetzes, BB 2009, 810.

► *Vgl. Vorbem. zur ImmoWertV Rn. 3; § 1 ImmoWertV Rn. 13, 24; § 2 ImmoWertV Rn. 41; § 3 ImmoWertV Rn. 26, 166, 196; § 13 ImmoWertV Rn. 31 f., 46 ff.; § 21 ImmoWertV Rn. 64; § 40 ImmoWertV Rn. 7, 223; Syst. Darst. des Vergleichswertverfahrens Rn. 9, 166 ff.; Syst. Darst. des Sachwertverfahrens Rn. 4, 325; Syst. Darst. des Ertragswertverfahrens Rn. 118, 196, 264, 271*

63 In der steuerlichen Bewertung bestimmen sich die anzuwendenden Verfahren nach der jeweiligen Vermögensart:

– Das **land- und forstwirtschaftliche Vermögen**, zu dem nach § 33 BewG alle Wirtschaftsgüter gehören, die einem Betrieb der Land- und Forstwirtschaft dauernd zu dienen bestimmt sind, ist unbeschadet der Regelung, die in § 47 BewG für den Wohnungswert getroffen ist, nach dem Ertragswert zu bewerten. Bei der Ermittlung des Ertragswerts ist nach § 36 BewG von der Ertragsfähigkeit auszugehen; Ertragsfähigkeit ist der bei ordnungsmäßiger und schuldenfreier Bewirtschaftung mit entlohnten fremden Arbeitskräften gemeinhin und nachhaltig erzielbare Reinertrag. Ertragswert ist das Achtzehnfache dieses Reinertrags. Der Ertragswert der Nutzungen wird durch ein vergleichendes Verfahren nach den

§§ 38 bis 41 BewG ermittelt. Das vergleichende Verfahren kann auch auf Nutzungsteile angewendet werden. Kann ein vergleichendes Verfahren nicht durchgeführt werden, so ist der Ertragswert nach der Ertragsfähigkeit der Nutzung unmittelbar zu ermitteln (Einzelertragswertverfahren; vgl. § 3 ImmoWertV Rn. 26).

– Bei der Bewertung des **Grundvermögens, zu dem der Grund und Boden, die Gebäude, die sonstigen Bestandteile und das Zubehör, das Erbbaurecht, das Wohnungseigentum, Teileigentum, Wohnungserbbaurecht und Teilerbbaurecht nach dem Wohnungseigentumsgesetz** gehören, soweit es sich nicht um land- und forstwirtschaftliches Vermögen (§ 33 BewG) oder um Betriebsgrundstücke (§ 99 BewG) handelt, ist zwischen
  – *unbebauten* Grundstücken (§§ 72 f. und 247 BewG) und
  – *bebauten* Grundstücken (§§ 74 bis 77 BewG, § 146 und § 180 BewG)
  zu unterscheiden.

3.3.2 Unbebaute Grundstücke

▶ *Vgl. § 13 ImmoWertV Rn. 31, 45; Syst. Darst. des Vergleichswertverfahrens Rn. 150 ff., 166; Syst. Darst. des Ertragswertverfahrens Rn. 127; zur Mindestbewertung vgl. § 40 ImmoWertV Rn. 7, 96 ff.; zu verunreinigten und schadstoffbehafteten baulichen Anlagen (Hausschwamm und Hausbock) vgl. § 2 ImmoWertV Rn. 53*

Unbebaute Grundstücke i.S. der Einheitsbewertung sind nach § 72 Abs. 1 und 2 BewG Grundstücke, auf denen sich keine benutzbaren Gebäude oder Gebäude befinden, die nicht oder nur unbedeutend nutzbar sind (vgl. § 72 BewG und § 179 BewG). 64

„**§ 72 Abs. 1 und 2 BewG** Begriff

(1) Unbebaute Grundstücke sind Grundstücke, auf denen sich keine benutzbaren Gebäude befinden. Die Benutzbarkeit beginnt im Zeitpunkt der Bezugsfertigkeit. Gebäude sind als bezugsfertig anzusehen, wenn den zukünftigen Bewohnern oder sonstigen Benutzern zugemutet werden kann, sie zu benutzen; die Abnahme durch die Bauaufsichtsbehörde ist nicht entscheidend.

(2) Befinden sich auf einem Grundstück Gebäude, deren Zweckbestimmung und Wert gegenüber der Zweckbestimmung und dem Wert des Grund und Bodens von untergeordneter Bedeutung sind, so gilt das Grundstück als unbebaut.“

Unbebaute Grundstücke i.S. der Grundsteuerbewertung definieren sich nach § 246 BewG davon abweichend wie folgt: 65

„**§ 246 BewG** Begriff der unbebauten Grundstücke

(1) Unbebaute Grundstücke sind Grundstücke, auf denen sich keine benutzbaren Gebäude befinden. Die Benutzbarkeit beginnt zum Zeitpunkt der Bezugsfertigkeit. Gebäude sind als bezugsfertig anzusehen, wenn den zukünftigen Bewohnern oder sonstigen vorgesehenen Benutzern die bestimmungsgemäße Gebäudenutzung zugemutet werden kann. Nicht entscheidend für den Zeitpunkt der Bezugsfertigkeit ist die Abnahme durch die Bauaufsichtsbehörde.

(2) Befinden sich auf dem Grundstück Gebäude, die auf Dauer keiner Nutzung zugeführt werden können, so gilt das Grundstück als unbebaut. Als unbebaut gilt auch ein Grundstück, auf dem infolge von Zerstörung oder Verfall der Gebäude auf Dauer kein benutzbarer Raum mehr vorhanden ist.“

Als unbebautes Grundstück gilt im Baurecht ein **Grundstück** auch, wenn es **lediglich** mit einer Einfriedung oder erkennbar zu **vorläufigen Zwecken** bebaut ist[44].

Grundstücke mit baufälligen nicht mehr benutzbaren Gebäuden oder sonstiger dem Verfall preisgegebener Bausubstanz gelten in der steuerlichen Bewertung als unbebaute Grundstücke (§§ 72 Abs. 3, 145 und 178 BewG)[45]. Die mit § 246 Abs. 2 BewG angesprochene **Unzumutbarkeit einer bestimmungsgemäßen Gebäudenutzung** ist nicht deshalb ausgeschlossen, weil sie auf behebbaren Baumängeln und Bauschäden sowie sog. aufgestautem Reparaturbedarf beruht. Ob die Benutzung eines Gebäudes zumutbar ist, richtet sich nach seinem tatsächlichen Zustand und nicht danach, ob eine formal erforderliche Nutzungsgenehmigung vorliegt, 66

44 BT-Drs. 19/24838, S. 27.
45 BFH, Urt. vom 20.06.1975 – III R 87/74 –, BFHE 116, 397 = BStBl II 1975, 803 = EzGuG 3.55b.

oder nach der bauplanungsrechtlichen Zulässigkeit einer Gebäudenutzung (Abnahme durch die Bauaufsichtsbehörde)[46]. Dem trägt § 246 Abs. 1 Satz 3 BewG Rechnung[47]. Die Gebäudenutzung ist indessen unzumutbar, wenn infolge Zerstörung und Verfall des Gebäudes kein benutzbarer Raum mehr vorhanden ist (§ 246 Abs. 2 BewG) und eine baupolizeiliche Auflage zur sofortigen Räumung sämtlicher Räume wegen Baufälligkeit oder Verwahrlosung vorliegt oder zu erwarten ist[48]. Der BFH nimmt in seiner neueren Rechtsprechung Bezug auf § 16 Abs. 3 des Zweiten WoBauG. Dies ist insbesondere der Fall, wenn aus Gründen der Bau- oder Gesundheitsaufsicht eine dauernde, der Zweckbestimmung entsprechende Benutzung des Raumes nicht gestattet ist. Dabei ist unerheblich, ob der Raum tatsächlich benutzt wird[49]. Unter R B 178 Abs. 4 der ErbStR 2019 wird die **Unbenutzbarkeit** im Übrigen wie folgt definiert:

„(4) Ein Gebäude ist **nicht mehr benutzbar**, wenn infolge des Verfalls des Gebäudes oder der Zerstörung keine **auf Dauer** benutzbaren Räume vorhanden sind (§ 178 Absatz 2 Satz 2 BewG). Ein Gebäude ist dem Verfall preisgegeben, wenn der Verfall so weit fortgeschritten ist, dass das Gebäude nach objektiven Verhältnissen auf Dauer nicht mehr benutzt werden kann. Die Verfallsmerkmale müssen an der Bausubstanz erkennbar sein und das gesamte Gebäude betreffen. Von einem Verfall ist auszugehen, wenn erhebliche Schäden an konstruktiven Teilen des Gebäudes eingetreten sind und ein Zustand gegeben ist, der aus bauordnungsrechtlicher Sicht die sofortige Räumung nach sich ziehen würde. Das ist stets der Fall, wenn eine Anordnung der Bauaufsichtsbehörde zur sofortigen Räumung des Grundstücks vorliegt; dabei ist gesondert zu prüfen, ob der Zustand von Dauer ist. Hingegen wirken sich behebbare Baumängel und Bauschäden sowie aufgestauter Reparaturbedarf infolge von unterlassenen Instandsetzungs- und Reparaturarbeiten regelmäßig nur vorübergehend auf Art und Umfang der Gebäudenutzung aus und betreffen nicht unmittelbar die Konstruktion des Gebäudes. Sie führen deshalb nicht dazu, ein Gebäude als dem Verfall preisgegeben anzusehen. Befinden sich auf dem Grundstück Gebäude, die auf Grund von Umbauarbeiten vorübergehend nicht benutzbar sind, gilt das Grundstück als bebautes Grundstück. Sofern bereits vorhandene Gebäude am Bewertungsstichtag wegen baulicher Mängel oder fehlender Ausstattungsmerkmale (z.B. Heizung, Wohnungstüren) vorübergehend nicht benutzbar sind, liegt kein unbebautes Grundstück vor. Nicht zu erfassen sind jedoch Gebäude, die infolge Entkernung keine bestimmungsgemäß benutzbaren Räume mehr enthalten, auch wenn dies nur vorübergehend der Fall ist. Ein Gebäude ist zerstört, wenn keine auf Dauer benutzbaren Räume vorhanden sind."

67 **Unbebaute Grundstücke i.S. der grunderwerbsteuerrechtlichen Bestimmungen** sind nach § 145 Abs. 1 und 2 BewG Grundstücke, auf denen sich keine benutzbaren Gebäude oder Gebäude befinden, die nicht oder nur unbedeutend nutzbar sind (vgl. § 72 BewG und § 179 BewG).

„**§ 145 Abs. 1 und 2 BewG** Unbebaute Grundstücke

(1) Unbebaute Grundstücke sind Grundstücke, auf denen sich keine benutzbaren Gebäude befinden. Die Benutzbarkeit beginnt im Zeitpunkt der Bezugsfertigkeit. Gebäude sind als bezugsfertig anzusehen, wenn den zukünftigen Bewohnern oder sonstigen Benutzern zugemutet werden kann, sie zu benutzen; die Abnahme durch die Bauaufsichtsbehörde ist nicht entscheidend.

(2) Befinden sich auf dem Grundstück Gebäude, die auf Dauer keiner oder nur einer unbedeutenden Nutzung zugeführt werden können, gilt das Grundstück als unbebaut; als unbedeutend gilt eine Nutzung, wenn die hierfür erzielte Jahresmiete (§ 146 Abs. 2) oder die übliche Miete (§ 146 Abs. 3) weniger als 1 Prozent des nach Absatz 3 anzusetzenden Werts beträgt. Als unbebautes Grundstück gilt auch ein Grundstück, auf dem infolge der Zerstörung oder des Verfalls der Gebäude auf Dauer benutzbarer Raum nicht mehr vorhanden ist."

---

46 BFH, Urt. vom 14.05.2003 II R 14/01 –, BFHE 202, 371 = BStBl II 2003, 906 = EzGuG 4.186b; BFH, Urt. vom 18.12.2002 – II R 20/01 –, BFHE 200, 397 = BStBl II 2003, 228 = EzGuG 4.185a.

47 BFH, Urt. vom 18.12.2002 – II R 20/01 –, BFHE 200, 397 = BStBl II 2003, 228 = EzGuG 4.185a.

48 BFH, Urt. vom 20.06.1975 – III R 87/74 –, BFHE 116, 397 = BStBl II 1975, 803 = EzGuG 3.55b; BFH, Urt. vom 24.10.1990 – II R 9/88 –, BFHE 162, 369 = BStBl. II 1991, 60 = EzGuG 4.134a; BFH, Urt. vom 23.04.1992 – II R 19/89 –, BFH/NV 1993, 84 = EzGuG 19.40c – unter Bezugnahme auf § 16 Abs. 3 II. WoBauG.

49 BFH, Urt. vom 14.05.2003 – II R 14/01 –, BFHE 202, 371 = BStBl II 2003, 906 = EzGuG 4.186b.

Unbebaute Grundstücke i.S. der erbschaftsteuerrechtlichen Bestimmungen sind nach § 178 BewG Grundstücke, auf denen sich keine benutzbaren Gebäude[50] oder Gebäude befinden, die nicht oder nur unbedeutend nutzbar sind (vgl. § 178 BewG). 68

„**§ 178 BewG** Begriff der unbebauten Grundstücke

(1) Unbebaute Grundstücke sind Grundstücke, auf denen sich keine benutzbaren Gebäude befinden. Die Benutzbarkeit beginnt im Zeitpunkt der Bezugsfertigkeit. Gebäude sind als bezugsfertig anzusehen, wenn den zukünftigen Bewohnern oder sonstigen Benutzern zugemutet werden kann, sie zu benutzen; die Abnahme durch die Bauaufsichtsbehörde ist nicht entscheidend.

(2) Befinden sich auf dem Grundstück Gebäude, die auf Dauer keiner Nutzung zugeführt werden können, gilt das Grundstück als unbebaut. Als unbebaut gilt auch ein Grundstück, auf dem infolge von Zerstörung oder Verfall der Gebäude auf Dauer kein benutzbarer Raum mehr vorhanden ist.“

3.3.3 Bebaute Grundstücke

▶ *Vgl. zum Gebäudebegriff § 1 ImmoWertV Rn. 75 ff.; zur Gebäudeart § 2 ImmoWertV Rn. 29; zur baulichen Nutzung § 5 ImmoWertV Rn. 3 ff., 63; zur Beschaffenheit § 3 ImmoWertV Rn. 191; § 13 ImmoWertV Rn. 31, 48 sowie Syst. Darst. des Sachwertverfahrens Rn. 317 ff.; zu Hochhäusern vgl. § 2 ImmoWertV Rn. 36; § 31 ImmoWertV Rn. 129; § 32 ImmoWertV Rn. 76; Syst. Darst. des Vergleichswertverfahrens Rn. 150*

Bebaute Grundstücke i.S. der Einheitsbewertung sind nach § 74 BewG „Grundstücke, auf denen sich benutzbare Gebäude befinden“, mit Ausnahme der in § 72 Abs. 2 und 3 BewG bezeichneten Grundstücke. Wird ein Gebäude in Bauabschnitten errichtet, so ist der (fertiggestellte und) bezugsfertige Teil als benutzbares Gebäude anzusehen. 69
Entsprechendes gilt nach § 248 BewG für die **Ermittlung von Grundsteuerwerten.**

Bebaute Grundstücke i.S. der grunderwerbsteuerrechtlichen Bestimmungen sind nach § 146 Abs. 1 BewG Grundstücke, die nicht als unbebaute Grundstücke gelten. 70

„**§ 146 Abs. 1 BewG** Bebaute Grundstücke

(1) Grundstücke, auf die die in § 145 Abs. 1 genannten Merkmale nicht zutreffen, sind bebaute Grundstücke.“

Bebaute Grundstücke i.S. der erbschaftsteuerrechtlichen Bestimmungen sind nach § 180 BewG Grundstücke, auf denen sich „benutzbare“ Gebäude befinden (zu § 180 BewG ErbStR 2019). 71

„**§ 180 BewG** Begriff der bebauten Grundstücke

(1) Bebaute Grundstücke sind Grundstücke, auf denen sich benutzbare Gebäude befinden. Wird ein Gebäude in Bauabschnitten errichtet, ist der fertiggestellte Teil als benutzbares Gebäude anzusehen.

(2) Als Grundstück im Sinne des Absatzes 1 gilt auch ein Gebäude, das auf fremdem Grund und Boden errichtet oder in sonstigen Fällen einem anderen als dem Eigentümer des Grund und Bodens zuzurechnen ist, selbst wenn es wesentlicher Bestandteil des Grund und Bodens geworden ist.“

Hierzu:

Wird ein Gebäude in Bauabschnitten errichtet, ist der fertiggestellte Teil als benutzbares Gebäude anzusehen (vgl. R B 178 Abs. 3 ErbStR 2019).

Zur wirtschaftlichen Einheit eines bebauten Grundstücks gehören der Grund und Boden, die Gebäude, die sonstigen Bestandteile und das Zubehör (vgl. R B 176.1 Abs. 1 ErbStR 2019). Nicht einzubeziehen sind Maschinen und Betriebsvorrichtungen (vgl. R B 176.1 Abs. 4 ErbStR 2019).

Zum Grund und Boden gehören die bebaute Fläche und die mit dem Gebäude im Zusammenhang stehende unbebaute Fläche, insbesondere der Hofraum sowie Haus- und Vorgarten. Bei einer hieran anschließenden größeren unbebauten Fläche ist für die Beurteilung, was als wirt-

---

50 Vgl. zum Gebäudebegriff: Gleich lautende Ländererlasse vom 15.03.2006 (BStBl. I 2006, 314), 159 (1). Die **Benutzbarkeit** beginnt im Zeitpunkt der Bezugsfertigkeit, d.h., wenn den zukünftigen Bewohnern bzw. Nutzern die Nutzung zugemutet werden kann. Eine **unbedeutende Nutzung** ist gegeben, wenn die erzielte oder übliche Miete weniger als 1 % des Grundbesitzwerts bei einer Bewertung als unbebautes Grundstück ausmacht.

schaftliche Einheit gilt, die Verkehrsanschauung maßgebend (vgl. R B 176.2 Abs. 1 ErbStR 2019).

Wesentliche Bestandteile des Grundstücks sind auch die Gebäude und die mit Gebäuden verbundenen Anbauten (z.B. Wintergärten). Im Grundbesitzwert zu erfassen sind die Nebengebäude, wenn sie auf dem mit dem Hauptgebäude bebauten Grundstück stehen (z.B. Garagen).

72 **Bebaute Grundstücke** werden mit den §§ 74, 181 und 249 BewG untergliedert in Ein- und Zweifamilienhäuser, Mietwohngrundstücke, Wohnungs- und Teileigentum, Geschäftsgrundstücke, gemischt genutzte Grundstücke und sonstige bebaute Grundstücke (vgl. § 2 ImmoWertV Rn. 29).

Abb. 5: Bebaute Grundstücke

	Grundsteuerwert	**Grundbesitzbewertung***
Gebäudeart	§ 249 BewG	§ 181 BewG i.V.m. Abschn. 8 der Ländererlasse
Ein- und Zweifamilienhäuser		– Wohngrundstücke mit bis zu zwei Wohnungen
		– Mitnutzung für betriebliche oder öffentliche Zwecke von weniger als 50 % – berechnet nach der Wohn- und Nutzfläche – ist unschädlich, soweit zu dadurch nicht die Eigenart als Ein- und Zweifamilienhaus wesentlich beeinträchtigt wird.
Einfamilienhäuser	Wohngrundstücke, die eine Wohnung enthalten und kein Wohnungseigentum sind. Ein Grundstück gilt auch dann als Einfamilienhaus, wenn es zu weniger als 50 Prozent der Wohn- und Nutzfläche zu anderen als Wohnzwecken mitbenutzt und dadurch die Eigenart als Einfamilienhaus nicht wesentlich beeinträchtigt wird.	– kein Wohnungseigentum nach Nr. 3
Zweifamilienhäuser	Wohngrundstücke, die zwei Wohnungen enthalten und kein Wohnungseigentum sind. Ein Grundstück gilt auch dann als Zweifamilienhaus, wenn es zu weniger als 50 Prozent der Wohn- und Nutzfläche zu anderen als Wohnzwecken mitbenutzt und dadurch die Eigenart als Zweifamilienhaus nicht wesentlich beeinträchtigt wird.	
Mietwohngrundstücke	Grundstücke, die zu mehr als 80 Prozent der Wohn- und Nutzfläche Wohnzwecken dienen und nicht Ein- und Zweifamilienhäuser oder Wohnungseigentum sind.	Grundstücke, die zu mehr als 80 % – berechnet nach der Wohn- oder Nutzfläche – Wohnzwecken dienen und nicht Ein- und Zweifamilienhäuser i.S. der Nr. 1 oder Wohnungseigentum nach Nr. 3 sind.

	Grundsteuerwert	Grundbesitzbewertung*
Wohnungs- und Teileigentum	Wohnungseigentum ist das Sondereigentum an einer Wohnung i.V.m. dem Miteigentumsanteil an dem gemeinschaftlichen Eigentum, zu dem es gehört.	Wohnungseigentum ist das Sondereigentum an einer Wohnung i.V.m. dem Miteigentumsanteil an dem gemeinschaftlichen Eigentum, zu dem es gehört (§ 1 Abs. 2 WEG).
	Teileigentum ist das Sondereigentum an nicht zu Wohnzwecken dienenden Räumen eines Gebäudes i.V.m. dem Miteigentum an dem gemeinschaftlichen Eigentum, zu dem es gehört.	Teileigentum ist das Sondereigentum an nicht zu Wohnzwecken dienenden Räumen eines Gebäudes i.V.m. dem Miteigentumsanteil an dem gemeinschaftlichen Eigentum, zu dem es gehört (§ 1 Abs. 3 WEG).
Geschäftsgrundstücke	Grundstücke, die zu mehr als 80 Prozent der Wohn- und Nutzfläche eigenen oder fremden betrieblichen oder öffentlichen Zwecken dienen und nicht Teileigentum sind.	Grundstücke, die zu mehr als 80 % – berechnet nach der Wohn- und Nutzfläche – zu eigenen oder fremden betrieblichen oder öffentlichen Zwecken dienen und nicht Teileigentum nach Nr. 3 sind.
Gemischt genutzte Grundstücke	Grundstücke sind Grundstücke, die teils Wohnzwecken, teils eigenen oder fremden betrieblichen oder öffentlichen Zwecken dienen und nicht Ein- und Zweifamilienhäuser, Mietwohngrundstücke, Wohnungseigentum, Teileigentum oder Geschäftsgrundstücke sind.	Grundstücke, die teils Wohnzwecken, teils eigenen oder fremden zu betrieblichen oder öffentlichen Zwecken dienen und kein Grundstück i.S. der Nr. 1 bis 4 sind.
Sonstige bebaute Grundstücke	Grundstücke sind solche Grundstücke, die nicht unter die Absätze 2 bis 8 fallen.	Grundstücke, die nicht unter die Nummern 1 bis 5 fallen.

* Vgl. R B 181.1 ErbStR

Bei der Festlegung der Grundstücksart ist stets die gesamte **wirtschaftliche Einheit** zu betrachten. Dies gilt auch, wenn sich auf einem Grundstück mehrere Gebäude oder Gebäudeteile unterschiedlicher Bauart oder Nutzung befinden.

Die **Abgrenzung der Grundstücksarten** ist **im Steuerrecht** nach dem Verhältnis der Wohn- und Nutzfläche vorzunehmen. Dabei sind Nutzflächen, die in einem Nutzungszusammenhang mit Wohnflächen stehen (z.B. Garagen, Kellerräume), nicht einzubeziehen. Maßgeblich ist die Wohnfläche nach der WoFlV. Ist die Wohnfläche bis zum 31.12.2003 nach der II. BV berechnet worden, bleibt es bei dieser Berechnung, soweit nach dem 31.12.2003 keine baulichen Änderungen an dem Wohnraum vorgenommen worden sind, die eine Neuberechnung erforderlich machen. Abzustellen ist auf die tatsächliche Nutzung am Bewertungsstichtag. **73**

Die **steuerrechtliche Abgrenzung der Grundstücksarten nach dem Verhältnis der Wohn- und Nutzfläche ist in Bezug auf seine sachgerechte Marktwertermittlung höchst problematisch**, denn sie bildet vielfach nicht die Wertigkeit der Nutzungen ab. So ist z.B. der Ertragskraft eines gewerblich genutzten Erdgeschosses eines ansonsten für Wohnzwecke genutzten und innerstädtisch gelegenen Gebäudes i.d.R. ein Vielfaches der darüber gelegenen Wohnfläche. **74**

Der Wert eines Grundstücks ist unter Berücksichtigung der Grundstücksart der wirtschaftlichen Einheit entweder nach dem Vergleichswertverfahren, dem Ertragswertverfahren oder dem Sachwertverfahren zu bemessen. **75**

76 Im Rahmen der **Grundsteuerbewertung** gelten folgende Grundsätze

- Der Grundsteuerwert von Ein- und Zweifamilienhäusern, Mietwohngrundstücken sowie von Wohnungseigentum ist nach § 250 Abs. 1 BewG unter Heranziehung des in den §§ 252 bis 257 BewG geregelten typisierten *Ertragswertverfahrens* zu ermitteln.
- Der Grundsteuerwert von Geschäftsgrundstücken, gemischt genutzten Grundstücken, Teileigentum sowie sonstigen bebauten Grundstücken (z.B. Bootshaus) ist nach § 250 Abs. 2 BewG unter Heranziehung des in den §§ 258 bis 260 BewG geregelten typisierten *Sachwertverfahrens* zu ermitteln.
- Der Bodenwert wird auf der Grundlage von Bodenrichtwerten ermittelt; sofern keine Bodenrichtwerte bereitstehen, ist der Wert des unbebauten Grundstücks nach § 247 Abs. 3 BewG im unmittelbaren *Vergleichswertverfahren* aus den Werten vergleichbarer Flächen abzuleiten.

77 Die Definitionen stellen wie im Rahmen der Erbschaft- und Schenkungsteuer nach dem **Verhältnis der Wohn- und Nutzfläche** ab. Dies kann insbesondere in den Innenstadtlagen problematisch sein, wo ein gewerblich genutztes Erdgeschoss eine Ertragskraft hat, die nicht selten ein Vielfaches der darüber liegenden für Wohnzwecke genutzten Geschosse aufweist.

78 Die danach anzuwendenden typisierten Wertermittlungsverfahren weichen insbesondere in Bezug auf gewerblich genutzte Objekte sowie Ein- und Zweifamilienhäuser und Wohnungseigentum von dem in der Verkehrswertermittlung nach Maßgabe des § 8 Abs. 1 Satz 2 ImmoWertV zu wählenden Wertermittlungsverfahren ab.

79 Im Übrigen darf nach § 251 BewG der für ein bebautes Grundstück anzusetzende Wert „nicht geringer sein als 75 Prozent des Werts (**Mindestwert**), mit dem der Grund und Boden allein als unbebautes Grundstück zu bewerten wäre" (§ 247 BewG). Bei der Bewertung von Ein- und Zweifamilienhäusern sind bei der Ermittlung des Mindestwerts zur Berücksichtigung abweichender Grundstücksgrößen bei dem sich nach dem jeweiligen Bodenrichtwert ergebenden Bodenwert zudem die Umrechnungskoeffizienten nach Anl. 36 zum BewG anzuwenden (§ 257 Abs. 1 Satz 2 BewG)[51]. Die Vorschrift betrifft liquidationsbefangene Grundstücke, denn nur dann kann sich ein den Bodenwert (eines unbebauten Grundstücks) unterschreitender Ertrags- bzw. Sachwert ergeben. Die Liquidation (Freilegung des Grundstücks) ist in derartigen Fällen angezeigt, weil Bodenwert und Bodennutzung in einem wirtschaftlichen Missverhältnis zueinander stehen. Mit dem Abschlag von bis zu 25 % vom Bodenwert des unbebauten Grundstücks werden entsprechend den Gepflogenheiten des gewöhnlichen Geschäftsverkehrs typisierend die zu erwartenden Freilegungskosten berücksichtigt (vgl. § 43 ImmoWertV).
Für die **erbschaftsteuerliche Grundbesitzbewertung** gelten folgende Grundsätze:

- Das *Vergleichswertverfahren* (§ 183 BewG) ist für das Wohnungseigentum, das Teileigentum und für die Ein- und Zweifamilienhäuser anzuwenden, sofern der Gutachterausschuss entsprechende Vergleichspreise oder Vergleichsfaktoren ermittelt hat; nachrangig kann auf die in der Finanzverwaltung vorliegenden Unterlagen zu Vergleichspreisen zurückgegriffen werden (vgl. zu § 183 BewG ErbStR 2019).
- Das *Ertragswertverfahren* (§§ 184 bis 188 BewG) ist für Geschäftsgrundstücke und gemischt genutzte Grundstücke anzuwenden, für die sich auf dem örtlichen Grundstücksmarkt eine übliche Miete ermitteln lässt. Das Verfahren ist nicht anzuwenden, wenn zwar eine tatsächliche Miete vereinbart ist, jedoch keine übliche Miete ermittelt werden kann, da in einem solchen Fall ein Vergleich nicht möglich ist. Mietwohngrundstücke sind nach § 182 Abs. 3 Nr. 1 BewG stets im Ertragswertverfahren zu bewerten. Ist in diesen Fällen weder eine tatsächliche Miete vorhanden noch eine ortsübliche Miete ermittelbar, ist die Miete marktbezogen, beispielsweise durch Abgleich mit den Mietverhältnissen in ver-

51 Vgl. BR-Drs. 254/19 (Beschluss); BT-Drs. 19/13713 und BT-Drs. 19/14138.

gleichbaren überregionalen Lagen, zu schätzen (vgl. auch § 76 BewG sowie zu §§ 184 ff. BewG ErbStR 2019).

- Das *Sachwertverfahren* (§§ 189 bis 191 BewG) ist für die Bewertung der sonstigen bebauten Grundstücke heranzuziehen (vgl. auch §§ 83 bis 90 BewG sowie zu § 188 ff. BewG ErbStR 2019). Darüber hinaus ist das Sachwertverfahren das Auffangverfahren für
  - das Wohnungseigentum, das Teileigentum und für Ein- und Zweifamilienhäuser[52], wenn das Vergleichswertverfahren mangels Vergleichspreisen oder Vergleichsfaktoren nicht anwendbar ist;
  - Geschäftsgrundstücke und gemischt genutzte Grundstücke, für die sich auf dem örtlichen Grundstücksmarkt keine übliche Miete ermitteln lässt, insbesondere
    a. bei solchen Gruppen von Geschäftsgrundstücken und in solchen Einzelfällen bebauter Grundstücke der in § 75 Abs. 1 Nr. 1 bis 3 BewG bezeichneten Grundstücksarten, für die weder eine Jahresrohmiete ermittelt noch die übliche Miete nach § 79 Abs. 2 BewG geschätzt werden kann;
    b. bei Grundstücken mit Behelfsbauten und bei Grundstücken mit Gebäuden in einer Bauart oder Bauausführung, für die ein Vervielfältiger (§ 80 BewG) in den Anl. 3 bis 8 zum BewG nicht bestimmt ist.
- Für **Grundstücke im Zustand der Bebauung** (§ 91 BewG, § 196 BewG; vgl. Rn. 151 sowie zu § 196 BewG ErbStR 2019), **Erbbaurechte** (§ 92 BewG, § 193 BewG sowie zu § 192 BewG ErbStR 2019), **Wohnungs- und Teileigentum** (§ 93 BewG sowie 181.2 ErbStR 2019) sowie **Gebäude auf fremden Grund und Boden** (§ 94 BewG, § 195 BewG sowie zu § 196 BewG ErbStR 2019) sieht das BewG Sondervorschriften vor.

3.3.4 Grundstücke im Zustand der Bebauung

Zur **Marktwertermittlung** von Grundstücken im Zustand der Bebauung vgl. die Hinweise bei Rn. 208 ff.; § 1 ImmoWertV Rn. 12; § 2 ImmoWertV Rn. 28 f., zur Beleihungswertermittlung die Hinweise bei Rn. 110 sowie im Teil XI Rn. 50, 169 sowie zur steuerlichen Bewertung Rn. 211. **80**

3.3.5 Verfahrensvorgaben für die Bewertung von Fondsimmobilien

Schrifttum: *BaFin*, Auslegungsschreiben der BaFin zum Anwendungsbereich des KAGB vom 14.06.2013, GuG 2014, 168; *Jandl, J.-O./Rehkugler, H.*, Auswirkungen des KAGB auf die Bewertung von Immobilienfonds, GuG 2014, 129; *Heinze, W./Wenk, M.*, Berichterstattungs-, Bewertungs- und Prüfungspflichten extern verwalteter geschlossener Venture Capital Publikumsfonds in der Rechtsform der Investment-KG, KoR 2014, 268.

▶ *Vgl. Teil II Rn. 1; Teil III § 194 Rn. 181*

Als **Fondsimmobilien** gelten die in offenen oder geschlossenen Immobilienfonds gehaltenen Immobilien (Alternative Investmentfonds – AIF). Sie **sind** nach § 2 Nr. 5 i.V.m. § 30 der Kapitalanlage, Rechnungslegungs- und Bewertungsverordnung (KARBV) **mit dem Verkehrswert i.S. des § 194 BauGB zu bewerten**[53]. **81**

Nach § 168 Abs. 1 Satz 3 des Kapitalanlagegesetzbuchs (KAGB) ist zur Ermittlung des Verkehrswerts „das jeweilige gesetzliche oder marktübliche Verfahren“ anzuwenden. **82**

Die mit der Verwaltung von Investmentvermögen befasste Kapitalverwaltungsgesellschaft (KVG) eines offenen Fonds ist zudem nach § 169 Abs. 1 KAGB verpflichtet, eine interne **83**

52 Das Sachwertverfahren ist abweichend von § 76 Abs. 1 BewG auch bei Einfamilienhäusern und Zweifamilienhäusern anzuwenden, wenn sie sich durch besondere Gestaltung oder Ausstattung wesentlich von den nach § 76 Abs. 1 BewG zu bewertenden Einfamilienhäusern und Zweifamilienhäusern unterscheiden.

53 Der Verkehrswert wird in § 2 Nr. 5 KaBRV analog zu § 194 BauGB definiert.

Bewertungsrichtlinie zu erstellen, „die geeignete und kohärente Verfahren für die ordnungsgemäße, transparente und unabhängige Bewertung der Vermögensgegenstände des Investmentvermögens“ festlegt. „Die Bewertungsrichtlinie soll vorsehen, dass für jeden Vermögensgegenstand ein geeignetes, am jeweiligen Markt anerkanntes Wertermittlungsverfahren zugrunde zu legen ist und dass die Auswahl des Verfahrens zu begründen ist.“ Nach § 169 Abs. 1 KAGB hat die Bewertung der Vermögensgegenstände „unparteiisch und mit der gebotenen Sachkenntnis, Sorgfalt und Gewissenhaftigkeit zu erfolgen“.

84 Zur **Verkehrswertermittlung** heißt es in § 30 Abs. 1 KARBV):
§ 30 Abs. 1 KARBV: „(1) Zur Ermittlung des Verkehrswerts einer Immobilie ist in der Regel der Ertragswert der Immobilie anhand eines Verfahrens zu ermitteln, das am jeweiligen Immobilienmarkt anerkannt ist. Zur Plausibilisierung können auch andere am jeweiligen Immobilienmarkt anerkannte Bewertungsverfahren herangezogen werden, wenn dies für eine sachgerechte Bewertung der Immobilie nach Auffassung des Bewerters erforderlich oder zweckmäßig erscheint. In diesem Fall sind die Ergebnisse des anderen Bewertungsverfahrens und die Gründe für seine Anwendung in nachvollziehbarer Form dem Gutachten als Anlage beizufügen.“

85 Das **Ertragswertverfahren** wird nach Satz 1 dieser Vorschrift **als Regelverfahren** vorgegeben. Dementsprechend kann es Konstellationen geben, in denen anderen Verfahren (z.B. dem Vergleichswertverfahren) Vorrang einzuräumen ist, wenn auf dieser Grundlage plausiblere Ergebnisse zu erwarten sind.

4 Vergleichswertverfahren

4.1 Allgemeines

► *Vgl. hierzu die Syst. Darst. des Vergleichswertverfahrens Rn. 1 ff., 134 ff.; § 40 ImmoWertV Rn. 18*

86 Das Vergleichswertverfahren ist in seinen Grundzügen in den §§ 24 bis 26 ImmoWertV geregelt. Dem Vergleichswertverfahren seiner Natur nach zuzurechnen ist die in § 42 ImmoWertV zugelassene Anwendung des sog. Residualwertverfahrens (Extraktion) zur Ermittlung des Bodenwerts von Bauerwartungs- und Rohbauland (vgl. § 42 ImmoWertV Rn. 2).

87 Das Vergleichswertverfahren *(comparison method)* basiert auf der Überlegung, den **Verkehrswert eines Wertermittlungsobjekts aus der Mittelung von zeitnahen Kaufpreisen vergleichbarer Grundstücke** festzustellen.

88 Obwohl die Verordnung das Vergleichswertverfahren gleichrangig mit den übrigen Wertermittlungsverfahren aufführt, wird dem Verfahren bei Vorhandensein geeigneter Vergleichspreise besondere Überzeugungskraft beigemessen, denn Vergleichspreise für im Wesentlichen gleichartige Grundstücke bieten den sichersten Anhalt für die Verkehrswertermittlung.

89 Das Verfahren führt im Allgemeinen direkt zum Verkehrswert und ist deshalb als Verfahren der Bodenwertermittlung den übrigen Wertermittlungsverfahren, insbesondere dem Sachwertverfahren, überlegen, bei dem der (vorläufige) Grundstückssachwert noch durch oftmals schwer nachweisbare Sachwertfaktoren zu korrigieren ist. Dieser Vorgang entfällt i.d.R. beim Vergleichswertverfahren, da sich die jeweilige Marktsituation bereits in den Kaufpreisen der Vergleichsobjekte widerspiegelt.

4.2 Anwendungsbereich

► *Vgl. Syst. Darst. des Vergleichswertverfahrens Rn. 5 ff. und Rn. 134 ff.*

90 Das Vergleichswertverfahren kann grundsätzlich sowohl bei der Verkehrswertermittlung bebauter als auch unbebauter Grundstücke zur Anwendung kommen. Die **Verkehrswertermittlung bebauter Grundstücke im Wege des Vergleichswertverfahrens** ist im Hinblick auf die

große Marktnähe dieses Verfahrens vielfach jedoch eine Wunschvorstellung, die zumeist an der hinreichenden Vergleichbarkeit der zur Verfügung stehenden Kaufpreise bzw. der Grundstücke scheitert, auf die sie sich beziehen. In der Praxis steht hier deshalb die Anwendung des Ertrags- und Sachwertverfahrens im Vordergrund.

Für die **Anwendung des Vergleichswertverfahrens auf bebaute Grundstücke** muss nämlich ebenfalls eine ausreichende Anzahl von Kaufpreisen vergleichbarer Objekte vorliegen und die Grundstücke sollten mit dem Wertermittlungsobjekt möglichst direkt vergleichbar sein. Zudem müssen die Verkäufe zeitnah zum Wertermittlungsstichtag angefallen sein. Durch diese Vorgaben wird die Zahl der in Frage kommenden Vergleichsgrundstücke zwangsläufig stark reduziert, sodass das Verfahren allenfalls bei marktgängigen Immobilien wie **Eigentumswohnungen** oder **Einfamilienhausgrundstücken** angewendet werden kann. **91**

Sachverständige waren bislang wegen Datenmangels nur in Ausnahmefällen in der Lage, den Wert bebauter Grundstücke im Vergleichswertverfahren zu ermitteln. Werden die in § 20 ImmoWertV genannten Vergleichsfaktoren für bebaute Grundstücke von den Gutachterausschüssen abgeleitet und veröffentlicht, wird sich das Anwendungsspektrum des Vergleichswertverfahrens deutlich erhöhen. So werden auch die freien Sachverständigen Wertermittlungen über **Ertrags- oder Gebäude- bzw. Vergleichsfaktoren** durchführen können. Dementsprechend wird in der finanzgerichtlichen Recht-sprechung[54] unter Hinweis auf § 182 Abs. 2 Nr. 3 BewG festgestellt, dass Ein- und Zweifami-lienhäuser grundsätzlich im Ver-gleichswertverfahren zu bewerten sind und das Sachwert-verfahren nur zur Anwendung kommen kann, wenn kein Vergleichswert vorliegt. Eine sichere Wertbeurteilung wird jedoch dadurch erschwert, dass den Sachverständigen zwar die Vergleichsfaktoren mitgeteilt werden, nicht aber die Grundstücke, aus denen sie abgeleitet werden. **92**

Dem Vergleichswertverfahren zuzurechnen ist auch das **Zielbaumverfahren (Multifaktorenanalyse)**, das in der Syst. Darst. des Vergleichswertverfahrens unter Rn. 467 behandelt ist (vgl. § 8 ImmoWertV Rn. 139; Teil VI Rn. 467, 655). **93**

4.3 Bodenwertermittlung

4.3.1 Allgemeines

▶ *Vgl. § 40 ff. ImmoWertV; Syst. Darst. des Vergleichswertverfahrens Rn. 152 ff.; zur viel zitierten Vorrangigkeit des Vergleichswertverfahrens bei der Marktwertermittlung unbebauter Grundstücke (Bodenwertermittlung) und der einschlägigen Rechtsprechung vgl. Syst. Darst. des Vergleichswertverfahrens Rn. 9; Syst. Darst. des Sachwertverfahrens Rn. 328 ff.*

Nach 40 Abs. 1 ImmoWertV ist der Bodenwert vorrangig durch Preisvergleich zu ermitteln. Dazu bieten sich zwei Verfahren an: **94**

- der **unmittelbare Preisvergleich** mit Kaufpreisen von Vergleichsgrundstücken und
- der **mittelbare Preisvergleich** mit geeigneten Bodenrichtwerten.

Das **Vergleichswertverfahren** ist nach dem zuvor Gesagten **das Vorrangverfahren für die Ermittlung des Bodenwerts**. Dies gilt gleichermaßen für die Bodenwertermittlung unbebauter als auch bebauter Grundstücke. Dazu können nach § 24 Abs. 1 Satz 2 ImmoWertV Kaufpreise von **Vergleichsgrundstücken oder geeignete Bodenrichtwerte** herangezogen werden. **95**

Die entsprechenden Hinweise in der Rechtsprechung auf den Vorrang des Vergleichswertverfahrens werden, was häufig übersehen wird, davon abhängig gemacht, dass eine hinreichende Anzahl geeigneter Vergleichspreise zur Verfügung steht, was bei bebauten Grundstücken nicht **96**

54 FG Düsseldorf, Beschl. vom 12.03.2024 – 11 V 78/24 A –; BFH, Urt. vom 24.08.2022 – II R 14/20 –, GuG 2023, 114 = BStBl. II 2023, 693; BT-Drs. 16/7918, S. 20; BR-Drs. 4/1/08, S. 35; Mannek in von Oertzen/Loose, Erbschaft- und Schenkungsteuerrecht, § 183 BewG Rn. 45.

gegeben ist, wenn man an die Eignung die gebotenen Anforderungen stellt. **Die Vorrangstellung des Vergleichswertverfahrens gilt deshalb eher selten für die Anwendung des direkten Preisvergleichs zur Marktwertermittlung bebauter Grundstücke** (vgl. Syst. Darst. des Vergleichswertverfahrens Rn. 5, 8 ff., 46 ff., 136 ff.).

4.3.2 Unmittelbarer und mittelbarer Preisvergleich

▶ *Weitere Ausführungen hierzu in den Syst. Darst. des Vergleichswertverfahrens Rn. 15 ff.*

97 Beim ***unmittelbaren*** **Preisvergleich** ist der Bodenwert aus Preisen vergleichbarer Grundstücke abzuleiten. Der unmittelbare Preisvergleich ohne zusätzlich erforderliche Berücksichtigung von Besonderheiten ist eine theoretische Wunschvorstellung des Sachverständigen, denn in der Praxis stehen ihm kaum jemals genügend Vergleichspreise zur Verfügung, die unmittelbar herangezogen werden können (omne simile claudicat). Um zu einer sicheren Aussage zu kommen, bedarf es darüber hinaus einer ausreichenden Anzahl von Kaufpreisen unmittelbar vergleichbarer Grundstücke. Die Preise, die von ungewöhnlichen oder persönlichen Verhältnissen beeinflusst worden sind (vgl. § 9 Abs. 2 ImmoWertV), dürfen nur dann mit einbezogen werden, wenn deren Auswirkungen auf diese sicher erfasst werden können.

98 Der ***mittelbare*** **Preisvergleich** erfolgt auf der Grundlage von Bodenrichtwerten, die jeweils nach ein oder zwei Jahren von den Gutachterausschüssen veröffentlicht werden.

4.3.3 Bodenrichtwertverfahren

▶ *Weitere Ausführungen hierzu in den Syst. Darst. des Vergleichswertverfahrens Rn. 153 ff.; Syst. Darst. des Ertragswertverfahrens Rn. 124 ff.; § 13 ImmoWertV Rn. 24 ff.; § 40 ImmoWertV Rn. 142; Teil VI Rn. 460, 603*

99 Nach § 40 Abs. 2 ImmoWertV können zur Ermittlung des Bodenwerts „auch" **geeignete nach Maßgabe des § 26 Abs. 2 ImmoWertV objektspezifisch angepasste Bodenrichtwerte** herangezogen werden. Die Heranziehung von Bodenrichtwerten wird auch als mittelbarer Preisvergleich genannt. Das Bodenrichtwertverfahren ist gegenüber dem direkten Vergleichswertverfahren auf der Grundlage von Vergleichspreisen ein nachrangiges Verfahren. Vor dem Hintergrund der modell- und referenzkonformen Marktwertermittlung kommt dem Bodenrichtwertverfahren jedoch eine gewachsene Bedeutung zu, wenn Vergleichswertfaktoren bebauter Grundstücke (Wohn- und Nutzflächenwerte, Liegenschaftszinssätze und Sachwertfaktoren) auf der Grundlage von Bodenrichtwerten (als Modellansatz) abgeleitet wurden und sie zur modellkonformen Marktwertermittlung herangezogen werden.

4.3.4 Deduktive Verfahren

▶ *Vgl. Rn. 18; § 40 ImmoWertV Rn. 15, 153; § 40 ImmoWertV Rn. 15, 143 ff.; § 42 ImmoWertV Rn. 13; § 44 ImmoWertV Rn. 201 ff.; Syst. Darst. des Vergleichswertverfahrens Rn. 418; Teil VI Rn. 863*

100 Können die in § 6 Abs. 1 ImmoWertV hervorgehobenen Verfahren nicht zur Anwendung kommen, insbesondere wenn die dafür erforderlichen Ausgangsdaten nicht zur Verfügung stehen, sind besondere **„Umstände des Einzelfalls"** i.S. dieser Vorschrift mit der Folge gegeben, dass auf andere weniger geeignete Verfahren zurückgegriffen werden kann, wenn von diesen vertrauenswürdigere Ergebnisse zu erwarten sind. Diese – gern als **deduktive Verfahren** bezeichnet (vgl. § 40 ImmoWertV) – sind zumeist Abwandlungen der klassischen Wertermittlungsverfahren und sind wiederum nach den im gewöhnlichen Geschäftsverkehr bestehenden Gepflogenheiten zu wählen (vgl. § 40 ImmoWertV Rn. 142 ff.).

4.3.5 Zielbaumverfahren

▶ *§ 8 ImmoWertV Rn. 142; Syst. Darst. des Vergleichswertverfahrens Rn. 467; § 40 ImmoWertV Rn. 147; Teil VI Rn. 467, 551, 655 ff.*

Das Zielbaumverfahren (**Multifaktorenanalyse**) ist seiner Natur nach ein indirektes Vergleichswertverfahren. **101**

5 Ertragswertverfahren

5.1 Allgemeines

▶ *Vgl. Syst. Darst. des Ertragswertverfahrens Rn. 1 ff.; §§ 27 ff. ImmoWertV*

Das Ertragswertverfahren *(income approach)* eignet sich für die Verkehrswertermittlung von Grundstücken, die üblicherweise dem Nutzer zur Ertragserzielung dienen[55]. Der Sachwert wird bei Renditeobjekten erst in zweiter Linie interessieren, etwa wegen der Qualität der verwendeten Baustoffe und der daraus abzuleitenden Dauer der Erträge[56]. Auch das Ertragswertverfahren auf der Grundlage prognostizierter Erträge *(Discounted-Cashflow-Verfahren)* ist seiner Natur nach ein Ertragswertverfahren. Zu der Familie der Ertragswertverfahren gehören auch sonstige Arten von Kapitalwertmethoden[57] einschließlich des Pachtwertverfahrens). **102**

5.2 Anwendungsbereich

▶ *Zur Anwendung des Ertragswertverfahrens auf die Verkehrswertermittlung von Ein- und Zweifamilienhäusern vgl. Syst. Darst. des Ertragswertverfahrens Rn. 3; Syst. Darst. des Sachwertverfahrens Rn. 5; zu öffentlichen Zwecken vorbehaltenen Grundstücken vgl. Syst. Darst. des Sachwertverfahrens Rn. 4; zu Eigentumswohnungen vgl. Teil V Rn. 40 ff., vorbehaltlich der Anwendung des Vergleichswertverfahrens*

Vornehmlich auf den Ertragswert abzustellen ist sinnvoll und damit sachgerecht, wenn das zu bewertende Grundstück dazu bestimmt ist, nachhaltig Erträge zu erzielen, wie z.B. bei **Mietwohnhäusern, Geschäfts- und Gewerbegrundstücken** einschließlich Handelsunternehmen. Erfahrungsgemäß richtet sich der Käufer bei seinen Preisvorstellungen wesentlich an dem zu erwartenden Nutzen aus. Dem Käufer eines derartigen Grundstücks kommt es in erster Linie darauf an, welche Verzinsung ihm das investierte Kapital in Gestalt der durch die Vermietung oder Verpachtung erzielten Erträge erwirtschaftet[58]. Das Ertragswertverfahren kann auch auf die Ermittlung des Verkehrswerts von **Ein- und Zweifamilienhäusern** Anwendung finden (vgl. Rn. 7; Syst. Darst. des Ertragswertverfahrens Rn. 3; Syst. Darst. des Sachwertverfahrens Rn. 1; § 31 ImmoWertV Rn. 129). **103**
In der **Rechtsprechung des BGH**[59] ist dem Ertragswertverfahren eine maßgebliche Aussagekraft für die Ermittlung des Verkehrswerts beigemessen worden. Mehrfach hat das Gericht

---

55 BGH, Urt. vom 16.06.1977 – VII ZR 2/76 –, BGHZ 69, 128 = EzGuG 20.67a; BGH, Urt. vom 13.07.1970 – VII ZR 189/68 –, NJW 1970, 2018 = EzGuG 20.49; BFH, Urt. vom 02.02.1990 – III R 173/86 –, BFHE 159, 505 = BStBl II 990, 487 = GuG 1992, 217 = EzGuG 20.131.

56 So bereits Smith, A., Der Wohlstand der Nationen 1789/1993 u.a. Nationalökonomen; vgl. auch Ricardo, D., Über die Grundsätze der politischen Ökonomie in der Besteuerung 1821/1994, S. 170 ff.

57 Kleiber, Verkehrswertermittlung von Grundstücken, 5. Aufl. 2010, S. 1627.

58 BGH, Urt. vom 13.07.1970 – VII ZR 189/68 –, NJW 1970, 218 = EzGuG 20.49; BGH, Urt. vom 16.06.1977 – VII ZR 2/76 –, BGHZ 89, 128 = EzGuG 20.67a; BGH, Urt. vom 27.04.1964 – III ZR 136/63 –, BRS Bd. 19 Nr. 131 = EzGuG 6.75; OLG Hamburg, Urt. vom 24.04.1970 – 1 U 17/69 –, BRS Bd. 26 Nr. 111 = EzGuG 18.50; OLG Düsseldorf, Urt. vom 27.01.1984 – 3 UF 50/83 –, FamRZ 1984, 699 = EzGuG 11.142g.

59 BGH, Urt. vom 13.05.1955 – V ZR 36/54 –, BGHZ 17, 236 = EzGuG 3.5; BGH, Urt. vom 24.10.1955 – III ZR 121/54 –, BGHZ 19, 1 = EzGuG 6.16; BGH, Urt. vom 28.01.1957 – III ZR 141/55 –, BGHZ 23, 157 = EzGuG 6.21a; BGH, Urt. vom 18.09.1961 – VII ZR 118/60 –, BGHZ 35, 356 = EzGuG 3.17; BGH, Urt. vom 14.11.1962 – V ZR 183/60 –, BB 1963, 10 = EzGuG 3.21; OLG Köln, Urt. vom 02.03.1962 – 9 U 33/61 –, BlGBW 1962, 368 = EzGuG 20.29.

entschieden, dass für die Bemessung des Verkehrswerts eines bebauten Grundstücks i.d.R. und im Wesentlichen dessen Ertragsfähigkeit maßgebend ist.

104 Nach der **Rechtsprechung** kann das Ertragswertverfahren für folgende Grundstücke als sachgerechte Methode zur Ermittlung des Verkehrswerts angesehen werden:

- Mietwohngrundstücke[60],
- Hotelgrundstücke (Teil V Rn. 317)[61],
- Campinggrundstücke (Teil V Rn. 561)[62],
- gewerblich genutzte Grundstücke (vgl. Syst. Darst. des Vergleichswertverfahrens Rn. 3),
- Geschäftsgrundstücke (vgl. Syst. Darst. des Vergleichswertverfahrens Rn. 3)[63],
- gemischt genutzte Grundstücke,
- Fabrikgrundstücke (Teil V Rn. 178 ff.),
- Kirchengebäude (V Rn. 71 ff.)[64] und
- Garagengrundstücke.

105 Des Weiteren ist das Ertragswertverfahren das allgemein anerkannte Verfahren der **Unternehmensbewertung**[65].

106 Bei Mietwohngrundstücken im Privatvermögen wird in der steuerrechtlichen **Rechtsprechung des BFH** im Hinblick auf einen langfristigen steuerfreien Wertzuwachs unverständlicherweise vornehmlich dem Sachwertverfahren Vorrang eingeräumt[66].

107 **Des Weiteren** sind dem Ertragswertverfahren heute folgende Grundstücksarten zuzurechnen:

- Büro- und Verwaltungsgebäude,
- Schulen[67],
- Krankenhäuser,
- Lichtspielhäuser,

---

60 BR-Drs. 352/88, S. 56; BGH, Beschl. vom 18.10.1984 – III ZR 134/83 –, EzGuG 20.107d; BGH, Urt. vom 13.07.1970 – VII ZR 189/69 –, NJW 1970, 2018 = EzGuG 20.49; BFH, Urt. vom 11.02.2003 – IX R 13/00 –, GuG 2003, 316 = EzGuG 4.186a, BFH, Urt. vom 25.05.2005 – IX R 46/04 –, BFH/NV 2006, 261 = EzGuG 19.50g; BFH, Urt. vom 10.10.2000 – IX R 86/97 –, BFHE 193, 326 = BStBl II 2001, 183 = EzGuG 4.177a; BFH, Urt. vom 17.08.1999 – IV B 116/98 –, GuG 2000, 236 = EzGuG 20.173; BFH, Urt. vom 24.02.1999 – IV B 73/98 –, BFH/NV 1999, 1201 = EzGuG 20.170; FG Rheinland-Pfalz, Beschl. vom 04.08.1981 – 2 K 207/80 –, EFG 1981, 613 = EzGuG 20.90; OLG Hamm, Urt. vom 08.02.2007 – 16 U 6/06 –, EzGuG 6.296; OLG Köln, Urt. vom 28.08.1962 – 9 U 28/58 –, NJW 1962, 2161 = EzGuG 20.31; LG Arnsberg, Beschl. vom 28.05.1985 – 5 T 120/85 –, DWW 1986, 43 = EzGuG 5.19; OLG München, Urt. vom 08.03.1979 – 3 Z 109/76 –, Rpfleger 1979, 333 = EzGuG 20.80; OLG Düsseldorf, Urt. vom 11.03.1988 – 7 U 4/86 –, BB 1988, 1001 = EzGuG 20.124; OLG Koblenz, Urt. vom 13.01.1982 – 1 U 6/80 –, AVN 1988, 158 = EzGuG 2.28.

61 BGH, Beschl. vom 11.03.1993 – III ZR 24/92 –, GuG 1994, 116 = EzGuG 20.144b; BGH, Beschl. vom 18.10.1984 – III ZR 134/83 –, EzGuG 20.107d; LG Kempen, Urt. vom 28.04.1998 – 4 T 2605/97 –, Rpfleger 1998, 359 = EzGuG 20.162b; abwegig LG Mönchengladbach, Urt. vom 10.02.2003 – 5 T 364/02 –, Rpfleger 2003, 379 unter Hinweis auf OLG München, Urt. vom 08.03.1979 – 3 Z 109/76 –, Rpfleger 1979, 395 = EzGuG 20.80.

62 FG Saarland, Urt. vom 31.05.1968 – 14/68 –, EFG 1968, 480 = EzGuG 18.42a; Köhne, Landwirtschaftliche Taxationslehre, 3. Aufl., S. 332; Pohnert/Ehrenberg/Haase/Joeris, Kreditwirtschaftliche Wertermittlung, 7. Aufl. 2010, S. 570.

63 BGH, Urt. vom 15.10.1992 – III ZR 147/91 –, GuG 1993, 178 = EzGuG 14.115; BFH, Urt. vom 02.02.1990 – III R 173/86 –, BFHE 159, 505 = BStBl II 1990, 497 = GuG 1992, 217 = EzGuG 20.131.

64 BVerwG, Urt. vom 30.06.1965 – 5 C 151/63 –, DVBl 1965, 732 = EzGuG 20.40; für Angelegenheiten des GNotKG (der KostO): BayObLG, Urt. vom 23.09.1985 – BReg 3 Z 36/84 –, Rpfleger 1985, 510 = EzGuG 18.99b; KG Berlin, Urt. vom 25.10.1995 – 1 W 5012/94 –, KGR 1995, 19 = EzGuG 18.116a.

65 BVerfG, Urt. vom 27.04.1999 – 1 BvR 1613/94 –, BVerfGE 100; 289.

66 BFH, Urt. vom 29.05.2008 – IX R 36/06 –, GuG 2009, 55 = EzGuG 20.205; BFH, Urt. vom 25.05.2005 – IX R 46/04 –, BFH/NV 2006, 261 = EzGuG 19.50g.

67 Erl. des BMBau vom 12.10.1993, BAnz Nr. 199 S. 9360.

- Schlachthäuser[68],
- Mühlengrundstücke,
- Werkstätten,
- Logistik- und Lagergrundstücke[69] und
- Eigentumswohnungen vorbehaltlich einer Anwendung des Vergleichswertverfahrens (Teil V Rn. 39 f.)[70].

Das Ertragswertverfahren wird heute auch bei Grundstücken angewandt, die in der Praxis bisher „traditionell" als Sachwertobjekte galten. Es stellte sich heraus, dass die **Ertragswerte oft einen besseren Anhaltspunkt für die Beurteilung des Verkehrswerts bieten** als die entsprechenden Sachwerte. In diesen Fällen hat sich die Wertermittlungspraxis an die sich im Laufe der Zeit ändernden Marktgepflogenheiten angepasst. Beispielsweise wird ein Lagerhausgrundstück heute als reines Renditeobjekt angesehen. Das Gleiche gilt für sonstige Gewerbegrundstücke (Fabrikationen), die unter Berücksichtigung der Ertragsmöglichkeiten im freihändigen Verkauf nur mit Abschlägen (Nachlässen) zu veräußern sind, die bisweilen zwischen 30 v.H. und 50 v.H. des Sachwerts betragen. Solche Abschläge dokumentieren die Unwirtschaftlichkeit insbesondere alter Fabrikgebäude im Hinblick auf Gebäudeabmessung (Grundriss), Gebäudehöhen (Mehrgeschossigkeit) und Bauausführungen. Einen Käufer interessiert vorrangig, welche Miete er nachhaltig erzielen kann. Für ihn ist der Kaufpreis an dem gegenwärtigen Wert der künftigen Erträge zu messen, die sich aus dem Grundstück ergeben werden. **108**

Bei Anwendung des Ertragswertverfahrens zur Ermittlung des Verkehrswerts von Grundstücken, z.B. von Miethäusern, braucht der auf dem Grundstück vorhandene **Aufwuchs** i.d.R. nicht zusätzlich bewertet zu werden, da er zur Ausstattung des Grundstücks gehört, der sich ggf. im Mietertrag niederschlägt (vgl. § 1 ImmoWertV Rn. 72 ff.; § 6 ImmoWertV Rn. 92; § 21 ImmoWertV Rn. 209; Syst. Darst. des Sachwertverfahrens Rn. 170, 247 ff.). **109**

5.3 Pachtwertverfahren

▶ *Vgl. Syst. Darst. des Ertragswertverfahrens Rn. 30, 56 (EOP-Methode); zum Begriff der Pacht vgl. § 31 ImmoWertV Rn. 38 ff.; Teil V Rn. 281 ff., 235, 393 ff.*

Das Pachtwertverfahren ist dem **Ertragswertverfahren** zuzurechnen. Bei Anwendung dieses Verfahrens wird der Reinertrag aus der markt- und ortsüblichen erzielbaren Pacht (ohne MwSt.), ggf. unter Heranziehung von Umsatzkennziffern oder der tatsächlichen Umsätze, abgeleitet[71]. Pachtanteile für das zur Verfügung gestellte Inventar bleiben grundsätzlich unberücksichtigt. **110**

5.4 Prognoseorientiertes Ertragswertverfahren (*Discounted-Cashflow-Verfahren)*

▶ *Vgl. Syst. Darst. zum Ertragswertverfahren Rn. 31, 51 ff.*

Bei dem *Discounted-Cashflow*-Verfahren handelt es sich um eine besondere Ausformung des Ertragswertverfahrens auf der Grundlage von prognostizierten Annahmen insbesondere der künftigen Erträge zur Ermittlung von Investitionswerten. Eine Marktwertermittlung unter An- **111**

68 BGH, Urt. vom 06.12.1965 – III ZR 172/64 –, BRS Bd. 19 Nr. 130 = EzGuG 6.83.

69 BGH, Urt. vom 16.06.1977 – VII ZR 2/76 –, BGHZ 68, 128 = EzGuG 20.67a.

70 BGH, Urt. vom 27.04.1964 – III ZR 136/63 –, BRS Bd. 19 Nr. 131 = EzGuG 6.75; OLG München, Urt. vom 08.03.1979 – 3 Z 109/76 –, Rpfleger 1979, 395 = EzGuG 20.80; LG Kempten, Urt. vom 28.04.1998 – 4 T 2605/97 –, Rpfleger 1998, 359 = EzGuG 20.162b.; Vergleichswertverfahren BFH, Urt. vom 24.02.1999 – IV B 73/89 –, GuG 2000, 186 = EzGuG 20.170; LG Göttingen, Urt. vom 08.09.1998 – 10 T 43/98 –, NZM 1999, 95 = EzGuG 20.165 (im Zwangsversteigerungsverfahren).

71 Kleiber, Verkehrswertermittlung von Grundstücken, 6. Aufl. 2010, S. 1619 sowie Teil V Rn. 393 ff.

wendung des *Discounted-Cashflow*-Verfahrens ist nach den Grundsätzen der ImmoWertV nach Maßgabe des § 11 i.V.m. § 2 Abs. 3 Nr. 3 ImmoWertV nur dann zulässig, wenn sich die künftige Ertragsentwicklung auf Prognosen stützt, die mit hinreichender Sicherheit aufgrund konkreter Tatsachen zu erwarten sind. Dabei geht es im Rahmen der Marktwertermittlung um die Erwartungen, die nachweislich im gewöhnlichen Geschäftsverkehr das Marktgeschehen am Wertermittlungsstichtag beherrschen. Diese Erwartungen bilden sich insbesondere in den einschlägigen Kaufpreisen ab.

5.5 Ellwood-Verfahren

Schrifttum: *Simon,* Internationale Bewertungsstandards, GuG 2006, 270; *Vogels, M.*, Grundstücks- und Gebäudebewertung – marktgerecht, Bauverlag Wiesbaden und Berlin.

112 Das Ellwood-Verfahren ist eine spezifische Variante der Kapitalwertmethode, mit dem sich der Kaufpreis (Investitionswert) aus den implizit gewogenen Kapitalkosten und deren Komponenten sowie der Ertragsveränderung ermitteln lässt. Es ist mithin kein Verfahren der Verkehrswertermittlung, sondern ein Verfahren, mit dem ein Kreditinstitut die Finanzierungsfähigkeit eines Immobilienerwerbs prüfen kann.

5.6 Ertragsdifferenzialverfahren

▶ *Vgl. Rn. 199; § 8 ImmoWertV Rn. 115, 166; § 44 ImmoWertV Rn. 160; Teil VI Rn. 613; Teil VIII Rn. 323*

113 Das Ertragsdifferenzialverfahren ist nichts anderes als ein auf die Ermittlung von Wertanteilen am Verkehrswert eines Grundstücks ausgerichtetes Ertragswertverfahren.

5.7 Umsatzverfahren

▶ *Teil V Rn. 338*

114 Die Marktwertermittlung und insbesondere die Unternehmensbewertung nach dem Umsatz[72] ist problematisch, weil der Umsatz keine sicheren Rückschlüsse auf die Gewinnerwartung und somit auch nicht auf den am Stichtag realisierbaren Wert zulässt. Ein besonders hoher Umsatz kann den Wert einer freiberuflichen Praxis sogar verringern, wenn den Einnahmen sehr hohe Kosten gegenüberstehen und der Ertrag deswegen mit einem hohen Unternehmerrisiko verbunden ist.

6 Sachwertverfahren

6.1 Allgemeines

▶ *Hierzu Syst. Darst. des Sachwertverfahrens Rn. 1 ff.*

115 Bei Anwendung des Sachwertverfahrens *(cost approach)* wird der Verkehrswert auf der Grundlage der gewöhnlichen Herstellungskosten aller auf dem Grundstück vorhandenen Anlagen unter Berücksichtigung ihrer Alterswertminderung, der Baumängel und Bauschäden, der sonstigen besonderen objektspezifischen Grundstücksmerkmale und des Bodenwerts ermittelt. Da die bloßen **Kosten einer Sache nicht mit ihrem Wert identisch** sind und vielfach sogar nicht unerheblich davon abweichen, führt der „bloße" Sachwert insbesondere bei Renditeobjekten zu einem Wert, den die Sache gerade nicht wert ist. Dies lässt sich nur vermeiden, wenn in marktorientierter Weise wirtschaftliche Gesichtspunkte in das Sachwertverfahren in-

---

72 BGH, Urt. vom 09.02.2011 – XII ZR 40/09 –, NJW 2011, 999; BGH, Urt. vom 02.02.2011 – XII ZR 185/08 –, BGHZ 188, 249.

tegriert werden. Aus diesem Grunde ist die Berücksichtigung der allgemeinen Wertverhältnisse auf dem Grundstücksmarkt (Lage auf dem Grundstücksmarkt) integraler Bestandteil der Sachwertermittlung.
Das mit dem Sachwertverfahren verwandte sog. **Substanzwertverfahren** ist ein Verfahren, das im Rechnungswesen und in der betriebswirtschaftlichen Unternehmensbewertung zur Anwendung kommt. Der Wert eines Unternehmens bestimmt sich danach auf der Grundlage des Substanzwerts. Der Substanzwert, auch Reproduktionswert genannt, ergibt sich in diesem Fall aus den bei Reproduktion der vorhandenen Unternehmung anfallenden aktuellen Kosten abzüglich der Schulden, jedoch einschließlich „stiller Reserven".

6.2 Anwendungsbereich

► *Zur Anwendung auf die Marktwertermittlung von Eigentumswohnungen vgl. Teil V Rn. 124*

Das Sachwertverfahren eignet sich für die Verkehrswertermittlung von **Grundstücken**, die vornehmlich nach der Art ihrer Bebauung **nicht auf eine möglichst hohe Rendite im Verhältnis zu den aufgewandten Kosten ausgelegt sind.** Hier sind in erster Linie **Eigenheime** (Ein- und Zweifamilienhäuser und vor allem auch Villen) zu nennen. 116

Einfamilienhäuser werden i.d.R. nämlich nicht vermietet, sondern von dem Hauseigentümer ganz oder zum überwiegenden Teil selbst bewohnt. Für diesen steht die Annehmlichkeit im Vordergrund, ungestört nach seinem Geschmack und ohne Rücksicht auf andere Hausbewohner allein im Haus wohnen zu können. Hierfür ist er bereit, Mittel aufzuwenden, die gemessen an dem im Falle einer Vermietung des Einfamilienhauses erzielbaren Nutzungsentgelt eine deutlich **geringere Verzinsung des eingesetzten Kapitals** „erarbeiten" **als z.B. ein weniger aufwendig bebautes** Mietwohngrundstück (vgl. Rn. 7, 62, 103; § 31 ImmoWertV Rn. 129). **Der Eigentümer eines Ein- bzw. Zweifamilienhausgrundstücks rechnet nicht mit einer hohen Verzinsung des beim Kauf des Objekts investierten Kapitals, denn er betrachtet das Grundstück nicht als zinsabwerfende Kapitalanlage.** Hier stehen vielmehr persönliche Momente im Vordergrund. Er betrachtet es als ein Heim, das ihm die Annehmlichkeiten des ungestörten Wohnens verschafft. Ertragsgedanken sind deshalb beim Kauf von Einfamilienhausgrundstücken weitgehend ausgeschaltet. Diese immaterielle Wertschätzung hat *Antoine Saint-Exupéry* in „Das Wunder des heimatlichen Hauses" mit folgenden Worten trefflich illustriert: „Das Wunder des heimatlichen Hauses besteht nicht darin, dass es uns schützt und wärmt, es besteht auch nicht im Stolz des Besitzers – seinen Wert erhält es dadurch, dass es in langer Zeit einen Vorrat von Beglückung aufspeichert, dass es tief im Herzen die dunkle Masse sammelt, aus der wie Quellen die Träume entspringen". 117

Die Anwendung des Sachwertverfahrens auf Einfamilienhäuser lässt sich auch damit begründen, dass ein Erwerber vor der Wahl steht, **selber zu bauen oder zu kaufen** (vgl. Rn. 7). Ein Erwerber „schielt" also auf die Herstellungskosten und wägt diese mit dem Kaufpreis für ein „fertiges Objekt" ab, wobei als weitere Momente die Sicherheit vor Unannehmlichkeiten, unerwartete Preissteigerungen und Kostenpositionen, unterschiedliche steuerliche Rahmenbedingungen sowie der Kauf des „fertigen" und sichtbaren Produktes an Stelle der Bauzeichnung hinzukommen. 118

In der **Rechtsprechung** ist die Verkehrswertermittlung von Ein- und Zweifamilienhäusern im Wege des Sachwertverfahrens anerkannt worden[73], insbesondere bei aufwendig gebauten Vil- 119

73 OLG Hamm, Urt. vom 08.02.2007 – 16 U 6/06 –, EzGuG 6.296; OLG Celle, Urt. vom 13.09.1996 – 4 U 27/90 –, GuG 1991, 41 = EzGuG 2.50; OLG Koblenz, Urt. vom 17.09.1980 – 1 U 1092/79 –, EzGuG 20.85; BFH, Urt. vom 31.07.1981 – III R 127/79 –, BFHE 134, 161 = BStBl II 1982, 6 = EzGuG 19.38; BFH, Urt. vom 27.04.1978 – III R 6/77 –, BFHE 125, 290 = BStBl II 1978, 523 = EzGuG 20.73 a; FG Rheinland-Pfalz, Urt. vom 26.01.1999 – 2 K 2975/98 –, GuG 2000, 237 = EzGuG 20.168; OLG Köln, Urt. vom 28.08.1962 – 9 U 28/58 –, NJW 1962, 2161 = EzGuG 20.31.

len[74]. Dagegen ist es in der Rechtsprechung nicht beanstandet worden, dass ein nicht nur eigengenutztes, sondern zum Teil auch vermietetes Einfamilienhaus nach dem Ertragswertverfahren bewertet wird.

120 Der BGH hat es auch als sachgerecht angesehen, wenn bei einem Einfamilienhaus oder einem **für den eigenen Betrieb des Eigentümers bestimmten Geschäftshaus** „allein" vom Sachwert ausgegangen wird[75]. In dieser apodiktischen Form ist diese Rechtsprechung korrigiert worden[76].

121 Bei einem Grundstück, dessen Verkehrswert nach seiner Nutzungsart üblicherweise nach dem Sachwertverfahren ermittelt wird, muss das Ertragswertverfahren Anwendung finden, wenn es **trotz verhältnismäßig geringwertiger Aufbauten erhebliche Nutzungserträge** abwirft[77].

122 **Grundsätzlich können** auch **Ein- und Zweifamilienhäuser im Wege des Ertragswertverfahrens bewertet werden**, wenn dafür marktorientierte Liegenschaftszinssätze zur Verfügung stehen (vgl. Syst. Darst. des Sachwertverfahrens Rn. 7, 62, 103, 117; § 31 ImmoWertV Rn. 129). Da diese Objekte in der Praxis der Verkehrswertermittlung nahezu ausschließlich im Wege des Sachwertverfahrens gewertet werden, wurden Liegenschaftszinssätze bislang aber eher nur in Ausnahmefällen für Ein- und Zweifamilienhäuser abgeleitet. Entsprechend den vorherigen Ausführungen haben sich dabei für Einfamilienhäuser Liegenschaftszinssätze von 1,5 bis 3,0 % ergeben, die sich, was das gesamte Spektrum der Einfamilienhäuser anbelangt, aber nicht verallgemeinern lassen. Ein solides und kostensparend errichtetes **Reihenhaus** wirft eine höhere Verzinsung ab als eine aufwendig gebaute **Villa**, die möglicherweise sogar eine negative Verzinsung haben kann, wenn z.B. die (nicht umlegbaren) Bewirtschaftungskosten den Mieterlös nicht zu decken vermögen[78].

123 Dass der Erwerber eines Ein- und Zweifamilienhauses, um seine persönlichen Bedürfnisse nach angenehmem Wohnen zu erfüllen, auf eine sonst übliche Verzinsung seines Kapitals verzichtet, schließt nicht aus, dass auch er „rechnet". Zwar nimmt sich die ersparte Miete in einem selbst bewohnten Einfamilienhaus gegenüber einer sonst möglichen Verzinsung seines Kapitals gering aus, jedoch spielen auch weitere Beweggründe eine Rolle: Dies sind die **Erwartung einer Wertsteigerung, das Motiv einer krisensicheren Sachanlage**, finanzielle Förderungen und steuerliche Anreize einschließlich der sog. Konsumgutlösung. Eine direkte und indirekte Förderung müsste bei Anwendung des Ertragswertverfahrens im Übrigen mit dem Liegenschaftszinssatz berücksichtigt werden, soweit sie objekttypisch ist.

124 Daneben kann der Wert von Einfamilienhäusern auch im Vergleichswertverfahren ermittelt werden. Das setzt allerdings voraus, dass auf eine **ausreichende Anzahl von Vergleichsgrundstücken** zurückgegriffen werden kann. Das Ertragswertverfahren ist in diesem Zusammenhang nur zur Feststellung der Renditefähigkeit von Bedeutung, also im Wesentlichen für Beleihungszwecke.

125 Die Auffassung des OVG Magdeburg[79], nach der das Sachwertverfahren herangezogen werden kann, wenn ein **nachhaltiger Ertrag, insbesondere mit Rücksicht auf die Bausubstanz, nicht mehr erzielt werden kann,** ist trügerisch. I.d.R. ist unter den genannten Voraussetzungen die Bausubstanz wirtschaftlich verbraucht, sodass dementsprechend auch bei An-

---

74 OLG Köln, Urt. vom 16.09.1960 – 4 U 152/59 –, NJW 1961, 785 = EzGuG 20.27; BGH, Urt. vom 13.07.1970 – VII ZR 189/68 –, NJW 1970, 2018 = EzGuG 20.49; auch BFH, Urt. vom 12.02.1986 – II R 192/78 –, BFHE 146, 96 = BStBl II 1986, 320 = EzGuG 20.115; vgl. auch RFH, Urt. vom 28.08.1930 – III a 137/30 –, AVN 1931, 219; RFH, Urt. vom 18.01.1929 – I A b 883/28 –, AVN 1931, 219; RFH, Urt. vom 11.03.1931 – VI A 1746/30 –, RFHE 28, 275 = EzGuG 19.2h.

75 BGH, Urt. vom 10.03.1956 – IV ZR 99/55 –, EzGuG 20.18a.

76 BGH, Urt. vom 13.07.1970 – VII ZR 189/68 –, NJW 1970, 2018 = EzGuG 20.49.

77 BGH, Urt. vom 19.12.1963 – III ZR 162/63 –, BRS Bd. 19 Nr. 21 = EzGuG 20.35.

78 BGH, Urt. vom 16.06.1977 – VII ZR 2/76 –, BGHZ 69, 128 = EzGuG 20.67a.

79 OVG Magdeburg, Urt. vom 20.01.1999 – A 2 130/97 –, GuG2000, 315 = EzGuG 20.167.

wendung des Sachwertverfahrens infolge der Alterswertminderung aufgrund der verminderten Restnutzungsdauer der Sachwert allenfalls auf den Restwert zusammenschmilzt.

6.3 Missverstandenes Eigennutzprinzip

▶ *Vgl. Syst. Darst. des Sachwertverfahrens Rn. 3 ff.*

Die traditionelle, aber heute weitgehend aufzugebende Auffassung, den Verkehrswert gewerblicher und öffentlicher Grundstücke im Wege des Sachwertverfahrens zu ermitteln, wurde u.a. damit begründet, dass es sich dabei zumeist um **eigengenutzte Grundstücke** handele und diese wie Ein- und Zweifamilienhäuser quasi naturgesetzlich im Sachwertverfahren zu bewerten seien. Das Eigennutzprinzip war unter der Herrschaft der Stopp-Preisregelung vorgegeben und wirkt bis zum heutigen Tag fort[80]. 126

Das **Kriterium der Eigennutzung** kann für sich allein nicht entscheidend für die Wahl des Sachwertverfahrens sein, da auch typische Renditeobjekte eigengenutzt werden. Es kommt vor allem darauf an, dass es dem typischen Nutzer eines im Sachwertverfahren zu bewertenden Objekts nach der Lebenserfahrung nicht entscheidend auf die Rendite, sondern vornehmlich auf den „Besitz" mit möglicherweise nicht in Mark und Pfennig zu bemessenden Annehmlichkeiten ankommt. Im Vordergrund der Kaufüberlegungen eines solchen Erwerbers stehen dabei die **Kosten, die** von ihm oder **aus gleichen Überlegungen vom Voreigentümer dafür aufgebracht wurden** oder aufgebracht werden müssten. 127

Das Kriterium der „Eigennutzung" ist in der Vergangenheit missverstanden und infolgedessen überstrapaziert worden **(missverstandenes Eigennutzprinzip).** Es ist ein verhängnisvoller und lebensfremder Irrtum, wenn man einem „eigennützigen" Erwerber a priori vernünftiges wirtschaftliches Handeln absprechen wollte, und es empfiehlt sich, hier deutlich zwischen Objekten zu unterscheiden, die 128

a) sich ein Erwerber insoweit etwas kosten lässt, als er auf eine sonst übliche Verzinsung seiner Investition verzichtet (wie bei dem erwähnten Einfamilienhaus) oder

b) bei denen der Erwerber ein Objekt zum Zwecke der Gewinnerzielung, z.B. unternehmerisch als Gewerbeobjekt, „eigengenutzt" unterhält.

Bei **Gewerbegrundstücken** steht ein potenzieller Erwerber vor der Entscheidung, das gewünschte Objekt selbst zu errichten oder anzumieten. Von daher kann es sich empfehlen, sowohl das **Sach- als auch das Ertragswertverfahren** anzuwenden und die Ergebnisse kritisch miteinander zu vergleichen. Übersteigt z.B. im Falle einer neu errichteten Gewerbeimmobilie der Sachwert den Ertragswert, stellt sich die Frage, warum das Objekt überhaupt errichtet wurde, wenn sich das investierte Kapital nicht angemessen verzinst. Daraus können wiederum Rückschlüsse auf die ertragswirtschaftliche Nutzung des Objekts gezogen werden, die dann offensichtlich dem nicht entspricht, was in den Vorstellungen des Investors lag. Ursache für die Disparität kann in solchen Fällen eine Fehlentscheidung des Investors oder eine ungenügende Ausschöpfung der Ertragsfähigkeit des Grundstücks durch den Nutzer sein, die dann möglicherweise im Ertragswertverfahren zu korrigieren ist. 129

Bei älteren Gebäuden ist die Disparität vielfach darauf zurückzuführen, dass sich der in der Vergangenheit errichtete „Sachwert" aufgrund wirtschaftlicher und allgemeiner Umstrukturierungen nicht mehr angemessen „verzinst" (**wirtschaftliche Überalterung**). 130

Was für (eigengenutzte) gewerbliche Grundstücke gilt, muss in gleicher Weise auch für öffentlich genutzte Grundstücke gelten. Auch hier stellt sich die Frage, warum die öffentliche Hand ein Gebäude mit hohen Herstellungskosten errichten sollte, wenn sie entsprechende Objekte anmieten könnte und der sich auf der Grundlage der ortsüblich erzielbaren Miete ergebende Ertragswert niedriger ausfällt als der Sachwert, in dem sich die Herstellungskosten widerspie- 131

80 Richtlinien für die Bewertung von bebauten Grundstücken vom 06.04.1942 IX – 16 – 2508/42 – lit. B.

geln. Diese Erfahrung konnte auch bei der Veräußerung von Bundesliegenschaften gemacht werden, die im Zuge der Konversion für andere öffentliche Nutzungen veräußert wurden und wo seitens der Erwerber darauf verwiesen wurde, dass der Sachwert keine geeignete Grundlage darstellen könne, wenn vergleichbare Objekte zu einem Mietpreis angemietet werden könnten, die über die Restnutzungsdauer kapitalisiert zu niedrigeren Ertragswerten führt.

7 Liquidationswertverfahren

7.1 Allgemeines

▶ *Vgl. § 4 ImmoWertV Rn. 87; § 8 ImmoWertV Rn. 51, 133 ff.; § 40 ImmoWertV Rn. 230; § 43 ImmoWertV Rn. 1 ff., 41; Syst. Darst. des Sachwertverfahrens Rn. 133; Syst. Darst. des Ertragswertverfahrens Rn. 140*

132 Das Liquidationswertverfahren wird in § 43 ImmoWertV als ein Unterfall der Bodenwertermittlung behandelt, ohne dass die Vorschrift diesen Begriff benutzt. Von einer „**Liquidation**" spricht man in den Fällen, in denen eine bauliche Anlage wirtschaftlich nicht mehr genutzt werden kann und der Erhalt der baulichen Anlage auch sonst (z.B. als Denkmal) nicht sinnvoll ist. Die ausgeübte bauliche Nutzung des Grundstücks steht dann in einem wirtschaftlich nicht „reparablen" Missverhältnis zum Bodenwert i.S. der Grundsatzregelung des § 40 Abs. 1 ImmoWertV.

133 Um das dadurch „belastete" Grundstück wieder wirtschaftlich zu nutzen, ist die Freilegung erforderlich. Die Bausubstanz hat in diesem Fall keinen Wert mehr bzw. im Hinblick auf etwaige Verwertungserlöse allenfalls einen Restwert und stellt mithin eine „**Belastung" des Bodenwerts** dar. Der Freilegung des Grundstücks muss deshalb im Rahmen der Bodenwertermittlung Rechnung getragen werden, wobei regelmäßig von Vergleichspreisen bzw. Bodenrichtwerten unbebauter Grundstücke ausgegangen wird.

134 Der sich daraus ergebende Vergleichswert ist nach Maßgabe des § 43 ImmoWertV um die üblichen Freilegungskosten zu mindern, soweit sie im gewöhnlichen Geschäftsverkehr berücksichtigt werden. In diesem Zusammenhang wird von einem **Liquidationswertverfahren** bzw. von der **Zerschlagungs- bzw. Zerlegungstaxe** gesprochen.

135 Breite Anwendung findet das Verfahren deshalb auch insbesondere bei der **Unternehmensbewertung,** wenn wegen Unwirtschaftlichkeit eine Betriebsaufgabe angezeigt ist. So ist z.B. bei der Ermittlung der **Aufgabewerte nach § 16 Abs. 3 Satz 4 EStG** die Zerlegungstaxe vorgegeben, bei der dann – wie bereits dargelegt – die einzelnen Wirtschaftsgüter bzw. marktgängigen Einheiten (Grund und Boden zuzüglich Gebäude) jeweils zu ihren Verkehrswerten ermittelt und ggf. Vermarktungskosten gegengerechnet werden.

7.2 Zerschlagungs- bzw. Zerlegungstaxe sowie Vereinigungswert

▶ *Vgl. Syst. Darst. des Vergleichswertverfahrens Rn. 264, 275*

136 Der bei der Verkehrswertermittlung gebräuchliche Grundstücksbegriff muss weder mit dem Grundstücksbegriff des bürgerlichen Rechts noch mit dem steuerlichen Grundstücksbegriff (§ 70 Abs. 1 BewG) identisch sein. **Im Bereich der Verkehrswertermittlung wird** demgegenüber **der Grundstücksbegriff untechnisch** im allgemeinen Sinne **verwandt.** Das Grundstück, über das ein Sachverständiger entsprechend den Vorgaben seines Auftraggebers sein Gutachten erstattet, kann mithin aus einer Vielzahl von Grundstücken i.S. des bürgerlichen Rechts, aber auch aus Grundstücksteilen bestehen. Insbesondere im Bereich der Verkehrswertermittlung gewerblicher oder landwirtschaftlicher Betriebe kann sich die Verkehrswertermittlung auf eine Vielzahl auch unterschiedlich genutzter Flächen beziehen. Diese Flächen können (müssen aber nicht) eine wirtschaftliche Einheit i.S. des Steuerrechts bilden.

Vorbehaltlich bestimmter Vorgaben, die dem Sachverständigen mit der Erteilung des Auftrags aufgegeben werden, ist bei der **Verkehrswertermittlung von Immobilien, die sich aus mehreren Grundstücken bzw. Flurstücken zusammensetzen,** von folgenden Grundsätzen auszugehen: 137

a) Es sind solche Einheiten zu bilden, die eine möglichst vorteilhafte Verwertung des Grundstücksbestands gewährleisten *(best use value).* Dieser Grundsatz gilt im Übrigen auch für die Unternehmensbewertung[81], soweit nicht vom Fortführungswert *(existing use value)* auszugehen ist.

b) Soweit es sich im Einzelfall aber als vorteilhafter erweist, einzelne selbstständig nutzbare Grundstücke bzw. im Rahmen einer Unternehmensbewertung einzelne in sich geschlossene Betriebsteile getrennt voneinander zu verwerten, sind die jeweiligen Verkehrswerte getrennt voneinander zu ermitteln. Im Rahmen der Unternehmensbewertung muss dabei wieder gewährleistet sein, dass das Unternehmen im Ganzen in seinem wirtschaftlichen Bestand nicht beeinträchtigt wird (Abb. 6).

Beispiel: 138

Abb. 6: Verkehrswertermittlung auf der Grundlage der Zerlegung

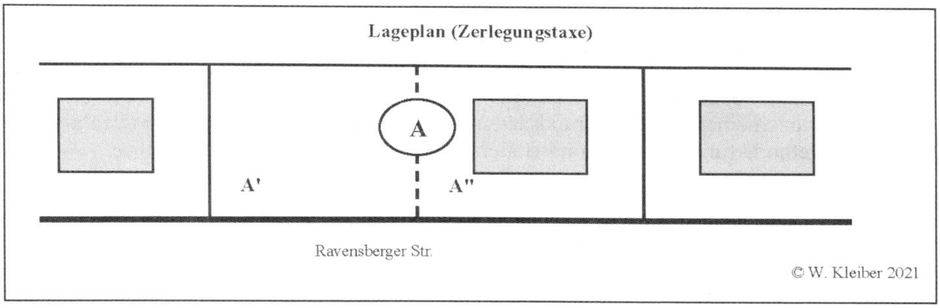

In dem *Beispiel* wird man den Verkehrswert des Grundstücks A in der Weise ermitteln, dass man die Gesamtfläche in die Teilflächen A' und A'' aufteilt und den Verkehrswertanteil der Teilfläche A' wie ein selbständiges Grundstück ermittelt. Die Heranziehung von Umrechnungskoeffizienten, die zu einer Verminderung des Bodenwerts aufgrund einer Übergröße führen würde, wäre bei der Bodenwertermittlung des Grundstücks A falsch. Der Eigentümer kann nämlich die wirtschaftlich vernünftigste Verwertung des Grundstücks im Wege einer **gesonderten Veräußerung der Teilflächen** A' und A'' erzielen *(best use value).* 139

Umgekehrt kann es geboten sein, mehrere (benachbarte) Grundstücke eines Eigentümers **zu einem Wertermittlungsgrundstück zusammenzufassen,** wenn dies zu einem höheren Verkehrswert führt, als sich als Summe aus den Verkehrswerten der Einzelgrundstücke ergibt. Man spricht hier von einem **Vereinigungs- bzw. Verschmelzungswert** *(marriage value,* vgl. Vorbem. zur ImmoWertV Rn. 64 f.). So kann z.B. die Vereinigung eines „gefangenen" Grundstücks ohne Zugang zu einer öffentlichen Straße mit einem anderen die Zugänglichkeit herbeiführenden Grundstück den Verkehrswert gegenüber der Summe aus den jeweiligen Verkehrswerten der unvereinigten Grundstücke deutlich erhöhen. Der Verkehrswert z.B. eines gewerblichen Grundstücks kann sich ebenfalls durch den Zuerwerb von Flächen erhöhen, wenn sich damit z.B. Funktionsabläufe rationalisieren lassen und die Produktivität gesteigert werden kann. 140

Gewerbliche und landwirtschaftliche Betriebe können aber auch eine Grundstücksstruktur aufweisen, die in ihrer Zusammensetzung aus mehreren Grundstücken einen niedrigeren Ver- 141

81 OLG Düsseldorf, Beschl. vom 17.02.1984 – 19 W 1/81 –, WM 1984, 732 = EzGuG 20.104b.

kehrswert ausmacht als im Falle einer **Zerlegung des Gesamtgrundstücks in Einzelgrundstücke,** verbunden mit der Aufteilung in einzelne in sich geschlossene Betriebsteile oder sogar deren Auflösung.

142 Der Gutachter ist gut beraten, auf solche Fallgestaltungen hinzuweisen, selbst wenn ihm vom **Auftraggeber Vorgaben gemacht werden,** die nicht zum *best use value* führen.

8 Kombinationsverfahren

8.1 Allgemeines

143 Die ImmoWertV, die ohnehin nur in Anspruch nimmt, die Wertermittlung in ihren Grundzügen zu regeln, ist offen für die Anwendung explizit nicht geregelter Verfahren, wie z.B. mathematisch-statistische Regressionsanalysen oder die sog. Zielbaummethode. Sie lässt auch die **Kombination verschiedener Methoden** zu, soweit dies sinnvoll ist. Im Schrifttum wurde allerdings wiederholt unter Berufung und Verkennung der Rechtsprechung des BGH die Kombination von verschiedenen Wertermittlungsverfahren für unzulässig befunden. Allzu unbedacht wird hierbei immer wieder das zumeist in den wesentlichen Aussagen unvollständig abgedruckte „Biebergassenurteil" des BGH zitiert[82], das diese verallgemeinerte Auslegung nicht zulässt. In dem zu entscheidenden Fall wurde der anhand von Vergleichspreisen abgeleitete Bodenwert eines bebauten Grundstücks mit dem Ertragswert des Grundstücks kombiniert, wobei dieser nach einer von den Grundsätzen der ImmoWertV völlig abweichenden gesamtheitlichen Methode für den Grund und Boden sowie das Gebäude ermittelt wurde.

144 Wörtlich heißt es in der Entscheidung:

> „Es kann somit keine Rede davon sein, dass der Sachverständige seiner im ersten Gutachten allein auf der *Ertragswertberechnung* aufbauenden Wertermittlung des *gesamten* Hausgrundstücks einen bestimmten Bodenpreis „zu Grunde gelegt" habe, der deshalb für die Wertermittlung auf Grund der Vergleichspreise für das Trümmergrundstück „berichtigt" werden könnte. Vielmehr ist der Sachverständige in seinem ersten Gutachten bei der Wertermittlung für das gesamte Hausgrundstück allein von dem „Ertrag der nachhaltig erzielbaren Mieten" ausgegangen. Entscheidend ist vor allem, dass der Sachverständige in seinem Nachtragsgutachten vom 18. April 1955 für die *getrennte* Wertberechnung des Hausgrundstücks von einer *anderen* für das Trümmergrundstück angewandten Berechnungsmethode (auf der Grundlage von Vergleichspreisen usw.) ausgegangen ist. Hiernach hat das Berufungsgericht in rechtlich zu beanstandender Weise bei seiner Wertermittlung *zwei in ihren Grundlagen verschiedene Berechnungsmethoden* nebeneinander gebraucht, indem es Elemente der Wertberechnung auf Grund von Vergleichspreisen usw. zur „Berichtigung" des auf der Grundlage der Ertragswertberechnung ermittelten Werts des gesamten Hausgrundstücks herangezogen und zu einer Entscheidung zugrunde gelegt hat."

145 Bei dieser Sachlage ist der Entscheidung zuzustimmen, dass im Falle nicht aufeinander abgestimmter Berechnungsmethoden einzelne Elemente nicht ungeprüft hätten miteinander „verquickt" werden dürfen. Anders sind aber die Fälle zu beurteilen, bei denen die in einem aufeinander abgestimmten System nach unterschiedlichen Wertermittlungsmethoden ermittelten Anteile sich gegeneinander ergänzen können. Soweit es – wie in der vorstehenden Entscheidung – um die Ausgrenzung des Bodenwertanteils geht, sind bei Anwendung der Grundsätze der ImmoWertV die Voraussetzungen dafür gegeben, wenn der Bodenwertanteil in allen Verfahren nach denselben Grundsätzen ermittelt wird. **Es kommt** also **entscheidend darauf an, dass bei einer „Verquickung" von Elementen verschiedener Wertermittlungsverfahren diese aufeinander abgestimmt sind.** So kann es durchaus sachgerecht sein, die Verkehrswertermittlung nach dem Sachwertverfahren durch einen nach Ertragswertgrundsätzen ermittelten Wertanteil für eine Reklamefläche zu kombinieren. Im Ergebnis ist für die Zulässigkeit

---

82 BGH, Beschl. vom 11.03.1993 – III ZR 24/92 –, GuG 1994, 116 = EzGuG 20.144 b; BGH, Urt. vom 19.06.1958 – III ZR 39/57 –, WM 1958, 1360 = EzGuG 20.22; auch OLG Hamburg, Urt. vom 10.10.1969 – 1 U 61/68 –, MDR 1970, 150 = EzGuG 6.126; BGH, Urt. vom 24.01.1963 – III ZR 149/61 –, BGHZ 39, 40 = EzGuG 20.34.

einer Kombination verschiedener Wertermittlungsmethoden allein entscheidend, dass die Verfahren rechtsfehlerfrei verquickt werden können. In diesem Sinne hat der BGH die Kombination von Verfahren nicht grundsätzlich, sondern nur in den Fällen abgelehnt, wo dies nicht rechtsfehlerfrei geschieht und das „Wertbild verzerrt" wird[83].

8.2 Extraktionsverfahren (Residualwertverfahren)

▶ *Nähere Ausführungen § 42 ImmoWertV Rn. 5 f.*

Insbesondere zur **Vorbereitung von Investitionsentscheidungen** sowie bei den bereits angesprochenen Immobilien, die einer anderen, insbesondere höherwertigen Nutzung zugeführt werden sollen (Umnutzungsfall), lässt sich deren Verkehrswert nicht immer mit den herkömmlichen Verfahren ermitteln und es wird zunehmend (hilfsweise) auf das **Extraktionsverfahren** (Residualwertverfahren, *extraction)* zurückgegriffen. Bei Anwendung dieses Verfahrens wird – vereinfacht ausgedrückt – der Verkehrswert des Grundstücks aus dem z.B. im Wege des Vergleichs- oder Ertragswertverfahrens ermittelten Verkehrswert, der sich fiktiv nach Durchführung einer beabsichtigten Entwicklung ergibt, unter Abzug der Entwicklungs- und ggf. Herstellungskosten abgeleitet. Der Differenzbetrag stellt das Residuum dar. **146**

Das Extraktionsverfahren (Residualwertverfahren) stellt in seinen Grundzügen ein kombiniertes Verfahren dar. Es werden dabei Elemente des Vergleichs- oder Ertragswertverfahrens, mit dem zunächst das fertige Produkt wertmäßig erfasst wird, mit künftigen Herstellungs- bzw. Entwicklungskosten (differenzmäßig) kombiniert. Das Residuum ergibt sich daraus als die Größe, die im Hinblick auf die zugrunde gelegte Verwertungskonzeption und die dafür erforderlichen Aufwendungen als wirtschaftlich sinnvoller Erwerbspreis verbleibt. Das Extraktionsverfahren (Residualwertverfahren) ist von diesem Ansatz her nicht darauf angelegt, zu einem bestimmten Residuum zu kommen, denn **unterschiedliche Verwertungskonzeptionen mit unterschiedlichen Gestehungskosten müssen zu unterschiedlichen Residuen führen** (Szenariobewertung). **147**

Als eine äußerst **problembehaftete Wertermittlungsmethode** ist das Extraktionsverfahren (Residualwertverfahren) allenfalls nur unter engen Voraussetzungen für die Verkehrswertermittlung geeignet: **148**

a) Der *gewöhnliche Geschäftsverkehr* ist u.a. dadurch gekennzeichnet, dass weder Käufer noch Verkäufer unter Druck handeln, wobei die Käufer gegenüber dem Verkäufer miteinander in Konkurrenz stehen. I.d.R. werden Immobilien letztlich an den Meistbietenden verkauft. Dies ist geradezu charakteristisch für den gewöhnlichen Geschäftsverkehr und muss bei Anwendung des Extraktionsverfahrens (Residualwertverfahrens) beachtet werden, wenn das Verfahren zu einem sich am gewöhnlichen Geschäftsverkehr orientierenden Marktwert (Verkehrswert) führen soll (§ 194 BauGB).
   Treten auf einem Grundstücksmarkt mehrere in Konkurrenz zueinander stehende Anbieter auf, so kommt bei dieser Sachlage regelmäßig derjenige Anbieter „zum Zuge", der i.S. einer Kosten-Nutzen-Analyse die effizienteste Nutzungskonzeption verfolgt und damit auch das höchste Residuum anzubieten vermag. Als Verfahren zur Ermittlung des Verkehrswerts wird das **Extraktionsverfahren** (Residualwertverfahren) dann **problematisch, wenn diese Konkurrenzsituation nicht gegeben** ist oder dadurch „ausgeschaltet" wird, dass eine bestimmte **Nutzungskonzeption** vorgegeben wird. In diesem Fall kann durch entsprechende Vorgaben jedes Ergebnis „vorprogrammiert" werden.

---

83 BGH, Urt. vom 20.03.1975 – III ZR 153/72 –, BRS Bd. 34 Nr. 120 = EzGuG 18.64; BGH, Urt. vom 23.06.1983 – III ZR 39/82 –, BRS Bd. 45 Nr. 102 = EzGuG 20.102; BGH, Urt. vom 26.10.1972 – III ZR 78/71 –, BRS Bd. 26 Nr. 106 = EzGuG 18.57; BGH, Urt. vom 29.05.1967 – III ZR 126/66 –, BGHZ 48, 65 = EzGuG 18.35; BGH, Urt. vom 02.12.1971 – III ZR 165/69 –, BGHZ 57, 108 = EzGuG 20.51; BGH, Urt. vom 17.12.1978 – III ZR 6/77 –, BRS Bd. 34 Nr. 152 = EzGuG 4.63; vgl. auch Maunz/Dürig/Herzog/Scholz, GG Art. 14, S. 66.

b) Das Extraktionsverfahren (Residualwertverfahren) ist darüber hinaus nur dann zur Verkehrswertermittlung geeignet, wenn sich die miteinander in Beziehung gesetzten Größen selbst am Verkehrswert orientieren, d.h. marktorientiert sind. Werden indessen in das Residualwertverfahren z.B. Kosten eingeführt, die nicht den gewöhnlichen Herstellungs- sowie sonstigen Kosten entsprechen, sondern sich an den besonderen Verhältnissen eines einzelnen Investors orientieren, so kann das Residualwertverfahren auch nur zu dem Preis führen, der den persönlichen Verhältnissen eines Investors entspricht (**Investorenmethode**).

Im Übrigen ist das Extraktionsverfahren (Residualwertverfahren) trotz seiner hohen Überzeugungskraft äußerst anfällig gegenüber fehlerhaften Ansätzen und wird deshalb in der Praxis der Verkehrswertermittlung nach vorherrschender Auffassung kritisch angesehen[84]. Die Rechtsprechung ist dem gefolgt[85].

8.3 Differenzwertverfahren

Schrifttum: Büchs, Handbuch des Eigentums- und Entschädigungsrechts, 3. Aufl. 1966, S. 1110 ff.; Vahle, MDR 1981, 625 ff.; Kreft, WM 1982 Sonderbeil. Nr. 7, S. 19; *Gelzer/Busse/Fischer*, Entschädigungsanspruch, Rn. 280; *Aust/Jacobs/Pasternak*, Enteignungsentschädigung, 8. Aufl. 2021, Rn. 933.

▶ *Vgl. Rn. 20, 199; Syst. Darst. des Vergleichswertverfahrens Rn. 264 ff.; § 44 ImmoWertV Rn. 152 ff.; Teil VI Rn. 132*

149 Das Differenzwertverfahren ist eine Methode, mit der sich der **Marktwert von Grundstücksteilflächen** (z.B. Vorgärten) gegebenenfalls i.V.m. den durch die Abtrennung solcher Flächen von einem Stammgrundstück einhergehenden Vermögensnach- und -vorteilen ermitteln lässt (vgl. § 40 ImmoWertV Rn. 152). Darüber hinaus kommt das Differenzwertverfahren bei der **Verkehrswertentschädigung von Dienstbarkeiten** zur Anwendung[86] und ist im Übrigen auch ein anerkanntes Verfahren zur Ermittlung der Entschädigungen für Durchschneidungsschäden. Bei Anwendung dieses Verfahrens wird der Verkehrswert des Grundstücks vor und nach Abtretung der Teilfläche bzw. vor und nach Belastung des Grundstücks mit einer Dienstbarkeit bzw. einer Durchschneidung gegenübergestellt.
Zur Differenzwertmethode gehört auch das **Ertragsdifferenzialverfahren**. Es handelt sich dabei um ein auf die Ermittlung von Wertanteilen am Verkehrswert eines Grundstücks ausgerichtetes Ertragswertverfahren (Rn. 113; § 8 ImmoWertV Rn. 115; § 44 ImmoWertV Rn. 160; Teil VI Rn. 613).

---

84 Pohnert, Kreditwirtschaftliche Wertermittlung, 5. Aufl., S. 113; Zimmermann, WertV 88, München 1998, S. 204; Kleiber, GuG 1996, 16; Möckel, GuG 1996, 274; Sotelo, GuG 1995, 91; Reck, GuG 1925, 234; Simon, GuG 1995, 229; Vogel, GuG 1994, 347.

85 OVG Lüneburg, Urt. vom 25.01.2001 – 1 L 5010/96 –, GuG 2001, 182 = EzGuG 15.99d.

86 BGH, Urt. vom 15.10.1992 – III ZR 147/91 –, BGHZ 120, 38 = EzGuG 14.115; BGH, Urt. vom 03.12.1981 – III ZR 55/80 –, MDR 1982, 558 = EzGuG 20.02b; BGH, Urt. vom 10.03.1977 – III ZR 195/74 –, BRS Bd. 34 Nr. 139 = EzGuG 18.72; BGH, Urt. vom 20.03.1975 – III ZR 153/72 –, NJW 1975, 1406 = EzGuG 18.64; BGH, Urt. vom 26.10.1972 – III ZR 78/71 –, NJW 1973, 287 = EzGuG 18.57; BGH, Urt. vom 29.01.1970 – III ZR 30/69 –, BRD Bd. 26 Nr. 97 = EzGuG 18.48; BGH, Urt. vom 16.03.1964 – III ZR 11/63 –, WM 1964, 698 = EzGuG 18.24; BGH, Urt. vom 23.09.1957 – III ZR 171/56 –, BGHZ 13, 378 = EzGuG 18.8; RFH, Urt. vom 14.12.1926 – VI A 575/26 –, Das Recht 1926, 458 = EzGuG 20.10c; BayObLG, Urt. vom 05.07.1965 – Breg 1a Z 19/64 –, BRS Bd. 19 Nr. 89 = EzGuG 18.30; OLG Hamburg, Urt. vom 21.12.1979 – 1 U 2/79 –, AVN 1983, 476 = EzGuG 18.90; OLG Hamburg, Urt. vom 05.07.1974 – 1 U 1/73 –, HbgGE 1974, 326 = EzGuG 18.60a; OLG Hamburg, Urt. vom 24.04.1970 – 1 U 17/69 –, BRS Bd. 26 Nr. 111 = EzGuG 18.50; OLG Hamburg, Urt. vom 30.04.1959 – 1 U 218/58 –, BBauBl 1961, 227 = EzGuG 18.9: LG Hamburg, Urt. vom 31.10.1960 – 10 O 30/60 –, BBauBl 1961, 376 = EzGuG 18.15; LG Hamburg, Urt. vom 06.02.1961 – 10 O 46/60 –, HbgGE 1961, 68 =EzGuG 18.16; LG Nürnberg-Fürth, Urt. vom 18.04.1989 – 4 O 6698/87 –, GuG 1990, 47 = EzGuG 18.110.

9 Monte-Carlo-Verfahren

Schrifttum: *Evans, A./Werner-Ehrenfeucht, G.*, Das Monte Carlo Verfahren bei der Bewertung von Entwicklungsprojekten, GuG 1994, 257; *Janssen, O.*, Monte-Carlo-Simulationen verbessern die Bewertungsqualität von Immobilien, GuG 2002, 37; *Kummer, M./Theussl, P./Hofstadler, Ch.; Berücksichtigung von Unsicherheiten bei der Bewertung von Wohnimmobilien, GuG 2020, 135; Schneider, D. G.*, Einflusslinien/Einflusskurven im Disput zum Monte-Carlo-Verfahren bei der Ertragswertermittlung, Der Sachverständige 2002, 94; *Schneider, D. G.*, Vergleichswertverfahren, GuG 2002, 297; *Simon, Th.*, Verbessert die Monte-Carlo-Methode die Grundstückswertermittlung?, GuG 2004, 93.

Eine gewisse Aufmerksamkeit in der Sachverständigenpraxis hat das erstmals 1987[87] publizierte Monte-Carlo-Verfahren gefunden. Das Verfahren – wohl mehr dem Bereich der *curiosity driven research* entsprungen – kann allenfalls **nur bedingt der anerkannten Wertermittlungslehre zugerechnet** werden. Es kann schon eher als eine „hilflose Methode" bezeichnet werden, um bei unklaren und unübersichtlichen Verhältnissen zu einer Aussage über künftige – i.d.R. vertraglich „offene" – Entscheidungen, insbesondere im Zusammenhang mit Mietverhältnissen zu gelangen. Es wurde z.B. in den Fällen zur Anwendung gebracht, in denen mietvertraglich Optionen vereinbart wurden, die sich je nach Gebrauch unterschiedlich auf den Ertragswert auswirken. **150**

Unter dem Begriff Monte-Carlo-Verfahren verbirgt sich nichts anderes als die Anwendung eines elektronischen Zufallsgenerators i.V.m. statistischen Gesetzen über Zufallsereignisse, um so zu einer vermeintlich statistisch abgesicherten Entscheidung über die letztlich „offene" Frage zu gelangen, wie sich die Vertragsparteien zu dem jeweiligen Zeitpunkt (z.B. in fünf oder zehn Jahren) nach den dann obwaltenden Verhältnissen entscheiden werden. Wenngleich von dem Verfahren auf den „Verbraucher" des Gutachtens eine **scheinwissenschaftliche Wirkung** ausgeht, so muss man in solchen Fällen einer auf Erfahrung und Sachkunde beruhenden Abschätzung der künftigen Verhältnisse durch den Sachverständigen den Vorzug geben, als sie einem „Zufallsgenerator" zu überlassen. Die Methode stellt von daher mehr eine in den Bereich der Kuriositäten einzuordnende Randerscheinung der Wertermittlungslehre dar. **151**

10 Gruppen- bzw. Massenbewertungsverfahren

10.1 Allgemeines

Schrifttum: *Gabler*, Wirtschaftslexikon, Stichwort „Pakethandel"; *Katte/Bagel/Freyer/Jäger/Langguth/Roth/Zimmer*, Bewertungssysteme für große Immobilienbestände, GuG 2001, 1; *Münchehofen, M./Springer, U.*, Bewertung von Paketverkäufen, GuG 2006, 144; *Schneider, G.*, Paketbewertungen von Liegenschaften, GuG 2002, 91; *Trappmann, H.*, Bewertungsvereinfachungen für Grundstücke zulässig?, DB 1996, 391; vgl. auch GuG 2006, 177, 181, *Werling, U.*, Besonderheiten der Bewertung großer Wohnungsbestände, GuG 2010, 150.

▶ *Vorbem. zur ImmoWertV Rn. 66*

Nach dem in § 252 Abs. 1 Nr. 3 HGB a.F. normierten Grundsatz der Einzelbewertung müssen Vermögensgegenstände und Schulden in der Bilanz grundsätzlich ohne Verrechnung oder Zusammenfassung mit anderen Vermögensgegenständen zum Abschlussstichtag einzeln bewertet werden. Der Grundsatz der Einzelbewertung gilt jedoch nicht absolut[88]. Auf Grund gesetzlicher Spezialregelungen (vgl. zur Gruppenbewertung etwa § 240 Abs. 4 i.V.m. § 256 Satz 2 HGB a.F.) oder gemäß § 252 Abs. 2 HGB a.F. kann vom Grundsatz der Einzelbewertung in individuell begründeten Ausnahmefällen abgewichen werden[89]. **152**

---

87 Evans, Das Monte-Carlo-Verfahren bei der Bewertung von Entwicklungspotenzialen, GuG 1994, 94; zurecht kritisch Zimmermann, WertV 88 München 1998, S. 207; Mollart, G., Monte Carlo Simulation using Lotus 1-2-3; Journal of Valuation 1987, 419 ff.; Ehrenfeucht, W., GuG 1994, 257.

88 BGH, Beschl. vom 22.11.2016 – XI ZB 9/13 –, GuG 2017, 267 = EzGuG 20.151.

89 BGH, Beschl. vom 21.10.2014 – XI ZB 12/12 –, BGHZ 203, 1 = GuG 2015, 249 = EzGuG 20.237.

153 Im Zuge der Bilanzierung und Veräußerung großer Immobilienbestände (Immobilienpakete) sind Gruppen- bzw. Massenbewertungen unvermeidbar, insbesondere wenn eine Einzelbewertung in einem verträglichen Zeitrahmen nicht möglich ist und unverhältnismäßig hohe Kosten verursacht. Es kommt hinzu, dass eine Einzelbewertung auch nicht dem mit § 8 Abs. 1 Satz 2 ImmoWertV gegebenen Grundsatz entspricht, das Wertermittlungsverfahren anzuwenden, das den „im gewöhnlichen Geschäftsverkehr bestehenden Gepflogenheiten" entspricht. Der Marktwert eines „Immobilienpakets" entspricht nämlich nicht der Summe der Einzelwerte und nach den Gepflogenheiten des Grundstücksverkehrs werden Immobilienpakete eher nur in Ausnahmefällen auf der Grundlage einzeln bewerteter Grundstücke gehandelt. Grundlage sind vielmehr die Ergebnisse von Gruppenbewertungen (Massenbewertungen), z.B.

- Im Zuge der Bahnreform wurden die Liegenschaften, die zum 1.1.1994 auf die Deutsche Bahn AG (DB AG) übertragen wurden, auf der Grundlage des § 10 Abs. 43 und 4 DBGrG i.V.m. §§ 7 und 9 DMBilG und des Liegenschaftsnachweises der DB AG (System LINA) von der Wirtschaftsprüfergesellschaft KPMG bewertet (Erhebung und bilanzielle Bewertung aller Liegenschaften der DB AG – EBAL); die Bewertung wurde von der Wirtschaftsprüfergesellschaft C&L Deutsche Revision geprüft und durch ein Einzelgutachten der Wirtschaftsprüfergesellschaft Warth & Klein, Düsseldorf begleitet.
- Eine Gruppenbewertung ist auch auf Grund der Spezialregelungen des § 6 Abs. 1 PostUmwG i.V.m. § 9 Abs. 1 Satz 3 DMBilG erlaubt.
- Im Zuge der Fusion zwischen der Hoesch AG und der Friedrich Krupp AG im Jahre 1992 sowie der Zusammenführung der Hoesch/Krupp AG mit der Thyssen AG zur Thyssen Krupp AG im Jahre 1999 wurde der nicht betriebsnotwendige Grundbesitz einer Neubewertung zur Klärung der Aktionärsbeteiligungen von den Abschlussprüfern C&L Deutsche Revision und KPMG mit ca. 30 000 bis 40 000 Wohneinheiten pro Gesellschaft auf der Grundlage von Bodenrichtwerten einer Bewertung unterzogen.

154 Von einer **Gruppen- bzw. Massenbewertung** (*mass appraisal*) spricht man im Gegensatz zur Einzelbewertung, wenn der (Verkehrs-)Wert einer Vielzahl von Grundstücken kurzfristig und zumeist bezogen auf einen einheitlichen Stichtag ermittelt werden muss; z.B.

a) im steuerlichen Bereich bei der Einheits- bzw. Grundbesitzbewertung,

b) im Bereich der Wertermittlung großer Immobilienbestände etwa von Unternehmen (Immobilienportfolio), z.B. bei
– dem Verkauf von Immobilienbeständen (*asset deal*, Portfoliotransaktionen) oder dem Verkauf von Anteilen eines Unternehmens mit Immobilien (*share deal*),
– der Finanzierung einer entsprechenden Grundstückstransaktion,
– einer Portfolioanalyse (zur Entwicklung einer Strategie der Verwertung von Bestandsimmobilien),
– einer Verbriefung (Beleihungswert; *sustainable net value*).

c) im Bereich der Bilanzierung einschließlich der handelsrechtlichen Eröffnungsbilanz und

d) im Rahmen städtebaulicher Maßnahmen, bei denen eine flächendeckende Verkehrswertermittlung von Grundstücken eines Veranstaltungsgebiets (Umlegungsgebiet, Sanierungsgebiet, städtebaulicher Entwicklungsbereich) erforderlich wird.

155 Von einem **Immobilienportfolio** und einer Portfoliobewertung wird in diesem Zusammenhang ab etwa 20 bis 30 Immobilien gesprochen; unterhalb dieser Grenze ist eine Einzelbewertung die Regel.

156 Unter einem **Gruppen- bzw. Massenbewertungsverfahren** versteht man umgangssprachlich

a) ein methodisch strukturiertes (vielfach auch vereinfachtes) Bewertungsverfahren (Ertrags-, Sach- oder Vergleichswertverfahren), das zumeist i.V.m.

b) pauschalisierenden Ansätzen (z.B. Umrechnungskoeffizienten, Rendite, Verzinsung usw.)

anstelle eines umfassenden alle wertbeeinflussenden Merkmale berücksichtigenden Ertrags-, Sach- oder Vergleichswertverfahrens (z.B. im Sinne der ImmoWertV) zur Anwendung kommt.

Beispiele: 157

- Im **steuerlichen Bereich** werden mit dem Bewertungsgesetz für bestimmte Grundstücksarten allgemein verbindliche Vorgaben z.B. bezüglich des anzusetzenden Bodenwerts (Bodenrichtwert nach § 196 BauGB) oder des bei Anwendung des Ertragswertverfahrens maßgeblichen Vervielfältigers vorgegeben.
- Im Bereich der **Portfoliobewertung** werden die Bestände vornehmlich in der Weise bewertet, dass der Immobilienbestand auf der Grundlage einer Portfolioanalyse in homogene Untergruppen (Subportfolios, *Cluster*, Pakete) aufgeteilt und ausgehend von Einzelbewertungen (nach Ortsbesichtigung) repräsentativer Grundstücke auf den Gesamtwert geschlossen wird (vgl. Abb. 7). In ihrer einfachsten Form vollzieht sich die Massenbewertung ohne Ortsbesichtigung allein aufgrund des vorhandenen Datenbestands (sog. *Desktop*-Bewertung) und der elektronischen Datenverarbeitung (*automated valuation models* AVMs). Das hat sich allerdings als unzuverlässig erwiesen[90].
- Für das **Handelsrecht** besteht der Grundsatz der Einzelbewertung (vgl. im Handelsrecht § 252 Abs. 1 Nr. 1 HGB; im Einkommensteuerrecht § 6 Abs. 1 EStG[91]). Gleichwohl sind Massenbewertungen selbst dort unvermeidlich, wo gesetzlich Einzelbewertungen gefordert sind. § 240 Abs. 4 HGB lässt eine Gruppenbewertung für „gleichartige Vermögensgegenstände des Vorratsvermögens" sowie andere gleichartige oder annähernd gleichwertige bewegliche Vermögensgegenstände zu und nimmt „unbewegliche Vermögensgegenstände des Vorratsvermögens" nicht ausdrücklich von dieser Regelung aus[92]. Im Falle einer Gruppenbewertung sind einzelne besonders wertvolle Objekte regelmäßig auch weiterhin einzeln zu bewerten[93].

Massenbewertungsverfahren werden mitunter als *quick and dirty* bezeichnet, insbesondere 158
wenn sie methodisch auf eine überschlägige Wertermittlung angelegt sind (einfache Massenbewertungsverfahren). Allgemein gilt, dass in Abhängigkeit vom Zweck der Begutachtung bei Anwendung von Massenbewertungsverfahren umso mehr Abstriche von der umfassenden Vorgehensweise der Einzelbewertungen gemacht werden, je kürzer der zur Verfügung stehenden Zeitrahmen für die Bewertung, je geringer das Kostenbudget des Auftraggebers und je größer die Risikobereitschaft ist.

Ein **qualifiziertes Gruppen- bzw. Massenbewertungsverfahren** ist indessen methodisch auf 159
eine Verkehrswertermittlung angelegt, die im Gesamtergebnis möglichst den Anforderungen einer Einzelbewertung entspricht. Die Anwendung eines vereinfachten Bewertungsverfahrens i.V.m. pauschalisierenden Ansätzen und Gruppenbildungen steht dem nicht entgegen. Massenbewertungsverfahren kommen nämlich i.d.R. zur Anwendung, wenn es um die Bewertung großer Immobilienbestände (Immobilienportfolios) geht, und damit ist zunächst die Frage nach dem speziell dafür „geeigneten" Verfahren der Verkehrswertermittlung aufgeworfen.

Nach dem allgemeinen Grundsatz des § 6 Abs. 1 Satz 2 ImmoWertV sind „die Verfahren ... 160
nach der Art des Gegenstands der Wertermittlung unter Berücksichtigung der *im gewöhnlichen Geschäftsverkehr bestehenden Gepflogenheiten* und den sonstigen Umständen des Einzelfalls zu wählen". Die für die **Verkehrswertermittlung größerer Immobilienbestände (Immobilienportfolios) maßgeblichen „Gepflogenheiten" des gewöhnlichen Geschäftsverkehrs unterscheiden sich in vielerlei Hinsicht von den „Gepflogenheiten", die bei dem Erwerb eines einzelnen Grundstücks zu beobachten sind**. So finden beim Erwerb eines einzelnen Grundstücks dessen wertbestimmende Merkmale in weitaus umfassenderer Weise Beachtung als im Handel mit Immobilienportfolios. Dem muss das zur Anwendung kom-

---

90 The Appraisal of Real Estate, 12. Aufl. Chicago, S. 648.
91 Wöhe, G., Bilanzierung und Bilanzpolitik, 8. Aufl. München 1992, S. 350; vgl. Teil II Rn. 29 und § 194 BauGB Rn. 46.
92 Nach Küting /Weber, Handbuch der Rechnungslegung, Komm. zur Bilanzierung und Prüfung, zu § 240 Rn. 71 ist jedoch das Verfahren der Gruppenbewertung „auf bewegliche Vermögensgegenstände beschränkt."
93 Vgl. Abschn. 36 Abs. 3 EStR 1984.

mende Wertermittlungsverfahren Rechnung tragen. Werden z.B. bei der Verkehrswertermittlung eines einzelnen Verwaltungsgebäudes ein vom übrigen Objekt abweichender Instandhaltungszustand, ein bestehendes Wegerecht oder andere Besonderheiten konkret berücksichtigt, finden solche Besonderheiten bei dem Erwerb der Immobilie als Bestandteil eines Immobilienportfolios im „gewöhnlichen Geschäftsverkehr“ gar keine Beachtung und weichen einer generalisierenden Betrachtungsweise. Dies gilt sowohl für werterhöhende als auch wertmindernde Besonderheiten des Immobilienbestands. Was also bei der Verkehrswertermittlung eines einzelnen Objekts im Grundstücksverkehr Beachtung findet, stellt sich bei der Verkehrswertermittlung eines Portfolios als ein unbeachtlich bleibendes Detail dar.

161 Wenn bei Anwendung von Gruppen- bzw. Massenbewertungsverfahren im Unterschied zu Einzelbewertungen derartigen Besonderheiten nicht Rechnung getragen wird, so gehen damit keine den Verkehrswert verfälschenden Vereinfachungen einher, vielmehr ist diese Vorgehensweise sogar i.S. der Verkehrswertermittlung eines Immobilienportfolios sachgerecht und sogar geboten. Der gewöhnliche Geschäftsverkehr ist von einer generalisierenden Betrachtungsweise geprägt und von daher sind die „Vereinfachungen“ und „Pauschalierungen“ eines Massenbewertungsverfahrens „verkehrswertimmanent“, wenn es um den Verkehrswert des Gesamtpakets geht und sich die „Vereinfachungen“ in dem Rahmen bewegen, der der generalisierenden Betrachtungsweise des „gewöhnlichen Geschäftsverkehrs“ im Handel mit großen Immobilienbeständen entspricht. Der gewöhnliche Geschäftsverkehr mag sich hier auch von dem Gedanken leiten lassen, dass sich solche Besonderheiten in der Summe ausgleichen und ein qualifiziertes Massenbewertungsverfahren findet darin auch seine Begründung.

162 „**Qualifizierte Gruppen- bzw. Massenbewertungsverfahren**“ kommen zumeist als „kontrollierte“ Gruppen- bzw. Massenbewertungsverfahren zur Anwendung. Dabei werden die im Einzelfall vorgenommenen Pauschalierungen prozessbegleitend durch Stichproben kontrolliert, um sie ggf. graduell den im Einzelfall gestellten Anforderungen an die Genauigkeit und Zuverlässigkeit des Ergebnisses anzupassen. Damit lässt sich eine marktkonforme Pauschalierung gewährleisten.

10.2 Methoden der Gruppen- bzw. Massenbewertungen

163 Am Anfang steht:

- Analyse des Liegenschaftsvermögens nach verschiedenen Selektionskriterien (Nutzungsart, Makro- und Mikrolage, Eigentumsverhältnisse, Baualtersklasse, Gebäudegröße usw.),
- Festlegung einer Wesentlichkeitsgrenze für „Großobjekte“ im Einvernehmen mit dem Auftraggeber (z.B. auf Grundlage von Grundfläche, Grundstücksfläche usw.) zum Zwecke von Einzelbewertungen,
- Identifizierung der Großobjekte für Einzelbewertungen („Werttreiber“),
- **Segmentierung des Liegenschaftsbestandes** nach Gruppen (*Cluster*) entsprechend der Eignung (Gruppierungsfähigkeit); Bildung von Sub-Portfolios durch Bildung von Gruppen gleichartiger Grundstücke (*Cluster*) und ggf. entsprechenden Untergruppen,
- Festlegung geeigneter Selektionskriterien zur Stichprobenziehung,
- Ziehung einer (vorläufigen) Stichprobe für einen noch festzulegenden Anteil an Innenbesichtigungen (in Ermangelung aktueller Daten zum Ausbaustandard kann ein erhöhter Anteil an Innenbesichtigungen erforderlich werden),
- Ziehung einer (vorläufigen) Stichprobe für einen festzulegenden Anteil an Außenbesichtigungen.

Die vorgestellte Methodik wird auch als **Clusterverfahren** bezeichnet[94].

---

94 Hierzu BGH, Beschl. vom 22.11.2016 – XI ZB 9/13 –, GuG 2017, 267 = EzGuG 20.251; BGH, Beschl. vom 21.10.2014 – XI ZB 12/12 –, BGHZ 203, 1 = GuG 2015, 249 = EzGuG 20.237.

Im Rahmen einer sog. „*Desktop*-Bewertung" wird auf eine **Ortsbesichtigung** *gänzlich verzichtet;* bei einer sog. „*Drive-by*-Bewertung" reduziert sich die Ortsbesichtigung auf eine äußerliche Inaugenscheinnahme. **164**
Häufig beschränkt sich dem sog. „Pareto-Prinzip" folgend die Stichprobe auf 20 % des Gesamtbestands ist, denn das Prinzip geht davon aus, dass 20 % der Immobilien eines Portfolios 80 % seines Werts abbilden; dies kann aber keinesfalls als gesichert gelten, denn das Prinzip geht auf eine Untersuchung der Verteilung des Volksvermögens in Italien zurück und führte zum Ergebnis, dass in Italien ca. 20 % der Familien ca. 80 % des Vermögens besitzen. Dies wiederum lässt sich nicht ohne Weiteres auf Immobilienportfolios übertragen.

Die Gruppen- bzw. Massenbewertung vollzieht sich sodann nach der in Abb. 7 dargestellten **Vorgehensweise**. **165**

Abb. 7: Methodik der Gruppen- bzw. Massenbewertungen

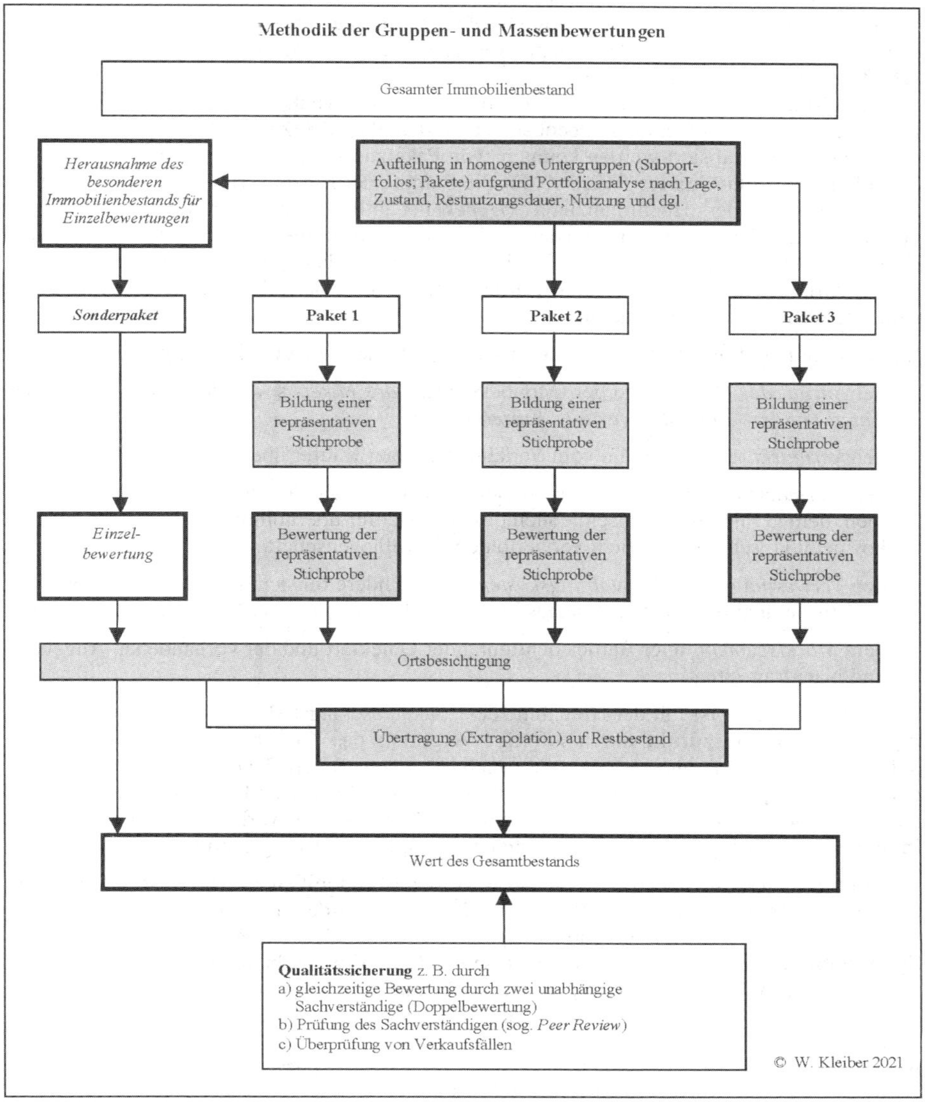

10.3 Konglomerationsabschlag und -zuschlag

166 Größere Immobilienbestände (Immobilienpakete) wurden vielfach mit dem Ziel erworben, den Bestand innerhalb enger zeitlicher Grenzen einzeln weiter zu veräußern (z.B. zum Zwecke der Privatisierung eines kommunalen Wohnungsbestands). Das aus einer dahingehenden Verwertung resultierende Überangebot von Grundstücken auf einem regional und sektoral begrenzten Markt muss zu einem allgemeinen Preisverfall auf dem jeweiligen Grundstücksmarkt (konjunkturbedingter Wertverfall) führen, zumal sich eine zügige Verwertung des Immobilienbestandes nur mit „preisgünstigen" Immobilienangeboten realisieren lässt. Nicht zuletzt aus diesem Grunde entspricht es dem *gewöhnlichen Geschäftsverkehr,* wenn bei der Veräußerung eines größeren Immobilienbestandes, der aus einer Vielzahl von Einzelobjekten oder auch aus wenigen im Verhältnis zur Gemeindegröße bedeutsamen Großobjekten bestehen kann, Preise vereinbart werden, die regelmäßig unter der Summe Einzelwerte liegen (d.h. auch der durch Einzelgutachten ermittelten Verkehrswerte). Die Differenz wird in der Immobilienbranche auch als **Konglomerationsabschlag (auch „Paketabschlag")** bezeichnet, der auch mit einem Mengenrabatt verglichen werden könnte. Solche Verhältnisse müssen dem gewöhnlichen Geschäftsverkehr zugerechnet werden[95].

Im Grundstückshandel mit größeren Immobilienbeständen (Paketverkäufe) können auch dahingehende Sonderentwicklungen beobachtet werden, dass (trotz vorstehender Konstellation) **Paketzuschläge** realisiert werden konnten. Von Paketzuschlägen wird gesprochen, wenn für Immobilienportfolios höhere Preise als für die Summe der Einzelwerte erzielt werden. Diese konnten zu Zeiten der „Hochfinanzierer" (*Hypes*) bei „billigen Finanzierungsmitteln" verbunden mit verhältnismäßig geringen Transaktionskosten im Vergleich zu Einzelkäufen auch in Deutschland beobachtet werden. Diese „Hochfinanzierer" haben sich aber nach kurzer Zeit wieder zurückgezogen. Ihr Verhalten wurde damit kommentiert, dass sie sich nicht mit dem deutschen Mietrecht befasst hätten.

167 Der **Konglomerationsabschlag (Paketabschlag) ist** insbesondere **abhängig von**

- der *Anzahl der Objekte* und der (Mono-)*Struktur des Pakets* sowie dem darin enthaltenen *Anteil minder- und höherwertiger Einzelobjekte,*
- den *Vermarktungskosten,* die vom Verkäufer auf den Käufer übergehen;
- dem *Vermarktungsrisiko,* das insbesondere von der Anzahl der Objekte, dem Gesamtvolumen, dem „Objektmix" einschließlich des vom Käufer übernommenen Vermarktungsrisikos bei u.U. schwer und nicht verwertbaren Einzelliegenschaften;
- den *Verwertungs- und Verwaltungskosten,* insbesondere hinsichtlich Erschließungsbeiträgen, Instandhaltungskosten, Mietausfallwagnis, Bebauungs- und Personalkosten, sowie
- dem *Marktsegment* unter Berücksichtigung der Objektart und der vorhandenen Angebots- und Nachfragesituation.

168 **Für den Verkäufer ist** mit der Hinnahme des „Paketabschlags" **der Vorteil einer beschleunigten Liquidationszufuhr** durch sofortige Vergütung des Kaufpreises, eine Konzentration auf das Kerngeschäft, eine geringere Personalbindung, geringere Transaktionskosten und vor allem der Vorteil verbunden, dass keine unverkäuflichen Restbestände (*Cherry-Picking*-Problem) übrig bleiben. Mit dem Paketabschlag wird der Nachteil der Vorhaltung kompensiert, der im Falle einer marktgerechten Verwertung der Liegenschaft zwangsläufig ist.

169 In der Praxis haben sich bei der Veräußerung größerer Immobilienbestände, wie sie insbesondere von der Treuhandliegenschaftsgesellschaft getätigt wurden, je nach Größenvolumen und Art des Objekts bzw. deren Verkehrsgängigkeit am Grundstücksmarkt Wertabschläge in einer **Spannenbreite von 20 % bis 35 %** herausgebildet. Sie sind nur bedingt auf die Veräußerung von *Konversionsflächen* zu übertragen, die größenmäßig in aller Regel kleiner ausfallen.

---

95 Gabler, Wirtschaftslexikon, Stichwort „Pakethandel"; BFH, Urt. vom 23.02.1979 – III R 44/77 –, BFHE 128, 254 = BStBl II 1979, 618 = EzGuG 19.34; Katte u.a., GuG 2001, 1.

Ein Paketab- oder -zuschlag ist nur zu berücksichtigen, soweit diesem besonderen Merkmal des Grundstücksverkehrs nicht bereits in anderer Weise Rechnung getragen wurde, insbesondere mit einem besonderen Liegenschaftszinssatz. Sofern spezielle **Liegenschaftszinssätze für den Paketverkauf** von Immobilien abgeleitet worden sind, bedarf es keiner Paketab- oder -zuschläge. Nach Feststellung des Gutachterausschusses von *Wuppertal* lag der Liegenschaftszinssatz im Jahre 2009 im „Pakethandel" von Mehrfamilienhäusern bei 5,2 bis 6,8 % (bei sonst 5,0 bis 6,4 %) und bei gemischt genutzten Gebäuden bei 6,2 bis 8,4 % (bei sonst 5,3 bis 7,7 %). Der Gutachterausschuss von Wuppertal hat auch besondere **Ertragsfaktoren für Paketverkäufe** abgeleitet. Diese beliefen sich im Jahre 2009 bei Mehrfamilienhäusern auf 9,1 bis 11,3 (bei sonst 9,8 bis 11,8) und bei gemischt genutzten Grundstücken auf 8,5 bis 10,5 (bei sonst 8,6 bis 12,2). 170

11 Intersubjektive Expertenbefragung

Schrifttum: *Bannert. J.*, Der Einfluss von Straßenverkehrslärm und Umgehungsstraßen auf Grundstückswerte in Ortslagen - Bestimmung mittels Expertenbefragung nach der Delphi-Methode, GuG 2024, 197; *Kerschner* in Kerschner/Kleiber/Ertl., Der merkantile Minderwert, Linde-Verlag 2021, S. 31; Ertl, ebenda, S. 102; *Diehr*, ZfBR 2013, 427 ff; *Schiller*, Expertenbefragung – ein neues Gutachtenforum?, ZLB 2022, 28.

▶ *Vgl. § 1 ImmoWertV Rn. 112; § 8 ImmoWertV Rn. 422; Syst. Darst. des Vergleichswertverfahrens Rn. 72; § 40 ImmoWertV Rn. 148; Teil VI Rn. 522, 611; § 40 ImmoWertV Rn. 148*

Die „**intersubjektive Expertenbefragung**" ist zunehmend ein beliebtes von der Rechtsprechung[96] unter bestimmten Voraussetzungen zugelassenes Hilfsmittel. Sie kann zur Anwendung kommen, wenn „kein Markt" besteht, auf den sich eine Wertermittlung stützen könnte. Die Expertenbefragung ist nichts anderes als eine sich auf eine breite Basis gründende kollektive Schätzung. Soweit das Gericht von der Fachkunde der Auskunftspersonen überzeugt ist, schadet es nicht, wenn auch die Fachleute ihrerseits keine Angaben mit mathematischer Genauigkeit machen können und diese von subjektiven Einschätzungen nicht frei sind[97]. Das Verfahren entspricht seiner Natur nach dem sog. Delphi Verfahren (vgl. Teil VI Rn. 611). 171

Voraussetzung für belastbare und valide Ergebnisse ist die Befragung einer ausreichenden **Anzahl von geeigneten Experten** auf der Grundlage von einem mit einem Anschreiben versehenen strukturierten und qualitativ ausgereiften Fragebogen, wobei die Zielsetzung der Befragung und ihre Auswertung zu erläutern sind und Vertraulichkeit zugesichert sein muss. Dabei muss sichergestellt sein, dass eine repräsentative Anzahl befragter Experten in die Lage versetzt wurde, sich eingehend mit der jeweiligen Fallgestaltung zu befassen, und dies tatsächlich auch tut. Dabei ist die Zielsetzung der Befragung sowie ihre Auswertung zu erläutern[98]. „Aus dem Bauch getätigte Zurufe" sind untauglich. 172

---

96 BGH, Urt. vom 06.12.2012 – VII ZR 84/10 –, GuG 2013, 255 = EzGuG 19.58; BGH, Urt. vom 09.01.2003 – VII ZR 181/00 –, BGHZ 153, 279 = EzGuG 19.48f; KG Berlin, Urt. vom 04.04.2014 – 21 U 18/13 –, EzGuG 20.233: Wertermittlung auf der Grundlage von gerade einmal 15 Personen.

97 BGH, Urt. vom 06.12.2012 – VII ZR 84/10 –, GuG 2013, 255 = EzGuG 19.58.

98 Häder, M., Empirische Sozialforschung, 3. Aufl. Wiesbaden 2013; Kromrey, H., Empirische Sozialforschung, Modelle und Methoden der standardisierten Datenerhebung und Datenauswertung, 11. Aufl. Stuttgart 2006.

12 Problemfälle bei der Wahl des Wertermittlungsverfahrens

12.1 Gewerbe- und Industriegrundstücke

Schrifttum: *Streich, J.*, Wertermittlung von Gewerbe- und Industriegrundstücken, RDM Informationsdienst für Sachverständige 1985, 11; *Simon, J./Cors/Halaczinsky,* Bewertung von Fabrikgrundstücken, München 2003.

▶ *Hierzu auch Syst. Darst. des Sachwertverfahrens Rn. 3 ff.*

173 Gewerbe- und Industriegrundstücke gelten nach heutiger Auffassung als „Ertragsobjekte“, da sie nach den im gewöhnlichen Geschäftsverkehr bestehenden Gepflogenheiten i.S. des § 8 Abs. 1 Satz 2 ImmoWertV auf der Grundlage ihrer Ertragskraft gehandelt werden.

174 Das **Vergleichswertverfahren** kann bei der Wertermittlung von Gewerbe- und Industriegrundstücken selten angewendet werden. Bebauung, betriebliche Gestaltung und Ausstattung eventuell vorhandener Vergleichsgrundstücke unterscheiden sich so stark voneinander, dass sie nicht durch Korrekturfaktoren ausgeglichen werden können[99].

175 Vor Jahrzehnten kam bei Gewerbeobjekten und insbesondere bei Fabrikgrundstücken traditionell das **Sachwertverfahren** zur Anwendung. Die Anwendung des Sachwertverfahrens ist jedoch allenfalls zu rechtfertigen, wenn marktgerechte **Ertragsverhältnisse über das zu bewertende Objekt nicht bekannt sind.** Dies ist nicht selten der Fall, weil die tatsächlichen Ertragsverhältnisse solcher Objekte – wenn sie überhaupt offenbart werden – häufig schon auf Grund der Unternehmensstruktur und aus steuerlichen Gründen vom Gutachter nicht überblickt werden können.

176 Gleichwohl ist die Anwendung des Sachwertverfahrens für Grundstücke mit Industrie- oder Gewerbegebäuden aus grundsätzlichen Erwägungen nicht frei von Bedenken[100], denn gerade bei Grundstücken, die nur durch einen unternehmerisch tätigen Eigentümer nutzbar sind, muss der auf diesem Grundstück erzielbare Ertrag im gewöhnlichen Geschäftsverkehr von großer Bedeutung, wenn nicht gar dominant sein. Deshalb muss dem Ertragswertverfahren der Vorzug gegeben werden. Dabei ist vorab zu klären, ob der Verkehrswert unter Berücksichtigung der **Fortführung des Unternehmens** *(going concern)* ermittelt werden soll oder ob der Verkehrswert losgelöst von der bestehenden Nutzung hinsichtlich der generellen Nutzbarkeit unter Einbeziehung des Planungsrechts *(best use value)* ermittelt werden soll.

12.2 Unternehmensbewertung

Schrifttum: *Copeland/Koller/Murrin,* Unternehmenswert, 3. Aufl. 2002; *Peemöller* (Hrsg.) Praxishandbuch der Unternehmensbewertung, 2. Aufl. 2002.

▶ *Vgl. Rn. 41, 90 ff.; Vorbem. zur ImmoWertV Rn. 6.; § 40 ImmoWertV Rn. 10; Teil V Rn. 223, 315, 406, 441*

177 Bei der **Wertermittlung von Unternehmen** stehen primär folgende Fragestellungen im Vordergrund:

- nachhaltige Ertragskraft,
- Bonität des Unternehmens und
- Unternehmenszweck sowie Zukunftsaussichten.

---

99 Streich: Wertermittlung von Gewerbe und Industriegrundstücken, RDM Informationsdienst für Sachverständige 1985, 11.

100 BGH, Urt. vom 13.05.1955 – V ZR 36/54 –, BGHZ 17, 236 = EzGuG 3.5; sowie BGH, Urt. vom 19.12.1963 – III ZR 162/63 –, BRS Bd. 19 Nr. 121 = EzGuG 20.35; OLG Karlsruhe, Urt. vom 13.06.1958 – 7 U 1/58 –, HGBR 1959, 49 = EzGuG 20.20.

Bei der Verkehrswertermittlung der zu einem Unternehmen gehörenden Liegenschaften ist deshalb zu unterscheiden zwischen 178

- **Unternehmensbewertung,** wenn Grundstücke zur Fortführung des Unternehmens in der gegebenen Zielsetzung genutzt werden sollen,
- **Verkehrswertermittlung,** wenn Grundstücke und vorhandene bauliche Anlagen hinsichtlich ihrer generellen Nutzbarkeit unter Einbeziehung des Planungsrechts künftig verwertet werden sollen.

Beide Vorgaben führen im Allgemeinen zu unterschiedlichen Wertansätzen und Wertermittlungsergebnissen. Ein Grundstückssachverständiger muss deshalb vor Erstellung des Gutachtens klar Stellung dazu beziehen, unter welcher Prämisse er den Wert ermittelt. 179

Der Verkehrswert nach § 194 BauGB (Marktwert) wird entscheidend von der künftigen Nutzung der Immobilie geprägt. Deshalb müssen die Planungsabsichten des Auftraggebers (Investors) sowie die planungsrechtlichen Rahmenbedingungen vor der Wertermittlung bekannt sein. Ist die **künftige Nutzung des Unternehmens** innerhalb des planungsrechtlich zulässigen Rahmens **auf nur eine Branche begrenzt** und ist zudem der Wert der Liegenschaft unter Berücksichtigung der Betriebsfortführung zu ermitteln, kommen nur wenige potenzielle Erwerber in Betracht. Es handelt sich bei einer derartigen Wertermittlung im Kern um eine Unternehmensbewertung und nicht um eine Verkehrswertermittlung. 180

Der **Marktwert (Verkehrswert)** eines Grundstücks, welches in ein Unternehmen eingebunden ist, **wird üblicherweise bei freier Disponierbarkeit des Objekts am Grundstücksmarkt ermittelt.** Dabei wird in der Praxis zunächst als üblicher Kaufpreis der *best use value* ermittelt, also ein Wert, der sich nach ertragswirtschaftlichen Grundsätzen rechnerisch bei optimaler Nutzung des Objekts ergeben würde. Freilegungs- und Umnutzungskosten werden dabei berücksichtigt, wenn es wirtschaftlich geboten erscheint, die bisherige Nutzung einzustellen. Damit ergibt sich – unabhängig vom wirtschaftlichen Schicksal des Unternehmens im Liquidationsfall – ein realisierbarer Veräußerungspreis. Beim Verkauf des Unternehmens unter Vorgabe der Unternehmensfortführung der bestehenden (zumeist minderwertigen) Nutzung ergibt sich ein entsprechend abgesenkter Wert *(existing use value)*. Es ist leicht erkennbar, dass beide Wertermittlungsergebnisse z.T. erheblich voneinander abweichen können. 181

Liegt eine rechtlich gesicherte Einschränkung (z.B. Erhaltung von Arbeitsplätzen) der ansonsten möglichen höherwertigen Nutzung vor, sinkt die Verkäuflichkeit der Immobilie. Soll der **Wert unter Berücksichtigung der Unternehmensfortführung** ermittelt werden, liegt keine Verkehrswertermittlung nach § 194 BauGB vor, da es hier an einer freien Verwertbarkeit des Grundstücks am Markt fehlt (z.B. überaltertes Fabrikgrundstück, dessen Betrieb weitergeführt werden soll). In diesem Fall muss die Wertermittlung von einem branchenkundigen Sachverständigen nach den Grundsätzen der Unternehmensbewertung erfolgen (vgl. Vorbem. zur ImmoWertV Rn. 6; Abb. 8): 182

Abb. 8: Verkehrswert (Marktwert) und Unternehmenswert

Verkehrswert und Unternehmenswert	
Ertragswertverfahren nach ImmoWertV	Unternehmensbewertung
Wert wird bei freier Disponierbarkeit des Objekts am Grundstücksmarkt von der Verzinsung des investierten Kapitals bestimmt.	Wert wird bei Fortführung der bestehenden Nutzung von den voraussichtlichen Gewinnen bestimmt.
Kapitalisierung des Grundstücksreinertrags unter Berücksichtigung des Liegenschaftszinssatzes und der voraussichtlichen Restnutzungsdauer des Objekts (Zeitrentenvervielfältiger)	Kapitalisierung der Einnahmeüberschüsse unter Berücksichtigung des aktuellen Kapitalmarktzinssatzes zuzüglich eines Risikozuschlags (Kapitalisierungsfaktor für 100 Jahre Laufzeit)
Normiertes Verfahren nach den §§ 24 ff. ImmoWertV	Keine Normung des Verfahrens

183 Gerade bei der **Wertermittlung von Industrieobjekten** sind vor Anwendung eines Wertermittlungsverfahrens eine Reihe von Vorüberlegungen anzustellen, von deren Ergebnis letztlich die richtige Wahl des Verfahrens abhängt.

184 Bei den meisten Gewerbeobjekten und einem Großteil der **Industriegrundstücke** wird der **Ertragswert heute eine geeignete Grundlage für die Verkehrswertermittlung** bieten. Dies zeigt sich insbesondere in den neuen Bundesländern, wo die auf der Grundlage des Sachwertverfahrens ermittelten Verkehrswerte oft völlig am Marktgeschehen vorbeigehen. Diese Erkenntnis steht nicht im Einklang mit der zum Teil durch Änderung der wirtschaftlichen Verhältnisse überalterten BGH-Rechtsprechung über Anwendung der verschiedenen Wertermittlungsverfahren bei unterschiedlichen Nutzungsarten[101].

185 Ein besonderes Kapitel bildet auch die **Bewertung von Praxen**, z.B. Arzt-, Wirtschafts- und Beraterpraxen[102].

12.3 Eigentumswohnung

▶ *Vgl. Rn. 60; § 26 ImmoWertV Rn. 25 ff.; Näheres hierzu bei Teil V Rn. 46 ff.; zum Beleihungswert Teil IX Rn. 157*

186 Eigentumswohnungen gelten als langfristige zweckgebundene Kapitalanlage. Sie werden entweder zur **Eigennutzung** oder zur **Vermietung** erworben. Dabei sind in beiden Fällen wegen des zu erwartenden hohen Wiederverkaufswerts Objekte in guter Lage mit guter Sozialstruktur besonders gefragt. Problematisch können dagegen die in großen Wohnanlagen – früher im

---

101 BGH, Urt. vom 13.07.1970 – VII ZR 189/68 –, NJW 1970, 2018 = EzGuG 20.49; BGH, Urt. vom 16.06.1977 – VII ZR 2/76 –, BGHZ 69, 128 = EzGuG 20.67a.

102 *Boos*, Bewertung von Arztpraxen im Rahmen des Zugewinnausgleichs, MedR 2005, 203; *Behringer, S.*, Unternehmensbewertung der Mittel- und Kleinbetriebe, Erich Schmidt Verlag 1999; *Bicanski, V. (Hrsg.):* Das Wirtschaftshandbuch des Arztes, Münster, Verlag IWP 1991; Deutsche Apotheker- und Ärztebank, Redaktion Hoffmann, R./ *Caesar, G./Hessbrügge, R./Michels, W./Isringhaus, A./ Schwarte,* Allein oder gemeinsam? 8. überarbeitete Aufl. 2000; *Englert, J.*, Die Bewertung von Wirtschaftsprüfer- und Steuerberaterpraxen, IDW Verlag Düsseldorf 1996; *Gatzen, M.*, Bewertung von Arztpraxen, Verlag Josef Eul Bergisch Gladbach, Köln 1992; zugleich Köln, Univ. Diss. 1991; *Helbling, C.*, Unternehmensbewertung und Steuern, 7. Aufl. IDW Verlag Düsseldorf 1993; IDW (Hrsg.), Steuerliche Probleme bei Praxisübertragungen von Angehörigen der wirtschaftsprüfenden und steuerberatenden Berufe, IDW Verlag Düsseldorf 1995; *Lamers, W. M./Isringhaus, W.:* Kostenmanagement Kompakt für Ärzte, MD-Verlags-GmbH München; *Lang, H. U.*, Was ist meine Praxis wert?, Mainz; *Merk, W.*, Wettbewerbsorientiertes Management von Arztpraxen, Gabler 1999, zgl. München, Univ. Diss. 1998; *Merk, W.*, Bewertung von Arzt- und Zahnarztpraxen, DATEV e. G. Nürnberg; *Piltz, D.*, Die Unternehmensbewertung in der Rechtsprechung, IDW Verlag Düsseldorf 1994; *Schlauß, H.-J. (Hrsg.),* Betriebswirtschaftliche Praxisführung, Schriftenreihe des Hartmannbundes, 1997; *Sieben, G./Schildbach, T.*, Betriebswirtschaftliche Entscheidungstheorie, 3. Aufl. Werner-Verlag 1990; *Wöhe, G.*, Einführung in die allgemeine Betriebswirtschaftslehre, 20. Aufl. Verlag Franz Vahlen München 2000; *Wollny, P.*, Unternehmens- und Praxisübertragungen, 5. Aufl. Verlag NWB Herne, Berlin 2001; Wirtschaftsprüfer-Handbuch, Bd. II, 12. Aufl. IDW Verlag Düsseldorf 2002 ; **Artikel und Aufsätze:** Deutsche Apotheker- und Ärztebank: Informationsreihe zu unternehmerischen Fragestellungen des Arzt- und Zahnarztberufes; *Erdlenbruch, K.*, Die Bewertung von Arztpraxen in gerichtlichen Verfahren, Arztrecht 10/1986; **IDZ**, Investitionen bei der Zahnärztlichen Existenzgründung 2002, Nr. 2/03, ISSN 0931 – 9816 (erscheint jährlich neu, etwa im Juni); *König/Zeidler,* Die Behandlung von Steuern bei der Unternehmensbewertung, StR 28/96, S. 1098 ff.; *Kupsch, P.*, Gutachten zur Bewertung von Zahnarztpraxen, erstellt für die Zahnärztekammer Bayern, 1995; *Sieben/Kirchner,* Renaissance des Substanzwerts? DBW 1988, 54 ff.; **Zum Problem der latenten persönlichen Steuerlast auf den fiktiven Veräußerungsgewinn**: FamRZ 89, 1181,1184; Statistische Daten; **KZBV – Jahrbuch 2003** – Statistische Basisdaten zur Vertragszahnärztlichen Versorgung, Kassenzahnärztliche Bundesvereinigung Köln, Dezember 2003; **Zahlenbericht 2002/2003 des Verbandes der Privaten Krankenversicherung e. V.**, Köln, ISSN 0503 – 8839; **Deutsche Bundesbank**: Monatsberichte, ISSN 0012 – 0006 (auch im Internet abrufbar); **Statistisches Bundesamt**: Unternehmen und Arbeitsstätten, Fachserie 2, Reihe 1.6.1. – Kostenstruktur bei Arzt-, Zahnarzt- und Tierarztpraxen 1995, Wiesbaden, Juli 1998, Verlag Metzler-Poeschel, Stuttgart (die Statistiken werden derzeit umgestellt und können beim Statistischen Bundesamt direkt abgerufen werden); Daten des Gesundheitswesens, Ausg. 2003, Schriftenreihe des Bundesministeriums für Gesundheit, Nomos Verlagsgesellschaft Baden-Baden; Richtlinien: **Deutsches Ärzteblatt – Ärztliche Mitteilungen**: Richtlinie zur Bewertung von Arztpraxen, 84. Jahrgang, Heft 14, S. 926–929, Düsseldorf, IDW Verlag 1990; **DW: Stellungnahme des Hauptfachausschusses 2/1995**: Zur Unternehmensbewertung im Familien- und Erbrecht, IDW Verlag 1995; **IDW: Entwurf IDW – Standard IDW S 1**: Grundsätze zur Durchführung von Unternehmensbewertungen, Wpg Heft 9/2000; **Kassenzahnärztliche Vereinigung Nordrhein**: Praxisweitergabe in zulassungsbeschränkten Planungsbereichen, Rheinisches Zahnärzteblatt 1998, 30 ff.; **Zahnärztekammer Nordrhein**: Neue Bedarfsplanungsrichtlinien, Rheinisches Zahnärzteblatt 19 ff.

Bauherrenmodell – zum Zwecke der Vermietung von Kapitalanlegern als Ertragsobjekte errichteten Eigentumswohnungen sein.

Der **Markt für Eigentumswohnungen** lässt sich aufgliedern in solche, **187**

a) die üblicherweise „bezugsfrei" gehandelt werden und somit dem Erwerber sofort zum Zwecke der Eigennutzung zur Verfügung stehen, und solche,

b) die vermietet sind und im vermieteten Zustand veräußert werden.

Darüber hinaus wird nach „Erstbezug" und „Weiterveräußerungen" unterschieden.

Dies hat eine **Spaltung des Marktes** zur Folge. **188**

Auch ist der **Bodenmarkt** mitunter insoweit diffus, als für einzelne Grundstücke, auf denen Eigentumswohnungen errichtet werden, höhere Preise zu beobachten sind als für Grundstücke des Mietwohnungsbaus. **189**

Die **Wertermittlung von Eigentumswohnungen kann grundsätzlich nach dem Vergleichs-, Sach- oder Ertragswertverfahren erfolgen**. Allerdings müssen die vorstehenden Besonderheiten beachtet werden. Nach der Rechtsprechung des BGH steht die Vergleichswertmethode bei der Ermittlung des tatsächlichen Werts von Wohnungseigentum im Vordergrund, wenn sich eine aussagekräftige Menge von Vergleichspreisen verlässlich ermitteln lässt[103]. **190**

13 Gemeinbedarfsfläche

13.1 Allgemeines

Schrifttum: *Dresen,* Nachr. der rh.-pf. Kat.- und VermVw. 1988, 180; *Kuscha,* Nachr. der nds. Kat.- und VermVw 1974, 124 ff. und 133; *Müller,* NJW 1965, 1518; *Uebelhoer,* Nachr. der nds. Kat.- und VermVw. 1974, 131; *Pagendarm,* WM 1972, 12; *Reisnecker* im Kohlhammer Komm. BauGB, § 95 Rn. 91 ff.

▶ *§ 3 ImmoWertV Rn. 6; § 44 ImmoWertV Rn. 1 ff.; § 5 ImmoWertV Rn. 8; Syst. Darst. des Ertragswertverfahrens Rn. 2, 169; zu Sonderbauflächen als Gemeinbedarfsflächen vgl. § 5 ImmoWertV Rn. 34 f.; zum Beleihungswert Teil IX Rn. 157*

Gemeinbedarfsflächen (im engeren Sinne) sind Flächen, die jedweder privatwirtschaftlichen Nutzung und privatwirtschaftlichem Gewinnstreben entzogen und einer öffentlichen Nutzung vorbehalten sind bzw. einer öffentlichen Nutzung zugeführt werden sollen. Gemeinbedarfsflächen im erweiterten Sinne sind im Zuge der Privatisierung öffentlicher Aufgaben nicht mehr nur einem einzigen Erwerber zugänglich und auch nicht mehr jedwedem Gewinnstreben entzogen. **191**

Die am Wertermittlungsstichtag auf einer als Gemeinbedarfsfläche tatsächlich ausgeübte Nutzung kann sich dabei von der rechtlichen Zweckbindung unterscheiden. Beispielsweise kann eine privatwirtschaftlich (z.B. landwirtschaftlich) genutzte Fläche in einem Bebauungsplan als öffentliches Straßenland festgesetzt sein oder eine noch im Bebauungsplan als Straßenland festgesetzte und so auch genutzte Fläche steht zur Umnutzung (Rückbau) an. Solche Umnutzungsprozesse sind häufig auch Anlass einer Verkehrswertermittlung. **192**

103 BGH, Urt. vom 18.12.2007 – XI ZR 324/06 –, NJW-RR 2008, 1436 = EzGuG 20.203c; BGH, Urt. vom 02.07.2004 – V ZR 213/03 –, MDR 2006, 27 = EzGuG 19.49e; OLG Celle, Urt. vom 30.08.2012 – 13 U 135/11 –, MDR 2012, 1402 = EzGuG 12.138.

193 Vor diesem Hintergrund wird **bei der Bewertung von Gemeinbedarfsflächen grundsätzlich zwischen drei Fallgestaltungen unterschieden**:

a) *künftiger Gemeinbedarf*: Gemeinbedarfsflächen, die sich in dieser Eigenschaft (noch) nicht im Eigentum der öffentlichen Hand befinden und ggf. im Wege einer Enteignung erworben werden können;

b) *bleibender Gemeinbedarf*: Gemeinbedarfsflächen im Eigentum der öffentlichen Hand, die auf absehbare Zeit einer öffentlichen Zweckbindung vorbehalten bleiben;

c) *abgehender Gemeinbedarf*: Gemeinbedarfsflächen im Eigentum der öffentlichen Hand, deren öffentliche Zweckbindung aufgegeben wird (§ 44 ImmoWertV Rn. 53 ff.).

194 Dieser Unterscheidung kommt auch für die Wahl des sachgerechten Wertermittlungsverfahrens eine entscheidende Bedeutung zu.

195 Zur **Ermittlung des Bodenwerts von Gemeinbedarfsflächen** wird auf die Ausführungen bei § 44 ImmoWertV verwiesen. Da Gemeinbedarfsflächen extra commercium stehen, handelt es sich bei den dort beschriebenen Verfahren um besondere Verfahren, denen eine gedankliche Hilfskonstruktion zugrunde liegt. Soweit es um einen aufstehenden Gebäudewertanteil bzw. um bebaute Gemeinbedarfsflächen geht, sind die nachfolgenden Grundsätze mit heranzuziehen.

13.2 Teilfläche (Vorgärten)

13.2.1 Allgemeines

Schrifttum: *Fuhlendorf, H.*, Die Bewertung von Straßenverbreiterungsflächen bei der Feststellung der Enteignungsentschädigung, NJW 1966, 581; *Sasse, R.*, Bewertung von abzutretenden Vorlandflächen im Enteignungsverfahren bei Ertragsgrundstücken, HbgGE 1974, 326 sowie HbgGE 1973, 298.

▶ *Zum Mosaikverfahren vgl. Syst. Darst. des Vergleichswertverfahrens Rn. 256 ff.; § 44 ImmoWertV Rn. 146, 157 ff.*

196 Zur Ermittlung des Verkehrswerts von Grundstücksteilflächen bedient man sich grundsätzlich der bereits vorgestellten Wertermittlungsverfahren. Da es sich hierbei häufig um nicht vermarktungsfähige Grundstücksflächen handelt, die allenfalls einen **eingeschränkten Käuferkreis** (vielfach sogar nur einen einzigen Käufer) haben (extra commercium), stellt sich hier die Frage, ob für solche Flächen überhaupt ein gewöhnlicher Geschäftsverkehr besteht bzw. was als gewöhnlicher Geschäftsverkehr dafür (ersatzweise) gelten kann.

197 Die Praxis ist hier unterschiedliche Wege gegangen. Insbesondere im Zuge von **Straßenverbreiterungsmaßnahmen** ist vielerorts ein besonderer Grundstücksmarkt dadurch entstanden, dass z.B. für Vorgartengelände stets und ständig ein bestimmter Vomhundertsatz des jeweiligen Baugrundstücks das Marktgeschehen bestimmt. Diese Praxis läuft im Ergebnis auf die Anwendung des Vergleichswertverfahrens hinaus.

198 Zur Ermittlung des Werts von Vorgartenflächen, die z.B. zum Zwecke einer Straßenverbreiterung in Anspruch genommen werden sollen, bedient sich die Praxis der Differenzwertmethode (vgl. Rn. 149 sowie der Bewertung nach einem Vomhundertsatz des Verkehrswerts der davon betroffenen Baulandflächen (pauschalierte Bruchteilsbewertung vgl. § 44 Rn. 38 ff.).

13.2.2 Proportionalverfahren

199 Unter dem Proportionalverfahren im weitesten Sinne versteht man die **Wertermittlung eines Grundstücksteils** (z.B. bei Teilabtretungen), eines Rechts an einem Grundstück, einer Wertminderung eines Grundstücks und dgl. **auf der Grundlage eines (proportionalen) Verhält-**

nisses dieses „Teils“ zum Gesamtwert. Dieses Verfahren ist nur in sehr seltenen Fällen geeignet, und zwar nur dann, wenn tatsächlich ein proportionales Wertverhältnis besteht[104].

Die Proportionalmethode findet im Übrigen auch Anwendung, wenn der **Abbau von Bodenschätzen durch einen Verkehrsweg abgeblockt** wird. **200**

14 Wartezeständiges Bauland

▶ *Zur Verkehrswertermittlung § 3 ImmoWertV Rn. 138 ff.; § 42 ImmoWertV Rn. 1 ff.*

Der Verkehrswert wartezeständigen Baulands, worunter sowohl das sog. werdende Bauland (Bauerwartungsland und Rohbauland) als auch brach gefallenes baureifes Land verstanden wird, das ggf. einer rechtlichen und tatsächlichen Neuordnung bedarf (z.B. Gewerbebrache), wird **grundsätzlich** mithilfe des **Vergleichswertverfahrens** ermittelt. **201**

In der Praxis stehen dafür jedoch häufig keine geeigneten oder eine ungenügende Anzahl geeigneter Vergleichspreise zur Verfügung. Hilfsweise weicht die Praxis in solchen Fällen auf **202**

a) die sog. Zielbaummethode bzw.

b) das deduktive Verfahren (Extraktionsverfahren/Residualwertverfahren) aus.

15 Grundstücke im Zustand der Bebauung

15.1 Allgemeines

Schrifttum: *Schaper, D.*, Bewertung eines Einfamilienhauses im Rohbauzustand, GuG 2013, 99.

▶ *Vgl. Rn. 80; § 1 ImmoWertV Rn. 12; § 2 ImmoWertV Rn. 28 ff., 50; Teil XI Rn. 50, 169*

Als „Grundstücke im Zustand der Bebauung“ lassen sich in Anlehnung an die steuerrechtlichen Regelungen der §§ 91, 145 Abs. 1 Satz 4, § 149 und § 196 BewG Grundstücke definieren, bei denen mit den Abgrabearbeiten oder mit der Einbringung von Baustoffen zur planmäßigen Errichtung eines Gebäudes oder Gebäudeteils begonnen worden ist, sowie Gebäude oder Gebäudeteile, die noch nicht bezugsfertig sind. **203**

15.2 Verkehrswertermittlung (ImmoWertV)

Schrifttum: *Schaper, D.*, Bewertung eines Einfamilienhauses im Rohbauzustand, GuG 2013, 99.

Die ImmoWertV enthält keine Regelungen zur Verkehrswertermittlung von Grundstücken im Zustand der Bebauung. Es sind die allgemeinen Grundsätze anzuwenden. **204**

15.3 Beleihungswertermittlung (BelWertV)

▶ *Vgl. Rn. 56, § 1 ImmoWertV Rn. 12; Teil IX Rn. 50, 164, 169 ff.*

In § 4 Abs. 4 BelWertV ist der Beleihungswert eines „Grundstücks im Zustand der Bebauung“ wie folgt geregelt: **205**

(4) Bei im Bau befindlichen Objekten kann der Beleihungswert aus dem Zustandswert abgeleitet werden. Dieser ist die Summe aus dem Bodenwert (§ 15) und dem anteiligen Wert der baulichen Anlage. Der anteilige Wert der baulichen Anlagen errechnet sich aus dem Wert der baulichen Anlagen des fertiggestellten Objekts (§ 16) und dem erreichten Bautenstand. Der in Ansatz gebrachte Bautenstand ist von einer von der Pfand-

104 Zur Methode: BGH, Nichtannahmebeschl. vom 27.09.1990 – III ZR 57/89 –, GuG 1991, 31 = EzGuG 4.134; OLG Hamm, Urt. vom 12.07.1963 – 9 U 138/57 –, RdL 1963, 303 = EzGuG 14.15c.

briefbank ausgewählten fachkundigen, von Bauplanung und -ausführung unabhängigen Person festzustellen; § 7 Abs. 1 Satz 1 gilt entsprechend. In den Fällen, in denen der Ertragswert des planmäßig fertiggestellten Objekts unter dessen Sachwert liegt, darf der Zustandswert die Summe aus dem Bodenwert und dem anteiligen Ertragswert der baulichen Anlage, der prozentual dem jeweiligen Bautenstand entspricht, nicht überschreiten. Es ist zu prüfen, ob insbesondere zur Berücksichtigung der Lage auf dem Grundstücksmarkt auf den ermittelten Zustandswert ein besonderer Nachhaltigkeitsabschlag, der die Verkäuflichkeit des noch nicht fertiggestellten Objekts berücksichtigt, vorgenommen werden muss.

15.4 Steuerliche Bewertung

15.4.1 Allgemeines

Schrifttum: *Halaczinsky/Teß,* Grundbesitzbewertung für Erbfall und Schenkung, 2. Aufl., S. 72; *Horschitz/Groß/Schnur,* Bewertungsrecht, Grundsteuer, Erbschaft- und Schenkungsteuer, 15. Aufl. Schäffer/Pöschel 2001, S. 489; *Viskorf/Glier/Hübner/Knobel/Schuck,* Erbschaftsteuer- und Schenkungsteuer, Bewertungsgesetz, NWQ-Briefe, Herne, Berlin 2001, S. 1555.

▶ *Vgl. Vorbem. zur ImmoWertV Rn. 3; zum niedrigeren Wert § 1 ImmoWertV Rn. 13, 24; § 3 ImmoWertV Rn. 26, 165, 196; § 8 ImmoWertV Rn. 45 f.; § 13 ImmoWertV Rn. 24 ff., 31, 42 ff.; § 40 ImmoWertV Rn. 7, 142; Syst. Darst. des Vergleichswertverfahrens Rn. 9, 166 ff.; zur steuerlichen Aufteilung in einen Boden- und Gebäudeanteil (Abschreibung) vgl. § 40 ImmoWertV Rn. 96; Syst. Darst. des Ertragswertverfahrens Rn. 118, 196, 271; Syst. Darst. des Sachwertverfahrens Rn. 317 ff.*

206 **Ein Grundstück im Zustand der Bebauung** liegt nach § 149 Abs. 1 bzw. § 196 Abs. 1 BewG vor, wenn mit den Bauarbeiten begonnen wurde und Gebäude und Gebäudeteile noch nicht bezugsfertig sind. Der Zustand der Bebauung beginnt mit den Abgrabungen oder der Einbringung von Baustoffen, die zur planmäßigen Errichtung des Gebäudes führen[105].

207 Der vorherige Abbruch eines Gebäudes oder Gebäudeteils ist noch nicht als Beginn der Baumaßnahme zur Errichtung des neu geschaffenen Gebäudes oder Gebäudeteils anzusehen. Des Weiteren fallen darunter Gebäude, wenn durch An-, Aus- oder Umbauten an einem bereits vorhandenen Gebäude neuer Wohn- oder Gewerberaum geschaffen wird. Modernisierungsmaßnahmen erfüllen diese Voraussetzung regelmäßig nicht.

208 Im Rahmen der **Einheitsbewertung** bleiben nach § 91 Abs. 1 BewG die nicht bezugsfertigen Gebäude oder Gebäudeteile (z. B. Anbauten oder Zubauten) bei der Ermittlung des gemeinen Werts außer Betracht.

15.4.2 Grunderwerbssteuer

209 Der **Grundbesitzwert für Zwecke der Grunderwerbsteuer** bestimmt sich nach Maßgabe des § 149 BewG.

210 Dementsprechend ist der Wert bebauter Grundstücke einschließlich des Werts von Wohnungs- und Teileigentum nach Maßgabe des § 146 Abs. 2 BewG auf der Grundlage der üblichen Jahresmiete zu ermitteln, die für nach Art, Lage, Größe, Ausstattung und Alter vergleichbare, nicht preisgebundene Grundstücke von fremden Mietern nach Bezugsfertigkeit des Gebäudes zu erzielen wäre. Diese ist nach § 146 Abs. 4 BewG um die „Wertminderung wegen Alters" zu reduzieren. Betriebskosten sind hierbei nicht einzubeziehen.

211 Enthält ein bebautes Grundstück, das ausschließlich Wohnzwecken dient, nicht mehr als zwei Wohnungen, ist der ermittelte Wert um 20 Prozent zu erhöhen (§ 146 Abs. 5 BewG).

212 Von diesem Wert sind nach § 146 Abs. 2 Satz 2 BewG 80 Prozent als Gebäudewert anzusetzen.

---

105 Für **Grundstücke im Zustand der Bebauung** (§ 91 BewG, § 196 BewG; zu § 196 BewG ErbStR 2019), **Erbbaurechte** (§ 92 BewG, § 193 BewG sowie zu § 192 BewG ErbStR 2019), **Wohnungs- und Teileigentum** (§ 93 BewG sowie 181.2 ErbStR 2019) sowie **Gebäude auf fremden Grund und Boden** (§ 94 BewG, § 195 BewG sowie zu § 196 BewG ErbStR 2019).

Dem **Grundstückswert ohne Berücksichtigung der nicht bezugsfertigen Gebäude oder Gebäudeteile**, ermittelt bei unbebauten Grundstücken nach § 145 Abs. 3 BewG und bei bereits bebauten Grundstücken nach § 146 BewG, sind die nicht bezugsfertigen Gebäude oder Gebäudeteile mit dem Betrag als Gebäudewert hinzuzurechnen, der dem Verhältnis der bis zum Besteuerungszeitpunkt entstandenen Herstellungskosten zu den gesamten Herstellungskosten entspricht. Dieser Wert darf den Wert des Grundstücks, der nach Bezugsfertigkeit des Gebäudes anzusetzen wäre, nicht übersteigen. 213

Der **für die Grunderwerbsteuer maßgebliche Grundbesitzwert** bestimmt sich nach folgendem Schema: 214

	Wert des bebauten Grundstücks gemäß § 146 bzw. § 147 BewG nach Fertigstellung
–	20 % Abschlag
=	fiktiver Gebäudewert nach Fertigstellung
	davon Anteil entsprechend Baufortschritt
+	Bodenwert (Wert des unbebauten Grundstücks)
–	Abrundung auf volle 500 €
=	Grundbesitzwert (Grunderwerbssteuer)

15.4.3 Erbschaft- und Schenkungsteuer

Der gemeine Wert eines Grundstücks im Zustand der Bebauung bestimmt sich im Rahmen der **Erbschaft- und Schenkungsteuer** nach § 196 Abs. 2 BewG nach den am Bewertungsstichtag bereits entstandenen Herstellungskosten des Gebäudes oder der Gebäudeteile zusammen mit dem Wert des bislang unbebauten oder bereits bebauten Grundstücks. 215
Schema:

	Bodenwert nach § 179 BewG
+	Herstellungskosten bis zum Bewertungsstichtag
=	Grundbesitzwert (Erbschaft- und Schenkungsteuer)

16 Verkehrswertableitung aus den Ergebnissen der Wertermittlungsverfahren (§ 6 Abs. 4 ImmoWertV)

16.1 Übersicht

Nach § 6 Abs. 4 ImmoWertV ist **der Verkehrswert (Marktwert)** 216

a) **aus dem Ergebnis des oder der herangezogenen Verfahren**

b) unter Würdigung seiner oder ihrer Aussagefähigkeit

„**zu ermitteln**“ (*final reconciliation*).

„Ergebnis“ des herangezogenen Verfahrens ist der Vergleichs-, Ertrags- oder Sachwert des Grundstücks, der nach den Vorschriften des Teils 3 unter ergänzender Berücksichtigung der allgemeinen Wertverhältnisse auf dem Grundstücksmarkt sowie der besonderen objektspezifischen Grundstücksmerkmale ermittelt wurde. Es geht bei Anwendung dieser Vorschrift im Wesentlichen nur um die Würdigung des nach Teil 3 ermittelten Verkehrswerts und nicht um die Ermittlung selbst. 217

Im Rahmen der mit § 6 Abs. 4 ImmoWertV angesprochenen **„Würdigung“ des Ergebnisses** ist insbesondere eine Plausibilisierung der Verkehrswertermittlung angezeigt. Darüber hinaus 218 kann es bei unzureichenden Vergleichsdaten und unklaren Marktverhältnissen (sog. „Zeiten schwankender Preisverhältnisse") geboten sein, auf die daraus resultierende Unsicherheitsmarge der Verkehrswertermittlung hinzuweisen.

16.2 Aussagefähigkeit der herangezogenen Verfahren

▶ *Vgl. Vorbem. zum Vergleichswertverfahren Rn. 102; § 24 ImmoWertV Rn. 3 ff.; zur Beleihungswertvermittlung vgl. Rn. 56*

219 Der vorgeschriebenen Würdigung der „Aussagefähigkeit" der herangezogenen Verfahren liegen i.d.R. die Kriterien zugrunde, die auch im Rahmen der „Wahl des Wertermittlungsverfahrens" nach § 6 Abs. 1 ImmoWertV zur Begründung der **Eignung des jeweiligen Verfahrens** maßgeblich sind. Dabei sind auch die „sonstigen Umstände des Einzelfalls", d.h. insbesondere die zur Verfügung stehenden Vergleichsdaten, zu berücksichtigen. Das Ergebnis der Wertermittlung ist deshalb insbesondere im Hinblick auf die **Zuverlässigkeit der herangezogenen Vergleichsdaten** zu würdigen.

220 Die **Qualität und Zuverlässigkeit der in ein Wertermittlungsverfahren eingeführten Vergleichsparameter** ist bei der Beurteilung des herangezogenen Verfahrens von maßgeblicher Bedeutung. So nimmt das Vergleichswertverfahrens trotz seiner grundsätzlich hohen Überzeugungskraft nicht per se eine Vorrangstellung mit der Folge ein, dass eine „grobe Fahrlässigkeit" gleich vermutet wird, wenn die Anwendung des Ertragswertverfahrens zu einem deutlich abweichenden Ergebnis führt[106].

221 Liegt bei Anwendung des Vergleichswertverfahrens entsprechend der Forderung des § 24 Abs. 1 ImmoWertV keine ausreichende Anzahl geeigneter Vergleichspreise vor, während für das Ertragswertverfahren empirisch abgesicherte Wertermittlungsverfahren zur Verfügung stehen, kann von der Anwendung des Ertragswertverfahrens eine marktkonformere Verkehrswertermittlung erwartet werden. Dies gilt insbesondere dann, wenn der Sachverständige bei Heranziehung geeigneter Vergleichspreise allgemein anerkannte Grundsätze verletzt.

16.3 Berücksichtigung mehrerer Verfahrensergebnisse

222 In den überwiegenden Fällen ist nach der Art des Wertermittlungsobjekts und den für die Wahl des Wertermittlungsverfahrens maßgeblichen Grundsätzen die Anwendung eines bestimmten Wertermittlungsverfahrens a priori angezeigt. Kommt es zur Anwendung dieses Verfahrens, ist der Verkehrswert aus dem Ergebnis allein unter Würdigung der Aussagefähigkeit des herangezogenen Verfahrens zu ermitteln. Gleichwohl werden vielfach die Ergebnisse anderer Verfahren „nachrichtlich" ermittelt und bleiben unberücksichtigt.

223 Beispielsweise wird bei „reinrassigen" Ertragswertobjekten vielfach auch der Sachwert ermittelt, um diesen im Anschluss zu „verwerfen". Dies erscheint unlogisch, kann aber gleichwohl sinnvoll sein, denn aus den unterschiedlichen Verfahrensergebnissen und aus einzelnen Elementen des unterstützend herangezogenen Wertermittlungsverfahrens können sich mitunter Erkenntnisse für das allein anzuwendende Verfahren ergeben. Daher ist es seit jeher Praxis, die nach den verschiedenen Wertermittlungsmethoden gewonnenen Ergebnisse miteinander zu vergleichen und daraus Anhaltspunkte für die endgültige Abschätzung der Grundstückswerte zu gewinnen[107]. Der Hinzuziehung von Ergebnissen anderer Wertermittlungsverfahren kommt daher auch eine **Kontroll- sowie Ergänzungs- bzw. Unterstützungsfunktion** zu.

---

106 So aber die abwegige Auffassung von Vogel, GuG 2015/3, der in seiner Gegenüberstellung von Vergleichs- und Ertragswertverfahren unzulässigerweise unterstellt, dass das Vergleichswertverfahren „richtig" und das Ertragswertverfahren „fehlerhaft" zur Anwendung kommt.

107 RG, Urt. vom 20.06.1916 – 84/16 –, Recht 1916, 515 und PrVBl. Bd. 29 S. 71.

Bei bestimmten Grundstücksarten können weder der Ertrags- noch der Sachwert als allein maßgeblicher Ausgangswert für den Verkehrswert angesehen werden[108] und schon von daher kommen Ertrags- und Sachwertverfahren zur Anwendung. Bei Anwendung mehrerer Verfahren sind mehr oder minder unterschiedliche Ergebnisse unvermeidbar[109]. Ergibt sich im konkreten Einzelfall, dass ein zu bewertendes **Objekt** seiner Natur nach **zum Teil als Sachwertobjekt und zum anderen Teil als Ertragswertobjekt** anzusehen ist, können Sach- und Ertragswerte entsprechend ihrem Gewicht oder auch in Addition eines angemessenen Vomhundertsatzes aggregiert werden, z.B. 70 v.H. des Ertragswerts zuzüglich 30 v.H. des Sachwerts[110]. 224

Bei Anwendung mehrerer Wertermittlungsverfahren mit unterschiedlichen Ergebnissen ist im Rahmen der „Würdigung" der Aussagefähigkeit der Ergebnisse darzulegen, 225

- auf welches Wertermittlungsverfahren sich die Verkehrswertermittlung stützen soll bzw.
- wie die Ergebnisse unter „Würdigung ihrer Aussagefähigkeit" zu einem Gesamtergebnis zu kombinieren sind.

Dementsprechend sind in der Vergangenheit bei Anwendung mehrerer Verfahren mit mehr oder minder unterschiedlichen Ergebnissen die nach den verschiedenen Wertermittlungsmethoden gewonnenen Ergebnisse miteinander verglichen worden, um daraus Anhaltspunkte für die endgültige Abschätzung der Grundstückswerte zu gewinnen. Der Hinzuziehung von Ergebnissen anderer Wertermittlungsverfahren kam von daher eine **Kontroll-, Ergänzungs- und Unterstützungsfunktion** zu, insbesondere auch, um die Lage auf dem Grundstücksmarkt zu erfassen. 226

Nach der Systematik der ImmoWertV müssen sich – anders noch als nach der WertV 88/98 – auch bei **Ermittlung des Verkehrswerts unter Anwendung mehrerer Wertermittlungsverfahren nach Maßgabe der Verordnung grundsätzlich dieselben Ergebnisse** ergeben, wenn alle Wertermittlungsparameter in marktkonformer Weise zum Ansatz kommen. Es gibt nämlich nur einen Verkehrswert und deshalb müssen alle in der ImmoWertV geregelten Wertermittlungsverfahren mit der in § 7 ImmoWertV vorgeschriebenen Berücksichtigung der „allgemeinen Wertverhältnisse auf dem Grundstücksmarkt", wenn sie in marktkonformer Weise auch berücksichtigt werden, zu ein- und demselben Verkehrswert führen; von daher können sich allenfalls nur noch aus Rechenungenauigkeiten resultierende Unterschiede ergeben. 227

Um die Aussagefähigkeit der Ergebnisse würdigen zu können, sind die zur Anwendung gekommenen Wertermittlungsverfahren insgesamt zu betrachten. Hat man beispielsweise den Verkehrswert unter Anwendung des Sach- und Ertragswertverfahrens ermittelt, so können sich aus der **Größenordnung des herangezogenen Sachwertfaktors Hinweise zur Eignung des Verfahrens und zur Aussagefähigkeit des Ergebnisses** ergeben. Ein Sachwertfaktor, der den vorläufigen Sachwert z.B. um 40 % und mehr korrigiert, spricht grundsätzlich gegen die Eignung des Verfahrens. 228

16.4 Mittelwertmethode (Berliner Verfahren)

In der Vergangenheit war die sog. Berliner Methode verbreitet. Nach dieser Methode wird der Verkehrswert des Grundstücks aus dem ungewichteten **arithmetischen Mittel aus Ertrags-** 229

108 BVerfG, Beschl. vom 16.10.1984 – 1 BvL 17/80 –, BVerfGE 67, 348 = EzGuG 20.107b.
109 BVerwG, Urt. vom 17.07.1958 – 1 C 209/57 –, BRS Bd. 8 Nr. 37 = EzGuG 4.10.
110 BGH, Beschl. vom 11.03.1993 – III ZR 24/92 –, GuG 1994, 116 = EzGuG 20.144b.

und Sachwert ermittelt. Das Verfahren fand unter der Bezeichnung Mittelwertmethode in der Rechtsprechung zunächst breite Anerkennung[111].

230 Die **Mittelwertmethode** hat ihre Herkunft vor allem **in der Unternehmensbewertung**[112], wo einerseits der längerfristige Substanzwert und andererseits konjunkturell schwankende Ertragsverhältnisse mit möglicherweise unsicheren Auswirkungen auf den Ertragswert zum Ausgleich gebracht werden sollen. Auch ist **bei neu errichteten Gewerbeobjekten davon auszugehen, dass der mit der Errichtung verkörperte Substanzwert bei sorgfältiger unternehmerischer Entscheidung im Einklang mit den künftigen Erträgen** und damit also mit dem Ertragswert **steht.** In der Verkehrswertermittlung wird wie im Übrigen aber auch bei der Unternehmensbewertung der Mittelwert spätestens seit dem letzten Weltkrieg abgelehnt.

231 **Es gibt *gleichwohl* kein** allgemeingültiges Verbot, den Verkehrswert aus dem arithmetischen Mittel aus Ertrags- und Sachwertverfahren abzuleiten, wenn im konkreten Einzelfall beide Verfahren zur Marktwertermittlung geeignet sind. Es gibt mithin auch **kein generelles „Aggregationsverbot"**. Der BGH hat in seiner Rechtsprechung die Mittelwertbildung als unzulässig befunden, wobei nur **eine *„schematische rechnerische"* Mittelwertbildung ausgeschlossen** wurde[113].

232 Werden mehrere Verfahren zur Marktwertermittlung herangezogen, ist der **Marktwert** nach § 6 Abs. 4 ImmoWertV **aus dem Ergebnis des oder der herangezogenen Verfahren unter Würdigung seines oder ihrer Aussagefähigkeit zu ermitteln**[114]. Sind bei Anwendung des Ertrags- und Sachwertverfahrens unter Würdigung der Aussagefähigkeit der ermittelte Ertrags- und Sachwert gleichgewichtig, so muss nach dieser Vorschrift sogar das arithmetische Mittel gebildet werden. Allein die Tatsache, dass das Ertrags- und Sachwertverfahren in der ImmoWertV als gleichrangige Wertermittlungsmethoden aufgeführt sind, bedeutet allerdings nicht, dass auch die Ergebnisse aus dem Ertrags- und Sachwertverfahren für die Verkehrswertermittlung eines einzelnen Objekts gleichgewichtig sind, um daraus das Mittel bilden zu können. Vielmehr müssen im konkreten Fall die Ergebnisse aus **Ertrags- und Sachwertverfahren** nach ihrer Aussagefähigkeit für die Verkehrswertermittlung **gleichrangig** sein. Dabei sind vor allem die in § 6 Abs. 1 Satz 2 ImmoWertV genannten Kriterien für die Wahl der Verfahren und ihre Eignung für die Marktwertermittlung in die Betrachtung einzustellen.

233 Bei alledem kann nicht ausgeschlossen werden, dass der Marktwert in sachgerechter Weise aus dem einfachen arithmetischen Mittel aus Ertrags- und Sachwert abzuleiten ist, jedoch wäre dies ein eher seltener Ausnahmefall. Dies hat seinen Niederschlag in der Rechtsprechung des BGH gefunden. Der BGH hat im Hinblick auf die zumeist einem bestimmten Wertermittlungsverfahren vorbehaltene Nutzung einer Immobilie ausgeführt: „In solchen Fällen lässt sich der Verkehrswert nur entweder nach dem Ertragswert oder nach dem Sachwert bestimmen, zumindest muss eine der Größen den Vorrang haben, während die anderen nur zur Wertkorrektur in beschränktem Rahmen herangezogen werden dürfen"[115].

---

111 BGH, Urt. vom 10.07.1953 – V ZR 22/52 –, BGHZ 10, 171 = EzGuG 20.16; BGH, Urt. vom 13.05.1955 – V ZR 36/54 –, BGHZ 17, 236 = EzGuG 3.5; BGH, Urt. vom 18.09.1961 – VII ZR 118/60 –, BGHZ 35, 356 = EzGuG 3.17; BGH, Urt. vom 19.09.1962 – V ZR 138/61 –, NJW 1962, 2293 = EzGuG 3.19; BGH, Urt. vom 23.11.1962 – V ZR 148/60 –, BGHZ 39, 285 = EzGuG 20.32; BGH, Urt. vom 17.01.1973 – IV ZR 142/70 –, NJW 1973, 509 = EzGuG 20.53a; BGH, Urt. vom 30.09.1981 – IVa ZR 127/80 –, NJW 1982, 575 = EzGuG 20.90b; OLG Köln, Beschl. vom 18.10.1958 – 9 W 20/58 –, MDR 1959, 223 = EzGuG 20.23; OLG Köln, Urt. vom 16.09.1960 – 4 U 152/59 –, NJW 1961, 285 = EzGuG 20.27; BFH, Urt. vom 28.03.1984 – IV R 224/81 –, EzGuG 20.106. Vgl. bereits PrOVG, Urt. vom 10.06.1920 – VII C 183/31 –, EzGuG 19.1; PrOVG, Urt. vom 11.03.1897 – VIII a 66 –, EzGuG 19.2c; OLG Düsseldorf, Urt. vom 11.03.1988 – 7 U 4/86 –, BB 1988, 1001 = EzGuG 20.12.

112 BGH, Urt. vom 01.07.1982 – IX ZR 344/81 –, NJW 1982, 2441 = EzGuG 20.99a; BGH, Urt. vom 30.09.1981 – IVa ZR 127/80 –, NJW 1982, 575 = EzGuG 20.90b; BGH, Urt. vom 17.01.1973 – IV ZR 142/70 –, NJW 1973, 509 = EzGuG 20.53b; OLG Düsseldorf, Urt. vom 27.01.1984 – 3 UF 50/83 –, FamRZ 1984, 699 = EzGuG 11.142g.

113 BGH, Urt. vom 13.07.1970 – VII ZR 189/68 –, NJW 1970, 2018 = EzGuG 20.49.

114 BR-Drs. 265/72, S. 13.

115 BGH, Beschl. vom 11.03.1993 – III ZR 24/92 –, GuG 1994, 116 = EzGuG 20.144a; BGH, Urt. vom 13.07.1970 – VII ZR 189/68 –, WM 1968, 617 = EzGuG 20.49; OLG Stuttgart, Urt. vom 18.01.1967 – 13/6 U 194/63 –, NJW

In der **steuerlichen Bewertung** wird es generell nicht als sachgerecht angesehen, den Verkehrswert schematisch durch Mittelung von Ertragswert und Sachwert zu bestimmen[116], jedoch hat sie bei Ermittlung des Teilwerts im Einzelfall Anerkennung gefunden[117]. 234

Wenn das BVerwG in einer Entscheidung zum **Vermögensrecht**[118] und in diesem Zusammenhang zur Frage der Überschuldung eines Grundstücks die Mittelwertmethode hat gelten lassen, so lag hier ein Sonderfall vor, weil das Gericht in diesem Fall die in der DDR maßgeblichen Bewertungsrichtlinien vom 4.5.1960[119] weiterhin zur Anwendung kommen lassen wollte. Diese Richtlinien sind nicht auf die Ermittlung von Verkehrswerten i.S. des § 194 BauGB ausgelegt. 235

Des Weiteren ist zur Anwendung der Mittelwertmethode auf die Rechtsprechung des BGH bei der **Bewertung von Unternehmen im Rahmen der Zugewinngemeinschaft** hinzuweisen[120]. 236

Bei alledem ist nur in besonderen Fällen, wie z.B. bei **Schadensersatzermittlungen** wegen Baukostenüberschreitung, vom Mittelwert auszugehen[121]. 237

17 Marktanpassung (§ 6 Abs. 2 Nr. 1 ImmoWertV)

17.1 Allgemeines

▶ *Vgl. § 21 ImmoWertV Rn. 1 ff.*

Bei **allen** nach dem 3. Teil **zur Anwendung kommenden Wertermittlungsverfahren** (Vergleichs-, Ertrags- und Sachwertverfahren) werden vor der Berücksichtigung der besonderen objektspezifischen Grundstücksmerkmale die „allgemeinen Wertverhältnisse auf dem Grundstücksmarkt“ berücksichtigt (Marktanpassung). 238

Die allgemeinen Wertverhältnisse auf dem Grundstücksmarkt (Marktanpassung) werden berücksichtigt 239

- bei *Anwendung des Vergleichswertverfahrens* durch wertermittlungsstichtagsbezogene Vergleichspreise und Vergleichsfaktoren bzw. Indexreihen,
- bei *Anwendung des Ertragswertverfahrens durch wertermittlungsstichtagsbezogene „marktüblich erzielbare Erträge“ und* den wertermittlungsstichtagsbezogenen „Liegenschaftszinssatz“ nach § 21 ImmoWertV und
- bei *Anwendung des Sachwertverfahrens* die „Sachwertfaktoren“ durch wertermittlungsstichtagsbezogene Normalherstellungskosten i.V.m. mit ihrer altersabhängigen Abschreibung sowie dem wertermittlungsstichtagsbezogenen Sachwertfaktor nach § 21 ImmoWertV.

Soweit auf diesem Wege die allgemeinen Wertverhältnisse auf dem Grundstücksmarkt (Marktanpassung) nicht vollumfänglich berücksichtigt werden können, kann gegebenenfalls einer ergänzende Marktanpassung durch angemessene Zu- und Abschläge erforderlich sein.

Fortsetzung Fußnote 115
1967, 2410 = EzGuG 8.19; OLG Düsseldorf, Urt. vom 14.07.1988 – 6 (9) UF 151/86 –, GuG 1990, 46 = EzGuG 20.125.

116 BFH, Urt. vom 03.12.2008 – II R 19/08 –, GuG 2009, 248 = EzGuG 20.207.

117 BFH, Urt. vom 23.03.1984 – IV R 224/81 –, EzGuG 20.106.

118 BVerwG, Urt. vom 16.03.1995 – 7 C 39/93 –, GuG 1995, 246 = EzGuG 10.9; BVerwG, Urt. vom 07.06.1999 – 8 B 99/99 –, GuG 2000, 58 = EzGuG 19.47a.

119 GuG 1996, 228.

120 BGH, Urt. vom 23.10.1985 – IVb 62/84 –, NJW-RR 1986, 226 = EzGuG 20.110b; BGH, Urt. vom 13.07.1970 – VII ZR 189/69 –, WM 1970, 1139 = EzGuG 20.48; BGH, Urt. vom 23.11.1962 – V ZR 148/60 –, BGHZ 39, 285 = EzGuG 20,32; OLG Bamberg, Urt. vom 21.12.1993 – 7 UF 81/93 –, FamRZ 1994, 958.

121 OLG Hamm, Urt. vom 22.04.1993 – 21 U 39/92 –, NJW-RR 1994, 211 = EzGuG 20.114c.

240 Sowohl die Marktanpassung als auch die Berücksichtigung der besonderen objektspezifischen Grundstücksmerkmale in marktangepasster Größenordnung sind integraler Bestandteil der im 3. Teil geregelten Wertermittlungsverfahren. Dabei wird mit § 6 Abs. 2 ImmoWertV ausdrücklich vorgeschrieben, dass die **Marktanpassung** noch **vor der Berücksichtigung besonderer objektspezifischer Grundstücksmerkmale** vorzunehmen ist. Die vorgegebene Reihenfolge entspricht der in der Vorauflage dargelegten Vorgehensweise und ist darin begründet, dass die genannten erforderlichen Daten der Wertermittlung i.d.R. aus Vergleichspreisen von Grundstücken abgeleitet werden, die keine besonderen Grundstücksmerkmale aufweisen und ordnungsgemäß bewirtschaftet worden sind („Normalfälle") und die mit ihrer Anwendung einhergehende Marktanpassung das Ergebnis verfälschen würde, wenn sie gegebenenfalls auf den Vergleichs-, Ertrags- oder Sachwert eines Grundstücks zur Anwendung kämen, das besondere objektspezifische Grundstücksmerkmale (boG) aufweist. So beziehen sich Liegenschaftszinssätze, Vergleichs- und Sachwertfaktoren beispielsweise auf Objekte ohne Baumängel oder Bauschäden bzw. instandsetzungsrückstaufreie Objekte und sind damit nicht für die Marktanpassung von besonderen objektspezifischen Grundstücksmerkmalen (boG) einschlägig.

241 Entsprechend dem Grundsatz der Modellkonformität ist es geboten, die in einem Vomhundertsatz angegebenen Marktanpassungsfaktoren im ersten Schritt auf den Wert anzuwenden, der sich für das Objekt ohne **Berücksichtigung besonderer objektspezifischer Grundstücksmerkmale** ergibt. Diese werden dann erst im zweiten Schritt berücksichtigt. Im nachfolgenden Beispiel wird dies am Fall eines Grundstücks erläutert, dessen Bebauung einen nicht unbedeutsamen **Instandsetzungsrückstau** aufweist.

242 *Beispiel:*

Der Sachwert eines instandsetzungsfrei bebauten Grundstücks wurde ermittelt zu	1 000 000 €
Die Kosten der Beseitigung eines Instandsetzungsrückstaus belaufen sich auf den Betrag von	400 000 €
Der Marktanpassungsabschlag beläuft sich aufgrund von Erfahrungssätzen für den instandsetzungsfrei ermittelten Sachwert auf – 30 %; Sachwertfaktor ist mithin	0,7

Verkehrswertermittlung:

Falsch:		*Richtig:*	
Sachwert	1 000 000 €	Sachwert	1 000 000 €
– Instandsetzung	– 400 000 €	Marktanpassung	
= Sachwert (vermindert)	600 000 €	30 v. H. von 1 000 000 €	– 300 000 €
Marktanpassung 30 v. H. von 600 000 €	– 180 000 €	– Instandsetzung	– 400 000 €
Verkehrswert	= **420 000 €**	Verkehrswert	= **300 000 €**

Δ 120 000 €

Fehler:
420 000 € – 300 000 € = 120 000 €

243 Das *Beispiel* macht deutlich, dass die Marktwertermittlung grob fehlerhaft wird, wenn die Sachwertfaktoren in falscher Reihenfolge erst auf den um die Instandsetzungskosten verminderten Sachwert zur Anwendung kommen.

244 **Die vorgeschriebene** Marktanpassung sowie die vorgegebene **Reihenfolge** der Berücksichtigung einer Marktanpassung und besonderer objektspezifischer Grundstücksmerkmale **ist auch zu beachten, wenn die besonderen objektspezifischen Grundstücksmerkmale direkt in die Vergleichs-, Ertrags- und Sachwertermittlung Eingang gefunden haben**. Auch in diesem Falle müsste im vorstehenden Beispiel die Anwendung des Sachwertfaktors auf einen „direkt" ermittelten Sachwert von 600 000 € zu einem fehlerhaften Ergebnis führen.

Aus alledem folgt, dass der **Wertanteil der besonderen objektspezifischen Grundstücksmerkmale im Falle seiner „direkten" Berücksichtigung „in" dem zur Anwendung kommenden Wertermittlungsverfahren** wieder **„herausgerechnet" werden muss**, um die Marktanpassung in der durch § 6 Abs. 2 ImmoWertV vorgegebenen Reihenfolge berücksichtigen zu können. Eine „internalisierende" Berücksichtigung der besonderen objektspezifischen Grundstücksmerkmale in dem Verfahren selbst bietet von daher keine wertermittlungstechnischen Vorteile. **245**

17.2 Vergleichswertverfahren

▶ *Vgl. Syst. Darst. des Vergleichswertverfahrens Rn. 1 ff.*

Ausgangspunkt des Vergleichswertverfahrens sind im gewöhnlichen Geschäftsverkehr frei ausgehandelte Kaufpreise hinreichend vergleichbarer Grundstücke. Der Vorteil dieses Verfahrens gegenüber dem Sachwert- oder Ertragswertverfahren besteht darin, dass es im **Allgemeinen direkt zum Verkehrswert (Marktwert)** führt. **246**

Bei Anwendung des **Vergleichswertverfahrens** findet die jeweilige Marktsituation bereits mit den auf den Wertermittlungsstichtag „umgerechneten" Kaufpreisen der Vergleichsgrundstücke Eingang in die Verkehrswertermittlung und eine Anpassung an die Marktlage kann i.d.R. entfallen. Allerdings muss hierbei gewährleistet sein, dass die Markt- und Wertverhältnisse, unter denen die zum Preisvergleich herangezogenen Kaufpreise der Vergleichsgrundstücke zustande gekommen sind, noch mit den **am Wertermittlungsstichtag herrschenden allgemeinen Wertverhältnissen** auf dem Grundstücksmarkt übereinstimmen. Andernfalls muss auch beim Vergleichswertverfahren eine Marktanpassung vorgenommen werden. **247**

17.3 Ertragswertverfahren

▶ *Vgl. Syst. Darst. des Ertragswertverfahrens Rn. 1 ff.*

Bei Anwendung des Ertragswertverfahrens finden – wie bei Anwendung des Vergleichswertverfahrens – die **allgemeinen Wertverhältnisse auf dem Grundstücksmarkt direkt Eingang in die Wertermittlung**, nämlich **248**

- einerseits durch den Ansatz marktüblich erzielbarer Erträge und
- andererseits durch deren Kapitalisierung mit dem Liegenschaftszinssatz, der wiederum aus Kaufpreisen abgeleitet wird, die die Lage auf dem Grundstücksmarkt repräsentieren.

Eine **Marktanpassung kann bei Anwendung des Ertragswertverfahrens geboten sein, wenn sich die Lage auf dem Grundstücksmarkt gegenüber den Verhältnissen verändert hat,** die den Vergleichspreisen zugrunde lagen, die zur Ableitung des Liegenschaftszinssatzes herangezogen wurden. In diesem Fall erscheint es aber zweckmäßiger, den Liegenschaftszinssatz entsprechend zu modifizieren. **249**

17.4 Sachwertverfahren

▶ *Näheres in der Syst. Darst. des Sachwertverfahrens Rn. 1 ff. sowie § 21 ImmoWertV Rn. 1 ff., Anh. zu § 21 ImmoWertV; zur Marktanpassung bei der Beleihungswertermittlung vgl. Teil IX Rn. 338 ff.*

Die in § **6 ImmoWertV** angesprochene Marktanpassung sowie die vorgegebene Reihenfolge der Berücksichtigung einer Marktanpassung sind in erster Linie nur bei Anwendung des Sachwertverfahrens von Bedeutung. Während nämlich bei Anwendung des Vergleichs- und Ertragswertverfahrens die Lage auf dem Grundstücksmarkt mit den herangezogenen Vergleichspreisen bzw. mit dem aus Marktpreisen abgeleiteten Liegenschaftszinssatz direkt in die Wertermittlung eingeht, wird bei Anwendung des Sachwertverfahrens der sich nach Maßgabe der §§ 35 ff. ImmoWertV vornehmlich an Herstellungskosten orientierende (vorläufige) Sachwert erst mit dem Sachwertfaktor an die Lage auf dem Grundstücksmarkt „justiert". **250**

251 So können z.B. bei der Verkehrswertermittlung **aufwendig gebauter Einfamilienhäuser (Villen)** im weiteren Umkreis der Stadtzentren, bei deren Verkauf die im Gebäude und den Außenanlagen verkörperten Herstellungskosten regelmäßig nicht realisiert werden können, erhebliche Marktabschläge erforderlich werden. Allgemein und insbesondere für Ein- und Zweifamilienhäuser, auf die sich die Bedeutung des Sachwertverfahrens im Wesentlichen beschränkt, gilt, dass der „*vorläufige*" Sachwert

- einerseits umso mehr hinter den Verkehrswert zurückfällt, je aufwendiger das Objekt bebaut ist, und
- andererseits wiederum umso mehr hinter den Verkehrswert zurückfällt, je größer das Missverhältnis zwischen der baulichen Qualität und der Lage ist; bei hochwertigen Ein- und Zweifamilienhäusern in schlechter Lage einschließlich einer ungünstigen Entfernungslage öffnet sich die Schere zwischen Sach- und Verkehrswert.

252 Demgegenüber liegt bei besonders **kleinen Objekten** der Verkehrswert häufig über dem Sachwert.

253 **Sachwertfaktoren (bzw. Marktanpassungszu- oder -abschläge) müssen** deshalb gerade bei Anwendung des Sachwertverfahrens **begründet werden.** Sie sind begründet, wenn sie aus Vergleichspreisen empirisch abgeleitet worden sind.

§ 7 ImmoWertV
Berücksichtigung der allgemeinen Wertverhältnisse

(1) Die Berücksichtigung der allgemeinen Wertverhältnisse erfolgt

1. im Vergleichswertverfahren bei Ermittlung des vorläufigen Verfahrenswerts insbesondere durch den Ansatz von Vergleichspreisen, Vergleichsfaktoren und Indexreihen,

2. im Ertragswertverfahren bei Ermittlung des vorläufigen Verfahrenswerts insbesondere durch den Ansatz von marktüblich erzielbaren Erträgen und Liegenschaftszinssätzen, und

3. im Sachwertverfahren bei Ermittlung des marktangepassten vorläufigen Verfahrenswerts insbesondere durch den Ansatz von Sachwertfaktoren.

(2) Lassen sich die allgemeinen Wertverhältnisse bei Verwendung der Daten nach Absatz 1 auch durch eine Anpassung nach § 9 Absatz 1 Satz 2 nicht ausreichend berücksichtigen, ist zur Ermittlung des marktangepassten vorläufigen Verfahrenswerts eine Marktanpassung durch marktübliche Zu- oder Abschläge erforderlich.

Gliederungsübersicht *Rn.*

1 Berücksichtigung der allgemeinen Wertverhältnisse auf dem Grundstücksmarkt

1.1 Allgemeine Wertverhältnisse

▶ *Vgl. § 2 ImmoWertV Rn. 1 ff.; zur Marktwertermittlung entwicklungsbetroffener und entwicklungsfähiger Grundstücke vgl. § 2 ImmoWertV Rn. 19; § 3 ImmoWertV Rn. 25, 121 ff.; § 5 ImmoWertV Rn. 76; § 8 ImmoWertV Rn. 8; § 40 ImmoWertV Rn. 149; Teil V Rn. 294*

Der Immobilienmarkt ist volatil. Die **auf dem Grundstücksmarkt erzielten Kaufpreise können sich allein unter dem Einfluss der sog. allgemeinen Wertverhältnisse auf dem Grundstücksmarkt verändern. Die allgemeinen Wertverhältnisse** sind in § 2 Abs. 1 ImmoWertV als die Gesamtheit der am Wertermittlungsstichtag für die Preisbildung von Grundstücken im gewöhnlichen Geschäftsverkehr maßgebenden Umstände, insbesondere die allgemeine Wirtschaftssituation, die Verhältnisse am Kapitalmarkt sowie die wirtschaftlichen und demografischen Entwicklungen des Gebiets, definiert. Dementsprechend verändern sich regelmäßig auch 1

1. die grundstücksbezogenen Wertermittlungsparameter, insbesondere die zum Preisvergleich geeigneten Vergleichspreise, Bodenrichtwerte, Vergleichsfaktoren bebauter Grundstücke, die marktüblich erzielbaren Erträge, Bewirtschaftungskosten und Normalherstellungskosten und

2. die von den Gutachterausschüssen stichtagsbezogen abgeleiteten erforderlichen Daten der Wertermittlung, insbesondere Liegenschaftszinssätze. Vergleichs-, Sachwert-, Erbbaurechts- und Erbbaugrundstücksfaktoren, aber auch die aus geeigneten Kaufpreisen abgeleiteten Umrechnungskoeffizienten

unter dem Einfluss von Änderungen der allgemeinen Wertverhältnisse.

2 Wie die **allgemeinen Wertverhältnisse auf dem Grundstücksmarkt zu berücksichtigen sind, ist** Gegenstand der Regelung des § 2 Abs. 2 i.V.m. § 7 ImmoWertV.

a) Die allgemeinen Wertverhältnisse auf dem Grundstücksmarkt werden bei den zur Anwendung kommenden Wertermittlungsverfahren in unterschiedlicher Weise berücksichtigt. § 7 Abs. 1 ImmoWertV enthält hierzu eine allgemeine Übersicht zur Anwendung des Vergleichs-, Ertrags- und Sachwertverfahrens, beschränkt auf den jeweils ermittelten „*vorläufigen*“ Verfahrenswert. Die dort für das jeweils zur Anwendung kommende Wertermittlungsverfahren genannten Eingangsparameter sollen sich jeweils möglichst auf die allgemeinen Wertverhältnisse des Wertermittlungsstichtags beziehen.

b) Werden die allgemeinen Wertverhältnisse mit den angesetzten Eingangsparametern nicht ausreichend berücksichtigt, „kann“ zur Ermittlung des marktangepassten vorläufigen Verfahrenswerts nach § 7 Abs. 2 ImmoWertV eine Marktanpassung durch Zu- oder Abschläge erforderlich sein.

3 Die Auffangklausel des § 7 Abs. 2 ImmoWertV betrifft insbesondere das Ertrags- und Sachwertverfahren. Bei Anwendung des Vergleichswertverfahrens sind die herangezogenen Vergleichsprise und Vergleichsfaktoren gemäß § 7 Abs. 1 Nr. 1 ImmoWertV vorrangig mittels der (allein) dort genannten Indexreihen i.S. des § 18 ImmoWertV zu berücksichtigen. Dies gilt im Übrigen auch bezüglich der im Rahmen des Sachwertverfahrens angesetzten Normalherstellungskosten (§ 36 Abs. 3 Satz 5 ImmoWertV).

4 Die Hinweise des § 7 ImmoWertV betreffen einschließlich der auf Abs. 1 Bezug nehmenden Auffangklausel des Abs. 2 nur die Ermittlung des „vorläufigen“ Verfahrenswerts und nicht die Ermittlung des Werteinflusses der besonderen objektspezifischen Grundstücksmerkmale (boG) auf den Marktwert des Grundstücks. Diese müssen entsprechend den **allgemeinen Wertverhältnissen auf dem Grundstücksmarkt** in marktkonformer Höhe ermittelt werden.

1.2 Bewertungstechnische Berücksichtigung

1.2.1 Allgemeines

▶ *Vgl. § 21 ImmoWertV Rn. 1 ff., 136; § 35 ImmoWertV Rn. 13 ff.; § 38 ImmoWertV Rn. 1 ff.*

5 Bewertungstechnisch werden die zum Wertermittlungsstichtag vorherrschenden allgemeinen Wertverhältnisse bei den zur Marktwertermittlung herangezogenen Verfahren nach vorstehenden Ausführungen im Rahmen des jeweils ermittelten vorläufigen Verfahrenswerts unterschiedlich berücksichtigt.

6 Bei **Anwendung des Vergleichswertverfahrens** werden die allgemeinen Wertverhältnisse des Wertermittlungsstichtags direkt, insbesondere durch den Ansatz möglichst wertermittlungsstichtagsnaher Vergleichspreise, objektspezifisch angepasster Bodenrichtwerte und objektspezifisch angepasster Vergleichsfaktoren (Wohn- und Nutzflächenwerte) i.V.m. geeigneten Indexreihen i.d.R. umfänglich berücksichtigt. Eine ergänzende Marktanpassung ist dann nicht mehr erforderlich.

7 Bei **Anwendung des Ertragswertverfahrens** werden die allgemeinen Wertverhältnisse des Wertermittlungsstichtags verfahrensintegriert insbesondere durch den Ansatz möglichst wertermittlungsstichtagsnaher marktüblicher Erträge und objektspezifisch angepasster Liegenschaftszinssätze berücksichtigt. Der im Rahmen der Ertragswertermittlung zur Abzinsung und

Kapitalisierung angesetzte objektspezifische Liegenschaftszinssatz ist zugleich ein Marktanpassungsfaktor, und zwar bezogen auf den Bezugsstichtag des Liegenschaftszinssatzes.

Bei **Anwendung des Sachwertverfahrens** werden die allgemeinen Wertverhältnisse des Wertermittlungsstichtags bei der Ermittlung des *vorläufigen* Sachwerts zunächst durch den Ansatz von Normalherstellungskosten berücksichtigt, die ggf. mittels der einschlägigen Baupreisindexreihe auf die allgemeinen Wertverhältnisse des Wertermittlungsstichtags umgerechnet werden. Die eigentliche Marktanpassung erfolgt nach § 35 Abs. 3 ImmoWertV in einem gesonderten Schritt durch Multiplikation des vorläufigen Sachwerts mit einem objektspezifisch angepassten Sachwertfaktor (vgl. § 35 Abs. 3 ImmoWertV). Der im Rahmen der Sachwertermittlung angesetzte objektspezifische Sachwertfaktor ist zugleich Korrekturfaktor, und zwar bezogen auf die in der ImmoWertV vorgegebenen nicht marktgerechten Modellansätze. Dies betrifft insbesondere die mit § 36 Abs. 3 Satz 2 vorgegebenen Normalherstellungskosten und ggf. eine nicht marktgerechte lineare Alterswertminderung (§ 38 ImmoWertV Rn. 1 ff.). 8

1.2.2 Objektspezifische Anpassung der zur Anwendung kommenden erforderlichen Daten der Wertermittlung

Nach vorstehenden Ausführungen werden die allgemeinen Wertverhältnisse auf dem Grundstücksmarkt durch wertermittlungsstichtagsnahe Wertermittlungsparameter sowie insbesondere mit geeigneten Liegenschaftszinssätzen, Vergleichs-, Sachwert-, Erbbaurechts- und Erbbaugrundstücksfaktoren sowie Erbbaurechts- und Erbbaurechtskoeffizienten berücksichtigt. Diese beziehen sich auf ihren jeweiligen Bezugsstichtag. Bei einem davon abweichenden Stichtag der Marktwertermittlung ist bei volatilen Marktverhältnissen zu prüfen, ob mit ihrer Anwendung die allgemeinen Wertverhältnisse ausreichend berücksichtigt werden. Bei Abweichungen sollen die Daten nach Maßgabe des § 9 Abs. 1 Satz 2 ImmoWertV durch geeignete Indexreihen oder in anderer Weise an die Wertverhältnisse am Wertermittlungsstichtag angepasst werden. 9

Verfahrenstechnisch lassen sich die zum Wertermittlungsstichtag vorherrschende allgemeinen Wertverhältnisse bereits bei der Ermittlung des *vorläufigen* Verfahrenswerts durch die „objektspezifische Anpassung“ des jeweils herangezogenen Bodenrichtwerts, Liegenschaftszinssatzes, Vergleichs-, Sachwert-, Erbbaurechts- und Erbbaugrundstücksfaktors sowie Erbbaurechts- und Erbbaugrundstückskoeffizienten nach den §§ 33, 39, § 49 Abs. 2 sowie § 51 Abs. 2 Satz 2 ImmoWertV berücksichtigen. Entsprechendes gilt nach § 25 Satz 2 ImmoWertV für die Anwendung des direkten Vergleichswertverfahrens. Die objektspezifische Anpassung nach den genannten Vorschriften bezieht sich mithin nicht allein auf eine Anpassung an die Grundstücksmerkmale der zur bewertenden Liegenschaft, sondern auch auf die zum Wertermittlungsstichtag vorherrschenden allgemeinen Wertverhältnisse auf dem Grundstücksmarkt (Marktanpassung). 10

1.2.3 Nachträgliche Anpassung (Auffangklausel des § 7 Abs. 2 ImmoWertV)

Lassen sich die allgemeinen Wertverhältnisse bei Verwendung der genannten wesentlichen Daten durch ihre Anpassung an die allgemeinen Wertverhältnisse nach vorstehenden Grundsätzen nicht vollumfänglich berücksichtigen, kommt die Auffangklausel des § 7 Abs. 2 ImmoWertV zur Anwendung. Der **marktangepasste vorläufige Verfahrenswert** ergibt sich im Wege einer ergänzenden Marktanpassung durch Zu- oder Abschläge. Dabei sind Doppelberücksichtigungen zu vermeiden. 11

2 Ermittlung des Werteinflusses besonderer objektspezifischer Grundstücksmerkmale

12 Ausgehend von dem nach vorstehenden Grundsätzen ermittelten „vorläufigen“ marktangepassten Verfahrenswert müssen die ggf. ergänzend zu berücksichtigenden besonderen objektspezifischen Grundstücksmerkmale (boG) in **der am Wertermittlungsstichtag** marktüblichen Höhe berücksichtigt werden. Die allgemeinen Wertverhältnisse auf dem Grundstücksmarkt müssen bei der Ermittlung des Werteinflusses besonderer objektspezifischer Grundstücksmerkmale (boG) jeweils direkt berücksichtigt werden, und zwar in der Höhe, um den sich der Marktwert dadurch erhöht oder vermindert.

§ 8 ImmoWertV
Berücksichtigung der allgemeinen und besonderen objektspezifischen Grundstücksmerkmale

(1) Im Rahmen der Wertermittlung sind Grundstücksmerkmale zu berücksichtigen, denen der Grundstücksmarkt einen Werteinfluss beimisst.

(2) Allgemeine Grundstücksmerkmale sind wertbeeinflussende Grundstücksmerkmale, die hinsichtlich Art und Umfang auf dem jeweiligen Grundstücksmarkt regelmäßig auftreten. Ihr Werteinfluss wird bei der Ermittlung des vorläufigen Verfahrenswerts berücksichtigt.

(3) Besondere objektspezifische Grundstücksmerkmale sind wertbeeinflussende Grundstücksmerkmale, die nach Art oder Umfang erheblich von dem auf dem jeweiligen Grundstücksmarkt Üblichen oder erheblich von den zugrunde gelegten Modellen oder Modellansätzen abweichen. Besondere objektspezifische Grundstücksmerkmale können insbesondere vorliegen bei

1. besonderen Ertragsverhältnissen,

2. Baumängeln und Bauschäden,

3. baulichen Anlagen, die nicht mehr wirtschaftlich nutzbar sind (Liquidationsobjekte) und zur alsbaldigen Freilegung anstehen,

4. Bodenverunreinigungen,

5. Bodenschätzen sowie

6. grundstücksbezogenen Rechten und Belastungen.

Die besonderen objektspezifischen Grundstücksmerkmale werden, wenn sie nicht bereits anderweitig berücksichtigt worden sind, erst bei der Ermittlung der Verfahrenswerte insbesondere durch marktübliche Zu- oder Abschläge berücksichtigt. Bei paralleler Durchführung mehrerer Wertermittlungsverfahren sind die besonderen objektspezifischen Grundstücksmerkmale, soweit möglich, in allen Verfahren identisch anzusetzen.

Gliederungsübersicht *Rn.*

1 Systematische Einordnung

1.1 Allgemeine und besondere objektspezifischen Grundstücksmerkmale

▶ *Vgl. Vorbem zur ImmoWertV Rn. 140; zur Berücksichtigung des Denkmalschutzes Rn. 377 ff.; zum Modellkonformitätsgrundsatz vgl. Vorbem. zur ImmoWertV Rn. 141; Syst. Darst. des Vergleichswertverfahrens Rn. 174 ff.; Syst. Darst. des Sachwertverfahrens Rn. 149 ff., 265; § 21 ImmoWertV Rn. 157*

1 § 8 ImmoWertV nimmt in der Systematik der ImmoWertV eine besondere Stellung ein. Die Vorschrift kommt bei allen in der ImmoWertV normierten Wertermittlungsverfahren zur Anwendung und regelt verfahrenstechnisch die Berücksichtigung wertbeeinflussender Grundstücksmerkmale. Die Regelungen sind mithin **integraler Bestandteil des Vergleichs-, Ertrags- und Sachwertverfahrens.**

2 Nach § 2 Abs. 3 ImmoWertV bestimmt sich der Grundstückszustand aus der Gesamtheit der Grundstücksmerkmale. Davon sind im Rahmen der Marktwertermittlung zunächst nur die „wertbeeinflussenden" Grundstücksmerkmale von Bedeutung.
Diese werden in § 8 Abs. 2 und 3 ImmoWertV unter Verwendung einer Reihe unbestimmter Rechtsbegriffe untergliedert in

a) **allgemeine Grundstücksmerkmale,** die hinsichtlich der Art und des Umfangs auf dem jeweiligen Grundstücksmarkt regelmäßig auftreten, und

b) **besondere Grundstücksmerkmale** (begrifflich ein Pleonasmus), die nach Art oder Umfang erheblich von dem auf dem jeweiligen Grundstücksmarkt Üblichen abweichen.

Zu **den „besonderen objektspezifischen Grundstücksmerkmalen“** gehören auch solche objektspezifischen Grundstücksmerkmale, die von den zugrunde gelegten Modellen oder Modellansätzen *erheblich* abweichen.

Der Abgrenzung der „allgemeinen“ von den „besonderen“ Grundstücksmerkmalen kommt im Hinblick auf die Ableitung und Anwendung von Bodenrichtwerten eine besondere Bedeutung zu, denn entsprechend der Definition der Bodenrichtwerte als durchschnittliche „Lagewerte für den Boden“ müssen die allgemeinen Grundstücksmerkmale, die hinsichtlich Art und Umfang in der jeweiligen Bodenrichtwertzone regelmäßig auftreten, bei der Ableitung des Bodenrichtwerts berücksichtigt werden, während die „erheblich“ von dem auf dem in der jeweiligen Bodenrichtwertzone Üblichen abweichen, unberücksichtigt bleiben (vgl. zur Veröffentlichung § 13 ImmoWertV Rn. 3, § 12 ImmoWertV Rn. 18, 25 sowie § 15 ImmoWertV Rn. 13).

Abb. 1: Allgemeine und besondere objektspezifische Grundstücksmerkmale

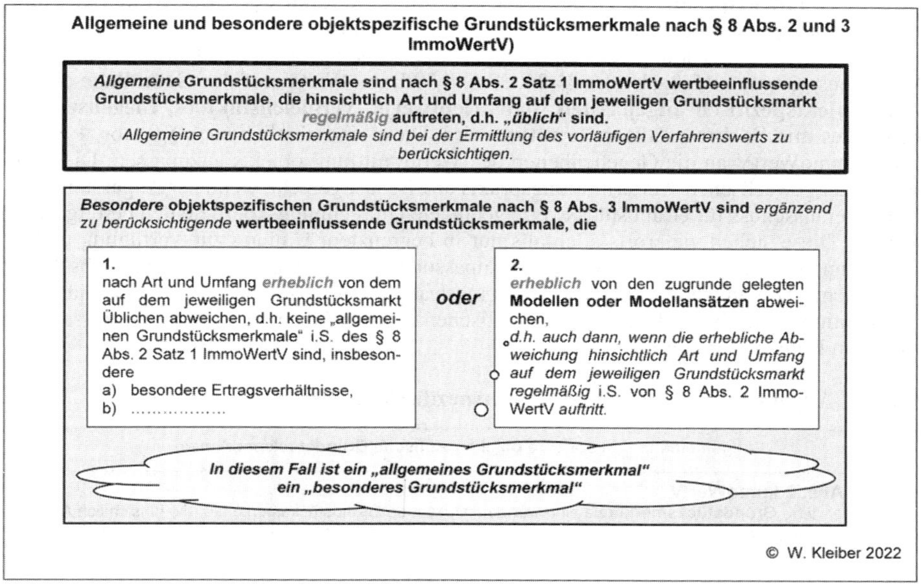

Die allgemeinen Grundstücksmerkmale werden mit diesen Definitionen nicht scharf und zum 3
Teil auch widersprüchlich von den besonderen objektspezifischen Grundstücksmerkmalen abgegrenzt. So gilt danach ein von dem Modell bzw. Modellansatz „erheblich“ abweichendes objektspezifisches Grundstücksmerkmal auch dann als „besonderes objektspezifisches Grundstücksmerkmal“, wenn es hinsichtlich Art und Umfang auf dem jeweiligen Grundstücksmarkt regelmäßig auftritt; dies kann z.B. die Gesamt- und Restnutzungsdauer einer baulichen Anlage (vgl. Rn. 67 ff.) oder auch die Bewirtschaftungskosten (z.B. Instandhaltungskosten, Mietausfallwagnis) betreffen (vgl. § 32 ImmoWertV Rn. 149 ff., 183 ff.).

Die Abgrenzung der allgemeinen von den besonderen objektspezifischen Grundstücksmerkmalen ist streitbefangen, denn es bedarf der Auslegung, wann ein Grundstücksmerkmal nach Art oder Umfang „erheblich“ von dem auf dem jeweiligen Grundstücksmarkt Üblichen oder *„erheblich“* von den zugrunde gelegten Modellen oder Modellansätzen abweicht (zum Begriff der „erheblichen“ Abweichung vgl. Vorbem. zur ImmoWertV Rn. 140; § 4 ImmoWertV Rn. 17; § 27 ImmoWertV Rn. 10, 24; § 32 ImmoWertV Rn. 13, 185; Syst. Darst. des Ertragswertverfahrens Rn. 60, 103, 199, 215). Die Vorschriften der ImmoWertV gewährleisten zudem nicht, dass bei der **Veröffentlichung der Liegenschaftszinssätze, Vergleichs- und Sachwertfaktoren** die ihnen zugrunde liegenden allgemeinen Grundstücksmerkmale hinreichend konkretisiert werden, obwohl sie im Rahmen einer sachgerechten Ableitung dieser Daten konkretisiert worden sein müssen.

4 Bei alledem muss es abgelehnt werden, per definitionem eine scharfe Grenze zwischen den *„allgemeinen"* und *„besonderen"* Grundstücksmerkmalen ziehen zu wollen, denn letztlich muss es darauf ankommen, wie und in welchem Verfahrensschritt ein Grundstücksmerkmal am sachgerechtesten und vertrauenswürdigsten Berücksichtigung finden kann. Insoweit stellt § 8 ImmoWertV eine schlichte Auffangregelung dar.

5 § 8 Abs. 2 Satz 2 ImmoWertV befiehlt, die **allgemeinen Grundstücksmerkmale** bei der Ermittlung des *vorläufigen* Verfahrenswerts nach § 6 Abs. 3 Satz 1 Nr. 1 ImmoWertV zu berücksichtigen. Im Umkehrschluss zu § 8 Abs. 2 Satz 2 ImmoWertV werden die **besonderen objektspezifischen Grundstücksmerkmale** nachträglich in einem besonderen Verfahrensschritt **subsidiär in marktkonformer Höhe** berücksichtigt (Dichotomie der Wertermittlungsverfahren).

6 **Besondere objektspezifische Grundstücksmerkmale können nach der Systematik der ImmoWertV jedoch bereits mit dem vorläufigen Verfahrenswert** dadurch berücksichtigt werden, dass bei Anwendung des Vergleichs-, Ertrags- und Sachwertverfahrens der vorläufige Verfahrenswert nach Maßgabe der §§ 26, 33 und 39 ImmoWertV **auf der Grundlage des jeweils objektspezifisch angepassten Bodenrichtwerts, Vergleichsfaktors, Liegenschaftszinssatzes und Sachwertfaktors ermittelt** wird. Diese sind nämlich nach § 9 Abs. 1 Satz 2 und 3 ImmoWertV an die Gegebenheiten des Wertermittlungsobjekts anzupassen. Dies entspricht der gewachsenen Wertermittlungspraxis und ist sachgerecht, wenn zur Anpassung vom Gutachterausschuss für Grundstückswerte geeignete Umrechnungskoeffizienten bereitgestellt werden. Diese stehen vielerorts allenfalls nur in begrenztem Umfang zur Verfügung und es kann dann nur noch die Möglichkeit einer Anpassung durch angemessene Zu- und Abschläge in Betracht gezogen werden. In diesem Fall muss abgewogen werden, ob eine subsidiäre Berücksichtigung der besonderen objektspezifischen Grundstücksmerkmale (boG) zu sachgerechteren Ergebnissen führt.

Abb. 2: Allgemeine und besondere objektspezifische Grundstücksmerkmale

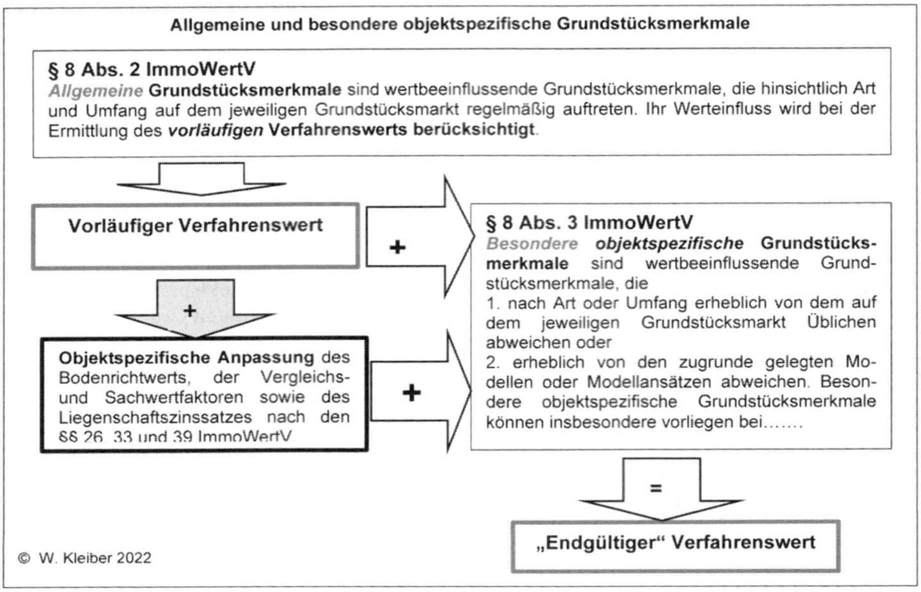

Mit dieser Systematik kann im Einzelfall die Lesbarkeit einer gutachterlichen Wertermittlung erheblich beeinträchtigt sein, da im **Ergebnis sowohl die der Ermittlung des Bodenwerts als auch des Gebäudewerts zugrunde liegenden objektspezifischen Merkmale und deren Werteinflüsse auseinandergerissen** werden. Dies stellt den Anwender der ImmoWertV bei der Abfassung seines Gutachtens vor besondere Herausforderungen. Bei Anwendung mehrerer Wertermittlungsverfahren kommt erschwerend hinzu, dass die allgemeinen und besonderen Grundstücksmerkmale in dem jeweils zur Anwendung kommenden Verfahren unterschiedlich voneinander abgegrenzt werden (müssen). Aus diesem Grunde wird mit § 8 Abs. 3 Satz 5 ImmoWertV empfohlen, bei paralleler Durchführung mehrerer Wertermittlungsverfahren die besonderen objektspezifischen Grundstücksmerkmale, soweit möglich, in allen Verfahren identisch anzusetzen. 7

1.2 Berücksichtigung allgemeiner Grundstücksmerkmale (§ 8 Abs. 2 ImmoWertV)

▶ *§ 2 ImmoWertV Rn. 1 ff.; zur Marktwertermittlung entwicklungsbetroffener und entwicklungsfähiger Grundstücke vgl. § 2 ImmoWertV Rn. 21; § 3 ImmoWertV Rn. 25, 121 ff.; § 5 ImmoWertV Rn. 76; § 40 ImmoWertV Rn. 149; Teil V Rn. 294*

Allgemeine Grundstücksmerkmale werden mit der wenig hilfreichen Definitionsnorm des § 8 Abs. 2 ImmoWertV als wertbeeinflussende Grundstücksmerkmale definiert, *„die hinsichtlich Art und Umfang auf dem jeweiligen Grundstücksmarkt regelmäßig auftreten“.* 8

Im Rahmen der im Nachsatz angesprochenen Ermittlung **des vorläufigen Verfahrenswerts** werden allgemeine Grundstücksmerkmale, die hinsichtlich Art und Umfang auf dem jeweiligen Grundstücksmarkt regelmäßig auftreten, mit dem **Liegenschaftszinssatz, Vergleichs- und Sachwertfaktor** berücksichtigt. Denn entsprechend der Definition der allgemeinen Grundstücksmerkmale handelt es sich um solche, die auch die Vergleichsgrundstücke aufweisen, aus denen die einschlägigen Liegenschaftszinssätze sowie Vergleichs- und Sachwertfaktoren abgeleitet wurden. Die im Rahmen der Ermittlung des vorläufigen Verfahrenswerts anzusetzenden **einheitlichen „Modellgrößen“** können bei alldem auch „regelmäßig“ von den Grundstücksmerkmalen abweichen, die „auf dem jeweiligen Grundstücksmarkt“ auftreten. 9

Die Problematik der mit § 8 Abs. 2 ImmoWertV definierten allgemeinen Grundstücksmerkmale besteht nun darin, dass der Anwender erfahrungsgemäß nicht vollumfänglich erkennen kann, was der Gutachterausschuss für Grundstückswerte bei der Ableitung von Liegenschaftszinssätzen, Vergleichs- und Sachwertfaktoren als allgemeine Grundstücksmerkmale erkannt hat. Dazu können insbesondere bei unklaren Marktverhältnissen auch Grundstücksmerkmale gehören, die – wie nachfolgende Beispiele zeigen – eher als besondere objektspezifische Grundstücksmerkmale ausgemacht werden: 10

- Werden beispielsweise Liegenschaftszinssätze und Sachwertfaktoren aus Vergleichspreisen von Grundstücken abgeleitet, die ortstypische Baumängel bzw. Bauschäden aufweisen (z.B. nicht isolierte Keller von Altbauten), so wird diesem Grundstücksmerkmal mit der Marktanpassung auf der Grundlage des herangezogenen Liegenschaftszinssatzes bzw. Vergleichs- oder Sachwertfaktors Rechnung getragen.
- Werden beispielsweise Liegenschaftszinssätze und Sachwertfaktoren aus Vergleichspreisen von Grundstücken abgeleitet, **die energetische Zustandsmerkmale aufweisen**, die hinsichtlich Art und Umfang auf dem jeweiligen Grundstücksmarkt regelmäßig auftreten, aber vom Gutachterausschuss für Grundstückswerte nicht erfasst bzw. nicht konkretisiert werden, gehen diese zwar mit der Heranziehung entsprechender Liegenschaftszinssätze, Vergleichs- und Sachwertfaktoren indirekt in den vorläufigen Vergleichs-, Ertrag- und Sachwert ein, jedoch lassen sie sich dann gar nicht von davon abweichenden energetischen Zustandsmerkmalen abgrenzen (§ 21 ImmoWertV Rn. 109).
- Besondere mit den herangezogenen Normalherstellungskosten nicht erfasste Bauteile, Einrichtungen, besondere Vorrichtungen sowie besondere Nutzflächen (z.B. sog. c-Flächen

i.S. der DIN 277) und auch bauliche und sonstige Außenanlagen können als allgemeine auf dem jeweiligen Grundstücksmarkt regelmäßig auftretende Grundstücksmerkmale mit den Sachwertfaktoren (§ 21 Abs. 3 ImmoWertV) erfasst werden und sind dann nicht mehr als „besondere objektspezifische Grundstücksmerkmale" (boG) berücksichtigungsfähig.

Die Abgrenzung der allgemeinen von den besonderen Grundstücksmerkmalen ist problematisch und streitbefangen, wenn vom Gutachterausschuss für Grundstückswerte bei der **Veröffentlichung der Liegenschaftszinssätze, Vergleichs- und Sachwertfaktoren** die allgemeinen Grundstücksmerkmale nicht hinreichend konkretisiert sind. Im Rahmen einer sachgerechten Ableitung der genannten Daten muss er sie ja konkretisiert haben und deshalb muss – schon aus Gründen der Vermeidung einer Doppelberücksichtigung – gefordert werden, dass er sie umfassend darlegt.

1.3 Berücksichtigung besonderer objektspezifischer Grundstücksmerkmale

1.3.1 Allgemeines

11 **Besondere objektspezifische Grundstücksmerkmale** (boG) **sind nach vorstehenden Ausführungen Grundstücksmerkmale, die** den Marktwert eines Grundstücks (Verkehrswert) beeinflussen und **bei der Ermittlung des vorläufigen Vergleichs-, Ertrags- und Sachwerts noch keine Berücksichtigung „in" dem Wertermittlungsverfahren gefunden haben**. Besondere objektspezifische Grundstücksmerkmale (boG) können nach dem Katalog des § 8 Abs. 3 ImmoWertV vorliegen bei

1. besonderen (von den marktüblich erzielbaren Erträgen abweichenden) Erträgen sowie bei sonstigen besonderen Ertragsverhältnissen (z.B. von den Modellansätzen abweichenden Bewirtschaftungskosten, insbesondere Instandhaltungskosten, eingeschränkte Drittverwendung, verbunden mit einem Modernisierungsrisiko, Vermietungszustand, Optionen usw.)
2. Baumängeln und Bauschäden,
3. baulichen Anlagen, die nicht mehr wirtschaftlich nutzbar sind (Liquidationsobjekte) und zur Freilegung anstehen,
4. Bodenverunreinigungen (§ 5 ImmoWertV Rn. 26 ff.),
5. Bodenschätzen (§ 5 ImmoWertV Rn. 364) sowie
6. grundstücksbezogenen Rechten und Belastungen, insbesondere auch solchen, die aus dem Bau-, Wohnungs-, Steuer- und Umweltrecht, z.B. Denkmalschutz, resultieren.

Aus der Systematik der ImmoWertV ergeben sich zudem die folgenden in § 8 Abs. 3 ImmoWertV expressis verbis nicht genannte **besonderen objektspezifischen Grundstücksmerkmale (boG)**:

a) Abweichungen des beitragsrechtlichen Zustands von den allgemeinen beitragsrechtlichen Zustandsmerkmalen i.S. des § 2 Abs. 3 Satz 2 Nr. 4 i.V.m. § 5 Abs. 2 ImmoWertV (z.B. die Erschließungsbeitragspflichtigkeit des Wertermittlungsobjekts),

b) gegebenenfalls Freilegungskosten,

c) eine „Grundstücksrestfläche" bei übergroßen Grundstücken i.S. des § 41 ImmoWertV,

d) vom nutzungsabhängigen Bodenwert i.S. des § 43 ImmoWertV abweichende Wertvor- und Nachteile.

12 **Zu den** nach Maßgabe des § 8 Abs. 3 ImmoWertV ergänzend zu berücksichtigenden **„besonderen objektspezifischen Grundstücksmerkmalen" können** über die in dieser Vorschrift ausdrücklich genannten Besonderheiten vor allem **auch besondere Eigenschaften des**

Grund und Bodens sowie der baulichen und sonstigen Anlage gehören, z.B. eine Grundstücksteilfläche oder besondere Ausstattungsmerkmale des Gebäudes. Nach dem Grundsatz der Modell- und Referenzkonformität (vgl. Vorbem. zur ImmoWertV Rn. 136 ff.) muss nämlich nicht nur das herangezogene Wertermittlungsverfahren methodisch exakt in der Weise zur Anwendung kommen, wie es vom Gutachterausschuss für Grundstückswerte bei der Ableitung der erforderlichen Daten der Wertermittlung i.S. des zweiten Abschnitts (insbesondere Liegenschaftszinssätze, Sachwertfaktoren, Vergleichsfaktoren bebauter Grundstücke, Umrechnungskoeffizienten) praktiziert wurde, auch die Grundstückseigenschaften müssen denen entsprechen, die der Ableitung z.B. des Sachwertfaktors zugrunde liegen. Ist z.B. der Sachwertfaktor aus Kaufpreisen von Grundstücken mit einer durchschnittlichen Grundstücksgröße von 500 m² auf der Grundlage des dafür veröffentlichten Bodenrichtwerts abgeleitet worden, so muss bei konsequenter Beachtung des Grundsatzes der Modell- und Referenzkonformität der vorläufige Sachwert nach dem § 35 ImmoWertV zunächst auf eben dieser Grundlage abgeleitet werden, denn nur dafür ist der herangezogene Sachwertfaktor einschlägig. Davon abweichende Besonderheiten, wie z.B. eine Übergröße des Grundstücks von beispielsweise 400 m² hinterliegenden Gartenlandes müssen ergänzend berücksichtigt werden.

13 Der Katalog der in Abs. 3 angesprochenen „besonderen objektspezifischen Grundstücksmerkmale" (boG) ist auch unter Einbeziehung der nach § 41 ImmoWertV ebenfalls als „besondere objektspezifische Grundstücksmerkmale" (boG) zu berücksichtigenden Teilflächen übergroßer Grundstücke, die erheblich über die nach Art, Lage und Nutzung der Bebauung „marktübliche Grundstücksfläche" hinausgehen, unvollständig. Zu den „besonderen objektspezifischen Grundstücksmerkmalen" (boG) können auch gehören: der beitragsrechtliche Zustand, besondere Ausstattungsmerkmale des Gebäudes einschließlich des energetischen Zustands, atypische Nutzungen der baulichen Anlage, besondere Bauteile und Nutzflächen, eine besondere Struktur- und Raumaufteilung und besondere Geschosshöhen, Betriebsvorrichtungen, eine besondere architektonische Gestaltung sowie besondere Außenanlagen einschließlich Aufwuchs, von den Modellansätzen abweichende Gesamt- und Restnutzungsdauer einschließlich der Modellansätze zur Berücksichtigung einer Modernisierung sowie merkantile Mehr- und Minderwerte usw.

Abb. 3: Gliederung der besonderen objektspezifischen Grundstücksmerkmale

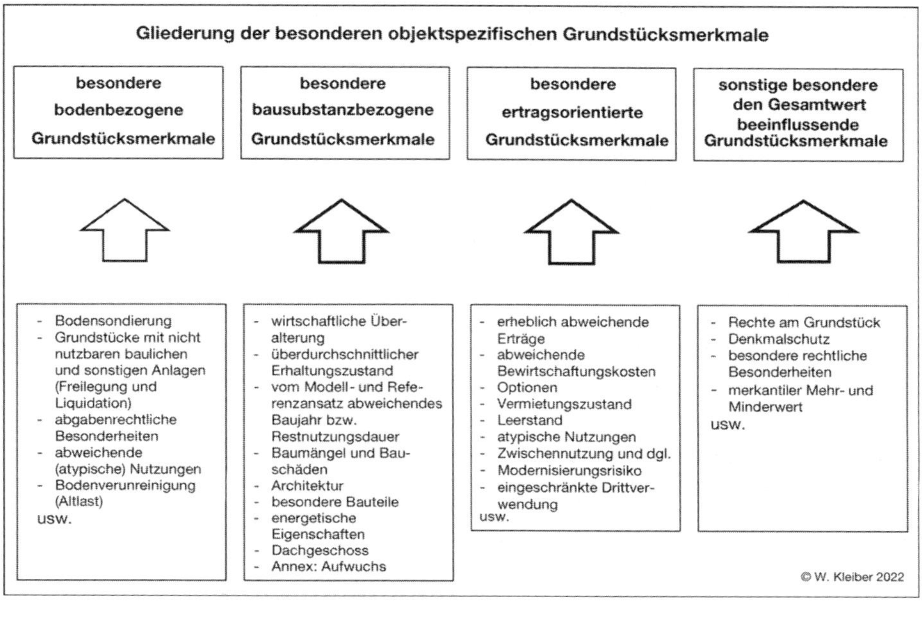

14 Nach § 6 Abs. 2 ImmoWertV sind die besonderen objektspezifischen Grundstücksmerkmale (boG) bei Anwendung der Wertermittlungsverfahren nach dem 3. Teil verfahrensmäßig erst im Anschluss an die Anpassung an die allgemeinen Wertverhältnisse des Wertermittlungsstichtags zu berücksichtigen. Dieser Befehl kann nicht generell gelten, sondern nur insoweit, wie besondere objektspezifische Grundstücksmerkmale nicht bereits im Rahmen der Ermittlung des jeweiligen vorläufigen Verfahrenswerts, z.B. mit dem objektspezifisch angepassten Liegenschaftszinssatz, Vergleichs- bzw. Sachwertfaktor, berücksichtigt worden sind.

15 Die mit § 6 Abs. 2 ImmoWertV vorgegebene Reihenfolge folgt aus dem **Grundsatz der Modell- und Referenzkonformität**. Der vorläufige Verfahrenswert wird auf der Grundlage von Liegenschaftszinssätzen, Vergleichs-, Sachwert-, Erbbaurechts- und Erbbaugrundstücksfaktoren ermittelt, die wieder in aller Regel aus Kaufpreisen von Grundstücken abgeleitet worden sind, die keine ungewöhnlichen Besonderheiten aufweisen und sich auf die durchschnittlichen Eigenschaften der ausgewerteten Kaufpreise der herangezogenen Grundstücke beziehen (Grundstücksmerkmale des „Referenz- bzw. Normgrundstücks"). Demzufolge wird bei konsequenter Beachtung des Grundsatzes der Modell- und Referenzkonformität der vorläufige Vergleichs-, Ertrags- und Sachwert auf der Grundlage der Grundstücksmerkmale abgeleitet, die den Sachwertfaktoren, Liegenschaftszinssätzen bzw. Vergleichsfaktoren bebauter Grundstücke zugrunde liegen. Die besonderen objektspezifischen Grundstücksmerkmale werden auch in diesen Fällen erst nachträglich berücksichtigt, es sei denn, sie können durch entsprechend „angepasste" Liegenschaftszinssätze, Sachwert- bzw. Vergleichswertfaktoren (Immobilienrichtwerte, Wohn- bzw. Nutzflächenwerte) erfasst werden.

16 Weichen also die Merkmale des zu bewertenden Grundstücks erheblich von den Grundstücksmerkmalen ab, die der Ableitung der herangezogenen Bodenrichtwerte, Liegenschaftszinssätze, Vergleichs-, Sachwert-, Erbbaurecht- und Erbbaugrundstücksfaktoren zugrunde lagen, und können diese abweichenden Gegebenheiten nicht im Rahmen der objektspezifischen Anpassung des Bodenrichtwerts, Liegenschaftszinssatzes sowie des Vergleichs- und Sachwertfaktors nach den §§ 26, 33 und 39 ImmoWertV berücksichtigt werden, fallen alle verbleibenden Abweichungen des zu bewertenden Grundstücks als „besondere objektspezifische Grundstücksmerkmale" unter den Regelungsgehalt des § 8 Abs. 3 ImmoWertV.
„Besondere objektspezifische Grundstücksmerkmale" sind bei konsequenter Beachtung des Grundsatzes der Modellkonformität **mithin auch solche Grundstücksmerkmale, die**

a) von den Grundstücksmerkmalen der Referenzgrundstücke *erheblich* abweichen, die den herangezogenen Vergleichspreisen, Bodenrichtwerten, Liegenschaftszinssätzen, Vergleichs-, Sachwert-, Erbbaurechts- und Erbbaugrundstücksfaktoren zugrunde liegen, und

b) auch nicht im Wege der objektspezifischen Anpassung der genannten Daten insbesondere mittels Umrechnungskoeffizienten an die Grundstücksmerkmale des zu bewertenden Grundstücks berücksichtigt werden können (d.h. mit einem insoweit „objektspezifisch angepassten" Bodenrichtwert, Liegenschaftszinssatz, Vergleichs-, Sachwert-, Erbbaurechts- und Erbbaugrundstücksfaktor).

▶ *Zum Begriff der „erheblichen" Abweichung vgl. Vorbem zur ImmoWertV Rn. 140; § 4 ImmoWertV Rn. 17; § 27 ImmoWertV Rn. 10, 24; § 32 ImmoWertV Rn. 13, 185; Syst. Darst. des Ertragswertverfahrens Rn. 60, 103, 199, 215*

1.3.2 Verfahrensabhängige Berücksichtigung der besonderen objektspezifischen Grundstücksmerkmale (§ 8 Abs. 3 Satz 3 ImmoWertV)

17 Werden mehrere Verfahren herangezogen, befiehlt § 8 Abs. 3 Satz 4 ImmoWertV, dass die **besonderen objektspezifischen Grundstücksmerkmale, soweit möglich, in allen Verfahren identisch *„anzusetzen"*** sind. Dem kann aber nur dadurch entsprochen werden, dass die Ermittlung der jeweiligen vorläufigen Verfahrenswerte so gestaltet wird, dass tatsächlich auch nur identische besondere objektspezifischen Grundstücksmerkmale (boG) ergänzend zu berücksichtigen sind. Daraus folgt dann „automatisch", dass die besonderen objektspezifischen

Grundstücksmerkmale (boG) bei den angewandten Wertermittlungsverfahren identisch sein müssen.

Eine Identität der besonderen objektspezifischen Grundstücksmerkmale (boG) bei allen zur Anwendung kommenden Wertermittlungsverfahren setzt zunächst voraus, dass der örtliche Gutachterausschuss für Grundstückswerte die Vergleichsfaktoren bebauter Grundstücke (Wohn- und Nutzflächenwerte), Liegenschaftszinssätze und Sachwertfaktoren auf der Grundlage identischer Referenzgrundstücke abgeleitet hat. **18**

Darüber hinaus sind **die zur Anwendung kommenden Wertermittlungsverfahren im Hinblick auf besondere Grundstücksmerkmale unterschiedlich und teilweise auch so angelegt, dass besondere Grundstücksmerkmale methodisch unterschiedlich berücksichtigt werden können**. **19**

- Bei *Anwendung des Vergleichswertverfahrens* **können sich die herangezogenen Vergleichspreise** auf Grundstücke beziehen, **die die gleichen** besonderen **objektspezifischen Grundstücksmerkmale wie das Wertermittlungsobjekt aufweisen.** In diesem Fall dürfen diese Grundstücksmerkmale nicht noch zusätzlich nach § 8 Abs. 3 ImmoWertV berücksichtigt werden. Es kommt hinzu, dass bei Heranziehung von Vergleichsfaktoren zur Marktwertermittlung *bebauter Grundstücke* die Bausubstanz (und i.d.R. auch die üblichen Außenanlagen) mit den herangezogenen Vergleichsfaktoren (Wohn- und Nutzflächenwerte) nach Art, Größe und Zustand so erfasst werden, wie sie den abgeleiteten Vergleichsfaktoren zugrunde lagen und vom Gutachterausschuss bei der Veröffentlichung dieser Daten zu konkretisieren sind.
- Bei *Anwendung des Ertragswertverfahrens* wird mit dem Gebäudeertragswert in aller Regel das Gebäude in seiner Gesamtheit und im Unterschied zum Sachwertverfahren einschließlich der baulichen und sonstigen Außenanlagen (Aufwuchs) erfasst, denn der nach den §§ 27 Abs. 1, 31 ImmoWertV anzusetzende „marktüblich erzielbare Ertrag" – Ausgangsparameter der Ertragswertermittlung – bezieht sich auf das Grundstück in seiner Gesamtheit. Es kommt hinzu, dass besondere objektspezifische Grundstücksmerkmale, z.B. ein besonderer Erhaltungszustand, ein besonderer energetischer Zustand und sogar Baumängel und Bauschäden (Instandsetzungsrückstau) bereits mit entsprechend geminderten oder erhöhten Erträgen, Bewirtschaftungskosten, einer entsprechend verlängerten oder verkürzten Restnutzungsdauer der baulichen Anlage oder auch mit dem Liegenschaftszinssatz direkt schon im **Rahmen der Ermittlung des vorläufigen Ertragswerts berücksichtigt** werden können. Bei *Anwendung des periodischen Ertragswertverfahrens* nach § 30 ImmoWertV können darüber hinaus erheblich von den marktüblich erzielbaren Erträgen abweichende Erträge (*over- und underrented*) aufgrund wohnungs- und mietrechtlicher Bindungen direkt berücksichtigt werden.
- Bei *Anwendung des Sachwertverfahrens* wird – abweichend von den vorher angeführten Wertermittlungsverfahren – der Gebäudesachwert getrennt von dem Sachwert der baulichen und sonstigen Außenanlagen ermittelt (§ 35 ImmoWertV). Der auf der Grundlage von Normalherstellungskosten ermittelte (vorläufige) Gebäudesachwert umfasst nach § 36 ImmoWertV grundsätzlich das **Gebäude in seiner Gesamtheit sowie in einem ordnungsgemäßen Zustand**. Baumängel und Bauschäden (Instandsetzungsrückstau), eine wirtschaftliche Überalterung sowie ein überdurchschnittlicher Unterhaltungszustand können gleichwohl auch schon bei der Ermittlung des vorläufigen Sachwerts mit der Alterswertminderung auf der Grundlage einer entsprechend verlängerten oder verkürzten Restnutzungsdauer der baulichen Anlage „direkt" berücksichtigt werden. Soweit mit den herangezogenen Normalherstellungskosten einzelne Bauteile (Außentreppen, Kellerlichtschächte usw.), Einrichtungen und besondere Vorrichtungen (besondere Betriebsvorrichtungen) einschließlich besonderer Nutzflächen (z.B. sog. c-Flächen i.S. der DIN 277) nicht erfasst sind, müssen sie ergänzend berücksichtigt werden, soweit dies dem gewöhnlichen Geschäftsverkehr entspricht.

20 Die Ermittlung der jeweiligen vorläufigen Verfahrenswerte ist so zu gestalten, dass tatsächlich auch nur identische besondere objektspezifische Grundstücksmerkmale (boG) ergänzend zu berücksichtigen sind. Dies scheitert bei alledem in der Praxis regelmäßig auch daran, dass die bei Ermittlung der vorläufigen Verfahrenswerte zur Verfügung stehenden Umrechnungskoeffizienten zur Ausrichtung der herangezogenen Liegenschaftszinssätze, Vergleichs-, Sachwert-, Erbbaurecht- und Erbbaugrundstücksfaktoren auf die *„objektspezifischen"* Grundstücksmerkmale des zu bewertenden Grundstücks (noch) nicht deckungsgleich ermittelt werden.

1.4 Werteinfluss allgemeiner und besonderer objektspezifischer Grundstücksmerkmale

▶ *Vgl. Syst. Darst. des Ertragswertverfahrens Rn. 33, 136 ff., 199 ff., 265, 277*

21 Nach der Grundsatzregelung des § 8 Abs. 1 ImmoWertV sind die **besonderen objektspezifischen Grundstücksmerkmale (boG)** wie die allgemeinen Grundstücksmerkmale nur insoweit zu berücksichtigen, wie der Grundstücksmarkt ihnen „einen Werteinfluss beimisst". Besondere objektspezifische Grundstücksmerkmale (boG) sind demzufolge auch **nur in der Höhe zu berücksichtigen, wie sie den Verkehrswert im gewöhnlichen Geschäftsverkehr beeinflussen**.

22 Die damit vorgegebene **marktkonforme Berücksichtigung besonderer objektspezifischer Grundstücksmerkmale** ist geboten, denn die besonderen objektspezifischen Grundstücksmerkmale werden auf den an die Lage auf dem Grundstücksmarkt bereits angepassten „vorläufigen" Vergleichs-, Ertrags- oder Sachwerte „aufgesattelt". Dies bereitet der Praxis allerdings häufig Schwierigkeiten, da für differenzielle Wertanteile systembedingt keine oder allenfalls wenige Vergleichsdaten vorliegen können und auf allgemeine **Erfahrungssätze** zurückgegriffen werden muss. Anhaltspunkte dafür können – unabhängig von dem zur Anwendung kommenden Wertermittlungsverfahren – sein

a) die **Kosten z.B. zur Beseitigung von Baumängeln und Bauschäden bzw. eines Instandsetzungsrückstaus** oder einer nicht zeitgemäßen Beschaffenheit (wirtschaftliche Überalterung) der baulichen Anlage (*sachwertbezogene Vorgehensweise*),

b) die **ertragswirtschaftlichen Auswirkungen** der Behebung einer vom Üblichen abweichenden Beeinträchtigung bzw. eines überdurchschnittlichen Grundstückszustands (*ertragswertorientierte Vorgehensweise*).

23 Zur Berücksichtigung einer **Wertminderung aufgrund von Baumängeln und Bauschäden bzw. eines Instandsetzungsrückstaus** wird nicht ausdrücklich auf die „für die Beseitigung am Ermittlungsstichtag erforderlichen Kosten" (Schadensbeseitigungskosten) hingewiesen[1]. Diese waren schon nach früherem Recht (§ 24 WertV 88/98) lediglich eine „Hilfsgröße", die nur als „Grundlage" heranzuziehen war. Es kommt vielmehr entscheidend darauf an, in welcher Höhe diese im Grundstücksverkehr tatsächlich berücksichtigt werden. Nach der generellen Regelung des § 8 Abs. 1 ImmoWertV ist eine Wertminderung nur insoweit anzusetzen, wie es „dem Grundstücksmarkt" entspricht. Im Ergebnis ergibt sich die Wertminderung aus der Differenz zwischen dem hypothetischen Verkehrswert der Immobilie ohne den Mangel und dem tatsächlichen Wert mit Mangel. Dies entspricht dem Gedanken, der vom BGH[2] zur Ermittlung des Schadens zugrunde gelegt wird, der für nicht behobene Schäden entwickelt wurde.

24 Dieser Gedanke lag bereits der WertV 88/89 zugrunde. Wörtlich heißt es in der Begründung zur WertV 88/89: „Auch bei Anwendung des Sachwertverfahrens sind insbesondere die Herstellungskosten (§ 22 WertV 88), die Wertminderung wegen Alters (§ 23 WertV 88) sowie

1 So noch § 24 WertV 88/98.
2 BGH, Urt. vom 22.02.2018 – VII ZR 46/17 –, NJW 2018, 1463 = EzGuG 20.270.

Baumängeln und Bauschäden (§ 24 WertV 88) unter Berücksichtigung der Lage auf dem Grundstücksmarkt zu ermitteln. Nur so wird vermieden, dass bei Anwendung des Sachwertverfahrens Werte ermittelt werden, die nicht im Entferntesten der Lage auf dem Grundstücksmarkt entsprechen“[3].

Generell ist bei alledem der ertragswertbezogenen Vorgehensweise der Vorzug zu geben, insbesondere wenn die Kosten den Nutzen überschreiten, denn ein Eigentümer würde dann entsprechende Maßnahmen nicht ergreifen. Etwas anderes muss allerdings für unabweisbare (nicht disponible) Schadensbeseitigungskosten gelten, die aufgebracht werden müssen, um den Wert der Immobilie zu erhalten. **25**

1.5 Beleihungswertermittlung (BelWertV)

§ 4 Abs. 3 BelWertV i.V.m. § 16 Abs. 1 BelWertV enthält eine von der Sachwertermittlung nach der ImmoWertV abweichende Regelung für den **Fall eines Instandhaltungsrückstaus sowie von Baumängeln und Bauschäden.** Soweit sie noch nicht in geeigneter Weise in die Ermittlung von Ertrags-, Sach- und Vergleichswert eingeflossen sind, sind sie auf der Grundlage der für ihre Beseitigung am Wertermittlungsstichtag bekannten oder vorsichtig geschätzten Aufwendungen (Kosten) als gesonderter Abschlag vom Beleihungswert zu berücksichtigen. Im Unterschied zur ImmoWertV, nach der Kosten der Beseitigung allenfalls einen in der ImmoWertV nicht (mehr) genannten Anhalt bieten können, werden diese in der BelWertV für die Berücksichtigung eines derartigen „objektspezifischen Grundstücksmerkmals“ expressis verbis als *„Grundlage“* hervorgehoben. Da Kosten nicht mit dem „Werteinfluss“ gleichgesetzt werden können, muss gegebenenfalls unter der Berücksichtigung des Vorsichtsprinzips von den Kosten abgewichen werden. **26**

§ 4 Abs. 3 BelWertV hat folgende Fassung: **27**

„(3) Sind im Rahmen der Wertermittlung ein Instandhaltungsrückstau, Baumängel oder Bauschäden erkennbar, die noch nicht in geeigneter Weise in die Ermittlung von Ertragswert, Sachwert und Vergleichswert eingeflossen sind, so sind die auf der Grundlage der für ihre Beseitigung am Wertermittlungsstichtag bekannten oder vorsichtig geschätzten Aufwendungen als gesonderter Abschlag vom Beleihungswert zu berücksichtigen. Vorgenanntes gilt auch für sonstige bauliche Aufwände, insbesondere für Maßnahmen zur Ertüchtigung des zu bewertenden Objekts bei Nutzungsänderungen.“

Ein Instandhaltungsrückstau, Baumängel oder Bauschäden können „in geeigneter Weise in die Ermittlung von Ertrags-, Sach- und Vergleichswert eingeflossen“ sein, wenn eine entsprechend verminderte Restnutzungsdauer, ein entsprechend geminderter „nachhaltiger“ Ertrag angesetzt wurde oder die herangezogenen Vergleichsgrundstücke einen gleichartigen Instandhaltungsrückstau bzw. gleichartige Baumängel oder Bauschäden aufweisen. **28**

2 Besondere bodenbezogene Grundstücksmerkmale

2.1 Allgemeines

▶ *Vgl. § 21 ImmoWertV Rn. 2 ff.; § 25 ImmoWertV Rn. 14 f.; § 26 ImmoWertV Rn. 21; § 40 ImmoWertV Rn. 2; Syst. Darst. des Sachwertverfahrens Rn. 29 ff., 117 ff., 149 ff., 268 ff.; Syst. Darst. des Ertragswertverfahrens Rn. 127 ff.; zur Modellkonformität vgl. auch Syst. Darst. des Sachwertverfahrens Rn. 19 ff. und Vorbem. zur ImmoWertV Rn. 137*

Der Bodenwert eines bebauten Grundstücks ist nach Grundsatzregelung des § 40 Abs. 1 ImmoWertV mit dem Bodenwert eines unbebauten Grundstücks zu ermitteln. Gleichwohl ist **29**

3 BR-Drs. 352/88, S. 44.

verfahrenstechnisch aus Gründen der Modell- und Referenzkonformität zu unterscheiden zwischen

a) der Bodenwertermittlung unbebauter Grundstücke und

b) der Bodenwertermittlung bebauter Grundstücke.

30 Der **Bodenwert eines unbebauten Grundstücks** wird i.d.R. aus einer ausreichenden Anzahl geeigneter Vergleichspreise bzw. auf der Grundlage eines geeigneten Bodenrichtwerts ermittelt. Dabei werden Abweichungen der Grundstücksmerkmale **des zu bewertenden Grundstücks von denen der herangezogenen Vergleichsgrundstücke** bzw. des herangezogenen Bodenrichtwerts direkt berücksichtigt (§ 25 Satz 2 und § 26 Abs. 2 ImmoWertV). Für eine weitere ergänzende Berücksichtigung nach § 8 ImmoWertV ist dann insoweit kein Raum mehr. Wie die abweichenden Grundstücksmerkmale zu berücksichtigen sind, wird in der Syst. Darst. des Vergleichswertverfahrens unter Rn. 152 ff. sowie bei den §§ 40 ff. ImmoWertV eingehend erläutert.

31 Im Unterschied zum vorstehend angesprochenen Bodenwert eines unbebauten Grundstücks gestaltet sich die **Ermittlung des Bodenwerts eines bebauten Grundstücks** ungleich komplizierter, wenn das im 3. Teil geregelte Vergleichs-, Ertrags- oder Sachwertverfahren unter Heranziehung der vom Gutachterausschuss abgeleiteten Liegenschaftszinssätze, Vergleichs- und Sachwertfaktoren zur Anwendung kommt.

32 **Im Rahmen der Ermittlung des jeweiligen „vorläufigen" Verfahrenswerts müssen** unter dem Grundsatz der Modell- und Referenzkonformität das dem Liegenschaftszinssatz, Vergleichs- und Sachwertfaktor zugrunde liegende Modell, die Modellansätze sowie die Grundstücksmerkmale des jeweiligen Referenzgrundstücks beachtet werden. Dementsprechend sind die bodenbezogenen Grundstücksmerkmale – soweit sie von denen des Referenzgrundstücks erheblich abweichen und der herangezogene Liegenschaftszinssatz, Vergleichs- oder Sachwertfaktor an die abweichenden Grundstücksmerkmale des zu bewertenden Grundstücks nicht mittels geeigneter Umrechnungskoeffizienten *„objektspezifisch angepasst"* werden kann – erst nachträglich im Anschluss an die Ermittlung des vorläufigen marktangepassten Verfahrenswerts als „besondere objektspezifische Grundstücksmerkmale" (boG) zu berücksichtigen.

2.2 Ergänzende Regelungen zu den besonderen bodenbezogenen Grundstücksmerkmalen

2.2.1 Übersicht

▶ *Vgl. Grundsätzliches § 40 ImmoWertV Rn. 2 ff., 185 ff.; zum Abbauland § 3 ImmoWertV Rn. 375 ff.; § 41 ImmoWertV Rn. 1, 12 ff.; Syst. Darst. des Sachwertverfahrens Rn. 265 ff.; Allgemeines zum beitragsrechtlichen Zustand Syst. Darst. des Vergleichswertverfahrens Rn. 318 ff.*

33 Die ImmoWertV enthält für besondere Sachverhalte ergänzende Vorschriften zur Bodenwertermittlung bebauter Grundstücke. Nach diesen Vorschriften ist der Bodenwert aufzuteilen in

a) einen *„vorläufigen* Bodenwert", der bei Anwendung des im 3. Teil geregelten Vergleichs-, Ertrags- oder Sachwertverfahrens jeweils Grundlage des „vorläufigen" Verfahrenswerts ist, und

b) besondere objektspezifische Grundstücksmerkmale.

34 Eine dementsprechende Aufteilung ist insbesondere sachgerecht

- bei atypischer Nutzung eines Grundstücks i.S. des § 40 Abs. 5 Nr. 1 ImmoWertV, wobei als „vorläufiger" Bodenwert vom sog. „nutzungsabhängigen" Bodenwert ausgegangen wird; zu all dem wird auf die Erläuterungen zu § 40 ImmoWertV Rn. 185 ff. hingewiesen,
- bei angezeigter Bodensondierung übergroßer Grundstücke nach § 41 ImmoWertV in eine **nach Art, Lage und Nutzung der Bebauung zuzuordnende „marktübliche Grund-**

stücksfläche" (Umgriffsfläche) und die verbleibende Grundstücksrestfläche; zu all dem wird auf die Erläuterungen zu § 41 ImmoWertV Rn. 12 ff. hingewiesen,

- bei sog. **Liquidationsobjekten, wenn die Freilegung der baulichen Anlage aufgeschoben wird oder langfristig nicht zu erwarten ist** (§ 43 ImmoWertV); bei alsbaldiger oder vorgezogener Liquidation geht es nicht um die Ermittlung des Bodenwerts eines bebauten Grundstücks, sondern praktisch um den Bodenwert des unbebauten Grundstücks; zu all dem wird auf die Erläuterungen zu § 43 ImmoWertV hingewiesen,
- bei **beitragsrechtlichen Besonderheiten** (z.B. Erschließungsbeitrag), wenn dem vom Gutachterausschuss für Grundstückswerte abgeleiteten Liegenschaftszinssatz, Vergleichs- oder Sachwertfaktor ein von dem zu bewertenden Grundstück abweichender beitragsrechtlicher Zustand zugrunde liegt. Bei der Verkehrswertermittlung bebauter Grundstücke unter Heranziehung der vom Gutachterausschuss für Grundstückswerte abgeleiteten Sachwertfaktoren, Liegenschaftszinssätzen sowie Vergleichsfaktoren bebauter Grundstücke muss deshalb im Einzelfall geprüft werden, wie unter Beachtung des Grundsatzes der Modell- und Referenzkonformität der Bodenwert in die Ermittlung des vorläufigen Vergleichs-, Ertrags- oder Sachwerts eingeführt wird.

Beispiel: 35

- Das zu bewertende Grundstück ist erschließungsbeitragspflichtig (ebp).
- Der zur Ermittlung des vorläufigen Sachwerts herangezogene Sachwertfaktor bezieht sich auf erschließungsbeitragsfreie Grundstücke.
- Der ermittelte vorläufige Bodenwert bzw. der vorläufige Sachwert muss nach § 8 Abs. 3 ImmoWertV um den ausstehenden Erschließungsbeitrag gemindert werden, soweit dies dem gewöhnlichen Geschäftsverkehr entspricht.

Soweit **Denkmalschutzauflagen** auch **beim Bodenwert zu berücksichtigen** sind, ist eine Aufteilung nicht angezeigt (vgl. Rn. 377; § 40 ImmoWertV Rn. 5).

2.2.2 Bodenverunreinigungen/Altlasten (§ 8 Abs. 3 Satz 2 Nr. 4 ImmoWertV)

Schrifttum: *Effenberg, P.*, Wertminderung eines Grundstücks aufgrund eines Eintrags im Bodenbelastungskataster, GuG 2013, 37; *Grunewald, V.*, Die umweltfachliche Wertermittlung als Instrument einer marktorientierten Bewertung kontaminierter Grundstücke, GuG 2002, 44; *Grunewald, V.*, Altlasten und Verkehrswertermittlung, GuG 1995, 224; *Nolte, A.*, Der Einfluss von Altlasten auf die Wertermittlung, DS 2002, 135; *Kanngießer, E./Schuhr, W.*, Analyse der Altlastenproblematik in der Grundstückswertermittlung, GuG 1998, 332; *Möller, K.-W.*, Wertbeeinflussung eines Grundstücks durch Grundwasserverunreinigung, GuG 2008, 208; *Morgenstein, M./Messer, N.*, Zur Berücksichtigung von Altlasten im Zwangsversteigerungsverfahren, GuG 2007, 98; *Roller, G.*, GuG 2001, 162 und GuG 2000, 336; *Roller, G.*, Marktorientierte Bewertung kontaminierter Grundstücke - „Umweltfachliche Wertermittlung" als Lösung?, GuG 2002, 226; *Roller, G.*, Grundstückswertminderungen als Schaden i.S. des § 2 Abs. 3 BBodSchG, GuG 2002, 156; *Simon, S.*, Berücksichtigung von Umweltschadstoffen bei der Wertermittlung, GuG 2002, 257.

▶ *Vgl. § 5 ImmoWertV Rn. 296, 356; § 40 ImmoWertV Rn. 5; § 44 ImmoWertV Rn. 109 ff.; Syst. Darst. des Vergleichswertverfahrens Rn. 152, 314; Beispielsfall bei Teil V Rn. 229; zu den Besonderheiten bei der Beleihungswertermittlung vgl. Teil IX Rn. 306*

§ 8 Abs. 3 Satz 3 Nr. 4 ImmoWertV führt als besonderes objektspezifisches Grundstücksmerkmal (boG) ausdrücklich Bodenverunreinigungen auf (vgl. § 5 ImmoWertV Rn. 296), die grundsätzlich in den Bodenwert „eingehen" und bei der Bodenwertermittlung zu berücksichtigen sind. 36
Die namentliche Hervorhebung von Bodenverunreinigungen als „besonderes objektspezifisches Grundstücksmerkmal" (boG) ist darin begründet, dass Liegenschaftszinssätze, Vergleichs- und Sachwertfaktoren in aller Regel auf der Grundlage der Kaufpreise von Vergleichsgrundstücken abgeleitet werden, die keine Bodenverunreinigungen aufweisen. Dementsprechend muss bei Heranziehung entsprechender Daten zur Marktwertermittlung bebauter

Grundstücke der vorläufige Verfahrenswert ohne Berücksichtigung einer etwaigen **Beeinträchtigung des Bodenwerts aufgrund von Bodenverunreinigungen ermittelt werden.**

37 Im Übrigen wird die Berücksichtigung einer Wertminderung infolge des Verdachts oder tatsächlich vorhandener Bodenverunreinigungen bei der Marktwertermittlung gegebenenfalls auch vertraglich ausgeschlossen. Unabhängig davon empfiehlt es sich in jedem Fall, sowohl auf vorhandene Bodenverunreinigungen und gegebenenfalls auf einen entsprechenden Verdacht im Gutachten hinzuweisen.

38 Bei bebauten Grundstücken können sich **bodenbezogene Altlasten auch auf die baulichen Anlagen wertmindernd auswirken** und deren Nutzbarkeit bis hin zu deren Unbenutzbarkeit beeinträchtigen. Soweit dem nicht in sonstiger Weise, z.B. durch eine entsprechend verminderte Restnutzungsdauer, Rechnung getragen worden ist, muss eine Beeinträchtigung der baulichen Anlage ergänzend berücksichtigt werden.

39 Im Einzelfall muss dabei jedoch geprüft werden, ob eine sich nach den Gesamtkosten der Altlastenbeseitigung bemessene Bodenwertminderung ganz oder zumindest teilweise durch den aus der Bodensanierung folgenden

a) Wegfall einer Wertminderung der baulichen Anlage und

b) der Bodenwerterhöhung

aufgefangen wird.

40 Eine ergänzend zu berücksichtigende **merkantile Wertminderung** bestimmt sich nach Art und Umfang der Altlast sowie in Abhängigkeit von der künftigen Nutzung.

2.2.3 Bodenschätze (§ 8 Abs. 3 Satz 2 Nr. 5 ImmoWertV)

▶ *Vgl. Vorbem. zur ImmoWertV Rn. 58, 67; § 3 ImmoWertV Rn. 375 ff., 397; § 5 ImmoWertV Rn. 296, 364; § 40 ImmoWertV Rn.5; Teil IX Rn. 40*

41 Bodenschätze sind insbesondere Kohle, Sand, Kies, Lehm, Ton, Steinbrüche, Torfstiche, Grauwacke, Bims, Basalt. Bodenschätze gehören nach § 905 Abs. 1 BGB grundsätzlich zum Eigentum und mithin auch das Recht zur Gewinnung von Bodenschätzen[4]. Davon ausgenommen sind bergfreie Bodenschätze[5].

42 Bodenschätze können, aber müssen nicht stets als besonderes objektspezifisches Grundstücksmerkmal in die Marktwertermittlung eingehen. So wird der Marktwert von Abbauland in der Wertermittlungspraxis direkt aus geeigneten Vergleichspreisen von Grundstücken gleicher Beschaffenheit oder in Preisrelation zu Vergleichspreisen land- oder forstwirtschaftlicher Flächen ermittelt (vgl. § 3 ImmoWertV Rn. 432 ff.).

2.2.4 Bodenwertbezogene Rechte am Grundstück (§ 8 Abs. 3 Satz 2 Nr. 6 ImmoWertV)

Schrifttum: *Holznagel*, Entschädigung von Wegerechten beim Bau von Energietransportleitungen, DÖR 2010, 847; *Kröll/Hausmann*, Rechte und Belastungen bei der Verkehrswertermittlung, 4. Aufl. 2011, S. 189 ff.; *Schaper, D.*, Belastung durch ein Geh- und Fahrrecht, GuG 2015, 42; *Simon, J.*, Wertermittlung eines Wegerechts, GuG 2004, 228; *Sandner/We-ber,* Lexikon der Immobilienwertermittlung, 2. Aufl. Bundesanzeigerverlag 2007, S. 288

▶ *Vgl. § 1 ImmoWertV Rn. 96; § 2 ImmoWertV Rn. 61 ff.; § 3 ImmoWertV Rn. 229 ff.; § 46 ImmoWertV Rn. 9 ff.; hierzu Teil VIII Rn. 288 ff.; 356.*

43 Bodenbezogene Rechte am Grundstück sind nach dem Grundsatz der Markt- und Referenzkonformität in aller Regel ebenfalls erst nachträglich nach Maßgabe des § 8 ImmoWertV zu

4 BGH, Urt. vom 26.01.1984 – III ZR 216/82 –, BGHZ 90, 17 = EzGuG 6.223.
5 BVerfG, Urt. vom 24.09.1997 – 1 BvR 647/91 –, GuG 1998, 184 = EzGuG 4.169b.

berücksichtigen, weil die nach den Vorschriften der ImmoWertV heranzuziehenden Liegenschaftszinssätze sowie Vergleichs- und Sachwertfaktoren regelmäßig aus Vergleichsobjekten abgeleitet werden, die keine besonderen rechtlichen Belastungen wie z.B. ein Wegerecht aufweisen. Ist z.B. das **Grundstück mit einem Wegerecht belastet**, muss der vorläufige Vergleichs-, Ertrags- bzw. Sachwert zunächst auf der Grundlage des „unbelasteten Bodenwerts" abgeleitet werden. Bei Anwendung des Vergleichs-, Ertrags- und des Sachwertverfahrens unter Heranziehung von Liegenschaftszinssätzen, Vergleichswert- und Sachwertfaktoren bleibt die Belastung des Grundstücks A (vgl. Abb. 4) mit einem Wegerecht zunächst unberücksichtigt, d.h., der **vorläufige Vergleichs-, Ertrags- und Sachwert wird zunächst auf der Grundlage des „vollen" Bodenwerts** ermittelt[6]. Die Wertminderung aufgrund des Wegerechts (hier 15 000 €) wird erst nachträglich nach Maßgabe des § 8 Abs. 3 ImmoWertV berücksichtigt.

Abb. 4: Wegerecht

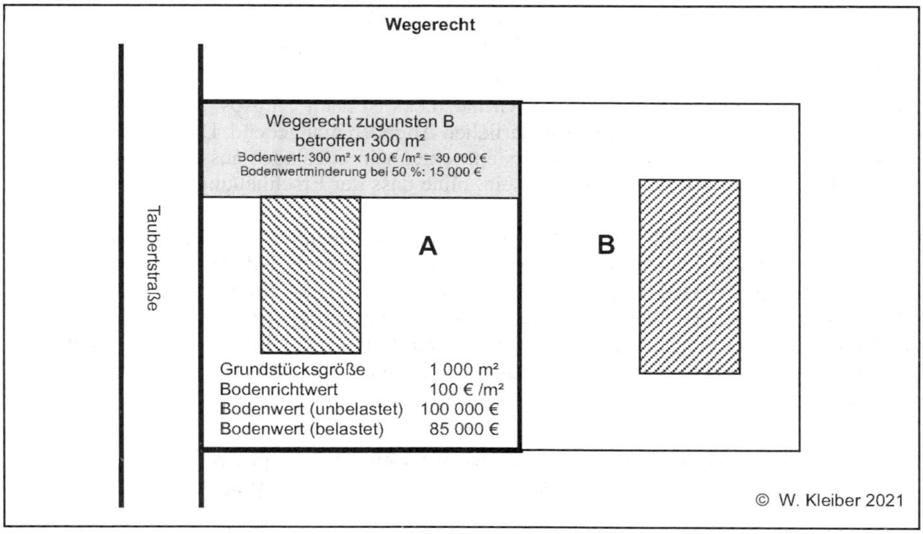

Bei der Verkehrswertermittlung des Grundstücks B (herrschendes Grundstück) muss dagegen 44
das Wegerecht berücksichtigt werden, denn sonst würde das Grundstück keine Baulandqualität aufweisen und der Bodenwert wäre mit der Bebauung nicht kompatibel.

Beispiel (Sachwertverfahren)
Richtig:

Alterswertgeminderte Herstellungskosten	= 500 000 €
Bodenwert	+ 100 000 €
Vorläufiger nicht marktangepasster Sachwert	= 600 000 €
Sachwertfaktor	× 0,7
Vorläufiger marktangepasster Sachwert	= 420 000 €
– Bodenwertminderung (Wegerecht)	= 15 000 €
Sachwert	**= 405 000 €**

6 Der Ermittlung des Bodenwertverzinsungsbetrags wäre dementsprechend der volle Bodenwert zugrunde zu legen.

Falsch:

Alterswertgeminderte Herstellungskosten	= 500 000 €
Bodenwert (wegerechtgemindert)	+ 85 000 €
Vorläufiger nicht marktangepasster Sachwert	= 585 000 €
Sachwertfaktor	× 0,7
Sachwert	**= 409 500 €**

Unterschied = rd. 5 000 €

2.2.5 Beitragsrechtliche Besonderheiten

▶ *Vgl. § 2 ImmoWertV Rn. 21; § 5 ImmoWertV Rn. 108; § 40 ImmoWertV Rn. 4; § 42 ImmoWertV Rn. 40; zur Berücksichtigung von Abgaben und Beiträgen vgl. Syst. Darst. des Vergleichswertverfahrens Rn. 318 ff.; Syst. Darst. des Ertragswertverfahrens Rn. 142 ff., 242; Syst. Darst. des Sachwertverfahrens Rn. 266; Teil VI Rn. 583*

45 Für den beitragsrechtlichen Zustand des Grundstücks ist nach § 2 Abs. 3 Nr. 4 ImmoWertV die Pflicht zur Entrichtung von nicht steuerlichen Abgaben maßgebend. Diese können im Einzelfall zum maßgeblichen Stichtag bereits entrichtet sein oder noch ausstehen. So kann beispielsweise ein Grundstück erschlossen sein, ohne dass der Erschließungsbeitrag entstanden ist.
In der Regel werden die für die Wertermittlung erforderlichen Daten auf der Grundlage von erschließungsbeitragsfreien (ebf) Bodenwerten abgeleitet und sind dementsprechend nach dem Grundsatz der Modell- und Referenzkonformität bei der Ermittlung des vorläufigen Verfahrenswerts anzusetzen. Die ausstehenden Erschließungsbeiträge sind folglich als besondere objektspezifische Grundstücksmerkmale ergänzend zu berücksichtigen, wenn sie nicht z.B. aufgrund besonderer vertraglicher oder anderer rechtlicher Gegebenheiten von Dritten getragen werden.

2.2.6 Freilegungskosten bei (alsbald) anstehender Liquidation der baulichen Anlage (§ 8 Abs. 3 Satz 2 Nr. 3 ImmoWertV)

▶ *§ 40 ImmoWertV Rn. 220; zu Freilegungskosten § 43 ImmoWertV Rn. 41 ff., 47, 113 ff.; Syst. Darst. des Sachwertverfahrens Rn. 266; Syst. Darst. des Ertragswertverfahrens Rn. 61*

46 § 8 Abs. 3 Satz 2 Nr. 3 ImmoWertV regelt zusammen mit § 43 ImmoWertV die Marktwertermittlung bebauter Grundstücke, deren bauliche Anlagen zur Freilegung (Liquidation) anstehen. Dabei ist zu unterscheiden zwischen der mit dieser Vorschrift angesprochenen „alsbaldigen" und einer aufgeschobenen Freilegung i.S. des § 43 ImmoWertV.
Der Wortlaut des § 8 Abs. 3 Nr. 3 ImmoWertV definiert liquidationsbetroffene bauliche Anlagen als *besonderes objektspezifisches Grundstücksmerkmal der baulichen Anlage*. Bewertungstechnisch werden im Widerspruch dazu die daraus resultierenden Folgen in der ImmoWertV jedoch als *besondere objektspezifische Grundstücksmerkmale des Grund und Bodens* geregelt. Dies betrifft sämtliche in 8 Abs. 3 Nr. 3 sowie § 43 ImmoWertV geregelten Liquidationsfälle.
Nach der **Grundsatzregelung des § 40 Abs. 1 ImmoWertV bemisst sich der Bodenwert eines bebauten Grundstücks nach dem Bodenwert eines unbebauten Grundstücks**. Ist die auf dem Grundstück vorhandene bauliche Anlage aufgrund ihres Alters oder ihres Zustands unrentierlich oder steht sie in einem Missverhältnis zu dem Bodenwert, stellt die Bebauung eine sich an den Freilegungskosten orientierende Belastung des Grundstücks dar, die den nach vorstehendem Grundsatz ermittelten Bodenwert mindert. In diesem Fall liegt ein Liquidationsobjekt vor.
Nach dem System der ImmoWertV sind die Freilegungskosten sowohl bei „alsbaldiger" als auch im Falle einer aufgeschobenen Freilegung gleichwohl begrifflich nicht dem *vorläufigen*

„Bodenwert" zuzurechnen, sondern als ein den Bodenwert minderndes „besonderes objektspezifisches Grundstücksmerkmal" (boG) zu behandeln.

3 Besondere bausubstanzbezogene Grundstücksmerkmale

3.1 Allgemeines

▶ *Vgl. § 2 ImmoWertV Rn. 28, 50*

Besondere *bausubstanzbezogene* Grundstücksmerkmale sind subsidiär zu berücksichtigen, soweit sie mit dem vorläufigen Vergleichs-, Ertrags- und Sachwert unter Heranziehung der vom Gutachterausschuss abgeleiteten Liegenschaftszinssätze, Vergleichs- und Sachwertfaktoren (noch) keine Berücksichtigung gefunden haben. Sie können wertneutral, werterhöhend und wertmindernd sein. **47**

Bei paralleler Durchführung mehrerer Wertermittlungsverfahren sollen nach § 8 Abs. 3 Satz 5 ImmoWertV die besonderen objektspezifischen Grundstücksmerkmale, soweit möglich, in allen Verfahren identisch angesetzt werden. Dieser Forderung kann schon deshalb nicht immer nachgekommen werden, weil die für die verschiedenen Wertermittlungsverfahren vorgegebenen Modelle und Modellansätze unterschiedlich ausgelegt sind und sich auf unterschiedlich definierte Referenzgrundstücke beziehen. Infolgedessen müssen bei paralleler Durchführung mehrerer Wertermittlungsverfahren bereits die vorläufigen Verfahrenswerte voneinander abweichen.

3.2 Wirtschaftliche Überalterung und überdurchschnittlicher Erhaltungszustand

3.2.1 Allgemeines

In besonderen Fällen kann im Falle der Marktwertermittlung unter Anwendung des Sachwertverfahrens erforderlich sein, neben der bei der Ermittlung des vorläufigen Sachwerts berücksichtigten Alterswertminderung nach § 38 ImmoWertV eine „wirtschaftliche Überalterung" ergänzend als besonderes objektspezifisches Grundstücksmerkmal wertmindernd zu berücksichtigen. Der Wertminderung wegen wirtschaftlicher Überalterung steht die Werterhöhung wegen eines **überdurchschnittlichen Erhaltungszustands** gegenüber, die umgekehrt als besonderes objektspezifisches Grundstücksmerkmal (boG) werterhöhend berücksichtigt werden kann. **48**

3.2.2 Begriff der wirtschaftlichen Überalterung

3.2.2.1 Allgemeines

▶ *§ 2 ImmoWertV Rn. 50*

Bei der „wirtschaftlichen Überalterung" handelt es sich **um einen Sammelbegriff**. Eine wirtschaftliche Überalterung liegt nach allgemeiner Anschauung insbesondere vor, wenn ein Gebäude den am Wertermittlungsstichtag marktgängigen Anforderungen nicht genügt, insbesondere wenn die **gesunden Wohn- und Arbeitsverhältnisse** beeinträchtigt werden[7]. Dies ist u.a. gegeben bei **49**

a) technischer und funktionaler Überalterung (*functional obsolescence*), d.h. bei einem zeitgemäßen Bedürfnissen nicht mehr entsprechenden und damit i.d.R. auch unwirtschaftli-

7 BR-Drs. 265/72, S. 21 f.

chen *Aufbau* (unzweckmäßige Grundrisse, Geschosshöhen, Raumtiefen, Konstruktion) sowie erheblichen Ausstattungsmängeln,

b) einer nicht mehr den gewandelten Anforderungen entsprechenden Baugestaltung und Funktionserfüllung *(Struktur und Raumaufteilung),*

c) einem Zurückbleiben hinter dem technischen Fortschritt[8],

d) äußeren Einflüssen *(external obsolescence)* und

e) bei Substanz- und Materialverschlechterung *(physical deterioration).*

50 Eine wirtschaftliche Überalterung tritt im **gewerblichen Bereich** vor allem dann ein, wenn Bauweise und Ausstattung einem schnellen Wandel unterworfen sind, Produktionsabläufe beeinträchtigt werden und die bauliche Anlage den geänderten Anforderungen nicht angepasst werden kann. Bei gewerblichen Geschossbauten sind hier unzureichende Ver- und Entsorgungsanlagen, mangelhafte Anfahrmöglichkeiten, überalterte Heizungs- und Lüftungsanlagen, eine unzureichende Belastungsfähigkeit der Decken, fehlende Möglichkeiten bei der Ausstattung mit telekommunikativen Einrichtungen sowie fehlende Fahrstuhlanlagen zu nennen. Auch landwirtschaftliche Betriebsgebäude sind wie andere Gebäude dem Strukturwandel ausgesetzt.

3.2.2.2 Liquidationsbetroffene bauliche Anlagen (§ 8 Abs. 3 Nr. 3 ImmoWertV)

▶ *Vgl. Rn. 133; § 4 ImmoWertV Rn. 87; § 6 ImmoWertV Rn. 132; § 40 ImmoWertV Rn. 230; § 43 ImmoWertV Rn. 1 ff., 41; Syst. Darst. des Sachwertverfahrens Rn. 133; Syst. Darst. des Ertragswertverfahrens Rn. 36, 140*

51 Die wirtschaftliche Überalterung kann erheblich sein und sogar auf eine **Liquidation** hinauslaufen.
Als liquidationsbetroffene bauliche Anlagen (Liquidationsobjekte) werden in § 8 Abs. 3 Nr. 3 ImmoWertV **solche definiert, die „nicht mehr *wirtschaftlich* nutzbar sind“ und „zur alsbaldigen Freilegung anstehen“.** Damit ist nicht ausgeschlossen, dass die bauliche Anlage (zwar unwirtschaftlich) noch nutzbar ist. Umgekehrt müssen aber den Liquidationsobjekten auch die nicht angesprochenen baulichen Anlagen zugerechnet werden, die gar nicht mehr nutzbar sind, wenn sie zur alsbaldigen Freilegung anstehen.
Im Widerspruch zu dieser engen Definition können nach § 43 ImmoWertV auch solche Objekte als Liquidationsobjekte gelten, bei denen gleichwohl erst zu einem späteren Zeitpunkt, und sogar Objekte, bei denen langfristig gar nicht mit einer Freilegung zu rechnen ist (zur Definition vgl. § 43 ImmoWertV Rn. 4).
Die systemische und wesensfremd erscheinende Verortung der den Bodenwert mindernden abbruchträchtigen Bebauung als „besonderes objektspezifisches Grundstücksmerkmal“ (boG) zielt darauf ab, die **Grundsatzregelung des § 40 Abs. 1 ImmoWertV zu wahren, denn nach dieser Vorschrift bestimmt sich der Bodenwert eines bebauten Grundstücks ohne Berücksichtigung der vorhandenen baulichen Anlagen nach dem Bodenwert eines unbebauten Grundstücks.**
Eine abbruchträchtige Bebauung ist nun aber eine kostenträchtige Belastung des Grund und Bodens. Die Freilegungskosten sind ein besonderes objektspezifisches Grundstücksmerkmal (boG), das letztlich der Bodenwertermittlung zuzuordnen ist, denn wo es keinen Gebäudeanteil gibt, können sie auch nicht dem Gebäudewert zugeordnet werden.

3.2.3 Überdurchschnittlicher Erhaltungszustand

▶ *Vgl. § 4 ImmoWertV Rn. 41 ff.*

52 Auch bei dem „überdurchschnittlichen Erhaltungszustand“ handelt es sich um einen Sammelbegriff, mit dem besonders „gepflegte“ Objekten beschrieben werden, wenn die **bauliche An-**

---

8 BFH, Urt. vom 27.03.2001 – I R 42/99 –, BFHE 195, 234 = BStBl II 2001, 477 = EzGuG 20.178c.

lage über den üblichen Instandhaltungszustand hinaus besonders umfassend und sorgfältig instandgehalten wurde. Auch wenn sich ein überdurchschnittlicher Erhaltungszustand nicht immer direkt auf die Ertragsverhältnisse auswirken muss, kann gleichwohl beobachtet werden, dass im gewöhnlichen Geschäftsverkehr für derartige Objekte Preiszugeständnisse gemacht werden, die sich allerdings nicht an den aufgebrachten Kosten orientieren.

Der überdurchschnittliche Erhaltungszustand ist begrifflich **von der Modernisierung abzugrenzen**, die nach § 4 Abs. 3 Satz 3 ImmoWertV unmittelbar durch eine entsprechende Verlängerung der Restnutzungsdauer Eingang in die Marktwertermittlung findet. **53**

Eine ergänzend als besonderes objektspezifisches Grundstücksmerkmal zu berücksichtigender „überdurchschnittlicher Erhaltungszustand" kommt nur in Betracht, wenn dieser nicht bereits mit dem vorläufigen marktangepassten Verfahrenswert hinreichende Berücksichtigung gefunden hat. **54**

3.2.4 Werteinfluss einer wirtschaftlichen Überalterung und eines überdurchschnittlichen Erhaltungszustands

Die besondere Berücksichtigung einer „wirtschaftlichen Überalterung" und eines „überdurchschnittlichen Erhaltungszustands" geht auf die WertV zurück und findet in der ImmoWertV keine Erwähnung mehr. **55**

Nach der hier vertretenen Auffassung handelt es sich sowohl bei der „wirtschaftlichen Überalterung" als auch bei dem „überdurchschnittlichen Erhaltungszustand" in erster Linie um Merkmale, die – sofern sie überhaupt wertbeeinflussend sind und nicht bereits mit den üblichen modellkonformen Wertermittlungsparametern (Restnutzungsdauer, Normalherstellungskosten, Abschreibung, Gebäudestandard, Ertragsverhältnisse usw.) berücksichtigt worden sind – nach den im Einzelfall zu konkretisierenden Ursachen einer „wirtschaftlichen Überalterung" bzw. eines „überdurchschnittlichen Erhaltungszustands" zu berücksichtigen sind; die Ursachen und die daraus resultierende Wertminderung bzw. Werterhöhung werden nachfolgend behandelt. **56**

Ein bloßer Hinweis auf eine „wirtschaftlichen Überalterung" oder einen „überdurchschnittlichen Erhaltungszustand" verbunden mit einem „mit Sachkunde und Erfahrung" geschätzten Zu- und Abschlag ist zu vermeiden. **57**

3.3 Besondere objektspezifische Grundrissverhältnisse

Die **Raumaufteilung (Grundrisslösung)** beurteilt sich nach der wirtschaftlichen Gestaltung des Grundrisses, wobei i.d.R. eine verschachtelte und verwinkelte Raumaufteilung zu Wertminderungen führt. Bei gewerblichen Objekten ist die Raumaufteilung u.a. nach ihrer Eignung für die Betriebsführung bzw. den Produktionsprozess zu beurteilen. Dies können z.B. gefangene Zimmer sein, d.h. Räume, die nicht über den Wohnungsflur, sondern lediglich durch ein anderes Zimmer zu erreichen sind, oder lange und dunkle Flure und dgl. sein. Die Wertminderung lässt sich wiederum über die kapitalisierte Ertragsdifferenz ermitteln. **58**

Beispiel: **59**
Sachverhalt: Es soll der Verkehrswert (Marktwert) eines Einfamilienhauses unter Anwendung des Sachwertverfahrens ermittelt werden. Die vom örtlichen Gutachterausschuss für Grundstückswerte abgeleiteten Sachwertfaktoren wurden auf der Grundlage üblicher normalgeschnittener Grundrisse abgeleitet.

Lösung: Es wurde zunächst der vorläufige Sachwert auf der Grundlage der üblichen Grundrisslösungen ohne Berücksichtigung der Marktanpassung und der besonderen objektspezifischen Grundstücksmerkmale ermittelt mit	300 000 €.
Hieraus wurde mit Hilfe des Sachwertfaktors des Gutachterausschusses (0,7) als marktangepasster vorläufiger Sachwert (ohne besondere objektspezifische Grundstücksmerkmale) ermittelt:	**210 000 €.**

Als besonderes objektspezifisches Grundstücksmerkmal ist ergänzend zu berücksichtigen, dass drei Zimmer mit insgesamt 62 m² des Objekts gefangene Zimmer sind. Der Mietspiegel von Freiburg weist für gefangene Zimmer einen Abschlag von 7 % der sonst marktüblich erzielbaren Nettokaltmiete (ortsübliche Vergleichsmiete) auf.

– marktüblich erzielbaren Nettokaltmiete	8,00 €/m²
– geminderte Miete: 8,00 €/m² x 0,07 =	7,44 €/m²
– Differenz pro Quadratmeter Wohnfläche	0,56 €/m²
– Liegenschaftszinssatz	3 %
– Restnutzungsdauer	30 Jahre
Aus der kapitalisierten Ertragsdifferenz ergibt sich eine Wertminderung von:	
0,56 €/m² x 60 m² x 12 Monate x 19,60 =	–rd. 8 000 €
Sachwert (Marktwert)	rd. 200 000 €

3.4 Besondere objektspezifische Geschosshöhe

Schrifttum: *Gripp. P.*, Anpassungsfaktoren für NHK-Gebäudetypen mit Kostenangaben pro m³ Brutto-Rauminhalt, GuG 2007, 48.

▶ *Vgl. zum Dachgeschoss Rn. 213, 221 ff.; zu Aufenthaltsräumen § 5 ImmoWertV Rn. 51 ff.; Syst. Darst. des Sachwertverfahrens Rn. 117 ff., 124, 137*

60 Überhohe Geschosshöhen können sich auf den Verkehrswert werterhöhend und wertmindernd auswirken. In einem **Gewerbebetrieb,** der in baulichen Anlagen **mit überhohen Geschosshöhen** eingerichtet ist, wirken sich diese i.d.R. wertmindernd aus, wenn sie wirtschaftlich nicht genutzt werden können und sich die Betriebskosten (z.B. durch erhöhte Heizkosten) erhöhen. Das Gleiche kann zwar grundsätzlich auch für **Wohngebäude** gelten, jedoch können hier überhohe Geschosshöhen auch den Wohnwert erhöhen. Dies gilt z.B. für alte Gründerzeithäuser mit hohem Ambiente.

Abb. 5: Mittlere Geschosshöhe nach Vogels bei Wohngebäuden

Mittlere Geschosshöhe nach Vogels bei Wohngebäuden		
	Geschosshöhe	
Baujahr	**Kellergeschoss**	**Wohngeschoss**
um 1900	2,80 m	3,50 m
um 1930	2,50 m	3,00 m
um 1950	2,50 m	2,75 m

Quelle: Vogels, Grundstücks- und Gebäudebewertung a.a.O., S. 23

Für das ausgebaute sowie für das **nicht ausgebaute Dachgeschoss** müssen in Abhängigkeit von der Dachneigung der Haustiefe und der Drempelhöhe zusätzlich mittlere Geschosshöhen angesetzt werden.

Beispiel:

Wohnhaus aus dem Jahre 1955 mit Flachdach:	unterkellert	
Bebaute Fläche (Außenmaße): 20 m × 15 m=	300 m²	
Anzahl der Vollgeschosse:	III	
Umbauter Raum: (300 m² × 3 × 2,75 m²) + (300 m² × 250 m²) =	3.225 m³	(überschlägig)

Bei ***Anwendung des Ertragswertverfahrens*** kann einer überhohen Geschosshöhe schon bei der Ermittlung des vorläufigen Ertragswerts insbesondere durch den Ansatz einschlägiger marktüblich erzielbarer Erträge, marktüblich anfallender Bewirtschaftungskosten und einer Modifikation des Liegenschaftszinssatzes Rechnung getragen werden. Soweit es um die Berücksichtigung von Abweichungen des Bewertungsobjekts gegenüber den als Modellansatz angesetzten Geschosshöhen geht, kann die Wertminderung oder Werterhöhung durch den Barwert der differenziellen Reinerträge ermittelt werden. **61**

Bei ***Anwendung des Sachwertverfahrens*** ist die Berücksichtigung überhoher Geschosshöhen wertermittlungstechnisch von der Bezugsgrundlage der Normalherstellungskosten abhängig. Ob die Abweichung der mittleren Geschosshöhe des zu bewertenden Gebäudes von der mittleren Geschosshöhe der zugrunde gelegten Normalherstellungskosten i.V.m. dem Sachwertfaktor zu einer Werterhöhung bzw. Wertminderung führt, hängt nach den vorstehenden Ausführungen von den Gegebenheiten des Einzelfalls ab. Lediglich in Bezug auf das **Dachgeschoss (mit Satteldach)** führen überdurchschnittlich hohe Geschosshöhen in aller Regel zu Werterhöhungen, da sich damit die Nutzbarkeit erhöht bzw. erhöhen lässt. **62**

– Bei **Heranziehung von flächenbezogenen Normalherstellungskosten** gehen überhohe Geschosshöhen nicht in die Gebäudesachwertermittlung ein und brauchen nicht wertmindernd berücksichtigt zu werden. Stellen überhohe Geschosshöhen wie in dem vorstehend genannten Fall einen werterhöhenden Umstand dar, müssen sie jedoch zusätzlich berücksichtigt werden.

– Im Falle der **Heranziehung von volumenbezogenen Normalherstellungskosten,** die jedoch unüblich sind, würden überhohe Geschosshöhen indessen „über den Raum" in die Gebäudesachwertermittlung eingehen. Wären in diesem Fall überhohe Geschosshöhen als wertmindernder Umstand anzusehen, so müsste diesem Umstand Rechnung getragen werden, wenn dies nicht bereits nach § 36 ImmoWertV berücksichtigt wurde, indem beispielsweise der Rauminhalt **fiktiv so ermittelt** wurde, **wie er sich bei normalen Geschosshöhen ergeben würde**.

Zur **Ermittlung der Wertminderung bzw. Werterhöhung einer erheblich von der üblichen Geschosshöhe abweichenden Geschosshöhe** des Bewertungsobjekts kann es sich empfehlen, die mittlere Geschosshöhe des zu bewertenden Gebäudes zu ermitteln und in Relation zu der mittleren Geschosshöhe zu setzen, die den herangezogenen Normalherstellungskosten i.V.m. dem Sachwertfaktor zugrunde liegt[9]. Abweichungen der Geschosshöhe der zu bewertenden Liegenschaft von der durchschnittlichen Geschosshöhe, die dem **Sachwertfaktor** zugrunde liegt, müssen ggf. ergänzend berücksichtigt werden. **63**

---

9 Im Unterschied zu den NHK 2000 werden in den NHK 2010 allerdings keine den angegebenen Kostenkennwerten zurechenbaren mittleren Geschosshöhen mehr angegeben. Hinweise darauf können allenfalls den Vorentwürfen zu den NHK 2010 (vgl. GuG 2012, 20) entnommen werden.

3.5 Besondere objektspezifische Struktur und Raumaufteilung

Schrifttum: *Hartermann/Finke,* Vergleich von Immobilien mit Hilfe von Gebäude-Kennzahlen, ZfV 2001, 322.

▶ *Zur Flächeneffizienz im Bürobereich vgl. Teil V Rn. 149, zur Flächenproduktivität Rn. 267; zum Achsmaß von Hotels vgl. Rn. 329*

64 Als Kriterium der **Wirtschaftlichkeit der Struktur und Raumaufteilung** kann insbesondere gelten

– das **Ausbauverhältnis**; es definiert sich als

$$\text{Ausbauverhältnis[m]} = \frac{\text{Brutto-Rauminhalt [m}^3\text{] bzw. Umbauter Raum}}{\text{Wohn- bzw. Nutzfläche [m}^3\text{]}}$$

Das Ausbauverhältnis ist eine Kennzahl, mit der **unwirtschaftlichen Geschosshöhen** und einem unwirtschaftlich hohen Anteil an Funktions- und Verkehrsflächen Rechnung getragen werden kann. Unwirtschaftliche Geschosshöhen finden bei Anwendung flächenbezogener Normalherstellungskosten ohnehin keinen Eingang in die Gebäudesachwertermittlung. Einem **unwirtschaftlich hohen Anteil an Funktions- und Verkehrsflächen** muss dagegen weiterhin Rechnung getragen werden. Darüber hinaus ist aber noch wertmäßig einem ungünstigen Verhältnis zwischen Haupt- und Nebennutzflächen Rechnung zu tragen. Bei alledem ist solchen wertmindernden Umständen im Rahmen des § 8 Abs. 3 ImmoWertV (wirtschaftliche Wertminderung) Rechnung zu tragen.

Bei voll unterkellerten Mehrfamilienhäusern hat sich das Ausbauverhältnis von rd. 6,0 im Jahre 1900 (ungünstig) auf etwa 4,2 im Jahre 1995 (günstig) reduziert.

– der **Nutzflächenfaktor**; er definiert sich als Verhältnis der Brutto-Grundfläche zur Nettogrundfläche bzw. der Hauptnutzfläche zur Nebennutzfläche:

$$\text{Nutzflächenfaktor (NFF)}_{[\%]} = \frac{\text{Brutto-Grundfläche (BGF)}}{\text{Wohn- bzw. Nutzfläche (WF bzw. NF)}}$$

Je kleiner der Nutzflächenfaktor ausfällt, desto wirtschaftlicher ist die räumliche Baugestaltung, jedoch kann die Akzeptanz umso eher kippen.

Der Nutzflächenfaktor hat sich mit der Zeit sowohl für Wohngebäude als auch für gewerblich-geschäftliche Gebäude von etwa 1,40 (um die Jahrhundertwende) bis auf etwa 1,25 im Jahre 1990 vermindert und hat sich seither wieder leicht erhöht. Mitunter wird als Nutzflächenfaktor auch der Reziprokwert der vorstehenden Verhältniszahl definiert, d.h. als Verhältnis der Wohnfläche zur Brutto-Grundfläche, und es ergeben sich NFF < 1,0 (Abb. 6).

Abb. 6: Nutzflächenfaktoren

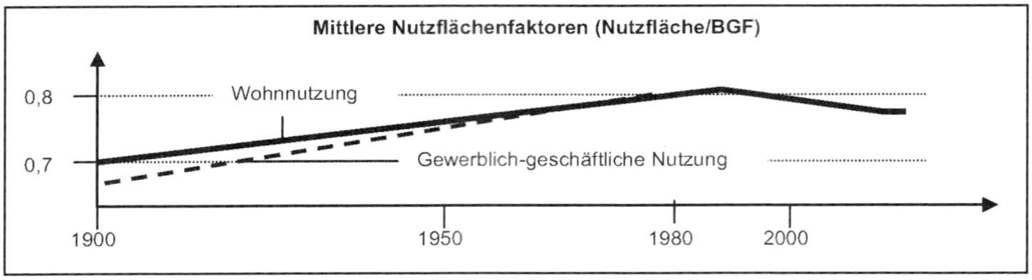

In den Tabellenwerken **der Normalherstellungskosten 2010 (NHK 2010) werden zu den ausgewiesenen Kostenkennwerten keine durchschnittlichen Nutzflächenfaktoren** angegeben. Die in dem Vorentwurf zu den NHK 2010[10] angegebenen Nutzflächenfaktoren haben sich wie die dort zunächst angegebenen mittleren Geschosshöhen als unzuverlässig erwiesen und ließen allenfalls Unstimmigkeiten des Tafelwerks erkennen; sie werden deshalb in der aktuellen Fassung des Tafelwerks nicht angegeben.

- das **Verhältnis der Hauptnutzfläche (HNF) zur**
  – Brutto-Grundfläche (BGF) bzw.
  – Nutzfläche (NF)
  Je größer das Verhältnis (in %) ausfällt, desto wirtschaftlicher ist die räumliche Baugestaltung.
- der **Mietflächenfaktor**; er ergibt sich aus dem Verhältnis der Netto-Grundfläche zur Brutto-Grundfläche:

$$\text{Mietflächenfaktor} = \frac{\Sigma \text{ Netto-Grundfläche (NGF)}}{\Sigma \text{ Brutto-Grundfläche (BGF)}} \times 100$$

Je niedriger der Prozentsatz ausfällt, umso höher ist der Anteil nicht vermietbarer Flächen.

- das **Achsmaß**.
  Für die Flächeneffizienz ist das **Achsmaß (Achsabstandsmaß,** im Bürobereich i.d.R. zwischen 1,25 bis 1,50 m) von Bedeutung. Ein Achsmaß von 1,315 m bietet bei einer Raumtiefe von 5,20 bis 5,70 m individuelle Gestaltungsmöglichkeiten. Bei einer Flurbreite von 1,50 m und den angegebenen Raumtiefen wird eine Gebäudetiefe von mehr als 13 m problematisch. Im Hinblick auf andere Büroformen (Kombibüros, *Business*-Büros) bieten größere Raumtiefen allerdings eine größere Gestaltungsmöglichkeit (Abb. 7).

Abb. 7: Effiziente Achsmaße

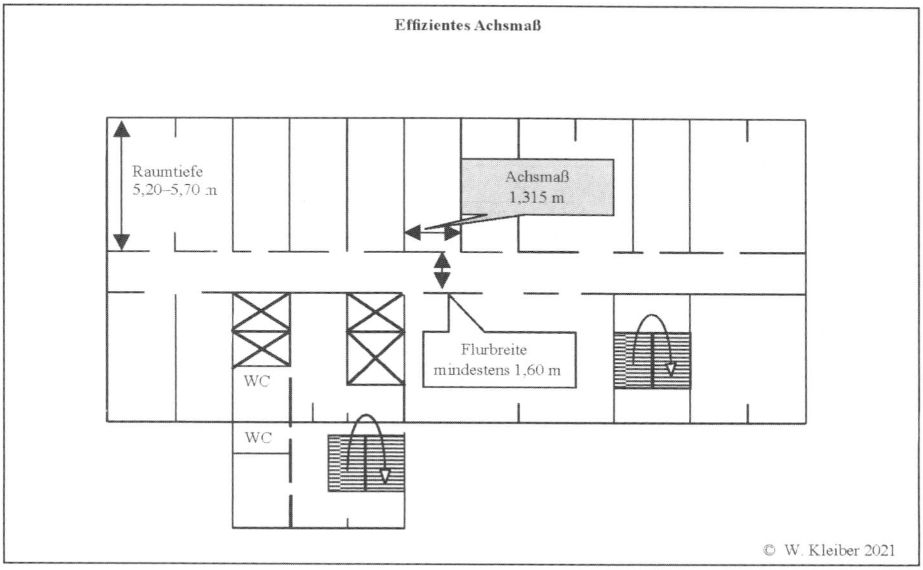

10 Vgl. GuG 2012, 20.

65 Unter dem **Abstandsmaß** (vulgo: **Achsmaß**) wird das Maß verstanden, mit dem der Grundriss eines Bauwerks in einem aus rechtwinklig zueinander angeordneten Ebenen bestehenden Koordinatensystem mit rechtwinkligen Achsabständen unterteilt wird (Rastermaß)[11]. Messlinie für diese Achsen ist die statische Systemachse der Konstruktion[12]. Die Achsabstände sind Teilmaße des Grundrisses, die Stützen, Träger, Wandmitten usw. bestimmen. Bei Industriebauten gilt für die Achsabstände z.B. ein Grundmaß von 2,5 m (Abb. 9).

$$\text{Achsmaß} = \frac{\text{Gebäudebreite bzw. -tiefe in m}}{\text{Anzahl der (Ausbau-)Achsen an der Gebäudebreite bzw. -tiefe}}$$

Abb. 8: Raumgrößen und Achsmaß

Raumgrößen und Achsmaß								
			Raumtiefe					
	Ohne Heizung		**5,4**	**–**	**5,6**	**–**	**5,8**	**–**
	Mit Heizung		**–**	**4,9**	**–**	**5,1**	**–**	**5,3**
Achs-abstand	**2-Achser inklusive Trennwand**	**exklusive Trenn-wand**	**Resultierende nutzbare Raumgrößen in m²**					
1,20	2,4	–	13,0	11,8	13,4	12,2	13,9	12,7
		2,3	12,4	11,3	12,9	11,7	13,3	12,2
1,25	2,5	–	13,51	12,3	14,0	12,8	14,5	13,3
		2,4	3,0	11,8	13,4	12,2	13,9	12,7
1,30	2,6	–	14,01	12,7	14,6	13,3	15,1	13,8
		2,5	3,5	12,3	14,0	12,8	14,5	13,3
1,35	2,7	–	14,6	13,2	15,1	13,8	15,7	14,3
		2,6	14,0	12,7	14,6	13,3	15,1	13,8
1,40	2,8	–	15,1	13,7	15,7	14,3	16,2	14,8
		2,7	14,6	13,2	15,1	13,8	15,7	14,3
1,45	2,9	–	15,7	14,2	16,2	14,8	16,8	15,4
		2,8	15,1	13,7	15,7	14,3	16,2	14,8
1,50	3,0	–	16,2	14,7	16,8	15,3	17,4	15,9
		2,9	15,7	14,2	16,2	14,8	16,8	15,4

Quelle: Müller Consulting GmbH

11 Vgl. DIN 18000 Modulordnung im Bauwesen.
12 Neufert, Bauentwurfslehre, 41. Aufl. 2015.

Abb. 9: Achsabstandsmaß

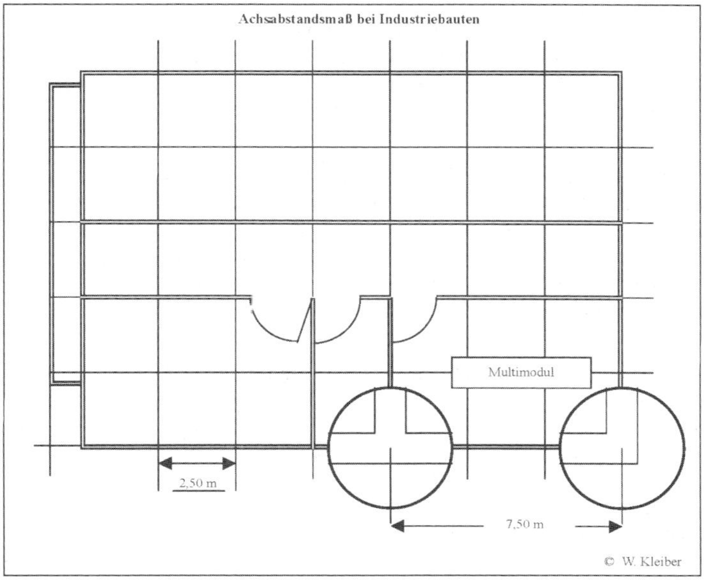

3.6 Besondere vom Modellansatz abweichende Gesamt- und Restnutzungsdauer

► *Vgl. Rn. 8, 16; § 4 ImmoWertV Rn. 1 ff., 15; § 21 ImmoWertV Rn. 122; 161 ff.; § 32 ImmoWertV Rn. 148 ff.; § 33 ImmoWertV Rn. 40; § 38 ImmoWertV Rn. 8 ff; § 39 ImmoWertV Rn. 3; Syst. Darst. des Sachwertverfahrens Rn. 194; zum Junktim zwischen den Modellansätzen der Bewirtschaftungskosten (Instandhaltung) und einer nach der Restnutzungsdauer differenzierenden Ableitung des Liegenschaftszinssatzes vgl. § 32 ImmoWertV Rn. 151 ff.; zu den Umrechnungskoeffizienten für Liegenschaftszinssätze vgl. Hinweise bei § 21 ImmoWertV Rn. 49 ff.; zu den Umrechnungskoeffizienten für Vergleichsfaktoren bebauter Grundstücke vgl. Syst. Darst. des Vergleichswertverfahrens Rn. 144 ff.; zu den Umrechnungskoeffizienten für Sachwertfaktoren vgl. § 21 ImmoWertV Rn. 148 f.*

Mit Anl. 1 zu § 4 Abs. 2 ImmoWertV werden den Gutachterausschüssen für Grundstückswerte bundesweit verbindliche Modellansätze der üblichen Gesamtnutzungsdauer – differenziert nach der Art der baulichen Anlage – vorgegeben. Die vorgegebene Gesamtnutzungsdauer und die sich nach Abzug des Alters der baulichen Anlage daraus ergebende Restnutzungsdauer sind von den Gutachterausschüssen für Grundstückswerte **als Modellansatz der Ableitung von Liegenschaftszinssätzen, Vergleichs- und Sachwertfaktoren zugrunde** zu legen. Bei der Ermittlung **des vorläufigen Verfahrenswerts** unter Heranziehung dieser Daten ist unter dem Regime der Modell- und Referenzkonformität von diesen Modellansätzen auszugehen. 66

Weicht die Gesamt- bzw. Restnutzungsdauer der zu bewertenden Liegenschaft von den vorgegebenen Modellansätzen ab, stellt sich die Frage, ob die Abweichungen „erheblich" sind, denn „erhebliche" **Abweichungen sind nach § 8 Abs. 3 ImmoWertV als besonderes objektspezifisches Grundstücksmerkmal** nachträglich zu berücksichtigen (zum Begriff der Erheblichkeit vgl. Vorbem. zur ImmoWertV Rn. 140). Die sich aus dem vorgegebenen Modellansatz der Gesamtnutzungsdauer ergebende Restnutzungsdauer ist dann – im Unterschied zur objektspezifischen Restnutzungsdauer – lediglich die *„vorläufige"* Restnutzungsdauer. 67

Ansonsten können die Abweichungen bereits bei der Ermittlung des *vorläufigen* Verfahrenswerts durch eine **objektspezifische Anpassung des Liegenschaftszinssatzes, Vergleichs- und Sachwertfaktors** nach Maßgabe der §§ 26, 33 und 39 ImmoWertV berücksichtigt werden. Diese Möglichkeit eröffnet sich vor allem dann, wenn vom Gutachterausschuss für 68

Grundstückswerte die Liegenschaftszinssätze sowie die Vergleichs- und Sachwertfaktoren in Abhängigkeit von der Restnutzungsdauer abgeleitet werden. Auf dieser Grundlage lässt sich bereits der vorläufige Verfahrenswert auf der Grundlage der objektspezifischen Restnutzungsdauer ermitteln, was deshalb grundsätzlich von den Gutachterausschüssen zu fordern ist (vgl. zur Begründung § 21 ImmoWertV Rn. 101; § 32 ImmoWertV Rn. 152). Die geltende ImmoWertV stellt insoweit einen deutlichen Rückschritt gegenüber der ImmoWertV von 2010 dar, in der dies ausdrücklich gefordert wurde (vgl. § 14 Abs. 3 Satz 2 ImmoWertV 2010).

69 Soweit im Falle von **Abweichungen der objektspezifischen Gesamt- und Restnutzungsdauer i.S. des § 4 Abs. 2 und 3 ImmoWertV von den Modellansätzen** im Rahmen der Ermittlung des objektspezifisch angepassten Liegenschaftszinssatzes und Sachwertfaktors die Anpassung mangels geeigneter Umrechnungskoeffizienten und auch sonst in sachgerechter Weise nicht möglich ist, müssen die Abweichungen als „besonderes objektspezifischer Grundstücksmerkmal" (boG) nachträglich berücksichtigt werden.

70 *Beispiel:*
Sachverhalt: Es soll der Verkehrswert (Marktwert) eines Einfamilienhauses unter Anwendung des Sachwertverfahrens ermittelt werden. Die vom örtlichen Gutachterausschuss für Grundstückswerte abgeleiteten Sachwertfaktoren wurden auf der Grundlage der als Modellgröße angesetzten üblichen Gesamtnutzungsdauer (Nutzungsdauer) von 100 Jahren abgeleitet[13].
Lösung: Es wurde zunächst der vorläufige Sachwert wiederum auf der Grundlage der als Modellgröße angesetzten (üblichen) Gesamtnutzungsdauer von 100 Jahren ohne Berücksichtigung der Marktanpassung und der besonderen objektspezifischen Grundstücksmerkmale ermittelt.

Normalherstellungskosten am Wertermittlungsstichtag		400 000 €
Modellansatz einer üblichen Gesamtnutzungsdauer (Nutzungsdauer) bei der Ableitung der Sachwertfaktoren	100 Jahre	
Restnutzungsdauer am Wertermittlungsstichtag	50 Jahre	
Alterswertminderungsfaktor: 50/100	0,5	
Alterswertgeminderte Normalherstellungskosten: 400 000 € × 0,5 =		200 000 €
+ Bodenwert		100 000 €
Vorläufiger nicht marktangepasster Sachwert		300 000 €
Sachwertfaktor des Gutachterausschusses bei einem vorläufigen Sachwert von 300 000 €:	0,7	
Marktangepasster vorläufiger Sachwert (ohne besondere objektspezifische Grundstücksmerkmale)		**210 000 €**

Zu berücksichtigen ist eine wirtschaftliche Überalterung, denn das Objekt weist eine unwirtschaftliche Bauweise, eine unwirtschaftliche Grundrissgestaltung mit gefangenen Zimmern, erhebliche Niveauunterschiede, überalterte sanitäre Einrichtungen und unzureichende Treppen auf. Die wirtschaftliche Überalterung führt zu einer reduzierten Gesamtnutzungsdauer von 80 Jahren und einer entsprechend reduzierten Restnutzungsdauer von 30 Jahren.

Normalherstellungskosten am Wertermittlungsstichtag	400 000 €
Übliche Gesamtnutzungsdauer (Nutzungsdauer)	80 Jahre
Restnutzungsdauer am Wertermittlungsstichtag	30 Jahre
Alterswertminderungsfaktor: 30/80	0,375

13 Die 100-jährige Gesamtnutzungsdauer, die es nach der ImmoWertV nicht mehr geben soll, wurde hier nur zur Demonstration der Erläuterungen gewählt.

Alterswertgeminderte Normalherstellungskosten: 400 000 € × 0,375 =	150 000 €	
Alterswertgeminderte Normalherstellungskosten bei GND von 100 Jahren (vgl. oben) =	200 000 €	
Wertminderung wegen wirtschaftlicher Überalterung	–50 000 €	
Diese ist nach § 8 Abs. 3 ImmoWertV nur insoweit zu berücksichtigen, wie dies dem gewöhnlichen Geschäftsverkehr entspricht.		
Bei „voller" Berücksichtigung:		– 50 000 €
Sachwert (Marktwert) = 210 000 € – 50 000 €		**160 000 €**

Als Formel:

$$\text{Wirtschaftliche Überalterung} = \left(\frac{RND_{\text{tatsächliche}}}{GND_{\text{übliche}}} - \frac{RND_{\text{vorläufige}}}{GND_{\text{Modellansatz}}}\right) \times \text{Herstellungskosten}$$

Im Beispiel:

$$\text{Wirtschaftliche Überalterung} = \left(\frac{30}{80} - \frac{50}{100}\right) \times \text{Herstellungskosten} = -0{,}125 \times 400\,000\ € - 50.000\ €$$

Die Formel kann bei Abweichungen zwischen der vom Gutachterausschuss bei der Ableitung des Sachwertfaktors als Modellansatz gewählten „üblichen Gesamtnutzungsdauer" und der tatsächlichen Gesamtnutzungsdauer der im Einzelfall zu bewertenden Liegenschaft zur Anwendung kommen. Problematisch bleibt die Höhe des so berechneten *Abschlags wegen wirtschaftlicher Überalterung*, denn er ist nach § 8 Abs. 3 ImmoWertV nur insoweit zu berücksichtigen, wie dies dem gewöhnlichen Geschäftsverkehr entspricht, d.h., er ist **ggf. einer Marktanpassung zu unterwerfen**, wobei diese nicht der des Sachwertfaktors entsprechen muss.

Entsprechend diesem Beispiel kann auch bei **Anwendung des Ertragswertverfahrens** vorgegangen werden, wobei im Falle einer „wirtschaftlichen Überalterung" eine Erhöhung der sonst marktüblichen Bewirtschaftungskosten sowie ein „Risikozuschlag" zum sonst üblichen Liegenschaftszinssatz in Betracht zu ziehen ist. **71**

3.7 Besondere objektspezifische architektonische Gestaltung

Als werterhöhender bzw. wertmindernder Umstand kommt auch eine besondere architektonische Gestaltung der baulichen Anlage in Betracht, die sich nicht bereits im Reinertrag niedergeschlagen hat. Entsprechende Zu- und Abschläge dürfen jedoch nur insoweit angebracht werden, wie im gewöhnlichen Geschäftsverkehr derartige Umstände werterhöhend bzw. wertmindernd „angenommen" werden. Nicht jede als besonders künstlerisch geltende architektonische Gestaltung findet im gewöhnlichen Geschäftsverkehr entsprechende Resonanz und kann dort sogar auf Ablehnung stoßen. Soweit die architektonische Gestaltung nicht werterhöhend ist, könnte allenfalls ein nach § 194 BauGB nicht zu berücksichtigender Affektionswert angenommen werden. **72**

3.8 Baumängel und Bauschäden bzw. Instandhaltungsrückstau

3.8.1 Baumangel und Bauschaden

Schrifttum: *Auerhammer, H. E.*, Verfahren zur Bestimmung von Wertminderungen bei Baumängeln und Bauschäden, BauR 1978, 356; *Bachmann, S.*, Wertminderung einer mit Fogging belasteten Liegenschaft, GuG 2008, 346; *Lang, G.*, Modell zur Ermittlung des Modernisierungs- und Instandhaltungsanstaus, GuG 2013, 220; *Oswald, R.*, Ausmaß und Schwerpunkte der Bauschäden an den Fertigteilwohnungsbauten der neuen Bundesländer, DAB 1993, 1511; *Reichelt, J./Lutz, A.*, Keine Schadensbemessung anhand fiktiver Mängelbeseitigungskosten im Werkvertragsrecht, GuG 2019, 37; *Schaper, D.*, Berücksichtigung von Instandhaltungsstau im Vergleichswertverfahren, GuG 2014, 96; *Schaper, D./Jardin, A.*, Baumängel versus Bauschäden, GuG 2018, 235 sowie GuG 2019, 93; *Unglaube, D.*, Baumängel und Bauschäden in der Wertermittlung, Reguvis 2021.

▶ *Zu Verunreinigungen der baulichen Anlage vgl. § 2 ImmoWertV Rn. 59 ff.; zum merkantilen Minderwert vgl. Rn. 380; zum Beleihungswert Teil IX Rn. 166*

73 Die **Begriffe** „Bauschaden“ und „Baumangel“ werden unterschiedlich ausgelegt. Das hat zur Folge, dass beide Begriffe miteinander verwechselt werden. Das Baurecht kennt nur den Begriff **Baumangel**.
Unter einem **Baumangel** kann in Anlehnung an § 633 Abs. 1 und § 434 BGB[14] (vgl. auch § 13 Abs. 1 VOB/B) ein Fehler angesehen werden, der bei der Herstellung eines Bauwerks infolge **fehlerhafter Planung oder Bauausführung einschließlich der Verwendung mangelhafter Baustoffe** (z.B. Einbau ungenügender Wärmedämmung auf einer Stahlbetondachdecke) den Wert oder die Tauglichkeit zu dem gewöhnlichen (oder dem nach dem Vertrag vorauszusetzenden) Gebrauch einer baulichen Anlage aufhebt oder mindert[15]. Hierzu gehören insbesondere Mängel der Isolierung gegen Schall, Wärme und Feuchtigkeit, Mängel der Belichtung, Belüftung und der Statik (Belastbarkeit) sowie eine mangelhafte Bauausführung. Maßstab hierfür können die allgemein anerkannten Regeln der Technik, aber auch vertraglich zugesicherte Eigenschaften sein.

74 Was aus heutiger Sicht als Baumangel oder Bauschaden angesehen wird, muss im Übrigen zum **Zeitpunkt der Errichtung des Bauwerks** nicht als ein Baumangel angesehen worden sein. Demzufolge können Zustandsmerkmale, die aus heutiger Sicht Baumängel oder Bauschäden darstellen (insbesondere bei älteren Gebäuden) durchaus einen „normalen baulichen

14 **§ 434 BGB** Sachmangel:
(1) Die Sache ist frei von Sachmängeln, wenn sie bei Gefahrübergang die vereinbarte Beschaffenheit hat. Soweit die Beschaffenheit nicht vereinbart ist, ist die Sache frei von Sachmängeln,
1. wenn sie sich für die nach dem Vertrag vorausgesetzte Verwendung eignet, sonst
2. wenn sie sich für die gewöhnliche Verwendung eignet und eine Beschaffenheit aufweist, die bei Sachen der gleichen Art üblich ist und die der Käufer nach der Art der Sache erwarten kann.
Zu der Beschaffenheit nach Satz 2 Nr. 2 gehören auch Eigenschaften, die der Käufer nach den öffentlichen Äußerungen des Verkäufers, des Herstellers (§ 4 Abs. 1 und 2 des Produkthaftungsgesetzes) oder seines Gehilfen insbesondere in der Werbung oder bei der Kennzeichnung über bestimmte Eigenschaften der Sache erwarten kann, es sei denn, dass der Verkäufer die Äußerung nicht kannte und auch nicht kennen musste, dass sie im Zeitpunkt des Vertragsschlusses in gleichwertiger Weise berichtigt war oder dass sie die Kaufentscheidung nicht beeinflussen konnte.
(2) Ein Sachmangel ist auch dann gegeben, wenn die vereinbarte Montage durch den Verkäufer oder dessen Erfüllungsgehilfen unsachgemäß durchgeführt worden ist. Ein Sachmangel liegt bei einer zur Montage bestimmten Sache ferner vor, wenn die Montageanleitung mangelhaft ist, es sei denn, die Sache ist fehlerfrei montiert worden.
(3) Einem Sachmangel steht es gleich, wenn der Verkäufer eine andere Sache oder eine zu geringe Menge liefert.
§ 633 BGB Sach- und Rechtsmangel:
(1) Der Unternehmer hat dem Besteller das Werk frei von Sach- und Rechtsmängeln zu verschaffen.
(2) Das Werk ist frei von Sachmängeln, wenn es die vereinbarte Beschaffenheit hat. Soweit die Beschaffenheit nicht vereinbart ist, ist das Werk frei von Sachmängeln,
1. wenn es sich für die nach dem Vertrag vorausgesetzte, sonst
2. für die gewöhnliche Verwendung eignet und eine Beschaffenheit aufweist, die bei Werken der gleichen Art üblich ist und die der Besteller nach der Art des Werks erwarten kann.
Einem Sachmangel steht es gleich, wenn der Unternehmer ein anderes als das bestellte Werk oder das Werk in zu geringer Menge herstellt.
(3) Das Werk ist frei von Rechtsmängeln, wenn Dritte in Bezug auf das Werk keine oder nur die im Vertrag übernommenen Rechte gegen den Besteller geltend machen können.

15 Daub/Eberstein, Komm zur VOL/B, 5. Aufl. 2003, S. 231.

Zustand" darstellen. Sind Liegenschaftszinssätze und Sachwertfaktoren aus den dafür vereinbarten Kaufpreisen abgeleitet worden, können diese „Baumängel und Bauschäden" bereits mit deren Anwendung berücksichtigt worden sein.

Als **Bauschäden** werden dagegen Beeinträchtigungen eines Bauwerks als Folge 75

- eines Baumangels (Mangelfolgeschäden) oder
- äußerer (gewaltsamer) Einwirkungen (wie z.B. durch Sturm, Regen oder Feuer) oder
- unterlassener oder nicht ordnungsgemäß ausgeführter Instandhaltung

definiert.

Hierzu gehören insbesondere **Gründungsschäden** (Setzrisse) sowie Schäden infolge **mangelhafter** (Dach-)**Isolierung**, **Schubrisse**, **Schwammbefall**[16], **Putzschäden, Schäden an Dachrinnen, Formveränderungen von Bauteilen,** Schäden infolge von Holzerkrankungen (Mängel der Imprägnierung), Rauch-, Wasser-, Erschütterungs-, Bergbau-, Sturm- und Kriegsschäden. 76

Abb. 10: Erläuterung der Begriffe Baumangel und Bauschaden

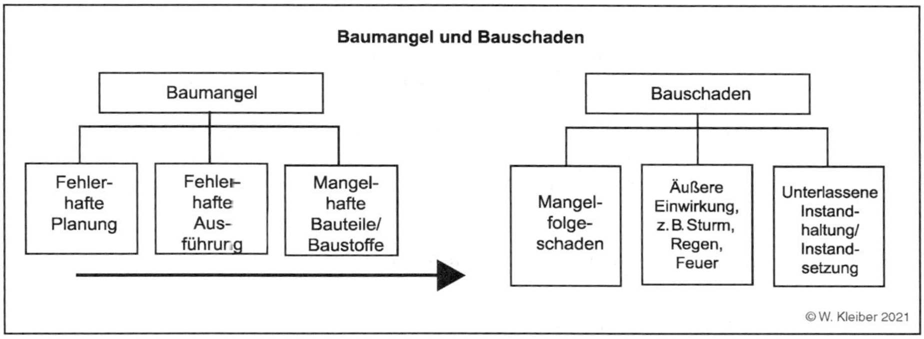

Die **kumulative Aufzählung der Baumängel *und* Bauschäden** in § 8 Abs. 3 Nr. 2 ImmoWertV **ist** im Übrigen **bedeutungslos**; auch bedarf es in der Praxis nicht der Abgrenzung der Baumängel von den Bauschäden. Der Verordnungsgeber benutzt beide Begriffe als Sammelbegriff, um sicherzustellen, dass Beeinträchtigungen des Bauwerks unabhängig davon berücksichtigt werden, ob sie bereits mit der Herstellung des Bauwerks entstanden (Baumängel) oder erst später (Bauschaden) hinzugekommen sind. 77

Die Auswirkung des **Baumangels wird als Mangelfolgeschaden** bezeichnet (z.B. Rissbildung im Bereich des Auflagers einer ungenügend wärmegedämmten Stahlbetondachdecke durch Wärmedehnungsspannungen). Eine Minderung des Verkehrswerts (**Wertminderung**) aufgrund von Mängeln tritt ein, wenn im gewöhnlichen Geschäftsverkehr die Erwartungen der Erwerber an die Gebrauchstauglichkeit unterschritten werden. 78

Sog. **Allmählichkeitsschäden** sind Schäden, die auf schadenauslösende Ereignisse zurückzuführen sind, die über einen längeren Zeitraum eingewirkt haben und die demzufolge auch plötzlich auftreten können. Ein Allmählichkeitsschaden liegt z.B. vor, wenn ein zu dicht verlegtes Ofenrohr über mehrere Wochen einen tragenden Holzbalken verkohlt und im schlimmsten Fall zum Einsturz des Hauses mit hohen Personen- und Sachschäden führt. Sachschäden solcher Art sind grundsätzlich nicht versichert. Im Rahmen einer Haftpflichtversicherung kann ein Versicherungsschutz vereinbart werden. 79

16 BGH, Urt. vom 28.06.1961 – V ZR 201/60 –, NJW 1961, 1860 = EzGuG 19.6.

80 Während der Bauschaden meistens durch Reparatur oder Ersatz des schadhaften Bauteils behoben werden kann, ist eine dauerhafte **Abhilfe von Mangelfolgeschäden erst nach Beseitigung des Baumangels** möglich (z.B. zunächst Verstärkung der Wärmedämmung der Stahlbetondecke als Mängelbeseitigung und anschließend Verschließen der Risse im Bereich der Auflager als Mangelfolgeschadenbeseitigung). Das wirkt sich auf die Höhe der Schadenbeseitigungskosten aus.

81 Ist ein Baumangel am Qualitätsstichtag in technisch einwandfreier Weise behoben, kann es erforderlich sein, einen daraus resultierenden **merkantilen Minderwert** zu berücksichtigen. Hierunter wird die Wertminderung des Grundstücks verstanden, die ihm im gewöhnlichen Geschäftsverkehr aufgrund eines aufgetretenen, aber inzwischen in technisch einwandfreier Weise vollständig behobenen Mangels (z.B. auch Bauschaden) in der allgemein verbliebenen Befürchtung beigemessen wird, dass sich ein Folgeschaden irgendwie auch künftig auswirken könnte, auch wenn diese Befürchtung tatsächlich unbegründet ist[17].

3.8.2 Instandhaltung und Instandsetzung

▶ *Vgl. § 4 ImmoWertV Rn. 33; § 32 ImmoWertV Rn. 112 ff.*

82 Zu einer ordnungsgemäßen Bewirtschaftung einer Immobilie gehört u.a. die Instandhaltung der Immobilie. Die „unterlassene Instandhaltung" bzw. eine nicht ordnungsgemäß ausgeführte Instandhaltung, auch als Instandhaltungsrückstau bezeichnet, führt zu Bauschäden. Hieraus folgt, dass die in § 4 Abs. 3 Satz 3 ImmoWertV angesprochene **„unterlassene Instandhaltung" wesensgleich mit** den in § 8 Abs. 3 Nr. 2 ImmoWertV angesprochenen **„Baumängeln und Bauschäden"** ist und in der Verkehrswertermittlung ohne inhaltliche Unterscheidung berücksichtigt werden kann. Diese sind nur (noch) zu berücksichtigen, soweit sie noch nicht bei Anwendung des jeweils herangezogenen Verfahrens berücksichtigt worden sind.

- Ist also die Restnutzungsdauer gemäß § 4 Abs. 3 Satz 3 ImmoWertV verkürzt worden und
- wurde der marktüblich erzielbare Ertrag aufgrund einer „unterlassenen Instandhaltung" gemindert,

ist für eine Berücksichtigung von „Baumängeln und Bauschäden" nach § 8 Abs. 3 Nr. 2 ImmoWertV insoweit kein Raum mehr.

83 **Instandsetzung ist die Beseitigung vorhandener Baumängel, Bauschäden** und eines daraus resultierenden Instandhaltungsrückstaus. Die Instandsetzung kann zwingend geboten sein, aber auch im freien Ermessen des Eigentümers stehen.

84 Im Rahmen der Wertermittlung von Grundstücken ist bei der Bemessung der Wertminderung wegen Baumängeln und Bauschäden (Instandhaltungsrückstau) eine **Unterscheidung nach disponiblen und nicht disponiblen Instandsetzungskosten** zweckmäßig.

85 Deshalb ist es sachdienlich, zwischen

a) der unabweisbaren und sofort erforderlichen Instandsetzung sowie

b) der disponiblen Instandsetzung (Rn. 103)

zu unterscheiden. Dementsprechend ist zwischen *unabweisbaren* und *disponiblen* Instandsetzungskosten (Schadensbeseitigungskosten) zu unterscheiden. **Unabweisbar sind die unverzüglich zu beseitigenden Baumängel bzw. Bauschäden (Instandhaltungsrückstau)**.

86 **Unabweisliche (nicht disponible,** vgl. Rn. 144) **Instandsetzungskosten sind die Kosten solcher Maßnahmen, deren unverzügliche Durchführung aus rechtlichen oder wirtschaftlichen Gründen geboten ist**. Rechtlich ist dies beispielsweise bei denkmalgeschützten Anlagen geboten. Wirtschaftlich ist dies dagegen z.B. angezeigt, wenn ein Orkan das Dach eines Hauses abgetragen hat und das Dach zwecks Werterhalts erneuert werden muss. Darüber hi-

17 Vgl. BGH, Urt. vom 09.07.1962 – III ZR 98/61 –, BGHZ 37, 341 = EzGuG 11.25a.

naus kann die Durchführung von Instandsetzungen zur Aufrechterhaltung der öffentlichen Sicherheit und Ordnung baurechtlich geboten sein.

Beispiel: 87
Für ein zweigeschossiges Einfamilienhaus mit einer Restnutzungsdauer von 30 Jahren ergibt sich ohne Berücksichtigung von Baumängeln oder Bauschäden ein Gebäudesachwert von 200 000 €. Dachstuhl und Dachhaut weisen aber einen erheblichen Bauschaden auf, dessen Beseitigung 50 000 € kostet. Würde man diesen Schaden nicht beheben, wäre das Gebäude in wenigen Jahren unbenutzbar und abbruchreif. Ein wirtschaftlich vernünftiger Eigentümer muss im Interesse des Werterhalts des Gebäudes die Schadensbeseitigungskosten aufbringen; er hat keine andere Wahl.

Disponible Instandsetzungskosten sind die Kosten solcher Maßnahmen, deren Durchführung auch unter dem Gebot der ordnungsmäßigen Bewirtschaftung nicht zwingend erforderlich ist, wie z.B. eine fehlende oder mangelhafte Kellerisolierung mit entsprechenden Mangelfolgeschäden für nicht benutzte Kellerräume. Dies gilt aber auch für andere Baumängel und Bauschäden, von denen keine spürbare Nutzungsbeeinträchtigung ausgeht. Wenn sich eine kostenintensive Kellerisolierung schon im Hinblick auf die begrenzte Restnutzungsdauer des Gebäudes nicht „rechnet" und diesem Mangel im gewöhnlichen Geschäftsverkehr gegenüber einem vergleichbaren isolierten Objekt mit einem Abschlag Rechnung getragen wird, der geringer als die Isolierungskosten ausfällt, verbietet es sich, die „vollen" Schadensbeseitigungskosten als „Abweichung vom normalen baulichen Zustand" gegenzurechnen. 88
Eine entsprechende Unterscheidung kann man auch bezüglich der Modernisierungs- und Umnutzungskosten machen.

Im gewöhnlichen Marktgeschehen können die **Kosten der Beseitigung unabweislich zu beseitigender Schäden** in den Verkaufsgesprächen regelmäßig in voller Höhe der Schadensbeseitigungskosten, ggf. sogar i.V.m. einem Risikozuschlag, durchgesetzt werden, denn sie sind im Ergebnis ein Teil des Kaufpreises. Dies kann aus Gründen der Plausibilität grundsätzlich solange gelten, wie sich eine von diesen Kosten abweichende Wertminderung, insbesondere aus einem Preisvergleich schadensfreier- und schadensbehafteter Grundstücke – ceteris paribus –, nachweisen lässt. 89

3.8.3 Instandsetzungskosten

Wie vorstehend erläutert, können zur Bemessung der Wertminderung wegen Baumängeln und Bauschäden (Instandhaltungsrückstau) die Kosten ihrer Beseitigung (**Schadensbeseitigungskosten) als Anhaltspunkt** dienen. Zu den Schadensbeseitigungskosten kann im Einzelfall auch ein merkantiler Minderwert hinzuzurechnen sein[18]. Die daraus resultierende Wertminderung besteht auch dann, wenn ein Grundstück nicht zum Verkauf ansteht[19]. 90

Kostenschätzungen bei Instandsetzungen gelten wie im Übrigen Kostenschätzungen für Modernisierungen auch bei den „Spezialisten" im Vergleich zu der Ermittlung von Neubaukosten als besonders schwierig und unzuverlässig. Akzeptable Ergebnisse können zumeist erst in der Phase der Detaillierung auf der Grundlage von Ausschreibungsergebnissen erwartet werden. Für eine fundierte Kostenschätzung bedarf es ggf. eines Sondergutachtens (z.B. auf der Grundlage der Bauteilmethode). **Im Rahmen der Gutachtenerstattung sollte deshalb in aller Regel stets nur von „Kostenschätzungen" und nicht etwa von einer Ermittlung der Kosten gesprochen werden.** 91

18 BGH, Urt. vom 11.07.1991 – VII ZR 301/90 –, NJW-RR 1991, 1429 = EzGuG 19.40a.
19 BGH, Urt. vom 05.10.1967 – VII ZR 146/60 –, BB 1961, 1216 = EzGuG 19.6b: BGH, Urt. vom 03.10.1961 – VI ZR 238/60 –, BGHZ 35, 396 = EzGuG 19.6a.

92 Bei „Kostenschätzungen" müssen erhebliche Unsicherheiten hingenommen werden. Aufgrund vielfältiger Unwägbarkeiten sind **Kostenermittlungen bzw. Kostenschätzungen nur mit einer relativ hohen Ungenauigkeit von +/- 30 % möglich**[20].

93 Die DIN 276 unterscheidet in den Abschnitten 2.3.1 bis 2.3.4 nach folgenden **Arten der Kostenermittlung**:

- *Kostenschätzung,* definiert als eine überschlägige Ermittlung der Kosten (Abschnitt 2.3.1),
- *Kostenberechnung,* definiert als eine angenäherte Ermittlung der Kosten (Abschnitt 2.3.2),
- *Kostenanschlag,* definiert als eine möglichst genaue Ermittlung der Kosten (Abschnitt 2.3.3),
- *Kostenfeststellung,* definiert als die Ermittlung der tatsächlich entstandenen Kosten (Abschnitt: 2.3.4).

94 Im Rahmen der Verkehrswertermittlung von Grundstücken gehören zu den Schadensbeseitigungskosten auch die damit verbundenen Baunebenkosten einschließlich **Mietausfall** und die temporäre Erhöhung des Verwaltungsaufwands usw.

95 **Für die Kostenschätzung auf der Grundlage von Vergleichswerten bieten sich zwei Verfahrenswege** an:

a) Ermittlung auf der Grundlage der Normalherstellungskosten entsprechend dem Wertanteil der instandsetzungsbedürftigen Gewerke am Gesamtwert.

b) Ermittlung der Kosten nach Vergleichswerten der Einzelgewerke (absolute Kostenkennwerte)[21].

96 Ein **Kostenkennwert** ist nach Abschnitt 2.6 der DIN 276 ein Wert, der das Verhältnis von Kosten zu einer Bezugseinheit (z.B. Grundflächen oder Rauminhalte nach DIN 277 Teil 1 und Teil 2) darstellt.

3.8.4 Wertminderung wegen Baumängeln und Bauschäden in der Marktwertermittlung

3.8.4.1 Allgemeines

Schrifttum: *Schaper, D.,* Berücksichtigung von Instandhaltungsstau im Vergleichswertverfahren, GuG 2014, 96; *Schulz, St.,* Bauschäden und Baumängel nach ImmoWertV, GuG 2011, 1.

97 Im Kern geht es in einem Gutachten darum,

a) Art und Umfang der bestehenden Baumängel und Bauschäden auf der Grundlage aller dem Sachverständigen zumutbaren Erkenntnisquellen sowie

b) die Auswirkungen dieser Mängel und Schäden auf den Verkehrswert festzustellen.

98 Dies gilt insbesondere dann, wenn der Sachverständige dem schlechten Zustand eines Gebäudes bei Anwendung des Ertragswertverfahrens nicht mit den angesetzten Erträgen, Bewirtschaftungskosten und der Restnutzungsdauer Rechnung getragen hat[22]. Dies ist insbesondere der Fall, wenn im Hinblick auf den Grundsatz der Modellkonformität der vorläufige Vergleichs-, Ertrags- oder Sachwert auf der Grundlage eines ordnungsgemäß unterhaltenen Gebäudes, d.h. ohne Berücksichtigung von Baumängeln und Bauschäden, ermittelt wurde. Dementsprechend werden in § 8 Abs. 3 ImmoWertV „Baumängel und Bauschäden" als besonderes objektspezifisches Grundstücksmerkmal (boG) genannt, das in der Höhe zu berücksichtigen ist, wie es der Grundstücksmarkt den „Baumängeln und Bauschäden" beimisst.

---

20 Schmitz/Krings/Dahlhaus/Meisel, Baukosten 2020/11, Verlag Wingen 21. Aufl., S. 10.
21 Schmitz/Krings/Dahlhaus/Meisel, Baukosten 2020/11, Verlag Wingen 21. Aufl., S. 10, 43.
22 BFH, Urt. vom 24.10.2017 – II R 40/15 –, GuG 2018, 126 = EzGuG 20.258.

Diese **Minderung des Marktwerts (im Verhältnis zu einem mängelfreien Gebäude)** kann deutlich unter den Schadensbeseitigungskosten liegen, sie kann insbesondere bei unabweislicher Instandsetzung den Schadensbeseitigungskosten entsprechen. Sie kann aber auch sogar vor allem im Hinblick auf bestehende Unsicherheiten der Kostenschätzung und unentdeckter Schäden höher als die zum Wertermittlungsstichtag quantifizierbaren Schadensbeseitigungskosten sein. In diesem Zusammenhang kann auch ein merkantiler Minderwert beachtlich sein. Dies ist von der im Einzelfall gegebenen Gesamtsituation abhängig. **99**

Allgemein weist das **Marktgeschehen des gewöhnlichen Geschäftsverkehrs** folgende Prägung auf: **100**

a) Baumängel bzw. Bauschäden (Instandhaltungsrückstau) und damit auch die jeweiligen Schadensbeseitigungskosten haben einen umso geringeren Einfluss auf den Marktwert, je angespannter die Lage auf dem einschlägigen Grundstücksmarkt ist; dies gilt selbst für schwerwiegende Baumängel (im Grenzfall „null"). **In den hochpreisigen („angespannten") Gebieten der großen Ballungszentren sind bei angespannter Marktlage des gewöhnlichen Geschäftsverkehrs die Käufer nämlich bereit, auch erhebliche Baumängel ohne Preisabschlag zu akzeptieren, um den Erwerb tätigen zu können** (vgl. Rn. 187).

b) Umgekehrt haben Baumängel bzw. Bauschäden (Instandhaltungsrückstau) und damit auch die jeweiligen Schadensbeseitigungskosten einen umso größeren Einfluss auf den Marktwert, je strukturschwächer die Region ist, die Minderung kann dann auch höher als die Schadensbeseitigungskosten ausfallen.

Abb. 11: Schadensbeseitigungskosten vor dem Hintergrund des Marktgeschehens

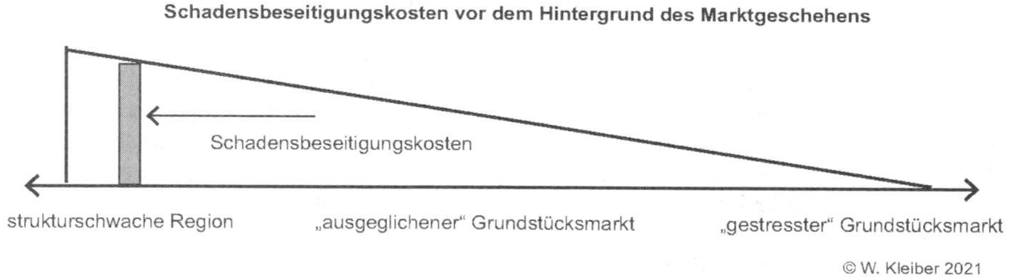

c) **Baumängel bzw. Bauschäden können unbeachtlich bleiben, wenn** sie **unerheblich** sind; gleichwohl kann ihre Erwähnung im Gutachten geboten sein. Als unerhebliche Baumängel und Bauschäden können solche klassifiziert werden, bei denen Schadensbeseitigungskosten eine Größenordnung haben, die im Rahmen der Auf- und Abrundung „untergeht".

d) Baumängel und Bauschäden werden des Weiteren bei **älteren Gebäuden** schon eher hingenommen als bei jüngeren Gebäuden, insbesondere wenn es sich um solche handelt, die erst aus heutiger Sicht einen Baumangel darstellen und die im Hinblick auf die verbleibende Restnutzungsdauer bei wirtschaftlicher Betrachtungsweise nicht behoben werden müssen.

Besteht ein durchsetzbarer **Anspruch des Eigentümers gegenüber Dritten auf Behebung von Baumängeln oder Bauschäden,** kann grundsätzlich davon abgesehen werden, eine Wertminderung zu berücksichtigen; es kommt im Hinblick auf die Durchsetzung des Erstattungsanspruchs allenfalls ein wertmindernder Risikoabschlag in Betracht. Eine Wertminderung kann sich bei dieser Situation darüber hinaus im Veräußerungsfalle ergeben, wenn der Anspruch nicht auf den Erwerber übergeht, ein merkantiler Minderwert zu erwarten ist oder andere Ausfallrisiken zu befürchten sind. **101**

3.8.4.2 Grundsätzliches zu Kosten und Wert(-minderung) im gewöhnlichen Geschäftsverkehr

Schrifttum: *Kern, I.*, Ziel und Grenzen von Kostenschätzungen in Gutachten, Der Bausachverständige 2023, 56.

▶ *Vgl. Rn. 114; § 6 ImmoWertV Rn. 96; Syst. Darst. des Sachwertverfahrens Rn. 10; § 42 ImmoWertV Rn. 8 ff., 34, 137 ff.*

102 Die Ermittlung der **Wertminderung wegen Baumängeln oder Bauschäden nach den am Qualitätsstichtag dafür aufzubringenden Kosten** ist eine von der Rechtsprechung grundsätzlich anerkannte Methode[23]. Dies bedeutet jedoch nicht, dass die Wertminderung aufgrund von Baumängeln und Bauschäden mit den Kosten ihrer Beseitigung (schematisch) gleichgesetzt wird. In diesem Fall ist ein Gutachten in der finanzgerichtlichen Rechtsprechung zum Nachweis des geringeren Werts nicht plausibel (vgl. § 1 ImmoWertV Rn. 14). **Bei der Verkehrswertermittlung muss** nämlich **grundsätzlich zwischen Kosten und Wert unterschieden werden**. Es kommt entscheidend darauf an, in welcher Höhe Baumängel und Bauschäden (Instandhaltungsrückstau) sich im Marktwert (Verkehrswert) niederschlagen. In § 8 Abs. 2 ImmoWertV wird dies dadurch zum Ausdruck gebracht, dass Baumängel und Bauschäden (Instandhaltungsrückstau) nur zu berücksichtigen sind, *soweit ihnen der Grundstücksmarkt einen Werteinfluss beimisst.* Dementsprechend hat der BGH[24] in seiner Rechtsprechung unter Hinweis auf die im Sachwertverfahren anzubringenden Marktanpassungsabschläge (Sachwertfaktor ≤ 1)[25] darauf hingewiesen, dass die Instandsetzungskosten nicht mit der Wertminderung gleichgesetzt werden dürfen:

> „Sind bereits die Herstellungskosten einer Sache nicht entscheidend für deren gemeinen Wert (Verkehrswert), … so gilt das umso mehr für die Instandsetzungskosten. … Der Verkehrswert einer beschädigten Sache, z.B. eines Hauses, wird daher – oder kann mindestens – in vielen Fällen höher sein als der Verkehrswert des Hauses in unbeschädigtem Zustand abzüglich der Instandsetzungskosten."

103 Die für die Behebung von **Baumängeln und Bauschäden aufzubringenden** Schadensbeseitigungskosten finden – im Unterschied zu § 24 WertV 88/98 – aus vorstehenden Gründen in § 8 Abs. 3 ImmoWertV keine Erwähnung. Die **Schadensbeseitigungskosten können** dennoch **einen wichtigen Anhaltspunkt für die Wertminderung geben**, insbesondere wenn es sich um nicht disponible Schäden handelt, die jeder nüchtern kalkulierende Erwerber bedenken muss. Umgekehrt ist im Einzelfall auch ein „**Sicherheitszuschlag**" in der Rechtsprechung anerkannt worden[26].
Im Übrigen steht selbst ein Bauschadenssachverständiger vor erheblichen Problemen, wenn er die **Kosten einer aufwändigen Mängelbeseitigung** quantifizieren soll[27].

104 Die **Wertminderung kann höher, aber auch geringer als die erwarteten Schadensbeseitigungskosten sein**[28]. Eine *höhere* Wertminderung muss erwartet werden, wenn die ohnehin fehlerträchtige Kalkulation der Kosten vom Umfang und im Hinblick auf die betroffenen Bauteile risikobehaftet ist und außergewöhnliche Mehraufwendungen nicht ausgeschlossen werden können. Zudem kann auch nicht ausgeschlossen werden, dass noch zusätzlich ein merkantiler Minderwert berücksichtigt werden muss. Eine *geringere* Wertminderung kann sich ergeben, wenn bei älteren baulichen Anlagen die Baumängel die Nutzbarkeit nicht oder nur geringfügig beeinträchtigen und mit der Schadensbeseitigung steuerliche Vorteile verbunden sind.

---

23 BGH, Urt. vom 28.06.1961 – V ZR 201/60 –, NJW 1961, 1860 = EzGuG 19.6.

24 BGH, Urt. vom 24.01.1963 – III ZR 149/61 –, BGHZ 39, 40 = EzGuG 20.34; des Weiteren BGH, Urt. vom 10.07.1953 – V ZR 22/52 –, BGHZ 10, 171 = EzGuG 20.16; BGH, Urt. vom 13.05.1955 – V ZR 36/54 –, BGHZ 17, 236 = EzGuG 3.5; OLG Rostock, Urt. vom 27.06.2008 – 5 U 50/08 –, MDR 2009, 145 = EzGuG 11.649; OLG Köln, Urt. vom 02.03.1962 – 9 U 33/61 –, BlGBW 1962, 368 = EzGuG 20.29.

25 Entsprechendes muss auch für Marktanpassungszuschläge (Sachwertfaktor ≥ 1) gelten.

26 OLG Rostock, Urt. vom 27.06.2008 – 5 U 50/08 –, GuG 2009, 127 = EzGuG 11.649.

27 OLG Koblenz, Beschl. vom 02.09.2013 – 5 WK 481/13 –, IBR 2014, 385.

28 Vgl. Baukostenüberschreitungen der Elbphilharmonie, „Pannenflughafen BER", Sanierung der Staatsoper Berlin und dgl.

Der Abzug der vollen Instandsetzungskosten kann im Ergebnis dazu führen, dass auch **unrentierliche Instandsetzungs- bzw. Umnutzungskosten** zum Abzug gelangen, was sich insbesondere bei solchen Objekten verhängnisvoll auswirken kann, bei denen Sach- und Ertragswert auseinanderklaffen und bei denen man im Falle der Anwendung des Sachwertverfahrens hohe Marktanpassungsabschläge anbringen würde. Dies betrifft insbesondere Wohnobjekte, die zu Kostenmieten von 20 €/m² WF und mehr errichtet werden und tatsächlich aber nur unter der hälftigen Kostenmiete vermietbar sind. Diese Kosten-Nutzen-Spreizung verschärft sich bei hohem Instandhaltungsstau, weil die gewöhnlichen Instandsetzungskosten bzw. Modernisierungskosten wegen der Erschwernisse der baulichen Arbeiten an einem bereits „stehenden" Gebäude i.V.m. dem Ausbau erneuerungsbedürftiger Bauteile i.d.R. weitaus höher ausfallen als die gewöhnlichen Herstellungskosten eines Neubaus. In welcher Höhe die Instandsetzungskosten den Vergleichs-, Ertrags- und Sachwert mindern, lässt sich allerdings nicht durch empirische Untersuchungen beantworten. 105

Im Rahmen des **Werkvertragsrechts ist Schadensersatz für Baumängel grundsätzlich nach den Mängelbeseitigungskosten** zu gewähren. Dies kann im Ergebnis dazu führen, dass der Schadensersatzanspruch deutlich höher ausfällt als der tatsächliche Vermögensschaden. Unterbleibt die Mängelbeseitigung, soll nach der neueren Rechtsprechung des BGH[29] der Schaden auf der Grundlage eines Gesamtvermögensvergleichs ermittelt werden. Die Wertminderung ergibt sich im Rahmen einer Vermögensbilanz aus der **Differenz zwischen dem hypothetischen Wert bei Hinwegdenken des Mangels und dem tatsächlichen Wert der Sache mit Mangel**. Diese Berechnung führt zu dem gesetzlich gewollten Ergebnis, dass der tatsächliche Vermögensnachteil voll ausgeglichen wird, und vermeidet Überkompensation. 106

3.8.4.3 Inter- und externalisierende Berücksichtigung der Wertminderung

Baumängel und Bauschäden (Instandhaltungsrückstau) dürfen als „besonderes objektspezifisches Grundstücksmerkmal" i.S. des § 8 Abs. 3 ImmoWertV nur berücksichtigt werden, soweit sie noch nicht „in" dem jeweils herangezogenen Verfahren mit dem ermittelten vorläufigen Vergleichs-, Ertrags- oder Sachwert berücksichtigt worden sind. Dementsprechend kann zwischen **zwei Verfahrenswegen zur Berücksichtigung der Wertminderung wegen Baumängeln und Bauschäden** unterschieden werden: 107

a) Bei der *internalisierenden Vorgehensweise* werden Baumängel und Bauschäden direkt „in" dem im Einzelfall angewandten Wertermittlungsverfahren mit dem ermittelten vorläufigen Vergleichs-, Ertrags- oder Sachwert berücksichtigt.

b) Bei der *externalisierenden Vorgehensweise* wird im ersten Schritt der vorläufige Vergleichs-, Ertrags- oder Sachwert für ein (fiktiv) ordnungsgemäß instand gehaltenes und mangelfreies Gebäudes ermittelt und die Wertminderung wegen Baumängeln und Bauschäden im zweiten Schritt nachträglich als „besonderes objektspezifisches Grundstücksmerkmal" in Abzug gebracht.

Bei der zuletzt genannten Vorgehensweise muss die Wertminderung bei allen der genannten Verfahren gleich sein, denn die Wertminderung bestimmt sich nach dem gewöhnlichen Geschäftsverkehr und der unterscheidet nicht zwischen dem zur Anwendung kommenden Wertermittlungsverfahren. 108

Von der *internalisierenden Vorgehensweise* ist bei Heranziehung der von den Gutachterausschüssen abgeleiteten Liegenschaftszinssätze, Sach- und Vergleichsfaktoren bebauter Grundstücke (Wohn- und Nutzflächenwerte) **aus Gründen der Modell- und Referenzkonformität Abstand zu nehmen**, denn diese Daten werden regelmäßig für mängelfreie Objekte ermittelt. 109

Die **direkte Berücksichtigung** von Baumängeln und Bauschäden (Instandhaltungsrückstau) mit dem jeweils herangezogenen Verfahren (internalisierende Vorgehensweise) ist **vielfach nicht möglich und problematisch**. Bei Anwendung des Vergleichswertverfahrens stehen da- 110

29 BGH, Urt. vom 22.02.2018 – VII ZR 46/17 –, NJW 2018, 1463 = EzGuG 20.217.

für zumeist keine ausreichende Zahl von Vergleichspreisen mit vergleichbaren Baumängeln und Bauschäden zur Verfügung. Bei Anwendung des Ertragswertverfahrens müssten entsprechende marktüblich erzielbare Mieten und Bewirtschaftungskosten von Objekten zur Verfügung stehen, die wiederum vergleichbare Baumängel und Bauschäden aufweisen; darüber hinaus ist auch schwer abschätzbar, in welchem Maße der sonst übliche Liegenschaftszinssatz davon beeinflusst wird. Darüber hinaus ist auch die daraus resultierende „Verkürzung" der Restnutzungsdauer (§ 4 Abs. 3 Satz 3 ImmoWertV) vielfach nur grob zu schätzen.

111 Ansonsten werden Baumängel und Bauschäden bei *internalisierender Vorgehensweise* bei dem im Einzelfall herangezogenen Verfahren unterschiedlich berücksichtigt:

a) Bei *Anwendung des Vergleichswertverfahrens* auf bebaute Grundstücke sind Baumängel und Bauschäden nach Maßgabe des gewöhnlichen Geschäftsverkehrs subsidiär zu berücksichtigen, soweit nicht vergleichbare Baumängel oder Bauschäden schon mit dem Vergleichsfaktor (Wohn- und Nutzflächenwerte) i.S. des § 15 Abs. 2 ImmoWertV erfasst worden sind, weil die zur Ableitung herangezogenen Vergleichsgrundstücke vergleichbare Baumängel oder Bauschäden aufweisen und eine entsprechende Wertminderung direkt in den Vergleichswert eingeht. Dies gilt entsprechend bei Heranziehung einzelner Vergleichspreise bebauter Grundstücke nach § 20 Abs. 2 f. ImmoWertV.

b) Bei *Anwendung des Ertragswertverfahrens* besteht die Möglichkeit, Baumängeln und Bauschäden (unterlassene Instandhaltung) bereits dadurch Rechnung zu tragen, dass
– entsprechend geminderte Erträge ggf. in Verbindung mit
– entsprechend höheren Bewirtschaftungskosten,
– einer entsprechend geminderten Restnutzungsdauer (§ 4 Abs. 3 Satz 3 ImmoWertV) und
– einem erhöhten Liegenschaftszinssatz
angesetzt werden. Grundsätzlich können alle der genannten Parameter betroffen sein, ohne dass damit gegen das Verbot der **Doppelberücksichtigung** verstoßen wird, jedoch muss dies sorgsam zur Vermeidung von Doppelberücksichtigungen geprüft werden.
Darüber hinaus kann ein Baumangel bzw. Bauschaden bereits mit dem „üblichen" Liegenschaftszinssatz erfasst sein, nämlich dann, wenn dieser aus Kaufpreisen von Grundstücken abgeleitet worden ist, die **orts- bzw. objektübliche Baumängel oder Bauschäden** aufweisen (z.B. nicht isolierte Kriechkeller).

c) Bei *Anwendung des Sachwertverfahrens* besteht die Möglichkeit, Baumängeln und Bauschäden (unterlassene Instandhaltung) mit einer entsprechend geminderten Restnutzungsdauer (§ 4 Abs. 3 Satz 3 ImmoWertV) Rechnung zu tragen. Die theoretisch bestehende Möglichkeit, von entsprechend geminderten Herstellungskosten auszugehen, lässt § 36 Abs. 2 ImmoWertV nicht zu.
Darüber hinaus können **orts- bzw. objektübliche Baumängel oder Bauschäden** wiederum bereits mit dem „üblichen" Sachwertfaktor erfasst sein, nämlich dann, wenn dieser – wie bei der Ableitung von Liegenschaftszinssätzen – aus Kaufpreisen von Grundstücken abgeleitet worden ist, die ortsübliche Baumängel oder Bauschäden aufweisen.

112 In der gängigen Wertermittlungspraxis werden Baumängel und Bauschäden sowie sonstige Abweichungen vom normalen baulichen Zustand i.d.R. dadurch berücksichtigt, dass zunächst der ***vorläufige*** **Vergleichs-, Ertrags- oder Sachwert unter Ausblendung der Baumängel und Bauschäden für ein (fiktiv) ordnungsgemäß instand gehaltenes und mangelfreies Gebäudes** ermittelt wird und dieser „vorläufige" Vergleichs-, Ertrags- oder Sachwert um die aus dem Baumangel bzw. Bauschaden resultierende Wertminderung abgesenkt wird (externalisierende Vorgehensweise). Dieser Verfahrensweg ist unter dem Grundsatz der Modell- und Referenzkonformität sachgerecht, denn die bei Anwendung des

– *Vergleichswertverfahrens* herangezogenen Vergleichsfaktoren bebauter Grundstücke (Wohn- und Nutzflächenwerte) beziehen sich i.d.R. auf ordnungsgemäß instand gehaltene bauliche Anlagen,
– *Ertragswertverfahrens* angesetzten Liegenschaftszinssätze beziehen sich i.d.R. auf marktüblich erzielbare Erträge, Bewirtschaftungskosten und die übliche Restnutzungsdauer,

– *Sachwertverfahrens* angesetzten Sachwertfaktoren beziehen sich i.d.R. auf Sachwerte, die einen ordnungsgemäßen baulichen Zustand abbilden und werden i.d.R. aus der üblichen Gesamt- und Restnutzungsdauer abgeleitet.

Problematisch ist bei dieser Vorgehensweise die **marktkonforme Ermittlung der Wertminderung**, denn dafür stehen in aller Regel keine Vergleichsdaten zur Verfügung, auf die sich der Sachverständige stützen kann. In der Praxis wird ersatzweise zurückgegriffen **113**

a) auf allgemeine Erfahrungssätze und

b) auf deduktive analytische Verfahren; diese können sich orientieren an

  – den Kosten der Beseitigung der Baumängel und Bauschäden i.V.m.

  – der Rentierlichkeit der aufzubringenden Kosten.

3.8.4.4 Verfahrensübersicht

▶ *Allgemeines zur Verfahrenswahl vgl. § 6 ImmoWertV; zur Berücksichtigung des Grundsatzes des „highest and best use" bei der Wahl der abzuwendenden Verfahren vgl. Vorbem. zur ImmoWertV Rn. 33 ff.*

Grundsätzlich steht es im Ermessen des Sachverständigen, den geeigneten Verfahrensweg zur Berücksichtigung der Wertminderung wegen Baumängeln und Bauschäden zu wählen. Dabei ist zwischen dem vergleichs-, ertrags- und kostenorientierten Ansatz zu unterscheiden: **114**

– Der *vergleichsorientierte Lösungsansatz* scheidet regelmäßig aus, denn dazu bedürfte es geeigneter Vergleichspreise von gleichartig bebauten Grundstücken in gleicher Lage, die sich lediglich im konkret zu berücksichtigenden Baumangel bzw. Bauschaden unterscheiden. Es kann allenfalls erwartet werden, dass geeignete Vergleichspreise von Grundstücken zur Verfügung stehen, die bestimmte „gängige", oftmals baujahrstypische Baumängel bzw. Bauschäden aufweisen (z.B. nicht isolierte Kellerräume).

– Der *kostenorientierte Lösungsansatz*, d.h. die Ermittlung der Wertminderung wegen Baumängeln und Bauschäden auf der Grundlage der Schadensbeseitigungskosten, ist aus den unter Rn. 102 ff. ausgeführten Gründen problematisch, weil es letztlich auf den gewöhnlichen Geschäftsverkehr ankommt, ob und in welchem Umfang die Schadensbeseitigungskosten eine angemessene Wertminderung indizieren. Um dem Rechnung zu tragen, werden die Schadensbeseitigungskosten einer Alterswertminderung unterworfen (vgl. „alterswertgeminderte Schadensbeseitigungskosten").
  An den „vollen" Schadensbeseitigungskosten wird man bei Baumängeln und Bauschäden sich orientieren können, deren Behebung aus rechtlichen oder sonstigen Gründen unabweisbar ist (**nicht disponible Schadensbeseitigungskosten**), insbesondere wenn der Restwert des Gebäudes zu „verfallen" droht. Dabei muss gegebenenfalls ein Vorteilsausgleich bezüglich „neu für alt" berücksichtigt werden. Fallen die Schadensbeseitigungskosten indessen höher als der Gebäudewert des instandgesetzten Gebäudes aus, ist im Ergebnis der Liquidationsfall gegeben, d.h. die Freilegung ist dann wirtschaftlicher als die Schadensbeseitigung.
  Die sofortige Liquidation muss allerdings in diesem Fall nicht angezeigt sein. Es müssen auch „Zwischenlösungen" in Betracht gezogen werden, bei denen nur die unabweislichen Baumängel und Bauschäden behoben werden und die Behebung „disponibler" Schäden zurückgestellt wird, wenn damit die Rentierlichkeit des Gebäudes gewahrt bleibt. Die aus den verbleibenden Baumängeln und Bauschäden resultierende Wertminderung beläuft sich in derartigen Fällen nur auf einen fiktiven Bruchteil der dafür aufzubringenden Schadensbeseitigungskosten.

– Bei dem *ertragsorientierten Lösungsansatz* werden Baumängel und Bauschäden durch Ansatz geminderter Reinerträge und ggf. erhöhter Bewirtschaftungskosten, einer verkürzten Restnutzungsdauer und ggf. einem erhöhten Liegenschaftszinssatz berücksichtigt. Dabei besteht die Gefahr einer Doppelberücksichtigung, wenn an den genannten „Schräubchen" gedreht wird. Gleichwohl ist dieser Methode regelmäßig der Vorzug zu geben.

3.8.4.5 Ertragswirtschaftlicher Lösungsansatz

115 Die Wertminderung wegen Baumängeln und Bauschäden auf der Grundlage des ertragswirtschaftlichen Lösungsansatzes kann bei Anwendung des Ertragswertverfahrens bereits „im“ Verfahren selbst, d.h. bereits mit dem vorläufigen Ertragswert durch Ansatz eines geminderten Reinertrags und ggf. erhöhter Bewirtschaftungskosten, einer verkürzten Restnutzungsdauer und ggf. einem erhöhten Liegenschaftszinssatz berücksichtigt werden *(Internalisierende Berücksichtigung der Wertminderung).*

116 **Baumängel und Bauschäden können auf der Grundlage des ertragswirtschaftlichen Lösungsansatzes auch nachträglich als besonderes objektspezifisches Grundstücksmerkmal** *(externalisierende Berücksichtigung der Wertminderung)* **abgeleitet werden**. In diesem Fall bestimmt sich die Wertminderung nach der kapitalisierten Differenz zwischen dem Reinertrag des Bewertungsobjekts im baumängelfreien und baumängelbehafteten Zustand. Der ertragswirtschaftliche Lösungsansatz kann auch zur Anwendung kommen, wenn der Marktwert im Vergleichs- oder Sachwertverfahren ermittelt werden soll.

117 *Beispiel:*

- Der Jahresreinertrag von 55 000 € mindert sich um 5 000 € p.a. aufgrund von Baumängeln und Bauschäden.
- Der objektspezifisch angepasste Liegenschaftszinssatz beträgt 6,0 %.
- Die Restnutzungsdauer beträgt 50 Jahre.
- Der Bodenwert beträgt 200 000 €.

Ertragswert *mit* Baumängeln und Bauschäden		Ertragswert *ohne* Baumängel und Bauschäden	
RE =	50 000 €	RE =	55 000 €
– (BW × LZ) =	– 12 000 €	– (BW × LZ) =	– 12 000 €
= RE – (BW × LZ) =	38 000 €	= RE – (BW × LZ) =	43 000 €
× KF (KF = 15,76) =	598 880 €	× KF (KF = 15,76) =	677 680 €
+ BW =	+ 200 000 €	+ BW =	+ 200 000 €
= EW =	798 880 €	= EW =	877 680 €

Der kapitalisierte Minderertrag beträgt 877 680 € – 798 880 € = **78 800 € = Wertminderung**

Differenzielle Berechnung

Δ Jahresreinertrag = 55 000 € – 50 000 € = 5 000 € p.a.

Kapitalisierungsfaktor bei 50 Jahren Restnutzungsdauer und 6 % = 15,76

Minderwert = 5 000 € x 15,76 = 78 800 €

118 Die **Wertminderung kann sich erheblich erhöhen, wenn sich infolge des Baumangels bzw. Bauschadens noch die Restnutzungsdauer vermindert und der Liegenschaftszinssatz erhöht**.
Beispiel:

- Der Jahresreinertrag von 55 000 € mindert sich um 5 000 € p.a. aufgrund Baumängeln und Bauschäden.
- Der objektspezifisch angepasste Liegenschaftszinssatz erhöht sich von 6,0 % auf 6,5 % aufgrund Baumängeln und Bauschäden.
- Die Restnutzungsdauer verkürzt sich von 50 auf 45 Jahre aufgrund Baumängeln und Bauschäden.

Der Bodenwert beträgt 200 000 €.

Ertragswert *mit* Baumängeln und Bauschäden		Ertragswert *ohne* Baumängel und Bauschäden	
RE =	50 000 €	RE =	55 000 €
- (BW × LZ) =	- 13 000 €	-(BW × LZ) =	– 12 000 €
= RE - (BW × LZ) =	37 000 €	= RE – (BW × LZ) =	43 000 €
× KF (KF = 14,48) =	535 760 €	× KF (KF = 15,76) =	677 680 €
bei p = 6,5 % n = 45 Jahre		bei p = 6,0 % n = 50 Jahre	
+ BW =	+ 200 000 €	+ BW =	+ 200 000 €
= EW =	735 760 €	= EW =	877 680 €

Der kapitalisierte Minderertrag beträgt 877 680 € - 735 760 € = **141 920 € = Wertminderung**

Bei dieser Vorgehensweise braucht man die Schadensbeseitigungskosten nur grob zu kennen, denn sie übersteigen in aller Regel den Minderertrag.

Bei **disponiblen Baumängeln und Bauschäden** ist zunächst zu prüfen, ob es wirtschaftlich **119** sinnvoll und geboten ist, die Instandsetzung tatsächlich vorzunehmen, und ob diese ggf. mit einer Modernisierung und Umstrukturierung der baulichen Anlage zu verbinden ist, wenn sich damit die Rentierlichkeit der baulichen Anlage verbessern lässt. Darüber hinaus muss die Rentierlichkeit der Schadensbeseitigung geprüft werden, denn bei wirtschaftlicher Betrachtungsweise wird man den Baumangel und Bauschaden nur insoweit beheben, wie sich dies „rechnet". Umgekehrt kann sich eine Wertminderung aufgrund von bestehenden Baumängeln und Bauschäden nur in Höhe der daraus resultierenden kapitalisierten Mindereinnahmen ergeben.

Aus den vorstehenden Gründen kann es geboten sein, den **ertragswirtschaftlichen Lösungs- 120 ansatz mit dem kostenorientierten Lösungsansatz abzugleichen,** d.h. die ertragswirtschaftlich ermittelte Wertminderung mit den Schadensbeseitigungskosten hinsichtlich ihrer Rentierlichkeit zu vergleichen. Damit können fehlerhafte Ansätze vermieden werden: Wurde z.B. die Restnutzungsdauer wegen des Baumangels oder Bauschadens drastisch verkürzt, obwohl seine Behebung nur geringe Kosten verursachen würde, wäre das Ergebnis nicht sachgerecht. Umgekehrt finden jedoch leichtere Schäden (Reparaturstau), die nicht zu einer Verkürzung der Restnutzungsdauer führen, keine Berücksichtigung, was insbesondere bei angespannter Marktlage durchaus dem gewöhnlichen Geschäftsverkehr entspricht.

– Wenn die ertragswirtschaftlich ermittelte Wertminderung die Schadensbeseitigungskosten übersteigt, indiziert dies, dass sich der Marktwert (Verkehrswert) des Grundstücks mit der Behebung der Baumängel und Bauschäden in einem Maße erhöhen würde, der die dafür aufzubringenden Kosten übersteigt. Die Schadensbeseitigungskosten „rechnen" sich in diesem Fall und können dann auch Grundlage für die Wertminderung sein.

– Zumeist und insbesondere bei älteren Gebäuden mit einem entsprechend geringeren Gebäudewert und kurzer Restnutzungsdauer überschreiten die Schadensbeseitigungskosten nicht unwesentlich die mit der Schadensbeseitigung einhergehende Erhöhung des Marktwerts (Verkehrswert) des Grundstücks. Die Instandsetzungskosten rentieren sich dann nicht. Dies ist darin begründet, dass die im Zuge der Behebung von Baumängeln oder Bauschäden erneuerten Bauteile in eine **Schicksalsgemeinschaft mit dem Gebäude** treten. Ein wirtschaftlich handelnder Eigentümer wird sich beispielsweise scheuen, die Fassade seines Hauses zu erneuern, wenn das Gebäude aufgrund seiner sonstigen Beschaffenheit nur noch eine kurze Restnutzungsdauer aufweist. Er wird allenfalls solche Bauteile erneuern, die sich über die verbleibende Restnutzungsdauer wirtschaftlich „auszahlen" oder nach Ablauf der Restnutzungsdauer Weiterverwendung finden können. Dies betrifft Bauteile, deren technische Lebensdauer kürzer als die Restnutzungsdauer des Gebäudes nach Beseitigung der Beeinträchtigungen ist.

– In derartigen Fällen können die **Schadensbeseitigungskosten den (fiktiven) Gebäudewert deutlich überschreiten**. Dies führt häufig sogar dazu, dass der Bodenwert „angefressen“ wird und mitunter würde der Abzug der Kosten sogar zu einem negativen (Un-)wert führen. Diesem Ergebnis steht entgegen, dass die Wertminderung wegen Baumängeln oder Bauschäden grundsätzlich nicht höher sein kann als der Wertanteil des beschädigten Bauteils am Gebäudesachwert insgesamt.

– Der Ansatz einer verkürzten Restnutzungsdauer ist insbesondere bei älteren **Gebäuden mit einem unrentierlichen Instandsetzungsbedarf** angezeigt. Denn für ein Grundstück mit einer ohnehin in absehbarer Zeit abgängigen baulichen Anlage ist es zumeist kaum sinnvoll, zunächst den Ertragswert unter der Annahme eines fiktiven (instandgesetzten) Zustands zu ermitteln, um diesen Zwischenwert dann um Instandsetzungskosten zu vermindern, die der Eigentümer gar nicht aufzubringen gedenkt.

121 Welcher Verfahrensweg zur Berücksichtigung von Baumängeln oder Bauschäden sachgerecht ist, muss bei alledem unter Berücksichtigung des Einzelfalls und eines wirtschaftlich **vernünftig handelnden Eigentümers** beurteilt werden. Grundsätzlich ist nach dem Prinzip des „*highest and best use*“ das Verfahren maßgebend, das zu dem höchsten Wert führt. Deshalb kann es geboten sein, die in Betracht kommenden Varianten allesamt daraufhin zu prüfen. Ein wirtschaftlich handelnder Eigentümer wird den für ihn vermögensmäßig günstigeren Weg beschreiten[30]. Für die im Einzelfall zur Anwendung kommenden Verfahrenswege sollte das maßgebend sein, was ein vernünftig handelnder Eigentümer machen würde.

122 Dies gilt vor allem auch in den Fällen, in denen darüber hinaus **Modernisierungs- und Umstrukturierungsmaßnahmen** in Betracht zu ziehen sind. In der Praxis werden in derartigen Fällen vielfach konkrete Vorstellungen eines potenziellen Erwerbers in die Verhandlungen eingebracht. Im Rahmen der Verkehrswertermittlung von Grundstücken dürfen solche Vorstellungen nicht als Diktat betrachtet werden, wenn dabei die Grundsätze einer Kosten-Nutzenoptimierung verletzt werden, da damit vielfach die Absicht einer Unterwälzung unrentierlicher Kosten in den Kaufpreis verbunden ist.

123 Im Rahmen einer Investitionsberechnung wird den Sachverständigen mitunter vorgegeben, welche Variante im Rahmen der sich anbietenden Möglichkeiten (Instandsetzung oder Instandsetzung in Kombination mit einer Modernisierung bzw. einer Umnutzung) er seiner Wertermittlung zugrunde legen soll. Dies muss nicht die rentierlichste aller sich anbietenden Möglichkeiten sein. Geht es hingegen um den Verkehrswert, wie er sich bei freier Disponierbarkeit einstellt, so muss der **Variante der Vorzug gegeben werden, die im Rahmen des rechtlich Zulässigen und der Usancen auf dem Grundstücksmarkt zum „optimierten Verkehrswert“** führt, denn es entspricht gerade bei Ertragswertobjekten den Preismechanismen des gewöhnlichen Geschäftsverkehrs, dass die Verwertungsmöglichkeiten einer Immobilie ausgeschöpft werden. Bei sich alternativ stellenden Verwertungsmöglichkeiten kann es daher erforderlich werden, dass der Sachverständige zunächst die in Betracht kommenden Möglichkeiten durchspielt, um sich dann zu entscheiden, welcher Vorgehensweise der Vorzug zu geben ist.

3.8.4.6 Kostenorientierter Lösungsansatz (alterswertgeminderte Schadensbeseitigungskosten)

124 Insbesondere bei Sachwertobjekten wird die Wertminderung wegen disponibler Baumängel und Bauschäden mit den alterswertgeminderten Schadensbeseitigungskosten angesetzt. Diese Methode lehnt sich an die Grundsätze des Sachwertverfahrens an, bei dem auch die aktuellen Herstellungskosten einer Alterswertminderung unterworfen werden, und wird damit begründet, dass die instandgesetzten Bauteile das Schicksal des Gebäudes teilen. Die **Schadensbeseitigungskosten** sind deshalb regelmäßig derselben **Alterswertminderung** *(depreciation)*

30 BGH, Urt. vom 24.01.1963 – III ZR 149/61 –, BGHZ 39, 40 = EzGuG 20.34.

i.S. des § 38 ImmoWertV **zu unterwerfen, die für die Ermittlung des Gebäudesachwerts maßgeblich ist**. Dies entspricht auch der Methode, wie sie vom *American Institute* vertreten wird[31].

Wertermittlungstechnisch kommen hierfür bei Anwendung des Sachwertverfahrens zwei Verfahrenswege in Betracht. **125**

Beispiel: **126**

Herstellungswert am Wertermittlungsstichtag	300 000 €
Schadensbeseitigungskosten zu diesem Zeitpunkt	100 000 €
Gesamtnutzungsdauer	100 Jahre
Restnutzungsdauer	75 Jahre
Alterswertminderungsfaktor (§ 38 ImmoWertV)	0,75
Alterswertminderung	25 v.H.

Alternative 1:

Herstellungswert		300 000 €
– Alterswertminderungsfaktor		x 0,75
Altersgeminderter Herstellungswert		225 000 €
– Schadensbeseitigungskosten	75 000 €	
Alterswertminderungsfaktor	x 0,75	
= Alterswertgemindert	= 56 250 €	– 56 250 €
Gebäudesachwert		**= 168 750 €**

Alternative 2:

Herstellungswert	300 000 €
Schadensbeseitigungskosten	– 75 000 €
= Zwischenwert	= 225 000 €
Alterswertminderungsfaktor	x 0,75
Gebäudesachwert	**=168 750 €**

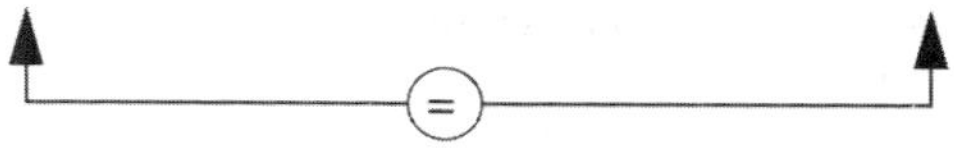

Zur Begründung wird darauf verwiesen, dass der **Wertminderungsbetrag im Allgemeinen nicht höher sein kann als der Wertanteil des betreffenden Bauteils am Gesamtwert des Baukörpers**. Der Abzug der Schadensbeseitigungskosten in voller Höhe kann nämlich bei einem älteren Gebäude dazu führen, dass die Schadensbeseitigungskosten den Gebäudewert übersteigen, obwohl das Objekt am Grundstücksmarkt durchaus noch über dem Wert des Grund und Bodens gehandelt wird. Gleichwohl handelt es sich hierbei um einen theoretisch begründeten Hilfsweg, der mit dem Mangel behaftet ist, dass damit eine „dem gewöhnlichen Geschäftsverkehr" entsprechende Bemessung der Wertminderung nicht sichergestellt ist, denn dazu müsste konsequenterweise auch eine Marktanpassung vorgenommen werden. Was nämlich für den Sachwert insgesamt gilt, **muss auch für Teilsachwerte** gelten, um die es sich hier letztlich handelt. **127**

Anders stellt sich die Situation dar bei der **Erneuerung bzw. Modernisierung kurzlebiger Gewerke**, die über die verbleibende und ggf. verlängerte Restnutzungsdauer wirtschaftlich genutzt werden oder nach Ablauf der Restnutzungsdauer Weiterverwendung finden können. **128**

Eine grundsätzlich andere Auffassung lässt sich dagegen rechtfertigen, wenn von einer **ewigen Gesamtnutzungsdauer** ausgegangen wird, weil – zumindest theoretisch – jedes Gebäude auf Dauer erhalten werden kann[32]. Dann sind die Schadensbeseitigungskosten in voller Höhe wirt- **129**

---

31 The Appraisal of Real Estate, 12. Aufl. Chicago, S. 363; Akerson, The Appraiser's Workbook, 2d ed. Chicago: Appraisal Institute 1996; Coggin, D., Let's Not Abandon The Cost Approach, The Appraisal Institute Journal, January 1994; Marchitelli, R., Rethinking the Cost Approach, The Appraisal Journal July 1992, 424; Ramsett, D., The Cost Approach: An Alternative View, The Appraisal Journal, April 1998; Oetzel, T., Some Thoughts on The Cost Approach, The Appraisal Journal, January 1993.

32 Vogels in GuG 1991, 132 ff.

schaftlich „nutzbar" und können sich amortisieren. Diese Auffassung geht allerdings von einem anderen Wertermittlungsmodell aus, als es der ImmoWertV zugrunde liegt. Es kann gleichwohl in Betracht kommen.

130 Sicherlich spricht für diese Anschauung die nicht zu bestreitende Tatsache, dass eine Vielzahl von Immobilien – ohne dass es sich hierbei um Denkmäler handeln muss – auf Dauer erhalten werden. Man denke hier nur an Gründerzeithäuser. Jedoch müsste dann das Wertermittlungsverfahren in seiner Gesamtheit, insbesondere was die ordnungsgemäße Instandhaltung anbelangt, dementsprechend ausgerichtet sein. Indessen darf bei der Ausrichtung des in der ImmoWertV geregelten Sachwertverfahrens auf eine endliche Restnutzungsdauer nicht unberücksichtigt bleiben, dass sich die „vollen" Schadensbeseitigungskosten nicht amortisieren, wenn die Restnutzungsdauer des Gebäudes „beschnitten" wird. Dieser Fall kann insbesondere bei älteren Gebäuden auftreten, deren Restnutzungsdauer durch die Maßnahmen der Schadensbeseitigung nicht oder allenfalls nur zum Teil verlängert wird. Ist dies der Fall, so müsste nach dem von *Vogels* vorgeschlagenen **Modell**, nach dem die „vollen" Schadensbeseitigungskosten anzusetzen sind, weil von **einer ewigen Gesamtnutzungsdauer** ausgegangen wird, auch eine höhere Instandhaltung sowie ggf. eine zusätzliche Modernisierung zum Ansatz gebracht werden.

3.8.4.7 Sachwertorientiertes Restwertverfahren

131 Die Methode, Ertragswertobjekte mit sehr hohem Instandsetzungsbedarf auf der Grundlage eines ordnungsgemäß instandgehaltenen Objektzustands zu ermitteln, und das Ergebnis dann um die aufzubringenden Schadensbeseitigungskosten zu vermindern, schlägt bei sehr hohem Instandsetzungsbedarf in ihrem Kern in ein (verkapptes) Sachwertverfahren um (vgl. Syst. Darst. des Sachwertverfahrens Rn. 12 ff.). Von daher ist dann auch zu prüfen, ob nicht der konsequentere Weg darin zu suchen ist, den Verkehrswert unter Anwendung einer **sachwertorientierten Restwertmethode** zu ermitteln. Dies soll am nachstehenden *Beispiel* erläutert werden:

132 *Beispiel (vereinfacht):*

a) Sachverhalt

Es ist der Verkehrswert eines Bürogebäudes mit 2 000 m² Nutzfläche (NF) in „hochkarätiger" Innenstadtlage zu ermitteln.

- Grundstücksgröße = 1 000 m² bei einem Bodenwert von 6 000 €/m²; hieraus ergibt sich ein Bodenwert von insgesamt 6 Mio. €.
- Das Gebäude wurde 1928 in repräsentativer, gleichwohl „pflegeleichter" Bauweise, Ausstattung und moderner sowie funktionsgerechter Raumaufteilung errichtet. Es ist verhältnismäßig gut erhalten und steht unter Denkmalschutz.
- Die Instandsetzungs- und Modernisierungskosten belaufen sich gleichwohl auf ca. 1 800 €/m² NF, wobei eine repräsentative und nicht eine technische Luxusmodernisierung (mit Klimatisierung und dgl.) im Vordergrund steht.
- Nach Instandsetzung und Modernisierung kann nachhaltig mit einer Nettokaltmiete von 20 €/m² NF und nicht umlagefähigen Bewirtschaftungskosten von 20 % gerechnet werden; trotz der erstklassigen Lage ist eine höhere Miete kaum erzielbar.
- Im Hinblick auf Größe und Ausstattung des Objektes muss mit einem eingeschränkten Käuferkreis gerechnet werden.

b) Verkehrswertermittlung (fiktiver Ertragswert abzüglich Instandsetzung)

	Ermittlung des Reinertrags:			
	2 000 m² NF × 20 €/m² NF × 12 Monate =		480 000 €	p.a.
./.	Bewirtschaftungskosten (20 %) p.a.=	–	96 000 €	
=	Reinertrag =		384 000 €	
./.	Bodenwertverzinsungsbetrag (bei LZ = 6 %: 6 Mio. € × 0,06 × 0,06) =	–	360 000 €	
=	bodenwertverzinsungsbetragsgeminderter RE =		24 000 €	
×	Kapitalisierungsfaktor (16,62 bei RND = 100 Jahre und LZ = 6 %) =		398 880 €	
–	Instandsetzungs- und Modernisierungskosten: (2 000 m² NF × 1 800 €/m² NF)	–	3 600 000 €	
=	Gebäudeertragswert (Gebäudeanteil) =	–	3 201 120 €	
+	Bodenwert =	+	6 000 000 €	
=	Ertragswert (Boden und Gebäude)	=	2 798 880 €	

Tatsächlich stellt die vorgestellte Methode vornehmlich ein Sachwertverfahren dar, denn bei genauerer Betrachtung sind es die Modernisierungs- und Instandsetzungskosten in Höhe von 3,6 Mio. €, die entscheidend auf das Ergebnis „durchschlagen". Es handelt sich zudem um ein **Liquidationsobjekt,** denn bei Ansatz eines Reinertrags, der dem tatsächlich gegebenen instandsetzungs- und modernisierungsbedürftigen Zustand entspricht, ergäbe sich nach Abzug des Bodenwertverzinsungsbetrags ein „negativer" Reinertrag (vgl. Rn. 51, § 4 ImmoWertV Rn. 87; § 6 ImmoWertV Rn. 132; § 40 ImmoWertV Rn. 230; § 43 ImmoWertV Rn. 1 ff., 27, 41; § 43 ImmoWertV Rn. 1 ff., 41; Syst. Darst. des Sachwertverfahrens Rn. 133; Syst. Darst. des Ertragswertverfahrens Rn. 140). **133**

In der Wertermittlungspraxis werden solche **Liquidationsobjekte vielfach gar nicht erkannt, wenn schematisch vom fiktiven Ertragswert** unter Berücksichtigung der Instandhaltung ausgegangen wird. Geht man dagegen von einer hälftigen Miete von 10 €/m² NF für das instandsetzungsbedürftige Gebäude aus, so wird dies deutlich: **134**

2 000 m² NF × 10 €/m² NF × 12 Monate		=	240 000 €	p.a.
–	Bewirtschaftungskosten (20 % von 480 000 €)	=	96 000 €	
=	Reinertrag RE	=	144 000 €	
-	Bodenwertverzinsungsbetrag	=	– 360 000 €	
=	RE (bodenwertverzinsungsbetragsgemindert)	=	– 216 000 €	

Als **Liquidationswert** ergäbe sich bei einem Bauvolumen von 7 000 m³ und Freilegungskosten

Bodenwert		=	6 000 000 €
–	Freilegungskosten (7 000 m³ × 40 €/m³)	=	280 000 €
=	Liquidationswert	=	**5 720 000 €**

Da es sich um ein denkmalgeschütztes Gebäude handelt, könnte nach vorstehender Berechnung ein Übernahmeanspruch in Betracht kommen. Dies bleibt aber problematisch, wie nachfolgende Betrachtung zeigt. Zunächst muss man erkennen, dass die unter b) vorgestellte **Ertragswertermittlung auf der Grundlage der Erträge nach Instandsetzung und Modernisierung und nachträglichem Abzug der Instandsetzungs- und Modernisierungskosten im Prinzip eine Form des Extraktionsverfahrens (Residualwertverfahrens)** mit der damit **135** verbundenen Problematik darstellt. Die dabei angesetzten Kosten müssen sich dabei nicht in einer entsprechenden Ertragswerterhöhung niederschlagen.

136 Darüber hinaus ist aber zu bedenken, dass der Erwerb eines **Objekts**, der **mit dem Einsatz erheblicher Instandsetzungs-, Modernisierungs- oder Umnutzungskosten verbunden** ist, dem Erwerb eines unbebauten Grundstücks gleichkommt, auf dem der Erwerber die Errichtung eines Quasi-Neubaus beabsichtigt. Unter dieser Prämisse muss auch folgende Betrachtung angestellt werden (vereinfachte Betrachtungsweise):
c) Verkehrswertermittlung (fiktiver Sachwert abzüglich Ersparnissen)
Herstellungskosten für den Neubau eines Gebäudes in der Art des vorhandenen Gebäudes im instand gesetzten und modernisierten Zustand: 2 000 m² NF × 3 000 €/m²= 6 000 000 €
Ersparte Herstellungskosten: Von den Herstellungskosten verbleiben nur die Instandsetzungs- und Modernisierungskosten:
3 000 €/m² NF - 1 800 €/m² = 1 200 €/m² NF

insgesamt: 2 000 m² NF × 1 200 €/m² NF		= 1 200 000 €
+	Bodenwert	= 6 000 000 €
=	Sachwert (ohne Marktanpassung)	= 7 200 000 €

137 Man wird sich für dieses Verfahren zumindest in den Fällen entscheiden können, wo es sich um ein Objekt handelt, bei dem sich dem Käufer nur die Option „bauen oder kaufen“, also die Option einer Anmietung, nicht stellt. Wo ersatzweise die Möglichkeit besteht, sich „einzumieten“, kann dagegen erwartet werden, dass er sich am Ertragswert orientiert. Die Alternativberechnung kann im Gegensatz zu dem unter b) vorgestellten Verfahren als eine Sachwertermittlung qualifiziert werden, bei der der vorhandene instandsetzungs- und modernisierungsbedürftige Gebäudezustand gleichsam als ersparte Herstellungskosten behandelt wird.

138 Insoweit stellt die unter Buchstabe c) vorgestellte Berechnungsweise im Übrigen den konsequenteren Schritt zum Sachwertverfahren dar, wobei das Ergebnis in Anbetracht der Höhe des Sachwerts einer Marktanpassung bedarf. Das Ergebnis macht zudem deutlich, dass die Anwendung des Liquidationswertverfahrens hier nicht zu sachgerechten Ergebnissen führt.

3.8.4.8 Nutzwertanalytischer Lösungsansatz

139 In der Praxis wird hilfsweise auch auf die nutzwertanalytische Zielbaummethode zurückgegriffen, indem dem Verkehrswert des mangelfreien Objekts in Prozent (100%iger Verkehrswert) der Verkehrswert (Marktwert) des mangelbehafteten Objekts (x %) gegenübergestellt wird. Dazu muss je nach Art des Objekts

a) der Gesamtwert in entsprechende prozentuale Wertanteile aufgespalten werden und

b) die Beeinträchtigungen der betroffenen Wertanteile schulnotenmäßig beurteilt werden.

140 Für die **schulnotenmäßige Beurteilung** bedarf es einer Notenskala (Wertminderungsfaktoren), die z.B. folgendes Bild haben kann:

Wertminderungsfaktor	Beeinträchtigung
0,00	Keine Beeinträchtigung i.S. der Zielkriterien
0,25	Leichte Beeinträchtigung i.S. der Zielkriterien
0,50	Mittlere Beeinträchtigung i.S. der Zielkriterien
0,75	Schwere Beeinträchtigung i.S. der Zielkriterien
1,00	Unbrauchbarkeit

Nutzwertanalytischer Ansatz (Zielbaum)							
	%		%		%	Wert-minde-rungs-faktor	Teilwert
1	2	3	4	5	6	7	8 = 6 × 7
Gebrauchs-wert	80	Nutzfunktion	40	Nutzziel 1	10		
					10		
					10		
					10		
		Schutzfunk-tion	40	Sicherheit	10		
				Brandschutz	10		
				Wärmeschutz	10		
				Schallschutz	10		
Geltungs-wert	20	außen	10	Fassade	5		
				Architektur	5		
		innen	10	Grundriss	5		
				Ausstattung	5		
Summe	100		100		100	Wertminderung: %	

3.8.4.9 Sonstige Lösungsansätze

Schrifttum: *Auerhammer,* Verfahren zur Bestimmung von Wertminderungen bei Baumängeln und Bauschäden, BauR 1978, 3456; *Kröll, R./Hausmann A./Rolf,* A., Rechte und Belastungen in der Immobilienbewertung, 5. Aufl. 2015; *Hebbel, H.*, GuG 2017, 236; *Oswald, R., Abel, R.*, Hinzunehmende Unregelmäßigkeiten bei Gebäuden; Typische Erscheinungsbilder, Beurteilungskriterien, Grenzwerte. 2. Aufl. Bauverlag Wiesbaden, Berlin 2000; *Kamphausen, P.-A.*: Baumängelgutachten nach neuem Baurecht. In: Bauschadensfälle. Bd. 3, Hrsg. G. Zimmermann und R. Schumacher, Fraunhofer IRB-Verlag Stuttgart 2003; *Seitz, W.*, Zielbaumverfahren – Wertermittlung oder Willkür, GuG 2011, 216; *Schmidt-Eichstädt, G.*, Rechtsprobleme bei der Anwendung des Zielbaumverfahrens, GuG 2004, 129; *Seldeneck/Dyroff*, Bln GE 1999, 92.

In der Praxis wird eine aus Baumängeln, Bauschäden bzw. einem Instandhaltungsrückstau resultierende **Wertminderung** alternativ nach „**Erfahrungssätzen**" bemessen. Mit dieser Alternative sind „Erfahrungssätze" angesprochen, die darauf hinauslaufen, die Schadensbeseitigungskosten mit einem angemessenen Vomhundertsatz der „vollen" Schadensbeseitigungskosten anzusetzen. Generell wird man einen „qualifizierten" Erfahrungssatz fordern müssen, bei dem das „Erfahrene" belegbar ist. Der Ansatz von häufig nicht konkret nachweis-baren Erfahrungssätzen wird in § 4 Abs. 3 BelWertV im Unterschied zum bisherigen Recht nicht mehr ausdrücklich zugelassen. Baumängel, Bauschäden bzw. ein Instandhaltungsrückstau sind nunmehr mit einem Abschlag vom Beleihungswert zu berücksichtigen, der auf der Grundlage der für ihre Beseitigung am Wertermittlungsstichtag bekannten oder vorsichtig geschätzten Aufwendungen zu ermittelten ist. **141**
Die BelWertV schließt damit – wie die WertV – grundsätzlich eine Berücksichtigung durch eine entsprechend verminderte Restnutzungsdauer aus.

Zur Ermittlung der Wertminderung wegen Baumängeln und Bauschäden findet trotz lauter werdender Kritik weiterhin das **Zielbaumverfahren (Multifaktorenanalyse)** Anwendung. Dabei wird von dem Grundsatz ausgegangen, dass die Wertminderung umso höher einzuschätzen ist, je stärker **142**

- der Gebrauchs- und Geltungswert beeinträchtigt und
- je höher diese bei den Nutzern üblicherweise gewichtet sind.

Die Schwachstellen des Verfahrens sind die wiederum mit „Erfahrungssätzen“ begründeten Wichtungen.

143 Für **landwirtschaftliche Wirtschaftsgebäude** liegen folgende Erfahrungswerte vor (Abb. 12):

Abb. 12: Wertminderung für landwirtschaftliche Wirtschaftsgebäude bei Baumängeln und Bauschäden

Wertminderung für landwirtschaftliche Wirtschaftsgebäude bei Baumängeln und Bauschäden			
	Erhaltungs-zustand	**Reparaturaufwand Charakteristik**	**Wirtschaftliche Wertminderung des alterswertgeminderten Gebäudesachwerts**
1	sehr gut	Keine Reparatur erforderlich	0 %
2	gut	Geringe Reparatur erforderlich	1 bis 5 %
3	befriedigend	Geringe bis mittlere Reparatur erforderlich	5 bis 15 %
4	ausreichend	Mittlere bis größere Reparatur erforderlich	15 bis 25 %
5	mangelhaft	Erhebliche Reparatur und Instandsetzung erforderlich	25 bis 50 %
6	ungenügend	Gravierende Reparatur und Instandsetzung erforderlich	50 bis 75 %

Quelle: Becker/Olejnizat/Schneider/Tepper, Ableitung von Marktanpassungsfaktoren für aufgegebene landwirtschaftliche Hofstellen, Nachr. der rh.-pf. Kat.- und VermVw 1999, 32

3.8.5 Ermittlung der „vollen“ Schadensbeseitigungskosten

3.8.5.1 Methodische Übersicht

144 Wird die Wertminderung wegen Baumängeln und Bauschäden nach Erfahrungssätzen bestimmt, wird man sich an der Höhe der Schadensbeseitigungskosten orientieren. Schadensbeseitigungskosten sind als Bezugsgrundlage nach wie vor von Bedeutung, auch wenn § 8 Abs. 3 ImmoWertV die Kosten der Schadensbeseitigung nicht mehr direkt anspricht.

145 Grundlagen der Ermittlung der Höhe der Schadensbeseitigungskosten können sein

a) absolute Kostenkennwerte oder

b) prozentuale Wertanteile der Gesamtherstellungskosten.

146 Aus Praktikabilitätsgründen, aber auch aus Gründen der Systemkonformität mit den angesetzten Normalherstellungskosten ist der Heranziehung von **Prozentsätzen der Gebäudeherstellungskosten** (prozentuale Wertanteile) der Vorzug zu geben. Dabei muss insbesondere auch beachtet werden, dass es sich bei den Normalherstellungskosten um die Ersatzbeschaffungskosten eines Neubaus handelt und der Neubau allemal preisgünstiger als die Instandsetzung ist.

Bei Heranziehung von Vergleichswerten für Kostenschätzungen ist auch zu beachten, dass entsprechende Veröffentlichungen zumeist nicht die **Baunebenkosten** einschließen. Bei der Instandsetzung und Modernisierung von Altbauten entstehende höhere Baunebenkosten sind im Wesentlichen darauf zurückzuführen, dass 147

- Architekten- und Ingenieurhonorare aufgrund der Umbauzuschläge sowie aufgrund besonderer Leistungen (Bestandsaufnahme usw.) höher ausfallen,
- bei Umbaumaßnahmen Baunebenkosten auftreten, die bei Neubauten nicht entstehen (Mieterentschädigung, Umzugskosten usw.).

Wenn vorhandene **Mieter während der Instandsetzung und Modernisierung „umgesetzt"** 148 werden müssen, sind Kosten von 750 bis 1 000 € (ohne die Kosten für Entschädigungszahlungen für mietereigene Einbauten oder für die Zwischenlagerung von Möbeln usw.) ohne Weiteres üblich.

3.8.5.2 Schadensbeseitigungskosten nach Wertanteilstabellen

Die „vollen" Schadensbeseitigungskosten werden bei Heranziehung von Wertanteilstabellen 149 ermittelt in Abhängigkeit von

a) den ermittelten Normalherstellungskosten (NHK),

b) dem Beschädigungs- bzw. Instandsetzungsgrad (in v.H.),

c) dem Wertanteil des instandsetzungsbedürftigen Bauteils am Gesamtwert des Bauwerks (in v.H.) gemäß Wertanteilstabelle,

d) dem Reparaturzuschlagsfaktor (Mehrkostenfaktor bei Instandsetzung im Verhältnis zum Neubau).

Schadensbeseitigungskosten =   NHK x Beschädigungsgrad$_{[\%]}$ x Wertanteil$_{[\%]}$ x Reparaturzuschlag

Beispiel: 150

Stahlbetonskelettgebäude in einfacher Ausstattung (ohne Wärmedämmung)

– Der Gebäudesachwert wurde auf der Grundlage der NHK zum Wertermittlungsstichtag ermittelt mit	500 000 €

Durch äußere Einwirkungen sind zerstört worden

– Dacheindeckung	Beschädigungsgrad	40 v.H.
– Fassade	Beschädigungsgrad	20 v.H.

Wertanteil der

– Dachdeckung	16 v.H.
– Fassade	13 v.H.

Reparaturzuschlag

– Dachdeckung	25 %	Reparaturzuschlagsfaktor	1,25
– Fassade	20 %	Reparaturzuschlagsfaktor	1,20

Berechnung Schadensbeseitigungskosten:

Anteil Dachdeckung	16 v.H. × 0,40 × 1,25 =	8,00 v.H.		
Anteil Fassade i	13 v.H. × 0,20 × 1,20 =	3,12 v.H.		
Anteil der schadhaften Bauteile am Gesamtgebäude		11,12 v.H.	× 500 000 € =	55 600 €

151 Der **Beschädigungsgrad** wird als Vomhundertsatz auf der Grundlage einer Bestandsaufnahme ermittelt.

152 Der **Wertanteil des beschädigten Bauteils** kann unter Berücksichtigung

- der Art der baulichen Anlage,
- des Baujahrs (ggf. fiktiven Baujahres) und
- der regionalen Lage der baulichen Anlage

einer geeigneten Wertanteilstabelle entnommen werden. Dabei kann wiederum zurückgegriffen werden auf

a) die Kostengruppen der DIN 276 oder

b) auf Richtwerte, insbesondere

   1. Richtzahlen für die Wertanteile in v.H. der Bauteile bei Geschossbauten gemäß Erl. des nordrh.-westf. Ministers für Wiederaufbau vom 24.06.1948 – I A/225, MinBl. 1948 Nr. 12 (abgedruckt in Kleiber/Simon/Weyers, Verkehrswertermittlung von Grundstücken, 4. Aufl. Anl. 2 zu § 24 WertV[33]),
   2. Richtzahlen der Bundesfinanzverwaltung gemäß Verfügung der OFD Kiel (BStBl. I 1991, 969); abgedruckt in Anl. 1,
   3. Richtzahlen für die Wertanteile in v.H. der Bauteile bei Geschossbauten gemäß VO des Magistrats der Stadt Berlin (abgedruckt in Kleiber/Simon/Weyers, Verkehrswertermittlung von Grundstücken, 4. Aufl. Anl. 3 zu § 24 WertV),
   4. Wertanteil-Tabelle zur Feststellung des Zerstörungsgrades an Gebäuden gemäß bay. Staatsministerium der Finanzen, ABl. 1950 Nr. 2 (abgedruckt in Kleiber/Simon, Verkehrswertermittlung von Grundstücken, 5. Aufl. S. 2018),
   5. Tabelle zur Ermittlung des Beschädigungsgrades von Wohngebäuden des Bauausschusses des Deutschen Städtetages in der ehem. brit. Zone (abgedruckt in Kleiber/Simon/Weyers, Verkehrswertermittlung von Grundstücken, 4. Aufl. Anl. 6 zu § 24 WertV),
   6. Baukostenanteile bei Wohngebäuden und Kosteneinsparungen durch Eigenleistung nach Baier (abgedruckt in Kleiber/Simon/Weyers, Verkehrswertermittlung von Grundstücken, 4. Aufl. Anl. 4 zu § 24 WertV).

c) Richtwerte zum Beschädigungsgrad bei Wohngebäuden

   – Richtlinien des Bauausschusses des Deutschen Städtetags in der ehemaligen britischen Zone (abgedruckt in Kleiber/Simon, Verkehrswertermittlung von Grundstücken, 5. Aufl. S. 2017).

d) weitere Hinweise:
   Erlasse der obersten Finanzbehörden der neuen Länder

   - vom 21.07.1994 (BStBl. I 1994, 480 = Kleiber/Söfker Vermögensrecht Nr. 7.3.16)
   - vom 21.05.1993 (BStBl. I 1993, 467 = GuG 1994, 226),

33 Die Aufstellung ist auch Bestandteil des Erl. der FM der neuen Bundesländer betr. Bewertung von Einfamilienhäusern im Beitrittsgebiet (BStBl. I 1991, 968 = GuG 1992, 78).

- vom 19.01.1993 (BStBl. I 1993, 173 = Kleiber/Söfker, Vermögensrecht Nr. 7.3.8 = Anh. 11.3 in der 2. Aufl. Kleiber/Simon/Weyers, Verkehrswertermittlung von Grundstücken).

Abb. 13: Gewichte ausgewählter Bauarbeiten an einem Neubau in konventioneller Bauweise

Wägungsanteile ausgewählter Bauarbeiten an einem Neubau in konventioneller Bauweise			
	Basis 2000 = 100	**Basis 2005 = 100**	**Stand 2011**
	Anteil in %	**Anteil in %**	**Anteil in %**
	Wohngebäude		
Bauleistungen am Bauwerk	100	100	100
Rohbauarbeiten	**47,966**	**45,168**	**45,168**
Erdarbeiten	3,512	3,666	3,666
Verbauarbeiten	–	–	0,041
Entwässerungskanalarbeiten	1,190	0,879	0,879
Mauerarbeiten	15,000	11,735	11,735
Betonarbeiten	15,785	14,030	14,030
Zimmer- und Holzbauarbeiten	4,373	6,389	6,389
Stahlbauarbeiten	–	–	0,411
Abdichtungsarbeiten	1,172	1,012	1,012
Dachdeckungs- und Dachabdichtungsarbeiten	3,928	5,710	5,710
Klempnerarbeiten	1,783	1,309	1,309
Gerüstarbeiten	–	–	0,986
Ausbauarbeiten	**53,832**	**53,832**	**53,832**
Naturwerksteinarbeiten	1,223	1,073	1,073
Betonwerksteinarbeiten	–	–	0,052
Putz- und Stuckarbeiten	6,899	4,521	4,521
Wärmedämm-Verbundsysteme	–	2,575	2,575
Trockenbauarbeiten	3,791	3,115	3,115
Vorgehängte hinterbelüftete Fassade	–	–	0,058
Fliesen- und Plattenarbeiten	3,220	3,263	3,263
Estricharbeiten	2,215	1,999	1,999
Tischlerarbeiten	7,917	9,919	9,919
Parkettarbeiten	1,122	1,727	1,727
Rollladenarbeiten	0,938	1,447	1,447
Metallbauarbeiten	3,704	3,714	3,714
Verglasungsarbeiten	0,056	0,056	0,056
Maler- und Lackierarbeiten, Beschichtungen	2,164	1,612	1,612
Bodenbelagsarbeiten	1,328	0,888	0,888

Wägungsanteile ausgewählter Bauarbeiten an einem Neubau in konventioneller Bauweise			
Tapezierarbeiten	0,644	1,262	1,626
Raumlufttechnische Anlagen	–	–	0,238
Heizanlagen und zentrale Wassererwärmungsanlagen	6,088	7,001	7,001
Gas-, Wasser- und Entwässerungsanlagen innerhalb von Gebäuden	4,621	4,805	4,804
Nieder- und Mittelspannungsanlagen	3,596	3,620	3,620
Gebäudeautomation	–	–	0,130
Blitzschutzanlagen	–	–	0,158
Dämmarbeiten an technischen Anlagen	–	–	0,281
Förder-, Aufzugsanlagen, Fahrtreppen und -steige	–	–	0,319

Quelle: Statistisches Bundesamt Fachserie 17 Reihe 4 2/2011; Wirtschaft und Statistik 2008, 811
Zu den Wägungsanteilen im Jahre 1995 (Bezugsdatum der NHK 1995/2000) vgl. Kleiber, Verkehrswertermittlung von Grundstücken, 6. Aufl. 2010, S. 1067 ff.

3.8.5.3 3.8.5.3 Schadensbeseitigungskosten nach Kostenkennwerten der Einzelgewerke

▶ *Vgl. Teil V Rn. 202*

153 Die absoluten Baukosten werden i.d.R. nach den auf den Wertermittlungsstichtag kalkulierten Schadensbeseitigungskosten ermittelt. *Schmitz/Krings/Dahlhaus/Meisel* geben Vergleichswerte für einzelne Gewerke an, wobei auch diese Methode a priori ungenau bleiben muss, da die Gewerkebereiche regional, bürospezifisch und zeitlich unterschiedlich definiert werden.

154 **Bauteiltabelle zur Berücksichtigung von Baumängeln und Bauschäden**

Abb. 14: Durchschnittliche Kostenanteile der erneuerbaren Bauteile an den NHK in %

Durchschnittliche Kostenanteile der erneuerbaren Bauteile an den NHK in %				
		Ausstattungsstandards		
DIN	**Kostengruppenbezeichnung**	**Ø einfach**	**Ø mittel**	**Ø hoch**
325	Bodenbeläge	1,9	2,2	2,5
326	Bauwerksabdichtungen	0,4	0,6	0,8
327	Drainagen	0,5	0,6	0,4
329	Gründung, Sonstiges	0,1	0,2	0,0
332	Nichttragende Außenwände	0,3	0,5	0,5
334	Außentüren und -fenster	6,9	7,6	7,4
335	Außenwandbekleidung außen	6,5	6,7	6,3
336	Außenwandbekleidung innen	1,7	2,1	2,9
337	Elementierte Außenwände	3,2	3,1	2,0
338	Sonnenschutz	2,0	1,7	2,8
339	Außenwände, Sonstiges	1,3	1,2	2,0
341	Tragende Innenwände	3,8	3,6	2,8
342	Nichttragende Innenwände	3,6	2,7	1,5
344	Innentüren und -fenster	3,0	2,8	2,1
345	Innenwandbekleidungen	4,5	3,9	4,7

Durchschnittliche Kostenanteile der erneuerbaren Bauteile an den NHK in %				
346	Elementierte Innenwände	0,6	0,2	0,0
349	Innenwände, Sonstiges	0,4	0,7	0,6
352	Deckenbeläge	5,3	5,4	6,2
353	Deckenbekleidungen	1,5	1,2	1,5
359	Decken, Sonstiges	1,3	1,6	0,8
362	Dachfenster, Dachöffnungen	1,1	1,1	2,2
363	Dachbeläge	4,8	5,4	5,0
364	Dachbekleidungen	2,5	2,0	1,8
369	Dächer, Sonstiges	0,3	0,5	0,3
371	Allgemeine Einbauten	0,8	1,2	1,0
372	Besondere Einbauten	0,0	0,0	1,2
379	Baukonstruktive Einbauten, Sonstiges	0,0	0,0	0,4
412	Wasseranlagen	4,3	4,2	5,0
413	Gasanlagen	0,0	0,1	0,1
421	Wärmeerzeugungsanlagen	2,5	2,5	3,4
423	Raumheizflächen	2,2	2,4	1,0
431	Lüftungsanlagen	0,4	0,6	1,0
443	Niederspannungsschaltanlagen	0,5	0,3	0,0
444	Niederspannungsinstallationsanlagen	2,8	2,7	2,5
445	Beleuchtungsanlagen	0,3	0,3	1,0
446	Blitzschutz- und Erdungsanlagen	0,1	0,1	0,3
449	Starkstromanlagen	0,2	0,0	0,0
451	Telekommunikationsanlagen	0,1	0,1	0,1
452	Such- und Signalanlagen	0,3	0,3	0,2
454	Elektroakustische Anlagen	0,1	0,1	0,1
455	Fernseh- und Antennenanlagen	0,2	0,3	0,2
456	Gefahrenmelde- und Alarmanlagen	0,1	0,6	2,9
457	Übertragungsnetze	0,0	0,1	0,2
459	Fernmelde- und informationstechnische Anlagen	0,0	0,0	0,0
461	Aufzugsanlagen	0,0	2,5	0,0
471	Küchentechnische Anlagen	0,0	0,1	0,0
475	Feuerlöschanlagen	0,0	0,0	0,0
476	Badetechnische Anlagen	0,0	0,0	1,0
478	Entsorgungsanlagen	0,0	0,0	0,0

Um einen groben Anhalt über die Schadensbeseitigungskosten zu gewinnen, reicht zumeist eine Kostenschätzung nach der **Bauteilmethode aus, die auf das Gliederungssystem der DIN 276 „Kosten im Hochbau“** gestützt wird: **155**

Abb. 15: Kostengruppen

Kostengruppe		Betrag in €
Alle Beträge einschließlich Mehrwertsteuer		
100	Grundstück	
200	Herrichten und Erschließen	
300	Bauwerk – Baukonstruktion	
400	Bauwerk – Technische Anlagen	
500	Außenanlagen	
600	Ausstattung und Kunstwerke	
700	Baunebenkosten	
	Zur Abrundung	
	Gesamtkosten	

3.8.5.4 Reparaturzuschlag

156 Die **Instandsetzungskosten sind im Vergleich zu Neubaukosten deutlich höher**, da die Instandsetzung in aller Regel mit den Kosten eines vorherigen Ausbaus der instandsetzungsbedürftigen Gewerke verbunden ist. Bei Instandsetzungen sind deshalb die Normalherstellungskosten um die Mehrkosten der Instandsetzung, d.h. um einen Reparaturzuschlag, zu erhöhen.

157 Der **Reparaturzuschlag** bemisst sich nach den Mehrkosten einer Instandsetzung gegenüber den Neubaukosten und ist insbesondere von der Zugänglichkeit des Bauteils und den Mehrkosten abhängig, die sich aus dem Umfang der „Handarbeiten" ergeben (Abb.16).

Abb. 16: Reparaturzuschlag

Reparaturzuschlagsfaktoren			
Bauteil	**Reparatur-zuschlag**	**Wert-anteil****	**Reparatur-zuschlags-faktor***
	in %	**in %**	
Rohbau, Konstruktion und Treppe	0 %	49,68 %	1,0
Fenster	15 %	4,69 %	1,15
Türen	15 %	3,22 %	1,15
Elektroinstallation	20 %	2,85 %	1,2
Dachdecker, Zimmermann, Klempner	20 %	10,49 %	1,2
Putz, Trockenbau	30 %	7,36 %	1,3
Maler	30 %	3,22 %	1,3
Estrich, Bodenbelag	30 %	4,70 %	1,3
Heizung	30 %	6,53 %	1,3
Sanitär, Installation, Fliesen	100 %	7,27 %	2,0
Summe		100 %	

* nach Schmitz, Gerlach, Krings

** nach Vogels

3.8.6 Baumängel und Bauschäden (Instandhaltungsrückstau) in der Beleihungswertermittlung

Im Rahmen der Beleihungswertermittlung sind gemäß § 4 Abs. 3 erkennbare Baumängel, Bauschäden bzw. ein Instandhaltungsrückstau mit einem „**gesonderten Abschlag vom Beleihungswert**" zu berücksichtigen (vgl. Rn. 141) 158

3.8.7 Baumängel und Bauschäden (Instandhaltungsrückstau) in der steuerlichen Bewertung

▶ *Vgl. Syst. Darst. des Ertragswertverfahrens Rn. 115*

Baumängel und Bauschäden werden im Rahmen der Grundbesitzbewertung lediglich im Rahmen des Nachweises eines niedrigeren Werts berücksichtigt. Zur Berücksichtigung bei der Einheitsbewertung vgl. Syst. Darst. des Ertragswertverfahrens Rn. 115. 159

3.9 Besondere werthaltige Bauteile, besondere Betriebsvorrichtungen sowie besondere Nutzflächen (z.B. c-Flächen)

3.9.1 Begriffe

▶ *Vgl. zu den besonderen Betriebsvorrichtungen § 1 ImmoWertV Rn. 98; § 36 ImmoWertV Rn. 9 ff.; zu diesen sowie zu den besonderen c-Flächen Syst. Darst. des Sachwertverfahrens Rn. 149 ff.*

Werthaltige Bauteile können insbesondere Außentreppen, Kellerlichtschächte, Gauben sowie Balkone sein; vgl. § 36 Abs. 3 Satz 4 ImmoWertV. **Besondere Betriebsvorrichtungen sind insbesondere** Personen- und Lastenaufzüge, Müllbeseitigungsanlagen, Hausfernsprecher, Uhrenanlagen, gemeinschaftliche Wasch- und Badeeinrichtungen, Meldeanlagen, Einrichtungen für Archive und Büchereien, Einrichtungen für Kassen- und Tresore, Tankanlagen usw. 160

Werthaltig können auch c-Flächen i.S. der DIN 277 sein. Dies sind *nicht überdeckte* Bereiche einschließlich der von Dachüberständen überdeckten Balkone und nicht überdachte Terrassenflächen (vgl. Syst. Darst. des Sachwertverfahrens Rn. 73 ff.). Insbesondere großflächige Dachterrassen von Wohngebäuden oder für technische Betriebsvorrichtungen geeignete Flächen gewerblicher Gebäude können werthaltig sein. 161
Die c-Flächen gehen nach den Bestimmungen der DIN 277 zwar in die Brutto-Grundfläche ein, jedoch beziehen sich die in den NHK 2010 ausgewiesenen Tabellenwerte flächenmäßig auf die um die c-Flächen verminderte BGF (vgl. Anl. 4 zu § 36 Abs. 3 ImmoWertV Ziff. 2. (2)); diese wird hier als reduzierte BGF bezeichnet (BGF_{red}).

Balkone einschließlich überdeckter Balkone sollen nach Anl. 4 zu § 36 Abs. 3 ImmoWertV Ziff. 2. (2) abweichend von den Bestimmungen der DIN 277 ebenfalls dem Bereich c zugeordnet sein. 162

3.9.2 Berücksichtigung objektspezifischer Bauteile

▶ *Vgl. Rn. 213; § 36 ImmoWertV Rn. 9; Syst. Darst. des Sachwertverfahrens Rn. 149 ff., dort auch Normalherstellungskosten; Syst. Darst. des Sachwertverfahren Rn. 137, 152, 163*

Bei *Anwendung des Vergleichswertverfahrens* sind besondere Bauteile und c-Flächen des Bewertungsobjekts ergänzend nur dann zu berücksichtigen, wenn sie erheblich von der **Beschaffenheit der zum Preisvergleich herangezogenen Grundstücke oder der Beschaffenheit des dem Vergleichsfaktor bebauter Grundstücke (Wohn- und Nutzflächenwerte) zugrunde liegenden Modell- bzw. Referenzgrundstücks** abweichen. Eine erhebliche Abweichung ist erst gegeben, wenn besondere Bauteile den Marktwert (Verkehrswert) im gewöhnlichen Geschäftsverkehr beeinflussen. Davon ist insbesondere auszugehen, wenn die daraus re- 163 sultierende Werterhöhung oder Wertminderung größer als die bei der Marktwertermittlung übliche Auf- und Abrundungsspanne ist.

164 Bei *Anwendung des Ertragswertverfahrens* werden besondere Bauteile wie im Übrigen auch **besondere Betriebsvorrichtungen** in aller Regel mit dem anzusetzenden marktüblich erzielbaren Ertrag berücksichtigt und sind ggf. nur dann in besonderen Ausnahmefällen ergänzend und auch nur insoweit zu berücksichtigen, wie dies dem gewöhnlichen Geschäftsverkehr entspricht.

165 Bei *Anwendung des Sachwertverfahrens* auf der Grundlage des Modells und der Modellansätze, die der Gutachterausschuss für Grundstückswerte der Ableitung des Sachwertfaktors zugrunde gelegt hat, sind der Ermittlung des vorläufigen Sachwerts zunächst dieselben durchschnittlichen Herstellungskosten zugrunde zu legen, die der Ermittlung des verwendeten Sachwertfaktors zugrunde lagen.

- Hat der Gutachterausschuss für Grundstückswerte bei der Ableitung des Sachwertfaktors die mit den vorgegebenen „modellhaften Normalherstellungskosten" nach Anl. 4 zur ImmoWertV nicht erfassten werthaltigen Bauteile gemäß dem Befehl des § 36 Abs. 3 Satz 4 ImmoWertV durch Zuschläge bei den durchschnittlichen Herstellungskosten berücksichtigt, so sind bei der Ermittlung des vorläufigen Sachwerts die besonderen Bauteile des Bewertungsobjekts im gleichen Umfang bei der Ermittlung der durchschnittlichen Herstellungskosten zu berücksichtigen.
- Hat der Gutachterausschuss für Grundstückswerte bei der Ableitung des Sachwertfaktors die mit den vorgegeben „modellhaften Normalherstellungskosten" nach Anl. 4 zur ImmoWertV nicht erfassten werthaltigen Bauteile entgegen dem Befehl des § 36 Abs. 3 Satz 4 ImmoWertV nicht durch Zuschläge bei den durchschnittlichen Herstellungskosten berücksichtigt, werden die werthaltigen Bauteile mit dem Sachwertfaktor insoweit erfasst, wie sie werthaltig sind. Soweit sie nämlich werthaltig sind, wird ihr Werteinfluss mit den Kaufpreisen berücksichtigt, die zur Ableitung des Sachwertfaktors herangezogen worden sind.

In beiden Fällen ist vom Gutachterausschuss für Grundstückswerte der durchschnittliche Umfang der besonderen Bauteile darzulegen, den die zur Ableitung des Sachwertfaktors herangezogenen Vergleichsgrundstücke aufweisen. Eine ergänzende Berücksichtigung der besonderen Bauteile des zu bewertenden Grundstücks kann nur in Betracht kommen, wenn diese erheblich von dem abweichen, was mit dem Sachwertfaktor erfasst ist. Dies kann nur bei funktional besonders werthaltigen Bauteilen erwartet werden, insbesondere **Balkonen**, die nach Maßgabe der Ziff. 2. (2) der Anl. 4 zur ImmoWertV auch flächenmäßig nicht berücksichtigt werden.

3.9.3 Balkone

▶ *Vgl. Rn. 115; § 6 ImmoWertV Rn. 113, 139; § 26 ImmoWertV Rn. 38; § 32 ImmoWertV Rn. 141; § 44 ImmoWertV Rn. 160; Teil VI Rn. 613*

166 Von den Normalherstellungskosten nicht erfasste Balkone werden nach Maßgabe der Ziff. 2. (2) der Anl. 4 zur ImmoWertV – im Unterschied zur Loggia (!) – flächenmäßig nicht in der BGF erfasst und sie müssen gegebenenfalls ergänzend als besondere objektspezifische Grundstücksmerkmale berücksichtigt werden, wenn bzw. soweit sie

- nicht im Rahmen der Ermittlung des vorläufigen Gebäudesachwerts gemäß § 36 Abs. 2 Satz 3 ImmoWertV bei der Ermittlung der durchschnittlichen Herstellungskosten durch Zuschläge oder
- indirekt mit dem zur Anwendung kommenden Sachwertfaktor

berücksichtigt werden. Sie können insbesondere unter ertragswirtschaftlichen Gesichtspunkten werthaltig sein, denn die marktüblich erzielbaren Erträge für Wohnungen mit Balkonen sind i.d.R. höher als die für Wohnungen ohne einen Balkon.

Aus vorstehenden Gründen empfiehlt es sich, den Wertanteil von Balkonen im Wege des Ertragsdifferenzialverfahrens zu ermitteln. Dabei bestimmt sich der Wertanteil des Balkons einer Wohnung im Wesentlichen nach dem Wohn- und Gebrauchswert der Wohnung.

Beispiel

Nach dem örtlichen Mietspiegel ergibt sich für unter Berücksichtigung aller Lage- und Ausstattungsmerkmale, des Gebäudebaujahrs und der Wohnfläche (hier 100 m²) für eine Wohnung mit einem Balkon gegenüber einer Wohnung eine um 5 % höhere Nettokaltmiete.

Bei einer monatlichen Nettokaltmiete von 8,00 €/m² Wohnfläche für Wohnungen ohne Balkon ergibt sich für eine Wohnung mit Balkon (monatliche Nettokaltmiete von 8,40 €/m² Wohnfläche) ein jährlicher Mehrertrag von
(8,40 €/m² – 8,00 €/m²) x 100 m² x 12 = 480 € p.a.

Bei einer Restnutzungsdauer von 40 Jahren und einem objektspezifisch angepassten Liegenschaftszinssatz von 3 % (Kapitalisierungsfaktor 23,11) ergibt sich für einen Balkon ein Ertragsdifferenzialwert von 480 € x 23,11 = rd. 11 000 €. Dieser Wert ist gegebenenfalls unter Berücksichtigung der Größe des Balkons, seiner Ausstattung, Himmelsrichtung, Staub- und Lärmbelastung den Gegebenheiten durch Zu- und Abschläge anzupassen.

3.9.4 Berücksichtigung objektspezifischer c-Flächen

▶ *Vgl. § 36 ImmoWertV Rn. 9*

Bei *Anwendung des Vergleichswertverfahrens* sind besondere Nutzflächen der baulichen Anlage des Bewertungsobjekts ergänzend zu berücksichtigen, wenn sie erheblich von der **Beschaffenheit der zum Preisvergleich** i.S. des § 24 ImmoWertV **herangezogenen Grundstücke oder der Beschaffenheit des dem Vergleichsfaktor bebauter Grundstücke (Wohn- und Nutzflächenwerte) zugrunde liegenden Modell- bzw. Referenzgrundstücks** abweichen. **167**

Bei *Anwendung des Ertragswertverfahrens* werden auch die besonderen Nutzflächen der baulichen Anlage in aller Regel mit dem anzusetzenden marktüblich erzielbaren Ertrag berücksichtigt. **168**

Bei *Anwendung des Sachwertverfahrens* können die c-Flächen i.d.R. unbeachtlich bleiben. **169**
Die der Ableitung des Sachwertfaktors zugrunde zu legenden „modellhaften Normalherstellungskosten" beziehen sich auf 1 Quadratmeter Bruttogrundfläche (BGF) i.S. der Anl. 4 zur ImmoWertV. Diese von der DIN 277 abweichende BGF bestimmt sich allein nach den Grundflächen der Bereiche a und b, d.h. unter Ausschluss der nicht überdeckten c-Flächen sowie überdeckter Balkone (reduzierte BGF_{red}).

Die auf den so definierten Quadratmeter BGF_{red} bezogenen „modellhaften Normalherstellungskosten" bilden gleichwohl die nicht erfassten c-Flächen ab, und zwar in dem Umfang, wie die zur Ableitung dieser Normalherstellungskosten herangezogenen Objekte c-Flächen aufweisen. Im Rahmen der empirischen Untersuchungen zu den NHK 2000 wurde diesbezüglich ein auf c-Flächen entfallender Anteil von etwa 1–2 % festgestellt. **170**

Hieraus folgt, dass mit der Ermittlung der durchschnittlichen Herstellungskosten nach Maßgabe des § 36 Abs. 3 ImmoWertV auch die Herstellungskosten von c-Flächen mit einem Anteil von etwa 1–2 % an den Gesamtherstellungskosten erfasst sind. Eine ergänzende Berücksichtigung von c-Flächen kann in Betracht kommen, wenn das zu bewertende Grundstück funktional besonders werthaltige c-Flächen aufweist, insbesondere großflächige Dachterrassen und sonstige Außenwohnbereiche. **171**

3.9.5 Berücksichtigung besonderer Betriebsvorrichtungen

▶ *Vgl. Rn. 160; § 1 ImmoWertV Rn. 98; § 36 ImmoWertV Rn. 11; Teil V Rn. 204 (Hochregal); zur Beleihungswertermittlung vgl. Teil IX Rn. 398*

172 Betriebsvorrichtungen wie die in Wohngebäuden vorhandenen Personen- und Lastenaufzüge, Müllbeseitigungsanlagen, Hausfernsprecher, Uhrenanlagen und dgl. gehören als Bestandteile einer baulichen Anlage (DIN 276, Kostengruppe 400 ff.) im üblichen Umfang zur Ausstattung der baulichen Anlage. Sie gehen über den Ertrag bzw. über die vom Gebäudestandard (Ausstattung) abhängigen Herstellungskosten in die Marktwertermittlung ein.

173 Anders verhält es sich im gewerblichen Bereich. Neben den üblichen Betriebsvorrichtungen kann es hier um besondere objektspezifische Betriebsvorrichtungen wie Tresoranlagen, Kühlanlagen usw. gehen. Soweit es sich diesbezüglich um Einrichtungen außerhalb der baulichen Anlagen handelt (Gleisanlagen, Kräne und Förderanlagen), sind sie gegebenenfalls als bauliche oder sonstige Außenanlagen zu erfassen.

3.10 Spitzboden im Wohngebäude

▶ *Vgl. zu den Kosten des Dachgeschosses Rn. 213 ff.; zur Berücksichtigung eines Spitzbodens bei der Ermittlung des Herstellungswerts einer baulichen Anlage Rn. 213 ff.; Syst. Darst. des Sachwertverfahrens Rn. 125, 138 ff., 296*

174 Die **Berücksichtigung eines Spitzbodens bei der Ermittlung des Herstellungswerts von Wohngebäuden** wird in der Syst. Darst. des Sachwertverfahrens unter Rn. 138 ff. behandelt.

3.11 Energetische Eigenschaften

3.11.1 Allgemeines

Schrifttum: *Cremer, L.,* Werteffekt bei energetischer Sanierung, Fallstudie Mehrfamilienhaus, GuG 2021, 99; *Drusche, V.,* Einfluss der Energieeffizienz von Gebäudehüllen auf den Sachwert von Ein- und Zweifamilienhäusern, GuG 2020, 148; *Fischer/Lorenz/ Biederbeck,* Bewertung eines energetisch sanierten Gebäudes, in Neue Fallstudien zur Wertermittlung, 2. Aufl. Bundesanzeiger Verlag, S. 289; *Töllner, M.,* Auswirkungen der Einführung des Energieausweises auf den Marktwert, GuG 2007, 67; *Scherr,* Energetische Beurteilung von Wohngebäuden im Rahmen der Wertermittlung nach § 194 BauGB, GuG 2009, 1; *Scherr, H.,* Energetische Eigenschaften nach ImmoWertV, GuG 2011, 19 sowie GuG 2016, 213; *Schmidt, K.,* Bewertung von Büroimmobilien unter Nachhaltigkeitsaspekten, GuG 2011, 321, *Wameling,* Energieeffizienz und Verkehrswert, Diss. Leibniz Universität Hannover 2010; *Ziesenitz, T.-A.,* Energetische Objekteigenschaften und ihr Einfluss auf die Preisbildung von Wohnungseigentum, GuG 2017, 151.

▶ *Zu Flächen für erneuerbare Energien § 2 ImmoWertV Rn. 28 ff.; § 21 ImmoWertV Rn. 109; zur Ausstattung von Wohnungen vgl. § 31 ImmoWertV Rn. 125*

175 § 2 Abs. 3 Satz 2 Nr. 10 d). ImmoWertV hebt als ein besonderes Grundstücksmerkmal die energetischen Eigenschaften des Bauwerks hervor. Die energetischen Eigenschaften eines Gebäudes sind nur dann als „besonderes objektspezifisches Grundstücksmerkmal" ergänzend zu berücksichtigen, wenn sie nicht schon zuvor insbesondere mit dem Liegenschaftszinssatz, Vergleichs- oder Sachwertfaktor in den *vorläufigen* Vergleichs-, Ertrags- oder Sachwert Eingang gefunden haben. Dies ist im ersten Schritt zu prüfen.

176 Die **energetischen Eigenschaften** eines Gebäudes können dem **Energieausweis entnommen werden** und sind im Gutachten darzustellen. Seit dem 01.05.2014 ist jeder Energieausweis mit einer vom Aussteller bei der zuständigen Behörde beantragten Registrierungsnummer zu versehen.

Die energetischen Anforderungen an Gebäude sind mit der Zeit kontinuierlich gestiegen. 177

Chronologie der Gesetzgebung in Deutschland	
1976	Energieeinsparungsgesetz (EnEG)
1977	I. Wärmeschutzverordnung (I. WSchVO)
1984	II. Wärmeschutzverordnung (II. WSchVO)
1995	III. Wärmeschutzverordnung (III. WSchVO)
2002	Energieeinsparverordnung (EnEV)
2004	1. Änderung zur Energieeinsparverordnung (EnEV)
2005	2. Änderung des Energieeinsparungsgesetzes (EnEG) zur Umsetzung der EU-Richtlinie 2002/91/EG vom 16.12.2002
01.10.2007	Energieeinsparverordnung (EnEV) Höchstwerte für Jahresprimärenergiebedarf und des spezifischen (auf die Wärme übertragende Umfassungswände bezogenen) Transmissionswärmeverlustes
29.04.2009	Energieeinsparverordnung i.d.F. vom 29.4.2009 (BGBl. I 2009, 954)
2013	Energieeinsparverordnung (EnEV), geändert durch Art. 4 des Gesetzes 5.12.2012 (BGBl. I S. 2449), der Zweiten Verordnung zur Änderung der EnEV vom 18.1.2013 (BGBl. I S. 3951)
01.05.2014	EnEV 2014 gemäß dem Vierten Gesetz zur Änderung der Energieeinsparverordnung vom 4.7.2013, BGBl. I 2013, 2197
2016	Energiesparverordnung (EnEV) 2016 gemäß Verordnung vom 24.10.2015 (BGBl. 2015, 1739)
01.11.2020	GebäudeEnergieGesetz – GEG – vom 08.08.2020 (BGBl. I 2020, 1728)

Durch das **Gebäudeenergiegesetz (GEG)** werden EnEG, EnEV und EEWärmeG in einem Gesetz zusammengeführt. Die wichtigsten Regelungen des GEG: 178

1. Eingeführt wird ein neues gleichwertiges Verfahren zum Nachweis der Einhaltung der energetischen Anforderungen bei der Errichtung von Wohngebäuden (sog. Modellgebäudeverfahren für Wohngebäude).
2. Die beim Neubau bestehende Pflicht zur Nutzung erneuerbarer Energien kann auch durch die Nutzung von gebäudenah erzeugtem Strom aus erneuerbaren Energien erfüllt werden.
3. Flexibilisierungsoptionen bei der Erfüllung der energetischen Neubaustandards. Diese betreffen insbesondere die Anrechnungsmöglichkeiten von gebäudenah erzeugtem Strom aus erneuerbaren Energien sowie von gasförmiger Biomasse bei der energetischen Bilanzierung.
4. Die bei der Berechnung des zulässigen Jahres-Primärenergiebedarfs zu verwendenden Primärenergiefaktoren werden im GEG geregelt.
5. Einführung einer befristeten Innovationsklausel. Diese ermöglicht jeweils in Einzelfällen zweierlei.
   a) Bis Ende 2023 ist es möglich, durch eine Befreiung durch die zuständige Behörde die nach dem GEG erforderlichen Anforderungen anstelle über die Hauptanforderung des zulässigen Jahres-Primärenergiebedarfs über ein auf die Begrenzung der Treibhausgasemissionen ausgerichtetes System und den zulässigen Jahres-Endenergiebedarf nachzuweisen, soweit die Gleichwertigkeit der Anforderungen gegeben ist.
   b) Bis Ende 2025 ist es möglich, bei Änderungen von bestehenden Gebäuden die Einhaltung der Anforderungen über eine gemeinsame Erfüllung im Quartier, also eine Gebäudemehrheit, sicherzustellen.

179 **Energetische Sanierungen** wirken sich nach allgemeinen Marktbeobachtungen selten auf den Kaufpreis und damit auf den Verkehrswert aus[34].

3.11.2 Energetische Kenngrößen von Gebäuden und Bauteilen

180 Es kommen verschiedene Kenngrößen zur Beschreibung des energetischen Zustands in Betracht.

a) Je nachdem, ob der **Energieausweis** ein Bedarfs- oder Verbrauchsausweis ist, wird die energetische Qualität eines Gebäudes entweder errechnet oder gemessen.

- Der *Bedarfsausweis* enthält den anhand der jährlich für Heizung, Warmwasser, Lüftung und Kühlung pro Quadratmeter Wohn- oder Nettogrundfläche Energie (kWh/(a m²) berechneten Energiebedarf, mit dem die normierte Rauminnentemperatur und die Erwärmung des Warmwassers über das ganze Jahr sichergestellt wird **(Energiebedarfskennwert)**.
- Der *Verbrauchsausweis* enthält den **Energieverbrauchskennwert** in Kilowattstunden pro Jahr und Quadratmeter Wohn- oder Nettogrundfläche (kWh/(a m²)), der sich als Mittelwert nach der in den vergangenen drei Jahren zur Beheizung, Lüftung, Warmwasserbereitung und Kühlung des Gebäudes benötigten und gemessenen Energie bemisst.

$$\text{Energieverbrauchswert} = \frac{\sum \text{Jahresenergieverbräuche der letzten drei Jahre}}{3 \text{ x Nettogrundfläche}}$$

Der Energieverbrauchswert ist vom subjektiven Nutzerverhalten abhängig und deshalb als objektiver Vergleichsmaßstab ungeeignet. Verbrauchswerte liegen im Durchschnitt bis zu 30 % niedriger als Bedarfswerte.

b) *Jahresprimärenergiebedarf*
Der Jahresprimärenergiebedarf (kWh/m²a[35]) beschreibt den Energiebedarf von der Herstellung bzw. Gewinnung der Energiequelle sowie den Transport und den Verbrauch. Bei Wohngebäuden berechnet sich der Jahresenergie vereinfacht aus der Summe des Jahresheizwärmebedarfs und des Zuschlags für Warmwasser multipliziert mit einer Anlagenaufwandszahl.
Der Jahresprimärenergiebedarf ist abhängig von der Art der Energie und nur zu einem Bruchteil von den gebäudespezifischen Eigenschaften und deshalb als objektiver Vergleichsmaßstab ungeeignet.

c) *Transmissionswärmeverlust*
Unter dem Transmissionswärmeverlust versteht man die Wärmeverluste eines Gebäudes aufgrund der Wärmeleitung durch die Gebäudehülle.

d) *Lüftungswärmeverlust*
Unter dem Lüftungswärmeverlust versteht man die Wärmeverluste eines Gebäudes durch Lüftung.

e) *Wärmedurchgangskoeffizient*
Der Wärmedurchgangskoeffizient (W/m²·K), auch U-Wert bzw. k-Wert genannt, beschreibt den Wärmedurchgang durch einen festen Körper (bei Gebäuden eine Wand) aufgrund eines Temperaturunterschiedes zwischen den Wänden, d.h. den Wärmestrom (Wärmeenergie pro Zeit) je Fläche der Wand und je Kelvin Temperaturunterschied.

---

34 Kippes, St. Marktmonitor Immobilien 2015.
35 Dabei ist kWh = Kilowattstunde und a = Jahre.

3.11.3 Mit Vergleichsparametern berücksichtigter energetischer Zustand

Schrifttum: *Cremer, L.*, Werteffekt bei energetischer Sanierung, Fallstudie Mehrfamilienhaus, GuG 2021, 99; *Drusche, V.*, Einfluss der Energieeffizienz von Gebäudehüllen auf den Sachwert von Ein- und Zweifamilienhäusern, GuG 2020, 148; *Fischer/Lorenz/ Biederbeck*, Bewertung eines energetisch sanierten Gebäudes, in Neue Fallstudien zur Wertermittlung, 2. Aufl. Bundesanzeiger Verlag, S. 289; *Töllner, M.*, Auswirkungen der Einführung des Energieausweises auf den Marktwert, GuG 2007, 67; *Scherr*, Energetische Beurteilung von Wohngebäuden im Rahmen der Wertermittlung nach § 194 BauGB, GuG 2009, 1; *Scherr, H.*, Energetische Eigenschaften nach ImmoWertV, GuG 2011, 19 sowie GuG 2016, 213; *Schmidt, K.*, Bewertung von Büroimmobilien unter Nachhaltigkeitsaspekten, GuG 2011, 321; *Wameling*, Energieeffizienz und Verkehrswert, Diss. Leibniz Universität Hannover 2010; *Ziesenitz, T.-A.*, Energetische Objekteigenschaften und ihr Einfluss auf die Preisbildung von Wohnungseigentum, GuG 2017, 151.

▶ *§ 2 ImmoWertV Rn. 28 ff.; § 21 ImmoWertV Rn. 109; zur Ausstattung von Wohnungen vgl. § 31 ImmoWertV Rn. 125; § 33 ImmoWertV Rn. 33*

Will man den energetischen Zustand eines Gebäudes bei der Marktwertermittlung berücksichtigen, muss man sich zunächst Klarheit über den **energetischen Zustand** verschaffen, **der mit den zum Vergleich herangezogen Kaufpreisen bebauter Grundstücke, dem Liegenschaftszinssatz, Vergleichs- oder Sachwertfaktor in den *vorläufigen* Verfahrenswert eingegangen ist**. Der dem vorläufigen Verfahrenswert zugrunde liegende energetische Zustand des zu bewertenden Grundstücks ergibt sich nämlich – quasi automatisch – nach dem energetischen Zustand, der im Rahmen der Ableitung der genannten Daten den Vergleichsgrundstücken im Durchschnitt zugrunde liegt. 181

Die **energetischen Eigenschaften bedürfen im Einzelfall nur dann einer besonderen Berücksichtigung, soweit sie erheblich von den Eigenschaften abweichen, die den Vergleichsobjekten zugrunde lagen, aus denen die zur Wertermittlung herangezogenen Vergleichsparameter abgeleitet wurden**, insbesondere den 182

- Vergleichspreisen bebauter Grundstücke,
- Vergleichsfaktoren für bebaute Grundstücke, insbesondere Wohn- und Nutzflächenwerten,
- marktüblich erzielbaren Erträgen,
- Liegenschaftszinssätzen,
- Marktanpassungsfaktoren, insbesondere Sachwertfaktoren,
- Normalherstellungskosten.

Dies ist im ersten Schritt zu prüfen. Die durchschnittlichen energetischen Eigenschaften der in die Kaufpreissammlung eingepflegten Kaufpreise werden allerdings nur in Ausnahmefällen erfasst. Insoweit lässt sich der energetische Zustand, der den vom Gutachterausschuss für Grundstückswerte aus Vergleichspreisen abgeleiteten Liegenschaftszinssätzen, Vergleichs- und Sachwertfaktoren zugrunde liegt, nicht konkretisieren. 183

Es kann auch nicht davon ausgegangen werden, dass der energetische Zustand der in die Ableitung vorstehender Daten „eingespeisten" Vergleichsgrundstücke – vorbehaltlich zwischenzeitlich getätigter energetischer Maßnahmen – regelmäßig dem entspricht, was zum Zeitpunkt der Errichtung der baulichen Anlage gefordert wurde und üblich war. Hieraus folgt, dass im Falle einer **Ableitung der Liegenschaftszinssätze, Vergleichs- und Sachwertfaktoren in Abhängigkeit vom Baujahr der baulichen Anlage** (bzw. Restnutzungsdauer) diese Daten sich regelmäßig auf den energetischen Zustand beziehen, der der jeweiligen Altersklasse entspricht. Insoweit lässt sich mit der Ableitung von Liegenschaftszinssätzen, Vergleichs- und Sachwertfaktoren in Abhängigkeit vom Baujahr der baulichen Anlage (bzw. der Restnutzungsdauer) der energetische Zustand konkretisieren, auf den sich der auf dieser Grundlage ermittelte vorläufige Verfahrenswert bezieht. Entsprechendes gilt auch im Falle einer ersatzweisen Ableitung von Umrechnungskoeffizienten zur Berücksichtigung der **Abhängigkeit vom Baujahr der baulichen Anlage** bzw. der Restnutzungsdauer. 184

185 Es kann bei alledem nicht stets davon ausgegangen werden, dass der energetische Zustand eines Gebäudes im Falle durchgeführter Modernisierungsmaßnahmen – einhergehend mit einer entsprechenden „Verjüngung“ des Baujahrs und einer Verlängerung der Restnutzungsdauer – **zwangsläufig auch dem energetischen Zustand des fiktiv verjüngten Baujahrs** entspricht, denn die Modernisierungsmaßnahmen können sich auf Gewerke beziehen, die keinerlei Verbesserungen des energetischen Zustands herbeiführen (Grundrissänderungen, Treppen, Innenwände und selbst im Sanitärbereich).

186 Eine **ergänzende Berücksichtigung** kommt nur dann in Betracht, wenn die energetischen Eigenschaften des zu bewertenden Objekts erheblich von den durchschnittlichen bauwerks- und baujahrsspezifischen energetischen Eigenschaften abweichen, **die den herangezogenen Kaufpreisen bebauter Grundstücke, dem Liegenschaftszinssatz, Vergleichs- oder Sachwertfaktor zugrunde liegen**. In diesem Fall können die energetischen Abweichungen differenziell als „besonderes objektspezifisches Grundstücksmerkmal“ (boG) ergänzend berücksichtigt werden, d.h.,

- bei erheblich unterdurchschnittlichen energetischen Eigenschaften sind marktkonforme Wertminderungen und
- bei erheblich überdurchschnittlichen energetischen Eigenschaften sind marktkonforme Werterhöhungen

an den vorläufigen Verfahrenswert anzubringen.

187 Ergänzend ist darauf hinzuweisen, dass bei Anwendung des Sachwertverfahrens auf der Grundlage der auf 2010 bezogenen „modellhaften Normalherstellungskosten“ nach Anl. 6 der ImmoWertV davon ausgegangen werden muss, dass die seither **gestiegenen energetischen Anforderungen mit dem Baupreisindex berücksichtigt** werden und somit in die Sachwertermittlung eingehen, und zwar selbst dann, wenn die bauliche Anlage nicht „nachgerüstet“ wurde!

188 Auch wird der energetische Zustand mit dem **nach Anl. 4 zu § 36 Abs. 3 ImmoWertV abgeleiteten Gebäudestandard** trotz der aufgeführten energierelevanten Kriterien nicht eindeutig beschrieben. Der tatsächliche energetische Zustand kann aufgrund des unlogischen Aufbaus der Beschreibungen des Gebäudestandards erheblich abweichen, da sich dieser aus der Beurteilung von neun unterschiedlichen Gewerken zusammensetzt und nur wenige Gewerke energetische Beurteilungskriterien aufweisen, die durch die Beurteilung anderer Gewerke verfälscht werden. Zudem ist die energetische Zuordnung schon innerhalb eines Gewerkes widersprüchlich und trügerisch:

Auszug aus Anl. 4 zur ImmoWertV

Gebäudestandardstufen				
1	2	3	4	5
Außenwände			**Wägungsanteil: 23 %**	
Holzfachwerk, Ziegelmauerwerk; Fugenglattstrich, Putz, Verkleidung mit Faserzementplatten, Bitumenschindeln oder einfachen Kunststoffplatten;	ein-/zweischaliges Mauerwerk, z.B. Gitterziegel oder Hohlblocksteine; verputzt und gestrichen oder Holzverkleidung;	ein-/zweischaliges Mauerwerk, z.B. aus Leichtziegeln, Kalksandsteinen, Gasbetonsteinen; Edelputz;	Verblendmauerwerk, zweischalig, hinterlüftet, Vorhangfassade (z.B. Naturschiefer);	**aufwendig gestaltete Fassaden mit konstruktiver Gliederung (Säulenstellungen, Erker etc.),** Sichtbeton-Fertigteile, Natursteinfassade, Elemente aus Kupfer-/ Eloxalblech, mehrgeschossige Glasfassaden;
kein oder deutlich nicht zeitgemäßer Wärmeschutz (vor ca. 1980)	**nicht zeitgemäßer Wärmeschutz (vor ca. 1995)**	**Wärmedämmverbundsystem oder Wärmedämmputz (nach ca. 1995)**	**Wärmedämmung (nach ca. 2005)**	**Dämmung im Passivhausstandard**

Lediglich zu **Niedrigenergie- und Passivhäusern** werden von den Gutachterausschüssen vereinzelt Angaben gemacht. **189**

- Ein **Passivhaus** benötigt nur 10 Prozent der Heizwärme eines konventionellen Gebäudes, es spart damit nicht nur Heizkosten, sondern belastet auch die Umwelt kaum noch. Gleichzeitig hat es einen spürbar verbesserten Wohnkomfort mit hoher Behaglichkeit. Das wird mit drei Komponenten erreicht
  - eine extrem gut gedämmte Gebäudehülle,
  - die Nutzung der Sonnenenergie durch bestmögliche Verglasungen (passive Sonnenenergie),
  - hochwirksame Wärmerückgewinnung (Abluft).
    Primärenergiebedarf ≤ 40 kWh/m²a
    Primärenergiebedarf einschließlich Haushaltsstrom ≤ 120 kWh/m²a
- Als **Niedrigenergiehaus** (*low energy consumption house*) bezeichnet man Neubauten, aber auch Gebäude, die z.B. aufgrund einer erhöhten Wärmedämmung, Wärmeschutzverglasung sowie einer Abluft-Lüftungsanlage das jeweilige gesetzlich geforderte energietechnische Anforderungsniveau um 20 bis 25 % unterschreiten. Derzeit gilt in Deutschland das Anforderungsniveau der Energieeinsparverordnung (EnEV). Im Unterschied zum **Passivhaus** benötigen Niedrigenergiehäuser noch eine konventionelle Heizanlage.

3.11.4 Differenzielle Berücksichtigung abweichender energetischer Zustandsmerkmale

Abweichungen der energetischen Eigenschaften sind wie andere besondere objektspezifische Besonderheiten nur insoweit durch marktgerechte Zu- oder Abschläge oder in anderer geeigneter Weise zu berücksichtigen, wie dies dem gewöhnlichen Geschäftsverkehr entspricht. Diesbezüglich steht der Sachverständige vor besonderen Schwierigkeiten, weil die Thematik in der Fachöffentlichkeit zwar breit behandelt wird, jedoch keine repräsentativen – aus dem **190**

Geschehen des Grundstücksmarktes empirisch abgeleiteten – Erfahrungssätze über marktgerechte Zu- und Abschläge zur Verfügung stehen.

191 Da keine aus Grundstücksmarktanalysen abgeleiteten **Anhaltspunkte für entsprechende Wertminderungen bzw. Werterhöhungen** zur Verfügung stehen, wird hilfsweise auf die allgemeinen Grundsätze des Ertrags- und Sachwertverfahrens rekurriert, indem

a) die nachweislich auf unter- bzw. überdurchschnittliche energetische Eigenschaften entfallenden rentierlichen jährlichen Ertragsdifferentiale über die Restnutzungsdauer kapitalisiert werden bzw.

b) die auf unter- bzw. überdurchschnittliche energetische Eigenschaften entfallenden Herstellungskosten differenziell erfasst werden, wobei das Verfahren nur dann zu marktgerechten Ergebnissen führen kann, wenn die Kosten mittels entsprechender Sachwertfaktoren der Lage auf dem Grundstücksmarkt angepasst werden können.

192 Solange keine den besonderen energetischen Eigenschaften Rechnung tragende Sachwertfaktoren zur Verfügung stehen, wird der **ertragswirtschaftlichen Betrachtungsweise** der Vorzug gegeben.

193 Voraussetzung dafür ist wiederum, dass gesicherte empirische Erkenntnisse über die Abhängigkeit des marktüblich erzielbaren Ertrags von den energetischen Gebäudeeigenschaften vorliegen. Diesbezüglich kann auf Mietspiegel zurückgegriffen werden, die zunehmend nach „wohnwerterhöhenden und -mindernden" Gebäudeeigenschaften differenzieren:

wohnwertmindernd	**wohnwerterhöhend**
Unzureichende Wärmedämmung oder Heizanlage mit ungünstigem Wirkungsgrad (Einbau/Installation vor 1984)	Wärmedämmung zusätzlich zur vorhandenen Bausubstanz oder Einbau/Installation einer modernen Heizanlage nach dem 1.7.1994 (wenn Baujahr vor diesem Zeitpunkt)
Energieverbrauchskennwert größer als	Energieverbrauchskennwert kleiner als
190 kWh/(m²a)	120 kWh/(m²a)
230 kWh/(m²a)	100 kWh/(m²a)
270 kWh/(m²a)	80 kWh/(m²a)

– Der **Energieverbrauchskennwert** bzw. **Stromverbrauchskennwert** gibt in kWh/m² und Jahr den gemessenen Energieverbrauch in Kilowattstunden pro Jahr und Fläche (Wohnfläche oder eines Gebäudes als Ganzes) wieder.

– Die gebräuchliche **Einheit** dafür sind Kilowattstunden (kWh) pro Quadratmeter (m²) Wohnfläche (bei Nichtwohngebäuden die Nettonutzfläche) in einem Jahr (a), also kWh/m² und Jahr (a).

– Der Energieverbrauch kann sich aus unterschiedlichen Verbräuchen für Heizung, Warmwasser, Kühlung und Strom zusammensetzen; in bestimmten Fällen wird zusätzlich zum gemessenen Verbrauch der Primärenergieverbrauch bewertet.

– Im Neubaubereich oder bei einem gut sanierten Altbau sind Werte von 50 kWh/m²a oder darunter normal.

wobei

kWh = Kilowattstunde

a = Jahr

194 Bei **überwiegend fremd- oder eigengenutzten Ertragswertobjekten** können im Wesentlichen allerdings nur die erheblich vom Üblichen abweichenden energetischen Eigenschaften eines Gebäudes zu einer Werterhöhung oder Wertminderung führen, die auf die marktüblich erzielbare Nettokaltmiete „durchschlagen". Vermindern oder erhöhen sich lediglich die vom

Nutzer getragenen Betriebskosten, ohne dass sich dies auf den marktüblich erzielbaren Ertrag auswirkt, so kommt allenfalls ein geringer Prädikatszu- oder -abschlag in Betracht, wenn dem nicht bereits durch ein vermindertes bzw. erhöhtes Mietausfallwagnis Rechnung getragen worden ist. „Schlägt" ein erheblich vom Üblichen abweichender energetischer Gebäudezustand auf den marktüblich erzielbaren Ertrag durch, kann dem Zustand

a) „im" Ertragsverfahren durch den Ansatz entsprechend modifizierter Erträge oder

b) ergänzend als besonderes objektspezifisches Grundstücksmerkmal (boG) durch Kapitalisierung des differenziellen Jahresmehr- oder -minderertrags

Rechnung getragen werden.

Beispiel: 195

- Aufgrund erheblich überdurchschnittlicher energetischer Gebäudeeigenschaften ergibt sich eine Erhöhung der marktüblich erzielbaren Nettokaltmiete von 0,50 €/m² Wohnfläche.
- Für ein Gebäude mit einer Wohnfläche von 1 000 m² und einer Restnutzungsdauer von 50 Jahren ergibt sich dann bei einem Liegenschaftszinssatz von 5 % eine Werterhöhung von:

Werterhöhung = 0,50 €/m² x 1 000 m² x 12 Monate x 18,25 = rd. 110 000 €

Bei **überwiegend eigengenutzten Sachwertobjekten** kann die Werterhöhung (auch Wertminderung) entsprechend ermittelt werden, indem man die jährlich eingesparten Betriebskosten wiederum über die Restnutzungsdauer der baulichen Anlage kapitalisiert.

3.12 Photovoltaikanlagen

Schrifttum: *Biederbeck/Lorenz,* Bewertung einer Photovoltaikanlage, in Neue Fallstudien zur Wertermittlung, 2. Aufl. Bundesanzeiger Verlag, S. 240; Erl. des *FM Baden Württemberg* vom 27.05.2008 – 3-S 452.1/28 – zur Grunderwerbsteuer; GuG 2010, 254; *Bayerische Landesanstalt für Landwirtschaft, Institut für Agrarökonomie* (2009), Was dürfen Photovoltaik-Dachanlagen 2010 kosten? (Internet, http://www.lfl.bayern.de/ilb/technik/38065/index.php), München; *Bundesamt für Energie (Schweizerische Eidgenossenschaft),* Betriebs- und Unterhaltungskosten von PV-Anlagen. Bern *2008; Kolb, H.,* Bewertung von Immobilien mit Photovoltaikanlagen, GuG 2013, 137; *Kolb, H.,* Photovoltaikanlagen in der Grundstückswertermittlung; EIPOS-Sachverständigentage 2011, 148 ff.; *Troff, H.,* Wertermittlungsaufgaben im Zusammenhang mit der Errichtung von Solar-/Photovoltaik-Anlagen; GuG, 2005, 19 ff.; *Volksbank Glan-Münchweiler eG* (2006), Finanzierung von Photovoltaikanlagen; bedeutsame Aspekte bei der Beleihungs-/Sicherungswertermittlung von Photovoltaikanlagen.

▶ *Vgl. § 2 ImmoWertV Rn. 28 ff.; § 3 ImmoWertV Rn. 513 ff.; § 21 ImmoWertV Rn. 109; zur Ausstattung von Wohnungen vgl. § 31 ImmoWertV Rn. 125*

Photovoltaikanlagen (PV-A) dienen der Stromgewinnung und werden überwiegend als Freian- 196
lagen insbesondere auf geeigneten Dächern sowie Lärmschutzwänden installiert. Photovoltaikanlagen werden in **unterschiedlichen Technologien** mit unterschiedlichen Wirkungsgraden betrieben, wobei insbesondere unterschieden wird nach dem jeweiligen Halbleitermaterial der Zellen:

- monokristallines Silizium (Modulwirkungsgrad: 16 bis 18 %),
- polykristallines Silizium (Modulwirkungsgrad: 12 bis 16 %),
- amorphes Silizium (Modulwirkungsgrad: 5 bis 12 %),
- Kupfer-Indium-Diselenid/CIS (Modulwirkungsgrad: 10 bis 13 %),
- Cadmium-Tellurit (Modulwirkungsgrad: 9 bis 12 %).

Des Weiteren unterscheidet man Photovoltaikanlagen nach der **Art des Verbrauchs**, insbe- 197
sondere

- zur Volleinspeisung von Solarstrom in das öffentliche Stromnetz und
- zum Eigenverbrauch im eigenen Haushalt bzw. Betrieb,

sowie nach der **Art des Betriebs**, insbesondere

- zum Eigenbetrieb durch den jeweiligen Grundstückseigentümer und
- zum Fremdbetrieb, bei dem ein Pächter ein Nutzungsentgelt z.B. für eine Dachfläche, entrichtet[36].

198 Von Photovoltaikanlagen zu unterscheiden sind **Solarthermieanlagen**, die der Wärmegewinnung dienen.

199 **Photovoltaikanlagen (PV) sind** als **bauliche Anlagen** unter Beachtung der einschlägigen bauordnungsrechtlichen Vorschriften des Landes zu errichten[37].

- Kleinere Anlagen in und an Dach- und Außenflächen mit einer Höhe von bis zu 3 m und einer Gesamtlänge bis zu 9 m sind i.d.R. verfahrensrechtlich freigestellt.
- Größere Anlagen bedürfen dagegen i.d.R. einer Genehmigung.

200 Darüber hinaus kann sich ein Genehmigungserfordernis aus anderen Rechtsvorschriften ergeben, insbesondere auch aus Gründen des Denkmalschutzes sowie aus städtebaulichen Erhaltungssatzungen (§ 172 BauGB).

201 Photovoltaikanlagen können **Gegenstand der Wertermittlung** sein, wenn diese

a) vom Grundstückseigentümer auf seinem Grundstück (z.B. Ein- und Mehrfamilienhaus, Handels- oder Logistikimmobilie) selbst betrieben wird,

b) aufgrund eines Pacht- bzw. Gestattungsvertrags von einem Dritten auf dem Grundstück (auch auf der Grundlage einer im Grundbuch eingetragenen Dienstbarkeit) errichtet und betrieben wird (Dachflächenverpachtung).

202 Des Weiteren kann **Gegenstand der Wertermittlung** sein

a) die Ermittlung des Bodenwerts von Grundstücken, die für Freiflächenanlagen geeignet sind,

b) die Ermittlung des jährlichen (umsatzabhängigen) Nutzungsentgelts bzw. eines einmaligen Ablösungsbetrags sowie

c) die Ermittlung des Verkehrswerts (Entschädigungswerts) im Falle einer Begründung des Rechts zur Errichtung und zum Betrieb einer Photovoltaikanlage.

203 Im Rahmen der **Wertermittlung** sind dementsprechend festzustellen:
1. *Baurecht*

- Bauplanungs- und bauordnungsrechtlichen Zulässigkeit (ggf. denkmalrechtliche Voraussetzung) sowie
- Statiknachweis.

204 2. *Technische Nachweise*

- Hersteller der Module und der Wechselrichter,
- *Wirkungsfläche* (W) in m²; sie bestimmt sich nach dem Anteil des Daches bzw. des Grundstücks, der von der Photovoltaikanlage (Kollektoren) überdeckt werden kann (bei Dachanlagen abhängig von der zur Sonne ausgerichteten Dachfläche (bis 70 %); bei Freiflächenanlagen bis 40 %),

Beispiel:

Bei einer zur Sonne ausgerichteten Dachfläche von 100 m² und einem überdeckbaren Anteil von 70 % ergibt sich eine Wirkungsfläche von 70 m².

---

36 Zur vertraglichen Nutzungsentschädigung: www.solarserver.de/uploads/media/dachmietvertrag_muster.pdf.
37 Zu Solarzellen im Außenbereich: OVG Münster, Urt. vom 20.09.2010 – 7 B 985/10 –, BauR 2011, 240.

- die mittlere jährliche *Globalstrahlung*, d.h. die mittlere auf eine horizontale Fläche treffende Sonneneinstrahlung GA_{365} [kWh/m² p.a.],
- *Anlagenausnutzungsgrad* (AuGr) in %, mit dem interne Anlagenverluste, z.B. durch Leitungsverluste, Verschmutzungen, Verschattungen, Ausfallzeiten, Wechselrichter, berücksichtigt werden (2013: 85–90 %),
- den sich aus der Neigung der Module gegenüber einer horizontalen Fläche erzielbaren *Strahlungsgewinnen*), auch als *Neigungsgewinne* $f_{Neigung}$ bezeichnet (≥ 1 – Faktor im Durchschnitt 1,0 bis 1,18),
- die jährliche *effektive Energieeinstrahlung* (EffjEinstr) in kWh/m², die sich aus dem Produkt der Globalstrahlung (GlStra) bei bestimmter Modulneigung (z.B. 25 %), dem Anlagenausnutzungsgrad (AuGr) und den Strahlungsgewinnen abzüglich eines Risikoabschlags (RA) ergibt. auf die *horizontale ebene* Fläche
  EffjEinstr = ($GlStra_{25°}$ x AuGr) - 7,5 % (RA)
  Die Globalstrahlung bei 0° Modulneigung ($GlStra_{0°}$) kann der Karte des Deutschen Wetterdienstes entnommen werden.
  Beispiel:
  • Jahressumme der Globalstrahlung (GlStr): 1 000 kWh/m²
  • Anlageausnutzungsgrad (AuGr) 80 %: 0,80
  • Strahlungsgewinn durch geneigte Module 10 %, hieraus ergibt sich ein Faktor von: 1,10
  Effektive jährliche Energieeinsparung = 1 000 kWh/m² × 1,10 × 0,80 = 880 kWh/m²
- die *Nennleistung* (NeL) in kWp als Maß der Leistungsfähigkeit der Anlage; sie ist abhängig vom *Modulwirkungsgrad* (z.B. 15 %) und der Wirkungsfläche, die für 1 kWp (= Kilo-Watt-*peak*)[38] Nennleistung, gemessen bei „Volllast", erforderlich ist.

$$\text{Nennleistung [kWp]} = \frac{\text{verfügbare Grundstücks- bzw. Dachfläche in m}^2}{\text{Planungswert in m}^2}$$

Planungswert	Freiflächenanlage:	25 m²
	Dachflächenanlage:	8–10 m²

Beispiel:

Schrägdachfläche	1 000 m²
Planungswert	10 m²
Nennleistung der Dachflächenanlage =	1 000 m²/10 m² = 100 kWp

- *Jahresenergieleistung* (JEL)[39], d.h. die in kWh bemessene elektrische Energie, die in das öffentliche Stromnetz abgegeben werden kann. Sie ist insbesondere von der sog. Nennleistung abhängig und bestimmt sich als Produkt der jährlichen effektiven Energieeinstrahlung und der Nennleistung.
  Die Jahresenergieleistung (JEL) kann auch als Produkt der jährlich effektiven Energieeinstrahlung (EffjEinstr), der *Wirkungsfläche* (W) und des *Modulwirkungsgrads*(MWgr) ermittelt werden:
  $JEL = EffjEinstr_{kWh/qm} \times W_{qm} \times MWgr_{\%} \approx EffjEinstr \times NeL$
  Beispiel:
  Bei einer effektiven jährlichen Energieeinstrahlung von 880 kWh/m² und einer Nennleistung von 8 kWp ergibt sich eine Jahresenergieleistung von rd. 7 000 kWh.

---

38 *Peak* = Spitzenleistung.
39 Überschläglich ermittelbar über entsprechende Rechner: www.solarserver.de/pvrechner/ bzw. qqq.solarserveer.de/online-rechner.

- *Modulwirkungsgrad* (MWgr) in %, der die Effizienz beschreibt, mit der die Sonnenenergie in elektrische Energie umgewandelt wird: 2013: Ø 10 bis 18 %,
- *Performance Ratio* PR (0,7 bis 0,85),
- *Einspeisevergütung* (EV) in €/kWh, die sich nach dem EEG und dem zwischen Versorgungsunternehmen und Betreiber geschlossenen Einspeisevergütungsvertrag ergibt,
- Herstellergarantie,
- Nachweis der Bewirtschaftungskosten (Wirtschaftlichkeitsprognosen, Gutachten),
- Datum der Inbetriebnahme und Nachweis der Solarerträge und der Vergütung,
- Nachweis der Meldung an die Bundesnetzagentur (erforderlich seit 01.01.2009),
- Versicherungsnachweise,
- Jahresertragsaufstellung.

205 3. *Bei Pachtverträgen Vertragsinhalte*

- *Nutzungsentgelt* (Pachtzins, Pachtfläche, prognostizierte jährliche Vergütung),
  Das **Nutzungsentgelt** bestimmt sich nach der Jahresenergieleistung (JEL), der Einspeisevergütung (EV) und der marktüblich erzielbaren Umsatzpacht (in %):
  Jährliches $\text{Nutzungsentgelt}_{[€]} = \text{JEL}_{[kWh]} \text{ x } \text{EV}_{[€/kWh]} \text{ x } \text{Umsatzpacht}_{[\%]}$
  Im Falle der Abgeltung des jährlich anfallenden Nutzungsentgelts ermittelt sich der (einmalige) Ablösungsbetrag aus dem kapitalisierten Nutzungsentgelt:
  Ablösungsbetrag = Jährliches $\text{Nutzungsentgelt}_{[€]}$ x Vervielfältiger (Barwertfaktor)
  Der Kapitalisierungsfaktor bestimmt sich nach dem Zinssatz (5 bis 8 %) und der erwarteten Restnutzungsdauer (z.B. 20 Jahre).
- Haftung für Schäden aus dem Betrieb der Anlage,
- Rückbauverpflichtung (Wiederherstellung des ursprünglichen Zustands),
- Verlängerungsoptionen,
- Schneereinigungspflichten der Module (ggf. durch Grundstückseigentümer),
- Vereinbarung bestimmter Zeitfenster für Dachreparaturen (z.B. in einstrahlungsarmen Zeiten),
- Vereinbarungen betreffend Instandhaltungs- und Instandsetzungspflichten,
- Betretungsrechte und Entschädigungsregelung,
- außerordentliche Kündigungsrechte (Rücktrittsrechte),
- Rechtsnachfolgeregelungen.

4. *Lage*

206 Sowohl bei Sachwert- als auch bei Ertragswertobjekten kann sich eine **Werterhöhung des Grundstücks nur dann** ergeben, **wenn Unterhaltung und Betrieb einer Photovoltaikanlage gegenüber vergleichbaren konventionell betriebenen Gebäuden rentierlich sind,** und zwar auch unter Berücksichtigung

- des Rückbaus der Photovoltaikanlage,
- staatlicher oder sonstiger Förderungen des Betriebs,
- möglicher ästhetischer Beeinträchtigungen des Grundstücks.

207 5. *Wirtschaftlichkeit*
Die **Wirtschaftlichkeit der Photovoltaikanlagen** bestimmt sich im Wesentlichen durch die *jährliche Einspeisevergütung* nach dem Erneuerbare-Energien-Gesetz (EEG), den *Zeitraum der Vergütung*, die jährlichen *Bewirtschaftungskosten* sowie die *Kosten des Rückbaus* (Abbau und Entsorgung der Module, Rückbau von Dachdurchdringungen u.m.) durch jährliche Rück-

stellungen. Für Prognosen des elektrischen Ertrags stehen kostenpflichtige Programme zu Verfügung[40], ggf. bedarf es hierfür eines Gutachtens eines Spezialsachverständigen:

- Für die Kapitalisierung des Reinertrags ist ein *Kapitalisierungszinssatz von 6 bis 7 %* angemessen[41].
- Die *Bewirtschaftungskosten* (insbesondere die Kosten der Wartung und des Betriebs einschließlich Versicherung) belaufen sich erfahrungsgemäß auf ca. 10–15 % des Einspeiseerlöses (bzw. 1–2 % der Herstellungskosten).
- Die *Gesamtnutzungsdauer* ist i.d.R. auf 20 Jahre zuzüglich des Jahres der Inbetriebnahme zu beschränken, auch wenn diesen Anlagen heute eine längere technische Nutzungsdauer beigemessen wird. Der Ansatz einer längeren Nutzungsdauer ist im Hinblick auf den technischen Fortschritt und die zeitliche Beschränkung der Vergütung nicht angemessen.

Der **Barwert des Einspeiseerlöses** bestimmt sich sodann durch Kapitalisierung des Reinertrags über die am Wertermittlungsstichtag verbleibende Restlaufzeit der Einspeisevergütung. 208
Beispiel (Neubau):

– Einspeiseerlös	2 000 €
– Wartungs- und Betriebskosten	170 €
– Versicherungskosten	30 €
– Restlaufzeit der Einspeisevergütung	10 Jahre
– Kapitalisierungszinssatz	6,5 %
– Vervielfältiger	7,19

Barwert = (2 000 € – 170 € – 30 €) × 7,19 = **rd. 13 000 €**

Der ermittelte Barwert weist eine Größenordnung auf, die regelmäßig in den Bereich der Auf- 209
bzw. Abrundung einer Wertermittlung fällt, wobei dabei noch nicht einmal eine möglicherweise nicht unerhebliche ästhetische Beeinträchtigung des Grundstücks berücksichtigt wurde; der vor allem von der Industrie angeführte „Imagegewinn als *green building*" ist vernachlässigbar. Dies mag auch der Grund sein, dass die Gutachterausschüsse für Grundstückswerte bei der Auswertung von Kaufverträgen bislang keine signifikanten Werterhöhungen für Grundstücke mit Photovoltaikanlagen (PV) feststellen konnten. Im vorliegenden *Beispiel* wird man das Ergebnis im Rahmen der Aufrundung der Marktwertermittlung berücksichtigen.

Im Falle einer **Dachflächenverpachtung** kann sich eine Werterhöhung des Grundstücks auch 210
wieder nur dann ergeben, wenn der Pachtvertrag rentierlich ist. Davon kann nur ausgegangen werden, wenn die aus der Verpachtung zusätzlich erzielten Erträge die potenziellen Nachteile deutlich überschreiten. Dies muss auf der Grundlage des Pachtvertrags festgestellt werden. Als Nachteil der Verpachtung ist insbesondere das Bauschadensrisiko, Erschwernisse der Finanzierung, die eingeschränkte Verfügbarkeit und der Bewirtschaftungsaufwand sowie ggf. eine „Verschmutzung" des Grundbuchs durch Eintragung einer Photovoltaikdienstbarkeit hervorzuheben.

---

40 Für einfache Überschlagschätzungen kann auf zahlreiche kostenlose Berechnungstools im Internet zurückgegriffen werden, z.B. unter:
– http://www.solarserver.de/service_tools/online_rechner/pv_anlage_online_berechnen.html
– http://www.solarrechner.de/
– http://re.jrc.ec.europa.eu/pvgis/apps3/pvest.php:
– http://www.renewable-energy-concepts.com/german/sonnenenergie/basiswissensolarenergie/pv-solar-rechner.html.
Realdaten von Solaranlagen in Norddeutschland können eingesehen werden z.B. unter http://www.solarertrag-nord.de.

41 Dies entspricht der herrschenden Praxis. Hiervon teilweise abweichend: Fraunhofer Institut für solare Energiesysteme ISE: Ermittlung einer angemessenen zusätzlichen Absenkung der Einspeisevergütung für Solarstrom im Jahr 2010. Roland Berger, Prognos (Nov. 2010): Wegweiser Solarwirtschaft; PV-Roadmap 2020.

211 Die Pacht bestimmt sich nach dem Pachtvertrag und kann recht unterschiedlich ausfallen[42]. Üblich sind 2 bis 8 % des Ertrags nach dem Erneuerbare-Energien-Gesetz (EEG) bzw. 0,50 bis 4 €/m² Pachtfläche im Jahr. I.d.R. ist die Pacht jährlich und im Voraus zu bezahlen; demzufolge ist ein vorschüssiger Kapitalisierungsfaktor anzusetzen (vgl. § 34 ImmoWertV Rn. 19).
Beispiel:

– Bei einer Pachtfläche von 5 000 m² ergibt sich eine jährliche prognostizierte Vergütung von	100 000 €
– Die Pacht in v.H. der Solarvergütung beträgt	6,5 %
– Betreiber unterhält die Anlage und haftet im vollen Umfang und ist nach Ablauf zur Wiederherstellung des ursprünglichen Zustands verpflichtet	
– Prognostizierte Jahrespacht mithin: 100 000 € × 0,06; dies entspricht 1,30 €/m² Pachtfläche (= 6 500 €/5 000 m²)	6 500 €
– Verbleibende Bewirtschaftungskosten des Eigentümers (Verwaltungskosten, Mietausfallwagnis)	500 €
– verbleiben	6 000 €
– Kapitalisierungszinssatz	7 %
– Laufzeit	20 Jahre
– Vervielfältiger (vorschüssig; 10,34 + 1,00)	11,34
– Barwert: 6 000 € × 11,34 = (ohne Berücksichtigung weiterer Nachteile für den Grundstückseigentümer)	**rd. 68 000 €**

Auch im Falle einer Dachflächenverpachtung kann Wertneutralität nicht ausgeschlossen werden.

212 Bei **großflächigen Anlagen auf gewerblich genutzten Industrie- oder Logistikimmobilien** wurde im Jahre 2013 mit einem Flächenbedarf von 20 bis 25 m² für eine Nennleistung von 1 kWp gerechnet.

3.13 Dachgeschoss

3.13.1 Nutzbarkeit des Dachgeschosses

▶ *Vgl. zur Geschosshöhe Rn. 60; § 5 ImmoWertV (Aufenthaltsraum) Rn. 51; § 16 ImmoWertV Rn. 42; § 40 ImmoWertV Rn. 185 ff.; zu den Kosten des Ausbaus, Spitzböden und Nutzbarkeit vgl. Syst. Darst. des Sachwertverfahrens Rn. 75, 117, 125, 137, 296 ff.*

213 Die **Nutzbarkeit eines Dachgeschosses ist abhängig**

- **von den bauordnungsrechtlichen Anforderungen und**
- **den dort gegebenen Höhenverhältnissen.**

214 Nach den Regelwerken ist die Nutzbarkeit eines Dachgeschosses in Abhängigkeit von den im Einzelfall gegebenen Höhenverhältnissen unterschiedlich einzustufen:

a) Bei einer **lichten Höhe des Dachgeschosses kleiner als 1,25 m** soll nach Anl. 4 zur ImmoWertV keine Nutzbarkeit gegeben sein. Die Fläche soll nicht in die nach Anl. 4 zur ImmoWertV maßgebliche BGF_{red} eingehen (Syst. Darst. des Sachwertverfahrens Rn. 70).
Nach der WoFlV geht eine Dachgeschossfläche mit einer **lichten Höhe kleiner als 1,00 m nicht in die Wohnfläche ein**.

42 Witte, M, Was Sie über Photovoltaikanlagen wissen sollten, S. 174; BSW Solar: Merkblatt Nutzung der Photovoltaik auf gepachteten Dächern.

b) **Grundrissebenen von Dachgeschossen mit einer lichten Höhe kleiner als 2,00 m und größer als 1,25 m,** die **nach bisherigem Verständnis**[43] *„eingeschränkt nutzbar"* sind, gehen nach wie vor in die maßgebliche BGF_{red} ein, wenn sie i.S. der BGF „nutzbar" sind, d.h. (über eine feste Treppe) zugänglich sind und eine feste Decke aufweisen[44]. Im Hinblick auf die geringe Höhe wird man dieser Fläche eine **nach wie vor eingeschränkte Nutzbarkeit** zuordnen müssen.
Nach der WoFlV geht eine Dachgeschossfläche mit einer **lichten Höhe kleiner als 2,00 m (und größer als 1,00 m)** hälftig **in die Wohnfläche ein**.

Der Grad der *„eingeschränkten Nutzbarkeit"* eines Dachgeschosses mit einer **lichten Höhe kleiner als 2,00 m lässt sich** in Anlehnung an die Regelungen der Wohnflächenverordnung (WoFlV) beurteilen. **215**

Die Nutzbarkeit eines Dachgeschosses ist nur dann als „besonderes objektspezifisches Grundstücksmerkmal" ergänzend zu berücksichtigen, wenn sie nicht schon zuvor in den vorläufigen Vergleichs-, Ertrags- oder Sachwert Eingang gefunden habt. Dies ist im ersten Schritt zu prüfen. **216**

3.13.2 Ertragswertverfahren

Eine **eingeschränkte Nutzbarkeit** des Dachgeschosses **wird** bei Anwendung des Ertragswertverfahrens grundsätzlich **direkt mit dem entsprechend geminderten Ertrag berücksichtigt**. **217**

Eine Nutzbarkeit des Dachgeschosses als Wohnraum setzt grundsätzlich voraus, dass der Dachboden bauordnungsrechtlich auch als Wohnraum genutzt werden darf. Dementsprechend hat der BGH[45] erkannt, dass bei Anwendung des Ertragswertverfahrens für eine „nicht als Wohnraum genehmigte Räumlichkeit" grundsätzlich auch kein Mietwert anzusetzen ist. Anders stellt sich die Situation dar, wenn ein Mieter eine für Wohnzwecke nicht genehmigte Fläche als Wohnfläche mietvertraglich akzeptiert hat[46], auch dann, wenn die als Wohnraum vermietete Fläche Mängel aufweist, die aber bei Anmietung nicht gerügt worden sind und deshalb nach § 536b BGB nicht mehr geltend gemacht werden könnten (schlecht beheizbarer Dachraum mit Leitungen über Putz und ohne Wohnbelag). Darin liegt nach Auffassung des BGH kein Mangel i.S. des § 536 BGB. **218**

Beschränkungen wegen vornehmlich **feuerpolizeilicher Gründe** berühren die Nutzbarkeit der Dachgeschossräume nicht unmittelbar[47]. **219**

Den **Höhenverhältnissen des ausgebauten Dachgeschosses** wird unter den genannten Voraussetzungen damit Rechnung getragen, dass sich die Wohnfläche, für die ein entsprechender Ertrag angesetzt wird, entsprechend den Vorgaben der WoFlV unter Berücksichtigung der Höhenverhältnisse bestimmt und direkt in die Ertragswertermittlung eingeht; für eine ergänzende Berücksichtigung nach § 8 Abs. 3 ImmoWertV ist dann kein Raum mehr. Ist das Dachgeschoss indessen nicht ausgebaut, so kann eine ergänzende Berücksichtigung in Betracht kommen, wobei man sich dann an der potenziellen Wohnfläche des Dachgeschosses orientiert. **220**

---

43 Vgl. Nr. 4.1.1.4 Abs. 7 der aufgehobenen SachwertR.

44 In der einschlägigen Abbildung der SachwertR ist die Deckenebene mit einem „dicken" Strich abgebildet, was auf eine feste Decke hinzuweisen scheint.

45 BGH, Urt. vom 17.11.2010 – XII ZR 170/09 –, GuG 2011, 187 = EzGuG 20.213a.

46 Vgl. BGH, Urt. vom 16.10.2009 – VIII ZR 39/09 –, GuG 2010, 188 = EzGuG 3.144 bezüglich einer in einen Mietvertrag einbezogenen Galerie, die nach § 42 der in dieser Angelegenheit maßgeblichen Hess. BauO nicht zur Wohnfläche zu rechnen ist, wenn diese zu weniger als der Hälfte der Grundfläche eine lichte Höhe von 2,20 m aufweist.

47 Vgl. auch BGH, Urt. vom 16.09.2009 – VIII ZR 275/08 –, NJW 2009, 3421 = EzGuG 3.143a.

3.13.3 Sachwertverfahren

▶ *Vgl. zur Nutzbarkeit Syst. Darst. des Sachwertverfahrens Rn. 75, 125 ff.*

221 Bei Anwendung des Sachwertverfahrens auf der Grundlage von Normalherstellungskosten (2010) soll nach Anl. 6 Ziff. 3 zu § 36 Abs. 3 die von den Höhenverhältnissen des Dachgeschosses abhängige wirtschaftliche „Nutzbarkeit der Grundflächen des Dachgeschosses" von freistehenden Ein- und Zweifamilienhäusern, Doppelhäusern und Reihenhäusern berücksichtigt werden. Diese wird bestimmt durch die Dachkonstruktion (u.a. Dachneigung, Vorhandensein von Drempeln und ggf. der Drempelhöhe), der Gebäudegeometrie und der Giebelhöhe.

a) Bei **Gebäuden mit nicht ausgebautem Dachgeschoss** soll unterschieden werden zwischen

- Gebäuden mit Dachgeschossen, die nicht zu einer Wohnnutzung als Hauptnutzung ausbaubar sind, jedoch im Unterschied zur Gebäudeart mit Flachdach oder flach geneigtem Dach eine untergeordnete Nutzung zulassen (nicht ausbaufähig) und
- Gebäuden mit Dachgeschossen, die für die Hauptnutzung „Wohnung" ausbaubar sind.

Bei nicht ausgebauten Dachgeschossen, die nicht ausbaufähig sind, ist in der Regel ein Abschlag vom Kostenkennwert anzusetzen.

b) Bei **Gebäuden mit ausgebautem Dachgeschoss** soll sich der „*Grad der wirtschaftlichen Nutzbarkeit*" des Dachgeschosses insbesondere nach dem Verhältnis der vorhandenen Wohnfläche zur Brutto-Grundfläche bestimmen (vgl. zur Berücksichtigung Syst. Darst. des Sachwertverfahrens Rn. 117). Ein fehlender Drempel ist i.d.R. durch Abschläge zu berücksichtigen (zum Drempel Syst. Darst. des Sachwertverfahrens Rn. 125).
Der vorgeschriebene Abschlag bei fehlendem Drempel geht davon aus, dass die Kostenkennwerte aus Objekten abgeleitet wurden, die einen Drempel aufweisen. Tatsächlich kann aber nach den Vorentwürfen zu den NHK 2010 nicht ausgeschlossen werden, dass die einschlägigen Kostenkennwerte der NHK 2010 sich zumindest teilweise auf Objekte ohne Drempel beziehen.

c) **Nicht nutzbare Grundrissebenen im Dachraum** sind der Gebäudeart mit Flachdach oder flach geneigtem Dach zuzuordnen. Die einschlägige Fläche soll im Hinblick auf ihre Klassifizierung als nicht nutzbare Geschossebene nicht in die maßgebliche BGF eingehen und geht damit nicht in den vorläufigen Sachwert ein, selbst dann nicht, wenn ihre Errichtung mit nicht unerheblichem Kostenaufwand verbunden war. Dies ist darin begründet, dass die Fläche allenfalls in einem geringen Umfang werthaltig ist und im Rahmen der Marktanpassung erhebliche Wertabschläge anzubringen wären.

d) Ein teilweiser Ausbau des Dachgeschosses oder eine teilweise Unterkellerung können durch anteilige Heranziehung der jeweiligen Kostenkennwerte für die verschiedenen Gebäudearten berücksichtigt werden (Mischkalkulation).

e) Zu den **Besonderheiten eines Spitzbodens** vgl. Syst. Darst. des Sachwertverfahrens Rn. 137 ff., 296.

222 Die von den Gutachterausschüssen abgeleiteten **Sachwertfaktoren** beziehen sich regelmäßig auf Objekte, die vorstehend beschriebene Besonderheiten nicht aufweisen und dementsprechend mit der modellkonformen Ableitung des *vorläufigen* Sachwerts nicht erfasst sind. Soweit die bauliche Anlage der zu bewertenden Liegenschaft solche Besonderheiten aufweist, können sie nachträglich als besonderes objektspezifisches Grundstücksmerkmal berücksichtigt werden (vgl. Syst. Darst. des Sachwertverfahrens Rn. 118).

3.14 Aufwuchs und sonstige Außenanlagen

▶ *Vgl. § 1 ImmoWertV Rn. 86; § 14 ImmoWertV Rn. 28 ff.; § 35 ImmoWertV Rn. 22; § 37 ImmoWertV Rn. 1 ff.; § 40 ImmoWertV Rn. 5; § 37 ImmoWertV Rn. 1 ff.; Syst. Darst. des Ertragswertverfahrens Rn. 108, 174; Syst. Darst. des Sachwertverfahrens Rn. 223*

In besonderen Ausnahmefällen können Aufwuchs und sonstige Außenanlagen über § 8 Abs. 3 ImmoWertV **als besonderes objektspezifisches Grundstücksmerkmal** erfasst werden, soweit sie 223

- nicht schon zuvor in den vorläufigen Verfahrenswert Eingang gefunden haben,
- erheblich über den Umfang hinausgehen, der bei modellkonformer Ermittlung des vorläufigen Verfahrenswerts bereits erfasst ist (z.B. ein besonders außergewöhnlicher Aufwuchs) und
- sich dadurch der Marktwert (Verkehrswert) des Grundstücks im gewöhnlichen Geschäftsverkehr tatsächlich und nachweisbar erhöht.

Bei **Anwendung des Ertragswertverfahrens** ist allerdings regelmäßig davon auszugehen, dass die aus der baulichen Anlage fließende Rendite zugleich ein Entgelt für die Annehmlichkeit des Grundstücks in seiner Gesamtheit darstellt und mithin auch die Rendite für einen besonders außergewöhnlichen Aufwuchs und eine parkähnliche Gestaltung des Grundstücks umfasst[48]. Dabei mag der Reinertrag im Verhältnis zu vergleichbaren Grundstücken mit dem üblichen Bewuchs sogar niedriger ausfallen, denn den höheren Miet- bzw. Pachterlösen stehen auch deutlich höhere Bewirtschaftungskosten gegenüber. 224

Bei **Anwendung des Sachwertverfahrens** ist der Aufwuchs, soweit er nicht vom Bodenwert miterfasst ist, grundsätzlich nach Maßgabe des § 37 ImmoWertV zu berücksichtigen. 225

- Bei der Ermittlung des vorläufigen Sachwerts muss dabei allerdings wiederum der Grundsatz der Modellkonformität beachtet werden. Die auf bauliche Außenanlagen und sonstige Anlagen (Aufwuchs) entfallenden Kosten sind unter Beachtung dieses Grundsatzes zunächst in einem Umfang zu berücksichtigen, wie dies der Gutachterausschuss für Grundstückswerte bei der Ableitung der einschlägigen Sachwertfaktoren ggf. unter Ansatz einer **Pauschale** praktiziert hat (vorläufiger Sachwertanteil der Außenanlagen). Der im Einzelfall hiervon abweichende Sachwertanteil ist dann nachträglich zu erfassen, soweit er tatsächlich im gewöhnlichen Geschäftsverkehr berücksichtigt wird.
- Hat der Gutachterausschuss für Grundstückswerte Sachwertfaktoren aus Kaufpreisen von Grundstücken abgeleitet, die im „üblichen" Umfang bauliche Außenanlagen und sonstige Anlagen (Aufwuchs) aufweisen und hat er diesen bei der Ableitung der Sachwertfaktoren nicht gesondert angesetzt, so findet der „übliche Aufwuchs" mit dem Sachwertfaktor Eingang in die Ermittlung des vorläufigen Sachwerts. In diesem Fall setzt sich der vorläufige Sachwert allein aus dem vorläufigen Gebäudesachwert und dem (vorläufigen) sachwertkompatiblen Bodenwert zusammen. Abweichungen der tatsächlich auf dem Grundstück vorhandenen baulichen und sonstigen Anlagen (Aufwuchs) gegenüber den vom Gutachterausschuss anzugebenden und mit dem Sachwertfaktor erfassten „üblichen" baulichen und sonstigen Außenanlagen (Aufwuchs) sind dann wiederum nachträglich zu berücksichtigen, soweit dies tatsächlich dem gewöhnlichen Geschäftsverkehr entspricht.

48 OLG Koblenz, Urt. vom 13.01.1982 – 1 U 6/80 –, AVN 1988, 158 = EzGuG 2.28; so auch in der steuerlichen Bewertung (vgl. BewR Gr vom 19.09.1966, BAnz Nr. 183 Beil.= BStBl. I 1966, 890, zu § 79 BewG Nr. 21)..

4 Besondere ertragswirtschaftliche Grundstücksmerkmale

4.1 Allgemeines

226 Als besonderes **ertragswirtschaftliche Grundstücksmerkmale** werden in § 8 Abs. 3 Nr. 1 ImmoWertV 88 lediglich „*besondere Ertragsverhältnisse*" genannt. Dies sind in erster Linie von marktüblich erzielbaren Erträgen erheblich abweichende Erträge, wobei es zumeist um temporär abweichende Erträge geht. Tatsächlich kommt eine unübersehbare Vielzahl von weiteren ertragswirtschaftlichen „Besonderheiten" in Betracht.

227 **Besondere Ertragsverhältnisse sind wiederum nur dann als „besonderes objektspezifisches Grundstücksmerkmal" (boG) ergänzend zu berücksichtigen, wenn sie schon aus Gründen der Modell- und Referenzkonformität keinen Eingang in den nicht vorläufigen Verfahrenswert gefunden haben**. Dies ist bei Anwendung des Ertragswertverfahrens nur der Fall, wenn der vorläufige Ertragswert im Wege des *allgemeinen* oder *vereinfachten* Ertragswertverfahrens ermittelt wird (Standardverfahren nach den §§ 28 f. ImmoWertV). Bei Anwendung des *periodischen* Ertragswertverfahrens können die besonderen Ertragsverhältnisse in der jeweiligen Periode berücksichtigt werden und gehen damit gegebenenfalls in den vorläufigen Ertragswert ein; **besondere objektspezifische Grundstücksmerkmale (boG) sind dann insoweit nicht mehr zu berücksichtigen.**

228 Bei **Anwendung des periodischen Ertragswertverfahrens** wird im Unterschied zu den Standardverfahren nicht von den marktüblich erzielbaren, sondern von den aufgrund wohnungs-, miet- oder vertragsrechtlicher Bindungen tatsächlich erzielbaren Erträgen ausgegangen. Die besonderen temporär von den marktüblich erzielbaren Erträgen abweichenden Ertragsverhältnisse werden in der jeweiligen Periode berücksichtigt und gehen damit gegebenenfalls in den *vorläufigen* Ertragswert ein. Abweichend von § 8 Abs. 3 Satz 2 Nr. 1 ImmoWertV können sie dementsprechend nicht mehr als besondere objektspezifische Grundstücksmerkmale gelten. Sie fallen bei Anwendung des periodischen Ertragswertverfahrens mithin nicht unter die Regelung des § 8 Abs. 3 ImmoWertV. Den abweichenden Ertragsverhältnissen muss gegebenenfalls im Rahmen des § 33 ImmoWertV durch eine objektspezifische Anpassung des Liegenschaftszinssatzes Rechnung getragen werden (vgl. § 33 ImmoWertV Rn. 5; Syst. Darst. des Ertragswertverfahrens Rn. 105, 245).

229 Neben den genannten erheblichen Abweichungen der tatsächlich erzielten von den marktüblich erzielbaren Erträgen sind grundsätzlich **alle Abweichungen der Grundstücksmerkmale des zu bewertenden Grundstücks von den nach Maßgabe des Grundsatzes der Modell- und Referenzkonformität der Ermittlung des vorläufigen Ertragswerts zugrunde gelegten *Grundstücksmerkmalen*** *ergänzend* als „besondere objektspezifische Grundstücksmerkmale" zu berücksichtigen, es sei denn, sie werden mit dem objektspezifischen Liegenschaftszinssatz erfasst.

Abb. 17: Berücksichtigung temporär von den marktüblich erzielbaren Erträgen erheblich abweichender Erträge

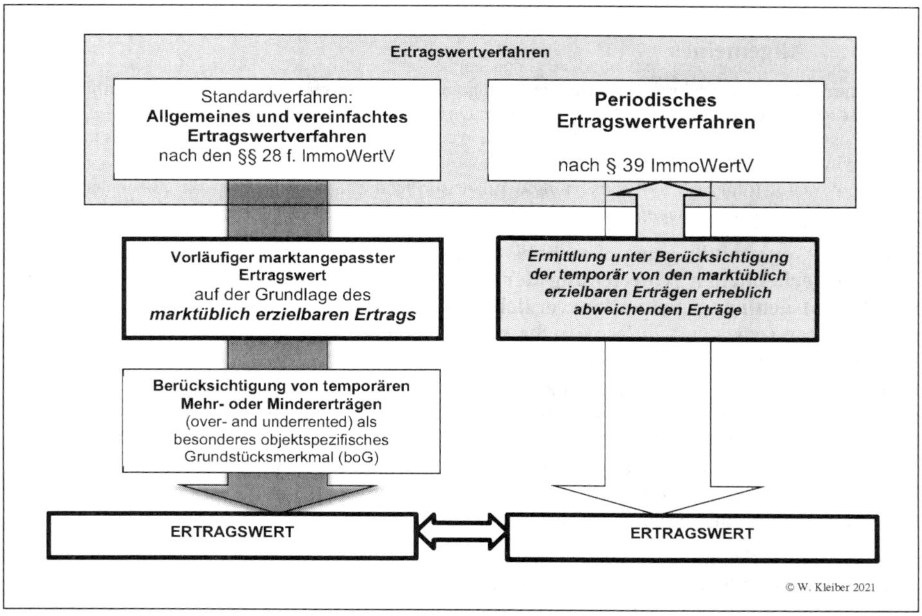

In Betracht kommen insbesondere **230**

- von den als „Modellansatz“ vorgegebenen bzw. den marktüblich anfallenden Bewirtschaftungskosten erheblich abweichende Bewirtschaftungskosten,
- ein im Rahmen der angesetzten Bewirtschaftungskosten mit dem (fluktuationsbedingten) Mietausfallwagnis nicht berücksichtigter (struktureller) Leerstand,
- von den marktüblich erzielbaren Erträgen aufgrund bestehender Optionen temporär abweichende Erträge,
- vom Modellansatz abweichende Gesamt- bzw. Restnutzungsdauer (Baujahr) des Bewertungsobjekts,
- eine gegenüber dem Modell- und Referenzansatz abweichende Drittverwendungsmöglichkeit,
- eine vom Modell- und Referenzansatz abweichende atypische (Fehl-)Nutzung, Übergröße (vgl. §§ 40 Abs. 5, 41 und 43 ImmoWertV; Rn. 532 ff.),
- eine Vermietung sonst bezugsfreier Objekte,
- temporäre Einnahmen aufgrund von Zwischennutzungen, Werbeflächen, Antennenanlagen usw.,
- Entgelte für die Bereitstellung von Inventar, Zubehör, Möblierungszuschlag (§ 31 ImmoWertV Rn. 50) u.Ä.

Die auf der Grundlage einer methodisch nach ertragswirtschaftlichen Grundsätzen ermittelten Werterhöhung bzw. Wertminderung kann grundsätzlich auch bei Objekten zur Anwendung kommen, wenn deren Marktwert (Verkehrswert) nach dem **Vergleichs- oder Sachwertverfahren** ermittelt wird. **231**

4.2 Von marktüblich erzielbaren Erträgen erheblich abweichende Erträge (§ 8 Abs. 3 Satz 2 Nr. 1 ImmoWertV)

4.2.1 Allgemeines

Schrifttum: *Evans, A./Seifert, U.*, Staffelmietverträge und Verkehrswerte, GuG 1994, 147; *Güttler, H.*, Ertragswert bei Staffelmieten, GuG 1991, 96; *Schaper, D.*, Berücksichtigung von Mindermieten (*underrent*) im Vergleichswertverfahren, GuG 2014, 294; *Simon, J.*, Wertermittlung eines Mietwohngrundstücks mit Staffelmieten, GuG 1990, 31; *Simon, J.*, Ertragswert bei Staffelmieten, GuG 1991, 94.

▶ *Vgl. § 5 ImmoWertV Rn. 116 ff.; § 27 ImmoWertV Rn. 19 ff.; § 40 ImmoWertV Rn. 185 ff.; Syst. Darst. des Ertragswertverfahrens Rn. 58, 67 ff., 105 ff., 185; Teil V Rn. 298*

232 Der in der Wertermittlungspraxis wohl häufigste Fall „besonderer Ertragsverhältnisse" ist der Fall einer **erheblichen Abweichung der im konkreten Einzelfall am Wertermittlungsstichtag tatsächlich erzielten bzw. erzielbaren Erträge**[49] **von den marktüblich erzielbaren Erträgen** (*over-* und *underrent*). Sie beeinflussen i.d.R. den Marktwert[50] (Verkehrswert) eines Grundstücks, wenn sie sich auf wohnungs-, miet- oder vertragsrechtliche Bindungen gründen, und sind grundsätzlich **bei allen zur Anwendung kommenden Wertermittlungsverfahren und nicht nur bei Anwendung des Ertragswertverfahrens** zu berücksichtigen[51]. Soweit die abweichenden Ertragsverhältnisse nicht schon bei der Ermittlung des *vorläufigen* Vergleichs-, Ertrags- oder Sachwertverfahrens berücksichtigt worden sind, müssen sie – soweit es dem gewöhnlichen Geschäftsverkehr entspricht – als „besonderes objektspezifisches Grundstücksmerkmal" ergänzend Berücksichtigung finden.

233 **Abweichungen der tatsächlich anfallenden Bewirtschaftungskosten von den „regelmäßigen" anfallenden Bewirtschaftungskosten** i.S. des § 32 Abs. 1 ImmoWertV können im wirtschaftlichen Ergebnis auch zu erheblich abweichenden Erträgen führen, wenn sie aufgrund vertraglicher oder sonstiger Bindungen im Falle einer Veräußerung des Grundstücks für den Erwerber bindend sind. Entsprechendes gilt insbesondere, wenn der Mieter aufgrund wohnungs-, miet- oder vertragsrechtlicher Bindungen die üblicherweise vom Vermieter getragenen Bewirtschaftungskosten selbst trägt. Soweit derartige Abweichungen nicht im Rahmen der objektspezifischen Anpassung des Liegenschaftszinssatzes erfasst werden, sind sie als besondere objektspezifische Grundstücksmerkmale (boG) zu berücksichtigen.
Das Gleiche gilt im Falle der Heranziehung eines nach Maßgabe des § 12 Abs. 5 ImmoWertV abgeleiteten **Liegenschaftszinssatzes, wenn die dem zugrunde liegenden Bewirtschaftungskosten** der Anl. 3 zur ImmoWertV erheblich von den objektspezifischen Bewirtschaftungskosten abweichen (Rn. 296).

234 Bei den *von den marktüblich erzielbaren Erträgen erheblich abweichenden Erträgen* handelt es sich in erster Linie um die am Wertermittlungsstichtag tatsächlich erzielten Erträge. Soweit aber am Wertermittlungsstichtag ein Anspruch besteht, diese – ggf. unter Berücksichtigung der Kappungsgrenze – an den marktüblich erzielbaren Ertrag anzupassen, ist der **rechtlich am Wertermittlungsstichtag erzielbare Ertrag anstelle des tatsächlich erzielten Ertrags** maßgebend (z.B. Mieterhöhung unter Berücksichtigung der Kappungsgrenze). Der rechtlich erzielbare Ertrag ist auch umgekehrt in den Fällen maßgebend, in denen der rechtlich zulässige Ertrag überschritten wird.

---

49 VerfGH Berlin, Beschl. vom 21.03.2003 – VerfGH 60/01 –, GuG 2003, 250 = EzGuG 10.20a.

50 BGH, Urt. vom 23.03.1990 – V ZR 16/89 –, NJW-RR 1990, 970 = EzGuG 12.56b; BGH, Urt. vom 09.07.1976 – V ZR 256/75 –, BGHZ 67, 134 = EzGuG 12.17b; BFH, Urt. vom 14.08.1953 – III 33/53 U –, BFHE 57, 733 = BStBl III 1953, 279 = EzGuG 20.16a.

51 OLG Karlsruhe, RE vom 13.11.1989 – 9 REMiet 1/89 –, NJW-RR 1990, 155 = EzGuG 3.78; LG Düsseldorf, Urt. vom 02.05.1990 – 24 S – 452/89 –, DWW 1990, 308 = EzGuG 3.82; OLG Hamm, Beschl. vom 29.01.1993 – 30 REMiet 2/92 –, NJW-RR 1993, 659 = EzGuG 3.111.

Die Abweichung ergibt sich mithin aus dem **Unterschied zwischen** 235

- **dem** am Wertermittlungsstichtag **maßgeblichen „marktüblich erzielbaren Ertrag" und**
- **dem** aufgrund wohnungs-, miet- und vertragsrechtlicher Bindungen **gegebenenfalls unter Ausschöpfung der am Wertermittlungsstichtag bestehenden rechtlichen Möglichkeiten einer Ertragsanpassung tatsächlich erzielbaren bzw. erzielten Ertrag**.

Eine Abweichung kann sich des Weiteren aus einem **temporär strukturellen Leerstand ergeben.** In diesem Fall gehen die Erträge quasi auf „null" und die abweichenden Erträge bestimmen sich nach dem marktüblich erzielbaren Ertrag. Ist der vorläufige Ertragswert auf der Grundlage von Nettokaltmieten ermittelt worden, sind auch die vom Eigentümer zu tragenden Betriebskosten als abweichender Ertrag zu berücksichtigen. 236

Von den marktüblich erzielbaren Erträgen erheblich abweichende Erträge führen zu „Mehr- bzw. Mindererträgen" und man spricht von einem 237

- sog. ***overrented Objekt*** (bei einem die ortsübliche Miete überschreitenden Ertrag) oder einem
- sog. ***underrented Objekt*** (bei einem die ortsübliche Miete unterschreitenden Ertrag).

Zur Frage, ob derartige Mietverhältnisse bei Marktwertermittlung (Verkehrswertermittlung) eines Grundstücks berücksichtigungsfähig sind oder als „ungewöhnliche oder persönliche Verhältnisse" i.S. des § 194 BauGB außer Betracht bleiben müssen, ist festzustellen, dass vom Marktüblichen abweichende Mietverhältnisse zwar aufgrund persönlicher Beziehungen zustande gekommen sein mögen, jedoch „**Kauf nicht die Miete bricht**". Im Verkaufsfalle sind deshalb derartige Mietverhältnisse eine objektive mit dem Grundstück verbundene Gegebenheit. Dies gilt unabhängig davon, ob derartige Vertragsverhältnisse im Verhältnis zu dem marktüblich erzielbaren Ertrag zu einem besonders hohen oder niedrigen Ertrag führen. Wird bei der Verkehrswertermittlung ein sich nachhaltig auswirkendes Mietverhältnis nicht beachtet, so kann dem Gutachter der Vorwurf der Fahrlässigkeit gemacht werden[52]. Ein Mietverhältnis oder ein Pachtvertrag ist nur dann unbeachtlich, wenn ein marktüblich erzielbares Entgelt vereinbart wurde[53]. 238

Es geht bei alledem in erster Linie um die Berücksichtigung *temporärer Mehr- oder Mindereinnahmen (over- und underrented),* denn die Abweichungen sind regelmäßig zeitlich beschränkt. Erheblich abweichende Mehr- oder Mindereinnahme resultieren nämlich aus besonderen wohnungs-, miet- und vertragsrechtlichen Bindungen (z.B. Fest- oder Staffelmietvertrag oder aus unterlassenen Mietanpassungen). Es muss hinzukommen, dass solche abweichenden Ertragsverhältnisse im Falle der Veräußerung des Grundstücks tatsächlich auf den Erwerber übergehen, der Mieter eine vorzeitige Auflösung des Mietverhältnisses nicht begehrt und der Inhalt der Vereinbarung auch sonst weder vom Mieter noch vom Vermieter „ausgehöhlt" werden kann. Wird der Vertrag vor der Veräußerung einvernehmlich aufgelöst, liegen keine „vom marktüblich erzielbaren Ertrag" abweichenden Erträge vor und es verbleibt bei der Marktwertermittlung auf der Grundlage der marktüblich erzielbaren Erträge[54]. 239

52 BGH, Urt. vom 02.11.1983 – IVa ZR 20/82 –, NJW 1984, 355 = EzGuG 20.103; Schopp in ZMR 1990, 361, BR-Drs. 352/88, S. 56.

53 BFH, Urt. vom 10.12.1971 – III R 43/70 –, BFHE 104, 373 = BStBl II 1972, 313 = EzGuG 19.25; BFH, Urt. vom 17.01.1990 – II R 65/87 –, BFHE 159, 549 = BStBl II 1990, 530 = EzGuG 19.39k., m.w.N.

54 Zu alledem BFH, Urt. vom 12.12.1991 – IV R 53/90 –, BFHE 166, 495 = BStBl II 1992, 462 = GuG 1992, 297 = EzGuG 20.137 (Revision zu FG Niedersachsen, Urt. vom 13.02.1990 – V 100/88 –, EFG 1990, 423 = EzGuG 19.40) unter Berufung auf BFH, Urt. vom 14.08.1953 – III 33/53 U –, BFHE 53, 733 = BStBl III 1953, 279 = EzGuG 20.16a sowie RFH, Urt. vom 08.10.1926 – II A 429/26 –, StuW 1928, 117 = EzGuG 14.1a.

4.2.2 Erheblichkeit abweichender Erträge

240 Eine **erhebliche Abweichung** von den marktüblich erzielbaren Erträgen bzw. marktüblich anfallenden Bewirtschaftungskosten liegt vor, wenn die Kapitalisierung dieser Abweichung zu einem Betrag führt, der sich auf das Ergebnis der Marktwertermittlung mehr als geringfügig auswirkt und im Rahmen der Auf- oder Abrundung des Ergebnisses der Wertermittlung zu einem anderen Ergebnis führt (zum Begriff der Erheblichkeit vgl. Vorbem zur ImmoWertV Rn. 140).

241 Ob die tatsächlich erzielten bzw. erzielbaren Erträge von den marktüblich erzielbaren Erträgen „erheblich" abweichen, ist abhängig von

- dem Unterschied der aufgrund wohnungs-, miet- und vertragsrechtlicher Bindungen, gegebenenfalls unter Ausschöpfung der am Wertermittlungsstichtag bestehenden Möglichkeiten einer Ertragsanpassung, tatsächlich erzielbaren Erträgen und den am Wertermittlungsstichtag marktüblich erzielbaren Erträgen,
- dem Zeitraum, über den die vertrags-, wohnungs- und mietrechtlichen Bindungen bestehen, sowie
- der davon betroffenen Nutzfläche.

242 Zur Feststellung dieser Abweichungen muss die mietrechtliche Situation unter Heranziehung der Mietverträge analysiert werden. Die Höhe der temporären Mehr- oder Mindereinnahmen kann dann ermittelt werden, indem die jährliche **Ertragsdifferenz der** davon **betroffenen Mietfläche** mit Hilfe des Kapitalisierungsfaktors **über die zeitliche Bindungsfrist kapitalisiert** wird.
Beispiel:

– Monatlicher Mehrertrag pro Quadratmeter Wohn- bzw. Nutzfläche	1 €/m²
– Jährlicher Mehrertrag pro Quadratmeter Wohn- bzw. Nutzfläche	12 €/m²
– Betroffene Wohn- bzw. Nutzfläche	1 000 m²
– Jährlicher Mehrertrag insgesamt gegenüber der ortsüblich erzielbaren Miete	12 000 €
– Zeitliche Bindung	5 Jahre

Bei einem Liegenschaftszinssatz von 4,75 % ergibt sich ein Barwert der Mehreinnahmen aus „overrented":

Barwert = 12 000 € x KF = 12 000 € x 4,36 = **rd. 52 000 €**

Zur Ermittlung des Barwerts der jährlichen Mehreinnahmen (im *Beispiel* 12 000 € p.a.) wurde der Kapitalisierungsfaktor herangezogen. Entsprechend dem vorstehenden Beispiel ist auch vorzugehen bei sog. *underrented* Objekten, d.h. bei Objekten, für die aufgrund von Vertragsgestaltungen eine geringerer als der ortsüblich erzielbare Ertrag erzielt wird.

Ergebnis: Ob die Mehrerträge „erheblich" von dem marktüblich erzielbaren Ertrag abweichen, beurteilt sich nach dem Gesamtergebnis der Ertragswertermittlung. Der Mehr- oder Minderertrag ist „erheblich" wenn er zu einem Barwert führt, der im Rahmen der Auf- oder Abrundung zu einem anderen Ergebnis der Verkehrswertermittlung führt.

Abb. 18: Erhebliche Abweichung vom marktüblich erzielbaren Ertrag

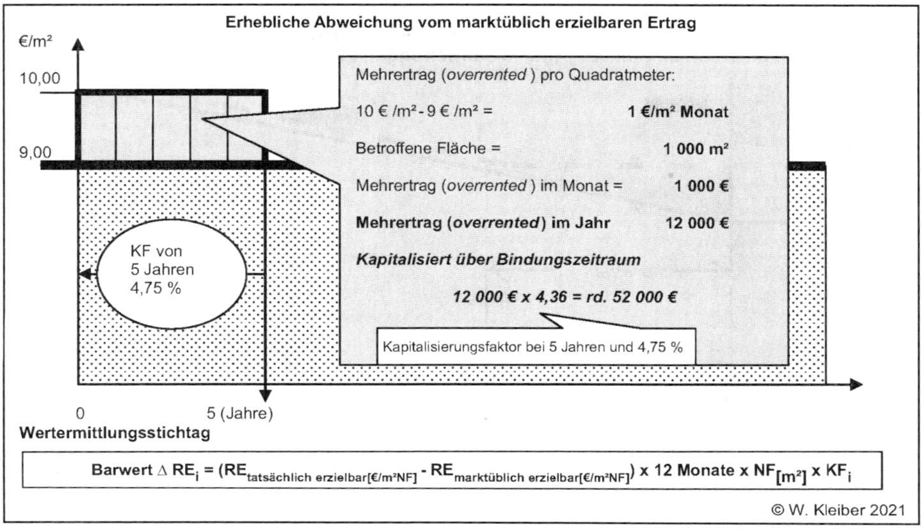

4.2.3 Ursachen

▶ *Vgl. § 31 ImmoWertV Rn. 75 ff., 84; Teil VI Rn. 905, 971*

Von den **marktüblich erzielbaren Erträgen erheblich abweichende Erträge** können verschiedene **Ursachen** haben: 243

1. Von Bedeutung sind in erster Linie die von marktüblich erzielbaren Erträgen aufgrund **wohnungs-, miet- und vertragsrechtlicher Bindungen** nach „oben" oder „unten" abweichenden Erträge (sog. *over- und underrented*); dazu rechnen auch Abweichungen, die aufgrund einer versäumten Anpassung der Miete nach den Vorschriften des bürgerlichen Rechts unter Berücksichtigung der zu beachtenden Kappungsgrenzen hingenommen werden müssen.

2. Entsprechendes gilt auch bezüglich **abweichender Bewirtschaftungskosten**, insbesondere wenn aufgrund besonderer vertragsrechtlicher Bindungen die üblicherweise vom Vermieter bzw. Mieter getragenen Bewirtschaftungskosten vom Mieter bzw. Vermieter getragen werden.

3. Die Miete übersteigt aufgrund einer Neuvermietung die ortsübliche Vergleichsmiete. Der Mehrertrag (overrent) ist in diesem Fall temporär, denn die erhöhte Miete kann erst wieder der allgemeinen Mietentwicklung angepasst werden, wenn die örtliche Vergleichsmiete aufgrund der allgemeinen Mietentwicklung die erhöhte Miete übersteigt.

Abb. 19: Temporäre Mehreinnahmen aufgrund Neuvermietung bzw. Mieterhöhungen für Modernisierungsmaßnahmen

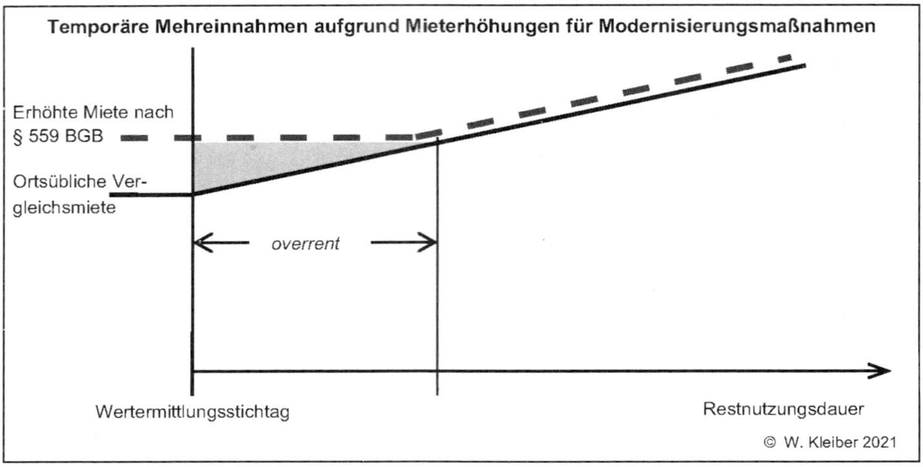

4. **Staffelmietvereinbarungen** (vgl. § 31 ImmoWertV Rn. 65, 82);

5. die Gewährung vorübergehender Mietfreiheit;

6. ein vorübergehender Leerstand, der mit dem fluktuationsbedingten Mietausfallwagnis nicht erfasst wird;

7. **Abweichungen der realisierten**, d.h. der tatsächlich ausgeübten **Nutzung von einer** wirtschaftlich vernünftigen und üblicherweise auch ausgeübten **lagetypischen Nutzung**, insbesondere

   – *atypische Fehlnutzung*, z.B. durch Vermietung des Erdgeschosses als Wohnung in einer Einzelhandelslage mit entsprechender Nachfrage nach Läden, oder

   – aufgrund sich aufdrängender, aber unterlassener rentierlicher *Umnutzungs- bzw. Modernisierungsmaßnahmen*,

8. **Baumängel und Bauschäden**, eine unterlassene Instandhaltung, eine wirtschaftliche Überalterung, eine besonders gute oder eingeschränkte *Drittverwendungsmöglichkeit*, eine besonders ansprechende oder abweisende *architektonische Gestaltung* der baulichen Anlage, *Denkmalschutz* sowie besonders aufwendige Außenanlagen (einschließlich Aufwuchs), immissionsschutzrechtliche Einschränkungen und Altlasten, soweit dem nicht mit den angesetzten Erträgen und dem Liegenschaftszinssatz hinreichend Rechnung getragen wurde,

9. vorübergehende Mehrerträge z.B. aufgrund einer **zusätzlichen Nutzung des Grundstücks, z.B. für Werbezwecke, Antennenanlagen oder Zwischennutzungen,** oder vorübergehende Mindererträge aufgrund temporärer Beeinträchtigungen (z.B. temporäre Baumaßnahmen am Gebäude bzw. in der unmittelbaren Umgebung des Grundstücks, z.B. ein U-Bahnbau).

10. **Einschränkungen der Einnahmeerzielung aufgrund vertraglicher Bindungen**, z.B. der gemeinnützige Betrieb eines Kindergartens,

11. wohnungs-, miet- und vertragsrechtliche Bindungen aufgrund einer **Förderung im Bereich des sozialen Wohnungsbaus** (Wohnraumförderung; vgl. Teil V Rn. 11 ff.),

12. vorübergehende Einschränkungen der Einnahmeerzielung aufgrund gesetzlicher Regelungen des städtebaulichen Erhaltungsrechts nach den §§ 172 ff. BauGB (z.B. **Milieuschutzsatzungen**) sowie Gestaltungssatzungen nach Landesrecht und dgl.

13. **Optionen,** die auf einen temporären Mehr- oder Minderertrag hinauslaufen.

Außer Betracht bleiben vertraglichen Mieten, die rechtlich unzulässig sind (**Wuchermieten**). **244**

Die Ertragsverhältnisse können auch auf Dauer „gestört" sein, z.B. aufgrund denkmalschutzrechtlicher Bestimmungen, wobei **steuerliche Vergünstigungen** wieder temporär sind. **245**

Sofern am Wertermittlungsstichtag die tatsächlich entrichtete Miete von der marktüblich erzielbaren Miete abweicht, weil es der Vermieter versäumt hat, die Miete an die ortsübliche Vergleichsmiete anzupassen (*underrented*), ist im Übrigen eine **zum Wertermittlungsstichtag zulässige Anpassung der Wertermittlung** zugrunde zu legen, d.h., ein von den marktüblich erzielbaren Erträgen erheblich abweichender Ertrag ergibt sich in diesem Fall nur dann, wenn der sich unter Berücksichtigung der zulässigen Mietanpassung ergebende Ertrag weiterhin von dem am Wertermittlungsstichtag marktüblich erzielbaren Ertrag erheblich abweicht. Dieser Fall ist gegeben, wenn über einen längeren Zeitraum von den Möglichkeiten einer Mietanpassung an die ortsübliche Vergleichsmiete kein Gebrauch gemacht worden ist und die am Wertermittlungsstichtag tatsächlich erzielten Erträge aufgrund der Kappungsgrenze nach § 558 Abs. 3 BGB nicht im Wege eines Mieterhöhungsverlangens in voller Höhe an die marktüblich erzielbare Miete angepasst werden (20 bzw. 15 vom Hundert innerhalb von drei Jahren; vgl. § 31 ImmoWertV Rn. 84). Vielfach kann die Miete dann sogar nur über mehrere zeitliche Stufen der ortsüblichen Vergleichsmiete angepasst werden. **246**

Auch wenn bei **Wohngebäuden** grundsätzlich ein Mieterhöhungsverlangen nur bis zur ortsüblichen Vergleichsmiete, die dem marktüblich erzielbaren Ertrag entspricht, gestellt werden kann, **können durchaus Erträge** erzielt werden, **die über der marktüblich erzielbaren Miete liegen (*overrented*).** Bei der Neuvermietung von Wohnraum kann nämlich die vielfach nicht unerheblich über der ortsüblichen Vergleichsmiete liegende Marktmiete vereinbart werden, und es ist in diesem Fall i.d.R. nicht mit einer Kündigung des Mieters zu rechnen. Der Vermieter kann in diesem Fall die Miete erst erhöhen, wenn die ortsübliche Vergleichsmiete mit fortschreitender Zeit die Marktmiete überschreitet; dieser Zeitraum muss ggf. abgeschätzt werden, wenn das *overrented* berücksichtigt werden soll. **247**
Soweit Zweifel bestehen, ob eine über dem der marktüblich erzielbaren Ertrag erheblich hinausgehende Miete (z.B. bei Zweifel an der Leistungsfähigkeit des Mieters) auf Dauer erzielbar ist, muss in einem Gutachten darauf hingewiesen werden.

Änderungen der Ertragsverhältnisse, die vom Grundstücksmarkt im Hinblick auf allgemeine immobilienwirtschaftlich bedeutsame Marktveränderungen erwartet werden (allgemeine Ertragsentwicklung) müssen dabei außer Betracht bleiben, denn diese werden bereits mit dem Liegenschaftszinssatz (*all over capitalization rate*) berücksichtigt. Mit dem Liegenschaftszinssatz werden dabei die am Wertermittlungsstichtag „marktüblich" erzielbaren Erträge gewissermaßen „vernachhaltigt". Dies ist das Grundprinzip der sogenannten *„all over capitalization method"*, wie sie international Anwendung findet. Von diesem internationalen Standardmodell geht im Übrigen auch das in den §§ 8 ff. BelWertV vorgegebene Ertragswertverfahren aus. **248**

Abweichungen der tatsächlich erzielten Erträge von dem bei ordnungsgemäßer Bewirtschaftung am Wertermittlungsstichtag marktüblich erzielbaren Ertrag treten des Weiteren im Rahmen der **sozialen Wohnraumförderung** aufgrund der dafür bestehenden wohnungs- und mietrechtlichen Bindungen aufgrund von Staffel- und Indexmietverträgen (§ 31 ImmoWertV Rn. 75 ff.) und dgl. sowie im Geltungsbereich von Milieuschutzsatzungen auf. **249**

4.2.4 Dauer der temporär von den marktüblich erzielbaren Erträgen abweichenden Mehr- oder Mindererträge (over- und underrent)

4.2.4.1 Allgemeines

▶ *Zur Kappungsgrenze § 31 ImmoWertV Rn. 102; zu abweichenden Bewirtschaftungskosten vgl. Rn. 243; zu Erhaltungsgebieten Teil VI Rn. 955*

250 Grundsätzlich ist der Eigentümer einer Immobilie bestrebt, mindestens die marktüblich erzielbaren Erträge zu erhalten, ohne dabei vertragliche oder mietrechtliche Vorgaben zu verletzen. Umgekehrt ist jeder Mieter grundsätzlich an einer für ihn möglichst günstigen Miete interessiert. Die nach der Lage auf dem Immobilienmarkt unter Berücksichtigung der allgemeinen mietrechtlichen Rahmenbedingungen marktüblich erzielbaren Erträge sind deshalb nach § 27 Abs. 1 ImmoWertV der Ermittlung des *vorläufigen* Ertragswerts nach dem allgemeinen und vereinfachten Ertragswertverfahren (Standardverfahren) zugrunde zu legen. Der am Wertermittlungsstichtag marktüblich erzielbare Ertrag ist auch der Ertrag, der bei Anwendung des *periodischen* Ertragswertverfahrens die nach Auslaufen temporär davon abweichender Erträge (*over- und underrent*) zurückfällt. Zwischenzeitlich eingetretene allgemeine (konjunkturelle) Mietänderungen werden dabei mit dem Liegenschaftszinssatz erfasst.

251 Neben den vertraglichen oder mietrechtlichen Vorgaben, die den Zeitraum „abstecken“, über den Mehr- oder Mindererträge erwartet werden können, sind auch **die objektiv gegebenen persönlichen Verhältnisse des Mieters, aber auch des Eigentümers** zu beachten, insbesondere die Solvenz des Mieters, Alter, gesundheitliche Verfassung, Familienstand und vieles mehr, denn der Bestand eines langfristigen Mietverhältnisses mit vertraglich vereinbarten Mehrerträgen ist z.B. von der Solvenz des Mieters abhängig. Demzufolge ist die Schätzung des Zeitrahmens trotz eines gegebenen rechtlichen Rahmens stets ein mit Unsicherheiten behafteter prognostischer Ausblick in die Zukunft.

252 Für temporäre **Abweichungen der** tatsächlich aufgrund vertraglicher Bindungen anfallenden **Bewirtschaftungskosten von den marktüblichen Bewirtschaftungskosten** gelten die vorstehenden Ausführungen entsprechend, soweit die Bindungen bei der Veräußerung einer Immobilie auf den Erwerber übergehen.

4.2.4.2 Dauer abweichender Mindererträge (underrented)

▶ *Zum Leerstand vgl. Rn. 352 ff.; § 31 ImmoWertV Rn. 171 ff.; zu den Betriebskosten vgl. § 32 ImmoWertV Rn. 168 ff.; Syst. Darst. des Ertragswertverfahrens Rn. 212*

253 Marktüblich *erzielbarer* Ertrag i.S. des § 27 Abs. 1 ImmoWertV schließt auch die **zum Wertermittlungsstichtag bestehenden Möglichkeiten einer Mieterhöhung** ein. Ein zum Wertermittlungsstichtag den marktüblich erzielbaren Ertrag unterschreitender Ertrag ist deshalb insoweit unbeachtlich, wie nach den rechtlichen Gegebenheiten eine Anpassung der Miete sofort zulässig ist. Die für die Durchsetzung eines entsprechenden Mieterhöhungsverlangens erforderlichen Zeiten und Kosten können dabei im Allgemeinen vernachlässigt werden.

254 Ein **Minderertrag** ist bei alldem nur für den Zeitraum zu berücksichtigen, in demder Eigentümer

a) nach vertraglichen Bindungen ggf. unter Berücksichtigung eines für den Mieter günstigen Optionsrechts und

b) nach mietrechtlichen und sonstigen Vorschriften, insbesondere den Regelungen zu Kappungsgrenzen, zu Mietpreisobergrenzen in Erhaltungsgebieten nach § 172 BauGB usw. daran gehindert ist.

255 Auch der Ertragsausfall infolge eines **vorübergehenden strukturellen Leerstandes** stellt bewertungstechnisch einen vom marktüblich erzielbaren Ertrag abweichenden „Minderertrag“ dar, und zwar in voller Höhe, wenn bei der Ermittlung des vorläufigen Ertragswerts dieser Leerstand zunächst nicht berücksichtigt wurde und ihm nachträglich Rechnung getragen wird.

Bei Anwendung des periodischen Ertragswertverfahrens werden dagegen für die strukturell leerstehende Fläche von vornherein keine Erträge für den betroffenen Zeitraum angesetzt. Wird von Nettokaltmieten bei der Ermittlung des Ertragswerts ausgegangen, müssen ergänzend die vom Eigentümer zu tragenden Betriebskosten als Mindererlös angesetzt werden.

4.2.4.3 Dauer abweichender Mehrerträge (overrented)

256 Die Dauer einer über den marktüblich erzielbaren Erträgen vereinbarten Miete oder Pacht (*overrented*) ist in erster Linie von dem Miet- bzw. Pachtvertrag (ggf. unter Berücksichtigung einer Staffelung) abhängig. Insbesondere bei langfristiger vertraglicher Bindung muss grundsätzlich damit gerechnet werden, dass der Mieter mit dem Auslaufen des Vertrags sein Kündigungsrecht ausübt. Soweit gewichtige Gründe eine Fortsetzung des Vertrags erwarten lassen, kann ein längerer Zeitraum nicht ausgeschlossen werden; er kann ggf. unter Berücksichtigung des damit verbundenen Risikos angesetzt werden.

257 Von einer Beendigung des Mietverhältnisses bei einer über der marktüblich erzielbaren Erträgen liegenden Miete bzw. Pacht kann i.d.R. nur ausgegangen werden, wenn die Abweichung erheblich ist, denn die Beendigung des Mietverhältnisses ist mit Umzugskosten und einer Aufgabe von Nachbarschaftsverhältnissen verbunden.

258 Wurde eine deutlich über dem marktüblich erzielbaren Ertrag liegende Miete oder Pacht in einem **unbefristeten Miet- bzw. Pachtverhältnis** vereinbart, kann z.B. zunächst davon ausgegangen werden, dass der Mieter bzw. Pächter gewillt war, dies zumindest für eine gewisse Zeit hinzunehmen. Bei der Vermietung von Wohnraum ist dieser Fall insbesondere gegeben, wenn bei einer Neuvermietung die Marktmiete vereinbart wurde und eine Mieterhöhung solange ausgeschlossen ist, wie die vereinbarte Marktmiete die jeweilige ortsübliche Vergleichsmiete übersteigt. Der Zeitraum kann auf der Grundlage der allgemeinen jährlichen Mietentwicklung abgeschätzt werden. Bei gewerblichen Mietverhältnissen sind die persönlichen Standortvor- und -nachteile des Mieters und Pächters und sonstige für die Fortführung des Unternehmens bedeutsame Gegebenheiten bis hin zur Solvenz des Mieters zu berücksichtigen.

4.2.4.4 Optionen

259 Der Zeitraum, über den Abweichungen der bei ordnungsgemäßer Bewirtschaftung marktüblich erzielbaren Erträge (ortsübliche Vergleichsmiete) von den vertraglichen Erträgen zu berücksichtigen sind, bestimmt sich bei vereinbarten Optionen nach der für den Optionsberechtigten gegebenen Gesamtsituation. Allgemein gilt der **Grundsatz, dass Optionen in der Weise ausgeübt werden, wie es für den Optionsberechtigten wirtschaftlich vernünftig** ist. Bei einem Objekt, das „*overrented*" vermietet ist, kann z.B. erwartet werden, dass der optionsberechtigte Mieter sein Mietverhältnis zu den bestehenden Konditionen nur dann verlängert, wenn dafür wirtschaftliche Gründe gegeben sind. Sind dafür keine zwingenden Gründe gegeben, muss erwartet werden, dass das Mietverhältnis zu der dann ortsüblichen Vergleichsmiete fortgesetzt wird.

260 *Beispiel:*

Mitte des Jahres 2011 erwirbt ein Investor ein Geschäftsgrundstück mit 3 Läden im Erdgeschoss und 6 Büros in den Obergeschossen. Die Mietverträge laufen zwischen dem 30.11.2011 und 30.11.2014 aus, sodass der Käufer damit rechnen konnte, die teilweise sehr niedrigen Mieten (Büromiete Büro A, D, E, F 14 €/m², Büromiete B 16 €/m² und Ladenmieten C, G, H 40 €/m²) alsbald auf das marktübliche Niveau (Büros auf 20 €/m², Ladenflächen auf 45 €/m² NF) anzuheben (in den Mietverträgen war lediglich die Werthaltigkeit der Mieten über eine Anpassung entsprechend der Veränderung der Lebenshaltungskosten (Verbraucherpreise) gesichert). Die Möglichkeit schnell erfolgender Mieterhöhungen hatte auch die Kaufpreisbildung wesentlich beeinflusst. Nach dem Kauf stellte sich jedoch heraus, dass bei zwei Büros und einem Laden folgende Optionsrechte auf Verlängerung der Mietverträge bestanden:
Büro A: Mietfläche 175 m², Miete 14 €/m² nettokalt. Ablaufzeitpunkt des Mietvertrags 30.11.2011 (war dem Käufer bekannt), aber Option auf Verlängerung des Mietvertrags zu den

gleichen bestehenden Bedingungen vom 01.12.2011 bis 30.11.2013 (war dem Käufer nicht bekannt).

Büro B: Mietfläche 170 m², Miete 16 €/m² nettokalt. Ablaufzeitpunkt des Mietvertrags 30.11.2014 (war dem Käufer bekannt), aber Option auf Verlängerung des Mietvertrags zu den gleichen bestehenden Bedingungen vom 01.12.2014 bis 30.11.2027 (war dem Käufer nicht bekannt).

Laden C: Mietfläche 35 m², Miete 40 €/m² nettokalt. Ablaufzeitpunkt des Mietvertrags 30.11.2012 (war dem Käufer bekannt), aber Option auf Verlängerung des Mietvertrags zu den gleichen bestehenden Bedingungen vom 01.12.2012 bis 30.11.2037 (war dem Käufer nicht bekannt).

Am Kaufzeitpunkt hatte noch keiner der drei Mieter das Optionsrecht ausgeübt. Trotzdem beeinflussten diese beim Kauf nicht mitgeteilten Optionsrechte die Renditekalkulation des Käufers erheblich, sodass er gegen den Veräußerer eine Klage auf Kaufpreisminderung anstrengte.

Frage 1: Wie hoch wäre der Kaufpreisminderungsbetrag rechnerisch anzusetzen, wenn davon ausgegangen wird, dass alle drei Mieter die Option ausüben werden?

Frage 2: Wie hoch ist die sich aus der rechnerischen Kaufpreisminderung ergebende tatsächliche Wertminderung anzusetzen, wenn man den Umständen Rechnung trägt, dass

- eine Option möglicherweise nicht ausgeübt wird und
- die Kalkulation einer Marktmiete von 20 €/m² bzw. 45 €/m² für Ende 2012 bzw. Ende 2014 mit Unsicherheiten behaftet ist?

Anzuwendender Zinssatz 6,0 v.H.

Lösung:

	Fläche (m² NF)	**übliche Miete**	**tatsächlich gezahlte Miete**	**marktübliche Jahresmiete (€)**	**tatsächliche Jahresmiete (€)**	**Verlust/ Jahr (€)**
Büro A	175	20	14	42 000	29 400	– 12 600
Büro B	170	20	16	40 800	32 600	– 8 160
Laden C	35	45	40	16 800	16 800	– 2 100
			zusammen:	99 600	78 800	– 22 860

Berechnung der Verluste

Verlust aus Miete für Büro A		
Jahresverlust	12 600 €	
Mindererträg vom 1.12.2011 bis 30.11.2013 = 2 Jahre		
Kapitalisierungsfaktor 1,83		
Verlust: 1,83 × 12 600 €		23 058 €
Verlust aus Miete für Büro B		
Jahresverlust	8 160 €	
Minderertrag vom 1.12.2014 bis 30.11.2027 = 13 Jahre		
Kapitalisierungsfaktor bei 16 Jahren	10,11	
Kapitalisierungsfaktor bei 3 Jahren	– 2,67	
Δ Kapitalisierungsfaktor (Vervielfältiger)	7,44	
Verlust B: 7,44 × 8 160 €		60 710 €

Verlust aus Miete für Laden C		
Jahresverlust	2 100 €	
Minderertrag vom 1.12.2014 bis 30.11.2037 = 25 Jahre		
Kapitalisierungsfaktor bei 26 Jahren	13,00	
Kapitalisierungsfaktor bei 1 Jahr	– 0,94	
Δ Kapitalisierungsfaktor (Vervielfältiger)	12,06	
Verlust aus C 12,06 × 2 100 €		25 326 €
Antwort Frage 1		109 094 €
Gesamtverlust (rechnerisch)		**rd. 110 000 €**

Antwort Frage 2

Die Ertragsminderung aufgrund der dem Käufer nicht bekannten Optionsrechte beträgt rechnerisch nach finanzmathematischer Berechnung rd. 110 000 €, muss aber nicht notwendigerweise der Kaufpreisminderung in dieser Höhe entsprechen. Zum Kaufzeitpunkt hatte kein Mieter das Optionsrecht ausgeübt. Ob alle Mieter ihre Optionsrechte ausüben werden, ist nicht sicher vorhersehbar. Aus diesem Grunde und wegen der Unmöglichkeit der Renditeeinschätzung der Immobilie aus der Marktsituation 2011 für Zeitpunkte in 2012 und 2014 kann die rein rechnerisch festgestellte Minderung von 110 000 € nach Markterfahrung um rd. 20 v.H. gemindert werden. Die Wertminderung beträgt danach rd. 90 000 €.

4.2.4.5 Besondere temporäre Erträge aufgrund Zwischennutzungen, Werbeflächen und dgl.

Temporäre und atypische Mehrerträge z.B. aus einer **261**

- **Zwischennutzung des Grundstücks**,
- der vorübergehenden, aber auch auf Dauer angelegten **Vermietung von Werbeflächen und Lichtwerbeanlagen,**
- der **Aufstellung von Warenautomaten, Antennenanlagen,**
- der **Vermietung von Möbeln (Möblierungszuschlag), Inventar und Zubehör** und dgl.

bleiben i.d.R. bei der Ermittlung des vorläufigen Ertragswerts unberücksichtigt, wenn man von der Anwendung des periodischen Ertragswertverfahrens einmal absieht. Die Mehrerträge sind deshalb wiederum als „besonderes objektspezifisches Grundstücksmerkmal“ nachträglich zu berücksichtigen, soweit sie im gewöhnlichen Geschäftsverkehr Eingang in den Marktwert (Verkehrswert) finden. Dies gilt grundsätzlich für alle zur Anwendung kommenden Wertermittlungsverfahren, soweit dem nicht direkt mit dem herangezogenen Verfahren Rechnung getragen worden ist.

Bei Anwendung des allgemeinen und vereinfachten Ertragswertverfahrens (Standardverfahren) müssen diese Erträge außer Betracht bleiben, wenn mit diesen Erträgen nicht über die gesamte Restnutzungsdauer der baulichen Anlage zu rechnen ist. Darüber hinaus müssen sie bei der Ermittlung des vorläufigen Vergleichs-, Ertrags- und Sachwerts i.d.R. vor allem auch aus Gründen der Modell- und Referenzkonformität außer Betracht bleiben. Die zur Marktwertermittlung herangezogenen Vergleichsfaktoren bebauter Grundstücke (Wohn- und Nutzflächenwerte), Liegenschaftszinssätze und Sachwertfaktoren beziehen sich nämlich i.d.R. auf Referenzobjekte, die derartige Besonderheiten nicht aufweisen. **262**

Die **zusätzlich erzielbaren Erträge** werden – kapitalisiert über die voraussichtliche Dauer – berücksichtigt. Bei Anwendung des periodischen Ertragswertverfahrens können die vorüber- **263** gehenden Mehrerträge in den jeweiligen Phasen berücksichtigt werden, in denen sie anfallen. Dabei sind die aus den oben genannten Nutzungen resultierenden besonderen Bewirtschaftungskosten sowie besondere Zahlweisen (z.B. vierteljährliche Zahlungen) und dgl. zu berücksichtigen.

264 *Beispiel:*
Auf einem Grundstück befindet sich ein Gebäude mit freistehender Giebelwand, die als Werbefläche genutzt wird. Die Restnutzungsdauer des Gebäudes betrage 70 Jahre. Es muss erwartet werden, dass die Giebelwand nur noch 20 Jahre für Werbezwecke genutzt werden kann. Der daraus resultierende Reinertrag betrage 5 000 € pro Jahr. Bei einem Liegenschaftszinssatz von LZ = 5 % ergibt sich bei der Restnutzungsdauer von 20 Jahren ein Kapitalisierungsfaktor von KF = 12,46.
Der Ertragswert des Grundstücks erhöht sich damit um: 5 000 € x 12,46 = **62 300 €**

265 Bei der Ertragswertermittlung dürfen **nur** solche **Einnahmen aus Werbeflächen berücksichtigt werden, die zulässigerweise erzielt werden**, d.h., die Werbefläche muss zumindest bauaufsichtlich genehmigungsfähig sein[55]. So bedarf es z.B. in *Nordrhein-Westfalen* einer Genehmigung, wenn der Werbeträger an einem Gebäude die Werbefläche von 0,80 m² überschreiten möchte[56]. Die Genehmigung hat nach § 11 BauVorlVO der Hersteller der Werbeanlage zu beantragen. Auch sind **bauordnungsrechtliche Auflagen** zu berücksichtigen.

266 Die **Einnahmen aus der Vermietung von Reklameflächen** oder Stellflächen für Warenautomaten können als hinreichend gesichert angesehen werden, wenn die werbenden oder verkaufenden Firmen gute Bonität besitzen und die Verträge zur Überlassung der Flächen oder Vorrichtungen für einen längeren Zeitraum geschlossen werden. In der Praxis sind bei Pachtdauern zwischen 5 und 10 Jahren monatliche oder vierteljährliche Zahlungen üblich. Es gibt auch Fälle, in denen die Zahlung der Pacht oder Miete im Voraus für den gesamten Vertragszeitraum vereinbart wird. Da in diesem Fall bei späterer Veräußerung des Grundstücks das entsprechende Teilentgelt aus der Reklamenutzung meistens nicht auf den Käufer weitergegeben wird, scheidet eine Berücksichtigung der Einnahme für die Wertermittlung i.d.R. aus.

267 Die erzielbaren **Einnahmen** liegen **bei Zigarettenautomaten** zwischen 4 und 6 % des erzielten Umsatzes. Die Einnahmen der Nutzung des Grundstücks für Reklamezwecke sind bei der Wertermittlung wie folgt zu berücksichtigen: Der Jahresreinertrag aus der Verpachtung oder Vermietung der Flächen wird über die Restlaufzeit des bestehenden Vertrags mit einem entsprechenden marktüblichen Habenzinssatz kapitalisiert und dem Ertragswert der baulichen Anlagen zugeschlagen.

268 Wegen der kaum voraussehbaren und oft schnellen Wandelbarkeit der angebotenen Produkte und Leistungen ist zu empfehlen, den **Kapitalisierungszeitraum** bei vertraglich nicht genau festgelegter Laufzeit der Verträge **auf maximal 10 Jahre zu begrenzen**.

269 Soweit den Einnahmen aus Werbefläche **Bewirtschaftungskosten** gegenüberstehen, sind sie bei der Ermittlung des Reinertrags aus Werbeflächen zu berücksichtigen. Die häufig beachtlichen **Herstellungs-, Montage-, Energie- und Unterhaltungskosten** werden im Allgemeinen vom Pächter der Werbeflächen oder vom Automatenaufsteller getragen. Nach Ablauf der Pachtdauer ist der Pächter grundsätzlich auch zur Wiederherstellung des ursprünglichen Zustands verpflichtet.

---

55 BVerwG, Urt. vom 28.04.1972 – 4 C 11/68 –, BRS Bd. 22 Nr. 182 = EzGuG 3.41; BVerwG, Urt. vom 28.06.1955 – 1 C 146/53 –, BVerwGE 2, 172 = EzGuG 3.6; BGH, Urt. vom 03.02.1978 – V ZR 79/75 –, NJW 1978, 2201 = EzGuG 3.60.

56 VGH Mannheim, Beschl. vom 15.12.1989 – 8 S 300 6/89 –, UPR 1990, 319 = EzGuG 3.81; OVG Berlin, Urt. vom 14.10.1988 – 2 B 51/87 –, BRS Bd. 48 Nr. 11 = EzGuG 3.73c; OVG Berlin, Urt. vom 23.09.1988 – 2 B 39/87 –, BRS Bd. 48 Nr. 122 = EzGuG 3.73a; OVG Koblenz, Urt. vom 22.07.1987 – 1 A 128/85 –, BRS Bd. 48 Nr. 120 = EzGuG 3.71f; OVG Münster, Urt. vom 103.06.1986 – 11 A 1091/84 –, BRS Bd. 46 Nr. 45 = EzGuG 3.69j.

Beispiel: 270
Eine giebelseitige Werbefläche ist für den Betrag von 10 000 € p.a. auf fünf Jahre vermietet. Nach Ablauf dieser Zeit ist die Bebauung des Nachbargrundstücks beabsichtigt. Bei einem Zinssatz von 6 % ergibt sich ein Kapitalisierungsfaktor von 4,21.
Der Ertragswert erhöht sich damit um 10 000 € x 4,21 = 42 000 €.

Einen Sonderfall bietet die Werbeflächennutzung in Zusammenhang mit der dinglichen **Bierbezugsverpflichtung von Brauereien** (vgl. § 31 ImmoWertV Rn. 106). Neben dem Recht des ausschließlichen Vertriebs ihrer Erzeugnisse auf dem Grundstück sichern sich Brauereien oft auch das Recht, Werbeanlagen anzubringen und Getränkeautomaten zu unterhalten. Da sie sich i.d.R. finanziell an den Kosten der Einrichtung und des Inventars beteiligen, werden besondere Vergütungen für das Recht, Werbeanlagen und Getränkeautomaten anzubringen oder aufzustellen, selten gezahlt. 271

Zu den Nutzungsentgelten für **Telekommunikationseinrichtungen** vgl. § 5 ImmoWertV Rn. 284 ff. 272

4.2.5 Rechenverfahren

4.2.5.1 Überblick

Wie ausgeführt werden besondere Ertragsverhältnisse, insbesondere temporäre Mehr- oder Mindererträge aufgrund vertraglicher, mietrechtlicher oder sonstiger Bindungen bei ***Anwendung des periodischen Ertragswertverfahrens*** direkt in der jeweiligen Periode berücksichtigt und gehen damit direkt in den vorläufigen Ertragswert ein. Rechentechnisch können die in den jeweiligen Perioden unterschiedlich anfallenden Jahreserträge einzeln auf den Wertermittlungsstichtag abgezinst und aufsummiert werden. Der so ermittelte Barwert aller in den unterschiedlichen Perioden erzielten Erträge kann aber auch schrittweise auf der Grundlage der differenziellen Kapitalisierungsfaktoren ermittelt werden (*Term and Reversion*). 273

Bei ***Anwendung des allgemeinen und vereinfachten Ertragswertverfahrens*** (Standardverfahren) wird der vorläufige Ertragswert zunächst auf der Grundlage der marktüblich erzielbaren Erträge ermittelt. Soweit die tatsächlich erzielten bzw. erzielbaren Erträge aufgrund vertraglicher, mietrechtlicher oder sonstiger Bindungen davon abweichen, werden diese differenziell als **besondere objektspezifische Grundstücksmerkmale (boG) berücksichtigt und ergeben zusammen mit dem vorläufigen marktangepassten Ertragswert den Ertragswert.** Zur Ermittlung des auf den Wertermittlungsstichtag bezogenen Barwerts der Mehr- oder Mindererlöse (*overrent* und *underrent*) bedient man sich des Auf- und Abschichtungsverfahrens (*Top and Bottom Slicing*). 274

4.2.5.2 Barwertermittlung mittels differenzieller Kapitalisierungsfaktoren *(Term and Reversion)*

▶ *Zu Staffelmieten vgl. § 31 ImmoWertV Rn. 82*

a) *Allgemeines*

Die Ermittlung des Barwerts temporär unterschiedlicher Erträge auf der Grundlage differenzieller Kapitalisierungsfaktoren (*Term and Reversion*) kommt vor allem auch bei Anwendung des periodischen Ertragswertverfahrens nach § 30 ImmoWertV zur Anwendung. 275

Abb. 20: Barwertermittlung mittels differenzieller Kapitalisierungsfaktoren (Term and Reversion)

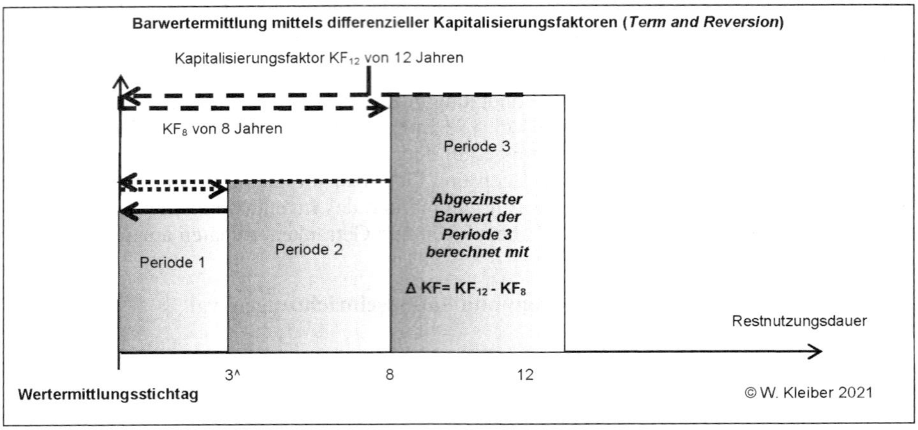

276 Die auf den Wertermittlungsstichtag bezogenen Barwerte der in den unterschiedlichen Perioden erzielten Erträge werden bei Anwendung dieser Methode schrittweise auf der Grundlage der differenziellen Kapitalisierungsfaktoren ermittelt (*Term and Reversion*).

277 Die Methodik soll am *Beispiel* einer Ertragswertermittlung für ein Objekt, bei denen **Staffelmietverträge** zu berücksichtigen sind, gezeigt werden (vgl. Rn. 243; § 31 ImmoWertV Rn. 83).
Beispiel:

Abb. 21: Ertragswertermittlung bei vereinbarten Staffelmieten

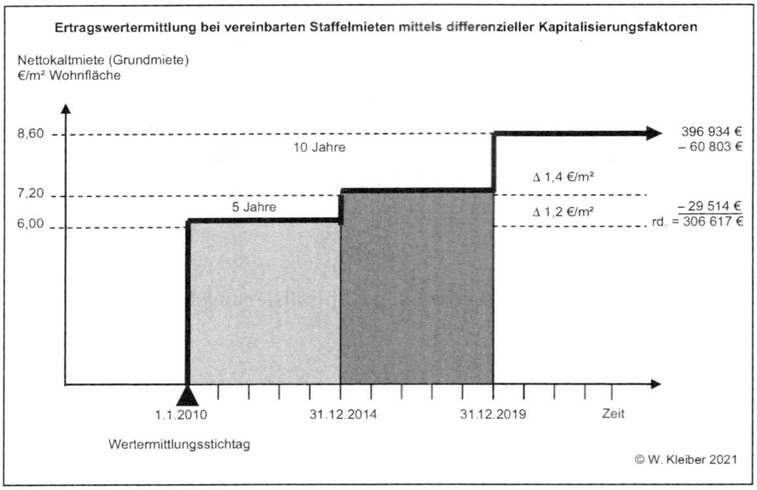

a) Sachverhalt: Mietwohngrundstück mit Staffelmieten

– Wohnfläche WF	480 m²
– Bodenwert BW	300 000 €
– Restnutzungsdauer	80 Jahre
– Objektspezifisch angepasster Liegenschaftszinssatz LZ	5,5 %
– Bodenwertverzinsungsbetrag	16 500 € (= 300 000 € × 5,5/100)
– Jahresbewirtschaftungskosten über gesamte Nutzungsdauer (außer umgelegten Betriebskosten): 22 % der Nettokaltmiete/Grundmiete	10 898 € (= 49 536 € × 22/100)
– Staffelmiete (Nettokaltmiete/Grundmiete):	
1.1.2010 bis 31.12.2014:	6,00 €/m² Wohnfläche × 480 m² = 34 560 €
1.1.2015 bis 31.12.2019:	7,20 €/m² Wohnfläche × 480 m² = 41 472 €
ab 1.1.2020 marktüblich erzielbarer Ertrag:	8,60 €/m² Wohnfläche × 480 m² = 49 536 €
– Wertermittlungsstichtag 1.1.2010	

b) Hinweis

Die Bewirtschaftungskosten und der Bodenwertverzinsungsbetrag entstehen in voller Höhe nur bei der Ermittlung des Verkehrswerts des unbelasteten Grundstücks; es ist ein fester (absoluter) Betrag, der sich durch abgesenkte Mieten nicht vermindert.

c) Verkehrswertermittlung

– Zeitraum I: vom 1.1.2010 bis 31.12.2014

Nettokaltmiete/Grundmiete		34 560 €	
./. Bewirtschaftungskosten	–	10 898 €	
./. Bodenwertverzinsungsbetrag	–	16 500 €	
= RE – BW × LZ	=	**+ 7 162 €**	
Kapitalisierungsfaktor KF (bei LZ = 5,5 % und n = 5 Jahre)	=	4,27	30 582 €

– Zeitraum II: ab 1.1.2015 bis 31.12.2019

Nettokaltmiete/Grundmiete		41 472 €	
./. Bewirtschaftungskosten	–	10 898 €	
./. Bodenwertverzinsungsbetrag	–	16 500 €	
= RE – BW × LZ	=	**+ 14 074 €**	
× Kapitalisierungsfaktor KF (bei LZ = 5,5 % und n = 10 Jahre)	=	7,54	
– V vom Zeitraum I	=	– 4,27	
= Δ Kapitalisierungsfaktor KF (Vervielfältigerdifferenz)	=	3,27	= 46 022 €

– Zeitraum III: ab 1.1.2020

Nettokaltmiete/Grundmiete		49 536 €	
./. Bewirtschaftungskosten	–	10 898 €	
./. Bodenwertverzinsungsbetrag	–	16 500 €	
= RE – BW × LZ	=	**+ 22 138 €**	
× Kapitalisierungsfaktor KF (bei LZ= 5,5 % und n = 80 Jahre)	=	17,93	
– Kapitalisierungsfaktor KF vom Zeitraum II	=	– 7,54	
= Δ Kapitalisierungsfaktor KF (Vervielfältigerdifferenz)		10,39	230 014 €
Summe der Gebäudeertragswertanteile (der Zeiträume I bis III)	=		306 618 €
+ Bodenwert			300 000 €
= Summe	=		606 618 €
= Ertragswert	=		**rd. 610 000 €**

278 Zu demselben Ergebnis kommt man auch bei Anwendung des unter Rn. 286 ff. erläuterten **Auf- und Abschichtungsverfahrens.** Dabei wird – wie erläutert – zunächst der vorläufige Ertragswert (des „unbelasteten Grundstücks") nach Maßgabe des ein- oder zweigleisigen Ertragswertverfahrens ermittelt. Die aus dem Staffelmietvertrag resultierenden **Mindereinnahmen werden sodann** hiervon **„scheibchenweise" abgezogen** werden. Dies vollzieht sich durch eine „horizontale" Aufspaltung der Ertragsströme (Auf- und Abschichtungsverfahren oder *Top and Bottom Slicing Approach*).

4.2.5.3 Auf- und Abschichtungsverfahren *(Top and Bottom Slicing)*

a) Allgemeines

279 Bei ***Anwendung des allgemeinen und vereinfachten Ertragswertverfahrens*** (Standardverfahren) auf der Grundlage der marktüblich erzielbaren Erträge lässt sich die **Wertminderung bzw. Werterhöhung** aufgrund von Abweichungen der tatsächlich erzielten bzw. erzielbaren Erträge von den marktüblich erzielbaren Erträgen im Wege der sog. ***Auf- und Abschichtung*** *(Top and Bottom Slicing Approach)* ermitteln. *Das* Auf- und Abschichtungsverfahren wird auch *Zu- und Abschlagsverfahren genannt.* Es handelt sich hierbei nicht um Wertermittlungsverfahren und schon gar nicht um ein angelsächsisches Wertermittlungsverfahren, sondern lediglich um ein einfaches Rechenverfahren zur Berücksichtigung von temporären Abweichungen der Mieten (und Pachten) von den marktüblich erzielbaren Mieten und Pachten.

b) Ermittlung der Wertminderung aufgrund eines temporären Minderertrags (Abschichtung)

Beispiel 1 (Abb. 22): 280

Büroobjekt

Das Objekt ist auf fünf Jahre mit einem Minderertrag vermietet *(underrented)*. Der Mieter wurde im Zuge der Neuerschließung eines Gebiets mit einer Lockmiete gewonnen.

Marktüblich erzielbares monatliches Nutzungsentgelt am Wertermittlungsstichtag	15 €/m² NF
Tatsächlich erzieltes monatliches Nutzungsentgelt aufgrund Mietvertrags	10 €/m² NF
Ablauf des Mietvertrags	in 5 Jahren
Nutzfläche	3 000 m²
Restnutzungsdauer	30 Jahre
Bodenwert	500 000 €
Marktüblich erzielbarer Jahresreinertrag	540 000 €
Liegenschaftszinssatz	6 %

Abb. 22: Temporäre Mindererträge (Underrented Objekt)

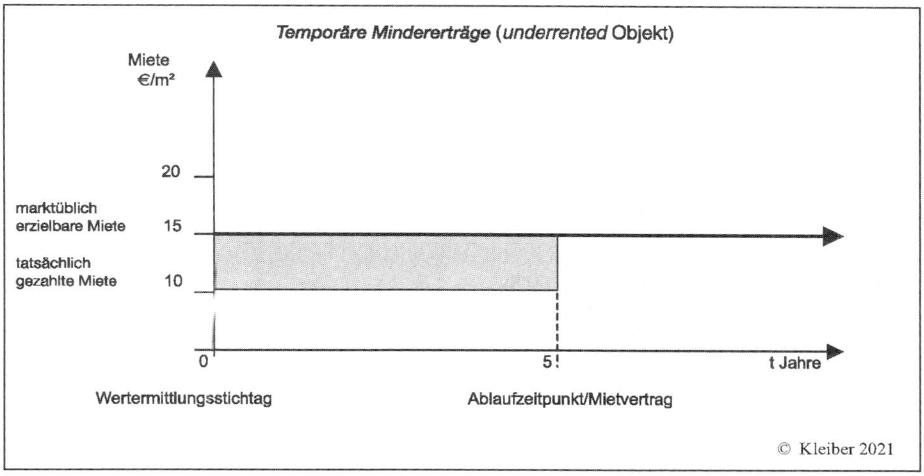

Berechnung

1.	Monatlicher Minderertrag pro Quadratmeter Nutzfläche:	
	Marktüblich erzielbarer Reinertrag	15 €/m² NF
	Tatsächlich erzielter monatlicher Reinertrag aufgrund des Mietvertrags	– 10 €/m² NF
	Monatlicher Minderertrag pro Quadratmeter Nutzfläche	5 €/m² NF
	Jährlicher Minderertrag pro Quadratmeter Nutzfläche (× 12)	60 €/m² NF
2.	*Jährlicher Minderertrag bei 3 000 m² Nutzfläche (NF)*	180 000 €

3.	Kapitalisiert über 5 Jahre und mit einem Liegenschaftszinssatz von 6 %	
	Kapitalisierungsfaktor von 6 % und 5 Jahren:	× 4,21
	Barwert (= Wertminderung aufgrund von Mindererträgen):	**757 800 €**

c) Ermittlung der Werterhöhung aufgrund eines temporären Mehrertrags (Aufschichtung)

281 Im Falle einer Übervermietung (*overrented*) vollzieht sich die Berechnung entsprechend und man gelangt zu der Werterhöhung aufgrund eines temporären Mehrertrags.

d) Barwertermittlung von gegen den Wertermittlungsstichtag zeitlich versetzten Mehr- bzw. Mindererträgen

282 Bei **zeitlich versetzt anfallenden Mehr- oder Mindererträgen** muss beachtet werden, dass die Anwendung des Kapitalisierungsfaktors zu einem Barwert führt, der sich auf den Beginn der Über- bzw. Untervermietung bezieht. Aus diesem Grunde muss in diesen Fällen der Barwert auf den Wertermittlungsstichtag diskontiert werden.
Beispiel (Abb. 23):
Büroobjekt wie im vorgehenden Beispiel 1. Das Objekt ist jedoch am Wertermittlungsstichtag zum marktüblich erzielbaren Nutzungsentgelt vermietet. Aufgrund des Mietvertrags kann in fünf Jahren für weitere fünf Jahre mit einem überhöhten Nutzungsentgelt gerechnet werden. Die temporären Mehrerträge treten damit vom Wertermittlungsstichtag aus betrachtet zeitlich versetzt ein.

Marktüblich erzielbares monatliches Nutzungsentgelt am Wertermittlungsstichtag	15 €/m² NF
Tatsächlich erzieltes monatliches Nutzungsentgelt ab dem 5. bis zum 11. Jahr aufgrund des Mietvertrags	20 €/m² NF
Weitere Angaben wie im Beispiel 1	

Abb. 23: Zeitlich versetzter Mehrertrag

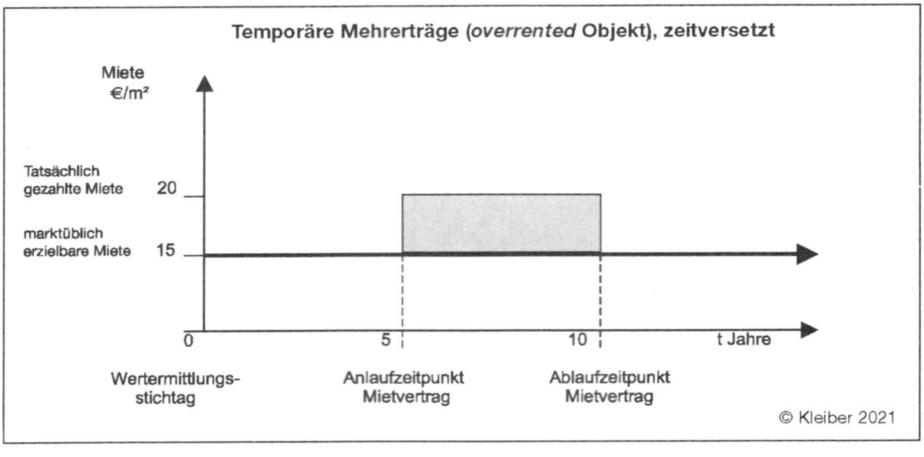

Berechnung:

1.	Monatlicher Mehrertrag pro Quadratmeter Nutzfläche:	
	Tatsächlich erzielter monatlicher Reinertrag aufgrund des Mietvertrags	20 €/m² NF
	Marktüblich erzielbarer Reinertrag	15 €/m² NF
	Monatlicher Mehrertrag pro Quadratmeter Nutzfläche	5 €/m² NF
	Jährlicher Mehrertrag pro Quadratmeter Nutzfläche (× 12)	60 €/m² NF
2.	*Jährlicher Mehrertrag bei 3 000 m² Nutzfläche (NF)*	180 000 €
3.	Kapitalisiert über 5 Jahre und mit einem Liegenschaftszinssatz von 6 %	
	Kapitalisierungsfaktor von 6 % und 5 Jahren	× 4,21
	Barwert (= Werterhöhung aufgrund von Mehrerträge) im Jahre 5:	757 800 €
4.	Abgezinst über 5 Jahre mit 6 %	× 0,7473
	Abzinsungsfaktor bei 6 % und 5 Jahren	
	Barwert (= Werterhöhung aufgrund von Mehrerträgen am Wertermittlungsstichtag):	**566 304 €**

e) Ermittlung der Werterhöhung bzw. Wertminderung aufgrund eines zeitlich versetzten Mehr- bzw. Minderertrags mittels differenzieller Kapitalisierungsfaktoren

Der auf den Wertermittlungsstichtag abgezinste jährliche Mehrertrag lässt sich mit Hilfe *differenzieller Kapitalisierungsfaktoren* (*Term and Reversion*) ermitteln. Es handelt sich auch hierbei lediglich um eine Rechentechnik zur Ermittlung des auf den Wertermittlungsstichtag abgezinsten Barwerts von Mehr- oder Mindererträgen. **283**

Bei Anwendung *differenzieller Kapitalisierungsfaktoren (Term and Reversion)* wird der vom 6. bis zum 10. Jahr, d.h. über fünf Jahre, erzielte jährliche Mehrertrag von insgesamt 180 000 € nicht über fünf Jahre, sondern über den gesamten Zeitraum von 10 Jahren kapitalisiert und um den über fünf Jahre kapitalisierten Betrag vermindert: **284**
Berechnung:

180 000 € × 7,36 (Kapitalisierungsfaktor 2 bei 6 % und 10 Jahren)	1 324 800 €
180 000 € × 4,21 (Kapitalisierungsfaktor 1 bei 6 % und 5 Jahren)	- 757 800 €
auf den Wertermittlungsstichtag bezogener Barwert des Mehrertrags aufgrund von Übervermietung	567 000 €

Anmerkung: Das Ergebnis entspricht dem vorstehenden Ergebnis (566 304 €). Die Differenz ist darauf zurückzuführen, dass der Kapitalisierungsfaktor nur mit zwei Nachkommastellen zur Anwendung gekommen ist. Die Berechnung mit allen Nachkommastellen führt zu exakt demselben Ergebnis.

Zum gleichen Ergebnis gelangt man, wenn man das Produkt aus dem Mehrertrag und der Differenz der Kapitalisierungsfaktoren (Vervielfältigerdifferenz) bildet, denn **285**
$\Delta\ RE \times KF_2 - \Delta\ RE \times KF_1 = \Delta\ RE \times (KF_2 - KF_1)$
Vereinfachte Berechnung:

Kapitalisierungsfaktor 2 bei 6 % und 10 Jahren	7,36		
Kapitalisierungsfaktor 1 bei 6 % und 5 Jahren	4,21		
Δ Kapitalisierungsfaktor (Vervielfältigerdifferenz)	3,15	× 180 000 €	**= 567 000 €**

Abb. 24: Zeitlich versetzter Mehrertrag (Vervielfältigerdifferenzenverfahren)

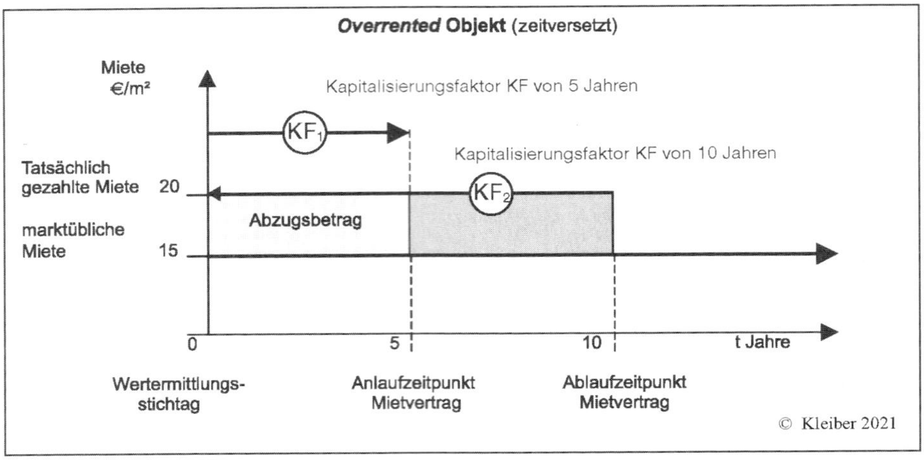

f) Ertragswertermittlung bei vereinbarten Staffelmieten bei Anwendung des allgemeinen und vereinfachten Ertragswertverfahrens mittels Auf- und Abschichtung

286 *Beispiel:*

Abb. 25: Ertragswertermittlung bei vereinbarten Staffelmieten (Auf- und Abschichtung)

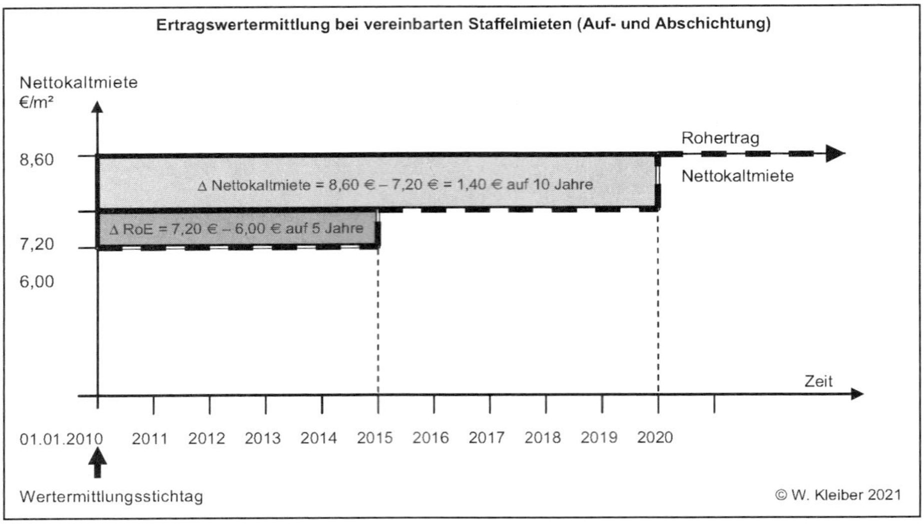

Beispiel 1: Vereinfachtes Ertragswertverfahren

a) Sachverhalt wie vorher: Mietwohngrundstück mit Staffelmieten

– Wohnfläche WF	480 m²
– Bodenwert BW	300 000 €
– Restnutzungsdauer	80 Jahre
– Liegenschaftszinssatz LZ	5,5 %
– Bodenwertverzinsungsbetrag	16 500 € (= 300 000 € × 5,5/100)
– Jahresbewirtschaftungskosten über gesamte Nutzungsdauer (außer umgelegten Betriebskosten): 22 % der Nettokaltmiete/Grundmiete	10 898 € (= 49 536 € × 22/100)
– Staffelmiete (Nettokaltmiete/Grundmiete):	
1.1.2010 bis 31.12.2014:	6,00 €/m² Wohnfläche × 480 m² = 34 560 €
1.1.2015 bis 31.12.2019:	7,20 €/m² Wohnfläche × 480 m² = 41 472 €
ab 1.1.2020 marktüblich erzielbarer Ertrag:	8,60 €/m² Wohnfläche × 480 m² = 49 536 €
– Wertermittlungsstichtag 1.1.2010	

b) Marktwertermittlung

Berechnung der kapitalisierten Nettokaltmiete

8,60 × 480 m² × 12 Monate = 49 536 € × 17,93*	= 888 181 €	
– 1,40 × 480 m² × 12 Monate = 8 064 € × 7,54**	– 60 803 €	
– 1,20 × 480 m² × 12 Monate = 6 912 € × 4,27***	– 29 514 €	
--	----------------------	-------------------
= Summe = kapitalisierte Roherträge	= 797 864 €	= 797 864 €
* = Kapitalisierungsfaktor KF bei LZ = 5,5 % und RND = 80 Jahre ** = Kapitalisierungsfaktor KF bei LZ = 5,5 % und RND = 10 Jahre *** = Kapitalisierungsfaktor KF bei LZ = 5,5 % und RND = 5 Jahre	(–)	
Berechnung der kapitalisierten Bewirtschaftungskosten		
– 10 898 € p.a. × 17,93 - 10 898 € p.a. × 17,93	=	– 195 401 €
Berechnung des abgezinsten Bodenwerts + 300 000 € × 1/1,055^80	(+)	= 4 139 €
--	----------------------	-------------------
= **Ertragswert** = Summe		rd. **610 000 €**

287 *Beispiel 2: Allgemeines Ertragswertverfahren*

a) Sachverhalt wie vorstehend

b) Lösungsweg

Verkehrswert (Marktwert) des unbelasteten Grundstücks

./. Minderung durch Belastung für 1.1.2010 bis 31.12.2019

./. Zusätzliche Minderung durch Belastung für 1.1.2010 bis 31.12.2014

= Verkehrswert (Marktwert) des belasteten Grundstücks

c) Marktwertermittlung

Ermittlung des Verkehrswerts (Marktwerts) des unbelasteten Grundstücks:

8,60 €/m² Jahresnettokaltmiete/Grundmiete × 480 m² × 12 Monate	= 49 536 €	
./. Bewirtschaftungskosten 22 % der marktüblich erzielbaren Nettokaltmiete	= 10 898 €	
= Jahresreinertrag des Grundstücks	= 38 638 €	
./. Bodenwertverzinsungsbetrag 5,5 % × 300 000 €	= 16 500 €	
= Jahresreinertrag der baulichen Anlage	= 22 138 €	
× Kapitalisierungsfaktor KF bei LZ = 5,5 % und Restnutzungsdauer 80 Jahre:	× 17,93	
= vorläufiger Ertragswert		**= 396 934 €**

Ermittlung der *Minderung* durch Belastung für

die Zeit vom 1.1.2010 bis 31.12.2019: 8,60 €/m²– 7,20 €/m²	=	1,40 €/m²	
Jahresrohertrag 480 m² × 1,40 €/m² × 12 Monate	=	8 064 €	
× Kapitalisierungsfaktor KF bei LZ = 5,5 % und Nutzungsdauer von 10 Jahren:	×	7,54	= – 60 803 €

Ermittlung der *Minderung* durch Belastung für

die Zeit vom 1.1.2010 bis 31.12.2014: 7,20 €/m²– 6,00 €/m²	=	1,20 €/m²	
Jahresrohertrag: 480 m² × 1,20 €/m² WF × 12 Monate	=	6 912 €	
× Kapitalisierungsfaktor KF bei LZ = 5,5 % und Nutzungsdauer von 5 Jahren:	×	4,27	= – 29 514 €
= Ertragswert der baulichen Anlagen			= 306 617 €
+ Bodenwert			= 300 000 €
= Summe			= 606 617 €
= Ertragswert			**= rd. 610 000 €**

Das Ergebnis entspricht – von Rechenunschärfen abgesehen – den Ergebnissen der vorstehenden Berechnungen.

288 Die Bewirtschaftungskosten bleiben über die Phasen der Untervermietung unberücksichtigt, da diese sich infolge der Untervermietung grundsätzlich nicht vermindern. Allenfalls dem ver-

änderten **Mietausfallwagnis** kann **durch** einen **um 0,5 Prozentpunkte erhöhten Kapitalisierungszinssatz** Rechnung getragen werden.

Wäre hingegen im vorstehenden Beispiel tatsächlich davon auszugehen, dass die **Bewirtschaftungskosten (in relativer Abhängigkeit von der Nettokaltmiete)** in den beiden Perioden bis Ende 2019 geringer als die in Abhängigkeit von 8,60 € pro Quadratmeter Wohnfläche (in dem *Beispiel)* angesetzten Bewirtschaftungskosten ausfallen, so erhöht sich der Reinertrag im vorstehenden Berechnungsbeispiel, und zwar wie folgt: **289**

- vom 01.01.2010–31.12.2019 um 0,31 €/m² Wohnfläche monatlich (= 22 % von 1,40 €)
- vom 01.01.2010–31.12.2014 um weitere 0,26 €/m² Wohnfläche monatlich (= 22 % von 1,20 €).

Kapitalisiert ergibt dies eine Erhöhung des Verkehrswerts um:

0,31 €/m² × 480 m² × 12 Monate × 7,54	=	+ 13 463 €	(bei KF = 7,54)
+ 0,26 €/m² × 480 m² × 12 Monate × 4,27	=	+ 6 395 €	(bei KF = 4,27)
Insgesamt	=	+ 19 858 €	

Das Ergebnis zeigt, dass die angemessene **Berücksichtigung der Bewirtschaftungskosten** eine überaus wichtige und deshalb **mit großer Sorgfalt zu klärende Tatfrage** ist. Bei entsprechend verminderten Bewirtschaftungskosten erhöht sich der Verkehrswert (Marktwert) – wie das *Beispiel* zeigt – um rd. 20 000 €. Dies entspricht rd. 6,5 % des Werts der baulichen Anlage! **290**

4.2.6 Von marktüblich erzielbaren Erträgen abweichende Erträge in der Beleihungswertermittlung nach BelWertV

Im Rahmen der Beleihungswertermittlung sind Abweichungen in den Ertragsverhältnissen aufgrund wohnungs- und mietrechtlicher Bindungen anders als bei der Verkehrswertermittlung zu behandeln. **291**

- Nach § 10 Abs. 1 Satz 2 BelWertV ist **„im Regelfall die vertraglich vereinbarte Miete anzusetzen", wenn sie unter der nachhaltigen Miete liegt** (Fall des *„underrented"*),
- Liegt die „vertraglich vereinbarte Miete" über der „nachhaltigen Miete" (Fall des ***„overrented"***), bleibt bei der Ermittlung von Beleihungswerten dieser Umstand unberücksichtigt. Die BelWertV sieht dafür zwar keine klarstellende Regelung[57] vor, jedoch spricht für diese Auslegung vor allem, dass die BelWertV keine zu § 8 Abs. 3 ImmoWertV spiegelbildliche Regelung enthält. Die Regelungslücke ist aber dahingehend auszulegen, dass im Falle des *„overrented"* die Mehreinnahmen nur vorübergehend erzielt werden und zudem noch risikobehaftet sind, denn ein Mietvertrag schützt nicht vor der Insolvenz des Mieters. Ihre Berücksichtigung wäre mit dem Vorsichtsprinzip unvereinbar.
- Nach § 10 Abs. 4 BelWertV ist bei einem strukturellen oder lang anhaltenden Leerstand zu prüfen, ob aufgrund der jeweiligen Marktlage eine Vermietung überhaupt oder zu den angesetzten Mietpreisen in absehbarer Zeit noch zu erwarten ist.

Als „Regelfall" i.S. des § 10 Abs. 1 Satz 2 BelWertV dürfte nur ein entsprechendes langfristiges Mietverhältnis gelten; läuft dagegen ein solches Mietverhältnis bereits in Kürze aus und ist mit einer Anhebung der Miete auf das „nachhaltige" Mietniveau sicher zu rechnen, so besteht kein Erfordernis, die niedrigere Vertragsmiete auf Dauer in die Ertragswertermittlung **292**

57 Wenn im Umkehrschluss zu § 10 Abs. 1 Satz 2 BelWertV, was bei konsequenter Auslegung der Regelung nahe liegt, im Falle des „overrented" die Mehreinnahmen berücksichtigungsfähig sein sollten, liefe dies auf eine Perversion des Vorsichtsprinzips hinaus. Im Falle des *„overrented"* kann nämlich nicht erwartet werden, dass nach Auslaufen des Mietvertrags die höhere Miete weiter erzielt werden könnte, während im Falle des *„underrented"* durchaus erwartet werden kann, dass die tatsächlich erzielte Miete auf das Niveau der marktüblich erzielbaren Miete angehoben werden kann.

einzuführen. Entsprechendes gilt auch, wenn z.B. die Kappungsgrenzen des BGB auslaufen (Abb. 26).

Abb. 26: Ertragswert nach Maßgabe eines temporären „underrented" Ertrags

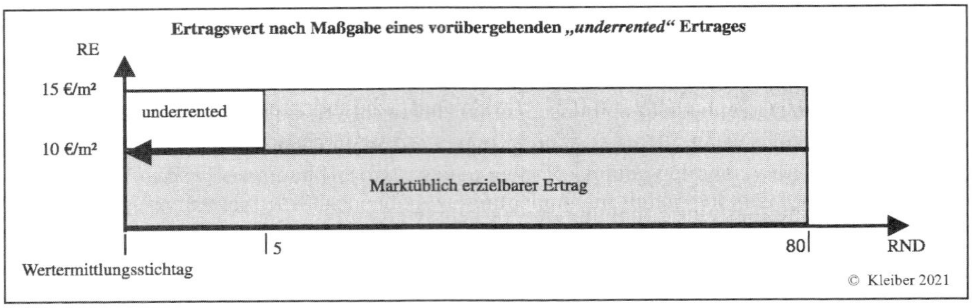

293 *Beispiel:*

Gesamte Mietfläche	= 1 000 m²	
Nachhaltiger Reinertrag	= 15 €/m² im Monat	= 180 000 € p.a.
Vertraglicher Reinertrag	= 10 €/m² im Monat	= 120 000 € p.a.

Bei einer Restnutzungsdauer von 80 Jahren und

–	einem Liegenschaftszinssatz i.S. der ImmoWertV von	6,0 %	und	(V = 16,51)
–	einem Kapitalisierungszinssatz i.S. der BelWertV von	6,5 %		(V = 15,28)

ergibt sich ein

a)	**Beleihungswert:**	**ErtragswertB:**	120 000 €	× 15,28	=	**1833600 €**
b)	**Verkehrswert:**	**Ertragswert:**	180 000 €	× 16,51	=	2 971 800 €
	abzüglich 1 000 m² × 5 €/m² × 12 Monate =		60 000 €	× 4,21	=	–252 600 €
					=	**2 719 200€**

4.2.7 Von marktüblich erzielbaren Erträgen abweichende Erträge in der steuerlichen Bewertung

▶ *Vgl. Syst. Darst. des Ertragswertverfahrens Rn. 271*

294 In der erbschaftsteuerlichen Bewertung bestimmen sich die Erträge nach den geltenden vertraglichen Vereinbarungen. Nach § 186 Abs. 1 BewG ist der Rohertrag mit dem Entgelt anzusetzen, das für die Benutzung des bebauten Grundstücks **nach den am Bewertungsstichtag geltenden vertraglichen Vereinbarungen für den Zeitraum von zwölf Monaten** zu zahlen ist; Umlagen, die zur Deckung der Betriebskosten gezahlt werden, sind nicht anzusetzen. Nach § 186 Abs. 2 BewG ist für Grundstücke oder Grundstücksteile,

1. die eigengenutzt, ungenutzt, zu vorübergehendem Gebrauch oder unentgeltlich überlassen sind,
2. die der Eigentümer dem Mieter zu einer um mehr als 20 Prozent von der üblichen Miete abweichenden tatsächlichen Miete überlassen hat,

die übliche Miete anzusetzen. Die übliche Miete ist in Anlehnung an die Miete zu schätzen, die für Räume gleicher oder ähnlicher Art, Lage und Ausstattung regelmäßig gezahlt wird. Betriebskosten sind nicht einzubeziehen.

Abweichungen der Erträge brauchen bei dieser Rechtslage nicht gesondert berücksichtigt zu werden.

Aus Vereinfachungsgründen werden die **Bewirtschaftungskosten** nach Erfahrungssätzen der 295
Gutachterausschüsse angesetzt. Soweit örtliche Erfahrungssätze nicht zur Verfügung stehen, sind die pauschalierten Bewirtschaftungskosten nach der Anl. zum BewG zu übernehmen.

4.3 Vom Modellansatz bzw. den regelmäßig anfallenden Aufwendungen abweichende Bewirtschaftungskosten

4.3.1 Allgemeines zu den Bewirtschaftungskosten

▶ *Vgl. Rn. 233; 317; Vorbem. zur ImmoWertV Rn. 141; § 10 ImmoWertV Rn. 15; § 21 ImmoWertV Rn. 13 ff., 117; § 32 ImmoWertV Rn. 16, 25 ff., 33, 44, 56 ff., 182 (Mietausfallwagnis); zur Abschreibung Syst. Darst. des Ertragswertverfahrens Rn. 33, 103, 197, 220, 249; zur Beleihung vgl. Teil IX Rn. 247*

Bewirtschaftungskosten sind nach der Grundsatzregelung des § 32 Abs. 1 Satz 1 ImmoWertV 296
die für eine ordnungsgemäße Bewirtschaftung und zulässige Nutzung entstehenden regelmäßigen Aufwendungen, die nicht durch Umlagen oder sonstige Kostenübernahmen gedeckt sind. Die so definierten Bewirtschaftungskosten dürfen aber nicht von den Gutachterausschüssen für Grundstückswerte der Ermittlung von Liegenschaftszinssätzen zugrunde gelegt werden. Mit § 32 Abs. 1 Satz 3 ImmoWertV wird ihnen stattdessen befohlen, Liegenschaftszinssätze auf der Grundlage der Modellansätze der Anl. 3 zur ImmoWertV zugrunde zu legen. Diese können **erhebliche Abweichungen gegenüber den** in Satz 1 definierten **objektspezifischen Bewirtschaftungskosten** haben. Dies betrifft insbesondere die dort empfohlenen nach dem Alter der baulichen Anlage nicht differenzierenden „starren" Instandhaltungskosten.

Werden die vom Gutachterausschuss für Grundstückswerte abgeleiteten Liegenschaftszins- 297
sätze herangezogen, sind nach § 12 Abs. 5 Satz 2 ImmoWertV „dieselben Bewirtschaftungskosten zugrunde zu legen, die auch der Ermittlung des verwendeten Liegenschaftszinssatzes zugrunde" liegen, d.h., der **Ermittlung des vorläufigen Ertragswerts sind** wiederum **die Modellansätze der Anl. 3 zur ImmoWertV zugrunde zu legen**, auch wenn sie erheblich von den objektspezifischen Bewirtschaftungskosten i.S. der obenstehenden Definition des § 32 Abs. 1 Satz 1 ImmoWertV abweichen. So kann insbesondere der mit der ImmoWertV verbindlich für die Instandhaltung vorgegebene „starre" Modellansatz das Wertbild verzerren, denn tatsächlich erhöhen sich die Instandhaltungskosten mit zunehmendem Alter bzw. fallen bei jüngeren baulichen Anlagen deutlich niedriger aus.

Die mit „starren" **Modellansätzen für die Instandhaltung** einhergehende Modellverbiegung 298
kann im Rahmen der mit § 33 ImmoWertV vorgeschriebenen **„objektspezifischen" Anpassung des Liegenschaftszinssatzes** (z.B. mittels Umrechnungskoeffizienten) „aufgefangen" werden, wenn der Liegenschaftszinssatz nicht direkt „unter Berücksichtigung der wirtschaftlichen Restnutzungsdauer" abgeleitet worden ist (vgl. die Erläuterungen bei § 21 ImmoWertV Rn. 161 ff., § 31 ImmoWertV Rn. 9; § 32 ImmoWertV Rn. 148 ff., Syst. Darst. des Ertragswertverfahrens Rn. 208). Die abweichenden Ertragsverhältnisse sind in diesem Falle dann nicht als besondere objektspezifische Grundstücksmerkmale (boG) zu berücksichtigen.

Weder eine nach der Restnutzungsdauer der baulichen Anlage differenzierende Ableitung von 299
Liegenschaftszinssätzen noch eine Ableitung von Umrechnungskoeffizienten zur Abhängigkeit des Liegenschaftszinssatzes ist den Gutachterausschüssen für Grundstückswerte vorgeschrieben. Insoweit ist eine „robuste" **objektspezifische Anpassung des Liegenschaftszinssatzes** kaum möglich und die mit den „starren" Modellansätzen verbundene Modellverbiegungen müssen gegebenenfalls als besonderes objektspezifisches Grundstücksmerkmal (boG) berücksichtigt werden.

300 Werden die **Bewirtschaftungskosten als Vomhundertsatz des Ertrags** angesetzt, so muss beachtet werden, dass sich dieser Vomhundertsatz auf die marktüblich erzielbaren Erträge und nicht auf die Mehr- oder Mindererträge bezieht. Dementsprechend würde es das Ergebnis der Ertragswertermittlung verfälschen, wenn die Bewirtschaftungskosten in den unterschiedlichen Ertragsphasen durch Anwendung prozentualer Erfahrungssätze auf entsprechend geminderte oder erhöhte Erträge berücksichtigt würden. Dies ist vor allem bei **Anwendung des periodischen Ertragswertverfahrens** beachtlich, da Mehr- oder Mindererträge direkt berücksichtigt werden.

301 Bei **Anwendung des allgemeinen und vereinfachten Ertragswertverfahrens** und nachträglicher Berücksichtigung der Mehr- oder Mindererträge nach § 8 Abs. 3 ImmoWertV bereitet die Heranziehung von Bewirtschaftungskosten in prozentualer Größenordnung des Ertrags keine besonderen Schwierigkeiten, da sie nur bei der Ermittlung des vorläufigen Ertragswerts auf der Grundlage des marktüblich erzielbaren Ertrags zur Anwendung kommen. Bei der **Ermittlung des Barwerts der Mehr- und Mindererlöse nach den vorstehend erläuterten Grundsätzen im Wege der Auf- und Abschichtung können die Bewirtschaftungskosten i.d.R. unberücksichtigt bleiben**.

302 Die **Höhe der bei** ordnungsgemäßer Bewirtschaftung und zulässiger Nutzung entstehenden regelmäßigen **Bewirtschaftungskosten ist nämlich, abgesehen vom Mietausfallwagnis, nicht vom Ertrag und gegebenenfalls auch nicht von Mehr- oder Mindereinnahmen abhängig.** Liegen aufgrund wohnungs-, miet- oder vertragsrechtlicher Bindungen (erhebliche) Abweichungen von den marktüblich erzielbaren Mieten vor, so muss beachtet werden, dass die Höhe der Bewirtschaftungskosten und gegebenenfalls des Modellansatzes dadurch grundsätzlich unberührt bleibt.

303 *Beispiel (Abb. 27):*
a) Sachverhalt
In einem neuerschlossenen „Büropark" ist der Verkehrswert (Marktwert) eines vermieteten Bürogebäudes mit einer Nutzfläche von 1 000 m² zu ermitteln.

- Die am Wertermittlungsstichtag marktübliche erzielbare Nettokaltmiete beträgt 30 €/m² Nutzfläche bei 18 % nicht umlagefähigen Bewirtschaftungskosten.
- Es besteht ein langfristiger Mietvertrag:
  - Der in der Erschließungsphase geschlossene Mietvertrag räumt dem Mieter noch auf 8 Jahre eine „Lockmiete" von 15 €/m² NF ein.
  - Um seinen Standort langfristig zu sichern, hat der Mieter bei Nachverhandlungen erst kürzlich eine Fortsetzung des Mietverhältnisses auf weitere 10 Jahre ausgehandelt und dabei einer Nettokaltmiete von 40 €/m² NF zugestimmt.
- Die Restnutzungsdauer beträgt 60 Jahre.
- Bodenwert: 1 Mio. €.

Abb. 27: Mietentwicklung aufgrund Mietvertrags

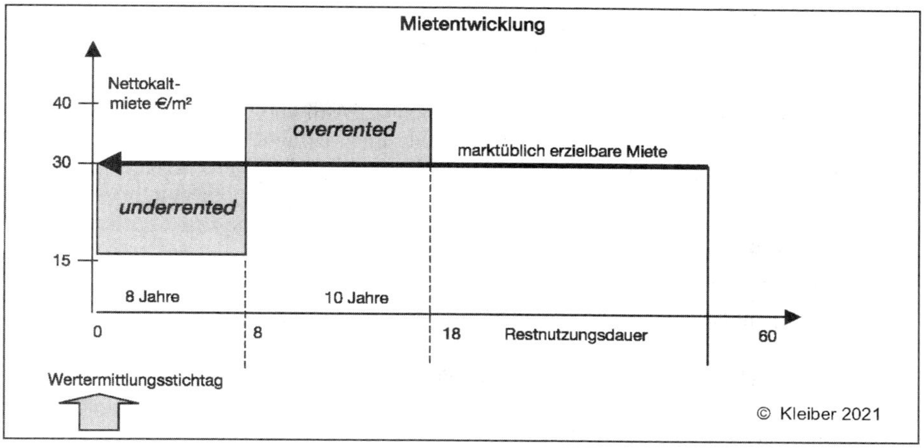

b) Wertermittlung

1. Verkehrswert ohne Berücksichtigung des Mietvertrags

$$EW = (RE - BW \times LZ) \times KF + BW = RE \times KF + BW \times AF_n$$

EW = Ertragswert

RE = Jahresreinertrag

BW = Bodenwert

KF = Kapitalisierungsfaktor

n = Restnutzungsdauer

LZ = objektspezifisch angepasster Liegenschaftszinssatz

q = Zinsfaktor = 1 + LZ

Bei einem Liegenschaftszinssatz von	LZ = 6 %
nicht umlegbaren Bewirtschaftungskosten von	18 %
einer Nettokaltmiete von	30 €/m²
einer Restnutzungsdauer von	60 Jahren

ergibt sich

RE = 30 €/m²NF × 1 000 m² NF × 12 Monate	=	360 000 € p.a.
–Bewirtschaftungskosten (18 %)	=	– 64 800 € p.a.
= 360 000 € × 0,82	=	295 200 €
× Kapitalisierungsfaktor von 16,16 bei LZ = 6 % und n = 60 Jahre	=	4 770 432 €
+ abgezinster Bodenwert 1 000 000 € × 1,06-60	=	+ 30 314 €
= Ertragswert (vorläufig)	=	4 800 746 **€**

2. Berücksichtigung der Mindererträge (underrented)

Minderertrag: 30 €/m² – 15 €/m²	=	15 €/m²		
Minderertrag im Jahr: 15 €/m² × 1 000 m² NF × 12 Monate	=	180 000 €		
kapitalisiert über 8 Jahre bei einem Kapitalisierungsfaktor				
von 8 Jahren und LZ = 6,0 %:		6,21	=	– 1 117 800 €

3. Berücksichtigung der Mehrerträge (overrented)

Mietdifferenz: 40 €/m² – 30 €/m²	=	10 €/m²		
Mehrertrag im Jahr: 10 €/m² × 1 000 m² NF × 12 Monate	=	120 000 €		
kapitalisiert über 10 Jahre bei einem Kapitalisierungsfaktor				
von 10 Jahren und LZ = 6,0 %: 7,36	=	883 200 €		
abgezinst über 8 Jahre: 883 200 € × 1,068		0,6274	=	+ 554 120 €
4. Verkehrswert/Marktwert (a – b + c)			=	**4 237 066 €**

304 Zu dem im vorstehenden *Beispiel* vorgestellten Fall der Berücksichtigung eines gegenüber dem Wertermittlungsstichtag zeitversetzten Mehrertrags (*overrented*) wird noch darauf hingewiesen, dass der mit Hilfe des Kapitalisierungsfaktors ermittelte Barwert (kapitalisiert über 10 Jahre) zunächst nur zu dem in 8 Jahren zur Verfügung stehenden Barwert führt und deshalb in einem gesonderten Rechenschritt (kursiv dargestellt) noch auf den Wertermittlungsstichtag abgezinst werden musste.

4.3.2 Mietausfallwagnis

▶ *Vgl. Syst. Darst. des Ertragswertverfahrens Rn. 216; § 32 ImmoWertV Rn. 161*

305 Nach den vorstehenden Ausführungen sind im Falle von Mehr- oder Mindererträgen aufgrund von wohnungs-, miet- oder vertragsrechtlichen Bindungen auch nur die üblicherweise anfallenden Bewirtschaftungskosten zu berücksichtigen, und zwar bezogen auf den marktüblich erzielbaren Ertrag.

306 Dies gilt für das **Mietausfallwagnis jedoch** nur im eingeschränkten Sinne.

- In der Phase eines Minderertrags besteht nämlich nur ein geringes oder überhaupt kein Mietausfallwagnis.
- In der Phase eines Mehrertrags besteht dagegen ein erhöhtes Mietausfallwagnis, denn allein der Mietvertrag kann den Eigentümer nicht vor einem abrupten Ende des Mietverhältnisses schützen. Für diesen Fall kann nur damit gerechnet werden, dass eine Neuvermietung zu dem ortsüblich nachhaltigen Ertrag möglich ist.

307 Hieraus folgt, dass während der Phase einer Mehr- oder Mindermiete dem geänderten Mietausfallwagnis Rechnung zu tragen ist. In welcher Höhe dem unterschiedlichen Mietausfallwagnis Rechnung zu tragen ist, hängt entscheidend von der **Bonität des Mieters** ab.

308 Rechentechnisch ist dem unterschiedlichen Mietausfallwagnis am einfachsten dadurch Rechnung zu tragen, dass der zur Kapitalisierung des Mehr- oder Minderertrags herangezogene **Kapitalisierungsfaktor** gegenüber dem zur Ermittlung des Ertragswerts auf der Grundlage des marktüblich erzielbaren Reinertrags herangezogenen Kapitalisierungsfaktor **um bis zu 0,5 % erhöht wird.** Der Kapitalisierungsfaktor ist dabei – auch wenn dies auf dem ersten Blick paradox erscheint – sowohl im Falle eines Mehrertrags als auch im Falle eines Minderertrags zu erhöhen.

Bezüglich des bei der **Kapitalisierung eines Minder- oder Mehrertrags anzusetzenden Zinssatzes** bestehen unterschiedliche Auffassungen, die zum Teil theoretisch allerdings allzu übersetzt dargestellt werden: 309

a) Einerseits besteht die Auffassung, dass auch hierfür der Liegenschaftszinssatz maßgeblich sein soll, weil solche Mehr- oder Mindererlöse mit der Liegenschaft eng verbunden sind und ihr Schicksal teilen. Darüber hinaus lässt sich diese Auffassung auch damit begründen, dass Investitionen in Liegenschaften mit der Inkaufnahme einer – gegenüber bankenüblichen Zinssätzen – niedrigeren Verzinsung verbunden sind; von daher sei die Anwendung des Liegenschaftszinssatzes auch für die Kapitalisierung eines individuell vereinbarten Mehr- oder Mindererlöses geboten.
Dieser Auffassung folgend ist es durchaus sachgerecht,

- zur **Kapitalisierung eines Mindererlöses** (Untervermietung) einen um ca. 0,5 Prozentpunkte gegenüber dem sonst angemessenen Liegenschaftszinssatz *erhöhten* Zinssatz heranzuziehen und gleichzeitig
- bei der **Kapitalisierung eines Mehrerlöses** (Übervermietung) den Liegenschaftszinssatz ebenfalls um 0,5 Prozentpunkte zu *erhöhen.* Damit wird dem erhöhten Risiko Rechnung getragen, denn auch ein langfristiges Mietverhältnis schützt den Vermieter nicht vor der Insolvenz des Mieters, die sonst im Übrigen durch Erhöhung des **Mietausfallwagnisses** berücksichtigt werden kann.

Diese auf den ersten Blick unlogische Verfahrensweise ist darin begründet, dass der kapitalisierte Mindererlös ein Abzugsbetrag ist. Da das Risiko des Käufers gering ist, nach Ablauf des Mietvertrags die ortsübliche Miete zu erzielen, muss folglich bei der Kapitalisierung des Minderertrags ein höherer Zinssatz als der sonst angemessene Liegenschaftszinssatz zu Grunde gelegt werden. Der Minderertrag vermindert sich nämlich aufgrund des geringeren Mietausfallwagnisses, sodass der Abzugsbetrag kleiner ausfallen muss.

b) Daneben besteht die Auffassung, Mehr- oder Mindererlöse durch **Ansatz bankenüblicher Zinsen** rein finanzmathematisch zu behandeln, weil entsprechende Mietverträge eine individuelle und investitionsorientierte Besonderheit darstellen. Dies mag sich mitunter so verhalten, jedoch wird auch die sicherlich nicht freiwillige Inkaufnahme einer Untervermietung ebenso wie die Durchsetzbarkeit einer Übervermietung maßgeblich durch die Verhältnisse auf dem Grundstücksmarkt bestimmt. Es kommt hinzu, dass diese Vorgehensweise angesichts der erheblichen Schwankungen der bankenüblichen Zinsen fehleranfällig ist und überdies konsequenterweise auch mit der Berücksichtigung anderer bei finanzmathematischer Betrachtungsweise bedeutsamer Faktoren wie Inflation und Wertentwicklung verbunden wäre. Diese Vorgehensweise kann auf dem ersten Blick zu theoretisch fundierteren und im Ergebnis mit der unter a) vorgestellten Methode sogar übereinstimmenden Resultaten führen, die aber schon mit geringen unkontrollierbaren Änderungen des Zinsansatzes äußerst fehlerträchtig und manipulierbar sind. Große Rechenwerke führen eben nicht zwangsläufig zu einer Verbesserung des Ergebnisses, sondern auch schon zur Verschlechterung.

4.3.3 Liegenschaftszinssatz

▶ *Vgl. § 21 ImmoWertV Rn. 56 ff.; § 32 ImmoWertV Rn. 10, 100, 122; § 33 ImmoWertV Rn. 5, 27 ff.; Syst. Darst. des Ertragswertverfahrens Rn. 105, 245 ff.*

Weicht aufgrund von wohnungs-, miet- oder vertragsrechtlichen Gründen der erzielte Ertrag von dem marktüblich erzielbaren Ertrag ab, ist möglicherweise auch der Liegenschaftszinssatz berührt. Grundsätzlich wird mit den aus getätigten Verkäufen abgeleiteten Liegenschaftszinssätzen auch die jeweilige Markterwartung über künftige Marktentwicklungen der entsprechenden Nutzungsgruppe berücksichtigt. Im Allgemeinen rechnet ein Käufer mit Mietpreissteigerungen, die mindestens mittelfristig über der Inflationsrate liegen. Diese Erwartung geht in die Bildung des Liegenschaftszinssatzes mit ein. Das bedeutet allerdings, dass die veröf- 310 fentlichten Liegenschaftszinssätze nur dann ohne Korrekturen angewendet werden dürfen, wenn auch marktüblich erzielbare Ertragsverhältnisse vorliegen. Bei einem **Grundstück, bei dem die Erträge deutlich über den marktüblich erzielbaren Erträgen liegen,** kann der Käufer aber nicht mit der sonst üblichen Mietsteigerungsrate rechnen. Insofern stellt sich die Frage, ob der die üblichen Erträge übersteigende bzw. unterschreitende Mietertragsanteil mit demselben Zinssatz zu kapitalisieren ist, der für die marktüblich erzielbare Miete angemessen ist. Die Frage stellt sich insbesondere bei Anwendung des periodischen Ertragswertverfahrens, denn abweichend von den Standardverfahren werden dabei die marktüblich erzielbaren Erträge ein- oder ausschließlich abweichender Mehr- oder Mindererträge direkt abgezinst bzw. kapitalisiert.

311 *Beispiel:*

Normalverfahren bei Objekten mit marktüblich erzielbaren Erträgen

Die marktüblich erzielbare Nettokaltmiete beträgt für ein Geschäftsgrundstück am Wertermittlungsstichtag 120 000 €/Jahr. Die Miete ist über 8 Jahre vereinbart und über den Verbraucherpreisindex wertgesichert.

Bewirtschaftungskosten	12 v.H.
objektspezifisch angepasster Liegenschaftszinssatz	7 v.H.
Restnutzungsdauer des Gebäudes	35 Jahre
Bodenwert	400 000 €

Ertragswertermittlung

Jahresnettokaltmiete		120 000 €
– Bewirtschaftungskosten	–	14 400 €
Jahresreinertrag		105 600 €
– Bodenwertverzinsungsbetrag 7 % von 400 000 €	–	28 000 €
Gebäudereinertrag		77 600 €
Kapitalisierungsfaktor bei 35 Jahren und 7 % = 12,95		
Gebäudeertragswert 77 600 € × 12,95		1 004 920 €
+ Bodenwert	+	400 000 €
Grundstücksertragswert	=	1 404 920 €
	rd.	**1400000 €**

312 Im vorliegenden *Beispiel* wurde entsprechend der Risikoabschätzung des Objekts der marktübliche Liegenschaftszinssatz von 7 % zugrunde gelegt, da die erzielte Nettokaltmiete der marktüblich erzielbaren Miete entspricht. Weichen die tatsächlich erzielten Erträge von den marktüblich erzielbaren Erträgen ab, ist der die marktüblich erzielbaren Erträge übersteigende Mietertrag über die Laufzeit des Mietvertrags zu kapitalisieren. Da für den Käufer das **Risiko** größer ist, dass die vertraglich vereinbarten (überhöhten) Mieten auch über die Laufzeit des Mietvertrags tatsächlich gezahlt werden, könnte bei der **Kapitalisierung des Mehrertrags demnach ein höherer Zinssatz angenommen werden,** denn wenn der Mieter insolvent werden würde, könnte der Vermieter bei der Folgevermietung allenfalls noch mit der marktüblich erzielbaren Miete rechnen.

313 *Beispiel:*

Sachverhalt wie vor, jedoch beträgt die vereinbarte Nettokaltmiete 160 000 € lt. Mietvertrag über 8 Jahre. Würde der Gesamtertrag von 160 000 € über die Restnutzungsdauer des Objekts auf der Grundlage des Liegenschaftszinssatzes kapitalisiert werden, wäre die Berechnung angreifbar, da nach Ablauf des 8-jährigen Mietvertrags damit gerechnet werden muss, dass lediglich die marktüblich erzielbare Miete erzielt werden kann. Sie beträgt – abgezinst auf den Wertermittlungsstichtag – eben nur 120 000 €. Wenn sich innerhalb der nächsten 8 Jahre kein überproportionaler Realmietzuwachs ergeben würde, ergäbe sich somit eine Überbewertung des Objekts. Diese Überbewertung wirkt sich noch gravierender aus, wenn sich anstatt der am Markt erwarteten Realmietsteigerungen stagnierende oder sogar sinkende Mieten einstellen.

Vorläufiger Grundstücksertragswert		1 404 920 €
Der Zuschlag würde also betragen:		
Mehrertrag	40 000 €	
abzüglich Mietausfallwagnis von 4 %	- 1 600 €	
	38 400 €	
Kapitalisierungsfaktor bei 10 % Zins* und 8 Jahren = 5,33		
Zuschlag: 38 400 € × 5,33		+ 204 672 €
		1 609 592 €
Grundstücksertragswert rd.		**1610000€**
Das entspricht einem um rd. 14,6 % höheren Wert.		

* Kapitalmarktzins + Risikozuschlag

Diese Berechnung ist plausibel und wird am Immobilienmarkt zumindest von den institutionellen Anlegern nachvollzogen. Eine Gefahr besteht allerdings in der Pseudo-Verwissenschaftlichung derartiger Betrachtungen. Durch Einbringen von zu vielen möglicherweise wertrelevanten Parametern und einer Reihe mathematischer Operationen entsteht häufig der falsche Eindruck, der Verkehrswert sei auf den „Cent“ berechenbar. Tatsächlich ist und bleibt der Verkehrswert ein Schätzwert und ist damit auch direkt abhängig von der Erfahrung des Sachverständigen, der ihn schätzt. Deshalb ist die einfachere nachfolgend beschriebene Variante zur Lösung des vorstehenden Problems angemessen. Bei dieser Methode wird bei der Berechnung des Zuschlags vom (dynamischen) Liegenschaftszinssatz ausgegangen. Das höhere **Risiko wird durch einen individuell begründeten Abschlag berücksichtigt.** 314

Beispiel wie vorher: 315

Jahresnettokaltmiete/Grundmiete	120 000 €
– Bewirtschaftungskosten	- 14 400 €
Jahresreinertrag	105 600 €
– Bodenwertverzinsungsbetrag 7 % von 400 000 €	- 28 000 €
Gebäudereinertrag	77 600 €
Kapitalisierungsfaktor bei 35 Jahren und 7 % = 12,95	
Gebäudeertragswert 77 600 € × 12,95	1 004 920 €
+ Bodenwert	+ 400 000 €
Grundstücksertragswert	**1404920€**

Mehrertrag über 8 Jahre p.a.	40 000 €
abzüglich Mietausfallwagnis von 4 %	
Kapitalisierungsfaktor bei 7 % und 8 Jahren = 5,97	
Zuschlag 38 400 € × 5,97	+ 229 248 €
Grundstücksertragswert	**1634168€**

316 Es ergeben sich zwei Eckwerte. Beim unteren Eckwert von 1 400 000 € wird der – zumindest am Wertermittlungsstichtag – fließende höhere Ertrag überhaupt nicht berücksichtigt. Es wird also der ungünstigste Fall unterstellt, dass der Mieter direkt nach dem Wertermittlungsstichtag insolvent und die höhere Miete ab sofort nicht mehr realisierbar sein wird. Beim oberen Eckwert von 1 630 000 € wird dagegen davon ausgegangen, dass der Mehrertrag gegebenenfalls unter Einbeziehung einer weiteren Mieterhöhung bis Mietvertragsende erzielt wird. Welcher Kaufpreis letztlich ausgehandelt werden wird, hängt von der Risikobereitschaft des Käufers ab. Sie lässt sich nicht exakt objektiv begründen. Hier hat der Sachverständige den Verkehrswert (Marktwert) unter Berücksichtigung der beiden Eckwerte begründet abzuleiten, wobei die **Bonität des Mieters** sowie die absolute Miethöhe eine gewichtige Rolle spielen. Im Kern hat diese Ableitung den Charakter einer reinen Schätzung.

4.3.4 Vom Modellansatz bzw. den regelmäßigen Aufwendungen temporär abweichende Bewirtschaftungskosten

▶ *Vgl. Syst. Darst. des Ertragswertverfahrens Rn. 199 ff.; § 32 ImmoWertV Rn. 136 ff.*

317 Von den für eine ordnungsgemäße Bewirtschaftung und zulässige Nutzung entstehenden regelmäßigen Bewirtschaftungskosten i.S. des § 32 ImmoWertV abweichende Bewirtschaftungskosten können den Verkehrswert (Marktwert) eines Grundstücks erhöhen oder vermindern. Sie können von den marktüblichen Bewirtschaftungskosten abweichen

- einerseits aufgrund der technischen Beschaffenheit der baulichen Anlage und
- andererseits aufgrund einer nicht üblichen (vertraglichen) Verteilung der Bewirtschaftungskosten auf Mieter und Vermieter.

318 Abweichungen von den für eine ordnungsgemäße Bewirtschaftung und zulässige Nutzung entstehenden regelmäßigen Bewirtschaftungskosten sind wiederum nur gesondert zu berücksichtigen, wenn sie nicht direkt Eingang in das herangezogene Wertermittlungsverfahren gefunden haben und die **Abweichung „erheblich"** ist, insbesondere wenn sie sich „erheblich" auf die Ertragsverhältnisse auswirkt (zum Begriff der Erheblichkeit vgl. Vorbem. zur ImmoWertV Rn. 140). Die Bewirtschaftungskosten sind nur in dem Maße werterhöhend oder wertmindernd zu berücksichtigen, wie dies dem gewöhnlichen Geschäftsverkehr entspricht.

319 Die Bewirtschaftungskosten können im Einzelfall aufgrund der **Beschaffenheit der technischen baulichen Anlage** über- oder unterdurchschnittlich sein. Dies betrifft insbesondere die Betriebskosten in Bezug auf die energetische Ausstattung (Wärmedämmung, Energie), den Wasserverbrauch usw. Soweit die sich auf die Bewirtschaftungskosten auswirkenden Merkmale der technischen Beschaffenheit nicht direkt mit dem herangezogenen Wertermittlungsverfahren berücksichtigt worden sind (bei Anwendung des Sachwertverfahrens z.B. durch den Ansatz verminderter oder erhöhter Herstellungskosten), können die ertragswirtschaftlichen Folgen dieser Beschaffenheitsmerkmale Bemessungsgrundlage der Wertminderung bzw. Werterhöhung sein.

Abweichungen von den für eine ordnungsgemäße Bewirtschaftung und zulässige Nutzung entstehenden regelmäßigen Bewirtschaftungskosten können sich insbesondere darüber hinaus ergeben, wenn **eine von der üblichen Vermietungspraxis abweichende Verteilung der Bewirtschaftungskosten vereinbart** wurde, z.B. 320

a) **Betriebskosten**, die üblicherweise auf den Mieter umgelegt werden, werden vertraglich vom Eigentümer getragen,

b) Es wurden vom Üblichen abweichende mietvertragliche Regelungen bezüglich der **Verwaltungskosten** vereinbart.

c) Vom Eigentümer üblicherweise zu tragende **Instandhaltungskosten** wurden auf den Mieter „überwälzt".

d) Es besteht ein außergewöhnliches Mietausfallwagnis, weil das Mietobjekt mit besonders „problematischen" Mietern belegt ist oder langfristige Mietverhältnisse mit besonders solventen Mietern vereinbart wurden.

Die daraus resultierende Wertminderung bzw. Werterhöhung kann auf der Grundlage der Mehr- oder Mindereinnahmen nach den Grundsätzen ermittelt werden, die für Abweichungen von den marktüblich erzielbaren Erträgen vorgestellt worden sind. Im wirtschaftlichen Ergebnis sind auch dies Fälle des „*over-* bzw. *underrented*". Bei Anwendung des periodischen Ertragswertverfahrens nach § 30 ImmoWertV werden temporäre Abweichungen von den regelmäßig entstehenden Bewirtschaftungskosten mit den sich daraus ergebenden Reinerträgen berücksichtigt. 321

Beispiel:

Es ist der Verkehrswert eines Bürogebäudes mit einer in Bezug auf die Bewirtschaftungskosten ungewöhnlichen Mietvertragsgestaltung zu ermitteln.

a) Sachverhalt

Objektbeschreibung: Bürogebäude innerhalb eines peripher gelegenen Gewerbeparks, Stadt mit 253 495 Einwohnern in den neuen Bundesländern, Anbindung an Autobahn und IC-Netz; das Stadtzentrum ist mit Bussen zu erreichen, keine Immissionsbeeinträchtigung, Leerstandsrate in der Region: ca. 15%.

Boden

–	Grundstücksgröße	6 102 m²
–	Bodenrichtwert zum 1.3.2009 für ortsüblich erschlossenes Bauland, bezogen auf Gewerbenutzung (G)	60 €/m²
–	Bodenwert 6 102 m² × 60 €/m²	366 120 €
–	nahezu rechteckige Grundstücksgestalt	
–	voll erschlossenes Grundstück (ebf)	
–	Auf dem Gelände befinden sich 66 Kfz-Außenstellplätze.	
–	rechtskräftiger Flächennutzungsplan vom 24.10.2007 (Bebauungsplan liegt nicht vor.)	gewerbliche Baufläche

Bebauung

–	Baujahr vier Jahre vor Wertermittlungsstichtag	
–	zweigeschossiger, ringförmiger Baukörper, der einen ebenfalls zweigeschossigen V-förmigen Baukörper umschließt.	
–	Das Gebäude ist nicht unterkellert.	
–	Gesamtnutzungsdauer	40 Jahre
–	geschätzte RND	36 Jahre
–	Fassade	Metall-Glas-Fassade

- Außenwände — Stahlbeton
- Dach — Flachdach
- Decken — Stahlbetondecken
- Treppen — Stahltreppen mit Gitterrost (außenliegend)
- Grundrisse/Rastermaße/Raumtiefen
  Der Achsenabstand (Achsmaß) in der Ebene beläuft sich nach den Entwurfsplanungen auf rd. 1,20 m (Mittelwert) bei einer Raumtiefe von ca. 4,80 m an der Außenwand. Dies ermöglicht eine flexible Raumgestaltung. Darüber hinaus sind Statik und Raumgestaltung (insbesondere die Schulungs- und Tagungsräume) darauf ausgerichtet, die Räume durch flexible Raumteiler (verschiebbare Wände) bedarfsgerecht umzufunktionieren.
- Das Objekt weist keinen Instandhaltungsrückstau auf.
- Außenanlagen gärtnerisch angelegt; Hoffläche ist gepflastert.

Flächen

- Brutto-Grundfläche (BGF) — 1 783 m²
- Geschossfläche (GF) — 1 783 m²
- Brutto-Rauminhalt (BRI) — 7 050 m³
- Grundfläche — 960 m²
- vermietete Nutzflächen (NF) gemäß Mietvertrag — 1 743 m²
- Das Grundstück weist bei einer Geschossfläche von 1 783 m² und einer Grundstücksgröße von 6 102 m² eine rechnerische Geschossflächenzahl (GFZ) von 0,3 auf.
- Das Grundstück weist bei einer bebauten Grundfläche von 960 m² und einer Grundstücksgröße von 6 102 m² eine rechnerische Grundflächenzahl (GRZ) von 0,16 auf.
- Das Grundstück weist im Verhältnis zur realisierten Bebauung eine Übergröße auf. Diese ergibt sich insbesondere aus der flächenintensiven Zufahrt zum Grundstück. Diese Fläche kann allerdings nicht als „selbstständig nutzbare Teilfläche“ angesehen werden, da sie zur Erschließung des Grundstücks zwingend notwendig ist.

Die Ausnutzung entspricht der gegendüblichen Nutzung und braucht nicht besonders berücksichtigt zu werden.

Ertragsverhältnisse

- Liegenschaftszinssatz — 7,0 %
- Marktüblich erzielbare Miete pro Monat: 8,00 €/m² einschließlich Stellplätzen — 8,00 €/m²
- Vertragsmiete 16,31 €/m² pro Monat
  15,00 € pro Stellplatz im Monat

  Mietvertrag mit einer Laufzeit von 10 Jahren und einem Optionsrecht des Mieters von 3 × 5 Jahren. Das Mietverhältnis endet, wenn das Mietverhältnis nicht verlängert wird, in rd. 7 Jahren.
- Die Erhöhung des Mietzinses wurde in Form einer Wertsicherungsklausel (Verbraucherpreisindex Basis 2000 = 100,00, Erhöhung um mind. 10 Punkte) vereinbart.
- Nach dem vorliegenden Mietvertrag sind die Verwaltungskosten (4,5 % des vertraglichen Entgelts der Vertragsmiete) für die Zeit des Mietverhältnisses vom Mieter zu tragen.
- Marktübliche Verwaltungskosten: 4,5 % des marktüblich erzielbaren Ertrags
- Nach dem vorliegenden Mietvertrag obliegen die Instandhaltungskosten für die Dauer des Mietverhältnisses dem Mieter; ausgenommen davon sind Instandsetzungen an Dach, Fassade, Fenster und Betonsanierungen.

- Nach dem vorliegenden Mietvertrag trägt der Mieter die Betriebskosten mit Ausnahme der Gebäudeversicherung in Höhe von 5 568 € p.a.
- Es verbleiben gleichwohl gewisse Betriebskostenbelastungen beim Vermieter; diese werden mit 0,5 % der marktüblich erzielbaren Nettokaltmiete angesetzt.
- Marktübliches Mietausfallwagnis 6 % der marktüblich erzielbaren Miete.

Üblicherweise kann nicht ohne Weiteres davon ausgegangen werden, dass bei einem erheblich über der marktüblich erzielbaren Miete entrichteten Nutzungsentgelt der Mieter sein Optionsrecht ausübt. Es kommt hinzu, dass der Mieter auch die Bewirtschaftungskosten weitgehend trägt und damit das vertragliche Mietentgelt besonders deutlich von der marktüblich erzielbaren Miete abweicht.

Bei dieser Sachlage wird unterstellt, dass keine Option ausgeübt wird und das Mietverhältnis nach sieben Jahren endet, sodass die tatsächliche Miete von 16,31 €/m², die 8,31 €/m² über der marktüblich erzielbaren Miete liegt, für einen Zeitraum von insgesamt 7 Jahren erzielt wird.

Wertermittlungsstichtag 01.01. des laufenden Jahres

b) Ermittlung des vorläufigen Ertragswerts

Jahresnettokaltmiete				
1 743 m²× 8,00 €/m² (einschließlich Stellplätzen):	13 944 € × 12 Monate			= 167 328 €
nicht umgelegte marktübliche Bewirtschaftungskosten				
– Instandhaltungskosten: 1 743 m²× 8 €/m²		=	13 944 €	
zuzüglich 66 Stellplätze × 30 €		=	1 980 €	
– Verwaltungskosten: 4,5 % von 167 328 €		=	7 530 €	
– Mietausfallwagnis: 6 % von 167 328 €		=	10 040 €	
– nicht umlegbare Betriebskosten: 0,5 % von 167 328 €		=	837 €	
zusammen		=	34 331 €	–34 331 €
= Jahresreinertrag				132 997 €
./. Bodenwertverzinsungsbetrag: 7,0 % von 366 120 €				– 25 628 €
Gebäudeertragsanteil				107 369 €
× Kapitalisierungsfaktor bei 7,0 % Liegenschaftszins				
und einer Restnutzungsdauer von 36 Jahren = 13,04				
Gebäudeertragswert				1 400 092 €
zuzüglich Bodenwert				+ 366 120 €
vorläufiger Ertragswert				1 766 212 €

Besondere objektspezifische Grundstücksmerkmale

Mehrertrag für einen Zeitraum von 7 Jahren

Büro- und Schulungsräume 1 743 m ² × 8,31 €/m²× 12 Monate	=	173 812 €
Stellplätze: 66 Stück × 15,00 €/Stück × 12 Monate	=	11 880 €
zusammen:		185 692 €

zuzüglich vom Mieter getragene Instandhaltung: 1 743 m²× 6 €/m² (vermindert)		=	+ 10 458 €
66 Stellplätze × 30 € p.a.			+ 1 980 €
zuzüglich vom Mieter getragene Verwaltungskosten: 4,5 % der Vertragsmiete			
Vertragsmiete:			
16,31 €/m²× 1 743 m²× 12 Monate	= 341 140 €		
+ Stellplätze	= 11 880 €		
= Vertragsmiete	= 353 020 €		
davon 4,5 %		=	+ 15 886 €
abzüglich vom Vermieter getragene Versicherungskosten (umlagefähig):			– 5 568 €
Gesamt:			208 448 €
Kapitalisiert bei einem Kapitalisierungsfaktor von KF = 5,39 (bei 7 % und 7 Jahren)			+ 1 123 535 €
Ertragswert			**2 889 747 €**
Ertragswert (gerundet)			**rd. 2 900 000 €**

4.3.5 Eingeschränkte Drittverwendung; Modernisierungs- und Umstrukturierungsrisiko

▶ *Syst. Darst. des Ertragswertverfahrens Rn. 96 ff.; § 32 ImmoWertV Rn. 163; zur Beleihungswertermittlung vgl. Syst. Darst. des Ertragswertverfahrens Rn. 205*

322 Als Drittverwendungsfähigkeit wird die **Eigenschaft einer Immobilie** bezeichnet**, nach Ausfall eines Mieters ohne größere Veränderungen von einem anderen Mieter genutzt werden zu können**. Die Drittverwendungsfähigkeit hängt insbesondere von der Nutzungsart, der baulichen Anlage sowie ihrer Ausrichtung auf die spezifischen Bedürfnisse eines bestimmten Nutzers ab. Spezial- oder Betreiberimmobilien weisen beispielsweise eingeschränkte Möglichkeiten einer Nutzung durch Dritte (Drittverwendung) auf.

323 Eine eingeschränkte Drittverwendung ist zwangsläufig mit einem **Modernisierungs- bzw. Revitalisierungsrisiko** verbunden (hierzu § 32 ImmoWertV Rn. 163), dem von Investoren durch höhere Anforderungen an die Rendite und entsprechende Rückstellungen Rechnung getragen werden kann.

4.4 Leerstand

4.4.1 Typologie des Leerstands

Schrifttum: *Dieterich, H./Koch, J.*, Stadtumbau – Wertermittlungsfragen, Ausgleichsbeträge, GuG 2002, 344; *Kleiber, W.*, Wertermittlung und Stadtumbau, vhw FW 2003, 304; *Simon, J.*, Berücksichtigung von Leerständen und sonstigen Umständen im Normalfall, GuG 2003, 273; BT-Drs. 15/3613, *IDW RS WFA 1*, Berücksichtigung von strukturellem Leerstand bei zur Vermietung vorgesehenen Wohngebäuden (IDW Stellungnahme zur Rechnungslegung), GuG 2005, 101; *Scheffler, R.*, Marktanalysen zum Büroflächenleerstand und ihre Bedeutung für Wertermittlungen, GuG 2004, 1; *Schneider, D.*, Leerstand führt zu schwierigen Entscheidungen, GuG 2004, 349; *Simon, J.*, Berücksichtigung von Leerständen und sonstigen Umständen im Normalfall, GuG 2003, 273; *Stanglmayr, M.*, Normative Lücke, Erfahrungen mit der BelWertV, GuG 2008, 334.

▶ *Vgl. § 31 ImmoWertV Rn. 19 ff., 171 ff.; zu den Betriebskosten vgl. § 32 ImmoWertV Rn. 168 ff.; Syst. Darst. des Ertragswertverfahrens Rn. 212; zur Beleihungswertermittlung Teil IX Rn. 233 ff., 245 f.*

Leerstand wird **in der Wohnungswirtschaft** nach § 29 II. BV **dem Mietausfallwagnis** (begrifflich) **zugerechnet**. Nach Satz 1 dieser Vorschrift ist das Mietausfallwagnis dort als das Wagnis einer Ertragsminderung definiert, das u.a. durch Leerstehen von Raum entsteht, der zur Vermietung bestimmt ist. 324

In der **Gebäudewirtschaft** versteht man unter dem Leerstand – im Gegensatz zu Fehlbeständen – die nutzbaren Flächen in baulichen Anlagen, die nicht selbst vom Eigentümer genutzt werden oder einem Mieter oder Pächter gegen Entgelt überlassen wurden. Die unentgeltliche Nutzung einer Fläche durch Mieter und Pächter (längerfristige Mietfreiheit) kommt zumindest wirtschaftlich dem Leerstand gleich. Demgemäß ist auch eine Vermietung unter **Gewährung einer längerfristigen Mietfreiheit**, wie dies bei konjunktureller Rezession z.B. bei Gewerbeobjekten eingeräumt wird, dem Leerstand zuzurechnen. 325

In der *Wohnungswirtschaft* spricht man erst von einem Leerstand von Wohnungen, wenn diese auf dem Wohnungsmarkt angeboten werden und nach **mindestens drei Monaten noch kein (neuer) Mieter** gefunden worden ist. Damit relativiert sich der Leerstandsbegriff im Hinblick auf die übliche Fluktuation, d.h. den Wechsel eines Mieters von einem zu einem anderen Mietobjekt. Zum Abbruch bestimmte und vom Umbau betroffene Wohnungen werden dabei nicht mitgerechnet. 326

Darüber hinaus wird in der Wohnungswirtschaft unterschieden zwischen einem 327

- *fluktuationsbedingten Leerstand,* wenn eine Nutzfläche aufgrund eines Mieterwechsels kurzzeitig (weniger als drei Monate) leer steht (*frictional vacancy due to change of major tenants*),
- *funktionalen Leerstand* (auch „durchführungsbedingter" Leerstand genannt), wenn eine Vermietung von leer stehenden Nutzflächen im Hinblick auf eine anstehende Renovierung, Modernisierung oder Umstrukturierung nicht vorgesehen ist *(vacancy due to functional change or obsolescence);* hierzu gehört auch der Leerstand bei Erstvermietung (*initial vacancy*),
- *strukturellen Leerstand,* wenn Nutzflächen innerhalb von drei Monaten nicht vermietet werden können (*vacancy due to structural change*) und
- einem *konjunkturellen Leerstand (vacancy due to cyclical change).*

Von einem **strukturellen Leerstand** ist insbesondere auszugehen, wenn ein „deutliches" Überangebot an baulichen Anlagen für bestimmte Nutzungen, namentlich für Wohnzwecke (aber auch für andere Nutzungen; Büroflächen), i.S. des § 171a BauGB besteht oder zu erwarten ist und dies zu „erheblichen städtebaulichen Funktionsverlusten" führen kann. Strukturelle Leerstände treten insbesondere auf längerfristig „übersättigten" Büromärkten und „übersättigten" Wohnungsmärkten auf, wie sie in den neuen Bundesländern vielerorts zu beobachten sind (auch in Stadtumbaugebieten nach § 171a BauGB). 328

Ein **struktureller Leerstand** darf nicht mit einem dauerhaften Leerstand gleichgesetzt werden. Auch bei einem strukturellen Leerstand kommt es im Rahmen der Verkehrswertermittlung entscheidend darauf an, ob es sich 329

- um einem *strukturell dauerhaften, aber gleichwohl vorübergehenden Leerstand handelt,* der sich durch geeignete Maßnahmen abbauen lässt oder auch ohne solche Maßnahmen allein aufgrund erkennbarer (städtebaulicher, demoskopischer und sonstiger) Entwicklungen „von selbst" abbaut, oder
- um einem *strukturell dauerhaften und in absehbarer Zeit nicht behebbaren Leerstand handelt,* von dem nicht zu erwarten ist, dass er sich auf Grund der Marktentwicklung abbaut und auch in absehbarer Zeit sich nicht durch geeignete Maßnahmen abbauen lässt.

330 Der Leerstand lässt sich durch die sog. **Leerstandsrate** beschreiben, die jeweils für bestimmte Grundstücksarten ermittelbar ist. Die Leerstandsrate definiert sich als

$$\text{Leerstandsrate} = \frac{\text{Leerstand in m}^2\text{ oder Mieteinheiten}}{\text{Gesamtbestand in m}^2\text{ oder Mieteinheiten}}$$

Die Leerstandsrate ist ein wichtiger Marktindikator, der die Marktverhältnisse widerspiegelt, und ist damit Entscheidungshilfe für den Abschluss von Mietverträgen, Bauinvestitionen und städtebauliche Maßnahmen. Ein Leerstand bis 3 % des Bestands gilt für einen funktionierenden Wohnungsmarkt als normal und ist als Fluktuationsreserve erforderlich. Der **Wohnungsmarkt** gilt als **„angespannt", wenn die Leerstandsrate über 3 % liegt**.

331 Leerstandsraten lassen sich u.a. mit sog. **Verfügbarkeitsfaktoren** beurteilen. Diese ergeben sich als Quotient des vorhandenen Leerstands und der jährlichen Vermietungsleistung:

$$\text{Verfügbarkeitsfaktor} = \frac{\text{Leerstand + im Bau befindlicher Bestand – bereits vergebener Bestand}}{\text{Jährliche Vermietungsleistung}}$$

Beispiel:

– Leerstand (Wohn- oder Nutzfläche)	820 000 m²
– Im Bau befindliche Wohn- oder Nutzfläche	1 560 000 m²
– Bereits vergebene Wohn- oder Nutzfläche	370 000 m²
– Jährliche Vermietungsleistung	300 000 m²

Verfügbarkeitsfaktor = 6,7

4.4.2 Verkehrswertermittlung leerstandsbetroffener Grundstücke

4.4.2.1 Allgemeines

332 Im Rahmen der Verkehrswertermittlung wird unterschieden nach

a) dem üblichen auf Dauer gegebenen fluktuationsbedingten Leerstand, der begrifflich **dem Mietausfallwagnis zugerechnet wird** (§ 29 II. BV),

b) dem vorübergehenden *strukturellen bzw. konjunkturellen Leerstand und*

c) dem dauerhaften strukturellen Leerstand.

333 Die begriffliche Unterscheidung ist in der unterschiedlichen bewertungstechnischen Berücksichtigung des jeweiligen Leerstands begründet. Während nämlich ein *„vorübergehender"* Leerstand verfahrensmäßig nur temporär als *„underrent"* zu berücksichtigen ist, wird er bei der Ermittlung des marktüblich erzielbaren Reinertrags berücksichtigt. Darüber findet das übliche Mietausfallwagnis (fluktuationsbedingter Leerstand) auch mit dem **Liegenschaftszinssatz** in dem Maße Eingang in die Ertragswertermittlung, wie auch die Objekte, aus denen der Liegenschaftszinssatz abgeleitet wurde, von Leerstand betroffen sind. Einem erhöhten fluktuationsbedingten Leerstand in der Weise Rechnung zu tragen, dass der übliche Liegenschaftszinssatz um einen Risikozuschlag erhöht wird, ist grundsätzlich abzulehnen. In der Regel kann nämlich der erhöhte fluktuationsbedingte Leerstand nach den örtlichen Gegebenheiten „robuster" eingeschätzt werden als der Risikozuschlag. Eine doppelte Berücksichtigung (Mietausfall und Liegenschaftszinssatz) ist in jedem Falle zu vermeiden.

Im Falle eines vorübergehenden und dauerhaften strukturellen Leerstands kann das Objekt zu einem **Liquidationsobjekt** umschlagen. Bevor man jedoch das Liquidationswertverfahren anwendet, bedarf es zunächst einer sorgfältigen **Analyse der Möglichkeiten, eine Rentierlichkeit der Immobilie wieder herbeizuführen.** Dementsprechend wird in der **Beleihungswertermittlung** nach § 10 Abs. 4 BelWertV bei „strukturellen *oder* lang andauernden Leerständen" zu prüfen sein, ob aufgrund der jeweiligen Marktlage eine Vermietung überhaupt oder zu den angesetzten Mietpreisen in absehbarer Zeit noch zu erwarten ist. Die Unterscheidung nach „strukturellen *oder* lang andauernden Leerständen" ist unschlüssig, denn ein lang andauernder Leerstand kann strukturelle Gründe haben. 334

4.4.2.2 Funktionaler Leerstand

Der unter Rn. 327 angesprochene **funktionale Leerstand ist i.d.R. ein vorübergehender Leerstand** und entsprechend bei der Verkehrswertermittlung zu berücksichtigen. 335

Beispiel 1:

Der Ertragswert eines Büroobjekts ist zum Stichtag 01.06.2013 zu ermitteln. Das Objekt ist zu marktüblich erzielbaren Mieten vermietet. Am Wertermittlungsstichtag ist sicher, dass Mieter A, der 40 % der Gesamtnutzfläche des Gebäudes (4 500 m²; monatliche Nettokaltmiete 160 000 €) angemietet hat, sein Mietverhältnis zum 01.3.2014 kündigt. Der Grundstückseigentümer steht bereits mit einem Nachmieter in Verhandlung, der die gesamte Nutzfläche von 4 500 m² ab 01.09.2014 zur Marktmiete anmieten wird.

In welcher Höhe ist der auf der Basis der Vollvermietung ermittelte Grundstücksertragswert zu mindern, wenn der Mietausfall vom 01.3. bis 01.09.2014 (6 Monate) als sicher anzunehmen ist?

Liegenschaftszinssatz 6,0 %

Nicht umlagefähige Bewirtschaftungskosten für den Leerstand zu Lasten des Vermieters 3 €/m² im Monat. Der vorliegende Sachverhalt wird durch das nachstehende Schaubild verdeutlicht (Abb. 28):

Abb. 28: Δ Kapitalisierungsfaktor (Vervielfältigerdifferenzenverfahren)

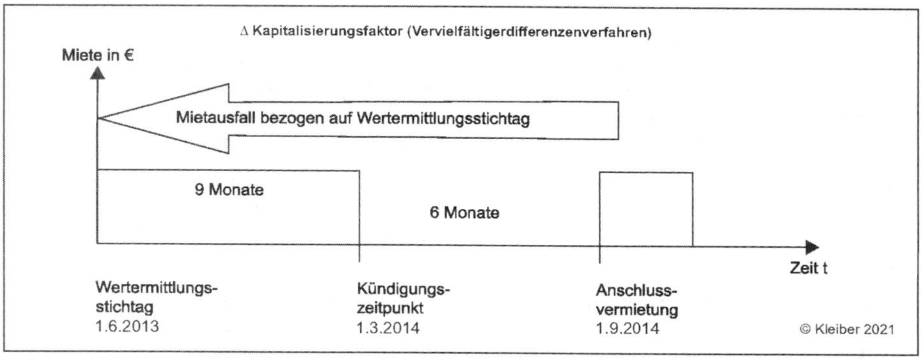

Der Jahreszinssatz beträgt 6 %,

der monatliche Zinssatz 6,0 / 12 = 0,5 %.

Der Kapitalisierungsfaktor für (9 + 6 =) 15 Monate beträgt	14,41662
Der Kapitalisierungsfaktor für 9 Monate beträgt	– 8,77906
Δ der Kapitalisierungsfaktoren (Vervielfältigerdifferenz) beträgt	= 5,63756

Minderbetrag bezogen auf den Wertermittlungsstichtag:

monatliche Miete 160 000 € zuzüglich nicht umlagefähiger Bewirtschaftungskosten

3 €/m² × 4 500 m²	= 173 500 €
173 500 €/Monat × 5,63756	= 978 117 €

Der auf der Basis der Vollvermietung ermittelte Grundstücksertragswert ist um rd. 980 000 € zu vermindern.

Alternativberechnung nach dem Abzinsungsmodell

Kapitalisierungsfaktor bei 6,0 % Jahreszins für 6 Monate:	5,89638
Minderbetrag 173 500 €/Monat × 5,89638	1 023 022 €
Abzinsungsfaktor für 9 Monate bei 0,5 % Zins/Monat: 0,956105	
Auf den Wertermittlungsstichtag abgezinster Minderbetrag	
1 023 022 € × 0,956105	978 116 €

Der auf der Basis der Vollvermietung ermittelte Grundstücksertragswert ist um rd. 980 000 € zu vermindern.

4.4.2.3 Vorübergehender struktureller Leerstand

▶ *Vgl. Syst. Darst. des Ertragswertverfahrens Rn. 218; § 32 ImmoWertV Rn. 171*

a) Allgemeines

336 Bei *Anwendung des allgemeinen oder vereinfachten Ertragswertverfahrens* (*Standardverfahren)* bleibt ein **vorübergehender struktureller Leerstand** bei der Ermittlung des vorläufigen Ertragswerts außer Betracht. Dieser wird also *im ersten Schritt* zunächst auf der Grundlage der „marktüblich erzielbaren Erträge" ermittelt. Im *zweiten Schritt* wird der vorläufige Ertragswert um den auf den Wertermittlungsstichtag bezogenen Barwert der Mindereinnahmen aufgrund des temporären strukturellen Leerstands reduziert. Es handelt sich dabei wieder um ein besonderes objektspezifisches Grundstücksmerkmal (boG). Dieses kann wiederum nach der „Abschichtungsmethode" ermittelt werden, die auch sonst bei geminderten Mieteinnahmen (*underrented*) nach den oben stehenden Ausführungen zur Anwendung kommt.

337 Bei Anwendung des *periodischen Ertragswertverfahrens* nach § 30 ImmoWertV werden die leerstandsbedingten Ertragsausfälle, die vom Vermieter zu tragenden (unvermeidlichen) Betriebskosten und das besondere Mietausfallwagnis mit den sich daraus jeweils ergebenden jährlichen (geminderten) Reinerträgen erfasst.

338 Bei einem **strukturellen Leerstand** muss – im Unterschied zu den üblichen Fällen der Berücksichtigung von Mindereinnahmen (*underrented*) – allerdings zusätzlich beachtet werden, dass während der gesondert berücksichtigten Leerstandszeiten

a) vom Eigentümer auch die sonst auf den Mieter umgelegten Betriebskosten zu tragen sind, und zwar insoweit, wie diese Betriebskosten unvermeidlich sind (ggf. unter Berücksichtigung eines Grundsteuererlasses), sowie

b) das bei der Ermittlung des vorläufigen Ertragswerts berücksichtigte allgemeine Mietausfallwagnis für die Leerstandsflächen nicht anfällt und dementsprechend gegenzurechnen ist.

Die **Ertragsausfälle leerstandsbetroffener Flächen haben nämlich kein Mietausfallwagnis**. Deswegen muss das im Rahmen der Ermittlung des vorläufigen Sachwerts für die leerstandsbetroffenen Flächen angesetzte Mietausfallwagnis wieder „neutralisiert" werden, indem man es als „Einnahme" ergänzend berücksichtigt.

Sind **Mietgarantien** gegeben worden, entstehen als weitere Verluste anstelle der entgangenen Miete die Auszahlungen in Höhe der Mindestgarantie. **339**

b) Auf Leerstandflächen entfallende Betriebskosten

Nach § 556 Abs. 1 BGB sind im Bereich der Wohnraumbewirtschaftung die Betriebskosten umlagefähig und werden regelmäßig vom Mieter getragen. Deshalb können bei Anwendung des Ertragswertverfahrens auf voll vermietete Wohngebäude die Betriebskosten unbeachtlich bleiben, wenn der Reinertrag aus der Nettokaltmiete abgeleitet wird. Nach der Rechtsprechung des BGH sind leerstandsbedingte verbrauchsunabhängige Betriebskosten nach der gesamten Wohnfläche vom Vermieter zu tragen. Diese bestehen nämlich zu einem Großteil aus verbrauchsunabhängigen Fixkosten. Zur Einsparung kommen jedoch insbesondere die Kosten des reduzierten Wasser- und Energieverbrauchs[58]. Die für eine leerstehende Wohnung aufgewendeten Kosten können jedoch vom Vermieter steuerwirksam bei den Einkünften aus Vermietung abgesetzt werden, wenn er sich ernsthaft bemüht, die Räume wieder zu vermieten. **Leerstandsbedingte Betriebskosten** können auf die übrigen Mieter nur auf der Grundlage einer entsprechenden Vereinbarung mit allen Mietern[59] abgewälzt werden. Haben die Mietvertragsparteien die Umlage der Kosten der Gebäudeversicherung (§ 2 Nr. 13 BetrKV) auf den Mieter vereinbart, sind auch die Kosten eines in der Gebäudeversicherung mitversicherten Mietausfalls infolge eines Gebäudeschadens umlagefähig[60]. **340**

Nach dem BVerwG[61] ist ein **Grundsteuererlass** bei Ertragsminderungen aufgrund eines strukturellen Leerstands zulässig. Als Anhaltspunkt für die Ermittlung der steuerlich relevanten Ertragsminderung hatte zuvor der BFH[62] vorgegeben, dass bei Objekten, die zu Beginn eines Kalenderjahres vermietet waren, die Rohertragsminderung auf der Basis der zu diesem Zeitpunkt vereinbarten Miete zu ermitteln ist, sofern diese nicht um mehr als 20 % von der üblichen Miete abweicht, und bei anderen Objekten auf der Grundlage der üblichen Miete. Bei „eigengewerblich" genutzten Grundstücken ist weitere Voraussetzung, dass die Grundsteuererhebung nach den wirtschaftlichen Verhältnissen des Betriebs unbillig wäre. Dies ist nach Auffassung des BVerwG gegeben, wenn das steuerlich maßgebliche Betriebsergebnis negativ ist und die Grundsteuer einen nicht unwesentlichen Anteil (mehr als 1 %) an den gesamten Betriebsausgaben ausmacht. **341**

Die üblicherweise auf den Mieter umgelegten und **im Falle des Leerstandes vom Eigentümer zu tragenden Betriebskosten** sind zu einem nicht unerheblichen Teil unvermeidlich. Während des Leerstands fallen nämlich die Betriebskosten des Gesamtobjekts mit einem erheblichen Anteil weiter an. Außerdem entstehen dem Vermieter zudem laufende Kontrollkosten (Türen, Fenster, Rohrleitungen), insbesondere auch zur Vermeidung von Vandalismus. Die Einnahmeausfälle erhöhen sich deshalb um die **unvermeidlichen Betriebskosten**. Diesbezüglich muss unterschieden werden zwischen **342**

- dem Leerstand, der begrifflich auch dann besteht, wenn die Immobile mietfrei überlassen wurde, und
- dem Leerstand im eigentlichen Sinne.

---

58 Zur Zulässigkeit der Änderung des Abrechnungsmaßstabs für Heizkosten bei Leerstand von Mietwohnungen in einem Mehrfamilienhaus BGH, Urt. vom 21.01.2004 – VIII ZR 137/03 –, NJW-RR 2004, 659 = EzGuG 3.133; AG Zwickau, Urt. vom 20.10.2000 – 2 C 264/00 –, GuG-aktuell 2005, 22 = EzGuG 20.175a; AG Leipzig, Urt. vom 14.08.2003 – 11 C 4919/03 –, GuG-aktuell 2005, 22 = EzGuG 20.191.

59 BGH, Urt. vom 31.05.2006 – VIII ZR 159/05 –, NJW 2006, 2771 = EzGuG 3.141a. Der BGH hat mit Urt. vom 21.01.2004 – VIII ZR 137/03 –, NJW-RR 2004, 659 = EzGuG 3.133 entschieden, dass bei Leerstand der Vermieter die verbrauchsunabhängigen Betriebskosten anteilig (nach der gesamten Wohnfläche) übernehmen muss.

60 BGH, Urt. vom 06.06.2018 – VIII ZR 38/17 –, NJW-RR 2018, 1032 = EzGuG 3.171c.

61 BVerwG, Urt. vom 24.04.2007 – GmS OGB 1/07 –, HFR 2007, 705 = EzGuG 1.73a.

62 BFH, Beschl. vom 26.02.2007 – II R 5/05 –, BFHE 218, 396 = BStBl II 2008, 384 = GuG 2007, 318 = EzGuG 1.73; OFD Berlin, Vfg. vom 10.04.2003 – St 163 G 1163a 1/97 –.

Im Falle einer **mietfreien Überlassung** wird nämlich vielfach vereinbart, dass vom Nutzer die Betriebskosten getragen werden, sodass in diesen Fällen nur die Nettokaltmiete ausfällt. Deshalb bedarf es der Klärung, ob zumindest die Betriebskosten vom Mieter getragen werden. Werden sie vom Mieter während der Phase der Mietfreiheit nicht getragen, so erhöhen sich die vom Vermieter zu tragenden Bewirtschaftungskosten wiederum um die üblicherweise auf den Mieter umgelegten Betriebskosten.

343 Sind **Mietgarantien** gegeben worden, entstehen als weitere Verluste anstelle der entgangenen Miete die Auszahlungen in Höhe der Mindestgarantie.

344 **Die Betriebskosten sind bei Leerstand etwa mit 60 bis 80 % der sonst anfallenden Betriebskosten anzusetzen** und erhöhen insoweit den Ertragsausfall.

345 Zur Ermittlung der **nicht umgelegten Betriebskosten für Wohngebäude**, die den Jahresreinertrag des Vermieters mindern, werden nachfolgende Erfahrungssätze angegeben (Abb. 29):

Abb. 29: Durchschnittliche Betriebskosten pro m² Wohnfläche in €

Betriebskostenart	**pro Jahr**	**im Monat**	**umgelegt**	**nicht umgelegt**
Wasserversorgung und -entsorgung	4,70	0,40		
Zentrale Warmwasserversorgung	1,50	0,12		
Verbundene Heizungs- und Warmwasserversorgungsanlagen	1,30	0,11		
Maschinell betriebener Personen- und Lastenaufzug	1,00	0,08		
Straßenreinigung und Müllbeseitigung (Schneebeseitigung)	4,00	0,33		
Gebäudereinigung und Ungezieferbekämpfung	1,10	0,09		
Gartenpflege	1,30	0,11		
Beleuchtung	0,40	0,03		
Schornsteinfegerreinigung	0,60	0,05		
Sach- und Haftpflichtversicherung	1,50	0,12		
Hauswart	1,70	0,14		
Gemeinschaftsantennenanlage	0,50	0,04		
Breitbandkabelnetzverteileranlage	1,00	0,08		
Wäschepflegeanlage	0,50	0,04		
Sonstiges (Dachrinnenreinigung)				
Grundsteuer	2,80	0,23		
			Verbleibt beim Vermieter:	

346 Zu den genannten Betriebskosten können insbesondere bei **Gewerbeimmobilien weitere Leerstandskosten** treten:

- anteilige Kosten der Instandhaltung,
- laufende Kontrollkosten,
- Kosten für Mietgarantien,
- Ggf. Umbaukosten und Kosten von Revitalisierungsmaßnahmen,
- Kosten des Imageverlustes,

- Kosten des Leerstandsmanagements,
- Opportunitätskosten (Vermietung zu einem niedrigeren Mietpreis).

Im Falle eines nur **zeitweise und in ungewöhnlicher Höhe auftretenden Leerstands**, z.B. in der Anlaufphase eines neu errichteten Bürokomplexes (Aquisitionszeitraum), belaufen sich die nicht umgelegten Betriebskosten auf etwa 2 €/m² NF. **347**

Beispiel: Zweijährige Mietfreiheit (einschließlich Betriebskosten) **348**
Nach der Lage auf dem Grundstücksmarkt muss für ein leerstehendes Bürogebäude erwartet werden, dass eine Vermietung nur unter Einräumung einer zweijährigen Mietfreiheit möglich ist bzw. es wird ein gleich langer Leerstand hingenommen, um dann aber ein langfristiges Mietverhältnis einzugehen, das einen Ertrag erwarten lässt, der über der derzeitigen „Flaute auf dem Immobilienmarkt" liegt.
Neben dem Ausfall der Nettokaltmiete hat der Grundstückseigentümer während dieser Zeit auch die umlagefähigen Bewirtschaftungskosten (Betriebskosten) während des Mietausfalls zu tragen. Der Renditeausfall setzt sich mithin zusammen aus

- dem Reinertrag zuzüglich der gesamten Bewirtschaftungskosten oder
- der Nettokaltmiete/Grundmiete zuzüglich der umlagefähigen Betriebskosten.

Die Nutzfläche beträgt	1 000 m²
Die Nettokaltmiete beträgt	20 €/m²
Die Betriebskosten betragen	1,50 €/m²
Der Liegenschaftszinssatz beträgt	7 %.

Bei einem zweijährigen Nutzungsausfall ergibt sich als Abzugsbetrag:

1 000 m²× (20 €/m² + 1,50 €/m²) × 12 Monate × 1,81 = **466 980 €**

KF von LZ: 7 % und n = 2 Jahre = 1,81

Beispiel: Mehrjährige Mietfreiheit mit Ausnahme der Betriebskosten **349**
Ein mit einem Bürogebäude (1 200 m² Nutzfläche) bebautes Grundstück ist zu bewerten. Die am Wertermittlungsstichtag marktüblich erzielbare Nettokaltmiete beträgt 25 €/m² NF. Vermieter und Mieter schließen folgenden Mietvertrag:
Laufzeit des Mietvertrags 10 Jahre. Das erste Jahr ist mietfrei mit Ausnahme umlagefähiger Bewirtschaftungskosten. Vom zweiten bis einschließlich des fünften Jahres beträgt die Miete 20 €/m² NF. Ab dem sechsten bis einschließlich des zehnten Jahres werden 30 €/m² vereinbart. Es ist der Grundstücksertragswert des Objekts unter Vernachlässigung des Bodenwerts zu ermitteln. Die Restnutzungsdauer des Gebäudes beträgt 60 Jahre, der Liegenschaftszinssatz 6 %, die Bewirtschaftungskosten betragen 15 % der Nettokaltmiete (Abb. 30).

Abb. 30: Mietentwicklung

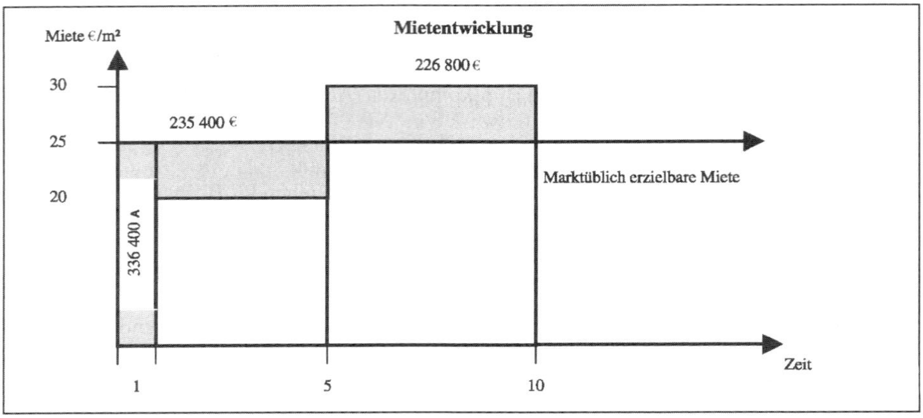

1. Jahresrohertrag

1 200 m² × 25 €/m² × 12 Monate		360 000 €	
./. Bewirtschaftungskosten 15 %		– 54 000 €	
Grundstücksreinertrag		306 000 €	
Kapitalisierungsfaktor bei 60 Jahren und 6 %		16,16	
Grundstücksertragswert		4 944 960 €	4 944 960 €

2. Berücksichtigung der mietfreien Zeit

Kapitalisierungsfaktor bei 1 Jahr und 6 %		0,94	
360 000 € × 0,94			– 338 400 €

3. Berücksichtigung des Minderertrags

5 €/m² × 1 200 m² × 12 Monate		72 000 €	
Kapitalisierungsfaktor bei 6 % und 5 Jahren	4,21		
./. Kapitalisierungsfaktor für 1 Jahr	–0,94		
Δ Kapitalisierungsfaktoren	3,27		
Minderwert 72 000 € × 3,27			– 235 440 €

4. Berücksichtigung des Mehrertrags

5 €/m² × 1 200 m² × 12 Monate		72 000 €	
Kapitalisierungsfaktor bei 6 % und 10 Jahren	7,36		
./. Kapitalisierungsfaktor für 5 Jahre	– 4,21		
Δ Kapitalisierungsfaktoren	3,15		
Mehrwert: 72 000 € × 3,15			+ 226 800 €
Summe			4 597 920 €
Grundstücksertragswert			rd. 4 600 000 €

Beispiel: 350

Jährlicher Mietausfall infolge Leerstand 2 000 m² × 20 €/m² × 12 Monate			=	480 000 €
zuzüglich üblicherweise umlagefähige Betriebskosten 2 000 m² × 2 €/m² × 12 Monate	=	48 000 €		
davon 80/100: 48 000 € × 80/100	=	38 400 €	+	38 400 €
Gesamter Ertragsausfall				518 400 €

Bei einer erwarteten Leerstandszeit von 3 Jahren und einem Liegenschaftszinssatz von 6 % ergibt sich ein Kapitalisierungsfaktor von 2,67. Mithin bemisst sich der kapitalisierte Ertragsausfall auf

518 400 € × 2,67 = **1 384 128 €**

Beispiel: 351
Auf der Grundlage

– einer Jahresnettokaltmiete von	130 000 €	
– einem Jahresreinertrag von	100 000 €	
wurde als vorläufiger Ertragswert ermittelt		= 1 500 000 €

Das (langfristige) Mietausfallwagnis wurde dabei berücksichtigt mit 8 %

Es ist ein vorübergehender (struktureller) Leerstand von 3 Jahren zu berücksichtigen.

– Leerstandsbedingter Reinertragsausfall p.a	25 000 €	
– Betriebskosten des Vermieters p.a.	+ 5 000 €	
– Mietausfallwagnis: 25 000 € × 0,08	–2 000 €	
Zwischenwert	28 000 €	
– Kapitalisiert über 3 Jahre bei 6 %: 28 000 € × 2,67		– rd. 75 000 €
Ertragswert		= 1 425 000 €

4.4.2.4 Strukturell dauerhafter Leerstand

Schrifttum: *IDW RS WFA 1*, Berücksichtigung von strukturellem Leerstand bei zur Vermietung vorgesehenen Wohngebäuden (IDW Stellungnahme zur Rechnungslegung), GuG 2005, 101; *Kleiber, W.*, Wertermittlung und Stadtumbau, vhw FW 2003, 304.

▶ *Zur Liquidation vgl. § 43 ImmoWertV Rn. 1 ff.*

Gebäude mit strukturellem hohem Leerstand sind grundsätzlich liquidationsverdächtig. 352
Sie schlagen in Liquidationsobjekte umso eher um

- je höher der *Bodenwert* ist,
- je höher die *Leerstandsquote* (d.h., je kleiner die vermietete Wohn- bzw. Nutzfläche) ist,
- je größer die dem Eigentümer verbleibenden (nicht umlegbaren) *Betriebskosten sowie die ohnehin vom Eigentümer zu tragenden sonstigen Bewirtschaftungskosten* sind und vor allem
- je länger mit dem strukturellen Leerstand gerechnet werden muss.

Mit steigender Leerstandsquote erhöhen sich die insgesamt vom Eigentümer zu tragenden Be- 353
wirtschaftungskosten, während die Einnahmen sinken. Übersteigen die Betriebskosten zusammen mit den sonstigen vom Eigentümer zu tragenden Bewirtschaftungskosten *und* dem Bodenwertverzinsungsbetrag die Jahresnettokaltmiete der vermieteten Wohn- und Nutzfläche, so

schlägt das Objekt in ein **Liquidationsobjekt** um, weil der Fortbestand des Objekts zu Einbußen führt (Abb. 31).

Abb. 31: Entwicklung der Ertragsverhältnisse mit zunehmendem Leerstand

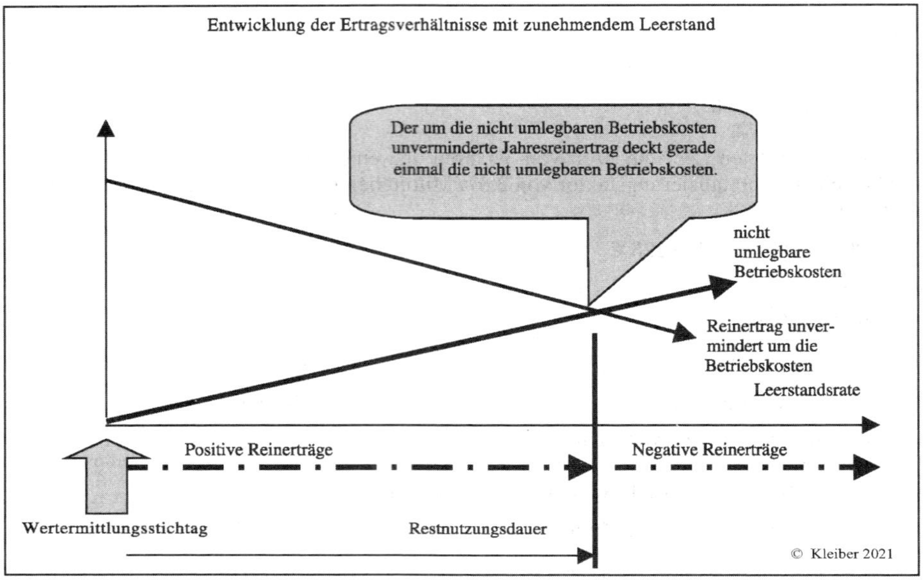

354 Maßgebliche Größe für das Umschlagen in den Liquidationsfall ist die dauerhafte **Leerstandsquote**. Untersuchungen in den neuen Bundesländern haben überschlägig ergeben, dass bei geringen Nettokaltmieten ein Leerstand ab einer Quote von 20 % kritisch wird! Die Grenzrate der Leerstandsquote ist abhängig von dem allgemeinen Mietniveau und liegt etwa bei 30 % und in strukturschwachen Räumen sogar schon bei etwa 20 %.

355 Nach der bisherigen Rechtsprechung ist eine **Verwertungskündigung zum Zwecke des Abrisses** (Rückbau) nur zulässig, um das Grundstück neu zu bebauen oder es im geräumten Zustand zu verkaufen. Der ersatzlose Rückbau eines Gebäudes ist keine wirtschaftliche Verwertung i.S. des § 573 Abs. 2 Nr. 3 BGB: Eine zu diesem Zweck ausgesprochene Kündigung des Mietverhältnisses ist in den neuen Bundesländern nicht durch Art. 232 § 2 Abs. 2 EGBGB ausgeschlossen[63]. Rechtlich unklar ist, ob der Tatbestand einer Verwertungskündigung dann vorliegt, wenn mit dem Rückbau lediglich finanzielle Verluste beseitigt werden sollen, ohne dass anschließend das Grundstück neu bebaut oder anderweitig genutzt wird.

356 Verbleibt indessen zum Wertermittlungsstichtag noch ein positiver Reinertrag und muss mit einem weiteren Anstieg der Leerstandsquote gerechnet werden, so bestimmt sich die wirtschaftliche **Restnutzungsdauer** nach dem Zeitraum, in dem diese bei ordnungsgemäßer Unterhaltung und Bewirtschaftung voraussichtlich noch wirtschaftlich genutzt werden kann. Eine wirtschaftliche Nutzung ist spätestens von dem Zeitpunkt ab nicht mehr gegeben, zu dem die bauliche Anlage nach den vorstehenden Betrachtungen nur noch Verluste erwirtschaftet, d.h., mit der Zunahme der Leerstandsquote vermindert sich die Restnutzungsdauer; davon können selbst aufwendig modernisierte Gebäude betroffen sein, wenn schon aufgrund der demoskopischen Entwicklung mit einer wachsenden Leerstandsquote zu rechnen ist. Die verbleibende wirtschaftliche Restnutzungsdauer bestimmt sich in diesem Fall nach der verbleibenden Zeit, in der die Betriebskosten den um die Betriebskosten unverminderten Jahresreinertrag (noch)

63 BGH, Urt. vom 24.03.2004 – VIII ZR 188/03 –, GuG 2004, 317 = EzGuG 3.141a.

nicht „auffressen". Bei Anwendung des Ertragswertverfahrens ist jeweils der um die Freilegungskosten verminderte Bodenwert anzusetzen (alsbaldige Liquidation).

5 Atypische Nutzung

5.1 Atypische Fehlnutzung

▶ *Vgl. Rn. 34; § 5 ImmoWertV Rn. 3, 35, 107; § 16 ImmoWertV Rn. 25 ff., 39; § 40 ImmoWertV Rn. 185; Syst. Darst. des Vergleichswertverfahrens Rn. 218 ff.; Syst. Darst. des Ertragswertverfahrens Rn. 136 ff.; Syst. Darst. des Sachwertverfahrens Rn. 265 ff.*

Weicht die auf einem Grundstück realisierte Nutzung nach Art oder Maß von der nach § 5 Abs. 1 ImmoWertV maßgeblichen Nutzung atypischerweise ab, so ist dies bei der Verkehrswertermittlung gemäß § 40 Abs. 5 Satz 1 Nr. 1 ImmoWertV zu berücksichtigen (vgl. die Erläut. bei § 40 ImmoWertV). Von einer atypischen Nutzung (**Fehlnutzung**) kann gesprochen werden, wenn ein Grundstück zwar entsprechend der ausgeübten Nutzung zu den marktüblich erzielbaren Erträgen vermietet bzw. verpachtet ist, jedoch die **ausgeübte Nutzung** auf Dauer nicht der Lage des Objekts und seiner Nutzbarkeit entspricht. Es handelt sich um den Fall einer nicht objektadäquaten Nutzung des Grundstücks. 357

Ein derartiger Fall ist beispielsweise gegeben, wenn das Erdgeschoss eines in einer Geschäftszeile gelegenen Wohngrundstücks am Wertermittlungsstichtag zu Wohnzwecken vermietet ist, obwohl eine höherwertige Nutzung für Büro- und Einzelhandelsnutzung nicht nur zulässig, sondern auch üblich ist. Auch wenn der Mieter die für eine Wohnnutzung marktüblich erzielbare Miete entrichtet, ist der Fall eines Abweichens von den marktüblich erzielbaren Erträgen gegeben, denn ein wirtschaftlich handelnder Eigentümer wird danach trachten, die Wohnung objektadäquat zu nutzen. Hieran kann er vorübergehend aufgrund vertraglicher Bindungen gehindert sein (Abb. 32). 358

Abb. 32: Vorübergehendes Nutzungsdefizit

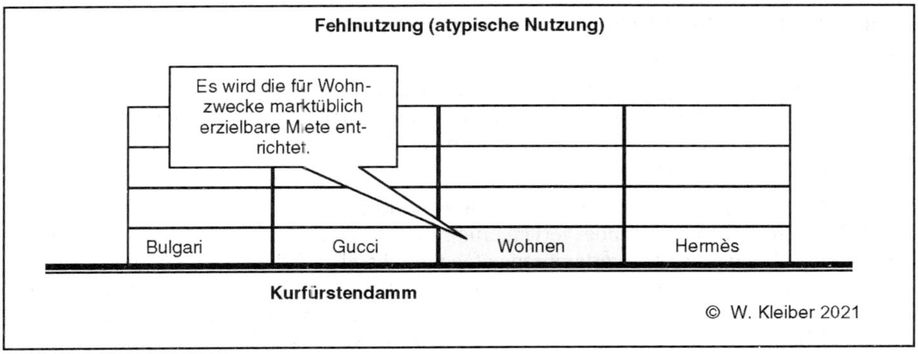

Bei dieser Konstellation ist im wirtschaftlichen Ergebnis der Fall einer Unternutzung (*underrented*) gegeben. Die daraus resultierende Wertminderung bemisst sich wiederum nach der davon betroffenen Fläche und dem Zeitraum, über den der Eigentümer aufgrund wohnungs- und mietrechtlicher Bindungen gehindert ist, die höherwertige Nutzung zu realisieren. Dabei muss auch die Möglichkeit in Betracht gezogen werden, das Mietverhältnis durch **Abstandszahlungen** vorzeitig zu beenden. Des Weiteren sind die **Kosten einer Umnutzung** zu berücksichtigen. 359

360 *Beispiel:*
Ein in der Innenstadt (MK-Gebiet) gelegenes Wohn-/Geschäftshaus ist im Erdgeschoss für Wohnzwecke vermietet. Die erzielte Miete entspricht der marktüblichen für Wohnräume erzielbaren Miete. Der Mieter ist bereit, gegen eine Abstandszahlung von 20 000 € sein Mietverhältnis vorzeitig aufzulösen, um damit dem Eigentümer die Möglichkeit zu eröffnen, den Wohnraum für eine gebietsübliche Einzelhandelsnutzung herzurichten; rechtliche Gründe stehen dem auch nicht entgegen (Zweckentfremdungsverbot, Erhaltungssatzung i.S. des § 172 BauGB). Ein Nutzungsinteressent ist bereit, bei einem zehnjährigen Mietvertrag unter üblichen Konditionen den Umbau auf eigene Kosten vorzunehmen.
Lösung:

a) Im ersten Schritt ist die Angemessenheit der geforderten Abstandszahlung zu überprüfen. Die geforderte Abstandszahlung ist angemessen, wenn sie den Usancen der Immobilienwirtschaft entspricht und unter dem Barwert der erzielbaren Mehrbeträge für die derzeit für Wohnzwecke genutzten Räume liegt:
– Das Mietverhältnis lässt erwarten, dass die 100 m² große Wohnung in ca. 10 Jahren frei wird bzw. frei gemacht werden kann.
– Im Falle einer Einzelhandelsvermietung könnte die Miete von derzeit 6 €/m² WF auf 20 €/m²NF heraufgesetzt werden.
Potenzieller Mehrertrag:
(20 €/m² – 6 €/m²) × 100 m² × 12 Monate = 16 800 € p.a.
Barwert für 10 Jahre bei einem Zins von 5,5 % (KF = 7,54)
16 800 € × 7,54 = 126 672 €
Die geforderte Abstandszahlung von 20 000 € unterschreitet den Barwert des potenziellen Mehrertrags deutlich.

b) Der Ertragswert wird auf der Grundlage einer Umnutzung des Erdgeschosses ermittelt und um die dabei üblicherweise anfallenden Umnutzungskosten einschließlich Abstandszahlung vermindert.

361 Erst wenn mit Abstandszahlungen oder in einer anderen geeigneten Weise das Mietverhältnis nicht aufgelöst werden kann, muss solchen Fällen unter Berücksichtigung der mietrechtlichen Bindungen dadurch Rechnung getragen werden, dass **für den Zeitraum des Kündigungsschutzes wertermittlungstechnisch von einem geminderten marktüblich erzielbaren Ertrag** *(underrented)* **ausgegangen wird.**

362 Bei **gewerblichen Mietverhältnissen** stellt sich die Situation i.d.R. einfacher als für Wohnraum dar. Ist nämlich das Mietverhältnis für eine feste Vertragslaufzeit abgeschlossen worden, endet es grundsätzlich mit dem vertraglichen Ablauf (§ 542 BGB), ohne dass das Mietverhältnis gekündigt werden müsste.

363 Setzt der Mieter nach Ablauf der **vertraglichen Festmietzeit** das Mietverhältnis fort, tritt nach § 545 BGB eine stillschweigende Verlängerung des Mietverhältnisses auf unbestimmte Zeit ein, sofern nicht eine Vertragspartei ihren entgegenstehenden Willen innerhalb von zwei Wochen dem anderen Teil erklärt. Ansonsten kann das Mietverhältnis nach Maßgabe der §§ 568 ff. BGB von jeder Vertragspartei gekündigt werden; insoweit stellt sich bei einer **unwirtschaftlichen Nutzung des gewerblich genutzten Grundstücks** die Situation einfacher als bei einer Nutzung für Wohnzwecke dar.

364 Derartige Fallkonstellationen dürfen in der vorgestellten Weise nur auf der Grundlage einer sorgfältigen Analyse des Mietverhältnisses, seiner Kündbarkeit sowie einer **nüchternen Analyse der wirtschaftlich vernünftigen Verwertbarkeit der Immobilie** unter Berücksichtigung ihrer Nachbarschaft behandelt werden. Spekulative und einer ordnungsgemäßen Grundstücksbewirtschaftung nicht entsprechende Nutzungsmöglichkeiten müssen außer Betracht bleiben. Bei dieser Vorgehensweise geht es im Wesentlichen darum, ein Missverhältnis zwischen der tatsächlichen und der objektadäquaten Nutzung angemessen zu berücksichtigen.

365 Der vorgestellte Fall legt auch die **Grenzen der Verkehrswertermittlung** offen. Lässt man nämlich einmal die in dem Beispielsfall vorgegebene Abstandssumme von 20 000 € außer Be-

tracht, weil der Mieter diesbezüglich erst noch in Verhandlung treten will, so wird deutlich, dass der Verkehrswert im Rahmen der Spanne des potenziellen Mehrerlöses schwankt. Welcher Anteil des potenziellen Mehrerlöses dem Verkehrswert zuzurechnen ist, wäre dann vom Ergebnis der Ablöseverhandlungen abhängig. Mit dem potenziellen Mehrerlös wird lediglich der Verhandlungsspielraum des Eigentümers vorgegeben. In seinen Verhandlungen kann er – wirtschaftlich vernünftig handelnd – bis zu diesem Betrag gehen. Dies kann im Einzelfall, wie im Übrigen auch der Fall „Weinhaus Huth" in Berlin gezeigt hat, zu beträchtlichen Unterschieden führen.

Der vorgestellte Fall kann sich in einer noch „verschärfenden" Form für **Liquidationsobjekte** 366
stellen, wenn die Ertragsverhältnisse in einem deutlichen Missverhältnis zum Bodenwert stehen, das Objekt aufgrund mietrechtlicher Bindungen nicht freigelegt werden kann und eine Auflösung des Mietverhältnisses (z.B. nach § 573 BGB oder nach den Vorschriften der §§ 182 ff. BauGB) nicht möglich ist.

Als ein weiteres *Beispiel* kann der Fall eines Objekts mit ungünstiger, aber leicht veränderba- 367
rer Raumaufteilung angeführt werden. So wird im Einzelhandel danach getrachtet, die *Verkaufsfläche* möglichst groß und die *Lagerfläche* möglichst klein zu halten. Ein **Verhältnis von 80 % zu 20 % deutet auf ungünstige und verbesserungsfähige Aufteilung** hin, insbesondere wenn sich dieses Verhältnis auf derselben Ebene ergibt.

Mitunter kann es angezeigt sein, die **Grundrissgestaltung** eines Ladens kritisch nach Opti- 368
mierungsmöglichkeiten zu prüfen. So weisen Läden in den neuen Bundesländern oftmals ein ungünstiges Verhältnis zwischen Verkaufs- und Lagerflächen auf, das nicht unmittelbar der Verkehrswertermittlung zugrunde gelegt werden kann. Übergroße Lagerflächen werden bei moderner Anlieferungstechnik („*just in time*") mit einer Verlagerung der Lagerfläche auf die Straße nicht mehr benötigt. Kann z.B. durch Umbauten (z.B. den Versatz einer Trennwand) die Verkaufsfläche deutlich (zu Lasten der Lagerfläche) erhöht werden, so können damit zumindest die Voraussetzungen für eine Verbesserung der Ertragssituation geschaffen werden (Abb. 33).

Abb. 33: Supermarkt mit übergroßer Lagerfläche

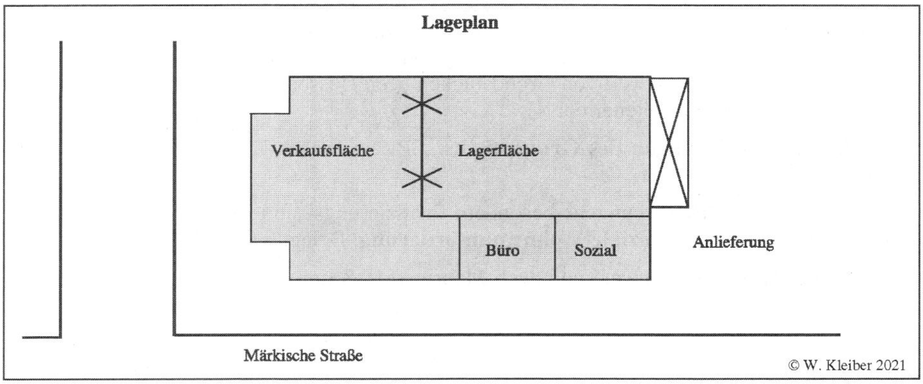

Beispiele: 369

Nebenfläche eines	Verbrauchergroßmarktes	25–30 %
	Schuhfachgeschäfts	bis 40 %
	Damenoberbekleidung	10–15 %

5.2 Vermietung sonst bezugsfreier Objekte

▶ *Teil V Rn. 52, 94*

370 Der Verkehrswert von Immobilien, die nach Art und Lage ihrer Nutzung im Hinblick auf eine Eigennutzung üblicherweise in bezugsfreiem Zustand gehandelt werden, z.B. Ein- und Zweifamilienhäuser und auch Eigentumswohnungen, ist in aller Regel gemindert, wenn die Immobilie am Wertermittlungsstichtag vermietet ist und das Mietverhältnis nicht zur Auflösung ansteht[64]. Die Wertminderung ist auf den mit einer Eigenbedarfskündigung verbundenen hohen Aufwand an Zeit und Kosten zurückzuführen und ist auch dann gegeben, wenn die ortsüblich erzielbare Miete erwirtschaftet wird. So werden beispielsweise **vermietete Eigentumswohnungen** im Verhältnis zu bezugsfreien Eigentumswohnungen nach Untersuchungen des Gutachterausschusses von *Bergisch-Gladbach* 2012 in Abhängigkeit von der Größe der Wohnanlage mit Abschlägen zwischen 8 bis 14 % gehandelt. Werden Liegenschaftszinssätze für Eigentumswohnungen differenziert nach vermieteten und bezugsfreien Eigentumswohnungen abgeleitet, so liegen die für vermietete Eigentumswohnungen abgeleiteten Liegenschaftszinssätze um bis zu 0,5 % über denen der bezugsfreien Eigentumswohnungen. Entsprechendes kann für üblicherweise eigengenutzte, jedoch **vermietete Einfamilienhäuser** gelten.

6 Sonstige den Gesamtwert beeinflussende objektspezifische Grundstücksmerkmale

371 Neben den besonderen boden-, bausubstanz- und ertragswirtschaftlichen Grundstücksmerkmalen können im Einzelfall noch **weitere mit dem vorläufigen Vergleichs-, Ertrags- oder Sachwert (noch) nicht erfasste Besonderheiten** gegeben sein, insbesondere wenn der vorläufige Vergleichs-, Ertrags- oder Sachwert unter Beachtung der Modell- und Referenzkonformität ermittelt wird. In Betracht kommen z.B.

a) **bau- und bodenrechtliche Gegebenheiten**, z.B. städtebauliche Verträge nach §§ 11 ff. BauGB, bodenrechtliche Festsetzungen und Maßgaben (§§ 9, 135a. BauGB), Rückbaupflichten, Baurecht auf Zeit, die Lage des Grundstücks in städtebaulichen Veranstaltungsgebieten (Umlegungs- und Sanierungsgebiete, städtebauliche Entwicklungsbereiche und Erhaltungssatzungen, §§ 45 ff., §§ 136 ff., §§ 165 ff., § 171a, § 171e, § 172 BauGB), aber auch sonstige den Marktwert von Grundstücken beeinflussende rechtliche Gegebenheiten (z.B. des Umwelt- und Steuerrechts).

b) **Rechte und Belastungen des Grundstücks**, z.B. ein Wege-, Leitungs-, Aussichtsrecht, Überbau,

c) mit dem Grundstück verbundene besondere finanzierungs- und förderungsrechtliche Gegebenheiten (z.B. eine **soziale Wohnraumförderung**, Belegungsrechte usw.),

d) ein **merkantiler Minderwert** und auch Mehrwert (§ 8 ImmoWertV Rn. 380; § 5 ImmoWertV Rn. 356).

7 Rechte am Grundstück (§ 8 Abs. 3 Nr. 6 ImmoWertV)

▶ *Vgl. zu den bodenbezogenen Rechten Rn. 193; Vorbem. zur ImmoWertV Rn. 96; § 1 ImmoWertV Rn. 109; § 2 ImmoWertV Rn. 61; § 3 ImmoWertV Rn. 229; § 8 ImmoWertV Rn. 372 ff.; § 46 ImmoWertV Rn. 52; Erl. zu den §§ 46 ff.; zum Denkmalschutz vgl. Rn. 373 ff.; Teil V Rn. 39, 730; Teil VIII Rn. 16 ff., 52 ff.*

372 Als besondere objektspezifische Grundstücksmerkmale kommen auch die in § 8 Abs. 3 Nr. 6 ImmoWertV genannten Rechte und Belastungen in Betracht, die die Nutzbarkeit des Grund

64 OLG Stuttgart, Urt. vom 26.09.2005 – 5 U 73/05 –, MDR 2006, 564 = EzGuG 3.140c.

und Bodens als auch der auf einem Grundstück vorhandenen baulichen Anlagen betreffen können (Aussichtsrechte, Nießbrauch, Wohnrechte usw.). Sie müssen, soweit sie nicht „im" angewandten Wertermittlungsverfahren bereits berücksichtigt sind, ergänzend berücksichtigt werden. Dabei spielt es letztlich keine Rolle, auf welchen Teil des Grundstücks diese Rechte sich direkt auswirken.

8 Denkmalschutz

Schrifttum: *Jardin, A.*, Verkehrswertermittlung eines denkmalgeschützten Mehrfamilienhauses, GuG 2011, 31.

▶ *Vgl. zum Liegenschaftszinssatz § 33 ImmoWertV Rn. 57 ff; umfassend zum Denkmalschutz die Erläuterungen Teil V Rn. 567 ff.*

Die Eigenschaft eines Bauwerks bzw. des Grund und Bodens als Denkmal (Einzeldenkmal, Bodendenkmal, Gartendenkmal, Denkmalbereiche, Denkmalzone, Ensembles) kann sich auf den Marktwert (Verkehrswert) des Grundstücks werterhöhend, wertmindernd oder wertneutral auswirken. **373**

Der **Denkmalschutz kann grundsätzlich bereits „im" angewandten Wertermittlungsverfahren Berücksichtigung finden**. Für eine subsidiäre Berücksichtigung nach Maßgabe des § 8 Abs. 3 ImmoWertV ist dann kein Raum mehr. **374**

- Bei *Anwendung des Vergleichswertverfahrens* werden zur Ermittlung des Marktwerts Vergleichspreise von Grundstücken herangezogen, die hinreichend vergleichbare denkmalgeschützte Anlagen aufweisen. Mangels geeigneter Vergleichspreise scheidet jedoch eine direkte Anwendung des Vergleichswertverfahrens regelmäßig mit der Folge aus, dass im ersten Schritt bei der Ermittlung des vorläufigen Vergleichswerts der Denkmalschutz außer Betracht bleibt und nachträglich berücksichtigt werden muss.
- Bei *Anwendung des Ertragswertverfahrens* werden zur Ermittlung des Marktwerts insbesondere die für vergleichbare Objekte marktüblich erzielbaren Erträge und die marktüblich anfallenden Bewirtschaftungskosten und ein dem Denkmalschutz berücksichtigender Liegenschaftszinssatz herangezogen.
- Bei *Anwendung des Sachwertverfahrens* müssen zur Ermittlung des Marktwerts insbesondere dem Denkmalschutz gerecht werdende Sachwertfaktoren herangezogen werden, die jedoch i.d.R. nicht zur Verfügung stehen.

Eine unmittelbare Berücksichtigung des Denkmalschutzes „im" Wertermittlungsverfahren selbst kann bei alledem praktisch nur bei **Anwendung des Ertragswertverfahrens** in Betracht kommen und dann zumeist auch nur teilweise, sodass subsidiär der Denkmalschutz nach Maßgabe des § 8 Abs. 3 ImmoWertV ergänzend berücksichtigt werden muss. **375**

Bei Anwendung des Ertragswertverfahrens werden von der Praxis grundsätzlich **zwei verschiedene Wege** beschritten: **376**

1. Ertragswertermittlung auf der Grundlage der dem Gebäudezustand angemessenen üblichen Ansätze, z.B. „begrenzte" Restnutzungsdauer, Liegenschaftszinssatz, Bewirtschaftungskosten und Roherträge (Nettokaltmiete), oder
2. Ertragswertermittlung unter Berücksichtigung der „auf Dauer" angelegten Erhaltungspflicht („ewige" Restnutzungsdauer: $\rightarrow\infty$) i.V.m. den daraus resultierenden erhöhten Bewirtschaftungskosten, insbesondere Instandhaltungs- und Instandsetzungskosten (ggf. auch Modernisierungskosten), sowie den geminderten oder aufgrund eines anspruchsvollen Ambientes höheren Erträgen.

Die *zweite* „elegante" Variante hat den Vorteil, dass das Bewertungsmodell den rechtlichen Gegebenheiten entspricht und sich die oft nicht eindeutig zu beantwortende Frage nach dem **377** denkmalschutzbeeinflussten Bodenwert gar nicht erst stellt. Der Bodenwert muss nämlich bei „ewiger Restnutzungsdauer" gar nicht ermittelt werden.

Im Falle der Anwendung der *ersten* Variante wäre vom denkmalgepägten Bodenwert auszugehen (vgl. § 40 ImmoWertV Rn 5). Eine Aufteilung des Bodenwerts eines bebauten Grundstücks in einen der Ermittlung des vorläufigen Verfahrenswerts zugrunde zu legenden „denkmalschutzbefangenen" Bodenwert und den ergänzend zu berücksichtigenden Denkmalschutz als besonderes objekt-spezifisches Grundstücksmerkmal ist abzulehnen, da schon finanzmathematisch aufgrund des zeitlich unbefristeten Denkmalschutzes keine zukünftigen Wertvor- oder -nachteile zu erwarten sind.

378 Der zuerst angeführte Verfahrensweg hat auf den ersten Blick den Vorteil, dass mit der Ermittlung des vorläufigen Ertragswerts auf der Grundlage der üblichen Ansätze der (endlichen) Restnutzungsdauer, des Liegenschaftszinssatzes, der Bewirtschaftungskosten und Roherträge (Nettokaltmiete) dem Grundsatz der Modell- und Referenzkonformität entsprochen wird, insbesondere wenn der Gutachterausschuss denkmalspezifische Liegenschaftszinssätze bereitstellt. Jedoch müssen dann auch die einschlägigen Modellansätze der übrigen Parameter des Ertragswertverfahrens vom Gutachterausschuss bereitgestellt werden, denn nur dann ist das Modell schlüssig.

379 Der Sachverständige ist bei alldem in der Wahl des geeigneten Verfahrens gar nicht frei und muss sich nach dem Grundsatz der Modellkonformität (vgl. Vorbem. zur ImmoWertV Rn. 38) der Methode bedienen, die der Gutachterausschuss für Grundstückswerte bei der Ableitung des **Liegenschaftszinssatzes für entsprechend denkmalgeschützte Objekte** angewandt hat. Bislang haben allerdings nur wenige Gutachterausschüsse denkmalspezifische Liegenschaftszinssätze abgeleitet. Bislang wurden auch weder der Modellansatz noch die durchschnittlichen Grundstücksmerkmale zur Ableitung dieser Liegenschaftszinssätze hinreichend dargelegt.

9 Merkantiler Mehr- oder Minderwert

Schrifttum: *Adam, B.*, Merkantiler Minderwert, GuG 2012, 1*; Bartke, S./Schwarze, R.*, Marktorientierte Risikobewertung vornutzungsbelasteter Grundstücke, GuG 2009, 195; *Biederbeck, M.*, Merkantiler Minderwert, Grundlagen und Wertermittlung, HLBS-Report 2013, 14; *Bindhardt*, Merkantiler Minderwert von Immobilien – Probleme, BauR 1982, 442; *Bindhardt*, Zum merkantilen Minderwert von Gebäuden, VersR 1985, 18; *Brumme, R.*, Merkantiler Minderwert bei Baumängeln und Grundstücksmängeln, GuG 2015, 273; *Dahmen*, Zum merkantilen Minderwert bei Gebäuden, BauR 2012, 24; *Dippold, R.*, Methodische Vorgehensweise bei der Ermittlung des merkantilen Minderwerts, GuG 2021, 232; *Dier*, Der merkantile Minderwert im Baurecht; ZfBR 2015, 427; *Fischer, C.*, The complex interactions of markets for endangered species products, Journal of Environmental Economics and Management 48, 926 ff.; *Grams*, Merkantiler Minderwert der Immobilie, ZfBR 2014, 42; *Jens, O./Smolobowski, G.*, Merkantiler Minderwert – Perspektiven eines fundierten Bewertungsansatzes, GuG 2019, 50; *Kamphausen, P.-A.*, Der merkantile Minderwert in der Rechtspraxis, DS 1985, 280; *Kamphausen, P.-A.*: Ermittlung von Minderwerten mangelhaft erstellter Wohnungen und Wohngebäude durch Sachverständige, *BlGBW 1983; Kerschner, F./Ertl, D.*, Merkantiler Minderwert von Liegenschaften, Linde Verlag Wien 2021*; Kinzer, C.-M.* Berechnung des merkantilen Minderwerts, GuG 2015, 283; *Kluge, A.*, Merkantiler Minderwert bei Schäden durch Bauarbeiten auf dem Nachbargrundstück, Bln GE 2017, 276; *Kniffka* in Kniffka/Koeble, Kompendium des Baurechts, 4. Aufl. 2014 6. Teil Rn. 240; *Korves, W.*, Der merkantile Minderwert beim Immobilienkauf, NJW 2017, 1985; *Krell/Krell*, Zeitabhängige Einflüsse bei der Ermittlung merkantiler Minderwerte, GuG 1998, 133; *Leibenstein, H.*, Bandwagon, Snob, and Veblen Effects in the Theory of Consumers' Demand, The Quarterly Journal of Economics Bd. 64m 1950, 183 ff.; *Liebheit, U.*, Merkantiler Minderwert – auch nach Mängelbeseitigung? Aachener Bausachverständigentage 2015; *Manteufel, Th.*, Baumängel wegen Planungsfehler: Wie wird der merkantile Minderwert ermittelt?, IBR Immobilien- & Baurecht 2017; *Mollinga, A./Vorloeper-Heinz, D./Lenart*, H., Wertminderung von Immobilien, 1. Aufl. 2013; *Oppitz, V.*, Zeitabhängige Einflüsse bei der Ermittlung merkantiler Minderwerte; GuG 1999, 170; *Oswald, M./Zöller, M.*, Aachener Bausachverständigentage 2018, SpringerVieweg; *Roller, G.*, Wertermittlung sanierter Gebäude – technischer und merkantiler Minderwert, GuG 2002, 16; *Schmidtbauer, W.*, Der merkantile Minderwert, Aachener Bausachverständigentage 2015; *Schürken, J.*, Minderwert des Verkehrswerts von Grundstücken durch Bergschäden, GuG 1994, 324; *Selfrich*, Zur steuerlichen

Berücksichtigung eines merkantilen Minderwerts, BB 1990, 1748; *Tewis, N.*, Merkantiler Minderwert bei Hausschwamm Befall, GuG 2000, 33; *Thees, E.*, Der merkantile Minderwert, Aachener Bausachverständigentage 2015; *Ulrich, J.*, Der „merkantile Minderwert" bei deutschen Immobilien: Standard oder Axiom, gar Chimäre, bloß ein Irrtum?, Aachener Bausachverständigentage 2018, S. 142 ff.; *Viua*, Die Rolle des Sachverständigen bei der Ermittlung des merkantilen Minderwerts, DS 2014, 2015, 25; *Vogel, R.*, Der merkantile Minderwert am Beispiel eines Altbau-Mietshauses, GuG 1997, 151; *Volze, H.*, Merkantiler Minderwert GuG 2021, 123; *Walter/Korves*, Der merkantile Minderwert beim Immobilienkauf, NJW 2016, 1985 ff; *Zeisberger, H./Woyte B./Schmidt F./Mennicken, Ch.*, Der merkantile Minderwert in der Praxis: Berechnung nach der Marktrelevanz- und Faktorenmethode (MFM), Bonn 2012; *Zöller, M.*, Merkantiler Minderwert immer nach Mängelbeseitigung, IBR 2013, 1; *Zöller*, Merkantiler Minderwert? IBR 2016, 263; *Zöller*, Zielbaummethode und merkantiler Minderwert, in Schmidtbauer, Wertminderung und Minderwert, 2016, S. 125.

▶ *Vgl. bei Bergschäden § 3 ImmoWertV Rn. 465; Altlasten § 5 ImmoWertV Rn. 296; § 193 BauGB Rn. 63, § 194 BauGB Rn. 75; Teil VI Rn. 30 ff., 130, 160*

9.1 Allgemeines

Der „*merkantile Minderwert*" ist in der deutschen Rechtsprechung – abweichend von anderen europäischen Staaten (z.B. Niederlande, Großbritannien, Spanien, Portugal und Finnland[65]) – ein grundsätzlich anerkanntes juristisches Axiom. Aus juristischer Sicht[66] ist zudem anerkannt, dass die im Schadensersatzrecht für den merkantilen Minderwert entwickelten Grundsätze auch im Recht der Entschädigung für enteignende oder enteignungsgleiche Eingriffe[67] gelten. Die Entschädigung bemisst sich gemäß Art. 14 G nach dem Verkehrswert (Marktwert). Die in der schadensersatzrechtlichen Rechtsprechung[68] entwickelten Grundsätze müssen mithin ganz allgemein bei der Verkehrswertermittlung Beachtung finden. Sie finden im Übrigen auch bei der Beleihungswertermittlung[69] Anwendung. **380**

9.2 Definition und Abgrenzung

Unter einem „merkantilen Minderwert" wird in der Rechtsprechung die **Wertminderung einer Sache** (z.B. eines Grundstücks) verstanden**, die ihr im gewöhnlichen Geschäftsverkehr aufgrund eines aufgetretenen, aber inzwischen in technisch einwandfreier Weise vollständig behobenen Mangels (z.B. eines Bauschadens) in der allgemein verbliebenen Befürchtung beigemessen wird**, dass dieser neben verborgen gebliebenen Schäden oder Folgeschäden trotz unbegründeten Verdachts wieder auftreten könnte, auch wenn diese Befürchtung tatsächlich unbegründet ist (dolus eventualis)[70]. Ein entsprechender Verdacht soll nach der Rechtsprechung grundsätzlich ausreichen[71]. **381**

---

65 So Ulrich, Der merkantile Minderwert, in Aachener Sachverständigentage 2018, Springer Vieweg.

66 BGH, Urt. vom 02.04.1981 – III ZR 186/79 –, BRS Bd. 45 Nr. 173 = EzGuG 19.38.

67 BGH, Urt. vom 02.04.1981 – III ZR 186/79 –, BRS Bd. 45 Nr. 173 = EzGuG 4.75; BGH, Urt. vom 28.09.1972 – III ZR 44/70 –, BGHZ 59, 250 = EzGuG 14.47; BGH, Urt. vom 20.12.1971 – III ZR 79/69 –, BGHZ 57, 359 = EzGuG 13.19.

68 BGH, Urt. vom 03.10.1961 – VI ZR 238/60 –, BGHZ 35, 396 = EzGuG 19.6a; vgl. Staudinger/Medicus, BGB, § 251 BGB, Rn. 34 ff., 82; Lange, H./Schiemann, G., Schadensersatz, 3. Aufl. Tübingen 2003, S. 273; Althaus NJW 1970, 793.

69 BGH, Urt. vom 14.01.1971 – VII ZR 3/69 –, BGHZ 55, 198 = EzGuG 3.34a.

70 BGH, Urt. vom 06.12.2012 – VII ZR 84/10 –, GuG 2013, 255 = EzGuG 19.58; BGH, Urt. vom 09.01.2003 – VII ZR 181/00 –, BGHZ 153, 279 = EzGuG 19.49; BGH, Urt. vom 15.12.1994 – VII ZR 246/93 –, NJW-RR 1995, 5991 = EzGuG 19.43; BGH, Urt. vom 11.07.1991 – VII ZR 301/90 –, NJW-RR 1991, 1429 = EzGuG 19.40e; BGH, Urt. vom 19.09.1985 – VII ZR 158/84 – NJW 1986, 428 = EzGuG 19.39d; BGH, Urt. vom 02.04.1981 – III ZR 186/79 –, BRS Bd. 45 Nr. 173 = EzGuG 19.38; BGH, Urt. vom 08.12.1977 – VII ZR 60/76 –, BauR 1979, 158 = EzGuG 19.33a.

71 BGH, Urt. vom 02.04.1981 – III ZR 186/79 –, BRS Bd. 45 Nr. 173 = EzGuG 19.38.

In der Rechtsprechung[72] ist der merkantile Minderwert auch

- als ein **Vertrauensschaden** (Vertrauenserschütterung) bezeichnet und
- als **Mangelfolgeschaden** qualifiziert[73] worden.

382 Abweichend von vorstehender Definition wird als „merkantiler Minderwert" (*im erweiterten Sinne*) auch die Wertminderung eines Objekts verstanden, die aus besonderen die **Marktgängigkeit** und das „Image" **einer Immobilie beeinträchtigenden Geschehnissen** resultiert, wie z.B. das „Mörderhaus"[74] und auch das „Suizidhaus". In diesem Zusammenhang wird auch von einem Stigma der Immobilie bzw. einem **Imageschaden** gesprochen. Dafür ist u.a. Voraussetzung, dass die Ereignisse in der breiten Öffentlichkeit („große Teile des Publikums") bekannt geworden sind[75].

383 Das genannte Beispiel ließe sich auf weitere negativ besetzte Grundstücksnutzungen wie z.B. Objekte mit **Mobilfunkmasten, Windrädern, Asylantenheime, Entziehungsanstalten** usw. ausdehnen.

384 Spiegelbildlich zum „merkantilen Minderwert" im erweiterten Sinne kann es bei der Ermittlung von Verkehrswerten auch um einen *„merkantilen Mehrwert"* gehen, z.B. dann, wenn eine Immobilie von einer prominenten bzw. anerkannten Persönlichkeit bewohnt wurde und dem im gewöhnlichen Geschäftsverkehr werterhöhend Rechnung getragen wird.

385 Im Unterschied zum merkantilen Minderwert im erweiterten Sinne kann der merkantile Mehrwert einem Grundstück längerfristig bis hin auf Dauer „ankleben", insbesondere wenn es sich um eine Persönlichkeit handelt, die aus der Geschichte nicht wegzudenken ist und dem Gebäude vielfach seinen Namen gibt (z.B. das Mozart-, Beethoven-, Goethe- oder Einsteinhaus). So war z.B. beim Erwerb des Thomas-Mann-Hauses in Kalifornien ein weit höherer Preis zu entrichten, als es allein nach seinem baulichen Zustand angemessen gewesen wäre. Allein im Hinblick auf seinen baulichen Zustand hätte es sich sogar eher um ein Liquidationsobjekt gehandelt.

386 Der **Begriff des „merkantilen Minderwerts" ist** nach der hier vertretenen Auffassung **irreführend** und eine sprachliche Missgeburt:

- Bei dem „merkantilen Minderwert" handelt es sich nicht um einen „Wert" an sich, sondern um eine den Verkehrswert mindernde Eigenschaft[76]. Die Ermittlung des „merkantilen Minderwerts" steht stets im engen Kontext mit dem Gesamtwert einer Liegenschaft und ist mithin integraler Bestandteil des Verkehrswerts einer Liegenschaft zu einem bestimmten Wertermittlungsstichtag[77]. Begrifflich geht es also im Kern um eine *„merkantile Wertminderung"*.
- Bei der Verkehrswertermittlung sind grundsätzlich alle wertrelevanten Grundstücksmerkmale so zu berücksichtigen, wie sie im gewöhnlichen Geschäftsverkehr den Verkehrswert beeinflussen. Das bedeutet, dass entsprechend der lateinischen Herkunft des Wortes *„merkantil"* alle Grundstücksmerkmale entsprechend dem jeweiligen „Handel" durch die Brille

---

72 BGH, Urt. vom 15.12.1994 – VII ZR 246/93 –, NJWE-RR 1995, 591 = EzGuG 19.43.

73 Krause-Altenstein in Kniffka, Online-Komm. zum Bauvertragsrecht, 2018, § 863 Rn. 68; OLG Braunschweig, Urt. vom 23.07.2009 – 8 U 158/05 –.

74 BGH, Urt. vom 19.09.1985 – VII ZR 158/84 – NJW 1986, 428 = EzGuG 19.39d. Ein Hauskäufer kann deshalb einen Kaufvertrag anfechten, wenn falsche Angaben darüber gemacht hat, dass sich der Voreigentümer im verkauften Haus erhängt hat (OLG Celle, Urt. vom 18.09.2007 – 16 U 38/07 –, NJW 2007, 364 = EzGuG 19.55).

75 In der Rechtsprechung ist ein Rücktritt von einem Kaufvertrag wegen „arglistiger Täuschung bei unterlassener Aufklärung über die besonderen Umstände eines Freitodes" zugestanden worden; OLG Celle, Urt. vom 18.09.2007 – 16 U 38/07 –, NJW 2007, 364 = EzGuG 1954c.

76 BGH, Urt, vom 20.06.1968 – III ZR 32/66 –, WM 1968, 1220 = EzGuG 19.13; BGH, Urt. vom 05.10.1961 – VII ZR 146/60 –, BB 1961, 1216 = EzGuG 19.6b; BGH, Urt. vom 03.10.1961 – VI ZR 238/60 –, BGHZ 35, 396 = EzGuG 19.6a; vgl. Bindhardt, BauR 1982, 442.

77 BGH, Urt. vom 08.12.1977 – VII ZR 60/76 –, BauR 1979, 158 = EzGuG 19.33a; BGH, Urt. vom 02.04.1981 – III ZR 186/79 –, NJW 1981, 1663 = EzGuG 19.37a; BGH, Urt. vom 19.09.1985 – VII ZR 158/84 –, NJW 1986, 428 = EzGuG 19.39d; OLG Stuttgart, Urt. vom 08.02.2011 – 12 U 74/10 –, NJW-RR 2011, 457 = EzGuG 19.56b.

eines Käufers (also kaufmännisch) Berücksichtigung finden. In den Regelwerken zur Verkehrswertermittlung folgt dies aus dem expliziten Hinweis auf die Rechtsfigur des „gewöhnlichen Geschäftsverkehrs[78]. Dies gilt für wertmindernde ebenso wie für werterhöhende Grundstücksmerkmale, ohne dass wir in der Marktwertermittlung unnötigerweise das Wörtchen „merkantil“ mitschleppen. Es ist schlichtweg überflüssig.

Ein „merkantiler Minderwert“ ist bei alldem **nicht eigenständig „handelbar“; sein „Verkehrswert“ ist mithin auch nicht eigenständig ermittelbar** (vgl. Rn. 423). Es kann nur die merkantile Wertminderung eines davon betroffenen Grundstücks ermittelt werden.

387 Es empfiehlt sich daher, den Begriff des „merkantilen Minderwerts“ **durch den Begriff der „merkantilen Wertminderung“ zu ersetzen**, zumal ein „merkantiler Minderwert“ ein *„merkantiler Unwert“* wäre. Die merkantile Wertminderung muss nach der hier vertretenen Auffassung in aller Regel mit der Ermittlung des Verkehrswerts eines davon betroffenen Grundstücks (in seiner Gesamtheit) einhergehen, wobei es um den Betrag geht, um den sich der Verkehrswert des Grundstücks trotz technisch einwandfreier Behebung des Schadens im gewöhnlichen Geschäftsverkehr mindert.

388 Die merkantile Wertminderung ist letztlich die Folge eines „von breiten Teilen des Publikums“ (auch maßgebliche Verkehrskreise genannt) „gefühlten“ Makels[79] und gewissermaßen das Resultat eines kollektiven Marktverhaltens. Vom BGH ist er wiederholt auch als eine im Marktgeschehen sich abbildende „**psychologische Größe**“ bezeichnet worden (vgl. Rn. 418)[80].

389 Nicht jeder in der Vergangenheit aufgetretene und zwischenzeitlich behobene Mangel und Schaden einer Sache führt jedoch zu einem „merkantilen Minderwert“. Für die Berücksichtigung eines „merkantilen Minderwerts“ ist vielmehr Voraussetzung, dass tatsächlich im gewöhnlichen Geschäftsverkehr eine den Preis beeinflussende Abneigung z.B. gegen ein ehemals kontaminiertes, aber inzwischen saniertes Grundstück besteht und insoweit bei der Veräußerung Wertabschläge allgemein hingenommen werden müssen. Erfahrungsgemäß treten merkantile Minderwerte deshalb in aller Regel nur bei besonders gravierenden Mängeln auf, die auch nach ihrer Beseitigung der Sache als Makel anhaften und in den „maßgeblichen Verkehrskreisen“ weiterhin die Befürchtung eines Folgeschadens aufkommen lassen[81]. Dieser wird spürbar, wenn dadurch die Verkäuflich- und Beleihbarkeit der Immobilien beeinträchtigt und im Ergebnis der Verkehrswert gemindert wird[82].

390 **Auslösendes Moment und mithin auch Voraussetzung für das Vorliegen einer merkantilen Wertminderung** sind

- ein erhebliches (eine Bagatellgrenze überschreitendes) risikobehaftetes und nachhängendes Schadensereignis i.V.m.
- einem hohen Bekanntheitsgrad[83] bei „breiten Teilen des Publikums“, den maßgeblichen Verkehrskreisen.

391 Dabei ist der Zeitfaktor von wesentlicher Bedeutung, denn die merkantile Wertminderung ist flüchtig. Mit der Zeit schwinden nämlich die Befürchtung und das **Risiko eines Wiederauf-**

78 Merkantil ist also gleichbedeutend mit dem „gewöhnlichen Geschäftsverkehr“ „den Handel im kaufmännischen Sinne betreffend“.

79 KG Berlin, Urt. vom 21.11.2016 – 20 U 109/14 –, ZMR 2017, 495 = EzGuG 20.250.

80 BGH Urt. vom 19.09.1985 – VII ZR 158/84 –, NJW 1986, 428 = EzGuG 19.39d.

81 BGH, Urt. vom 09.07.1962 – III ZR 98/61 –, NJW 1962, 1764 = EzGuG 11.25a; BGH, Urt. vom 20.06.1968 – III ZR 32/66 –, WM 1968, 1220 = EzGuG 19.13 (Trockenfäule); BGH, Urt. vom 24.02.1969 – VII ZR 173/66 –, VersR 1969, 473 = EzGuG 19.16a; BGH, Urt. vom 13.11.1970 – V ZR 6/70 –, BB 1971, 54 = EzGuG 19.23; BGH, Urt. vom 08.12.1977 – VII ZR 60/76 – (Hausschwamm), BauR 1979, 158 = EzGuG 19.33a; BGH, Urt. vom 02.04.1981 – III ZR 186/79 –, BRS Bd. 45 Nr. 173 = EzGuG 19.38; OLG Saarbrücken, Urt. vom 16.05.1994 – 4 W 174/95 – (Bergschaden), GuG 1995, 314 = EzGuG 4.156; OLG Saarbrücken, Urt. vom 20.05.1960 – 3 U 45/95 – (Schieflage), BlGBW 1961, 174 = EzGuG 4.14; LG Nürnberg-Fürth, Urt. vom 28.04.1988 – 6 O 9933/86 –, NJW-RR 1989, 1106 = EzGuG 19.39g.

82 BGH, Urt, vom 20.06.1968 – III ZR 32/66 –, WM 1968, 1220 = EzGuG 19.13.

83 BGH, Urt. vom 08.12.1977 – VII ZR 60/76 –, BauR 1979, 158 = EzGuG 19.33a.

tretens des Schadens. Umgekehrt wächst das Vertrauen in die durchgeführten Schadensbeseitigungsmaßnahmen. Das Schadensereignis gerät in Vergessenheit. Das nachhängende Risiko ist der wohl wesentlichste Parameter, der bei der Ermittlung einer merkantilen Wertminderung angemessen berücksichtigt werden muss (vgl. Rn. 438).

Abb. 34: Voraussetzung für das Vorliegen einer merkantilen Wertminderung

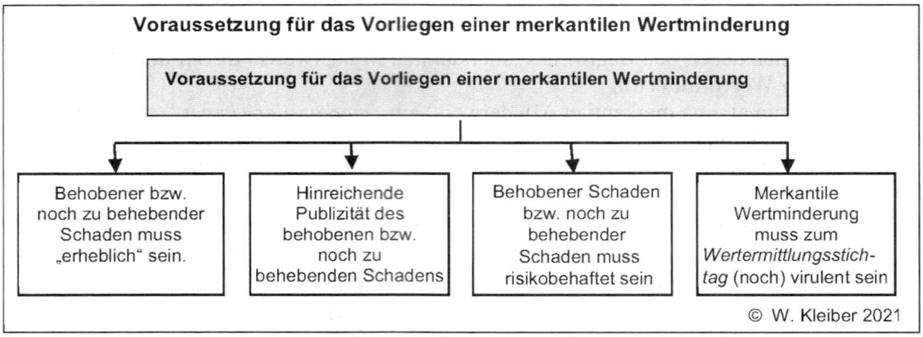

392 Ein „**merkantiler Minderwert**" setzt nicht den Verkauf der betroffenen Liegenschaft voraus, sondern **beurteilt sich** deshalb **nach dem** ***zum Wertermittlungsstichtag„angenommenen Verkaufsfall***".

393 In der Verkehrswertermittlung muss ein „**merkantiler Minderwert" auch dann berücksichtigt** werden, wenn der aufgetretene Mangel (z.B. Bauschaden) am Wertermittlungsstichtag ***(noch) nicht oder nur teilweise in (technisch) einwandfreier Weise behoben worden ist.*** Ein *„merkantiler Minderwert" muss dann jedoch im gewöhnlichen Geschäftsverkehr aufgrund konkreter Tatsachen mit hinreichender Sicherheit präsumtiv erwartet werden können.* Dies kann z.B. der Fall bei der Marktwertermittlung altlastenbetroffener Grundstücke sein. Die daraus resultierende Wertminderung bestimmt sich dann nicht allein nach der „technischen Wertminderung", z.B. nach den dafür aufzubringenden Kosten der Dekontaminierung, sondern auch unter Berücksichtigung einer nach der Dekontaminierung verbleibenden merkantilen Wertminderung.

394 Ist der für die merkantile Wertminderung ursächliche Mangel (z.B. Bauschaden) am Wertermittlungsstichtag noch nicht in technisch einwandfreier Weise behoben worden, steht die daraus resultierende technische Wertminderung gegebenenfalls neben der „merkantilen Wertminderung" i.S. des dargelegten Vertrauensschadens. Beide Positionen müssen dann erforderlichenfalls verfahrenstechnisch voneinander abgegrenzt werden, um Doppelberücksichtigung zu vermeiden.

Abb. 35: Merkantile und technische Wertminderung bei nicht behobenem Bauschaden am Wertermittlungsstichtag

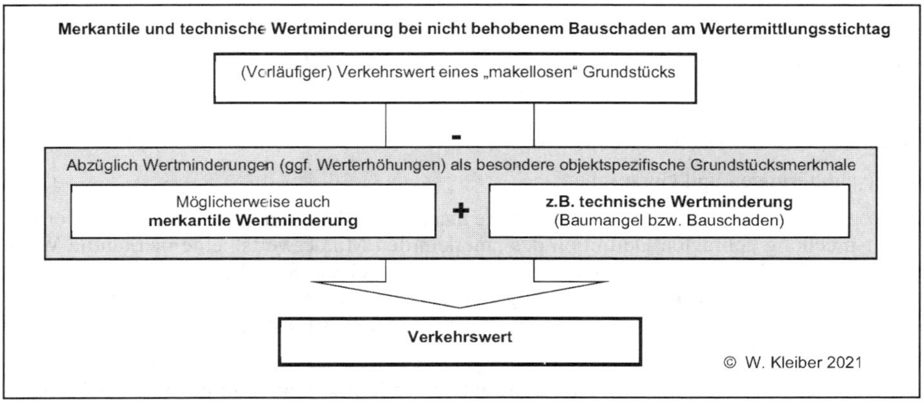

9.3 Anwendungsfälle in der Praxis

Ein Blick in die Rechtsprechung belegt eindrucksvoll, dass merkantile Wertminderungen zu- **395**
meist nur im Verbund mit einer besonderen bautechnischen, biologischen, chemischen oder einer anderen speziellen Sachkunde ermittelt werden können:

a) Hausschwamm und Hausbock[84],

b) Trockenfäule[85],

c) Feuchtigkeitsprobleme, insbesondere im Kellerbereich [86],

d) schlechte Baumaterialien[87] und Bauausführung,

e) Altlasten[88],

f) Bergschaden[89],

g) Untertunnelung (Merkantiler Minderwert bei Enteignung)[90],

h) Baugrund und Baugrube[91],

i) Begrünung und Bäume[92],

---

84 BGH, Urt. vom 08.12.1977 – VII ZR 60/76 –, BauR 1979, 158 = EzGuG 19.32a; BGH, Urt. vom 13.11.1970 – V ZR 6/70 –, BlGBW 1971, 212 = EzGuG 19.23; BGH, Urt. vom 20.06.1968 – III ZR 32/66 –, WM 1968, 1220 = EzGuG 19.33; BGH, Urt. vom 10.07.1963 – V ZR 66/62 –, WM 1963, 967; BGH, Urt. vom 28.06.1961 – V ZR 201/60 –, NJW 1961, 1860 = EzGuG 19.6; RG, Urt. vom 11.07.1914 – V 67/14 –, RGZ 85, 252; OLG Frankfurt am Main, Urt. vom 17.11.2004 – 1 U 142/01 –(Hausbock), EzGuG 19.50b; vgl. Tewis: Hausbock, GuG 2000, 33.

85 BGH, Urt. vom 20.06.1968 – III ZR 32/66 –, WM 1968, 1220 = EzGuG 19.13.

86 OLG Hamm, Urt. vom 10.05.2010 – 17 U 92/09 –, NJW-RR 2010, 1382 = EzGuG 19.55b.

87 BGH, Urt. vom 15.12.1994 – VII ZR 246/93 –, BauR 1995, 388 = EzGuG 19.43; BGH, Urt. vom 08.12.1977 – VI ZR 60/76 –, BauR 1979, 158 = EzGuG 19.33a; BGH, Urt. vom 24.02.1972 – VII ZR 177/70 –, BGHZ 58, 181 = EzGuG 3.38b; BGH, Urt. vom 14.01.1971 – VII ZR 3/69 –, BGHZ 55, 198 = EzGuG 3.34a; BGH, Urt. vom 25.02.1953 – II ZR 172/52 –, BGHZ 9, 98 = EzGuG 20.15.

88 BGH, Urt. vom 10.07.1991 – XII ZR 109/90 –, NJW 1991, 3036 = EzGuG 20.124d.

89 OLG Düsseldorf, Urt. vom 04.02.2000 – 7 U 67/98 –, GuG 2001, 123 = EzGuG 4.176a; OLG Saarbrücken, Urt. vom 16.05.1994 – 4 W 174/94 –, GuG 1995, 314 = EzGuG 4.157; OVG Münster, Urt. vom 23.01.1984 – 10A 2366/79 –, MittDST 1985, 1186 = EzGuG 4.95: OLG Saarbrücken, Urt. vom 20.05.1980 – 3 U 45/95 –, BlGBW 1961, 174 = EzGuG 4.14.

90 BGH, Urt. vom 02.04.1981 – III ZR 186/79 –, BRS Bd. 45 Nr. 173 = EzGuG 19.38.

91 OVG Lüneburg, Urt. vom 17.01.1997 – 1 L 1218/95 –, BRS Bd. 59 Nr. 250 = EzGuG 15.87a; OLG Dresden, Urt. vom 29.01.2003 – 11 U 726/02 –, IBR 2004, 18.

92 OLG München, Urt. vom 28.04.1994 – 1 U 6995/93 –, VersR 1995, 843 = EzGuG 2.58a; KG, Urt. vom 17.11.1977 – 12 U 1543/77 –, (Bäume), VersR 1978, 524 = EzGuG 2.17.

j) Rohbau[93],

k) Frostschäden[94],

l) drückendes Wasser[95],

m) Tiefgaragendecke[96],

n) Wände,

o) Bauarbeiten auf Nachbargrundstücken[97],

p) Erschütterungen und Geräusche[98].

396 Die vorstehend angeführten Anwendungsfälle machen deutlich, dass entsprechend der von der Rechtsprechung geprägten Definition des „merkantilen Minderwerts" eine merkantile Wertminderung i.d.R. nur bei einzelnen von einem besonderen Schadensereignis betroffenen Grundstücken auftreten kann. Einschlägig **betroffene Grundstücke** können allerdings auch gebietsweise gegeben sein, ohne dass das Gebiet parzellenscharf abgegrenzt werden kann (z.B. Altlastengebiete).

397 Die **Lage eines Grundstücks in einem altlastenverdächtigen oder sanierungsbedürftigen Gebiet (Altlastengebiet)** führt zu einer im Vergleich zu makellosen Grundstücken geringeren Wertigkeit, die sich in den einschlägigen Kaufpreisen abbildet. Dies ist vor dem Hintergrund der künftigen Dekontaminierungskosten wie z.B. bei Bauschäden an Gebäuden bewertungstechnisch zunächst eine technische Wertminderung. Ein „merkantiler Minderwert" kann hinzutreten, wenn in der allgemeinen Anschauung eines breiten Teils des Publikums (maßgebliche Verkehrskreise) darüber hinaus präsumtiv erwartet wird, dass der Verkehrswert des Grundstücks auch nach der *technisch einwandfreien Dekontaminierung* des Grund und Bodens im Vergleich zu einem makellosen Objekt im gewöhnlichen Geschäftsverkehr zumindest vorübergehend „erheblich" gemindert sein wird. Dieser sich auf den Grund und Boden beziehende Fall ist vergleichbar mit dem Fall eines „merkantilen Minderwerts" nach technisch einwandfreier Behebung eines Bauschadens[99].

- Stehen für die Ermittlung des Bodenwerts eine ausreichende Anzahl geeigneter Vergleichspreise aus dem Belegenheitsgebiet zur Verfügung, so wird mit dem daraus abgeleiteten Bodenwert sowohl die technische Wertminderung als auch eine verbleibende „merkantile Wertminderung" (implizit) berücksichtigt, ohne dass eine Doppelberücksichtigung befürchtet werden muss.
- Entsprechendes gilt auch im Falle der Lage eines Grundstücks in einem zum Wertermittlungsstichtag bereits altlastensanierten Gebiet (Altlastengebiet). In diesem Fall ist eine technische Wertminderung nicht mehr gegeben. Indessen kann eine merkantile Wertminderung noch „hängen" bleiben. Eine gegebenenfalls verbleibende merkantile Wertminderung kann bewertungstechnisch dann dadurch berücksichtigt werden, dass der Bodenwert wiederum im Vergleichswertverfahren unter Heranziehung einer ausreichenden Anzahl geeigneter Vergleichspreise von Grundstücken aus dem Belegenheitsgebiet abgeleitet wird, die gleichermaßen davon betroffen sind.

398 Anders – und vom Tatbestand der merkantilen Wertminderung abzugrenzen – stellt sich die **Lage eines Grundstücks z.B. in einem Wasserschutz- und Überschwemmungsgebiet (Hochwassergebiet), Vorrang-, Vorbehalts-, Eignungs- und Heilquellengebiet** usw. dar. Die in solchen Gebieten gelegenen Grundstücke können per se gegenüber Grundstücken in

93 BGH, Urt. vom 22.11.1991 – V ZR 187/90 –, BGHZ 16, 161 = EzGuG 7.114b.
94 BGH, Urt. vom 05.10.1961 – VII ZR 146/60 –, BB 1961, 1216 = EzGuG 19.5b.
95 OLG Karlsruhe, Urt. vom 27.01.2004 – 17 U 154/00 –, BauR 2004, 1994.
96 BGH, Urt. vom 09.01.2003 – VII ZR 181/00 –, BGHZ 153, 279 = EzGuG 19.49.
97 KG, Urt. vom 19.08,2008 – 6 U 67/07 –, BauR 2009, 1300; KG, Urt. vom 21.08.2003 – 27 U 338/02 –, EzGuG 3.128a.
98 BGH, Urt. vom 02.04.1981 – III ZR 186/79 –, BRS Bd. 45 Nr. 173 = EzGuG 19.38.
99 BGH, Urt. vom 10.07.1991 – XII ZR 109/90 –, NJW 1991, 3036 = EzGuG 20.124d.

vergleichbaren Gebieten, die von derartigen Festsetzungen nicht betroffen sind, in ihrer Wertigkeit gemindert sein. Solche Festsetzungen können wie andere baurechtliche Festsetzungen wertneutral, wertmindernd und ggf. auch werterhöhend sein, ohne dass daraus per se ein „merkantiler Minderwert" resultiert. Es handelt sich schlichtweg um lagebestimmende Grundstücksmerkmale, wie z.B. die Festsetzung eines Baugebiets, eines Naturschutzgebiets oder einer Kleingartenanlage.

In der Marktwertermittlung wird eine durch derartige Festsetzung geminderte Wertigkeit des **399** Grund und Bodens direkt mit geeigneten Vergleichspreisen aus dem einschlägigen Gebiet erfasst bzw. durch angemessene Ab- und Zuschläge, wenn von Kaufpreisen aus anderen geeigneten Vergleichsgebieten ausgegangen wird. Darüber hinaus können lage- und objektspezifische Besonderheiten auch durch den dann maßgeblichen Liegenschaftszinssatz bzw. Sachwertfaktor ihre Berücksichtigung finden. Dies entspricht der gängigen Wertermittlungspraxis, ohne dass dabei von einem „merkantilen Minderwert" gesprochen wird. Dass sich auf diesem Wege z.B. für ein Überschwemmungsgebiet ein gegenüber vergleichbaren, aber „makellosen" Grundstücken geringerer Marktwert ergibt, ist dem allgemeinen Risiko einer Überschwemmung geschuldet, das bei den herangezogenen Vergleichspreisen bereits „eingepreist" worden ist. Mit dem zusätzlichen Ansatz eines „merkantilen Minderwerts" würde man dieses Risiko doppelt berücksichtigen.

Soweit in absehbarer Zeit „*auf Grund konkreter Tatsachen mit hinreichender Sicherheit*" nicht **400** mit durchgreifenden Maßnahmen zum Schutz vor Überschwemmungen gerechnet werden kann, ist der allgemein gegenüber anderen davon nicht betroffenen Gebieten geminderte Marktwert im Überschwemmungsgebiet quasi „auf Dauer" gegeben und unterliegt nicht – wie der „merkantile Minderwert" – einem zeitlichen Schwund.

Eine eingeschränkte Verkäuflichkeit für ein in einem Überschwemmungsgebiet gelegenes **401** Grundstück muss allerdings **unmittelbar nach einem Schadensereignis (Überschwemmung)** erwartet werden. Hier stellt sich dann die Frage, ob es sich bei einem derartigen „Preiseinbruch" gegenüber dem ohnehin schon aufgrund der Festsetzung „Überschwemmungsgebiet" geminderten Marktwertniveau um eine kurzfristige vorübergehende Preissenkung handelt. Bei kurzfristigen und vorübergehenden Preisausschlägen „nach unten", wie im Übrigen auch „nach oben", ist der *gewöhnliche Geschäftsverkehr* i.S. der Definition des Verkehrswerts gestört. Grundstückseigentümer stellen bei kurzfristigen und vorübergehenden Preiseinbrüchen ihre Verkaufsabsichten ebenso zurück wie Kaufwillige bei vorübergehenden Überhitzungen zuwarten (Attentismus). Schon der RFH[100] hat im Zusammenhang mit der Ermittlung des gemeinen Werts (Marktwert) von Anlagegegenständen entschieden, „dass geringfügige Schwankungen und vorübergehende Erscheinungen regelmäßig noch nicht genügen, um den gemeinen Wert jener Gegenstände zu steigern und zu senken". Der BGH hat zu alledem in zutreffender Weise in seiner Chruschtschow-Entscheidung[101] erkannt, dass kurzfristige Preissenkungen auf dem Grundstücksmarkt außer Betracht bleiben müssen, wenn der spätere Wegfall der Preissenkung bei vernünftiger wirtschaftlicher Betrachtungsweise für einen durchschnittlich besonnenen und nüchternen Betrachter erkennbar war.

Problematisch ist die Verwendung des Begriffs des „merkantilen Minderwerts" auch bei der **402** Marktwertermittlung **untertunnelter Grundstücke (z.B. Bahnunterfahrungen)**. Die betriebsnotwendige Lärmeinwirkung und Erschütterung können auf den Verkehrswert des belasteten Grundstücks durchschlagen, und zwar insbesondere in Abhängigkeit von der Tunneltiefe, der Art, der Lage, dem Ausmaß (einschließlich Schutzstreifen) und ggf. damit einhergehender weiterer Einschränkungen sowie ggf. erhöhter Instandhaltungskosten. Die Wertminderung ist gegenüber anderen davon nicht betroffenen Gebieten wiederum „auf Dauer" gegeben und unterliegt nicht – wie der „merkantile Minderwert" – einem zeitlichen Schwund. Es handelt sich zumindest dann nicht um das Axiom des in der Rechtsprechung entwickelten

---

100 RFH, Urt. vom 24.01.1935 – III A 406 –, StW 1935, 413 = EzGuG 19.3a.
101 BGH, Urt. vom 31.05.1965 – III ZR 214/63 –, NJW 1965, 1599 = EzGuG 19.8; BGH, Urt. vom 22.10.1986 – IVa ZR 143/85 –, BGHZ 98, 382 = EzGuG 20.117b.

„merkantilen Minderwerts“ einer Sache (z.B. eines Grundstücks). Auch hier handelt es sich zuvörderst schlichtweg um ein den Marktwert minderndes oder auch werterhöhendes (z.B. aufgrund eines U-Bahn-Anschlusses) Grundstücksmerkmal.

403 Die *Beispiele* sollen verdeutlichen, dass der Begriff des „merkantilen Minderwerts“ in Bezug auf besondere art- und lagespezifische Besonderheiten, z.B. in der Nachbarschaft von negativ besetzten Grundstücksnutzungen wie z.B. **Objekten mit Mobilfunkmasten, Windrädern, Asylantenheimen, Entziehungsanstalten usw.,** nicht überstrapaziert werden darf. Probleme der Abgrenzung des „merkantilen Minderwerts“ zu allgemeinen Lagemerkmalen sind in derartigen Fällen unvermeidlich. Geht es um generell zu berücksichtigende klein- bzw. großräumige Lagemerkmale (Mikro- und Makrolage), die – gleichgültig, ob sie sich wertneutral, wertmindernd oder werterhöhend auswirken – als solche stets in die Wertermittlung eingehen, fallen sie nicht unter dem Begriff des „merkantilen Minderwerts“ i.S. der Rechtsprechung. So wird dementsprechend in der allgemeinen Wertermittlungspraxis auch eine „gute“ und „schlechte“ Adresse (**Adressenlage**, Image) schlichtweg als Lagemerkmal und nicht als „merkantiler Minder- bzw. Mehrwert“ berücksichtigt.

9.4 Bagatellgrenze und Elastizität des Grundstücksmarktes

404 **Ein für eine merkantile Wertminderung ursächlicher Mangel (z.B. Bauschaden) muss** nach dem vorher Gesagten **„erheblich“ gewesen sein**. Nach der hier vertretenen Auffassung ist eine merkantile Wertminderung „erheblich“, wenn sie größer als 10 % des Marktwerts[102] des „makellosen“ Grundstücks ist; anderenfalls spricht man von einem Bagatellfall. Dies ist darin begründet, dass bei der Errichtung von baulichen Anlagen aufgrund der Produktionsbedingungen Mängel stets unvermeidbar sind und größtenteils schon beim Bau selbst berücksichtigt werden. Darum kann es nicht gehen; nur größere Mängel einhergehend mit einer „erheblichen“ merkantilen Wertminderung sind relevant.

405 Die **„Erheblichkeit“ einer merkantilen Wertminderung bestimmt sich nach den allgemeinen Wertverhältnissen am Wertermittlungsstichtag**. Da die merkantile Wertminderung mit der Zeit schwindet (Vergessenheitsfaktor), kommt es im Falle einer in der Vergangenheit durchgeführten Schadensbeseitigung nicht auf die Höhe der damaligen merkantilen Wertminderung an.

406 In der Rechtsprechung[103] wurde die Bagatellgrenze allerdings vielfach auch unter 10 % gezogen. Die Rechtsprechung bewegt sich im Bereich der allgemeinen Unsicherheitsmarge der Verkehrswertermittlung von Grundstücken und hat im Wege der Schätzung sogar merkantile Wertminderungen in einer Größenordnung zugestanden, die teilweise sogar unter die Auf- und Abrundungsmarge von Verkehrswertermittlungen fallen! Dies ist im Rahmen einer fundiert begründeten Marktwertermittlung nicht leistbar.

407 Eine Bagatellgrenze von 10 % kann auch nicht starr sein. Sie kann nach der örtlichen und konjunkturellen Lage auf dem Grundstücksmarkt auch deutlich über 10 % liegen. Insbesondere

---

102 10 % des Gebäudewerts; OLG Brandenburg Urt. vom 01.12.2022 – 12 U 199/21 –, GuG 2023,302 = EzGuG 19.110; OLG Düsseldorf, Urt. vom 18.07.2014 – 9 U 100/13 –, NJW-RR 2015, 211 = EzGuG 3.153c.

103 KG Berlin, Urt. vom 21.11.2016 – 20 U 109/14 –, ZMR 2017, 495 = EzGuG 20.250: 5 % des Verkehrswerts; OLG Brandenburg, Beschl. vom 03.02.2016 – 303 O 365/14 –: 10 %; LG Hamburg, Urt. vom 03.02.2016 – 302 O 365/14 –, GuG 2017, 202 = EzGuG 20.243: kein merkantiler Minderwert, da Schadensbeseitigungskosten 1,42 % des Verkehrswerts; OLG Düsseldorf, Beschl. vom 18.07.2014 – 9 U 100/13 –, NJW-RR 2015, 211: kein merkantiler Minderwert da ≤ als 10 % des Verkehrswerts; KG Berlin, Urt. vom 04.04.2014 – 21 U 18/13 –, IBR 2017, 505 = EzGuG 20.233: 8,3 % des Verkehrswerts; OLG München, Urt. vom 17.12.2013 – 9 U 960/13 –, NJOZ 2014, 898 = EzGuG 19.63: 1 % des Gesamtkaufpreises; OLG Stuttgart, Urt. vom 08.02.2011 – 12 U 74/10 –, NJW-RR 2011, 457 = EzGuG 19.56b: 2 % der Baukosten; OLG Düsseldorf, Urt. vom 04.02.2000 – 7 U 67/98 –, GuG 2001, 123 = EzGuG 4.176a: 6 % des Verkehrswerts; OLG Braunschweig, Urt. vom 23.07.2009 – 8 U 158/05 –, IBR 2009, 98 = EzGuG 20.207d: 4,2 % des Gebäudewertanteils; OLG Frankfurt am Main, Urt. vom 23.06.2009 – 16 U 223/07 –, NJW-RR 2010, 524 = EzGuG 3.124i: 2 % des Verkehrswerts; OLG Brandenburg, Urt. vom 28.08.2008 – 5 U 28/07 –, EzGuG 12.131a,: 0 % da unbegründet; OLG Düsseldorf, Urt. vom 04.02.2000 – 7 U 67/98 –: 6 % des Verkehrswerts.

auf den **angespannten Märkten der großen Ballungszentren, die durch einen hohen Nachfrageüberhang mit hohen Preissteigerungen gekennzeichnet sind**, wird man derzeit diesen Prozentsatz weitaus höher ansetzen.

Der BGH hat erkannt, dass der **Markt für Immobilien im oberen Preissegment** besonders sensibel auf „psychologische Faktoren"[104] reagiert. 408

- Tatsächlich kommt es jedoch entscheidend auf die Elastizität des Marktes an. Dass die psychologische Sensibilität der Marktteilnehmer gegenüber dem „Makel" einer dem Grundstück anhaftenden Schadensbeseitigung bei hochpreisigen Grundstücken besonders ausgeprägt sei, muss relativiert werden. Die These kann in erster Linie für ausgeglichene und vor allem für „schwachbrüstige" Grundstücksmärkte gelten.
- Auf „angespannten Grundstücksmärkten" mit einem erheblichen Nachfrageüberhang ist umgekehrt zu beobachten, dass im allgemeinen Grundstücksverkehr selbst bei (noch) vorhandenen erheblichen Baumängeln bzw. erheblichem Instandhaltungsrückstau keine Preisabschläge gemacht werden. Das gilt umso mehr für merkantile Wertminderungen. Diese werden „in Kauf" genommen, nur um „zum Zuge" zu kommen, d.h., in derartigen Fällen werden merkantile Wertminderungen bedeutungslos und schlichtweg ignoriert[105].

9.5 Risiko als Ursache einer merkantilen Wertminderung

Der behobene Mangel (z.B. Bauschaden), der eine merkantile Wertminderung auslösen kann, muss risikobehaftet sein. Die reine Möglichkeit eines erneuten Schadens reicht nicht aus. Es muss unter Berücksichtigung des zum Zeitpunkt der Schadensbehebung bestehenden „Standes der Technik" und der durchgeführten Maßnahmen mindestens eine große Wahrscheinlichkeit i.S. des § 287 ZPO bestehen[106]. Die Beurteilung der Eintrittswahrscheinlichkeit ist Spezialisten vorbehalten. 409

Die Rechtsprechung ist diesbezüglich eher restriktiv. In der Rechtsprechung wird eine merkantile Wertminderung nach der Art des Schadens von vornherein ausgeschlossen, wenn nach dem Stand der Technik im Zeitpunkt der Schadensbehebung ein **Wiederaufleben des Schadens auszuschließen** ist. 410

In einer Entscheidung des BGH[107] zum „merkantilen Minderwert" nach Behebung eines Schwammbefalls wird auf die **technischen Möglichkeiten zum Zeitpunkt der Schadensbehebung** abgehoben. So hatte in dem zu entscheidenden Fall der Sachverständige darauf hingewiesen, dass *„es in älteren Gebäuden oft schwierig (gewesen) sei, die zur Beseitigung des echten Hausschwammes erforderlichen Maßnahmen durchzuführen und dass hier trotz Sanierung die Möglichkeit bestehe, dass nicht erkannte und deshalb* übrig *gebliebene Schwammreste zu einer neuen Ausbreitung führen"*. 411

Soweit anzuerkennen ist, dass am Wertermittlungsstichtag weiterhin ein Wiederaufleben des Schadens bzw. Mangels bei „breiten Teilen des Publikums" im gewöhnlichen Geschäftsverkehr befürchtet wird, muss dieser Umstand unter Berücksichtigung 412

- der am Wertermittlungsstichtag erforderlichen Schadensbeseitigungs- und gegebenenfalls anfallenden Folgekosten sowie
- der zum Zeitpunkt der Schadensbehebung gegebenen objektspezifischen Eintrittswahrscheinlichkeit und ihres zeitlichen Schwundes

„eingepreist" werden.

---

104 BGH, Urt. vom 08.12.1977 – VII ZR 60/76 –, BauR 1979, 158 = EzGuG 19.33a.

105 LG Hamburg, Urt. vom 03.02.2016 – 302 O 365/14 –, GuG 2017, 202 = EzGuG 20.243; vgl. auch Karczewski, Kein merkantiler Minderwert bei vollständiger Schadensbeseitigung, IBR 2016, 1084.

106 BGH, Urt. vom 20.06.1968 – III ZR 32/66 –, WM 1968, 1220 = EzGuG 19.13.

107 BGH, Urt. vom 20.06.1968 – III ZR 32/66 –, WM 1968, 1220 = EzGuG 19.13; vgl. auch: OLG Frankfurt am Main, Urt. vom 17.11.2004 – 1 U 142/01 – (Hausbock), EzGuG 19.50b.

413 Vor dem Hintergrund der unterschiedlichsten Schadensursachen können keine allgemeinverbindlichen Aussagen zum Risiko gemacht werden. Es geht stets um das objektspezifische Risiko. Eine fundierte Einschätzung des *objektspezifischen* Risikos (Eintrittswahrscheinlichkeit) ist grundsätzlich nur unter **Beteiligung einschlägiger Spezialisten** möglich.

9.6 Erforderliche Publizität des Schadensereignisses zum Wertermittlungsstichtag

414 Da sich der merkantile Minderwert als die Wertminderung eines Grundstücks definiert, die dem Grundstück aufgrund eines aufgetretenen, aber inzwischen in technisch einwandfreier Weise vollständig behobenen Mangels (z.B. auch Bauschaden) im gewöhnlichen Geschäftsverkehr bei *„breiten Teilen des Publikums"* bzw. in den *„maßgeblichen Verkehrskreisen"* in der allgemein verbliebenen Befürchtung beigemessen wird, dass sich verborgen gebliebene Schäden oder Folgeschäden irgendwie auch künftig auswirken können, muss der behobene Schaden einem „breiten Teilen des Publikums" bekannt sein.

415 Dabei spielt auch die **Bedeutung des Bauwerks** eine Rolle, denn die Behebung erheblicher Baumängel bzw. Bauschäden an bedeutsamen Bauwerken finden in der Öffentlichkeit große Beachtung.
In einer Entscheidung des BGH[108] heißt es hierzu:

„Hier sind unstreitig die Mängel des Daches **Stadtgespräch** gewesen (darauf hatte sich der Kläger bei den längeren Vergleichsverhandlungen ausdrücklich berufen). Deshalb spricht alles dafür, dass die Vergleichspartner damals wirklich mit einem verbleibenden Minderwert rechneten und diesen nicht nur vortäuschten, um die Beklagten zu benachteiligen. Das gilt umso mehr, als es sich – nach dem unbestritten gebliebenen Vortrag des Klägers – um ein außergewöhnlich repräsentatives, aufwendiges Anwesen handelt, bei dem erfahrungsgemäß die Kaufinteressenten besonders kritisch auf frühere Mängelerscheinungen ansprechen. Damit war aber durchaus Raum für die Bejahung eines merkantilen Minderwerts, sodass der vom BG festgestellte Sachverhalt schon deswegen weder den Schluss auf ein Scheingeschäft noch auf einen Rechtsmissbrauch rechtfertigen kann."

9.7 Dauer und zeitlicher Schwund einer merkantilen Wertminderung

416 Eine nach technisch einwandfreier Behebung eines Mangels verbleibende merkantile Wertminderung ist – wie zuvor schon dargetan – flüchtig, d.h., sie schwindet mit der Zeit. Dies ist darauf zurückzuführen, dass

- einerseits das für die merkantile Wertminderung ursächliche Ereignis und der daraus resultierende Mangel (z.B. Schaden) nach seiner einwandfreien Behebung verblasst und schließlich in Vergessenheit gerät und
- andererseits das Vertrauen in die mängelbeseitigenden Maßnahmen mit der Zeit wächst, wenn die Immobilie schadlos geblieben ist.

417 Damit schwindet das Risiko und mit dem zeitlichen Schwund geht die merkantile Wertminderung gegen null. Sie ist aber bereits dann schon nicht mehr existent, wenn sie am Wertermittlungsstichtag die objektspezifische Bagatellgrenze unterschreitet.

108 BGH, Urt. vom 08.12.1977 – VII ZR 60/76 –, BauR 1979, 158 = EzGuG 19.33a.

9.8 Allgemeine Grundzüge der Ermittlung einer merkantilen Wertminderung

9.8.1 Vorbemerkung

Die **merkantile Wertminderung** wird gern auch **als psychologische Wertminderung** bezeichnet. Das allein kann nicht generell dazu führen, die merkantile Wertminderung mit pauschalen „Erfahrungssätzen" zu begründen, wie dies auch in der Literatur getan wird. Die Ursachen einer merkantilen Wertminderung sind außerordentlich vielfältig und vom jeweiligen Einzelfall abhängig. So ist selbst die Höhe einer altlastenbedingten Wertminderung von Art und Umfang der Kontaminierung und der künftigen Nutzung davon betroffener Flächen abhängig. 418

Auch die **Qualifizierung der merkantilen Wertminderung als psychologische Wertminderung können pauschale Erfahrungssätze** für sich allein **nicht rechtfertigen**, denn auch psychologische Verhaltensweisen sind im Unterbewusstsein des gewöhnlichen Geschäftsverkehrs von einer Reihe mehr oder minder rational konkretisierbarer kollektiver, wenn auch diffuser Vorstellungen „gesteuert". Bei der Ermittlung der merkantilen Wertminderung kommt man also nicht umhin, die auslösenden Momente objektiv zu qualifizieren und in die Wertermittlung einzustellen.

Abb. 36: Wesentliche Parameter einer merkantilen Wertminderung

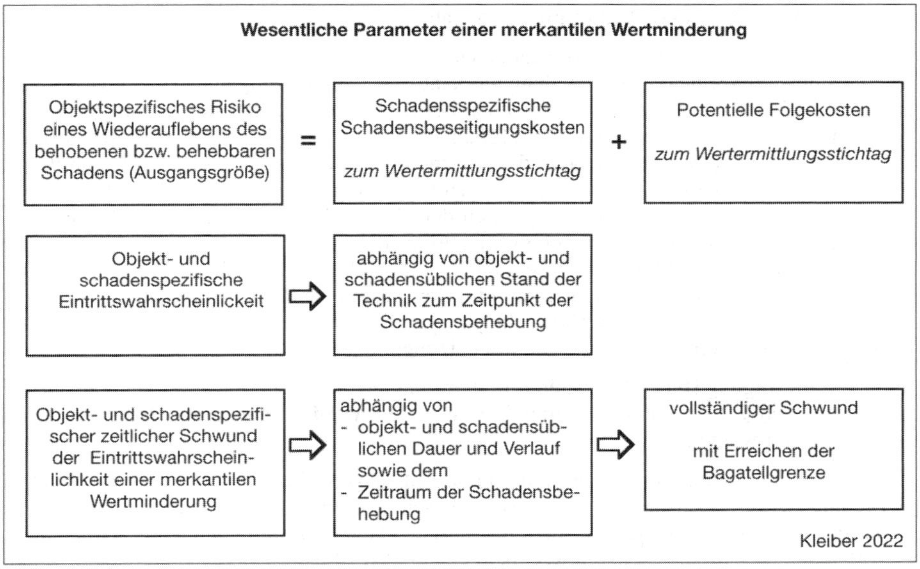

Es gibt keine allgemeinverbindlichen Richtsätze, weder zur Eintrittswahrscheinlichkeit noch zu Dauer und Verlauf des zeitlichen Schwundes sowie zur Bagatellgrenze. Diese sind abhängig von Art und Umfang des behobenen bzw. behebbaren Schadens, dem jeweiligen Stand der Technik (zum Zeitpunkt der Schadensbehebung) sowie der Lage auf dem Grundstücksmarkt zum Wertermittlungsstichtag. Die objekt- und schadensspezifische Qualifizierung und Quantifizierung der Schadensbeseitigungskosten, der Eintrittswahrscheinlichkeit sowie der Dauer und des Verlaufs des zeitlichen Schwundes ist Aufgabe des „Spezialisten".

9.8.2 Kompetenzeinhaltungsgebot

419 Grundlage der Ermittlung eines „merkantilen Minderwerts" ist zunächst insbesondere die Qualifizierung technischer, biologischer und chemischer Besonderheiten verbunden mit daraus resultierenden komplexen Fragestellungen zur merkantilen Wertminderung. Sie können nicht mit dem „Bauchgefühl" des beauftragten Sachverständigen beantwortet werden und erfordern eine hohe persönliche und fachliche Qualifikation. Und so steht der mit der Erstellung eines Verkehrswertgutachtens beauftragte Sachverständige (Bewerter) regelmäßig vor dem Problem, dass er nicht die dafür erforderliche spezielle Sachkunde vorweisen kann, um z.B. die angezeigten Maßnahmen und Kosten zur Behebung von Bauschäden und ein verbleibendes Risiko qualitativ beurteilen zu können[109]. Seine Aufgabe ist es, die daraus resultierende Wertminderung zu beurteilen[110].
Gutachten über merkantile Wertminderungen sind deshalb zweckmäßigerweise in Zusammenarbeit von Sachverständigen verschiedener Disziplinen zu erstatten oder es müssen wegen der Unterschiedlichkeit der Sachgebiete mehrere Gutachter beauftragt werden. Der Immobiliensachverständige auf sich allein gestellt läuft Gefahr, schnell gegen das Kompetenzeinhaltungsgebot zu verstoßen.

9.8.3 Wertermittlungsverfahren

420 In der Praxis hat sich – abgesehen vom Bergschadensrecht – bislang **kein allgemein anerkanntes Verfahren bzw. keine allgemein überzeugende Berechnungsmethode zur Ermittlung der merkantilen Wertminderung** etablieren können.

421 Die Anwendung des vorrangig anzuwendenden Vergleichswertverfahrens scheitert regelmäßig an geeigneten Vergleichspreisen, denn merkantile Wertminderungen haben die vielfältigsten und individuellsten Ursachen und können bei den unterschiedlichsten Grundstücken im unterschiedlichsten Maße auftreten. Auch für eine robuste Anwendung des Ertragswertverfahrens fehlen geeignete Vergleichsdaten, denn nach vollständiger und technisch einwandfreier Behebung eines aufgetretenen Schadens können regelmäßig keine Nutzungsbeeinträchtigungen, Ertragsminderungen, Beeinträchtigungen der Gebrauchsfähigkeit oder erhöhte Bewirtschaftungskosten auftreten bzw. wären ggf. kaum nachweisbar. Wenn in der Rechtsprechung des BGH[111] gleichwohl auf eine eingeschränkte „Nutzbarkeit" abgestellt wird, dann kann der Mangel nicht vollständig behoben worden sein. Der präsumtive Rückgriff auf potenzielle Nutzungsbeeinträchtigungen unter Berücksichtigung der Eintrittswahrscheinlichkeit mag rechnerisch imposant erscheinen, kann aber nicht überzeugen.

422 Wo die zur Verfügung stehenden Daten für ein primär anzuwendendes Verfahren nicht ausreichen, kann nach § 8 Abs. 1 Satz 2 ImmoWertV auf ein **weniger geeignetes Hilfsverfahren** zurückgegriffen werden.

- Besonders gern wird auf die **Zielbaumverfahren** ausgewichen. Dabei wird der Mangel an geeigneten Vergleichspreisen durch Hypothesen und Wahrscheinlichkeitsannahmen bei der Festsetzung der Gewichte ersetzt. Sie täuschen eine Präzision vor, die tatsächlich nicht vorhanden ist[112]. In der neueren Rechtsprechung[113] wird nicht zuletzt wegen der Kritik an diesem Verfahren deshalb eine nachvollziehbare Begründung der in die Zielbaummethode eingehenden Wertermittlungsparameter gefordert, was im Bereich der Ermittlung merkantiler Wertminderung mangels geeigneter Vergleichspreise regelmäßig nicht geleistet werden kann.

---

109 Mantscheff, BauR 1982, 435.
110 Korves, W., Der merkantile Minderwert beim Immobilienkauf, NJW 2017, 1985.
111 BGH, Urt. vom 15.12.1994 – VII ZR 246/93 –, BauR 1995, 388 = EzGuG 19.43; OLG Brandenburg, Urt. vom 17.01.2017 – 6 U 40/15 –, IBR 2018, 72 = EzGuG 3.164.
112 Tewis, N., Merkantiler Minderwert bei Hausschwamm, GuG 2000, 33 ff., 44.
113 OVG Berlin-Brandenburg, Urt. vom 11.10.2018 – 2 B 2/16 –, IBRRS 2019, 0856 = EzGuG 15.203; OVG Berlin, Beschl. vom 04.12.2001 – 2 SN 8/01 –, GuG 2002, 255 = EzGuG 15.101e.

– Daneben sind **„intersubjektive Expertenbefragungen"** zunehmend ein beliebtes von der Rechtsprechung[114] bislang grundsätzlich zugelassenes Hilfsmittel. Die Expertenbefragung ist nichts anderes als eine sich auf eine breite Basis gründende kollektive Schätzung. Soweit das Gericht von der Fachkunde der Auskunftspersonen überzeugt ist, schadet es nicht, wenn auch die Fachleute ihrerseits keine Angaben mit mathematischer Genauigkeit machen können und diese von subjektiven Einschätzungen nicht frei sind (§ 6 ImmoWertV Rn. 171; Syst. Darst. des Vergleichswertverfahrens Rn. 86)[115].

Voraussetzung für belastbare und valide Ergebnisse ist die Befragung einer ausreichenden Anzahl von geeigneten Experten auf der Grundlage eines mit einem Anschreiben versehenen strukturierten und qualitativ ausgereiften Fragebogens, wobei die Zielsetzung der Befragung und ihre Auswertung zu erläutern ist und Vertraulichkeit zugesichert sein muss[116]. Dabei muss sichergestellt sein, dass eine repräsentative Anzahl befragter Experten in die Lage versetzt wurde, sich eingehend mit der jeweiligen Fallgestaltung zu befassen, und dies tatsächlich auch geschah. „Aus dem Bauch getätigte Zurufe" sind untauglich.

Grundsätzlich kann verfahrensmäßig zwischen **423**

a) dem Differenzwertverfahren, d.h. die merkantile Wertminderung wird aus der Wertdifferenz des (makellosen) Grundstücks vor einem Schadensereignis und nach Durchführung der Maßnahmen zur Schadensbehebung[117] ermittelt, und

b) der direkten Ermittlung der merkantilen Wertminderung, wobei das Ergebnis dem Betrag entsprechen muss, um den der Verkehrswert der Liegenschaft im „makellosen Zustand", d.h. unter Ausblendung des Schadensereignisses trotz ordnungsgemäßer Schadensbehebung zum Wertermittlungsstichtag, im gewöhnlichen Geschäftsverkehr gemindert ist.

Abb. 37: Verfahren der Ermittlung einer merkantilen Wertminderung

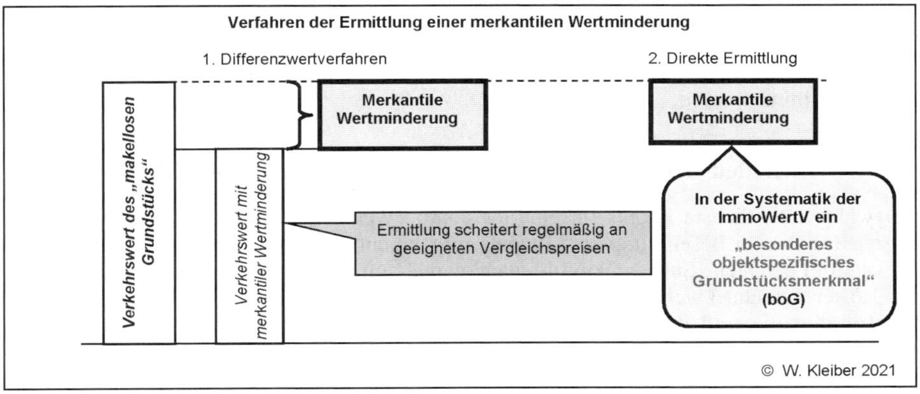

114 BGH, Urt. vom 06.12.2012 – VII ZR 84/10 –, GuG 2013, 255 = EzGuG 19.58; BGH, Urt. vom 09.01.2003 – VII ZR 181/00 –, BGHZ 153, 279 = EzGuG 19.48f; KG Berlin, Urt. vom 04.04.2014 – 21 U 18/13 –, IBR 2017, 505 = EzGuG 20.233: Wertermittlung auf der Grundlage von gerade einmal 15 Personen.

115 BGH, Urt. vom 06.12.2012 – VII ZR 84/10 –, GuG 2013, 255 = EzGuG 19.58.

116 Häder, M., Empirische Sozialforschung, 3. Aufl. Wiesbaden 2013; Kromrey, H., Empirische Sozialforschung, Modelle und Methoden der standardisierten Datenerhebung und Datenauswertung, 11. Aufl., Stuttgart 2006.

117 BGH, Urt. vom 02.04.1981 – III ZR 186/79 –, BRS Bd. 45 Nr. 173 = EzGuG 19.38; BGH, Urt. vom 18.09.1979 – VI ZR 19/79 –, MDR 1980, 133 = EzGuG 19.35, im Anschluss an BGH, Urt. vom 29.04.1958 – VI ZR 82/57 –, BGHZ 27, 181 = EzGuG 3.8a.

424 In der Praxis kommt regelmäßig der zweite Verfahrensweg zum Zuge, insbesondere auf der Grundlage

- der nach Art und Umfang des aufgetretenen und behobenen Schadens bzw. des noch zu behebenden Schadens erforderlichen Schadensbeseitigungskosten sowie der ggf. anfallenden Folgekosten
- in Verbindung mit dem daraus resultierenden Risiko eines Wiederauflebens des Schadens entsprechend der „Eintrittswahrscheinlichkeit" und ihrem zeitlichen Schwund nach der Zeitspanne, die seit Behebung des Schadens bis zum Wertermittlungsstichtag verstrichen ist und in der die merkantile Wertminderung im gewöhnlichen Geschäftsverkehr verblasst.

425 Die Anwendung der direkten Methode zur Ermittlung der merkantilen Wertminderung erfolgt in folgenden Schritten:

- Im ***ersten Schritt*** ist der Betrag festzustellen, der für die Behebung dieses Schadens am Wertermittlungsstichtag aufgebracht werden müsste, einschließlich des Zeitpunktes, zu dem der Schaden behoben wurde (**Schadensbeseitigungskosten**).
- Im ***zweiten Schritt*** ist festzustellen, ob und ggf. in welcher Höhe mit der Behebung des Schadens **Folgekosten** einhergehen bzw. ausgelöst werden können (z.B. Dichtungsschäden, Folgekosten im Hinblick auf Überschwemmungen und sog. drückendes Wasser). Folgeschäden können auf eine merkantile Wertminderung im gewöhnlichen Geschäftsverkehr sogar stärker als potenzielle Schadensbeseitigungskosten durchschlagen.
- Im ***dritten Schritt*** muss die nach Art und Umfang des Mangels (z.B. Bauschaden) bestehende Wahrscheinlichkeit eines Wiederauflebens des Schadens (objektspezifische **Eintrittswahrscheinlichkeit**) festgestellt werden.
- Schließlich muss im ***vierten Schritt*** der objektspezifische **zeitliche Schwund der (originären) Eintrittswahrscheinlichkeit** (Vergessenheitsfaktor) wiederum nach Art und Umfang des behobenen Mangels (z.B. Bauschaden) in Abhängigkeit vom Zeitraum, der seit Schadensbehebung und der üblichen Dauer einer merkantilen Wertminderung vergangen ist, bestimmt werden.

9.9 Schadensbeseitigungs- und Folgekosten als Ausgangsgröße des Risikos

426 Der wohl wesentlichste Impuls für eine merkantile Wertminderung geht von der Höhe der Kosten aus, die zur Beseitigung des Mangels aufgebracht wurden. Denn für den Fall, dass der einwandfrei behobene Schaden künftig noch einmal auftreten könnte, muss mit entsprechenden Kosten gerechnet werden. **Aufgrund der engen Korrelation zwischen der merkantilen Wertminderung und den aufgebrachten bzw. noch aufzubringenden Schadensbeseitigungskosten** wird in der Rechtsprechung immer wieder auf die aufgebrachten Schadensbeseitigungskosten rekurriert.

427 In der Rechtsprechung des BGH heißt es zu den aufgebrachten **Schadensbeseitigungskosten**[118].

„Der merkantile Minderwert stellt einen ersatzfähigen Schaden dar, dessen Erstattung der Eigentümer sogleich verlangen kann, auch wenn er den reparierten Gegenstand weiter benutzt und nicht veräußert (BGH, Urt. vom 03.10.1961 – VI ZR 238/60 –). Dem Eigentümer einer Sache, die trotz völliger und ordnungsgemäßer Reparatur im Verkehr wegen der Befürchtung von versteckten Mängeln ein geringerer Wert beigemessen wird, entsteht ein gegenwärtiger Schaden, weil er ein weniger wertvolles Vermögensobjekt in Händen hat, als er vor dem Schadensereignis besaß (BGH, Urt. vom 29.04.1958 – VI ZR 82/57 –). Im Schadensersatzrecht

118 Vgl. BGH, Urt. vom 02.04.1981 – III ZR 186/79 –, NJW 1981, 1663 = EzGuG 19.37a; OLG Stuttgart, Urt. vom 08.02.2011 – 12 U 74/10 –, GuG 2012, 381 = EzGuG 19.56b; OLG Dresden, Urt. vom 29.01.2003 – 11 U 726/02 –, IBR 2004, 18 = EzGuG 11.127e; auch für die Rechtsprechung zur Bemessung des merkantilen Minderwerts eines unfallbeschädigten Wagens ist der Zeitpunkt der beendeten Instandsetzung maßgebend (BGH, Urt. vom 02.12.1966 – VI ZR 72/65 –, NJW 1967, 552 = EzGuG 20.42a).

ist ferner anerkannt, dass auch bei der Beschädigung eines Gebäudes ein merkantiler Minderwert entstehen kann (BGH, Urt. vom 25.02.1953 – II ZR 172/52 –; vgl. auch OLG Nürnberg, Urt. vom 29.12.1988 – 2 U 2064/88 – GuG 1992, 167). Dieser wirkt sich nicht erst beim Verkauf des Grundstücks aus, sondern er liegt auch vor, wenn der Eigentümer das Haus nicht veräußern will (BGH, Urt. vom 05.10.1961 – VII ZR 146/60 –; BGH, Urt. vom 02.04.1981 – III ZR 186/79 –). **Für die Bemessung des merkantilen Minderwerts ist im Schadensersatzrecht der Zeitpunkt der beendeten Instandsetzung der beschädigten Sache maßgebend** (vgl. BGH, Urt. vom 02.12.1966 – VI ZR 72/85 –; BGH, Urt. vom 02.04.1981 – III ZR 186/79 –)."

Neben den Schadensbeseitigungskosten können ggf. noch Folgekosten den Ausgangswert deutlich erhöhen[119]. **428**

Ob die Schadens- und Folgekosten so „erheblich" sind, dass damit auch eine „erhebliche" merkantile Wertminderung einhergeht, bestimmt sich nicht allein nach der absoluten Höhe der Schadensbeseitigungs- und Folgekosten, sondern maßgeblich nach den **„relativen Schadensbeseitigungskosten"**. **429**
Die relativen Schadensbeseitigungskosten lassen sich auch als **Schadensgrad** bezeichnen.

Die „relativen Schadensbeseitigungskosten" (Schadensgrad) ergeben sich aus dem **Verhältnis der Schadensbeseitigungskosten zum Verkehrswert des „makellosen" Grundstücks** als Vomhundertsatz des Verkehrswerts eines „makellosen" Grundstücks (z.B. 12 %). Bei dieser Vorgehensweise finden die aktuellen konjunkturellen Verhältnisse ihre Berücksichtigung, und zwar sowohl in Bezug auf die Schadensbeseitigungs- und Folgekosten als auch in Bezug auf den Verkehrswert des „makellosen" Grundstücks. **430**

Schadensbeseitigungs- und Folgekosten bestimmen sich bei alledem nämlich nach den *konjunkturellen Verhältnissen des Wertermittlungsstichtags*, denn im Falle eines Wiederauflebens des Schadens fallen die aktuellen Kosten an und nur diese bilden das aktuelle Risiko ab. Dabei ist auch der aktuelle Stand der Technik zum Wertermittlungsstichtag zu berücksichtigen. Dieser lässt sich unter Einschaltung von Spezialisten bestimmen; hilfsweise durch Indizierung der historischen Schadensbehebungskosten. **431**

Andererseits wird der so ermittelte Ausgangswert für die Ermittlung der merkantilen Wertminderung auf der Grundlage der objektspezifischen Eintrittswahrscheinlichkeit i.V.m. ihrem objektspezifischen zeitlichen Schwund abgesenkt. **432**

Mit der Ermittlung der merkantilen Wertminderung auf der Grundlage einer Verhältnisrechnung hat sich mehrfach der BGH[120] befasst: **433**

„Nach … BGB geschieht die **Minderung auf der Grundlage einer Verhältnisrechnung**. Der Kaufpreis wird in dem gleichen zahlenmäßigen Verhältnis herabgesetzt, das im Zeitpunkt des Verkaufs zwischen dem (hypothetischen) Wert der Sache, wenn sie mangelfrei gewesen wäre, einerseits und ihrem tatsächlichen, durch den Mangel beeinträchtigten Wert andererseits bestanden bat. Dieser sogenannte „Minderungssatz" (Herabsetzungsquote) ist im vorliegenden Fall vom LG mit 50 % errechnet worden."

Des Weiteren kann ein weiterer Zuschlag angezeigt sein, wenn Anhaltspunkte dafür bestehen, dass im Zuge der Schadensbehebung weitere **unerkannte und nicht behobene Schäden befürchtet werden müssen.** **434**

In der Literatur wird oftmals auf einen Ansehensverlust, auf ein objektbezogenes Stigma bzw. auf das Image der Immobilie verwiesen. Soweit **Stigma** bzw. das **Image** ursächlich auf die Schadensereignisse zurückzuführen sind, werden die Begriffe zumeist inhaltsgleich mit dem Begriff des „*Risikos*" verwandt, also für ein und denselben Sachverhalt. Denn sowohl für ein Stigma als auch für das aus dem Schaden resultierende Image ist das nach vorstehenden Grundsätzen ermittelte Risiko das ursächliche Momentum. Dementsprechend liefe ein zusätzlicher Ansatz für Stigmaeffekte auf eine Doppelberücksichtigung hinaus. **435**

119 Vgl. KG, Urt. vom 21.11.2016 – 20 U 109/14 –, ZMR 2017, 495 = EzGuG 20.250: 5 % bei einer Schadenssumme von 0,87 % des Verkehrswerts.
120 U.a.: BGH, Urt. vom 13.11.1970 – V ZR 6/70 –, BB 1971, 64 = EzGuG 19.23.

436 **Maximale Ausgangsgröße** für die Bemessung der merkantilen Wertminderung **ist** nach vorstehenden Ausführungen **die Summe der *auf den Wertermittlungsstichtag bezogenen* potenziellen Schadensbeseitigungskosten + ggf. potenziellen Folgekosten,**
und zwar in relativer Höhe, gemessen am Verkehrswert des „makellosen" Grundstücks zum Wertermittlungsstichtag.

437 **Bauschäden als Folge von Fehlbedienung oder Verschleiß** bleiben bei alledem außer Betracht.

9.10 Eintrittswahrscheinlichkeit

438 Die in relativer Höhe ermittelten Schadensbeseitigungs- und potenziellen Folgekosten bilden einen rein rechnerischen Ausgangsbetrag, der in engem Zusammenhang mit der objektspezifischen Eintrittswahrscheinlichkeit eines Wiederauflebens des behobenen Schadens steht.
Das sich daraus ergebende **nachhängende Risiko** ist vor dem Hintergrund der Definition der merkantilen Wertminderung als Vertrauensschaden ein unverzichtbarer Wertermittlungsparameter (vgl. Rn. 391).

439 Die Eintrittswahrscheinlichkeit (auch Schadenswahrscheinlichkeit oder Schadenshäufigkeit) bezeichnet den statistischen Erwartungswert oder die geschätzte Wahrscheinlichkeit für das Eintreten eines bestimmten Ereignisses in einem bestimmten Zeitraum in der Zukunft.
Das Produkt aus Schadenshöhe und Eintrittswahrscheinlichkeit bildet das **objektive Risiko** ab.

440 Die Wahrscheinlichkeit wird als Zahl zwischen 0 und 1 ausgedrückt. Eine Wahrscheinlichkeit von 0 bedeutet, dass eine Situation auf keinen Fall eintritt, und eine Wahrscheinlichkeit von 1, dass sie immer eintritt. Die Wahrscheinlichkeit kann auch in Prozent ausgedrückt werden. In diesem Fall bedeutet eine Wahrscheinlichkeit von 100 Prozent, dass eine bestimmte Situation immer eintritt.

441 Die Eintrittswahrscheinlichkeit kann durch statistische Erhebung, Expertenbefragungen und hilfsweise auch durch Schätzungen der Häufigkeit von Ereignissen (z.B. Wiederaufleben eines Schadens) in vergleichbaren Fällen ermittelt werden.

442 Die objektspezifische Eintrittswahrscheinlichkeit ist insbesondere abhängig von Art und Umfang des behobenen Schadens. Die objektspezifische Eintrittswahrscheinlichkeit eines Wiederauflebens des Schadens einzuschätzen, ist wiederum in erster Linie eine Frage, die von einem Bewertungssachverständigen zumeist nicht beantwortet werden kann und spezielle Sachkunde erfordert.

443 Darüber hinaus ist die Eintrittswahrscheinlichkeit auch von rechtlichen Gegebenheiten abhängig, insbesondere von Gewährleistungsansprüchen. Gewährleistungsansprüche fangen die finanziellen Auswirkungen des Wiederauflebens des Schadensereignisses im Zeitraum der Gewährleistungsfrist auf. Insoweit werden die technisch bedingte Eintrittswahrscheinlichkeit und damit auch das finanzielle Risiko gemindert (effektive Eintrittswahrscheinlichkeit). Im gewöhnlichen Geschäftsverkehr findet dies seinen Niederschlag in der merkantilen Wertminderung, denn dieser definiert sich u.a. durch den Handel zwischen vertragswilligen und voneinander unabhängigen Geschäftspartnern, die hinreichend und ggf. sachverständig aufgeklärt sind[121].

444 Da in der Verkehrswertermittlung eine merkantile Wertminderung auch dann berücksichtigt werden muss, wenn der ursächliche Mangel in technisch einwandfreier Weise zum Wertermittlungsstichtag (noch) nicht behoben worden ist und diese gleichwohl im gewöhnlichen Ge-

---

121 BGH, Urt. vom 01.03.1984 – III ZR 197/82 –, BGHZ 90, 243 = EzGuG 6.224; BGH, Urt. vom 20.03.1975 – III ZR 153/72 –, BRS Bd. 34 Nr. 120 = EzGuG 18.64; BGH, Urt. vom 29.01.1970 – III ZR 30/69 –, BRS Bd. 26 Nr. 97 = EzGuG 18.48; BGH, Urt. vom 25.06.1964 – III ZR 111/61 –, BRS Bd. 19 Nr. 128 = EzGuG 4.22; BGH, Urt. vom 08.06.1959 – III ZR 66/58 –, BGHZ 30, 281 = EzGuG 6.41.

schäftsverkehr aufgrund konkreter Tatsachen mit hinreichender Sicherheit präsumtiv zu erwarten ist, muss dabei **bewertungstechnisch** grundsätzlich unterschieden werden zwischen Mängeln (z.B. Bauschäden), die

a) *am Wertermittlungsstichtag* bereits technisch in einwandfreier Weise behoben sind, und

b) *am Wertermittlungsstichtag* noch nicht behobenen Mängeln.

Dies ist darin begründet, dass sich mit der Zeit der „Stand der Technik" und damit auch die angezeigten Maßnahmen zur Schadensbehebung und damit auch ein verbleibendes Risiko (objektspezifische Eintrittswahrscheinlichkeit) fortentwickelt. So kann das, was „gestern" zur Schadensbehebung gemacht wurde, „heute" überholt sein und ist heute vielleicht ohne jedwedes Risiko beherrschbar. Im Falle der Ermittlung einer merkantilen Wertminderung von Objekten, bei denen der aufgetretene Mangel am Wertermittlungsstichtag noch nicht behoben wurde, ist deshalb von der objektspezifischen Eintrittswahrscheinlichkeit auszugehen, die sich nach dem Stand der Technik am Wertermittlungsstichtag bemisst. Sie ist i.d.R. geringer als bei Maßnahmen, die in der Vergangenheit durchgeführt worden sind.

Im Falle der *Ermittlung einer merkantilen Wertminderung von Objekten, bei denen der aufgetretene Mangel am Wertermittlungsstichtag bereits behoben worden ist*, bestimmt sich die **Eintrittswahrscheinlichkeit nach dem Stand der Technik zum Zeitpunkt der Behebung des Mangels**. **445**

Ausgangspunkt für die Bemessung des Risikos sind indessen in beiden Fällen grundsätzlich die **fiktiv am Wertermittlungsstichtag entsprechend dem Stand der Technik im Falle des Wiederauflebens des Mangels aufzubringenden Schadensbeseitigungskosten** (dolus eventualis). Indessen kann aus vorstehenden Gründen die objektspezifische Eintrittswahrscheinlichkeit davon abhängig sein, ob die Schadensbeseitigungsmaßnahmen bereits durchgeführt worden sind oder am Wertermittlungsstichtag noch ausstehen. **446**

Abb. 38: Merkantile Wertminderung bei bereits behobenen Mängeln und ausstehender Mängelbeseitigung

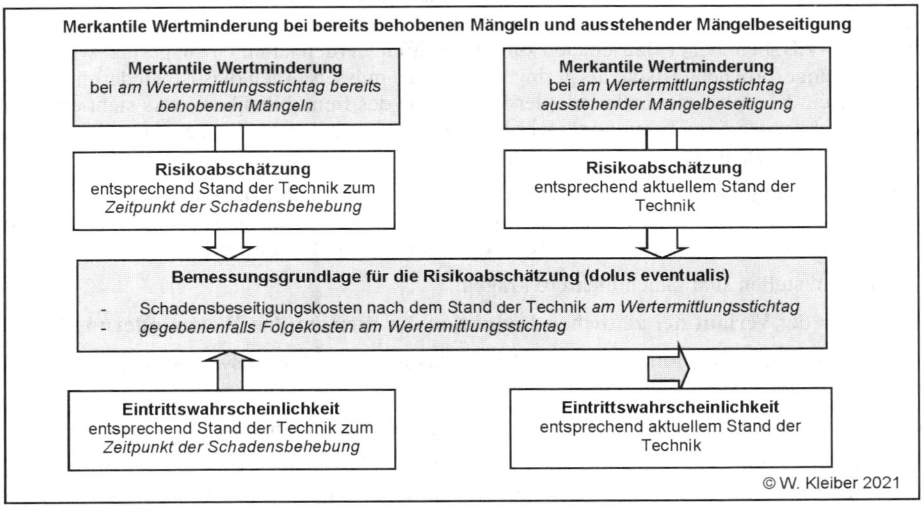

Wird der Verkehrswert einer einschlägigen Liegenschaft bezogen auf einen späteren Zeitpunkt (z.B. 5 Jahre nach Schadensbehebung) ermittelt, muss sich das Risiko an den aktuellen fiktiv aufzubringenden Schadensbeseitigungskosten entsprechend dem Stand der Technik des Wertermittlungsstichtags und dem aktuellen Verkehrswert eines „makellosen" Grundstücks orientieren (relative Schadensbeseitigungskosten). Dagegen bestimmt sich die objektspezifische **447**

Eintrittswahrscheinlichkeit nach den vor fünf Jahren entsprechend dem damaligen „Stand der Technik" durchgeführten Schadensbeseitigungsmaßnahmen. Darüber zu befinden, entzieht sich zumeist der Kompetenz eines Immobilienbewerters und dementsprechend muss ein dafür kompetenter Sachverständiger hinzugezogen werden.

9.11 Zeitlicher Schwund der objektspezifischen Eintrittswahrscheinlichkeit

448 **Die objektive Eintrittswahrscheinlichkeit und damit** auch die merkantile Wertminderung **reduzieren sich, ausgehend vom Zeitpunkt der Schadensbeseitigung, mit fortschreitender Zeit.** Damit schwinden auch die Befürchtung und das Risiko eines Wiederauftretens des Schadens, während umgekehrt das Vertrauen in eine dauerhafte Schadensbehebung wächst. Das als Ausgangsgröße festgestellte Risiko, d.h. der Schadensgrad (relative Schadensbeseitigungs- und Folgekosten als Vomhundertsatz), vermindert sich i.V.m. der Eintrittswahrscheinlichkeit und ihrem zeitlichen Schwund. Das gilt ggf. entsprechend für die aus dem behobenen Schaden resultierenden und mit dem Risiko korrelierten objektspezifischen Stigma- bzw. Imageeffekte.

449 Die in ihrer relativen Höhe auf den Wertermittlungsstichtag bezogenen Schadensbeseitigungskosten vermindern sich im Laufe der Zeit darüber hinaus i.d.R. auch dadurch, dass Immobilienwerte „makelloser" Grundstücke (in ihrer Gesamtheit) zwischenzeitlich aufgrund allgemeiner Preissteigerungen auf dem Grundstücksmarkt deutlich stärker als die partiellen Schadensbeseitigungskosten ansteigen. Denn die Entwicklung der Immobilienwerte hat sich bekanntermaßen von der Entwicklung der Baupreise abgekoppelt. Darüber hinaus beziehen sich die Schadensbeseitigungskosten regelmäßig nur auf einzelne Gewerke und sind schon deshalb geringer als der Gesamtwert der Immobilie. Im Ergebnis können sich die so relativierten Schadensbeseitigungskosten allen durch Zeitablauf auf eine „unerhebliche" Größenordnung vermindern, zumal auch die objektspezifische Eintrittswahrscheinlichkeit mit der Zeit abnimmt. Die merkantile Wertminderung ist dann nicht mehr virulent.

450 Der **objektspezifische zeitliche Schwund der Eintrittswahrscheinlichkeit** ist nicht allein psychologisch „gesteuert", sondern lässt sich vielfach auch mit bautechnischen und sonstigen Erfahrungssätzen begründen, insbesondere wenn auf empirische Untersuchungen zur „Rückfallquote" z.B. behobener Bauschäden zurückgegriffen werden kann. Ist sie gering, wird man auch das angesprochene Risiko als gering einschätzen müssen. Auch dies ist wiederum in erster Linie ein Komplex, der außerhalb der Kompetenz des Immobilienbewerters steht und von einem Sachverständigen beantwortet werden muss, der nach der Art des behobenen Schadens eine besondere Sachkunde vorweisen kann.

451 Aus alledem folgt, dass die objektspezifische Eintrittswahrscheinlichkeit und damit auch eine merkantile Wertminderung, ausgehend vom Zeitpunkt der Schadensbehebung, mit der Zeit schwindet und mit der Reduktion bis auf die Bagatellgrenze flüchtig ist.

452 Zu alledem stellen sich gleich mehrere Fragen:

a) Wie ist der **Verlauf der zeitlichen Reduktion der merkantilen Wertminderung**?

b) Über welchem **Zeitraum** zehrt sich die objektspezifische Eintrittswahrscheinlichkeit und damit eine merkantile Wertminderung auf?

c) Gibt es eine auf Dauer verbleibende merkantile Wertminderung?

453 Bezüglich des zeitlichen Schwundes der Eintrittswahrscheinlichkeit ist – wie im Übrigen bei der originären objektspezifischen Eintrittswahrscheinlichkeit – wiederum grundsätzlich zu unterscheiden zwischen dem Fall, dass die Mängel

1. *am Wertermittlungsstichtag* bereits technisch in einwandfreier Weise behoben sind und
2. *am Wertermittlungsstichtag* noch zu beheben sind.

Dauer und Verlauf des zeitlichen Schwundes der objektspezifischen Eintrittswahrscheinlichkeit sind nämlich wiederum von dem zur Anwendung gekommenen bzw. noch kommenden

Stand der Technik abhängig. Dementsprechend können sich für die in der Vergangenheit durchgeführten Maßnahmen der Mängelbehebung ein anderer Verlauf und eine andere Dauer ergeben als bei am Wertermittlungsstichtag noch ausstehenden Maßnahmen der Mängelbeseitigung.

Zum **Verlauf der** objektspezifischen **zeitlichen Reduktion der Eintrittswahrscheinlichkeit (Vergessenheitsfaktor)** gibt es eine Vielzahl von Denkmodellen. 454

Abb. 39: Denkmodelle zur zeitlichen Reduktion einer merkantilen Wertminderung

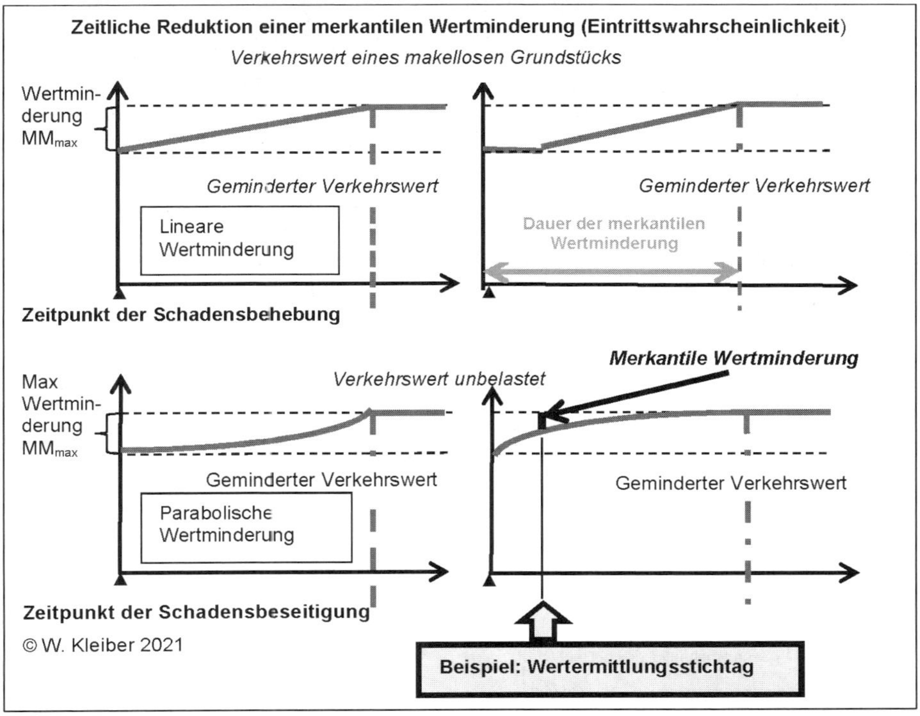

Es gibt keinen allgemeingültigen Verlauf des zeitlichen Schwundes der objektspezifischen Eintrittswahrscheinlichkeit (merkantile Wertminderung). Der zeitliche Schwund ist abhängig von Art und Umfang des behobenen Mangels. Demzufolge ist nach Möglichkeit von einem objektspezifischen Verlauf auszugehen. 455

In der Bewertungspraxis steht insbesondere die Ermittlung merkantiler Wertminderungen nach behobenen Bauschäden und -mängeln im Vordergrund. Zur Eignung der schadensbehebenden Maßnahmen, zu vorbeugenden Maßnahmen und zum potenziellen Wiederauftreten behobener Schäden kann auf Ergebnisse der Bauforschung zurückgegriffen werden. 456

– Das Risiko einer sich an den Schadensbeseitigungskosten orientierenden merkantilen Wertminderung ist insoweit gering, wenn es den Zeitraum betrifft, der vom Zeitpunkt der Abnahme der Maßnahmen zur Behebung der Mängel gerechnet in die Gewährleistungsfrist fällt. Liegt der **Wertermittlungsstichtag innerhalb der Gewährleistungsfrist,** besteht für die zu diesem Zeitpunkt verbleibende Gewährleistungsfrist nur ein eingeschränktes Risiko. Das berücksichtigungsfähige Risiko wird ausgehend vom Zeitpunkt der Schadensbehebung von Beginn an auf das Maß reduziert, wie es nach Ablauf der Gewährleistungsfrist auflebt.

– Nach den Erkenntnissen der Bauforschung[122] treten behobene Schäden allenfalls in der Frühphase wieder auf. Dementsprechend muss davon ausgegangen werden, dass bauschadensabhängige merkantile Wertminderungen sehr schnell schwinden.
  In der Bauforschung ist auch nachgewiesen worden, dass die größte Zahl von Bauschäden etwa in einem Zeitraum von fünf Jahren nach der Erstellung eines Gebäudes auftritt (Anfangsschäden). Dies wird darauf zurückgeführt, dass die einmalig nach der Herstellung des Gebäudes auftretenden Verformungen (Setzungen, Schwind- und Kriechvorgänge) nach fünf Jahren abgeschlossen sind. Daraus folgt, dass die Wahrscheinlichkeit sehr groß ist, dass die Bauteile während dieses Zeitraumes allen Beanspruchungen in ungünstigster Kombination ausgesetzt waren und daher ihre Leistungsfähigkeit unter Beweis stellen mussten. Die „Anfangsschäden" gehen zum überwiegenden Teil auf Planungs- und Ausführungsfehler zurück und werden durch die fünfjährige Gewährleistungsfrist nach BGB abgedeckt. Die Anfangsschäden erfordern also i.d.R. für den Bauherrn keine speziellen Aufwendungen, sondern sind von den Verursachern zu tragen. Hieraus folgt, dass das **Risiko eines Wiederauflebens eines Bauschadens in sehr kurzer Zeit schwindet und infolgedessen kostenmäßig zumeist unter die Gewährleistung** fällt.

457 Die Bauforschung (a.a.O.) hat des Weiteren nachgewiesen, dass die auf verschiedene Ursachengruppen zurückführbaren Schäden nicht gleichmäßig verteilt über die Standzeit eines Gebäudes auftreten. Es lassen sich vielmehr Anfangs-, Zufalls- und Alterungsschäden unterscheiden. Davon sind in Bezug auf die Ermittlung merkantiler Wertminderungen allein die Anfangsschäden von Bedeutung.

Abb. 40: Verteilung der Schadenshäufigkeit über die Standzeit von Gebäuden

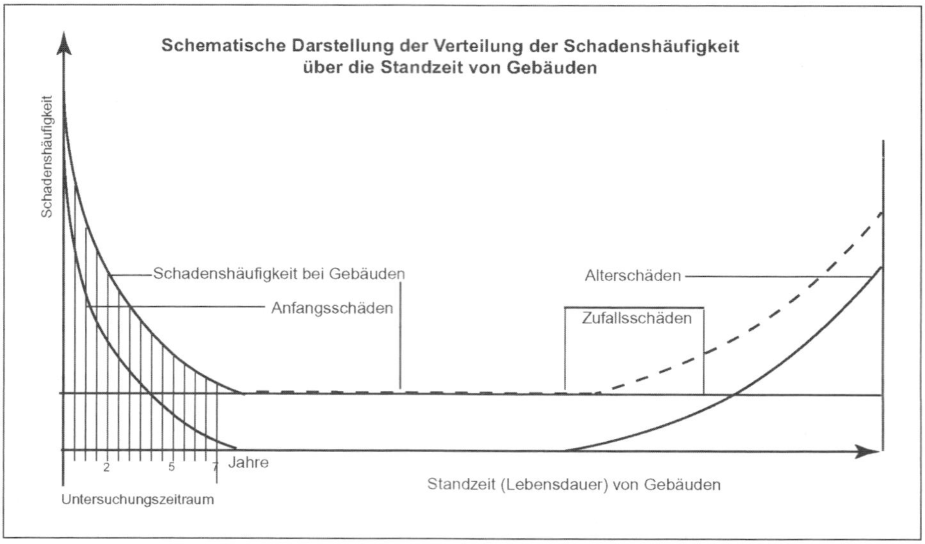

Quelle: Forschungsbericht im Auftrag des BMVBW: Schild, E./Oswald, R./Rogier, D., Bauschäden im Hochbau, Fraunhofer IRB Verlag 1983, F 1932.

458 In einer bereits 1983 erschienenen Studie geht die Kurve der nach Behebung eines Bauschadens auftretenden Schadenshäufigkeit und damit auch das Risiko bereits in den ersten fünf Jahren (Gewährleistungsfrist) auf 25 % der ursprünglichen Schadenshäufigkeit und schleift etwa nach 10 Jahren aus. Die zeitlich erst sehr viel später auftretenden Zufalls- und Altersschä-

---

122 Forschungsbericht im Auftrag des BMVBW: Schild, E./Oswald, R./Rogier, D., „Bauschäden im Hochbau, Fraunhofer IRB Verlag 1983, F 1932.

den bleiben dabei außer Betracht, denn sie sind regelmäßig nicht Ursache einer merkantilen Wertminderung.

Ordnet man die aufgetretenen Anfangsschäden verschiedenen Bauteilgruppen zu, so ist nach deutschen und schweizerischen Untersuchungen festzustellen, dass der größte Anteil der Schäden an Außenwänden auftritt (24 %), gefolgt von Dächern, Dachterrassen und Balkonen (14,5 %). Der Anteil der sonstigen Bauteilgruppen liegt bei jeweils ca. 10 %. 459
Innerhalb der einzelnen Bauteilbereiche sind die Schäden ebenfalls nicht gleichmäßig verteilt; es gibt vielmehr eindeutig mehr und weniger risikoreiche Konstruktionen – z.B. gehören geneigte Dächer und Außenwände mit hinterlüfteten Bekleidungen deutlich zu den wenig schadensanfälligen Konstruktionstypen, während Flachdächer und einschalige Sichtmauerwerkskonstruktionen häufiger schadhaft werden.
Mit diesen Feststellungen lassen sich bereits die Fälle eingrenzen, die für eine merkantile Wertminderung in Betracht kommen.

Zum **zeitlichen Verlauf der** objektspezifischen Eintrittswahrscheinlichkeit, d.h. **der Wahrscheinlichkeit eines Wiederauflebens** des behobenen Schadens (zeitlicher Schwund der objektspezifischen Eintrittswahrscheinlichkeit), bestehen keine die Art und den Umfang des Schadens berücksichtigenden allgemeingültigen Erkenntnisse. 460
Deshalb wird gern von einem *linearen Schwund der merkantilen Wertminderung* ausgegangen. Diese Vorgehensweise entspricht der in § 38 ImmoWertV vorgeschriebenen Vorgehensweise für die Ermittlung der Alterswertminderung bei Anwendung des Sachwertverfahrens. Sie wird u.a. damit begründet, dass sie einfach und plausibel ist und „man es eben nicht besser wisse“.

Abb. 41: Linearer zeitlicher Schwund der objektspezifischen Eintrittswahrscheinlich

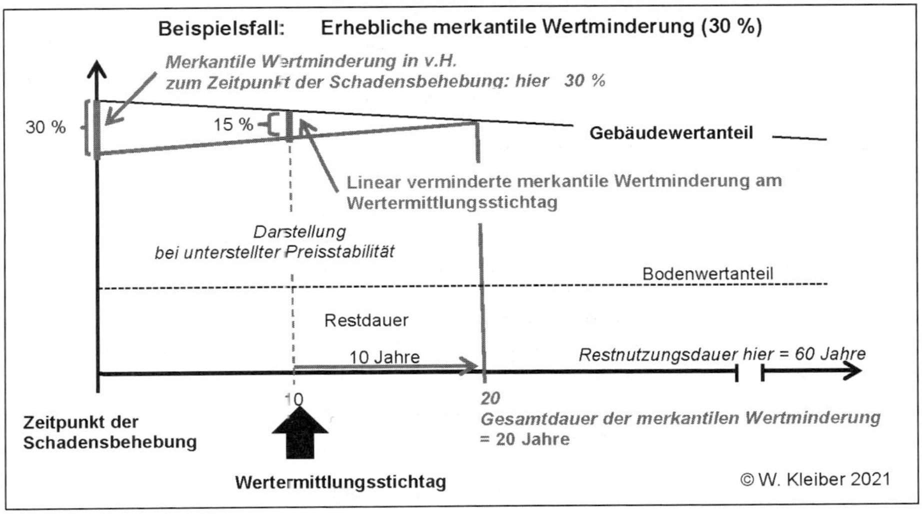

461 Auch zum Zeitraum, über den sich die objektspezifische Eintrittswahrscheinlichkeit und damit auch die merkantile Wertminderung vollständig aufzehren, gibt es weder im Schrifttum noch in der Rechtsprechung verlässliche Hinweise. In der deutschen Rechtsprechung[123] finden sich nur vereinzelte Hinweise zur Dauer einer merkantilen Wertminderung bei Bergschäden. Der Zeitraum ist abhängig

- von der **Höhe der befürchteten Schadensbeseitigungskosten** im Falle des Wiederauflebens, denn je höher die aufgebrachten Schadensbeseitigungskosten waren, umso länger bleiben der Schaden und das Risiko in den Köpfen;
- von der objektspezifischen **Eintrittswahrscheinlichkeit eines Wiederauflebens**, die umso höher ist, je komplexer der behobene Schaden war und je schadensanfälliger die Konstruktion ist. Diese ist u.a. von einer nachträglichen Qualitätskontrolle der ausgeführten Maßnahmen (z.B. Baukonstruktion) abhängig.

Selbst eine Komplettsanierung schließt eine merkantile Wertminderung nicht aus (Totalerneuerung eines Daches)[124].

462 **Für den zeitlichen Schwund der objektspezifischen Eintrittswahrscheinlichkeit und der merkantilen Wertminderung gibt es generell keine starren Zeiträume**. Jede merkantile Wertminderung hat ihre eigene Psychologie und ihren eigenen „Vergessenheitsfaktor". So haben beherrschbare Baumängel einen anderen Vergessenheitsfaktor als die Dekontaminierung radioaktiv verseuchter Immobilien. Dementsprechend muss von einem *objektspezifischen Zeitraum* des Bestehens einer merkantilen Wertminderung ausgegangen werden.

463 Die im älteren Schrifttum[125] veröffentlichten Zeiträume für die Dauer einer merkantilen Wertminderung von bis zu 60 Jahren müssen schon angesichts der immer kürzer werdenden Gesamtnutzungsdauer von Gebäuden als völlig überholt gelten. Auch die heute vielfach mit 15 Jahren angenommene Dauer einer merkantilen Wertminderung ist nach der hier vertretenen Auffassung eher kürzer anzusetzen. Allgemein wird nämlich angenommen, dass die merkantile Wertminderung im zeitlichen Verlauf über den genannten Zeitraum allmählich gegen „null" ausschleift. Voraussetzung für eine merkantile Wertminderung ist nach der Rechtsprechung jedoch eine „erhebliche" Wertminderung, sodass sie schon mit Erreichen der Bagatellgrenze abrupt abbricht. Infolgedessen ist die merkantile Wertminderung nur über einen kürzeren Zeitraum virulent.

464 Eine Besonderheit ist bei der **Ermittlung der merkantilen Wertminderung von Grundstücken zu beachten, deren Gebäude eine kurze Restnutzungsdauer aufweisen** und bei denen die potenziellen Schadensbeseitigungskosten im Falle eines Wiederauftretens des Schadens den am Wertermittlungsstichtag noch vorhandenen Gebäuderestwert übersteigen (abbruchreife liquidationsbetroffene Grundstücke)[126]. Übersteigen die im Falle eines Wiederauflebens des Schadens am Wertermittlungsstichtag die erneut aufzubringenden Schadensbeseitigungskosten den dann gegebenen Gebäuderestwert, ist ein Abbruch angezeigt.

465 Eine **auf Dauer verbleibende merkantile Wertminderung** dürfte allenfalls in sehr seltenen Ausnahmefällen nicht auszuschließen sein.
Beispiel:
In einer Frankfurter Wohnung wurde strahlendes Plutonium gelagert. Trotz Dekontamination muss von einem Dauerschaden ausgegangen werden.
Daneben kann auch im Fall eines sog. merkantilen Mehrwerts (z.B. sog Einsteinhaus) davon ausgegangen werden, dass dieses Prädikat in der Öffentlichkeit einem „breiten Teil des Publikums" auf Dauer bekannt bleibt.

---

123 OLG Düsseldorf, Urt. vom 04.02.2000 – 7 U 67/98 –, BauR 2000, 1487 = EzGuG 4.176a: Zeitraum von 5 bis 10 Jahren.
124 OLG Stuttgart, Urt. vom 08.02.2011 – 12 U 74/10 –, GuG 2012, 381 = EzGuG 19.56b.
125 Volze, Vortrag vor der Fachgruppe Bau- und Bewertung des LVS Hessen in der IHK Frankfurt am Main 14.11.2003.
126 Vgl. hierzu: BGH, Urt. vom 13.11.1970 – V ZR 6/70 –, BB 1971, 64 = EzGuG 19.23.

Im Hinblick auf die derzeit „angespannten Grundstücksmärkte“ mit einem erheblichen Nachfrageüberhang ist nochmals auf die bereits unter Rn. 506 angesprochene Elastizität örtlicher Grundstücksmärkte hinzuweisen. Dort finden merkantile Wertminderungen kaum oder allenfalls geringe Beachtung. 466

9.12 Praxisfall zur Ermittlung einer merkantilen Wertminderung

9.12.1 Grundzüge

Da es eine mathematisch exakte Methode der Ermittlung von merkantilen Wertminderungen nicht geben kann, empfiehlt es sich, die Schätzung auf **möglichst einfache, plausible und eingängige Gedankengrundlagen** zu stützen, denn der „*gewöhnliche Geschäftsverkehr*“ als das wesentliche Element des Verkehrswerts „tickt“ weitaus gradliniger und bodenständiger, als so mancher Sachverständige es sich vorstellt und in seinen Algorithmus einbringt. Jedes zur Anwendung kommende Verfahren muss sich vor allem am Marktverhalten des gewöhnlichen Geschäftsverkehrs orientieren. Die wichtigsten Wertermittlungsparameter sind die, die ein aufgeklärter und hinreichend informierter Käufer erkennen konnte und die nach den allgemeinen Usancen des Grundstückverkehrs (Marktverhalten) beim Kauf der Liegenschaft zu einer Absenkung des sonst für ein unbelastetes Grundstück erzielbaren Verkehrswerts führen. Hiervon ausgehend werden nachfolgend die **Grundzüge der merkantilen Wertminderung** dargestellt. 467

9.12.2 Ermittlung der relativen Schadensbeseitigungs- und Folgekosten als Ausgangsgröße des Risikos

Ausgangswert für die Ermittlung der merkantilen Wertminderung sind nach den vorstehenden Ausführungen die **Schadensbeseitigungskosten** und gegebenenfalls die Folgekosten. Diese Kosten **stehen** (als Ausgangsgröße) **gleichsam für das Risiko**, das ein Käufer mit dem Erwerb der Liegenschaft eingeht. 468

Diese Kosten sind vom Sachverständigen für Grundstücksbewertung unter Heranziehung eines Sachverständigen für den einschlägigen Schaden nach den Gegebenheiten des Wertermittlungsstichtags zunächst in absoluter Höhe zu ermitteln und sodann ins Verhältnis zum aktuellen Verkehrswert des Bewertungsobjekts im makellosen Zustand zu setzen. Die so abgeleiteten relativen Schadensbeseitigungskosten (Vomhundertsatz) ergeben den Schadensgrad und bilden den *maximalen* Ausgangswert des mit dem Erwerb des Grundstücks einhergehenden Risikos. 469

$$\text{Schadensbeseitungs- und ggf. Folgekosten } [\%] = \frac{\text{Schadensbeseitungs- und ggf. Folgekosten } [€] \times 100}{\text{Verkehrswert des unbelasteten Grundstücks } [€]}$$

Mit der Ermittlung der **Schadensbeseitigungskosten als Vomhundertsatz des Verkehrswerts der Immobilie ohne das schädigende Ereignis,** d.h. im „makellosen“ Zustand, relativiert sich die absolute Höhe der Schadensbeseitigungskosten im Verhältnis zum Gesamtwert der Immobilie sowie ihrer Lage in Hochpreisgebieten. 470

Beispiel: 471

Schadensbeseitigungskosten bezogen auf Wertermittlungsstichtag	500 000 €
+ Folgekosten bezogen auf Wertermittlungsstichtag	300 000 €
Insgesamt	800 000 €

Verkehrswert des makellosen Grundstücks am Wertermittlungsstichtag 2 000 000 €

Relative Schadensbeseitigung- und Folgekosten in % des Verkehrswerts des makellosen Grundstücks:

800 000 € / 2 000 000 € = 40 %

9.12.3 Eintrittswahrscheinlichkeit eines Wiederauflebens des behobenen Schadens und ihr zeitlicher Schwund

472 Sodann ist die objektspezifische **Eintrittswahrscheinlichkeit eines Wiederauflebens des behobenen Schadens** als Vomhundertsatz **und ihr** objektspezifischer **zeitlicher Schwund** einschließlich des Zeitraums ihres Bestands (in Jahren) nach Art und Umfang sowie den einschlägigen rechtlichen Gegebenheiten von einem hinzugezogenen (bautechnischen) Sachverständigen mit der notwendigen Sachkompetenz in substanziierter Weise einzuschätzen. Die Einschätzung der objektspezifische Eintrittswahrscheinlichkeit und ihres zeitlichen Verlaufs muss sich auf die jeweiligen Verhältnisse des Wertermittlungsstichtags und die dann bestehenden technischen Möglichkeiten beziehen, denn nur diese sind geeignet, das **zum Wertermittlungsstichtag bestehende Risiko** abzubilden.

473 Die auf den Zeitpunkt der Beseitigung der Schäden bzw. Mängel bezogenen relativen Schadensbeseitigungskosten (Vomhundertsatz) reduzieren sich entsprechend der objektspezifischen Eintrittswahrscheinlichkeit. Diese bestimmt sich nach den Verhältnissen zum Zeitpunkt der Schadensbehebung.

474 *Beispiel 1:*
Es ist die merkantile Wertminderung zu ermitteln. **Wertermittlungsstichtag und Zeitpunkt der Schadensbehebung fallen zusammen**:
Berechnung

Schadensbeseitigung- und Folgekosten in % des Verkehrswerts des makellosen Grundstücks	40 %
Objektspezifische Eintrittswahrscheinlichkeit zum Zeitpunkt der Schadensbehebung	30 %
Reduktionsfaktor mithin	0,3

Merkantile Wertminderung in % auf der Grundlage der relativen Schadensbeseitigung- und Folgekosten von 40 % sowie einer objektspezifischen Eintrittswahrscheinlichkeit vom 30 %:

40 % × 0,3 = 12 %

Hieraus ergibt sich

– eine **merkantile Wertminderung in absoluter Höhe** von	**240 000 €**
– ein entsprechend **geminderter Verkehrswert** von	**1 760 000 €**

Entsprechendes ergibt sich auch dann, wenn der Schaden zum Wertermittlungsstichtag noch nicht behoben worden ist und präsumtiv in die Verkehrswertermittlung eingestellt wird.

475 *Beispiel 2:*
Es ist die merkantile Wertminderung bezogen auf einen aktuellen Wertermittlungsstichtag zu ermitteln. Die Schadensbehebung erfolgte in der Vergangenheit, beispielsweise vor fünf Jahren.
Die merkantile Wertminderung bestimmt sich entsprechend dem zeitlichen Schwund der objektspezifischen Eintrittswahrscheinlichkeit. Dabei bestimmt sich aber die objektspezifische Eintrittswahrscheinlichkeit nach den Verhältnissen des Zeitpunktes der Schadensbeseitigung auf der Grundlage des damaligen Standes der Technik. Gleichzeitig ist der zeitliche Schwund der Eintrittswahrscheinlichkeit auf der Grundlage des seit Schadensbehebung verstrichenen Zeitraums zu berücksichtigen.

Berechnung

Die relativen Schadensbeseitigungs- und Folgekosten in % des Verkehrswerts des makellosen Grundstücks bestimmen sich wie vorstehend wiederum nach den allgemeinen Wertverhältnissen des Wertermittlungsstichtags:

Schadensbeseitigungs- und Folgekosten = 800 000 € / 2 000 000 € = 40 %

Schadensbeseitigung- und Folgekosten in % des Verkehrswerts des makellosen Grundstücks	40 %
Objektspezifische Eintrittswahrscheinlichkeit *zum Zeitpunkt der Schadensbehebung*	
entsprechend dem damaligen Stand der Technik	*40 %*
Reduktionsfaktor mithin	0,4

Vorläufige merkantile Wertminderung in % auf der Grundlage der relativen Schadensbeseitigungs- und Folgekosten von 40 % sowie einer objektspezifischen Eintrittswahrscheinlichkeit vom 40 %:

40 % × 0,4 = 16 %

Die lineare Reduktion zur Berücksichtigung des zeitlichen Schwundes der Eintrittswahrscheinlichkeit seit Schadensbehebung ergibt sich dann wie folgt:

$$\text{Reduktionsfaktor zum Wertermittlungsstichtag [\%] x } \frac{\text{Zeitraum [in Jahren] der seit Schadensbehebung verstrichen ist}}{\text{Gesamtzeitraum der merkantilen Wertminderung [in Jahren]}}$$

Die bestimmt sich nach dem Stand der Technik zum Zeitpunkt der Schadensbehebung, denn nur diese ist wiederum geeignet, das am Wertermittlungsstichtag noch bestehende Risiko abzubilden.

– Vorläufige merkantile Wertminderung		16 %
– Zeitraum, der seit Schadensbehebung verstrichen ist	5 Jahre	
– Objektspezifischer Gesamtzeitraum der merkantilen Wertminderung	15 Jahre	
– Reduktionsfaktor = 1–5 Jahre/15 Jahre =		0,666

Reduktionsfaktor unter *linearer* Berücksichtigung des zeitlichen Schwundes der zum Zeitpunkt der Schadensbehebung bestehenden Eintrittswahrscheinlichkeit mithin zu:

16 % x 0,6667 = 10,67 %

Hieraus ergibt sich bei einem Verkehrswert des makellosen Grundstücks

am Wertermittlungsstichtag von	2 000 000 €
– eine **merkantile Wertminderung in absoluter Höhe** von	**213 333 €**
– ein entsprechend **geminderter Verkehrswert** von	**1 786 667 €**

9.12.4 Ergänzende Betrachtung

476 Darüber hinaus kann es u.a. angezeigt sein, folgende Besonderheiten ergänzend zu berücksichtigen:

- objektspezifische Unstetigkeiten des zeitlichen Schwundes der Eintrittswahrscheinlichkeit,
- die zum Wertermittlungsstichtag bestehende Restnutzungsdauer, denn **je kürzer die Restnutzungsdauer ist, desto geringer ist das Risiko**, sowie
- die örtliche Marktlage einschließlich einer Überschreitung der von der Marktlage abhängigen Bagatellgrenze (ggf. Kappung der merkantilen Wertminderung).

477 Es kann davon ausgegangen werden, dass nach allgemeinem Marktverhalten bei einer **kurzen Restnutzungsdauer der baulichen Anlage** eine merkantile Wertminderung im gewöhnlichen Geschäftsverkehr unbeachtet bleibt. Eine „kurze Restnutzungsdauer“ ist in der Rechtsprechung in dem Fall unterstellt worden, wenn die Restnutzungsdauer des Gebäudes geringer als 20 v.H. der Gesamtnutzungsdauer ist[127].

478 Schließlich muss aktuell bei alledem die örtliche **Lage auf dem örtlichen Grundstücksmarkt** immer wieder in die Betrachtung einbezogen werden, denn auf „angespannten Grundstücksmärkten“ mit einem erheblichen Nachfrageüberhang ist die Bagatellgrenze im allgemeinen Grundstücksverkehr selbst bei (noch) vorhandenen erheblichen Baumängeln bzw. erheblichem Instandhaltungsrückstau deutlich höher als auf ausgeglichenen Grundstücksmärkten anzusetzen. Merkantile Wertminderungen werden in derartigen Fällen bedeutungslos und werden schlichtweg ignoriert[128].

479 Aus alledem ergeben sich in der Gesamtschau folgende **wesentlichen Eckwerte der Ermittlung einer merkantilen Wertminderung**

1. *im Falle einer Ermittlung der merkantilen Wertminderung zum Zeitpunkt der Beseitigung eines Schadens bzw. Mangels*
   - Verkehrswert des Grundstücks zum Zeitpunkt der Beseitigung eines Schadens bzw. Mangels,
   - Kosten der Schadensbeseitigung und gegebenenfalls Folgekosten,
   - Vomhundertsatz der Schadensbeseitigungskosten und gegebenenfalls Folgekosten zum Zeitpunkt der Beseitigung eines Schadens bzw. Mangels,
   - Reduktion entsprechend der originären objektspezifischen Eintrittswahrscheinlichkeit gegebenenfalls in Verbindung mit ihrem objektspezifischen Schwund des sich an den relativen Schadensbeseitigungs- und Folgekosten orientierenden Risikos zum Zeitpunkt der Beseitigung eines Schadens bzw. Mangels,
   - objektspezifische Gesamtdauer einer merkantilen Wertminderung zum Zeitpunkt der Beseitigung eines Schadens bzw. Mangels,
   - objektspezifische Restnutzungsdauer zum Zeitpunkt der Beseitigung eines Schadens bzw. Mangels und zum Wertermittlungsstichtag.

---

127 LG Frankfurt am Main, Urt. vom 08.12.1982 – 3/3 AktE 104/79 –, BB 1983, 1244 = EzGuG 20.101c; vgl. Rechtsprechung des BGH zur merkantilen Wertminderung im Kraftfahrzeugwesen: BGH, Urt. vom 23.11.2004 – VI ZR 357/03 –, BGHZ 161, 151 = EzGuG 3.136a; BGH, Urt. vom 18.09.1979 – VI ZR 16/79-, BGHZ 27, 181 = EzGuG 19.35a.

128 LG Hamburg, Urt. vom 03.02.2016 – 302 O 365/14 –, GuG 2017, 202 = EzGuG 20.243.

2. *im Falle einer Ermittlung der merkantilen Wertminderung zu einem späteren Wertermittlungsstichtag*
   - Verkehrswert des Grundstücks zum Wertermittlungsstichtag,
   - Kosten der Schadensbeseitigung und gegebenenfalls Folgekosten zum Wertermittlungsstichtag,
   - Vomhundertsatz der Schadensbeseitigungskosten und gegebenenfalls Folgekosten zum Wertermittlungsstichtag,
   - Reduktion entsprechend der originären objektspezifischen Eintrittswahrscheinlichkeit gegebenenfalls i.V.m. ihrem objektspezifischen Schwund der auf den Wertermittlungsstichtag bezogenen aktuellen relativen Schadensbeseitigungs- und Folgekosten,
   - erwartete Gesamtdauer einer merkantilen Wertminderung zum Wertermittlungsstichtag und der seit Beseitigung des Schadens bzw. Mangels abgelaufene Zeitraum,
   - Verlauf der objektspezifischen Minderung der merkantilen Wertminderung über die Gesamtdauer einer merkantilen Wertminderung (z.B. linear) und die
   - Restnutzungsdauer zum Wertermittlungsstichtag.

9.12.5 Annex: Parabolischer Schwund der merkantilen Wertminderung

Neben dem linearen Schwund der merkantilen Wertminderung wird in der Praxis vielfach auch mit einer parabelförmigen Reduktion gerechnet. Sie lässt sich einerseits damit begründen, dass der Schadensfall mit fortschreitender Zeit progressiv aus dem Blickfeld des gewöhnlichen Geschäftsverkehrs fällt und das Risiko zunehmend an Bedeutung verliert. Letztlich ist die zeitliche Abnahme von der Art und dem Umfang des behobenen Schadens abhängig. **480**

Rechentechnisch kann dem wie folgt entsprochen werden: **481**

Abb. 42: Merkantile Wertminderung zum Wertermittlungsstichtag bei parabelförmiger Reduktion

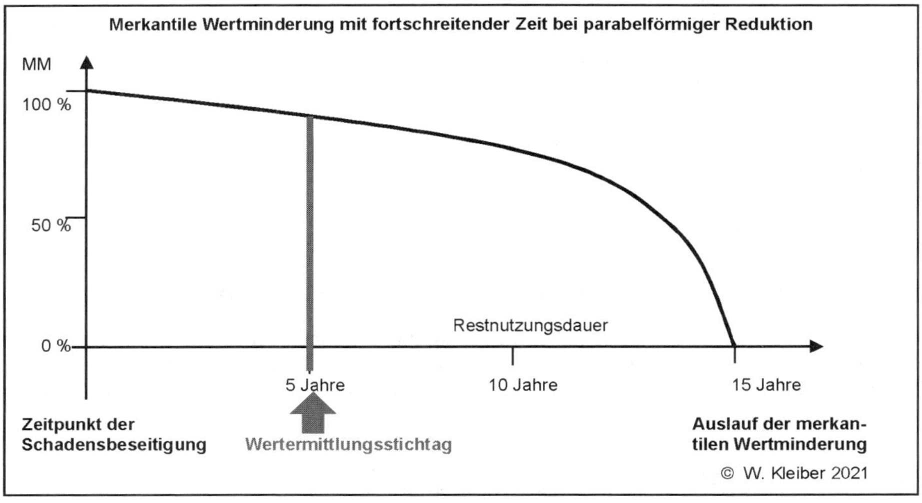

$$\text{Merkantile Wertminderung in v. H.} = (100 - \left(100\ x\ \frac{Anzahl\ der\ Jahre\ seit\ Schadensereignis}{Gesamtdauer\ des\ merkantilen\ Minderwerts\ in\ Jahren}\right)^2 /100$$

482 *Beispiel:*

– Gesamtdauer einer merkantilen Wertminderung	= 15 Jahre
– Zeitspanne seit Schadensbeseitigung	= 5 Jahre

Merkantile Wertminderung % im 5. Jahr = 100 – (100 × 5/15)² /100 = 88,89 % der merkantilen Wertminderung im Zeitpunkt der Schadensbehebung.

Ein merkantiler Minderwert, der sich unmittelbar nach der Schadensbeseitigung in Höhe von 7 % des Gebäudewerts ergibt, beläuft sich in diesem Fall nach 5 Jahren nur noch auf 6,2 %.

9.13 Merkantile Wertminderung altlastenbetroffener Grundstücke

483 In der Wertermittlungspraxis haben sich bislang noch keine robusten Erfahrungssätze zur Frage etablieren können, wann und ggf. in welchem Umfang bei **altlastenbetroffenen Grundstücken**[129] **eine merkantile Wertminderung** berücksichtigt werden muss. Grundsätzlich ist ggf. eine merkantile Wertminderung auch zu berücksichtigen, wenn das Grundstück zum Wertermittlungsstichtag auch noch nicht teilweise dekontaminiert worden ist und die Altlast im gewöhnlichen Geschäftsverkehr präsumtiv Berücksichtigung findet.

484 Die **im Schrifttum veröffentlichten Erfahrungswerte** können eine vage Orientierung geben. Im Einzelfall muss die merkantile Wertminderung nach Art und Umfang der im Einzelfall vorliegenden Altlast sowie in Abhängigkeit von der künftigen Nutzung unter Hinzuziehung von Spezialisten zur Beurteilung des Gefährdungspotenzials sowie einschlägiger Dekontaminierungsmaßnahmen beurteilt werden.

Abb. 43: Merkantile Wertminderung altlastenbetroffener Grundstücke

Zusammenstellung Wertminderung altlastenbetroffener Grundstücke		
Kriterium	**Wertminderung**	**Quelle**
Sanierte Altlastengrundstücke	10 % des unbelasteten Vergleichswerts	Sächsisches Landesamt für Umwelt und Geologie 2001
Altlastenbehaftete Grundstücke, bei dekontaminierten Flächen können Abschläge auftreten	10–30 % des Verkehrswerts des dekontaminierten Grundstücks	Forum Baulandmanagement NEW Dortmund 2003. Bodenmanagement auf neuen Wegen
Altlastenbehaftete Grundstücke, genannt werden in der Literatur	5 bis 30 %	Gif e.V. – Arbeitskreis Flächenrecycling 2997/4
Nach Sachverständigenbewertung liegt der Mittelwert häufig bei	5 bis 10 %	Tagesspiegel 25.10.2008

Quelle: Seiser, J./Kainz, F., Immobilien Consulting GmbH, Wert von Immobilien

9.14 Merkantile Wertminderung schwammbefallener Grundstücke

485 Vorstehende Ausführungen gelten auch in Bezug auf die **merkantile Wertminderung von Grundstücken, deren Gebäude von Hausschwamm und Trockenfäule befallen sind**[130]. Die Wertminderung ist wiederum abhängig von Art und Umfang des Schadens (ggf. auf der

129 BGH, Urt. vom 10.07.1991 – XII ZR 109/90 –, NJW 1991, 3036 = EzGuG 20.124d.

130 BGH, Urt. vom 10.07.1991 – XII ZR 109/90 –, NJW 1991, 3036 = EzGuG 20.124d; BGH, Urt. vom 08.12.1977 – VII ZR 60/76 –, BauR 1979, 158 = EzGuG 19.32a; BGH, Urt. vom 13.11.1970 – V ZR 6/70 –, BlGBW 1971, 212 = EzGuG 19.23; BGH, Urt. vom 20.06.1968 – III ZR 32/66 –, WM 1968, 1220 = EzGuG 19.33; BGH, Urt. vom 28.06.1961 – V ZR 201/60 –, NJW 1961, 1860 = EzGuG 19.6; RG, Urt. vom 11.07.1914 – V 67/14 –, RGZ 85, 252; OLG Frankfurt am Main, Urt. vom 17.11.2004 – 1 U 142/01 – (Hausbock), EzGuG 19.50b; vgl. Tewis: Hausbock, GuG 2000, 33.

Grundlage der durchgeführten oder durchzuführenden Maßnahmen), dem Risiko des Wiederauflebens des Schadensereignisses sowie des seit Schadensbehebung verstrichenen Zeitraums. Eine vage Orientierung mag nachstehende Aufstellung geben.

Abb. 44: Wertminderung von Hausschwamm betroffener Grundstücke

Zusammenstellung Wertminderung von Hausschwamm betroffener Grundstücke		
Schadensumfang	**Trockenheit dauerhaft gewährleistet oder sehr gesuchtes Objekt in gesuchter Lage oder (wenn Kaufpreis vorliegt) vereinbarter Kaufpreis ist erheblich unter Verkehrswert des „unbelasteten" Grundstücks**	**Trockenheit nicht sicher und dauerhaft gewährleistet oder großes Angebot, nicht so gesuchte Lage oder (bei vorhandenem Kaufpreis) Kaufpreis deutlich unter Verkehrswert des „unbelasteten" Grundstücks**
Sehr klein – z.B. erste kleine Anzeichen auf begrenztem Raum, kein oder unbedeutender Austausch von Bauteilen	0 %	5 %
Klein – wenige Bauteile auszutauschen, Schaden gut abgrenzbar, übersichtliche und gute Zugänglichkeit für Sanierungsarbeiten	1 %	7 %
Mäßig – z.B. schon deutlicher Befall, mehr als ein Geschoss befallen oder mehr als ein Herd	3 %	10 %
Groß – umfangreicher Befall mit mehreren Herden und schwieriger Zugänglichkeit	5 %	15 %
Sehr groß – restlose Beseitigung nicht gewährleistet	10 %	20 %

Quelle: Tewis, N., Merkantiler Minderwert bei Hausschwammbefall, GuG 2000, 33

10 Anlagen

10.1 Kostengliederung nach Bauelementen

486 **Wertanteile im Wohnungsbau**

Wertanteile im Wohnungsbau																		
Gewerke	Anzahl der Vollgeschosse																	
	I			II			III			IV			V			VI		
	ausgebaute Dachterrasse		Flachdach	ausgebaute Dachterrasse		Flachdach	ausgebaute Dachterrasse		Flachdach	ausgebaute Dachterrasse		Flachdach	ausgebaute Dachterrasse		Flachdach	ausgebaute Dachterrasse		Flachdach
	nein	ja		nein	ja		nein	ja		nein	ja		nein	ja		nein	ja	
Keller insgesamt	24,9	23,5	24,0	21,1	20,2	21,2	17,7	16,8	18,6	14,6	13,9	15,9	12,2	11,6	12,9	10,7	10,1	9,5
Mauerwerk	17,4	16,8	17,1	15,1	14,4	15,2	12,6	12,0	13,3	10,4	9,9	11,4	8,7	8,3	9,3	7,7	7,2	6,8
Erd- und Isolierarbeiten	2,5	2,5	2,6	2,2	2,2	2,2	1,9	1,8	2,0	1,6	1,5	1,7	1,3	1,2	1,4	1,1	1,1	1,0
Kellerboden	5,0	4,2	4,3	3,8	3,6	3,8	3,2	3,0	3,3	2,6	2,5	2,8	2,2	2,1	2,2	1,9	1,8	1,7
Decke insgesamt	14,0	13,1	15,8	13,6	13,1	15,9	13,4	13,2	15,8	13,3	13,1	15,7	13,1	12,9	15,5	13,0	12,7	15,3
Decke über Keller	5,3	4,5	4,6	4,1	3,8	4,2	3,4	3,2	3,6	2,8	2,6	3,0	2,3	2,2	2,4	2,1	1,9	1,8
Übrige Decken	5,4	5,4	6,9	5,9	5,8	7,3	6,2	6,2	7,6	6,5	6,5	7,9	6,7	6,6	8,1	6,8	6,7	8,4
Deckenputz	3,3	3,2	4,3	3,6	3,5	4,4	3,8	3,8	4,6	4,0	4,0	4,8	4,1	4,1	5,0	4,1	4,1	5,1
Umfassungswände insgesamt	10,3	10,0	13,0	11,2	11,0	14,0	12,4	12,0	15,0	13,6	13,5	16,0	14,7	14,7	17,0	15,2	15,2	18,0
Mauerwerk	8,6	8,3	10,8	9,3	9,2	11,7	10,3	10,0	12,5	11,3	11,2	13,3	12,3	12,2	14,2	12,7	12,7	15,0
Außenputzverkleidung	1,7	1,7	2,2	1,9	1,8	2,3	2,1	2,0	2,5	2,3	2,3	2,7	2,4	2,5	2,8	2,5	2,5	3,0
Innenwände unverputzt	10,7	11,0	6,0	11,8	12,0	7,4	12,8	13,0	8,8	13,5	13,7	10,2	14,1	14,1	11,6	14,3	14,3	13,0
Tragend	5,9	6,1	3,5	6,5	6,7	4,1	7,1	7,2	4,9	7,2	7,6	5,6	7,3	7,8	6,4	7,4	7,9	7,2
Nicht tragend	4,8	4,9	2,7	5,3	5,3	3,3	5,7	5,8	3,9	6,3	6,1	4,6	6,8	6,3	5,2	6,9	6,4	5,8
Dach insgesamt	15,3	17,8	7,5	13,5	15,5	6,2	11,8	13,5	5,0	10,7	11,5	4,1	10,0	10,5	3,7	9,9	10,3	3,5
Dachstuhl	10,4	12,2	–	9,2	10,6	–	8,0	9,3	–	7,3	7,9	–	6,8	7,2	–	6,7	7,1	–
Dachhaut	3,9	4,5	6,5	3,5	3,9	4,9	3,0	3,4	3,9	2,7	2,9	3,3	2,6	2,6	2,9	2,6	2,6	2,8
Dachrinnen/Rohre	1,0	1,1	1,5	0,8	1,0	1,3	0,8	0,8	1,1	0,7	0,7	1,0	0,6	0,7	0,8	0,6	0,6	0,7
Treppen insgesamt	2,2	2,0	3,4	3,1	2,9	4,2	3,8	3,7	5,0	4,5	4,4	5,8	5,0	5,0	6,4	5,3	5.2	7,2
Innerer Ausbau insgesamt	22,6	22,6	30,3	25,7	25,3	31,1	28,1	27,8	31,8	29,8	29,9	32,3	30,9	31.2	32,9	31,6	32,2	33,5
Wandputz	5,9	6,0	8,0	6,8	6,7	8,2	7,4	7,4	8,3	7,9	7,9	8,4	8,3	8,4	8,5	8,5	8,6	8,6
Bodenbelag	4,2	4,1	5,3	4,5	4,5	5,6	4,8	4,8	5,9	5,0	5,0	6,1	5,1	5,1	6,3	5,2	5.2	6,5
Installation	4,4	4,4	6,0	5,1	5,0	6,1	5,6	5,5	6,2	6,0	6,0	6,3	6,2	6,2	6,4	6,3	6,5	6,5
Fenster	3,7	3,7	5,0	4,2	4,2	5,1	4,7	4,6	5,2	4,9	5,0	5,2	5,2	5,2	5,3	5,3	5,4	5,4
Verglasung	1,1	1,1	1,5	1,3	1,2	1,5	1,4	1,4	1,6	1,5	1,5	1,6	1,5	1,6	1,6	1,6	1,6	1,6
Türen	3,3	3,3	4,5	3,8	3,7	4,6	4,2	4,1	4,6	4,5	4,5	4,7	4,6	4,7	4,8	4,7	4,9	4,9

Quelle: BKI Baukosteninformationszentrum; (alt) Verfügung betr. Schätzung von Abschlägen wegen behebbarer Baumängel und Bauschäden vom 24.4.1968 (BStBl. I 1991, 968 = OFD Kiel S. 3204 A – St 21/211). Vgl. Erl. des Ministers für Wiederaufbau im Lande Nordrhein-Westfalen vom 24.6.1948 (GeschZ. I A/225); auch Erl. der FM der neuen Bundesländer betr. Bewertung von Einfamilienhäusern im Beitrittsgebiet (BStBl. I 1991,968 = GuG 1992, 78 sowie GuG-K, 2016, 84)

Erläuterungen:

I. Die Tabelle enthält keine Angaben über nichtunterkellerte Gebäude. Bei solchen Gebäuden ist die Wertigkeit des schadhaften Bauteils in Anlehnung an die Wertigkeit des Bauteils bei einem entsprechenden unterkellerten Gebäude zu schätzen. Dabei werden die Wertanteile bei nichtunterkellerten Gebäuden regelmäßig etwas höher liegen, weil die Baukosten für den Keller entfallen. Es ist jedoch zu beachten, dass für die Fundamente erhebliche Kosten entstehen und dass die Baukosten für den Fußboden im Erdgeschoss wegen der zusätzlichen Isolierung und Wärmedämmung höher liegen als die Kosten der „Decke über dem Keller“ bei unterkellerten Gebäuden. In besonders schwierigen Fällen ist ein Bausachverständiger hinzuzuziehen.

II. Vor Anwendung der Tabelle ist festzustellen, wie hoch der Wert des Schadens im Verhältnis zum Gesamtwert des betreffenden Bauteils ist. In diesem Verhältnis ist dann aus der Wertigkeitsziffer der Tabelle der auf den Schaden entfallende Anteil zu errechnen. Bei mehreren Baumängeln oder Bauschäden ergibt die Summe der so ermittelten Schäden an den einzelnen Bauteilen den Gesamtschaden am Gebäude. Der Vomhundertsatz, der sich bei dieser Berechnung für das einzelne Gebäude ergibt, ist auf volle Zahlen aufzurunden.

Zu beachten ist, dass vielfach nur die Auswirkungen von Baumängeln und Bauschäden erkennbar sind, während der Schaden selbst verborgen bleibt. So haben beispielsweise feuchte Wände ihre Ursache in mangelhafter oder fehlender Isolierung. Die schadhafte Isolierung rechtfertigt einen Abschlag. Sofern die Feuchtigkeit an den Wänden zu keinen weiteren Schäden geführt hat (z.B. Schwamm), ist bei diesem Bauteil ein Abschlag nicht gerechtfertigt.

III. Die Tabelle gilt nicht für die im Sachwertverfahren zu bewertenden Geschäftsgrundstücke und die sonstigen bebauten Grundstücke.

10.2 Instandsetzungs- und Modernisierungskosten (einschließlich MwSt.)

1. Konventionelle Bauweise 487

Es handelt sich um überschlägige Kalkulationspreise einschließlich Materialkosten und aller Nebenkosten, auch soweit sie nicht detailliert beschrieben sind[131].

Preisbasis 2010

Gewerk/Bauteil	Einheit	Preisspanne je Einheit in €
I. Keller		
Vertikale Dichtung		
Horizontalsperre, Aufstemmen und Dichtungsbahn vermauern	lfdm	70
Blechverfahren	lfdm	50
Bohrlochverfahren (Verpressen)	lfdm	35
Senkrechtsperre (außen) mit Freischachten, Sperrputz 2-lagig	m²	25
Dichtungsschlämme 2-lagig	m²	25
Dichtungsbahn 1-lagig	m²	25
Senkrechte Sperre (innen), Ausgleichsputz/Bitumenanstriche	m²	35
Sperrputz 2-lagig/Spritzbewurf ohne Freischachtung	m²	35
Ausgleichsputz/Dichtungsschlämme 2-lagig	m²	35
Ausgleichsputz/Dichtungsbahnen 2-lagig	m²	35
Sohle		
Betonplatte/schwimmender Estrich	m²	25
Neue Sohle/Fußbodenheizung	m²	35
Drainage, Aushub erweitern, mittelschwerer Boden	lfdm	25
Tonrohr verlegen und verfüllen, Kiessickerschicht	lfdm	60

131 In Anlehnung an Simon/Kleiber, Schätzung und Ermittlung von Grundstückswerten, a.a.O., 7. Aufl., S. 633; Schmitz/Böhning/Krings, Altbaumodernisierung im Detail, Konstruktionsempfehlungen (GuG 1994, 295); eigene Ermittlungen.

Gewerk/Bauteil	**Einheit**	**Preisspanne je Einheit in €**
II. Heizung		
Einbau einer kompletten zentralen Heizungsanlage einschließlich		
Heizkörper, Leitungen, Wärmeerzeuger und Regelung	m² WF	110
Heizkörper 1 000 Watt Heizleistung (Vorlauf 70 Grad und Rücklauf 55 Grad):		
– Stahlradiator 105 × 60 × 11 cm	Stück	130
– Gussradiator 99 × 58 × 11 cm	Stück	260
– Säulenradiator 117 × 60 × 64 cm	Stück	215
– Plattenheizkörper 180 × 60 × 1,6 cm	Stück	190
– Plattenheizkörper 75 × 60 × 10 cm, Stahl mit zwei Konvektorblechen	Stück	210
– Konvektor, Schachthöhe 60 cm, Länge 150 cm	Stück	210
Ölzentralheizung	m² WF	120
– Gasetagenheizung bis 50 m² WF	m² WF	140
– Gasetagenheizung bis 80 m² WF	m² WF	120
Thermostatventil für Heizkörper an Stelle Einheitsventil	Stück	80
Fußbodenheizung, Trockensystem	Stück	95
Heizkessel 19 bis 44 kW		
– Zentraler Brennwertkessel mit Zusatzgeräten und Installation	Stück	11 000
Wechselbrand mit Warmwasser	Stück	7 600
Brenner erneuern	Stück	1 400
Heizungsregelung witterungsgeführt, nachträgliche Montage mit		
Zentralgerät und Außenfühler	Stück	1 050
Heizungsleitung, Kupfer für Zentralheizung		
– auf Putz	m² WF	25
– unter Putz	m² WF	35
Luftheizung, Wärmetauscher, Wärmerückgewinnung	m² WF	200
Warmwasser		
Warmwasser, Standboiler zentral 200 l		
– Öl	Stück	1 310
– Gas	Stück	800
Wärmezähler		
– mechanisch	Stück	540
– statisch	Stück	1 000
Öltank		
Öl-Erdtank doppelwandig		
– 5 000 l	Stück	7 550
– 10 000 l	Stück	9 950

Gewerk/Bauteil	Einheit	Preisspanne je Einheit in €
III. Gas-, Wasser-, Abwasser- und Sanitärinstallation		
Einbau sanitärer Installationen für ein Bad/WC einschließlich Vorarbeiten, anteiliger Abwasser- und Wasserleitungen, Sanitärobjekten und Armaturen		
– WC und Handwaschbecken, einfache Ausführung	Anlage	1 450
– Dusche, Badewanne, WC, Waschtisch, einfache Ausführung	Anlage	2 350–2 850
Warmwasserbereiter einschließlich Vorarbeiten, Anschlüsse und Energieversorgung		
– Durchlauferhitzer 21 kW, dezentrale Bereitung	Stück	440–510
– Elektro-Kochendwassergerät 51 kW	Stück	225–260
– Elektroboiler zentral	Stück	3 550
– Gasdurchlauferhitzer	Stück	1 100
– Ölboiler, dezentrale Bereitung	Stück	4 000
Badausstattung, einfache Ausführung, weiß		
– Waschbecken	Stück	280
– Handwaschbecken	Stück	200
– Standklosett, Spülkasten aufgesetzt	Stück	320
– Wandklosett, Spülkasten aufgesetzt	Stück	380
– Bidet	Stück	520
– Duschwanne	Stück	320
– Duschabtrennung	Stück	950
– Liegewanne	Stück	410
– Anschluss Waschmaschine komplett	Stück	190
– Badmodernisierung in gehobener Ausführung	m²	475
– Kompletterneuerung der Lüftungsanlage für die Bäder	WE	1 950
– Regelungstechnik (Thermostat- und Strangventile, Heizkostenvert.)	WE	360
Kanalisation		
Kanalisation im Haus		
– Kellerablauf mit Geruchs- und Rückstauverschluss, Nennweite 100 mm	Stück	260
– Heizölsperre mit doppeltem Rückstauverschluss, Nennweite 100 mm	Stück	620
– Kanalanschluss	Stück	1 250
– Abflussleitung PVC-hart, Nennweite 100 mm	lfdm	35
IV. Elektroinstallationsarbeiten		
Stromversorgung einschließlich aller Installationen und zentralen Anlagen		
– Wohnungen bis 40 m² Wohnfläche	m²	110
– Wohnungen mit 40 bis 60 m² Wohnfläche	m²	85

Gewerk/Bauteil	**Einheit**	**Preisspanne je Einheit in €**
Elektroinstallationen		
– Türklingel und Türöffner	Stück	116–135
– Türsprechanlage	Stück	420
– Antennenanlage mit Antennensteckdose und Leitungen montiert	Stück	1 420
– Verteilerkasten unter Putz, 2-reihig, 24 Einheiten, 12 Automaten	Stück	200
– Zählerschrank komplett, 2 Felder für Zähler und Tarifgerät, verdrahtet	Stück	520
– Kabelkanäle für Elektroleitungen, 30 × 40 mm Montage auf Putz	lfdm	15
– Elektronetz erneuern bei WF > 100 m²	m²	60
V. Treppenarbeiten		
Instandsetzen alter Holztreppen bis 1,10 m Breite als Wangentreppe einschließlich Ausbauarbeiten, Schuttabtransport, Beiputz und Oberflächenbehandlung	Stufe	95–105
– Kiefernholztreppe, gerade	Stufe	280
– Wendeltreppe, Stahlkonstruktion	Stufe	320
– Verschrauben loser Stufen/Verdübeln, Schraubenköpfe zuspachteln	Stufe	20
– Anstriche abbeizen, 2-fach abziehen, Anstrich	Stufe	30
– Neue Setzstufe	Stufe	30
– Trittstufen ausbessern, Dellen mit Zementspachtel ebnen/Teppich auf Tritt- und Setzstufe	Stufe	60
– Tritt- und Setzstufen erneuern/Oberflächenbehandlung	Stufe	280
Geländerstäbe profilieren und einsetzen	Stab	60
Geländer aus Stahl mit Holzhandlauf		
– gerade	lfdm	200
– gewendelt	lfdm	240
Spindeltreppe, 75 cm breit		
– Holzstufe auf Stahlkonstruktion	Stufe	280
– Holzstufe, Holzstufenkonstruktion	Stufe	320
Betontreppe, 110 cm breit, gerade, mit Gitterrost-Auftritt	Stufe	200
Einschubtreppen, Geschosshöhe bis 3 m mit Rahmen/Klappe		
– aus Holz	Stück	510–650
– aus Aluminium	Stück	1 150
– aus Aluminium, feuerhemmend (F 30)	Stück	1 500
Beläge		
– Terrazzo-Beläge, Tritt- und Setzstufe	Stufe	160
– Natursteinbeläge, Trittstufe/Kantenschutz	Stufe	85

Gewerk/Bauteil	Einheit	Preisspanne je Einheit in €
VI. Tischlerarbeiten		
Fenster		
Einbau von Holzfenstern mit Isolierverglasung, Ausbau alter Fenster, Schuttabtransport, Verglasung, Beschläge, Beiputz, Oberflächenbehandlung mit Fugenabdichtung		
– einflügelig bis 0,50 m²	m²	680
– einflügelig 0,50 bis 1,00 m²	m²	500
– mehrflügelig 1,00 bis 1,75 m²	m²	460
– mehrflügelig 1,75 bis 2,50 m²	m²	420
Wie zuvor, jedoch Kunststoff-Fenster		
– einflügelig 0,50 bis 1,00 m²	m²	710
– mehrflügelig 1,00 bis 1,75 m²	m²	650
Wie zuvor, jedoch Aluminium-Fenster		
– einflügelig	m²	710
Verbundfenster, Holzsprossenverbundfenster	m²	950
Türen		
Wohnungsinnentür Holz/Kunststoff, einfache Ausführung	Stück	510
Hauseingangstür	Stück	510–3 950
Wohnungseingangstür	Stück	850
Kellertür Stahl, einfache Ausführung	Stück	320
Einbau einer Hauseingangstür, 2,00 bis 3,00 m² einschließlich Ausbau und Abtransport d. alten Tür, Beschläge, Oberflächenbehandlung, Fugenabdichtung und Beiputz		
– Holz, einfache Ausführung	Stück	1 530–1 900
– Aluminium, einfache Ausführung	Stück	1 550–2 050
Erneuern von Innentüren einschließlich Zarge	Stück	270–510
Sonstiges		
Holzvertäfelung, einfache Qualität	m²	120
VII. Zimmerarbeiten		
Instandsetzen von Holzbalkendecken einschließlich Freilegung der Balken, Schuttabtransport, einem Spanplattenbelag, Beiputzen und Ergänzen der Fußleisten	m²	160–170
Anlaschen von Stahlschuhen und Balkenköpfen	Stück	420–450
Sanierung der Balkenköpfe mit Kunstharz	Stück	440–475
Holzbalkendecke feuerhemmend verkleiden (F 30)	m²	95
Bekleidung von Decke	m²	150
– Holzvertäfelung	m²	150
– Nut- und Federbretter für 20 €/m²	m²	85
– Abgehängte Decke	m²	60

Gewerk/Bauteil	**Einheit**	**Preisspanne je Einheit in €**
VIII. Estrich- und Bodenarbeiten		
Neue Massivdecke einschließlich Schalung und Einstemmen der Auflager	m²	120
Verlegen von Spanplatten auf Rohdecke oder vorhandener Unterkonstruktion einschließlich Vorarbeiten und Randabschlüsse bis 16 mm Dicke einschließlich Lagerhölzer und Dämmung	m²	35–40
Verlegen von Fußbodenbelägen auf Estrich oder vorhandener Unterkonstruktion einschließlich Vorarbeiten und Randabschlüssen		
– Parkett, einfache Ausführung	m²	35–45
– Teppichboden (Materialpreis 20 €/m²)	m²	50
– Bodenfliesen (Materialpreis 15 €/m²)	m²	70
– Fußbodenbelag	m²	70
Estrich auf Massivdecke		
– Zementestrich, schwimmend	m²	30
– Trockenestrich	m²	40
– Fließestrich	m²	35
Holzdielen reparieren	m²	35
Spanplatten auf Dämmung	m²	50
Sockelleisten, Holz, 6 cm hoch, glatt	lfdm	25
IX. Maurer- und Putzarbeiten		
Mauerwerk, Bruchstein	m²	400
Mauerwerk, 11,5 cm		
– Ziegel für Putz vorbereiten	m²	60
– Ziegel Sichtmauerwerk	m²	140
– Kalksandstein	m²	60
Plattenwände massiv, innen		
– Vollgipsplatten	m²	80
– Gasbetonplatten	m²	75
– Bimsplatten	m²	60
Leichtbauwand		
– Holz, Gipskarton, 10 cm dick	m²	85
– Metall, Gipskarton, 10 cm dick	m²	100
Instandsetzung von Mauerwerkswänden; aufmauern und verfugen,		
Wanddicke 24,0 cm; Putzen zusätzlich 10 Prozent	m²	190–200
Herstellung horizontaler Abdichtung gegen aufsteigende Feuchtigkeit durch Bohrlochinjektionsverfahren oder Einschlagen von Edelstahlblechen in 36,5 cm dickes Mauerwerk	m²	155–200
Verkleidungskästen aus Gipskartonplatten, 12,5 cm mit Unterkonstruktion	m²	60

Gewerk/Bauteil	Einheit	Preisspanne je Einheit in €
Brandschutz Unterkonstruktion vorhanden		
Gipskarton-Feuerschutzplatte, 15 mm dick	m²	50
Dämmung		
Mineralfaserplatte 50 mm, Gipsbauplatten 12,5 mm	m²	60
Heizkörpernische dämmen mit Verbundplatte	m²	140
Kellerdecke Unterseite, gewölbt	m²	38
Wärmedämmverbundsystem		
ohne Unterkonstruktion	m²	80
mit Unterkonstruktion	m²	120
Putzarbeiten		
Aufbringen von Glattputz auf altem Untergrund einschließlich		
Vorarbeiten (Kalkzementputz auf Mauerwerk)	m²	60
Herstellung einer Faserzement-Plattenverkleidung, einformatige		
Einfachdeckung einschließlich Unterkonstruktion, Wärmedämmung,		
Randabschluss und Fugenabdichtung	m²	105–120
Herstellung einer Thermohaut (Wärmedämmverbundsystem) auf 5–6 cm dicken Hartschaumplatten, armiert, mit Kunstharz oder Mineralputz einschließlich Randabschlussprofilen und Fugenabdichtung auf neuem Mauerwerk	m²	70–85
Reinigen alter Wandflächen, Dampf- oder Sandstrahl	m²	20–25
Kunststoffputz	m²	25
Trockenputz Gipsbauplatten, 12,5 mm in Ansetzerbinder	m²	35
Putzanstrich, einfache Qualität	m²	13
X. Anstrich- und Tapezierarbeiten		
Anstrich und Beschichtung auf neuem Außenputz einschließlich		
Vorarbeiten, Abdeckung, Überspannung kleiner Risse	m²	13–30
Tapezieren von Wandflächen einschließlich Vorarbeiten, Abdeckung,		
Entfernen alter Anstriche oder Tapeten (ohne Putzausbesserung)		
– Raufasertapete mit Anstrich	m²	15–25
– Tapete (Rollenpreis 7,50 €)	m²	30–60
Beidseitiger Anstrich von Innentüren einschließlich Zarge	Stück	70–90
XI. Loggia		
Erneuerung der Balkonbrüstung	Stück	1 310
Loggiakomplettsanierung einschl. Betoninstandsetzung	Stück	2 620
Herstellen eines Gefälles zur Entwässerung der Loggiadecke	Stück	300
Sanierung der Kragbalken	Stück	330

Gewerk/Bauteil	**Einheit**	**Preisspanne je Einheit in €**
XII. Fassadenarbeiten		
Gerüst	m²	7–13
Reinigen mit Gerüst		
– Abwaschen	m²	25
Putz ausbessern mit Gerüst	m²	60
Putz anbringen mit Gerüst		
– Kalkzementreibeputz	m²	60
– Edel- oder Kunststoffputz	m²	60
– Dämmputz ohne Altputz abschlagen	m²	110
Sichtmauerwerk aus Ziegel		
– neu verfugen mit Gerüst	m²	45
– Ausbessern der Ziegelflächen ohne Gerüst	m²	110
Fassadenbekleidung mit Gerüst		
– Holzschindeln/Dämmung	m²	240
– Profilbretter	m²	120
– Faserzementplatten/Dämmung	m²	140
Vormauerung aus Mauerziegeln, Dämmung, Luftschicht	m²	240
Anstrich		
– mehrfarbig gegliedert mit Gerüst	m²	30
– 2- bis 3-fach einfarbig mit Gerüst	m²	30
Betoninstandsetzung mit Oberflächenschutzsystem	m²	30
XIII. Dachdeckungsarbeiten (ohne Entsorgung alter Ziegel)		
Eindeckung geneigter Dächer einschließlich Vorarbeiten, Aufnehmen und Abtransport alter Pfannen und der Unterkonstruktion, neuer Lattung, Unterspannbahn und Dachziegel sowie Formteile, Betondachsteine oder Tonziegel	m²	60–95
Instandsetzen von geneigten Dachdeckungen einschließlich Vorarbeiten, Umdeckung einschließlich neuer Lattung und Unterspannbahn	m²	55–70
Ziegeldach		
– reparieren	m²	25
– umdecken	m²	40
Umdeckung neue Lattung/Folie	m²	60
Neudeckung		
– Betondachsteine	m²	70
– Ziegelpfannen	m²	70
Wärmedämmung im Dach		
– zwischen Sparren/Gipskartonbekleidung	m²	95
– auf Sparren	m²	70
– unter Sparren/Sperrholzbekleidung	m²	105

Gewerk/Bauteil	Einheit	Preisspanne je Einheit in €
Flachdachsanierung mit kompletter Dachhauterneuerung	m²	80
Verstärkung der Wärmedämmung oberste Geschossdecke,	m²	30
Schrägen bekleiden		
– Dämmung 12 cm Gipskarton, Feuerschutzplatten 15 mm (F 30)	m²	105
– Dämmung Feuerschutzplatten 2 × 20 mm (F 90)	m²	170
Pappdach überkleben/Kiesschicht	m²	40
Dachstuhl verstärken durch Bohlen	lfdm	170
Verstärkung der Pfetten	lfdm	240
Erneuern von Stützen und Streben	lfdm	190
Imprägnierung von Holzschutz	m²	30
Dachfenster und Dachgauben		
Dachflächenfenster Wohnräume	Stück	950
Innenjalousien für Dachflächenfenster	Stück	225
Dachfenster, 4-pfannig	Stück	110
Dachgaube, einfache Höhe, bis 1,20 ohne Fenster	Stück	775
Klempnerarbeiten		
Herstellen von Dachanschlüssen an Traufen, Gesimsen und aufgehenden Wänden einschließlich Ausbau und Abtransport alter Anschlüsse (Material Zinkblech)	m²	40–55
Dachrinnen aus Zinkblech	lfdm	50
Fallrohr aus Zinkblech (Strang je Geschoss)	Stück	110
Dachrinne aus Zinkblech reparieren	lfdm	25
Dachrinnen aus Kupfer	lfdm	70
Schornsteinarbeiten		
Kaminkopf Höhe 0,75 m abtragen und erneuern	Zug	140
Auskleiden von Schornsteinen mit Edelstahlrohr	m²	250
Ausbessern eines zweizügigen Schornsteinkopfes	Stück	420–485

10.3 Pauschale Kostensätze für Modernisierungen (IVD Berlin/Brandenburg)

Pauschale Kostensätze für Modernisierungen (IVD Berlin/Brandenburg)	
Bauzustandsnoten	**Durchschnittlicher Kostenaufwand in €/m² Wohnfläche**
Sehr gut	Keiner
Gut	Bis max. 150 €/m² Wohnfläche möglich
Normal	ca. 150 bis 600 €/m² Wohnfläche,
Ausreichend	ca. 600 bis ca. 1 200 €/m² Wohnfläche
schlecht	ca. 1 200 bis ca. 1 800 €/m² Wohnfläche

Quelle: IVD Berlin-Brandenburg e.V., Immobilienpreisservice 2016/17 **488**

10.4 Pauschale Kostensätze für Vollmodernisierung (Schmitz/Krings/Dahlhaus/Meisel)

▶ *Vgl. § 2 ImmoWertV Rn. 33; zu den Kosten einer Vollmodernisierung vgl. § 8 ImmoWertV Rn. 489*

Kosten einer Vollmodernisierung von Wohngebäuden (Kostengruppe 300 und 400 gem. DIN 276 in € pro Quadratmeter Wohnfläche Preisstand 2020/II Index 117,7 (2015 = 100) MWSt. 19 %			
	von	**mittel**	**gut**
Fachwerkhäuser			
schlechter Zustand	3 000	**3 500**	4 000
mittlerer Zustand	2 500	**2 750**	3 000
guter Zustand	1 800	**2 000**	2 200
Gründerzeithäuser			
Städtische Gebäude	1 500	**1 800**	2 000
Siedlungshäuser	1 800	**2 000**	2 200
Bauten (1920–1939)	1 500	**1 700**	1 800
Bauten (1950–1959)	1 200	**1 500**	1 700

489 *Quelle:* Schmitz/Krings/Dahlhaus/Meisel, Baukosten 2020/21, 24. Aufl. 2020

§ 9 ImmoWertV
Eignung und Anpassung der Daten; ungewöhnliche oder persönliche Verhältnisse; Herkunft der Daten

(1) Kaufpreise sowie weitere Daten wie insbesondere Bodenrichtwerte und sonstige für die Wertermittlung erforderliche Daten sind zur Wertermittlung geeignet, wenn die Daten hinsichtlich Aktualität in Bezug auf den maßgeblichen Stichtag und hinsichtlich Repräsentativität den jeweiligen Grundstücksmarkt zutreffend abbilden und etwaige Abweichungen in den allgemeinen Wertverhältnissen sowie wertbeeinflussende Abweichungen der Grundstücksmerkmale des Wertermittlungsobjekts nach Maßgabe der Sätze 2 und 3 berücksichtigt werden können. Bei Abweichungen der allgemeinen Wertverhältnisse sind die Daten durch geeignete Indexreihen oder in anderer Weise an die Wertverhältnisse am Wertermittlungsstichtag anzupassen. Wertbeeinflussende Abweichungen der Grundstücksmerkmale des Wertermittlungsobjekts sind durch geeignete Umrechnungskoeffizienten, durch eine Anpassung mittels marktüblicher Zu- oder Abschläge oder in anderer Weise zu berücksichtigen. Die Kaufpreise sind um die Werteinflüsse besonderer objektspezifischer Grundstücksmerkmale zu bereinigen.

(2) Zur Wertermittlung sind solche Kaufpreise und andere Daten wie beispielsweise Mieten heranzuziehen, bei denen angenommen werden kann, dass sie nicht durch ungewöhnliche oder persönliche Verhältnisse beeinflusst worden sind. Eine Beeinflussung durch ungewöhnliche oder persönliche Verhältnisse kann angenommen werden, wenn die Kaufpreise und anderen Daten erheblich von den Kaufpreisen und anderen Daten in vergleichbaren Fällen abweichen.

(3) Maßstab für die Wahl der Quelle, aus der die Daten herangezogen werden, ist ihre Eignung nach Absatz 1 Satz 1. Stehen keine geeigneten sonstigen für die Wertermittlung erforderlichen Daten zur Verfügung, können sie oder die entsprechenden Werteinflüsse auch sachverständig geschätzt werden; die Grundlagen der Schätzung sind zu dokumentieren.

Gliederungsübersicht *Rn.*

1 Allgemeine Übersicht

Schrifttum: *Knoll*, AöR 81, 1956, 157 ff., 162 ff.

▶ *Vorbem. zur ImmoWertV Rn. 80 ff.; zum (groben) Missverhältnis zwischen Kaufpreis und Wert eines Grundstücks vgl. Rn. 100 ff.*

1 Mit § 9 ImmoWertV werden für alle Wertermittlungsverfahren sowie zur Ableitung der erforderlichen Daten der Wertermittlung allgemeingültige Vorschriften vorgegeben

- zur **Eignung von Kaufpreisen sowie weiteren Daten,** insbesondere Bodenrichtwerten und sonstigen für die Wertermittlung erforderlichen Daten (Abs. 1), und
- zum **Ausschluss von Kaufpreisen**, Mieten und weiteren Daten (Abs. 2) sowie
- eine klarstellende Regelung zur verwendungsfähigen Datengrundlage, nach der neben den (oder anstelle der) von den Gutachterausschüssen für Grundstückswerte in der Kaufpreissammlung gesammelten Kaufpreisen und den daraus abgeleiteten Bodenrichtwerten und sonstigen für die Wertermittlung erforderlichen Daten auch geeignete Kaufpreise und sonstige für die Wertermittlung erforderliche Daten aus anderen Quellen herangezogen werden können (Abs. 3).

Ergänzend zu § 9 ImmoWertV sind zur **Ableitung der für die Wertermittlung erforderlichen Daten** nach § 12 Abs. 3 ImmoWertV Kaufpreise geeignet, wenn sie hinsichtlich der allgemeinen Wertverhältnisse und des jeweiligen Grundstückszustands hinreichend übereinstimmen. Eine hinreichende Übereinstimmung liegt vor, wenn sich etwaige Abweichungen

1. bei Vorliegen einer hinreichend großen Anzahl von Kaufpreisen in ihren Auswirkungen auf die Preise ausgleichen oder
2. in entsprechender Anwendung des § 9 Abs. 1 Satz 2 und 3 berücksichtigen lassen.

Die **zur Ableitung der für die Wertermittlung erforderlichen Daten geeigneten Kaufpreise sind** nach § 9 Abs. 1 Satz 4 ImmoWertV – wortgleich mit § 12 Abs. 3 Satz 3 ImmoWertV – um die **Werteinflüsse besonderer objektspezifischer Grundstücks-merkmale** zu bereinigen (vgl. § 13 ImmoWertV Rn. 3). Dies gilt für die bei Anwendung des direkten Vergleichswertverfahrens zum Preisvergleich herangezogenen Vergleichspreise nur insoweit, wie das Wertermittlungsobjekt davon betroffen ist.

2 Darüber hinaus wird in § 9 Abs. 3 Satz 3 ImmoWertV klargestellt, dass die für die Wertermittlung erforderlichen Daten, insbesondere **Liegenschaftszinssätze, Sachwert-, Erbbaurechts- und Erbbaugrundstücksfaktoren sowie Indexreihen, *geschätzt* werden** können**, wenn dafür keine geeigneten Daten zur Verfügung stehen.** Entsprechendes gilt auch für die Ermittlung des Werteinflusses besonderer Gegebenheiten, wenn dafür keine Umrechnungskoeffizienten, Indexreihen usw. zur Verfügung stehen.

2 Eignung und Anpassung (§ 9 Abs. 1 ImmoWertV)

▶ *§ 1 ImmoWertV Rn. 35; § 25 ImmoWertV Rn. 7 ff.; Syst. Darst. des Vergleichswertverfahrens Rn. 15 ff.*

3 a) Kaufpreise sowie weitere Daten wie insbesondere Bodenrichtwerte und sonstige für die Wertermittlung erforderliche Daten sind nach der Generalregelung des § 9 Abs. 1 Satz 1 ImmoWertV zur Wertermittlung geeignet, wenn die Daten

b) in Bezug auf die allgemeinen Wertverhältnisse des Grundstücksmarktes des maßgeblichen Wertermittlungsstichtags aktuell sind, d.h. bei Anwendung des Vergleichswertverfahrens **zu Zeitpunkten verkauft worden sind (Vertragszeitpunkte), die in hinreichender zeitlicher Nähe zum Wertermittlungsstichtag stehen** (vgl. § 25 ImmWertV),

c) den jeweiligen Grundstücksmarkt „repräsentativ“ abbilden, d.h. bei Anwendung des Vergleichswertverfahrens **Gründstücksmerkmale aufweisen, die mit dem Wertermittlungsobjekt** hinreichend übereinstimmen (vgl. § 25 ImmoWertV), und

d) wenn etwaige Abweichungen in den allgemeinen Wertverhältnissen sowie wertbeeinflussende Abweichungen der Grundstücksmerkmale des Wertermittlungsobjekts nach Maßgabe der Sätze 2 und 3 in sachgerechter Weise berücksichtigt werden können.

Grundsätzlich können zur Ermittlung von Verkehrswerten sowie auch zur Ableitung der „sonstigen für die Wertermittlung erforderlichen Daten" grundsätzlich auch geeignete Kaufpreise herangezogen werden, die zeitlich nach dem maßgeblichen Wertermittlungs- bzw. Bezugsstichtag vereinbart worden sind (vgl. Syst. Darst. des Vergleichswertverfahrens Rn. 35).

Eine „sachgerechte" Berücksichtigung setzt bei alledem grundsätzlich eine in § 12 Abs. 3 Satz 1 ImmoWertV geforderte hinreichende Übereinstimmung der in Betracht kommenden Kaufpreise mit dem maßgeblichen Wertermittlungsstichtag sowie des ihnen zugrunde liegenden Grundstückszustands mit dem des Wertermittlungsobjekts voraus. Dementsprechend bestehen sachliche Grenzen, denn je größer die Anpassung ausfällt, desto geringer ist die Eignung eines zum Preisvergleich herangezogenen Kaufpreises. Nach der Rechtsprechung liegen die Grenzen der hinreichenden Übereinstimmung bei einer Größenordnung von höchstens 30 % oder allenfalls 40 %. Die Notwendigkeit von Korrekturen in Höhe von 40 % und mehr zeige dagegen, dass die angeblich vergleichbaren Grundstücke in Wahrheit nicht miteinander verglichen werden können (vgl. Syst. Darst. des Vergleichswertverfahrens Rn. 30).

Die Eignung der zum Preisvergleich in Betracht kommenden Kaufpreise setzt voraus, dass die Grundstücksmerkmale der jeweiligen **Grundstücke hinsichtlich ihrer wertbeeinflussenden Grundstücksmerkmale konkretisiert sind**. Werden Kaufpreise aus der Kaufpreissammlung der Gutachterausschüsse nach Maßgabe des § 195 Abs. 3 BauGB abgerufen, kann eine nicht anonymisierte Auskunft deren sachgerechte Verwendung nicht gewährleisten, denn ohne genaue Konkretisierung der Vergleichsobjekte ist es nicht möglich, ihre Eignung und Vergleichbarkeit umfassend zu prüfen[1]. In der Rechtsprechung ist sogar eine Begehung der Vergleichsobjekte gefordert worden, eine virtuelle Außenbesichtigung der Vergleichsobjekte ist als „nicht ausreichend" befunden worden[2].

Ergänzend wird in § 25 ImmoWertV zur Eignung von Vergleichspreisen inhaltlich gleich bestimmt, dass zur Ermittlung von Vergleichspreisen Kaufpreise solcher Grundstücke (Vergleichsgrundstücke) heranzuziehen sind, die mit dem zu bewertenden Grundstück hinreichend übereinstimmende Grundstücksmerkmale aufweisen und die zu Zeitpunkten verkauft worden sind (Vertragszeitpunkte), die hinreichend mit dem Wertermittlungsstichtag übereinstimmen (vgl. hierzu die Erläuterungen zu § 25 ImmoWertV). **4**

3 Ungewöhnliche und persönliche Verhältnisse (§ 9 Abs. 2 ImmoWertV)

3.1 Allgemeines

▶ *Vorbem. zur ImmoWertV Rn. 55 ff.; Syst. Darst. des Vergleichswertverfahrens Rn. 94, 103, § 193 BauGB Rn.76; Teil III § 194 BauGB Rn. 17*

Die Regelung des § 9 Abs. 3 ImmoWertV steht in direktem Zusammenhang mit der in § 194 BauGB gegebenen Definition des Marktwerts (Verkehrswert) als des im „gewöhnlichen Geschäftsverkehr ... ohne Rücksicht auf ungewöhnliche oder persönliche Verhältnisse" erzielbaren Preises[3]. **5**

---

1 BGH, Urt. vom 27.09.1990 – III ZR 97/89 –, GuG 1991, 38 = EzGuG 4.134.

2 FG Berlin-Brandenburg, Urt. vom 19.07.2017 – 3 K 3047/17 –, EFG 2017, 1499; FG Berlin-Brandenburg, Urt. vom 10.06.2015 – 3 K 3248/11 –, GuG 2016, 267 = EzGuG 19.75.

3 Der Ausschluss von derartigen Vergleichspreisen Kaufpreisen wird im Verhältnis zum gewöhnlichen Geschäftsverkehr als Tautologie gesehen. So ausdrücklich BRDrs. 265/72, S. 9 ff.; zur Frage einer Tautologie Dieterich/Voß in Ernst/Zinkahn/Bielenberg/Krautzberger, BauGB, Komm. zu § 194 Rn. 39; vgl. auch § 20 Abs. 1 Satz 3 nds. DVBauGB.

6 Für den „gewöhnlichen Geschäftsverkehr ist geradezu kennzeichend, **dass die auf dem Grundstücksmarkt erzielten Kaufpreise nicht unerheblich voneinander streuen** (Vorbem. Zur ImmoWertV Rn. 84). Die deshalb jeder Marktwertermittlung innewohnende Unschärfe ist davon abhängig, wo die Grenze zwischen den dem „gewöhnlichen Geschäftsverkehr" zurechenbaren Vergleichspreisen und solchen Vergleichspreisen gezogen wird, bei denen „ungewöhnliche oder persönliche Verhältnisse" angenommen werden müssen. Hierzu wird in § 9 Abs. 2 Satz 2 ImmoWertV unter Verwendung eines unbestimmten und auch in der ImmoWertVA nicht näher konkretisierten Rechtsbegriffs näher beschrieben, dass eine Beeinflussung durch ungewöhnliche oder persönliche Verhältnisse angenommen werden kann, **wenn die Kaufpreise und anderen Daten erheblich von den Kaufpreisen und anderen Daten in vergleichbaren Fällen abweichen (Erheblichkeitsschwelle)**. Für den damit vorgegebenen Ausschluss von Kaufpreisen, die „erhebliche" von den Kaufpreisen und anderen Daten in vergleichbaren Fällen abweichen, ist es nicht erforderlich, zwischen den „ungewöhnlichen" und „persönlichen" Verhältnissen zu differenzieren, jedoch kann dies durchaus sinnvoll sein, um die „vergleichbaren Fälle" zu identifizieren, die i.S. der Verkehrswertdefinition als „ungewöhnliche" oder „persönliche" Verhältnisse bei der Marktwertermittlung keine Berücksichtigung finden dürfen.

3.2 Ungewöhnliche Verhältnisse

▶ *Vorbem. zur ImmoWertV Rn. 55 ff.*

7 Grundsätzlich bestimmen die im Einzelfall **objektiv gegebenen Merkmale eines Grundstücks** seinen Marktwert, auch wenn sie als „ungewöhnlich" zu bezeichnen sein mögen. Ungewöhnliche Verhältnisse in den Eigenschaften des Grundstücks müssen deshalb entgegen dem Wortlaut des § 194 BauGB grundsätzlich berücksichtigt werden, denn es wäre mit dem gewöhnlichen Geschäftsverkehr unvereinbar, wenn z.B. ein ungewöhnlicher Grundstückszuschnitt, ein besonders problembehafteter Baugrund oder eine besondere rechtliche Belastung eines Grundstücks[4] als tatsächliche Eigenschaft des Grundstücks bei der Marktwertermittlung unberücksichtigt bliebe. **Ungewöhnliche Verhältnisse i.S. der Verkehrswertdefinition** sind nur solche ungewöhnlichen Konstellationen, die im Grundstücksverkehr zwischen Käufer und Verkäufer bestehen können, insbesondere ungewöhnlicher Vertragsgestaltungen und Nebenbedingungen (Koppelungsklauseln und dgl.) sowie Finanzierungen, die zu Preisvereinbarungen führen, die nicht dem gewöhnlichen Geschäftsverkehr entsprechen.

3.3 Persönliche Verhältnisse

▶ *Vorbem. zur ImmoWertV Rn. 55 ff.*

8 Persönliche Verhältnisse liegen vor, wenn für die Bemessung eines Kaufpreises Umstände von Bedeutung waren, die auf der Person des Käufers oder des Verkäufers beruhen. Dies kann beispielsweise der Fall sein, wenn jemand unter **Zwang, aus Not oder unter besonderer Rücksichtnahme** handelt. Dazu gehört z.B. persönliche Unerfahrenheit seitens des Käufers oder Verkäufers, Unwissenheit bis hin zu einer bewussten oder grob fahrlässigen Verdrängung erheblicher Tatsachen und dgl., aus denen u.a. ein Missverhältnis des Kaufpreises und der Gegenleistung resultieren kann.
Die **Berücksichtigung persönlicher Verhältnisse** ist damit nicht ausgeschlossen, wenn sie wie die vorstehenden „ungewöhnlichen" Verhältnisse objektspezifischer Natur sind, insbesondere aufgrund tatsächlicher und rechtlicher Gegebenheiten. Dies ist z.B. bei der Ermittlung des Marktwerts von Erbbaugrundstücken von Bedeutung (vgl. Teil VIII Rn. 148 ff.) sowie bei

---

4 OLG Bremen, Urt. vom 11.01.1970 – UB 13/68a –, BRS Bd. 26 Nr. 98 = EzGuG 18.47; OLG Nürnberg, Urt. vom 24.09.1969 – 4 U 40/69 –, BRS Bd. 26 Nr. 122 = EzGuG 14.38, vgl. auch FWW 1970, 425; anders noch der BFH, Urt. vom 14.08.1953 – III 33/53 U –, BFHE 57, 733 = BStBl III 1953, 273 = EzGuG 20.16a, der ein vom Üblichen abweichendes Mietverhältnis als „ungewöhnliche Verhältnisse" im Rahmen der Einheitsbewertung ansah.

„persönlichen" Dienstbarkeiten usw., die ihrer Natur nach darauf angelegt sind, die Beziehung zwischen Rechtsinhabern zu regeln und oftmals besondere persönliche Vorteile zum Gegenstand haben (persönliche und zugleich objektbezogene Verhältnisse)[5].

- Verfügungsbeschränkungen[6].
- Besteht z.B. ein **Vorkaufsrecht** an einem Grundstück, das zusammen mit dem Grundeigentum des Vorkaufsberechtigten dessen Wert erheblich erhöht (Arrondierungsvorteil; Vereinigungsvorteil), so ist es gerade eben diese persönliche Beziehung, die den Wert dieses Vorkaufsrechts bestimmt[7]. Der Vorkaufsberechtigte mag deshalb sogar einen hohen Preis für die Einräumung dieses Vorkaufsrechts entrichtet haben.
- Die **persönliche von der durchschnittlichen Lebenserwartung abweichende Lebenserwartung** eines Wohn- oder Nießbrauchsberechtigten kann im gewöhnlichen Geschäftsverkehr preis- und damit wertbeeinflussend sein kann.
- Problematischer ist die **Marktwertermittlung von erbbaurechtsbelasteten Grundstücken**. Hier kann beobachtet werden, dass im gewöhnlichen Geschäftsverkehr höhere Preise regelmäßig dann erzielt werden, wenn das erbbaurechtsbelastete Grundstück an den Erbbauberechtigten veräußert wird. Im Falle des mit einem Erbbaurecht belasteten Grundstücks ist ein Eigentümer in aller Regel an dem Verkauf seines Grundstücks nämlich gar nicht interessiert. Wer ein Erbbaurecht an seinem Grundstück einräumt, will ja sein Eigentum längerfristig gerade nicht aufgeben und stattdessen sich des Erbbauzinses erfreuen, auch wenn dieser nicht dem „vollen" Grundstückswert entsprechen mag. Wenn er also schon mit der Bestellung des Erbbaurechts auf die Realisierung des vollen Marktwerts mit der Absicht verzichtet, dass ihm wieder das „Volleigentum" nach Ablauf des Erbbaurechts zufällt, so erscheint es durchaus verständlich, dass er im Falle des Verkaufs des erbbaurechtsbelasteten Grundstücks den höheren (i.d.R. nur vom Erbbauberechtigten erzielbaren) Verkaufserlös erwartet. Von daher kann durchaus von einem gewöhnlichen Geschäftsverkehr gesprochen werden, wenn der Marktwert aus den ohnehin nur zur Verfügung stehenden deutlich höheren Preisen ermittelt wird, die allein die Erbbauberechtigten (und nicht Dritte) in aller Regel zu zahlen bereit sind. Ungewöhnlich ist in solchen Fällen eher der Verkauf des Erbbaurechts an Dritte. Dieser Grundstücksteilmarkt ist sogar dominierend im Grundstücksverkehr mit erbbaurechtsbelasteten Grundstücken.

Generell lässt sich nicht ausschließen, dass aufgrund individueller rechtlicher und tatsächlicher Beziehungen zu einem zu bewertenden Grundstück für bestimmte Personen aus subjektiv rationalen und nicht etwa spekulativen Gründen, insbesondere auch aufgrund von Rechten an einem in der Nachbarschaft gelegenen Grundstück, besondere Verhältnisse gegeben sind, die den gewöhnlichen Geschäftsverkehr auf einzelne Personen bzw. Personengruppen eingrenzen (vgl. die in den Vorbem. zur ImmoWertV zur **Teilmarkttheorie** angeführten *Beispiele* bei Rn. 58 ff. sowie Rn. 67). In derartigen Fällen ist die Berücksichtigung der hieraus resultierenden **persönlichen Beziehungen rational verständlich und geradezu charakteristisch für den gewöhnlichen Geschäftsverkehr.** Der gewöhnliche Geschäftsverkehr, so er überhaupt bei dieser Konstellation besteht, „schrumpft" in solchen Fällen auf einen bipolaren Teilmarkt zusammen[8]. Wo die begriffliche Abgrenzung problematisch ist, kann dies im Rahmen der Erstattung eines Gutachtens klargestellt werden. 9

Die Verwendung von Kaufpreisen und anderen **Daten, die i. S. vorstehender Ausführungen durch ungewöhnliche oder persönliche Verhältnisse beeinflusst worden sind,** führt zu einer Verfälschung der Marktwertermittlung. Deshalb muss jeder Sachverständige darauf bedacht sein, nur solche Daten in die Wertermittlung eingehen zu lassen, die der Höhe nach nicht 10

5 Steinhardt, R. Bewertungsgesetz – Vermögensteuergesetz, NWB Steuer-Komm, 6 Aufl. Herne/Berlin 7. Ergänzungs-Lfg. 1982, 1 ff.
6 Vgl. auch § 10 des österreichischen BewG 1955.
7 BGH, Urt. vom 23.03.1976 – 5 StR 82/70 –, NJW 1977, 155 = EzGuG 14.54a.
8 Vgl. Glosse in GuG-aktuell 2018, 25.

durch Besonderheiten beeinflusst worden sind, die nicht repräsentativ für den gewöhnlichen Geschäftsverkehr i.S. des § 194 BauGB sind. Nach § 194 BauGB bestimmt sich nämlich der Verkehrswert (Marktwert) eines Grundstücks nach dem Preis, der (einerseits) im „gewöhnlichen" Geschäftsverkehr und (andererseits) „ohne Rücksicht auf ungewöhnliche oder persönliche Verhältnisse" zu erzielen wäre[9]. In welchem Maße die zur Marktwertermittlung herangezogenen Vergleichsdaten „streuen" dürfen, wird damit weder in § 194 BauGB noch in der hierzu erlassenen Rechtsverordnung (ImmoWertV) vorgegeben. Da die **Streuung der zur Marktwertermittlung herangezogenen Vergleichsdaten** – statistisch betrachtet – den **Grad der Genauigkeit einer Marktwertermittlung** bestimmt, ist die bei der Marktwertermittlung im Einzelfall erzielte Genauigkeit (Toleranzbreite bzw. Unschärfe) von den Modalitäten des Ausschlusses solcher Kaufpreise und anderer Daten abhängig, die „erheblich" i.S. des § 9 Abs. 2 Satz 2 ImmoWertV von den Kaufpreisen und anderen Daten in vergleichbaren Fällen abweichen.

11 § 9 Abs. 2 ImmoWertV gibt als Vermutungstatbestand lediglich vor, dass Kaufpreise und anderen **Daten** durch ungewöhnliche oder persönliche Verhältnisse beeinflusst sein können, wenn sie **„erheblich" von den Kaufpreisen und anderen Daten in vergleichbaren Fällen abweichen.** Wann eine Abweichung „erheblich" ist, wird nicht konkretisiert (unbestimmter Rechtsbegriff).

12 Darüber hinaus sind nach dieser Vorschrift **zur Wertermittlung und zur Ableitung erforderlicher Daten für die Wertermittlung (nur) Kaufpreise und andere Daten** (wie marktübliche Mieten und Bewirtschaftungskosten) heranzuziehen, bei denen angenommen werden kann, dass sie **nicht durch ungewöhnliche oder persönliche Verhältnisse beeinflusst worden sind**.

13 Der **Identifizierung von Kaufpreisen und anderen Daten, die durch ungewöhnliche oder persönliche Verhältnisse beeinflusst sind,** kommt eine Schlüsselrolle zu. Bevor der Sachverständige in die Ermittlung des Verkehrswerts direkt einsteigt, muss er nach Maßgabe dieser Vorschrift sorgfältig prüfen, welche der ihm zur Verfügung stehenden Daten überhaupt verwendungsfähig sind. Dies kann sich sogar auf die Wahl des Wertermittlungsverfahrens auswirken, nämlich dann, wenn er feststellen muss, dass für ein bestimmtes Verfahren keine Daten zur Verfügung stehen, deren Heranziehung den Anforderungen des § 7 ImmoWertV genügen kann.

14 **Bevor die zur Wertermittlung zur Verfügung stehenden Daten Verwendung finden, ist daher eine sorgfältige Prüfung dieser Daten angezeigt.** Dies gilt grundsätzlich und generell für alle in Betracht kommenden Daten, insbesondere

- bei *Anwendung des Vergleichswertverfahrens* (einschließlich der Ermittlung von Bodenrichtwerten) für die heranzuziehenden Vergleichspreise,
- bei *Anwendung des Ertragswertverfahrens* für die anzusetzenden Mieten, Pachten und sonstigen Nutzungsentgelte ebenso wie für die anzusetzenden Bewirtschaftungskosten (§ 19 ImmoWertV),
- *bei Anwendung des Sachwertverfahrens* für die anzusetzenden gewöhnlichen Herstellungskosten[10], aber auch die Schadensbeseitigungskosten, wenn diese zur Ermittlung der Wertminderungen wegen Baumängeln und Bauschäden als Bemessungsgrundlage herangezogen werden,
- bei den zur Ableitung sonstiger erforderlicher Daten nach Teil 2 der ImmoWertV heranzuziehenden Vergleichsdaten usw.

---

9 Nach der WertV 72 ist das Nebeneinander beider Kriterien, nämlich das des „gewöhnlichen Geschäftsverkehrs" „ohne Rücksicht auf ungewöhnliche oder persönliche Verhältnisse" damit „verwischt" worden, dass zusammenfassend von „Besonderheiten" gesprochen wurde. Diesen in der Praxis auch gängigen Begriff hat die geltende ImmoWertV nicht übernommen.

10 § 22 ImmoWertV lässt nur den Ansatz „gewöhnlicher" Herstellungskosten gelten, zu denen nur die „üblicherweise entstehenden Baunebenkosten" gehören.

4 Allgemeiner Grundsatz (§ 9 Abs. 2 Satz 1 ImmoWertV)

§ 9 Abs. 3 Satz 1 ImmoWertV befielt, dass **zur Wertermittlung (im allgemein verstandenen Sinne) und zur Ableitung der zur Wertermittlung erforderlichen** (wesentlichen) Daten (§ 193 Abs. 5 BauGB) nur **Daten herangezogen werden, von denen anzunehmen ist, dass sie nicht durch ungewöhnliche oder persönliche Verhältnisse beeinflusst worden sind**. Der Grundsatz folgt der Rechtsprechung des BGH[11], nach der Kaufpreise, die durch ungewöhnliche oder persönliche Verhältnisse „wesentlich“ bestimmt sind, nicht zum Preisvergleich herangezogen werden dürfen, d.h., sie müssen unberücksichtigt bleiben, denn es komme auf den Wert für „jedermann“ an. 15

Im Unterschied zum bisherigen Recht des § 6 Abs. 1 Satz 2 WertV 88 wird nicht mehr ausdrücklich zugelassen, dass von ungewöhnlichen oder persönlichen Verhältnissen beeinflusste Kaufpreise und andere Daten ausnahmsweise Verwendung finden können, wenn die Kaufpreise zuvor bereinigt wurden. **Bereinigte Kaufpreise** waren ausdrücklich zugelassen, wenn die Auswirkungen der Besonderheiten auf die Kaufpreise und die anderen Daten „sicher erfasst werden können“. Die ersatzlose Streichung dieser Regelung ist darauf zurückzuführen, dass die „sichere“ Erfassung der Auswirkung nur selten möglich ist. 16

„In den Ausnahmefällen, in denen eine „sichere“ Erfassung der Auswirkungen möglich ist, bestehen keine durchgreifenden Bedenken, diese Kaufpreise bzw. andere Daten heranzuziehen[12]. 17

5 Identifizierung ungewöhnlicher oder persönlicher Verhältnisse (§ 9 Abs. 1 Satz 2 ImmoWertV)

5.1 Allgemeines

▸ *Vgl. Syst. Darst. des Vergleichswertverfahrens Rn. 103 ff.; § 36 ImmoWertV Rn. 18*

Nach vorstehenden Ausführungen müssen **die Kaufpreise und andere Daten,** die zur Wertermittlung herangezogen werden sollen, zunächst daraufhin überprüft werden, ob sie durch ungewöhnliche oder persönliche Verhältnisse beeinflusst worden sind. 18

Grundsätzlich gibt es keine Art „Unschuldsvermutung“ für die zur Wertermittlung und zur Ableitung der zur Wertermittlung erforderlichen Daten herangezogenen Kaufpreise und sonstigen Vergleichsdaten, obwohl in einer älteren Entscheidung darauf hingewiesen wurde, dass „für das Obwalten gemeingewöhnlicher Verhältnisse … allein schon die Vermutung“ spräche[13]. Weicht ein zur Wertermittlung bzw. zur Ableitung der zur Wertermittlung erforderlichen Daten herangezogener Kaufpreis oder ein anderes Vergleichsdatum von denen in vergleichbaren Fällen allenfalls unwesentlich ab, so kann im Umkehrschluss *regelmäßig* davon ausgegangen werden, dass der Kaufpreis nicht durch ungewöhnliche oder persönliche Verhältnisse beeinflusst ist. Zu den dieser Regelung entgegenstehenden Ausnahmen vgl. § 11 ImmoWertV Rn. 13. 19

---

11 BGH, Urt. vom 22.04.1982 – III ZR 131/80 –, BRS Bd. 45 Nr. 192 = EzGuG 17.44.

12 BR-Drs. 265/72, S. 9; Danielsen/Rogge, AVN 1922, 188; vgl. auch Vfg. des Pr. FM vom 13.06.1919 (PrFMBl. 1919, 252).

13 Pr. OVG, Urt. vom 22.03.1904 – II 561 –, St 5 S. 64 = EzGuG 20.7; Pr. OVG, Urt. vom 21.09.1899, Bd. 8, 322 = AVN 1912, 323 = EzGuG 20.6.

20 Für eine Beeinflussung eines Kaufpreises oder anderer Daten können allgemeine **Indizien** vorliegen. In § 6 Abs. 2 und 3 WertV 88 werden folgende Indizien genannt:

„(2) Kaufpreise und andere Daten können durch ungewöhnliche oder persönliche Verhältnisse beeinflusst werden, wenn

a) sie erheblich von den Kaufpreisen in vergleichbaren Fällen abweichen,

b) ein außergewöhnliches Interesse des Veräußerers oder des Erwerbers an dem Verkauf oder dem Erwerb des Grundstücks bestanden hat,

c) besondere Bindungen verwandtschaftlicher, wirtschaftlicher oder sonstiger Art zwischen den Vertragsparteien bestanden haben oder

d) Erträge, Bewirtschaftungs- und Herstellungskosten erheblich von denen in vergleichbaren Fällen abweichen.

(3) Eine Beeinflussung der Kaufpreise und der anderen Daten kann auch vorliegen, wenn diese durch Aufwendungen mitbestimmt worden sind, die aus Anlass des Erwerbs und der Veräußerung entstehen, wenn diese nicht zu den üblicherweise vertraglich vereinbarten Entgelten gehören, namentlich besondere Zahlungsbedingungen sowie die Kosten der bisherigen Vorhaltung, Abstandszahlungen, Ersatzleistungen, Zinsen, Steuern und Gebühren."

In der Vorauflage wurde schon darauf hingewiesen, dass die vorstehende „Kann-Bestimmung" nicht schlüssig ist, denn während die in § 6 Abs. 2 Nr. 2 und 3 sowie in Abs. 3 WertV 88 genannten Indizien nur den **konkreten Verdacht begründen**, dass die Kaufpreise oder andere Daten durch ungewöhnliche oder persönliche Verhältnisse beeinflusst wurden, ohne damit automatisch zu einem Ausscheiden solcher Kaufpreise oder anderer Daten zu führen, sind die in § 6 Abs. 2 Nr. 1 und 4 WertV 88 genannten Kriterien zwingender Natur und lassen erkennen, dass ungewöhnliche oder persönliche Verhältnisse vorgelegen haben müssen.

21 Das letztlich **entscheidende Kriterium für das tatsächliche Vorliegen einer Beeinflussung des Kaufpreises oder anderer Daten durch ungewöhnliche oder persönliche Verhältnisse** besteht also darin, dass Kaufpreise oder andere Daten wie z.B. Erträge, Bewirtschaftungs- und Herstellungskosten „erheblich" von denen in vergleichbaren Fällen abweichen. Eine Beeinflussung „kann" also vorliegen, wenn

- ein Kaufpreis von den übrigen Vergleichspreisen bzw.
- eine Vergleichsmiete bzw. zum Vergleich herangezogene Bewirtschaftungskosten von den marktüblichen Mieten und Bewirtschaftungskosten

„erheblich" abweichen. Entsprechendes gilt auch für andere Vergleichsdaten, die als Grundlage der Marktwertermittlung in Betracht kommen, ebenso für die Ableitung der erforderlichen Daten nach den §§ 9 ff. ImmoWertV.

22 Da die „**Erheblichkeitsschwelle**" in der Verordnung und in den dazu erlassenen Empfehlungen nicht konkretisiert wird, muss im Rahmen einer Marktwertermittlung eigenverantwortlich entschieden werden, wann ein als Vergleichspreis in Betracht kommender Kaufpreis so „erheblich" von „Kaufpreisen in vergleichbaren Fällen" abweicht, dass er nicht mehr dem gewöhnlichen Geschäftsverkehr zurechenbar ist und nicht zur Marktwertermittlung herangezogen werden darf. Kaufpreise „vergleichbarer Fälle" sind dabei die übrigen zum Preisvergleich geeigneten Fälle, die „mit dem zu bewertenden Grundstück hinreichend übereinstimmende Grundstücksmerkmale aufweisen". Soweit diese Vergleichspreise abweichende Grundstücksmerkmale aufweisen oder sich auf einen anderen Zeitpunkt beziehen, müssen die Kaufpreise insoweit zuvor preislich „bereinigt" werden, d.h. alle miteinander verglichenen Kaufpreise müssen auf identische Eigenschaften des Grundstücks und auf denselben Zeitpunkt „justiert" sein, damit die von vergleichbaren Fällen „erheblich" abweichenden Kauf-

preise identifiziert werden können[14]. Die **Identifizierung der Kaufpreise, die „erheblich" von den übrigen Kaufpreisen abweichen, setzt also voraus, dass die Kaufpreise zuvor in umfassender Weise auf die Grundstücksmerkmale der zu bewertenden Liegenschaft justiert werden.**

5.2 Ungewöhnliche oder persönliche Verhältnisse in der Kaufpreissammlung

▶ *Vorbem. zur ImmoWertV Rn. 57*

In der Kaufpreissammlung der Gutachterausschüsse sind nach § 195 BauGB grundsätzlich alle Kaufpreise zu registrieren. Es ist deshalb mit dem gesetzlichen Auftrag nicht vereinbar, wenn der Gutachterausschuss solche Kaufpreise und andere Daten wie Mieten und Bewirtschaftungskosten in die Kaufpreissammlung nicht aufnähme, von denen (allein) aus der Sicht des Gutachterausschusses anzunehmen sei, dass sie durch ungewöhnliche oder persönliche Verhältnisse beeinflusst worden sind. Dies kann die Kaufpreissammlung verfälschen, denn der Ausschluss einzelner Kaufpreise kann das Ergebnis einer Marktwertermittlung nicht unerheblich beeinflussen. Ungewöhnliche oder persönliche Verhältnisse können aus sittenwidrigen Rechtsgeschäften (§ 138 BGB) resultieren, nämlich der „Ausbeutung einer Zwangslage, Unerfahrenheit, Mangel an Urteilsvermögen, erhebliche Willensschwäche" oder schlichtweg aus einer Situation, bei der die **Vertragsparteien oder eine der Vertragsparteien unter Zwang, aus Not oder unter besonderer Rücksichtnahme gehandelt haben.** 23

Die **Identifizierung von Kaufpreisen** und anderen Daten wie Mieten und Bewirtschaftungskosten**, die durch ungewöhnliche oder persönliche Verhältnisse beeinflusst worden sind**, ist wie deren Umrechnung auf die Grundstücksmerkmale des zu bewertenden Grundstücks ein wesentliches Element der Marktwertermittlung und muss im Einzelfall dem jeweiligen Sachverständigen vorbehalten bleiben. Dementsprechend sind nach § 195 Abs. 3 BauGB auch über solche Kaufpreise Auskünfte zu erstatten, von denen nach Auffassung des Gutachterausschusses für Grundstückswerte angenommen werden kann, dass sie durch ungewöhnliche oder persönliche Verhältnisse beeinflusst worden sind. Der Sachverständige ist aus den gleichen Gründen gehalten, im Rahmen der Erstattung von Gutachten die nach seiner Auffassung auszuschließenden Kaufpreise und anderen Daten darzulegen. 24

Bei alledem ist es dem Gutachterausschuss für Grundstückswerte nicht verwehrt, in der Kaufpreissammlung **nachrichtlich Hinweise** auf solche Gründe aufzunehmen, die die Annahme rechtfertigen, dass ein Kaufpreis durch ungewöhnliche oder persönliche Verhältnisse beeinflusst sein kann. Dementsprechend wurden solche Kaufpreise vielfach mit einem „Sternchen" gekennzeichnet („Sternchenpreise")[15]. 25

Kaufpreise und andere Vergleichsdaten, die durch ungewöhnliche oder persönliche Verhältnisse beeinflusst sind, müssen also bei der Marktwertermittlung unberücksichtigt bleiben. 26

---

14 Auch diesbezüglich ist der Sachverständige von der Auswertungsqualität des Gutachterausschusses für Grundstückswerte abhängig: Die sachgerechte Umrechnung aller zum Preisvergleich herangezogenen Kaufpreise auf die Eigenschaften des Bewertungsobjekts sowie auf den maßgeblichen Wertermittlungsstichtag ist nämlich in umfassender Weise nur möglich, wenn die Eigenschaften aller Vergleichsgrundstücke umfassend und exakt vom Gutachterausschuss für Grundstückswerte erfasst wurden und mitgeteilt werden können.

15 Nach § 143a Abs. 2 BBauG 76 waren in der Kaufpreissammlung die Kaufpreise zu bezeichnen, von denen anzunehmen war, dass ungewöhnliche oder persönliche Verhältnisse ihre Höhe beeinflusst haben. Dabei waren auch entsprechende Hinweise auf die Verdachtsmomente zu registrieren.

5.3 Ausschluss „erheblich“ abweichender Kaufpreise (Satz 2)

▶ *Vgl. Vorbem. zur ImmoWertV Rn. 80 ff.; Syst. Darst. des Vergleichswertverfahrens Rn. 103 ff.*

27 Entscheidendes Kriterium dafür, dass ein Kaufpreis oder ein anderes Datum von ungewöhnlichen oder persönlichen Verhältnissen beeinflusst worden sein „kann“, ist eine „erhebliche“ Abweichung z B. eines Kaufpreises von den Kaufpreisen in vergleichbaren Fällen. Die Ursachen der ungewöhnlichen oder persönlichen Verhältnisse müssen nicht bekannt sein. Mit der *„Kann-Bestimmung“* des § 9 Abs. 2 Satz 2 ImmoWertV wird die schon nach altem Recht bestehende Unschärfe der Regelung nicht behoben, denn ein „erhebliches“ Abweichen stellt schon ein zwingendes Indiz für die Beeinflussung eines Kaufpreises oder anderer Daten durch „ungewöhnliche oder persönliche Verhältnisse“ dar und muss grundsätzlich und regelmäßig dazu führen, den Kaufpreis oder das sonstige Datum unberücksichtigt zu lassen. Dies entspricht dem aus der Statistik bekannten „Ausreißerprinzip“, dem zumeist im Wege des „cut off“-Verfahrens Rechnung getragen wird, d.h., **beim Preisvergleich bleiben die sog. Ausreißer als Vergleichspreise unberücksichtigt**. Zur Lösung dieses sog. Ausreißerproblems bieten sich vor allem statistische Ausschlussverfahren an, wie sie im Schrifttum ausführlich beschrieben sind.

28 **„Erheblich“ ist ein unbestimmter Rechtsbegriff**, der nach den Gegebenheiten des Einzelfalls auszulegen ist. Im gewöhnlichen Geschäftsverkehr streuen die für ein und dasselbe Grundstück ausgehandelten Preise regelmäßig innerhalb einer bestimmten Bandbreite. Diese hängt von den Gegebenheiten des Einzelfalls ab. In Gebieten mit homogenen Wertverhältnissen, in denen für Käufer und Verkäufer überschaubare Verhältnisse bestehen, ist die Bandbreite der dem gewöhnlichen Geschäftsverkehr zurechenbaren Kaufpreise enger zu ziehen als in Gebieten mit unübersichtlichen Marktverhältnissen, sei es, dass die Unübersichtlichkeit auf fehlende Vergleichsfälle oder auf die Unterschiedlichkeit der gehandelten Objekte zurückzuführen ist.

29 **Wann eine Abweichung „erheblich“ ist,** beurteilt sich vor allem aus der Anzahl und der Streuung der zur Verfügung stehenden „vergleichbaren Fälle“. Es gibt **keine einheitliche Praxis und auch keine einheitlichen Grenzwerte zum Ausschluss der von vergleichbaren Fällen „erheblich“ abweichenden Kaufpreise (sog. Ausreißer)**.

30 Die **Erheblichkeitsmarge ist** bei alledem **nicht allein nach statistischen Kriterien zu beurteilen**. Der Verkehrswert (Marktwert) bestimmt sich nämlich nach dem im „gewöhnlichen Geschäftsverkehr“ erzielbaren Preis und für den gewöhnlichen Geschäftsverkehr ist geradezu kennzeichnend, dass die erzielbaren Kaufpreise insbesondere bei einer intransparenten Marktlage und undurchsichtigen Verhältnissen in einer nicht unerheblichen Spannbreite streuen können (vgl. Vorbem. zur ImmoWertV Rn. 82 ff.).

31 In der Praxis hat es zur Lösung dieses sog. „Ausreißerprinzips“ Bemühungen gegeben, auf der Grundlage von Kaufpreisanalysen zu Erfahrungswerten zu kommen, mit denen die von ungewöhnlichen oder persönlichen Verhältnissen beeinflussten Kaufpreise identifiziert werden können.

- So werden beispielsweise bei **einem Kaufpreis, der mehr als ± 30 % von dem aus Kaufpreisen „völlig gleichartiger Objekte“** abgeleiteten Mittelwert abweicht, ungewöhnliche oder persönliche Verhältnisse angenommen (vgl. Syst. Darst. des Vergleichswertverfahrens Rn. 30 ff.).
- Des Weiteren ist in der Rechtsprechung auch anerkannt, bei der Würdigung von Grundstücksverkäufen sowohl den niedrigsten als auch den höchsten Kaufpreis außer Acht zu lassen, „da Erlöse aus Grundstücksverkäufen, deren Höhe durch besondere Umstände nach oben oder unten beeinflusst werden, außer Betracht bleiben müssen“[16].

16 BGH, Beschl. vom 02.07.1968 – V BLw 10/68 –, BGHZ 50, 297 = EzGuG 19.14, vgl. auch BVerwG, Urt. vom 09.06.1959 – 1 CB 27/58 –, BVerwGE 8, 343 = EzGuG 17.13; LG Koblenz, Urt. vom 20.02.1978 – 4 O 49/77 –, EzGuG 20.72, BGH, Urt. vom 28.05.1976 – V ZR 170/74 –, MDR 1976, 916 = EzGuG 19.299.

Derartigen Werten kann nur die **Bedeutung einer „Faustformel"** beigemessen werden, da es auf feste Prozentzahlen allein nicht ankommen kann, sondern die Homogenität bzw. Heterogenität des Grundstücksmarktes sowie das tatsächliche Marktgeschehen nicht außer Betracht gelassen werden dürfen. Die vorstehenden Vomhundertsätze dürfen im Übrigen auch nicht unmittelbar auf die der Kaufpreissammlung entnommenen Vergleichspreise angewandt werden, denn diese beziehen sich regelmäßig auf Grundstücke mit voneinander abweichenden Grundstücksmerkmalen. Bevor man also die Vergleichspreise oder andere Daten auf „Ausreißer" untersucht, ist es stets erforderlich, die Vergleichspreise (bzw. Daten) auf die maßgeblichen Grundstücksmerkmale des Bewertungsobjekts „umzurechnen", weil erst dann ein „erhebliches" Abweichen eines einzelnen Kaufpreises erkennbar wird. 32

Darüber hinaus kommt in der Wertermittlungspraxis die sog. **2-Sigma-Regel** zur Anwendung (vgl. Syst. Darst. des Vergleichswertverfahrens Rn. 105). Danach gelten bei Heranziehung einer ausreichenden Anzahl von Vergleichspreisen alle Einzelpreise, die im Bereich der doppelten Standardabweichung vom Mittelwert der zuvor auf den Wertermittlungsstichtag und die Grundstücksmerkmale des Bewertungsobjekts „justierten" Kaufpreise liegen, als frei von „ungewöhnlichen oder persönlichen Verhältnissen". Kaufpreise, die außerhalb des Bereiches der doppelten Standardabweichung liegen, werden als „Ausreißer" aussortiert. 33

Beispiel: 34

– Als arithmetisches Mittel aller Vergleichspreise wurde ermittelt	170 €/m²
– Als Standardabweichung wurde ermittelt	+/– 10 €/m²

Nach der 2-Sigma-Regel sind die Kaufpreise im Bereich von 150 €/m² bis 190 €/m² frei von ungewöhnlichen oder persönlichen Verhältnissen.

Die ImmoWertV gibt keine konkreten Hinweise zum Ausschluss von Kaufpreisen, bei denen eine Beeinflussung durch ungewöhnliche oder persönliche Verhältnisse angenommen werden soll. Nach den Vorentwürfen zu der aufgehobenen Vergleichswertrichtlinie sollten – entsprechend dem Stand der Fachdiskussion – Kaufpreise ausgeschlossen werden, die

um mehr als das 2,5-Fache der Standardabweichung

vom Mittelwert der „angepassten Kaufpreise" abweichen.

Wird der Marktwert (Verkehrswert) durch Aggregation der verbleibenden Kaufpreise z.B. zu einem Mittelwert abgeleitet und wird diesem Mittelwert ein „Genauigkeitsmaß" (Toleranzmarge) zugeordnet, das sich unter Anwendung statistischer Methoden[17] nach der statistischen Standardabweichung bzw. dem statistischen Variationskoeffizienten bemisst (Syst. Darst. des Vergleichswertverfahrens unter Rn. 103 ff.), führt diese Praxis zwangsläufig zu einer **Scheingenauigkeit, wenn zuvor Kaufpreise ausgeschlossen wurden, die eigentlich dem gewöhnlichen Geschäftsverkehr zurechenbar sind.** 35

Diese in der Wertermittlungspraxis durchaus übliche, aber gleichwohl problematische Methode zur Beschreibung der Genauigkeit einer Marktwertermittlung ist trügerisch. Die nach statistischen Methoden abgeleiteten Genauigkeitsmaße der Marktwertermittlung (z.B. Variationskoeffizienten und Standardabweichung) vermitteln vielfach eine pseudo-wissenschaftliche Scheingenauigkeit und verschleiern die tatsächliche Unsicherheitsmarge einer Marktwertermittlung. Sie sind zudem gleich mit mehreren „Schrauben" beeinflussbar und lassen sich „schönen". 36

17 Die in der gängigen Wertermittlungspraxis angewandten statistischen Verfahren sind allerdings nur bedingt anwendbar, weil die einzelnen Kaufpreise keine Normalverteilung aufweisen. Die Kaufpreise beziehen sich nämlich auf qualitativ unterschiedliche Objekte und unterschiedliche Bezugsstichtage. Darüber hinaus handelt es sich aufgrund ihrer „Justierung" auf die Eigenschaften der zu bewertenden Eigentumswohnung um manuell „nachjustierte" und damit nicht um voneinander unabhängige Beobachtungsgrößen.

- Steht z.B. eine hinreichend große Anzahl von Vergleichspreisen zur Verfügung, so können die „störenden“ Vergleichspreise über die „echten“ Ausreißer hinaus sukzessiv durch Absenkung der „Erheblichkeitsschwelle“ in einem Umfang ausgefiltert werden, dass sich für den aus den verbleibenden Kaufpreisen (als Mittelwert) abgeleiteten Verkehrswert (Marktwert) zwangsläufig eine rechnerisch geringere Unschärfe ergibt. Dabei kann es sich um eine „Scheingenauigkeit“ handeln, da mit zu eng gesetzten Grenzen des Ausschlusses der von vergleichbaren Fällen abweichenden Kaufpreise möglicherweise auch solche Kaufpreise ausgeschlossen werden, die in der dem „gewöhnlichen Geschäftsverkehr“ zurechenbaren aleatorischen Streubreite liegen.
- Müssen indessen die herausgefilterten Kaufpreise trotz ihrer Streuung dem gewöhnlichen Geschäftsverkehr zugerechnet werden und wird deshalb der Mittelwert unter Berücksichtigung der verbleibenden Kaufpreise abgeleitet, so wird damit die Marktwertermittlung verfälscht, auch wenn „statistisch“ eine höhere Genauigkeit vorgegaukelt wird.
- Es kommt hinzu, dass die Kaufpreise der Grundstücke, die zum Preisvergleich herangezogen werden, mit den Merkmalen des zu bewertenden Grundstücks „gleichnamig“ gemacht werden müssen, bevor sie zu einem Mittelwert aggregiert werden. Dazu müssen die Kaufpreise auf die Grundstücksmerkmale ggf. auf der Grundlage sachgerecht geschätzter Zu- und Abschläge umgerechnet werden, wobei sich die Kaufpreise auch schon einmal durch geringfügig „geschönte“ Zu- und Abschläge derart „steuern“ lassen, dass der daraus gebildete Mittelwert ein hohes Genauigkeitsmaß aufweist.

37 **Je enger die Grenzwerte im Einzelfall gezogen werden bzw. gezogen werden können, desto geringer ist die Streuung der für die Ableitung des Marktwerts verbleibenden Kaufpreise** und desto höher ist die errechnete „Genauigkeit“. Die Grenzen zum Ausschluss von Ausreißern dürfen bei alledem nicht zu eng gesetzt werden. Dies gilt insbesondere auch dann, wenn die Eigenschaften der zum Vergleich herangezogenen „Fälle“ unzureichend erfasst worden sind und davon ausgegangen werden muss, dass die Abweichungen zu einem nicht unerheblichen Teil lediglich auf eine unzureichende Berücksichtigung qualitativer Unterschiede und nicht auf „ungewöhnliche oder persönliche Verhältnisse“ zurückzuführen sind.

5.4 Besonderheiten der steuerlichen Bewertung

▶ *Zur Beleihungswertermittlung vgl. Teil IX Rn. 231*

38 Die Berechtigung zum **Vorsteuerabzug** zählt zu den ungewöhnlichen und persönlichen Verhältnissen i.S. des § 9 Abs. 2 Satz 3 BewG[18]. Dies ist vor allem im Rahmen des Sach- und Ertragswertverfahrens von Bedeutung.

6 Rechtsprechungsübersicht

▶ *Vgl. Syst. Darst. des Vergleichswertverfahrens Rn. 30*

39 **In der Rechtsprechung wurden** zur Frage des Vorliegens ungewöhnlicher oder persönlicher Verhältnisse **folgende Grundsätze** entwickelt:

1) Es gibt keinen Erfahrungssatz des Inhalts, dass die **unter dem Druck einer Enteignung ausgehandelten Preise** unangemessen sind[19].

---

18 BFH, Urt. vom 30.06.2010 – II R 60/08 –, BFHE 230, 78 = BStBl II S. 897 = GuG 2010, 377 = EzGuG 1.74; BGH, Urt. vom 10.07.1991 – XII ZR 109/90 –, NJW 1991, 3036 = EzGuG 20.134d.

19 BGH, Urt. vom 28.04.1966 – III ZR 24/65 –, WM 1966, 774 = EzGuG 19.9; BGH, Urt. vom 12.10.1970 – III ZR 117/67 –, BRS Bd. 26 Nr. 83 = EzGuG 2.10; BGH, Urt. vom 01.07.1982 – III ZR 10/81 –, BRS Bd. 45 Nr. 147 = EzGuG 4.86; OLG München, Urt. vom 01.03.2001 – 1 U 2965/00 –, OLGR München 2001, 357 = EzGuG 11.297c; LG Koblenz, Urt. vom 01.10.1979 – 4 O 11/79 –, EzGuG 19.35b; vgl. zu alledem auch BR-Drs. 265/72 zu § 4 Abs. 3c.

2) **Überhöhte Angebote zum Zwecke des zügigen Erwerbs** und zur Vermeidung einer Enteignung stellen keine echten Vergleichspreise im freien Grundstücksverkehr dar[20].

3) Im Rahmen des Vergleichswertverfahrens können grundsätzlich auch Preise berücksichtigt werden, die von der öffentlichen Hand bezahlt worden sind[21]; a.A. zuvor die unteren Gerichte. So hat das OLG Frankfurt am Main noch 1980 entschieden, dass die Beteiligung der öffentlichen Hand an den zum Vergleich herangezogenen Grundstücksveräußerungsverträgen weder aus haushaltsrechtlichen noch aus sonstigen Gründen die Gewähr dafür biete, dass der Verkehrswert objektiv ermittelt und den Verträgen zugrunde gelegt worden sei[22].

4) Vorzugspreise, die eine Gemeinde Erwerbern vergleichbarer Grundstücke aus ansiedlungspolitischen Gründen einräumt, sind nur zu berücksichtigen, wenn die Gemeinde dadurch nachhaltig über eine längere Zeit und mit etwa gleichbleibenden Beträgen in das Marktgeschehen eingreift[23]; in einer anderen Entscheidung heißt es dagegen apodiktisch, dass **massive Verkäufe von gemeindeeigenen Bauplätzen zum Selbstkostenpreis** bei der Wertermittlung voll zu berücksichtigen seien[24]. Eine Berücksichtigung von Kaufpreisen verbilligt auf den Markt „geworfener" Grundstücke ist im Hinblick auf die Verkehrswertdefinition nur dann zulässig, wenn diese vom Umfang her das Marktgeschehen dämpfend beeinflussen konnten.

5) Persönliche Verhältnisse liegen vor bei Kaufpreisen, die ein und derselbe Käufer für **Grundstücke** im freien Verkehr gezahlt hat, **von deren Ankauf andere Bewerber** aus tatsächlichen Gründen **ausgeschlossen waren**[25].

6) Ungewöhnliche Verhältnisse liegen vor, wenn die öffentliche Hand im Interesse der **Realisierung einer leistungsfähigen Infrastrukturmaßnahme** ein Grundstück unter Wert veräußert[26].

7) Schon wegen der **Beteiligung der öffentlichen Hand an Grundstücksverkäufen** bestehen Bedenken, ob die ausgewiesenen Preise das Ergebnis eines freien Grundstücksmarktes sind. Grundstücksveräußerungen dieser Art richten sich nicht immer nach dem Gesetz von Angebot und Nachfrage, sondern nach den jeweils zu erfüllenden öffentlichen Aufgaben und dem Verständnis des Partners für diese Aufgabe[27].

8) Es ist nicht zu beanstanden, wenn **Vergleichspreise** mit der Begründung unberücksichtigt bleiben, dass **in nahezu sämtlichen Fällen die Stadt als Käufer** aufgetreten und ein anderer Erwerber nicht in Betracht gekommen sei[28].

9) Bei der Ermittlung von Preisen, die beim Verkauf vergleichbarer Grundstücke erzielt worden sind, dürfen nicht ausschließlich Grundstücke herangezogen werden, die der **Enteignungsbegünstigte zur Durchführung eines größeren Bauvorhabens** gekauft hat, weil insofern eine Monopolstellung des Enteignungsbegünstigten besteht[29].

---

20 LG Koblenz, Urt. vom 01.10.1979 – 4 O 11/79 –, EzGuG 19.35b.

21 BGH, Urt. vom 01.07.1982 – III ZR 10/81 –, BRS Bd. 45 Nr. 147 = EzGuG 4.86; a. A. OLG Frankfurt am Main, Urt. vom 20.03.1980 – 1 U 198/77 –, BRS Bd. 45 Nr. 116 = EzGuG 19.35c; vgl. Frohberger, Nachr. der rh.-pf. Kat.- und VermVw. 1983, 96 ff. und 118 ff.

22 OLG Frankfurt am Main, Urt. vom 20.03.1980 – 1 U 198/77 –, BRS Bd. 45 Nr. 116 = EzGuG 19.35c; differenziert: OLG München, Urt. vom 26.06.1969 – U 1/66 –, BRS Bd. 26 Nr. 65 = EzGuG 19.18.

23 BFH, Urt. vom 08.09.1994 – IV R 16/94 –, BFHE 176, 340 = BStBl II 1995, 309 = GuG 1995, 313 = EzGuG 19.43; BGH, Urt. vom 24.03.1977 – III ZR 32/75 –, BRS Bd. 34 Nr. 88 = EzGuG 6.190.

24 OVG Münster, Urt. vom 26.03.1981 – 2 A 196/81 3 K –, Nachr. der rh.-pf. Kat.- und VermVw 1983, 188 = EzGuG 19.37; zur Rolle der öffentlichen Hand am Bodenmarkt vgl. Schäfer/Roth/Stirnemann, Nationales Forschungsprogramm der Schweiz „Boden", Liebefeld-Bern 1990.

25 KG Berlin, Urt. vom 03.04.1956 – 9 U 2425/55 –, NJW 1956, 1358 = EzGuG 20.19.

26 BGH, Urt. vom 05.04.1973 – III ZR 74/72 –, WM 1974, 696 = EzGuG 2.12.

27 OLG Frankfurt am Main, Urt. vom 20.03.1980 – 1 U 198/77 –, BRS Bd. 45 Nr. 116 = EzGuG 19.35c.

28 BGH, Urt. vom 22.04.1982 – III ZR 131/80 –, BRS Bd. 45 Nr. 192 = EzGuG 17.44.

29 KG Berlin, Urt. vom 03.04.1956 – 9 U 2425/55 –, NJW 1956, 1358 = EzGuG 20.19.

10) Ungewöhnliche Verhältnisse liegen nicht vor, wenn sowohl auf Verkäuferseite als auch auf Käuferseite ein **kleiner Kreis von Interessenten** (eingeschränkter Interessentenkreis) in Betracht kommt und damit nicht für jedermann überschaubare Verhältnisse gegeben sind[30].

11) Ungewöhnliche Verhältnisse liegen vor, wenn **auf politische Ereignisse zurückzuführende vorübergehende Preisveränderungen** eingetreten sind und die Auswirkungen der die Preise beeinflussenden Umstände bei nüchterner Beurteilung der Lage auf dem Grundstücksmarkt bereits im maßgeblichen Zeitpunkt als nur vorübergehend erkennbar waren (vgl. Vorbem zur ImmoWertV Rn. 33, § 11 ImmoWertV Rn. 5 ff.)[31].

12) Der Verkehrswert kann nicht aus (zeitnahen) **Verkaufsfällen für Teilflächen** abgeleitet werden, weil es sich insoweit nicht um einen Verkauf im gewöhnlichen Geschäftsverkehr handelt, denn bei der Veräußerung von Grundstücksteilflächen kommt nur ein eng begrenzter Personenkreis als Vertragspartner in Betracht[32].

13) Bei gelegentlichen **Verkäufen** unbebauter Teilflächen **zwischen Nachbarn** liegen „bereits im Kern" ungewöhnliche Verhältnisse vor, die beim Vergleich unberücksichtigt bleiben müssen[33].

14) Ungewöhnliche Verhältnisse liegen vor, wenn ein Grundstück in einem **Zwangsversteigerungsverfahren** erworben wird[34]. Erfahrungsgemäß spielen bei einer Versteigerung ungewöhnliche Wertkriterien eine Rolle und die erzielten Preise lassen keine Schlüsse auf den Verkehrswert zu (vgl. Syst. Darst. des Vergleichswertverfahrens Rn. 67)[35].

15) Der bei einer **öffentlichen Versteigerung** erzielte Preis hat nach Auffassung des PrOVG die Vermutung für sich, dass er den gemeinen Wert (Verkehrswert) des Grundstücks darstellt[36].

16) Ungewöhnliche Verhältnisse liegen bei einem Erwerb des Grundstücks in einem **Konkursverfahren** (Insolvenz) vor[37].

17) „Ohne Rechtsirrtum hat das OLG bei der Würdigung der Grundstückskäufe sowohl den **niedrigsten** wie auch den **höchsten Kaufpreis** außer Acht gelassen, da Erlöse aus Grundstücksverkäufen, deren Höhe durch besondere Umstände nach oben oder unten beeinflusst wurde, außer Betracht bleiben müssen"[38].

---

30 BFH, Urt. vom 23.02.1979 – III R 44/77 –, BFHE 128, 254 = BStBl II 1979, 618 = EzGuG 19.35; RFH, Urt. vom 13.09.1929 – I Ab 734 –, RStBl 1930, 92 = StuW 1930, 134.

31 BGH, Urt. vom 01.04.1992 – XII ZR 146/91 –, NJW-RR 1992, 898 = EzGuG 20.139a; BGH, Urt. vom 23.10.1985 – IVb ZR 62/84 –, NJW-RR 1986, 226 = EzGuG 20.110b; BGH, Urt. vom 31.05.1965 – III ZR 214/63 –, NJW 1965, 1589 = EzGuG 19.8; vgl. auch OLG Köln, Beschl. vom 03.05.1962 – 4 W7/62 –, AVN 1963, 122 = EzGuG 20.30; BFH, Urt. vom 06.05.1977 – III R 17/75 –, BFHE 122, 334 = BStBl II 1977, 626 = EzGuG 19.32.

32 BFH, Urt. vom 26.09.1980 – III ZR 21/78 –, NJW 1981, 2080 = EzGuG 20.86; OLG Hamburg, Urt. vom 06.10.1965 – 1 U 197/64 –, MDR 1966, 367 = EzGuG 18.31; OLG Hamburg, Urt. vom 24.04.1970 – 1 U 17/69 –, BRS Bd. 26 Nr. 111 = EzGuG 18.50.

33 BGH, Urt. vom 26.10.1972 – III ZR 78/71 –, BRS Bd. 26 Nr. 106 = EzGuG 18.57.

34 BGH, Urt. vom 19.03.1971 – V ZR 153/68 –, MDR 1971, 567 = EzGuG 19.24; LG Koblenz, Urt. vom 01.10.1979 – 4 O 11/79 –, EzGuG 19.35b; hierzu Kleiber in Ernst/Zinkahn/Bielenberg/Krautzberger, BauGB, Komm. zu § 195 Rn. 22 ff.; GuG-aktuell 2010, 38, auch Wieting, Nachr. der nds. Kat.- und VermVw 1987, 195; RFH, Urt. vom 26.03.1931 – III A 567/30 –, RStBl 1931, 802; RFH, Urt. vom 27.07.1938 – III 315/37 –, RStBl 1938, 921 = EzGuG 8.1c; RFH, Urt. vom 27.07.1938 – III 322/37 –, RFHE 44,279 = EzGuG 8.1c; BVerfG, Beschl. vom 07.12.1977 – 1 BvR 734/77 –, BVerfGE 46, 352 = EzGuG 19.33.

35 BVerfG, Beschl. vom 07.12.1977 – 1 BvR 734/77 –, BVerfGE 46, 325 = EzGuG 19.33; BGH, Urt. vom 19.03.1971 – V ZR 153/68 – MDR 1971, 567 = EzGuG 19.24; LG Koblenz, Urt. vom 01.10.1979 – 4 O 11/79 –, EzGuG 19.35b; RFH, Urt. vom 27.07.1938 – III 322/37 –, RStBl 1938, 921 = EzGuG 8.1c.

36 LG Berlin, Beschl. vom 31.01.1995 – 86 T 77/95 –, GE 1996, 475 = EzGuG 19.43b unter Berufung auf KG Berlin, Beschl. vom 11.05.1993 – 1 W 5775/92 –, BeckRS 1993, 09195 = EzGuG 19.47; PrOVG, Urt. vom 28.01.1887, EzGuG 20.1; Offenberg, Die Abschätzung von Immobilien in Stadt und Land, Berlin 1915, S. 18.

37 RFH, Urt. vom 27.07.1938 – III 319/37 –, StuW Nr. 494; RFH, Urt. vom 17.04.1928 – II A 96 –, StuW 1928, 639; RFH, Urt. vom 07.08.1928 – II A 323/28 –, StuW Nr. 639; OLG München, Beschl. vom 08.04.1998 – 3 Z BR 324/97 –, GuG 2000, 249 = EzGuG 19.45a.

38 BGH, Urt. vom 02.07.1968 – V BLw 10/68 –, BGHZ 50, 297 = EzGuG 19.14; BGH, Urt. vom 13.07.1978 – III ZR 112/75 –, BRS Bd. 34 Nr. 80 = EzGuG 19.34.

18) **Schwarzmarktpreise** selbst in erheblichem Umfang gelten als durch ungewöhnliche Verhältnisse beeinflusst[39].

19) **Reine Spekulationskäufe, Liebhaberwerte** („Liebhabereien", Affektionsinteressen) sind bei der Ermittlung von Verkehrswerten nicht berücksichtigungswürdig[40].

20) **Erhöhte Grundstückspreise**, die ein Apotheker gezahlt hatte, **um den Zuzug eines Konkurrenten zu verhindern,** oder die von einem Industriebetrieb zur besseren Sicherung seines Wassergewinnungsrechts aufgewendet worden waren, dürfen nicht ohne Weiteres als Vergleichspreise herangezogen werden[41].

21) Ungewöhnliche Verhältnisse liegen vor, wenn ein „Wassergewinnungsunternehmen" zur Vermeidung von Vorgängen, die der Wassergewinnung abträglich sein können, oder zur **Ausschaltung von Entschädigungsrisiken** überhöhte Kaufpreise entrichtet hat[42].

22) Die Bezahlung des vollen **Kaufpreises als Barzahlung** in Zeiten der Geldknappheit kann für die Ermittlung des Verkehrswerts nicht „entscheidend" sein[43].

23) **Besondere Zahlungsbedingungen** sind nicht zwangsläufig als ungewöhnliche Verhältnisse anzusehen; sie müssen bei dem Preisvergleich aber entsprechend berücksichtigt werden, z. B. durch Kapitalisierung von Ratenzahlungen[44]. Eine Kaufpreisbeeinflussung kann allerdings dann vorliegen, wenn die Zahlungsbedingungen von den üblicherweise vertraglich vereinbarten Entgelten abweichen (vgl. § 6 Abs. 3 WertV 88).

24) Ein **unter dem Zwang besonderer Umstände geschlossener langfristiger Miet- und Pachtvertrag** über ein unbebautes, als Bauland bewertetes Grundstück ist bei der Ermittlung des gemeinen Werts zu berücksichtigen, wenn seine Auswirkungen der Verwertung des Grundstücks als Baugelände hinderlich sind und dessen Veräußerungswert beeinträchtigen. Es handelt sich insoweit nicht um außergewöhnliche oder persönliche Verhältnisse i.S. des § 10 Abs. 2 letzter Satz BewG[45].

25) Der BFH hält an der Auffassung des RFH[46] fest, nach der **Verfügungsbeschränkungen des Heimstätters,** insbesondere seine preisliche Bindung bei Ausübung des Wiederkaufsrechts durch den Ausgeber der Heimstätte nach § 15 Abs. 1 RHeimstG, bei der Einheitsbewertung der Heimstätte als ungewöhnliche oder persönliche Verhältnisse i.S. des § 10 Abs. 2 Satz 3 BewG nicht zu berücksichtigen sind[47].

26) Unter **gesetzeswidriger Umgehung von Preisvorschriften** zustande gekommene Kaufpreise sind nicht dem gewöhnlichen Geschäftsverkehr zurechenbar[48].

---

39 BFH, Urt. vom 03.04.1964 III 293/61 –, HFR 1965, 453 = EzGuG 19.7a.

40 BGH, Urt. vom 01.07.1982 – III ZR 10/81 –, BRS Bd. 45 Nr. 147 = EzGuG 4.86; BGH, Urt. vom 22.04.1982 – III ZR 131/80 –, BRS Bd. 45 Nr. 192 = EzGuG 17.44; BGH, Urt. vom 26.05.1977 – III ZR 93/75 –, NJW 1977, 1059 = EzGuG 6.293; BGH, Urt. vom 28.05.1976 – V ZR 170/74 –, MDR 1976, 916 = EzGuG 19.29; BGH, Urt. vom 28.05.1976 – V ZR 170/74 –; BGH, Urt. vom 08.11.1962 – III ZR 86/61 –, BGHZ 39, 198 = EzGuG 8.5; BVerwG, Urt. vom 09.06.1959 – 1 CB 27/58 –, BVerwGE 8, 343 = EzGuG 17.13; BFH, Urt. vom 14.12.1976 – VIII R 99/72 –, BFHE 121, 50 = BStBl II 1977, 305 = EzGuG 19.31; BGH, Urt. vom 28.05.1976 – V ZR 170/74 –, MDR 1976, 916 = EzGuG 19.29; BayObLG, Urt. vom 27.11.1969 – 1 a Z 13/68 –, NJW 1970, 864 = EzGuG 19.20.

41 BGH, Urt. vom 22.04.1982 – III ZR 131/80 –, BRS Bd. 45 Nr. 192 = EzGuG 17.44.

42 OLG Köln, Urt. vom 16.08.1973 – 7 U 18/73 –, BRS Bd. 34 Nr. 117 = EzGuG 19.25a.

43 RFH, Urt. vom 30.06.1932 – III A 173/32 –, StuW 1932 Teil II Nr. 939 mit Anm. von Seweloh in StuW 1932, Teil I S. 1250; RFH, Urt. vom 24.09.1930.

44 Dieterich/Voß in Ernst/Zinkahn/Bielenberg/Krautzberger, BauGB, Komm. zu § 194 Rn. 43; a.A. Gelzer/Busse, Der Umfang der Enteignungsentschädigung, 2. Aufl. München 1980, Rn. 98.

45 BFH, Urt. vom 14.08.1953 – III 33/53 U –, BFHE 57, 733 = BStBl III 1953, 279 = EzGuG 20.16a.

46 RFH, Urt. vom 25.05.1938 – III 9/38 –, RFHE 44, 116.

47 BFH, Urt. vom 28.10.1955 – III 92 und 106/55 S –, BStBl III 1955, 365 = EzGuG 14.4.

48 BFH, Urt. vom 03.04.1964 – III 293/61 –, HFR 1965, 453 = EzGuG 19.7a.

40 Bei der Verkehrswertermittlung ist des Weiteren nicht zu berücksichtigen, dass ein Eigentümer zum **Vorsteuerabzug** berechtigt ist. Der BGH und der BFH haben diese Berechtigung den ungewöhnlichen oder persönlichen Verhältnissen zugeordnet[49]. Weitere Grundsätze zur Berücksichtigung ungewöhnlicher oder persönlicher Verhältnisse sind in der **Rechtsprechung zur Kostenordnung** entwickelt worden, die allerdings nicht ohne Weiteres auf die Verkehrswertermittlung übertragbar sind[50].

7 Ungewöhnliche Aufwendungen bei der Bemessung von Kaufpreisen

41 Nach § 6 Abs. 3 WertV 88 konnte eine Beeinflussung des Kaufpreises (oder anderer Daten) vorgelegen haben, wenn der Kaufpreis anlässlich des Grundstückserwerbs durch „Aufwendungen mitbestimmt worden ist, ... wenn diese nicht zu den üblicherweise vertraglich vereinbarten Entgelten gehören". Neben den **besonderen Zahlungsbedingungen** nennt die Vorschrift die Kosten der bisherigen Vorhaltung (des Grundstücks), Abstandszahlungen, Ersatzleistungen, Zinsen sowie Steuern und Gebühren. Die Begründung[51] zu dieser Vorschrift nennt darüber hinaus den Kapitaldienst für Fremdmittel und den entgangenen Gewinn für investierte Eigenmittel.

42 Die ImmoWertV hat auch diese „Kann-Bestimmung" ersatzlos gestrichen, weil in den genannten Fällen nicht per se von einer Beeinflussung des Kaufpreises durch ungewöhnliche oder persönliche Verhältnisse ausgegangen werden kann. Es entspricht vielmehr dem gewöhnlichen Geschäftsverkehr, dass sich **besondere Zahlungsbedingungen** auf den Kaufpreis auswirken[52]. Dies gilt insbesondere für den Fall der Verrentung eines Kaufpreises. Als Vergleichspreis kann in derartigen Fällen allerdings i.d.R. nur der Kapitalwert der Rente herangezogen werden[53].

43 Eine Beeinflussung des Kaufpreises durch „ungewöhnliche und persönliche Verhältnisse" kann bei einem **Grundstückserwerb mit besonderen Vertragsbedingungen** vorstehender Art gegeben sein, wenn der Kapitalwert der besonderen Vertragsbedingungen im Gesamtergebnis zu einem Kaufpreis führt, der i.S. der mit § 9 Abs. 2 ImmoWertV „erheblich" von Kaufpreisen und anderen Daten in vergleichbaren Fällen abweicht.

44 Insbesondere die **Vorhaltekosten** (Kapitaldienst, ggf. auch ein entgangener Gewinn) beeinflussen im gewöhnlichen Geschäftsverkehr i.d.R. nicht die Höhe des Kaufpreises. Gelingt es im Einzelfall z.B. dem Verkäufer, diese Kosten zusätzlich auf den Erwerber zu überwälzen, so führt dies im Ergebnis dazu, dass dieser Kaufpreis von dem vergleichbarer Fälle abweicht.

---

49 BGH, Urt. vom 10.07.1991 – XII ZR 109/90 –, NJW 1991, 3036 = EzGuG 20.134d.

50 OLG München, Beschl. vom 09.07.1998 – 3 Z BR 8/98 –, GuG 1999, 119 = EzGuG 19.46 zu Verfügungsbeschränkungen.

51 BR-Drs. 352/88, S. 43.

52 BFH, Urt. vom 29.10.1970 – IV R 141/67, BFHE 100, 390 = BStBl II 1971, 92 = EzGuG 19.22; BFH, Urt. vom 20.11.1969 – IV R 22/68 –, BFHE 98, 28 = BStBl II 1970, 309 = EzGuG 19.19.

53 Zur Ermittlung vgl. Heubeck, DNotZ 1978, 643; vgl. BGH, Urt. vom 01.06.1990 – V ZR 84/89 –, BGHZ 111, 324 = EzGuG 19.40; BFH, Urt. vom 29.10.1970 – IV R 141/67 –, BFHE 100, 390 = BStBl II 1971, 92 = EzGuG 19.22; BFH, Urt. vom 24.04.1970 – III R 54/67 –, BFHE 99, 489 = BStBl II 1970, 715 = EzGuG 19.21; BFH, Urt. vom 21.11.1969 – III R 14/66 –, BFHE 98, 270 = BStBl II 1970, 368 = EzGuG 14.38b; BFH, Urt. vom 20.11.1969 – IV R 22/68 –, BFHE 98, 28 = BStBl II 1970, 309 = EzGuG 19.19; BFH, Urt. vom 03.10.1969 – III R 90/66 –, BFHE 98, 45 = BStBl II 1970, 240 = EzGuG 19.18a; BFH, Urt. vom 29.03.1962 – VI 105/61 U –, BFHE 75, 96 = BStBl III 1962, 304 = EzGuG 14.14a; RFH, Urt. vom 08.10.1936 – III A 131/36 –, RStBl. 1936, 1126; BGH, Urt. vom 12.01.1968 – V ZR 187/64 –, NJW 1969, 91 = EzGuG 19.12; BGH, Urt. vom 19.06.1962 – VI ZR 100/61 –, NJW 1962, 2147 = EzGuG 19.7.

8 Eignung der für die die Wertermittlung erforderliche Daten

▶ *Vgl. Vorbem. zur ImmoWertV Rn. 32; § 11 ImmoWertV Rn. 5*

Nach § 9 Abs. 1 ImmoWertV müssen im konkreten Bewertungsfall auch die für die Wertermittlung erforderlichen Daten hinsichtlich Aktualität in Bezug auf den maßgeblichen Stichtag und der Repräsentativität des jeweiligen Grundstücksmarkts geeignet sein. Dies betrifft insbesondere die Bodenrichtwerte, den Liegenschaftszinssatz, die Vergleichs-, Sachwert-, Erbbaurechts- und Erbbaugrundstücksfaktoren, die Erbbaurechts- und Erbbaugrundstückskoeffizienten, Indexreihen und Umrechnungskoeffizienten. 45

Die Prüfung ihrer Eignung setzt voraus, dass das ihrer Ableitung zugrunde liegende Modell einschließlich der Modellansätze sowie deren Bezugsstichtag bekannt sind. Des Weiteren müssen alle wertbeeinflussenden Referenzmerkmale, insbesondere die Grundstücksmerkmale des Norm- bzw. Bezugsgrundstücks, vergleichbar mit dem „Bodenrichtwertgrundstück", bekannt sein, denn sonst lassen sich Abweichungen zwischen den Grundstücksmerkmalen des Wertermittlungsobjekts und denen, die den einschlägigen für die Wertermittlung erforderlichen Daten zugrunde liegen, im Rahmen der objektspezifischen Anpassung des Liegenschaftszinssatzes, der Vergleichs- und Sachwertfaktoren sowie des Bodenrichtwerts nicht angemessen berücksichtigen. Dies kann sogar zu deren Unverwertbarkeit führen[54]. 46

Bezüglich des **zeitlichen Bezugs** sind grundsätzlich solche **für die Wertermittlung erforderlichen Daten** geeignet, die sich auf den maßgeblichen Stichtag der Marktwertermittlung beziehen, wobei praktisch auf die zeitlich zuletzt ermittelten für die Wertermittlung erforderlichen Daten zurückgegriffen werden muss. Dies ist darin begründet, dass die für die Wertermittlung erforderlichen Daten erst mit mehr oder weniger zeitlicher Verzögerung vom Gutachterausschuss ermittelt werden. Es kommt nicht darauf an, dass z.B. ein Liegenschaftszinssatz am maßgeblichen Stichtag formell vom Gutachterausschuss beschlossen und veröffentlicht worden ist. Da der Verkehrswert möglichst realitätsnah zu ermitteln ist, verbietet es sich, bewusst unzutreffende Werte heranzuziehen, nur weil die materiell zutreffenden Werte am Wertermittlungsstichtag noch nicht beschlossen bzw. veröffentlicht waren, sondern erst zwischen Wertermittlungsstichtag und dem Zeitpunkt der Erstellung seines Gutachtens bekannt geworden sind[55]. Dies gebietet im Übrigen auch die sog. Wurzeltheorie, nach der Entwicklungen zu berücksichtigen sind, die ihre Wurzeln in der vorangegangenen Zeit haben und zum maßgeblichen Stichtag erkennbar waren. 47

9 Verwendungsfähige Datengrundlage (§ 9 Abs. 3 Satz 1 ImmoWertV)

Im Rahmen der Marktwertermittlung nach den Grundsätzen der ImmoWertV besteht keine ausdrückliche Verpflichtung, die in den Kaufpreissammlungen der Gutachterausschüsse nach Maßgabe des § 195 BauGB gesammelten und aufbereiteten Kaufpreise und die von den Gutachterausschüssen veröffentlichten sonstigen für die Wertermittlung erforderlichen Daten heranzuziehen. Gleichwohl kann im Regelfall davon ausgegangen werden, dass die Kaufpreissammlung bei guter Führung von zentraler Bedeutung ist, da sie von einer weisungsungebundenen Stelle geführt und ausgewertet werden soll. Sie kann damit ein originäres Abbild des Grundstücksmarkts bieten. Von daher muss im Zuge einer fundierten Marktwertermittlung vom Recht auf Auskunft aus der Kaufpreissammlung nach § 195 Abs. 3 BauGB regelmäßig Gebrauch gemacht werden. 48

---

54 OLG Brandenburg, Beschl. vom 01.02.2022 – 13 UF 100/18 –.
55 FG Berlin-Brandenburg, Urt. vom 23.03.2016 – 3 K 3009/16 –, EFG 2016, 879 = EzGuG 20.246.

49 Neben oder anstelle der Daten der Gutachterausschüsse für Grundstückswerte können auch geeignete Kaufpreise und Marktindikatoren[56] aus anderen Quellen herangezogen werden. Dies kann geboten sein, insbesondere wenn aus der Kaufpreissammlung eine ausreichende Anzahl geeigneter Vergleichspreise nicht zur Verfügung gestellt werden kann und sich damit die Vertrauenswürdigkeit der Marktwertermittlung erhöht (z.B. Vergleichspreissystem der BVVG). Die ImmoWertV ist nicht „abschließend". Ein Sachverständiger würde sogar gegen seine Sorgfaltspflichten verstoßen, wenn er andere geeignete Erkenntnisquellen ausschlösse. Zur Frage der Verwertbarkeit von bloßen Preisforderungen (Angebotspreisen), Versteigerungen, Ausschreibungsergebnissen und vorhandener Gutachten vgl. Syst. Darst. des Vergleichswertverfahrens Rn. 49 ff.

50 Bezüglich der Ableitung sonstiger für die Wertermittlung erforderlicher Daten, insbesondere Indexreihen, Umrechnungskoeffizienten, Vergleichsfaktoren, Liegenschaftszinssätze, Sachwert-, Erbbaurechts- und Erbbaugrundstücksfaktoren, Erbbaurechts- und Erbbaugrundstückskoeffizienten, bestehen vielerorts auch unter Einbeziehung der **Veröffentlichungen der Oberen Gutachterausschüsse und Zentralen Geschäftsstellen (§ 198 BauGB)** nach Art und Umfang teilweise noch erhebliche Defizite. In diesem Fall können Daten von anderen Gutachterausschüssen sowie Daten aus **anderen Quellen** herangezogen werden.

51 Bei alledem kommt es bei der Wahl der Quelle, aus der die Daten herangezogen werden, nach Abs. 3 Satz 1 darauf an, dass die Daten hinsichtlich Aktualität in Bezug auf den maßgeblichen Stichtag und Repräsentativität den jeweiligen Grundstücksmarkt zutreffend abbilden und etwaige Abweichungen in den allgemeinen Wertverhältnissen sowie wertbeeinflussende Abweichungen der Grundstücksmerkmale des Wertermittlungsobjekts in sachgerechter Weise berücksichtigt werden können.

10 Schätzungen (§ 9 Abs. 3 Satz 2 ImmoWertV)

▶ *Vgl. Vorbem. zur ImmoWertV Rn. 70 ff., 83; Syst. Darst. des Vergleichswertverfahrens Rn. 71*

52 Soweit entsprechend der vorstehenden Vorgehensweise keine geeigneten sonstigen für die Wertermittlung erforderlichen Daten zur Verfügung stehen, können insbesondere Liegenschaftszinssätze, Sachwert-, Erbbaurechts- und Erbbaugrundstücksfaktoren geschätzt werden. Entsprechendes gilt auch für die Ermittlung des Werteinflusses besonderer Gegebenheiten, wenn dafür keine Umrechnungskoeffizienten, Indexreihen usw. zur Verfügung stehen.
Eine **Schätzung**[57] erweist sich als **rechtswidrig, wenn sie den durch die Umstände des Falles gezogenen Schätzungsrahmen verlässt**.

---

56 Zu dem Begriff der Marktindikatoren vgl. Mitteilung der Kommission betreffend Elemente staatlicher Beihilfe bei Verkäufen von Bauten und Grundstücken durch die öffentliche Hand Nr. 97C 209/03 vom 10.07.1997 (ABl. 1997 C 209 S. 3 = GuG 1997, 363).

57 Zur Leistungsfähigkeit der Wertermittlung im Rahmen der Einheitsbewertung: BFH, Urt. vom 01.10.1992 – IV R 34/90 –, BFHE 169, 503 = BStBl II 1993, 259 = EzGuG 20.142a; BFH, Urt. vom 18.12.1984 – VIII R 195/82 –, BFHE 142, 558 = BStBl II 1986, 228 = EzGuG 20.108b; BFH, Urt. vom 02.02.1982 – VIII R 65/80 –, BFHE 135, 158 = BStBl II 1982, 408 = EzGuG 20.93b; BFH, Urt. vom 26.04.1983 – VIII R 38/82 –, BFHE 138, 323 = BStBl II 1983, 618 = EzGuG 11.137i; vgl. auch BGH, Urt. vom 22.01.1959 – III ZR 148/57 –, BGHZ 29, 217 = EzGuG 6.37.

§ 10 ImmoWertV
Grundsatz der Modellkonformität

(1) Bei Anwendung der sonstigen für die Wertermittlung erforderlichen Daten sind dieselben Modelle und Modellansätze zu verwenden, die der Ermittlung dieser Daten zugrunde lagen (Grundsatz der Modellkonformität). Hierzu ist die nach § 12 Absatz 6 erforderliche Modellbeschreibung zu berücksichtigen.

(2) Liegen für den maßgeblichen Stichtag lediglich solche für die Wertermittlung erforderlichen Daten vor, die nicht nach dieser Verordnung ermittelt worden sind, ist bei Anwendung dieser Daten im Rahmen der Wertermittlung von dieser Verordnung abzuweichen, soweit dies zur Wahrung des Grundsatzes der Modellkonformität erforderlich ist.

Gliederungsübersicht *Rn.*

1 Übersicht

1.1 Vorbemerkung

► *Vgl. Vorbem. zur ImmoWertV Rn. 136; § 8 ImmoWertV Rn. 296, 317; § 12 ImmoWertV Rn. 15 ff.; § 21 ImmoWertV Rn. 45 ff., 148; § 32 ImmoWertV Rn. 10, 93 ff., 122; Syst. Darst. des Ertragswertverfahrens Rn. 33, 103, 249 ff.; Syst. Darst. des Sachwertverfahrens Rn. 9 ff., 235; § 39 ImmoWertV Rn. 9 ff.*

Grundsätzlich muss man bei Anwendung der ImmoWertV begrifflich unterscheiden zwischen 1

a) dem den Wertermittlungsverfahren zugrunde liegenden„Modell" und

b) den maßgeblichen „Modellansätzen" für einzelne Wertparameter.

Darüberhinaus kann noch unterschieden werden zwischen den mit der ImmWertV den Gutachterausschüssen für Grundstückswerte verbindlich vorgegebenenModellen und Modellanlagensätzen und solchen, die sich der Gutachterausschuss im Rahmen der Ermittlung der erforderlichen Daten der Wertermittlung selbst vorgegeben hat. Dies betrifft u.a.

- **die Ableitung der Vergleichs- und Sachwertfaktoren unter Einbeziehung der baulichen Außenanlagen und sonstigen Anlagen i.S. des § 37 ImmoWertV sowie der von den Normalherstellungskosten nicht erfassten und werthaltigen einzelnen Bauteile i.S. des § 35 Abs. 2 Satz 3 ImmoWertV, wobei dies nach Art und Umfang konkretisiert werden muss,**
- **den „Umgang" mit teilausgebauten Dachgeschossen und Teilunterkellerungen bei der Ableitung von Sachwertfaktoren,**

- **die der Ableitung von Liegenschaftszinssätzen zugrundegelegten marktüblich erzielbaren Erträge und die der Berechnung der Wohnfläche zugrundegelegten Berechnungsgrundlagen**

und vieles mehr. Auch diese Modelle und Modellansätze unterliegen vollumfänglich dem Modellkonformitätsgrundsatz.

1.1.1 Modell

2 Das **Modell** bestimmt sich nach den in der ImmoWertV geregelten allgemeingültigen Verfahrensgrundsätzen, insbesondere

- zur Bodenwertermittlung und Bodensondierung nach den §§ 40 ff. ImmoWertV (§ 40 ImmoWertV Rn. 19 ff.), wonach der Bodenwert eines bebauten Grundstücks gemäß der Grundsatzregelung des § 40 Abs. 1 ImmoWertV mit dem Bodenwert eines vergleichbaren unbebauten Grundstücks zu ermitteln ist und die tatsächliche bauliche Nutzung insbesondere in den unter § 40 Abs. 5 ImmoWertV genannten Ausnahmefällen berücksichtigt werden kann,
- zur Ermittlung des Ertragswerts auf der Grundlage *„jährlicher"* Ertragsflüsse und einer laufenden Instandhaltung der baulichen Anlage (§ 31 Abs. 1 ImmoWertV; Syst. Darst. des Ertragswertverfahrens Rn. 13 ff.; § 34 ImmoWertV Rn. 25),
- zu dem bei Anwendung des Ertragswertverfahrens zur Anwendung kommenden „gemischten" nach Soll- und Habenzins nicht unterscheidenden Liegenschaftszinssatz (§ 21 ImmoWertV Rn. 74 ff.),
- zur indirekten Berücksichtigung der Abschreibung als Teil der Bewirtschaftungskosten i.S. der II. BV (§ 21 ImmoWertV Rn. 116; § 32 ImmoWertV Rn. 32 ff.),
- zu der bei Anwendung des Sachwertverfahrens zur Anwendung kommenden *linearen Alterswertminderung* (§ 38 ImmoWertV Rn. 8).

1.1.2 Modellansätze

3 Unter **Modellansätzen** sind „normierte" Ansätze für Wertermittlungsparameter zu verstehen, die materiell definiert bzw. definierbar sind und im konkreten Bewertungsfall objektspezifisch zu berücksichtigen sind. Mit § 12 Abs. 5 ImmoWertV werden in der ImmoWertV erstmals „Modellansätze" in die ImmoWertV aufgenommen, deren Verbindlichkeit sich auf die Gutachterausschüsse für Grundstückswerte nach den §§ 192 ff. BauGB beschränkt, und zwar auch nur auf die Ermittlung der „sonstigen für die Wertermittlung erforderlichen Daten", insbesondere Liegenschaftszinssätze, Vergleichs- und Sachwertfaktoren sowie sonstige Faktoren, Bodenrichtwerte Umrechnungskoeffizienten und Indexreihen. Dies sind Modellansätze für

- die Gesamtnutzungsdauer (Anl. 1) einschließlich der sich daraus ergebenden Restnutzungsdauer,
- die Restnutzungsdauer im Fall der Modernisierung von Wohngebäuden (Anl. 2),
- die der Ermittlung der Liegenschaftszinssätze zugrunde zu legenden Bewirtschaftungskosten (Anl. 3) sowie
- die der Ermittlung der Sachwertfaktoren zugrunde zu legenden durchschnittlichen Herstellungskosten (Normalherstellungskosten nach Anl. 4).

Die Anwendung des Modellkonformitätsgrundsatzes auf den Fall der vorangegangenen **Modernisierung von Wohngebäuden** (Anl. 2) ist aus den in § 4 ImmoWertV unter Rn. 55 dargestellten Gründen problematisch.

Eine Allgemeinverbindlichkeit dieser Modellansätze ergibt sich unter dem Grundsatz der Modellkonformität erst bei Anwendung der auf der Grundlage dieser Modellansätze abgeleiteten „für die Wertermittlung erforderlichen Daten". Dies folgt schlichtweg allein schon aus mathematischen Gründen. Mit § 10 ImmoWertV wird deshalb der seit jeher einer Marktwertermittlung innewohnende Grundsatz der Modellkonformität erstmals i.S. einer Klarstellung in der Verordnung definiert. Dies ist darin begründet, dass der **Anwender der Verordnung gehalten ist, die von den Gutachterausschüssen für Grundstückswerte** aus der Kaufpreissammlung nach § 195 BauGB **abgeleiteten** sog. erforderlichen Daten der Wertermittlung, insbesondere **Liegenschaftszinssätze, Vergleichs- und Sachwert-, Erbbaurechts- und Erbbaugrundstücksfaktoren sowie Erbbaurechts- und Erbbaugrundstückskoeffizienten, zu seiner Marktwertermittlung heranzuziehen**. Eine Anwendung dieser Daten ist nur dann sachgerecht, wenn bei Heranziehung dieser Daten das jeweils zur Anwendung kommende Wertermittlungsverfahren sowohl in seinem Aufbau als auch hinsichtlich der in die Ermittlung des „vorläufigen marktangepassten“ Verfahrenswerts eingehenden Modellansätze exakt dem entspricht, was vom Gutachterausschuss für Grundstückswerte der Ableitung dieser Daten zugrunde gelegt wurde

Liegen für den maßgeblichen Stichtag lediglich solche für die Wertermittlung erforderlichen Daten vor, die nicht nach dieser Verordnung ermittelt worden sind, muss sich die Marktwertermittlung zur Wahrung der Modellkonformität nach § 10 Abs. 2 ImmoWertV an dem Modell und den Modellansätzen ausrichten, die der Ableitung dieser Daten jeweils zugrunde gelegt worden sind. Es handelt sich hierbei nicht um eine reine **Überleitungsvorschrift**, die bei § 53 ImmoWertV zu verorten gewesen wäre, denn dieser Fall beschränkt sich nicht allein auf den Zeitraum, in dem die Gutachterausschüsse mit Inkrafttreten der Verordnung ihre Tätigkeit auf die nunmehr verbindlich vorgegebenen Modelle und Modellansätze umstellen müssen. Dies betrifft insbesondere auch retroperspektivische Wertermittlungen.

1.2 Grundsatz der Modellkonformität

1.2.1 Allgemeines

Als den verbindlich zu beachtenden **„Grundsatz der Modellkonformität“** definiert die Vorschrift den Grundsatz, dass bei Anwendung der erforderlichen Daten der Wertermittlung, insbesondere Liegenschaftszinssätze, Vergleichs- und Sachwert-, Erbbaurechts- und Erbbaugrundstücksfaktoren sowie Erbbaurechts- und Erbbaugrundstückskoeffizienten, dieselben Modelle und Modellansätze zu verwenden sind, die der Ermittlung dieser Daten zugrunde lagen. Der Modellkonformitätsgrundsatz gilt darüber hinaus auch für die Ableitung und Anwendung der Umrechnungs-koeffi-zienten und Indexreihen. **4**

Mit § 10 ImmoWertV 2021 wird der deshalb allein schon aus mathematischen Gründen jeder Marktwertermittlung innewohnende Grundsatz der Modellkonformität i.S. einer Klarstellung erstmals in die Verordnung expressis verbis aufgenommen. Eine **Anwendung der von den Gutachterausschüssen für Grundstückswerte** aus der Kaufpreissammlung nach § 195 BauGB **abgeleiteten sog. erforderlichen Daten der Wertermittlung kann nämlich nur dann sachgerecht sein, wenn bei der Anwendung dieser Daten sowohl das „Modell“ des Wertermittlungsverfahrens als auch die Modellansätze der Ermittlung des „vorläufigen marktangepassten“ Verfahrenswerts exakt dem entsprechen, was vom Gutachterausschuss für Grundstückswerte der Ableitung dieser Daten zugrunde gelegt wurde**. Dies gilt auch für solche „Modellansätze“, die den Gutachterausschüssen mit der ImmoWertV nicht verbindlich vorgegeben wurden, aber vom Gutachterausschuss eigenverantwortlich der Ableitung der „für die Wertermittlung erforderlichen Daten“ zugrunde gelegt wurden (vgl Rn. 3). **Darüber hinaus muss auch der den sog. erforderlichen Daten der Wertermittlung zugrundeliegende Bezugsstichtag beachtet werden.** Liegen für den maßgeblichen Stichtag lediglich solche für die Wertermittlung erforderlichen Daten vor, die nicht nach dieser Verordnung ermittelt worden sind, muss sich die Marktwertermittlung zur Wahrung der Modellkonformität nach § 10 Abs. 2 ImmoWertV an dem Modell und den Modellansätzen ausrichten, die der Ableitung dieser Daten jeweils zugrunde gelegt worden sind. Es handelt sich hierbei nicht um eine reine Überleitungsvorschrift, die bei § 53 ImmoWertV zu verorten gewesen wäre, denn dieser Fall beschränkt sich nicht allein auf den Zeitraum, in dem die Gutachterausschüsse mit Inkrafttreten der Verordnung ihre Tätigkeit auf die nunmehr verbindlich vorgegebenen Modelle und Modellansätze umstellen müssen. Dies betrifft insbesondere auch retroperspektivische Wertermittlungen.

Der Modellkonformitätsgrundsatz einschließlich der in der ImmoWertV vorgegebenen Modellansätze bezieht sich systemisch auf die Ermittlung des *vorläufigen* Verfahrenswerts und bedeutet nicht, dass bei der Marktwertermittlung insbesondere die materiell maßgebliche Restnutzungsdauer nach § 4 Abs. 3 ImmoWertV sowie die nach § 32 Abs. 1 ImmoWertV maßgeblichen Bewirtschaftungskosten keine Beachtung finden. Das gilt entsprechend für weitere vom Gutachterausschuss der Ableitung der erforderlichen Daten der Wertermittlung ergänzend zugrunde gelegten Modellkonfigurationen und Modellansätze.

1.2.2 Modellbeschreibung

5 Aus alledem folgt, dass der Gutachterausschuss bei der Veröffentlichung der von ihm abgeleiteten erforderlichen Daten auch die bei deren Ableitung jeweils zur Anwendung gekommenen erforderlichen Daten der Wertermittlung in einer **Modellbeschreibung**[1] konkretisieren muss. Dies wird den Gutachterausschüssen für Grundstückswerte mit § 12 Abs. 6 ImmoWertV verbindlich vorgegeben (vgl. § 12 ImmoWertV Rn. 18 und 25).
In der Modellbeschreibung sind nach § 12 Abs. 5 Satz 2 und 3 ImmoWertV zu allen vom Gutachterausschuss abgeleiteten erforderlichen Daten der jeweilige Bezugsstichtag, die Modellansätze, Bezugseinheiten sowie sonstige Vorgaben vom Gutachterausschuss für Grundstückswerte anzugeben. So können beispielsweise für *erschließungsbeitragsfreie* Wohngrundstücke in mittlerer Lage abgeleitete Umrechnungskoeffizienten zur Berücksichtigung eines unterschiedlichen Maßes der baulichen Nutzung (GFZ) bei konsequenter Beachtung des Grundsatzes der Modell- und Referenzkonformität nicht ohne Weiteres zur Marktwertermittlung von Gewerbegrundstücken in schlechter oder guter Lage herangezogen werden. Aus vorstehenden Gründen muss der *vorläufige* Verfahrenswert im Falle der **Marktwertermittlung eines erschließungsbeitragspflichtigen Grundstücks** unter dem Regime der Modellkonformität zunächst auf der Grundlage eines erschließungsbeitragspflichtigen Grundstücks ermittelt werden und die Erschließungsbeitragspflichtigkeit als besonderes objektspezifisches Grundstücksmerkmal (boG) muss nachträglich berücksichtigt werden.

6 Mit der den Gutachterausschüssen vorgegebenen Ableitung und der den Anwendern dieser Daten vorgegebenen Anwendung der genannten Daten soll gewährleistet werden, dass die tatsächliche Lage auf dem Grundstücksmarkt bei Anwendung dieser Daten in die Marktwertermittlung eingeht. Des Weiteren ist mit der **Identität der bei der Ableitung und ihrer Anwendung angesetzten Modelle und Modellansätze** Gewähr gegeben, dass selbst fehlerhafte Modellansätze zu einem „richtigen" Marktwert führen können. Insofern führt das System – zumindest theoretisch – auch zu einer Selbstkorrektur.

7 Beispielsweise müssen bei Heranziehung des Sachwertfaktors dieselben Normalherstellungskosten und Flächenberechnungsnormen zur Anwendung kommen, die vom Gutachterausschuss für Grundstückswerte bei der Ableitung des Sachwertfaktors herangezogen wurden. Überspitzt formuliert müssen die Normalherstellungskosten noch nicht einmal „richtig" sein. Die angewandte Methode der Sachwertermittlung kann falsch oder richtig sein. Eine **methodisch falsche Sachwertermittlung kann gleichwohl zum „richtigen" Verkehrswert führen, wenn der Sachwertfaktor das „falsche" (vorläufige) Sachwertergebnis „richtet"**, d.h. an den Verkehrswert (Marktwert) justiert. Die Frage, was methodisch der „richtige" oder „falsche" Sachwert ist, kann bei alledem unbeantwortet bleiben, wenn man nur in demselben System bleibt (Grundsatz der Modell- bzw. Systemkonformität).

1 OLG Brandenburg, Beschl. vom 01.02.2022 – 13 UF 100/18 –, FamRZ 2022, 959 = EzGuG 20.393.

Zu den wesentlichen Elementen des zur Ableitung und Anwendung der genannten Daten mit der ImmoWertV vorgegebenen „Modells" gehört u.a. auch die mit § 41 ImmoWertV vorgegebene Zerlegung eines übergroßen Grundstücks i.S. dieser Vorschrift in eine marktübliche Grundstücks(teil)fläche und eine sich daraus ergebende Restfläche. Die **strikte Beachtung des Grundsatzes der Modellkonformität hat** dementsprechend **zur Folge, dass** die „vorläufigen marktangepassten Verfahrenswerte" bei übergroßen Grundstücken den Wertanteil des Grund und Bodens nur noch in dem Umfang berücksichtigen, der **der Bebauung einer nach Art, Lage und Nutzung des Grundstücks zurechenbaren marktüblichen Grundstücksgröße (Umgriffsfläche)** entspricht. 8
Zur Sicherstellung ihrer modellkonformen Anwendung und zur Einschätzung der Aussagekraft und damit Verwendbarkeit der sonstigen für die Wertermittlung erforderlichen Daten ist eine Modellbeschreibung erforderlich (§ 12 Abs. 6 ImmoWertV).

Abb. 1: Modellkonforme Verkehrswertermittlung auf der Grundlage der vom Gutachterausschuss abgeleiteten erforderlichen Daten der Wertermittlung

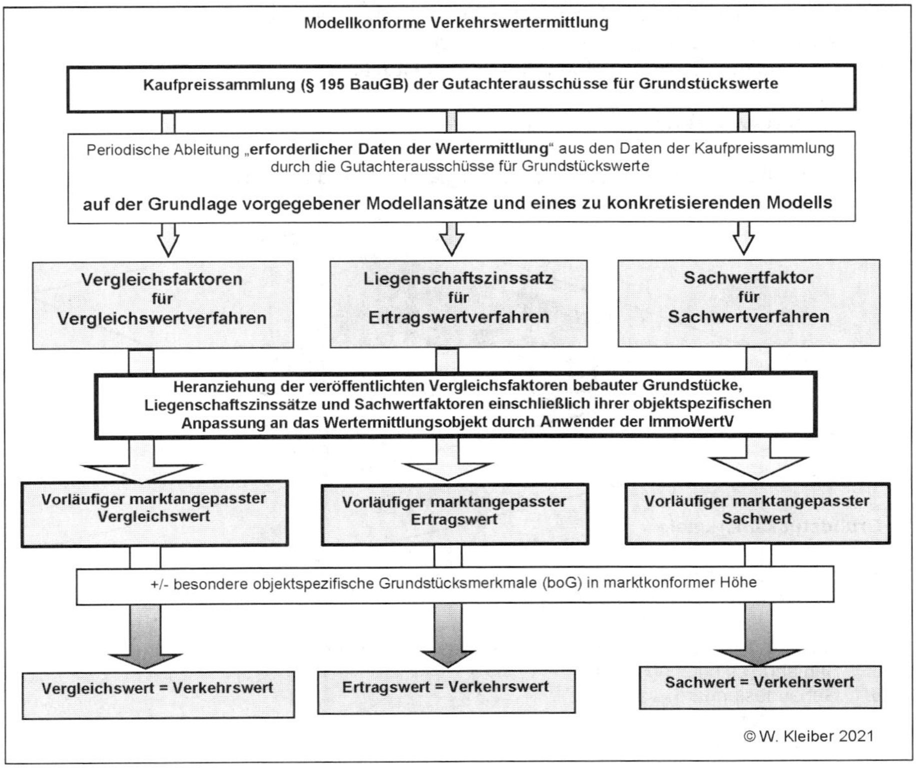

1.3 Referenzkonformität

▶ *Vgl. § 26 ImmoWertV Rn. 6*

Der Grundsatz der Modellkonformität ist mit der in § 10 ImmoWertV hervorgehobenen **Identität der bei der Ableitung und ihrer Anwendung angesetzten Modelle und Modellansätze** unzureichend beschrieben. Bei den in der ImmoWertV verbindlich vorgeschriebenen „Modellansätzen" (z.B. Gesamtnutzungsdauer, Bewirtschaftungskosten, Normalherstellungskosten, Alterswertminderung) handelt es sich im Kern um vorgegebene „Referenzgrößen" zu den genannten Wertermittlungsparametern. Daneben sind aber auch noch die Referenzgrößen 9 zu beachten, die den vom Gutachterausschuss abgeleiteten „erforderlichen Daten der Wertermittlung“, insbesondere Liegenschaftszinssätzen, Vergleichs- und Sachwert-, Erbbaurechts- und Erbbaugrundstücksfaktoren sowie Erbbaurechts- und Erbbaugrundstückskoeffizienten, zugrunde liegen.

10 **Die mit § 10 ImmoWertV ausdrücklich geforderte Verwendung identischer Modellansätze bei Ableitung und Anwendung** „erforderlicher Daten der Wertermittlung“ kann sich damit nicht nur auf die mit der Verordnung verbindlich vorgegebenen Modellansätze beschränken. Diese Maßgabe **muss** sich **konsequenterweise auch auf die sonstigen Referenzmerkmale** erstrecken. Die von den Gutachterausschüssen für Grundstückswerte abgeleiteten erforderlichen Daten der Wertermittlung, insbesondere Liegenschaftszinssätze, Vergleichs- und Sachwert-, Erbbaurechts- und Erbbaugrundstücksfaktoren sowie Erbbaurechts- und Erbbaugrundstückskoeffizienten, werden nämlich auf der Grundlage einer ausreichenden Zahl geeigneter Kaufpreise von Grundstücken abgeleitet und können sich demzufolge auch nur auf die durchschnittlichen Merkmale dieser Grundstücke bezogen auf einen bestimmten Stichtag beziehen. Dementsprechend wird mit § 12 Abs. 5 Satz 2 und 3 ImmoWertV vorgegeben, dass neben dem Modell und den Modellansätzen auch die jeweiligen **Bezugseinheiten sowie sonstige Vorgaben** in einer Modellbeschreibung anzugeben sind. Es handelt sich um die Grundstücksmerkmale des **„Referenz- bzw. Normgrundstücks“**.

Abb. 2: Referenzmerkmale

Referenzgrundstück (als Ersatz für Vergleichsgrundstücke) des angegebenen Wohnflächenwerts

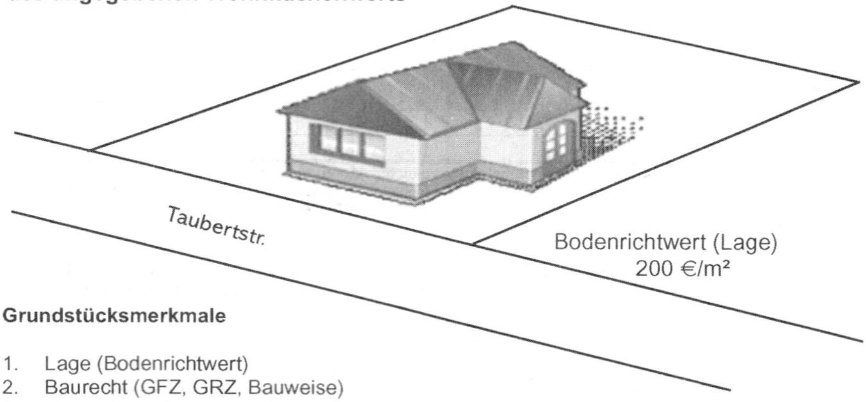

Grundstücksmerkmale

1. Lage (Bodenrichtwert)
2. Baurecht (GFZ, GRZ, Bauweise)
3. Nutzungsart (WA, WR ...)
4. Gebäudetyp: Ein-, Zweifamilienhaus, Reihenhaus, Doppelhaushälfte
5. Baujahr/Restnutzungsdauer
6. Gebäudestandard
7. Unterkellerungszustand
8. Garage/Einstellplatz
9. Wohnfläche/Nutzfläche des Gebäudes
10. energetischer Zustand
11. Grundstücksgröße
12. Erschließungs- und abgabenrechtlicher Zustand
13. Gaupen, Drempel bzw. andere besonderen Bauteile
14. bauliche und nicht bauliche Außenanlage

und Bezugsstichtag des Wohnflächenwerts

© Kleiber 2021

Zur Sicherstellung modellkonformer Anwendung und zur Einschätzung der Aussagekraft und damit Verwendbarkeit der sonstigen für die Wertermittlung erforderlichen Daten, insbesondere Liegenschaftszinssätze, Vergleichs- und Sachwert-, Erbbaurechts- und Erbbaugrundstücksfaktoren sowie Erbbaurechts- und Erbbaugrundstückskoeffizienten, ist eine **Referenzbeschreibung** erforderlich.

So wie die wertbeeinflussenden Grundstücksmerkmale des Bodenrichtwertgrundstücks vom Gutachterausschuss für Grundstückswerte nach Maßgabe des § 16 Abs. 3 i.V.m. Anl. 5 zur ImmoWertV zu spezifizieren sind, müssen auch für die sonstigen erforderlichen Daten die jeweiligen Referenzmerkmale konkretisiert werden. 11

Die **den Sachwertfaktoren, dem Liegenschaftszinssatz, den Vergleichsfaktoren bebauter Grundstücke** (Wohn- bzw. Nutzflächenwerte) **und den sonstigen „erforderlichen Daten der Wertermittlung" zugrunde liegenden Bezugssysteme sollten möglichst identisch sein**, um bei Anwendung mehrerer Verfahren einen Quervergleich zu ermöglichen. Es liegt in der Natur der Sache, dass dies nur bedingt möglich ist, zumal die für das Vergleichs-, Ertrags- und Sachwertverfahren verfahrensspezifischen „erforderlichen Daten der Wertermittlung" (z.B. der Liegenschaftszinssatz und der Sachwertfaktor) auch verfahrensspezifische Bezugsgrößen aufweisen (z.B. Erträge und Herstellungskosten). In der Praxis können unterschiedliche Bezugssysteme schon im Hinblick auf den jeweiligen Anwendungsbereich unvermeidbar sein. Gleichwohl sollte die Praxis der Gutachterausschüsse darauf ausgerichtet sein, die Bezugssysteme so aufeinander abzustimmen, dass 12

1. die von den verschiedenen Gutachterausschüssen abgeleiteten „erforderlichen Daten der Wertermittlung" vergleichbar sind und
2. die Bezugsgrundlagen bei Anwendung mehrerer Verfahren den genannten Quervergleich ermöglichen.

Nach vorstehenden Ausführungen sind die Grundstücksmerkmale des jeweiligen „Referenz- bzw. Normgrundstücks" Ausgangspunkt der Ermittlung des **vorläufigen Verfahrenswerts** (Grundsatz der Referenzkonformität) und demzufolge muss klarstellend von einer Modell- und Referenzkonformität gesprochen wurden. Vom **Referenz- bzw. Normgrundstück** abweichende Grundstücksmerkmale des im Einzelfall zu bewertenden Grundstücks können bereits bei der Ermittlung des vorläufigen Verfahrenswerts berücksichtigt werden, soweit Liegenschaftszinssätze, Vergleichs- und Sachwert, Erbbaurechts- und Erbbaugrundstücksfaktoren sowie Erbbaurechts- und Erbbaugrundstückskoeffizient mehrdimensional in Abhängigkeit von mehreren Einflussparametern abgeleitet wurden oder Umrechnungskoeffizienten (Anpassungsfaktoren) zur Berücksichtigung der von der Bezugsgröße abweichenden Grundstücksmerkmale zur Verfügung stehen (objektspezifische Liegenschaftszinssätze, Vergleichs- und Sachwert-, Erbbaurechts- und Erbbaugrundstücksfaktoren sowie Erbbaurechts- und Erbbaugrundstückskoeffizient). 13

Soweit von dem so ermittelten vorläufigen Verfahrenswert abweichende Grundstücksmerkmale des zu bewertenden Grundstücks verbleiben, müssen sie subsidiär als **besondere objektspezifische Grundstücksmerkmale** (boG) berücksichtigt werden. 14

2 Modellkollision

Nach der stringenten Systematik der ImmoWertV sind bei allen Wertermittlungsverfahren die von den Gutachterausschüssen abgeleiteten erforderlichen Daten der Wertermittlung, insbesondere **Liegenschaftszinssätze, Vergleichs- und Sachwert-, Erbbaurechts- und Erbbaugrundstücksfaktoren sowie Erbbaurechts- und Erbbaugrundstückskoeffizienten**, die sich jeweils auf ein Referenzgrundstück mit bestimmten Referenzmerkmalen beziehen, nicht direkt zur Ermittlung des vorläufigen Verfahrenswerts heranzuziehen, sondern stets **in „objektspezifisch angepasster" Höhe** (vgl. §§ 26, 33, 39 ImmoWertV). 15

Die mit § 10 ImmoWertV geforderte Identität der Modelle und *Modellansätze*bei der Ableitung und der Anwendung z.B. des Liegenschaftszinssatzes bzw. Sachwertfaktors 16

kollidiert mit dem gleichzeitig gegebenen Befehl, diese dem zu bewertenden Grundstück „objektspezifisch anzupassen". Denn die zu bewertende Liegenschaft kann eine von dem verbindlich vorgegebenen Modellansatz deutlich abweichende Gesamt- und Restnutzungsdauer oder deutlich abweichende Instandhaltungskosten aufweisen. Die Anwendung des auf der Grundlage der vorgegebenen Modellansätze abgeleiteten Liegenschaftszinssatzes kann in diesem Fall das Wertbild verzerren und bedarf der Korrektur. Neben einer ergänzenden Korrektur durch eine ergänzende Berücksichtigung dieser Abweichung als „besonderes objektspezifisches Grundstücksmerkmal" muss auch bezüglich der verbindlich vorgegebenen Modellansätze eine objektspezifische Anpassung des Liegenschaftszinssatzes in Betracht gezogen werden.

17 **Darüber hinaus können die Wertverzerrungen mit einer nach der Restnutzungsdauer differenzierenden Ableitung des Liegenschaftszinssatzes „aufgefangen" werden.** Insoweit besteht ein von den Gutachterausschüssen zu beachtendes Junktim zwischen der Anwendung der mit den Anlagen zur ImmoWertV vorgegeben Modellansätze und einer nach der Restnutzungsdauer differenzierenden Ableitung des Liegenschaftszinssatzes (vgl. § 32 ImmoWertV Rn. 139 ff., 148 ff.; § 21 ImmoWertV Rn. 162).

3 Abweichungsregelung (§ 10 Abs. 2 ImmoWertV)

▶ *Vgl. § 53 ImmoWertV Rn. 4 ff.*

18 Nach § 10 Abs. 2 ImmoWertV muss sich die Marktwertermittlung in den Fällen, in denen zum maßgeblichen Stichtag lediglich solche für die Wertermittlung erforderlichen Daten vorliegen, die *nicht* nach dem mit der Verordnung vorgegebenen Modell und den vorgegebenen Modellansätzen ermittelt worden sind, an den Modellen und Modellansätzen ausrichten, die den jeweils zur Verfügung stehenden erforderlichen Daten zugrunde liegen. Auch dies ist „zur Wahrung des Grundsatzes der Modellkonformität" geboten und betrifft nicht nur den Zeitraum der Umstellung auf die neue ImmoWertV, sondern vor allem Wertermittlungen, die sich auf zurückliegende Stichtage beziehen (retroperspektive Wertermittlungen, vgl. § 2 ImmoWertV Rn. 75).

19 Die Vorschrift ist von weitreichender Bedeutung, denn sie kann im Ergebnis dazu führen, dass sich die **Marktwertermittlung weitgehend an den Grundsätzen der ImmoWertV 2010 bzw. der WertV orientieren muss**.

4 Modellkonformität bei Anwendung der für die Wertermittlung erforderlichen Daten bei der steuerlichen Bewertung

20 Die vom Gutachterausschuss für Grundstückswerte abgeleiteten „erforderlichen Daten der Werter-mittlung, insbesondere Vergleichs- und Sachwertfaktoren sowie Liegenschaftszinssätze können nach Maßgabe der bewertungsrechtlichen Regelungen auch in der steuerlichen Bewertung zur Anwendung kommen. wurde mit § 177 Abs.3 BewG klargestellt, dass diese Daten bei zur steuerlichen Bewertung (nur) herangezogen werden dürfen, wenn deren Ableitung „weitgehend" in demselben Modell erfolgt ist wie das der steuerlichen Bewertung[2].

Auch wenn die steuerlichen Bewertungsregelungen sich zunehmend an die Regelungen der ImmoWertV angeglichen haben, kann dies nicht deshalb unterstellt werden, denn die **typisierten Verfahren der steuerlichen Bewertung** zeichnen sich durch eine große Zahl von Typisierungen und Pauschalierungen aus[3]. Disparitäten können schon bei den Ausgangsgrößen erheb-

2 Vgl. Glosse in GuG-aktuell 2012, 17
3 FG Rheinland-Pfalz, Urt. vom 23.11.2023 – 4 V 1429/23 – und - 4 V 1295/23 -, Glosse in GuG 2023.

lich sein, wie z.B. bei Anwendung des Ertragswertverfahrens bezüglich des Rohertrags und der Bewirtschaftungskosten erheblich sein. Es kommt hinzu, dass sich der Gutachterausschuss bei der Ableitung der erforderlichen Daten eigenverantwortlich Modellansätze vorgeben kann, die über die der ImmoWertV hinausgehen.

§ 11 ImmoWertV
Künftige Änderungen des Grundstückszustands

(1) Künftige Änderungen des Grundstückszustands sind zu berücksichtigen, wenn sie am Qualitätsstichtag mit hinreichender Sicherheit aufgrund konkreter Tatsachen zu erwarten sind.

(2) Bei künftigen Änderungen des Grundstückszustands ist die voraussichtliche Dauer bis zum Eintritt dieser Änderung (Wartezeit) auch in Verbindung mit einer verbleibenden Unsicherheit des Eintritts dieser Änderung (Realisierungsrisiko) angemessen zu berücksichtigen.

Gliederungsübersicht *Rn.*

1 Vorbemerkungen

1.1 Übersicht

▶ *Vorbem. zur ImmoWertV Rn. 32; § 5 ImmoWertV Rn. 139; § 21 ImmoWertV Rn. 16*

§ 11 ImmoWertV ist eine die Definition des Verkehrswerts (§ 194 BauGB) ergänzende Regelung, nach der neben den am maßgeblichen Stichtag (Qualitätsstichtag) tatsächlich vorhandenen Grundstücksmerkmalen auch solche Eigenschaften zum Grundstückszustands gehören, die am Qualitätsstichtag mit hinreichender Sicherheit aufgrund konkreter Tatsachen zu erwarten sind. Die Vorschrift steht im engen Kontext zu den in § 2 ImmoWertV geregelten **Grundlagen der Wertermittlung** sowie dem in § 3 Abs. 2 ImmoWertV definierten Bauerwartungs- und Rohbauland. 1
Die Vorschrift ist gleichwohl nicht allein auf künftige Änderungen des Entwicklungszustands einschließlich der planungsrechtlich zulässigen baulichen und sonstigen Nutzung i.S. des § 5 Abs. 1 ImmoWertV gerichtet. Mit der Bezugnahme auf den „Grundstückszustand" ist die Gesamtheit aller den Marktwert beeinflussenden Grundstücksmerkmale angesprochen, insbesondere die in § 2 Abs. 3 ImmoWertV genannten Merkmale.

Die Vorschrift ist aus § 2 Satz 2 und 3 ImmoWertV 10 hervorgegangen und bestimmt, unter welchen Voraussetzungen und wie künftige Entwicklungen bei der Qualifizierung des zu bewertenden Grundstücks zu berücksichtigen sind. 2

Die Vorschrift lehnt sich an § 95 Abs. 1 i.V.m. Abs. 2 Nr. 1 BauGB über die im Falle einer Enteignung zu gewährende Entschädigung an. Diese bemisst sich nach dem **Verkehrswert** eines Grundstücks oder sonstigen Gegenstands der Enteignung, **der sich unter Berücksichtigung der„*in absehbarer Zeit*" zu erwartenden Wertsteigerungen** bei der Marktwertermittlung zu berücksichtigen sind. Entsprechendes muss auch für „*in absehbarer Zeit*" zu erwartende Wertminderungen gelten. Es handelt sich dabei jeweils um qualitative Änderungen des Grundstückszustands. 3

4 Dementsprechend sind nach § 11 ImmoWertV generell „künftige Änderungen des Grundstückszustands" zu berücksichtigen, wenn sie am maßgeblichen Qualitätsstichtag „mit hinreichender Sicherheit aufgrund konkreter Tatsachen zu erwarten sind". Sie werden als „konkret absehbare künftige Änderungen" bezeichnet.
Nicht in jedem Fall sind künftige Änderungen des Grundstückszustands unter Berücksichtigung der voraussichtlichen Wartezeit und eines Realisierungsrisikos zu berücksichtigen. Soll der Marktwert eines Grundstücks auftragsgemäß nach einem deskriptiv beschriebenen künftigen Zustand, z.B. nach durchgeführter Modernisierung oder einem Umbau, ermittelt werden, wird schlichtweg ein fiktiver auf den Wertermittlungsstichtag bezogener Marktwert ermittelt („Würde-wenn-Wert"). Ob und wann die fiktiv zugrunde gelegten Zustandsmerkmale realisiert werden, kann dann auftragsgemäß dahinstehen.

1.2 Wurzeltheorie

Schrifttum: *Sethe, R./Weber, Ph.*, Die Wurzeltheorie als Mittel zur Korrektur, in: Zeitschrift für Gesellschafts- und Kapitalmarktrecht, 2010/2.

▶ *Vorbem. zur ImmoWertV Rn. 33; zur absehbaren Zeit vgl. § 3 ImmoWertV Rn. 17*

5 Ein Grundstück ist grundsätzlich auf der Grundlage des Zustands zu bewerten, wie sich die Immobilie am Qualitätsstichtag darstellt[1]. Spätere **Entwicklungen und künftige Änderungen dürfen**bei der Marktwertermittlung **nur berücksichtigt werden, soweit sie zum Zeitpunkt des Qualitätsstichtags** ihre Wurzeln in „konkreten Tatsachen" haben, die mit hinreichender Sicherheit als Änderung des am Qualitätsstichtag gegebenen Grundstückszustands im gewöhnlichen Geschäftsverkehr erkannt werden konnten (sog. **Wurzeltheorie**)[2]. Insbesondere spekulative Hoffnungen oder Befürchtungen, die ihre Grundlage in allgemeinen wirtschaftlichen Erwartungen haben, müssen dabei außer Betracht bleiben.

6 Die **Wurzeltheorie liegt im Wesen des Marktwerts** (Verkehrswerts), der maßgeblich durch die künftige am Wertermittlungsstichtag mit hinreichender Sicherheit erkennbare Nutzbarkeit bestimmt ist (Zukunftserfolgswert)[3]. Dies gilt sowohl für die Verkehrswertermittlung von Grundstücken als auch in der Unternehmensbewertung.
Die vornehmlich im Rahmen der Unternehmensbewertung entwickelte **Wurzeltheorie** gilt auch für die Verkehrswertermittlung. Sie liegt im Wesen des Verkehrswerts (Marktwerts), der maßgeblich durch die künftige Nutzbarkeit bestimmt ist (Zukunftserfolgswert)[4]. Auch in der Rechtsprechung des BGH zur Ermittlung des Zugewinnausgleichs findet die Wurzeltheorie deshalb Beachtung.

7 Außer Betracht müssen – auch bei retroperspektivischer Marktwertermittlung (ex post) – dagegen Erkenntnisse über Tatsachen bleiben, die zwar am Wertermittlungsstichtag gegeben waren, jedoch nicht erkannt werden konnten. Deshalb kann bei retrograder Marktwertermittlung ein **später aufkommender Altlastenverdacht** selbst dann nicht berücksichtigt werden, wenn er sich erst später verifiziert hat.

---

1 BGH, Beschl. vom 29.09.2015 – II ZB 23/14 –, BGHZ 207, 114 = EzGuG 20.241.

2 BGH, Urt. vom 17.01.1973 – IV ZR 142/70 –, NJW 1973, 509 = EzGuG 20.53b; OLG Düsseldorf, Beschl. vom 25.05.2016 – 26 W 2/15 AktE –, NZM 2017, 137 = EzGuG 20.246; BFH, Urt. vom 01.04.1998 – X R 150/95 –, BFHE 186, 70 = BStBl II 1998, 569 = GuG 1998, 372 = EzGuG 19.45; OLG Koblenz, Urt. vom 20.02.2009 – 10 U 57/05 = EzGuG 20.207c; LG Frankfurt am Main, Urt. vom 08.12.1982 – 3/3 AktE 104/79 –, BB 1983, 1244 = EzGuG 20.101b; zu einem späteren Altlastenverdacht: BFH, Urt. vom 01.04.1998 – X R 150/95 –, GuG 1998, 373 = BFHE 186, 70 = BStBl II 1998, 519 = EzGuG 19.45; auch Emmerich/Habersack, § 305 AktG Rn. 58. Paulsen in MüKo AktG, 4. Aufl., § 305 Rn. 84af.

3 Bereits: RG, Urt. vom 03.04.1897 – V 341/96 –, Gruchot 41, 1002; BGH, Beschl. vom 08.05.1998 – Blw. 18/97 –, GuG 1998, 377 = EzGuG 20.163; OLG Düsseldorf, Urt. vom 17.02.1984 – 19 W 1/81 –, WM 1984, 732 = EzGuG 20.104b; OLG Celle, Urt. vom 04.04.1979 – 9 Wx 2/77 –, DB 1979, 1031 = EzGuG 20.80a; LG Frankfurt am Main, Urt. vom 08.12.1982 – 3/3 AktE 104/79 –, BB 1983, 1244 = EzGuG 20.101c.

4 Bereits: RG, Urt. vom 03.04.1897 – V 341/96 –, Gruchot 41, 1002; BGH, Beschl. vom 08.05.1998 – Blw. 18/97 –, GuG 1998, 377 = EzGuG 20.163; OLG Düsseldorf, Urt. vom 17.02.1984 – 19 W 1/81 –, BB 1984, 742 = EzGuG 20.104b; OLG Celle, Urt. vom 04.04.1979 – 9 Wx 2/77 –, WM 1979, 1336 = EzGuG 20.80a; LG Frankfurt am Main, Urt. vom 08.12.1982 – 3/3 AktE 104/79 –, BB 1983, 1244 = EzGuG 20.101c.

2 Konkret absehbare künftige Änderungen

▶ *Vgl. Vorbem. zu ImmoWertV Rn. 28 ff.; § 2 ImmoWertV Rn. 9; § 21 ImmoWertV Rn. 16 ff.*

2.1 Allgemeines

Auch wenn sich der **Verkehrswert (Marktwert)** nach § 194 BauGB „durch den Preis bestimmt, der in dem Zeitpunkt, auf den sich die Ermittlung bezieht, im gewöhnlichen Geschäftsverkehr nach den rechtlichen Gegebenheiten und tatsächlichen Eigenschaften, der sonstigen Beschaffenheit und der Lage des Grundstücks" zu erzielen ist, **wird er maßgeblich durch die Erwartung zukünftiger Ereignisse** (**Zukunftserwartungen,** *anticipation*) der Erwerber **bestimmt**[5]. Der Verkehrswert definiert sich damit als Zukunftserfolgswert. Im amerikanischen Schrifttum[6] heißt es dazu: *„Anticipation is the perception that value is created by the expectation of benefits to be derived in the future. In the real estate market, the current value of a property is not based on its historical prices or the costs of its creation; rather, value is based on market participant' perception of the future benefits of acquisition … The value of owner-occupied property is primarily based on the expected future advantages, amenities and pleasures of ownership and occupancy."* 8

Grundsätzlich ist in diesem Zusammenhang zwischen zwei Fällen zu unterscheiden: 9

a) Wird die zulässige Nutzbarkeit eines Grundstücks mit der auf diesem am Qualitätsstichtag ausgeübten Nutzung nicht marktgerecht „ausgeschöpft" (**Atypik**)[7] und drängt sich im gewöhnlichen Geschäftsverkehr eine *„Änderung des Grundstückszustands"* durch Umnutzung auf, so spricht man von einem umnutzungsbefangenen Grundstück. Entsprechendes gilt auch für den Fall, dass die ausgeübte Nutzung nicht auf Dauer gewährleistet ist.

b) Am Qualitätsstichtag **sind Änderungen der zulässigen Nutzbarkeit eines Grundstücks und damit des Grundstückszustands** erkennbar, z.B. aufgrund anstehender Planungsentscheidungen oder sonstiger Gegebenheiten, wobei es sich dabei um werterhöhende, aber auch um wertmindernde Änderungen handeln kann (z.B. durch Herabzonung).

Der unter a) genannte Fall ist Gegenstand der Regelungen der §§ 40 ff. ImmoWertV. Konkret absehbare Änderungen der Nutzbarkeit werden nachstehend behandelt. 10

2.2 Konkret absehbare Änderungen der Nutzbarkeit

▶ *Begriff der „absehbaren Zeit" vgl. § 3 ImmoWertV Rn. 148 ff.*

Mit konkret absehbaren künftigen Änderungen sind insbesondere baurechtlich bedeutsame Nutzungsänderungen angesprochen, die zu Werterhöhungen, aber auch Wertminderungen (z.B. bei Herabzonungen) führen können. Im Hinblick auf eine werterhöhende Änderung der baulichen Nutzbarkeit ist dies darin begründet, dass das deutsche Städtebaurecht eine allgemeine maßnahmenbedingte „Wertabschöpfung", insbesondere einen Planungswertausgleich, nicht kennt. Sobald nur die Absicht der Gemeinde bekannt wird, ein Gebiet städtebaulich zu entwickeln, nimmt der Grundstücksmarkt die Entwicklung mit fortschreitender Konkretisierung der erwarteten Nutzungsänderung mit höheren Kaufpreisen vorweg[8]. Dabei können auch spekulative Preissteigerungen nicht ausgeschlossen werden. 11

---

5 BGH, Urt. vom 28.04.1982 – Iva ZR312/80 –, NJW 1982, 2431 = EzGuG 11.128.

6 The Appraisal of Real Estate, American Institute of Real Estate Appraisers, 9. Aufl. Chicago 1987, S. 32.

7 Dementsprechend ist in der Enteignungsrechtsprechung des BGH darauf hingewiesen worden, dass „die Entschädigung für das Grundstück … nach der durch seine Beschaffenheit und Lage bedingten Nutzungsfähigkeit – nicht allein nach der ausgeübten Nutzung – des Grundstücks am Tage der Inanspruchnahme zu bemessen" ist; vgl. BGH, Urt. vom 08.11.1962 – III ZR 86/61 –, BGHZ 39, 198 = EzGuG 8.5.

8 BT-Drs. VI/510 S. 26; BT-Drs. IV 2491, S. 30.

12 In der Rechtsprechung wird in diesem Zusammenhang vielfach auf die **Verkehrsauffassung** hingewiesen, die z.B. in Erwartung einer höherwertigeren Nutzung ihren Niederschlag in entsprechend erhöhten Kaufpreisen gefunden haben kann. Nach der hier vertretenen Auffassung reicht allein die Berufung auf eine Verkehrsauffassung per se nicht aus. Es muss sich um eine „gesunde" Verkehrsauffassung handeln, die sich auf „konkrete Tatsachen" stützt, die mit „hinreichender Sicherheit" eine „konkret absehbare künftige Änderung" i.S. des § 11 ImmoWertV erwarten lassen (vgl. Vorbem. zur ImmoWertV Rn. 17).

13 Nach § 194 BauGB definiert sich der Marktwert nämlich nach dem „im gewöhnlichen Geschäftsverkehr" erzielbaren Preis. Im gewöhnlichen Geschäftsverkehr wiederum kann auch nur das die Höhe des Verkehrswerts beeinflussen, **was in „greifbarer Nähe"liegt**[9], d.h., künftige Nutzungsmöglichkeiten[10] müssen nach der höchstrichterlichen Rechtsprechung „*so sicher unmittelbar*" bevorstehen, „dass sie sich bereits als wertbildender Faktor auswirken und der allgemeine Grundstücksverkehr ihnen also schon Rechnung trägt"[11].
Problematisch bleiben bei alldem die Fälle, in denen sich die **allgemeine Verkehrsauffassung** dadurch manifestiert, dass in einem z.B. landwirtschaftlich genutzten Gebiet in Erwartung einer Umwidmung zu Bauland in beträchtlichem Umfang „kollektiv" deutlich höhere Preise vereinbart worden sind und dies selbst dann, wenn die Gemeinde unmissverständlich zu erkennen gegeben hat, dass eine Umwidmung nicht zu erwarten ist. Nach § 9 Abs. 2 Satz 2 ImmoWertV kann nicht angenommen werden, dass diese Kaufpreise für die Marktwertermittlung ungeeignet sind, weil sie dem gewöhnlichen Geschäftsverkehr i.S. der Verkehrswertdefinition des § 194 BauGB aufgrund „persönlicher oder ungewöhnlicher Verhältnisse" nicht zurechenbar sind. Entgegen dieser Regelung fällt eine allgemeine Verkehrsauffassung, die kollektiv auf bloße Hoffnungen, Wünsche, subjektive Verwertungsabsichten oder gar spekulative Erwartungen beruht[12], nicht unter den gewöhnlichen Geschäftsverkehr.

14 Entsprechend der vorstehenden Rechtsprechung ist für die Berücksichtigung **künftiger Änderungen des Grundstückszustands** gemäß § 11 ImmoWertV **Voraussetzung**, dass diese am maßgeblichen Qualitätsstichtag „*mit hinreichender Sicherheit aufgrund konkreter Tatsachen zu erwarten*" waren (konkret absehbare künftige Änderungen).

15 § 11 ImmoWertV enthält keine Hinweise darüber, welche „*konkreten Tatsachen*" vorliegen müssen, die geeignet sind, damit die Erwartung einer Änderung der Nutzbarkeit „mit hinreichender Sicherheit" am Qualitätsstichtag ihren Niederschlag im Marktwert finden kann. Da die Nutzbarkeit eines Grundstücks in erster Linie durch öffentlich-rechtliche Vorschriften über die Zulassung von Vorhaben, insbesondere rechtsverbindliche Planungen, „gesteuert" wird, können zunächst auch nur diese eine „absehbare künftige Änderung" konkretisieren (vgl. hierzu die Erläuterungen zum Bauerwartungsland bei § 5 ImmoWertV).

16 „Konkrete Tatsachen" können u.a. Veränderungssperren, Flächennutzungspläne, Bebauungsplanentwürfe, **vorbereitende informelle Planungen** (z.B. Gebietsentwicklungs-, Rahmen- und Masterpläne) sowie ein konkludentes Handeln der Gemeinde sein (z.B. finanzielle Rückstellungen für die Realisierung geplanter Maßnahmen).

---

9 BGH, Urt. vom 03.06.1982 – III ZR 98/79 –, NJW 1982, 2730 = EzGuG 4.83; BGH, Urt. vom 22.04.1982 – III ZR 131/80 –, WM 1982, 878 = EzGuG 17.44; BGH; Urt. vom 03.05.1979 – III ZR 114/77 –, BRS Bd. 34 Nr. 30 = EzGuG 8.54; BGH, Urt. vom 7.10.1976 – III ZR 60/73 –, BGHZ 67, 200 = EzGuG 6.188; BGH; Urt. vom 28.10.1971 – III ZR 84/70 –, BRS Bd. 26 Nr. 61 = EzGuG 8.37; BGH, Urt. vom 09.01.1969 – III ZR 51/68 –, BRS Bd. 26 Nr. 56 = EzGuG 6.119; BGH, Urt. vom 06.12.1962 – III ZR 113/61 –, BRS Bd. 19 Nr. 109 = EzGuG 6.65.

10 BT-Drs. 7/4793 S. 22 und 43 Nr. 45; RG, Urt. vom 30.05.1911 – VII 368/10 –, JW 1911, 726 = EzGuG 20.10; BGH, Urt. vom 22.04.1982 – III ZR 131/80 –, EzGuG 17.44; BGH, Urt. vom 07.10.1976 – III ZR 60/73 –, BGHZ 67, 200 = EzGuG 6.188.

11 BGH, Urt. vom 09.01.1969 – III ZR 51/68 –, BRS Bd. 26 Nr. 56 = EzGuG 6.119.

12 BGH, Urt. vom 30.05.1963 – III ZR 230/61 –, BRS Bd. 19 Nr. 75 = EzGuG 8.8; VGH Mannheim, Urt. vom 23.06.2017 – 7 S 1065/14 –, DÖV 2017, 877 = EzGuG 4.125.

17 Allein derartige „Tatsachen“ reichen aber nicht aus, um eine absehbare Änderung bei der Wertermittlung zu berücksichtigen. Die Änderung muss am maßgeblichen Qualitätsstichtag mit hinreichender Sicherheit zu erwarten (gewesen) sein. So mag die Lage eines Grundstücks im Geltungsbereich eines unverbindlichen Flächennutzungsplans als „Chance“ gesehen werden; sie kann die geforderte Sicherheit regelmäßig nicht gewährleisten (vgl. § 5 ImmoWertV Rn. 138 ff.). Dies könnte allenfalls dann ausnahmsweise angenommen werden, wenn derartige Planungen in einem engen zeitlichen Zusammenhang mit ihrer Umsetzung in eine rechtsverbindliche Planung stehen und die örtlichen Gegebenheiten in ihrer Gesamtheit die Erwartung stützen (Siedlungsdruck, infrastrukturelle Gegebenheiten usw.).

18 Eine mit hinreichender Sicherheit konkret absehbare Änderung der baulichen oder sonstigen Nutzung ist bei einem „**Baurecht auf Zeit**“ gegeben, d.h. im Falle einer Nutzung, die für einen bestimmten Zeitraum zulässig oder bis zum Eintritt bestimmter Umstände zulässig oder unzulässig ist (§ 9 Abs. 2 BauGB); dabei ist die festgesetzte Folgenutzung zu berücksichtigen.

19 Anstehende Nutzungsänderungen bleiben indessen immer insoweit außer Betracht, wie der Gesetzgeber ihre Nichtberücksichtigung vorgeschrieben hat oder hierfür besondere Ausgleichsleistungen zu erbringen sind:

- Bei der Bemessung der Enteignungsentschädigung bemisst sich die Entschädigung für den Rechtsverlust nach dem Verkehrswert des Grundstücks unter Ausschluss von Wertänderungen infolge der bevorstehenden Enteignung (nach dem Grundsatz der enteignungsrechtlichen Vorwirkung) auf der Grundlage des Zustands, der zu dem Zeitpunkt bestand, als die Enteignung mit Sicherheit und hinreichender Bestimmtheit feststand.
- In Gebieten, die unter Anwendung der besonderen sanierungsrechtlichen Vorschriften der §§ 152 ff. BauGB saniert werden, sowie in Entwicklungsbereichen sind grundsätzlich die Verkehrswerte unter Ausschluss der sanierungs- oder entwicklungsbedingten Werterhöhung maßgebend.
- In Umlegungsgebieten nach den §§ 45 ff. BauGB sind die Einwurfswerte unter Ausschluss der umlegungsbedingten Werterhöhung zu ermitteln.
- Umgekehrt bleiben im Falle einer Herabzonung des Grundstücks (§§ 39 ff. BauGB) die dadurch bedingten Wertminderungen insoweit und so lange außer Betracht, wie der Eigentümer noch einen Anspruch auf Entschädigung eines Planungsschadens hat.
- Werterhöhende Maßnahmen bleiben insoweit auch außer Betracht, wie der Eigentümer des Grundstücks dafür beitrags- oder abgabepflichtig ist. Dies betrifft insbesondere Erschließungsmaßnahmen nach den §§ 126 ff. BauGB in Bezug auf den zu erwartenden Erschließungsbeitrag. Ist eine Erschließungsmaßnahme, mit der Rohbauland baureif gemacht wird, absehbar, ist die damit einhergehende Verkürzung der Wartezeit jedoch zu berücksichtigen.

2.3 Konkret absehbare Änderungen der Ertragsverhältnisse

20 § 11 ImmoWertV findet schließlich auch im Rahmen des Ertragswertverfahrens auf konkret absehbare künftige Änderungen der Ertragsverhältnisse infolge Modernisierungen, Umstrukturierungen, Ausbau von Dachgeschossen sowie vertraglicher Vereinbarungen (Miet- oder Pachtverträge) Anwendung. Allgemein erwartete konjunkturelle Änderungen der Ertragsverhältnisse werden indessen bereits mit dem Liegenschaftszinssatz berücksichtigt.

21 Bei *Anwendung des Ertragswertverfahrens* werden die Erwartungen der Marktteilnehmer hinsichtlich der Entwicklung der allgemeinen Ertrags- und Wertverhältnisse auf dem Grund-

stücksmarkt mit dem Liegenschaftszinssatz erfasst. Nur wenn die Ertragsverhältnisse in absehbarer Zukunft mit hinreichender Sicherheit aufgrund konkreter Tatsachen

- wesentlichen Änderungen unterliegen (z.B. qualitative Änderungen der Immobilie infolge Modernisierungen, Umstrukturierungen, Ausbau von Dachgeschossen),
- wesentlich von den marktüblich erzielbaren Erträgen (z.B. aufgrund vertraglicher Vereinbarungen) abweichen oder
- starken Schwankungen unterliegen,

ist eine ergänzende Berücksichtigung der mit hinreichender Sicherheit aufgrund konkreter Tatsachen absehbaren Entwicklung bei allen zur Anwendung kommenden Varianten des Ertragswertverfahrens angezeigt.

2.4 Umnutzungsbefangene Grundstücke

▶ *Vgl. Rn. 5 und Vorbem. zur ImmoWertV Rn. 31, 33*

22 Der Marktwert eines Grundstücks bestimmt sich nicht allein nach der am Qualitätsstichtag ausgeübten Nutzung, sondern nach den durch seine Beschaffenheit und Lage bedingten **künftigen Nutzungsmöglichkeiten bzw. Nutzungsfähigkeiten**[13]. In der Wertermittlungslehre werden Marktwerte (als Zukunftserfolgswerte[14]) deshalb nach dem Grundsatz des *„highest and best use value“* ermittelt. Nach diesem Prinzip werden Grundstücke, bei denen mit der tatsächlich ausgeübten Nutzung ein am Wertermittlungsstichtag vorhandenes („schlummerndes“) Entwicklungspotenzial nicht ausgeschöpft wird, unter Berücksichtigung der rechtlich zulässigen, tatsächlich realisierbaren und wirtschaftlich vernünftigen Möglichkeiten entsprechend den Präferenzen des Grundstücksmarktes bewertet. Die vorhandene Nutzung kann sich in Bezug auf die künftige Nutzung als hinderlich erweisen; auch dies muss ggf. berücksichtigt werden. Es handelt sich in solchen Fällen um Immobilien mit Entwicklungspotenzial *(property in transition)*.
Sind im Rahmen der planungsrechtlich zulässigen baulichen und sonstigen Nutzung mit der auf einem Grundstück ausgeübten Nutzung die bestehenden Nutzungsmöglichkeiten nicht ausgeschöpft worden, bedarf es für eine Umnutzung keiner Änderung der für die planungsrechtliche Zulässigkeit von Vorhaben maßgeblichen Vorschriften des Städtebaurechts und sonstiger Vorschriften, die die Nutzbarkeit betreffen. Es geht in diesem Falle nicht darum, die „hinreichende Sicherheit“ einer erwarteten Änderung der planungsrechtlichen Nutzbarkeit unter Angabe „konkreter Tatsachen“ zu konkretisieren, denn die Möglichkeit einer bereits am Qualitätsstichtag zulässigen Umnutzung ist bereits gegeben. Es geht vielmehr um den Fall, wie eine **auf dem Grundstück ausgeübte „tatsächliche Nutzung“ i.S. des § 2 Abs. 3 Satz 2 Nr. 3 ImmoWertV** bei der Marktwertermittlung zu berücksichtigen ist, **wenn sie von dem abweicht, was sich aus den Gegebenheiten der örtlichen Lage des Grundstücks bei vernünftiger wirtschaftlicher Betrachtungsweise objektiv anbietet.** Im Vordergrund stehen dabei Nutzungen, mit denen im Rahmen des bestehenden Planungsrechts das „Nutzungspotenzial“ des Grundstücks nicht „ausgeschöpft“ wird, z.B. die Nutzung des Erdgeschosses in einer hochfrequentierten Einkaufsstraße. Ist in derartigen Fällen eine Umnutzung angezeigt, muss grundsätzlich von der höheren Nutzung ausgegangen werden (Vorbem. zur ImmoWertV Rn. 31). Es kommt dabei nicht darauf an, ob diese zum Qualitätsstichtag durch eine Bauvoran-

---

13 Vgl. BGH, Urt. vom 22.04.1982 – III ZR 131/80 –, BRS Bd 45 Nr. 192 = EzGuG 17.44; BGH, Urt. vom 07.10.1976 – III ZR 60/73 –, BGHZ 67, 200 = EzGuG 6.188; BGH, Urt. vom 06.12.1962 – III ZR 113/61 –, BRS Bd. 19 Nr. 109 = EzGuG 6.65; LG Bremen, Urt. vom 05.11.1954 – 1 O 749/54 (B) –, EzGuG 6.10; BT-Drs. 7/4793 S. 22 und 43 Nr. 45; RG, Urt. vom 30.05.1911 – VII 368/10 –, JW 1911, 726 = EzGuG 20.10.

14 BGH, Beschl. vom 08.05.1998 – Blw. 18/97 –, GuG 1998, 377 = EzGuG 20.163; Bereits: RG, Urt. vom 03.04.1897 – V 341/96 –, Gruchot 41, 1002; OLG Düsseldorf, Urt. vom 17.02.1984 – 19 W 1/81 –, WM 1984, 732 = EzGuG 20.104b; OLG Celle, Urt. vom 04.04.1979 – 9 Wx 2/77 –, DB 1979, 1031 = EzGuG 20.80a; LG Frankfurt am Main, Urt. vom 08.12.1982 – 3/3 AktE 104/79 –, BB 1983, 1244 = EzGuG 20.101c.

frage oder andere vorbereitende Maßnahmen konkretisiert worden ist, denn auf subjektive Verwertungsabsichten darf es in der Marktwertermittlung grundsätzlich nicht ankommen. Etwas anderes kann gelten, soweit es bei wirtschaftlich objektiver Betrachtungsweise geboten erscheint, die bisherige Nutzung fortzusetzen, obwohl sie erheblich hinter dem zurückbleibt, was am Qualitätsstichtag den Usancen des gewöhnlichen Geschäftsverkehrs entspricht. In diesem Fall wäre nach § 40 Abs. 5 Nr. 1 ImmoWertV im Rahmen der Ermittlung des vorläufigen Verfahrenswerts der Bodenwert ausgehend von der tatsächlich ausgeübten Nutzung zu ermitteln (sog. nutzungsabhängiger Bodenwert, vgl. § 40 ImmoWertV Rn. 200), jedoch muss dann die nicht ausgeschöpfte Bodenwerterhöhung unter Berücksichtigung der voraussichtlichen Dauer dieser atypischen Nutzung als besonderes objektspezifisches Grundstücksmerkmal ergänzend berücksichtigt werden (§ 40 ImmoWertV Rn. 200).

Bei der Marktwertermittlung **umnutzungsbefangener Grundstücke** müssen die werthaltigen Entwicklungspotenziale berücksichtigt werden, die ein aufgeklärter Käufer im gewöhnlichen Geschäftsverkehr aus einem gesunden Interesse an einer Gewinnmaximierung üblicherweise mit dem Kaufpreis honorieren würde. Bieten sich verschiedene Alternativnutzungen an, kann regelmäßig die Nutzung der Marktwertermittlung zugrunde gelegt werden, die bei geringstem Risiko die höchste Ertragsfähigkeit (*maximally productiv*) verspricht. Der Marktwertermittlung muss in solchen Fällen eine Kosten-Nutzen-Analyse vorausgehen. Bei alledem kann es nicht auf bloße Wunschvorstellungen des Eigentümers ankommen; vielmehr sind die vorhandenen und absehbaren rechtlichen und wirtschaftlichen Möglichkeiten realitätsbezogen ohne spekulative Momente anzuhalten. **23**

Bei der Marktwertermittlung **umnutzungsbefangener** Grundstücke müssen allerdings gewissenhaft einige Regeln beachtet werden: **24**

a) Bei der Berücksichtigung zukünftiger Nutzungsmöglichkeiten kann nur das zugrunde gelegt werden, was nach den **rechtlichen und tatsächlichen Gegebenheiten ohne spekulative Elemente erwartet werden** kann. Die Erwartungen müssen dabei nicht unumstößlich abgesichert sein, jedoch ist im vorstehenden Sinne eine qualifizierte, sich auf „konkrete Tatsachen“ stützende Erwartung zu fordern.

b) Es dürfen nur solche Nutzungsmöglichkeiten berücksichtigt werden, die im Immobilienverkehr nach den Verwertungsmöglichkeiten des Objekts „gewöhnlich“ und damit markt- und wertbestimmend sind; auf **persönliche Nutzungsabsichten eines Erwerbers** allein kommt es nicht an.

c) Alle **in die Wertermittlung eingehenden Daten müssen**, auch soweit es dabei um fiktive Verkehrswertermittlungen für den Umnutzungsfall geht, **dem gewöhnlichen Geschäftsverkehr entsprechen** und von ungewöhnlichen oder persönlichen Verhältnissen unbeeinflusst sein.

Als ein typischer Anwendungsfall kann z.B. ein heruntergekommenes Miet- bzw. Geschäftshaus gelten, bei dem sich für jeden Eigentümer die Frage stellt, ob das Objekt instandsetzungs- und modernisierungsfähig ist oder ein Abriss vorzuziehen ist (**modernisieren oder abreißen?**). In solchen Fällen kann es angezeigt sein, gleich mehrere (fiktive) Ertragswerte auf der Grundlage verschiedener rechtlich zulässiger und tatsächlich realisierbarer Nutzungskonzepte und der jeweils dafür aufzubringenden Entwicklungskosten neben dem Liquidationswert zu ermitteln, um sich aus einer sorgfältigen Analyse der Ergebnisse für das letztlich tragende Verfahren entscheiden zu können (vgl. Vorbem. zur ImmoWertV Rn. 34, Abb. 12). Dies stellt den Sachverständigen häufig vor schwierige Probleme, da hier – sowohl was die künftigen Nutzungskonzepte als auch die zu deren Umsetzung erforderlichen Kosten anbelangt – besonders besonnen und mit viel Realitätssinn vorgegangen werden muss. Die Anwendung des Ertragswertverfahrens schlägt dabei häufig in eine äußerst fehleranfällige Extraktion (Residualwertmethode) um. **25**

3 Wartezeit und Realisierungsrisiko (§ 11 Abs. 2 ImmoWertV)

▶ *Hierzu § 3 ImmoWertV Rn. 14, 151; § 40 ImmoWertV Rn. 40, 153 ff, 196 ff.; § 42 ImmoWertV Rn. 71 ff.*

26 Bei der Klassifizierung des werdenden Baulands muss neben dem Entwicklungszustand eines Grundstücks die Wartezeit bis zu einer baulichen oder sonstigen Nutzung berücksichtigt werden. Konkret geht es nach § 11 Abs. 2 ImmoWertV um die voraussichtliche Dauer bis zum Eintritt der rechtlichen und tatsächlichen Voraussetzungen für die Realisierbarkeit einer baulichen oder sonstigen Nutzung eines Grundstücks. Es kann aber auch umgekehrt um die voraussichtliche Dauer bis zum Fortfall der rechtlichen und tatsächlichen Voraussetzungen für die Fortführung einer ausgeübten Nutzung gehen.

27 Die **Abschätzung der Wartezeit** erfordert vom Sachverständigen viel Einfühlungsvermögen in den „Baulandproduktionsprozess" und eingehende Kenntnisse der bodenrechtlichen Zusammenhänge, wobei er sich vor allem frei von spekulativen Erwägungen machen muss. So sich das alltägliche Morgengebet eines schwäbischen Landwirts („Lieber Gott, schenk uns Regen und einen reichen Planungssegen", die sog. vierte Fruchtfolge) erfüllt, ist der „Baulandproduktionsprozess" von den ersten Überlegungen, eine „grüne Wiese" für eine bauliche oder sonstige Nutzung aufzubereiten, bis hin zum Verkauf des fertigen Bauplatzes i.d.R. gleichwohl langwierig und scheitert auch schon einmal.

28 Verfahrensmäßig können die zu erwartenden „**künftigen Entwicklungen**" nach unterschiedlichen Methoden berücksichtigt werden:

a) Bei Anwendung des *Vergleichswertverfahrens* nach den §§ 24 ff. ImmoWertV sind möglichst Vergleichsgrundstücke heranzuziehen, die dieselbe Wartezeit i.S. des § 11 Abs. 2 ImmoWertV aufweisen wie das zu bewertende Grundstück. Stehen entsprechend geeignete Vergleichspreise zur Verfügung, wird die Wartezeit bereits mit den herangezogenen Vergleichspreisen hinreichend berücksichtigt. Weisen indessen die zum Preisvergleich herangezogenen Vergleichsgrundstücke eine kürzere oder längere Wartezeit auf, so ist der sich daraus ergebende Wertunterschied in einem angemessenen Verhältnis auf die Wartezeit des zu bewertenden Grundstücks umzurechnen.

b) *Finanzmathematisch* können die nach § 11 ImmoWertV in die Verkehrswertermittlung gegebenenfalls gesondert einzustellenden „künftigen Entwicklungen" berücksichtigt werden, indem der Unterschied zwischen dem Wert des Grundstücks auf der Grundlage der am Qualitätsstichtag tatsächlich gegebenen Grundstücksmerkmale (ohne Berücksichtigung der künftigen Entwicklungen) und dem Wert, der sich für das Grundstück unter Berücksichtigung der künftigen Entwicklungen ergibt, über die voraussichtliche Wartezeit nach Satz 3 nach den Rechenregeln der Zinseszinsrechnung abgezinst wird.

29 Danach lässt sich der Barwert eines Kapitals, das bei einem gegebenen Zinssatz erst nach n Jahren zufließt, nach folgender Formel berechnen:

$$K_0 = \frac{1}{q^n} \times K_n \qquad \text{wobei } q = \text{Zinsfaktor} = 1 + \frac{p}{100} \text{ und } = \frac{1}{q^n} \text{ Abzinsungsfaktor AF ist}$$

Hieraus folgt

$K_0 = K_n$ x AF, wobei der Abzinsungsfaktor AF abhängig ist von n und p bzw. LZ

K_0 = Anfangskapital

K_n = Endkapital

AF = Abzinsungsfaktor

n = Laufzeit = Anzahl der Jahre

q = Zinsfaktor = 1 + LZ

LZ = Liegenschaftszins

Beispiel: 30
Ein Grundstück wird unter Berücksichtigung seiner zu erwartenden Wertverbesserung nach den konjunkturellen Verhältnissen am Wertermittlungsstichtag zu einem Preis von 500 000 € verkauft, unter Berücksichtigung einer Wartezeit von 2 Jahren ergibt sich bei einer 6%igen Verzinsung

$$K_0 = \frac{1}{\left(1 + \frac{6}{100}\right)^2} \times 500\,000\,€ = AF_2 \times 500\,000\,€ = 445\,000\,€$$

In der Wertermittlungspraxis wird neben der Wartezeit bis zu einer baulichen oder sonstigen Nutzung auch das damit verbundene **Risiko**(Wagnis) berücksichtigt, dass die bauliche oder sonstige Nutzung auch tatsächlich eintritt. In der Regel ist dabei die Wartezeit umso risikobehafteter, je länger die Wartezeit ist. Insbesondere im gewerblichen Bereich sind Investoren nicht zuletzt aufgrund der „Demokratisierung der Planung" auf Planungssicherheit bedacht und an einer „gebrauchsfertigen" Immobilie interessiert[15]. Dieses Risiko **(Wagnis)** wird in der Wertermittlungspraxis mit sog. Risikoabschlägen zusätzlich berücksichtigt. 31

Besondere Bedeutung haben vorstehende Ausführungen vor allem bei **Wertermittlungen in Sanierungsgebieten und in Entwicklungsbereichen** im Zusammenhang mit der Ermittlung des Neuordnungswerts vor Abschluss der Sanierung. Im nds. RdErl vom 02.05.1988[16] ist deshalb ausdrücklich vorgeschrieben, dass in diesen Fällen neben der Wartezeit bis zum Abschluss der von der Gemeinde geplanten Ordnungs- und Baumaßnahmen auch das für die Durchführung dieser Einzelmaßnahmen bestehende Risiko **(Wagnis)** in Abschlag zu bringen ist. Satz 3 schreibt eine zusätzliche Berücksichtigung des Wagnisses nicht ausdrücklich vor, schließt dies aber auch nicht ausdrücklich aus. Die Vorschrift lässt es vor allem auch zu, einen dem gewöhnlichen Geschäftsverkehr entsprechenden Wagnisabschlag schon bei der Abschätzung der Wartezeit mit zu berücksichtigen. Lange Wartezeiten werden deshalb im Hinblick auf das erhöhte Risiko großzügig" anzusetzen sein. 32

15 Vgl. Güttler/Kleiber, BBauBl 1989, 236.
16 GeschZ: 301, 21013; nds. MBl. 1988, 547, Tz. 228, 3.4.

Teil 2
Für die Wertermittlung erforderliche Daten

Abschnitt 1 Allgemeines

§ 12 ImmoWertV
Allgemeines zu den für die Wertermittlung erforderlichen Daten

(1) Zu den für die Wertermittlung erforderlichen Daten gehören die Bodenrichtwerte und die sonstigen für die Wertermittlung erforderlichen Daten. Sonstige für die Wertermittlung erforderliche Daten sind insbesondere

1. Indexreihen,
2. Umrechnungskoeffizienten,
3. Vergleichsfaktoren,
4. Liegenschaftszinssätze,
5. Sachwertfaktoren,
6. Erbbaurechts- und Erbbaugrundstücksfaktoren sowie
7. Erbbaurechts- und Erbbaugrundstückskoeffizienten.

Die sonstigen für die Wertermittlung erforderlichen Daten sind auf einen Stichtag zu beziehen.

(2) Die für die Wertermittlung erforderlichen Daten werden insbesondere aus der Kaufpreissammlung auf der Grundlage einer ausreichenden Anzahl geeigneter Kaufpreise ermittelt.

(3) Geeignet im Sinne des Absatzes 2 sind Kaufpreise, die hinsichtlich der allgemeinen Wertverhältnisse und des jeweiligen Grundstückszustands hinreichend übereinstimmen. Eine hinreichende Übereinstimmung liegt vor, wenn sich etwaige Abweichungen

1. bei Vorliegen einer hinreichend großen Anzahl von Kaufpreisen in ihren Auswirkungen auf die Preise ausgleichen oder
2. in entsprechender Anwendung des § 9 Absatz 1 Satz 2 und 3 berücksichtigen lassen.

Die Kaufpreise sind um die Werteinflüsse besonderer objektspezifischer Grundstücksmerkmale zu bereinigen. Hinsichtlich einer Beeinflussung durch ungewöhnliche oder persönliche Verhältnisse gilt § 9 Absatz 2 entsprechend.

(4) Zur Ermittlung der sonstigen für die Wertermittlung erforderlichen Daten sind geeignete statistische Verfahren heranzuziehen.

(5) Bei Ermittlung der sonstigen für die Wertermittlung erforderlichen Daten sind zur Festlegung der Gesamtnutzungsdauer die Modellansätze der Anlage 1 und ist zur Ermittlung der Restnutzungsdauer im Fall der Modernisierung von Wohngebäuden das in Anlage 2 beschriebene Modell zugrunde zu legen. Bei Ermittlung der Liegenschaftszinssätze sind als Bewirtschaftungskosten im Sinne des § 32 Absatz 1 Satz 2 Nummer 1 bis 3 die Modellansätze der Anlage 3 zugrunde zu legen. Bei Ermittlung der Sachwertfaktoren sind der Ermittlung der durchschnittlichen Herstellungskosten im Sinne des § 36 Absatz 2 die Normalherstellungskosten nach Anlage 4 zugrunde zu legen.

(6) Zur Sicherstellung der nach § 10 Absatz 1 gebotenen modellkonformen Anwendung der sonstigen für die Wertermittlung erforderlichen Daten sind die zugrunde gelegten Modellansätze, Modelle und Bezugseinheiten sowie weitere Informationen in einer Modellbeschreibung anzugeben; hierzu gehören insbesondere

1. die Angabe von Rahmendaten zum Beispiel zum Stichtag, auf den sich das zur Wertermittlung erforderliche Datum bezieht, zum sachlichen und räumlichen Anwendungsbereich und zur Datengrundlage,

2. die Beschreibung der Stichprobe,

3. die Beschreibung der Ermittlungsmethodik,

4. die Beschreibung der verwendeten Parameter und der zugrunde gelegten Bezugseinheiten sowie

5. sonstige Selektionsparameter.

Gliederungsübersicht *Rn.*

1 Rechtsgrundlagen

Schrifttum: *Mann, W.,* Zur Systematisierung bei der Ableitung erforderlicher Daten der Wertermittlung, GuG 2011, 65; *Mann, W.,* Praxisbeispiele zur Ableitung von Normierungsdatoren, NÖV NRW 2009, 1; *Mann, W.,* Die Regressionsanalyse zur Unterstützung der Anwendung des Normierungsprinzips in der Grundstücksbewertung, ZfV 1005, 283.

1 Nach § 193 Abs. 5 Satz 1 BauGB führt der nach den §§ 192 ff. BauGB eingerichtete **Gutachterausschuss für Grundstückswerte eine Kaufpreissammlung und ermittelt Bodenrichtwerte und „sonstige zur Wertermittlung erforderliche Daten**“. Zu den sonstigen für die Wertermittlung erforderlichen Daten gehören nach § 193 Abs. 5 Satz 2 BauGB insbesondere

1. Kapitalisierungszinssätze, mit denen die Verkehrswerte von Grundstücken im Durchschnitt marktüblich verzinst werden (*Liegenschaftszinssätze*), für die verschiedenen Grundstücksarten, insbesondere Mietwohngrundstücke, Geschäftsgrundstücke und gemischt genutzte Grundstücke,
2. Faktoren zur Anpassung der Sachwerte an die jeweilige Lage auf dem Grundstücksmarkt (*Sachwertfaktoren*), insbesondere für die Grundstücksarten Ein- und Zweifamilienhäuser,
3. *Umrechnungskoeffizienten* für das Wertverhältnis von sonst gleichartigen Grundstücken, z.B. bei unterschiedlichem Maß der baulichen Nutzung und
4. *Vergleichsfaktoren für bebaute Grundstücke*, insbesondere bezogen auf eine Raum- oder Flächeneinheit der baulichen Anlage (Immobilienrichtwerte, Wohn- oder Nutzflächenwerte) oder auf den marktüblich erzielbaren jährlichen Ertrag (Ertragsfaktor).

2 Es handelt sich hierbei nicht um eine abschließende Aufzählung. § 143a Abs. 3 BBauG 76 hat in diesem Zusammenhang auch noch die **Bewirtschaftungsdaten** benannt; hierzu gehören insbesondere die Mietübersichten.

3 § 12 Abs. 2 ImmoWertV enthält eine im Wesentlichen mit § 193 Abs. 5 Satz 2 BauGB deckungsgleiche Aufzählung der „sonstigen für die Wertermittlung erforderlichen Daten“, ergänzt um Indexreihen[1], Erbbaurechts- und Erbbaugrundstücksfaktoren sowie Erbbaurechts- und Erbbaugrundstückskoeffizienten. Im Unterschied zum BauGB findet der im Gesetz an erster Stelle synonym zum Begriff des „Liegenschaftszinssatzes“ eingeführte Begriff des „Kapitalisierungszinssatzes“ in der Verordnung keine Erwähnung mehr.

---

1 Bezüglich der Anwendung des Sachwertverfahrens führte bereits die Begründung zu § 8 Abs. 1 Satz 1 WertV 88 Baupreisindizes auf.

Die aus fachlicher Sicht unpräzise Erwähnung eines **Kapitalisierungszinssatzes** im BauGB, an den die Vorentwürfe des BMVBS für einen ImmoWertV anknüpften, geht auf einen Vorschlag der vom BMVBS eingesetzten Arbeitsgruppe zurück. Hieran ist massiv Kritik geübt worden, denn bei Anwendung des Ertragswertverfahrens ist nicht irgendein Kapitalisierungszinssatz, sondern ein besonderer Kapitalisierungszinssatz maßgebend, nämlich der in der ImmoWertV definierte Liegenschaftszinssatz, der der international gebräuchlichen *„overall capitalization rate"* entspricht. Dieser Zinssatz dient im Übrigen nicht ausschließlich der Kapitalisierung, sondern auch der Abzinsung, sodass der Begriff insoweit auch falsch ist. Die ImmoWertV hält deshalb an dem bewährten Begriff des „Liegenschaftszinssatzes" fest und erwähnt den Kapitalisierungszinssatz nur noch als Klammerzusatz, um klarzustellen, dass dieser Zinssatz materiell dem im BauGB erwähnten Kapitalisierungszinssatz entspricht. Auch der in der Beleihungswertermittlung noch gebräuchliche Begriff des „Kapitalisierungszinssatzes" (§ 12 Abs. 3 BelWertV) beschreibt begrifflich nur die Funktion und nicht die Höhe des maßgeblichen Zinssatzes. 4

Die mit § 12 Abs. 3 bis 6 ImmoWertV vorgegebenen **Grundsätze** der Ableitung erforderlicher Daten der Wertermittlung **gelten für die Ableitung aller im 1. Abschnitt des zweiten Teils der ImmoWertV näher behandelten Daten**, namentlich für die Ermittlung von Bodenrichtwerten, Indexreihen, Umrechnungskoeffizienten, Liegenschaftszinssätzen, Vergleichs-, Sachwert-, Erbbaurechts- und Erbbaugrundstücksfaktoren sowie Erbbaurechts- und Erbbaugrundstückskoeffizienten. 5

2 Ableitungspflicht der Gutachterausschüsse

▶ *Vgl. zu Bodenrichtwerten § 13 ImmoWertV Rn. 8; § 14 ImmoWertV Rn. 12 ff.*

Die Ableitung der „für die Wertermittlung erforderlichen Daten" wie Bodenrichtwerte, Indexreihen, Liegenschaftszinssätze, Umrechnungskoeffizienten, Sachwert-, Vergleichs-, Erbbaurechts- und Erbbaugrundstücksfaktoren sowie Erbbaurechts- und Erbbaugrundstückskoeffizienten ist gemäß § 193 Abs. 5 BauGB eine Pflichtaufgabe der Gutachterausschüsse. § 12 Abs. 3 bis 6 ImmoWertV geben zu dieser Verpflichtung die wertermittlungstechnischen Hinweise, nach denen 6

- die zur Wertermittlung erforderlichen Daten insbesondere auf der Grundlage einer hinreichend großen Anzahl geeigneter Kaufpreise i.S. des § 12 Abs. 5 i.V.m. § 9 ImmoWertV und
- unter Berücksichtigung der „allgemeinen Wertverhältnisse" auf dem Grundstücksmarkt (§ 2 Abs. 2 ImmoWertV)

abzuleiten sind.
Die Führung und Auswertung von Kaufpreissammlungen hat in Deutschland eine lange Tradition (vgl. § 193 BauGB Rn. 73)[2].

Mit dem Hinweis auf die „allgemeinen Wertverhältnisse" wird verdeutlicht, dass diese Daten zeitlichen Veränderungen unterworfen sind und deshalb stichtagsbezogen ermittelt werden. Gleichzeitig ergibt sich daraus die **Verpflichtung zur Fortführung** dieser Daten, d.h., sie müssen in periodischen Abständen überprüft und ggf. erneut ermittelt werden, wenn sich die 7

2 Conrad, M., Die Entwicklung der Häuserpreise in Freiburg (Breisgau), Verlag von Gustav Fischer, Jena 1881; Verfügung des Pr. FM vom 01.12.1896 über die Sammlung und Bearbeitung der Kaufpreise von Grundstücken GA 11 12082 und die zum pr. Schätzungsamtsgesetz (Pr. SchAG) erlassenen Ausführungsbestimmungen; Verbandsnachr. der Pr. Katasterkontrolleure 1908, S. 7, 31, 62, 104; Schluter: Handbuch für Kataster- und Vermessungsbeamte, Landmesser etc. in Preußen, Liebenwerda 1908, S. 266, 1648; AVN 1912, 73 ff., 324 ff. und 553 ff.; RdErl. des Pr. FM vom 13.6.1919 (Pr. MinBl. Fin. 1919, 252); AVN 1912, 354; Hause, ZfV 1920, 741; Blattau, ZfV 1930, 915; Romunde, Die Grundstücksbewertung in Köln, 100 Jahre stadtkölnisches Vermessungs- und Liegenschaftswesen, Köln 1975, S. 119; Spillecke,MittBl. aus dem Verm. Wesen,1979, S. 29; Kleiber/Simon, Verkehrswertermittlung von Grundstücken, 5. Aufl. 2007, S. 144.

Lage auf dem Grundstücksmarkt geändert hat. Da die Ableitung dieser Daten nicht Selbstzweck ist, findet die Verpflichtung begriffsnotwendigerweise mindestens dort ihre Grenzen, wo die Daten nicht „erforderlich" sind.

8 Die Verpflichtung geht auf § 143a Abs. 3 BBauG 76 zurück[3]. Nach dieser Vorschrift waren nach Weisung der Gutachterausschüsse für die Wertermittlung wesentliche (= erforderliche) Daten abzuleiten, wobei der Wortlaut auch die Auslegung zuließ, dass die Ableitung grundsätzlich im Ermessen des Gutachterausschusses steht und die Geschäftsstelle zur Ableitung dieser Daten nur verpflichtet ist, wenn der Gutachterausschuss eine dahin gehende Weisung erteilt hat[4].

9 Die Vorschriften des 2. Abschnitts, in denen die den Gutachterausschüssen für Grundstückswerte obliegende Ableitung der zur Wertermittlung erforderlichen Daten geregelt ist, sind nicht nur für die Gutachterausschüsse von Bedeutung. Im Zusammenhang mit den Regelungen zur Ableitung dieser Daten werden auch **Hinweise zur Anwendung dieser Daten gegeben, die bei Verkehrswertermittlungen nach Maßgabe des § 10 ImmoWertV grundsätzlich allgemeinverbindlich sind.**

10 Die Verpflichtung zur Ableitung der für die Wertermittlung erforderlichen Daten steht im Einklang mit der in der ImmoWertV vorgegebenen vorrangigen **Anwendung dieser Daten**.

11 Lediglich die nach § 20 ImmoWertV abgeleiteten **Vergleichsfaktoren bebauter Grundstücke** können nach § 24 Abs. 1 Satz 2 ImmoWertV neben oder anstelle von Vergleichspreisen bei Anwendung des Vergleichswertverfahrens herangezogen werden (**„Kann-Bestimmung"**).

12 Jedermann, der den Verkehrswert nach den Grundsätzen der ImmoWertV ermitteln will, ist von daher auf die vom Gutachterausschuss abgeleiteten erforderlichen Daten der Wertermittlung angewiesen.

13 Da die Ableitung dieser Daten nicht Selbstzweck ist, findet die Verpflichtung begriffsnotwendigerweise mindestens dort ihre Grenzen, wo die Daten nicht „erforderlich" sind. Darüber hinaus kann sich die Verpflichtung nicht auf die Ableitung von Daten erstrecken, die z.B. mit den zur Verfügung stehenden „geeigneten" und „ausgewerteten" Kaufpreisen nicht ableitbar sind.

14 **Kritik an der Leistungsfähigkeit der Gutachterausschüsse für Grundstückswerte,** dieser Aufgabenzuweisung nachzukommen, äußert *Petersen*[5], nach dem mehr als die Hälfte der Gutachterausschüsse dieser Aufgabe nicht nachkommen können.

---

3 Die Ableitung sog. erforderlicher Daten der Wertermittlung, die erstmals mit dem BBauG 76 expressis verbis angesprochen wurde, stellt keineswegs einen erst durch das BBauG 1976 eingeführten Bereich der Wertermittlung dar. Marktanalysen begannen auch nicht erst im letzten Jahrzehnt. Man war auch schon früher bestrebt, die Abhängigkeit der Grundstückswerte von qualitativen Zustandsmerkmalen der Grundstücke und konjunkturellen Einflüssen zu operationalisieren, um auf rationelle Weise Wertermittlungen empirisch zu begründen. Von nur historischer Bedeutung sind in diesem Zusammenhang u. a. die Veröffentlichung von Schnabel, Das Taxen des Bodenwertes bebauter städtischer Grundstücke, Hamm 1913; vgl. Strinz, ZfV 1905, 201, 225 ff.; Möring, AVN 1898, 233 ff.; Groeger, ZfV 1921, 165 ff.; Buhr, AVN 1930, 151 ff.; Sarnetzky, AVN 1931, 753; Kirchesch, ZfV 1941, 330 ff.; Pinkwart, ZfV 1954, 44 ff.; Grabe, ZfV 1970, 305.

4 D.h., der Gutachterausschuss konnte nach § 143a Abs. 3 BBauG 76 angeben, in welchem Umfang die für die Wertermittlung wesentlichen Daten für seinen Bereich abgeleitet werden (vgl. Dieterich in VR 1976, 346 ff. [347]; 192. Sitzung des BR-Ausschusses für Städtebau und Wohnungswesen vom 26.3.1976). Der Gutachterausschuss wird seiner Geschäftsstelle allerdings nur die Ableitung der Daten auftragen, die er für erforderlich hält. Der Umfang des Notwendigen ist von Gutachterausschuss zu Gutachterausschuss verschieden. So werden in ländlichen Bereichen mit homogenen Grundstücksverhältnissen nicht alle in Betracht kommenden Daten benötigt; z.B. kann ein aus Bodenrichtwerten abgeleiteter Bodenpreisindex mitunter genügen. Anders ist es i.d.R. in den Ballungsräumen. Wegen des Gebots, Gutachten über marktkonforme Verkehrswerte zu erstatten und zu begründen, besteht dort oftmals eine sachliche Verpflichtung des Gutachterausschusses, entsprechende Weisungen zu erteilen, wenn er seine Wertermittlung auf empirisch belegbare Daten gründen und rechtsstaatlichen Anforderungen bei der Wertermittlung im städtebaulichen Bereich genügen will. In dem Maße, in dem die einschlägigen ausgewerteten Kaufpreise sachgerecht in die Wertermittlung Eingang finden, verbessern sich die bewertungstechnischen Grundlagen.

5 Petersen, Marktorientierte Immobilienbewertung, 5. Aufl., S. 51.

3 Allgemeine Grundsätze der Ableitung und Anwendung (§ 12 Abs. 1 bis 4 ImmoWertV)

► *Zur Eignung von Kaufpreisen vgl. § 9 ImmoWertV Rn. 1 ff.; Syst. Darst. des Vergleichswertverfahrens Rn. 13 ff.; § 21 ImmoWertV Rn. 1 ff.*

Zur Ermittlung der sonstigen für die Wertermittlung erforderlicher Daten sind nach § 12 Abs. 1 und Abs. 4 ImmoWertV geeignete statistische Verfahren und eine **„eine ausreichende Zahl geeigneter Kaufpreise"**[6] heranzuziehen;vgl. zur Eignung § 9 Abs. 1 ImmoWertV. **15**
Die für die Wertermittlung erforderlichen Daten werden nach § 12 Abs. 2 ImmoWertV insbesondere aus der nach § 193 Abs. 5 Satz 1 BauGB **vom Gutachterausschuss für Grundstückswerte geführten Kaufpreissammlung**ermittelt.

Nach § 12 Abs. 3 ImmoWertV sollen Kaufpreise von Grundstücken geeignet sein, wenn **16**

- deren Grundstücksmerkmale mit dem maßgeblichen Grundstückszustand und
- die Kaufpreise hinsichtlich der allgemeinen Wertverhältnisse mit dem maßgeblichen Bezugsstichtag

„hinreichend übereinstimmen". Darüber hinaus soll angenommen werden können, dass die Kaufpreise nicht durch ungewöhnliche oder persönliche Verhältnisse beeinflusst worden sind (§ 9 Abs. 2 ImmoWertV).

Zur Eignung der Kaufpreise gehört auch, dass sie hinsichtlich der Aktualität in Bezug auf den maßgeblichen Stichtag und die Repräsentativität den jeweiligen Grundstücksmarkt zutreffend abbilden. **17**

Eine „hinreichende Übereinstimmung" soll nach § 12 Abs. 3 Satz 2 ImmoWertV gegeben sein, wenn etwaige Abweichungen (**vergleichsstörende Momente**) **18**

- bei Vorliegen einer hinreichend großen Anzahl von Kaufpreisen in ihren Auswirkungen auf die Preise sich ausgleichen „oder"
- sich durch geeignete Indexreihen, Umrechnungskoeffizienten, durch eine Anpassung mittels Zu- oder Abschlägen oder in anderer sachgerechter Weise nach Maßgabe des § 12 Abs. 3 Satz 2 ImmoWertV berücksichtigen lassen (§ 9 Abs. 1 Satz 2 und 3 ImmoWertV; vgl. zur Veröffentlichung Rn. 25).

Zur Marktwertermittlung sind **geeignete erforderlicher Daten der Wertermittlung (Liegenschaftszinssätze, Sachwertfaktoren, Bodenrichtwerte, Umrechnungskoeffizienten, Indexreihen) heranzuziehen.** Geeignet sind solche, die dem jeweiligen Zustand des Wertermittlungsobjekts entsprechen und die zum Wertermittlungsstichtag herrschenden allgemeinen Wertverhältnisse abbilden. Darüber hinaus sind nur solche erforderlichen Daten geeignet, die unter Wahrung des Grundsatzes der Modellkonformität zur Anwendung kommen können (§ 10 ImmoWertV). **19**

- Es sind insbesondere die Liegenschaftszinssätze, Sachwertfaktoren und Umrech-nungskoeffizienten heranzuziehen, die vom Gutachterausschuss für den Wertermittlungs-stichtag ermittelt wurden. Maßgebend ist der jeweilige „Auswertungszeitraum", d.h. der Zeitpunkt, aus dem die der Ableitung zugrunde liegenden Vergleichsdaten (Kaufpreise) stammen. Auf den Zeitpunkt der Beschlussfassung oder der Veröffentlichung kommt es für ihre zeitliche Anwendung nicht an[7]. Bei alledem ist davon auszugehen, dass die gegenwartsnäheren Kaufpreise mit einem höheren Gewicht in die statistische Auswertung eingehen als länger zurückliegende Kaufpreise.

---

6 Die Vorschrift ist § 10 Abs. 1 Satz 2 WertV 88/89 entnommen.
7 BFH, Urt. vom 18.09.2019 – II R 13/16 –, BFHE 268, 51 = BStBl II 2020, 760 = EzGuG 20.342; FG Berlin-Brandenburg, Urt. vom 24.04.2024 – 3 K 3188/21 –, GuG 2024, 303; FG Berlin-Brandenburg, Urt. vom 24.04.2024 – 3 K 3055/22 –, EzGuG 20.486.

– Es können auch solche Liegenschaftszinssätze, Sachwertfaktoren und Umrech-nungs-koeffizienten herangezogen werden, die zum Wertermittlungsstichtag noch nicht veröffentlicht waren und die auf der Grundlage von Vergleichspreisen ermittelt worden sind, die am Wertermittlungsstichtag zugänglich waren (vgl. § 2 ImmoWertV Rn 68; vgl. auch § 1 ImmoWertV Rn. 29)[8].

4 Verbindliche Modellvorgaben (§ 12 Abs. 5 ImmoWertV)

▶ *§ 10 ImmoWert V Rn. 1 ff.*

20 Bei Ermittlung der sonstigen für die Wertermittlung erforderlichen Daten, insbesondere der Liegenschaftszinssätze, Vergleichs-, Sachwert-, Erbbaurechts- und Erbbaugrundstücksfaktoren sowie der Erbbaurechts- und Erbbaugrundstückskoeffizienten ist der Gutachterausschuss für Grundstückswerte nach der Generalklausel des § 12 Abs. 5 ImmoWertV gehalten, die jeweiligen in der ImmoWertV geregelten *Verfahrensmodelle* sowie die der Anl. 1 und 2 zur ImmoWertV vorgegebenen Modellansätze, namentlich die Modellansätze der Gesamtnutzungsdauer und die sich daraus im Falle einer Modernisierung ergebende Restnutzungsdauer, die in Anl. 3 vorgegebenen Modellansätze der Bewirtschaftungskosten sowie die in Anl. 4 vorgegebenen modellhaften Normalherstellungskosten zugrunde zu legen. **Die in erster Linie sich an die Gutachterausschüsse richtenden Vorgaben haben** damit **eine Allgemeinverbindlichkeit**, denn sie sind auch für jeden Anwender der ImmoWertV verbindlich, der mit der ImmoWertV angehalten ist, die vom Gutachterausschuss für Grundstückswerte abgeleiteten „erforderliche Daten der Wertermittlung“ in modell- und referenzkonformer Weise anzuwenden.

5 Fortschreibung

21 Eine Fortschreibung der von den Gutachterausschüssen abgeleiteten erforderlichen Daten der Wertermittlung ist in der Vorschrift nicht expressis verbis angesprochen. Die Vorschrift gibt jedoch vor, dass die erforderlichen Daten unter Berücksichtigung der allgemeinen Wertverhältnisse auf dem Grundstücksmarkt abzuleiten sind. Haben sich die allgemeinen Wertverhältnisse geändert, ergibt sich daraus die **Verpflichtung zur Fortschreibung der abgeleiteten Daten.** Dies bedeutet nicht, dass die Daten in bestimmten Zeitabständen stets neu abzuleiten sind. Eine periodische Überprüfung ist gleichwohl angezeigt, wobei eine Fortführung dann erforderlich wird, wenn sich Anhaltspunkte ergeben, dass sich die Lage auf dem Grundstücksmarkt geändert hat. Lediglich die Indexreihen sollten alljährlich ergänzt werden, selbst dann, wenn sich der Index nicht weiterentwickelt hat.

6 Veröffentlichung (§ 12 Abs. 6 ImmoWertV)

▶ *Vgl. § 21 ImmoWertV Rn. 43, 132 ff.; § 10 ImmoWertV Rn. 1 ff.*

22 Der mit der ImmoWertV vorgegebenen Verpflichtung zur Heranziehung der vom Gutachterausschuss für Grundstückswerte abgeleiteten erforderlichen Daten kann von den außerhalb der Gutachterausschüsse stehenden Sachverständigen nur nachgekommen werden, wenn der Gutachterausschuss die abgeleiteten Daten auch in einer Weise veröffentlicht, die eine sachge-

8 FG Berlin-Brandenburg, Urt. vom 19.07.2017 – 3 K 3047/17 –, EFG 2017, 1499 = EzGuG 20.260 (entgegen Vogel in GuG 2004, 295. FG Berlin-Brandenburg, Urt. vom 23.03.2016 – 3 K 3009/16 –, EFG 2016, 879 = EzGuG 20.246 zur Anwendbarkeit von Liegenschaftszinssätzen, die vom Gutachterausschuss erst nach dem Bewertungsstichtag beschlossen und veröffentlicht worden sind. BFH, Urt. vom 18.09.2019 – II R 13/16 –, BFHE 268, 51 = BStBl II 2020, 760 = EzGuG 20.342.

rechte Anwendung dieser Daten gewährleistet (**Grundsatz der Modell- und Referenzkonformität**).

Nach **§ 196 Abs. 3 Satz 1 BauGB** sind **Bodenrichtwerte** zu veröffentlichen. Die ImmoWertV enthält nur wenige Regelungen zur **Veröffentlichung der Bodenrichtwerte** (§ 16 Abs. 2 und 3 ImmoWertV) **und keine** Regelungen**zur Veröffentlichung der sonstigen für die** Wertermittlung erforderlichen **Daten.** Dies fällt nach § 199 Abs. 2 Nr. 4 BauGB unter die **Regelungskompetenz der Länder**. Die Länder haben von dieser Ermächtigung mit den von ihnen erlassenen **Gutachterausschussverordnungen** Gebrauch gemacht. **23**

Mit der seit dem 01.07.2009 bestehenden Ermächtigung des § 199 Abs. 1 BauGB ist nunmehr klargestellt, dass die Bundesregierung auch Vorschriften über die **Anwendung gleicher Grundsätze bei der Ableitung der für die Wertermittlung erforderlichen Daten einschließlich der Bodenrichtwerte** erlassen kann. Hiervon hat sie mit der ImmoWertV Gebrauch gemacht. **24**

Zur Sicherstellung der nach § 10 Abs. 1 ImmoWertV gebotenen modellkonformen Anwendung der sonstigen für die Wertermittlung erforderlichen Daten sind nach § 12 Abs. 6 ImmoWertV die zugrunde gelegten Modelle der Wertermittlungsverfahren, Modellansätze und Bezugseinheiten sowie weitere Informationen in einer Modellbeschreibung anzugeben; hierzu gehören insbesondere **25**

1. die Angabe von Rahmendaten, zum Beispiel zum Stichtag, auf den sich das zur Wertermittlung erforderliche Datum bezieht, zum sachlichen und räumlichen Anwendungsbereich und zur Datengrundlage,
2. die Beschreibung der Stichprobe,
3. die Beschreibung der Ermittlungsmethodik,
4. die Beschreibung der verwendeten Parameter und der zugrunde gelegten Bezugseinheiten sowie
5. sonstige Selektionsparameter.

Der Grundsatz der modellkonformen Anwendung der erforderlichen Daten der Wertermittlung (§ 10 ImmoWertV) **verpflichtet die Gutachterausschüsse, bei der Veröffentlichung von Bodenrichtwerten und sonstigen erforderlichen Daten der Wertermittlung insbesondere auch die zu deren Ableitung jeweils zur Anwendung gekommenen Bodenrichtwerte, Indexreihen, Umrechungskoeffizienten zu konkretisieren**, wenn die zur Ableitung herangezogenen Kaufpreise „vergleichsstörende Merkmale" aufweisen und auf der Grundlage der einschlägigen erforderlichen Daten bereinigt wurden (vgl. Rn. 18). Andernfalls wären die mit den §§ 26, 33, 39, 49 Abs. 2 Nr. 2 und § 51 Abs. 2 Satz ImmoWertv vorgeschriebenen „objektspezifischen Anpassungen" der herangezogenen erforderlichen Daten nicht in modellkonformer Weise möglich (vgl. § 10 ImmoWertV Rn. 1).

In dem **Vorentwurf zur ImmoWertV** war noch ein Muster zur Beschreibung des der Ermittlung zugrunde liegenden Modells vorgesehen.

Im Unterschied zu der im Rahmen der Ermittlung von Bodenrichtwerten mit § 16 Abs. 2 ImmoWertV gegebenen Verpflichtung, die maßgeblichen Grundstücksmerkmale des Bodenrichtwertgrundstücks bei der Veröffentlichung von Bodenrichtwerten darzustellen, werden in der ImmoWertV unverständlicherweise keinerlei, d.h. noch nicht einmal Mindestvorgaben für die Darstellung der maßgeblichen Referenzgrößen der sonstigen erforderlichen Daten, insbesondere der Vergleichs- und Sachwertfaktoren sowie Liegenschaftszinssätze vorgeschrieben. Dies ist eine wesentliche Regelungslücke der neuen ImmoWertV, denn wie sollen da objektspezifisch angepasste Vergleichsfaktoren, Liegenschaftszinssätze und Sachwertfaktoren nach Maßgabe des § 26 Abs. 1, § 33 und § 39 ImmoWertV abgeleitet werden, wenn die Referenzmerkmale der jeweiligen Bezugs- bzw. Normgrundstücke dieser Daten nicht vollumfänglich dem Anwender dieser Daten zur Verfügung stehen. Dies ist in der heutigen Wertermittlungspraxis vielerorts nicht hinreichend gewährt. Allein die üblichen statistischen Angaben und Beschreibungen der Ermittlungsmethode i.S. des § 12 Abs. 6 ImmoWertV reichen dafür allerdings nicht aus (vgl. Syst. Darst. des Vergleichswertverfahrens Rn. 117, 123).

26 In Anl. 4 zu den ImmoWertA wird beispielhaft eine Modellbeschreibung unter Einbeziehung einer Darstellung der Ergebnisse vorgestellt, die erklärtermaßen keinen Anspruch erhebt, als Muster oder gar „Druckvorlage" dienen zu können. Vom Abdruck wurde daher abgesehen.

Abschnitt 2 Bodenrichtwerte

§ 13 ImmoWertV
Bodenrichtwert und Bodenrichtwertgrundstück

(1) Der Bodenrichtwert ist bezogen auf einen Quadratmeter Grundstücksfläche des Bodenrichtwertgrundstücks.

(2) Das Bodenrichtwertgrundstück ist ein unbebautes und fiktives Grundstück, dessen Grundstücksmerkmale weitgehend mit den vorherrschenden grund- und bodenbezogenen wertbeeinflussenden Grundstücksmerkmalen in der nach § 15 gebildeten Bodenrichtwertzone übereinstimmen. Je Bodenrichtwertzone ist ein Bodenrichtwert anzugeben. Bodenrichtwertspannen sind nicht zulässig.

Gliederungsübersicht *Rn.*

1 Allgemeines

1.1 Rechtsgrundlagen

Schrifttum: *Billion, F.,* Bodenrichtwerte und tatsächliche Bodenwerte von Golfplatz-Grundstücken, GuG 2004, 191; Bizer, *K., Joeris, D.,* GuG 1998, 132; *Dicke, M.,* Ermittlung von Bodenrichtwerten bei eingeschränkter Verfügbarkeit von Kaufpreisen, NÖV 1998, 57; *Engelken, K.,* Grenzen der Anforderungen an Richtwerte und Grenzen der Aufgabenverlagerung auf Geschäftsstellen, AVN 1977, 333; *Hansche, H.,* Anmerkungen zu den Veröffentlichungen der Gutachterausschüsse in den neuen Ländern, GuG 2002, 37; *Hendricks, A.,* Bodenrichtwertermittlung, Schriftenreihe der Universität der Bundeswehr Heft 92 2016; *Knospe, F./Schaar, W.,* Zonale Bodenrichtwerte – das Essener Modell, GuG 2011, 193; *Küting/Trappmann/Kessler,* Die Eignung von Bodenrichtwerten zur Ausfüllung der bilanziellen Bewertungsmaßstäbe bei Grundstücken nach HGB und den IFRS, BB 2006, 1853; *Loose, D.,* Marktnähe von Bodenrichtwerten in mittleren und unterdurchschnittlichen Lagen, GuG 2009, 216; *Plewka, J.,* Pachtprägung der Bodenrichtwerte für Ackerland in den neuen Bundesländern, GuG 2009, 101; *Reinhardt, W.,* Bodenrichtwerte, GuG 2009, 321; *Reinhardt, W.,* Ermittlung von Bodenrichtwerten, GuG 2011, 8, 92; *Thomsen/Nitsch,* Hedonische Modellierung von Bodenrichtwerten, GuG 2010, 82; *Weigt, D./Fitzner, D./Sloot, St.*, Immobilienrichtwerte – Ansätze und Methoden ihrer Ermittlung, GuG 2020, 204.

▶ *Vgl. § 12 ImmoWertV Rn. 16; § 40 ImmoWertV Rn. 142 ff.; Syst. Darst. des Vergleichswertverfahrens Rn. 154 ff.; Syst. Darst. des Ertragswertverfahrens Rn. 127 ff.*

1 Bodenrichtwerte *(land reference values)* sind ein altehrwürdiges[1] und bewährtes Institut einer auf eine breite Transparenz des Grundstücksmarktes ausgerichteten Bodenpolitik sowie eine vertrauenswürdige Grundlage für fundierte Marktwertermittlungen einschließlich der steuerlichen Bewertungen. Sie sind auch im Rahmen der Grundsteuerreform eine wesentliche Grundlage der Grundstücksbewertung. Dementsprechend gehören Bodenrichtwerte nach der Systematik des BauGB und der ImmoWertV zu den sog. „*für die Wertermittlung erforderlichen Daten*" (Teil 2 ImmoWertV).

2 Die Ermittlung von Bodenrichtwerten ist eine der Pflichtaufgaben der Gutachterausschüsse für Grundstückswerte (vgl. § 193 Abs. 5 BauGB sowie § 196 Abs. 1 Satz 1 BauGB)[2]. Bodenrichtwerte sind nach Maßgabe des § 196 BauGB von den Gutachterausschüssen für Grundstückswerte flächendeckend für das gesamte Bundesgebiet jeweils zu Beginn jedes zweiten Kalenderjahres zu ermitteln und zu veröffentlichen. Eine **formale Begründung sieht das Gesetz** allerdings **nicht vor**.

§ 196 BauGB Bodenrichtwerte

„(1) Auf Grund der Kaufpreissammlung sind flächendeckend durchschnittliche Lagewerte für den Boden unter Berücksichtigung des unterschiedlichen Entwicklungszustands zu ermitteln (Bodenrichtwerte). In bebauten Gebieten sind Bodenrichtwerte mit dem Wert zu ermitteln, der sich ergeben würde, wenn der Boden unbebaut wäre. Es sind Richtwertzonen zu bilden, die jeweils Gebiete umfassen, die nach Art und Maß der Nutzung weitgehend übereinstimmen. Die wertbeeinflussenden Merkmale des Bodenrichtwertgrundstücks sind darzustellen. Die Bodenrichtwerte sind jeweils zu Beginn jedes zweiten Kalenderjahres zu ermitteln, wenn nicht eine häufigere Ermittlung bestimmt ist. Für Zwecke der steuerlichen Bewertung des Grundbesitzes sind Bodenrichtwerte nach ergänzenden Vorgaben der Finanzverwaltung zum jeweiligen Hauptfeststellungszeitpunkt oder sonstigen Feststellungszeitpunkt zu ermitteln. Auf Antrag der für den Vollzug dieses Gesetzbuchs zuständigen Behörden sind Bodenrichtwerte für einzelne Gebiete bezogen auf einen abweichenden Zeitpunkt zu ermitteln.

(2) Hat sich in einem Gebiet die Qualität des Bodens durch einen Bebauungsplan oder andere Maßnahmen geändert, sind bei der nächsten Fortschreibung der Bodenrichtwerte auf der Grundlage der geänderten Qualität auch Bodenrichtwerte bezogen auf die Wertverhältnisse zum Zeitpunkt der letzten Hauptfeststellung oder dem letzten sonstigen Feststellungszeitpunkt für steuerliche Zwecke zu ermitteln. Die Ermittlung kann unterbleiben, wenn das zuständige Finanzamt darauf verzichtet.

(3) Die Bodenrichtwerte sind zu veröffentlichen und dem zuständigen Finanzamt mitzuteilen. Jedermann kann von der Geschäftsstelle Auskunft über die Bodenrichtwerte verlangen."

In der Rechtsprechung ist ein **Anspruch auf Ermittlung und Veröffentlichung von Boden-richt-werten** im Hinblick auf die Möglichkeit des Eigentümers, ein Gutachten über den Verkehrswert seines Grundstücks zu beantragen, bislang verneint worden[3]. Die Gutachterausschüsse sind nach § 14 Abs. 5 Satz 2 ImmoWertV nicht verpflichtet, den einzelnen Bodenrichtwert und die dem zugeordnete Bodenrichtwertzone zu begründen. Bodenrichtwerte und Bodenrichtwertzone und deren Ableitung können im Rahmen der Gutachtenerstattung über-

---

1 Zur historischen Entwicklung vgl. *Kleiber, W.*, Historischer Rückblick zum Sachverständigenwesen, in Kleiber, Verkehrswertermittlung von Grundstücken, 5. Aufl. 2007, S. 143 ff.

2 Das Institut der Bodenrichtwerte geht auf eine Initiative der CDU/CSU-Fraktion zum BBauG 1960 zurück (vgl. BT-Drs. III/zu 1794, zu § 162a BBauG 1960). Auf ihren Antrag wurde der von der Bundesregierung in der 3. Legislaturperiode eingebrachte RegE eines BBauG (BT-Drs. III/336) durch Vorschriften über Richtwerte ergänzt; hierüber beschloss der seinerzeit federführende 24. BT-Ausschuss einstimmig. Das Institut hat sich grundsätzlich bewährt und wurde mit dem BBauG 1976 unter Berücksichtigung der Erfahrungen fortentwickelt; auch das BauGB hält an den in 25-jähriger Praxis bewährten Regelungen fest (BT-Drs. 10/4630, S. 59). Die im Rahmen der Vorbereitung des RegE zum BauGB durchgeführten Erörterungen mit Fachleuten aus den Ländern und dem kommunalen Bereich hatten bestätigt, dass die Ermittlung von Bodenrichtwerten, deren Fortschreibung und Veröffentlichung für die Transparenz des Bodenmarktes und jede künftige Wertermittlungsregelung unverzichtbar sei (vgl. Materialien zum BauGB; Schriftenreihe des BMBau 03.108, Bonn 1984, S. 217); dem hat sich der federführende (16.) BT-Ausschuss für Raumordnung, Bauwesen und Städtebau angeschlossen (BT-Drs.10/6166, S. 137 ff.).

3 VG Stuttgart, Urt. vom 04.11.1986 – 13 K 241/86 –, GuG 1990, 103 = EzGuG 11.160.

prüft werden. In diesem Rahmen kann zur Überprüfung gemäß § 195 Abs. 3 BauGB auch Auskunft über Vergleichspreise vom Gutachterausschuss eingeholt werden, die sich für den selektiven Referenzrahmen des jeweiligen Bodenrichtwerts ergeben (vgl. Syst. Darst. des Vergleichs-wertverfahrens Rn. 22).
Das oder die angewendeten Verfahren der Ermittlung von Bodenrichtwerten sind jedoch zu dokumentieren.

Bodenrichtwerte sind nach § 196 Abs. 1 Satz 3 BauGB **durchschnittliche stichtagsbezogene „Lagewerte" des Bodens für „nach Art und Maß der Nutzung weitgehend" übereinstimmende Gebiete (Bodenrichtwertzonen)**. Die gesetzliche Definition wird mit § 13 Abs. 2 Satz 1 ImmoWertV dahingehend konkretisiert, dass die Grundstücksmerkmale des Bodenrichtwertgrundstücks *„weitgehend mit den vorherrschenden grund- und bodenbezogenen wertbeeinflussenden Grundstücksmerkmalen" in der Bodenrichtwertzone übereinstimmen.* 3

Dies folgt aus der Definition der Bodenrichtwerte als durchschnittliche „**Lagewerte für den Boden**". Besondere objektspezifische Grundstücksmerkmale i.S. des § 8 Abs. 3 ImmoWertV, die nach Art oder Umfang erheblich von dem auf dem in der jeweiligen Bodenrichtwertzone Üblichen abweichen, bleiben mithin bei deren Ableitung unberücksichtigt (§ 9 Abs. 1 Satz 4 und § 12 Abs. 3 Satz 3 ImmoWertV). Die **„allgemeinen Grundstücksmerkmale"** i.S. des § 8 Abs. 2 ImmoWertV, die hinsichtlich Art und Umfang in der jeweiligen Bodenrichtwertzone regelmäßig auftreten, müssen hingegen berücksichtigt werden (vgl. § 15 ImmoWertV Rn. 13).

Die **fiktiven Eigenschaften des Bodenrichtwertgrundstücks** bestimmen sich grundsätzlich nach den durchschnittlichen den Bodenwert wertbeeinflussenden Grundstücksmerkmalen der in der Zone gelegenen Grundstücke. § 196 Abs. 1 Satz 4 BauGB gibt diesbezüglich vor, dass die wertbeeinflussenden Merkmale des Bodenrichtwertgrundstücks (bei ihrer Veröffentlichung) darzustellen sind. Der Bodenrichtwert bezieht sich auf den Quadratmeter Grundstücksfläche eines unbebauten und fiktiven „Bodenrichtwertgrundstücks".

Die **allgemeinen Grundsätze der Ermittlung von Bodenrichtwerten** sind deckungsgleich mit den Grundsätzen der Ermittlung sonstiger für die Wertermittlung erforderlicher Daten in § 12 der ImmoWertV geregelt. 4

Darüber wird in den §§ 13 ff. ImmoWertV das Nähere zur Ableitung, Anwendung und Veröffentlichung von Bodenrichtwerten geregelt. Darüber hinaus sind die Landesregierungen mit § 199 Abs. 2 Nr. 4 BauGB u.a. ermächtigt, die Häufigkeit der Bodenrichtwertermittlung sowie die Veröffentlichung der Bodenrichtwerte durch Rechtsverordnung zu regeln. 5

- *§ 13 ImmoWertV* präzisiert die mit § 196 BauGB gegebene **Definition des Bodenrichtwerts**, des Bodenrichtwertgrundstücks und der Bodenrichtwertzone.
- *§ 14 ImmoWertV* regelt die **Grundlagen der Bodenrichtwertermittlung**.
- *§ 15 ImmoWertV* regelt die Bildung der **Bodenrichtwertzonen**.
- *§ 16 ImmoWertV* spezifiziert i.V.m. Anl. 5 die bei der Veröffentlichung von Bodenrichtwerten **„darzustellenden" wertbeeinflussenden Grundstücksmerkmale des Bodenrichtwertgrundstücks**.
- *§ 17 ImmoWertV* bestimmt schließlich, dass **Bodenrichtwerte in automatisierter Form** auf der Grundlage der amtlichen Geobasisdaten zu führen sind.

§ 16 ImmoWertV gibt für die Darstellung von Bodenrichtwerten bei deren Veröffentlichung **bundesrechtliche Mindestanforderungen**. Darüber hinausgehende Regelungen zur Veröffentlichung von Bodenrichtwerten können den aufgrund der Ermächtigung nach § 199 Abs. 2 Nr. 4 BauGB erlassenen Gutachterausschussverordnungen der Länder entnommen werden (vgl. § 12 ImmoWertV Rn. 18,25). 6

Bodenrichtwerte sind nach Maßgabe des § 196 Abs. 1 Satz 5 BauGB **periodisch zu ermitteln und** nach § 196 Abs. 3 BauGB **zu veröffentlichen** (§ 196 BauGB Rn. 17). Jedermann kann von der Geschäftsstelle des Gutachterausschusses Auskunft über die Bodenrichtwerte 7 verlangen. Damit stellen Bodenrichtwerte einen wichtigen Baustein der hohen Transparenz des Grundstücksmarktes in Deutschland dar, die entgegen fragwürdigen Veröffentlichungen in kaum einem anderen Land besser ist[4].

8 Die flächendeckende **Ermittlung von Bodenrichtwerten unter „Berücksichtigung des unterschiedlichen Entwicklungszustands"** (§ 3 ImmoWertV) ist eine Pflichtaufgabe des Gutachterausschusses für Grundstückswerte (vgl. zu § 12 ImmoWertV Rn. 6). Der Gutachterausschuss kann sich seiner Verpflichtung, für jedes Gemeindegebiet einen Bodenrichtwert zu ermitteln und ergänzenden Vorgaben der Finanzverwaltung für die Ermittlung von Bodenrichtwerten nachzukommen, nicht mit dem Hinweis darauf entziehen, die Ermittlung sei nicht möglich (vgl. § 14 ImmoWertV Rn. 12)[5]. **Auf die Ermittlung von Bodenrichtwerten und deren Darstellung in Bodenrichtwertkarten besteht allerdings kein einklagbarer Anspruch[6].**

9 Die Vorschriften sind darauf ausgerichtet, dass die als „*durchschnittlicher*" Lagewert des Grund und Bodens ermittelten Bodenrichtwerte eine **geeignete Grundlage der Wertermittlung** insbesondere auch im Rahmen der steuerlichen Bewertung sind.

10 Die von den Gutachterausschüssen abgeleiteten **Bodenrichtwerte sind** wie die Gutachten der Gutachterausschüsse im Übrigen **unverbindlich** (vgl. Rn. 46); dies gilt grundsätzlich auch für die Finanzverwaltung[7]. Zur Frage ihrer Verbindlichkeit in den Fällen, in denen den Finanzbehörden die von den Gutachterausschüssen ermittelten Bodenrichtwerte als Berechnungsgrundlage vorliegt, vgl. Rn. 31 und 48 ff.).

11 Von den gesetzlich geregelten Bodenrichtwerten zu unterscheiden sind die sog. „**Bodeneckwerte**". Dieser Begriff wird von den Gutachterausschüssen bzw. deren Geschäftsstellen für die von ihnen für bestimmte Lagen abgeleiteten stichtagsbezogenen Bodenwerte verwandt, ohne dass die räumliche Zone dieser Lagen parzellenscharf abgebildet wird. Ableitung und Veröffentlichung dieser informellen Bodeneckwerte sind nicht den für Bodenrichtwerte bestehenden gesetzlichen Regelungen unterworfen. Es wird aber erwartet, dass der Bodeneckwert lagetypisch ist, ohne dass er – abweichend vom Bodenrichtwert – sich auf die *durchschnittlichen* Lagemerkmale i.S. des § 196 Abs. 1 Satz 1 BauGB einschließlich Art und Maß der baulichen Nutzung beziehen muss. Dementsprechend werden mitunter für Innenstadtlagen mit heterogenen Lageverhältnissen anstelle von Bodenrichtwerten derartige „Bodeneckwerte" abgeleitet und veröffentlicht, wenn „durchschnittliche" Lagemerkmale i.S. des § 196 Abs. 1 Satz 1 BauGB nicht konkretisiert werden können.

Diese Praxis der Bodenrichtwertermittlung ist nach der ab 01.07.2009 geltenden Fassung des § 196 BauGB (vgl. Teil III § 196 BauGB Rn. 9) nicht mehr zulässig. Nach § 196 Abs. 1 Satz 3 BauGB sind nunmehr Richtwertzonen zu bilden, die nach Art und Maß der Nutzung weitgehend übereinstimmen (zonale statt lagetypische Bodenrichtwerte). Bodeneckwerte können deshalb weder formal noch materiell als Bodenrichtwerte angesehen werden.

„Bodeneckwerte" lassen sich rechtshistorisch mit den sog. „**lagetypischen Grundwerten**" vergleichen, die neben den „zonalen Grundwerten" nach den Vorschriften der Ausgleichsbetragsverordnung[8] Grundlage der Ermittlung von Anfangs- und Endwerten in städtebaulichen Sanierungsgebieten und Entwicklungsbereichen sein konnten. Dementsprechend wurdenBodenrichtwerte in der Praxis der Gutachterausschüsse vielfach auch als lagetypische Bodenrichtwerte unter Bezugnahme auf ein fiktives örtlich konkretisiertes Bodenrichtwertgrundstück abgeleitet[9].

---

4 Abzulehnen der „Real Estate Transparency Index" (RETI) von Jones Lasalle; hierzu Moll-Amrein, Der Liegenschaftszinssatz in der Immobilienbewertung, Wiesbaden 2009, S. 111 ff.

5 BFH, Urt. vom 25.08.2010 – II R 42/09 –, BFHE 230, 570 = BStBl II 2011, 205 = GuG 2011, 185 = EzGuG 20.211.

6 Vgl. VG Stuttgart, Urt. vom 04.11.1986 – 13 K 241/86 –, GuG 1990, 103 = EzGuG 11.160.

7 Vgl. ferner BT-Drs. 7/4793 zu § 143b BBauG 76.

8 Verordnung über die Erhebung von Ausgleichsbeträgen nach den §§ 41 und 42 des Städtebauförderungsgesetzes (AusgleichsbetragV) vom 06.02.1976 (BGBl. I 1972, 273).

9 Vgl. die Darstellung in Kleiber, Verkehrswertermittlung von Grundstücken, 5. Aufl., S. 542.

Im Unterschied zu Bodenrichtwerten sind unter **Immobilienrichtwerten**[10] georeferenzierte durchschnittliche Lagewerte für eine Mehrzahl bebauter Grundstücke und Eigentumswohnungen (Immobilien) innerhalb einer Immobilienrichtwertzone zu verstehen, die in ihren Merkmalen, insbesondere Gebäudeart und Baujahr, weitgehend übereinstimmen und sich auf die allgemeinen Wertverhältnisse eines Bezugsstichtags beziehen (vgl. § 38 GrundWVO Nordrhein-Westfalen). Darüber hinaus werden von Gutachterausschüssen (z.B. Bergisch Gladbach) auch sog gebietstypische Bodenrichtwerte ermittelt[11].

1.2 Entstehungsgeschichte der Vorschrift

▶ *Vgl. Syst. Darst. des Vergleichswertverfahrens Rn. 166 ff.*

Die bundeseinheitlichen Regelungen der ImmoWertV der Ermittlung, Darstellung und Veröffentlichung von Bodenrichtwerten gehen auf die im Zuge der Erbschaftsteuerreform[12] erweiterte **Ermächtigungsgrundlage** des § 199 Abs. 1 BauGB in der ab 01.07.2009 geltenden Fassung zurück. Im Hinblick auf die gewachsene Bedeutung der Bodenrichtwerte für die steuerliche Bewertung ist die bis dahin den Landesregierungen zugesprochene Ermächtigung, Rechtsvorschriften über die Ermittlung von Bodenrichtwerten zu erlassen, auf die Bundesregierung (BReg) übertragen worden. Der Erlass von entsprechenden Rechtsvorschriften durch die BReg bedarf jedoch der Zustimmung des Bundesrates. 12

Bodenrichtwerte und ihre Darstellung in Bodenrichtwertkarten haben in Deutschland insbesondere im Zusammenhang mit der steuerlichen Bewertung eine lange Tradition. So wurden z.B. im Zusammenhang mit einer Bodenwertsteuer in der Deutschen Kolonie Tsingtau durchschnittliche Bodenwerte für definierte Bodenrichtwertzonen veröffentlicht. 13

Abb. 1: Bodenrichtwertkarte von Tsingtau des Kaiserlichen Landesamts von 1914

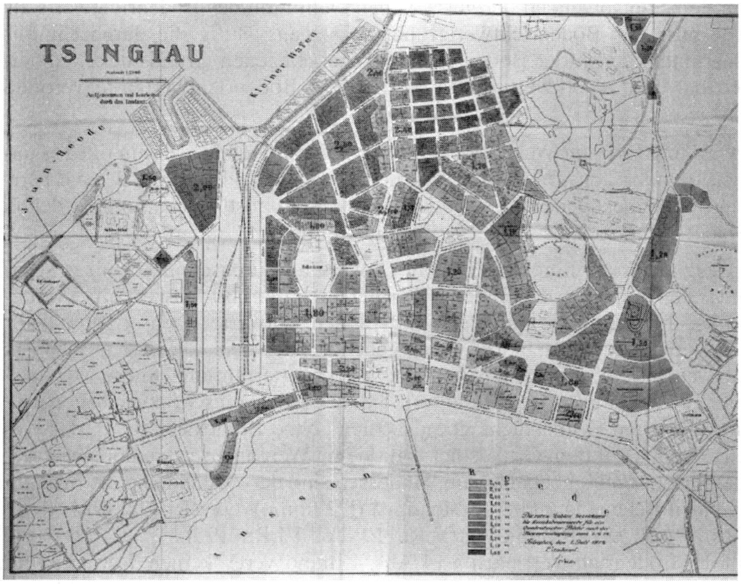

10 Mann, W., Vom Bodenrichtwert zum Immobilienrichtwert; Schaper, D., Aktuelle Herausforderungen für die Immobilienbewertung, Immobilienwirtschaft und Bodenpolitik, Reguvis 2022, S. 121 ff.; ders. Glossar, GuG 2021, 380; § 38 GrundWertV NRW vom 08.12.2020; Weigt/Pfitzner/Sloot, Immobilienrichtwerte – Ansätze und Methoden ihrer Ermittlung, GuG 2020, 204.

11 Grundstücksmarktbericht Bergisch Gladbach 2023.

12 Erbschaftsteuerreformgesetz – ErbStRG – vom 24.12.2008, BGBl. I 2008, 3018.

14 Der in der 14. Legislaturperiode von der BReg am 01.04.2009 beschlossene **1. Regierungsentwurf**[13] (RegE) sah eine Regelung vor, nach der die Richtwertzone so abgegrenzt werden soll, „dass die auf den Quadratmeter umgerechneten Bodenwerte der einzelnen Grundstücke um nicht mehr als 20 Prozent nach oben oder unten vom Bodenrichtwert abweichen. Abweichungen, die sich aus nicht mit dem Bodenrichtwertgrundstück übereinstimmenden Grundstücksmerkmalen einzelner Grundstücke ergeben, sind nicht zu berücksichtigen." Der Bundesrat hatte demgegenüber eine 30%ige Toleranzgrenze vorgeschlagen. Dies wiederum fand nicht die Zustimmung der BReg mit der Folge, dass die ImmoWertV 2010 diesbezüglich keine Vorgaben machte.

15 Erst im Zuge der Grundsteuerreform wurde mit Art. 16 des Grundsteuer-Reformgesetzes – GrStRefG[14] – vom 26.11.2019 (BGBl. I 2019, 1794) erstmals die im Zuge der Beratungen der ImmoWertV 10 vom Bundesrat vorgeschlagene 30%ige Toleranzgrenze in die Verordnung eingefügt (§ 10 Abs. 3 ImmoWertV 10).

2 Bodenrichtwerte

2.1 Bodenrichtwert und Bodenrichtwertgrundstück (§ 13 Abs. 1 ImmoWertV)

▶ *§ 15 ImmoWertV Rn. 20*

16 Der als stichtagsbezogener ***„durchschnittlicher Lagewerte des Grund und Bodens"*** einer Bodenrichtwertzone definierte Bodenrichtwert ist nach § 13 Abs. 1 ImmoWertV bezogen auf einen Quadratmeter Grundstücksfläche des Bodenrichtwertgrundstücks i.S. des § 13 Abs. 2 ImmoWertV zu ermitteln. Entsprechend der gesetzlichen Definition des Bodenrichtwerts als „Durchschnittswert" muss das Bodenrichtwertgrundstück zwangsläufig die durchschnittlichen Grundstücksmerkmale der in der Bodenrichtwertzone gelegenen Grundstücke aufweisen, ohne dass sich das Bodenrichtwertgrundstück in einer Bodenrichtwertkarte verorten ließe.

17 Dementsprechend wird in § 13 ImmoWertV das Bodenrichtwertgrundstück als ein fiktives unbebautes Grundstück definiert, dessen Grundstücksmerkmale weitgehend mit den vorherrschenden grund- und bodenbezogenen wertbeeinflussenden Grundstücksmerkmalen der in der Bodenrichtwertzone gelegenen Grundstücke übereinstimmen.

18 Entsprechend der gesetzlichen Definition des Bodenrichtwerts als durchschnittlicher *Lagewert des Grund und Bodens* bestimmt sich der **Bodenrichtwert nach dem Bodenwert eines unbebauten Grundstücks**. In bebauten Gebieten sind Bodenrichtwerte nach § 196 Abs. 1 Satz 2 BauGB mit dem Wert zu ermitteln, der sich ergeben würde, wenn der Boden unbebaut wäre. Diese Vorgabe entspricht dem generell in der Marktwertermittlung mit § 40 Abs. 1 ImmoWertV und in der steuerlichen Bewertung mit § 84 BewG vorgeschriebenen Postulat, den Bodenwert eines bebauten Grundstücks grundsätzlich „ohne Berücksichtigung der vorhandenen baulichen Anlagen auf dem Grundstück" mit dem „Wert anzusetzen, der sich ergeben würde, wenn das Grundstück unbebaut wäre." Indessen sind der Zustand und die Struktur der das Gebiet prägenden Bebauung zu berücksichtigen (§ 2 ImmoWertV Rn. 22; § 14 Abs. 3 ImmoWertV, dort Rn. 19 sowie § 40 ImmoWertV Rn. 19; Teil VI Rn. 195).
Darüber hinaus soll der Bodenrichtwert nach § 14 Abs. 4 ImmoWertV keinen Wertanteil für Aufwuchs enthalten (vgl. § 14 ImmoWertV Rn. 25); dies kann uneingeschränkt nur für Bodenrichtwerte land- und forstwirtschaftlicher Grundstücke gelten.

---

13 BR-Drs. 298/09 vom 03.04.2009.
14 Grundsteuer-Reformgesetz – GrStRefG – vom 26.11.2019, BGBl. I 2019, 1794.

2.2 Bodenrichtwert und Bodenrichtwertspannen (§ 13 Abs. 2 Satz 2 und 3 ImmoWertV)

▶ *Zu den deckungsgleichen Bodenrichtwertzonen vgl. § 15 ImmoWertV Rn. 14 ff.*

Grundsätzlich ist für die Bodenrichtwertzone nach § 13 Abs. 2 Satz 2 ImmoWertV **nur ein Bodenrichtwert** anzugeben. 19
Dem steht nicht die mit § 15 Abs. 3 ImmoWertV gegebene Möglichkeit der **Bildung deckungsgleicher Bodenrichtwertzonen** für flächenmäßig identische Gebiete entgegen. In diesem Fall liegen zwei flächenmäßig deckungsgleiche Bodenrichtwertzonen vor, die unterschiedlich zu bezeichnen sind.
Einzelne Flächen mit einer vom Bodenrichtwertgrundstück abweichenden Nutzungsart oder Qualität wie zum Beispiel Grün-, Wald-, Wasser-, Verkehrs- und Gemeinbedarfsflächen können Bestandteil der Bodenrichtwertzone sein. Sie sind bei der Abgrenzung der Bodenrichtwertzone nicht zu berücksichtigen. Der für die Zone angegebene Bodenrichtwert gilt nicht für diese Flächen.

2.3 Ziel und Zweck von Bodenrichtwerten

2.3.1 Transparenz des Grundstücksmarktes

Bodenrichtwerte und ihre Veröffentlichung sind ein Instrument zur Verbesserung der Transparenz des Grundstücksmarktes. Sie sollen ebenso wie die „sonstigen" nach § 199 Abs. 2 Nr. 4 BauGB zu veröffentlichenden Daten der Wertermittlung die Übersichtlichkeit des Bodenmarktes insbesondere für private Belange, für die Belange der Wirtschaft, des Rechtswesens und der Besteuerung verbessern und zu einer Beruhigung der Marktverhältnisse beitragen, ohne diese jedoch unmittelbar durch staatlich lenkende Eingriffe zu beeinflussen[15]. Zu diesem Zweck sind Bodenrichtwerte nach § 196 Abs. 1 Satz 5 periodisch zu ermitteln und nach § 196 Abs. 3 Satz 2 BauGB i.V.m. der Rechtsverordnung nach § 199 Abs. 2 Nr. 4 BauGB zu veröffentlichen. 20

Darüber hinaus hat nach § 196 Abs. 3 Satz 2 BauGB jedermann ein **Recht auf Auskunft über die Bodenrichtwerte**. Damit stellen Bodenrichtwerte einen wichtigen Baustein der hohen Transparenz des Grundstücksmarktes in Deutschland dar, die entgegen fragwürdigen Veröffentlichungen in kaum einem anderen Land besser ist[16]. 21

Die **Signalwirkung**, die von Bodenrichtwerten ausgeht, darf nicht dazu verleiten, bei der Bodenrichtwertermittlung zum Zwecke einer Dämpfung der Bodenwertentwicklung hinter den tatsächlichen allgemeinen Wertverhältnissen zurückzubleiben. Bodenrichtwerte sollen nach ihrer Definition ein der Wirklichkeit entsprechendes Abbild der Wertverhältnisse auf dem Bodenmarkt sein (Transparenz des Bodenmarktes). Mit ihnen soll nicht dirigistisch in die Preisbildung eingegriffen werden; insbesondere soll mit Bodenrichtwerten nicht vorgegeben werden, was der Grund und Boden „wert sein darf"[17]. Indem die Bodenrichtwerte die tatsächlichen Verhältnisse auf dem Bodenmarkt nachzeichnen, können sie die Bodenwertentwicklung allenfalls indirekt beeinflussen: Sie können z.B. bei überhöhten Kaufpreisforderungen Signalwirkung entfalten. Umgekehrt hat es sich allerdings als nachteilig erwiesen, dass Bodenrichtwerte oftmals selbst dann als „behördlich garantierte Mindestpreise" angesehen werden, wenn die Qualität des angebotenen Grundstücks hinter den Eigenschaften des dem Bodenrichtwert zugrunde liegenden Bodenrichtwertgrundstücks zurückbleibt. Der sich hie- 22

---

15 Vgl. Schaar in GuG 1991, 256.

16 Abzulehnen der „Real Estate Transparency Index" (RETI) von Jones Lasalle; Hierzu Moll-Amrein, Der Liegenschaftszinssatz in der Immobilienbewertung, Wiesbaden 2009, S. 111 ff.

17 So aber der Antrag der Fraktion Bündnis 90/Die Grünen vom 03.12.1996, BT-Drs. 13/6384, der im Deutschen Bundestag keine Mehrheit gefunden hat.

raus ergebenden preistreibenden Wirkung kann durch ergänzende Informationen bei der Veröffentlichung der Bodenrichtwerte entgegenwirkt werden.

23 Dass der **Bedarf an Informationen** über die Wertverhältnisse auf dem Grundstücksmarkt groß ist, zeigen die zahlreichen von den Geschäftsstellen der Gutachterausschüsse erstatteten Bodenrichtwertauskünfte. Als eine besonders einfache Möglichkeit, fundierte und neutrale Auskünfte über die Wertverhältnisse des Grund und Bodens zu erlangen, sind sie ins allgemeine Bewusstsein gedrungen. Allerdings kann in diesem Zusammenhang nicht unbeachtlich bleiben, dass sich das Geschehen auf dem Grundstücksmarkt zunehmend in den Bestand verlagert, d.h. vom Handel mit unbebauten Grundstücken zum Immobilienhandel. Dies betrifft insbesondere die eigengenutzte Wohnimmobilie. Die Substitution des Marktes für unbebaute Wohngrundstücke durch den Kauf einer „Bestandsimmobilie“ hängt damit zusammen, dass Stadtquartiere nicht zuletzt aufgrund von Erneuerungsmaßnahmen wieder „im Trend“ sind. Neben den Vorteilen einer zentraleren Lage spielt dabei vor allem die Möglichkeit eine Rolle, das Kaufobjekt als fertiges Produkt erwerben zu können. Im Hinblick auf den Preis fällt ins Gewicht, dass die Kaufpreise für ältere Immobilien z.T. erheblich unter dem Sachwert liegen.

2.3.2 Grundlage der Bodenwertermittlung

▶ *Vgl. § 14 ImmoWertV Rn. 25 ff.; § 40 ImmoWertV Rn. 142; Syst. Darst. des Vergleichswertverfahrens Rn. 154 ff.; Syst. Darst. des Ertragswertverfahrens Rn. 127 ff.; Syst. Darst. des Sachwertverfahrens Rn. 250*

24 **Bodenrichtwerte** sind **als Grundlage der Wertermittlung** anerkannt und das Bodenrichtwertverfahren ist ein in der höchstrichterlichen Rechtsprechung grundsätzlich nicht beanstandetes Wertermittlungsverfahren[18]. Im Schrifttum war die Verwendbarkeit von Bodenrichtwerten gleichwohl trotz ihrer ausdrücklichen „Verankerung“ als Hilfsmittel der Wertermittlung[19] lange Zeit nicht unumstritten[20].

25 § 40 Abs. 1 Satz 2 ImmoWertV sieht ausdrücklich die **Heranziehung geeigneter objektspezifisch angepasster Bodenrichtwerte** neben oder anstelle von Vergleichspreisen zur Ermittlung von Bodenwerten vor (Bodenrichtwertverfahren). Bodenrichtwerte sind nach § 9 Abs. 1 ImmoWertV „geeignet“, wenn sie hinsichtlich der Aktualität in Bezug auf den maßgeblichen Stichtag und hinsichtlich der Repräsentativität den jeweiligen Grundstücksmarkt zutreffend abbilden und etwaige Abweichungen in den allgemeinen Wertverhältnissen sowie wertbeeinflussende Abweichungen der Grundstücksmerkmale mit geeigneten Indexreihen, Umrechnungskoeffizienten, Zu- oder Abschlägen oder in anderer Weise berücksichtigt werden können.

26 Die **Wertermittlung durch unmittelbare Ableitung aus Kaufpreisen für vergleichbare Grundstücke hat grundsätzlich Vorrang vor der Wertermittlung auf der Grundlage von den als Durchschnittswerte definierten Bodenrichtwerten**[21]. Dies ist darin begründet, dass der **direkte Preisvergleich eine höhere Zuverlässigkeit** verspricht als ein Zurückgreifen auf die in nicht erkennbarer Weise aus Vergleichspreisen oder sonst wie abgeleiteten Bodenrichtwerte. Deshalb gilt es zunächst stets, den direkten Preisvergleich zu suchen. Da Bodenrichtwerte i.d.R. aus Vergleichspreisen abgeleitet werden, sollten insoweit auch die Vergleichs-

---

18 BGH, Urt. vom 04.03.1982 – III ZR 156/80 –, BRS Bd. 45 Nr. 18 = EzGuG 11.127; BGH, Urt. vom 10.03.1977 – III ZR 195/74 –, BRS Bd. 34 Nr. 139 = EzGuG 18.72; BFH, Urt. vom 15.01.1985 – IX R 81/83 –, BFHE 143, 61 = BStBl II 1985, 252 = EzGuG 20.109; a.A. RFH, Urt. vom 28.04.1938 – III 345/37 –, RStBl. 1938, 716.

19 So schon in § 5 WertV 72.

20 Brachmann, AVN 1967, 478; Meissner, AVN 1967, 535; Hintzsche, AVN 1968, 111; Glaser, AVN 1969, 456; Frisch, AVN 1970, 445.

21 BGH, Urt. vom 17.05.1991 – V ZR 104/90 –, BGHZ 117, 338 = EzGuG 11.183; BFH, Urt. vom 26.09.1980 – III R 21/78 –, BFHE 132, 101 = BStBl II 981, 153 = EzGuG 20.86; BFH, Urt. vom 29.04.1987 – X R 2/80 –, BFHE 150, 453 = BStBl II 1987, 769 = EzGuG 19.39f; BFH, Urt. vom 08.09.1994 – IV R 16/94 –, BFHE 176, 340 = BStBl II 1995, 309 = GuG 1995, 313 = EzGuG 19.43; BFH, Urt. vom 21.07.1993 – II R 13/91 –, BFH/NV 1994, 610 = EzGuG 20.147a; BFH, Urt. vom 21.05.1982 – III B 32/81 –, BFHE 136, 141 = BStBl II 1982, 604 = EzGuG 20.99; BFH, Urt. vom 26.09.1980 – III R 67/78 –, BFHE 131, 524 = BStBl II 1981, 208 = EzGuG 4.75.

preise zur Verfügung stehen. Der Sachverständige muss auch diesbezüglich seine Feststellungen im Gutachten darlegen.

27 Der direkte Preisvergleich ist insbesondere dann angezeigt sein, wenn der Gutachterausschuss den Bodenrichtwert nicht mit dem nach § 5 Abs. 1 ImmoWertV maßgeblichen Maß der baulichen Nutzung (GFZ), sondern mit der problembehafteten WGFZ konkretisiert hat[22].

28 Der BGH[23] hat ein zum Zwecke der Ausübung eines Ankaufsrechts erstattetes Schiedsgutachten, in dem der Verkehrswert eines unbebauten Grundstücks ohne **Berücksichtigung der Vergleichspreise aus der unmittelbaren Nachbarschaft** des Kaufgrundstücks ermittelt wurde, als lückenhaft und deswegen grundsätzlich unrichtig bezeichnet.

29 Die Notwendigkeit, bei Heranziehung von Bodenrichtwerten auf originäre Vergleichspreise zurückzugreifen, stellt sich vor allem dann, wenn **Zweifel an der Stimmigkeit der Bodenrichtwerte** aufkommen müssen (vgl. Syst. Darst. des Vergleichswertverfahrens Rn. 158).

30 Bei **Anwendung des Ertragswertverfahrens unter Aufteilung in einen Boden- und Gebäudewertanteil** können Bodenrichtwerte bedenkenfrei herangezogen werden, wenn die Bebauung eine lange Restnutzungsdauer aufweist. Der Bodenwert hat in diesen Fällen nur einen marginalen Einfluss auf das Gesamtergebnis und selbst erhebliche Fehler bei der Bodenwertermittlung wirken sich nur geringfügig auf das Ergebnis aus.

2.3.3 Grundlage für Grundsteuerwerte

▶ *Vgl. Rn. 48; zu unbebauten und bebauten Grundstücken vgl. § 6 ImmoWertV Rn. 64 ff., 211; § 40 ImmoWertV Rn. 7, 120; Syst. Darst. des Vergleichswertverfahrens Rn. 150 ff., 166; zur Bodensondierung vgl. Syst. Darst. des Ertragswertverfahrens Rn. 133; zur Verbindlichkeit Rn. 40*

31 Der Bodenrichtwert geht in die Grundsteuerwertfeststellung gemäß §§ 243 ff. BewG bei allen der Bewertung unterworfenen Immobilienarten als **zentrales Element in die Bemessungsgrundlage des Grundsteuerwerts** ein (vgl. Rn. 10, 48)[24]. Zu diesem Zwecke werden die vom Gutachterausschuss ermittelten Bodenrichtwerte der Finanzbehörde „im Innenverhältnis zwischen zwei Behörden" übermittelt, nicht aber im Außenverhältnis zu den Steuerpflichtigen. Bei einem Rechtsbehelf gegen einen Grundsteuerwertbescheid handelt es sich aus Sicht eines Steuerpflichtigen nicht um zwei getrennte Rechtsangelegenheiten, sondern nur um eine (einheitliche bzw. ungeteilte) Abgabenangelegenheit[25].
Der Grundsteuerwert unbebauter Grundstücke bestimmt sich nach § 247 BewG regelmäßig durch **Multiplikation ihrer Fläche mit dem jeweiligen Bodenrichtwert** i.S. des § 196 BauGB. Der so ermittelte Bodenwert ist auch bei der **Ermittlung des Grundsteuerwerts bebauter Grundstücke** maßgebend (§ 257 Abs. 1 Satz 1 und § 158 Abs. 2 BewG).

3 Typologie der Bodenrichtwerte

3.1 Übersicht

▶ *Vgl. § 15 ImmoWertV Rn. 14 ff.*

32 Bei der Bodenrichtwertermittlung ist es zweckmäßig, zu unterscheiden zwischen der Ermittlung

a) ***allgemeiner* Bodenrichtwerte** i.S. des § 196 Abs. 1 Satz 1 bis 5 BauGB,

b) ***besonderer* Bodenrichtwerte** i.S. des § 196 Abs. 1 Satz 7 BauGB,

---

22 Grundlegend hierzu: Kleiber, GuG 2017, 65.
23 BGH, Urt. vom 17.05.1991 – V ZR 104/90 –, BGHZ 117, 338 = EzGuG 11.183.
24 FG Rheinland-Pfalz, Urt. vom 23.11.2023 – 4 V 1429/23 – und – 4 V 1295/23 –.
25 FG Rheinland-Pfalz, Urt. vom 23.11.2023 – 4 V 1429/23 – und – 4 V 1295/23 –, Hey, ZG 2019, 2.

c) **für Zwecke der Einheits- bzw. Grundbesitzbewertung** nach § 196 Abs. 1 Satz 6 und Abs. 2 BauGB ***erforderlicher*** **Bodenrichtwerte** und

d) ***generalisierter*****Boden(richt)werte** nach Maßgabe landesrechtlicher Vorschriften, insbesondere für Zwecke der Landesplanung und Raumordnung.

33 Die genannten Bodenrichtwerte unterscheiden sich im Wesentlichen dadurch, dass sie bezogen auf **unterschiedliche Wertermittlungsstichtage** ermittelt werden, sodass sich für ein und dieselbe Bodenrichtwertzone grundsätzlich drei verschiedene auf unterschiedliche Stichtage bezogene Bodenrichtwerte ergeben können.

3.2 Allgemeine Bodenrichtwerte

34 Die Gutachterausschüsse sind nach § 196 Abs. 1 Satz 5 BauGB verpflichtet, „**jeweils zu Beginn eines jeden *zweiten* Kalenderjahres**" allgemeine Bodenrichtwerte zu ermitteln und zu veröffentlichen, jedoch kann auch eine häufigere (jährliche) Ermittlung bestimmt werden. Nur wenige Länder sind im Hinblick auf die Verzahnung der Bodenrichtwertermittlung mit der steuerlichen Bewertung dazu übergegangen, als Bezugszeitpunkt der Bodenrichtwertermittlung den 01. Januar eines jeden Jahres vorzugeben[26].

35 Der **zweijährige Ermittlungsturnus** geht auf einen Vorschlag der Länder zurück[27], dem die BReg mit der Maßgabe zugestimmt hat, dass angesichts „größerer Volatilität in bestimmten Grundstücksmarktregionen" auch kürzere Intervalle möglich bleiben[28].

36 § 196 Abs. 1 Satz 5 BauGB lässt demgemäß zu, die **Ermittlung** von allgemeinen Bodenrichtwerten abweichend vom zweijährlichen Turnus auch **in „häufigeren" Intervallen** vorzunehmen. Voraussetzung dafür ist nach dem Wortlaut der Vorschrift eine entsprechende Bestimmung. Dies zu regeln sind die Landesregierungen mit § 199 Abs. 2 Nr. 4 BauGB ermächtigt.

3.3 Besondere Bodenrichtwerte

► *Vgl. § 15 ImmoWertV Rn. 14 ff. und 20 ff.; Syst. Darst. des Vergleichswertverfahrens Rn. 154 ff. sowie Teil VI Rn. 460 ff., 603*

37 Nach § 196 Abs. 1 Satz 7 BauGB hat der Gutachterausschuss für Grundstückswerte die Aufgabe, auf Antrag der für den Vollzug des BauGB zuständigen Behörden besondere Bodenrichtwerte

- für einzelne Gebiete
- bezogen auf einen von dem ansonsten vorgegebenen „abweichenden Zeitpunkt" zu ermitteln.

38 Bei dem „abweichenden" Zeitpunkt kann es sich um einen von dem ansonsten nach § 196 Abs. 1 Satz 3 BauGB maßgeblichen Zeitpunkt (Ende eines jeden Kalenderjahrs) abweichenden Zeitpunkt handeln. I.d.R. wird dieser Zeitpunkt von der beantragenden Behörde vorgegeben. Solche besonderen Bodenrichtwerte kommen insbesondere bei **Sanierungs- und Entwicklungsmaßnahmen** sowie für Umlegungsgebiete in Betracht. In derartigen städtebaulichen Veranstaltungsgebieten bestimmt sich der Bodenwert nach Maßgabe der einschlägigen besonderen bodenrechtlichen Vorschriften (vgl. § 15 ImmoWertV Rn. 20 ff.).

39 Über die Regelungen des § 196 Abs. 1 Satz 5 BauGB hinaus gelten für die **besonderen Bodenrichtwerte** keine weiteren Besonderheiten; sie **sind** demzufolge gemäß § 196 Abs. 3 BauGB **zu veröffentlichen.** Im Zuge des Sanierungsverfahrens ist dies grundsätzlich auch sinnvoll, denn der Grundstücksmarkt benötigt diese Transparenz, da während des Sanierungs-

---

26 § 19 bln. DVO BauGB; § 21 Abs. 1 Satz 5 nds. DVO-BauGB. § 11 Abs. 1 GAVO NRW.
27 BR-Drs 16/8547, S. 10.
28 BT-Drs. 16/8547, S. 13.

verfahrens alle Verkaufsfälle gemäß § 153 Abs. 2 BauGB einer **Preiskontrolle** unterworfen sind und die am Grundstücksmarkt Beteiligten sich über das informieren können, was zulässigerweise als Kaufpreis vereinbart wurde.

Gegen die **Zugänglichkeit der besonderen Bodenrichtwerte für „jedermann"** gemäß § 196 Abs. 3 BauGB sind Bedenken erhoben worden, soweit sich daraus der vom einzelnen Eigentümer zu entrichtende Ausgleichsbetrag „ablesen" lässt, weil damit die Vermögensverhältnisse des Ausgleichsbetragspflichtigen offenbart werden, aber andererseits personenbezogene Daten verfassungsrechtlich geschützt sind. Diese Bedenken können nur dann durchgreifen, wenn die besonderen Bodenrichtwerte in einer Dichte ermittelt werden, dass es sich dabei bereits um weitgehend individuelle Grundstückswerte handelt; ansonsten besagen die für Sanierungsgebiete ermittelten Bodenrichtwerte nicht mehr als die für andere Teile des Gemeindegebiets veröffentlichten Bodenrichtwerte. Es entspricht zwar dem gesetzgeberischen Anliegen, dass die nach § 195 Abs. 1 Satz 5 BauGB abgeleiteten Bodenrichtwerte ihrem Verwendungszweck entsprechend im Vergleich zu den übrigen Bodenrichtwerten eine höhere Dichte aufweisen, jedoch ist schon begrifflich damit nicht die Ableitung individueller Grundstückswerte eingeschlossen. Bodenrichtwerte sind als *durchschnittliche* und nicht als individuelle Lagewerte des Grund und Bodens definiert. Im Übrigen gäbe die Ermittlung individueller, d.h. grundstücksbezogener Bodenrichtwerte wertermittlungstechnisch keinen Sinn, denn mit demselben Aufwand kann direkt gleich der Verkehrswert des einzelnen Grundstücks ermittelt werden. Es besteht sogar die Gefahr, dass der für die Bemessung des Ausgleichsbetrags maßgebende Anfangs- und Endwert ohne weitere Begründung vornehmlich auf derartige Bodenrichtwerte gestützt wird und der Begründungspflicht nicht hinreichend nachgekommen wird. 40

3.4 Bodenrichtwerte für steuerliche Bewertungen

Schrifttum: *Birgel, K.*, Steuerliche Bewertung unbebauter Grundstücke, UM 2003, 57; *Halaczinsky* in Rössler/Troll, BewG, § 145 BewG; *Kleiber, W.*, GuG 2017, 65.

▶ *Vgl. Ausführungen zur Verwendung von Bodenrichtwerten § 13 ImmoWertV Rn. 31 ff.; Syst. Darst. des Vergleichswertverfahrens Rn. 9, 166 ff.; zu baufälligen Gebäuden vgl. § 40 ImmoWertV Rn. 7, 96, 142; zu Gebäuden im Zustand der Bebauung vgl. § 6 ImmoWertV Rn. 208 ff.; Teil III § 196 BauGB Rn. 16*

3.4.1 Allgemeines

Für Zwecke der steuerlichen Bewertung des Grundbesitzes[29] sind nach § 196 Abs. 1 Satz 6 BauGB Bodenrichtwerte nach ergänzenden Vorgaben der Finanzverwaltung u.a. zum jeweiligen für die Wertverhältnisse bei der Bedarfsbewertung maßgebenden Zeitpunkt zu ermitteln. Bei den **für steuerliche Zwecke abgeleiteten Bodenrichtwerten** handelt es sich um solche, die bezogen 42

– auf den Hauptfeststellungszeitpunkt der Einheitsbewertung (01.01.1964) bzw.
– auf einen sonstigen steuerlichen Feststellungszeitpunkt, insbesondere auf den Zeitpunkt der Bedarfsbewertung zur Feststellung des Grundbesitzwerts (01.01.1996),

ermittelt werden.

29 Zur Zusammenarbeit mit den Finanzämtern: Erl. des thür. IM vom 17. und 19.03.1992 – 740 – 9611 –, Erl. des rh.-pf. MF und MdIS vom 02.11.1987 (MinBl. 1987, 444 – 3314 A – 446 –) sowie VV des rh.-pf. IM und FM vom 10.11.1995 (MinBl. 1995, 535)

Abb. 2: Bodenrichtwertindex für die Grundbesitzbewertung nach BewG für Gebiete in offener Bauweise von Berlin

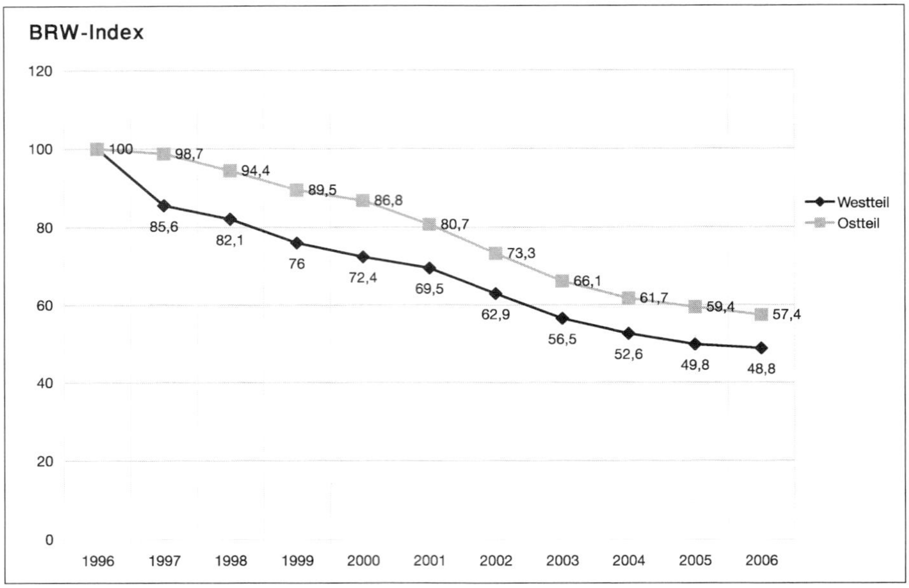

Quelle: Grundstücksmarktbericht 2005/06 (ABl. Berlin 2005, 2375); vgl. Bekanntmachung von 21.07.2006 (ABl. Berlin 2626, 2626).

43 Die Bodenrichtwertermittlung für steuerliche Zwecke hat insbesondere mit der Erbschaftsteuerreform 2008 erheblich an Bedeutung gewonnen. **Städtebauliche Wertermittlung und steuerliche Bewertung** sind deshalb eng verzahnt worden:

- Nach § 192 Abs. 3 Satz 2 BauGB ist für die Bodenrichtwertermittlung „ein Bediensteter der zuständigen Finanzbehörde mit Erfahrungen in der steuerlichen Bewertung von Grundstücken als Gutachter vorzusehen".
- Die Kaufpreissammlung des Gutachterausschusses darf nach § 195 Abs. 2 Satz 1 BauGB (nur) dem zuständigen Finanzamt für Zwecke der Besteuerung übermittelt werden.
- Für Zwecke der steuerlichen Bewertung des Grundbesitzes sind Bodenrichtwerte nach § 196 Abs. 1 Satz 6 BauGB auch zum jeweiligen Hauptfeststellungszeitpunkt oder sonstigen Feststellungszeitpunkt zu ermitteln. Diese mit dem BauGB hinzugekommene Pflichtaufgabe des Gutachterausschusses ist vor allem für künftige Hauptfeststellungen und für Bewertungen im Rahmen der Erbschaft- und Schenkungsteuer sowie der Grunderwerbsteuer von großer Bedeutung.
- § 196 Abs. 2 Satz 1 BauGB verpflichtet den Gutachterausschuss zur Fortschreibung der auf den Hauptfeststellungszeitpunkt oder sonstigen Feststellungszeitpunkt bezogenen Bodenrichtwerte, wenn sich in dem Gebiet die Qualität durch den Bebauungsplan oder andere Maßnahmen geändert hat. Die Fortschreibung kann unterbleiben, wenn das zuständige Finanzamt darauf verzichtet (§ 196 Abs. 2 Satz 2 BauGB).
- Im Falle einer gebietlichen Änderung der Bodenqualität aufgrund eines Bebauungsplans oder anderer Maßnahmen sind die Gutachterausschüsse nach § 196 Abs. 2 Satz 2 BauGB verpflichtet, Bodenrichtwerte zum Zwecke einer Wertfortschreibung auch bezogen auf die Wertverhältnisse zum Zeitpunkt der letzten Hauptfeststellung oder den letzten sonstigen Feststellungszeitpunkt zu ermitteln, wenn das zuständige Finanzamt hierauf nicht verzichtet hat.

- Den Belangen der steuerlichen Bewertung entspricht auch der in § 196 Abs. 1 Satz 2 BauGB normierte Grundsatz, in bebauten Gebieten Bodenrichtwerte mit dem Wert zu ermitteln, der sich ergeben würde, wenn die Grundstücke unbebaut wären.
- Schließlich sind die Bodenrichtwerte dem zuständigen Finanzamt nach § 196 Abs. 3 Satz 1 BauGB mitzuteilen. § 247 Abs. 2 BewG schreibt ergänzend vor, dass die auf den Hauptfeststellungszeitpunkt ermittelten Bodenrichtwerte nach amtlich vorgeschriebenem Datensatz durch Datenfernübertragung an die zuständigen Finanzbehörden zu übermitteln sind. Das Finanzamt erteilt dem Gutachterausschuss nach § 197 Abs. 2 Satz 2 BauGB umgekehrt Auskünfte über Grundstücke, soweit dies zur Ermittlung von Ausgleichsbeträgen und Enteignungsentschädigungen erforderlich ist.

Damit Bodenrichtwerte den Anforderungen der Finanzverwaltung entsprechen, sieht § 196 Abs. 1 Satz 6 BauGB vor, dass die Finanzverwaltung dem Gutachterausschuss **„ergänzende Vorgaben" für die Ermittlung (steuerlicher) Bodenrichtwerte** vorgeben kann. Diese Ergänzung betrifft insbesondere die auf den 01.01.1996 bezogenen Bodenrichtwerte für die Bedarfsbewertung, die im Hinblick auf ihre Anwendung auf die Grunderwerbsteuer im Bedarfsfalle benötigt werden, sowie die ab 01.01.2009 der Bewertung für die Erbschaftsteuer zugrunde zu legenden Bodenrichtwerte. Mit dieser Vorschrift sind die nach § 192 Abs. 3 Satz 2 BauGB vorgesehenen Bediensteten der zuständigen Finanzbehörde aufgerufen, i.S. eines Antragsrechts nach den örtlichen Verhältnissen ergänzende Vorgaben über Umfang und Dichte der für steuerliche Zwecke benötigten Bodenrichtwerte zu machen. Das Antragsrecht hat die daran geknüpften Erwartungen nicht erfüllt und der Gesetzgeber im Zuge der Grundsteuerreform die ImmoWertV dahingehend ergänzt, dass Bodenrichtwerte in einem Umfang und einer Dichte zu ermitteln sind, „dass lagebedingte Wertunterschiede zwischen der Mehrheit der Grundstücke und dem Bodenrichtwertgrundstück nicht mehr als 30 Prozent betragen". 44

Mit „ergänzenden Vorgaben" nach § 196 Abs. 1 Satz 6 BauGB **wird die Selbstständigkeit und Unabhängigkeit des Gutachterausschusses** im Übrigen **nicht eingeschränkt**. Schon aus dem Wort „ergänzende Vorgaben" ergibt sich eindeutig, dass u.a. § 192 Abs. 1 BauGB (Selbstständigkeit und Unabhängigkeit der Gutachterausschüsse) unberührt bleibt. 45
Die vom Bundesrat dagegen vorgetragenen verfassungsrechtlichen Bedenken[30], denen sich der Vermittlungsausschuss nicht angeschlossen hat, gehen insoweit an der allein nur zulässigen Auslegung der Vorschrift vorbei. Im Übrigen geht die Vorschrift auf ein Begehren der Gutachterausschüsse für Grundstückswerte selbst zurück, die zur Vermeidung unnötiger Bodenrichtwertermittlungen im Vorfeld des Gesetzgebungsverfahrens eine Konkretisierung ihrer zusätzlichen Aufgaben anregten. Da die zusätzlichen Aufgaben mit dem Anspruch, nur das unabweislich Erforderliche vorzugeben, bundeseinheitlich nicht gesetzlich vorgegeben werden konnten, hat der Gesetzgeber dies auf die örtliche Ebene verlagert und der Finanzverwaltung aufgegeben.

3.4.2 Verbindlichkeit von Bodenrichtwerten in der steuerlichen Bewertung

3.4.2.1 Allgemeines

▶ *Vgl. Syst. Darst. des Vergleichswertverfahrens Rn. 166, 277; Syst. Darst. des Ertragswertverfahrens Rn. 18 ff., 196; zu Grundstücksarten § 6 ImmoWertV Rn. 64 ff.; Teil III, § 196 BauGB Rn. 8*

Bodenrichtwerte sind nach den Vorschriften des BauGB grundsätzlich unverbindlich. Eine **Verbindlichkeit der Bodenrichtwerte** ist auch **für die Finanzverwaltung** im BauGB nicht vorgesehen[31], dies bleibt der Steuergesetzgebung vorbehalten (§ 145 Abs. 3, § 179 BewG, § 247 BewG)[32]. 46

30 BR-Drs. 390/1/96, S. 124.
31 BT-Drs. 7/4793, zu § 143b BBauG 1976.
32 Bielenberg, Gutachten zum 49. Juristentag 1972, B 112 ff.

47 In der Rechtsprechung des BVerfG[33] wird eine Steuergesetzgebung gefordert, die eine realitäts- und relationsgerechte Bewertung gewährleistet. In diesem Rahmen sind zur Vereinfachung einer Massenbewertung wie der Grundsteuer „typisierende Bewertungsmethoden“ vorgegeben worden[34].
Werden für eine Bodenrichtwertzone **mehrere Bodenrichtwerte** ausgewiesen, z.B. für eine gewerbliche und eine Wohnnutzung, ist der nach der Art des Grundstücks maßgebliche Bodenrichtwert heranzuziehen. Daneben können sich auch mehrere Bodenrichtwerte „anbieten“, wenn Grundstücksteilflächen in benachbarten Bodenrichtwertzonen gelegen sind. Problematisch sind vor allem auch die Grundstücke, die üblicherweise unter Aufteilung von Vorder- und Hinterland bewertet werden.

3.4.2.2 Ermittlung Grundsteuerwerte

▶ *Vgl. § 15 ImmoWertV Rn. 8ff., § 8 ImmoWertV Rn. 45*

48 Bodenrichtwerte sind nach § 247, § 257 Abs. 1 Satz 1 und § 258 Abs. 2 BewG „regelmäßig“ **Grundlage der Ermittlung des Grundsteuerwerts** unbebauter und bebauter Grundstücke. Soweit in den §§ 243 bis 262 BewG sowie in den Anl. 36 bis 43 zum BewG nichts anderes bestimmt ist, werden **Abweichungen zwischen den Grundstücksmerkmalen des Bodenrichtwertgrundstücks und des zu bewertenden Grundstücks mit Ausnahme unterschiedlicher Entwicklungszustände und unterschiedlicher Arten der Nutzung bei überlagernden Bodenrichtwertzonen nicht berücksichtigt** (§ 247 Abs. 1 Satz 2 BewG). Zur Frage der **Bindungswirkung** vgl. Rn. 40.
Die mit § 247 Abs. 1, § 257 Abs. 1 Satz 1 BewG sowie § 258 Abs. 2 BewG vorgegebene Verbindlichkeit der Bodenrichtwerte steht im Kontext mit § 15 Abs. 1 ImmoWertV, nach dem die Richtwertzonen grundsätzlich so abzugrenzen sind, dass lagebedingte Wertunterschiede zwischen der Mehrheit der Grundstücke und dem Bodenrichtwertgrundstück nicht mehr als 30 Prozent betragen. Der Gesetzgeber geht vor diesem Hintergrund davon aus, dass die Bodenrichtwerte „*regelmäßig*“, d.h. „*in der Regel*“ ohne weitere Korrekturen[35] (z.B. hinsichtlich des Erschließungszustands, des beitrags- und abgabenrechtlichen Zustands, der Art und des Maßes der baulichen Nutzung), zur Berücksichtigung abweichender Grundstücksmerkmale der Ermittlung des Grundsteuerwerts zugrunde gelegt werden (vgl. Syst. Darst. des Vergleichswertverfahrens Rn. 277). Es kann allerdings nicht erwartet werden, dass die Bodenrichtwerte allerorts eine realitäts- und relationsgerechte Bewertung gewährleisten.
Hiervon abweichend sind lediglich bei der Ermittlung des Mindestwerts von Ein- und Zweifamilienhäusern i.S. des § 249 Abs. 2 und 3 BewG und bei der Ermittlung des Grundsteuerwerts von Ein- und Zweifamilienhäusern abweichende Grundstücksgrößen zu berücksichtigen (vgl. Syst. Darst. des Vergleichswertverfahrens Rn. 277). Darüber hinaus ist bei **Anwendung des typisierten Ertragswertverfahrens auf übergroße Grundstücke** der abzuzinsende Bodenwert nach § 257 Abs. 2 BewG der Wert von „selbständig nutzbaren Teilflächen“ gesondert zu berücksichtigen (Bodensondierung). Dies ist nach § 257 Abs. 3 BewG der „Teil eines Grundstücks, der für die angemessene Nutzung der Gebäude nicht benötigt wird und selbständig genutzt oder verwertet werden kann“ (vgl. Syst. Darst. des Ertragswertverfahrens Rn. 126). Bei Anwendung des **typisierten Sachwertverfahrens** nach den §§ 258 bis 260 BewG wird eine Bodensondierung im Übrigen nicht zugelassen.

49 Ob die Bewertungsstellen der Finanzbehörden (faktisch) an den von den Gutachterausschüssen abgeleiteten Bodenrichtwerte gebunden sind und sie regelmäßig keiner Überprüfung unterziehen dürfen[36] oder ob die Bodenrichtwerte keine Bindungswirkung entfalten und lediglich eine Schätzungsgrundlage der Wertermittlung durch die Finanzbehörden darstellen[37],

---

33 BVerfG, Urt. vom 10.04.2018 – 1 BvL 11/14 –, BVerfGE 239, 285 = GuG 2018, 252.
34 BFH, Urt. vom 12.07.2006 – II R 1/04 –, BFHE 213, 387 = BStBl II 2006, 742 = GuG 2008, 249 = EzGuG 4.197a.
35 BR-Drs 354/19 Beschluss zu Art. 1 Nr. 2; BT-Drs 19/13713 zu Art. 1 Nr. 2.
36 Für eine faktische „Feststellungswirkung“: Mandler/Schulze/Zochert, DStR 2023, 1329.
37 Vgl. BT-Drs 7/4793, S. 53 f. zu § 143b BBauG 1976 als der Vorgängervorschrift zu § 196 Abs. 2 BauGB; Federwisch, in: BeckOK BauGB, 59. Edition, Stand 01.06.2023, § 196 BauGB Rn. 8.

kann nach Auffassung des FG Rheinland-Pfalz[38] offenbleiben, jedoch wird darauf **hingewiesen, dass ein Ausnahmefall gegeben sein könne, wenn die Wertermittlung dem typisierenden Verfahren nicht entspreche**[39]. Das Recht auf effektiven Rechtsschutz der Steuerpflichtigen gemäß Art. 19 Abs. 4 GG gebietet eine gerichtliche Überprüfung dahin, ob der Bodenrichtwert für das konkrete Bewertungsgrundstück rechtmäßig festgestellt wurde, d.h., ob der konkret tätig gewordene Gutachterausschuss bei der Ermittlung des Bodenrichtwerts alle verfahrensrechtlichen wie materiell-rechtlichen Vorgaben eingehalten hat[40].
Mit der Anfechtung eines Grundsteuerwertbescheids kann auch die zugrundeliegende Bodenrichtwertfeststellung des zuständigen Gutachterausschusses überprüft werden. Anders als in der erbschaftsteuerlichen Bedarfsbewertung wird dem Steuerpflichtigen im Rahmen der grundsteuerlichen Bewertung nicht die Möglichkeit eröffnet, durch ein Gutachten über den Verkehrswert als dem (wahrscheinlich) zu erzielenden Verkaufspreis zum Bewertungsstichtag oder sogar beieinem Verkehrswertnachweis durch einen tatsächlich zeitnah erzielten Verkaufspreis einen „niedrigeren Wert" als den nach **Bewertungsregeln der §§ 218 ff. BewG** ermittelten Wert nachzuweisen (Escape-Klausel, vgl. § 1 ImmoWertV Rn. 24 ff.)
Nach Auffassung des FG Rheinland-Pfalz sind die Bewertungsregeln der §§ 218 ff. BewG im Übrigen verfassungskonform dahingehend auszulegen, dass Steuerpflichtige den Grundsteuerbescheid auch mit dem Nachweis eines unter dem typisierten Grundsteuerwert liegenden niedrigeren Grundstückswert anfechten können[41]. Dagegen spricht auch nicht, dass die Grundsteuerwertfeststellung im Unterschied zur erbschaftsteuerlichen Bedarfsbewertung nicht auf die Ermittlung des gemeinen Werts, sondern auf die Feststellung eines *„objektiviert-realen Grundsteuerwerts als Bemessungsgrundlage für eine relations- und realitätsgerechte Besteuerung"* abzielt, denn auch dieser Wert lehnt sich an die Verkehrswertermittlung nach dem BauGB an (vgl. dazu BT-Drs 19/11085, S. 84 f.).

3.4.2.3 Ermittlung Grundbesitzwerte

▶ *Zum Nachweis des niedrigeren Steuerwerts (Öffnungsklausel: Escape-Klausel) vgl. § 1 ImmoWertV Rn. 24.*

Bodenrichtwerte waren bereits nach dem Jahressteuergesetz 1997[42]**Grundlage für die Ermittlung von Grundbesitzwerten** maßgebend, soweit sie im Bedarfsfalle für die Erbschaft- und Schenkungsteuer (ab 01.01.1996 bis 31.12.2007) sowie für die Grunderwerbsteuer (ab 01.01.1997) erforderlich waren. Für die Ermittlung der Grundbesitzwerte sind Bodenrichtwerte nach § 138 Abs. 1 Satz 2 BewG bezogen auf die (allgemeinen) Wertverhältnisse zum 01.01.1996 maßgebend[43]. 50
Nach der zum 01.01.2009 in Kraft getretenen Erbschaftsteuerreform sind die Vorschriften der §§ 138 ff. BewG (Vierter Abschnitt) nur noch für die Bewertung von Grundbesitz für die Grunderwerbsteuer ab 01.01.1997 maßgebend. Für die **erbschaftsteuerrechtliche Bewertung von Grundbesitz** sind **ab 01.01.2009** die Vorschriften der §§ 157 ff. (Sechster Abschnitt) anzuwenden. Diese sehen u.a. in § 179 BewG vor, dass bei der Wertermittlung „der Bodenrichtwert anzusetzen" ist, „dessen turnusmäßige Ermittlung dem Bewertungsstichtag vorausging." Auch bei Anwendung des (steuerlichen) Ertrags- und Sachwertverfahrens ist nach § 184 Abs. 2 und § 189 Abs. 2 BewG) der Bodenwertanteil entsprechend anzusetzen.

38 FG Rheinland-Pfalz, Urt. vom 23.11.2023 – 4 V 1429/23 – und – 4 V 1295/23 – unter Hinweis auf VG Hamburg, Urt. vom 19.02.2015 – 7 K 5146/14 –.
39 BFH, Beschl. vom 11.07.2008 – II B 53/07 –; BFH, Urt. vom 11.05.2005 – II R 21/02 –, BFHE 210, 48, BStBl II 2005, 686; BFH, Beschl. vom 25.11.2010 – II B 3/10 –, BFH/NV 2011, 415.
40 Vgl. BVerwG, Urt. vom 27.11.2014 – 4 C 31/13 –; für eine Überprüfbarkeit auch: Hey, ZG 2019, 297; Kirchhof, DB 2020, 2600; Eichholz, DStR 2020, 1158; a.A. aufgrund der geforderten Möglichkeit zum Nachweis eines niedrigeren Werts: Seer, in: Tipke/Lang, Steuerrecht, 24. Aufl. 2020, Rn. 16.14; Seer, FR 2019, 941.
41 FG Rheinland-Pfalz, Urt. vom 23.11.2023 – 4 V 1429/23 – und – 4 V 1295/23 – unter Hinweis auf das von Prof. Dr. Gregor Kirchhof vorgelegte Rechtsgutachten, das dieser im August 2020 im Auftrag des ZIA Zentraler Immobilien Ausschuss e.V. erstellt hatte.
42 BGBl. I 1996, 2049.
43 Vgl. BR-Drs. 390/96, S. 90.

R B 179.2 Abs. 1 der ErbStR 2019 führt hierzu aus:

„(1) Bei der Wertermittlung ist der Bodenrichtwert anzusetzen, dessen turnusmäßige Ermittlung dem Bewertungsstichtag vorausging. Es kommt somit nicht darauf an, wann der Gutachterausschuss den Bodenrichtwert tatsächlich ermittelt und dem Finanzamt mitgeteilt hat. Vom Gutachterausschuss veröffentlichte Bodenpreisindexreihen, die aus Kauffällen des Grundstücksmarktes abgeleitet wurden, sind als Bestandteil der Bodenrichtwerte zu berücksichtigen. Nach § 196 BauGB sind Bodenrichtwerte vom Gutachterausschuss flächendeckend zu ermitteln. Dabei bildet der Gutachterausschuss Richtwertzonen, die jeweils Gebiete umfassen, die nach Art und Maß der Nutzung weitgehend übereinstimmen. Die wertbeeinflussenden Grundstücksmerkmale des Bodenrichtwertgrundstücks sind vom Gutachterausschuss darzustellen. Wertbeeinflussende Grundstücksmerkmale sind insbesondere die Art und das Maß der baulichen Nutzung, das sich in der Geschossflächenzahl und in der Anzahl der möglichen Geschosse ausdrücken kann, die Grundstückstiefe und die Grundstücksgröße sowie die Unterteilung in erschließungsbeitragspflichtiges oder erschließungsbeitragsfreies Bauland. Für Grundstücke, die mit den wertbeeinflussenden Grundstücksmerkmalen des Bodenrichtwertgrundstücks in der jeweiligen Bodenrichtwertzone übereinstimmen, ist der Bodenrichtwert anzusetzen. Der Wert von Grundstücken, die von den wertbeeinflussenden Grundstücksmerkmalen des Bodenrichtwertgrundstücks abweichen, ist grundsätzlich nach den Vorgaben des Gutachterausschusses (Absätze 2 bis 6) aus dem Bodenrichtwert der jeweiligen Richtwertzone abzuleiten."

51 Zur **Berücksichtigung des Maßes der baulichen Nutzung** wird in den Empfehlungen ausdrücklich nur auf die Geschossflächenzahl (GFZ) verwiesen, worunter nach der Systematik des BauGB und der auf dieser Grundlage erlassenen ImmoWertV nur die GFZ i.S. des § 20 BauNVO verstanden werden kann. Die sog. wertrelevante Geschossflächenzahl (WGFZ) findet daher zu Recht keine Erwähnung.
Zu den übrigen wertbestimmenden **Merkmalen des Bodenrichtwertgrundstücks** vgl. R B 179.2 Abs. 4 bis 8 ErbStR 2019.

52 Die von den Gutachterausschüssen abgeleiteten **Bodenrichtwerte werden in diesem Rahmen von der Finanzverwaltung der steuerlichen Bewertung ohne eigene Überprüfung zugrunde gelegt**. Der BFH[44] hat hierzu festgestellt, dass im Rahmen der Bedarfsbewertung die von den Gutachterausschüssen auf den 01.01.1996 ermittelten und den Finanzämtern mitgeteilten Bodenrichtwerte (um 20 % vermindert) nach § 145 Abs. 3 Satz 1 BewG „verbindlich und einer gerichtlichen Überprüfung nicht zugänglich" sind.

Im Rahmen der Bedarfsbewertung der Erbschaft- und Schenkungsteuer ist auch die Regelung des § 40 Abs. 5 Nr. 1 ImmoWertV nach Auffassung des FG München[45] nach den §§ 189ff. und § 179 BewG bei einer die am Wertermittlungsstichtag zulässige GFZ überschreitende und Bestandsschutz genießende Bebauung nicht zu berücksichtigen; eine Anpassung an von der dem Bodenrichtwert zugeordneten GFZ sei nach § 179 BewG nur dann sachgerecht, wenn das Grundstück „auch tatsächlich mit dieser höheren GFZ rechtlich zulässig bebaut werden" kann.

Die **Übernahme der vom Gutachterausschuss abgeleiteten Bodenrichtwerte ohne eigene Überprüfung ist nicht unproblematisch**, denn nicht immer werden Bodenrichtwerte nach Maßgabe des § 196 Abs. 1 Satz 1 BauGB als „*durchschnittliche Lagewerte*" des Bodens abgeleitet (vgl. z.B. *Hamburg* Rn. 56). Es kommt hinzu, dass die Gutachterausschüsse den grundsätzlich im Wege des Preisvergleichs abgeleiteten Bodenrichtwert durch Zuordnung einer nach apokryphen Methoden abgeleiteten WGFZ verfälschen[46] .
Über die bloße Beachtung etwaiger vom Gutachterausschuss vorgegebener Differenzierungen hinaus dürfen die Finanzämter nach der Entscheidung des BFH keine „eigenen" Bodenrichtwerte aus den von den Gutachterausschüssen mitgeteilten Bodenrichtwerten ableiten. Bei ei-

---

44 BFH, Urt. vom 25.08.2010 – II R 42/09 –, BFHE 230, 570 = BStBl II 2011, 205 = GuG 2011, 185 = EzGuG 20.211; BFH, Urt. vom 16.12.2009 – II R 15/09 –, GuG 2010, 255 = EzGuG 20.209; BFH, Urt. vom 05.12.2007 – II R 70/05 –, BFH/NV 2008, 757 = EzGuG 20.203a; BFH, Urt. vom 12.07.2006 – II R 1/04 –, BStBl II 2006, 742; BFH, Urt. vom 26.04.2006 – II R 58/04 –, BFHE 213, 207 = BStBl II 2006, 793 = EzGuG 20.201; BFH, Urt. vom 18.08.2005 – II R 6203 –, BStBl II 2006, 5 ; BFH, Urt. vom 11.05.2005 – II R 21/02 –, BFHE 210, 48 = BStBl II 2005, 686 = GuG 2005, 376 = EzGuG 4.195; vgl. FG Nürnberg, Urt. vom 27.01.2000 – IV 261/99 –, GuG 2000, 252 = EzGuG 4.176 nach dem das Finanzamt den vom Gutachterausschuss mitgeteilten Bodenrichtwert (regelmäßig ohne nähere Prüfung hinsichtlich seiner Höhe) anwendet.

45 FG München, Urt. vom 07.02.2024 – 4 K 1385/23 –, BeckRS 2024, 268 Revision).

46 Grundlegend Kleiber in GuG 2017, 65.

ner solchen Ableitung würde es sich um eine Schätzung handeln, die mit der gesetzlichen Verteilung der Zuständigkeiten zwischen den Gutachterausschüssen und den Finanzämtern sowie mit der vom Gesetzgeber beabsichtigten Typisierung und Vereinfachung der Bedarfsbewertung nicht vereinbar wäre. Ein solcher abgeleiteter Bodenrichtwert wäre nicht der vom Gutachterausschuss nach dem BauGB ermittelte Bodenrichtwert i.S. des § 145 Abs. 3 Satz 2 BewG, nach dem sich der Wert unbebauter Grundstücke gemäß § 145 Abs. 3 Satz 1 BewG „bestimmt".

Der Steuerpflichtige hat jedoch im Unterschied zur Grundsteuerbewertung die Möglichkeit, 53
den Nachweis zu erbringen, dass der gemeine Wert (Verkehrswert/Marktwert) niedriger als der auf der Grundlage der Bodenrichtwerte festgestellte Wert ist (sog. **Escape-Klausel**, vgl. § 1 ImmoWertV Rn. 24; § 145 Abs. 3 Satz 3 BewG; § 198 BewG).

3.5 Generalisierte Boden(richt)werte

In einigen Bundesländern werden nach Maßgabe der jeweiligen GutachterausschussVO auf 54
der Grundlage der Bodenrichtwerte sog. „generalisierte Boden(richt)werte" abgeleitet, die zu Übersichten vom Oberen Gutachterausschuss bzw. der Zentralen Geschäftsstelle zusammengefasst werden können. Diese „generalisierten Boden(richt)werte" sollen nach Wohnbauflächen, gemischten Bauflächen und gewerblichen Bauflächen gebietstypisch sein und, soweit erforderlich, nach Ortsteilen gegliedert werden. In größeren Gemeinden ist es zumeist erforderlich, für gute, mittlere und mäßige Lagen typische erschließungsbeitragsfreie Bodenwerte anzugeben[47]. Die generalisierten Bodenrichtwerte und die Übersichten werden in erster Linie für Zwecke der **Landesplanung und Raumordnung** sowie für statistische Zwecke abgeleitet und sind keine geeignete Grundlage für Marktwertermittlungen. Im Internet können diese generalisierten Bodenwerte kreisweise abgerufen werden unter www.gutachterausschuss.hessen.de.

Beispiel:

Stichtag: 01.01.2014	**Generalisierte Bodenrichtwerte für**									
		Wohnbauflächen			**gewerbliche Bauflächen**			**Landwirtschaftsflächen**		
Landkreis	Einwohner	**Lage**			**Lage**			**Lage**		
Kreisfreie Stadt	in	**gut**	**mittel**	**mäßig**	**gut**	**mittel**	**mäßig**	**gut**	**mittel**	**mäßig**
	1 000	€/m²	€/m²	€/m²	€/m²	€/m²	€/m²	€/m²	€/m²	€/m²
Landkreis Bergstraße										
Abtsteinach	2,5	180	140	80	-	60	-	1,20	1,15	1,00
Bensheim	39,6	450	300	130	-	90	-	4,00	2,30	1,50
Biblis	8,8	160	140	110	-	50	-	2,00	1,80	1,70
Birkenau	10,1	....	....	...	-	....	-	....	....	....

47 Vgl. § 15 hess DVO-BauGB, § 14 GutAKVO M-V; § 21 Abs. 5 nds DVO-BauGB; § 13 GAVO NRW; § 16 rh.-pf. GutachterausschussVO; § 12 Abs. 5 GutVO LSA.

§ 14 ImmoWertV
Grundlagen der Bodenrichtwertermittlung

(1) Bodenrichtwerte sind vorrangig im Vergleichswertverfahren nach den §§ 24 und 25 zu ermitteln. Für die Anpassung der Kaufpreise an die Grundstücksmerkmale des Bodenrichtwertgrundstücks und an den Bodenrichtwertstichtag gilt § 9 Absatz 1 Satz 2 und 3 entsprechend.

(2) Für die Bodenrichtwertermittlung in Gebieten ohne oder mit geringem Grundstücksverkehr können Kaufpreise und Bodenrichtwerte aus vergleichbaren Gebieten oder aus vorangegangenen Jahren herangezogen werden; Absatz 1 Satz 2 gilt entsprechend. Darüber hinaus können deduktive oder andere geeignete Verfahrensweisen angewendet werden.

(3) Bei der Bodenrichtwertermittlung in bebauten Gebieten können der Zustand und die Struktur der das Gebiet prägenden Bebauung zu berücksichtigen sein.

(4) Bodenrichtwerte enthalten keinen Wertanteil für den Aufwuchs.

(5) Das oder die angewendeten Verfahren für die Ermittlung der Bodenrichtwerte sind zu dokumentieren. Einzelne Bodenrichtwerte sind nicht zu begründen.

Gliederungsübersicht *Rn.*

1 Allgemeine Grundlagen der Bodenrichtwertermittlung (§ 14 Abs. 1 ImmoWertV)

▶ *Zu den allgemeinen Grundsätzen vgl. § 12 ImmoWertV Rn. 1 ff.*

§ 196 BauGB schreibt ausdrücklich die Ermittlung von Bodenricht*werten* als eine Pflichtaufgabe des Gutachterausschusses vor. 1

Bodenrichtwerte sind bezogen auf einen Quadratmeter Grundstücksfläche des Bodenrichtwertgrundstücks nach § 14 Abs. 1 ImmoWertV vorrangig im Vergleichswertverfahren unter Berücksichtigung von Umrechnungskoeffizienten, Indexreihen und anderen geeigneten Verfahren sowie bezogen auf den Stichtag der Bodenrichtwertermittlung zu ermitteln. Die allgemeinen Grundsätze der Ableitung von Bodenrichtwerten sind in § 9 ImmoWertV geregelt. 2

Entsprechend der gesetzlichen Definition des Bodenrichtwerts als durchschnittlicher *Lagewert des Grund und Bodens* bestimmt sich der **Bodenrichtwert bebauter Gebiete** gemäß § 196 Abs. 1 Satz 2 BauGB **nach dem Bodenwert eines unbebauten Grundstücks**. Dies entspricht dem allgemeingültigen Grundsatz des § 40 Abs. 1 ImmoWertV, nach dem „vorhandene bauliche Anlagen auf dem Grundstück" bei der Bodenwertermittlung nicht zu berücksichtigen sind. Danach sind nur die jeweils „auf dem Grundstück" vorhandenen baulichen Anlagen nicht zu berücksichtigen. **Die in der Umgebung vorhandenen baulichen Anlagen sind als gebiets-** 3

prägendes Lagemerkmal indessen **zu berücksichtigen.** Dementsprechend sind Bodenrichtwerte für bebaute Bodenrichtwertzonen als fiktive Baulücke zu ermitteln.

4 Das Verfahren der Bodenrichtwertermittlung ist zu dokumentieren.

5 Der in § 196 Abs. 1 Satz 1 BauGB als „*durchschnittliche* Lagewerte für den Boden" unter Berücksichtigung des unterschiedlichen Entwicklungszustands definierte Bodenrichtwert lässt sich wie der in § 194 BauGB definierte Verkehrswert nicht mathematisch exakt und schon gar nicht unter sauberer Anwendung statistischer Methoden ermitteln (vgl. Syst. Darst. des Vergleichswertverfahrens Rn. 114). An die Ableitung eines entsprechenden (fiktiven) Bodenrichtwertgrundstücks im Weg der Ableitung eines entsprechenden „Durchschnitts" der in einer Bodenrichtwertzone gelegenen Grundstücke mit unterschiedlich ausgestalteten Grundstücksmerkmalen, insbesondere Lage- und Nutzungsverhältnissen, **dürfen deshalb keine überzogenen Anforderungen gestellt werden.** Zu fordern ist aber, dass dem Bodenrichtwert ein **Bodenrichtwertgrundstück** zugrunde liegt**, das den vorherrschenden und typischen** („durchschnittlichen") **Grundstücksmerkmalen der in der Bodenrichtwertzone gelegenen Grundstücke entspricht und die dementsprechend im Rahmen der Darstellung des Bodenrichtwerts** nach § 196 Abs. 1 Satz 4 BauGB i.V.m. § 16 ImmoWertV und der Anl. 5 zur ImmoWertV **konkretisiert** werden. Wenn das im Einzelfall nicht möglich ist, wird in der Praxis anstelle von Bodenrichtwerten von sog. „Bodeneckwerten" gesprochen.

6 Abwegig ist dagegen die in *Hamburg*[1] praktizierte Auffassung, dass aufgrund der mit § 196 Abs. 1 Satz 4 BauGB vorgeschriebenen Darstellung der „wertbeeinflussenden Merkmale des Bodenrichtwertgrundstücks" vom Gesetzgeber die Möglichkeit eröffnet werde, den Bodenrichtwert generell – losgelöst von den durchschnittlichen Lage- und Nutzungsverhältnissen – als einen „Verkehrswert des Grund und Bodens" mit (irgendwie) definierten Grundstücksmerkmalen abzuleiten und als „Bodenrichtwert" zu veröffentlichen. Dies würde entsprechend den jeweils vor Ort herrschenden individuellen Auffassungen und Praktiken zu unterschiedlichsten fälschlicherweise als „Bodenrichtwerte" ausgewiesenen Veröffentlichungen führen und die von den Bodenrichtwerten erwartete Transparenz sowie ihre Eignung als Grundlage der (steuerlichen) Bewertung erheblich beeinträchtigen.

7 **Grundlage der Bodenrichtwertermittlung** ist nach § 196 Abs. 1 Satz 1 BauGB i.V.mit § 9 Abs. 1 Satz 1 ImmoWertV die Kaufpreissammlung des örtlichen Gutachterausschusses (§ 195 BauGB) gegebenenfalls unter Einbeziehung der Kaufpreissammlung benachbarter Gutachterausschüsse.

8 Bodenrichtwerte werden – wie sonstige für die Wertermittlung erforderliche Daten – auf der Grundlage einer ausreichenden Zahl geeigneter Kaufpreise ermittelt. Für die Bodenrichtwertermittlung geeignet sind

- in erster Linie Verkaufsfälle unbebauter Grundstücke, die in der jeweiligen Bodenrichtwertzone gelegen sind und die innerhalb des Erhebungszeitraums veräußert wurden,
- Kaufpreise, die entsprechend der Definition des Bodenrichtwerts als durchschnittlicher Lagewert einen für die jeweilige Bodenrichtwertzone repräsentativen Durchschnitt abbilden und die hinsichtlich der allgemeinen Wertverhältnisse mit dem Bezugsstichtag der Bodenrichtwertermittlung und mit den Grundstücksmerkmalen des Bodenrichtwertgrundstücks nach Maßgabe des § 9 Abs. 3 ImmoWertV hinreichend übereinstimmen.

---

1 Vom Vorsitzenden der Geschäftsstelle des Gutachterausschusses für Grundstückswerte in der Freien und Hansestadt Hamburg wird zwar grundsätzlich anerkannt, dass sich Bodenrichtwerte als „durchschnittliche Lagewerte des Bodens" definieren. Da sich „durchschnittliche Lagewerte des Bodens" aber nicht mathematisch exakt ableiten ließen, werden in Hamburg „Bodenrichtwerte" nicht als durchschnittliche Lagewerte, sondern als der Verkehrswert eines mehr oder minder beliebigen Grundstücks ermittelt (vgl. GuG 2017, 180, 243). Diese Werte können nicht als Bodenrichtwerte i.S. der gesetzlichen Definition, sondern allenfalls als „Bodeneckwerte" gelten. Zur Begründung wird so wörtlich an Ziff. 2 Satz 2 der BodenrichtwertR „gedreht", nach dem Bodenrichtwerte „auf den Quadratmeter Grundstücksfläche eines Grundstücks mit den dargestellten Grundstücksmerkmalen (Bodenrichtwertgrundstück)" bezogen sind. Diese freie Interpretation des Satzes 2 ist abwegig, denn darzustellen sind die Grundstücksmerkmale, die dem „durchschnittlichen Lagewert des Bodens" entsprechen.

Soweit nach diesen Grundsätzen eine ausreichende Zahl geeigneter Kaufpreise nicht zur Verfügung steht, können Bodenrichtwerte nach Maßgabe des § 14 Abs. 2 ImmoWertV ermittelt werden.

Die Kaufpreise dürfen nicht durch ungewöhnliche oder persönliche Verhältnisse beeinflusst sein (§ 9 Abs. 2 ImmoWertV). **9**

Grundlagen der Bodenrichtwertermittlung sind des Weiteren: **10**

- Geobasisdaten, z.B. Liegenschaftskarte und topografische Informationen,
- Bauleitpläne, Satzungen nach § 34 Abs. 4 BauGB zur Abgrenzung von Innen- und Außenbereich, Landschaftspläne,
- Schutzgebiete, z.B. nach Denkmalschutzrecht, Naturschutz und Wasserrecht,
- Erhaltungssatzungen (§ 172 BauGB),
- städtebauliche Entwicklungskonzepte nach § 171b Abs. 2 BauGB,
- Daten über Bodenordnungs-, Sanierungs- und Entwicklungsmaßnahmen, Planfeststellungen,
- Daten über Art und Umfang der Erschließung,
- Daten über die Abrechnung von Erschließungsbeiträgen und von anderen in Betracht kommenden Beiträgen und sonstigen Abgaben,
- Informationen über Mieten,
- Informationen über Pachten,
- Bodengütekarten,
- Ergebnisse der Bodenschätzung.

Bei der Ableitung des Bodenrichtwerts ist der sich rechnerisch ergebende „Betrag" in sinnvoller Weise auf- bzw. abzurunden, d.h. es ist – wie bei der Ermittlung von Verkehrswerten – in Anlehnung an die Preisgestaltung des gewöhnlichen Geschäftsverkehrs ein **auf- oder abgerundeter Wert** anzugeben. **11**
In der Praxis wird wie folgt auf- oder abgerundet (Abb. 1):

Abb. 1: Auf- oder Abrundungen von Bodenrichtwerten

Auf- oder Abrundungen von Bodenrichtwerten

Bodenrichtwert				Auf- oder Abrundungen	
		bis	5 Euro	auf	0,1 Euro
über	5 Euro	bis	20 Euro	auf	0,5 Euro
über	20 Euro	bis	50 Euro	auf	1,0 Euro
über	50 Euro	bis	100 Euro	auf	5,0 Euro
über	100 Euro	bis	1 000 Euro	auf	10,0 Euro
über	1 000 Euro			auf	100,0 Euro

2 Bodenrichtwertableitung für Gebiete ohne Grundstücksverkehr (§ 14 Abs. 2 ImmoWertV)

Schrifttum: *Dittrich/Plewka/Kinne,* Bodenrichtwerte für landwirtschaftliche Nutzflächen in kaufpreisarmen Lagen, GuG 2018, 147; *Bizer, K./Joeris, D.*, GuG 1998, 132; *Dicke, M.*, Ermittlung von Bodenrichtwerten bei eingeschränkter Verfügbarkeit von Kaufpreisen, NÖV 1998, 57.

▶ *Vgl. Vorbem. zur ImmoWertV Rn. 85 ff.; Syst. Darst. des Vergleichswertverfahrens Rn. 38 ff.; Teil III § 196 BauGB Rn. 11 ff*

12 Bodenrichtwerte sind nach § 14 Abs. 1 Satz 1 ImmoWertV vorrangig, unter Anwendung des Vergleichswertverfahrens zu ermitteln. Das scheitert in Gebieten ohne Grundstücksverkehr oftmals an der Verfügbarkeit geeigneter Vergleichspreise. Darüber hinaus scheitert eine unmittelbare Anwendung des Vergleichswertverfahrens in bebauten Gebieten allein schon daran, dass in diesen Gebieten naturgemäß kaum Vergleichspreise für unbebaute Grundstücke zur Verfügung stehen.

13 Die Vorschrift zielt im Wesentlichen darauf ab, die mit § 196 BauGB in der ab 01.07.2009 geltenden Fassung vorgegebene flächendeckende Ermittlung von Bodenrichtwerten zu gewährleisten, denn einige zu § 196 BauGB a.F. erlassene Verordnungen der Länder sahen ausdrücklich vor, dass von der Ableitung von Bodenrichtwerten abgesehen werden kann, wenn für die **Ermittlung von Bodenrichtwerten zu wenige Kaufpreise** vorliegen[2]. Darüber hinaus wird behauptet, dass ein Bodenrichtwert ohne Vergleichspreise schlichtweg nicht ermittelbar sei. Dahingehende Bestimmungen sind fachlich nicht begründbar und waren auch mit den Zielen und Zwecken der Regelung des § 196 BauGB a.F. unvereinbar.

- **So wie jedes Grundstück einen Verkehrswert hat**[3]**, so gibt es auch für jede Bodenrichtwertzone einen Bodenrichtwert,** der nach allgemeinen Wertermittlungsgrundsätzen ermittelbar ist, auch wenn keine unmittelbar heranziehbaren Vergleichspreise zur Verfügung stehen.
- Sachverständige stehen oft genug vor der Aufgabe, den Verkehrswert von Grundstücken in Gebieten zu ermitteln, in denen keine Vergleichspreise vorliegen, und haben die Erstattung eines Wertgutachtens mit dem Hinweis auf fehlende Vergleichspreise bei lukrativer Honorierung wohl kaum abgelehnt. Insoweit kann die Behauptung nicht zutreffen, dass ein Bodenrichtwert ohne Vergleichspreise schlichtweg nicht ermittelbar sei[4].

14 Die **Ableitung von Bodenrichtwerten für Gebiete ohne Grundstücksverkehr** ist nach denselben Methoden möglich, wie sie auch bei der Verkehrswertermittlung anerkannt sind. Dabei ist zwischen dem Fall zu unterscheiden, dass für eine Bodenrichtwertzone bereits ein Bodenrichtwert vorliegt und es lediglich im Zuge seiner Fortschreibung an aktuellen Vergleichspreisen im vorangegangenen Zeitraum mangelt[5]. Daneben kann sich die Aufgabe der Bodenrichtwertermittlung für eine (künftige) Bodenrichtwertzone stellen, für die bislang noch überhaupt kein Bodenrichtwert ermittelt wurde. Dementsprechend können herangezogen werden

1. Kaufpreise und Bodenrichtwerte aus vergleichbaren Gebieten,
2. Kaufpreise und Bodenrichtwerte vorangegangener Jahre, die mit Indexreihen oder in anderer geeigneter Weise an die allgemeine Marktentwicklung angepasst werden.

Darüber hinaus können andere marktbezogene Verfahren angewendet werden.

---

2 § 12 Abs. 1 Satz 1 bad.-württ. GutachterausschussVO vom 11.12.1989 (GBl 1989, 541); § 12 Abs. 3 bay. GutachterausschussVO vom 23.06.1992 (GVBl 1992, 167); § 13 Abs. 5 hess. DVO-BauGB i.d.F. der Bekanntmachung vom 21.02.1990 (GVBl 1990, 49).

3 RFH, Urt. vom 08.10.1926 – II A 429/26 –, JW 1928, 44 = ZfV 1928, 117 = EzGuG 14.1a.

4 § 11 Abs. 1 GAVO NRW schreibt in diesem Sinne vor, dass in Bereichen, in denen eine ausreichende Anzahl von Kaufpreisen nicht vorliegt, Bodenrichtwerte mittels anderer geeigneter Verfahren abzuleiten oder fortzuschreiben sind.

5 Dicke, M., NÖV 1998, 57.

Ein **Quervergleich mit Bodenpreisen bzw. Bodenrichtwerten aus vergleichbaren Gebieten** unter Berücksichtigung etwaiger Abweichungen bietet sich für Bodenrichtwertzonen an, für die bislang ein Bodenrichtwert noch nicht abgeleitet wurde und aktuelle Verkaufsfälle nicht vorliegen. Diese Methode kann zudem unterstützend herangezogen werden, wenn Bodenrichtwerte der Vergangenheit mangels aktueller Verkaufsfälle gleich über mehrere Jahre hinweg hochindiziert werden müssen (so auch R B 179.3 Abs. 2 Satz 1 ErbStR 2019). 15

Mit § 14 Abs. 2 ImmoWertV wird des Weiteren auf die Möglichkeit hingewiesen, zur Bodenrichtwertableitung auch **Kaufpreise und Bodenrichtwerte aus vorangegangenen Jahren** heranzuziehen. Darüber hinaus wird auf deduktive Verfahren oder andere geeignete und nachvollziehbarer „Verfahrensweisen" hingewiesen. Als andere geeignete Verfahrensweisen kommen die Zielbaummethode, Wohn-/Geschäftslagenklassifizierung, Miet- und Pachtentwicklung, Verhältnis der Mieten in Geschäftslagen, Mietsäulenverfahren in Betracht. 16

Neben den in § 14 Abs. 2 ImmoWertV genannten Verfahren besteht die Möglichkeit, einen vorhandenen **Bodenrichtwert des Vorjahres mittels** einer für das Gemeindegebiet fundiert abgeleiteten **Bodenpreisindexreihe fortzuschreiben,** wie man es bei der Verkehrswertermittlung praktiziert. Diese Vorgehensweise ist auch angezeigt, wenn gleich über mehrere Jahre keine neuen Verkaufsfälle angefallen sind. Die Grenze des zeitlichen Rückgriffs auf „alte" Bodenrichtwerte und ihre Indizierung ist dort zu ziehen, wo man sie allgemein bei der Ermittlung von Verkehrswerten mittels Kaufpreisen aus zurückliegender Zeit ziehen würde. 17

Verhängnisvoll und geradezu grob fahrlässig ist die mitunter zu beobachtende Praxis, einen **Bodenrichtwert des Vorjahres unverändert in die Bodenrichtwertkarten der nachfolgenden Jahre zu übernehmen,** wenn man sich mangels neuerer Vergleichspreise für die Bodenrichtwertzone nicht im Stande sieht, diesen Bodenrichtwert fortzuschreiben – gleichzeitig aber auf Grund der allgemeinen Entwicklung im Gemeindegebiet hätte erkennen müssen, dass dieser Bodenrichtwert an der allgemeinen Marktentwicklung „teilnimmt". 18

3 Bodenrichtwerte für bebaute Gebiete (§ 14 Abs. 3 ImmoWertV)

3.1 Allgemeines

▶ *Vgl. § 21 ImmoWertV Rn. 123 ff.; § 40 ImmoWertV Rn. 19 ff.; Syst. Darst. des Ertragswertverfahrens Rn. 59, 103, 127; Syst. Darst. des Sachwertverfahrens Rn. 264 ff.*

§ 14 Abs. 3 ImmoWertV enthält eine klarstellende Regelung zur Bodenrichtwertermittlung in bebauten Gebieten. Die „Kann-Vorschrift" stellt im Kern eine Klarstellung zu der Grundsatzregelung des § 40 ImmoWertV dar, nach der der Bodenwert ohne Berücksichtigung der *vorhandenen baulichen Anlagen auf dem Grundstück* zu ermitteln ist. Im Umkehrschluss zu dieser Grundsatzregelung sind der **Zustand und die Struktur der das Gebiet prägenden Bebauung zu berücksichtigen, denn diese stellen i.d.R. lagebestimmende Merkmale des Grundstücks** dar (vgl. auch § 5 Abs. 1 Satz 2 ImmoWertV). Es handelt sich somit um eine allgemeingültige Klarstellung, die gesetzessystematisch dem § 40 Abs. 1 ImmoWertV zuzuordnen ist (§ 40 ImmoWertV Rn. 19 und § 2 ImmoWertV Rn. 22). 19

3.2 Bodenrichtwerte in Innenstadtlagen

Von besonderer Problematik ist die Bodenrichtwertermittlung in bebauten Gebieten insbesondere in den **innerörtlichen Stadtlagen (Innenstadtlage)**, wo ein Grundstücksverkehr mit dem „nackten Grund und Boden" allenfalls in Einzelfällen gegeben ist. Nach § 196 Abs. 1 Satz 2 BauGB sind in bebauten Gebieten Bodenrichtwerte mit dem Wert zu ermitteln, der sich ergeben würde, wenn der Boden unbebaut wäre. Unmittelbar heranziehbar sind Vergleichspreise, die für einzelne unbebaute Grundstücke auch in bebauten Gebieten vereinzelt anfallen. Darüber hinaus kann für solche Gebiete ein überraschend großer Grundstücksverkehr festge- 20

stellt werden, der letztlich auf den Bodenerwerb gerichtet ist. Es vollzieht sich nämlich in solchen Gebieten ein nicht unerheblicher Grundstücksverkehr, der auf den Abriss der vorhandenen Bebauung gerichtet ist. Wenn in solchen Fällen die vorhandene Bausubstanz keinen Restwert hat, ergibt sich der Bodenwert (des unbebaut gedachten Grundstücks) aus dem Kaufpreis zuzüglich der vom Erwerber einkalkulierten Freilegungskosten und abzüglich etwaiger Verwertungserlöse. Schließlich können auch die für sonstige bebaute Grundstücke vereinbarten Vergleichspreise herangezogen werden, wobei dann eine sinnvolle Aufteilung in einen Boden- und Gebäudewertanteil vorgenommen werden muss.
Insbesondere in den Innenstädten und bevorzugten Lagen der großen Ballungszentren hat sich gezeigt, dass zunehmend auch bebaute Grundstücke, die noch nicht die typischen Merkmale einer angezeigten Liquidation (Bodenwertverzinsungsbetrag ≥ Reinertrag, vgl. § 43 ImmoWertV) und mithin einen Restwert der baulichen Anlage aufweisen, gleichwohl nach dem Erwerb abgerissen werden. Dies deutet darauf hin, dass die in derartigen **Gebieten mit „angespannten" Marktverhältnissen** ausgewiesenen Bodenrichtwerte nicht der tatsächlichen Lage auf dem Grundstücksmarkt entsprechen. Denn offensichtlich ist der allgemeine Grundstücksmarkt bereit, für derartige (de facto) Baulücken deutlich höhere Bodenpreise in Kauf nehmen, als es sich nach dem Bodenrichtwert abzeichnet. In diesem Fall besteht ein dringendes Bedürfnis, die Bodenrichtwerte zu überprüfen. Die Bodenrichtwerte sind dann empirisch aus den Kaufpreisen, die für das mit einem wirtschaftlich noch nutzungsfähigen Gebäude bebauten Grundstück entrichtet wurden, zuzüglich der Freilegungskosten abzuleiten. Auf diesem Wege ergeben sich deutlich höhere Bodenrichtwerte, die qualitativ einer Baulücke entsprechen. Dies findet seine Begründung darin, dass sich für Baulücken in einem „gewachsenen" Gebiet in gehobenen Lagen deutlich höhere Bodenrichtwerte ergeben können (**Baulückenzuschlag**)[6].

21 In den (zentralen) **Innenstadtlagen** bereitet sowohl die Abgrenzung der Bodenrichtwertzone als auch die Ableitung des Bodenrichtwerts (als „durchschnittlicher Lagewert" des Grund und Bodens; vgl. § 196 Abs. 1 BauGB) besondere Probleme, da sich eine „durchschnittliche" Lage des Grund und Bodens aufgrund heterogenster Lage- und Nutzungsverhältnisse nicht eindeutig ableiten lässt. In diesen Fällen ist ein „durchschnittlicher" Bodenrichtwert nicht exakt ableitbar und es werden vielfach statt der „Bodenrichtwerte" sog. „**Bodeneckwerte**" mit definierten Grundstücksmerkmalen abgeleitet.

22 In bebauten Gebieten, in denen die tatsächlich realisierte Bebauung regelmäßig von der rechtlich zulässigen Bebaubarkeit abweicht und wo die **tatsächliche Bebauung als lagetypische Bebauung** i.S. des § 5 Abs. 1 Satz 2 ImmoWertV anzusehen ist, müssen die dafür empirisch aus dem Geschehen des Grundstücksmarkts abgeleiteten Bodenrichtwerte ihrer Höhe nach als Bodenwerte angesehen werden, die sich für das tatsächliche lageübliche Maß der dort realisierten baulichen Nutzung ergeben, denn daran orientiert sich die Preisbildung auf diesem Grundstücksteilmarkt. Wird die bauplanungsrechtlich zulässige Art und/oder das bauplanungsrechtlich zulässige Maß der baulichen Nutzung in lagetypischer Weise nicht voll ausgeschöpft, so kann den empirisch aus örtlichen Vergleichspreisen abgeleiteten Bodenrichtwerten von daher nicht die höhere zulässige Art bzw. das höhere zulässige Maß der baulichen Nutzung zugeordnet werden. Wird einer solchen Bodenrichtwertzone ein Bodenrichtwert zugeordnet, der im Wege des Vergleichswertverfahrens aus Kaufpreisen anderer Gebiete erst noch abgeleitet werden muss, so müssen die entsprechenden Kaufpreise der Vergleichsgrundstücke auf das Maß der baulichen Nutzung ggf. mit Hilfe von Umrechnungskoeffizienten so umgerechnet werden, dass sie der lagetypischen und nicht der rechtlich zulässigen Nutzung der Bodenrichtwertzone entsprechen. Das ergibt sich allein schon aus der Definition des Bodenrichtwerts als dem durchschnittlichen Lagewert, der sich mithin nach der lagetypischen Nutzung bestimmt.

---

6 Vgl. Glosse in GuG-aktuell 2017, 1.

4 Bodenrichtwerte für landwirtschaftliche Nutzflächen

Schrifttum: *Bahrs/Roß/Menzel/Back,* Bodenrichtwerte für landwirtschaftliche Nutzflächen in Deutschland, AgrB 2015, 62; *Dittrich/Plewka/Kinne*, Bodenrichtwerte für landwirtschaftliche Nutzflächen – Aspekte zur Datenerfassung, Erstellung und Verwendbarkeit sowie Berechnungsmodell für kaufpreisarme Lagen, GuG 2018, 147; *Dittrich/Uherek/Plewka*, Pachtprägung der Bodenrichtwerte für Ackerland in den neuen Bundesländern, GuG 2009, 101; *Kindler, R.*, Zur Ermittlung von Bodenrichtwerten für landwirtschaftliche Flächen im Landkreis Potsdam-Mittelmark, GuG 2002, 264.

Zur Ableitung von Bodenrichtwerten für landwirtschaftliche Nutzflächen sind neben den allgemeinen Angaben zu den den Vergleichspreisen zugrunde liegenden Grundstücksmerkmalen (Angaben zur Grundstücksfläche, Lage, Nutzung, öffentlichen Erschließung) auch Angaben zur Art der Nutzung (A, Gr), Bonität (Ackerzahl, Grünlandzahl), Bodenschätzen, ggf. der Pachtstatus (Vertragsbeginn und -dauer, Pachthöhe etc.), zur Arrondierung und Schutzgebietszuordnungen, zu staatlichen Beihilfen und Prämien sowie zu sonstigen eventuellen wertbeeinflussenden Gegebenheiten (Anlagen für Wind- oder Solaranlagen, Biogasanlagen, u.a., Verwandtschaft, Teilflächenkäufe oder -eigentum) von Bedeutung. 23

Der **Bodenrichtwert land- und forstwirtschaftlich genutzter Grundstücke enthält** wie andere Bodenrichtwerte gemäß § 14 Abs. 4 ImmoWertV **keinen Wertanteil für den Aufwuchs**. 24

5 Bodenrichtwerte für Bauerwartungsland und Rohbauland

▶ *§ 3 ImmoWertV Rn. 138 ff.*

Bauerwartungsland und Rohbauland i.S. des § 3 Abs. 2 und 3 ImmoWertV weisen innerhalb des Gemeindegebiets i.d.R. kein einheitliches Wertniveau auf; ihre Wertigkeit bestimmt sich vielmehr entsprechend den jeweiligen Gegebenheiten rechtlicher und tatsächlicher Natur nach der zu erwartenden Wartezeit bis zur tatsächlichen baulichen Nutzbarkeit und den damit verbundenen Realisierungsrisiken. Dementsprechend fordert § 15 Abs. 4 ImmoWertV, die jeweiligen Bodenrichtwertzonen nach dem *„überwiegend einheitlichen* **Entwicklungsgrad** *der Grundstücke"* zu bilden (vgl. § 3 ImmoWertV Rn. 13; § 15 Abs. 4 Satz 2 ImmoWertV). 25

Bei **Bauerwartungsland ist entsprechend seiner Definition** in § 3 Abs. 2 ImmoWertV bei der Abgrenzung der Bodenrichtwertzone insbesondere der **Stand der Bauleitplanung und der sonstigen städtebaulichen Entwicklung des Gebiets** zu berücksichtigen, wobei eine bauliche Nutzung aufgrund konkreter Tatsachen mit hinreichender Sicherheit stets zu erwarten sein muss. 26

Auch **Rohbauland** kann nach dem Stand der Entwicklung eine große Wertspanne haben. Zwar handelt es sich dabei um Flächen, die nach dem Stand der Bauleitplanung nach den §§ 30, 33 und 34 BauGB für eine bauliche Nutzung bestimmt sind, jedoch besteht ein Anspruch auf Genehmigung eines Vorhabens, wenn ein Grundstück eine ausreichende Erschließung hat und nach Lage, Form und Größe dafür geeignet ist. Grundsätzlich besteht aber weder ein Anspruch auf eine Bodenordnung noch auf eine Erschließung. Dementsprechend können auch bei Rohbauland die Realisierungschancen sehr unterschiedlich sein und der Bebauungsplan kann sogar funktionslos werden (obsoleter Bebauungsplan). 27

6 Aufwuchs (§ 14 Abs. 4 ImmoWertV)

▶ *Zum Aufwuchs vgl. § 1 ImmoWertV Rn. 86 ff.; § 6 ImmoWertV Rn. 109; § 37 ImmoWertV Rn. 1 ff.; § 40 ImmoWertV Rn. 5*

28 Nach § 14 Abs. 4 ImmoWertV enthalten „*Bodenrichtwerte … keinen Wertanteil für den Aufwuchs*“. Mit dieser „Feststellung“ ist der Wunsch des Verordnungsgebers verbunden, dass der Bodenrichtwert nicht nur – wie von § 196 Abs. 1 Satz 2 BauGB gefordert – mit dem Wert zu ermitteln ist, der sich ergeben würde, wenn der Boden unbebaut wäre; der Bodenrichtwert soll sich auch auf ein Grundstück beziehen, wie es sich ohne Bewuchs darstellt. Diese apodiktischen Behauptung hat heute und wird auch künftig keine Allgemeingültigkeit haben, wenn von Bodenrichtwerten für land- und forstwirschaftlich genutzten Grundstücken abgesehen wird. Davon geht im Übrigen auch nicht die Grundsatzregelung des § 40 Abs. 1 ImmoWertV aus, nach dem der Bodenwert eines bebauten Grundstücks lediglich ohne Berücksichtigung der auf dem Grundstück vorhandenen baulichen Anlagen zu ermitteln ist.
In § 21 Abs. 4 der WertV 88/98 ist dementsprechend im Zusammenhang mit der Ermittlung des Sachwerts klarstellend darauf hingewiesen worden, dass auf einem Grundstück generell sogar Außenanlagen und sonstige Anlagen (Aufwuchs) vom Bodenwert miterfasst sein können[7]. Dementsprechend wird auch in § 37 Abs. 1 ImmoWertV festgestellt, dass eine gesonderte Ermittlung des Wertanteils der für die jeweilige Gebäudeart üblichen baulichen Außenanlagen und sonstigen Anlagen (Aufwuchs) „anderweitig erfasst“ sein kann.

29 Die Ermittlung von Bodenrichtwerten unter Ausschluss des Werteinflusses eines Aufwuchses i.S. des § 37 ImmoWertV kann bei baulich genutzten Grundstücken problematisch sein. Der ortsübliche Aufwuchs spielt, wie Befragungen nach dem Marktverhalten ergeben haben[8], bei den Kaufverhandlungen „keine Rolle“, und wird im Übrigen auch bei der Führung der Kaufpreissammlung von den Gutachterausschüssen (§ 195 BauGB) regelmäßig nicht besonders erfasst.

30 Ein auf einem Grundstück vorhandener Aufwuchs, der den Bodenwert nicht beeinflusst, kann generell bei der Marktwertermittlung und mithin auch bei der Bodenrichtwertermittlung grundsätzlich unbeachtlich bleiben. Mithin darf aus der vorstehenden Behauptung nicht der Schluss gezogen werden, dass die zur Ableitung von Bodenrichtwerten herangezogenen Kaufpreise von Vergleichsgrundstücken, die eher nur in Ausnahmefällen gänzlich ohne jedweden Aufwuchs sind, stets um den vorhandenen für die jeweilige Gebäudeart üblichen Aufwuchs zu „bereinigen“ sind. Dies ist i.d.R. nur bei besonders wertvollen Anpflanzungen (Parkanlagen), aber auch im Falle eines der Bebauung entgegenstehenden wertmindernden Aufwuchses, dessen Beseitigung auch im Hinblick auf Ausgleichsleistungen kostenträchtig ist, geboten. Kaufpreise, die von derartigen „besonderen objektspezifischen Grundstücksmerkmalen“ (boG) beeinflusst sind, sind nach allgemeinen Grundsätzen (§ 9 ImmoWertV) entsprechend zu bereinigen, wenn sie zur Ermittlung von Bodenrichtwerten herangezogen werden.

7 Dokumentationspflicht der Bodenrichtwertableitung (§ 14 Abs. 5 ImmoWertV)

31 Mit § 14 Abs. 5 ImmoWertV werden die Gutachterausschüsse für Grundstückswerte verpflichtet, das oder die angewendeten Verfahren für die Ermittlung der Bodenrichtwerte zu dokumentieren, ohne dabei einzelne Bodenrichtwerte zu begründen.

32 Dabei kann es nicht nur um eine bloße Aufbewahrungspflicht und um die Darstellung allgemeiner Verfahren der Bodenrichtwertermittlung gehen. Vielmehr muss die **Dokumentation**

---

7 Vgl. Kleiber, Verkehrswertermittlung von Grundstücken, 5. Aufl. 2002; § 21 WertV Rn. 28, § 2 WertV Rn. 28 sowie § 13 WertV Rn. 56; BGH, Urt. vom 02.07.1992 – III ZR 162/90 –, BGHZ 119, 62 = EzGuG 2.54.
8 Gerardy/Möckel, Praxis der Grundstücksbewertung, 4.4.4/2.

die Beschaffenheit der der Bodenrichtwertermittlung zugrunde liegenden Daten und sonstigen Grundlagen erkennen lassen, die erforderlich sind, um die Qualität und Vertrauenswürdigkeit der ermittelten Bodenrichtwerte beurteilen zu können.

Nach der hier vertretenen Auffassung ist die **Dokumentation** unter Wahrung datenschutzrechtlicher Belange **zu veröffentlichen bzw. zugänglich zu machen**, damit bei Heranziehung dieser Daten, z.B. zur Ermittlung von Bodenwerten, abgewogen werden kann, ob die Bodenwertermittlung auf den Bodenrichtwert gestützt werden kann oder dem direkten Preisvergleich der Vorzug gegeben werden muss. **33**

8 Keine Begründungspflicht (§ 14 Abs. 5 Satz 2 ImmoWertV)

Die von den Gutachterausschüssen abgeleiteten Bodenrichtwerte sind wie die Gutachten der Gutachterausschüsse unverbindlich und bedürfen deshalb nach § 14 Abs. 5 Satz 2 ImmoWertV keiner Begründung durch den Gutachterausschuss für Grundstückswerte. **34**

§ 15 ImmoWertV
Bildung der Bodenrichtwertzonen

(1) Eine Bodenrichtwertzone besteht aus einem räumlich zusammenhängenden Gebiet. Die Bodenrichtwertzonen sind so abzugrenzen, dass lagebedingte Wertunterschiede zwischen den Grundstücken, für die der Bodenrichtwert gelten soll, und dem Bodenrichtwertgrundstück grundsätzlich nicht mehr als 30 Prozent betragen. Wertunterschiede, die sich aus nicht mit dem Bodenrichtwertgrundstück übereinstimmenden Grundstücksmerkmalen einzelner Grundstücke ergeben, sind bei der Abgrenzung nicht zu berücksichtigen.

(2) Einzelne Grundstücke oder Grundstücksteile mit einer vom Bodenrichtwertgrundstück abweichenden Art der Nutzung oder Qualität, wie zum Beispiel Grünflächen, Waldflächen, Wasserflächen, Verkehrsflächen und Gemeinbedarfsflächen, können Bestandteil der Bodenrichtwertzone sein; der dort angegebene Bodenrichtwert gilt nicht für diese Grundstücke.

(3) Bodenrichtwertzonen können sih in begründeten Fällen deckungsgleich überlagern; dies gilt insbesondere, wenn sich aufgrund der unregelmäßigen Verteilung von Grundstücken mit unterschiedlichen Nutzungen oder anderen erheblichen Unterschieden in wertbeeinflussenden Grundstücksmerkmalen keine eigenen Bodenrichtwertzonen abgrenzen lassen. Bei der Bildung von sich deckungsgleich überlagernden Bodenrichtwertzonen muss eine eindeutige Zuordnung der Grundstücke zu einem Bodenrichtwertgrundstück möglich sein; hierbei ist unschädlich, wenn sich einzelne Grundstücke nicht eindeutig zuordnen lassen. Bei Bodenrichtwerten nach § 196 Absatz 1 Satz 7 des Baugesetzbuchs können sich die Bodenrichtwertzonen auch nicht deckungsgleich überlagern.

(4) Bei der Bildung von Bodenrichtwertzonen für die Entwicklungszustände Bauerwartungsland und Rohbauland, sind Bauleitpläne sowie die Entwicklung am Grundstücksmarkt zu berücksichtigen. Die Bodenrichtwertzonen sind so abzugrenzen, dass in der Bodenrichtwertzone ein überwiegend einheitlicher Entwicklungsgrad der Grundstücke gegeben ist.

Gliederungsübersicht *Rn.*

1 Übersicht

1.1 Allgemeines

1 Nach § 196 Abs. 1 Satz 3 BauGB sind für die Ableitung von Bodenrichtwerten „*Richtwertzonen zu bilden, die jeweils Gebiete umfassen, die nach Art und Maß der Nutzung weitgehend übereinstimmen.*" Damit wird bundesrechtlich die Ableitung sog. „zonaler Bodenrichtwerte" vorgeschrieben. Als **zonale Bodenrichtwerte** definieren sich die **für eine lagemäßig** parzellenscharf **abgegrenzte Bodenrichtwertzone** ermittelten durchschnittlichen Lagewerte des Grund und Bodens.

2 § 15 ImmoWertV regelt in 4 Absätzen die Bildung von Bodenrichtwertzonen:

- Mit *Abs. 1* wird die räumliche Abgrenzung und Größe der Bodenrichtwertzone geregelt. Bodenrichtwertzonen sind danach so zu dimensionieren, dass lagebedingte Wertunterschiede zwischen den Grundstücken, für die der Bodenrichtwert gelten soll, und dem Bodenrichtwertgrundstück grundsätzlich nicht mehr als 30 Prozent betragen.
- Nach *Abs. 2* können einzelne Grundstücke oder Grundstücksteile mit einer vom Bodenrichtwertgrundstück abweichenden Nutzungsart oder Qualität, zum Beispiel Grünflächen, Waldflächen, Wasserflächen, Verkehrsflächen und Gemeinbedarfsflächen, in die Bodenrichtwertzone einbezogen werden. Der für die Bodenrichtwertzone angegebene Bodenrichtwert gilt nicht für diese Grundstücke.
- Mit *Abs. 3* wird die Bildung deckungsgleicher Bodenrichtwertzonen zugelassen. Darunter sind mehrere Bodenrichtwertzonen mit unterschiedlichen Bezeichnungen für ein und dasselbe flächenmäßig identische Gebiet.
- *Abs. 4* enthält ergänzende Bestimmungen für die Bildung von Bodenrichtwertzonen für die Entwicklungszustände Bauerwartungsland und Rohbauland.

1.2 Entstehungsgeschichte

3 Die mit § 196 Abs. 1 Satz 3 BauGB vorgeschriebene Darstellung der Bodenrichtwerte in Bodenrichtwertzonen geht auf die am 01.01.2009 in Kraft getretene Erbschaftsteuerreform zurück. Im Zuge dieser Reform wurde für die steuerliche Bewertung unbebauter Grundstücke maßgebliche Vorschrift des § 179 BewG dahingehend gefasst, dass sich der Wert „regelmäßig nach den Bodenrichtwerten (§ 196 des Baugesetzbuchs)" bestimmen soll und bei der Wertermittlung „stets der Bodenrichtwert anzusetzen" ist, „der vom Gutachterausschuss zuletzt zu ermitteln war." Um hierfür der Finanzverwaltung einen eindeutigen Zugriff auf den Bodenrichtwert zu ermöglichen, wurde gleichzeitig die zonale Bodenrichtwertermittlung bundesrechtlich vorgegeben (Art. 4 des ErbStRG). Hieraus folgte, dass die Gutachterausschüsse, die bis dahin lagetypische Bodenrichtwerte veröffentlicht haben, ihre Veröffentlichungspraxis auf zonale Bodenrichtwerte umstellen mussten.

2 Räumliche Abgrenzung der Bodenrichtwertzone (§ 15 Abs. 1 ImmoWertV)

2.1 Allgemeines

Rn. 13; § 13 ImmoWertV Rn. 3; § 16 ImmoWertV Rn. 31.

Nach § 196 Abs. 1 Satz 3 BauGB in der am 01.07.2009 in Kraft getretenen Fassung[1] sind Bodenrichtwerte **als durchschnittliche stichtagsbezogene *„Lage-werte“* des Grund und Bo-dens** definiert und sollen sich auf Bodenrichtwertzonen beziehen, „die jeweils **Gebiete** umfassen**, die *nach Art und Maß der Nutzung* weitgehend übereinstimmen**“ (**„zonale Bodenrichtwerte“**). Eine Boden-richtwertzone besteht grundsätzlich aus einem **räumlich zusammenhängenden Gebiet, in dem die Grundstücke** gemäß § 13 Abs. 2 Satz 1 ImmoWertV **nach Art und Maß der Nutzung sowie sonstigen „vorherr-schenden grund- und bodenbezogenen wertbe-einflussenden Grundstücksmerkmalen“ weitgehend übereinstimmen** (vgl. § 13 ImmoWertV Rn. 3). Hieraus folgt, dass die „allgemeinen Grund-stücksmerkmale“ i.S. des § 8 Abs. 2 ImmoWertV, die hinsichtlich Art und Umfang in der jeweiligen Bodenrichtwertzone regelmäßig auftreten, bei der Abgrenzung der Zone berücksichtigt werden, während besondere objektspezifische Grundstücksmerkmale i.S. des § 8 Abs. 3 ImmoWertV, die nach Art oder Umfang erheblich von dem auf dem *in der jeweiligen Bodenrichtwertzone* Üblichen abweichen, unberücksichtigt bleiben (vgl. § 16 ImmoWertV Rn 33). 4

Bezüglich der **Abgrenzung zwischen den zu berücksichtigenden „allgemeinen“ von den „beson-deren“ Grundstücksmerkmalen** kommt es auf die jeweiligen Verhältnisse des Einzelfalls an. So können Bodenverunreinigungen, das Vorhandensein von Kampfmitteln, Hochwassergefahren, Bergschäden und vieles mehr singuläre Grundstücke oder auch die gesamte Bodenrichtwertzone oder sogar das gesamte Gemeindegebiet betreffen. Bezüglich der in § 13 Abs. 2 Satz 1 ImmoWertV angesprochenen Art und des Maßes der baulichen Nutzung ist auch

i) ein regelmäßiges **Abweichen vom planungsrechtlich zulässigen Maß der baulichen Nutzung** i.S. des § 5 Abs. 1 Satz 1 ImmoWertV (*lagetypische Nutzung*, vgl. § 16 Abs. 4 ImmoWertV) und

2. ein **erhebliches Abweichen der tatsächlichen von der** nach § 5 Abs. 1 ImmoWertV maßgeblichen **planungsrechtlich zulässigen oder lagetypischen Nutzung** i.S. des § 40 Abs. 5 Nr. 1 ImmoWertV

bei der Ermittlung und Darstellung des Bodenrichtwerts zu berücksichtigen, wenn dies nach Art und Umfang in der jeweiligen Bodenrichtwertzone regelmäßig auftritt. Wertunterschiede, die sich aus nicht mit dem Bodenrichtwert-grundstück überein-stimmenden Grundstücks-merkmalen einzelner Grundstücke ergeben, sind *im Umkehrschluss* bei der Abgrenzung nicht zu berücksichtigen.

Ein räumlich zusammenhängendes Gebiet besteht nach der hier vertretenen Auffassung auch dann, wenn die Bodenrichtwertzone von einer **bandartigen Sonderzone,** z.B. einer frequentierten Einkaufsstraße mit deutlich abweichenden Bodenwertverhältnissen, durchschnitten wird. 5

Der **Abgrenzung der Bodenrichtwertzone** kommt eine erhebliche Bedeutung zu. Eine falsch abgegrenzte Bodenrichtwertzone[2] führt zwangsläufig i.d.R. zu einem falschen Bodenrichtwert und im Falle einer Heranziehung dieses Bodenrichtwerts zur Verkehrswertermittlung zu einer falschen Zuordnung eines Bewertungsobjekts. Werden nämlich Bodenrichtwerte zur Marktwertermittlung oder als Grundlage der steuerlichen Bewertung herangezogen, muss Eindeutigkeit darüber bestehen, welche Grundstücksmerkmale mit derZugehörigkeit zur Bodenricht- 6

1 ErbStRG vom 24.12.2008 [BGBl. I 2008, 3018]); Art. 6 Abs. 2 ErbStRG.
2 Mandler/Schulze/Zochert, DStR 2023, 1329; Reinhardt, GuG 2011, 8.

wertzone unmittelbar berücksichtigt werden und welche Grundstücksmerkmale gegebenenfalls zur Ermittlung des objektspezifisch angepassten Bodenrichtwerts nach § 26 Abs. 2 ImmoWertV zu berücksichtigen sind.

Im Rahmen der **Grundsteuerbewertung** ist der Bodenrichtwert grundsätzlich typisierend für alle Grundstücksflächen innerhalb einer Bodenrichtwertzone gelten soll, ohne dass grundstücksbezogene Besonderheiten zu berücksichtigen sind. Dementsprechend müssen an die Rechtmäßigkeit seines Zustandekommens und an die Abgrenzung der Bodenrichtwertzone besonders hohe Anforderungen gestellt werden, insbesondere wenn infolge der mit dem Bodenrichtwert unberücksichtigt gebliebenen besonderen objektspezifischen Grundstücksmerkmale im Hinblick auf ihre Eignung in der Rechtsprechung geforderten Toleranzgrenze von bis zu 40 % überschritten wird (vgl. Syst. Darst. des Vergleichswertverfahrens Rn. 30) überschritten wird.

7 **Grundsätzlich ist für die Bodenrichtwertzone** nach § 13 Abs. 2 Satz 2 ImmoWertV **nur ein Bodenrichtwert** anzugeben (§ 13 ImmoWertV Rn. 19). Zu den deckungsgleichen Bodenrichtwertzonen vgl. Rn. 14 ff.

2.2 Toleranzgrenze für lagebedingte Wertunterschiede (§ 15 Abs. 1 Satz 1 ImmoWertV)

8 Die Bodenrichtwertzone ist nach § 15 Abs. 1 Satz 1 ImmoWertV so abzugrenzen, „dass **lagebedingte Wertunterschiede** zwischen den Grundstücken, für die der Bodenrichtwert gelten soll, und dem Bodenrichtwertgrundstück grundsätzlich **nicht mehr als 30 Prozent betragen**".

9 Materiell wurde die geltende„Toleranzgrenze" bereits mit Art. 16 des Grundsteuer-Reformgesetzes – GrStRefG[3] – vom 26.11.2019 (BGBl. I 2019, 1794) in die ImmoWertV 2010 (§ 10 Abs. 3 ImmoWertV 2010 n.F.) eingefügt.

§ 10 Abs. 3 ImmoWertV 2010: „(3) Die Richtwertzonen nach § 196 Absatz 1 Satz 3 des Baugesetzbuchs sind grundsätzlich so abzugrenzen, dass lagebedingte Wertunterschiede zwischen der Mehrheit der Grundstücke und dem Bodenrichtwertgrundstück nicht mehr als 30 Prozent betragen."

Mit der Ergänzung wurde das Ziel verfolgt, die im Steuerrechtsverhältnis verbindlichen Bodenrichtwerte, die lediglich einen durchschnittlichen Lagewert des Grund und Bodens in der Bodenrichtwertzone und nicht den Bodenwert des einzelnen Grundstücks abbilden, mit einem Wert zu ermitteln, der nicht mehr als 30 % von dem Bodenwert des jeweiligen Grundstücks abweicht (Toleranzgrenze). Dem Gesetzgeber steht es nämlich auch im Rahmen der Grundsteuer in Grenzen frei, den Bewertungsparameter „Bodenwert" typisierend vorzugeben. Die Notwendigkeit für die vorgegebene Toleranzgrenze ist gegeben, denn in der Praxis hat sich gezeigt, dass Bodenrichtwerte vielerorts häufig nicht die mit § 16 Abs. 1 Satz 2 ImmoWertV 10 geforderte Eignung für die Ermittlung von Bodenwerten haben. Dafür wurde mit § 16 Abs. 1 Satz 3 ImmoWertV 10 gefordert, dass die Merkmale des zugrunde gelegten Bodenrichtwertgrundstücks wie im Falle der Anwendung des direkten Vergleichswertverfahrens – die wertbestimmenden Merkmale der Vergleichsgrundstücke – hinreichend mit den Grundstücksmerkmalen eines zu bewertenden Grundstücks übereinstimmen. Dies muss auch im Rahmen der steuerrechtlichen Typisierung des maßgeblichen Bodenwerts gelten und dementsprechend sollen Bodenrichtwertzonen dahingehend verdichtet werden, um die Toleranzgrenze einzuhalten. Nach § 9 Abs. 1 Satz 1 der geltenden Fassung der ImmoWertV sind Bodenrichtwerte zur Wertermittlung geeignet, wenn sie „hinsichtlich Aktualität in Bezug auf den maßgeblichen Stichtag und Repräsentativität den jeweiligen Grundstücksmarkt zutreffend abbilden" und etwaige Abweichungen in den allgemeinen Wertverhältnissen sowie wertbeeinflussende Abweichungen der Grundstücksmerkmale des Wertermittlungsobjekts „in sachgerechter Weise berücksichtigt werden können" (vgl. zur Eignung Syst. Darst. des Vergleichswertverfahrens Rn. 25 ff.).

---

3 Grundsteuer-Reformgesetz – GrStRefG – vom 26.11.2019 (BGBl. I 2019, 1794).

Die mit Art. 16 des Grundsteuer-Reformgesetzes – GrStRefG – in die ImmoWertV eingefügte Toleranzgrenze entspricht einem Vorschlag des Bundesrates, der diesen bereits im Zuge der Beratungen des 1. RegE[4] der ImmoWertV (2010) als Kompromissvorschlag zum 1. RegE eingebracht hatte. 10

Der 1. RegE zur ImmoWertV 10 sah eine ***20%ige Toleranzgrenze*** vor, um die die auf den Quadratmeter umgerechneten Bodenwerte der einzelnen in der Bodenrichtwertzone gelegenen Grundstücke nach oben oder unten vom Bodenrichtwert abweichen dürfen. Der damalige Kompromissvorschlag wurde seinerzeit unverständlicherweise von der Bundesregierung abgelehnt. Der Vorschlag entsprach den bis zum Erlass der Bodenrichtwertrichtlinie geltenden Musterrichtlinien über Bodenrichtwerte der ARGEBAU[5] aus dem Jahre 2001, in der unter Ziff. 4.4 (4) ausdrücklich vorgegeben wurde, dass „bei der Ermittlung der zonalen ... Bodenrichtwerte ... die dem Bodenrichtwert zugeordneten Bereiche so abgegrenzt werden“ sollen, „dass die Bodenrichtwerte der einzelnen Grundstücke nicht mehr als +/- 30 % abweichen“ (Toleranzgrenze). Die ablehnende Haltung der Bundesregierung zu dem seinerzeitigen Kompromissvorschlag des Bundesrates ist in der Vorauflage zu diesem Werk „bedauert“ worden[6]. 11

Zur Begründung des 1. RegE (zur ImmoWertV 2010) wurde auf die Entscheidung des BVerfG[7] vom 07.11.2006 – 1 BvL 10/02 – verwiesen, nach der im Rahmen der Erbschaftsteuer eine 20%ige Streubreite der Grundstücksbewertung als „noch vertretbar“ angesehen wird. Nach Auffassung des Bundesrates ist eine Abweichung der Bodenwerte der einzelnen Grundstücke um maximal 20 % ober- oder unterhalb des Bodenrichtwerts „in der Gesamtheit unrealistisch“ und eine „Angleichung der Abweichungsquote (an die vorstehende Rechtsprechung des BVerfG) willkürlich“, denn ein Zusammenhang zu dem in der Begründung des RegE genannten Erbschaftsteuer-Urteils und den dort gemachten Ausführungen zur Streubreite zum Verkehrswert sei nicht erkennbar[8]. Der Bundesrat hat dementsprechend eine Regelung vorgeschlagen, nach der „die Richtwertzone ... so abgegrenzt werden“ sollte, dass **„die auf den Quadratmeter umgerechneten Bodenwerte der einzelnen Grundstücke um nicht mehr als 30 Prozent nach oben oder nach unten vom Bodenrichtwert abweichen.“** Abweichungen, die sich aus nicht mit dem Bodenrichtwertgrundstück übereinstimmenden Grundstücksmerkmalen einzelner Grundstücke ergeben, sollten darüber hinaus nicht berücksichtigt werden. 12
Die BReg hat die vom Bundesrat beschlossene *30%ige Toleranzgrenze* nicht mittragen wollen und verweist auch in der Begründung zu dem in der 15. Legislaturperiode vorgelegten 2. RegE[9] auf die vorstehende Rechtsprechung des BVerfG. „Anders als der Bundesrat ist die Bundesregierung aber der Auffassung, dass eine 30%ige Toleranz bei der Abgrenzung der Bodenrichtwertzonen (vgl. BR-Drs. 296/09, Nr. 3 – Beschluss) angesichts der Bedeutung der Bodenrichtwerte für die steuerliche Bewertung nicht generell zugelassen werden kann. Die Bodenrichtwerte im Sinne des § 196 des Baugesetzbuchs (BauGB) seien nach ständiger höchstrichterlicher Rechtsprechung für die am Steuerrechtsverhältnis Beteiligten verbindlich und einer gerichtlichen Überprüfung regelmäßig nicht zugänglich. Sie sind daher von den Finanzbehörden und -gerichten grundsätzlich ungeprüft ohne eigenen Beurteilungsspielraum unmittelbar der Bewertung zugrunde zu legen. Infolgedessen sind an die Qualität der Bodenrichtwerte, insbesondere unter Berücksichtigung der Grundsätze der Entscheidung des Bundesverfassungsgerichts vom 7. November 2006 – 1 BvL 10/02 – zur Verfassungsmäßigkeit der Erbschaftsteuer, erhöhte Anforderungen zu stellen.“

Im Unterschied zu den Beratungen des 1. RegE der ImmoWertV (2010), bei denen sich die „Toleranzgrenze“ nach den vorstehenden Ausführungen auf die gesamten Abweichungen der „auf den Quadratmeter umgerechneten Bodenwerte der einzelnen Grundstücke von 30 Prozent (nach oben oder nach unten) vom Bodenrichtwert“ beziehen sollten, ist mit § 15 Abs. 1 Satz 2 ImmoWertV nunmehr klargestellt, dass sich die geforderte Toleranzgrenze nur auf die „lagebedingten“ Wertunterschiede zwischen den Grundstücken in der jeweiligen Bodenrichtwertzone bezieht (vgl. § 13 ImmoWertV Rn. 3). Dies sind bei enger Auslegung die in § 5 Abs. 4 ImmoWertV genannten Grundstücksmerkmale unter Ausschluss der sonstigen in §§ 4 f ImmoWertV aufgeführten Grundstücksmerkmale. Insoweit kann nicht ausgeschlossen wer-

4 BR-Drs. 296/09 vom 3.4.2009.
5 Musterrichtlinien über Bodenrichtwerte der ARGEBAU, GuG 2001, 44.
6 Vgl. umfassende Darstellung des Gesetzgebungsverfahrens in Kleiber, Verkehrswertermittlung von Grundstücken, 9. Aufl. § 10 ImmoWertV Rn. 12, 86; BR-Drs. 296/09 (Beschluss) vom 15.05.2009; BR-Drs. 296/09, Nr. 3 – Beschluss; vgl. hierzu GuG-aktuell 2009, 1; BR-Drs. 296/1/96 S. 6; BR-Drs. 296/09 Beschl. vom 15.05.2009.
7 BVerfG, Urt. vom 07.11.2006 – 1 BvL 10/02 –, BVerfGE 117, 1 = EzGuG 1.71a; BFH, Urt. vom 16.12.2009 – II R 15/09 –, GuG 2010, 255 = EzGuG 20.209.
8 BR-Drs. 296/1/09, S. 4.
9 BR-Drs. 171/10 vom 26.03.2010.

den, dass unter Berücksichtigung von nichtlagebedingten Abweichungen die Bodenrichtwerte den von der angeführten Rechtsprechung des BVerfG geforderten Eignungsanforderungen nicht genügen.

2.3 Räumliche Abgrenzung (§ 15 Abs. 1 Satz 2 ImmoWertV)

▶ *Zu den Lagemerkmalen vgl. § 2 ImmoWertV Rn. 21 f., § 5 ImmoWertV Rn. 120 ff., § 18 ImmoWertV Rn. 158 ff.; und Syst. Darst. des Vergleichswertverfahrens Rn. 376.*

13 Nach § 15 Abs. 1 Satz 2 ImmoWertV sind „*Wertunterschiede, die sich aus nicht mit dem Bodenrichtwertgrundstück übereinstimmenden Grundstücksmerkmalen einzelner Grundstücke ergeben, bei der Abgrenzung nicht zu berücksichtigen*". Dieser apodiktische Befehl soll allerdings nicht uneingeschränkt gelten, denn nach § 13 Abs. 2 Satz 1 ImmoWertV sollen solche grund- und bodenbezogenen Grundstücksmerkmale mit dem Bodenrichtwert weitgehend berücksichtigt werden, die in der Bodenrichtwertzone vorherrschen (Kollision). Sollen Bodenrichtwerte zum Preisvergleich herangezogen werden, ist dies für den Anwender eine Grauzone, denn diesbezüglich bestehen nach § 16 Abs. 2 ImmoWertV bei der Darstellung der Bodenrichtwerte **keine Konkretisierungspflichten** der mit den Bodenrichtwerten erfassten lagebedingten und sonstigen Grundstücksmerkmale (vgl. § 16 Abs. 2 ImmoWertV).
Der Umfang der in Betracht kommenden individuellen Grundstücksmerkmale, die nach Maßgabe vorstehender Regelungen mit einem Bodenrichtwert nicht erfasst werden, ist maßgeblich von der Größe des Grundstücks abhängig. Grundsätzlich muss nämlich damit gerechnet werden, dass die Zahl der mit dem Bodenrichtwert nicht erfassten individuellen Grundstücksmerkmale mit der Größe der Bodenrichtwertzone deutlich zunimmt.
Die *lagebedingten* sowie die sonstigen *Wertunterschiede* aufgrund lagebedingter und sonstiger Abweichungen zwischen den Grundstücksmerkmalen des zu bewertenden Grund und Bodens und dem Bodenrichtwertgrundstück können in der Summe schnell zu Wertunterschieden führen, die dann aufgrund ihrer Größenordnung einer Verwendung des Bodenrichtwerts im Rahmen des direkten Vergleichswertverfahren entgegenstehen. Bodenrichtwerte sind nämlich dann nicht mehr zum Preisvergleich geeignet, wenn sie analog zu § 25 Satz 1 ImmoWertV nicht *hinreichend mit den Grundstücksmerkmalen eines in der Zone gelegenen Grundstücks übereinstimmen* (vgl. zur **Eignung von Bodenrichtwerten** die Hinweise in den Vorbem. zur Syst. Darst. des Vergleichswertverfahrens Rn. 30).
Die dargestellte Problematik der **Bodenrichtwerte**ist in den vorstehenden Fällen **als Bemessungsgrundlage der Grundlage der Grundsteuer,** bei der die objektspezifischen Grundstücksmerkmale grundsätzlich unberücksichtigt bleiben, von besonderer Bedeutung.

3 Deckungsgleich überlagernde Bodenrichtwertzonen (§ 15 Abs. 3 ImmoWertV)

Schrifttum:*Grootens*, Hrsg., Grundsteuergesetz, Bewertungsgesetz, 2. Aufl. 2022; S. 540.

▶ *Vgl. § 13 ImmoWertV Rn. 17*

14 Vielfach wurden in der Praxis auch deckungsgleich überlagernde Bodenrichtwertzonen gebildet, z.B. wenn Bodenrichtwertzonen teils gewerblich und teils für Wohnzwecke genutzt werden oder Teile der Bodenrichtwertzone immissionsbelastet sind. Das Konstrukt „deckungsgleich überlagernde Bodenrichtwertzonen" bedeutet im Kern, dass für eine geografisch (z.B. in der Bodenrichtwertkarte) definierte Bodenrichtwertzone – entgegen dem Grundsatz des § 13 Abs. 2 Satz 2 ImmoWertV – mehrere unterschiedlich definierten Bodenrichtwerte für ein und denselben geografisch definierten Bereich (Bodenrichtwertzone) ermittelt und veröffentlicht werden. Dies steht auch nicht im Einklang mit § 196 Abs. 1 Satz 3 BauGB, nach dem Bodenrichtwertzonen für Gebiete zu bilden sind, „*die nach Art und Maß der Nutzung weitgehend übereinstimmen*". Im Ergebnis werden die gesetzlichen Vorgaben, dass für eine *nach Art* *und Maß der Nutzung weitgehend übereinstimmende* Bodenrichtwertzone auch nur ein Bodenrichtwert abgeleitet wird, unterlaufen.

Mit § 15 Abs. 3 ImmoWertV wird erstmals in der Verordnung zugelassen, dass sich Bodenrichtwertzonen in begründeten Fällen deckungsgleich überlagern können. Dies entspricht einer Forderung, die schon im Zuge der Beratungen zur ImmoWertV 10 gestellt wurde. 15

Schon im Zuge der Behandlung des 1. RegE der ImmoWertV 10 wurde vom Agrarausschuss des Bundesrates vorgeschlagen, dass in Gebieten, in denen Grundstücke erheblich unterschiedliche Grundstücksmerkmale aufweisen (sog. Gemengelage) und in denen aufgrund der räumlichen Verteilung dieser Grundstücke keine eigenen Bodenrichtwertzonen gebildet werden können[10], auch „mehrere sich ganz oder teilweise überlagernde“ Bodenrichtwertzonen mit jeweils unterschiedlichen Bodenrichtwertgrundstücken abgedeckt werden können. Diesen Vorschlag hat sich bereits der Bundesrat nicht zu eigen gemacht. Dieser Vorschlag fand in die ImmoWertV 2010 keinen Eingang. 16

Deckungsgleiche Bodenrichtwerte dürfen ausnahmsweise nur in begründeten Fällen gebildet werden, insbesondere, wenn sich aufgrund der **unregelmäßigen Verteilung von Grundstücken mit unterschiedlichen Nutzungen** oder anderen erheblichen Unterschieden in wertbeeinflussenden Grundstücksmerkmalen keine eigenen Bodenrichtwertzonen abgrenzen lassen. 17

Bei **Bodenrichtwerten, die** nach § 196 Abs. 1 Satz 6 BauGB **für Zwecke der steuerlichen Bewertung des Grundbesitzes abgeleitet werden,** können sich die Bodenrichtwertzonen deckungsgleich überlagern. Dies betrifft z.B. den Fall einer Änderung der Grundstücksqualität im Zuge einer Sanierungsmaßnahme, wenn sich dadurch unterschiedliche Bodenrichtwertzonen für den sanierungsunbeeinflussten und den sanierungsbeeinflussten Bodenrichtwert ergeben. Im Rahmen der Heranziehung von **Bodenrichtwerten bei überlagernden Bodenrichtwertzonen zur Grundsteuerbewertung** ist derjenige Bodenrichtwert für das Grundstück heranzuziehen, dessen Art der Nutzung und GFZ am ehesten der des zu bewertenden Grundstücks entspricht (§247 BewG)[11]. 18

Die Zuordnung unterschiedlicher Zonenbezeichnungen zu verschiedenen Bodenrichtwerten für ein und dasselbe geografisch in der Bodenrichtwertkarte definierte Gebiet ist für den „Verbraucher“ eher irreführend. Nach § 15 Abs. 3 Satz 2 ImmoWertV setzt die Bildung deckungsgleicher Bodenrichtwertzonen deshalb voraus, dass eine **eindeutige Zuordnung der Grundstücke zu einem Bodenrichtwertgrundstück** möglich ist. Dies wird vielfach jedoch nur schwerlich möglich sein, denn sonst würde ja der Gutachterausschuss für Grundstückswerte das einschlägige Gebiet selbst in mehrere Bodenrichtwertzonen aufteilen. Ist im konkreten Fall das Wertermittlungsobjekt bebaut, wird man i.d.R. den Bodenrichtwert des Grundstücks heranziehen, das der Nutzung des Wertermittlungsobjekts entspricht, jedoch kann grundsätzlich nicht ausgeschlossen sein, dass die ausgeübte Nutzung atypisch i.S. des § 40 Abs. 5 Nr. 1 ImmoWertV ist (nutzungsabhängiger Bodenwert). Ob darüber hinaus in entsprechender Anwendung des § 43 Abs. 2 ImmoWertV ein „Wertvorteil“ bzw. „Wertnachteil“ ergänzend berücksichtigt werden muss, hängt dann insbesondere von der jeweiligen Restnutzungsdauer der baulichen Anlage ab (vgl. § 43 ImmoWertV Rn. 188, 220). 19

10 BR-Drs. 296/1, S. 6.

11 Grootens, Hrsg., Grundsteuergesetz, 2. Aufl. 2022, S. 540 ff. A 247.2 As. 7 Satz 2 AEBewGrstG.

4 Bodenrichtwerte in förmlich festgelegten Sanierungsgebieten und Entwicklungsbereichen (§ 16 Abs. 2 Satz 5 ImmoWertV)

4.1 Allgemeines

▶ *Vgl. zur Typologie von Bodenrichtwerten § 3 ImmoWertV Rn. 32 ff.; zur Marktwertermittlung in Sanierungsgebieten und Entwicklungsbereichen vgl. Vorbem. zur ImmoWertV Rn. 74; § 3 ImmoWertV Rn. 121 ff.; § 5 ImmoWertV Rn. 76; § 40 ImmoWertV Rn. 149; Teil VI Rn. 201 ff., 283 ff., 385 ff., 460 ff. und Rn. 603*

20 Neben den allgemeinen Bodenrichtwerten i.S. des § 196 Abs. 1 Satz 1 bis 5 BauGB ermittelt der Gutachterausschuss nach § 196 Abs. 1 Satz 6 und 7 BauGB

a) **Bodenrichtwerte für Zwecke der steuerlichen Bewertung des Grundbesitzes** nach ergänzenden Vorgaben der Finanzverwaltung zum jeweiligen Hauptfeststellungszeitpunkt oder sonstigen Feststellungszeitpunkt sowie

b) **Bodenrichtwerte** für einzelne Gebiete bezogen auf einen abweichenden Zeitpunkt, wenn eine **für den Vollzug des BauGB** zuständige Behörde dies beantragt.

21 Mit den zum „Vollzug des BauGB“ angesprochenen Bodenrichtwerten sind besondere Bodenrichtwerte für städtebauliche Zwecke gemeint, insbesondere in Bezug auf die in förmlich festgelegten Sanierungsgebieten, städtebaulichen Entwicklungsbereichen sowie in Anpassungsgebieten nach § 170 BauGB zur Anwendung kommenden besonderen bodenrechtlichen Vorschriften des BauGB. Nach diesen Vorschriften werden sanierungs- und entwicklungsbedingte Werterhöhungen durch Ausgleichsbeträge i.S. des § 154 BauGB und in zumeist überwiegendem Umfang bereits vor Abschluss der jeweiligen Maßnahme insbesondere im Wege des sog Durchgangserwerbs und der Ablösung abgeschöpft.

22 Während der Sanierungs- bzw. Entwicklungsmaßnahme sind **zwei Bodenrichtwerte von Bedeutung**, nämlich der „sanierungs- bzw. entwicklungsunbeeinflusste“ und der „sanierungs- bzw. entwicklungsbeeinflusste“ Bodenrichtwert für die Grundstücke. Wird die sanierungs- bzw. entwicklungsbedingte Bodenwerterhöhung vor dem Abschluss der Maßnahme insbesondere durch eine Ablösung i.S. des § 153 Abs. 3 BauGB, eine vorzeitige Festsetzung oder im Wege des Durchgangserwerbs abgeschöpft, stellt sich die Aufgabe, den „Neuordnungswert“ unter Berücksichtigung der sanierungs- bzw. entwicklungsbedingten Bodenwerterhöhung zu einem Zeitpunkt zu ermitteln, zu dem die rechtliche und tatsächliche Neuordnung für das gesamte Veranstaltungsgebiet (noch) nicht abgeschlossen ist. Grundlage der Ermittlung des Neuordnungswerts sind die mit hinreichender Sicherheit aufgrund konkreter Tatsachen zu erwartenden Aussichten auf die in der Planung vorgesehenen Änderungen, die voraussichtliche Dauer bis zum Eintritt der rechtlichen und tatsächlichen Neuordnung (**Wartezeit bis zum Abschluss der von der Gemeinde geplanten Ordnungs- und Baumaßnahmen**) sowie ein bestehendes Risiko.

23 Mit Abschluss der Sanierungs- bzw. Entwicklungsmaßnahme treten begrifflich die auf den Zeitpunkt des Abschlusses der Maßnahme bezogenen „Anfangs- und Endwertbodenrichtwerte“ an die Stelle der „sanierungs- bzw. entwicklungsunbeeinflussten“ und der „sanierungs- bzw. entwicklungsbeeinflussten“ Bodenrichtwerte. Der Zeitpunkt des Abschlusses ist dann ein von dem sonst für die Veröffentlichung von Bodenrichtwerten nach § 196 Abs. 1 Satz 5 BauGB maßgeblichen Zeitpunkt (Beginn jedes zweiten Kalenderjahres) abweichender Zeitpunkt i.S. des § 196 Abs. 1 Satz 7 BauGB.

24 Die mit dem Ausgleichsbetrag nach § 154 BauGB „abgeschöpften“ sanierungs- und entwicklungsbedingten Werterhöhungen bemessen sich nach der „durch die Sanierung bedingten Erhöhung des Bodenwerts“ und ergeben sich aus dem Unterschied zwischen dem auf den Zeitpunkt des Abschlusses der Maßnahme bezogenen Anfangs- und Endwert:

– **Anfangswert** ist der Bodenwert, der sich für das Grundstück ergeben würde, wenn eine Sanierung weder beabsichtigt, vorbereitet noch durchgeführt worden wäre;

– **Endwert** ist der Bodenwert, der sich für das Grundstück durch die rechtliche und tatsächliche Neuordnung des Sanierungsgebiets ergibt.

Der Ausgleichsbetrag entsteht mit dem Abschluss der Maßnahme. **Beide Werte** (Anfangs- und Endwerte) **bemessen sich mithin nach den Wertverhältnissen zum Zeitpunkt des Abschlusses der Sanierungs- bzw. Entwicklungsmaßnahme**. Damit wird die „Abschöpfung" konjunkturell bedingter Bodenwertänderungen ausgeschlossen. 25

Die Identität des Wertermittlungsstichtags wird mit § 40 Abs. 4 ImmoWertV nur hinsichtlich der Bemessung von Ausgleichsbeträgen nach § 154 Abs. 1 oder § 166 Abs. 3 Satz 4 BauGB klargestellt. 26

Wenn die im Verlauf der Sanierungs- und Entwicklungsmaßnahme abgeleiteten sanierungs- bzw. entwicklungsunbeeinflussten sowie die sanierungs- bzw. entwicklungsbeeinflussten Bodenrichtwerte bei ihrer Veröffentlichung vielfach als **„Anfangs- und Endwertbodenrichtwert" bezeichnet wurden, war dies irreführend, denn** „Anfangs- und Endwert" ist nach § 154 Abs. 2 BauGB begrifflich nur der auf den Abschluss der Sanierungs- bzw. Entwicklungsmaßnahme bezogene **sanierungs- bzw. entwicklungsunbeeinflusste Bodenwert** sowie der auf den Abschluss der Sanierungs- bzw. Entwicklungsmaßnahme bezogene **sanierungs- bzw. entwicklungsbeeinflusste Bodenwert** (zu den grundsätzlichen Unterschieden vgl. Teil VI Rn. 285 ff.). 27

4.2 Darstellung von Bodenrichtwerten in förmlich festgelegten Sanierungsgebieten und Entwicklungsbereichen

Bodenrichtwerte sind auch für förmlich festgelegte Sanierungsgebiete und Entwicklungsbereiche abzuleiten und zu veröffentlichen. Es besteht hier sogar ein erhöhtes Bedürfnis nach mehr Transparenz, denn die Preisbildung ist unter der Herrschaft der vorstehenden besonderen bodenrechtlichen Vorschriften kompliziert und für viele Marktteilnehmer undurchsichtig. Im Hinblick auf die Veräußerung gemeindeeigener Grundstücke zum Neuordnungswert nach § 153 Abs. 4 BauGB sowie auf die vorzeitige Ablösung des Ausgleichsbetrags nach § 154 Abs. 3 Satz 2 BauGB muss ebenfalls ein Interesse an der notwendigen Transparenz des Grundstücksmarktes im Sanierungsgebiet bestehen. Von daher kommt der Veröffentlichung von Bodenrichtwerten für Sanierungsgebiete sogar eine höhere Bedeutung als für die außerhalb dieser Veranstaltungsgebiete gelegenen Grundstücke zu. 28

Die Transparenz ist auch im Hinblick auf die während der Sanierung erforderliche Genehmigung einer rechtsgeschäftlichen Veräußerung von Grundstücken und deren Versagung bei Überschreitung des sanierungsunbeeinflussten Grundstückswerts **(Preisprüfung)** von großer Bedeutung. Diese soll den Erwerber eines ausgleichsbetragspflichtigen Grundstücks vor Übervorteilung zu schützen. Bei Grundstückskäufen können die Beteiligten ihr Verhalten entsprechend der Rechtsprechung des BVerwG[12] zur Preisprüfung darauf einstellen, was als Kaufpreis nach § 153 Abs. 2 BauGB genehmigt werden muss. 29

Zu alledem regelt die ImmoWertV: 30

a) Bei förmlich im umfassenden Verfahren festgelegten Sanierungsgebieten und förmlich festgelegten Entwicklungsbereichen ist bei der Veröffentlichung von Bodenrichtwerten nach § 16 Abs. 2 Satz 5 ImmoWertV darzustellen, ob sich der Bodenrichtwert auf den sanierungs- oder entwicklungsunbeeinflussten Zustand oder auf den sanierungs- oder entwicklungsbeeinflussten Zustand bezieht.

b) Bei der Ermittlung der sanierungs- oder entwicklungsbedingten Bodenwerterhöhung zur Bemessung von Ausgleichsbeträgen nach § 154 Abs. 1 oder § 166 Abs. 3 Satz 4 BauGB sind die Anfangs- und Endwerte bezogen auf denselben Wertermittlungsstichtag zu ermitteln.

12 BVerwG, Urt. vom 24.11.1978 – 4 C 56/76 –, BVerwGE 57, 87 = EzGuG 15.9; BVerwG, Urt. vom 21.08.1981 – 4 C 16/78 –, BRS Bd. 38 Nr. 217 = EzGuG 15.18.

c) Bei besonderen Bodenrichtwerten können sich nach § 15 Abs. 3 Satz 3 ImmoWertV die Bodenrichtwertzonen auch nicht deckungsgleich überlagern.

31 Eine **nicht deckungsgleiche Überlagerung von Bodenrichtwertzonen** kann sich im Zuge der rechtlichen und tatsächlichen Neuordnung des Sanierungsgebiets, d.h. der Durchführung von Ordnungs- und Baumaßnahmen i.S. der §§ 147 f. BauGB, ergeben.

32 Gegen die **Zugänglichkeit der besonderen Bodenrichtwerte für „jedermann"** gemäß § 196 Abs. 3 BauGB sind Bedenken erhoben worden, soweit sich daraus der vom einzelnen Eigentümer zu entrichtende Ausgleichsbetrag „ablesen" lässt, weil damit die Vermögensverhältnisse des Ausgleichsbetragspflichtigen offenbart werden, aber andererseits personenbezogene Daten verfassungsrechtlich geschützt sind. Diese Bedenken können nur dann durchgreifen, wenn die besonderen Bodenrichtwerte in einer Dichte ermittelt werden, dass es sich dabei bereits um weitgehend individuelle Grundstückswerte handelt; ansonsten besagen die für Sanierungsgebiete ermittelten Bodenrichtwerte nicht mehr als die für andere Teile des Gemeindegebiets veröffentlichten Bodenrichtwerte. Es entspricht zwar dem gesetzgeberischen Anliegen, dass die nach § 195 Abs. 1 Satz 5 BauGB abgeleiteten Bodenrichtwerte ihrem Verwendungszweck entsprechend im Vergleich zu den übrigen Bodenrichtwerten eine höhere Dichte aufweisen, jedoch ist schon begrifflich damit nicht die Ableitung individueller Grundstückswerte eingeschlossen. Bodenrichtwerte sind als *durchschnittliche* und nicht als individuelle Lagewerte des Grund und Bodens definiert. Im Übrigen gäbe die Ermittlung individueller, d.h. grundstücksbezogener Bodenrichtwerte wertermittlungstechnisch keinen Sinn, denn mit demselben Aufwand kann direkt gleich der Verkehrswert des einzelnen Grundstücks ermittelt werden. Es besteht sogar die Gefahr, dass der für die Bemessung des Ausgleichsbetrags maßgebende Anfangs- und Endwert ohne weitere Begründung vornehmlich auf derartige Bodenrichtwerte gestützt wird und der Begründungspflicht nicht hinreichend nachgekommen wird.

5 Bodenrichtwerte für Bauerwartungsland und Rohbauland (§ 15 Abs. 4 ImmoWertV)

▶ *§ 3 ImmoWertV Rn. 13, 138 ff.; § 11 ImmoWertV Rn. 1 ff.; § 14 ImmoWertV Rn. 25 f.; § 16 ImmoWertV Rn. 24; § 42 ImmoWertV Abs. 1 ff.*

33 Nach der Grundsatzregelung des § 15 Abs. 1 Satz 1 ImmoWertV sind **Bodenrichtwertzonen so abzugrenzen, dass lagebedingte Wertunterschiede zwischen den Grundstücken, für die der Bodenrichtwert gelten soll, und dem Bodenrichtwertgrundstück grundsätzlich nicht mehr als 30 Prozent betragen.** Um diese Vorgabe einzuhalten, reicht es vielerorts nicht aus, die Bodenrichtwertzonen für Bauerwartungsland und Rohbauland allein nach der zu erwartenden Art (Bauflächen bzw. Baugebiete) und ggf. dem Maß der künftigen baulichen oder sonstigen Nutzung flächenmäßig zu differenzieren. Denn die Wertigkeit des Bauerwartungslandes wird maßgeblich von der konkreten Aussicht bestimmt, dass das Grundstück in das Rohbauland „hineinwächst" oder – umgekehrt – seine Eigenschaft als Bauerwartungsland verliert (§ 3 ImmoWertV Rn. 13 ff.). Dies gilt entsprechend für Rohbauland, bei dem sich Art und Maß der baulichen Nutzung nach den §§ 30, 33 oder 34 BauGB bestimmen, wenn dessen Erschließung noch nicht gesichert ist oder es nach Lage, Form oder Größe für eine bauliche Nutzung unzureichend gestaltet ist. Auch in diesem Fall kann die konkrete Aussicht auf die dann erforderliche Erschließung und Bodenordnung höchst unterschiedlich sein. Die **Wertigkeit von Bauerwartungs- und Rohbauland kann infolgedessen eine große Spannweite aufweisen.**
Zur Ermittlung des **Bodenwerts von Bauerwartungs- oder Rohbauland** und dementsprechend auch zur Ermittlung des Bodenrichtwerts von Bauerwartungs- oder Rohbauland lässt § 42 ImmoWertV das höchst fehlerträchtige Residualwertverfahren (Extraktion) zu, mit dem systembedingt eine Unsicherheitsmarge einhergeht, die naturgemäß schon aufgrund der unsicheren künftigen Entwicklung regelmäßig über die mit § 15 Abs. 1 Satz 1 ImmoWertV geforderte Bewertungsschärfe hinausgeht (§ 40 ImmoWertV Rn. 12 ff., 75, 134).

Aus den vorstehenden Gründen befiehlt § 15 Abs. 4 Satz 2 ImmoWertV, die Bodenrichtwertzonen von Bauerwartungs- und Rohbauland so abzugrenzen, dass in der **Bodenrichtwertzone ein überwiegend einheitlicher Entwicklungsgrad** der Grundstücke gegeben ist. Wie der Entwicklungsgrad zu konkretisieren ist, lässt die ImmoWertV offen; zu den Bodenrichtwerten für Bauerwartungs- und Rohbauland vgl. die Ausführungen zu § 14 ImmoWertV Rn. 24, § 3 ImmoWertV und § 42 ImmoWertV. 34

Der „**Entwicklungsgrad**" eines Grundstücks wird in der ImmoWertV nicht definiert. Da es im Kern um die Realisierbarkeit einer künftigen Nutzung geht, bestimmt sich der Entwicklungsgrad entsprechend § 11 ImmoWertV nach 35

- der „voraussichtlichen Dauer bis zum Eintritt der rechtlichen und tatsächlichen Voraussetzungen für die Realisierbarkeit einer baulichen oder sonstigen Nutzung eines Grundstücks" **(Wartezeit)**
- sowie
- den verbleibenden Unsicherheiten bezüglich des Eintritts dieser Änderung **(Realisierungsrisiko).**

§ 16 ImmoWertV
Grundstücksmerkmale des Bodenrichtwertgrundstücks

(1) Das Bodenrichtwertgrundstück weist keine Grundstücksmerkmale auf, die nur im Rahmen einer Einzelbegutachtung ermittelt werden können; dies betrifft insbesondere nur für einzelne Grundstücke bestehende privatrechtliche, öffentlich-rechtliche und tatsächliche Besonderheiten. Satz 1 findet keine Anwendung auf wertbeeinflussende Grundstücksmerkmale, die in der Bodenrichtwertzone vorherrschend sind.

(2) Von den wertbeeinflussenden Grundstücksmerkmalen des Bodenrichtwertgrundstücks sind der Entwicklungszustand und die Art der Nutzung darzustellen. Weitere Grundstücksmerkmale sind darzustellen, wenn sie wertbeeinflussend sind; hierzu können insbesondere gehören

1. das Maß der baulichen Nutzung nach § 5 Absatz 1,
2. die Bauweise oder die Gebäudestellung zur Nachbarbebauung,
3. die Grundstücksgröße,
4. die Grundstückstiefe und
5. die Bodengüte als Acker- oder Grünlandzahl.

Bei baureifem Land gehört zu den darzustellenden Grundstücksmerkmalen zusätzlich stets der beitragsrechtliche Zustand. Bei förmlich festgelegten Sanierungsgebieten und förmlich festgelegten Entwicklungsbereichen ist zusätzlich darzustellen, ob sich der Bodenrichtwert auf den sanierungs- oder entwicklungsunbeeinflussten Zustand oder auf den sanierungs- oder entwicklungsbeeinflussten Zustand bezieht; dies gilt nicht, wenn nach § 142 Absatz 4 des Baugesetzbuchs ein vereinfachtes Sanierungsverfahren durchgeführt wird.

(3) Die wertbeeinflussenden Grundstücksmerkmale des Bodenrichtwertgrundstücks sind nach Anlage 5 zu spezifizieren.

(4) Wird beim Maß der baulichen Nutzung auf das Verhältnis der Flächen der Geschosse zur Grundstücksfläche abgestellt und ist hierbei nach § 5 Absatz 1 Satz 2 ein gegenüber den planungsrechtlichen Zulässigkeitsvorschriften abweichend bestimmtes Maß wertbeeinflussend, so sind zur Ermittlung dieses Maßes die Flächen aller oberirdischen Geschosse mit Ausnahme von nicht ausbaufähigen Dachgeschossen nach den jeweiligen Außenmaßen zu berücksichtigen. Geschosse gelten in Abgrenzung zu Kellergeschossen als oberirdische Geschosse, soweit ihre Deckenoberkanten im Mittel mehr als 1,40 Meter über die Geländeoberfläche hinausragen; § 20 Absatz 1 der Baunutzungsverordnung findet keine Anwendung. Ausgebaute oder ausbaufähige Dachgeschosse sind mit 75 Prozent ihrer Fläche zu berücksichtigen. Staffelgeschosse werden in vollem Umfang berücksichtigt. Hohlräume zwischen der obersten Decke und der Bedachung, in denen Aufenthaltsräume nicht möglich sind, sind keine Geschosse. Das nach Satz 1 bis 5 ermittelte Verhältnis der Flächen der oberirdischen Geschosse zur Grundstücksfläche ist die wertrelevante Geschossflächenzahl (WGFZ).

(5) Bodenrichtwerte für baureifes Land sind vorbehaltlich des Satzes 2 für beitragsfreie Grundstücke zu ermitteln. Aufgrund örtlicher Gegebenheiten können vorübergehend Bodenrichtwerte für Grundstücke ermittelt werden, für die noch Beiträge zu entrichten oder zu erwarten sind.

Gliederungsübersicht *Rn.*

1 Übersicht

1 Bodenrichtwerte sind nach § 196 Abs. 3 Satz 1 BauGB zu veröffentlichen. Das Nähere der Veröffentlichung zu regeln, obliegt nach § 199 Abs. 2 Nr. 4 BauGB den Landesregierungen. Die Länder haben von dieser Ermächtigung mit den von ihnen erlassenen **Gutachterausschussverordnungen** Gebrauch gemacht.

2 Auf der Grundlage der seit dem 01.07.2009 bestehenden Ermächtigung des § 199 Abs. 1 BauGB werden mit § 16 ImmoWertV **bundesrechtliche Regelungen über die „Darstellung von Bodenrichtwerten" bei ihrer Veröffentlichung** vorgegeben. Unter „*Darstellung*" der Bodenrichtwerte ist die Konkretisierung der näher zu spezifizierenden einschlägigen wertbeeinflussenden Merkmale des Bodenrichtwertgrundstücks im Rahmen ihrer Veröffentlichung zu verstehen. Dies ist geboten, denn bei dem Bodenrichtwertgrundstück handelt es sich um ein „fiktives Grundstück" und die für die Bodenrichtwertzonen veröffentlichten Bodenrichtwerte können sich nur erschließen, wenn die vom Gutachterausschuss bei ihrer Ermittlung zugrunde gelegten wertbeeinflussenden Grundstücksmerkmale umfassend „dargestellt" werden. Insofern besteht ein Junktim zwischen der Veröffentlichung der Bodenrichtwerte und der Darstellung der wertbeeinflussenden Grundstücksmerkmale des Bodenrichtwertgrundstücks.

3 § 16 ImmoWertV regelt die Darstellung von Bodenrichtwerten in fünf Absätzen:

- *Abs. 1* enthält den klarstellenden Hinweis, dass Bodenrichtwerte entsprechend ihrer Definition als durchschnittliche Lagewerte des Grund und Bodens grundsätzlich keine Grundstücksmerkmale aufweisen, die nur im Rahmen einer Einzelbegutachtung ermittelt werden können. Sie sind mithin bei der Veröffentlichung von Bodenrichtwerten nicht darstellbar.
- *Abs. 2 Satz 1* regelt die Darstellung der Grundstücksmerkmale des Bodenrichtwertgrundstücks.

- *Abs. 3* regelt i.V.mit Anl. 4 zur ImmoWertV die Spezifizierung der Grundstücksmerkmale des Bodenrichtwertgrundstücks.
- *Abs. 4* stellt eine Sondervorschrift dar zu einer von der im Bauplanungsrecht maßgeblichen Geschossflächenzahl (GFZ) abweichenden Ermittlung des Maßes der baulichen Nutzung nach dem Verhältnis der Flächen der Geschosse zur Grundstücksfläche.
- *Abs. 5* enthält eine weitere Sonderregelung zur Darstellung des beitragsrechtlichen Zustands eines Bodenrichtwertgrundstücks.

§ 16 ImmoWertV und auch § 196 BauGB regeln nicht die **Form der Darstellung der Bodenrichtwertzonen, der Bodenrichtwerte und der Grundstücksmerkmale der Bodenrichtwertgrundstücke**. Hierzu wird lediglich in § 17 ImmoWertV vorgeschrieben, dass die Bodenrichtwerte in automatisierter Form zu führen sind. 4

2 Darstellungsform

Schrifttum: *Hansche, H.*, Anmerkungen zu den Veröffentlichungen der Gutachterausschüsse in den neuen Ländern, GuG 2002, 37.

▶ *Vgl. § 5 ImmoWertV Rn. 76; § 15 ImmoWertV Rn. 20; § 40 ImmoWertV Rn. 149 sowie Teil VI Rn. 460 ff. und Rn. 603*

Die allgemeine Form der Veröffentlichung von Bodenrichtwerten wird weder im BauGB noch in der ImmoWertV verbindlich vorgegeben. Die Veröffentlichung von Bodenrichtwerten erfolgt in der Praxis durch 5

a) **Bodenrichtwertkarten**,

b) **Bodenrichtwertlisten** sowie

c) im **Internet.**

Jedermann kann nach § 196 Abs. 3 BauGB Auskunft über die Bodenrichtwerte verlangen. Adressen und Bodenrichtwerte im Internet: 6

Bodenrichtwerte	http://www.gutachterausschuesse.de
Baden-Württemberg	http://www.gutachterausschuesse-bw.de
Bayern	http://www.boris-bayern.de
Berlin	http://www.gutachterausschuss-berlin.de
	gaa@senstadtum-berlin.de
Brandenburg	http://www.gutachterausschuss-bb.de
	http://www.gutachterausschuesse-bb.de
	http://www.geobasis-bb/bb-viewer.htm
	oberer.gutachterausschuss@geobasis.de
Bremen	http://www.gutachterausschuss.bremen.de
	gutachterausschuss@geo.bremen.de
Hamburg	http://www.geoportal-hamburg.de
Hessen	http://www.boris.hessen.de
	http://www.gutachterausschuss.hessen.de
	info.zggh@hvhg.hessen.de
Mecklenburg-Vorpommern	http://www.geoportal-mv.de

Niedersachsen	http://www.gag.niedersachsen.de
	oga@lgln.niedersachsen.de
Nordrhein-Westfalen	http://www.boris.nrw.de
	http://www.gutachterausschuss.nrw.de
	oga@brd.nrw.de
Rheinland-Pfalz	http://www.gutachterausschuesse.rip.de/boris/boris.html
	http://www.geoportal.rip.de
	oga.rip@lvermgeo.rip.de
Saarland	http://www.geoportal.saarland.de/portal/de/fachanwendungen/ bodenrichtwerte.html.de
	zgga@lkvk.saarland.de
Sachsen	http://www.boris.sachsen.de
Sachsen-Anhalt	http://www.lvermgeo.sachsen-anhalt.de
	ogga@lvermgeo.sachsen-anhalt.de
Schleswig-Holstein	http://www.gutachterausschuesse-sh.de/gutachter.html
Thüringen	http://www.gutachterausschuss-th.de
	http://www.geoortal-th.de
	gutachter.thueringen@tlvermgeo.thueringen.de

Die bundesweite Veröffentlichung von Bodenrichtwerten im Internet hat sich grundsätzlich bewährt.

7 Die Darstellung von Bodenrichtwerten zusammen mit der jeweiligen Bodenrichtwertzone in **Bodenrichtwertkarten** möglichst unter Einbeziehung benachbarter Bodenrichtwertzonen ist besonders anschaulich und für ihre Interpretation besonders aussagekräftig.

3 Darstellung der Grundstücksmerkmale eines Bodenrichtwertgrundstücks

3.1 Vorbemerkung

8 Bei der „Darstellung der Bodenrichtwerte" muss man sich vergegenwärtigen, dass sich der **Bodenrichtwert** als durchschnittlicher Lagewert des Grund und Bodens einer Bodenrichtwertzone definiert, der **nicht identisch mit dem Verkehrswert irgendeines Grundstücks in der Bodenrichtwertzone** ist. Er bezieht sich mithin auf ein fiktives Bodenrichtwertgrundstück. Deshalb empfiehlt es sich, bei der Veröffentlichung von Bodenrichtwerten darauf hinzuweisen, dass Unterschiede in den Zustandsmerkmalen des einzelnen in der Bodenrichtwertzone gelegenen Grundstücks gegenüber denen des Bodenrichtwertgrundstücks berücksichtigt werden müssen, um ausgehend vom Bodenrichtwert zum Marktwert eines einzelnen Grundstücks zu kommen.

9 **Dementsprechend werden in der Legende zur Bodenrichtwertkarte** folgende Erläuterungen gegeben:

„Gesetzliche Bestimmungen: Bodenrichtwerte werden gemäß § 193 Abs. 5 BauGB vom zuständigen Gutachterausschuss für Grundstückswerte nach den Bestimmungen des BauGB und der ImmoWertV ermittelt. Die aktuellen Bodenrichtwerte wurden zum Stichtag … (ergänzen: Datum des jeweiligen Stichtags) ermittelt.

Begriffsdefinition: Der Bodenrichtwert (vgl. § 196 Abs. 1 BauGB) ist der durchschnittliche Lagewert des Bodens für eine Mehrheit von Grundstücken innerhalb eines abgegrenzten Gebiets (Bodenrichtwertzone), die nach ihren Grundstücksmerkmalen, insbesondere nach Art und Maß der Nutzbarkeit weitgehend übereinstimmen und für die im Wesentlichen gleiche Wertverhältnisse vorliegen. Er ist bezogen auf den Quadratmeter Grundstücksfläche eines Grundstücks mit den dargestellten Grundstücksmerkmalen (Bodenrichtwertgrundstück).

Der Bodenrichtwert enthält keine Wertanteile für Aufwuchs, Gebäude, bauliche und sonstige Anlagen. Bei bebauten Grundstücken ist der Wert ermittelt worden, der sich ergeben würde, wenn der Boden unbebaut wäre (§ 196 Abs. 1 Satz 2 BauGB).

Eventuelle Abweichungen eines einzelnen Grundstücks vom Bodenrichtwertgrundstück hinsichtlich seiner Grundstücksmerkmale (zum Beispiel hinsichtlich des Erschließungszustands, des beitrags- und abgabenrechtlichen Zustands, der Art und des Maßes der baulichen Nutzung) sind bei der Ermittlung des Verkehrswerts des betreffenden Grundstücks zu berücksichtigen.

Die Abgrenzungen der Bodenrichtwertzone sowie die Festsetzung der Höhe des Bodenrichtwerts begründet keine Ansprüche zum Beispiel gegenüber den Trägern der Bauleitplanung, Baugenehmigungsbehörden oder Landwirtschaftsbehörden."

Bodenrichtwerte können nur dann zur Transparenz des Grundstücksmarkts beitragen und eine geeignete Grundlage der Bodenwertermittlung sein, wenn die einem Bodenrichtwert zuzuordnenden wertbeeinflussenden Grundstücksmerkmale des fiktiven Bodenrichtwertgrundstücks bekannt sind. § 196 Abs. 1 Satz 4 BauGB in der seit dem 01.07.2009 geltenden Fassung schreibt aus diesem Grunde ausdrücklich vor, dass die **wertbeeinflussenden Merkmale des Bodenrichtwertgrundstücks** bei seiner **Veröffentlichung darzustellen** sind. 10

3.2 Systematik der Vorschrift

Voraussetzung für eine Marktwertermittlung auf der Grundlage von Bodenrichtwerten ist eine umfassende Darstellung aller wertbeeinflussenden Grundstücksmerkmale der Bodenrichtwertgrundstücke. Ohne eine solche Darstellung können vom Bodenrichtwertgrundstück abweichende Grundstücksmerkmale nicht sachgerecht berücksichtigt werden. 11

Um eine sachgerechte Anwendung der Bodenrichtwerte insbesondere für Marktwertermittlungen zu gewährleisten, wird mit **§ 16 Abs. 1 ImmoWertV** zunächst klargestellt, dass bei der Veröffentlichung von Bodenrichtwerten keine **Grundstücksmerkmale** dargestellt werden, **die nur im Rahmen einer Einzelbegutachtung ermittelt werden können.** 12

Dies betrifft insbesondere nur für einzelne Grundstücke bestehende **privatrechtliche Vereinbarungen und Belastungen**, öffentlich-rechtliche und tatsächliche Besonderheiten (vgl. jedoch Rn. 16). 13

Sodann werden mit § 16 Abs. 2 bis 5 ImmoWertV bundeseinheitliche Vorgaben für die Darstellung der Grundstücksmerkmale des Bodenrichtwertgrundstücks gegeben. Diese lassen sich gliedern in stets und generell darzustellende Grundstücksmerkmale (Mindestdarstellungen) und fallabhängige Darstellungen. 14

3.3 Mindestdarstellungen (§ 16 Abs. 2 Satz 1, 3 und 4 ImmoWertV)

3.3.1 Allgemeines

▶ *Zum Entwicklungszustand vgl. Erläuterungen zu § 3 ImmoWertV Rn. 14 ff.; zu Art der baulichen und sonstigen Nutzung sowie zum beitragsrechtlichen Zustand vgl. Erläuterungen zu § 5 ImmoWertV Rn. 108; Syst. Darst. des Vergleichswertverfahrens Rn. 202 ff.*

Nach § 196 Abs. 1 Satz 1 BauGB sind Bodenrichtwerte unter Berücksichtigung des unterschiedlichen Entwicklungszustands zu ermitteln. Darüber hinaus schreibt § 16 Abs. 2 Satz 1 ImmoWertV entsprechend der mit § 196 Abs. 1 Satz 3 BauGB gegebenen Definition des Bodenrichtwerts vor, dass mindestens der jeweilige **Entwicklungszustand** i.S. des § 3 ImmoWertV **und die Art der Nutzung** darzustellen sind (**Mindestdarstellung**). Die Art der *baulichen* Nutzung ist entsprechend den baurechtlichen Nutzungsarten der BauNVO zu klassifizie- 15 ren. Land- und forstwirtschaftliche Flächen sind insbesondere nach Ackerland und Grünland zu klassifizieren.

16 Bei baureifem Land gehört nach Satz 3 zu der Mindestdarstellung stets die **Angabe des beitragsrechtlichen Zustands**. Darüber hinaus ist für förmlich festgelegte Sanierungsgebiete und städtebauliche Entwicklungsbereiche stets der sanierungs- bzw. entwicklungsrechtliche Grundstückszustand auszuweisen.

17 Grundsätzlich sind Bodenrichtwerte für baureifes Land nach § 16 Abs. 5 Satz 1 ImmoWertV für **beitragsfreie Grundstücke** zu ermitteln. Nach Satz 2 dieser Vorschrift können aufgrund örtlicher Gegebenheiten vorübergehend Bodenrichtwerte für Grundstücke ermittelt werden, für die noch Beiträge zu entrichten oder zu erwarten sind.

18 Dies betrifft insbesondere Erschließungsbeiträge nach §§ 127 ff. BauGB bzw. nach diese ersetzenden landesrechtlichen Vorschriften; Kostenerstattungsbeträge nach § 135a BauGB, Anschlussbeträge für die Wasserversorgung und Grundstücksentwässerung sowie sonstige kommunalabgabenrechtliche grundstücksbezogene Beiträge.

19 Der vorstehende Mindestkatalog ist ein Minimalkatalog, der noch nicht einmal die Darstellung des nach § 5 Abs. 1 ImmoWertV maßgeblichen Maßes der baulichen Nutzung sowie die Grundstücksgröße einschließt. Wird von einer Darstellung dieser i.d.R. unabdingbaren Grundstücksmerkmale abgesehen, ist die Brauchbarkeit von Bodenrichtwerten erheblich beeinträchtigt.
Besondere öffentlich-rechtliche Bindungen, z.B. im öffentlich geförderten Mietwohnungsbau, im Bereich von Erhaltungsverordnungen, durch städtebauliche Verträge oder durch besondere Bestimmungen von Bebauungsplänen, bleiben bei der Darstellung der Bodenrichtwerte i.d.R. unberücksichtigt.
In Anl. 4 zu den ImmoWertA wird beispielhaft eine Modellbeschreibung unter Einbeziehung einer Darstellung der Ergebnisse vorgestellt, die erklärtermaßen keinen Anspruch erhebt, als Muster oder gar „Druckvorlage“ dienen zu können. Vom Abdruck wurde daher abgesehen.

20 Die ergänzenden Darstellungen der in § 16 Abs. 2 Satz 2 ImmoWertV genannten Grundstücksmerkmale einschließlich des Maßes der baulichen Nutzung, insbesondere der maßgeblichen GFZ, sowie die Grundstücksgröße stehen im pflichtgemäßen Ermessen des Gutachterausschusses für Grundstückswerte. Bei dessen Ausübung kommt die Notwendigkeit ihrer Darstellung auch „unter den Augen der Rechtsaufsicht“ vielerorts zu kurz. Im Übrigen bestehen auch **keine Konkretisierungs-pflichten bezüglich der mit den Bodenrichtwerten erfassten lagebedingten und sonstigen Grundstücksmerkmale** i.S. des § 15 Abs. 1 Satz 2 ImmoWertV (vgl. § 15 ImmoWertV Rn. 13).

21 Die Darstellung der nach § 6 Abs. 4 ImmoWertV zu ermittelnden sog. wertbeeinflussenden Geschossflächenzahl (WGFZ) ist allerdings nicht leistbar, nicht sachgerecht und zudem völlig überflüssig[1].

1 Vgl. Stellungnahme der ZIA vom 21.08.2020; Stellungnahmen der Bundesarchitektenkammer (Niedersachsen) vom 21.08.2020, des Bundesverbandes öffentlich bestellter und vereidigter Sachverständiger vom 20.08.2020, des Landesverbandes öffentlich bestellter und vereidigter Sachverständiger (Niedersachsen) vom 20.08.2020, von Viebrok-Hörmann vom 19.08.2020 zum Referentenentwurf einer novellierten ImmoWertV; Stellungnahme des Bundesfachausschusses der Sachverständigen des Immobilienverbandes Deutschland zum Entwurf der aktuellen Vergleichswertrichtlinie vom 12.08.2013; GuG 2013, 376; Stellungnahme des LVS Bayern vom 23.10.2013, GuG 2014, 46; Stellungnahme des Bundesverband Freier Immobilien- und Wohnungsunternehmen e.V. zum Entwurf der Richtlinie zur Ermittlung des Vergleichswerts einschließlich der Ermittlung des Bodenwerts – Vergleichswertrichtlinie – VW-RL vom 06.09.2013, GuG 2014, 373; Stellungnahme des BIIS vom 23.08.2013.

3.3.2 Mindestfestsetzungen für förmlich festgelegte Sanierungsgebiete und Entwicklungsbereiche

▶ *Vgl. Teil VI Rn. 460, 603 ff.*

22 Bei der Veröffentlichung von **Bodenrichtwerten** für **förmlich im sog. umfassenden Verfahren festgelegte Sanierungsgebiete und förmlich festgelegte Entwicklungsbereiche** ist zusätzlich darzustellen, ob sich der Bodenrichtwert auf den sanierungs- oder entwicklungsunbeeinflussten Zustand oder auf den sanierungs- oder entwicklungsbeeinflussten Zustand bezieht, d.h. konkret

- den Zustand der Bodenrichtwertgrundstücke ohne Aussicht auf die Vorbereitung und Durchführung der Sanierungs- bzw. Entwicklungsmaßnahme (sanierungs- bzw. entwicklungsunbeeinflusster Zustand; vgl. § 153 Abs. 1 BauGB) oder
- den Zustand der Bodenrichtwertgrundstücke unter Berücksichtigung der rechtlichen und tatsächlichen Neuordnung des Sanierungsgebiets bzw. Entwicklungsbereichs (Neuordnungszustand, vgl. § 154 Abs. 2 BauGB).

3.4 Fallbezogene Darstellungen (§ 16 Abs. 2 Satz 2 ImmoWertV)

3.4.1 Übersicht

23 § 16 Abs. 2 Satz 2 ImmoWertV befiehlt rechtsverpflichtend – neben der vorstehenden Mindestdarstellung – die **Darstellung weiterer Grundstücksmerkmale der jeweiligen Bodenrichtwertzone**. Die Rechtsverpflichtung steht unter der Voraussetzung, dass diese wertbeeinflussend sind. Dies zu beurteilen, steht im pflichtgemäßen Ermessen des Gutachterausschusses für Grundstückswerte.

24 Die Vorschrift führt hierzu die wesentlichen in Betracht kommenden Grundstücksmerkmale auf:

1. das Maß der zulässigen baulichen Nutzung nach § 5 Abs. 1 und 2 ImmoWertV,
2. die Bauweise oder Anbauart,
3. die Grundstücksgröße,
4. die Grundstückstiefe und
5. die Bodengüte als Acker- oder Grünlandzahl.

Bei **Bodenrichtwertzonen für die Entwicklungszustände Bauerwartungsland und Rohbauland**, die nach § 15 Abs. 4 ImmoWertV so abzugrenzen sind, dass in der Bodenrichtwertzone ein überwiegend einheitlicher Entwicklungsgrad der Grundstücke gegeben ist, ist nach Sinn und Zweck der Regelung der „**Entwicklungsgrad**" anzugeben (vgl. § 15 ImmoWertV Rn. 33 ff.). Unter der Zielsetzung einer Verbesserung der Transparenz des Grundstücksmarktes ist zu bemängeln, dass die ImmoWertV weder eine einheitliche Praxis gewährleistende Kenngröße des „Entwicklungsgrades" noch die Darstellung des Entwicklungsgrades bei der Veröffentlichung von Bodenrichtwerten verbindlich vorgibt.

3.4.2 Art und Maß der baulichen Nutzung

3.4.2.1 Nach ImmoWertV maßgebliche Nutzung (GFZ)

Schrifttum: *Kleiber, W.*, Purgatorische Gedanken zum Maß der baulichen Nutzung, GuG 2017, 65; *Seitz, W.*, Zur Praxistauglichkeit der wertrelevanten GFZ – Überforderung oder Notwendigkeit, GuG 2012, 321.

▶ *Vgl. Rn. 39 ff.; § 5 ImmoWertV Rn. 39 ff.; § 8 ImmoWertV Rn. 34; 16 ImmoWertV Rn. 25, 93, 107 ff., Syst. Darst. des Vergleichswertverfahrens Rn. 218 ff., 222; § 40 ImmoWertV Rn. 185; § 43 ImmoWertV Rn. 83 ff.; zum Dachgeschossausbau vgl. § 5 ImmoWertV Rn. 53*

25 Mit dem in **§ 16 Abs. 2 Satz 2 Nr. 1** ImmoWertV **für die** Attributierung der Bodenrichtwerte vorgeschriebenen „Maß der baulichen Nutzung" ist die **Geschossflächenzahl (GFZ), die Baumassenzahl (BMZ), die Grundflächenzahl (GRZ)**, die Zahl der Vollgeschosse (Z) und die Höhe der baulichen Anlage angesprochen. Dies entspricht § 196 Abs. 1 Satz 3 BauGB, der ausdrücklich vorgibt, dass „Richtwertzonen zu bilden sind, die jeweils Gebiete umfassen, die nach Art und Maß der Nutzung weitgehend übereinstimmen". **Maß der baulichen Nutzung** ist insbesondere **die GFZ i.S. der BauNVO**. Davon kann die ImmoWertV nicht abweichen, zumal die ImmoWertV wie die BauNVO aufgrund einer im BauGB gegebenen Ermächtigung erlassen wurden;hieraus folgt eine einheitliche Begrifflichkeit.

26 Von den vorstehend aufgeführten Grundstücksmerkmalen ist vor allem das **Maß der zulässigen baulichen Nutzung gemäß § 5 Abs. 1 Satz 1 und 2 ImmoWertV** regelmäßig wertbeeinflussend. Die nach **§ 5 Abs. 1** ImmoWertV ermittelte Nutzung wird in § 40 Abs. 5 Nr. 1 ImmoWertV deshalb auch als die „**maßgebliche Nutzung**" bezeichnet.

27 **Art und Maß der baulichen Nutzung bestimmen sich nach § 5 Abs. 1 ImmoWertV in folgender Abstufung**:

- Bei der Festlegung der Art und des Maßes der baulichen Nutzung des Bodenrichtwertgrundstücks ist grundsätzlich entsprechend der Regelung des § 5 Abs. 1 Satz 1 ImmoWertV die zulässige Nutzung zugrunde zu legen, d.h. die Nutzung, die sich nach den für die planungsrechtliche Zulässigkeit von Vorhaben maßgeblichen §§ 30, 33 und 34 BauGB und den sonstigen Vorschriften ergibt, die die Nutzbarkeit betreffen (**bauplanungsrechtliche zulässigeNutzung**).
- Wird vom Maß der zulässigen Nutzung in der Umgebung regelmäßig abgewichen, ist jedoch entsprechend § 5 Abs. 1 Satz 2 ImmoWertV das Nutzungsmaß maßgebend, das im gewöhnlichen Geschäftsverkehr zugrunde gelegt wird (**lagetypische Nutzung**[2]).

28 **Die wertbeeinflussende lagetypische Geschossflächenzahl nach § 5 Abs. 1 Satz 2 ImmoWertV ist in sachgerechter und zugleich pragmatischer Weise analog zu** § 20 Abs. 2 BauNVO aus dem Verhältnis der lagetypisch realisierten **Geschossfläche** (GF) **zur „Grundstücksfläche"** (i.S. des § 19 BauNVO) **zu ermitteln**.

29 Im Regelfall bestimmt sich danach die dem Bodenrichtwert zuzuordnende „*maßgebliche*" Nutzung nach der bauplanungsrechtlichen Nutzung. Die bauplanungsrechtliche GFZ bestimmt sich unter der Herrschaft des BBauG (1960) und des BauGB nach der jeweils zum Zeitpunkt der Aufstellung bzw. Änderung des im Einzelfall einschlägigen Bebauungsplans geltenden Fassung der BauNVO. Da sich für eine bestimmte GFZ nach der ab 1990 geltenden Fassung der BauNVO eine größere Geschossfläche als nach der BauNVO i.d.F. von 1962, 1968 und 1977 ergibt, kann es zweckmäßig sein, die zum Bodenrichtwert angegebene **bauplanungsrechtlich zulässige GFZ mit dem Hinweis auf die einschlägige Fassung der BauNVO zu versehen** (vgl. zu alledem § 5 ImmoWertV Rn. 47 ff.).

30 Darüber hinaus können sich die bauplanungsrechtliche Art und das bauplanungsrechtliche Maß der baulichen Nutzung aus übergeleiteten Plänen[3] – sog. Altpläne (z.B. Aufbaupläne, Baunutzungspläne, Generalbebauungspläne oder sogar Fluchtlinienpläne) – ergeben. In diesem Fall kann es angezeigt sein, die *Art und das Maß der baulichen Nutzung* nach den Kategorien zu spezifizieren, die nach dem jeweiligen Planungsrecht maßgeblich waren. Dementsprechend wird deshalb in *Berlin* das sich aus den übergeleiteten Plänen ergebende Maß der baulichen Nutzung in Gestalt der Baustufe auf die entsprechende GFZ umgerechnet und die Art der baulichen Nutzung nach den Kategorien der Altpläne dem Bodenrichtwert zugeordnet (vgl. § 5 ImmoWertV Rn. 13, 47 ff.).

---

2 Zum Begriff vgl. Ziff. 6 Abs. 5 der aufgehobenen BodenrichtwertR.
3 Vgl. die Überleitungsbestimmung des § 173 BBauG.

3.4.2.2 Ausnahmeregelung zur Darstellung von Bodenrichtwerten nach § 16 Abs. 4 ImmoWertV

▶ *Vgl. § 5 ImmoWertV Rn. 40, 70; § 40 ImmoWertV Rn. 185 ff.*

§ 16 Abs. 4 ImmoWertV ist eine Ausnahmevorschrift zur Darstellung von Bodenrichtwerten, die sich nur an die Gutachterausschüsse für Grundstückswerte richtet. Nach dieser Regelung sollen die Gutachterausschüsse 31

- in Bodenricht-wertzonen, in denen nach Maßgabe des in Bezug genommenen § 5 Abs. 1 Satz 2 ImmoWertV die *lagetypische GFZ* maßgebend ist, dem Bodenrichtwert ausnahmsweise eine sog. wertrelevante GFZ (WGFZ) zuordnen,
- wobei dies nur in den Wertermittlungsfällen von Bedeutung ist, wo die auf einem zu bewertenden Grundstück die **objektspezifisch realisierte GFZ** von der nach § 5 Abs. 1 ImmoWertV maßgeblichen, d.h. planungsrechtlich zulässigen oder lagetypischen GFZ abweicht.

Die Ausnahmeregelung findet mithin nur in den Bodenrichtwertzonen Anwendung, in denen sich der als durchschnittlicher Lagewert für den Boden definierte Bodenrichtwert nach der lagetypischen GFZ bestimmt und mithin aus den einschlägigen geeigneten Kaufpreisen abzuleiten ist (§ 9 Abs. 1 ImmoWertV).

Die Höhe des Bodenrichtwerts einer Bodenrichtwertzone **bestimmt sich nämlich grundsätzlich nach den in der jeweiligen Bodenrichtwertzone das allgemeine Marktgeschehen abbildenden tatsächlich erzielten und geeigneten Kaufpreisen** (Rn. 32). Dementsprechend sind in diesen Kaufpreisen auch die mit der WGFZ – im Unterschied zur GFZ – zusätzlich zu berücksichtigenden Wohn- bzw. Nutzflächen (der Nichtvollgeschosse) bereits in diese Kaufpreise „eingepreist", und zwar in der Höhe, wie es den Wertvor-stellungen der maßgeblichen Verkehrskreise entspricht. Dementsprechendergibt sich für diese **Bodenrichtwertzone ein und derselbe Bodenrichtwert unabhängig davon, ob ihm die GFZ oder WGFZ zugeordnet wird.** Zur Berücksichtigung dieser Wohn- bzw. Nutzflächen bedarf es keiner zusätzlich zu ermittelnden WGFZ, um den einschlägigen Bodenrichtwert sachgerecht zu beschreiben.

Dies gilt gleichermaßen auch für die Bodenrichtwertzonen, in denen die *planungsrechtlich zulässige Nutzung i.S. des § 5 Abs. 1 Satz 1 ImmoWertV* den durchschnittlichen Lagewert des Bodens (Bodenrichtwert) beschreibt.

Die Ausnahmeregelung kann insoweit nur Bedeutung haben, wenn darüber hinaus der atypische **Ausnahmefall des § 40 Abs. 5 Nr. 1 ImmoWertV** gegeben ist und Investoren bei der Preisgestaltung abweichend von der in der Bodenrichtwertzone vorherrschenden Nutzung kalkulieren (sog. atypische Nutzung). Bewertungstechnisch braucht es auch in diesen Fällen keine WGFZ, denn Investoren kalkulieren dann pragmatisch auf der Grundlage der ohnehin zur Verfügung stehenden Wohn- oder Nutzfläche (vgl. Beispiel bei § 40 ImmoWertV Rn. 191).
Für Bodenrichtwertzonen, in denen nach § 5 Abs. 1 Satz 2 ImmoWertV ein gegenüber den planungs-rechtlichen Zulässigkeitsvorschriften abweichende **lagetypische GFZ** wertbeeinflussend und mithin „wertrelevant" ist, bestimmt sich die zulässige Nutzung **analog zu § 20 Abs. 2 BauNVO** aus dem durchschnittlichen Verhältnis der für die Bodenrichtwertzone lagetypischen Geschoss-fläche (GF) aller Vollgeschosse zur „Grundstücksfläche" (i.S. des § 19 BauNVO; vgl. § 5 ImmoWertV Rn. 94, 104). Sie kann **im Vergleich zur zulässigen planungs-rechtlichen GFZ i.S. des § 5 Abs. 1 Satz 1 ImmoWertV niedriger oder höher sein**. Die Höhe des Bodenrichtwerts bestimmt sich insbesondere durch die in der Bodenrichtwertzone gelegenen Vergleichspreise („durchschnittlicher Lagewert des Bodens" i.S. des § 196 Abs. 1 Satz 1 BauGB).

Derselbe Bodenrichtwert muss sich dementsprechend auch ergeben, wenn diesem Bodenrichtwert nach Maßgabe des § 16 Abs. 4 Satz 1 bis 5 ImmoWertV eine WGFZ zugeordnet wird, die sich insbesondere unter Berücksichtigung der ausgebauten oder ausbaufähigen Dachgeschosse, die keine Vollgeschosse sind, sowie der Staffelgeschosse bestimmt[4]. **Die nach § 16 Abs. 4 Satz 1 bis 5 ImmoWertV modifizierte lagetypische GFZ wird als wertrelevante Geschoss-flächenzahl (WGFZ)** bezeichnet.

a) Nach § 5 Abs. 1 Satz 2 ImmoWertV soll das Maß der baulichen Nutzung (GFZ) unter den genannten Voraussetzungen an Stelle der planungsrechtlich höchstzulässigen GFZ die GFZ maßgebend sein, die auf dem jeweiligen Grundstücksmarkt üblicherweise zugrunde gelegt wird. **Die dementsprechend modifizierte GFZ ist nach der Systematik des § 5 Abs. 1 ImmoWertV analog zu § 20 Abs. 2 BauNVO** aus dem Verhältnis der lagetypisch realisierten Geschossfläche (GF) *aller Vollgeschosse* zur „Grundstücksfläche" (i.S. des § 19 BauNVO) ermittelbar (vgl. § 5 ImmoWertV Rn. 94, 104). Diese dementsprechend modifizierte GFZ wird als *lagetypische GFZ* bezeichnet.

b) Ergänzend zur vorstehenden Regelung soll sich darüber hinaus unter den genannten Voraussetzungen, die *in* einer Bodenrichtwertzone vorherrschende lagetypische GFZ nach Maßgabe des § 16 Abs. 4 ImmoWertV, insbesondere unter Berücksichtigung ausgebauter oder ausbaufähiger Dachgeschosse, die keine Vollgeschosse sind, sowie Staffelgeschossen, bestimmen; die Regelung des § 20 Abs. 1 BauNVO über Vollgeschosse finden mithin keine Anwendung. **Die nach § 16 Abs. 4 Satz 1 bis 5 ImmoWertV modifizierte lagetypische GFZ wird als wertrelevante Geschossflächenzahl (WGFZ)** bezeichnet.

Bei alldem kommt es darauf an, dass dementsprechende Dachgeschosse das Marktgeschehen in der jeweiligen Bodenrichtwertzone dominieren. Auf singuläre, *subjektive und partikuläre Nutzungen und Nutzungsabsichten*, die den einschlägigen Grundstücksmarkt nicht abbilden, wie etwa die Realisierung von bauordnungsrechtlich zulässigen Nutzungsmöglichkeiten in einem nicht vollgeschossigen Dachgeschoss oder die Errichtung eines Staffelgeschosses, darf es generell nicht ankommen. Dies gilt für die Ermittlung des Bodenrichtwerts ebenso wie im Falle der Marktwertermittlung eines einzelnen Grundstücks. Das wäre mit dem sich am gewöhnlichen Geschäftsverkehr orientierenden Verkehrswert unvereinbar.

Darüber hinaus ist zu beachten, dass die*lagetypischeGFZ* i.S. des § 5 Abs. 1 Satz 2 ImmoWertV die planungsrechtliche GFZ i.S. des § 5 Abs. 1 Satz 1 ImmoWertV auch (deutlich) **unterschreiten kann** (vgl. § 5 ImmoWertV Rn. 94). **In diesem Fall muss davon ausgegangen werden, dass ausgebaute oder ausbaufähige Dachgeschosse, die keine Vollgeschosse i.S. des § 16 Abs. 4 ImmoWertV sind, den Bodenwert nicht beeinflussen. In diesem Fall machen die Regelungen des § 16 Abs. 4 ImmoWertV keinen Sinn.**

3.4.2.3 Ableitung und Anwendung der sog. wertrelevanten Geschossflächenzahl (WGFZ)

▶ *Vgl. § 40 ImmoWertV Rn. 190*

32 **Die Gutachterausschüsse sollen die in § 16 Abs. 4 ImmoWertV definierte sog. wertrelevante GFZ (WGFZ) allein bei der Veröffentlichung von Bodenrichtwerten für Bodenrichtwertzonen darstellen, in denen die lagetypische GFZ i.S. des in Bezug genommenen § 5 Abs. 1 Satz 2 ImmoWertV das Marktgeschehen dominiert.** Würde es tatsächlich in den von dieser Regelung betroffenen Bodenrichtwertzonen einer ergänzenden Berücksichtigung der in nicht vollgeschossigen Dachgeschossen realisierten bzw. realisierbaren Nutzungen bedürfen, stellt sich die Frage, warum die sog. WGFZ auch für die Bodenrichtwertzonen darzustellen ist, in denen die planungsrechtlich höchstzulässige GFZ i.S. des § 5 Abs. 1 Satz 1 ImmoWertV maßgebend ist.
Die Regelung des § 16 Abs. 4 ImmoWertV stellt von daher eine systematisch unsinnige und völlig überflüssige Verkomplizierung dar und es bedarf auch keiner Ableitung WGFZ-basierter Umrechnungskoeffizienten.

4 Die dabei ergänzend berücksichtigten Flächen der Nichtvollgeschosse müssten zur Vermeidung einer Verfälschung des Bodenrichtwerts entsprechend der Gegebenheiten in der Bodenrichtwertzone konkretisiert werden.

Die **Höhe des Bodenrichtwerts** einer Bodenrichtwertzone bestimmt sich nämlich grundsätzlich nach den in der jeweiligen Bodenrichtwertzone das allgemeine Marktgeschehen abbildenden tatsächlich erzielten und geeigneten Kaufpreise (§ 9 Abs. 1 ImmoWertV). Mit diesen Vergleichspreisen wird zugleich auch die wirtschaftliche Nutzbarkeit von Geschossen berücksichtigt, die nicht Vollgeschosse (z.B. Keller- und Dachgeschoss) sind, und zwar exakt in dem Maße, wie sie „wertbeeinflussend" ist (vgl. § 5 ImmoWertV Rn. 67). Es macht insoweit keinen Unterschied, ob dem einschlägigen Bodenrichtwert die sog. wertrelevante GFZ (WGFZ) i.S. des § 16 Abs. 4 ImmoWertV oder die **analog zu** § 20 Abs. 2 BauNVO aus dem Verhältnis der lagetypisch realisierten Geschossfläche (GF) zur „Grundstücksfläche" (i.S. des § 19 BauNVO) ermittelte lagetypische und zugleich wertrelevante GFZ zugeordnet wird. Eine nach den örtlichen Verhältnissen intensive wirtschaftliche Nutzung von Dachgeschossen, die keine Vollgeschosse sind, einschließlich der Errichtung von Staffelgeschossen (z.B. in der attraktiven Innenstadtlage), wird gewissermaßen „eingepreist"[5] und findet Eingang in die Vergleichspreise, aus denen der einschlägige Bodenrichtwert abgeleitet wird. Dementsprechend ergibt sich ein und derselbe Bodenrichtwert unabhängig davon, ob die GFZ oder eine sog. WGFZ zugeordnet wird. Dies gilt für Bodenrichtwertzonen, in denen die planungsrechtlich zulässige GFZ i.S. des § 5 Abs. 1 Satz 1 ImmoWertV wertbestimmend ist, als auch für Bodenrichtwertzonen, in denen die lagetypische GFZ i.S. des § 5 Abs. 1 Satz 2 ImmoWertV maßgebend ist. Die **analog zu § 20 Abs. 2 BauNVO** aus dem Verhältnis der lagetypisch realisierten Geschossfläche (GF) *aller Vollgeschosse* zur „Grundstücksfläche" (i.S. des § 19 BauNVO) ermittelbare (modifizierte) GFZ ist mithin bereits genauso wertrelevant wie die GFZ, die für Bodenrichtwertzonen dargestellt wird, in denen die planungsrechtlich zulässige GFZ i.S. des § 5 Abs. 1 Satz 1 ImmoWertV dargestellt wird. Es bedarf insoweit nicht der Ermittlung einer sog. wertrelevanten GFZ (WGFZ).

Hat der Gutachterausschuss den Bodenrichtwert einer Bodenrichtwertzone eine WGFZ zugeordnet, besteht nach dem Wortlaut der Verordnung sowie auch**aus dem Modellkonformitätsgrundsatz keinerlei Verpflichtung, den Bodenrichtwert unter Anwendung dieser WGFZ zu verwenden**.Im konkreten Bewertungsfall ist es nach vorstehenden Ausführungen sehr viel einfacher, ersatzweise die einschlägige lagetypische GFZ des Bodenrichtwertgrundstücks zu ermitteln, ohne dass sich die Höhe des Bodenrichtwerts – wie ebenfalls dargelegt – dadurch verändert. Zur objektspezifischen Anpassung dieses Boden-richtwerts können die üblichen GFZ-basierten Umrechnungskoeffizienten herangezogen werden und es bedarf keiner Ermittlung WGFZ-basierter Umrechnungskoeffizienten. Damit wird eine Verfälschung der Marktwertermittlung vermieden, die mit der Ableitung der WGFZ auf der Grundlage ex cathedra verbindlich vorgegebener Ansätze für ausgebaute oder ausbaufähige Dachgeschosse einhergehen muss, wenn diese nicht den tatsächlichen Gegebenheiten entsprechen.

Nicht alle Grundstücke einer Bodenrichtwertzone, in denen die lagetypische GFZ das Marktgeschehen dominiert, können dementsprechend genutzt werden. Werden beispielsweise in einer Bodenricht-wertzone die Dachgeschosse wirtschaftlich intensiv genutzt und gehen in das Marktge-schehen ein, so liegt im Verhältnis zur lagetypischen Nutzung eine Mindernutzung vor, wenn die bauliche Anlage eines einzelnen Grundstücks ein nicht ausbaufähiges Dachgeschoss oder ein Flachdach hat. Der für solche Bodenrichtwertzonen ermittelte Bodenrichtwert wird dann nicht realisiert.In diesem Fall liegt eine **atypische Nutzung** vor. Soll der Marktwert in derartigen Einzelfällen auf der Grundlage des einschlägigen Bodenrichtwerts ermittelt werden, kann dem Ausnahmefall – analog zu § 40 Abs. 5 Satz 1 Nr. 1 ImmoWertV – mit einem *nutzungsabhängigen Bodenwert* Rechnung getragen werden (vgl. die weiterführenden Hinweise zu diesem Ausnahmefall bei § 40 ImmoWertV Rn. 191).

5 Es ist dabei abwegig, die WGFZ damit begründen zu wollen, dass sie von Investoren herangezogen werde. Zur „Einpreisung" einer intensiven Nutzung von Dachgeschossen und der Errichtung von Staffelgeschossen orientieren sich Investoren vielmehr – ausgehend von der bauplanungsrechtlichen GFZ – in pragmatischer Weise an der im Einzelfall in den Nichtvollgeschossen zulässigen Wohn- und Nutzfläche. Dafür bedarf es nicht noch zusätzlich einer komplizierten Ermittlung einer WGFZ. Diese ist Investoren weitgehend fremd. Soweit Investoren wie vorstehend kalkulieren, beschränken sie sich auch nicht auf die Gebietskulisse des §16 Abs. 4 ImmoWertV und selbst da orientiert sich das Baugeschehen vielfach an Flachdächern.

3.4.2.4 Wertrelevante Geschossflächenzahl (WGFZ)

▶ *Vgl. Rn. 21; § 5 ImmoWertV Rn. 104 ff.; § 19 ImmoWertV Rn. 16 ff.; Syst. Darst. des Vergleichswertverfahrens Rn. 218 ff.; § 40 ImmoWertV Rn. 19.; vgl. zur Akzeptanz § 5 ImmoWertV Rn. 106.*

33 Nach den vorstehenden Ausführungen soll dem Bodenrichtwertgrundstück der Bodenrichtwertzonen, in denen die lagetypische GFZ i.S. des § 5 Abs. 1 Satz 2 ImmoWertV das Marktgeschehen dominiert, anstelle der **analog zu § 20 Abs. 2 BauNVO** (aus dem Verhältnis der lagetypisch realisierten **Geschossfläche** (GF) **zur „Grundstücksfläche"** i.S. des § 19 BauNVO, vgl. § 5 ImmoWertV Rn. 104) ermittelten lagetypischen GFZ eine sog. wertrelevante GFZ (WGFZ) zugeordnet werden.
Die sog. WGFZ ist eine GFZ sui generis, die sich auf der Grundlage der mit § 16 Abs. 4 ImmoWertV vorgegebener Modellansätze unter Einbeziehung der *„ausgebauten oder ausbaufähigen Dachgeschosse"* in den Nichtvollgeschossen berechnet. Diese müssen nach der Bauordnung zulässig sein.
Da sich die Anwendung des § 16 Abs. 4 ImmoWertV nur auf solche Bodenrichtwertzonen beschränkt, in denen die genannten Voraussetzungen vorliegen, muss dies bei der Veröffentlichung der Bodenrichtwerte zur Unterscheidung von GFZ-basierten Bodenrichtwerte klar erkennbar sein. Ein allgemeiner Hinweis, dass sich unter den in § 16 Abs. 4 ImmoWertV genannten Voraussetzungen ein Bodenrichtwert auf die WGFZ beziehe, kann dann nicht dem Bestimmtheitsgebot genügen. Dabei ist die Differenz zwischen der *Grundfläche i.S. der maßgeblichen baurechtlichen Vorschriften* und der *vom Gutachterausschuss für Grundstückswerte nach Maßgabe des § 16 Abs. 4 ImmoWertV dem Bodenrichtwert zugrunde gelegten Grundfläche* in nachvollziehbarer Weise darzulegen, denn sonst wäre die notwendige Transparenz einer sachgerechten Anwendung des WGFZ-basierten Bodenrichtwerts nicht gegeben.
Der Bodenrichtwert wird sowohl im Falle der Ableitung GFZ-basierter als auch WGFZ-basierter Bodenrichtwerte aus geeigneten Vergleichspreisen ermittelt. Geeignet sind Vergleichspreise aus der jeweiligen Bodenrichtwertzone, die im Hinblick auf die geforderte Repräsentativität den einschlägigen Grundstücksmarkt abbilden (§ 9 Abs. 1 ImmoWertV). Dementsprechend ergibt sich **ein und derselbe Bodenrichtwert unabhängig davon, ob dem Bodenrichtwertgrundstücks die nach § 5 Abs. 1 Satz 2 ImmoWertV maßgebliche lagetypische GFZ oder die WGFZ i.S. des § 16 Abs. 4 ImmoWertV zugeordnet wird.** Mit diesen Vergleichspreisen wird zugleich auch die wirtschaftliche Nutzbarkeit von Geschossen berücksichtigt, die nicht Vollgeschosse (z.B. Keller- und Dachgeschoss) sind, und zwar exakt in dem Maße, wie sie „wertbeeinflussend" ist (vgl. § 5 ImmoWertV Rn. 105). Singuläre Nutzungsabsichten, die den einschlägigen Grundstücksmarkt nicht abbilden, müssen bei alledem außer Betracht bleiben (vgl. § 40 ImmoWertV Rn. 19).
Die nach § 16 Abs. 4 ImmoWertV in dem dort genannten Ausnahmefall maßgebliche GFZ wird in Anlehnung an die aufgehobene Bodenrichtwertrichtlinie von 2011 zwar wiederum als sog. „wertrelevante Geschossflächenzahl" (WGFZ) bezeichnet, tatsächlich handelt es sich um ein Aliud. Die danach ermittelte „wertrelevante" GFZ ist schon insoweit eine wertverzerrende GFZ, denn **bauordnungsrechtliche Nutzungsmöglichkeiten in Nichtvollgeschossen** werden im gewöhnlichen Geschäftsverkehr mit den einschlägigen Kaufpreisen „eingepreist". Diese Nutzungsmöglichkeiten sind deshalb gemäß § 5 Abs. 1 ImmoWertV, nach dem die eigentlich maßgebliche GFZ expressis verbis unter Einbeziehung „sonstiger Vorschriften, die die Nutzbarkeit betreffen" zu ermitteln ist, bereits berücksichtigt. Dementsprechend bestimmt § 13 Abs. 2 Satz 1 ImmoWertV, dass die in der Bodenrichtwertzone „vorherrschenden grund- und bodenbezogenen wertbeeinflussenden Grundstücksmerkmale" bei der Ableitung der Bodenrichtwerte direkt berücksichtigt werden (§ 13 ImmoWertV Rn. und § 15 ImmoWertV Rn. 4). Werden ausgebaute oder ausbaufähige Dachgeschosse nach § 16 Abs. 4 Satz 3 ImmoWertV mit einem ex cathedra vorgegebenen Prozentsatz ihrer Fläche zusätzlich berücksichtigt, muss dies zu einer Verzerrung des Bodenrichtwerts führen, zumal eine sich auf Mutmaßungen stützende Nutzung nicht geeignet ist, das tatsächlich Marktgeschehen abzubilden.
Darüber hinaus ist eine Doppelberücksichtigung **ausgebauter oder ausbaufähiger Dachgeschossezu befürchten.** Denn der Bodenrichtwert von Bodenrichtwertzonen der hier behandelten Art wird nach allgemeinen Grundsätzen auf der Grundlage von geeigneten Vergleichs-

preisen der Bodenrichtwertzone bzw. vergleichbarer Bodenrichtwertzonen ermittelt. Auf diesem Wege gehen die Nutzungsmöglichkeiten eines Dachgeschosses einschließlich der Errichtung eines Staffelgeschosses in den so ermittelten Bodenrichtwert ein, wenn diese tatsächlich „wertbeeinflussend“ sind. Dies gilt unabhängig davon, wie die GFZ ermittelt wird. Von daher muss es zu einer Wertverfälschung kommen, wenn der Bodenrichtwert auf der Grundlage einer numerisch „aufgestockten“ WGFZ anstelle der GFZ i.S. des § 5 Abs. 1 ImmoWertVermittelt wird.
Wenn für Bodenrichtwertzonen, in denen das „lagetypische Maß der baulichen Nutzung“ i.S. des § 5 Abs. 1 Satz 2 ImmoWertV maßgeblich ist, nach der Ausnahmeregelung des § 16 Abs. 4 ImmoWertV die dort definierte „WGFZ“ dargestellt werden soll, müssen dem „Bodenrichtwertgrundstück“ konsequenterweise auch die entsprechenden durchschnittlichen **WGFZ-spezifischen Eigenschaften der in der Bodenrichtwertzone gelegenen bzw. errichtbaren baulichen Anlagen** zugeordnet werden. Das könnten dann z.B. *„die Flächen aller oberirdischen Geschosse mit Ausnahme von nicht ausbaufähigen Dachgeschossen“* – ermittelt nach den jeweiligen Außenmaßen – sein. Dies ist Voraussetzung für die vorgeschriebene Anwendung des „objektspezifischen Bodenrichtwerts“, denn wie sonst könnte dieser ermittelt werden, wenn man diese Konkretisierung des WGFZ-basierten Bodenrichtwertgrundstücks nicht hat?

Die hoch umstrittene Regelung des § 16 Abs. 4 ImmoWertV wird nach der hier vertretenen 34
Auffassung abgelehnt. Die Anwendung dieser Regelung führt zu einer intransparenten und überflüssigen Doppelspurigkeit bei der Darstellung von Bodenrichtwerten sowie bei der Ableitung und Anwendung GFZ- bzw. WGFZ-bezogener Umrechnungskoeffizienten und ist auch nicht sachgerecht.

Die Regelung ist eine grundlegend modifizierte **Neuauflage der bereits in Ziff. 6 Abs. 6 der** 35
Bodenrichtwertrichtlinie[6]empfohlenen „WGFZ“, mit der das Bundesministerium für Verkehr, Bau und Stadtentwicklung unter dem Druck fachlicher Kritik gescheitert ist[7]. Zur Begründung beruft sich der Verordnungsgeber unsinnigerweise auf eine Entscheidung des OVG Koblenz[8], die sich auf eben diese verworfene WGFZ bezieht (vgl. § 19 ImmoWertV Rn. 19). Vor diesem Hintergrund ist es bemerkenswert, dass eben diese WGFZ (alt) verworfen wurde und mit § 16 Abs. 4 ImmoWertV erneut versucht wird, **unter Verwendung derselben Bezeichnung eine völlig neu definierte „WGFZ“ einzuführen**.
Die mit § 16 Abs. 4 ImmoWertV **neu definierte sog. „WGFZ“ weicht trotz gleicher Bezeichnung von der bisherigen Definition der aufgehobenen Bodenrichtwertrichtlinie grundlegend ab** und ist im Rahmen der Beteiligungsphase ebenso wie das vorangegangene „Experiment“ auf breite fachliche Ablehnung gestoßen[9]. Die neu definierte sog. „WGFZ“ hat

---

6 Richtlinien zur Ermittlung von Bodenrichtwerten – Bodenrichtwertrichtlinie BRW-RL vom 11.01.2011 (BAnz Nr. 25 vom 11.02.2011 S. 597 = GuG 2011, 165); abgedruckt in Kleiber, Sammlung amtlicher Vorschriften, 12. Aufl. 2016.

7 *Kleiber, W.*, Purgatorische Gedanken zum Maß der baulichen Nutzung, GuG 2017, 65; *Seite, W.*, Zur Praxistauglichkeit der wertrelevanten GFZ – Überforderung oder Notwendigkeit, GuG 2012, 321;*Kleiber*, Verkehrswertermittlung von Grundstücken, 9. Aufl.; § 10 ImmoWertV 10 Rn. 99, § 6 ImmoWertV 10 Rn. 3 ff., 39 ff., 74 ff., § 8 ImmoWertV 10 Rn. 345, 368; Syst. Darst. des Vergleichswertverfahrens Rn. 218 ff., 222; § 16 ImmoWertV 10 Rn. 223; vgl. Stellungnahme der DIA vom 27.08.2013, GuG 2013, 373; Stellungnahme des Bundesfachausschusses der Sachverständigen des Immobilienverbandes Deutschland zum Entwurf der aktuellen Vergleichswertrichtlinie vom 12.08.2013, GuG 2013, 376; Stellungnahme des LVS Bayern vom 23.10.2013, GuG 2014, 46; Stellungnahme des Bundesverbandes Freier Immobilien- und Wohnungsunternehmen e.V. zum Entwurf der Richtlinie zur Ermittlung des Vergleichswerts einschließlich der Ermittlung des Bodenwerts Vergleichswertrichtlinie-VW-RL vom 06.09.2013, GuG 2014, 373; Stellungnahme des BUS vom 23.08.2013; vgl. auch Glossen in GuG-aktuell 2017, 33, 65, GuG-aktuell 2014, 25.

8 OVG Koblenz, Urt. vom 16.02.2017 – 6 A 10137/14 –, NVwZ-RR 2017, 712 = EzGuG 15.184. Dass sich nach Erkenntnis des Gerichts die 2014 eingeführte WGFZ *„allgemein durchgesetzt“* habe und „i.S. eines fachlichen Standards zu den allgemeinen Wertermittlungsgrundsätzen“ gehöre, ist unverständlich und wird auch vom Verordnungsgeber offensichtlich nicht geteilt. Wie das Gericht weiter feststellt hat, ging der Ableitung des WGFZ basierten Bodenrichtwerts „ca. ein Jahr Arbeit voraus, in dem Grundstücke besichtigt und Geschossflächen erhoben wurden“; vgl. Glosse in GuG-aktuell 2020, 41.

9 Stellungnahmen der Bundesarchitektenkammer (Niedersachsen) vom 21.08.2021, des Bundesverbandes öffentlich bestellter und vereidigter Sachverständiger vom 20.08.2020, des Landesverbandes öffentlich bestellter und vereidigter Sachverständiger (Niedersachsen) vom 20.08.2020, von Viebrok-Hörmann vom 19.08.2020 zum Referentenentwurf einer novellierten ImmoWertV.

im Unterschied zu den aufgehobenen Empfehlungen der VergleichswertR[10] keine Allgemeingültigkeit mehr und soll nur bei der Darstellung von Bodenrichtwerten in den genannten Ausnahmefällen maßgebend sein. Sie hat damit zunächst auch nur eine **Verbindlichkeit für die Gutachterausschüsse für Grundstückswerte.**
Wird im Rahmen der Gutachtenerstattung ein WGFZ basierter Bodenrichtwert herangezogen, ist im Gutachten gleichzeitig die maßgebliche GFZ i.S. des § 5 Abs. 1 WertV anzugebenImmoWertV anzugeben. Dies gebietet allein schon die vollständige Qualifizierung des Bewertungsobjekts und folgt auch aus § 16 Abs. 2 Satz 2 ImmoWertV, nach dem die planungsrechtlich zulässige GFZ i.S. des § 5 Abs. 1 ImmoWertV anzugeben ist, wenn sie „wertbeeinflussend" ist. Die planungsrechtlich zulässige GFZ i.S. des § 5 Abs. 1 ImmoWertV ist auch im Falle eines intensiven Ausbaus des Dachgeschosses und der Errichtung von Staffelgeschossen in den Belegenheitsgebieten „wertbeeinflussend", da diese Nutzungsmöglichkeiten – wie nachfolgend erläutert wird – im gewöhnlichen Geschäftsverkehr „eingepreist" werden. Insoweit stellt die in § 16 Abs. 4 ImmoWertV definierte „wertbeeinflussende" GFZ (WGFZ) begrifflich ein Etikettenschwindel dar.

36 Die **Neuauflage der in § 16 Abs. 4 ImmoWertV definierten „WGFZ" ist dem gesamten Baurecht und der Immobilienwirtschaft fremd.**Sie koppelt sich noch weiter vom geltenden Baurecht ab, indem nunmehr bewertungstechnisch auch von der Geschossfläche i.S. der BauNVO sowie von den landesrechtlich definierten Vollgeschossen abgewichen werden soll.

37 Nach § 40 Abs. 5 ImmoWertV soll die neu definierte „WGFZ" aus dem Verhältnis der Flächen der oberirdischen Geschosse zur Grundstücksfläche ermittelt werden, wobei zur Ermittlung dieses Maßes

- die Flächen aller oberirdischen Geschosse mit Ausnahme von nicht ausbaufähigen Dachgeschossen zu berücksichtigen sind,
- als oberirdische Geschosse solche gelten, deren Deckenoberkanten im Mittel mehr als 1,40 Meter über die Geländeoberfläche hinausragen,
- § 20 Abs. 1 BauNVO keine Anwendung findet,
- **ausgebaute oder ausbaufähige Dachgeschosse** pauschal mit 75 Prozent ihrer Fläche zu berücksichtigen sind,
- die Flächen von **Staffelgeschossen** in vollem Umfang zu berücksichtigen sind und Hohlräume zwischen der obersten Decke und der Bedachung, in denen Aufenthaltsräume nicht möglich sind, keine Geschosse sind.

38 Die Kritik setzt schon bei dem vorstehend hervorgehobenen **Anwendungsbereich** an.

1. Gebiete (Bodenrichtwertzonen), in denen sich Art und Maß der baulichen Nutzung nach Maßgabe des **§ 5 Abs. 1 Satz 2** ImmoWertV in der üblicherweise realisierten lagetypischen Nutzung anstelle der planungsrechtlich zulässigen Nutzung bestimmen, sind in erster Linie solche, in denen z.B. die planungsrechtlich zulässige GFZ nicht „ausgeschöpft", d.h. unterschritten wird, und Gebiete, in denen insbesondere aufgrund des Bestandsschutzes die zulässige GFZ überschritten wird. Wo aber bereits schon die zulässige GFZ üblicherweise zum Wertermittlungsstichtag noch nicht einmal ausgeschöpft wird, mag der Ausbau bzw. die Ausbaufähigkeit des Dachgeschosses sich im Gebäudewert, nicht aber im Bodenwert niederschlagen. Sie ist dort im gewöhnlichen Geschäftsverkehr nicht „wertrelevant", denn dann würde sie auch realisiert werden.

2. In Gebieten, in denen der Grundstücksmarkt darauf ausgerichtet ist, ein Grundstück wirtschaftlich intensivst unter Ausnutzung „wirtschaftlich nutzbarer Flächen" in ausgebauten oder ausbaufähigen Dachgeschossen bzw. Staffelgeschossen zu nutzen, können diese den Bodenwert erhöhen und mithin wertrelevant sein. Dies betrifft z.B. hoch verdichtete Innen-

10 Anl. 1 zur Richtlinie zur Ermittlung des Vergleichswerts und des Bodenwerts (Vergleichswertrichtlinie – VW-RL) vom 20.04.2014 (BAnz AT 11.04.2014 B3 = GuG 2014, 183).

stadtlagen, in denen das zulässige Baurecht einschließlich aller zulässigen Möglichkeiten der Dachgeschossnutzung voll ausgeschöpft wird. Die Möglichkeiten eines Dachausbaus werden mit den dort anfallenden Kaufpreisen – häufig durch Voranfragen abgesichert – regelmäßig eingepreist und mit der planungsrechtlich zulässigen GFZ abgebildet. Dies gilt auch für Gebiete, in denen insbesondere aufgrund des Bestandsschutzes die zulässige GFZ überschritten wird.

Diese Werterhöhung findet ihren Niederschlag in den nach § 9 Abs. 1 Satz 1 ImmoWertV für diesen Grundstücksmarkt repräsentativen Kaufpreisen. Der daraus abgeleitete Bodenrichtwert berücksichtigt mithin auch die wirtschaftliche Nutzung bzw. Nutzbarkeit der ausgebauten oder ausbaufähigen Dachgeschosse. Dazu bedarf es nicht einer fragwürdigen Berechnung einer WGFZ. Allein schon mit den zur Bodenrichtwertermittlung herangezogenen Vergleichspreisen von geeigneten und mit der maßgeblichen GFZ i.S. des § 5 ImmoWertV beschriebenen Vergleichsgrundstücken wird die Gesamtheit der „wirtschaftlich nutzbaren Flächen" in den Bodenwert „eingepreist" und das sogar in marktkonformer Höhe.

Das *„wertrelevante"* Maß der baulichen Nutzung ist mithin grundsätzlich die nach § 5 Abs. 1 ImmoWertV maßgebliche GFZ. Eine Ausnahme davon bilden die atypisch genutzten Grundstücke; vgl. die weiterführenden Hinweise zu diesem Ausnahmefall bei § 40 ImmoWertV Rn. 191.

Davon geht grundsätzlich auch die ImmoWertV in den Fällen aus, in denen entsprechend § 5 Abs. 1 Satz 1 ImmoWertV regelmäßig die bauplanungsrechtlich zulässige Nutzung unter Ausnutzung „wirtschaftlich nutzbarer Flächen" in ausgebauten oder ausbaufähigen Dachgeschossen ausgeübt wird, denn die Ausnahmeregelung des 40 Abs. 5 ImmoWertV beschränkt sich nach Satz 1 dieser Vorschrift ausschließlich auf solche Fälle, in denen nach § 5 Abs. 1 Satz 2 ImmoWertV ein gegenüber den planungsrechtlichen Zulässigkeitsvorschriften abweichend berechnetes oder bestimmtes Maß lagetypischerweise wertbeeinflussend ist. **Die dort maßgebliche lagetypische GFZ ist in sachgerechter Weise analog zu** § 20 Abs. 2 BauNVO **aus dem Verhältnis der lagetypisch realisierten bzw. antizipierten**[11]**Geschossfläche** (GF) **zur „Grundstücksfläche"** (i.S. des § 19 BauNVO) **zu ermitteln** (§ 5 ImmoWertV Rn. 104 ff.). **39**

Es kommt hinzu, dass ein *„ausgebautes"* Dachgeschoss zunächst nur den Gebäudewertanteil erhöht und sich damit nicht zwangsläufig auf den Bodenwert auswirkt. Denn der Bodenwert bestimmt sich grundsätzlich nach der Nutzbarkeit. Auch die Ausbau*fähigkeit* eines Dachgeschosses hat nicht zwangsläufig einen Einfluss auf den Bodenwert und kann insbesondere in den Fällen ausgeschlossen werden, in denen in der Bodenrichtwertzone noch nicht einmal die planungsrechtlich zulässige GFZ ausgeschöpft wird. Ein ausbaufähiges Dachgeschoss, das kein Vollgeschoss i.S. der Landesbauordnung ist, bzw. die Möglichkeit, ein solches zu errichten, ist nur dann „wertbeeinflussend", wenn es nach den Verhältnissen des örtlichen Grundstücksmarkts in die Bodenpreisbildung eingeht. Ein etwaiger Werteinfluss wird dementsprechend mit den Kaufpreisen der Vergleichsobjekte, die zur Ableitung des Bodenrichtwerts herangezogen werden, bereits umfassend berücksichtigt, ohne dass den Vertragsparteien eine irgendwie geartete „wertrelevante" Geschossflächenzahl (WGFZ) i.S. des § 16 Abs. 4 ImmoWertV bekannt ist. Für eine Anwendung dieser Vorschrift kann dann kein Raum mehr sein und die ergänzende Anwendung der Vorschrift muss den Bodenrichtwert verfälschen. **40**

Würde umgekehrt ein ausbaufähiges Dachgeschoss, das kein Vollgeschoss i.S. der Landesbauordnung ist, bzw. die Möglichkeit, ein solches zu errichten, nicht in die Preisbildung von einschlägigen Grundstücken der Bodenrichtwertzone eingehen, ist es nicht „wertrelevant", z.B. in Gebieten, in denen Gebäude mit Flachdächern üblich sind. In diesem Falle ist ebenfalls für die Ermittlung einer „wertrelevanten" Geschossflächenzahl (WGFZ) i.S. des § 16 Abs. 4 ImmoWertV kein Raum mehr, denn sie ist in diesem Falle gerade nicht wertrelevant. **41**

---

11 Kaufpreise und damit auch der Verkehrswert orientieren sich daran, was der Käufer eines Grundstücks in absehbarer Zeit dort zu realisieren gedenkt (OLG München, Urt. vom 01.03.2001 – 1 U 2965/00 –, IBRRS 2002, 1702 = EzGuG 11.297c).

42 Ob und in welchem Maße ein ausbaufähiges Dachgeschoss, das kein Vollgeschoss i.S. der Landesbauordnung ist, bzw. die Möglichkeit, ein solches zu errichten, in Bezug auf den Grund und Boden wertrelevant ist, muss im Rahmen einer marktkonformen Verkehrswertermittlung der gewöhnliche Geschäftsverkehr entscheiden. Wie der gewöhnliche Geschäftsverkehr entscheidet, bildet sich in den zur Ableitung des Bodenwerts herangezogenen geeigneten Vergleichspreisen ab und es bedarf keiner überflüssiger „Operationen" i.S. des § 16 Abs. 4 ImmoWertV (vgl. Rn. 37 ff.; § 8 ImmoWertV Rn. 213).

43 Zur Begründung der „WGFZ" wird darauf hingewiesen, dass die „**wirtschaftlich nutzbaren Flächen**" und insbesondere Aufenthaltsräume in oberirdischen Geschossen, die nicht Vollgeschosse i.S. des Landesrechts sind, den Wert erhöhen und gegebenenfalls „wertrelevant" seien. Diese Begründung ist irreführend, denn die „wirtschaftlich nutzbaren Flächen" in den Nichtvollgeschossen erhöhen den Gebäudewert und werden mit dem Gebäudewert(anteil), z.B. mit dem aus diesen Flächen „fließenden" Ertrag oder mit dem Ansatz entsprechender Herstellungskosten, berücksichtigt. **Im Rahmen der Ermittlung des Bodenrichtwerts geht es jedoch allein um den Bodenwert**, der nach § 196 Abs. 1 Satz 2 BauGB i.V.m. § 40 Abs. 1 ImmoWertV *„mit dem Wert zu ermitteln (ist), der sich ergeben würde, wenn der Boden unbebaut wäre".*

44 Der **Bodenwert** indessen **bestimmt sich nach der Nutzungsfähigkeit des Grund- und Bodens**[12]**, konkret in den Grenzen der für die planungsrechtliche Zulässigkeit von Vorhaben maßgeblichen §§ 30, 33 und 34 des BauGB** ***„und den sonstigen Vorschriften, die die Nutzbarkeit betreffen"*****.** Dazu gehören insbesondere die bauordnungsrechtlichen Vorschriften zu Voll- und Staffelgeschossen und auch zur wirtschaftlichen Nutzung von Geschossen, die nicht Vollgeschosse sind. In welchem Maße in den genannten Grenzen die Nutzungsfähigkeit ausgeschöpft wird, manifestiert sich im örtlichen Baugeschehen. Das dementsprechend auf dem jeweiligen örtlichen Grundstücksmarkt „in der Umgebung" ausgeübte Maß der baulichen Nutzung und die dort vereinbarten Kaufpreise für unbebaute Grundstücke bilden die örtlichen Wertverhältnisse vollumfänglich in marktkonformer Höhe ab.
Ist z.B. die **Nutzung eines Staffelgeschosses** lagetypisch, wird diese Nutzung in die zum Preisvergleich herangezogenen einschlägigen Vergleichspreise dementsprechend „eingepreist" und es bedarf keiner ergänzenden Berücksichtigung.

45 **Die Begründung der sog. „WGFZ"**, nach der „wirtschaftlich nutzbare Flächen" und insbesondere Aufenthaltsräume in oberirdischen Geschossen, die nicht Vollgeschosse i.S. des Landesrechts sind, den Wert erhöhen und gegebenenfalls „wertrelevant" seien, ist in dieser apodiktischen Form auch in Bezug auf den Bodenwert falsch. Dies beweist das tägliche Baugeschehen:

- Wo das zulässige Maß der baulichen Nutzung (GFZ) unterschritten wird, wie es insbesondere in Ein- und Zweifamilienhausgebieten häufig vorkommt, fehlt es im Regelfall an einem Werteinfluss des Maßes der baulichen Nutzung. Eine Berechnung der „WGFZ" macht von daher per se keinen Sinn.
- In Gebieten, wo die Gebäude überwiegend **Flachdächer aufweisen**, obwohl bauplanungsrechtlich Dachformen erlaubt sind, die „wirtschaftlich nutzbare" Flächen in Nichtvollgeschossen zulassen, sind diese Flächen augenscheinlich auch nicht „wertrelevant", denn sonst hätte man dieses Potenzial „wirtschaftlich genutzt".

„Wirtschaftlich nutzbare Flächen" in ausgebauten oder ausbaufähigen Dachgeschossen werden bei sachgerechter Ableitung von Bodenrichtwerten aus geeigneten Vergleichspreisen, die für den jeweiligen Grundstücksmarkt repräsentativ sind und ihn zutreffend abbilden, bereits mit der so ermittelten lagetypischen GFZ berücksichtigt. Es bedarf also auch dort nicht der

12 BGH, Urt. vom 06.12.1962 – III ZR 113/61 –, BRS Bd. 19 Nr. 109 = EzGuG 6.65; LG Bremen, Urt. vom 05.11.1954 – 1 O 749/54 (B) –, EzGuG 6.10; BGH, Urt. vom 17.12.1964 – III ZR 96/63 –, BRS Bd. 19 Nr. 112 = EzGuG 11.47; BGH, Urt. vom 08.11.1962 – III ZR 86/61 –, BGHZ 39, 198 = EzGuG 8.5; vgl. Dieterich/Voß in Ernst/Zinkahn/Bielenberg/Krautzberger, BauGB § 194 BauGB Rn. 65 ff.

Ermittlung einer nach einem fragwürdigen Konstrukt ermittelten WGFZ, die das Marktgeschehen erheblich verfälschen kann. Einheitliche ex cathedra vorgegebene Pauschalen für ausgebaute oder ausbaufähige Dachgeschosse (mit 75 Prozent ihrer Fläche) sind ohne vorherige Begehung nicht zu verantworten, denn dies muss den Bodenrichtwert verfälschen, wenn die Pauschale nicht den örtlichen Verhältnissen entspricht[13].

Die Ermittlung der sog. **WGFZ ist** bei alldem **überflüssig, bürokratisch und streitbefangen, ohne dass sich damit die Präzision des Ergebnisses einer Verkehrswertermittlung steigern ließe**[14]. Das sich aus der Ausnahmeregelung ergebende Nebeneinander von GFZ und WGFZ stellt die Wertermittlungspraxis bei der Ableitung des Bodenwerts im Wege des Preisvergleichs vor besondere Herausforderungen, wenn dazu unterschiedlich GFZ- und WGFZ-basierte Bodenrichtwerte herangezogen werden sollen. Die Anwendung WGFZ-basierter Umrechnungskoeffizienten führt in diesen Fällen zu weiteren in § 19 ImmoWertV bei Rn. 19 erläuterten Problemen. 46

Eine dem **Bodenrichtwerten zugeordnete sog. WGFZ „verschmutzt" die Aussagekraft und „Originalität" des Bodenrichtwerts.** Das muss die Transparenz von Bodenrichtwerten insbesondere auch in Bezug zu Bodenrichtwertzonen beeinträchtigen, wo Bodenrichtwerte mit der bauplanungsrechtlichen GFZ dargestellt werden. Vom Verordnungsgeber ist hier für die Gutachterausschüsse mit abweichenden Begriffsbestimmungen für die Darstellung von Bodenrichtwerten in bestimmten Bodenrichtwertzonen überflüssigerweise eine intransparente Parallelwelt zum allgemeinen Baurecht und den sonstigen Bodenrichtwertzonen aufgetürmt worden. Dieser Forderung können sie selbst mit hohem bürokratischem Aufwand schon mangels eines Betretungsrechts der baulichen Anlagen gar nicht nachkommen. 47

3.4.3 Grundstücksgröße

▶ *Vgl. Erläuterungen zu § 41 ImmoWertV Rn. 1 ff.*

Auch die nach Maßgabe der Definition des Bodenrichtwerts sich bestimmende **durchschnittliche Größe der in der Bodenrichtwertzone gelegenen Grundstücke** ist regelmäßig wertbeeinflussend. Ihre Darstellung ist zudem im System der ImmoWertV unter dem Regime der Modell- und Referenzkonformität geboten, damit Bodenrichtwerte in sachgerechter Weise zur Bodenwertermittlung und zur Ableitung sonstiger für die Wertermittlung erforderlicher Daten, insbesondere der Liegenschaftszinssätze sowie Vergleichs- und Sachwertfaktoren, herangezogen werden können. Die genannten für die Wertermittlung erforderlichen Daten sind nämlich nach dem System der ImmoWertV auf der Grundlage des Modellansatzes einer nach Art und Lage des Grundstücks „marktüblichen" Grundstücksgröße zu ermitteln. Dementsprechend sind nach § 41 ImmoWertV übergroße Grundstücke in eine „marktübliche" Teil- und die verbleibende Restfläche zu sondieren. 48

Die Darstellung der Grundstücksgröße des Bodenrichtwertgrundstücks kann Aufschluss über die im Belegenheitsgebiet vorherrschende „marktübliche" Grundstücksgröße geben. 49

3.4.4 Bodengüte als Acker- oder Grünlandzahl

▶ *Vgl. § 14 ImmoWertV Rn. 23; § 3 Abs. 1 ImmoWertV Rn. 18 ff.*

Für die Darstellung von Bodenrichtwerten **landwirtschaftlicher Flächen ist die Angabe** der Art der Nutzung (A, Gr) sowie der Bonität (Acker- oder Grünlandzahl) unabdingbar. 50

13 Was für die Gutachtenerstattung gilt, muss auch für die Ableitung von Bodenrichtwerten gelten. Gutachten müssen sich auf Tatsachen und nicht auf Mutmaßungen oder Unterstellungen stützen (BGH, Urt. vom 02.11.1983 – IVa ZR 20/82 –, EzGuG 20.103).

14 Vgl. Stellungnahme der DIA vom 27.08.2013, GuG 2013, 373; Seitz, W., GuG 2014, 373.

4 Spezifizierung der Grundstücksmerkmale eines Bodenrichtwertgrundstücks (§ 16 Abs. 4 ImmoWertV)

51 Die wertbeeinflussenden Grundstücksmerkmale des Bodenrichtwertgrundstücks sind gemäß § 16 Abs. 3 ImmoWertV nach Anl. 5 zur ImmoWertV zu spezifizieren (abgedruckt als Anl. zur ImmoWertV).

5 Ausnahmeregelung für beitragspflichtige Grundstücke (§ 16 Abs. 5 ImmoWertV)

▶ *Vgl. § 5 ImmoWertV Rn. 108; § 8 ImmoWertV Rn. 45; § 16 ImmoWertV Rn. 52; zur Berücksichtigung von Abgaben und Beiträgen vgl. Syst. Darst. des Vergleichswertverfahrens Rn. 318 ff.*

52 Grundsätzlich sind Bodenrichtwerte für baureifes Land nach § 16 Abs. 5 Satz 1 ImmoWertV vorbehaltlich des Ausnahmetatbestands nach Satz 2 für **beitragsfreie Grundstücke** zu ermitteln.

53 Damit angesprochen sind insbesondere

a) die Erschließungsbeiträge nach § 127 BauGB oder entsprechendem Landesrecht, wenn dieses die §§ 127 bis 135 BauGB ersetzt hat (Art. 125a Abs. 1 Satz 2 GG),

b) naturschutzrechtliche Ausgleichsbeträge nach § 135a BauGB sowie

c) die Anschlussbeträge für die Wasserversorgung und Grundstücksentwässerung sowie sonstige grundstücksbezogene Beiträge nach dem Kommunalabgabenrecht.

§ 17 ImmoWertV
Automatisiertes Führen der Bodenrichtwerte

Die Bodenrichtwerte sind in automatisierter Form auf der Grundlage der amtlichen Geobasisdaten zu führen.

Gliederungsübersicht *Rn.*

1 Automatisierte Form (§ 17 ImmoWertV)

Um eine bundeseinheitliche Bezugsgrundlage zu gewährleisten, **sind Bodenrichtwerte** nach § 17 ImmoWertV **in automatisierter Form auf der Grundlage der amtlichen Geobasisdaten** (*Spatial base data*) **zu führen,** d.h. verortet mit lagebeschreibenden Koordinaten (Georeferenz). Die Vorschrift geht auf eine zur ImmoWertV 10 gegebene Empfehlung des Bundesrates zurück. 1

Geobasisdaten sind nach einer Definition der Arbeitsgemeinschaft der Vermessungsverwaltungen der Länder der Bundesrepublik Deutschland (AdV, Plenumstagung am 28. und 29.09.2005 in Magdeburg) Daten des amtlichen Vermessungswesens, welche die Landschaft, die Liegenschaften und den einheitlichen geodätischen Raumbezug anwendungsneutral nachweisen und beschreiben. Sie sind Grundlage für Fachanwendungen mit Raumbezug. Speziell umfasst der Geobasisdatensatz die vorhandenen Daten aus der Automatisierten Liegenschaftskarte (ALK), dem Automatisierten Liegenschaftsbuch (ALB) und dem Amtlichen Topographisch-Kartographischen Informationssystem (ATKIS) sowie die bisher separat geführten Digitalen Geländemodelle (DGM) und die gescannten topografischen Kartenwerke. Daneben sind es Daten zu Bezugssystemen und zu den Grundlagennetzen sowie Verwaltungsgrenzen auf nationaler, regionaler und lokaler (z.B. Flurstücks-)Ebene. Zukünftig zählen hierzu auch die Bilddaten wie Orthophotos, Luft- und Satellitenbilder. Der Zusatz amtlich verdeutlicht darüber hinaus, dass der Geobasisdatenbestand von öffentlichen Stellen als Auftrag erstellt wird. 2

Eine einheitliche Darstellung auf der Grundlage der Liegenschaftskarte ist entgegen ursprünglichen Absichten nicht vorgeschrieben. Zur Begründung wurde ausgeführt, dass nur Bodenrichtwerte in automatisierter Form und in dem gleichen Raumbezugssystem wie die amtliche Liegenschaftskarte die wirtschaftliche, sachgerechte und eindeutige Zuordnung eines Grundstücks gewährleisten können[1]. 3

2 Datenfernübertragung an zuständigen Finanzbehörden

Um die bedarfsgerechte Verwendung der Bodenrichtwerte im Bereich der steuerlichen Bewertung (z.B. Grundsteuer) zu gewährleisten, sind nach § 247 Abs. 2 BewG Bodenrichtwerte von den Gutachterausschüssen i.S. der §§ 192 ff. BauGB auf den Hauptfeststellungszeitpunkt zu ermitteln, zu veröffentlichen und „nach amtlich vorgeschriebenem Datensatz durch Datenfernübertragung an die zuständigen Finanzbehörden zu übermitteln.“ 4

1 BT-Drs. 296/09 (Beschl.) S. 4.

Anhang: Schnittstellenbeschreibung für Bodenrichtwertinformationen im CSV-Format

1. Erläuterung

Die Datenschnittstelle für Bodenrichtwertinformationen in CSV-Dateien besteht aus Bodenrichtwertdateien (Name: br*.csv) und Umrechnungskoeffizientendateien.

(Name: uk*.csv). Optional können Dokumentationen in Form von PDF-Dateien Bestandteil der Schnittstelle sein.

Diese Dateien müssen im Dateinamen an der 1. bis 2. Stelle den Landesschlüssel und danach die Gutachterausschusskennziffer enthalten.

Nach einem ‚-' kann der weitere Teil des Dateinamens individuell vergeben werden.

1.1 Dateiaufbau

Für die Bodenrichtwertdateien und die Umrechnungskoeffizientendateien gelten folgende Grundsätze:

- Datensätze werden durch einen Zeilenumbruch getrennt, der durch die Zeichenkombination ‚CR LF' erzeugt wird.
- Der letzte Datensatz wird durch einen Zeilenumbruch abgeschlossen.
- Als Trennzeichen für die Datenfelder wird das Pipezeichen , | , verwendet.
- Der erste Datensatz einer Datei, der Kopfdatensatz, enthält in den Datenfeldern die Feldkennungen.
- Jeder Datensatz enthält alle Datenfelder. Ein leeres Datenfeld enthält kein Zeichen und wird gleichfalls durch das Trennzeichen abgeschlossen, ausgenommen am Datensatzende.
- Bei Bodenrichtwerten, die nach Inkrafttreten dieser Schnittstelle ermittelt wurden, sind nur die angegebenen Feldinhalte zulässig.

1.2 Struktur besonderer Datenfelder

- Einzelne Werte in einem Datenfeld, das Listen erlaubt, (BEM, FREI, BRZNAME, LUMNUM, UWERT, UFORM) werden durch ein Semikolon , ; ' getrennt.
- Beim Feld „Werteliste" (UWERT) besteht der einzelne Wert aus dem Wert für die Einflussgröße und dem jeweiligen Umrechnungswert getrennt durch ein Leerzeichen.
- Das Feld „Koordinatenliste" (KOORWERT) enthält den Umring der Bodenrichtwertzone im „Well-Known-Text"(WKT)-Format des Open Geospatial Consortium (OGC):

das Schlüsselwort „Polygon", gefolgt von Koordinatenpaaren, die intern durch Leerzeichen und als Listenelemente durch Kommata getrennt und von zwei Klammern umschlossen werden.

Beispiel für eine Zone ohne Loch: Polygon((10 10, 10 20, 20 20, 20 15, 10 10))

Beispiel für eine Zone mit einem äußeren Umring und einem inneren Ring (Loch): Polygon ((0 0, 0 20, 20 20, 20 0, 0 0),(5 5, 5 15, 15 15, 15 5, 5 5))

- Bei Dezimalzahlen wird der Punkt , . ' als Dezimaltrenner verwendet.
- Datenfelder, die Sonderzeichen enthalten, werden von Feldbegrenzern eingeschlossen. Als Feldbegrenzerzeichen wird das Doppelhochkomma ,"' verwendet. Ist das Feldbegrenzerzeichen selbst als Sonderzeichen in den Daten enthalten, wird dieses im Datenfeld verdoppelt (Beispiel: 1;45;"Test ""2"" in Zeichenkette").

Abschnitt 3 Sonstige für die Wertermittlung erforderliche Daten

§ 18 ImmoWertV
Indexreihen

(1) Indexreihen dienen der Berücksichtigung von im Zeitverlauf eintretenden Änderungen der allgemeinen Wertverhältnisse.

(2) Indexreihen bestehen aus Indexzahlen, die sich aus dem durchschnittlichen Verhältnis der Preise eines Erhebungszeitraums zu den Preisen eines Basiszeitraums mit der Indexzahl 100 ergeben. Die Indexzahlen können auch auf bestimmte Zeitpunkte innerhalb des Erhebungs- und Basiszeitraums bezogen werden.

(3) Die Indexzahlen werden aus geeigneten Kaufpreisen für Grundstücke bestimmter räumlicher und sachlicher Teilmärkte ermittelt.

Gliederungsübersicht *Rn.*

1 Übersicht

Der Gutachterausschuss für Grundstückswerte führt eine Kaufpreissammlung und ermittelt Bodenrichtwerte und sonstige für die Wertermittlung erforderliche Daten. Dazu gehört auch die in § 193 Abs. 5 BauGB nicht expressis verbis genannte Ableitung von Indexreihen: 1

- Nach *Abs. 1* „dienen" Indexreihen der Berücksichtigung von **Änderungen der allgemeinen Wertverhältnisse auf dem jeweiligen Grundstücksmarkt**.
- *Abs. 2* definiert Indexreihen als **Reihen von Indexzahlen, die sich jeweils aus dem durchschnittlichen Verhältnis der Preise eines Erhebungszeitraums zu den Preisen eines Basiszeitraums mit der Indexzahl 100 ergeben**.
- *Abs. 3* gibt ergänzende Hinweise zur Ableitung von Indexreihen und deren Ermittlungsgrundlagen.

2 Zweck der Indexreihen (§ 18 Abs. 1 ImmoWertV)

2 Marktwerte werden bezogen auf die am Wertermittlungsstichtag herrschenden **allgemeinen Wertverhältnisse auf dem Grundstücksmarkt** (§ 2 Abs. 2 ImmoWertV) des Wertermittlungsstichtags ermittelt. Zur Marktwertermittlung müssen regelmäßig Vergleichsdaten, insbesondere Vergleichspreise von Grundstücken, herangezogen werden, die in der Vergangenheit veräußert worden sind und die bei volatilen Marktverhältnissen („**Zeiten schwankender Preisverhältnisse**") den **allgemeinen Wertverhältnissen** des Wertermittlungsstichtags angepasst werden müssen. Entsprechendes gilt für Vergleichsfaktoren, die ebenfalls auf der Grundlage von Vergleichspreisen und anderen Vergleichsdaten der Vergangenheit abgeleitet worden sind und möglicherweise nicht mehr in ausreichender Weise den allgemeinen Wertverhältnissen des Wertermittlungsstichtags entsprechen. Damit zwischenzeitlich eingetretene Änderungen der allgemeinen Wertverhältnisse auf dem Grundstücksmarkt in marktkonformer Weise Berücksichtigung finden können, sollen nach § 11 i.V.m. § 9 ImmoWertV auf der Grundlage der Kaufpreissammlung Indexreihen abgeleitet werden.

3 Bodenpreisindexreihen, Indexreihen für Eigentumswohnungen und für sonstige bebaute Grundstücke werden zusammenfassend in Zeiten schwankender Wertverhältnisse auf dem Grundstücksmarkt für den **intertemporalen Preisvergleich** benötigt.

4 Dies gilt gleichermaßen für Liegenschaftszinssätze und Sachwertfaktoren, die auf der Grundlage von Vergleichspreisen und anderen Vergleichsdaten der Vergangenheit abgeleitet worden sind, und andere zeitabhängige Wertermittlungsparameter, insbesondere Erträge, die möglicherweise nicht mehr den am Wertermittlungsstichtag herrschenden allgemeinen Wertverhältnissen „*ausreichend*" entsprechen (§ 7 Abs. 2 ImmoWertV). In diesen Fällen kann zur Ermittlung des marktangepassten vorläufigen Verfahrenswerts eine Marktanpassung durch Zu- oder Abschläge erforderlich sein.

3 Definition (§ 18 Abs. 2 ImmoWertV)

5 Mit § 18 Abs. 2 ImmoWertV werden **Indexreihen als Reihen von Indexzahlen** definiert, die sich jeweils aus dem durchschnittlichen Verhältnis der Preise von Grundstücken mit vergleichbaren Lage- und Nutzungsverhältnissen der jeweiligen Erhebungszeiträume zu den Preisen eines Basiszeitraums mit der Indexzahl 100 ergeben. Nach § 18 Abs. 2 Satz 2 ImmoWertV können die Indexzahlen auch auf bestimmte Zeitpunkte innerhalb des jeweiligen Erhebungs- und Basiszeitraums bezogen werden.

4 Ableitung von Indexreihen (§ 18 Abs. 3 ImmoWertV)

4.1 Zur Ableitung geeignete Kaufpreise

▶ *Zu den allgemeinen Grundsätzen vgl. § 9 Abs. 1 ImmoWertV Rn. 3 ff.; § 12 ImmoWertV Rn. 15 ff.*

6 Indexreihen sind von den Gutachter-ausschüssen für Grundstückswerteauf der Grundlage einer **ausreichenden Zahl geeigneter Kaufpreise** der von ihnen geführten Kaufpreissammlung (§ 195 BauGB) abzuleiten.

7 Die Ableitung von Indexreihen muss nach vorstehenden Ausführungen darauf angelegt sein, Preisveränderungen auszuschließen, die auf Verände-rungen des Grundstückszustands beruhen. Die Grundstücke, deren Kaufpreise zur Ableitung einer Indexreihe herangezogen werden, müssen deshalb qualitativ einen **einheitlichen Warenkorb** abbilden. Dies ist von besonderer Bedeutung, denn Indexreihen sollen sich auf Grundstücke mit vergleichbaren Lage- und Nutzungsverhältnissen beziehen und die **Wertentwicklung auf dem Grundstücksmarkt** beschreiben, die allein auf allgemeine konjunkturelle Änderungen zurückgeht. Qualitative Än-

derungen der Grundstücke insbesondere im Hinblick auf ihre Nutzbarkeit oder ihre Lage müssen dabei unberücksichtigt bleiben.

Dementsprechend sind zur Ableitung von Indexreihen Kaufpreise geeignet, die nach Maßgabe des 9 Abs. 1 i.V.m. § 12 Abs. 3 ImmoWertV hinsichtlich der *allgemeinen Wertverhältnisse* des jeweiligen Bezugszeitraums und des jeweiligen Grundstückszustands, insbesondere nach Art, Lage und Nutzung„„hinreichend übereinstimmen".Eine hinreichende Übereinstimmung liegt vor, wenn sich etwaige Abweichungen **8**

1. bei Vorliegen einer hinreichend großen Anzahl von Kaufpreisen in ihren Auswirkungen auf die Preise ausgleichen oder

2. sachgerecht, insbesondere durch geeignete Umrechnungskoeffizienten oder durch Zu- bzw. Abschläge, berücksichtigen lassen.

Die **geeigneten Kaufpreise sind** nach § 12 Abs. 3 Satz 3 ImmoWertV – wortgleich mit § 9 Abs. 1 Satz 4 ImmoWertV – um die **Werteinflüsse besonderer objektspezifischer Grundstücksmerkmale** zu bereinigen. **9**

Bei alldem bleiben Kaufpreise unberücksichtigt, wenn angenommen werden kann, dass sie durch ungewöhnliche oder persönliche Verhältnisse beeinflusst worden sind. **10**

Um unterschiedliche Lagequalitäten zu eliminieren, müssen die zur Ableitung herangezogenen Kaufpreise auf eine der Indexreihe zugrunde liegende Lagequalität normiert werden: **11**

$$\text{Kaufpreise}_{\text{normiert}} = \text{Kaufpreis} \times \frac{\text{Lagewert}_{\text{Indexgebiet}}}{\text{Lagewert}_{\text{Kaufpreis}}}$$

4.2 Basiszeitraum und Basiszeitpunkt

Der **Wahl des Basiszeitraums (Basiszeitpunkts)** kommt bei der Bildung von Indexreihen „auf fester Basis" für das Aussehen der wiedergegebenen Entwicklung der Preisverhältnisse eine besondere Bedeutung zu. Weist nämlich der Basiszeitraum ein extrem niedriges Preisniveau auf, so wird die Steigerung in der Folgezeit übertrieben wiedergegeben. Umgekehrt führt ein außergewöhnlich überhöhtes Preisniveau im Basiszeitraum in der Folgezeit zu einer verhältnismäßig moderat erscheinenden Steigerung. Meist empfiehlt sich daher, als Basiszeitraum ein „Normaljahr" zu wählen, das innerhalb eines mehrjährigen Zeitraumes stabiler Wertverhältnisse liegt. **12**

Wird jeweils der Bezug auf ein **gleichbleibendes Basisjahr** hergestellt, so spricht man hierbei von Indexreihen „auf *fester* Basis". Die Bildung von Indexreihen „auf *gleitender* Basis" derart, dass der Durchschnittspreis eines Erhebungszeitraums jeweils ins Verhältnis zu dem des vorangegangenen Erhebungszeitraums gesetzt wird, ist im Bereich der Wertermittlung von Grundstücken i.d.R. ungeeignet, weil es hier häufig darum geht, den Einfluss der allgemeinen Wertverhältnisse auf dem Grundstücksmarkt über mehrere Jahre hinweg zu berücksichtigen. **13**

$$\text{Indexzahl des Jahres i} = \frac{P_{i-1} + 2\,P_i + P_{i+1}}{4} \times \frac{100}{P_0}$$

P_i = Durchschnittspreis im Jahre i

P_o = Durchschnittspreis im Basisjahr

4.3 Indexreihen für räumlich und sachlich unterschiedliche Teilmärkte (§ 18 Abs. 3 ImmoWertV)

4.3.1 Bodenpreisindexreihen

4.3.1.1 Allgemeines

▸ *Zur Kaufwertestatistik der statischen Ämter vgl. Rn. 41; Syst. Darst. des Vergleichswertverfahrens Rn. 93*

14 Bodenpreisindexreihen werden gebraucht, um im Rahmen des zur Ermittlung von Bodenwerten vorrangig zur Anwendung kommenden Vergleichswertverfahrens (§ 40 Abs. 1 ImmoWertV) einzelne Kaufpreise oder Bodenrichtwerte, die sich auf einen vom Wertermittlungsstichtag abweichenden Zeitpunkt beziehen, im Hinblick auf zwischenzeitliche Änderungen der allgemeinen Wertverhältnisse auf den Wertermittlungsstichtag „umzurechnen".

15 Die konjunkturelle **Bodenwertentwicklung von Flächen der Land- oder Forstwirtschaft** (vgl. § 3 ImmoWertV Rn. 83), **Bauerwartungsland, Rohbauland sowie baureifem Land ist** erfahrungsgemäß **unterschiedlich**. Deshalb müssen Bodenpreisindexreihen differenziert nach räumlich und sachlich unterschiedlichen Teilmärkten abgeleitet werden (§ 18 Abs. 3 ImmoWertV):

16 Bei der **Ableitung von Bodenpreisindexreihen für werdendes Bauland**, insbesondere für Bauerwartungsland, besteht ein besonderes Problem dann, wenn die von Jahr zu Jahr anfallenden Kaufpreise sich auf Grundstücke mit unterschiedlicher Aufschließungsdauer (Wartezeit) beziehen. Dies sind vergleichsstörende Momente, die sich kaum eliminieren lassen. Die daraus abgeleiteten Bodenpreisindexreihen sind ggf. von konjunkturellen und im begrenzten Maße auch von qualitativen Wertänderungen bestimmt. Durch Herausnahme von Kaufpreisen für Grundstücke mit extrem kurzer oder langer Wartezeit lassen sich solche Verquickungen auf ein hinnehmbares Maß begrenzen, zumal Grundstücke mit einer Aufschließungsdauer von über fünf Jahren zunehmend weniger gehandelt werden.

17 Auch die **Bodenwertentwicklung von baureifem Land ist uneinheitlich.** Bodenpreisindexreihen werden deshalb in erster Linie nach Grundstücksarten differenziert, insbesondere nach:

- Ein- und Zweifamilienhausgrundstücken,
- Mehrfamilienhausgrundstücken,
- Gemischt genutzten Grundstücken,
- Gewerbeflächen (GE) und
- Industrieflächen (GI).

18 Darüber hinaus kann die Bodenwertentwicklung der genannten Teilmärkte auch in Abhängigkeit von der Lage unterschiedlich sein. In diesem Fall kann es erforderlich sein, **Bodenpreisindexreihen differenziert nach unterschiedlichen Lagen** abzuleiten.

Abb. 1: Zusammenstellung von Bodenpreisindizes in Frankfurt am Main

Jahr	Wohnbauflächen sachwertorientiert	Wohnbauflächen ertragswertorientiert	Handel in Wohn- und Mischgebieten	Gewerbe ohne Einzelhandels- und Büroanlagen	Entwicklung des Bodeneckwertniveaus für Bürogrundstücke			
					City-West WGFZ 5,0	City Rand WGFZ 3,0	Subzentren WGFZ 2,0	Sonstige Lagen WGFZ 1,0
1964	8,4	–	9,7	16,1	–	–	–	–
1966	10,5	–	10,9	13,3	–	–	–	–
1968	13,2	–	12,2	21,0	–	–	–	–
1970	13,9	–	13,4	27,1	–	–	–	–
1972	16,9	–	16,7	31,8	–	–	–	–
1974	20,0	–	19,9	36,4	–	–	–	–
1976	21,8	–	15,2	40,3	–	–	–	–
1978	24,7	–	15,2	39,6	–	–	–	–
1980	31,8	–	24,5	44,9	–	–	–	–
1982	36,3	–	31,3	48,4	–	–	–	–
1984	39,2	–	36,0	55,1	–	–	–	–
1986	46,3	–	37,9	58,6	–	–	–	–
1988	55,2	–	46,6	66,9	–	–	–	–
1990	77,1	–	69,8	76,9	–	–	–	–
1992	89,4	–	109,0	80,1	–	–	–	–
1994	104,4	–	106,1	94,0	–	–	–	–
1996	**100,0**	**100,0**	**100,0**	**100,0**	**100,0**	**100,0**	**100,0**	**100,0**
1997	–	–	–	–	87,0	90,0	90,4	65,1
1998	99,7	93,9	102,4	116,5	87,0	80,0	90,4	85,1
1999	–	–	–	–	87,0	80,0	90,4	85,1
2000	98,6	90,8	91,5	121,3	87,0	80,0	90,4	85,1
2001	–	–	–	–	87,0	90,0	90,4	90,0
2002	99,8	90,8	98,1	115,0	93,5	93,9	93,1	97,8
2003	–	–	–	–	93,5	93,9	93,1	88.1
2004	98,9	82,5	93,8	100,9	80,4	78,2	83,8	78,3
2005	–	–	–	–	72,3	66,5	79,1	68,5
2006	99,0	84,3	85,7	99,6	68,0	66,5	74,5	68,5
2007	–	–	–	–	72,3	66,5	74,5	68,5
2008	99,7	103,3	85,7	96,7	72,3	66,5	60,6	62,6
2009	–	–	–	–	57,8	52,8	55,9	50,9
2010	100,1	104,1	80,4	95,7	57,8	52,8	45,6	46,98
2011	–	–	–	–	59,5	46,9	41,9	39,1
2012	101,8	107,9	81,7	94,5	59,5	46,9	41,9	39,1
2013	–	–	–	–	62,9	46,9	41,9	39,1
2014	108,2	115,7	84,2	98,7	62,9	46,9	41,9	39,1
2015	–	–	–	–	74,8	46,9	41,9	39,1

Jahr	Wohnbauflächen sachwertorientiert	Wohnbauflächen ertragswertorientiert	Handel in Wohn- und Mischgebieten	Gewerbe ohne Einzelhandels- und Büroanlagen	Entwicklung des Bodeneckwertniveaus für Bürogrundstücke			
					City-West WGFZ 5,0	City Rand WGFZ 3,0	Subzentren WGFZ 2,0	Sonstige Lagen WGFZ 1,0
2016	128,0	147,1	97,6	99,5	80,8	46,9	41,9	39,1
2017	–	–	–	–	91,0	46,9	41,9	39,1
2018	155,8	223,6	120,7*	109,4	98,6	46,9	41,0	39,1
2019	–	–	–	–	113,1	54,8	46,5	47,0
2020	205,0	230,3	172,4	237,7	–	–	–	–
* Hinweis: im Jahr 2018 wurde die Steigerung maßgeblich durch die Erhöhung der Bodenrichtwerte im Wohnungsbau beeinflusst.								

Quelle: Gutachterausschuss für den Bereich Frankfurt am Main (2020)

Abb. 2: Zusammenstellung von Bodenpreisindizes in Frankfurt am Main

Bodenpreisindizes in Frankfurt am Main											
Jahr	Reihenmittel-, Reihenend- und Doppelhaushälften			Mehrfamilienhäuser (MFH)							
				Altbauten (Baujahr bis 1949)				MFH ab Baujahr 1950 (ohne Neubau)			
	Lage			Lage				Lage			
	sehr gut/ gehoben	mittel	einfach/ sehr einfach	alle	sehr gut/ gehoben	mittel	einfach/ sehr einfach	alle	sehr gut/ gehoben	mittel	einfach/ sehr einfach
2006	100	100	100	100	100	100	100	100	100	100	100
2007	105	96	103	96	100	105	100	108	113	94	113
2008	109	101	90	118	123	119	97	115	123	102	111
2009	105	102	91	126	134	114	121	113	116	104	106
2010	117	102	103	129	137	130	114	123	132	105	109
2011	114	111	115	137	151	144	127	129	135	113	118
2012	130	120	138	125	152	132	137	126	140	110	125
2013	134	123	139	166	223	151	128	145	150	128	168
2014	134	126	155	161	175	156	142	160	172	138	122
2015	150	142	157	181	191	199	183	173	211	147	147
2016	181	148	151	180	187	208	182	169	189	147	159
2017	203	161	189	222	233	265	214	225	246	202	201
2018	192	174	210	244	279	243	211	206	233	202	182
2019	196	195	220	232	239	269	255	250	280	209	253
2020	252	222	213	275	303	304	285	264	272	245	217

19 Dies ist darin begründet, dass die **Märkte mehr oder minder korreliert** sind, wobei sie doch unterschiedlichen Konjunktureinflüssen und Rahmenbedingungen unterliegen. Das gilt in besonderer Weise für den **Gewerbebaulandmarkt** und seine Entwicklung. Dieser Markt ist zudem sehr häufig und ggf. maßgeblich durch die allgemeine Wirtschaftslage sowie direkte und

indirekte Subventionen gekennzeichnet. Mitunter wird diesem Markt auch die Eigenschaft eines „echten“ Marktes abgesprochen (Abb. 3, 4):

Abb. 3: Bauland im Berliner Umland sowie im weiteren Metropolenraum

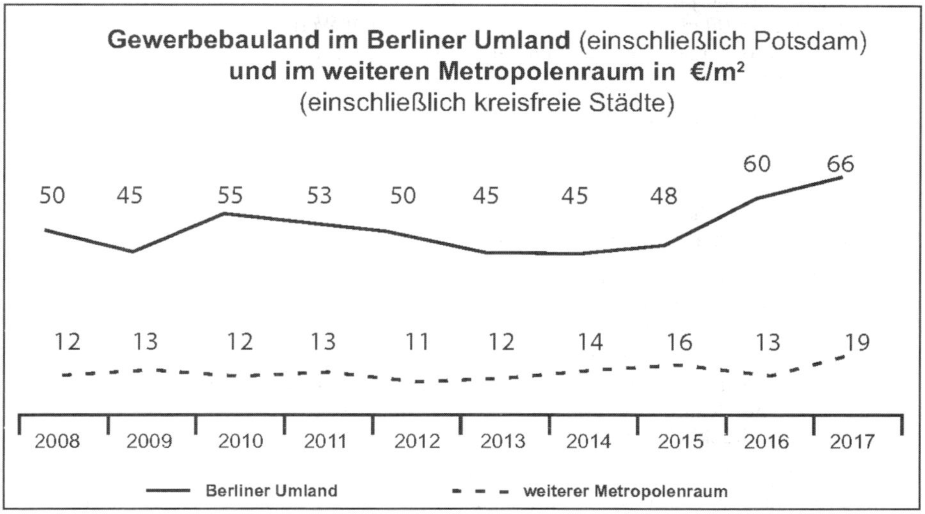

Quelle: Grundstücksmarktbericht des Landes Brandenburg 2017

Abb. 4: Preisentwicklung für gewerbliche Bauflächen in Südhessen 2019

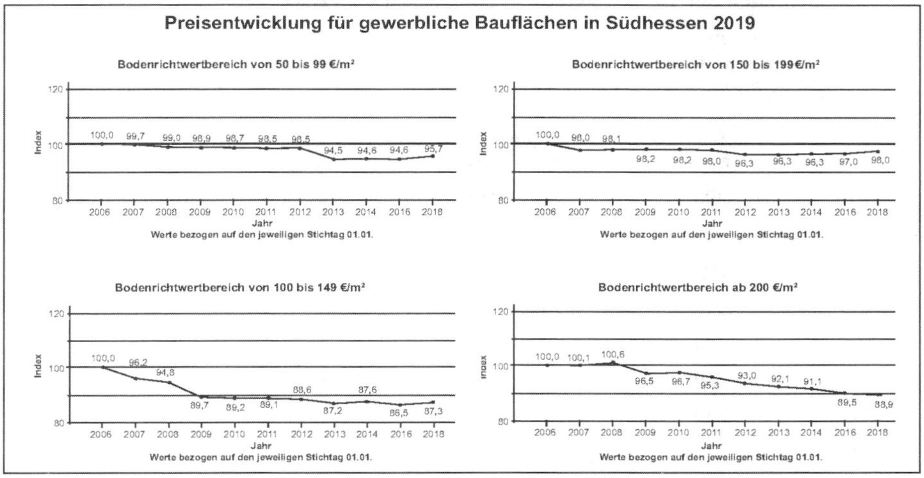

Quelle: Grundstücksmarktbericht 2019 des Amts für Bodenmanagement Heppenheim

Schließlich weisen auch noch die **Grundstücksmärkte für bebaute Objekte** eigene Wertentwicklungen auf, und zwar auch wieder je nach Art der Bebauung. Auch diesbezüglich werden von den Gutachterausschüssen Indexreihen abgeleitet. 20

4.3.1.2 Ableitung aus Kaufpreisen

21 Bei der Ableitung von **Bodenpreisindexreihen** wird entsprechend den vorstehenden Erläuterungen der durchschnittliche Bodenpreis pro Quadratmeter Grundstücksfläche bezogen auf das Basisjahr und die jeweiligen Indexjahre angesetzt und man erhält die jeweilige Bodenpreisindexreihe, mit der die Entwicklung der allgemeinen Wertverhältnisse auf dem Bodenmarkt in ihren prozentualen Veränderungen beschrieben wird.

$$\text{Bodenpreisindexzahl des Jahres i} = \frac{BW_i}{BW_o} \times 100$$

wobei
BW_i = durchschnittlicher Bodenpreis/m² im Jahre i
BW_0 = durchschnittlicher Bodenpreis/m² im Basisjahr

22 Für die Ableitung von Bodenpreisindexreihen sind über die in § 9 ImmoWertV genannten Kriterien für die Eignung der zur Ableitung herangezogenen Kaufpreise nur Kaufpreise unbebauter Grundstücke geeignet. Darüber hinaus ist auch die Grundsatzregelung des § 40 Abs. 1 ImmoWertV, nach der sich der Bodenwert eines bebauten Grundstücks nach dem Bodenwert unbebauter Grundstücke bemisst, zu beachten. Als **geeignete Kaufpreise** können von daher in erster Linie nur Kaufpreise von unbebauten Grundstücken gelten, wie dies noch in der WertV 88/98 ausdrücklich geregelt war.

23 Für die Bildung von Bodenpreisindexreihen ist Voraussetzung, dass die Grundstücke, deren Kaufpreise herangezogen werden, differenziert nach Grundstücksarten **vergleichbare Lage- und Nutzungsverhältnisse** aufweisen. Die Lage- und Nutzungsverhältnisse sind i.d.R. in kleineren Gemeinden über das gesamte Gemeindegebiet vergleichbar. In großen Städten kann es erforderlich werden, die **Bodenpreisindexreihen** für die unterschiedlichen Grundstücksarten auch noch **nach der Lage im Gemeindegebiet zu differenzieren**[1].

24 *Beispiel A: (Ableitung)*
Als durchschnittliche Bodenwerte BW_i für baureifes Land (Ein- und Zweifamilienhausgrundstücke) werden für bestimmte Ortsteile ermittelt:

Jahr	BW_i €/m²	Bodenpreisindexzahl I_j bei 2010 = 100	
2010	300	**100,0**	**(Basis)**
2011	305	101,7	
2012	305	101,7	$I_j = BW_i/BW_0 \times 100$
2013	310	103,3	
2014	320	106,7	
2015	340	113,3	
2016	340	113,3	
2017	350	116,7	
2018	350	116,7	
2019	360	120,0	

1 Zur Abgrenzung von Indexbereichen sowie Näheres zur Ableitung von Indexreihen bei Kleiber in Ernst/Zinkahn/Bielenberg/Krautzberger, BauGB, Komm. zu § 11 ImmoWertV Rn. 30 ff.; weiterführendes Schrifttum: Vieli, Ein Regressionsindex der Bodenpreisveränderungen, Diss. Zürich 1967; Guth, Kyklos 1962, 279; Streich, VR 1981, 381; Bauer, VR 1982, 145; Bunjes, Nachr. der nds. Kat.- und VermVw 1982, 318; Freise, VR 1981, 373; Kertscher/Volle, Nachr. der nds. Kat.- und VermVw 1982, 136; Wirtz, VR 1976, 264; Krumbholz, Nachr. der nds. Kat.- und VermVw 1986, 388; Boldt, Nachr. der nds. Kat.- und VermVw 1986. 219.

Die um 100 verminderte Bodenpreisindexzahl I gibt die Prozentzahl an, um die sich der durchschnittliche Bodenwert BW_i des Erhebungszeitraums i gegenüber dem durchschnittlichen Bodenwert BW_{2010} des Basiszeitraums verändert hat:

Beispiel: Der durchschnittliche Bodenwert im Jahr 2019 ist gegenüber dem durchschnittlichen Bodenwert im Basiszeitraum 2010 um 20,0 v.H. angestiegen.

Um mit Hilfe von **Bodenpreisindexreihen** einen **zum Vergleich herangezogenen Kaufpreis auf die allgemeinen Wertverhältnisse des Wertermittlungsstichtags umzurechnen,** ist dieser Vergleichspreis mit dem Quotienten aus den jeweiligen Bodenpreisindexzahlen des Wertermittlungsstichtags und des Vertragsdatums des Vergleichsgrundstücks zu multiplizieren: 25

$$BW = BW' \times \frac{I}{I'}$$

wobei

BW = Gesuchter Bodenwert zum Wertermittlungsstichtag

BW'= Bodenwert des Vergleichsgrundstücks zum Stichtag; Kaufzeitpunkt

I = Indexzahl des Wertermittlungsstichtags

I' = Indexzahl zum Stichtag „Kauf" des Vergleichsgrundstücks

Beispiel B: (Anwendung) 26
Aus dem Jahr 2017 liegt ein Vergleichspreis in Höhe von 420 €/m² vor. Wertermittlungsstichtag ist 2019. Ausgehend von der nach dem vorangegangenen Beispiel abgeleiteten Bodenpreisindexreihe ergibt sich folgender Vergleichspreis:
$BW_{2019} = BW_{2017} \times I_{2019}/I_{2017}$ = 420 €/m² × 120,0/116,7 = rd. 432 €/m²

In der Praxis kann vielfach eine Interpolation bei der Heranziehung von Bodenpreisindexzahlen geboten sein, z.B. wenn der **Wertermittlungsstichtag bzw. das Vertragsdatum des herangezogenen Vergleichsgrundstücks zeitlich am Jahresende** liegen. 27

4.3.1.3 Ableitung aus Bodenrichtwerten

Insbesondere in kleineren Gemeinden, in denen die Lage- und Nutzungsverhältnisse weitgehend übereinstimmen und zudem oftmals so geringfügigen zeitlichen Veränderungen unterliegen, dass sie vernachlässigt werden können, lässt sich die **Ableitung der Bodenpreisindexreihen mit der Ermittlung von Bodenrichtwerten verbinden.** Dies gilt vor allem dann, wenn bei der Ermittlung der Bodenrichtwerte wie auch bei der Ermittlung der Bodenpreisindexzahlen die jeweiligen wertbeeinflussenden Umstände in gleicher Weise zu berücksichtigen sind. 28

4.3.2 Indexreihen für die Preise bebauter Grundstücke einschließlich Eigentumswohnungen

4.3.2.1 Allgemeines

Schrifttum: vdp Indizes für selbst genutztes Wohnungseigentum, vdpResearch GmbH, www.pfandbrief.de, abgedruckt bei *Tillmann/Kleiber/Seitz*, Tabellenhandbuch zur Ermittlung des Verkehrswerts, 2. Aufl. 2017, S. 541 ff.

▶ *Vgl. Syst. Darst. des Vergleichswertverfahrens Rn. 86, 138 f., 140; Syst. Darst. des Sachwertverfahrens Rn. 161*

Die moderne Marktwertermittlung ist heute auf die Anwendung des Vergleichswertverfahren auf bebaute Grundstücke mittels Vergleichsfaktoren bebauter Grundstücke i.S. des § 20 ImmoWertV (ggf. in Form von Immobilienrichtwerten bzw. Wohn- und Nutzflächenwerten) ausgerichtet. Bei Heranziehung solcher Vergleichsfaktoren sind neben abweichenden Grundstücksmerkmalen abweichende „allgemeine Wertverhältnisse" auf dem Grundstücksmarkt 29 nach § 16 Abs. 2 i.V.m. § 9 Abs. 1 Satz 2 ImmoWertV vorrangig auf der Grundlage von Indexreihen zu berücksichtigen (objektspezifisch angepasster Vergleichsfaktor). Dementsprechend werden von den Gutachterausschüssen zusammen mit den Vergleichsfaktoren auch **Indexreihen für die Preise von Einfamilienhäusern und Eigentumswohnungen** abgeleitet und veröffentlicht. Sie beziehen sich wie die einschlägigen Vergleichsfaktoren i.d.R. auf den Gebäude- und Bodenanteil der Grundstücke.

4.3.2.2 Indexreihen für Ein- und Zweifamilienhäuser

▶ *Vgl. Beispiel in der Syst. Darst. des Vergleichswertverfahrens Rn. 138 ff.; zur Baupreisindexreihe vgl. Syst. Darst. des Sachwertverfahrens Rn. 159*

30 Bei Ein- und Zweifamilienhäusern kann eine **differenzierte Ableitung von Indexreihen** geboten sein, und zwar **nach freistehenden Ein- und Zweifamilienhäusern, Doppelhaushälften, Reihenend- und -mittelhäusern sowie Villen und Landhäusern**.

Abb. 5: Indexreihen für Ein- und Zweifamilienhäuser

Freistehende Ein- und Zweifamilienhäuser		Doppel- und Reihenhäuser	
Jahr	**Index**	**Jahr**	**Index**
2010	100,00	2010	100,0
2011	99,9	2011	103,1
2012	101,4	2012	105,2
2013	111,9	2013	115,7
2014	117,5	2014	116,9
2015	125,6	2015	124,9
2016	130,6	2016	131,0
2017	144,9	2017	140,4
2018	154,1	2018	149,4
2019	161,8	2019	164,8
2020	183,9	2020	174,0
2021	215,4	2021	200,2
2022	219,1	2022	217,1
2023	198,3	2023	200,3

4.3.3 Entwicklung der Wohnflächenpreise (Gebäudefaktoren)

4.3.3.1 Indexreihen für Mehrfamilienhäuser

Schrifttum: vdp Indizes für Mehrfamilienhäuser, vdpResearch GmbH, www.pfandbrief.de, abgedruckt bei *Tillmann/Kleiber/Seitz*, Tabellenhandbuch zur Ermittlung des Verkehrswerts, 2. Aufl. 2017, S. 576 ff.

31 Die Gutachterausschüsse für Grundstückswerte veröffentlichen u.a. Indexreihen zur Fortschreibung der von ihnen nach Maßgabe des § 20 ImmoWertV abgeleiteten Vergleichsfaktoren bebauter Grundstücke (insbesondere **Immobilienrichtwerte sowie Wohn- und Nutzflächenwerte** (vgl. hierzu die Beispiele in der Syst. Darst. des Vergleichswertverfahrens unter Rn. 140, 150).

32 Der Destatis-Häuserpreisindex spiegelt die Preisentwicklung von Wohnimmobilien wider, bei denen das Gebäude einschließlich des Grundstücks als „Gesamtpaket" veräußert wird, unabhängig vom Verkäufer und vom Verwendungszweck. Der Häuserpreisindex bezieht sich auf die Preisentwicklung von selbst genutztem Wohneigentum sowie von Mietobjekten.

Abb. 6: Preise für Wohnimmobilien

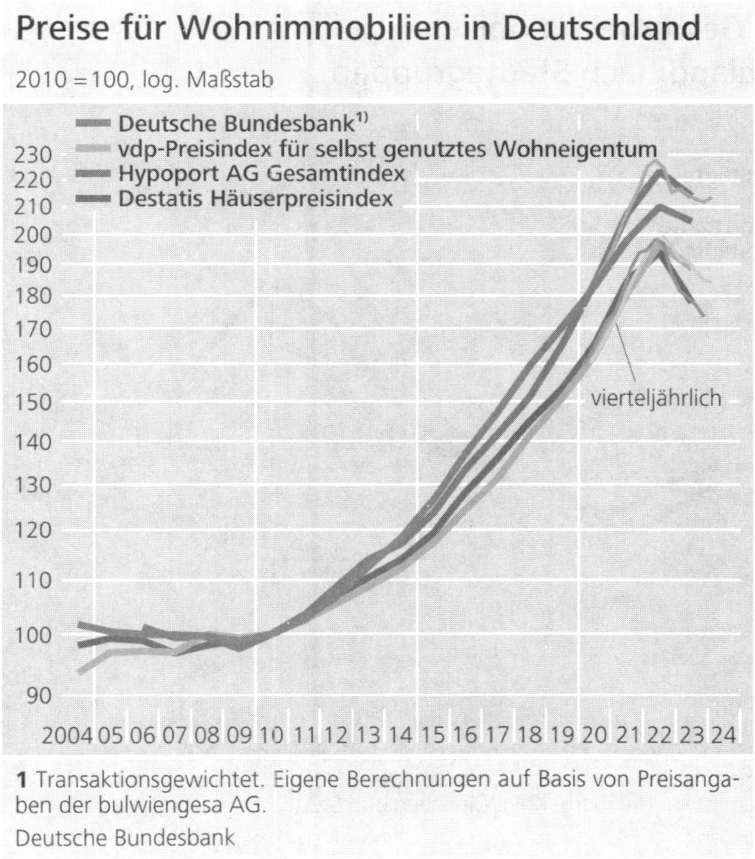

Quelle: Deutsche Bundesbank 2024

4.3.3.2 Indexreihen für Gewerbeimmobilien

Schrifttum: vdp Indizes für Mehrfamilienhäuser, vdpResearch GmbH, www.pfandbrief.de, abgedruckt bei *Tillmann/Kleiber/Seitz*, Tabellenhandbuch zur Ermittlung des Verkehrswerts, 2. Aufl. 2017, S. 578 ff.

Zur Preisentwicklung gewerblicher Immobilien fehlen amtlicher Angaben und man ist auf die Preisbeobachtungen privater Informationsdienste angewiesen. So werden beispielsweise die jährlichen Preisindizes der Bulwiengesa AG für gewerbliche Immobilien in 127 Städten unter dem Namen German Property Index (GPI) veröffentlicht. Darüber hinaus publiziert der Verband deutscher Pfandbriefbanken einen vierteljährlichen Preisindex für Büroimmobilien und Mietshäuser sowie seit 2014 für Einzelhandelsimmobilien. **33**

Abb. 7: Gewerbeimmobilienpreisindex in Deutschland nach Städtegruppen

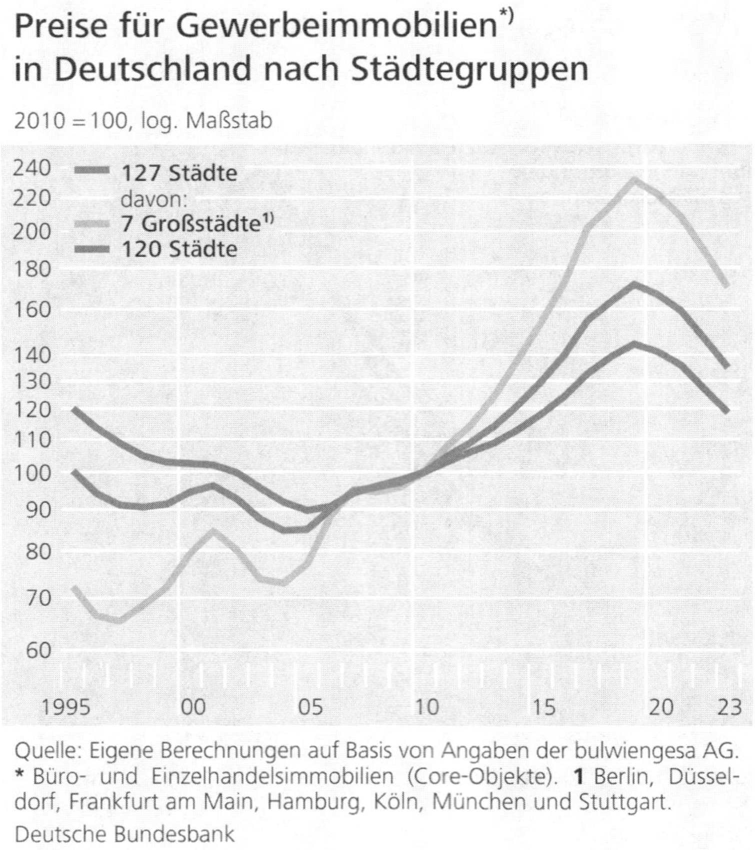

Quelle: Deutsche Bundesbank 2024

4.3.3.3 Indexreihen für Eigentumswohnungen

▶ *Vgl. Teil V Rn. 97 ff.*

34 Bei der Ableitung von Indexreihen für Eigentumswohnungen muss insbesondere unterschieden werden nach

- Erst- und Wiederverkäufen,
- „neuerstelltem Wohneigentum“ und „in Wohnungseigentum umgewandelte Mietobjekte“,
- Lagen,
- Baujahrsgruppen und
- Wohnungsgröße.

35 Die Preisentwicklung auf dem Grundstücksmarkt für **Eigentumswohnungen** weist ebenfalls eine eigenständige Entwicklung auf, wobei zudem noch zwischen den vorstehenden Marktsegmenten unterschieden wird.

Der Gutachterausschuss von *Köln*[2]hat hierzu beispielsweise **Indexreihen differenziert nach Baujahrsklassen** veröffentlicht (Abb. 8): **36**

Abb. 8: Preisindizes von Eigentumswohnungen (mittlere Kaufpreise pro m² WF) nach Baujahrsklassen in Köln

Jahr	**vor 1920**	**1920–1938**	**1939–1959**	**1960–1969**	**1970–1979**	**1980–1989**	**1990–1999**	**2000–2009**	**2010–2019**	**ab 2020**	**Insgesamt**
	Basis 2000							**Basis 2010**		**2017**	**2000**
2000	100	100	100	100	100	100	100				100
2001	99	104	94	94	98	98	92				100
2002	102	109	91	96	100	99	95				101
2003	102	101	92	97	98	96	87				98
2004	105	82	96	94	97	94	86				95
2005	108	100	96	97	94	94	81				101
2006	106	97	97	99	97	93	85				102
2007	109	101	99	97	77	92	84				100
2008	112	105	97	91	93	82	83				100
2009	113	106	102	98	98	94	88				105
2010	126	107	110	105	101	101	105	100	100		114
2011	130	116	112	106	112	107	102	100	111		120
2012	140	115	119	111	115	107	101	106	119		127
2013	146	126	132	122	122	114	112	117	128		135
2014	162	130	152	130	125	120	115	118	143		150
2015	179	153	152	138	134	127	125	128	147		160
2016	184	179	164	153	148	142	136	139	157		182
2017	207	189	185	166	171	158	150	152	163	100	189
2018	204	187	201	189	177	177	155	179	165	91	195
2019	226	200	226	186	199	186	171	172	173	92	221
2020	229	185	231	215	229	198	198	180	217	98	232
2021	286	260	269	62	260	221	222	217	222	105	272
2022	299	264	278	282	281	251	223	215	247	223	279
2023	288	262	279	258	254	226	212	204	223	227	259

Quelle: Grundstücksmarktbericht 2024

Der Gutachterausschuss von *Wuppertal* hat Indexreihen differenziert nach neuerrichteten Eigentumswohnungen (Neubauten), wiederverkauften Eigentumswohnungen (Wiederverkäufe) und aus umgewandelten Mietwohnungen entstandene Eigentumswohnungen veröffentlicht. **37**

2 Vgl. auch Grundstücksmarktbericht von Offenbach 2006, S. 24.

Abb. 9: Preisindizes von Eigentumswohnungen in Wuppertal

	Preisindex von Eigentumswohnungen in Wuppertal		
	Neubau	**Wiederverkäufe**	**Umgewandelte Mietwohnungen**
1980	**100**	**100**	–
1981	114	108	–
1982	120	106	100
1983	130	110	108
1984	125	106	102
1985	122	97	105
1986	115	90	99
1987	109	86	97
1988	109	85	98
1989	111	90	104
1990	120	97	124
1991	133	104	133
1992	145	115	146
1993	154	118	142
1994	158	125	156
1995	171	129	157
1996	171	122	152
1997	167	126	157
1998	167	126	162
1999	171	126	163
2000	176	126	157
2001	171	120	150
2002	163	116	147
2003	163	113	147
2004	164	108	148
2005	165	107	143
2006	173	107	148
2007	169	104	148
2008	173	100	149
2009	173	101	143
2010	175	100	144
2011	190	100	139
2012	200	100	148
2013	212	100	153
2014	229	106	167
2015	229	111	–

	Preisindex von Eigentumswohnungen in Wuppertal		
	Neubau	**Wiederverkäufe**	**Umgewandelte Mietwohnungen**
2016	247	115	–
2017	250	120	–
2018	257	129	–
2019	269	137	–
2020	286	147	–
2021	312	173	–
2022	246	173	–
2023	322	171	–

Quelle: Grundstücksmarktbericht Wuppertal 2023

Vom Gutachterausschuss in *Berlin* wird die Entwicklung lediglich grafisch und unverständlicherweise ohne Angaben der Indexzahlen angegeben (Abb. 10).

Abb. 10: Preisentwicklung von Wohnungs- und Teileigentum in Berlin seit 1989 in mittlerer Wohnlage

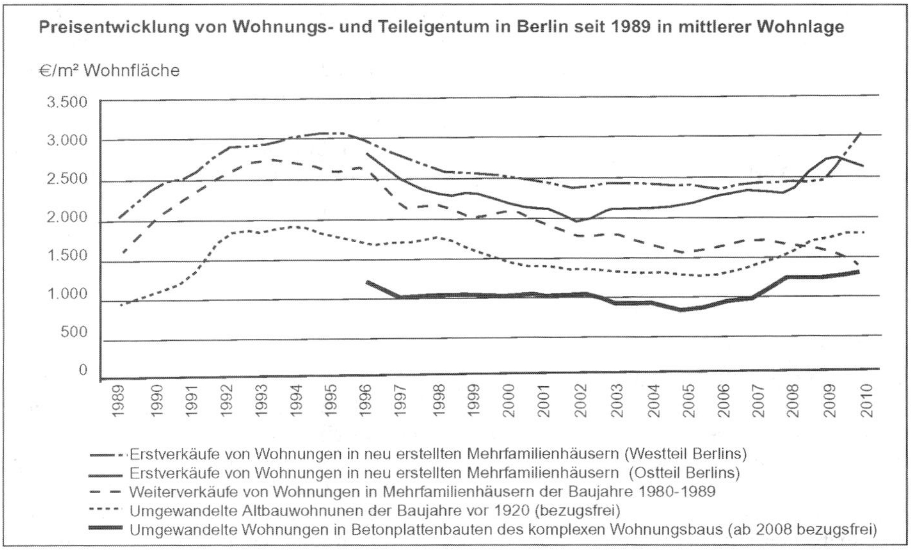

Quelle: Grundstücksmarktbericht 2010/2011

Zur Ableitung der Indexzahlen werden die in der Vorschrift genannten „Preise" zu einem Durchschnittspreis aggregiert. Indexzahlen werden ermittelt, indem zunächst die **Durchschnittspreise** für die jeweils in Beziehung zu setzenden Zeiträume (Zeitpunkte) aus einer ausreichenden Zahl geeigneter Kaufpreise ermittelt werden und diese **ins Verhältnis zu dem** 38

entsprechenden Durchschnittspreis des Basiszeitraums (Basiszeitpunkts) **gesetzt werden**. Die jährlichen Indexzahlen ergeben sich damit formelmäßig wie folgt:

$$\text{Indexzahl des Jahres i} = \frac{\text{Durchschnittspreis}_i}{\text{Durchschnittspreis}_0} \times 100$$

39 Vielfach ist es üblich, das Ergebnis eines Erhebungszeitraums zu berichtigen, wenn dies auf Grund der **unterstützend herangezogenen Werte anderer Bereiche und vorausgegangener Erhebungszeiträume** geboten erscheint. Dabei kann, sofern eine Sonderentwicklung auszuschließen ist, eine Glättung in Betracht kommen. Das Verfahren ist allerdings mit Vorsicht anzuwenden, denn es gilt, die Entwicklung der allgemeinen Wertverhältnisse zeitgemäß zu erfassen. Kaufpreise der Vergangenheit sind nur bedingt für aktuelle Verhältnisse aussagekräftig.

5 Anwendung von Indexreihen

▶ *Vgl. Rn. 14 ff., 33; Syst. Darst. des Vergleichswertverfahrens Rn. 34, 89 ff.*

40 Nach § 9 Abs. 1 Satz 2 ImmoWertV sind bei der Ermittlung von Bodenwerten und der Ermittlung bebauter Grundstücke auf der Grundlage von Vergleichsfaktoren Abweichungen zwischen den Vergleichspreisen bzw. dem Vergleichsfaktor entsprechend ihren zum Bezugszeitpunkt zugrunde liegenden allgemeinen Wertverhältnissen und den am Wertermittlungsstichtag vorherrschenden Wertverhältnissen vorrangig mittels geeigneter **Indexreihen zu berücksichtigen.** Die Vorschrift betrifft nicht nur Bodenpreisindexreihen, sondern auch Indexreihen für bebaute Grundstücke einschließlich Eigentumswohnungen. Stehen dafür geeignete Indexreihen nicht zur Verfügung, sind die Abweichungen in „anderer sachgerechter Weise“ zu berücksichtigen.

6 Kaufwertestatistiken

▶ *Vgl. Syst. Darst. des Vergleichswertverfahrens Rn. 93*

41 Ungeeignet für die Belange der Wertermittlung sind i.d.R. die auf der Grundlage des § 2 Nr. 5 und § 7 des Gesetzes über die Preisstatistik und in der Reihe 5 **von den Statistischen Landesämtern bzw. vom Statistischen Bundesamt veröffentlichten** ermittelten **durchschnittlichen Kaufwerte der verschiedenen Baulandkategorien** (sog. **Kaufwertestatistik:** Fachserie M „Preise, Löhne, Wirtschaftsrechnungen, Fachserie 17 Reihe 5 II, Baulandpreise“ des Statistischen Bundesamtes Wiesbaden). Erhebungsgegenstand dieser Statistik sind Verkäufe von unbebauten Grundstücken mit einer Größe von 100 m² und mehr, und zwar so, wie die Verkaufspreise anfallen. Das Statistische Bundesamt führt hierzu aus:

„Die ausgewiesenen Durchschnittswerte sind für einen zeitlichen Vergleich nur bedingt verwendbar, weil die statistischen Massen, aus denen sie ermittelt werden, sich jeweils aus anders gearteten Einzelfällen zusammensetzen können. Die Statistik der Kaufwerte für Bauland hat daher mehr den Charakter einer Grundeigentumswechselstatistik, mit der durchschnittliche Kaufwerte ermittelt werden, als den einer echten Preisstatistik. Aus diesem Grund werden auch keine prozentualen Veränderungen (Baulandpreisindizes) veröffentlicht.“

Die Kauffälle stellen lediglich Durchschnittswerte dar, die sich in jedem Erhebungszeitraum aus andersgearteten Einzelfällen ergeben, d.h., der diesen Durchschnittswerten zugrunde liegende **„Warenkorb" ist inkonstant.** Die Eigenschaften der gehandelten Grundstücke sind insbesondere im Hinblick auf deren Lage, Art und Maß der tatsächlichen und zulässigen Nutzung sowie der Beschaffenheit von den Zufälligkeiten des Marktes im jeweiligen Erhebungszeitraum abhängig. Eine Bereinigung der Kaufpreise, wie sie von den Gutachterausschüssen im Rahmen ihrer Auswertung vorgenommen wird, erfolgt bei den übermittelnden Finanzämtern nicht und kann von den Statistischen Ämtern auch nicht vorgenommen werden. In den Veröffentlichungen des Statistischen Bundesamtes wird deshalb ausdrücklich darauf hingewiesen, dass die Statistik mehr den Charakter einer Grundeigentumswechselstatistik als den einer echten Preisstatistik habe; prozentuale Kaufpreisveränderungen werden aus gleichem Grund gar nicht erst veröffentlicht. **42**

Nach der Kaufwertestatistik kann zwar ein leicht steigender Trend z.B. der Kaufwerte für baureifes Land festgestellt werden, jedoch gibt dieser Trend nicht die tatsächliche Wertentwicklung an, da ihr eben **nicht** ein **einheitlicher Warenkorb** zugrunde liegt. So weist die Statistik z.B. einen abfallenden Trend auf, wenn mit fortschreitender Zeit Grundstücke geringerer Qualität als im Vorjahr gehandelt wurden, auch wenn für Grundstücke gleicher Qualität höhere Kaufpreise vereinbart wurden. **43**

Wenn gleichwohl selbst von renommierten Instituten immer wieder auf diese Kaufwertestatistik zur Beschreibung der Marktentwicklung hingewiesen wird, so mag dies auf eigene Unwissenheit zurückzuführen sein, die dann aber zu einer Irreführung des Verbrauchers solcher Statistiken führt. Bodenpolitisch nimmt sich die Marktentwicklung nach dieser Statistik äußerst „harmlos" aus. Gleichwohl stellt sich aber die Frage, worauf die sich nach dieser Statistik ergebende **moderate Entwicklung** zurückzuführen ist. Im Hinblick auf die große Zahl der in die Statistik eingehenden Transaktionsfälle müssen hier systematische Einflüsse vermutet werden. Da nur Kauffälle von unbebauten Grundstücken in die Statistik eingehen und mit dem „Zuwachsen" der Städte jeweils stets Transaktionsfälle peripherer gelegener Grundstücke die Mehrzahl der in die Statistik eingehenden Kauffälle bilden, kann z.B. vermutet werden, dass von Jahr zu Jahr tendenziell Kauffälle von Grundstücken in die Statistik eingehen, die sich immer weiter in das „billigere" Umland „hineinfressen". **44**

Dies schließt die **Anwendung dieser Indexreihen** unter bestimmten Voraussetzungen nicht aus[3]. **45**

Werden ausnahmsweise Indexreihen des Statistischen Amtes herangezogen, so ist denen der Statistischen Landesämter der Vorzug zu geben. **46**

7 Immobilienindexe

Schrifttum: vdp Indizes für Mehrfamilienhäuser, vdpResearch GmbH, www.pfandbrief.de, abgedruckt bei *Tillmann/Kleiber/Seitz*, Tabellenhandbuch zur Ermittlung des Verkehrswerts, 2. Aufl. 2017, S. 582 ff.

Die zahlreichen von der Immobilienwirtschaft veröffentlichten Immobilienindizes sind für eine fundierte Marktwertermittlung ungeeignet und haben auch wenig gemeinsam. Die Mehr- **47**

3 BGH, Urt. vom 23.06.1983 – III ZR 39/82 –, BRS Bd. 45 Nr. 102 = EzGuG 20.102.

heit der veröffentlichten Indizes stellt die Wertentwicklung börsennotierter Immobiliengesellschaften dar, so

a) der Deutsche Immobilienaktienindex (DIMAX),

b) Immobilienindex des Bankhauses Ellwanger & Geiger, der den Verlauf aller in Deutschland börsennotierten Unternehmen abbildet, die mindestens 75 % ihrer Erträge im Immobiliengeschäft erwirtschaften,

   – der EPIX bildet die Wertentwicklung der größten europäischen Immobilienaktien ab,

   – der ERIUX zeigt hingegen den Verlauf der größten europäischen Real Estate Investment Trusts (REITs).

c) Der *Global Property Research Index* (GPR-Index) bildet die Marktkapitalisierung börsennotierter Immobilienunternehmen ab, und zwar die 250 größten Unternehmen der Welt (GRP 250) bzw. der 15 größten europäischen Unternehmen (GPR 15).

d) Der *FTSE EPRA/NAREIT Global Real Estate Index* der FTSE Gruppe (Financial Times und London Stock Exchange) bildet die weltweite Entwicklung börsennotierter Immobilienunternehmen ab.

e) Der *Deutsche Immobilien Index – DIX* – der Deutschen Immobiliendatenbank GmbH ist für eine fundierte Marktwertermittlung ungeeignet, bildet die Mietrendite und die Wertveränderung von deutschen Handels-, Büro- und Wohnimmobilien ab und wird vornehmlich aus Bestandsobjekten ausgewählter in offene Immobilienfonds (Versicherungen, Immobilien- und Pensionsfonds) einbezogener Grundstücke ermittelt.

f) Entsprechendes gilt für den *German Property* Index von Bulwiengesa, abgeleitet aus Daten in 125 deutschen Städten.

g) Der Hypoport-Hauspreisindex (HPX) der Hypoport AG Berlin, abgeleitet aus einer eigenen Internetplattform, gibt die Entwicklung durchschnittlicher Kaufpreise von verschiedenen Wohnimmobilien wieder (neue und bestehende Ein- und Zweifamilienhäuser – HPX-newhome und HPX existinghome – sowie Eigentumswohnungen – HPX-apartment –).

h) Index für Wohn- und Gewerbeimmobilien der Bulwiengesa.

Abb. 11: Index für Wohn- und Gewerbeimmobilien

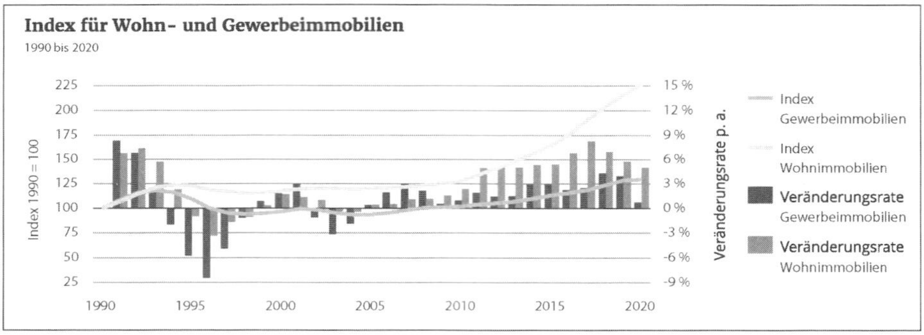

Quelle: Bulwiengesa

Abb. 12: Preisentwicklung von Wohn- und Gewerbeimmobilien

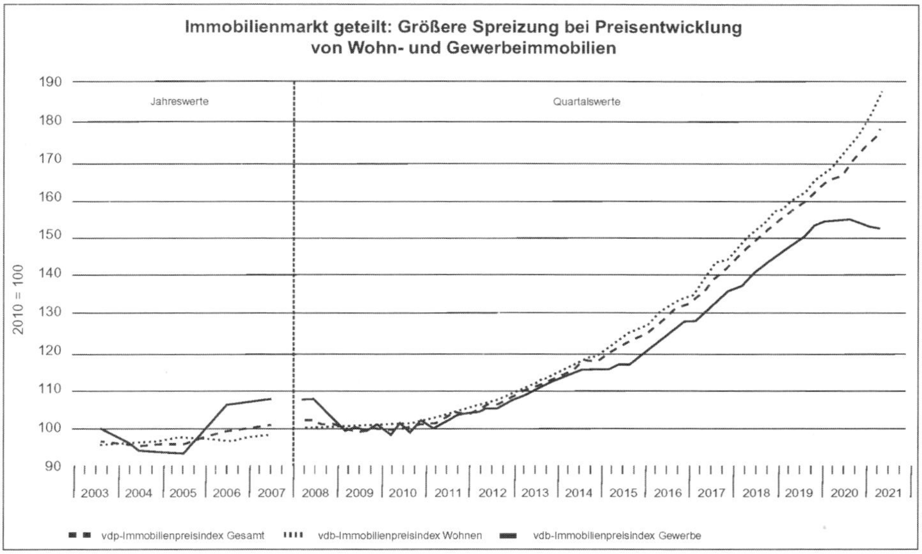

Quelle: vdp

§ 19 ImmoWertV
Umrechnungskoeffizienten

(1) Umrechnungskoeffizienten dienen der Berücksichtigung von Wertunterschieden ansonsten gleichartiger Grundstücke, die sich aus Abweichungen einzelner Grundstücksmerkmale, insbesondere aus dem unterschiedlichen Maß der baulichen Nutzung oder der Grundstücksgröße und -tiefe ergeben.

(2) Umrechnungskoeffizienten geben das Verhältnis des Werts eines Grundstücks mit einer bestimmten Ausprägung eines Grundstücksmerkmals zu dem Wert eines Grundstücks mit einer bestimmten Basisausprägung dieses Grundstücksmerkmals (Normgrundstück) an.

(3) Die Umrechnungskoeffizienten werden aus geeigneten Kaufpreisen für solche Grundstücke abgeleitet, die sich, abgesehen von solchen Abweichungen, die durch Anpassung der Kaufpreise nach § 9 Absatz 1 Satz 2 und 3 berücksichtigt werden, im Wesentlichen nur in dem Grundstücksmerkmal unterscheiden, für das die Umrechnungskoeffizienten abgeleitet werden.

Gliederungsübersicht *Rn.*

1 Umrechnungskoeffizienten

Schrifttum: *Udart*, VR 1976, 291; *Schindler/Engelbert*, Mathematische Statistik bei der Ermittlung von Grundstückswerten, Hannover, S. 101 ff.; *Meissner*, AVN 1968, 29; *Bister*, VR 1978, 124; *Rüffel*, Nachr. der rh.-pf. Kat.- und VermVw 1980, 26; *Westhoff*, NÖV 1988, 153.

▶ *§ 12 ImmoWertV Rn. 15 ff.*

Umrechnungskoeffizienten gehören zu den „sonstigen zur Wertermittlung erforderlichen Daten der Wertermittlung". Deren **Ermittlung** obliegt **als Pflichtaufgabe** den nach den §§ 192 ff. BauGB eingerichteten **Gutachterausschüssen für Grundstückswerte**. 1

§ 19 ImmoWertV entspricht weitgehend den gesetzlichen Vorgaben: 2

- *Abs. 1* beschreibt ihren Zweck unter besonderer Hervorhebung ihrer Bedeutung für die Vergleichswertermittlung bebauter Grundstücke.
- Mit *Abs. 2* werden Umrechnungskoeffizienten in Anlehnung an § 193 Abs. 5 Nr. 3 BauGB, nach dem Umrechnungskoeffizienten „das Wertverhältnis von sonst gleichartigen Grundstücken, z.B. bei unterschiedlichem Maß der baulichen Nutzung" beschreiben, als Faktoren definiert, die „das Verhältnis des Werts eines Grundstücks mit einer bestimmten Merkmalsausprägung zu dem Wert eines Grundstücks mit einer bestimmten Bezugsausprägung des Merkmals (Normgrundstück) angeben.
- Mit *Abs. 3* werden die Grundlagen der Ermittlung von Umrechnungskoeffizientenbeschrieben.

Mit der in den vorstehend angesprochenen Vorschriften beispielhaft hervorgehobenen Ableitung von Umrechnungskoeffizienten zum Zwecke der bewertungstechnischen Erfassung des Werteinflusses von **Abweichungen zwischen dem Maß der baulichen Nutzung, der** 3

Grundstücksgröße und -tiefe des zu bewertenden Grundstücks von dem des Vergleichsgrundstückes bzw. Bodenrichtwerts sind lediglich die Hauptanwendungsfälle angesprochen.

4 Der Begriff des Umrechnungskoeffizienten wird in der ImmoWertV im umfassenden Sinne gebraucht:

5 Nach § 9 Abs. 1 Satz 3 ImmoWertV sind **generell auch wertbeeinflussende Abweichungen der Grundstücksmerkmale des Wertermittlungsobjekts von den Grundstücksmerkmalen des „Normgrundstücks" (Normobjekt)**, auf das sich die zur Marktwertermittlung herangezogenen „erforderlichen Daten der Wertermittlung", namentlich Liegenschaftszinssätze, Vergleichs-, Sachwert-, Erbbaurechts- und Erbbaugrundstücksfaktoren sowie Erbbaurechts- und Erbbaugrundstückskoeffizienten, beziehen, **vorrangig auf der Grundlage geeigneter Umrechnungskoeffizienten** und ansonsten durch eine Anpassung mittels Zu- oder Abschlägen oder in anderer sachgerechter Weise **zu berücksichtigen.**

6 Die Anpassung der auf ein „Normgrundstück" (Normobjekt) bezogenen Liegenschaftszinssätze, Vergleichs-, Sachwert-, Erbbaurechts- und Erbbaugrundstücksfaktoren sowie Erbbaurechts- und Erbbaugrundstückskoeffizienten an die Grundstücksmerkmale des Wertermittlungsobjekts ist darauf ausgerichtet, die besonderen objektspezifischen Grundstücksmerkmale des zu bewertenden Grundstücks direkt in marktkonformer Höhe bereits mit dem vorläufigen Verfahrenswert zu berücksichtigen. Deswegen fordert die ImmoWertV generell die Heranziehung **„objektspezifisch" angepasster Liegenschaftszinssätze, Vergleichs-, Sachwert-, Erbbaurechts- und Erbbaugrundstücksfaktoren sowie Erbbaurechts- und Erbbaugrundstückskoeffizienten.**

7 In der Wertermittlungspraxis werden die einschlägigen dafür abgeleiteten Umrechnungskoeffizienten inhaltsgleich auch als **Anpassungs- bzw. Korrekturfaktoren** bezeichnet. Auch die modell- und referenzkonforme Anwendung unter Heranziehung von Liegenschaftszinssätzen, Sachwert-, Erbbaurechts- und Erbbaugrundstücksfaktoren sowie Erbbaurechts- und Erbbaugrund-stücks-koeffi-zienten steht nach den §§ 33, 39, 49 Abs. 2 Satz 2, § 51 Abs. 2 Satz 2 ImmoWertV unter dem Anpassungsgebot. Danach müssen etwaige Abweichungen der Grundstücks-merkmale des Wertermittlungsobjekts von den Grundstücksmerkmalen des Norm- bzw. Bezugs-grundstück, das dem Liegenschaftszinssatz, Sachwert-, Erbbaurechts- und Erbbaugrund-stücksfaktor sowie Erbbaurechts- und Erbbaugrundstückskoeffizienten zugrundeliegt, durch eine **„objekt-spezifische Anpassung des Sach-wertfaktors oder des Liegenschaftszins-satzes** möglichst auf der Grundlage von Umrechnungskoeffizienten berücksichtigt werden.

8 **Die im Wege der objektspezifischen Anpassung des Liegenschaftszinssatzes, Vergleichs-, Sachwert-, Erbbaurechts- und Erbbaugrundstücksfaktor sowie Erbbaurechts- und Erbbaugrundstückskoeffizienten berücksichtigten objektspezifischen Grundstücksmerkmale gehen damit in den *vorläufigen* Verfahrenswert ein**. Dies bedingt, dass die wertbeeinflussenden Grundstücksmerkmale des jeweiligen Norm- bzw. Bezugsgrundstücks der genannten Faktoren und des Liegenschaftszinssatzes bekannt sind.

Im **Überblick** werden in der Praxis Umrechnungskoeffizienten abgeleitet

1. zur Berücksichtigung von Abweichungen einzelner wertbeeinflussender Grundstücksmerkmale sonst gleichartiger Grundstücke, insbesondere
   - rechtlicher Gegebenheiten, wie z.B. Art[1] und Maß der baulichen Nutzung sowietatsächlicher Gegebenheiten, wie z.B. Grundstücksgröße und -tiefe, usw

1 Zum Einfluss der Bauart: Frenkler in Nachr. der nds. Kat.- und VermVw 1966, Heft 2; vgl. auch Kellermann in ZfV 1962, 343; zum Einfluss der Grundstücksgröße: Scharnhorst in Nachr. der nds. Kat.- und VermVw 1985, 273; zum Einfluss der GFZ: Böser/-Schwanniger in AVN 1984, 412; Freise in VR 1976, 402; Hellemann/Hesse in AVN 1977, 165; Tiemann in VR 1976, 355; Udart in VR 1976, 291; Möckel in AVN 1977, 165; Biester in VR 1978, 124; Bauer in VR 1978, 138; Rüffel in Nachr. der rh.-pf. Kat.- und VermVw 1980, 26; Neisecke in AVN 1980, 468; Böser/Brill in AVN 1981, 349; Streich in VR 1981, 381; zur GFZ Jäger in GuG 1995, 348; Junge in GuG 1996, 27; Debus in GuG 2000, 279.

- tatsächlicher Gegebenheiten, wie z.B. Grundstücksgröße und -tiefe, usw.

2. zur Anpassung von herangezogen erforderlichen Daten der Wertermittlung – insbesondere Vergleichs- und Sachwertfaktoren sowie Liegenschaftszinssätze) an die Grundstücksmerkmale des Werter-mittlungs-objekt, wiederum zur Berücksichtigung rechtlicher und tatsächlicher Gegebenheiten. insbesondere
   - Alter bzw. Baujahr oder Restnutzungsdauer der baulichen Anlage,
   - Lage des Grundstücks (Wohn- bzw. Gewerbelage),
   - Anbauart (EFH/ZFH/DFH,DHH, RH),
   - Größe der Wohn- bzw. Gewerbeanlage,
   - Wohnfläche,
   - Gebäudestandard,
   - Grundstücksgröße,
   - Modernisierungstyp,
   - Vermietungssituation,
   - Unterkellerung,

2 Zweck der Umrechnungskoeffizienten (§ 19 Abs. 1 ImmoWertV)

Umrechnungskoeffizienten dienen der Berücksichtigung von Wertunterschieden, die sich aus Abweichungen einzelner Grundstücksmerkmale ergeben, insbesondere um 9

- Wertunterschiede des Grundstücks insgesamt (ohne Aufteilung in den Boden- und Gebäudewertanteil), auch von Rechten an Grundstücken,
- Wertunterschiede des Bodenwerts und des Bodenrichtwerts,
- Unterschiede einzelner wertbestimmender Grundstücksmerkmale wie z.B. der marktüblich erzielbaren Miete in Abhängigkeit von der Wohnungsgröße und dgl. sowie
- Liegenschaftszinssätze, Vergleichs-, Sachwert-, Erbbaurechts- und Erbbaugrundstücksfaktoren sowie Erbbaurechts- und Erbbaugrundstückskoeffizienten, die bezogen auf einen bestimmten Bezugsstichtag und bezogen auf die Grundstücksmerkmale des ihnen zugrunde liegenden „Normgrundstücks“ (Normobjekt) abgeleitet werden,

den besonderen objektspezifischen Grundstücksmerkmalen des zu bewertenden Grundstücks anzupassen.

Umrechnungskoeffizienten kommen vor allem bei Heranziehung des Vergleichswertverfahrens zur Anwendung, um Vergleichspreise von Grundstücken mit bestimmten Grundstücksmerkmalen der Höhe nach auf solche zurückzuführen, die mit dem Grundstücksmerkmal des zu bewertenden Grundstücks übereinstimmen (**interqualitativer Preisvergleich).** In diesem Sinne stellen sich Umrechnungskoeffizienten als Faktoren dar, mit denen Wertunterschiede gleichartiger Grundstücke erfasst werden, die in ihrem Zustand hinsichtlich eines bestimmten Zustandsmerkmals voneinander abweichen. Die Vorschrift hebt als besonderen Anwendungsfall die Umrechnung des Bodenpreises eines Grundstücks mit einem bestimmten **Maß der baulichen Nutzung** (z.B. GFZ = 1,2) auf den Bodenpreis eines sonst gleichartigen Grundstücks mit einem davon abweichenden Maß der baulichen Nutzung (z.B. GFZ 1,4) hervor; ergänzend werden Umrechnungskoeffizienten zur Berücksichtigung des Werteinflusses von Grundstücksgröße und -tiefe genannt. Daneben werden in der Praxis Umrechnungskoeffizien- 10

ten insbesondere ermittelt, um den Einfluss der Art der baulichen Nutzung bei der Verkehrswertermittlung zu berücksichtigen[2].
Umrechnungskoeffizienten müssen entsprechend dem ihnen zugrunde liegenden Modell **modell- und referenzkonform zur Anwendung kommen** (vgl. Erläuterungen in der Syst. Darst. des Vergleichswertverfahrens Rn. 228).

3 Definition (§ 19 Abs. 2 ImmoWertV)

11 Umrechnungskoeffizienten werden nach vorstehenden Ausführungen mit § 193 Abs. 5 Nr. 3 BauGB als Faktoren definiert, die das „Wertverhältnis von sonst gleichartigen Grundstücken, z.B. bei unterschiedlichem Maß der baulichen Nutzung“ beschreiben. Nach § 20 Abs. 2 ImmoWertV geben sie inhaltsgleich das Verhältnis des Werts eines Grundstücks mit einer bestimmten Merkmalsausprägung zu dem Wert eines Grundstücks mit einer bestimmten Bezugsausprägung des Merkmals (Normgrundstück) an. Ergänzend ist darauf hinzuweisen, dass es sich dabei um das Wertverhältnis zu dem durchschnittlichen Grundstücksmerkmal des Normgrundstücks, bezogen auch auf einen zu konkretisierenden Bezugsstichtag, handelt.

12 Das den Umrechnungsfaktoren zugrunde liegende **Normgrundstück (Normobjekt) muss mit dessen wertbeeinflussenden Grundstücksmerkmalen bei der Veröffentlichung vom Gutachterausschuss für Grundstückswerte hinreichend konkretisiert werden.** Dies ist eine wesentliche Voraussetzung, weil nur dann die Umrechnungskoeffizienten sachgerecht angewendet werden können. Bezugsgrößen sind i.d.R. die Grundstücksmerkmale, für die in der Veröffentlichung ein Umrechnungskoeffizient von 1,0 ausgewiesen ist.

4 Ableitung von Umrechnungskoeffizienten (§ 19 Abs. 3 ImmoWertV)

▸ *Vgl. § 5 ImmoWertV Rn. 104 ff.; § 12 ImmoWertV Rn. 16; § 16 ImmoWertV Rn. 33 ff.; Syst. Darst. des Vergleichswertverfahrens Rn. 228 ff.*

13 Die Ableitung von Umrechnungskoeffizienten ist nach § 193 Abs. 5 Nr. 3 BauGB eine **Pflichtaufgabe der Gutachterausschüsse für Grundstückswerte. Diese haben den unmittelbaren Zugriff auf die von ihnen nach Maßgabe der §§ 192 Abs. 1 und 195 BauGB zu führende und auszuwertende Kaufpreissammlung. Dies bietet die Gewähr, dass alle zur Ableitung von Vergleichsfaktoren in Betracht kommenden Kaufpreise zur Ableitung der erforderlichen Daten herangezogen werden können und die zur Wertermittlung erforderlichen Daten in marktkonformer Höhe ermittelbar sind. Mit der in der ImmoWertV vorgeschriebenen Heranziehung der veröffentlichten Umrechnungskoeffizienten wird die Marktwertermittlung mit der ausgewerteten Kaufpreissammlung der Gutachterausschüsse verzahnt.**

14 Umrechnungskoeffizienten werden entsprechend ihrer Zweckbestimmung ermittelt auf der Grundlage von **geeigneten Kaufpreisen** i.S. von § 12 Abs. 3 ImmoWertV, marktüblich erzielbaren jährlichen Erträgen oder sonstigen Wertermittlungsparametern (vgl. § 9 ImmoWertV Rn. 1ff.;§ 12 ImmoWertV Rn. 15).

---

2 Zum Einfluss der **Bauart:** Frenkler, Nachr. der nds. Kat.- und VermVw 1966, Heft 2; vgl. auch Kellermann, ZfV 1962, 343; zum Einfluss der **Grundstücksgröße:** Scharnhorst, Nachr. der nds. Kat.- und VermVw 1985, 273; zum Einfluss der **GFZ:** Böser/Schwanniger, AVN 1984, 412; Freise, VR 1976, 402; Hellemann/Hesse, AVN 1977, 165; Tiemann, VR 1976, 355; Udart, VR 1976, 291; Möckel, AVN 1977, 165; Biester, VR 1978, 124; Bauer, VR 1978, 138; Rüffel, Nachr. der rh.-pf. Kat.- und VermVw 1980, 26; Neisecke, AVN 1980, 468; Böser/Brill, AVN 1981, 349; Streich, VR 1981, 381; zur **GFZ** Jäger, GuG 1995, 348; Junge, GuG 1996, 27; Debus, GuG 2000, 279.

Nicht jeder Gutachterausschuss sieht sich in der Lage, Umrechnungskoeffizienten abzuleiten. Neben der oftmals unzureichenden Personalausstattung der Gutachterausschüsse ist dies darin begründet, dass 15

- als „erforderliche" Umrechnungskoeffizienten nur solche abzuleiten sind, für die im Hinblick auf die anfallenden Aufgaben auch tatsächlich ein Bedarf besteht und
- eine Reihe von wertbeeinflussenden Zustandsmerkmalen, wie z.B. Lagefaktoren, rechnerisch nur schwerlich „in den Griff zu bekommen" sind, weil ihre qualitative Einordnung besonders anfällig für das subjektive Empfinden eines Gutachters ist und deshalb Erfahrung und Sachkunde gefordert sind.

Insbesondere in kleineren Städten und auf dem Land ist die Ableitung von Umrechnungskoeffizienten für solche wertbeeinflussenden Merkmale oftmals schon aus Gründen der unzureichenden personellen und sachlichen Ausstattung nicht möglich. Ersatzweise greift man auf die **Veröffentlichungen benachbarter Gutachterausschüsse** oder auf das Schrifttum zurück. Dabei ist allerdings zu fordern, dass vorher zumindest Plausibilitätskontrollen durchgeführt werden. 16

Bundeseinheitliche Umrechnungskoeffizienten, wie sie noch in den VergleichswertR[3] empfohlen wurden, sind bei alledem problematisch[4]. Sie stehen per se im Widerspruch zu einer marktkonformen Wertermittlung, denn „geeignete" **Umrechnungskoeffizienten** können nur solche sein, die sich **auf „einen für das Wertermittlungsobjekt zutreffenden regionalen Teilmarkt" beziehen**. Bundeseinheitliche Umrechnungskoeffizienten wurden empfohlen 17

- zur Berücksichtigung einer abweichenden sog. wertrelevanten Geschossflächenzahl (WGFZ i.S. des § 16 Abs. 4 ImmoWertV) bei der Ermittlung des Bodenwerts von Mehrfamilienhausgrundstücken und
- zur Berücksichtigung abweichender Grundstücksgrößen beim Bodenwert von Ein- und Zweifamilienhausgrundstücken.

Die nach den aufgehobenen Empfehlungen der VergleichswertR abgeleitete WGFZ ist ein gescheitertes Aliud zu der in § 16 Abs. 4 der geltenden ImmoWertV völlig neuartig definierten sog. WGFZ.

Sowohl die Anwendung der mit den VergleichswertR empfohlene WGFZ[5]als auch die Verwendung der auf dieser Grundlage abgeleiteten Umrechnungskoeffizienten haben – vorbehaltlich der Überleitungsregelung des § 10 ImmoWertV – **keine Gültigkeit mehr**. 18

Die in **§ 16 Abs. 4 ImmoWertV völlig neu definierte WGFZ hat keine Allgemeingültigkeit mehr und soll nur noch zur Darstellung von Bodenrichtwerten solcher Bodenrichtwert-** 19

---

3 Anl. 1 zur Richtlinie zur Ermittlung des Vergleichswerts und des Bodenwerts (Vergleichswertrichtlinie – VW-RL) vom 20.04.2014 (BAnz AT 11.04.2014 B3 = GuG 2014, 183).

4 Eine ausführliche Darstellung der Ableitung der Umrechnungskoeffizienten enthält der Abschlussbericht „Ableitung von bundesweit anwendbaren Umrechnungskoeffizienten" unter www.immobilienmarktbericht-deutschland.info (vgl. auch die Vorveröffentlichung im Abschlussbericht „Ableitung sonstiger für die Immobilienwertermittlung erforderlichen Daten" des Arbeitskreises der Gutachterausschüsse und Oberen Gutachterausschüsse in der Bundesrepublik Deutschland; Geschäftsstelle des Oberen Gutachterausschusses für Grundstückswerte in Niedersachsen LGLN, Regionaldirektion Oldenburg (2015, S. 11). Der Abschlussbericht merkt zur Feststellung der „wertrelevanten Geschossflächenzahlen" lediglich an, dass „*die Gutachterausschüsse die nach dem Erwerb des betreffenden Grundstücks realisierbaren Geschossflächen*" erheben mussten. Als „Geschossfläche" muss dabei nach der Terminologie des „Stammgesetzes" zur ImmoWertV grundsätzlich die in § 20 Abs. 3 Satz 1 BauNVO gegebene Definition gelten und nach dieser Definition bestimmt sich die Geschossfläche nach den „Vollgeschossen" (§ 20 Abs. 1 BauNVO). Die auf dieser bauplanungsrechtlichen Grundlage ermittelte Geschossflächenzahl ist grundsätzlich „realisierbar" i.S. des gegebenen Hinweises. Das hat mit der „wertrelevanten" GFZ i.S. des § 16 Abs. 4 ImmoWertV wenig zu tun, denn danach sollen nicht nur die Geschossflächen der Vollgeschosse, sondern auch ausgebaute oder ausbaufähige Dachgeschosse (mit pauschal 75 % ihrer Fläche) berücksichtigt werden, wenn die lagetypische Nutzung i.S. des § 5 Abs. 1 Satz 2 ImmoWertV maßgeblich ist. Danach sind zur Ableitung dieser Umrechnungskoeffizienten Kaufpreise von Grundstücken herangezogen worden, zu denen – völlig diffus und ohne klarstellende Erläuterung – die „realisierbare" Geschossflächenzahl erhoben wurde; diese hat nichts gemein mit der Definition der WGFZ in § 16 Abs. 4 ImmoWertV.

5 Vgl. Kleiber, Verkehrswertermittlung von Grundstücken, 9. Aufl. 2020, § 10 ImmoWertV Rn. 144 ff.

zonen zur Anwendung kommen, in denen sich das Marktgeschehen am Qualitätsstichtag an der lagetypische GFZ i.S. des § 5 Abs. 1 Satz 2 ImmoWertV orientiert. Das dem Bodenrichtwertgrundstück dieser Bodenrichtwertzone zuzuordnende „Maß der baulichen Nutzung" soll dann nicht mehr **analog zu** § 20 Abs. 2 BauNVO aus dem Verhältnis der lagetypisch realisierten **Geschossfläche** (GF) **zur „Grundstücksfläche"** (i.S. des § 19 BauNVO), sondern nach der Modellvorgabe des § 16 Abs. 4 ImmoWertV als sog. „wert-relevante Geschossflächenzahl" (WGFZ) berechnet werden (vgl. § 16 ImmoWertV Rn. 33 ff.; Syst. Darst. des Vergleichswertverfahrens Rn 230).
Das sich daraus ergebende Nebeneinander von GFZ und WGFZ stellt die Wertermittlungspraxis bei der Ableitung des Bodenwerts im Wege des Preisvergleichs vor besondere Herausforderungen, wenn dazu unterschiedlich GFZ- und WGFZ-basierte Bodenrichtwerte herangezogen werden sollen. **In derartigen Fällen ist es angezeigt, die zum Bodenrichtwert dargestellte WGFZ wieder auf die analog zu § 20 Abs. 2 BauNVO ermittelte bauplanungsrechtliche GFZ zurückzuführen**. Abweichungen des Maßes der baulichen Nutzung lassen sich dann mit den bewährten GFZ-basierten Umrechnungskoeffizienten berücksichtigen.
Im Übrigen lassen sich **WGFZ-basierte Umrechnungskoeffizienten in fundierter Weise gar nicht ermitteln**, denn allein auf den Bodenwert bezogene Umrechnungskoeffizienten können nach der Grundsatzregelung des § 40 Abs. 1 ImmoWertV nur auf der Grundlage von Vergleichspreisen unbebauter Grundstücke ermittelt werden. Eine Ableitung WGFZ-basierter Umrechnungskoeffizienten aus Vergleichspreisen bebauter Grundstücke muss schon am ungelösten Repartitionsproblem scheitern (vgl. § 40 ImmoWertV Rn. 32). Sie setzt eine umfassende Begehung der Bausubstanz zur Feststellung der ausgebauten und ausbaufähigen Dachgeschosse voraus oder müsste sich auf Mutmaßungen[6] stützen. So wird in der Entscheidung des OVG Koblenz bemerkt, dass allein in einem Gebiet die Feststellung der sog. WGFZ „ca. ein Jahr Arbeit" verursacht hätte[7]. Wie fragil die Ableitung sein muss, hat auch der zur WGFZ-basierten Umrechnungstabelle originär vorgelegte Abschlussbericht gezeigt. Dort wird darauf hingewiesen, dass „die Gutachterausschüsse die nach dem Erwerb des betreffenden Grundstücks „*realisierbaren* Geschossflächen" zur Feststellung der „ausgebauten und ausbaufähigen Dachgeschosse" erheben mussten[8]. Dies ist sowohl vom Aufwand her als auch mangels Betretungsrechten nicht möglich.

20 **WGFZ-basierte Umrechnungskoeffizientenzur Berücksichtigung eines unterschiedlichen Maßes der baulichen Nutzung werden** aus den erläuterten Gründen **abgelehnt**[9]. Die Ableitung ist auch völlig überflüssig. Denn sie muss zu denselben Umrechnungskoeffizienten führen, die sich für Umrechnungskoeffizienten ergeben, die auf der Grundlage der GFZ i.S. des § 20 Abs. 2 BauNVO erstellt wurden. Umrechnungskoeffizienten sind nämlich Verhältniszahlen, die sich aus den Wertverhältnissen gleichartiger Grundstücke ermitteln, die sich jedoch nur im Maß der baulichen Nutzung unterscheiden (z.B. Bodenwert von Grundstücken mit einer GFZ von 1,0 und 1,2), deshalb sind die „Schrittweiten" zwischen den jeweiligen Geschossflächenzahlen gleich. Wird dabei also die GFZ unter Berücksichtigung der Flächen von „ausgebauten und ausbaufähigen Dachgeschossen" jeweils um die gleiche „Mehrfläche" erhöht, bleibt es bei nahezu denselben Wertverhältnissen.
Die noch im Entwurf zu den ImmoWerV-Arbeitshinweisen vom Bundesministerium für Wohnen, Stadtentwicklung und Bauwesen abgedruckten WGFZ-basierten Umrechnungkoeffizien-

6 Auf Mutmaßungen oder Unterstellungen darf sich eine Marktwertermittlung und mithin auch die Ableitung marktwertbestimmender Umrechnungskoeffizienten nicht stützen (BGH, Urt. vom 02.11.1983 – IVa ZR 20/82 – , NJW 1984, 355 = EzGuG 20.103).

7 OVG Koblenz, Urt. vom 16.02.2017 – 6 A 10137/14 –, NVwZ-RR 2017, 712 = EzGuG 15.184.

8 Nach dem Abschlussbericht „Ableitung sonstiger für die Immobilienwertermittlung erforderlichen Daten" des Arbeitskreises der Gutachterausschüsse und Oberen Gutachterausschüsse in der Bundesrepublik Deutschland; Geschäftsstelle des Oberen Gutachterausschusses für Grundstückswerte in Niedersachsen LGLN, Regionaldirektion Oldenburg (2015, S. 11) sind zur Ableitung dieser Umrechnungskoeffizienten Kaufpreise von Grundstücken herangezogen worden, zu denen – völlig diffus und ohne klarstellende Erläuterung – die „realisierbare" Geschossflächenzahl erhoben wurde; diese hat nichts gemein mit der Definition der WGFZ in Ziff. 4.3.2 der VergleichswertR.

9 Vgl. Glosse in GuG-aktuell 2015, 25.

ten[10] zur Berücksichtigung abweichender wertrelevanter Geschossflächenzahlen beim Bodenwert von Mehrfamilienhausgrundstücken haben unter dem Druck der Kritik auch keinen Eingang in die am 04.10.2024 veröffentlichte Fassung der Arbeitshinweise gefunden.

5 Anwendung von Umrechnungskoeffizienten

▶ *Vgl. § 16 ImmoWertV Rn. 38 ff.; Syst. Darst. des Vergleichswertverfahrens Rn. 218 ff.*

In der ImmoWertV wird generell befohlen, Wertunterschiede von Grundstücken, die sich aus Abweichungen bestimmter Grundstücksmerkmale sonst gleichartiger Grundstücke ergeben, mit Hilfe der von den Gutachterausschüssen gemäß § 193 Abs. 5 Satz 2 Nr. 3 BauGB abgeleiteten Umrechnungskoeffizienten zu erfassen. 21

Es dürfen nur „geeignete“ Umrechnungskoeffizienten herangezogen werden. Umrechnungskoeffizienten sind geeignet, wenn 22

a) die Vergleichsfaktoren hinsichtlich **Aktualität in Bezug auf den maßgeblichen Stichtag** und Repräsentativität den jeweiligen Grundstücksmarkt zutreffend abbilden und etwaige Abweichungen in den allgemeinen Wertverhältnissen sowie wertbeeinflussende Abweichungen der Grundstücksmerkmale des Wertermittlungsobjekts in sachgerechter Weise berücksichtigt werden können und

b) das Ableitungsmodell, Modellansätze, Bezugseinheiten, Datengrundlage sowie sonstige Vorgaben bekannt sind (§ 12 Abs. 5 Satz 3 ImmoWertV).

Mit § 9 Abs. 3 ImmoWertV wird ausdrücklich zugelassen, dass neben oder anstelle der vom örtlichen Gutachterausschuss für Grundstückswerte als Pflichtaufgabe abzuleitenden Umrechnungskoeffizienten auch **Umrechnungskoeffizienten der Oberen Gutachterausschüsse und Zentralen Geschäftsstellen** und sogar solche aus anderen Quellen (beispielsweise benachbarter Gutachterausschüsse) herangezogen werden können, wenn sie nach Art und Lage geeignet sind. 23

Die mit § 12 Abs. 5 Satz 3 ImmoWertV geforderte Bekanntmachung des Ableitungsmodells, der Modellansätze, Bezugseinheiten, Datengrundlage sowie sonstiger Vorgaben ist darin begründet, dass auch Umrechnungskoeffizienten unter Berücksichtigung der Modell- und Referenzkonformität anzuwenden sind. Beziehen sich z.B. Umrechnungskoeffizienten zur Berücksichtigung eines unterschiedlichen Maßes der baulichen Nutzung auf erschließungsbeitragsfreie Grundstücke in mittlerer Lage, während das in einer guten Lage gelegene zu bewertende Grundstück erschließungsbeitragspflichtig ist, so ist der Umrechnungskoeffizient nicht unmittelbar anwendbar. Anders als bei der Ableitung von Liegenschaftszinssätzen, Vergleichs-, Sachwert-, Erbbaurechts- und Erbbaugrundstücksfaktoren werden in der breiten Wertermittlungspraxis keine „Umrechnungskoeffizienten zu Umrechnungskoeffizienten“ abgeleitet, um die veröffentlichten Umrechnungskoeffizienten auf die objektspezifischen Eigenschaften des zu bewertenden Grundstücks auszurichten („objektspezifischer Bodenrichtwert“). 24

In dem in der Syst. Darst. des Vergleichswertverfahrens unter Rn. 228 vorgestellten *Beispiel* ist das zu bewertende Grundstück fiktiv auf ein erschließungsbeitragsfreies Grundstück in mittlerer Lage umzurechnen, bevor der Umrechnungskoeffizient zur Anwendung kommt. Im Anschluss daran ist der so ermittelte Zwischenwert im Rahmen der Ermittlung des vorläufigen Vergleichswerts oder im Rahmen der ergänzenden Berücksichtigung besonderer objektspezifischer Grundstücksmerkmale wieder den tatsächlichen Eigenschaften des zu bewertenden Grundstücks anzupassen (vgl. auch Syst. Darst. des Vergleichswertverfahrens Rn. 185). 25

10 Vgl. Kleiber, Verkehrswertermittlung von Grundstücken, 10. Aufl. 2022, Anh. zu § 19 ImmoWertV.

6 Fortschreibung von Umrechnungskoeffizienten

26 **Umrechnungskoeffizienten können sich im Laufe der Zeit** unter dem Einfluss sich wandelnder Marktverhältnisse (z.B. Verknappung von Grundstücken in Ein- bzw. Zweifamilienhausgebieten) einschließlich sich wandelnder Präferenzen der Beteiligten am Grundstücksmarkt (z.B. verstärkte Nachfrage nach Zweifamilienhausgrundstücken) **ändern**; sie stellen mithin zeitabhängige Größen dar. Bei der Ableitung von Umrechnungskoeffizienten ist dies ebenso wie bei ihrer Anwendung zu berücksichtigen.

27 **Umrechnungskoeffizienten sind fortzuschreiben**, wenn sie sich aufgrund geänderter Wertverhältnisse auf dem Grundstücksmarkt geändert haben.

§ 20 ImmoWertV
Vergleichsfaktoren

(1) Vergleichsfaktoren dienen der Ermittlung von Vergleichswerten insbesondere für bebaute Grundstücke.

(2) Vergleichsfaktoren sind durchschnittliche auf eine geeignete Bezugseinheit bezogene Werte für Grundstücke mit bestimmten wertbeeinflussenden Grundstücksmerkmalen (Normobjekte).

(3) Vergleichsfaktoren werden ermittelt auf der Grundlage von

1. geeigneten Kaufpreisen und

2. der diesen Kaufpreisen entsprechenden Flächen- oder Raumeinheit (Gebäudefaktoren), den diesen Kaufpreisen entsprechenden marktüblich erzielbaren jährlichen Erträgen (Ertragsfaktoren) oder einer sonstigen geeigneten Bezugseinheit.

Gliederungsübersicht *Rn.*

1 Funktion der Vergleichsfaktoren (§ 20 Abs. 1 ImmoWertV)

1.1 Übersicht

Schrifttum: *Udart*, VR 1976, 291; *Schindler/Engelbert*, Mathematische Statistik bei der Ermittlung von Grundstückswerten, Hannover, S. 101 ff.; *Meissner*, AVN 1968, 29; *Bister*, VR 1978, 124; *Rüffel*, Nachr. der rh.-pf. Kat.- und VermVw 1980, 26; *Vorbeck*, Immobilienpreiskalkulator in Niedersachsen, DStR 2020, 322; *Westhoff*, NÖV 1988, 153.

▶ *§ 12 ImmoWertV Rn. 9 ff.*

1 § 20 ImmoWertV definiert Vergleichsfaktoren (§ 20 Abs. 2 ImmoWertV), beschreibt ihre Funktion (§ 20 Abs. 1 ImmoWertV) und enthält allgemeine Hinweise zu ihrer Ableitung (§ 20 Abs. 3 ImmoWertV).
Die Vorschrift findet nur im Rahmen der Verkehrswertermittlung von Grundstücken nach den Vorschriften der ImmoWertV Anwendung und gilt grundsätzlich nicht für **die in der steuerlichen Bewertung zur Anwendung kommenden Vergleichsfaktoren nach § 183 Abs. 2 BewG.** Anzuwenden sind „geeignete" von den Gutachterausschüssen ermittelte Vergleichsfaktoren nach Maßgabe des § 177 Abs. 2 und 3 BewG (vgl. Syst. Darst. des Vergleichswertverfahrens Rn. 11). Diesbezüglich gibt es keine gesetzlich einheitliche Ermittlung und Anwendung gewährleistende Regelung. In den einzelnen Bundesländern kommen unterschiedlich ermittelte Vergleichsfaktoren mit unterschiedlichen Besteuerungsfolgen zur Anwendung. Mit R B 183 Abs. 3 Satz 3 ErbStR wird lediglich eine hinreichende Übereinstimmung zum Bewertungsobjekt gefordert. Abweichungen sind durch Zu-/Abschläge nach „Vorgabe der Gutachterausschüsse für Grundstückswerte" zu berücksichtigen. Für Wohnungseigentum sollte stets eine Klassifizierung nach Baujahr, Wohnungsgröße und Wohnlage gegeben sein[1]. Bei den „Vorgaben der Gutachterausschüsse" handelt es sich allerdings um solche, die i.d.R. zu den Vergleichswertfaktoren i.S. des § 20 ImmoWertV abgeleitet worden sind und dementsprechend muss eine Kompatibilität mit den der steuerlichen Bewertung zugrunde gelegten Vergleichswertfaktoren geprüft werden.

2 **Die Ableitung der Vergleichsfaktoren** ist mit § 193 Abs. 5 Satz 2 Nr. 4 BauGB den nach den §§ 192 ff. BauGB eingerichteten **Gutachterausschüssen für Grundstückswerte als Pflichtaufgabe zugewiesen**. Danach führt der Gutachterausschuss für Grundstückswerte eine Kaufpreissammlung und ermittelt u.a. „Vergleichsfaktoren für *bebaute* Grundstücke, insbesondere bezogen auf eine Raum- oder Flächeneinheit der baulichen Anlage (Gebäudefaktor) oder auf den nachhaltig erzielbaren jährlichen Ertrag (Ertragsfaktor)". **Vergleichsfaktoren für bebaute Grundstücke gehören zu den „sonstigen zur Wertermittlung erforderlichen Daten der Wertermittlung".**

3 § 20 ImmoWertV entspricht weitgehend den gesetzlichen Vorgaben:

- *Abs. 1* der Vorschrift spricht im Unterschied zu § 193 Abs. 5 Satz 2 Nr. 4 BauGB allgemein von „**Vergleichsfaktoren**" und beschreibt ihren Zweck unter besonderer Hervorhebung ihrer Bedeutung für die Vergleichswertermittlung bebauter Grundstücke.
- Mit *Abs. 2* werden Vergleichsfaktoren als durchschnittliche, auf eine geeignete Bezugseinheit bezogene Werte für Grundstücke mit bestimmten wertbeeinflussenden Grundstücksmerkmalen (Normobjekte) definiert.
- Mit *Abs. 3* werden die Grundlagen der Ermittlung von Vergleichswertverfahren beschrieben. In diesem Zusammenhang wird in Bezug auf Vergleichswertfaktoren bebauter Grundstücke zwischen raum- bzw. flächenbezogenen Vergleichsfaktoren (Gebäudefaktoren) und ertragsbezogenen Vergleichsfaktoren (Ertragsfaktoren) unterschieden. Deren Bezugsgrundlage sind – wie schon nach der ImmoWertV 2010 – die in der Marktwertermittlung nach § 5 Abs. 3 ImmoWertV generell maßgebenden „marktüblichen erzielbaren Erträge".

1 OFD Nordrhein-Westfalen vom 24.04.2014 – S 3015-2014/0001-St25.

Die diesbezügliche Bezugnahme in § 193 Abs. 5 Satz 1 Nr. 4 BauGB auf den „nachhaltig" erzielbaren Ertrag bedarf einer redaktionellen Klarstellung.

1.2 Definition (§ 20 Abs. 2 ImmoWertV)

Vergleichsfaktoren bebauter Grundstücke werden mit § 20 Abs. 2 ImmoWertV als **Durchschnittswerte von normierten Grundstücken (Normobjekte)[2] mit bestimmten wertbeeinflussenden Grundstücksmerkmalen**definiert. Vergleichsfaktoren werden bezogen auf eine geeignete Bezugseinheit (z.B. EUR pro Quadratmeter Wohnfläche) und sind zusammen mit den einschlägigen wesentlichen wertbestimmenden Grundstücksmerkmalen unter Angabe des Bezugszeitpunktes zu konkretisieren. 4

Bei dem dem Vergleichsfaktor nach § 20 Abs. 2 ImmoWertV zugrunde liegenden **Normobjekt handelt es sich um ein fiktives Referenzgrundstück, dessen wertbeeinflussende Grundstücksmerkmale (Referenzmerkmale) dem Vergleichsfaktor zugrunde liegen.** Die Referenzmerkmale müssen wie bei der Veröffentlichung von Bodenrichtwerten bei der Veröffentlichung von Vergleichsfaktoren hinreichend konkretisiert werden, weil nur dann die davon abweichenden Grundstücksmerkmale des zu bewertenden Grundstücks sachgerecht berücksichtigt werden können. 5

Zur Ermittlung von Vergleichsfaktoren sind nur Kaufpreise ohne besondere objektspezifische Grundstücksmerkmale oder entsprechend bereinigte Kaufpreise heranzuziehen. Bei übergroßen Grundstücken i.S. des § 41 ImmoWertV sind Vergleichsfaktoren bebauter Grundstücke auf der Grundlage der der Bebauung nach Art und Lage des Grundstücks zurechenbaren „marktüblichen objektbezogenen Grundstücksfläche" zu ermitteln. Dementsprechend definieren sich Vergleichsfaktoren. 6

1.3 Funktion und Bedeutung

Vergleichsfaktoren (bebauter Grundstücke) **dienen der Ermittlung von Vergleichswerten insbesondere bebauter Grundstücke**. Die Marktwertermittlung auf der Grundlage von Vergleichsfaktoren ist ihrer Natur nach den (mittelbaren) Vergleichswertverfahren zuzurechnen und dementsprechend auch dort in § 24 ImmoWertV geregelt. 7

Erst mit der Ableitung und Anwendung von Vergleichsfaktoren können **Marktwerte bebauter Grundstücke** fundiert **im Wege des Vergleichswertverfahrens** ermittelt werden, denn der direkte Preisvergleich scheitert – wie schon die unten stehende Begründung zur WertV88/98 hervorhebt – regelmäßig daran, dass „*die zur Verfügung stehenden Vergleichspreise bebauter Grundstücke nur selten eine ausreichende Beurteilungsgrundlage böten*". Dies ist darauf zurückzuführen, dass es bei Anwendung des direkten Preisvergleichs neben den unterschiedlichen Grundstücksmerkmalen des Grund- und Bodens auch unterschiedliche Merkmale der Bebauung zu berücksichtigen gilt. Übersteigen die infolgedessen anzubringenden Zu- oder Abschläge eine Größenordnung von etwa 30 bis 40 % des Ausgangswerts, ist nach der Rechtsprechung (vgl. Syst. Darst. des Vergleichswertverfahrens Rn. 30 ff.) die Eignung des Verfahrens infrage gestellt. 8

Vergleichsfaktoren gehen auf die WertV 88/98 zurück. Die zu § 12 WertV 88/98 gegebene Begründung[3] ist noch heute aktuell. Es heißt dort: 9

„An der bisherigen Fassung der Wertermittlungsverordnung wurde bemängelt, dass sie zwar das Vergleichswertverfahren für die Wertermittlung bebauter Grundstücke zulasse, jedoch so unzureichend regele, dass das Vergleichswertverfahren für die Wertermittlung bebauter Grundstücke so gut wie keine Bedeutung erlangt habe. Dies wurde darauf zurückgeführt, dass die zur Verfügung stehenden Vergleichspreise bebauter Grundstücke nur selten eine ausreichende Beurteilungsgrundlage böten, weil es in der Regel an der Vergleichbarkeit

2 OLG Brandenburg, Beschl. vom 01.02.2022 – 13 UF 100/18 –, FamRZ 2022, 050 = EzGuG 20.393.

3 Vgl. BR-Drs. 352/88, S. 52.

mangele. Trotzdem haben sich in der Praxis schon seit Langem Verfahren bewährt, mit denen sich die Ermittlung des Verkehrswerts bebauter Grundstücke nach den Grundsätzen des Vergleichswertverfahrens in vielen Fällen erheblich vereinfachen und überzeugend vornehmen lässt. Voraussetzung für die Anwendung dieser Verfahren sind die aus der ausgewerteten Kaufpreissammlung empirisch abgeleiteten Vergleichsfaktoren bebauter Grundstücke.“

10 Vergleichswertfaktoren haben seither in der allgemeinen Wertermittlungspraxis der Marktwertermittlung bebauter Grundstücke deutlich an Bedeutung gewonnen, insbesondere bei der **Marktwertermittlung von Eigentumswohnungen sowie von Ein- und Zweifamilienhäusern.** Eigentumswohnungen werden schon heute vornehmlich auf der Grundlage von Vergleichswertfaktoren – vielfach unter Verwendung verwandter Bezeichnungen – bewertet. Die in der Vergangenheit vorherrschende Marktwertermittlung von Ein- und Zweifamilienhäusern unter Anwendung des Sachwertverfahrens wird – nicht zuletzt wegen der problematischen Ausgestaltung des Sachwertverfahrens – durch eine Marktwertermittlung auf der Grundlage von geeigneten Vergleichswertfaktoren abgelöst.

11 **Vergleichsfaktoren bebauter Grundstücke sind ihrer Natur nach identisch mit „Immobilienrichtwerten“ bzw. „Wohn- und Nutzflächenwerten“**, die i.d.R. unter Einbeziehung des Bodenwertanteils ermittelt und veröffentlicht werden. **Sie lassen sich mithin auch ganz allgemein als Multiplikatoren (Vervielfältiger) definieren,** deren Anwendung auf eine der genannten Bezugseinheiten des Wertermittlungsobjekts den vorläufigen Vergleichswert ergibt.

1.4 Typologie der Vergleichsfaktoren (§ 20 Abs. 3 ImmoWertV)

12 Nach § 20 Abs. 3 ImmoWertV sind Vergleichsfaktoren zu unterscheiden nach

- *Gebäudefaktoren*, die aus nach vorstehenden Kriterien geeigneten Kaufpreisen von bebauten Grundstücken und denen der aufstehenden Bebauung ermittelt werden, sowie
- *Ertragsfaktoren, die wiederum aus geeigneten Kaufpreisen bebauter Grundstücke und* den jeweiligen „marktüblich erzielbaren jährlichen Erträgen“,

ermittelt werden.

13 In der breiten Wertermittlungspraxis werden die in § 20 Abs. 3 ImmoWertV begrifflich als „Gebäudefaktoren“ bezeichneten Vergleichsfaktoren schlichtweg auch nur als „Vergleichsfaktoren“ (bebauter Grundstücke), als Wohn- oder Nutzflächenwerte bzw. Immobilienrichtwerte bezeichnet. Es handelt sich hierbei schlichtweg um einen auf eine Bezugseinheit (z.B. Quadratmeter Wohn-/Nutzfläche) bezogenen marktüblichen Durchschnittswert eines modellhaft mit allen wertbeeinflussenden Grundstücksmerkmalen normierten Grundstücks (Norm- oder Referenzgrundstück). Der Begriff des „Gebäudefaktors“ ist dafür nicht gebräuchlich und überholt.

14 Ertragsfaktoren spielen in der Wertermittlungspraxis eine untergeordnete Rolle und können vor allem im Rahmen einer Plausibilisierung dann in Betracht kommen, wenn für die Wertbeurteilung des Grundstücks üblicherweise der erzielbare Ertrag im Vordergrund steht.

2 Anwendung von Vergleichsfaktoren

2.1 Geeignete Vergleichsfaktoren

▶ *Vgl. Syst. Darst. des Vergleichswertverfahrens Rn. 138 ff.; Syst. Darst. des Ertragswertverfahrens Rn. 95 ff.; Teil V Rn. 64 ff.*

15 Hauptanwendungsfall für die Ableitung und Anwendung von Vergleichsfaktoren bebauter Grundstücke (Wohn- bzw. Nutzflächenwerte bzw. Immobilienrichtwerte) sind in der Praxis der Gutachterausschüsse für Grundstückswerte Ein- und Zweifamilienhäuser, Doppelhaushälften, Reihenmittel- und -endhäuser sowie insbesondere Eigentumswohnungen, bei denen zudem noch nach bezugsfreien und vermieteten Eigentumswohnungen (Erst- und Wiederverkäufen) unterschieden wird. **Wohn- bzw. Nutzflächenwerte** werden aber auch für andere Grundstücksarten abgeleitet.

Die Anwendung von Vergleichsfaktoren ist in § 24 Abs. 1 Satz 2 i.V.m. Abs. 2 Nr. 2 ImmoWertV geregelt. Nach § 24 Abs. 2 Nr. 2 ImmoWertV „kann" der vorläufige Vergleichswert auf Grundlage von geeigneten Vergleichsfaktoren ermittelt werden, indem der *Vergleichsfaktor* mit der entsprechenden Bezugsgröße des Wertermittlungsobjekts multipliziert wird. 16

Es dürfen nur „geeignete" Vergleichsfaktoren herangezogen werden. Vergleichsfaktoren sind geeignet, wenn 17

a) die Vergleichsfaktoren hinsichtlich Aktualität in Bezug auf den maßgeblichen Stichtag und Repräsentativität den jeweiligen Grundstücksmarkt zutreffend abbilden und etwaige Abweichungen in den allgemeinen Wertverhältnissen sowie wertbeeinflussende Abweichungen der Grundstücksmerkmale des Wertermittlungsobjekts in sachgerechter Weise berücksichtigt werden können und

b) das Ableitungsmodell, Modellansätze, Bezugseinheiten, Datengrundlage sowie sonstige Vorgaben bekannt sind (§ 12 Abs. 5 Satz 3 ImmoWertV).

Die Ausführungen zur **Eignung von** Vergleichspreisen gelten für **Vergleichsfaktoren** entsprechend, vgl. § 1 ImmoWertV Rn. 35; § 9 ImmoWertV Rn. 3 ff.; § 25 ImmoWertV Rn. 7 ff.; Syst. Darst. des Vergleichswertverfahrens Rn. 15.

2.2 Verfügbarkeit von Vergleichsfaktoren

Vergleichsfaktoren bebauter Grundstücke sind nach § 193 Abs. 5 Satz 2 Nr. 4 BauGB vom Gutachterausschuss für Grundstückswerte **abzuleiten und nach Maßgabe landesrechtlicher Vorschriften zu veröffentlichen** (z.B. in Grundstücksmarktberichten oder sonstigen Bekanntmachungen; § 199 Abs. 2 Nr. 4 BauGB). 18

Mit § 9 Abs. 3 ImmoWertV wird ausdrücklich zugelassen, dass neben oder anstelle der vom örtlichen Gutachterausschuss für Grundstückswerte als Pflichtaufgabe abzuleitenden Vergleichsfaktoren auch Vergleichsfaktoren der Oberen Gutachterausschüsse und Zentralen Geschäftsstellen und sogar solche aus anderen Quellen (beispielsweise benachbarte Gutachterausschüsse) herangezogen werden können, wenn sie nach Art und Lage geeignet sind. 19

2.3 Grundsatz der modell- und referenzkonformen Anwendung von Vergleichsfaktoren

▶ *Weitere Ausführungen bei § 26 ImmoWertV; Syst. Darst. des Vergleichswertverfahrens Rn. 140 ff.*

Ableitung und Anwendung der Vergleichsfaktoren stehen unter dem Gebot der Modellkonformität nach § 10 ImmoWertV, d.h., bei Anwendung von Vergleichsfaktoren sind dieselben Modelle und Modellansätze zu verwenden, die der Ermittlung des jeweiligen Vergleichsfaktors zugrunde lagen. 20

21 In dem Vorentwurf zur ImmoWertV war noch das nachstehend abgedruckte Muster zur Beschreibung des der Ermittlung zugrunde liegenden Modells vorgesehen (vgl. das als Anlage zu § 12 ImmoWertV abgedruckte Muster **allgemeiner Vorgaben für die Modellbeschreibung, die Beschreibung der Stichprobe, die Beschreibung der Ermittlungsmethodik**):

Musterentwurf für die Ermittlung von Vergleichsfaktoren und zur Beschreibung des der Ermittlung zugrunde liegenden Modells	
Gegenstand	Bedeutung
Grundstücksart	zum Beispiel Eigentumswohnungen
Bezugseinheit	z.B. Flächeneinheit: €/m² Wohnfläche
Berechnungsgrundlagen der Bezugseinheit	z.B. nach der WoFlV
Bodenwert	Angabe des Bodenrichtwertstichtags, bei Abweichungen Anpassungen entsprechend § 9 Abs. 1 Satz 2 und 3 ImmoWertV
Zusätzliche Angaben zum Bodenwert	Bodenwert enthalten oder gesondert erfasst
Grundstücksfläche	marktübliche Grundstücksgröße unter Beachtung des § 41 ImmoWertV
Baujahr	zum Beispiel Jahr der Fertigstellung
besondere objektspezifische Grundstücksmerkmale	nur Kaufpreise ohne besondere objektspezifische Grundstücksmerkmale oder entsprechend bereinigte Kaufpreise
Anpassung an die Grundstücksmerkmale des Normobjekts	zum Beispiel Umrechnungskoeffizienten eines zu bezeichnenden Gutachterausschusses

22 Der vorstehende Entwurf ist völlig unzureichend und hätte keine Gewähr geboten, die auf dieser Grundlage veröffentlichten Vergleichsfaktoren sachgerecht anwenden zu können. Es fehlen vor allem verbindliche Vorgaben für das dem jeweiligen Vergleichsfaktor zugrunde liegende wertbeeinflussende Norm- bzw. Referenzgrundstück und seine wertbeeinflussenden Grundstücksmerkmale (Wohn- bzw. Nutzfläche, Restnutzungsdauer, Erhaltungszustand, Unterkellerung, Dach- und Kellerausbau. Stellplatz/Garage), um davon abweichende Gegebenheiten des zu bewertenden Grundstücks im Rahmen der mit § 39 ImmoWertV vorgeschriebenen objektspezifischen Anpassung des Sachwertfaktors berücksichtigen können. Diesbezüglich ist die gleiche Sachlage wie bei der Ableitung des mit § 26 Abs. 2 ImmoWertV vorgeschriebenen „objektspezifisch angepassten Bodenrichtwerts“ gegeben, wobei aber mit § 16 Abs. 2 ImmoWertV zumindest einige wenige Mindestdarstellungen den Gutachterausschüssen für Grundstückswerte aufgegeben werden. Dies ist ein wesentliches Defizit der ImmoWertV. Die mit § 12 Abs. 6 ImmoWertV „zur Sicherstellung der nach § 10 Abs. 1 gebotenen modell- und referenzkonformen Anwendung der sonstigen für die Wertermittlung erforderlichen Daten“ gemachten allgemein gehaltenen Vorgaben können das nicht ersetzen.

23 Die mit § 12 Abs. 5 Satz 6 ImmoWertV geforderte Bekanntmachung des Ableitungsmodells, der Modellansätze, Bezugseinheiten, Datengrundlage sowie sonstiger Vorgaben ist darin begründet, dass Vergleichsfaktoren unter Berücksichtigung der **Modell- und Referenzkonformität** anzuwenden sind. Bezieht sich z.B. der Vergleichsfaktor auf Grundstücke in bestimmter (z.B. mittlerer) Lage mit einer bestimmten marktüblichen Grundstücksgröße, einem abgaberechtlichen Zustand (z.B. erschließungsbeitragsfreier Beitragszustand), während das zu bewertende Grundstück in einer guten Lage gelegen und erschließungsbeitragspflichtig ist, so ist vor Anwendung des Umrechnungskoeffizienten eine entsprechende Anpassung des Vergleichsfaktors geboten (vgl. Syst. Darst. des Vergleichswertverfahrens Rn. 185, Rn. 228).

2.4 Objektspezifisch angepasste Vergleichsfaktoren nach § 26 ImmoWertV

▶ *Vgl. § 26 ImmoWertV Rn. 11 ff.*

Wird bei Anwendung des Vergleichswertverfahrens der *vorläufige* Vergleichswert auf der Grundlage eines Vergleichsfaktors abgeleitet, ist nach § 24 Abs. 2 Nr. 2 ImmoWertV der **objektspezifisch angepasste Vergleichsfaktor** i.S. des § 26 Abs. 1 ImmoWertV heranzuziehen. 24

Der nach vorstehenden Grundsätzen **vom Gutachterausschuss ermittelte und veröffentlichte Vergleichsfaktor ist lediglich der „Basiswert" für die Ermittlung des vorläufigen Vergleichswerts.** Ausgehend von diesem Basiswert ist daraus der auf den konkreten Bewertungsfall ausgerichtete „objektspezifisch angepasste Vergleichsfaktor" abzuleiten, indem 25

- Abweichungen des zu bewertenden Grundstücks von den dem einschlägigen Vergleichsfaktor zugrunde liegenden Grundstücksmerkmalen (Referenzmerkmale des Normobjekts) sowie
- ein vom Bezugsstichtag des Vergleichsfaktors abweichender Wertermittlungsstichtag

nach Maßgabe des § 26 ImmoWertV berücksichtigt werden.

Der in Betracht kommende Vergleichsfaktor ist zunächst darauf zu prüfen, ob er hinsichtlich Aktualität in Bezug auf den maßgeblichen Wertermittlungsstichtag und Repräsentativität den jeweiligen Grundstücksmarkt zutreffend abbildet und bei etwaigen Abweichungen nach Maßgabe des § 9 Abs. 1 Satz 2 und 3 ImmoWertV an die Gegebenheiten des Wertermittlungsobjekts angepasst werden kann. Wertbeeinflussende Abweichungen der Grundstücksmerkmale des Wertermittlungsobjekts von den Referenzmerkmalen des dem Vergleichsfaktor zugrunde liegenden Normobjekts (Referenzgrundstück) sind durch geeignete Umrechnungskoeffizienten, durch eine Anpassung mittels Zu- oder Abschlägen oder in anderer sachgerechter Weise zu berücksichtigen. Bei Abweichungen der allgemeinen Wertverhältnisse ist der Vergleichsfaktor in sachgerechter Weise an die Wertverhältnisse des Wertermittlungsstichtags anzupassen. 26

Die **Referenzmerkmale des dem Vergleichsfaktor zugrunde liegenden Normobjekts** ergeben sich durch die durchschnittlichen Grundstücksmerkmale der zur Ableitung des Vergleichsfaktors herangezogenen Vergleichsgrundstücke; es sei denn, die jeweiligen Vergleichspreise wurden auf ein bestimmtes Normgrundstück umgerechnet. Damit diese Abweichungen berücksichtigt werden können, sind alle wertbeeinflussenden Referenzmerkmale des Vergleichsfaktors bei der Veröffentlichung zu konkretisieren, insbesondere 27

- muss das von den Gutachterausschüssen für Grundstückswerte bei der Ableitung der Vergleichsfaktoren verwendete Modell beschrieben werden und
- es müssen alle wertbeeinflussenden Grundstücksmerkmale des dem Vergleichsfaktor zugrunde liegenden Referenzgrundstücks hinreichend konkretisiert werden (Vergleichsfaktorengrundstück).

Ausgehend von dem vom Gutachterausschuss **als Ausgangsbasis abgeleiteten Vergleichsfaktor wird daraus nach Maßgabe des** § 26 ImmoWertV der *„objektspezifisch angepasste Vergleichsfaktor"* abgeleitet. 28

Die Anpassung des Vergleichsfaktors an die **objektspezifischen Grundstücksmerkmale des zu bewertenden Grundstücks** ist in erster Linie für die Gutachterausschüsse für Grundstückswerte eine große Herausforderung, denn sie stehen damit in der Pflicht, die wertbeeinflussenden Referenzmerkmale des „Normobjekts" i.S. des § 20 Abs. 2 ImmoWertV (Referenzgrundstück) sowie das den abgeleiteten Vergleichsfaktoren zugrunde liegende „Modell" vollumfänglich zu konkretisieren, denn ohne diese Konkretisierung kann es keine „Anpassung" geben. Insoweit ergibt sich aus der stringenten Systematik der ImmoWertV für die Gutachterausschüsse eine Bringschuld, die für die Anpassung erforderlichen Umrechnungskoeffizienten und Indexreihen bereitzustellen. 29

30 Der Vergleichswert ergibt sich bei Heranziehung von Vergleichsfaktoren schließlich nach Maßgabe des § 24 Abs. 2 Nr. 2 ImmoWertV 22 recht einfach durch Multiplikation der Flächen- oder Raumeinheit der baulichen Anlage des zu bewertenden Objekts mit dem einschlägigen Vergleichsfaktor. Dabei **muss dieselbe Bezugsgröße gewählt werden, die der Ableitung der Gebäudefaktoren zugrunde gelegt worden ist.**

31 Soweit mit dem „objektspezifisch angepassten Vergleichsfaktor" nicht alle abweichenden Grundstücksmerkmale berücksichtigt werden können, müssen sie als besondere objektspezifische Grundstücksmerkmale (boG) nach § 24 Abs. 4 ImmoWertV nachträglich berücksichtigt werden. So muss z.B. bei übergroßen Grundstücken die nach Abzug der der Bebauung nach Art und Lage zurechenbaren marktüblichen Grundstücksgröße verbleibende Grundstücksrestfläche als „besonderes objektspezifisches Grundstücksmerkmal" (boG) ergänzend berücksichtigt werden, sofern der Vergleichsfaktor nicht durch flächenabhängige Korrektur- bzw. Anpassungsfaktoren modifiziert werden kann.

2.5 Anwendung in der steuerlichen Bewertung

▶ *Vgl. Rn. 1*

32 In der steuerlichen Bewertung können nach § 183 Abs. 2 BewG anstelle von Preisen für Vergleichsgrundstücke auch von den Gutachterausschüssen für geeignete Bezugseinheiten, insbesondere Flächeneinheiten des Gebäudes, ermittelte und mitgeteilte Vergleichsfaktoren herangezogen werden. Bei Verwendung von Vergleichsfaktoren, die sich nur auf das Gebäude beziehen, ist der Bodenwert nach § 179 BewG gesondert zu berücksichtigen. Besonderheiten, insbesondere die den Wert beeinflussenden Belastungen privatrechtlicher und öffentlichrechtlicher Art, werden nach § 183 Abs. 3 BewG im Vergleichswertverfahren nach den § 183 Abs. 1 und 2 BewG nicht berücksichtigt.

33 Vergleichsfaktoren zur Verwendung gemäß § 183 Abs. 2 BewG in Berlin (vgl. Zusammenstellung der Rechtsgrundlagen):

- Vergleichsfaktoren für bebaute Ein- und Zweifamilienhaus- und Villen- und Landhausgrundstücke nach § 183 Abs. 2 BewG,
- Vergleichsfaktoren für den Teilmarkt des Wohnungseigentums nach § 183 Abs. 2 BewG,
- Vergleichsfaktoren für den Teilmarkt von Sondernutzungsrechten bzw. Sondereigentum an Garagen, Sammelgaragen und Wageneinstellplätze nach § 183 Abs. 2 BewG.

3 Ableitung von Vergleichsfaktoren (§ 20 Abs. 3 ImmoWertV)

3.1 Allgemeines

▶ *Vgl. Syst. Darst. des Vergleichswertverfahrens Rn. 134ff.; zu den allgemeinen Grundsätzen vgl. § 12 ImmoWertV Rn. 15*

34 Die Ableitung von „Vergleichsfaktoren für bebaute Grundstücke" ist nach § 193 Abs. 5 Nr. 4 BauGB eine **Pflichtaufgabe der Gutachterausschüsse** für Grundstückswerte. Diese haben den unmittelbaren Zugriff auf die von ihnen nach Maßgabe der §§ 192 Abs. 1 und 195 BauGB zu führende und auszuwertende Kaufpreissammlung. Dies bietet die Gewähr, dass alle zur Ableitung von Vergleichsfaktoren in Betracht kommenden Kaufpreise zur Ableitung der erforderlichen Daten herangezogen werden können und die zur Wertermittlung erforderlichen Daten in marktkonformer Höhe ermittelbar sind. Mit der in der ImmoWertV vorgeschriebenen Heranziehung der veröffentlichten Vergleichsfaktoren wird die Marktwertermittlung mit der ausgewerteten Kaufpreissammlung der Gutachterausschüsse verzahnt.

Der Vergleichsfaktor ergibt sich als **Quotient des** gewogenen Mittels einer hinreichenden Anzahl n geeigneter Kaufpreise (KP) **von gleichartig bebauten Grundstücken,** die hinreichend übereinstimmende Lage- und Nutzungsverhältnisse aufweisen, **und dem Rauminhalt bzw. der Wohn- und Nutzfläche** der jeweils darauf befindlichen Gebäude (bauliche Anlagen). 35

$$\text{Gebäudefaktor} = \sum_{1}^{n} \frac{KP_i}{\text{Rauminhalt oder Wohn- bzw. Nutzfläche}_i} /n$$

Für unterschiedliche Grundstücksarten ergeben sich naturgemäß unterschiedliche „Vergleichsfaktoren für bebaute Grundstücke". Darüber hinaus ergeben sich erfahrungsgemäß auch für unterschiedliche Lagen (z.B. City- und Randlage) unterschiedliche Vergleichsfaktoren. Deshalb ist es geboten, **Vergleichsfaktoren differenziert nach Grundstücksarten und Grundstückslagen** (klassifiziert nach dem örtlichen Bodenrichtwertniveau) abzuleiten. Dabei sollen die Kaufpreise aus der von den Gutachterausschüssen für Grundstückswerte geführten Kaufpreissammlung (§ 195 BauGB) differenziert nach Lage, Art und Maß der baulichen Nutzung, Gebäudestandard, Ausstattung, Ertragskraft, Alter und Restnutzungsdauer der baulichen Anlagen sowie Größe der Grundstücke sowie der Wohn- bzw. Nutzfläche abgeleitet werden. 36

3.2 Geeignete Kaufpreise

▶ *Vgl. § 9 ImmoWertV Rn. 3 ff.; Eignung von Kaufpreisen vgl. Syst. Darst. des Vergleichswertverfahrens Rn. 15 ff.; § 12 ImmoWertV Rn. 15 ff.*

Zur Ableitung von Vergleichsfaktoren geeignete Kaufpreise sind solche, die hinsichtlich der Aktualität in Bezug auf den maßgeblichen Stichtag und der Repräsentativität den für die jeweilige Grundstücksart einschlägigen Grundstücksmarkt zutreffend abbilden. Dementsprechend sind möglichst **Kaufpreise von gleichartig bebauten und genutzten Grundstücken (Grundstücksart) bei gleichartiger Beschaffenheit (Grundstücksmerkmalen) und Lage der Grundstücke** heranzuziehen, die keine besonderen objektspezifischen Grundstücksmerkmale i.S. des § 8 Abs. 3, § 40 Abs. 5 sowie der §§ 41 und 43 ImmoWertV aufweisen und von denen angenommen werden kann, dass sie nicht durch ungewöhnliche oder persönliche Verhältnisse beeinflusst sind. Die zur Ableitung der Vergleichsfaktoren herangezogenen geeigneten Kaufpreise sind nach § 9 Abs. 1 Satz 4 ImmoWertV – wortgleich mit § 12 Abs. 3 Satz 3 ImmoWertV – mithin um die **Werteinflüsse besonderer objektspezifischer Grundstücksmerkmale** zu bereinigen. 37

Des Weiteren wird in § 12 Abs. 3 ImmoWertV darauf hingewiesen, dass Kaufpreise hinsichtlich der **allgemeinen Wertverhältnisse und des jeweiligen Grundstückszustands hinreichend übereinstimmen** sollen, wobei eine hinreichende Übereinstimmung schon dann vorliegt, wenn sich etwaige Abweichungen bei Vorliegen einer hinreichend großen Anzahl von Kaufpreisen in ihren Auswirkungen auf die Preise ausgleichen oder sachgerecht berücksichtigen lassen. 38

3.3 Vergleichsfaktorenbestimmende Einflüsse

Vergleichsfaktoren bebauter Grundstücke sind in besonderem Maße von der Lage des Grundstücks und der Restnutzungsdauer des Gebäudes abhängig. Die Ableitung der **Vergleichsfaktoren bebauter Grundstücke in Abhängigkeit von der Lage des Grundstücks sowie der Restnutzungsdauer des Gebäudes** ist eine wesentliche Voraussetzung für ihre Eignung als Grundlage einer fundierten Marktwertermittlung. 39

– Die *Lage des Grundstücks* wird mit dem einschlägigen Bodenrichtwert bzw. Bodenrichtwertgefüge erfasst. Die Abhängigkeit von der Lage ist darin begründet, dass der Marktwert(-anteil) eines Gebäudes von dem Grund und Boden abhängt, auf dem es steht.

– Die Ableitung von Vergleichsfaktoren in Abhängigkeit von der *Restnutzungsdauer* bzw. dem Baujahr des Gebäudes ist darin begründet, dass ein Gebäude mit zunehmender Zeit trotz Instandhaltung (inflationsbereinigt) einem Wertverlust unterworfen ist. Aus diesem Grunde schrieb § 12 Abs. 1 WertV 88/98, auf den § 20 ImmoWertV zurückgeht, ausdrücklich vor, dass die Vergleichsfaktoren für bebaute Grundstücke (Ertrags- und Gebäudefaktor) insbesondere unter Berücksichtigung des Alters der baulichen Anlage (Restnutzungsdauer) zu ermitteln sind. Dabei ist nicht das tatsächliche Alter der baulichen Anlage, sondern das unter Berücksichtigung einer unterlassenen Instandhaltung oder einer Modernisierung sich ergebende fiktive Alter maßgebend (vgl. § 4 Abs. 3 ImmoWertV).

– **Des Weiteren ist der Vergleichsfaktor abhängig vom** dem Gebäudestandard einschließlich der energetischen Beschaffenheit, der Gebäudebeschaffenheit (Unterkellerungsgrad, Geschosshöhe, Drempel, Gaupen, besondere Bauteile usw.), dem Modernisierungsgrad und dem Anteil an Nebengebäuden (Garagen und dgl.).

4 Ertragsfaktor

4.1 Ableitung von Ertragsfaktoren

▶ *Zu den allgemeinen Grundsätzen vgl. § 12 ImmoWertV Rn. 15; Syst. Darst. des Ertragswertverfahrens Rn. 87 ff.; zum Verhältnis zu Liegenschaftszinssätzen vgl. § 21 ImmoWertV Rn. 34 ff., 77*

40 Der **Ertragsfaktor ergibt sich als Quotient aus Kaufpreisen gleichartig bebauter Grundstücke, die hinreichend übereinstimmende Lage- und Nutzungsverhältnisse aufweisen, und den diesen jeweils zuzuordnenden marktüblich erzielbaren Erträgen.** Die Vorschrift lässt sowohl die Ermittlung von Ertragsfaktoren aus dem Jahresreinertrag als auch aus dem Jahresrohertrag zu. Darüber kann je nach Zweckmäßigkeit vom Gutachterausschuss befunden werden. Dementsprechend kann unterschieden zwischen

– Rohertragsfaktoren und

– Reinertragsfaktoren.

41 Es muss sich dabei aber in jedem Fall um die jeweils **marktüblich erzielbaren Erträge** handeln. Die dem entgegenstehende Regelung des § 193 Abs. 5 Nr. 4 BauGB, nach der Ertragsfaktoren bezogen auf den „nachhaltig" erzielbaren jährlichen Ertrag zu ermitteln sind, ist überholt und bedarf der Anpassung an die ImmoWertV.

42 Der Ertragsfaktor ermittelt sich nach Maßgabe des § 20 Abs. 3 ImmoWertV aus dem Verhältnis einer ausreichenden Anzahl n geeigneter Kaufpreise (KP) i.S. des § 12 Abs. 3 ImmoWertV von geeigneten Vergleichsobjekten zu den jeweiligen marktüblich erzielbaren Rein- oder Roherträgen (RE oder RoE). Im Falle eines arithmetischen Mittelwerts:

$$\text{Ertragsfaktor} = \sum_{1}^{n} \frac{KP_i}{\text{RE oder RoE}_i} / n$$

Als „Rohertrag" wird zumeist die Jahresnettokaltmiete angesetzt.

43 Die in vorstehender Weise abgeleiteten Ertragsfaktoren haben eine Verwandtschaft mit den sich auf der Grundlage empirisch abgeleiteter Liegenschaftszinssätze ergebenden finanzmathematischen Kapitalisierungsfaktoren (Rentenbarwertfaktoren) i.S. des § 34 Abs. 2 ImmoWertV. Liegenschaftszinssätze werden nämlich näherungsweise aus dem Verhältnis geeigneter Reinerträge (RE) i.S. des § 12 Abs. 3 ImmoWertV einer ausreichenden Anzahl n geeigneter

Vergleichsobjekte zu ihren jeweiligen Kaufpreisen (KP) ermittelt. Im Falle eines arithmetischen Mittelwerts:

$$\text{Liegenschaftszinssatz LZ} = \sum_{1}^{n} \frac{RE_i}{KP_i} / n$$

44 Ertragsfaktoren sind wie Kapitalisierungsfaktoren von der Restnutzungsdauer abhängig und stehen in einem reziproken Verhältnis zum Liegenschaftszinssatz. Aus der vorstehenden Näherungsformel des Liegenschaftszinssatzes ergibt sich mithin bei $n \to \infty$:

$$\text{Kapitalisierungsfaktor} = \sum_{1}^{n} \frac{KP_i}{RE_i} / n = \text{Ertragswertfaktor}$$

45 Wird bei der Ableitung des Ertragswertfaktors **die Restnutzungsdauer der Grundstücke** nicht berücksichtigt, deren Kaufpreise zur Ableitung der Ertragsfaktoren herangezogen werden, sind die Ertragsfaktoren für eine fundierte Marktwertermittlung ungeeignet, zumal sie vornehmlich nur aus Kaufpreisen von neuerrichteten und gleichartig bebauten und gelegenen Grundstücken (mit langer Restnutzungsdauer) abgeleitet werden. Sie können deshalb nur zur Plausibilisierung einer Marktwertermittlung von vergleichbaren Grundstücken mit neuerrichteten baulichen Anlagen nützlich sein.

46 Sollen **Ertragsfaktoren** (allein) **bezogen auf den Gebäudewertanteil** ermittelt werden, muss in der vorstehenden Formel anstelle des Kaufpreises der auf das Gebäude entfallende Kaufpreisanteil eingeführt werden, indem der Kaufpreis um den gesondert zu ermittelnden Bodenwert vermindert wird ($KP_i - BW_i$).

47 Sollen **Rohertragsfaktoren** ermittelt werden, müssen die **Kaufpreise jeweils ins Verhältnis zu den marktüblich erzielbaren Roherträgen** (Jahresnettokaltmiete) gesetzt werden. Vom Rohertrag (Nettokaltmiete) kann zur Vereinfachung ausgegangen werden, wenn die jeweilige Objektgruppe keine wesentlichen Unterschiede in den Bewirtschaftungskosten aufweist.

48 Sollen **Reinertragsfaktoren** ermittelt werden, müssen die **marktüblich erzielbaren Roherträge** (Jahresnettokaltmiete) **jeweils um die** nicht umgelegten marktüblichen **Bewirtschaftungskosten** (Betriebskosten) **vermindert** werden. Die sich so ergebenden marktüblich erzielbaren Reinerträge werden sodann wiederum ins Verhältnis zu den Kaufpreisen gesetzt. Auf diese Weise lässt sich die Genauigkeit der Verkehrswertermittlung unter Anwendung solcher Ertragsfaktoren regelmäßig steigern, denn vergleichsstörende Momente werden damit „ausgeschaltet“. Der Ableitung von Reinertragsfaktoren ist daher regelmäßig der Vorzug zu geben.

49 Ertragsfaktoren haben sich bislang noch nicht zu einem allseits anerkannten Instrument der Marktwertermittlung entwickeln können; ihre **Bedeutung beschränkt sich im Wesentlichen „nur“ auf die Plausibilisierung von Marktwertermittlungen auf der Grundlage anderer Verfahren.**[4] Dies ist insbesondere darauf zurückzuführen, dass Ertragsfaktoren bislang nicht hinreichend differenziert nach den verschiedenen Grundstückssegmenten mit der notwendigen Konkretisierung der dem Ertragsfaktor zugrunde liegenden Merkmale des jeweiligen Norm- bzw. Referenzgrundstücks abgeleitet wurden.

4 Kleiber, Glosse in GuG-aktuell 2024.

4.2 Beispiele

50 Von den Gutachterausschüssen für Grundstückswerte werden aus dem **Verhältnis vom Kaufpreis zum Jahresrohertrag** (erzielte Mieten bzw. Pachten einschließlich Verwaltungskosten, Mietausfallwagnis und Instandhaltungskosten) Ertragsfaktoren abgeleitet:

Abb. 1: Durchschnittliche Ertragsfaktoren

Gebäudeart	**Wuppertal**	**Bergisch Gladbach**	**Düsseldorf**	**LK Ennepe-Ruhr**	**Köln**	**München**
	2021	2020	2021	2021	2019	2020
Bezug		Rohertrag		Rohertrag		
Eigentumswohnung *vermietet* *Erstverkauf* *Wiederverkauf*	 8,9–26,9	 28,0 23,1	–	 17,3 (28,3)	 -	 -
eigengenutzt *Erstverkauf* *Wiederverkauf*	–	 35,0 26,6	–	–	–	–
Baujahr bis 1947	–	–	29,0	–	–	–
Baujahr 1948–1974	–	–	28,0	–	–	–
Baujahr 1950–1974	–	–	–	17,8	–	–
Baujahr 1975–2004	–	–	39,0	–	–	–
Baujahr 1975–1994	–	–	–	19,8	–	–
Baujahr 1995–2009	–	–	–	22,9	–	–
Appartement (vermietet)	–	–	–	11,6	–	–
Ein- und Zweifamilienhäuser	–	25,3	–	–	–	–
Einfamilienhäuser (freistehend)	–	–	–	29,8	–	–
Einfamilienhäuser/ RH DH	–	–	–	28,4	–	–
Zweifamilienhäuser	–	–	–	28,3	–	–
Dreifamilienhäuser	13,8–24,2	21,1	31,5	19,5	17–33	–
Mehrfamilienhäuser *ohne* Gewerbeanteil	–	22,6	–	–	17–30	30
Baujahr bis 1948 (Vollvermietung)	11,1–18,3	–	–	–	–	–
Baujahr 1949–1978 (Vollvermietung)	10,7–20,7	–	–	–	–	–
Gewerbeanteil < 20 %	11,4–17,6	–	28,5	16,8	–	43

Gebäudeart	Wuppertal	Bergisch Gladbach	Düsseldorf	LK Ennepe-Ruhr	Köln	München
Baujahr bis 1949	–	–	–	16,5	–	–
Baujahr 1950–1974	–	–	–	16,3	–	–
Gewerbeanteil 21 % bis 60 %	14,4	–	–	12,2	–	–
Gewerbeanteil 30 % bis 60 %	–	18,0	–		–	42
mit Denkmalschutz	–	–	–		–	51
ohne Denkmalschutz	–	–	–		–	37
Gewerbeanteil 35 % bis 45 %	–	–	25,5		–	–
Büro-, Verwaltungs- und Geschäftsgebäude	10,5–19,2	17,2	–	–	12–32	–
Baujahr 1948–1974	–	–	26,0	–	–	
Bürohäuser (Erstverkauf)	–	–	–	–	–	26
Gewerbegebäude	–	13,5	–	–	8–11	34
Handel	–	–	–	(12,5)	–	–
Produzierendes Gewerbe	–	–	(10,9)	–	–	–

Quelle: Grundstücksmarktberichte

Die Praxis ist, wie die Aufstellung zeigt, sehr uneinheitlich. Die abgeleiteten Ertragsfaktoren sind für eine fundierte Marktwertermittlung in nur sehr geringem Maße, d.h. allenfalls zur Plausibilisierung, geeignet. Die Ableitung derartiger Ertragswertfaktoren sollte eingestellt werden.

Vom Gutachterausschuss in *Düsseldorf* werden auch **Ertragsfaktoren für unbebaute Baulandgrundstücke** auf der Grundlage einer fiktiv erzielbaren Jahresnettokaltmiete veröffentlicht: Für Renditegrundstücke wie Mehrfamilien- und Geschäftshausgrundstücke sowie gemischt genutzte Grundstücke wird für ein innerstädtisch gelegenes Grundstück mit 30–40 m Grundstückstiefe und einer Wohn/Nutzfläche ≥ 400 m² im Marktbericht 2021 ein Ertragsfaktor von 5,0 angegeben: 51

Beispiel: 52

Sachverhalt

Wohnhausgrundstück mit realisierbarer GFZ von 2,5 und einer Grundstücksgröße von 400 m²

Fiktive Jahresnettokaltmiete: 10 €/m² WF im Monat =	120 €/m² WF
Ermittlung des Bodenwerts:	
Wohnfläche 400 m² x 2,5 x 0,8 =	800 m²
Bodenwert: 800 m² x 120 €/m² x 5,0 =	480 000 €

4.3 Ertragsfaktoren im Verhältnis zum finanzmathematischen Kapitalisierungsfaktor

53 Die in vorstehender Weise abgeleiteten **Ertragsfaktoren stellen nichts anderes als empirische Kapitalisierungsfaktoren** (Barwertfaktoren) dar.

54 Bei gebührender Beachtung der theoretischen Zusammenhänge können derart empirisch abgeleitete Ertragsfaktoren **zu zuverlässigen Ergebnissen nur führen**, wenn bei **ihrer Ableitung auch das jeweilige Alter der baulichen Anlage (Restnutzungsdauer)** „feinmaschig" **berücksichtigt wird,** für die die Ertragsfaktoren Geltung haben sollen. Ein Blick in die Tabelle der Kapitalisierungsfaktoren (Vervielfältigertabelle) macht deutlich, dass dies umso mehr zu beachten ist, je kürzer die Restnutzungsdauer ist. Es reicht nicht aus, wenn bei der Ableitung von Ertragsfaktoren lediglich zwischen „alten" und „neuen" Objekten unterschieden wird.

55 **Ertragsfaktoren sind** nämlich – wie Liegenschaftszinssätze bzw. finanzmathematische Kapitalisierungsfaktoren – hochgradig **von der Restnutzungsdauer der Gebäude abhängig,** insbesondere, wenn diese eine kürzere Restnutzungsdauer als 50 Jahre aufweisen. Damit Ertragsfaktoren zur Verkehrswertermittlung herangezogen werden können, müssen sie allerdings in weitaus differenzierterer Weise als bisher geschehen nach der Restnutzungsdauer abgeleitet werden.

56 Der nach vorstehenden Grundsätzen empirisch abgeleitete Ertragsfaktor unterscheidet sich aber noch in einer weiteren Beziehung von den finanzmathematisch abgeleiteten Kapitalisierungsfaktoren i.S. des § 34 Abs. 2 ImmoWertV. Das in §§ 28 ImmoWertV geregelte allgemeine Ertragswertverfahren geht nämlich von einem getrennt zu ermittelnden Bodenwert und Gebäudeertragswert (Ertragswert der baulichen Anlagen) aus, wobei im Hinblick auf die Wertbeständigkeit des Grund und Bodens der Reinertrag des Grundstücks um den Verzinsungsbetrag des Bodenwerts vermindert wird (§ 28 Satz 1 Nr. 1 ImmoWertV). Wird der Ertragsfaktor, wie in der **angelsächsischen Wertermittlungspraxis,** ohne Unterscheidung zwischen Boden- und Gebäudewert bezogen auf das Gesamtobjekt ermittelt, so ergeben sich auch materielle Unterschiede zwischen den Kapitalisierungsfaktoren (Vervielfältigern).

57 Auf einen weiteren Zusammenhang zwischen den – empirisch – für das Gesamtobjekt (einschließlich Grund und Boden) abgeleiteten Ertragsfaktoren (Kapitalisierungsfaktor) und dem Liegenschaftszinssatz soll hier hingewiesen werden. Bei Ableitung des Liegenschaftszinssatzes muss bei systemkonformer Anwendung der ImmoWertV der Wertbeständigkeit des Grundes und Bodens Rechnung getragen werden. Werden Ertragsfaktoren, differenziert nach verschiedenen Objektgruppen und für bestimmte Altersklassen unter Einbeziehung des Bodenwerts – analog zum Liegenschaftszinssatz – ermittelt, so entspricht der **reziproke Ertragswertfaktor dem Liegenschaftszinssatz** für die jeweiligen (Gesamt-)Objekte:

58 *Beispiel:*
Der Jahresreinertrag eines „neueren" Mietwohnobjekts beträgt 50 000 €. Bei einem Ertragswertfaktor von 12,0 ergibt sich zur Kontrolle als Grundstückswert:

Kontrollwert: 12,0 × 50 000 € = 600 000 €

d.h., die Summe der Jahresmieten von 12 Jahren „deckt" den Kaufpreis.

Daraus ergibt sich ein Liegenschaftszinssatz von: 100/12 = 8 %

59 **Der so ermittelte „Liegenschaftszinssatz" darf nicht dem bei systemkonformer Ableitung nach § 21 Abs. 3 ImmoWertV sich ergebenden Liegenschaftszinssatz gleichgesetzt werden. Nur bei einer sehr langen Restnutzungsdauer (von n > 50 Jahre) besteht Identität.**

4.4 Ertragsfaktoren im Verhältnis zu sonstigen immobilienwirtschaftlichen Multiplikatoren

▶ *Vgl. zur Nettoanfangsrendite Vorbem. zur ImmoWertV Rn. 50; § 21 ImmoWertV Rn. 34 ff.; Syst. Darst. des Ertragswertverfahrens Rn. 87 ff.*

Der nach vorstehenden Grundsätzen abgeleitete Ertragsfaktor bebauter Grundstücke steht auch in Verwandtschaft mit **60**

- der sog. „Nettoanfangsrendite", die auf der Grundlage der Gesamtinvestitionskosten unter Berücksichtigung der Grundstückstransaktionskosten abgeleitet wird, bzw.
- den von der Immobilienwirtschaft publizierten „Mietenmultiplikatoren" (sog. „Kaufpreise von *Investments*").

Die Ertragswertfaktoren entsprechen dem im angelsächsischen Raum gebräuchlichen *Gross Income Multiplier (GIM)* bzw. dem *Years' Purchase (YP)* sowie der in Deutschland gebräuchlichen „Maklerformel". Die Ertragsfaktoren stellen eine empirisch verfeinerte und konsequent marktwertbezogene Form der für die Verkehrswertermittlung (Marktwertermittlung) ungeeigneten *Gross Income Multiplier* dar, denn sie werden in fundierterer Weise auf der Grundlage einer ausgewerteten Kaufpreissammlung unter Berücksichtigung der jeweiligen Grundstücksmerkmale abgeleitet, wobei im Anwendungsfall zudem die besonderen objektspezifischen Grundstücksmerkmale nach Maßgabe des § 8 Abs. 3 ImmoWertV ergänzend Berücksichtigung finden. Dies ist geboten, denn die **Unterschiedlichkeit der Verkehrswerte** ist weitaus größer, als es in den Mietenmultiplikatoren zum Ausdruck kommt. **61**

Abb. 2: Mietenmultiplikatoren

	Stadt/ Kreis	Bundesland	Vervielfältiger 2019	Vervielfältiger 2018
1	Nordfriesland, Landkreis	Schleswig-Holstein	71,9	64,5
2	Aurich, Landkreis	Niedersachsen	51,6	50,3
3	Leer, Landkreis	Niedersachsen	47,0	42,0
4	Wittmund, Landkreis	Niedersachsen	46,5	46,6
5	Rostock, Landkreis	Mecklenburg-Vorpommern	44,0	43,0
6	Miesbach, Landkreis	Bayern	43,2	41,3
7	Vorpommern-Rügen, Landkreis	Mecklenburg-Vorpommern	42,6	39,0
8	Starnberg, Landkreis	Bayern	38,0	36,4
9	Garmisch-Partenkirchen, Landkreis	Bayern	37,5	35,9
10	Vorpommern-Greifswald, Landkreis	Mecklenburg-Vorpommern	37,5	32,8
392.	Sömmerda, Landkreis	Thüringen	13,2	14,4
393.	Goslar, Landkreis	Niedersachsen	13,1	12,7
394.	Jerichower Land, Landkreis	Sachsen-Anhalt	13,0	12,6
395.	Saale-Orla-Kreis, Landkreis	Thüringen	12,9	12,4
396.	Mansfeld-Südharz,	Sachsen-Anhalt	12,9	9,7
397.	Vogtlandkreis, Landkreis	Sachsen	12,7	11,2

	Stadt/ Kreis	Bundesland	Vervielfältiger 2019	Vervielfältiger 2018
398.	Kyffhäuserkreis, Landkreis	Thüringen	12,6	14,4
399.	Altenburger Land, Landkreis	Thüringen	12,2	12,3
400.	Wittenberg, Landkreis	Sachsen-Anhalt	11,9	12,0
401.	Burgenlandkreis, Landkreis	Sachsen-Anhalt	11,3	11,5
	Deutschlandweit*		***24,0***	***22,9***

Quellen: Value AG Marktdatenbank (2020); Berechnungen des HWWI
* Durchschnitt über alle Kreise und kreisfreien Städte

Stadt	Vervielfältiger 2019	Vervielfältiger 2018
München	37,2	36,0
Hamburg	36,0	33,2
Berlin	35,5	32,6
Frankfurt	33,5	31,4
Düsseldorf	31,3	29,9
Köln	28,2	26,8
Stuttgart	27,7	27,5
Durchschnitt*	*32,8*	*31,1*

Quellen: Value AG Marktdatenbank (2020); Berechnungen HWWI
* über die sieben größten deutschen Städte

4.5 Anwendung von Ertragsfaktoren

▶ *Vgl. Rn. 14, 23*

62 Spiegelbildlich zu der in § 20 ImmoWertV geregelten Ableitung von Ertrags- und Gebäudefaktoren können die abgeleiteten Ertragsfaktoren zur Verkehrswertermittlung herangezogen werden, wenn das zu bewertende Grundstück mit den Grundstücken vergleichbar ist, aus denen der entsprechende Ertragsfaktor abgeleitet wurde. Das zu bewertende Objekt muss also die Eigenschaften aufweisen, die auch der Ableitung des Ertragswertfaktors zugrunde liegen.

63 Der Vergleichswert ergibt sich dann recht einfach durch Multiplikation des Jahresrein- oder -rohertrags des zu bewertenden Objekts mit dem einschlägigen Ertragswertfaktor:

Vergleichswert = Rein- oder Rohertrag × Ertragsfaktor

oder in Formeln:

$$EW = RE \times \text{Ertragsfaktor} = RE \times KF_{emp}$$

wobei

RE = Reinertrag

KF_{emp} = empirisch abgeleiteter Kapitalisierungsfaktor (vgl. Syst. Darst. des Ertragswertverfahrens Rn. 87 ff.), der zugleich dem Ertragsfaktor entspricht.

64 Eine fundierte Marktwertermittlung lässt sich nach den vorstehenden Ausführungen darauf nur gründen, wenn die Ertragswertfaktoren feinmaschig und differenziert nach der Restnutzungsdauer abgeleitet worden sind und sämtliche Grundstücksmerkmale der den Ertragsfaktoren zugrunde liegenden Grundstücke bekannt sind. Dies betrifft nicht nur die Grundstücksart und Grundstückslage, sondern auch die der **baulichen Anlagen**, insbesondere hinsichtlich ihrer Art, Größe, Nutzung, Beschaffenheit, Ertragskraft und ihrer Restnutzungsdauer (bzw. ihres Alters), wobei die Ertragsfaktoren bezüglich der Restnutzungsdauer hinreichend differenziert sein müssen.

Abweichungen des zu bewertenden Grundstücks in seinen besonderen objektspezifischen Grundstücksmerkmalen (boG) von den dem Ertragsfaktor zugrunde liegenden durchschnittlichen Grundstücksmerkmalen müssen ergänzend berücksichtigt werden, um über den Vergleichswert zum **Verkehrswert** zu gelangen. **65**

Steht allein ein Ertragsfaktor (Mietenmultiplikator) von z.B. 12,0 bezogen auf den Jahresreinertrag eines „neueren" Mietwohnhauses ohne nähere Angaben zur Verfügung, so lässt sich darauf keine fundierte Wertermittlung gründen. Dies kann allenfalls einer groben **Kontrolle der Ertragswertermittlung** dienen. **66**

5 Veröffentlichung von Vergleichsfaktoren

5.1 Allgemeines

Bei der Veröffentlichung von Vergleichsfaktoren bebauter Grundstücke müssen die durchschnittlichen Grundstücksmerkmale der der empirischen Ableitung zugrunde liegenden Grundstücke sowie der Bezugsstichtag – vergleichbar mit den Angaben zum Bodenrichtwertgrundstück bei der Veröffentlichung von Bodenrichtwerten – detailliert dargelegt werden **(Referenz- bzw. Normgrundstück der Vergleichsfaktoren bebauter Grundstücke und dessen Attributierung).** Nur so ist eine sachgerechte Anwendung dieser Faktoren und eine Berücksichtigung besonderer objektspezifischer Grundstücksmerkmale nach § 8 Abs. 2 und 3 ImmoWertV möglich. **67**

Deshalb muss bei der Veröffentlichung von Gebäudefaktoren angegeben werden, auf welche Bezugseinheiten sie sich beziehen. Anders wäre eine sachgerechte Anwendung dieser Faktoren nicht möglich. **68**

5.2 Fortschreibung von Vergleichsfaktoren

▶ *Vgl. § 12 ImmoWertV Rn. 15*

Vergleichsfaktoren können sich im Laufe der Zeit unter dem Einfluss sich wandelnder Marktverhältnisse (z.B. Verknappung von Grundstücken in Ein- bzw. Zweifamilienhausgebieten) einschließlich sich wandelnder Präferenzen der Beteiligten am Grundstücksmarkt (z.B. verstärkte Nachfrage nach Zweifamilienhausgrundstücken) ändern; sie **stellen** mithin **zeitabhängige Größen** dar. Bei der Ableitung von Vergleichsfaktoren ist dies ebenso wie bei ihrer Anwendung zu berücksichtigen. **69**

Im Rahmen der Ermittlung des objektspezifisch angepassten Vergleichsfaktors sind bei Abweichungen aufgrund von Änderungen der allgemeinen Wertverhältnisse auf dem Grundstücksmarkt zwischen dem Wertermittlungsstichtag und dem Bezugsstichtag des herangezogenen Vergleichsfaktors die herangezogenen Vergleichsfaktoren durch geeignete Indexreihen oder in anderer sachgerechter Weise an die Wertverhältnisse am Wertermittlungsstichtag anzupassen. **70**

Erfahrungsgemäß wird die Indizierung der in der Vergangenheit abgeleiteten Vergleichsfaktoren mit zunehmender Zeit fehlerhaft und ihre Eignung schwindet. Deshalb ist zu fordern, dass Vergleichsfaktoren fortzuschreiben sind, wenn sie aufgrund geänderter Wertverhältnisse auch unter Berücksichtigung ihrer Indizierung nicht mehr zur Marktwertermittlung geeignet sind. **71**

6 Anlage

72 **Vergleichsfaktoren für bebaute Ein- und Zweifamilienhaus- und Villen- und Landhausgrundstücke zum Stichtag 30.06.2022[5]**
nachfolgend in Auszügen abgedruckt

▶ *Zu den vorangehenden Veröffentlichungen vgl. Teil I Rechtsgrundlagen*

A Vorbemerkungen

1. Verwendungszweck

Die nachfolgenden Vergleichsfaktoren dienen u.a. der steuerlichen Bedarfsbewertung nach dem 6. Abschnitt des 2. Teils des Bewertungsgesetzes[6] sowie der Aufteilung eines Kaufpreises auf Grund und Boden und Gebäude. Die Vergleichsfaktoren sind den zuständigen Finanzämtern für Zwecke der steuerlichen Bewertung mitzuteilen. Die Vergleichsfaktoren enthalten sowohl den anteiligen Wert für den Grund und Boden als auch für die Gebäude. Die Vergleichswertfaktoren ersetzen nicht eine gutachterliche Ermittlung des Verkehrswertes i.S. des § 194 BauGB[7].

Mit Hilfe mathematisch-statistischer Analysen hat der Gutachterausschuss Vergleichsfaktoren gemäß § 12 ImmoWertV[8] für Ein- und Zweifamilienhausgrundstücke in sehr guter stadträumlicher Wohnlage sowie für bebaute Villen- und Landhausgrundstücke abgeleitet.

2. Zeitliche Anwendbarkeit

Die zeitliche Anwendung der Vergleichsfaktoren für steuerliche Zwecke richtet sich nach § 183 Abs. 2 S. 3 i.V.m. § 177 Abs. 2 und 3 BewG.

3. Räumliche Anwendbarkeit

Aufgrund der mathematisch-statistischen Analyse für die Ein- und Zweifamilienhausgrundstücke in den einfachen, mittleren und guten stadträumlichen Wohnlagen können die abgeleiteten Vergleichsfaktoren nicht in den Ortsteilen Mitte, Moabit, Hansaviertel, Tiergarten-Süd, Gesundbrunnen, Friedrichshain, Kreuzberg, Malchow (in Pankow), Charlottenburg, Schmargendorf, Grunewald, Charlottenburg-Nord, Halensee, Schöneberg, Friedenau, Neukölln, Alt-Treptow, Plänterwald, Oberschöneweide, Fennpfuhl, Rummelsburg angewendet werden.

Dagegen können diese Vergleichsfaktoren in allen nicht genannten Ortsteilen angewendet werden.

Aufgrund der mathematisch-statistischen Analyse für die Ein- und Zweifamilienhausgrundstücke in den sehr guten stadträumlichen Wohnlagen können die entsprechend abgeleiteten Vergleichsfaktoren in den Ortsteilen Schmargendorf, Grunewald, Westend und Dahlem angewendet werden. Gleiches gilt für die Villen- und Landhausgrundstücke in den Ortsteilen Schmargendorf, Lichterfelde, Zehlendorf, Dahlem, Nikolassee, Wannsee und Schlachtensee.

Dagegen können diese Vergleichsfaktoren in allen nicht genannten Ortsteilen keine Aussage treffen.

4. Zeitraum der verwendeten Daten

5 Vergleichsfaktoren für bebaute Ein- und Zweifamilienhaus- und Villen- und Landhausgrundstücke zum Stichtag 30.06.20222 vom 19.05.2023 (ABl. Bln. 2023, 2280)

6 BewG i.d.F. der Bekanntmachung vom 01.02.1991 (BGBl. I 1991, 230), das zuletzt durch Art. 20 des Gesetzes vom 16.12.2022 (BGBl. I 2022, 2294) geändert worden ist.

7 BauGB i.d.F. vom 03.11.2017(BGBl. I 2017, 3634), das zuletzt durch Art. 2 des Gesetzes vom 04.01.2023 (BGBl. Nr. 6) geändert worden ist.

8 ImmoWertV vom 14.07.2021 (BGBl. I 2021, 2805)

Aus der vom Gutachterausschuss für Grundstückswerte in Berlin geführten Kaufpreissammlung sind für den beschriebenen Verwendungszweck vergleichsgeeignete Kauffälle mit Vertragsdaten vom 1. Januar 2019 bis zum 30.Juni 2022 selektiert worden. Der mathematisch-statistischen Analysen lagen 4 323 Kauffälle zugrunde. Folgende Kaufpreise wurden bei der Recherche in der Kaufpreissammlung nicht berücksichtigt: Erwerbsumfang kleiner 100 %, vermietete Objekte, Nießbrauch, Wohnungsrechte, Mischbaujahre, Mietkauf, Sachenrechtsbereinigung. Berücksichtigt wurden nur Kauffälle mit Status 7 (Vertrag ausgewertet), Kauffälle mit den Vertragsarten Kauf, Angebot/Annahme und private Versteigerung, Kauffälle mit der preisbestimmenden Grundstücksart Einfamilienhäuser, Einfamilienhäuser mit Einliegerwohnung, Zweifamilienhäuser, Villen, Landhäuser und einer typ. GFZ bis 0,6 und Kauffälle, bei denen Angaben zu Baujahr, baulichem Zustand, Gebäudeart, Gebäudestellung, Gebäudekonstruktion, Anzahl der Vollgeschosse und Keller bekannt waren.

Es erfolgte eine grobe Extremwerteliminierung wie folgt:

Ein- und Zweifamilienhäuser in der einfachen, mittleren und guten stadträumlichen Wohnlage

– Kaufpreis des Grundstücks: > 4.000.000,– EUR und < 80.000,– EUR

– Grundstücksfläche: > 2.500 m^2 und < 120 m^2

– Tatsächliche GFZ: > 0,86 und < 0,08

– Bodenrichtwert: > 2.300,– EUR/m^2

Ein- und Zweifamilienhäuser in der sehr guten stadträumlichen Wohnlage

– Kaufpreis des Grundstücks: > 4.200.000,– EUR

– Grundstücksfläche: > 1.600 m^2 und < 300 m^2

– Bruttogrundfläche: > 750 m^2

Villen und Landhäuser

– Kaufpreis des Grundstücks: > 6.000.000,– EUR

– Grundstücksfläche: > 1.500 m^2

– Bodenrichtwert: < 1.000,– EUR/m^2

Die Ableitungen wurden mit Hilfe einer Regressionsanalyse für die Ein- und Zweifamilienhaus-grundstücke in den sehr guten stadträumlichen Wohnlagen mit den Variablen Bodenrichtwert, Bruttogrundfläche und den Dummyvariablen Baujahrsgruppe, Bauzustand, Wohnlagen, Kaufvertragsjahr, Stadtlagen, Gebäudeart und Gebäudekonstruktion, für die Ein- und Zweifamilienhausgrundstücke in den sehr guten stadträumlichen Wohnlagen mit den Variablen Bodenrichtwert, Grundstücksfläche und den Dummyvariablen Baujahrsgruppe, Bauzustand und Kaufvertragsjahr und für die Villen- und Landhausgrundstücke mit den Variablen Bodenrichtwert, Grundstücksfläche, Bruttogrundfläche und den Dummyvariablen Baujahrsgruppe, Bauzustand und Kaufvertragsjahr durchgeführt.

5. Teilmarkt

Die Untersuchung bezieht sich ausschließlich auf Einfamilienhäuser, Einfamilienhäuser mit Einliegerwohnung, Zweifamilienhäuser und Villen/Landhäuser für Erst- und Weiterverkäufe.Kauffälle in der Rechtsform des Wohnungseigentums und Kauffälle von Wohnungseigentum bei bestehenden Erbbaurechten, Nießbrauch u.ä wurden ausgeschlossen. Für diese Objekte kann das Modell keine Aussage treffen.

B Grundsätze der Kaufvertragsauswertung

Der Ableitung der Vergleichsfaktoren liegen folgende Annahmen zugrunde:

- **Bei der Kaufvertragsauswertung wurden nur ursprüngliche Baujahre angesetzt.**
- **Es erfolgte keine Korrektur des Baujahres auf Grund von Modernisierungen.**
- **Eine Innenbesichtigung der Objekte erfolgte nicht.**
- **Es fand keine Überprüfung statt, ob Grundstücke rechtlich teilbar sind.**
- **Es sind ausschließlich bezugsfreie Objekte in der Auswertung berücksichtigt.**
- **Es fließen keine Grundstücke mit Wasserlage in die Ableitung ein.**

1. Bodenwert

Für den Bodenwert wird der letzte vor dem jeweiligen Vertragsdatum des Kauffalles veröffentlichte Bodenrichtwert angesetzt.

Eine GFZ-Anpassung wurde nicht vorgenommen.

Für die Anwendung der Vergleichsfaktoren in den Tabellen 1 bis 3 ist im Rahmen der Modellkonformität der Bodenrichtwert zum 01.01.2022 anzusetzen.

2. Bauliche Anlagen

Villen bzw. Landhäuser sind aufwendig errichtete Gebäude auf entsprechenden Grundstücken, die sich von ihrer Größe, ihrer Bauweise, ihrer Ausstattung sowie ihrer Außengestaltung (und ihrem Preis) vom Üblichen nach oben abheben. Derartige Gebäude sind vorrangig in besseren Wohnlagen anzutreffen.

Nicht zu verwenden bei Nutzung als Mehrfamilienhaus (sog. Stadtvillen) nach entsprechendem Umbau.

3. Stadträumliche Wohnlagen

Eine Einflussgröße, insbesondere für den Wert von Bauland, Eigenheimen und Wohnungseigentum, ist die Lage im Stadtgebiet. Als ein Merkmal der unterschiedlichen Qualität des Wohnens in der Stadt fließt bei der Analyse des Kaufpreismaterials i.d.R. das Merkmal „Wohnlage“ ein. Sie spiegelt die Lagequalität des Wohnumfeldes wider.

Die Wohnlage wird nach den folgenden Kategorien unterschieden:

1. **Einfache Wohnlage**
2. **Mittlere Wohnlage**
3. **Gute Wohnlage**
4. **Sehr gute Wohnlage**

Die Kriterien zur Differenzierung der Wohnlagen werden unter der Internetadresse https://www.berlin.de/gutachterausschuss/service/glossar/artikel.158045.php beschrieben.

4. Baulicher Zustand

Eine weitere Einflussgröße auf den Wert von bebauten Grundstücken ist der bauliche Unterhaltungszustand der baulichen Anlagen. Er fließt in die Analyse des Kaufpreismaterials ein und wird mit 3 Zustandsnoten beschrieben. Essind dies die folgenden 3 Zustandsnoten:

1. **Gut**
2. **Normal**
3. **Schlecht**

Die Kriterien zur Differenzierung der baulichen Unterhaltungszustände werden unter der Internetadresse www.berlin.de/gutachterausschuss/service/glossar/artikel. 156899.php beschrieben.

5. Brutto-Grundfläche

Die Brutto-Grundfläche (m²) ist in Anlehnung an DIN 277 1: 2005-02 (siehe Anlage 4 ImmoWertV) zu ermitteln.

Anmerkung zur Auswertung der Kaufpreissammlung:

Bei einer Giebelhöhe von kleiner/gleich 1,50 m ist die BGF für das Dachgeschoss nicht zu berücksichtigen.

Separate Garagen werden nicht bei der Berechnung der Brutto-Grundfläche berücksichtigt.

Bei Fragen zu dieser Veröffentlichung wenden Sie sich bitte an Frau Prokott (Tel. 030 90139-5234).

C Vergleichsfaktoren

1. Faktoren

1.1 Ein- und Zweifamilienhäuser in der einfachen, mittleren und guten stadträumlichen Wohnlage

Tabelle 1: Vergleichsfaktoren (Beträge in €/m² Brutto-Grundfläche)

Vergleichsfaktoren für Ein- und Zweifamilienhäuser									
BRW (€/m²) 01.01.2022	Brutto-Grundfläche (in m²)								
	70	150	200	250	300	350	400	440	800
300	*3489*	*3213*	*3040*	*2867*	*2694*	*2521*	*2349*	*2210*	*966*
400	*3646*	3369	3196	3023	2851	2678	2505	2367	1122
500	*3802*	3525	3353	3180	3007	2834	2661	2523	1278
600	*3958*	3682	3509	3336	3163	2990	2817	2679	1435
700	*4115*	3838	3665	3492	3319	3147	2974	2835	1591
800	*4271*	3994	3821	3649	3476	3303	3130	2992	1747
900	*4427*	4151	3978	3805	3632	3459	3286	3148	1904
1000	*4583*	*4307*	*4234*	*3961*	3788	*3615*	3443	*3304*	*2060*
1100	*4740*	*4463*	*4290*	*4117*	*3945*	*3772*	*3599*	*3461*	*2216*
1200	*4896*	*4619*	*4447*	*4274*	*4101*	*3928*	*3755*	*3617*	*2372*
2000	*6146*	*5870*	*5697*	*5524*	*5351*	*5178*	*5006*	*4867*	*2623*
Innerhalb der Tabellenwerte kann linear interpoliert werden. Die *kursiv* dargestellten Werte sind die Minimum- und Maximumwerte aus der Tabelle 4.									

Korrekturwerte (Additionskonstanten €/m² Brutto-Grundfläche):

Baujahrsgruppen

Baujahrsgruppen bis 1919:	– 503
Baujahrsgruppen 1920–1948:	– 614
Baujahrsgruppen 1949–1970:	– 683
Baujahrsgruppen 1971–1990:	– 756

Baujahrsgruppen 1991–2009: – 259

Baujahrsgruppen 2010–2017: ±0

Baujahrsgruppe ab 2018: ± 0

Gebäudestellung

Gebäudestellung freistehendes Ein-/Zweifamilienhaus: ±0

Gebäudestellung Doppelhaushälfte: – 233

Gebäudestellung Reihenendhaus: – 264

Gebäudestellung Reihenmittelhaus: – 462

Bautenzustand

Gebäude in gutem Zustand: + 357

Gebäude in normalem Zustand ± 0

Gebäude mit schlechtem Zustand: – 415

Gebäudekonstruktion

Fertighaus: – 160

Massivhaus: ±0

Stadträumliche Wohnlage

Gebäude in einfacher stadträumlicher Wohnlage: – 78

Gebäude in mittlerer stadträumlicher Wohnlage: ± 0

Gebäude in guter stadträumlicher Wohnlage: ± 0

Bauerrichtungsverträge

Das Grundstück ist mit einem Bauerrichtungsvertrag beurkundet: +304

Das Grundstück ist ohne ein Bauerrichtungsvertrag beurkundet: ±0

Stadtlagen

Westteil: ±0

Ostteil: – 70

1.2 Ein- und Zweifamilienhäuser in der sehr guten stadträumlichen Wohnlage

Tabelle 2: Vergleichsfaktoren (Beträge in €/m² Brutto-Grundfläche)

Vergleichsfaktoren Ein- und Zweifamilienhäuser in den Ortsteilen Schmargendorf, Grunewald, Westend und Dahlem in der sehr guten stadträumlichen Wohnlage zum Stichtag					
Baulandfläche in m²					
300	**500**	**700**	**900**	**1100**	**1300**
4732	5290	5848	6406	6964	7523
Innerhalb der Tabellenwerte kann linear interpoliert werden.					

Korrekturwerte (Additionskonstanten €/m² Brutto-Grundfläche):

Gebäudestellung

Gebäudestellung freistehendes Ein-/Zweifamilienhaus: ±0

Gebäudestellung Doppelhaushälfte/Reihenmittel- und Reihenendhaus: –1440

Bautenzustand

Gebäude in gutem Zustand	+ 1743
Gebäude in normalem Zustand	± 0
Gebäude in schlechtem Zustand	± 0

Die Kaufvertragsjahre, Baujahresgruppen und Gebäudestellung haben keinen signifikanten Einfluss.

1.3 Villen und Landhäuser

Tabelle 3: Vergleichsfaktoren (Beträge in €/m² Brutto-Grundfläche)

Vergleichsfaktoren für freistehende Villen und Landhäuser in den Ortsteilen Schmargendorf, Lichterfelde, Zehlendorf, Dahlem, Nikolassee, Wannsee und Schlachtensee in den sehr guten und guten stadträumlichen Wohnlagen zum Stichtag							
BRW (EUR/m2 01.01.2022	**Brutto-Grundfläche (in m²)**						
	300	400	500	600	700	800	900
1200	5627	5185	4743	4301	3959	3417	2975
1400	5907	6465	5023	4581	4139	3697	3255
1600	6187	5745	5303	4861	4419	3977	3535
1800	6468	6026	5584	6142	4700	4258	3816
2000	6748	6306	5864	5422	4980	4538	4096
2200	7029	6587	6145	5703	5261	4819	4377
2400	7309	6867	6425	5983	5541	5099	4657
2600	7589	7147	6705	6263	5821	5379	4937
2800	7870	7428	6986	6544	6102	5660	5218
3000	8150	7708	7266	6824	6382	5040	5498
Innerhalb der Tabellenwerte kann linear interpoliert werden *Die kursiv dargestellten Werte sind die Minimum- und Maximumwerte aus der Tabelle 4*							

Die Kaufvertragsjahre, die stadträumlichen Wohnlagen, Baujahrsgruppen und der Bauzustand haben keinen signifikanten Einfluss.

2. Statistische Angaben zum verwendeten Datenmaterial

2.1 Ein- und Zweifamilienhäuser in der einfachen, mittleren und guten stadträumlichen Wohnlage

Tabelle 4:

Mittelwerte (1. Zeile) und die 5%- bzw. 95%-Perzentile der Einzelwerte (kursiv in der 2. Zeile), d.h. 90 % aller verwendeten Daten, liegen innerhalb dieses Bereichs und des Minimum- und Maximumwerts (kursiv in der 3. Zeile).

Anzahl	Kaufpreis (€)	Kaufpreis pro Brutto-Grundfläche (€/m²)	Baugrundstücksfläche (Bauland) (m²)	Brutto Grundfläche (BGF) (m²)	tatsächliche GFZ	Bodenrichtwert (€/m²)
3 888	587 710 *300 000–1 080 000* *100 000–2 584* 000	2 349 *1214–3 844* *686–5 441*	556 *219–995* *125–1 782*	258 *148–434* *70–800*	0,27 *0,11–0,55* 0,*09–0,85*	685 *430–1200* *290 –2 000*

Tabelle 5: Ortsteile

	Häufigkeit	Prozent		Häufigkeit	Prozent
Wedding	2	0,1	Rudow	340	8,7
Prenzlauer Berg	1	0,0	Gropiusstadt	6	0,2
Weißensee	10	0,3	Baumschulenweg	7	0,2
Blankenburg	20	0,5	Johannisthal	25	0,6
Heinersdorf	25	0,6	Niederschöneweide	11	0,3
Karow	41	1,1	Altglienicke	106	2,7
Pankow	2	0,1	Adlershof	15	0,4
Blankenfelde	7	0,2	Bohnsdorf	85	2,2
Buch	16	0,4	Köpenick	51	1,3
Französisch Buchholz	49	0,4	Friedrichshagen	7	0,2
Niederschönhausen	31	0,7	Rahnsdorf	42	1,1
Rosenthal	42	1,1	Grünau	6	0,2
Wilhelmsruh	10	0,3	Müggelheim	25	0,6
Wilmersdorf	1	0,0	Schmöckwitz	22	0,6
Westend	15	0,4	Marzahn	28	0,7
Spandau	9	0,2	Biesdorf	83	2,1
Haselhorst	23	0,6	Kaulsdorf	63	1,6
Siemensstadt	6	0,2	Mahlsdorf	119	3,1
Staaken	154	4,0	Hellersdorf	3	0,1
Gatow	35	0,9	Friedrichsfelde	2	0,1

	Häufigkeit	Prozent		Häufigkeit	Prozent
Kladow	215	5,5	Karlshorst	34	0,9
Hakenfelde	55	1,4	Lichtenberg	22	0,3
Falkenhagener Feld	52	1,3	Falkenberg	61	1,6
Wilhelmstadt	64	1,3	Malchow	2	0,1
West-Staaken	1	0,0	Wartenberg	26	0,7
Steglitz	7	0,2	Neu-Hohenschönhausen	69	1,8
Lichterfelde	148	3,8	Alt-Hohenschönhausen	69	1,8
Lankwitz	60	1,5	Reinickendorf	24	0,6
Zehlendorf	117	3,0	Tegel	113	2,9
Dahlem	9	0,2	Konradshöhe	49	1,3
Nikolassee	29	0,7	Heiligensee	132	3,4
Wannsee	32	0,8	Frohnau	159	4,1
Schlachtensee	5	0,1	Hermsdorf	111	2,9
Tempelhof	29	0,7	Waidmannslust	18	0,5
Mariendorf	91	2,3	Lübars	34	0,9
Marienfelde	53	1,4	Wittenau	82	2,1
Lichtenrade	252	6,5	Märkisches Viertel	18	0,5
Britz	35	0,9	Borsigwalde	8	0,2
Buckow	135	3,5			
			Gesamt	3 888	100,0

Tabelle 6: Stadträumliche Lage

	Häufigkeit	Prozent
Einfache Lage	982	35,3
Mittlere Lage	2 425	62,4
Gute Lage	481	12,4
Gesamt	3 888	100,0

Tabelle 7: Baulicher Zustand

	Häufigkeit	Prozent
Gut	842	21,7
Normal	2 962	76,2
Schlecht	84	2,2
Gesamt	3 888	100,0

Tabelle 8: Baujahrsgruppen

	Häufigkeit	Prozent
bis 1919	8	0,2
1920 bis 1948	1 076	27,7
1949 bis 1970	733	18,9
1971 bis 1990	974	25,1
1991 bis 2009	548	14,1
2010 bis 2017	187	4,8
Ab 2018	361	9,3
Gesamt	3 888	100,0

Tabelle 9: Gebäudestellung

	Häufigkeit	Prozent
Einzelhaus (freistehend)	2 465	63,4
Doppelhaushälfte	795	20,4
Reihenmittelhaus	390	10,0
Reihenendhaus	238	6,1
Gesamt	3 888	100,0

2.2 Ein- und Zweifamilienhäuser in der sehr guten stadträumlichen Wohnlage

hier nicht abgedruckt

2.3 Villen und Landhäuser

hier nicht abgedruckt

Wie sind die Vergleichsfaktoren anzuwenden?

Folgendes *Beispiel* für die Tabelle 1 soll den Rechengang veranschaulichen.

Das zu bewertende Beispielobjekt wird wie folgt beschrieben:

Lage in einer Bodenrichtwertzone von:		1 200 €/m²
Brutto-Grundfläche:		200 m²
Baujahr:		1938
Gebäudestellung:		Freistehendes Ein-/Zweifamilienhaus
baulicher Zustand:		gut
Gebäudekonstruktion	Massivhaus	
Stadträumliche Wohnlage:		einfach
ohne Bauerrichtungsvertrag		
Westteil		

Ermittlung des Ausgangswerts (Wertespalte 3 Wertzeile 10):	4 447 €/m² BGF
Baujahr 1938	- 614€/m² BGF
Freistehendes Ein-/Zweifamilienhaus	0 €/m² BG
Guter Bauszustand	+ 357 €/m² BGF

Massivhaus	0 €/m² BGF
Gute stadträumliche Lage	0 €/m² BGF
Ohne Bauerrichtungsvertrag	€/m² BGF
Westteil	€/m² BGF
Ergebnis	4 190 €/m² BGF

Somit errechnet sich der Wert für das zu bewertende Grundstück wie folgt:
4 190 €/m² BGF * 200 m² = 838 000 €.

§ 21 ImmoWertV
Liegenschaftszinssätze; Sachwertfaktoren

(1) Liegenschaftszinssätze und Sachwertfaktoren dienen der Berücksichtigung der allgemeinen Wertverhältnisse auf dem jeweiligen Grundstücksmarkt, soweit diese nicht auf andere Weise zu berücksichtigen sind.

(2) Liegenschaftszinssätze sind Kapitalisierungszinssätze, mit denen Verkehrswerte von Grundstücken je nach Grundstücksart im Durchschnitt marktüblich verzinst werden. Liegenschaftszinssätze werden nach den Grundsätzen des Ertragswertverfahrens nach den §§ 27 bis 34 auf der Grundlage von geeigneten Kaufpreisen und den ihnen entsprechenden Reinerträgen ermittelt.

(3) Sachwertfaktoren geben das Verhältnis des vorläufigen marktangepassten Sachwerts zum vorläufigen Sachwert an. Die Sachwertfaktoren werden nach den Grundsätzen des Sachwertverfahrens nach den §§ 35 bis 38 auf der Grundlage von geeigneten Kaufpreisen und den ihnen entsprechenden vorläufigen Sachwerten ermittelt.

Gliederungsübersicht *Rn.*

1 Funktion der Liegenschaftszinssätze und Sachwertfaktoren (§ 21 Abs. 1 ImmoWertV)

1.1 Allgemeine Wertverhältnisse auf dem jeweiligen Grundstücksmarkt

▶ *Vgl. § 6 ImmoWertV Rn. 238; § 7 ImmoWertV Rn. 5; § 42 ImmoWertV Rn. 77*

1 § 21 ImmoWertV beschreibt die **Funktion von Liegenschaftszinssätzen** und **Sachwertfaktoren** (§ 21 Abs. 1 ImmoWertV) im Rahmen der Verkehrswertermittlung von Grundstücken und definiert diese (§ 21 Abs. 2 und 3 ImmoWertV).

2 Der Verkehrswert (Marktwert) einer Immobilie definiert sich als der Preis, der zum „Zeitpunkt, auf den sich die Ermittlung bezieht" (Wertermittlungsstichtag) im gewöhnlichen Geschäftsverkehr erzielt werden kann (§ 194 BauGB). Der Wertermittlung sind dementsprechend die **„allgemeinen Wertverhältnisse auf dem Grundstücksmarkt"** am Wertermittlungsstichtag zugrunde zu legen (§ 2 Abs. 4 ImmoWertV). Die Vorschriften der ImmoWertV sind darauf angelegt, die „allgemeinen Wertverhältnisse auf dem Grundstücksmarkt" (Lage

auf dem Grundstücksmarkt) möglichst direkt im Rahmen des herangezogenen Wertermittlungsverfahrens zu berücksichtigen. Die im Rahmen des Wertermittlungsverfahrens anzusetzenden „objektspezifisch angepassten" Liegenschaftszinssätze und Sachwertfaktoren sollen deshalb den „allgemeinen Wertverhältnissen auf dem Grundstücksmarkt" am Wertermittlungsstichtag entsprechen. Mit ihrer Anwendung wird eine Wertermittlung am Marktgeschehen gewissermaßen „justiert".

Mit Liegenschaftszinssätzen und Sachwertfaktoren sollen nach § 21 Abs. 1 ImmoWertV die in § 2 Abs. 2 ImmoWertV definierten **„allgemeinen Wertverhältnisse auf dem Grundstücksmarkt" andem der Verkehrswertermittlung zugrunde liegenden Wertermittlungsstichtag erfasst werden**, soweit diese nicht in anderer Weise *„zu berücksichtigen sind"*. Damit angesprochen ist die allgemeine konjunkturelle Lage auf dem Grundstücksmarkt. 3

Im Hinblick auf die Aufteilung des Gesamtwerts einer Immobilie in einen Boden- und Gebäudewertanteil zum Zwecke der steuerlichen Abschreibung eines Gebäudes nach der sog. Verkehrswertmethode (vgl. § 40 ImmoWertV Rn. 104 ff.) besteht bezüglich der Marktanpassung jedoch ein grundlegender Unterschied zwischen dem Ertrags- und Sachwertverfahren: Während bei Anwendung des Sachwertverfahrens mit dem Sachwert der Boden- und Gebäudeanteil in seiner Gesamtheit an die Lage auf dem Grundstücksmarkt angepasst wird (§ 35 Abs. 2 und 3 ImmoWertV), wird nach dem System der ImmoWertV (vgl. Rn. 76) der Liegenschaftszinssatz in der Weise abgeleitet, dass bei Anwendung des Ertragswertverfahrens der Bodenwert des bebauten Grundstücks grundsätzlich mit dem „vollen" Bodenwert „ausgeworfen" wird, der sich nach Maßgabe des § 40 Abs. 1 ImmoWertV für das unbebaute Grundstück nach der am Wertermittlungsstichtag gegebenen Lage auf dem Grundstücksmarkt ergibt.

Die Funktion des Liegenschaftszinssatzes geht aber sehr viel weiter: 4

1. Liegenschaftszinssätze dienen im Rahmen des Ertragswertverfahrens in erster Linie der Kapitalisierung und Abzinsung insbesondere von Ertragsflüssen (vgl. § 34 ImmoWertV).
2. Liegenschaftszinssätze dienen nach § 47 Abs. 5 Satz 3 ImmoWertV als Regelzinssatz bei der Marktwertermittlung von Rechten und Belastungen sowie davon betroffener Grundstücke.
3. Liegenschaftszinssätze sind zugleich ein **Korrekturfaktor**, wenn das der Ertragswertermittlung, zugrunde liegende „Modell" den tatsächlichen Gegebenheiten nicht entspricht. Liegenschaftszinssätze können auch ein Korrekturfaktor für die mit der ImmoWertV verbindlich vorgegebenen das Wertbild verzerrenden „Modellansätze" sein.
4. Mit Liegenschaftszinssätzen wird die im gewöhnlichen Geschäftsverkehr zu dem Bezugsstichtag allgemein erwartete Entwicklung (**Zukunftserwartungen**) der wertbestimmenden Parameter berücksichtigt. Dies betrifft insbesondere die allgemeinwirtschaftliche Entwicklung sowie die der Marktwertermittlung zugrunde gelegten „marktüblich erzielbaren Erträge" sowie sonstige allgemeine ertragswertbezogene Wertparameter (vgl. § 42 ImmoWertV Rn. 77).
5. Liegenschaftszinssätze werden in der Wertermittlungspraxis über den engen Anwendungsbereich hinaus hilfsweise zur Kapitalisierung und zur Abzinsung liegenschaftsbezogener Erträge, Geldbeträge und Vermögenswerte herangezogen.
6. Darüber hinaus ist der Liegenschaftszinssatz eine die **Rentierlichkeit einer Immobilieninvestition** beschreibende Maßzahl. Dies gilt allerdings nur im eingeschränkten Sinne, denn der der Liegenschaftszinssatzableitung zugrunde liegende „Reinertrag" bestimmt sich modellgemäß unter Ausschluss der Erneuerungsrücklage (Abschreibung) und wird darüber hinaus durch vorgegebene, der Realität nicht entsprechende Modellansätze verfremdet (vgl. Rn. 34, § 32 ImmoWertV).

Nach § 21 Abs. 1 ImmoWertV sollen Liegenschaftszinssätze und Sachwertfaktoren der **Berücksichtigung der allgemeinen Wertverhältnisse** auf dem jeweiligen Grundstücksmarkt dienen, *„soweit diese nicht auf andere Weise zu berücksichtigen sind"*. Damit sind vor allem 5 die Regelungen der ImmoWertV angesprochen, nach denen die in die Wertermittlung eingehenden Parameter so zu „dimensionieren“ sind, dass sie den am Wertermittlungsstichtag herrschenden Marktverhältnissen des gewöhnlichen Geschäftsverkehrs entsprechen (Marktanpassung):

– Bei *Anwendung des Vergleichswertverfahrens* gehen die dem gewöhnlichen Geschäftsverkehr entsprechenden Marktverhältnisse unmittelbar dadurch in die Wertermittlung ein, dass zum Preisvergleich möglichst **wertermittlungsstichtagsnahe Kaufpreise** hinreichend vergleichbarer Grundstücke herangezogen werden, **die auf dem Grundstücksmarkt im gewöhnlichen Geschäftsverkehr erzielt worden sind**. Kaufpreise, bei denen angenommen werden kann, dass sie durch ungewöhnliche oder persönliche Verhältnisse beeinflusst worden sind, müssen im Umkehrschluss zu § 9 Abs. 2 Satz 1 ImmoWertV außer Betracht bleiben. Kaufpreise, die nicht zum Wertermittlungsstichtag vereinbart worden sind, sind durch geeignete Indexreihen oder in anderer sachgerechter Weise an die Wertverhältnisse am Wertermittlungsstichtag anzupassen.
  Der so ermittelte **Vergleichswert entspricht zumindest weitgehend dem Verkehrswert (Marktwert)**. Eine Marktanpassung ist bei alledem nur in wenigen Fällen und dann auch in aller Regel nur in marginaler Höhe erforderlich.

6 – Bei *Anwendung desErtragswertverfahrens* gehen die dem gewöhnlichen Geschäftsverkehr entsprechenden Marktverhältnisse insbesondere dadurch in die Wertermittlung ein, dass von am Wertermittlungsstichtag marktüblich erzielbaren Erträgen, am Wertermittlungsstichtag marktüblich anfallenden Bewirtschaftungskosten, einer nach allgemeinen Erfahrungssätzen sich bemessenden Restnutzungsdauer der baulichen Anlage und einem die Lage auf dem Grundstücksmarkt erfassenden **Liegenschaftszinssatz** ausgegangen wird.
  Dieser Liegenschaftszinssatz „justiert“ damit die Ertragswertermittlung u.a. an die allgemeinen Wertverhältnisse auf dem Grundstücksmarkt (Marktanpassung) und ist zugleich ein Korrekturfaktor insbesondere für verbindlich vorgegebene Modellansätze, die das Wertbild verzerren.

7 – Bei *Anwendung des Sachwertverfahrens* gehen die dem gewöhnlichen Geschäftsverkehr entsprechenden Marktverhältnisse insoweit in die Wertermittlung ein, als von den zum Wertermittlungsstichtag *marktüblichen* Kosten für die Neuerrichtung einer entsprechenden baulichen Anlage ausgegangen wird und diese entsprechend dem Alter der baulichen Anlage in *marktüblicher Weise „abzuschreiben“* (Alterswertminderung) sind; die Alterswertminderung bemisst sich nach dem Verhältnis der Restnutzungsdauer zu der *(markt-) üblichen Gesamtnutzungsdauer* der baulichen Anlage (vgl. hierzu auch die amtliche Begründung zu § 7 Abs. 2 WertV 88[1]).

8 Da nach dem System der ImmoWertV weder die mit § 36 ImmoWertV verbindlich vorgegebenen „modellhaften“ Normalherstellungskosten noch das dem Alterswertminderungsfaktor des § 38 ImmoWertV zugrunde liegende Modell der linearen Abschreibung den allgemeinen Wertverhältnissen des Wertermittlungsstichtags entsprechen, bedarf es der nachträglichen Anpassung an die allgemeinen Wertverhältnisse mittels marktkonform abgeleiteter Sachwertfaktoren.

9 Der entscheidende strukturelle Mangel des Sachwertverfahrens besteht darin, dass es bislang nicht gelungen ist, die durchschnittlichen Herstellungskosten i.S. des § 36 Abs. 2 Satz 1 ImmoWertV in marktüblicher Höhe zu ermitteln und diese mit einer angemessenen Alterswertminderung den auf dem Grundstücksmarkt zum Wertermittlungsstichtag allgemein vorherrschenden Wertverhältnissen anzugleichen. Deshalb weist der nach den §§ 35 ff. ImmoWertV ermittelte **(vorläufige) Sachwert im Verhältnis zu den übrigen Wertermittlungsverfahren die größten Disparitäten zum Verkehrswert (Marktwert)** auf. Sachwert ist der Wert, den die Sache nicht wert ist, heißt es gemeinhin. Es bedarf deshalb einer Anpassung des vorläufigen Sachwerts an die allgemeinen Wertverhältnisse auf dem Grundstücksmarkt

---

1 BR-Drs. 352/88, S. 47.

(Marktanpassung) und einer deutlichen Modellkorrektur des auf der Grundlage „modellhafter Normalherstellungskosten" (§ 36 Abs. 3 Satz 1 ImmoWertV) errechneten vorläufigen Sachwerts, um zum Verkehrswert zu kommen. Dies soll der aus Marktpreisen nach § 21 Abs. 3 ImmoWertV abgeleitete Sachwertfaktor – quasi kompensatorisch zu nicht marktkonformen „modellhaften Normalherstellungskosten", einer nicht marktkonformen Alterswertminderung und zahlreichen das Wertbild verzerrenden verbindlich vorgegebenen Modellansätzen – leisten.

Soweit bei Anwendung der genannten Verfahren besondere objektspezifische Grundstücksmerkmale (boG) ergänzend berücksichtigt werden müssen, sind sie nach § 8 Abs. 3 ImmoWertV durch marktkonforme Zu- oder Abschläge oder in anderer geeigneter Weise zu berücksichtigen, soweit dies dem gewöhnlichen Geschäftsverkehr entspricht. 10

Die von den Gutachterausschüssen für Grundstückswerte gemäß § 193 Abs. 5 Nr. 1 und 2 BauGB abzuleitenden Liegenschaftszinssätze und Sachwertfaktoren sind im Übrigen nur insoweit zur Berücksichtigung der allgemeinen Wertverhältnisse auf dem Grundstücksmarkt heranzuziehen, soweit diese nicht auf andere Weise *„zu berücksichtigen sind"*. Damit sind aktuelle Vergleichspreise, Bodenrichtwerte, Ertragsverhältnisse sowie sonstige gegebenenfalls auf den Wertermittlungsstichtag indexierte Wertermittlungsparameter angesprochen. 11

Liegenschaftszinssätze und Sachwertfaktoren sind unter dem Wandel der Wertverhältnisse auf dem Grundstücksmarkt zeitlichen Veränderungen unterworfen. Als **zeitabhängige Größen** sind sie mithin von den Gutachterausschüssen fortzuschreiben, ohne dass die Verordnung dafür Vorgaben macht. Im Rahmen der Ertrags- und Sachwertermittlung sind jeweils die Liegenschaftszinssätze bzw. Sachwertfaktoren heranzuziehen, die der Gutachterausschuss nach den Wertverhältnissen des Wertermittlungsstichtags abgeleitet hat. Bei retroperspektiver Wertermittlung kann es deshalb erforderlich sein, auf die zum jeweiligen Wertermittlungsstichtag geltenden Liegenschaftszinssätze bzw. Sachwertfaktoren zurückzugreifen. 12

1.2 Korrekturfaktoren und objektspezifische Anpassung

▶ *Vgl. Erläuterungen zu § 33 ImmoWertV (Liegenschaftszinssatz) und § 39 ImmoWertV (Sachwertfaktor)*

Die Funktion der Liegenschaftszinssätze und Sachwertfaktoren ist in § 21 ImmoWertV unzureichend beschrieben. Die wichtigste Funktion, die den Liegenschaftszinssätzen und Sachwertfaktoren vom Verordnungsgeber verliehen wurden, bleibt in der Verordnung und ihrer Begründung unerwähnt. 13

Liegenschaftszinssätze und Sachwertfaktoren sind vor allem Korrekturfaktoren insbesondere 14

- **für das dem Ertragswert- und Sachwertverfahren zugrunde liegende „Modell"** (vgl. zur Abschreibung § 32 ImmoWertV Rn. 45) **und**
- **für zahlreiche verbindlich vorgegebene und das Wertbild verzerrende „Modellansätze".**

Dazu gehören die „modellhaften" Normalherstellungskosten, die Gebäudestandards, die verbindlich vorgegebenen Modellansätze der Bewirtschaftungskosten und der Gesamtnutzungsdauer sowie des Einflusses von Modernisierungen, der angesetzte Ertrag usw. **Sachwertfaktoren können** darüber hinaus **auch Auffangfaktoren für abweichend von dem Modell des Sachwertverfahrens nicht gesondert berücksichtigte Grundstücksmerkmale sein** (vgl. § 39 ImmoWertV Rn. 11).

Diese Korrekturfunktion können die von den Gutachterausschüssen für Grundstückswerte abgeleiteten Liegenschaftszinssätze und Sachwertfaktoren allerdings gar nicht direkt leisten, denn sie sollen auf der Grundlage verbindlich vorgegebener und das Wertbild verzerrender Modellansätze ermittelt werden. **Erst mit einer sachgerechten „objektspezifischen" Anpassung des Liegenschaftszinssatzes bzw. des Sachwertfaktors an die Gegebenheiten des Einzelfalls** (§§ 33 und 38 ImmoWertV) **wird die Marktwertermittlung wieder an den Ge-** 15

gebenheiten des Bewertungsobjekts ausgerichtet. Wo dies nicht leistbar ist, muss mit dem Ansatz angemessener besonderer objektspezifischer Grundstücksmerkmale „nachkorrigiert“ werden.

1.3 Zukunftserwartungen

▶ *Vgl. Vorbem. zur ImmoWertV Rn. 28 ff.; § 11 ImmoWertV Rn. 4 ff.; zur Berücksichtigung inflationärer Entwicklungen vgl. Syst. Darst. des Ertragswertverfahrens Rn. 19 ff.*

16 Der Ertragswert wird als die Summe der Barwerte aller künftigen auf den Wertermittlungsstichtag bezogenen Erträge bestimmt. Das Grundproblem besteht in der „richtigen“ Erfassung der künftigen Erträge und sonstiger zu erwartender Änderungen in den Ertragsverhältnissen. Im Rahmen der Marktwertermittlung ist es dabei belanglos, wie sich die künftige Entwicklung aufgrund einer ökonomisch-wissenschaftlichen Analyse entwickeln sollte oder tatsächlich auch eintreten wird. Im Rahmen einer sich am Geschehen auf dem Grundstücksmarkt orientierenden Marktwertermittlung kommt es vielmehr darauf an, die **Zukunftserwartungen so zu berücksichtigen, wie sie von „dem Markt“ antizipiert werden, wobei ggf. auch eine kollektive Fehleinschätzung der Zukunft zugrunde gelegt werden muss, wenn der gewöhnliche Geschäftsverkehr davon geprägt ist**. Nicht zu berücksichtigen sind jedoch (subjektiv oder objektiv) spekulative Erwartungen, wobei mitunter die Grenzen zu den dem gewöhnlichen Geschäftsverkehr zurechenbaren Zukunftserwartungen nicht eindeutig gezogen werden können.

17 Wie sich eine Liegenschaft verzinst, bestimmt zuallererst der Grundstücksmarkt selbst. Wird für eine Immobilie, die einen bestimmten Jahresreinertrag abwirft, ein überdurchschnittlicher Kaufpreis entrichtet, so begnügt sich der Erwerber dieser Immobilie mit einer entsprechend verminderten Rendite und umgekehrt. Die Kaufpreise sind ein Abbild der Zukunftserwartungen. Mit der Ableitung des Liegenschaftszinssatzes aus Kaufpreisen, die für das Geschehen auf dem Grundstücksmarkt repräsentativ sind, findet diese Zukunftserwartung (indirekt) Eingang in den Liegenschaftszinssatz. **Liegenschaftszinssätze bilden deshalb die Zukunftserwartungen des gewöhnlichen Geschäftsverkehrs ab**. Der Kaufpreis ist mithin das Ergebnis einer Zukunftseinschätzung in ihrer Gesamtheit, und zwar ausgehend von dem Ertrag, der am Wertermittlungsstichtag marktüblich erzielbar ist. Ein „Optimist“ würde bei alledem einen höheren Kaufpreis entrichten als ein „Pessimist“. Im Rahmen der Verkehrswertermittlung geht es aber um die durchschnittliche Erwartung und deshalb wird der Liegenschaftszinssatz aus einer hinreichenden Anzahl von Vergleichsfällen abgeleitet.

18 Vorstehenden Ausführungen entsprechend soll sich der Liegenschaftszinssatz nach § 21 Abs. 2 ImmoWertV nach geeigneten für die jeweilige Grundstücksart gezahlten Kaufpreisen (KP) und den ihnen entsprechenden Reinerträgen (RE) bemessen. Der Liegenschaftszinssatz ergibt sich mithin näherungsweise aus:

$$LZ = \frac{EW \times 100}{\text{Kaufpreis KP}}$$

19 Mit den aus einer hinreichenden Anzahl geeigneter Kaufpreise empirisch abgeleiteten Liegenschaftszinssätzen werden auch Zukunftserwartungen (objekt- und regionalspezifische Chancen und Risiken) des Marktes einschließlich inflationärer Entwicklungen[2] „eingefangen“, denn all das „steuert“ das Marktverhalten (*growth implicit method, overall capitalization method*). Dabei ist es völlig bedeutungslos, ob die Erwartungen des Marktes tatsächlich eintreten. **Im Rahmen der Verkehrswertermittlung kommt es allein darauf an, welche Erwartun-**

2 Lüftl, Ertragswert von Liegenschaften, Österreichische Immobilien-Zeitung 1975, 359; Engel, R./Bärwolf, Inflation und Verkehrswert, GuG 2004, 273; Nitsch, Inflation als Problem der Wertermittlung, Spezialimmobilien A-Z, 2. Aufl. Bundesanzeiger Verlag 2014, S. 15.

gen nach der im gewöhnlichen Geschäftsverkehr vorherrschenden allgemeinen Verkehrsauffassung – ob „richtig“ oder „falsch“ – auf dem Grundstück am jeweiligen Bezugsstichtag vorherrschen. Etwas anderes gilt, wenn im Einzelfall ein sog. *overrented oder underrented* Objekt zu bewerten ist; derartige Besonderheiten werden bei der Ableitung von Liegenschaftszinssätzen ausgeschlossen.

Abb. 1: Aussagekraft des Liegenschaftszinssatzes

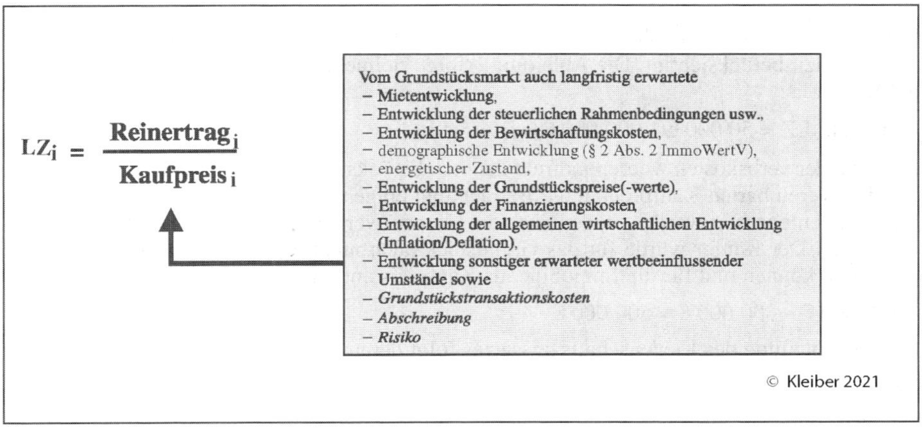

Bei der empirischen Ableitung von Marktdaten und mithin auch bei der Ableitung von Liegenschaftszinssätzen muss man sich stets auf Kaufpreise stützen, die in der Vergangenheit vereinbart worden sind, wobei möglichst stichtagsnahe Vergleichspreise herangezogen werden. Der vom Gutachterausschuss abgeleitete und sich naturgemäß stets auf einen zurückliegenden Stichtag beziehende Liegenschaftszinssatz ist im Bewertungsfall deshalb der „**Basiszinssatz**“, der gemäß § 33 ImmoWertV u.a. den allgemeinen Wertverhältnissen des jeweiligen Wertermittlungsstichtags und den jeweiligen Grundstücksmerkmalen des zu bewertenden Grundstücks „objektspezifisch“ anzupassen ist. **20**

1.4 Grundstückstransaktionskosten

▶ *Vgl. Vorbem. zur ImmoWertV Rn. 43; Syst. Darst. des Ertragswertverfahrens Rn. 55*

Da sich der **Marktwert (Verkehrswert) einer Immobilie unter Ausschluss der üblicherweise anfallenden Grundstückstransaktionskosten** (Grunderwerbsnebenkosten bzw. Grundstücksnebenkosten) definiert (§ 194 BauGB), bleiben diese bei der Ermittlung des Liegenschaftszinssatzes – im Unterschied zur sog. „Nettoanfangsrendite“ – unberücksichtigt. **21**
Die Erwerbsnebenkosten sind nicht werthaltig, denn der Erwerber einer Immobilie erhält im Falle des Wiederverkaufs des Grundstücks den so definierten Verkehrswert unter Ausschluss der Nebenerwerbskosten, die dann wiederum an Dritte abgeführt werden.
Die **gewöhnlichen Grundstückstransaktionskosten** (Grunderwerbnebenkosten) gehen gleichwohl indirekt in den Liegenschaftszinssatz ein, soweit sie die Kaufpreise, aus denen der Liegenschaftszinssatz abgeleitet wird, beeinflussen Dabei kann dahingestellt bleiben, ob die Grunderwerbsnebenkosten in ihrer (im Einzelfall anfallenden) tatsächlichen Höhe oder sonstwie die einschlägigen Kaufpreise beeinflusst haben mögen. Hierauf kommt es im Rahmen der Verkehrswertermittlung auch gar nicht an.

22 *Beispiel:*
Grundfall *(wie vorher)*:

RE	=	50 000 €
KP	=	1 000 000 €
Grunderwerbsnebenkosten	=	+ 100 000 €
Gesamtaufwand	=	1 100 000 €

Bei der Ableitung des Liegenschaftszinssatzes werden die Grunderwerbsnebenkosten zwar nicht explizit berücksichtigt. Die Ableitung erfolgt vielmehr nach dem tatsächlich vereinbarten Kaufpreis:

Grundfall: LZ = 50 000 €/1 000 000 € = 5 %

Die Grunderwerbskosten werden indirekt dadurch berücksichtigt, dass sie bereits vom Käufer mit dem vereinbarten Kaufpreis in die Betrachtung eingehen. Dies soll an einem drastischen Beispiel demonstriert werden, in dem sich die Grunderwerbskosten auf 600 000 € versechsfachen (sic). Der Käufer würde für das Grundstück auch nicht mehr (insgesamt) 1 100 000 € entrichten können und für die Immobilie als Kaufpreis entrichten:

1 100 000 € – 600 000 € = 500 000 €

Für die Ableitung des Liegenschaftszinssatzes folgt daraus:

LZ = 50 000 €/500 000 € = 10 %

23 Das *Beispiel* soll demonstrieren, wie die Grundstückstransaktionskosten auf den Liegenschaftszinssatz „durchschlagen". Der aus empirischen Marktdaten ermittelte **Liegenschaftszinssatz berücksichtigt somit auch die Grundstückstransaktionskosten**. Dies ist im Hinblick auf den Vergleich mit dem prognoseorientierten Ertragswertverfahren (*Discounted-Cashflow*-Verfahren) bedeutsam, weil bei Anwendung dieses Verfahrens die Grundstückstransaktionskosten besondere Berücksichtigung finden müssen, wenn bei Anwendung des *Discounted-Cashflow-Verfahrens* vom Zinssatz vergleichbar „langfristiger und sicherer" Geldanlagen ausgegangen wird, bei denen gegenüber der Geldanlage in Immobilien deutlich geringere Opportunitätskosten anfallen.

24 Etwas anderes mag lediglich in den Fällen gelten, in denen mit dem Erwerb eines Grundstücks **ungewöhnliche Grunderwerbsnebenkosten** einhergehen. Entsprechend der Vorgabe des § 9 Abs. 2 ImmoWertV handelt es sich hierbei um „ungewöhnliche oder persönliche Verhältnisse", die i.d.R. dazu führen, dass solche Kaufpreise gar nicht erst in die Liegenschaftszinssatzermittlung eingehen, sodass im Ergebnis mit dem Liegenschaftszinssatz eine irgendwie geartete Beeinflussung des Marktwerts (Verkehrswerts) durch Grunderwerbsnebenkosten in dem Maße berücksichtigt wird, wie sie üblicherweise anfallen. Das Gleiche gilt im Übrigen bei Anwendung des Vergleichswertverfahrens, denn auch mit den Vergleichspreisen werden die üblicherweise anfallenden Grunderwerbsnebenkosten in marktkonformer Weise berücksichtigt.

25 **Ungewöhnliche Grunderwerbsnebenkosten**, die wiederum **bei dem zu bewertenden Objekt** im Einzelfall gegeben sein mögen, können im gleichen Sinne allenfalls zu einem vom Verkehrswert abweichenden Kaufpreis führen[3].

3 Zu alledem die Glosse GuG-aktuell 2000, 9; Kleiber, GuG 2000, 321.

1.5 Weitergehende Funktion des Liegenschaftszinssatzes

▶ *Vgl. Rn. 11 ff.; Vorbem. zur ImmoWertV Rn. 136; § 8 ImmoWertV Rn. 309; § 10 ImmoWertV Rn. 15; § 32 ImmoWertV Rn. 10; Syst. Darst. des Ertragswertverfahrens Rn. 22 ff., 249 ff.*

Wie vorstehend dargelegt, kommt dem Liegenschaftszinssatz primär die **Funktion** 26

- eines *Marktanpassungsfaktors* im Rahmen der Ertragswertermittlung und
- eines *Korrekturfaktors* hinsichtlich etwaiger Mängel des der Ertragswertermittlung zugrunde liegenden Ertragswertermittlungsmodells und der verbindlich vorgegebenen „Modellansätze" zu.

Dies ist allein schon darin begründet, dass er aus Kaufpreisen von Grundstücken und den ihnen entsprechenden Reinerträgen abgeleitet wird.

Nach dem Wortlaut des § 21 Abs. 2 ImmoWertV ist der **Begriff des Liegenschaftszinssatzes und damit auch dessen Ableitung nicht allein auf bebaute Grundstücke beschränkt**. Tatsächlich werden Liegenschaftszinssätze – soweit erkennbar – zumindest bislang allerdings nur für bebaute Grundstücke ermittelt und dürfen systemimmanent auch nur bei der Ertragswertermittlung solcher Grundstücke zur Anwendung kommen. 27

In der breiten Wertermittlungspraxis werden die Liegenschaftszinssätze bebauter Grundstücke darüber hinaus generell zur Kapitalisierung und zur Abzinsung liegenschaftsbezogener Erträge, Geldbeträge und Vermögenswerte herangezogen. 28

In der Praxis wird der Liegenschaftszinssatz, z.B. zur Ermittlung des **Barwerts von Mehr- oder Mindererträgen (over- und underrent) künftiger Freilegungskosten, von Wertvor- und -nachteilen bei nutzungsbefangenen Bodenwerten**, bei Anwendung des Extraktionsverfahrens (Residualwertverfahrens) und anderer deduktiver Verfahren als geeigneter Abzinsungs- und Kapitalisierungszinssatz angesehen. Zur Begründung dieser Praxis ist u.a. darauf verwiesen worden, dass 29

- die genannten Anwendungsfälle in „Schicksalsgemeinschaft" mit dem zu bewertenden Grundstück stünden und deshalb auch dem Liegenschaftszinssatz des bebauten Grundstücks unterworfen seien,
- die entsprechende gutachterliche Praxis zu Kaufabschlüssen geführt habe und somit im gewöhnlichen Geschäftsverkehr akzeptiert werde. Sie entsprächen dann – ob richtig oder falsch – den Preismechanismen des gewöhnlichen Geschäftsverkehrs,
- für Liegenschaften ein besonderer vom Kapitalmarkt regelmäßig abweichender Zinssatz maßgebend sei[4]. Während **Liegenschaftszinssätze im Verhältnis zu Kapitalmarktzinsen eine geringe zeitliche Schwankungsbreite aufweisen und nach l**ängerfristig angelegten Untersuchungen sich gerade einmal in einem Korridor von einem Prozentpunkt bewegen, war die **Zinsentwicklung z.B. bei Hypothekarkrediten auf Wohngrundstücke** (durchschnittlicher Effektivzins in v.H. per annum) im Vergleich zur Entwicklung des Liegenschaftszinssatzes bei langfristiger Betrachtungsweise geradezu turbulent.

Diese Betrachtungen sind derzeit unter dem Regime der inflationsstimulierenden Geldpolitik der Europäischen Zentralbank (EZB) einer Verzerrung unterworfen, zumal sowohl die Inflationsraten des Statistischen Bundesamtes (Verbraucherpreisindex) als auch die von Eurostat höchst problematisch sind. Der von Eurostat offiziell ermittelte Harmonisierte Verbraucherpreisindex (HVPI) berücksichtigt – anders als in den Vereinigten Staaten – insbesondere nicht die **Kosten für selbstgenutztes Wohneigentum**. Dieser Block allein wird im Warenkorb der Vereinigten Staaten mit fast 24 Prozent gewichtet und lag im gewichteten Durchschnitt des Europaraums in den Jahren 2014 bis 2017 knapp über 3 Prozent. Im Kontext mit dem immobi- 30

4 Vogel, GuG 1996, 145 mit Erwiderung von Kolb, GuG 1996, 363; Gondring, Gondring/Lammel, Handbuch Immobilienwirtschaft, Wiesbaden 2001, S. 71.

lienbezogenen Liegenschaftszinssatz ist deshalb von einer deutlich höheren Inflationsrate auszugehen, als es der deutsche und der europäische Verbraucherpreisindex „vorgaukelt".

31 Diese Praxis lässt sich auch durchaus mit einer Reihe von **Verwandtschaften** begründen, die **zwischen dem Liegenschafts- und Abzinsungszinssatz** bestehen:

a) Der regelmäßig für bebaute Grundstücke ermittelte Liegenschaftszinssatz i.S. des § 21 Abs. 2 ImmoWertV ist ein Mischzinssatz, der sich sowohl auf die Kapitalisierung der Bebauung als auch auf die Verzinsung des reinen Bodenwerts bezieht (vgl. Rn. 74; Bodenwertverzinsungsbetrag vgl. § 28 Satz 2 ImmoWertV).

b) Wie bei Investitionen in bebaute Grundstücke, bei denen der Grundstücksmarkt erwiesenermaßen nicht von einer bankenüblichen Verzinsung des investierten Kapitals ausgeht, ist auch bei Investitionen in wartendständiges Bauland keineswegs zwangsläufig davon auszugehen, dass eine bankenübliche Verzinsung des investierten Kapitals erwartet wird. In beiden Fällen handelt es sich vielmehr um eine langfristig angelegte Investition, bei der der Investor einerseits mit der Investition in ein Sachgut auch eine geringere Verzinsung in Kauf nimmt und andererseits – komplementär zum Kapitaleinsatz – lang- und auch mittelfristig mit einer Wertentwicklung rechnet, die gegebenenfalls um die Inflation zu bereinigen ist. Etwas anderes mag bei hoch spekulativen Baulandentwicklungen gelten, bei denen ein Investor auf sich allein gestellt ist und nicht mit der Unterstützung der öffentlichen Hand rechnen kann.

c) Erwartungen hinsichtlich der künftigen Wertentwicklungen beschränken sich bei alledem nicht auf die Wartezeit des wartendständigen Baulands, sondern können bereits auch die Wertentwicklung der sich anschließenden Baulandqualität mit einschließen.

d) Neben den erwarteten **Mietwertsteigerungen und Wertzuwächsen** der Immobilien wird der Liegenschaftszinssatz auch von den steuerlichen und sonstigen immobilienbezogenen Vorteilen „mitbestimmt"; auch solche steuerlichen Förderungen tragen dazu bei, dass Liegenschaftszinssätze gegenüber bankenüblichen Zinssätzen niedriger ausfallen (Abschreibungsmodelle). Das Gleiche muss grundsätzlich gelten, wenn von bankenüblichen Zinsen ausgegangen wird, wobei neben indirekten Subventionen auch entsprechende objektspezifische direkte Subventionen, mit denen die Gemeinde oder ein Investor bei der Entwicklung neuer Baugebiete rechnen kann, einbezogen werden müssen (Urban, GRW-, KfW-Mittel und vieles mehr).

32 Der „bloße" Rückgriff auf aktuelle bankenübliche Zinsen ohne Berücksichtigung der sonstigen Parameter würde mit der Änderung des bankenüblichen Zinses zu erheblichen „Preissprüngen" bei der Wertermittlung führen, die sich nicht in der tatsächlichen Wertentwicklung auf dem Grundstücksmarkt widerspiegeln. Ein Vergleich der Wert- und Hypothekenzinsen über längere Zeiträume macht deutlich, dass sich z.B. Bauerwartungslandpreise in den 90er Jahren bei 9,7 % Hypothekenzinsen nicht einschneidend vermindert haben.

33 Bei alledem ist festzustellen, dass der bloße **Rückgriff auf bankenübliche Zinssätze**, um den Wert wartendständigen Baulands aus dem Verkehrswert für baureifes Land abzuleiten, von dem Geschehen auf dem Grundstücksmarkt widerlegt wird. Auf der Grundlage von Marktbeobachtungen kann nämlich festgestellt werden, dass z.B. die Wertentwicklung von Bauerwartungsland verhältnismäßig stetig auch in den Phasen verlaufen ist, in denen die bankenüblichen Zinsen erhebliche Sprünge verzeichnen mussten.

1.6 Liegenschaftszinssatz und sog. Nettoanfangsrendite

Schrifttum: *Menges, M.*, Funktionaler Zusammenhang zwischen Liegenschaftszins und internationalen Kapitalisierungszinssätzen, Stuttgart 2011.

▶ *Vgl. Vorbem. zur ImmoWertV Rn. 50*

34 Der Liegenschaftszinssatz darf nicht mit der im Rahmen einer Investitionsbetrachtung maßgeblichen **Nettoanfangsrendite** (*initial yield*) gleichgesetzt werden. Die Nettoanfangsrendite

wird unter Berücksichtigung der Grundstückstransaktionskosten ermittelt und diese schmälern die Rendite.
Die Nettoanfangsrendite ergibt sich – bezogen auf den Zeitpunkt des Grundstückserwerbs – aus:

$$\textit{Nettoanfangsrendite} = \frac{\text{Reinertrag (RE) gemäß Vertragsmiete}}{\text{Gesamtinvestitionskosten (einschließlich Grundstückstransaktionskosten)}}$$

auf der Grundlage der einzelfallbezogenen Ertragssituation[5].

Reinertrag und Kaufpreis werden dabei in der Höhe in die Ableitung eingeführt, wie sie sich am Bezugsstichtag auf dem Markt darstellen. Bei der Kaufpreisbemessung geht der Markt von einer Dynamik der Entwicklung der Immobilienpreise, der Nutzungsentgelte, der Bewirtschaftungskosten und sonstiger immobilienwirtschaftlicher Rahmenbedingungen aus. Die Erwartung einer Änderung der Nutzungsentgelte und z.B. steuerlicher Vor- und Nachteile bestimmen also die Höhe des Kaufpreises. 35
Im Unterschied dazu bleiben die Grundstückstransaktionskosten bei der Ermittlung des Liegenschaftszinssatzes unberücksichtigt, da der **Marktwert (Verkehrswert) in § 194 BauGB unter Ausschluss der üblicherweise anfallenden Grundstückstransaktionskosten** (Grunderwerbsnebenkosten bzw. Grundstücksnebenkosten) definiert ist (vgl. Vorbem. zur ImmoWertV Rn. 43). Der Liegenschaftszinssatz bildet vor diesem Hintergrund die Rendite einer Immobilie unvollständig ab, denn die Grundstückstransaktionskosten mindern die Rendite.

2 Liegenschaftszinssatz

2.1 Liegenschaftszinssatz nach § 21 Abs. 2 ImmoWertV

2.1.1 Bedeutung

Schrifttum: *Fischer, K.*, Der Liegenschaftszins in der Anwendung bei der Wertermittlung; GuG 2006, 164, *Friedrichs, J.-C.*, in: Zinssätze in Wertermittlungen, Verlag Pflug und Feder, Sankt Augustin, 2001, S. 104; *Göllner, W.*, Ermittlung von Liegenschaftszinssätzen, VR 1991, 424; *Loose, D.*, Alternative Methodik zur Anwendung des Liegenschaftszinssatzes, GuG 2012, 160; *Loose, D.*, Negative Liegenschaftszinssätze – positive Renditen, hat der Liegenschaftszinssatz ausgedient?, GuG 2018, 164; *Münchehofe, M./Springer, U.*, Die Abbildung des wirtschaftlichen Risikos im Liegenschaftszins, GuG 2004, 7; *Moll-Amrein, L.*, Der Liegenschaftszinssatz in der Immobilienbewertung, Diss. 2009, Wiesbaden; *Plein, C.*, Sachgerechte Bewertung von Immobilienvermögen bei der Unternehmensbewertung, BB 1999, 463; *Sommer, G./Hausmann, A.*, Liegenschaftszinssätze aus einer empirischen Analyse, GuG 2006, 139; *Staiber, M.*, Ableitung von Liegenschaftszinssätzen für verschiedene Objekttypen, GuG 2018, 38; *Zeißler, M.*, Marktkonforme Liegenschaftszinssätze für Gewerbeimmobilien, GuG 2002, 269 und GuG 2001, 269.

▶ *Vgl. Syst. Darst. des Ertragswertverfahrens Rn. 22, 249 ff.; § 8 ImmoWertV Rn. 296; § 32 ImmoWertV Rn. 10, 148 ff.; § 33 ImmoWertV Rn. 16; zu Liegenschaftszinssätzen von Hotels vgl. Teil V Rn. 391; von Warenhäusern und Verbrauchermärkten vgl. Teil V Rn. 308; von Logistikimmobilien Teil V Rn. 207; von Eigentumswohnungen Teil V Rn. 108*

Der Ertragswert eines Grundstücks wird nach allgemeinen Grundsätzen des Ertragswertverfahrens als die Summe aller auf den Wertermittlungsstichtag bezogenen Barwerte der künftigen Reinerträge ermittelt. Für die Abzinsung bzw. Kapitalisierung der künftigen Erträge wird mit § 34 i.V.m. § 21 ImmoWertV – wie im Übrigen auch bei der Beleihungswertermittlung nach den §§ 8 ff. BelWertV – die Anwendung eines besonderen **Abzinsungs- und Kapitalisierungszinssatzes** vorgegeben, nämlich der in § 21 ImmoWertV definierte „Liegenschafts- 36

5 GuG-aktuell 2009, 11.

zinssatz“. M**it diesem speziellen Zinssatz werden die allgemein vom Grundstücksmarkt erwarteten Entwicklungen der wertbestimmenden Parameter, insbesondere der Ertragsverhältnisse, berücksichtigt, ohne dass es dafür eines besonderen Ansatzes bedarf.**

37 Der Liegenschaftszinssatz ist bei Anwendung des Ertragswertverfahrens nach den §§ 27 ff. ImmoWertV mithin von zentraler Bedeutung. Er ist das **Herzstück jeder Ertragswertermittlung**. Die zentrale Funktion des Liegenschaftszinssatzes ist nicht die in § 21 Abs. 1 ImmoWertV herausgestellte „Berücksichtigung der allgemeinen Wertverhältnisse“, sondern in erster Linie die Kapitalisierung und Abzinsung der Erträge. Das Besondere des Liegenschaftszinssatzes besteht allerdings darin, dass damit gleichzeitig die Lage auf dem Grundstücksmarkt bei Anwendung des Ertragswertverfahrens implizit berücksichtigt wird.

Nach dem mit der ImmoWertV vorgegebenen Modell des Ertragswertverfahrens bestimmt sich der Liegen-schaftszinssatz als ein einheitlicher Mischzinssatz, der nach dem Grundsatz der Modell-konformität

- sowohl der Verzinsung des Bodenwerts (Bodenwertverzinsungsbetrag)
- als auch der Kapitalisierung (Verrentung) des Reinertrags der baulichen Anlagezugrunde zu legen ist (vgl. § 28 ImmoWertV Rn. 11; § 34 ImmoWertV Rn. 4 f.).

Finanz-mathematisch ist es angezeigt, zwischen Soll- und Habenzinsen zu unterscheiden[6].

- **Habenzinsen** sind Guthabenzinsen, die für ein eingesetztes Kapital eingenommen, werden.
- Sollzinsen sind Schuldzinsen, die für ausgeliehenes Kapital entrichtet werden.

Habenzinsen sind deutlich niedriger als Sollzinsen. Dementsprechend war in § 8 Abs. 2 Satz 2 der WertV 61 vorgeschrieben, dass zur Ermittlung des Bodenwertverzinsungsbetrags „der bei der Kapitalisierung zugrunde gelegte *Sollzinssatz*“ heranzuziehen sei. Bereits mit der novellierten WertV von 1972 hat man den Sollzinssatz aufgegeben und stattdessen einen einheitlichen Zinssatz für die Ermittlung des Bodenwertverzinsungsbetrags und der Kapitalisierung des Reinertrags vorgegeben. Dieser Zinssatz wurde mit der WertV 88/98 als Liegenschaftszinssatz bezeichnet, **der sich mithin als ein einheitlicher „in der Regel“ auf die Verzinsung des Bodens und der baulichen Anlage anzuwendender Mischzinssatz definiert.** In begründeten Ausnahmefällen sollte bei der Ermittlung des Bodenwertverzinsungsbetrags von dieser Regel abgewichen werden können (§ 16 Abs. 2 Satz 2 WertV 88). Da die Ertragswertermittlung auf der Grundlage einer **modellkonformen Ableitung und Anwendung des Mischzinssatzes** zu demselben Ergebnis wie im Falle eines differenzierten Ansatzes von Soll- und Habenzinsen führen muss, hat ein solcher Ausnahmefall praktisch keine Bedeutung. Dementsprechend wurde die Ausnahmeregelung mit der ImmoWertV aufgegeben.

38 Im Verlauf der Vorarbeiten für die im Jahre 2009 novellierte WertV ist vorgeschlagen worden, den eingeführten Begriff des Liegenschaftszinssatzes durch „Kapitalisierungszinssatz“ zu ersetzen. Dies ist in Fachkreisen auf heftigen Widerstand gestoßen, denn der für die Ertragswertermittlung maßgebliche **Liegenschaftszinssatz ist ein Kapitalisierungszinssatz sui generis**, der im Übrigen auch zur Diskontierung herangezogen wird. Der Begriff des Kapitalisierungszinssatzes beschreibt deshalb nicht die Funktion des Liegenschaftszinssatzes und ist zudem eine „leere Hülse“, denn darunter könnte jede Art von Kapitalisierungssätzen verstanden werden. Die Absicht wurde nach massivem Widerstand der Fachwelt aufgegeben.

6 Krieger, H., Der Grundstückswert S. 33f., 44, 53; Graff, W., Die zeitgemäße Grundstücksbewertung, Luchterhand 1956; Weil, Th., Grundstücksschätzung, 5. Aufl. 1958, S. 51.

2.1.2 Definition

§ 21 Abs. 2 ImmoWertV definiert den Liegenschaftszinssatz als den **Zinssatz, mit dem der Verkehrswert von Grundstücken im Durchschnitt marktüblich verzinst wird**. Mit dieser schlichten Definition wird der Liegenschaftszinssatz gleichwohl eindeutig als der Kapitalisierungszinssatz definiert, mit dem sich das im Verkehrswert einer Immobilie (unter Ausschluss der Grunderwerbskosten, Grundstückstransaktionskosten) gebundene Kapital verzinst. Anders als bei Geldanlagen ergibt sich die Verzinsung nicht nach einem vereinbarten Zinssatz, sondern aus der marktüblich erzielbaren Rendite (z.B. Miete oder Pacht) im Verhältnis zu dem Verkehrswert der Liegenschaft. Dafür bedarf es eingehender Untersuchungen über die Erträge von Liegenschaften, um zu solchen Liegenschaftszinssätzen zu kommen. 39

Entsprechend den Vorgaben der Anl. 3 zu § 12 Abs. 5 ImmoWertV sind zur Ermittlung von Liegenschaftszinssätzen nur Kaufpreise ohne besondere objektspezifische Grundstücksmerkmale oder entsprechend bereinigte Kaufpreise heranzuziehen. Bei **übergroßen Grundstücken** i.S. des § 41 ImmoWertV sind Liegenschaftszinssätze auf der Grundlage der der Bebauung nach Art und Lage des Grundstücks zurechenbaren „marktüblichen objektbezogenen Grundstücksfläche" zu ermitteln. Dementsprechend definieren sich Liegenschaftszinssätze. 40

Auch in der internationalen Praxis geht man bei Anwendung des Ertragswertverfahrens (*income approach;* oder ***income capitalization approach***) nicht von den zukünftigen Erträgen, sondern von den am Wertermittlungsstichtag marktüblich erzielbaren Erträgen aus: Das in der ImmoWertV geregelte Ertragswertverfahren **entspricht** insoweit z.B. **dem in den *Uniform Standards of Professional Practice* (USPAP) des *Appraisal Institute Chicago* empfohlenen Ertragswertverfahren (dort als *all over capitalization method*bezeichnet) auf der Grundlage von marktorientierten Liegenschaftszinssätzen.** Der Liegenschaftszinssatz wird dort als *„all over capitalization rate"* (= *all risk yield* – ARY –) bezeichnet und wird – wie in Deutschland – aus Vergleichspreisen bebauter Grundstücke (*comparable sales*) abgeleitet, die für das Geschehen auf dem Grundstücksmarkt repräsentativ sind (Syst. Darst. des Ertragswertverfahrens Rn. 19 ff., § 6 ImmoWertV Rn. 30)[7]. 41

Von „aktuellen marktüblichen Mieten für ähnliche Immobilien am gleichen Ort und im gleichen Zustand" ist deshalb auch nach IAS 40 § 48 bei der Ermittlung des dem Marktwert entsprechenden beizulegenden Zeitwerts (*fair value*) auszugehen. Die am Wertermittlungsstichtag „marktüblich erzielbaren Erträge" werden nämlich in der internationalen Anwendungspraxis erst mit der ***„all over capitalization rate"*** (Liegenschaftszinssatz) „vernachhaltigt". Die angesprochenen IAS-Standards schreiben deshalb die Anwendung von speziellen Abzinsungssätzen vor, „die die gegenwärtigen Bewertungen des Marktes hinsichtlich der Unsicherheit der Höhe und des zeitlichen Anfalls künftiger *Cashflows* widerspiegeln"; dies leistet der Liegenschaftszinssatz (vgl. Syst. Darst. des Ertragswertverfahrens Rn. 21). 42

2.1.3 Verfügbarkeit von Liegenschaftszinssätzen

▶ *Vgl. allgemein § 33 ImmoWertV; Liegenschaftszinssätze zum Denkmalschutz vgl. § 33 ImmoWertV Rn. 57 ff.; im Übrigen § 8 ImmoWertV Rn. 373 sowie Teil V Rn. 567 ff.; Liegenschaftszinssätze zu Eigentumswohnungen § 33 ImmoWertV Rn. 44 ff.; im Übrigen Teil V Rn. 112 ff.*

Liegenschaftszinssätze sind nach § 193 Abs. 5 Satz 2 Nr. 1 BauGB vom Gutachterausschuss für Grundstückswerte **für die verschiedenen Grundstücksarten, insbesondere Mietwohngrundstücke, Geschäftsgrundstücke und gemischt genutzte Grundstücke, abzuleiten und nach Maßgabe landesrechtlicher Vorschriften zu veröffentlichen** (z.B. in Grundstücksmarktberichten oder sonstigen Bekanntmachungen; § 199 Abs. 2 Nr. 4 BauGB). 43

Mit § 9 Abs. 3 ImmoWertV wird ausdrücklich zugelassen, dass neben oder anstelle der vom örtlichen Gutachterausschuss für Grundstückswerte als Pflichtaufgabe abzuleitenden Liegen-

7 The Appraisal of Real Estate, Chicago 12. Aufl. S. 530 ff.

schaftszinssätze auch Liegenschaftszinssätze der Oberen Gutachterausschüsse und Zentralen Geschäftsstellen und sogar solche aus anderen Quellen (beispielsweise benachbarter Gutachterausschüsse) herangezogen werden können, wenn sie nach Art und Lage geeignet sind.

44 Hat der örtliche Gutachterausschuss keine Liegenschaftszinssätze eigenständig abgeleitet, kann hilfsweise auf solche zurückgegriffen werden, die der jeweilige Gutachterausschuss bei eigenen Wertermittlungen nach § 192 BauGB heranzieht. Dies sind i.d.R. Liegenschaftszinssätze aus vergleichbaren Kreisen und Gemeinden, die allein schon durch ihre erfolgreiche Anwendung Bestätigung gefunden haben. Darüber hinaus kann der einzelne **Sachverständige hilfsweise auch selbst den Liegenschaftszinssatz ermitteln**, indem er dafür geeignete Vergleichspreise aus der Kaufpreissammlung der Gutachterausschüsse (§ 195 Abs. 3 BauGB) und daraus den Liegenschaftszinssatz ableitet. Dies entspricht der bei Anwendung des Vergleichswertverfahrens üblich Methodik. Von dieser Möglichkeit sollte bei besonderen Grundstücksarten und einer besonderen Lage des Grundstücks Gebrauch gemacht werden, für die der Gutachterausschuss keine Liegenschaftszinssätze abgeleitet hat und wo zu besorgen ist, dass die Modifikation der vorhandenen Liegenschaftszinssätze zu unsicher wird.

Schließlich ist in § 9 Abs. 3 Satz 3 ImmoWertV klargestellt, dass **Liegenschaftszinssätze geschätzt werden können**, wenn dafür keine geeigneten Daten zur Verfügung stehen. Dies entspricht der allgemeinen Wertermittlungspraxis und war in Ziff. 7 der aufgehobenen ErtragswertR[8] klargestellt.

2.1.4 Grundsatz der modell- und referenzkonformen Anwendung von Liegenschaftszinssätzen

▶ *Weitere Ausführungen bei § 33 ImmoWertV*

45 **Ableitung und Anwendung von Liegenschaftszinssätzen stehen unter dem Gebot der Modellkonformität** nach § 10 ImmoWertV, d.h., bei Anwendung von Liegenschaftszinssätzen sind dieselben Modelle und Modellansätze zu verwenden, die der Ermittlung des jeweiligen Liegenschaftszinssatzes zugrunde lagen.

46 Die Gutachterausschüsse für Grundstückswerte sind verpflichtet, die Liegenschaftszinssätze nach den Grundsätzen des in den §§ 27 ff. ImmoWertV geregelten **Ertragswertverfahrens unter Berücksichtigung des dort geregelten „Modells" des Ertragswertverfahrens und der dafür verbindlich vorgeschriebenen Modellansätze** zu ermitteln, insbesondere unter Berücksichtigung

1. der mit § 4 Abs. 2 Satz 2 i.V.m. § 4 Abs. 3 Satz 4 und Anl. 1 ImmoWertV vorgegebenen Modellansätze der Gesamt- bzw. Restnutzungsdauer für verschiedene Immobilienarten sowie der Restnutzungsdauer von Wohnimmobilien bei vorangegangenen Modernisierungen nach den Modellansätzen der Anl. 2 ImmoWertV,
2. der mit § 32 Abs. 1 Satz 3 ImmoWertV vorgegebenen Modellansätze der Bewirtschaftungskosten unter Ausschluss der Abschreibung,
3. der grundsätzlichen Ermittlung des Ertragswerts auf der Grundlage jährlicher Reinerträge (§ 28 Satz 1 Nr. 1 ImmoWertV).

47 In dem Vorentwurf zur ImmoWertV war noch ein Muster zur Beschreibung des der Ermittlung zugrunde liegenden Modells vorgesehen.[9] Dieses Muster hat keinen Eingang in die ImmoWertV gefunden und es ist auch mit den ImmoWertA i.d.F. vom 20.09.2023 nicht gelungen, eine „*Druckvorlage bzw. Muster für eine Modellbeschreibung*" (vgl. Anh. A zu Nr. 12.(6).2)) den Gutachterausschüssen für Grundstückswerte zu empfehlen.

---

8 Abgedruckt in Kleiber, Wertermittlungsrichtlinien, 12.Aufl. Bundesanzeiger Verlag 2016.

9 Vgl. Kleiber, Verkehrswertermittlung von Grundstücken, 10. Aufl., § 21 ImmoWertV Rn. 46; dort auch zu den Anforderungen an ein solches Muster.

Nach der Grundsatzregelung des § 27 Abs. 1 Satz 1 ImmoWertV ist bei der Ermittlung des Ertragswerts und damit bei der Ableitung des Liegenschaftszinssatzes vom **„marktüblich erzielbaren Reinertrag“** auszugehen. Dem Gutachterausschuss für Grundstückswerte wird jedoch mit § 12 Abs. 5 Satz 2 ImmoWertV aufgegeben, den „marktüblich erzielbaren Reinertrag“ nicht unter Berücksichtigung der für eine ordnungsgemäße Bewirtschaftung und zulässige Nutzung entstehenden regelmäßigen Bewirtschaftungskosten i.S. des § 32 Abs. 1 Satz 2 Nr. 1 bis 3 ImmoWertV, sondern auf der Grundlage der Modellansätze der Anl. 3 zur ImmoWertV abzuleiten. 48

Wie sich der „marktüblich erzielbare Rohertrag“ definiert, hängt im Übrigen von der jeweiligen Grundstücksart ab und muss dementsprechend auch im Rahmen der Ableitung des Liegenschaftszinssatzes vom Gutachterausschuss konkretisiert werden (vgl. Rn. 110 ff.; Syst. Darst. des Ertragswertverfahrens Rn. 189).

2.1.5 Objektspezifisch angepasster Liegenschaftszinssatz nach § 33 ImmoWertV

▶ *§ 33 ImmoWertV Rn. 1, 27; Syst. Darst. des Ertragswertverfahrens Rn. 33, 257*

Der nach vorstehenden Grundsätzen **vom Gutachterausschuss ermittelte und veröffentlichte Liegenschaftszinssatz ist lediglich der „Basiswert“** für die Ermittlung des vorläufigen Ertragswerts. Ausgehend von diesem Basiswert ist daraus der auf den konkreten Bewertungsfall ausgerichtete „objektspezifisch angepasste Liegenschaftszinssatz“ abzuleiten, indem 49

– Abweichungen des zu bewertenden Grundstücks von den dem einschlägigen Liegenschaftszinssatz zugrunde liegenden Grundstücksmerkmalen (Referenzmerkmale des Normobjekts) sowie
– ein vom Bezugsstichtag des Liegenschaftszinssatzes abweichender Wertermittlungsstichtag

nach Maßgabe des § 33 ImmoWertV berücksichtigt werden.

Der in Betracht kommende Basiszinssatz ist zunächst darauf zu prüfen, ob er hinsichtlich Aktualität in Bezug auf den maßgeblichen Wertermittlungsstichtag und Repräsentativität den jeweiligen Grundstücksmarkt zutreffend abbildet und bei etwaigen Abweichungen nach Maßgabe des § 9 Abs. 1 Satz 2 und 3 ImmoWertV an die Gegebenheiten des Wertermittlungsobjekts angepasst werden kann. Wertbeeinflussende **Abweichungen der Grundstücksmerkmale des Wertermittlungsobjekts von den Referenzmerkmalen des dem Liegenschaftszinssatz zugrunde liegenden Normobjekts (Referenzgrundstück)** sind durch geeignete Umrechnungskoeffizienten, durch eine Anpassung mittels Zu- oder Abschlägen oder in anderer sachgerechter Weise zu berücksichtigen. Bei Abweichungen der allgemeinen Wertverhältnisse ist der Liegenschaftszinssatz in sachgerechter Weise an die Wertverhältnisse des Wertermittlungsstichtags anzupassen.

Die Grundstücksmerkmale des zu bewertenden Grundstücks unterscheiden sich von den dem einschlägigen Liegenschaftszinssatz zugrunde liegenden Grundstücksmerkmalen in aller Regel nämlich nicht nur in Bezug auf die verbindlich vorgegebenen „Modellansätze“ wie z.B. eine davon abweichende Restnutzungsdauer der baulichen Anlage bzw. den vorgegebenen „Modellansatz“ der Instandhaltungskosten, sondern **auch in Bezug auf sonstige Abweichungen, die sich aus den Grundstücksmerkmalen des zu bewertenden Grundstücks und denen, die dem abgeleiteten Liegenschaftszinssatz zugrunde liegen**, ergeben, z.B. die klein- und großräumige Lage, Gebäudeart, Grundstücks- und Nutzflächen; Ertragssituation, gewerblicher Anteil, Drittverwendung und vieles mehr. Diese werden als Referenzmerkmale des dem Liegenschaftszinssatz zugrunde liegenden Referenzgrundstücks bezeichnet; von einem „Normobjekt“ spricht analog § 20 Abs. 2 ImmoWertV. 50

Die **Referenzmerkmale des dem Liegenschaftszinssatz zugrunde liegenden Normobjekts** ergeben sich durch die durchschnittlichen Grundstücksmerkmale der zur Ableitung des Lie- 51 genschaftszinssatzes herangezogenen Vergleichsgrundstücke, es sei denn, die jeweiligen Vergleichspreise wurden auf ein bestimmtes Normgrundstück umgerechnet. Damit diese Abweichungen berücksichtigt werden können, sind alle wertbeeinflussenden Referenzmerkmale des Liegenschaftszinssatzes bei der Veröffentlichung hinreichend zu konkretisieren, insbesondere

- das bei den Gutachterausschüssen für Grundstückswerte bei der Ableitung der Liegenschaftszinssätze zugrunde liegende Modell und
- alle wertbeeinflussenden Grundstücksmerkmale des dem Liegenschaftszinssatz zugrunde liegenden Referenzgrundstücks (Liegenschaftszinssatzgrundstück).

52 Ausgehend von dem vom Gutachterausschuss **als Ausgangsbasis abgeleiteten Liegenschaftszinssatz wird daraus nach Maßgabe des** § 33 ImmoWertV der *„objektspezifisch angepasste Liegenschaftszinssatz"* abgeleitet.

53 Die Anpassung des Liegenschaftszinssatzes an die **objektspezifischen Grundstücksmerkmale des zu bewertenden Grundstücks** ist in erster Linie für die Gutachterausschüsse für Grundstückswerte eine große Herausforderung, denn sie stehen damit in der Pflicht, die wertbeeinflussenden Referenzmerkmale des „Liegenschaftszinssatzgrundstücks" sowie das den abgeleiteten Liegenschaftszinssätzen zugrunde liegende „Ertragswertmodell" vollumfänglich zu konkretisieren, denn ohne diese Konkretisierung kann es keine „Anpassung" geben. Insoweit ergibt sich aus der stringenten Systematik der ImmoWertV für die Gutachterausschüsse eine Bringschuld, der sie bislang nicht umfassend nachgekommen sind. Die unter dem Regime der ImmoWertV den Gutachterausschüssen für Grundstückswerte verbindlich vorgegebenen Modellansätze, insbesondere die „starren" Modellansätze der Bewirtschaftungskosten sowie der Gesamt- bzw. Restnutzungsdauer, können zu nicht unerheblichen Wertverzerrungen führen, die einer Korrektur bedürfen (vgl. zur Modellkollision § 10 ImmoWertV Rn. 15 f.). Des Weiteren wird von den Gutachterausschüssen für Grundstückswerte erwartet, dass sie die für die Anpassung erforderlichen Umrechnungskoeffizienten bereitstellen.
Soweit mit dem „objektspezifisch angepassten Liegenschaftszinssatz" nicht alle abweichenden Grundstücksmerkmale berücksichtigt werden können, müssen sie als besondere objektspezifische Grundstücksmerkmale (boG) nachträglich berücksichtigt werden. So muss z.B. bei übergroßen Grundstücken die nach Abzug der der Bebauung nach Art und Lage zurechenbaren marktüblichen Grundstücksgröße verbleibende Grundstücksrestfläche als „besonderes objektspezifisches Grundstücksmerkmal" (boG) ergänzend berücksichtigt werden, sofern der Liegenschaftszinssatz nicht durch flächenabhängige Korrektur- bzw. Anpassungsfaktoren modifiziert werden kann.

2.1.6 Praktische Hinweise zur Sensitivität (Sensibilität) von Liegenschaftszinssätzen und ihre Wirkungsweise

▶ *Vgl. Syst. Darst. des Ertragswertverfahrens Rn. 288*

54 Die **Höhe des Ertragswerts** ist als Barwert aller künftigen Erträge insbesondere **bei langer Restnutzungsdauer in extrem sensibler Weise von der Höhe des Liegenschaftszinssatzes abhängig**.

55 Im Übrigen sei vorab auf die wichtige Erkenntnis hingewiesen, dass eine **Verminderung des Liegenschaftszinssatzes zu einer Erhöhung des Ertragswerts führt und umgekehrt**. Dies lässt sich am *Beispiel* eines Wertpapiers erläutern, das einen bestimmten gleichbleibenden Renditebetrag abwirft und ansonsten Kursschwankungen unterworfen ist. Je höher der Kurswert des Wertpapiers ist, desto kleiner ist die in Prozentpunkten sich ergebende Rendite.

Beispiel: 56
Wertermittlungsobjekt

Jahresreinertrag RE	=	50 000 €
Bodenwert BW	=	200 000 €
Restnutzungsdauer RND	=	75 Jahre

Ermittlung des Ertragswerts EW = (RE – BW × LZ) × KF + BW

bei Liegenschaftszinssatz LZ = 3,5 %				bei Liegenschaftszinssatz LZ = 4,0 %			
RE		=	50 000 €	RE		=	50 000 €
./.	BW × LZ	=	7 000 €	./.	BW × LZ	=	8 000 €
=	Gebäudeanteil	=	43 000 €	=	Gebäudeanteil	=	42 000 €
×	Kapitalisierungs-faktor (= 26,41)	=	1 135 630 €	×	Kapitalisierungs-faktor (= 23,68)	=	994 560 €
+	BW	=	200 000 €	+	BW	=	200 000 €
=	Ertragswert	=	1 335 630 €	=	Ertragswert	=	1 194 560 €

Δ = 141 070 €
= rd. 10 %

Ermittlung des Ertragswerts EW bei Restnutzungsdauer RND von 100 Jahren

Ertragswert	=	1 389 380 €	Ertragswert	=	1 229 000 €

Δ = 160 380 €
= rd. 11, 5 %

Das vorstehende *Beispiel* zeigt, dass **Unterschiede im Liegenschaftszinssatz (LZ) in Höhe der Tafelgenauigkeit der Tabelle der Kapitalisierungsfaktoren (Vervielfältigertabelle von 0,5 %) bei langer Restnutzungsdauer den Ertragswert um rd. 10 % und mehr verfälschen können!** 57

Im Rahmen der Verkehrswertermittlung ist eine **Genauigkeit** des zum Ansatz gelangenden Liegenschaftszinssatzes **von einem halben Prozentpunkt** anzustreben. Dies ist darin begründet, dass ein halber Prozentpunkt zu Abweichungen von 10 % im Ergebnis der Ertragswertermittlung führt. 58

2.2 Kapitalisierungszinssatz nach BelWertV

▶ *Vgl. Syst. Darst. des Ertragswertverfahrens Rn. 114, 263; Teil IX Rn. 191, 264 ff.*

Das in den §§ 8 ff. BelWertV geregelte **Ertragswertverfahren entspricht mit nahezu gleichlautenden Vorschriften dem in den §§15 ff. WertV 88/90** (nunmehr § 21 Abs. 2 ImmoWertV) **geregelten Ertragswertverfahren** und stellt ebenfalls eine *all over capitalization method* dar, d.h., die künftigen Erträge werden auch bei Anwendung der BelWertV mit Hilfe einer *all over capitalization rate* kapitalisiert. Es hätte von daher nahegelegen, dass sich die BelWertV für diese *all over capitalization rate* des dafür geprägten Begriffs (Liegenschaftszinssatz) und derselben Definition (§ 21 Abs. 2 ImmoWertV) bedient. 59

§ 12 Abs. 3 BelWertV verwendet indessen statt des eingefahrenen Begriffs „Liegenschaftszinssatz" die unpräzise Bezeichnung „Kapitalisierungszinssatz" und definiert ihn als den „angenommenen Zinssatz, mit dem die künftig erzielbaren nachhaltigen Reinerträge eines Grundstücks auf den Zeitraum ihrer angenommenen Zahlung nach vorsichtiger Schätzung erfahrungsgemäß diskontiert werden." 60

§ 21 Abs. 2 ImmoWertV Liegenschaftszinssatz	**§ 12 Abs. 3 BelWertV** Kapitalisierung der Reinerträge
(2) Liegenschaftszinssätze sind Kapitalisierungszinssätze, mit denen Verkehrswerte von Grundstücken je nach Grundstücksart im Durchschnitt marktüblich verzinst werden. Liegenschaftszinssätze werden nach den Grundsätzen des Ertragswertverfahrens nach den §§ 27 bis 34 auf der Grundlage von im Sinne von § 12 Absatz 3 geeigneten Kaufpreisen und den ihnen entsprechenden Reinerträgen ermittelt.	(3) *Der Kapitalisierungszinssatz entspricht dem angenommenen Zinssatz, mit dem die künftig erzielbaren nachhaltigen Reinerträge eines Grundstücks auf den Zeitraum ihrer angenommenen Zahlung nach vorsichtiger Schätzung erfahrungsgemäß diskontiert werden. Er muss aus der regional maßgeblichen langfristigen und nutzungsspezifischen Marktentwicklung abgeleitet werden. Verschiedene Nutzungsarten sind jeweils gesondert zu betrachten.*

61 Die **Definition des Kapitalisierungszinssatzes (§12 Abs. 3 BelWertV) entspricht trotz ihres unterschiedlichen Wortlauts der Definition des Liegenschaftszinssatzes**. Nach dem Wortlaut des § 12 Abs. 3 Satz 2 BelWertV müssen die Kapitalisierungszinssätze für die Beleihungswertermittlung „... aus der regional maßgeblichen langfristigen und nutzungsspezifischen Marktentwicklung abgeleitet werden“. Diese Forderung können die Beleihungsinstitute nicht oder allenfalls unzureichend erfüllen, weil nur den Gutachterausschüssen für Grundstückswerte sämtliche dafür erforderlichen Grundstückstransaktionen zur Verfügung stehen, aus denen sich die „Marktentwicklung“ ablesen lässt[10]. Die Beleihungsinstitute müssen sich von daher auf die vom Gutachterausschuss abgeleiteten Liegenschaftszinssätze stützen, die bereits von den Gutachterausschüssen entsprechend der Forderung des § 12 Abs. 3 Satz 2 BelWertV „nutzungsspezifisch“ unter Berücksichtigung der „regional maßgeblichen ... Markentwicklung“ abgeleitet werden. Insoweit bestehen zwischen der Ableitung und Anwendung des Liegenschaftszinssatzes i.S. der ImmoWertV und des Kapitalisierungszinssatzes i.S. der BelWertV keine sich aus dem Wortlaut der Bestimmung ergebenden Unterschiede[11]. Der Liegenschaftszinssatz ist zudem ein Zinssatz, der auch das grundstücksspezifische Risiko abbildet, und bei Heranziehung der vom Gutachterausschuss abgeleiteten Liegenschaftszinssätze wird dieses Risiko noch zusätzlich für den konkreten Fall berücksichtigt.

62 Nach der Zielsetzung der BelWertV soll allerdings mit dem Kapitalisierungszinssatz dem Vorsichtsprinzip der Beleihungswertermittlung Rechnung getragen werden, wobei das Risiko zweckmäßigerweise mit einem erhöhten Liegenschaftszinssatz berücksichtigt wird. Im Ergebnis kann also der *Liegenschaftszinssatz der Gutachterausschüsse für Grundstückswerte* herangezogen werden, der dann im Hinblick auf das Vorsichtsprinzip **um einen** der Definition des Beleihungswerts **angemessenen Risikozuschlag „aufstockt“** wird. Einer solchen in der Vergangenheit praktizierten und dem Vorsichtsprinzip Rechnung tragenden Verfahrensweise verschließt sich auch die geltende Fassung der BelWertV.

63 Mit § 12 Abs. 4 Satz 1 BelWertV werden **Kapitalisierungszinssätze** vorgegeben, die – differenziert nach wohnungswirtschaftlicher und gewerblicher Nutzung – „mindestens“ 3 bzw. 4 Prozentpunkte über der von der Deutschen Bundesbank veröffentlichten Rendite 30-jähriger Bundesanleihen liegen sollen, zuzüglich etwaiger für einzelne Nutzungsarten nach Anl. 3 zur BelWertV zu berücksichtigender Aufschläge.

Der **Mindestkapitalisierungszinssatz** beträgt nach § 12 Abs. 4 Satz 3 BelWertV

- **bei wohnwirtschaftlicher Nutzung** mindesten 3,5 Prozent und höchstens 5,5 Prozent,
- **bei gewerblicher Nutzung** mindestens 4,5 Prozent und höchstens 6,5 Prozent,

10 Eine „Marktentwicklung“ lässt sich nur aus tatsächlich vereinbarten Kaufpreisen ableiten.

11 Ein Unterschied lässt sich allenfalls im Wege einer mittelalterlichen Exegese aus § 12 Abs. 3 Satz 1 BelWertV herauslesen, und zwar aus dem dort postulierten Vorsichtsprinzip („... nach vorsichtiger Schätzung“). Dem soll dadurch Rechnung getragen werden, dass der Kapitalisierungszinssatz unter Berücksichtigung des „Zeitraums ... der angenommenen Zahlung“ der „künftig erzielbaren nachhaltigen Reinerträge“ angesetzt wird. „Künftig erzielbare nachhaltige Reinerträge“ werden nun aber gar nicht (tatsächlich) gezahlt, sondern ergeben sich erst (rechnerisch) nach Abzug der Bewirtschaftungskosten einschließlich eines Modernisierungsrisikos.

jeweils zuzüglich etwaiger für einzelne Nutzungsarten nach Anl. 3 zur BelWertV zu berücksichtigender Aufschläge:

A) Warenhäuser, Selbstbedienungs- und Fachmärkte, Hotels, Kliniken, Rehabilitationseinrichtungen, Pflegeheime, landwirtschaftlich genutzte Objekte, Verbrauchermärkte, Einkaufszentren, Freizeitimmobilien, Parkhäuser, Tankstellen sowie Lager- und Logistikimmobilien: 0,5 Prozentpunkte

B) Produktionsimmobilien: 1,0 Prozentpunkte

Handelt es sich um *„erstklassige Immobilien"*, dürfen die vorgenannten Mindestkapitalisierungszinssätze für die Nutzungsarten Wohnen, Handel, Büro sowie Lager und Logistik um höchstens 0,5 Prozentpunkte unterschritten werden.

Als **erstklassige Immobilien** werden in § 14 Abs. 5 BelWertV solche definiert, die mindestens folgende Kriterien erfüllen:

eine sehr gute Lage im Verdichtungsraum,

ein entsprechend der jeweiligen Objektart bevorzugter Standort,

eine gute Infrastruktur,

eine gute Konzeption,

eine hochwertige Ausstattung,

eine hochwertige Bauweise.

eine besonders hohe Marktgängigkeit und

ein sehr guter Objektzustand.

1. eine sehr gute Lage im Verdichtungsraum,
2. ein entsprechend der jeweiligen Objektart bevorzugter Standort,
3. eine gute Infrastruktur,
4. eine gute Konzeption,
5. eine hochwertige Ausstattung,
6. eine hochwertige Bauweise,
7. eine besonders hohe Marktgängigkeit und
8. ein sehr guter Objektzustand.

Die Bundesanstalt für Finanzleistungen (BaFin) gibt nach § 12 Abs. 4 Satz 4 BelWertV die geänderten Mindestkapitalisierungszinssätze unverzüglich nach dem in Satz 2 genannten Zeitpunkt auf ihrer Internetseite bekannt. Auf Grund von § 28 Abs. 2 Satz 2 BelWertV 22 hat die BaFin am 10.10.2022 bekanntgegeben:

„Bis zu einer Anpassung nach § 12 Abs. 4 Satz 2 BelWertV beträgt der Mindestkapitalisierungszinssatz nach § 12 Abs. 4 Satz 1 BelWertV vorbehaltlich § 12 Abs. 3 BelWertV für Objekte mit wohnwirtschaftlicher Nutzung 5,1 % und für Objekte mit gewerblicher Nutzung 6,1 %, jeweils zuzüglich etwaiger für den einzelne Nutzungsarten nach Anlage 3 der BelWertV berücksichtigender Aufschläge."

Zum Jahresende 2022 bzw. 2023 wurden die verbindlichen Mindestkapitalisierungszinssätze für die Nutzungsarten Wohnen und Gewerbe fortgeschrieben (vgl. Teil XI Rn. 269).

2.3 Kapitalisierungszinssatz in der steuerlichen Bewertung

2.3.1 Feststellung von Grundbesitzwerten

▶ *Syst. Darst. des Ertragswertverfahrens Rn. 118, 196, 263, 271*

64 Im Rahmen der **erbschaftsteuerlichen Ermittlung von Grundbesitzwerten** werden die wirtschaftlichen Einheiten des Grundvermögens und für Betriebsgrundstücke i.S. des § 99 Abs. 1 Nr. 1 BewG unter Anwendung der §§ 159 und 176 bis 198 BewG mit dem gemeinen Wert ermittelt. Danach sind Grundbesitzwerte von Mietwohngrundstücken, Geschäftsgrundstücken und gemischt genutzten Grundstücken, für die sich auf dem örtlichen Grundstücksmarkt eine übliche Miete ermitteln lässt, auf der Grundlage eines typisierten Ertragswertverfahrens nach den §§ 185 bis 188 BewG zu bewerten. Dabei sind Liegenschaftszinssätze heranzuziehen, die mit § 188 Abs. 1 BewG in materieller Identität mit den Vorschriften der ImmoWertV definiert sind. Dementsprechend sind nach § 188 Abs. 2 BewG grundsätzlich die von den Gutachterausschüssen i.S. der §§ 192 ff. des BauGB ermittelten örtlichen Liegenschaftszinssätze anzuwenden. Die vom Gutachterausschuss abgeleiteten Liegenschaftszinssätze sind nach § 177 BewG „*als geeignet anzusehen*", wenn die Ableitung der Liegenschaftszinssätze weitgehend in demselben Modell erfolgt ist wie die Bewertung (vgl. Syst. Darst. des Vergleichswertverfahrens Rn. 11). Es sind jeweils die Liegenschaftszinssätze anzusetzen, die vom Gutachterausschuss für den Bewertungsstichtag (§ 11 ErbStG) ermittelt wurden (Auswertungszeitraum). Auf den Zeitpunkt der Beschlussfassung oder der Veröffentlichung kommt es für ihre zeitliche Anwendung nicht an[12]. Dabei muss es sich auch nicht um Liegenschaftszinssätze handeln, die von dem Gutachterausschuss ermittelt wurden, in dessen Zuständigkeitsbereich das Bewertungsobjekt liegt. Es können auch geeignete Liegenschaftszinssätze anderer Gutachterausschüsse herangezogen werden, wenn eine hinreichende Vergleichbarkeit gegeben ist.

65 Soweit von den Gutachterausschüssen keine *geeigneten* Liegenschaftszinssätze zur Verfügung stehen, gelten die **„typisierten Liegenschaftszinssätze" des §188 Abs. 2 Satz 2 BewG**:

1. 3,5 Prozent für Mietwohngrundstücke,
2. 4,5 Prozent für gemischt genutzte Grundstücke mit einem gewerblichen Anteil von bis zu 50 Prozent, berechnet nach der Wohn- und Nutzfläche,
3. 5 Prozent für gemischt genutzte Grundstücke mit einem gewerblichen Anteil von mehr als 50 Prozent, berechnet nach der Wohn- und Nutzfläche, und
4. 6,0 Prozent für Geschäftsgrundstücke.

2.3.2 Bewertung des Grundbesitzes für die Grundsteuer ab 01.01.2022

66 Im Rahmen der Bewertung des Grundbesitzes für die Grundsteuer ab 01.01.2022 wird der **Grundsteuerwert** von Ein- und Zweifamilienhäusern, Mietwohngrundstücken sowie von Wohnungseigentum im Ertragswertverfahren nach den §§ 252 bis 257 BewG bewertet. Dabei sind wiederum **typisierte Liegenschaftszinssätze** i.S. der ImmoWertV heranzuziehen.
Nach § 256 BewG gelten folgende Zinssätze:

1. 2,5 Prozent für Ein- und Zweifamilienhäuser,
2. 3,0 Prozent für Wohnungseigentum,

---

12 FG Berlin-Brandenburg, Urt. vom 24.04.2024 – 3 K 3188/21 –, GuG 2024, 303; FG Berlin-Brandenburg, Urt. vom 24.04.2024 – 3 K 3055/22 –, EzGuG 20.486. Im Übrigen wird in dieser Rechtsprechung die Anwendung der vom Gutachterausschuss abgeleiteten „allgemeinen" Liegenschaftszinssätze gefordert, selbst dann, wenn der Gutachterausschuss auf Betreiben der Finanzverwaltung zusätzlich steuerliche Liegenschaftszinssätze speziell für die Bewertung gemäß § 188 Abs. 2 BewG a.F. unter Berücksichtigung der vorgegebenen Restnutzungsdauer nach § 185 Abs. 3 BewG a.F. ermittelt hat.

3. 4,0 Prozent für Mietwohngrundstücke mit bis zu sechs Wohnungen,
4. 4,5 Prozent für Mietwohngrundstücke mit mehr als sechs Wohnungen

mit folgenden Modifikationen in Korrelation mit dem Bodenrichtwert[13]:

- Bei der *Bewertung von Ein- und Zweifamilienhäusern* i.S. des § 249 Abs. 2 und 3 BewG verringert sich der vorgegebene Zinssatz um jeweils 0,1 Prozentpunkte für jede vollen 100 €, die der Bodenrichtwert oder der Bodenwert nach § 247 Abs. 3 BewG je Quadratmeter den Betrag von 500 €/m² übersteigt. Ab einem Bodenrichtwert oder Bodenwert nach § 247 Abs. 3 BewG je Quadratmeter in Höhe von 1 500 €/m² beträgt der Zinssatz für Ein- und Zweifamilienhäuser einheitlich 1,5 Prozent (§ 256 Abs. 2 BewG).
- Bei der *Bewertung von Wohnungseigentum* i.S. des § 249 Abs. 5 BewG verringert sich der vorgegebene Zinssatz um jeweils 0,1 Prozentpunkte für jede vollen 100 €, die der Bodenrichtwert oder der Bodenwert nach § 247 Abs. 3 BewG je Quadratmeter den Betrag von 2 000 €/m² übersteigt. Ab einem Bodenrichtwert oder Bodenwert nach § 247 Abs. 3 BewG je Quadratmeter in Höhe von 3 000 €/m² beträgt der Zinssatz für Wohnungseigentum einheitlich 2 Prozent (§ 256 Abs. 3 BewG).

3 Ableitung von Liegenschaftszinssätzen (§ 21 Abs. 2 ImmoWertV)

3.1 Allgemeines

Schrifttum: *Pauen, W./Schlesinger, D./Schmid, P.,* Modell zur Ermittlung von Liegenschaftszinssätzen unter besonderer Berücksichtigung des Bodenwerts, GuG 2021, 203.

▶ *Vgl. Syst. Darst. des Ertragswertverfahrens Rn. 22, 244 ff.; zum Grundsatz der Modellkonformität vgl. Vorbem. zur ImmoWertV Rn. 141*

Die Ableitung von Liegenschaftszinssätzen ist eine **Pflichtaufgabe der Gutachterausschüsse** für Grundstückswerte (§ 193 Abs. 5 Satz 1 BauGB). Es sind Liegenschaftszinssätze für die verschiedenen Grundstücksarten, insbesondere Mietwohngrundstücke, Geschäftsgrundstücke und gemischt genutzte Grundstücke abzuleiten und nach Maßgabe landesrechtlicher Vorschriften zu veröffentlichen (§ 199 Abs. 2 Nr. 4 BauGB). Die **Liegenschaftszinssätze müssen zur Marktwertermittlung** im Wege des Ertragswertverfahrens **geeignet sein** (vgl. § 33 ImmoWertV Rn. 16 ff.). 67

Da der Grundstücksmarkt bekanntlich in verschiedene Teilmärkte mit unterschiedlichen allgemeinen Wertverhältnissen zerfällt, fallen auch die Liegenschaftszinssätze für unterschiedliche Grundstücksarten und unterschiedliche Grundstückslagen unterschiedlich aus. Sie unterscheiden sich auch überregional in Abhängigkeit von **der Gemeindegröße, der Entfernung zu Ballungszentren (Makrolage) und vor allem von der Wirtschaftskraft der Region.** Aus vorstehenden Gründen gibt es **keine allgemeingültigen Liegenschaftszinssätze**. 68

3.2 Geeignete Kaufpreise

▶ *Vgl. § 9 ImmoWertV Rn. 1 ff.; § 12 ImmoWertV Rn. 15 ff.; Eignung von Kaufpreisen vgl. Syst. Darst. des Vergleichswertverfahrens Rn. 15 f., 25*

Zur Ableitung von Liegenschaftszinssätzen sind nach § 9 Abs. 1 und § 12 Abs. 3 ImmoWertV **geeignete Kaufpreise heranzuziehen.** Dies sind jene, die hinsichtlich Aktualität in Bezug auf den maßgeblichen Stichtag und Repräsentativität den für die jeweilige Grundstücksart einschlägigen Grundstücksmarkt zutreffend abbilden. Dementsprechend sind möglichst **Kaufpreise von gleichartig bebauten und genutzten Grundstücken (Grundstücks-** 69

13 Vgl. BT-Drs. 19/11085; BR-Drs. 354/19 (Beschluss); BT-Drs. 19/13713 und BT-Drs. 19/14138.

art) bei gleichartiger Beschaffenheit (Grundstücksmerkmale) und Lage der Grundstücke heranzuziehen, die keine besonderen objektspezifischen Grundstücksmerkmale i.S. des § 8 Abs. 3, § 40 Abs. 5 sowie der §§ 41 und 43 ImmoWertV aufweisen und von denen angenommen werden kann, dass sie nicht durch ungewöhnliche oder persönliche Verhältnisse beeinflusst sind. Die zur Ableitung der Liegenschaftszinssätze herangezogenen geeigneten Kaufpreise sind nach § 9 Abs. 1 Satz 4 ImmoWertV – wortgleich mit § 12 Abs. 3 Satz 3 ImmoWertV – mithin um den um die **Werteinflüsse besonderer objektspezifischer Grundstücksmerkmale** zu bereinigen.

70 Des Weiteren wird in § 12 Abs. 3 ImmoWertV darauf hingewiesen, dass Kaufpreise hinsichtlich der allgemeinen Wertverhältnisse und des jeweiligen Grundstückszustands hinreichend übereinstimmen sollen, wobei eine hinreichende Übereinstimmung schon dann vorliegt, wenn sich etwaige Abweichungen bei Vorliegen einer hinreichend großen Anzahl von Kaufpreisen in ihren Auswirkungen auf die Preise ausgleichen oder sachgerecht berücksichtigen lassen.

3.3 Finanzmathematische Grundlagen der Liegenschaftszinssatzableitung

3.3.1 Mathematische Ableitung des Liegenschaftszinssatzes

71 Zur Ableitung des Liegenschaftszinssatzes schreibt § 21 Abs. 2 ImmoWertV sibyllinisch vor, dass er

- nach den Grundsätzen des Ertragswertverfahrens und
- nach geeigneten Kaufpreisen und den ihnen entsprechenden Reinerträgen ermittelt wird.

Darüber hinaus ist der Liegenschaftszinssatz nach dem *Modell des in der ImmoWertV geregelten Ertragswertverfahrens* auf der Grundlage des jährlichen Reinertrags der baulichen Anlagen zu ermitteln (vgl. § 20 Abs. 3 Nr. 2, § 21 Abs. 2, § 28 Satz 2, § 29 Satz 1 Nr. 1 ImmoWertV), obwohl die Erträge i.d.R. *vorschüssig und monatlich* „fließen“. Wie sich aus den Erläuterungen zu § 34 ImmoWertV Rn. 25 ergibt, ist dies unschädlich, wenn **der jährliche Reinertrag der baulichen Anlage modellkonform mit dem** aus jährlichen Reinerträgen ermittelten Liegenschaftszinssatz und einem **nachschüssigen jährlichen Kapitalisierungsfaktor kapitalisiert** wird (vgl. Syst. Darst. des Ertragswertverfahrens Rn. 185).

72 Der Hinweis auf die „Grundsätze“ des in den §§ 27 bis 34 ImmoWertV geregelten Ertragswertverfahrens bedeutet, dass der Liegenschaftszinssatz – ausgehend von dem Rechengang, der dem Ertragswertverfahren zugrunde liegt – durch **Umkehrung des Ertragswertverfahrens** abgeleitet wird, d.h., die für den Ertragswert maßgebliche Formel muss nach dem Liegenschaftszinssatz (LZ) aufgelöst werden. Nach den „Grundsätzen“ des in den §§ 27 bis 34 ImmoWertV geregelten Ertragswertverfahrens bedarf es dabei aber nicht nur „geeigneter Kaufpreise“ und der „ihnen entsprechenden Reinerträge“, sondern vor allem auch der jeweiligen Bodenwerte und der Restnutzungsdauer der baulichen Anlage.

73 Im Unterschied zu § 14 Abs. 3 ImmoWertV 10 schreibt die daraus hervorgegangene Regelung nicht mehr ausdrücklich vor, dass **Liegenschaftszinssätze „unter Berücksichtigung der Restnutzungsdauer der Gebäude“ abzuleiten sind.** Die ImmoWertV setzt damit ein falsches Signal. Denn die Abhängigkeit des Liegenschaftszinssatzes von der Restnutzungsdauer ist beträchtlich und dementsprechend kommt ihr im Rahmen der Ableitung des „objektspezifisch angepassten Liegenschaftszinssatzes“ eine gewachsene Bedeutung zu (vgl. § 32 ImmoWertV Rn. 148 ff.).

Der (vorläufige) **Ertragswert bestimmt sich** gemäß den §§ 28 f. ImmoWertV **nach folgender Formel**: 74

$$\text{EW} = (\text{RE} - \text{BW} \times \text{LZ}) \times \text{KF} + \text{BW} = \mathbf{RE \times KF + BW \times AFn}$$

wobei

EW	=	Ertragswert
RE	=	marktüblich erzielbarer Reinertrag p.a. (§ 31 ImmoWertV)
BW	=	Bodenwert
KF	=	Kapitalisierungsfaktor (Vervielfältiger)
AF	=	Abzinsungsfaktor
LZ	=	objektspezifisch angepasster Liegenschaftszinssatz
n	=	Restnutzungsdauer
q	=	Zinsfaktor = 1 + Liegenschaftszinssatz

$$\text{Kapitalisierungsfaktor} = \frac{(1+\text{LZ})^n - 1}{(1+\text{LZ})^n \text{ x LZ}} = \frac{q^n - 1}{q^n(q-1)} = \frac{1-(1+\text{LZ})^n}{\text{LZ}} = \frac{\text{EW} - \text{BW x AF}^n}{\text{RE}}$$

Die Auflösung vorstehender Ausgangsformel des Liegenschaftszinssatzes gestaltet sich mathematisch schwierig. Zur besseren Verständlichkeit soll nachfolgend zwischen der Ableitung des Liegenschaftszinssatzes bei langer und kurzer Restnutzungsdauer unterschieden werden. 75

3.3.2 Ableitung bei langer Restnutzungsdauer

Aus den vorstehenden Ausführungen ergibt sich, dass sich der Liegenschaftszinssatz für *Objekte mit langer Restnutzungsdauer* (RND > 50 Jahre) der darauf befindlichen Gebäude aus dem **Quotienten aus Reinertrag und Ertragswert** ergibt. Aus dieser Beziehung lässt sich der Liegenschaftszinssatz marktkonform ableiten, indem nun der jeweilige Reinertrag einer hinreichenden Anzahl von bebauten Grundstücken durch die dafür zur Verfügung stehenden „geeigneten" Kaufpreise (anstelle der jeweiligen Ertragswerte) dividiert wird und die Einzelergebnisse z.B. durch Mittelbildung ausgeglichen werden. 76

Der **Ertragswert kann bei längerer Restnutzungsdauer** (RND) **nach dem vereinfachten Ertragswertverfahren** ermittelt werden: 77

$$\text{EW} = \text{RE} \times \text{KF}$$

EW = Ertragswert

RE = Reinertrag

KF = Kapitalisierungsfaktor

Hieraus definiert sich der **Kapitalisierungsfaktor KF für ein Gebäude mit langer Restnutzungsdauer** als Quotient aus Ertragswert zum Reinertrag. 78

$$\text{Kapitalisierungsfaktor} = \frac{\text{Ertragswert}}{\text{Reinertrag}}$$

Der so **abgeleitete Kapitalisierungsfaktor ist identisch mit den** nach § 20 Abs. 3 Nr. 2 ImmoWertV **abgeleiteten Ertragsfaktoren** (vgl. § 20 ImmoWertV Rn. 40 ff.). 79

80 Der **reziproke Quotient stellt** zugleich den **Liegenschaftszinssatz LZ (Näherungsformel)** dar:

$$\mathbf{LZ = \frac{RE}{EW} = \frac{1}{KF}}$$

81 Die empirische Ableitung von Liegenschaftszinssätzen stellt sich in diesem Fall sehr einfach dar. Es brauchen dann nämlich für bestimmte Grundstücksarten, von denen eine hinreichende Anzahl von Kaufpreisen vorliegt, die nicht durch ungewöhnliche oder persönliche Verhältnisse beeinflusst sind, nur noch die jeweils ebenfalls **durch ungewöhnliche oder persönliche Verhältnisse unbeeinflussten Reinerträge** ermittelt zu werden. Diese Kaufpreise sind dann in die vorstehende Formel anstelle des Ertragswerts EW einzuführen. Das gewogene Mittel der sich im Einzelfall jeweils ergebenden Liegenschaftszinssätze ergibt dann die durchschnittliche Verzinsung solcher Liegenschaften.

$$\text{Liegenschaftszinssatz LZ} = \frac{\sum \frac{RE_i}{KP_i}}{n} \qquad \text{bei RND} \geq 50 \text{ Jahren}$$

wobei

RE = Reinertrag

KP = Kaufpreis

RND = Restnutzungsdauer (entsprechend der Modellgröße der Gesamtnutzungsdauer)

n = Anzahl der Fälle i

Die *Ableitung* erfolgt dabei jeweils **für „gleichartig bebaute und genutzte Grundstücke**“.

82 *Beispiel:*
Vorstehende Erläuterungen sollen an einem Zahlenbeispiel eines Einzelfalls verdeutlicht werden:

Reinertrag RE = 50 000 €

Kaufpreis KP = 1 000 000 €

Liegenschaftszinssatz $_i$ = 50 000 / 1 000 000 x 100 = 5 %

Aus diesem *Beispiel* wird deutlich, dass der **Reinertrag** gewissermaßen **die als €-Betrag ausgeworfene Verzinsung des mit dem Kaufpreis in eine Immobilie investierten Kapitals** ist.

83 Der **Liegenschaftszinssatz steht** mithin in Abhängigkeit von der Restnutzungsdauer **in einem reziproken Verhältnis zu empirisch abgeleiteten Ertragsfaktoren** i.S. des § 20 Abs. 3 Nr. 2 ImmoWertV.

Abb. 2: Liegenschaftszinssätze in Abhängigkeit vom Rohertragsfaktor bei Mehrfamilienhäusern

Rohertragsfaktor	Liegenschaftszinssatz für Mehrfamilienhäuser mit 3–15 Wohneinheiten (%)
6	8,3
7	7,7
8	7,2
9	6,7
10	6,2
11	5,8
12	5,4
13	5,0
14	4,7
15	4,4
16	4,1
17	3,8
18	3,5
19	3,3

Quelle: Immobilienmarktbericht Deutschland 2015, Arbeitskreis der Gutachterausschüsse und Oberen Gutachterausschüssen in der Bundesrepublik Deutschland

Der **Liegenschaftszinssatz** LZ kann im Übrigen auch **aus Roherträgen (Jahresnettokaltmiete) abgeleitet** werden, und zwar nach folgender Beziehung: 84

$$\text{Liegenschaftszinssatz LZ} = \frac{(1 - BewK_{\%}) \times RoE}{KP}$$

wobei

BewK% = übliche (nicht umgelegte) Bewirtschaftungskosten in v.H.

RoE = Rohertrag (Jahresnettokaltmiete)

Beispiel: 85

Rohertrag RoE = 62 500 € (= Jahresnettokaltmiete) p.a.

Kaufpreis KP = 1 000 000 €

BewK% = 20 %

LZ_i = (1 – 20 /100) x 62 500 € / 1 000 000 € = 5 %

nachrichtlich: RE = RoE – BewK

RE = 62 500 € – 20/100 x 62 500 €

RE = 50 000 €

86 Auch in der Begründung zur WertV 88 wird darauf hingewiesen, dass vorstehende Vorgehensweise allerdings nur für Gebäude mit langer Restnutzungsdauer (RND) gilt[14]. Die Begründung lässt offen, was als **lange Restnutzungsdauer** gilt. Aus der Ausgangsformel für den Liegenschaftszinssatz folgt, dass dies abhängig ist von der absoluten Höhe des Liegenschaftszinssatzes. Strebt man eine Genauigkeit des Liegenschaftszinssatzes von 0,5 Prozentpunkten an, so ist die Anwendung der Näherungsformel unbedenklich bei

einem Liegenschaftszinssatz (LZ) von	einer Restnutzungsdauer (RND) von >
3 %	65 Jahre
4 %	55 Jahre
5 %	49 Jahre
6 %	45 Jahre
7 %	40 Jahre
8 %	36 Jahre

87 Auf der anderen Seite muss beachtet werden, dass der Liegenschaftszinssatz LZ umso genauer ermittelt werden muss, je länger die Restnutzungsdauer RND ist, denn **Fehler in der Liegenschaftszinssatzermittlung schlagen umso stärker auf den Kapitalisierungsfaktor und damit auf den Ertragswert durch, je länger die Restnutzungsdauer (RND) ist**. Dies wird durch nachstehenden Auszug aus der Tabelle der Kapitalisierungsfaktoren verdeutlicht.

Auszug aus der Tabelle der Kapitalisierungsfaktoren (Vervielfältigertabelle)					
Restnutzungsdauer RDN (Jahre)	**Kapitalisierungsfaktor bei einem Liegenschaftszinssatz LZ von**				
	3,0	**3,5**	**4,0**	**4,5**	**5,0**
1	0,97	0,97	0,96	0,96	0,95
25	17,41	16,48	15,62	14,83	14,09
50	25,73	23,46	21,48	19,76	18,26
75	29,70	26,41	23,68	21,40	19,49
100	31,60	27,66	24,51	21,95	19,85

88 **Bei sehr kurzer Restnutzungsdauer RND ist der Kapitalisierungsfaktor KF verhältnismäßig unempfindlich gegenüber der Höhe des Liegenschaftszinssatzes**. Mit zunehmender Restnutzungsdauer nimmt die Empfindlichkeit zu. Unterscheiden sich die Kapitalisierungsfaktoren bei einer Restnutzungsdauer RND von 25 Jahren in Abhängigkeit von einem Liegenschaftszinssatz von 3,5 % bzw. 4,0 % noch um 0,86, so beträgt der Unterschied bei einer Restnutzungsdauer (RND) von 100 Jahren bereits 3,15 (vgl. auch Rn. 87).

89 Wie vorstehend erläutert wurde, schlagen bei langer Restnutzungsdauer RND **geringe Unterschiede in der Höhe des Liegenschaftszinssatzes LZ erheblich** auf die Höhe des Kapitalisierungsfaktors und damit **auf den Ertragswert EW durch.**

90 Zur Erläuterung wird auf Abb. 5 bei Rn. 99 hingewiesen.

91 Der für Gebäude mit entsprechend „langer" Restnutzungsdauer auf der Grundlage der **Näherungsformel** abgeleitete Liegenschaftszinssatz darf im strengen Sinne auch nur zur Verkehrswertermittlung von Gebäuden mit entsprechend „langer" Restnutzungsdauer zur Anwendung kommen. Andererseits entstünde ein Systembruch, denn die Höhe des Liegenschaftszinssatzes ist von der Restnutzungsdauer abhängig. Der Verordnungsgeber von 2010 hatte deshalb mit § 14 Abs. 3 ImmoWertV 10 ausdrücklich die Berücksichtigung der Restnutzungsdauer vorgeschrieben.

14 BR-Drs. 352/88, S. 51.

3.3.3 Ableitung bei kurzer Restnutzungsdauer

Die vorgestellte vereinfachte Vorgehensweise zur empirischen Ableitung von Liegenschafts- 92
zinssätzen kann bei genauerer Betrachtung nur für Objekte mit langer Restnutzungsdauer der aufstehenden Gebäude Gültigkeit beanspruchen (RND > 50 Jahre). Zur Ableitung von Liegenschaftszinssätzen für Objekte mit kurzer Restnutzungsdauer ist es erforderlich, die vollständige Formel des Liegenschaftszinssatzes heranzuziehen. Sie hat folgende Form[15]:

$$LZ = \frac{RE \times 100}{KP} - \frac{(q-1) \times 100}{q^n - 1} \times \frac{KP - BW}{EW}$$

Näherungswert | Korrekturfaktor (tabelliert) | Gebäudewertanteil

Minderung

wobei

LZ = Liegenschaftszinssatz

q = Zinsfaktor = 1 + Liegenschaftszinssatz

n = Restnutzungsdauer des Gebäudes

RE = Jahresreinertrag des Grundstücks

KP = Kaufpreis als „Repräsentant" für den Verkehrswert (Ertragswert)

BW = Bodenwert (§ 40 Abs. 1 ImmoWertV)

Die Besonderheit dieser Formel besteht darin, dass sich der Liegenschaftszinssatz gegenüber 93
seiner Ableitung nach der vereinfachten Vorgehensweise für Objekte mit einer langen Restnutzungsdauer der aufstehenden Gebäude um einen iterativ zu ermittelnden Minderungsbetrag reduziert. Die **Reduktion kann je nach Restnutzungsdauer der aufstehenden Gebäude erheblich sein**. Ob dies bei den von den Gutachterausschüssen für Grundstückswerte abgeleiteten Liegenschaftszinssätzen tatsächlich berücksichtigt wird, kann in den meisten Fällen den Veröffentlichungen nicht entnommen werden. Hier müssen Defizite konstatiert werden, die schon erheblich ins Gewicht fallen können, wenn man sich die Sensibilität der Abhängigkeit der Ertragswertermittlung von dem „richtigen" Liegenschaftszinssatz vergegenwärtigt.

Für Grundstücke mit *Gebäuden, die eine kurze Restnutzungsdauer* (RND < 50 Jahre) aufwei- 94
sen, gestaltet sich die empirische Liegenschaftszinsermittlung somit weitaus komplizierter. Die vorstehend abgeleitete Formel für die Ermittlung des Liegenschaftszinssatzes für Objekte mit langer Restnutzungsdauer des aufstehenden Gebäudes stellt hier lediglich einen Näherungswert dar, an den eine Minderung anzubringen ist. Dieser Minderungsbetrag ergibt sich durch Umkehrung des dem zugrunde liegenden Rechenganges. In Abb. 3 ist die sich daraus ergebende Ausgangsformel für eine „spitze" Ermittlung des Liegenschaftszinssatzes dargestellt.

15 Rendig, VR 1978, 254; Möckel, VR 1975, 129; Möckel, VR 1976, 91; Rehwald/Gaebel, Nachr. der nds. Kat.- und VermVw 1985, 287; aus dem englischsprachigen Schrifttum vgl. Wincott, Terminal Capitalisation Rates and Reasonableness, The Appraisal Journal 1991, 253; Sommer/Kröll, GuG 1995, 290.

Abb. 3: Ableitung des Liegenschaftszinssatzes (Beispiel)

Ableitung des Liegenschaftszinssatzes
bei kurzer Restnutzungsdauer (RND ≤ 50 Jahre)

$$LZ = \frac{RE \times 100}{EW} - \frac{(q-1) \times 100}{q^n - 1} \times \frac{EW - BW}{EW}$$

↓ Näherungswert — ↓ Korrekturfaktor (tabelliert) — ↓ Gebäudewertanteil

Minderung (Korrekturfaktor × Gebäudewertanteil)

wobei
LZ = Liegenschaftszinssatz/100
q = Zinsfaktor = 1 + LZ
n = Restnutzungsdauer des Gebäudes
RE = Jahresreinertrag des Grundstücks
KP = Kaufpreis als „Repräsentant" für den Verkehrswert (Ertragswert)
BW = Bodenwert

Beispiel

a) Ausgangsdaten

Restnutzungsdauer des Gebäudes	30 Jahre
Jahresreinertrag des Grundstücks	30 000 €
Kaufpreis des bebauten Grundstücks	500 000 €
Gebäudewertanteil	300 000 €
Bodenwert	200 000 €

b) Ermittlung des Näherungswerts

$p_{approx} = 30\,000\text{ €} \times 100/500\,000\text{ €} = 6$ v. H.

c) Ermittlung des Liegenschaftszinssatzes

Lösung der Formel durch Iteration (auf der Grundlage des Näherungswerts)

1. Iteration

Korrekturfaktor (reziproker Rentenfaktor) bei Restnutzungsdauer n = 30 Jahre und LZ = 6 %

$$\text{Korrekturfaktor} = \frac{100\,(q-1)}{q^n - 1} = 1{,}26$$ (aus nachfolgender Tabelle)

Liegenschaftszinssatz LZ = 6 % – 1,26 × (500 000 – 200 000)/500 000 € = 5,24 %
(Minderung = 0,76 %)

2. Iteration

Korrekturfaktor (reziproker Rentenfaktor) bei Restnutzungsdauer n = 30 Jahre und LZ = 5,24 %
Korrekturfaktor = 1,46 (aus nachfolgender Tabelle)

Liegenschaftszinssatz LZ = 6 % – 1,46 × (500 000 – 200 000)/500 000 € = 5,1 % (Minderung = 0,9 v. H.)

Abb. 4: Tabelle des Korrekturfaktors für die Ableitung des Liegenschaftszinssatzes

Tabelle des Korrekturfaktors für die Ableitung des Liegenschaftszinssatzes												
Bei einer Restnutzungsdauer von ... Jahren	Reziproker Rentenfaktor bei einem Näherungszinssatz in Höhe von $\frac{100 \times (q-1)}{q^n - 1}$											
	3 %	**3,5 %**	**4 %**	**4,5 %**	**5 %**	**5,5 %**	**6 %**	**6,5 %**	**7 %**	**7,5 %**	**8 %**	**8,5 %**
20	3,72	3,54	3,36	3,19	3,02	2,87	2,72	2,58	2,44	2,31	2,19	2,07
21	3,49	3,30	3,12	2,96	2,80	2,65	2,50	2,36	2,23	2,10	1,98	1,87
22	3,27	3,09	2,92	2,75	2,60	2,45	2,30	2,17	2,04	1,92	1,80	1,69
23	3,08	2,90	2,73	2,57	2,41	2,27	2,13	2,00	1,87	1,75	1,64	1,54
24	2,90	2,73	2,56	2,40	2,25	2,10	1,97	1,84	1,72	1,61	1,50	1,40
25	2,74	2,57	2,40	2,24	2,10	1,95	1,82	1,70	1,58	1,47	1,37	1,27
26	2,59	2,42	2,26	2,10	1,96	1,82	1,69	1,57	1,46	1,35	1,25	1,16
27	2,46	2,29	2,12	1,97	1,83	1,70	1,57	1,45	1,34	1,24	1,14	1,06
28	2,33	2,16	2,00	1,85	1,71	1,58	1,46	1,35	1,24	1,14	1,05	0,96
29	2,21	2,04	1,89	1,74	1,60	1,48	1,36	1,25	1,14	1,05	0,96	0,88
30	2,10	1,94	1,78	1,64	1,51	1,38	1,26	1,16	1,06	0,97	0,88	0,81
31	2,00	1,84	1,69	1,54	1,41	1,29	1,18	1,08	0,98	0,89	0,81	0,74
32	1,90	1,74	1,59	1,46	1,33	1,21	1,10	1,00	0,91	0,82	0,75	0,67
33	1,82	1,66	1,51	1,37	1,25	1,13	1,03	0,93	0,84	0,76	0,69	0,62
34	1,73	1,58	1,43	1,30	1,18	1,06	0,96	0,87	0,78	0,70	0,63	0,57
35	1,65	1,50	1,36	1,23	1,11	1,00	0,90	0,81	0,72	0,65	0,58	0,52
36	1,58	1,43	1,29	1,16	1,04	0,94	0,84	0,75	0,67	0,60	0,53	0,48
37	1,51	1,36	1,22	1,10	0,98	0,88	0,79	0,70	0,62	0,55	0,49	0,44
38	1,45	1,30	1,16	1,04	0,93	0,83	0,74	0,65	0,58	0,51	0,45	0,40
39	1,38	1,24	1,11	0,99	0,88	0,78	0,69	0,61	0,54	0,48	0,42	0,37
40	1,33	1,18	1,05	0,93	0,83	0,73	0,65	0,57	0,50	0,44	0,39	0,34
41	1,27	1,13	1,00	0,89	0,78	0,69	0,61	0,53	0,47	0,41	0,36	0,31
42	1,22	1,08	0,95	0,84	0,74	0,65	0,57	0,50	0,43	0,38	0,33	0,29
43	1,17	1,03	0,91	0,80	0,70	0,61	0,53	0,46	0,40	0,35	0,30	0,26
44	1,12	0,99	0,87	0,76	0,66	0,58	0,50	0,43	0,38	0,32	0,28	0,24
45	1,08	0,95	0,83	0,72	0,63	0,54	0,47	0,41	0,35	0,30	0,26	0,22
46	1,04	0,91	0,79	0,68	0,59	0,51	0,44	0,38	0,33	0,28		
47	1,00	0,87	0,75	0,65	0,56	0,48	0,41	0,36	0,30	0,26		
48	0,96	0,83	0,72	0,62	0,53	0,46	0,39	0,33	0,28			
49	0,92	0,80	0,69	0,59	0,50	0,43	0,37	0,31	0,26			
50	0,89	0,76	0,66	0,56	0,48	0,41	0,34	0,29	0,25			
51	0,85	0,73	0,63	0,53	0,45	0,38	0,32	0,27				
52	0,82	0,70	0,60	0,51	0,43	0,36	0,30	0,26				
53	0,79	0,67	0,57	0,48	0,41	0,34	0,29					
54	0,76	0,65	0,55	0,46	0,39	0,32	0,27					
55	0,73	0,62	0,52	0,44	0,37	0,31	0,25					
56	0,71	0,60	0,50	0,42	0,35	0,29						
57	0,68	0,57	0,48	0,40	0,33	0,27						
58	0,66	0,55	0,46	0,38	0,31	0,26						
59	0,64	0,53	0,44	0,36	0,30	0,24						
60	0,61	0,51	0,42	0,35	0,28	0,23						
61	0,59	0,49	0,40	0,33	0,27							
62	0,57	0,47	0,39	0,31	0,26							
63	0,55	0,45	0,37	0,30	0,25							
64	0,53	0,44	0,35	0,29	0,24							
65	0,51	0,42	0,34	0,27	0,22							
70	0,43	0,35	0,27	0,22	0,17							
75	0,37	0,29	0,22	0,17	0,13							
80	0,31	0,24	0,18	0,14	0,10							
85	0,26	0,20	0,15	0,11	0,08							

95 Zum **Minderungsbetrag** wird auf Folgendes hingewiesen:

- Mit *längerer* Restnutzungsdauer und höherem Liegenschaftszinssatz verringert sich die an dem Näherungswert anzubringende Minderung, sodass sie bei entsprechend hoher Restnutzungsdauer und hohem Liegenschaftszinssatz bedeutungslos wird und vernachlässigt werden kann.
- Bei *kurzer* Restnutzungsdauer muss hingegen, wie erwähnt, der Näherungswert gemindert werden: Die amtliche Begründung zu § 11 WertV 88 spricht von der Einführung eines „Korrekturfaktors". Nach dem in Abb. 3 beschriebenen Verfahren ergibt sich die anzubringende Minderung aus dem Produkt des Gebäudewertanteils mit dem in Abb. 4 tabellierten Korrekturfaktor, der auch als reziproker Rentenfaktor bezeichnet werden kann.

96 Aufgrund der hier nicht näher zu erläuternden mathematischen Zusammenhänge ist die Minderung mit abnehmender Restnutzungsdauer im Wege der Iteration zu ermitteln. Das in Abb. 3 dargestellte *Beispiel* zeigt, dass sich der für ein Gebäude mit 30 Jahren Restnutzungsdauer näherungsweise mit 6 % berechnete Liegenschaftszinssatz bereits um nahezu 1 % vermindert! Berechnet man den Ertragswert auf der Grundlage der Ausgangsdaten des Beispiels und dem näherungsweise mit 6 % (falsch) ermittelten Liegenschaftszinssatz, so ergibt sich aus

$$EW = (RE - BW \times LZ) \times KF + BW$$

ein Ertragswert von

EW = (30 000 € – 6 x 200 000 €) /100 x 13,76 + 200 000 €

EW = 447 680 € an Stelle von 500 000 €

Unterbleibt also die Minderung, so verfälscht sich das Ergebnis um über 10 % des Verkehrswerts.

97 Die dargelegten Zusammenhänge sind darin begründet, dass der **Kapitalisierungsfaktor** und damit der Ertragswert bei Objekten mit kurzer Restnutzungsdauer zunächst stark ansteigt und **erst bei längerer Restnutzungsdauer gegenüber Änderungen der Restnutzungsdauer RND unempfindlich wird** (vgl. Abb. 5).

Abb. 5: Abhängigkeit des Kapitalisierungsfaktors von der Restnutzungsdauer und dem Liegenschaftszinssatz

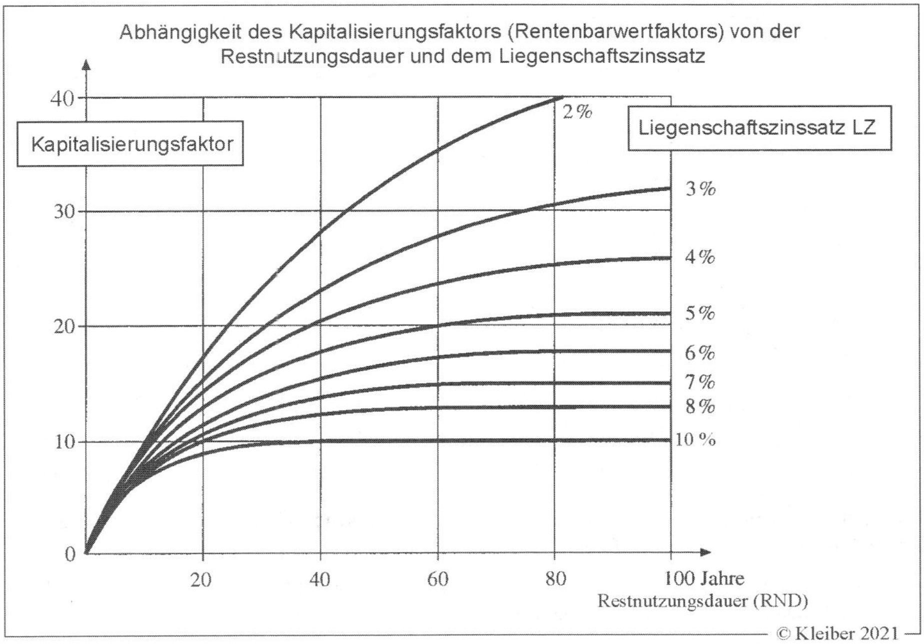

Die Abbildung zeigt, dass der Kapitalisierungsfaktor KF und damit auch der **Ertragswert wächst mit abnehmendem Liegenschaftszinssatz LZ**. Zum Verständnis dieses Zusammenhangs sei darauf hingewiesen, dass bei gleichbleibendem Reinertrag die Verzinsung einer Liegenschaft umso geringer ist, je größer der Marktwert (Verkehrswert) eines Grundstücks und damit das in ihn investierte Kapital ist. **98**

Die Abbildung 6 zeigt auch, dass der Kapitalisierungsfaktor KF (Vervielfältiger) und damit auch der **Ertragswert im Bereich einer kurzen Restnutzungsdauer bei gleichbleibendem Liegenschaftszinssatz stark ansteigt** und Fehler bei der „richtigen" Abschätzung der Restnutzungsdauer erheblich zu Buche schlagen; dies zeigt sich auch, wenn man die Tafeldifferenzen der Tabelle der Kapitalisierungsfaktoren (Vervielfältigertabelle) vergleicht. **99**

Abb. 6: Abhängigkeit des Kapitalisierungsfaktors von der Restnutzungsdauer

Auszug aus den Tafeldifferenzen der Tabelle der Kapitalisierungsfaktoren (Vervielfältigertabelle)

Restnutzungsdauer (RND) (Jahre)	**Kapitalisierungsfaktor bei einem Liegenschaftszinssatz LZ von**				
	3,0	3,5	4,0	4,5	5,0
1	0,97	0,97	0,96 Δ = 0,93	0,96	0,95
2	1,91	1,90	1,89	1,87	1,86
3	2,83	2,80	2,78	2,75	2,72
4	3,72	3,67	3,63	3,59	3,55
5	4,58	4,52	4,45	4,39	4,33
96	31,38	27,52	24,42	21,90	19,82
97	31,44	27,56	24,44	21,91	19,82
98	31,49	27,59	24,46	21,93	19,83
99	31,55	27,62	24,49	21,94	19,84
100	31,60	27,66	24,51 Δ = 0,02	21,95	19,85

100 **Fazit:** Bei Anwendung des Ertragswertverfahrens auf **Grundstücke, deren Bebauung eine kurze Restnutzungsdauer aufweist**, kommt es

- einerseits darauf an, die Restnutzungsdauer richtig abzuschätzen, weil kleine Fehler erheblich auf das Ergebnis durchschlagen und
- andererseits darauf an, den Liegenschaftszinssatz (ausgehend vom Näherungswert RE/KP) unter Berücksichtigung der Minderung abzuleiten.

Die Problematik der Ableitung von Liegenschaftszinssätzen für Objekte mit kurzer Restnutzungsdauer entschärft sich dadurch, dass zwar die richtige Höhe des Liegenschaftszinssatzes empfindlich gegenüber Änderungen der Restnutzungsdauer ist, jedoch der Kapitalisierungsfaktor selbst dann wiederum unempfindlich gegenüber dem richtigen Liegenschaftszinssatz ist.

3.3.4 Ableitung baualtersabhängiger Liegenschaftszinssätze

▶ *Vgl. § 32 ImmoWertV Rn. 136ff., 148; § 33 ImmoWertV Rn. 45ff.; Syst. Darst. des Ertragswertverfahrens Rn. 198; Teil V Rn. 118*

101 Mit § 21 ImmoWertV wird im Unterschied zu § 14 Abs. 3 Satz 2 ImmoWertV 2010 nicht mehr ausdrücklich befohlen, dass der **Liegenschaftszinssatz unter Berücksichtigung der Restnutzungsdauer** zu ermitteln ist. Dies bleibt gleichwohl geboten. Der Liegenschaftszinssatz wird nämlich – wie dargestellt – mathematisch aus der Umkehrung der Formel des Ertragswerts ermittelt. Der Ertragswert ist wegen der „Vergänglichkeit von Gebäuden" von der Restnutzungsdauer[16] abhängig. Darüber hinaus besteht eine hohe Abhängigkeit des Reinertrags einer Immobilie vom Alter des Gebäudes bzw. seiner Restnutzungsdauer. Bei bloßer Instandhaltung öffnet sich die Schere zwischen den sich auf Grund der mit fortschreitender Zeit wandelnden Anforderungen an ein Gebäude und seiner tatsächlichen Beschaffenheit. Dies führt mit fortschreitender Zeit – konjunkturelle Einflüsse einmal ausgeblendet – zu kontinuierlich abnehmenden Erträgen. Gleichzeitig erhöhen sich mit zunehmendem Alter bekanntlich die Instandhaltungskosten und mindern ebenfalls die Reinerträge. Die Abhängigkeit des Lie-

16 Boser/Brill, AVN 1981, 349.

genschaftszinssatzes von der Restnutzungsdauer ist demzufolge umso größer, je kürzer die Restnutzungsdauer wird.
Im Übrigen ist die Forderung nach der **Ableitung der Liegenschaftszinssätze – wie auch der Ableitung von Vergleichs- und Sachwertfaktoren in Abhängigkeit von der Restnutzungsdauer –** auch im Hinblick auf eine sachgerechte Berücksichtigung von Abweichungen zwischen der objektspezifischen Restnutzungsdauer und der modellkonformen Gesamtnutzungsdauer geboten (§ 8 ImmoWertV Rn. 67 ff.).

Bei dieser Sachlage reicht es nicht aus, wenn der Gutachterausschuss für Grundstückswerte Liegenschaftszinssätze erklärtermaßen „*unter Berücksichtigung der Restnutzungsdauer*" abgeleitet hat, ohne dass die Abhängigkeit des abgeleiteten Liegenschaftszinssatzes von der Restnutzungsdauer bzw. dem Baujahr des Gebäudes erkennbar ist. Es reicht auch nicht aus, wenn zu dem vom Gutachterausschuss abgeleiteten Liegenschaftszinssatz lediglich die durchschnittliche Restnutzungsdauer aller der Ableitung dieses Liegenschaftszinssatzes zugrundliegenden Vergleichsobjekte als Referenzgröße angegeben wird. Nach der hier vertretenen Auffassung ist zu fordern, dass **Liegenschaftszinssätze** stets **in Abhängigkeit von der Restnutzungsdauer** („*bualtersabhängige Liegenschaftszinssätze*") bzw. Korrekturfaktoren zur Abhängigkeit des Liegenschaftszinssatzes abgeleitet und veröffentlicht werden. 102

Die hier vertretene Auffassung ist vor allem darin begründet, dass mit § 32 Abs. 1 Satz 3 ImmoWertV der Ableitung der Liegenschaftszinssätze **starre vom Alter der baulichen Anlage unabhängige Instandhaltungskosten als maßgeblicher „Modellansatz"** zugrunde gelegt werden sollen, d.h., Liegenschaftszinssätze sollen abweichend von dem Grundsatz des § 32 Abs. 1 ImmoWertV ohne Berücksichtigung der nach Alter bzw. Restnutzungsdauer der baulichen Anlage unterschiedlichen Instandhaltungskosten mit einem einheitlichen Modellansatz der Instandhaltungskosten abgeleitet werden (vgl. § 32 ImmoWertV Rn. 148). 103

Bislang wurden Instandsetzungskosten in Anlehnung an die anerkannten Grundsätze des § 28 der II. BV in Abhängigkeit vom Alter des Gebäudes in die Ertragswertermittlung eingeführt (vgl. § 32 ImmoWertV Rn. 149). Die nunmehr vorgegebenen statischen (starren) Modellempfehlungen zu den anzusetzenden Instandhaltungskosten (rd. 11 €/m²) sind vor allem im Hinblick auf die in erheblichem Maße vom Alter des Gebäudes abhängigen Instandhaltungskosten problematisch. Handelt es bei dem zu bewertenden Gebäude um ein vergleichsweise jüngeres Gebäude (RND $\geq$ 22 Jahre) oder sogar um einen Neubau, kann der vorgegebene statische Modellansatz nicht die als „langjähriges Mittel" nach § 32 Abs. 1 ImmoWertV anzusetzenden „regelmäßig entstehenden" Instandhaltungskosten abbilden (nach II. BV zuletzt 8,76 €/m²). Dementsprechend muss sich der Reinertrag vermindern, wenn in diesem Fall entsprechend den Modellvorgaben die deutlich höheren Instandhaltungskosten anstelle der „marktüblich entstehenden" Instandhaltungskosten vom Rohertrag abgezogen werden. Entsprechendes gilt umgekehrt, wenn es sich bei dem zu bewertenden Gebäude um ein deutlich älteres Gebäude (RND $\leq$ 33 Jahre) handelt. 104

Nach dem Grundsatz der Modell- und Referenzkonformität ist der Reinertrag gleichwohl auf der Grundlage des verbindlich vorgegebenen starren Modellansatzes der Instandhaltungskosten zu ermitteln. Dies soll auch dann gelten, wenn bei dem zu bewertenden Objekt **„erhebliche Abweichungen" von den bei der Ableitung des Liegenschaftszinssatzes als Modellansatz angesetzten Instandhaltungskosten** vorliegen. Die damit einhergehenden Wertverzerrungen müssen dann „*in der Regel als besonderes objektspezifisches Grundstücksmerkmal*" (boG) subsidiär berücksichtigt werden (vgl. § 32 ImmoWertV Rn. 148 ff.; § 8 ImmoWertV Rn. 226 ff.). 105

Eine **nachträgliche Berücksichtigung von erheblichen Abweichungen der für eine ordnungsgemäße Bewirtschaftung und zulässige Nutzung i.S. des § 32 Abs. 1 ImmoWertV entstehenden regelmäßigen Aufwendungen von den starren Modellansätzen der Anl. 3** zur ImmoWertV kann entfallen, wenn der einschlägige Liegenschaftszinssatz in Abhängigkeit von der Restnutzungsdauer des Gebäudes bzw. von dessen Alter oder Baujahr abgeleitet worden ist und dementsprechend „altersgerecht" zur Anwendung kommen kann. 106

Abb. 7: Liegenschaftszinssätze für Mehrfamilienhäuser

Liegenschaftszinssätze für Mehrfamilienhäuser in Hamburg im Jahre 2012 (%)

Bodenrichtwert (€/m²)	Baujahre bis 1919	1920 bis 1929	1930 bis 1939	1940 bis 1952	1953 bis 1959	1960 bis 1969	1970 bis 1979	1980 bis 1989	1990 bis 1999	ab 2000
200	4,2	5,0	3,7	4,0	3,8	4,1	4,1	4,0	4,1	3,6
400	3,7	4,4	3,2	3,5	3,3	3,6	3,6	3,5	3,6	3,2
600	3,2	3,8	2,8	3,0	2,9	3,2	3,2	3,1	3,2	2,8
800	2,7	3,2	2,3	2,5	2,4	2,7	2,7	2,6	2,7	2,3
1 000	2,2	2,6	1,9	2,1	2,0	2,2	2,2	2,1	2,2	1,9

Quelle: Grundstücksmarktbericht Hamburg 2013

In diesem Fall kann der Liegenschaftszinssatz „altersgerecht" zur Anwendung kommen und vom Modellansatz abweichende Instandhaltungskosten gehen in den Liegenschaftszinssatz ein. Liegenschaftszinssätze werden nämlich – wie dargestellt – auf der Grundlage geeigneter Kaufpreise in Abhängigkeit vom Reinertrag abgeleitet. Diese Kaufpreise bilden den gewöhnlichen Geschäftsverkehr ab. Dabei ist davon auszugehen, dass im gewöhnlichen Geschäftsverkehr

- der Käufer eines neuerrichteten und jungen Gebäudes mit seinem Kaufpreis in der Regel berücksichtigt, dass bei jungen Gebäuden schon im Hinblick auf Gewährleistungsansprüche deutlich geringere Instandhaltungskosten als bei älteren Gebäuden anfallen; und
- der Käufer eines älteren Gebäudes umgekehrt mit seinem Kaufpreis berücksichtigt, dass mit zunehmender Nutzungsdauer deutlich höhere Instandhaltungskosten als beim Erwerb eines jüngeren Gebäudes anfallen, denn er weiß, dass viele Bauteile und -gewerke eine begrenzte Lebens- und Nutzungsdauer aufweisen und sogar größere Instandsetzungsmaßnahmen drohen. Der Effekt wird noch dadurch verstärkt, dass gleichzeitig die Erträge zurückgehen, und dies wird „eingepreist".

107 Immobilienkäufer preisen also – wie z.B. die Käufer eines Autos – die künftigen **mit dem Baualter deutlich ansteigenden Instandhaltungskosten** und das wachsende Instandhaltungsrisiko bei **gleichzeitig rückläufigen Erträgen** mit den Kaufpreisen ein. Denn die i.d.R. bei Wohnimmobilien vom Eigentümer zu tragenden Instandhaltungskosten „schlagen" nicht unerheblich auf den Ertrag einer Immobilie durch. Es macht für jeden Investor schon einen beachtenswerten Unterschied, ob er z.B. bei einer Nettokaltmiete (per annum) von 120 €/m² WF mit jährlichen Instandhaltungskosten von 8 oder 20 €/m² WF rechnen muss und zudem ein mit der Zeit deutlich ansteigendes Risiko für die Notwendigkeit einer sog. großen Instandsetzung besteht. Die nach dem Alter des Gebäudes bzw. dessen Restnutzungsdauer zu erwartenden Instandhaltungskosten gehen bei alledem im gewöhnlichen Geschäftsverkehr in den Kaufpreis ein; sie werden „eingepreist". So werden von Käufern jüngerer Gebäude auch im Hinblick auf die künftigen Instandhaltungskosten höhere Kaufpreise als bei älteren Gebäuden akzeptiert.

108 Das dargestellte **Marktverhalten des gewöhnlichen Geschäftsverkehrs kann in marktkonformer Höhe bewertungstechnisch erfasst werden, indem Liegenschaftszinssätze in Abhängigkeit von der unterschiedlichen Restnutzungsdauer der Gebäude (bzw. deren Alter) abgeleitet und veröffentlicht werden** („baualtersabhängige Liegenschaftszinssätze"). Dies sollte gängige Praxis sein, Liegenschaftszinssätze nicht nur „*unter Berücksichtigung der Restnutzungsdauer*", sondern auch in „*Abhängigkeit von der Restnutzungsdauer*" abzuleiten und zu veröffentlichen. Insoweit besteht dann ein Junktim zwischen der Ableitung von Liegenschaftszinssätzen auf der Grundlage der vorgegebenen (statischen) Modellansätze der Instandhaltungskosten – differenziert nach der Restnutzungsdauer – und der Anwendung dieser

Modellansätze bei der Marktwertermittlung von Grundstücken. Für eine nachträgliche Berücksichtigung von erheblichen Abweichungen der bei der Ableitung des Liegenschaftszinssatzes als Modellansatz angesetzten Instandhaltungskosten von den im Einzelfall maßgeblichen „marktüblich entstehenden" Instandhaltungskosten als „besonderes objektspezifisches Grundstücksmerkmal" (boG) ist dann kein Raum mehr. Diese werden bei dieser Vorgehensweise indirekt bereits mit dem nach der Restnutzungsdauer differenzierenden Liegenschaftszinssatz erfasst.

Ergänzend wird darauf hingewiesen, dass mit der Ableitung von Liegenschaftszinssätzen in Abhängigkeit von der Restnutzungsdauer (baualtersabhängige Liegenschaftszinssätze) i.d.R. auch ein unterschiedlicher **energetischer Zustand** bewertungstechnisch berücksichtigt wird, denn dieser ist zumeist baujahrspezifisch (vgl. § 8 ImmoWertV Rn. 175 ff. zur Ausstattung von Wohnungen vgl. § 31 ImmoWertV Rn. 125). **109**

3.3.5 Reinertrag

▶ *Vgl. § 31 ImmoWertV Rn. 13 ff., 24 ff., 69; § 27 ImmoWertV Rn. 12 ff.; Syst. Darst. des Ertragswertverfahrens Rn. 175 ff., 194*

Bei der Ableitung von *Liegenschaftszinssätzen***für Wohnimmobilien** ist es grundsätzlich sachgerecht, **als die „marktüblich erzielbare Miete" i.S. des Ertragswertmodells der ImmoWertV** (§ 31 ImmoWertV) **die sich aus Mietspiegeln ergebende einschlägige „ortsübliche Vergleichsmiete" anzusetzen**, da diese nach deutschem Mietrecht die Obergrenze von Mieterhöhungsverlangen ist und selbst in den Fällen, in denen die Marktmiete vereinbart wurde, i.d.R. von der ortsüblichen Vergleichsmiete „ein- bzw. überholt" wird. **110**

Bei der Ableitung von *Liegenschaftszinssätzen***für gewerbliche Immobilien** ist grundsätzlich die Marktmiete zugrunde zu legen (vgl. zu alldem § 31 ImmoWertV Rn. 28, 47 f.).

Die **ortsübliche Vergleichsmiete** ist **bei Wohnimmobilien** die wohl „nachhaltigste Miete", weil selbst Neubauten in einer zur Gesamtnutzungsdauer eines Wohngebäudes verhältnismäßig kurzen Zeit im Hinblick auf die gesetzliche Obergrenze für die Erhöhung von Bestandsmieten in der ortsüblichen Vergleichsmiete münden. Diese Miete ist zugleich empirisch einfach und zumeist mit Mietspiegeln belegbar zu erfassen, während Marktmieten je nach Verhandlungsgeschick diffus sind. Nur in äußerst außergewöhnlichen Fällen, in denen durch ständige Neuvermietung auf Dauer die Marktmiete erwartet werden könnte, kann eine andere Betrachtungsweise geboten sein, jedoch ist ein dahin gehender Ansatz äußerst risikobehaftet. **111**

Hat der Gutachterausschuss auf dieser Grundlage seinen Liegenschaftszinssatz abgeleitet, muss bei Heranziehung dieses Liegenschaftszinssatzes entsprechend die ortsübliche Vergleichsmiete angesetzt werden. **112**

Ist der **Liegenschaftszinssatz von Wohnimmobilien** vom Gutachterausschuss für Grundstückswerte abweichend von vorstehenden Grundsätzen **auf der Grundlagevon Marktmieten** abgeleitet worden, muss aus Gründen der Modellkonformität bei Anwendung des Ertragswertverfahrens auch die Marktmiete zum Ansatz kommen. Soweit dies nicht sachgerecht ist, da die Marktmiete aufgrund des geltenden Mietrechts nicht auf Dauer erzielt werden kann, wird damit der Modellfehler mit dem Liegenschaftszinssatz korrigiert. **113**

Im Falle der Ableitung von Liegenschaftszinssätzen auf der Grundlage von Marktmieten muss gefordert werden, dass der Gutachterausschuss für Grundstückswerte die von ihm angesetzte Marktmiete bei der Veröffentlichung des Liegenschaftszinssatzes angibt, damit der Sachverständige bei Heranziehung des Liegenschaftszinssatzes modellkonform eine entsprechende Marktmiete ansetzen kann: Fehlen entsprechende Angaben, ist die Ertragswertermittlung fehlerträchtig, denn Marktmieten weisen im Vergleich zur ortsüblichen Vergleichsmiete eine deutlich höhere Bandbreite auf. **114**

Abzulehnen ist die **Ableitung des Liegenschaftszinssatzes aus „tatsächlichen Mieten"** (§ 31 ImmoWertV Rn. 28). Bei Heranziehung solcher Liegenschaftszinssätze ist eine modell- **115** konforme Anwendung nicht möglich, da es sich hierbei um Mieten handeln kann, die irgendwo zwischen Bestands- und Marktmieten liegen können, wobei selbst Abweichungen aufgrund von *over-* und *underrented* nicht auszuschließen sind.

Abzulehnen ist auch die Praxis, den Liegenschaftszinssatz erklärtermaßen aus „tatsächlichen" Mieten abzuleiten und nachträglich darzustellen, dass eine Übereinstimmung der **„tatsächlichen" Mieten mit der der ortsüblichen Vergleichsmiete bzw. der Marktmiete geprüft worden sei.** Dies muss zu Irritationen führen, denn damit bleibt die maßgebliche Bezugsgrundlage im Verborgenen. Wenn eine Übereinstimmung der „tatsächlichen" Mieten mit der marktüblich erzielbaren ortsüblichen „Vergleichsmiete" bzw. „Marktmiete" geprüft wurde, kann diese im Interesse einer eindeutigen Klarstellung auch als Bezugsgrundlage des Liegenschaftszinssatzes genannt werden.

116 Nicht zum Rohertrag gehört im Übrigen die bei gewerblicher Vermietung anfallende **Mehrwertsteuer** (vgl. Vorbem. zur ImmoWertV Rn. 53, § 36 ImmoWertV Rn. 16). Dementsprechend muss nach dem Grundsatz der Modellkonformität bei der Ermittlung des Ertragswerts eine **Vorsteuerabzugsberechtigung** unberücksichtigt bleiben, wenn diese bei der Ableitung des Liegenschaftszinssatzes außer Betracht geblieben ist.

Abb. 8: Modellmäßige Ableitung und Anwendung von Liegenschaftszinssätzen

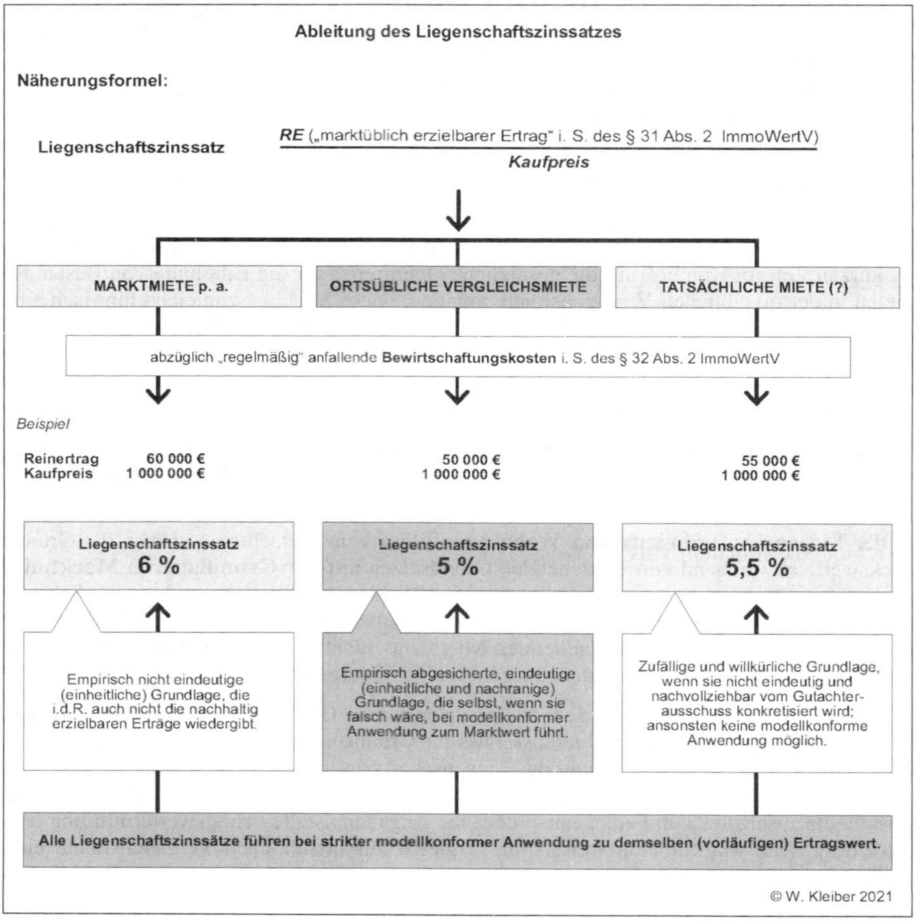

3.3.6 Bewirtschaftungskosten

▶ *Vgl. zu Abweichungen gegenüber vorgegebenen Modellansätzen § 32 ImmoWertV Rn. 139 ff., 148 ff.; § 8 ImmoWertV Rn. 233, 296 ff.; Syst. Darst. des Ertragswertverfahrens Rn. 197 ff.*

Der Reinertrag wird bei der Ermittlung des Liegenschaftszinssatzes nach Maßgabe des im Abschnitt 2 des dritten Teils der ImmoWertV normierten Modells des Ertragswertverfahrens *ohne* **Abzug der Abschreibung ermittelt**. Nach § 32 ImmoWertV bleibt die eigentlich zu den Bewirtschaftungskosten gehörende und die Rendite schmälernde Abschreibung unberücksichtigt. Dieser „Modellfehler" kompensiert sich dadurch, dass bei Anwendung des so normierten Ertragswertverfahrens die Abschreibung mit der Anwendung des Liegenschaftszinssatzes indirekt berücksichtigt wird, ohne dass es eines gesonderten Ansatzes der Abschreibung bedarf (vgl. § 32 ImmoWertV Rn. 33, 43). 117

Abweichend von der Grundsatzregelung des § 31 Abs. 2 i.V.m. § 32 Abs. 1 ImmoWertV sind bei der Ableitung von Liegenschaftszinssätzen die sonstigen **Bewirtschaftungskosten nicht mit den bei „ordnungsgemäßer Bewirtschaftung und zulässiger Nutzung entstehenden regelmäßigen Aufwendungen"** anzusetzen, sondern mit den Modellansätzen der Anl. 3 zur WertV (§ 12 Abs. 5 Satz 3 ImmoWertV). 118

Ist der **Liegenschaftszinssatz** vom Gutachterausschuss für Grundstückswerte **auf der Grundlage der Bewirtschaftungskosten abgeleitet worden, die den Gutachterausschüssen mit Anl. 3 ImmoWertV verbindlich als „Modellansatz" vorgegeben wurden,** muss bei der Ermittlung des vorläufigen Ertragswerts modellkonform von diesen Modellansätzen ausgegangen werden. Der dementsprechend modellkonform abgeleitete „Reinertrag" entspricht weder dem objektspezifischen Reinertrag eines Grundstücks noch dem einschlägigen allgemeinen Verständnis. Es handelt sich vielmehr um einen **Reinertrag sui generis**, der sich aufgrund des vorgegebenen Modells und der vorgegebenen Modellansätze von der objektspezifischen Realität weit entfernen kann. 119

Nach dem System der ImmoWertV sollen die damit einhergehenden Abweichungen der Modellansätze von den nach § 32 Abs. 1 ImmoWertV maßgeblichen Bewirtschaftungskosten – wie im Übrigen auch von der nach § 4 Abs. 2 und 3 ImmoWertV maßgeblichen Gesamt- und Restnutzungsdauer – durch Anpassung des Liegenschaftszinssatzes nach Maßgabe des § 33 ImmoWertV „an die Gegebenheiten des Wertermittlungsobjekts" berücksichtigt werden **(„objektspezifisch angepasster Liegenschaftszinssatz").** 120

Diese Problematik ist nicht von unerheblicher Bedeutung, denn insbesondere aus den mit Anl. 3 zur ImmoWertV vorgegebenen „starren" nach dem Alter der baulichen Anlage nicht differenzierenden Instandhaltungskosten können im konkreten Anwendungsfall erhebliche Wertverzerrungen resultieren (vgl. hierzu § 10 ImmoWertV Rn. 15 ff., § 32 ImmoWertV Rn. 13, 148 ff.). 121

Zur **modellkonformen Berücksichtigung der Abschreibung** vgl. § 32 ImmoWertV Rn. 45 ff.

3.3.7 Restnutzungsdauer

▶ *Vgl. Rn. 122, 158 ff.; Syst. Darst. des Sachwertverfahrens Rn. 194; § 4 ImmoWertV Rn. 1 ff., 26; § 8 ImmoWertV Rn. 66 ff.; § 32 ImmoWertV Rn. 148 ff.; § 33 ImmoWertV Rn. 26 ff., 41; § 38 ImmoWertV Rn. 8 ff; § 39 ImmoWertV Rn. 3.*

Die objektspezifische Restnutzungsdauer soll sich grundsätzlich gemäß § 4 Abs. 3 ImmoWertV nach der Zahl der Jahre bemessen, in denen die baulichen Anlagen bei ordnungsgemäßer Bewirtschaftung voraussichtlich noch wirtschaftlich genutzt werden können. 122

Hiervon abweichend bestimmt sich die **Restnutzungsdauer einer baulichen Anlage bei der Ermittlung von Liegenschaftszinssätzen** durch Abzug des Alters der baulichen Anlage von den mit § 12 Abs. 5 Satz 1 ImmoWertV verbindlich vorgegebenen Modellansätzen der Gesamtnutzungsdauer gegebenenfalls i.V.m. dem verbindlich vorgegebenen Modell zur Berücksichtigung einer Modernisierung von Wohngebäuden (Anl. 1 und 2 zur ImmoWertV). Bei Anwendung so abgeleiteter Liegenschaftszinssätze ist unter dem Regime der Modellkonformität im Rahmen der Ermittlung des *vorläufigen Ertragswerts* von„geeigneten" Liegenschaftszinssätzen i.S. des § 9 Abs. 1 Satz 1 ImmoWertV unter Berücksichtigung des Modell- und Referenzkonformitätsgrundsatzes auszugehen. Der **geeignete Liegenschaftszinssatz ist** dabei nach § 33 ImmoWertV **den Grundstücksmerkmalen des Wertermittlungsobjekts anzupassen** (vgl. § 33 ImmoWertV Rn. 26ff.; 41).

Allgemein kann festgestellt werden, dass die Höhe des **Liegenschaftszinssatzes umso geringer ist, je kürzer die Restnutzungsdauer (bzw. je älter die bauliche Anlage) ist.**

3.3.8 Bodenwert

3.3.8.1 Allgemeines

▶ *Vgl. § 33 ImmoWertV Rn. 40.*

123 Der Marktwertanteil eines Gebäudes hängt nach einem alten Erfahrungssatz der Wertermittlungslehre von dem Grund und Boden ab, auf dem es steht. *„Thus as a rule, the worth of houses varies with that of the ground on which they stand, this being determined by considerations of accessibility, business, fashion, salubrity and other matters"* heißt es schon 1875 bei *Tarbuck*[17]. So hat z.B. die „hochkarätige" Villa in „schlechter" Lage in aller Regel einen geringeren Gebäudewert(anteil) als in den „Prämienlagen". Aus diesem Grunde kommt der **Ableitung von Liegenschaftszinssätzen in Abhängigkeit von** der Lage, d.h. von **den örtlichen Bodenrichtwerten,** eine entscheidende Bedeutung für ihre sachgerechte Anwendbarkeit zu.

3.3.8.2 Liegenschaftszinssatz auf der Grundlage gedämpfter Bodenwerte

▶ *Allgemeines zu gedämpften Bodenwerten vgl. § 40 ImmoWertV Rn. 29 ff., 41 ff., 53, 73; zur Bodenwertdämpfung bei Anwendung des Sachwertverfahrens vgl. § 40 ImmoWertV Rn. 68*

124 Nach der Grundsatzregelung des § 40 Abs. 1 ImmoWertV ist bei der Ermittlung des Ertragswerts der Bodenwert vorbehaltlich der Ausnahmefälle des § 40 Abs. 5 und des § 43 ImmoWertV ohne Berücksichtigung der auf dem Grundstück vorhandenen baulichen Anlagen mit dem Bodenwert des fiktiv unbebauten Grundstücks zu ermitteln. Eine **Dämpfung des Bodenwerts** i.S. eines allgemeinen „Bebauungsabschlags" **ist unzulässig** (vgl. § 40 ImmoWertV Rn. 29 ff.). Mithin ist auch bei modellkonformer Ableitung des Liegenschaftszinssatzes der Bodenwert mit dem Bodenwert eines unbebauten Grundstücks anzusetzen.

125 Es muss jedoch auch weiterhin damit gerechnet werden, dass mancherorts diese gesetzliche Vorgabe verletzt wird. Wenn bei einer solchen Praxis das Ertragswertverfahren auf der Grundlage gedämpfter Bodenwerte zur Anwendung kommt, muss unter dem Grundsatz der Modellkonformität auch bei der Ableitung von Liegenschaftszinssätzen von gedämpften Bodenwerten ausgegangen werden; andererseits würde hier ein systemwidriger Modellbruch vorliegen. Die Ableitung von Liegenschaftszinssätzen für Immobilien mit kurzer Restnutzungsdauer auf der Grundlage gedämpfter Bodenwerte führt zu einem niedrigeren Liegenschaftszinssatz als bei Ableitung auf der Grundlage ungedämpfter Bodenwerte.

17 Tarbuck, E. L., Handbook of House Property, London 1875, S. 161.

Beispiel: 126

Kaufpreis KP für das bebaute Grundstück	500 000 € Ableitung
Bodenwert BW (ungedämpft) für das unbebaute Grundstück	200 000 €
Bodenwert BW gedämpft	100 000 €
Reinertrag RE per annum	30 000 €
Restnutzungsdauer	30 Jahre

Die Ableitung des Liegenschaftszinssatzes für dieses Objekt führt nach der vorgestellten Formel auf der Grundlage

des ungedämpften Bodenwerts zu	LZ = 5,13 %
des gedämpften Bodenwerts zu	LZ = 4,75 %

Eine **Bodenwertdämpfung führt** zwangsläufig zu **gedämpften Liegenschaftszinssätzen**. 127

Für das Ergebnis der Ertragswertermittlung ist die vorgenommene Bodenwertdämpfung belanglos, wenn man im System bleibt. Der Ertragswert auf der Grundlage der unterschiedlich angesetzten Bodenwerte, des jeweils zuzuordnenden Liegenschaftszinssatzes und des sich dafür ergebenden Kapitalisierungsfaktors muss in beiden Fällen identisch sein (vgl. § 40 ImmoWertV Rn. 61 ff.). 128

EW = (RE – BW × LZ) × KF + BW

bei

$BW_{ungedämpft}$	=	200 000 €	$BW_{gedämpft}$	=	100 000 €
LZ_1	=	5,13 v.H.	LZ_2	=	4,75 v.H.
KF_1	=	15,14725	KF_2	=	15,82042
EW	=	500 000 €	EW	=	500 000 €

Ein **unzulässiger Systembruch wäre es dagegen, wenn man den Liegenschaftszinssatz auf der Grundlage ungedämpfter Bodenwerte ableiten und** ansonsten **im Rahmen des Ertragswertverfahrens gedämpfte Bodenwerte fordern würde.** Ebenso unzulässig ist es auch, den Liegenschaftszinssatz auf der Grundlage gedämpfter Bodenwerte abzuleiten und dann ungedämpfte Bodenwerte in das Ertragswertverfahren einzuführen. 129

Im Falle einer Dämpfung der Bodenwerte ist es daher unverzichtbar, dies bei der Ableitung der Liegenschaftszinssätze unberücksichtigt zu lassen und bei der Veröffentlichung eindeutig darauf hinzuweisen. **Des Weiteren müsste** dann auch **offengelegt werden, wie die Bodenwertdämpfung vorgenommen wurde**, damit die Anwender dieser Liegenschaftszinssätze im Rahmen des Ertragswertverfahrens den Bodenwert nach demselben Maßstab „dämpfen“, wie dies bei der Ableitung des Liegenschaftszinssatzes vorgenommen wurde. Beide Methoden führen dann zu ein und demselben Ergebnis. Die Dämpfung stellt damit letztlich einen zusätzlichen, aber für das Ergebnis belanglosen Rechenschritt dar. 130

In jedem Fall muss die **Modellkonformität bei der Ableitung und Anwendung des Liegenschaftszinssatzes** gewahrt werden. Im Übrigen ist aber bislang auch von den wenigen Gutachterausschüssen für Grundstückswerte, die sich der Bodenwertdämpfung verschrieben haben, bislang wohl noch nie eindeutig bei der Veröffentlichung ihrer empirisch abgeleiteten Liegenschaftszinssätze darauf hingewiesen worden, dass es sich um gedämpfte Liegenschaftszinssätze handelt. Dies legt den Verdacht eines systematischen Modellbruchs bei Anwendung des Ertragswertverfahrens nahe. 131

4 Veröffentlichung von Liegenschaftszinssätzen

▶ *Vgl. § 12 ImmoWertV Rn. 24; Syst. Darst. des Ertragswertverfahrens Rn. 257 ff.*

132 Die von den Gutachterausschüssen abgeleiteten Liegenschaftszinssätze können nur sachgerecht zur Anwendung kommen, wenn bei ihrer Veröffentlichung alle dafür notwendigen Angaben gemacht werden. Dies sind neben der Ableitungsmethodik und dem Bezugsstichtag insbesondere die durchschnittlichen Eigenschaften der Grundstücke, die der Ableitung zugrunde gelegt wurden. In diesem Zusammenhang kann auch von den **durchschnittlichen objektspezifischen Grundstücksmerkmalen eines fiktiven Referenzgrundstücks** gesprochen werden, auf den sich der jeweilige Liegenschaftszinssatz bezieht (Liegenschaftszinssatzgrundstück).

133 Die **Grundstücksmerkmale des Referenzgrundstücks** müssen – vergleichbar mit den Eigenschaften eines Bodenrichtwertgrundstücks – bekannt sein, um Abweichungen der Grundstücksmerkmale des zu bewertenden Grundstücks von den Grundstücksmerkmalen des „Liegenschaftszinssatzgrundstücks" angemessen berücksichtigen zu können.

134 Die **Veröffentlichung sollte Angaben enthalten**, insbesondere über

- die Darstellung der zur Anwendung gekommenen Ertragswertmethodik einschließlich der einschlägigen Modellansätze
- die mittlere Gebäudeart (Bauweise, Baugestaltung, Größe, Gebäudestandard, energetischer Zustand[18]), Funktionalität (Drittverwendungsfähigkeit),
- die marktübliche Grundstücksgröße und den Bodenwert,
- die mittlere Zahl der Wohneinheiten bei Mehrfamilienhäusern und den Zustand,
- die mittlere Grundstücksnutzung (z.B. mittlerer gewerblicher Mietertragsanteil),
- die mittleren Lagemerkmale (ggf. differenziert nach Bodenrichtwertlagen),
- die modellhaft als „marktüblich erzielbare Erträge" i.S. des § 31 ImmoWertV bei der Ableitung des Liegenschaftszinssatzes angesetzten durchschnittlichen Erträge (ortsübliche Vergleichsmiete, Marktmiete, Nettokaltmiete),
- die als „Modellansatz" vorgegebenen Bewirtschaftungskosten i.S. des § 32 ImmoWertV,
- das modellhaft bei der Ableitung des Liegenschaftszinssatzes angesetzte durchschnittliche Baujahr bzw. Alter oder die mittlere Restnutzungsdauer auf der Grundlage des vorgegebenen Modellansatzes der Gesamtnutzungsdauer,
- Min.-/Max.-Werte für Liegenschaftszinssatz, Restnutzungsdauer,
- den mittleren Fehler des arithmetischen Mittels des Liegenschaftszinssatzes,
- den Korrelationskoeffizienten und andere wesentliche Kenngrößen bei der Anwendung von einfachen oder multiplen Regressionsanalysen,
- den Geltungsbereich,
- ggf. Angaben zu „besonderen objektspezifischen Grundstücksmerkmalen", die in die Ableitung der Liegenschaftszinssätze eingegangen sind,
- bei Eigentumswohnungen und Eigenheimen (Ein- und Zweifamilienhäuser) die Vermietungssituation (bezugsfrei oder vermietet),
- das herangezogene Datenmaterial,

---

18 Der energetische Zustand wird mit dem Gebäudestandard bzw. der Restnutzungsdauer (Baujahr) unzureichend erfasst.

- den Bezugsstichtag und
- sonstige für die Aussagefähigkeit dieser Daten wesentliche Bezüge.

Beispiel: 135
Muster des der Ableitung von Liegenschaftszinssätzen in *Hessen* zugrunde liegenden Ertragswertmodells[19]:

Muster des der Ableitung von Liegenschaftszinssätzen in Hessen zugrunde liegenden Ertragswertmodells							
	Wohnnutzung				**Gewerbenutzung**		
	Einfamilienhaus (EFH)	**Zweifamilienhaus (ZFH)**	**Mehrfamilienhaus (MFH)**	**Wohn- und Geschäftshaus**	**Büro/ Verwaltung**	**Verkaufsgebäude**	**Gewerbe*/ Industrie**
Datenmaterial	Kauffälle von schadensfreien Objekten ohne ungewöhnliche Verhältnisse						
Übliche Gesamtnutzungsdauer (GND)	80	80	80	80	60	60	60
Restnutzungsdauer (RND)	GND minus Alter, ggf. modifiziert, mindestens 15 Jahre						
Rohertrag	Marktüblich erzielbare Miete x Wohn- bzw. Nutzfläche						
Bewirtschaftungskosten	II. Berechnungsverordnung (Wohnnutzung), Modell zur Ableitung Liegenschaftszinssatz in Nordrhein-Westfalen (Gewerbenutzung)						
Bodenwert (BW)	Lage- und objektangepasster Bodenrichtwert						
* Gewerbe-/Industrie-Gebäude sind z.B. Produktionsgebäude, Werkstätten, Fabriken, Lagerhallen							
In der Anl. 2 des Modells zur Ableitung von Liegenschaftszinssätzen in Nordrhein-Westfalen sind Empfehlungen zu Bewirtschaftungskosten für gewerbliche Objekte aufgeführt. Das Modell ist in der Syst. Darst. des Ertragswertverfahrens unter Rn. 202 sowie im Internet verfügbar unter: http://www.gutachterausschuss.nrw.de/standardmodelle.html							

5 Sachwertfaktor

5.1 Sachwertfaktoren nach § 21 Abs. 3 ImmoWertV

5.1.1 Sachwertfaktor nach ImmoWertV

Schrifttum: *Gripp, P.*, Anpassungsfaktoren für NHK-Gebäudetypen mit Kostenangaben pro m³ Brutto-Rauminhalt, GuG 2007, 48; *Krietsch*, Ableitung von Marktanpassungsfaktoren für Resthofstellen in Sachsen-Anhalt, GuG 2010, 203; *Scherr, H.*, Sachwertfaktoren in A Städten, ein Praxisbericht, GuG 2017, 237; *Scherr, U./Thiele,H.*, Sachwertfaktoren in A Städten, GuG 2020, 231.

---

19 Grundstücksmarktbericht Hessen von 2010, S. 65.

▶ *Zu Grundstückstransaktionskosten vgl. Vorbem. zur ImmoWertV Rn. 43; § 2 ImmoWertV Rn. 1 ff.; § 7 ImmoWertV Rn. 5 ff.; § 39 ImmoWertV Rn. 1 ff.; SystDarst. des Sachwertverfahrens Rn. 54; § 40 ImmoWertV Rn. 135;*

136 Der vorläufige Sachwert wird nach den Vorschriften der §§ 35 bis 39 ImmoWertV als die Summe des auf der Grundlage durchschnittlicher Herstellungskosten ermittelten vorläufigen Sachwerts der baulichen Anlagen, der baulichen Außenanlagen und sonstigen Anlagen sowie dem (vorläufigen) Bodenwert ermittelt. Da Kosten nicht mit dem Wert gleichzusetzen sind, muss der vorläufige Sachwert der allgemeinen Lage auf dem Grundstücksmarkt angepasst werden. Zur Marktanpassung werden vom Gutachterausschuss für Grundstückswerte aus geeigneten Vergleichspreisen Sachwertfaktoren abgeleitet. Diese ergeben sich aus dem Verhältnis einer ausreichenden Anzahl geeigneter Kaufpreise zu den ihnen entsprechenden – nach den Grundsätzen des Sachwertverfahrens ermittelten – vorläufigen Sachwerten.

137 Der **Sachwertfaktor** ist bei Anwendung des Sachwertwertverfahrens nach den §§ 35 bis 39 ImmoWertV von zentraler Bedeutung. Er ist – vergleichbar mit dem Liegenschaftszinssatz – das Herzstück jeder Sachwertermittlung. Anders als der Liegenschaftszinssatz, dessen zentrale Funktion bei Anwendung des Ertragswertverfahrens in erster Linie die Kapitalisierung und Abzinsung der künftigen Erträge ist und der deren Barwerte zugleich „in einem Zuge" an die *allgemeinen Wertverhältnisse auf dem Grundstücksmarkt* heranführt, ist der Sachwertfaktor i.V.m. dem Alterswertminderungsfaktor (vgl. § 38 ImmoWertV Rn. 1)vornehmlich darauf ausgerichtet, den auf der Grundlage „modellhafter Normalherstellungskosten" ermittelten *(alterswertgeminderten)* vorläufigen Sachwert auf die „allgemeinen Wertverhältnisse auf dem Grundstücksmarkt" auszurichten (**Marktanpassung** i.S. des § 7 Abs. 1 Nr. 3 ImmoWertV). Diese ist im Wesentlichen von der allgemeinen regionalen und überregionalen Wirtschaftslage, der Lage auf dem örtlichen Grundstücks- und Baumarkt (sofern nicht bereits mit den angesetzten Normalherstellungskosten berücksichtigt), der Grundstücksart, der Größe und Beschaffenheit des Gebäudes usw. abhängig.

Im Rahmen der Systematik des Sachwertverfahrens stellt die Anwendung des objektspezifisch angepassten Sachwertfaktors auf den vorläufigen Sachwert nach Maßgabe des § 35 Abs. 3 ImmoWertV die **finale auf den anteiligen Boden- und Gebäudewert (einschließlich baulicher Außenanlagen und sonstiger Anlagen) bezogene Marktanpassung** dar. Diese steht in engem Zusammenhang mit der sog. Alterswertminderung nach § 39 ImmoWertV. Denn bei der sog. Alterswertminderung geht es im Kern um eine **Transformation der aus durchschnittlichen Herstellungskosten (Normalherstellungskosten) abgeleiteten Herstellungskosten eines Neubaus auf den Wert der baulichen Anlage**, wie er sich unter Berücksichtigung ihres Alters nach den *allgemeinen Wertverhältnissen auf dem Grundstücksmarkt* ergibt. Es geht also auch schon im Rahmen der sog. Alterswertminderung um eine Marktanpassung (vgl. § 39 ImmoWertV Rn. 1 f.).

138 Die ImmoWertV beschreibt diese Funktion – anders als die ImmoWertV 10 – nicht mehr als „Marktanpassung", denn die bei Anwendung des Sachwertverfahrens mit § 36 Abs. 3 Satz 1 ImmoWertV verbindlich anzuwendenden – sich auf das gesamte Bundesgebiet beziehenden – **„modellhaften Normalherstellungskosten"führen nicht zu einem als solchen bezeichneten„Sachwert", sondern nur zu einem „Modellwert",** der erst mit empirisch abgeleiteten Sachwertfaktoren den allgemeinen Wertverhältnissen auf dem örtlichen Grundstücksmarkt angepasst werden muss. Ein Regionalfaktor, mit dem lediglich regionale Unterschiede der vorgegebenen „modellhaften" Normalherstellungskosten abgebildet werden, kann dies nicht vollumfänglich leisten. Die Funktion des Sachwertfaktors geht also weit über die einer bloßen Marktanpassung hinaus.

Sachwertfaktoren stellen zugleich einen Modell- bzw. Systemkorrekturfaktor dar, denn die mit der ImmoWertV vorgegebene Methodik der Sachwertermittlung ist insbesondere im Hinblick auf die verbindlich anzuwendenden Normalherstellungskosten der Anl. 4 zur ImmoWertV mängelbehaftet. Darüber hinaus können mit dem Sachwertfaktor insbesondere auch **139**

- die baulichen und sonstigen Außenanlagen,
- besondere werthaltige Bauteile i.S. des § 36 Abs. 2 Satz 3 ImmoWertV, sog. „c-Flächen" und dgl.,

in dem „üblichen Umfang" erfasst werden, wie er bei den Grundstücken, deren Kaufpreise zur Ableitung des jeweiligen Sachwertfaktors verwendet wurden, im Durchschnitt tatsächlich vorhanden war.

Mit Sachwertfaktoren wird auch ein Einfluss der bei Erwerb eines Grundstücks anfallenden **Grundstückstransaktionskosten** erfasst, denn diese gehen in die zur Ermittlung der Sachwertfaktoren herangezogenen Vergleichspreise ein. Dementsprechend wird mit der Anwendung der so ermittelten Sachwertfaktoren ein Einfluss der Grundstückstransaktionskosten – wie groß er auch immer sein mag – indirekt berücksichtigt, ohne dass es dafür eines besonderen Rechenschritts bedarf. **140**

5.1.2 Definition

§ 21 Abs. 3 ImmoWertV definiert den Sachwertfaktor als ***„Verhältnis des vorläufigen marktangepassten Sachwerts zum vorläufigen Sachwert"*.** **141**

$$\text{Sachwertfaktor (SWF)} = \frac{\text{vorläufiger marktangepasster Sachwert}}{\text{vorläufiger Sachwert}}$$

Der *„vorläufig marktangepasste Sachwert"* kann aus einer ausreichenden Anzahl geeigneter Kaufpreise unter Ausschluss des Werteinflusses besonderer objektspezifischer Grundstücksmerkmale ermittelt werden.

Der **Sachwertfaktor bezieht sich** mithin, wie die Wertzahlen der steuerlichen **Bewertung, auf den Gesamtwert, d.h. auf den Boden und die bauliche(n) Anlage(n) des Grundstücks.**

Auf der Grundlage vorstehender Definition kann allerdings der Sachwertfaktor nicht abgeleitet werden, denn zur Ermittlung des „vorläufigen marktangepassten Sachwerts" bedarf es eines Sachwertfaktors.

Die Definition beschreibt damit lediglich die Funktion von Sachwertfaktoren.

Die damit abgelöste Definition des § 14 Abs. 2 Nr. 1 ImmoWertV 10 der Sachwertfaktoren war auf deren Ableitung ausgerichtet. Sie waren dort als „Verhältnis geeigneter Kaufpreise zu entsprechenden Sachwerten" definiert, wobei allerdings im Hinblick auf ihre allgemeingültige Anwendbarkeit „besondere objektspezifische Grundstücksmerkmale" außer Betracht bleiben müssen und der Sachwertfaktor wiederum aus einer ausreichenden Anzahl geeigneter Kaufpreise abzuleiten ist.

$$\text{Sachwertfaktor}_i = \frac{\text{Kaufpreis}_i}{\text{(vorläufiger) Sachwert}_i}$$

Abb. 9: Aussagekraft des Sachwertfaktors

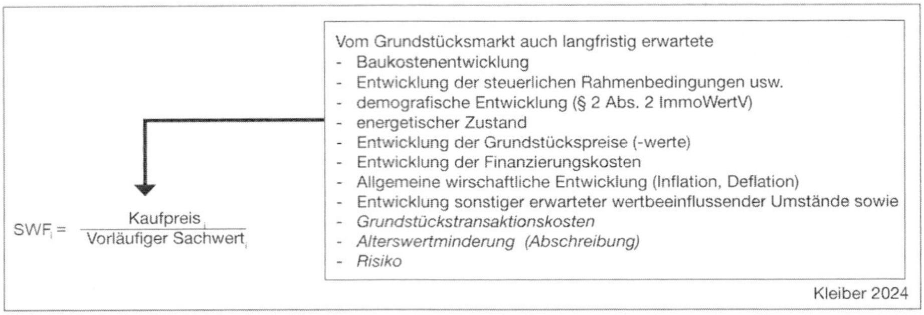

142 Mit Hilfe des für ein zu bewertendes bebautes Grundstück einschlägigen objektspezifisch angepassten Sachwertfaktors kann der nach den §§ 35 ff. ImmoWertV ermittelte vorläufige Sachwert gemäß § 35 Abs. 3 ImmoWertV an die allgemeinen am Wertermittlungsstichtag vorherrschenden Wertverhältnisse auf dem Grundstücksmarkt (Lage auf dem Grundstücksmarkt) angepasst werden.

143 *Beispiel:*

- Für ein zu bewertendes Einfamilienhaus wurde ein vorläufiger Sachwert von 350 000 € ermittelt.
- Der einschlägige objektspezifisch angepasste Sachwertfaktor beträgt 0,90.

Marktangepasster vorläufiger Sachwert = 350 000 € x 0,85 = rd. 300 000 €

Um zum Verkehrswert zu gelangen, müssen dann noch nach Maßgabe des § 8 Abs. 3 ImmoWertV die **besonderen objektspezifischen Grundstücksmerkmale** (boG) in marktüblicher Höhe berücksichtigt werden.

144 **Materielle Änderungen gegenüber dem bisherigen Recht gehen mit der genannten Änderung nicht einher**. Sachwertfaktoren sind nach wie vor aus Kaufpreisen „geeigneter" Grundstücke abzuleiten, wobei nach Sinn und Zweck der Sachwertfaktoren diese unter Ausschluss „besonderer objektspezifischer Grundstücksmerkmale" abzuleiten sind (so auch die Modellvorgabe). Die Ableitung muss sich nach wie vor auf eine hinreichende Anzahl geeigneter Kaufpreise stützen, die zusammen geeignet sind, den Verkehrswert abzubilden. Diesbezüglich bestand nach der alten Definition eine Analogie zur Definition des Liegenschaftszinssatzes, die nach wie vor auf die marktübliche Verzinsung der „*Verkehrswerte von Grundstücken*" und nicht auf den „*vorläufig marktangepassten Ertragswert*" verweist. Im Ergebnis bleibt festzuhalten, dass Sachwertfaktoren wie auch Liegenschaftszinssätze nach wie vor aus einer hinreichen Anzahl von Kaufpreisen geeigneter Grundstücke unter Ausschluss besonderer objektspezifischer Grundstücksmerkmale (boG) abzuleiten sind (vgl. § 21 Abs. 3 ImmoWertV). Die neugefasste Definition des Sachwertfaktors, die auf einen einzelnen „vorläufigen marktangepassten Sachwert" anstelle entsprechender Kaufpreise abhebt, scheint dies verdeutlichen zu wollen.

145 Sachwertfaktoren werden also aus Kaufpreisen abgeleitet, die keine besonderen objektspezifischen Grundstücksmerkmale aufweisen bzw. die entsprechend „bereinigt" sind. So sind die Kaufpreise gegebenenfalls um den Werteinfluss z.B. aufgrund eines Instandhaltungsrückstaus oder einer über die der Bebauung nach Art und Lage des Grundstücks zurechenbaren „marktüblichen objektbezogenen Grundstücksfläche" hinausgehenden Fläche usw. zu bereinigen.

5.1.3 Verfügbarkeit von Sachwertfaktoren

Sachwertfaktoren sind nach § 193 Abs. 5 Satz 2 Nr. 2 BauGB vom Gutachterausschuss für Grundstückswerte **insbesondere für Ein- und Zweifamilienhäuser abzuleiten und nach Maßgabe landesrechtlicher Vorschriften zu veröffentlichen (z.B. in** Grundstücksmarktberichten oder sonstigen Bekanntmachungen; **§199 Abs. 2 Nr. 4 BauGB).** 146
Mit § 9 Abs. 3 ImmoWertV wird ausdrücklich zugelassen, dass neben oder anstelle der vom örtlichen der Gutachterausschuss für Grundstückswerte als Pflichtaufgabe abzuleitenden Sachwertfaktoren auch Sachwertfaktoren der Oberen Gutachterausschüsse und Zentralen Geschäftsstellen und sogar solche aus anderen Quellen (beispielsweise benachbarter Gutachterausschüsse) herangezogen werden können, wenn sie nach Art und Lage geeignet sind.

Darüber ist in § 9 Abs. 3 Satz 3 ImmoWertV klargestellt, dass **Sachwertfaktoren u.a. geschätzt werden können, wenn dafür keine geeigneten Daten zur Verfügung stehen.**

Hat der örtliche Gutachterausschuss keine Sachwertfaktoren eigenständig abgeleitet, kann hilfsweise auf solche zurückgegriffen werden, die der jeweilige Gutachterausschuss bei eigenen Wertermittlungen nach § 192 BauGB heranzieht. Dies sind i.d.R. Sachwertfaktoren aus vergleichbaren Kreisen und Gemeinden, die allein schon durch ihre erfolgreiche Anwendung Bestätigung gefunden haben. Darüber hinaus kann der einzelne **Sachverständige hilfsweise auch selbst einen Sachwertfaktor ermitteln**, indem er dafür geeignete Vergleichspreise aus der Kaufpreissammlung der Gutachterausschüsse (§ 195 Abs. 3 BauGB) und daraus den Sachwertfaktor ableitet. Dies entspricht der bei Anwendung des Vergleichswertverfahrens üblichen Methodik. Von dieser Möglichkeit sollte bei besonderen Grundstücksarten und einer besonderen Lage des Grundstücks Gebrauch gemacht werden, für die der Gutachterausschuss keine Liegenschaftszinssätze abgeleitet hat und wo zu besorgen ist, dass die Modifikation der vorhandenen Liegenschaftszinssätze zu unsicher wird. 147

5.1.4 Grundsatz der modell- und referenzkonformen Anwendung von Sachwertfaktoren

▶ *Vorbem. zur ImmoWertV Rn. 136; § 8 ImmoWertV Rn. 317; § 10 ImmoWertV Rn. 15; Syst. Darst. des Sachwertverfahrens Rn. 67 ff., 112 ff.; zu Besonderheiten der baulichen Anlage vgl. § 8 ImmoWertV Rn. 46 ff.; zu Spitzböden Syst. Darst. des Sachwertverfahrens Rn. 69 ff., 125, 138, 296*

Ableitung und Anwendung der Sachwertfaktoren stehen unter dem Gebot der Modellkonformität nach § 10 ImmoWertV, d.h. bei Anwendung von Sachwertfaktoren sind dieselben Modelle und Modellansätze zu verwenden, die der Ermittlung des jeweiligen Vergleichsfaktors zugrunde lagen. 148

Die Gutachterausschüsse für Grundstückswerte sind zudem verpflichtet, Sachwertfaktoren nach den Grundsätzen des in den §§ 35 bis 38 ImmoWertV geregelten **Sachwertverfahrens unter Berücksichtigung des dort geregelten „Modells" des Sachwertverfahrens und der dafür verbindlich vorgeschriebenen Modellvorgaben** abzuleiten: 149

- **Die durchschnittlichen Herstellungskosten bestimmen sich nach den** modellhaften Normalherstellungskosten gemäß Anl. 4 zur ImmoWertV (NHK 2010) grundsätzlich unter ergänzender Einbeziehung nicht erfasster werthaltiger einzelner Bauteile (Zuschläge zu den durchschnittlichen Herstellungskosten z.B. für mit den NHK nicht erfasste Eingangs- und Kellertreppen, Lichtschächte, Balkone**, Gaupen, Spitzböden** nach § 36 Abs. 3 Satz 4 ImmoWertV), sofern nicht nach der Modellbeschreibung dafür ein gesonderter Ansatz ausgeschlossen wird oder ein pauschaler Wertansatz vorgegeben wird.
- Die **herangezogenen Normalherstellungskosten** sind mit dem Preisindex für die Bauwirtschaft des Statistischen Bundesamtes (Baupreisindex) auf den Wertermittlungsstichtag grundsätzlich ohne Anwendung eines Regionalfaktors umzurechnen (§ 36 Abs. 4 Satz 1 ImmoWertV).

- Ein **vorläufiger Sachwert der** für die jeweilige Gebäudeart **üblichen baulichen Außenanlagen und sonstigen Anlagen**wird gebildet, sofern nicht in der Modellbeschreibung ein gesonderter Ansatz ausgeschlossen wird.
- Die **lineare Alterswertminderung** auf der Grundlage der **Gesamt- und Restnutzungsdauer nach Anl. 1 zur ImmoWertV** unter Berücksichtigung von Modernisierungen nach Anl. 2 zur ImmoWertV wird ermittelt (§ 12 Abs. 5 ImmoWertV).
- Der **Bodenwert bebauter Grundstücke** ist nach der Regelung des § 40 Abs. 1 ImmoWertV ohne Berücksichtigung der auf dem Grundstück aufstehenden Bebauung mit dem Bodenwert des unbebaut gedachten Grundstücks zu bestimmen. Eine allgemeine „Dämpfung" des Bodenwerts ist unzulässig (zu den Folgen vgl. § 40 ImmoWertV Rn. 68; vgl. hier Rn. 124).

150 In dem Vorentwurf zur ImmoWertV war noch ein Muster zur Beschreibung des der Ermittlung zugrunde liegenden Modells vorgesehen.[20] Dieses Muster hat keinen Eingang in die ImmoWertV gefunden und es ist auch mit den ImmoWertA i.d.F. vom 20.09.2023 nicht gelungen, eine *„Druckvorlage bzw. Muster für eine Modellbeschreibung"* (vgl. Anh. A zu Nr. 12.(6).2)) den Gutachterausschüssen für Grundstückswerte zu empfehlen.

151 Die Gutachterausschüsse für Grundstückswerte können der Ermittlung von Sachwertfaktoren weitere „Modellansätze" zugrunde legen. Dies betrifft insbesondere den **Regionalfaktor** nach § 36 Abs. 4 Satz 2 ImmoWertV, den Ausschluss eines Ansatzes für besondere werthaltige Bauteile bzw. die Vorgabe pauschaler Modellansätze sowie den Ausschluss eines Ansatzes für bauliche Außenanlagen, sonstige Anlagen usw.

152 **Ableitung und Anwendung von Sachwertfaktoren stehen unter dem Gebot der Modell- und Referenzkonformität** (vgl. § 10 ImmoWertV). Dies bedeutet, dass **bei der Anwendung des** nach diesen Grundsätzen abgeleiteten **Sachwertfaktors dieselben Modelle und Modellansätze zu verwenden sind, die der Ermittlung des Sachwertfaktors zugrunde lagen** (Grundsatz der Modellkonformität).

153 **Bei modellkonformer Anwendung der Sachwertfaktoren korrigieren sich auch etwaige Fehler und Mängel des angewandten Sachwertverfahrens.** Auch wenn die zur Ableitung der Sachwertfaktoren angewandte Methode falsch gewesen sein mag, so wird das daraus resultierende fehlerhafte Ergebnis mit dem Sachwertfaktor an den Verkehrswert „justiert":

Beispiel:

Verkehrswert	=	800 000 €
Sachwert (falsch)	=	1 100 000 €
Sachwert (richtig)	=	1 000 000 €

Aus falschen Sachwerten ermittelter Sachwertfaktor: 0,73 (= 1 100 000 €)

Verkehrswert = 1 100 000 € x 0,73 = 800 000 €

Das Ergebnis entspricht dem Verkehrswert, wenn der Sachwert nach derselben mängelbehafteten Sachwertmethode ermittelt worden ist.

154 Was methodisch der „richtige" und der „falsche" Sachwert ist, kann – überspitzt formuliert – unbeantwortet bleiben, wenn man nur in demselben System bleibt (Grundsatz der Modell- bzw. Systemkonformität). Der Sachwertfaktor stellt von daher einen **Modell- bzw. Systemkorrekturfaktor** dar, wenn die angewandte Methodik der Sachwertermittlung mängelbehaftet ist.

20 Abgedruckt bei Kleiber, Verkehrswertermittlung von Grundstücken, 10. Aufl., § 21 ImmoWertV Rn. 149, dort auch zu den Anforderungen an ein solches Muster.

Fehlerhaft ist in jedem Fall die Vorgehensweise, bei der eine bestimmte **Methodik bzw. ein bestimmtes „Modell" der Sachwertermittlung mit Sachwertfaktoren kombiniert wird, die unter Heranziehung einer anderen Sachwertermittlungsmethodik abgeleitet wurden**. 155

Darüber hinaus muss die zu bewertende Liegenschaft insbesondere nach Art des Gebäudes und seinen sonstigen Grundstücksmerkmalen im Wesentlichen den der Ableitung des Sachwertfaktors zugrunde liegenden Grundstücken und ihren Referenzmerkmalen entsprechen. 156

5.1.5 Objektspezifisch angepasster Sachwertfaktor nach § 39 ImmoWertV

▶ *Weitere Ausführungen bei § 39 ImmoWertV Rn. 17, 23 ff.*

Die nach vorstehenden Grundsätzen **vom Gutachterausschuss ermittelten und veröffentlichten Sachwertfaktoren sind lediglich „Basiswerte"** für die Ermittlung des vorläufigen Sachwerts. Ausgehend von diesem Basiswert ist daraus der auf den konkreten Bewertungsfall ausgerichtete „objektspezifisch angepasste Sachwertfaktor" abzuleiten, indem 157

- Abweichungen des zu bewertenden Grundstücks von den dem einschlägigen Sachwertfaktor zugrunde liegenden Grundstücksmerkmalen sowie
- ein vom Bezugsstichtag des Sachwertfaktors abweichender Wertermittlungsstichtag

nach Maßgabe des § 39 ImmoWertV berücksichtigt werden.

Die Grundstücksmerkmale des zu bewertenden Grundstücks unterscheiden sich von den dem einschlägigen Sachwertfaktor zugrunde liegenden Grundstücksmerkmalen in aller Regel nämlich nicht nur in Bezug auf die verbindlich vorgegebenen „Modellansätze", z.B. eine davon abweichende Restnutzungsdauer der baulichen Anlagen, sondern **auch in Bezug auf sonstige Abweichungen, die sich aus den Grundstücksmerkmalen des zu bewertenden Grundstücks und denen, die dem abgeleiteten Sachwertfaktor zugrunde liegen**, ergeben, z.B. die klein- und großräumige Lage, Gebäudeart, Grundstücks- und Nutzflächen; Ertragssituation, gewerblicher Anteil, Drittverwendung und vieles mehr. Diese werden als **Referenzmerkmale des dem Sachwertfaktor zugrunde liegenden Normobjekts** bezeichnet (Referenzgrundstück); von einem Normobjekt spricht auch § 20 Abs. 2 ImmoWertV. 158

Diese ergeben sich durch die durchschnittlichen Grundstücksmerkmale der zur Ableitung des Sachwertfaktors herangezogenen Vergleichsgrundstücke; es sei denn, die jeweiligen Vergleichspreise wurden auf ein bestimmtes Normgrundstück umgerechnet. Damit diese Abweichungen berücksichtigt werden können, sind möglichst alle wertbeeinflussenden Referenzmerkmale des Sachwertfaktors bei der Veröffentlichung zu konkretisieren. Bei der **Veröffentlichung von Sachwertfaktoren** müssen 159

- das vom Gutachterausschuss für Grundstückswerte der Ableitung der Sachwertfaktoren zugrunde liegende Modell und
- alle wertbeeinflussenden Grundstücksmerkmale des dem Sachwertfaktor zugrunde liegenden Referenzgrundstücks hinreichend konkretisiert werden (Sachwertfaktorengrundstück).

Referenzmerkmale sind insbesondere 160

a) die einschlägige Lage insbesondere unter Angabe des durchschnittlichen Bodenrichtwerts,

b) die durchschnittliche Restnutzungsdauer (bzw. das Alter oder Baujahr),

c) die durchschnittliche Wohnfläche gemäß WoFlV,

d) der übliche Umfang nicht erfasster werthaltiger Bauteile, baulicher Außenanlagen und sonstiger Anlagen,

e) die dem Sachwertfaktor zugrunde liegende marktübliche Grundstücksgröße sowie

f) gegebenenfalls der Ansatz von Regionalfaktoren.

161 In aller Regel weichen die Grundstücksmerkmale des zu bewertenden Grundstücks von den Referenzmerkmalen ab, die dem einschlägigen Sachwertfaktor zugrunde liegen. Aus diesem Grunde soll nach der stringenten Systematik der ImmoWertV der vom Gutachterausschuss **als Ausgangsbasis abgeleitete Sachwertfaktor an die objektspezifischen Grundstücksmerkmale des zu bewertenden Grundstücks** sowie an den Wertermittlungsstichtag **„angepasst"** werden. Der entsprechend angepasste Sachwertfaktor wird in § 39 ImmoWertV als *„objektspezifisch angepasster Sachwertfaktor"* bezeichnet.

162 Ausgehend von dem vom Gutachterausschuss als Ausgangsbasis abgeleiteten Sachwertfaktor wird daraus nach Maßgabe des § 39 ImmoWertV der *„objektspezifisch angepasste Sachwertfaktor"* abgeleitet.

163 Die Anpassung des Sachwertfaktors an die **objektspezifischen Grundstücksmerkmale des zu bewertenden Grundstücks** ist in erster Linie für die Gutachterausschüsse für Grundstückswerte eine große Herausforderung, denn sie stehen damit in der Pflicht, die wertbeeinflussenden Referenzmerkmale des „Sachwertfaktorengrundstücks" sowie das den abgeleiteten Sachwertfaktoren zugrunde liegende „Sachwertmodell" vollumfänglich zu konkretisieren, denn ohne diese Konkretisierung kann es keine „Anpassung" geben. Insoweit ergibt sich aus der stringenten Systematik der ImmoWertV für die Gutachterausschüsse eine Bringschuld, der sie bislang nicht umfassend nachgekommen sind. Des Weiteren wird von den Gutachterausschüssen für Grundstückswerte erwartet, dass sie die für die Anpassung erforderlichen Umrechnungskoeffizienten bereitstellen.

164 Der *vorläufige* Sachwert ist mithin auf der Grundlage des „objektspezifisch angepassten Sachwertfaktors" zu ermitteln.

5.1.6 Allgemeine Hinweise zum Sachwertfaktor

5.1.6.1 Abhängigkeit vom vorläufigen Sachwert

165 **Sachwertfaktoren weisen eine hohe Abhängigkeit von der Höhe des Sachwerts auf und werden traditionell in Abhängigkeit des sich aus Boden und Gebäude zusammensetzenden Sachwerts ermittelt**. Dieser Sachwert ist ein „kompaktes" Abbild der Größe, Beschaffenheit und der Lage des Grundstücks sowie des Alters der baulichen Anlage. Denn je größer und aufwendiger ein Gebäude errichtet worden ist, umso höher ist auch sein Sachwert. Er ist umso größer, je jünger die bauliche Anlage und je besser sie gelegen ist. Die Lage des Grundstücks geht über den Bodenwert in den Sachwert ein.

Beispiel: 166

Sachwertfaktoren für Ein- und Zwei-, Reihenhäuser und Doppelhaushälften (NHK 2010) in Nordrhein-Westfalen								
	Ratingen				**Bottrop**			
Referenzen	2023				2024			
	Freistehende EFH	Doppelhaushälften	Reihenendhäuser	Reihenmittelhäuser	Reihenmittelhäuser	Freistehende EFH	ZFH	Doppel- und Reihenendhäuser
BRW (€/m²)								
NHK	NHK 2010 gemäß ImmoWertV							
Baunebenkosten	enthalten				enthalten			
RND (Jahre)								
GND (Jahre)	80 Jahre				Gesamtnutzungsdauer (gem. Anl. 3 des Sachwertmodells der AGVGA.NRW) abzüglich des Gebäudealters (Verlängerung der RND nach dem Punktesystem der SachwertR)			
WF (m²)								
Grundstücksgröße	Freistehende Ein- und Zweifamilienhäuser (EZFH): 300 bis 1500 m², Doppelhaushälften (DHH): 200 bis 800 m², Reihenmittelhäuser (REH): 150 bis 800 m²				Marktübliche Tiefe 35 m			
Anrechenbare Baulandfläche					Kaufgrundstücke mit marktüblichen objektbezogenen Grundstücksgrößen (d.h. keine übergroßen Grundstücke oder Grundstücksteile, erschließungs- und kanalanschlussbeitragsfrei, ausgleichskostenfrei gem. § 135 a BauGB)			
Gebäudestandard	gemäß Anl. 4 zur ImmoWertV interpoliert				gem. Anl. 2 des Sachwertmodells der AGVGA.NRW			
Bauteile, sonst. Anl.	Zu-, Abschläge gemäß Sachwertmodell AGVGA.NRW bei Drempel und ausgebautem Spitzboden				von der NHK nicht erfasste Bauteile, wie z.B. Dachgauben, Balkone, Vordächer, Lichtschächte nach gewöhnlichen alterswertgeminderten Herstellungskosten (Zeitwerte) nach Erfahrungssätzen 1 % bis 5 % vom Gebäudesachwert			
Garage	Abzug von Garagen, Gartenhäusern oder Kaufpreisanteilen für Inventar				Einschl. eines Nebengebäudes (Garage)			
Außenanlagen	Hausanschlüsse, Stellplatz, sonstige ortsübliche Anlagen (Zeitwerte – pauschale Ansätze)				nach Erfahrungssätzen 1 % bis 5 % vom Gebäudesachwert			
Modernisierungsgrad	Berücksichtigung von Modernisierungen				gem. Anl. 2 ImmoWertV			
Reg- bzw. Ortsfaktor					Eingeschlossen			
Vorläufiger Sachwert								
100 000	–	–	–	–	1,73	–	–	1,28
150 000	–	–	–	1,62	1,57	–	1,23	1,45
175 000	–	–	–	1,58	–	–	–	–
200 000	–	–	–	1,55	1,40	–	1,19	1,21
225 000	1,02	–	–	1,52	–	–	–	–

Sachwertfaktoren für Ein- und Zwei-, Reihenhäuser und Doppelhaushälften (NHK 2010) in Nordrhein-Westfalen								
250 000	1,02	1,39	–	1,50	1,24	0,98	1,14	1,17
275 000	1,02	1,36	1,28	1,48	–	–	–	–
300 000	1,02	1,33	1,26	1,46	1,07	0,96	1,09	1,13
325 000	1,02	1,31	1,24	1,44	–	–	–	–
350 000	1,02	1,29	1,23	1,43	–	0,95	1,04	1,10
375 000	1,02	1,26	1,21	1,41	–	–	–	–
400 000	1,02	1,24	1,20	1,40	–	0,94	1,00	1,06
425 000	1,02	1,23	1,19	1,39	–	–	–	–
450 000	1,02	1,21	1,17	1,37	–	0,92	0,95	1,02
475 000	1,03	1,19	1,16	1,36	–	–	–	–
500 000	1,03	1,18	1,15	1,35	–	0,91	0,90	0,99
550 000	1,03	1,15	1.13	1,33	–	0,89	0,86	–
600 000	1,03	1,13	1,12	–	–	0,88	0,82	–
650 000	1,03	1,10	1,10	–	–	0,86	0,76	–
700 000	1,03	1,09	–	–	–	0,85	0,71	–
750 000	1,03	1,07	–	–	–	0,84	0,67	–
800 000	1,03	1,05	–	–	–	–	–	–
850 000	1,03	1,03	–	–	–	–	–	–
900 000	1,03	–	–	–	–	–	–	–
950 000	1,03	–	–	–	–	–	–	–
1 000 000	1,03	–	–	–	–	–	–	–
1 100 000	1,03	–	–	–	–	–	–	–
1 200 000	1,03	–	–	–	–	–	–	–
1 300 000	1,03	–	–	–	–	–	–	–
1 400 000	1,03	–	–	–	–	–	–	–
1 500 000	–	–	–	–	–	–	–	–

Abb. 10: Sachwertfaktoren in Abhängigkeit vom Immobilienwert bei Ein- und Zweifamilienhäusern

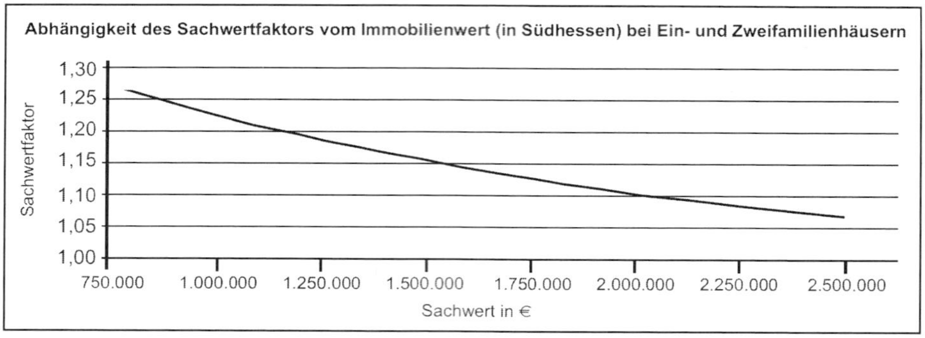

Quelle: Grundstücksmarktbericht 2019 Südhessen

5.1.6.2 Abhängigkeit von der regionalen Wirtschaftslage

Im überregionalen Vergleich sind die Sachwertfaktoren von der Wirtschaftskraft der jeweiligen Region abhängig. Strukturschwache Räume mit geringer Wirtschafts- und Kaufkraft weisen bekanntlich geringere Immobilienpreise als die strukturstarken Räume auf. Die Herstellungskosten von baulichen Anlagen unterscheiden sich dagegen in weitaus geringerem Maße und sind sogar gleich, wenn man bei der Sachwertermittlung auf eine Regionalisierung der bei der Sachwertermittlung angesetzten Herstellungskosten verzichtet. Aus diesem Grunde ergeben sich – **je nach Strukturstärke des Raumes – unterschiedliche Verläufe der Sachwertfaktoren**. **167**

Der Immobilienmarkt für Sachwertobjekte, insbesondere Ein- und Zweifamilienhäuser, weist eine große Spannungsbreite auf: Dies beginnt bei kosten- und flächensparend errichteten Reihenhäusern und mündet in luxuriösen Villen auf hochwertigem Grund. Die Schnittstelle, ab der ein Sachwertfaktor ≤ 1 und ab der ein Sachwertfaktor ≥ 1 ist, hängt von der Wirtschaftskraft der Region ab. Die Schnittstelle stellt den **Isowert** dar. **Sachwert und Verkehrswert sind an dieser Stelle identisch**. Der Sachwert mit dem Sachwertfaktor von 1,0 ist also der Sachwert, bei dem der Sachwert dem Verkehrswert entspricht und die Kurve des Sachwertfaktors bei grafischer Darstellung der Abhängigkeit des Verkehrswerts vom Sachwert (Abb. 11) die „Nulllinie“ durchstößt. **168**

Abb. 11: Gleichgewichtswerte

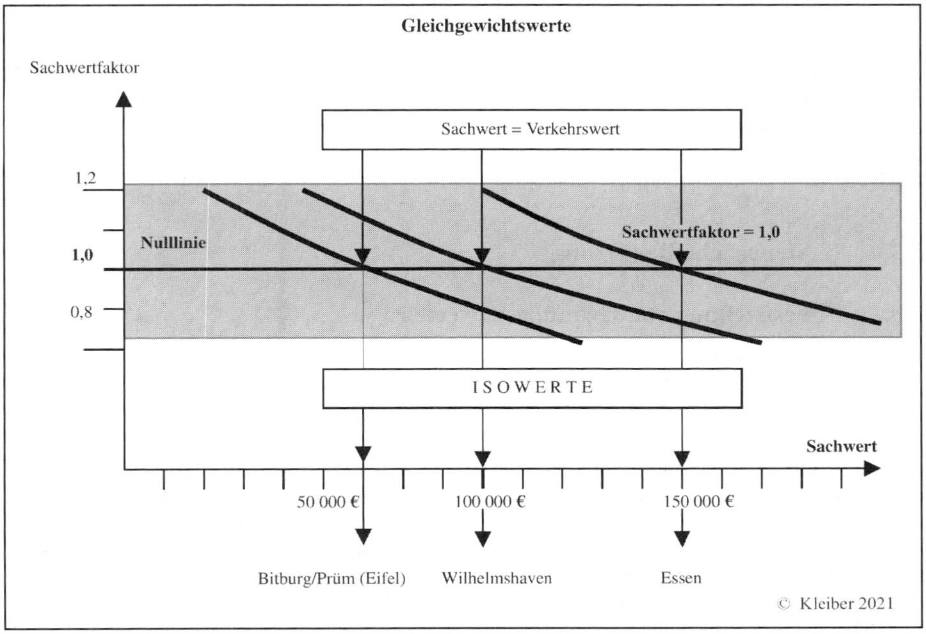

Der Isowert (Sachwert = Verkehrswert = Marktwert) ist in strukturstarken Räumen weitaus höher als in strukturschwachen Räumen. Dies ist auch für die Bauwirtschaft von Bedeutung, denn wenn der Sachwert eines Bauvorhabens den Isowert überschreitet, kann nicht erwartet werden, dass die aufgebrachten Kosten mit dem Verkauf realisiert werden können. **169**

– Bei *kleineren Sachwerten* (bis etwa 150 000 € bis 250 000 €) muss ein Marktanpassungszuschlag an den Sachwert angebracht werden, um zum Verkehrswert zu kommen.

– Bei *größeren Sachwerten* (ab etwa 150 000 € bis 250 000 €) muss ein Marktanpassungsabschlag an den Sachwert angebracht werden, um zum Verkehrswert zu kommen.

170 In strukturschwachen Gemeinden können sich Sachwertzuschläge schon bei geringerer Höhe des Sachwerts ergeben und umgekehrt. In hochwertigen Lagen verschieben sich die genannten Grenzen nach „oben". Die Höhe des Sachwerts mit dem Sachwertfaktor 1,0 (Gleichgewichtswert) ist in erster Linie abhängig von der Wirtschafts- und Kaufkraft in der jeweiligen Region und damit nicht einheitlich.

171 Für den Sachverständigen ist es also wichtig, den örtlichen Gleichgewichtswert (Abb. 10) zu kennen, weil hiervon ausgehend die Marktzu- oder -abschläge entsprechend dem Kurvenverlauf und der Höhe des Sachwerts im Einzelfall anzubringen sind.

5.2 Beleihungswertermittlung

▶ *Vgl. Syst. Darst. des Sachwertverfahrens Rn. 309; Teil IX Rn. 300 ff.*

172 Im Unterschied zur Verkehrswertermittlung nach ImmoWertV kennt die Beleihungswertermittlung keine Anpassung des Sachwerts an die Lage auf dem Grundstücksmarkt (Marktanpassung). Der Wortlaut der Verordnung sieht dies zumindest nicht vor. **Eine Anpassung des auf der Grundlage der BelWertV ermittelten Sachwerts an die Lage auf dem Grundstücksmarkt würde im Ergebnis zum Verkehrswert (Marktwert) führen** und wäre insoweit mit den Zielen und Zwecken der BelWertV, nämlich den Sachwert zur Kontrolle des nach dem Vorsichtsprinzip abgeleiteten Vergleichs- bzw. Ertragswerts zu ermitteln, nicht vereinbar.

173 Die BaFin hat im Schreiben vom 30.04.2007 an den Verband deutscher Pfandbriefanstalten (VdP) **Marktanpassungen (als sonstige wertbeeinflussende Umstände i.S. des §18 BelWertV)** zugelassen, „insbesondere wenn diese als Zuschlag dem Sachwert zugerechnet werden sollen", wobei dafür „nur ein eng begrenzter Rahmen, der einer nachvollziehbaren Begründung bedarf, zur Verfügung stehen dürfte." Dies lässt erkennen, dass die Regelungen der BelWertV in sich nicht schlüssig sind.

5.3 Steuerliche Bewertung

5.3.1 Feststellung von Grundbesitzwerten

▶ *Vorbem. zur ImmoWertV Rn. 3; § 1 ImmoWertV Rn. 13, 24 ff.; § 3 ImmoWertV Rn. 26, 166, 196; § 6 ImmoWertV Rn. 63, 211; § 8 ImmoWertV Rn. 45 f.; § 13 ImmoWertV Rn. 24, 31, 46 ff.; § 15 ImmoWertV Rn. 9; § 21 ImmoWertV Rn. 64 ff., 174; § 40 ImmoWertV Rn. 7, 28, 82 ff.; Syst. Darst. des Sachwertverfahrens Rn. 14, 169, 325*

174 Im Rahmen der Feststellung von Grundbesitzwerten werden die wirtschaftlichen Einheiten des Grundvermögens und für Betriebsgrundstücke i.S. des § 99 Abs. 1 Nr. 1 BewG unter Anwendung der §§ 159 und 176 bis 198 BewG mit dem gemeinen Wert ermittelt. Danach werden Wohnungs- und Teileigentum sowie Ein- und Zweifamilienhäuser, wenn für ihre Bewertung kein Vergleichswert vorliegt, Geschäftsgrundstücke und gemischt genutzte Grundstücke, für die sich auf dem örtlichen Grundstücksmarkt keine übliche Miete ermitteln lässt, sowie sonstige bebaute Grundstücke nach § 182 Abs. 4 BewG im Sachwertverfahren unter Heranziehung von „geeigneten" **Sachwertfaktoren des Gutachterausschusses für Grundstückswerte** bewertet (§ 191 Abs. 1 BewG).

175 Die Sachwertfaktoren der Gutachterausschüsse sind nach § 177 Abs. 2 BewG *„als geeignet anzusehen"*, wenn die Ableitung der Sachwertfaktoren weitgehend in demselben Modell erfolgt ist wie die Bewertung.

176 Soweit von den Gutachterausschüssen keine *geeigneten* Sachwertfaktoren zur Verfügung stehen, sind nach § 191 Satz 2 BewG die in der Anl. 25 zum BewG bestimmten **Wertzahlen** zu verwenden (vgl. Syst. Darst. des Sachwertverfahrens Rn. 318).

Wertzahlen (Sachwertfaktoren) **nach § 181 BewG** bei Anwendung des Sachwertverfahrens für die Bewertung für erbschaftsteuerliche Zwecke (Anl. 25 zu § 192 Abs. 2 BewG; BGBl. I 2022, 2317):

1. Wertzahlen für Grundstücke nach § 181 Abs. 1 Nr. 1 (Ein- und Zweifamilienhäuser) undnach § 181 Abs. 1 Nr. 3 (Wohnungseigentum) BewG

Wertzahlen für Grundstücke nach § 181 Abs. 1 Nr. 1 (Ein- und Zweifamilienhäuser) und und nach § 181 Abs. 1 Nr. 3 (Wohnungseigentum) BewG				
Vorläufiger Sachwert § 189 Abs. 3 BewG	**Bodenrichtwert oder abgeleiteter Bodenwert in EUR/m² nach § 179 Satz 4 BewG**			
	30 €/m²	**60 €/m²**	**120 €/m²**	**180 €/m²**
50 000 €	1,4	1,5	1,6	1,7
100 000 €	1,2	1,3	1,4	1,4
150 000 €	1,0	1,1	1,3	1,3
200 000 €	0,9	1,0	1,2	1,2
300 000 €	0,9	1,0	1,1	1,1
400 000 €	0,8	0,9	1,0	1,1
500 000 €	0,8	0,9	1,0	1,0
Für vorläufige Sachwerte und Bodenrichtwerte oder abgeleitete Bodenwerte zwischen den angegebenen Intervallen sind die Wertzahlen durch lineare Interpolation zu bestimmen. Über den tabellarisch aufgeführten Bereich hinaus ist keine Extrapolation durchzuführen. Für Werte außerhalb des angegebenen Bereichs gilt der nächstgelegene vorläufige Sachwert oder Bodenrichtwert oder abgeleitete Bodenwert.				

Vorläufiger Sachwert § 189 Abs. 3 BewG	**Bodenrichtwert oder abgeleiteter Bodenwert in EUR/m² nach § 179 Satz 4 BewG**			
	250 €/m²	**350 €/m²**	**500 €/m²**	**1000 €/m²**
50 000 €	1,7	1,7	1,8	1,5
100 000 €	1,6	1,5	1,6	1,3
150 000 €	1,3	1,4	1,5	1,2
200 000 €	1,3	1,4	1,5	1,2
300 000 €	1,2	1,3	1,4	1,2
400 000 €	1,2	1,3	1,4	1,1
500 000 €	1,1	1,2	1,3	1,1
Für vorläufige Sachwerte und Bodenrichtwerte oder abgeleitete Bodenwerte zwischen den angegebenen Intervallen sind die Wertzahlen durch lineare Interpolation zu bestimmen. Über den tabellarisch aufgeführten Bereich hinaus ist keine Extrapolation durchzuführen. Für Werte außerhalb des angegebenen Bereichs gilt der nächstgelegene vorläufige Sachwert oder Bodenrichtwert oder abgeleitete Bodenwert.				

2. Wertzahlen für Teileigentum, Geschäftsgrundstücke, gemischt genutzte Grundstücke und sonstige bebaute Grundstücke nach § 181 Abs. 1 Nr. 3 bis 6 BewG.

Wertzahlen für Teileigentum, Geschäftsgrundstücke, gemischt genutzte Grundstücke und sonstige bebaute Grundstücke nach § 181 Abs. 1 Nr. 3 bis 6 BewG			
Vorläufiger Sachwert § 189 Abs. 3 BewG	Bodenrichtwert oder abgeleiteter Bodenwert in EUR/m² nach § 179 Satz 4 BewG		
	50 €/m²	150 €/m²	400 €/m²
500 000 €	0,8	0,9	1,0
750 000 €	0,8	0,9	1,0
1 000 000 €	0,7	0,8	0,9
1 500 000 €	0,7	0,8	0,9
2 000 000 €	0,7	0,8	0,8
3 000 000 €	0,7	0,7	0,7
Für vorläufige Sachwerte und Bodenrichtwerte oder abgeleitete Bodenwerte zwischen den angegebenen Intervallen sind die Wertzahlen durch lineare Interpolation zu bestimmen. Über den tabellarisch aufgeführten Bereich hinaus ist keine Extrapolation durchzuführen. Für Werte außerhalb des angegebenen Bereichs gilt der nächstgelegene vorläufige Sachwert oder Bodenrichtwert oder abgeleitete Bodenwert.			

5.3.2 Bewertung des Grundbesitzes für die Grundsteuer ab 01.01.2022

177 Im Rahmen der Bewertung des Grundbesitzes für die Grundsteuer ab 01.01.2022 wird der **Grundsteuerwert** von Geschäftsgrundstücken, gemischt genutzten Grundstücken, Teileigentum sowie von sonstigen bebauten Grundstücken nach § 250 Abs. 3 BewG im Sachwertverfahren nach den §§ 258 bis 260 BewG unter Heranziehung von **Wertfaktoren nach § 260 BewG** bewertet.

178 **Wertzahlen** für Teileigentum, Geschäftsgrundstücke, gemischt genutzte Grundstücke und sonstige bebaute Grundstücke i.S. von § 249 Abs. 1 Nr. 5 bis 8 BewG (BGBl. I 2019, 1849: Anl. 43 zu § 260 BewG):

		Bodenrichtwert oder in €/m² umgewichteter Bodenwert nach § 247 Abs. 3		
Vorläufiger Sachwert		**bis 100 €/m²**	**bis 300 €/m²**	**über 300 €/m²**
bis	500 000 €	0,80	0,90	1,00
	750 000 €	0,75	0,85	0,95
	1 000 000 €	0,70	0,80	0,90
	1 500 000 €	0,65	0,75	0,85
	2 000 000 €	0,60	0,70	0,80
	3 000 000 €	0,55	0,65	0,75
über	3 000 000 €	0,50	0,60	0,70

6 Ableitung vonSachwertfaktoren (§ 21 Abs. 3 ImmoWertV)

6.1 Definition

Schrifttum: *Habath, A.*, Zur sachgerechten Anwendung von Sachwert-Marktanpassungsfaktoren, GuG 2006, 19; *Leutner, B./Wartenberg, J.*, Aktuelle Marktanpassungsfaktoren für das Sachwertverfahren, GuG 2009, 152; *Mann, W.*, Überregionale Ableitung von Sachwertfaktoren, GuG 2017, 17; *Schmeck, J.*, Sachwertmodell zur Ableitung von Marktanpassungsfaktoren für Ein- und Zweifamilienhäuser, GuG 2005, 339.

▶ *Zu gebäudebezogenen Sachwertfaktoren vgl. § 40 ImmoWertV Rn. 125; Syst. Darst. des Sachwertverfahrens Rn. 19 ff., 220 ff.*

Entsprechend der mit § 21 Abs. 3 ImmoWertV gegebenen Definition des Sachwertfaktors (vgl. Rn. 142) wird dieser als **Verhältniszahl aus geeigneten Kaufpreisen und den ihnen entsprechenden vorläufigen Sachwerten** ermittelt. 179

$$\text{Sachwertfaktor}_i = \frac{\text{Kaufpreis}_i}{\text{(vorläufiger) Sachwert}_i}$$

Dementsprechend lassen sich auch **gebäudebezogene Sachwertfaktoren** ermitteln, die im Rahmen der steuerlichen Aufteilung eines Kaufpreises nach der Verkehrswertmethode zur Anwendung kommen können (Gebäudesachwert). Dazu müssen zunächst die Kaufpreise bebauter Grundstücke um den jeweiligen Bodenwert vermindert werden, wobei der Bodenwert nach Maßgabe des § 40 Abs. 1 ImmoWertV zu ermitteln ist. Der gebäudebezogene Sachwertfaktor ergibt sich nach vorstehenden Grundsätzen aus dem **Verhältnis der um den Bodenwert verminderten Kaufpreise zu den** dafür nach Maßgabe der §§ 25 ff. ImmoWertV abgeleiteten vorläufigen **Gebäudesachwerten**. 180

$$\text{Sachwertfaktor}_{\text{Gebäude}} = \frac{\text{Kaufpreis}_i - \text{Bodenwert}}{\text{(vorläufiger) Gebäudesachwert}}$$

Beispiel: 181

- Im gewöhnlichen Geschäftsverkehr wurde für ein Einfamilienhaus ein Kaufpreis von 300 000 € erzielt.
- Der für das Objekt nach Maßgabe der §§ 21 bis 23 ImmoWertV ermittelte und um die besonderen objektspezifischen Grundstücksmerkmale bereinigte (vorläufige) Sachwert beläuft sich auf 400 000 €.

$$\text{Sachwertfaktor}_i = \frac{300\,000\ €}{400\,000\ €} = 0{,}75$$

Das ausgewogene Mittel aus einer ausreichenden Zahl n nach vorstehenden Grundsätzen ermittelter Einzelergebnisse ergibt dann den Sachwertfaktor:

$$\text{Sachwertfaktor} = \frac{\Sigma\ \text{Sachwertfaktor}}{\text{Anzahl der Einzelergebnisse i}}$$

- Ein **Sachwertfaktor ≥ 1** stellt sich danach ein, wenn der auf dem Grundstücksmarkt erzielbare Kaufpreis den Bodenwert und die alterswertgeminderten Herstellungskosten der baulichen und sonstigen Anlagen übersteigt und das Objekt mit Gewinn verkauft worden ist.

- Ein **Sachwertfaktor ≤ 1** stellt sich dagegen ein, wenn der auf dem Grundstücksmarkt erzielbare Kaufpreis den Bodenwert und die alterswertgeminderten Herstellungskosten unterschreitet und das Objekt mit Verlust verkauft worden ist.
- Bei einem **Sachwertfaktor von 1,0** besteht Identität Sach- und Verkehrswert.

182 Die Nachkommastellen des Sachwertfaktors geben die **prozentuale Abweichung des Verkehrswerts (Marktwerts) vom Sachwert** wieder, wobei sie bei Marktanpassungsfaktoren ≤ 1 von der Zahl 100 abzuziehen sind.

183 *Beispiel:*

- Es wurde ein Sachwertfaktor von 0,75 ermittelt. Hieraus folgt, dass der ermittelte vorläufige Sachwert um 25 % (= 100 – 75) zu vermindern ist, um zum Verkehrswert zu kommen.
- Es wurde ein Sachwertfaktor von 1,28 ermittelt. Hieraus folgt, dass der ermittelte vorläufige Sachwert um 38 % zu erhöhen ist, um zum Verkehrswert zu kommen.

184 Die so definierten Sachwertfaktoren entsprechen mithin dem vom Nobelpreisträger *James Tobin* entwickelte ein Erklärungsmodell für Investitionen in Realkapital. Maßgebliche Kenngröße ist **„Tobins q“**[21]:

$$q = \frac{\text{Bestandspreis}}{\text{Reproduktionskosten}}$$

185 Nach diesem Erklärungsmodell lohnt sich eine Investition (z.B. die Herstellung eines Gebäudes), wenn der Bestandspreis eines Gutes (Verkehrswert/Marktwert) die Reproduktionskosten (Herstellungskosten i.S. des § 36 Abs. 3 ImmoWertV) übersteigt. **Sachwertfaktoren sind von daher „Tobins q“**. Die Herstellung eines Gebäudes lohnt sich, wenn sich ein Sachwertfaktor von ≥ 1 ergibt.

186 Da der Grundstücksmarkt bekanntlich in verschiedene Teilmärkte mit unterschiedlichen allgemeinen Wertverhältnissen zerfällt, fallen auch die Sachwertfaktoren für unterschiedliche Grundstücksarten und unterschiedliche Grundstückslagen unterschiedlich aus.

187 Sie unterscheiden sich auch überregional in Abhängigkeit von **der Gemeindegröße, der Entfernung zu Ballungszentren (Makrolage) und vor allem von der Wirtschaftskraft der Region.** Aus vorstehenden Gründen gibt es **keine allgemeingültigen Sachwertfaktoren**, mit denen die „allgemeinen Wertverhältnisse auf dem örtlichen Grundstücksmarkt“ (Lage auf dem Grundstücksmarkt) berücksichtigt werden können.

6.2 Geeignete Kaufpreise

188 **Geeignete Kaufpreise** sind Kaufpreise, die im gewöhnlichen Geschäftsverkehr für gleichartig bebaute und genutzte Grundstücke entrichtet wurden und nach ihrer Grundstücksart, Lage und Beschaffenheit für das Grundstück repräsentativ sind, für das der daraus ermittelte Sachwertfaktor gelten soll (Norm bzw. Referenzgrundstück). Die Kaufpreise müssen hinsichtlich der allgemeinen Wertverhältnisse und des jeweiligen Grundstückszustands hinreichend übereinstimmen. Eine hinreichende Übereinstimmung liegt vor, wenn sich etwaige Abweichungen bei Vorliegen einer hinreichend großen Anzahl von Kaufpreisen in ihren Auswirkungen auf die Preise ausgleichen oder sie sich sachgerecht berücksichtigen lassen.

189 **Zur Ableitung von Sachwertfaktoren sind** nach § 9 Abs. 1 und § 12 Abs. 3 ImmoWertV **geeignete Kaufpreise** heranzuziehen. Sie sind nach § 9 Abs. 1 Satz 4 ImmoWertV – wortgleich mit § 12 Abs. 3 Satz 3 ImmoWertV – mithin um die **Werteinflüsse besonderer objektspezifischer Grundstücksmerkmale** zu bereinigen. Dies ist eine wesentliche Voraussetzung

21 Vgl. Nitsch, H., Tobins q aus der Perspektive der Verkehrswertermittlung, in Festschrift für Francke, Nach der Wirtschafts- und Finanzkrise, Berlin 2013, S. 349.

dafür, dass den ermittelten Sachwertfaktoren eine breite Allgemeingültigkeit beigemessen werden kann. Im Rahmen der Marktwertermittlung unter Anwendung des Sachwertverfahrens bleiben die „besonderen objektspezifischen Grundstücksmerkmale“ (boG) des zu bewertenden Grundstücks bei der Ermittlung des vorläufigen Sachwerts zunächst unberücksichtigt und werden erst im Anschluss an die Anpassung des vorläufigen Sachwerts an die allgemeinen Wertverhältnisse auf dem Grundstücksmarkt berücksichtigt.

6.3 Sachwertfaktorenbestimmende Einflüsse

6.3.1 Allgemeines

Der Sachwertfaktor ist nach vorstehenden Ausführungen von der Art und Lage des Grundstücks und dem jeweiligen Bezugszeitpunkt abhängig. Darüber hinaus ist er im Rahmen einer modell- und referenzkonformen Ableitung und Anwendung insbesondere abhängig von **190**

a) dem *Modell des* jeweils *angewandten Sachwertverfahrens* und den dabei verbindlich bzw. vom Gutachterausschuss für Grundstückswerte vorgegebenen Modellansätzen sowie

b) den Grundstücksmerkmalen des Referenz- bzw. Normgrundstücks, die dem aus Kaufpreisen abgeleiteten Sachwertfaktor zugrunde liegen.

191 **Abb. 12: Modelle und Modellansätze für die Ermittlung von Sachwertfaktoren**

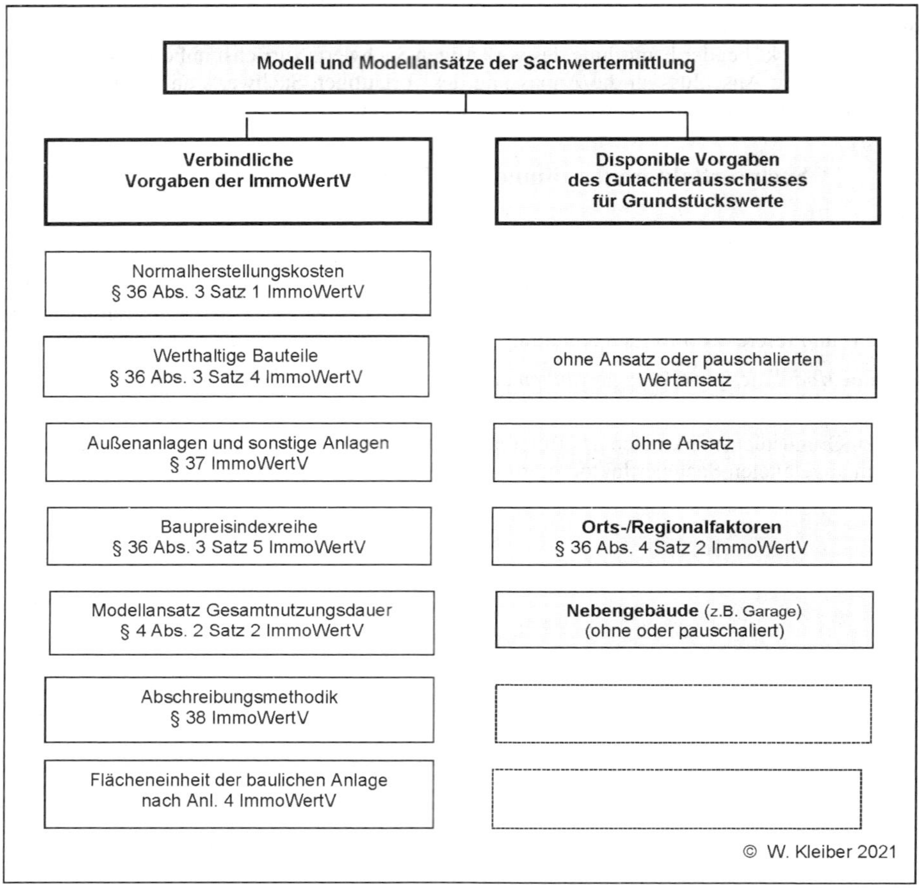

6.3.2 Bodenwert

▶ *Vgl. § 8 ImmoWertV Rn. 33 ff.; § 25 ImmoWertV Rn. 14 f.; § 26 ImmoWertV Rn. 51 ff.; § 40 ImmoWertV Rn. 1 ff.; zur Bodenwertermittlung vgl. Syst. Darst. des Vergleichswertverfahrens Rn. 152 ff.; Syst. Darst. des Ertragswertverfahrens Rn. 127 ff.; Syst. Darst. des Sachwertverfahrens Rn. 265 ff.; zur „Bodenwertdämpfung" vgl. § 40 ImmoWertV Rn. 96 ff., 185 ff.*

192 Sachwertfaktoren sind nach § 21 Abs. 3 ImmoWertV auf der Grundlage von geeigneten Kaufpreisen und des „nach den Grundsätzen der §§ 35 bis 38 ImmoWertV ermittelten" „vorläufigen Sachwerts" abzuleiten. Der Bodenwert bestimmt sich dabei gemäß § 35 Abs. 1 ImmoWertV ausdrücklich nach den §§ 40 bis 43 ImmoWertV. Da jedoch zur Ableitung von Sachwertfaktoren grundsätzlich nur Kaufpreise ohne besondere objektspezifische Grundstücksmerkmale heranzuziehen sind oder diese gegebenenfalls zu „bereinigen" wären, ist von den angeführten Vorschriften in erster Linie nur die Grundsatzregelung des § 40 Abs. 1 ImmoWertV sowie § 41 ImmoWertV beachtlich, d.h., der Bodenwert bestimmt sich **ohne Berücksichtigung der auf dem Grundstück befindlichen baulichen Anlagen** mit dem Bodenwert eines unbebaut gedachten Grundstücks.

193 Überschreitet die einem Vergleichspreis zugrunde liegende Grundstücksgröße erheblich die nach Art, Lage und Nutzung marktübliche Grundstücksgröße, muss der Kaufpreis um den

Werteinfluss der darüber hinausgehenden Restfläche bereinigt werden, denn diese ist nach § 41 ImmoWertV ein besonderes objektspezifisches Grundstücksmerkmal.

6.3.3 Modellhafte Normalherstellungskosten

▶ *Syst. Darst. des Sachwertverfahrens Rn. 48 ff.; § 36 ImmoWertV Rn. 1 ff.*

Nach § 36 Abs. 3 Satz 1 ImmoWertV sind der Ermittlung des Sachwertfaktors die Kostenkennwerte der modellhaften Normalherstellungskosten (NHK 2010) nach Anlage 4 zugrunde zu legen und die führen lediglich zu einem bundeseinheitlichen „Modellwert", den die Verordnung als „vorläufigen Sachwert" bezeichnen mag, aber der nicht den Sachwert abbildet. Die **Disparität zwischen den eigentlichen Sachwerten und den „Modellwerten"** weist **je nach Grundstücksart deutliche Unterschiede**auf. Die Mängel der modellhaften Normalherstellungskosten (NHK 2010) lassen sich deshalb auch nicht mit der gemäß § 37 Abs. 4 Satz 2 zugelassenen „*Festlegung eines von 1,0 abweichenden Regionalfaktors*" überbrücken. Dieser hätte lediglich die Wirkung eines Maßstabsfaktors, ohne die unterschiedlichen Disparitäten zwischen den eigentlichen Sachwerten und den „Modellwerten" der verschiedenen Objektarten zu beheben. **194**

Dass die auf der Grundlage der modellhaften Normalherstellungskosten (NHK 2010) nach Anlage 4 ermittelten Modellwerte nicht die Sachwerte abbilden, ist auch darauf zurückzuführen, dass die **Kostenkennwerte der NHK 2010** anders als ihre Vorgängerin (NHK 1995/2000) **nicht mehr nach unterschiedlichen Baujahrsklassen differenzieren**, obwohl eine große Abhängigkeit der Herstellungskosten vom Baujahr besteht. **195**

6.3.4 Regionalisierung der modellhaften Normalherstellungskosten durch Regionalfaktoren

▶ *Vgl. Syst. Darst. des Sachwertverfahrens Rn. 159*

Die modellhaften Normalherstellungskosten (NHK 2010) nach Anlage 4 sind für das gesamte Bundesgebiet geltende Einheitswerte. Die Lage auf dem örtlichen Baumarkt kann durch Anwendung entsprechender **Regionalfaktoren** berücksichtigt werden. Werden nach Maßgabe des § 36 Abs. 4 Satz 1 ImmoWertV Sachwertfaktoren „im Regelfall" auf der Grundlage der modellhaften Normalherstellungskosten (NHK 2010) **ohne Berücksichtigung eines Regionalfaktors** angesetzt, geht die jeweilige örtliche Lage auf dem Baumarkt in den örtlich ermittelten Sachwertfaktor direkt ein. **196**

Die indirekte Berücksichtigung der örtlichen Lage auf dem Baumarkt mit entsprechend abgeleiteten regionalisierenden Sachwertfaktoren bietet rechentechnische Vorteile sowohl für den Gutachterausschuss als auch für den Anwender der Sachwertfaktoren. Der Orts- und Regionalfaktor braucht dann nämlich nicht eigenständig abgeleitet zu werden und bei Anwendung des regionalisierenden Sachwertfaktors gehen die örtlichen Verhältnisse automatisch in das Ergebnis ein. Umgekehrt hat die eigenständige Ableitung von Orts- und Regionalfaktoren den Vorteil, dass sie dann auch für Sachwertermittlungen solcher Grundstücksarten zur Verfügung stehen, für die der Gutachterausschuss keine Sachwertfaktoren abgeleitet hat. Der so abgeleitete Sachwertfaktor ist zugleich Regionalisierungsfaktor (**regionalspezifischer Sachwertfaktor**). **197**

Die **ergänzende Ableitung örtlicher Regionalfaktoren** wird gleichwohl sinnvoll sein, wenn die Sachwertfaktoren nur für ausgewählte Grundstücksarten abgeleitet werden und das Sachwertverfahren dann auch für andere Grundstücksarten zur Anwendung kommen kann. **198**

6.3.5 Gesamt- und Restnutzungsdauer (Baujahr)

Schrifttum: *Becker, W./Burkhard, H.-J./Müller, B.,* Nachr. der rh.-pf. Kat- und VermVw 1991, 173.

▶ *Vgl. Syst. Darst. des Sachwertverfahrens Rn. 111, 185, 194; § 4 ImmoWertV Rn. 1 ff.; § 38 ImmoWertV Rn. 1, 8 ff.; § 39 ImmoWertV Rn. 5*

199 Die von den Gutachterausschüssen auf der Grundlage der NHK 2010 abgeleiteten **Sachwertfaktoren weisen** eine **signifikante Abhängigkeit von der Baujahrsklasse bzw. der Restnutzungsdauer auf**. Dies kann als Hinweis darauf angesehen werden, dass die sich nach dem Verhältnis der Restnutzungsdauer zur Gesamtnutzungsdauer bemessende Alterswertminderung (§ 38 ImmoWertV) auch in Bezug auf das Alter der baulichen Anlage eine unvollständige Marktanpassung ist.
Die empirisch sich ergebende Abhängigkeit der Sachwertfaktoren **von der Restnutzungsdauer** einer baulichen Anlage macht deutlich, dass der mit zunehmendem Alter trotz Instandhaltung einhergehende **wirtschaftliche Wertverzehr der baulichen Anlage, verbunden mit den mit zunehmendem Alter sich erhöhenden Instandhaltungskosten mit der linearen Alterswertminderung nach § 38 ImmoWertV nicht vollständig erfasst wird** (vgl. § 38 ImmoWertV Rn. 1).

200 Die **Abhängigkeit des Sachwertfaktors vom Baujahr des Gebäudes** (bzw. der Gebäudealtersklasse) wird aus der nachstehend abgedruckten Auswertung des Gutachterausschusses von Düsseldorf wie im Übrigen auch aus Auswertungen anderer Gutachterausschüsse deutlich.

201 *Beispiel: Sachwertfaktoren in Düsseldorf*
Nach Untersuchungen des Gutachterausschusses für Grundstückswerte in Düsseldorf wurden auf folgender Grundlage der Sachwertermittlung

- Normalherstellungskosten auf der Basis 2010 = 100,
- Brutto-Grundfläche nach DIN 277,
- Gesamtnutzungsdauer der Gebäude 80 Jahre,
- Lineare Alterswertminderung,
- Bodenwert aus Bodenrichtwert abgeleitet,
- mittlere Wohnlage im gesamten Stadtgebiet ohne Immissionseinflüsse,
- neuzeitliche Ausstattung (Gebäudestandard; Objekte aus den Jahren vor 1975 sind zwischenzeitlich modernisiert worden),
- Bauland bezogen auf die typische Tiefe des Bodenrichtwertgrundstücks

folgende Sachwertfaktoren abgeleitet:

Abb. 13: Sachwertfaktoren in Düsseldorf für Ein- und Zweifamilienhäuser

Sachwertfaktoren in Düsseldorf für Ein- und Zweifamilienhäuser (2021)						
Gebäudegruppe	**Baujahr**					
	bis 1919	**1919 bis 1948**	**1948 bis 1976**	**1977 bis 1994**	**ab 1995 (ohne Neubau)**	**Neubau (3 Jahre)**
Freistehende Ein- und Zweifamilienhäuser; Doppelhaushälften	1,0					
151–200 m² Baufläche	1,45	1,40	1,50	1,55	1,60	1,05
201–350 m² Baufläche	1,30	1,25	1,40	1,55	1,30	1,20
351–450 m² Baufläche	1,30	1,15	1,20	1,20	1,10	1,10
451–550 m² Baufläche	1,00	1,05	1,05	1,15	1,05	1,00
551–650 m² Baufläche	1,00	1,00	1,00	1,00	1,00	0,95
651–750 m² Baufläche	0,90	0,95	0,90	0,95	0,90	0,90
751–850 m² Baufläche	0,85	0,85	0,90	0,85	0,90	–

Sachwertfaktoren in Düsseldorf für Ein- und Zweifamilienhäuser (2021)						
851–1000 m² Baufläche	0,75	0,75	0,85	0,85	0,90	–
Mehrfamilienhäuser						
Dreifamilienhäuser	1,10	1,25	1,10	1,10	1,15	–
Mietwohnhäuser (gewerblicher Anteil < 20 %)	1,15	1,25	1,25	1,30	1,10	–
Gemischt-genutzte Grundstücke (gewerblicher Anteil 35–45 %)	1,10	1,19	1,20	1.10	–	–
Ergänzende Hinweise – bei nicht modernisiertem eher ursprünglichen Bauzustand kann ein Abschlag bis zu 10 % vorgenommen werden, – bei teilweise modernisierten Objekten kann ein Abschlag bis zu 5 % vorgenommen werden, – bei sehr guten Wohnlagen kann ein Zuschlag bis zu 25 % vorgenommen werden, – bei einfachen Wohnlagen kann ein Abschlag bis zu 5 % vorgenommen werden, – bei Immissionen (z.B. Flug- oder Straßenlärm) kann ein Abschlag von bis 10 % vorgenommen werden.						

Quelle: Gutachterausschuss für Grundstückswerte in Düsseldorf (Grundstücksmarktbericht 2021)
Zu den Sachwertfaktoren in *Frankfurt am Main* vgl. GuG 2011, 296

Dass die auf der Grundlage der modellhaften Normalherstellungskosten (NHK 2010) nach Anlage 4 ermittelten Modellwerte **nicht mehr nach unterschiedlichen Baujahrsklassen differenzieren, muss zu einer noch höheren Disparität zwischen Modell- und Sachwert führen**, wenn die Sachwertfaktoren nicht in Abhängigkeit von der Baujahrsklassen bzw. nach der Restnutzungsdauer abgeleitet werden. **202**

Dass das Tabellenwerk der NHK 2010 im Unterschied zu dem Tabellenwerk der NHK 2000 nicht mehr nach unterschiedlichen Baujahrsklassen differenziert, ist u.a. darauf zurückzuführen, dass das mit der Erarbeitung beauftragte Baukosteninformationszentrum Deutscher Architektenkammern (BKI) zu einer entsprechenden Auswertung mangels entsprechend ausdifferenzierter Vergleichsdaten nicht in der Lage war (vgl. Syst. Darst. des Sachwertverfahrens Rn. 44 ff.). Darüber hinaus ist seinerzeit das federführende Bundesministerium[22] der irrigen Auffassung gefolgt, dass es infolge der bundeseinheitlichen Ausrichtung der Alterswertminderung auf eine lineare Wertabschreibung nicht mehr der Unterscheidung nach Baujahrsklassen bedarf. **203**

6.3.6 Alter und Alterswertminderung

▶ *§ 4 ImmoWertV Rn. 26; § 38 ImmoWertV Rn. 1 ff.; zum Modernisierungsbegriff vgl. § 32 ImmoWertV Rn. 161; § 38 ImmoWertV Rn. 1 ff.*

Über den **Verlauf der marktgerechten Alterswertminderung** baulicher Anlagen gehen die Auffassungen weit auseinander. Diese reichen von der Annahme, dass bereits mit der Errichtung der Bebauung – quasi wie im Falle der Weiterveräußerung eines Neuwagens – der Gebäudewert schlagartig absinke über die lineare Wertminderung bis hin zur sog. Rosskur. **204**

Die Verhältnisse verdeutlichen sich am nachfolgenden Kurvenvergleich (Abb. 14). **205**

22 GuG-aktuell 2011, 5.; ebenso unsinnig RdSchr. des Ministeriums für Inneres und Kommunales des Landes Nordrhein-Westfalen vom 03.08.2010 (GeschZ 32 – 51.11.01 – 9210) an die Gutachterausschüsse für Grundstückswerte in Nordrhein-Westfalen sowie an den Oberen Gutachterausschuss für Grundstückswerte im Land Nordrhein-Westfalen betr. Übergangsregelung für die Anwendung des Sachwertverfahrens nach ImmoWertV, GuG 2012, 28.

Abb. 14: Abschreibungskurven und ihre Unterschiede

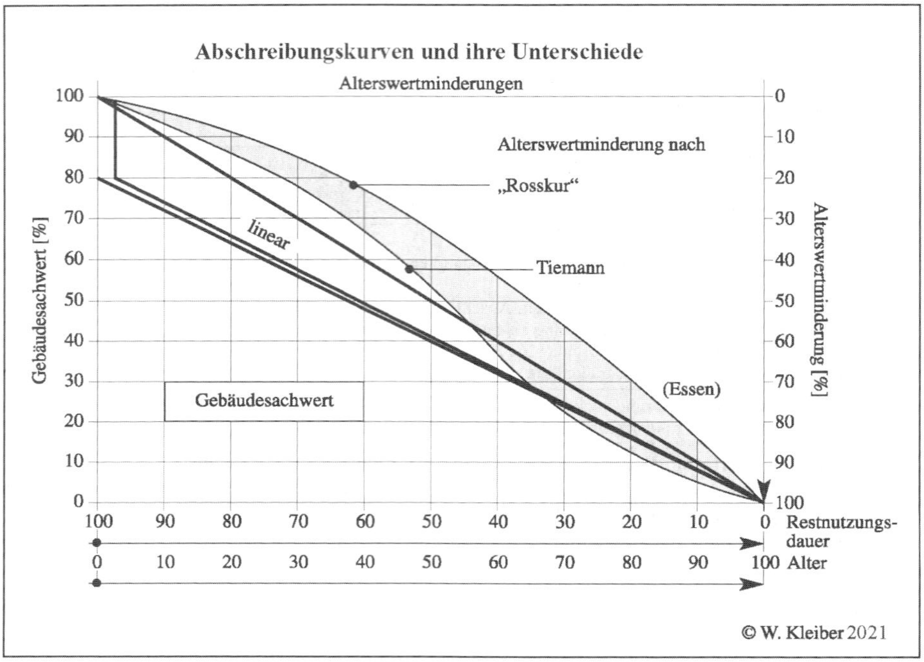

206 Bei Anwendung unterschiedlicher Alterswertabschreibungen können sich erheblich unterschiedliche Gebäudesachwerte ergeben, wie der nachstehende Vergleich zeigt:
Beispiel:

Sachwertobjekt mit einer	Gesamtnutzungsdauer von	100 Jahren
	Restnutzungsdauer von	35 Jahren
Ermittelter Herstellungswert zum Wertermittlungsstichtag		1 Mio. €

	Alterswertminderung nach				
	Ross	**linear**	**Tiemann**	**TEGoVA**	**Vogels**
Herstellungswert in T€	1 000	1 000	1 000	1 000	1 000
Alterswertminderung	540	650	664	507	611
Gebäudesachwert in T€	469	350	336	493	389

Δ = 124 000 €

207 **Wie die Alterswertminderung tatsächlich verläuft, konnte bislang nicht eindeutig nachgewiesen werden**. Bei dieser Sachlage wurde schon mit der ImmoWertV die lineare Alterswertminderung verbindlich vorgegeben. Sie ist die einfachste Form der Abschreibung und die verbindliche Vorgabe hat den Vorteil, dass alle Arten von Wertermittlungen miteinander vergleichbar sind und unnötige Auseinandersetzungen vermieden werden.

6.3.7 Werthaltige besondere Bauteile; bauliche Außenanlagen und sonstige Anlagen

6.3.7.1 Werthaltige besondere Bauteile

Werthaltige einzelne Bauteile, die mit den modellhaften Normalherstellungskosten nicht erfasst sind, sollen nach § 38 Abs. 3 Satz 4 ImmoWertV durch Zuschläge bei den Normalherstellungskosten berücksichtigt werden. 208

a) Werden die werthaltigen einzelnen Bauteile bei der Ableitung der Sachwertfaktoren nicht angesetzt, obwohl sie definitionsgemäß in die zur Ableitung des Sachwertfaktors herangezogenen Kaufpreise „eingepreist" worden sind, erhöht sich dadurch der Sachwertfaktor entsprechend. Bei Anwendung dieses Sachwertfaktors erhöht sich dementsprechend der marktangepasste vorläufige Sachwert, ohne dass die auf dem Grundstück vorhandenen werthaltigen Bauteile verfahrensmäßig angesetzt werden, und zwar in dem **Umfang, wie er bei den zur Ableitung des Sachwertfaktors herangezogenen Grundstücken im Durchschnitt gegeben ist**.
   In diesem Fall muss **in der Modellbeschreibung der Umfang der werthaltigen einzelnen Bauteile dargestellt werden**, der implizit mit dem Sachwertfaktor berücksichtigt wird, damit gegebenenfalls ein erheblich davon abweichender Umfang des zu bewertenden Grundstücks ergänzend berücksichtigt werden kann.

b) Werden die werthaltigen einzelnen Bauteile bei der Ableitung der Sachwertfaktoren mit einem pauschalen Wertansatz berücksichtigt, muss bei Anwendung dieses Sachwertfaktors auf ein zu bewertendes Grundstück derselbe Wertansatz in die Ermittlung des vorläufigen marktangepassten Sachwerts eingehen.
   In diesem Fall muss **in der Modellbeschreibung der Umfang der Pauschale** dargestellt werden, damit gegebenenfalls ein erheblich von der Pauschale abweichender Umfang des zu bewertenden Grundstücks ergänzend berücksichtigt werden kann.

6.3.7.2 Werthaltige bauliche Außenanlagen und sonstige Anlagen

▶ *§ 1 ImmoWertV Rn. 75 ff.; § 6 ImmoWertV Rn. 109; § 8 ImmoWertV Rn. 223; § 32 ImmoWertV Rn. 4, 51; § 37 ImmoWertV Rn. 8, 16; Syst. Darst. des Sachwertverfahrens Rn. 174, 251 ff.*

Der vorläufige Sachwert werthaltiger baulicher Außenanlagen und sonstiger Anlagen ist gemäß § 37 ImmoWertV nach durchschnittlichen Herstellungskosten, Erfahrungssätzen oder hilfsweise durch sachverständige Schätzung zu ermitteln. Damit wird nicht ausgeschlossen, dass die baulichen Außenanlagen und sonstigen Anlagen bei der Ableitung der Sachwertfaktoren nicht angesetzt werden, obwohl die Grundstücke der zur Ableitung des Sachwertfaktors herangezogenen Kaufpreise solche aufweisen und „eingepreist" worden sind. Die vorhandenen baulichen Außenanlagen und sonstige Anlagen gehen in den derart abgeleiteten Sachwertfaktor mithin ein. Bei Anwendung dieses Sachwertfaktors erhöht sich dementsprechend der marktangepasste vorläufige Sachwert, ohne dass die auf dem zu bewertenden Grundstück vorhandenen werthaltigen Außenanlagen und sonstigen Anlagen verfahrensmäßig angesetzt werden. Nach der hier vertretenen Auffassung ist diese Praxis weiterhin zulässig, denn die ImmoWertV regelt nur allgemeine Grundsätze für die Ermittlung der Verkehrswerte von Immobilien und der für die Wertermittlung erforderlichen Daten. 209

Bei Anwendung dieses Modells muss wiederum in der Modellbeschreibung der Umfang der werthaltigen baulichen Außenanlagen und sonstige Anlagen dargestellt werden, die implizit mit dem Sachwertfaktor berücksichtigt werden, damit gegebenenfalls ein erheblich davon abweichender Umfang des zu bewertenden Grundstücks ergänzend berücksichtigt werden kann. 210

6.3.8 Gewerbe- und Industrieobjekt

211 Der Verkehrswert von Gewerbe- und Industrieobjekten wird entgegen einer veralteten Auffassung heute nicht mehr im Sachwertverfahren, sondern im Wege des Ertragswertverfahrens ermittelt. Insoweit bedarf es hierfür keiner genaueren Kenntnisse von Sachwertfaktoren, die im Übrigen bei dieser Grundstücksart extrem hoch ausfallen können. Aktuelle Faktoren über das Verhältnis vom Sachwert zum Verkehrswert von Gewerbe- und Industrieobjekten sind auch nicht bekannt.

212 Soweit keine entsprechend geeigneten Sachwertfaktoren zur Verfügung stehen, werden folgende Sachwertfaktoren empfohlen:

Objektart	**Sachwertfaktor (bezogen auf den vorläufigen Sachwert ohne USt.)**
Renditeimmobilie (Bestand/kein Neubau) z.B. Multitenant-Gewerbepark	0,60 bis 0,80
Eigennutzer-Halle (gut drittverwendungsfähig und marktgängig)	0,55 bis 0,65
Eigennutzer-Halle (eingeschränkt drittverwendungsfähig und marktgängig)	0,40 bis 0,50

213 *Streich*[23] untersuchte im Jahre 1985 das Verhältnis von Kaufpreisen zu Grundstückssachwerten von Gewerbe- und Industriegrundstücken auf dem Lübecker Grundstücksmarkt. Er kam zum Ergebnis, dass die **Verkehrswerte im Mittel etwa um 35 bis 40 v.H. unter ihren Grundstückssachwerten** lagen. Tendenziell stiegen die Abschläge vom Grundstückssachwert mit steigenden Sachwerten an. Zudem ist es geboten, nach dem Alter der baulichen Anlagen zu differenzieren.

214 Bei Gewerbe- und Industriegrundstücken (ohne städtische Geschäftsgrundstücke) beträgt der durchschnittliche Anpassungsabschlag etwa 25 v. H. (± 10 v.H.) des Grundstückssachwerts. Bei älteren Objekten kann sich der Anpassungsabschlag bis auf 35 bis 65 v.H. (± 15 v.H.) erhöhen. Die recht hohen Abschläge deuten darauf hin, dass der Grundstückssachwert keine geeignete Grundlage für die Wertermittlung älterer Gewerbe- und Industriegrundstücke bietet[24].

6.3.9 Eigentumswohnungen

▶ *Vgl. § 6 ImmoWertV Rn. 92, 186; Teil V Rn. 40ff.*

215 Bei der Sachwertermittlung von Eigentumswohnungen wird im Allgemeinen nicht das gesamte Grundstück, sondern nur das Sondereigentum an einer Wohnung zusammen mit dem Miteigentum am gemeinschaftlichen Grundstück (Wohnungseigentum) zu bewerten sein. Eine **direkte (eigenständige) Ermittlung des Sachwerts einer einzelnen Eigentumswohnung ist allenfalls in Ausnahmefällen möglich**, z.B. ein mit mehreren Häusern in der Rechtsform des Wohnungseigentums bebautes Grundstück (Hausanlage) oder ein Zweifamilienhaus.

216 Bei alledem kommt bei Anwendung des Sachwertverfahrens i.d.R. die deduktive Vorgehensweise zur Anwendung, bei der zunächst der Grundstückssachwert (Bodenwert, Wert der baulichen Anlagen, insbesondere der Gebäude und der Wert der sonstigen Anlagen) des Gesamtobjekts als Ausgangswert ermittelt und hieraus der Wert des Wohnungseigentums entsprechend der **Beteiligungsquote des Wohnungseigentümers am Miteigentum** als Bruchteil des Grundstückssachwerts abgeleitet wird. Diese Ermittlung ist im Prinzip fehlerfrei, wenn die Miteigentumsanteile nach Quadratmeter Wohnfläche am Gesamtflächenanteil aufgeteilt worden sind und die Flächenverhältnisse auch den Wertverhältnissen entsprechen.

---

23 Streich: Ableitung des Verkehrswerts aus dem Sachwert, VBN-Info 1987, 22.
24 Zu Marktanpassungsfaktoren für Betriebsleiterwohnungen vgl. Bottmeyer, M., GuG 2006, 151 ff.

Bei **Objekten mit Mischnutzung** (z.B. Läden im Erdgeschoss und Wohnungen in den Obergeschossen) richten sich die Kaufpreise für Gewerbeflächen im Allgemeinen nicht nach den Flächengrößen des jeweiligen Teileigentums, sondern nach der Ertragserwartung. Das bedeutet, dass ein ertragsträchtiger Laden im Erdgeschoss einen höheren Verkehrswert besitzt, als er sich unter Zugrundelegung der flächenmäßigen Miteigentumsanteile ergeben würde. Insofern könnte das Sachwertverfahren bei der Aufteilung des Gesamtwerts nach Miteigentumsanteilen zu falschen Werten führen. Zudem besteht das Problem der Anpassung des Sachwerts an die Marktlage. **217**

Diese Vorgehensweise hat in der Rechtsprechung Rückhalt gefunden, sofern diesbezüglich nichts Abweichendes vereinbart wurde[25]. **218**

6.3.10 Resthofstellen

Schrifttum: *Becker/Olejnizat/Schneider/Tepper,* Ableitung von Marktanpassungsfaktoren für aufgegebene landwirtschaftliche Hofstellen, Nachr. der rh.-pf. Kat.- und VermVw 1999, 28; *Müller,* Marktanpassungsfaktoren für landwirtschaftliche Hofstellen im Außenbereich, WFA 1998, 12; Gutachterausschuss Landkreis Nienburg/Weser, Grundstücksmarktbericht 2003; *Krietsch, H./Gütter, K.,* Untersuchungen zur Ableitung von Marktanpassungsfaktoren für Resthofstellen in Sachsen-Anhalt, GuG 2010, 280.

▶ *Vgl. § 21 ImmoWertV Rn. 219; Teil VI Rn. 120, 132*

Für **Resthofstellen** kommen Sachwertfaktoren von 0,5 bis 0,8 zur Anwendung. Die Ergebnisse nachfolgender Untersuchungen des Gutachterausschusses in Nienburg/Weser (2003) basieren auf einer Sachwertermittlung auf der Grundlage: **219**

- Bodenwerte für Hofstellen im Innenbereich mit einem Abschlag von 40 % auf den Bodenrichtwert (ebf) im MD-Gebiet,
- Normalherstellungskosten auch bei mehrgeschossigen Gebäuden bezogen auf die BGF der einfachen Gebäudegrundfläche.
- Ansatz von 250 €/m² BGF für alte massive Stallgebäude,
- Restnutzungsdauer von 15 Jahren, sofern keine Baufälligkeit vorliegt.

Der Abzug bezieht sich auf den ermittelten Herstellungswert und nicht auf den Gebäudezeitwert.

25 BFH, Urt. vom 15.01.1985 – IX R 81/83 –, BFHE 143, 61 = BStBl II 1985, 252 = EzGuG 20.109; zur Frage des Bodenwertanteils BGH, Urt. vom 18.06.1976 – V ZR 156/75 –, NJW 1976, 1976 = EzGuG 3.57a; BFH, Urt. vom 24.02.1999 – IV B 73/98 –, GuG 2000, 186 = EzGuG 20.170; LG Göttingen, Urt. vom 08.09.1998 – 10 T 43/98 – NZM 1999, 95 = EzGuG 20.165.

Abb. 15: Sachwertfaktoren für Resthofstellen

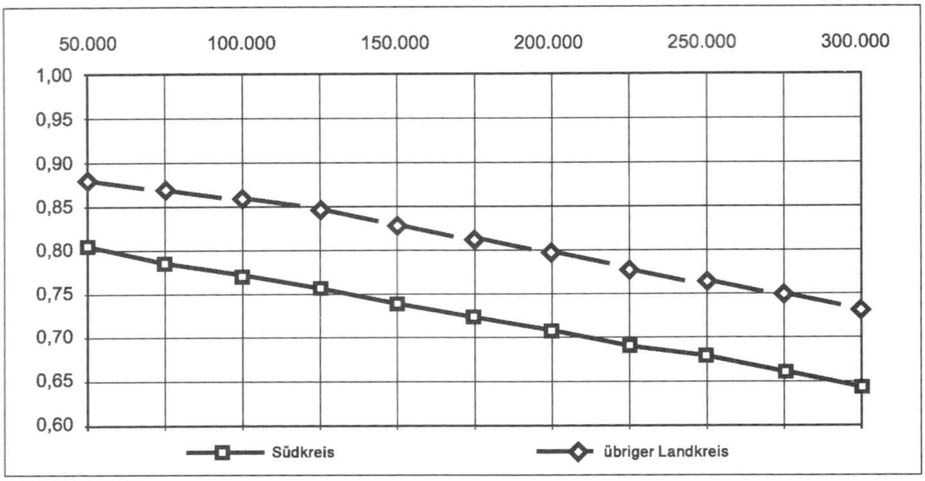

Quelle: Grundstücksmarktbericht 2003 des Gutachterausschusses Nienburg

7 Veröffentlichung von Sachwertfaktoren

▶ *Vgl. Syst. Darst. des Sachwertverfahrens Rn. 29 ff.; § 12 ImmoWertV Rn. 9 ff.; § 39 ImmoWertV*

220 Die von den Gutachterausschüssen abgeleiteten Sachwertfaktoren können nur sachgerecht zur Anwendung kommen, wenn bei ihrer Veröffentlichung alle dafür notwendigen Angaben gemacht werden. Die wesentlichsten Elemente der Veröffentlichung von Sachwertfaktoren sind im groben Überblickt

a) Objektgruppen und Bezugszeitpunkt

b) die Darstellung des Modells der Sachwertermittlung und der maßgeblichen Modellansätze,

c) die durchschnittlichen Eigenschaften der in die Auswertung eingegangenen Grundstücke nach Lage und Beschaffenheit der baulichen Anlage (Referenz- bzw. Normgrundstück).

221 Die **Grundstücksmerkmale dieses Referenzgrundstücks** müssen – vergleichbar mit der Beschreibung des Bodenrichtwertgrundstücks einer Bodenrichtwertzone – bekannt sein, um Abweichungen der Grundstücksmerkmale des zu bewertenden Grundstücks von den Grundstücksmerkmalen des „Liegenschaftszinssatzgrundstücks“ angemessen berücksichtigen zu können[26]. Die **Veröffentlichung sollte Angaben enthalten**, insbesondere über

– die mittlere Gebäudeart (Bauweise, Baugestaltung, Größe, Gebäudestandard, energetischen Zustand[27]), Funktionalität (Drittverwendungsfähigkeit),

– den Regionalfaktor,

– den (üblichen) Umfang erfasster c-Flächen sowie besondere Bauteile,

– den Bodenwert/Bodenrichtwert;

– die marktübliche Grundstücksgröße,

– die mittlere Zahl der Wohneinheiten bei Mehrfamilienhäusern und den Zustand,

26 OLG Brandenburg, Beschl. Vom 01.02.2022 – 13 UF 100/18 –, FamRZ 2022, 959 = EzGuG 20.393.

27 Der energetische Zustand wird mit dem Gebäudestandard bzw. der Restnutzungsdauer (Baujahr) unzureichend erfasst.

- die mittlere Grundstücksnutzung (z.B. mittlerer gewerblicher Mietertragsanteil),
- die mittleren Lagemerkmale (ggf. differenziert nach Bodenrichtwertlagen),
- den mittleren Fehler des arithmetischen Mittels des Sachwertfaktors,
- den Korrelationskoeffizienten und andere wesentliche Kenngrößen bei der Anwendung von einfachen oder multiplen Regressionsanalysen.
- den Geltungsbereich,
- ggf. Angaben zu „besonderen objektspezifischen Grundstücksmerkmalen", die in die Ableitung der Sachwertfaktoren eingegangen sind,
- das herangezogene Datenmaterial,
- den Bezugsstichtag und
- sonstige für die Aussagefähigkeit dieser Daten wesentliche Bezüge.

In *Nordrhein-Westfalen* kann das dort angewandte Sachwertmodell im Internet eingesehen werden: www.gutachterausschuss.nrw.de/standardmodelle.html.

Beispiel vgl. Rn. 135. **222**

Sachwertfaktoren werden nicht nur in Tabellenform, sondern auch graphisch sowie formelmäßig dargestellt: **223**

Beispiel:

Sachwertfaktor für freistehende Ein- und Zweifamilienhäuser

in *Berlin*	vgl. ABl. Bln. 2010, 1886; ABl. Bln. 2010, 308 = GuG 2010, 230; ABl. Bln. 2006, 1376 = GuG 2006, 352; ABl. Bln. 2005, 174 = GuG 2005, 224; ABl. Bln. 2002, 199 = GuG 2002, 171; ABl. Bln. 1999, 5004 = GuG 2001, 171
in *Bielefeld*	MF = $0{,}56 \times (\text{Sachwert} \times 10 - 6)^{-0{,}33}$ Ein- und Zweifamilienhäuser MF = $0{,}53 \times (\text{Sachwert} \times 10 - 6)^{-0{,}34}$ Altbau: DHH, Reihenend- und -mittelhäuser MF = $0{,}34 \times (\text{Sachwert} \times 10 - 6)^{-0{,}66}$ Neubau: DHH, Reihenend- und -mittelhäuser
in *Chemnitz*	MF = $149 \times \text{Sachwert}^{-0{,}43}$
In *Gelsenkirchen*	MF = $-0{,}0909$ in (x) + 1,9491
in *Lübeck*	MF = $3{,}816 \times \text{Sachwert}^{-0{,}249}$
in *Mainz* (2009)	MF = $[1{,}3387 \times 10^{-23} \times (\text{vorläufiger Sachwert})^4] -$ $[3{,}1805 \times 10^{-17} \times (\text{vorläufiger Sachwert})^3] +$ $[2{,}5725 \times 10^{-11} \times (\text{vorläufiger Sachwert})^2] -$ $[0{,}96575 \times 10^{-5} \times (\text{vorläufiger Sachwert})] + 2{,}1523$
Im Kreis *Wesel*	Freistehende Ein- und Zweifamilienhäuser Verkehrswert = (4,0206 – (0,248 x ln (VSW))) x VSW Reihen- und Doppelhaushälften Verkehrswert = (5,8992 – (0,401 x ln (VSW))) x VSW

8 Anlagen

224 **Anlage 1 Liegenschaftszinssätze 2022**
Liegenschaftszinssätze für Mietwohnhäuser und Mietwohngeschäftshäuser in Berlin mit einem gewerblichen Mietanteil bis 80 % und mindestens vier Mieteinheiten

– Auszug –

Abschließend durch den Gutachterausschuss für Grundstückswerte in Berlin am 29.03.2022 beschlossen.

(ABl. *Berlin 2023, 2252)*

1. Vorbemerkungen

Aufgrund des § 193 Abs. 5 des Baugesetzbuchs (BauGB)[28] i.V.m. § 12der Immobilienwertermittlungsverordnung (ImmoWertV)[29] werden nachstehend sonstige für die Wertermittlung erforderliche Daten gemäß § 19 der Verordnung zur Durchführung des BauGB (DVO BauGB[30]) veröffentlicht.

1. Die Liegenschaftszinssätze sind die Zinssätze, mit denen Verkehrswerte von Grundstücken je nach Grundstücksart im Durchschnitt marktüblich verzinst werden (§ 21 Abs. 2 ImmoWertV). Der Verordnungsgeber spricht mit dieser Vorgabe den Zinssatz an, der im Ertragswertverfahren (§§ 27 – 34 ImmoWertV) einzusetzen ist. Der Liegenschaftszinssatz ist nicht identisch mit dem Zinssatz, der sich bei reiner betriebswirtschaftlicher Betrachtung oder bei reiner Risikoabschätzung von Ertragsgrundstücken als Kapitalanlage errechnet.
2. Die Verwendung der ermittelten Liegenschaftszinssätze führt nur dann zu einem marktgerechten Ergebnis, wenn die wertbestimmenden Ansätze (grundstückswirtschaftliche Rahmenbedingungen) in der Ertragswertermittlung nach dem Modell des Gutachterausschusses zugrunde gelegt werden – Modellkonformität – (§ 10 ImmoWertV,z.B. Durchschnittsmieten, Bodenrichtwert, Bewirtschaftungskosten, Restnutzungsdauer).
3. Die Liegenschaftszinssätze sind für Objekte mit mindestens vier Mieteinheiten anzuwenden. Sie gelten nicht für Ein-, Zwei- oder Dreifamilienhäuser.
4. Die Verwendung der nachfolgenden Liegenschaftszinssätze ersetzt nicht automatisch die nach ImmoWertV erforderliche Marktanpassung ermittelter Ertragswerte. Eine Marktanpassung kann vor allem dann erforderlich werden, wenn nach demStichtag eine Entwicklung der Kaufpreise von Ertragsgrundstücken stattgefunden hat. Besondere objektspezifische Grundstücksmerkmale (§ 8 Abs. 3 ImmoWertV) sind gesondert zu berücksichtigen, insbesondere bei Abweichungen des Wertermittlungsobjekts von den Modellansätzen für die Ermittlung der Liegenschaftszinssätze.
5. Werden renditeorientierte Wohnimmobilien im Paket veräußert, können die nachfolgenden Zinssätze nicht verwandt werden. „Paketverkäufe" unterliegen nach Einschätzung des Gutachterausschusses besonderen Erwartungen und Kaufentscheidungen. In der vorliegenden Untersuchung sind Paketverkäufe nicht berücksichtigt worden, bei denen mehr als vier Grundstücke veräußert wurden.
6. Werden renditeorientierte Wohnimmobilien im Rahmen von Unternehmensverkäufen übereignet, sogenannte Share Deals, besteht keine Übersendungspflicht der Vertragsunterlagen an den Gutachterausschuss. Sie werden daher in der Kaufpreissammlung nicht erfasst und sind somit in der vorliegenden Untersuchung nicht enthalten.

---

28 BauGB i.d.F. vom 03.11.2017 (BGBl. I 2017, 3634), das durch Art. 6 des Gesetzes vom 27.03.2020 (BGBl. I 2020, 587) geändert worden ist.
29 ImmoWertV vom 14.07.2021 (BGBI. I 2021, 2805).
30 DVO-BauGB vom 05.06.2018 (GVBl 2018, 407), geändert durch Art. 3 des Gesetzes vom 27 11 2021 (GVBI 2021, 1 119).

Für die Ableitung der Liegenschaftszinssätze wurde in der Kaufpreissammlung nach Kauffällen in einem Zeitraum vom 3. Januar 2019 bis 30. Juni 2022 recherchiert. Den mathematisch statistischen Analysen lagen insgesamt 1 133 Kauffälle zugrunde, von denen 911 in die Ableitung der Liegenschaftszinssätze eingeflossen sind.
Für die aktuelle Recherche aus der Kaufpreissammlung wurden folgende Kaufpreise nicht berücksichtigt:
Erwerbsumfang kleiner 100 % (= Anteilsverkäufe), Nießbrauch, Wohnungsrechte unentgeltlich, ungewöhnlich niedriger Kaufpreis, Mischbaujahre, Häuser mit Podest/- Außentoilette, Heizungsart nicht bekannt.

Es wurden grundsätzlich nur Kauffälle aus Wohngebieten sowie Gebieten mit misch- oder kerngebietstypischen Nutzungen (Darstellung im Bodenrichtwertatlas typische Nutzungsart = W, M1, M2) berücksichtigt. Fälle in Gewerbegebieten, in Gebieten für sonstige Flächen und Gemeinbedarfsflächen (Darstellung im Bodenrichtwertatlas typische Nutzungsart = G, (Gp), SF, GB) fanden keine Berücksichtigung. Darüber hinaus wurde die Recherche auf die gebietstypische GFZ ≥ 0,4 beschränkt.

Objekte, die z.B. zur Vorbereitung von baulichen Maßnahmen teilentmietet waren, wurden bei der Analyse nicht berücksichtigt. Ferner wurde bei Objekten mit weniger als 20 % leerstehenden Wohneinheiten die durchschnittliche Objektmiete für diese Wohneinheiten in Ansatz gebracht. Hierbei wird kein struktureller Leerstand unterstellt.
Berücksichtigt wurden nur Kauffälle mit Status 7 (Vertrag ausgewertet), Kauffälle mit den Vertragsarten Kauf, Angebot/Annahme, private Versteigerung und Bieterverfahren, Kauffälle mit der preisbestimmende Grundstücksart Mehrfamilienhaus, Wohn- und Geschäftshaus (WG), WG mit Läden/Büroflächen/ Praxisräume, WG (zusätzlich) mit (einzelnen) Kleingewerbe/Werkstätten in Hintergebäuden, Gewerbehof mit Wohnanteil, Baujahr ≥ 1865, gewerblicher Mietertragsanteil ≤ 80% und einer bekannten Jahresnettokaltmiete.

Es erfolgte eine grobe Extremwerteliminierung wie folgt:

- Grundstücksfläche: > 17.000 m² und < 140 m²
- Wohnnutzfläche: > 17.000 m² und < 160 m²

Die Ableitung erfolgte in zwei Schritten. Im ersten Schritt wurde eine Baumanalyse für die Variable Gebietsgruppe durchgeführt.

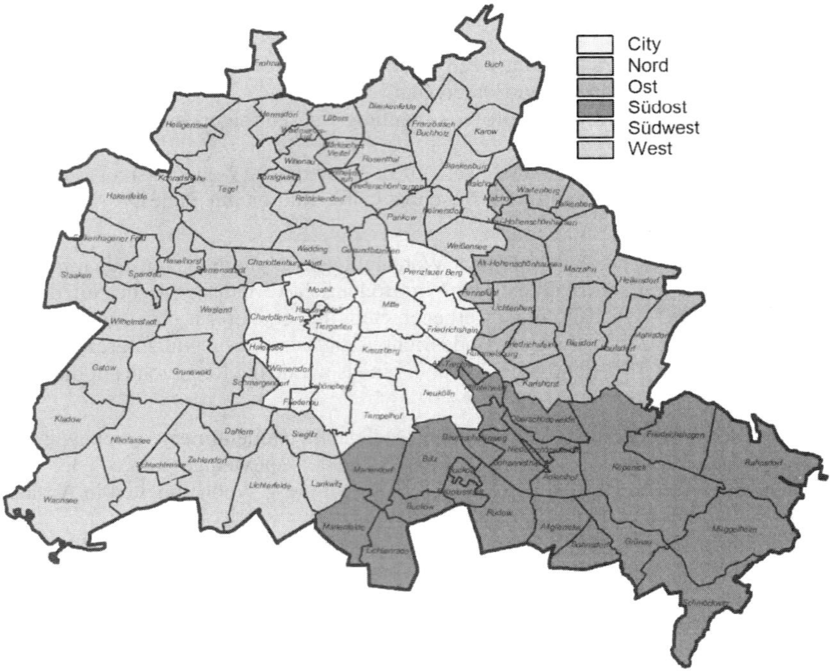

Die hier verwendete Baumanalyse zerlegt die Gesamtheit aller Kauffälle durch sukzessive binäre Splits derart, dass die dabei entstehenden Teile jeweils eine maximale und statistische signifikante Distanz (Mittelwertdifferenz) sowie eine maximale Homogenität, d.h. minimale Streuung aufweisen.
Im Startknoten (vollständiger Datensatz) und jedem Filialknoten wird unter den unabhängigen Variablen (Einflussgrößen) die jeweils am besten trennende Variable mit dem zugehörigen optimalen Cut-off für den folgenden Split rechnerisch ermittelt und der entsprechende Split in die Filialknoten durchgeführt.Anschließend wurde die Regressionsanalyse mit der Variablen monatliche Objektmiete in EUR/m², Bodenrichtwert, tatsächliche GFZ, gewerblicher Mietanteil am Nettojahresrohertrag, Summe aus Wohn- und Nutzfläche, wertrelevante GFZ, Grundstücksfläche und den Dummyvariablen Baujahrsgruppe, Bauzustand, Wohnlagen, Kaufvertragsjahre, Stadtlage, Erhaltungsverordnungsgebiete (§ 172 BauGB), Altbezirke und den Filialknoten der Gebiete durchgeführt.
Die ermittelten Liegenschaftszinssätze wurden mit folgenden Ansätzen abgeleitet:

1.1 Bodenwert

Bei der Auswertung der Kaufverträge durch den Gutachterausschuss wird als Bodenwert der letzte vor dem Kaufzeitpunkt veröffentlichte und hinsichtlich der tatsächlichen GFZ angepasste Bodenrichtwert angesetzt. Der Einfluss der tatsächlichen GFZ wurde mithilfe der von der Geschäftsstelle des Gutachterausschusses ermittelten GFZ-Umrechnungskoeffizienten berücksichtigt (veröffentlicht im ABl. 2004, S. 1101/1102, siehe

www.berlin.de/gutachterausschuss/marktinformationen/daten-zur-wertermittlung/artikel.174898.php).

Für die Anwendung der Liegenschaftszinssätze in den Tabellen 6 bis 9 ist im Rahmen der Modellkonformität der Bodenrichtwert zum 01.01.2022 anzusetzen.

1.2 Stadträumliche Wohnlagen

Eine Einflussgröße ist die Lage im Stadtgebiet. Als ein Merkmal der unterschiedlichen Qualität des Wohnens in der Stadt fließt bei der Analyse des Kaufpreismaterials in der Regel das Merkmal „Wohnlage" ein. Sie spiegelt die Lagequalität des Wohnumfeldes wider.

Die Wohnlagen werden wie folgt definiert:

1. Einfache Wohnlage
2. Mittlere Wohnlage
3. Gute Wohnlage
4. Sehr gute Wohnlage

(siehe www.berlin.de/gutachterausschuss/service/glossar/artikel.158011.php)

1.3 Bezirke/Altbezirke

Die Berechnung des statistischen Modells erfolgte für das Stadtgebiet von Berlin. Im Rahmen der Verwaltungsreform entstanden 2001 aus den ehemaligen 23 Bezirken durch Zusammenlegungen zwölf neue Bezirke. Diese Analyse stellt wegen der hohen statistischen Signifikanz der Kaufpreise bzgl. der Altbezirke auf die 23 Bezirke vor der Verwaltungsreform ab.

(siehe www.berlin.de/gutachterausschuss/service/glossar/artikel.156764.php)

1.3.1 Regionale Einteilung der Ortsteile

Im Laufe der Jahre hat sich die Struktur der Stadt nachhaltig geändert. Eine Teilung in östliches und westliches Stadtgebiet ist nach Einschätzung des Gutachterausschusses auf dem Immobilienmarkt nicht mehr erforderlich. Mit dem Bericht über den Immobilienmarkt Berlin 2015/2016 entfiel daher erstmals die Zweiteilung der Preisniveautabellen zugunsten einer regionalisierten Einteilung der Ortsteile in die Gebietsgruppen:

- City (annähernd das innerstädtische Gebiet innerhalb des S-Bahnrings)
- Nord
- Ost
- Südost
- Südwest
- West

Siehe Tabelle:

Nr.	Aktuelle Bezirke Name	Altbezirke Name	Aktuelle Ortsteile Name	Gebietsgruppe Name	Stadtlage
01	Mitte	Mitte	Mitte	City	Ost
		Tiergarten	Moabit	City	West
			Hansaviertel	City	West
			Tiergarten	City	West
		Wedding	Wedding	Nord	West
			Gesundbrunnen	Nord	West
02	Friedrichshain-Kreuzberg	Friedrichshain	Friedrichshain	City	Ost
		Kreuzberg	Kreuzberg	City	West
03	Pankow	Prenzlauer Berg	Prenzlauer Berg	City	Ost

Nr.	Aktuelle Bezirke Name	Altbezirke Name	Aktuelle Ortsteile Name	Gebietsgruppe Name	Stadtlage
		Weißensee	Weißensee	Nord	Ost
			Blankenburg	Nord	Ost
			Heinersdorf	Nord	Ost
			Karow	Nord	Ost
			Malchow	Nord	Ost
		Pankow	Pankow	Nord	Ost
			Blankenfelde	Nord	Ost
			Buch	Nord	Ost
			Französisch-Buchholz	Nord	Ost
			Niederschön-hausen	Nord	Ost
			Rosenthal	Nord	Ost
			Wilhelmsruh	Nord	Ost
04	Charlottenburg-Wilmersdorf	Charlottenburg	Charlottenburg	City	West
			Westend	Südwest	West
			Charlottenburg-Nord	Nord	West
		Wilmersdorf	Wilmersdorf	City	West
			Schmargendorf	Südwest	West
			Grunewald	Südwest	West
			Halensee	City	West
05	Spandau	Spandau	Spandau	West	West
			Haselhorst	West	West
			Siemensstadt	West	West
			Staaken	West	West
			Gatow	West	West
			Kladow	West	West
			Hakenfelde	West	West
			Falkenhagener-Feld	West	West
			Wilhelmstadt	West	West
			(West-Staaken)*	West	Ost
06	Steglitz-Zehlendorf	Steglitz	Steglitz	Südwest	West
			Lichterfelde	Südwest	West
			Lankwitz	Südwest	West
		Zehlendorf	Zehlendorf	Südwest	West

Nr.	Aktuelle Bezirke Name	Altbezirke Name	Aktuelle Ortsteile Name	Gebiets-gruppe Name	Stadtlage
			Dahlem	Südwest	West
			Nikolassee	Südwest	West
			Wannsee	Südwest	West
			Schlachtensee	Südwest	West
07	Tempelhof-Schöneberg	Schöneberg	Schöneberg	City	West
			Friedenau	City	West
		Tempelhof	Tempelhof	City	West
			Mariendorf	Südost	West
			Marienfelde	Südost	West
			Lichtenrade	Südost	West
08	Neukölln	Neukölln	Neukölln	City	West
			Britz	Südost	West
			Buckow	Südost	West
			Rudow	Südost	West
			Gropiusstadt	Südost	West
09	Treptow-Köpenick	Treptow	Alt-Treptow	Südost	Ost
			Plänterwald	Südost	Ost
			Baumschulen-weg	Südost	Ost
			Johannisthal	Südost	Ost
			Niederschöne-weide	Südost	Ost
			Altglienicke	Südost	Ost
			Adlershof	Südost	Ost
			Bohnsdorf	Südost	Ost
		Köoenick	Oberschöne-weide	Südost	Ost
			Köpenick	Südost	Ost
			Friedrichshagen	Südost	Ost
			Rahnsdorf	Südost	Ost
			Grünau	Südost	Ost
			Müggelheim	Südost	Ost
			Schmöckwitz	Südost	Ost
10	Marzahn-Hellersdorf	Marzahn	Marzahn	Ost	Ost
			Biesdorf	Ost	Ost
		Hellersdorf	Kaulsdorf	Ost	Ost

Nr.	Aktuelle Bezirke Name	Altbezirke Name	Aktuelle Ortsteile Name	Gebietsgruppe Name	Stadtlage
			Mahlsdorf	Ost	Ost
			Hellersdorf	Ost	Ost
11	Lichtenberg	Lichtenberg	Friedrichsfelde	Ost	Ost
			Karlshorst	Ost	Ost
			Lichtenberg	Ost	Ost
			Fennpfuhl	Ost	Ost
			Rummelsburg	Ost	Ost
		Hohenschönhausen	Falkenberg	Ost	Ost
			Malchow	Ost	Ost
			Wartenberg	Ost	Ost
			Neu-Hohenschönhausen	Ost	Ost
			Alt-Hohenschönhausen	Ost	Ost
12	Reinickendorf	Reinickendorf	Reinickendorf	Nord	West
			Tegel	Nord	West
			Konradshöhe	Nord	West
			Heiligensee	Nord	West
			Frohnau	Nord	West
			Hermsdorf	Nord	West
			Waidmannslust	Nord	West
			Lübars	Nord	West
			Wittenau	Nord	West
			Märkisches Viertel	Nord	West
			Borsigwalde	Nord	West

1.4 Baulicher Zustand

Eine weitere Einflussgröße auf den Wert von bebauten Grundstücken ist der bauliche Zustand der baulichen Anlagen. Er fließt in die Analyse des Kaufmaterials ein und wird mit 3 Zustandsnoten beschrieben. Der bauliche Zustand wird nach den folgenden 3 Zustandsnoten unterschieden:

1. Gut
2. Normal
3. Schlecht

Die Kriterien zur Differenzierung des baulichen Zustands werden unter der Internetadresse: https://www.berlin.de/gutachterausschuss/service/glossar/artikel.156899.php beschrieben.

1.5 Durchschnittliche monatliche Objektkaltmiete

Die durchschnittliche monatliche Objektmiete (netto kalt in EUR m² Wohn-/Nutzfläche) ist die auf das Gesamtobjekt berechnete monatliche Durchschnittsmiete incl. nutzflächenbezogener gewerblicher Mieterträge (Ladenräume, Büroräume, Praxen, Lagerräume etc.) sowie der Mieterträge aus sonstiger Vermietung (Garagen, Stellplätze etc.).

1.6 Bewirtschaftungskosten (§ 12Abs. 5 ImmoWertV)

Der Ableitung der Reinerträge aus den Jahresroherträgen (**netto**) liegen folgende jährliche Ansätze für Bewirtschaftungskosten (§ 12Abs. 5 ImmoWertV) zugrunde:

Die Instandhaltungskosten und Verwaltungskosten sind nach der Anlage 3 ImmoWertV wie folgt angesetzt:

Die veröffentlichen Instandhaltungs- und Verwaltungskosten gelten zum Stichtag 01.01.2021.

Diese wurden mithilfe des Verbraucherpreisindex für Deutschland veröffentlicht vom Statistischen Bundesamt für den Monat Oktober 2001= 81,6 gegenüber dem Monat Oktober 2021 = 110,7 angepasst.

Für die Ableitung der Liegenschaftszinssätze wurden folgende Ansätze gewählt:
Instandhaltungskosten

1. Wohnen.: 12,20 EUR / m² Wohnfläche
2. Garagen: 92 EUR je Platz
3. Offene Wagenabstellplätze: 46 EUR je Platz

Eine darüberhinausgehende Differenzierung erfolgt nicht. Mit dem Ansatz einer wirtschaftlichen Restnutzungsdauer wird eine übliche, das heißt von jedem wirtschaftlich handelnden Grundstückseigentümer vorgenommene Instandhaltung unterstellt, die den Bestand und die wirtschaftliche Nutzung des Gebäudes für diesen Zeitraum sicherstellt.

Den Instandhaltungskosten für gewerbliche Nutzung wird jeweils der Vomhundertsatz der Instandhaltungskosten für Wohnnutzung zugrunde gelegt.

100 vom Hundert für gewerbliche Nutzung wie z.B. Büros, Praxen. Geschäfte und vergleichbare Nutzungen.

30 vom Hundert für Nebennutzungen, z.B. Werkstatt. Lager etc. im Keller.

Verwaltungskosten:

1. Wohnen, 312,00 EUR jährlich je Wohnung
2. Gewerbe, 3% vom gewerblichen Mietertrag

Mietausfallwagnis (Anlage 3 ImmoWertV)

Mietausfallwagnis: 2% der jährlichen Netto-Kaltmiete für Wohnnutzung und 4% der jährlichen Netto-Kaltmiete für gewerbliche und sonstige Nutzung, entsprechend der Kaufvertragsauswertung.

1.6.1 Verwaltungskosten (§ 19 Abs. 2 Nr. 1 ImmoWertV)

Die Verwaltungskosten sind nach der Tabelle 1 anzusetzen.

Tabelle 1: Verwaltungskosten in Prozent pro Jahr

Summe Wohn- und Nutz-fläche (m²)	Jährliche Verwaltungskosten in % des Nettojahresrohertrags										
	Monatliche Nettokaltmiete in €/m² Wohn-/Nutzfläche)										
	4,00	5,00	6,00	7,00	8,00	9,00	10,00	11,00	12,00	13,00	14,00
400	7,7	6,9	6,4	6,0	5,6	5,4	5,1	4,9	4,8	4,6	4,5
1 000	7,1	6,3	5,8	5,4	5,1	4,8	4,5	4,3	4,2	4,0	3,9
2 000	6,8	6,1	5,5	5,1	4,8	4,5	4,2	4,0	3,9	3,7	3,6
3 000	6,6	5,9	5,4	5,0	4,6	4,4	4,1	3,9	3,7	3,6	3,4
4 000	6,6	5,8	5,3	4,9	4,6	4,3	4,0	3,8	3,7	3,5	3,4
5 000	6,5	5,8	5,3	4,8	4,5	4,2	4,0	3,8	3,6	3,4	3,3
6 000	6,5	5,7	5,2	4,8	4,5	4,2	3,9	3,7	3,6	3,4	3,3
7 000	6,4	5,7	5,2	4,8	4,4	4,1	3,9	3,7	3,5	3,4	3,2
8 000	6,6	5,7	5,2	4,7	4,4	4,1	3,9	3,7	3,5	3,4	3,2
9 000	6,4	5,7	5,1	4,7	4,4	4,1	3,9	3,7	3,5	3,3	3,2

1.6.2 Instandhaltungskosten (§ 19 Abs. 2 Nr. 2 ImmoWertV)

Die Instandhaltungskosten sind in Anlehnung an die Richtlinie zur Ermittlung des Ertragswerts vom 12.11.2015[31] anzusetzen. Grundlage der nachstehend genannten Werte sind die entsprechenden, überwiegend auch in der Praxis verwendeten Angaben in der Zweiten Berechnungsverordnung (II. BV)[32].

Zur Vermeidung von Wertsprüngen werden vom Gutachterausschuss für alle Jahre dieselben Instandhaltungskosten angesetzt. Innerhalb des Untersuchungszeitraumes erfolgt keine Anpassung nach der Ertragswertrichtlinie. Die in der Ertragswertrichtlinie veröffentlichten Instandhaltungskosten gelten für das Jahr 2015. Diese wurden mithilfe des Preisindex Berlin für Bauleistungen am Bauwerk, Instandhaltung von Mehrfamiliengebäuden ohne Schönheitsreparaturen – Basis 2015 = 100 auf das Jahr 2019 umgerechnet (November 2014 = 98,3, Februar 2020 = 127,6), veröffentlicht vom Amt für Statistik Berlin – Brandenburg.

Für die Ableitung der Liegenschaftszinssätze wurden folgende Ansätze gewählt:

Wohnen:	14,30 EUR / m² Wohnfläche
Garagen:	108 EUR je Platz
Offene Wagenabstellplätze:	54 EUR je Platz

1.6.3 Mietausfallwagnis (§ 19 Abs. 2 Nr. 3 ImmoWertV)

Mietausfallwagnis: 2 % der jährlichen Netto- Kaltmiete für Wohnnutzung und 4 % der jährlichen Netto-Kaltmiete für gewerbliche und sonstige Nutzung, entsprechend der Kaufvertragsauswertung.

31 Richtlinie zur Ermittlung des Ertragswerts (EW-RL) vom 12.11.2015 (BAnz AT 04.12.2015 B4).
32 Zweite Berechnungsverordnung i.d.F. der Bekanntmachung vom 12.10.1990 (BGBl. I S. 2178), die zuletzt durch Art. 78 Abs. 2 des Gesetzes vom 23.11.2007 (BGBl. I 2007, 2614) geändert worden ist.

1.7 Restnutzungsdauer (§ 6 Abs. 6 ImmoWertV)

1.7.1 Baujahre bis 1918 (Altbauten) und Baujahre 1919 bis 1948 (Zwischenkriegsbauten)

Ansatz der Restnutzungsdauer

Tabelle 2

Bauzustand	RND
gut	55
normal	40
schlecht	25

Tabelle 3

Altbauten
Normalausstattung
Zentralheizung* (komplett) und Bäder
Abschlag 5 Jahre keine Zentralheizung (komplett) oder Bäder nicht vorhanden **Abschlag 10 Jahre** weder Zentralheizung (komplett) noch Bäder * Sammel-/Etagenheizung

Tabelle 4

Zwischenkriegsbauten
Normalausstattung Zentralheizung*, Bäder
Abschlag 5 Jahre keine Zentralheizung (komplett)

1.7.2 Baujahre ab 1949

Tabelle 5: Baujahre ab 1949

Baualter in Jahren	Bauzustand		
	gut	normal	schlecht
bis 2	80	–	–
3–7	75	–	–
8–12	70	65	60
13–17	65	60	55
18–22	60	55	50
23–27	55	50	45
28–32	55	45	40
33–37	55	40	35
38–42	55	40	30
43–47	55	40	25
48–57	55	40	25
ab 58	55	40	25

2 Liegenschaftszinssätze

Die ausgewiesenen Liegenschaftszinssätze sind auf der Grundlage der unter 1. beschriebenen Modellannahmen und der sich hierfür ergebenden Regressionsgleichungen berechnet worden.

Die Ergebnisse der multivariaten Regressionen sind im Folgenden differenziert nach drei Altbezirksgruppen dargestellt.

Tabelle 6

Liegenschaftszinssätze für Objekte in der Gebietsgruppe Südwest*, Altbezirke Steglitz und Wilmersdorf (Ortsteile Schmargendorf, Grunewald) (Die Liegenschaftszinssätze sind für das 2021 und für die Baujahre 1919, 1919 bis 1948 und 1973-1990 Ost berechnet)							
Monatliche Objektmiete in EUR/m²							
5,00	**6,00**	**7,00**	**8,00**	**9,00**	**10,00**	**11,00**	**12,00**
1,5	1,6	1,7	1,9	2,0	2,1	2,2	2,3

Die besonderen Hinweise unter Punkt 0 sind zu beachten.

Tabelle 7

Liegenschaftszinssätze für Objekte in der Gebietsgruppe West, Altbezirk Spandau (Die Liegenschaftszinssätze sind für das 2021 und für die Baujahre 1919, 1919 bis 1948 und 1973-1990 Ost berechnet.)							
Monatliche Objektmiete in EUR/m²							
5,00	**6,00**	**7,00**	**8,00**	**9,00**	**10,00**	**11,00**	**12,00**
1,5	1,6	1,7	1,9	2,01	2,1	2,2	2,3

Die besonderen Hinweise unter Punkt 0 sind zu beachten.

Tabelle 8

Liegenschaftszinssätze für Objekte in der Gebietsgruppe Ost, Altbezirke Lichtenberg, Hohenschönhausen, Marzahn und Hellersdorf (Die Liegenschaftszinssätze sind für das 2021 und für die Baujahre 1919, 1919 bis 1948 und 1973-1990 Ost berechnet.)							
Monatliche Objektmiete in EUR/m²							
5,00	**6,00**	**7,00**	**8,00**	**9,00**	**10,00**	**11,00**	**12,00**
1,3	1,4	1,6	1,7	1,8	1,9	2,0	2,1

Die besonderen Hinweise unter Punkt 0 sind zu beachten.

Tabelle 9

Liegenschaftszinssätze für Objekte in der Gebietsgruppe City, Altbezirke Mitte, Tiergarten, Wilmersdorf (Ortsteile Wilmersdorf und Halensee) und Tempelhof (Ortsteil Tempelhof) (Die Liegenschaftszinssätze sind für das Jahr 2021 und für die Baujahre 1919, 1919 bis 1948 und 1973-1990 Ost berechnet.)							
Monatliche Objektmiete in EUR/m²							
5,00	**6,00**	**7,00**	**8,00**	**9,00**	**10,00**	**11,00**	**12,00**
1,3	1,4	1,6	1,7	1,8	1,9	2,0	2,1
Korrekturen: Altbezirk Prenzlauer Berg + 0,2 Friedrichshain + 0,4 Kreuzberg + 0,3 Charlottenburg (Ortsteil Charlottenburg) + 0,2 Schöneberg + 0,2 Neukölln (Ortsteil Neukölln) + 0,2							

Die besonderen Hinweise unter Punkt 0 sind zu beachten.

Tabelle 10

Liegenschaftszinssätze für Objekte in der Gebietsgruppe Nord*, Altbezirke Weddingund Pankow (Die Liegenschaftszinssätze sind für das 2021 und für die Baujahre 1919, 1919 bis 1948 und 1973-1990 Ost berechnet.)							
Monatliche Objektmiete in EUR/m²							
5,00	**6,00**	**7,00**	**8,00**	**9,00**	**10,00**	**11,00**	**12,00**
1,3	1,4	1,6	1,7	1,8	1,9	2,0	2,1
Korrekturen: Altbezirk Weißensee + 0,6 Reinickendorf + 0,5 *Für den Altbezirk Charlottenburg (Ortsteil Charlottenburg-Nord), Weißensee (Ortsteil Heinersdorf), Reinickendorf (Ortsteile Frohnau, Konradshöhe, Lübars und Wittenau) und Pankow (Ortsteil Blankenfelde) liegen keine Kauffälle vor							

Tabelle 11

Liegenschaftszinssätze für Objekte in der Gebietsgruppe Südost*, Altbezirke Treptow und Köpenick (Die Liegenschaftszinssätze sind für das 2021 und für die Baujahre 1919, 1919 bis 1948 und 1973-1990 Ost berechnet.)							
Monatliche Objektmiete in EUR/m²							
5,00	**6,00**	**7,00**	**8,00**	**9,00**	**10,00**	**11,00**	**12,00**
1,3	1,4	1,6	1,7	1,8	1,9	2,0	2,1
Korrekturen: Altbezirk Neukölln (Ortsteile Britz, Buckow, Rudow, Gropiusstadt) + 0.2 *Für die Altbezirke Treptow (Ortsteil Altglienicke) und Köpenick (Ortsteile Rahnsdorf, Müggelheim und Schmöckwitz) liegen keine Kauffälle vor.							

Diese Korrekturen sind auf die Tabellen 6 bis 11 anzuwenden:

Baujahresgruppe:

Altbauten (Baujahre vor 1919):	± 0,0
Zwischenkriegsbauten (Baujahre 1919 bis 1948):	± 0,0
Baujahre 1949 bis 1972:	+ 0,3
Baujahre 1973 bis 1990 im Westteil:	+ 0,3
Baujahre 1973 bis 1990 im Ostteil:	± 0,0
Baujahre 1991 bis 2002:	+ 0,3
Baujahr nach 2002:	k.A.

Gewerblicher Mietanteil am Nettojahresrohertrag in Prozent:

0:	± 0,0
10:	+ 0,05
20:	+ 0,10
30:	+ 0,15
40:	+ 0,20
45:	+ 0,23

Weitere Einflussfaktoren auf die Höhe des Liegenschaftszinssatzes sind gemäß Untersuchungsergebnis nicht signifikant nachgewiesen.

Statistische Angaben zum verwendeten Datenmaterial

Hier nicht abgedruckt

Bei Fragen zu dieser Veröffentlichung wenden Sie sich bitte an Herrn Lange (Tel. (030) 90139-5232) oder Frau Prokott (Tel. (030) 90139-5234).

Anlage 2 Spanne der Liegenschaftszinssätze, Gesamtnutzungsdauer und Bewirtschaftungskosten

Empfehlungen des Immobilienverbands IVD Bundesverband 225

Spanne der Liegenschaftszinssätze, Gesamtnutzungsdauer und Bewirtschaftungskosten (01. Januar2025)
Empfehlungen des Immobilienverbands IVD Bundesverband

Objektart		Liegenschafts-zinssatz Mittlere Spanne	Nutzungsdauer (übliche Gesamt-nutzungsdauer) Mittlere Spanne	Bewirtschaftungs-kosten Mittlere Spanne
A 1	Villa, großes Einfamilienhaus	1,0 – 3,5 %	70 – 90 Jahre	18 – 30 %
A 2	Freistehendes Einfamilienhaus	1,5 – 4,0 %	60 – 80 Jahre	18 – 30 %
A 3	Nicht freistehendes EFH, Doppelhaushälfte und Reihenhaus	1,5 – 4,5 %	60 – 80 Jahre	18 – 30 %
A 4	Eigentumswohnung	1,5– 4.5 %	60 – 80 Jahre	18 – 35 %
A 5	EFH mit Einliegerwohnung bis Dreifamilienhaus	1,5 – 4,5 %	60 – 80 Jahre	18 – 35 %
B 1	Vierfamilienhaus bis Mehrfamilienhaus	2,5 – 5,5 %	60 – 80 Jahre	20 – 35 %
B 2	Wohn- und Geschäftshäuser bis 20 % Gewerbeflächenanteil	3,5 – 7,5 %	60 – 80 Jahre	20 – 35 %
B 3	Wohn- und Geschäftshäuser 20 % bis 80 % Gewerbeflächenanteil	4,0 – 7,5 %	50 – 70 Jahre	20 – 35 %
C 1	Büro- und Geschäftshäuser	4,0 – 8,0 %	40 – 60 Jahre	20 – 35 %
C 2	Verbrauchermärkte	6,0 – 8,5 %	20 – 40 Jahre	10 – 20 %
C 3	Lager- und Produktionshallen	4,5 – 8,5 %	20 – 40 Jahre	15 – 30 %
C 4	Industrieobjekte	6,5 – 9,5 %	20 – 40 Jahre	15 – 30 %
C 5	Sport- und Freizeitanlagen	6,5 – 9,5 %	20 – 40 Jahre	15 – 30 %
D 1	Öffentliche Gebäude mit Drittverwendungsmöglichkeit	6,0 – 7,5 %	50 – 80 Jahre	15 – 30 %
D 2	Öffentliche Gebäude ohne Drittverwendungsmöglichkeit	7,0 – 8,5 %	40 – 80 Jahre	15 – 30 %
E 1	Klinik und Pflege, Sozialimmobilien	6,0 – 8,0 %	30 – 60 Jahre	20 – 35 %
E 2	Hotels	5,0 – 8,5 %	40 – 60 Jahre	20 – 35 %

Erklärungen:
Die empfohlenen Werte sind dann anzuwenden, wenn keine konkreten Marktdaten bekannt sind. Die Einordnung der Spannen hat unter Berücksichtigung des konkreten Bewertungsgegenstandes zu erfolgen.
Es wird empfohlen Liegenschaftszinssätze langfristig vermieteter Wohnobjekte (A1 bis A5) ist ca 0,25 – 0,50 % höher festzusetzen.

Quelle: IVD: https://ivd.net/wp-content/uploads/2021/12/2021/Liegenschaftszins%C3%A4tze.pdf

Anlage 3

226 Bekanntmachung der Senatsverwaltung für Stadtentwicklung vom 19.05.2023 (ABl. Berlin 2023, 2269).

1. Vorbemerkung

Aufgrund des § 193 Abs. 5 des Baugesetzbuchs (BauGB)[33] i.V.m. § 13 der Verordnung zur Durchführung des BauGB (DVO BauGB[34]) werden nachstehend für die Wertermittlung erforderliche Daten gemäß § 14 der Immobilienwertermittlungsverordnung (ImmoWertV)[35] veröffentlicht.

A Vorbemerkungen

Bei der Verkehrswertermittlung nach dem Sachwertverfahren gemäß §§ 35 bis 39 ImmoWertV wird der Sachwert des Grundstücks aus dem Sachwert der nutzbaren baulichen und sonstigen Anlagen sowie dem Bodenwert ermittelt. Dabei sind die allgemeinen Wertverhältnisse auf dem Grundstücksmarkt durch die Anwendung von Sachwertfaktoren zu berücksichtigen. Sachwertfaktoren werden aus dem Verhältnis geeigneter Kaufpreise zu entsprechenden Sachwerten abgeleitet. Die Ableitung der Sachwertfaktoren erfolgt mit Hilfe mathematisch-statistischer Analysen. Bei der Anwendung der Sachwertfaktoren ist zwingend Modellkonformität einzuhalten.

Die Verwendung der nachfolgenden Sachwertfaktoren ersetzt nicht automatisch die nach ImmoWertV erforderliche Marktanpassung ermittelter Sachwerte. Eine Marktanpassung kann vor allem dann erforderlich werden, wenn nach dem Stichtag eine deutliche Entwicklung der Kaufpreise von Sachwertgrundstücken stattgefunden hat. Besondere objektspezifische Grundstücksmerkmale (§ 8 Abs. 3 ImmoWertV) sind gesondert zu berücksichtigen, insbesondere bei Abweichungen des Wertermittlungsobjekts von den Modellansätzen für die Ermittlung der Sachwertfaktoren.

1 Verwendete Daten und Ermittlungsmethodik

Für die Ableitung der Sachwertfaktoren wurde in der Kaufpreissammlung nach Kauffällen in einem Zeitraum vom 30.10.2019 bis zum 30.06.2022 recherchiert. Den mathematisch-statistischen Analysen lagen insgesamt 3.694 Kauffälle zugrunde.

Berücksichtigt wurden nur Kauffälle mit Status 7 (Vertrag ausgewertet), Kauffälle mit den Vertragsarten Kauf, Angebot/Annahme und private Versteigerung, Kauffälle mit der preisbestimmenden Grundstücksart Einfamilienhäuser, Einfamilienhäuser mit Einliegerwohnung, Zweifamilienhäuser, Villen, Landhäuser und einer gebietstypischen GFZ<= 0,6 und Kauffälle, bei denen Angaben zu Baujahr, baulicher Zustand, Gebäudeart Gebäudestellung, Gebäudekonstruktion, Anzahl der Vollgeschosse und Keller bekannt waren. Weiterhin wurden Kauffälle, bei denen eine Wertminderung wg. Baumängel/- schäden berücksichtigt wurde, nicht bei der Recherche mit einbezogen.

Aufgrund textlicher Angaben wurden Kauffälle nicht berücksichtigt, bei denen zusätzliche Hinweise auf Wohn-, Miet- oder Nutzungsrechte vorhanden waren, Ratenzahlungen vereinbart wurden oder private Bindungen bestanden.

33 BauGB i.d.F. vom 03.11.2017 (BGBl. I 2017, 3634), das durch Art. 6 des Gesetzes vom 27.03.2020 (BGBl. I 2020, 587) geändert worden ist.
34 DVO-BauGB vom 05.06.2018 (GVBl 2018, 407).
35 ImmoWertV vom 14.07.2021 (BGBl. I 2021, 2805).

Es erfolgte eine grobe Extremwerteliminierung wie folgt:

- Sachwert des Grundstücks: > = 5.000.000,- EUR
- Grundstücksfläche: > = 3000 m2 und <= 119 m^2
- Tatsächliche GFZ: >= 1,22 und <= 0,06

Die Ableitung erfolgte in zwei Schritten. Im ersten Schritt wurde eine Baumanalyse für die Variable Altbezirke durchgeführt.

Die hier verwendete Baumanalyse zerlegt die Gesamtheit aller Kauffälle durch sukzessive binäre Splits derart, dass die dabei entstehenden Teile jeweils eine maximale und statistische signifikante Distanz (Mittelwertdifferenz) sowie eine maximale Homogenität, d.h. minimale Streuung, aufweisen.

Im Startknoten (vollständiger Datensatz) und jedem Filialknoten wird unter den unabhängigen Variablen (Einflussgrößen) die jeweils am besten trennende Variable mit dem zugehörigen optimalen Cut-off für den folgenden Split rechnerisch ermittelt und der entsprechende Split in die Filialknoten durchgeführt.

Anschließend wurde die Regressionsanalyse mit der Variablen Sachwert des Grundstücks und den Dummyvariablen Baujahrsgruppe, Bauzustand, Wohnlage, Kaufvertragsjahr, Stadtlage, Gebäudeart, Gebäudekonstruktion, Bauerrichtungsvertrag und den Endknoten der Altbezirke durchgeführt.

2 Teilmarkt

Die Untersuchung erstreckte sich ausschließlich auf Einfamilienhäuser, Einfamilienhäuser mit Einliegerwohnungen und Zweifamilienhäuser, die als Massiv- beziehungsweise Fertighaus errichtet worden sind, sowie Villen und Landhäuser.
Kauffälle, bei denen die schlüsselfertige Errichtung durch den Erstverkäufer erfolgte, sind in der Analyse enthalten.

B Grundsätze der Kaufvertragsauswertung

Der Ableitung der Sachwertfaktoren liegen folgende Annahmen zugrunde:

- Es wurden nur ursprüngliche Baujahre angesetzt.
- Es erfolgte keine Korrektur des Baujahres auf Grund von Modernisierungen.
- Eine Innenbesichtigung der Objekte erfolgte nicht.
- Es fand keine Überprüfung statt, ob Grundstücke rechtlich teilbar sind.
- Es sind ausschließlich bezugsfreie Objekte in der Auswertung berücksichtigt.
- Es fließen keine Grundstücke mit Wasserlage in die Ableitung ein.

1 Ermittlung der Sachwerte

- Die Berechnung der Brutto-Grundfläche (BGF) erfolgt in Anlehnung an die DIN 277 – 1: 2005-02 (siehe Anlage 4 der ImmoWertV).
- Für die jeweiligen Gebäudetypen werden die NHK 2010 mit der Standardstufe 4 angesetzt (siehe Anlage 4 der ImmoWertV). Dabei ist folgendes zu beachten:
  - Ist das Dachgeschoss unter 50 % ausgebaut, wird der NHK-Typ nicht ausgebautes Dachgeschoss angewendet; ist das Dachgeschoss größer gleich 50 % ausgebaut, wird der NHK-Typ ausgebaut angewendet.
  - Bei einer Giebelhöhe von kleiner gleich 1,50 m ist die BGF für das Dachgeschoss nicht zu berücksichtigen.
  - Bei einer Giebelhöhe von kleiner gleich 1,50 m ist die BGF für das Dachgeschoss nicht zu berücksichtigen.

- Spitzböden, soweit diese nicht sinnvoll zum Aufenthalt genutzt werden können (z.B. fensterlos oder nur über eine mobile Treppe/Leiter zugänglich), werden nicht berücksichtigt.
- Für Gebäude mit Teilkellern und Tiefkellern wird der NHK-Typ unterkellert angewendet.
- Für 3-geschossige Gebäudetypen sind die NHKs wie für 2-geschossige Gebäudetypen in Abhängigkeit des Kellerausbaus, der Dachform und der Gebäudestellung anzusetzen.
- Eine Korrektur bzgl. Zweifamilienhäuser findet nicht statt.

• Der Regionalfaktor beträgt 1,0.

• Preisindex für den Neubau von Wohngebäuden einschl. Umsatzsteuer zum Kaufzeitpunkt (2015 = 100) veröffentlicht in den Statistischen Berichten des Statistischen Bundesamts umbasiert mit dem Faktor 1,110 auf das Jahr 2010.

• Die Gesamtnutzungsdauer beträgt 80 Jahre.

• Für die Ermittlung der Wertminderung wegen Alters gemäß ImmoWertV wird die lineare Abschreibung angesetzt.

• Die wirtschaftliche Restnutzungsdauer beträgt bei Baujahren bis 1948 in Abhängigkeit vom baulichen Zustand:
  - Gut: 55 Jahre
  - Normal: 40 Jahre
  - Schlecht: 25 Jahre.

• Die wirtschaftliche Restnutzungsdauer beträgt bei Baujahren ab 1948 in Abhängigkeit vom Bauzustand.

Baualter in Jahren	Bauzustand		
	gut	normal	schlecht
bis 2	80	75	70
3–7	75	70	65
8–12	70	65	60
13–17	65	60	55
18–22	60	55	50
23–27	55	50	45
28–32	55	45	40
33–37	55	40	35
38–42	55	40	30
43–47	55	40	25
48–52	55	40	25
52–57	55	40	25
ab 58	55	40	25

2 Bodenwert

Für den Bodenwert wird der letzte vor dem jeweiligen Vertragsdatum des Kauffalles veröffentlichte Bodenrichtwert angesetzt. Eine GFZ-Anpassung wurde nicht vorgenommen. (Internetadresse: http://www.berlin.de/gutachterausschuss/marktinformationen/bodenrichtwerte/).

Für die Anwendung der Sachwertfaktoren ist im Rahmen der Modellkonformität der Bodenrichtwert zum 01.01.2022 anzusetzen.

3 Bauliche Anlagen

Villen bzw. Landhäuser sind aufwendig errichtete Gebäude auf entsprechendem Grundstück, die sich von ihrer Größe, ihrer Bauweise, ihrer Ausstattung sowie ihrer Außengestaltung (und ihrem Preis) vom Üblichen nach oben abheben. Derartige Gebäude sind vorrangig in besseren Wohnlagen anzutreffen.Nicht zu verwenden bei Nutzung als Mehrfamilienhaus (sog. Stadtvillen) nach entsprechendem Umbau.

Fertighäuser sind in industrieller Vorfertigung errichtete Ein- oder Zweifamilienhäuser.

Für die Anwendung der Sachwertfaktoren ist der Preisindex für den Neubau von Wohngebäuden einschl. Umsatzsteuer Mai 2022 (2015 = 100) veröffentlicht in den Statistischen Berichten des Statistischen Bundesamts umbasiert mit dem Faktor 1,110 auf das Jahr 2010 anzusetzen.

4 Außenanlagen, bauliche Nebenanlagen und besondere Betriebseinrichtungen

Der Kaufpreis ist um den Zeitwert der baulichen Nebenanlagen (Garagen, Geräteschuppen etc.), der besonderen Außenanlagen (Brunnenanlagen, besondere und umfangreiche Wege- bzw. Hofbefestigungen etc.), der besonderen Betriebseinrichtungen (immobile Anlagen) und den Kaufpreisanteil für Nebenflächen (Straßenland etc.), soweit diese bekannt sind, bereinigt worden.

5 Stadträumliche Wohnlagen

Eine Einflussgröße, insbesondere für den Wert von Bauland, Eigenheimen und Wohnungseigentum, ist die Lage im Stadtgebiet. Als ein Merkmal der unterschiedlichen Qualität des Wohnens in der Stadt fließt bei der Analyse des Kaufpreismaterials i.d.R. das Merkmal „Wohnlage" ein. Sie spiegelt die Lagequalität des Wohnumfeldes wider.

Die Wohnlage wird nach folgenden Kategorien unterschieden:

1. Einfache Wohnlage
2. Mittlere Wohnlage
3. Gute Wohnlage
4. Sehr gute Wohnlage

Die Kriterien zur Differenzierung der Wohnlagen werden unter der Internetadresse: http://www.berlin.de/gutachterausschuss/service/glossar/artikel.158011.php beschrieben.

6 Baulicher Zustand

Eine weitere Einflussgröße auf den Wert von bebauten Grundstücken ist der bauliche Zustand der baulichen Anlagen. Er fließt in die Analyse des Kaufmaterials ein und wird mit 3 Zustandsnoten beschrieben. Der bauliche Unterhaltungszustand wird nach den folgenden 3 Zustandsnoten unterschieden:

1. Gut
2. Normal
3. Schlecht

Die Kriterien zur Differenzierung der baulichen Unterhaltungszustände werden unter der Internetadresse: http://www.berlin.de/gutachterausschuss/service/glossar/artikel.156899.php beschrieben.

7 Erläuterungen zu den folgenden Tabellen

Aus der mathematisch-statistischen Analyse zur Ableitung von Sachwertfaktoren ergaben sich 2 Gruppen mit unterschiedlichen Gebäudetypen gemäß Tabelle 1.

Tabelle 1

Für die Gebäudetypen freistehende Ein- und Zweifamilienhäuser, Doppelhaushälften, Reihenmittelhäuser und Reihenendhäuser für alle Baujahre, Massiv- und Fertighäuser sind Sachwertfaktoren für folgende Altbezirke dargestellt	
1	Pankow, Spandau, Zehlendorf und Hohenschönhausen
2	Steglitz, Lichtenberg, Treptow und Charlottenburg
3	Tempelhof, Neukölln, Wilmersdorf und Marzahn
4	Reinickendorf, Weißensee. Hellersdorf und Köpenick

Neben den Sachwertfaktoren werden auch

- die Mittelwerte derjenigen Daten, die bei der Berechnung der Sachwertfaktoren aus dem Kaufpreismaterial eingeflossen sind, und
- die 5%- und 95%-Perzentile für die Einzelwerte (d.h. 90 % aller verwendeten Daten lagen in diesem Bereich)

in den Tabellen 2 und 3 veröffentlicht.

Die Angabe dieser Datenbereiche soll den Sachverständigen ermöglichen, bei Wertermittlungen, in denen Einzelansätze außerhalb des hier verwendeten Datenmaterials liegen, Risiken bei der Verwendung der Sachwertfaktoren einzuschätzen.

Aufgrund der geringen Fallzahlen können für den Gebäudetyp Villen/Landhäuser keine Sachwertfaktoren abgeleitet werden.

Bei Fragen zu dieser Veröffentlichung wenden Sie sich bittean gaa@sensw.berlin.de oder Frau Prokott (Tel (030) 901395234).

C Sachwertfaktoren

1 Statistische Angaben zum verwendeten Datenmaterial

Tabelle 2 Darstellung der Mittelwerte inklusive der 5 % der 95 % Perzentile der Einzelwerte, d.h. 90 % aller verwendeten Daten liegen innerhalb dieses Bereichs

	Kaufpreis/Sachwert			Grundstücksfläche (m^2)			Brutto-Grundfläche (m^2)			Angepasster Bodenrichtwert (1.1.2005) pro m^2 Fläche		
Anzahl	x 5%- bzw. 95%-Perzentile der Einzelwerte	Min.	Max.	x 5%- bzw. 95%-Perzentile der Einzelwerte	Min.	Max.	x 5%-bzw. 95%-Perzentile der Einzelwerte	Min.	Max.	x 5%- bzw. 95%-Perzentile der Einzelwerte	Min.	Max.
3 472	1,238 0,760–1,680	0.33	2,53	567 222–1 028	125	1 825	258 144–437	80	1 025	540 290–1 000	190	2 900

Tabelle 3 Darstellung der Mittelwerte inklusive der 5%- der 95%-Perzentile der Einzelwerte, d.h. 90 % aller verwendeten Daten liegen innerhalb dieses Bereichs

	NHK 10* einschließlich Baunebenkosten und Regionalfaktor			Sachwert des Grundstücks			tatsächliche GFZ			Bauzustand		Wohnlage	
Anzahl	x 5%-bzw. 95%-Perzentile der Einzelwerte	Min.	Max.	x 5%-bzw. 95%-Perzentile der Einzelwerte	Min.	Max.	x 5%-bzw. 95%-Perzentile der Einzelwerte	Min.	Max.	gut	normal	einfach	mittel
										schlecht		gut	Sehr gut
										Anteil in %		Anteil in %	
3 472	9738 825–1 215	740	1 420	502 344 237 163–946 226	122 940	2 090 114	0,26 0,10–0,55	0,07	1,15	21,9	76,4	25,0	61,5
										1,7		13,3	0,1

* Normalherstellungskosten 2010 und Regionalfaktor (1,0)

2 Sachwertfaktoren

Tabelle 4 Sachwertfaktoren für Objekte in den Altbezirken Pankow (148), Spandau (560), Zehlendorf (214) und Hohenschönhausen (136) zum Stichtag

Sachwertfaktoren des Grundstücks (EUR)						
Sachwert des Grundstücks (€)						
100 000	250 000	400 000	600 000	800 000	950 000	*2 100 000*
1,44	1,39	1,34	1,28	1,21	1,17	*0,80*
Die kursiv dargestellten Werte sind die gerundeten Minimum-/Maximumwerte aus der Tabelle 3.						
Innerhalb der Tabellenwerte kann linear interpoliert werden.						

Tabelle 5 Sachwertfaktoren für Objekte in den Altbezirken Steglitz (178), Lichtenberg (35), Treptow (205) und Charlottenburg (22) zum Stichtag

Sachwert des Grundstücks (€)						
100 000	250 000	400 000	600 000	800 000	950 000	*2 100 000*
1,49	1,44	1,39	1,33	1,27	1,22	*0,86*
Die kursiv dargestellten Werte sind die gerundeten Minimum-/Maximumwerte aus der Tabelle 3.						
Innerhalb der Tabellenwerte kann linear interpoliert werden.						

Tabelle 6 Sachwertfaktoren für Objekte in den Altbezirken Tempelhof (360), Neukölln (464), Wilmersdorf (4) und Marzahn (98) zum Stichtag.

Sachwert des Grundstücks (€)						
100 000	200 000	400 000	600 000	800 000	950 000	*2 100 000*
1,39	1,35	1,30	1,23	1,17	1,12	*0,76*
Die kursiv dargestellten Werte sind die gerundeten Minimum-/Maximumwerte aus der Tabelle 3.						
Innerhalb der Tabellenwerte kann linear interpoliert werden.						

Tabelle 7 Sachwertfaktoren für Objekte in den Altbezirken Reinickendorf (661), Weißensee (90), Hellersdorf (170) und Köpenick (127) zum Stichtag.

Sachwert des Grundstücks (€)						
100 000	200 000	400 000	600 000	800 000	950 000	*2 100 000*
1,37	1,32	1,27	1,21	1,15	1,10	*0,74*
Die kursiv dargestellten Werte sind die gerundeten Minimum-/Maximumwerte aus der Tabelle 3.						
Innerhalb der Tabellenwerte kann linear interpoliert werden.						

Bei Abweichung des Bewertungsobjekts von den oben genannten Eigenschaften in den Tabellen 4, 5 und 6 ändert sich der Sachwertfaktor wie folgt:

Korrekturwerte (Additionskonstanten):

Baujahrsgruppen[36]

Baujahrsgruppen bis 1919	– 0,168
Baujahrsgruppen 1920–1948	– 0,180
Baujahrsgruppen 1949–1970:	– 0,225
Baujahrsgruppen 1971–1990:	+ 0,140
Baujahrsgruppen 1991–2009:	± 0
Baujahrsgruppen 2010–2017:	+ 0,073
Baujahrsgruppen ab 2018:	± 0

Gebäudeart

Gebäudeart freistehendes Ein-/Zweifamilienhaus:	±0
Gebäudeart Doppelhaushälfte:	+0,087
Gebäudeart Reihenendhaus:	+0,212
Gebäudeart Reihenmittelhaus:	+ 0,358

Bauzustand

Gebäude in gutem Zustand:	± 0
Gebäude in normalem Zustand:	± 0
Gebäude in schlechtem Zustand:	– 0,127

36 8 Kauffälle.

Gebäudekonstruktion

Fertighaus:	– 0,071
Massivhaus:	± 0

Stadträumliche Wohnlage

Gebäude in einfacher stadträumlicher Wohnlage:	– 0,0370
Gebäude in mittlerer stadträumlicher Wohnlage:	± 0
Gebäude in guter stadträumlicher Wohnlage:	+ 0,053
Gebäude in sehr guter stadträumlicher Wohnlage:	+ 0,386

Stadtlagen

Westteil:	+ 0,082
Ostteil:	± 0

Tabelle 7 Altbezirke

	Häufigkeit	Prozent
Charlottenburg	22	0,96
Spandau	560	16,1
Wilmersdorf	4	0,1
Zehlendorf	214	6,2
Steglitz	178	5,1
Tempelhof	360	10,4
Neukölln	464	13,4
Treptow	205	5,9
Köpenick	127	3,7
Lichtenberg	35	1,0
Weißensee	90	2,6
Pankow	148	4,3
Reinickendorf	661	19,0
Marzahn	98	4,3
Hohenschönhausen	136	19,0
Hellersdorf	70	6,2
Gesamt	3 472	100,0

Tabelle 8 Gebäudestellung

Gebäudestellung		
	Häufigkeit	Prozent
Freistehendes Einfamilienhaus	2 228	64,2
Doppelhaushälfte	693	20,0
Reihenhaus	335	9,6
Reihenendhaus	216	6,2
Gesamt	3 472	100,0

Tabelle 9 Baujahrsgruppe

Baujahrsgruppe		
	Häufigkeit	**Prozent**
bis 1919	14	0,4
1920 bis 1948	898	25,9
1949 bis 1970	700	20,2
1971 bis 1990	862	24,8
1991 bis 2009	478	13,8
2010 bis 2017	166	4,9
ab 2018	354	10,2
Gesamt	3 471	100

§ 22 ImmoWertV
Erbbaurechts- und Erbbaugrundstücksfaktoren

(1) Erbbaurechts- und Erbbaugrundstücksfaktoren dienen im Wesentlichen der Berücksichtigung der dem Erbbaurecht allgemein beizumessenden Werteinflüsse, soweit sie nicht bereits im finanzmathematischen Wert berücksichtigt sind.

(2) Erbbaurechtsfaktoren geben das Verhältnis des vorläufigen Vergleichswerts des Erbbaurechts zum finanzmathematischen Wert des Erbbaurechts an. Erbbaugrundstücksfaktoren geben das Verhältnis des vorläufigen Vergleichswerts des Erbbaugrundstücks zum finanzmathematischen Wert des Erbbaugrundstücks an.

(3) Die Erbbaurechtsfaktoren und Erbbaugrundstücksfaktoren werden nach den Grundsätzen der §§ 50 und 52 auf der Grundlage von geeigneten Kaufpreisen und den diesen Kaufpreisen entsprechenden finanzmathematischen Werten ermittelt.

Gliederungsübersicht *Rn.*

1 Erbbaurechts- und Erbbaugrundstücksfaktoren (§ 22 ImmoWertV)

▶ *Vgl. § 50 ImmoWertV*

Bei der Verkehrswertermittlung von Erbbaurechten muss grundsätzlich unterschieden werden zwischen 1

- dem **Verkehrswert des Erbbaurechts** und
- dem **Verkehrswert des mit einem Erbbaurecht belasteten Grundstücks** (*Erbbaurechtsgrundstück*).

Der Verkehrswert des Erbbaurechts und des mit einem Erbbaurecht belasteten Grundstücks (Erbbaurechtsgrundstück) kann grundsätzlich nach dem in den §§ 50 bis 52 ImmoWertV geregelten direkten und indirekten Vergleichswertverfahren gegebenenfalls auf der Grundlage des ***finanzmathematischen Werts des Erbbaurechts*** ermittelt werden. 2

Die dort geregelten Vergleichswertverfahren zur Ermittlung des Marktwerts von Erbbaurechten und Erbbaugrundstücken sind mehrstufig ausgebildet. Ausgangspunkt ist stets die Ermittlung 3

a) des *direkt aus geeigneten Vergleichspreisen von Erbbaurechten* (§ 49 ImmoWertV) bzw. des *Erbbaugrundstücks* (§ 51 ImmoWertV) abgeleiteten vorläufigen Vergleichswerts,

b) des vorläufigen fiktiven marktangepassten Verkehrswerts des unbelasteten Grundstücks (Volleigentum) i.S. des § 49 Abs. 1 Satz 2 ImmoWertV oder

c) des *finanzmathematischen Werts des Erbbaurechts* (§ 50 ImmoWertV) bzw. des *finanzmathematischen Werts des Erbbaugrundstücks* (§ 52 ImmoWertV).

4 Die jeweils ermittelten *vorläufigen* Verfahrenswerte bedürfen der Anpassung an die Lage auf dem Grundstücksmarkt. Im Fall der **Anwendung des indirekten Vergleichswertverfahrens auf der Grundlage des finanzmathematischen Werts** nach Maßgabe der §§ 50 und 52 ImmoWertV werden *die vorläufigen* Verfahrenswerte mittels objektspezifisch angepasster **Erbbaurechts- bzw. Erbbaugrundstücks*faktoren*** der Lage auf dem Grundstücksmarkt angepasst[1]. Es handelt sich insoweit um Marktanpassungsfaktoren.

Erbbaurechts- und Erbbaugrundstücksfaktoren sind abhängig von:

- der Nutzung,
- dem regionalen Teilmarkt,
- der Restlaufzeit des Erbbaurechtsvertrags,
- der Höhe des erzielbaren Erbbauzinses,
- der Anpassungsmöglichkeit des Erbbauzinses,
- der Lage,
- der Höhe des unbelasteten Bodenwerts.

5 Die im konkreten Bewertungsfall zu berücksichtigenden vertraglichen Vereinbarungen, insbesondere zu den tatsächlich erzielbaren Erbbauzinsen, sind bei Anwendung des indirekten Vergleichswertverfahrens auf der Grundlage des finanzmathematischen Werts des Erbbaurechts nur noch insoweit ergänzend zu berücksichtigen, wie sie noch nicht hinreichend in den finanzmathematischen Wert eingegangen sind. **Vereinbarungen über einen nicht zu entschädigenden Wertanteil der baulichen und sonstigen Anlagen** im Falle einer über die Restlaufzeit hinausgehenden Restnutzungsdauer der baulichen Anlagen sind nach § 50 Abs. 2 Satz 2 und § 52 Abs. 2 Satz 2 ImmoWertV bei der Ermittlung des finanzmathematischen Werts ergänzend zu berücksichtigen. Im Umkehrschluss zu dieser Regelung müssen solche Vereinbarungen bei der Ableitung von Erbbaurechts- und Erbbaugrundstücksfaktoren außer Betracht bleiben.

6 Im Fall der **Anwendung des indirekten Vergleichswertverfahrens** werden *die vorläufigen* Verfahrenswerte mittels eines **Erbbaurechts- und Erbbaugrundstücks*koeffizienten* nach § 23 ImmoWertV** über das sich daraus ergebende Wertverhältnis zum jeweils fiktiven Wert des jeweiligen unbelasteten Grundstücks hergeleitet, wobei die Lage auf dem Grundstück implizit berücksichtigt wird und allenfalls eine ergänzende Marktanpassung erforderlich sein kann.

7 **Erbbaurechts- und Erbbaugrundstücksfaktoren werden** vom Gutachterausschuss aus **geeignete Kaufpreisen** abgeleitet (§ 9 Abs. 1 und § 12 Abs. 3 ImmoWertV). Sie sind nach § 9 Abs. 1 Satz 4 ImmoWertV – wortgleich mit § 12 Abs. 3 Satz 3 ImmoWertV – mithin um den um die **Werteinflüsse besonderer objektspezifischer Grundstücks-merkmale** zu bereinigen.

1 Die Faktoren treten an die Stelle der Marktanpassungsfaktoren für das Erbbaurecht/Erbbaugrundstück nach der WertR 2006 (Nr. 4.3.2.2 Abs. 1, Satz 2 bzw. Nr. 4.3.3.2.1 Abs. 4).

2 Erbbaurechtsfaktoren (§ 22 ImmoWertV)

2.1 Definition

Erbbaurechtsfaktoren geben nach § 22 Abs. 2 ImmoWertV das **Verhältnis des vorläufigen Vergleichswerts des Erbbaurechts zum jeweiligen finanzmathematischen Wert des Erbbaurechts an.** 8

$$\text{Erbbaurechtsfaktor}_i = \sum_{1}^{n} \frac{\text{Kaufpreis des Erbbaurechts}}{\text{Finanzmathematisch ermittelter Wert des Erbbaurechts}} / n$$

Erbbaurechtsfaktoren fallen für unterschiedliche Grundstücksarten, insbesondere für Ein- und Zweifamilienhäuser, Reihenend- und -mittelhäuser, Doppelhaushälften und Grundstückslagen unterschiedlich aus (vgl. § 23 ImmoWertV Rn. 4 ff.). Sie werden deshalb gegliedert nach Grundstücksarten u.a. in Abhängigkeit vom Erbbauzins und der Restlaufzeit des Erbbaurechts differenziert nach Verträgen mit und ohne Anpassungsklauseln sowie der Höhe des unbelasteten Bodenwerts aus geeigneten Kaufpreisen von Erbbaurechten i.S. des § 12 Abs. 3 ImmoWertV und den diesen Kaufpreisen entsprechenden finanzmathematischen Werten abgeleitet. Handelt es sich um **unbebaute Erbbaurechte**, so darf der Erbbaurechtsfaktor auch nur von unbe-bauten Erbbaurechten abgeleitet werden. Zu Überprüfung des ermittelten unbebauten Erbbaurechts kann der Wert des vergleichbaren Erbbaugrundstücks dienen. 9

Den vom Gutachterausschuss abgeleiteten Erbbaurechtsfaktoren ist – wie im Übrigen auch den Erbbaugrundstücksfaktoren – eine **Modellbeschreibung** unter Angabe der zur Kapitalisierung des marktüblichen bzw. der tatsächlichen Erbbauzinses angesetzten Zinssätze beizufügen. Das Muster der Gliederung einer Modellbeschreibung für Erbbaurechtsfaktoren in **Anhang G der ImmoWertVA zur ImmoWertV**ist in der Beispielrechnung bei § 50 ImmoWertV Rn. 27 und § 52 ImmoWertV Rn. 17 abgedruckt. 10

2.2 Finanzmathematischer Wert eines Erbbaurechts

Erbbaurechtsfaktoren werden zur Ermittlung des Marktwerts von Erbbaurechten im Wege des Vergleichswertverfahrens nach § 50 ImmoWertV gebraucht, wenn der vorläufige Vergleichswert des Erbbaurechts nicht im direkten Preisvergleich auf der Grundlage einer ausreichenden Anzahl geeigneter Vergleichspreise für Erbbaurechte ermittelt werden kann. In diesem Fall kann vom sog. ***vorläufigen*** **finanzmathematischen Wert des Erbbaurechts** ausgegangen werden. Dieser bestimmt sich nach § 50 Abs. 2 ImmoWertV aus 11

- dem *Gebäudeanteil*, ermittelt aus dem marktangepassten vorläufigen Verkehrswert des unbelasteten Grundstücks (Volleigentum) abzüglich des Bodenwerts,
- zuzüglich des sog. *Bodenwertanteils*, i.d.R. ermittelt aus der über die Restlaufzeit des Erbbaurechts kapitalisierten Differenz aus dem angemessenen und dem erzielbaren Erbbauzins.

Der so ermittelte vorläufige finanzmathematische Wert des Erbbaurechts ergibt multipliziert mit dem einschlägigen Erbbaurechtsfaktor den vorläufigen Vergleichswert des Erbbaurechts (§ 49 Abs. 2 Nr. 2 ImmoWertV). Dieser ist mittels eines Marktanpassungsfaktors bzw. durch Zu- oder Abschläge den am Wertermittlungsstichtag herrschenden allgemeinen Wertverhältnissen auf dem Grundstücksmarkt anzupassen, soweit dieser mit dem vorstehenden Verfahrensgang noch nicht hinreichend erfasst wird. Der Vergleichswert des Erbbaurechts ergibt sich sodann unter ergänzender Berücksichtigung besonderer objektspezifischer Grundstücksmerkmale, soweit sie mit dem objektspezifisch angepassten Erbbaurechtsfaktor noch nicht erfasst sind. 12

2.3 Verfügbarkeit von Erbbaurechtsfaktoren

13 Erbbaurechtsfaktoren sind nach § 193 Abs. 5 Satz 2 Nr. 2 BauGB vom Gutachterausschuss für Grundstückswerte **abzuleiten und nach Maßgabe landesrechtlicher Vorschriften zu veröffentlichen (z.B. in** Grundstücksmarktberichten oder sonstigen Bekanntmachungen; § 199 Abs. 2 Nr. 4 BauGB).

14 Darüber hinaus wird in § 9 Abs. 3 Satz 3 ImmoWertV klargestellt, dass u.a. **Erbbaurechtsfaktoren geschätzt werden können, wenn dafür keine geeigneten Daten zur Verfügung stehen.**

2.4 Beispiele zu Erbbaurechtsfaktoren

15 *Beispiel 1*
Der Gutachterausschuss des *Landkreises Wesel* hat den finanzmathematischen Erbbaurechtsfaktor ermittelt mit:
Erbbaurechtsfaktor = – 0,1553 × ln (finanzmathematischer Wert des Erbbaurechts) + 2,7137
Folgendes Berechnungsbeispiel wird dazu gegeben:
Sachverhalt: Zu ermitteln ist der Verkehrswert eines Erbbaurechts an einem Einfamilienhausgrundstück.

– Bodenwert des unbelasteten, unbebauten und erschließungsbeitragsfreien Grundstücks	60 000 €
– Wert der baulichen und sonstigen Anlagen	100 000 €
– Restnutzungsdauer der baulichen Anlagen	50 Jahre
– Restlaufzeit des Erbbaurechts	50 Jahre
– Jährlich erzielbarer Erbbauzins (wertgesichert)	748,95 €
– Liegenschaftszinssatz für Einfamilienhäuser Grundstück	3,0 %
– Bodenwertverzinsungsbetrag (60 000 € × 0,03)	1 800 €

Berechnung:

Bodenwertanteil des Erbbaurechts

– Bodenwertverzinsungsbetrag	1 800,00 €	
– Vertraglich und gesetzlich erzielbarer Erbbauzins	748,95 €	
– Differenz	1 051,05 €	
– Kapitalisierungsfaktor bei 50 Jahren Restlaufzeit und 3 % Liegenschaftszinssatz	× 25,73	
– Bodenwertanteil des Erbbaurechts		= 27 044 €

Verkehrswert des Erbbaurechts

– Wert der baulichen und sonstigen Anlagen (Gebäudewertanteil)	100 000 €	
– Bodenwertanteil des Erbbaurechts	+ 27 044 € ←	
– Finanzmathematischer Wert des Erbbaurechts	127 044 €	
Erbbaurechtsfaktor (vgl. oben)	× 0,89	
– Zwischensumme		= 113 069 €
– Zu- und Abschläge wegen vertraglicher Besonderheiten		0 €
Verkehrswert des Erbbaurechts		≈ 113 000 €

Beispiel 2 16
Der Gutachterausschuss für Grundstückswerte im Bereich der *Stadt Bottrop* hat folgende *(finanzmathematischen)* Erbbaurechtsfaktoren ermittelt:

Abb. 1: Erbbaurechtsfaktoren für den individuellen Wohnungsbau

Erbbaurechtsfaktoren für den individuellen Wohnungsbau in Abhängigkeit vom finanzmathematischen Wert	
Bottrop	
Finanzmathematischer Wert in €	**Erbbaurechtsfaktor**
100 000	1,10
150 000	1,08
200 000	1,05
250 000	1,02
300 000	1,00
350 000	0,97
400 000	0,94
450 000	0,92

Quelle: Grundstücksmarktbericht 2024

Finanzmathematisch ermittelter Wert des Erbbaurechts für ein Einfamilienhausgrundstück 200000 €

Verkehrswert des Erbbaurechts bei einem Erbbaurechtsfaktor von 1,05

200 000 Euro x 1,05 = 210 000 Euro

Beispiel 3 17
Vom Gutachterausschuss *Duisburg* wurden für den individuellen Wohnungsbau folgende Erbbaurechtsfaktoren auf der Grundlage von 24 Fällen der Jahre 2021/2022 aus den Verhältnissen Kaufpreis zu „Finanzmathematischem Wert des Erbbaurechts" abgeleitet:

Finanzmathematischer Wert desErbbaurechts (analog WertR 2006)	Erbbaurechtsfaktor
125 000 EUR	2,29
150 000 EUR	2,08
175 000 EUR	1,90
200 000 EUR	1,74
225 000 EUR	1,60

Quelle: Grundstücksmarktbericht 2023

Mittelwert und Standardabweichung wurden bei folgenden Kennzahlen der Stichprobe ermittelt:

Kennzahlen der Stichprobe	Mittelwert	Standardabweichung
Restlaufzeit des Erbbaurechts	64 Jahre	± 16 Jahre
Kapitalisierungszinssatz des unbelasteten Grundstücks	2 %	± 0,3 %
lagetypischer Bodenwert	307 EUR/m²	± 66 EUR/m²

Quelle: Grundstücksmarktbericht 2024

Abhängigkeiten bezüglich der Art des Erbbaurechtsvertrags (mit oder ohne Anpassungsklausel) konnten nicht nachgewiesen werden.

Anwendungsbeispiel (Regelfall):

Angenommene Ausgangsdaten

Sachwert der baulichen und sonstigen Anlagen:		180.000 €
Bodenwert des unbelasteten Grundstücks (erschließungsbeitragsfrei):	80.000 €	
Restlaufzeit des Erbbaurechts:	40 Jahre	
Restnutzungsdauer der baulichen Anlagen:	40 Jahre	
vertraglich und gesetzlich erzielbarer Erbbauzins:	748,95 €	
Kapitalisierungszinssatz des unbelasteten Grundstücks, hier Doppelhaushälfte mit 40 Jahren Restnutzungsdauer:	1,1 %	

Wertermittlung

Verzinsungsbetrag des Bodenwerts:	80.000 € x	1,1 % =	880,00 €
vertraglich und gesetzlich erzielbarer Erbbauzins:			– 748,95 €
Differenz:			131,05 €
Kapitalisierungsfaktor bei 40 Jahren Restlaufzeit des Erbbaurechts		/ 1,1 %:	
Bodenwertanteil des Erbbaurechts:	131,05 € x	32,2195 =	4.222 €
Finanzmathematischer Wert des Erbbaurechts:			**184.222 €**
Erbbaurechtsfaktor:	1,70		
Marktangepasster Wert:	184.222 € x	1,70 =	313.177 €
Verkehrswert des Erbbaurechts:			**313.000 €**

18 *Beispiel 4*

Vom Gutachterausschuss im*Rhein-Erft-Kreis* wurde für freistehende Gebäude, Doppelhaushälften und Reihenhäuser ein Erbbaurechtsfaktor von 0,88 bezogen auf eine Restlaufzeit des Erbbaurechts von 58,8 Jahren, eine Restnutzungsdauer von 46,5 Jahren, eine Wohnfläche von 139,7 m² und einem Erbbauzins von 1,1 % ermittelt. In Abhängigkeit vom finanzmathematisch ermittelten Wert ergaben sich folgende Erbbaurechtsfaktoren (Marktanpassungsfaktoren):

Finanzmathematischer Wert des Erbbaurechts (analog WertR 2006)	**Erbbaurechtsfaktor**
50 000 EUR	1,02
100 000 EUR	0,99
150 000 EUR	0,97
200 000 EUR	0,95
250 000 EUR	0,93
300 000 EUR	0,90
350 000 EUR	0,88
400 000 EUR	0,86

Finanzmathematischer Wert des Erbbaurechts (analog WertR 2006)	Erbbaurechtsfaktor
450 000 EUR	0,84
500 000 EUR	0,81
550 000 EUR	0,79
600 000 EUR	0,77

Quelle: Grundstücksmarktbericht 2023

19 *Beispiel 5*

Der Gutachterausschuss von *München* hat Erbbaurechtsfaktoren für Ein- und Zweifamilienhäuser aus dem Verhältnis von geeigneten Kaufpreisen zu deren finanzmathematischem Wert des Erbbaurechts ermittelt.

Erbbaurechtsfaktoren für Einfamilienhäuser in München 2020								
	Erbbaurechtsverträge *mit* Anpassungsklauseln Erbbauzinsen von rd. 800 bis 7.000 Euro pro Jahr 28 Objekte, Baujahre 1960 bis 2012, durchschnittliche Restlaufzeit der Erbbaurechte 56 Jahre				**Erbbaurechtsverträge *ohne* Anpassungsklauseln** Erbbauzinsen 30 Euro und 130 Euro pro Jahr; 2 Objekte, Baujahre 1959 und 1960, durchschnittliche Restlaufzeit der Erbbaurechte 35 Jahre			
Merkmal	**Anzahl**	**Erbbauzins/Faktor**			**Anzahl**	**Erbbauzins/Faktor**		
		1,3 %	1,5 %	1,7 %		1,3 %	1,5 %	1,7 %
Alle Objekte	28	1,60	1,45	1,34	2	1,41	1,32	1,24
Reiheneckhaus	6	1,77	1,58	1,40				
Reihenmittelhaus	13	1,72	1,57	1,45				
Doppelhaushälfte	6	1,41	1,27	1,17				
Ein und Mehrfamilienhaus	3	1,18	1,09	1,02				

Quelle: Grundstücksmarktbericht 2020

Weitere Beispiele 20

Erbbaurechtsfaktoren

	Köln			**Düsseldorf**		
	freistehend	**Doppel- und Reihenendhäuser**	**Reihenmittelhäuser**	**EFH/ ZFH**	**ETW**	**MFH, Gem. Nutzung**
Erbbaurechtsfaktor	0,92	1,00	0,89	0,8	1,0	1,0
Standardabweichung	± 0,14	± 0,13	± 0,15			
Anzahl der Kaufverträge	5	24	21			
Quelle	Grundstücksmarktbericht 2024			Grundstücksmarktbericht 2024		

Erbbaurechtsfaktoren zum finanzmathematischen Wert des Erbbaurechts					
		Bielefeld	**Bottrop**	**Duisburg**	**Märkischer Kreis**
		EFH, ZFH, DHH, RH	**Individueller Wohnungsbau**	**EFH**	**EFH/ZFH**
Bodenrichtwert		**320 €/m²**			
Bezugszeitpunkt		2024	2024	2023	2024
Finanzmathematischer Wert des Erbbaurechts					
100 000		-	1,10	-	-
125 000		-	-	2,29	1,00
140 000		1,77	-	-	-
150 000		1,70	1,08	2,08	**1,00**
160 000		1,64	-	-	-
170 000		1,59	-	-	-
175 000		-	-	1,90	0,99
180 000		1,54	-	-	-
190 000		1,49	-	-	-
200 000		1,45	1,05	1,74	0,98
210 000		1,41	-	-	-
220 000		1,38	-	-	-
225 000		-	-	1,60	0,98
230 000		1,34	-	-	-
240 000		1,31	-	-	-
250 000		1,28	1,02	-	0,97
260 000		1,25	-	-	-
270 000		1,23	-	-	-
275 000		-	-	-	0,96
280 000		1,20	-	-	-
290 000		1,18	-	-	-
300 000		1,16	**1,00**	-	0,96
325 000		-	-	-	0,95
350 000		-	0,97	-	0,94
400 000		-	0,94	-	-
450 000		-	0,92	-	-

Quelle: Grundstücksmarktbericht 2024

Erbbaurechtsfaktoren zum vorläufigen Sachwert	
Bodenrichtwert **Bezugszeitpunkt** **Vorläufiger Sachwert in EUR**	**Unna** **EFH, ZFH** **2024**
140 000	1,69
150 000	1,65
160 000	1,61
170 000	1,57
180 000	1,54
190 000	1,59
200 000	1,50
210 000	1,47
220 000	1,44
230 000	1,42
240 000	1,39
250 000	1,36
260 000	1,31
270 000	1,29
280 000	1,27
290 000	1,25
300 000	1,23
310 000	1,21
320 000	1,19
330 000	1,17
340 000	1,15
350 000	1,14
360 000	1,12
370 000	1,10
380 000	1,09
390 000	1,07
400 000	1,05
410 000	1,04
420 000	1,02
430 000	1,01
440 000	**1,00**
450 000	0,98
460 000	0,97
470 000	0,96
480 000	0,94
490 000	0,93
500 000	0,92
510 000	0,91

Quelle: Grundstücksmarktbericht 2024

3 Erbbaugrundstücksfaktoren (§ 22 Abs. 2 ImmoWertV)

3.1 Definition

21 Erbbaugrundstücksfaktoren geben nach § 22 Abs. 2 ImmoWertV das Verhältnis des vorläufigen Vergleichswerts des Erbbaugrundstücks zum finanzmathematischen Wert des Erbbaurechts an. Der Vergleichspreis ergibt sich aus einer hinreichenden Anzahl n geeigneter Kaufpreise i.S. des § 12 Abs. 3 ImmoWertV und den diesen Kaufpreisen jeweils entsprechenden finanzmathematischen Werten. Käufer ist dabei in aller Regel der Erbbauberechtigte.

$$\text{Erbbaugrundstücksfaktor} = \sum_{1}^{n} \frac{\text{Kaufpreis des Erbbaugrundstücks}_i}{\text{Finanzmathematischer ermittelter Wert des Erbbaugrundstücks}_i} / n$$

22 **Erbbaugrundstücksfaktoren fallen für unterschiedliche Grundstücksarten**, insbesondere für Ein- und Zweifamilienhäuser, Reihenend- und -mittelhäuser, Doppelhaushälften **und Grundstückslagen unterschiedlich aus** (vgl. § 23 ImmoWertV Rn 4ff.). Sie werden deshalb gegliedert nach Grundstücksarten u.a. in Abhängigkeit vom Erbbauzins und der Restlaufzeit des Erbbaurechts differenziert nach Verträgen mit und ohne Anpassungsklauseln sowie nach der Höhe des unbelasteten Bodenwerts aus geeigneten Kaufpreisen von Erbbaugrundstücken und den diesen Kaufpreisen entsprechenden finanzmathematischen Werten des Erbbaugrundstücks abgeleitet. Bei den Käufern handelte es sich überwiegend um die jeweiligen Erbbauberechtigten.

23 Den vom Gutachterausschuss abgeleiteten Erbbaugrundstücksfaktoren ist – wie auch den Erbbaurechtsfaktoren – eine **Modellbeschreibung** unter Angabe der zur Kapitalisierung des marktüblichen bzw. des tatsächlichen Erbbauzinses angesetzten Zinssätzen beizufügen.

3.2 Finanzmathematischer Wert eines Erbbaugrundstücks

24 Erbbaugrundstücksfaktoren werden zur Ermittlung des Marktwerts von Erbbaugrundstücken im Wege des Vergleichswertverfahrens nach § 51 ImmoWertV gebraucht, wenn der vorläufige Vergleichswert des Erbbaugrundstücks nicht im direkten Preisvergleich auf der Grundlage einer ausreichenden Anzahl geeigneter Vergleichspreise von Erbbaugrundstücken ermittelt werden kann. In diesem Fall kann vom sog. ***vorläufigen*** **finanzmathematischen Wert des Erbbaugrundstücks** ausgegangen werden. Dieser bestimmt sich nach § 51 Abs. 2 ImmoWertV.

25 Zur Ermittlung des finanzmathematischen Werts eines Erbbaugrundstücks wird vom ***vorläufigen*** **finanzmathematischen Wert des Erbbaugrundstücks** ausgegangen. Dieser bestimmt sich nach § 52 Abs. 2 ImmoWertV aus

- dem über die Restlaufzeit des Erbbaurechts kapitalisierten vertraglich und gesetzlich erzielbaren jährlichen Erbbauzins,
- zuzüglich dem über die Restlaufzeit des Erbbaurechts kapitalisierten erzielbaren Erbbauzinses, der sich aus dem im Erbbaurechtsvertrag vereinbarten Erbbauzins unter Berücksichtigung vertraglich vereinbarter und gesetzlich zulässiger Anpassungsmöglichkeiten ergibt (§ 50 Abs. 4 ImmoWertV)

26 Der so ermittelte vorläufige finanzmathematische Wert des Erbbaurechts ergibt multipliziert mit dem einschlägigen Erbbaugrundstücksfaktor den vorläufigen Vergleichswert des Erbbaugrundstücks (§ 51 Abs. 2 Nr. 2 ImmoWertV). Dieser ist mittels eines Marktanpassungsfaktors bzw. durch Zu- oder Abschläge den am Wertermittlungsstichtag herrschenden allgemeinen Wertverhältnissen auf dem Grundstücksmarkt anzupassen, soweit dieser mit dem vorstehenden Verfahrensgang noch nicht hinreichend erfasst wird. Der Vergleichswert des Erbbaurechts ergibt sich sodann unter ergänzender Berücksichtigung besonderer objektspezifischer Grundstücksmerkmale, soweit sie mit dem objektspezifisch angepassten Erbbaugrundstücksfaktor noch nicht erfasst sind.

3.3 Verfügbarkeit von Erbbaugrundstücksfaktoren

Erbbaugrundstücksfaktoren sind nach § 193 Abs. 5 Satz 2 Nr. 2 BauGB vom Gutachterausschuss für Grundstückswerte **abzuleiten und nach Maßgabe landesrechtlicher Vorschriften zu veröffentlichen (z.B. in** Grundstücksmarktberichten oder sonstigen Bekanntmachungen; **§ 199 Abs. 2 Nr. 4 BauGB**). 27
Darüber hinaus wird in § 9 Abs. 3 Satz 3 ImmoWertV klargestellt, dass u.a. **Erbbaugrundstücksfaktoren geschätzt werden können, wenn dafür keine geeigneten Daten zur Verfügung stehen.**

3.4 Beispiele zu Erbbaugrundstücksfaktoren

Beispiel 1 28
Der Gutachterausschuss der Stadt *Bottrop* hat z.B. für Erbbaugrundstücke des individuellen Wohnungsbaus auf der Grundlage von geeigneten Kaufpreisen aus den Jahren 2016–2023 bezogen auf einen erschließungsbeitragsfreien (ebpf) Bodenwert und einen Liegenschaftszinssatz von 3 % folgende finanzmathematischen Erbbaugrundstücksfaktoren abgeleitet.

Erbbaurechtsgrundstücksfaktoren für den individuellen Wohnungsbau in Abhängigkeit vom Erbbauzins	
Bottrop	
Erbbauzins	**Erbbaurechtsgrundstücksfaktor**
1,00	1,71
2,00	1,57
3,00	1,44
4,00	1,30
5,00	1,16
6,00	1,02
6,15	**1,00**
7,00	0,88
8,00	0,74

Quelle: Grundstücksmarktbericht 2024

Finanzmathematischer Wert	56 000 €
erzielbarer Erbbauzins	2,53 €/m² p.a.

Verkehrswert des Erbbaurechtsgrundstücks (Erbbaurechtsgrundstücksfaktor interpoliert)

56 000 Euro x (–0,1389 x 2,53 + 1,8517) = **84016 €**

29 Zur Anpassung des finanzmathematisch ermittelten Werts des Erbbaugrundstücks an die Lage auf dem Grundstücksmarkt haben verschiedene Gutachterausschüsse Erbbaugrundstücksfaktoren abgeleitet durch Gegenüberstellung tatsächlich gezahlter Kaufpreise zu den „finanzmathematisch" ermittelten Bodenwerten der Erbbaugrundstücke:

Erbbaugrundstücksfaktoren für Erbbaugrundstücke [Ein- und Zweifamilienhäuser]		
finanzmathematisch ermittelter Bodenwert [€/m²]	**Iserlohn**	**Märkischer Kreis**
	Erbbaugrundstücksfaktor	
	2024	2024
40	-	1,91
60	1,53	1,66
80	1,39	1,40
100	1,26	1,14
120	1,13	-
140	**1,00**	-
160	0,86	-

Quelle: GAA Iserlohn, Grundstücksmarktbericht

30 *Beispiel 2*

Erbbaugrundstücksfaktoren wurden 2021 für Ein- und Zweifamilienhäuser vom Gutachterausschuss in *Duisburg* aus dem Verhältnis von geeigneten Kaufpreisen zu deren finanzmathematischem Wert des Erbbaugrundstücks ermittelt. Bei den Käufern handelte es sich überwiegend um die jeweiligen Erbbauberechtigten.

Abb. 2: Erbbaugrundstücksfaktoren für Ein- und Zweifamilienhäuser in Duisburg

Erbbaugrundstücksfaktoren für Ein- und Zweifamilienhäuser in Duisburg 2021				
Finanzmathematischer Wert des Erbbaugrundstücks	**EFH/ZFH**	**Referenzwerte**	**Mittelwert**	**Standardabweichung**
€	**2021**			
50 000	1,12	Kapitalisierungszinssatz des unbelasteten Grundstücks Restlaufzeit des Erbbaurechts	3,1 %	± 0,4 %
75 000	1,06			
100 000	1,01	Restlaufzeit	68 Jahre	± 11 Jahre
125 000	0,98	Lagetypischer Bodenwert	270 €/m²	± 56,0 €/m²
150 000	0,95			

Quelle: Grundstücksmarktbericht 2021

Zur **Ermittlung des Verkehrswerts des Erbbaugrundstücks** wird zunächst der Wert des unbelasteten Bodens über die (Rest-)Laufzeit abgezinst, denn er fällt dem Eigentümer erst nach Ende der Laufzeit des Erbbaurechts wieder zu. Darüber hinaus wird der Vorteil der jährlichen Erbbauzinseinnahme über die (Rest-)Laufzeit kapitalisiert. Die jeweiligen Teilwerte ergeben zusammen den finanzmathematischen Wert des Erbbaugrundstücks. Dieser wird mit dem Erbbaugrundstücksfaktor multipliziert und ergibt den Marktwert des Erbbaugrundstücks. 31

Folgendes *Beispiel* wird vom Gutachterausschuss gegeben:
Ausgangsdaten: Einfamilienhaus

Bodenwert des unbelasteten Grundstücks	150 000 €
Restlaufzeit des Erbbaurechts	38 Jahre
Kapitalisierungszinssatz des unbelasteten Grundstücks (DHH)	
bei 38 Jahren RND	2,1 % = 0,021
Vertraglich und gesetzlich erzielbarer Erbbauzins	748,95 €

Ermittlung des finanzmathematischen Werts des Erbbaugrundstücks

Bodenwert	150 000	€			
Abzinsungsfaktor bei 2,1 % und 38 Jahren		x	0,4540	=	68 100 €
Vertraglich und gesetzlich erzielbarer Erbbauzins	748,95	€			
x Kapitalisierungszinsfaktor bei 38 Jahren		x	26,0017		+ 19 474 €
= Finanzmathematischer Wert des Erbbaugrundstücks				rd.	**87 574 €**
Ermittlung des Verkehrswerts des Erbbaugrundstücksrechts					
x Erbbaugrundstücksfaktor nach Tabelle bei finanzmathematischem Wert des Erbbaugrundstücks					x 1,03
					90 201 €
Verkehrswert des Erbbaugrundstücks				rd.	**90 000 €**

Beispiel 3 32

Der Gutachterausschuss von *Dresden* gibt für Erbbaugrundstücke mit Einfamilienhäusern[2] einen finanzmathematischen **Erbbaugrundstücksfaktor** von 0,95 bis 1,25 (Verhältnis Kaufpreis zu finanzmathematischem Wert) an, untergliedert nach der Höhe des Erbbauzinssatzes:

- Erbbauzins 3 % Erbbaugrundstücksfaktor 0,97
- Erbbauzins 4 % Erbbaugrundstücksfaktor 1,03

2 Grundstücksmarktbericht 2013, S. 62.

33 *Beispiel 4*
Der Gutachterausschuss für Grundstückswerte im Bereich der Landeshauptstadt *München* hat aus 17 Verkäufen aus den Jahren 2004 bis 2013 (als arithmetische Mittelwerte) für **„Einfamilienhausgrundstücke** mit Erbbaurechtsbelastung" auf der Grundlage von

- Ankäufen des belasteten Grundstücks bis auf eine Ausnahme durch den Erbbauberechtigten,
- Verkäufen in neun Fällen zwischen „privaten" Vertragsparteien, in vier Fällen Kapitalgesellschaften und in drei Fällen der öffentlichen Hand sowie
- Erbbaurechten mit einer Restlaufzeit von 22 bis 78 Jahren

folgende Erbbaugrundstücksfaktoren abgeleitet:

Abb. 3: Erbbaugrundstücksfaktoren von München

	Erbbaugrundstücksfaktoren für Einfamilienhäuser (EFH)			
Erbbauzinssatz	**Verträge *mit* Anpassungsklausel**		**Verträge *ohne* Anpassungsklausel**	
	Erbbaugrundstücksfaktoren	**Standardabweichung**	**Erbbaugrundstücksfaktoren**	**Standardabweichung**
1,5 %	0,72	± 0,22	0,79	± 0,11
2,0 %	0,87	± 0,26	1,00	± 0,14
2,5 %	1,04	± 0,32	1,25	± 0,18
3,0 %	1,23	± 0,40	1,57	± 0,22

Quelle: Grundstücksmarktbericht 2014

34 Die ermittelten Erbbaugrundstücksfaktoren liegen aufgrund des besonderen Interesses der Erbbauberechtigten im Wesentlichen stets über 1,0; d.h., die Kaufpreise sind im Durchschnitt höher als der finanzmathematisch ermittelte Wert des Erbbaugrundstücks.
Anwendung von Erbbaugrundstücksfaktoren
Zu bewerten ist ein Einfamilienhausgrundstück mit Erbbaurechtsbelastung, Käufer ist der Erbbauberechtigte.

– Unbelasteter Bodenwert	245 000 €
– Restlaufzeit des Erbbaurechts	45 Jahre
– jährlicher Erbbauzins (vertraglich und gesetzlich erzielbar)	2 250 €
– unterstellter Erbbauzinssatz	3,0 %
– Vertrag mit Anpassungsklausel	

Finanzmathematischer Wert des Erbbaugrundstücks

Abgezinster Bodenwert rund	65 000 €
Barwert des vertraglich und gesetzlich erzielbaren Erbbauzinses	rd. 55 000 €
	120 000 €

Verkehrswert des Erbbaugrundstücks bei einem Erbbaugrundstücksfaktor von 1,20

120 000 € × 1,20 = 145 000 €

35 Für **Erbbaugrundstücke des Geschosswohnungsbaus** hat der Gutachterausschuss von *München* (2013) einen durchschnittlichen Erbbaugrundstücksfaktor von 0,97 (0,70–1,11) ermittelt, bezogen auf einen Erbbauzinssatz von 3,5 % und unter Ausschluss älterer Erbbaurechtsverträge mit zurückhängendem Erbbauzins. Käufer war auch wieder stets der Erbbauberechtigte.

§ 23 ImmoWertV
Erbbaurechts- und Erbbaugrundstückskoeffizienten

(1) Erbbaurechts- und Erbbaugrundstückskoeffizienten dienen im Wesentlichen der Berücksichtigung der dem Erbbaurecht allgemein beizumessenden Werteinflüsse.

(2) Die Erbbaurechtskoeffizienten geben das Verhältnis des vorläufigen Vergleichswerts des Erbbaurechts zum Wert des fiktiven Volleigentums im Sinne des § 49 Absatz 1 Satz 2 an. Die Erbbaugrundstückskoeffizienten geben das Verhältnis des vorläufigen Vergleichswerts des Erbbaugrundstücks zum Bodenwert des fiktiv unbelasteten Grundstücks im Sinne des § 47 Absatz 1 Satz 1 Nummer 2 an.

(3) Die Erbbaurechtskoeffizienten werden auf der Grundlage von geeigneten Kaufpreisen und den diesen Kaufpreisen entsprechenden Werten des fiktiven Volleigentums ermittelt. Die Erbbaugrundstückskoeffizienten werden auf der Grundlage von geeigneten Kaufpreisen und den diesen Kaufpreisen entsprechenden Bodenwerten der fiktiv unbelasteten Grundstücke ermittelt.

Gliederungsübersicht *Rn.*

1 Erbbaurechts- und Erbbaugrundstückskoeffizient (§ 23 ImmoWertV)

► *Vgl. § 51 ImmoWertV; Teil VIII Rn. 54 ff.*

§ 23 ImmoWertV regelt die Ableitung von Erbbaurechts- und Erbbaugrundstückskoeffizienten, die im Rahmen der Marktwertermittlung von Erbbaurechten und Erbbaurechtsgrundstücken unter Anwendung des in den §§ 49 und 51 ImmoWertV geregelten Vergleichswertverfahrens erforderlich sind. **1**

Erbbaurechts- und Erbbaugrundstückskoeffizienten geben das Verhältnis **2**

- des vorläufigen Vergleichswerts des Erbbaurechts zum Wert des fiktiven Volleigentums,
- des vorläufigen Vergleichswerts des Erbbaugrundstücks zum Bodenwert des fiktiv unbelasteten Grundstücks an.

Da die allgemeinen Wertverhältnisse auf dem Grundstücksmarkt bereits mit dem Wert des fiktiven Volleigentums erfasst werden, bilden die Erbbaurechts- und Erbbaugrundstückskoeffizienten allein die aus dem Erbbaurecht resultierenden allgemeinen Marktverhältnisse ab. **3**

Erbbaurechts- und Erbbaugrundstückskoeffizienten fallen für unterschiedliche Grundstücksarten, insbesondere für Ein- und Zweifamilienhäuser, Reihenend- und -mittelhäuser, Doppelhaushälften und Grundstückslagen unterschiedlich aus. Sie werden ermittelt, insbesondere in Abhängigkeit von **4**

- dem (unbelasteten) Bodenwert des regionalen Teilmarkt des Belegenheitsgebiets (Lage),
- der Nutzungsart,

- der Restlaufzeit des Erbbaurechts,
- der Höhe des erzielbaren Erbbauzinses und
- den Vertragsbedingungen, insbesondere den Anpassungsmöglichkeiten des Erbbauzinses.

Aus den durchschnittlichen Merkmalen der Grundstücke, deren Kaufpreise zur Ableitung herangezogenen wurden ergeben sich die **Grundstücksmerkmale des Norm- bzw. Referenzgrundstücks, auf den sich der Erbbaurechtskoeffizient bezieht**.

5 Auch überregional unterscheiden sich entsprechend differenziert abgeleitete Erbbaurechts- und Erbbaugrundstückskoeffizienten, denn sie sind auch abhängig von der überregionalen Lage, der Gemeindegröße, der Entfernung zu Ballungszentren (Makrolage) und vor allem von der Wirtschaftskraft der Region.

6 Aus den durchschnittlichen Merkmalen der Grundstücke, deren Kaufpreise zur Ableitung herangezogenen wurden, ergeben sich die **Grundstücksmerkmale des Norm- bzw. Referenzgrundstücks, auf den sich jeweils der Erbbaurechts- und Erbbaugrundstückskoeffizient bezieht.**

7 Den vom Gutachterausschuss abgeleiteten Erbbaurechts- und Erbbaugrundstückskoeffizienten ist eine **Modellbeschreibung** unter Angabe der zur Kapitalisierung des marktüblichen bzw. der tatsächlichen Erbbauzinses angesetzten Zinssätzen beizufügen. Das Muster der Gliederung einer Modellbeschreibung für Erbbaurechtsfaktoren in **Anhang G derImmoWertVA zur ImmoWertV**ist in der Beispielsrechnung bei § 49 ImmoWertV Rn. 25 und § 51 ImmoWerty Rn. 17 abgedruckt.

2 Erbbaurechtskoeffizient (§ 23 Abs. 2 ImmoWertV)

2.1 Definition

8 **Erbbaurechtskoeffizienten geben nach § 23 Abs. 2 ImmoWertV das Verhältnis des vorläufigen Vergleichswerts des Erbbaurechts zum vorläufigen fiktiven marktangepassten Verkehrswert des unbelasteten Grundstücks an** und werden ermittelt aus dem Verhältnis geeigneter Kaufpreise bebauter Erbbaurechte zu den entsprechenden im Wege des Vergleichswertverfahrens ermittelten Kaufpreisen gleichartig bebauter, aber unbelasteter Grundstücke. Nebender Ableitung entsprechender Koeffizienten für Ein- und Zweifamilienhäuser, z.B. im Wege des Sachwertverfahrens, kann auch die Anwendung von Vergleichsfaktoren bebauter Grundstücke in Betracht kommen.

$$\text{Erbbaurechtskoeffizient} = \sum_{1}^{n} \frac{\text{Kaufpreis des Erbbaurechts}_i}{\text{Kaufpreise gleichartig bebauter fiktiv unbelasteter Grundstücke}_i} \Big/ n$$

Erbbaurechtskoeffizienten werden vom Gutachterausschuss aus **geeigneten Kaufpreisen** von Erbbaurechten (§ 9 Abs. 1 und § 12 Abs. 3 ImmoWertV) und den diesen entsprechen-den fiktiven vorläufigen marktangepassten Verkehrswerten unbelasteter Grundstücke ermittelt werden. Die Kaufpreise sind nach § 9 Abs. 1 Satz 4 ImmoWertV – wortgleich mit § 12 Abs. 3 Satz 3 ImmoWertV – mithin um die **Werteinflüsse besonderer objektspezifischer Grundstücksmerkmale** zu bereinigen.

Erbbaurechtskoeffizienten werden auch „**Vergleichsfaktoren für Erbbaurechte**“ genannt.

9 Zur Ermittlung der Erbbaurechtskoeffizienten wird vom ***vorläufigen*** **Vergleichswert des Erbbaurechts** ausgegangen. Der vorläufige Vergleichswert des Erbbaurechts kann nach Maßgabe des § 49 ImmoWertV alternativ ermittelt werden

1. im *direkten Preisvergleich* aus einer hinreichenden Anzahl geeigneter Vergleichspreise für Erbbaurechte,
2. im *indirekten Preisvergleich* aus dem nach § 49 Abs. 1 Satz 2 ImmoWertV ermittelten fiktiven vorläufigen marktangepassten Verkehrswert des unbelasteten Grundstücks multipliziert mit dem **Erbbaurechtskoeffizienten** nach § 22 ImmoWertV,
3. im *indirekten Preisvergleich* auf der Grundlage des nach § 50 ImmoWertV ermittelten finanzmathematischen Wers des Erbbaurechts.

2.2 Vergleichswert eines Erbbaurechts

Erbbaurechtskoeffizienten werden zur Ermittlung des Marktwerts von Erbbaurechten im Wege des Vergleichswertverfahrens nach § 49 ImmoWertV gebraucht, wenn der vorläufige Vergleichswert des Erbbaurechts nicht im direkten Preisvergleich auf der Grundlage einer ausreichenden Anzahl geeigneter Vergleichspreise für Erbbaurechte ermittelt werden kann. In diesem Fall kann der **vorläufiger Vergleichswert des Erbbaurechts** nach § 49 Abs. 2 Nr. 3 ImmoWertV aus dem Produkt des vorläufigen fiktiven marktangepassten Verkehrswerts des unbelasteten Grundstücks (Volleigentum) und dem unter Berücksichtigung des Modellkonformitätsgrundsatzes objektspezifisch angepassten Erbbaurechtskoeffizienten ermittelt werden. **10**

Zur Ermittlung des **marktangepassten vorläufigen Vergleichswerts des Erbbaurechts** wird der vorläufige Vergleichswert des Erbbaurechts mittels eines Marktanpassungsfaktors bzw. mit Zu- oder Abschlägen der Lage auf dem Grundstücksmarkt angepasst, soweit der angesetzte vorläufige marktangepasste Verkehrswert des fiktiv unbelasteten Grundstücks sowie der Erbbaurechtskoeffizient nicht vollumfänglich den am Wertermittlungsstichtag herrschenden allgemeinen Wertverhältnisse auf dem Grundstücksmarkt entsprechen. **11**

Der **Vergleichswert des Erbbaurechts** ergibt sich schließlich aus dem marktangepassten vorläufigen Vergleichswert des Erbbaurechts gegebenenfalls unter Berücksichtigung besonderer objektspezifischer Grundstücksmerkmale (boG) einschließlich vertragsspezifischer Besonderheiten, insbesondere eines nicht zu entschädigenden Wertanteils baulicher und sonstiger Anlagen, soweit sie mit dem objektspezifisch angepassten Erbbaurechtskoeffizienten noch nicht erfasst sind. **12**

Bei Heranziehung des **Erbbaurechtskoeffizienten** ist wiederum die **Referenzkonformität** zu beachten. Abweichungen der Grundstücksmerkmale des zu bewertenden Grundstücks von denen des Norm- bzw. Referenzgrundstücks sind ergänzend zu berücksichtigen, sofern sie nicht mit der objektspezifischen Anpassung des Erbbaurechtskoeffizienten berücksichtigt werden konnten. Dies betrifft insbesondere **13**

- Gebäudeart,
- Restlaufzeit des Erbbaurechts,
- Erbbauzins,
- Lage (Bodenrichtwertniveau),
- Gebäudestandard (Wohnflächenwert) und
- Bezugsstichtag.

Die im konkreten Bewertungsfall zu berücksichtigenden vertraglichen Vereinbarungen, insbesondere die tatsächlichen erzielbaren Erbbauzinsen, sind bei Anwendung des indirekten Vergleichswertverfahrens auf der Grundlage des finanzmathematischen Werts des Erbbaugrundstücks nur noch insoweit ergänzend zu berücksichtigen, wie sie noch nicht hinreichend in den finanzmathematischen Wert eingegangen sind. **Vereinbarungen über einen nicht zu entschädigendenWertanteil der baulichen und sonstigen Anlagen** im Falle einer über die Restlaufzeit hinausgehenden Restnutzungsdauer der baulichen Anlagen sind nach § 50 Abs. 2 Satz 2 und § 52 Abs. 2 Satz 2 ImmoWertV bei der Ermittlung des finanzmathematischen Werts **14** ergänzend zu berücksichtigen. Im Umkehrschluss zu dieser Regelung müssen solche Vereinbarungen bei der Ableitung von Erbbaugrundstückskoeffizienten außer Betracht bleiben.

2.3 Verfügbarkeit von Erbbaurechtskoeffizienten

15 Erbbaurechtskoeffizienten sind nach § 193 Abs. 5 Satz 2 Nr. 2 BauGB vom Gutachterausschuss für Grundstückswerte abzuleiten und nach Maßgabe landesrechtlicher Vorschriften zu veröffentlichen (z.B. in Grundstücksmarktberichten oder sonstigen Bekanntmachungen; § 199 Abs. 2 Nr. 4 BauGB).
Darüber hinaus wird in § 9 Abs. 3 Satz 3 ImmoWertV klargestellt, dass u.a. Erbbaurechtskoeffizienten geschätzt werden können, wenn dafür keine geeigneten Daten zur Verfügung stehen.

16 Analysen der nachstehend genannten Gutachterausschüsse zeigen, dass für Ein- und Zweifamilienhäuser, die auf Erbbaurechtsgrundstücken stehen, ein mittlerer Wert von

- im Landkreis Hameln-Pyrmont rd. 89 %
- im Landkreis Hildesheim rd. 87 %
- im Landkreis Schaumburg rd. 82 %

des Kaufpreises von in Volleigentum befindlichen Ein- und Zweifamilienhäusern erzielt wird. Die Stichproben lassen sich wie folgt beschreiben:

Erbbaurechtskoeffizient mit Stichprobe						
Merkmal	**LK Hameln-Pyrmont**		**LK Hildesheim**		**LK Schaumburg**	
	Bereich	**Mittelwert**	**Bereich**	**Mittelwert**	**Bereich**	**Mittelwert**
Anzahl der Kaufverträge	38		51		25	
Kaufzeitpunkt	ab 1919	2020	ab 2017	2004 1979 1953	2003 1975 1953	2018
Lage (Bodenrichtwert)	30–190 €/m²	90 €/m²	30–265 €/m²	149 m²	39–120 €/m²	64 €/m²
Baujahr	1955–2004	1979	1953–2003	1975	1953–1996	1969
Wohnfläche	81–235 m²	160 €/m²	65–260 m²	145 m²	92–220 m²	127 m²
Restlaufzeit des Erbbaurechtsvertrags	26–86 Jahre	53 Jahre	15–82 Jahre	48 Jahre	12–72 Jahre	47 Jahre
Erbbaurechtskoeffizient	0,89		0,87		0,82	

Hierzu wird im Grundstücksmarktbericht darauf hingewiesen, dass die Höhe des Erbbaurechtskoeffizienten konstant und eine Abhängigkeit von weiteren Merkmalen wie dem Wohnflächenpreis, der Restlaufzeit des Erbbaurechtsvertrages, dem Erbbauzins und dem Bodenrichtwert für die Landkreise Hameln-Pyrmont, Hildesheim und Schaumburg nicht nachweisbar sei.

2.4 Beispiele zu Erbbaurechtskoeffizienten

Beispiel 17

Vom Gutachterausschuss in *Duisburg* wurde für Einfamilienhäuser ein Erbbaurechtskoeffizient auf der Grundlage von 21 Fällen der Jahre 2022/23 von

0,89 ± 0,21

bei folgenden Kennzahlen der Stichprobe ermittelt:

Kennzahlen der Stichprobe	Mittelwert	Standardabweichung
Fiktives Volleigentum	324 286 EUR	± 36 547 EUR
Wohnfläche	123 m²	± 10 m²
Restnutzungsdauer der baulichen Anlagen	50 Jahre	± 9 Jahre
Restlaufzeit des Erbbaurechts	65 Jahre	± 18 Jahre
Lagetypischer Bodenwert	293 EUR/m²	± 53 EUR/m²

Quelle: Grundstücksmarktbericht 2024

Im Rahmen dieser Auswertung konnte auf eine Abhängigkeit des Erbbaurechtskoeffizienten von der Restnutzungsdauer der baulichen Anlagen geschlossen werden.

Anwendungsbeispiel (Regelfall):

Angenommene Ausgangsdaten	
Wert des fiktiven Volleigentums	325.000 €
Restlaufzeit des Erbbaurechts	65 Jahre
Restnutzungsdauer der baulichen Anlagen	45 Jahre
Wertermittlung	
Wert des fiktiven Volleigentums (§ 49 Abs. 1 Satz 2 ImmoWertV)	325.000 €
Objektspezifisch angepasster Erbbaurechtskoeffizient	x 0,86
Vorläufiger Vergleichswert des Erbbaurechts	**279.500 €**
(ggf.) Berücksichtigung der allgemeinen Wertverhältnisse im Hinblick auf das Erbbaurecht (§ 47 Abs. 4 Satz 2 ImmoWertV; vgl. auch Nr. 49.2 ImmoWertA):	± 0 €
Marktangepasster vorläufiger Vergleichswert des Erbbaurechts =	279.500 €
ggf. weitere besondere objektspezifische Grundstücksmerkmale	± 0 €
Vergleichswert Verkehrswert des Erbbaurechts =	279.500 €
	280.000 €

18 **Weitere Beispiele**

Erbbaurechtskoeffizienten							
	Köln			**Dortmund**		**Düsseldorf**	
	freistehend	**DHH/ REH**	**RMH**	**EFH/ ZFH**	**DHH/RH**	**EFH/ ZFH**	**ETW**
Erbbaurechtskoeffizient	0,74	0,79	0,76	0,71	0,63	0,65	0,90
Standardabweichung	± 0,12	± 0,12	± 0,12	± 0,09	± 0,10		
Anzahl der Kaufverträge	5	24	21	8	23		

Quelle: Grundstücksmarktberichte 2024

Erbbaurechtskoeffizienten			
	Rhein-Erft-Kreis	**Gütersloh**	**Gelsenkirchen**
	EFH/TFH/DHH/RH	**EFH/TFH/DHH/RH**	**EFH/TFH/DHH/RH**
Erbbaurechtskoeffizient	0,76	0,78	0,75
Standardabweichung	-	0,14	0,23
Anzahl der Kaufverträge	-		

Quelle: Grundstücksmarktberichte 2024

19 Von verschiedenen Gutachterausschüssen wurden **Erbbaurechtskoeffizienten** gemäß § 23 Abs. 2 Satz 1 ImmoWertV nach dem Verhältnis des vorläufigen Vergleichswerts (gezahlten bereinigten Kaufpreises) des Erbbaurechts zum Wert des fiktiven Volleigentums i.S. des § 49 Abs. 1 Satz 2 ImmoWertV ohne Unterscheidung nach Lagen **in Abhängigkeit vom Marktwert des fiktiven Volleigentums** ermittelt:

Erbbaurechtskoeffizienten	
	Märkischer Kreis
	EFH, ZFH, DHH, RH
	320 €/m²
fiktives Volleigentum [EUR]	2024
150 000	0,86
175 000	0,86
200 000	0,86
225 000	0,85
250 000	0,85
275 000	0,85
300 000	0,84
325 000	0,84
350 000	0,83
375 000	0,83

Quelle: Grundstücksmarktbericht 2024

Von verschiedenen Gutachterausschüssen wurden **Erbbaurechtskoeffizienten** ohne Unterscheidung nach Lagen **in Abhängigkeit vom Sachwert** ermittelt:

Erbbaurechtskoeffizienten			
	Bochum	**Bielefeld**	**Bottrop**
	individueller Wohnungsbau	**EFH, ZFH, DHH, RH**	**individueller Wohnungsbau**
		BRW 320 €/m²	
Bezugszeitpunkt	**2024**	**2024**	**2024**
Sachwert [EUR]	**Erbbaurechtskoeffizient**		
200 000	0,78	1,19	0,84
210 000	-	1,16	-
220 000	-	1,13	-
230 000	-	1,10	-
240 000	-	1,07	-
250 000	0,76	1,05	-
260 000	-	1,02	-
270 000	-	**1,00**	-
280 000	-	0,98	-
290 000	-	0,96	-
300 000	0,75	0,94	0,82
310 000	-	0,92	-
320 000	-	0,90	-
330 000	-	0,89	-
340 000	-	0,87	-
350 000	0,74	0,86	-
360 000	-	0,84	-
370 000	-	0,83	-
380 000	-	0,82	-
390 000	-	0,81	-
400 000	0,73	0,79	0,79
450 000	0,72	-	-
500 000	0,71	-	0,77
550 000	0,69	-	-
600 000	0,68	-	0,74

Quelle: Grundstücksmarktbericht 2024

3 Erbbaugrundstückskoeffizient (§ 23 Abs. 3 Satz 2 ImmoWertV)

3.1 Definition

▶ *Vgl. § 49 ImmoWertV Rn. 1*

20 **Erbbaugrundstückskoeffizienten geben** nach § 23 Abs. 3 Satz 2 ImmoWertV **das Verhältnis des vorläufigen Vergleichswerts des Erbbaugrundstücks zum Bodenwert des fiktiv unbelasteten Grundstücks an.** Sie werden auf der Grundlage einer hinreichenden Anzahl n geeigneter Kaufpreise i.S. des § 12 Abs. 3 ImmoWertV und den diesen Kaufpreisen jeweils entsprechenden Bodenwerten der fiktiv unbelasteten Grundstücke i.S. des § 47 Abs. 1 Nr. 2 ImmoWertV ermittelt. Erbbaugrundstückskoeffizienten werden auch „Vergleichsfaktoren für Erbbaugrundstücke“ genannt.

$$\text{Erbbaurechtsgrundstückskoeffizient} = \sum_{1}^{n} \frac{\text{Kaufpreis des Erbbaugrundstücks}}{\text{entsprechender fiktiv unbelasteter Bodenwert}_i} / n$$

Bei den Käufern handelt es sich überwiegend um die jeweiligen Erbbauberechtigten.

3.2 Vergleichswert des Erbbaugrundstücks

21 Erbbaugrundstückskoeffizienten werden zur Ermittlung des Marktwerts von Erbbaugrundstücken im Wege des Vergleichswertverfahrens nach § 51 ImmoWertV gebraucht, wenn der vorläufige Vergleichswert des Erbbaugrundstücks nicht im direkten Preisvergleich auf der Grundlage einer ausreichenden Anzahl geeigneter Vergleichspreise von Erbbaugrundstücken ermittelt werden kann. In diesem Fall kann der **vorläufige Vergleichswert des Erbbaugrundstücks** nach § 51 Abs. 2 Nr. 3 ImmoWertV aus dem Bodenwert des fiktiv unbelasteten Grundstücks i.S. des § 47 Abs. 1 Satz 1 Nr. 2 ImmoWertV multipliziert mit dem unter Berücksichtigung des Modellkonformitätsgrundsatzes objektspezifisch angepassten Erbbaugrundstückskoeffizient ermittelt werden.

22 Zur Ermittlung des **marktangepassten vorläufigen Vergleichswerts des Erbbaugrundstücks** wird der vorläufige Vergleichswert des Erbbaugrundstücks mittels eines Marktanpassungsfaktors bzw. mit Zu- oder Abschlägen der Lage auf dem Grundstücksmarkt angepasst, soweit der angesetzte vorläufige marktangepasste Bodenwert des fiktiv unbelasteten Grundstücks nicht vollumfänglich den am Wertermittlungsstichtag herrschenden allgemeinen Wertverhältnisse auf dem Grundstücksmarkt entspricht.

23 Der **Vergleichswert des Erbbaugrundstücks** ergibt sich schließlich aus dem marktangepassten vorläufigen Vergleichswert des Erbbaugrundstücks gegebenenfalls unter Berücksichtigung besonderer objektspezifischer Grundstücksmerkmale (boG) einschließlich vertragsspezifischer Besonderheiten, insbesondere eines nicht zu entschädigenden Wertanteils baulicher und sonstiger Anlagen.

3.3 Beispiel zu Erbbaugrundstückskoeffizienten

24 Der Gutachterausschuss der Stadt *Bottrop* hat z.B. für Erbbaugrundstücke des individuellen Wohnungsbaus **Erbbaugrundstückskoeffizienten** auf der Grundlage von geeigneten Kaufpreisen aus den Jahren 2016–2023 bezogen auf einen erschließungsbeitragsfreien (ebpf) Bodenwert **in Abhängigkeit vom Liegenschaftszinssatz** abgeleitet.

Erbbaurechtsgrundstückskoeffizienten für den individuellen Wohnungsbau in Abhängigkeit vom Erbbauzins	
Bottrop	
Erbbauzinssatz	**Erbbaurechtsgrundstückskoeffizient**
0,50	0,66
1,00	0,70
1,50	0,73
2,00	0,77
2,50	0,80
3,00	0,84
3,50	0,87
4,00	0,90

Quelle: Grundstücksmarktbericht 2024

Die Erbbaugrundstückskoeffizienten geben das Verhältnis des vorläufigen Vergleichswerts des Erbbaugrundstücks zum Bodenwert des fiktiv unbelasteten Grundstücks im Sinne des § 47 Abs. 1 Satz 1 Nr 2 ImmoWertV an und lagen im Auswertejahr zwischen 0,61 und 0,94 (Mittelwert 0,8) in Bezug auf die Bodenwerte der fiktiv unbelasteten Grundstücke.

Beispiel:

Unbelasteter Bodenwert = 130.000 €

erzielbarer Erbbauzinssatz = 1,7 %

Verkehrswert (Erbbaugrundstückskoeffizient interpoliert)

130.000 € x 0,0689 x 1,7 + 0,6293) = **97.036 €**

Vom Gutachterausschuss in *Bochum* wurden Erbbaugrundstückskoeffizienten ohne Unterscheidung nach Lagen und Gebäudetypen in **Abhängigkeit vom Bodenwert des Grundstücks** ermittelt: 25

Erbbaugrundstückskoeffizienten in Abhängigkeit vom Bodenwert	
Bochum	
Bodenwert [EUR]	**Erbbaugrundstückskoeffizient**
80 000	0,73
100 000	0,76
120 000	0,80
140 000	0,83
160 000	0,87
180 000	0,90
200 000	0,94
220 000	0,97

Quelle: Grundstücksmarktbericht 2024

26 Andere Gutachterausschüsse haben Erbbaugrundstückskoeffizienten ohne Unterscheidung nach Lagen in **Abhängigkeit vom Bodenwert des unbelasteten Grundstücks pro Quadratmeter Grundstücksfläche ermittelt**:

Erbbaugrundstückskoeffizienten in Abhängigkeit vom Bodenwert des unbelasteten Grundstücks pro Quadratmeter	
	Märkischer Kreis
Unbelasteter Bodenwert [EUR/m²]	**EFH/ZFH**
	Erbbaugrundstückskoeffizienten
80	0,87
100	0,84
120	0,82
140	0,79
160	0,77

Quelle: Grundstücksmarktbericht 2024

27 Vom Gutachterausschuss in *Gütersloh* wurden Erbbaugrundstückskoeffizienten ohne Unterscheidung nach Lagen und Gebäudetypen in **Abhängigkeit von der Rendite in %** ermittelt:

Erbbaugrundstückskoeffizienten in Abhängigkeit von der Rendite	
Gütersloh	
Rendite	**Erbbaugrundstückskoeffizient**
1 %	0,63
2 %	0,73
3 %	0,73
4 %	0,93
5 %	1,03
6 %	1,13

Quelle: Grundstücksmarktbericht 2024

Anwendungsbeispiel:

Grundstücksgröße:	554 m²
Bodenrichtwert:	120 EUR/m²
rechtlich/vertraglich möglicher Erbbauzins:	2,4 EUR/m²
Unbelasteter Bodenwert:	554 m² x 120 EUR/m² = 66.480 EUR
Rendite = 2,4 EUR/m² / 120 EUR/m² x 100	= 2 %

Preisniveau des Erbbaugrundstücks = 66.480 EUR x 0,73 = 48.530,40 EUR = rd. 49.000 EUR

Weiteres Beispiel: 28

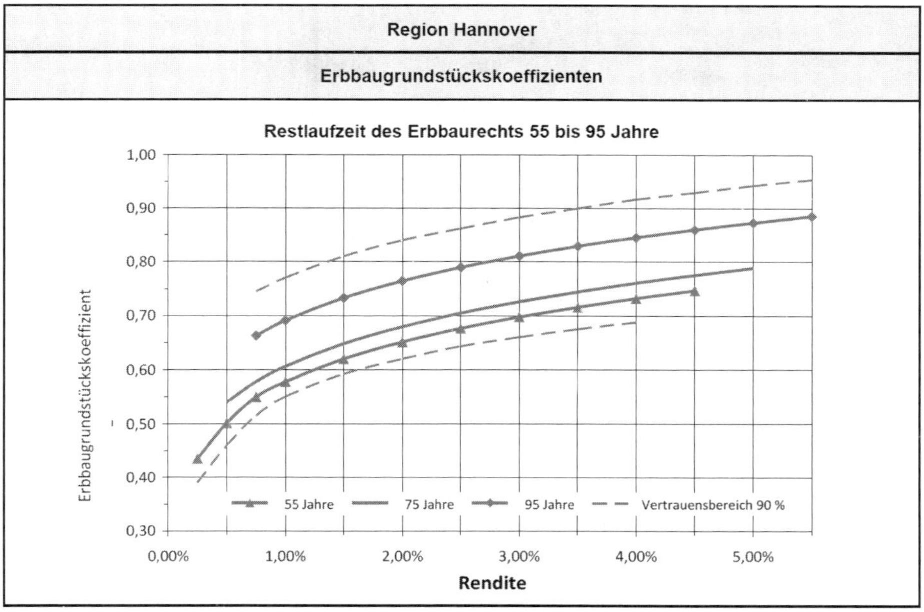

Im Grundstücksmarktbericht von *Bielefeld* werden **Erbbaugrundstückskoeffizienten in Abhängigkeit von der „Art der Erwerber“** angegeben: 29

Erbbaugrundstückskoeffizienten in Abhängigkeit von der Art der Erwerber	
Art der Erwerber	**Bielefeld**
	2024
Erbbauberechtigte	0,67
Fremde Dritte	0,84
Gesamt	0,74

Quelle: Grundstücksmarktbericht 2024

Teil 3
Besondere Grundsätze zu den einzelnen Wertermittlungsverfahren

Abschnitt 1 Vergleichswertverfahren (§§ 24 bis 26 ImmoWertV)

Systematische Darstellung des Vergleichswertverfahrens

Gliederungsübersicht *Rn.*

1 Besondere Stellung des Vergleichswertverfahrens

1.1 Vergleichswertverfahren nach ImmoWertV

1.1.1 Allgemeines

▶ *Vgl. 68, 418; § 6 ImmoWertV 88 ff.; § 40 ImmoWertV Rn. 18*

1 In seinen Grundzügen folgt das Vergleichswertverfahren dem Grundgedanken, dass eine Sache so viel wert ist, wie üblicherweise im gewöhnlichen Geschäftsverkehr dafür als Preis erzielt werden kann. Sich an den Preisen für vergleichbare Objekte zu orientieren, entspricht auch den auf dem Grundstücksmarkt vorherrschenden Gepflogenheiten. Die **Usancen des gewöhnlichen Geschäftsverkehrs**, d.h. die Maßstäbe, die der Verkehr bei Grundstücksverkäufen und -ankäufen anzuwenden pflegt, **sind** mithin **ein wesentliches bei der Wahl des Wertermittlungsverfahrens zu berücksichtigendes Kriterium**[1].
Das Vergleichswertverfahren ist in seinen Grundzügen in den §§ 24 bis 26 ImmoWertV geregelt. Dem Vergleichswertverfahren seiner Natur nach zuzurechnen ist die in § 42 ImmoWertV zugelassenen Anwendung des sog. Residualwertverfahrens (Extraktion) zur Ermittlung des Bodenwerts von Bauerwartungs- und Rohbauland (vgl. § 42 ImmoWertV Rn. 2). Zum **Anwendungsbereich des Vergleichswertverfahrens** vgl. § 6 ImmoWertV Rn. 88 ff.

1 OLG Köln, Urt. vom 28.08.1962 – 9 U 28/58 –, NJW 1962, 2161 = EzGuG 20.31; vgl. Begründung zur WertV 61 im BAnz Nr. 154 vom 12.08.1961 sowie zur WertV 72imBR-Drs. 352/72, S. 7 f.; Pagendarm, WM 1958, 1350.

Das Vergleichswertverfahren *(Direct Value Comparison Approach/Comparative Method)* ist eine seit jeher anerkannte Schätzmethode von besonderem Rang[2]. § 6 Abs. 1 ImmoWertV führt gleichwohl das **Vergleichswertverfahren gleichrangig neben dem Ertrags- und Sachwertverfahren** auf[3]. Grundsätzlich wird damit keinem der genannten Verfahren ein Vorrang eingeräumt.

Das oder die im Einzelfall zur Anwendung kommende(n) Verfahren ist/sind gemäß § 5 Abs. 1 Satz 2 ImmoWertV nach der Art des Gegenstands der Wertermittlung unter Berücksichtigung der im gewöhnlichen Geschäftsverkehr bestehenden Gepflogenheiten und „der sonstigen Umstände des Einzelfalls" zu wählen. Innerhalb dieses Rahmens liegt die Wahl des Wertermittlungsverfahrens im Ermessen des Sachverständigen bzw. des Gutachterausschusses für Grundstückswerte. Die **Wahl des zur Anwendung kommenden Wertermittlungsverfahrens muss begründet werden**[4]. 2

Auch wenn die ImmoWertV in § 6 Abs. 1 Satz 1 ImmoWertV die drei klassischen Wertermittlungsverfahren gleichrangig aufführt, wird dem **Vergleichswertverfahren eine aus seiner Überzeugungskraft und Plausibilität resultierende Vorrangigkeit**[5] beigemessen. Der BGH[6] und der BFH[7] haben das Vergleichswertverfahren als die **im Regelfall einfachste und zuverlässigste Methode allerdings nur unter der Bedingung anerkannt,** dass eine ausreichende Zahl geeigneter Vergleichspreise zur Verfügung steht; fehlen geeignete Vergleichspreise insbesondere bei bebauten Grundstücken, soll die Anwendung anderer Verfahren in Betracht kommen. Auch für das BVerwG sind Kaufpreise für gleichartige Grundstücke der „wichtigste Anhaltspunkt" für den Verkehrswert eines Grundstücks[8]. Fehlt es z.B. in **kaufpreisarmen Lagen** an aussagekräftigem „Datenmaterial" für die Anwendung des Vergleichswertverfahrens, ist eine andere geeignete Methode heranzuziehen[9]. 3

Bei näherer Betrachtung kommt dem Vergleichswertverfahren diese Vorrangigkeit in erster Linie nach der schon in den Vorauflagen vertretenen Auffassung nur bei der Ermittlung von Bodenwerten **unbebauter Grundstücke** einschließlich der **Bodenwertermittlung bebauter Grundstücke zu**[10]. Dies ist nunmehr in § 40 Abs. 1 ImmoWertV klargestellt worden. 4
Die **Vorrangigkeit des Vergleichswertverfahrens ist bei bebauten Grundstücken i.d.R. nicht gegeben**, weil diese zumindest bei individueller Bauweise eine im Verhältnis zu unbebauten Grundstücken geringere Vergleichbarkeit untereinander aufweisen[11].

Dass das Vergleichswertverfahren eine dominante Stellung für die Bodenwertermittlung einnimmt, ist darauf zurückzuführen, dass das **Vergleichswertverfahren** die **höchste Überzeu-** 5

---

2 BGH, Urt. vom 18.09.1986 – III ZR 83/85 –, BGHZ 98, 341 = EzGuG 4.111; BGH, Urt. vom 12.07.1971 – III ZR 197/68 –, BGHZ 84, 230 = EzGuG 20.50; BGH, Urt. vom 08.06.1959 – III ZR 66/58 –, BGHZ 30, 281 = EzGuG 6.41; BGH, Urt. vom 06.11.1958 – III ZR 147/57 –, BGHZ 28, 302 = EzGuG 11.15; BGH, Urt. vom 19.06.1958 – III ZR 32/57 –, WM 1958, 1360 = EzGuG 20.21.

3 BGH, Urt. vom 15.06.1965 – V ZR 24/63 –, MDR 1965, 899 = EzGuG 20.39; vgl. auch BR-Drs. 265/72, S. 7.

4 BR-Drs. 352/88, S. 43.

5 Schon in der Enteignungsrechtsprechung des RG und des PrOVG ist eine Hinwendung vom Ertragswertverfahren zum Vergleichswertverfahren zu erkennen, wobei zwischen Vergleichs- und Ertragswert kein Unterschied erkannt wurde (vgl. PrOVG, Urt. vom 11.02.1897, PrOVGE V 340 = EzGuG 20.3; PrOVG, Urt. vom 09.11.1897 – 1 C 129/96 –, Bd XXXII, S. 156 = PrOVGE 32, 156 = EzGuG 20.4; PrOVG, Urt. vom 02.11.1896, PrOVGE V 238 = EzGuG 20.2a; PrOVG, Urt. vom 21.09.1899 – IX 24/99 –, PrOVGE 8, 322 = EzGuG 20.6; PrOVG, Urt. vom 18.01.1902, EzGuG 20.6a; PrOVG, Urt. vom 19.05.1911 – VIII C 315/10 –, PrVerwBl. 33, 62 = EzGuG 20.9; RG in PrVerwBl. 29, 72; RG, Urt. vom 04.04.1911 – VII 273/10 –, JW 1911, 556; RG in PrVerwBl. 31, 162.

6 BGH, Urt. vom 23.06.1983 – III ZR 39/82 –, BRS Bd. 45 Nr. 102 = EzGuG 20.102; BGH, Urt. vom 12.07.1971 – III ZR 197/68 –, BRS Bd. 26 Nr. 94 = EzGuG 20.51.

7 BFH, Urt. vom 26.09.1980 – III R 21/78 –, BFHE 132, 101 = BStBl II 1981, 153 = EzGuG 20.86; BFH, Beschl. vom 21.05.1982 – III B 32/81 –, BFHE 136, 141 = BStBl II 1982, 604 = EzGuG 20.99.

8 BVerwG, Urt. vom 13.11.1964 – 7 C 20/64 –, BRS Bd. 26 Nr. 94 = EzGuG 20.38; PrOVG, Urt. vom 18.01.1902, EzGuG 20.6a.

9 BVerwG, Beschl. vom 18.02.2014 – 4 B 46/13 –, EzGuG 15.150; BVerwG, Beschl. vom 28.07.2010 – 4 B 11/10 –, ZfBR 2010, 695 = EzGuG 15.130a; BVerwG, Beschl. vom 16.01.1996 – 4 B 69/95 –, GuG 1996, 111 = EzGuG 15.83.

10 BR-Drs. 265/72, S. 32; auch Glosse, GuG 2013, 25.

11 BGH, Urt. vom 02.12.1971 – III ZR 165/69 –, BGHZ 57, 108 = EzGuG 20.51.

gungskraft hat und die übrigen Verfahren (Extraktions- und Ertragswertverfahren) bei der Ermittlung des Bodenwerts im höchsten Maße fehlerträchtig sind und vielfach versagen:

- „Den **sichersten Anhalt für die Ermittlung des gemeinen Werts** *(= Verkehrswert)* bieten die für das Grundstück oder die für wesentlich gleichartige Grundstücke in der letzten Zeit gezahlten Vergleichspreise", hat schon das PrOVG in einer Entscheidung aus dem Jahre 1910[12] ausgeführt und tatsächlich ist das Vergleichswertverfahren nicht nur die einfachste, sondern auch die zuverlässigste Methode, wenn genügend Vergleichspreise vorliegen[13].
- **Den Verkehrswert des Grund und Bodens aus dem fiktiven Ertrag** eines auf dem Grundstück errichtbaren Gebäudes zu ermitteln, ist dagegen nicht nur äußerst fehlerträchtig[14], sondern auch mit Erfahrungssätzen unvereinbar[15]. Nur wenn die Vergleichsmethode „aus irgendeinem Grund versagt", wird dem Verfahren in der Rechtsprechung eine Bedeutung beigemessen[16]. Es ist in diesem Fall allerdings nur dann „gangbar", wenn die Anwendung dieser Methode „sichere Anhaltspunkte" verspricht (vgl. Rn. 68, 418 und 553)[17].

Dies ist im Übrigen auch darauf zurückzuführen, dass sich die **Bodenpreise** im Spiel von Angebot und Nachfrage **vom Ertragswert weit entfernt** haben, weil Grund und Boden nach der überwiegenden Verkehrsauffassung eine so sichere Kapitalanlage ist, dass auf eine mit anderen Anlagegütern vergleichbare Rendite weithin verzichtet wird.

1.1.2 Markt- und modellkonforme Vergleichswertermittlung

▶ *Vgl. Vorbem. zur ImmoWertV Rn. 141 ff.; § 8 ImmoWertV Rn. 296; § 10 ImmoWertV Rn. 1 ff.; § 21 ImmoWertV Rn. 45, 148; Syst. Darst. des Ertragswertverfahrens Rn. 33; Syst. Darst. des Sachwertverfahrens Rn. 13, 19*

6 Die in der ImmoWertV geregelten Wertermittlungsverfahren sind darauf ausgerichtet, sich am tatsächlichen Geschehen auf dem Grundstücksmarkt zu orientieren (marktkonforme Bewertung). Ein Abbild dieses Marktgeschehens sind die in die Kaufpreissammlung der Gutachterausschüsse für Grundstückswerte eingepflegten Kaufpreise sowie die von ihnen daraus abgeleiteten erforderlichen Daten der Wertermittlung. Im Rahmen der Anwendung des Vergleichswertverfahrens sind dies insbesondere die einschlägigen Umrechnungskoeffizienten, Indexreihen sowie Vergleichsfaktoren bebauter Grundstücke. Diese Daten sind unter dem Regime der ImmoWertV auch bei Anwendung des Vergleichswertverfahrens heranzuziehen. Dabei sind nach § 10 i.V.m. § 12 Abs. 5 Satz 3 ImmoWertV dieselben Modelle und Modellansätze unter Berücksichtigung der einschlägigen Modellbeschreibung zu verwenden, die der Ermittlung dieser Daten zugrunde lagen (Grundsatz der Modellkonformität).

7 Die Gutachterausschüsse für Grundstückswerte müssen deshalb insbesondere bei der Veröffentlichung von Vergleichsfaktoren bebauter Grundstücke und auch bei der Veröffentlichung von ein- und mehrdimensionalen Schätzfunktionen (Regressionsanalysen) die **Modellparameter** detailliert darlegen.

8 Soweit mit dem nach Maßgabe der Regelungen der ImmoWertV ermittelten vorläufigen Vergleichswert **besondere objektspezifische Grundstücksmerkmale** (boG) aus Gründen der modellkonformen Anwendung der herangezogenen Vergleichsfaktoren nicht direkt berücksichtigt worden sind, müssen diese nachträglich in marktkonformer Höhe berücksichtigt wer-

---

12 PrOVG, Urt. vom 10.06.1910 – VIII C 99/09 –, PrVerwBl 1932, 71 = EzGuG 20.8; so auch im amerikanischen Schrifttum: *The Appraisal of Real Estate*, 12. Aufl. 2002, S. 62: *„Of the various techniques that can be applied to estimate land value, sales comparison is usually the most reliable."*
13 BGH, Urt. vom 12.07.1971 – III ZR 197/68 –, BGHZ 84, 230 = EzGuG 20.50.
14 Ermert, AVN 1967, 213; Schahn, VR 1985, 173.
15 KG Berlin, Urt. vom 20.05.1957 – 9 U 491/57 –, BGBW 1959, 14 = EzGuG 4.6.
16 KG Berlin, Beschl. vom 23.05.1958 – 9 U 812/57 –, BIGBW 1959, 15 = EzGuG 4.9.
17 BGH, Urt. vom 27.11.1961 – III ZR 167/60 –, BGHZ 1962, 204 = EzGuG 4.16; ohne Einschränkung noch BGH, Urt. vom 10.02.1958 – III ZR 168/56 –, WM 1958, 499 = EzGuG 4.8.

den. Sie sind also nur insoweit berücksichtigungsfähig, wie dies dem gewöhnlichen Geschäftsverkehr entspricht.

1.2 Steuerliche Bewertung

▶ *Vgl. Vorbem. zur ImmoWertV Rn. 3; zum niedrigeren Wert § 1 ImmoWertV Rn. 24; § 3 ImmoWertV Rn. 26, 166, 196; § 6 ImmoWertV Rn. 211 ff.; § 8 ImmoWertV Rn. 45 f.; § 13 ImmoWertV Rn. 31, 46 ff.; § 15 ImmoWertV Rn. 9; § 21 ImmoWertV Rn. 66 ff., 177; § 40 ImmoWertV Rn. 7, 29, 82 ff.; Syst. Darst. des Vergleichswertverfahrens Rn. 166 ff., 277; zur steuerlichen Aufteilung in einen Boden- und Gebäudeanteil (Abschreibung) vgl. § 40 ImmoWertV Rn. 7, 82 ff., 142; Syst. Darst. des Ertragswertverfahrens Rn. 118, 196, 264, 271; Syst. Darst. des Sachwertverfahrens Rn. 170, 324*

In der steuerlichen Bewertung wird dem **Vergleichswertverfahren** ausdrücklich ein **Vorrang** vor allen anderen Ermittlungsverfahren eingeräumt (vgl. § 40 ImmoWertV Rn. 18)[18]. 9

Im Rahmen der steuerlichen Bewertung findet das Vergleichswertverfahren Anwendung 10

1. bei der **Ermittlung des Grundsteuerwerts unbebauter Grundstücke**; dazu ist nach § 247 BewG regelmäßig der einschlägige Bodenrichtwert mit der Grundstücksfläche zu multiplizieren (vgl. Rn. 150 ff., 166; § 6 ImmoWertV Rn. 64 ff).

2. bei der **Ermittlung des Grundbesitzwerts von unbebauten Grundstücken für Zwecke der Grunderwerbsteuer** nach § 145 Abs. 3 BewG;
   § 145 Abs. 3 BewG: „(3) Der Wert eines unbebauten Grundstücks bestimmt sich regelmäßig nach seiner Fläche und dem um 20 Prozent ermäßigten Bodenrichtwert (§ 196 des Baugesetzbuchs in der jeweils geltenden Fassung). Die Bodenrichtwerte sind von den Gutachterausschüssen nach dem Baugesetzbuch zu ermitteln und den Finanzämtern mitzuteilen. Bei der Wertermittlung ist stets der Bodenrichtwert anzusetzen, der vom Gutachterausschuss zuletzt zu ermitteln war. Wird von den Gutachterausschüssen kein Bodenrichtwert ermittelt, ist der Bodenwert aus den Werten vergleichbarer Flächen abzuleiten und um 20 Prozent zu ermäßigen."

3. bei der **Ermittlung des Grundbesitzwerts von *unbebauten Grundstücken* für Zwecke der Erbschaft- und Schenkungsteuer** nach § 179 BewG i.V.m. Abschn. 5 bis 7 der Ländererlasse sowie von *Ein- und Zweifamilienhäusern, Wohnungs- und Teileigentum nach* § 182 Abs. 2 BewG).

Das **Vergleichswertverfahren ist** in § 183 BewG **für die Belange der steuerlichen Bewertung** weitgehend identisch mit den §§ 24 ff. ImmoWertV geregelt; auch die Vergleichsfaktoren nach § 20 ImmoWertV 22 sind als Bewertungsgrundlage heranzuziehen. Besonderheiten, insbesondere die den Wert beeinflussenden Belastungen privatrechtlicher und öffentlich-rechtlicher Art, werden allerdings nicht berücksichtigt (§ 183 Abs. 3 BewG). 11
§ 183 BewG Bewertung im Vergleichswertverfahren

„(1) Bei Anwendung des Vergleichswertverfahrens sind Kaufpreise von Grundstücken heranzuziehen, die hinsichtlich der ihren Wert beeinflussenden Merkmale mit dem zu bewertenden Grundstück hinreichend übereinstimmen (Vergleichsgrundstücke). Grundlage sind vorrangig die von den Gutachterausschüssen im Sinne der §§ 192 ff. des Baugesetzbuchs mitgeteilten Vergleichspreise.

(2) Anstelle von Preisen für Vergleichsgrundstücke können von den Gutachterausschüssen für geeignete Bezugseinheiten, insbesondere Flächeneinheiten des Gebäudes, ermittelte und mitgeteilte Vergleichsfaktoren herangezogen werden. Bei Verwendung von Vergleichsfaktoren, die sich nur auf das Gebäude beziehen, ist der Bodenwert nach § 179 gesondert zu berücksichtigen. Anzuwenden sind die von den Gutachterausschüssen ermittelten Vergleichsfaktoren nach Maßgabe des § 177 Absatz 2 und 3.

(3) Besonderheiten, insbesondere die den Wert beeinflussenden Belastungen privatrechtlicher und öffentlich-rechtlicher Art, werden im Vergleichswertverfahren nach den Absätzen 1 und 2 nicht berücksichtigt."

---

18 BFH, Urt. vom 26.09.1980 – III R 21/78 –, BFHE 132, 101 = BStBl. II 1981, 153 = EzGuG 20.86; BFH, Beschl. vom 21.05.1982 – III B 32/81 –, BFHE 136, 141 = BStBl II 1982, 604 = EzGuG 20.99; BFH, Urt. vom 29.04.1987 – X R 2/80 –, BFHE 150, 453 = BStBl II 1987, 769 = EzGuG 19.39f.

Die nach dieser Vorschrift heranzuziehenden **Vergleichsfaktoren der Gutachterausschüsse** i.S. des § 20 ImmoWertV müssen wie die von den Gutachterausschüssen für Grundstückswerte herangezogenen „*sonstigen für die Wertermittlung erforderlichen Daten*“ (Teil 2 der ImmoWertV) **als geeignet anzusehen sein**. Die Eignung der Vergleichsfaktoren wie im Übrigen auch die vorrangig von den Gutachterausschüssen herangezogenen Vergleichspreise ergibt sich aus den Grundsätzen des § 9 ImmoWertV. Darüber hinaus müssen die sonstigen für die Wertermittlung erforderlichen Daten (Bodenrichtwerte, Indexreihen, Umrechnungskoeffizienten, Vergleichsfaktoren, Liegenschaftszinssätze; Sachwertfaktoren, Erbbaurechts- und Erbbaugrundstücksfaktoren sowie Erbbaurechts- und Erbbaugrundstückskoeffizienten) entsprechend dem in der Verkehrswertermittlung herrschenden **Grundsatz der Modellkonformität** (§ 10 ImmoWertV) in der steuerlichen Bewertung modellkonform anwendbar sein, d.h., die genannten Daten müssen nach § 177 Abs. 3 BewG weitgehend in demselben Modell abgeleitet worden sein, das dem Modell der steuerlichen Bewertung zugrunde liegt.

1.3 Besonderheiten der BelWertV

12 Die Regelungen der BelWertV zum Vergleichswertverfahren entsprechen den Regelungen der §§ 24 ff. ImmoWertV, jedoch ist nach § 19 Abs. 1 Satz 2 BelWertV zur Ermittlung des Beleihungswerts von dem ermittelten Vergleichswert ein **„Sicherheitsabschlag“ von mindestens 10 %** in Abzug zu bringen.

2 Anwendungsvoraussetzung

2.1 Übersicht

13 Die Voraussetzung für die Anwendung des Vergleichswertverfahrens sind in § 24 Abs. 1 und § 25 ImmoWertV geregelt.

- Nach § 24 Abs. 1 Satz 1 ImmoWertV muss für die Anwendung des Vergleichswertverfahrens eine **ausreichende Zahl von Vergleichspreisen** zur Verfügung stehen.
- Nach § 25 ImmoWertV müssen die Vergleichspreise geeignet sein. **Geeignet sind Kaufpreise solcher Grundstücke (Vergleichsgrundstücke), die mit dem zu bewertenden Grundstück hinreichend übereinstimmende Grundstücksmerkmale** aufweisen[19] und die zu Zeitpunkten verkauft worden sind (Vertragszeitpunkte), die hinreichend mit dem Wertermittlungsstichtag übereinstimmen.

14 Nach § 9 Abs. 2 ImmoWertV sind nur solche Kaufpreise heranzuziehen, bei denen angenommen werden kann, dass sie nicht durch **ungewöhnliche oder persönliche Verhältnisse** i.S. des § 9 Abs. 2 Satz 2 ImmoWertV beeinflusst worden sind. Entsprechende „Ausreißer“ müssen also aus den in Betracht kommenden Kaufpreisen „ausgefiltert“ werden. Eine „Bereinigung“ solcher Kaufpreise im Wege einer Ermittlung und Eliminierung des Einflusses der ungewöhnlichen oder persönlichen Verhältnisse auf die Höhe des Kaufpreises wird in der Vorschrift – im Gegensatz zu früherem Recht – nicht ausdrücklich zugelassen; dies wird ohnehin nur in Ausnahmefällen möglich sein.

19 BGH, Urt. vom 19.12.1963 – III ZR 162/63 –, BRS Bd. 19 Nr. 21 = EzGuG 20.35; entsprechend auch der BFH, Urt. vom 26.09.1980 – III R 21/78 –, BFHE 132, 101 = BStBl II 1981, 153 = EzGuG 20.86; RFH, Urt. vom 31.03.1938 – III 228/37 –, RStBl 1938, 564 = EzGuG 4.4a.

2.2 Grundlagen

2.2.1 Allgemeines

▶ *Zur Eignung von Kaufpreisen vgl. § 1 ImmoWertV Rn. 35; § 9 ImmoWertV Rn. 3ff.; § 25 ImmoWertV Rn. 7ff.*

Grundlage für den direkten (unmittelbaren) Preisvergleich ist nach vorstehenden Ausführungen eine ausreichende Anzahl geeigneter Kaufpreise (§ 24 Abs. 1 Satz 1 und § 25 ImmoWertV). 15
Grundlage für den indirekten (mittelbaren) Preisvergleich sind geeignete Bodenrichtwerte bzw. geeignete Vergleichsfaktoren bebauter Grundstücke, die nach § 12 ImmoWertV wiederum aus einer ausreichenden Zahl geeigneter Kaufpreise ermittelt worden sind.

In Bezug auf die Ermittlung von Bodenwerten ist der **unmittelbaren Ableitung aus Kaufpreisen für vergleichbare Grundstücke** aus guten Gründen **grundsätzlich der Vorzug gegenüber der Wertermittlung auf der Grundlage von Bodenrichtwerten** gegeben worden (§ 40 ImmoWertV Rn. 18 ff.)[20]. 16

Die Kaufpreise können in erster Linie den **Kaufpreissammlungen der Gutachterausschüsse** für Grundstückswerte entnommen werden (§ 195 BauGB). Bei berechtigtem Interesse sind entsprechende Auskünfte aus der Kaufpreissammlung nach Maßgabe landesrechtlicher Vorschriften zu erteilen (§ 195 Abs. 3 i.V.m. § 199 Abs. 2 Nr. 4 BauGB). 17

Die **„Eignungsprüfung" der zum Preisvergleich in Betracht kommenden Kaufpreise (Vergleichspreise**), Bodenrichtwerte sowie Vergleichsfaktoren bebauter Grundstücke (Immobilienrichtwerte, Wohn- und Nutzflächenwerte) **setzt** auch **voraus, dass die wertbeeinflussenden Grundstücksmerkmale der Grundstücke, deren Kaufpreise zum Preisvergleich herangezogen werden sollen, hinreichend konkretisiert sind.** Denn nur dann können die von dem zu bewertenden Grundstück abweichenden Grundstücksmerkmale der Vergleichsobjekte angemessen berücksichtigt werden. Diesbezüglich stehen zunächst die Gutachterausschüsse für Grundstückswerte in der Pflicht. Ihnen obliegt nach Maßgabe der §§ 192 ff. BauGB die Auswertung der Kaufpreissammlung. 18

Die Eignung von Kaufpreisen, die im Rahmen der Auskunftserstattung nach § 195 BauGB **in anonymisierter Form benannt werden** (Anonymi)[21], ist vor diesem Hintergrund per se problematisch. Als anonymisiert gilt nach datenschutzrechtlichen Bestimmungen (§ 3 Abs. 7 BDSG) eine Auskunft unter anderem, wenn die zum Vergleichspreis angegebenen Daten, d.h. Grundstücksmerkmale, derart verändert worden sind, dass die *exakte Lage des Bezugsobjekts* nicht oder nur mit einem unverhältnismäßig großen Aufwand an Zeit, Kosten und Arbeitskraft identifizierbar ist. Individuelle Grundstücksmerkmale, die die Identifizierbarkeit des Vergleichsgrundstücks ermöglichen würden, müssen bei anonymisierter Auskunftserstattung mithin zwangsläufig mit der Folge verschwiegen werden, dass der angegebene Vergleichspreis ggf. im Vergleichswertverfahren nicht hinreichend gewürdigt werden kann (vgl. Rn. 25, § 31 ImmoWertV Rn. 207ff.; Vorbem. zur ImmoWertV Rn. 85). 19

Des Weiteren kann die Eignung auch erheblich eingeschränkt sein, wenn zu den in der Kaufpreissammlung registrierten Kaufpreisen die **wertbeeinflussenden Merkmale der jeweiligen Grundstücke nicht oder unvollständig erfasst worden** sind. Dies kann auf Versäum- 20

---

20 Urt. vom 08.09.1994 – IV R 16/94 –, BFHE 176, 340 = BStBl II 1995, 309 = GuG 1995, 313 = EzGuG 19.42b; BFH, Urt. vom 21.07.1993 – II R 13/91 –, BFH/NV 1994, 610 = EzGuG 20.147a: BFH, Urt. vom 21.05.1982 –, BFHE 136, 141 = BStBl II 1982, 604 = EzGuG 20.97d; BFH, Urt. vom 26.09.1980 – III R 21/78 –, BFHE 132, 101 = BStBl. II 1981, 153 = EzGuG 20.86; BVerwG, Urt. vom 13.11.1964 – 7 C 20/64 –, BRS Bd. 26 Nr. 94 = EzGuG 20.38;FG Niedersachsen, Urt. vom 01.12.2022 – 1 K 90/19 –, EFG 2023, 760; FG Düsseldorf, Urt. vom 24.06.2002 – 11 K 2221/99 BG –; FG Düsseldorf, Urt. vom 12.06.1997 –14 K 6480/93 –, EFG 1997, 1302 = EzGuG 4.169a; FG Hessen, Urt. vom 23.06.2004 – 3 K 1712/01 –, EFG 2004, 1793.

21 In der Praxis wird von der auskunftserteilenden Stelle der Antragsteller mit dem Hinweis abgewiesen „Wenn ich Ihnen auch das sage, wissen Sie genau, um welches Grundstück es sich handelt".

nisse des Gutachterausschusses, aber auch auf die begrenzten rechtlichen und personellen Möglichkeiten des Gutachterausschusses zurückgeführt werden. Insbesondere bei der Erfassung der Grundstücksmerkmale bebauter Grundstücke einschließlich Eigentumswohnungen scheitert die vollständige Erfassung aller wertbeeinflussenden Grundstücksmerkmale am Art. 13 GG. Daran haben erfahrungsgemäß auch die Befugnisse des Gutachterausschusses nach § 197 Abs. 1 des BauGB im Großen und Ganzen nichts ändern können. Dementsprechend werden der Gebäudestandard i.S. der Anl. 4 zur ImmoWertV, der energetische Zustand, die durchgeführte Modernisierungsmaßnahmen nach Umfang und Zeitpunkt, Baumängel und Bauschäden, Instandhaltungsrückstellungen, die verschiedenen Flächenmaße und viele andere wichtige Wertparameter nicht oder nur kursorisch erfasst. Auch der Sachverständige sieht sich zumeist nicht in der Lage, die oftmals rudimentären Angaben der Kaufpreissammlung durch persönliche Inaugenscheinnahme der Vergleichsobjekte und eigene Erhebung so zu vervollständigen, dass eine sachgerechte Verwendung der Vergleichspreise auch tatsächlich gewährleistet ist[22].

- Bei alledem kommt es entscheidend auf die sog. *Auswertungsqualität des Gutachterausschusses für Grundstückswerte* an. Grundsätzlich ist zu fordern, dass **sämtliche wertbeeinflussenden Grundstücksmerkmale und die sonstigen den Kaufpreis im Einzelfall beeinflussenden Umstände vollständig und unverfälscht dem in der Kaufpreissammlung registrierten Kaufpreis zugeordnet sind.**Ist die Kaufpreissammlung lückenhaft und unvollständig, was jedoch i.d.R. ohne Kenntnis der Vergleichsobjekte nicht erkennbar ist, müssen ggf. ergänzende Untersuchungen vom Sachverständigen durchgeführt werden; bei anonymisierter Auskunftserteilung ist dies wiederum nicht möglich.
- Die Kaufpreissammlung weisen i.d.R. erhebliche **Defizite bezüglich der Vergleichspreise bebauter Grundstücke** auf. Soweit zum „Innenleben“ der baulichen Anlage in der Kaufpreissammlung Hinweise gegeben werden, beruhen sie zumeist auf nur eingeschränkt verifizierbaren Auskünften, die nach Maßgabe des § 197 BauGB eingeholt worden sind, ohne dass die Objekte betreten wurden.
- Die **Eignung eines vom Gutachterausschuss für Grundstückswerte benannten Vergleichspreises ist per se problematisch, soweit es sich nicht um den originären Kaufpreis handelt.** Hat der Gutachterausschuss den tatsächlich vereinbarten Kaufpreis in irgendeiner Weise „nachkorrigiert“, so ist zu fordern, dass die Anpassungen begründet und in umfassender Weise nachvollziehbar sind, denn nur dann lässt sich die Angemessenheit solcher Korrekturen sachverständig überprüfen.
- Die **Eignung eines vom Gutachterausschuss für Grundstückswerte benannten Vergleichspreises ist per se auch problematisch, soweit dem jeweiligen Vergleichsgrundstück bzw. Bodenrichtwertgrundstück Grundstücksmerkmale zugeordnet werden, die auf Vorgaben des Gutachterausschusses beruhen**. Wird z.B. einem Bodenrichtwert eine auf der Grundlage einer ex cathedra vorgegebenen Pauschale der „wirtschaftlich nutzbaren Flächen“ in Nichtvollgeschossen konstruierte WGFZ zugeordnet, so führt dies zwangsläufig zu einer Verfälschung des Bodenrichtwerts, wenn die in der Bodenrichtwertzone gelegenen bebauten Grundstücke davon abweichen. Das Gleiche gilt für Vergleichspreise bebauter Grundstücke, wenn die „wirtschaftlich nutzbaren Flächen“ des Vergleichsobjekts davon abweichen (vgl. § 16 ImmoWertV Rn. 39 ff.; § 5 ImmoWertV Rn. 104 ff.).
- Als ungeeignet gelten auch Kaufpreise von in Betracht kommenden Vergleichsgrundstücken, wenn sich der Werteinfluss der Abweichungen vom Grundstückszustand der Vergleichsgrundstücke mit dem des Wertermittlungsobjekts, insbesondere beim Vorliegen besonderer objektspezifischer Grundstücksmerkmale, oder der Änderungen der allgemeinen Wertverhältnisse nicht hinreichend sicher bestimmen lässt.

22 Vgl. Glosse, GuG-aktuell 2016, 33.

- Schließlich sind auch Kaufpreise ungeeignet, wenn im Umkehrschluss zu § 9 Abs. 2 ImmoWertV angenommen werden kann, dass sie durch ungewöhnliche oder persönliche Verhältnisse beeinflusst worden sind.

Zur Verwendung von Kaufpreisen und Bodenrichtwerten sowie sonstigen nach Wertermittlungsstichtag bekannt gewordenen Daten bei einer auf einen zurückliegenden Wertermittlungsstichtag bezogenen Marktwertermittlung (**retroperspektivische bzw. retrograde Marktwertermittlung**) vgl. § 2 ImmoWertV Rn. 66. **21**

2.2.2 Selektion der Vergleichspreise

▶ *Vgl. Rn. 84*

Zur Selektion der Vergleichspreise empfiehlt es sich zunächst, die zum Preisvergleich geeigneten Kaufpreise nach engen Vergleichskriterien auszuwählen. Auch empfiehlt es sich, Kaufpreise und Marktindikatoren solcher Grundstücke aus der Kaufpreissammlung des Gutachterausschusses oder anderen Datenquellen (z.B. Vergleichspreissystem der BVVG) heranzuziehen, die mit dem zu bewertenden Grundstück nach Lage und sonstigen Grundstücksmerkmalen möglichst unmittelbar vergleichbar und zu einem möglichst wertermittlungsstichtagsnahen Zeitpunkt vereinbart worden sind. Da regelmäßig eine ausreichende Anzahl von Vergleichspreisen unmittelbar vergleichbarer Grundstücke nicht zur Verfügung steht, ist sodann der **Referenzrahmen der Vergleichbarkeit** zu erhöhen, indem man zusätzlich Vergleichspreise von Grundstücken heranzieht, die von **22**

- den Grundstücksmerkmalen des zu bewertenden Grundstücks (qualitativer Referenzrahmen) und
- der Lage des zu bewertenden Grundstücks (räumlicher Referenzrahmen)

in einer schrittweise erweiterten Spannbreite abweichen. Des Weiteren ist auch der zeitliche Referenzrahmen zu erweitern, indem auch Vergleichspreise von Grundstücken herangezogen werden, die zu einem weiter vom Wertermittlungsstichtag entfernten Zeitpunkt vereinbart worden sind.

Der Referenzrahmen ist i.d.R. soweit zu erweitern, dass unter Berücksichtigung des Ausschlusses von Kaufpreisen, die nach Maßgabe des § 9 ImmoWertV als Vergleichspreise nicht berücksichtigt werden können, eine ausreichende Anzahl von Vergleichspreisen zur Verfügung steht. Darüber hinaus ist zu beachten, dass die genannten Referenzrahmen nicht beliebig erweiterbar sind, denn mit der Erweiterung des Referenzrahmens steigen naturgemäß die Zu- und Abschläge an, die im Rahmen des Vergleichswertverfahrens zur Berücksichtigung der unterschiedlichen Grundstücksmerkmale und allgemeinen Wertverhältnisse angebracht werden müssen. **Für die Erweiterung der Referenzrahmen ist die Grenze dort gezogen, wo die (absolute) Summe der Zu- und Abschläge den Betrag von 40 % überschreitet** (vgl. Rn. 30). **23**

2.2.3 Ortsbesichtigung

▶ *Vgl. § 1 ImmoWertV Rn. 35; § 25 ImmoWertV Rn. 7*

Im gewöhnlichen Geschäftsverkehr wird es bei dem Erwerb eines Grundstücks weithin als unverzichtbar angesehen, die zur Auswahl stehenden zum Kauf angebotenen Vergleichsobjekte persönlich in Augenschein zu nehmen. Bei Erwerb eines bebauten Grundstücks und auch einer Eigentumswohnung werden zu diesem Zweck i.d.R. entsprechende Besichtigungstermine vereinbart, um z.B. die für den Erwerb in Betracht kommende Eigentumswohnung zu begehen. Erst der Ortstermin ermöglicht es einem Erwerber, sich ein Bild über die Eigenschaften und die Werthaltigkeit einer Immobilie zu verschaffen. Die Objektbeschreibung allein kann die persönliche Begehung in aller Regel nicht ersetzen und dies muss umso mehr auch für die sachverständige Begutachtung einer Immobilie auf der Grundlage von Vergleichsobjekten gelten. Von daher fordert die Finanzrechtsprechung zumindest eine **Außenbesichtigung der Ver-** **24**

gleichsgrundstücke (vgl. § 1 ImmoWertV Rn. 35). Die **Heranziehung von Vergleichspreisen bebauter Grundstücke ohne Begehung der Baulichkeiten**, die von einem Sachverständigen i.d.R. nicht beansprucht werden kann, kann ebenfalls in Einzelfällen angezeigt sein, insbesondere wenn die entsprechenden Angaben in der Kaufpreissammlung unvollständig und nicht verifizierbaren sind. Der Sachverständige selbst hat in diesem Fall nur noch eingeschränkte Möglichkeiten für ergänzende Feststellungen.
Bei **anonymisierter Auskunftserteilung** ist noch nicht einmal eine Außenbesichtigung der Vergleichsobjekte möglich. Die Marktwertermittlung auf der Grundlage von anonymisierten Vergleichspreisen kann deshalb immer nur so gut und so schlecht sein, wie vom Gutachterausschuss für Grundstückswerte die jeweiligen Grundstücksmerkmale erfasst und ausgewertet wurden. Dies gilt nicht nur für Vergleichspreise, sondern auch für Bodenrichtwerte und Vergleichsfaktoren bebauter Grundstücke (Immobilienrichtwerte/Wohn- und Nutzflächenwerte).

2.3 Geeignete Kaufpreise, Bodenrichtwerte und Vergleichsfaktoren

2.3.1 Allgemeines

▶ *Vgl. Rn. 19; § 9 ImmoWertV Rn. 1 ff.; § 12 ImmoWertV Rn. 15 ff.; § 25 ImmoWertV Rn. 1; § 21 ImmoWertV Rn. 69*

25 **Zum Preisvergleich geeignet** sind

- nach § 25 Abs. 1 ImmoWertV Kaufpreise solcher Grundstücke (Vergleichsgrundstücke), die mit dem zu bewertenden Grundstück **hinreichend übereinstimmende Grundstücksmerkmale**[23] aufweisen und die zu Zeitpunkten verkauft worden sind (Vertragszeitpunkte), die hinreichend mit dem Wertermittlungsstichtag übereinstimmen (§ 2 ImmoWertV).
- nach § 9 Abs. 1 Satz 1 ImmoWertV Kaufpreise sowie weitere Daten, insbesondere Bodenrichtwerte und sonstige für die Wertermittlung erforderliche Daten, wenn die Daten hinsichtlich Aktualität in Bezug auf den maßgeblichen Stichtag und Repräsentativität den jeweiligen Grundstücksmarkt zutreffend abbilden und etwaige Abweichungen in den allgemeinen Wertverhältnissen sowie wertbeeinflussende Abweichungen der Grundstücksmerkmale des Wertermittlungsobjekts in sachgerechter Weise berücksichtigt werden können.
- grundsätzlich nur Kaufpreise von Grundstücken, deren **individuell wertbeeinflussenden Grundstücksmerkmale hinreichend bekannt sind**. Umgekehrt sind Vergleichspreise ungeeignet, wenn die individuell wertbeeinflussenden Grundstückmerkmale vom Gutachterausschuss nicht in die Kaufpreissammlung eingepflegt und ergänzend feststellbar sind und mithin Anonyma sind.Dies muss insbesondere dann gelten, wenn ein Gutachten als Grundlage für Steuern und Abgaben dient und es ohne individuelle Angaben nicht nachvollziehbar ist. Dementsprechend wird in der finanzgerichtlichen Rechtsprechung darauf hingewiesen, dass ein Vergleichspreisungeeignet ist, wenn **ein Gutachter aus Gründen seiner Rechtsverhältnisse (z.B. Datenschutz, Amtsver-schwie-genheit, standesrechtliche Schweigepflicht o.Ä.) ein Vergleichsgrundstück nicht individualisieren darf** (vgl. Vorbem. zur ImmoWertV Rn. 85 sowie zur Offenbarungspflicht von Vergleichsmieten § 31 ImmoWertV Rn. 70, 213)[24].

---

23 BGH, Urt. vom 19.12.1963 – III ZR 162/63 –, NJW 1964, 1567 = EzGuG 20.35; entsprechend auch der BFH, Urt. vom 26.09.1980 – III R 21/78 –, BFHE 132, 101 = BStBl II 1981, 153 = EzGuG 20.86; RFH, Urt. vom 31.03.1938 – III 228/37 –, RStBl 1938, 564 = EzGuG 4.4a.

24 BGH, Urt. vom 27.09.1990 – III ZR 97/89 –, GuG 1991, 38 = EzGuG 4.134; FG Berlin-Brandenburg Urt. vom 17.04.2024 – 16 K 3045/22 –, BeckRS 2024, 15128 = EzGuG 20.484; FG Berlin-Brandenburg, Urt. vom 07.06.2022 – 3 K 3247/18 –, GuG 2022, 311 = EzGuG 20.410; FG Berlin-Brandenburg, Urt. vom 19.07.2017 – 3 K 3047/17 –, EFG 2017, 1499 = EzGuG 20.260.

2.3.2 Hinreichend übereinstimmende Grundstücksmerkmale

2.3.2.1 Allgemeines

▶ *Vgl. § 25 ImmoWertV Rn. 1 ff.; zur Anwendung des Ertragswertverfahrens vgl. auch § 21 ImmoWertV Rn. 69; Teil VI Rn. 212*

Eine hinreichende Übereinstimmung der Grundstücksmerkmale der zum Vergleich herangezogenen Grundstücke, Bodenrichtwerte bzw. Vergleichsfaktoren bebauter Grundstücke mit denen des zu bewertenden Grundstücks liegt in der Natur des Vergleichswertverfahrens. Im weiten Sinne kann (fast) alles miteinander verglichen werden (auch Äpfel mit Birnen!). Sinnvoll ist ein Preisvergleich aber nur, wenn Abweichungen ihrem Umfang nach in eine vergleichende Betrachtung eingebracht werden können und nicht einMaß überschreiten, was auch im gewöhnlichen Geschäftsverkehr als abwegig angesehen wird. Nur dann liegt ein **geeigneter**[25]**Kauf- bzw. Vergleichspreis** vor. An die „Eignung“ der zum Vergleich herangezogenen Kaufpreise (Vergleichspreise) dürfen jedoch keine überzogenen Anforderungen gestellt werden. Es genügt, dass sich die Grundstücke ähneln (omne simile claudicat)[26]. Während nämlich nach früherem Recht die Vergleichsgrundstücke mit dem zu bewertenden Grundstück „soweit wie möglich übereinstimmen“ sollten[27], fordert die geltende ImmoWertV stattdessen nur eine „hinreichende“ Übereinstimmung, um so den engen Vergleichsrahmen des bisherigen Rechts zu erweitern[28]. **26**

Die Forderung nach einer hinreichenden Übereinstimmung der Grundstücksmerkmale der Vergleichsgrundstücke, Bodenrichtwerte, Vergleichsfaktoren bebauter Grundstücke (Immobilienrichtwerte, Wohn- bzw. Nutzflächenwerte) bzw. sonstiger Marktindikatoren mit denen des zu bewertenden Grundstücks betrifft insbesondere **27**

- die Lage,
- den Entwicklungs- und Erschließungszustand,
- die Art und das Maß der baulichen und sonstigen Nutzbarkeit,
- die Bodenbeschaffenheit,
- die Grundstücksgröße,
- die Grundstücksgestalt,
- den beitrags- und abgabenrechtlichen Zustand

sowie bei *baulichen Anlagen*

- die Gebäudeart,
- die Bauweise und Baugestaltung,
- den Gebäudestandard (Ausstattung),
- die Gebäudegröße (BGF, WF bzw. NF, GF usw.),
- die Restnutzungsdauer (Baujahr),
- den Bauzustand,
- die energetischen Eigenschaften und
- die Ertragsverhältnisse.

---

25 BFH, Urt. vom 29.04.1987 – X R 2/80 –, BFHE 150, 453 = BStBl II 1987, 769 = EzGuG 19.39f.
26 BGH, Urt. vom 08.04.2014 – VIII ZR 216/13 –, GuG 2014, 378 = 3.153a; RFH, Urt. vom 27.04.1928 – II A 17/28 –, AVN 1928, 771.
27 § 4 Abs. 2 WertV 72.
28 Begründung zur WertV 88: BR-Drs. 352/88, S. 54.

28 Der an erster Stelle genannten **Lage des Grundstücks** wird von Maklern bekanntlich die höchste Bedeutung beigemessen. Kaufpreise aus der unmittelbaren Nachbarschaft des zu bewertenden Grundstücks weisen i.d.R. lagemäßig die höchste Übereinstimmung mit der des zu bewertenden Grundstücks auf. Dass aus der unmittelbaren Nachbarschaft eine „ausreichende Zahl" von Vergleichspreisen zur Verfügung steht, ist in der Praxis eher die Ausnahme und im Rahmen der Selektion müssen regelmäßig **Vergleichsgrundstücke aus entfernteren Lagen bis hin zu vergleichbaren Gebieten** bzw. Stadtteilen herangezogen werden, die hinsichtlich Lage und Nutzung mit dem zu bewertenden Grundstück vergleichbar sind[29]. Der BFH hat in seiner Rechtsprechung sogar weitergehend auf den überregionalen Markt abgestellt[30].
Zur Beurteilung der großräumigen Lage haben sich die von der BfLR (nunmehr BBR) abgeleiteten **siedlungsstrukturellen Kreistypen**[31] bewährt. Man wird daher bestrebt sein, solche Vergleichsgemeinden auszuwählen, die in einem mit der Belegenheitsgemeinde vergleichbaren siedlungsstrukturellen Kreistyp gelegen sind. Daneben ist vor allem noch zu beachten, dass die Gemeinden eine möglichst vergleichbare Wirtschaftskraft aufweisen. Die Vergleichskriterien Einwohnerzahl und siedlungsstruktureller Kreistyp haben sich als ungewöhnlich hoch korreliert mit dem allgemeinen Bodenwertniveau erwiesen. Dies hat sich allerdings auch schon in anderen ungewöhnlichen Untersuchungen bestätigt. Nach einer Untersuchung aus dem Jahre 1979 besteht eine hohe negative Korrelation zwischen der Gemeindegrößenklasse und den entsprechenden Geburtenziffern, d.h., die Geburtenzahl nimmt mit Ansteigen der Gemeindegröße steil und signifikant ab[32]; ein für Soziologen sehr interpretierfähiges Nebenprodukt der Wertermittlungslehre!

29 In der Praxis treten vielfach auch Fälle auf, in denen **Vergleichspreise aus der unmittelbaren Nachbarschaft zu dem zu bewertenden Objekt** sogar **besonders ungeeignet sind**. So sind z.B. im Falle der Ermittlung des sanierungs- bzw. entwicklungsunbeeinflussten Grundstückswerts i.S. des § 153 Abs. 1 BauGB Vergleichspreise aus der unmittelbaren Nachbarschaft zum Satzungsgebiet besonders „verdächtig", von sanierungs- bzw. entwicklungsbedingten Werterhöhungen beeinflusst zu sein, die es aber gerade bei Wertermittlungen innerhalb des Satzungsgebiets (Veranstaltungsgebiet) „auszublenden" gilt[33]. Das OLG Frankfurt am Main[34] hat deshalb solchen Vergleichsgebieten eine „Eignung" abgesprochen.
Folgender Sachverhalt lag der o.a. Entscheidung des OLG Frankfurt am Main zugrunde:
In der Gemeinde A wurde eine Entwicklungsmaßnahme durchgeführt, von der die benachbarte Gemeinde B „profitierte", ohne dass dort eine Entwicklungsmaßnahme durchgeführt wurde. Die Bodenwerte stiegen unter dem Einfluss der Entwicklungsmaßnahme A in der Gemeinde B an.
Im Verlauf der Entwicklungsmaßnahme galt es, den entwicklungsunbeeinflussten Grundstückswert zwecks Ankaufs eines Grundstücks zu ermitteln. Dabei ging es im Kern um die Frage, ob die allgemeine Wertentwicklung in der Nachbargemeinde, in der zwar keine Entwicklungsmaßnahme durchgeführt worden ist, die aber gleichwohl unter dem Einfluss der Entwicklungsmaßnahme eine indirekte „Aufwertung" erfahren hatte, bei der Ermittlung des entwicklungsunbeeinflussten Bodenwerts zu berücksichtigen sei (Abb. 1).
Des Weiteren wurde von den entwicklungsbetroffenen Eigentümern vorgebracht, dass der für den Entwicklungsbereich aufgestellte Flächennutzungsplan(entwurf) „als eine von der bevorstehenden Anwendung des *Entwicklungsmaßnahmenrechts* … unabhängige Ursache der Bauerwartung gewertet werden müsse, weil es einen durch Bauland- und Wohnungsnachfrage verursachten Planungsbedarf und eine dadurch hervorgerufene Bauleitplanung auch in den … umgebenden Städten und Gemeinden gegeben habe, wo keine förmliche Festlegung von städtebaulichen Entwicklungsbereichen beabsichtigt war und erfolgt

---

29 KG Berlin, Urt. vom 01.11.1969 – U 144/68 –, AVN 1970, 438 = EzGuG 20.46; OLG Celle, Urt. vom 21.08.1978 – 4 U 214/74 –, AgrarR 1979, 17 = EzGuG 20.76.

30 BFH, Urt. vom 10.08.1972 – VIII R 82/71 –, BFHE 106, 543 = BStBl II 1972, 883 = EzGuG 20.53.

31 Hüttenrauch/Jacobs/Kehlen, GuG 1992, 137; dort auch die abgedruckte Karte siedlungsstruktureller Kreistypen; vgl. Kleiber, Sammlung amtlicher Vorschriften zur Verkehrswertermittlung, a.a.O., 4. Aufl. 1992.

32 Hetzold, ifo-Schnelldienst Nr. 9 1979, Institut für Wirtschaftsforschung, München.

33 Das Recht der WertV 72 enthielt zur Wertermittlung für Sanierungsgebiete und Entwicklungsbereiche in § 21 Abs. 3 Satz 1 sowie § 22 Abs. 3 WertV 72 eine dementsprechende Vorschrift, die damit als allgemeiner Wertermittlungsgrundsatz in den geltenden § 13 Abs. 1 Satz 2 WertV aufgegangen ist.

34 BVerfG, Beschl. vom 09.03.1998 – 1 BvR 1041/92 –, GuG 1999, 244 = EzGuG 15.91b; OLG Frankfurt am Main, Urt. vom 24.06.1991 – 1 U 2/90 –, GuG 1997, 54 = EzGuG 15.69a; LG Darmstadt, Urt. vom 31.07.1996 – 90 (B) 12/93 –, GuG 1997, 56 = EzGuG 15.84.

ist", d.h., die Betroffenen argumentierten, dass auch ohne städtebauliche Entwicklungsmaßnahme eine Weiterentwicklung stattgefunden haben würde, die es bei der Ermittlung des entwicklungsunbeeinflussten Grundstückswerts zu berücksichtigen gelte.

Abb. 1: Bodenwertentwicklung in der Entwicklungsgemeinde und in einer benachbarten Vergleichsgemeinde

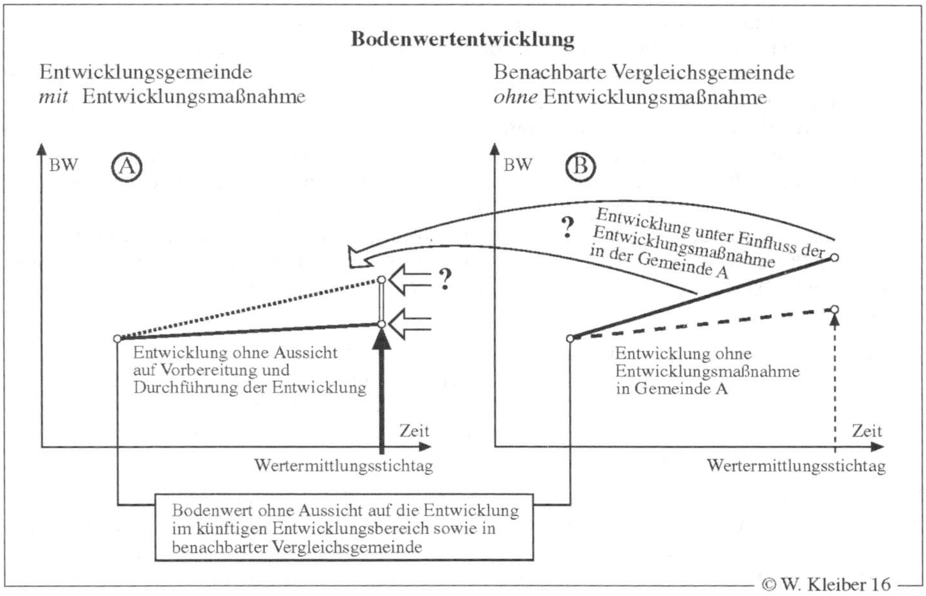

Das OLG Frankfurt am Main hat dieser Auffassung ausdrücklich mit der Begründung widersprochen, dass damit die entwicklungsrechtlichen Vorschriften über den Ausschluss entwicklungsbedingter Werterhöhungen „praktisch unanwendbar" seien. Sinn und Zweck dieser Regelungen sei die „volle" Wertabschöpfung, die den Eigentümern von Grundstücken dort, wo keine förmlichen Entwicklungsmaßnahmen durchgeführt werden, anlässlich der Heraufstufung ihrer Grundstücke durch Baulandausweisung nicht auferlegt wird. Deshalb darf **die Tatsache, dass in beiden Arten von Gemeinden – denen mit und denen ohne förmlich festgesetzte Entwicklungsbereiche – Bauleitplanung betrieben wird, nicht dazu genutzt werden, den Tatbestand der Vorwirkung einer Entwicklungsmaßnahme zu verneinen**.

2.3.2.2 Eignungskriterien der Rechtsprechung

***Schrifttum:** Hendricks,* Bodenrichtwertermittlung, 1. Aufl. 2017, S. 34.

Als **Maß der Eignung eines zum Preisvergleich in Betracht kommenden Kaufpreises, Bodenrichtwerts und Vergleichsfaktors** können die Zu- und Abschläge gelten, die zur Berücksichtigung von Abweichungen des zu bewertenden Grundstücks von den jeweiligen Bezugsmerkmalen des herangezogenen **Kaufpreises, Bodenrichtwerts und Vergleichsfaktors** anzubringen sind. **Je größer die Anpassung ausfällt, desto geringer ist die Eignung eines zum Preisabgleich herangezogenen Kaufpreises**[35]. **30**

– Grundsätzlich muss man davon ausgehen, dass eine **Abweichung von 10 bis 25 %** in der Rechtsprechung zur Eignung von Vergleichspreisen als „üblich" angesehen wird, wobei

35 FG Rheinland-Pfalz, Urt. vom 23.11.2023 – 4 V 1429/23 – und – 4 V 1295/23 –, EFG 2024, 93; Britton/Davies, Modern Methods of Valuation of Land, Houses and Buildings, 8. Aufl. London 1989, S. 39 ff.

auch diese Grenze eher zu niedrig angesetzt ist[36]. Von maßgeblicher Bedeutung ist in diesem Zusammenhang die Erheblichkeitsschwelle, die zum Ausscheiden von Kaufpreisen nach § 9 Abs. 2 ImmoWertV führt. Deshalb müssen auch Grundstücke als vergleichbar angesehen werden, bei denen zur Berücksichtigung von Abweichungen in den Zustandsmerkmalen und von Änderungen in den allgemeinen Wertverhältnissen auf dem Grundstücksmarkt höhere Zu- oder Abschläge angebracht werden müssen.

- Das KG Berlin[37] war des Weiteren der Auffassung, dass nicht alle Vergleichspreise mit Hilfe von Zu- und Abschlägen miteinander vergleichbar gemacht werden könnten, sondern nur die, bei denen verhältnismäßig geringfügige Differenzen zu überbrücken seien und bei denen die **Zu- oder Abschläge (in der Summe) die Größenordnung von höchstens 30oder allenfalls 35 % nicht übersteigen**. Die Notwendigkeit von Korrekturen in Höhe von 40 % und mehr zeige dagegen, dass die angeblich vergleichbaren Grundstücke in Wahrheit nicht miteinander verglichen werden können. Des Weiteren weist das KG darauf hin, dass prozentuale Zu- und Abschläge in ihrer Höhe niemals nach einer vom Sachverstand geschaffenen Methode genau berechnet werden könnten, im Rahmen des dem Gericht nach § 287 ZPO zustehenden Ermessens zu schätzen seien und damit stets Raum für unterschiedliche Auffassungen böten. Einen Abzug von 30 % hat auch das VG Schleswig bejaht[38].
- Das **LG Berlin**[39] hat anknüpfend an die genannte Rechtsprechung des KG die Grenzen des Maßes der Übereinstimmung marginal erweitert und unter bestimmten Umständen einen Lagezuschlag von 40 % zur Berücksichtigung solcher Abweichungen für zwar „nicht unbedenklich“, aber nach Ansicht des erkennenden Gerichts „auf der Basis der §§ 13, 14 WertV 88 noch vertretbar“ befunden.

31 Der durch die Rechtsprechung vorgegebene **Grenzwert der Vergleichbarkeit bezieht sich auf die Summe der im Einzelfall anzubringenden Zu- und Abschläge in *absoluter* Höhe**, denn bei Heranziehung von Kauf- bzw. Vergleichspreisen müssen i.d.R. gleich mehrere unterschiedliche Grundstücksmerkmale berücksichtigt werden. Diese können sich rechnerisch zwar bis zu „null“ ausgleichen (Zuschlag von 25 % und Abschlag von 25 %) und dann den Anschein einer Vergleichbarkeit vermitteln, tatsächlich ist die *absolute Summe* der Zu- und Abschläge (– 25 % + 25 % = 50 %) Beleg für die nicht gegebene Vergleichbarkeit. Für die Beurteilung der Eignung kommt es nämlich auf die Gesamtheit der Abweichungen an, unabhängig davon, ob es sich dabei um Zu- oder Abschläge handelt:

Beispiel 1:

- Zu ermitteln ist der Bodenwert eines 500 m² großen Grundstücks, für das eine GFZ von 1,2 ausgewiesen ist.
- Der zum Vergleich herangezogene Kaufpreis von 400 €/m² bezieht sich auf ein 1 000 m² großes Grundstück mit einer GFZ von 1,0.

Umrechnung des zum Vergleich herangezogenen Kaufpreises auf die Grundstücksmerkmale des zu bewertenden Grundstücks (500 m² bei einer GFZ von 1,2):

Kaufpreis (Grundstücksgröße: 1 000 m², GFZ 1,0) 400 €/m²			
– Zuschlag wegen einer GFZ von 1,2 des zu bewertenden Grundstücks (gemäß Umrechnungskoeffizient)	+ 20 %	+ 80 €/m²	= 480 €/m²
– Zuschlag wegen kleiner Grundstücksgröße (gemäß Umrechnungskoeffizient)	+ 20 %	+ 80 €/m²	= 560 €/m²
Summe der Zuschläge	40 %		

36 LG Koblenz, Urt. vom 01.09.1986 – 4 O 5/86 –, EzGuG 20.117: allein 25 % zur Berücksichtigung von Lageunterschieden.

37 KG Berlin, Urt. vom 01.11.1969 – U 1449/68 –, EzGuG 20.46 = AVN 1970, 68; bereits das PrOVG hat sich mit dieser Problematik eingehend beschäftigt; vgl. PrOVG, Urt. vom 02.11.1896, EzGuG 20.2.

38 VG Schleswig, Urt. vom 25.09.1974 – 2 A 108/74 –, SchlH 1975, 18 = EzGuG 15.2.

39 LG Berlin, Urt. vom 11.08.1998 – 29 0 371/97 –, GuG 1999, 250 = EzGuG 19.46a; (BR-Drs. 352/88).

Wäre noch ein weiterer Zuschlag in Höhe von 20 % z.B. wegen erheblich höherwertigerer Lageverhältnisse des zu bewertenden Grundstücks anzubringen, so würde sich die Summe der Zuschläge auf insgesamt 60 % erhöhen und die Vergleichbarkeit wäre erheblich gestört.

Sofern bei Heranziehung von Kauf- bzw. Vergleichspreisen Zu- *und* Abschläge anzubringen sind, bestimmt sich der durch die Rechtsprechung vorgegebene Grenzwert der Vergleichbarkeit nach der **Summe der Absolutbeträge der im Einzelfall anzubringenden Zu- und Abschläge**, denn die Vergleichbarkeit bleibt gestört, auch wenn sich die Zu- und Abschläge kompensieren.

Beispiel 2:

- Zu ermitteln ist der Bodenwert eines 500 m² großen in schlechter Lage gelegenen Grundstücks, für das eine GFZ von 1,5 ausgewiesen ist.
- Der zum Vergleich herangezogene Kaufpreis von 400 €/m² bezieht sich auf
  - ein 1 000 m² großes Grundstück
  - mit einer GFZ von 1,0,

  das jedoch in einer sehr guten Lage gelegen ist.

Umrechnung des zum Vergleich herangezogenen Kaufpreises auf die Grundstücksmerkmale des zu bewertenden Grundstücks (500 m² bei einer GFZ von 1,2):

Kaufpreis (Grundstücksgröße: 1 000 m², GFZ 1,0) 400 €/m²

– Zuschlag wegen einer GFZ von 1,5 des zu bewertenden Grundstücks (gemäß Umrechnungskoeffizient)	+ 30 %	120 €/m²	520 €/m²
– Zuschlag wegen kleiner Grundstücksgröße (gemäß Umrechnungskoeffizient)	+ 20 %	80 €/m²	600 €/m²
Zwischensumme der Zuschläge	***50 %***		
– Abschlag wegen schlechterer Lage des zu bewertenden Grundstücks	– 20 %	– 80 €/m²	520 €/m²
Summe der Zu- und Abschläge	30 %	(trügerisch)	
Absolute Summe der Zu- und Abschläge jedoch	***70 %***		

Neben den in den vorstehenden *Beispielen* angeführten qualitativen Abgleich können weiter Zu- bzw. Abschläge zur Berücksichtigung unterschiedlicher Wertverhältnisse zwischen dem Wertermittlungsstichtag und dem Bezugsstichtag der herangezogenen Vergleichspreise treten (intertemporaler Abgleich).

Das *Beispiel* macht deutlich, dass sich die Vergleichbarkeit nicht dadurch erhöht, dass sich die Zu- und Abschläge gegenseitig kompensieren und sich im Verhältnis zum vorstehenden Beispiel eine geringere Summe der Zu- und Abschläge ergibt. Die Vergleichbarkeit im *Beispiel 2* ist gegenüber dem Fall des ersten Beispiels vielmehr erheblich dadurch gestört, dass in der **absoluten Summe der Zu- und Abschläge** Korrekturen von insgesamt 70 % angebracht werden mussten. Dies ist ein deutlicher Hinweis auf die nicht gegebene Eignung des zum Vergleich herangezogenen Kaufpreises.

Bei alledem muss man sich vergegenwärtigen, dass es für gewöhnlichen Geschäftsverkehr geradezu kennzeichnend ist, dass selbst Kaufpreise völlig gleichartiger Grundstücke in nicht unerheblichem Maße streuen. Die von der Rechtsprechung gezogenen Grenzen müssen vor diesem Hintergrund differenziert betrachtet werden. Dabei ist insbesondere zwischen bebauten und unbebauten Grundstücken zu unterscheiden. Darüber hinaus wird man bei inhomogenen Marktverhältnissen größere Abweichungen als bei homogenen Marktverhältnissen in Kauf nehmen müssen. Generell wird man bei besonders **individuell gestalteten und beschaffenen Grundstücken** größere Abweichungen der herangezogenen Vergleichsgrundstücke von dem Wertermittlungsobjekt hinnehmen müssen als bei marktüblicheren Objekten. **32**

Überschreiten die zur Berücksichtigung von Abweichungen zwischen den Grundstücksmerkmalen der Vergleichsgrundstücke und dem zu bewertenden Grundstück anzubringenden Zu- oder Abschläge die aufgezeigten Grenzen, sind die **Voraussetzungen für die Anwendung des Vergleichswertverfahrens nicht** mehr **gegeben** und das Verfahren ist im Ergebnis zur Verkehrswertermittlung ungeeignet.

2.3.2.3 Eignungsprüfung

▶ *Vgl. § 25 ImmoWertV Rn. 1 ff.*

33 Die Eignung der zum Preisvergleich in Betracht kommenden Kaufpreise ist nach § 25 i.V.m. § 9 ImmoWertV zu prüfen. Dazu muss auch eine Begehung der jeweiligen Grundstücke in Betracht gezogen werden (**Ortsbesichtigung**, vgl. Rn. 25; § 1 ImmoWertV Rn. 35; § 25 ImmoWertV Rn. 7; Syst. Darst. des Vergleichswertverfahrens Rn. 25, 33).

2.3.2.4 Hinreichend übereinstimmende allgemeine Wertverhältnisse (wertermittlungsstichtagsnahe Vergleichspreise)

▶ *Vgl. § 2 ImmoWertV Rn. 3 ff.; § 18 ImmoWertV Rn. 40*

34 Entsprechend der bisherigen Rechtsprechung zu den „geeigneten Vergleichspreisen" muss gefordert werden, dass die zum Vergleich herangezogenen Kaufpreise, Bodenrichtwerte, Vergleichsfaktoren bebauter Grundstücke (Gebäude- und Ertragsfaktoren) und anderer Marktindikatoren nicht nur hinsichtlich der Grundstücksmerkmale mit dem zu bewertenden Grundstück hinreichend übereinstimmen, sondern auch, dass ihr **Bezugsstichtag mit dem Wertermittlungsstichtag hinreichend übereinstimmt** (zu den Ausnahmen beispielsweise im Falle einer „Flaute auf dem Immobilienmarkt" vgl. Vorbem. zur ImmoWertV Rn. 33.)[40].
Die wiederum in § 25 ImmoWertV mit einem unbestimmten Rechtsbegriff geforderten *„hinreichend mit dem Wertermittlungsstichtag" übereinstimmende* Vertragszeitpunkte bedürfen einer sachgerechten Auslegung. Auch hierzu wird mit § 9 Abs. 1 ImmoWertV lediglich der Hinweis gegeben. dass die zum Preisvergleich herangezogenen Kaufpreise „hinsichtlich Aktualität in Bezug auf den maßgeblichen Stichtag und Repräsentativität den jeweiligen Grundstücksmarkt zutreffend abbilden und etwaige Abweichungen in den allgemeinen Wertverhältnissen sowie wertbeeinflussende Abweichungen der Grundstücksmerkmale des Wertermittlungsobjekts ggf. unter Heranziehung geeigneter Indexreihen, durch eine Anpassung mittels Zu- oder Abschlägen oder in anderer sachgerechter Weise berücksichtigt werden können".

35 Grundsätzlich lassen sich die **in der Vergangenheit entrichteten Kaufpreise** mittels Indexreihen – theoretisch auch über Jahrzehnte hinweg – umrechnen, jedoch muss dabei bedacht werden, dass damit zusätzliche Fehler in das Wertermittlungsverfahren Eingang finden können. Zudem wird man auch bei einer gut geführten Kaufpreissammlung den damaligen Grundstückszustand nicht mehr umfassend und vollständig erfassen können, sodass zwischenzeitliche Änderungen der Zustandsmerkmale das Bild verfälschen.
Zur Ermittlung von Verkehrswerten sowie auch zur Ableitung der „sonstigen für die Wertermittlung erforderlichen Daten" können grundsätzlich auch geeignete **Kaufpreise** herangezogen werden, **die zeitlich nach dem maßgeblichen Wertermittlungs- bzw. Bezugsstichtag vereinbart worden sind,** wenn etwaige Abweichungen in den allgemeinen Wertverhältnissen nach Maßgabe des § 9 Abs. 1 Satz 2 und 3 ImmoWertV in sachgerechter Weise, insbesondere mittels Indexreihen, berücksichtigt werden können. Die Heranziehung dem Wertermittlungsstichtag „nachgelagerter Fälle" (Kaufpreise) kann insbe-son-dere in den Fällen einer über den

40 BGH, Urt. vom 19.12.1963 – III ZR 162/63 –, BRS Bd. 19 Nr. 21 = EzGuG 20.35; BGH, Urt. vom 28.04.1966 – III ZR 24/65 –, WM 1966, 774 = EzGuG 19.9; BGH, Urt. vom 13.07.1978 – III ZR 112/75 –, BRS Bd. 34 Nr. 80 = EzGuG 19.34; BGH, Urt. vom 01.07.1982 – III ZR 10/81 –, BRS Bd. 45 Nr. 147 = EzGuG 4.86; BGH, Urt. vom 22.04.1982 – III ZR 131/80 –, BRS Bd. 45 Nr. 192 = EzGuG 17.44; BFH, Urt. vom 26.09.1980 – III R 21/78 –, BFHE 132, 101 = BStBl II 1981, 153 = EzGuG 20.86; das PrOVG hat sogar unter „neueren" Kaufpreisen … noch solche bis zu 12 Jahren zurück betrachtet (vgl. St. Band VIII, S. 344).

Wertermittlungsstichtag hinausgehenden der Vergangenheit entsprechenden **„*stetigen*" Entwicklung der allgemeinen Wert-ver-hältnisse auf dem Grund-stücks-markt** sachgerecht und sogar geboten sein. Feste Zeitgrenzen können dafür nicht vorgegeben werden, denn die dabei zu berücksichtigenden Abweichungen hängen von der Dynamik der Entwicklung der allgemeinen Wertentwicklung ab. Nach der finanzgerichtlichen Rechtsprechung soll ein Kaufpreis *regelmäßig* geeignet sein, der innerhalb eines Jahres *vor oder nach dem maßgeblichen Bewertungsstichtag* zustande gekommen ist,wenn die maßgeblichen Verhältnisse gegenüber den Verhältnissen des Bewertungsstichtags unverändert geblieben sind (vgl. § 1 ImmoWertV Rn 29)[41]. Die im konkreten Fall zu berücksichtigenden Abweichungen müssen zudem gesamtheitlich zusammen mit den zu berücksichtigenden qualitativen Abweichungen betrachtet werden und sollten die unter Rn. 30 genannten Eignungskriterien nicht überschreiten.

Bis zu welchem Zeitraum man bei der Auswahl von Kaufpreisen gehen kann, konnte der Verordnungsgeber wiederum nicht normativ vorgeben[42]. Auch hier kommt es auf die Umstände des Einzelfalls, vor allem auf das sonstige Kaufpreismaterial an. In der Praxis werden **Kaufpreise von Grundstücken herangezogen, deren Vertragszeitpunkt bis etwa 4 Jahre zurückliegt,** wenngleich auch ein weiteres Zurückgehen sogar sinnvoll sein kann. Grundsätzlich gilt, was den zeitlichen „Rückgriff" anbelangt, dass die an den herangezogenen Vergleichspreisen anzubringenden Zu- und Abschläge für die zeitliche Fortschreibung des Vergleichswerts an die am Wertermittlungsstichtag herrschenden allgemeinen Wertverhältnisse auf dem Grundstücksmarkt zusammen mit den sonstigen Zu- und Abschlägen für qualitative Unterschiede **nicht überproportional** ausfallen dürfen. 36

In der Praxis treten auch Wertermittlungsfälle auf, in denen die Heranziehung von Kaufpreisen aus weit zurückliegender Zeit gegenüber Kaufpreisen neueren Datums von Vorteil sein kann. So besteht z.B. bei der **Ermittlung des sanierungsunbeeinflussten Grundstückswerts** i.S. des § 153 Abs. 1 BauGB die Möglichkeit 37

- von Vergleichspreisen auszugehen, die noch vor Einleitung der Sanierung in dem Gebiet, in dem das zu bewertende Grundstück gelegen ist, bezahlt wurden, wobei diese Preise dann allerdings über längere Zeiträume auf den Wertermittlungsstichtag „hochindiziert" werden müssen, oder
- von Vergleichspreisen auszugehen, die zu einem dem Wertermittlungsstichtag nahe kommenden Zeitpunkt in Gebieten bezahlt werden, die in ihrem Zustand aber dem Sanierungsgebiet vor Einleitung der Sanierungsmaßnahme entsprechen müssen. Mangelt es hier an geeigneten Vergleichsgebieten oder bestehen Unsicherheiten bezüglich der richtigen Qualifizierung des damaligen Zustands des Sanierungsgebiets, ist die Fehleranfälligkeit bei dieser Vorgehensweise möglicherweise größer als im ersten Fall.

2.4 Ausreichende Zahl von Vergleichspreisen

▶ *Vgl. Vorbem. zur ImmoWertV Rn. 85 ff.; § 10 ImmoWertV Rn. 12*

Voraussetzungen für die Anwendung des Vergleichswertverfahrens ist eine „ausreichende Zahl"[43] „geeigneter Vergleichspreise". Es handelt sich dabei trotz der in § 9 ImmoWertV gegebenen Erläuterung um **unbestimmte Rechtsbegriffe, die in Abhängigkeit voneinander stehen**. So wird man mit einer umso geringeren Anzahl von Vergleichspreisen auskommen, je besser die Eignung der jeweiligen Vergleichsgrundstücke ist. 38

Häufig steht der Gutachter vor dem Problem, dass ihm aus der Nachbarschaft (des zu bewertenden Grundstücks) und selbst unter Einbeziehung von Vergleichsgebieten innerhalb oder au- 39

41 FG Berlin-Brandenburg, Beschl. vom 20.03.2024 – 16 K 3070/23 –; FG Berlin-Brandenburg, Urt. vom 17.04.2024 – 16 K 3045/22 –, GuG 2024, 383.

42 BFH, Urt. vom 21.07.1993 – II R 13/91 –, BFH/NV 1994, 610 = EzGuG 20.147a; BFH, Urt. vom 26.09.1980 – III R 67/78 –, BFHE 131, 524 = BStBl II 1981, 208 = EzGuG 4.75.

43 BFH, Urt. vom 26.09.1980 – III R 21/78 –, BFHE 132, 101 = BStBl II 1981, 153 = EzGuG 20.86.

ßerhalb der Belegenheitsgemeinde nur wenige oder sogar keine „geeigneten" Vergleichspreise zur Verfügung stehen[44]. Dies wirft die Frage auf, was als **„ausreichende" Anzahl von Vergleichspreisen** anzusehen ist. Auch wenn Vergleichspreise im statistischen Sinne nicht als „Stichproben" angesehen werden können, weil – zumindest im strengen Sinne – zumeist **die mit Blick auf die allgemeinen statistischen Anforderungen zu fordernden stochastischen Voraussetzungen unzureichend erfüllt** sind, ist man versucht, die Forderung nach mindestens fünf bis zehn Vergleichspreisen zu erheben. Dies würde aber für die Praxis in vielen Fällen bereits eine unüberwindbare Hürde darstellen, denn der Grundstücksmarkt gebiert (aus statistischer Sicht) eher nur in Ausnahmefällen genügend Transaktionen. Für den *„valuer"* ist der Grundstücksmarkt chronisch defizitär.
Betrachtet man die am Markt erzielten und zur Verkehrswertermittlung herangezogenen Kaufpreise als eine Stichprobe aus der Grundgesamtheit aller (zumindest denkbaren) Vergleichspreise, so lassen sich unter **Anwendung statistischer Methoden** Aussagen über die Genauigkeit der Verkehrswertermittlung z.B. durch Mittelbildung der zur Verfügung stehenden Vergleichspreise und Berechnung des mittleren Fehlers des Mittels treffen. Ob die Zahl der in das Mittel eingegangenen Vergleichspreise als „ausreichend" i.S. der ImmoWertV anzusehen ist, lässt sich dann nach statistischen (Genauigkeits-)Kriterien beurteilen. Bei dieser Vorgehensweise versteht sich von selbst, dass zuvor

- die durch ungewöhnliche oder persönliche Verhältnisse beeinflussten Kaufpreise ausgeschieden oder entsprechend „berichtigt" worden sind (vgl. § 9 ImmoWertV Rn. 4, 27) und
- die verbliebenen Vergleichspreise hinsichtlich Abweichungen in ihren Grundstücksmerkmalen und unterschiedlicher allgemeiner Wertverhältnisse umgerechnet worden sind (vgl. § 9 ImmoWertV Rn. 4, 27).

40 Nach dem hier nicht näher zu erläuternden **Zentralen Grenzwertsatz der Statistik** erhöht sich – vereinfacht gesagt – mit einer wachsenden Zahl von Vergleichspreisen deren Repräsentativität für den daraus abgeleiteten Verkehrswert. Von daher könnte die vielfach unerfüllbare Forderung begründet werden, dass mindestens 10 und in ungünstigen Fällen auch noch mehr Vergleichspreise für eine „sichere" Verkehrswertermittlung erforderlich sind. Steht eine derartige Anzahl von Vergleichspreisen zur Verfügung, wird man sie auch berücksichtigen (müssen). Es wäre jedoch eine Verkennung der in der Praxis bestehenden Möglichkeiten, wenn man allein mit den strengen Anforderungen der Statistik die Verkehrswertermittlung zu beherrschen trachtet. Die Praxis der Wertermittlung muss ebenso wie der Grundstücksverkehr damit leben, dass nur selten ein im statistischen Sinne ausreichendes Kaufpreismaterial zur Verfügung steht und der **Verkehrswert oft nur aus wenigen Vergleichspreisen abgeleitet** werden muss. Der dabei gleichwohl unter Heranziehung statistischer Methoden angeleitete Verkehrswert kann immerhin in Anspruch nehmen, als der „wahrscheinlichste" Wert zu gelten.
Die Frage, welche Anzahl von geeigneten Vergleichspreisen für eine Anwendung des Vergleichswertverfahrens „ausreichend" ist, lässt sich nicht nach strengen statistischen Kriterien beantworten. Die „ausreichende" Zahl relativiert sich zunächst schon in Abhängigkeit von der „Ergiebigkeit" des jeweiligen Teilmarktes in Bezug auf geeignete Vergleichspreise. Die Frage steht zudem in einem engen Zusammenhang mit dem **„Eignungsgrad" bzw. der Qualität der zur Verfügung stehenden Kaufpreise**. Je besser die Vergleichbarkeit und Vertrauenswürdigkeit der herangezogenen Vergleichspreise sind und je geringer der Anpassungsbedarf, umso eher kann das Vergleichswertverfahren auf eine geringere Anzahl von Vergleichspreisen gestützt werden. Schließlich wird man eine geringere Anzahl an Vergleichspreisen auch dann als „ausreichend" ansehen müssen, wenn ein nach Maßgabe des § 6 Abs. 1 Satz 2 ImmoWertV alternativ zum Vergleichswertverfahren in Betracht kommendes Wertermittlungsverfahren keine vertrauenswürdigeren Ergebnisse erwarten lässt. Dies gilt insbesondere im Rahmen des vorrangig im Vergleichswertverfahren zu ermittelnden Bodenwerts, wenn diese ersatzweise unter Berücksichtigung der auf dem örtlichen Grundstücksmarkt marktüblichen Kosten der

44 Die Möglichkeit, zur Bodenwertermittlung auch „geeignete" Bodenrichtwerte heranzuziehen, soll bei den nachfolgenden Betrachtungen ausgeschlossen sein.

Baureifmachung und der Wartezeit i.V.m. einem Realisierungsrisiko oder in sonstiger geeigneter Weise deduktiv ermittelt (sog. deduktive Methoden) werden. Diese Methoden sind äußerst fehlerträchtig und streitbefangen. Es muss mithin zwischen dem abgewogen werden, was die größte Gewähr für die „vertrauenswürdigste" Verkehrswertermittlung bietet.

In der Rechtsprechung des BVerwG[45] sind mindestens vier Verkaufsfälle als „ausreichende" **41**
(„genügende") Anzahl genannt worden, jedoch ist eine derartige Zahlenangabe unter Ausblendung der Eignung dieser Vergleichspreise und den alternativ zur Verfügung stehenden Wertermittlungsverfahren per se nicht verallgemeinerungsfähig.

Dementsprechend ist in der Rechtsprechung des BGH auch nicht ausgeschlossen worden, dass **42**
dabei sogar das **Vorhandensein von nur einem einzigen geeigneten Vergleichsgrundstück** die Anwendung des Vergleichswertverfahrens nicht ohne Weiteres ausschließt[46]. Die Rechtsprechung folgt dabei der statistischen Erkenntnis, nach der auch die kleinste Stichprobe für das Gesamtergebnis repräsentativ ist, wenn es nur die „richtige" ist. Ein einziger Kaufpreis kann im Grenzfall ausreichend sein, wenn man ihn **als Stichprobe aus einer normal verteilten Grundgesamtheit** betrachtet, weil er durchaus auch dem Wert entsprechen kann, der sich aus einer Vielzahl von Vergleichspreisen als wahrscheinlichster Wert ergibt[47]. Schon das PrOVG hatte deshalb in seiner Rechtsprechung erkannt, dass der „Umstand, dass eine Besitzung als einziger Fall des Verkaufs eines gleichartigen Grundstücks ermittelt ist", diesen Verkaufspreis nicht ungeeignet als Vergleichsobjekt macht[48].
Auch in der finanzgerichtlichen Rechtsprechung ist erkannt worden, dass im Rahmen des Vergleichswertverfahrens ein einziger unter *„normalen Verhältnissen zustande gekommener"* Vergleichspreis, z.B. aus einem Stadtteil, der sich in unmittelbarer Nähe des zu bewertenden Grundstücks befindet, einen „wichtigen Anhaltspunkt" für die Ermittlung des Marktwerts bildet[49]. Je größer die Übereinstimmung des verkauften Grundstücks mit dem zu bewertenden Grundstück ist, desto eher erscheint eine größere Stichprobe von verkauften Grundstücken zur Ermittlung eines Vergleichswerts entbehrlich. Ein einzelner Verkaufspreis ist dann ausreichend, wenn er das zu bewertende Grundstück selbst betrifft und zeitnah im gewöhnlichen Geschäftsverkehr erzielt wurde. Der BFH hat hierzu festgestellt, dass ein für einen (einzelnen) zeitnah zum Bewertungsstichtag gezahlter Kaufpreis eines Grundstücks zum Preisvergleich geeignet ist, wenn es mit dem zu bewertenden Grundstück hinsichtlich seiner den Wert beeinflussenden Merkmale hinreichend übereinstimmt[50] und der Kaufpreis unter fremden Dritten unter marktüblichen Bedingungen vereinbart wurde.
Stehen dem Sachverständige nur **wenige Vergleichspreise** zur Verfügung, muss er umso mehr bestrebt sein, die Eignung dieser Vergleichspreise mit einer vollständigen Erfassung der einschlägigen Grundstücksmerkmale möglichst i.V.m. einer persönlichen und umfassenden Inaugenscheinnahme der Vergleichsobjekte unter Einbeziehung aller sonstigen den jeweiligen Kaufpreis im Einzelfall beeinflussenden Umstände besonders sorgfältig zu prüfen.

---

45 BVerwG, Urt. vom 26.03.2003 – 9 C 5/02 –, BVerwGE 118, 91 = GuG 2004, 181 = EzGuG 10.21.

46 BGH, Urt. vom 01.03.1984 – III ZR 197/82 –, BGHZ 90, 243 = EzGuG 6.224; BGH, Urt. vom 01.07.1982 – III ZR 10/81 –, BRS Bd. 45 Nr. 147 = EzGuG 4.86; BGH, Urt. Vom 14.12.1987 – III ZR 6/77 –, NJW 1980, 39 = EzGuG 4.36; BGH, Urt. Vom 28.04.1966 – ZR 24/65 –, WM 1866, 774 = EzGuG 10.9; BFH, Urt. vom 22.11.1968 – III R 49/68 –, BFHE 94, 498 = BStBl II 1969, 226 = EzGuG 19.15a; LG Koblenz, Urt. vom 01.09.1986 – 4 O 5/86 –, EzGuG 20.117: so bereits PrOVG, Urt. vom 23.09.1898 – St. 8.311 – und – St. 8.315 –, AVN 1969, 248 = EzGuG 20.5; auch RFH, Urt. vom 16.10.1930 – III A 306/30 –, AVN 1931, 8 = EzGuG 8.1a; a.A. LG Koblenz, Urt. vom 20.02.1978 – 4 O 49/77 –, EzGuG 20.72; RFH, Urt. vom 28.04.1938 – III 345/37 –, RStBl. 1938, 716; zuletzt FG Köln, Urt. vom 16.06.2016 – 15 K 2817/12 –, GuG-aktuell 2018, 15 = EzGuG 20.147; Kreft, WM Sonderbeilage 7/1982, 16 ff. m.w.N.;Krohn/Löwisch, Eigentumsgarantie, Enteignung, Entschädigung, 3. Aufl. Köln 1984.

47 BFH, Urt. vom 22.11.1968 – III R 49/68 –, BFHE 94, 498 = BStBl II 1969, 226 = EzGuG 19.15a.

48 PrOVG, Urt. vom 23.09.1898 – St. 8.311 –, AVN 1969, 248 = EzGuG 20.4c.

49 RFH, Urt. vom 17.10.1935 – III A 227/35 –, RStBl 1936, 234; FG Köln, Urt. vom 16.06.2016 – 15 K 2827/12 –, GuG 2018, 15 = EzGuG 20.247; Revision; BFH, Urt. vom 15.11.2016 – IX B 98/16 –, BFH/NV 2017, 292 = EzGuG 19.85.

50 BFH, Urt. vom 24.08.2022 – II R 14/20 –, GuG 2023, 114 = EzGuG 20.420; zuvor schon OLG Düsseldorf, Urt. vom 26.05.2020 – 11 K 3447/19 –, GuG 2020, 391 = EzGuG 20.350.

43 Mit überzogenen, an den strengen Kriterien der Statistik orientierten Anforderungen an die Zahl der „ausreichenden Vergleichspreise“ befände sich die Verkehrswertermittlung mitunter sehr schnell in der Sackgasse. Die Verkehrswertermittlung muss sich regelmäßig mit weniger Vergleichspreisen begnügen, als die strengen Kriterien der Statistik fordern. Dabei kann eine absolute Zahl nicht vorgegeben werden, weil es auch hier auf die **Verhältnisse des Einzelfalls** ankommt. So kann die Aussagefähigkeit von wenigen zeitnahen und geringfügig streuenden Vergleichspreisen aus der unmittelbaren Nachbarschaft zum Wertermittlungsobjekt (z.B. in einem Reihenhausgebiet) durchaus größer sein als eine größere Anzahl divergierender Vergleichspreise von Grundstücken, die in ihren Eigenschaften vom Wertermittlungsobjekt stärker abweichen.

44 **Fazit:** Zusammenfassend ist also festzustellen, dass der Verordnungsgeber nicht vorgeben konnte, wie viel Vergleichspreise im Einzelfall mindestens heranzuziehen sind. Je stärker einzelne auf denselben (Wertermittlungs-)Stichtag bezogene Vergleichspreise von Grundstücken gleichen Zustands voneinander abweichen, umso mehr Kaufpreise müssen herangezogen werden. Letztlich bleibt dies aber stets eine **Funktion der statistischen Sicherheit,** die im Einzelfall gefordert werden kann. Weisen wenige zur Verfügung stehende Vergleichspreise indessen eine geringe Streuung auf und kann auch nach den sonstigen Umständen des Einzelfalls gefolgert werden, dass sie ein hohes Maß an Eignung aufweisen, so kann der Verkehrswert den Umständen entsprechend auch aus wenigen Vergleichspreisen abgeleitet werden. Im Einzelfall kann sich dies sogar auf einen einzelnen Vergleichspreis beschränken. In diesem Fall müssen aber an die Eignung des Vergleichspreises hohe Anforderungen gestellt werden.

45 Abschließend wird dem Sachverständigen empfohlen, in seinem Gutachten auch den **Nachweis seiner Bemühungen, genügend Vergleichspreise heranzuziehen,** darzulegen. Dies gilt umso mehr, je weniger Vergleichspreise ihm zur Verfügung gestanden haben. Dies gilt insbesondere, wenn ihm nur eine ungenügende Anzahl oder überhaupt keine Vergleichspreise zur Verfügung gestanden haben. Im Rahmen seiner Begründungspflicht hat er dann nämlich darzulegen, warum er auf Ersatzlösungen „ausweichen“ musste.

2.5 Ersatzlösungen bei fehlenden Vergleichspreisen

2.5.1 Geeignete Marktindikatoren

▶ *Vgl. § 6 ImmoWertV Rn. 18, 62, 83; § 40 ImmoWertV Rn. 15, 143 ff.; § 42 ImmoWertV Rn. 1 ff.; Teil VI Rn. 313*

46 Neben oder anstelle der Daten der Gutachterausschüsse, der Oberen Gutachterausschüsse und Zentralen Geschäftsstellen können nach § 9 Abs. 3 Satz 2 ImmoWertV auch geeignete Kaufpreise und sonstige für die Wertermittlung erforderlichen Daten einschließlich anderer zum Preisvergleich **geeigneter Marktindikatoren**[51] aus anderen Quellen herangezogen werden (z.B. Kaufpreissammlung der BVVG). Dies kann sogar geboten sein, insbesondere wenn eine ausreichende Anzahl geeigneter Vergleichspreise nicht zur Verfügung steht und sich damit die Vertrauenswürdigkeit der Marktwertermittlung erhöht. In der Rechtsprechung ist ausdrücklich die Heranziehung anderer in der Verordnung nicht genannter Wertermittlungsverfahren und auch anderer in der Verordnung nicht genannter Vergleichsmaßstäbe zugelassen worden[52]. Ein Sachverständiger würde sogar gegen seine Sorgfaltspflichten verstoßen, wenn er andere geeignete Erkenntnisquellen ausschlösse.

---

51 Zu dem Begriff der Marktindikatoren vgl. Mitteilung der Kommission betreffend Elemente staatlicher Beihilfe bei Verkäufen von Bauten und Grundstücken durch die öffentliche Hand Nr. 97C 209/03 vom 10.07.1997 (ABl. 1997 C 209, S. 3 = GuG 1997, 363).

52 Dies war in Ziff. 2 Abs. 2 Satz 2 und 3 der VergleichswertR klargestellt.

Auch die **Heranziehung** von **Angebotspreisen, qualifiziertenHöchstgeboten bei Ausschreibungen und Versteigerungen** muss in Betracht gezogen werden, die im Rahmen eines Vergleichswertverfahrens für eine fundierte Marktwertermittlung geeignet sind oder das Ergebnis abstützen können. Werden die zur Verfügung stehenden und zugänglichen Marktindikatoren (Vergleichsdaten) nicht vollständig und in angemessener Weise bei der Marktwertermittlung berücksichtigt, so kann daraus eine mängelbehaftete Marktwertermittlung resultieren. **47**

2.5.2 Preisforderungen

▶ *Vgl. Syst. Darst. des Ertragswertverfahrens Rn. 190; § 31 ImmoWertV Rn. 29*

„Aus einer **bloßen Preisforderung**" kann ebenfalls nicht auf den Verkehrswert geschlossen werden[53]. Das KG Berlin hat dagegen die Heranziehung von 224 Zeitungsanzeigen über den Verkauf von Gaststätten anerkannt[54]. Die Lebenserfahrung zeigt jedoch, dass solche „Wunschpreise" allenfalls Einstieg in Verhandlungen sind und deshalb kein Abbild des tatsächlichen Geschehens auf dem Grundstücksmarkt darstellen können. Solche Anzeigen sind deshalb für die Verkehrswertermittlung grundsätzlich unbrauchbar[55]. Soweit die Verwendung von Angebotspreisen (asking prices) gleichwohl in Betracht gezogen werden, müssen die einschlägigen allgemeinen Marktverhältnisse in die Betrachtung einbezogen werden, die dazu führen können, dass die späteren Abschlüsse aus verschiedenen Gründen erfahrungsgemäß auch schon einmal signifikant höher[56] oder niedriger liegen können (z.B. im Falle eine vorangegangenen länger anhaltenden Preisrückgangs). **48**

2.5.3 Ausschreibungsergebnisse (Bieterverfahren)

Schrifttum:*Findeisen, St.*, Auktionspreise und fundamentale Immobilienwerte – Die Bedeutung des Mindestgebotes in Auktionen, Steinbeis-Verlag Stuttgart 2022; *Greiz, H./Uherek, H.-W./Spinda, J.*, Verkehrswertermittlung landwirtschaftlicher Flächen im Rahmen des Ausgleichsleistungsgesetzes, NL-BzAR 2010, 387; *Kindler, R.*, Zum Vergleichspreissystem der BVVG, GuG 2009, 280; *Kleiber, W.*, Der landwirtschaftliche Grundstücksmarkt, in Festschrift für H. Francke, Berlin 2013, S. 303; *Kleiber,* GuG 2012, 345 = NL-BzAR 2012, 438; *Koenig,* EG-beihilferechtliche Bewertung des Vergleichspreissystems der BVVG zur Bestimmung des Verkehrswerts (Marktwerts) für Drittverkäufe und EALG-Verkäufe landwirtschaftlicher Flächen, (Rechtsgutachten) NL-BzAR 2008 = Briefe zum Agrarrecht 2008, 403; *Koenig, H.*, Marktwertermittlung landwirtschaftlicher Flächen im Rahmen von Direktverkäufen und EALG-Verkäufen der BVVG, NL-BzAR 2011, 470; *Spinda, J./Karg, H./ Uherek, H.-W.*, Aktueller Stand in der Frage gutachterlicher Verkehrswertermittlung landwirtschaftlicher Flächen, NL-BzAR 2011, 99; *Köhne, M.*, Stellungnahme zur Wertermittlung bei der Privatisierung landwirtschaftlicher Flächen im Rahmen des Ausgleichsleistungsgesetzes, NL-BzAR 2010, 279; *Köhne, M.*, Nochmals: zur Wertermittlung beim Verkauf landwirtschaftlicher Flächen durch die BVVG, NL-BzAR 2011, 135; *Koepke,* Kaufpreise für Ackerland in Ausschreibung der BVVG, GuG 2010, 257; Mitteilung der Kommission betr. Elemente staatlicher Beihilfe bei Verkäufen von Bauten oder Grundstücken durch die öffentliche Hand, ABl. EU Nr. C 209/3;*Neixler, T.*, Mehr Rechtssicherheit für Verkehrswertermittlung bei Flächenverkäufen der BVVG, NL-BzAR 2011, 111; *Tettinger/Wank,* Komm zur GewO, § 34b; *Weisemann, U./Jünemann, S.*, Die freiwillige Immobilienversteigerung, GuG 2009, 340.

▶ *Vgl. § 3 ImmoWertV Rn. 21 f.; § 9 ImmoWertV Rn. 39M § 194 BauGB Rn. 198*

---

53 PrOVG, Urt. vom 15.04.1898 – III 81/97 –, PrOVGE 7, 248 = EzGuG 20.4b.
54 KG Berlin, Urt. vom 16.07.1985 – U 6417/83 –, ZUM 1986, 550 = EzGuG 14.78.
55 So auch Petersen in Marktorientierte Immobilienbewertung, 4. Aufl., S. 43; a.A. Streich in RDM Informationsdienst 1999 Nr. 3, 17, der allen Erfahrungen zuwider, nach denen insbesondere bei Erstinseraten überhöhte Mietpreiserwartungen annonciert werden, solche gelten lassen will. Streich hat sich im Übrigen auch entgegen der Rechtsprechung des BVerfG gegen das Konkretisierungsgebot bei Mietwertgutachten ausgesprochen und rekurriert in geradezu extremer Weise auf Veröffentlichungen des IVD. Die Verwendung von RDM-Immobilienpreisspiegeln ist jedoch im Rahmen von Mieterhöhungsverlangen unzulässig. Hier ist verantwortungsbewussteres Handeln angezeigt, zumal Fehler sich direkt auf das Ergebnis auswirken.
56 BayObLG, Beschl. vom 23.08.2023 - 101 W 184/21 –, EzGuG 19.133.

49 Die Vermarktung von Immobilien im Wege der **Ausschreibung**[57] ist heute **ein wesentliches Element des Grundstücksmarktes** und muss deshalb dem gewöhnlichen Geschäftsverkehr i.S. der Marktwertdefinition des § 194 BauGB bzw. zugeordnet werden[58]. Die (offene) Ausschreibung bzw. das sog bedingungsfreie Biet(er)verfahren wurde und wird nicht nur von der öffentlichen Hand, wie z.B. dem Bundesministerium der Finanzen (vgl. unten), der Treuhandanstalt oder dem Liegenschaftsfonds Berlin, sondern auch im privatwirtschaftlichen Grundstücksverkehr auf breiter Ebene mit „Immobilien-Auktionen“ praktiziert[59]. Die in einem offenen Ausschreibungsverfahren unter normalen Wettbewerbsbedingungen abgegebenen Gebote werden von verkaufswilligen Käufern getätigt, die im Rahmen des offenen Ausschreibungsverfahrens hinreichend und ggf. sachverständig aufgeklärt sind.

50 Die Vermarktung von Immobilien durch Ausschreibung hat in den vergangenen Jahrzehnten erheblich an Bedeutung gewonnen, insbesondere wenn es um die Vermarktung von Immobilien geht, die einem „engen“ Grundstücksmarkt mit eingeschränktem Käuferkreis zuzuordnen sind, einen überregionalen Markt haben oder problematisch in ihrer Vermarktung sind. Die Vermarktung durch Ausschreibung dominiert vielfach sogar das Marktgeschehen. **Biet(er)verfahren bzw. (offene) Ausschreibungen sind** deshalb grundsätzlich **dem gewöhnlichen Geschäftsverkehr zuzurechnen** und demzufolge sind die in einem derartigen Verfahren abgegebenen Gebote (Ausschreibungsgebote) wichtige *Marktindikatoren*, die bei der Marktwertermittlung nicht unbeachtet bleiben dürfen[60]. Bei alledem ist allerdings zu fordern, dass es sich um qualifizierte Gebote eines qualifizierten Biet(er)verfahrens handelt.

Die **Ausschreibung ist von der Versteigerung zu unterscheiden**. Bei der Versteigerung handelt es sich um eine besondere Form des Immobilienverkaufs, die in einem besonderen Verfahren zur Erzielung eines höchstmöglichen Preises durchgeführt wird[61]. Die Auffassung[62], dass der bei einer privatrechtlichen Versteigerung erzielte Preis den Rückschluss zulasse, dass dieser dem Verkehrswert entspricht, wenn die Versteigerung derart vorbereitet ist, dass eine Vielzahl von Interessenten angesprochen worden sind und an der Versteigerung teilgenommen haben, ist abzulehnen; es kann sich bei einem solchen Preise allenfalls um eine Marktindikation handeln, denn dieser Vermarktungsweg kann ein wesentliches Element des Grundstücksmarktes sein.

51 Eine bewährte Methode der Vermarktung von Immobilien ist das sog **bedingungsfreie Biet(er)verfahren** bzw. die (offene) Ausschreibung. Beim Biet(er)verfahren wird die Immobilie zunächst in Zeitungsanzeigen, im Internet[63] oder in einer sonstigen geeigneten Weise beworben, wobei aus der Anzeige hervorgehen muss, dass es sich um ein Bietverfahren handelt. Des Weiteren empfiehlt es sich, das besondere Prozedere darzustellen sowie eine Mindestpreisvorstellung und einen Besichtigungstermin zu benennen. Entsprechend der Preisangabenverordnung muss dabei deutlich gemacht werden, dass es sich bei diesem Mindestpreis le-

---

57 Goethe benutzte 1797 eine Zweitpreisauktion, um sein Manuskript „Herrmann und Dorothea“ zu verwerten; er wollte herausfinden, wie sein „tatsächlicher Marktwert“ als Autor war: Kleiber, Glosse GuG-aktuell 2019/17.

58 So z.B. auch LG Berlin, Beschl. vom 31.01.1995 – 86 T 77/95 –, GE 1996, 475 = EzGuG 19.44a unter Berufung auf KG, Beschl. vom 11.05.1993 – 1 W 5775/92 –, BeckRS 1993, 09195 = EzGuG 205j.

59 Z.B. Von der Deutschen Grundstücksauktionen AG, Plettner & Brecht, Sächsische Grundstücksauktionen AG, der Deutschen Internet Immobilien Auktionen GmbH, der Norddeutschen Grundstücksauktionen AG, Westdeutsche Grundstücksauktionen AG usw. Beispielsweise werden vom Auktionshaus Karhausen AG sowohl für private Eigentümer als auch für Städte und Gemeinden, der Bundesanstalt für Immobilienaufgaben in Potsdam, der Bundesforstbetriebe Havel-Oder-Spree, Lausitz, Mittelelbe und Niedersachsen, der Deutschen Bahn AG, des Bundeseisenbahnvermögens sowie der Banken, Insolvenzverwalter und Wohnungsbaugesellschaften Immobilien versteigert. Für die Durchführung von öffentlichen Versteigerungen nach dem BGB und HGB werden nach § 34b Abs. 5 der Gewerbeordnung (GewO) Versteigerer öffentlich bestellt und vereidigt; sie müssen eine überdurchschnittliche Qualifikation nachgewiesen haben und ihre Aufgaben gewissenhaft, weisungsfrei und unparteiisch erfüllen. Ihre Arbeit steht unter Aufsicht der vom Staat beauftragten Bestellungskörperschaft (z.B. IHK).

60 So schon auch Offenberg, L., Die Abschätzung der Immobilien in Stadt und Land, Verlagsbuchhandlung Parey Berlin 1915, S. 18.; Kaczorek, W., Das Recht der Grundsteuer vom gemeinen Wert nach den Entscheidungen des Oberverwaltungsgerichts, Düsseldorf Selbstverlag 1913, S. 27.

61 VG Karlsruhe, Beschl. vom 14.02.1990 – 7 K 302/89 –, GewA 1990, 171; Tettinger/Wank, Komm. zur GewO § 34b Rn. 3.

62 KG, Beschl. vom 11.05.1993 – 1 W 5775/92 –, BeckRS 1993, 09195; LG Berlin, Beschl. vom 31.01.1995 – 86 T 77/95 –, EzGuG 19.43c.

63 Zu den Besonderheiten der Internet-Versteigerung vgl. KG, Beschl. vom 11.05.2001 – 5 U 9586/00 –, NJW 2001, 3272 = EzGuG 19.48.

diglich um einen „Einstiegspreis“ und nicht um den Verkaufspreis handelt. Dem wird nach Auffassung des IVD zum Beispiel durch den Hinweis **„Gegen Gebot“** oder **„Bieterverfahren“** Genüge getan.

Biet(er)verfahren bzw. (offene) Ausschreibungen werden sowohl von der öffentlichen Hand, als auch privatwirtschaftlich praktiziert (Grundstücksversteigerungen): 52

– Das Bundesministerium für Wirtschaft hat bereits 1991 in seinen Hinweisen zu Grundstücksverkäufen von Gemeinden für gewerbliche Zwecke[64] zu den Methoden der Verkehrs- bzw. Marktwertermittlung klargestellt, dass im Falle von „Unsicherheiten über den Verkehrswert... dieser durch Ausschreibung ermittelt“ werden kann, und hat dazu folgende technische Hinweise gegeben:

– „... dazu ist in örtlichen Tageszeitungen oder amtlichem Mitteilungsblatt mitzuteilen, welche Grundstücke (konkrete Bezeichnung nach Lage, Größe, mögliche Baunutzung) gegen Gebot verkauft werden. Zusätzlich ist ein Aushang bei Kammern usw. zweckmäßig. Angesichts der Knappheit der Grundstücksangebote dürfen auch kurze Ausschreibungsfristen ausreichen. Auf diese Weise werden sich relativ schnell Marktpreise für Gewerbegrundstücke herausbilden.“

– Das Bundesministerium der Finanzen (BMF) hat in seinem Erlass an die Oberfinanzdirektionen (OFD)[65] zur Ermittlung des Verkehrswerts die öffentliche Ausschreibung ausdrücklich zugelassen und das Ausschreibungsergebnis mit dem vollen Wert (= Verkehrswert) gleichgesetzt. Unter Ziff. I des vorstehenden Erlasses heißt es:

  „Zur Ermittlung des Verkehrswerts von Grundstücken, die allgemein zum Verkauf anstehen, sind bis auf Weiteres grundsätzlich öffentliche Ausschreibungen durchzuführen (VSF VV 06 58 i.V.m. BMF-Erlass vom 07.12.1990 – VI C 1 – VV 2400 – 50/90 –). Die Oberfinanzdirektionen haben dabei eigenverantwortlich zu entscheiden, ob die Verkaufsabsichten des Bundes nur in örtlichen Tageszeitungen, zusätzlich in westdeutschen Veröffentlichungsorganen oder sogar in der internationalen Presse bekanntzumachen sind.

  Die Fristen für die Abgabe von Kaufangeboten sind möglichst kurz zu bemessen, um zeitliche Verzögerungen zu vermeiden.

  Das Ausschreibungsergebnis kann grundsätzlich als voller Wert i.S. von § 63 Abs. 3 BHO angesehen werden. Etwas anderes kann gelten, wenn das höchste Gebot deutlich geringer als der geschätzte Verkehrswert ist. In einem solchen Falle ist die Ausschreibung – evtl. überregional zu wiederholen.

  ... Von der Einschaltung von Sachverständigen ist in diesen Fällen abzusehen.“

Grundsätze für die **Ermittlung des Verkehrswerts von Grundstücken durch Ausschreibung** wurden in entsprechenden Erlassen des BMF[66] geregelt.

– Das Bieterverfahren wird auch von den Gemeinden bei der Veräußerung gemeindeeigener Grundstücke praktiziert[67].

– Auch für die **EU-Kommission** stellen die Ergebnisse bedingungsfreier Biet(er)verfahren bzw. offener Ausschreibungen einen wichtigen Indikator des Marktwerts dar. Gemäß **Grundstücksmitteilung** der Kommission[68] vom 10.07.1997 „betr. Elemente staatlicher Beihilfe bei Verkäufen von Bauten oder Grundstücken durch die öffentliche Hand“ darf

---

64 Vgl. Infodienst Kommunal des Bundesministeriums des Innern Nr. 12, S. 4; abgedruckt in Kleiber/Söfker, Vermögensrecht, Eigentum an Grund und Boden, Jehle Verlag, Teil II Nr. 8.3.

65 Erlass des BMF über die Grundsätze für die Verkehrswertermittlung bei der Veräußerung bundeseigener Grundstücke in den neuen Bundesländern vom 07.01.1991 (VI C 1 VV 2030 – 17/90) i.V.m. seinem Erlass vom 07.12.1990 (VI C 1 VV 2400 – 50/90 –).

66 Erlass des BMF vom 06.05.1993 (VI A VV 2030 17/93) i.V.m. Erl vom 07.12.1990 – VI C 1 VV 2400 – 50/90 –; vgl. GuG 1993, 353; zur Verkehrswertermittlung unter Berücksichtigung der Ergebnisse von Ausschreibungen vgl. auch den Erl. vom 17.03.1992 (BAnz Nr. 72 vom 11.04.1992 = GuG 1992, 271).

67 Z.B. Berlin, vgl. Schreiben des SenBauWohn V A 33 vom 31.03.1998 i.V.m. Schreiben des SenFin IV B 2 vom 12.03.1998.

68 Mitteilung der Kommission betreffend Elemente staatlicher Beihilfe bei Verkäufen von Bauten und Grundstücken durch die öffentliche Hand Nr. 97C 209/03 vom 10.07.1997 (ABl. 1997 C 209, S. 3 = GuG 1997, 363); vgl. auch Art. 49 Abs. 2 der Richtlinie 91/674 EWG des Rates (ABl. Nr. L 374 vom 31.12.1991, S. 7).

öffentliches Eigentum nicht unter seinem Marktwert veräußert werden, wobei zwei Verfahrenswege zugelassen werden, nämlich

a) der Verkauf durch ein bedingungsfreies Bietverfahren und

b) der Verkauf ohne bedingungsfreies Bietverfahren auf der Grundlage eines durch (einen) unabhängige(n) Sachverständige(n) für Wertermittlung auf der Grundlage „allgemein anerkannter Marktindikatoren und Bewertungsstandards“ ermittelten Marktwerts, der bei dem Verkauf grundsätzlich nicht unterschritten werden darf.

„1. Verkauf durch ein bedingungsfreies Bietverfahren

Der Verkauf von Bauten oder Grundstücken nach einem hinreichend publizierten, allgemeinen und bedingungsfreien Bietverfahren (ähnlich einer Versteigerung) und die darauf folgende Veräußerung an den Meistbietenden oder den einzigen Bieter, stellt grundsätzlich einen Verkauf zum Marktwert dar und enthält damit keine staatliche Beihilfe. Es spielt keine Rolle, ob vor dem Bietverfahren eine andere Bewertung des Gebäudes oder des Grundstücks existierte, z.B. für Buchungszwecke oder um ein beabsichtigtes erstes Mindestangebot bereitzustellen.

a) Hinreichend publiziert ist ein Angebot, wenn es über einen längeren Zeitraum (zwei Monate und mehr) mehrfach in der nationalen Presse, Immobilienanzeigen oder sonstigen geeigneten Veröffentlichungen und durch Makler, die für eine große Anzahl potenzieller Käufer tätig sind, bekannt gemacht wurde und so allen potenziellen Käufern zur Kenntnis gelangen konnte.
Die Absicht, Bauten oder Areale zu verkaufen, die wegen ihres großen Werts oder wegen anderer Merkmale typischerweise für europaweit oder sogar international tätige Investoren von Interesse sein dürften, sollte in Publikationen bekannt gemacht werden, die regelmäßig international beachtet werden. Begleitend sollten derartige Angebote durch europaweit oder international tätige Makler verbreitet werden.

b) Bedingungsfrei ist eine Ausschreibung, wenn grundsätzlich jeder Käufer unabhängig davon, ob und in welche Branche er gewerblich tätig ist, das Gebäude oder Grundstück erwerben und für seinen wirtschaftlichen Zwecknutzen kann und darf. Einschränkungen aus Gründen des Nachbar- oder Umweltschutzes oder zur Vermeidung rein spekulativer Gebote sowie raumordnungsrechtliche Einschränkungen für den Eigentümer eines Grundstücks nach nationalem Recht beeinträchtigen nicht die Bedingungsfreiheiten eines Angebots.“

53 **Der in einem** ordnungsgemäß durchgeführten bedingungsfreien **Bietverfahren für ein Grundstück erzielte Höchstpreis muss nicht identisch mit dessen Marktwert sein**. In diesem Zusammenhang wird auch nur von dem „bestmöglichen Marktpreis“ und nicht vom Marktwert gesprochen[69]. Die Kommission und ihr folgend der EuGH haben jedoch festgestellt, dass ein verbindliches Angebot, welches aufgrund einer öffentlichen Ausschreibung eingegangen ist, den Marktwert besser abbildet als das Gutachten eines Sachverständigen[70]. Höchstpreise in einem offenen, transparenten und bedingungslosen Ausschreibungsverfahren sind zur Ermittlung des Marktwerts nur dann nicht geeignet, wenn sie im Verhältnis zu anderen Geboten spekulativ überhöht sind und das Höchstgebot nicht den Marktwert des Grundstücks widerspiegelt[71]. Das in einem offenen, transparenten und bedingungsfreien Ausschreibungsverfahren abgegebene Höchstgebot wird i.d.R. dann nicht den Marktwert des Grundstücks (i.S. von § 9 Abs. 1 Nr. 3 GrdstVG) widerspiegeln, sondern als spekulativ überhöht anzusehen sein, wenn die Gegenleistung den Marktwert des Grundstücks um mehr als die Hälfte überschreitet und annähernd gleich hohe Gebote nicht abgegeben worden sind; ob der Erwerber tatsächlich in Spekulationsabsicht gehandelt hat, ist grundsätzlich unerheblich[72].

54 – Der in einem bedingungsfreien Bietverfahren erzielte Höchstpreis kann dem Marktwert entsprechen, er kann höher und auch niedriger ausfallen. Insoweit orientieren sich die beiden in der Grundstücksmitteilung der Kommission ausdrücklich zugelassenen Alternativen

69 A.A. EuGH, Urt. vom 16.12.2010 – C 239/09 –, GuG-aktuell 2011, 7 = NL-BzAR 2011, 33 = EzGuG 19.56g.

70 EuGH, Urt. vom 28.02.2012 – Rs. T 268/08 –, Kommission Entscheidung vom 30.04.2008 2008/719/EG ABl. L 239 vom 06.09.2008, S. 32 Rn. 112; EuGH, Urt. vom 30.04.2008 – 2008/19/EG ABl. L 239 vom 06.09.2008, S. 32 Rn. 109; EuGH, Entscheidung vom 30.04.2008 – 2008/719/EG ABl. L 239 vom 06.09.2008, S. 32 Rn. 121, 125.

71 BGH, Urt. vom 29.04.2016 – BLw 2/12 –, GuG 2016, 335 = EzGuG 19.80.

72 BGH, Beschl. vom 29.04.2016 – BLw 2/12 –, GuG 2016, 335 = EzGuG 19.80; BGH, Urt. vom 27.04.2018 – BLw 3/17 –, GuG 2018, 382 = EzGuG 19.100.

zum Verkauf von Grundstücken unter Ausschluss unzulässiger Beihilfen nicht an einem zwangsläufig identischen Wert. Der **in einem bedingungsfreien Bietverfahren erzielte Höchstpreis kann** jedoch in aller Regel **die begründete Vermutung für sich in Anspruch nehmen (Vermutungstatbestand), dass mit dem Verkauf des Grundstücks keine unzulässige Beihilfe einhergeht,** und dies ist das mit der Grundstücksmitteilung verfolgte Ziel.

– Der Verkauf zum bestmöglichen Marktpreis (*market economy vendor principle*) bzw. zum Marktwert zielt auf den **Ausschluss unerlaubter Beihilfen** bei dem Verkauf von Grundstücken durch die öffentliche Hand ab. Unterschreitet der im bedingungsfreien Bietverfahren erzielte bestmögliche Markt*preis* den Markt*wert,* kann nach der Grundstücksmitteilung gleichwohl die Annahme einer mit dem Verkauf des Grundstücks einhergehenden unzulässigen Beihilfe ausgeschlossen werden (vgl. Vorbem. zur ImmoWertV Rn. 32). **55**

Die Marktwertermittlung auf Kaufpreise zu stützen, die von der öffentlichen Hand in einem **„qualifizierten“ (bedingungsfreien) Bietverfahren** erzielt wurden, ist im Hinblick auf die mit der Grundstücksmitteilung der EU verfolgte Zielsetzung schon aus Gründen der Verwaltungsökonomie sachgerecht[73], zumal die Ergebnisse vielfach aktueller als die in der Kaufpreissammlung der Gutachterausschüsse registrierten Vergleichspreise und die von ihnen veröffentlichten Bodenrichtwerte sind. Bei einem „qualifizierten“ (bedingungsfreien) Bietverfahren muss die Gleichbehandlung aller Teilnehmer, Transparenz und Rücksichtnahme gewährleistet sein. Insoweit besteht ein **vorvertragliches Rechtsverhältnis**, das grundsätzlich dem bürgerlichen Recht zuzuordnen ist[74]. **56**

Die Verwendung von Ausschreibungsergebnissen und sonstiger geeigneter Daten **(Marktindikatoren)** kann sogar geboten sein, wenn die Heranziehung dieser Daten aufgrund ihrer besonderen Eignung eine höhere Zuverlässigkeit der Marktwertermittlung erwarten lässt. Auch wenn die Regelungen der ImmoWertV zum Vergleichswertverfahren lediglich die Heranziehung von Vergleichspreisen expressis verbis nennen, ist damit die Heranziehung anderer zum Preisvergleich geeigneter „Marktindikatoren“ wie z.B. der Ausschreibungsergebnisse grundsätzlich nicht ausgeschlossen[75]. **57**

Es hat sich gezeigt, dass in den Kaufpreissammlungen der Gutachterausschüsse aus unterschiedlichen Gründen vielfach nicht alle Grundstückstransaktionen registriert werden. So verfügen große Immobilienunternehmen aus eigenen Veräußerungen oftmals über mehr zum Preisvergleich geeignete Veräußerungsvorgänge als in den Kaufpreissammlungen geführt werden. **Sparkassen und andere Beleihungsinstitute führen vielfach Kaufpreissammlungen**, die mitunter sogar mehr als 50 % des örtlichen Transaktionsvolumens abbilden und denen i.V.m. einschlägigen Beleihungsgutachten eine hohe Aussagekraft zukommt. **58**

Bei Heranziehung von Geboten ist allerdings eine Reihe von **Besonderheiten** zu beachten: **59**

a) Im gewöhnlichen Geschäftsverkehr werden Grundstücke – unabhängig von der Form ihrer Vermarktung – in aller Regel zu dem Höchstpreis veräußert, der entsprechend der Art des Grundstücks nach angemessenem Vermarktungszeitraum, angemessenen Verkaufsmodali-

---

73 Dementsprechend sollen nach der Begründung (BR-Drs. 171/10) grundsätzlich auch Kaufpreise aus allgemeinen und bedingungsfreien Bietverfahren (öffentliche Ausschreibung) herangezogen werden können, die regelmäßig für Grundstücksverkäufe der öffentlichen Hand durchzuführen sind (vgl. ABl. EG 1997 C 209, S. 3).

74 BGH, Urt. vom 22.02.2008 – V ZR 56/07 –, BauR 2008, 736 = EzGuG 3.142d; BGH, Urt. vom 12.06.2001 – X ZR 150/99 –, DVBl 2001, 1603; VGH Mannheim, Beschl. vom 24.04.2018 – 1 S 2403/17 –, NJW 2018, 2583 = EzGuG 3.171a; LG Oldenburg, Urt. vom 06.05.2010 – 1 O 986/10 – NdsRpfl 2010, 277; OVG Münster, Beschl. vom 19.05.2010 – 8 E 419/10 –, NWVBl 2011, 75; OVG Greifswald, Beschl. vom 30.05.2007 – 3 O 58/07 –, NordÖR 2007, 362 = EzGuG 12.130a; LG Stuttgart, Urt. vom 24.03.2011 – 17 O 115/11 –.

75 Mit Ziff. 2 Abs. 2 und Nr. 4 Abs. 1 Satz 1, Abs. 2 Satz 1 der aufgehobenen VergleichswertR war deshalb klargestellt, dass die Empfehlungen der VergleichswertR zum Vergleichswertverfahren unter Heranziehung von Vergleichspreisen „analog“ auch auf die Heranziehung anderer Marktindikatoren anzuwenden ist. Nach Nr. 4.1 Abs. 3 VergleichswertR „sollen“ „geeignete Kaufpreise oder Daten … aus anderen Quellen“ (als aus der Kaufpreissammlung der Gutachterausschüsse) verwendet werden, „wenn sie hinsichtlich Aktualität, Vollständigkeit und Beschreibung der Vergleichsgrundstücke und Repräsentativität den maßgeblichen Grundstücksmarkt zutreffend abbilden.“

täten und nach dem Prinzip des *highest and best use* unter Berücksichtigung der Nutzung und Nutzbarkeit eines Grundstücks sowie der mit hinreichender Sicherheit aufgrund konkreter Tatsachen zu erwartenden anderweitigen Nutzungen erzielt werden kann. Wird das Grundstück zu einem erheblich davon abweichenden Kaufpreis veräußert, muss von einem Vertragsabschluss ausgegangen werden, der durch ungewöhnliche oder persönliche Verhältnisse i.S. des § 9 Abs. 2 ImmoWertV beeinflusst ist. Dementsprechend handelt es sich **auch bei den in der Kaufpreissammlung der Gutachterausschüsse für Grundstückswerte registrierten Kaufpreisen i.d.R.** um die im gewöhnlichen Geschäftsverkehr erzielten **Höchstpreise** und dementsprechend muss auch das aus einem bedingungsfreien Bietverfahren resultierende Höchstgebot in die Kaufpreissammlung eingepflegt werden, wenn das Grundstück dazu verkauft wurde.
Auch wenn Grundstücke in aller Regel zu dem nach vorstehenden Grundsätzen erzielbaren Höchstpreis veräußert werden, bildet dieser im Einzelfall erzielte Höchstpreis nicht den Marktwert ab, denn auf dem allgemeinen Grundstücksmarkt streuen die unabhängig voneinander abgegebenen Höchstgebote in einer dem gewöhnlichen Geschäftsverkehr zurechenbaren Bandbreite (Toleranzbereich). Demzufolge wird der **Marktwert aus einer hinreichenden Anzahl von Vergleichspreisen abgeleitet, die regelmäßig aus Vermarktungen von vergleichbaren Grundstücken zum jeweiligen Höchstgebot stammen**. Marktwert ist mithin der Durchschnitt aller zur Marktwertermittlung herangezogenen Höchstpreise. Als Marktwert (Verkehrswert) wird deshalb nicht der höchste im gewöhnlichen Geschäftsverkehr erzielbare Preis, sondern – wie vorstehend bereits erläutert – der ggf. gewogene Durchschnitt aller zur Marktwertermittlung heranziehbaren Höchstpreise vergleichbarer Grundstücke bezeichnet.

b) Voraussetzung für die Berücksichtigung von Geboten sind **qualifizierte Biet(er)verfahren.** In einem qualifizierten Biet(er)verfahren werden die zur Vermarktung anstehenden Immobilien in den einschlägigen Medien (Presse, Publikationen Internet usw.) in der gebotenen Weise mit den notwendigen Erläuterungen zu den rechtlichen und tatsächlichen Nutzungsmöglichkeiten über einen längeren Zeitraum publiziert. Ausschreibungsverfahren können – wie bei der Zwangsversteigerung – mit der Vorlage eines Verkehrswertgutachtens verbunden werden [76]. Bei Ausschreibungen auf der Grundlage unzureichender Ausschreibungsunterlagen bleiben Angebote häufig besonders „vorsichtig" unter dem Verkehrswert und können die an qualifizierte Angebote zu stellenden Anforderungen nicht erfüllen; in diesen Fällen nützt es auch nichts, wenn die Anwendung des Ausschreibungsverfahrens von der Vorlage einer Mindestzahl – z.B. von fünf – Angeboten abhängig gemacht wird, weil hier auf Seiten der Anbieter eine kollektive Zurückhaltung erwartet werden muss. Des Weiteren ist von einem qualifizierten Biet(er)verfahren insbesondere zu fordern, dass das Verfahren grundsätzlich für jeden Anbieter offen ist.

c) Berücksichtigungsfähig sind nur **qualifizierte Gebote; dies** sind ernsthaft abgegebene und einer Prüfung[77] standhaltende Gebote von vertrauenswürdigen Personen, von denen einerseits erwartet werden kann, dass der Verkauf auch tatsächlich zu dem Bestgebot getätigt werden kann. Gebote sind nicht qualifiziert, wenn sie offenkundig den Marktwert unterschreiten und ein an sich verkaufswilliger Verkäufer im gewöhnlichen Geschäftsverkehr seinen Verkaufswillen zurückstellt. So wie ein Käufer nicht um jeden Preis ein Grundstück erwirbt, ist auch ein Verkäufer nicht bereit, um jeden Preis sein Grundstück abzugeben. Unbeachtlich bleiben dementsprechend Gebote, bei denen nicht auszuschließen ist, dass sie durch Preisabsprachen „gedämpft" oder in der Hoffnung auf ein „Schnäppchen" abgegeben wurden. Nicht qualifizierte Gebote, die nicht annahmefähig sind, müssen mithin außer Betracht bleiben, denn sie lassen keinen genügend sicheren Schluss auf den erzielbaren Preis zu[78].

---

76 BGH, Urt. vom 19.12.1963 – III ZR 162/63 –, BRS Bd. 19 Nr. 21 = EzGuG 20.35.
77 BGH, Urt. vom 19.12.1963 – III ZR 162/63 –, BRS Bd. 19 Nr. 21 = EzGuG 20.35.
78 BGH, Urt. vom 05.04.1973 – III ZR 74/72 –, WM 1974, 696 = EzGuG 2.12; BGH, Urt. vom 23.06.2006 – V ZR 147/05 –, GuG 2008, 118 = NJW 2006, 3054 = EzGuG 5.65.

Das in einem bedingungsfreien Biet(er)verfahren bzw. einer offenen Ausschreibung gegebene qualifizierte **Höchstgebot**[79]**kann bei alledem grundsätzlich zum Preisvergleich herangezogen werden**, wenn das Vorliegen ungewöhnlicher oder persönlicher Verhältnisse ausgeschlossen werden kann und das einschlägige Grundstück mit dem zu bewertenden Grundstück hinreichend übereinstimmende Grundstücksmerkmale aufweist und somit zum Preisvergleich i.S. des § 24 Abs. 1 ImmoWertV geeignet ist. Dies gilt unabhängig davon, ob das Höchstgebot tatsächlich zum Kaufabschluss geführt hat, denn allein schon das qualifizierte Höchstgebot gibt einen Hinweis darauf, was im gewöhnlichen Geschäftsverkehr erzielt werden könnte. **60**

Soweit das im offenen Ausschreibungsverfahren unabhängig voneinander abgegebene **Zweit- und Drittgebot** die Voraussetzungen erfüllen, die an ein qualifiziertes Gebot nach den vorstehenden Ausführungen zu stellen sind, können auch Zweit- und Drittgebote vorbehaltlich weiterer Betrachtungen grundsätzlich ein gewichtiger Marktindikator sein. Dem kann auch nicht entgegengehalten werden, dass solche Gebote nicht realisierbare Vorstellungen oder gar nur bloße „Wunschvorstellungen" des Bietenden repräsentieren, denn unter den genannten Voraussetzungen hätte auch das Zweit- und Drittgebot zum Vertragsschluss führen können, wenn nicht das darüber hinausgehende Meistgebot vorgelegen hätte. **61**

Ein **Zweit- und Drittgebot erfüllt die Voraussetzungen eines qualifizierten Gebots, wenn es gegenüber dem Höchstgebot** lediglich **in einer Größenordnung abfällt, die den allgemein jeder Markwertermittlung anhaftenden Toleranzbereich von** (nur) **+/- 20 % nicht unterschreitet**. Sie können dann als ernsthafte und mit der notwendigen Sachkunde abgegebene Gebote angesehen werden, die – wie der Höchstpreis – den gewöhnlichen Geschäftsverkehr repräsentieren. Denn für den gewöhnlichen Geschäftsverkehr ist kennzeichnend, dass selbst unter Ausschluss ungewöhnlicher oder persönlicher Verhältnisse die Kaufpreise in Abhängigkeit von dem jeweiligen Marktgefüge in einer dem gewöhnlichen Geschäftsverkehr zurechenbaren Bandbreite streuen. Umgekehrt wird damit ausgeschlossen, dass Gebote zum Preisvergleich herangezogen werden, die durch ungewöhnliche oder persönliche Verhältnisse beeinflusst worden sind. Die Bundesverwaltung ist aus den gleichen Gründen bei Abweichungen zwischen einem Gutachten einerseits und dem Ergebnis einer Ausschreibung andererseits ebenfalls von einem vertretbaren Spielraum „von höchstens 20 v.H." ausgegangen[80]. **62**

Den vorstehenden Ausführungen kann nicht entgegengehalten werden, dass die Ausschreibung zu einem Versteigerungseffekt geführt habe und das Höchstgebot nicht die Breite des gewöhnlichen Geschäftsverkehrs abbilde, denn auch bei der sonst üblichen Vermarktung stehen potenzielle Käufer in einer Wettbewerbssituation zueinander und der Verkäufer ist gleichermaßen bestrebt, sein Grundstück zum höchsten Preis zu veräußern, den der Markt „hergibt". Dementsprechend stellen auch die **in der Kaufpreissammlung der Gutachterausschüsse registrierten Vergleichspreise** die Ergebnisse eines Vermarktungsprozesses dar, bei dem i.d.R. an den Meistbietenden verkauft wurde, d.h. auch diese Preise **sind Höchstpreise**. Aus alledem folgt, dass das in einem bedingungsfreien Biet(er)verfahren bzw. einer offenen Ausschreibung abgegebene Höchstgebot wie ein Vergleichspreis zum Preisvergleich herangezogen werden kann; es handelt sich dabei sogar um besonders aktuelle „Vergleichspreise"[81]. **63**

---

79 Entsprechen dem Leitparadigma des „market economy vendor" (vgl. § 194 BauGB).

80 Vgl. BT-Drs. 13/160, S. 29.

81 Nach Untersuchungen der BVVG wird das aktuelle Marktgeschehen unter Einbeziehung der Ausschreibungsergebnisse weitaus besser als durch die Kaufpreissammlungen der Gutachterausschüsse abgebildet. Im Kyffhäuserkreis lagen nach einer Untersuchung von Koenig (Universität Bonn, Rechtsgutachten) die durchschnittlichen Bodenrichtwerte für Ackerland bei 4 646 €/ha (im Jahre 2006) und bei 4 714 €/ha (im Jahre 2007), während die jeweiligen Sammlungen der BVVG einen Durchschnittswert von 6 415 €/ha bzw. 6 996 €/ha aufwiesen (HLBS Seminar am 10.06.2008).

64 Dementsprechend hat das BMF die Bodenverwertungs- und -verwaltungsgesellschaft (BVVG) mit Schreiben vom 10.07.2007 angewiesen, bei der Vermarktung ihres Grundstücksbestands den Verkehrswert aus dem aktuellen Marktgeschehen unter Berücksichtigung der auf der Basis von Ausschreibungen oder bei Direktverkäufen erzielten Kaufpreise abzuleiten, um somit eine stärker an aktuellen Marktentwicklungen orientierte Herleitung des Verkehrswerts zu ermöglichen[82]. Diese Weisung wurde durch Schreiben vom 14.03.2008 dahingehend präzisiert, dass auch Verkäufe durch Dritte, die unter Marktbedingungen erfolgten, zu berücksichtigen sind.

65 Neben dem Höchstgebot sind deshalb auch das Zweit- und Drittgebot grundsätzlich wie Vergleichspreise zum Preisvergleich mit dem ihnen zukommenden **Gewicht** geeignet, auch wenn sie nicht zum Abschluss kommen konnten. Ihre Einbeziehung lässt sich vor allem auch damit begründen, dass sich der Marktwert als der am wahrscheinlichsten zu erzielende Preis und damit als Durchschnitt der zur Marktwertermittlung geeigneten Vergleichsdaten definiert. Im Übrigen hat auch der BGH die Einbeziehung „ernster Preisangebote" bei „schwer zu bewertenden Grundstücken" zugelassen[83].

66 Neben dem Zweit- und Drittgebot können möglicherweise sogar noch **weitere Gebote** zum Preisvergleich herangezogen werden, wenn es sich dabei wiederum um qualifizierte Gebote handelt.

2.5.4 Zwangsversteigerungen

▶ *Vgl. § 9 ImmoWertV Rn. 39; § 194 BauGB Rn. 83 ff.; Teil VIII Rn. 52*

67 Erfahrungsgemäß lassen die bei einer Zwangsversteigerung erzielten Preise (ZwEr) keine Schlüsse auf den Verkehrswert zu, da ungewöhnliche oder persönliche Verhältnisse zu unterstellen sind[84]. Vom Gutachterausschuss für Grundstückswerte in *Dresden* liegen aus dem Jahre 2014 folgende Untersuchungsergebnisse vor:

Verhältniszahl zu Zwangsversteigerungserlösen		
Objektart: bebaute Grundstücke	$\frac{\text{ZwEr}}{\text{WF oder NF}}$	$\frac{\text{ZwEr}}{\text{SW}}$
Individueller Wohnungsbau (einschließlich Bauernhäusern)	940 €/m²	0,77
Geschosswohnungsbau (ohne Sanierungsgebiete)	1 075 €/m²	1,19

82 Der BGH hat mit Beschl. vom 28.04.2011 – V ZR 192/10 –, GuG 2011, 319 = EzGuG 19.57 – zu alledem festgestellt, dass der Verkehrswert landwirtschaftlicher Nutzflächen bei BVVG-Verkäufen nicht anders zu ermitteln sei als bei Verkäufen Privater. Gleichzeitig wurde die Nichtzulassungsbeschwerde zu KG, Urt. vom 26.08.2010 – 22 U 202/09 –, NL-BzAR 2011, 23 = EzGuG 19.56 abgelehnt; vgl. auch OLG Dresden, Urt. vom 18.05.2010 – 14 U 1451/08 –, NL-BzAR 2011, 20; KG, Urt. vom 18.11.2010 – 22 U 14/10 – NL-BzAR 2011, 161 = EzGuG 19.56f; zur Verkaufspraxis der BVVG vgl. auch die Parl. Anfrage vom 20.03.2009 (BT-Drs 16/12384; BT-Drs, 16/12171 = GuG 2009, 178).

83 BGH, Urt. vom 23.06.2006 – V ZR 147/05 –, GuG 2008, 118 = NJW 2006, 3054 = EzGuG 5.65.

84 BVerfG, Beschl. vom 07.12.1977 – 1 BvR 734/77 –, BVerfGE 46, 325 = EzGuG 19.33; BGH, Urt. vom 19.03.1971 – V ZR 153/68 –, MDR 1971, 567 = EzGuG 19.24; LG Koblenz, Urt. vom 01.10.1979 – 4 O 11/79 –, EzGuG 19.35b; RFH, Urt. vom 26.03.1931 – III A 567/30 –, RStBl. 1931, 802; RFH, Urt. vom 27.07.1938 – III 322/37 –, RStBl 1938, 921 = EzGuG 8.1c; neuere Rechtsprechung: KG, Beschl. vom 02.05.2006 – 1 WF 109/08 –, Rpfleger 2006, 625 = EzGuG 19.53a; BayObLG, Urt. vom 24.01.2002 – 3 Z BR 3/02 –, Rpfleger 2002, 382 = EzGuG 2002, 382 = EzGuG 19.48d; OLG Frankfurt am Main., InsVO 2005, 38 f.; OLG Düsseldorf, Urt. vom 06.06.2002 – 10 W 50/02 –, Rpfleger 2002, 592 = EzGuG 11.332a; OLG Celle, Urt. vom 01.09.2000 – 4 W 213/00 –, OLGR-Celle 2000, 289 = EzGuG 19.47d.

Verhältniszahl zu Zwangsversteigerungserlösen		
Objektart: Wohnungseigentum		$\text{Koeffizient} = \frac{\text{Zwangsversteigerungserlös}}{\text{Wohnfläche in €/m}^2}$
Baujahr	Wohnlage	
ab 1900	gute mittlere	980–1 860 €/m² 680–1 410 €/m²
bis 1920 saniert	gute mittlere	– 850–1 790 €/m²
1921–1945 saniert	gute mittlere	– 310–1 000 €/m²

Quelle: Gutachterausschuss für Grundstückswerte in Dresden 2014

2.6 Alternative Ersatzlösungen

2.6.1 Allgemeines

▶ *Vgl. Rn. 418; zur deduktiven Wertermittlung als Ersatz vgl. § 6 ImmoWertV Rn. 18, 83; § 40 ImmoWertV Rn. 15, 143 ff.; § 42 ImmoWertV Rn. 1 ff.*

Steht dem Sachverständigen im Einzelfall keine oder keine ausreichende Zahl geeigneter Kaufpreise, Bodenrichtwerte oder Vergleichsfaktoren zur Verfügung, so kann dies ein Grund dafür sein, auf **andere Verfahren** auszuweichen. Mit § 6 Abs. 1 Satz 2 ImmoWertV wird ausdrücklich der Weg eröffnet, im Falle einer nicht in ausreichenden Zahl zur Verfügung stehender geeigneter Kaufpreise oder anderer Daten auf andere Verfahren auszuweichen, wo nach der Art des Gegenstands der Wertermittlung das Vergleichswertverfahren eigentlich angezeigt ist (z.B. Bodenwertermittlung). **Entscheidendes Kriterium** ist dabei die zu erwartende Zuverlässig- und Genauigkeit, die die in Betracht kommenden Verfahren erwarten lassen. Es ist dann auf das Verfahren auszuweichen, das vergleichsweise das zuverlässigste Ergebnis erwarten lässt. **68**

Zur **Ermittlung von Bodenwerten** können insbesondere in Betracht kommen **69**

a) deduktive Verfahren (vgl. Rn. 418 ff.), z.B. auf der Grundlage kalkulatorischer Betrachtungen, und residuelle Verfahren (vgl. § 6 ImmoWertV Rn. 10; § 8 ImmoWertV Rn. 115 ff.; § 40 ImmoWertV Rn. 15, 143; Syst. Darst. des Ertragswertverfahrens Rn. 140; § 42 ImmoWertV Rn. 1 ff.),

b) die Ermittlung des Bodenwerts aus dem marktüblich erzielbaren Ertrag z.B. auf der Grundlage der nach dem Bodenwert aufgelösten Formel des Ertragswertverfahrens (vgl. Rn. 447 ff.; § 40 ImmoWertV Rn. 143 ff.; Syst. Darst. Des Ertragswertverfahrens Rn. 293)

$$BW = \frac{RE - \frac{G}{KF_n}}{LZ} = \frac{EW - (RE x KF_n)}{1 - (LZ x KF_n)} = EW \text{ x } AF_n - \frac{RE x (AF^n - 1)}{(q-1)} = (EW - RE \text{ x } KF_n) \text{ x } AF_n$$

wobei

EW	= Ertragswert
RE	= jährlicher marktüblich erzielbarer Reinertrag des Grundstücks
BW	= Bodenwert
KF	= Kapitalisierungsfaktor

AF	= Abzinsungsfaktor
AD	= Abschreibungsdivisor
G	= Gebäudeertragswert (= EW – BW)
LZ	= objektspezifisch angepasster Liegenschaftszinssatz
q	= Zinsfaktor = 1 + LZ
n	= Restnutzungsdauer

Bei dieser Vorgehensweise schlagen allerdings geringfügige Änderungen der Eingangsparameter aufgrund einer hochsensiblen Fehlerfortpflanzung überproportional auf den Bodenwert durch.

c) Rückgriff auf Erfahrungssätze für den Bodenwertanteil bebauter Grundstücke (vgl. § 40 ImmoWertV Rn. 85 ff.)[85]. Diese „Krücke" kommt vor allem bei der Bewertung von im Ausland gelegenen Grundstücken zur Anwendung, wo der Bodenmarkt eine terra incognita ist.

2.6.2 Vorhandene Gutachten

70 Die Verwendung bereits vorliegender Gutachten stellt im eigentlichen Sinne keine Ersatzlösung dar. Liegen Gutachten im Einzelfall bereits vor, muss geprüft werden, ob man sich diesen anschließt oder ggf. davon abweicht. Ergibt sich aus dieser Prüfung, dass auf ein **sachgemäß begründetes Gutachten eines zuverlässigen Sachverständigen** zurückgegriffen werden kann, so hat die Rechtsprechung dies nicht beanstandet, wenn es an Vergleichsdaten mangelt[86].

2.6.3 Freie Schätzung

▶ *Hierzu auch Vorbem. zur ImmoWertV Rn. 70 ff., 83, 94; § 9 ImmoWertV Rn. 48*

71 Scheiden mangels geeigneter Vergleichspreise neben dem Vergleichswertverfahren auch das Ertragswert- und das Sachwertverfahren gänzlich aus, bleibt im Übrigen der Weg der freien Schätzung (*rule of thumb*). **Die Befugnis zu schätzen setzt** – wie im Abgabenrecht – **das Scheitern aller Bemühungen um die Erhebung von wertrelevanten Indizien voraus,** aus denen sich deduktiv nach Plausibilität und Wahrscheinlichkeitsmethoden der Verkehrswert ableiten lässt[87].

Eine Schätzung, die mangels greifbarer Anhaltspunkte völlig in der Luft hinge, ist in der Unternehmensbewertung allerdings unzulässig[88].

In der **Einheitsbewertung** ist anerkannt, dass der Wert eines Grundstücks mangels aussagekräftiger Vergleichspreise „notfalls" im Wege der **Schätzung nach § 162 Abs. 1 AO** zu ermitteln ist[89].

---

85 Hierzu kritisch Debus, GuG 2012, 65.

86 BGH, Urt. vom 30.06.1959 – VIII ZR 81/58 –, NJW 1959, 1634 = EzGuG 20.24; LG Berlin, Beschl. vom 31.01.1995 – 86 T 77/95 –, GE 1996, 475 = EzGuG 19.43a unter Berufung auf KG, Beschl. vom 11.05.1993 – 1 W 5775/92 –, BeckRS 1993, 09195 = EzGuG 11.205j; LG, Beschl. vom 15.08.1995 – 88 T 77/95 –, GE 1996, 475 = EzGuG 19.44; zur Begründung von Mieterhöhungen: LG Nürnberg-Fürth, Beschl. vom 20.07.1990 – 7 S 9789/89 –, NJW-RR 1991, 13 = EzGuG 3.84b. Offenberg, Die Abschätzung von Immobilien in Stadt und Land, Berlin 1915, S. 18.

87 Gelzer-Busse, Umfang des Entschädigungsanspruchs, 2. Aufl. München 1980Rn. 105, für den Fall eines Rechtsstreits unter Hinweis auf BGH, Urt. vom 08.11.1962 – III ZR 86/61 –, BGHZ 39, 198 = EzGuG 8.5; BGH, Urt. vom 20.12.1963 – III ZR 112/63 –, BRS Bd. 19 Nr. 138 = EzGuG 14.18; auch Mampel, DÖV 1992, 556 unter Hinweis auf § 162 Abs. 1 AO. So auch schon PrOVG, Urt. vom 27.04.1920 – VII C 5/19 –, PrOVGE 77, 3 = EzGuG 14.1.

88 BayObLG, Beschl. vom 23.08.2023 – 101 W 184/21 –, BeckRS 2023, 22068 = EzGuG 19.133; OLG Stuttgart, Beschl. vom 05.06.2013 – 20 W 6/10 –, GuG-aktuell 2013, 31 = EzGuG 20.221.

89 BFH, Urt. vom 29.04.1987 – X R 2/80 –, BFHE 150, 453 = BStBl II 1987, 769 = EzGuG 19.39d; Viskorf/Glier/Knobel, BewG, 4. Aufl. 1998 § 9 Rn. 6 ff.

Von der qualifizierten Expertenbefragung zu unterscheiden ist die mitunter geforderte „Befragung des Grundstücksmarktes“, von der im Vergleich zu einer qualifizierten Expertenbefragung i.d.R. keine „robusten“ Ergebnisse erwartet werden können.

2.6.4 Expertenbefragung

Schrifttum: *IVD*, GuG 2018, 236.

▶ *Vgl. § 6 ImmoWertV Rn. 171; § 8 ImmoWertV Rn. 422; § 40 ImmoWertV Rn. 148*

Besteht für das Bewertungsobjekt kein Markt und kann mithin das Vergleichswertverfahren nicht zur Anwendung kommen, so kann der Wert nach § 1 Abs. 1 Satz 2 ImmoWertV auf der Grundlage marktkonformer Modelle unter besonderer Berücksichtigung der wirtschaftlichen Vor- und Nachteile ermittelt werden. Nach der Rechtsprechung des BGH kann in derartigen Fällen zur Begründung einer Marktwertermittlung auch eine intersubjektive „**Expertenbefragung**“ treten[90]. **72**

Von der qualifizierten Expertenbefragung zu unterscheiden ist die mitunter geforderte „Befragung des Grundstücksmarktes“, von der im Vergleich zu einer qualifizierten Expertenbefragung i.d.R. keine „robusten“ Ergebnisse erwartete werden können.

3 Grundzüge des Vergleichswertverfahrens

3.1 Allgemeines

3.1.1 Mittelbarer und unmittelbarer Preisvergleich

▶ *Vgl. Rn. 174*

Gemeinhin wird bei **Anwendung des Vergleichswertverfahrens** unterschieden zwischen **73**

- dem *direkten bzw. unmittelbaren* Preisvergleich, bei dem der Verkehrswert direkt aus Kaufpreisen von Vergleichsgrundstücken abgeleitet wird, die möglichst zeitgleich mit dem Wertermittlungsstichtag für Grundstücke vereinbart worden sind, die mit dem zu bewertenden Grundstück hinreichend übereinstimmende Grundstücksmerkmale aufweisen, sowie
- dem *mittelbaren* Preisvergleich, bei dem neben oder an Stelle von Kaufpreisen geeigneter Vergleichsgrundstücke der Vergleichswert aus Vergleichsfaktoren bebauter Grundstücke bzw. aus Bodenrichtwerten abgeleitet wird.

90 BGH, Urt. vom 06.12.2012 – VII ZR 84/10 –, GuG 2013, 255 = EzGuG 19.58.

74 Bei dem **direkten bzw. unmittelbaren Preisvergleich** wird der Vergleichswert aus den originären Kaufpreisen vergleichbarer Grundstücke *(comparables)* abgeleitet (vgl. Abb. 1)[91].

Abb. 1: Unmittelbarer Preisvergleich

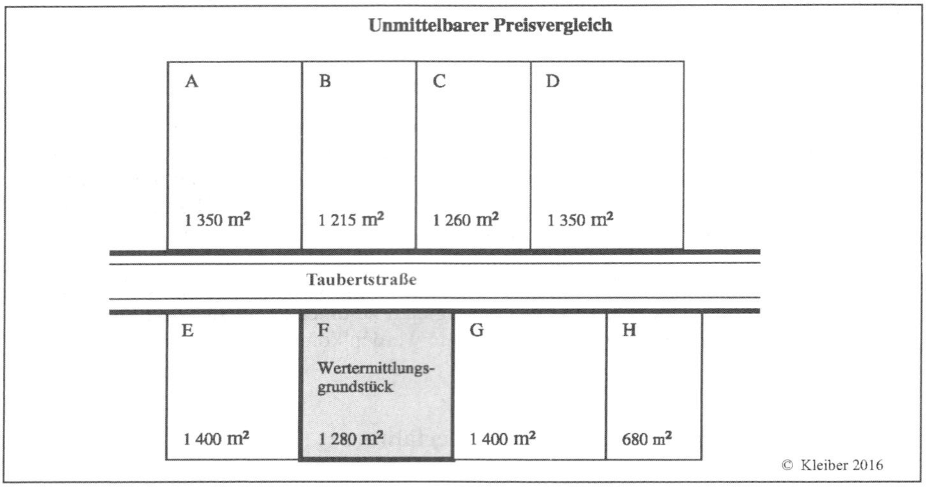

Beispiel:

Der Verkehrswert des Grundstücks F soll zum Wertermittlungsstichtag 01.05.2019 ermittelt werden. Es liegen folgende Kaufpreise vergleichbarer Grundstücke vor:

Grundstück	Verkaufszeit-punkt	Gesamtkaufpreis	Grund und Boden €/m²
E	2.3.2019	190 400 €	136 €/m²
D	19.3.2019	195 750 €	145 €/m²
G	4.4.2019	210 000 €	150 €/m²
			Mittel: $\overline{x}$ = **144 €/m²**

Der Vergleichspreis für das Grundstück F beträgt rd. 144 €/m². Der vorläufige Vergleichswert (Verkehrswert) des Grundstücks F beträgt rd. 184 300 € (1280 m² x 144 €/m² = 184 320 €).

75 Sowohl bei dem **unmittelbaren Preisvergleich auf der Grundlage originärer** Kaufpreise hinreichend vergleichbarer Grundstücke wie auch beim mittelbaren Preisvergleich auf der Grundlage von Bodenrichtwerten und Vergleichsfaktoren bebauter Grundstücke ist regelmäßig

- eine Anpassung der von den Grundstücksmerkmalen des zu bewertenden Grundstücks abweichenden Grundstücksmerkmale der zum Preisvergleich herangezogenen Vergleichsgrundstücke, Bodenrichtwerte und Vergleichsfaktoren sowie
- eine Anpassung an die allgemeinen Wertverhältnisse des Wertermittlungsstichtags der Vergleichspreise, Bodenrichtwerte und Vergleichsfaktoren erforderlich, die in der Vergangenheit vereinbart worden sind bzw. sich auf einen zurückliegenden Stichtag beziehen (intertemporärer und qualitativer Abgleich).

---

91 Abwegig die Behauptung von Robinson (Drivers Jonas), AIZ 2006, 63, das Vergleichswertverfahren der (Immo-)WertV stütze sich nicht auf Vergleichstransaktionen.

Grundstücke stellen nämlich Unikate mit individuellen Eigenschaften dar, die sich selbst bei unmittelbarer Nachbarschaft i.d.R. erheblich unterscheiden können, sodass allenfalls in Ausnahmefällen zustandsgleiche Vergleichsgrundstücke dem Gutachter an die Hand gegeben sind (omne simile claudicat). 76

Nach der Systematik der ImmoWertV ist die Anpassung der 77

- zum **unmittelbaren Preisvergleich** herangezogenen Kaufpreise an die Gegebenheiten des Wertermittlungsobjekts in § 25 Satz 2 ImmoWertV vorgeschrieben. Die angepassten Kaufpreise werden dort als „**Vergleichspreise**" bezeichnet. Die auf die Grundstücksmerkmale des zu bewertenden Grundstücks und auf den Wertermittlungsstichtag umgerechneten Vergleichspreise werden unter Ausschluss von Kaufpreisen, die durch ungewöhnliche oder persönliche Verhältnisse beeinflusst sind, zu einem Ausgangswert aggregiert.
- zum **mittelbaren Preisvergleich** herangezogene Bodenrichtwerte und Vergleichsfaktoren bebauter Grundstücke an die Gegebenheiten des Wertermittlungsobjekts sind in § 26 ImmoWertV vorgeschrieben. Die angepassten Bodenrichtwerte und Vergleichsfaktoren bebauter Grundstücke werden dort als „**objektspezifisch angepasste Bodenrichtwerte**" bzw. „**objektspezifisch angepasste Vergleichsfaktoren**" bezeichnet. Eine Aggregation sowie ein Ausschluss von Kaufpreisen, die durch ungewöhnliche oder persönliche Verhältnisse beeinflusst sind, entfällt in diesem Fall.

Der direkte bzw. unmittelbare Preisvergleich ist insbesondere für die **Bodenwertermittlung** von Bedeutung. Der unmittelbare Preisvergleich scheitert bei der Marktwertermittlung bebauter Grundstücke i.d.R. an der erforderlichen Anzahl geeigneter Vergleichspreise hinreichend vergleichbarer Grundstücke. Die Voraussetzungen können allenfalls in Einzelfällen vorliegen, z.B. in Reihenhausgebieten. 78

3.1.2 Verfahrensübersicht

3.1.2.1 Allgemeines

Nach der grundlegenden Systematik der ImmoWertV setzt sich der Vergleichswert – wie im Übrigen auch der Ertrags- und Sachwert – aus einem „vorläufigen" Vergleichswert unter Ausschluss besonderer objektspezifischer Grundstücksmerkmale (boG) und den gegebenenfalls ergänzend zu berücksichtigenden besonderen objektspezifischen Grundstücksmerkmalen zusammen. Der Marktwert (Verkehrswert) ist aus dem Ergebnis des Vergleichswertverfahrens gegebenenfalls i.V.m. dem bzw. den übrigen zur Anwendung gekommenen Wertermittlungsverfahren unter Würdigung seiner oder ihrer Aussagefähigkeit zu ermitteln. 79

Die **Aufspaltung der Vergleichswertermittlung in einen vorläufigen und (endgültigen) Vergleichswert** ist im Wesentlichen aber nur bei Anwendung des Vergleichswertverfahrens auf bebaute Grundstücke unter Heranziehung von Vergleichsfaktoren bebauter Grundstücke (Wohn- bzw. Nutzflächenwerte/Immobilienrichtwerte) von Bedeutung[92]. So beziehen sich Vergleichsfaktoren bebauter Grundstücke (Wohn- bzw. Nutzflächenwerte) i.d.R. 80

- auf ordnungsgemäß instandgehaltene Grundstücke und
- auf im Rahmen des Üblichen bewirtschaftete Grundstücke.

Weist eine bauliche Anlage Baumängel oder Bauschäden, einen überdurchschnittlichen Unterhaltungszustand, eine wirtschaftliche Überalterung oder von den marktüblich erzielbaren Erträgen erheblich abweichende Erträge, eine Übergröße oder Atypik i.S. der §§ 41 und 43 ImmoWertV auf, so kann dem i.d.R. durch die mit § 26 ImmoWertV vorgeschriebenen Anpas- 81

92 Dementsprechend war noch in § 15 Abs. 1 Satz 4 und § 16 Abs. 1 Satz 3 ImmoWertV 2010 vorgegeben, dass Abweichungen einzelner Grundstücksmerkmale der zum Preisvergleich herangezogenen Grundstücke bzw. des herangezogenen Bodenrichtwerts sowie vom Wertermittlungsstichtag abweichende allgemeine Wertverhältnisse i.d.R. direkt „im" Vergleichswertverfahren zu berücksichtigen sind.

sung regelmäßig nicht hinreichend Rechnung getragen werden und diese Faktoren müssenals besondere objektspezifische Grundstücksmerkmale (boG) ergänzend berücksichtigt werden.

82 In seinem **Aufbau** folgt das in den §§ 24 ff. ImmoWertV geregelte **Vergleichswertverfahren** den beschriebenen Gepflogenheiten des gewöhnlichen Geschäftsverkehrs. Das Verfahren vollzieht sich in seiner **Grundstruktur** nach dem in Abb. 2 dargestellten Schema.

Abb. 2: Vergleichswertverfahren

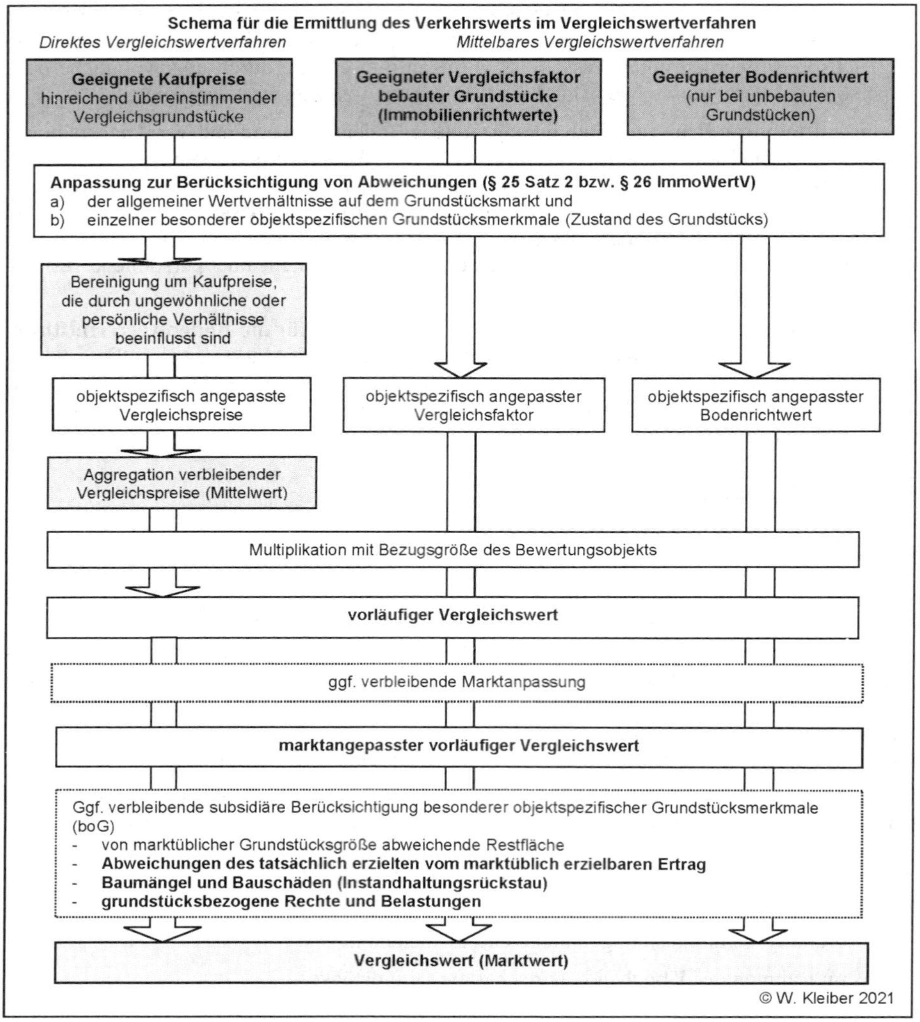

3.1.2.2 Qualifizierung der Grundstücksmerkmale (Zustand) und der allgemeinen Wertverhältnisse auf dem Grundstücksmarkt

Wie bei jedem anderen Wertermittlungsverfahren ist **Ausgangspunkt** zunächst 83

a) die **Qualifizierung des Zustands des (zu bewertenden) Grundstücks** nach den Grundstücksmerkmalen des Qualitätsstichtags (§ 2 Abs. 5 ImmoWertV) sowie

b) die **Feststellung des Wertermittlungsstichtags**, d.h. des Zeitpunkts, auf den sich die Wertermittlung beziehen soll (§ 2 Abs. 4 ImmoWertV).

3.1.2.3 Selektion von geeigneten Vergleichsdaten

▶ *Vgl. Rn. 22*

Entsprechend dem der Wertermittlung zugrunde zu legenden Grundstückszustand und dem maßgeblichen Wertermittlungsstichtag müssen **Kaufpreise** von Vergleichsgrundstücken (Vergleichspreise) und gegebenenfalls andere geeignete Marktindikatoren herangezogen werden, die 84

a) einerseits hinsichtlich ihrer Grundstücksmerkmale mit denen des zu bewertenden Grundstücks möglichst hinreichend übereinstimmen und

b) andererseits zu einem Zeitpunkt vereinbart worden sind, der dem Wertermittlungsstichtag möglichst nahe liegt.

Soweit es um die *Ermittlung des Bodenwerts* geht „kann der Bodenwert auch auf der Grundlage **geeigneter Bodenrichtwerte**“ ermittelt werden (vgl. § 40 Abs. 2 ImmoWertV). Bodenrichtwerte sind nach § 26 Abs. 2 i.V.m. § 9 Abs. 1 ImmoWertV „geeignet“, wenn die Daten hinsichtlich Aktualität in Bezug auf den maßgeblichen Stichtag und Repräsentativität den jeweiligen Grundstücksmarkt zutreffend abbilden und etwaige Abweichungen in den allgemeinen Wertverhältnissen sowie wertbeeinflussende Abweichungen der Grundstücksmerkmale des Wertermittlungsobjekts in sachgerechter Weise berücksichtigt werden können. Grundsätzlich hat dabei jedoch die **Heranziehung von Kaufpreisen geeigneter Vergleichsgrundstücke Vorrang vor der Heranziehung von Bodenrichtwerten** (vgl. „*back to the roots*; Rn. 16, 183 ff.). 85
Soweit es um die *Ermittlung des Verkehrswerts bebauter Grundstücke* geht „können neben oder anstelle von Vergleichspreisen … **geeignete Vergleichsfaktoren**“ i.S. des § 26 Abs. 1 ImmoWertV herangezogen werden. Vergleichsfaktoren (Ertrags- und Gebäudefaktoren, Wohn- bzw. Nutzflächenwerte) sind wiederum „geeignet“ wenn die Grundstücksmerkmale der ihnen zugrunde liegenden Grundstücke wiederum hinreichend mit denen des zu bewertenden Grundstücks übereinstimmen.

3.1.2.4 Qualitativer und intertemporärer Abgleich (Berücksichtigung von Abweichungen)

▶ *Vgl. § 18 ImmoWertV Rn. 29 ff.*

Eine Immobilie ist kein Fließbandprodukt wie Kühlschränke, Autos oder Streichholzschachteln. Schon aufgrund seines Standorts hat **jedes Grundstück eine eigene Individualität** und weist auch ansonsten mehr oder minder große Unterschiede in seinen Grundstücksmerkmalen gegenüber denen der in Betracht kommenden Vergleichsgrundstücke, Bodenrichtwerte bzw. Vergleichsfaktoren auf. Dementsprechend müssen bei Anwendung des Vergleichswertverfahrens regelmäßig zahlreiche Abweichungen der Grundstücksmerkmale zwischen den Vergleichsgrundstücken, Bodenrichtwerten bzw. Vergleichsfaktoren sachgerecht berücksichtigt werden (**Qualitativer Abgleich**). 86

Der Verkehrswert eines Grundstücks ist nur in den seltensten Fällen und allenfalls nur über einen begrenzten Zeitraum konstant. Selbst bei gleichbleibendem Zustand ändern sich die Verkehrswerte von Grundstücken unter dem Einfluss der „allgemeinen Wertverhältnisse auf dem 87

Grundstücksmarkt". Da die zum Preisvergleich herangezogenen Kaufpreise (Vergleichspreise) zumeist aus der Vergangenheit stammen, müssen neben den qualitativen Unterschieden der Grundstücksmerkmale des zu bewertenden Grundstücks im Vergleich zu denen der Vergleichsgrundstücke, Bodenrichtwerte und Vergleichsfaktoren bebauter Grundstücke auch **abweichende Wertverhältnisse zwischen dem Wertermittlungsstichtag und den Stichtagen** berücksichtigt werden**, die den Vergleichspreisen zugrunde liegen**. Dies gilt entsprechend für Bodenrichtwerte und Vergleichsfaktoren bebauter Grundstücke, die sich i.d.R. auf einen zurückliegenden Stichtag beziehen.

88 Die zum Vergleich herangezogenen Kaufpreise, Bodenrichtwerte und Vergleichsfaktoren bebauter Grundstücke (Wohn- und Nutzflächenwerte) müssen in einem **intertemporären und interqualitativen Abgleich** auf die allgemeinen Wertverhältnisse des maßgeblichen Wertermittlungsstichtags sowie auf die Grundstücksmerkmale des zu bewertenden Objekts umgerechnet werden, denn es wird kaum gelingen, entsprechende Vergleichsdaten heranzuziehen, die sich auf Grundstücke beziehen, die völlige Identität mit den Grundstücksmerkmalen des zu bewertenden Grundstücks aufweisen und zudem sich auch noch auf die allgemeinen Wertverhältnisse des Wertermittlungsstichtags beziehen.
Beispiel:

a)	Zum Vergleich herangezogener Kaufpreis:	280 €/m²
	Kaufpreisdatum:	Juli 2017
	Bodenpreisindexzahl 2017:	185
b)	Wertermittlungsstichtag:	15.08.2019
	Bodenpreisindexzahl 2019:	198
c)	Umrechnung:	
	280 €/m² x 198/185 =	**300 €/m²**

89 Zu alledem fordern § 25 Satz 2 sowie § 26 Abs. 1 und 2 ImmoWertV, dass die Eignung der in Betracht kommenden Kaufpreise, Bodenrichtwerte und Vergleichsfaktoren zu prüfen ist, und **befehlen, die vorstehend erläuterten Abweichungen durch geeignete Indexreihen, geeignete Umrechnungskoeffizienten, durch eine Anpassung mittels Zu- oder Abschlägen oder in anderer sachgerechter Weise zu berücksichtigen.**

90 **Geeignete Indexreihen sowie geeignete Umrechnungskoeffizienten können allerdings nur herangezogen werden,** wenn sie vom Gutachterausschuss für Grundstückswerte abgeleitet und veröffentlicht worden sind. Daran mangelt es insbesondere in Bezug auf Vergleichsfaktoren bebauter Grundstücke häufig.

91 Bei Heranziehung i.d.R. „jahrgangsweise" abgeleiteter Bodenpreisindexzahlen muss bedacht werden, auf welchen Zeit*raum* bzw. welchen Zeit*punkt* diese Indexzahlen ermittelt wurden. Wurde die Indexzahl aus dem Mittel aller geeigneten Kaufpreise eines Kalenderjahres ermittelt, so bezieht sich die Indexzahl in etwa auf die **Jahresmitte.** Entscheidend ist also der Bezugszeitpunkt des in die Ableitung eingehenden Kaufpreismaterials. Grundsätzlich ist es aber auch möglich, die Indexzahlen – wie die Bodenrichtwerte – bezogen auf das **Ende eines Kalenderjahres** zu ermitteln. Um dafür gesicherte Ergebnisse gewinnen zu können, ist die Einbeziehung des Kaufpreismaterials des nachfolgenden (Halb-)Jahres ratsam.

92 In jedem Fall muss bei dem Gebrauch von Indexreihen der **Bezugszeitpunkt** bedacht werden, weil mit der Zeit die Aktualität einer ermittelten Indexzahl schwindet. Dies kann zusätzliche Korrekturen erforderlich machen, die nach den Entwicklungen der Vergleichspreise neueren Datums bemessen werden können. Problematisch wird es dann, wenn keine neueren gesicherten Erkenntnisse vorliegen. In diesem Fall kann sich der Gutachter dadurch helfen, dass er die Entwicklung aus vergleichbaren Gebieten oder Orten hilfsweise heranzieht oder aber die Entwicklung auf Grund anderer die allgemeinen Wertverhältnisse auf dem Grundstücksmarkt bestimmender Faktoren abschätzt. In Zweifelsfällen empfiehlt es sich, im Gutachten entsprechende Hinweise zu geben.

In Gebieten, für die marktorientierte Indexreihen nicht abgeleitet worden sind, wird mitunter auf die **Kaufwertestatistik der Statistischen Landesämter** zurückgegriffen (vgl. § 18 ImmoWertV Rn. 14, 33). Dieses Verfahren ist grundsätzlich abzulehnen, da es sich hierbei gerade nicht um eine auf einem gleichbleibenden „Warenkorb" aufbauende Statistik handelt. Der BGH[93] hat hierzu ausgeführt: „Es darf nicht übersehen werden, dass in dem genannten Zeitraum in Braunschweig (anders als im Bundesdurchschnitt) kein kontinuierlicher Preisanstieg stattgefunden hat und der für 1969 festgestellte Durchschnittspreis nur auf drei Verkaufsfällen basiert. Das rechtfertigt es aber nicht, diese statistischen Angaben über die örtlichen Verhältnisse aus der Beurteilung gänzlich auszuklammern. Dies gilt umso mehr, als auch die vom Statistischen Bundesamt für Gemeinden zwischen 200 000 und 500 000 Einwohnern (dazu zählt Braunschweig) ermittelten Durchschnittspreise für baureifes Land erheblich über den Zahlen liegen, auf die das OLG seine Umrechnung stützt. Es lässt sich nicht ausschließen, dass das OLG für das Jahr 1974 höhere Vergleichspreise und auch einen höheren Bodenpreis für das hier zu bewertende Grundstück errechnet hätte, wenn es bei der Wahl des Umrechnungsmaßstabs das statistische Material für Braunschweig mit in den Kreis seiner Erwägungen einbezogen hätte." Damit hat das Gericht die Verwendung dieser statistischen Angaben einschränkend gelten lassen. Es ist aber daran festzuhalten, dass von der Verwendung der Kaufwertestatistik nachdrücklich abzuraten ist. 93

3.1.2.5 Identifizierung und Ausschluss von Ausreißern

▶ *Zu Ausreißern vgl. Rn. 103 ff. sowie § 9 ImmoWertV Rn. 18 ff.; zur allgemeinen Streuung von Kaufpreisen vgl. Vorbem. zur ImmoWertV Rn. 81 ff.*

Die **Notwendigkeit der Identifizierung und des Ausschlusses von** sog. Kaufpreisen, bei denen angenommen werden kann, dass sie nicht durch ungewöhnliche oder persönliche Verhältnisse beeinflusst worden sind (sog. „Ausreißer"), **stellt sich i.d.R. nur bei Anwendung des direkten Vergleichswertverfahrens auf der Grundlage einer ausreichenden Zahl geeigneter Vergleichspreise**. Bei Anwendung des mittelbaren Vergleichswertverfahrens unter Heranziehung von Bodenrichtwerten oder Vergleichsfaktoren bebauter Grundstücke (Immobilienrichtwerte, Wohn- bzw. Nutzflächenwerte) kann i.d.R. davon ausgegangen werden, dass diese vom Gutachterausschuss für Grundstückswerte nach Maßgabe des § 12 Abs. 4 i.V.m. § 9 Abs. 2 ImmoWertV bei der Ableitung dieser Daten ausgeschlossen wurden. 94

Weichen Kaufpreise „erheblich" von Kaufpreisen in vergleichbaren Fällen ab, soll nach § 9 Abs. 2 Satz 2 ImmoWertV angenommen werden können, dass sie durch ungewöhnliche oder persönliche Verhältnisse beeinflusst worden sind. Vergleichbare Fälle i.S. dieser Fälle sind Kaufpreise von Grundstücken, die identische Grundstücksmerkmale aufweisen und sich auf denselben Stichtag beziehen. Die originär herangezogenen Kaufpreise, die regelmäßig zu unterschiedlichen Zeitpunkten vereinbart worden sind und sich auf Grundstücke mit unterschiedlichen Grundstücksmerkmalen beziehen, können vor diesem Hintergrund nicht unmittelbar verglichen werden, um Kaufpreise zu identifizieren, die „erheblich" von Kaufpreisen in vergleichbaren Fällen abweichen. Dazu bedarf es zunächst einer Umrechnung der zum Preisvergleich herangezogenen Kaufpreise auf die Grundstücksmerkmale des zu bewertenden Grundstücks und den maßgeblichen Wertermittlungsstichtag. In der Regel werden die entsprechend „gleichnamig" gemachten Kaufpreise mehr oder minder voneinander abweichen, ohne dass diese **Streuung der Kaufpreise** auf bestimmte Einflüsse zurückgeführt werden kann. Dies kann auf Zufälligkeiten zurückgeführt werden, die für den gewöhnlichen Geschäftsverkehr durchaus kennzeichnend sind. Denn auf einem freien Grundstücksmarkt spielen regelmäßig auch Zufälligkeiten, z.B. in Bezug auf subjektive Anschauungen der Vertragsparteien und 95

93 BGH, Urt. vom 23.06.1983 – III ZR 39/82 –, BRS Bd. 45 Nr. 102 = EzGuG 20.102.

ihr Verhandlungsgeschick, eine Rolle, selbst wenn ungewöhnliche oder persönliche Verhältnisse i.S. des § 9 Abs. 2 ImmoWertV nicht zum Tragen gekommen sind.

96 Bevor eine Aggregation der regelmäßig „streuenden" Vergleichspreise vorgenommen werden kann, muss geprüft werden, ob sich unter den **zum Vergleich herangezogenen Kaufpreisen** auch solche befinden, **die** i.S. des § 9 Abs. 2 ImmoWertV **„erheblich" von den übrigen Vergleichspreisen abweichen** und deshalb nicht dem gewöhnlichen Geschäftsverkehr i.S. des § 194 BauGB zurechenbar sind. Wird dabei festgestellt, dass die Höhe eines Kaufpreises die Annahme rechtfertigt, dass dieser durch **ungewöhnliche oder persönliche Verhältnisse** beeinflusst worden ist, so ist dieser Kaufpreis als Vergleichspreis grundsätzlich ungeeignet, es sei denn, die Auswirkungen der Besonderheiten auf den Kaufpreis können „sicher" erfasst werden. In diesem Fall kann der „berichtigte" oder „bereinigte" Kaufpreis in das Verfahren eingehen.

3.1.2.6 Ermittlung des Vergleichswerts

Schrifttum: *Hauser, S.* in Francke/Rehkugler/Raffelhüschen/Wölfle, Immobilienmärkte, 3. Aufl. München 2020: die Auswertung von Immobilienmarktdaten mit statistischen Modellen.

97 Bei Anwendung des **unmittelbaren Preisvergleichs** unter Heranziehung einer ausreichenden Anzahl geeigneter Vergleichspreise können nach Aussonderung der Kaufpreise, die unter dem Vermutungstatbestand des § 9 Abs. 2 Satz 2 ImmoWertV als „Ausreißer" identifiziert wurden, die **verbleibenden Vergleichspreise** in geeigneter Weise zum **„vorläufigen" Vergleichswert aggregiert** werden. Dies erfolgt i.d.R. durch Bildung des arithmetischen Mittels (vgl. Rn. 102 ff.). Dementsprechend ist der Verkehrswert auch als der **am „wahrscheinlichsten" zu erzielende Preis des Grundstücks** definiert worden[94].

98 Bei Anwendung des **mittelbaren Preisvergleichs unter** Heranziehung von Bodenrichtwerten und Vergleichsfaktoren bebauter Grundstücke (Immobilienrichtwerte, Wohn- und Nutzflächenwerte) entfällt dieser Schritt, da diese jeweils aus einer ausreichenden Anzahl geeigneter Vergleichspreise abgeleitet sind. Lediglich im Falle einer Heranziehung von mehreren Bodenrichtwerten bzw. Vergleichsfaktoren kann – wie im Falle der Heranziehung von Vergleichspreisen – eine Aggregation der jeweiligen Ergebnisse erforderlich sein.

99 Der so ermittelte „vorläufige Vergleichswert" ist zugleich der an die allgemeinen Wertverhältnisse „**marktangepasste vorläufige Vergleichswert**", wenn die herangezogenen **Vergleichspreise,** Bodenrichtwerte und Vergleichsfaktoren bebauter Grundstücke vollumfänglich an die Lage auf dem Grundstücksmarkt angepasst wurden. Der diesbezüglich generell in § 6 Abs. 2 Nr. 1 ImmoWertV vorgegebene Verfahrensschritt ist vor diesem Hintergrund nur eine Auffangvorschrift für den Ausnahmefall, dass begründbare Anhaltspunkte gegeben sind, nach denen die Lage auf dem Grundstücksmarkt noch nicht hinreichend Eingang in das Wertermittlungsverfahren bei der Ermittlung des vorläufigen Vergleichswerts gefunden hat.

3.1.2.7 Subsidiäre Berücksichtigung besonderer objektspezifischer Grundstücksmerkmale

▶ *Vgl. § 8 ImmoWertV Rn. 1 f.*

100 Nach der Grundsatzregelung des § 6 Abs. 2 Nr. 2 ImmoWertV ist auch bei Anwendung des Vergleichswertverfahrens zu prüfen, ob mit dem vorläufigen marktangepassten Vergleichswert alle besonderen objektspezifischen Grundstücksmerkmale vollumfänglich Berücksichtigung gefunden haben.

94 BT-Drs. 10/6166, S. 137 f.

Bei **Anwendung des Vergleichswertverfahrens auf bebaute Grundstücke** kann insbesondere die Berücksichtigung

- von Baumängeln und Bauschäden (Instandhaltungsrückstau),
- eines überdurchschnittlichen Unterhaltungszustands bzw. einer wirtschaftlichen Überalterung,
- von erheblichen Abweichungen der tatsächlichen von den marktüblich erzielbaren Erträgen,
- von erheblichen Abweichungen der objektspezifischen Grundstücksfläche von der marktüblichen Grundstücksgröße (§ 41 ImmoWertV),
- von besonderen wohnungs- und mietrechtlichen Bindungen sowie sonstigen Rechten und Belastungen,
- von Abweichungen des beitragsrechtlichen Zustands sowie
- von atypischen Nutzungen nach Maßgabe des § 40 Abs. 5 ImmoWertV

in Betracht kommen.

3.1.2.8 Ermittlung des Verkehrswerts

▶ *Hierzu § 24 ImmoWertV Rn. 1 ff.*

Der nach vorstehenden Grundsätzen ermittelte vorläufige marktangepasste **Vergleichswert ist regelmäßig der „Vergleichswert" des Grundstücks, wenn alle objektspezifischen Grundstücksmerkmale sowie Änderungen in den allgemeinen Wertverhältnissen berücksichtigt worden sind.** Andernfalls handelt es sich nach der Systematik der ImmoWertV lediglich um den vorläufigen marktangepassten Vergleichswert. 101
Der vorläufige marktangepasste **Vergleichswert ist regelmäßig auch der „Verkehrswert" des Grundstücks**.
Sind jedoch noch andere Wertermittlungsverfahren zur Anwendung gekommen, ist die „Aussagefähigkeit" der Ergebnisse zu würdigen. Der **Verkehrswert** ist dann **unter „Würdigung ... der Aussagefähigkeit" der Ergebnisse aller herangezogenen Wertermittlungsverfahren zu ermitteln**. Dies ist in erster Linie von Bedeutung bei der Ermittlung des Vergleichswerts bebauter Grundstücke, wenn gleichzeitig das Ertrags- und/oder Sachwertverfahren zur Anwendung gekommen ist oder der Bodenwert ergänzend auch im Wege anderer Verfahren (z.B. deduktiv) ermittelt wurde.

3.1.2.9 Auf- oder Abrundung

▶ *Vorbem. zur ImmoWertV Rn. 98*

Im Übrigen verbleibt es bei **Auf- oder Abrundungen** nämlich bei einer Höhe des Verkehrswerts von 102

bis	10 000 €	auf volle Hunderter		
	10 000 €	bis	500 000 €	auf volle Tausender
	500 000 €	bis	1 000 000 €	auf volle Zehntausender
über	1 000 000 €	auf volle Hunderttausender		

3.1.3 Identifizierung und Ausschluss von Ausreißern

3.1.3.1 Allgemeines

▶ *Allgemeines bei § 9 ImmoWertV Rn. 18; § 13 ImmoWertV Rn. 24 ff.; § 25 ImmoWertV Rn. 7 ff.; § 36 ImmoWertV Rn. 18; Teil II Rn. 552*

103 **Kaufpreise, die** i.S. des § 9 Abs. 2 ImmoWertV **„erheblich" von den übrigen Vergleichspreisen abweichen**, indizieren das Vorliegen von ungewöhnlichen oder persönlichen Verhältnissen bei ihrem Zustandekommen. Ein solcher Kaufpreis könnte allenfalls nur dann berücksichtigt werden, wenn diese Besonderheiten durch entsprechende Korrekturen des Vergleichspreises sicher berücksichtigt werden könnten. Das wird jedoch in der Praxis kaum möglich sein.

Die **Prüfung auf „Ausreißer"** kann erst vorgenommen werden, wenn die Kaufpreise der herangezogenen Vergleichsgrundstücke auf die Zustandsmerkmale des zu bewertenden Grundstücks umgerechnet worden sind und sich die zum Vergleich herangezogenen Kaufpreise darüber hinaus auf einen gemeinsamen Stichtag beziehen, d.h., auf die allgemeinen Wertverhältnisse des Wertermittlungsstichtags umgerechnet worden sind. Ob im Einzelfall eine Beeinflussung durch ungewöhnliche oder persönliche Verhältnisse vorgelegen hat, kann mit Hilfe statistischer Verfahren oder Tests festgestellt werden. Das Ergebnis ist sachverständig zu würdigen.

104 Das wohl wichtigste Kriterium für die Identifizierung von Kaufpreisen, die durch ungewöhnliche oder persönliche Verhältnisse beeinflusst sind, stellt immer noch eine **erhebliche Abweichung des einzelnen Kaufpreises gegenüber dem Mittelwert** aller in Betracht kommenden Vergleichspreise dar. Als durch ungewöhnliche oder persönliche Verhältnisse beeinflusst gelten solche Kaufpreise, die mehr als ± 30 % vom (arithmetischen) Mittelwert abweichen.

3.1.3.2 Zwei-Sigma-Regel

▶ *Vgl. § 9 ImmoWertV Rn. 18 ff.*

105 Nach der in diesem Werk seit jeher gegebenen Empfehlung zur Identifizierung von Ausreißern können **Kaufpreise** als Ausreißer gelten**, die um die zweifache Standardabweichung vom arithmetischen Mittel abweichen (sog. 2-Sigma-Regel)**.

Danach gelten bei Heranziehung einer ausreichenden Anzahl von Vergleichspreisen alle Einzelpreise, die im Bereich der doppelten Standardabweichung vom Mittelwert der zuvor auf den Wertermittlungsstichtag und die Grundstücksmerkmale des Bewertungsobjekts „justierten" Kaufpreise liegen, als frei von „ungewöhnlichen oder persönlichen Verhältnissen". Kaufpreise, die außerhalb des Bereiches der doppelten Standardabweichung liegen, werden als **„Ausreißer"** aussortiert.

106 Die ImmoWertV gibt keine konkreten Hinweise zum Ausschluss von Kaufpreisen, bei denen eine Beeinflussung durch ungewöhnliche oder persönliche Verhältnisse angenommen werden soll. Nach den Vorentwürfen zur zwischenzeitlich aufgehobenen VergleichswertR sollten – entsprechend dem Stand der Fachdiskussion – Kaufpreise ausgeschlossen werden, die *um mehr als das 2,5-Fache der Standardabweichung* vom Mittelwert der angepassten Kaufpreise" abweichen. Da für den gewöhnlichen Geschäftsverkehr geradezu kennzeichnend ist, dass die vereinbarten Kaufpreise deutlich streuen, ist eine Unterschreitung der 2-Sigma-Regel abzulehnen. Sie führt zum Ausschluss von Kaufpreisen, die dem gewöhnlichen Geschäftsverkehr zuzurechnen sind, und kann dementsprechend das Ergebnis der Mittelwertbildung verfälschen. Wird zudem aus den verbleibenden Kaufpreisen die statistische Standardabweichung ermittelt, ergibt sich ein trügerisches Genauigkeitsmaß.

3.1.4 Aggregation der Vergleichspreise

Zur Aggregation der gleichnamig gemachten Vergleichspreise bedient sich die Praxis statistischer **Rechentechniken**, obwohl die statistischen Voraussetzungen der stochastischen Verteilung im strengen Sinne nur selten vorliegen. Dies ist gleichwohl nicht zu beanstanden, denn immerhin dient dies der Operationalisierung und Übersichtlichkeit des Verfahrens. Nachstehend sollen deshalb einige **statistische Begriffe und Verfahren** kurz erläutert werden: **107**

Mit dem Zeichen ∑ (Sigma) wird die **Summe von n Stichproben x_i** bezeichnet: **108**

$$\sum_{x_i = 1}^{n} x_1 + x_2 + x_3 + \dots\dots\dots x_n$$

Beispiel:

Als Vergleichspreise liegen sechs Kaufpreise KP_i vor: 160 €/m², 180 €/m², 170 €/m², 160 €/m², 160 €/m² und 180 €/m²:

$\sum KP_i = 1\,010$ €/m²

Zur Ableitung eines ausgeglichenen Werts aus n Stichproben ist die Bildung des arithmetischen Mittels **(Mittelwert)** auch in der Wertermittlung weit verbreitet. **Statistisch gesehen ist das arithmetische Mittel der „erwartete“ Marktwert (Verkehrswert), d.h. der „Erwartungswert“**. Das einfache (ungewichtete) arithmetische Mittel definiert sich wie folgt: **109**

Arithmetisches Mittel (Mittelwert):

$$\bar{x} = \frac{\sum_{i=1}^{n} x^{i}}{n}$$

Das arithmetische Mittel (Mittelwert) ergibt den aus den auf die Grundstücksmerkmale des Bewertungsobjekts sowie auf den Wertermittlungsstichtag „justierten“ Vergleichspreisen abgeleiteten **Vergleichswert.**

Beispiel:

Im vorstehenden Beispiel setzt sich die Summe der vorliegenden Vergleichspreise aus sechs „Stichproben“ zusammen:

Arithmetisches Mittel (Mittelwert):

$$\mathbf{KP} = \frac{1\,010\text{ €/m}^2}{6} = 168{,}3\text{ €/m}^2 = \text{rd. } \mathbf{170\text{ €/m}^2}$$

Das arithmetische Mittel (Mittelwert) aus Stichproben, denen ein unterschiedliches Gewicht p_i zuzuordnen ist, errechnet sich nach der Formel: **110**

Gewogenes arithmetisches Mittel (gewogener Mittelwert):

$$x = \frac{\Sigma x_i \times p_i}{\Sigma p_i}$$

Beispiel

Den im vorstehenden Beispiel angegebenen Vergleichspreisen wurden entsprechend ihrer Aussagefähigkeit die aus der nachstehenden Tabelle ersichtlichen Gewichte beigeordnet:

Nr.	KP_i	p_i	$KP_i\ p_i$	VW	v_i	$v_iv_ip_i$
1	160 €/m²	1	160	172,6	+ 12,6	158,76
2	180 €/m²	4	720	172,6	– 7,4	219,04
3	170 €/m²	3	510	172,6	+ 2,6	20,28
4	160 €/m²	2	320	172,6	+ 12,6	317,52
5	160 €/m²	1	160	172,6	+ 12,6	158,76
6	180 €/m²	4	720	172,6	– 7,4	219,04
	Summen $\Sigma p_i = 15$		$\Sigma\ KP_i\ p_i = 2\,590$		$\Sigma\ v_iv_ip_i = 1\,093{,}40$	

wobei

n = Anzahl der zum Vergleich herangezogenen Kaufpreise, hier = 6

v_i = Verbesserungen = Verkehrswert – KP_i

p_i = Gewicht des Vergleichspreises KP_i

$$\text{Vergleichswert} = \frac{\sum KP_i \times p_i}{\sum p_i}$$ = KP = 2 590 €/m²/15 = 172,6 €s/m² = **173 €/m²**

111 Wenn als Maß des Gewichtes die Häufigkeit einer Beobachtungsgröße (hier Kaufpreise) gewählt wird, darf diese Größe auch nur einmal angesetzt werden.

KP_1: 160 €/m² Gewicht 3 (weil 3 x vertreten)

KP_2: 180 €/m² Gewicht 2 (weil 2 x vertreten)

KP_3: 170 €/m² Gewicht 1 (weil 1 x vertreten)

Nr.	Kp_i	p_i	$KP_i \times p_i$
1 2 3	160 €/m² 180 €/m² 170 €/m²	3 2 1	480 360 170
	Summen	= 6	= 1010

Gewogenes arithmetisches Mittel:

$\overline{\textbf{KP}}$ = 1 010 €/m² /6 = 168,3 €/**m²** = **168 €/m²**

Kaufpreis Nr. 3 (170 €/m²) entspricht dem sich als arithmetisches Mittel (Mittelwert) aus allen Kaufpreisen ergebenden Vergleichswert in Höhe von 170 €/m².

112 Die Frage, ob die Anzahl der auftretenden Beobachtungsgrößen (z.B. Kaufpreise, Erträge und dgl.) oder andere Erkenntnisse das Gewicht einer Beobachtungsgröße bestimmen, ist am Einzelfall zu entscheiden.

113 Als **Modalwert** wird der Wert bezeichnet, der mit seiner Anzahl am häufigsten vorkommt (Häufigster Wert).
Beispiel:
Im Beispiel tritt ein Kaufpreis von 160 €/m² am häufigsten auf, nämlich insgesamt dreimal.

114 Als **Median** bezeichnet man den Zentralwert, der sich als Mittelwert der aufgereihten Beobachtungsgrößen (hier Kaufpreise) ergibt:
Beispiel:

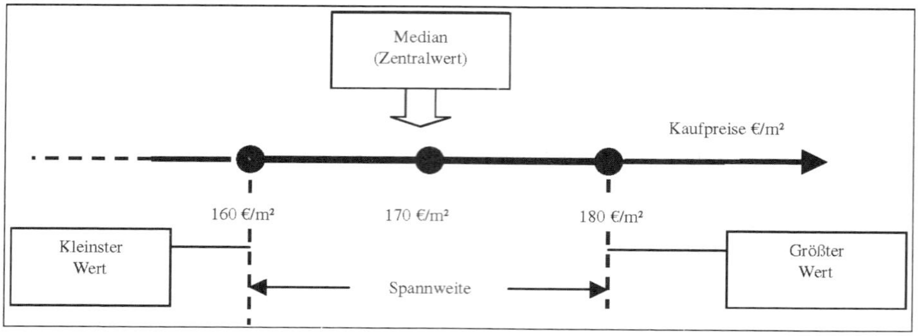

Als **Spannweite** bezeichnet man den Unterschied zwischen dem größten und kleinsten Wert.

3.1.5 Genauigkeitsmaße des Vergleichswerts

3.1.5.1 Mittlerer Fehler

Schrifttum: *Bergmann, U.*, Zur Anwendung der Fehlerlehre und der Statistik in der Bodenwertermittlung, GuG 2009, 129; *Ermert H.*, Die Fehlerübertragung beim Ertragswertverfahren, AVN1967, 213.

▶ *Zur Genauigkeit und Leistungsfähigkeit vgl. Vorbem. zur ImmoWertV Rn. 80 ff.*

Betrachtet man die am Markt erzielten und zur Verkehrswertermittlung herangezogenen Kaufpreise als eine Stichprobe aus der Grundgesamtheit aller (zumindest denkbaren) Vergleichspreise, so lassen sich unter Anwendung statistischer Methoden Aussagen über die **Genauigkeit der Verkehrswertermittlung auf der Grundlage** der Mittelbildung aus den zur Verfügung stehenden Vergleichspreisen und der Berechnung des mittleren Fehlers des Mittels treffen. Ob die Zahl der in das Mittel eingegangenen Vergleichspreise als „ausreichend" i.S. der ImmoWertV anzusehen ist, lässt sich dann nach statistischen (Genauigkeits-) Kriterien beurteilen. 115

Abb. 3: Überblick über Genauigkeitsmaße der Marktwertermittlung

Genauigkeitsmaße der Marktwertermittlung (Überblick)

1. Ausgangswert

Marktwert (Verkehrswert) abgeleitet als arithmetisches Mittel (Mittelwert)

$$\text{Marktwert (Mittelwert)} = \frac{1}{n}\sum \text{Vergleichspreise, justiert auf Grundstücksmerkmale des Bewertungsobjekts und die allgemeinen Wertverhältnisse des Wertermittlungsstichtags}$$

2 Identifizierung und Eliminierung von „Ausreißern" (ungewöhnliche oder persönliche Verhältnisse i.S. des § 9 Abs. 2 ImmoWertV)

Ausschluss von Kaufpreisen, die z. B.

- mehr als ± 30 % vom (arithmetischen) Mittelwert abweichen
- um mehr als die zweifache Standardabweichung vom arithmetischen Mittel abweichen

3. Genauigkeitsmaße (Streuung/Toleranzbreite)

- **Mittlerer Fehler des** ungewichteten bzw. gewichteten **arithmetischen Mittels**

$$m_x = \sqrt{\frac{\sum v_i v_i p_i}{\sum p_i \times (n-1)}} \qquad m_x = \sqrt{\frac{\sum v_i v_i}{n\,(n-1)}} \qquad \text{wobei } \frac{1}{n}\Sigma\, v_i v_i = \text{Varianz}$$

- **Standardabweichung** s_x

$$\text{Standardabweichung} = \sqrt{\frac{\Sigma\, v_i * v_i}{n-1}} = \sqrt{\text{Varianz}}$$

- **Variationskoeffizient**

$$\text{Variationskoeffizient} = \frac{\text{Standardabweichung}}{\text{Mittelwert}} = \frac{s_x}{\bar{x}}$$

- **Vertrauensbereich**

$$\text{Vertrauensgrenzen} = \text{Verkehrswert (Mittelwert)} \pm t_\alpha * \frac{s_x}{\sqrt{n}}$$

wobei

n = Anzahl der zum Vergleich herangezogenen Kaufpreise/Vergleichspreise

t_α = Quantile der t-Verteilung (Student-Verteilung)
Tabelliert als Funktion der
- n – 1 (Freiheitsgrade)
- Statistischen Sicherheit

s_x = $= \sqrt{\frac{v_i v_i}{n}}$

© W. Kleiber 2021

Unschärfen der Marktwertermittlung sind grundsätzlich auf der Grundlage der Unschärfen der Eingangsparameter und unter Anwendung der Fehlerfortpflanzungsgesetze auf das jeweils angewandte Wertermittlungsverfahren zu ermitteln. Dies gilt auch für das Vergleichswertverfahren. Bei Anwendung des Vergleichswertverfahrens sind vor allem die zum Preisvergleich herangezogenen Vergleichsobjekte mit Unschärfen behaftet, wenn ihre qualitativen Grundstücksmerkmale nicht umfassend und vollständig konkretisiert sind. Das ist 116 nicht nur dann der Fall, wenn zum Preisvergleich anonymisierte Kaufpreise herangezogen werden.

Auch bei nicht **anonymisierter Auskunftserteilung** nach § 195 Abs. 3 BauGB kann nicht erwartet werden, dass vom Gutachterausschuss sämtliche wertbeeinflussenden Umstände vollständig erfasst worden sind. Dazu hat er angesichts der Vielzahl wertbestimmender Grundstücksmerkmale selten die notwendige Personalausstattung. Insbesondere bei der Erfassung von Vergleichspreisen bebauter Grundstücke ist der Gutachterausschuss wie der Sachverständige, der diese Preise zum Preisvergleich heranzieht, i.d.R. rechtlich gehindert, alle wertbeeinflussenden Grundstücksmerkmale selbst erfassen zu können. Es kommt hinzu, dass die herangezogenen Vergleichspreise i.d.R. durch „sachverständig" geschätzte fehlerbehaftete Zu- und Abschläge auf die Grundstücksmerkmale des Bewertungsobjektes umgerechnet werden müssen und selbst im Falle der Heranziehung von einschlägigen Umrechnungskoeffizienten und Indexreihen weitere Unschärfen hingenommen werden müssen. Auswahl und „Aufbereitung" der Vergleichspreise müssen vertrauenswürdig sein, zumal die Objekte i.d.R. auch nicht persönlich in Augenschein genommen werden können.

117 **Die nach** den vorstehend beschriebenen **statistischen Methoden „berechnete" Genauigkeitsangabe** einer Vergleichswertermittlung (mittlerer Fehler bzw. Vertrauensbereich) darf nicht überbewertet werden. Sie **ist** sogar **höchst trügerisch und manipulierbar**. Denn die aufgeführten Genauigkeitsmaße sind von der „richtigen" Auswahl der herangezogenen Vergleichsdaten, der als vergleichsstörende „Ausreißer" nach § 9 Abs. 2 ImmoWertV außer Betracht gelassenen Kaufpreise und der „richtigen" („objektspezifisch angepassten") Justierung auf die Grundstücksmerkmale des Bewertungsobjekts abhängig. Der sich dann ergebende mittlere Fehler ist bei alldem nur geeignet, die „gerechnete Stimmigkeit" der herangezogenen und nicht vollständig spezifizierbaren Vergleichsdaten untereinander zu beschreiben. Auswahl und „Aufbereitung" der Vergleichspreise müssen vertrauenswürdig sein.

Für den **gewöhnlichen Geschäftsverkehr** ist es geradezu **kennzeichnend, dass die anfallenden Kaufpreise in einer sehr großen Bandbreite streuen** (vgl. Vorbem. zur ImmoWertV Rn. 80 ff.). Werden solche Kaufpreise mit ambitionierten Ausschlusskriterien ausgeschlossen, ergibt sich eine höhere „Stimmigkeit" der verbleibenden Kaufpreise, jedoch wird das z.B. daraus als Mittelwert abgeleitete Ergebnis verfälscht. Gleichzeitig ergibt sich für diesen Mittelwert aber ein „geschönter" mittlerer Fehler bzw. Vertrauensbereich. Besonders „gute" Genauigkeitsmaße sind vor diesem Hintergrund „verdächtig" (Scheingenauigkeit).

Auch sind der „objektspezifisch angepassten" Justierung Grenzen insbesondere bei bebauten Grundstücken gesetzt. Denn dafür müsste das „Innenleben" der baulichen Anlagen von Vergleichsgrundstücken vollumfänglich mit allen wertbestimmenden Parametern bekannt sein. Des Weiteren muss die Umrechnung von Abweichungen mit soliden empirisch belegbaren Umrechnungskoeffizienten und Indexreihen möglich sein. Sie werden aber in großem Umfang geschätzt. Bei dieser Sachlage sind „gute" Ableitungsergebnisse verdächtig, denn die Schätzung lässt sich leicht so austarieren, dass die Ergebnisse „stimmig" erscheinen und der daraus abgeleitete mittlere Fehler bzw. der Vertrauensbereich eine hohe Scheingenauigkeit verspricht.

118 Ausgehend von dem ungewichteten oder gewichteten arithmetischen Mittel aus den auf die Grundstücksmerkmale und den Wertermittlungsstichtag „justierten" Vergleichspreisen sind zunächst die Differenzen aus dem arithmetischen Mittel x (aus n Stichproben) und den einzelnen Stichproben x_i zu ermitteln. Die Differenzen werden als Verbesserungen v_i bezeichnet:

Verbesserung: $v_i = \bar{x} - x_i$

Dann sind:

das Quadrat der einzelnen Verbesserungen:	$v_i v_i$
die Summe der Quadrate aus $v_i v_i$:	$\Sigma\, v_i v_i$
die Summe der gewichteten Quadrate aus $v_i v_i$:	$\Sigma\, v_i v_i\, p_i$

Beispiel: 119
Für das vorstehende *Beispiel* ergeben sich folgende Verbesserungen v_i, Quadrate der Verbesserungen v_iv_i, gewichtete Quadrate der Verbesserungen $v_iv_ip_i$ und ihre Summen:

Nr.	*ungewichtet*				*gewichtet*					
	KP_i	$KP_{ungewichtet}$	v_i	v_iv_i	KP_i	p_i	$KP_i \times p_i$	KP_{gew}	v_i	$v_iv_i\ p_i$
1	160	168,3	+ 8,3	68,9	160	1	160	172,6	+ 12,6	158,76
2	180	168,3	– 11,7	136,9	180	4	720	172,6	– 7,4	219,04
3	170	168,3	– 1,7	2,9	170	3	510	172,6	+ 2,6	20,28
4	160	168,3	+ 8,3	68,9	160	2	320	172,6	+ 12,6	317,52
5	160	168,3	+ 8,3	68,9	160	1	160	172,6	+ 12,6	158,76
6	180	168,3	– 11,7	136,9	180	4	720	172,6	– 7,4	219,04
Summen 1 010 : 6 = 168,3			0	483,4		15	2 590 : 15 = 172,6		0	1 093,40

$n = 6$

$\Sigma\, v_iv_i = 483{,}4$

$\Sigma\, v_iv_i\, p_i = 1\,093{,}4$

$\Sigma\, p_i = 15{,}0$

Als Genauigkeitsmaß des (gewichteten) arithmetischen Mittels lässt sich der mittlere Fehler des arithmetischen Mittels m_x *(mean)* nach folgenden Formeln berechnen: 120

Mittlerer Fehler des *ungewichteten* arithmetischen Mittels:

$$m_x = \sqrt{\frac{\Sigma v_i v_i}{n(n-1)}}$$

Mittlerer Fehler des *gewichteten* arithmetischen Mittels:

$$m_x = \sqrt{\frac{\Sigma v_i v_i p_i}{\Sigma p_i\ x(n-1)}}$$

wobei n = Anzahl der Stichproben ist.

Der Ausdruck (n – 1) wird der **Freiheitsgrad** genannt. Das ist die Zahl der überschüssigen Stichproben gegenüber dem gesuchten Parameter (hier: das arithmetische Mittel).

Der so nach vorstehenden Formeln **aus den zum Vergleich herangezogenen Kaufpreisen (Vergleichspreisen) abgeleitete mittlere Fehler des arithmetischen Mittels bzw. der Standardabweichung der ausgewerteten Kaufpreise darf in seiner Bedeutung nicht überschätzt werden**. Zum einen kann bezüglich der ausgewerteten Vergleichspreise ohnehin **keine (aus statistischer Sicht jedoch zu fordernde) Normalverteilung** unterstellt werden. Darüber hinaus sind die Vergleichspreise, aus denen der Mittelwert (arithmetisches Mittel) abgeleitet wurde, selbst mit einem nicht unerheblichen Fehler behaftet, denn in aller Regel müssen die aus der Kaufpreissammlung der Gutachterausschüsse entnommenen genuinen Kaufpreise auf die Grundstücksmerkmale des Bewertungsobjekts sowie auf den maßgeblichen Wertermitt- 121 lungsstichtag umgerechnet werden. Dies ist zudem nur mit erheblichen Einschränkungen möglich:

- Stehen die Kaufpreise der zum Preisvergleich herangezogenen Vergleichsobjekte nur in anonymisierter Form zur Verfügung, so sind in aller Regel die einschlägigen Grundstücksmerkmale aufgrund der Auswertungsdefizite der Gutachterausschüsse für Grundstückswerte unvollständig und lückenhaft erfasst, zumal es dem Gutachterausschuss verwehrt ist, die Gebäude zu betreten, um alle gebäudebezogenen Merkmale vollständig und hinreichend zu erfassen.
- Das Gleiche gilt, wenn die Kaufpreise der zum Preisvergleich herangezogenen Vergleichsobjekte in nicht anonymisierter Form zur Verfügung gestellt werden, denn auch der Sachverständige hat i.d.R. kein Zutrittsrecht und wird im Rahmen seiner Honorierung die notwendigen Feststellungen zur umfassenden Konkretisierung aller wertbestimmenden Grundstücksmerkmale eher nur in Ausnahmefällen leisten können.

122 Von entscheidender Bedeutung für die Genauigkeit des aus einer Reihe von Kaufpreisen abgeleiteten Mittelwerts (arithmetisches Mittel) ist mithin, dass die zum Vergleich herangezogenen Grundstücke durch Zu- und Abschläge auf die Grundstücksmerkmale der zu bewertenden Liegenschaft sowie auf den Wertermittlungsstichtag umgerechnet werden müssen. Die dabei in jedem einzelnen Fall auftretenden Einzelfehler werden auf das Gesamtergebnis nach dem im Einzelfall zur Anwendung kommenden Algorithmus übertragen. Vor diesem Hintergrund ist **der mittlere Fehler bzw. die Standardabweichung aus einer bestimmten Anzahl von (zuvor auf die Grundstücksmerkmale des Bewertungsobjekts umgerechneten) Kaufpreisen kein geeignetes Genauigkeitsmaß für den daraus abgeleiteten Mittelwert** (arithmetisches Mittel als statistischer Erwartungswert).

123 Diese Praxis muss entschieden abgelehnt werden, insbesondere wenn die „Schätzkunst“ derart ausgeübt wird, dass die Zu- und Abschläge im Wege der Schätzung und unter Berufung auf „Erfahrung“ so dimensioniert werden, dass die umgerechneten Vergleichspreise nur noch eine geringe Streuung aufweisen und sich damit zwangsläufig eine hohe „**Scheingenauigkeit**“ einstellen muss. Derartige „Genauigkeitsmaße“ bestätigen nicht die angewandte Wertermittlungsmethode, sondern lediglich ein der Sache nicht dienliches Geschick des Anwenders („*greek statistic*“). Hierzu ist allerdings anzumerken, dass sich dadurch schon so manches Gericht unzulässigerweise hat beeindrucken lassen (iudex non calculat), wo eher Zweifel an der Sachkunde des Sachverständigen aufkommen mussten. Entsprechendes gilt im Übrigen für das sog „Bestimmtheitsmaß“ (R^2), mit dem sich die statistische Genauigkeit eines Erklärungsmodells beurteilen lässt.

124 Soweit die zum Preisvergleich herangezogenen Kaufpreise auf den Wertermittlungsstichtag und auf die Grundstücksmerkmale der zu bewertenden Liegenschaft umgerechnet werden müssen, ist jeder einzelne Vergleichspreis bereits mit einem Fehler behaftet, der sich nach den Gaußschen **Gesetzen der Fehlerfortpflanzung** bestimmt (vgl. Rn. 115).

125 *Beispiel:*

$$\text{Kaufpreis} \times \frac{\text{Indexzahl 1}}{\text{Indexzahl 2}} \times \frac{\text{UK (Lage)1}}{\text{UK (Lage)2}} \times \frac{\text{UK (GFZ)1}}{\text{UK (GFZ)2}} \times \frac{\text{UK (GebStandard)1}}{\text{UK (GebStandard)2}} + \text{Zuschlag} - \text{Abschlag} = \textbf{Kaufpreis (umgerechnet)}$$

Fehlerfortpflanzung ⇒ ⇒ ⇒ ⇒ ⇒ ⇒

wobei

Kaufpreis =	Kaufpreis aus Kaufpreissammlung (als Ausgangsgröße), bezogen auf Stichtag der Veräußerung und Grundstücksmerkmale des jeweiligen Objektes
Kaufpreis (umgerechnet) =	Kaufpreis (der Kaufpreissammlung), umgerechnet auf Wertermittlungsstichtag und Grundstücksmerkmale der zur bewertenden Liegenschaft

Indexzahl =	Indexzahl zur Umrechnung auf die allgemeinen Wertverhältnisse des maßgeblichen Wertermittlungsstichtags
UK =	Umrechnungskoeffizient bezüglich der jeweils zu berücksichtigenden abweichenden Grundstücksmerkmale
Zuschlag =	Zuschlag zur Berücksichtigung eines vom Bewertungsobjekt abweichenden Grundstücksmerkmals
Abschlag =	Abschlag zur Berücksichtigung eines vom Bewertungsobjekt abweichenden Grundstücksmerkmals

Da bereits sämtliche zur Anwendung kommenden Indexzahlen, Umrechnungskoeffizienten sowie die angesetzten Zu- und Abschläge naturgemäß mit zufälligen, systematischen und modellbedingten Fehlern behaftet sind, ist der **auf den Wertermittlungsstichtag und die Grundstücksmerkmale der zu bewertenden Liegenschaft umgerechnete Kaufpreis (Vergleichspreis) mit einem Fehler behaftet, der nach den jeweils anzusetzenden Fehlerfortpflanzungsgesetzen (z.B. additiv oder multiplikativ) erheblich sein kann**, insbesondere wenn eine Vielzahl von abweichenden Grundstücksmerkmalen (wie bei bebauten Grundstücken) berücksichtigt werden muss.

Werden die auf den Wertermittlungsstichtag und die Grundstücksmerkmale der zu bewertenden Liegenschaft umgerechneten fehlerbehafteten Kaufpreise aufsummiert, um daraus den Mittelwert (als statistischen Erwartungswert) zu berechnen, so aggregieren sich die Fehler der einzelnen Kaufpreise wiederum entsprechend dem angewandten Algorithmus i.V.m. dem Fehlerfortpflanzungsgesetz zu einem Gesamtfehler des Mittelwerts. **126**

Beispiel: **127**

- Nach Ausscheiden der Kaufpreise, die durch ungewöhnliche oder persönliche Verhältnisse beeinflusst worden sind (vgl. § 9 Abs. 2 ImmoWertV), und
- nach Umrechnung der verbliebenen Kaufpreise auf den Wertermittlungsstichtag und die Zustandsmerkmale des zu bewertenden Grundstücks

liegen folgende zum Vergleich herangezogene Kaufpreise KP_i vor (vgl. Beispiel Rn. 119):

Nr.	KP_i	v_i	$v_i v_i$
1	160	+ 8,3	68,9
2	180	– 11,7	136,9
3	170	– 1,7	2,9
5	160	+ 8,3	68,9
6	160	+ 8,3	68,9
7	180	– 11,7	136,9
$\Sigma\ KP_i$ =	1 010	$\Sigma\ v_i v_i$ = **483,4**	

wobei

n	= Anzahl der zum Vergleich herangezogenen Kaufpreise, hier = 6
v_i	= Verbesserungen = Verkehrswert – KP_i

Verkehrswert = $\Sigma\ \overline{KP_i}\ /n$ = 168,3 €/m² = **170 €/m²**

Mittlerer Fehler des **ungewichteten** arithmetischen Mittels m_x: **128**

$$\boxed{m_x = \sqrt{\frac{v_i\, v_i}{n(n-1)}}} = \sqrt{\frac{483,4}{30}} = \pm\, 4 \text{ €/m}^2$$

Gesamtergebnis:
$\overline{\textbf{KP}}$ = 168,3 €/m² ± 4,0 €/m²

3.1.5.2 Varianz

129 Das Quadrat der Standardabweichung (s_x^2) wird als **Varianz** bezeichnet (vgl. Rn. 130). Die Varianz ist in der mathematischen Statistik das wichtigste Streuungsmaß und gibt die **mittlere quadratische Abweichung** (Streuung) **vom Mittelwert** (Erwartungswert) an:

Varianz = 1/n * $\sum v_i v_i$

wobei:
n = Anzahl der zum Vergleich herangezogenen Kaufpreise, hier = 6
v_i = Verbesserungen = Verkehrswert – KP_i
Beispiel (vgl. Rn. 119)

Varianz = (1/6) * 483,4 = 80,57

3.1.5.3 Standardabweichung

130 Standardabweichung (*confidence interval*) ist das Maß der durchschnittlichen Streuung (Abweichung) aller Werte vom Mittelwert („Erwartungswert"). Die Standardabweichung ergibt sich aus der Quadratwurzel der Varianz.
Die Standardabweichung ermittelt sich wie folgt:

$$\text{Standardabweichung} = \sqrt{\frac{\Sigma v_i \times v_i}{n-1}} = \sqrt{\text{Varianz}}$$

Beispiel (vgl. Rn. 119)

$$\text{Standardabweichung} = \sqrt{\frac{483,4}{5}} \pm 9,8 \text{ €/m}^2$$

3.1.5.4 Variationskoeffizient

131 Der Variationskoeffizient ist definiert als die „relative Standardabweichung" und ergibt sich dann aus dem **Verhältnis der Standardabweichung zum arithmetischen Mittel** (Mittelwert)

$$\text{Variationskoeffizient} = \frac{\text{Standardabweichung}}{\text{Mittelwert}} = \frac{s_x}{x}$$

Beispiel:

- Standardabweichung s_x = ± 9,8 €/m²
- Arithmetisches Mittel = 168,3 €/m²
- Variationskoeffizient = 9,8 €/m²/168,3 €/m² = **± 0,058**

3.1.5.5 Vertrauensbereich

Auf der Grundlage einer bestimmten vorgegebenen Wahrscheinlichkeit lassen sich hierzu die Vertrauensgrenzen eines **statistischen Vertrauensbereichs**[95] mit Hilfe der Quantile der Student- oder t-Verteilung und in Abhängigkeit vom Freiheitsgrad ermitteln. Der Vertrauensbereich, der sich ergänzend zu dem (gewogenen) Mittel aus den gleichnamig gemachten Kaufpreisen (Vergleichspreise) ermitteln lässt, ist abhängig von 132

- der verbleibenden Streuung der Kaufpreise untereinander,
- der Anzahl der zum Vergleich herangezogenen Kaufpreise (Vergleichspreise) und
- der statistischen Sicherheit, die man fordern kann.

$$\text{Vertrauensgrenzen} = \overline{VW} \pm \frac{s_x \times t_a}{\sqrt{n}}$$

wobei

VW = Mittel aus n zum Vergleich herangezogenen Kaufpreisen (Vergleichspreise) $= \Sigma\, KP_i/n$

KP = zum Vergleich herangezogene Kaufpreise (Vergleichspreise)

n = Anzahl der zum Vergleich herangezogenen Kaufpreise (Vergleichspreise)

t_α = Quantile der t-Verteilung (Student-Verteilung)
Tabelliert als Funktion der
– n – 1 (Freiheitsgrade)
– Statistischen Sicherheit

s_x = Standardabweichung = $\sqrt{\sum \frac{v_i v_i}{n}}$

v_i = Verbesserung = $\overline{VW} - KP_i$

An die statistische Sicherheit[96] **dürfen keine überspannten Anforderungen gestellt werden.** Für eine 80- bis 95%ige Wahrscheinlichkeit (= 5- bis 20%ige Unsicherheit) ergeben sich die **Quantile** (Streuungsmaß) aus nachstehender Abb. 4: 133

Abb. 4: Tabelle der tα-Quantile

Quantile bei Wahrscheinlichkeit	Freiheitsgrad (n – 1)									
	1	2	3	4	5	6	7	8	9	10
80%ig	3,08	1,89	1,64	1,53	1,48	1,44	1,41	1,40	1,38	1,37
90%ig	6,31	2,92	2,35	2,13	2,02	1,94	1,89	1,86	1,83	1,81
95%ig	12,71	4,30	3,18	2,78	2,57	2,45	2,36	2,31	2,26	2,23

95 Der Vertrauensbereich hat sich im Schrifttum zur Beurteilung als Genauigkeitsmaß weitgehend durchgesetzt (so auch Vogels, a.a.O., 4. Aufl., S. 28, 331). Zur Beurteilung der Genauigkeit von Regressionsfunktionen wird im Schrifttum vereinzelt auch der sog. Erwartungsbereich ermittelt, mit dem bei vorgegebener Sicherheit der Bereich ermittelt wird, in dem eine zukünftige Beobachtung erwartet wird (vgl. Brückner, Zusammengestellte Lehrbriefe zur Mathematischen Statistik bei der Ermittlung von Grundstückswerten, Nds. Landesverwaltungsamt, Hannover 1976, S. 181). Der Erwartungsbereich ist – da er sich auf die Einzelbeobachtung bezieht – im Verhältnis zum Vertrauensbereich breiter angelegt. Da es hier aber um die Genauigkeitsbetrachtung eines als Mittel aus n Vergleichspreisen abgeleiteten Verkehrswerts geht, ist die Ermittlung des Vertrauensbereichs auf der Grundlage der Standardabweichung des Mittels vorzuziehen.

96 Zur Beurteilung der statistischen Sicherheit kommt es entscheidend auf die in Prozentpunkten geforderte Wahrscheinlichkeit an (z.B. 80 %). Dass man es in der Wertermittlungspraxis diesbezüglich in aller Regel mit einem Vertrauensbereich zu tun hat, der sich um einen Mittelwert „nach oben und nach unten" erstreckt (zweiseitige Betrachtungsweise), bedeutet zwar, dass sich der Bereich der Irrtumswahrscheinlichkeit (Unsicherheit) gegenüber der einseitigen Betrachtungsweise je zur Hälfte auf zwei Seiten verteilt, jedoch bleibt davon das geforderte Maß der Wahrscheinlichkeit unberührt.

Kaufpreise (Vergleichspreise)			
Nr.	KP_i	V_i	$v_i v_i$
1	160	+ 12	144
2	180	– 8	64
3	170	+ 2	4
4	190	– 18	324
5	160	+ 12	144
6	160	+ 12	144
7	180	– 8	64
8	200	– 28	784
9	190	– 18	324
10	130	+ 42	1 764
ΣKP_i	= 1 720	$\Sigma v_i^2 =$	3 760

$$\overline{VW} = \sum \frac{KP_i}{n}$$

$\overline{VW}$ = 1 720 €/m²/10 = **172 €/m²**

$$s_x = \sqrt{\sum \frac{v_i v_i}{n}} \qquad = \sqrt{\frac{3\,760}{10}} = \pm 19{,}39$$

$$\frac{1}{\sqrt{n}} = \frac{1}{\sqrt{10}} = 0{,}316$$

Für $\alpha = 10\,\%$ Irrtumswahrscheinlichkeit $\hat{=}$ 90%ige statistische Sicherheit: $t_{10\,\%}9 = 1{,}83$

Vertrauens-grenzen = VW ± 0,316 × 19,39 × 1,83 = **172 €/m² ± 11,2 €/m²**

161 €/m² ≤ Kaufpreise ≤ 183 €/m²

In dem vorgestellten *Beispiel* (vgl. Rn. 131) wurde eine 90%ige statistische Sicherheit als ausreichend befunden. Die sich dafür in Abhängigkeit von den Freiheitsgraden ergebende sog. t-Quantile ergibt sich aus Abb. 4. **Freiheitsgrad** ist dabei die um die Zahl 1 verminderte Anzahl der Kaufpreise.

4 Vergleichswertverfahren für bebaute Grundstücke

4.1 Direkter Preisvergleich

▶ *Vgl. Rn. 1, 5, 145; § 6 ImmoWertV Rn. 88 ff.; § 20 ImmoWertV Rn. 1 ff.; zum Vergleichswertverfahren bei Eigentumswohnungen Teil V Rn. 39 ff.;zur Kaufpreissammlung vgl. Vorbem. zur ImmoWertV Rn. 85*

Grundsätzlich kann auch der Marktwert bebauter Grundstücke im Wege eines direkten (unmittelbaren) Preisvergleichs **auf der Grundlage einer ausreichenden Anzahl geeigneter Kauf- bzw. Vergleichspreise** ermittelt werden (§ 24 Abs. 1 Satz 2 ImmoWertV). Wo es praktiziert wurde, war es stets hoch problematisch. Die zum Preisvergleich in Betracht kommenden Kaufpreise bebauter Grundstücke können i.d.R. nicht als „geeignet" gelten, da die Vergleichsgrundstücke nicht nur hinsichtlich des Grund und Bodens, sondern auch hinsichtlich der aufstehenden Bebauung mit den Grundstücksmerkmalen hinreichend vergleichbar sein müssen[97]. Dementsprechend muss regelmäßig eine solche Vielzahl von abweichenden Grundstückmerkmalen auf die Gegebenheiten des Bewertungsobjekts umgerechnet werden, das die (absolute) Summe der Zu- und Abschläge eine Größenordnung annimmt, die nach der Rechtsprechung Beweis dafür ist, dass die Vergleichsgrundstücke nicht „geeignet" sind (vgl. Rn. 30 ff.). Es kommt hinzu, dass die zur Berücksichtigung von Abweichungen anzubringenden Zu- und Abschläge mangels empirischer Untersuchungen zumeist und letztlich auf Mutmaßungen gestützt nur grob geschätzt werden können. Derartige „Zu- und Abschlagsgutachten" sind von daher nicht unbedenklich. 134

Vor diesem Hintergrund kommt der direkte Preisvergleich bei bebauten Grundstücken allenfalls in Ausnahmefällen bei homogenen Lageverhältnissen und einer einheitlichen Bebauung (z.B. in Reihenhausgebieten) sowie bei Eigentumswohnungen in Betracht. Selbst in diesem Segment erweist sich die Kaufpreissammlung allzu häufig als nicht hinreichend geeignet, weil die in Betracht kommenden Vergleichsobjekte in der Kaufpreissammlung mit ihren maßgeblichen wertbestimmenden Grundstücksmerkmalen nicht hinreichend konkretisiert werden. So gebe es selbst bei einer Eigentumswohnung, der „kleinsten Einheit" auf dem Immobilienmarkt, eine breite Variation an preisbildenden Merkmalen (z.B. Wohnfläche, Geschosslage, himmelsrichtungsmäßige Ausrichtung, Baujahr, Ausstattungsmerkmale, baulicher Zustand des Sonder- und Gemeinschaftseigentums, Merkmale „mit Balkon/ohne Balkon" und „mit Denkmalschutz/ohne Denkmalschutz", bestehende Rechte/Belastungen, Mietverhältnisse, Mikrolage, Makrolage etc.), die in einen einzigen Kaufpreis münden und deren vollständige Erfassung und Wertzuweisung für den Gutachterausschuss schlichtweg nicht möglich erscheine[98].

Es kommt hinzu, dass bei einem unmittelbaren Preisvergleich dem Sachverständigen die Beschaffenheit der auf den Vergleichsgrundstücken vorhandenen Bebauung vollumfänglich bekannt sein muss, insbesondere die Bauart und Bauweise, die Wohn- bzw. Nutzflächen, der bauliche Zustand einschließlich des energetischen Zustands, der Gebäudestandard (Ausstattung), die Restnutzungsdauer ggf. unter Berücksichtigung durchgeführter Modernisierungen und unterlassener Instandhaltungen, Baumängel und Bauschäden, ein über- bzw. unterdurchschnittlicher Erhaltungszustand, werterhöhende Rechte und wertmindernde Belastungen usw. Diese können von den Gutachterausschüssen für Grundstückswerte im Rahmen der Führung und Auswertung der Kaufpreissammlung nicht vollumfänglich erfasst werden. Sie **werden in der Kaufpreissammlung oftmals nur kursorisch beschrieben. Defizite bestehen** z.B. hinsichtlich des Baujahrs, unterlassener Instandhaltungen bzw. durchgeführter Modernisierungen, der Geschoss-, Wohn- bzw. Nutz- sowie Brutto-Grundfläche, der Unterkellerung, der Ausstattung und der Qualität der baulichen Anlagen, der energetischen Eigenschaften, des Zustands der Objekte, der Rechte und Belastungen sowie sonstiger in § 2 Abs. 3 ImmoWertV

---

97 BGH, Urt. vom 12.07.1971 – III ZR 197/68 –, BRS Bd. 26 Nr. 94 = EzGuG 20.50.

98 So FG Rheinland-Pfalz, Urt. vom 23.11.2023 – 4 V 1429/23 – und – 4 V 1295/23 – unter Hinweis auf Seitz, DStR 2022, 1774.

genannter und bei der Marktwertermittlung zu beachtender wertbestimmender Merkmale des Gebäudes (vgl. auch die Anforderungen der Finanzgerichte Rn. 24; § 1 ImmoWertV Rn. 35[99]).

135 Zudem wäre der Gutachter gehalten, die notwendigen Daten ergänzend festzustellen, denn nur dann kann die Eignung dieser Vergleichsgrundstücke geprüft werden und nur dann können bei Anwendung des Vergleichswertverfahrens Abweichungen „einzelner" Grundstücksmerkmale der Vergleichsgrundstücke von denen des zu bewertenden Grundstücks substanziiert berücksichtigt werden. Das **Dilemma des direkten Preisvergleichs für die Vergleichswertermittlung bebauter Grundstücke** besteht nun aber darin, dass das (zum jeweiligen Kaufzeitpunkt) im Einzelfall gegebene **„Innenleben" der bebauten Vergleichsobjekte mit der Kaufpreissammlung für einen fundierten Preisvergleich nicht hinreichend erfasst und nicht erfassbar ist**. Denn weder der Gutachterausschuss noch der Sachverständige haben ein Betretungsrecht der baulichen Anlage und wären im Übrigen mit der Erfassung aller baulichen Merkmale personell überfordert. Es muss sogar davon ausgegangen werden, dass die Vergleichsobjekte vielfach noch nicht einmal von außen besichtigt werden. Wird der Marktwert eines bebauten Grundstücks im Wege des direkten Preisvergleichs ohne sachkundige Erfassung des Innenlebens der Vergleichsobjekte bestimmt, läuft das Vergleichswertverfahren auf einen Preisvergleich mit Unbekannten hinaus und kommt einer Fahrt ins Blaue gleich[100]. Im gewöhnlichen Geschäftsverkehr fällt von jedem, der sich zum Kauf eines (bebauten) Grundstücks entscheidet, die Kaufentscheidung regelmäßig erst nach eingehender Besichtigung der alternativ geeigneten Grundstücke, denn erst dann kann er die Angemessenheit des Kaufpreises sachgerecht beurteilen. Was für den einzelnen Marktteilnehmer gilt, sollte wohl umso mehr für den sachkundigen Grundstücksbewerter gelten, wenn er unbedingt den Marktwert im direkten Preisvergleich ableiten will[101].

Angesichts dieser Sachlage ist die für die Ermittlung von Bodenwerten allgemein gegebene Vorrangigkeit des Vergleichswertverfahrens bei **bebauten Grundstücken** i.d.R. nicht gegeben. Diese „sonstigen Umstände des Einzelfalls" sind deshalb bei der Auswahl des Wertermittlungsverfahrens zu berücksichtigen. Im Ergebnis hat das Vergleichswertverfahren für bebaute Grundstücke eine eher nur untergeordnete Bedeutung, auch wenn man dies beklagen mag.

136 In der **Begründung zur WertV 72** wird in Bezug auf die Verkehrswertermittlung bebauter Grundstücke einschränkend ausgeführt:

> „In der Regel bietet das Vergleichswertverfahren keine ausreichenden Möglichkeiten zur Ermittlung des Verkehrswertes *bebauter* Grundstücke. Wenn diesem Verfahren ein **absoluter Vorrang** *auch* für die Wertermittlung solcher Grundstücke eingeräumt wird, kann daher ein falscher Eindruck entstehen. Durch die Änderung wird deshalb den verschiedenen Ermittlungsverfahren über den Vergleichswert, den Ertragswert oder den Sachwert gleicher Rang eingeräumt. Je nach den Verhältnissen des Einzelfalls soll das geeignetste Verfahren ausgewählt und das Ergebnis – soweit erforderlich – durch ergänzende Anwendung der anderen Verfahren kontrolliert und verbessert werden. Bei den einzelnen Verfahrensarten wird daher jeweils als letzter Schritt die Heranziehung der übrigen Verfahren und die Würdigung der verschiedenen Ergebnisse aufgrund sorgfältiger Marktbeobachtung vorgesehen. Lediglich für die Ermittlung des Bodenwerts, bei der andere Verfahren in aller Regel keine brauchbaren Ergebnisse erbringen können, muss der Vorrang des Vergleichswertverfahrens bestehen bleiben"[102].

An anderer Stelle heißt es dagegen:

> „Wie bereits im allgemeinen Teil dargelegt ist, soll den Gutachtern bei der Auswahl der Verfahren die für die bestmögliche Erfüllung ihrer Aufgabe erforderliche Freiheit eingeräumt werden. Wenn ausreichende Vergleichsfälle zur Verfügung stehen, können sie den **Verkehrswert allein aufgrund von Vergleichspreisen** ermitteln. Sie können aber, wenn das Ergebnis nicht hinreichend gesichert erscheint, unterstützend auch den

---

99 FG Berlin-Brandenburg, Urt. vom 10.06.2015 – 3 K 3248/11 –, GuG 2016, 267 = EzGuG 19.75; zur Schließung von Lücken im Gutachten durch FA und Gericht, sofern dies ohne Beweiserhebung möglich ist, BFH, Urt. vom 05.05.2010 – II R 25/09 –, DStRE 2010, 1066 = EzGuG 19.55a.

100 In zutreffender Weise ausgeführt vom OLG Schleswig, Urt. vom 06.07.2007 – 14 U 61/06 –, MDR 2008, 25 = EzGuG 11.592.

101 Vgl. Kleiber Glosse, GuG-aktuell 2017, 17.

102 BR-Drs. 265/72, S. 8 f.

Ertragswert oder den Sachwert heranziehen. In solchen Fällen müssen die Werte kritisch gewürdigt werden, d.h. es darf nicht schematisch (etwa durch Mittelung oder Drittelung der zusammengefassten Ergebnisse) ein Mittelwert errechnet werden, sondern es ist nach der Lage auf dem örtlichen Grundstücksmarkt festzustellen, welcher Verkehrswert zutreffend ist“[103].

Kaufpreise bebauter Grundstücke sind zur Marktwertermittlung eines bebauten Grundstücks **137**
nur geeignet, wenn die Vergleichsgrundstücke mit dem zu bewertenden Grundstück hinreichend übereinstimmen. Sie sind nach allgemeinen Grundsätzen nur dann geeignet, wenn sich die zur Berücksichtigung von Abweichungen anzubringenden Zu- und Abschläge in den angegebenen Grenzen von 30 bis 40 % halten. Es kommt dabei auf die **Summe der Zu- und Abschläge in ihrer absoluten Höhe** an. Ein zum Vergleich herangezogener Kaufpreis ist nämlich nicht allein deshalb besonders geeignet, weil zur Berücksichtigung von Lageabweichungen ein Abschlag von 50 % und zur Berücksichtigung einer unterschiedlichen Bebauung ein Zuschlag von 50 % angebracht werden muss und der Zu- und Abschlag sich ausgleichen. Ein solcher in Betracht gezogener Kaufpreis ist vielmehr besonders ungeeignet, weil er allein schon deshalb um 100 % von den qualitativen Grundstücksmerkmalen des zu bewertenden Grundstücks abweicht und darüber hinaus auch noch Unterschiede in den allgemeinen Wertverhältnissen auf dem Grundstücksmarkt mittels Indexreihen berücksichtigt werden müssten.

4.2 Mittelbarer Preisvergleich

4.2.1 Allgemeines

Schrifttum: *Weigt, D./Fitzner, D./Sloot, St.*, Immobilienrichtwerte – Ansätze und Methoden ihrer Ermittlung, GuG 2020, 204; *Elbruda, R./Mann, W.*, Immobilienrichtwerte in Nordrhein-Westfalen, NÖV 2000, 8; *Mann, W.*, Immobilienrichtwerte, GuG 2021, 380.

▶ *Vgl. zur Ableitung und Anwendung von Vergleichsfaktoren § 20 ImmoWertV Rn. 6 ff., 10 ff.; zur Veröffentlichung vgl. § 12 ImmoWertV Rn. 22; zu Indexreihen; § 18 ImmoWertV Rn. 30; Teil V Rn. 29*

Nach § 24 Abs. 1 Satz 2 ImmoWertV können zur Marktwertermittlung bebauter Grundstücke **138**
„neben oder anstelle“ von Vergleichspreisen insbesondere objektspezifisch angepasste Vergleichsfaktoren i.S. des § 193 Abs. 3 BauGB i.V.m. § 20 und § 26 Abs. 1 ImmoWertV herangezogen werden. Mit den von den Gutachterausschüssen für Grundstückswerte aus der Kaufpreissammlung abzuleitenden **Vergleichsfaktoren für bebaute Grundstücke** (Wohn- und Nutzflächenwerte/Immobilienrichtwerte) sollen die Voraussetzungen für eine Anwendung des Vergleichswertverfahrens auf die Verkehrswertermittlung bebauter Grundstücke verbessert werden[104].
Vergleichsfaktoren bebauter Grundstücke umfassen regelmäßig den Bodenwert und den Wert der baulichen und sonstigen Anlagen, d.h. alle Bestandteile des Grundstücks.

103 BR-Drs. 265/72, S. 12.
104 BR-Drs. 352/88, S. 52 f.

Abb. 1: Vergleichswertverfahren

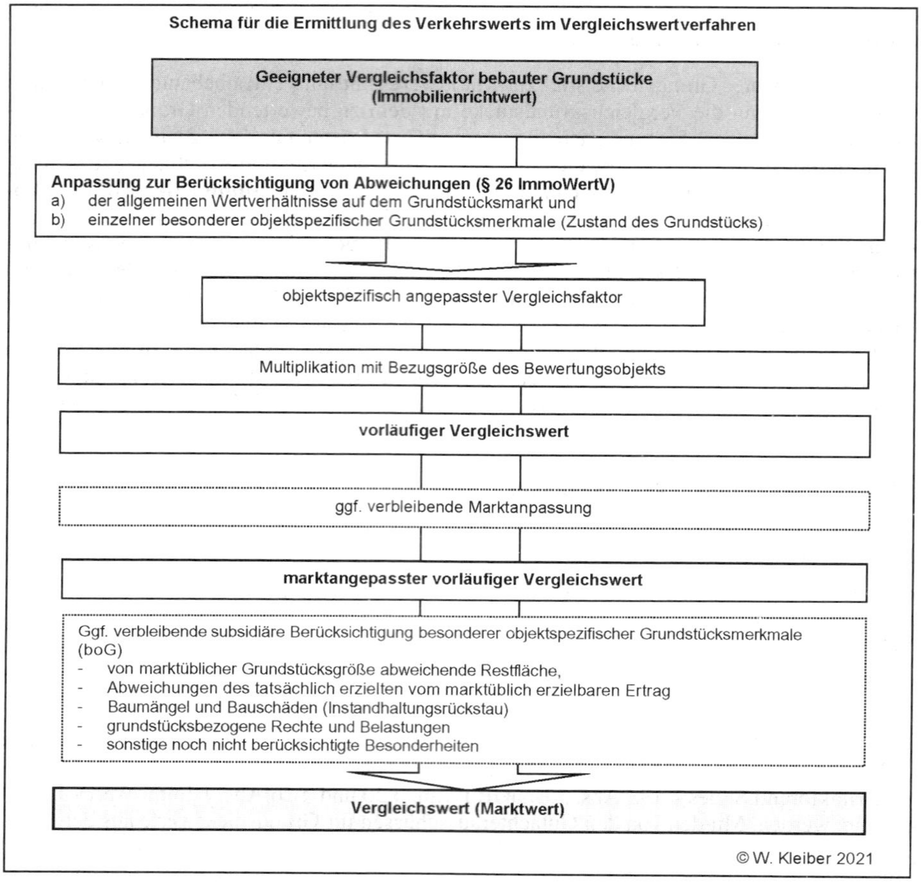

§ 20 ImmoWertV unterscheidet in Anlehnung an die für die Anwendung des Ertrags- bzw. Sachwertverfahrens maßgeblichen Grundsätze zwischen **Ertrags- und Gebäudefaktoren**. Während der Ertragsfaktor vor allem dann in Betracht kommt, wenn für die Wertbeurteilung des Grundstücks üblicherweise der marktüblich erzielbare Ertrag im Vordergrund steht (wie bei nicht eigengenutzten Renditegrundstücken), kommt der Gebäudefaktor vor allem dann in Betracht, wenn für die Wertermittlung des Grundstücks der in der baulichen Anlage verkörperte Sachwert von maßgebender Bedeutung ist.

Als „Vergleichsfaktoren bebauter Grundstücke" sind in der Praxis vornehmlich auf einen Quadratmeter Wohn- bzw. Nutzfläche stichtagsbezogene (Vergleichs-)Werte von bestimmten Immobilienarten (einschließlich deren Bodenanteil) mit definierten fiktiven ortstypischen Grundstücksmerkmalen (eines normierten Bezugs- bzw. Referenzgrundstücks) gebräuchlich. Da sich diesbezüglich noch kein allgemeiner Sprachgebrauch gebildet hat, werden sie im Folgenden als **„Wohn- bzw. Nutzflächenwerte"** bezeichnet.

139 In der Praxis werden solche Wohn- und Nutzflächenwerte in Abhängigkeit von der sich am Bodenrichtwert orientierenden Lage des Grundstücks oder – vergleichbar mit Bodenrichtwerten i.S. des § 196 BauGB – für lagemäßig definierte Zonen abgeleitet. In diesem Fall werden die Wohn- und Nutzflächenwerte auch als **„Immobilienrichtwerte"** bezeichnet und bestimm-

ten in Immobilienrichtwertkarten dargestellten „**Immobilienrichtwertzonen**“ zugeordnet[105]. Bei kleineren Gemeinden oder Gemeinden mit heterogener Bebauung werden zonale Immobilienrichtwerte für das gesamte Gemeindegebiet ermittelt.
Daneben kommen in der Praxis auch mathematisch-statistische Ableitungsmethoden (Regressionsanalysen bzw. hedonische Modelle) zur Anwendung. Bislang kamen solche Lösungsansätze vornehmlich im Rahmen der Bodenwertermittlung zur Anwendung (vgl. Rn. 188).

4.2.2 Bezugsgrundlagen und Berücksichtigung von Abweichungen

▶ *Vgl. § 26 ImmoWertV Rn. 22 ff.; § 20 ImmoWertV Rn. 15 ff.*

Voraussetzung für die Anwendung der vom Gutachterausschuss veröffentlichen **Vergleichsfaktoren** ist insbesondere, dass 140

a) die Vergleichsfaktoren nach Grundstücksarten hinreichend differenziert sind,

b) die durchschnittlichen Grundstücksmerkmale der Grundstücke, auf die sich die Vergleichsfaktoren beziehen („*Norm- bzw. Referenzgrundstück*“), hinreichend qualifiziert sind und bei ihrer Veröffentlichung genau dargelegt sind und

c) der Bezugsstichtag der Vergleichsfaktoren angegeben wurde.

Nur auf der Grundlage entsprechend qualifizierter Vergleichsfaktoren lassen sich im Falle ihrer Heranziehung Abweichungen des zu bewertenden Grundstücks von den Eigenschaften des „Norm- bzw. Referenzgrundstücks“ berücksichtigen; dazu „sollen“ möglichst Umrechnungskoeffizienten und Indexreihen herangezogen werden.

Wohn- bzw. Nutzflächenwerte werden vornehmlich in dualer Abhängigkeit z.B. von der Lage (Bodenrichtwertzone) und der Baujahrsklasse (bzw. der Restnutzungsdauer oder des Alters) ermittelt. **Zur Berücksichtigung von Abweichungen von den verbleibenden Grundstücksmerkmalen**, insbesondere des Gebäudestandards (Ausstattung), der Wohnfläche, der Grundstücksgröße, der Nettokaltmiete, der Größe der Wohnanlage usw. **werden** ergänzend **Umrechnungskoeffizienten abgeleitet**. Diese werden auch als auch *Anpassungsfaktoren* bzw. *-koeffizienten* bezeichnet.

105 Mann, W., Vom Bodenrichtwert zum Immobilienrichtwert; Schaper, D., Aktuelle Herausforderungen für die Immobilienbewertung, Immobilienwirtschaft und Bodenpolitik, Reguvis 2022.

Abb. 2: Übersicht zu Wohn- bzw. Nutzflächenwerte/Immobilienrichtwerte

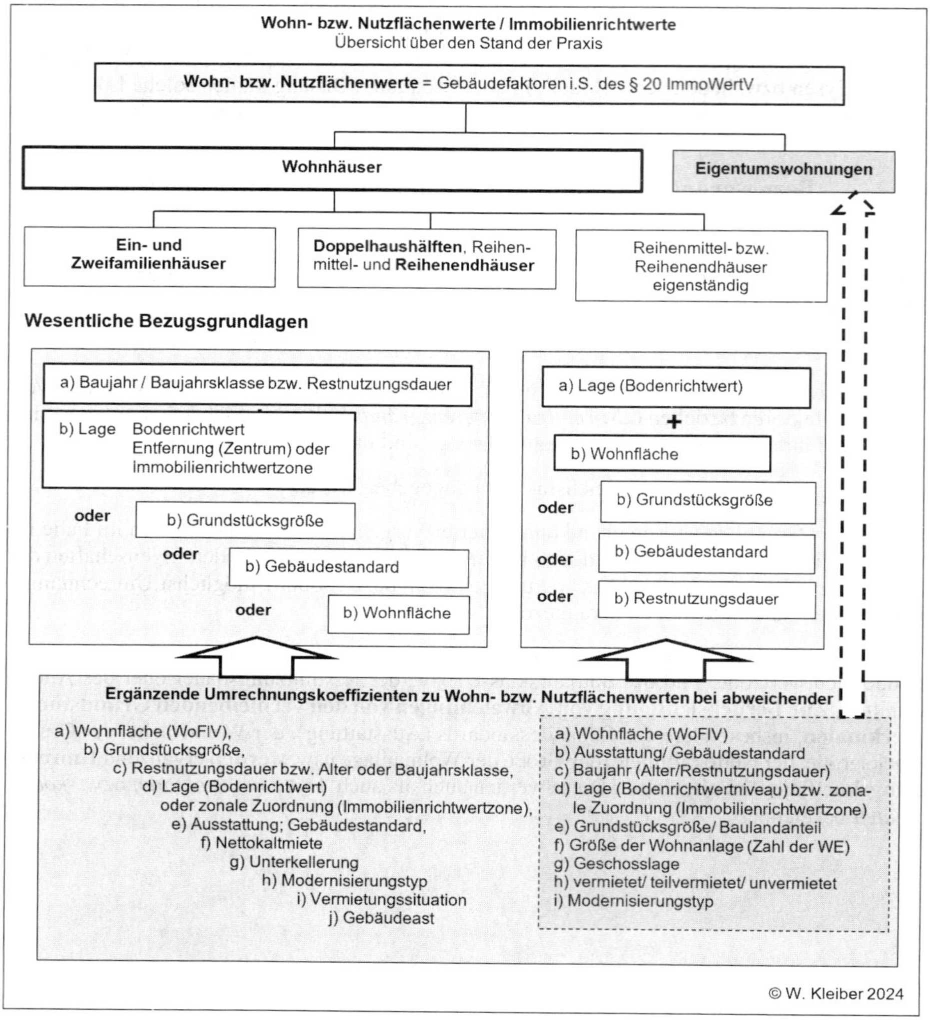

Soweit darüber hinaus ***„besondere objektspezifische Grundstücksmerkmale" (boG)*** **des zu bewertenden Grundstücks** nicht mit geeigneten Umrechnungskoeffizienten direkt erfasst werden können, müssen sie nach Maßgabe des § 8 Abs. 3 ImmoWertV ergänzend berücksichtigt werden. Dies kann insbesondere besondere Bauteile (z.B. Gauben), Baumängel und Bauschäden, Baulasten, Rechte (Leitungsrechte), Altlasten, Freizeit- und Gartenfläche sowie Nebengebäude (z.B. Garagen, Schuppen) betreffen.

Dies gilt entsprechend für **Abweichungen in den allgemeinen Wertverhältnissen auf dem Grundstücksmarkt** aufgrund zeitlicher Unterschiede zwischen dem Wertermittlungsstichtag und dem Bezugszeitpunkt des herangezogenen Vergleichsfaktors bebauter Grundstücke (vgl. § 20 ImmoWertV Rn. 24 ff.; § 18 ImmoWertV). Die Abweichungen sind möglichst mit geeigneten Indexreihen zu erfassen.

Beispiel:

Indexreihe für Immobilienrichtwerte (EFH und ZFH)		
Region	**Unna**	**Kreis Heinsberg**
01.01.2014	96,8	97,0
01.01.2015	98,4	**100,0**
01.01.2016	100,9	106,1
01.01.2017	107,9	109,7
01.01.2018	115,5	118,6
01.01.2019	120,3	128,0
2020 vorläufig		142,9

Quelle: Grundstücksmarktbericht Unna, Kreis Heinsberg 2019/21

Vergleichsfaktoren bebauter Grundstücke dürfen – wie Liegenschaftszinssätze und Sachwertfaktoren – **nur unter strenger Beachtung des Grundsatzes der Modellkonformität zur Anwendung kommen.** Deshalb müssen die Gutachterausschüsse für Grundstückswerte bei der Veröffentlichung von Vergleichsfaktoren bebauter Grundstücke die Modellparameter detailliert darlegen. **141**

Soweit zu den **Wohnflächen- und Immobilienrichtwerten** keine Umrechnungskoeffizienten zur Berücksichtigung unterschiedlicher Grundstücksgrößen angegeben werden, empfiehlt es sich, die aus der Ableitung sich ergebende der Bebauung zuzurechnende „marktübliche objektbezogene Grundstücksfläche" (Umgriffsfläche) als Modellgröße zu konkretisieren, damit die Faktoren modell- und referenzkonform zur Anwendung kommen können. Die **Gesamtfläche des Grundstücks muss dann ggf. nach der Umgriffsfläche und der die Umgriffsfläche erheblich überschreitenden Grundstücksrestfläche sondiert werden** (zur Sondierung vgl. § 41 ImmoWertV Rn. 1 ff.).

Die Grundstücksrestfläche ist dann nach Maßgabe des § 8 Abs. 3 ImmoWertV als „besonderes objektspezifisches Grundstücksmerkmal" (boG) mit dem Bodenwert zu berücksichtigen, um den sich der Marktwert des Grundstückswerts dadurch erhöht (vgl. § 5 ImmoWertV Rn. 70, § 3 ImmoWertV Rn. 38 ff.; § 8 ImmoWertV Rn. 13, 29 ff.; Syst. Darst. des Ertragswertverfahrens Rn. 59, 125; Syst. Darst. des Sachwertverfahrens Rn. 265; zur Bodensondierung bzw. Berücksichtigung der vom Modellansatz abweichenden Grundstücksgröße vgl. § 41 ImmoWertV Rn. 1 ff.; Syst. Darst. des Vergleichswertverfahrens Rn. 247 ff.).

4.3 Vergleichsfaktoren bebauter Grundstücke; Wohnflächen bzw. Immobilienrichtwerte

4.3.1 Allgemeines

▶ *Vgl. § 6 ImmoWertV Rn. 74; § 19 ImmoWertV Rn. 12 ff.; zur objektspezifischen Anpassung § 26 ImmoWertV Rn. 1 ff.; zur Bodensondierung in der Beleihungswertermittlung von Eigentumswohnungen vgl. Teil V Rn. 63 ff.*

Für die bislang typischerweise im Sachwertverfahren bewerteten Ein- und Zweifamilienhäuser, Reihen- und Doppelhäuser werden von den Gutachterausschüssen entsprechend differenzierte Wohnflächenwerte einschließlich Umrechnungskoeffizienten (Korrekturfaktoren) für Grundstücksmerkmale abgeleitet, die von den Grundstücksmerkmalen des jeweiligen Referenz- bzw. Normgrundstücks abweichen. **142**

Nach dem **derzeitigen Stand** der Praxis werden Wohnflächen- bzw. Immobilienrichtwerte[106] insbesondere für nachfolgende Teilmärkte abgeleitet

- Ein- und Zweifamilienhäuser,
- Doppelhaushälften,
- Reihenmittel- und Reihenendhäuser,
- Villen/Landhäuser/ hochpreisige Ein- und Zweifamilienhäuser,
- Mietwohnhäuser/Geschosswohnungsbau sowie
- Eigentumswohnungen.

Immobilienrichtwerte werden in EUR pro Quadratmeter Wohnfläche (i.d.R. nach der WFIV) der baulichen Anlage vornehmlich unter Einbeziehung der nach der einschlägigen Bodenrichtwertdefinition üblichen Baulandfläche (d.h. unter Ausschluss der „Restfläche" i.S. des § 41 ImmoWertV) und der ortsüblichen durchschnittlichen Außenanlagen einschließlich Hausanschlüssen sowie Garagen ermittelt. Sonstigen Nebengebäude, das Inventar sowie besondere objektspezifische Grundstücksmerkmale (z.B. Baumängel und Bauschäden, Baulasten, Leitungsrechte, Altlasten, Erbbaurechte, Wohnrechte) bleiben unberücksichtigt. Die jeweilige Lage wird bei der Ableitung des Bodenrichtwerts i.d.R. mit dem Immobilienrichtwert der einschlägigen Immobilienrichtwertzone berücksichtigt.

Bei Heranziehung von Immobilienrichtwerte zur Ermittlung des Vergleichswerts werden Abweichungen des Wertermittlungsobjekts von den wertbestimmenden Merkmalen des dem Immobilienrichtwert zugrundeliegenden Normobjekts (Referenzgrundstück) anhand von Umrechnungskoeffizienten berücksichtigt. Dies sind insbesondere Abweichungen in Bezug auf

- Wohnfläche (i.d.R berechnet nach der WFIV),
- Grundstücksgröße bzw. Baulandflächenanteil,
- Baujahr (bzw. Alter oder °Restnutzungsdauer),
- Gebäudeart,
- Vermietungssituation,
- Modernisierungstyp,
- Gebäudestandard
- Unterkellerung, Garagen, Nebengebäuden und Außenanlagen.

Die Immobilienrichtwerte (Wohnflächenwerte) werden i.d.R. für schadensfreie Objekte ohne besondere Einrichtungen und Einbauten und ohne weitere besondere objektspezifischeGrundstücksmerkmale (boG) ermittelt.

Das **System der Immobilienrichtwerte ist eine konsequente Fortführung des Systems der Bodenrichtwerte nach § 196 BauGB**, denn der Grundstücksmarkt ist in erster Linie ein Markt der Bestandsimmobilien. Immobilienrichtwerte können diesbezüglich erheblich zur Transparenz dieses Marktes beitragen. Sie sind deshalb auch von bodenpolitischer Bedeutung. Aus der ausgewerteten Kaufpreissammlung abgeleitete qualifizierte **Immobilienrichtwerte sind zudem eine gute und nachvollziehbare Grundlage der Marktwertermittlung.**

106 Immobilienrichtwerte sind für Nordrhein-Westfalen unter www.boris.nrw.de veröffentlicht.

4.3.2 Wohnflächen- bzw. Immobilienrichtwerte für Ein- und Zweifamilienhäuser, Reihenhäuser und Doppelhaushälften

4.3.2.1 Immobilienrichtwerte als Vergleichsfaktoren

▶ *Vgl. Rn. 137; Syst. Darst. des Sachwertverfahrens Rn. 262 ff.; § 21 ImmoWertV Rn. 157; § 39 immoWertV Rn. 23*

Eine Reihe von Gutachterausschüssen für Grundstückswerte leitet nach dem Vorbild der Bodenrichtwerte (§ 196 BauGB) periodisch lagebezogene Immobilienrichtwerte (Wohnflächenwerte) ab. **Immobilienrichtwerte definieren sich als georeferenzierte durchschnittliche Lagewerte für bebaute Grundstücke eines bestimmten Teilmarktes bezogen auf ein für die einschlägige Lage typisches Norm- bzw. Referenzobjekt**. Sie werden pro Quadratmeter Wohnfläche (i.S. der WoFlV) ermittelt und bilden auch den Bodenwertanteil ab. Diese Immobilienrichtwerte werden mit den wesentlichsten vorstehend aufgeführten Referenzmerkmalen veröffentlicht. **143**

Auf der Grundlage der Immobilienrichtwerte können nach § 24 Abs. 2 ImmoWertV Marktwerte (Verkehrswerte) bebauter Grundstücke in einem mittelbaren Preisvergleich ermittelt werden. Abweichungen einzelner Grundstücksmerkmale des Bewertungsobjekts von den Grundstücksmerkmalen des Immobilienrichtwerts sowie Änderungen der allgemeinen Wertverhältnisse auf dem Grundstücksmarkt können bereits in der ersten Stufe auf der Grundlage von Indexreihen und Umrechnungskoeffizienten berücksichtigt werden. Die individuellen Grundstücksmerkmale werden insoweit bereits mit dem vorläufigen Vergleichswert berücksichtigt.

Abb. 3: Ableitung des Marktwerts bebauter Grundstücke auf der Grundlage von Immobilienrichtwerten

144 Zur Anpassung des einschlägigen Immobilienrichtwerts an die Grundstücksmerkmale des Bewertungsobjekts und die allgemeinen Wertverhältnisse des Wertermittlungsstichtags werden von den Gutachterausschüssen für Grundstückswerte **Umrechnungskoeffizienten** der wesentlichsten „werttreibenden" Grundstücksmerkmale sowie entsprechende **Indexreihen** abgeleitet und veröffentlicht. Der Immobilienrichtwert kann damit nach allgemeinen Grundsätzen an die Grundstücksmerkmale des Bewertungsobjekts angepasst werden, indem er mit den Quotienten der einschlägigen Umrechnungskoeffizienten und Indexzahlen multipliziert wird:

$$\text{ImmoRichtwert}_{\text{angepasst}} = \text{ImmoRichtwert} \times \frac{UK_1}{UK_{IRW.1}} \times \frac{UK_2}{UK_{IRW.2}} \times \frac{UK_3}{UK_{IRW.3}} \times \ldots\ldots \frac{UK_n}{UK_{IRW.n}} \times \frac{IZ_{\text{Wertermittlungsstichtag}}}{IZ_{\text{Bezugsstichtag des IRW}}}$$

wobei

ImmoRichtwert bzw. IRW	=	Immobilienrichtwert
$\text{ImmoRichtwert}_{\text{angepasst}}$	=	An ausgewählte Grundstücksmerkmale und den Wertermittlungsstichtag des Bewertungsobjekts angepasster Immobilienrichtwert
$UK_{1, 2, 3 \ldots n}$	=	Umrechnungskoeffizient für Grundstücksmerkmal 1 bis n des Bewertungsobjekts

$UK_{IRW1, IRW2, IRW3...IRWn}$	=	Umrechnungskoeffizient für Grundstücksmerkmal 1 bis n des Immobilienrichtwerts
$IZ_{Wertermittlungsstichtag}$	=	Indexzahl des Wertermittlungsstichtags der Immobilienrichtwertindexreihe
$IZ_{Bezugsstichtag\ des\ IRW}$	=	Indexzahl des Bezugsstichtags des Immobilienrichtwerts

Der so ermittelte **angepasste Immobilienrichtwert ergibt nach der Systematik der ImmoWertV den *„vorläufigen Vergleichswert"*.** Da dieser (mittelbar) auf der Grundlage von Vergleichspreisen und aus der Kaufpreissammlung abgeleiteten Umrechnungskoeffizienten und Indexreihen abgeleitet worden ist, ist für die nach der Systematik des § 6 Ab. 3 ImmoWertV vorgesehene Marktanpassung vornehmlich nur dann noch Raum, wenn die Entwicklung der allgemeinen Wertverhältnisse mit der Indexzahl des Wertermittlungsstichtags nicht vollständig erfasst werden kann.

Soweit die besonderen **objektspezifischen Grundstücksmerkmale (boG)** des Bewertungsobjekts mit den herangezogenen Umrechnungskoeffizienten noch nicht vollständig erfasst sind, müssen diese in einem zweiten Schritt in marktkonformer Höhe ergänzend berücksichtigt werden, wenn sie „im gewöhnlichen Geschäftsverkehr" den Marktwert (Verkehrswert) beeinflussen. Dies betrifft insbesondere Baumängel und Bauschäden, Rechte, Lasten usw.). Der Vergleichswert ist abschließend und ggf. unter Heranziehung eines Sach- und Ertragswerts sachverständig zu würdigen und ergibt den Marktwert des Grundstücks.

Vergleichsfaktoren (Wohnflächenwerte, Immobilienrichtwerte) werden oftmals zweidimensi- **145**
onal, d.h. in Abhängigkeit von den zwei wesentlichsten wertbeeinflussenden Grundstücksmerkmalen abgeleitet, z.B. von der Lage (Bodenrichtwertzone) und der Baujahrsklasse (oder der Restnutzungsdauer). Weitere Grundstücksmerkmale können ergänzend durch **empirisch abgeleitete Umrechnungskoeffizienten (Korrekturfaktoren)** berücksichtigt werden, wenn solche vom Gutachterausschuss abgeleitet wurden.
Entsprechende Umrechnungskoeffizienten werden abgeleitet insbesondere zur Berücksichtigung von Abweichungen hinsichtlich

a) der Gebäudeart,

b) der Lage (Wohnlage) eines Grundstücks auf der Grundlage des jeweiligen Bodenrichtwerts,

c) der Wohnfläche des Gebäudestandards (Ausstattung),

d) der Grundstücksgröße bzw. -fläche,

e) der Restnutzungsdauer,

f) des Gebäudestandards (Ausstattung) und

g) des Modernisierungszustands.

Immobilienrichtwerte können in Zonen mit Wohngebiets- oder Mischgebietsausweisung dargestellt werden und beziehen sich auf einen Quadratmeter Wohnfläche. Jedem Immobilienrichtwert sind die einschlägigen Referenzmerkmale wie z.B. Baujahr, Wohnfläche und Grundstücksgröße zuzuordnen. Abweichende Merkmale des Wertermittlungsobjekts sind über Umrechnungskoeffizienten bzw. Zu- und Abschläge zu berücksichtigen.

146 *Beispiel:*
Im Grundstücksmarktbericht 2024 von Wuppertal wird folgendes Beispiel vorgestellt

Wertermittlungsobjekt		**Normgrundstück**	gem. § 19 Abs. 2 ImmoWertV
		Gebäudeart	Einfamilienhaus
Lage	....	Ergänzende Gebäudeart	Reihenmittelhaus
Gebäudetyp	Doppelhaushälfte	Objektgruppe	Weiterverkauf
Gebäudestandard	mittel	Gebäudestandard	mittel
Baujahr	2000	Baujahr	1975
Wohnfläche	150 m²	Wohnfläche	200 m²
Grundstücksgröße	500 m²	Grundstücksgröße	250 m²

Als Immobilienrichtwert (Wohnflächenwert in €/m² für 1 m² Wohnfläche) ergibt sich für das Wertermittlungsobjekt aus BORIS NRW ein Ausgangswert von 2 900 €/m² bezogen auf die Grundstücksmerkmale des Normgrundstücks.

1. Umrechnung des Immobilienrichtwerts auf die Eigenschaften des Wertermittlungsobjekts mittels folgender Umrechnungsfaktoren (UK)

Umrechnungskoeffizienten (UK)						
Baujahr des Gebäudes	**UK des Alters**	**Grundstücksfläche m²**	**UK bez. Grundstücksfläche**	**Wohnfläche m²**	**Uk bez. Wohnfläche**	**Uk bez. Anbauart**
2015	1,32	150	0,97	80	1,03	Reihenmittelhaus UK = 1,00
2010	1,24	200	0,99	90	1,07	
2005	1,18	**250**	**1,00**	100	1,05	
2000	1,13	300	1,01	110	1,03	
1995	1,09	350	1,03	**120**	**1,00**	
1990	1,07	400	1,04	130	0,97	Reihenendhaus UK = 1,02
1985	1,04	450	1,05	140	0,94	
1980	1,02	500	1,06	150	0,92	
1975	**1,00**	550	1,08	160	0.89	
1970	0,98	600	1,09	170	0,85	Doppelhaushälfte UK = 1,04
1965	0,95	650	1,10	180	0,81	
≤ 1960	0,93	-	-	-	-	

Berechnung des Vergleichswerts

Immobilienrichtwert (aus BORIS.NRW)	2.900 €/m²
Korrektur bzgl Anbauart	x 1,04
Korrektur bzw. Baujahr	x 1,13
Korrektur bzgl. Grundstücksgröße	x 1,06
Korrektur bzgl. Wohnfläche	x 0,92
Angepasster Vergleichsfaktor	3.324 €/m² bezogen auf das Baujahr des Wertermittlungsobjekts (2000)

Vergleichswert 150 m² x 3.324 €/m² = rd. 500.000 €

2. Indexierung auf Wertermittlungsstichtag mittels anbauartenspezifischer Indexreihe

Index (Doppelhaushälfte – Basisjahr 2010 = 100)					
Jahr Stichtag	**Alter** 5–10 Jahre	**11–20 Jahre**	**21–30 Jahre**	**31–40 Jahre**	**41–65 Jahre**
2010	100	100	100	100	100
2011	102,0	103,2	102,2	102,4	103,9
2012	101,5	103,7	101,7	103,7	105,2
2013	102,0	105,3	103,3	105,5	106,7
2014	105,0	108,5	106,7	108,9	111,1
2015	108,9	113,2	110,6	112,4	115,7
2016	117,3	120,1	118,3	120,1	120,9
2017	123,3	123,3	124,4	126,8	128,1
2018	131,7	132,3	133,3	134,7	137,1
2019	140,9	137,6	138,7	141,1	144,1
01.01.2021	164,1	146,9	152,7	162,1	165,3
01.01.2022	187,2	177,9	176,8	185,0	188,3
01.01.2023	172,2	163,7	162,7	170,2	173,2
01.01.2024	167,9	149,5	158,5	165,9	167,5

Andernorts werden Wohnflächenwerte direkt in den Grundstücksmarktberichten veröffentlicht.

4.3.2.2 Abhängigkeit des Wohnflächenwerts von Ein- und Zweifamilien-,Reihenhäusern und Doppelhaushälften von Grundstücksmerkmalen (Umrechnungskoeffizienten)

▶ *Vgl. Syst. Darst. des Sachwertverfahrens Rn. 262 ff.; § 21 ImmoWertV Rn. 157; § 39 ImmoWertV Rn. 23*

147 Wie aus den vorstehenden Beispielen ersichtlich, werden die Wohnflächenwerte zumeist zweidimensional, d.h. in Abhängigkeit von den zwei wesentlichsten wertbeeinflussenden Grundstücksmerkmalen abgeleitet. Weitere Grundstücksmerkmale können ergänzend durch **empirisch abgeleitete Umrechnungskoeffizienten (Korrekturfaktoren)** berücksichtigt werden, wenn solche vom Gutachterausschuss abgeleitet wurden. Entsprechende Umrechnungskoeffizienten werden abgeleitet insbesondere zur Berücksichtigung von Abweichungen hinsichtlich

a) der Gebäudeart,

b) der Lage eines Grundstücks auf der Grundlage des jeweiligen Bodenrichtwerts,

c) der Wohnfläche des Gebäudestandards (Ausstattung),

d) der Grundstücksgröße bzw. -fläche,

e) der Restnutzungsdauer,

f) des Gebäudestandards (Ausstattung) und

g) des Modernisierungszustands.

4.3.2.3 Abhängigkeit der Vergleichsfaktoren (Wohnflächenwerte) von der Lage

148 Die Lage eines Grundstücks lässt sich einfach und plausibel mit dem einschlägigen **Bodenrichtwert** qualifizieren. Deshalb werden zur Anpassung der Vergleichsfaktoren bebauter Grundstücke (Immobilienrichtwerte/Wohnflächenwerte) an das Wertermittlungsobjekt Umrechnungskoeffizienten auf dieser Grundlage ermittelt (vgl. nachfolgende Beispiele).

Abb. 4: Umrechnungskoeffizienten bei abweichendem Bodenrichtwert für freistehende Ein- und Zweifamilienhäuser

Umrechnungskoeffizienten für von Grundstücksgröße des Normobjekts (Referenzgrundstück) abweichende Lage gemäß Bodenrichtwert für freistehende Doppelhaushälften und Reihenendhäuser			
Bodenrichtwert [€/m²]	**Bottrop**		**LK Kleve**
	RMH	**DHH/REH**	**EFH/ZFH**
	2024		2024
bis 140 €/m²	-	-	0,94
bis 155 €/m²	0,94	0,86	-
155–175 €/m²	0,98	0,92	-
140–200 €/m²	-	-	1,00
180–200 €/m²	1,00	0,96	-
205–225 €/m²	1,03	1,00	1,06
230–275 €/m²	1,06	1,05	1,06
280–325 €/m²	1,09	1,09	1,06
ab 325 €/m²	1,10	1,11	1,06

Quelle: Grundstücksmarktbericht des jeweiligen GAA

Abb. 5: Umrechnungskoeffizienten bei abweichendem Bodenrichtwert für freistehende Ein- und Zweifamilienhäuser

Umrechnungskoeffizienten bei abweichendem Bodenrichtwert für freistehende Ein- und Zweifamilienhäuser Entsprechende Umrechnungskoeffizienten für RH und DHH hier nicht abgedruckt								
Boden-richt-wert (€/m²)	**LK Northeim**		**Stadt Göttingen**		**LK Göt-tingen**	**Oster-ode**	**LK Goslar**	
	2019 Baujahr							
	bis 1949	ab 1950	bis 1949	ab 1950	ab 1950	ab 1950	bis 1949	ab 1950
20	0,82	0,82	-	-	0,78	0,84	0,67	0,82
30	1,00	0,93	-	-	0,85	0,93	0,86	0,92
40	1,08	1,00	-	-	0,90	1,00	1,00	1,00
50	1,12	1,05	-	-	0,95	1,05	1,11	1,06
60	1,15	1,09	-	-	1,00	1,09	1,20	1,11
70	1,16	1,12	-	-	1,04	1,13	1,28	1,15
80	-	1,14	0,72	-	1,09	1,16	1,34	1,18
90	-	1,16	-	-	1,13	1,18	1,40	1,21
100	-	1,18	0,77	0,68	1,17	-	-	1,24
110	-	-	-	-	1,21	-	-	-
120	-	-	0,81	0,74	1,24	-	-	-
130	-	-	-	-	1,28	-	-	-
140	-	-	0,86	0,81	-	-	-	-
160	-	-	0,91	0,87	-	-	-	-
180	-	-	0,95	0,94	-	-	-	-
200	-	-	1,00	1,00	-	-	-	-
220	-	-	1,05	1,06	-	-	-	-
240	-	-	1,10	1,13	-	-	-	-
260	-	-	1,14	1,19	-	-	-	-
280	-	-	1,19	1,25	-	-	-	-
300	-	-	1,24	1,31	-	-	-	-
320		-	1,29	1,37	-	-	-	-
340	-	-	1,35	1,43	-	-	-	-
360	-	-	-	1,48	-	-	-	-
380	-	-	-	1,54	-	-	-	-
400	-	-	-	1,59	-	-	-	-

Quelle: Jeweilige Grundstücksmarktberichte

Daneben können die Umrechnungskoeffizienten auch auf der Grundlage der im Zusammenhang mit dem örtlichem Mietspiegel Wohnlagenklassifizierungen abgeleitet werden (*Beispiele*):

Umrechnungskoeffizienten bei abweichender Wohnlage freistehender Ein- und Zweifamilienhäuser in Hamm						
Bewertungs-objekt	**Wertermittelungsobjekt**					
	Wohnlage gut		**Wohnlage mittel**		**Wohnlage mäßig**	
	EFH/ZFH	**DHH/RH**	**EFH/ZFH**	**DHH/RH**	**EFH/ZFH**	**DHH/RH**
Wohnlage gut	**1,000**	**1,000**	1,180	1,112	1,245	1,163
Wohnlage mittel	0,848	0,899	**1,000**	**1,000**	1,055	1,046
Wohnlage mäßig	0,803	0,860	0,948	0,956	**1,000**	**1,000**

Quelle: Gutachterausschuss Hamm, 2024

Umrechnungskoeffizienten bei abweichender Wohnlage freistehender Ein- und Zweifamilienhäuser						
	Umrechnungskoeffizienten					
Bewertungs-objekt		**Mühlheim**	**LK Rhein-Sieg**			
	EFH/ZFH	**EFH/ZFH**	**EFH/ZFH**	**DHH/RH**	**EFH/ZFH**	**DHH/RH**
Wohnlage sehr gut		1,10	1,389			
Wohnlage gut		1,00	1,250			
Wohnlage gut/mittel		0,82	-			
Wohnlage mittel/einfach		0,79	0,79			
Wohnlage mittel		-	1,124			
Wohnlage mäßig/einfach		0,66	0,948			
Wohnlage sehr einfach		0,66	-			

Quelle: GAA Grundstücksmarktberichte, 2024

4.3.2.4 Abhängigkeit der Vergleichsfaktoren (Wohnflächenwerte) von der Wohnfläche

Abb. 6: Umrechnungskoeffizienten bei vom Normobjekt (Referenzgrundstück) abweichender Wohnfläche für freistehende Ein- und Zweifamilienhäuser **149**

Umrechnungskoeffizienten für von der Wohnfläche des Normobjekts (Referenzgrundstück) abweichende Wohnfläche * für freistehende Ein- und Zweifamilienhäuser							
Wohnfläche des Gebäudes [m²]	**Rhein-Sieg Kreis**	**Bocholt**		**Bottrop**		**Hamm**	
	EFH	**EFH/ ZFH**	**DHH/RH**		**DHH/RH**	**EFH/ ZFH**	**DHH/ RHH**
Bezugszeitpunkt	2024	2024		2024		2024	
60–79	-	-	-	1,12	1,29	-	-
80–99	-	-	-	1,05	1,20	-	-
bis 90	**1,000**	-	-	-	-	1,244	1,162
bis 100	-	1,16	1,16	-	-	-	-
91–110	0,943	-	-	-	-	1,088	1,118
101–120	-	1,11	1,11	**1,00**	1,10	-	-
111–130	0,877	-	-	-	-	**1,000**	**1,000**
121–140	-	**1,00**	**1,00**	0,88	**1,00**	-	-
131–150	0,813	-	-	-	-	0,942	0,918
141–160	-	0,90	0,90	0,80	0,91	-	-
151–175	0,752	-	-	-	-	0,886	-
161–180	-	0,84	0,84	0,71	0,82	-	0,842
176–200	0,621	-	-	-	-	0,740	-
181–200	-	0,79	0,79	-	-	-	0,689
ab 200	-	0,64	0,64	-	-	-	0,689
ab 250	0,500	-	-	-	-	0,674	0,689

Quelle: Grundstücksmarktbericht des jeweiligen GAA

Vom Gutachterausschuss *Aachen* sind für „freistehende Ein- und Zweifamilienhäuser“ und „Ein- und Zweifamilienhäuser als Reihen- und Doppelhäuser“ folgende Umrechnungskoeffizienten auf der Grundlage der WFIV mit Balkonen und Terrassen in „üblicher Größe“ (i.d.R. mit 1/4 ihrer Grundfläche berücksichtigt) ermittelt worden:

Umrechnungskoeffizienten bei abweichender Wohnungsgröße								
Wohnfläche m²	**Wertermittlungsobjekt**							
	61–80	**81–90**	**91–110**	**111–130**	**131–150**	**151–180**	**181–210**	**211–400**
61–80	**1,00**	0,97	0,95	0,92	0,87	0,84	0,78	0,72
81–90	1,03	**1,00**	0,98	0,94	0,90	0,87	0,80	0,75
91–110	1,05	1,02	**1,00**	0,96	0,91	0,88	0,82	0,76
111–130	1,09	1,06	1,04	**1,00**	0,95	0,92	0,85	0,79
131–150	1,15	1,12	1,09	1,05	**1,00**	0,97	0,89	0,83

Umrechnungskoeffizienten bei abweichender Wohnungsgröße								
Wohn-fläche m²	**Wertermittlungsobjekt**							
	61–80	**81–90**	**91–110**	**111–130**	**131–150**	**151–180**	**181–210**	**211–400**
151–180	1,18	1,15	1,13	1,09	1,03	**1,00**	0,92	0,86
181–210	1,28	1,25	1,22	1,18	1,12	1,08	**1,00**	1,00
211–400	1,38	1,34	1,32	1,27	1,20	1,16	1,00	**1,00**

Quelle: Grundstücksmarktbericht GAA Aachen 2024

Umrechnungskoeffizienten bei abweichende Wohnfläche			
Wohnfläche (m²)	**Wuppertal**	**LK**	**Köln**
	freistehende	**Kleve**	**Mehrfamilien-häuser**
	EFH/ZFH 2024	**EFH/ZFH 2024**	
25 -40 41 – 80 75 80	- - 1,10	- - 1,09 1,09	1,02 **1,00** **1,00**
90	1,09	1.09	1,02
100	1,08	1,09	1,02
110	1,06	**1,00**	1,02
120	1,05	**1,00**	1,02
130	1,03	0,91	1,07
140	1,02	0,85	1,07
150	**1,00**	0,85	1,07
160	0,98	0,85	
160	0,96	0,85	
180	0,94	0,77	
190	0,92	0,77	
200	0,90	0,77	
210	0,87	0,70	
220	0,85	0,70	
230	0,82	0,70	
240	0,79	0,70	
250	0,76	0,70	
Quelle: Jeweilige Grundstücksmarktberichte			

4.3.2.5 Abhängigkeit der Vergleichsfaktoren (Wohnflächenwerte) von der Grundstücksgröße (Baulandflächenanteil)

150 Vergleichsfaktoren bebauter Grundstücke (Immobilienrichtwerte, Wohnflächenwerte) werden i.d.R. für Grundstücke mit der üblichen bebaubaren Grundstücksgröße (Baulandanteil) abgeleitet.

Dementsprechend beziehen sich die Umrechnungskoeffizienten für abweichende Grundstücksflächen auf den Baulandanteil. Restflächen sowie separat nutzbare Bauflächen sind also nicht einbezogen und gegebenenfalls als besonderes objektspezifisches Grundstücksmerkmal zu berücksichtigen.

Abb. 7: Umrechnungskoeffizienten bei abweichender Grundstücksgröße

Umrechnungskoeffizienten für von Grundstücksgröße des Normobjekts (Referenzgrundstück) abweichende Grundstücksgröße für freistehende Ein- und Zweifamilienhäuser							
Grundstücksgröße [m²]		**Bocholt**		**Bottrop**		**Rhein-Sieg-Kreis**	**Mühlheim**
		EFH/ZFH	**DHH/RH**	**RMH**	**DHH/REH**		
Bezugszeitpunkt		2024		2024		2024	2024
bis 150 m²		-	-	-	-	**1,000**	0,90
bis 200 m²		0,97	0,97	0,94	0,84	-	0,90
151 bis 250 m²						1,099	0,90
201 bis 300 m²		**1,00**	**1,00**	**1,00**	0,95	-	0,90
201 bis 350 m²		-	-	-	-	1,163	0,90
301 bis 400 m²		1,10	1,10	**1,06**	**1,00**	-	0,90
351 bis 450 m²		-	-	-	-	1,205	0,98
400 bis 499 m²		-	-	1,15	1,09		0,98
451 bis 600 m²		-	-	-	-	1,282	0,98
≥ 500 m²		-	-	1,22	-	-	**1,00**
401 bis 850 m²		1,18	1,18	-	1,13	-	**1,00**
551 bis 750 m²		1,23	1,23	1,22	1,13	-	1,20
601 bis 800 m²		-	-	-	-	1,333	**1,00**
751 bis 1 000 m²		1,30	1,30	1,22	1,13	-	1,20
801 bis 1 000 m²		-	-	-	-	1,370	1,20
ab 1 000 m²		1,44	1,44	1,22	1,13	-	1,25
1 001 bis 1 200 m²		-	-	-	-	1,389	1,25
ab 1 200 m²		-	-	-	-	1,408	1,25
Bis 1 500 m²		-	-	-	-	-	1,25
Quelle: Grundstücksmarktbericht des jeweiligen GAA							

Vom Gutachterausschuss *Aachen* sind für „freistehende Ein- und Zweifamilienhäuser" und „Ein- und Zweifamilienhäuser als Reihen- und Doppelhäuser" folgende Umrechnungskoeffizienten für abweichende Grundstücksflächen ermittelt worden, wobei nur der Baulandanteil berücksichtigt wird; Restflächen sowie separat nutzbare Bauflächen sind nicht einbezogen und gegebenenfalls als besonderes objektspezifisches Grundstücksmerkmal zu berücksichtigen:

Umrechnungskoeffizienten für vom Normobjekt (Referenzobjekt) abweichende Grundstücksgröße (Baulandfläche) in Aachen								
Baulandfläche m²	**Wertermittlungsobjekt**							
	100–150	**151–250**	**251–350**	**351–450**	**451–600**	**601–800**	**801–1200**	**1201–1500**
100–150	**1,00**	1,10	1,15	1,23	1,25	1,30	1,34	1,39
151–250	0,91	**1,00**	1,05	1,11	1,14	1,18	1,22	1,26
251–350	0,87	0,96	**1,00**	1,07	1,09	1,13	1,16	1,21
351–450	0,82	0,90	0,94	**1,00**	1,02	1,06	1,09	1,13
451–600	0,80	0,88	0,92	0,98	**1,00**	1,04	1,07	1,11
601–800	0,77	0,85	0,88	0,94	0,96	**1,00**	1,03	1,07
801–1200	0,75	0,82	0,86	0,92	0,93	0,97	**1,00**	1,04
1201–1500	0,72	0,79	0,83	0,88	0,90	0,94	0,96	**1,00**

Quelle: Grundstücksmarktbericht GAA Aachen 2024

4.3.2.6 Abhängigkeit der Vergleichsfaktoren (Wohnflächenwerte) von der Zahl der Wohneinheiten im Gebäude

151

Umrechnungskoeffizienten für vom Normobjekt (Referenzgrundstück) abweichende Zahl der Wohneinheiten im Gebäude		
Anzahl der Wohneinheiten im Gebäude	**Umrechnungskoeffizient zur Zahl der Wohneinheiten Bocholt**	
	EFH/ZFH	**DHH/RH**
	2024	2024
1	1,00	1,00
2	0,94	0,94

4.3.2.7 Abhängigkeit der Vergleichsfaktoren (Wohnflächenwerte) bei abweichendem Baujahr bzw Gebäudealter oder Restnutzungsdauer

Abb. 8: Umrechnungskoeffizienten bei abweichendem Baujahr bzw. Gebäudealter oder Restnutzungsdauer 152

Umrechnungskoeffizienten für vom Normobjekt (Referenzgrundstück) abweichende Baujahre der baulichen Anlage							
Baujahr des Gebäudes	**LK Kleve**	**Bocholt**		**Bottrop**		**Rhein-Sieg Kreis**	**Mühlheim**
	EFH/ZFH	**EFH/ZFH**	**DHH/RH**	**RMH**	**DHH/REH**	**EFH/ZFH**	**EFH/ZFH**
	2024	**2024**		**2024**		**2024**	**2024**
1890–1949	0,73	-	-	-	-	-	-
1900–1930	-	-	-	-	-	0,806	0,92
bis 1920	-	-	-	0,76	0,84	-	0,92
1931–1960	-	-	-	-	-	0,833	0,92
1920–1939	-	-	-	0,81	0,85	-	0,92
bis 1945	-	-	-	-	-	-	0,92
bis 1949	-	0,92	0,92	-	-	-	-
1940–1959	-	-	-	0,87	0,88	-	0,98
1950–1959	0,73	**1,00**	**1,00**	-	-	-	0,98
1960–1969	0,80	1,07	1,07	-	-	-	**1,00**
1961–1980	-	-	-	-	-	0,870	-
1960–1979	-	-	-	0,92	0,93	-	-
1970–1979	0,86	1,17	1,17	-	-	-	-
1971–1983	-	-	-	-	-	-	1,01
1980–1989	0,92	1,29	1,29	**1,00**	**1,00**	-	-
1981–1995	-	-	-	-	-	0,917	-
1984–1995	-	-	-	-	-	-	1,18
1990–1999	0,89	1,42	1,42	-	-	-	-
1996–2010	**1,00**	-	-	-	-	0,962	1,25
2010–2019	1,06	-	-	-	-	-	-
2020–2023	1,15	-	-	-	-	-	-
ab 2000	-	1,56	1,56	1,03	1,06	-	1,25
2011–2022	-	-	-	-	-	**1,000**	-

Quelle: Grundstücksmarktbericht des jweiligen GAA

Vom Gutachterausschuss *Aachen* sind für „freistehende Ein- und Zweifamilienhäuser“ und „Ein- und Zweifamilienhäuser als Reihen- und Doppelhäuser“ folgende Umrechnungskoeffizienten für unterschiedliche Baujahre (Ursprungsbaujahr) ermittelt worden:

Umrechnungskoeffizienten bei abweichenden Baujahren								
Baujahr m²	**Wertermittlungsobjekt**							
	2000–2019	**1990–1999**	**1980–1989**	**1970–1979**	**1960–1969**	**1950–1959**	**1920–1949**	**1850–1919**
2000–2019	**1,00**	0,96	0,90	0,96	0,86	0,81	0,79	0,76
1990–1999	1,04	**1,00**	0,94	0,90	0,90	0,84	0,82	0,79
11980–1989	1,11	1,07	**1,00**	0,96	0,96	0,90	0,88	0,84
1970–1979	1,16	1,12	1,05	**1,00**	1,00	0,94	0,92	0,88
1960–1969	1,16	1,12	1,05	1,00	**1,00**	0,94	0,92	0,88
1950–1959	1,23	1,19	1,11	1,06	1,06	**1,00**	0,98	0,94
1920–1949	1,27	1,22	1,14	1,09	1,09	1,03	**1,00**	0,96
1850–1919	1,32	1,26	1,18	1,13	1,13	1,97	1,04	**1,00**

Quelle: Grundstücksmarktbericht GAA Aachen 2024

Umrechnungskoeffizienten für vom Normobjekt (Referenzgrundstück) abweichendes Gebäudealter bei freistehenden Ein- und Zweifamilienhäusern							
Gebäudealter in Jahren Wertermittlungsobjekt	**Norm- bzw. Referenzobjekt**						
	0–3	**4–10**	**11–25**	**26–40**	**41–60**	**61–90**	**über 90**
0–3	**1,000**	1,110	1,130	1,250	1,455	1,619	1,890
4–10	0,901	**1,000**	1,019	1,126	1,311	1,459	1,703
11–25	0,885	0,982	**1,000**	1,106	1,287	1,433	1,672
26–40	0,800	0,888	0,904	**1,000**	1,164	1,296	1,512
41–60	0,687	0,763	0,777	0,859	**1,000**	1,113	1,299
61–90	0,618	0,685	0,698	0,772	0,898	**1,000**	1,167
über 90	0,529	0,587	0,598	0,661	0,770	0,857	**1,000**

Quelle: Grundstücksmarktbericht GAA Hamm 2024

Umrechnungskoeffizienten zu unterschiedlichen Baujahr (Alter)	
Wuppertal	
Baujahr Gebäude	**UK**
2015	1,35
2010	1,30
2005	1,24
2000	1,20
1995	1,12
1990	1,08
1985	1,06
1980	1,03
1975	**1,00**
1970	0,98
1965	0,96
≤ 1960	0,95
Quelle: Grundstücksmarktberichte	

4.3.2.8 Abhängigkeit der Vergleichsfaktoren (Wohnflächenwerte) bei abweichender Gebäudeart

Umrechnungskoeffizienten zur Abhängigkeit der Vergleichsfaktoren (Immobilienrichtwerte, Wohnflächenwerte) von der Gebäudeart werden ermittelt, soweit die einschlägige Immobilienart differenziert werden muss (*Beispiel*). 153

Umrechnungskoeffizienten für vom Normobjekt (Referenzobjekt) abweichende Gebäudearten						
Gebäudeart	**Bocholt**	**Hamm**		**Remscheid**		**LK Kleve**
		EFH/ZFH	**DHH/RH**	**EFH/ZFH**	**DHH/RH**	**EFH/ZFH**
	2024	**2024**		**2024**		**2024**
Einfamilienhaus (EFH)	-	**1,000**	**1,000**	**1,00**	-	1,00
Zweifamilienhaus (ZFH)	-	0,942	1,0001	0,95	-	1,00
Doppelhaushälfte (DHH)	**1,00**	-	-	-	1,00	0,93
Reihenendhaus (REH)	0,96	-	-	-	0,97	0,93
Reihenmittelhaus (RMH)	0,96	-	-	-	0,94	0,88

Quelle: Grundstücksmarktbericht des jeweiligen Jahres

Umrechnungskoeffizientfür vom Normobjekt (Referenzobjekt) abweichende Immobilienarten			
Gebäudeart Richtwertobjekt	**Wertermittlungsobjekt**		
	Einfamilienhaus	**Einfamilienhaus mit Einliegerwohnung**	**Zweifamilienhaus**
Einfamilienhaus	**1,00**	**0,97**	**0,95**
Einfamilienhaus mit Einliegerwohnung	**1,03**	**1,00**	**0,98**
Zweifamilienhaus	**1,05**	**1,02**	**1,00**

Quelle: Guterachterausschuss Aachen, Grundstücksmarktbericht 2024

Fertighäuser und leichte Bauweise

▶ *Vgl. § 2 ImmoWertV Rn. 34.*

Die Wohnflächenwerte werden zumeist für massiv errichtete Gebäude ermittelt. Bei **Fertighäusern in leichter Bauweise** (Holzskelett) müssen marktgerechte Abschläge angesetzt werden. Diese wurden ermittelt mit z.B.:

Hannover (2013) Abschlag von 4 bis 10 % bei Ein- und Zweifamilienhäusern

Für **Fertighäuser** wurden Wertdifferenzen gegenüber konventionell errichteten Eigenheimen in Abhängigkeit vom Baujahr ermittelt. Der Grundstücksmarktbericht für *Südhessen* ergab bezogen auf eine Standardimmobilie der Baujahre 1960 bis 2010, eine Wohnfläche von 150 m², eine Grundstücksgröße von 700 m² und ein Bodenwertniveau von 250 €/m² die sich aus nachstehender Darstellung ergebende Abhängigkeit:

Abb. 9: Durchschnittliches Preisniveau für Eigenheime in Fertigbauweise bzw. konventioneller Bauweise

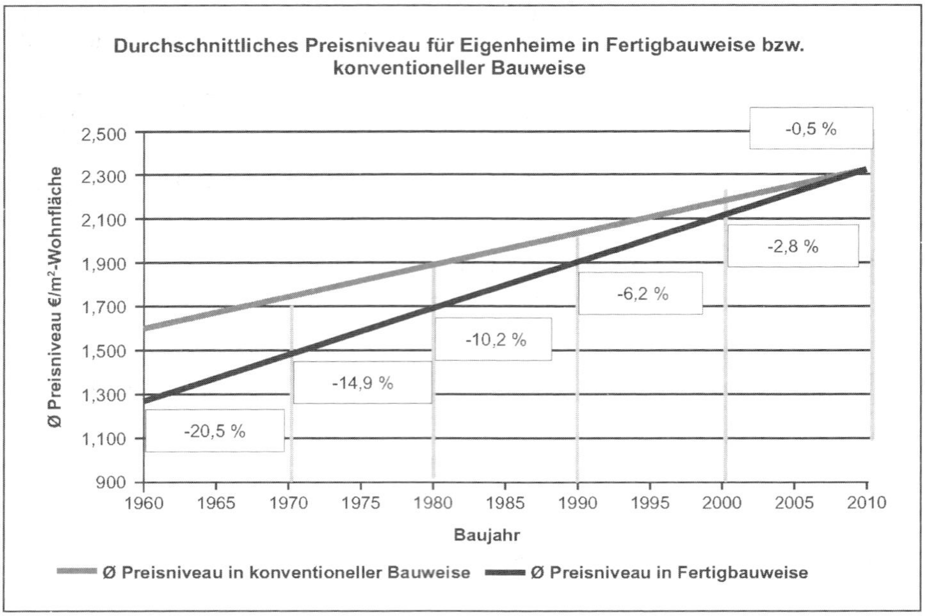

4.3.2.9 Abhängigkeit der Vergleichsfaktoren (Wohnflächenwerte) bei abweichendem Gebäude- bzw. Ausstattungsstandard

Die Ausstattung bzw. der Gebäudestandard kann nach den **Standardmerkmalen und Standardstufen der NHK 2010 (Anlage 4 ImmoWertV)** kategorisiert werden bzw. in Anlehnung daran kategorisiert werden, beispielsweise **154**

Abb. 10: Umrechnungskoeffizient für abweichende Ausstattung von Ein- und Zweifamilienhäusern

Umrechnungskoeffizienten für vom Normobjekt (Referenzgrundstück) abweichenden Gebäude- bzw. Ausstattungsstandard								
Gebäude- bzw. Ausstattungs-standard	**Bocholt**		**Bottrop**		**Hamm**		**Rhein-Sieg LK**	**Mühlheim**
	EFH/ ZFH	**DHH/ RH**	**RMH**	**DHH/ REH**	**EFH/ ZFH**	**DHH/ RH**	**EFH/ ZFH**	**EFH/ ZFH**
	2024		**2024**		**2024**		**2024**	**2024**
sehr einfach	-	-	-	-	-	-	-	-
sehr einfach/einfach	0,91	0,91	0,75	0,74	-	-	-	0,86
einfach	-	-	0,87	0,89	0,852	0,939	**1,000**	0,94
einfach/mittel	1,00	1,00	0,93	0,97	-	-	-	1,00
mittel/normal	-	-	1,00	1,00	1,000	1,000	1,149	1,08
mittel/gut	-	-	-	-	-	-	-	-
mittel/gehoben	-	-	1,08	1,08	-	-	-	1,20
gut	-	-	-	-	-	-	-	-
gut/sehr gut	-	-	-	-	-	-	-	-
sehr gut	-	-	-	-	-	-	-	-
gehoben	-	-	1,13	1,23	1,113	1,127	1,333	-
gehoben/stark gehoben	1,06	1,06	-	-	-	-	-	-
stark gehoben	-	-	-	-	-	-	1,562	-
luxus	-	-	-	-	-	-	-	-

Quelle: Grundstücksmarktberichte

Gebäudestandardstufen	
Gebäudestandardstufe	**Gebäudestandardkennzahl**
sehr einfach/einfach	< 2,3
einfach/mittel	2,3 – < 2,6
mittel	2,6 – < 3,0
mittel/gehoben	3,0 – < 3,3
gehoben	≥ 3,3

Quelle: GAA Aachen, Grundstücksmarktbericht 2024

Umrechnungskoeffizientfür vom Normobjekt (Referenzobjekt) abweichenden Gebäudestandard					
Gebäudestandard Richtwertobjekt	**Wertermittlungsobjekt**				
	sehr einfach bis einfach	**einfach bis mittel**	**mittel**	**mittel bis gehoben**	**gehoben**
sehr einfach/ einfach	**1,00**	1,08	1,11	1,17	1,26
einfach/mittel	0,93	**1,00**	1,03	1,08	1,16
mittel	0,90	0,97	**1,00**	1,05	1,13
mittel/ gehoben	0,86	0,92	0,95	**1,00**	1,08
gehoben	0,80	0,86	0,88	0,93	**1,00**

Quelle: Gutachterausschuss Aachen, Grundstücksmarktbericht 2024

4.3.2.10 Abhängigkeit der Vergleichsfaktoren (Wohnflächenwerte) bei abweichendem Ertrag (Miete)

155 **Abb. 11: Umrechnungskoeffizienten bei abweichender Nettokaltmiete**

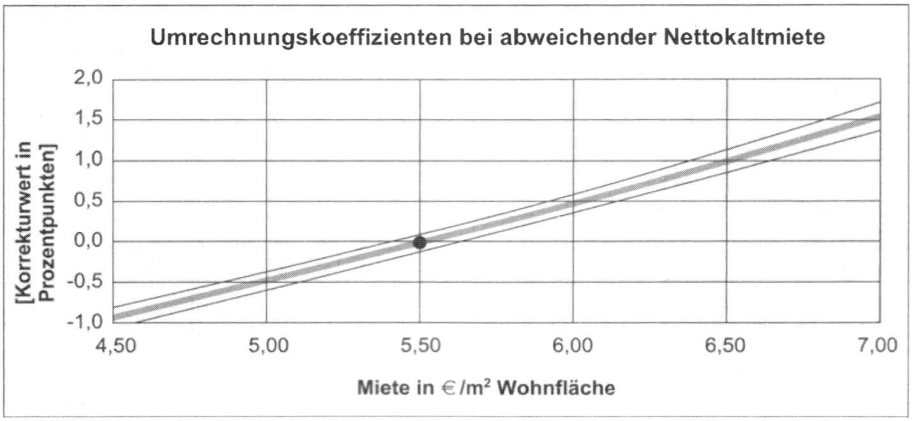

Quelle: Grundstücksmarktbericht 2012 Region Hannover

4.3.2.11 Abhängigkeit der Vergleichsfaktoren (Wohnflächenwerte) bei abweichender Vermietungssituation

156

Umrechnungskoeffizient für Prozentpunkten für vom Normobjekt (Referenzobjekt) abweichende Vermietungssituation			
Mietsituation Richtwertobjekt	**Wertermittlungsobjekt**		
	unvermietet	**teilweise unvermietet**	**vermietet**
unvermietet	**1,00**	0,98	0,94
teilweise vermietet	1,02	**1,00**	0,96
vermietet	1,06	1,04	**1,00**

Quelle: Gutachterausschuss Aachen, Grundstücksmarktbericht 2024

Umrechnungskoeffizient für vom Normobjekt (Referenzobjekt) abweichende Vermietungssituation						
Vermietungssituation	**Hamm**		**Rhein-Sieg-Kreis**	**Remscheid**		**Neuss Stadt**
	EFH/ZFH	**DHH/RH**	**EFH/ZFH**	**EFH/ZFH**	**DHH/RH**	**EFH/ZFH**
unvermietet	**1,000**	**1,000**	**1,000**	**1,00**	**1,00**	**1,00**
teilvermietet	-	-	0,980	-	-	-
vermietet	0,976	0,899	1,020	0,90	0,90	0,95

Quelle: Grundstücksmarktbericht 2024

4.3.2.12 Abhängigkeit der Vergleichsfaktoren (Wohnflächenwerte) bei abweichendem Modernisierungsgrad

▶ *Vgl. § 26 ImmoWertV Rn. 37; § 4 ImmoWertV Rn. 52*

Bei der Anwendung von Umrechnungskoeffizienten zur Berücksichtigung des Modernisierungsgrad müssen Doppelberücksichtigungen vermieden werden, die sich daraus ergeben können, dass die Modernisierung bereits mit dem Ansatz einer modifizierten Restnutzungsdauer nach Maßgabe des § 4 Abs. 3 Satz 3 ImmoWertV ganz oder teilweise Berücksichtigung gefunden hat. **157**

Umrechnungskoeffizienten für Prozentpunkten für vom Normobjekt (Referenzobjekt) abweichenden Modernisierungsgrad							
Modernisierungsgrad	**Bocholt**		**Bottrop**		**Hamm**		**Mühlheim**
	EFH/ZFH	**DHH/RH**	**RMH**	**DHH/REH**	**EFH/ZFH**	**DHH/RH**	**EFH/ZFH**
	2024		2024		2024		2024
baujahrstypisch (nicht modernisierbar)	**1,00**	**1,00**	0,84	0,80	**1,000**	**1,000**	0,92
Mittlere Modernisierung	-	-	-	-	-	-	**1,00**
teilmodernisiert	1,18	1,18	0,95	0,92	-	1,123	-
überwiegend modernisiert	-	-	-	-	-	-	1,09
umfassend modernisiert	-	-	-	-	-	-	1,16
neuzeitlich/voll modernisierter Altbau	1,35	1,35	**1,00**	**1,00**	1,059	1,192	-

Quelle: Grundstücksmarktbericht 2024

Umrechnungskoeffizient für Prozentpunkten für vom Normobjekt (Referenzobjekt) abweichenden Modernisierungsgrad			
Modernisierungsgrad des Norm- bzw. Referenzobjekts	**Wertermittlungsobjekt**		
	baujahrstypisch	**teilmodernisiert**	**neuzeitlich**
baujahrstypisch	**1,00**	1,04	1,09
teilmodernisiert	0,96	**1,00**	1,05
neuzeitlich	0,92	0,95	**1,00**

Quelle: Gutachterausschuss Aachen, Grundstücksmarktbericht 2024

4.3.2.13 Abhängigkeit der Vergleichsfaktoren (Wohnflächenwerte) für bauliche Besonderheiten

158 *a) Fassade*

Die Wohnflächenwerte werden zumeist für Gebäude mit ortstypischer Fassade ermittelt. Abweichende Fassaden müssen marktgerecht durch Zu- oder Abschläge berücksichtigt werden, z.B. mit einem Zuschlag von 3 bis 7 % bei Verblendmauerwerk statt Putzfassade (als Regelfall) bei Ein- und Zweifamilienhäusern (*Hannover, 2013*).

b) Unterkellerung

Die Wohnflächenwerte werden zumeist für vollständig unterkellerte Gebäude ermittelt. Bei nicht bzw. teilunterkellerten Gebäuden müssen marktgerechte Abschläge angebracht werden z.B.

Umrechnungskoeffizienten für vom Normobjekt (Referenzobjekt) abweichende Unterkellerung										
Unterkellerung	**Neuss Stadt**	**Bocholt**		**Bottrop**		**Hamm**		**Rhein-Sieg LK**	**Remscheid**	
	EFH/ ZFH	**EFH/ ZFH**	**DHH/ RH**	**RMH**	**DHH/ REH**	**EFH/ ZFH**	**DHH/ RH**	**EFH/ ZFH**	**EFH/ ZFH**	**DHH/ RH**
	2024	2024		2024		2024		2024	2024	
mit Keller	1,00	1,00	1,00	1,00	1,00	1,000	1,000	1,064	1,00	1,00
teilunterkellert	0,96	0,97	0,97	0,96	0,96	-	-	-	0,95	0,95
ohne Keller	0,95	0,94	0,94	0,92	0,88	0,894	0,956	1,000	0,90	0,90

Quelle: Grundstücksmarktbericht des jeweiligen Jahres

c) Dachgeschoss

Umrechnungskoeffizienten für vom Normobjekt (Referenzobjekt) abweichendes Dachgeschoss	
Dachgeschoss	**Neuss Stadt**
	EFH/ZFH
	2024
ausgebaut	**1,00**
nicht ausgebaut nutzbar	1,05
nicht ausgebaut nicht nutzbar	1,06

Quelle: Grundstücksmarktbericht des jeweiligen Jahres

d) Garage/Carport

Die Wohnflächenwerte werden zumeist unter Einbeziehung von Garagen abgeleitet. Hat ein Haus keine Garage bzw. eine weitere Garage, müssen marktgerechte Zu- und Abschläge angesetzt werden. Diese wurden ermittelt mit z.B.:

Hannover (2013) 3 000 bis 8 000 €

Umrechnungskoeffizienten für vom Normobjekt (Referenzobjekt) abweichende Garage/Carport	
Garage/Carport	**Neuss Stadt**
	EFH/ZFH
	2024
Garage	**1,00**
Carport	0,99
nicht vorhanden	0,98

Quelle: Grundstücksmarktbericht des jeweiligen Jahres

Hannover (2023) Abschlag von 4 bis 8 % bei nicht unterkellerten Ein- und Zweifamilienhäusern bzw.entsprechendem Anteil bei Teilunterkellerung.

e) Hobbyräume

▶ *§ 31 ImmoWertV Rn. 138; § 26 ImmoWertV Rn. 29*

Der Gutachterausschuss von *München* hat in seinem Grundstücksmarktbericht 2020 zu den dort genannten Vergleichswertfaktoren ausdrücklich angemerkt, dass **Hobbyräume, die „nicht mit einer Wohnung verbunden“ sind**, in einer Größenordnung zwischen rund 1.200 und 3.300 €/m² Nutzfläche gehandelt werden. Dabei ist die Wertigkeit abhängig von der Lage im Gebäude (Keller, Souterrain oder Dachgeschoss). Der durchschnittliche Kaufpreis lag bei rund 2.200 €/m² Nutzfläche.

Hobbyräume, die mit einer Wohnung verbunden sind, kosteten (soweit dies statistisch zu ermitteln war) i.d.R. um 50 % des entsprechenden Wohnflächenpreises. Dies gilt jedoch nur für Hobbyräume von Wohnungen im mittleren Preissegment.

4.3.3 Wohnflächenwerte für Mehrfamilienhäuser und Wohnanlagen

4.3.3.1 Allgemeines

Mehrfamilienhäuser gelten als typische Ertragswertobjekte. Gleichwohl hatdie Ableitung von 159
Vergleichsfaktoren für Mehrfamilienhäuser – bezogen auf einen Quadratmeter Wohnfläche –

Tradition. So werden im Grundstücksmarktbericht 2013 für die Region Hannover folgende Wohnflächenwerte in Abhängigkeit von der Lage und dem Alter des Gebäudes genannt:

Wohnflächenwerte von Mehrfamilienhäusern in Hannover, gegliedert nach Lageklassen und Altersgruppen	
Referenzwerte	
Marktbericht	2013
Bezugsjahr	2012
Lage (BRW in €/m²)	280 €/m² (150 bis 470 €/m²)
Alter (Jahre)	57 (15 bis 89)
Modernisierung	In der Altersgruppe > 75 Jahre ist bei durchgreifender Modernisierung ein Zuschlag von 4 bis 14 % sachgerecht, sofern dem nicht bereits durch eine verlängerte Restnutzungsdauer Rechnung getragen wird.
Monatsmiete €/m² WF	5,65 €/m² (3,50 bis 7,80 €/m² WF)
	Bei abweichenden tatsächlichen Mieten sind Zu- bzw. Abschläge anzusetzen.
Objektgröße (Wohn- und Nutzfläche) (m²)	650 m² (300 bis 1 500 m²)
Ausstattung	-
Keller	-
Garage	Überwiegend ohne Garage und Stellplätze. Bis zu 5 Garagen haben keinen Einfluss auf den Marktwert. Bei größerer Anzahl von Stellplätzen in Garagen, Garagenhöfen, Tiefgaragen oder Parkdecks Berücksichtigung durch besonderen Wertansatz.

Altersgruppe		**Lageklasse**								
		gute Wohnlage			**mittlere Wohnlage**			**einfache Wohnlage**		
		Bodenrichtwert in €/m² (in Geschäftslagen BRW der angrenzenden Wohnlage)								
			bis			**bis**			**bis**	
	Mittel	**470**	**410**	**350**	**350**	**290**	**230**	**230**	**190**	**150**
5 Jahre bis 15 Jahre	10 Jahre	bis 1 070	bis	bis 960	bis 960	bis	bis 900	bis 900	bis	bis 850
15 Jahre bis 35 Jahre	25 Jahre	1 070 bis 950	bis 950 bis	960 bis 920	960 bis 920	bis 920 bis	900 bis 870	900 bis 870	bis 870 bis	850 bis 820
35 Jahre bis 65 Jahre	50 Jahre	950 bis 890	bis 910 bis	920 bis 860	920 bis 860	bis 870 bis	870 bis 810	870 bis 810	bis 910 bis	820 bis 760
65 Jahre bis 85 Jahre	75 Jahre	890 bis 840	bis 850 bis	860 bis 810	860 bis 810	bis 850 bis	810 bis 770	810 bis 770	bis 770 bis	760 bis 720

Quelle: Grundstücksmarktbericht

Vergleichsfaktoren (Wohnflächenwerte) in €/m² Wohnfläche für wiederverkaufte Mehrfamilienhäuser						
Wohnfläche m²	Heppenheim bezogen auf Baujahr 1980, 12 WE und 300 m² Grundstücksfläche			Südhessen bezogen auf Baujahr 1975 und 10 WE		
	Bodenrichtwert					
	250 €/m²	350 €/m²	450 €/m²	250 €/m²	350 €/m²	450 €/m²
Bezugszeitpunkt	2015	2015	2015	2015	2015	2015
200	1 652	2 181	2 709	1 229	1 599	1 970
250	1 524	1 947	2 370	1 151	1 447	1 744
300	1 439	1 791	2 144	1 099	1 346	1 593
350	1 378	1 680	1 982	1 062	1 274	1 485
400	1 332	1 596	1 861	1 034	1 219	1 405
450	1 296	1 531	1 766	1 012	1 177	1 342
500	1 268	1 479	1 691	995	1 143	1 292
550	1 245	1 437	1 629	981	1 116	1 250
600	1 225	1 402	1 578	969	1 093	1 216

Quelle: Grundstücksmarktberichte

5 Bodenwertermittlung im Wege des Vergleichswertverfahrens

5.1 Bodenwert

Schrifttum: *Bergmann, U.*, Zur Anwendung der Fehlerlehre und der Statistik in der Bodenwertermittlung, GuG 2009, 129; *Upmeyer, B.*, Bodenwertermittlung für ein Grundstück in einer Großstadt in den neuen Bundesländern, GuG 1999, 42; *Roth, C.*, Verkehrswertermittlung von Grundstücken in den neuen Bundesländern, GuG 1993, 206; *Vogel, R.*, Zur Ermittlung von Grundstückspreisen (Bodenpreisen) in der ehemaligen DDR, DS 1990, 200.

▶ *Grundsätzliches § 40 ImmoWertV Rn. 2 ff.; § 8 ImmoWertV Rn. 29 ff.; § 21 ImmoWertV Rn. 192; § 25 ImmoWertV Rn. 14 f.; § 26 ImmoWertV Rn. 51 ff.; zu den besonderen Maßgaben bei der Ermittlung des Bodenwerts bebauter Grundstücke vgl. die ergänzenden Erläuterungen bei § 40 ImmoWertV Rn. 99 ff., 185 ff.; zur Bodenwertermittlung in Gebieten, die durch Eigentumswohnungen geprägt sind, vgl. Teil V Rn. 53 ff.*

Die Bedeutung des Vergleichswertverfahrens liegt vornehmlich in der Ermittlung von Bodenwerten, ohne dass die ImmoWertV eindeutig definiert, was unter dem **Bodenwert** zu verstehen ist. In Zweifelsfällen ist dies pragmatisch zu behandeln (vgl. hierzu § 40 ImmoWertV Rn. 2 ff.). **160**

Das **Vergleichswertverfahren ist das Vorrangverfahren** (vgl. Rn. 3) sowohl **für die Bodenwertermittlung** unbebauter Grundstücke als auch für die Bodenwertermittlung bebauter Grundstücke.

Die Grundsätze der „Bodenwertermittlung" sind in den §§ 24, 25, 40 bis 43 ImmoWertV geregelt. Gegenstand der Regelungen des § 40 ImmoWertV sind besondere Maßgaben für die Ermittlung des Bodenwerts bebauter Grundstücke. Die Vorschrift gibt in ihrem Kern dafür den **Grundsatz** vor, **dass der Bodenwert eines bebauten Grundstücks „ohne Berücksichtigung der vorhandenen baulichen Anlagen auf dem Grundstück", d.h. mit dem Wert zu ermitteln ist, der sich für ein vergleichbares unbebautes Grundstück ergeben würde**. Die Grundsatzregelung steht unter dem Vorbehalt der dort geregelten **Sonderfälle**.

5.2 Bodenwertermittlung mittels Vergleichspreisen (Beispiel)

161 Zur Erläuterung vorstehender Ausführungen wird nachfolgend ein *Beispiel* zur Ermittlung des Verkehrswerts eines Wohnbaugrundstücks (baureifes Land) vorgestellt.

a) Sachverhalt

Zustandsmerkmale des zu bewertenden Grundstücks:

Lage	gute Wohnlage
Planungsrecht	WA-Gebiet
	GFZ = 1,5
Beitragsrechtlicher Zustand	erschließungsbeitragsfrei (ebf)
Grundstücksgröße	500 m²

Es konnten drei baureife Vergleichsgrundstücke festgestellt werden. Alle zum Preisvergleich herangezogenen Kaufpreise stammen aus WA-Gebieten. Die Vergleichspreise unterscheiden sich von den Grundstücksmerkmalen des Wertermittlungsobjekts insbesondere bezüglich Grundstücksgröße, GFZ und erschließungsbeitragsrechtlichem Zustand.

Im Einzelnen ergeben sich die Zustandsmerkmale aus Abb. 1.

Abb. 1: Beispiel Vergleichswertverfahren

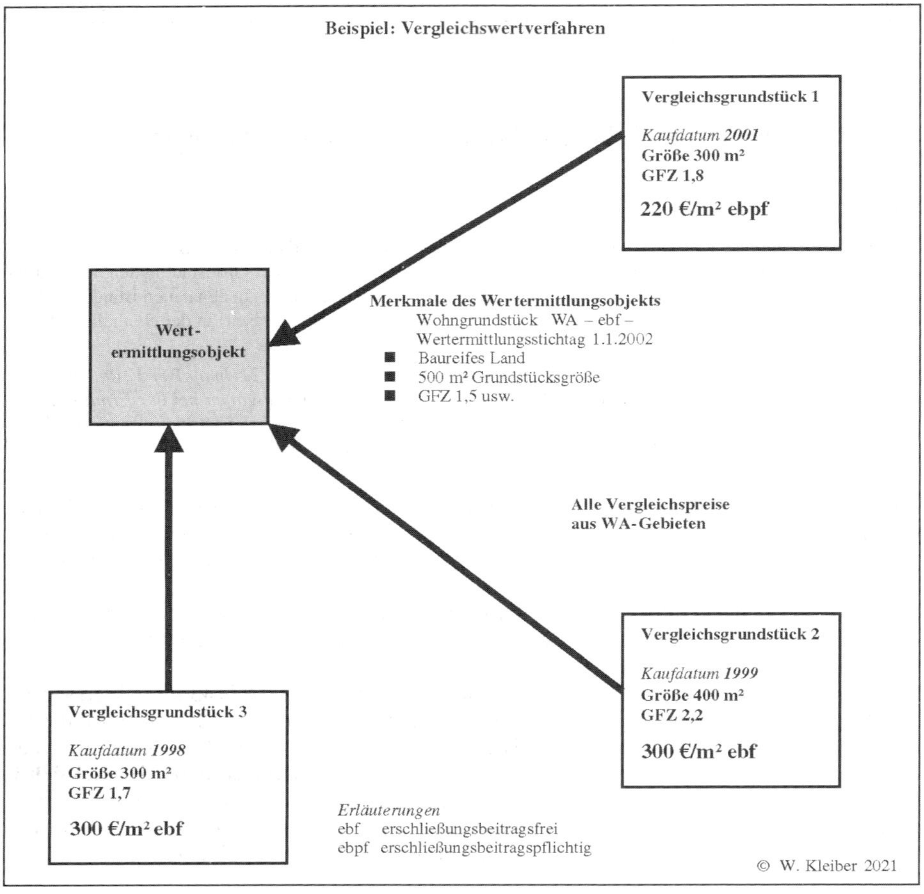

b) Weitere Grundlagen

Es liegen vom Gutachterausschuss Umrechnungskoeffizienten bezüglich der Abhängigkeit des Bodenwerts von der Grundstücksgröße, Geschossflächenzahl (GFZ) und eine Bodenpreisindexreihe vor. Auszugsweise sind darin folgende Angaben verzeichnet.

Abb. 2: Umrechnungskoeffizienten und Bodenpreisindexreihe

Umrechnungskoeffizienten Grundstücksgröße		Umrechnungskoeffizienten GFZ		Bodenpreisindexreihe	
Fläche [m²]	**UK**	**GFZ**	**UK**	**Jahr**	**Indexzahl**
300	1,16	1,5	1,30	1990	100
400	1,07	–	–	–	–
500	1,00	1,7	1,44	1998	170
		1,8	1,50	1999	175
		–	–	2000	179
		2,2	1,86	2001	180

c) Lösung

- Umrechnung von Kaufpreis 1 (220 €/m² – erschließungsbeitragspflichtig). Der Unterschied zwischen erschließungsbeitragspflichtigen und erschließungsbeitragsfreien Grundstücken beträgt 30 €/m².
  Vergleichspreis 1: 220 €/m² (ebpf) + 30 €/m² = 250 €/m² (ebf)
  Damit sind alle Vergleichspreise wie das Wertermittlungsobjekt erschließungsbeitragsfrei.
- Die Berücksichtigung der Abweichungen der Zustandsmerkmale der Vergleichsobjekte von dem zu bewertenden Grundstück erfolgt mit Hilfe der Umrechnungskoeffizienten und der Bodenpreisindexreihe (vgl. Abb. 3).

Abb. 3: Berücksichtigung der Abweichungen

Verkaufsfall	**Kaufpreis €/m²**	**Verkaufsdatum**	**Größe m²**	**GFZ**	**Umrechnung auf** a) Grundstücksmerkmale des Wertermittlungsobjekts – Grundstücksgröße 500 m² – GFZ = 1,5 b) Wertermittlungsstichtag 01.01.2002		
					F = 500 m² €/m²	**GFZ = 1,5 €/m²**	**1.1.2002 €/m²**
1	250	2001	300	1,8	215,52	186,78	186,78
2	300	1999	400	2,2	280,37	195,96	201,56
3	300	1998	300	1,7	258,62	233,48	247,21
						Summe =	**635,53**
						Arithmetisches Mittel aller drei Verkaufspreise 635,53 : 3 =	**rd. 212**

- Eliminierung von Ausreißern: Der auf die Eigenschaften des zu bewertenden Objekts umgerechnete Kaufpreis weicht mit 247,21 €/m² deutlich von den übrigen Vergleichspreisen ab. Es bedarf daher der Prüfung, ob es sich dabei um einen Vergleichspreis handelt, der „erheblich" abweicht und deshalb als „Ausreißer" nicht herangezogen werden darf.

– Als Prüfmaßstab wird die sog. 2-Sigma-Regel herangezogen. Zu diesem Zweck wird die Standardabweichung vom arithmetischen Mittel der herangezogenen Vergleichspreise festgestellt:

Nr.	Arithmetisches Mittel	Gleichnamig gemachter Kaufpreis	Abweichung v_i	Abweichungsquadrat $v_i v_i$
1 2 3	212 €/m² 212 €/m² 212 €/m²	187 €/m² 202 €/m² 247 €/m²	25 €/m² 10 €/m² – 35 €/m²	625 €/m² × €/m² 100 €/m² × €/m² 1 225 €/m² × €/m²
		636 €/m²	0	1 950 €/m² × €/m²

v_i = Verbesserung

d) Ergebnisse

Vergleichswert = Verkehrswert = arithmetisches Mittel

Verkehrswert = Σ KP_i / n = *636* €/m²/3 = 212 €/m²

Standardabweichung des Mittels $m_x = \sqrt{\frac{\sum v_i v_i}{n(n-1)}} = \pm\ 18$ €/m²

Alle Kaufpreise erfüllen die 2-Sigma-Regel; als genaueres Ausschlusskriterium käme noch der statistische Vertrauensbereich in Betracht.

5.3 Bodenrichtwertverfahren nach § 24 Abs. 1 Satz 2 ImmoWertV

5.3.1 Bodenrichtwert

Schrifttum: *Küting/Trappmann/Kessler,* Die Eignung von Bodenrichtwerten zur Ausfüllung der bilanziellen Bewertungsmaßstäbe bei Grundstücken nach HGB und IFRS, DB 2006, 1853; *Loose, D.,* Marktnähe von Bodenrichtwerten in mittleren und unterdurchschnittlichen Lagen, GuG 2009, 216.

▶ *§ 6 ImmoWertV Rn. 88 ff.; § 13 ImmoWertV Rn. 1 ff., 23; § 14 ImmoWertV Rn. 25 ff.; § 40 ImmoWertV Rn. 92, 142; Syst. Darst. des Ertragswertverfahrens Rn. 127 ff.; Teil VI Rn. 460, 603*

162 Bodenrichtwerte (*reference land values*) sind **durchschnittliche Lagewerte des Grund und Bodens pro Quadratmeter bebauter oder unbebauter Grundstücksfläche in einem Gebiet mit im Wesentlichen gleichen Lage- und Nutzungsverhältnissen**[107].
Bodenrichtwerte können unterschieden werden nach

- *allgemeinen* Bodenrichtwerten i.S. des § 196 Abs. 1 Satz 1 bis 3 BauGB,
- *besonderen* Bodenrichtwerten i.S. des § 196 Abs. 1 Satz 7 BauGB sowie
- den auf zurückliegende Stichtage bezogenen *für steuerliche Zwecke abgeleiteten* Bodenrichtwerten i.S. des § 196 Abs. 1 Satz 6 und Abs. 2 BauGB.

107 BGH, Urt. vom 17.05.1991 – V ZR 104/90 –, BGHZ 117, 338 = EzGuG 11.183; BFH, Urt. vom 26.09.1980 – III R 21/78 –, BFHE 132, 101 = BStBl II 1981, 153 = EzGuG 20.86; BFH, Urt. vom 29.04.1987 – X R 2/80 –, BFHE 150, 453 = BStBl II 1987, 769 = EzGuG 19.39f; BFH, Urt. vom 08.09.1994 – IV R 16/94 –, GuG 1995, 313 = BFHE 176, 340 = BStBl II 1995, 309 = EzGuG 19.43; BFH, Urt. vom 21.07.1993 – II R 13/91 –, BFH/NV 1994, 610 = EzGuG 20.147a; BFH, Urt. vom 21.05.1982 – III B 32/81 –; BFHE 136, 141 =BStBl II 1982, 604 = EzGuG 20.99; BFH, Urt. vom 26.09.1980 – III R 67/78 –, BFHE 131, 524 = BStBl II 1981, 353 = EzGuG 4.74a.

Bei den **für steuerliche Zwecke abgeleiteten Bodenrichtwerten** handelt es sich um solche, die bezogen

- auf den Hauptfeststellungszeitpunkt der Einheitsbewertung (01.01.1964) bzw.
- auf den Zeitpunkt der Bedarfsbewertung zur Feststellung des Grundbesitzwerts (01.01.1996)

ermittelt werden (vgl. § 13 ImmoWertV Rn. 31, 45).

5.3.2 Zulässigkeit und Bedeutung des Bodenrichtwertverfahrens

5.3.2.1 Allgemeines

▶ *Vgl. § 40 ImmoWertV Rn. 17 ff.; § 196 BauGB Rn. 1 ff.*

Auch wenn der Heranziehung von Vergleichspreisen der Vorrang vor dem Bodenrichtwertverfahren einzuräumen ist[108], stellt das **Bodenrichtwertverfahren eine bewährte** und in der höchstrichterlichen Rechtsprechung nicht beanstandete **Methode der Bodenwertermittlung** dar[109]. Nur im älteren Schrifttum wird seine Eignung bezweifelt[110]. **163**

Mit § 40, Abs. 2, § 24 Abs. 1 Satz 2, Abs. 2 Nr. 2 und § 26 Abs. 2 ImmoWertV wird klargestellt, dass zur Bodenwertermittlung neben oder anstelle von Vergleichspreisen Bodenrichtwerte verwendet werden[111]. Die auf den Bezugsstichtag des jeweiligen Bodenrichtwerts sowie auf die Grundstücksmerkmale des Bodenrichtwertgrundstücks bezogenen Bodenrichtwerte müssen dann – wie im Falle der Heranziehung von Vergleichspreisen auf den Wertermittlungsstichtag und die Eigenschaften des zu bewertenden Grundstücks – umgerechnet werden (können). Die entsprechend umgerechneten Bodenrichtwerte bezeichnet die ImmoWertV 21 als **„objektspezifisch angepasste Bodenrichtwerte“**.

Bestehen begründete **Zweifel an der Stimmigkeit der Bodenrichtwerte,** kann es notwendig sein, bei der Bodenwertermittlung primär auf originäre Vergleichspreise der Kaufpreissammlung zurückzugreifen[112]. Der sich aus § 195 Abs. 3 BauGB ergebene Rechtsanspruch auf Auskunft aus der Kaufpreissammlung besteht bei alledem generell und nicht erst bei aufkommenden Zweifeln. Etwas anderes kann allenfalls dann gelten, wenn nach den Umständen des Einzelfalls der Bodenrichtwert in erkennbarer Weise vertrauenswürdig ist und etwaige Schätzungsungenauigkeiten ohne Bedeutung sind. Dies kann bei Anwendung des Ertragswertverfahrens der Fall sein, denn bei Anwendung dieses Verfahrens schlagen Ungenauigkeiten der Bodenwertermittlung bei langer Restnutzungsdauer des Gebäudes nur marginal auf das Ergebnis durch.

Bei **Anwendung des Ertragswertverfahrens** können Bodenrichtwerte bedenkenfrei herangezogen werden, wenn die Bebauung eine lange Restnutzungsdauer aufweist und keine selbstständig nutzbaren Teilflächen i.S. des § 41 ImmoWertV gesondert zu berücksichtigen sind.

---

108 Der BGH hat im Urt. vom 17.05.1991 – V ZR 104/90 –, BGHZ 117, 338 = EzGuG 11.183 ein zum Zwecke der Ausübung eines Ankaufsrechts erstattetes Schiedsgutachten, in dem der Verkehrswert eines unbebauten Grundstücks ohne Berücksichtigung der Vergleichspreise aus der unmittelbaren Nachbarschaft des Kaufgrundstücks ermittelt wurde, als lückenhaft und deswegen grundsätzlich unrichtig bezeichnet.

109 BGH, Urt. vom 04.03.1982 – III ZR 156/80 –, BRS Bd. 45 Nr. 18 = EzGuG 11.127; BGH, Urt. vom 10.03.1977 – III ZR 195/74 –, BRS Bd. 34 Nr. 139 = EzGuG 18.72; BFH, Urt. vom 15.01.1985 – IX R 81/83 –, BFHE 143, 61 = BStBl II 1985, 252 = EzGuG 20.109; a.A. RFH, Urt. vom 28.04.1938 – III 345/37 –, RStBl. 1938, 716.

110 Brachmann, AVN 1967, 478; Meissner, AVN 1967, 535; Hintzsche, AVN 1968, 111; Glaser, AVN 1969, 456; Frisch, AVN 1970, 445.

111 Die ImmoWertV kehrt damit wieder zu der bis 2010 geltenden Rechtslage der WertV 88/98 zurück. Zur Kritik an der damit „korrigierten“ Regelung des § 16 Abs. 1 Satz 2 ImmoWertV 10 vgl. Kleiber, Verkehrswertermittlung von Grundstücken, 9. Aufl.;Syst. Darst. des Vergleichswertverfahrens Rn. 155; so auch: VG Regensburg, Urt. vom 06.12.2018 – RO 7 K 16.1883 –, BeckRS 2018, 45374 = EzGuG 15.205.

112 Zu den Zweifeln vgl. Rechtsprechung des OLG Düsseldorf in Bezug auf Kostenrecht: OLG Düsseldorf, Beschl. vom 02.06.1971 – 10 W 37/71 –, DNotZ 1972, 442 = EzGuG 20.49 b.

Bei **Anwendung des Sachwertverfahrens** ist hingegen eine präzise Bodenwertermittlung geboten.

5.3.2.2 Geeignete Bodenrichtwerte nach ImmoWertV

▶ *Vgl. § 26 ImmoWertV Rn. 51 ff.; § 40 ImmoWertV*

164 **Voraussetzung für die Heranziehung von Bodenrichtwerten** zur Wertermittlung ist ihre Eignung. Eine Eignung soll nach § 9 Abs. 1 Satz 2 und § 12 Abs. 3 ImmoWertV gegeben sein, wenn der Bodenrichtwert hinsichtlich Aktualität in Bezug auf den maßgeblichen Wertermittlungsstichtag und Repräsentativität den jeweiligen Grundstücksmarkt zutreffend abbildet und etwaige Abweichungen in den allgemeinen Wertverhältnissen sowie wertbeeinflussende Abweichungen der Grundstücksmerkmale des Wertermittlungsobjekts gegebenenfalls mit geeigneten Indexreihen sowie Umrechnungskoeffizienten, durch eine Anpassung mittels Zu- oder Abschlägen oder in anderer sachgerechter Weise berücksichtigt werden können.

Darüber hinaus ist analog zu § 25 Satz 1 ImmoWertV zu fordern, dass nur **Bodenrichtwerte** solcher Bodenrichtwertgrundstücke herangezogen werden, **die mit dem zu bewertenden Grundstück hin-reichend überein-stimmende Grundstücksmerkmale aufweisen** und die zu Zeitpunkten verkauft worden sind (Vertragszeitpunkte), die in hinreichend zeitlicher Nähe zum Wertermittlungs-stichtag stehen. Eine hinreichende Übereinstimmung der Grundstücksmerkmale des zum Vergleich heran-gezogenen Boden-richtwerts mit denen des zu bewertenden Grundstücks ist wiederum entsprechend dereinschlägigen Rechtsprechung gegeben, wenn sich die zur Berücksichtigung der abweichenden Grundstücks-merkmale und Wertverhältnisse anzubringenden Zu- bzw. Abschläge in der Summe in den dort genannten Grenzen halten (vgl. Rn. 30).

Die von den Gutachterausschüssen nach § 193 Abs. 5 Satz 1 BauGB zu ermittelnden und nach § 196 Abs. 3 BauGB zu veröffentlichenden Bodenrichtwerte weisen diese Voraussetzungen nicht allerorts auf. Bei alledem sind Zweifel aufgekommen, dass die nach § 196 BauGB flächendeckend für das gesamte Bundesgebiet abzuleitenden Bodenrichtwerte (für Bauland) tatsächlich für die Bodenwertermittlung allerorts geeignet sind[113]. Generell ist festzustellen, dass die **Eignung von Bodenrichtwerten für Wertermittlungen umso besser ist, je dichter die Bodenrichtwerte** abgeleitet worden sind und je konkreter die Eigenschaften der dem Bodenrichtwert zuzuordnenden Grundstücke bei der Ableitung berücksichtigt und in der Veröffentlichung angegeben worden sind. Vielfach beschränkt sich allerdings die Bodenrichtwertableitung auf wenige und dann auch noch unpräzisierte Angaben. Beispielsweise ist die Heranziehung von **Bodenrichtwerten für „ortsüblich erschlossene Grundstücke“** in der Rechtsprechung auf Kritik gestoßen, da § 196 Abs. 1 Satz 1 BauGB für baureifes Land nur die Veröffentlichung von erschließungsbeitragsfreien (ebf) oder erschließungsbeitragspflichtigen (ebpf) Bodenrichtwerten vorsehe und aus diesen Angaben eine eventuelle Erschließungsbeitragspflichtigkeit nicht eindeutig hervorgehe[114].

Grundsätzlich ist der Bodenrichtwertermittlung dabei das Maß der baulichen Nutzung zugrunde zu legen, das sich für das Bodenrichtwertgrundstück nach Maßgabe des § 5 Abs. 1 ImmoWertV ergibt. Nach dieser Vorschrift ist **das nach den bauplanungsrechtlichen Bestimmungen der §§ 30, 33 und 34 BauGB unter Berücksichtigung sonstiger die Nutzbarkeit betreffender Vorschriften höchstzulässige Maß der baulichen Nutzung** maßgebend, es sei denn, im gewöhnlichen Geschäftsverkehr wird am Wertermittlungsstichtag üblicherweise ein davon abweichendes Maß der baulichen Nutzung zugrunde gelegt.

Angewandt auf die Bodenrichtwertermittlung bedeutet dies, dass in diesen Fällen **der Bodenrichtwertermittlung das am Bezugsstichtag der Bodenrichtwertermittlung lageübliche Maß der baulichen Nutzung zugrunde zu legen ist,** denn in diesen Fällen orientieren sich

113 Vgl. hierzu Umfrage des Deutschen Landkreistages, GuG 2000, 164.
114 OVG Bautzen, Urt. vom 13.03.2000 – 7 D 57/98 –, GuG 2001, 59 = EzGuG 4.174; OVG Magdeburg, Urt. vom 04.02.1999 – C 8 S 3/98 –, RdL 1999, 214 = EzGuG 10.12.

die Kaufpreise, aus denen der Bodenrichtwert abgeleitet wird, am lagetypischen Maß der baulichen Nutzung. Es kann dabei auch nicht ausgeschlossen werden, dass das in der Vergangenheit tatsächlich realisierte Maß der baulichen Nutzung im Einzelfall von dem abweicht, was im Neubaufall am Wertermittlungsstichtag lageüblich wäre.

5.3.2.3 Objektspezifisch angepasster Bodenrichtwert

▶ *§ 26 ImmoWertV Rn. 51 ff.*

Zur Marktwertermittlung ist der sog. objektspezifisch angepasste Bodenrichtwert heranzuziehen. Dieser definiert sichals der Bodenrichtwert, der dem im Einzelfall maßgeblichen Wertermittlungsstichtag und den Grundstücksmerkmalen des zu bewertenden Grundstücks angepasst worden ist. **165**

Die **Anpassung an die Gegebenheiten des Wertermittlungsobjekts** erfolgt wie im Falle der Anwendung des direkten Vergleichswertverfahrens durch geeignete Indexreihen und geeignete Umrechnungskoeffizienten, durch eine Anpassung mittels Zu- oder Abschlägen oder in anderer sachgerechter Weise (vgl. zur Anpassung Rn. 215 ff.).

Es können auch **Bodenrichtwerte anderer Bodenrichtwertzonen** herangezogen werden, wenn der Bodenrichtwert der Bodenrichtwertzone, in der ein zu bewertendes Grundstück gelegen ist, nicht geeignet ist. Dies kann in Betracht kommen, wenn die Merkmale dieses Bodenrichtwertgrundstücks nicht hinreichend mit den Grundstücksmerkmalen des zu bewertenden Grundstücks übereinstimmen, insbesondere wenn das zu bewertende Grundstück singuläre von den durchschnittlichen Lage- und Nutzungsverhältnissen einer Bodenrichtwertzone erheblich abweichende Eigenschaften aufweist oder im Randbereich einer Bodenrichtwertzone gelegen ist.

5.4 Bodenrichtwerte in der steuerlichen Bewertung

Schrifttum: *Blum/Weiß,* Die steuerliche Aufteilung der Anschaffungskosten von Grundstücken, GuG 2007, 257; *Debus/Helbach,* Ist der Bodenwertansatz beim Verkauf bei bebauten Objekten von Bedeutung?, GuG 2012, 65; *Grootens*, Hrsg., Grundsteuergesetz, Bewertungsgesetz, 2. Aufl. nwb 2022; *Moll-Amrein/Schaper,* Ermittlung des Gebäudewertanteils von Renditeobjekten in Gebieten mit hohem Bodenpreisniveau, GuG 2013, 257.

▶ *Vgl. Rn. 277; zum Bodenrichtwertverfahren vgl. § 13 ImmoWertV Rn. 31, 42 ff., 49; zu baufälligen Gebäuden vgl. 43 ImmoWertV Rn. 4; zu Gebäuden im Zustand der Bebauung vgl. § 6 ImmoWertV Rn. 192; § 196 BauGB Rn. 15 ff.*

Im Rahmen der steuerlichen Bewertung wird das Vergleichswertverfahren unter Anwendung von Bodenrichtwerten verwendet **166**

1. bei der **Ermittlung des Grundsteuerwerts von bebauten und unbebauten Grundstücken nach den § 247 Abs. 1, § 257 Abs. 1 und § 258 Abs. 1 BewG** (§ 6 ImmoWertV Rn. 63, 211 ff.; § 13 ImmoWertV Rn. 10; § 40 ImmoWertV Rn. 7; zur Mindestbewertung vgl. § 40 ImmoWertV Rn. 120; Syst. Darst. des Ertragswertverfahren Rn. 127)
   Bereits der Einheitswert wurde nach Ziff. A 7 ff. der „Richtlinien für die Bewertung des Grundvermögens“ (BewRGr) unter Heranziehung der von den Finanzämtern für jede Gemeinde angelegten (Boden-)Richtwertkarten unter Berücksichtigung von Besonderheiten und Abweichungen (Vorder- und Hinterland, besondere Lage (Eckgrundstück), der Größe, dem Zuschnitt, der Oberflächenbeschaffenheit und dem Baugrund ermittelt; in diesen Karten sind die auf den Quadratmeter Grundstücksfläche bezogenen Durchschnittspreise für Bauerwartungsland, Rohbauland, baureifes Land, Industrieland, Land für Verkehrszwecke sowie Freiflächen nach den allgemeinen Wertverhältnissen zum 01.01.1964 ausgewiesen.

Nach § 247 Abs. 1 Satz 1 und 2 BewG sind Bodenrichtwerte grundsätzlich ohne Anpassung an die besonderen Grundstücksmerkmale anzusetzen und bleiben typisierend außer Betracht[115]. Wird von den Gutachterausschüssen kein Bodenrichtwert ermittelt, ist der Wert des unbebauten Grundstücks nach § 247 BewG aus den Werten vergleichbarer Flächen abzuleiten.

2. bei der **Ermittlung des Grundbesitzwerts von unbebauten Grundstücken für Zwecke der Grunderwerbsteuer** nach § 145 Abs. 3 BewG
Der Grundbesitzwert des Grund und Bodens bestimmt sich aus dem Produkt der Grundstücksfläche in m² und dem Bodenrichtwert (pro m²), abzüglich eines Abschlags von 20 % und auf volle 500 € abgerundet.

3. bei der **Ermittlung des Grundbesitzwerts von unbebauten Grundstücken für Zwecke der Erbschaft- und Schenkungsteuer** nach § 179 BewG i.V.m. Abschn. 5 bis 7 der Ländererlasse.
Unbebaute Grundstücke (§ 182 Abs. 1 BewG) sind nach § 179 BewG Grundstücke, auf denen sich keine benutzbaren Gebäude[116] befinden (vgl. §§ 72 und 145 Abs. 1 und 2 BewG).
Der Grundbesitzwert des Grund und Bodens bestimmt sich aus dem Produkt der Grundstücksfläche in m² und dem Bodenrichtwert (pro m²), wobei die Bodenrichtwerte von dem einschlägigen Gutachterausschuss gemäß § 196 BauGB ermittelt und dem Finanzamt mitgeteilt worden sein müssen. Es ist jeweils der aktuelle Bodenrichtwert anzusetzen, der nach den Gegebenheiten des Grundstücks anzupassen ist (GFZ, Vorder- und Hinterland usw.). Lässt sich kein Bodenwert ermitteln, ist er aus geeigneten Vergleichspreisen abzuleiten.

§ 179 Bewertung der unbebauten Grundstücke

Der Wert unbebauter Grundstücke bestimmt sich regelmäßig nach ihrer Fläche und den Bodenrichtwerten (§ 196 des Baugesetzbuchs). Die Bodenrichtwerte sind von den Gutachterausschüssen nach dem Baugesetzbuch zu ermitteln und den Finanzämtern mitzuteilen. ***Bei der Wertermittlung ist stets der Bodenrichtwert anzusetzen, der vom Gutachterausschuss zuletzt zu ermitteln war.*** Wird von den Gutachterausschüssen kein Bodenrichtwert nach § 196 des Baugesetzbuchs ermittelt, ist der Bodenwert aus den Werten vergleichbarer Flächen abzuleiten.

167 Der **zuletzt vom Gutachterausschuss festgestellte Bodenrichtwert** ist auch maßgebend, wenn der Gutachterausschuss Bodenrichtwerte im zweijährigen Turnus ermittelt, sowie bei Ermittlung des Grundbesitzwerts unter Anwendung des Ertrags- und Sachwertverfahrens.

168 Entgegen dem Wortlaut des § 179 BewG ist bei der Grundbesitzbewertung nicht unmittelbar der Bodenrichtwert anzusetzen. Der Bodenrichtwert ist lediglich Ausgangspunkt für die erbschaftsteuerliche Bewertung. Das Nähere ist in den Erbschaftsteuer-Richtlinien 2019 – **ErbStR 2019** – vom 16.12.2019 unter Berücksichtigung der Rechtsprechung des BFH[117] geregelt (Abb. 4).

---

115 Zur Berücksichtigung von Abweichungen: Grootens, Hrsg., Grundsteuergesetz, Bewertungsgesetz, 2. Aufl. nwb 2022; § 247 BewG Rn. 57.

116 Vgl. zum Gebäudebegriff: Gleich lautende Ländererlasse vom 15.03.2006 (BStBl I 2006, S. 314), 159 (1). Die **Benutzbarkeit** beginnt im Zeitpunkt der Bezugsfertigkeit, d.h., wenn den zukünftigen Bewohnern bzw. Nutzern die Nutzung zugemutet werden kann. Die Abnahme durch die Bauaufsichtsbehörde ist nicht erforderlich.

117 GuG 2009, 225. Die Grundsätze sind vom BFH in drei Grundsatzentscheidungen entwickelt worden: **Erschließungsbeitragsrechtlicher Zustand des Grundstücks** BFH Urt. vom 18.08.2005 – II R 62/03 –, BFHE 210, 368 = BStBl. II 2006, 5 = EzGuG 4.195b; **Umrechnungskoeffizienten für GFZ** BFH, Urt. vom 12.07.2006 – II R 1/04 –, BFHE 213/397 = BStBl II 2006, 742 = GuG 2008, 249 = EzGuG 4.197a; zu Umrechnungskoeffizienten für Grundstücksgröße BFH, Urt. vom 11.05.2005 – II R 21/02 –, GuG 2005, 376 = BFHE 210, 48 = BStBl. II 2005, 686 = EzGuG 4.195.

Abb. 4: Bodenrichtwertverfahren in der erbschaftsteuerlichen Bewertung

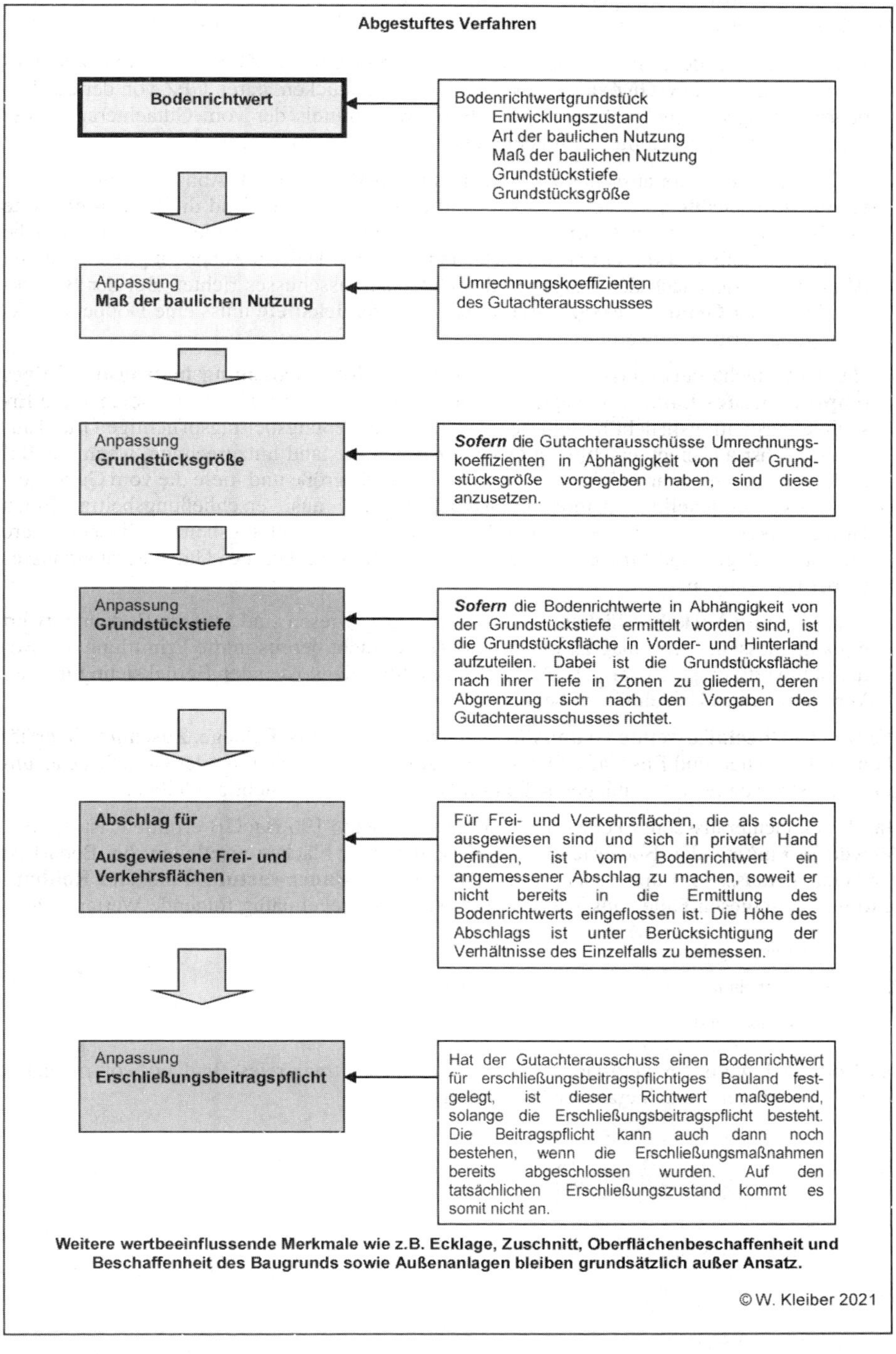

169 Abweichungen der Grundstücksmerkmale des zu bewertenden Grundstücks von den zum Bodenrichtwertgrundstück angegebenen Grundstücksmerkmalen sind „grundsätzlich nach den Vorgaben des Gutachterausschusses zu berücksichtigen" (ErbStR 2019 zu § 179):

- Wird zu dem Bodenrichtwert eine **Geschossflächenzahl (GFZ)** bzw. wertrelevante Geschossflächenzahl (WGFZ) angegeben, ist bei Grundstücken, deren GFZ von der des Bodenrichtwertgrundstücks abweicht, der Bodenwert mittels der vom Gutachterausschuss dem Finanzamt mitgeteilten Umrechnungskoeffizienten umzurechnen.
- Sofern die Gutachterausschüsse Umrechnungskoeffizienten in Abhängigkeit von der **Grundstücksgröße** vorgegeben haben, sind diese anzusetzen. Sind die Bodenrichtwerte in Abhängigkeit von der **Grundstückstiefe** ermittelt worden, ist die Grundstücksfläche aufzuteilen; dabei ist die Grundstücksfläche nach ihrer Tiefe in Zonen zu gliedern, deren Abgrenzung sich nach den Vorgaben des Gutachterausschusses richtet. Bei der Berücksichtigung der **Grundstücksgröße und der Grundstückstiefe** muss eine Doppelberücksichtigung vermieden werden.
- Hat der Gutachterausschuss einen **Bodenrichtwert für erschließungsbeitragspflichtiges (ebpf) baureifes Land** festgelegt, ist dieser Bodenrichtwert maßgebend, solange die Erschließungsbeitragspflicht besteht, jedoch sind erschließungsbeitragspflichtige Grundstücke zunächst auf einen erschließungsbeitragsfreien Zustand umzurechnen, wenn zur Berücksichtigung einer abweichenden GFZ, Grundstücksgröße und -tiefe die vom Gutachterausschuss mitgeteilten Umrechnungskoeffizienten aus erschließungsbeitragsfreien Grundstücken abgeleitet worden sind. Die Höhe der Erschließungsbeiträge, insbesondere für Kanalanlagen und Straßenausbau, sind nach den Vorgaben des Gutachterausschusses zu berücksichtigen.
- Für **Frei- und Verkehrsflächen**, die als solche ausgewiesen sind, ist vom Bodenrichtwert ein angemessener Abschlag zu machen, soweit er nicht bereits in die Ermittlung des Bodenrichtwerts eingeflossen ist. Die Höhe des Abschlags ist unter Berücksichtigung der Verhältnisse des Einzelfalls zu bemessen.

170 **Weitere wertbeeinflussende Grundstücksmerkmale**, wie z.B. Ecklage, Zuschnitt, Oberflächenbeschaffenheit und Beschaffenheit des Baugrunds, Lärm-, Staub- oder Geruchsbelastungen, Altlasten sowie Außenanlagen sollen im Übrigen unberücksichtigt bleiben.

171 Hat der Gutachterausschuss keinen Bodenrichtwert nach § 196 BauGB ermittelt, ist der Bodenwert pro m² aus den Bodenrichtwerten vergleichbarer Flächen abzuleiten; bei Bedarf ist der Gutachterausschuss um Auskunft zu ersuchen. Für **Bauerwartungsland** und **Rohbauland** gelten in diesen Fällen aus Vereinfachungsgründen regelmäßig folgende Wertansätze:

1.	Bauerwartungsland	25 %,
2.	Bruttorohbauland	50 % und
3.	Nettorohbauland	75 %

des Bodenrichtwerts für vergleichbares erschließungsbeitragsfreies Bauland, sofern hierzu keine Angaben der Gutachterausschüsse vorliegen[118].

118 Vgl. 179.3 Abs. 2 ErbStR 2019.

5.5 Beleihungswertermittlung

► *Vgl. § 40 ImmoWertV; Syst. Darst. des Sachwertverfahrens Rn. 313; vgl. Teil IX § 15 BelWertV Rn. 306*

Die BelWertV hat keine verfahrensübergreifende Vorschrift für die Ermittlung des Bodenwerts. Im Rahmen der Regelungen des Sachwertverfahrens (§§ 15 ff. BelWertV) werden jedoch Hinweise gegeben, nach denen der Bodenwert nach den Regelungen der ImmoWertV zu ermitteln ist unter Berücksichtigung **172**

1. der örtlichen Lage, der Größe und des Zuschnitts des Grundstücks,
2. der Art und des Maßes der baurechtlich festgesetzten Nutzungsmöglichkeiten und der tatsächlichen Nutzung,
3. der Art und Beschaffenheit der Zuwegungen,
4. der wichtigsten wirtschaftlichen und verkehrstechnischen Verbindungen,
5. der Anschlussmöglichkeiten an Ver- und Entsorgungsnetze,
6. der noch anfallenden Erschließungsbeiträge und
7. vorhandener Richtwerte und Vergleichspreise.

Die Vorschrift lässt offen, wie der Bodenwert zu ermitteln ist, wenn ein Unterschied zwischen den „baurechtlich festgesetzten Nutzungsmöglichkeiten und der tatsächlichen Nutzung" besteht, und berücksichtigt auch nicht den Fall eines Unterschieds zwischen der lagetypischen Nutzung und der tatsächlichen Nutzung. Mit § 15 Abs. 2 BelWertV wird lediglich vorgegeben, dass **bei der Ermittlung des Bodenwerts keine höherwertige Nutzung als die zulässige Nutzung** zugrunde gelegt werden darf. Bei einer Unterschreitung können die in der Verkehrswertermittlung geltenden Grundsätze zur Anwendung kommen.

5.6 GNotKG

Die **Heranziehung von Bodenrichtwerten zur Ermittlung des Geschäftswerts i.S. des GNotKG** ist in der Rechtsprechung dem Grunde nach überwiegend als zulässig befunden worden. **173**

Im Rahmen der Rechtsprechung zur KostO (Ermittlung von Gegenstandswerten), aus dem das GNotKG hervorgegangen ist, **ist anerkannt, vom** herangezogenen **Bodenrichtwert einen Sicherheitsabschlag von rd. 25 % vorzunehmen.** Dies entspricht der ständigen Entscheidungspraxis insbesondere des KG, das sich auf eine 1973 eingeholte Untersuchung beruft, nach der „die zu den Richtwerten zusammengefassten Bodenpreise eine Schwankungsbreite von bis zu 10 % bis 30 % unterhalb der Richtwerte" zeigen, „wobei das Hauptgewicht der Schwankungsbreite bei 20 % lag"[119].

119 KG, Urt. vom 24.10.1997 – 25 W 5064/96 –, GuG-aktuell 1999, 47 (LS) = EzGuG 14.130; KG, Beschl. vom 21.03.1996 – 19 W 6272/95 –, AnwBl. 1995, 416; KG, Beschl. vom 26.10.1994 – 1 W 5012/94 –, DNotZ 1996, 790 = EzGuG18.116a; BayObLG, Urt. vom 05.01.1995 – 3 Z BR 291/94 –, JurBüro 1995, 432 = EzGuG 19.44; KG, Beschl. vom 08.03.1994 – 1 W 6606/94 –, KGR 1994, 96 = EzGuG 7.120a; OLG Köln, Urt. vom 15.01.1984 – 23 Wlw 21/83 –, JurBüro 1984, 1883 = EzGuG 20.104b: 25 %; KG, Beschl. vom 09.10.1973 – 1 W 507/72 –, DNotZ 1974, 486 = EzGuG 20.55a; BayObLG, Beschl. vom 22.07.1971 – Breg 2 Z 88/70 –, DNotZ 1972, 245 = EzGuG 11.80b; BayObLG, Beschl. vom 13.09.1972 – BReg 3 Z 40/70 –, BayObLGZ 72, 297 = EzGuG 11.84d: 25 %; KG, Beschl. vom 01.02.1972 – 1 W 12213/70 –, DNotZ 1972, 624 = EzGuG 11.81d; BayObLG, Urt. vom 22.07.1971 – BReg 2 Z 88/70 –, BayObLGZ 1971, 260 = EzGuG 11.81; OLG Karlsruhe, Beschl. vom 06.07.1971 – 11 W 66/71 –, Rpfleger 1971, 371 = EzGuG 11.79a; OLG Düsseldorf, Beschl. vom 02.06.1971 – 10 W 37/71 –, DNotZ 1972, 442 = EzGuG 20.49f; OLG Hamm, Beschl. vom 07.01.1971 – 15 W 441/70 –, JurBüro 1971, 346; LG München I, Beschl. vom 30.01.1970 – 16 T 40/69 –, Rpfleger 1970, 218 = EzGuG 19.20b; AG Göttingen, Beschl. vom 11.02.1970 – 9 IV 165/22 –, Rpfleger 1970, 256 = EzGuG 11.70e; a. A., Schalhorn, JurBüro 1970, 723; Weweder in Rohs/Weweder, KostO., 2. Aufl., § 19 Erl. Ia S. 254; Lauterbach, KostenG, 16. Aufl., § 19 KostO Rn. 3 B.

6 Berücksichtigung von abweichenden Merkmalen des Grund und Bodens (§ 25 Satz 2 ImmoWertV)

6.1 Übersicht

▶ *Vgl. zur Eignung von Vergleichsdaten vgl. Rn. 15 ff.; § 8 ImmoWertV Rn. 11 ff.; § 26 ImmoWertV Rn. 17 ff.*

174 Die Anpassung der zum Preisvergleich herangezogenen geeigneten Kaufpreise, Bodenrichtwerte und Vergleichsfaktoren bebauter Grundstücke, die sich jeweils auf einen bestimmten Bezugsstichtag und auf zu konkretisierende Grundstücksmerkmale beziehen, an die Gegebenheiten des Wertermittlungsstichtags und an die Gegebenheiten des zu bewertenden Grundstücks ist die Seele des Vergleichswertverfahrens (*adjustment*)[120]. Ein direkter (unmittelbarer) Preisvergleich auf der Grundlage der originären Vergleichsdaten ist nämlich i.d.R. nicht möglich (vgl. Rn. 73).

175 Die Anpassung setzt voraus, dass **die wertbeeinflussenden Grundstücksmerkmale der den Vergleichspreisen zugrunde liegenden Grundstücke hinreichend konkretisiert sind.** Die Verwendbarkeit von sog. anonymisierten Kaufpreisen ist vor diesem Hintergrund fragwürdig. Entsprechendes gilt für die Bodenwertermittlung auf der Grundlage von Bodenrichtwerten. Der auf die Grundstücksmerkmale des zu bewertenden Grundstücks und auf den Wertermittlungsstichtag umgerechnete Bodenrichtwert bzw. Vergleichsfaktor wird in § 26 Abs. 2 ImmoWertV als „objektspezifisch angepasster Bodenrichtwert" bezeichnet.

176 **Abweichungen in den allgemeinen Wertverhältnissen sowie wertbeeinflussende Abweichungen der Grundstücksmerkmale** des zu bewertenden Grundstücks sollen durch geeignete Indexreihen, Umrechnungskoeffizienten oder in anderer Weise (z.B. durch marktübliche Zu- oder Abschläge) berücksichtigt werden. Die zur Berücksichtigung dieser Abweichungen anzubringenden Zu- oder Abschläge sollten in ihrer Gesamtheit die unter Rn. 30 aufgeführten Grenzen nicht überschreiten.

177 Bei der Ermittlung von **Marktwerten bebauter Grundstücke unter Heranziehung geeigneter Vergleichsfaktoren bebauter Grundstücke** sind auch diese – ausgehend von ihren Referenzmerkmalen – dem zu bewertenden Grundstück mittels der dafür abgeleiteten Umrechnungskoeffizienten und Indexreihen anzupassen. Der auf die Grundstücksmerkmale des zu bewertenden Grundstücks und auf den Wertermittlungsstichtag umgerechnete Vergleichsfaktor wird in § 26 Abs. 1 ImmoWertV als *„objektspezifisch angepasster Vergleichsfaktor"* bezeichnet. **Die dabei zur Anwendung kommenden Umrechnungskoeffizienten zur Berücksichtigung abweichender Merkmale des Grund und Bodens sind von den in diesem Kapitel behandelten Umrechnungskoeffizienten zur Ermittlung von Bodenwerten zu unterscheiden**.
Entsprechendes gilt im Übrigen auch in Bezug auf die **Marktwertermittlung bebauter Grundstücke im Weg des Ertrags- und Sachwertverfahrens**. Auch in diesen Fällen **sind die dabei heranzuziehenden Liegenschaftszinssätze und Sachwertfaktoren –** ausgehend von ihren jeweiligen Referenzmerkmalen – dem Bewertungsobjekt mittels der dafür abgeleiteten Umrechnungskoeffizienten und Indexreihen anzupassen. Der auf die Grundstücksmerkmale des zu bewertenden Grundstücks und auf den Wertermittlungsstichtag umgerechnete Liegenschaftszinssatz bzw. Sachwertfaktor wird in § 33 bzw. 39 ImmoWertV als *„objektspezifisch angepasster Liegenschaftszinssatz bzw. Sachwertfaktor"* bezeichnet. **Die dabei zur Anwendung kommenden Umrechnungskoeffizienten zur Berücksichtigung abweichender Merkmale des Grund und Bodens sind** ebenfalls **von den** in diesem Kapitel behandelten **Umrechnungskoeffizienten zur Ermittlung von Bodenwerten zu unterscheiden**.

178 Die Ermittlung des vorläufigen Verfahrenswerts bebauter Grundstücke steht bei alledem unter dem Grundsatz der Modell- und Referenzkonformität. Soweit unter Beachtung dieses Grund-

120 Entspricht IAS 40 § 40b.

satzes eine vollumfängliche Anpassung z.B. mangels geeigneter Umrechnungskoeffizienten nicht möglich ist, müssen die verbleibenden Abweichungen als **besondere objektspezifische Grundstücksmerkmale** (boG) ergänzend zum vorläufigen Verfahrenswert berücksichtigt werden.

6.2 Bodenwertermittlung auf der Grundlage von Vergleichspreisen und Bodenrichtwerten

Mit bodenwertbezogenen Umrechnungskoeffizienten bzw. sachgerechten Zu- und Abschlägen können insbesondere Unterschiede bezüglich der besonderen Lageverhältnisse (innere und äußere Verkehrslage, Gesellschafts-, Geschäfts- und Wohnlage), der Nutzbarkeit, der Grundstücksgröße, Grundstückstiefe und des Grundstückszuschnitts, der Bodenbeschaffenheit, des Erschließungs- und Entwicklungszustands, der Umwelteinflüsse sowie ggf. bezüglich Bau- und Nutzungsbeschränkungen berücksichtigt werden. Auf jeden Fall sollten die Zu- und Abschläge begründbar sein. Sich dabei nur auf die eigene Erfahrung zu berufen, stellt allerdings eine eher „hilflose Methode" dar. **179**

Neben dem Rückgriff auf Erfahrungswerte zur Berücksichtigung bestehender Abweichungen der Vergleichsgrundstücke von dem zu bewertenden Grundstück besteht die einfachste Form der Umrechnung von Vergleichspreisen auf die wertbeeinflussenden Merkmale des Wertermittlungsgrundstücks darin, dass man das maßgebliche **wertbeeinflussende Merkmal,** in dem sich die Grundstücke unterscheiden, mit plausiblen Kenngrößen (Passantenfrequenz, Flächenproduktivität usw.) wertmäßig **ins Verhältnis setzt** und hieraus den gesuchten Wert des zu bewertenden Grundstücks ableitet: **180**

Gesucht: Bodenwert/-preis des Wertermittlungsobjekts mit dem wertbeeinflussenden Merkmal A (gegeben). **181**
Gegeben: Bodenpreis eines Vergleichsgrundstücks mit dem wertbeeinflussenden Merkmal B (messbar).
Dann ist:

$$\frac{\text{Bodenpreis}_{\text{Merkmal A}}}{\text{Bodenpreis}_{\text{Merkmal B}}} = \frac{\text{Merkmal A}}{\text{Merkmal B}}$$

Umgeformt:

$$\text{Bodenpreis}_{\text{Merkmal A}} = \text{Bodenpreis}_{\text{Merkmal B}} \text{ x } \frac{\text{Merkmal A}}{\text{Merkmal B}}$$

Beispiel: **182**

- Es liegt ein Kaufpreis in Höhe von 300 €/m² aus einem innerstädtischen Mischgebiet (bevorzugte Einkaufslage) vor. Das Vergleichsgrundstück hat eine Flächenproduktivität von 8 000 €/m² Verkaufsfläche. Die Nachbargrundstücke sind ähnlich geprägt.
- Gesucht ist der Bodenwert eines ebenfalls im innerstädtischen Mischgebiet gelegenen Grundstücks. Die Lage ist durch eine geringere Flächenproduktivität geprägt, die bei 6 000 €/m² Verkaufsfläche liegt.

Gesuchter Bodenpreis = 300 €/m² x 6 000 / 8 000 = **225 €/m²**

183 Wie das KG Berlin[121] feststellte, könnten prozentuale Zu- und Abschläge in ihrer Höhe niemals nach einer vom Sachverstand geschaffenen Methode genau berechnet werden; in einem Rechtsstreit seien sie immer nur im Rahmen des dem Gericht nach § 287 ZPO zustehenden Ermessens zu schätzen und böten damit stets Raum für unterschiedliche Auffassungen. Wenn die **Zu- oder Abschläge die Größenordnung von höchstens 30 % oder allenfalls 35 % übersteigen**, zeige dies, dass die angeblich vergleichbaren Grundstücke in Wahrheit nicht miteinander verglichen werden können (vgl. Rn. 30 ff.).

184 In der Regel unterscheiden sich die zum Preisvergleich heranziehbaren Grundstücke gleich in mehreren Zustandsmerkmalen von denen des zu bewertenden Grundstücks. Dass ein Vergleichsgrundstück nur in einem einzigen Zustandsmerkmal Abweichungen aufweist, ist eher eine seltene Ausnahme. Muss also der Kaufpreis eines Vergleichsgrundstücks bezüglich mehrerer abweichender Zustandsmerkmale auf die Eigenschaften des Wertermittlungsobjekts umgerechnet werden, so kann für das Ergebnis von Bedeutung sein, in welcher **Reihenfolge** die erforderlichen **Zu- oder Abschläge** an den Kaufpreis des Vergleichsgrundstücks angebracht werden. Dies betrifft die Fälle, in denen die Zu- oder Abschläge teils **mit Absolutbeträgen** und teils **mit Relativbeträgen** angebracht werden:

185 *Beispiel:*

a) Das Vergleichsgrundstück weist gegenüber dem in mittlerer Geschäftslage gelegenen Bewertungsobjekt mit einer GFZ von 1,2 Abweichungen bezüglich

- des Maßes der baulichen Nutzung (nämlich eine GFZ von 0,8) und
- der Geschäftslage (nämlich schlechte Geschäftslage)

auf. Der Kaufpreis beträgt 600 €/m².

b) Der unterschiedlichen Geschäftslage soll mit einem Zuschlag von 200 €/m² Rechnung getragen werden. Das unterschiedliche Maß der baulichen Nutzung soll entsprechend der einschlägigen Umrechnungskoeffiziententabelle durch Anwendung des Faktors 1,22 (= 1,10/0,90) berücksichtigt werden.

1. Berechnung	
Zum Vergleich herangezogener Kaufpreis	600 €/m²
Berücksichtigung der Geschäftslage	+ 200 €/m²
Zwischensumme	**800 €/m²**
Berücksichtigung der unterschiedlichen GFZ: 800 €/m² × 1,22	**= 976 €/m²**

2. Berechnung	
Zum Vergleich herangezogener Kaufpreis	600 €/m²
Berücksichtigung der unterschiedlichen GFZ: 600 €/m² × 1,22	732 €/m²
Berücksichtigung der Geschäftslage	+ 200 €/m²
	932 €/m²

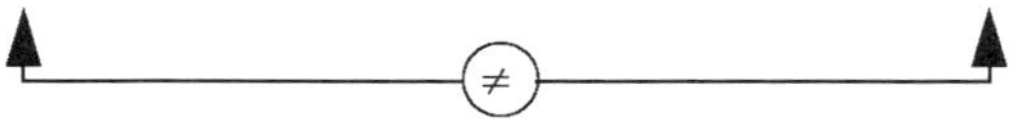

Bei höheren Zu- und Abschlägen, die mit einem Vomhundertsatz angebracht werden, können sich leicht Unterschiede von 10 % und mehr ergeben.

186 Bei einer **Berücksichtigung unterschiedlicher Zustandsmerkmale unter einheitlicher Verwendung von Zu- oder Abschlägen in absoluter Höhe oder bei einheitlicher Verwendung von Umrechnungskoeffizienten** (Relativbeträge) ist es dagegen für das Ergebnis unerheblich, in welcher Reihenfolge die Zu- oder Abschläge angebracht werden. Von daher ist dieser Methodik der Vorzug zu geben. Im Falle einer Kombination beider Vorgehensweisen muss, wie das *Beispiel* zeigt, die Reihenfolge und Modellkonformität beachtet werden.

121 KG Berlin, Urt. vom 01.11.1969 – U 1449/68 –, AVN 1970, 438 = EzGuG 20.46; einen Abzug von 30 % bejahend VG Schleswig, Urt. vom 25.09.1974 – 2 A 108/74 –, Die Gemeinde 1975, 93 = EzGuG 15.1; bereits das PrOVG hat sich mit dieser Problematik eingehend beschäftigt; Urt. vom 02.11.1896, EzGuG 20.2a.

Ist es wie in dem vorgestellten *Beispiel* unvermeidlich, teils mit **Zu- oder Abschlägen in absoluter Höhe und teils mit Relativbeträgen** zu arbeiten, beantwortet sich die Frage nach der richtigen Reihenfolge der Vorgehensweise nach folgenden Überlegungen: Die zur Berücksichtigung eines unterschiedlichen Maßes der baulichen Nutzung abgeleiteten Umrechnungskoeffizienten sollen entsprechend der dazu angegebenen Referenzen aus Kaufpreisen von „sonst gleichartigen" Grundstücken in *mittlerer Geschäftslage* abgeleitet worden sein, die sich unter Beachtung der „Ceteris-paribus-Bedingung" *nur* im Maß der baulichen Nutzung voneinander unterscheiden. Insoweit ist es erforderlich, den sich auf eine schlechte Geschäftslage beziehenden Vergleichspreis vor Anwendung der Umrechnungskoeffizienten auf eine mittlere Geschäftslage umzurechnen, denn diese liegt den Umrechnungskoeffizienten zugrunde. Solchen Überlegungen kann aber, wie bereits erläutert wurde, aus dem Weg gegangen werden, wenn zur Berücksichtigung von Abweichungen einheitlich mit Umrechnungskoeffizienten bzw. prozentualen Zu- oder Abschlägen gearbeitet wird. **187**

6.3 Hedonische Modelle/Regressionsanalysen/ein- und mehrdimensionale Schätzfunktionen

Schrifttum: *Fahrländer, S.*, Hedonische Immobilienbewertung: Eine empirische Untersuchung der Schweizer Märkte für Wohneigentum 1985 bis 2005, Martin Maidenbauer Verlagsbuchhandlung, 2007, S. 17; *Maier, G.*, Immobilienbewertung – theoretische Konzepte und praktische Anwendung, Wien 2011; *Maier, G./Herath, S.*, Immobilienbewertung mit hedonischen Preismodellen: Theoretische Grundlagen und praktische Anwendungen, Springer Gabler, 2015; *Sanftenberg, A.*, Ökonometrische Modelle als Derivat des Vergleichswertverfahrens in der Immobilienbewertung, GuG 2016, 314; *Thomsen, O./Nietsch, H.*, Hedonische Modellierung von Bodenrichtwerten, GuG 2010, 82 ff.

▶ *Vgl. zur Modellkonformität Vorbem. zur ImmoWertV Rn. 141*

Mit dem in § 9 Abs. 1 Satz 3 ImmoWertV enthaltenen Hinweis, nach dem **Abweichungen der wertbeeinflussenden Merkmale** der Vergleichsgrundstücke vom Zustand des zu bewertenden Grundstücks nicht nur durch Umrechnungskoeffizienten, Zu- oder Abschläge, sondern auch **in anderer sachgerechter Weise berücksichtigt** werden können, soll u.a. den in der Praxis zur Anwendung kommenden mathematisch-statistischen Methoden Rechnung getragen werden (Regressionsanalyse oder die sog. lustorientierten (hedonischen) Modelle (mehrdimensionale Schätzfunktionen)). **188**

Die Anwendung mathematisch-statistischer Methoden hat den Vorteil, dass auch Abweichungen mehrerer Zustandsmerkmale der Vergleichsgrundstücke von denen des Wertermittlungsobjekts in einem Rechengang berücksichtigt werden können. Die Methodik ist zudem darauf angelegt, die Verkehrswertermittlung optimal an den zum Preisvergleich herangezogenen Vergleichsgrundstücken zu orientieren. Zu diesem Zweck sucht man – wie in der Ökonometrie – ein plausibles mathematisches Erklärungsmodell zur Verkehrswertbildung zu konstruieren. Die dabei als verkehrswertbestimmende Faktoren eingeführten Größen werden – ausgehend von denen der Vergleichsgrundstücke – mit Hilfe eines **ausgleichenden Algorithmus** bestimmt (vgl. Abb. 2 ff. unter Rn. 191). Bei nüchterner Betrachtung dürfen die Erwartungen in diese Methodik allerdings nicht überspannt werden, da die von der Statistik gestellten Anforderungen an derartige Modelle allenfalls näherungsweise erfüllt sind und Scheingenauigkeiten erreicht werden können.

189 Bei Anwendung multipler Regressionsanalysen muss vor allem eine **Plausibilität und Anschaulichkeit des Erklärungsmodells** (Schätzfunktion) gefordert werden. Linearen Schätzfunktionen (Erklärungsmodelle) ist grundsätzlich der Vorzug zu geben, soweit kompliziertere Funktionen nicht begründbar sind:
a) Funktionsgleichung der **linearen Einfachregression:**
Zielgröße y = a + b · x

Abb. 1: Lineare Einfachregression

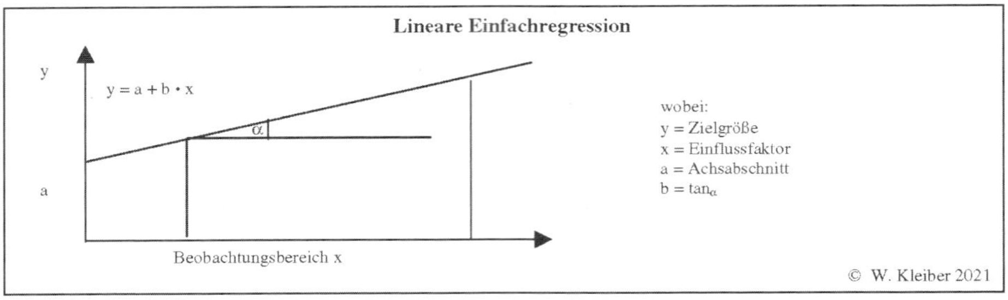

b) Funktionsgleichung der **multiplen** (linearen) **Regression**

Zielgrößey = a + bx$_1$+ cx$_2$+ ...

a	= Achsenabschnitt auf der Ordinate
b, c	= Regressionskoeffizienten
x_i	= Einflussfaktoren

190 Zur funktionalen Erfassung des Zusammenhangs zwischen der Zielgröße (insbesondere dem Bodenwert) und den (für dessen Höhe) maßgeblichen Einflussfaktoren ist zwar möglichst die Funktion anzustreben, die der funktionalen Abhängigkeit am nächsten kommt, jedoch sollte der Anwender hier **nicht** der Versuchung unterliegen, **Scheingenauigkeiten unter Ansatz allzu komplizierter Funktionsformen** zu erzielen. Zwar mögen in Einzelfällen durch komplizierte mathematische Funktionen höhere Genauigkeitsparameter zu erzielen sein, jedoch kann nicht ohne Weiteres angenommen werden, dass das den Grundstücksmarkt prägende Verhalten der Marktteilnehmer einer übermäßig komplizierten Funktionsgleichung folgt. Ein noch so eindrucksvoller Rechenaufwand darf also den Blick nicht dafür verstellen, was angesichts der Beschaffenheit der zur Verfügung stehenden Daten und der Marktverhältnisse sinnvoll ist. Sonst geraten vom Ansatz her zweckmäßige Operationalisierungen der Wertermittlung durch statistische Methoden in Gefahr, zu bloßem Selbstzweck ohne Beweis- und Überzeugungskraft zu degenerieren.

Zur Demonstration des Verfahrens wird in Abb. 2 zunächst ein **Beispiel zur linearen Einfachregression** vorgestellt. 191

Abb. 2: Beispiel zur linearen Einfachregression

Beispiel zur linearen Einfachregression

Lineares *Erklärungsmodell der Verkehrswertbildung* (mit sog. Niveaukonstante)

$$BW = a + bx$$

Bodenwert bzw. Verkehrswert bei Anwendung auf bebaute Grundstücke (Vergleichspreise)

Einflussfaktor (unabhängige Variable)

Regressionskoeffizient

Der zu ermittelnde Regressionskoeffizient gibt an, um welches Maß sich der Bodenwert bzw. Verkehrswert verändert, wenn sich die unabhängige Variable um eine Einheit ändert.

Beispiel

a) Es liegen 6 Kaufpreise (unbebauter Grundstücke unterschiedlichen Maßes der baulichen Nutzung) vor; die Kaufpreise sind bereits auf den Wertermittlungsstichtag mittels Bodenpreisindexreihen umgerechnet:

Nr.	BW (€/m²)	GFZ			
	y	x	x^2	y^2	xy
1.	300	0,4	0,16	90 000	120
2.	280	0,4	0,16	78 400	112
3.	350	0,6	0,36	122 500	210
4.	400	0,6	0,36	160 000	240
5.	250	0,4	0,16	62 500	100
6.	420	0,6	0,36	176 400	252
	Σ = 2 000	3,0	1,56	689 800	1 034

Arithmetisches Mittel der Vergleichspreise

BW = 2 000/6 = 333,3 €

Arithmetisches Mittel der GFZ

GFZ = 3,0/6 = 0,5

$Q_x = \Sigma x^2 - (\Sigma x)^2/n = 1{,}56 - 3{,}0^2/6 = 0{,}06$

$Q_y = \Sigma y^2 - (\Sigma y)^2/n = 689\,800 - 2\,000^2/6 = 23\,133$

$Q_{xy} = \Sigma xy - \Sigma x \, \Sigma y/n = 1\,034 - 3{,}0 \times 2\,000/6 = 34$

$b = Q_{xy}/Q_x$ = 34/0,06 = **566,7;** $a = BW - b \times GFZ$ = 333,3 – 566,7 × 0,5 = **50**

Lösungsgleichung (Schätzfunktion) $\mathbf{BW = 50 + 567\, x_{GFZ}}$

b) **Gesucht:** Bodenwert des Wertermittlungsobjekts mit GFZ = 0,5

BW = 50 + 567 × 0,5 = **333 €/m²**

c) **Genauigkeitsuntersuchung:**

$$m_{GFZ=0,4} = m\sqrt{\frac{1}{n}\frac{(0{,}5 - GFZ)^2}{Q_x}} = \pm\,\mathbf{13\ €/m^2}$$

wobei $m = \sqrt{Q_{xy}/(n-2)}$ und $Q_{xy} = Q_y - b\,Q_{xy}$

192 Zur Vermeidung von Fehlinterpretationen ist darauf hinzuweisen, dass die unter Anwendung der Regressionsanalyse gefundene **Schätzfunktion** (Regressionsgleichung) grundsätzlich **nur für den Bereich** gilt, **für den in die Ableitung „Beobachtungsgrößen" eingegangen** sind (Geltungsbereich). Wurden also Kaufpreise für Grundstücke mit einer zwischen 0,6 und 1,6 variierenden GFZ in die Auswertung eingeführt, so steht der dafür ermittelte Regressionskoeffizient auch nur für diesen Bereich. Dies schließt nicht aus, dass bei Anwendung der abgeleiteten Schätzfunktion in begrenztem Maße Extrapolationen hingenommen werden können.

193 Abb. 3 enthält ein Beispiel, bei dem sich die Vergleichsgrundstücke von dem Wertermittlungsobjekt bezüglich mehrerer Zustandsmerkmale unterscheiden:

- im Maß der baulichen Nutzung (gemessen nach der GFZ),
- in der Entfernung der Vergleichsgrundstücke vom Zentrum (gemessen in [km]) und
- dem Grundstückszuschnitt (gemessen als Quotient aus Grundstücksbreite zu Grundstücktiefe, wobei das Ergebnis 1,0 einen quadratischen Grundstückszuschnitt beschreibt und der Wert bei Übertiefen gegen null tendiert).

Abb. 3: Anwendung mathematisch-statistischer Methoden in der Verkehrswertermittlung, dargestellt am Beispiel eines linearen Erklärungsmodells

Anwendung mathematisch-statistischer Methoden in der Verkehrswertermittlung (Regressionsanalyse)

Lineares Erklärungsmodell der Bodenwertbildung (ohne sog. Niveaukonstante):

$$BW = a\,x_1 + b\,x_2 + c\,x_3 + \ldots\ldots\ldots\ldots\, r_i$$

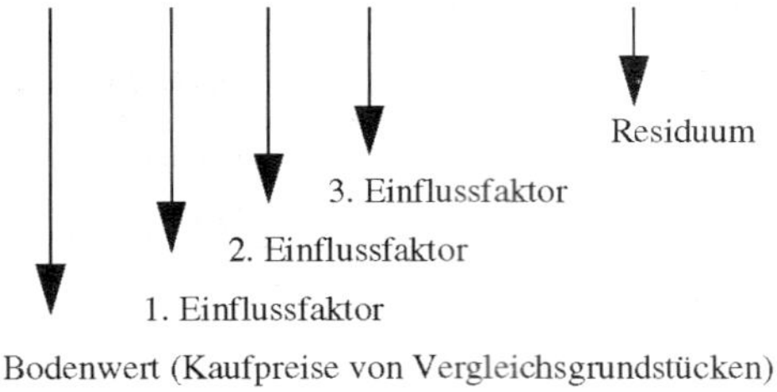

a, b, c ... Regressionskoeffizienten (gesucht); sie geben an, um welches Maß sich der Bodenwert BW verändert, wenn sich die unabhängigen Variablen um eine Einheit ändern.

a) Beispiel:

– Es liegen 6 Kaufpreise mit folgenden Zustandsmerkmalen vor (indiziert auf Wertermittlungsstichtag)

Nr.	Kaufpreis €/m²	Zustandsmerkmale des Grundstücks GFZ	Entfernung zum Zentrum (km)	Grundstückszuschnitt Breite : Tiefe
		x_1	x_2	x_3
1.	300	0,4	– 0,5	1,3
2.	280	0,4	– 1,0	0,8
3.	350	0,6	– 0,6	0,8
4.	400	0,6	– 0,2	0,9
5.	250	0,4	– 1,2	0,6
6.	420	0,6	– 0,2	1,0

– *Wertermittlungsobjekt:* GFZ 0,5; Entfernung zum Zentrum 0,8 km; Grundstücksbreite /-tiefe 0,6

– *Gesucht:* Bodenwert

b) Rechengang:
Aufgrund des Erklärungsmodells ergibt sich mit den Daten der Vergleichsgrundstücke folgende *Gleichungsmatrix*

$300 = a \times 0{,}4 + b \times 0{,}5 + c \times 1{,}3 + r_1$
$280 = a \times 0{,}4 + b \times 1{,}0 + c \times 0{,}8 + r_2$
$350 = a \times 0{,}6 + b \times 0{,}6 + c \times 0{,}8 + r_3$
$400 = a \times 0{,}6 + b \times 0{,}2 + c \times 0{,}9 + r_4$
$250 = a \times 0{,}4 + b \times 1{,}2 + c \times 0{,}6 + r_5$
$420 = a \times 0{,}6 + b \times 0{,}2 + c \times 1{,}0 + r_6$

Die Auflösung der Gleichungsmatrix unter der Bedingung einer Minimierung der Residuen $\Sigma r_i r_i$ führt zur Schätzfunktion

$$BW = 561{,}3 \times_{GFZ} - 13{,}7 \times_{Entfernung} + 67{,}2 \times_{Zuschnitt}$$

c) Ermittlung des Bodenwerts des Wertermittlungsobjekts nach der gefundenen Schätzfunktion

$$\mathbf{BW} = 561{,}3 \times 0{,}5 - 13{,}7 \times 0{,}8 + 67{,}2 \times 0{,}6 = \mathbf{310\ €/m^2}$$

© W. Kleiber 2021

Als Erklärungsmodell wurde der Bodenwert als Funktion dieser Einflussfaktoren beschrieben, wobei wiederum von einer linearen Abhängigkeit ausgegangen wird.

Rein rechnerisch besteht das Problem lediglich in der **Auflösung einer Gleichungsmatrix mit mehreren Unbekannten**. Charakteristisch für dieses Gleichungssystem ist die Tatsache, dass das System mehr Gleichungen als Unbekannte aufweist; zudem handelt es sich – mathematisch gesprochen – um ein inhomogenes Gleichungssystem, d.h., die Gleichungen können sich widersprechen. Dies hat seine Ursache darin, dass sich die Vergleichspreise nicht als eine mathematisch exakte Funktion der verkehrswertbildenden Einflussfaktoren ergeben. Deshalb wird das Gleichungssystem um ein Residuum r_i ergänzt, um unerklärbare Restschwankungen „aufzufangen". Dies entspricht den Erfahrungen, denn auch im gewöhnlichen Geschäftsverkehr streuen die Kaufpreise selbst für völlig gleichartige Grundstücke. Da sich der Verkehrswert – statistisch betrachtet – als der wahrscheinlichste Wert[122] definieren lässt, wird das Gleichungssystem derart gelöst, dass sich die multifunktionale Schätzfunktion „möglichst gut" den sich aus den Vergleichsgrundstücken ergebenden Parametern (im *Beispiel* sind dies die GFZ, die Entfernungslage und der Grundstückszuschnitt) anpasst. Dies erfolgt nach dem aus der Ausgleichungsrechnung bekannten Verfahren der Methode der kleinsten Quadrate, die im Ergebnis dazu führt, dass die Summe der Quadrate aller Residuen minimiert wird. 194

Das in Abb. 3 vorgestellte *Beispiel* führt zur folgenden (nur für den Beispielsfall geltenden) „Bodenwertformel": 195
$BW = 561{,}3\ x_{GFZ} - 13{,}7\ x_{Entfernung} + 67{,}2\ x_{Zuschnitt}$
Dies bedeutet:

- der Bodenwert „wächst" mit ansteigender GFZ;
- der Bodenwert vermindert sich mit der Entfernung zum Zentrum;
- der Bodenwert „wächst", je vorteilhafter der Grundstückszuschnitt ist.

In welchem Maße die Abhängigkeit des Bodenwerts von den genannten Einflussfaktoren gegeben ist, beschreiben die ermittelten Regressionskoeffizienten.

Das Verfahren erlaubt auch Aussagen über die **Genauigkeit der als Erklärungsmodell der Bodenwertbildung gefundenen Schätzfunktion.** Maßstab hierfür ist insbesondere die Summe aus den Quadraten der Residuen, dargestellt an dem in Abb. 3 vorgestellten *Beispiel.* 196

Hieraus lässt sich als einfachstes statistisches Prüfmaß für das Erklärungsmodell als Ganzes das sog. **Bestimmtheitsmaß R2** ableiten, das auch als Korrelationsmaß oder Korrelationskoeffizient bezeichnet wird. Es kann als Prozentzahl aufgefasst werden, die anzeigt, welcher Anteil der zu erklärenden Varianz durch die Schätzfunktion beschrieben wird. Bei sehr engem 197

122 Vorbem. zur ImmoWertV Rn. 10.

Zusammenhang zwischen dem hier zu ermittelnden Verkehrswert und den erklärenden Einflussfaktoren nähert es sich dem Wert eins; bei nur geringen Zusammenhängen geht das Bestimmtheitsmaß gegen null. Vor einer falschen Auslegung des Bestimmtheitsmaßes, auf dessen Ermittlung hier nicht näher eingegangen werden soll, muss gewarnt werden. Seine Aussagekraft ist abhängig vom Umfang der Stichprobe, d.h. der Zahl der in die Auswertung eingehenden Vergleichspreise. Zudem lässt sich – gemessen am Bestimmtheitsmaß – eine Scheingenauigkeit erreichen durch Einführung weiterer, auch nicht plausibler Erklärungsgrößen in die Schätzfunktion (Erklärungsmodell). Vor diesem Hintergrund muss ohnehin vor einer Überforderung der Regressionsanalyse gewarnt werden. Dies beginnt bereits bei der Konstruktion der Schätzfunktion (Erklärungsmodell).

Summe der Quadrate der Residuen				
Nr.	Kaufpreise €/m²	Bodenwert nach Lösungsgleichung	r_i	$r_i r_i$
1.	300	– 310	= – 10	100
2.	280	– 265	= + 15	225
3.	350	– 380	= – 30	900
4.	400	– 394	= + 6	36
5.	250	– 247	= + 3	9
6.	420	– 401	= + 19	361
				$\Sigma\, r_i r_i$ = 1 631

198 Auf zwei von vielen weiteren **Anforderungen**, die hieran zu stellen sind, sei hingewiesen:

a) die angesetzten Erklärungsfaktoren müssen vollständig und ursächlich für die Höhe der Vergleichspreise sein;

b) die Erklärungsfaktoren sollen voneinander unabhängig und normal verteilt sein und nur eine einseitige kausale Beziehung zu den von ihnen erklärten Vergleichspreisen aufweisen.

Beide Bedingungen sind in der Grundstücksbewertung sowohl im Hinblick auf die herangezogenen Vergleichsdaten (Vergleichspreise, Vergleichsmieten usw.) als auch im Hinblick auf die angewandten Methoden insbesondere bezüglich der Berücksichtigung von abweichenden Grundstückmerkmalen in aller Regel nicht erfüllt, sodass dem Bestimmtheitsmaß hier eine geringe Bedeutung zukommt.

Ein anschauliches Bild über die Verteilung erhält man durch Aufstellung entsprechender **Histogramme, bei der die Häufigkeit der einzelnen Klassen** in Form von aneinander gereihten Rechtecken dargestellt wird (Abb. 4).

Abb. 4: Histogramm

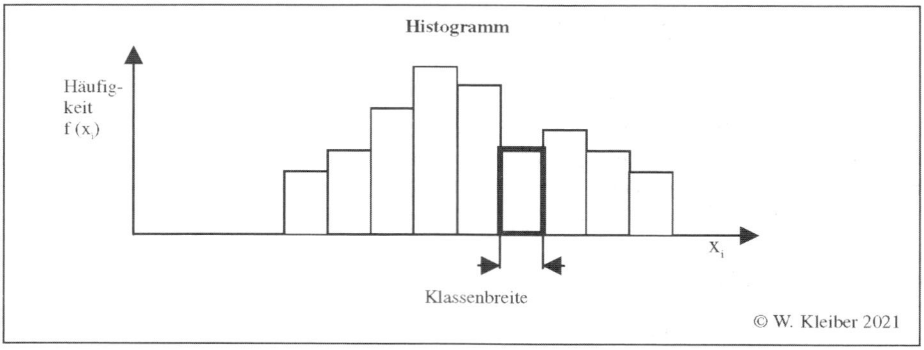

Beispiel: 199
Der Gutachterausschuss von *Neuss* hat für den Bodenwert in Innenstadtlagen folgende Schätzfunktion mit den ergänzend angegebenen Koeffizienten der Lageklassen und Vollgeschossen abgeleitet:

Bodenwert (Vergleichswert) $= (1\,218{,}92 - 5{,}698 \times \text{Grundstückstiefe}_{[m]})_{[e/m^2]} + \text{Lageklassenfaktor}_{[€/m^2]} + \text{Vollgeschossfaktor}_{[€/m^2]}$

Lageklassen und Vollgeschossfaktoren zur vorstehenden Schätzfunktion	
Lageklasse I + 1 849,52 Gemäß Lage in II + 1 081,64 Lageklassenkarte III + 463,98 IV + 174,98 V +/– 0,0	**Vollgeschosse** bis 3 Vollgeschosse – 342,94 4 bis 5 Vollgeschosse – 214,87 über 5 Vollgeschosse +/– 0,0

Quelle: Grundstücksmarktbericht von Neuss 2013

a) Sachverhalt:

Zu ermitteln ist der Bodenwert (Vergleichswert) für ein Grundstück in der Innenstadtlage

– Grundstückstiefe	35 m
– Lageklasse	I
– Vollgeschosse	4

Bodenwert (Vergleichswert) = (1 218,92 – 5,697 x 35 m) + 1 849,52 – 214,87 = rd. 2 654 €/m²

6.4 Abweichende Grundstücksmerkmale

6.4.1 Vorbemerkung

▶ *Vgl. § 8 ImmoWertV Rn. 11 ff.*

Generell ist nach § 8 ImmoWertV zwischen den **allgemeinen und den besonderen objektspezifischen Grundstücksmerkmalen zu unterscheiden.** 200

– **Allgemeine Grundstücksmerkmale** sind danach wertbeeinflussende Grundstücksmerkmale, die hinsichtlich Art und Umfang auf dem jeweiligen Grundstücksmarkt regelmäßig auftreten. Ihr Werteinfluss wird bei der Ermittlung des vorläufigen Verfahrenswerts berücksichtigt.

– **Besondere objektspezifische Grundstücksmerkmale** sind wertbeeinflussende Grundstücksmerkmale, die nach Art oder Umfang erheblich von dem auf dem jeweiligen Grundstücksmarkt Üblichen oder erheblich von den zugrunde gelegten Modellen oder Modellansätzen abweichen, namentlich die in § 8 Abs. 3 ImmoWertV genannten Grundstücksmerkmale.

Die Unterscheidung ist im Hinblick auf den Grundsatz der Modell- und Referenzkonformität geboten, insbesondere wenn der **vorläufige Vergleichswert auf der Grundlage der einschlägigen Grundstücksmerkmale ermittelt wird, die dem herangezogenen Bodenrichtwert bzw. Vergleichsfaktor (Wohn- bzw. Nutzflächenwerte und dgl.) zugrunde liegen**. Diese werden nämlich regelmäßig unter Ausschluss **besonderer objektspezifischer Grundstücksmerkmale (boG)** abgeleitet und veröffentlicht. Die verbleibenden mit dem vorläufigen Vergleichswert nicht erfassten Abweichungen sind als besondere objektspezifische Besonderheiten (boG) nachträglich zu berücksichtigen.

201 Entsprechendes gilt für sonstige Besonderheiten – wie eine vom Modell- und Referenzansatz abweichende Übergröße des Bewertungsobjekts, eine anstehende Freilegung des Grundstücks (§ 41 ImmoWertV), ein erhebliches *Abweichen der tatsächlichen (realisierten) von der* nach § 5 Abs. 1 ImmoWertV *maßgeblichen Nutzung* (zulässige bzw. lagetypische Nutzung), ein abweichender beitragsrechtlicher Zustand; vgl. zu alledem § 5 ImmoWertV Rn. 3, 107; § 8 ImmoWertV Rn. 11 ff., 428; § 16 ImmoWertV Rn. 25 ff.; § 40 ImmoWertV Rn. 185 ff.; Syst. Darst. des Ertragswertverfahrens Rn. 136 ff.; Syst. Darst. des Sachwertverfahrens Rn. 265 ff.; Syst. Darst. des Vergleichswertverfahrens Rn. 218 ff.).

6.4.2 Entwicklungszustand

6.4.2.1 Allgemeines

▶ *Vgl. § 3 ImmoWertV Rn. 18 ff.; zum Entwicklungszustand von Flächen, die für bestimmte Personengruppen festgesetzt sind, vgl. § 5 ImmoWertV Rn. 85 ff.*

202 Grundsätzlich sind Vergleichspreise von Grundstücken heranzuziehen, deren Entwicklungszustand (§ 3 ImmoWertV) weitgehend mit dem des zu bewertenden Grundstücks übereinstimmt; d.h. zur Verkehrswertermittlung von baureifem Land zieht man möglichst Vergleichspreise von „baureifem Land“ und nicht etwa von Bauerwartungsland heran.
Insoweit brauchen Unterschiede zwischen dem Entwicklungszustand des Vergleichsgrundstücks und dem des zu bewertenden Grundstücks nicht berücksichtigt zu werden. Dabei muss allerdings bedacht werden, dass es für einen bestimmten in § 3 ImmoWertV definierten **Entwicklungszustand kein** bestimmtes **einheitliches Bodenwertniveau** gibt. Innerhalb eines bestimmten Entwicklungszustands kann es entsprechend den übrigen qualitativen Eigenschaften des Grundstücks auch im Hinblick auf eine Weiter- und Rückentwicklung des Entwicklungszustands erhebliche, sich im Bodenwertniveau niederschlagende Wertdifferenzen geben. Dies gilt insbesondere für das werdende Bauland (Bauerwartungs- und Rohbauland). Dementsprechend ist die in § 11 Abs. 2 ImmoWertV definierte Wartezeit neben dem Entwicklungszustand als eigenständiges Zustandsmerkmal genannt.

203 Die Heranziehung von Vergleichspreisen für Grundstücke eines mit dem zu bewertenden Grundstück identischen Entwicklungszustands ist geboten, weil es aufgrund vorstehender Ausführungen ein festes **Wertverhältnis zwischen den verschiedenen Entwicklungszustandsstufen** nicht geben kann. Wertmäßig gehen nämlich die verschiedenen Entwicklungszustandsstufen ineinander über (vgl. § 3 ImmoWertV Rn. 13 ff.). Die im Schrifttum angegebenen Preisspannen zwischen verschiedenen Entwicklungszustandsstufen können deshalb keine Allgemeingültigkeit beanspruchen, sondern allenfalls für ganz spezifische ihrer Ableitung zugrunde gelegte Verhältnisse gelten.

204 Bei **warteständigem Bauland** können unterschiedliche Wertigkeiten ihre Ursache haben in:

a) unterschiedlichen Wartezeiten bis zur Baureife mit dem daraus resultierenden Zinsverlust,

b) unterschiedlichen Aufschließungskosten.

205 Folgende Positionen sind dabei von Bedeutung:

- Erschließungsvorteil,
- Freilegungs- und Freistellungsvorteile, soweit Nutzungseinrichtungen beseitigt und der Nutzung entgegenstehende Rechte aufgehoben werden müssen,
- Vorteile einer ggf. erforderlichen Bodenordnung, bemessen nach Vermessungskosten, Notar- und Gutachterkosten, Grunderwerbsteuer, Grundbuchgebühren usw.[123].

123 Ernst/Zinkahn/Bielenberg/Krautzberger, BauGB, Komm. zu § 58 Rn. 4; Dieterich, Baulandumlegung, Recht und Praxis, 5. Aufl. 2006, Rn. 190 ff., vgl. BGH, Urt. vom 22.06.1978 – III ZR 92/75 –, BGHZ 72, 51 = EzGuG 17.35.

6.4.2.2 Wartezeit bis zu einer baulichen oder sonstigen Nutzung

▶ *Vgl. Rn. 425 ff.; § 11 ImmoWertV Rn. 26 ff.; § 3 ImmoWertV Rn. 14, 151; § 40 ImmoWertV Rn. 196 ff.; § 42 ImmoWertV Rn. 71 ff.*

Insbesondere bei wartständigem Bauland ist die Wartezeit bis zu einer baulichen oder sonstigen Nutzung ein **wesentliches Zustandsmerkmal**. 206

Bei der Berücksichtigung der Wartezeit beim Preisvergleich muss sorgfältig **unterschieden werden zwischen:** 207

a) der Wartezeit, die für das zu bewertende Grundstück bis zum Eintritt der Voraussetzungen für die Zulässigkeit einer baulichen Nutzung besteht, und

b) der Wartezeit, die entsprechend für die zum Preisvergleich herangezogenen Grundstücke bis zum Eintritt der Zulässigkeit einer baulichen Nutzung bestand.

Wertmäßig können unterschiedliche **Wartezeiten** bei dem zu bewertenden Grundstück und den zum Preisvergleich herangezogenen Grundstücken **durch finanzmathematische Methoden** berücksichtigt werden. 208

Ergänzend wird darauf hingewiesen, dass die vorstehenden Ausführungen sinngemäß auch zur Berücksichtigung von **Wartezeiten** zur Anwendung kommen können, **die auf eine Änderung oder Aufhebung der rechtlichen und tatsächlichen Voraussetzungen für eine bauliche Nutzung** wie im Übrigen auch für eine *sonstige* Nutzung zur Anwendung kommen können. Denn keineswegs ist die Entwicklung stets nur im Hinblick auf eine höherwertige Nutzung gegeben. Die Zulässigkeit einer baulichen Nutzung kann einem Grundstück nämlich durch Änderung oder Aufhebung eines Bebauungsplans nach den §§ 39 ff. BauGB auch wieder entzogen werden. Geschieht dies innerhalb einer Frist von 7 Jahren ab Zulässigkeit einer baulichen Nutzung, bemisst sich die Entschädigung gemäß § 42 Abs. 2 BauGB nach dem Unterschied zwischen dem Wert des Grundstücks auf Grund der bisher zulässigen Nutzung und dem Wert, der sich infolge der Änderung oder Aufhebung ergibt. Bei längeren Fristen kann der Eigentümer nach § 42 Abs. 3 BauGB nur eine Entschädigung für Eingriffe in die ausgeübte Nutzung verlangen. Dies muss nach den Gepflogenheiten des gewöhnlichen Geschäftsverkehrs bei der Verkehrswertermittlung berücksichtigt werden, sodass auch diesbezüglich Erwartungen zu beachten sind. 209

6.4.2.3 Entschädigungs- und Übernahmeanspruch

▶ *Vgl. Teil VI Rn. 170 ff., 371 ff., 419 ff.*

Als eine weitere bei der Verkehrswertermittlung zu beachtende rechtliche Gegebenheit i.S. des § 194 BauGB kommt ein mit dem Grundstück verbundener **Entschädigungs- oder Übernahmeanspruch** in Betracht. Dies können insbesondere Entschädigungs- und Übernahmeansprüche nach den planungsschadensrechtlichen Vorschriften der §§ 39 ff. BauGB, aber auch nach Fachplanungsgesetzen (auch Berggesetz) sein. 210

Derartige Entschädigungs- und Übernahmeansprüche werden vom Sachverständigen häufig gar nicht erst erkannt, wenn er sich darauf beschränkt, allein die zum Wertermittlungsstichtag maßgeblichen bauplanungsrechtlichen Festsetzungen festzustellen. Deshalb muss die **bauplanungsrechtliche Vergangenheit des zu bewertenden Grundstücks** mit in die Betrachtung einbezogen werden, insbesondere wenn das Grundstück am Wertermittlungsstichtag von Festsetzungen für den Gemeinbedarf oder sonstige fremdnützige Nutzungen betroffen ist (§ 40 BauGB). Es kann aber auch ein Herabzonungsfall nach § 42 Abs. 2 BauGB vorliegen, ohne dass bislang ein Entschädigungsanspruch für die Wertminderung aufgrund der Änderung oder Aufhebung einer zulässigen Nutzung, die sich vor dem Wertermittlungsstichtag vollzogen hatte, geltend gemacht wurde. 211

Diese Fälle können sich in Bezug auf die Anspruchsgrundlage und Entschädigungshöhe rechtlich schwierig gestalten und überfordern vielfach den Gutachter. In jedem Fall muss der **Sach-** 212

verständige in seinem Gutachten **auf** diesen **Umstand hinweisen, wenn er nicht** eine **rechtliche Klärung herbeiführen kann.**

213 Dabei ist zu beachten, dass Entschädigungs- und Übernahmeansprüche nach den Vorschriften des BauGB regelmäßig nur dem betroffenen Eigentümer unmittelbar zustehen[124]. Ist das **Grundstück nach Entstehung des Anspruchs, aber vor dem maßgeblichen Wertermittlungsstichtag veräußert** worden, kann der Rechtsnachfolger in die Rechtsposition des betroffenen vorherigen Eigentümers einrücken[125]. Grundsätzlich muss der Rechtsnachfolger dies nachweisen. Enthält der Veräußerungsvertrag eine entsprechende Bestimmung, so ist dies leicht nachweisbar. Der Nachweis kann aber auch in der Weise erfolgen, dass dargelegt wird, dass der Erwerbspreis dem damaligen Verkehrswert ohne den enteignenden Eingriff entsprach[126].

214 Hieraus ergibt sich die Möglichkeit, bei der Verkehrswertermittlung von **Grundstücken, für die ein planungsschadensrechtlicher Entschädigungsanspruch noch nicht geltend gemacht worden ist,** den Verkehrswert ohne oder mit Übertragung des Entschädigungsanspruchs im Gutachten auszuweisen.

6.4.3 Art der baulichen Nutzung

▶ *Vgl. § 5 ImmoWertV Rn. 13 ff.*

215 Bezüglich der „Art der baulichen Nutzung" ist nach § 1 BauNVO zwischen der ***allgemeinen und besonderen Art*** **der baulichen Nutzung** zu unterscheiden.

- Im *Flächennutzungsplan* werden die für eine Bebauung vorgesehenen Flächen nach § 1 Abs. 1 und 2 BauNVO nach der *allgemeinen Art* (Bauflächen) und – soweit erforderlich – nach der *besonderen* Art ihrer baulichen Nutzung (Baugebiete) dargestellt.
- Im *Bebauungsplan* wird die Art der baulichen Nutzung nach § 1 Abs. 3 BauNVO durch Ausweisung von Baugebieten festgesetzt. Die §§ 2 bis 14 BauNVO werden durch diese Festsetzungen Bestandteil des Bebauungsplans, soweit nicht aufgrund des § 1 Abs. 4 bis 9 BauNVO etwas anderes bestimmt wird.
- In sog. *im Zusammenhang bebauten Ortsteilen* (für die ein Bebauungsplan nicht aufgestellt wurde) bestimmt sich die Art der baulichen Nutzung (wie im Übrigen auch das Maß der baulichen Nutzung) gemäß § 34 Abs. 1 BauGB grundsätzlich nach der Eigenart der näheren Umgebung.
- Im *Vorhaben- und Erschließungsplan* (§ 12 BauGB) erfolgt die Festsetzung entsprechend den Bestimmungen über Bebauungspläne.
- Soweit in einem *Rahmenplan* (informelle Planung) Art und Maß der baulichen Nutzung von den vorstehenden rechtlichen Ausweisungen abweichen, wird das damit bestehende Baurecht nicht geändert. Der Rahmenplan ist deshalb insoweit nur zu berücksichtigen, wie den Darstellungen Aussicht auf rechtliche Umsetzung innewohnt.

216 Grundsätzlich ist es geboten, zum Preisvergleich solche Grundstücke heranzuziehen, die in ihrer Art der baulichen Nutzung dem zu bewertenden Grundstück entsprechen. Bei der Qualifizierung ist nach Maßgabe des § 5 Abs. 1 Satz 1 ImmoWertV die Art der baulichen Nutzung nach den genannten **Vorschriften der BauNVO unter Berücksichtigung sonstiger öffentlich-rechtlicher und privatrechtlicher Vorschriften** zu bestimmen. Wird dabei am Wertermittlungsstichtag von der zulässigen Nutzungsart regelmäßig abgewichen, ist nach § 5 Abs. 1

---

124 Ernst/Zinkahn/Bielenberg/Krautzberger, BauGB, § 40 BauGB Rn. 53 ff.; § 42 BauGB Rn. 133; § 18 BauGB Rn. 41 ff.; BGH, Urt. vom 04.02.1957 – III ZR 181/55 –, BGHZ 23, 235 = EzGuG 18.6.

125 BGH, Urt. vom 02.02.1978 – III ZR 90/76 –, BRS Bd. 34 Nr. 116 = EzGuG 18.81.

126 BGH, Urt. vom 02.02.1978 – III ZR 90/76 –, BRS Bd. 34 Nr. 116 = EzGuG 18.81; BGH, Urt. vom 13.07.1978 – III ZR 166/76 –, NJW 1979, 2303 = EzGuG 18.84; BGH, Urt. vom 09.12.1968 – III ZR 114/66 –, BRS Bd. 26 Nr. 96 = EzGuG 4.28.

Satz 2 ImmoWertV die Nutzungsart zugrunde zu legen, die im gewöhnlichen Geschäftsverkehr am Wertermittlungsstichtag zugrunde gelegt wird (lagetypische Nutzung). Spekulative Momente müssen dabei außer Betracht bleiben. Die nach § 5 Abs. 1 ImmoWertV zugrunde zu legende Nutzung wird in § 40 Abs. 5 Satz 1 Nr. 1 ImmoWertV als die „**maßgebliche Nutzung**“ bezeichnet. Zu alledem wird auf die Ausführungen bei § 5 ImmoWertV Rn. 40 ff. und 58 ff. verwiesen.

Die Notwendigkeit, Abweichungen in der Art der baulichen Nutzung der Vergleichsgrundstücke von der des zu bewertenden Grundstücks zu berücksichtigen, muss der Gutachter dadurch zu vermeiden suchen, dass nur **Grundstücke gleicher Nutzungsart** zum Preisvergleich herangezogen werden. Denn ein Industriegrundstück lässt sich kaum mit einem Einfamilienhausgrundstück vergleichen. Im Einzelfall muss sogar innerhalb der durch die BauNVO vorgegebenen Kategorien nach den Gepflogenheiten des Geschäftsverkehrs zwischen unterschiedlichen Nutzungen unterschieden werden. So bilden sich z.B. in Wohngebieten unterschiedliche Grundstücksmärkte lagemäßig in der Weise heraus, dass in bestimmten Teilgebieten **Mietwohnungsbau und** in anderen Teilgebieten **Eigentumsmaßnahmen** (Eigentumswohnungen) durchgeführt werden. Dabei werden die Grundstücke in solchen Gebieten auf einem besonders hohen Bodenwertniveau gehandelt, die sich für Eigentumsmaßnahmen eignen, während die Grundstücke in Gebieten, die „nur“ für den Mietwohnungsbau „angenommen“ werden, ein vergleichsweise geringeres Bodenwertniveau aufweisen. Entsprechend den Usancen der Investoren muss der Sachverständige das Gebiet qualitätsmäßig analysieren. Im Einzelfall stehen allerdings nicht immer Vergleichspreise bzw. Bodenrichtwerte von Grundstücken in der Art der (baulichen) Nutzung zur Verfügung, die das zu bewertende Objekt aufweist. Vergleichspreise von miteinander verwandten Nutzungsarten lassen sich dann durch Zu- und Abschläge umrechnen. **217**

Soweit z.B. Vergleichspreise bzw. Bodenrichtwerte von Wohnbauflächen, nicht jedoch von Gewerbebauland zur Verfügung stehen, stellt sich die Frage, wie sich die unterschiedliche Art der baulichen Nutzung auf den Bodenwert auswirkt. Zum **Wertverhältnis von Wohnbau- und Gewerbebauland** wurden von den Gutachterausschüssen für Grundstückswerte nur wenige und zumeist ältere Untersuchungen vorgelegt (vgl. Abb. 5). **218**

Abb. 5: Wertverhältnis von Wohnbau- und Gewerbebauland im Kreis Dithmarschen

Wertverhältnis von Wohnbau- und Gewerbebauland im Kreis Dithmarschen (2002)			
Gemarkung	Umrechnungskoeffizienten		
	von Wohnbauflächen in Gewerbebauflächen	von Wohnbauflächen in gemischte Bauflächen	von Gewerbebauflächen in gemischte Bauflächen
Brunsbüttel	0,56	1,08	1,93
Heide	0,61	1,76	2,87
Marne	0,36	1,24	3,44
Meldorf	0,52	0,52	2,64
Wesselburen	0,44	0,44	2,85

Quelle: Grundstücksmarktbericht des Kreises Dithmarschen 2002

Die Untersuchung macht deutlich, dass keinesfalls einheitliche Wertverhältnisse zu beobachten sind.

Auch die Unterscheidung zwischen GI und GE ist beachtlich. Die bauplanungsrechtliche **Unterscheidung zwischen GE- und GI-Gebieten** i.S. der §§ 8 und 9 BauNVO **führt häufig bereits zu Wertunterschieden von 100 %,** d.h., Industriegebiete weisen dann den hälftigen Wert von sonstigen Gewerbegebieten auf (vgl. § 5 ImmoWertV Rn. 18 ff.). **219**

6.4.4 Maß der baulichen Nutzung

6.4.4.1 Geschossflächenzahl (GFZ)

▶ *Hierzu Allgemeines § 5 ImmoWertV Rn. 40, 60ff. (auch zu den Besonderheiten im „Westteil" Berlins, Rn. 61); § 8 ImmoWertV Rn. 357, 428ff.; § 16 ImmoWertV Rn. 25ff., 38ff.; § 18 ImmoWertV Rn. 22;.; § 40 ImmoWertV Rn. 185ff.; weitere Ausführungen zur Ableitung und Anwendung von Umrechnungskoeffizienten zur Berücksichtigung eines unterschiedlichen Maßes der baulichen Nutzung vgl. § 19 ImmoWertV Rn. 13ff.*

220 Das **Maß der baulichen Nutzung kann nach § 16 Abs. 2 BauNVO***im Bebauungsplan* unter Einhaltung der Vorschriften des § 17 BauNVO **festgesetzt werden durch**

- die Grundflächenzahl (GRZ) oder die Grundfläche der baulichen Anlagen (GR);
- die Geschossflächenzahl (GFZ) oder die Größe der Geschossfläche (GF);
- die Baumassenzahl (BMZ) oder die Baumasse (BM);
- die Zahl der Vollgeschosse (Z);
- die Höhe baulicher Anlagen.

Die Begriffe werden unter § 5 ImmoWertV Rn. 39 ff. erläutert.

221 In der Marktwertermittlung wird das Maß der baulichen Nutzung für Wohnflächen und Wohngebiete vornehmlich mit der GFZ und das der Gewerbeflächen und Gewerbegebiete mit der BMZ konkretisiert. Die GRZ ist darüber hinaus insbesondere in den innerstädtischen Einzelhandelslagen aufgrund der besonderen Ertragskraft des Erdgeschosses von besonderer Bedeutung.

222 Nach § 5 Abs. 1 ImmoWertV ist der Bodenwert grundsätzlich auf der Grundlage der planungsrechtlichen GFZ zu ermitteln, jedoch soll in den Fällen, in denen in der Umgebung des Wertermittlungsobjekts eine davon abweichende GFZ marktüblich ist, die am Wertermittlungsstichtag lagetypische GFZ maßgebend sein. Zu alledem wird auf die Ausführungen bei § 5 ImmoWertV Rn. 35ff. und 60ff. verwiesen.

6.4.4.2 Anpassung der Vergleichspreise an die objektspezifische GFZ

a) Allgemeines

223 Im Rahmen des direkten und des indirekten Vergleichswertverfahrens sind bei der Bodenwertermittlung

- Vergleichspreise solcher Grundstücke (Vergleichsgrundstücke) , die mit dem zu bewertenden Grundstück hinreichend übereinstimmende Grundstücksmerkmale aufweisen bzw.
- der dementsprechend geeignete Bodenrichtwert

bei etwaigen Abweichungen der GFZ von der des Wertermittlungsobjekts nach Maßgabe des Anpassungsgebots des § 25 Satz 2 bzw. des § 26 Abs. 2 ImmoWertV den Gegebenheiten des Wertermittlungsobjekts mittels

a) geeigneter Umrechnungskoeffizienten,

b) marktüblicher Zu- oder Abschläge oder

c) in anderer Weise

anzupassen (§ 9 Abs. 1 Satz 3 ImmoWertV). Stehen dafür keine „geeigneten sonstigen für die Werter-mitt-lung erforderlichen Daten zur Verfügung, können sie oder die entsprechenden Werteinflüsse auch sachverständig geschätzt werden" (§ 9 Abs. 3 ImmoWertV).

224 Im Rahmen der **Bodenwertermittlung bebauter Grundstücke** kann es geboten sein, bei der Anpassung der zum Preisvergleich herangezogenen Kaufpreise unbebauter Grundstücke zunächst zu prüfen, ob Art und Maß der baulichen Nutzung des Wertermittlungsobjekts dem entspricht, was am Wertermittlungsstichtagnach Maßgabe des § 5 Abs. 1 ImmoWertV maßgebend ist. **Weicht z.B. die auf dem Grundstück tatsächlich realisierte GFZ von der maßgeblichen GFZ davon ab,** sind bei der Anpassung die einschlägigen Regelungen **des § 40 Abs. 5 Nr. 1 ImmoWertV** zu beachten (vgl. § 25 ImmoWertV Rn. 15; § 40 ImmoWertV Rn. 185).

Umrechnungskoeffizienten zur GFZ (wie im Übrigen zur WGFZ) müssen geeignet sein 225
und insbesondere die örtlichen Verhältnisse abbilden, d.h., sie müssen *„für einen für das Wertermittlungsobjekt zutreffenden sachlichen und regionalen Teilmarkt ermittelt"* worden sein. Bundeseinheitliche Umrechnungskoeffizienten sind von daher grundsätzlich abzulehnen. Geeignete Umrechnungskoeffizienten zur Berücksichtigung einer voneinander abweichenden GFZ sind in erster Linie die von dem örtlichen Gutachterausschuss abgeleiteten Umrechnungs-koeffizienten. Diese beziehen sich grundsätzlich auf die Art der Grund-stücke und den Bereich, für den Umrechnungskoeffizienten ermittelt wurden.

Umrechnungskoeffizienten müssen modell- und referenzkonform zur Anwendung kommen (vgl. § 19 ImmoWertV Rn. 24). Dies wird am nachfolgenden *Beispiel* erläutert: 226

Umrechnungskoeffizienten zur Berücksichtigung einer unterschiedlichen GFZ werden i.d.R. **auf der Grundlage erschließungsbeitragsfreier Vergleichspreise** abgeleitet und können dementsprechend auch nur auf Kaufpreise erschließungsbeitragsfreier Grundstücke zur Anwendung kommen. Ist das zu bewertende Grundstück erschließungsbeitragspflichtig, muss es vor Anwendung der Umrechnungskoeffizienten vorab auf einen erschließungsbeitragsfreien Zustand umgerechnet werden. Die Abgabenpflicht ist in diesem Falle nachträglich als besonderes objektspezifisches Grundstücksmerkmal zu berücksichtigen.

Beispiel:
Vergleichspreis:

- 100 €/m² erschließungsbeitragspflichtig (ebpf)
- Geschossflächenzahl GFZ = 1,2 (UK = 1,10)
- Erschließungsbeitrag = 40 €/m²

Wertermittlungsobjekt:

- Grundstücksgröße 1 000 m²
- Geschossflächenzahl GFZ 1,6 (UK = 1,28)
- erschließungsbeitragsfrei (ebf)

Richtig			*Falsch*		
1 000 m²× 100 €/m²	=	100 000 €	1 000 m²× 100 €/m²	=	100 000 €
+ 1 000 m² × 40 €/m²	=	40 000 €	GFZ:		
= zusammen		140 000 €	100 000 € × 1,28/1,10	=	116 364 €
GFZ:			+ 1 000 m² × 40 €/m²	=	40 000 €
140 000 € × 1,28/1,10	=	162 909 €	zusammen	=	156 364 €

Weist das Wertermittlungsobjekt eine GFZ auf, die außerhalb des Bereichs der zur Verfügung 227
stehenden Umrechnungskoeffizienten liegt, ist eine Extrapolation nur bedingt zulässig. Eine Extrapolation in den Bereich einer niedrigeren GFZ (≤ 0,8 bis 0,6) ist i.d.R. abzulehnen. Hat der Gutachterausschuss beispielsweise Umrechnungskoeffizienten erst ab einer GFZ von 0,8 bzw. 0,6 abge-leitet, so kann schon daran erkannt werden, dass sich in dem darunterliegenden Bereich keine Abhängigkeiten empirisch nachweisen lassen[1]. Dies kann insbesondere außerhalb der Großstädte darauf zurückgeführt werden, dass in den davon betroffenen Ein- und Zwei-familienhausgebieten das bau-planungsrechtlich zulässige Maß der baulichen Nutzung i.d.R. ohnehin nicht ausgeschöpft wird.Deshalb kann eine Anpassung des Bodenwerts

an die objektspezifische GFZ entfallen. [1] Auch der Gutachterausschuss von Berlin hat für den Bereich einer GFZ ≤ 0,8 keine Umrechnungskoeffizienten veröffentlichen können. Gleichwohl soll sich nach einer älteren Feststellung von Ribbert der Bodenwert pro 0,1 GFZ-Punkt um ca. 5 % vermindern (Vortrag beim Institut für Städtebau Berlin am 05.–07.11.1997). Die Feststellung hat bislang keinen Eingang in die Veröffentlichung des Gutachterausschusses finden können.

228 Bezüglich **gewerblicher Grundstücke** müssen aufgrund regional weiterführender Untersuchungen weitere Besonderheiten beachtet werden:

- Der Gutachterausschuss in *Frankfurt am Main* stellt z.B. in seinem Grundstücksmarktbericht fest, dass sich für Bürogrundstücke in bester Citylage (1a-Lage) eine *lineare* Abhängigkeit des Bodenwerts von der Geschossflächenzahl (GFZ) am Markt durchgesetzt habe.
- Auch der Gutachterausschuss von *Berlin* hat für Dienstleistungsimmobilien eine „steilere" Abhängigkeit des Bodenwerts von der Geschossflächenzahl festgestellt

Allgemein kann festgestellt werden, dass aufgrund neuerer Untersuchungen **für Bürogebäude eine starke Hinwendung zu einer linearen Berücksichtigung eines unterschiedlichen Maßes der baulichen Nutzung (GFZ) beobachtet werden kann.**

Für **Hochhäuser** werden von *Debus* lineare Umrechnungskoeffizienten bis zu einer GFZ von 10,0 empfohlen. Anschließend flacht sich die Kurve ab (vgl. § 2 ImmoWertV Rn. 36; § 32 ImmoWertV Rn. 76; § 31 ImmoWertV Rn. 129).

Abb. 6: Umrechnungskoeffizienten von Frankfurt am Main

Umrechnungskoeffizienten für Hochhäuser in Frankfurt am Main				
GFZ	**Kurve**			
	1	**2**	**3**	**4**
0	0,000	0,000	0,000	0,000
5	5,000	5,000	5,0000	5,000
10	9,435	9,504	9,624	9,675
15	13,304	13,511	13,871	14,029
20	16,608	17,021	17,741	18,067
25	19,346	20,036	21,235	21,792
30	21,519	22,554	24,353	25,208
Debus in GuG 2000, 279, Kurven 2 und 3 erscheinen nach *Debus* am geeignetsten.				

b) Anpassung an die lagetypische GFZ

229 Bestimmt sich **die maßgebliche GFZ nach der lagetypischen GFZ, die die planungsrechtliche GFZ unter- und überschreiten kann,** finden grundsätzlich die GFZ-basierten Umrechnungs-koeffizienten Anwendung, wenn entsprechend den Vorgaben des § 5 Abs. 1 Satz 2 ImmoWertV die lageübliche Geschoss-flächen-zahl (GFZ) **analog zu** § 20 Abs. 2 BauNVO aus dem Verhältnis der lagetypisch realisierten **Geschoss-fläche** (GF) **zur „Grundstücksfläche"** (i.S. des § 19 BauNVO) ermittelt wird.
Im Falle der **Heran-ziehung von Boden-richt-werten** ist oftmals zu prüfen, ob sich die vom Gutachterausschuss ergänzend zum Bodenricht-wert angegebene GFZ auch tatsächlich auf die lagetypische Nutzung bezieht.

230 Hat der Gutachterausschuss dem Bodenrichtwert einer **Bodenrichtwertzone, in der** nach der Ausnahmevorschrift des § § 16 Abs. 4 ImmoWertV **die lagetypische GFZ i.S. des § 5 Abs. 1 Satz 2 ImmoWertV maßgebend ist**, weil entsprechend dieser Ausnahmeregelung ein *„gegenüber den planungsrechtlichen Zulässigkeitsvorschriften abweichend bestimmtes Maß* *wertbeeinflussend*" ist, sind anstelle der GFZ-basierten Umrechnungskoeffizienten WGFZ-basierte Umrechnungskoeffizienten anzuwenden (vgl. die Ausführungen bei § 5 ImmoWertV Rn 58 ff. und § 16 ImmoWertV Rn. 25, 31ff.; § 19 ImmoWertV Rn. 17ff.).

Die bisherigen sich auf die in der aufgehobenen VergleichswertR definierte WGFZ beziehenden WGFZ-basierten Umrechnungsko-effizien-ten sind nicht anwendbar, denn die bisherige Definition der WGFZ hat sich als untauglich erwiesen und wurde mit der ImmoWertV aufgegeben. Die nunmehr in § 16 Abs. 4 der geltenden ImmoWertV völlig neu definierte WGFZ macht aus den bei § 16 ImmoWertV unter Rn. 38ff. erläuterten Gründen auch keinen Sinn und ist überflüssig. 231
Fundiert abgeleitete Umrechnungskoeffizienten zur Berücksichtigung unterschiedlicher sog. wert-relevanter Geschoss-flä-chen-zahlen (WGFZ) stehen derzeit nicht zur Verfügung und können auch nicht in fundierter Weise ermittelt werden. Mit der WGFZ sollen nämlichdie Flächen *aller oberirdischen Geschosse* mit Ausnahme von nicht ausbaufähigen Dachgeschossen in den Nicht-vollgeschossen berücksichtigt werden und dementsprechend können für eine fundierte Ableitung entsprechender Umrechnungskoeffizienten aus Bodenwerten unbebauter Grundstücke aus den bei § 19 ImmoWertV unter Rn. 15ff. erläuterten Gründen zur Verfügung stehen.
Hat der Gutachterausschuss eine nach Maßgabe des § 16 Abs. 4 ImmoWertV ermittelte **WGFZ dem Bodenrichtwert zugeordnet**, empfiehlt es sich, die lagetypische GFZ analog zu § 20 Abs. 2 BauNVO zu ermitteln und diese mittels GFZ-basierter Umrechnungskoeffizienten der objektspezifischen GFZ anzupassen. Dies stellt eine einfache und praktikable Lösung dar, denn die Höhe des Bodenrichtwerts ist stets gleich, unabhängig davon, ob ihm eine GFZ oder WGFZ zugeordnet wird. GFZ- und WGFZ-basierte Umrechnungskoeffizienten können zudem (theoretisch) nur marginal voneinander abweichen und viele Gutachterausschüsse haben ihre empirisch abgeleiteten GFZ-basierten Umrechnungskoeffzienten deshalb ohne Änderung der Zahlenwerte schlichtweg „umgetauft".
Darüber hinaus ist zu prüfen, ob die auf dem zu bewertenden Grundstück „tatsächlich" ausgeübten lagetypischen GFZ bzw. WGFZ „erheblich" von der dem Bodenrichtwert zuge-ordneten GFZ bzw. WGFZ abweicht, denn dann ist der in § 40 Abs. 5 Nr. 1 ImmoWertV genannte Fall gegeben. Es handelt sich dann um eine atypische Nutzung i.S. dieser Vorschrift, denn aus der Definition des Bodenrichtwerts folgt, dass die lagetypische GFZ im gewöhnlichen Geschäftsverkehr für den Bodenwert wertbeeinflussend und deshalb maßgebend ist. Daraus wiederum folgt, dass bei der Marktwertermittlung eines bebauten Grundstücks der *vorläufige Verfahrenswert* nach Maßgabe des § 40 Abs. 5 Nr. 1 ImmoWertV auf der Grundlage des nutzungs-abhängigen Bodenwerts ermittelt wird und die Abweichung als besonderes objektspezifisches Merkmal berücksichtigt wird (vgl. § 49 ImmoWertV Rn. 185ff.).

c) Steuerliche Bewertung

Im Rahmen der **erbschaftsteuerlichen Ermittlung des gemeinen Werts** auf der Grundlage der von den Gutachterausschüssen für Grundstückswerte abgeleiteten Bodenrichtwerte sind nach Ziff. R B 170.2 u.a. die vom Gutachterausschuss der Finanzverwaltung mitgeteilten **Umrechnungskoeffizienten zur Berücksichtigung eines unterschiedlichen Maßes der baulichen Nutzung (GFZ)** anzusetzen. Sofern die Gutachterausschüsse Umrechnungskoeffizienten in Abhängigkeit von der Grundstücksgröße vorgegeben haben, sind diese anzusetzen. Sind die Bodenrichtwerte in Abhängigkeit von der Grundstückstiefe ermittelt worden, ist die Grundstücksfläche aufzuteilen. Dabei ist die Grundstücksfläche nach ihrer Tiefe in Zonen zu gliedern, deren Abgrenzung sich nach den Vorgaben des Gutachterausschusses richtet. 232

6.4.4.3 Empirisch ermittelte Umrechnungskoeffizienten zur Anpassung der GFZ

233 **Abb. 7: Umrechnungskoeffizienten in Moers**

Umrechnungskoeffizienten GFZ:GFZ für ein- und zweigeschossige Bauweise in Moers																
GFZ des Richtwertgrundstücks	**GFZ des Wertermittlungsobjekts**															
	0,20	0,25	0,30	0,35	0,40	0,45	0,50	0,55	0,60	0,65	0,70	0,75	0,80	0,85	0,90	0,95
0,3	0,94	0,97	1,00	1,03	1,06											
0,4		0,91	0,94	0,97	1,00	1,03	1,06	1,08								
0,5				0,91	0,94	0,97	**1,00**	1,03	1,05	1,08						
0,6						0,91	0,94	0,97	1,00	1,03	1,05	1,08				
0,7								0,91	0,94	0,97	1,00	1,03	1,06	1,09		
0,8										0,91	0,94	0,97	1,00	1,03	1,06	1,09

Quelle: Grundstücksmarktbericht 2024; dort auch die Umrechnungskoeffizienten bei mehrgeschossiger oder Mischbebauung

Abb. 8: Umrechnungskoeffizienten GFZ:GFZ in ausgewählten Städten

Umrechnungskoeffizienten für das Wertverhältnis von gleichwertigen Grundstücken bei unterschiedlicher baulicher Nutzung
Hinweis:*Das nach § 5 Abs. 1 ImmoWertV Maß der baulichen Nutzung bestimmt sich nach der bauplanungsrechtlichen GFZ i.S. des § 20 BauNVO. Eine Reihe von Gutachterausschüssen hat Umrechnungskoeffizienten auf der Grundlage der sog. wertrelevanten Geschossflächenzahl (WGFZ) nach Nr. 6 Abs. 6 der aufgehobenen Bodenrichtwertrichtlinie (BRW-RL) vom 11.01.2011 (BAnz Nr. 24 vom 11.02.2011 S. 597 = GuG 2011, 165) abgeleitet (vgl. § 10 Abs. 2 ImmoWertV). Dabei wird die WGFZ abweichend von § 16 Abs. 4 der ImmoWertV 21 definiert. Die einschlägige Definition kann i.d.R. dem einschlägigen Grundstücksmarktbericht entnommen werden.*

GFZ bzw. **WGFZ**	**Aachen**	**Berlin**		**Bonn**	**Braunschweig**	**Chemnitz**	**Dieburg**	**Düsseldorf**		**Frankfurt***		
	0,78	Wohnnutzung	Dienstleistungs- und Büronutzung Citylage ****	EFH ZFH				EFH, DHH, RH	Mehrgeschossig	Bürolage linear	Geschosswohnungsbau**	Wohn-/gemischt genutzte Ertragsobjekte
Grundlage	GFZ	GFZ	GFZ	WGFZ	GFZ	GFZ	GFZ			WGFZ		
	2024	2004/24	2004/24	2024	2011	-	-	-	2018	2013	2019	
0,2	-	-	-	-	-	-	0,45	-	-	-	-	-
0,3	-	-	-	-	-	-	0,52	0,61	-	-	-	-
0,4	-	-	-	0,66	0,72	-	0,59	0,66	0,78	-	0,677	-
0,5	0,64	-	-	0,72	0,78	0,67	0,65	0,72	0,82	0,50	0,729	-
0,6	0,72	-	-	0,78	0,84	0,75	0,72	0,77	0,85	0,60	0,782	-
0,7	0,80	-	-	0,84	0,88	0,82	0,79	0,83	0,89	0,70	0,836	0,888
0,8	0,87	0,4176	-	0,90	0,92	0,88	0,86	0,89	0,93	0,80	0,890	0,924
0,9	0,94	0,4176	-	0,95	0,96	0,94	0,93	0,94	0,97	0,90	0,945	0,961
1,00	**1,00**	0,5246	-	**1,00**	**1,00**	**1,00**	**1,00**	**1,00**	**1,00**	**1,00**	**1,000**	**1,000**
1,1	1,06	0,5767	-	1,08	1,03	1,06	1,07	1,06	1,04	1,10	1,055	1,040
1,2	1,11	0,6277	-	1,15	1,06	1,11	1,14	1,12	1,07	1,20	1,111	1,082
1,3	1,16	0,6777	-	1,23	1,09	1,16	-	1,17	1,11	1,30	1,167	1,125
1,4	1,21	0,7268	-	1,30	1,12	1,21	-	1,23	1,15	1,40	1,223	1,170

Umrechnungskoeffizienten für das Wertverhältnis von gleichwertigen Grundstücken bei unterschiedlicher baulicher Nutzung

Hinweis: *Das nach § 5 Abs. 1 ImmoWertV Maß der baulichen Nutzung bestimmt sich nach der bauplanungsrechtlichen GFZ i.S. des § 20 BauNVO. Eine Reihe von Gutachterausschüssen hat Umrechnungskoeffizienten auf der Grundlage der sog. wertrelevanten Geschossflächenzahl (WGFZ) nach Nr. 6 Abs. 6 der aufgehobenen Bodenrichtwertrichtlinie (BRW-RL) vom 11.01.2011 (BAnz Nr. 24 vom 11.02.2011 S. 597 = GuG 2011, 165) abgeleitet (vgl. § 10 Abs. 2 ImmoWertV). Dabei wird die WGFZ abweichend von § 16 Abs. 4 der ImmoWertV 21 definiert. Die einschlägige Definition kann i.d.R. dem einschlägigen Grundstücksmarktbericht entnommen werden.*

GFZ bzw. **WGFZ**	**Aachen**	**Berlin**		**Bonn**	**Braunschweig**	**Chemnitz**	**Dieburg**	**Düsseldorf**		**Frankfurt***		
	0,78	Wohnnutzung	Dienstleistungs- und Büronutzung Citylage ****	EFH ZFH				EFH, DHH, RH	Mehrgeschossig	Bürolage linear	Geschosswohnungsbau**	Wohn-/gemischt genutzte Ertragsobjekte
Grundlage	GFZ	GFZ	GFZ	WGFZ	GFZ	GFZ	GFZ			WGFZ		
	2024	2004/24	2004/24	2024	2011	-	-	-	2018	2013	2019	
1,5	1,25	0,7748	-	1,38	1,14	1,26	-	1,29	1,18	1,50	1,278	1,217
1,6	1,29	0,8218	-	1,45	1,16	1,31	-	1,35	1,22	1,60	1,334	1,266
1,7	1,33	0,8679	-	1,52	1,19	1,36	-	1,40	1,26	1,70	1,389	1,316
1,8	1,37	0,9129	-	1,60	1,21	1,40	-	1,46	1,30	1,80	1,444	1,368
1,9	1,40	0,9570	-	1,68	1,23	1,44	-	1,52	1,33	1,90	1,499	1,423
2,0	1,44	**1,0000**	0,5906	1,75	1,25	1,49	-	1,59	1,37	2,00	1,552	1,479
2,1	1,47	1,0420	0,6111	1,83	1,27	1,53	-	1,62	1,40	2,10	1,606	1,538
2,2	1,50	1,0831	0,6316	1,90	1,29	1,57	-	1,71	1,44	2,20	1,658	1,598
2,3	1,53	1,1231	0,6520	1,95	1,30	1,61	-	1,77	1,48	2,30	1,710	1,662
2,4	1,56	1,1622	0,6725	2,00	1,32	1,65	-	1,83	1,52	2,40	1,761	1,727
2,5	1,58	1,2003	0,6930	2,05	1,33	1,69	-	1,88	-	2,50	1,810	1,795
2,6	1,61	1,2373	0,7134	2,10	1,35	-	-	1,94	-	2,60	1,859	1,866
2,7	1,63	1,2734	0,7339	2,15	1,37	-	-	2,00	-	2,70	1,906	1,939
2,8	1,66	1,3984	0,7544	2,20	1,38	-	-	2,07	-	2,80	1,952	2,015
2,9	1,68	1,3425	0,7749	2,25	1,40	-	-	2,12	-	2,90	1,996	2,094
3,0	1,70	1,3756	0,7953	2,30	1,41	-	-	2,18	-	3,00	2,039	2,176
3,1	-	1,4076	0,8158	2,35	-	-	-	2,24	-	3,10	2,085	-
3,2	-	1,4387	0,8363	2,40	-	-	-	2,29	-	3,20	2,131	-
3,3	-	1,4688	0,8567	2,45	-	-	-	2,34	-	3,30	2,177	-
3,4	-	1,4978	0,8772	2,50	-	-	-	2,40	-	3,40	2,222	-
3,5	-	1,5259	0,8977	-	-	-	-	2,45	-	3,50	2,268	-
3,6	-	1,5530	0,9181	-	-	-	-	2,50	-	3,60	2,312	-
3,7	-	1,5791	0,9386	-	-	-	-	2,56	-	3,70	2,357	-
3,8	-	1,6041	0,9591	-	-	-	-	2,62	-	3,80	2,401	-
3,9	-	1,6282	0,9795	-	-	-	-	2,67	-	3,90	2,445	-
4,0	-	1,6513	**1,0000**	-	-	-	-	2,72	-	4,00	2,488	-
4,1	-	1,6734	1,0205	-	-	-	-	2,77	-	4,10	2,531	-
4,2	-	1,6945	1,0409	-	-	-	-	2,83	-	4,20	2,574	-
4,3	-	1,7146	1,0614	-	-	-	-	2,87	-	4,30	2,617	-
4,4	-	1,7336	1,0819	-	-	-	-	2,91	-	4,40	2,659	-
4,5	-	1,7517	1,1023	-	-	-	-	2,96	-	4,50	2,701	-
4,6	-	1,7688	1,1228	-	-	-	-	3,02	-	4,60	2,743	-
4,7	-	1,7849	1,433	-	-	-	-	3,06	-	4,70	2,784	-
4,8	-	1,8000	1,637	-	-	-	-	3,10	-	4,80	2,825	
4,9	-	1,8141	1,1842	-	-	-	-	3,14	-	4,90	2,866	-

Umrechnungskoeffizienten für das Wertverhältnis von gleichwertigen Grundstücken bei unterschiedlicher baulicher Nutzung

Hinweis: *Das nach § 5 Abs. 1 ImmoWertV Maß der baulichen Nutzung bestimmt sich nach der bauplanungsrechtlichen GFZ i.S. des § 20 BauNVO. Eine Reihe von Gutachterausschüssen hat Umrechnungskoeffizienten auf der Grundlage der sog. wertrelevanten Geschossflächenzahl (WGFZ) nach Nr. 6 Abs. 6 der aufgehobenen Bodenrichtwertrichtlinie (BRW-RL) vom 11.01.2011 (BAnz Nr. 24 vom 11.02.2011 S. 597 = GuG 2011, 165) abgeleitet (vgl. § 10 Abs. 2 ImmoWertV). Dabei wird die WGFZ abweichend von § 16 Abs. 4 der ImmoWertV 21 definiert. Die einschlägige Definition kann i.d.R. dem einschlägigen Grundstücksmarktbericht entnommen werden.*

GFZ bzw. **WGFZ**	**Aachen**	**Berlin**		**Bonn**	**Braunschweig**	**Chemnitz**	**Dieburg**	**Düsseldorf**		**Frankfurt***		
	0,78	Wohnnutzung	Dienstleistungs- und Büronutzung Citylage ****	EFH ZFH				EFH, DHH, RH	Mehrgeschossig	Bürolage linear	Geschosswohnungsbau**	Wohn-/gemischt genutzte Ertragsobjekte
Grundlage	GFZ	GFZ	GFZ	WGFZ	GFZ	GFZ	GFZ			WGFZ		
	2024	2004/24	2004/24	2024	2011	-	-	-	2018	2013	2019	
5,0	-	1,8272	1,2047	-	-	-	-	3,18	-	5,00	2,907	-
5,1	-	-	1,2251	-	-	-	-	-	-	-	2,947	-
5,2	-	-	1,2456	-	-	-	-	-	-	-	2,987	-
5,3	-	-	1,2661	-	-	-	-	-	-	-	3,027-	-
5,4	-	-	1,2866	-	-	-	-	-	-	-	3,066-	-
5,5	-	-	1,3070	-	-	-	-	3,37	-	-	3,105	-
5,6	-	-	1,3275	-	-	-	-	-	-	-	3,144	-
5,7	-	-	1,3480	-	-	-	-	-	-	-	3,182	-
5,8	-	-	1,3684	-	-	-	-	-	-	-	3,221	-
5,9	-	-	1,3889	-	-	-	-	-	-	-	3,259	-
6,0	-	-	1,4094	-	-	-	-	3,50	-	-	3,297	-
6,1	-	-	1,4298	-	-	-	-	-	-	-	3,334	-
6,2	-	-	1,4503	-	-	-	-	-	-	-	3,371	-
6,3	-	-	1,4708	-	-	-	-	-	-	-	3,408	-
6,4	-	-	1,4912	-	-	-	-	-	-	-	3,445	-
6,5	-	-	1,5117	-	-	-	-	3,59	-	-	3,481	-
6,6	-	-	1,5322	-	-	-	-	-	-	-	3,517	-
6,7	-	-	1,5526	-	-	-	-	-	-	-	3,553	-
6,8	-	-	1,5731	-	-	-	-	-	-	-	3,589	-
6,9	-	-	1,5936	-	-	-	-	-	-	-	3,624	-
7,0	-	-	1,6140	-	-	-	-	-	-	-	3,659-	-
7,1	-	-	-	-	-	-	-	-	-	-	3,694	-
7,2	-	-	-	-	-	-	-	-	-	-	3,729	-
7,3	-	-	-	-	-	-	-	-	-	-	3,763	-
7,4	-	-	-	-	-	-	-	-	-	-	3,797	-
7,5	-	-	-	-	-	-	-	-	-	-	3,831	-
7,6	-	-	-	-	-	-	-	-	-	-	3,865	-
7,7	-	-	-	-	-	-	-	-	-	-	3,898	-
7,8	-	-	-	-	-	-	-	-	-	-	3,931	-
7,9	-	-	-	-	-	-	-	-	-	-	3,964	-
8,0	-	-	-	-	-	-	-	-	-	-	3,997	-
8,1	-	-	-	-	-	-	-	-	-	-	4,029	-
8,2	-	-	-	-	-	-	-	-	-	-	4,062	-
8,3	-	-	-	-	-	-	-	-	-	-	4,094	-
8,4	-	-	-	-	-	-	-	-	-	-	4,125	-

Umrechnungskoeffizienten für das Wertverhältnis von gleichwertigen Grundstücken bei unterschiedlicher baulicher Nutzung

Hinweis: *Das nach § 5 Abs. 1 ImmoWertV Maß der baulichen Nutzung bestimmt sich nach der bauplanungsrechtlichen GFZ i.S. des § 20 BauNVO. Eine Reihe von Gutachterausschüssen hat Umrechnungskoeffizienten auf der Grundlage der sog. wertrelevanten Geschossflächenzahl (WGFZ) nach Nr. 6 Abs. 6 der aufgehobenen Bodenrichtwertrichtlinie (BRW-RL) vom 11.01.2011 (BAnz Nr. 24 vom 11.02.2011 S. 597 = GuG 2011, 165) abgeleitet (vgl. § 10 Abs. 2 ImmoWertV). Dabei wird die WGFZ abweichend von § 16 Abs. 4 der ImmoWertV 21 definiert. Die einschlägige Definition kann i.d.R. dem einschlägigen Grundstücksmarktbericht entnommen werden.*

GFZ bzw. **WGFZ**	**Aachen**	**Berlin**		**Bonn**	**Braunschweig**	**Chemnitz**	**Dieburg**	**Düsseldorf**		**Frankfurt***		
	0,78	Wohnnutzung	Dienstleistungs- und Büronutzung Citylage ****	EFH ZFH				EFH, DHH, RH	Mehrgeschossig	Bürolage linear	Geschosswohnungsbau**	Wohn-/gemischt genutzte Ertragsobjekte
Grundlage	GFZ	GFZ	GFZ	WGFZ	GFZ	GFZ	GFZ			WGFZ		
	2024	2004/24	2004/24	2024	2011	-	-	-	2018	2013	2019	
8,5	-	-	-	-	-	-	-	-	-	-	4,157	-
8,6	-	-	-	-	-	-	-	-	-	-	3,188	-
8,7	-	-	-	-	-	-	-	-	-	-	4,219	-
8,8	-	-	-	-	-	-	-	-	-	-	4,250	-
8,9	-	-	-	-	-	-	-	-	-	-	4,281	-
9,0	-	-	-	-	-	-	-	-	-	-	4,331	-
9,1	-	-	-	-	-	-	-	-	-	-	4,341	-
9,2	-	-	-	-	-	-	-	-	-	-	4,371	-
9,3	-	-	-	-	-	-	-	-	-	-	4,401	-
9,4	-	-	-	-	-	-	-	-	-	-	4,431	-
9,5	-	-	-	-	-	-	-	-	-	-	4,460	-
9,6	-	-	-	-	-	-	-	-	-	-	4,489	-
9,7	-	-	-	-	-	-	-	-	-	-	4,518	-
9,8	-	-	-	-	-	-	-	-	-	-	4,547	-
9,9	-	-	-	-	-	-	-	-	-	-	4,575	-
10,0	-	-	-	-	-	-	-	-	-	8,868*	-	-
15,0	-	-	-	-	-	-	-	-	-	11,686*	-	-
20,0	-	-	-	-	-	-	-	-	-	13,531*	-	-
25,0	-	-	-	-	-	-	-	-	-	14,475*	-	-
30,0	-	-	-	-	-	-	-	-	-	14,587		

* Zu GFZ-Umrechnungskoeffizienten für Bürohochhäuser vgl. Debus GuG 2000, 289.
** Die Anwendung entspricht der WGFZ (Grundstücksmarktbericht 2012, S. 31).
*** Für misch- und mehrgeschossige Nutzungen, Sondergebiete werden im Grundstücksmarkt die Umrechnungskoeffizienten der WERTR 06 genannt, wobei die GFZ mit der WGFZ gleichgesetzt wurde.
**** Die Umrechnungskoeffizienten für Dienstleistungs- und Büronutzung können in Gewerbegebieten nur dann unmittelbar angewandt werden, wenn es sich um innerstädtische Lagen mit hoher baulicher Dichte und überwiegender Büronutzung handelt.

Quelle: Gutachterausschüsse für Grundstückswerte: Marktberichte, Landesgrundstücksmarktbericht.

Umrechnungskoeffizienten für das Wertverhältnis von gleichwertigen Grundstücken bei unterschiedlicher baulicher Nutzung

Hinweis: *Das nach § 5 Abs. 1 ImmoWertV Maß der baulichen Nutzung bestimmt sich nach der bauplanungsrechtlichen GFZ i.S. des § 20 BauNVO. Eine Reihe von Gutachterausschüssen hat Umrechnungskoeffizienten auf der Grundlage der sog. wertrelevanten Geschossflächenzahl (WGFZ) nach Nr. 6 Abs. 6 der aufgehobenen Bodenrichtwertrichtlinie – (BRW-RL) vom 11.01.2011 (BAnz Nr. 24 vom 11.02.2011 S. 597 = GuG 2011, 165) abgeleitet (vgl. § 10 Abs. 2 ImmoWertV). Dabei wird die WGFZ abweichend von § 16 Abs. 4 der ImmoWertV 21 definiert. Die einschlägige Definition kann i.d.R. dem einschlägigen Grundstücksmarktbericht entnommen werden.*

GFZ bzw. WGFZ	**Göttingen**		**Hamburg**			**Gelsenkirchen**	**Gütersloh**	**Hagen**	**Hanno-ver-Münden**	**Heidelberg**
	Wohnen		Wohnen	Büro	Laden					
	Außer Innenstadt	Innenstadt							Innenstadt	
Grundlage										
	GFZ		GFZ	GFZ	GFZ	GFZ	WGFZ	WGFZ		GFZ
			2011	2011	2011	2024	2024	2012		2015
0,2	-	-	0,307	0,519	0,5	-	-	0,73	-	-
0,3	0,64	-	0,414	0,564	0.5	-	-	0,76	-	0,59
0,4	0,68	-	0,511	0,612	0,5	0,66	-	0,79	-	0,66
0,5	0,73	-	0,602	0,664	0,5	0,72	-	0,82	-	0,72
0,6	0,77	-	0,688	0,721	0,6	0,78	-	0,85	-	0,78
0,7	0,82	-	0,770	0,782	0,7	0,84	-	0,89	-	0,84
0,8	0,88	-	0,849	0,849	0,8	0,90	-	0,92	-	0,90
0,9	0,94	-	0,926	0,921	0,9	0,95	-	0,96	-	0,95
1,0	**1,00**	**1,00**	**1,000**	**1,000**	**1,0**	**1,00**	-	**1,00**	**1,00**	**1,00**
1,1	1,07	-	1,07	1,09	1,1	1,05	-	1,04	-	1,05
1,2	1,14	1,09	1,14	1,18	1,2	1,10	1,00	1,08	1,23	1,10
1,3	1,21	-	1,21	1,27	1,3	1,14	1,05	1,12	-	1,14
1,4	1,30	1,16	1,28	1,36	1,4	1,19	1,11	.	1,44	1,19
1,5	-	-	1,35	1,45	1,5	1,25	1,16	-	-	1,24
1,6	.	1,26	1,41	1,54	1,6	1,28	1,21	-	1,65	1,28
1,7	-	-	1,48	1,63	1,7	1,32	1,26	-	-	1,32
1,8	-	1,37	1,54	1,71	1,8	1,36	1,31	-	1,85	1,36
1,9	-	-	1,60	1,80	1,9	1,41	1,35	-	-	1,41
2,0	-	1,47	1,66	1,89	2,0	1,45	1,40	-	2,09	1,45
2,1	-	-	1,72	1,98	2,1	1,49	1,44	-	-	1,49
2,2	-	1,59	1,78	2,06	2,2	1,53	1,49	-	2,29	1,53
2,3	-	-	1,84	2,15	2,3	1,57	1,53	-	-	1,57
2,4	-	1,72	1,90	2,23	2,4	1,61	1,58	-	2,52	1,61
2,5	-	-	1,96	2,32	2,5	-	1,62	-	-	1,65
2,6	-	1,87	2,01	2,40	2,6	-	1,66	-	2,75	1,69
2,7	-	-	2,07	2,49	2,7	-	1,70	-	-	1,73
2,8	-	2,01	2,13	2,57	2,8	-	1,74	-	3,00-	1,76
2,9	-	-	2,18	2,66	2,9	-	1,79	-	-	1,80
3,0	-	-	2,24	2,74	3.0	-	1,83	.	3,25	1,84
3,1	-	-	-	-	-	-	1,87	-	-	1,88
3,2	-	-	-	-	-	-	1,90	-	-	1,91
3,3	-	-	-	-	-	-	1,94	-	-	1,95
3,4	-	-	-	-	-	-	1,98	-	-	1,99
3,5	-	-	2,51	3,16	3,5	-	2,02	-	-	2,02
3,6	-	-	-	-	-	-	2,06	-	-	-
3,7	-	-	-	-	-	-	2,10	-	-	-
3,8	-	-	-	-	-	-	2,13	-	-	-

Umrechnungskoeffizienten für das Wertverhältnis von gleichwertigen Grundstücken bei unterschiedlicher baulicher Nutzung

Hinweis: *Das nach § 5 Abs. 1 ImmoWertV Maß der baulichen Nutzung bestimmt sich nach der bauplanungsrechtlichen GFZ i.S. des § 20 BauNVO. Eine Reihe von Gutachterausschüssen hat Umrechnungskoeffizienten auf der Grundlage der sog. wertrelevanten Geschossflächenzahl (WGFZ) nach Nr. 6 Abs. 6 der aufgehobenen Bodenrichtwertrichtlinie – (BRW-RL) vom 11.01.2011 (BAnz Nr. 24 vom 11.02.2011 S. 597 = GuG 2011, 165) abgeleitet (vgl. § 10 Abs. 2 ImmoWertV). Dabei wird die WGFZ abweichend von § 16 Abs. 4 der ImmoWertV 21 definiert. Die einschlägige Definition kann i.d.R. dem einschlägigen Grundstücksmarktbericht entnommen werden.*

GFZ bzw. WGFZ	**Göttingen**		**Hamburg**			**Gelsenkirchen**	**Gütersloh**	**Hagen**	**Hannover-Münden**	**Heidelberg**
	Wohnen		Wohnen	Büro	Laden					
	Außer Innenstadt	Innenstadt							Innenstadt	
Grundlage	GFZ		GFZ	GFZ	GFZ	GFZ	WGFZ	WGFZ		GFZ
			2011	2011	2011	2024	2024	2012		2015
3,9	-	-	-	-	-	-	2,17	-	-	-
4,0	-	-	2,77	3,57	4,0	-	2,21	-	-	-
4,1	-	-	-	-	-	-	2,24	-	-	-
4,2	-	-	-	-	-	-	2,28	-	-	-
4,3	-	-	-	-	-	-	2,31	-	-	-
4,4	-	-	-	-	-	-	2,35	-	-	-
4,5	-	-	3,94	3,97	4,5	-	2,38	-	-	-
4,6	-	-	-	-	-	-	-	.	-	-
4,7	-	-	-	-	-	-	-	-	-	-
4,8	-	-	-	-	-	-	-	-	-	-
4,9	-	-	-	-	-	-	-	-	-	-
5,0	-	-	3,32	4,38	5,0	-	-	-	-	-
5,1	-	-	-	-	-	-	-	-	-	-
5,2	-	-	-	-	-	-	-	-	-	-
5,3	-	-	-	-	-	-	-	-	-	-
5,4	-	-	-	-	-	-	-	-	-	-
5,5	-	-	3,59	4,78	5,5	-	-	-	-	-
5,6	-	-	-	-	-	-	-	-	-	-
5,7	-	-	-	-	-	-	-	-	-	-
5,8	-		-	-	-	-	-	-	-	-
5,9	-		-	-	-	-	-	-	-	-
6,0	-	-	3,88	5,17	6,0	-	-	-	-	-
6,1	-	-	-	-	-	-	-	-	-	-
6,2	-	-	-	-	-	-	-	-	-	-
6,3	-	-	-	-	-	-	-	-	-	-
6,4	-	-	-	-	-	-	-	-	-	-
6,5	-	-	4,16	5,57	6,5	-	-	-	-	-

* entspricht WERTR 06

Quelle: Gutachterausschüsse für Grundstückswerte

Umrechnungskoeffizienten für das Wertverhältnis von gleichwertigen Grundstücken bei unterschiedlicher baulicher Nutzung											
Hinweis: *Das nach § 5 Abs. 1 ImmoWertV Maß der baulichen Nutzung bestimmt sich nach der bauplanungsrechtlichen GFZ i.S. des § 20 BauNVO. Eine Reihe von Gutachterausschüssen hat Umrechnungskoeffizienten auf der Grundlage der sog. wertrelevanten Geschossflächenzahl (WGFZ) nach Nr. 6 Abs. 6 der aufgehobenen Bodenrichtwertrichtlinie (BRW-RL) vom 11.01.2011 (BAnz Nr. 24 vom 11.02.2011 S. 597 = GuG 2011, 165) abgeleitet (vgl. § 10 Abs. 2 ImmoWertV). Dabei wird die WGFZ abweichend von § 16 Abs. 4 der ImmoWertV 21 definiert. Die einschlägige Definition kann i.d.R. dem einschlägigen Grundstücksmarktbericht entnommen werden.*											
GFZ bzw. **WGFZ**	**Heppenheim Südhessen**	**LK Hildesheim**	**Karlsruhe**	**Köln***	**Konstanz**		**Leipzig**	**Lüneburg**	**München**		
									Wohnbauland		
		EFH	MFH, Büro	MFH	Wohnen	Gewerbe	Wohnen	MFH	Individuell	MFH	Höherwertiges klassisches Gewerbe*
Grundlage		GFZ	WGFZ**	GFZ	GFZ	GFZ	GFZ	WGFZ	WGFZ*	WGFZ*	WGFZ*
	2014		2013	2024			2007	2013	2020	2014	2020
0,2	0,44	-	-	-	-	-	-	0,80	-	-	-
0,3	0,52	-	-	-	-	-	-	-	0,596	-	-
0,35	-	-	-	-	-	-	-	-	0,627	-	-
0,4	0,59	0,81	0,71	1,15	-	-	0,54	0,88	0,658	0,727	0,727
0,45	-	-	-	-	-	-	-		0,690	-	-
0,5	0,65	0,83	0,76	1,19	0,54	-	0,62	-	0,721	0,773	0,773
0,55	-	-	-	-	-	-	-	-	0,752	-	-
0,6	0,72	0,85	0,81	1,24	0,62	-	0,71	0,93	0,752	0,812	0,812
0,65	-	-	-	-	--	-	-	-	0,783	-	-
0,7	0,79	0,88	0,86	1,28	0,71	-	0,78	-	0,814	0,850	0,850
0,75	-	-	-	-	-	-	-	-	0,845		-
0,8	0,86	0,91	0,90	1,33	0,78	-	0,86	0,97	0,876	0,891	0,891
0,85	-	-	-	-	-	-	-	-	0,907	-	-
0,9	0,93	0,95	0,95	1,38	0,86	-	0,93	-	0,938	0,931	0,939
0,95	-	-	-	-	-	-		-	0,969	-	-
1,0	**1,00**	**1,00**	**1,00**	1,43	0,93	**1,00**	**1,00**	**1,00**	**1,000**	**1,000**	**1,000**
1,05	-	-	-	-	-	-	-	-	1,031	-	-
1,1	-	1,05	1,05	1,49	1,00	-	1,07	-	1,062	1,100	1,100
1,15	-	-	-	-	-	-	-	-	1,093	-	-
1,2	-	1,11	1,10	1,54	1,07	-	1,13	1,03	-	1,200	1,200
1,3	-	-	1,14	1,60	1,13	-	1,20	-	-	1,300	1,300
1,4	-	-	1,19	1,66	1,20	-	1,26	1,05	-	1,400	1,400
1,5	-	-	1,24	1,73	1,26	-	1,32	-	-	1,500	1,500
1,6	-	-	1,29	1,79	1,32	-	1,38	-	-	1,600	1,600
1,7	-	-	1,34	1,86	1,38	-	1,44	1,07	-	1,700	1,700
1,8	-	-	1,39	1,93	1,44	-	1,49	-	-	1,800	1,800
1,9	-	-	1,43	2,00	1,49	-	1,55	1,09	-	1,900	1,900
2,0	-	-	1,48	2,08	1,55	1,25	1,60	-	-	2,000	2,000
2,1	-	-	1,53	2,16	1,60	-	1,66	-	-	2,100	2,100
2,2	-	-	1,58	2,24	1,66	-	1,71	-	-	2,200	2,200
2,3	-	-	1,63	2,33	1,71	-	1,76	-	-	2,300	2,300
2,4	-	-	1,68	2,41	1,76	-	1,82	-	-	2,400	2,400
2,5	-	-	-	2,51	1,82	-	1,87	-	-	2,500	2,500
2,6	-	-	-	2,60	1,87	-	1,92	-	-	2,600	2,600
2,7	-	-	-	2,70	1,92	-	1,97	-	-	2,700	2,700
2,8	-	-	-		1,97	-	2,02	-	-	2,800	2,800
2,9	-	-	-	ab	2,02	-	2,07	-	-	2,900	2,900
3,0	-	-	-	2,7	2,07	1,50	2,12	-	-	3,000	3,000

Umrechnungskoeffizienten für das Wertverhältnis von gleichwertigen Grundstücken bei unterschiedlicher baulicher Nutzung											
Hinweis: *Das nach § 5 Abs. 1 ImmoWertV Maß der baulichen Nutzung bestimmt sich nach der bauplanungsrechtlichen GFZ i.S. des § 20 BauNVO. Eine Reihe von Gutachterausschüssen hat Umrechnungskoeffizienten auf der Grundlage der sog. wertrelevanten Geschossflächenzahl (WGFZ) nach Nr. 6 Abs. 6 der aufgehobenen Bodenrichtwertrichtlinie (BRW-RL) vom 11.01.2011 (BAnz Nr. 24 vom 11.02.2011 S. 597 = GuG 2011, 165) abgeleitet (vgl. § 10 Abs. 2 ImmoWertV). Dabei wird die WGFZ abweichend von § 16 Abs. 4 der ImmoWertV 21 definiert. Die einschlägige Definition kann i.d.R. dem einschlägigen Grundstücksmarktbericht entnommen werden.*											
GFZ bzw. **WGFZ**	**Heppenheim Südhessen**	**LK Hildesheim**	**Karlsruhe**	**Köln***	**Konstanz**		**Leipzig**	**Lüneburg**	**München**		
									Wohnbauland		
		EFH	MFH, Büro	MFH	Wohnen	Gewerbe	Wohnen	MFH	Individuell	MFH	Höherwertiges klassisches Gewerbe*
Grundlage		GFZ	WGFZ**	GFZ	GFZ	GFZ	GFZ	WGFZ	WGFZ*	WGFZ*	WGFZ*
	2014		2013	2024			2007	2013	2020	2014	2020
3,1	-	-	-	linear	2,12	-	2,16	-	-	3,100	(3,10)
3,2	-	-	-		2,16	-	2,21	-	-	3,200	(3,20)
3,3	-	-	-		2,21	-	2,26	-	-	3,300	(3,30)
3,4	-	-	-		2,26	-	2,30	-	-	3,400	(3,40)
3,5	-	-	-		2,30	-	2,35	-	-	3,500	(3,50)
3,6	-	-	-		2,35	-	2,40	-	-	3,600	(3,60)
3,7	-	-	-		2,40	-	2,44	-	-	3,700	(3,70)
3,8	-	-	-		2,44	-	2,49	-	-	3,800	(3,80)
3,9	-	-	-		2,49	-	2,53	-	-	3,900	(3,90)
4,0	-	-	-		2,53	-	2,57	-	-	4,000	(4,00)
4,1	-	-	-		2,57	-	2,62	-	-	-	(4,10)
4,2	-	-	-		2,62	-	2,66	-	-	-	(4,20)
4,3	-	-	-		2,66	-	2,70	-	-	-	(4,30)
4,4	-	-	-		2,70	-	2,75	-	-	-	(4,40)
4,5	-	-	-		2,75	-	2,79	-	-	-	(4,50)
4,6	-	-	-		2,79	-	2,83	-	-	-	(4,60)
4,7	-		-		2,83	-	2,87	-	-	-	(4,70)
4,8	-	-	-		2,87	-	2,91	-	-	-	(4,80)
4,9	-	-	-		2,91	-	2,96	-	-	-	(4,90)
5,0	-	-	-		2,96	-	3,00	-	-	-	(5,00)
5,1	-	-	-		-	-	3,04	-		-	-
5,2	-	-	-		-	-	-	-	-	-	-
5,3	-	-	-		-	-	-	-	-	-	-
5,4	-	-	-		-	-	-	-	-	-	-
5,5	-	-	-		-	-	-	-	-	-	(5,50)
5,6	-	-	-		-	-	-	-	-	-	-
5,7	-	-	-		-	-	-	-	-	-	-
5,8	-	-	-		-	-	-	-	-	-	-
5,9	-	-	-		-	-	-	-	-	-	-
6,0	-	-	-		2,20	-	-	-	-	-	6,00
6,1		-	-		-	-	-	-	-	-	-
6,2	-	-	-		-	-	-	-	-	-	-
6,3	-	-	-		-	-	-	-	-	-	-
6,4	-	-	-		-	-	-	-	-	-	-
6,5	-	-			-	-	-	-	-	-	6,50
* Modifizierte GFZ vgl. Erläuterungen im Grundstücksmarktbericht ** wertrelevante GFZ i.S. des § 20 BauNVO (Angaben entsprechen den in den Vorjahren für eine GFZ genannten Umrechnungskoeffizienten)											

Quelle: Gutachterausschüsse für Grundstückswerte: Marktberichte

Umrechnungskoeffizienten für das Wertverhältnis von gleichwertigen Grundstücken bei unterschiedlicher baulicher Nutzung

Hinweis: *Das nach § 5 Abs. 1 ImmoWertV Maß der baulichen Nutzung bestimmt sich nach der bauplanungsrechtlichen GFZ i.S. des § 20 BauNVO. Eine Reihe von Gutachterausschüssen hat Umrechnungskoeffizienten auf der Grundlage der sog. wertrelevanten Geschossflächenzahl (WGFZ) nach Nr. 6 Abs. 6 der aufgehobenen Bodenrichtwertrichtlinie (BRW-RL) vom 11.01.2011 (BAnz Nr. 24 vom 11.02.2011 S. 597 = GuG 2011, 165) abgeleitet (vgl. § 10 Abs. 2 ImmoWertV). Dabei wird die WGFZ abweichend von § 16 Abs. 4 der ImmoWertV 21 definiert. Die einschlägige Definition kann i.d.R. dem einschlägigen Grundstücksmarktbericht entnommen werden.*

GFZ bzw. **WGF**	**Nürnberg**	**Paderborn***	**Remscheid**	**Solingen** BauNVO 1986 ausnutzbare	**Stuttgart**		**LK Uelzen**	**LK Westerwald**	**Wiesbaden** Gem. genutzte Grundstücke Gewerbl. Anteil < 50 %	**Verden**	**Wuppertal**
	Misch- und Wohnnutzung*	Innenstadtlage			1–2 geschossig	mehrgeschossig					MFH
Grundlage	GFZ	GFZ	GFZ	GFZ	GFZ		WGFZ	GFZ	GFZ	WGFZ	GFZ
		2024	2024	2024	2024		2013		2016	2013	2024
0,2	-	-	-	0,731	-	-	0,80	-	-	0,80	-
0,3	-	-	-	0,759	0,69	-	-	0,55	-	-	-
0,4	-	-	0,66	0,789	0,75	-	0,88	0,66	-	0,88	0,78
0,5	-	-	0,72	0,820	0,80	-	-	0,74	-	-	0,82
0,6	-	-	0,78	0,854	0,84	-	0,93	0,81	0,88	0,93	0,85
0,7	0,86	-	0,84	0,888	0,88	-	-	0,87	-	-	0,89
0,8	0,90	-	0,90	0,924	0,92	0,94	0,97	0,92	0,94	0,97	0,93
0,9	0,95	-	0,95	0,982	0,96	0,97	-	-		-	0,97
1,0	**1,00**	0,855	**1,00**	**1,000**	**1,00**	**1,00**	**1,00**	**1,00**	**1,00**	**1,00**	**1,00**
1,1	1,05	0,861	1,05	1,039	1,05	1,03	-	-	-	-	1,04
1,2	1,10	0,868	1,10	1,080	-	1,07	1,03	-	1,06	1.03	1,07
1,3	1,14	0,884	1,14	1,121	-	1,10	-	-	-	-	1,11
1,4	1,19	0,901	1,19	1,163	-	1,14	1,05	-	1,12	1,05	1,14
1,5	1,24	0,927	1,24	1,205	-	1,18		-	-	-	1,18
1,6	1,29	0,947	1,28	1,248	-	1,22	1,07	-	-	1,07	1,22
1,7	1,34	0,973	1,32	1,291	-	1,27	-	-	-	-	1,25
1,8	1,39	**1,000**	1,36	1,335	-	1,31	1,09	-	1,24	1,09	1,30
1,9	1,43	1,032	1,41	1,378	-	1,36	-	-	-	-	1,33
2,0	1,48	1,072	1,45	1,422	-	1,41	-	-	1,30	-	1,37
2,1	1,53	0,107	1,49	1,465	-	1,46	-	-	-	-	1,40
2,2	1,58	1,131	1,53	1,508	-	1,51		-	-	-	1,44
2,3	1,63	1,154	1,57	1,551	-	1,56	-	-	-	-	1,48
2,4	1,67	1,177	1,61	1,594	-	1,61	-	-	1,24	-	1,52
2,5	1,72	1,193	1,64	1,635	-	-	-	-	-	-	-
2,6	1,77	1,210	1,67	-	-	-	-	-	-	-	-
2,7	1,82	1,223	1,70	-	-	-	-	-	-	-	-
2,8	1,87	1,239	1,74	-	-	-	-	-	1,54	-	-
2,9	1,91	1,252	1,77	-	-	-	-	-	-	-	-
3,0	1,96	1,269	1,80	-	-	-	-	-	-	-	-
3,1	2,01	1,282	1,82	-	-	-	-	-	-	-	-
3,2	2,06	1,295	1,85	-	-	-	-	-	1,66	-	-
3,3	2,11	1,312	1,88	-	-	-	-	-	-	-	-
3,4	2,16	1,328	1,90	-	-	-	-	-	-	-	-
3,5	2,20	1,341	1,93	-	-	-	-	-	1,75	-	-
3,6	2,25	1,354	1,95	-	-	-	-	-	-	-	-
3,7	2,30	1,371	1,97	-	-	-	-	-	-	-	-

Umrechnungskoeffizienten für das Wertverhältnis von gleichwertigen Grundstücken bei unterschiedlicher baulicher Nutzung
Hinweis: *Das nach § 5 Abs. 1 ImmoWertV Maß der baulichen Nutzung bestimmt sich nach der bauplanungsrechtlichen GFZ i.S. des § 20 BauNVO. Eine Reihe von Gutachterausschüssen hat Umrechnungskoeffizienten auf der Grundlage der sog. wertrelevanten Geschossflächenzahl (WGFZ) nach Nr. 6 Abs. 6 der aufgehobenen Bodenrichtwertrichtlinie (BRW-RL) vom 11.01.2011 (BAnz Nr. 24 vom 11.02.2011 S. 597 = GuG 2011, 165) abgeleitet (vgl. § 10 Abs. 2 ImmoWertV). Dabei wird die WGFZ abweichend von § 16 Abs. 4 der ImmoWertV 21 definiert. Die einschlägige Definition kann i.d.R. dem einschlägigen Grundstücksmarktbericht entnommen werden.*

GFZ bzw. **WGF**	**Nürnberg**	**Paderborn***	**Remscheid**	**Solingen** BauNVO 1986 ausnutzbare	**Stuttgart**		**LK Uelzen**	**LK Westerwald**	**Wiesbaden**	**Verden**	**Wuppertal**
	Misch- und Wohnnutzung*	Innenstadtlage			1–2 geschossig	mehrgeschossig			Gem. genutzte Grundstücke Gewerbl. Anteil < 50 %		MFH
Grundlage	GFZ	GFZ	GFZ	GFZ	GFZ		WGFZ	GFZ	GFZ	WGFZ	GFZ
		2024	2024	2024	2024		2013		2016	2013	2024
3,8	2,35	1,389	1,99	-	-	-	-	-	-	-	-
3,9	2,40	1,400	2,01	-	-	-	-	-	-	-	-
4,0	2,44	1,414	2,03	-	-	-	-	-	-	-	-
4,1	-	1,427	-	-	-	-	-	-	-	-	-
4,2	-	1,446	-	-	-	-	-	-	-	-	-
4,3	-	1,460	-	-	-	-	-	-	-	-	-
4,4	-	1,473	-	-	-	-	-	-	-	-	-
4,5	-	1,489	-	-	-	-	-	-	-	-	-
4,6	-	1,506	-	-	-	-	-	-	-	-	-
4,7	-	1,520	-	-	-	-	-	-	-	-	-
4,8	-	1,535	-	-	-	-	-	-	-	-	-
4,9	-	1,548	-	-	-	-	-	-	-	-	-
5,0	-	1,561	-	-	-	-	-	-	-	-	-

* Ansonsten gelten die Umrechnungskoeffizienten der Anl. 11 WERTR

Quelle: Gutachterausschüsse für Grundstückswerte: Marktberichte

6.4.4.4 Ersatzmethoden zur Anpassung der GFZ

Wo keine empirischen Erkenntnisse über die Abhängigkeit des Bodenwerts vom Maß der baulichen Nutzung vorliegen, hat es sich auch als praktikabel erwiesen, die **Vergleichspreise** nicht in ihrer tatsächlich vereinbarten Höhe, sondern **umgerechnet auf den Geschossflächenpreis in den Preisvergleich einzubringen.** Der Geschossflächenpreis des Vergleichsgrundstücks berechnet sich nach der Formel: 234

$$\text{Geschossflächenpreis} = \frac{\text{Bodenpreis}_{m^2}}{\text{GFZ}}$$

Der Bodenwert des zu bewertenden Grundstücks ergibt sich mit Hilfe von Geschossflächenpreisen durch Multiplikation der Geschossflächenzahl des zu bewertenden Grundstücks mit dem **mittleren Geschossflächenpreis der Vergleichsgrundstücke.**

Beispiel:

Bezogen auf den Wertermittlungsstichtag liegen folgende Vergleichspreise/m² vor:

Nr.	Preis [€/m²]	GFZ	
1	330	1,00	
2	410	1,50	Mittlerer Vergleichspreis bei GFZ = 1,00
4	220	0,85	
5	340	1,25	
6	230	0,95	1 530 / 5,55 = 275,7 €/m² bei GFZ = 1,00
	Σ 1 530	Σ 5,55	

Zu ermitteln ist der Verkehrswert eines Grundstücks mit einer GFZ von 1,1:

Verkehrswert = 275,7 €/m² × 1,1 = **303 €/m²**

235 Die Umrechnungskoeffiziententabelle verliert ihre Aussagekraft, wenn Grundstücke mit **erheblich voneinander abweichenden Geschossflächenzahlen** miteinander verglichen werden sollen, vor allem, wenn zudem die Mieten in den einzelnen Geschossen voneinander stark abweichen.

236 In der Praxis wird mitunter die **Abweichung der** auf dem zu bewertenden Grundstück **realisierbaren GFZ gegenüber der fiktiven GFZ** des Bodenrichtwertgrundstücks durch Umrechnung nach folgender Formel berücksichtigt:

$$\text{Bodenrichtwert} \times \frac{GFZ_{\text{realisiert}}}{GFZ_{\text{Bodenrichtwert}}}$$

237 *Beispiel:*
Dem Bodenrichtwert von 850 €/m² liegt eine GFZ von 2,0 zugrunde. Er soll zur Bodenwertermittlung eines Grundstücks mit einer GFZ von 2,2 zur Anwendung kommen:
850 €/m² × 2,2/2,0 = 935 €/m²
Methodisch enthält die im Beispiel dargestellte Vorgehensweise eine Reihe von Vereinfachungen, da hier das Verhältnis 1:1 unterstellt wird.

a) *Abweichungen im Maß der baulichen Nutzung zwischen dem Bodenrichtwertgrundstück und dem zu bewertenden Grundstück sind nach § 9 Abs. 1 und 2 ImmoWertV auf der Grundlage von Umrechnungskoeffizienten zu berücksichtigen. Dies ergäbe auf der Grundlage der einschlägigen Umrechnungskoeffizienten:*
850 €/m² × 1,53/1,45 = rd. 897 €/m²

b) *Kann aufgrund einer bestehenden Bebauung des Grundstücks mit einer GFZ von 2,0 die nach § 5 Abs. 1 ImmoWertV maßgebliche GFZ von 2,2 erst in n = 20 Jahren „ausgeschöpft“ werden, so ergibt sich nach der unter § 40 ImmoWertV Rn. 209 ff. vorgestellten Formel bei einem Zinssatz von LZ = 5 %:*
BW = BWreal. + (BWzul. BWreal.) × 1/qn
BW = 850 €/m² + (897 €/m² 850 €/m²) × 1/1,0520 = 867 €/m²

6.4.4.5 Baumassenzahl (BMZ)

▶ *Vgl. § 5 ImmoWertV Rn. 54 ff.*

Es gibt **kein allgemeingültiges Umrechnungsverhältnis zwischen der GFZ und der BMZ**, insbesondere nicht für bereits errichtete Gebäude. Im Rahmen einer baurechtlich zulässigen BMZ können nämlich die unterschiedlichsten Geschosshöhen realisiert werden. Von daher verbietet es sich, eine planungsrechtlich ausgewiesene BMZ unter Hinweis auf die Regelung des § 21 Abs. 4 BauNVO auf eine GFZ pauschal in der Weise umzurechnen, dass die ausgewiesene BMZ durch den Faktor 3,5 geteilt wird. **238**

6.4.4.6 Grundflächenzahl (GRZ)

▶ *Vgl. § 5 ImmoWertV Rn. 37 ff.*

In den Innenstädten wird der Bodenwert ausschlaggebend durch die Nutzung der unteren Geschosse und die dort erzielbaren Erträge bestimmt. Neben der erdgeschossigen Ladennutzung haben das Keller- und das 1. Obergeschoss durch deren bauliche Einbeziehung an Bedeutung gewonnen. Die herausragende Bedeutung der erdgeschossigen Ladennutzung in den Innenstädten lässt es vielfach sogar sinnvoll erscheinen, die zum Preisvergleich herangezogenen Kaufpreise nach einem Frontmetermaßstab auf die Eigenschaften des zu bewertenden Grundstücks unter Vernachlässigung der i.d.R. ohnehin nicht allzu unterschiedlichen GFZ umzurechnen[127]. Deshalb besteht **in den Innenbereichen** die Besonderheit, dass der **GRZ als wertbeeinflussendem Faktor eine höhere Bedeutung zukommt,** da eine hohe GRZ eine entsprechend größere erdgeschossige Ladennutzung ermöglicht. **239**

Der **besonderen Bedeutung der GRZ** und den vergleichsweisen hohen Mieterträgen im unteren Geschossbereich bei den in City-Lagen gelegenen Grundstücken kann mit dem sog. **Mietsäulenverfahren**[128] Rechnung getragen werden. In Abb. 10 wird dies an einem Extrembeispiel verdeutlicht, wobei der Wertunterschied in erster Linie aus der höheren GRZ resultiert, die zu einer erheblichen Ertragssteigerung in den unteren Geschossbereichen führt. **240**

Der in dem *Beispiel* vorgenommenen Berechnungsweise liegt eine lineare Abhängigkeit des Bodenwerts vom Maß der baulichen Nutzung zugrunde, die kritisch hinterfragt werden muss, zumal insbesondere die empirischen Untersuchungen zur Abhängigkeit des Bodenwerts von der Erdgeschossmiete eher auf eine parabolische Abhängigkeit deuten. **241**

---

127 So schon Großmann, ZfV 1951, 175; Buhr, AVN 1930, 151, ZfV 1931, 764; Jahrbuch der Bodenreform, 52. Jahrgang Heft 1; Möhring, AVN 1898, 233.

128 BGH, Urt. vom 01.02.1982 – III ZR 93/80 –, BGHZ 83, 61 = EzGuG 14.69.

Abb. 9: Umrechnung von Vergleichswerten mit Hilfe der Ertragsverhältnisse nach dem sog. Mietsäulenverfahren

Umrechnung von Vergleichswerten mithilfe von Ertragsverhältnissen (Mietsäulenverfahren)

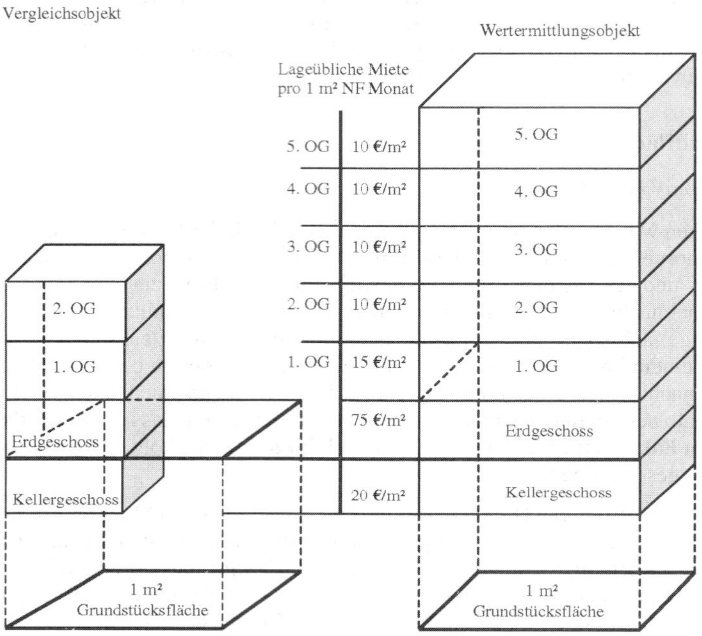

Beispiel

gegeben: GRZ = 0,7; GFZ = 2,4; Bodenwert: 4 000 €/m²

gesucht: GRZ = 1,0; GFZ = 6,0; Bodenwert?

Ertrag (E) pro Quadratmeter Grundstücksfläche

E_1 = 0,7 (20 + 75 + 15 + 10)
E_1 = 84 €/m² pro Monat

E_2 = 1,0 (20 + 75 + 15 + 10 + 10 + 10 + 10)
E_2 = 150 €/m² pro Monat

Gesuchter Bodenwert = 150/84 × 4 000€/m² = **7 150 €/m²**

242 Die vorstehende **Berechnungsweise lässt sich noch verfeinern**:

- Da sich der in der vorstehenden Berechnung angesetzte monatliche Reinertrag auf den Quadratmeter Nutzfläche bezieht, können die Ansätze mit Hilfe des Nutzflächenfaktors (im Regelfall 0,8) reduziert werden.
- Darüber hinaus kann auch berücksichtigt werden, dass der angesetzte Reinertrag ein Nutzungsentgelt für Boden und Gebäude (Grundstück) ist und der Reinertrag deshalb um den Bodenwertverzinsungsbetrag gemindert wird.

Der um den Bodenwertverzinsungsbetrag verminderte Gesamtertrag der Mietsäule des Vergleichsgrundstücks ergibt sich bei einem Bodenwert von 4 000 €/m², einer GRZ von 0,7, einem Nutzflächenfaktor (NFF) von 0,80 und einem Liegenschaftszinssatz von 6 % (mit dem im Übrigen sämtliche immobilienwirtschaftlich relevanten Umstände einschließlich der steuerlichen Gegebenheiten berücksichtigt werden) zu:

$$RE_{Gesamt\ (Vergleichsgrundstück)} = \sum_{n=1}^{n} RE_{Geschosse} \times GRZ_{Vergleichsgrundstück} \times NFF - BW_{Vergleichsgrundstück} \times \frac{p}{100 \times 12\ Monate}$$

Im Beispiel:

(20 €/m² + 75 €/m² + 15 €/m² + 10 €/m²) x 0,7 x 0,8 =	67,20 €/m²
abzüglich des monatlichen Bodenwertverzinsungsbetrags: 4 000 €/m² x 0,06/12 Monate =	20,00 €/m²
ergibt: monatlichen gebäudebezogenen Gesamtertrag:	47,20 €/m²

Gesamtertrag des Vergleichsgrundstücks:

Der vorstehend ermittelte monatliche gebäudebezogene Gesamtertrag sei zur Vereinfachung als $RE_{reduziert}$ bezeichnet.

Der gesuchte Bodenwert des zu bewertenden Grundstücks ergibt sich dann durch Auflösung des Verhältnisses der monatlichen gebäudebezogenen Gesamterträge des Bewertungsobjekts und des Vergleichsgrundstücks:

Im Beispiel:

$$BW_{gesucht} = \frac{\sum_{n=1}^{n} RE_{Geschosse\ (Bewertungsobjekt)} \times GRZ \times NFF - BW_{gesucht} \times \frac{p}{100 \times 12\ Monate}}{RE_{reduziert}} \times BW_{Vergleichsgrundstück}$$

und aufgelöst nach dem gesuchten Bodenwert des Bewertungsobjekts:

$$BW_{gesucht} = \frac{\sum_{n=1}^{n} RE_{Geschosse\ (Bewertungsobjekt)} \times GRZ_{Bewertungsobjekt} \times NFF}{\frac{p}{100 \times 12\ Monate} + \frac{RE_{reduziert}}{BW_{Vergleichsgrundstück}}}$$

Im Beispiel:

$$BW_{gesucht} = \frac{150\ €/m^2 \times 1{,}00 \times 0{,}80}{6/1\,200 + (120\ €/m^2 \times 0{,}70 \times 0{,}80 - 4\,000\ €/m^2 \times 6/1\,200)/4\,000\ €/m^2} = 7\,142{,}86\ €/m^2$$

Das Ergebnis entspricht exakt dem der oben stehenden vereinfachten Berechnungsweise. Dies ist darauf zurückzuführen, dass sowohl der Nutzflächenfaktor als auch der Bodenwertverzinsungsbetrag den Reinertrag des Vergleichs- und Bewertungsobjekts gleichermaßen reduzieren und das Wertverhältnis mithin nicht beeinflussen. **Nur bei unterschiedlichen Nutzflächenfaktoren (NFF) ist die verfeinerte Berechnungsweise in Betracht zu ziehen.**

Höchst problematisch ist auch die im bewertungstechnischen Vollzug umständliche und mit zusätzlichen Fehlerquellen behaftete Ermittlung des Bodenwertanteils am Reinertrag, indem der Reinertrag um die Verzinsung der gewöhnlichen Herstellungskosten des jeweiligen Geschosses (NHK pro Quadratmeter BGF x Liegenschaftszinssatz) reduziert wird. Bei einer homogenen Kostenstruktur ist auch diese Reduktion ohne Einfluss auf das Wertverhältnis und schon von daher abzulehnen. Von einer homogenen Kostenstruktur ist in aller Regel selbst bei unterschiedlichen Nutzungen der Geschossebenen auszugehen, denn auch in diesem Falle **243** muss ein Investor von „gemischten“ Herstellungskosten ausgehen und dementsprechend weisen die amtlichen Tabellenwerke über Normalherstellungskosten nur die Gesamtkosten der Gebäude ohne Untergliederung nach den Herstellungskosten einzelner Geschossebenen (KG, DG, EG usw.) aus.

6.4.4.7 Zahl der Vollgeschosse (Z)

▶ *Vgl. § 5 ImmoWertV Rn. 46, 57*

244 Insbesondere bei gemischt genutzten Grundstücken wird in der Praxis der Gutachterausschüsse für Grundstückswerte bezüglich des dem Bodenrichtwert zugeordneten Maßes der baulichen Nutzung die Geschosszahl (Z) angegeben. **Bei abweichender Geschosszahl** soll dann der Unterschied nach der **Schichtwertmethode** (*Schirmer*) berücksichtigt werden. Diese sieht folgende Umrechnungskoeffizienten vor:

Abb. 10: Umrechnungskoeffizienten für unterschiedliche Geschosszahlen (Z) in Geschäftslagen

	Geschosszahl	Vergleichsobjekt			
		III	**IV**	**V**	**VI**
Boden-richt-wert-grund-stück	III	1	1,19	1,38	–
	IV	0,84	1	1,16	1,32
	V	0,72	0,86	1	1,14
	VI	–	0,76	0,88	1

Quelle: GAA Gelsenkirchen Marktbericht 2024

6.4.5 Bauweise

▶ *Vgl. § 5 ImmoWertV Rn. 68*

245 Unter der Bauweise wird bauplanungsrechtlich die Stellung des Baukörpers auf dem Grundstück verstanden, wobei § 22 BauNVO zwischen der offenen und geschlossenen Bauweise unterscheidet (vgl. § 5 ImmoWertV Rn. 58). Vom Gutachterausschuss der Stadt *Solingen* wurden zur wertmäßigen Unterscheidung folgende **Umrechnungskoeffizienten** abgeleitet:

Offene Bauweise	**1,00**
Doppelhaus über 10 m Frontbreite	1,05
Doppelhaus unter 10 m Frontbreite	1,10
Reihenhaus	1,15

246 Bei alledem besteht eine Korrelation zur Abhängigkeit des Bodenwerts von der Grundstücksgröße. Das Reihenhaus weist i.d.R. gegenüber der offenen Bauweise eine kleinere Grundstücksfläche auf und dies darf nicht doppelt berücksichtigt werden.

6.4.6 Grundstücksgröße, -tiefe und -zuschnitt

6.4.6.1 Allgemeines

Schrifttum:*Reinhardt, W.,* Die Fläche als wertrelevante Größe für individuelles Wohnbauland in ländlichen Bereichen, GuG 2008, 321; *Kleiber, W.,* Glosse, GuG-aktuell 2017, 24.

▶ *§ 3 ImmoWertV Rn. 38 ff., 88; § 5 ImmoWertV Rn. 70; § 8 ImmoWertV Rn. 29 ff.; § 20 ImmoWertV Rn. 15 ff.; § 40 ImmoWertV Rn. 1 ff.; Syst. Darst. des Ertragswertverfahrens Rn. 59, 125; Syst. Darst. des Sachwertverfahrens Rn. 265; zur Bodensondierung bzw. Berücksichtigung der vom Modellansatz abweichenden Grundstücksgröße und zur Bodensondierung bei der Beleihungswertermittlung vgl. Teil IX Rn. 194 ff.*

Erfahrungsgemäß ist der auf den Quadratmeter Grundstücksfläche bezogene Bodenwert sowohl von der Grundstücksgröße als auch von der Grundstückstiefe abhängig. Allgemein gelten folgende **Erfahrungssätze:** 247

a) Je größer die Gesamtfläche eines Grundstücks, desto kleiner ist der auf den Quadratmeter bezogene Bodenwert.

b) Ausgehend von der Vorderlandfläche eines Grundstücks nimmt der auf den Quadratmeter bezogene Bodenwert mit der Grundstückstiefe ab.

Um die Abhängigkeit des Bodenwerts von der Grundstücksgröße *(size)* oder Grundstückstiefe 248 in marktkonformer Weise berücksichtigen zu können, werden von den Gutachterausschüssen für Grundstückswerte Umrechnungskoeffizienten in Abhängigkeit von der Grundstückstiefe, aber auch Umrechnungskoeffizienten in Abhängigkeit von der Grundstücksfläche abgeleitet. **Grundstücksgröße und Grundstückstiefe** sind aber keine unabhängig voneinander stehenden Parameter, sondern **stehen in aller Regel in Beziehung** zueinander. Mit zunehmender Grundstückstiefe wächst nämlich i.d.R. auch die Grundstücksgröße. Aus diesem Grunde würde es auf eine Doppelberücksichtigung hinauslaufen, wenn im Zuge der Bodenwertermittlung übergroßer Grundstücke Umrechnungskoeffizienten in Abhängigkeit von der Grundstückstiefe und gleichzeitig Umrechnungskoeffizienten in Abhängigkeit von der Grundstücksfläche zur Anwendung kämen.

Das Verhältnis der (Front-)Breite und Tiefe eines Grundstücks bestimmt wiederum die 249 **Grundstücksgestalt** *(shape)*, den **Grundstückszuschnitt** bzw. die **Form des Grundstücks.** Grundstücksgröße und Grundstückstiefe stehen mithin auch wertmäßig in enger Beziehung zu der Grundstücksgestalt. Bei Abweichungen der Vergleichsgrundstücke bzw. des Bodenrichtwertgrundstücks von der Grundstücksgröße, -tiefe und -gestalt muss dieser Zusammenhang beachtet werden. Wenn die genannten Einflussfaktoren jedoch schrittweise (jeweils gesondert), z.B. durch Zu- oder Abschläge, berücksichtigt werden, kann sich sehr schnell eine Doppel- bzw. Dreifachberücksichtigung einschleichen.

Aus diesem Grunde dürfen z.B. zur Berücksichtigung **einer Übergröße des zu bewertenden** 250 **Grundstücks** auf der Grundlage von Umrechnungskoeffizienten in Abhängigkeit von der Grundstücksgröße diese nicht gleichzeitig in Kombination mit Umrechnungskoeffizienten in Abhängigkeit von der Grundstückstiefe zur Anwendung kommen. Dies verbietet sich ebenso wie eine zusätzliche wertmäßige **Abstufung nach Vorder- und Hinterland.**

Im Rahmen der **erbschaftsteuerlichen Ermittlung des gemeinen Werts** auf der Grundlage 251 der von den Gutachterausschüssen für Grundstückswerte abgeleiteten Bodenrichtwerte sind nach Nr. 40 (R 161) der gleich lautenden Erlasse der obersten Finanzbehörden der Länder[129] vom Gutachterausschuss für Grundstückswerte abgeleitete Umrechnungskoeffizienten heranzuziehen. Sofern die Bodenrichtwerte in Abhängigkeit von der Grundstückstiefe ermittelt worden sind, ist die Grundstücksfläche in Vorder- und Hinterland aufzuteilen. Dabei ist die Grundstücksfläche nach ihrer Tiefe in Zonen zu gliedern, deren Abgrenzung sich nach den Vorgaben des Gutachterausschusses richtet. Für Frei- und Verkehrsflächen, die als solche ausgewiesen sind und sich in privater Hand befinden, ist darüber hinaus vom Bodenrichtwert ein angemessener Abschlag zu machen, soweit er nicht bereits in die Ermittlung des Bodenrichtwerts eingeflossen ist. Die Höhe des Abschlags ist unter Berücksichtigung der Verhältnisse des Einzelfalls zu bemessen. Die dreistufige Berücksichtigung von Übergrößen impliziert die Gefahr einer doppelten bzw. dreifachen Berücksichtigung der Übergröße.

Die einem Sachverständigen mitunter gleichzeitig zur Verfügung stehenden Umrechnungsko- 252 effizienten in Abhängigkeit von der Grundstücksgröße und von der Grundstückstiefe können bei alledem i.d.R. nur alternativ zur Anwendung kommen, wobei, wie noch näher dargelegt wird, die Methodenwahl nicht im freien Belieben des Sachverständigen steht. In der Regel

129 Gleich lautende Erlasse der obersten Finanzbehörden der Länder zur Umsetzung des Gesetzes zur Reform des Erbschaftsteuer- und Bewertungsrechts vom 05.05.2009 (GuG 2009, 225).

führt die **alternative Anwendung** der zwei **genannten Methoden** nämlich **zu unterschiedlichen Ergebnissen**. Dies soll kurz am *Beispiel* eines übergroßen Einfamilienhausgrundstücks in Neuss demonstriert werden (Abb. 11 ff.):

253 *Beispiel:*

Abb. 11: Einfamilienhaus

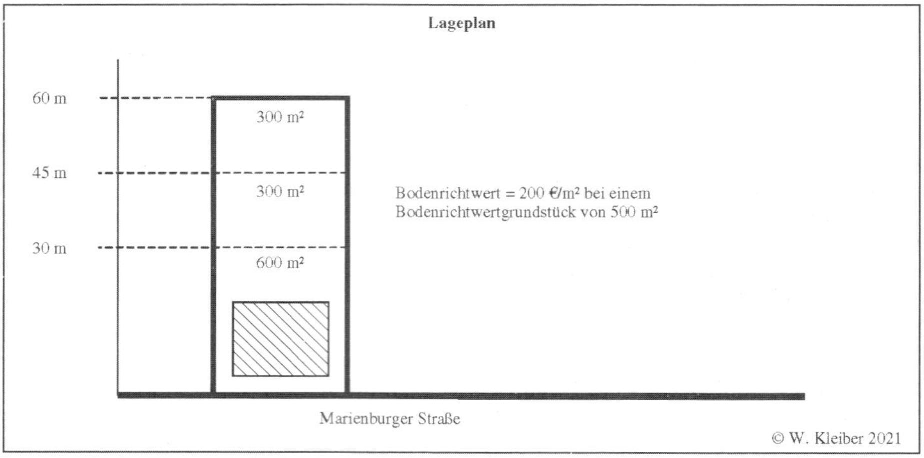

a) Bodenwertermittlung in Abhängigkeit von der Grundstückstiefe*

Bodenwert					
bis 30 m Tiefe	600 m²	×	200 €/m²	× 100 =	120 000 €
30 bis 45 m Tiefe	300 m²	×	200 €/m²	× 0,95 =	57 000 €
45 bis 60 m Tiefe	300 m²	×	200 €/m²	× 0,90 =	54 000 €
Gesamtfläche	1 200 m²			Gesamtwert =	**231 000 €**

* Umrechnungskoeffizienten

b) Bodenwertermittlung in Abhängigkeit von der Grundstücksfläche

$$BW_{1\,200m^2} = 200\,€/m^2 \times \frac{UK_{1200m^2}}{UK_{500m^2}} = 200\ €/m^2 \times \frac{0{,}901}{1{,}000} = 180{,}2\ €/m^2$$

Gesamtwert 1 200 m² × 180,2 €/m² = 216 240 €

254 Der Sachverständige muss – wie das *Beispiel* zeigt – die dem konkreten Sachverhalt angemessene Vorgehensweise auswählen. Bevor diesbezüglich **das im konkreten Einzelfall sachgerechte Verfahren** ausgewählt wird, muss man jedoch zunächst die Grundstücksgröße feststellen, die

- im Falle der Heranziehung von Bodenrichtwerten dem jeweiligen Bodenrichtwertgrundstück zuzuordnen ist bzw.
- im Falle der Heranziehung von Vergleichspreisen den Vergleichsgrundstücken zugrunde liegt, sofern man die Vergleichspreise nicht bereits jeweils auf die Grundstücksgröße des zu bewertenden Grundstücks umgerechnet hat.

255 Daneben kann es bei übergroßen Grundstücken geboten sein, zwischen der **nach Lage und Art der Grundstücksnutzung (Bebauung) zurechenbaren „marktüblichen objektbezo-**

genen Grundstücksfläche" (Umgriffsfläche) und der bauplanungsrechtlich erforderlichen Grundstücksfläche zu unterscheiden. Allerdings ist das Grundstück wertmäßig dann nicht zwangsläufig auf der Grundlage der bauplanungsrechtlich erforderlichen Mindestfläche aufzugliedern, denn insbesondere Grundstücke, die ein geringes Maß der baulichen Nutzung aufweisen (Ein- und Zweifamilienhausgrundstücke), werden bis zu einer gewissen Übergröße zum „vollen" Baulandwert gehandelt. Diesbezüglich ist das Marktgeschehen regional und sektoral uneinheitlich. Als Anhalt für die jeweils „übliche" Grundstücksgröße können die örtliche Grundstücksstruktur und entsprechende dem jeweiligen Bodenrichtwert zugeordnete Flächenangaben dienen.

Erst wenn das **zu bewertende Grundstück wesentlich größer als das zum Vergleich herangezogene Bodenrichtwertgrundstück (bzw. die herangezogenen Vergleichsgrundstücke)** und die nach Lage und Art der Grundstücksnutzung (Bebauung) zurechenbare „marktübliche objektbezogene Grundstücksfläche" (Umgriffsfläche) ist, muss nach einem geeigneten Weg zur Berücksichtigung dieser Abweichung gesucht werden. Handelt es sich um ein wesentlich größeres Grundstück, so muss zunächst geprüft werden, ob eine Zerlegung des Grundstücks in Flächen unterschiedlicher Qualitäten (Entwicklungszustandsstufen) – z.B. als Vorder- und Hinterland – in Betracht kommt. Dies wird auch als **Zerlegungs- bzw. Mosaikmethode** bezeichnet. Auch bei der Zerlegungsmethode muss die dem Bodenrichtwertgrundstück bzw. dem Vergleichsgrundstück zugrunde liegende Grundstücksgröße Beachtung finden. Handelt es sich nämlich z.B. um ein übergroßes Grundstück, das nur anteilig als baureifes Land einzustufen ist, und soll der Bodenwert dieser Teilfläche auf der Grundlage eines Bodenrichtwerts für baureifes Land abgeleitet werden, ist es in aller Regel angezeigt, der entsprechenden Teilfläche des zu bewertenden Grundstücks die Flächengröße zuzuordnen, die auch dem herangezogenen Bodenrichtwertgrundstück zugrunde liegt. Die dem Bodenrichtwert zugrunde liegende Grundstücksfläche wird deshalb vielfach in den Bodenrichtwertkarten in Quadratmetern angegeben; andernfalls muss sie aus der Grundstückssituation der jeweiligen Bodenrichtwertzone „abgelesen" werden. **256**

Problematisch kann im Übrigen das mit dem Bodenrichtwert veröffentlichte Maß der baulichen Nutzung in solchen Gebieten sein, in denen **die tatsächlich realisierte Nutzung üblicherweise von dem rechtlich zulässigen Maß der baulichen Nutzung abweicht.** Der von Vergleichspreisen abgeleitete Bodenwert sollte sich dann auf die lageübliche Grundstücksgröße mit der Folge beziehen, dass das tatsächlich realisierte Maß der baulichen Nutzung hinter dem rechtlich zulässigen Maß der baulichen Nutzung zurückbleibt. Hat der Gutachterausschuss für Grundstückswerte gleichwohl das rechtlich zulässige (Höchst)maß der baulichen Nutzung dem Bodenrichtwert zugeordnet, so wäre es falsch, wenn der Anwender dieses Bodenrichtwerts diesen auch noch über die Umrechnungskoeffizientenabelle für unterschiedliche Maße der baulichen Nutzung (GFZ/GFZ) „heruntergerechnet". **257**

In der **Zusammenfassung** bieten sich zur Berücksichtigung für die Übergröße eines Grundstücks also unterschiedliche Verfahrensweisen an, nämlich **258**

a) Berücksichtigung auf der Grundlage von Vergleichspreisen/Bodenrichtwerten von vergleichbar übergroßen Grundstücken;

b) Zerlegung des Gesamtgrundstücks in Teilflächen unterschiedlicher Wertigkeiten, deren Bodenwert jeweils eigenständig ermittelt wird (Mosaik- bzw. Zerlegungsmethode; Aufteilung in Vorder- und Hinterland usw.);

c) Berücksichtigung der Übergröße eines zugleich übertiefen Grundstücks auf der Grundlage von Umrechnungskoeffizienten in Abhängigkeit von der Grundstückstiefe;

d) Berücksichtigung der Übergröße auf der Grundlage von Umrechnungskoeffizienten in Abhängigkeit von der Grundstücksfläche;

e) Berücksichtigung der Übergröße auf der Grundlage von Umrechnungskoeffizienten in Abhängigkeit von der Grundstücksgestalt (Verhältnis der Grundstücksbreite zur Grundstückstiefe).

Bei **Anwendung von Vergleichsfaktoren bebauter Grundstücke (Immobilienrichtwerte/ Wohn- und Nutzflächenwerte)** muss beachtet werden, dass sich diese auf eine bestimmte Referenzfläche des jeweiligen Norm- und Referenzgrundstücks beziehen. Abweichungen des Bewertungsobjekts von dieser Referenzfläche können wie folgt berücksichtigt werden:

a) Die besondere Grundstücksgröße des Bewertungsobjekts findet direkt Eingang in die Ermittlung des vorläufigen Vergleichswerts, wenn die Wohn- bzw. Nutzflächenwerte in Abhängigkeit von der Grundstücksgröße abgeleitet und veröffentlicht worden sind.

b) Von den Gutachterausschüssen für Grundstückswerte werden vielfach auch Immobilienrichtwerte bzw. Wohn- oder Nutzflächenwerte bezogen auf eine normierte Grundstücksfläche (bzw. Spannbreite) zusammen mit Umrechnungskoeffizienten zur Berücksichtigung von davon abweichenden Grundstücksgrößen des Bewertungsobjekts abgeleitet; auch in diesem Falle geht die individuelle Grundstücksgröße des Bewertungsobjekts bereits direkt in den vorläufigen Vergleichswert ein.

c) Kann die vom Immobilienrichtwert bzw. Wohn- oder Nutzflächenwert abweichende Grundstücksgröße des Bewertungsobjekts nicht direkt bereits bei der Ermittlung des vorläufigen Vergleichswerts berücksichtigt werden, muss sie ergänzend als besonderes objektspezifisches Grundstücksmerkmal (boG) nach den hier gegebenen Ausführungen berücksichtigt werden.

259 Das im Einzelfall zur Anwendung kommende Verfahren ist nach sachlichen Kriterien auszuwählen und zu begründen. Dafür können die Grundsätze herangezogen werden, die allgemein für die **Wahl des Wertermittlungsverfahrens** gelten. § 6 Abs. 1 Satz 2 ImmoWertV schreibt hierfür vor, dass die Verfahren nach der Art des Gegenstands der Wertermittlung unter Berücksichtigung

– der Gepflogenheiten des Geschäftsverkehrs und

– der sonstigen Umstände des Einzelfalls

zu wählen sind.

260 Im Vordergrund für die Wahl des Verfahrens stehen danach also die Gepflogenheiten des Geschäftsverkehrs. Als **sonstige Umstände des Einzelfalls** können daneben vor allem auch die dem Sachverständigen zur Verfügung stehenden Möglichkeiten, insbesondere die ihm zur Verfügung stehenden marktkonformen Umrechnungskoeffizienten, eine gewichtige Rolle spielen. Vielfach werden dem Sachverständigen nämlich nicht stets Umrechnungskoeffizienten in Abhängigkeit von der Grundstücksfläche und Grundstückstiefe gleichzeitig zur Verfügung stehen.

261 Allgemein können entsprechend den **Marktgepflogenheiten** folgende Grundsätze aufgestellt werden:

a) Die Anwendung der **Zerlegungsmethode** (Mosaikmethode[130]) ist in Fällen der **„unechten Übergröße“** angezeigt. Eine unechte Übergröße liegt vor, wenn die überschießende Fläche eine wirtschaftlich in vollem Umfang (z.B. als eigenständiges Baugrundstück) selbstständig nutzbare Fläche darstellt, wobei es sich nicht stets um eine selbstständige bauliche Nutzung handeln muss (§ 41 ImmoWertV). Die Möglichkeit einer selbstständigen baulichen Nutzung stellt hier sogar den krassesten Fall dar, der zu sachlich unsinnigen Ergebnissen führt, wenn in diesem Fall der Bodenwert eines übergroßen Grundstücks auf der Grundlage von Umrechnungskoeffizienten in Abhängigkeit von der Grundstücksfläche gemindert werden würde (vgl. die nachfolgende Abb. 12). In solchen Fällen muss also das Grundstück in Einzelgrundstücke zerlegt werden.

130 OLG Köln, Urt. vom 26.11.2020 – 14 U 5/19 –, EzGuG 4.222.

Abb. 12: Unterschiedliche Verfahren zur Berücksichtigung der Übergröße

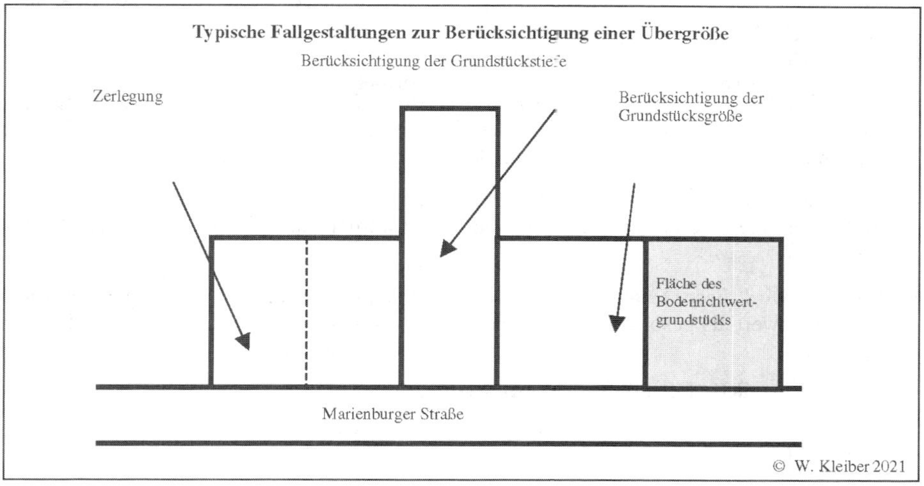

b) Die darüber hinaus sich stellende Frage, ob der Bodenwert nach Maßgabe der **Grundstückstiefe** *oder* der **Grundstücksgröße** zu reduzieren ist, hängt maßgeblich von der Grundstücksform (Grundstückszuschnitt) ab.
Ein vorteilhaft zugeschnittenes Grundstück ist durch rechtwinklig zueinander stehende Grundstücksgrenzen und einem Verhältnis der Frontbreite zur Grundstückstiefe von etwa 1:2 gekennzeichnet[131]. Dabei kommt es vor allem auch darauf an, dass die baulich zulässige Nutzung auf dem Grundstück realisiert werden kann. Bei Einfamilienhäusern gilt ein Grundstück mit einer Frontbreite von 20 m und einer Grundstückstiefe von 35 m als ideal. Weist das Grundstück also bei einem organischen Verhältnis von Breite und Tiefe eine Übergröße auf, so wird man nach vorheriger „Ausschöpfung" der Möglichkeiten einer Zerlegung den Bodenwert unter Anwendung der Umrechnungskoeffizienten für unterschiedliche Grundstücksgrößen reduzieren. Umgekehrt kann sich auch durch Zusammenlegung zweier Teilflächen der Wert erhöhen (*assemblage*).

c) Die Heranziehung von Umrechnungskoeffizienten in Abhängigkeit von der **Grundstückstiefe** ist damit letztlich nur in den Fällen sachgerecht, wo das Grundstück auch tatsächlich eine lang gestreckte Übertiefe aufweist und das Verhältnis von Breite zu Tiefe überdurchschnittlich ist.

Die wertmäßige Aufteilung eines übertiefen Grundstücks mithilfe von Umrechnungskoeffizienten in Abhängigkeit von der Grundstückstiefe läuft auf eine wertmäßige Zonierung entsprechend der Grundstückstiefe hinaus und stellt insoweit eine Verfeinerung der Aufteilung in Vorder- und Hinterland dar. Dabei ist auch hier im Hinblick auf die Anwendung des Ertragswertverfahrens zu prüfen, ob das Hinterland eine selbstständig nutzbare Fläche i.S. des § 41 ImmoWertV darstellt. **262**

131 Dieterich, Baulandumlegung, 4. Aufl., S. 153; Dieterich, Baulandumlegung, 5. Aufl., S. 142; Dieterich in Ernst/Zinkahn/Bielenberg/Krautzberger, BauGB, § 194 BauGB Rn. 102.

263 Bei Anwendung des Ertragswertverfahrens darf in den Fällen, in denen ein Grundstück wesentlich größer ist, als es einer den baulichen Anlagen angemessenen Nutzung entspricht, und eine zusätzliche Nutzung oder Verwertung einer von der marktüblichen Grundstücksgröße abweichenden Teilfläche zulässig und möglich ist (Übergröße),

- bei Anwendung des *allgemeinen* Ertragswertverfahrens nach § 28 ImmoWertV der Jahresreinertrag des Grundstücks nicht um den Bodenwertverzinsungsbetrag dieser Teilfläche vermindert werden, da er zur Erzielung des Reinertrags nicht erforderlich ist, und
- bei Anwendung des *vereinfachbaren* Ertragswertverfahrens nach § 29 ImmoWertV der Bodenwertanteil dieser Teilfläche nicht abgezinst werden, da die Teilfläche jederzeit nutzbar ist.

Im Ergebnis wird dieser Grundstücksteil als „angehängte" zusätzliche Teilfläche allein mit seinem Bodenwert als besonderes objektspezifisches Grundstücksmerkmal „mitgeschleppt".

6.4.6.2 Mosaikverfahren (Vorder- und Hinterland)

a) Allgemeines

▶ *Vgl. Rn. 275; § 3 ImmoWertV Rn. 368 ff.; Grundsätzliches hierzu auch bei § 6 ImmoWertV Rn. 136 ff.; § 42 ImmoWertV Rn. 1 ff.; Näheres zum vorgeschobenen Hinterland § 44 ImmoWertV Rn. 157 ff.*

264 **Die Notwendigkeit einer Aufteilung übergroßer Grundstücke** kann sich sowohl bei dem Wertermittlungsobjekt als auch bei den Vergleichsobjekten stellen. Unterließe man dies bei den Vergleichsobjekten, so wäre der daraus ermittelte durchschnittliche Quadratmeterwert verfälscht. Allenfalls in dem (wohl mehr theoretischen) Ausnahmefall, dass die Vergleichsobjekte die gleichen Anteile unterschiedlich wertiger Teilflächen aufweisen wie das Wertermittlungsobjekt, könnte die Aufteilung unterbleiben.

265 Bei der Aufteilung übertiefer Grundstücke in Teilflächen unterschiedlichen Entwicklungszustands nach **Vorder- und Hinterland** stellt sich die Frage, wo die Grenze zu ziehen ist. Soweit es sich bei dem Vorderland um baureife Flächen handelt, orientiert sich die Trennlinie zwischen dem baureifen Vorderland und dem Hinterland grundsätzlich am Ende der Fläche, die nach öffentlich-rechtlichen Vorschriften baulich nutzbar ist, zuzüglich der Freifläche, die für die bauliche Nutzung erforderlich ist (Abb. 13)[132]. Eine rückwärtige Bebauung mit einem Hauptgrundstück ist unzulässig, wenn im hinteren Bereich der umliegenden Grundstücke nur Nebenanlagen vorhanden sind[133].

132 BGH, Urt. vom 30.05.1983 – III ZR 22/82 –, BRS Bd. 45 Nr. 120 = EzGuG 18.93; BVerwG, Urt. vom 17.07.1958 – 1 C 209/57 –, BRS Bd. 8 Nr. 37 = EzGuG 4.10; VGH Mannheim, Urt. vom 27.10.2000 – 8 S 714/00 –, ESVGH 51, 61 = GuG-aktuell 2001, 38.

133 BVerwG, Beschl. vom 06.11.1997 – 4 B 172/97 –, BRS Bd 59 Nr. 79 = EzGuG 4.170a.

Abb. 13: Bestimmung der Grenzlinie zwischen Vorder- und Hinterland bei übertiefen Grundstücken

Bestimmung der Grenzlinie zwischen Vorder- und Hinterland bei Übertiefen (Berechnungsbeispiel)

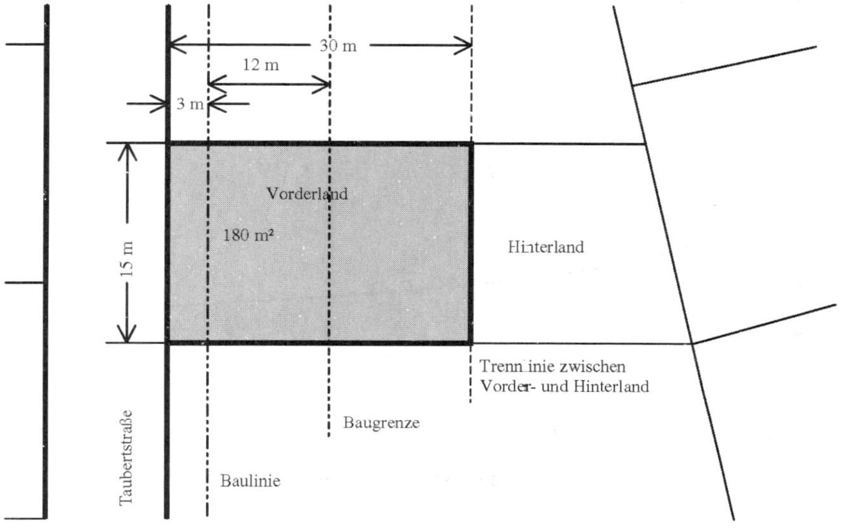

a) **Festsetzungen des Bebauungsplans:** GRZ = 0,4 GFZ = 0,8 geschlossene Bauweise
b) **Berechnung der Grundfläche** innerhalb der Baulinie und Baugrenze: 12 m × 15 m = 180 m²
c) **Berechnung der notwendigen Grundstücksfläche** bei einer GRZ von 0,4: 180 m² : 0,4 = 450 m²
d) **Berechnung der erforderlichen Grundstückstiefe** bei einer Grundstücksbreite von 15 m: 450 m² : 15 m = 30 m
Hieraus folgt, dass das Vorderland (baureifes Land) „rechnerisch“ bis zu einer Grundstückstiefe von 30 m reicht.

Die sich hieraus ergebende **Mindest-Grundstücksfläche** (Normfläche) **ist aber nur Aus-** **266**
gangsgröße für die Aufteilung in Vorder- und Hinterland. Wo nach der Art der Grundstücksnutzung die darüber hinausgehende Fläche wertmäßig wie das Vorderland gehandelt wird, verschiebt sich die Trennlinie[134]. Es kommt entscheidend auf die Grundstückstiefe an, die im gewöhnlichen Geschäftsverkehr als Vorderland gehandelt wird und dementsprechend den herangezogenen Vergleichsgrundstücken bzw. dem Bodenrichtwertgrundstück zugrunde liegt. Die nach dem örtlichen Marktgeschehen dem Vorderland zuzurechnende Grundstückstiefe wird vielfach im Grundstücksmarktbericht des örtlichen Gutachterausschusses angegeben (z.B. übliche Grundstückstiefe: 35 m). Der rückwärtige Teil wird vornehmlich „**Hausgarten**“ oder (**hausnahes) „Gartenland“**sowie **„Gartenfläche mit direktem Bezug zum Hausgrundstück“**genannt. Die Wertigkeit wird in einem Vomhundertsatz des Vorderlandes bzw. des einschlägigen Bodenwerts für die Baufläche angegeben, und zwar in Abhängigkeit von der Lage i.d.R. mit bis zu 30 % des angrenzenden Baulandwerts angegeben. Dieser Wertanteil reduziert sich ab einer Grundstücksfläche von etwa 400 m² auf 20 %.

134 BGH, Urt. vom 27.09.1990 – III ZR 97/89 –, GuG 1991, 38 = BRS Bd. 53 Nr. 119 = EzGuG 2.51.

Abb. 14: Zum Wertverhältnis der Hausgärten (hausnahes Gartenland) zum lagetypischen Bodenwert in Duisburg

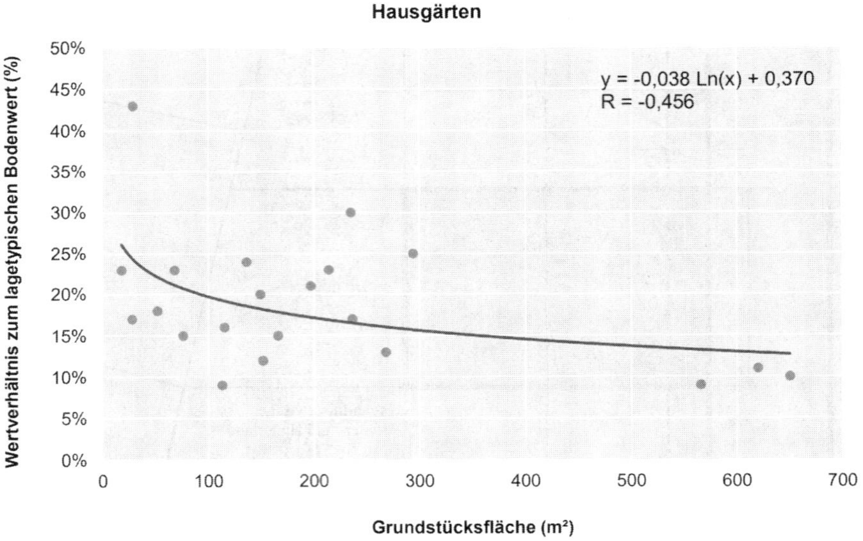

Quelle: Grundstücksmarktbericht Duisburg 2024

Im Grundstücksmarktbericht 2024 von Essen wird nachgewiesen, dass im gewöhnlichen Geschäftsverkehr bei „Gartenflächen mit direktem Bezug zum Hausgrundstück" bei Ein- und Zweifamilienhausgrundstücken, die eine Abhängigkeit von der Tiefe des bereits vorhandenen Grundstücks aufweisen, eine Abhängigkeit der Kaufpreise von der Grundstückstiefe besteht:

Abb. 15: Abhängigkeit des Teilwerts für Gartenflächen mit direktem Bezug zum Hausgrundstück bei Ein- und Zweifamilienhäuser in Essen

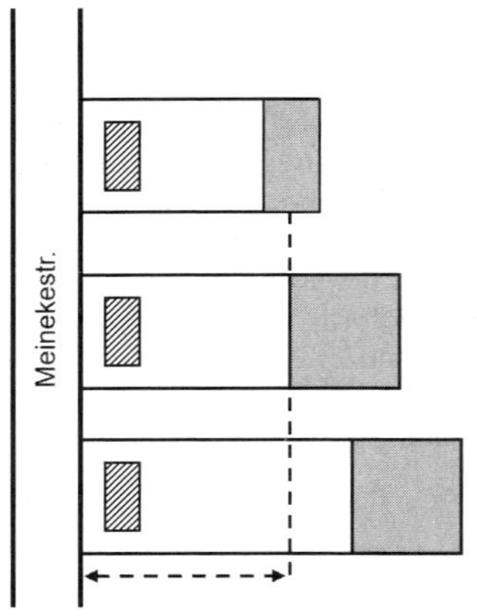

Wertansatz % des Bodenwerts			*Fläche der ausgewerteten Kaufpreise [m²]*		
Median	von	bis	**Median**	von	bis
34	10	60	**210**	40	1 400
18	7	60	**240**	40	760
11	2	45	**470**	40	930

Zur Abhängigkeit des Bodenwerts von der Grundstücksgröße bei **Gartenland** (vgl. § 3 ImmoWertV Rn. 367):

Abb. 16: Abhängigkeit des selbstständigen Gartenlands von der Grundstücksgröße in Mülheim an der Ruhr

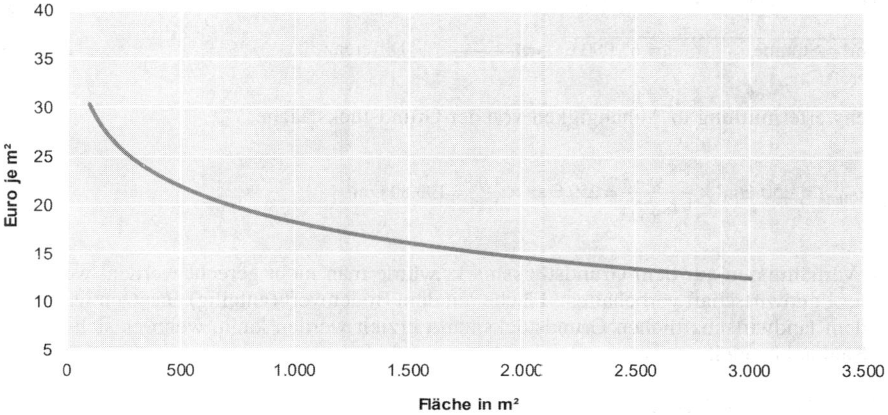

Quelle: Grundstücksmarktbericht Stadt Mülheim an der Ruhr 2024

Die Trennlinie verschiebt sich, wenn Vorderland z.B. für Straßenverbreiterungsmaßnahmen abgetreten wird. Das bislang baulich nicht nutzbare Hinterland tritt dann insoweit an die Stelle des abgetretenen Vorderlandes (sog. **vorgeschobenes Hinterland**). Im Entschädigungsfall ist deshalb Bemessungsgrundlage für das abgetretene Vorderland der Wert, der sich für den Entwicklungszustand des Hinterlandes ergibt. Zu diesem Ergebnis kommt man auch bei Anwendung des sog. Differenzwertverfahrens. Hierbei wird der Verkehrswert des Gesamtgrundstücks vor und nach Abtretung der Teilfläche gegenübergestellt[135]. **267**

Eine gesamtheitliche Betrachtung ist auch bei Anwendung der Mosaikmethode geboten. Entscheidend ist die **Verkehrsauffassung.** Selbst rechtliche Gegebenheiten müssen in ihrer Bedeutung zurücktreten, wie das nachfolgende Beispiel zeigt (Abb. 17): **268**

Abb. 17: Lageplan

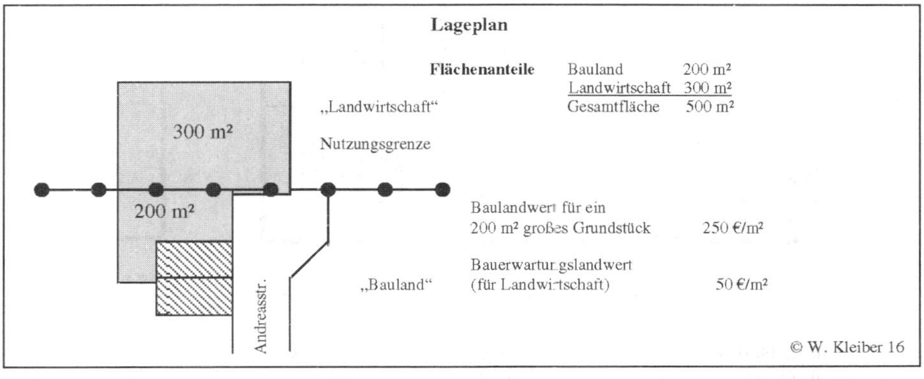

135 BGH, Urt. vom 29.01.1970 – III ZR 30/69 –, BRS Bd. 26 Nr. 97 = EzGuG 18.48; zum Wertverhältnis zwischen Vorder- und Hinterland vgl. auch OLG Hamburg, Urt. vom 24.04.1970 – 1 U 17/69 –, BRS Bd. 26 Nr. 11 = EzGuG 18.50; OLG Hamburg, Urt. vom 13.04.1973 – 1 U 13/71 –, BRS Bd. 34 Nr. 121 = EzGuG 4.40; vgl. auch Nr. 5.2 der inzwischen aufgehobenen WERTR; ferner: OLG Hamburg, Urt. vom 12.05.1964 – 1 U 53/62 –, BlGBW 1965, 311 = EzGuG 4.21.

Lösungsvorschlag für die Ermittlung des Verkehrswerts:

Falsch			*Richtig*	
200 m² × 250 €/m²	= 50 000 €		500 m² × 193,80 €/m²	= 96 900 €
300 m² × 50 €/m²	= 15 000 €			↑
500 m² = Summe	= 65 000 €	←	Differenz	**31 900 €**

Bodenwertermittlung in Abhängigkeit von der Grundstücksfläche

$$BW_{500m^2} = 250\ €/m^2 \times \frac{UK_{500m^2}}{UK_{200m^2}} = 250\ €/m^2 \times \frac{1{,}00}{1{,}29} = 193{,}80\ €/m^2$$

Den Verhältnissen auf dem Grundstücksmarkt würde man nicht gerecht werden, wenn man die der Landwirtschaft vorbehaltene Fläche mit dem Bodenwert (anteilig) ansetzen würde, der auf dem landwirtschaftlichen Grundstücksmarkt erzielt werden kann, wenn es sich faktisch um Bauland handelt.

b) Hinterliegergrundstück

Schrifttum: IVD, GuG 2018, 236.

269 Eine Besonderheit liegt bei übertiefen Grundstücken vor, die eine sog. Hinterlandbebauung zulassen und wo ein selbstständig nutzbares **Hinterliegergrundstück** – oftmals als sog. **„Pfeifengrundstück"** benannt – gebildet werden kann (Abb. 18). Es gibt nämlich keinen allgemein geltenden Grundsatz, dass eine Hinterlandbebauung städtebaulich unerwünscht ist[136].

Abb. 18: Pfeifengrundstück

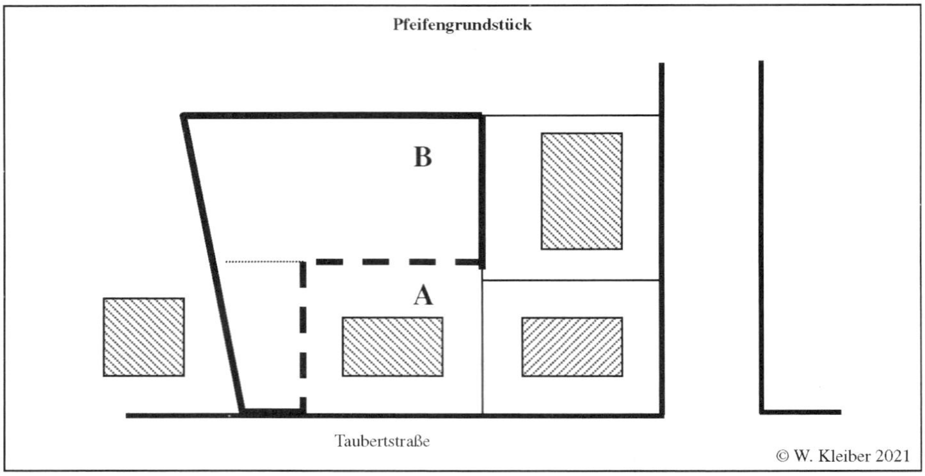

270 In einem im Zusammenhang bebauten Ortsteil kommt es aber bei der Frage, ob eine rückwärtige Bebauung eines Grundstücks zulässig ist, neben der überbaubaren Grundstücksfläche regelmäßig darauf an, in welchem Umfang die den **Maßstab bildenden umliegenden Grund-**

136 OVG Münster, Urt. vom 22.05.1992 – 11 A 1709/89 –, GuG 1993, 57 = EzGuG 8.71.

stücke eine rückwärtige Bebauung aufweisen. Diese Frage lässt sich nur an Hand der konkreten Umstände des Einzelfalls beantworten[137].

Liegt der **Standort eines geplanten Wohngebäudes im hinteren Grundstücksbereich gänzlich außerhalb des Umgebungsrahmens** hinsichtlich der überbaubaren Grundstücksfläche, so ist das Vorhaben nach § 34 Abs. 1 BauGB nicht allein deshalb zulässig, weil eine sinnvolle straßenseitige Bebauung wegen des schmalen Zuschnitts des Grundstücks nicht möglich ist[138]. Auch kann die Frage, ob von einem den Umgebungsrahmen überschreitenden Vorhaben im unbeplanten Innenbereich eine Vorbildwirkung für Nachbargrundstücke ausgehen kann, nur nach dem jeweiligen Einzelfall beurteilt werden; sie ist keiner rechtsgrundsätzlichen Klärung zugänglich[139]. 271

Als baureifes Land können hinterliegende Grundstücke bzw. Grundstücksteile, auch wenn für sie im Bebauungsplan eine bauliche Nutzung festgesetzt ist, nur eingestuft werden, wenn ein **Zugang zur Erschließungsanlage,**ggf. über ein fremdes Grundstück, gesichert ist. Nach höchstrichterlicher Rechtsprechung gehören Hinterliegergrundstücke nämlich nur dann zum Kreis der erschlossenen Grundstücke, wenn die rechtlichen Hindernisse, die der Zugänglichkeit entgegenstehen, in rechtlich gesicherter Weise und auf Dauer ausräumbar sind[140]. Nach der Rechtsprechung ist eine Erschließung i.S. des § 30 Abs. 1 BauGB nur dann gesichert, wenn damit zu rechnen ist, dass sie auf Dauer zur Verfügung stehen wird. Eine Zuwegung zu einem Hinterliegergrundstück, die nur auf einer auflösend bedingten Baulast beruht, kann dies nicht gewährleisten, wenn sich im maßgeblichen Zeitpunkt bereits konkret abzeichnet, dass die Baulast durch Eintritt einer Bedingung demnächst erlöschen wird[141]. In der Rechtsprechung ist auch gefordert worden, dass die Zufahrt durch eine Grunddienstbarkeit gesichert ist[142], wenn eine dauerhafte Sicherung der Zuwegung durch eine Baulast nicht möglich ist. 272

Der VGH Mannheim[143] fordert in seiner Rechtsprechung, dass die **verkehrsmäßige Erreichbarkeit des Hinterliegergrundstücks** bauordnungsrechtlich durch eine öffentlich-rechtlich gesicherte Zufahrt gewährleistet ist. Dafür reiche es nicht aus, dass zugunsten dieses Grundstücks im Bebauungsplan ein Geh-, Fahr- und Leitungsrecht nach § 9 Abs. 1 Nr. 21 BauGB festgesetzt ist und die Überfahrt durch schuldrechtliche Vereinbarung mit dem Eigentümer des Vorderliegergrundstücks gesichert ist. Eine solche öffentlich-rechtliche Sicherheit der Zufahrt trete nur ein, wenn eine entsprechende **Baulast** bestellt werde und zugleich eine deckungsgleiche Grunddienstbarkeit bestehe. Eine nur unter auflösender Bedingung beruhende Baulast reicht allerdings nicht aus; sie löst jedenfalls auch keine Erschließungsbeitragspflicht aus[144]. 273

Der für **das grundsätzlich bebaubare Hinterland anzusetzende** Wert darf nicht nach den allgemeinen Wertansätzen für die Übertiefe bzw. Übergröße von Grundstücken angesetzt werden. Zur Ermittlung des Werts des Hinterlandes ist vielmehr vom Vorderlandwert („voller" Baulandwert vermindert um die Gestehungskosten der Erschließung ggf. im Wege des Extraktionsverfahrens (Residualwertverfahrens) auszugehen. Dies sind insbesondere die Kosten der straßenmäßigen Erschließung. Dabei macht es keinen Unterschied, ob die Straße als private 274

137 BVerwG, Urt. vom 06.11.1997 – 4 B 172/97 –, BRS Bd. 59 Nr. 79 = EzGuG 4.170a; BVerwG, Urt. vom 15.12.1994 – 4 C 19/93 –, BRS Bd. 56 Nr. 130 = EzGuG 3.117a; BVerwG, Beschl. vom 28.09.1988 – 4 B 175/88 –, NuR 1990, 403 = EzGuG 8.65; VGH Kassel, Beschl. vom 25.09.1987 – 4 UE 40/87 –, BRS Bd. 47 Nr. 64 = EzGuG 3.71h; BFH, Urt. vom 18.09.1970 – III B 21/70 –, BFHE 100, 184 = BStBl II 1971, 4 = EzGuG 4.31.

138 VGH Mannheim, Urt. vom 07.02.1997 – 5 S 3442/95 –, VBlBW 1997, 268 = EzGuG 4.166b.

139 BVerwG, Beschl. vom 04.10.1995 – 4 B 68/95 –, BRS Bd. 57 Nr. 95 = EzGuG 3.118a.

140 VGH München, Urt. vom 02.04.1980 – 23 Cs – 670/79 –, KStZ 1981, 19 = EzGuG 8.56; BVerwG, Urt. vom 07.10.1977 – 4 C 103/74 –, BRS Bd. 37 Nr. 97 = EzGuG 9.31a.

141 BVerwG, Urt. vom 08.05.2002 – 9 C 5/01 –, KStZ 2002, 232 = EzGuG 8.72.

142 VGH München, Urt. vom 22.02.1978 – 65 XV 75 –, BayVBl. 1978, 434 = EzGuG 18.32; anders OVG Münster, Urt. vom 31.01.1989 – 3 A 922/87 –, KStZ 1990, 117 = EzGuG 8.68.

143 BVerwG, Urt. vom 15.01.1988 – 8 C 111/86 –, BVerwGE 79, 1 = EzGuG 9.62; VGH Mannheim, Urt. vom 13.12.1994 – 2 S 3003/93 –, VBlBW 1995, 358 = EzGuG 4.157; VGH Mannheim Urt. vom 12.09.1996 – 8 S 1844/96 –, BRS Bd. 68 Nr. 85 = EzGuG 3.120a; BGH, Urt. vom 03.02.1989 – V ZR 224/87 –, BGHZ 106, 348 = EzGuG 14.84c; BGH, Urt. vom 06.10.1989 – V ZR 127/88 –, NVwZ 1990, 192 = EzGuG 14.96.

144 BVerwG, Urt. vom 08.05.2002 – 9 C 5/01 –, KStZ 2002, 232 = EzGuG 8.72.

Erschließungsanlage oder als öffentliche Straße hergestellt wird. Im ersten Fall sind die Kosten vom Eigentümer selbst aufzubringen; im anderen Fall werden sie mit dem Erschließungsbeitrag geltend gemacht und sind deshalb entsprechend wertmindernd zu berücksichtigen. Liegt das zu bewertende Grundstück in einem förmlich festgelegten Sanierungsgebiet, das in einem umfassenden Verfahren saniert wird, wird die mit der Anlegung einer öffentlichen Straße bewirkte Werterhöhung bei der Ermittlung des End- bzw. Neuordnungswerts berücksichtigt und zusammen mit den sonstigen Bodenwerterhöhungen abgeschöpft. Die vom Eigentümer selbst hergestellte Straße wird dagegen nach Maßgabe des § 146 Abs. 3 i.V.m. § 155 Abs. 1 Nr. 2 oder 3 bzw. § 155 Abs. 6 BauGB als „eigene Aufwendung" berücksichtigt. Die Kosten der Herstellung einer Straße beliefen sich im Jahre 2023 auf ca. 300 bis 450 €/m² Straßenfläche bzw. auf rd. 3000 € je laufender Meter für eine etwa 8 m breite Straße (Abb. 9).

Abb. 19: Lageplan

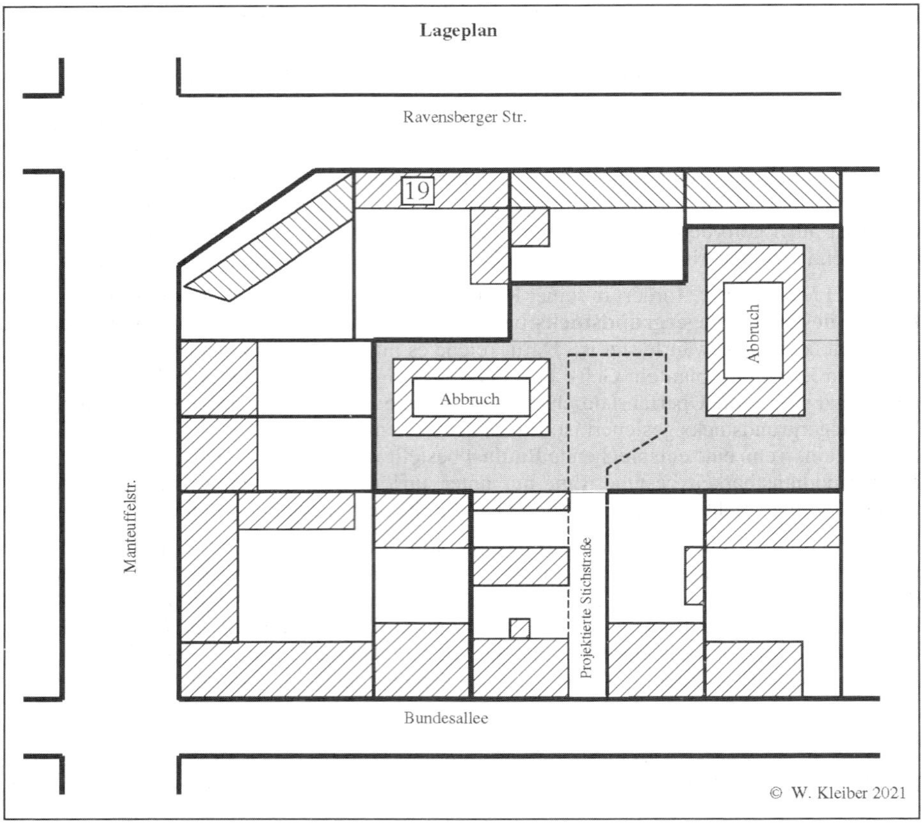

6.4.6.3 Grundstücksgröße

Schrifttum: *Groeger*, ZfV 1921, 165; *Reinhard, W.*, Die Fläche als wertrelevante Größe für individuelles Wohnbauland in ländlichen Bereichen, GuG 2008, *321*.

▶ *Vgl. Rn. 247 ff., 306 ff.; § 3 ImmoWertV Rn. 38 ff., 88, 140*

275 Unterschiede in der Grundstücksgröße *(size)* zwischen dem zu bewertenden Grundstück und den zum Vergleich herangezogenen Grundstücken werden grundsätzlich berücksichtigt, indem die **Vergleichspreise** – wie im Übrigen auch Bodenrichtwerte – **auf den Quadratmeter**

Grundstücksfläche bezogen werden und auf dieser Grundlage die individuelle Grundstücksgröße des Wertermittlungsobjekts volle Berücksichtigung erfährt.

Erfahrungsgemäß ist jedoch der Quadratmeterwert **eines Baugrundstücks umso größer, je kleiner das Baugrundstück** ist. Es ist empirisch belegt, dass der Bodenwert von Wohngrundstücken bei kleiner werdenden Grundstücken ab einer Grundstücksgröße von ca. 500 m^2 regelmäßig überproportional ansteigt und im umgekehrten Fall, d.h. bei größer werdenden Grundstücken, die Minderung des Quadratme-terpreises im Verhältnis zur Fläche hingegen zurückgeht. Bei einer Grundstücksgröße von über 2.000 m^2 mindert sich der Bodenwert pro Quadratmeter nur noch marginal. Dies ist zum einen darauf zurückzuführen, dass sich bei hohen Baulandpreisen der Käufer darauf beschränkt, die baurechtlich notwendige Fläche zu erwerben und auf Freiflächen verzichtet. Auf der anderen Seite gelingt es den Verkäufern erfahrungsgemäß, höhere Quadratmeterpreise beim Verkauf kleinerer Grundstücke am Markt durchzusetzen (Abb. 20). 276

Abb. 20: Abhängigkeit des Bodenwerts von der Grundstücksgröße

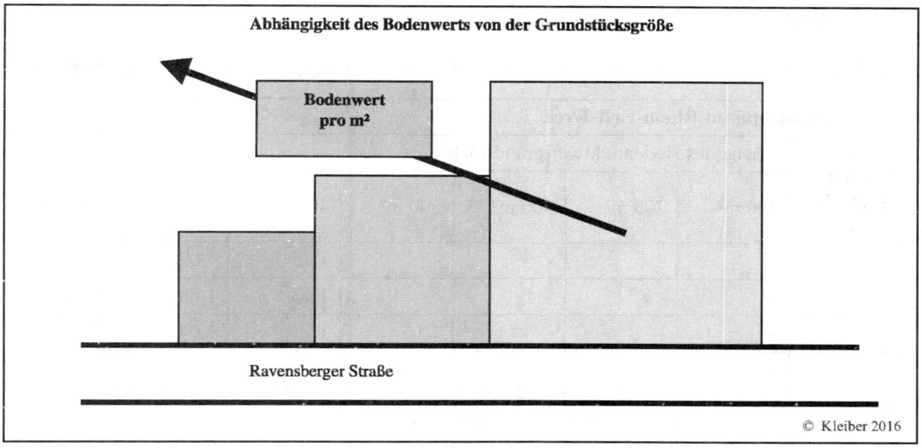

Grundsätzlich sollen zur Berücksichtigung Abweichungen der Größe der Vergleichsgrundstücke gegenüber der Fläche des Wertermittlungsobjekts die vom Gutachterausschuss für Grundstückswerte abgeleiteten Umrechnungskoeffizienten Anwendung finden. Solche Umrechnungskoeffizienten sind geeignet, wenn sie für einen für das Wertermittlungsobjekt zutreffenden sachlichen und regionalen Teilmarkt ermittelt wurden und das Ableitungsmodell sowie die Datengrundlagen bekannt sind. 277
Für die **Abhängigkeit des auf den Quadratmeter Grundstücksfläche bezogenen Verkehrswerts von der Grundstücksfläche** sind von einigen Gutachterausschüssen für Grundstückswerte **Umrechnungskoeffizienten** ermittelt worden, wobei zwischen

- Ein- und Zweifamilienhäusern,
- Reihenhäusern
- Gartenland,
- landwirtschaftlichen Hofstellen und
- Gewerbegrundstücken

zu unterscheiden ist.

Stehen keine Umrechnungskoeffizienten zur Berücksichtigung unterschiedlicher Grundstücksgrößen zur Verfügung, können auch Umrechnungskoeffizienten aus vergleichbaren Gebieten verwendet werden, für die eine gleichartige Entwicklung vorliegt.

Die Anwendung von Umrechnungskoeffizienten steht grundsätzlich unter der Voraussetzung, dass *„sie für einen für das Wertermittlungsobjekt zutreffenden sachlichen und regionalen" Teilmarkt ermittelt wurden."*

278 Der **Bodenwert von Ein- und Zweifamilienhäusern** mit einer Grundstücksfläche ≤ 500 m² steigt erfahrungsgemäß verhältnismäßig steil an, je kleiner das Grundstück ist. Dementsprechend steigen auch die Umrechnungskoeffizienten zur Berücksichtigung abweichender Grundstücksgrößen mit Verringerung der Grundstücksfläche deutlich an. Besonders ausgeprägt ist dies bei Reihenhäusern in den Ballungszentren an, insbesondere wenn die Grundstücksfläche bis auf ca. 150 m² zurückgeht. Dort können sich im Vergleich zur nachstehenden Tabelle auch höhere Umrechnungskoeffizienten ergeben.

279 Bezüglich der Abhängigkeit des Bodenwerts von der Grundstücksgröße kann es angezeigt sein, nach den *auf dem örtlichen Grundstücksmarkt üblichen Grundstücksgrößen* zu unterscheiden. Die in dem jeweiligen Belegenheitsgebiet vorherrschende Grundstücksgröße kann der Attribuierung des jeweiligen Bodenrichtwerts entnommen werden. Für den *Rhein-Erft-Kreis* wurden folgende Umrechnungskoeffizienten unter Berücksichtigung der Lage (Bodenrichtwertniveau) ermittelt:

Abb. 21: Bodenwert in Abhängigkeit von der Grundstücksgröße im Rhein-Erft-Kreis

Flächenanpassung im Rhein-Erft-Kreis							
Fläche des Grundstücks in m²	Fläche des Bodenrichtwertgrundstücks						
	800 m²	700 m²	600 m²	500 m²	400 m²	300 m²	200 m²
200	-	-	-	-	1,15	1,09	1,00
225	-	-	-	-	1,13	1,06	0,98
250	-	-	-	1,16	1,11	1,04	0,96
275	-	-	-	1,14	1,08	1,02	0,94
300	-	-	1,17	1,12	1,06	1,00	0,92
325	-	-	1,15	1,10	1,05	0,98	-
350	-	1,18	1,13	1,08	1,03	0,97	-
375	-	1,16	1,12	1,07	1,01	0,95	-
400	1,18	1,14	1,10	1,05	1,00	0,94	-
425	1,17	1,13	1,08	1,04	0,99	0,93	-
450	1,15	1,11	1,07	1,02	0,97	0,91	-
475	1,14	1,10	1,06	1,01	0,96	-	-
500	1,12	1,09	1,04	1,00	0,95	-	-
525	1,11	1,07	1,03	0,99	0,95	-	-
550	1,10	1,06	1,02	0,98	0,93	-	-
575	1,09	1,05	1,01	0,97	0,92	-	-
600	1,08	1,04	1,00	0,96	0,91	-	-
625	1,07	1,03	0,99	0,95	-	-	-
650	1,05	1,02	0,98	0,94	-	-	-
675	1,04	1,01	0,97	0,93	-	-	-
700	1,04	1,00	0,96	0,92	-	-	-
725	1,03	0,99	0,95	0,91	-	-	-

Flächenanpassung im Rhein-Erft-Kreis							
Fläche des Grundstücks in m²	Fläche des Bodenrichtwertgrundstücks						
	800 m²	700 m²	600 m²	500 m²	400 m²	300 m²	200 m²
750	1,02	0,98	0,95	0,90	-	-	-
775	1,01	0,97	0,94	-	-	-	-
800	1,00	0,97	0,93	-	-	-	-

Quelle: Grundstücksmarktbericht 2024

In Abb. 22 ff. sind **durchschnittliche Umrechnungskoeffizienten** für die Abhängigkeit des **280**
Quadratmeterwerts von der Grundstücksfläche angegeben, die in vergleichbaren Gemeinden als Anhalt dienen können, wenn keine örtlichen Umrechnungskoeffizienten zur Verfügung stehen.

Abb. 22: Bodenwert in Abhängigkeit von der Grundstücksgröße des individuellen Wohnungsbaus

Bodenwert in Abhängigkeit von der Grundstücksgröße													
Fläche m²	**VergleichswertR**	**Aachen (Nord)**	**Altmark**	**Bad Doberan**	**Berlin** Quelle: IVD, GuG 2008, 44				**LK Birkenfeld** BW = 30 €/m²	**Bochum**	**Bonn**	Land **Brandenburg**	**Bremen**
		EFH	EFH	EFH	EFH/ZFH		DHH/RH				EFH/ ZFH	EFH/ ZFH	
		ZFH	ZFH	ZFH	einfach mittel	gut sehr gut	einfach mittel	gut sehr gut					
	2014	2024	2013		2008				2013	2024	2018	2012	2011
100	-	-	-	-	-	-	-	-	1,15	1,46	-	-	-
150	-	-	-	1,41	-	-	1,18	1,14	-		1,42	-	-
200	-	1,21	-	1,29	-	-	1,12	1,08	1,08		1,29	-	1,21
225	-	1,19	-	-	-	-	-	-	-	1,11	-	-	-
250	-	1,17	-	-	-	-	1,06	1,04	-		-	-	-
275	-	1,16	-	-	-	-	-	-	-		-	-	-
300	-	1,14	1,20	1,16	-	-	1,02	1,02	1,05		1,16	1,32	1,14
325	-	1,12	-	-	-	-	-	-	-	-	-	-	-
350	-	1,11	-	-	-	-	1,00	1,00	-	-	-	-	-
375	-	1,09	-	-	-	-	-	-	-	-	-	-	-
400	-	1,08	1,13	1,07	1,12	1,08	0,97	0,98	1,02	-	1,07	1,30	1,08
425	-	1,06	-	-	-	-	-	-	-	-	-	-	-
450	-	1,04	-	-	-	-	-	-	-	-	-	-	-
475	-	1,03	-	-	-	-	-	-	-	-	-	-	-
500	1,03	1,01	1,08	**1,00**	1,07	1,05	0,93	0,95	**1,00**	-	**1,00**	**1,00**	1,03
525	-	**1,00**	-	-	-	-	-	-	-	-	-	-	-
550	-	0,99	-	-	-	-	-	-	-	-	-	-	-
575	-	0,97	-	-	-	-	-	-	-	-	-	-	-
600	1,02	0,96	1,04	0,94	1,04	1,03	0,90	0,94	0,98	-	0,95	0,87	0,98
625	-	0,94	-	-	-	-	-	-	-	-	-	-	-
650	-	0,93	-	-	-	-	-	-	-	-	-	-	-
675	-	0,92	-	-	-	-	-	-	-	-	-	-	-
700	**1,00**	0,90	1,02	0,90	1,00	1,00	0,87	0,91	0,97	-	0,91	0,77	0,93
725	-	0,89	-	-	-	-	-	-	-	-	-	-	-
750	-	0,88	-	-	-	-	-	-	-	-	-	-	-
775	-	0,87	-	-	-	-	-	-	-	-	-	-	-
800	-	**0,85**	**1,00**	0,86	0,96	0,98	0,83	0,89	0,96	-	0,87	0,68	0,89

Bodenwert in Abhängigkeit von der Grundstücksgröße													
Fläche m²	**VergleichswertR**	**Aachen (Nord)**	**Altmark**	**Bad Doberan**	**Berlin** Quelle: IVD, GuG 2008, 44				**LK Birkenfeld** BW = 30 €/m²	**Bochum**	**Bonn**	Land **Brandenburg**	**Bremen**
		EFH	EFH	EFH	EFH/ZFH		DHH/RH				EFH/ ZFH	EFH/ ZFH	
		ZFH	ZFH	ZFH	einfach mittel	gut sehr gut	einfach mittel	gut sehr gut					
	2014	2024	2013		2008				2013	2024	2018	2012	2011
850	-	0,83	-	-	-	-	-	-	-	-	-	-	-
900	0,98	0,81	0,98	0,83	0,94	0,97	-	-	0,95	-	0,85	0,59	0,96
950	-	0,78	-	-	-	-	-	-	-	-	-	-	-
1 000	0,97	0,76	0,97	0,81	0,90	0,95	-	-	0,94	-	0,83	0,52	0,82
1 100	0,96	-	0,96	0,78	0,86	0,93	-	-	0,93	-	0,80	0,45	0,79
1 200	0,96	-	0,95	0,76	0,82	0,91	-	-	0,92	-	0,78	0,42	0,76
1 300	-	-	0,94	0,74	-	-	-	-	0,92	-	0,76	-	0,73
1 400	-	-	0,94	0,72	-	-	-	-	0,91	-	0,75	-	0,71
1 500	-	-	0,93	0,71	-	-	-	-	0,91	-	0,73	-	0,68
1 600	-	-	0,93	-	-	-	-	-	-	-	-	-	0,66
1 700	-	-	0,92	-	-	-	-	-	-	-	-	-	0,64
1 800	-	-	0,92	-	-	-	-	-	-	-	-	-	-
1 900	-	-	0,91	-	-	-	-	-	-	-	-	-	-
2 000	-	-	-	-	-	-	-	-	-	0,91	-	-	-

* IVD Wertermittlungsausschuss, vgl. GuG 2008, 44
EFH = Einfamilienhaus (freistehend), ZFH = Zweifamilienhaus (freistehend), DHH = Doppelhaushälfte, RH = Reihenhaus, o.B. = offene Bauweise

Quelle: Gutachterausschussberichte der Städte

Abb. 23: Bodenwert in Abhängigkeit von der Grundstücksgröße des individuellen Wohnungsbaus

Bodenwert in Abhängigkeit von der Grundstücksgröße									
Fläche m²	**Bonn** EFH/ ZFH	Land **Brandenburg** EFH/ ZFH	**Bremen**	**LK Celle**	**Chemnitz**	**LK Dahme-Spreewald**	**Dortmund**		
							EFH ZFH	**DHH REH**	**RMH**
	2024	2012	2011	2012			2024		
100	-	-	-	-	-	-	-	-	1,15
140	-	-	-	-	-	-	-	-	1,10
150	1,12	-	-	-	-	-	-	-	-
160	-	-	-	-	-	-	-	-	1,05
180	-	-	-	-	-	-	-	1,20	**1,00**
200	1,10	-	1,21	-	-	-	-	-	**1,00**
210	-	-	-	-	-	-	-	1,29	**1,00**
220	-	-	-	-	-	-	-	-	**1,00**
230	-	-	-	-	-	-	-	-	0,97
240	-	-	-	-	-	-	-	1,10	-
250	-	-	-	-	1,31	-	-	-	0,90
270	-	-	-	-	-	-	-	1,05	0,85
275	-	-	-	-	1,26	-	-	**1,00**	-

Bodenwert in Abhängigkeit von der Grundstücksgröße									
Fläche m²	**Bonn** EFH/ ZFH	Land **Brandenburg** EFH/ ZFH	**Bremen**	**LK Celle**	**Chemnitz**	**LK Dahme-Spreewald**	**Dortmund**		
							EFH ZFH	**DHH REH**	**RMH**
	2024	2012	2011	2012			2024		
290	-	-	-	-	-	-	-	-	0,81
300	1,07	1,32	1,14	-	1,22	-	-	1,00	-
310	-	-	-	-	-	-	-	-	0,77
330	-	-	-	-	-	-	-	-	0,73
350	-	-	-	-	1,15	1,09	1,15	-	0,70
375	-	-	-	-	1,12	-	1,10	0,97	0,68
400	1,03	1,30	1,08	1,24	1,09	1,05	1,05	0,92	0,64
425	-	-	-	-	-	-	-	0,88	-
450	-	-	-	1,20	1,04	1,03	1,00	0,84	-
475	-	-	-	-	1,02	-	1,00	0,81	-
500	**1,00**	**1,00**	1,03	1,16	**1,00**	**1,00**	1,00	0,87	-
550	-	-	-	1,13	0,96	0,97	1,00	0,72	-
575	-	-	-	-	0,95	-	1,00	0,70	-
600	0,97	0,87	0,98	1,10	0,93	0,95	1,00	0,68	-
650	-	-	-	1,07	0,90	0,92	1,00	-	-
675	-	-	-	-	0,89	-	1,00	-	-
700	0,94	0,77	0,93	1,04	0,88	0,91	1,00	-	-
750	-	-	-	1,02	0,85	0,89	0,95	-	-
800	0,92	0,68	0,89	**1,00**	0,83	0,88	0,90	-	-
850	-	-	-	0,97	0,81	0,86	0,86	-	-
900	0,90	0,59	0,96	0,94	0,80	0,85	0,82	-	-
950	-	-	-	0,93	0,78	0,83	0,79	-	-
1 000	0,88	0,52	0,82	0,90	0,76	0,82	0,76	-	-
1 100	0,87	0,45	0,79	0,86	-	0,80	0,71	-	-
1 200	0,86	0,42	0,76	0,80	-	0,78	0,67	-	-
1 300	0,85	-	0,73	0,76	-	0,75	-	-	-
1 400	0,84	-	0,71	0,71	-	0,74	-	-	-
1 500	0,84	-	0,68	-	-	0,72	-	-	-
1 600	-	-	0,66	-	-	0,70	-	-	-
1 700	-	-	0,64	-	-	-	-	-	-
1 800	-	-	-	-	-	-	-	-	-
1 900	-	-	-	-	-	-	-	-	-

* IVD Wertermittlungsausschuss, vgl. GuG 2008, 44
EFH = Einfamilienhaus (freistehend), ZFH = Zweifamilienhaus (freistehend), DHH = Doppelhaushälfte, RH = Reihenhaus, o.B. = offene Bauweise

Quelle: Gutachterausschussberichte der Städte

Abb. 24: Bodenwert in Abhängigkeit von der Grundstücksgröße des individuellen Wohnungsbaus

Bodenwert in Abhängigkeit von der Grundstücksgröße														
Fläche m²	**LK Gifhorn**	Hagen	**Hamburg***		**Hannover** EFH/ ZFH		**LK Harburg**			Land **Hessen** RH DHH EFH ZFH	**Herford**	**Heppenheim Südhessen** EFH ZFH Bodenrichtwert		
			RH	EFH	Stadt	Region	HH Randlage	Buchholz i.d.N.	Landkreis	BRW < 400 €/m²		< 199 €/m²	200 €/m² – 399 €/m²	< 400 €/m²
	2012	2024	2014		2011	2013	2013			2016	2024	2019		
100	-	-	-	-	-	-	-	-	-	-	-	-	-	-
150	-	1,35	1,93	-	-	-	-	-	-	1,35	-	-	-	-
200	1,129	1,27	1,63	-	-	1,11	1,33	1,41	1,52	1,27	-	-	-	-
250	1,109	-	1,47	-	-	1,08	-	-	-	1,22	-	-	-	-
275	-	-	1,39	-	-	-	-	-	-	-	-	-	-	-
300	1,093	1,17	1,32	1,21	1,09	1,06	1,27	1,34	1,42	1,17	-	1,09	1,02	1,01-
350	1,079	-	1,22	1,15	1,06	1,04	-	-	-	1,14	-	-	-	-
375	-	-	1,16	1,11	-	-	-	-	-	-	-	-	-	-
400	1,067	-	1,13	1,09	1,04	1,02	1,22	1,27	1,34	1,10	-	1,07	1,01	1,00
450	1,056	1,10	1,06	1,04	1,02	1,01	-	-	-	1,08	-	-	-	-
475	-	-	1,03	1,02	-	-	-	-	-	-	-	-	-	-
500	1,046	1,05	**1,00**	**1,00**	**1,00**	**1,00**	1,17	1,21	1,27	1,05	**-**	1,04	**1,00**	**1,00**
550	1,037	-	-	0,96	0,98	0,99	-	-	-	1,02	-	-	-	-
575	-	-	-	0,94	-	-	-	-	-	-	-	-	-	-
600	1.028	1,03	-	0,93	0,97	0,98	1,13	1,16	1,20	**1,00**	-	**1,02**	0,99	1,00
650	1,021	-	-	0,90	0,96	0,97	-	-	-	-	-	-	-	-
675	-	-	-	0,89	-	-	-	-	-	-	-	-	-	-
700	1,013	**1,00**	-	0,88	0,94	0,97	1,09	1,11	1,14	0,98	**1,00**	1,00	0,98	0,99
750	1,006	-	-	0,85	0,93	0,96	-	-	-	0,97	0,977	-	-	-
800	**1,000**	0,95	-	0,83	0,91	0,96	1,06	1,07	1,09	0,96	0,938	0,98	0,98	0,99
850	0,994	-	-	0,81	0,89	0,95	-	-	-	0,94	0,902	-	-	-
900	0,988	0,91	-	0,80	0,88	0,95	1,03	1,03	1,04	0,93	0,871	0,96	0,97	0,98
950	0,983	-	-	0,78	0,87	0,94	-	-	-	0,92	0,840	-	-	-
1 000	0,977	0,87	-	0,76	0,86	0,94	**1,00**	**1,00**	**1,00**	0,91	0,808	0,93	0,96	0,98
1 100	0,968	0,82	-	0,74	0,84	0,92	0,98	0,97	0,97	0,90	0,754	0,91	0,95	0,97
1 200	0,959	0,77	-	0,71	0,82	0,90	0,96	0,95	0,94	0,88	0,703	0,89	0,95	0,97
1 300	0,950	-	-	0,69	-	0,87	0,94	0,93	0,91	0,87	0,658	0,87	-	-
1 400	0,943	-	-	0,67	-	0,84	0,93	0,92	0,90	0,85	0,619	0,85	-	-
1 500	0,935	-	-	0,65	-	0,79	0,92	0,90	0,88	0,84	0,586	0,83	-	-
1 600	0,928	-	-	-	-	-	0,92	0,90	0,88	-	-	-	-	-
1 700	0,922	-	-	-	-	-	0,91	0,90	0,87	-	-	-	-	-
1 800	0,916	-	-	-	-	-	0,91	0,90	0,87	-	-	-	-	-
1 900	0,910	-	-	-	-	-	-	-	-	-	-	-	-	-
2 000	0,904	-	-	0,57	-	-	-	-	-	-	-	-	-	-
2 500	-	-	-	0,54	-	-	-	-	-	-	-	-	-	-
3 000	-	-	-	0,50	-	-	-	-	-	-	-	-	-	-
4 000	-	-	-	0,45	-	-	-	-	-	-	-	-	-	-
4 500	-	-	-	0,43	-	-	-	-	-	-	-	-	-	-
5 000	-	-	-	0,41	-	-	-	-	-	-	-	-	-	-

* Grundstücksmarktbericht Hamburg 2014: UK = (Fläche/ 1 000 m²)$^{-0,2909}$

Quelle: Gutachterausschüsse für Grundstückswerte

Abb. 25: Bodenwert in Abhängigkeit von der Grundstücksgröße des individuellen Wohnungsbaus

Bodenwert in Abhängigkeit von der Grundstücksgröße													
Fläche m²	**LK Hildesheim**	**LK Helmstedt**	**Hildburghausen**	**Köln**	**LK Leer**	**Leverkusen**	**Leipzig**			**LK Lüchow Dannenberg**	**Lüneburg**		**LK Mainz/ Bingen**
				EFH ZFH	EFH ZFH		EFH		RH		Stadt	LK	
							§ 30	§ 34					
		2012	2012	2024		2024	2013				2013		2013
100	-	-	-	-	-	-	-	-	-	-	-	-	1,15
150	-	-	-	1,44	-	-	1,41	1,33	1,17	-	-	-	-
180	-	-	-	-	-	1,20	-	-	-	-	-	-	-
200	-	1,129	-	1,39	-	1,18	1,31	1,25	1,13	1,21	1,15	1,44	1,08
250	-	1,109	-	1,28	-	1,13	1,24	1,19	1,10	-	-	-	-
275	-	-	-	1,25	-	1,11	-	-	-	-	-	-	-
300	1,04	1,093	-	1,23	-	1,09	1,17	1,14	1,07	1,17	1,11	1,31	1,04
350	-	1,079	-	1,18	-	1,06	1,12	1,10	1,05	-	-	-	-
375	-	-	-	1,16	-	-	-	-	-	-	-	-	-
400	1,03	1,067	1,03	1,14	1,05	1,03	1,08	1,06	1,03	1,13	1,08	1,23	1,02
450	-	1,058	-	1,10	-	**1,00**	1,04	1,03	1,01	-	-	-	-
500	1,01	1,046	-	1,07	**1,00**	0,98	**1,00**	**1,00**	**1,00**	1,11	1,06	1,17	**1,00**
550	-	1,037	-	1,04	-	0,96	0,97	0,97	0,99	-	-	-	-
600	**1,00**	1,028	1,02	1,02	0,97	0,94	0,94	0,95	0,97	1,08	1,04	1,12	0,98
650	-	1,021	-	0,99	-	0,93	0,91	0,93	0,96	-	-	-	-
700	0,90	1,013	-	0,97	0,95	0,91	0,89	0,91	0,95	1,06	1,03	1,09	0,97
750	-	1,006	-	0,95	-	0,90	0,86	0,89	0,94	-	-	-	-
800	0,98	**1,000**	**1,00**	0,93	0,93	0,88	0,84	0,87	0,93	1,04	1,02	1,05	0,96
850	-	0,994	-	0,91	-	0,87	0,82	0,86	0,93	-	-	-	-
900	0,97	0,988	-	0,90	0,91	0,86	0,80	0,84	0,92	1,02	1,01	1,02	0,95
950	-	0,983	-	0,88	-	0,85	0,78	0,83	0,91	-	-	-	-
1 000	0,96	0,977	0,90	0,86	0,89	0,83	0,76	0,81	0,90	**1,00**	**1,00**	**1,00**	0,94
1 100	0,95	0,968	-	-	0,87	0,81	0,73	0,79	0,89	0,98	0,99	0,98	0,93
1 200	-	0,959	0,98	-	0,85	-	0,70	0,76	0,88	0,97	0,99	0,96	0,93
1 300	-	0,950	-	-	0,83	-	0,67	0,74	0,87	0,95	0,98	0,94	0,92
1 400	-	0,943	-	-	0,80	-	0,65	0,72	0,86	0,94	0,97	0,92	0,92
1 500	-	0,935	-	-	0,76	-	0,63	0,70	0,85	0,92	0,97	0,91	0,91
1 600	-	0,928	-	-	0,73	-	-	-	-	0,91	0,96	0,90	-
1 700	-	0,922	-	-	-	-	-	-	-	0,90	0,96	0,88	-
1 800	-	0,916	-	-	(0,70)	-	-	-	-	0,89	0,95	0,87	-
1 900	-	0,910	-	-	-	-	-	-	-	0,88	0,95	0,86	-
2 000	-	0,904	0,904	-	(0,64)	-	-	-	-	0,87	0,95	0,85	-
2 500	-	-	-	-	(0,55)	-	-	-	-	-	-	-	-
3 000	-	-	-	-	(0,47)	-	-	-	-	-	-	-	-
4 000	-	-	-	-	(0,38)	-	-	-	-	-	-	-	-

Quelle: Gutachterausschussberichte der Städte

Abb. 26: Bodenwert in Abhängigkeit von der Grundstücksgröße des individuellen Wohnungsbaus

Bodenwert in Abhängigkeit von der Grundstücksgröße													
Fläche m²	**Münster**	**Magdeburg** EFH ZFH	**Mülheim** a.d. Ruhr	**Northeim**	**LK Oder Spree**			**LK Oldenburg** Indiv. Wohnungsbau		**Plön**	**Potsdam** Indiv. Wohnungsbau	**LK Oberspree Lausitz**	
					Bodenrichtwertniveau			Wohnlage				Wohnlage	
					≤ 15 €/m²	51–64 €/m²	65–100 €/m²	Ortslage	Außenbereich		Inneres Stadtgebiet	Städtische	
	2024	2017	2019	2012	2012			2013		2012			
150	-	-	1,25	-	-	-	-	-	-	-	-	-	-
180	-	-	1,19	-	-	-	-	-	-	-	-	-	-
200	1,158	-	1,15	-						-	-	-	-
225			1,09										
250		-	1,04	-	-	-	-	-	-	-	-	-	-
300	1,084	-	-	1,14	-	-	-	-	-	1,35	1,16	1,10	-
350	-	-	-	-	-	-	-	-	-	1,29	-	1,09	-
375	-	-								-	-	-	-
400	1,044	-	-	1,11	-	1,16	1,18	1,02	-	1,24	1,09	1,09	1,18
450	-	-	-	-	-	-	-	-	-	1,19	-	1,08	1,15
500	1,018	1,01	-	1,09	1,23	1,12	1,13	**1,00**	-	1,15	1,05	1,07	1,13
550	-	-	-	-	-	-	-	1,12	-	1,12	-	1,06	1,10
600	**1,000**	1,01	-	1,06	1,18	1,08	1,08	0,98	-	1,09	1,02	1,05	1,08
650	-	-	-	-	-	-	-	-	-	1,07	-	1,04	1,06
700	0,986	**1,00**	-	1,03	1,13	1,04	1,04	0,96	-	1,04	**1,00**	1,03	1,04
750	-	-	-	-	-	-	-	-	1,82	1,03	-	-	-
800	0,975	0,99	-	**1,00**	1,08	**1,00**	**1,00**	0,95	-	**1,00**	0,99	**1,00**	**1,00**
850	-	-	-	-	-	-	-	0,98	-	0,98	-	-	-
900	0,966	0,97	-	0,97	1,04	0,96	0,96	0,94	-	0,96	0,97	0,97	0,97
950	-	-	-	-	-		-	-	-	0,95	-	-	-
1000	0,958	0,95	-	0,94	**1,00**	0,92	0,93	0,93	1,42	0,93	0,97	0,93	0,93
1100	0,952	0,92	0,193	0,91	0,96	0,88	0,89	0,92	-	0,91	0,96	0,88	0,90
1200	0,946	0,88	-	0,89	0,93	0,84	0,86	0,92	1,25	0,88	0,95	0,84	0,88
1300	0,941	0,84	-	-	0,89	0,80	0,83	0,91	1,10	0,86	-	0,79	0,85
1400	0,937	0,79	-	-	0,86	0,76	0,80	0,90	-	0,84	0,94	0,74	0,83
1500	0,933	0,74	-	-	0,82	0,72	0,77	0,90	**1,00**	0,83	0,94	0,69	0,80
1600	-	-	-	-	0,79	-	-	0,90	-	0,81	-	0,63	0,78
1700	-	-	-	-	0,76	-	-	-	0,87	-	-	-	0,76
1800	-	-	-	-	0,73	-	-	-	-	-	-	-	0,74
1900	-	-	-	-	0,71	-	-	-	-			-	0,72
2000	-	-	-	-	0,67	-	-	-	0,78	-	-	-	-
2500	-	-	-	-	-	-	-	-	0,64	-	-	-	-
3000	-	-	-	-	-	-	-	-	0,55	-	-	-	-
4000	-	-	-	-	-	-	-	-	0,43	-	-	-	-
4500	-	-	-	-	-	-	-	-	-	-	-	-	-
5000	-	-	-	-	-	-	-	-	0,35	-	-	-	-

Quelle: Grundstücksmarktberichte

Abb. 27: Bodenwert in Abhängigkeit von der Grundstücksgröße des individuellen Wohnungsbaus

Bodenwert in Abhängigkeit von der Grundstücksgröße								
Fläche m²	**Remscheid**	**LK Rotenburg (Wümme) Soltau-Fallingbostel**	**Saale-, Burgenlandkreis Mansfeld**	**Rheinisch Bergischer Kreis**	**Schwerin**	**LK Stendal Altmarkkreis, Salzwedel**	**Wiesbaden**	**Wuppertal**
			EFH	EFH ZFH	EFH	EFH, ZFH		1–2 gesch.
	2024	2013	2013	2024		2017	2016	2024
100	-					-	-	-
150	-					-	1,25	-
200	1,17	1,12	-	-	-	-	1,18	1,17
250	1,15	-	-	-	1,01	-	1,14	1,13
300	1,12	1,10	-		-	1,05	1,10	1,09
350	1,10	-	-	1,15	-	-	1,07	1,06
400	1,08	1,07	-		-	1,10	1,04	1,04
450	1,06	-	-	1,05	-	-	1,02	1,02
500	1,04	1,05	-		**1,00**	1,02	**1,00**	**1,00**
550	1,02	-	-	**1,00**	-	-	0,98	-
600	**1,00**	1,03	-		-	1,01	-	0,96
650	0,98	-	-	0,95	-	-	-	-
700	0,97	1,01	-		-	**1,00**	-	0,93
750	0,95	-	-	0,90	1,00	-	-	-
800	0,94	**1,00**	-		-	0,99	-	0,91
850	0,93	-	-	0,85	-	-	-	-
900	0,91	0,99	1,19		-	0,99	-	0,89
950	0,90	-	1,13	0,80	-	-	-	-
1 000	0,89	0,98	1,07		0,99	0,98	-	0,87
1 100	0,86	0,97	1,00	-	-	0,98	-	0,85
1 200	0,83	0,96	0,95	-	-	0,97	-	0,83
1 300	-	0,95	0,91	-	-	0,97	-	-
1 400	-	0,94	0,87	-	-	0,97	-	-
1 500	-	0,93	0,85	-	0,98	0,96	-	-
1 600	-	-	0,85	-	-	-	-	-
1 700	-	-	0,85	-	-	-	-	-
1 800	-	-	0,83	-	-	-	-	-
1 900	-	-	0,82	-	-	-	-	-
2 000	-	-	-	-	-	-	-	-
2 500	-	-	-	-	-	-	-	-
3 000	-	-	-	-	-	-	-	-
4 000	-	-	-	-	-	-	-	-
4 500	-	-	-	-	-	-	-	-
5 000	-	-	-	-	-	-	-	-

Quelle: Grundstücksmarktberichte

281 Für **großflächige Industrie und Gewerbegrundstücke** (in der Stadt *Aachen*) wurden in der Vergangenheit Umrechnungskoeffizienten ermittelt: Neuere Untersuchungen ergaben jedoch, dass die Flächengröße keinen signifikanten Einfluss auf die Wertigkeit des Grundstücks hat, zumal die Preise erheblich streuen. Die bisherigen Umrechnungskoeffizienten wurden aufgegeben.

282 Für den Bereich des **individuellen Wohnungsbaus** ergeben sich die Umrechnungskoeffizienten nach folgender Formel:

In *Chemnitz*	UK = 11,155 x Grundstücksfläche $(m^2)^{-0,3881}$
in *Köln (2024)*	UK = 295,28 – 30,25 x in Grundstücksflächem²
in *Leipzig* (2020)	UK = 38,89 x Grundstücksfläche $(m^2)^{-0,5890}$
in *Mülheim an der Ruhr*	UK = – 0,002 x Grundstücksfläche + 1,5853 (für Kleinstgrundstücke < 250 m²)
in *Hamburg*[145]	UK = 10,3633 x Fläche$[m^2]^{-0,3385}$

283 **Abb. 28: Bodenwert in Abhängigkeit von der Grundstücksgröße (Empfehlung)**

Umrechnungskoeffizienten Anhaltswerte, soweit örtlich keine Umrechnungskoeffizienten empirisch abgeleitet worden sind					
Grundstücksgröße			**Grundstückstiefe**		
Größe [m²]	**EFH**	**RH**	**Tiefe [m]**	**EFH/ZFH**	**MFH**
150	-	1,57	**20**	1,10	1,25
200	1,28	1,41	**22**	1,07	1,18
250	1,21	1,29	**24**	1,04	1,12
300	1,14	1,21	**26**	1,03	1,10
350	1,10	1,12	**28**	1,02	1,04
400	1,06	1,05	**30**	**1,00**	1,00
450	1,03	1,03	**32**	0,98	0,97
500	1,00	1,00	**34**	0,97	0,93
550	0,98	0,98	**36**	0,95	0,91
600	0,95	-	**38**	0,92	0,89
650	0,94	-	**40**	0,89	0,87
700	0,92	-	**45**	0,85	0,82
800	0,89	-	**50**	0,82	0,78
900	0,86	-	**55**	0,82	0,75
1 000	0,84	-	**60**	0,81	0,72
1 500	0,74	-	**70**	0,81	0,70
2 000	0,64	-	**80**	0,80	0,65

145 Grundstücksmarktbericht 2001.

Beispiel:

a) Es liegt ein Vergleichspreis für ein 250 m² großes Einfamilienhausgrundstück vor: 400 €/m²

b) Gesucht ist ein Vergleichspreis für ein 400 m² großes Einfamilienhausgrundstück (Wertermittlungsobjekt)

Lösung:

Umrechnungskoeffizient für 250 m² (EFH): 1,21 (lt. Tabelle)

Umrechnungskoeffizient für 400 m² (EFH): 1,06 (lt. Tabelle)

Vergleichspreis (EFH) 400 m² = 1,06 / 1,21 x 400 €/m² = **350 €/m²**

Zum **Bodenwert landwirtschaftlicher Hofstellen** vgl. § 3 ImmoWertV Rn. 133 ff. 284

Bei land- oder forstwirtschaftlich genutzten Grundstücken i.S. des § 4 Abs. 1 Nr. 1 nimmt der Quadratmeterwert – anders als bei Bauland – mit der Grundstücksgröße nicht ab; vielmehr **steigt er sogar mit der Grundstücksfläche leicht** an. Der Quadratmeterwert der besonderen landwirtschaftlichen Flächen nimmt hingegen – wie bei Bauland – mit der Grundstücksfläche ab (vgl. § 3 ImmoWertV Rn. 133, 210, 229, 240). 285

Bei **Gewerbeflächen** beziehen sich die Vergleichspreise für unbebaute Grundstücke zumeist auf Grundstücke mit einer Gesamtfläche ≥ 1 000 m² und vielfach sogar ≥ 10 000 m². Soweit das zu bewertende Grundstück eine größere Gesamtfläche aufweist, ist in aller Regel eine bei der Bodenwertermittlung zu berücksichtigende innere Erschließung erforderlich, wobei man sich an den entsprechenden Kosten orientieren kann, die auch für die Ermittlung von Erschließungsbeiträgen nach den §§ 123 ff. BauGB maßgeblich sind. Unter Berücksichtigung dieser Kosten ergibt sich ein entsprechend geminderter Bodenwert. 286

Umrechnungskoeffizienten für abweichende Grundstücksgrößen für klassische Gewerbegrundstücke in Heppenheim 2019			
Grundstücksgröße	**Umrechnungskoeffizienten**	**Grundstücksgröße**	**Umrechnungskoeffizienten**
500 m²	1,01	20 000 m²	0,85
1 000 m²	1,01	25 000 m²	0,83
2 000 m²	1,00	30 000 m²	0,79
3 000 m²	0,99	35 000 m²	0,75
5 000 m²	0,98	40 000 m²	0,71
10 000 m²	0,94	45 000 m²	0,67
15 000 m²	0,90	50 000 m²	0,64
Untersuchungsergebnis für den Bereich des Amtes für Bodenmanagement Heppenheim			

Quelle: Marktbericht 2019

In der steuerlichen Bewertung **bestimmt sich der Wert unbebauter Grundstücke regelmäßig *nach ihrer Fläche* und den** von den Gutachterausschüssen für Grundstückswerte zuletzt vor dem Bewertungsstichtag abgeleiteten einschlägigen **Bodenrichtwerten** (§ 179 BewG i.V.m. § 196 BauGB). Den Bodenrichtwerten ist nach Maßgabe des § 16 Abs. 2 Satz 2 Nr. 3 ImmoWertV die Grundstücksfläche als Referenzmerkmal zuzuordnen. Wird von den Gutachterausschüssen kein Bodenrichtwert ermittelt, ist der Bodenwert aus den Werten vergleichbarer Flächen abzuleiten (vgl. § 247 Abs. 3 BewG). 287

Bei der **Ermittlung von Grundsteuerwerten**[146] bestimmt sich der Bodenwert „*regelmäßig*", d.h. „*in der Regel*" nach dem Bodenrichtwert der einschlägigen Bodenrichtwertzone (§ 247

146 Zur steuerlichen Bewertung vgl. BFH, Urt. vom 11.05.2005 – II R 21/02 –, GuG 2005, 376 = BFHE 210, 48 = BStBl II 2005, 696 = EzGuG 4.195.

Abs. 1, § 257 Abs. 1, § 258 Abs. 2 BewG). Abweichungen des zu bewertenden Grundstücks vom Bodenrichtwertgrundstück in Bezug auf seine Grundstücksmerkmale (wie z.B. auch die Grundstücksgröße) bleiben bei der Ermittlung des Grundsteuerwerts grundsätzlich unberücksichtigt. Der Bundesrat hat diesbezüglich eine gesetzliche Klarstellung gefordert[147], auf die die BReg in ihrer Gegenäußerung nicht eingegangen ist[148].
In Bezug auf die Hranziehung von Bodenrichtwerten wird in § 179 BewG expressis verbis auf die dem Bodenrichtwert zugrundeliegende Referenzfläche hingewiesen. Wird der Bodenwert aus **den Werten vergleichbarer Flächen** abgeleitet, wird sowohl in § 179 Satz 4 BewG als auch in § 247 Abs. 3 BewG die Heranziehung von *„Werten vergleichbarer Flächen"* gefordert[149]. Die Berücksichtigung der Grundstücksgröße in der erbschaftsteuerlichen Grundbesitzbewertung fordert zudem die modellkonforme Anwendung der von den Gutachterausschüssen für Grundstückswerte herangezogenen Vergleichsfaktoren, Liegenschaftszinssätze und Sachwertfaktoren, denen grundsätzlich ebenfalls die Grundstücksgröße als Referenzmerkmal zuzuordnen sind (vgl. § 40 ImmoWertV Rn. 7).
Dementsprechend wird mit § 251 Satz 2 BewG i.V.m. § 257 Abs. 1 Satz 2 BewG **für die Ermittlung des gemeinen Werts** von Ein- und Zweifamilienhäusern i.S. des § 249 Abs. 2 und 3 BewG vorgeschrieben, dass

- bei der Ermittlung des **Mindestwerts** (vgl. § 43 ImmoWertV Rn.33) und
- bei der Ermittlung des **Grundsteuerwerts von Ein- und Zweifamilienhäusern** im Ertragswertverfahren (§ 257 Abs. 1 BewG)

zur Berücksichtigung abweichender Grundstücksgrößen beim Bodenwert die mit Anl. 36 BewG vorgegebenen Umrechnungskoeffizienten anzuwenden sind.

Grundsätzlich sind die Umrechnungskoeffizienten der Anl. 36 zum BewG auf die Gesamtfläche des Grundstücks anzuwenden, jedoch werden bei übergroßen Grundstücken (§ 41 ImmoWertV) die sog. selbstständig nutzbaren Teilflächen davon ausgenommen[150].

Anl. 36 zu den §§ 251 und 257 Abs. 1 BewG Umrechnungskoeffizienten zur Berücksichtigung abweichender Grundstücksgrößen beim Bodenwert von Ein- und Zweifamilienhäusern im Rahmen der Feststellung von Grundsteuerwerten ab 01.01.2022 (Fundstelle: BGBl. I 2019S. 1827)					
Grundstücksgröße	**Umrechnungskoeffizient**	**Grundstücksgröße**	**Umrechnungskoeffizient**	**Grundstücksgröße**	**Umrechnungskoeffizient**
< 250 m²	1,24	≥ 800 m²	0,89	≥ 1 400 m²	0,76
≥ 250 m²	1,19	≥ 850 m²	0,87	≥ 1 450 m²	0,75
≥ 300 m²	1,14	≥ 900 m²	0,86	≥ 1 500 m²	9,74
≥ 350 m²	1,10	≥ 950 m²	0,85	≥ 1 550 m²	0,73
≥ 400 m²	1,06	≥ 1 000 m²	0,84	≥ 1 600 m²	0,72
≥ 450 m²	1,03	≥ 1 050 m²	0,83	≥ 1 650 m²	0,71
≥ 500 m²	**1,00**	≥ 1 100 m²	0,82	≥ 1 700 m²	0,70
≥ 550 m²	0,98	≥ 1 150 m²	0,81	≥ 1 750 m²	0,69
≥ 600 m²	0,95	≥ 1 200 m²	0,80	≥ 1 800 m²	0,68
≥ 650 m²	0,94	≥ 1 250 m²	0,79	≥ 1 850 m²	0,67

147 Vgl. BR-Drs. 354/19 (Beschluss zu Art. 1 Nr. 2 (§ 247 Abs. 1 Satz 2 und 3 – neu – BewG).
148 BT-Drs. 19/13713 (zu Art. 1 Nr. 2 (§ 247 Abs. 1 Satz 2 und 3 – neu – BewG).
149 BFH, Urt. vom 11.05.2005 – II R 21/02 –, GuG 2005, 376 = BFHE 210, 48 = BStBl II 2005, 686 = EzGuG 4.195; gleich lautende Erlasse der obersten Finanzbehörden der Länder zur Umsetzung des Gesetzes zur Reform des Erbschaftsteuer- und Bewertungsrechts vom 05.05.2009.
150 Grootens, Grundsteuergesetz, Bewertungsgesetz, 2. Aufl. 2022, nwb, S. 541 Rn. 82.

Anl. 36 zu den §§ 251 und 257 Abs. 1 BewG Umrechnungskoeffizienten zur Berücksichtigung abweichender Grundstücksgrößen beim Bodenwert von Ein- und Zweifamilienhäusern im Rahmen der Feststellung von Grundsteuerwerten ab 01.01.2022 (Fundstelle: BGBl. I 2019S. 1827)					
Grundstücksgröße	**Umrechnungskoeffizient**	**Grundstücksgröße**	**Umrechnungskoeffizient**	**Grundstücksgröße**	**Umrechnungskoeffizient**
≥ 700 m²	0,92	≥ 1 300 m²	0,78	≥ 1 900 m²	0,66
≥ 750 m²	0,90	≥ 1 350 m²	0,77	≥ 1 950 m²	0,65
				≥ 2 000 m²	0,64

Darüber hinaus ist bei Anwendung des typisierten Ertragswertverfahrens auf übergroße Grundstücke der abzuzinsende Bodenwert nach § 257 Abs. 2 BewG von „selbständig nutzbaren Teilflächen“ gesondert zu berücksichtigen (Bodensondierung). Dies ist nach § 257 Abs. 3 BewG der „*Teil eines Grundstücks, der für die angemessene Nutzung der Gebäude nicht benötigt wird und selbständig genutzt oder verwertet werden kann*“ (vgl. § 41 ImmoWertV).

6.4.6.4 Grundstückstiefe

a) Verkehrswertermittlung

Die Abhängigkeit des Bodenwerts von der Grundstückstiefe ist von einer Reihe von Gutachterausschüssen für Grundstückswerte mit dem Ergebnis analysiert worden, dass für eine sachgerechte Wertermittlung eine Aufteilung ab einer bestimmten Grundstückstiefe sinnvoll ist, da für übertiefe Grundstücksflächen im gewöhnlichen Geschäftsverkehr deutliche Preisabschläge im Verhältnis zum Wert des Vorderlandes gemacht werden, und zwar auch – wenn auch vielleicht nicht in gleichem Maße – bei in offener Bauweise errichteten Ein- und Zweifamilienhäusern. Nach den vorliegenden Untersuchungen ist die Grenze überwiegend bei einer **Grundstückstiefe von rd. 35 m** zu ziehen. **In der Wertermittlungspraxis**[151] **werden Übertiefen** dadurch berücksichtigt, dass z.B. ab 35 m Grundstückstiefe die hieran anschließenden Grundstücksteilflächen – **gestaffelt nach Tiefenzonen – mit einem Wertabschlag zum Vorderlandwert angesetzt** werden. Des Weiteren haben die Untersuchungen zu dem Ergebnis geführt, dass der Wert des Hinterlandes bei etwa 10 bis 35 %[152] des Vorderlandwerts anzusetzen ist, wobei überwiegend ein Wertansatz von 15 % festgestellt wurde[153]. **288**

Das OVG Münster hat in einer älteren Entscheidung darauf hingewiesen, dass es ein festes Wertverhältnis zwischen Vorder- und Hinterland nicht gäbe[154]. **289**

Eine weitere Besonderheit ist bei übergroßen Grundstücken dann gegeben, wenn sie „in der Tiefe“ aus unterschiedlich nutzbaren Grundstücksteilen bestehen. **290**

Bei Grundstücken, die aufgrund ihrer Übergröße aus **unterschiedlichen Grundstücksqualitäten** bestehen, ist es sachgerechter, **291**

a) Umrechnungskoeffizienten für die Abhängigkeit des Bodenwerts von der Grundstückstiefe empirisch abzuleiten (Abb. 30) oder

b) der Wertermittlung der einzelnen Teilflächen den ihnen jeweils zuzuordnenden Entwicklungszustand mit den entsprechenden Bodenwerten zuzuordnen (**Mosaikmethode**).

151 Die Abhängigkeit des Grundstückswerts von der Grundstückstiefe ist schon seit jeher Gegenstand empirischer Untersuchungen, vgl. Strinz, Der Städtebau 1929, 69; Pohlman-Hohenaspe in Jahrbuch der Bodenreform 1914, 103; Kirchesch, ZfV 1941, 330; Großmann, ZfV 1941, 175; Krämer, U., RDM-Informationsdienst 1997, 15.

152 Beispielsweise Grundstücksmarktbericht von Bergisch Gladbach 2009.

153 Beispielsweise Grundstücksmarktbericht der Kreise Heinsberg und Düren 2007.

154 OVG Münster, Urt. vom 25.09.1957 – 4 A 670/56 –, BRS Bd. 7 Nr. 35 = EzGuG 4.7.

292 Die zuletzt genannte Methode ist insbesondere bei größeren Grundstücksflächen sachgerecht, wenn sich ein Grundstück nach der **Gesamtsituation** entsprechend aufteilen lässt. Die erstgenannte Methode wird insbesondere bei kleineren übertiefen Grundstücken angewandt, wobei die mit Umrechnungskoeffizienten belegte Staffelung der Wertigkeit u.a. auch ihre Begründung in dem geringerwertigen Entwicklungszustand finden kann.

293 Soweit bei übertiefen Grundstücken keine unterschiedlichen Entwicklungszustandsstufen in die Wertermittlung eingehen, ist es dagegen seit jeher auch üblich, **Umrechnungskoeffizienten für den Bodenwert in Abhängigkeit von der Grundstückstiefe heranzuziehen** (vgl. Abb. 29):

Abb. 29: Bodenwert in Abhängigkeit von der Grundstückstiefe

Bodenwert in Abhängigkeit von der Grundstückstiefe												
Tiefe m²	**Aachen**				**Bergisch Gladbach**				**Chemnitz**	**Düren**	**Euskirchen**	**Essen**
	Stadt		Ehemalige Kreis Aachen		Eigenheim (bei Tiefe des Bodenrichtwertgrundstücks von 35 m)		DHH Reihenendhäuser	Reihenmittelhäuser				3- bis 4-gesch.
	Bodenrichtwert bezogen auf Tiefe											
	30 m	35 m	35 m		35 m	30 m						
	2024					2019				2018	2024	
15	-	-	-	-	-	1,13	-	-	-	-	-	-
20	1,20	1,11	1,15	-	1,15	1,08	1,08	1,20	1,25	-	-	1,240
22	1,15	1,10	1,13	-	-	-	-	1,16	1,19	-	-	1,180
24	1,11	1,10	1,11	-	-	-	-	1,12	1,13	-	-	1,120
25	-	-	-	-	1,10	1,04	1,04	1,08	1,10	-	-	1,100
26	1,07	1,09	1,09	1,27	-	-	-	-	-	-	1,10	
28	1,03	1,07	1,07	1,21	-	-	-	1,04	1,03	-	1,07	1,040
30	**1,00**	1,05	1,05	1,17	1,05	**1,00**	**1,00**	**1,00**	**1,00**	-	1,05	**1,000**
32	0,97	1,03	1,03	1,12	-	-	-	0,96	0,98	-	1,03	0,970
34	0,94	1,01	1,01	1,09	-	-	-	-	-	-	1,01	
35	0,93	**1,00**	**1,00**	1,07	**1,00**	0,96	0,96	0,90	0,92	-	**1,00**	0,925
36	0,91	0,99	0,99	1,06	-	-	-	-	-	-	0,98	
38	0,89	0,97	0,97	1,03	-	-	-	0,85	0,87	-	0,94	0,890
40	0,86	0,95	0,95	**1,00**	0,95	0,92	0,92	-	0,85	**1,00**	0,91	0,870
42	0,84	0,93	0,94	0,98	-	-	-	-	-	-	-	
44	0,82	0,91	0,92	0,95	-	-	-	-	-	-	-	
45	-	-	-	-	0,90	0,88	0,88	-	0,80	-	-	0,820
46	0,80	0,90	0,90	0,94	-	-	-	-	-	-	-	
48	0,78	0,88	0,89	0,92	-	-	-	-	-	-	-	
50	0,76	0,87	0,87	0,90	0,84	0,83	-	-	0,74	-	-	0,780
52	0,74	0,85	0,85	0,88	-	-	-	-	-	-	-	
54	0,72	0,84	0,84	0,87	-	-	-	-	-	-	-	
55	-	0,83	-	-	0,79	0,79	-	-	-	-	-	0,750

Bodenwert in Abhängigkeit von der Grundstückstiefe

Tiefe m²	Aachen				Bergisch Gladbach				Chemnitz	Düren	Euskirchen	Essen
	Stadt		Ehemalige Kreis Aachen		Eigenheim (bei Tiefe des Bodenrichtwertgrundstücks von 35 m)		DHH Reihenendhäuser	Reihenmittelhäuser				3- bis 4-gesch.
	Bodenrichtwert bezogen auf Tiefe											
	30 m	35 m	35 m		35 m	30 m						
	2024					2019				2018	2024	
56	0,71	0,82	0,82	0,86	-	-	-	-	-	-	-	
58	0,69	0,81	0,81	0,85	-	-	-	-	-	-	-	
60	0,68	0,80	0,79	0,83	0,74	-	-	-	-	0,94	-	0,720
65	-	-	-	-	-	-	-	-	-	-	-	-
66	-	-	-	0,80	-	-	-	-	-	-	-	
68	-	-	-	0,79	-	-	-	-	-	-	-	
70	-	-	-	0,79	-	-	-	-	-	0,82	-	-
80	-	-	-	-	-	-	-	-	-	0,76	-	-
90	-	-	-	-	-	-	-	-	-	0,70	-	-
100	-	-	-	-	-	-	-	-	-	0,64	-	-

Bodenwert in Abhängigkeit von der Grundstückstiefe

Tiefe m²	Hagen	LK Kleve			LK Mettmann	Moers		Neuss			Offenbach	Solingen	Einheitsbewertung
		Ein- und Zweifamilienhäuser				EFH/ZFH	MFH	Ein- und Zweifamilienhäuser					
	Innenbereichslage	Bodenrichtwert bezogen auf			EFH/ZFH			Bodenrichtwert bezogen auf					
		30 m	35 m	40 m				30 m	35 m	40 m			
	2024	2024			2019			2019			2014		
15	1,07	-	-	-	-	-	-	1,03	1,07	1,13	-	-	-
18	-	-	-	-	-	-	-	1,03	1,07	1,13	-	-	-
20	**1,00**	bis	bis	bis	-	1,10	1,25	1,03	1,07	1,13	1,09		
22	-	-	-	-	-	1,07	1,18	1,03	1,07	1,13			
24	-	-	-	-	-	1,04	1,12	1,03	1,07	1,13			
25	0,96	-	-	-	-	1,03	1,10	1,03	1,07	1,13	1,04	1,09	
28	-	-	-	-	-	1,02	1,04	–		–			
30	0,93	**1,00**	1,05	1,09	-	**1,00**	**1,00**	**1,00**	1,04	1,10	**1,00**	**1,00**	
32	-	0,98	1,03	1,08	-	0,98	0,97	–	–	–			
35	0,90	0,96	**1,00**	1,05	**1,00**	0,96	0,92	0,96	**1,00**	1,06	0,96	0,92	
38	-	0,93	0,97	1,02		0,92	0,89	–	–	–		0,88	
40	0,87	0,91	0,95	**1,00**	0,94	0,89	0,87	0,91	0,94	**1,00**	0,91	0,83	
45	0,85	0,87	0,91	0,95	0,88	0,85	0,82	0,85	0,88	0,94	0,87	0,79	
50	0,83	0,83	0,86	0,91	0,84	0,82	0,78	0,80	0,82	0,88	0,82		

Bodenwert in Abhängigkeit von der Grundstückstiefe													
Tiefe m²	**Hagen**	**LK Kleve**			**LK Mettmann**	**Moers**		**Neuss**			**Offenbach**	**Solingen**	**Einheitsbewertung**
		Ein- und Zweifamilienhäuser				EFH/ZFH MFH		Ein- und Zweifamilienhäuser					
	Innenbereichslage	Bodenrichtwert bezogen auf			EFH/ ZFH			Bodenrichtwert bezogen auf					
		30 m	35 m	40 m				30 m	35 m	40 m			
	2024	2024			2019			2019			2014		
55	0,82	0,78	0,82	0,86	0,80	0,82	0,75	0,75	0,77	0,82	0,78		
60	0,80	0,74	0,77	0,81	0,76	0,81	0,72	-	-	-	0,73		0,50
65	0,79	-	-	-	0,73	-	-	-	-	-	0,69		
70	0,78	-	-	-	0,70	-	-	-	-		0,64		
75	-	-	-	-	0,68	-	-		-		0,60		
80	-	-	-	-	0,66	-	-		-		0,55		
85	-	-	-	-	0,64	-	-	-	-	-	0,51		
													0,40 soweit baulich nutzbar, sonst ≥ 0,40

Quelle: Grundstücksmarktberichte

Hat der Gutachterausschuss zu einem veröffentlichten Bodenrichtwert eine bestimmte Tiefenangabe als Referenzmerkmal angegeben, ergeben sich nach Erkenntnissen des Gutachterausschusses *Bocholt* unterschiedliche Umrechnungskoeffizienten.

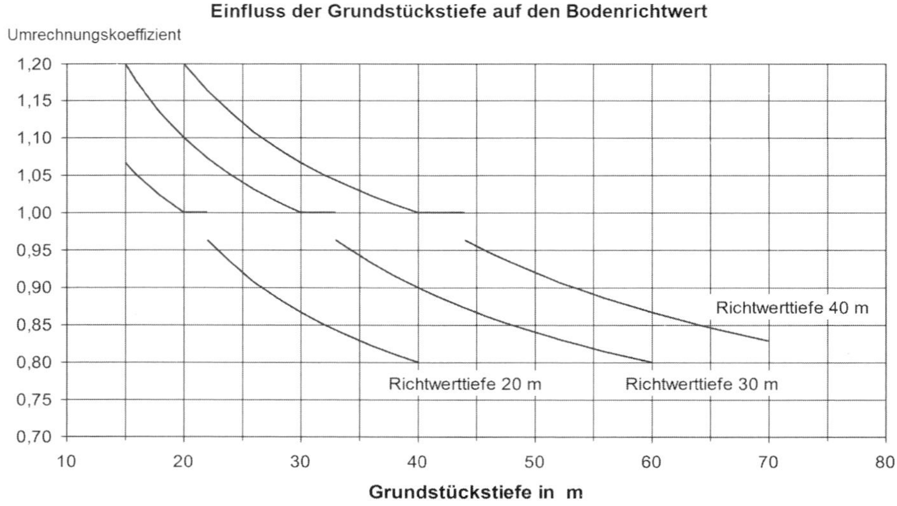

Quelle: GAA Bocholt, Grundstücksmarktbericht 2024

Es wurden folgende **Abhängigkeiten** festgestellt: 294

In *Chemnitz* $UK = 0{,}8068 \times Tiefe(m)^{-0{,}566}$

Im *Kreis Mettmann* (2024): $UK = 5{,}9664\ x^{-0{,}0502}$

Vom Gutachterausschuss *Mönchengladbach*(2024) sind folgende Funktionsgleichungen abgeleitet worden:

Abb. 30: Bodenwert in Abhängigkeit von der Grundstücksgröße in Mönchengladbach (2021)

<table>
<tr><th colspan="4">Bodenwert in Abhängigkeit von der Grundstückstiefeund -größe
in Mönchengladbach</th></tr>
<tr><td>a</td><td>30 m</td><td>400 m²</td><td rowspan="2">F = 1,35648 – 0,00367 × Tiefe – 0,00062 × Fläche
F = 1,44644 – 0,00391 × Tiefe – 0,00066 × Fläche</td></tr>
<tr><td>b</td><td>30 m</td><td>500 m²</td></tr>
<tr><td>c</td><td>40 m</td><td>400 m²</td><td rowspan="3">F = 1,41799 – 0,00384 × Tiefe – 0,00064 × Fläche
F = 1,50509 – 0,00407 × Tiefe – 0,00068 × Fläche
F = 1,59867 – 0,00433 × Tiefe – 0,00073 × Fläche</td></tr>
<tr><td>d</td><td>30 m</td><td>500 m²</td></tr>
<tr><td>e</td><td>30 m</td><td>600 m²</td></tr>
</table>

Quelle: Grundstücksmarktbericht 2024

Beispiel 1:

Zu bewertendes Baugrundstück

Grundstückstiefe	35 m
Grundstücksfläche	420 m²

Lage des Grundstücks in einem Bodenrichtwertgebiet mit folgenden Ausweisungen:

Bodenrichtwert	200 €/m²
Grundstückstiefe	40 m
Grundstücksfläche	500 m²

$F = 1{,}5059 - 0{,}00407 \times 35 - 0{,}00068 \times 420 = 1{,}08$

Bodenwert des zu bewertenden Grundstücks:

BW = 200 €/m² × 1,08 = 216 €/m²

Beispiel 2:

Zu bewertendes Baugrundstück

Grundstücksbreite	12 m
Grundstücksfläche	800 m²

Lage des Grundstücks in einem Bodenrichtwertgebiet mit folgenden Ausweisungen:

Bodenrichtwert	190 €/m²
Grundstückstiefe	40 m
Grundstücksfläche	500 m²

Daraus folgt:

$Baugrundstück_{Tiefe} = Bodenrichtwertgrundstück_{Größe} / Baugrundstück_{Breite}$ = 500 m² / 12 m = 41,67 m.

Dieser Wert ist in die Formel der Zeile d) einzusetzen:

$F = 1{,}50509 - 0{,}00407 \times 41{,}67 - 0{,}00068 \times 500 = 1{,}00$

Der Bodenwert ist in diesem Fall mit 190 €/m² (BRW) x 1,00, also mit 190 €/m² anzusetzen. Für die verbleibende Restfläche von 300 m² ist der anzusetzende Wert sachverständig zu wählen (Gartenland, hausnahe Freifläche etc.).

295 Im Übrigen stehen Abschläge wegen Übertiefe im **Zusammenhang mit Abschlägen wegen Übergröße**, insbesondere wenn bei einer Übergröße bereits Abschläge für eine „innere Erschließung" angebracht worden sind. Insoweit dürfen Übergröße und Übertiefe nicht doppelt berücksichtigt werden.

296 Aus empirischen Untersuchungen ergibt sich, dass der Bodenwert eines Grundstücks mit größer werdender Grundstückstiefe sich vermindert. Die **Abhängigkeit des Bodenwerts von der Grundstückstiefe ist im Bereich der Wohnbaugrundstücke bei Mehrfamilienhäusern deutlich ausgeprägter als bei Ein- und Zweifamilienhäusern**. Dies findet seine logische Erklärung darin, dass Übertiefen keine oder allenfalls vernachlässigbare Auswirkungen auf die Mietverhältnisse haben, während bei Ein- und Zweifamilienhäusern die Annehmlichkeit eines größeren Gartens oder einer sonstigen Freifläche ihren wertmäßigen Niederschlag findet. Bei Reihenhäusern ist dies sogar noch ausgeprägter. Abb. 31 enthält zur Berücksichtigung der Abhängigkeit des Bodenwerts von der Grundstückstiefe Empfehlungen.

Abb. 31: Bodenwert in Abhängigkeit von der Grundstückstiefe (Empfehlung)

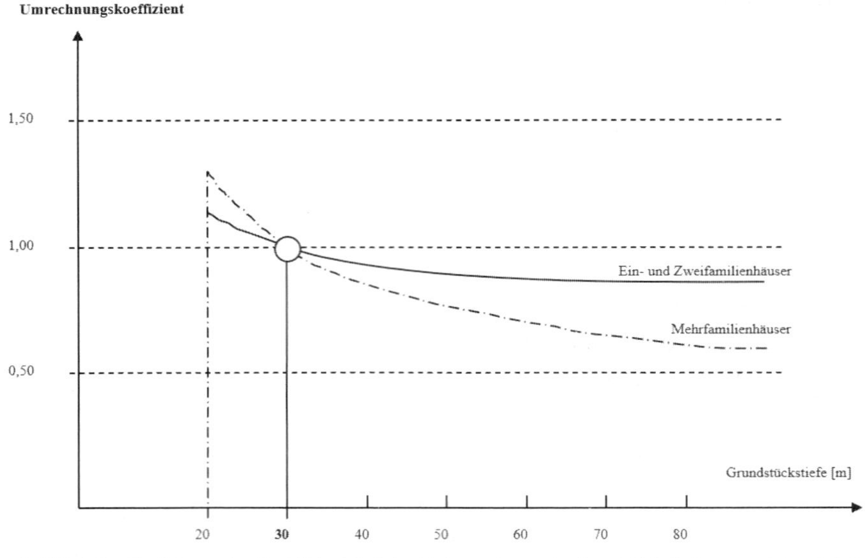

Bei **Mehrfamilienhäusern** ist die Abhängigkeit des Bodenwerts von der Grundstückstiefe ausgeprägter als bei Ein- und Zweifamilienhäusern.

Umrechnungskoeffizienten

Grundstücks-tiefe (m)	20	22	24	26	28	**30**	32	34	36	38	40	45	50	55	60	70	80
Ein- und Zweifamilienhaus	1,10	1,07	1,04	1,03	1,02	**1,00**	0,98	0,97	0,95	0,92	0,89	0,85	0,82	0,82	0,81	0,81	0,80
Mehrfamilienhaus	1,25	1,18	1,12	1,10	1,04	**1,00**	0,97	0,93	0,91	0,89	0,87	0,82	0,78	0,75	0,72	0,70	0,65

Anhand eines weiteren *Beispiels* wird aufgezeigt, wie die **Grundstückstiefe** berücksichtigt wird. Die Hinterlandfläche ist gemäß den Festsetzungen des Bebauungsplans als Gewerbegebiet nutzbar. **297**

Beispiel:

Wohn- und Geschäftshaus mit Hofbebauung, Baujahr 1970/72

- Frontbreite	25 m
- Grundstückstiefe	80 m
- Fläche	2 000 m²
- Zuschnitt	Rechteck
- Art der baulichen Nutzung	MI bzw. GE für das Hinterland
- Vollgeschosse	VI (sechs Geschosse) bzw. II im GE-Gebiet
- Bauweise	g (geschlossen)
- Maß der baulichen Nutzung	GFZ = 2,1 (vorhanden bei Vorderlandfläche 1000 m²)
	GFZ = 1,0 (vorhanden bei Hinterlandfläche 1000 m²)
- Bodenrichtwert (Baufläche)	1 200 €/m² ebpf bis zu einer Tiefe von 40 m
- Bodenrichtwert (gewerbliche Baufläche)	150 €/m² erschließungsbeitragspflichtig

Bodenwert:

1000 m² Vorderland (bis zu einer Tiefe von 40 m) je m² 1 200 €	=	1 200 000 €
1000 m² Hinterland (GE-Gebiet) je m² 150 € (= Abschlag vom Wert des Vorderlandes 87,5 v.H.)		150 000 €
2 000 m² (= 675 €/m² ebpf i.D.)	=	**1 350 000 €**

Im Beispielsfall liegt der Anteil des Bodenwerts am Verkehrswert (Marktwert) der Immobilie bei rd. 30 %, d.h., Bodenwert und Wert der baulichen Anlagen ergaben den Ertragswert (Verkehrswert) des Grundstücks mit 4 500 000 €. Andererseits war dies das 12-Fache der Jahresnettokaltmiete; auf einen Quadratmeter Nutz-/Wohnfläche entfallen 1 815 € im Durchschnitt.

b) Steuerliche Bewertung

▶ *Vgl. Rn. 287*

Für den Bereich der steuerlichen Bewertung wurde vom BFH[155] darauf hingewiesen, dass die Aufteilung in Vorder- und Hinterland nicht zwingend vorzunehmen sei, jedoch dann angezeigt ist, wenn sie ortsüblich oder durch behördliche Anordnung bedingt sei; für Ein- und Zweifamilienhäuser in Gegenden mit offener Bauweise sei sie nicht üblich. **298**

In der steuerlichen Bewertung ist, wie auch sonst üblich, bei der Ermittlung des Bodenwerts eine Grundstücksfläche nur dann aufzuteilen, wenn dies auch zuvor bei der Ermittlung der jeweiligen Durchschnittswerte geschehen ist[156]. Eine Aufteilung muss dagegen unterbleiben, wenn sich der ermittelte Durchschnittswert auf die Gesamtfläche bezieht. Wird eine Grundstücksfläche in Vorder- und Hinterland aufgeteilt, so ist sie in der steuerlichen Bewertung nach ihrer Tiefe in Zonen zu gliedern, deren Abgrenzung sich grundsätzlich nach den örtlichen Verhältnissen richtet. Für den Fall, dass keine örtlichen Besonderheiten gelten, können im Rah- **299**

155 Der BFH hat zumindest für die in offener Bauweise mit Ein- und Zweifamilienhäusern bebauten Gebiete festgestellt, dass eine Aufteilung in Vorder- und Hinterland nicht üblich sei (vgl. BFH, Urt. vom 18.09.1970 – 3 B 21/70 –, BFHE 100, 184 = BStBl II 1971, 4 = EzGuG 4.31; unter Hinweis auf RFH, Urt. vom 10.03.1932 – III A 696/31 –, RStBl 1932, 432).

156 Die Aufteilung größerer unbebauter Grundstücksflächen in Vorder- und Hinterland ist nach ständiger Rspr. nicht zwingend vorzunehmen. Die Aufteilung hängt vielmehr davon ab, ob sie ortsüblich oder durch behördliche Anordnung bedingt ist (BFH, Urt. vom 18.09.1970 – III B 21/70 –, BFHE 100, 184 = BStBl II 1971, 4 = EzGuG 4.31).

men der steuerlichen **Einheitsbewertung** Grundstücke nach den BewR[157] im Allgemeinen nach folgenden Tiefen mit der nachstehend angegebenen Wertrelation gegliedert werden (Abb. 32):

Abb. 32: Bodenwert in Abhängigkeit von der Grundstückstiefe in der steuerlichen Bewertung

Vorder- und Hinterland (Zonen)	Grundstückstiefe	Bodenwert
Zone I		
Vorderland	**bis 40 m Tiefe**	**100 %**
Zone II		
Hinterland	**40 bis 80 m Tiefe**	**50 % des Vorderlands**
Zone IIIa		
Hinterland Zone IIIb	über 80 m Tiefe, soweit baulich nutzbar	40 % des Vorderlands
Hinterland	über 80 m Tiefe, soweit baulich nicht nutzbar	weniger als 40 % des Vorderlands

300 Des Weiteren ist für die steuerliche Bewertung vorgeschrieben, dass die auf das Vorder- und Hinterland entfallenden Flächenanteile zu schätzen sind, wenn die Grundstücksfläche so geschnitten ist, dass eine **Aufteilung der Gesamtfläche in Vorder- und Hinterland** nach den vorstehenden Grundsätzen **nicht möglich** ist.

6.4.6.5 Grundstücksbreite

a) Allgemeines

301 Zur Abhängigkeit des Bodenwerts von der Grundstücksbreite hat der Gutachterausschuss *Aachen* Umrechnungskoeffizienten für Wohnbauflächen (Doppelhaus-, Reihenendhaus- und Reihenhausgrundstück) mit einer Normtiefe von 35 m und Normbreite von 15 m differenziert nach guter und mittlerer Wohnlage abgeleitet:

Umrechnungskoeffizienten zur Grundstücksbreite in Aachen		
Breite (m)	Wohnlage (entsprechend Mietspiegel von Aachen)	
	gut	mittel
bis 5,5	1,20	1,08
6,0	1,09	1,08
6,5	1,17	1,07
7,0	1,16	1,07
7,5	1,14	1,06
8,0	1,13	1,06
8,5	1,12	1,06
9,0	1,10	1,05
10,0	1,08	1,04
11,0	1,06	1,03

157 BewR Gr vom 19.09.1966 (BAnz Nr. 183 Beil. = BStBl I 1966, 890; zu § 72 BewG Nr. 8).

Umrechnungskoeffizienten zur Grundstücksbreite in Aachen		
Breite (m)	Wohnlage (entsprechend Mietspiegel von Aachen)	
	gut	mittel
12,0	1,05	1,03
13,0	1,03	1,02
14,0	1,01	1,01
ab 15,0	**1,00**	**1,00**

Quelle: Grundstücksmarktbericht Aachen 2024

b) Frontbreiten

Die Höhe des Kaufpreises bei **Geschäftsgrundstücken in Geschäftslagen** hängt nicht nur von der Ausnutzung ab, sondern auch **von der Breite der Straßenfront** *(frontage)*. Die folgende Tabelle zeigt die Umrechnungsfaktoren für die verschiedenen Frontbreiten bei sonst gleichen wertrelevanten Faktoren, wie sie sich aufgrund einer Auswertung der Kaufpreissammlung des Gutachterausschusses für Grundstückswerte für den Bereich der Stadt *Konstanz* aus dem Jahre 2004 ergibt (Abb. 33). **302**

Abb. 33: Umrechnungsfaktoren für Frontbreiten (2016) in Konstanz

Frontbreite	UK
5	0,75
6	0,80
7	0,85
8	0,90
9	0,95
10	**1,00**
11	1,05
12	1,10
13	1,15
14	1,20
15	1,25

Quelle: Gutachterausschuss für Grundstückswerte in Konstanz 2016

Abb. 34: Ideales Frontbreiten- und Ladengrößenverhältnis

Ladengröße m²	Frontbreite lfd. m
30	4–5
50	5–6
100	6–8
200	8–10
400	10–12
600	10–12
800	10–14
1000	15–15

Quelle: Müller Consult

6.4.6.6 Grundstückszuschnitt

▶ *Vgl. § 5 ImmoWertV Rn. 88 ff.*

a) Bauland

303 Im Bereich des Baulands findet der **Grundstückszuschnitt** *(shape)* **bereits** ganz allgemein **bei der Klassifizierung des Entwicklungszustands** insoweit seine **Berücksichtigung**, als nach bauordnungsrechtlichen Vorschriften auf einem Grundstück Gebäude nur errichtet werden dürfen, wenn es nach Lage, *Form*, Größe und Beschaffenheit für die beabsichtigte Bebauung geeignet ist. Hieraus folgt, dass eine für die Bebauung unzureichende Grundstücksform (Grundstückszuschnitt) zur Einstufung dieser Fläche nach § 3 Abs. 3 ImmoWertV als „Rohbauland" führt, auch wenn die sonstigen Voraussetzungen für eine bauliche Nutzung gegeben sind. Insoweit kann der Grundstückszuschnitt bereits bei der Qualifizierung des Entwicklungszustands Eingang in die Wertermittlung finden.

304 Darüber hinaus wird der Erwerber eines Grundstücks regelmäßig bereit sein, für ein gut gestaltetes Grundstück einen höheren Kaufpreis als für ein ungünstig geschnittenes Grundstück zu zahlen. Deshalb müssen **Abweichungen des Grundstückszuschnitts** der zum Preisvergleich herangezogenen Grundstücke vom Wertermittlungsobjekt berücksichtigt werden.

305 Der diesbezüglich in § 2 Abs. 3 Nr. 8 ImmoWertV gebrauchte Begriff des „Grundstückszuschnitts" ist inhaltlich identisch mit dem Begriff „Grundstücksgestalt" oder dem im Baurecht gebrauchten Begriff der „Form"[158] des Grundstücks. Entsprechend der Zweckbestimmung des Baulands ist der Grundstückszuschnitt umso höherwertiger, je günstiger das **Verhältnis zwischen der Frontbreite des Grundstücks und seiner Tiefe** entsprechend den bauplanungsrechtlichen Festsetzungen des Bebauungsplans ist. Der Quotient aus Frontbreite und Grundstückstiefe kann deshalb als Maßstab zur Berücksichtigung der Grundstücksgestalt gelten. Die wohl geschickteste Erfassung des Grundstückszuschnitts i.V.m. der Grundstücksfläche und -tiefe wird vom Gutachterausschuss in *Bergisch Gladbach* praktiziert (Abb. 35).

Abb. 35: Umrechnungskoeffizienten für Grundstücke in Abhängigkeit unterschiedlicher Grundstückstiefe für unterschiedliche Ein- und Zweifamilienhäuser

Umrechnungskoeffizienten für Grundstücke in Abhängigkeit unterschiedlicher Grundstückstiefe für unterschiedliche Ein- und Zweifamilienhäuser										
Grundstücke mit freistehenden Eigenheimen (Tiefe Richtwertgrundstück = 35 m)										
Tiefe (m)	15	20	25	30	35	40	45	50	55	60
Anpassung %	-	15	10	5	0	–5	–10	–16	–21	–26
Grundstücke mit freistehenden Eigenheimen (Tiefe Richtwertgrundstück = 30 m)										
Anpassung %	13	8	4	0	–4	–8	–12	–17	–21	-
Grundstücke für Doppelhaushälften/Reihenhäuser										
Anpassung %	-	8	4	0	–4	–8	–12	-	-	-
Grundstücke für Reihenmittelhäuser										
Tiefe (m)	20	22	24	26	28	30	32	34	36	38
Anpassung %	20	16	12	8	4	0	–4	–8	–12	–15

Quelle: Grundstücksmarktbericht 2023 von Bergisch-Gladbach

158 § 45 Abs. 1 BauGB; entsprechend auch die BauOen Länder (vgl. Art. 4 Abs. 1 Nr. 1 Bay. LBauO); auch die Definition des Rohbaulands in § 5 Abs. 3 ImmoWertV schließt hieran an.

Auch der Gutachterausschuss von *Bonn* hat entsprechende **Umrechnungskoeffizienten für Geschäftsgrundstücke** unter Berücksichtigung der Ladenmiete ermittelt: 306

Abb. 36: Umrechnungsfaktoren für Geschäftsgrundstücke in Bonn

Umrechnungsfaktoren für Geschäftsgrundstücke in Bonn																			
Bebaute Grundstückstiefe (m)	Grundstücksbreite (m)																		
	5	6	7	7,5	8	9	10	11	12	13	14	15	16	17	18	19	20	22	25
10	1,34	1,33	1,31	1,30	1,29	1,28	1,26												
11	1,29	1,28	1,26	1,25	1,24	1,22	1,21	1,20											
12	1,25	1,23	1,21	1,20	2,19	1,18	1,16	1,15	1,14										
13	1,21	1,19	1,17	1,16	1,15	1,14	1,12	1,11	1,10	1,09									
14	1,17	1,15	1,13	1,12	1,11	1,10	1,08	1,07	1,06	1,05	1,04								
15	1,14	1,12	1,10	1,09	1,08	1,06	1,05	1,04	1,03	1,02	1,01	1,00							
16	1,11	1,08	1,07	1,06	1,05	1,03	1,02	1,01	1,00	0,99	0,98	0,97	0,96						
17	1,08	1,05	1,04	1,03	1,02	1,00	0,99	0,98	0,97	0,96	0,95	0,94	0,94	0,93					
18	1,05	1,03	1,01	1,00	0,99	0,98	0,96	0,95	0,94	0,93	0,92	0,92	0,91	0,90	0,90				
19	1,02	1,00	0,98	0,97	0,97	0,95	0,94	0,93	0,92	0,91	0,90	0,89	0,88	0,88	0,87	0,97			
20	1,00	0,98	0,96	0,95	0,94	0,03	0,92	0,91	0,90	0,89	0,88	0,87	0,86	0,86	0,85	0,85	0,84		
21	0,98	0,96	0,94	0,93	0,92	0,91	0,89	0,88	0,87	0,87	0,86	0,85	0,84	0,84	0,83	0,83	0,82	0,81	
22	0,96	0,94	0,92	0,91	0,90	0,89	0,87	0,86	0,85	0,85	0,84	0,83	0,82	0,82	0,81	0,81	0,80	0,79	
23	0,93	0,92	0,90	0,89	0,88	0,87	0,86	0,84	0,84	0,83	0,82	0,81	0,81	0,80	0,79	0,79	0,78	0,78	
24	0,91	0,90	0,88	0,87	0,86	0,85	0,84	0,83	0,82	0,81	0,80	0,79	0,79	0,78	0,78	0,77	0,77	9,76	
25	0,89	0,88	0,86	0,85	0,85	0,83	0,82	0,81	0,80	0,79	0,79	0,78	0,77	0,77	0,76	0,76	0,75	0,74	
26	0,87	0,86	0,85	0,84	0,83	0,82	0,80	0,79	0,79	0,78	0,77	0,76	0,76	0,75	0,75	0,74	0,74	0,73	0,72
27	0,85	0,84	0,83	0,82	0,81	0,80	0,79	0,78	0,77	0,76	0,76	0,75	0,74	0,74	0,73	0,73	0,72	0,72	0,71
28	0,83	0,83	0,81	0,81	0,80	0,79	0,78	0,77	0,76	0,75	0,74	0,73	0,73	0,72	0,72	0,71	0,71	0,70	0,69
29	0,91	0,81	0,80	0,79	0,79	0,77	0,76	0,75	0,74	0,74	0,73	0,72	0,72	0,71	0,71	0,70	0,70	0,69	0,68
30	0,79	0,80	0,79	0,78	0,77	0,76	0,75	0,74	0,73	0,72	0,72	0,71	0,70	0,70	0,69	0,69	0,68	0,68	0,67
31	0,77	0,78	0,77	0,77	0,76	0,75	0,74	0,73	0,72	0,71	0,70	0,70	0,69	0,69	0,68	0,68	0,67	0,67	0,66
32	0,76	0,76	0,76	0,75	0,75	0,73	0,72	0,71	0,71	0,70	0,69	0,69	0,68	0,67	0,67	0,67	0,66	0,65	0,65
33	0,74	0,75	0,75	0,74	0,74	0,72	0,71	0,70	0,69	0,69	0,68	0,67	0,67	0,66	0,66	0,66	0,65	0,64	0,63
34	0,73	0,73	0,73	0,73	0,72	0,71	0,70	0,69	0,68	0,68	0,67	0,66	0,66	0,65	0,65	0,64	0,64	0,63	0,62
35	0,71	0,72	0,72	0,72	0,71	0,70	0,69	0,68	0,67	0,67	0,66	0,65	0,65	0,64	0,64	0,64	0,63	0,62	0,62
36	0,70	0,71	0,71	0,71	0,70	0,69	0,68	0,67	0,66	0,66	0,65	0,64	0,64	0,63	0,63	0,63	0,62	0,61	0,61
37	0,69	0,69	0,70	0,69	0,69	0,68	0,67	0,66	0,65	0,65	0,64	0,63	0,63	0,62	0,62	0,62	0,61	0,61	0,60
38	0,67	0,68	0,68	0,68	0,68	0,67	0,66	0,65	0,64	0,64	0,63	0,63	0,62	0,62	0,61	0,61	0,60	0,60	0,59
39	0,66	0,67	0,67	0,67	0,67	0,66	0,65	0,64	0,64	0,63	0,62	0,62	0,61	0,61	0,60	0,60	0,60	0,59	0,58
40	0,65	0,66	0,66	0,66	0,66	0,65	0,64	0,64	0,63	0,62	0,61	0,61	0,60	0,60	0,60	0,59	0,59	0,58	0,57

Quelle: Grundstücksmarktbericht 2024

b) Schikanierzwickel

Sog. **Schikanierzwickel** werden häufig zu Preisen gehandelt, die nicht dem gewöhnlichen Geschäftsverkehr zugerechnet werden. Unter solchen Flächen werden Grundstücke verstanden, die aufgrund ihres Zuschnitts und der Lage selbstständig nicht baulich nutzbar sind und auch sonst kaum sinnvoll genutzt werden können, jedoch i.V.m. dem benachbarten Grundstück dessen bauliche oder sonstige Nutzung erst ermöglichen. In solchen Fällen ist der Eigentümer des „Schikanierzwickels" in einer „guten Verhandlungsposition" und kann Preise für solche Grundstücke durchsetzen, die sich mehr am Wertzuwachs des Grundstücks orientieren, dem 307 der „Zwickel“ nützlich ist, als den „inneren Wert“ der Fläche ausmachen (ungewöhnliche Verhältnisse i.S. des § 9 Abs. 2 ImmoWertV).

6.4.6.7 Unselbstständige Teilflächen (Arrondierungsfläche und Bauerweiterungsfläche)

308 Die „harmlosere“ Form des Schikanierzwickels sind **Arrondierungsflächen,** unter denen gemeinhin selbstständig nicht bebaubare Teilflächen verstanden werden, die zusammen mit einem angrenzenden Grundstück dessen bauliche Ausnutzbarkeit erhöhen oder einen ungünstigen Grenzverlauf verbessern (vgl. Rn. 312 ff.).

309 Allgemein lässt sich dieser Aufstellung entnehmen, dass solche **Arrondierungsflächen umso höher im Preis** gehandelt werden, **je gewichtiger der Erwerb für den Eigentümer des benachbarten Grundstücks ist.**
Darüber werden Arrondierungsflächen in Abhängigkeit von dem jeweiligen Bodenrichtwert und der Flächengröße gehandelt (vgl. nachfolgende Auswertung des Gutachterausschusses des *Rhein-Erft Kreises*).

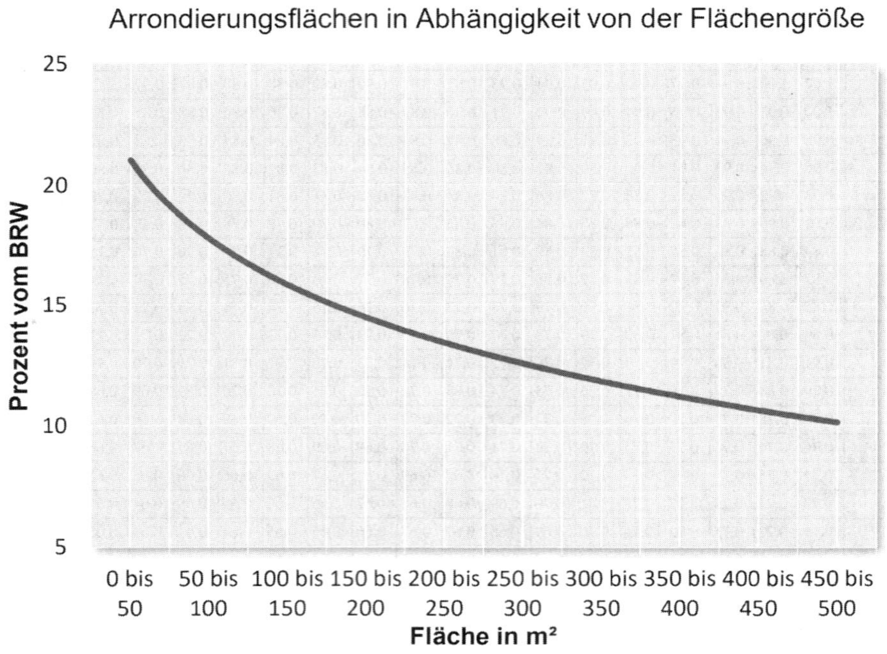

Quelle: Grundstücksmarktbericht 2024

Vom Gutachterausschuss der Stadt *Wuppertal* wurden in einer Untersuchung die sich aus Abb. 37 ergebenden **Preisrelationen zum jeweiligen Bodenrichtwert** ermittelt:

Abb. 37: Preisrelation von Arrondierungsflächen

Preisrelation von Arrondierungsflächen zum Bodenrichtwert				
		Preisspanne in % vom maßgeblichen Bodenrichtwert	**Durchschnittswert in % vom maßgeblichen Bodenrichtwert**	**Anzahl der Kauffälle**
Baulandteilflächen				
a)	Baurechtlich notwendige Flächen zur baulichen Erweiterung oder zur Bereinigung eines baurechtswidrigen Zustands	75–115	95	15
b)	Garagen- und Stellplatzflächen	30–90	60	38
Nicht erforderliche Freiflächen				
–	unmaßgebliche, nicht eigenständig nutzbare Flächen (seitlich gelegen oder Vorderland)	15–25	20	7
–	Garten- bzw. Hinterland in Innenbereichslagen	10–30	20	38
–	Garten- bzw. Hinterland aus land- und forstwirtschaftlichen Flächen	10–30	15	16
–	Verkehrsflächen zur Verbreiterung einer bestehenden Straße oder nachträglicher Erwerb einer bereits als Straße genutzten Fläche	5–15	10	14
–	Rückübertragung von nicht mehr als Straße genutzten Verkehrsflächen als Teilflächen für den Vorgarten	20–30	25	5

Quelle: Grundstücksmarktbericht 2024 des Gutachterausschusses für Grundstückswerte in der Stadt Wuppertal

Der Gutachterausschuss von *Bochum* hat folgende Preisrelationen angegeben:

Rahmensätze für die Wertrelation von Arrondierungsflächen in Bochum		
Flächen im hinteren Grundstücksbereich (Grundstückszuschnitt tiefer als 35 m), die weder eine eigenständige Bauerwartung aufweisen noch der Erhöhung einer baulichen Nutzung dienen (Hausgartennutzung)	15 % bis 35 %	vom Baulandwert
Flächen, die als Garagen- oder Stellplatzfläche genutzt werden können, aber keine weitere Funktion (z.B. Abstandsfläche, anrechenbare Baufläche) erfüllen	50 % bis 75 %	vom Baulandwert
Flächen, die eine bauliche Nutzung des arrondierten Grundstücks ermöglichen oder verbessern (z.B. überbaubare Flächen, Abstandsflächen, anrechenbare Bauflächen)	75 % bis 125 %	vom Baulandwert

Quelle: Grundstücksmarktbericht Bochum 2024

Der Gutachterausschuss von *Gütersloh* kommt in seinem Marktbericht 2021 zu gleichen Ergebnissen.

310 Andere Gutachterausschüsse unterscheiden schlicht nach Vorder-, Hinter- und Seitenland sowie Kleinstflächen.

Abb. 38: Vorder-, Hinter- und Seitenland

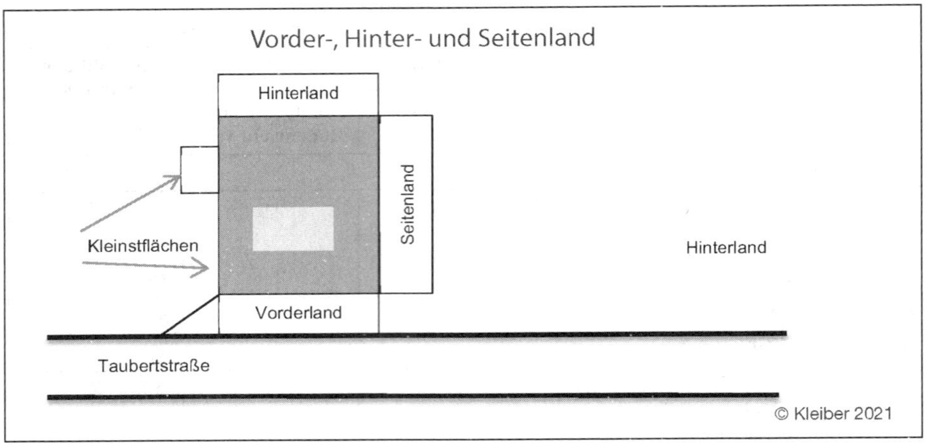

Abb. 39: Umrechnungskoeffizienten für Vorder-, Hinter- und Seitenland

Umrechnungskoeffizient (Kaufpreise /Bodenrichtwert)										
	Potsdam (2011)			**Brandenburg an der Havel** (2013)		**Frankfurt an der Oder** (2011)		**LK Mansfeld-Südharz, Saalekreis, Burglandkreis** (2017)		
	Bodenrichtwertniveau							Bodenrichtwertniveau		
	bis 100 €/m²	110 bis 180 €/m²	ab 190 €/m²	Min	Max	Min	Max	10 €/m²	30 €/m²	50 €/m²
Vorderland	–	0,32	0,27	0,22	1,67	0,02	1,07	–	–	–
Seitenland	0,37	0,43	0,41	0,16	1,14	0,06	1,21	–	–	–
Hinterland	0,41	0,51	0,53	0,10	1,14	0,05	1,09	0,65	0,37	0,30
Kleinstfläche	–	–	–	0,10	2,00	–	–	–	–	–

Quelle: Grundstücksmarktberichte

a) Bauland

Abb. 40: Zu- und Abschläge für Arrondierungsflächen 311

Art der unselbstständigen Teilfläche	Anz.	Durchschnittspreis bzw. Preisspanne in % des Baulandwerts	Beispiel
1. Arrondierung zu bebauten Grundstücken			
a) Baurechtlich notwendige Flächen bzw. Flächen zur baulichen Erweiterung	21	Bergisch Gladbach (2018) **93 %** 62–149 %	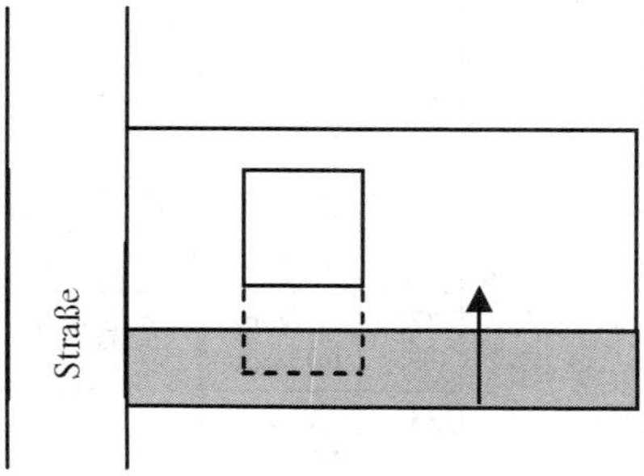
	40	Brandenburg a.d.H. **62 %** 15–122 %	
	7	Dahme-Spreewald **87 %** 20–142 %	
	14	Rhein-Sieg-Kreis (2021) **90%** 35–100%	
	26	Oberbergischer Kreis **105 %** 90–125 %	
	15	Leipzig (2013) **99 %** 70–128 %	
	29	Schwerin **62 %** 35–79 %	
	23	Chemnitz **74 %**	
	8	Leverkusen **100 %**	
	59	LK Oberspreewald **80 %** (F Ø 58 m²) **72 %** (F Ø 276 m²) **49 %** (F Ø 967 m²)	
	18	Gelsenkirchen **107 %** 101–113 %	
		Regionalbereich Saale- Unstrut **79 %** 57–101 %	
		Kreis Mettmann **84 %** 29–117 %	
		Witten 40–110 %	

Art der unselbstständigen Teilfläche	Anz.	Durchschnittspreis bzw. Preisspanne in % des Baulandwerts	Beispiel
b) seitlich gelegene Flächen bzw. andere als Stellplatz geeignete Flächen	7	Bergisch Gladbach (2021) **60 %** 36–100 %	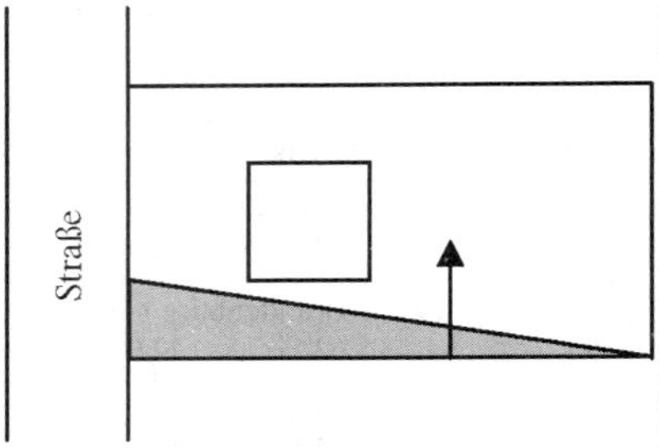
		Dahme-Spreewald **80 %** 8–121 %	
	10	Oberbergischer Kreis **55 %** 35–80 %	
	32	Leipzig (2013) **59 %** 34–84 %	
	44	Chemnitz **58 %**	
	30	Rhein-Sieg-Kreis (2021) **65%** 38–71%	
	27	Gelsenkirchen (2021) **60%** 48–71%	
	33	Gelsenkirchen **58 %** 51–56 %	
		Regionalbereich Saale- Unstrut (2011) **56 %** 27–84 %	
		Regionalbereich Anhalt (2013) 60–100 %	
		LK Mettmann **85 %** (33–127)	
	11	Leverkusen **51 %**	

Abweichende Merkmale

Art der unselbstständigen Teilfläche	Anz.	Durchschnittspreis bzw. Preisspanne in % des Baulandwerts	Beispiel
c) Garten- und Hinterland in Innenbereichslagen	27	Bergisch Gladbach (2021) **23 %** 13–38 %	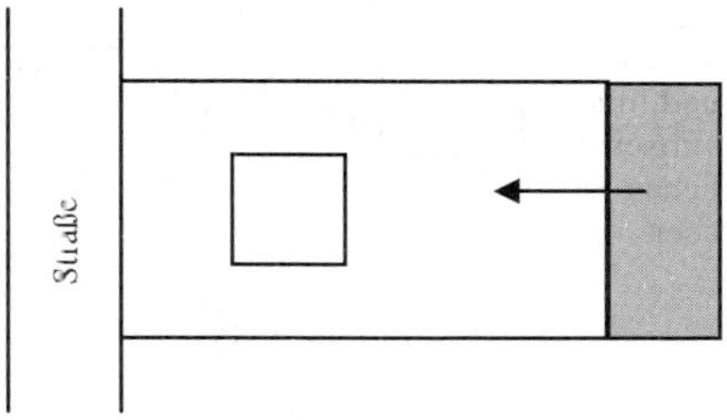
	42	Brandenburg a.d.H. **62 %** 10–278 %	
	15	Dahme-Spreewald **37 %** 5–110 %	
		Ennepe-Ruhr-Kreis (2011) 15–27 %	
	27	Oberbergischer Kreis **35 %** 10–60 %	
	58	Leipzig (2013) **38 %** 9–68 %	
	13	Schwerin **55 %** 18–117 %	
		Chemnitz **37 %**	
	 21 39 8	LK Oberspreewald **91 %** (F Ø 52 m²) **49 %** (F Ø 338 m²) **42 %** (F Ø 990 m²)	
		Regionalbereich Anhalt (2011) 40–80 %	
		Kreis Mettmann **16 %** 2–57 %	
	29	Leverkusen **33 %**	
		Witten **5–30 %**	
		Gelsenkirchen **17 %** 14–20 %	
		Rhein-Sieg-Kreis (2021) **55 %**42–50%	

Art der unselbstständigen Teilfläche	Anz.	Durchschnittspreis bzw. Preisspanne in % des Baulandwerts	Beispiel
d) Arrondierung aus land- und forstwirtschaftlichen Flächen	35	Bergisch Gladbach (2019) **10 %** 1–17 %	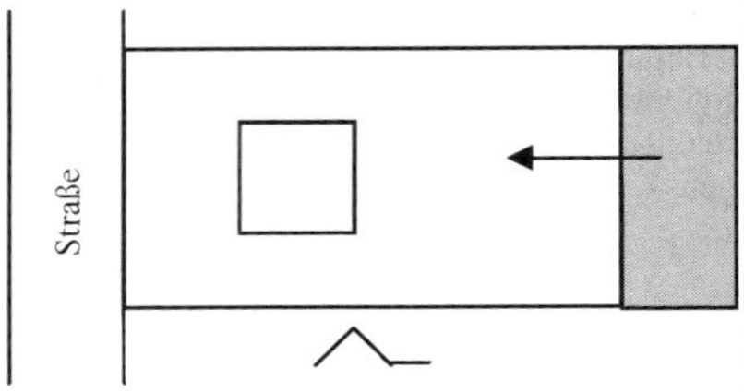
	11	Rhein-Sieg Kreis (2021) **20 %** 15-25 %	
		Gelsenkirchen **37 %** 24–52 %	
		LK Mettmann **16 %** 2–57 %	
		Sachsen-Anhalt (2013) 40–60 %	
		Land Brandenburg (2016) **28 %**	
		Berliner Umland (2016) **21 %** 7–55 %	
	6	Leverkusen **9 %**	
		Ennepe-Ruhr Kreis (2012) 5-30 %	
e) Splitterflächen regel- oder unregelmäßig in unterschiedlichen Lagen	51	Schwerin **67 %** 8–113 %	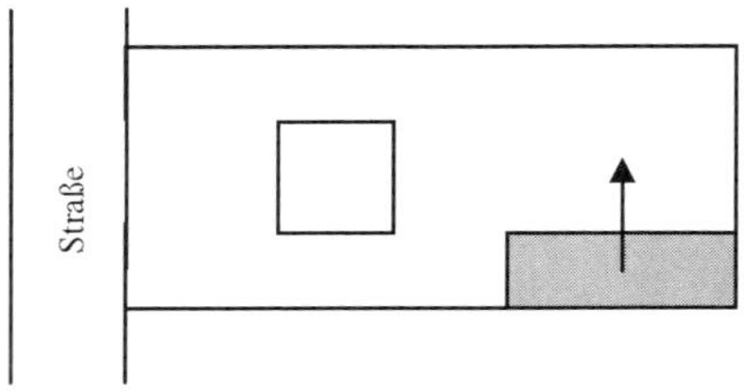
		EFH **55 %** 19–22 %	
		MFH **76 %** 42–110 %	
		Geschäftsgrundstück **79 %** 44–113 %	
		Gewerbegrundstück **67 %** 31–144 %	
	20	Brandenburg a.d.H. **61 %** 10–100 %	
		Sachsen-Anhalt (2013) 80–120 %	

Abweichende Merkmale

Art der unselbstständigen Teilfläche	Anz.	Durchschnittspreis bzw. Preisspanne in % des Baulandwerts	Beispiel
2. Arrondierung zur Bildung bebaubarer Grundstücke			
Flächen, die die Bebaubarkeit eines Grundstücks wesentlich verbessern	4	Bergisch Gladbach (2019) **88 %** 81–95 %	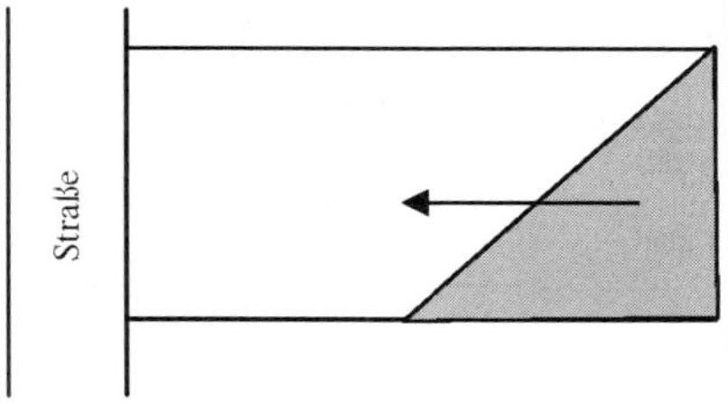
		Dahme-Spreewald **70 %** 25–150 %	
	16	Rheinisch-Bergischer Kreis (2018) **78 %** ± 35 %	
	2	Oberbergischer Kreis **100 %** 95–100 %	
	27	Leipzig (2013) **83 %** 59–103 %	
	12	Chemnitz **62 %**	
	18	Gelsenkirchen (2021) **99 %** 63–134 %	
	8	Leverkusen **89 %**	
3. Freihändiger Erwerb von Verkehrsflächen			
a) Ankauf von Flächen, die zur Verbreiterung einer bestehenden Straße benötigt werden (geringer Eingriff)	9	Bergisch Gladbach (2019) **19 %** 14–30 %	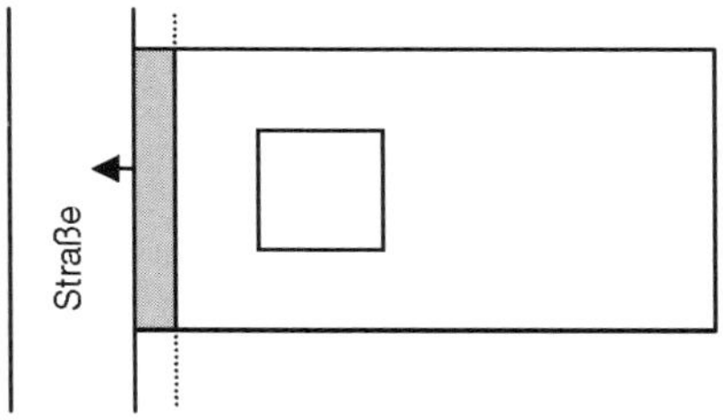
		Rheinisch-Bergischer Kreis (2018) **8 %** ± 3 %	
	22	Leipzig (2013) **46 %** 27–65 %	
	6	Schwerin **60 %** 24–97 %	
	142	Chemnitz 40–53 %	
	22	Leverkusen **27 %**	
		Ennepe-Ruhr Kreis (2021) 10–40 %	

Art der unselbstständigen Teilfläche	Anz.	Durchschnittspreis bzw. Preisspanne in % des Baulandwerts	Beispiel
b) Ankauf, nachträglicher Erwerb einer bereits als Straße genutzten Fläche	36	Bergisch Gladbach (2019) **13 %** 8–28 %	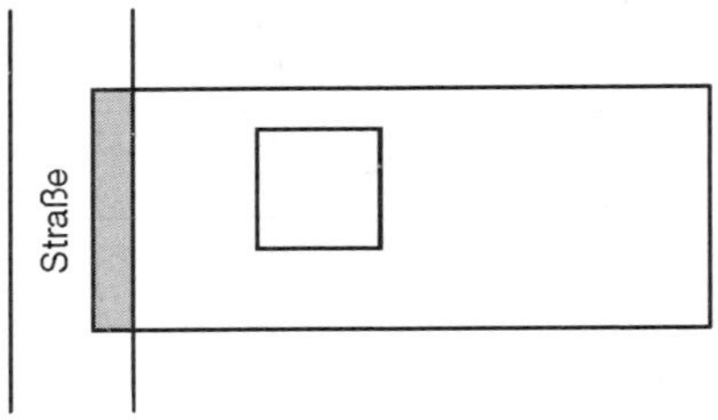
		Rheinisch-Bergischer Kreis (2018) **7 %** ± 3 %	
	18	Leipzig (2013) **16 %** 8–24 %	
	63	Chemnitz **18 %**	
	22	Leverkusen **27 %**	
c) Unmaßgebliche Vorgartenflächen und/oder seitliche Zukaufsfläche	38	LK Mettmann (2013) **17 %** 2–57 %	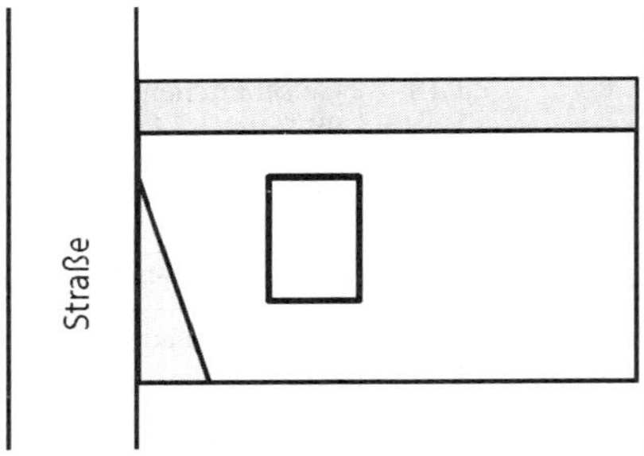
		Cottbus (2011) **60–70 %** größenabhängig	
		Ennepe-Ruhr-Kreis (2021) 30–110 %	
		Gelsenkirchen (2021) **59 %** 23–94 %	
d) Zufahrten		Schwerin **107 %** 101–114 %	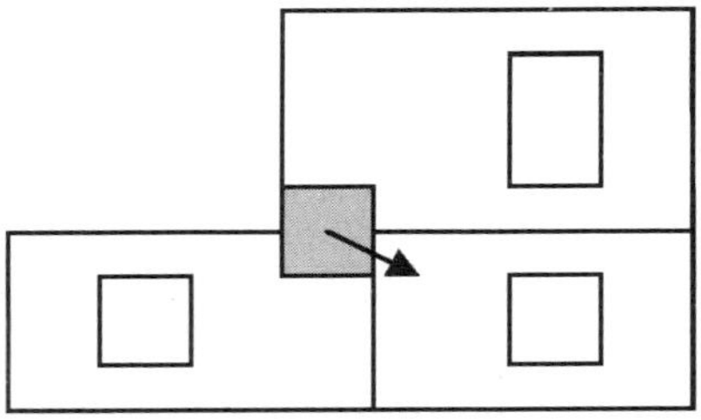

Zu- und Abschläge für Arrondierungsflächen im Rheinisch-Bergischen Kreis

Art der unselbstständigen Teilfläche	Anz.	Durchschnittspreis bzw. Preisspanne in % des Baulandwerts	Beispiel
1. Zukäufe zu bereits bebauten Grundstücken			
a) Baurechtlich erforderliche Flächen bzw. Flächen zur baulichen Erweiterung	10	Rheinisch-Bergischer Kreis **105 %** 100–120 %	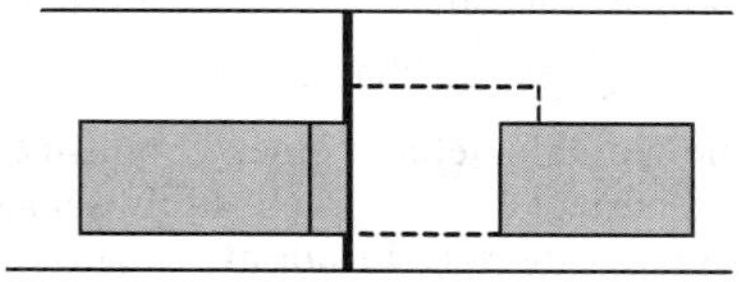
b) Sogenanntes seitliches Hinterland zur Arrondierung und seitliche (größenabhängig) Stellplatzflächen	17	Rheinisch-Bergischer Kreis **35 %** 30–35 % größenabhängig	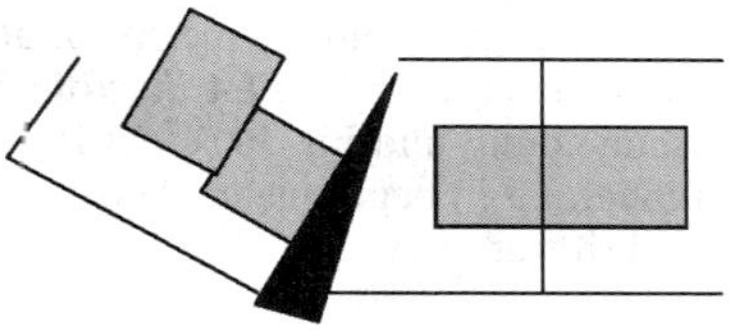
c) Gartenland und Hinterlandzukäufe	23	Rheinisch-Bergischer Kreis **10 %** 5–10 % größenabhängig Cottbus (2011) **47–67 %** größenabhängig	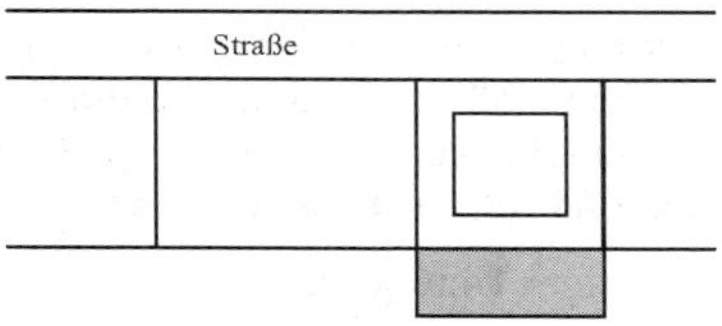
2. Arrondierungsflächen zur Schaffung von bebaubaren Grundstücksflächen			
	26	Rheinisch-Bergischer Kreis **95 %** 80–100 %	

b) Land- oder forstwirtschaftliche Flächen

▶ *Vgl. § 3 ImmoWertV Rn. 18 ff.; zum Differenzwertverfahren § 6 ImmoWertV Rn. 113, 199; § 44 ImmoWertV Rn. 152; Teil VI Rn. 135 ff.; weitere Hinweise zum Leitungsrecht bei Fischer in Teil VIII Rn. 374 ff.*

Bei land- oder forstwirtschaftlichen Grundstücken steht die **Geschlossenheit (Arrondierung)** **312** in Bezug auf die Bewirtschaftung und eine günstige Stellung des Landgutes bezüglich der Abwehr von Immissionen im Vordergrund[159].

Beeinträchtigungen treten bei **land- oder forstwirtschaftlichen Betrieben** häufig durch die **313** Flächenabgabe für Verkehrswege oder durch Nutzungsbeschränkungen aufgrund von Leitungstrassen auf. Erfahrungsgemäß wirkt sich dies auf die Verkehrswerte dieser Grundstücke bzw. dieser Betriebe aus. Die Wertminderung ist insbesondere von der Betriebsgröße und Be-

159 BVerfG, Beschl. vom 07.06.1977 – 1 BvL 105, 424/73, 226/74 –, BVerfGE 45, 63 = EzGuG 4.52; BFH, Urt. vom 23.02.1979 – III R 44/77 –, BFHE 128, 254 = EzGuG 19.35; BGH, Urt. vom 12.06.1975 – III ZR 25/73 –, BGHZ 64, 382 = EzGuG 4.44; BGH, Urt. vom 25.06.1981 – III ZR 12/80 –, BRS Bd. 45 Nr. 122 = EzGuG 4.77; Aust/Jacobs a.a.O., 4. Aufl., S. 179.

triebsart, der sog. „Zerschneidungsgeometrie" und von sonstigen Umständen abhängig. Als Schadenselemente werden genannt:

- Umwege für Mensch, Material und Maschine,
- sonstige Erschwernisse des Betriebs,
- Randschäden (Zuwachs- und Qualitätsverluste, einschließlich eines erhöhten Risikos in den Randzonen [Sturmanfälligkeit]),
- Minderauslastung vorhandener Kapazitäten,
- Störung der Nachhaltigskeitstruktur.

Da die Geschlossenheit eines Grundstücks zur eigentumsmäßig geschützten Rechtsposition gehört, besteht ein Anspruch auf Entschädigung, wenn die **Durchschneidung eines geschlossenen** (arrondierten) **Landguts** zu einer Verkehrswertminderung führt[160]. Das Differenzwertverfahren ist eine anerkannte Wertermittlungsmethodik zur Ermittlung der Entschädigung für Durchschneidungsschäden[161].

Allgemein lässt sich feststellen, dass eine mittige Zerschneidung eines land- oder forstwirtschaftlichen Betriebs durch eine **Autobahn** den Verkehrswert des Betriebs am stärksten mindert, nämlich bis zu 75 %. **Leitungsdurchschneidungen** dagegen „nur" bis 40 % bei mittiger Durchschneidung und bis 30 % bei Randzerschneidungen. Im Entschädigungsfall muss die Wertminderung in begründeter Weise nachgewiesen werden. Hierzu wird auf das weiterführende Schrifttum verwiesen[162].

6.4.7 Bodenbeschaffenheit (Baugrund)

▶ *Allgemeines vgl. § 5 ImmoWertV Rn. 296 ff., 365; zum Abbauland vgl. § 3 ImmoWertV Rn. 375 ff.; § 8 ImmoWertV Rn. 33.*

314 Die topographischen und physischen Eigenschaften des Grund und Bodens, insbesondere seine Eignung als Baugrund, sind ein wesentliches wertbestimmendes Merkmal. Sie müssen bei der Verkehrswertermittlung von Bauland vor allem dann Beachtung finden, wenn sie zu erhöhten **Gründungskosten** führen. Hervorgehoben seien hier

- ein felsiger Untergrund,
- die Schichtenfolge, Beschaffenheit und Tragfähigkeit des Baugrunds,
- die baustoffschädigenden Bestandteile im Baugrund und Grundwasser,
- die Tal-, Hang- oder Höhenlage (Geländeneigung),
- die Grundwasserverhältnisse, z.B.
- ein hoher Grundwasserstand (z.B. in Flussnähe).

Im Falle von **Bodenverunreinigungen (Altlasten)** werden der vorläufige Vergleichs-, Ertrags- und Sachwert auf der Grundlage eines altlastenfreien Grundstücks ermittelt. Eine Wert-

---

160 BGH, Urt. vom 25.06.1981 – III ZR 12/80 –, BRS Bd. 45 Nr. 122 = EzGuG 4.77; OLG Hamm, Urt. vom 20.09.1977 – 10 U 76/77 –, BRS Bd. 34 Nr. 85 und Nr. 156 = EzGuG 4.53.

161 BGH, Urt. vom 06.03.1986 – III ZR 146/84 –, BRS Bd. 45 Nr. 131 = EzGuG 13.76; BGH, Urt. vom 14.06.1982 – III ZR 175/80 –, BRS Bd. 45 Nr. 69 = EzGuG 14.72b; BGH, Urt. vom 03.12.1981 – III ZR 53/80 –, BRS Bd. 45 Nr. 121 = EzGuG 20.93; BGH, Urt. vom 08.10.1981 – III ZR 46/80 –, BRS Bd. 45 Nr. 123 = EzGuG 4.79; BGH, Urt. vom 23.06.1975 – III ZR 55/73 –, BRS Bd. 34 Nr. 30; BGH, Urt. vom 13.03.1975 – III ZR 152/72 –, BRS Bd. 34 Nr. 127 = EzGuG 6.177a; BGH, Urt. vom 13.03.1975 – III ZR 152/72 –, BRS Bd. 34 Nr. 127 = EzGuG 4.43; BGH, Urt. vom 30.09.1976 – III ZR 149/75 –, BGHZ 67, 190 = EzGuG 20.64; OLG Köln, Urt. vom 21.11.1972 – 4 U 199/71 –, BRS Bd. 26 Nr. 125 = EzGuG 8.39.

162 LandR 19, abgedruckt bei Kleiber, ImmoWertV (2021); 13. Aufl. Reguvis Fachmedien Köln 2021; Köhne, Landwirtschaftliche Taxationslehre, Hamburg 1987, S. 49 ff.; Beckmann, AgrarR 1976, 192 ff.; ders., AgrarR 1979, 93 ff.; ders., AgrarR 1980, 96 ff.; ders., AgrarR 1985, 286; Beckmann/Huth, Bestimmung der An- und Durchschneidungsschäden, Schriftenreihe des HLBS, 2. Aufl. Bonn Bad Godesberg.

minderung aufgrund von Altlasten ist dann aus systematischen Gründen als ein „besonderes objektspezifisches Grundstücksmerkmal" zu berücksichtigen (vgl. § 8 ImmoWertV Rn. 35; § 5 ImmoWertV Rn. 298). In der Praxis der Gutachtenerstattung wird im Gutachten sowohl bei tatsächlich altlastenbehafteten als auch altlastenverdächtigen Grundstücken regelmäßig von einem fiktiv altlastenfreien Grundstück ausgegangen und lediglich auf die Berücksichtigung einer entsprechenden Wertminderung hingewiesen. Bei dieser Praxis muss **in jedem Fall auf die zugänglichen Erkenntnisse über vorhandene Altlasten und auf Gründe, die einen Altlastenverdacht begründen können**, hingewiesen werden.

Der Sachverständige muss in seinem Gutachten auf die vorstehenden Grundstücksmerkmale **315** insbesondere dann eingehen, wenn das zu bewertende Objekt besondere die Nutzung und Nutzbarkeit des Grundstücks beeinflussende Boden- und Grundwasserverhältnisse aufweist. Bei der Verkehrswertermittlung im Wege des Vergleichswertverfahrens muss diesen Besonderheiten in aller Regel dann nicht Rechnung getragen werden, wenn die Grundstücke der zum Vergleich herangezogenen Kaufpreise die gleichen Verhältnisse aufweisen. In diesen Fällen werden derartige **Besonderheiten bereits mit den Vergleichspreisen berücksichtigt.** So kann z.B. in Gebieten, in denen der Bergbau umgeht, davon ausgegangen werden, dass sich die Vergleichspreise unter Berücksichtigung dieses Umstands gebildet haben. Insoweit bestehen keine Abweichungen zwischen den Vergleichsgrundstücken und dem zu bewertenden Grundstück. Etwas anderes gilt in den Fällen, in denen nur Teile des Gebiets, aus dem Vergleichspreise herangezogen werden, davon betroffen sind. So können z.B. erhöhte Gründungskosten in Flussnähe auftreten, während andere Gebietsteile nicht davon betroffen sind.

Allgemein kann als Grundsatz gelten, dass bei **Heranziehung von Vergleichspreisen aus Gebieten, die keine besonderen Gründungskosten bedingen**, und ihrer Übertragung auf ein **316** Grundstück, das noch erhöhte Gründungskosten erfordert, der Vergleichspreis um die mutmaßlichen Gründungskosten zu vermindern ist[163].
Umgekehrt braucht bei der **Verkehrswertermittlung eines bebauten Grundstücks, für das wegen schlechter Untergrundverhältnisse** (aufgefüllte Kiesgrube oder ein früher auf dem Grundstück vorhandener, aber inzwischen verfüllter U-Bahnschacht) **besondere** und aufwendige **Gründungsmaßnahmen** (Pfahlgründung oder Stahlbetonplatte) **durchgeführt werden mussten**, diesem Umstand nicht besonders Rechnung getragen werden, wenn zur Bodenwertermittlung Vergleichspreise unbebauter Grundstücke bzw. Bodenrichtwerte herangezogen werden, die normale Baugrundverhältnisse aufweisen. Sind dagegen zur Bodenwertermittlung Vergleichspreise unbebauter Grundstücke bzw. Bodenrichtwerte von Grundstücken herangezogen worden, für die ähnliche Kosten entstehen, sind die Vergleichspreise bzw. Bodenrichtwerte um die Gründungskosten „aufzustocken".

Die **Hanglage (Geländeneigung)** eines Baugrundstücks kann werterhöhend, wertneutral und **317** wertmindernd sein, dies hängt von den Gegebenheiten des Einzelfalls ab. Pauschale Ansätze sind von daher abzulehnen.

- Eine *Werterhöhung* kann sich insbesondere aus einer besonderen Aussichtslage am Hang ergeben, wobei diese bereits mit den einschlägigen Vergleichspreisen (der Umgebung) bzw. dem Bodenrichtwert direkt berücksichtigt wird. Entsprechendes gilt auch im Hinblick auf eine günstige bauliche Nutzbarkeit eines Hanggrundstücks, insbesondere wenn das Kellergeschoss eines Hanggrundstücks so errichtet werden kann, dass es geringfügig unter der für ein Vollgeschoss erforderlichen Geländehöhe bleibt. In diesem Fall geht die Fläche nicht in die Geschossfläche ein und eine die zulässige GFZ überschreitende bauliche Nutzbarkeit ist de facto realisierbar (vgl. § 5 ImmoWertV Rn. 40, Teil II Rn. 501 ff.). Die Werterhöhung ließe sich z.B. mit einer entsprechend erhöhten GFZ unter Heranziehung von Umrechnungskoeffizienten berücksichtigen, wenn sie nicht wiederum bereits mit den Vergleichspreisen (der Umgebung) bzw. dem Bodenrichtwert erfasst ist.

163 OVG Lüneburg, Urt. vom 17.01.1997 – 1 L 1218/95 – BRS Bd. 59 Nr. 250 = EzGuG 15.87a.

– Eine *Wertminderung* kann sich aus der eingeschränkten Grundstücksnutzung ergeben, wobei diese dann von der Geländeneigung abhängig ist. Die Geländeneigung bestimmt sich nach der Steigung. Die Steigung wird ermittelt aus dem Quotienten des Höhenunterschieds und der zugehörigen Entfernung.

Abb. 41: Steigung (Geländeneigung)

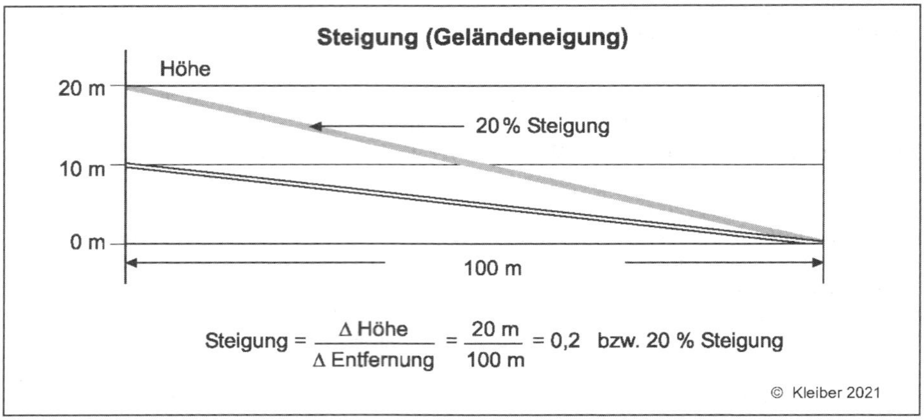

Die **Wertminderung** wird mitunter **in Anlehnung an die Kosten einer Stützmauer** geschätzt. Als Faustformel zur Ermittlung eines prozentualen Abschlags zum Bodenwert eines ebenen Grundstücks kann der Vomhundertsatz der Steigung gelten, z.B. 10 % bei einer Steigung von 10 %, wobei erst ab einer Steigung von 10 % ein Wertabschlag in Betracht kommen kann. Ist von entsprechenden Vergleichspreisen bzw. Bodenrichtwerten ausgegangen worden, die eine vergleichbare Geländeneigung auswiesen, so verbietet sich wiederum ein entsprechender Abschlag.

Das BVerwG hat bei einem 18%igen Gefälle zur Straße eine Wertminderung von 5 % nicht beanstandet[164].

6.4.8 Beitragsrechtlicher Zustand

6.4.8.1 Allgemeines

Schrifttum: *Driehaus*, Erschließungs- und Straßenausbaubeitragsrecht in Aufsätzen, vhw-Verlag 2004.

▶ *Vgl. Rn. 228; Grundsätzliches zum Begriff der Abgabe (Beiträge, Gebühren und Auslagen) bei § 2 ImmoWertV Rn. 21; § 5 ImmoWertV Rn. 108 ff.; § 8 ImmoWertV Rn. 45; Syst. Darst. des Ertragswertverfahrens Rn. 142 ff., 242; Teil V Rn. 133 ff., 496 f., 583 ff.*

318 Unterscheiden sich die zum Preisvergleich herangezogenen Grundstücke in ihrem beitrags- und abgabenrechtlichen Zustand von dem des Wertermittlungsobjekts, muss dies bei allen zur Marktwertermittlung herangezogenen Verfahren berücksichtigt werden. Derartige Unterschiede betreffen in erster Linie den Bodenwert und werden deshalb nachfolgend behandelt.

319 Eine Besonderheit ist jedoch bei der Marktwertermittlung *bebauter Grundstücke* unter Heranziehung der von den Gutachterausschüssen abgeleiteten Vergleichsfaktoren bebauter Grundstücke, Liegenschaftszinssätze sowie Sachwertfaktoren zu beachten. Aus Gründen der Modellkonformität muss der **vorläufige Vergleichs-, Ertrags- und Sachwert auf der Grundlage eines Bodenwerts** ermittelt werden**, der in Bezug auf den „beitragsrechtlichen Zustand" des Grundstücks dem jeweiligen Referenzgrundstück (Normgrundstück) des**

164 BVerwG, Urt. vom 26.03.2003 – 9 C 5/02 –, GuG 2004, 181 = BVerwGE 118, 91 = EzGuG 10.21.

herangezogenen Vergleichsfaktors, Liegenschaftszinssatzes bzw. des Sachwertfaktors entspricht. Weicht der „beitragsrechtliche Zustand“ des Wertermittlungsobjekts davon ab, ist dies nachträglich als ein besonderes objektspezifisches Grundstücksmerkmal (boG) zu berücksichtigen (vgl. Syst. Darst. des Ertragswertverfahrens Rn. 142 ff.).

Bei der Feststellung des „beitragsrechtlichen Zustands“ geht es nach § 5 Abs. 2 ImmoWertV nicht nur um Beiträge (insbesondere den Erschließungsbeitrag), sondern auch um grundstücksbezogene Sonderabgaben und beitragsähnliche Abgaben (insbesondere den Ausgleichsbetrag nach § 154 BauGB). Dementsprechend wurde in der ImmoWertV diesbezüglich vom abgabenrechtlichen Zustand gesprochen. **320**

Folgende **nichtsteuerliche Abgaben bzw. Beiträge** sind hier zu erwähnen:

a) Erschließungsbeiträge nach den §§ 123 ff. BauGB (Rn. 321 ff.),

b) Kanalanschlussbeiträge (vgl. Rn. 342),

c) Abgaben nach den Kommunalabgabengesetzen (KAG) der Länder (Rn. 343),

d) Sielbaubeitrag (vgl. Rn. 344 ff.),

e) Umlegungsausgleichsleistungen nach § 64 BauGB (vgl. Rn. 350),

f) Ausgleichsbeträge nach den §§ 154 f. BauGB (Rn. 352 ff.) bzw. § 24 Bundes-Bodenschutzgesetz (vgl. Rn. 354),

g) Ablösungsbeträge für Stellplatzverpflichtungen (Rn. 356 ff.),

h) Beiträge aufgrund von Satzungen der Wasser- und Bodenverbände[165],

i) naturschutzrechtliche Ausgleichszahlung (vgl. Rn. 359),

j) naturschutzrechtliche Ausgleichsabgaben: Kostenerstattungsbetrag nach § 135a BauGB (§ 5 ImmoWertV Rn. 258 ff. sowie hier bei Rn. 361),

k) Ausgleichsabgaben nach Baumschutzverordnungen (vgl. Rn. 367[166]),

l) Walderhaltungsabgaben nach Landeswaldgesetz (vgl. *Brandenburg* Rn. 374 ff.)[167],

m) Versiegelungsabgaben.

Besondere Beachtung bei der Verkehrswertermittlung muss bei alledem der Frage geschenkt werden,

a) wann die Beitragsschuld entstanden ist (Entstehungszeitpunkt),

b) wer Beitragsschuldner ist,

c) ob eine Vorauszahlung bzw. Vorausleistung erbracht worden ist und

d) ob die Beitragsschuld als öffentliche Last auf dem Grundstück ruht.

Vor allem bei einem **Wechsel des Eigentümers** können diese Fragen besondere Bedeutung erlangen; z.B. wenn ein Beitrag bzw. eine Abgabe noch erbracht werden muss, gilt es zu prüfen, wen die Beitragspflicht (den bisherigen Eigentümer oder den Erwerber) trifft.

6.4.8.2 Erschließungsbeitrag nach den §§ 123 ff. BauGB

Schrifttum: *Driehaus, H.-J.*, Erschließungs- und Straßenbaubeitragsrecht in Aufsätzen, vhw-Verlag 2005.

▶ *Vgl. § 2 ImmoWertV Rn. 21; § 3 ImmoWertV Rn. 167; § 5 ImmoWertV Rn. 108; § 40 ImmoWertV Rn. 4, 192; Syst. Darst. des Ertragswertverfahrens Rn. 142 ff., 242*

---

165 BVerwG, Urt. vom 23.06.1972 – 6 C 105/68 –, BVerwGE 40, 170 = EzGuG 1.10; BVerwG, Urt. vom 23.05.1973 – 4 C 21/70 –, DÖV 1973, 781 = EzGuG 1.12; OVG Münster, Urt. vom 05.03.1976 – 11 A 685/74 –, RdL 1978, 220; VG Freiburg, Urt. vom 10.09.1976 – VS II 157/75 –, KStZ 1977, 97.

166 Beispielsweise BaumschutzVO von Brandenburg vom 28.05.1981 (GBl. DDR I Nr. 22), zuletzt geändert durch VO vom 17.06.1994 (GVBl. II 1994, 560).

167 Verordnung über die Walderhaltungsabgabe (WaldErhV) vom 25.05.2009 (GVBl. 2009, 314).

321 Nach allgemeiner Auffassung gehört zum **Erschließungserfordernis** die verkehrsmäßige Anbindung des Baugrundstücks durch Straßen, Wege oder Plätze sowie die Ver- und Entsorgungsleitungen für Elektrizität, Wasser und Abwasser. Ein Vorhaben kann jedoch schon genehmigt werden, wenn eine (ausreichende) Erschließung gesichert ist. Nach landesrechtlichen Vorschriften[168] ist die Erschließung gesichert, wenn bis zum Beginn der Benutzung des Gebäudes Zufahrtswege, Wasserversorgungs- und Abwasserbeseitigungsanlagen in dem erforderlichen Umfang benutzbar sind.

Die **Erschließung ist** nach § 123 Abs. 1 BauGB eine **Aufgabe der Gemeinde**, soweit sie nicht nach anderen gesetzlichen Vorschriften oder öffentlich-rechtlichen Verpflichtungen einem anderen obliegt. Die Gemeinde erhebt nach § 127 Abs. 1 BauGB zur Deckung des anderweitig nicht gedeckten Aufwands für Erschließungsanlagen einen Erschließungsbeitrag nach Maßgabe der §§ 127 ff. BauGB. Es besteht kein Rechtsanspruch auf Erschließung (§ 3 ImmoWertV Rn. 167).

Der **Erschließungsaufwand** umfasst die Kosten für

1. den Erwerb und die Freilegung der Flächen für die Erschließungsanlagen,
2. ihre erstmalige Herstellung einschließlich der Einrichtungen für ihre Entwässerung und ihre Beleuchtung sowie
3. die Übernahme von Anlagen als gemeindliche Erschließungsanlagen

einschließlich des Wertes der von der Gemeinde aus ihrem Vermögen bereitgestellten Flächen im Zeitpunkt der Bereitstellung.

Erschließungsanlagen sind nach § 127 Abs. 2 BauGB

1. die öffentlichen zum Anbau bestimmten Straßen, Wege und Plätze;
2. die öffentlichen aus rechtlichen oder tatsächlichen Gründen mit Kraftfahrzeugen nicht befahrbaren Verkehrsanlagen innerhalb der Baugebiete (z.B. Fußwege, Wohnwege);
3. Sammelstraßen innerhalb der Baugebiete. Sammelstraßen sind öffentliche Straßen, Wege und Plätze, die selbst nicht zum Anbau bestimmt, aber zur Erschließung der Baugebiete notwendig sind;
4. Parkflächen und Grünanlagen mit Ausnahme von Kinderspielplätzen, soweit sie Bestandteil der in den Nrn. 1 bis 3 genannten Verkehrsanlagen sind oder nach städtebaulichen Grundsätzen innerhalb der Baugebiete zu deren Erschließung notwendig sind;
5. Anlagen zum Schutz von Baugebieten gegen schädliche Umwelteinwirkungen i.S. des BImSchG, auch wenn sie nicht Bestandteil der Erschließungsanlagen sind.

Vor Erhebung des Erschließungsbeitrags kann ein Grundstück erschlossen sein. **Erschlossen** ist ein Grundstück nach § 131 Abs. 1 BauGB, wenn der Eigentümer die tatsächliche und rechtliche Möglichkeit hat, von einer Erschließungsanlage aus eine Zufahrt bzw. einen Zugang zu dem Grundstück zu nehmen.

322 **Bei der Wertermittlung von Grundstücken muss** aus vorstehenden Gründen **unterschieden werden zwischen** der Erschließung, d.h. **dem Erschlossensein eines Grundstücks,** als tatsächliches Zustandsmerkmal **und dem erschließungsbeitragsrechtlichen Zustand des Grundstücks**. Demzufolge wird zwischen erschließungsbeitragsfreiem (ebf) und erschließungsbeitragspflichtigem (ebpf) baureifem Land unterschieden. Wechselt das Eigentum an einem noch erschließungsbeitragspflichtigen Grundstück, gilt es, die einschlägigen Rechtsvorschriften des Erschließungsbeitragsrechts zu beachten:

a) Nach § 133 Abs. 2 BauGB entsteht der Erschließungsbeitrag mit der endgültigen Herstellung der Erschließungsanlage. Im Unterschied zum kommunalen Beitragsrecht ist die **Person, die im Zeitpunkt der Entstehung der Beitragspflicht Eigentümerin des**

168 Art. 4 Abs. 1 Nr. 3 Bay. LBauO.

Grundstücks ist, nicht erschließungsbeitragspflichtig, sodass auch nach Entstehung der Erschließungsbeitragspflicht jeder Erwerber damit rechnen muss, der Erschließungsbeitragspflicht selbst nachkommen zu müssen. Deshalb wird er bei der Bemessung des Kaufpreises die ausstehende Erschließungsbeitragspflicht „in Rechnung" stellen.

b) **Erschließungsbeitragspflichtig** mit konstitutiver Wirkung **ist** nach § 134 Abs. 1 BauGB **die Person, die im Zeitpunkt der Bekanntgabe des Erschließungsbeitragsbescheids Eigentümerin des Grundstücks ist**[169]**.**

c) Ist das **Grundstück mit einem Erbbaurecht belastet**, so ist der Erbbauberechtigte an Stelle des Eigentümers beitragspflichtig (§ 134 Abs. 1 Satz 2 BauGB); ist dagegen das Grundstück mit einem **dinglichen Nutzungsrecht** i.S. des Art. 233 des § 4 EGBGB belastet, ist der Inhaber dieses Rechts anstelle des Eigentümers beitragspflichtig (§ 134 Abs. 1 Satz 3 BauGB).

d) Der **Erschließungsbeitrag ruht nach § 134 Abs. 2 BauGB als öffentliche Last auf dem Grundstück.** Die öffentliche Last gewährt der Gemeinde zur Sicherung ihres Beitragsanspruchs einen Befriedigungsanspruch an dem „haftenden" Grundstück, wobei der Eigentümer ggf. die Zwangsvollstreckung zu dulden hat.

e) In einem **Erschließungsvertrag nach § 124 BauGB** kann die Erschließung auf einen Dritten übertragen werden; der Dritte kann sich hierin verpflichten, die nach Bundes- oder Landesrecht beitragsfähigen sowie nicht beitragsfähigen Erschließungsanlagen herzustellen und die Kosten ganz oder teilweise zu tragen. Die betroffenen Grundstücke sind insoweit als erschließungsbeitragsfrei zu werten.

f) **Im Falle eines Grundstückswechsels** ist der Verkäufer – vorbehaltlich anderer Vereinbarungen nach § 436 Abs. 1 BGB – verpflichtet, Erschließungsbeiträge und sonstige Anliegerbeiträge für Maßnahmen zu tragen, die bis zum Tage des Vertragsschlusses bautechnisch begonnen sind, unabhängig vom Zeitpunkt des Entstehens der Beitragsschuld. Der Verkäufer haftet nach § 436 Abs. 2 BGB im Übrigen nicht für die Freiheit des Grundstücks von anderen öffentlichen Abgaben und von anderen öffentlichen Lasten, die zur Eintragung in das Grundbuch nicht geeignet sind. Hieraus ergibt sich im Falle einer vorangegangenen Veräußerung des Grundstücks, dass das Grundstück grundsätzlich als erschließungsbeitragsfrei zu bewerten ist. Darüber hinaus muss von ihm aber auch geklärt werden, ob eine davon abweichende Vereinbarung getroffen worden ist.

Für die Genehmigungsfähigkeit eines Vorhabens reicht eine **vorhandene ortsüblich ausreichende Erschließung** aus. Dementsprechend fallen in den **neuen Bundesländern** keine Erschließungsbeiträge an, wenn das Grundstück zum 03.10.1990 *ortsüblich* erschlossen war. Dies gilt auch für Änderungen an einer bestehenden Straße durch Ausbau und Erweiterung[170]. Darüber hinaus reicht es aus, wenn die **Erschließung ausreichend gesichert ist**. Eine ausreichende Erschließung ist gesichert, wenn feststeht, dass sie den tatsächlichen Erfordernissen genügen wird und dass die Erschließungsanalgen spätestens bis zur Fertigstellung der anschließenden baulichen Anlagen benutzbar sein werden[171]. **323**

Fazit: Frühestens mit dem Zeitpunkt der Bekanntgabe des Erschließungsbeitragsbescheids kann ein Grundstück als erschließungsbeitragsfrei gelten, wobei ein von dem jeweiligen Eigentümer noch nicht entrichteter Erschließungsbeitrag eine persönliche Schuld darstellt. Solange sich das Grundstück aber noch im Eigentum des Abgabepflichtigen befindet und die Abgabenschuld noch nicht erbracht wurde, muss diesem Umstand zumindest in Bezug auf die Beleihungsfähigkeit des Grundstücks Rechnung getragen werden (vgl. § 5 ImmoWertV **324**

---

169 BVerwG, Urt. vom 20.09.1974 – 4 C 32/72 –, BVerwGE 47, 49 = EzGuG 9.19; BVerwG, Urt. vom 27.09.1982 – 8 C 145/81 –, BRS Bd. 43 Nr. 19 = EzGuG 9.47a; überholt und ohnehin nur für die steuerliche Bewertung: RFH, Urt. vom 27.03.1941 – III 17/41 –, RStBl 1941, 461 = EzGuG 9.1a.

170 BVerwG, Urt. vom 18.11.2002 – 9 C 2/02 –, BVerwGE 117, 200 = EzGuG 9.89a.

171 VGH Mannheim, Urt. vom 26.11.1964 – III 740/63 – BRS Bd. 15 Nr. 70 = EZGuG 9.1c.

Rn. 108 ff.). Das Grundstück ist aber auch im Falle einer vorangegangenen Veräußerung als erschließungsbeitragsfrei zu bewerten, soweit die Parteien nichts anderes vereinbart haben.

325 Besonderheiten können gegeben sein, wenn vom bisherigen Eigentümer **Vorauszahlungen nach § 133 Abs. 3 BauGB geleistet** worden sind und beim Erwerb eines beitragspflichtig gestellten Grundstücks die Übernahme der Zahlungspflicht vereinbart oder für ein erschließungsbeitragspflichtiges Grundstück die Erschließungsbeitragsfreiheit zugesichert wurde; in diesem Fall kommen Schadensersatzansprüche nach § 459 Abs. 2 i.V.m. § 463 BGB in Betracht.

326 Bezüglich **Vorausleistungen auf den Erschließungsbeitrag** hat das BauGB die Rechtslage dahingehend geändert, dass **Vorausleistungen auf den Erschließungsbeitrag mit der endgültigen Beitragsschuld** auch dann **zu verrechnen** sind, wenn der Vorausleistende nicht beitragspflichtig ist (vgl. § 133 Abs. 3 Satz 2 BauGB).

327 Mit der Erschließung eines Grundstücks ist i.d.R. eine Erhöhung des Bodenwerts[172] verbunden. Eine **vorhandene oder zumindest gesicherte Erschließung**[173]**ist** nämlich nach § 30 Abs. 1, § 33 Abs. 1 Nr. 4, § 34 Abs. 1 Satz 1 und § 35 Abs. 2 BauGB **Voraussetzung für die Klassifizierung einer Fläche als baureifes Land** (§ 5 Abs. 4 ImmoWertV) und findet auf diesem Wege ihre wertmäßige Berücksichtigung.

328 Der **Unterschied zwischen dem Verkehrswert eines erschließungsbeitragsfreien (ebf) und erschließungsbeitragspflichtigen (ebpf) Grundstücks** wird nach den am Wertermittlungsstichtag üblicherweise anfallenden und sich nach den durchschnittlichen Kosten der Erschließungsanlagen bemessenden Erschließungsbeitrag abgeleistet, wobei nach § 129 Abs. 1 Satz 3 BauGB die Gemeinde mindestens 10 v.H. des beitragsfähigen Erschließungsaufwands trägt, sofern nichts anderes nach § 124 BauGB vereinbart wurde.

329 Der Unterschied zwischen einem insoweit erschließungsbeitragspflichtigen und erschließungsbeitragsfreien Grundstückszustand bemisst sich nach der voraussichtlichen Höhe des zu erwartenden Beitrags.

$$\text{Bodenwert}_{\text{beitragsfrei}} = \text{Bodenwert}_{\text{beitragspflichtig}} + \text{Beitrag}_{\text{voraussichtliche Höhe}}$$

$$\text{Bodenwert}_{\text{beitragspflichtig}} = \text{Bodenwert}_{\text{beitragsfrei}} - \text{Beitrag}_{\text{voraussichtliche Höhe}}$$

Steht der Beitrag erst in fernerer Zukunft an, so ist nicht die volle Höhe der Abgabe, sondern nur der über die erwartete Wartezeit abgezinste Beitrag anzuwenden.

Beispiel:

Erwartete Abgabe 40 €/m²

bei 5 % und voraussichtlich 4 Jahren

$40\ €/m^2 \times 1{,}05^{-4} = 32{,}90\ €/m^2$

Die vorstehend erläuterte Berücksichtigung von künftig anstehenden Angaben entspricht der in der Wertermittlung von Grundstücken vorherrschenden und unbeanstandet gebliebenen Praxis. Dem kann zwar entgegengehalten werden, dass die absehbaren künftigen Kosten nicht der Wertdifferenz zwischen einem abgabefreien und -pflichtigen Grundstück entsprechen müssen[174], jedoch können derartige sich konkret abzeichnende Abgaben auf dem Grundstücksmarkt regelmäßig in den Verkaufsgesprächen durchgesetzt werden, sodass in den Kauf-

172 BFH, Urt. vom 20.05.1957 – VI 138/55 U –, BFHE 65, 285 = BStBl III 1957, 343 = EzGuG 7.2a; BFH, Urt. vom 18.09.1964 – VI 100/63 S –, BFHE 81, 233 = BStBl III 1965, 85 = EzGuG 9.2; BFH, Urt. vom 24.11.1967 – VI R 302/66 –, BStBl II 1968, 178 = BFHE 91, 42 = EzGuG 9.3.

173 § 35 Abs. 1 Satz 1 BauGB fordert dagegen eine „ausreichende" Erschließung.

174 BVerwG, Urt. vom 28.04.1999 – 8 C 7/98 –, NVwZ-RR 1999, 669 = EzGuG 15.95c; OVG Berlin-Brandenburg, Urt. vom 17.03.2022 – 8 A 9/21–; OVG Koblenz, Urt. vom 14.09.2004 – 6 A 10530/04 –, GuG-aktuell 2005, 39 = EzGuG 15.111e.

preisen abgabefreier und -pflichtiger Grundstücke – ceteris paribus – die Höhe der Kosten zum Ausdruck kommt.

Etwas anderes kann in Zeiten angespannter Bodenmärkte in Hochpreisregionen gelten, wo die ausstehende Abgabe in Relation zum Bodenwert sich (prozentual) vermindert, sowie in Gebieten mit sehr niedrigem Bodenwertniveau (z.B. neue Bundesländer). Dort kann die Höhe des Beitrags nicht „überwälzt" bzw. „unterwälzt" werden und der anstehende Beitrag geht in einer gegen null gehenden Höhe in den Bodenwert ein. **330**

In der Rechtsprechung blieb diese Praxis weitgehend unbeanstandet[175], soweit es sich nicht um eine **Zweiterschließung** handelt. In diesem Fall kommt es weniger auf die Kosten, sondern auf die Vor-, aber auch Nachteile an, die sich nach der Lage des Grundstücks und seiner Nutzung ergeben. Das OLG Köln[176] hat hierzu ausgeführt, dass allein schon die Lebenserfahrung dafür spreche, dass eine Grundstückserschließung eine Verkehrswerterhöhung zur Folge habe und in aller Regel davon auszugehen sei, dass, „wenn ein Grundstück erstmals durch eine Straße erschlossen wird, die Erschließungsbeitragspflicht durch eine entsprechende Erhöhung des Verkehrswerts zumindest komplettiert wird." **331**

Eine Zweiterschließung führt i.d.R. erst dann zu einer Erhöhung des Bodenwerts, wenn dem Grundstück daraus aus objektiver Betrachtung ein zusätzlicher Erschließungsvorteil erwächst. Dies kann insbesondere der Fall sein, wenn aufgrund der zusätzlichen Zufahrt ein Grundstück wirtschaftlich besser genutzt werden kann oder ein unmittelbarer Zugang geschaffen wird. Dies kann insbesondere bei gewerblich genutzten Grundstücken der Fall sein, wenn dadurch ein Grundstück z.B. von einer Nebenstraße ungestört „angefahren" werden kann[177]. **332**

Auch die **Anlegung von Parkstreifen** mit einer Trennung des ruhenden und fließenden Fahrzeugverkehrs und der damit verbesserten Erreichbarkeit der Grundstücke sowie verbesserten Parkmöglichkeiten erhöht den Wert eines Grundstücks[178]. **333**

Die **durchschnittlichen Erschließungskosten** betragen etwa **334**

bis	60 €/m²	(Netto-)Baulandfläche bei Ein- und Zweifamilienhäusern
	50 €/m²	(Netto-)Baulandfläche bei Geschossbauten
	40 €/m²	(Netto-)Baulandfläche bei größeren Gewerbegrundstücken.

Nach Untersuchungen des Ennepe-Ruhr-Kreises (2021) belaufen sich die Erschließungskosten in Abhängigkeit von der Anzahl und der Gesamtfläche der zur Umlage herangezogenen Grundstücke, der Art und Bauklasse der Straße (Anliegerstraße, Hauptverkehrsstraße, Breite, Gehwege usw.) sowie der Topographie auf 25 bis 55 €/m².

Die **Kanalanschlussbeiträge für einen Komplettanschluss** (Anschluss des Grundstücks an die öffentliche Entwässerungsanlage, ohne Hausanschluss) betragen je nach Stadt zwischen 5,00–10,00 €/m² Verteilungsfläche.

Nach einer älteren Untersuchung des Oberen Gutachterausschusses von Nordrhein-Westfalen lagen die Erschließungsbeiträge im Jahre 2013[179]

– des individuellen Wohnungsbaus zwischen 12 und 60 €/m² (im Mittel bei 25 €/m² +/– 8,5 €/m²),

175 LG Koblenz, Urt. vom 01.09.1986 – 4 O 5/86 –, EzGuG 20.117; LG Kiel, Urt. vom 03.11.1989 – 19 O 4/83 –, GuG 1990, 103 = EzGuG 15.64 bez. entwicklungsbedingter Bodenwerterhöhungen. Vgl. hierzu Beitragsrecht für städtebauliche Aufschließungsmaßnahmen, Schriftenreihe des BMBau Nr. 03.011, Bonn 1973, S. 65; OLG Celle, Urt. vom 29.05.2008 – 8 U 239/07 –; GuG 2008, 252 = EzGuG 9.93.

176 OLG Köln, Urt. vom 25.10.1984 – 7 U 4/84 –, EzGuG 9.53a.

177 BFH, Urt. vom 12.01.1995 – IV R 3/93 –, BFHE 177, 52 = BStBl II 1995, 632 = EzGuG 4.157a; VG Arnsberg, Urt. vom 15.11.2004 – 14 K 28/03 –, 14 K 30/03 –, GuG 2005, 179 = EzGuG 15.112.

178 OVG Münster, Urt. vom 25.05.1992 – 2 A 1646/90 –, KStZ 1992, 196 = EzGuG 4.145a.

179 Grundstücksmarktbericht 2013.

- des Geschosswohnungsbaus zwischen 15 und 45 €/m² (im Mittel bei 27 €/m² +/– 10 €/m²) und
- der gewerblichen Bauflächen zwischen 5 und 25 €/m² (im Mittel bei 12 €/m² +/– 5 €/m²).

335 Solche *Kosten* müssen nicht zwangsläufig in gleicher Höhe in die *Wert*bildung eingehen. Insbesondere wenn solche Kosten erst zu einem späteren Zeitpunkt anfallen, werden sie vom Markt oftmals nur in gedämpfter Höhe rezipiert[180]. Auch müssen die angegebenen **Kostensätze im Verhältnis zum absoluten Grundstückswert** gesehen werden, wenn sie zur Umrechnung erschließungsbeitragsfreier in erschließungsbeitragspflichtige Grundstückswerte herangezogen werden. Dabei wird deutlich, dass in sog. Niedrigpreisgebieten die Verkehrswerte erschließungsbeitragsfreier Grundstücke (z.B. Industriegrundstücke) oftmals niedriger als die aktuellen Erschließungsbeiträge sind und eine Verrechnung nominaler Erschließungskosten zu Negativwerten führen würde. Deshalb sieht § 19 Abs. 3 SachenRBerG zur Berücksichtigung von Aufwendungen für die Erschließung, zur Vermessung und für andere Kosten der Baureifmachung weitaus niedrigere Anrechnungsbeträge vor:

12,50 €/m²	in Gemeinden mit mehr als 100 000 Einwohnern,
7,50 €/m²	in Gemeinden mit mehr als 10 000 bis 100 000 Einwohnern und
5,00 €/m²	in Gemeinden bis zu 10 000 Einwohnern.

336 Des Weiteren werden die Erschließungskosten durch den Unterschied des Marktwerts (Verkehrswerts) für erschließungsbeitragsfreies Bauland und Rohbauland begrenzt (Kappungsgrenze nach § 19 Abs. 3 Satz 2 SachenRBerG).

337 Steht das **Eigentum am Grundstück mehreren Personen** zu, ist zu prüfen, ob Gesamthandseigentum oder Miteigentum nach Bruchteilen vorliegt und ggf. der jeweilige Anteil berücksichtigt werden muss. Dies kann im Einzelfall von Bedeutung sein.

338 **Keine Erschließungsbeiträge fallen in den förmlich festgelegten Entwicklungsbereichen** i.S. der §§ 165 ff. BauGB **und in denförmlich festgelegten Sanierungsgebieten an**, für die gemäß § 142 Abs. 4 BauGB in der Sanierungssatzung die Anwendung der besonderen sanierungsrechtlichen Vorschriften der §§ 152 bis 156a BauGB *nicht* ausgeschlossen wurde, vgl. Teil VII. Dort werden gemäß § 154 Abs. 1 Satz 2 BauGB anstelle von Erschließungsbeiträgen und Kostenerstattungsbeträgen Ausgleichsbeträge nach den §§ 154 f. BauGB erhoben.

339 Bei den **in** einem **Umlegungsverfahren nach den §§ 45 ff. BauGB neu geordneten Grundstücken** muss darüber hinaus in Bezug auf den Erschließungsbeitrag zwischen der straßenlandbeitragsfreien und straßenlandbeitragspflichtigen Zuteilung unterschieden werden. Im Regelfall werden die neu geordneten Grundstücke entsprechend dem Wesen der Umlegung straßenlandbeitragsfrei zugeteilt, wobei der Wert der im Umlegungsverfahren ausgeschiedenen Flächen nach § 68 Abs. 1 Nr. 4 BauGB im Umlegungsverzeichnis aufgeführt wird, wenn in Ausnahmefällen insoweit erschließungsbeitragspflichtig zugeteilt wurde. Gemäß § 128 Abs. 1 Satz 3 BauGB zählt dieser Wert zu den erschließungsbeitragsrechtlichen Grunderwerbskosten. Im Übrigen werden für die sonstigen Kosten des Erschließungsaufwands auch für die in einem Bodenordnungsverfahren nach den §§ 45 ff. BauGB zugeteilten Grundstücke nach Maßgabe der §§ 123 ff. BauGB Erschließungsbeiträge erhoben.

340 Abschließend sei noch darauf hingewiesen, dass nach der Rechtsprechung des BVerwG[181] **Grundstückskaufverträge der Gemeinden, in denen Vereinbarungen über die Abgeltung von Erschließungsbeiträgen mit dem Kaufpreis getroffen wurden,** nichtig sind, da das Gericht hierin eine verdeckte Ablösung erblickt hat.

---

180 Im Bodenrichtwerterlass LSA vom 22.01.1993 – 46 – 23520 – (MBl. LSA 1993, 500) wird richtigerweise darauf hingewiesen, dass „eine rein rechnerische Addition erschließungsbeitragspflichtiger Bodenwerte und der Erschließungsbeiträge i.d.R. nicht sachgerecht" ist.

181 Wittern, NVwZ 1991, 751.

Auch wenn im Rahmen der Verkehrswertermittlung z.B. eines erschließungsbeitragsfreien Grundstücks von erschließungsbeitragsfreien Vergleichspreisen oder einem entsprechenden Bodenrichtwert ausgegangen worden ist, empfiehlt es sich, im Gutachten den beitrags- und abgabenrechtlichen Zustand des Grundstücks substanziell darzulegen. Im Rahmen seiner **Sorgfaltspflicht** sollte der Gutachter dann gleichwohl darlegen, aufgrund welcher Tatsachen ein grundsätzlich in Frage kommender Beitrag dann nicht mehr anfällt. Hier kann z.B. auf einen bereits entrichteten Erschließungsbeitrag, auf eine persönliche Beitragspflichtigkeit oder auf den Umstand hingewiesen werden, dass ein **Grundstück an einer historischen Straße** liegt. An die Begründungspflicht dürfen hierbei allerdings auch keine überspannten und eher formalen Anforderungen gestellt werden, jedoch sind immer dann erhöhte Anforderungen an die Begründungspflicht zu stellen, wenn nach den Gesamtumständen eine den jeweiligen Eigentümer des Grundstücks treffende Beitragspflichtigkeit nicht von vornherein auszuschließen ist. Der Nachweis, dass z.B. ein zu bewertendes Grundstück erschließungsbeitragsfrei ist, stellt nämlich letztlich die Begründung dafür dar, dass bei Heranziehung von erschließungsbeitragsfreien Vergleichspreisen bzw. eines entsprechenden Bodenrichtwerts Unterschiede in dem abgabenrechtlichen Zustand insoweit nicht berücksichtigt werden müssen. 341

6.4.8.3 Kanalanschlussbeitrag

Kanalanschlussbeiträge werden nach landesrechtlichen Vorschriften (Kommunalabgabengesetze – KAG, z.B. § 8 nordrh.-westf. KAG) für den **erstmaligen Anschluss eines Grundstücks an die Kanalisation** erhoben. Der Beitrag ist i.d.R. zu erheben, sobald der Eigentümer sein Grundstück erstmalig an das öffentliche Kanalnetz anschließt oder hierzu erstmalig die Möglichkeit erhält. Mit diesem (einmaligen) Beitrag und den im Rahmen der Grundbesitzabgaben laufend zu zahlenden Entwässerungsgebühren werden die Kosten der öffentlichen Abwasserkanäle getragen. 342

Die Kanalanschlussbeiträge für einen Komplettanschluss (Anschluss des Grundstücks an die öffentliche Entwässerungsanlage, ohne Hausanschluss) belaufen sich z.B. nach Feststellungen des Gutachterausschusses im *Ennepe-Ruhr-Kreis* (2021) je nach Stadt auf 5,00 bis 10,00 €/m² Verteilungsfläche oder sind in der Kalkulation der Abwassergebühren (z.B. Ennepetal, Schwelm und Hattingen) enthalten.

6.4.8.4 Abgabe für die Erweiterung und Verbesserung von Erschließungsanlagen

Die Gemeinden erheben nach landesrechtlichen Vorschriften (Kommunalabgabengesetze – KAG) Beiträge für die Erweiterung und Verbesserung von Erschließungsanlagen. **Die KAG-Beiträge bemessen sich nach dem wirtschaftlichen Vorteil des Grundstücks,** der sich auch im Verkehrswert des Grundstücks niederschlagen kann. Mit der Steigerung des Gebrauchswerts geht nämlich regelmäßig auch eine Steigerung des Verkehrswerts einher. Sie ist schon dann anzunehmen, wenn die Grundstücke wirtschaftlicher genutzt werden[182]. In förmlich festgelegten Sanierungsgebieten, für die die Anwendung der besonderen sanierungsrechtlichen Bestimmungen der §§ 152 ff. BauGB nicht ausgeschlossen wurde, werden Beiträge aufgrund landesrechtlicher Bestimmungen für die Herstellung, Verbesserung und Erweiterung von Erschließungsanlagen nicht erhoben. 343

Im Übrigen gelten die Ausführungen zu den Erschließungsbeiträgen nach dem BauGB (Rn. 321 ff.) entsprechend. Im Unterschied hierzu kann nach dem kommunalen Beitragsrecht allerdings die Satzung bestimmen, dass **diejenige Person beitragspflichtig ist, die zum Zeitpunkt der Entstehung der Beitragsschuld Eigentümerin des Grundstücks ist.** Der Erbbauberechtigte ist an Stelle des Eigentümers der Beitragsschuldner.

---

182 OVG Münster, Urt. vom 31.08.1978 – 2 A 222/76 –, KStZ 1979, 73 = EzGuG 9.34; OVG Münster, Urt. vom 21.04.1975 – 2 A 769/72 –, OVGE 31, 48; OVG Münster, Urt. vom 15.09.1975 – 2 A 1347/73 –, DVBl 1977, 393 = EzGuG 9.27a; OVG Münster, Urt. vom 27.07.1976 – 2 A 805/75 –, JZ 1976, 176; OVG Münster, Urt. vom 25.10.1982 – 2 A 1817/80 –, DVBl 1985, 228 = EzGuG 9.47; VGH München, Beschl. vom 07.08.1985 – 23 CS 84 A.3129 –, DVBl 1985, 1182 = EzGuG 9.58; OVG Münster, Urt. vom 25.05.1992 – 2 A 1646/90 –, KStZ 1992, 196 = EzGuG 4.145a.

6.4.8.5 Sielbaubeitrag

344 In Küstenstädten werden nach landesrechtlichen Bestimmungen Beiträge für die Herstellung öffentlicher Sielanlagen erhoben, und zwar

a) als **Sielbaubeitrag**,

b) als **Sielanschlussbeitrag.**

345 Nach § 2 des hbg. Sielabgabengesetzes[183] unterliegen der Sielbaubeitragspflicht Grundstücke,

1. die an Wegen oder Flächen mit einem zum Anschluss bestimmten Siel liegen, auch wenn die Grundstücke nicht an das Siel angeschlossen sind,
2. die nicht an besiedelten Wegen oder Flächen liegen, aber an öffentliche Sielanlagen angeschlossen sind.

346 Dies gilt auch für Grundstücke, die an öffentliche Sielanlagen angeschlossen sind, sowie für Grundstücke mit einer festgesetzten Nutzung als Stellplatz, Garage oder sonstige Gemeinschafts- und Nebenanlage oder die nach öffentlich-rechtlichen Vorschriften für die bauliche Nutzung anderer Grundstücke erforderlich sind.

347 **Beitragsfrei** sind unbebaute Grundstücke, für die im Bebauungsplan eine bauliche Nutzung nicht festgesetzt ist oder die nach öffentlich-rechtlichen Vorschriften nicht bebaut werden dürfen, unbebaute Grundstücke, die im Außenbereich oder in einem Gebiet liegen, das in einem Baustufenplan als Außenbereich gekennzeichnet ist und nicht einem im Zusammenhang bebauten Ortsteil zugehören, sowie kleingärtnerisch genutzte Grundstücke.

348 Der Beitragssatz bemisst sich nach der **Frontlänge des Grundstücks** und den im Gesetz über die Höhe der Sielbaubeiträge und der Sielanschlussbeiträge[184] festgelegten Beitragssätzen. Die Beitragspflicht entsteht mit der öffentlichen Bekanntmachung des zum Anschluss bestimmten Siels und wird durch Bescheid festgesetzt.

349 Sielbaubeiträge und Sielanschlussbeiträge sind erheblich und bei der Verkehrswertermittlung wie Erschließungsbeiträge zu berücksichtigen:
Der **Sielbaubeitrag** beträgt für

a)	Schmutzwassersiele (Druck- und Gefällesiele)	304,82 €
b)	Regenwassersiele	214,74 €
c)	Doppel- und Mischwassersiele	368,13 €

Der **Sielanschlussbeitrag** beträgt für eine

a)	einfache Leitung	3 435,88 €
b)	Doppelleitung (für Schmutz- und Regenwasser) in der Baugrube	3 967,62 €

6.4.8.6 Umlegungsausgleichsleistung

▶ *Vgl. Rn. 339; umfassend zu Umlegungsverfahren vgl. Teil VI Rn. 819 ff.*

350 Der umlegungsrechtliche Mehrwertausgleich, d.h. die Verpflichtung des Eigentümers eines im Umlegungsverfahren nach den §§ 45 ff. BauGB neugeordneten Grundstücks oder des Erbbauberechtigten zu „Geldleistungen nach den §§ 57 bis 61“ (vgl. § 64 Abs. 3 BauGB) gilt als Beitrag und ruht als öffentliche Last auf dem Grundstück oder dem Erbbaurecht. Die Geldleistung, deren Fälligkeit und Zahlungsart werden im Umlegungsverzeichnis aufgeführt (§ 68 BauGB).

183 Sielabgabengesetz i.d.F. der Bekanntmachung vom 12.07.2005 (GVBl. 2005, 292).
184 Gesetz über die Höhe der Sielbaubeiträge und der Sielanschlussbeiträge i.d.F. vom 21.01.1980 (Hbg. GVBl 1980, 14), zuletzt geändert am 05.11.2002 (GVBl. 2002, 277).

Wird der **Verkehrswert eines in der Umlegung rechtskräftig zugeteilten Grundstücks** ermittelt, können die Geldleistungen grundsätzlich außer Betracht bleiben, selbst dann, wenn sie 351

- bei einer Minderzuteilung von der Gemeinde oder
- bei einer Mehrzuteilung vom Eigentümer oder Erbbauberechtigten

noch nicht erbracht worden sind. Es handelt sich hierbei nämlich lediglich um ein Schuldverhältnis zwischen der Gemeinde und dem Eigentümer bzw. Erbbauberechtigten. Im Veräußerungsfall bemisst sich der Verkehrswert deshalb allein nach dem Neuordnungszustand des Grundstücks, wenn man die dingliche Sicherung des Mehrwertausgleichs (öffentliche Last) außer Betracht lässt.

6.4.8.7 Ausgleichsbetrag nach den §§ 154 f. BauGB

► *Vgl. Vorbem. zur ImmoWertV Rn. 74; § 2 ImmoWertV Rn. 19; § 3 ImmoWertV Rn. 25, 121 ff.; § 5 ImmoWertV Rn. 76; § 15 ImmoWertV Rn. 20; § 40 ImmoWertV Rn. 149; Teil VI Rn. 385 ff., 460 ff. und Rn. 603 ff.*

In förmlich festgelegten Sanierungsgebieten, für die die Anwendung der besonderen sanierungsrechtlichen Vorschriften der §§ 152 ff. BauGB *nicht* ausgeschlossen wurde, sowie in städtebaulichen Entwicklungsbereichen wird nach § 154 Abs. 1 BauGB **anstelle eines Erschließungsbeitrags ein Ausgleichsbetrag** in Höhe der sanierungs- bzw. entwicklungsbedingten Bodenwerterhöhung erhoben. Ausgleichsbeitragspflichtig ist der Eigentümer des Grundstücks im Zeitpunkt der Entstehung des Ausgleichsbetrags. Nach § 154 Abs. 3 Satz 1 BauGB entsteht der Ausgleichsbetrag mit Abschluss der Sanierung bzw. Entwicklung nach den §§ 162 f. BauGB. Der Zeitpunkt der Entstehung des Ausgleichsbetrags ist damit identisch mit dem Zeitpunkt, der auch der Ermittlung des Ausgleichsbetrags zugrunde zu legen ist. Der Eigentümer des Grundstücks in diesem Zeitpunkt ist im Übrigen auch dann ausgleichsbeitragspflichtig, wenn das Grundstück mit einem Erbbaurecht belastet ist[185]. 352

Der **Eigentümer des Grundstücks zum Zeitpunkt der Entstehung** bleibt auch dann **ausgleichsbeitragspflichtig,** wenn er das Grundstück veräußert. Da der Ausgleichsbetrag nach § 154 Abs. 4 Satz 3 BauGB *nicht* als öffentliche Last auf dem Grundstück ruht, kann der Ausgleichsbetragsanspruch im Veräußerungsfalle auch nicht aus dem Grundstück befriedigt werden. Wird ein Grundstück, für das der Ausgleichsbetrag zwar entstanden, aber noch nicht entrichtet worden ist, veräußert, kann deshalb vom Verkehrswert des Grundstücks unter Berücksichtigung der rechtlichen und tatsächlichen Neuordnung des Gebiets ausgegangen werden[186]. 353

6.4.8.8 Bodenschutzrechtlicher Ausgleichsbetrag

Schrifttum: *Albrecht, E.,* Die Wertausgleichsregelung im Bundes-Bodenschutzgesetz, NVwZ 2001, 1120; *Bickel,* Bundes-Bodenschutzgesetz, Komm. 4. Aufl. 2004 § 25; *Dombert* in Landmann/Rohmer, Umweltrecht; *Erbguth,* DVBl 2001, 601; *Frenz, W.,* Bundes-Bodenschutz-Gesetz, München 2000, *Großmann/Grunewald/Weyers,* Altlastenverdacht, GuG 1996, 154; *Grziwotz, H.,* Das neue Bundes-Bodenschutzgesetz und seine Konsequenzen für die zivilrechtliche Vertragsgestaltung Grundstückskaufvertrag und Finanzierung, in Immobilienrecht 2000, RWS Verlag Köln 2000; *Heuer u.a.,* Ermittlung des Wertausgleichs nach § 25 BBodSchG, AGVGA-NRW, 2. Aufl. Essen 2009; *Hipp/Rech/Turian,* Das Bundes-Bodenschutzgesetz mit Bodenschutz- und Altlastenverordnung. 2000, § 25 Rn. 586 ff.; *Kanngieser/Schuhr,* Analyse der Altlastenproblematik in der Grundstückswertermittlung, GuG 1998, 332; *Knopp, L.,* Bundes-Bodenschutzgesetz, Katalog der Sanierungsverantwortlichen, ZUR 1999, 210; *Roller, G.,* Wertausgleich und Bodenschutzlast – Vollzugsregelungen im Freistaat Bayern, GuG 2002, 24; *Roller, G.,* Die Bedeutung des BBodSchG für die Wertermittlung für steuerliche Zwecke, GuG 2002, 162; 226; *Sandner,*NJW 2001, 2045; *Simon, St.,* Das Neue Bodenschutzgesetz- Konsequenzen für den Immobilienverkehr, GuG 2001, 162; *Verstey/Sondermann,* BBodSchG, Komm. 2. Aufl. 2005; § 25; *Vierhaus, H.-P.,* Das Bundes-Bodenschutzgesetz, NJW 1998, 1262; *Wilmowsky, P. v.,* Gesetzliche Sicherungsrechte für Altlastensanierungspflichtige?, JZ 1997, 817.

---

185 BVerwG, Urt. vom 01.12.1989 – 8 C 44/88 –, BVerwGE 84, 183 = EzGuG 9.71.
186 Zur Verrechnung von Vorauszahlungen nach § 154 Abs. 6 BauGB.

▶ *§ 5 ImmoWertV Rn. 314 ff.*

354 Grundstücke, die unter Einsatz öffentlicher Mittel von Altlasten bereinigt (saniert) worden sind, sind nach Maßgabe des § 25 BodSchG einem (bodenschutzrechtlichen) Ausgleichsbetrag unterworfen, wenn durch die Maßnahmen zur Beseitigung der Altlasten der Verkehrswert des Grundstücks nicht nur unwesentlich erhöht wurde und der Eigentümer die Kosten nicht oder nur unvollständig getragen hat. Die **Höhe des bodenschutzrechtlichen Ausgleichsbetrags** bestimmt sich in Anlehnung an § 154 Abs. 1 und 2 BauGB nach § 25 Abs. 2 BodSchG aus dem „Unterschied zwischen dem Wert, der sich ergeben würde, wenn die Maßnahmen (zur Altlastensanierung) nicht durchgeführt worden wären (Anfangswert), und dem Verkehrswert, der sich für das Grundstück nach Durchführung der Erkundungs- und Sanierungsmaßnahmen ergibt (Endwert)". Die Höhe des (bodenschutzrechtlichen) Ausgleichsbetrags wird durch die Höhe der eingesetzten öffentlichen Mittel begrenzt.
§ 25 BBodSchG ist als Auffangnorm im Verhältnis zu § 24 BBodSchG hinsichtlich des Ersatzes der Kosten für Sanierungsmaßnahmen durch den Eigentümer in dem Sinne nachrangig, da er i.d.R. angewendet wird, wenn die Voraussetzungen des § 24 BBodSchG gegenüber dem Eigentümer eines sanierten Grundstücks – wie hier – nicht vorliegen. Nach § 4 Abs. 3 Satz 1 BBodSchG trifft den Grundstückseigentümer u.a. die Verpflichtung, den Boden und Altlasten so zu sanieren, dass dauerhaft keine Gefahren für den Einzelnen oder die Allgemeinheit entstehen. Zum Wertausgleich verpflichtet ist der Eigentümer in dem Zeitpunkt, in dem mit Abschluss der Sanierungsmaßnahmen die nicht nur unwesentliche Erhöhung des Verkehrswerts des Grundstücks maßnahmenbedingt eintritt. Verpflichtet ist der zu diesem Zeitpunkt im Grundbuch eingetragene Eigentümer.
Das Verfahren des § 25 Abs. 2 BBodSchG entspricht im Wesentlichen der Bemessung des Ausgleichsbetrags nach dem fast wortgleichen § 154 Abs. 2 BauGB, der auf die durch die Sanierung bedingte Erhöhung des Bodenwerts abstellt[187]. Angesichts des auf den Boden abzielenden Schutzgedankens des BBodSchG ist es sachgerecht, bei der Bestimmung des Wertausgleichs gemäß § 25 Abs. 1, Abs. 2 BBodSchG die Vorschriften der ImmoWertV anzuwenden; die freihändige Schätzung des Verkehrswerts durch die zuständige Behörde, auch aufgrund von Angaben der Vertragsparteien in einem Kaufvertrag über das sanierte Grundstück, genügt dem nicht[188].

355 Der bodenschutzrechtliche Ausgleichsbetrag ruht im Unterschied zu dem sanierungsrechtlichen Ausgleichsbetrag nach den §§ 154 f. BauGB als **öffentliche Last** auf dem Grundstück. Der bodenschutzrechtliche Ausgleichsbetrag wird nach § 93b GBV mit einem Bodenschutzvermerk in Abt. 2 des Grundbuchs eingetragen.

6.4.8.9 Ablösungsbetrag für Stellplatzverpflichtungen

356 Der Verpflichtung zur Herstellung von Stellplätzen oder Garagen kommt insbesondere im dicht bebauten Kernbereich der Städte eine auch bei der Verkehrswertermittlung zu berücksichtigende Bedeutung zu. Dabei muss grundsätzlich zwischen

a) der Herstellung von Stellplätzen oder Garagen im Neubaufall und

b) der nachträglichen Forderung nach Schaffung von Stellplätzen oder Garagen

unterschieden werden. Die Verpflichtung des Eigentümers zur Herstellung von Stellplätzen oder Garagen ergibt sich aus dem Bauordnungsrecht der Länder. So dürfen bauliche Anlagen z.B. nach § 47 der nordrh.-westf. BauO nur errichtet oder wesentlich geändert werden, wenn Stellplätze oder Garagen in ausreichender Größe sowie in geeigneter Beschaffenheit herge-

187 Versteyl/Sondermann, BBodSchG, Komm. 2. Aufl. 2005, § 25 Rn. 26; Bickel, BBodSchG, Komm. 4. Aufl. 2004, § 21 Rn. 3, § 25 Rn. 13; Domert in Landmann/Rohmer, Umweltrecht, Komm. 25 Rn. 11; Hipp in Hipp/Rech/Turian, BBodSchG, Leitfaden, 2000, § 25 Rn. 586 ff.; Frenz,BBodSchG, Komm., 2000, § 25 Rn. 33; VG Minden, Urt. vom 26.05.2010 – 11 K 1271/09 –, AbfallR 2010, 261 = EzGuG 4.200e; LG Frankenthal, Urt. vom 27.02.2002 – 5 O 208/01 –, ZMR 2002, 753.

188 VGH Kassel, Urt. vom 05.04.2011 – 2 A 2931/09 –, GuG 2013, 63 = EzGuG 4.202a.

stellt werden[189]. Für bereits bestehende Anlagen können sie aufgrund einer Satzung auch noch nachträglich gefordert werden. Die **Stellplatzverpflichtung kann durch einen Geldbetrag (Ablösebetrag) abgelöst werden,** wenn der Stellplatzverpflichtung nur unter sehr großen Schwierigkeiten nachgekommen werden kann oder diese aufgrund einer Satzung untersagt bzw. eingeschränkt ist[190].

Die Möglichkeit, im Falle der Errichtung eines Neubaus auf einem Grundstück die Stellplatzverpflichtung ablösen zu können, ist für den Bauherrn grundsätzlich von Vorteil. Er kann nämlich von dieser Möglichkeit Gebrauch machen, wenn dies im Vergleich zur Schaffung von Garagen oder Stellplätzen auf eigenem Grund und Boden für ihn günstiger ist[191]. Bei bestehenden Gebäuden hat der Eigentümer diese Dispositionsfreiheit nicht mehr. Im Vergleich zu den Bodenwerten unbebauter Grundstücke kann deshalb ein Wertabschlag insoweit gerechtfertigt sein, wie der Ablösebetrag den wirtschaftlichen Vorteil übersteigt, der aus der Nutzung der Grundstücksflächen resultiert, die ansonsten für die Herstellung von Stellplätzen oder Garagen auf dem Grundstück hätten Verwendung finden können. **357**

Die Höhe des Ablösungsbetrags ergibt sich nach den landesrechtlichen Bestimmungen. **358**

6.4.8.10 Naturschutzrechtliche Ausgleichszahlung

Nach § 8 Abs. 2 und 3 des Bundesnaturschutzgesetzes (BNatSchG) ist der Verursacher für Eingriffe in Natur und Landschaft zu einem Ausgleich verpflichtet. Diese Verpflichtung trifft auch den Träger von Anlagen, deren Errichtung im öffentlichen Interesse liegt. Nach § 8 Abs. 9 können die Länder weitergehende Vorschriften erlassen, insbesondere über Ersatzmaßnahmen der Verursacher bei nicht ausgleichbaren, aber vorrangigen Eingriffen[192]. Im Rahmen des Verhältnismäßigkeitsgrundsatzes, dem diese naturschutzrechtliche Ausgleichszahlung genügen muss, stellt § 5a Abs. 1 LPflG für die Bemessung der Ausgleichszahlung **359**

- sowohl auf die „Dauer und Schwere des Eingriffs“ als auch
- auf den „Wert oder Vorteil für den Verursacher“ ab.

Die Höhe der naturschutzrechtlichen Ausgleichszahlung (§ 8 Abs. 9 BNatSchG) kann sich an der Höhe der Investitionskosten, aber auch an der Intensität des Eingriffs orientieren[193]. **360**

6.4.8.11 Kostenerstattungsbetrag nach § 135a BauGB

▶ *Grundsätzliches hierzu bei § 5 ImmoWertV Rn. 108 ff.*

Nach § 135a Abs. 1 BauGB hat der Vorhabenträger grundsätzlich die im Bebauungsplan festgesetzten naturschutzrechtlichen Ausgleichsmaßnahmen i.S. des § 1a Abs. 3 BauGB durchzuführen. Soweit diese Maßnahmen entsprechend den Festsetzungen auf dem Eingriffsgrundstück durchzuführen sind, kann sich der Wert des Grundstücks im Vergleich zu den Vergleichspreisen der Grundstücke bzw. zu dem herangezogenen Bodenrichtwert (eines Bodenrichtwertgrundstücks, für das entsprechende Maßnahmen nicht festgesetzt worden sind) entsprechend vermindern. Grundsätzlich kann zur **Ermittlung des Minderungsbetrags** von den Kosten ausgegangen werden, die üblicherweise dabei entstehen. Ein Kostenerstattungsbetrag entsteht für das Grundstück in diesen Fällen nicht. **361**

189 BGH, Urt. vom 26.02.1971 – V ZR 116/68 –, MDR 1971, 379 = EzGuG 1.9 m.w.N.

190 Seiner Rechtsnatur nach ist der Ablösebetrag eine nichtsteuerliche Sonderabgabe (BVerwG, Urt. vom 30.08.1985 – 4 C 10/81 –, BRS Bd. 36 Nr. 142 = EzGuG 1.30); sie ist Surrogat für die Stellplatzverpflichtung (vgl. OVG Hamburg, Urt. vom 13.11.1980 – Bf. II 22/79 –, BauR 1981, 275 = EzGuG 1.19a); im Übrigen kann die Ablösung auch Gegenstand eines öffentlich rechtlichen Vertrags sein (vgl. OVG Münster, Urt. vom 25.01.1977 – 7 A 64/75 –, DVBl. 1977, 903 = EzGuG 1.16); Schröer, NVwZ 1997, 140.

191 BVerwG, Urt. vom 04.02.1966 – 4 C 64/65 –, BVerwGE 23, 213 = EzGuG 1.5a; OVG Hamburg, Urt. vom 13.11.1980 – Bf. II 22/79 –, BauR 1981, 275 = EzGuG 1.19a; zur steuerlichen Behandlung des Ablösungsbetrags vgl. BFH, Urt. vom 08.03.1984 – IX R 45/80 –, BFHE 141, 237 = BStBl II 1984, 782 = EzGuG 1.24.

192 Z.B. § 2 Nr. 2c der rh.-pf. Landesverordnung über die Ausgleichszahlung nach § 5a des Landespflegegesetzes – LPflG – Rheinland Pfalz – AusgV.

193 BVerwG, Beschl. vom 05.04.2002 – 4 B 15/02 –, GuG 2003, 314 = EzGuG 1.70a.

362 Im Rahmen der naturschutzrechtlichen Ausgleichsregelung des § 1a BauGB kann es sich um

- Festsetzungen über Ausgleichsflächen und
- um Festsetzungen über Ausgleichsmaßnahmen (z.B. eine Bepflanzung)

handeln.

363 Im Falle von Festsetzungen über Ausgleichsflächen ist dies bei der Verkehrswertermittlung durch die zusätzliche Fläche selbst zu berücksichtigen, d.h., bei einem Preisvergleich mit davon nicht betroffenen Grundstücken kann dies z.B. durch einen geminderten Quadratmeterwert des entsprechend größeren Grundstücks berücksichtigt werden. Im Falle von **Festsetzungen über Ausgleichsmaßnahmen (Bepflanzungen)** kommen die Kosten der Bepflanzungen als Ausgangsgröße in Betracht. Dabei sind allerdings nur die Pflanzkosten berücksichtigungsfähig, die über das hinausgehen, was auch sonst der Grundstückseigentümer an Bepflanzungen vorgenommen hätte.

364 Soweit **Maßnahmen an anderer Stelle den Eingriffsgrundstücken nach § 9 Abs. 1a BauGB zugeordnet** sind, soll nach § 135a Abs. 2 BauGB die Gemeinde diese anstelle und auf Kosten der Vorhabenträger oder Eigentümer durchführen und die hierfür erforderlichen Flächen bereitstellen (vgl. § 200a BauGB). Die Gemeinde erhebt in diesen Fällen zur Deckung ihres Aufwands einschließlich der hierfür bereitgestellten Flächen vom Eigentümer einen Kostenerstattungsbetrag, der als öffentliche Last auf dem Grundstück ruht. Der Kostenerstattungsbetrag kann geltend gemacht werden, sobald die Grundstücke, auf denen der ausgleichspflichtige Eingriff zu erwarten ist, baulich oder gewerblich genutzt werden.

365 Die Erhebung von Kostenerstattungsbeträgen entfällt nach § 154 Abs. 1 Satz 3 ggf. i.V.m. § 169 Abs. 1 Nr. 7 BauGB in **städtebaulichen Sanierungsgebieten und Entwicklungsbereichen.** Dort wird anstelle des Kostenerstattungsbetrags ein Ausgleichsbetrag erhoben. Im Falle einer gemeindlichen Veräußerung der neugeordneten Grundstücke erfolgt die Veräußerung zum kostenerstattungsbetragsfreien Neuordnungswert.

366 Aufgrund der vorstehend erläuterten Regelung muss in den genannten Fällen **zwischen einem kostenerstattungsbetragsfreien und kostenerstattungsbeitragspflichtigen Grundstückswert unterschieden** werden. Wie bei der entsprechenden Unterscheidung zwischen erschließungsbeitragspflichtigen (ebpf) und erschließungsbeitragsfreien (ebf) Grundstückswerten bemisst sich der Unterschied nach der voraussichtlichen Höhe des Kostenerstattungsbetrags.

6.4.8.12 Ausgleichsabgabe nach Baumschutzverordnung

Schrifttum: *Königer, D.,* Erhebung von Ausgleichsabgaben nach der Baumschutzsatzung 1982 unzulässig, BlnGE 2004, 401; *Köninger, D.,* Die Erhebung von Ausgleichsabgaben nach der BaumSchVO ist rechtswidrig, BlnGE 2006, 495; Rechtsfragen zur Bedeutung der naturschutzrechtlichen Eingriffsregelung in der Bauleitplanung, BMBau 1996, S. 112 ff.

367 Auf Privatgrundstücken befindliche Bäume mit einem bestimmten Mindeststammumfang können aufgrund von Baumschutzsatzungen als **geschützte Landschaftsbestandteile** mit der Folge unter Schutz gestellt werden, dass deren Beseitigung zum Zwecke einer Realisierung eines Bauvorhabens einer vorherigen Genehmigung bedarf. Wird die Genehmigung erteilt, so ist der Antragsteller zu standortgerechten Ersatzpflanzungen zu verpflichten oder, soweit Ersatzpflanzungen nicht möglich sind, zu einer Ausgleichsabgabe heranzuziehen.

Rechtsgrundlage für Baumschutzsatzungen und Baumschutzverordnungen[194] ist § 18 BNatSchG, der unter dem Begriff der geschützten Landschaftsbestandteile auch den Schutz von Bäumen einbezieht. Die Länder können in Ausfüllung von § 18 BNatSchG i.V.m. der Befreiungsregelung des § 31 BNatSchG ergänzende Regelungen insbesondere zu Ausgleichsverpflichtungen im Falle einer Befreiung von der Satzung bzw. Verordnung in ihren Landesnaturschutzgesetzen treffen. Möglich ist auch eine Befreiungsregelung unmittelbar in der Satzung bzw. Verordnung. Da § 18 BNatSchG eine gegenüber § 8a BNatSchG **eigenständige Regelung** trifft, ist diese zunächst **vorrangig** gegenüber der Ausgleichsverpflichtung nach § 8a BNatSchG[195]. Allerdings können in einem Bebauungsplan gleichwohl Festsetzungen zur Beseitigung von auf Grund von § 18 BNatSchG geschützten Bäumen getroffen werden. Es greift dann aber zuvor die Verpflichtung, eine Befreiung von der Baumschutzsatzung bzw. -verordnung einzuholen. Die in diesem Fall ggf. nach Landesrecht bzw. der Satzung oder Verordnung gebotene Ausgleichsverpflichtung auf Grund einer Befreiung von der Baumschutzsatzung bzw. -verordnung ist **nicht der bauleitplanerischen Abwägung** unterworfen. **368**

Die **Unterschutzstellung von Bäumen** muss nach Auffassung des BVerwG **nur hinsichtlich des Bestandes an Bäumen** – nicht jedoch hinsichtlich eines jeden einzelnen Baums – erforderlich sein[196]. Baumschutzsatzungen, die hinsichtlich ihres Geltungsbereichs auf „die innerhalb der im Zusammenhang bebauten Ortsteile und den Geltungsbereich der Bebauungspläne" abstellen, sind nunmehr auch vom BVerwG als uneingeschränkt rechtswirksam anerkannt worden[197]. **369**

Die naturschutzrechtlichen Eingriffsregelungen für das Bebauungsplanverfahren und die Baumschutzsatzungen bzw. -verordnungen sehen, wenn sie sich auf dasselbe Gebiet beziehen, unterschiedliche **Rechtsfolgen für das Beseitigen von Bäumen** vor. Da Baumschutzsatzungen und -verordnungen in unterschiedlicher Ausgestaltung möglich sind, ist jeweils im konkreten Einzelfall das Verhältnis zur naturschutzrechtlichen Eingriffsregelung zu bestimmen; dabei ist auch entscheidend, ob der Bebauungsplan nach § 1a BauGB oder die Regelung zum Baumschutz für das Gebiet zeitlich früher vorlag. **370**

Liegt eine Baumschutzsatzung bzw. -verordnung für ein bislang nicht beplantes Gebiet bereits vor und soll danach das Gebiet durch einen Bebauungsplan überplant werden, ist im Rahmen des Bebauungsplanverfahrens bei Anwendung des § 1a BauGB in Rechnung zu stellen, dass für die von der Planung erfassten Bäume bereits eine vorrangige Ausgleichsregelung besteht. Die Gemeinde darf daher den **Schutz der Bäume nicht in die nach § 8a BNatSchG geforderte Eingriffs-/Ausgleichsbetrachtung einbeziehen.** Eine Ausnahme gilt nur dann, wenn es sich um eine gemeindliche Baumschutz*satzung* handelt, da die Gemeinde als Satzungsgeberin diese Baumschutzsatzung für den Bereich des Bebauungsplans zeitgleich mit der Aufstellung des Bebauungsplans außer Kraft setzen kann. Die Außerkraftsetzung kann ausdrücklich, u.U. aber auch konkludent durch eine entsprechende Willensäußerung im Aufstellungsverfahren für den Bebauungsplan erfolgen. Für einen solchen Willen zur konkludenten **371**

194 Vgl. Baumschutzverordnung – BaumSchVO Bln vom 11.01.1982 (GVBl 1982, 250), zuletzt geändert durch Art. 1 der VO vom 04.03.2004 (GVBl 2004, 124) = BlnGE 2004, 536. Das OVG Berlin-Brandenburg hat wie das VG Berlin mit Urt. vom 26.01.2006 – 11 B 12/05 –, BlnGE 2006, 515 = EzGuG 2.65 (wie zuvor VG Berlin mit Urt. vom 11.02.2004 – 1 A 230/01 –, BlnGE 2004, 429 = EzGuG 2.62) entschieden, dass die in der Verordnung von 1982 enthaltene Verpflichtung, eine Ausgleichszahlung zu leisten, wenn ein Baum gefällt wurde und eine Ersatzpflanzung nicht möglich ist, unzulässig ist (Berufung unter Aktenzeichen – 2 N 187/04 zugelassen); vgl. auch OVG Berlin, Urt. vom 17.10.2003 – 2 B 15/00 –, UPR 2004, 234; OVG Berlin, Urt. vom 04.06.2004 – 2 B 2/02 –, BlnGE 2004, 1097.

195 Oldiges, Rechtsfragen zur Bedeutung der naturschutzrechtlichen Eingriffsregelung in der Bauleitplanung, BMBau 1996, S. 112 ff.

196 BVerwG, Beschl. vom 29.12.1988 – 4 C 19/86 –, NVwZ 1989, 555 = EzGuG 2.45a; BVerwG, Beschl. vom 01.02.1996 – 4 B 303/95 –, NJW 1996, 1487 = EzGuG 2.58c; OVG Berlin, Urt. vom 16.08.1996 – 2 B 26/93 –, NVwZ-RR 1997, 530 = EzGuG 2.59; VG Berlin, Urt. vom 11.02.2004 – 1 A 230/01 –, BlnGE 2004, 429 = EzGuG 2.62.

197 Weitzel, NuR 1995, 16; Günther, NWVBl 1995, 90; BVerwG, Urt. vom 16.06.1994 – 4 C 2/94 –, MDR 1995, 225 = EzGuG 2.59; VGH Mannheim, Urt. vom 02.10.1996 – 5 S 831/95 –, GuG 1998, 58 = EzGuG 2.59a; OLG Düsseldorf, Beschl. vom 21.06.1995 – 2 Ss (OWi) 171/95 –, NuR 1996, 214.

Außerkraftsetzung der Baumschutzsatzung müssen aber im Aufstellungsverfahren für den Bebauungsplan deutliche Anhaltspunkte ersichtlich sein. Eine solche Lösungsmöglichkeit existiert für Baumschutz*verordnungen* nicht, da diese von der Gemeinde nicht aufgehoben werden können.

372 Liegt dagegen zunächst der **Bebauungsplan** vor und wird erst danach eine Baumschutzsatzung bzw. -verordnung aufgestellt, verdrängt die Baumschutzsatzung bzw. Verordnung, soweit der Bebauungsplan noch nicht vollzogen ist, die insoweit zu den Bäumen getroffenen Ausgleichsverpflichtungen im Bebauungsplan. Im Baugenehmigungsverfahren, in welchem konkret über das Beseitigen der Bäume zu entscheiden ist, ist dann in Bezug auf die Bäume nicht mehr der insoweit gegenstandslos gewordene Bebauungsplan anzuwenden, sondern die nachträglich erlassene Baumschutzsatzung bzw. -verordnung. Auch hier ist allerdings zu prüfen, ob nicht Anhaltspunkte bei Aufstellung der Baumschutzsatzung vorliegen, dass diese sich nicht auf den zeitlich früheren Bebauungsplan erstrecken soll[198].

373 **Baumschutzsatzungen müssen** hinsichtlich ihrer Regelungen zur Bemessung der zu entrichtenden Ausgleichsabgabe **dem Bestimmtheitsgebot genügen**[199]**:**

a) Wird die **Fällung von Bäumen** z.B. **zum Zwecke der Bebauung eines Grundstücks erforderlich,** so sind i.d.R. zunächst Ersatzpflanzungen zu fordern. Soweit es sich hierbei nicht um eine Verpflichtung zu besonders aufwendigen Ersatzpflanzungen handelt, folgt hieraus in aller Regel keine besondere Wertminderung des Grundstücks. Zum einen sind die anfallenden Kosten im Vergleich zu den Grundstücks- und Baukosten von untergeordneter Bedeutung, zumal eine (ergänzende) Bepflanzung mit der Bebauung eines Grundstücks ohnehin verbunden ist. Dagegen können eher schon die Beseitigungskosten von Bäumen zu einer Wertminderung führen, wenn bei der Bodenwertermittlung von Vergleichspreisen für sofort bebaubare Grundstücke ausgegangen wurde.

b) Scheiden **Ersatzbepflanzungen** aus rechtlichen oder tatsächlichen Gründen aus, so können dem Eigentümer Ausgleichszahlungen auferlegt werden, wenn die Baumschutzsatzung bzw. das Naturschutzgesetz dies entsprechend vorsehen. In der Rechtsprechung sind Regelungen anerkannt, nach denen sich die Ausgleichszahlung nach der Art und dem konkreten Stammumfang eines entfernten Baumes bemisst[200]. Die Mehrzahl der in Nordrhein-Westfalen getroffenen Regelungen sehen darüber hinaus eine Pflanzkostenpauschale in Höhe von 30 % des Nettokaufpreises[201] und ggf. einer dreijährigen Anwachspflege einschließlich Mehrwertsteuer vor, wobei diese nur zum Ansatz kommen kann, wenn die Gemeinde den Pflanzauftrag an Privatunternehmen vergibt. Die Wertminderung eines Grundstücks im Vergleich zu dem Verkehrswert unmittelbar bebaubarer Grundstücke kann in solchen Fällen anhand der sich so bemessenden Ausgleichszahlung leicht mithilfe von entsprechenden Baumschulkatalogen ermittelt werden.

c) Baumschutzsatzungen, die hinsichtlich der Bemessung von **Ausgleichszahlungen auf die Methode Koch abheben, werden** im Schrifttum dagegen mit dem Hinweis **abgelehnt,** dass diese Methode ökologischen Gesichtspunkten nicht Rechnung trage und dem Eigentümer Kosten auferlege, die er in der Vergangenheit bereits getragen habe[202]. In der Kritik an dieser Methode wird darauf hingewiesen, dass sich die Ausgleichszahlung und damit auch eine hieraus abgeleitete Wertminderung als unangemessen hoch erweist.

---

198 OVG Münster, Urt. vom 28.06.1995 – 7a D 44/94 NE –, NuR 1996, 419.

199 Ausgleichsabgaben nach § 6 Abs. 1 BaumSchVO 1982 Bln sind unwirksam, weil sie nicht hinreichend bestimmt und mit der gebotenen Normenklarheit unvereinbar sind (OVG Berlin-Brandenburg, Urt. vom 26.01.2006 – 11 B 12/05 –, BlnGE 2006, 515 = EzGuG 2.65); zur BaumSchVO 2002 von Berlin vgl. Köninger, BlnGE 2006, 495.

200 OVG Schleswig, Urt. vom 02.11.1994 – 1 L 21/94 –, NuR 1995, 377.

201 Musterbaumschutzsatzung des nordrh.-westf. Städtetages Umdruck Nr. 3811, abgedruckt bei Günther, Baumschutzrecht, 1994, Anl. 1.

202 Günther in Jahrbuch der Baumpflege, 1998, Braunschweig; Schulz, ebenda.

6.4.8.13 Walderhaltungsabgabe nach Landeswaldgesetz

Nach landesrechtlichen Vorschriften bedarf die **Umwandlung eines Waldes in eine andere Nutzungsart** – vorbehaltlich der Ausnahmeregelungen des § 8 Abs. 1 Satz 2 und 3 WaldG – der Genehmigung der unteren Forstbehörde (Umwandlungsgenehmigung, vgl. § 8 Abs. 1 Satz 1 LWaldG Brandenburg)[203]. Zum Ausgleich nachteiliger Wirkungen seiner Umwandlung kann z.B. in *Brandenburg* die untere Forstbehörde insbesondere bestimmen, dass 374

1. als Ersatz eine **Erstaufforstung** geeigneter Grundstücke innerhalb einer bestimmten Frist vorzunehmen ist oder
2. sonstige **Schutz- und Gestaltungsmaßnahmen** zu treffen sind.

Dies wird auf den Ausgleich für die durch die Waldumwandlung verursachten Beeinträchtigungen des Naturhaushaltes und des Landschaftsbildes nach Naturschutzrecht angerechnet.

Soweit die nachteiligen Wirkungen einer Waldumwandlung nicht ausgeglichen werden können, ist ein finanzieller Ausgleich durch Zahlung einer **Walderhaltungsabgabe** zu leisten. Diese bemisst sich z.B. im Lande *Brandenburg* auf der Grundlage der Verwaltungsvorschrift zu § 8 des brandenburgischen Waldgesetzes. Die Höhe der Walderhaltungsabgabe bestimmt sich nach 375

1. den Grunderwerbskosten für den Ankauf einer zur Aufforstung geeigneten Fläche und
2. den Kosten für eine gesicherte Kultur. Eine Forstkultur i.S. der Walderhaltungsabgabeverordnung gilt als gesichert, wenn die Forstpflanzen mindestens zu 40 Prozent den Waldboden überschirmen und den biotischen und abiotischen Schäden gegenüber widerstandsfähig sind[204].

Darüber hinaus regelt die Verordnung das Verfahren der Erhebung der Walderhaltungsabgabe sowie die Art der Verwaltung und Verwendung der Mittel.

6.4.9 Lage

6.4.9.1 Allgemeines

Schrifttum:*Leopoldsberger, G.*, Kontinuierliche Wertermittlung von Immobilien, Köln (vgl. 6. Aufl. S. 2055); *Muncke, G.*, Standort- und Marktanalyse in der Immobilienwirtschaft, in Schulte, Handbuch der Projektentwicklung. 1997. **Marktberichte:***Allianz Dresdner Immobiliengruppe, DEGI:* Standortbezogene Marktreporte und spezielle Marktanalysen; *Müller International*: City reports; *Aengevelt,* City Report Investment; *Jones Lang Lasalle,* Investmentmarkt Deutschland, Überblick über Einzelhandel in Deutschland, Oscar, Büronebenkostenanalyse, Gewerbegebiet Report, City Profile, European Office Index; *Engels & Völkers,* Markt- und Frequenzberichte; *DTZ Zadelhoff Tie Leung:* Konjunkturbarometer.

▶ *Allgemein § 5 ImmoWertV Rn. 132 ff.; zur Verkehrslage vgl. § 5 ImmoWertV Rn. 132 ff.; zur Wohnlage Syst. Darst. des Vergleichswertverfahrens Rn. 385 ff.; zur Gewerbe- und Geschäftslage Teil V Rn. 151, 239 ff.; im industriell-produzierenden Bereich (einschließlich Lager- und Logistikimmobilien sowie Gewerbepark) Teil V Rn. 166 ff.*

Von Gutachtern wird gelegentlich die nicht gerade geistreiche Auffassung vertreten, dass der Verkehrswert eines Grundstücks im Wesentlichen nur durch drei Faktoren bestimmt werde, nämlich nach der Lage des Grundstücks, der Lage und nochmals der Lage. Dieses Wortspiel mag durchaus charakteristisch für die Bedeutung dieses Faktors sein. Bei der Ermittlung des Verkehrswerts darf allerdings nicht übersehen werden, dass **die Lage ein äußerst komplexer Begriff** ist und hierunter alles verstanden werden könnte, was die Höhe des Verkehrswerts bestimmt. Dies fängt bei der kleinräumigen Lage mit den sie prägenden grundstücksspezifischen 376

---

203 Verwaltungsvorschrift zu § 8 des Waldgesetzes des Landes Brandenburg (VV § 8 LWaldG), Bekanntmachung des Ministeriums für Ländliche Entwicklung, Umwelt und Verbraucherschutz vom 02.11.2009.

204 Verordnung über die Walderhaltungsabgabe (Walderhaltungsabgabeverordnung – WaldErhV) vom 25.05.2009 (GVBl. Bbg 2009, 314).

Eigenschaften, also Art und Maß der baulichen Nutzung, Grundstücks- und Geländeform und dgl., an und endet in der großräumigen Lage innerhalb der Stadt, des Landes und im Hinblick auf die wirtschaftlichen Verflechtungen sogar innerhalb von Europa. Wie bei der Standortanalyse wird im Übrigen auch bei der Lageanalyse zwischen „harten“ und „weichen“ Lagefaktoren unterschieden.

377 Praktisch geht es bei der Verkehrswertermittlung aber im Wesentlichen um die Berücksichtigung der kleinräumigen Lage (Mikrobereich), soweit die sie bestimmenden Faktoren nicht bereits durch die übrigen wertbeeinflussenden Umstände wie Art und Maß der baulichen Nutzung usw. berücksichtigt sind, denn die **großräumige Lage** (Makrobereich) findet wertmäßig bereits mit den herangezogenen Vergleichspreisen oder dem Bodenrichtwert weitgehend ihre Berücksichtigung. § 6 Abs. 4 ImmoWertV hebt demzufolge als besondere Lagemerkmale

- die Verkehrslage (Verkehrsanbindung),
- die Nachbarschaftslage,
- die Wohn- und Geschäftslage sowie
- die Umwelteinflüsse (Immissionslage)

hervor. Dem **Standort des Wertermittlungsobjekts** in Bezug auf die durch derartige Lagefaktoren bestimmten Nachbarschaftsbeziehungen kommt insbesondere bei **Einzelhandelsobjekten** deshalb eine überragende Bedeutung zu, weil ein schlechter Standort durch eine noch so gute Konzeption kaum kompensiert werden kann.

378 Die Berücksichtigung von Abweichungen in den Lageverhältnissen zwischen dem Wertermittlungsobjekt und den zum Vergleich herangezogenen Grundstücken erfordert die ganze Erfahrung und Sachkunde eines Gutachters, denn anders als z.B. bezüglich eines unterschiedlichen Maßes der baulichen Nutzung lässt sich die Lagequalität nicht mit einer alles umfassenden Kenngröße „messen“. In vielen Fällen mag es aber auch genügen, Lageunterschiede hilfsweise durch **bestimmte sie kennzeichnende Eigenschaften zu beschreiben und bei der Verkehrswertermittlung zu berücksichtigen.**

379 Es hat immer wieder letztlich aber gescheiterte Versuche gegeben, einzelne Lagefaktoren durch ein Punkte- und Gewichtssystem zu aggregieren, um die Berücksichtigung von Lageunterschieden zu operationalisieren[205]; die hierzu entwickelten Verfahren verleiten zu einem den Besonderheiten des Einzelfalls nicht hinreichend Rechnung tragenden Schematismus. Für den „Verbraucher“ eines Gutachtens sind sie häufig nicht einsichtig und lassen die mehr oder minder subjektiven Gedankengänge des Gutachters nicht hinreichend erkennen. Interessant ist auch die Operationalisierung der Lageberücksichtigung nach der Lendenfeld'schen Formel[206].

380 Zur Qualifizierung der wesentlichen **Lagemerkmale des Wertermittlungsobjekts und** der **Vergleichsgrundstücke** empfiehlt es sich, auf die wesentlichen, möglichst „messbaren“ preisbestimmenden Eigenschaften der jeweiligen Grundstücksart abzustellen, um die Unterschiede angemessen berücksichtigen zu können. Im Einzelnen können dies sein:

a) unterschiedliche *Geschäftslagen,* die sich in unterschiedlichen Ertragsverhältnissen ausdrücken können (Passantenfrequenz[207], „Passantenqualität“),
Büro- und Verwaltungsimmobilien werden im Hinblick auf Lage und Funktion insbesondere nach ihrem Standort segmentiert:
– City
– City-Randlage

205 Z.B. das sog. Braunschweiger Verfahren; vgl. Müller, Die städtische Grundrente und die Bewegung von Baugrundstücken, Tübingen 1952, sowie Müller, Bewertung von Baugrundstücken, Hannover 1968; Kellermann, ZfV 1962, 343, 380, 427; Brachmann, Ermittlung des Bauwertes von Gebäuden und des Verkehrswerts von Grundstücken, Hannover 1969, S. 40.

206 Die Ermittlung von Bodenwerten, Schriftenreihe der Forschungsgesellschaft für Wohnen, Bauen und Planen, Heft 38, Selbstverlag Wien.

207 GuG 1995 361; vgl. bei Rn. 169.

– Bürozentrum (Bürostandort); *Backoffice*-Standort
– übriges Stadtgebiet
– Stadtumland

b) unterschiedliche *Verkehrslagen,* z.B. aufgrund unterschiedlicher Entfernungen zum Zentrum oder aufgrund der Verkehrsanbindung durch Straßen und öffentliche Nahverkehrsmittel,

c) unterschiedliche *Entfernungslagen*, z.B. Entfernung zu Städten[208],

d) unterschiedliche *Immissionslagen,* z.B. bezüglich Schadstoffen, Lärm, Geruch und Erschütterungen,

e) unterschiedliche *Wohnlagen,* wobei neben der Verkehrsanbindung und den Umwelteinflüssen die ein ruhiges und angenehmes Wohnen bestimmenden Faktoren (Nähe zu Freizeiteinrichtungen; Begrünung usw.) von Bedeutung sind.

Zur Berücksichtigung von Lagefaktoren hat man seit jeher versucht, **Wertunterschiede auf der Grundlage einer vorgegebenen Lageklassifikation,** z.B. nach 381

- sehr günstige Lage,
- günstige Lage,
- mittlere Lage,
- einfache Lage und
- schlechte Lage,

dadurch in den Griff zu bekommen, dass man

- das Wertverhältnis zwischen diesen Lagen oder
- ein Punktesystem für unterschiedliche Lageverhältnisse

abgeleitet hat[209]. Allgemein anerkannte Werte konnten bislang dafür allerdings noch nicht entwickelt werden, da den orts- und marktspezifischen Gegebenheiten eine ausschlaggebende Bedeutung beizumessen ist.

Zu alledem wird empfohlen, unterschiedliche Lagewertigkeiten auf der Grundlage des **unterschiedlichen Bodenrichtwertgefüges gleichartiger Grundstücke in verschiedenen Lagen** abzuleiten.

6.4.9.2 Berücksichtigung mit Hilfe von Bodenrichtwerten

▶ *Vgl. Rn. 183 ff.*

Unterschiede in den allgemeinen Lageverhältnissen der Vergleichsgrundstücke zu denen des Wertermittlungsobjekts können, sofern die Grundstücke in unterschiedlichen Bodenrichtwertzonen gelegen sind und sich die jeweiligen Bodenrichtwerte auf identische Bodenrichtwertgrundstücke beziehen, mit Hilfe des **Wertverhältnisses dieser Bodenrichtwerte** berücksichtigt werden. Zu diesem Hilfsmittel wird man dann greifen, wenn man nicht direkt den Bodenrichtwert der Zone heranziehen will, in der das Wertermittlungsobjekt gelegen ist. 382

Beispiel: 383

- Zu ermitteln ist der Bodenwert eines in der Bodenrichtwertzone A gelegenen Grundstücks; der Bodenrichtwert beträgt 400 €/m².

208 Vgl. GuG 2020, 376.
209 So schon Müller, Bewertung von Baugrundstücken, Hannover 1968, S. 85 ff.; Gerardy, Praxis der Grundstücksbewertung, 4. Aufl.; Klocke, Der Sachverständige und seine Auftraggeber, 2. Aufl. Wiesbaden 1987, S. 84; Bachman, Schw. Zeitschrift für Vermessung, Kulturtechnik und Photogrammetrie 1953, 281.

- Ein Vergleichspreis eines in der Bodenrichtwertzone B gelegenen Grundstücks beträgt 370 €/m². Aufgrund schlechterer Lageverhältnisse in der Bodenrichtwertzone B beträgt der Bodenrichtwert dort 350 €/m² für ein ansonsten mit der Bodenrichtwertzone A identisches Bodenrichtwertgrundstück.
- Umrechnung des Vergleichspreises:
  370 €/m² x 400 €/m² / 350 €/m² = 423 €/m²

384 Anhaltspunkte lassen sich ceteris paribus aus dem Vergleich von Bodenrichtwerten gewinnen, wie dies z.B. aus einer dem Grundstücksmarktbericht für *Essen* (1997) entnommenen Darstellung deutlich wird:
Bodenrichtwerte für Grundstücke mit 1- oder 2-geschossiger Bauweise (im Wesentlichen für Eigentumsmaßnahmen).
Alle Werte sind bezogen auf Grundstücke vom Typ W2 bei einer GFZ von 0,5.

LAGE	gut	mittel	mäßig
€/m²	335	210	150
UK	1,60	**1,0**	0,75

Bodenrichtwerte für Grundstücke mit 3- oder mehrgeschossiger Bauweise

(Geschosswohnungsbau – im Wesentlichen für Eigentumsmaßnahmen)

Alle Werte sind bezogen auf Grundstücke vom Typ W3 bei einer GFZ von 1,0.

LAGE	gut	mittel	mäßig
€/m²	290	265	190
UK	1,09	**1,00**	0,71

6.4.9.3 Wohnlage

a) Allgemeines zu Wohnimmobilien

385 Bei Wohnimmobilien handelt es sich um Objekte, bei denen das **Wohnen im Vordergrund der Nutzung** steht, und zwar unabhängig davon, ob es sich um eine Eigennutzung handelt oder das Objekt vermietet ist.

386 Bezüglich des Bodenwertgefüges in Gebieten, die dem mehrgeschossigen Wohnungsbau vorbehalten sind, kann es angezeigt sein, zwischen Wohnlagen zu unterscheiden, die dem Mietwohnungsbau, und solchen, die der Errichtung von Eigentumswohnungen zuzuordnen sind, wobei sich i.d.R. in typischen **Eigentumswohnungsgebieten** ein um ca. 10 bis 40 % höheres Bodenwertgefüge ergibt (vgl. Teil V Rn. 39 ff.).

387 Die Wohnlage beurteilt sich nach den **Faktoren, die als Annehmlichkeit bzw. als Störung des Wohnens** empfunden werden. Im Vordergrund steht das ungestörte Wohnen mit möglichst guter Erreichbarkeit der Naherholungsgebiete und der Versorgungszentren, aber auch die in einer **„guten Adresse“** zum Ausdruck kommende Anschauung des Grundstücksmarktes. *Tucholsky* lässt sein Gedicht „Das Ideal“ mit folgender Beschreibung eines idealen Grundstücks beginnen:

„Ja, das möchste: Eine Villa im Grünen mit großer Terrasse, vorn die Ostsee, hinten die Friedrichsstraße; mit schöner Aussicht, ländlich-mondän, vom Badezimmer ist die Zugspitze zu sehn – aber abends zum Kino hast dus nicht weit. Das Ganze schlicht, voller Bescheidenheit.“

Eine **Wohnlage** lässt sich im Einzelnen durch folgende Parameter beschreiben: 388

- Erreichbarkeit der örtlichen Versorgungseinrichtungen,
- Erreichbarkeit der Naherholungsgebiete und Grünanteil der Umgebung,
- gesellschaftliches Ansehen der Lage (die „gute Adresse"),
- Immissionslage,
- das kleinräumige Straßenbild und die großräumige Quartierslage,
- Nutzungsdichte (Art und Maß der baulichen Nutzung),
- klein- und großräumige Verkehrsanbindung.

b) Wohnlagenklassifizierung

Zur Klassifizierung von Wohnlagen kann auf Mietspiegel zurückgegriffen werden. Im Stuttgarter Grundstücksmarktbericht (2013) werden sie beispielsweise wie folgt definiert: 389

Einfache Wohnlage: Gekennzeichnet durch eine kompakte Bauweise mit wenig Freiflächen und/oder starken Immissionen in nicht bevorzugten Wohngebieten: hierzu gehört die Lage inmitten oder im Windschatten von Industrie, bei dichter Bebauung die Lage an Hauptverkehrsstraßen und Hinterhausbebauung bei unzureichender Besonnung und Durchgrünung.

Mittlere Wohnlage: Wohnlagen ohne besondere Vor- und Nachteile: Sie sind gekennzeichnet durch Freiflächen und mit durchschnittlicher Immissionsbelastung. Typisch dafür sind die Wohngebiete der Innenstadt und der alten Ortsteile in Vororten, soweit sie nicht an Hauptverkehrsstraßen liegen oder die Grundstücke genügend Freiflächen, jedoch keine besondere Freilage haben.

Gute Wohnlage: Ruhige Wohnviertel mit aufgelockerter, zumeist offener Bauweise und Vorgärten in Höhen- und Halbhöhenlagen ohne Immissionsbelastung. Dazu gehören auch Gebiete mit größeren Wohnobjekten mit starker Durchgrünung und Aussichtslage, geringen Immissionen, guter Infrastruktur und günstiger Verkehrsanbindung zur Innenstadt.

Bevorzugte Wohnlage: Absolut ruhige Wohnlagen in aufgelockerter, ein- bis dreigeschossiger Bauweise, meist Villen, bei völliger Durchgrünung des Wohngebiets, hinreichender Infrastrukturausstattung und günstiger Lage zur Innenstadt und zu Freizeiteinrichtungen, meist begleitet durch Höhen- und Aussichtslage.

Obwohl sich die Lageverhältnisse in ihrer Komplexität regelmäßig nicht durch bestimmte Kenngrößen „messen" lassen, können zur Berücksichtigung von Abweichungen in den Lageverhältnissen entsprechende Umrechnungskoeffizienten nach § 19 ImmoWertV abgeleitet werden. Hierzu müssen Kaufpreise bestimmter Lageklassen sortiert und miteinander ins Verhältnis gesetzt werden. Mit den für die Landeshauptstadt *Düsseldorf* abgeleiteten **Umrechnungskoeffizienten für unbebaute Baulandgrundstücke, Einfamilienhausgrundstücke, Zwei-/Dreifamilienhauswohngrundstücke, Mehrfamilienhausgrundstücke und Eigentumswohnungen werden Umrechnungskoeffizienten in % des Gesamtwerts** angegeben, mit deren Hilfe sich Vergleichspreise aus bestimmten Wohnlagen auf die Lageverhältnisse des zu bewertenden Grundstücks umrechnen lassen (Abb. 42). 390

Abb. 42: Umrechnungskoeffizienten (UK) für Gesamtwerte in % für unterschiedliche Wohnlagen in der Landeshauptstadt Düsseldorf

Umrechnungskoeffizienten (UK) für unterschiedliche Wohnlagen in der Landeshauptstadt Düsseldorf 2021					
Bezirk	**Norm: Mittlere Lage**	**Top-Lage**	**sehr gut**	**gut**	**einfach mäßig**
City	1,00	5,00–2,10	2,20–1,50	1,40–1,25	0,90–0,70
Citynah	1,00	2,40–1,70	1,70–1,40	1,30–1,20	0,95–0,75
Randlage	1,00	–	1,80–1,50	1,25–1,20	0,95–0,85
Vorort	1,00	–	1,50–1,40	1,20–1,10	0,95–0,80
Ergänzende Hinweise: In Lagen für Eigentumswohnungen sind eher die niedrigen Tabellenwerte anzusetzen. In den Top-Lagen für unbebaute und bebaute Grundstücke sind große Spannweiten zu beobachten. Unberücksichtigt sind besonders starke Immissionseinflüsse wie Straßen-, Fluglärm, Geruchsbelästigungen u.a.					

Quelle: Gutachterausschuss für Grundstückswerte in Düsseldorf; Grundstücksmarktbericht 2024

391 *Anwendungsbeispiel:*

- Zu ermitteln ist der Verkehrswert einer Eigentumswohnung in „sehr guter, citynaher" Wohnlage.
- Zur Verfügung steht der Vergleichspreis einer Eigentumswohnung in „guter, citynaher" Wohnlage.

Der an den Vergleichspreis anzubringende Lagekorrekturfaktor beträgt:

$$\frac{\text{UK sehr gut, citynah}}{\text{UK gut, citynah}} = \frac{1{,}4}{1{,}2} = 1{,}17 \quad \text{oder rd. 15 \%}$$

392 Der **Berliner Mietspiegel** unterscheidet lediglich nach einfachen, mittleren und guten Wohnlagen[210]. In *München* wird dagegen nach einfachen, durchschnittlichen und gehobenen Lagen unterschieden, während der Mietspiegel von *Frankfurt am Main* lediglich zwischen einfachen und guten Lagen unterscheidet[211].

210 In der Bekanntmachung der Senatsverwaltung für Stadtentwicklung vom 02.03.2010 (ABl. Berlin 2006, 1376) wird darüber hinaus auch nach „sehr guten Wohnlagen" differenziert.

211 Senatsverwaltung für Bauen, Wohnen und Verkehr (Hrsg.): Berliner Mietspiegel;Magistrat der Stadt Frankfurt am Main (Hrsg.): Mietspiegel 1997.

Zur Qualifizierung von Wohnlagen kann vielerorts auch auf die zu Mietspiegeln erarbeiteten 393
Wohnwertkarten zurückgegriffen werden (Abb. 43):

Abb. 43: Ausschnitt aus der Wohnwertkarte von Mülheim an der Ruhr

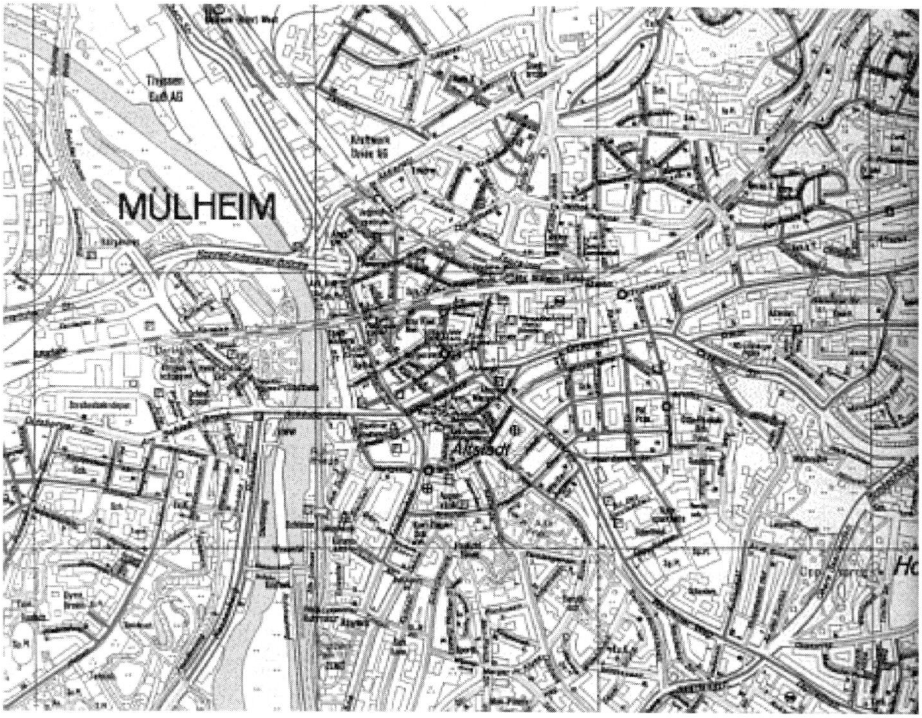

c) Wohnparks

Neue Wohngebiete und Wohnparks bilden im Verhältnis zu gewachsenen Lagen einen beson- 394
deren Grundstücksteilmarkt mit einem i.d.R. höheren Bodenwertniveau.

6.4.9.4 Nachbarschaftslage

Dem Hause gibt der Nachbar seinen Wert, heißt es im Volksmund, und in der Tat wird z.B. 395
die Wohnlage in werterhöhendem, aber auch in wertminderndem Sinne durch die unmittelbare Nähe – seien es Freiflächen, Wohn- oder Industriegebiete – mitbestimmt. **Wohnblockartige Siedlungsvorhaben** sind dabei geeignet, gute Wohngegenden ihres ruhigen Villencharakters zu entkleiden und den Wohnwert zu mindern[212]. Auch kann der Entzug von Licht und Luft durch die Bebauung der Nachbargrundstücke und deren Baugestaltung zu einer Wertminderung führen[213]. Die davon ausgehenden Situationsveränderungen sind jedoch solange entschädigungslos hinzunehmen, wie sie nicht den Grad des schweren und unerträglichen Eingriffs erreichen.

---

212 BGH, Urt. vom 25.03.1977 – V ZR 92/74 –, MDR 1977, 827 = EzGuG 4.50; OVG Berlin, Beschl. vom 26.11.1963 – 2 S 7/63 –, DVBl 1965, 95 = EzGuG 4.18; PrOVG, Urt. vom 11.04.1933 – VI D 79/32 –, EzGuG 4.3; PrOVG, Urt. vom 10.06.1932 – VII C 183/31 –, EzGuG 14.2; zu **Hochhäusern** in der Nähe von Flachbauten vgl. Stadtbauwelt 1972, 142.

213 LG Dortmund, Urt. vom 27.02.1964 – 2 S 274/63 –, EzGuG 3.36.

Zur Beeinträchtigung der Lage durch eine „*optisch bedrängende Wirkung einer Windenergieanlage*" hat das OVG Münster entschieden, dass im Grenzbereich zum Außenbereich grundsätzlich mit der Errichtung von in diesem Bereich nach § 35 Abs. 1 Nr. 5 BauGB privilegierten Windenergieanlagen mit solchen Auswirkungen gerechnet werde muss, nicht aber damit, dass die zulässigerweise ausgeübte Wohnnutzung unzumutbaren Beeinträchtigungen ausgesetzt wird[214].

396 Führt eine Baugenehmigung oder ihre Ausnutzung zu einer Wertminderung des Nachbargrundstücks, die das zumutbare Maß überschreitet, so kann darin nach Auffassung des BVerwG[215] ein **schwerer und unerträglicher Eingriff** in das Eigentum liegen (Gebot der Rücksichtnahme)[216]. Allerdings kommt der Wertminderung dabei keine selbstständige Bedeutung, sondern nur Indizbedeutung für die Schwere des Eingriffs zu[217]. So stellen die Auswirkungen, die die Errichtung von baulichen Anlagen in der Umgebung eines Grundstücks auf dessen Verkehrswert haben, für sich allein auch keine für die Abwägung des Bebauungsplans erheblichen Belange dar[218]. Bei **rechtswidrig erteilter Baugenehmigung** hat der betroffene Nachbar weder Anspruch auf Schadensersatz nach § 39 OBG noch nach Amtshaftungsgrundsätzen, wenn baurechtliche Vorschriften verletzt wurden, die keinen nachbarschützenden Charakter haben[219]. Im Übrigen gewähren die Vorschriften des BauGB über die Zulässigkeit von Vorhaben grundsätzlich nur dem Eigentümer benachbarter Grundstücke und nicht einem Mieter städtebaulichen Nachbarschutz[220].

397 Die **Wertminderung eines Wohngrundstücks, das sich infolge der Errichtung einiger Gewerbebauten** in ca. 300 m Entfernung **verschlechtert,** hat das BVerwG[221] mit etwa 10 % des Verkehrswerts bemessen.

398 Des Weiteren können Grundstücke in unmittelbarer **Nachbarschaftslage zu Wäldern** (Waldnähe) im Hinblick auf die Gefahr umstürzender Bäume und der Einschränkungen bezüglich Feuerstätten in ihrem Wert gemindert sein[222].

214 OVG Münster, Urt. vom 04.05.2022 – 8 D 311/21 AK –.

215 BVerwG, Beschl. vom 09.02.1995 – 4 NB 17/94 –, GuG 1995, 251 = EzGuG 4.158; BVerwG, Urt. vom 13.06.1969 – 4 C 80/67 –, DVBl 1970, 60 = EzGuG 4.29; BVerwG, Urt. vom 13.06.1969 – 4 C 234/65 –, BVerwGE 32, 173 = EzGuG 8.28; VGH München, Urt. vom 22.06.1990 – 20 B 90.402 –, BayVBl. 1991, 369 = EzGuG 14.93.

216 BVerwG, Urt. vom 25.02.1977 – 4 C 22/75 –, BVerwGE 52, 122 = EzGuG 13.35; BVerwG, Urt. vom 14.12.1973 – 4 C 71/71 –, BVerwGE 44, 244 = EzGuG 8.41; BVerwG, Urt. vom 05.07.1974 – 4 C 50/72 –, BVerwGE 45, 309 = EzGuG 8.43.

217 BVerwG, Urt. vom 14.04.1978 – 4 C 97/76 –, BRS Bd. 33 Nr. 185 = EzGuG 8.52; vgl. auch BVerwG, Beschl. vom 05.08.1983 – 4 C 96/79 –, BVerwGE 67, 334.

218 BVerwG, Beschl. vom 09.02.1995 – 4 NB 17/94 –, GuG 1995, 251 = EzGuG 4.159; BVerwG, Urt. vom 14.04.1978 – 4 C 97/76 –, BRS Bd. 33 Nr. 185 = EzGuG 8.52; BVerwG, Beschl. vom 24.04.1992 – 4 B 60/92 –, Buchholz 406.19 Nachbarschutz Nr. 109 = EzGuG 6.265b.

219 BGH, Urt. vom 27.01.1983 – III ZR 131/81 –, BRS Bd. 40 Nr. 197 = EzGuG 13.61 (Abgrenzung zu BGH, Urt. vom 12.10.1978 – III ZR 162/76 –, NJW 1979, 34 = EzGuG 12.22).

220 BVerwG, Beschl. vom 11.07.1989 – 4 B 33/89 –, NJW 1989, 2766 = EzGuG 4.126.

221 BVerwG, Beschl. vom 09.02.1995 – 4 NB 17/94 –, GuG 1995, 251 = EzGuG 4.159.

222 OVG Koblenz, Urt. vom 14.05.1993 – 8 A 10876/92 –, Nachr. der rh.-pf. Kat.- und VermVw 1996, 168.

6.4.9.5 Aussichts- und Besonnungslage

Der Annehmlichkeitswert eines Grundstücks, der bei objektiver Betrachtungsweise für jeden Benutzer besteht, z.B. eine **schöne Aussicht,** ist ein verkehrswertbildender Faktor. Das Verbauen einer schönen Aussicht kann deshalb zu einer Minderung des Verkehrswerts führen, auch wenn sie rechtlich nur bedingt verhindert werden kann[223]. Ist die Aufrechterhaltung einer schönen Aussicht nicht z.B. durch eine Grunddienstbarkeit gesichert, so folgt hieraus regelmäßig kein Ausgleichsanspruch. In das Eigentum wird nämlich damit solange nicht eingegriffen, wie die Bebauung zulässig und „situationsberechtigt" ist und mit der Verbauung nicht über die Zumutbarkeitsschwelle hinausgegangen wird[224]. Der Fortbestand einer freien Aussicht stellt lediglich für die Zukunft nicht geschützte „bloße" Chance und Lagegunst selbst für denkmalgeschützte bauliche Anlagen dar[225]. **399**
Auch dem **Entzug der Besonnung** eines Grundstücks ist grundsätzlich keine ausgleichspflichtige wertmindernde Wirkung zugesprochen worden[226].

Insbesondere für **Wohngrundstücke in reinen Wohngebieten** ist die Besonnungslage als wertbildender Faktor von Bedeutung: Der Gutachterausschuss *Bottrop* gibt im Grundstücksmarktbericht 2024 hierzu folgendes *Beispiel*: **400**

Berücksichtigte Himmelsrichtung im Bodenrichtwert:	
Himmelsrichtungsfaktor	1,04
Himmelsrichtung des zu bewertenden Grundstücks:	
Nordausrichtung; Himmelsrichtungsfaktor	0,96
Himmelsrichtungskorrigierter Bodenrichtwert des zu bewertenden Grundstücks:	
200 €/m² : 1,04 x 0,96 ≈ 185 €/m²	

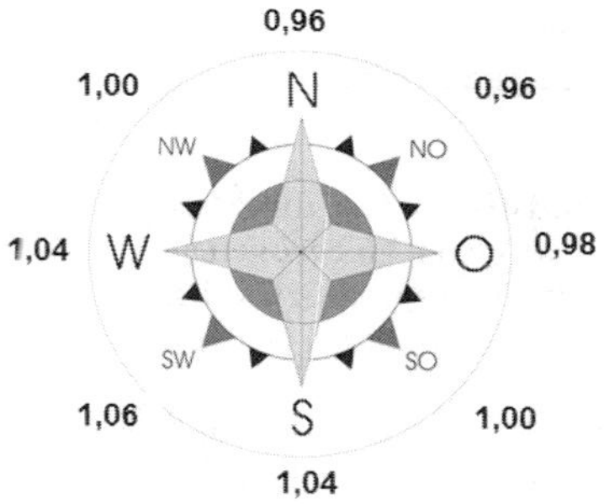

6.4.9.6 Wasser- bzw. Ufergrundstück

▶ *Zu den Wasserflächen vgl. § 3 ImmoWertV Rn. 116; § 45 ImmoWertV Rn. 1 ff.*

Die Lage eines Wohngrundstücks direkt (oder in der Nähe) am Ufer einer Wasserfläche (**Wassergrundstück**) ist i.d.R. ein werterhöhender Umstand[227]. Der brandenburgische Grundstücksmarktbericht 2014[228] unterscheidet bei Wohnbaugrundstücken zwischen **401**

a) Grundstücken mit direktem Wasserzugang (Ufergrundstück) und

b) Grundstücken mit Wasserzugang über einen vorgelagerten Uferstreifen (Fremdeigentum).

---

223 BVerwG, Beschl. vom 09.02.1995 – 4 NB 17/94 –, GuG 1995, 251 = EzGuG 4.159; VGH, Mannheim, Normenkontrollbeschl. vom 14.03.1990 – 8 S 2599/89 –, BRS Bd. 50 Nr. 51 = EzGuG 14.87c.

224 BVerwG, Urt. vom 13.06.1969 – 4 C 80/67 –, DVBl 1970, 60 = EzGuG 4.29; BVerwG, Urt. vom 13.06.1969 – 4 C 234/65 –, BVerwGE 32, 173 = EzGuG 8.28; OLG Hamburg, Urt. vom 19.02.1960 – 1 U 163 (169)/59 –, BlGBW 1961, 62 = EzGuG 4.13.

225 OVG Berlin-Brandenburg, Beschl. vom 28.09.2012 – 10 S 21/12 –, BlnGE 2012, 1505 = EzGuG 5.70.

226 PrOVG, Urt. vom 11.04.1933 – VI D 79/32 –, PrOVGE 90, 5 = EzGuG 4.3.

227 BGH, Urt. vom 20.10.1967 – V ZR 78/65 –, BGHZ 48, 340 = EzGuG 4.27.

228 Vgl. Grundstücksmarktbericht Brandenburg 2014 S. 78.

Abb. 44: Ufernähe

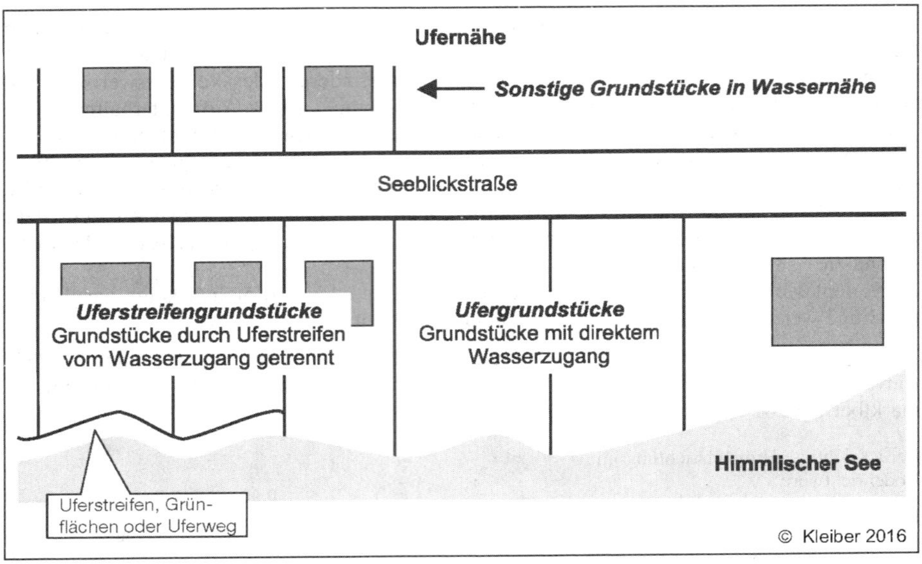

402 Für **Grundstücke mit direktem Wasserzugang** wird im Grundstücksmarktbericht 2016 ein Wertfaktor von 2,6 bezogen auf den jeweiligen Bodenrichtwert des aktuellen Berichtsjahrs festgestellt. Dieser Koeffizient bezieht sich auf Grundstücke mit einem Bodenrichtwertniveau ≥ 20 €/m², einer mittleren Grundstücksgröße von 1500 m² bei einer Größenspanne von 300 m² bis 2800 m².
Im Grundstücksmarktbericht 2020 des Gutachterausschusses von Potsdam wird aus Beobachtungen im Zeitraum 2016 bis 2020 für Bodenrichtwerte von Baugrundstücken mit direktem oder indirektem Wasserzugang (z.B. nur getrennt durch Grünfläche oder Uferweg), die häufig auch baulich nicht nutzbare Teilflächen (Bauverbotszonen) in Ufernähe einschließen, ein Wertfaktor von 1,65 ausgewiesen.

6.4.9.7 Kleinräumige Lagemerkmale

a) Ecklage (Verkehrswertermittlung)

403 Unter Eckgrundstücken werden i.d.R. Grundstücke am Schnittpunkt zweier Straßen verstanden. Auf Grund der sich hieraus ergebenden Folgen für die Grundstücksnutzung können sich im Vergleich zu einem an einem Straßenzug gelegenen Grundstück Vor- oder Nachteile ergeben. Die **Ecklage** *(corner influence)* kann sich aber auch wertneutral auswirken[229].

404 Allgemein lässt sich feststellen, dass **bebaute Eckgrundstücke i.d.R. eine höhere bauliche Ausnutzung** aufweisen, die vielfach nicht mit den baurechtlichen Vorschriften im Einklang steht, jedoch unter Bestandsschutz fällt bzw. im Falle einer Neubebauung aus städtebaulichen Gründen wieder genehmigt würde[230]. Wird die sich daraus ergebende Werterhöhung bereits nach Maßgabe des § 6 Abs. 1 ImmoWertV durch Ansatz eines entsprechend erhöhten Bodenwerts berücksichtigt, ist diesem Umstand insoweit bereits Rechnung getragen.

229 OVG Münster, Urt. vom 25.09.1957 – 4 A 670/56 –, OVGE 13, 39 = EzGuG 4.7.
230 VG Berlin, Beschl. vom 11.11.1998 – 19 A 86/98 –, GuG 1999, 186 = EzGuG 15.93.

Darüber hinaus kann sich für **Eckgrundstücke in Geschäftslagen** eine höhere Wertigkeit ergeben, wenn sich dadurch die Ertragsfähigkeit, z.B. durch erhöhten Kundenzulauf, verbessert (Eckläden). Dieser Vorteil kann sich auch in Wohnlagen bei einer Nutzung der Ecklage für eine Gastwirtschaft einstellen. Auf der anderen Seite müssen bei erschließungsbeitragspflichtigen Eckgrundstücken erhöhte Erschließungskosten „gegengerechnet" werden. Des Weiteren gilt es bei Anwendung des Ertragswertverfahrens auch, ggf. erhöhte Betriebskosten (z.B. Grundbesitzabgaben) wertmindernd zu berücksichtigen **405**

Bei den in offener Bauweise bebaubaren Eckgrundstücken überwiegen i.d.R. die Nachteile, insbesondere wenn aufgrund festgesetzter Baulinien ein Grundstück einen überproportionalen Anteil an unbebaubarem Vorderland aufweist. **406**

Überdies kann die Ecklage mit höheren Erschließungsbeiträgen und Grundbesitzabgaben (Straßenreinigungsgebühren) sowie stärkerer Lärm- und Abgasbelastung belastet sein. Für den Eigentümer des Grundstücks bzw. dessen Nutzer bedeutet die Ecklage zudem, dass in das Grundstück mehr als sonst eingesehen werden kann und im Winter eine größere Fläche von Schnee geräumt werden muss. Lediglich bei einer Reihenhausbebauung ergeben sich aus der Ecklage insoweit Vorteile, als das Grundstück im Verhältnis zur übrigen Bebauung zumindest nach einer Seite eine offene Bauweise aufweist; für die zusätzlich benötigte Fläche kann allerdings in diesem Fall nicht der „volle" Baulandwert angesetzt werden. **407**

b) Ecklage (Steuerliche Bewertung)

▶ *§ 40 ImmoWertV Rn. 186*

Nach den Bestimmungen der **Richtlinien der Finanzverwaltung für die Bewertung des Grundvermögens**[231] – BewR Gr – ergeben sich Werterhöhungen nur für das „engere Eckgrundstück". Es bestimmt sich in seiner Abmessung nach der ortsüblichen Vorderlandtiefe (Tiefe des Bodenrichtwertgrundstücks), die sich bis zu einem Höchstmaß von 30 m von der Ecke aus gerechnet als Straßenfronten ergibt. Alle über diese Abmessungen hinausgehenden Grundstücksteile sind dagegen wie Grundstücke mit nur einer Straßenfront zu bewerten (Abb. 45). Ein höherer Wert aufgrund der Ecklage ergibt sich nur für das **engere Eckgrundstück.** **408**

231 Richtlinien für die Bewertung des Grundvermögens vom 19.09.1966 (BAnz Nr. 183 vom 29.09.1966).

Abb. 45: Ermittlung des engeren Eckgrundstücks auf der Grundlage der ortsüblichen Vorderlandtiefe

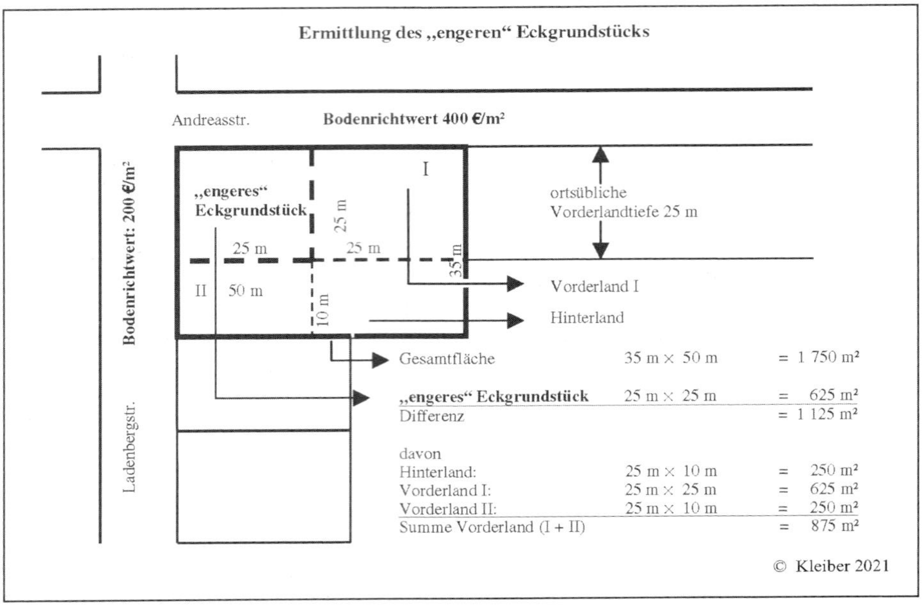

409 Der erhöhte Wert kann durch einen **Zuschlag** ermittelt werden, der **an dem Wert des Reihengrundstücks für die „wertvollere“ Straße anzubringen** ist. Als Anhalt für die Zuschläge kommen die in Abb. 46 aufgeführten Rahmensätze in Betracht, die nur für Bereiche mit geschlossener Bauweise gelten; bei offener Bauweise sind die Rahmensätze entsprechend zu mindern.

Abb. 46: Rahmensätze für Zuschläge zum Wert der Reihengrundstücke der „wertvolleren“ Straße zur Ermittlung des Werts des „engeren“ Eckgrundstücks

Rahmensätze für Zuschläge zur Ermittlung des Werts engerer Eckgrundstücke nach BewR Gr	
örtliche Situation	Wertzuschlag
am Schnittpunkt	
a) von Wohnstraßen	5 bis 10 %
b) einer Geschäftsstraße mit einer Wohnstraße	15 bis 25 %
c) zweier Geschäftsstraßen	25 bis 45 %
Die *unteren* Rahmensätze sind anzuwenden, – wenn der durchschnittliche Wert für die weniger „wertvolle“ Straße erheblich geringer als der Wert für die wertvollere Straße ist **oder** – wenn es sich um eine weniger bevorzugte Geschäftslage handelt. Die *oberen* Rahmensätze sind anzuwenden, – wenn die durchschnittlichen Werte für die Straßen annähernd gleich sind **und** – wenn es sich um eine besonders gute Geschäftslage handelt.	

Beispiel zur Ermittlung des Werts des engeren Eckgrundstücks: 410

a) Fallbeispiel siehe Abb. 48 unter Rn. 408

– Bodenrichtwert der „wertvolleren" Straße:	400 €/m²
– Bodenrichtwert der weniger „wertvollen" Straße:	200 €/m²
– Schnittpunkt zweier Geschäftsstraßen	
– Größe des „engeren" Eckgrundstücks:	625 m²
b) Wert des „engeren" Eckgrundstücks pro Quadratmeter:	400 €/m² + 25/100 × 400 €/m² = 500 €/m²
c) **Gesamtwert des „engeren" Eckgrundstücks:**	625 m² × 500 €/m² = **312 500 €**

Spitzwinklige Eckgrundstücke haben einen geringeren Wert als rechtwinklige Eckgrundstücke, wenn sie von einer Wohnstraße *oder* von zwei Wohnstraßen begrenzt werden. Werden sie dagegen von zwei Geschäftsstraßen begrenzt, so hebt der Vorteil, dass die Gebäude größere Schaufensterfronten haben können, i.d.R. den Nachteil einer ungünstigen Grundrissgestaltung und einer geringeren Nutzfläche auf. 411

Gehen – wie im *Beispiel* – die **Abmessungen des Gesamtgrundstücks** an *beiden* Straßenfronten **über das engere Eckgrundstück hinaus, ist die restliche Fläche von den beiden Straßenfronten aus in zwei Teilflächen aufzuteilen.** Für jede der Teilflächen ist zunächst die Größe des Vorderlands zu berechnen. Das verbleibende Hinterland ist der Vorderlandteilfläche der höherwertigen Straße zuzurechnen. Die Berechnung eines Anteils zum „engeren" Eckgrundstück unterbleibt hingegen, weil dieses nur aus Vorderland besteht. 412

Beispiel: 413
Zur **Ermittlung des Werts eines Eckgrundstücks** (Fallbeispiel siehe Abb. 45 unter Rn. 408):

a) Wert des „engeren" Eckgrundstücks (vgl. vorheriges Beispiel)	=	312 500 €
– Vorderlandfläche I: 25 m × 25 m	=	625 m²
– Vorderlandfläche II: 25 m × 10 m	=	250 m²
– Hinterland 25 m × 10 m	=	250 m²
– Bodenrichtwert für Vorderland I	=	400 €/m²
– Bodenrichtwert für Vorderland II	=	200 €/m²
b) Der Wert des Hinterlandes beträgt 50 % des zugehörigen Vorderlandes.		
c) Ermittlung des Gesamtwerts:		
– Wert des „engeren" Eckgrundstücks	=	312 500 €
– Wert der Vorderlandfläche I 625 m² × 400 €/m²	=	250 000 €
– Wert des anteiligen Hinterlands 250 m² × 400 €/m²	=	50 000 €
– Wert der Vorderlandfläche II* 250 m² × 200 €/m²	=	50 000 €
Gesamtwert	=	**662 500 €**

* mindestens der Wert des Hinterlands der höherwertigen Straße

Des Weiteren führt Abschn. 9 der BewR Gr **zur Wertigkeit von Eckgrundstücken** folgende Grundsätze auf: 414

„(1) Bei Eckgrundstücken ist i.d.R. von dem höheren der Werte auszugehen, die für die begrenzenden Straßen gelten.

(2) Eckgrundstücke können wertvoller, aber auch geringwertiger als Reihengrundstücke sein. Ein höherer Wert ist in erster Linie durch die größere bauliche Ausnutzbarkeit der Eckgrundstücke begründet. Bei Eckgrundstücken an Geschäftsstraßen wirkt außerdem eine höhere Ertragsfähigkeit werterhöhend (z.B. durch Eckläden).

(3) Eckgrundstücke an Geschäftsstraßen haben infolge der bevorzugten Geschäftslage und der entsprechend höheren Ertragsfähigkeit einen wesentlich höheren Wert als andere Grundstücke der Geschäftsstraßen. Dieser höhere Wert ist dadurch bedingt, dass gegenüber den Mehrerträgen, die infolge der bevorzugten Geschäftslage zu erwarten sind, die Bewirtschaftungskosten nicht in demselben Ausmaß steigen.

(4) Eckgrundstücke am Schnittpunkt von Wohnstraßen haben gegenüber Reihengrundstücken nur dann einen höheren Wert, wenn auf ihnen ein Gebäude mit gewerblich genutzten Räumen (vor allem mit Eckläden oder einer Gastwirtschaft) errichtet werden kann. Sind sie dagegen nur durch eine größere bauliche Ausnutzbarkeit bevorzugt, so ist ein höherer Wert im Allgemeinen nicht anzunehmen, weil dieser Vorteil durch die erhöhten Bewirtschaftungskosten aufgehoben wird."

c) Passage

415 Bei **Grundstücken mit Passagen** (überbaute oder mit einem Glasdach versehene Flächen, die dem öffentlichen Verkehr dienen) kann regelmäßig das **Hinterland ebenso genutzt werden wie das Vorderland.** Durch die bessere Ausnutzung der als Hinterland zu wertenden Flächen wird ein Minderwert des Grund und Bodens der dem Verkehr dienenden Passage ausgeglichen. Deshalb kommt ein Abschlag wegen geringer baulicher Ausnutzung durch den Passagebau i.d.R. nicht in Betracht.

d) Arkade/Kolonnade

Schrifttum: *Burneleit, J.*, Wertveränderungen durch Geh- und Fahrrechte auf Arkadenflächen, Forum 2011, 208, 299.

416 Zunehmend von Bedeutung ist die **Berücksichtigung von Arkaden bzw. Kolonnaden** (Säulengängen[232]), insbesondere bei Grundstücken, auf denen Arkaden aufgrund einer baubehördlichen Auflage erstellt wurden und deren Werteinfluss nicht bereits mit den herangezogenen Vergleichspreisen oder Bodenrichtwerten berücksichtigt wurde.
Hier ist Folgendes zu beachten:

a) Ist das Eigentum an der Gehfläche der Arkaden in privater Hand geblieben, so ist zu prüfen, ob und in welcher Höhe der Wert des Grund und Bodens wegen der **Ausnutzungsbeschränkung** des Grundstücks gemindert ist. Im Allgemeinen kann die Grundfläche der Arkaden vom Eigentümer nicht genutzt werden. Diese Minderausnutzung beeinträchtigt den Wert des Grund und Bodens und ist deshalb bei der Ermittlung des Bodenwerts für das Arkadengrundstück durch einen Abschlag zu berücksichtigen. Die Höhe des Abschlags ergibt sich aus dem Verhältnis des von den Arkaden umschlossenen Rauminhalts zum gesamten Rauminhalt des Gebäudes einschließlich der Arkaden.
Der Wertminderung durch den Bau der Arkaden **können** aber **Werterhöhungen gegenüberstehen.** Oft wird der Arkadenraum durch das Aufstellen von Schaukästen, Vorführeinrichtungen, Vitrinen und dgl. genutzt. Soweit in solchen Fällen eine weitgehende Raumausnutzung besteht, kann der errechnete Abschlag wegfallen.

b) Gehört die Gehfläche der Arkaden der Gemeinde, so ist der Wert des Grund und Bodens wegen der **erhöhten baulichen Ausnutzung des restlichen Grund und Bodens** durch Über- und Unterbauung der der Gemeinde gehörenden Grundstücksfläche zu erhöhen. Die Höhe des Mehrwerts ist zu berechnen nach dem Verhältnis des durch die Arkaden gewonnenen Rauminhalts zum Rauminhalt, der sich bei normaler Nutzung (ohne Arkaden) ergeben hätte. Hat der Grundstückseigentümer die Arkaden freiwillig errichtet, so kann eine Wertminderung i.d.R. nicht anerkannt werden[233].

232 Arkaden im engeren Sinne sind Säulengänge mit von Pfeilern oder Säulen getragenen Bogenelementen; bei geradem Gebälk spricht man von Kolonnaden. Der Begriff wird bei Einkaufszentren nicht mehr im strengen Sinne gebraucht.

233 Weiterführend BGH, Urt. vom 15.10.1992 – III ZR 147/91 –, GuG 1993, 178 = EzGuG 14.115.

e) Überhang

Schrifttum: Kellerschächte, Erker und Balkone – kommt jetzt das große Abkassieren?, Bln GE 2006, 994; *Weyers,* Nutzungsentgelt bei Inanspruchnahme öffentlichen Straßenlandes, GuG 1998, 296; *Kleiber, W.,* Bewertung öffentlichen Straßenlands, GuG 2011, 105.

Von dem Überbau zu unterscheiden sind sog. Überhänge wie **Balkone, Erker und Loggien, aber auch Arkaden,** die in den öffentlichen Straßenraum auskragen. Hierzu gehören auch Brücken und sog. Deckel. Die Nutzung erfolgt i.d.R. aufgrund eines Gestattungsvertrags nach bürgerlichem Recht. Für die Inanspruchnahme des öffentlichen Straßenraums (Luftraums) wird i.d.R. ein einmaliges Nutzungsentgelt vereinbart (Nutzungsentschädigung). **417**
Rechtsgrundlagen sind insbesondere

a) die Straßen- und Wegegesetze der Länder[234],

b) § 8 des Bundesfernstraßengesetzes,

c) gemeindliche Satzungen[235] (insbesondere bei Ortsdurchfahrten im Zuge von Bundes- und Landesstraßen) sowie sonstige Satzungen[236] und

d) Verordnungen[237].

In allen Fällen richtet sich die Einräumung von Rechten zur Benutzung des Luftraums nach bürgerlichem Recht, wobei allerdings die gesetzlichen Regelungen bezüglich der **technischen Anforderungen** an den Überhang zu beachten sind[238].

Zur **Bemessung des Nutzungsentgelts** für ein oberes Stockwerk (Überhang), das in den Luftraum einer öffentlichen Straße hineinreicht, hat der BGH[239] im Übrigen festgestellt, dass die Ermittlung nach dem Verkehrswert versagen müsse und als Anhalt das Entgelt herangezogen werden könne, das von dem Eigentümer des Straßenlands üblicherweise für die Überbauung des Straßengeländes verlangt wird, wenn dieses Entgelt der Billigkeit entspricht.

Das i.d.R. einmalige Nutzungsentgelt bemisst sich nach dem wirtschaftlichen Vorteil des Grundstücks, von dem der Überhang ausgeht, und erstreckt sich – sofern nichts anderes vereinbart worden ist – auf den **Zeitraum** bis zum Rückbau (Abriss) der baulichen Anlage. Vielfach wird aber auch eine bestimmte Vertragsdauer (z.B. 99 Jahre) vereinbart. Sofern aus städtebaulichen Gründen ein Überhang erwünscht ist, werden auch Abschläge vom Nutzungsentgelt gewährt. Grundlage für die **Ermittlung des wirtschaftlichen Vorteils** ist die zusätzliche Nutzfläche (NF bzw. WF), die sich aus dem Überhang ergibt. Wird zur Ermittlung der Wohn- oder Nutzfläche von der Geschossfläche (GF) ausgegangen, so ist diese im Hinblick auf Mauerwerk, Treppenaufgänge, Aufzugsschächte usw. um etwa 20 % zu vermindern. Des Weiteren ist für den statisch bedingten Mehraufwand des Überhangs ein Abschlag von etwa 30 % anzubringen, um zum wirtschaftlichen Vorteil zu gelangen[240].

234 Vgl. § 3 Abs. 5 sowie § 23 Abs. 1 StrWG Nordrh.-Westf.
235 Vgl. Satzung der Stadt Köln vom 13.02.1998 – ABl. 1998, 74.
236 Z.B. Satzung des Landschaftsverbandes Rheinland über die Erhebung von Sondernutzungsgebühren für Sondernutzungen an Landstraßen vom 11.09.1997, GVBl. Nordrh.-Westf. 1997, 375.
237 Z.B. Berliner Verordnung über die Erhebung von Gebühren für die Sondernutzung öffentlicher Straßen vom 12.06.2006, GVBl 2006, 589.
238 Vgl. z.B. § 18 StrWG Nordrh.-Westf.
239 BGH, Urt. vom 19.12.1975 – V ZR 25/74 –, BGHZ 65, 395 = EzGuG 3.57.
240 Weyers, Nutzungsentgelt bei Inanspruchnahme öffentlichen Straßenlandes, GuG 1998, 296.

Beispiel:

Mit einem Büroneubau sollen insgesamt 8 Erker mit einer Gesamtgeschossfläche von 50 m² errichtet werden. Der durchschnittliche Bodenwert beträgt bezogen auf 1 m² NF 1 000 €. Der wirtschaftliche Vorteil (Wertzuwachs) bei 99-jähriger Vertragsdauer beträgt als Einmalbetrag:

Bodenwert pro 1 m² NF	1 000 €/m²
x 0,80 zwecks Umrechnung auf 1 m² Geschossfläche (GF) =	800 €/m² GF
x 0,70 zur Berücksichtigung statisch bedingter Mehrkosten =	560 €/m² GF

Bei einer Gesamtgeschossfläche von 50 m² ergibt sich als wirtschaftlicher Vorteil (Wertzuwachs):

560 €/m² GF x 50 m² GF = **28 000 €**

Der Verkehrswert des Grundstücks, von dem der Überhang ausgeht, erhöht sich um diesen Betrag; er stellt gleichzeitig das einmalige Nutzungsentgelt dar. Soll das Nutzungsentgelt in jährlichen Beträgen gezahlt werden, so ist der Einmalbetrag bei einem entsprechenden Zinssatz (z.B. von 4 %) durch den Rentenbarwertfaktor (jährlich vorschüssig) zu dividieren. Bezogen auf die einzelnen Parameter ergibt sich:

28 000 €/25,46 = 1 099,76 € p.a. rd.	=	1 100 € p.a.
oder 1 099,76 €/12 Monat	=	91,65 € pro Monat
oder 91,65 € pro Monat /50 m² GF	=	1,83 € pro m² GF und Monat

Aus wirtschaftlicher Überlegung heraus ist darüber nachzudenken, ob die Wohnungen mit Erker auch einen adäquaten Mietertrag erbringen werden, woraus der wirtschaftliche Vorteil begründet wird.

In dem vorgestellten *Beispiel* wurde von einem einheitlichen Bodenwert pro Quadratmeter Nutzfläche ausgegangen. Dies ist nicht immer sachgerecht, wenn der Überhang in den einzelnen Geschossebenen unterschiedlich ausfällt und diese **Geschossebenen eine stark voneinander abweichende Ertragssituation aufweisen** (z.B. in Innenstadtlagen). In derartigen Fällen kann auch direkt vom Bodenwert (Bodenrichtwert) ausgegangen werden, der dann nach dem Mietsäulenverfahren aufgespalten wird.

Beispiel:

Gemischt genutztes Grundstück in der Innenstadt mit einem Bodenwert von 5 000 €. Der Bodenwertanteil der einzelnen Geschossebenen wird auf der Grundlage der jeweiligen Erträge wie folgt aufgespalten:

Lage + Nutzung	**Reinertrag**	**Bodenwertanteil**		**überhängende Fläche**	**Wert**
	€/m²	**in % (5 000 €/m²)**	**absolut (€/m²)**	**(m²)**	**(€)**
V OG Wohnen	8,00	5,44	272,00	10,00	2 720,00
IV OG Wohnen	9,00	6,12	306,00	8,00	2 448,00
III OG Büro	10,00	6,81	340,50	8,00	2 724,00
II OG Büro	12,00	8,16	408,00	8,00	2 264,00
I OG Laden	25,00	17,01	850,50	–	–
EG Laden	50,00	34,01	1 700,50	–	–
UG Laden	30,00	20,41	1 020,50	–	–
TG Garage	3,00	2,04	102,00	–	–
Summen	147,00	100,00	5 000,00	34,00	11 156,00
Berücksichtigung statisch bedingter Mehrkosten: × 0,7					**7 809,20 €**

7 Deduktive Bodenwertermittlung

7.1 Allgemeines

Schrifttum: *Dieterich, H./Koch, J.*, Vergleich deduktiver Bodenwertermittlungsmethoden, GuG 2003, 331; *Gesellschaft für immobilienwirtschaftliche Forschung*, Kalkulationsschema für werdendes Bauland, GuG 1998, 223.

▶ *Vgl. § 6 ImmoWertV Rn. 18, 100 ff.; § 40 ImmoWertV Rn. 15; § 42 ImmoWertV Rn. 1 ff.; § 44 ImmoWertV Rn. 85; Teil VI Rn. 655 ff.*

Das Vergleichswertverfahren ist – wie ausgeführt – das Vorrangverfahren für die Ermittlung des Bodenwerts unbebauter und bebauter Grundstücke. Die Anwendung setzt aber voraus, dass geeignete Vergleichspreise in ausreichender Zahl zur Verfügung stehen. Während für die Verkehrswertermittlung von baureifem Land sowie für land- oder forstwirtschaftliche Flächen i.d.R. Vergleichspreise bzw. ein geeigneter Bodenrichtwert zur Verfügung stehen, sieht sich der Sachverständige häufig alleingelassen, wenn es um die **Verkehrswertermittlung von Bauerwartungsland oder Rohbauland** geht (vgl. hierzu § 42 ImmoWertV und Erl. bei § 42 ImmoWertV). Selbst wenn im Einzelfall dafür Vergleichspreise zur Verfügung stehen, so sind es in aller Regel nur wenige Preise, die dann zudem auch noch wenig aussagekräftig sind. Bauerwartungsland stellt nämlich nach den Ausführungen zu § 3 Abs. 2 ImmoWertV einen sehr labilen und flüchtigen Entwicklungszustand dar, dessen Wertigkeit je nach Wartezeit und Realisierungschance unterschiedlich ausfällt. Die Realisierungschance der Bauerwartung weist zudem eine erhebliche Wertspanne auf. Das Gleiche gilt für Rohbauland, insbesondere wenn eine Bodenordnung unabweislich ist und die Finanzierung der Erschließungs- und sonstigen Infrastrukturmaßnahmen aussichtslos ist. Ähnliche Probleme stellen sich auch dann, wenn es um die Verkehrswertermittlung großflächiger Baulandflächen, aufgelassener Industrie-, Bahn- und Militärflächen (Konversionsflächen) geht, die einer Neuerschließung bedürfen. **418**

Der BGH[241] hat in seiner Rechtsprechung zum Vergleichswertverfahren auch **andere Methoden grundsätzlich zugelassen**, wenn das Vergleichswertverfahren am Fehlen geeigneter Vergleichspreise scheitert (vgl. Rn. 451 ff.). Dies entspricht auch dem Grundsatz des § 6 Abs. 2 Satz 2 ImmoWertV, nach dem die Wahl des Wertermittlungsverfahrens auch nach den „Umständen des Einzelfalls" begründet werden kann. Das Fehlen geeigneter Vergleichspreise ist ein solcher „Umstand". **419**

In der Wertermittlungspraxis bedient man sich so genannter deduktiver oder kalkulatorischer Wertermittlungsverfahren vornehmlich dann, wenn es an geeigneten Vergleichspreisen mangelt, die einen direkten Preisvergleich zulassen. Dies betrifft in erster Linie die Bodenwertermittlung von **Grundstücken, die sich in einem Übergangsstadium von der land- oder forstwirtschaftlichen Nutzung zur Baureife (baureifes Land) befinden,** aber auch vielfach die Bodenwertermittlung bereits bebauter Grundstücke vornehmlich in den bebauten Innenbereichen. Auch hier mangelt es häufig an geeigneten Vergleichspreisen für unbebaute Grundstücke. **420**

Das klassische Vergleichswertverfahren ist (im erweiterten) Sinne ein „deduktives Verfahren", denn Unterschiede in den wertbeeinflussenden Merkmalen zwischen den Vergleichsgrundstücken und dem zu bewertenden Grundstück werden „deduktiv" mithilfe von Zu- und Abschlägen oder mittels anderer geeigneter Verfahren berücksichtigt (mittelbarer Preisvergleich). Nehmen die zu berücksichtigenden Wertunterschiede ein Ausmaß an, dass man den Vergleichspreisen ihre Eignung zum Preisvergleich absprechen muss, bedient man sich hilfsweise besonderer Parameter und Verfahren. In diesem Sinne werden im allgemeinen Sprachgebrauch unter dem **Begriff „deduktives Verfahren"** (im engeren Sinne) Verfahren verstanden, bei denen mangels einer hinreichenden Anzahl geeigneter Vergleichspreise der Bodenwert auf **421**

241 BGH, Urt. vom 27.11.1961 – III ZR 167/60 –, BB 1962, 204 = EzGuG 4.16.

der Grundlage weiterer Vergleichsparameter, insbesondere der Ertragsverhältnisse, aber auch der Baulandproduktionskosten, abgeleitet wird[242]. Im Einzelnen sind hier zu nennen:

a) die kalkulatorische Ableitung des Bodenwerts aus dem mutmaßlichen Ertrag des Grundstücks, der sich bei seiner bestimmungsgemäßen Nutzung, insbesondere Bebauung, des Grundstücks ergibt;

b) die Ableitung des Bodenwerts auf der Grundlage (möglichst empirisch ermittelter) und an wertbestimmende Merkmale anknüpfender Erfahrungssätze; z.B. Bodenwertableitung aus erzielbaren Erdgeschossmieten;

c) die Ableitung des Bodenwerts aus Erfahrungssätzen für die auf dem Grundstück realisierbare Geschossfläche.

422 Darüber hinaus stellt auch die Bodenwertermittlung im Wege des **Extraktionsverfahrens (Residualwertverfahrens) auf der Grundlage der Baulandproduktionskosten** im Kern ein deduktives Verfahren dar (vgl. Rn. 447 ff.).

423 Soweit es um die Ermittlung des Verkehrswerts des Grund und Bodens geht, sind die genannten **Verfahren** in aller Regel **höchst fehlerträchtig,** sodass es sich bei diesen Verfahren praktisch um Hilfs- bzw. Ersatzmethoden handelt, die dann in Betracht kommen können, wenn das Vergleichswertverfahren insbesondere mangels geeigneter Vergleichspreise versagt.

424 Im Rahmen von Investitionsberechnungen können die Verfahren zur Ableitung eines für den konkreten Einzelfall tragbaren Bodenwerts herangezogen werden.

7.2 Bodenwertermittlung bei wartendigem Bauland auf der Grundlage der Wartezeit

7.2.1 Allgemeines

▶ *Vgl. § 3 ImmoWertV Rn. 5, 138; § 6 ImmoWertV Rn. 206; § 42 ImmoWertV Rn. 1 ff., 77*

425 Wo es um die Bodenwertermittlung sog. warteständigen Baulands, also um die Bodenwertermittlung von Bauerwartungs- und Rohbauland geht, bestimmt sich der Wert unabhängig von der Klassifizierung des Grundstücks als Bauerwartungsland, Brutto- oder Nettorohbauland, wie unter § 3 ImmoWertV Rn. 178 ff. ausgeführt, vornehmlich nach der **Wartezeit** bis zu einer baulichen Nutzbarkeit. Auf die bloße Einordnung einer Fläche als Bauerwartungs- oder Rohbauland kommt es also nicht entscheidend an. Demzufolge misst der Grundstücksmarkt einer Fläche, die schon bald eine bauliche Nutzbarkeit erwarten lässt, einen höheren Wert bei als einer Fläche, für die nach den Verhältnissen zum Wertermittlungsstichtag eine längere Wartezeit hingenommen werden muss.

426 Wo es an Vergleichspreisen für warteständiges Bauland mangelt, wird in der Praxis der Verkehrswertermittlung der Verkehrswert von Bauerwartungsland und Rohbauland (deduktiv) aus vorhandenen Vergleichspreisen für baureifes Land abgeleitet, indem die Wartezeit wertmäßig in Abschlag gebracht wird. Grundsätzlich stellt diese Methode einen äußerst problematischen Hilfsweg dar *(method of last resort)* und sollte nur im Notfall beschritten werden. Im Kern ist diese Methode eigentlich dem klassischen Vergleichswertverfahren zuzuordnen, bei dem größere Abweichungen gegenüber den herangezogenen Vergleichspreisen in Kauf genommen werden (müssen). Diese Abschläge können ein Vielfaches von dem betragen, was letztlich als Verkehrswert des warteständigen Baulands auf diesem Wege ermittelt wird.

427 Die Methode ist nur dann sachgerecht**, wenn das Ergebnis nicht überproportional vom Ausgangswert abweicht**. Dies gilt auch dann, wenn man den an die Ausgangspreise für bau-

242 Vgl. Kleiber in Sandner/Weber, Lexikon der Immobilienwertermittlung, Bundesanzeiger Verlag 2003, S. 171.

reifes Land anzubringenden „Abschlag" hilfsweise mit plausiblen Methoden zu begründen trachtet.

7.2.2 Einfache Bruchteilsmethode

Wie vorstehend ausgeführt, wird in der Praxis der Verkehrswertermittlung von der Möglichkeit Gebrauch gemacht, den **Verkehrswert wartestandigen Baulands aus Vergleichspreisen von baureifem Land unter Berücksichtigung der Wartezeit abzuleiten.** **428**

Abzulehnen ist die Praxis, den Verkehrswert von Bauerwartungsland und Rohbauland unter Heranziehung irgendwelcher Tabellenwerke zu ermitteln, in denen für Bauerwartungs- und Rohbauland (ggf. noch differenziert) Vomhundertsätze des baureifen Landes angegeben sind, um daraus den Verkehrswert abzuleiten (Abb. 1), § 3 ImmoWertV Rn. 19; § 42 ImmoWertV. **429**

Abb. 1: Preisspannen in den Qualitätsstufen der Baulandpreisentwicklung (hilflose Methode)

Stufe	Merkmal	v.H. des Werts von baureifem Land
	Bauerwartungsland	
1	Eine Bebauung ist nach der Verkehrsauffassung in absehbarer Zeit zu erwarten	15–40
2	Im Flächennutzungsplan als Baufläche dargestellt	25–50
3	Aufstellung eines Bebauungsplans beschlossen	35–60
4	Bebauungsplan aufgestellt, je nach geschätzter Dauer bis zur Rechtskraft und Grad der Erschließungsgewissheit	50–70
5	**Rohbauland**	50–70
6	Innerhalb der im Zusammenhang bebauten Ortsteile gelegen, Erschließung	60–80
7	erforderlich	70–85
8	Bebauungsplan rechtskräftig, Bodenordnung erforderlich	85–95
	Bebauungsplan rechtskräftig, Bodenordnung nicht erforderlich	
	Bebauungsplan rechtskräftig, Erschließung gesichert	
9		100
	Baureifes Land	
	Bebauungsplan rechtskräftig oder innerhalb der im Zusammenhang bebauten Ortslage gelegen, Erschließung erfolgt oder bereits vorhanden, erschließungs- und kompensationsbeitragspflichtig.	

Quelle: Gerardy/Möckel, Praxis der Grundstücksbewertung (Stand 2010)

Diese Vorgehensweise (Pauschalansätze) kann als **hilflose Methode** bezeichnet werden, die aus mehreren Gründen Bedenken hervorrufen muss: **430**

a) Zum einen handelt es sich bei den veröffentlichten **Pauschalsätzen** um Durchschnittssätze, die schon von daher nicht auf die örtlichen Marktverhältnisse übertragbar sind. Zum anderen sind sie mit großen Unsicherheiten behaftet, wie sich schon aus den veröffentlichten „Spannbreiten" ergibt. Dies ist u.a. darin begründet, dass im Einzelfall die Wartezeit bis zur Baureife sehr unterschiedlich ausfallen kann und der Anteil der erforderlichen Gemeinbedarfs- und naturschutzrechtlichen Ausgleichsflächen ebenfalls recht unterschiedlich sein kann[243].

b) Es kommt hinzu, dass bei Anwendung dieser Methode die prozentualen Abschläge von dem Ausgangswert des baureifen Landes sehr hoch – im Einzelfall bis zu 90 % (!) – ausfallen können und dies allein schon Bedenken hervorrufen muss. Abschläge in dieser Größenordnung sprechen gegen die Eignung des herangezogenen Ausgangswerts von baureifem

243 Ablehnend: auch BFH, Urt. vom 26.04.2006 – II R 58/04 –, BFHE 213, 207 = BStBl II 2006, 793 = EzGuG 20.201.

Land. Das **KG Berlin** hat zu dieser Problematik festgestellt, dass Zu- und Abschläge „höchstens 30 % oder allenfalls 35 % nicht übersteigen“ dürfen[244]. Ein höherer Abschlag spricht mithin gegen die Eignung des herangezogenen Vergleichspreises.

431 Das Ausmaß der **Schwankungsbreiten** zeigen die Marktberichte der Gutachterausschüsse auf:

a) Stadt *Bergisch Gladbach* (2021): für das Wertverhältnis von *Rohbauland* zu baureifem Land (ebpf) wird 0,51 bis 0,81 bei einer Bandbreite der Kaufpreise von 200 bis 500 €/m² ausgewiesen (Verkäufe aus 2014–2019), Mittelwert 0,71. *Bauerwartungsland* wurde zwischen 4 und 13 % des erschließungsbeitragsfreien Baulandwerts gehandelt (Mittel rd. 7 %).

b) LK *Cloppenburg* (2013): Wertverhältnis von Bauerwartungsland zu baureifem Wohnbauland (ebf): 0,25 (0,10 bis 0,45); für Rohbauland wird ein Wertverhältnis von 0,36 (0,17 bis 0,70) angegeben.

c) Stadt *Delmenhorst* (2013): Wertverhältnis von Bauerwartungsland zu baureifem Wohnbauland (ebf): 0,25 (0,06 bis 0,50); für Rohbauland wird ein Wertverhältnis von 0,55 (0,31 bis 0,91) angegeben.

d) Im *Ennepe-Ruhr-Kreis* (2020) wird für Bauerwartungsland i.d.R. 10 bis 50 % des vergleichbaren Bodenwerts für beitragspflichtiges Bauland gezahlt. Für Rohbauland werden i.d.R. 30 bis 105 % des vergleichbaren Bodenwerts für beitragspflichtiges Bauland gezahlt. Eine Abhängigkeit zwischen dem Preis und der qualitativen Entwicklung des Rohbaulandes war nicht festzustellen.

e) LK *Oldenburg*: Wertverhältnis von Bauerwartungsland zu baureifem Wohnbauland (ebf): 0,22 (0,06 bis 0,35), für Rohbauland wird ein Wertverhältnis von 0,51 (0,21 bis 0,84) angegeben.

f) LK *Vechta*: Wertverhältnis von Bauerwartungsland zu baureifem Wohnbauland (ebf): 0,34 (0,11 bis 0,70), für Rohbauland wird ein Wertverhältnis von 0,46 (0,30 bis 0,70) angegeben.

g) In *Wuppertal* (2021) wird Bauerwartungsland überwiegend in einer Preisspanne zwischen 10 % und 40 % des vergleichbaren Bodenwerts für beitragsfreies Bauland gehandelt. Die Kaufpreise für Rohbauland lagen überwiegend in einer Preisspanne zwischen 40 % und 90 % des vergleichbaren Bodenwerts für erschließungsbeitragsfreies Bauland. Rohbauland wurde in einer Preisspanne von 30–90 % des erschließungsbeitragsfreien Baulands gehandelt.

h) Im *Rheinisch-Bergischen Kreis* wurden für Rohbauland bei Flächen von 5 900 m² bis 12 400 m² rd. 25 bis 50 % des erschließungsbeitragsfreien Baulandwerts bei „kürzester“ Erwartung einer baulichen Nutzung bezahlt (2019).

432 Es ist zwar einzuräumen, dass Bauerwartungs- und Rohbauland ex definitionem tendenziell eine den angegebenen Vomhundertsätzen entsprechende Wartezeit und Wertigkeit aufweisen, jedoch ist auch genauso sicher, dass es **ein festes und vor allem nicht für das gesamte Bundesgebiet gültiges Wertverhältnis zwischen Bauerwartungs- und Rohbauland zum baureifen Land nicht gibt.** In empirischen Untersuchungen sind zudem deutlich voneinander abweichende, aber stets erhebliche Wertspannen für den Wertanteil des Bauerwartungs- und Rohbaulandes festgestellt worden[245].

433 **Gesicherte Aussagen über einen bestimmten Wertanteil des Bauerwartungslandes oder des Rohbaulandes am Wert des baureifen Landes sind nicht möglich.**

244 KG Berlin, Urt. vom 01.11.1969 – U 1449/68 –, AVN 1970, 438 = EzGuG 20.46; LG Berlin, Urt. vom 11.08.1998 – 29 0 371/97 –, GuG 1999, 250 = EzGuG 19.46a („nicht ohne Bedenken bis zu 40 %, aber u.U. noch vertretbar“).

245 Zu den divergierenden Ergebnissen von Seele, Vogels und Gerardy/Möckel vgl. Kleiber, Verkehrswertermittlung von Grundstücken, 5. Aufl. 2010, S. 1377.

Der relative Wertanteil ist zwar theoretisch in erster Linie von der Wartezeit bis zum Eintritt der Baureife abhängig, jedoch ist gerade die **Wartezeit** im Hinblick auf die häufig schwer abschätzbare städtebauliche Entwicklung, auf die kommunale Planungshoheit, einhergehend mit der Beteiligung der Öffentlichkeit und der Behörden (§§ 3 f. BauGB), und letztendlich auch im Hinblick auf die bodenrechtlichen und finanziellen Möglichkeiten der Gemeinde für die Erschließung **schwer abschätzbar.** Was heute noch an Entwicklungsmöglichkeiten in weiter Ferne zu stehen scheint, kann sich morgen bereits konkretisieren; umgekehrt haben sich auch bereits bis ins Detail konkretisierte Entwicklungschancen nicht selten „über Nacht" verflüchtigt. 434

Die Literaturangaben über den relativen **Wertanteil des Bauerwartungslandes und des Rohbaulandes am Wert des baureifen Landes** (= 100 %) müssen von daher als Durchschnittswerte angesehen werden, denen i.d.R. zudem eine Reihe theoretischer Annahmen zugrunde liegen. Sie sind nur mit höchster Vorsicht heranzuziehen. Einer den Gegebenheiten des konkreten Einzelfalls Rechnung tragende Berücksichtigung der Wartezeit ist der Vorzug zu geben. 435

Gerardy/Möckel unterscheiden in ihrer Veröffentlichung zwischen fünf Stufen des Bauerwartungslandes mit einer Wertigkeit von 15 bis 70 % des Werts von baureifem Land (vgl. Rn. 432). Es handelt sich hierbei um eine äußerst fragwürdige Aufstellung, deren Verbreitung weniger auf den gesunden Sachverstand als auf die Bequemlichkeit des Anwenders zurückgeführt werden kann. 436

Im Übrigen sind die **angegebenen Vomhundertsätze,** selbst wenn ihnen – gegliedert nach Stufen – vernünftige Kriterien zugrunde lägen, durch die **naturschutzrechtliche Eingriffs- und Ausgleichsregelung** des § 1a BauGB i.V.m. den §§ 135 ff. BauGB überholt, da diese allgemein zur Preisdämpfung in nicht unerheblichem Maße führen kann. 437

Die schematische Anwendung dieser Tabelle ist in der Praxis schon manchem Sachverständigen zum Verhängnis geworden, z.B. wenn es darum geht, für einen großflächigen städtebaulichen **Entwicklungsbereich die entwicklungsunbeeinflussten Grundstückswerte** für z.B. 30 ha festzulegen. Entwicklungsträger lehnen von daher diese Tabelle ab. 438

Aus diesen Gründen sind **deduktive Verfahren** vorzuziehen, mit denen die Besonderheiten des Einzelfalls berücksichtigt werden können. Bevor man zu solchen Verfahren greift, sollte aber gewissenhaft geprüft werden, ob nicht doch ein direkter Preisvergleich möglich ist. Dies gilt insbesondere für die Verkehrswertermittlung von wartendständigem Bauland. Viele Sachverständige vernachlässigen dies mit dem pauschalen Hinweis auf nicht vorhandene Vergleichspreise. 439

Die dargelegten Bedenken sind im Rahmen der **steuerlichen Bewertung** nicht von gleichem Gewicht, da diese ohnehin auf ein vereinfachtes Massenbewertungsverfahren angelegt ist. Abschnitt 5 (zu § 179 BewG) des gleich lautenden Erlasses der obersten Finanzbehörden der Länder vom 05.05.2009 (GuG 2009, 225) sieht folgende Wertansätze in Prozent des Bodenrichtwerts für vergleichbar erschließungsbeitragsfreies Bauland vor (Abb. 2): 440

Abb. 2: Steuerliche Pauschalsätze

Entwicklungszustand	Bodenrichtwertansatz
Bauerwartungsland	25 %
Bruttorohbauland	50 %
Nettorohbauland	75 %

7.2.3 Einfache Abzinsungsmethode

Neben dem vorstehend beschriebenen Verfahren hat es zahlreiche Versuche gegeben, den Verkehrswert wartendständigen Baulands auf der Grundlage von Vergleichspreisen für baureifes Land kalkulatorisch unter **Einbeziehung von Investitionskosten, Wertentwicklungen und** 441

dgl. wiederum auf der Grundlage der Wartezeit abzuleiten. In der einfachsten Form wird dabei der im Wege des Preisvergleichs ermittelte **Verkehrswert für baureifes Land über die Wartezeit abgezinst.**

$$\text{Bodenwert}_{\text{wartest\"andig}} = \frac{\text{Bodenwert}_{\text{baureifes Land}}}{q^n}$$

q = 1 + p (Zinsfaktor)

p = Abzinsungszinssatz

n = Wartezeit

442 Bei Anwendung der einfachen Abzinsungsformel wird insbesondere die im Zuge der Aufschließung größerer Bauflächen von den Gemeinden (z.B. im Wege städtebaulicher Verträge) geltend gemachte Beteiligung des Grundeigentümers an den **Aufschließungskosten einschließlich einer ggf. unentgeltlichen Bereitstellung der Gemeinbedarfsflächen vernachlässigt.** Deshalb können auch die nachfolgend vorgestellten verfeinerten Kalkulationsmodelle unter Einbeziehung von Wertsteigerungen, Eigenkapitalverzinsungen eines Investors und Inflationsraten zu keiner durchgreifenden Verbesserung des Grundverfahrens führen.

443 *a) Kalkulationsmodell A*:
Unter Einbeziehung

- einer jährlich erwarteten Wertsteigerung von w %,
- einer Eigenkapitalverzinsung für die Vorhaltekosten von k % und
- einer erwarteten Inflationsrate von i %

kommt man nach folgender Beziehung zum **Bodenwert des wartständigen Baulandes:**

$$\text{Bodenwert}_{\text{Wartest\"andiges Bauland}} = \text{Bodenwert (ebpf)}_{\text{Baureifes Land}} \times \left(\frac{(1+w)^n}{(1+i)\times(1+k)} \right)$$

wobei

i = erwartete Inflationsrate p.a. (%)

w = erwartete Werterhöhung p.a. (%)

k = Eigenkapitalverzinsung p.a. (%)

n = Wartezeit bis zur Baureife (Jahre)

Beispiel:

Gegeben: $\text{Bodenwert}_{\text{Baureifes Land}}$	= 300 €/m² ebpf
Eigenkapitalverzinsung k	= 6 % p.a.
Erwartete Werterhöhung w	= 3 % p.a.
Erwartete Inflationsrate i	= 2 % p.a.

Gesucht: Bodenwert des wartständigen Baulands mit Wartezeit von 4 Jahren

$$\text{Bodenwert}_{\text{Wartest\"andiges Bauland}} = 300\ \text{€/m}^2 \times \left(\frac{(1+0{,}03)^4}{(1+0{,}02)\times(1+0{,}06)} \right)$$

$\text{Bodenwert}_{\text{Wartest\"andiges Bauland}}$ = **247 €/m²**

b) Kalkulationsmodell B:

Von *Vogels*[246]ist ein Verfahren vorgeschlagen worden, den **Verkehrswert von Rohbauland** aus dem Verkehrswert für baureifes Land in verkürzter Weise unter Berücksichtigung der Wartezeit nach folgender Formel abzuleiten: 444

$$BW_{Rohbauland} = BW\ (ebpf)_{Baureifes\ Land} \times \frac{(1 + w)^n}{1 + k}$$

wobei

BW	= Bodenwert
w	= erwartete Werterhöhung vom werdenden baureifen Land p.a. (%)
k	= Eigenkapitalverzinsung p.a. (%)
n	= Wartezeit bis zur Baureife (Jahre)
ebpf	= erschließungsbeitragspflichtig

Mit der Werterhöhung w muss sowohl die Preisentwicklung als auch die Geldentwertung berücksichtigt werden. Bei kurzer Wartezeit und in Anbetracht der nicht vorhersehbaren Unregelmäßigkeiten in der Preisentwicklung können aber stabile Preisverhältnisse zugrunde gelegt werden (w = 0).

Beispiel:

Bodenwert BW (ebpf) baureifes Land	=	300 €/m²
Eigenkapitalverzinsung k	=	6 %
Erwartete Werterhöhung w	=	3 %
$BW_{Rohbauland}$ = 300 €/m² $(1{,}03/1{,}064)^n$	=	**267 €/m²**

Für k wählt *Vogels,* ausgehend von einem **mittleren Zinssatz von 5,5 %,** einen Ansatz von insgesamt 11 %, der insgesamt doch recht hoch ausfällt:

Damit errechnet sich der Rohbaulandwert zu

$BW_{Rohbauland} = BW\ (ebpf)_{baureifes\ Land} \times 1/1{,}11^n$

d.h. als der über die Wartezeit unter Würdigung des Risikos abgezinste erschließungsbeitragspflichtige – ebpf – Baulandwert.

Beispiel:

Gegeben: Bodenwert $(ebpf)_{Baureifes\ Land}$	=	300 €/m²
Erwartete Wartezeit	=	4 Jahre
Bodenwert$_{Rohbauland}$ = 300 €/m² × $1/1{,}11^4$	=	**198€/m²**

Vogels weist mit Recht darauf hin, dass derartige Berechnungen nicht über Zeiträume von 5 bis 10 Jahren hinausgehen sollten, wobei nach der hier vertretenen Auffassung davon eher die untere Grenze eingehalten werden sollte. Des Weiteren ist darauf hinzuweisen, dass dieses finanzmathematische Modell an die Eigenkapitalverzinsung anknüpft, d.h. an den **Zinssatz, den ein Investor bei alternativer Geldanlage für sein Eigenkapital üblicherweise erwarten kann.** Dies ist darin begründet, dass ein Investor auf der anderen Seite auf die erwartete Werterhöhung „setzt". Theoretisch lässt sich das Modell noch als Investitionsmodell „verfeinern", indem man von einem investorenseitig unterstellten Eigen-/Fremdkapitalverhältnis 445

246 Vogel, Grundstücksbewertung – marktgerecht, 5. Aufl. S. 71.

oder sogar von einem zu 100 % fremdkapitalfinanzierten Modell ausgeht, jedoch muss man dabei bedenken, dass man sich damit immer mehr von der Verkehrswertermittlung entfernt und damit letztlich mit insgesamt **vier völlig unsicheren Schätzgrößen** in ein solches Modell „hineingehen“ würde, nämlich mit

- der erwarteten Wertsteigerung,
- der erwarteten Eigenkapitalverzinsung,
- der erwarteten Fremdkapitalverzinsung und
- der erwarteten Inflationsrate.

Damit würde man zwar eine eindrucksvolle „Rechnung“ aufmachen, jedoch bliebe das Ergebnis höchst fragwürdig, und zwar umso fragwürdiger, je länger die erwartete Wartezeit (eine weitere höchst fehleranfällige Schätzgröße) ist.

446 **Fazit:** Die vorgestellten Kalkulationsmodelle (A und B) sind sowohl von ihrem Ansatz als auch von ihrer „Mathematik“ her vornehmlich als Investitionsmodelle begründet. Sie können jedoch nicht gewährleisten, dass sie zum „richtigen“ Ergebnis führen. Dies beginnt bereits bei den gewählten Zinsansätzen, die stets nur abgeschätzt werden können, denn wie sich der Bodenwert und die Finanzierungskosten entwickeln, lässt sich nur mit einer großen Unsicherheitsmarge einschätzen. In diesem nicht unerheblichen Unsicherheitsrahmen kann sich der Anwender der Verfahren nur insofern „sicher“ fühlen, als der, der solche „Wertermittlungen“ gegen sich gelten lassen muss, auch nur grob schätzen kann. **Somit kann – und dies zeigen die Erfahrungen – nahezu jedes Ergebnis „ermittelt“ werden.** Entscheidend bleiben die „richtige“ Wartezeit und der Abzinsungszinssatz einschließlich eines Verwirklichungsrisikos und vor allem das sorgfältige „Abtasten“ der mit dem Baulandproduktionsprozess verbundenen rechtlichen und wirtschaftlichen Risiken. Auch beim Rohbauland handelt es sich noch um einen labilen Entwicklungszustand, wenn die Bodenordnung, die Erschließung, die zu lösenden Umwelt- und Finanzierungsprobleme risikobehaftet sind oder die Verhältnisse auf dem Grundstücksmarkt umschlagen. Es ist daher wichtiger, dies analytisch richtig zu erfassen und zu begründen. Wieder einmal erweist sich gerade auch hier, dass der Verkehrswert keine mathematisch exakt ermittelbare Größe ist, während die vorgestellten Verfahren den Eindruck einer mathematisch exakten Ableitung aufdrängen.

7.3 Kalkulatorische Bodenwertermittlung („umgekehrtes“ Ertragswertverfahren)

▶ *Vgl. Rn. 5, 68, 418; Syst. Darst. des Ertragwertverfahrens Rn. 291 ff.; dort auch zur Ableitung des Reinertrags durch „Umkehrung des Ertragswertverfahrens“ § 40 ImmoWertV Rn. 138.*

Wo für die Ermittlung des Bodenwerts unbebauter Grundstücke keine Vergleichspreise zur 447
Verfügung stehen, wird gelegentlich auf die Methode zurückgegriffen, den **Bodenwert auf der Grundlage eines fiktiven Ertrags** abzuleiten (auch **umgekehrtes Ertragswertverfahren** genannt). Darüber hinaus kann auch der *Bodenwert eines bebauten Grundstücks* auf der Grundlage des marktüblich erzielbaren Ertrags entsprechend ermittelt werden.

Formelmäßig ergibt sich der Bodenwert durch Auflösung der Formel für das Ertrags- 448
wertverfahren nach dem Bodenwert, wie sie unter Rn. 291 ff. (dort Abb. 23) der Syst. Darst. des Ertragswertverfahrens behandelt ist (vgl. Abb. 3):

Abb. 3: Ermittlung des Bodenwerts eines Grundstücks auf der Grundlage des erwarteten Ertrags

Ermittlung des Bodenwerts eines Grundstücks auf der Grundlage des erwarteten Ertrags
(kalkulatorischer Bodenwert)

$$BW = \frac{RE - \frac{G}{KF}}{LZ} \qquad (1)$$

$$BW = EW \times q^n - RE \times AD \qquad \text{wobei AD = Abschreibungsdivisor } \frac{q^n - 1}{q - 1} \qquad (2)$$

$$BW = (EW - RE \times KF) \times AF_n \qquad (3)$$

$$BW = \frac{(EW - RE \times KF)}{1 - LZ \times KF} \qquad (4)$$

wobei

BW	=	(kalkulatorischer) Bodenwert
RE	=	Reinertrag
EW	=	Ertragswert oder Kaufpreis
KF	=	Kapitalisierungsfaktor
AF	=	Abzinsungsfaktor
AD	=	Abschreibungsdivisor
G	=	Gebäudewertanteil nach § 28 Satz 1 Nr. 1 ImmoWertV
LZ	=	Liegenschaftszinssatz
q	=	Zinsfaktor = 1 + LZ
n	=	Restnutzungsdauer

449 Am gebräuchlichsten ist die **Anwendung der in Abb. 3 ausgewiesenen Formel;** die Bodenwertermittlung vollzieht sich demzufolge nach folgendem Schema (Abb. 4).

Abb. 4: Bodenwertermittlung über den mutmaßlichen Ertrag

Schema der Bodenwertermittlung

Formel:

$$BW = \frac{RE - \frac{G}{KF}}{LZ}$$

wobei:
- BW = (kalkulatorischer) Bodenwert
- RE = Reinertrag
- EW = Ertragswert oder Kaufpreis
- KF = Kapitalisierungsfaktor
- G = Gebäudewertanteil nach § 28 Satz 1 Nr. 1 ImmoWertV
- LZ = Liegenschaftszinssatz
- q = Zinsfaktor = 1 + Z
- n = Restnutzungsdauer

Schema:

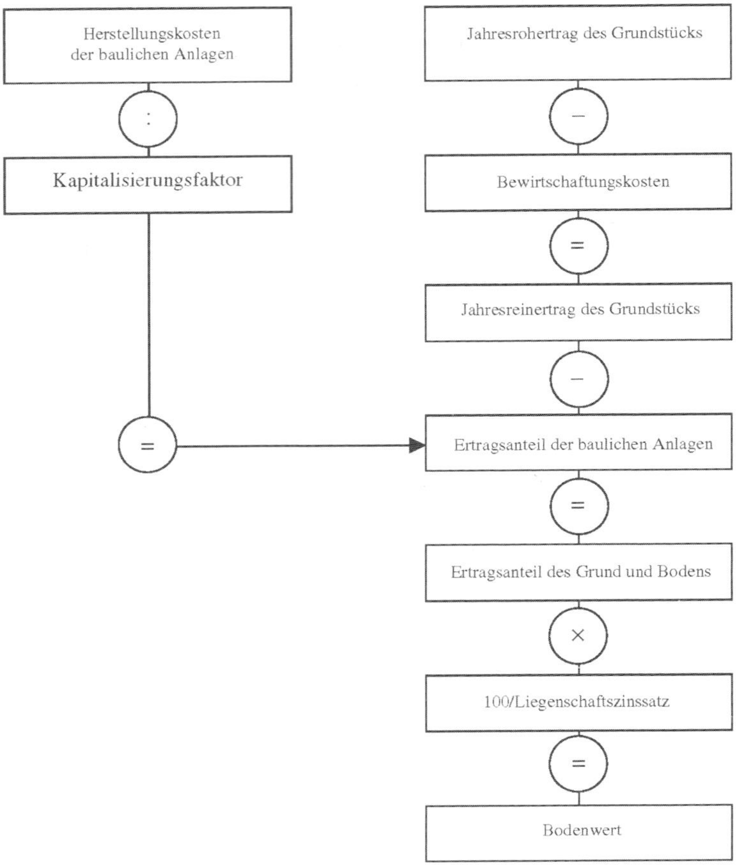

Bei Anwendung der Methode benötigt man neben den für die Ermittlung des fiktiven Ertragswerts erforderlichen Ausgangsdaten (Liegenschaftszinssatz, Reinertrag und Restnutzungsdauer) den nach den Grundsätzen des Sachwertverfahrens ermittelten **Wert der baulichen Anlage (Gebäudesachwert):** **450**

Beispiel A: **451**

Geschätzte Neubaukosten des Gebäudes G:	1 600 000 €			
Zu erwartender Rohertrag aus der zukünftigen Nutzung per annum:	200 000 €			
Liegenschaftszinssatz:	7,0 %			
Kapitalisierungsfaktor bei RND = 80 Jahre:	14,224			
Grundstücksrohertrag:			200 000 €	
Bewirtschaftungskosten (30 %):			– 60 000 €	
Grundstücksreinertrag:		RE	= 140 000 €	= 140 000 €
Ertragsanteil der baulichen Anlage (unter Berücksichtigung der gewöhnlichen Gesamtnutzungsdauer von 80 Jahren) 1 600 000 € / 14,224				– 112 500 €
Bodenertragsanteil am Grundstücksreinertrag:				= 27 500 €
× (100 × 0,07)				= 392 857 €
Bodenwert: **BW**				**= rd. 400000 €**

(Kapitalisierungsfaktor für die „ewige Rente" bei Zinssatz von 7 %)

Die **Bodenwertermittlung über den mutmaßlichen Ertrag** (kalkulatorischer Bodenwert) vereinfacht sich bei Objekten mit sehr langer Restnutzungsdauer, wie dies im Falle eines fiktiven Neubaus unterstellt werden kann. Aus Formel (1) der Abb. 3 folgt: **452**

$$BW = \left(RE - \frac{G}{KF}\right) \times \frac{1}{LZ} = \frac{RE}{LZ} - \frac{G \times q^n}{q^n - 1}$$

wobei:

BW	= kalkulatorischer Bodenwert
RE	= Reinertrag
G	= Gebäudewertanteil
KF	= Kapitalisierungsfaktor
LZ	= Liegenschaftszinssatz
q	= Zinsfaktor = 1 + LZ
n	= Restnutzungsdauer

Bei LZ > 3 % und einer Restnutzungsdauer RND > etwa 50 Jahre ergibt sich hieraus der kalkulatorische Bodenwert BW näherungsweise aus:

$$BW \approx \frac{RE}{LZ - G}$$

453 *Beispiel B:*
Das vorstehende Beispiel der Ermittlung des kalkulatorischen Bodenwerts vereinfacht sich auf der Grundlage nachstehender Formel:

$$BW = \frac{RE \times 100}{LZ - G}$$

– Reinertrag RE	= 140 000 €
– Gebäudewertanteil G	= 1 600 000 €
– Liegenschaftszinssatz LZ	= 7,0 %

BW ≈ (140 000 € × 100) / 7 – 1 600 000 €

BW = 400 000 €

454 Wie sich aus der im *Beispiel B* vorgestellten vereinfachten Bodenwertermittlung über den mutmaßlichen Ertrag ergibt, handelt es sich hierbei um das bekannte **Rest-durch-Abzug-Verfahren,** denn mit dem Glied (RE x 100) / LZ wurde im Wege des sog. vereinfachten Ertragswertverfahrens der Ertragswert ermittelt, der dann um den im Wege des Sachwertverfahrens ermittelten Gebäudesachwert G vermindert wurde:

BW = Ertragswert – Gebäudesachwert

455 *Beispiel C:*
Ermittlung des Bodenwerts
a) Wertermittlungsobjekt

Innerstädtisches Objekt in Leipzig (als Bankobjekt geeignet)

Grundstücksgröße:	2 660 m²
GFZ (nach § 34 BauGB):	3,0
Beste Geschäftslage	
Denkmalgeschütztes Objekt	

b) Ermittlung der Nutzfläche bei GFZ von 3,0 (überschlägig)

660 m²× 3,0	=	7 980 m²
abzüglich 25 %	=	– 1 995 m²
= Nutzfläche (NF)	=	5 985 m²

c) Ermittlung des Verkehrswerts (insgesamt)

Jahresrohertrag bei banküblicher Miete in Spitzenlage von 20 €/m²

Jahresrohertrag 5 985 m²× 20 €/m² × 12	=	1 436 400 €
./. Bewirtschaftungskosten von 18 %	=	258 552 €
= Jahresreinertrag (RE)	=	1 177 848 €

d) Verkehrswert bei denkmalgeschützter baulicher Anlage bei einem Liegenschaftszinssatz von 6% (Vervielfältiger bei 100 Jahren = 16,62)

Verkehrswert = 1 177 848 € × 16,62	=	**19575834 €**

e) Ermittlung des Bauwerts

Geschossfläche (GF) = Grundstücksgröße × GFZ	=	7 980 m²		
Brutto-Grundfläche bei KG von 2 660 m²:				
7 980 m² + 2 660 m²	=	10 640 m²		
Bauwert bei Herstellungskosten von 722 €/m² BGF:				
Bauwert 722 €/m² × 10 640 m²	=	7 680 750 €	=	– 7 680 750 €
			=	
f) Bodenwert = Verkehrswert – Bauwert				11 895 084 €
Bodenwert pro m² (11 895 084 €/2 660 m²)			=	4 472 €/m²

Es handelt sich auch hier um ein Residualwertverfahren, bei dessen Anwendung beachtet werden muss, dass der **Sachwert eben nur unter Berücksichtigung erheblicher Marktanpassungsabschläge zum Verkehrswert führt** und infolgedessen der bloße Abzug des Sachwerts der baulichen Anlage dazu führen muss, dass der so ermittelte Bodenwert nicht auch dem Verkehrswert des Grund und Bodens entsprechen kann[247] **456**

Das **Verfahren ist** darüber hinaus äußerst **fehleranfällig vor allem in Bezug auf den Liegenschaftszinssatz.** Kleinste und noch innerhalb der Ermittlungsgenauigkeit (des Liegenschaftszinssatzes) liegende Fehler können das Ergebnis bis zur Unkenntlichkeit verfälschen[248], d.h., jeder gewünschte Bodenwert ließe sich z.B. durch geringfügige Änderungen im Liegenschaftszinssatz ermitteln. Von daher kann das Verfahren i.d.R. nur eingeschränkt zu brauchbaren Ergebnissen führen. Dies ist auch darauf zurückzuführen, dass mit zunehmender Restnutzungsdauer die Fehleranfälligkeit bezüglich der „richtig" angesetzten Restnutzungsdauer abnimmt, dafür aber die Fehleranfälligkeit bezüglich des „richtig" angesetzten Liegenschaftszinssatzes ansteigt (Abb. 5). **457**

Abb. 5: Auszug aus der Tabelle der Kapitalisierungsfaktoren

bei Restnutzungsdauer RND (Jahre)	**Kapitalisierungsfaktor bei Liegenschaftszinssatz LZ**				
	5,0	6,0	6,5	7,0	8,0
	Δ Kapitalisierungsfaktor = 0,1710				
10	7,72	**7,36**	**7,19**	7,02	6,71
50	18,26	15,76	14,72	13,80	12,23
60	18,93	16,16	15,03	14,04	12,38
70	19,34	16,38	15,20	14,16	12,44
80	19,60	16,51	15,28	14,22	12,47
90	19,75	16,58	15,33	14,25	12,49
100	19,85	**16,62**	**15,36**	14,27	12,49
	Δ Kapitalisierungsfaktor = 1,26				

Das Verfahren kann auch beim **Erwerb eines Abbruchobjekts** zur Anwendung kommen. In diesem Fall sind zusätzlich noch die Freilegungskosten in Abzug zu bringen; auf der anderen Seite sind werterhöhend aber auch die über die Restnutzungsdauer anfallenden kapitalisierten **458**

247 GuG 1996, 16.

248 Zur Genauigkeit Kremers, BlGBW 1969, 129 und Hintzsche, BlGBW 1969, 233; Ermert, AVN 1967, 213; Schahn, VR 1985, 173; auch LG Hamburg, Urt. vom 05.08.1960 – 10 O 36/59 –, ZMR 1961, 335 = EzGuG 4.15; vgl. auch BGH, Urt. vom 24.01.1966 – III ZR 15/65 –, BRS Bd. 19 Nr. 144 = EzGuG 6.85; KG, Urt. vom 20.05.1957 – 9 U 491/57 –, BlGBW 1959, 14 = EzGuG 4.6.

Erträge sowie ggf. Erlöse aus der **Verwertung der abgehenden Bausubstanz** bzw. deren Wiederverwendungswert in die Rechnung einzubringen.

459 Das Verfahren findet z.B. auch bei der **Ermittlung von Bodenrichtwerten in bebauten Gebieten** Anwendung, wenn als Vergleichspreis ein Kaufpreis für das bebaute Grundstück zur Verfügung steht.

7.4 Bodenwertermittlung auf der Grundlage der Ertragsfähigkeit

7.4.1 Abhängigkeit von Erdgeschossmieten

Schrifttum: *Bister,* Modifizierte Geschossflächenzahl – Eine statistische Untersuchung der Kaufpreise von Ertragsgrundstücken unterschiedlicher Baunutzung, VR 1978, 124; *Paul,* Zur Korrelation von Geschäftsraummieten und Bodenwerten in Kernbereichen, DS 1985, 98; *Upmeyer, B.,* Bodenwertermittlung für ein Grundstück in einer Großstadt in den neuen Bundesländern, GuG 1999, 42; *Schmalgemeier,* Zur Ermittlung von Grundwerten für die Ermittlung von Ausgleichsbeträgen, VR 1978, 143.

▶ *Vgl. Teil VI Rn. 632*

460 Bodenwert und Ertragsfähigkeit eines Grundstücks stehen in einem engen Zusammenhang. Dies gilt zumindest für Grundstücke, die unter Renditegesichtspunkten gehandelt werden. Für die **Innenstadtlagen** ist eine **hohe Korrelation zwischen der Rohmiete pro Quadratmeter Nutzfläche des Geschäftsraums und dem Bodenwert** festgestellt worden, wobei sich erst bei höheren Mieten größere Abweichungen von den empirisch **abgeleiteten** funktionalen Zusammenhängen gezeigt haben. Auf der Grundlage von Auswertungen der Kaufpreise aus den 70er Jahren wurden folgende Beziehungen abgeleitet:

Osnabrück: [249]	BW = 32,43	x $RoE^{0,9890}$
	BW = 26,22	x $RoE^{1,0638}$ (1)
Offenbach: [250]	BW = 26,045	x $RoE^{1,0752}$ (2)

wobei

BW = Bodenwert in [€]

RoE = Rohertrag/Monat in [€]

461 Bei alledem wurde darauf hingewiesen, dass das **Maß der baulichen Nutzung (GFZ) und die Restnutzungsdauer** sich **unwesentlich auf den Bodenwert auswirken**, wobei die Restnutzungsdauer ohnehin allenfalls bei unter- oder übergenutzten Grundstücken unter bestimmten Voraussetzungen auf den Bodenwert durchschlägt.

462 Die Annahme von *Schmalgemeier,* die Relation von Roherträgen (Nettokaltmiete) und Bodenwerten sei zeitunabhängig, hat sich als unhaltbar erwiesen. Bereits nach wenigen Jahren (1985) musste vielmehr festgestellt werden, dass in Abhängigkeit von der Lagequalität die Bodenwerte in den Innenstadtlagen bereits das 35- bis 48-Fache der Geschäftsraummieten im Erdgeschoss ausmachen. Für den Bodenwert eines aus einer Sanierung „herauskommenden" Grundstücks wird von *Brandt-Wehner*[251] aufgrund von Kaufpreisen, die wiederum aus den 70er Jahren stammen, folgende Beziehung angegeben:

$$BW = \frac{1}{\left(\frac{0,3238}{RoE^{0,45}} \times 0,0186\right)^{2,86}} \qquad (3)$$

249 Schmalgemeier, VR 1977, 422 für die Jahre 1966 bis 1977 und Nutzflächen von 30 bis 150 m².
250 Paul, VR 1983, 141.
251 Brandt-Wehner, VR 1985, 413.

Beispiel: 463
Bei einem Rohertrag (Nettokaltmiete) von 20 €/m² NF und Monat ergeben sich nach

(1) BW	$= 26{,}22 \times 20^{1{,}6038}$	= 635 €/m²
(2) BW	$= 26{,}045 \times 20^{1{,}0752}$	= 652 €/m²
(3) BW	$= 1/(0{,}3238/20^{0{,}45} + 0{,}01086)^{2{,}86}$	= 840 €/m²

Die doch erheblichen Unterschiede lassen erkennen, dass das Verfahren nicht ohne Weiteres übertragbar ist.

Bister hat entsprechende Umrechnungsverhältnisse für Büro- und Geschäftsgrundstücke in der Düsseldorfer Innenstadt abgeleitet[252]. Er kommt zu folgender Funktionsgleichung:

$$\mathbf{BW = 2{,}0643 \times RoE^{1{,}123}}$$

wobei wiederum

BW	= Bodenwert in [€]
RoE	= Rohertrag pro Quadratmeter Grundstücksfläche in [€]

Die Ergebnisse stehen in Plausibilität zueinander. Die von Bister ermittelte Abhängigkeit zeigt einen steileren Kurvenverlauf, was auf die höhere Wertigkeit der Düsseldorfer Innenstadt gegenüber niedersächsischen Gemeindezentren zurückgeführt werden kann.

Trotzdem kommt man nicht um die Feststellung herum, dass alle **Versuche, den Bodenwert in Abhängigkeit von der Erdgeschossmiete durch empirisch abgeleitete Funktionsgleichungen mit hinreichender Sicherheit zu ermitteln, als gescheitert gelten müssen.** Es kommt hinzu, dass die vorgestellten Funktionsgleichungen schon nach ihrer Art bei dem „Verbraucher" kaum Vertrauen „ernten" können, zumal das ihnen zu Grunde liegende Rechenwerk letztlich für Außenstehende nicht überprüfbar ist[253]. 464

7.4.2 Abhängigkeit vom Jahresrohertrag

Gerardy/Höpcke[254]haben für die Zentren niedersächsischer Städte die sich aus Abb. 6 ergebende **Abhängigkeit des „mittleren Bodenwerts" vom Jahresrohertrag in € pro Quadratmeter Grundstücksfläche** festgestellt. Dem Jahresrohertrag haftet allerdings eine gewisse Unsicherheit an, die auf die jeweiligen Bewirtschaftungskosten zurückzuführen ist. Bei der Ableitung derartiger Tabellen auf der Grundlage von Reinerträgen können diese Unsicherheiten vermieden werden (Abb. 6). 465

252 Bister, VR 1978, 124.
253 Ziegenbein, VR 1999, 383.
254 Gerardy, Nachr. der nds. Kat- und VermVw 1964, 125; ders., Nachr. der nds. Kat.- und VermVw 1964, 14.

Abb. 6: Mittlerer Bodenwert in Abhängigkeit vom Jahresrohertrag pro m² Grundstücksfläche in nds. Zentren

Mittlerer Bodenwert			
Jahresrohertrag in € pro m² Grundstücksfläche	**Mittlerer Bodenwert €/m²**	**Jahresrohertrag pro m² Grundstücksfläche**	**Mittlerer Bodenwert €/m²**
5	16,00	80	228,50
10	22,50	85	246,00
15	39,50	90	264,00
20	51,50	95	282,00
25	64,00	100	300,50
30	77,00	110	339,00
35	90,00	120	379,00
40	104,00	130	420,50
45	118,00	140	463,50
50	132,50	150	508,00
55	147,75	160	559,00
60	163,00	170	601,50
65	179,00	180	650,50
70	195,00	190	701,00
75	211,50	200	735,50

466 Als **Funktionsgleichung** wurde von *Gerardy* **für Zentrumslagen** abgeleitet:
$\mathbf{BW = 1{,}8691 \times RoE^{1{,}0897}}$
wobei

BW = Bodenwert

RoE = Rohertrag (Nettokaltmiete) pro Quadratmeter Grundstücksfläche

7.5 Zielbaumverfahren

Schrifttum:*Aurnhammer, H.*, Verfahren zur Bestimmung von Wertminderungen bei Baumängeln und Bauschäden, BauR 1978, 351 und 356; BauR 1981, 139; *Hatz,* M., Zur Rechtswidrigkeit der Berliner Sanierungspraxis, GE 2013, 179; *Haass, B.*, Sanierungsrechtlicher Ausgleichsbetrag, Bln GE 2010, 244; *Hebbel, H.*, Ist die Zielbaummethode ein geeigneter Schätzer zur Ermittlung der sanierungsbedingten Bodenwerterhöhung (Ausgleichsbetrag)?, GuG 2017, 228; *Seitz, W.*, Zielbaumverfahren – Wertermittlung oder Willkür?, GuG 2011, 216; *Kreilinger, P.*, Die zweifelhafte Berliner Praxis zur Ermittlung des Sanierungsausgleichsbetrags, Bln GE 2004, 1075; *Sattler, H.*, Zur Wertermittlung in Sanierungsgebieten, GuG 2004, 78; *Sattler, H.*, Replik auf Hebbel, GuG 2020, 241 und 250; *Schmidt-Eichstädt, G.*, Rechtsprobleme bei der Anwendung des Zielbaumverfahrens, GuG 2004, 129; *Seitz, W.*, Zielbaumverfahren – Wertermittlung oder Willkür?, GuG 2011, 216; *Seldeneck/Dyroff*, Bln GE 1999, 92; *Wölfle, M.*, Ein modifiziertes Zielbaumverfahren, in Schaper, D., Aktuelle Herausforderungen für die Immobilienbewertung, Immobilienwirtschaft und Bodenpolitik, Reguvis 2022, S. 121 ff.

▶ *Vgl. § 6 ImmoWertV Rn. 18, 83; § 8 ImmoWertV Rn. 142; Teil VI Rn. 551, 655*

Das von *Aurnhammer*[255] entwickelte **Zielbaumverfahren** (auch Multifaktorenanalyse genannt) ist ein in der höchstrichterlichen Rechtsprechung anerkanntes Wertermittlungsverfahren[256]. Es ist seiner Natur nach ein Vergleichswertverfahren auf der Grundlage operationalisierter Schätzungen, wenn die dabei angesetzten Wertparameter und ihre Gewichtung nicht empirisch begründet werden können und auf geschätzten Annahmen beruhen. Von daher ist es ein Hilfsverfahren von **nachrangiger Qualität; wenn nach Maßgabe des § 6 Abs. 1 Satz 2, 2. Halbsatz ImmoWertV das nach der Art des Wertermittlungsobjekts unter Berücksichtigung der im gewöhnlichen Geschäftsverkehr bestehenden Gepflogenheiten und der sonstigen Umstände anzuwendende Wertermittlungsverfahren nicht zur Anwendung kommen kann.** So kommt die Zielbaummethode in der Praxis insbesondere dann zur Anwendung, wenn mangels geeigneter Vergleichspreise oder geeigneter Vergleichsfaktoren bebauter Grundstücke (Immobilienrichtwerte, Wohn- bzw. Nutzflächenwerte) weder das vorrangig heranzuziehende direkte Vergleichswertverfahren noch das mittelbare Vergleichswertverfahren Anwendung finden kann. **467**

Bei Anwendung der Zielbaummethode werden die wertbestimmenden Grundstücksmerkmale eines Bewertungsobjekts mithilfe von formalen Rechenalgorithmen berücksichtigt, die sich in der Praxis der Marktwertermittlung in aller Regel auf vorab getroffene Annahmen der den Algorithmus steuernden Komponenten und ihrer Wichtungen („wer wichtet, der dichtet") gründen. Allein der Rechenalgorithmus erweckt den scheinwissenschaftlichen Eindruck einer mathematisch exakten „Berechenbarkeit" des Marktwerts. **Das Ergebnis der Rechenoperation wird gleichwohl weitgehend durch das Konstrukt des Zielbaums sowie die getroffenen Annahmen und Wichtungen determiniert**. Dass dies in aller Regel auf mehr oder minder begründbaren Schätzungen beruht, ergibt sich allein daraus, dass das direkte Vergleichswertverfahren anzuwenden wäre, wenn es geeignete Vergleichspreise gäbe, die eine exakte Ableitung der getroffenen Annahmen und Wichtungen ermöglichen könnten. **468**

Im Übrigen gilt auch für die Anwendung des Zielbaumverfahrens (Multifaktorenanalyse), dass das **Konstrukt des Zielbaums** sowie die **unter Berücksichtigung von Vergleichsdaten getroffenen Annahmen und Wichtungen** – wie bei jeder Marktwertermittlung – **hinreichend und nachvollziehbar begründet** werden müssen. Darüber hinaus müssen sich die mithilfe des Zielbaums „berechneten" Zu- und Abschläge in ihrer Summe grundsätzlich in Grenzen halten, denn daran lässt sich – wie bei jedem anderen Vergleichswertverfahren – die Eignung des Konstrukts des Zielbaums sowie der zur Begründung der getroffenen Annahmen und Wichtungen der herangezogenen Vergleichsdaten „ablesen". **469**

255 Aurnhammer, BauR 1978, 356 und BauR 1981, 139; hierzu OLG Stuttgart, Urt. vom 14.03.1989 – 12 U 29/88 –, BauR 1989, 112 = EzGuG 11.170q; VG Berlin, Beschl. vom 11.11.1998 – 19 A 86/98 – GuG 1999, 186 = EzGuG 15.93.

256 BVerwG, Urt. vom 27.11.2014 – 4 C 31/13 –, GuG 2915, 313 = EzGuG 15.159; BVerwG, Beschl. vom 16.11.2004 – 4 B 71/04 –, GuG 2005, 248 = EzGuG 15.114; OVG Berlin-Brandenburg, Urt. vom 27.01.2022 – 10 B 6/19 –, EzGuG 15.230; OVG Berlin-Brandenburg, Beschl. vom 22.04.2021 – 10 S 36/19: OVG Berlin-Brandenburg, Urt. vom 11.10.2018 – 2 B 2/16 –; OVG Berlin-Brandenburg, Beschl. vom 10.07.2017 – 2 B 1/16 – ,GuG 2018, 58 = EzGuG 15.190; OVG Berlin-Brandenburg, Beschl. vom 14.03.2016 – 10 S 9/16 –, GuG 2016, 404 = EzGuG 15.174; OVG Berlin-Brandenburg, Beschl. vom 11.03.2014 – 10 S 1/14 –, EzGuG 15.151; OVG Berlin-Brandenburg, Beschl. vom 21.06.2010 – 2 S 23/10 –, EzGuG 15.128h; OVG Berlin-Brandenburg, Urt. vom 05.11.2009 – 2 B 7/07 –, NJW-Spezial 2010, 398 = EzGuG 15.127a; OVG Berlin-Brandenburg, Urt. vom 24.08.2006 – 10 S 7/06 –, EzGuG 15.119b; OVG Hamburg, Urt. vom 26.01.2017 – 3 Bf 52/15 –; OVG Hamburg, Urt. vom 21.06.2016 – 3 Bf 54/15 –; OVG Hamburg, Urt. vom 16.04.2015 – 4 Bf = EzGuG 15.202: 66/13 –, GuG 2016, 269 = EzGuG 15.163; OVG Koblenz, Urt. vom 14.09.2004 – 6 A 10530/04 –, GuG-aktuell 2005, 39 = EzGuG 15.111e; OVG Berlin-Brandenburg, Beschl. vom 05.11.2009 – 2 B 7/07 –, NJW-spezial 2010, 398 = EzGuG 15.127b; VGH Kassel, Urt. vom 20.06.2013 – 3 A 1832/11 –, GuG 2014, 127 = EzGuG 15.146; OVG Hamburg, Urt. vom 26.01.2017 – 3 Bf 52/15 –, GuG 2018, 62 = EzGuG 15.186; OVG Hamburg, Urt. vom 16.04.2015 – 4 Bf 66/13 –, GuG 2015, 269 = EzGuG 15.163; OVG Bautzen, Beschl. vom 25.07.2018 – 1 B 210/ 18 –; OVG Bautzen, Urt. vom 17.06.2004 – 1 B 854/02 –, GuG 2004, 248 = EzGuG 15.111.

470 Die Zielbaummethode (Multifaktorenanalyse) wird bei alledem heute kritisch gesehen, kontrovers diskutiert und statistisch als unvertretbar angesehen („Unstatistik des Jahrzehnts")[257]. Der Streit über die Anwendbarkeit der Zielbaummethode hat sich vor allem in den Fällen entzündet, wenn das Ergebnis einer Marktwertermittlung nach der Zielbaummethode Grundlage für eine Zahlungspflicht ist, wie z.B. bei der Ermittlung von sanierungsrechtlichen Ausgleichsbeträgen. Diese Fälle sind gewissermaßen die „Nagelprobe der Akzeptanz" für die Anwendbarkeit des Verfahrens (vgl. Teil VI Rn. 655 ff.). Zwar ist das Verfahren in diesem Rechtsbereich grundsätzlich als geeignet zur Ermittlung des Ausgleichsbetrags erkannt worden[258]. Die Methode ist in ihrer praktischen Ausgestaltung und Überzeugungskraft gleichwohl in der Rechtsprechung als höchst fragwürdig beurteilt worden[259]. Die zahlreichen gerichtlichen Auseinandersetzungen sind zumeist an Berufung auf eine großzügige Auslegung des sog „Wertermittlungsspielraums" gescheitert (vgl. Vorbem. zur ImmoWertV Rn. 94 ff.).

471 Nachstehend (Abb. 7) wird beispielhaft ein Zielbaum vorgestellt, mit dem Grundstücksmerkmale des Bewertungsobjekts – aufgegliedert nach einzelnen Komponenten – operativ berücksichtigt werden, z.B.

– die regionale Lage,

– die Infrastruktur und

– subjektive Wertfaktoren.

Die einzelnen Komponenten werden auf der Grundlage eines Punktesystems gewichtet und zu einem Ab- bzw. Zuschlag aggregiert.

Das **Verfahren** wird in Abb. 7 erläutert.

257 Hebbel, H., GuG 2017, 236.

258 BVerwG, Urt. vom 27.11.2014 – 4 C 31/13 –, GuG 2015, 313 = EzGuG 15.159; BVerwG, Beschl. vom 16.11.2004 – 4 B 71/04 –, GuG 2005, 248 = EzGuG 15.114; OVG Bautzen, Urt. vom 17.06.2004 – 1 B 854/02 –, GuG 2004, 248 = EzGuG 15.111; Vorinstanz: VG Leipzig, Urt. vom 10.09.2001 – 6 K 222/99 –, GuG 2003, 63 = EzGuG 15.101b – die Vorinstanz hat ihr die Eignung abgesprochen, insbesondere weil sie die Ermittlung der sanierungsbedingten Bodenwerterhöhung nicht transparent und nachvollziehbar erscheinen lässt; OVG Bautzen, Urt. vom 19.08.1999 – 1 S 555/98 –, SächsVBl 2000, 57 = EzGuG 15.95d; OVG Berlin-Brandenburg, Beschl. vom 10.07.2017 – 2 B 1/16 –, GuG 2018, 58 = EzGuG 15.190; OVG Berlin-Brandenburg, Beschl. vom 14.03.2016 – 10 S 9/16 –, GuG 2016, 404 = EzGuG 15.174; VG Berlin. Urt. vom 08.12.2015 – 19 K 273/09 –, BeckRS 2016, 49788 = EzGuG 15.166; VG Berlin, Urt. vom 06.12.2010 – 19 K 242/10 –, BeckRS 2016, 40787 = EzGuG 15.166; OVG Berlin-Brandenburg, Beschl. vom 21.06.2010 – 2 S 23/10 – = EzGuG 15.128h; OVG Berlin-Brandenburg, Urt. vom 05.11.2009 – 2 B 7/07 –, NJW-Spezial 2010, 398 = EzGuG 15.127a; OVG Berlin-Brandenburg, Urt. vom 24.08.2006 – 10 S 7/06 –, EzGuG 15.119b; OVG Hamburg, Urt. vom 16.04.2015 – 4 Bf 66/13 –, GuG 2016, 269 = EzGuG 15.163; VG Hamburg, Urt. vom 19.02.2015 – 7 K 5146/14 –, EzGuG 15.161; VG Berlin, Beschl. vom 11.11.1998 – 19 A 89/98 –, GuG 1999, 186 = EzGuG 15.93. Berechtigte Kritik hierzu bei Seldeneck/Dyroff, BlnGE 1999, 89; vgl. auch OVG Berlin, Beschl. vom 04.12.2001 – 2 SN 8/01 –, GuG 2002, 255 = EzGuG 15.101e; nach den Ausführungen von Haass (Bln. GE 2010, 244) ist die Methode von den Berliner Gerichten selbst in den Fällen bestätigt worden, in denen der direkte Preisvergleich zu abweichenden Ergebnissen geführt habe.

259 Vgl. hierzu OVG Berlin-Brandenburg, Urt. vom 11.10.2018 – 2 B 2/16 –, IBRRS 2019, 2019 = EzGuG 15.203; OVG Berlin-Brandenburg, Beschl. vom 25.01.2018 – 2 B 18/16 –, GuG 2018,186 = EzGuG 15.185.

Abb. 7: Schema des Zielbaumverfahrens

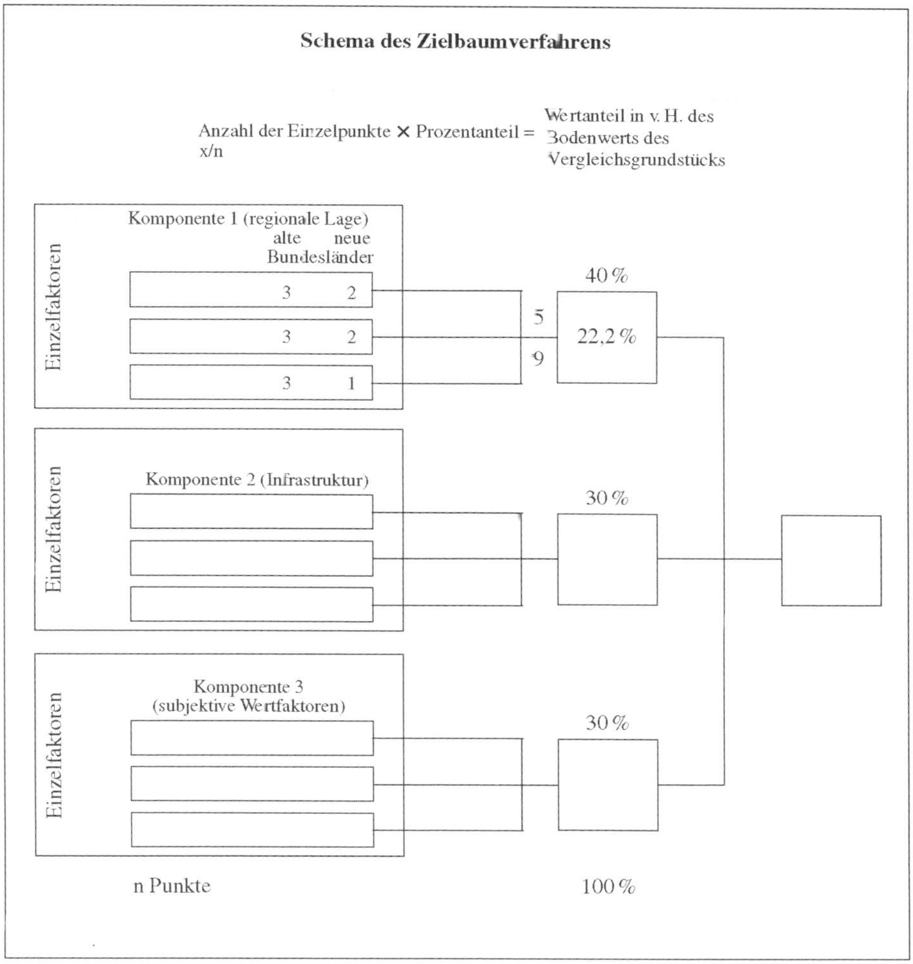

§ 24 ImmoWertV
Grundlagen des Vergleichswertverfahrens

(1) Im Vergleichswertverfahren wird der Vergleichswert aus einer ausreichenden Anzahl von Vergleichspreisen im Sinne des § 25 ermittelt. Neben oder anstelle von Vergleichspreisen können insbesondere bei bebauten Grundstücken ein objektspezifisch angepasster Vergleichsfaktor im Sinne des § 26 Absatz 1 und bei der Bodenwertermittlung ein objektspezifisch angepasster Bodenrichtwert im Sinne des § 26 Absatz 2 herangezogen werden.

(2) Der vorläufige Vergleichswert kann ermittelt werden

1. auf Grundlage einer statistischen Auswertung einer ausreichenden Anzahl von Vergleichspreisen oder

2. durch Multiplikation eines objektspezifisch angepassten Vergleichsfaktors oder eines objektspezifisch angepassten Bodenrichtwerts mit der entsprechenden Bezugsgröße des Wertermittlungsobjekts.

(3) Der marktangepasste vorläufige Vergleichswert entspricht nach Maßgabe des § 7 dem vorläufigen Vergleichswert.

(4) Der Vergleichswert ergibt sich aus dem marktangepassten vorläufigen Vergleichswert und der Berücksichtigung vorhandener besonderer objektspezifischer Grundstücksmerkmale des Wertermittlungsobjekts.

Gliederungsübersicht *Rn.*

1 Grundlagen des Vergleichswertverfahrens

1.1 Übersicht

▶ *Zum Anwendungsbereich des Vergleichswertverfahrens vgl. § 6 ImmoWertV Rn. 88 ff.; § 40 ImmoWertV Rn. 18*

Das Vergleichswertverfahren ist im ersten Abschnitt des dritten Teils (Wertermittlungsverfahren) der ImmoWertV geregelt. § 24 ImmoWertV regelt entgegen seiner Überschrift die Grundzüge des **Vergleichswertverfahrens** sowohl für unbebaute als auch bebaute Grundstücke. Die **Grundlagen** ergeben sich aus den §§ 25, 26, 40 bis 43 ImmoWertV. Dort ist u.a. geregelt, wie sich bei der Ermittlung von Marktwerten bebauter Grundstücke der jeweils anzusetzende *vorläufige* Bodenwert bestimmt: 1

§ 40 ImmoWertV: Allgemeines zur Bodenwertermittlung,
§ 41 ImmoWertV: Erhebliche Überschreitung der marktüblichen Grundstücksgröße,
§ 42 ImmoWertV: Bodenwert von Bauerwartungsland und Rohbauland,
§ 43 ImmoWertV: Nutzungsabhängiger Bodenwert bei Liquidationsobjekten.

Bei Anwendung des Vergleichswertverfahrens ist nach Satz 2 der Vorschrift zu unterscheiden zwischen:

dem direkten (unmittelbaren) Preisvergleich auf der Grundlage **einer ausreichenden Anzahl geeigneter Vergleichspreise und**

dem direkten Preisvergleich auf der Grundlage **geeigneter objektspezifischer angepasster Vergleichsfaktoren oder objektspezifisch angepasster Bodenrichtwerte.**

a) dem direkten (unmittelbaren) Preisvergleich auf der Grundlage **einer ausreichenden Anzahl geeigneter Vergleichspreiseund**

b) dem direkten Preisvergleich auf der Grundlage **geeigneter objektspezifischer angepasster Vergleichsfaktoren oder objektspezifisch angepasster Bodenrichtwerte**.

2 Das Vergleichswertverfahren ist wie das Ertrags- und Sachwertverfahren kein Verfahren, das nach starren und einheitlichen Regeln praktiziert wird. Die ImmoWertV gibt für die genannten Verfahren nur Grundsätze vor. Begrifflich handelt es sich bei dem **Vergleichswertverfahren** um einen **Oberbegriff für Verfahren, die in sachgerechter Weise unterschiedlich ausgestaltet sein können, wobei das Wertbild nicht verzerrt werden darf** und die in der ImmoWertV normierten Begriffsbestimmungen beachtet werden müssen. Unterschiedliche Vorgehensweisen sind insbesondere von dem Gegenstand der Marktwertermittlung und den dafür zur Verfügung stehenden Vergleichsdaten abhängig.

1.2 Markt- und modellkonforme Vergleichswertermittlung

▶ *Vgl. Vorbem. zur ImmoWertV Rn. 141 ff.; Syst. Darst. des Vergleichswertverfahrens Rn. 41; § 10 ImmoWertV Rn. 1*

3 Das Vergleichswertverfahren steht wie die übrigen Wertermittlungsverfahren unter dem Regime der Modell- und Referenzkonformität (§ 10 ImmoWertV). Dies betrifft insbesondere die Heranziehung von Umrechnungskoeffizienten, Indexreihen, aber vor allem auch die Marktwertermittlung unter Heranziehung von **Vergleichsfaktoren bebauter Grundstücke** sowie **mathematisch-statistischer Verfahren (Regressionsanalysen bzw. ein- und mehrdimensionale Schätzfunktionen)**. Die Gutachterausschüsse für Grundstückswerte müssen deshalb bei der Veröffentlichung der einschlägigen „erforderlichen Daten der Wertermittlung" die **Modellparameter** sowie die einschlägigen Referenzdaten darlegen.

4 Ohne konkrete Darlegung der dem jeweils herangezogenen Vergleichsfaktor, dem Bodenrichtwert und den herangezogenen Vergleichspreisen zugrunde liegenden Grundstücksmerkmale des Referenzgrundstücks können diese Daten nicht nach Maßgabe des Anpassungsgebots des § 26 Abs. 2 bzw. nach § 25 Satz 2 ImmoWertV den Eigenschaften des zu bewertenden Grundstücks angepasst werden.
Dies gilt im Übrigen auch für die **zum unmittelbaren Preisvergleich herangezogenen Kaufpreise**, deren Verwendbarkeit erheblich beeinträchtigt ist, wenn sie vom Gutachterausschuss für Grundstückswerte nach Maßgabe des § 195 Abs. 2 BauGB **in anonymisierter Form bereitgestellt** wurden.

2 Verfahrensgang

▶ *Syst. Darst. des Vergleichswertverfahrens Rn. 73 ff.*

5 § 24 ImmoWertV beschränkt sich im Wesentlichen auf eine allgemeine Darstellung des **Verfahrensgangs bei Anwendung des Vergleichswertverfahrens** auf die Marktwertermittlung unbebauter und bebauter Grundstücke. Der Verfahrensgang entspricht dem, der auch dem Ertrags- und Sachwertverfahren zugrunde liegt. Er gliedert sich auf in

a) die Ermittlung des „*marktangepassten vorläufigen Vergleichswerts*" und

b) die Ermittlung der damit unberücksichtigt gebliebenen besonderen objektspezifischen Grundstücksmerkmale (boG).

§ 25 ImmoWertV
Vergleichspreise

Zur Ermittlung von Vergleichspreisen sind Kaufpreise solcher Grundstücke (Vergleichsgrundstücke) heranzuziehen, die mit dem zu bewertenden Grundstück hinreichend übereinstimmende Grundstücksmerkmale aufweisen und die zu Zeitpunkten verkauft worden sind (Vertragszeitpunkte), die in hinreichender zeitlicher Nähe zum Wertermittlungsstichtag stehen. Die Kaufpreise sind auf ihre Eignung im Sinne des § 9 Absatz 1 Satz 1 zu prüfen und bei etwaigen Abweichungen nach Maßgabe des § 9 Absatz 1 Satz 2 und 3 an die Gegebenheiten des Wertermittlungsobjekts anzupassen.

Gliederungsübersicht *Rn.*

1 Geeignete Vergleichspreise

▶ *Vgl. § 1 ImmoWertV Rn. 35; § 25 ImmoWertV Rn. 7 ff.; Syst. Darst. des Vergleichswertverfahrens Rn. 15 ff.; zu den hinreichend übereinstimmenden Grundstücksmerkmalen vgl. Syst. Darst. des Vergleichswertverfahrens Rn. 25 ff.; zu wertermittlungsstichtagsnahen Vertragsabschlüssen vgl. Syst. Darst. des Vergleichswertverfahrens Rn. 34; § 9 ImmoWertV Rn. 1 ff.*

Die ImmoWertV fordert an gleich drei Stellen für die Anwendbarkeit des direkten (unmittelbaren) Vergleichswertverfahrens unter Heranziehung von Vergleichspreisen, dass im Wesentlichen zwei Voraussetzungen erfüllt sein müssen: **1**

- Die **Vergleichspreise müssen** nach § 25 ImmoWertV für einen Preisvergleich **geeignet sein**.
- **Es muss** nach § 24 Abs. 1 Satz 1 ImmoWertV **eine ausreichende Anzahl von Vergleichspreisen zur Verfügung stehen**.

Weitere Hinweise zur Eignung der zum Preisvergleich in Betracht kommenden Kaufpreise ergeben sich zudem aus § 9 Abs. 1 Satz 1 ImmoWertV. **2**

Ein **Kaufpreis** ist nach § 25 ImmoWertV **zum Preisvergleich „geeignet“**, wenn **3**

- das einschlägige Grundstück (Vergleichsgrundstück) „mit dem zu bewertenden Grundstück hinreichend übereinstimmende Grundstücksmerkmale“ aufweist,
- es zu einem Zeitpunkt verkauft worden ist (Vertragszeitpunkte), der hinreichend mit dem Wertermittlungsstichtag übereinstimmt und
- nach Maßgabe des § 9 Abs. 2 ImmoWertV nicht angenommen werden kann, dass der Kaufpreis durch ungewöhnliche oder persönliche Verhältnisse beeinflusst worden ist.

Eine hinreichende Übereinstimmung der Grundstücksmerkmale der zum Vergleich herangezogenen Grundstücke, Bodenrichtwerte bzw. Vergleichsfaktoren bebauter Grundstücke mit denen des zu bewertenden Grundstücks liegt in der Natur des Vergleichswertverfahrens. Im weiten Sinne kann (fast) alles miteinander verglichen werden (auch Äpfel mit Birnen!), jedoch muss die Grenze dort gezogen werden, wo die zu berücksichtigenden Abweichungen derart hoch sind, dass eine Vergleichbarkeit auszuschließen ist (vgl. Syst. Darst. des Vergleichswertverfahrens Rn. 30). **4**

5 Die Forderung nach einer hinreichenden Übereinstimmung der Grundstücksmerkmale[1] betrifft Vergleichsgrundstücke, Bodenrichtwerte, Vergleichsfaktoren bebauter Grundstücke (Wohn- bzw. Nutzflächenwerte) bzw. sonstige Marktindikatoren, insbesondere die sich aus dem Katalog des § 2 Abs. 3 ImmoWertV ergebenden Grundstücksmerkmale.

6 Mit § 9 Abs. 1 ImmoWertV wird zur „hinreichenden Übereinstimmung" lediglich der Hinweis gegeben, dass die zum Preisvergleich herangezogenen Kaufpreise „hinsichtlich **Aktualität in Bezug auf den maßgeblichen Stichtag und Repräsentativität den jeweiligen Grundstücksmarkt zutreffend abbilden**" und etwaige Abweichungen in den allgemeinen Wertverhältnissen sowie wertbeeinflussende Abweichungen der Grundstücksmerkmale des Wertermittlungsobjekts ggf. unter Heranziehung geeigneter Umrechnungskoeffizienten durch eine Anpassung mittels Zu- oder Abschlägen oder in anderer sachgerechter Weise berücksichtigt werden können.

2 Eignungsprüfung in Betracht kommender Kaufpreise nach § 25 Satz 2 ImmoWertV

▶ *Zu Eignungskriterien in der Rechtsprechung vgl. § 9 ImmoWertV Rn. 3 ff.; Syst. Darst. des Vergleichswertverfahrens Rn. 30 ff.; zu Vergleichspreisen bei retrograder Verkehrswertermittlung vgl. § 2 Rn. 66 ff.; zur Selektion von Vergleichspreisen vgl. Syst. Darst. des Vergleichswertverfahrens Rn. 22 ff.; zu Ersatzlösungen bei fehlenden Vergleichspreisen vgl. Syst. Darst. des Vergleichswertverfahrens Rn. 46 ff.*

7 Die zum Preisvergleich in Betracht kommenden Kaufpreise sind nach Maßgabe des § 25 Satz 2 ImmoWertV auf ihre Eignung i.S. des § 9 Abs. 1 Satz 1 ImmoWertV zu prüfen. In diesem Rahmen ist auch eine **Ortsbesichtigung** angezeigt, wobei im Falle von Kaufpreisen für bebaute Grundstücke insbesondere im Hinblick auf die Wohn- bzw. Nutzfläche, die Restnutzungsdauer, den Erhaltungszustand, eine Unterkellerung, einen Dach- und Kellerausbau eine Außenbesichtigung i.d.R. nicht ausreicht[2].

8 Kaufpreise sowie weitere Daten wie insbesondere Bodenrichtwerte und sonstige für die Wertermittlung erforderliche Daten sind zur Wertermittlung geeignet, wenn die Daten hinsichtlich Aktualität in Bezug auf den maßgeblichen Stichtag und hinsichtlich Repräsentativität den jeweiligen Grundstücksmarkt zutreffend abbilden.

9 Dies **setzt voraus, dass die wertbeeinflussenden Grundstücksmerkmale der Grundstücke, deren Kaufpreise zum Preisvergleich herangezogen werden sollen, vom Gutachterausschuss für Grundstückswerte im Rahmen der** Auswertung der Kaufpreissammlung nach den §§ 192 ff. BauGB **hinreichend konkretisiert sind.** Nur dann können die von dem zu bewertenden Grundstück abweichenden Grundstücksmerkmale der Vergleichsobjekte angemessen berücksichtigt werden.

10 Dies ist im Falle der **Heranziehung von Kaufpreisen** nicht gewährleistet, wenn diese vom Gutachterausschuss aus der Kaufpreissammlung nur **in anonymisierter Form (Anonymi)** zur Verfügung gestellt werden. Als anonymisiert gilt nach datenschutzrechtlichen Bestimmungen (§ 3 Abs. 7 BDSG) eine Auskunft unter anderem, wenn die zum Vergleichspreis angegebenen Daten (d.h. Grundstücksmerkmale) derart verändert worden sind, dass die *exakte Lage des Bezugsobjekts* nicht oder nur mit einem unverhältnismäßig großen Aufwand an Zeit, Kosten und Arbeitskraft identifizierbar ist. Individuelle Grundstücksmerkmale, die die Identifizierbarkeit des Vergleichsgrundstücks ermöglichen würden, müssen bei anonymisierter Auskunftserstat-

1 BGH, Urt. vom 19.12.1963 – III ZR 162/63 –, NJW 1964, 1567 = EzGuG 20.35; entsprechend auch der BFH, Urt. vom 26.09.1980 – III R 21/78 –, BFHE 132, 101 = BStBl II 1981, 153 = EzGuG 20.86; RFH, Urt. vom 31.03.1938 – III 228/37 –, RStBl 1938, 564 = EzGuG 4.4a.

2 FG Berlin-Brandenburg, Urt. vom 19.07.2017 – 3 K 3047/17 –, EFG 2017, 1499 = EzGuG 20.260.

tung mithin zwangsläufig mit der Folge verschwiegen werden, dass der angegebene Vergleichspreis ggf. im Vergleichswertverfahren nicht hinreichend gewürdigt werden kann[3].

Die Eignung setzt des Weiteren voraus, dass etwaige Abweichungen in den allgemeinen Wertverhältnissen sowie wertbeeinflussende Abweichungen der Grundstücksmerkmale des Wertermittlungsobjekts durch geeignete Indexreihen, Umrechnungskoeffizienten oder in anderer Weise (z.B. mittels marktüblicher Zu- oder Abschläge) berücksichtigt werden können. 11
Die Summe der zur Berücksichtigung abweichender Grundstücksmerkmale und abweichender allgemeiner Wertverhältnisse anzubringenden Zu- und Abschläge (gegebenenfalls mittels Indexreihen und Umrechnungskoeffizienten ermittelt) ist ein **Maßstab zur Eignung** der in Betracht kommenden Vergleichspreise (vgl. Syst. Darst. des Vergleichswertverfahrens Rn. 30).

Nach § 9 Abs. 2 ImmoWertV dürfen darüber hinaus nur „solche Kaufpreise" und andere Daten herangezogen werden, bei denen angenommen werden kann, dass sie nicht durch **ungewöhnliche oder persönliche Verhältnisse** beeinflusst worden sind. Eine Beeinflussung durch ungewöhnliche oder persönliche Verhältnisse kann grundsätzlich angenommen werden, wenn die Kaufpreise und anderen Daten erheblich von den Kaufpreisen und anderen Daten in vergleichbaren Fällen abweichen. Ob ein Kaufpreis erheblich von den Kaufpreisen „in vergleichbaren Fällen" abweicht, setzt voraus, dass die miteinander verglichenen Kaufpreise bezüglich abweichender Grundstücksmerkmale und abweichender allgemeiner Wertverhältnisse infolge unterschiedlicher Zeitpunkte ihres Zustandekommens „bereinigt" worden sind. 12

Die Prüfungspflicht muss auch die Kompatibilität i.S. der Ausführungen unter Rn. 14 einschließen. 13

3 Anpassungspflicht nach § 25 Satz 2 ImmoWertV

3.1 Allgemeine Anpassungspflicht

Im Anschluss an die Eignungsprüfung sind die zum Preisvergleich herangezogenen Kaufpreise bei etwaigen Abweichungen nach Maßgabe des § 25 Satz 2 ImmoWertV an die Gegebenheiten des Wertermittlungsobjekts qualitativ und temporär anzupassen. 14

Soweit zur Ermittlung des vorläufigen marktangepassten Vergleichswerts Vergleichsfaktoren bebauter Grundstücke oder Bodenrichtwerte herangezogen werden, ergibt sich die Anpassungspflicht aus § 26 ImmoWertV. Ausgenommen von der Anpassungspflicht sind nach der Systematik des § 24 Abs. 4 ImmoWertV besondere objektspezifische Grundstücks-merkmale i.S. des § 8 Abs. 3 ImmoWertV. Sie sind direkt in marktkonformer und objektspezifischer Höhe zu berücksichtigen.

Im Rahmen der **Bodenwertermittlung bebauter Grundstücke** kann es geboten sein, bei der Anpassung der zum Preisvergleich herangezogenen Kaufpreise unbebauter Grundstücke zunächst zu prüfen, ob Art und Maß der baulichen Nutzung des Wertermittlungsobjekts nach den „Gegebenheiten" dem entspricht, was am Wertermittlungsstichtag nach Maßgabe des § 5 Abs. 1 ImmoWertV maßgebend ist. Dies kann z.B. die planungsrechtlich zulässige GFZ i.S. des § 5 Abs. 1 Satz 1 ImmoWertV oder die lagetypische GFZ i.S. des § 5 Abs. 1 Satz 2 ImmoWertV sein (maßgebliche GFZ). Weicht die tatsächlich auf dem Grundstück realisierte GFZ von der maßgeblichen GFZ erheblich ab, ist der **Fall einer atypischen Nutzung i.S. des § 40 Abs. 5 Nr. 1 ImmoWertV** gegeben. In diesem Fall bestimmt sich der vorläufige Verfahrenswert auf der Grundlage eines (vorläufigen) nutzungsabhängigen Bodenwerts. Zur Ermittlung des *nutzungsabhängigen Bodenwerts* sind die Vergleichspreise der auf dem Grundstück atypi- 15

3 In der Praxis wird von der auskunftserteilenden Stelle der Antragsteller mit dem Hinweis abgewiesen: „Wenn ich Ihnen auch das sage, wissen Sie genau, um welches Grundstück es sich handelt".

scherweise realisierten GFZ anzupassen. Daneben müssen die Vergleichspreise auch der maßgeblichen GFZ angepasst werden, um aus dem Unterschied beider Bodenwerte in entsprechender Anwendung des § 43 Abs. 2 ImmoWertV den sich daraus ergebenden „Wertvorteil" bzw. „Wertnachteil" als besonderes objektspezifisches Grundstücks-merkmal ermitteln zu können. Entsprechendes gilt auch für ein erhebliches Abweichen der Art der realisierten Nutzung von der maßgeblichen Art der baulichen Nutzung (zur Ermittlung vgl. § 40 ImmoWertV Rn 185 ff.).

16 Ergänzend wird darauf hingewiesen, dass der Katalog der in § 8 Abs. 3 ImmoWertV expressis verbis genannten besonderen objektspezifische Grundstücks-merkmale die **in § 40 Abs. 5, § 41 und § 43 ImmoWertV genannten Besonderheiten** unerwähnt lässt. Im Rahmen der Marktwertermittlung bebauter Grundstücke bestimmt sich auch hier der vorläufige Verfahrenswert aus Gründen der Modell- und Referenz-konformität auf der Grundlage eines entsprechend zu ermittelnden *vorläufigen* Boden-werts. Auf die einschlägigen Erläuterungen zu diesen Vorschriften wird verwiesen.

3.2 Modell- und referenzkonforme Anpassungspflicht bei der Bodenwertermittlung bebauter Grundstücke

▶ *Vgl. § 26 ImmoWertV Rn. 21 f., 54.*

17 Geht es um die **Ermittlung des Bodenwerts eines bebauten Grundstücks, dessen Marktwert im Wege des Vergleichs-, Ertrags oder Sachwertverfahrens ermittelt werden soll,** kann es geboten sein, die zum *unmittelbaren Preisvergleich* herangezogenen Kaufpreise unbebauter Grundstücke bzw. die herangezogenen Bodenrichtwerte hinsichtlich der diesen zugrunde liegenden Grundstücksmerkmale zunächst nur mit denen abzugleichen, die dem jeweiligen Referenzgrundstück des Liegenschaftszinssatzes, Vergleichs- oder Sachwertfaktors und – wie vorstehend erläutert – der ausgeübten Nutzung zugrunde liegen (kompatible Bodenwerte).

18 Weichen die bodenbezogenen Grundstücksmerkmale des zu bewertenden Grundstücks erheblich von denen des Referenzgrundstücks ab und kann der herangezogene Liegenschaftszinssatz, Vergleichs- oder Sachwertfaktor den abweichenden Grundstücksmerkmalen des zu bewertenden Grundstücks nicht mittels geeigneter Umrechnungskoeffizienten *„objektspezifisch angepasst"* werden, sind die Abweichungen nachträglich im Anschluss an die Ermittlung des vorläufigen marktangepassten Verfahrenswerts als „besondere objektspezifische Grundstücksmerkmale" (boG) zu berücksichtigen. Dies ist bei der Ermittlung des Bodenwerts bebauter Grundstücke dem Grundsatz der Modell- und Referenzkonformität geschuldet.

Das Gleiche gilt im Übrigen entsprechend, wenn die Liegenschaftszinssatzes, Vergleichs- oder Sachwertfaktor auf der Grundlage von Bodenrichtwerten unter Ausschluss besonderer objektspezifischer Grundstücksmerkmale abgeleitet worden sind.

Abb. 1: Bodenwertermittlung unbebauter und bebauter Grundstücke

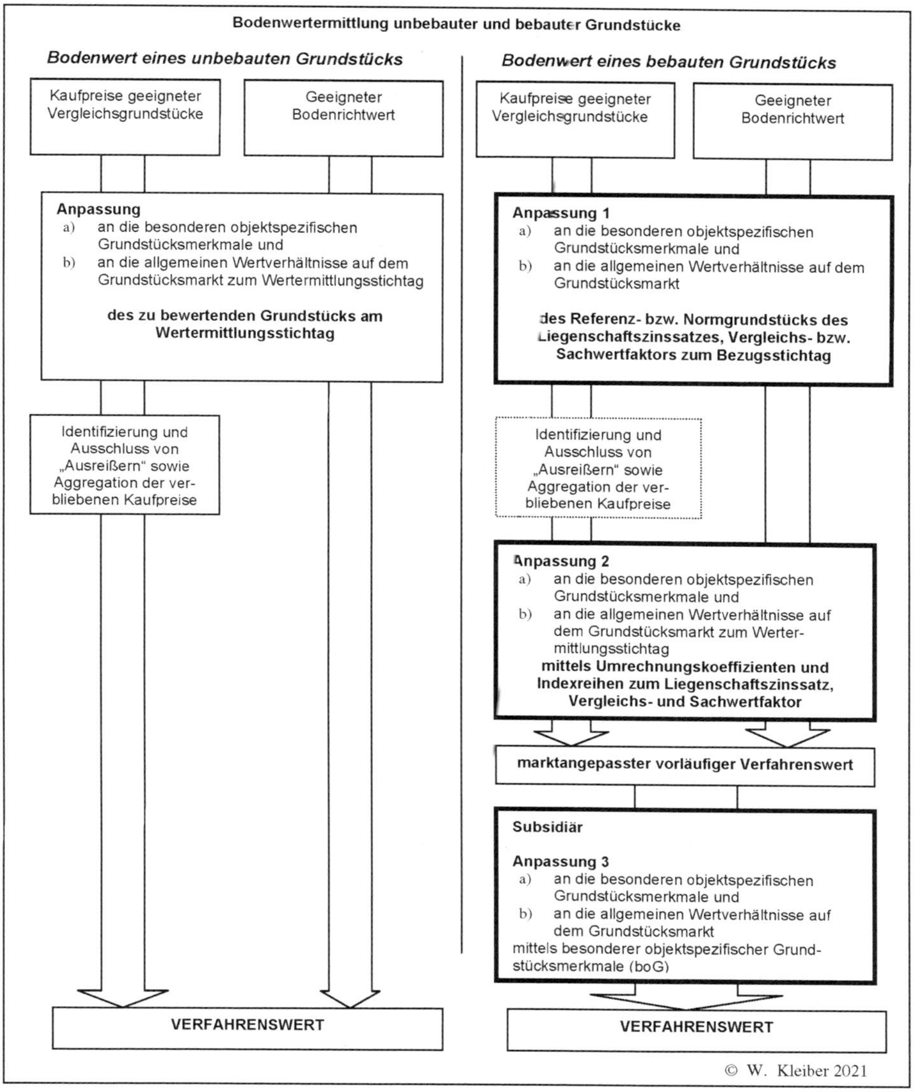

§ 26 ImmoWertV
Objektspezifisch angepasster Vergleichsfaktor; objektspezifisch angepasster Bodenrichtwert

(1) Zur Ermittlung des objektspezifisch angepassten Vergleichsfaktors ist der nach § 20 ermittelte Vergleichsfaktor auf seine Eignung im Sinne des § 9 Absatz 1 Satz 1 zu prüfen und bei etwaigen Abweichungen nach Maßgabe des § 9 Absatz 1 Satz 2 und 3 an die Gegebenheiten des Wertermittlungsobjekts anzupassen.

(2) Zur Ermittlung des objektspezifisch angepassten Bodenrichtwerts sind die nach den §§ 13 bis 16 ermittelten Bodenrichtwerte auf ihre Eignung im Sinne des § 9 Absatz 1 Satz 1 zu prüfen und bei etwaigen Abweichungen nach Maßgabe des § 9 Absatz 1 Satz 2 und 3 an die Gegebenheiten des Wertermittlungsobjekts anzupassen.

Gliederungsübersicht *Rn.*

1 Vergleichsfaktoren

1.1 Übersicht

▶ *Vgl. Syst. Darst. des Vergleichswertverfahrens Rn. 142 ff.*

1 Vergleichsfaktoren i.S. des § 20 Abs. 1 ImmoWertV sind durchschnittliche, auf eine geeignete Bezugseinheit stichtagsbezogene Werte für Grundstücke mit bestimmten wertbeeinflussenden Grundstücksmerkmalen (Normobjekte). Sie dienen insbesondere der Ermittlung von Vergleichswerten bebauter Grundstücke nach § 24 ImmoWertV. Gleichzeitig werden mit Vergleichsfaktoren die am Wertermittlungsstichtag auf dem örtlichen Grundstücksmarkt vorherrschenden allgemeinen Wertverhältnisse auf dem Grundstücksmarkt berücksichtigt. Zu diesem Zweck werden sie durch geeignete Indexreihen oder in anderer sachgerechter Weise an die allgemeinen Wertverhältnisse am Wertermittlungsstichtag angepasst.

2 Vergleichsfaktoren bebauter Grundstücke werden auch als **Wohn- und Nutzflächenwerte bzw. Immobilienrichtwerte** bezeichnet.

3 **Bodenrichtwerte** dienen u.a. der Ermittlung von Bodenwerten unbebauter und bebauter Grundstücke nach § 24 Abs. 1 Satz 2 ImmoWertV.

4 Die von den Gutachterausschüssen abgeleiteten **Vergleichsfaktoren beziehen sich – vergleichbar mit Bodenrichtwerten – auf ein genormtes oder normierbares Referenzgrundstück** mit fiktiven Grundstücksmerkmalen. Zur Ableitung von Vergleichsfaktoren sind nach § 9 Abs. 1 und 2 ImmoWertV dementsprechend geeignete Kaufpreise heranzuziehen. Die durchschnittlichen Grundstücksmerkmale der herangezogenen Kaufpreise bilden die Grundstücksmerkmale des „Vergleichsfaktorgrundstücks" ab; § 20 Abs. 2 ImmoWertV spricht in diesem Zusammenhang von dem „Normgrundstück"; der diesem zugeordnete Vergleichsfaktor wird auch als „**Basisfaktor**" bezeichnet.

5 Vergleichsfaktoren sind grundsätzlich referenzkonform anzuwenden (Grundsatz der Referenzkonformität). Zur Berücksichtigung der zur Marktwertermittlung von den Grundstücksmerkmalen des herangezogenen Vergleichsfaktors abweichenden Grundstücksmerkmale des zu bewertenden Grundstücks sowie zur Berücksichtigung von Abweichungen des Bezugsstichtags des herangezogenen Vergleichsfaktors vom Wertermittlungsstichtag ist der vom Gutachterausschuss für Grundstückswerte abgeleitete einschlägige Vergleichsfaktor durch geeignete Indexreihen sowie Umrechnungskoeffizienten oder in anderer Weise (z.B. mittels marktüblicher Zu- oder Abschläge) den Gegebenheiten des zu bewertenden Grundstücks anzupassen. Diese altbewährte Praxis wird mit dem neu in die ImmoWertV aufgenommenen Begriff des „objektspezifisch angepassten Vergleichsfaktors" verdeutlicht.

1.2 Referenzmerkmale des Vergleichsfaktors

▶ *Vgl. § 10 ImmoWertV Rn. 10; Syst. Darst. des Vergleichswertverfahrens Rn. 142 ff.*

6 Der Grundstücksmarkt zerfällt in zahlreiche Grundstücksteilmärkte mit unterschiedlichen Marktentwicklungen. Vergleichsfaktoren müssen deshalb hinreichend differenziert nach

Grundstücksarten abgeleitet werden. So wird in der Wertermittlungspraxis die Differenzierung von Vergleichsfaktoren im Bereich von Eigentumswohnungen heruntergebrochen auf Vergleichsfaktoren neuerstellten Wohnungseigentums im Erst- und Weiterkauf, in Wohnungseigentum umgewandelte Mietobjekte im Erst- und Weiterkauf sowie für Appartements.

Vergleichsfaktoren sind zeitabhängige Größen und müssen deshalb mit ihrem **Bezugsstichtag** versehen werden. 7

Für eine sachgerechte Anwendung des Vergleichsfaktors reicht allein eine nach Grundstücksarten differenzierende Ableitung von Vergleichsfaktoren nicht aus, wenn dieser nach Maßgabe der ImmoWertV an die Gegebenheiten des Wertermittlungsobjekts angepasst werden soll. Dies nämlich setzt voraus, dass – vergleichbar mit dem Bodenrichtwertgrundstück – die **Grundstücksmerkmale des dem Vergleichsfaktor zugrunde liegenden Referenzgrundstücks (Normgrundstück)** bekannt sind (vgl. www.boris.nrw). Diese können sich aus den durchschnittlichen Grundstücksmerkmalen der zur Ableitung des Vergleichsfaktors herangezogenen Vergleichsgrundstücke ergeben; sie können aber auch im Rahmen der Ableitung normiert worden sein. Sie müssen aber bekannt sein, denn sonst wäre eine Anpassung an die Grundstücksmerkmale des zu bewertenden Grundstücks nicht möglich. 8

Die wesentlichen Referenzmerkmale des dem Vergleichsfaktor zugrundeliegenden „Normobjekts" sind insbesondere: 9

- die Lage (Bodenrichtwertniveau; stadträumliche Lage, Zentrumsnähe, Wohn-, Verkehrs- und Entfernungslage und dgl.),
- die Grundstücksgröße bzw. der jeweilige Baulandanteil,
- das Baujahr bzw. die Baujahrsklasse, das Alter bzw. die Restnutzungsdauer des Gebäudes,
- die Wohnfläche i.d.R. auf der Grundlage der WoFLV,
- die Größe der Wohnanlage, die Anzahl der Wohneinheiten im Gebäude,
- die Anzahl der Vollgeschosse,
- die Geschosslage,
- die Ausstattung, die vielfach mit dem Baujahr korreliert ist,
- der Zustand der baulichen Anlage, wobei es sich i.d.R. um schadensfreie Objekte ohne besondere Einrichtungen und Einbauten handelt,
- der Modernisierungsgrad (insbesondere bei Altbauten),
- ein Balkon/Terrasse,
- die Himmelsrichtung (Nord- oder Südseite),
- die „Anbindung" an eine Gartenfläche (bei Erdgeschosswohnung),
- die Pkw-Stellplatzmöglichkeit,
- Einbeziehung von Kellern, Garagen, Nebengebäuden und Außenanlagen,
- der Vermietungszustand (bestehende Mietverhältnisse) und
- der Ersterwerb bzw. Wiederverkaufsfall.

1.3 Objektspezifisch angepasster Vergleichsfaktor

1.3.1 Definition

▶ *Syst. Darst. des Vergleichswertverfahrens Rn. 42 ff.; § 20 ImmoWertV Rn. 24 ff.*

Vergleichsfaktoren sind nach § 20 Abs. 1 ImmoWertV „durchschnittliche, auf eine geeignete Bezugseinheit bezogene Werte für Grundstücke (unterschiedlichster Art) mit bestimmten 10 wertbeeinflussenden Grundstücksmerkmalen (Normobjekt)", bezogen auf die allgemeinen Wertverhältnisse i.S. des § 2 Abs. 1 immoWertV eines bestimmten Zeitpunkts (Bezugsstichtag).

11 Nach dem **Anpassungsgebot des § 24 Abs. 2 Nr. 2 ImmoWertV** ist der zur **Ermittlung des vorläufigen Vergleichswerts eines Grundstücks** herangezogene Vergleichsfaktor ausgehend von den Referenzmerkmalen des „Normobjekts"

– den Grundstücksmerkmalen des Wertermittlungsobjekts und
– dem maßgeblichen Wertermittlungsstichtag

„anzupassen". Nach Maßgabe des § 9 Abs. 1 ImmoWertV sind wertbeeinflussende Abweichungen der Grundstücksmerkmale des Wertermittlungsobjekts durch geeignete Umrechnungskoeffizienten mittels marktüblicher Zu- oder Abschläge oder in anderer sachgerechter Weise zu berücksichtigen. Abweichungen der allgemeinen Wertverhältnisse sind durch geeignete Indexreihen oder in anderer sachgerechter Weise an die Wertverhältnisse am Wertermittlungsstichtag anzupassen. Stehen keine geeigneten sonstigen für die Wertermittlung erforderlichen Daten zur Verfügung, können sie oder die entsprechenden Werteinflüsse auch sachverständig geschätzt werden (§ 9 Abs. 3 Satz 2 ImmoWertV). **Der so „angepasste" Vergleichswertfaktor ist der „objektspezifisch angepasste Vergleichsfaktor".**

12 **Voraussetzung für die sachgerechte Anpassung des Vergleichsfaktors ist eine eindeutige Konkretisierung der jeweiligen Grundstücksart einschließlich aller wertbeeinflussenden Grundstücksmerkmale des auch als Referenzgrundstück bezeichneten „Normobjekts" sowie des Bezugszeitpunkts.** Die ImmoWertV enthält im Unterschied zu den vom Gutachterausschuss abgeleiteten Bodenrichtwerten noch nicht einmal Mindestvorgaben zu den in der Veröffentlichung der Vergleichsfaktoren zu konkretisierenden Referenzmerkmalen (vgl. § 16 Abs. 2 ImmoWertV). Gleichwohl muss eine vollständige Konkretisierung der Referenzmerkmale des jeweiligen Grund und Bodens sowie der baulichen Anlage des Norm- bzw. Referenzgrundstücks (Normobjekt) gefordert werden, denn sonst wäre eine sachgerechte „Anpassung" des Vergleichsfaktors nicht möglich.

13 **Besondere objektspezifische Grundstücksmerkmale** i.S. des § 8 Abs. 3 ImmoWertV bleiben bei alledem sowohl bei der Ableitung der Vergleichsfaktoren als auch bei deren objektspezifischer Anpassung grundsätzlich unberücksichtigt (vgl. Rn. 21). Sie werden im Anschluss an die Ermittlung des marktangepassten vorläufigen Vergleichswerts berücksichtigt.

1.3.2 Eignung des Vergleichsfaktors (Basisvergleichsfaktor)

14 Der zur Ableitung des „objektspezifisch angepassten Vergleichsfaktors" vom Gutachterausschuss bereitgestellte Vergleichsfaktor (Basisfaktor) muss „geeignet" sein. Nach § 26 ImmoWertV muss seine Eignung nach Maßgabe des § 9 Abs. 1 Satz 1 ImmoWertV zuvor überprüft werden. Die Vorschrift fordert, dass der herangezogene Vergleichsfaktor (Basisfaktor) hinsichtlich der Aktualität in Bezug auf den maßgeblichen Stichtag und die Repräsentativität den jeweiligen Grundstücksmarkt zutreffend abbildet und etwaige Abweichungen in den allgemeinen Wertverhältnissen sowie wertbeeinflussende Abweichungen der Grundstücksmerkmale des Wertermittlungsobjekts in sachgerechter Weise berücksichtigt werden können.

15 Ob wertbeeinflussende Abweichungen der Grundstücksmerkmale des Wertermittlungsobjekts „in sachgerechter Weise" berücksichtigt werden können, erweist sich erst im konkreten Anwendungsfall. Die zu berücksichtigenden Abweichungen müssen sich in Grenzen halten, denn wenn sie über ein gewisses Maß hinausgehen, ist dies ein Beleg dafür, dass der Liegenschaftszinssatz (Basiszinssatz) gerade nicht geeignet ist, den jeweiligen Grundstücksmarkt zu repräsentieren.

16 Die **Zu- und Abschläge**, die **zur Berücksichtigung der objektspezifischen Grundstücksmerkmale** der zu bewertenden Liegenschaft an dem herangezogenen Vergleichsfaktor (Basisfaktor) „angebracht" werden müssen, sollten nach der hier vertretenen Auffassung in ihrer Ge-

samthöhe 40 % nicht überschreiten. Dabei ist auf die absolute Gesamthöhe der Zu- und Abschläge (unter Weglassen des Vorzeichens) abzustellen. Wie bei Anwendung des direkten Vergleichswertverfahrens muss nämlich auch bei Anwendung des mittelbaren Vergleichswertverfahrens gefordert werden, dass das Referenzgrundstück des herangezogenen Vergleichsfaktors (Normobjekt i.S. des § 20 Abs. 2 ImmoWertV) mit der zu bewertenden Liegenschaft hinreichend vergleichbar ist. Wird die vorstehende Grenze überschritten, ist dies ein Beleg dafür, dass der Vergleichsfaktor zum Preisvergleich nicht geeignet ist (vgl. Syst. Darst. des Vergleichswertverfahrens Rn. 30 ff.).

Bei der schrittweisen Anpassung der einzelnen Grundstücksmerkmale, die von den Referenzmerkmalen des Liegenschaftszinssatzes abweichen, müssen **Doppelberücksichtigungen** vermieden werden. So kann z.B. der **energetische Zustand** einer baulichen Anlage bereits mit der Anpassung der Restnutzungsdauer erfasst sein, wenn der energetische Zustand dem des jeweiligen Baujahres entspricht. **17**

1.3.3 Subsidiär zu berücksichtigende besondere objektspezifische Grundstücksmerkmale

Der Begriff des *objektspezifisch angepassten Vergleichsfaktors* kann zu Fehlschlüssen verleiten, denn der Vergleichsfaktor wird nur zum Teil an die objektspezifischen Grundstücksmerkmale angepasst. Ausgenommen sind i.d.R. die „besonderen objektspezifischen Grundstücksmerkmale" i.S. des § 8 Abs. 3 ImmoWertV. **18**

Soweit eine vollständige Berücksichtigung der Grundstücksmerkmale des zu bewertenden Grundstücks mit den zur Verfügung stehenden Umrechnungskoeffizienten und Indexreihen oder auch sonst nicht in sachgerechter Weise möglich ist, können die nicht hinreichend berücksichtigten Grundstücksmerkmale – ausgehend von dem modell- und referenzkonform ermittelten vorläufigen Vergleichswert – ergänzend als **besondere objektspezifische Grundstücksmerkmale (boG)** berücksichtigt werden. Dazu sind die jeweiligen Abweichungen zwischen den Grundstücksmerkmalen des zu bewertenden Grundstücks von den Referenzmerkmalen des Vergleichsfaktors festzustellen und die daraus resultierende Werterhöhung oder Wertminderung mit dem Betrag zu ermitteln, um den sich der Marktwert des Grundstücks erhöht bzw. vermindert.

Davon betroffen ist nicht nur die bauliche Anlage sondern auch der Grund und Boden, insbesondere hinsichtlich des beitragsrechtlichen Zustands, einer atypischen nach Maßgabe des § 40 Abs. 5 ImmoWertV zu berücksichtigenden Nutzung. Davon betroffen kann auch die Grundstücksgröße selbst dann sein, wenn der zur Anwendung kommende Vergleichswertfaktor nach Maßgabe des § 26 ImmoWertV mittels eines einschlägigen Umrechnungskoeffizienten an die Grundstücksgröße objektspezifisch angepasst wurde. Dies betrifft den Fall einer erheblichen Abweichungen der objektspezifischen Grundstücksfläche von der marktüblichen Grundstücksgröße i.S. des § 41 ImmoWertV), bei dem die auszusondierende Restfläche als besonderes objektspezifisches Grundstücksmerkmal zu berücksichtigen ist (zur Sondierung vgl. § 41 ImmoWertV Rn. 1 ff.).

Zur Berücksichtigung der besonderen objekt-spezifische Grundstücksmerkmale (boG) sind die jeweiligen Abweichungen zwischen den Grundstücksmerkmalen des zu bewertenden Grundstücks von den Referenzmerkmalen des Vergleichsfaktors festzustellen und die daraus resultierende Werter-höhung oder Wertminderung mit dem Betrag zu ermitteln, um den sich der Marktwert des Grundstücks erhöht bzw. vermindert.

2 Anpassung durch empirisch ermittelte Umrechnungskoeffizienten

2.1 Allgemeines

▶ *Syst. Darst. des Vergleichswertverfahrens Rn. 138 ff.*

19 Vergleichsfaktoren bebauter Grundstücke werden derzeit vornehmlich nur für Wohnimmobilien (freistehende Ein- und Zweifamilienhäuser, Reihenhäuser, Mehrfamilienhäuser und insbesondere für Eigentumswohnungen abgeleitet.

20 Die **wesentlichen wertbeeinflussenden Grundstücksmerkmale von Wohnimmobilien** ergeben sich aus den Ausführungen zu Rn. 6 und müssen dementsprechend zur Beschreibung des „Normobjekts" konkretisiert werden, soweit dies für eine sachgerechte Anwendung der Vergleichsfaktoren erforderlich ist.

2.2 Merkmalspezifische Umrechnungskoeffizienten von Vergleichsfaktoren bebauter Grundstücke

21 Die Ableitung und Anwendung von Umrechnungskoeffizienten zur Anpassung von Vergleichswertfaktoren bebauter Grundstücke an die Grundstücksmerkmale des Wertermittlungsobjekts werden in der Syst. Darst. des Vergleichswertverfahrens unter Rn. 140 ff. behandelt.

2.3 Merkmalspezifische Umrechnungskoeffizienten für Eigentumswohnungen

2.3.1 Vorbemerkung

▶ *§ 6 ImmoWertV Rn. 186; § 21 ImmoWertV Rn. 215.*

22 Der Marktwert von Eigentumswohnungen ist von den vorstehend unter Rn. 22 ff. für Wohnimmobilien aufgeführten wertbestimmenden Merkmalen abhängig. Die Gutachterausschüsse für Grundstückswerte leiten schon seit Langem für den Teilmarkt der Eigentumswohnungen entsprechend den jeweiligen örtlichen Verhältnissen Umrechnungskoeffizienten ab. Den nachfolgenden Beispielen zu einzelnen wertbeeinflussenden Merkmalen von Eigentumswohnungen können deshalb nur allgemeine Hinweise entnommen werden.

Abb. 1: Genereller Überblick über Umrechnungskoeffizienten zum Immobilienricht- bzw. Wohnflächenwert von Eigentumswohnungen bei abweichenden Grundstücksmerkmalen

Genereller Überblick über Umrechnungskoeffizienten zum Immobilienricht- bzw. Wohnflächenwert von Eigentumswohnungen								
Alter		**Wohnfläche**		**Größe der Wohnanlage**		**Geschoss**		**Bemerkungen**
Jahre	**UK_{Alter}**	**m²**	**UK_{WF}**	**Zahl der WE**	**$UK_{Größe}$**	**Geschoss**	**$UK_{Geschoss}$**	
1	0,90	20	1,15	5	1,10	UG	0,95	
2	0,86	30	1,10	10	1,05	EG	0,98	
3	0,84	40	1,06	20	1,03	1. OG	1,00	
4	0,83	50	1,04	30	1,02	2. OG	1,02	
5	0,82	60	1,02	40	1,01	3. OG	1,04	
6	0,80	70	**1,00**	50	**1,00**	4. OG	1,06	mit Aufzug
7	0,78	80	0,98	60	0,99	4. OG	1,00	ohne Aufzug
8	0,76	90	0,96	70	0,99	5. OG	1,06	mit Aufzug
9	0,75	100	0,95	80	0,99	5. OG	0,95	ohne Aufzug
10	0,74	110	0,94	90	0,99	6. OG	1,06	mit Aufzug
11	0,73	120	0,93	100	0,98			
12	0,72	130	0,92	110	0,98			
13	0,71	140	0,91	120	0,98	**Wohnlage und Ausstattung**		
14	0,71	150	0,90	130	0,98	**Qualität**	**Wohnlage**	**Ausstattung**
15	0,70	160	0,90	140	0,97		**$UK_{Wohnlage}$**	**$UK_{Ausstattung}$**
16	0,70	170	0,89	150	0,97	einfach	0,85	0,85
17	0,69	180	0,89	160	0,97	mittel	**1,00**	**1,00**
18	0,69	190	-	170	0,97	gut	1,10	1,10
19	0,68	200	-	180	0,96	sehr gut	1,15	1,15
20	0,68							
21	0,67							
22	0,67							
23	0,66							
24	0,65							
25	0,64							
30	0,61							
40	0,51							

2.3.2 Lage im Stadtgebiet

▶ *Vgl. Syst. Darst. des Vergleichswertverfahrens Rn. 376 f.; § 5 ImmoWertV Rn. 132*

23 Die **Abhängigkeit des Verkehrswerts von der Lage** wird in den Grundstücksmarktberichten in entsprechenden Karten bzw. durch georeferenzierte Immobilienrichtwerte im Internet oder in Abhängigkeit vom Bodenrichtwertniveau bzw. von Lagekategorien dargestellt.

24 Am sinnvollsten erscheint die Erfassung der Abhängigkeit des Verkehrswerts von Eigentumswohnungen von der Lage auf der **Grundlage des Bodenrichtwertgefüges**, wie dies vom Gutachterausschuss in *Wuppertal* praktiziert wird:

Abb. 2: Abhängigkeit des Verkehrswerts von Eigentumswohnungen von der Lage (Bodenrichtwert und der Wohnfläche)

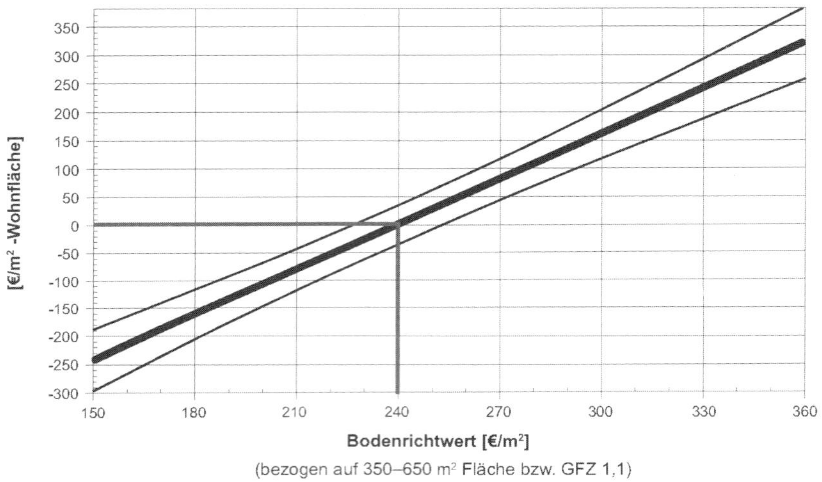

Quelle: Grundstücksmarktbericht 2015 von Wuppertal

Abb. 3: Umrechnungskoeffizienten zum Immobilienricht- bzw. Wohnflächenwert von Eigentumswohnungen bei abweichender Wohnlage (Wohnlagekoeffizienten)

Umrechnungskoeffizienten zum Immobilienricht- bzw. Wohnflächenwert von Eigentumswohnungen bei abweichendem Bodenrichtwert					
Bodenwertniveau	**Wohnlagekoeffizienten**				
	LK Goslar	**Stadt Göttingen**	**LK Göttingen**	**Osterode**	**LK Northeim**
€/m²	**2019**	**2019**	**2019**	**2019**	**2019**
20	0,82	-	-	-	-
30	0,88	-	-	0,96	0,97
40	0,93	-	0,84	0,98	0,98
50	0,97	-	0,88	**1,00**	0,99
60	1,02	-	0,92	1,01	**1,00**
70	-	-	0,96	1,02	1,01

Umrechnungskoeffizienten zum Immobilienricht- bzw. Wohnflächenwert von Eigentumswohnungen bei abweichendem Bodenrichtwert					
75	1,07	-	-	1,03	-
80	1,08	-	**1,00**	-	1,03
90	1,11	-	1,04	-	-
100	1,14	-	1,08	-	-
110	1,17	-	1,12	-	-
120	1,19	0,78	1,16	-	-
125	1,21	-	-	-	-
130	1,22	-	-	-	-
140	1,24	0,82	-	-	-
150	-	-	-	-	-
160	-	0,87	-	-	-
170	-	-	-	-	-
175	-	-	-	-	-
180	-	0,91	-	-	-
200	-	0,96	-	-	-
220	-	**1,00**	-	-	-
225	-	-	-	-	-
240	-	1,04	-	-	-
250	-	-	-	-	-
260	-	1,09	-	-	-
275	-	-	-	-	-
280	-	1,13	-	-	-
310	-	1,20	-	-	-
340	-	1,27	-	-	-
370		1,33	-	-	
400		1,39	-	-	
420		1,44	-	-	

Quelle: Jeweilige Grundstücksmarktberichte der angegebenen Gemeinden und Landkreise

Abb. 4: Umrechnungskoeffizienten zum Immobilienricht- bzw. Wohnflächenwert von Eigentumswohnungen bei abweichender Wohnlage (Wohnlagekoeffizienten)

Umrechnungskoeffizienten zum Immobilienricht- bzw. Wohnflächenwert von Eigentumswohnungen bei abweichender Wohnlage			
Lageklassifikation	**Essen**	**Märkischer Kreis**	**Krefeld**
	2024	**2024**	**2024**
einfach	0,75	0,89	0,90
mäßig	-	-	-
einfach – mittel	0,85	-	-
mittel	1,00	1,00	1,00

Umrechnungskoeffizienten zum Immobilienricht- bzw. Wohnflächenwert von Eigentumswohnungen bei abweichender Wohnlage			
mittel – gut	-	-	-
gut	1,20	1,05	1,11
gut – sehr gut	-	-	-
sehr gut	1,35	1,26	1,27
zentrale	-	-	0,98
Quelle: Grundstücksmarktbericht			

Quelle: Grundstücksmarktberichte

Umrechnungskoeffizienten für von der Wohnlage des Normobjekts (Referenzgrundstück) abweichende Wohnlage			
Norm- bzw. Referenzobjekt			
Wertermittlungs-objekt	**Wohnlage mäßig**	**Wohnlage mittel**	**Wohnlage gut**
Wohnlage mäßig	1,00	0,92	0,84
Wohnlage mittel	1,09	1,00	0,92
Wohnlage gut	1,18	1,09	1,00

Quelle: Grundstücksmarktbericht Hamm 2024

2.3.3 Abhängigkeit der Vergleichsfaktoren (Wohnflächenwerte) für Eigentumswohnungen von demBaujahr, der Baujahresklasse, dem Alter und derRestnutzungsdauer des Gebäudes

25 Untersuchungen der Gutachterausschüsse zur **Abhängigkeit der Wertigkeit einer Eigentumswohnung vom Alter bzw. der Restnutzungsdauer oder dem Baujahr bzw. der Baujahresklasse haben zu nachstehenden Ergebnissen geführt** (Abb. 5):

Abb. 5: Umrechnungskoeffizienten zum Immobilienricht- bzw. Wohnflächenwert von Eigentumswohnungen bei abweichendem Alter

Alter	**Umrechnungskoeffizienten zum Immobilienricht- bzw. Wohnflächenwert von Eigentumswohnungen bei abweichendem Alter**					
	Bonn 2024	**Essen 2023**	**Krefeld 2024**	**Mainz**	**Nürnberg**	**Wuppertal 2021**
0	**1,00**	–	–	0,84	–	–
1	0,99	–	1,73	0,83	–	–
2	0,98	–	1,73	0,82	–	–
3	0,07	–	1,73	0,82	–	1,46
4	0,95	1,40	1,44	0,81	1,06	–
5	0.94	–	1,44	0,80	–	–
6	0,93	1,393	1,44	0,79	–	–
7	0,92	–	1,44	0,77	–	–
8	0,91	1,326	1,44	0,77	–	–
9	0,90	–	1,44	0,76	1,02	–
10	0,89	1,266	1,44	0,76	–	–
11	0,88	–	1,20	0,75	–	1,29
12	0,87	1,224	1,20	0,74	–	–
13	0,86	–	1,20	0,73	–	–
14	0,84	1,184	1,20	0,72	–	–
15	0,83	–	1,20	0,71	–	–
16	0,82	1,157	1,20	0,71	–	–

Alter	Umrechnungskoeffizienten zum Immobilienricht- bzw. Wohnflächenwert von Eigentumswohnungen bei abweichendem Alter					
	Bonn 2024	**Essen 2023**	**Krefeld 2024**	**Mainz**	**Nürnberg**	**Wuppertal 2021**
17	0,81	–	1,20	0,70	–	–
18	0,80	1,134	1,20	0,69	–	–
19	0,79	–	1,20	0,68	0,94	–
20	0,79	1,114	1,20	0,67	–	–
21	0,78	–	1,20	0,66	–	1,13
22	0,77	1,103	1,20	0,65	–	–
23	0,76	–	1,20	0,64	–	–
24	–	1,092	1,20	0,61	0,89	1,07
25	0,51	–	1,20	0,51	0,84	**1,00**
26	0,73	1,080	1,00	–	–	–
27	0,73	–	1,00	–	0,81	–
28	0,72	1,069	1,00	–	0,80	–
29	0,71	–	1,00	–	0,79	–
30	0,71	1,059	1,00	–	0,79	–
35	0,68	–	1,00	–	0,81	–
40	0,66	1,035	1,00	–	0,83	–
45	0,65	–	0,92	–	–	–
50	–	1,008	0,92			
60	–	1,006	0,92			
70	–	1,017	0,88			
80	–	1,017	0,88			
90		1,017	0,88			
100		1,017	0,83			

Quelle: Grundstücksmarktberichte

Vom Gutachterausschuss Aachen sind zur Anpassung des Vergleichsfaktors (Immobilienrichtwert) an das (Ursprungs-)Baujahr des Wertermittlungsobjekts folgende Umrechnungskoeffizienten ermittelt worden:

Umrechnungskoeffizienten für Eigentumswohnungen bei vom Norm- bzw. Referenzgrundstück abweichenden Baujahren									
Wertermittlungsobjekt									
Baujahr Normobjekt	**2010–2023**	**2000–2009**	**1990–1999**	**1980–1989**	**1970–1979**	**1960–1969**	**1950–1959**	**1920–1949**	**1850–1919**
2010–2023	1,00	0,88	0,77	0,73	0,69	0,68	0,68	0,73	0,74
2000–2009	1,14	1,00	0,88	0,83	0,78	0,77	0,77	0,83	0,84
1990–1999	1,30	1,14	1,00	0,95	0,90	0,88	0,88	0,955	0,96
1980–1989	1,37	1,21	1,05	1,00	0,95	0,93	0,93	1,00	1,01
1970–1979	1,45	1,28	1,12	1,06	1,00	0,99	0,99	1,06	1,07
1960–1969	1,47	1,29	1,13	1,06	1,01	1,00	1,00	1,07	1,09
1950–1959	1,47	1,29	1,13	1,07	1,01	1,00	1,00	1,07	1,09
1920–1949	1,37	1,21	1,05	1,00	0,95	0,93	0,93	1,00	1,01
1850–1919	1,35	1,19	1,04	0 99	0,93	0,92	0,92	0,99	1,00

Quelle: Grundstücksmarktbericht GAA Aachen 2024

Umrechnungskoeffizienten für vom Baujahr des Normobjekts (Referenzgrundstück) abweichende Baujahre der Eigentumswohnung						
Baujahr des Gebäudes	**Köln**	**Bocholt**	**Bottrop**	**Coesfeld**	**LK Kleve**	
Bezugszeitpunkt	2024	2024	2024	2024	2024	
vor 1920	1,22	–	–	–	0,69	
1921 bis 1940	1,03	–	–	–	0,69	
bis 1949	–	–	–	–	0,69	
1940 bis 1960	–	–	–	0,58	0,79	
1941 bis 1965	1,07	–	–	–	0,79	
1940 bis 1969	–	–	0,81	–	0,79	
bis 1959	–	1,05	–	–	0,79	
1960 bis 1969					0,80	
1960 bis 1979	–	**1,00**	–	0,58	–	
1966 bis 1980	**1,00**				–	
1970 bis 1979	–	–	0,85	–	–	
1980 bis 1989	–	–	0,99	–	0,90	
1980 bis 1999	1,09	1,20	–	–	–	
1986 bis 1995	–			0,71	–	
1992	–	–	**1,00**	–	–	
1990 bis 1999	1,20	–	1,06	–	**1,00**	
1996 bis 2000	–			0,75	–	
2000 bis 2009	1,32	1,36	1,19		1,00	
2010 bis 2019	–	–	1,38	**1,00**	1,06	
ab 2010	1,33	1,40	–	–	–	
An 2001	–	–	–	1,16	–	

Quelle: Grundstücksmarktbericht des jeweiligen GAA

Umrechnungskoeffizienten bei vom Baujahr des Normobjekts (Referenzgrundstück) abweichendem Gebäudealter bei Eigentumswohnungen							
Gebäudealter	**Norm- bzw. Referenzobjektobjekt**						
In Jahren Wertermitt-lungsobjekt	**0 bis 3**	**4 bis 10**	**11 bis 25**	**26 bis 40**	**41 bis 60**	**61 bis 90**	**über 90**
0 bis 3	**1,00**	1,27	1,63	2,18	2,31	2,14	2,36
4 bis 10	0,79	**1,00**	1,29	1,71	1,82	1,69	1,85
11 bis 25	0,61	0,78	**1,00**	1,33	1,42	1,31	1,44
26 bis 40	0,46	0,58	0,75	**1,00**	1,06	0,98	1,08
41 bis 60	0,43	0,55	0,71	0,94	**1,00**	1,93	1,02
61 bis 90	0,47	0,59	0,76	1,02	1,08	**1,00**	1.10
Über 90	0,42	0,54	0,69	0,92	0,98	0,81	**1,00**

Quelle: Grundstücksmarktbericht GAA Hamm 2024

Zum **Wertverhältnis von Alt- und Neubauten** haben andere Gutachterausschüsse folgende formelmäßige Abhängig-kei-ten veröffentlicht:

Frankfurt am Main $Wert_{Altbau} = Wert_{Neubau} \times 0{,}0085 \times (100 - Alter)$

Kleve $Wert_{Altbau} = 22{,}197 \times Baujahr - 42\,910$

2.3.4 Abhängigkeit der Vergleichsfaktoren in (Wohnflächenwerte) für Eigentumswohnungen von der Wohnfläche

▶ *Vgl. zu den Abhängigkeiten der Mieten von der Wohnfläche bei Mietwohnungen § 31 ImmoWertV Rn. 159*

Zur **Abhängigkeit des Verkehrswerts einer Eigentumswohnung von der Wohnfläche** liegen u.a. folgende empirische Untersuchungen vor (Abb. 6): 26

Abb. 6: Umrechnungskoeffizienten zum Wohnflächenwert von Eigentumswohnungen bei vom Referenzobjekt (Normgrundstück)abweichender Wohnfläche

Umrechnungskoeffizienten für von der Wohnfläche des Normobjekts (Referenzgrundstück) abweichende Wohnfläche der Eigentumswohnung							
Wohn-fläche des Gebäudes [m²]	Bottrop	Bonn	Essen	Hamm	LK Neuss	Wuppertal	Bergisch-Gladbach
Bezugs-zeitpunkt	2024	2024	2024	2024	2024	2024	2024
20	–	1,15	0,935	0,97	0,95	–	–
30	0,88	1,11	–	0,97	1,00	1,60	–
40	0,88	1,07	0,963	1,00	1,00	1,48	0,88
50	0,88	1,04	–	1,00	1,00	1,39	0,94
60	0,95	1,02	–	1,00	1,00	1,29	0,99
65	0,95	–	1,000	1,00	1,00	–	–
70	1,00	1,00	–	**1,00**	**1,00**	1,21	**1,02**
80	1,00	0,99	–	1,00	1,00	1,13	1,03
90	1,03	0,98	1,075	1,03	1,00	1,08	1,03
100	1,03	0,98	1,095	1,03	1,00	1,04	1,01
110	1,03	0,98	1,095	1,03	1,00	–	0,97
120	1,04	0,98	1,095	1,03	bis 0,95	1,02	0,92
130	1,04	0,98	1,095	0,94	bis 0,95	–	0,85
140	–	0,99	–	0,94	bis 0,95	–	–
150	–	0,99	–	0,94	bis 0,95	–	–
Ab 130	–	–	–	0,94	bis 0,95	1,00	–

Quelle: Grundstücksmarktbericht des jeweiligen GAA

Fläche m²	**Umrechnungskoeffizienten zum Wohnflächenwert von Eigentumswohnungen bei abweichender Wohnfläche**													
			Bergisch Gladbach	**Dresden EW**	**Krefeld**	**LK Kleve**	**LK Goslar**	**Stadt Göttingen**	**LK Göttingen**	**LK Holzminden**	**Rheine**			
			Wiederverkauf								**EW Erst**	**EW Wieder**	**1–2 FamH**	
			2024		2024	2024	2019	2019	2019	2019				
20			–	–	0,94	–	0,82	–	–				–	
30			–	1,12	0,94	–	–	–	–	–	1,026	1,058	–	
35			–	–	0,94	–	–	–	–	–	1,023	1,051	–	
40			0,88	1,08	1,00	0,99	–	–	–	–	1,020	1,043	–	
45			–	–	1,00	0,99	0,95	–	–	–	1,016	1,036	–	
50			0,94	1,05	1,00	0,99	–	0,95	0,97	0,92	1,013	1,029	–	
55			–	–	1,00	0,99	**1,00**	–	–	**–**	1,010	1,022	–	
60			0,99	1,02	1,00	**1,00**	–	0,97	0,98	0,95	1,007	1,014	–	
65			–	–	1,00	1,00	1,04	–	–	–	1,003	1,007	–	
70			1,02	**1,00**	**1,00**	1,00	–	**1,00**	0,99	0,98	**1,000**	**1,000**	**–**	
75			–	–	1,00	1,00	1,07	–		–	0,997	0,993	–	
80			1,03	0,98	1,00	0,98	–	1,03	**1,00**	**1,00**	0,993	0,986	1,140	
85			–	–	1,04	0,98	1,10	–	–	–	0,990	0,978	–	
90			1,03	0,97	1,04	0,98	–	1,05	1,01	1,02	0,987	0,971	1,112	
95			–	–	1,04	0,98	1,13	–	–	–	0,984	0,964	–	
100			1,01	0,95	1,04	0.90	–	1,08	1,01	1,04	0,980	0,957	1,084	
105					1,04	0,90	1,16			–				
110			0,94	–	1,04	0,90	–	1,10	–	1,06	–	–	1,056	
115					1,04	0,90	1,18			–				
120			0,92	–	1,04	0,90	–	1,13	–	1,08	–	–	1,028	
125					1,04	–	1,21							
130			0,85	–	1,04	–	–	–	–		–	–	1,000	
135	–		–		1,04	–	1,23	–						
140			–	–	1,04	–	–	–	–		–	–	0,972	
145		–	–		1,04	–	1,25	–						
150		–	–	–	1,04	–	–	–	–		–	–	0,944	
160		–	–	–	1,04	–	–	–	–	–	–	–	0,916	

Quelle: Gutachterausschuss Grundstücksmarktberichte

Vom Gutachterausschuss *Aachen* sind zur Anpassung des Vergleichsfaktors (Immobilienrichtwert) an die Wohnfläche des Wertermittlungsobjekts folgende Umrechnungskoeffizienten für unterschiedliche Baujahre (Ursprungsbaujahr) ermittelt worden:

Umrechnungskoeffizienten für von der Wohnfläche des Normobjekts (Referenzgrundstück) abweichende Wohnfläche der Eigentumswohnung								
Wertermittlungsobjekt								
Wohnfläche m²	15 bis 35	36 bis 45	45 bis 60	61 bis 75	76 bis 90	91 bis 110	111 - 140	141 - 160
15 bis 35	1,00	1,00	0,98	1,00	1,01	1,01	1,00	1,01
36 bis 45	1,00	1,00	0,98	1,00	1,01	1,01	1,00	1,01
45 bis 60	1,02	1,02	1,00	1,02	1,03	1,03	1,02	1,03
61 bis 75	1,00	1,00	0,98	1,00	1,01	1,01	1,00	1,01
76 bis 90	0,99	0,99	0,97	1,06	1,00	0,99	0,99	1,00
91 bis 110	0,99	0,99	0,97	0,99	1,00	1,00	0,99	1,00
111 - 140	1,00	1,00	0,98	1,00	1,01	1,01	1,00	1,01
141 - 160	0,99	0,99	0,97	0,99	1,00	1,00	0,99	1,00

Quelle: Grundstücksmarktbericht GAA Aachen 2024

2.3.5 Abhängigkeit der Vergleichsfaktoren (Wohnflächenwerte) für Eigentumswohnungen von Art und der Größe der Wohnanlage

▶ *Zu den Besonderheiten bei vermieteten Eigentumswohnungen vgl. Rn. 43 ff.*

Des Weiteren nimmt der Verkehrswert einer Eigentumswohnung mit zunehmender **Größe der Wohnanlage** ab (Abb. 7). **27**

Preisniveau in Abhängigkeit von der Art der Wohnanlage im Kreis Mettmann			
Objektart	Anzahl	Mittel in [€/m²]	%
einzelstehend mit wenigen Einheiten	89	3260	100
geschlossene Bebauung mit wenigen Einheiten	52	2410	74
Wohnanlagen mit mehreren Eingängen	233	2480	76
Hochhäuser	74	1980	61

Quelle: GAA Kreis Mettmann, Grundstücksmarktbericht 2024

Abb. 7: Umrechnungskoeffizienten zum Immobilienricht- bzw. Wohnflächenwert von Eigentumswohnungen bei abweichender Anzahl der Wohneinheiten pro Wohnanlage

Umrechnungskoeffizienten zum Immobilienricht- bzw. Wohnflächenwert von Eigentumswohnungen bei abweichender Anzahl der Wohneinheiten pro Wohnanlage				
Wohneinheiten	Viersen	Krefeld	Köln	LK Neuss
	2024	2024	2024	2024
2	–	1,03	1,01	–
3	–	1,03	1,01	
4	1,00	1,03	1,01	1,10
5	1,00	1,03	1,01	1,10
6	1,00	1,03	1,01	1,05
7	0,99	0,99	1,01	1,05
8	0,99	0,99	1,01	1,05
9	0,99	0,99	1,01	1,05
10	0,99	0,99	1,01	1,05
11	0,99	0,99	1,01	1,05
12	0,99	0,99	1,01	1,00
13	–	1,00	1,00	1,00
14	–	1,00	1,00	1,00
15	–	1,00	1,00	1,00
16	1,00	1,00	1,00	1,00
17	1,00	1,00	1,00	1,00
18	1,00	1,00	1,00	1,00
19	1,00	1,00	1,00	1,00
20	1,00	1,00	1,00	–
21	1,00	1,00	1,00	–
22	1,00	1,00	1,00	–
23	1,00	1,00	1,00	–
24	1,00	1,00	1,00	–
25	1,00	1,00	1,00	1,00
26	1,00	1,00	1,00	1,00
28	1,00	1,00	1,00	1,00
30	1,00	1,00	1,00	1,00
31	–	0,87	0,98	
36	0,96	0,87	0,98	1,00
40	0,96	0,87	0,98	1,00
44	0,96	0,87	0,98	1,00
50	0,96	0,87	0,98	1,00
52	0,96	0,87	0,98	1,00
60	0,96	0,87	0,98	1,00

Umrechnungskoeffizienten zum Immobilienricht- bzw. Wohnflächenwert von Eigentumswohnungen bei abweichender Anzahl der Wohneinheiten pro Wohnanlage				
Wohneinheiten	Viersen	Krefeld	Köln	LK Neuss
	2024	2024	2024	2024
65	0,96	0,87	0,98	0,90
68	0,87	0,84	0,94	0,90
70	0,87	0,84	0,94	0,90
76	0,87	0,84	0,94	0,90
84	0,87	0,84	0,94	0,90
100	0,87	0,84	0,94	0,90
110	0,87	0,84	0,94	0,90
120	0,87	0,84	0,94	0,90
130	0,87	0,84	0,94	0,90
170	0,87	0,84	0,94	0,90
180	0,87	0,84	0,94	0,90

Quelle: Grundstücksmarktberichte

Der Gutachterausschuss von *Frankfurt am Main*[1] verweist bezüglich „größerer Wohnungsanlagen" (≥ 100 Einheiten) auf einen Abschlag von 25 % (Faktor 0,75). 28

2.3.6 Abhängigkeit der Vergleichsdaten (Wohnflächenwerte) für Eigentumswohnungen von der Zahl der Wohneinheiten im Gebäude (Größe des Gebäudes)

Von der Größe der Wohnanlage zu unterscheiden ist die **Anzahl der Wohneinheiten im Gebäude**. Allgemein gilt auch diesbezüglich, dass der Verkehrswert mit der Zahl der Wohneinheiten im Gebäude absinkt, insbesondere bei Gebäuden mit mehr als 20 Wohneinheiten. Bei sehr wenigen **Wohneinheiten innerhalb des Gebäudes** sind Zuschläge anzusetzen; bei sehr vielen Wohnungen innerhalb eines Gebäudes sind progressive Abschläge marktüblich. Vom Gutachterausschuss der Stadt *Wuppertal* ist folgende Abhängigkeit festgestellt worden (Abb. 8): 29

Abb. 8: Umrechnungskoeffizienten zur Zahl der Wohneinheiten im Gebäude

Umrechnungskoeffizienten zur Zahl der Wohneinheiten im Gebäude								
Anzahl der Wohneinheiten im Gebäude	Umrechnungsfaktor bezüglich Wohneinheiten							
	Bonn 2024	Essen 2024	Wuppertal 2024	Bocholt 2024	Bottrop 2024	Coesfeld 2024	Hamm 2024	Krefeld 2024
2	1,07	–	–	0,97	1,03	1,00	1,01	1,03
3	–	1,069	1,01	0,97	1,03	1,00	1,01	1,03
4	1,07	1,069	1,01	0,97	1,00	1,00	1,01	1,03
5	–	1,069	1,01	1,00	1,00	1,00	1,01	1,03
6	1,006	1,069	1,01	1,00	1,00	1,00	1,01	0,99

1 Grundstücksmarktbericht 2011.

Umrechnungskoeffizienten zur Zahl der Wohneinheiten im Gebäude								
Anzahl der Wohneinheiten im Gebäude	**Umrechnungsfaktor bezüglich Wohneinheiten**							
	Bonn 2024	**Essen 2024**	**Wuppertal 2024**	**Bocholt 2024**	**Bottrop 2024**	**Coesfeld 2024**	**Hamm 2024**	**Krefeld 2024**
7	–	1,000	1,00	1,00	1,00	0,99	0,96	0,99
8	1,005	1,000	1,00	1,00	1,00	0,99	0,96	0,99
9	–	1,000	1,00	0,98	0,98	0,99	0,96	0,99
10	–	1,000	0,97	0,98	0,98	0,99	0,96	0,99
11	–	1,000	0,97	0,98	0,98	0,99	0,96	0,99
12	1,004	1,000	0,97	0,98	0,98	0,99	0,96	0,99
15	–	0,982	0,97	0,98	0,93	0,99	1,03	1,00
16	1,003	0,982	–	0,98	0,93	0,99	1,03	1,00
25	**1,000**	0,982	–	0,98	0,93	0,99	1,03	1,00
17 bis 30	–	0,982	0,95	0,98	0,93	0,99	1,03	1,00
≥ 30	–	0,982	0,90	0,98	0,93	0,99	1,03	0,87
40	0,995	–	–	–	–	–	1,03	0,87
50	0,991	0,982	–	–	–	–	1,03	0,87
60	0,998	–	–	–	–	–	1,03	0,87
65	–	–	–	–	–	–	1,03	–
17 bis 70	–	–	–	–	–	–	0,89	0,84
66-500	–	–	–	–	–	–	–	0,84
90	0,980	–	–	–	–	–	0,89	0,84
100	–	–	–	–	–	–	0,89	0,84
120	0,970	–	–	–	–	–	0,89	0,84
150	0,952	–	–	–	–	–	0,89	0,84

Quelle: Grundstücksmarktberichte

2.3.7 Abhängigkeit der Vergleichsfaktoren (Wohnflächenwerte) für Eigentumswohnungen von der Anzahl der Vollgeschosse

30 **Abb. 9: Umrechnungskoeffizienten für abweichende Baujahre und abweichende Anzahl von Vollgeschossen**

Umrechnungskoeffizienten für vom Normobjekt (Referenzgrundstück) abweichende Anzahl der Vollgeschosse im Gebäude in Neuss				
Anzahl der Vollgeschosse im Wertermittlungsobjekt	**Anzahl der Vollgeschosse im Referenzobjekt**			
	2	3	4 bis 6	7 bis 17
2	1,00	1,06	1,11	1,22
3	0,95	1,00	1,05	1,15
4–6	0,90	0,95	1,00	1,10
7–17	0,82	0,87	0,91	1,00

Quelle: Gutachterausschuss Neuss Grundstücksmarktbericht 2024

Umrechnungskoeffizienten für abweichende Baujahre und abweichende Anzahl von Vollgeschossen in Offenbach											
Anzahl Vollgeschosse	**Baujahr**										
	1960	**1965**	**1970**	**1975**	**1980**	**1985**	**1990**	**1995**	**2000**	**2005**	**2010**
3	1,04	1,08	1,13	1,17	1,21	1,25	1,29	1,33	1,38	1,42	1,46
6	0,96	**1,00**	1,04	1,08	1,13	1,17	1,21	1,25	1,29	1,33	1,38
9	0,87	0,92	0,96	**1,00**	1,04	1,08	1,13	1,17	1,21	1,25	1,29
12	0,79	0,83	0,87	0,92	0,96	**1,00**	1,04	1,08	1,13	1,17	1,21
15	0,71	0,75	0,79	0,83	0,87	0,92	0,96	**1,00**	1,04	1,08	1,12

Quelle: Grundstücksmarktbericht

2.3.8 Abhängigkeit der Vergleichsfaktoren (Wohnflächenwerte) für Eigentumswohnungen von der Geschosslage

Der Einfluss der Geschosslage auf das Wertniveau stellt sich teilweise recht widersprüchlich dar. Ausgehend vom Wertniveau einer Eigentumswohnung im 1. Obergeschoss kann generell von einem verminderten **Wertniveau im Erdgeschoss** ausgegangen werden. Im Erdgeschoss gelegene Wohnungen weisen allerdings ein höheres Wertniveau auf, wenn für die Wohnung ein Sondernutzungsrecht z.B. an einer direkt zugänglichen Gartenfläche besteht; insoweit muss bei der Verkehrswertermittlung eine Doppelberücksichtigung vermieden werden. Für das **Dachgeschoss** können sich erhebliche Wertzuschläge ergeben (Abb. 9). 31

Für das 2. bis 4. Obergeschoss sind gegenüber dem Wertniveau im 1. Obergeschoss Wertzuschläge,aber auch Abschläge *Wuppertal*,(Grundstücksmarktbericht für die Stadt Wuppertal 2019.) festgestellt worden. Diese Tendenz setzt sich darüber hinaus fort, wenn ein Aufzug vorhanden ist. 32

Abb. 10: Umrechnungskoeffizienten zum Immobilienricht- bzw. Wohnflächenwert von Eigentumswohnungen bei abweichender Geschosslage

Umrechnungskoeffizienten zum Wohnflächenwert von Eigentumswohnungen bei abweichender Geschosslage									
Geschoss	**Bonn**	**Bocholt**	**Bottrop**	**Essen**	**Hamm**	**Rhein-Erft-Kreis**	**LK Neuss**	**Köln**	**Wuppertal**
	2024	**2024**	**2024**	**2024**	**2024**	**2024**	**2024**	**2024**	**2024**
Souterrain	0,94	–	0,93	1,026	1,02	0,90	bis 0,90		–
EG	0,98	1,08	1,01	1,026	1,03	1,01		0,98	1,00
1. OG	1,00	1,00	1,00	1,000	**1,00**	1,00	1,00	1,00	**0,99**
2. OG		1,00	0,97	1,000	1,00	1,00	1,00	1,00	0,99
3. OG		0,97	0,97	1,000	0,97	0,99	0,95	1,03	0,95
ab 4. OG		0,97	0,97	1,000	0,97	0,96	0,95	1,03	0,97
ab 6. OG	–	–	–	–	–	–	–	1,00	–
9–20 OG	–	–	–	–	–	–	0,95	1,03	0,95
DG	–	1,02	0,98	1,000	1,06	<,01	0,95	–	1,01
Penthaus/ Maisonette	–	1,09	–	1,144	–	–	bis 1,15		–

Quelle: Grundstücksmarktberichte

2.3.9 Abhängigkeit der Vergleichsfaktoren (Wohnflächenwerte) für Eigentumswohnungen von der Ausstattung

33 **Abb. 11: Abhängigkeit des Quadratmeterwerts von Eigentumswohnungen in Hannover und übrige RegionHannover von der Ausstattung**

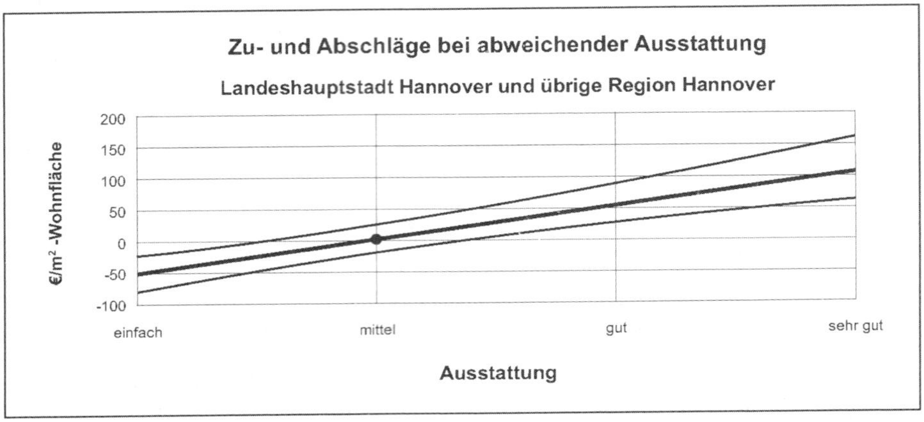

Quelle: Gutachterausschuss für Grundstückswerte in Hannover (Grundstücksmarktbericht 2013)

Abb. 12: Umrechnungskoeffizient für abweichende Ausstattung einer Eigentumswohnung

Umrechnungskoeffizienten für vom Normobjekt (Referenzgrundstück) abweichende Ausstattung					
Ausstattungs-standard	**Bonn 2024**	**Coesfeld 2024**	**Köln 2024**	**Krefeld 2024**	**Wuppertal 2024**
sehr einfach	–	–	–	–	–
sehr einfach bis einfach	–	–	–	–	–
einfach	0,92	0,93	0,87	0,90	–
einfach bis mittel	0,94	–	–	–	–
mittel	0,97	1,00	1,00	1,00	**1,00**
mittel bis gut	1,00	–	–	–	
mittel bis gehoben	–	–	–	–	–
gut	1,03	–	–	–	
gut bis sehr gut	1,06	–	–	–	
sehr gut	1,09	–	–	–	
gehoben	–	**1,06**	–	1,14	1,20
gehoben bis stark gehoben	–	–	1,23	–	–
stark gehoben	–	–	–	–	–
luxus	–	–	–	–	–

Quelle: Grundstücksmarktberichte

Abb. 13: Umrechnungskoeffizienten für vom Normobjekt (Referenzgrundstück) abweichende Gebäude- bzw. Ausstattunsgstandards

Umrechnungskoeffizienten für vom Normobjekt (Referenzgrundstück) abweichenden Gebäudestandard (Ausstattung)		
Ausstattung nach Gebäudestandardzahl	**Essen 2023**	**LK Kleve 2024**
1,40 – 1,65 – 1,90	0,669	–
1,8 bis 2,2		0,83
1,90 – 2,05 – 2,20	0,846	–
2,20 – 2,40 – 2,60	1,000	0,90
2,3 bis 2,7		
2,60 – 2,80 – 3,00	1,200	–
2,9 bis 2,3	–	1,00
3,00 – 3,25 – 3,50	1,412	–
3,3 bis 3,7	–	1,13
3,50 – 3,95 – 4,40	1,543	–
3,8 bis 4,2	–	1.26

Quelle: GAA Grundstücksmarktberichte

2.3.10 Abhängigkeit der Vergleichsfaktoren (Wohnflächenwerte) für Eigentumswohnungen von der Modernisierung

▶ *Vgl. Sys. Darst. des Vergleichswertverfahrens Rn. 157; § 4 ImmoWertV Rn. 52*

Bei „älteren" Eigentumswohnungen (Alter > 65 Jahre), die durchgreifend modernisiert worden sind, ohne dass sich dadurch die Restnutzungsdauer verlängert hat, ist ein Zuschlag von bis zu 25 % sachgerecht. **34**

Umrechnungskoeffizienten für Modernisierungstyp			
Modernisierungsgrad	**Bocholt**	**Bottrop**	**LK Kleve**
Umrechnungskoeffizienten			
	2024	2024	2024
baujahrstypisch (nicht modernisiert)	1,00	0,78	1,00
teilmodernisiert	1,05	0,38	1,05
neuzeitlich	1,21	1,00	–

2.3.11 Balkon/Terrasse/Aufzug

▶ *Vgl. § 6 ImmoWertV Rn. 113, 139; § 8 ImmoWertV Rn. 115, 166; § 32 ImmoWertV Rn. 141, § 44 ImmoWertV Rn. 160.*

Die Wohnflächenwerte beziehen sich i.d.R. auf Wohnungen mit Balkon. **Eigentumswohnungen ohne Balkon** haben wie Mietwohnungen eine eingeschränkte Marktakzeptanz, wenn auch die Nutzung eines Balkons nicht mehr den ursprünglichen Stellenwert zu haben scheint. Die eingeschränkte Marktgängigkeit von Eigentumswohnungen ohne Balkon gegenüber vergleichbaren Eigentumswohnungen mit Balkon ist je nach Lage und Bedeutung durch Abschläge zu berücksichtigen, wenn nicht bereits entsprechende Vergleichspreise herangezogen **35** worden sind. Wo nicht zwischen Balkon, Loggia und Terrasse differenziert wird, ist i.d.R. von einem einheitlichen Umrechnungskoeffizienten auszugehen.

Umrechnungskoeffizienten für Balkon oder Terrasse								
	LK Kleve	**Hamm**	**Krefeld**	**Bocholt**	**Bottrop**	**Essen**	**Rhein-Erft-Kreis**	**Wup-pertal**
	2024	**2024**	**2024**	**2024**	**2024**	**2023**	**2024**	**2024**
Balkon vorhanden	–	1,00	1,12	1,09	1,00	1,000	1,00	1,00
Loggia vorhanden	–	–	1,11	–	–	–	–	–
Terrasse vorhanden	–	–	1,17	–	–	–	–	–
Balkon nicht vorhanden	–	0,90	1,00	1,00	0,90	0,863	0,97	0,93
Aufzug vorhanden	1,05	–	–	–	–	–	–	–
Aufzug nicht vorhanden	1,00	–	–	–	–	–	–	–

Quelle: Grundstücksmarktbericht des jeweiligen Jahres

2.3.12 Stellplatz

36 Bezüglich des **Stellplatzes** werden die Wohnflächenwerte für Eigentumswohnungen entweder einschließlich oder ausschließlich eines Stellplatzes angegeben.

Umrechnungskoeffizienten für Garagen oder Stellplätzen	
	Essen
	2023
Garage/Stellplatz vorhanden	1,000
Garage/Stellplatz nicht vorhanden	0,863

Ist der Stellplatz in dem angegebenen Immobilienricht- bzw. Wohnflächenwert nicht enthalten, ist er gesondert nach Erfahrungssätzen anzusetzen (Abb. 14). Die Kaufpreise hängen einerseits von der Lage und andererseits von der Situation des ruhenden Verkehrs ab.

Abb. 14: Kaufpreise für den Erwerb von Teileigentum bzw. Sondernutzungsrechten an PKW-Garagen und Tiefgaragen

Tiefgaragenplätze und Garagen in Frankfurt am Main (Mittelwerte in €)						
Jahr	**Tiefgaragenplätze**			**Garagen**		
	2016	**2017**	**2018**	**2016**	**2017**	**2018**
Stadtgebiet insgesamt	23 800	24 900	26 700	14 100	15 400	19 400
Innenstadt (Bezirk 1–33)	28 000	27 600	29 300	24 000	20 300	26 300
Restliches Stadtgebiet	20 600	20 300	21 500	8 600	11 800	16 800

Quelle: Grundstücksmarktbericht 2019

2.3.13 Vermietungszustand / Erst- und Weiterkauf

Schrifttum: *Stelter, M.*, Zur Problematik „gespaltener Markt" bei Eigentumswohnungen und Verkehrswertermittlung, GuG 2004, 164.

▶ *§ 33 ImmoWertV Rn. 39; zur Größe der Wohnanlage vgl. Rn. 30*

a) Verkaufsumstand

Wie eingangs dargestellt, muss bei Eigentumswohnungen über deren konkrete Eigenschaften hinaus nach 37

– Erstverkäufen und

– Weiterverkäufen

unterschieden werden.
Vom Gutachterausschuss *Aachen* werden dazu folgende Umrechnungskoeffizienten abgeleitet:

Umrechnungskoeffizienten für unterschiedliche Verkaufsumstände in Aachen			
Verkaufsumstand	**Wertermittlungsobjekt**		
	Weiterverkauf	Erstvertrag aus Umwandlung	Erstvertrag aus Neubau
Weiterverkauf	1,00	1,06	1,11
Erstvertrag aus Umwandlung	0,94	1,00	1,05
Erstvertrag aus Neubau	0,90	0,95	1,00

Quelle: GAA Aachen, Grundstücksmarktbericht 2024

Die vorstehenden Verkaufsumstände sind i.d.R. korreliert mit der **Unterscheidung nach bezugs-freiem und vermietetem Wohnungseigentum**.

Im Grundstücksmarktbericht des Gutachterausschusses für Grundstückswerte in *Wuppertal* wird bezüglich der Mietsituation nach der Wohnfläche unterschieden. Dies ist darin begründet, dass größere Wohnungen tendenziell eher zur Eigennutzung erworben werden als kleinere Wohnungen. Für größere Eigentumswohnungen im vermieteten Zustand sind deshalb i.d.R. Abschläge hinzunehmen. Für kleine vermietete Eigentumswohnungen ist indessen von den Gutachterausschüssen ein gegenüber bezugsfreien Objekten höheres Wertniveau festgestellt worden. 38

Abb. 15: Umrechnungskoeffizient bezüglich Vermietungszustand

Umrechnungskoeffizienten für Vermietungszustand									
	Bottrop	**Essen**	**Wuppertal Wohnfläche [m²]**		**Bonn**	**Bocholt**	**Hamm**	**Rem-scheid**	**Neuss Stadt**
			< 50	> 50					
	2024	2024	2024		2024	2024	2024	2024	2024
Nicht vermietet (bezugsfrei)	1,00	1,000	1,00	1,00	1,00	1,00	1,00	1,00	1,00
vermietet	0,97	0,897	1,00	0,92	0,92	0,94	0,90	0,95	0,91
Wird vermietet	–	–	–	–	–	–	–	–	–
Eigennutzung	–	–	–	–	–	–	–	–	–

Quelle: Grundstücksmarktbericht des jeweiligen Jahres

Umrechnungskoeffizienten zur Berücksichtigung der Mietsituation in Aachen		
Normobjekt	**Wertermittlungsobjekt**	
Referenzgrundstück	unvermietet	vermietet
unvermietet	1,00	0,94
vermietet	1,06	1,00

39 Abweichend von diesem allgemeinen Erfahrungssatz wird im Grundstücksmarktbericht 2013 für die *Region Hannover* herausgestellt, dass im Berichtsjahr kein Preisunterschied festgestellt werden konnte.

40 Der Gutachterausschuss von *Frankfurt am Main*[2] unterscheidet bei vermieteten Eigentumswohnungen nach „kleinen Wohnungsanlagen" (< 100 Einheiten) und „großen Wohnungsanlagen" (≥ 100 Einheiten) und gibt folgende Faktoren an für

- kleine Wohnungsanlagen (< 100 Einheiten) Faktor 0,90
- große Wohnungsanlagen (≥ 100 Einheiten) Faktor 0,95.

2 Grundstücksmarktbericht 2011.

41 Der Gutachterausschuss für Grundstückswerte in *Bergisch Gladbach*hat in einer älteren Untersuchung zur Mietsituation festgestellt, dass die Abschläge für vermietete Eigentumswohnungen im Vergleich zu bezugsfreien Eigentumswohnungen von der **Größe der Wohnanlage abhängig sind**(Abb. 16):

Abb. 16: Abschläge für vermietete Eigentumswohnungen gegenüber bezugsfreien Eigentumswohnungen

Wohnanlage	Durchschnittliche Abweichung der vermieteten Wohnung zu bezugsfreien Wohnungen
3 bis 6 Wohnungen	– 14 %
7 bis 12 Wohnungen	– 13 %
13 bis 60 Wohnungen	– 9 %
über 60 Wohnungen	– 8 %

Quelle: Grundstücksmarktbericht Bergisch Gladbach 2010

42 **Weiterverkäufe (Wiederverkäufe)** weisen ein deutlich geringeres Wertniveau gegenüber Erstverkäufen auf. Deshalb wird bereits bei der Ableitung der Durchschnittswerte für Eigentumswohnungen zwischen Erst- und Weiterverkäufen unterschieden. Darüber hinaus ist im Einzelfall bei eigentumswohnungsspezifischen Umrechnungskoeffizienten zwischen Erst- und Weiterverkäufen zu unterscheiden.

43 Der Gutachterausschuss für Grundstückswerte in *Heppenheim*hat in einer älteren Untersuchung zur Miet-situation festgestellt, dass die Abschläge für vermietete Eigentums-wohnungen im Vergleich zu bezugsfreien**Eigentumswohnungen in erster Linie vom Baujahr** und weniger von der Wohnfläche **abhängig sind** (Abb. 17:).

Abb. 17: Umrechnungskoeffizienten in Heppenheim (2009) für vermietete Eigentumswohnungen

Umrechnungskoeffizienten in Heppenheim (2009) für vermietete Eigentumswohnungen	
Baujahr	**Umrechnungskoeffizienten (Basis 1980 = 100)**
1960	0,83
1965	0,87
1970	0,91
1975	0,95
1980	1,00
1985	1,05
1990	1,10
1995	1,15
2000	1,20

Quelle: Immobilienmarktbericht 2009

44 Wie schon einleitend festgestellt, wurde insbesondere bei der Verkehrswertermittlung von Eigentumswohnungen, die zum Zwecke der Eigennutzung gehandelt werden, zwischen bezugsfreien und vermieteten Eigentumswohnungen unterschieden und man hat es insoweit mit gespaltenen Marktverhältnissen zu tun. Generell haben **vermietete Eigentumswohnungen wie vermietete Ein- und Zweifamilienhäuser einen eingeschränkten Markt.** Da der Kauf einer solchen Wohnung nicht „die Miete bricht“ und Eigenbedarf nur unter engen Voraussetzungen zumeist auch nur in einem langwierigen Verfahren „durchsetzbar“ ist, müssen für solche Objekte erfahrungsgemäß *Preisabschläge bis zu 30 %* hingenommen werden, wenn die Wohnung

keine Aussicht hat, auf absehbare Zeit frei zu werden (in *Trier* bis 10 % und in *Essen* bis 15 %; *München* 5 bis 10 % und *Hannover (2012)* bis 10 % nach Angabe des Gutachterausschusses). Derartige rechtliche und wirtschaftliche Gegebenheiten sind im Rahmen der Verkehrswertermittlung zu berücksichtigen und nicht als „ungewöhnliche oder persönliche Umstände" i.S. des § 7 ImmoWertV anzusehen, d.h., die Eigenschaft der Eigentumswohnung „vermietet" ist verkehrswertrelevant und muss deshalb im Rahmen der Verkehrswertermittlung bereits berücksichtigt werden.

45 Bei genauerer Betrachtung müssen allerdings die Verhältnisse des Einzelfalls betrachtet werden. **Bestehende Mietverhältnisse** führen gegenüber bezugsfreien Wohnungen je nach

- Größe der Wohnanlage,
- Größe der Wohnung und
- Lage und Ausstattung der Wohnung

zu unterschiedlichen Abweichungen gegenüber dem Verkehrswert bezugsfreier (unvermieteter) Eigentumswohnungen.

46 Je höherwertiger eine Eigentumswohnung nach **Lage und Ausstattung** beschaffen ist, desto größer ist die Disparität zwischen dem Wert der bezugsfreien Eigentumswohnung im Verhältnis zu den aus der Vermietung dieser Wohnung erzielbaren Erträgen und ihrer Kapitalisierung. Für den Erwerber einer solchen Eigentumswohnung, der sie für eigene Wohnzwecke erwerben will, kommt es – wie im Übrigen auch auf dem Teilmarkt für Ein- und Zweifamilienhäuser – hierauf primär auch gar nicht an. Er ist allein am schönen Wohnen in den „eigenen vier Wänden" interessiert.

47 Etwas anderes kann gelten, wenn z.B. aufgrund eines Mietvertrags oder anderer Besonderheiten davon ausgegangen wird, dass **die Eigentumswohnung nur noch vorübergehend vermietet** ist. Zusammenfassend ist also festzustellen, dass die vermieteten Eigentumswohnungen (auch vermietete Ein- und Zweifamilienhäuser) auf Grund ihrer eingeschränkten Verwendungsfähigkeit einem Grundstücksteilmarkt unterworfen sind, der durch deutliche Wertabschläge gegenüber „bezugsfreien" Objekten gekennzeichnet ist, wobei der Wertunterschied umso deutlicher ausfällt, je besser die Lage ist. In den einfachen Lagen kann der Wertunterschied bis auf null zurückgehen.

3 Bodenrichtwert

3.1 Übersicht

▶ *Vgl. Erl. zu den 13 ff. ImmoWertV , Rn. 1 ff., § 15 ImmoWertV Rn 4 ff. ImmoWertV; sowie §§ 40 f. ImmoWertV.*

48 Bodenrichtwerte definieren sich als **durchschnittliche stichtagsbezogene Lagewerte des Bodens für nach Art und Maß der Nutzung weitgehend übereinstimmender Gebiete (Bodenrichtwertzonen)**. Der Bodenrichtwert bezieht sich auf den Quadratmeter Grundstücksfläche eines unbebauten und fiktiven „Bodenrichtwertgrundstücks" mit den bei ihrer Veröffentlichung dargestellten Grundstücksmerkmalen sowie ihrem Bezugsstichtag (Referenzmerkmale des Bodenrichtwerts).

3.2 Referenzmerkmale des Bodenrichtwerts

▶ *Zum Entwicklungszustand vgl. § 3 ImmoWertV Rn. 14 ff.; zur Art der baulichen und sonstigen Nutzung sowie zum beitragsrechtlichen Zustand vgl. § 5 ImmoWertV Rn. 108; § 8 ImmoWertV Rn. 357; § 40 ImmoWertV Rn. 185 ff.; Syst. Darst. des Vergleichswertverfahrens Rn. 202 ff.*

Die bei der Veröffentlichung von Bodenrichtwerten vom Gutachterausschuss für Grundstückswerte darzustellenden Grundstücksmerkmale des Bodenrichtwertgrundstücks ergeben sich aus § 16 i.V.m. Anl. 5 zur ImmoWertV (vgl. § 15 ImmoWertV Rn. 4 ff.). Die nach dieser Vorschrift mindestens darzustellenden Grundstücksmerkmale können allerdings nicht stets eine sachgerechte Ermittlung des Bodenwerts gewährleisten und sind dann beschränkt geeignet. 49
Die Ableitung und Anwendung von Umrechnungskoeffizienten zur Anpassung der Bodenrichtwerte an die Grundstücksmerkmale des Wertermittlungsobjekts werden in der SystDarst. des Vergleichswertverfahrens unter Rn. 152 ff. behandelt.

Die Bodenrichtwerte beziehen sich auf die allgemeinen Wertverhältnisse auf dem Grundstücksmarkt zum angegebenen Bezugsstichtag. 50

3.3 Objektspezifisch angepasster Bodenrichtwert

3.3.1 Allgemeine Anpassungspflicht bei der Bodenwertermittlung unbebauter Grundstücke

▶ *Vgl. Syst. Darst. des Vergleichswertverfahrens Rn. 174 ff.*

Bodenrichtwerte können zur Ermittlung von Bodenwerten unbebauter und bebauter Grundstücke nach Maßgabe des § 24 Abs. 1 Satz 2 und Abs. 2 Nr. 2 sowie § 40 Abs. 2 ImmoWertV neben oder anstelle von Vergleichspreisen herangezogen werden. Werden Bodenrichtwerte zur Bodenwertermittlung herangezogen, müssen sie – ausgehend von den dem Bodenrichtwertgrundstück jeweils zugrunde liegenden Grundstücksmerkmalen – den davon abweichenden Grundstücksmerkmalen des zu bewertenden Grundstücks angepasst werden. Entsprechendes gilt auch für Abweichungen der allgemeinen Wertverhältnisse zwischen dem jeweiligen Bezugsstichtag des Bodenrichtwerts und dem Wertermittlungsstichtag. Zur „Anpassung" werden in der langjährigen Wertermittlungspraxis die Bodenrichtwerte mittels geeigneter Umrechnungskoeffizienten und Indexreihen oder in anderer sachgerechter Weise umgerechnet. Bei alledem geht es bei der Ermittlung des „objektspezifisch angepassten Bodenrichtwerts" um nichts anderes, als was seit jeher analog bei Anwendung des Vergleichswertverfahrens auch in Bezug auf die Anwendung des direkten Vergleichswertverfahrens auf der Grundlage geeigneter Vergleichspreise praktiziert wird. 51
Bei der Anpassung des herangezogenen wertermittlungsstichtagsbezogenen Bodenrichtwerts an die allgemeinen Wertverhältnisse des Wertermittlungsstichtags (z.B. 01.12.2025) kann auch der Bodenrichtwert berücksichtigt werden, der für das zeitlich nachfolgende Jahr ermittelt wurde, soweit dieser geeignet ist, die dem vorangegangene Entwicklung des Bodenrichtwertgefüges abzubilden. Denn dieser wird aus Kaufpreisen des Vorjahres abgeleitet, die zur Anpassung des Bodenwerts zum Wertermittlungsstichtag hätten herangezogen werden können.[3]

Der auf die Grundstücksmerkmale eines zu bewertenden Grundstücks sowie auf den Wertermittlungsstichtag umgerechnete Bodenrichtwert wird in der ImmoWertV als der „objektspezifisch angepasste Bodenrichtwert" bezeichnet. 52

3 LG Hamburg, Urt. Vom 06.01.2027 - 351 O 1/15 -, EzGuG 14.173

3.3.2 Modell- und referenzkonforme Anpassungspflicht bei der Bodenwertermittlung bebauter Grundstücke

▶ *Vgl. § 25 ImmoWertV Rn. 11 f., 14; § 40 ImmoWertV Rn. 2*

53 Geht es um die **Ermittlung des Bodenwerts eines bebauten Grundstücks**, kann es geboten sein, zum Preisvergleich den Bodenrichtwert in modell- und referenzkonformer Weise zunächst den Grundstücksmerkmalen und dem Bezugsstichtag „anzupassen", der entsprechend dem jeweils angewandten Wertermittlungsverfahren mit dem Vergleichsfaktor bebauter Grundstücke, Liegenschaftszinssatz oder Sachwertfaktor kompatibel ist. Die insoweit nicht berücksichtigten besonderen objektspezifischen Grundstücksmerkmale müssen dann entweder mit dem objektspezifisch angepassten Liegenschaftszinssatz, Vergleichs- oder Sachwertfaktor bzw. subsidiär als „besonderes objektspezifisches Grundstücksmerkmal" berücksichtigt werden.

Abschnitt 2 Ertragswertverfahren (§§ 27 bis 34 ImmoWertV)

Unterabschnitt 1
Allgemeines

Systematische Darstellung des Ertragswertverfahrens

„Der Preis fürs Schwein ist oft nicht klein, weil Futtermais,
nicht wahr, man weiß, auch wächst auf Land, von dem bekannt,
dass oft es etwas hoch im Preis. Hast du bedacht, warum die Pacht so hoch?
Sie ist nicht klein, weil man erhält von jenem Feld den teuren Mais, das teure Schwein.“
(H. J. Davenport)

Gliederungsübersicht — *Rn.*

1 Anwendungsbereich

1.1 Allgemeines

Schrifttum: *Dieterich/Kleiber*, Verkehrswertermittlung von Grundstücken, 4. Aufl. vhw-Verlag 2001; *Dröge*, Handbuch der Mietpreisbewertung für Wohn- und Gewerberaum, *2. Aufl.; Fischer/Lorenz/Biederbeck/Astl*, Verkehrswertermittlung von bebauten und unbebauten Grundstücken, Köln 2005; *Fischer/Lorenz*, Neue Fallstudien zur Wertermittlung von Grundstücken, 2. Aufl. 2014 Bundesanzeiger Verlag Köln; *Gottschalk, G.-J.*, Immobilienwertermittlung, 3. Aufl. 2014; *Petersen/Schnoor/Seitz/Vogels*, Verkehrswertermittlung von Immobilien, 3. Aufl. 2016.; *Pohnert, F. u.a.*, Kreditwirtschaftliche Wertermittlungen, 7. Aufl. Luchterhand 2010; *Popp, M.*, Simultan integrierte Unternehmensbewertung, DStR 1998, 542; *Schwetzler, B.*, Unternehmensbewertung und Risiko, DB 2002, 390; *Schwirley*, Mietwertermittlung, 2. Aufl.; *Simon/Cors/Halaczinsky/Teß*, Handbuch der Immobilienwertermittlung, 5. Aufl.; *Sommer/Kröll*, Lehrbuch zur Immobilienbewertung, 3. Aufl. 2010; *Tiemann, M.*, Reformvorschläge zum Ertrags- und Sachwertverfahren, AVN 1970, 523; *Vogels, M.*, Grundstücksbewertung – marktgerecht, 5. Aufl.; *Zunft*, Der Ertragswert als maßgeblicher Faktor des Verkehrswerts von Grundstücken, MDR 1961, 550.

▶ *Zu den Anwendungsfällen vgl. § 6 ImmoWertV Rn. 102 ff.; zur Anwendung des Ertragswertverfahrens auf die Verkehrswertermittlung von Ein- und Zweifamilienhäusern vgl. Syst. Darst. des Ertragswertverfahrens Rn. 3; zu öffentlichen Zwecken vorbehaltenen Grundstücken vgl. § 44 ImmoWertV; zu den Erträgen vgl. § 31 ImmoWertV Rn. 125 ff.; Syst. Darst. des Sachwertverfahrens Rn. 2; Teil V Rn. 596 ff.*

1 Nach § 6 Abs. 1 Satz 2 ImmoWertV soll grundsätzlich das Verfahren zur Anwendung kommen, das nach der Art des Wertermittlungsobjekts die im gewöhnlichen Geschäftsverkehr bestehenden Gepflogenheiten abbildet. Bei Objekten, bei denen sich die im gewöhnlichen Geschäftsverkehr die **Preisbildung an der Verzinsung orientiert**, ist dies das Ertragswertverfahren *(Rental Method)*. Dies betrifft insbesondere Mietwohn- und Geschäftsgrundstücke, gemischt genutzte Grundstücke, Gewerbe- und Industriegrundstücke. Heute kommt dem Ertragswertverfahren eine allgemeingültige Bedeutung für die Verkehrswertermittlung bebauter Grundstücke zu, zumindest wenn man von Ein- und Zweifamilienhäusern (sog. Sachwertobjekten) und den Fällen absieht, wo das Vergleichswertverfahren gesichertere Ergebnisse erwarten lässt.

2 Neben Mietwohngrundstücken werden insbesondere gewerblich genutzte Grundstücke aller Art als „Ertragswertobjekte" angesehen. Dazu gehören

a) **Handelsimmobilien** einschließlich Einzelhandelsimmobilien,

b) **Büro-, Verwaltungs- und Sozialgebäude**,

c) **Industrie- und Produktionsimmobilien** (Fabriken), deren Verkehrswert über Jahrzehnte traditionell aus dem Sachwert abgeleitet wurde**, Werkstätten, Lager- und Logistikimmobilien** (Lagerhallen)**, Speditionen, Garagengrundstücke** (Parkhäuser, Garagenhöfe, Tief- und Sammelgaragen, Kfz-Pflege- und Waschhallen) usw.,

d) **sonstige Sonderimmobilien, insbesondere** Betreiberimmobilien wie **Hotels, Kliniken und Altenheimgrundstücke, Freizeit- und Dienstleistungsimmobilien,**

e) öffentlich genutzte Gebäude (**Gemeinbedarfsgrundstück),** die auf Dauer einer **öffentlichen Zweckbindung** unterworfen sind (vgl. Rn. 169; § 5 ImmoWertV Rn. 31 ff.; § 44 ImmoWertV Rn. 1 ff.; Syst. Darst. des Sachwertverfahrens Rn. 4). Dies ist darin begründet, dass auch die öffentliche Hand, wenn es um den Erwerb solcher Grundstücke geht, vor der Alternative steht, entsprechende Grundstücke anzumieten oder selber zu bauen (Sachwert). Bei Anwendung des Ertragswertverfahrens auf Gemeinbedarfsgrundstücke ist allerdings als Besonderheit zu beachten, dass bei der Ermittlung des Bodenwertverzinsungsbetrags ein mit dem *„marktüblich erzielbaren Ertrag"* (§ 31 Abs. 2 ImmoWertV) korrespondierender Bodenwert, ansonsten aber der tatsächliche Bodenwert zum Ansatz kommen muss.

3 Das Ertragswertverfahren kann auch auf die Ermittlung des Verkehrswerts von **Ein- und Zweifamilienhäusern** Anwendung finden (vgl. Syst. Darst. des Sachwertverfahrens Rn. 1). Diese Objekte gelten zwar als typische Sachwertobjekte, denn im gewöhnlichen Geschäftsverkehr orientiert sich das Kaufverhalten maßgeblich an den Kosten, die für diese Objekte aufzubringen sind. Einem Käufer stellt sich hier die Frage „bauen oder kaufen?" Gleichwohl kann prinzipiell auch das Ertragswertverfahren Anwendung finden, wenn dafür geeignete Liegenschaftszinssätze zur Verfügung stehen. Daran scheitert es aber oftmals, zumal die Liegenschaftszinssätze je nach Lage und Ausstattung dieser Objekte erhebliche Unterschiede aufweisen können (auch negative Liegenschaftszinssätze!). Im Schrifttum ist der hierzu geführte Methodenstreit in völlig unangemessener Weise hochstilisiert worden[1]. In der modernen Wertermittlungspraxis werden die Marktwerte dieser Objekte im Wege des Vergleichswertverfahrens auf der Grundlage von Vergleichsfaktoren bebauter Grundstücke (Immobilienrichtwerte bzw. Wohn- und Nutzflächenwerte) ermittelt (vgl. § 6 ImmoWertV Rn. 7, 62, 103, 117; § 31 ImmoWertV Rn. 129; Syst. Darst. des Sachwertverfahrens Rn. 1).
Im Übrigen ist darauf hinzuweisen, dass sich der Begriff des „Ertragswertverfahrens" bei genauerer Betrachtung nicht auf ein bestimmtes Verfahren beziehen kann. Es handelt sich hierbei vielmehr um einen Oberbegriff für renditeorientierte Wertermittlungsverfahren. Von daher kann von der „Familie der Ertragswertverfahren" gesprochen werden. Hierzu gehört auch das

1 Zu dem letztlich fruchtlosen Methodenstreit vgl. Sailer, GuG 1999, 50; Möckel, GuG 1998, 270; Hiller, GuG 1999, 52 und Sommer, GuG 1998, 215.

prognoseorientierte Ertragswertverfahren (*Discounted-Cashflow*-Verfahren), (vgl. Rn. 50), die **Kapitalwertverfahren** für Rentabilitätsanalysen[2] und auch das sog. **Pachtwertverfahren** (vgl. Rn. 56; modifiziertes Ertragswertverfahren)[3].

1.2 Ertragswert als Zukunftserfolgswert

▶ *Vorbem. zur ImmoWertV Rn. 28; § 6 ImmoWertV Rn. 108; § 21 ImmoWertV Rn. 16, 148 ff.; Teil III § 194 BauGB Rn. 41 ff.*

Der **Verkehrswert (Marktwert)** ist in § 194 BauGB zwar **als stichtagsbezogener,** gleichwohl **aber zukunftsorientierter Wert** definiert. Er bestimmt sich maßgeblich durch den Nutzen, den ein Grundstück seinem Eigentümer zukünftig gewährt (Zukunftserfolgswert), auch wenn der Eigentümer aus subjektiven Gründen darauf verzichten mag, diesen Nutzen aus dem Grundstück zu ziehen. Dies gilt insbesondere für bebaute Objekte, für deren Wertschätzung im gewöhnlichen Geschäftsverkehr der marktüblich erzielbare Ertrag im Vordergrund steht. Der **Verkehrswert** dieser Grundstücke **bestimmt sich dann nach den auf den Wertermittlungsstichtag eskomptierten Erträgen**. Im Kern ist jedes Ertragswertverfahren darauf gerichtet, den **auf den Wertermittlungsstichtag bezogenen Barwert aller künftigen Erträge** zu ermitteln *(Income Approach)*. Das Ertragswertverfahren ist deshalb – wie immer es im Einzelnen ausgestaltet ist – ein Barwertverfahren (*Discounted-Cashflow*-Verfahren). Dies gilt grundsätzlich auch für das in der ImmoWertV geregelte Ertragswertverfahren. Die in der Vergangenheit erzielten Erträge werden dabei hilfsweise als Indiz für die künftig erzielbaren Erträge herangezogen, und zwar auch nur insoweit, wie sie sich auf die künftige Nutzung projizieren lassen. 4

Die künftigen marktüblich erzielbaren Erträge sind dabei nicht nur ein wesentlicher wertbeeinflussender Faktor für den Wertanteil der baulichen Anlage. Auch der **Bodenwert(-anteil)** wird durch die auf einem Grundstück erzielbaren Erträge bestimmt. Zur Verdeutlichung sei nur auf die UmrechnungskoeffizIententabelle zur Berücksichtigung eines unterschiedlichen Maßes der baulichen Nutzung verwiesen (vgl. Syst. Darst. des Vergleichswertverfahrens Rn. 218). 5

Grundsätzlich kann der Sachverständige darauf vertrauen, dass er mit den am Wertermittlungsstichtag marktüblich erzielbaren Ertragsverhältnissen die nachhaltige Ertragssituation „einfängt", wenn er zur Kapitalisierung dieser Erträge den (dynamischen) Liegenschaftszinssatz heranzieht, der auf dem Grundstücksmarkt im Hinblick auf die künftige Entwicklung ermittelt wurde. Dies ist aber dann nicht der Fall, wenn eine Immobilie zur Umnutzung ansteht, die der Sachverständige erkennen muss, denn das **in einer Immobilie „schlummernde" Entwicklungspotenzial** ist Bestandteil der nachhaltigen Ertragsfähigkeit. Das Gleiche gilt, wenn die am Wertermittlungsstichtag **tatsächlich gegebenen Ertragsverhältnisse** aufgrund vertraglicher Bindungen bzw. des geltenden Mietrechts von den marktüblich erzielbaren Erträgen **der Höhe nach temporär in einem Maße abweichen, dass sie sich nachhaltig auswirken** und für das Ergebnis der Ertragswertermittlung bedeutsam sind. 6

1.3 Allgemeine Ertragswertformel

1.3.1 Allgemeines

Wie bereits ausgeführt, geht es bei Anwendung des Ertragswertverfahrens im Kern stets darum, den Verkehrswert (Ertragswert) eines bebauten Grundstücks als den auf einen Wertermittlungsstichtag bezogenen **Barwert aller künftigen Erträge** zu ermitteln. Da mit der Un- 7

2 Kleiber, Verkehrswertermittlung von Grundstücken, 5. Aufl. 2010, S. 1627.
3 Kleiber, Verkehrswertermittlung von Grundstücken, 5. Aufl. 2010, S. 1619.

terhaltung von Immobilien in aller Regel Bewirtschaftungskosten verbunden sind, geht es konkret um die aus der Immobilie fließenden Reinerträge.

8 Betrachtet man einmal die sich *jährlich* ergebenden Reinerträge, setzt sich der **Ertragswert** aus

- der **Summe der über die verbleibende wirtschaftliche Restnutzungsdauer der baulichen Anlage jährlich anfallenden Reinerträge, jeweils abgezinst auf den Wertermittlungsstichtag,**
- **zuzüglich des** nach Ablauf der Restnutzungsdauer n des Gebäudes **verbleibenden abgezinsten Restwerts**

zusammen. Restwert ist nach Ablauf der wirtschaftlichen Restnutzungsdauer des Gebäudes i.d.R. der Bodenwert, denn nur dieser verbleibt als wertbeständiger „Rest". Geht man zur Ermittlung des verbleibenden Bodenwerts vom Bodenwert eines unbebauten Grundstücks aus, so muss dieser um die Freilegungskosten vermindert werden, denn die wirtschaftlich verbrauchte Bausubstanz stellt eine wertmindernde Belastung dar. Als **„Urmutter" aller Ertragswertverfahren** kann deshalb folgende Formel gelten:

$$EW = \frac{RE_1}{q^1} + \frac{RE_2}{q^2} + \frac{RE_3}{q^3} + \frac{RE_4}{q^4} + \ldots \frac{RE_n}{q^n} + \frac{BW-FLK}{q^n}$$

wobei

EW	= Ertragswert
RE_i	= Reinertrag des jeweiligen Jahres i
n	= Restnutzungsdauer der baulichen Anlage
BW	= Bodenwert
FLK	= Freilegungskosten
q	= Zinsfaktor = 1 + p/100
p	= Zinsfuß
$(1/q^i = q^{-i})$	= Abzinsungsfaktor (AF)
i	= jeweilige Jahre des Abzinsungszeitraums

Wird der Abzinsungsfaktor ($1/q^i = q^{-i}$), abhängig von dem Zinssatz und der jeweiligen Anzahl der Jahre der Abzinsung, d.h., vom Abzinsungszeitraum, mit AF symbolisiert, erhält man:

$$\mathbf{EW = RE_1 \times AF_1 + RE_2 \times AF_2 + RE_3 \times AF_3 + RE_4 \times AF_4 + \ldots RE_n \times AF_n + (BW - FLK) \times AF_n}$$

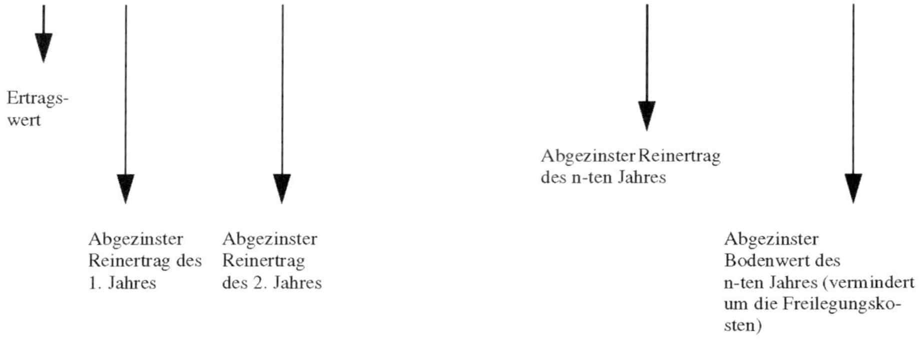

Hinweis: Bei langer Restnutzungsdauer der baulichen Anlage kann auf die Verminderung des Bodenwerts um die Freilegungskosten zur Vereinfachung verzichtet werden, denn der Bodenwert reduziert sich mit seiner Abzinsung auf eine marginale Restgröße.

Der Jahresreinertrag und der verbleibende Restwert ist der *Cashflow*[4]. **Grundsätzlich ist daher jedes Ertragswertverfahren in seiner mathematischen Form ein *Discounted-Cashflow*-Verfahren und umgekehrt**. 9

In etwas eleganterer Schreibweise stellt sich vorstehende Formel wie folgt dar: 10

Ertragswertverfahren

$$EW = \sum_{1}^{n} RE_n \times AF_i + \text{Restwert} \times AF_n$$

Der Ertragswert wird nach der ImmoWertV auf der Grundlage des in § 21 Abs. 2 ImmoWertV definierten Liegenschaftszinssatzes (LZ) ermittelt. Der Zinsfaktor ergibt sich dann aus

$$a = 1 + LZ \qquad \text{wobei } LZ = \frac{p}{100}$$

Bei dem Ertragswertverfahren handelt es sich nicht um ein bestimmtes streng definiertes Wertermittlungsverfahren, sondern um ein Verfahren, das in unterschiedlichen Variationen zur Anwendung kommen kann. Insofern kann von der **„Familie der Ertragswertverfahren“** gesprochen werden. Die ImmoWertV regelt davon drei Varianten, ohne damit die Anwendung anderer Verfahrensvarianten auszuschließen. 11

1.3.2 Grundproblem der Ertragswertermittlung

Das **Kardinalproblem jedweder Ertragswertermittlung besteht** stets **darin, die künftigen Erträge** sowie den Restwert „Bodenwert“ (zum Zeitpunkt des wirtschaftlichen Abgangs der baulichen Anlage abzüglich der dann anfallenden Freilegungskosten) **richtig zu prognostizieren**, um sie in zutreffender Weise in die Ertragswertermittlung einzustellen (Abb. 1). 12

4 Der „*cash flow*“-Begriff ist höchst problematisch, da er weder im Schrifttum noch in der Praxis einheitlich definiert ist.

Abb. 1: Prognose der Jahresreinerträge

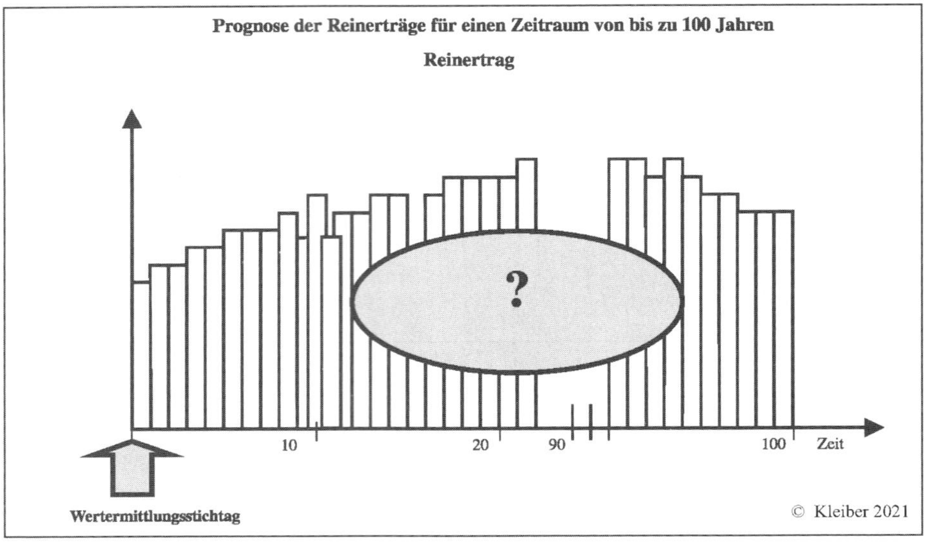

13 Bei einer langlebigen Immobilie kann dies bedeuten, dass die Erträge über einen Zeitraum von bis zu 100 Jahren und mehr prognostiziert werden müssen. Dieses schier unlösbare Problem entschärft sich ein wenig dadurch, dass sich die **künftigen Erträge mit fortschreitender Zeit** infolge ihrer Abzinsung vermindern und bei n $\rightarrow \infty$ **zu vernachlässigbaren Größen werden.** Eine 100-jährige Restnutzungsdauer kommt praktisch einer unendlichen Nutzungsdauer gleich (Abb. 2).

Abb. 2: Barwerte künftiger Erträge

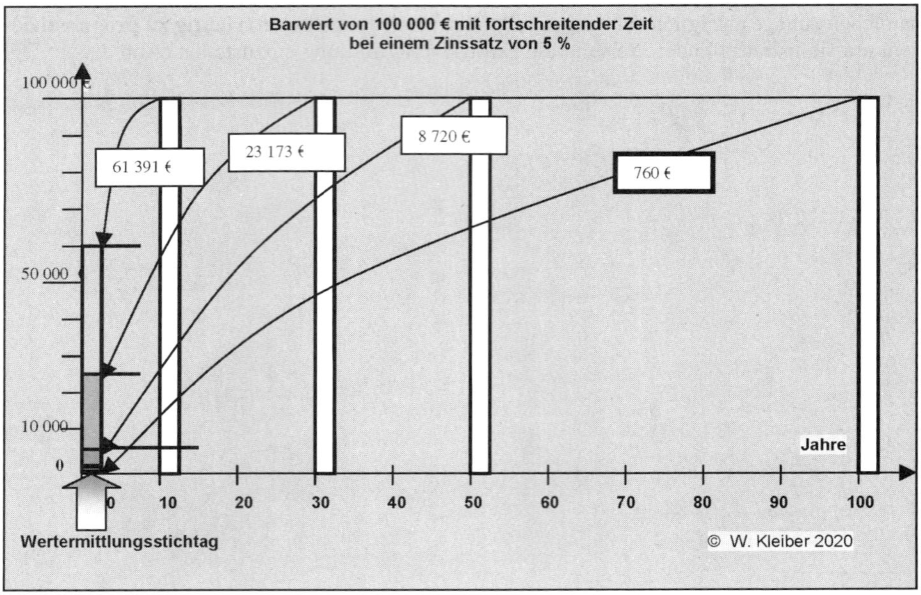

Darüber hinaus wird der zu betrachtende **Zeitraum durch die wirtschaftliche Nutzbarkeit der baulichen Anlage – die Restnutzungsdauer – begrenzt**. Es kommt dabei auf die wirtschaftliche Nutzbarkeit der baulichen Anlage an, denn aus der bloßen physischen Existenz sind keine Erträge zu erzielen. Über welchen Zeitraum eine wirtschaftliche Nutzung gegeben ist, hängt neben den allgemeinen Marktverhältnissen vor allem davon ab, wie die bauliche Anlage unterhalten wird. Dabei kann unterschieden werden zwischen **14**

a) einer laufenden Instandhaltung und

b) einer laufenden Instandhaltung i.V.m. einer Modernisierung

der baulichen Anlage. Im Falle einer bloßen Instandhaltung ist die wirtschaftliche Gesamt- bzw. Restnutzungsdauer einer baulichen Anlage zeitlich begrenzt, da sich die Anforderungen an die Nutzung baulicher Anlagen mit der Zeit erheblich wandeln und dem nicht mit der Instandhaltung entsprochen wird. Als maximal erreichbare wirtschaftliche Gesamtnutzungsdauer kann bei ordnungsgemäßer Instandhaltung von einem Zeitraum von 100 Jahren ausgegangen werden. Finanzmathematisch gehen nämlich darüber hinaus erzielbare Erträge infolge ihrer Abzinsung gegen null. Eine 100-jährige Nutzungsdauer kommt infolgedessen praktisch einer **sog. ewigen Nutzungsdauer** gleich. Unter Einbeziehung einer Modernisierung kann eine bauliche Anlage zwar auf ewig erhalten werden, jedoch können die über eine 100-jährige Nutzungsdauer hinausgehenden Erträge sich schon aus den vorstehenden finanzmathematischen Gründen nicht im Ertragswert niederschlagen.

In der Wertermittlungspraxis wird bei der Ertragswertermittlung regelmäßig nur die **Instandhaltung** der baulichen Anlage mit der Folge unterstellt, dass der bei der Ertragswertermittlung zu betrachtende Zeitraum durch die daraus resultierende wirtschaftliche Gesamt- und Restnutzungsdauer begrenzt wird. Dem entspricht auch die ImmoWertV. Den dort geregelten Ertragswertverfahren liegt das sog. **Instandhaltungsmodell** zugrunde, bei dem sich Gesamt- und Restnutzungsdauer nach der Anzahl von Jahren bestimmt, in denen die bauliche Anlage *bei ordnungsgemäßer Bewirtschaftung* und zulässiger Nutzung voraussichtlich wirtschaftlich genutzt werden kann. Im Rahmen einer *ordnungsgemäßen Bewirtschaftung* ist das Gebäude lediglich instand zu halten. Die Ertragswertermittlung unter Einbeziehung einer Modernisierung (**Modernisierungsmodell**) ist im Verhältnis zum Instandhaltungsmodell fehlerträchtig, da dann die künftigen Modernisierungskosten in die Ertragswertermittlung eingestellt werden müssen und diese sind nur mit großen Unsicherheiten abschätzbar. So sind z.B. die Anforderungen an den Grundriss (z.B. Achsabstandsmaß) und die Ausstattung eines Bürogebäudes in 40 Jahren heute nicht konkretisierbar; es kommt hinzu, dass ein Neubau vielfach wirtschaftlicher als eine Modernisierung wird. Das Modell der Ertragswertermittlung auf der Grundlage einer Modernisierung „mit ewiger Rente“ hätte zwar den Vorteil, dass auf eine Bodenwertermittlung verzichtet werden könnte, wird aber den tatsächlichen Geschehnissen nicht gerecht oder wäre mit dem Ansatz unkalkulierbarer Modernisierungskosten verbunden. **15**
In der Praxis kann gleichwohl die **Anwendung des Modernisierungsmodells** angezeigt sein, d.h. die Ertragswertermittlung auf der Grundlage einer (laufenden) Modernisierung des Gebäudes, wobei einerseits erhöhte Erträge anzusetzen sind und andererseits die Bewirtschaftungskosten um die Modernisierungskosten „aufgestockt“ werden müssen (z.B. Verkehrswertermittlung von Baudenkmälern). Zum Modernisierungsmodell mag man im Einzelfall auch greifen, wenn der Bodenwert nicht ermittelbar oder die Ermittlung problematisch ist und mit der Verlängerung der Restnutzungsdauer durch eine unterstellte Modernisierung die Bodenwertermittlung entfallen kann.

Für die Ertragswertermittlung besteht bei alledem gleichwohl das Kardinalproblem der genauen Prognose der künftigen Erträge für einen sehr langen **Zeitraum von bis zu 100 Jahren** („ewige Rente“). Die „hohe Kunst“ der Marktwertermittlung unter Heranziehung des Ertragswerts besteht nun darin, die künftigen Erträge in „richtiger“ Höhe in die Ertragswertermittlung einzustellen. **16**

1.3.3 Lösungsalternativen

1.3.3.1 Übersicht

17 Zur Lösung des Kardinalproblems jedweder Ertragswertermittlung sind zwei Verfahren gebräuchlich, von denen die zweite Methode international[5] im Vordergrund steht.

1. Das prognoseorientierte bzw. prognosegestützte Ertragswertverfahren (*Discounted-Cashflow*-Verfahren, vgl. Rn. 51), bei dem die künftigen Einnahmen und Ausgaben auf der Grundlage einer Analyse der Ertragsentwicklung über die gesamte Restnutzungsdauer prognostiziert und mittels eines geeigneten Zinssatzes auf den Wertermittlungsstichtag abgezinst werden.
   Dieses Verfahren ist in erster Linie ein Investorenverfahren, das direkt zum *investment value* und nicht zum Verkehrswert *(market value)* führt. Für das prognoseorientierte Ertragswertverfahren wird in irreführender Weise der Begriff „*Discounted-Cashflow*-Verfahren" vereinnahmt, obwohl sich auch bei Anwendung des dynamischen Ertragswertverfahrens (nach ImmoWertV) der Ertragswert aus den „*discounted cash flows*" ergibt. Dies gilt im Übrigen auch dann, wenn der Ertragswert auf der Grundlage der am Wertermittlungsstichtag marktüblich erzielbaren Jahresreinerträge mit Hilfe des dynamischen Liegenschaftszinssatzes kapitalisiert wird, denn auch hier ermittelt sich der Ertragswert aus den *discounted cash flows.*
   Das prognoseorientierte Ertragswertverfahren (*Discounted-Cashflow*-Verfahren) ist im Hinblick auf die i.d.R. sehr lange Restnutzungsdauer einer baulichen Anlage äußerst fehlerträchtig, zumal selbst nach 10 Jahren die abgezinsten Reinerträge noch erheblich sind. Das prognoseorientierte Ertragswertverfahren kommt deshalb in der Weise zur Anwendung, dass man die Prognosen auf einen Zeitraum von etwa 10 Jahren beschränkt und den dafür ermittelten Barwert mit einem zumeist nach dem (klassischen) Ertragswertverfahren ermittelten Restwert zusammenfasst. Das Verfahren bleibt dennoch äußerst fehlerträchtig.
2. Das **dynamische Ertragswertverfahren** *(direct capitalization),* bei dem der am Wertermittlungsstichtag marktüblich erzielbare Jahresreinertrag mit einem speziellen Liegenschaftszinssatz (*all over capitalization rate,* vgl. § 21 Abs. 2 ImmoWertV) kapitalisiert wird, mit dem die vom allgemeinen Grundstücksmarkt erwartete immobilienwirtschaftliche Gesamtentwicklung (einschließlich der Ertragsentwicklung) berücksichtigt wird (*growth implicit method; all over capitalization method*).
   Der Vorteil dieser international gebräuchlichen Methode besteht darin, dass die künftigen Entwicklungen der Erträge nicht mit der subjektiven Einschätzung des Sachverständigen, sondern nach der objektiven Betrachtungsweise des Grundstücksmarktes berücksichtigt werden. Der dabei heranzuziehende Liegenschaftszinssatz wird nämlich aus auf dem Grundstücksmarkt getätigten Käufen und damit unter Berücksichtigung der Einschätzung der künftigen Entwicklung eben dieses Marktes abgeleitet (§ 21 Abs. 2 ImmoWertV). Insoweit handelt es sich um ein Verfahren, das in besonderem Maße für sich in Anspruch nehmen kann, zu einem Marktwert (Verkehrswert) zu führen.

---

5 The Appraisal of Real Estate, 12. Aufl. Chicago, S. 493.

Abb. 3: Überblick zum Ertragswertverfahren

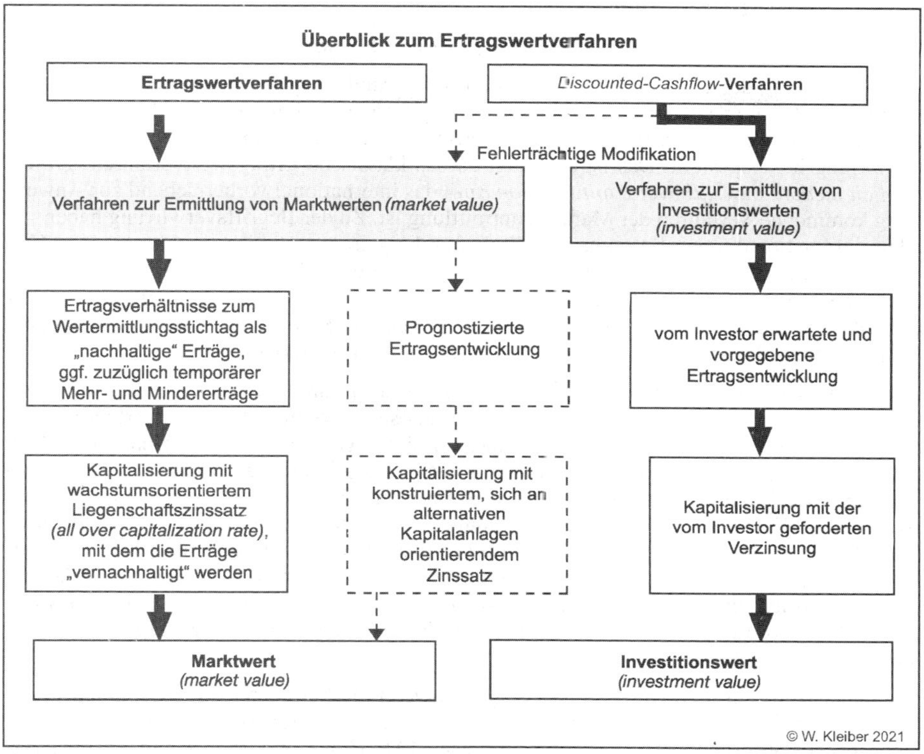

Die **ImmoWertV enthält keinerlei Regelungen über ein prognosegestütztes Ertragswertverfahren (*Discounted-Cashflow*-Verfahren)**, vgl. hierzu Rn. 50 sowie Vorbem. zur ImmoWertV Rn. 146. Bei dem in den §§ 27 bis 34 ImmoWertV geregelten Ertragswertverfahren handelt es sich um ein sich auf das Marktgeschehen stützendes dynamisches Ertragswertverfahren im vorstehenden Sinne. 18
Die §§ 27 ff. ImmoWertV enthalten im Einzelnen drei Varianten des Ertragswertverfahrens, nämlich das

1. allgemeine *(zweigleisige)*Ertragswertverfahren unter Aufteilung des Ertragswerts in einen Boden- und Gebäudewertanteil (vgl. § 28 ImmoWertV),
2. vereinfachte *(eingleisige)* Ertragswertverfahren ohne Aufteilung des Ertragswerts in einen Boden- und Gebäudewertanteil (vgl. § 29 ImmoWertV) und
3. *periodische* Ertragswertverfahren auf der Grundlage alternierender Erträge (§ 30 ImmoWertV).

Die vorgegebenen drei Verfahrensvarianten entsprechen internationalen Standards (*growth implicit method; all over capitalization method*) und sind mathematisch identisch. Sie müssen deshalb bei identischen Wertermittlungsparametern allesamt zu ein und demselben Ergebnis führen. Diese Überregulierung ist vor dem Hintergrund der erklärten Entbürokratisierungsbemühungen ungewöhnlich, zumal es sich bei allen Varianten um solche handelt, die schon seit jeher zum alltäglichen Handwerkszeug der gängigen Wertermittlungspraxis gehören.

1.3.3.2 Berücksichtigung künftiger Erträge mittels prognostizierter Ertragsentwicklungen

▶ *Vgl. Rn. 51 ff.; § 6 ImmoWertV Rn. 16 ff., 30 ff.; § 21 ImmoWertV Rn. 22 f.*

19 Die Anwendung des Ertragswertverfahrens auf der Grundlage prognostizierter Erträge (*Discounted Cashflow)* nach der vorgestellten Ausgangsformel wird mitunter in Abgrenzung zum allgemeinen Ertragswertverfahren als **„internationale Bewertungsmethode“**[6] der Marktwertermittlung herausgestellt. Das ist abwegig, da das klassische Ertragswertverfahren (*growth implicit method* bzw. *all over capitalization rate*) das international vorherrschend zur Anwendung kommende Verfahren der Marktwertermittlung ist. Zu der Begriffsverwirrung haben vor allem international tätige Beratungsgesellschaften beigetragen, die ihre herkömmlichen Verfahren der Unternehmensbewertung auf die Verkehrswertermittlung (Marktwertermittlung) zu übertragen trachten. In der Unternehmensbewertung ist die Ertragswertermittlung auf der Grundlage prognostizierter Ertragsverhältnisse ein zentrales Element der Investitionsrechnung (Kapitalwertmethode; Interne Zinssatz-Methode, Annuitätsmethode).

20 Anders stellt sich die Situation dar, wenn es um die Ermittlung von Marktwerten (Verkehrswertermittlung) im genuinen Sinne geht. Das prognoseorientierte Ertragswertverfahren (*Discounted-Cashflow*-Verfahren) stellt hier keinesfalls das allgemeingültige „internationale“ Verfahren“ zur Verkehrswertermittlung (Marktwertermittlung)[7] dar; hier kommt das **Prognoseverfahren als Variante des Ertragswertverfahrens** nur in besonders gelagerten Fällen zur Anwendung. Eine uneingeschränkte Anwendung des Prognoseverfahrens (*Discounted-Cashflow*-Verfahren) auf die Verkehrswertermittlung (Marktwertermittlung) muss bei genauerer Betrachtung sogar problematisch erscheinen. Dies gilt selbst für die internationale Bilanzierung, die ausdrücklich an den Marktwert (Verkehrswert) und nicht an einen Investitionswert anknüpft und von daher gerade besonders kritisch dem Prognoseverfahren gegenüberstehen muss.

21 Von daher ist es ein merkwürdiger Widerspruch, wenn die Verfechter des *Discounted-Cashflow*-Verfahrens (Prognoseverfahren) unter Hinweis auf die Herausstellung einer markt- und nicht investitionsorientierten Wertermittlung nach **IAS** 16 § 7 und 25, § 4 und § 30 (Marktwert = Verkehrswert) die uneingeschränkte Anwendung des prognoseorientierten Ertragswertverfahrens (*Discounted-Cashflow*-Verfahrens) gefordert haben (vgl. Rn. 54; § 6 ImmoWertV Rn. 30 ff.; § 21 ImmoWertV Rn. 23). Eine *Ertragswertermittlung auf der Grundlage von Prognosen* ist danach nur zulässig, soweit sie auf „verlässliche Schätzungen“ von zukünftigen *Cashflows* – gestützt durch die **Vertragsbedingungen bestehender Mietverhältnisse** und anderer Verträge sowie durch (wenn möglich) externe substanzielle Hinweise, wie aktuelle Mieten für ähnliche Immobilien am gleichen Ort und im gleichen Zustand“ (IAS 40 § 40c) – beruht (vgl. § 11 ImmoWertV). Die Berücksichtigung von „Prognosen“, die auf Vertragsbedingungen gestützt werden, sind im eigentlichen Sinne keine Prognosen; die Berücksichtigung von Vertragsbedingungen ist auch dem Ertragswertverfahren (nach ImmoWertV) immanent. Das Gleiche gilt für die Vorgaben der IAS-Regelung zum Abzinsungszinssatz. Zur Abzinsung gibt IAS 40 § 40c nämlich vor, dass solche Zinssätze zu verwenden sind, die die gegenwärtigen Bewertungen des Marktes hinsichtlich der Unsicherheit der Höhe und des zeitlichen Anfalls künftiger *cashflows* widerspiegeln. Auch dies entspricht materiell den mit § 21 Abs. 2 ImmoWertV gegebenen Vorgaben zum Liegenschaftszinssatz.

Die ImmoWertV enthält bei alledem keine Regelungen über ein prognosegestütztes Ertragswertverfahren; dies wurde im Rahmen des Gesetzgebungsverfahrens abgelehnt (vgl. Vorbem. zur ImmoWertV Rn. 146 ff.). Insoweit ist das **prognosegestützte Ertragswertverfahren (*Discounted-Cashflow*-Verfahren) kein Verfahren der ImmoWertV**.

---

6 Vgl. Kleiber, GuG 2004, 193.
7 Vgl. Hök, G.-S., DCF-Verfahren in Frankreich, GuG 2002, 284.

1.3.3.3 Berücksichtigung künftiger Erträge mittels Kapitalisierungszinssatz

▶ *Vgl. § 21 ImmoWertV Rn. 37, 68 ff.*

International kommt – zumindest im Rahmen der Verkehrswertermittlung (Marktwertermittlung) – nicht das fehlerträchtige prognoseorientierte Ertragswertverfahren (*Discounted-Cash-flow*-Verfahren), sondern das **dynamische (klassische) Ertragswertverfahren zur Anwendung**. Bei Anwendung des (klassischen) Ertragswertverfahrens bedient man sich zur Lösung der Prognoseproblematik eines „Kunstgriffs". Man geht im Grundsatz zur Ermittlung des Ertragswerts von dem Jahresreinertrag aus, der mit Blick auf die Zukunft zum Wertermittlungsstichtag (empirisch belegbar) bei ordnungsgemäßer Bewirtschaftung üblicherweise am Wertermittlungsstichtag erzielbar ist, und kapitalisiert diesen Jahresreinertrag mit einem besonderen aus dem Marktgeschehen abgeleiteten Kapitalisierungszinssatz, der entsprechend den Erwartungen des allgemeinen Grundstücksmarktes die angesetzte Anfangsrendite dynamisiert. Dieser besondere Kapitalisierungszinssatz wird in der ImmoWertV als Liegenschaftszinssatz (LZ) bezeichnet. Der Liegenschaftszinssatz (LZ) ist ein aus repräsentativen Marktdaten ermittelte Wachstumsrendite, mit der ein Miet- und Kapitalwachstum und somit auch die Inflation berücksichtigt wird. Er entspricht dem in den *Uniform Standards of Professional Practice (Appraisal Institute Chicago)* als *„all over capitalization rate"* bezeichneten Kapitalisierungszinssatz, im englischsprachigen Schrifttum auch als *„all risks yield"* *„growth yield"* bzw. *„equivalent yield"* bezeichnet. 22

Bei dieser Vorgehensweise geht man nur rechnerisch von einem gleichbleibenden Jahresreinertrag aus (RE_i = Konstanz) und berücksichtigt die vom Grundstücksmarkt (und nicht etwa von Ökonomen) erwartete Entwicklung der Erträge und andere immobilienwirtschaftlich bedeutsame Entwicklungen mit dem Zinssatz. Die vorgestellte allgemeine **Ertragswertformel vereinfacht sich mathematisch** zu: 23

$$EW = RE \times KF_n + (BW - FLK) \times AF_n$$

wobei

KF	= Kapitalisierungsfaktor (Vervielfältiger = Rentenbarwertfaktor), abhängig von
LZ	= Liegenschaftszinssatz und
n	= Restnutzungsdauer der baulichen Anlage,
BW	= Bodenwert,
FLK	= Freilegungskosten,
AF	= Abzinsungsfaktor, abhängig von LZ und n.

Auf den Abzug der Freilegungskosten kann bei $n \leq 20$ Jahre verzichtet werden, da die Freilegungskosten mit der Abzinsung zu einer marginalen Größe werden. Man erhält dann:

$$EW = RE \times KF_n + BW \times AF_n$$

Das Verfahren wird in § 29 ImmoWertV unter der Bezeichnung „vereinfachtes Ertragswertverfahren" geregelt (vgl. Rn. 109 ff.).

Es handelt ich dabei um einen „Etikettenschwindel", denn eine echte Vereinfachung geht bei Anwendung dieses Verfahrens nur dann damit einher, wenn das Verfahren auf Grundstücke zur Anwendung kommt, deren bauliche Anlage eine lange Restnutzungsdauer von über 50 Jahren aufweist. Dann geht nämlich der abgezinste Bodenwert gegen null und wird zu einer vernachlässigbaren Größe.

In der internationalen Praxis der Marktwertermittlung (Verkehrswertermittlung) kommt das Ertragswertverfahren vornehmlich in der so vereinfachten Form zur Anwendung. Die Formel vereinfacht sich zu einem „echten" **Vereinfachten Ertragswertverfahren (**§ 27 ImmoWertV Rn. 1 ff.), wenn die bauliche Anlage eine Restnutzungsdauer aufweist, die (finanzmathema- 24 tisch) den abgezinsten Bodenwert zu einer vernachlässigbaren Größe „abschmelzen“ lässt (z.B. RND > 50 Jahre):

$$EW = RE \times KF_n$$

25 Man erhält damit einen **Ertragswert für das Gesamtgrundstück,** d.h. für Boden und Gebäude (eingleisiges Verfahren), ohne dass es dafür eines Bodenwerts bedarf. Weist das Grundstück eine sog. „Übergröße“ i.S. des § 41 ImmoWertV auf, muss die über die der Bebauung marktüblich zurechenbare Umgriffsfläche hinausgehende Grundstücksrestfläche allerdings mit ihrem „vollen“ Bodenwert gesondert berücksichtigt werden.

26 Die Formel des vereinfachten Ertragswertverfahrens erlaubt eine weitere **Vereinfachung**. An Stelle des Ansatzes des mathematischen Kapitalisierungsfaktors KF (abhängig von der Restnutzungsdauer n und dem Liegenschaftszinssatz LZ) kann man sich ohne explizite Kenntnis des Liegenschaftszinssatzes (LZ) eines aus dem Marktgeschehens abgeleiten Kapitalisierungsfaktors (*Years' Purchase*) bedienen. Mit diesem empirisch abgeleiteten Kapitalisierungsfaktor (Multiplikator) trachtet man wiederum die künftige Entwicklung „einzufangen“; dies entspricht dem Multiplikatorenverfahren (Vervielfältigerverfahren) auf der Grundlage von Ertragsfaktoren (vgl. § 20 Abs. 3 Nr. 2 ImmoWertV).

27 Der **Einwand, dass diese Verfahren „statisch“ seien**[8], weil (scheinbar) von einem konstant bleibenden Reinertrag ausgegangen werde und sich die Reinerträge schon aufgrund inflationärer oder sonstiger allgemeinwirtschaftlicher Veränderungen erhöhen oder vermindern bzw. aufgrund von Besonderheiten z.B. mietvertraglicher Art verändern, verkennt die Zusammenhänge. Diese Umstände werden sogar in einer besonders marktorientierten Weise berücksichtigt:

- **Allgemeine konjunkturelle Entwicklungen,** z.B. Veränderungen der Mieteinnahmen oder der Wertverhältnisse **und Risiken, werden –** wie bereits angesprochen – mit dem Abzinsungszinssatz **erfasst. Abzinsungszinssatz ist der empirisch aus Kaufpreisen des gewöhnlichen Geschäftsverkehrs abgeleitete Liegenschaftszinssatz** (vgl. § 21 Abs. 2 ImmoWertV). Mit diesen Kaufpreisen werden sämtliche immobilienwirtschaftlich bedeutsamen Zukunftserwartungen, insbesondere die erwartete Entwicklung der Erträge, in der Sprache der Ökonomen bereits „eingepreist“.
- **Besonderheiten der Mietentwicklung,** z.B. mietvertraglicher Art (sog. Anomalien), **lassen sich dagegen durch ergänzende Rechenschritte berücksichtigen**. Dies ist in § 8 Abs. 3 ImmoWertV ausdrücklich geregelt.

28 Bei **Anwendung des dynamischen Liegenschaftszinssatzes geht die künftige Entwicklung** nicht nach den subjektiven Vorstellungen des Sachverständigen in die Ertragswertermittlung ein, sondern **nach den objektiven Erwartungen des Grundstücksmarktes**. Das Ertragswertverfahren ist somit ein marktkonformes Verfahren. Der Liegenschaftszinssatz „justiert“ gewissermaßen den Ertragswert an die Marktverhältnisse. Das Verfahren gewährleistet damit die Ermittlung von Marktwerten (Abb. 4).

8 Abwegig: Belik, M., (Cushman & Wakefield, Deutschland) in Deutsche Immobilien-Zeitung 01.10.2009, S. 38 sowohl hinsichtlich der methodischen Einschätzung des international angewandten Ertragswertverfahrens als auch hinsichtlich der „Transparenz“ des DCF-Verfahrens.

Abb. 4: Ertragswertermittlung mittels dynamischer Liegenschaftszinssätze

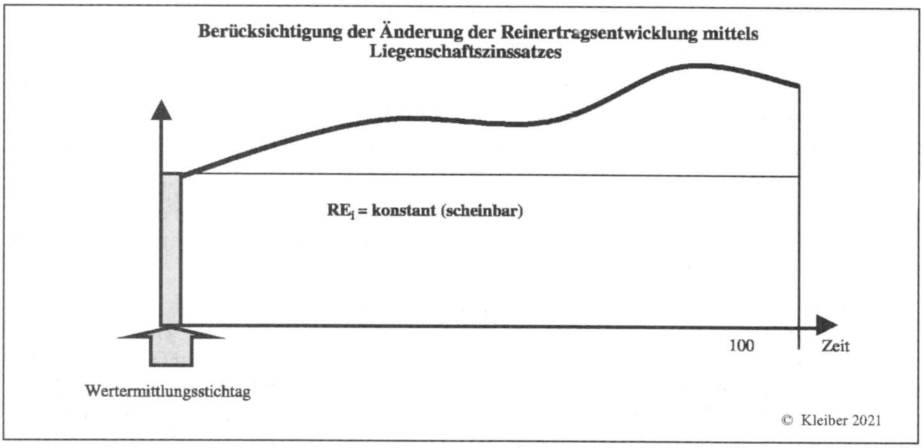

29 Während bei Anwendung des dynamischen Ertragswertverfahrens die zentrale Problemstellung in dem Ansatz des dynamischen Liegenschaftszinssatzes liegt, müssen bei Anwendung des Prognoseverfahrens (*Discounted Cashflow*) eine **Vielzahl von Wertermittlungsparametern allein auf der Grundlage von Prognosen** zum Ansatz kommen (Abb. 5).

Abb. 5: Überblick über das Ertragswertverfahren und seine Varianten

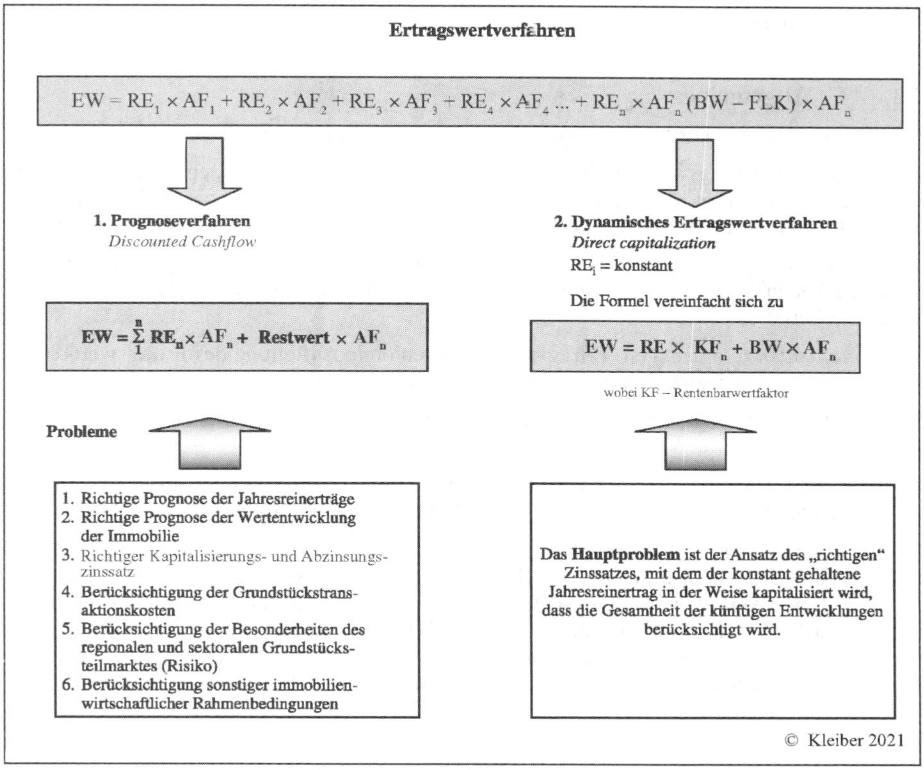

In der **Gesamtschau** stellt sich das Ertragswertverfahren nach § 28 ImmoWertV formelmäßig wie aus der unter Rn. 291 ersichtlichen Zusammenstellung dar.

30 Die **ImmoWertV** beschränkt sich auf Regelungen zum

a) international gebräuchlichen (dynamischen) Ertragswertverfahren (§§ 28 ff. ImmoWertV) in drei Varianten und

b) Vervielfältigerverfahren (z.B. Mietenmultiplikatoren nach § 20 ImmoWertV; vgl. § 20 ImmoWertV Rn. 8).

Darüber hinaus gibt es andere nicht in der ImmoWertV geregelten Varianten des Ertragswertverfahrens. Zu erwähnen ist in diesem Zusammenhang das **Pachtwertverfahren** (vgl. Rn. 56; § 6 ImmoWertV Rn. 110)[9].

Nicht geregelt in der ImmoWertV ist das **prognosegestützte Ertragswertverfahren** (***Discounted-Cashflow*-Verfahren**) *auf der Grundlage prognostizierter* Erträge. Dies ist darin begründet, dass es für die Anwendung dieses Verfahrens keinerlei anerkannten Grundsätze gibt, wenn es um die Verkehrswertermittlung (Marktwertermittlung) geht. Lediglich im Rahmen von Investitionsberechnungen haben sich diesbezüglich in der Betriebswirtschaftslehre Standards herausgebildet (vgl. Rn. 50 ff.; hierzu auch Vorbem. zur ImmoWertV Rn. 146). Die Übertragung dieser Standards auf eine Verkehrswertermittlung (Marktwertermittlung) macht jedoch eine Reihe von weitergehenden Modifikationen erforderlich, für die die Praxis keine allgemein anerkannten Grundsätze entwickeln konnte. Die ImmoWertV schließt gleichwohl die Anwendung solcher Verfahren nicht aus und lässt grundsätzlich jedes geeignete Verfahren zu.

2 Verfahrensübersicht

2.1 Allgemeines

Schrifttum: *Berka, Th.*, Das falsche oder das richtige Modell der Ertragswertberechnung, GuG 2012, 209.

31 Das vorgestellte Ertragswertverfahren auf der Grundlage dynamischer Liegenschaftszinssätze (*all over capitalization rate*) kann in den unterschiedlichsten Ausformungen (Varianten) zur Anwendung kommen. **Die §§ 28 bis 30 ImmoWertV** enthalten enumerativ Regelungen zum

1. *allgemeinen* (zweigleisigen) **Ertragswertverfahren** unter Aufteilung des Ertragswerts in einen Boden- und Gebäudewertanteil (vgl. **allgemeines Ertragswertverfahren** nach § 27 ImmoWertV),
2. *vereinfachten* (eingleisigen) Ertragswertverfahren ohne Aufteilung des Ertragswerts in einen Boden- und Gebäudewertanteil (vgl. § 28 ImmoWertV) und
3. *periodischen* Ertragswertverfahren auf der Grundlage alternierender Erträge (§ 29 ImmoWertV).

In der Praxis kommen vornehmlich das **allgemeine und vereinfachte Ertragswertverfahren** zur Anwendung. Sie werden in diesem Werk als **Standardverfahren** bezeichnet.

Nach der grundlegenden Systematik der ImmoWertV setzt sich der Ertragswert bei allen Verfahrensalternativen – wie im Übrigen auch der Vergleichs- und Sachwert – aus einem nach den §§ 27–34 ImmoWertV ermittelten **„vorläufigen" Ertragswert unter Ausschluss besonderer objektspezifischer Grundstücksmerkmale** (boG) und den gegebenenfalls ergänzend zu berücksichtigenden besonderen objektspezifischen Grundstücksmerkmalen zusammen. Der Marktwert (Verkehrswert) wird aus dem Ergebnis des angewandten Ertragswertverfahrens ge-

9 Umfassend dargestellt in Kleiber, Verkehrswertermittlung von Grundstücken, 6. Aufl. 2010, S. 1619.

gebenenfalls i.V.m. dem bzw. den übrigen zur Anwendung gekommenen Wertermittlungsverfahren (Vergleichs- und/oder Sachwert) unter Würdigung seines bzw. ihrer Aussagefähigkeit ermittelt. Die Aufspaltung der Ertragswertermittlung in einen vorläufigen und (endgültigen) Ertragswert ermöglicht eine weitgehend automatisierbare Ermittlung des vorläufigen Ertragswerts auf der Grundlage von „robusten“ Wertermittlungsparametern, insbesondere spezifizierten Liegenschaftszinssätzen.

Die **BelWertV** beschränkt sich lediglich auf Regelungen zum allgemeinen (*zweigleisigen)* Ertragswertverfahren (§§ 8 ff. BelWertV).

2.2 Markt- und modellkonforme Ertragswertermittlung

▶ *Vgl. Vorbem. zur ImmoWertV Rn. 141; § 21 ImmoWertV Rn. 45 ff., 148; § 8 ImmoWertV Rn. 367, 388; Syst. Darst. des Sachwertverfahrens Rn. 13, 19*

2.2.1 Grundzüge des Modells der Ertragswertermittlung nach ImmoWertV

▶ *Vgl. Vorbem. zur ImmoWertV Rn. 141; § 21 ImmoWertV Rn. 45 ff., 148; § 8 ImmoWertV Rn. 367, 388; Syst. Darst. des Sachwertverfahrens Rn. 13, 19*

Vergleichs-, Ertrags und Sachwertverfahren sind nach der Systematik der ImmoWertV **zweistufig gegliedert** (Dichotomie). In der *ersten Stufe* wird zunächst der *vorläufige* marktangepasste Ertragswert auf der Grundlage des mit der ImmoWertV vorgegebenen **Modells des Ertragswertverfahrens** i.V.m. dem vom Gutachterausschuss für Grundstückswerte aus der Kaufpreissammlung abgeleiteten einschlägigen Liegenschaftszinssatz abgeleitet. In der *zweiten Stufe* werden ergänzend besondere objektspezifische Grundstücksmerkmale (boG) berücksichtigt, soweit sie mit den angesetzten Eingangsparametern und dem objektspezifisch angepassten Liegenschaftszinssatz (noch) nicht erfasst sind. 32
Der *vorläufige* Ertragswert wird darüber hinaus in seinen Grundzügen auf der Grundlage folgender Modellvorgaben ermittelt:

- *aus jährlich* ermitteltn *„marktüblich erzielbaren Erträgen“* (§§ 28 Nr. 1 sowie 31 ImmoWertV) unter Abzug der bei *„**ordnungsgemäßer Bewirtschaftung** und zulässiger Nutzung marktüblich entstehenden jährlichen Aufwendungen“*, wobei die **Abschreibung** unberücksichtigt bleibt (§ 32 ImmoWertV).
- eines Bodenwerts, der vorbehaltlich des § 40 Abs. 5 ImmoWertV (insbesondere bei atypischer Bebauung und bei Liquidationsobjekten) ohne Berücksichtigung der vorhandenen baulichen Anlagen auf dem Grundstück, d.h. mit dem *Bodenwert eines vergleichbaren unbebauten Grundstücks*, anzusetzen ist (§ 40 Abs. 1 ImmoWertV); bei einer erheblichen **Überschreitung der marktüblichen Grundstücksgröße** ist die darüber hinausgehende selbstständig nutzbare oder sonstige Teilfläche als besonderes objektspezifisches Grundstücksmerkmal zu berücksichtigen (§ 41 ImmoWertV)
- eines Liegenschaftszinssatzes, der – ohne nach Soll- und Habenzinsen zu unterscheiden – sich als Mischzinssatz definiert und sowohl die Kapitalisierung der Bebauung als auch die Verzinsung des reinen Bodenwerts (Bodenwertverzinsungsbetrag) abbildet (vgl. § 21 ImmoWertV Rn. 31, 74).

Darüber hinaus kann der **Gutachterausschuss für Grundstückswerte** der Ermittlung des Liegenschaftszinssatzes weitere Modellvorgaben zugrunde legen, die bei Heranziehung dieses Liegenschaftszinssatzes nach dem Grundsatz der Modellkonformität zu beachten sind. Dies kann insbesondere eine Spezifizierung der zugrunde gelegten Erträge, des angesetzten Bodenwerts (z.B. Bodenrichtwert; Grundstücksgröße, abgabenrechtlicher Zustand) sowie eine normierte Berechnung der Wohn- bzw. Nutzflächen usw. betreffen.

2.2.2 Lage auf dem Grundstücksmarkt

33 Die vorstehend erläuterte Aufteilung des Ertragswertverfahrens ist auf eine marktkonforme Verkehrswertermittlung ausgerichtet, denn der Liegenschaftszinssatz wird aus geeigneten Vergleichspreisen abgeleitet und justiert den Ertragswert an die jeweiligen Marktverhältnisse. Die dem gewöhnlichen Geschäftsverkehr entsprechenden Marktverhältnisse gehen insbesondere dadurch in die Wertermittlung ein, dass von am Wertermittlungsstichtag marktüblich erzielbaren Erträgen, am Wertermittlungsstichtag marktüblich anfallenden Bewirtschaftungskosten, einer nach allgemeinen Erfahrungssätzen sich bemessenen Restnutzungsdauer der baulichen Anlage und einem **die Lage auf dem Grundstücksmarkt erfassenden Liegenschaftszinssatz** ausgegangen wird. Auch die sonstigen „besonderen objektspezifischen Grundstücksmerkmale" (u.a. eine wirtschaftliche Überalterung, ein überdurchschnittlicher Erhaltungszustand, Baumängel und Bauschäden sowie auch sonstige die wirtschaftliche Nutzbarkeit beeinflussende Besonderheiten, Rechte am Grundstück usw.) sind nach § 8 Abs. 3 ImmoWertV in der Höhe zu berücksichtigen, wie dies dem gewöhnlichen Geschäftsverkehr entspricht, d.h. insoweit, wie der Verkehrswert (Marktwert) dadurch beeinflusst wird.
Die marktüblich erzielbaren Erträge werden nach den Grundsätzen der ImmoWertV mit einem Zinssatz kapitalisiert, der in marktkonformer Weise, sei es ökonomisch begründbar oder nicht, die vom Grundstücksmarkt erwartete immobilienwirtschaftliche Entwicklung (insbesondere der Erträge) und die vom Grundstücksmarkt erwartete Verzinsung des in die Immobilie investierten Kapitals reflektiert. Der in § 21 Abs. 2 ImmoWertV definierte und aus Marktpreisen abgeleitete Liegenschaftszinssatz ist zugleich ein Zinssatz, mit dem die Ertragswertermittlung an die allgemeinen Wertverhältnisse auf dem Grundstücksmarkt „justiert" wird, und zwar im Ertragswertverfahren selbst. Da der Liegenschaftszinssatz aus Kaufpreisen des gewöhnlichen Geschäftsverkehrs nach einem bestimmten Modell abgeleitet wird, bestimmt er sich nach den Grundstücksmerkmalen und den allgemeinen Wertverhältnissen des Grundstücksmarktes, die dem Referenzgrundstück des Liegenschaftszinssatzes zugrunde liegen. Bei Heranziehung von objektbezogenen Liegenschaftszinssätzen des Gutachterausschusses muss deshalb der **Grundsatz der Modell- und Referenzkonformität** beachtet werden. Der vorläufige Ertragswert muss deshalb grundsätzlich ermittelt werden unter Berücksichtigung

- der Grundstücksmerkmale des jeweiligen Referenzgrundstücks und
- des Modells der Ertragswertermittlung und der „Modellansätze", die der Ableitung des Liegenschaftszinssatzes (LZ) zugrunde liegen.

Soweit mit dem vorläufigen Ertragswert und mit dem Liegenschaftszinssatz besondere objektspezifische Grundstücksmerkmale (boG) noch nicht berücksichtigt worden sind, müssen diese nach § 8 Abs. 3 ImmoWertV nachträglich in marktkonformer Höhe berücksichtigt werden. Nach der Vorschrift sind diese nur insoweit berücksichtigungsfähig, „soweit dies dem gewöhnlichen Geschäftsverkehr entspricht."

Abb. 6: Modell- und referenzkonforme Ertragswertermittlung

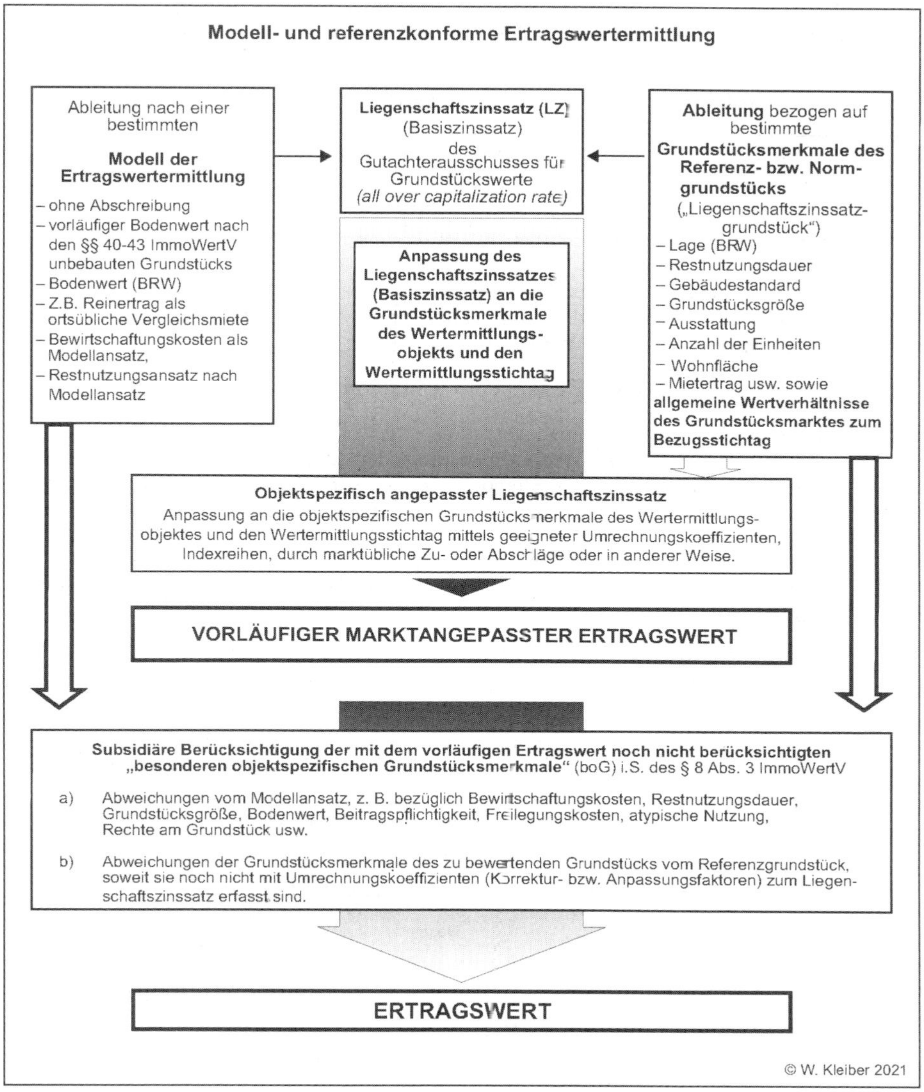

2.3 Allgemeines und vereinfachtes Ertragswertverfahren (Standardverfahren)

2.3.1 2.3.1 Allgemeines (zweigleisiges) Ertragswertverfahren (§ 28 ImmoWertV)

Schrifttum: *Moll-Amrein/Schaper,* Ermittlung des Gebäudewertanteils von Renditeobjekten in Gebieten mit hohem Bodenpreisniveau. GuG 2013, 257.

Die Formel des unter Rn. 23 vorgestellten vereinfachten (*ein*gleisigen) Ertragswertverfahrens führt direkt zu einem gesamteinheitlichen Ertragswert des Grundstücks, bestehend aus einem 34

Boden- und Gebäudeanteil. Die Formel lässt sich mathematisch in der Weise umformen, dass sich der **Ertragswert aus Boden- und Gebäudewertanteil zusammensetzt.** Diese Form des Ertragswertverfahrens wird **in § 27 Abs. 5 Nr. 1 ImmoWertV an erster Stelle als** allgemeines (*zwei*gleisiges) Standardverfahren genannt. Der Ertragswert ergibt sich dementsprechend nach § 28 ImmoWertV.

$$EW = \underbrace{(RE - BW \times LZ) \times KF_n}_{\text{Gebäudewertanteil}} + \underbrace{BW}_{\text{Bodenwertanteil}}$$

+/- besondere objektspezifische Grundstücksmerkmale

35 Nach dieser Formel wird der auf das Gesamtgrundstück bezogene Reinertrag RE zwecks Aufteilung in einen Boden- und Gebäudewertanteil um den auf den Grund und Boden entfallenden **Bodenwertverzinsungsbetrag** (BW x LZ) vermindert:

$RE_{Gebäudewertanteil} = (RE_{Gesamt} - BW \times LZ)$

Der Ermittlung des Bodenwertverzinsungsbetrags ist der objektspezifisch angepasste Liegenschaftszinssatz i.S. des § 33 ImmoWertV zugrunde zu legen.
Der allein auf die bauliche Anlage entfallende Reinertragsanteil ergibt – kapitalisiert über die Restnutzungsdauer der baulichen Anlage – dementsprechend den Gebäudewertanteil.

Das Verhältnis des Jahresreinertragsanteils der baulichen Anlage zum Bodenwertverzinsungsbetrag ist eine wichtige Kenngröße, die über die Wirtschaftlichkeit der Grundstücksnutzung Aufschluss gibt.

Ein atypisches Verhältnis signalisiert eine unwirtschaftliche Bodennutzung, der ggf. Rechnung getragen werden muss (vgl. § 43 ImmoWertV Rn. 12 ff.).

Abb. 7: Bodenwertverzinsungsbetrag

Bodenwertverzinsungsbetrag

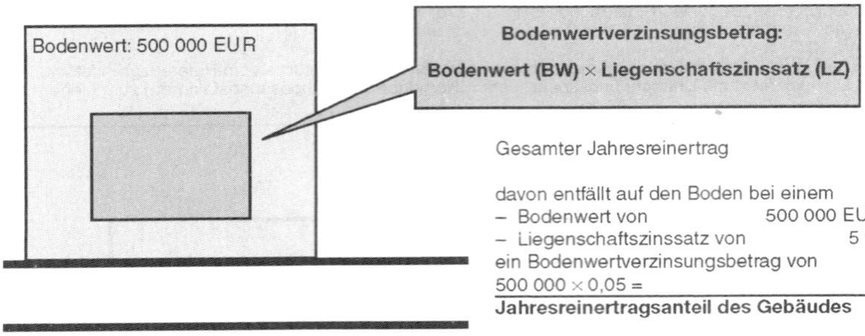

Gesamter Jahresreinertrag		100 000 EUR
davon entfällt auf den Boden bei einem		
– Bodenwert von	500 000 EUR	
– Liegenschaftszinssatz von	5 %	
ein Bodenwertverzinsungsbetrag von		
500 000 × 0,05 =		– 25 000 EUR
Jahresreinertragsanteil des Gebäudes		**75 000 EUR**

© W. Kleiber 2020

36 Der Bodenwertverzinsungsbetrag sollte in Abhängigkeit vom jeweiligen Bodenwertniveau sowie Art und Maß der baulichen Nutzung regelmäßig nicht 40 % des gesamten Reinertrags überschreiten, sofern dies nicht auf besondere Gründe (z.B. Denkmalschutz) zurückgeführt werden kann.

Geht der Reinertrag nach Abzug des Bodenwertverzinsungsbetrags (BW x LZ) gegen null oder ergibt sich sogar ein negativer Reinertrag, liegt ein **Missverhältnis zwischen Boden und Gebäude** vor, das die Notwendigkeit einer Umnutzung bzw. einer Liquidation des Gebäudes signalisiert (vgl. § 4 ImmoWertV Rn. 87; § 6 ImmoWertV Rn. 132; § 8 ImmoWertV Rn. 51, 133, § 40 ImmoWertV Rn. 230; § 43 ImmoWertV Rn. 1 ff., 41).

Wegen der mathematischen Identität führt das allgemeine *zwei*gleisige Verfahren zu demselben Ergebnis wie das vereinfachte (eingleisige) Ertragswertverfahren. **Das allgemeine (zweigleisige) Ertragswertverfahren ist** mithin auch kein „anderes" Verfahren als die vornehmlich im Ausland zur Anwendung kommende eingleisige Variante. Sie stellt die fachlich **ausgereifte „Luxusvariante"** dar, die universeller anwendbar und bei vielen Bewertungsaufgaben unverzichtbar ist. Sie ermöglicht eine gesonderte Ermittlung des Gebäudewertanteils (Gebäudeertragswert). Dieser wird benötigt im Rahmen **37**

- der Marktwertermittlung von Erbbaurechten und erbbaurechtsbelasteten Grundstücken,
- steuerlicher Bewertungen (für die Abschreibung des Gebäudewerts),
- der Marktwertermittlung nach dem Vermögensrecht sowie
- im Rahmen städtebaulicher Maßnahmen.

Diese Variante hat zudem den Vorzug, dass aus dem Verhältnis zwischen dem Reinertrag (RE) zum Bodenwertverzinsungsbetrag (BW x LZ) liquidationsverdächtige Grundstücksnutzungen erkennbar sind. ImmoWertV und BelWertV geben deshalb als Standardverfahren das *zwei*gleisige Ertragswertverfahren vor.

Beispiel 1 zum allgemeinen (zweigleisigen) Ertragswertverfahren (§ 28 ImmoWertV): **38**

Ausgangsdaten

Mehrfamilienhaus in massiver Bauweise erstellt: 8 abgeschlossene Wohnungen; Wohnfläche (WF) insgesamt 700 m²; marktüblich erzielbare Nettokaltmiete 10,00 €/m² WF im Monat; Restnutzungsdauer 30 Jahre; objektspezifisch angepasster Liegenschaftszinssatz 5 %; Bodenwert 200 000 €; nach Lage und Nutzung marktübliche Grundstücksgröße.

Es seien keine vom marktüblich erzielbaren Reinertrag erheblich abweichende Erträge zu berücksichtigen.

Ertragswert:

$EW = (RE - BW \times LZ) \times KF_n + BW$

+/- besondere objektspezifische Grundstücksmerkmale

a) Ermittlung des Reinertrags

10,00 €/m² (Nettokaltmiete) × 700 m² WF × 12 Monate = Jahresnettokaltmiete	=	84 000 €
abzüglich nicht umlagefähige Bewirtschaftungskosten		
– Verwaltungskosten: 8 × 290 €/WE	=	– 2 320 €
– Instandhaltungskosten: 11,50 €/m²× 700 m² WF	=	– 8 050 €
– Mietausfallwagnis: 2 % der Jahresnettokaltmiete von 84 000 €	=	– 1 680 €
= Jahresreinertrag (RE)	=	71 950 €

Es handelt sich dabei um die stichtagsbezogenen Modellansätze des örtlichen Gutachterausschusses für Grundstückswerte.

b)	abzüglich Bodenwertverzinsungsbetrag: 200 000 € x 0,05	=	– 10 000 €
	= Reinertragsanteil der baulichen Anlage	=	61 950 €
c)	Ermittlung des Ertragswerts der baulichen Anlage bei Kapitalisierungsfaktor KF von 15,372452: 61 950 €/Jahr × 15,372452	=	952 323 €
	Kapitalisierungsfaktor KF Restnutzungsdauer von 30 Jahren Objektspezifisch angepasster Liegenschaftszinssatz LZ von 5 %		15,372452
	Ertragswert der baulichen Anlage: 61 950 €/Jahr x 15,372452		=952 323 €

d) Ermittlung des Ertragswerts

zuzüglich Bodenwert	=	+ 200 000 €
= vorläufiger Ertragswert	=	**1 152 323 €**

2.3.2 Vereinfachtes (eingleisiges) Ertragswertverfahren (§ 29 ImmoWertV)

39 In § 29 ImmoWertV wird das aus der allgemeinen Ertragswertformel (vgl. Rn. 7) abgeleitete vereinfachte (*ein*gleisige) Ertragswertverfahren geregelt, mit dem sich der Gesamtwert des Grundstücks ohne Aufteilung in einen Boden- und Gebäudewertanteil ermittelt lässt. Der Ertragswert wird ermittelt, indem

a) der Jahresreinertrag direkt, d.h. ohne vorherige Verminderung um den Bodenwertverzinsungsbetrag, mithilfe des Kapitalisierungsfaktors (Vervielfältigers = Rentenbarwertfaktor) kapitalisiert wird und

b) der Bodenwert in einer über die Restnutzungsdauer der baulichen Anlagen abgezinsten Größenordnung dem kapitalisierten Jahresreinertrag zugeschlagen wird.

$EW = RE \times KF_n + BW \times AF_n$ +/– besondere objektspezifische Grundstücksmerkmale (boG)

wobei

RE	= Reinertrag
BW	= Bodenwert
KF	= Kapitalisierungsfaktor (Vervielfältiger = Rentenbarwertfaktor), abhängig von
LZ	= (dynamischen) Liegenschaftszinssatz und
n	= Restnutzungsdauer der baulichen Anlage
AF	= Abzinsungsfaktor, abhängig wiederum von LZ und n

Hinweis: Zur Ertragswertermittlung bei kurzer Restnutzungsdauer der baulichen Anlage vgl. Rn. 61 ff.

Bei dem abgezinsten Bodenwert ($BW \times AF_n$) handelt es sich nicht etwa um den Bodenwertanteil am Ertragswert, sondern lediglich um den komplementären Restwert. Insoweit ergibt sich auch keine Disparität zum Bodenwertanteil am Ertragswert bei Anwendung des allgemeinen Ertragswertverfahrens.

40 *Beispiel zum vereinfachten (eingleisigen) Ertragswertverfahren (§ 29 ImmoWertV):*

Ausgangsdaten

wie im vorstehenden *Beispiel* (Rn. 38); es sind wiederum keine vom marktüblich erzielbaren Reinertrag erheblich abweichenden Erträge zu berücksichtigen.

Berechnung

auf der Grundlage der am Wertermittlungsstichtag marktüblich anfallenden Bewirtschaftungskosten (hier II. BV als Modellansatz)

$EW = RE \times KF_n + BW \times AF_n$

+/– besondere objektspezifische Grundstücksmerkmale

a) Ermittlung des Reinertrags

10,00 €/m² (Nettokaltmiete) × 700 m² WF × 12 Monate = Jahresnettokaltmiete	=	84 000 €
abzüglich nicht umlagefähige Bewirtschaftungskosten		
– Verwaltungskosten: 8 × 290 €/WE	=	– 2 320 €
– Instandhaltungskosten: 11,50 €/m²× 700 m² WF	=	-- 8 050 €

	– Mietausfallwagnis: 2 % der Jahresnettokaltmiete von 84 000 €	=	– 1 680 €
=	Jahresreinertrag (RE)	=	71 950 €

Es handelt sich dabei um die stichtagsbezogenen Modellansätze des örtlichen Gutachterausschusses für Grundstückswerte.

b)	Kapitalisierungsfaktor KF bei		
	– Restnutzungsdauer von 30 Jahren		
	– objektspezifisch angepasster Liegenschaftszinssatz von 5 %		15,372452
c)	Kapitalisierte Reinerträge		
	71 950 €× 15,372452	=	1 106 048 €
d)	Abzinsungsfaktor AF bei		
	– Restnutzungsdauer von 30 Jahren		
	– objektspezifisch angepasster Liegenschaftszinssatz von 5 %		0,2313774
e)	abgezinster Bodenwert: 200 000 €× 0,2313774	=	+ 46 275 €
	= Vorläufiger Ertragswert	=	1 152 323 €

Bei langer Restnutzungsdauer des Gebäudes geht der Restwert (BW × AF_n) gegen null und kann vernachlässigt werden. Die Formel vereinfacht sich damit zu dem bereits angesprochenen echten Vereinfachten Ertragswertverfahren:

$$EW = RE \times KF_n \pm \text{besondere objektspezifische Grundstücksmerkmale}$$

2.3.3 Periodisches Ertragswertverfahren nach § 30 ImmoWertV

2.3.3.1 Allgemeines

▶ *Vgl. § 30 ImmoWertV Rn. 1, 9 ff.*

Bei dem in § 30 ImmoWertV geregelten *periodischen* Ertragswertverfahren handelt es sich um nichts anderes als um die unter Rn. 7 bereits vorgestellte allgemeine Ertragswertformel. Auf eine Minderung des Bodenwerts um die Freilegungskosten kann bei langer Restnutzungsdauer der baulichen Anlage (≥ 20 Jahre) auch bei dieser Variante verzichtet werden. 41

$$EW = RE_1 \times AF_1 + RE_2 \times AF_2 + RE_3 \times AF_3 + RE_4 \times AF_4 + \ldots RE_n \times AF_n + (BW - FLK) \times AF_n$$

Abb. 8: Periodisches Ertragswertverfahren bei gleichbleibendem Ertrag

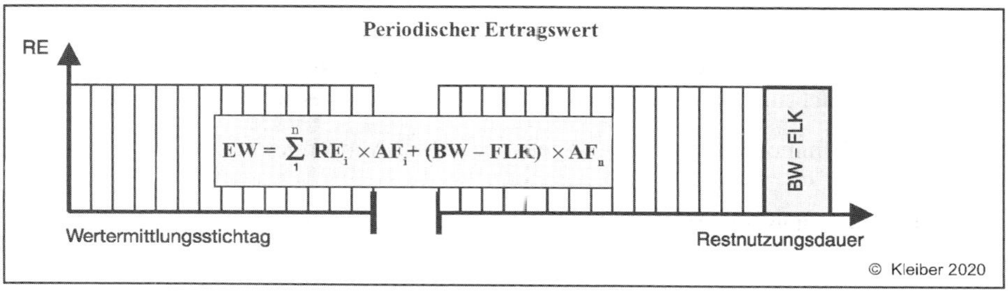

Die periodische Variante des Ertragswertverfahrens ist insbesondere in Betracht zu ziehen, soweit

1. die Ertragsverhältnisse absehbar wesentlichen Veränderungen unterliegen oder
2. wesentlich von den marktüblich erzielbaren Erträgen abweichen.

Das **periodische Ertragswertverfahren kann** entgegen § 27 Abs. 1 Satz 2 ImmoWertV **auch Anwendung finden, wenn keine Änderungen der Ertragsverhältnisse absehbar sind** und auch keine von den marktüblich erzielbaren Erträgen abweichenden Erträge vorliegen, insbesondere wenn man die jährlichen Ertragsflüsse explizit „auswerfen" will (§ 27 ImmoWertV Rn. 5).

42 Die **mathematische Form des periodischen Ertragswertverfahrens ist mit der mathematischen Form des prognoseorientierten Ertragswertverfahrens** (*Discounted-Cashflow*-Verfahren) **identisch**, jedoch darf es damit nicht verwechselt werden. Bei Heranziehung des dynamischen Liegenschaftszinssatzes i.S. des § 21 ImmoWertV stellt auch diese Vorgehensweise ein Ertragswertverfahren i.S. der ImmoWertV (*all over capitalization method*) und nicht etwa ein *Discounted-Cashflow*-Verfahrendar.

NachZiff. 30 (2) 2 der ImmoWertA kann ohne nähere Begründung statt des Liegenschaftszinssatz i.S. des § 21 ImmoWertV auch **ein „anderer Zinssatz" zur Kapitalisierung gewählt werden**, ohne dass dieser definiert wird. Dabei muss es sich denklogisch um einen Zinssatz handeln, der modellkonform den„Grundsätzen des Ertragswertverfahrens nach den §§ 27 bis 34 ImmoWertV" genügt und auf der Grundlage von geeigneten Kaufpreisen und den ihnen entsprechenden marktüblich erzielbaren Reinerträgen zu ermitteln ist. Ein „anderer Zinssatz" findet in der ImmoWertV keine Erwähnung undkäme allenfalls bei Anwendung des *Discounted-Cashflow*-Verfahrens (*equivalent yield* bzw. *equatet yield*, vgl. Rn. 52)in Betracht. Dieses Verfahren kann aber trotz der mathematischen Identität nicht mit demin der ImmoWertV geregelten Ertragswertverfahren gleichgesetzt werden.

Der **wesentliche Unterschied des prognoseorientierten Ertragswertverfahrens (*Discounted-Cashflow*-Verfahren)zum marktorientierten Ertragswertverfahren** besteht nämlich darin, dass es an mehr oder minder prognostizierte Erträge (i.V.m. einem kapitalmarktorientierten Abzinsungszinssatz) anknüpft, während das Ertragswertverfahren grundsätzlich von den zum Wertermittlungsstichtag marktüblich erzielbaren Reinerträgen ausgeht und deren künftige Entwicklung mit dem Liegenschaftszinssatz (*all over capitalization rate*) berücksichtigt wird.

Bei alldem dürfen nach § 11 Abs. 1 ImmoWertV i.V.m. der Rechtsprechung zur Verkehrswertermittlung künftige Änderungen der Erträge nur berücksichtigt werden, wenn diese am maßgeblichen Qualitätsstichtag „mit hinreichender Sicherheit aufgrund konkreter Tatsachen zu erwarten" sind (konkret absehbare künftige Änderungen, vgl. § 11 ImmoWertV Rn. 4, 13, 20 und die Erläuterungen zum *Discounted-Cashflow*-Verfahren bei Rn. 51 ff.).

Soweit von den „marktüblich erzielbaren Erträgen" abweichende Erträge z.B. erwartet werden, können sie auch direkt berücksichtigt werden. Dies betrifft insbesondere aufgrund wohnungs-, miet- und vertragsrechtlicher Bindungen von den marktüblich erzielbaren Erträgen abweichende Jahresreinerträge.

2.3.3.2 Periodisches Ertragswertverfahren unter Aufteilung des Wertanteils eines Betrachtungszeitraums und des verbleibenden Restwerts

43 Mit § 30 Abs. 1 ImmoWertV wird die allgemeine Ertragswertformel in zwei Phasen „aufgeblockt" und zwar in

- einen Betrachtungsraum (von etwa 10 Jahren), gerechnet ab dem Wertermittlungsstichtag, und
- eine Restphase (bis zum Ablauf der Restnutzungsdauer der baulichen Anlage).

Das sog. „2-Phasen-Modell" entspricht der allgemeinen Wertermittlungspraxis und dient der Vermeidung unübersichtlicher Rechenwerke. Für den „Auswurf" der jährlichen Ertragsströme besteht nämlich nur solange ein Bedürfnis, wie die jährlichen Ertragsströme alternieren (i.d.R. nur für einen Betrachtungszeitraum von 10 Jahren). Bei der sog. Restwertmethode (§ 30 Abs. 1 ImmoWertV) wird deshalb nur der sog. „**Betrachtungszeitraum**" jahrgangsweise mit seinen Ertragsströmen gesondert erfasst. Die Ertragsströme der verbleibenden Restnutzungsdauer werden zu einem Restwert (*Terminal Value*) zusammengefasst. Restwert ist in diesem Fall nicht der Bodenwert, sondern der auf das Ende des Betrachtungszeitraums bezogene Marktwert (Verkehrswert) des Grundstücks, der auf den Wertermittlungsstichtag abgezinst werden muss.

Abb. 9: Periodisches Ertragswertverfahren mit Restwert

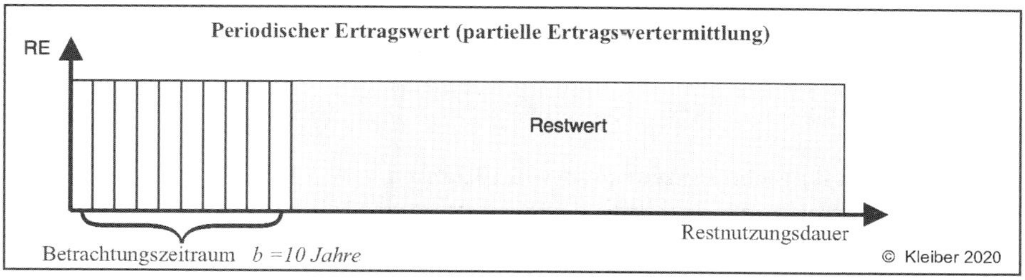

Die mit § 17 ImmoWertV 2010 (nunmehr § 30 ImmoWertV 21) erstmals in die ImmoWertV **44**
eingeführte Berechnungsmethode ist ein aus dem vereinfachten Ertragswertverfahren nach § 29 ImmoWertV abgeleitetes **Verfahren ohne Aufteilung nach den Wertanteilen des Bodens und der baulichen Anlage.** Die „Verfeinerung" des vereinfachten Ertragswertverfahrens besteht darin, dass die im Betrachtungszeitraum erzielten Erträge „jahrgangsweise" ausgeworfen werden.

Der **Restwert** ergibt sich nach § 30 Abs. 3 ImmoWertV regelmäßig aus der Summe des Bar- **45**
werts der in der Restperiode marktüblich erzielbaren Reinerträge und des über die Restperiode abgezinsten Bodenwerts. Die Restperiode ist dabei die um den Betrachtungszeitraum reduzierte Restnutzungsdauer. Dieser Restwert ist jedoch nach § 30 Abs. 1 Nr. 2 ImmoWertV über den Betrachtungsraum noch auf den Wertermittlungsstichtag abzuzinsen.

Die **umständliche Berechnungsmethode des § 30 ImmoWertV lässt sich mathematisch vereinfachen** zu

$$EW = \sum_{1}^{b} RE_i \times AF_i + \underbrace{RE \times (KF_n - KF_b) + \text{Bodenwert} \times AF_n}_{\textbf{Restwert}}$$

+/– besondere objektspezifische Grundstücksmerkmale

wobei

RE	= marktüblich erzielbarer Reinertrag
REi	= während des Betrachtungszeitraums erzielte Reinerträge
n	= modellkonforme Restnutzungsdauer
b	= Betrachtungszeitraum
KF	= Kapitalisierungsfaktor, abhängig von n bzw. b und Liegenschaftszinssatz LZ
AF	= Abzinsungsfaktor, abhängig von n bzw. b und Liegenschaftszinssatz LZ

46 *Beispiel 3 zum periodischen Ertragswertverfahren:*

1. Ausgangsdaten

Wie in vorstehenden *Beispielen* (Rn. 38 und 40); es sind wiederum keine vom marktüblich erzielbaren Reinertrag erheblich abweichende Erträge zu berücksichtigen.

Ertragswert:

$$EW = \sum_{1}^{b} RE_i \text{ x } AF_i + RE \text{ x } (KF_a - KF_b) + \text{Bodenwert } AF_n$$

2. Berechnung

a) Barwerte des Betrachtungszeitraums von 10 Jahren

Jahr i	RE_i	Abzinsungs-Faktor (AF_i)	Barwerte der Reinerträge
1. Jahr	71 950 €×	0,952380952	= 68 524 €
2. Jahr	71 950 €×	0,907029478	= 65 261 €
3. Jahr	71 950 €×	0,863837599	= 62 153 €
4. Jahr	71 950 €×	0,822702475	= 59 193 €
5. Jahr	71 950 € ×	0,783526166	= 56 375 €
6. Jahr	71 950 €×	0,746215397	= 53 690 €
7. Jahr	71 950 €×	0,710681330	= 51 134 €
8. Jahr	71 950 €×	0,676839362	= 48 699 €
9. Jahr	71 950 €×	0,644608916	= 46 380 €
10. Jahr	71 950 €×	0,613913254	= 44 171 €
Summe der Jahresreinerträge des Betrachtungszeitraums			= 555 580 €

b) Restwertermittlung

	RE	Kapitalisierungs-faktor KF LZ = 5 % n = 20 Jahre	RE × KF_{20}	Abzinsungs-faktor AF-AF_{10} bzw. AF_{30}	Barwerte der Reinerträge
11.–30. Jahr	71 950 €×	12,4622103	= 896 656,01 €×	0,613913254	= 550469 €
+ Boden-wert	200 000 €	abgezinst über 30 Jahre:	200 000 € x	0,231377449	= 46 275 €
Restwert					= 596 744 €

c) Ertragswert

Ertragswert = Restwert + Summe der abgezinsten Reinerträge des Betrachtungszeitraums = **1 152 323€**

d) Alternativberechnung zur Restwertermittlung

Jahre	Kapitalisierungsfaktor (KP)	RE	
30 Jahre	15,37245100		
10 Jahre	7,72173493		
Δ Kapitalisierungsfaktoren =	7,65071607	x 71 950 €	= 550 469 €

Auch die dritte (periodische) Variante des Ertragswertverfahrens führt zu exakt demselben Ergebnis wie das allgemeine und vereinfachte Standardverfahren. **Der wesentliche Unterschied besteht mithin in der Darstellung der Ergebnisse**: 47

Weichen die tatsächlich erzielten Erträge von den marktüblich erzielbaren Erträgen z.B. aufgrund wohnungs-, miet- oder vertragsrechtlicher Bindungen ab, so hat

1. das *periodische* Ertragswertverfahren den Vorteil, dass die jährlichen Erträge unter Berücksichtigung der jeweiligen Mehr- bzw. Mindererträge („*over- bzw. underrented*") ermittelt und dargestellt werden, wobei die Mehr- bzw. Mindererträge („*over- bzw. underrented*") allerdings auch nicht gesondert ausgeworfen werden;
2. während das *allgemeine und vereinfachte* Ertragswertverfahren (Standardverfahren) den Vorteil haben, dass die Mehr- oder Mindererträge (*over- bzw. underrented)* in ihrer Gesamtheit konkret „ausgeworfen" werden; sie müssen zu diesem Zweck allerdings in einem eigenen Rechenschritt nach Maßgabe des § 8 Abs. 3 ImmoWertV berechnet werden, um sie auf den *vorläufigen* Ertragswert „aufzusatteln".

2.3.3.3 Periodisches Ertragswertverfahren unter Aufteilung nach Boden- und Gebäudeanteil

Das *periodische* **Ertragswertverfahren** kann abweichend von dem mit § 30 ImmoWertV vorgegebenen Rechengang auch **unter Aufteilung in einen Boden- und Gebäudewertanteil** zur Anwendung kommen. 48

Der Ertragswert ergibt sich dann analog dem Rechengang des allgemeinen Ertragswertverfahrens nach § 28 ImmoWertV, wiederum im Blockmodell (Restwertmodell), aus:

$$EW = \underbrace{\sum_{1}^{b} (RE_i - (BW' \times LZ)) \times AF_i}_{\text{Teilwert des Betrachtungszeitraums}} + \underbrace{(RE_i - BW' \times LZ) \times (KF_n - KF_b)}_{\text{Restwert}} + BW$$

wobei

RE	= marktüblich erzielbarer Reinertrag
RE_i	= während des Betrachtungszeitraums erzielte Reinerträge
BW'	= Bodenwert der marktüblichen objektbezogenen Grundstücksfläche
BW	= Bodenwert des Gesamtgrundstücks = BW ggf. zuzüglich des Bodenwerts einer erheblichen Mehrfläche des Grundstücks (boG)
n	= Restnutzungsdauer
b	= Betrachtungszeitraum
KF	= Kapitalisierungsfaktor, abhängig von n bzw. b und Liegenschaftszinssatz LZ
AF	= Abzinsungsfaktor, abhängig von n bzw. b und Liegenschaftszinssatz LZ

49 *Beispiel 4 zum periodischen allgemeinen (zweigleisigen) Ertragswertverfahren:*

1. Ausgangsdaten

wie im vorstehenden Beispiel (Rn. 38, 40 und 46)

2. Berechnung

a) Barwerte des Betrachtungszeitraums von 10 Jahren

Jahr	RE	Bodenwert-verzinsungs-betrag BW× LZ	RE – (BW× LZ)	Abzinsungs-faktor AF_i	Barwerte der Reinerträge
1. Jahr	71 950 €	– 10 000 €	= 61 950 €	× 0,952380952	= 59 000 €
2. Jahr	71 950 €	– 10 000 €	= 61 950 €	× 0,907029478	= 56 190 €
3. Jahr	71 950 €	– 10 000 €	= 61 950 €	× 0,863837599	= 53 515 €
4. Jahr	71 950 €	– 10 000 €	= 61 950 €	× 0,822702475	= 50 966 €
5. Jahr	71 950 €	– 10 000 €	= 61 950 €	× 0,783526166	= 48 539 €
6. Jahr	71 950 €	– 10 000 €	= 61 950 €	× 0,746215397	= 46 228 €
7. Jahr	71 950 €	– 10 000 €	= 61 950 €	× 0,710681330	= 44 027 €
8. Jahr	71 950 €	– 10 000 €	= 61 950 €	× 0,676839362	= 41 930 €
9. Jahr	71 950 €	– 10 000 €	= 61 950 €	× 0,644608916	= 39 934 €
10. Jahr	71 950 €	– 10 000 €	= 61 950 €	× 0,613913254	= 38 032 €
Summe der Jahresreinerträge des Betrachtungszeitraums					**=478 361 €**

b) Restwertermittlung

		Δ KF_{30} – KF_{10}		Barwerte
	RE – (BW × LZ)	15,37245100 - 7,72173493	(RE - BW × LZ) × Δ KF	der Reinerträge
11.-30. Jahr	61 950 €	× 7,65071607	= 473961,86 €	= 473 962 €
+ Bodenwert				= 200 000 €
Restwert				**= 673 962 €**

c) Ertragswert

Ertragswert = Restwert + Summe der abgezinsten Reinerträge des Betrachtungszeitraums = **1 152 323€**

2.3.3.4 Direkte und indirekte (differentielle) Berücksichtigung temporär abweichender Erträge

▶ *Vgl. § 8 ImmoWertV Rn. 226 ff.*

50 Die Anwendung des periodischen Ertragswertverfahrens ist entsprechend der hier in der Vorauflage vertretenen Auffassung nicht mehr von besonderen Bedingungen, wie z.B. „absehbar wesentlichen Veränderungen", abhängig.

Wie unter Rn. 45 herausgestellt, werden **bei Anwendung des periodischen Ertragswertverfahrens** die von den marktüblich erzielbaren Erträgen abweichenden Erträge direkt berücksichtigt, indem die entsprechend erhöhte oder verminderte Gesamtmiete der Ertragswertermittlung (jahrgangsweise) zugrunde gelegt wird; nach Ablauf der entsprechenden wohnungs-, miet- oder vertragsrechtlichen Bindungen fällt die Miete wieder auf die marktüblich erzielbare Miete zurück (Abb. 10).

Abb. 10: Periodisches Ertragswertverfahren bei alternierenden Erträgen (mit Restwert)

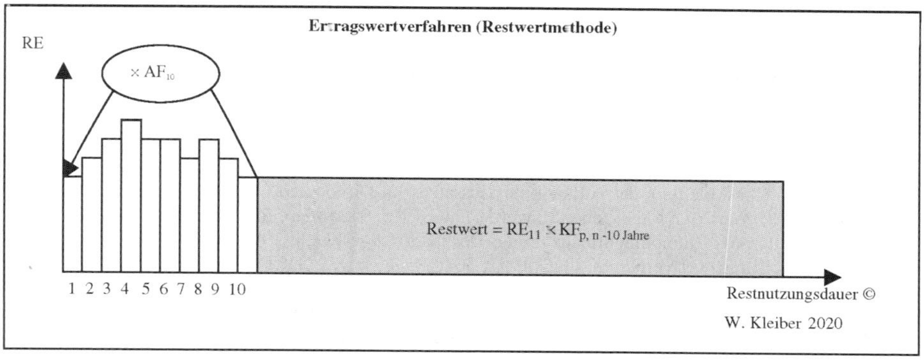

Bei **Anwendung des allgemeinen und vereinfachten Ertragswertverfahrens (Standardverfahren)** wird dagegen im ersten Schritt der vorläufige Ertragswert auf der Grundlage des marktüblich erzielbaren Ertrags unter Anwendung des ein- oder zweigleisigen Ertragswertverfahrens (Standardverfahren nach § 28 ImmoWertV) ermittelt; im zweiten Schritt werden die differentiellen Mehr- oder Mindererträge mit ihrem Barwert nach Maßgabe des § 8 Abs. 3 ImmoWertV auf den im Standardverfahren ermittelten vorläufigen Ertragswert aufgesattelt (sog. Auf- und Abschichtung).

Beide Verfahrenswege führen wiederum auch in Bezug auf die Berücksichtigung temporär abweichender Erträge zu demselben Gesamtergebnis (Abb. 11).

Abb. 11: Direkte und differentielle Berücksichtigung von temporär „abweichenden" Ertragsverhältnissen

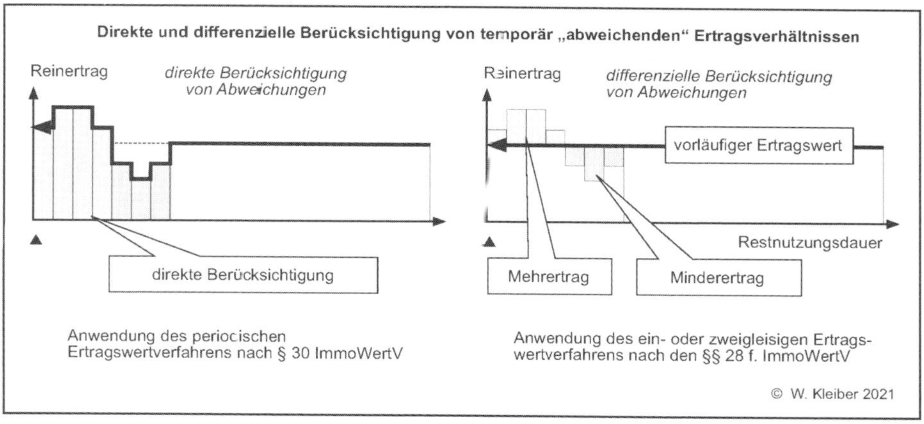

2.3.4 Prognoseorientiertes Ertragswertverfahren (*Discounted-Cashflow*-Verfahren)

Schrifttum: *Brand, E.*, Verfahrenskritik zum Discounted Cashflow Verfahren in der Grundstücksbewertung, GuG 2000, 210; *Engel, R.*, Das Aus für die DCF-Methode, GuG 2002, 321; *Engel, R.*, Ertragswertverfahren und DCF-Verfahren im Überblick, GuG 2003, 350; *Eves/Wills* in Sailer/Kippes/Rehkugler, Handbuch für Immobilienmakler und Immobilienberater, Beck Verlag 2003, S. 576; *Hinrichs, K./Schultz, E.*, Das Discounted Cashflow Verfahren in der Praxis, GuG 2003, 265; *Hök, G.-S.*, DCF-Verfahren in Frankreich, GuG 2002, 284; IDW ES 1: Grundsätze zur Durchführung von Unternehmensbewertungen, WPg 1999, 200; *Janssen,*

O., Simulation für Investitionsentscheidungen leicht gemacht: Das Discounted Cashflow Verfahren, GuG 2002, 193; *Jenyon, B.*, Valuation Methods for Investment Properties in the United Kingdom, Der langfristige Kredit 1995, 73; *Jenyon, B. Janzen, S.*, Die Bewertung eines Bürogebäudes auf der Basis des Offenen Marktwerts, GuG 1998, 294; *Kleiber, W.*, Immobilienbewertung in der Bundesrepublik Deutschland (Discounted Cashflow), in Francke/Rehkugler, Immobilienmärkte und Immobilienbewertung, 1. Aufl. Vahlen Verlag München 2005; *Kleiber, W.*, Die „europäischen Bewertungsstandards" des Blauen Buchs, GuG 2000, 292; *Kleiber, W.*, Was sind eigentlich die internationalen Bewertungsverfahren, GuG 2004, 193; *Mandl, G./Rabel, K.*, Unternehmensbewertung, Ueberreuter; *Petersen, H.*, DCF-Prognoseverfahren oder Verkehrswertermittlungsmethode, GuG 2006, 142; *Simon, J.*, Quo vadis – Deutsche Verfahren der Grundstückswertermittlung auf dem Prüfstand, GuG 1996, 134; *Simon, J.*, Europäische Standards der Immobilienbewertung, GuG 2000, 134; *Sommer, G.*, Zur Ableitung des Kalkulationszinssatzes im Discounted Cashflow Verfahren, DS 2001, 244; *Sotelo, R.*, Die WertV ist tot, es lebe die WertV, GuG 1995, 91; *Sotelo, R.*, Fehlverhalten bei der Beleihungswertermittlung und Immobilienfinanzierung, Der langfristige Kredit 1995, 650; *Thomas, M.*, Income Approach versus Ertragswertverfahren, GuG 1991, 307; *Petersen, H.*, „DCF" nach der ImmoWertV, GuG 2011, 276; *Vogel, R.*, Angelsächsische Investitionsverfahren und marktorientierte Verkehrswertermittlung in Deutschland, GuG 2000, 202; *Wöhle, C.*, Moderne Immobilienbewertung mit Hilfe der Discounted-Cashflow-Verfahren, in Francke/Rehkugler, Immobilienmärkte und Immobilienbewertung, 2. Aufl. München 2011.

▶ *Vgl. Allgemeines bei Rn. 17 f., 31; Vorbem. zur ImmoWertV Rn. 146 ff.; § 20 ImmoWertV Rn. 44, § 21 ImmoWertV Rn. 34, 83*

2.3.4.1 Allgemeines zur Anwendung

51 Das **prognoseorientierten Ertragswertverfahren(*Discounted-Cashflow*-Verfahren)entspricht in seiner mathematischen Form dem allgemeinen periodischen Ertragswertverfahren**. Gleichwohl wäre es falsch, wenn man das in der ImmoWertV geregelte periodische Ertragswertverfahren mit dem *Discounted-Cashflow*-Verfahren gleichsetzen würde.

Im Unterschied zum allgemeinen Ertragswertverfahren (*rental method*) werden die künftigen Erträge als prognostizierte Erträge angesetzt (*forecasting valuation*)[10]. Dementsprechend muss zu ihrer Kapitalisierung ein analytisch abgeleiteter Abzinsungszinssatz herangezogen werden, mit dem analytisch und nicht empirisch das regionale und sektorale Risikopotenzial der Immobilie, die allgemeine Geldentwertung neben der besonderen Berücksichtigung der Grundstückstransaktionskosten und der Alterswertminderung und vielem mehr berücksichtigt wird.

10 So auch die Definition des American Institute of Appraisers: Cashflow Analysis is a study of the anticipation movement of cash into or out of an investment (The Appraisal of Real Estate, 12. Aufl. 2002, S. 654).

Abb. 12: Universalformel des Ertragswertverfahrens als mathematische Grundlage des *„Discounted-Cashflow“*-Verfahrens

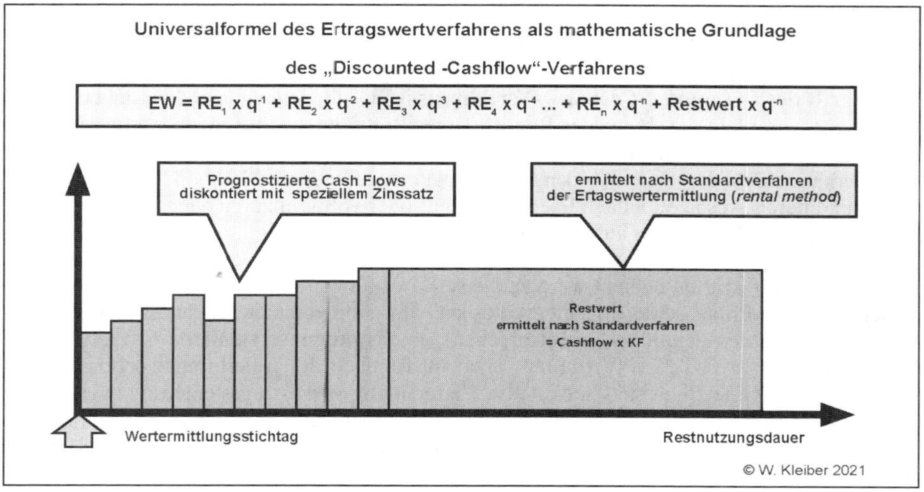

Nach § 11 der ImmoWertV dürfen künftige Änderungen des Grundstückszustands, zu denen nach § 2 Abs. 3 Nr. 3 ImmoWertV auch Änderungen der Ertragsverhältnisse gehören, bei der Marktwertermittlung nur berücksichtigt werden, wenn sie am Qualitätsstichtag mit hinreichender Sicherheit aufgrund konkreter Tatsachen zu erwarten sind. Prognoseorientierte Ertragswertverfahren, die diesen Anforderungen nicht genügen, sind mithin keine Verfahren, die den Grundsätzen der ImmoWertV entsprechen.

Das prognoseorientierte Ertragswertverfahren (*Discounted-Cashflow*-Verfahren) hat seinen Ursprung in den **Investitionsrechnungen der Betriebswirtschaftslehre, der Rechnungslegung und Bilanzierung** und dort auch seine berechtigte Stellung. Ein weiterer Anwendungsbereich ist die **Unternehmensbewertung**[11]. Bislang konnte das Verfahren nicht auf die Marktwertermittlung (Verkehrswertermittlung) übertragen werden. **Es gibt kein allgemein anerkanntes *Discounted-Cashflow*-Verfahren für die Marktwertermittlung von Grundstücken**[12]. Es gibt noch nicht einmal eine eindeutige und allgemein anerkannte Definition oder Interpretation des Begriffs der „Cashflows“. Für diesen Begriff wurden mehr als 20 Übersetzungsvarianten und Definitionen registriert, „je nachdem, welche Positionen angesetzt werden und welche Art der Geschäftstätigkeit ein Unternehmen verfolgt“[13]. Daraus folgt, dass man zu völlig unterschiedlichen Ergebnissen kommen muss, je nachdem, welches der völlig unterschiedlichen *Discounted-Cashflow*-Verfahren zur Anwendung kommt.

Es gibt weder eine eindeutige Definition des dabei anzuwendenden Abzinsungs- bzw. Kapita- **52**
lisierungszinssatzes noch gibt es eine allgemein anerkannte Methode, nach der hilfsweise ein kapitalmarkttheoretischer Zinssatz unter Berücksichtigung des immobilienspezifischen Risikos abzuleiten ist[14]. Bei den vielfach dafür ins Feld geführten „gleichwertigen Zinssätzen“

11 IDW ES 1: Grundsätze zur Durchführung von Unternehmensbewertungen, WPg 1999, 200.

12 Auch die vom BIIS und der gif vorgelegten Vorschläge für ein prognosegestütztes Ertragswertverfahren (*Discounted-Cashflow*-Verfahren) konnten die an ein praktikables und allgemein anzuerkennendes Verfahren der Marktwertermittlung zu stellenden Anforderungen nicht erfüllen und wurden fallen gelassen (vgl. Vorbem. zur ImmoWertV Rn. 146 ff.).

13 Wendlinger, P. Immobilienkennzahlen, Wien 2012, S. 105.

14 Kleiber, Verkehrswertermittlung von Grundstücken, 6. Aufl. 2010, S. 1645 ff. Zimmerer, C., Ertragswertverfahren – Eine Polemik. Die Betriebswirtschaft 1988, 417; Schwetzler, B., DB 2002, 390. Für das gemeinhin ins Feld geführte *Capital Asset Pricing Model (CAPM)* zur Berücksichtigung des immobilienspezifischen Risikos gibt es wiederum keine allgemein anerkannte Methodik.

(equivalent yield) bzw. „gleichgesetzten Zinssätzen" (equatet yield) handelt es sich um Zinssätze, die in der Praxis ambivalent sind und wo zumeist unklar ist, was darunter gemeint ist[15]; i.d.R. wird in hilfloser Weise nur auf einen Kapitalisierungszinssatz („cap rate") verwiesen, womit lediglich die Funktion des Zinssatzes, nicht aber sein materieller Gehalt in nachvollziehbarer Weise beschrieben wird.

53 Der **Begriff des *Discounted-Cashflow*-Verfahrens** ist bei alledem ein nicht nur äußerst schillernder und vor allem missbrauchter Begriff. Unter Berufung auf die angeblich international dominierende Bewertungsmethode[16] „*Discounted-Cashflow*-Verfahren" werden insbesondere von international tätigen Unternehmen Bewertungen erstellt, deren Methodik höchst fragwürdig ist und deren Ansätze vielfach überhaupt nicht oder völlig unzureichend begründet sind. Sie kommen im Allgemeinen auf der Grundlage von Computerprogrammen zur Anwendung, deren Grundlagen dem Anwender verborgen bleiben (Black-Box-Verfahren)[17] und die von fachfremden Hilfskräften bedient werden. Diese Bewertungen können, auch wenn die BaFin bisher vor dieser Praxis seine Augen geschlossen hat, schon von daher nicht als seriöse Wertermittlungsverfahren gelten[18]. Dementsprechend ist das prognoseorientierte Ertragswertverfahren (*Discounted-Cashflow*-Verfahren) auch im Rahmen der **Beleihungswertermittlung** nicht zulässig. Die letztlich stets spekulative Einrechnung von Ertragssteigerungen ist unvereinbar mit dem in der Beleihungswertermittlung herrschenden Vorsichtsprinzip[19]. Es kommt hinzu, dass das prognoseorientierte Ertragswertverfahren (*Discounted-Cashflow*-Verfahren) im Verhältnis zum allgemeinen Ertragswertverfahren höchst fehlerträchtig ist, eine verhängnisvolle Fehlerfortpflanzung aufweist und sich praktisch durch geringe Änderung einzelner „Schräubchen" jeder „Wert" ermitteln lässt[20].

54 Das **prognoseorientierte Ertragswertverfahren (*Discounted-Cashflow*-Verfahren) wird auch in den der IAS-Bestimmungen nicht zugelassen**. IAS 40 (§ 40c) lässt zwar eine Ertragswertermittlung auf der Grundlage von „Prognosen" zu; schränkt dies aber gleichzeitig auf „verlässliche Schätzungen von zukünftigen *Cashflows*" ein, die sich auf „Vertragsbedingungen bestehender Mietverhältnisse und anderer Verträge" sowie auf „(wenn möglich) externe substanzielle Hinweise, wie aktuelle Mieten für ähnliche Immobilien am gleichen Ort und im gleichen Zustand" sich entwickeln, stützen sollen[21]. Die Berücksichtigung von „Prognosen", die auf Vertragsbedingungen gestützt werden, sind im eigentlichen Sinne keine Prog-

15 Wendlinger, P. Immobilienkennzahlen, Wien 2012, S. 132 f; zu den Begriffen Kleiber, Verkehrswertermittlung von Grundstücken, 6. Aufl. 2010, S. 1637.

16 Tatsächlich dominiert aber international das vereinfachte Ertragswertverfahren (*Gross Income Multiplier* = Ertragsfaktoren) und die Methode findet selbst im *Red Book 2003* des *Royal Institution of Chartered Surveyors* nur am Rande im Zusammenhang mit der Verkehrswertermittlung von Objekten des staatlich geförderten Wohnungsbaus Erwähnung. Das *American Institute* lässt diese Methode nur als nachrangige Methode und lediglich als Investorenmethode für die Fälle zu, in denen es bei gegebenem Kaufpreis oder vorgegebenen Erträgen um die Ermittlung der individuellen Verzinsung der Investition geht (*investment analysis,* The Appraisal of Real Estate, 12. Aufl. Chicago 2001, S. 570 ff.). Die *Discounted Cashflow analysis* wird dort definiert als eine „*procedure in which a yield rate is applied to a set of projected income streams and a reversion to determine whether the investment property will produce a required yield given a known acquisition price. If the rate of return is known, DCF analysis can be used to solve for the present value of the property. If the property's purchase price is known, DCF analysis can be applied to find the rate of return.*" Im Vordergrund der amerikanischen Praxis der Verkehrswertermittlung steht dagegen die Ertragswertermittlung auf der Grundlage sog. „over all capitalization rates", die – wie in Deutschland – aus Marktpreisen abgeleitet werden. Das prognoseorientierte Ertragswertverfahren (*Discounted-Cashflow*-Verfahren) kann bei alledem keineswegs als internationales Standardverfahren zur Verkehrswertermittlung und auch nicht als Standardverfahren der Bilanzbewertung bezeichnet werden.

17 So z.B. Rau in Immobilien Zeitung vom 31.07.2003 unter Vermengung von Verkehrs- und Investitionswert.

18 Ertragswertverfahren versus „*Discounted Cashflow*" ist nicht nur inhaltlich eine sonderbare Feststellung, da beide Verfahren Ertragswertverfahren sind, sondern auch hinsichtlich ihrer Anwendungsbereiche. So stellt Maier (Risikomanagement im Immobilien- und Finanzwesen, 2. Aufl. Frankfurt am Main) zutreffend heraus, dass das Ertragswertverfahren auf der Grundlage empirischer Liegenschaftszinssätze eine marktorientierte Verkehrswertermittlung ermögliche, während das Ertragswertverfahren auf der Grundlage prognostizierter Erträge (*Discounted Cashflow*) zu einem subjektiven Immobilienwert (Kalkulationswert) für Investitionsentscheidungen führe. Wenn dieser aber nicht gefordert ist, kann sich auch kein Gegensatz ergeben.

19 Rüchardt, Studienbriefe der HypZert, 2001, S. 44.

20 Vgl. Kleiber, Verkehrswertermittlung von Grundstücken, 6. Aufl. 2010, S. 1638, 1656.

21 Vgl. Kleiber, Verkehrswertermittlung von Grundstücken, 6. Aufl. 2010, § 194 BauGB Rn. 212 ff.

nosen, sondern rechtliche Gegebenheiten, die bei jeder Ertragswertermittlung zu berücksichtigen sind. Zur Abzinsung gibt IAS 40 § 40c) vor, dass solche Zinssätze zu verwenden sind, die die gegenwärtigen Bewertungen des Marktes hinsichtlich der Unsicherheit der Höhe und des zeitlichen Anfalls künftiger *Cashflows* widerspiegeln. Dies entspricht dem Liegenschaftszinssatz i.S. des § 21 ImmoWertV. Die ImmoWertV ist mit diesen Regelungen materiell identisch.

Das **prognoseorientierte Ertragswertverfahren** (*Discounted-Cashflow*-Verfahren) **ist** aus den vorstehenden Gründen nach eingehender Prüfung **nicht in die ImmoWertV aufgenommen** worden. Gleichwohl ist die Anwendung der Methode nicht ausgeschlossen. Die Anwendung des prognoseorientierten Ertragswertverfahrens (*Discounted-Cashflow*-Verfahren) kann nach den Grundsätzen des § 6 Abs. 1 ImmoWertV sogar angezeigt sein, wenn das zu bewertende Grundstück im gewöhnlichen Geschäftsverkehr allein unter investitionsanalytischen Aspekten gehandelt wird.

2.3.4.2 Grundzüge des prognoseorientierten Ertragswertverfahrens (Discounted-Cashflow-Verfahren)

Das prognoseorientierte Ertragswertverfahren (*Discounted-Cashflow*-Verfahren) entspricht nach den vorstehenden Ausführungen in seiner mathematischen Form dem periodischen Ertragswertverfahren, wobei folgende Modifikationen zu beachten sind: 55

a) Die **Einnahmen** (*Cashflows*) und Ausgaben (Bewirtschaftungskosten) kommen jahrgangsweise und jeweils aufgrund prognostizierter Annahmen (*forecasting*) zum Ansatz[22].

Für die Prognosen bedient man sich der analytischen „Simulation" und ökonometrischer Verfahren. Dabei werden die zu prognostizierenden Zielgrößen (z.B. Miet-, Wert-, Inflationsentwicklung usw.) auf der Grundlage von Modellvorstellungen über die Kausalbeziehung von Einflussgrößen über Regressionsverfahren und andere ökonometrische Modelle abgeleitet. Hierfür müssen wiederum Annahmen über den Verlauf der maßgeblichen exogenen Größen getroffen werden, die dann in aller Regel schon nach wenigen Jahren überholt sind. Ökonometrische Modelle müssen als Prognoseinstrument angesichts der langfristigen Nutzungsdauer von Immobilien scheitern[23], zumal sich Erfahrungssätze der Vergangenheit bei sich stetig und häufig aber auch abrupt verändernden Rahmenbedingungen nicht in die Zukunft projizieren lassen. Ökonometrische Modelle können bei Heranziehung einer Vielzahl von Erklärungsfaktoren bekanntlich ein statistisch scheinbar (mit einem hohen Bestimmtheitsmaß) abgesichertes Ergebnis liefern, ohne dass sie die tatsächlichen Kausalzusammenhänge richtig beschreiben. Nicht die Masse der Erklärungsfaktoren, sondern nur einige wenige und dafür „richtige" Einflussgrößen ergeben ein gutes ökonometrisches Modell.

b) Die Einnahmen werden auf den Wertermittlungsstichtag abgezinst. Soll das prognosegestützte Ertragswertverfahren (*Discounted-Cashflow*-Verfahren) zur Ermittlung von Verkehrswerten (Marktwerten) herangezogen werden, so liegt in der „richtigen" Dimensionierung des **Kapitalisierungs- bzw. Abzinsungszinssatzes** ein Hauptproblem, denn von dem Zinssatz ist zu fordern, dass er auch tatsächlich in marktkonformer Weise zum Verkehrswert (Marktwert) führt[24].

Zur Kapitalisierung bzw. Abzinsung wird ein analytisch abgeleiteter Abzinsungszinssatz herangezogen, mit dem analytisch und nicht empirisch das regionale und sektorale Risikopotenzial der Immobilie, die allgemeine Geldentwertung sowie die Grundstückstransaktionskosten und die Alterswertminderung berücksichtigt werden (Abb. 13).

22 Olaf Storbeck, „Irren ist menschlich", Handelsblatt 05.02.2002; Würfelspiel Prognosen: Zwischen Punktlandung und „voll daneben", Immobilien Zeitung vom 16.09.2004.

23 Schon vor über 25 Jahren ist das Battelle-Institut (Frankfurt am Main) in einer groß angelegten Forschungsarbeit hieran gescheitert (Entwicklung eines EDV-gestützten Verfahrens zur Bestimmung von Grundstückswerten, Stufe I und II, Frankfurt am Main 1977).

24 Werlin, U., Immobilienrenditen - Markt vs Modell, in Schaper, Aktuelle Herausforderungen für die Immobilienbewertung, Immobilienwirtschaft und Bodenpolitik, Reguvis 2022, S. 311 ff.

Abb. 13: Kapitalisierungs- bzw. Abzinsungszinssatz

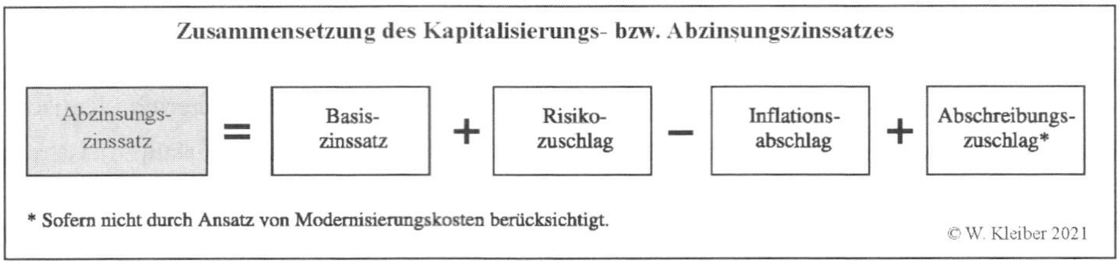

Ausgangspunkt ist ein **(risikoloser) Basiszinssatz** (vgl. § 203 Abs. 1 BewG), der nicht mit dem Basiszinssatz i.S. des § 247 BGB verwechselt werden darf. Dabei orientiert man sich am Zinssatz vergleichbarer alternativer (Geld-)Anlagen (Kapitalmarktanlagen). Entsprechend der langfristigen Geldanlage muss es sich dabei um einen langfristigen Zinssatz[25] handeln, der eine mit der Geldanlage in Immobilien *vergleichbare Sicherheit* garantiert. Als risikoloser Basiszinssatz wird hilfsweise der Zinssatz langfristiger festverzinslicher Wertpapiere, insbesondere staatsgarantierter Bundesanleihen (Bundesschatzbriefe) herangezogen (Landeszinsfuß[26]); konkret greift man auf die von der Deutschen Bundesbank veröffentlichte „Umlaufrendite börsennotierter Wertpapiere" zurück[27]. Dies findet seine Begründung im Vergleich von Immobilieninvestitionen mit alternativen Anlageformen[28].

Umstritten ist, ob bei der Bemessung das Stichtagsprinzip, d.h. die Verhältnisse am Wertermittlungsstichtag, die Durchschnittsrenditen einer Laufzeit von mindestens 10 Jahren oder ein Prognosezinssatz[29] maßgeblich sein sollen. Im Rahmen der Unternehmensbewertung hat sich die Rechtsprechung aber an der Vergangenheit orientiert[30].

c) Wird von einem Basiszinssatz ausgegangen, der sich am Zinssatz vergleichbarer alternativer (Geld-)Anlagen (Kapitalmarktanlagen) orientiert, wie z.B. dem Erwerb von Bundesschatzbriefen, muss berücksichtigt werden, dass dabei i.d.R. im Vergleich zum Grunderwerb weitaus niedrigere Erwerbsnebenkosten anfallen, die mit dem aus Kaufpreisen abgeleiteten Liegenschaftszinssatz direkt berücksichtigt werden (§ 21 ImmoWertV Rn. 21).

d) Da es sich nun aber bei diesem Basiszinssatz um einen Zinssatz handelt, der für Deutschland einheitlich gilt und sich auf der anderen Seite die Wertigkeit von (physisch gleichen) Immobilien regional und sektoral unterschiedlich darstellt, bedarf es einer Modifikation dieses Basiszinssatzes. Entsprechend der Grundstücksart und der Lage des Grundstücks wird der Basiszinssatz um einen **Risikozuschlag** (risk premium) erhöht, der eine regionale und sektorale Komponente enthält. Mit der Modifikation des Basiszinssatzes sollen die objektbezogenen re-

---

25 OLG Hamm, Urt. vom 23.01.1963 – 8 AR 1/60 –, DB 1963, 444 = EzGuG 20.33a; OLG Düsseldorf, Urt. vom 11.04.1988 – 19 W 32/86 –, NJW-RR 1988, 1499 = EzGuG 20.124a.

26 Veröffentlicht in den Monatsbriefen der Deutschen Bundesbank: Rendite der im Umlauf befindlichen festverzinslichen Wertpapiere (Pfandbriefe, Kommunalobligationen, Industrieobligationen, Anleihen der öffentlichen Hand); vgl. Ränsch, AG 1984, 2120; vgl. im Übrigen BFH, Urt. vom 28.03.1984 – IV R 224/81 –, EzGuG 20.106.

27 Deutsche Bundesbank, Kapitalmarktstatistik, Statistisches Beiheft zum Monatsbericht (www.bundesbank.de).

28 Piltz, Die Unternehmensbewertung in der Rechtsprechung, 2. Aufl. 1989, S. 26.

29 Ahrens, Die rationale Erwartungshypothese der Zinsstruktur, WiSt 1999, 313.

30 OLG Celle, Urt. vom 04.04.1979 – 9 Wx 2/77 –, WM 1979, 1336 = EzGuG 20.80a = LG Düsseldorf, Urt. vom 04.04.1988 – 19 W 32/86 –, WM 1988, 1052 = EzGuG 20.124a; OLG Düsseldorf, Urt. vom 11.01.1990 – 19 W 6/86 –, WM 1990, 1282 = EzGuG 20.129a; OLG Düsseldorf, Urt. vom 07.06.1990 – 19 W 13/86 –, DB 1990, 1394 = EzGuG 20.132a. In der steuerlichen Unternehmensbewertung ist der Basiszinssatz „aus der langfristig erzielbaren Effektivverzinsung inländischer öffentlicher Anleihen abzuleiten. Dabei ist auf den Zinssatz abzustellen, den die Deutsche Bundesbank anhand der Zinsstrukturdaten jeweils auf den ersten Börsentag des Jahres errechnet" (§ 203 Abs. 2 BewG). Dieser Zinssatz ist leicht ermittelbar und wurde in der Rechtsprechung nicht beanstandet (BGH, Urt. vom 30.09.1981 – IV a ZR 127/80 –, NJW 1982, 575 = EzGuG 20.90a); auf den landesüblichen Zinssatz abstellend: LG Hannover, Urt. vom 06.02.1979 – 26/22 AktE 2/72, AG 1979, 234; LG Frankfurt am Main, Urt. vom 08.12.1982 – 3/3 AktE 104/79 –, BB 1983, 1432 = EzGuG 20.101a). Der Zugriff zu den Zinssätzen kann erfolgen über: www.bundesbank.de, -statistik, -Zeitreihen; Zinssätze, Soll- und Habenzins, Hypotheken.

gionalen und sektoralen Besonderheiten (Risikozuschlag) und die allgemein zu erwartenden Änderungen der konjunkturellen Verhältnisse (Inflationsabschlag) berücksichtigt werden.

Entsprechend dem Risiko, das mit der jeweiligen Immobilienart verbunden ist, kann die Notwendigkeit bestehen, den Basiszinssatz um bis zu 1 bis 5 % (ggf. bis um weitere 50 % des Basiszinssatzes) zu erhöhen. Als Gründe dafür gelten

- allgemeine Unsicherheiten der Immobilie, da eine Geldanlage in einer (unternehmenswirtschaftlichen) Immobilie weniger Sicherheit bietet als eine langfristige Anlage in Staatsanleihen,
- unvorhersehbare Ergebnisschwankungen,
- Haftungsrisiken,
- sich verschlechternde Wiederverkaufsbedingungen sowie
- das Risiko eines möglichen erhöhten persönlichen Engagements des Investors.

e) Mit der hilfsweisen Heranziehung des Zinssatzes langfristiger staatsgarantierter Bundesanleihen (landesüblicher Zinsfuß als risikofreier Basiszinssatz) wird ein Zinssatz in die Wertermittlung eingeführt, die sich auf eine Anlage bezieht, bei der sich das Anlagegut – von der allgemeinen Geldentwertung abgesehen – innerhalb des Anlagezeitraums wertmäßig nicht vermindert. Demgegenüber verliert die Immobilie als Anlagegut auch bei ordnungsgemäßer Bewirtschaftung mit fortschreitendem Alter an Wert. Im Unterschied zum klassischen Ertragswertverfahren auf der Grundlage von Liegenschaftszinssätzen, die „aus dem Markt“ unter Berücksichtigung inflationärer Entwicklungen abgeleitet werden, muss bei Heranziehung eines „konstruierten“ Abzinsungszinssatzes die Geldentwertung zusätzlich durch einen **Inflationsabschlag** berücksichtigt werden.

In der Betriebswirtschaftslehre ist strittig, ob die Geldentwertungsrate bei der Bemessung des Abzinsungszinssatzes durch einen entsprechenden Inflationsabschlag zum Basiszinssatz besonders berücksichtigt werden muss. Während sich nämlich die Zinseinnahmen aus Kapitalanlagen durch **inflationären „Kapitalfraß“** vermindern, rechnet der Anleger in Immobilien zusätzlich zu den Einnahmen aus der Immobilie mit Wertzuwächsen. Das OLG Düsseldorf[31] hat einen Inflationsabschlag dem Grunde nach für zulässig befunden, jedoch im konkreten Fall vor dem Hintergrund einer 2%igen Inflationsrate abgelehnt. Ansonsten haben sich die Gerichte für Abschläge von 1 bis 3 % ausgesprochen[32]. Im Schrifttum blieb ein Inflationsabschlag gleichwohl strittig[33]. Dies ist insbesondere darin begründet, dass der aus langfristigen (staatsgarantierten) Bundesanleihen abgeleitete Basiszinssatz bereits mit der allgemeinen Geldentwertungsrate korreliert ist.

f) Der **Alterswertminderung (Abschreibung)** kann bei Anwendung des prognoseorientierte Ertragswertverfahrens (*Discounted-Cashflow*-Verfahren) in unterschiedlicher Weise Rechnung getragen werden (Abb. 9), durch

- Verminderung des Jahresreinertrags um die jährliche Abschreibung (vgl. § 32 ImmoWertV Rn. 43 ff. sowie § 21 ImmoWertV Rn. 46, 116);
- Einrechnung in den Abzinsungszinssatz (Abschreibungszuschlag, z.B. von ca. 2 % linearer Abschreibung und einer wirtschaftlichen Gesamtnutzungsdauer von 50 Jahren)[34] oder

31 OLG Düsseldorf, Urt. vom 27.11.1962 – 19 W 21/57 –, BB 1963, 56.

32 BGH, Urt. vom 13.03.1978 – II ZR 142/76 –, BGHZ 71, 40 = EzGuG 20.72a, OLG Celle, Urt. vom 4.4.1979 – 9 Wx 2/77 –, WM 1979, 1336 = EzGuG 20.80a; LG Berlin, Urt. vom 24.11.1982 – 98 AktE 3/80 –, BB 1983, 1432 = EzGuG 20.101b.

33 Großfeld, Unternehmens- und Anteilsbewertung im Gesellschaftsrecht, 2. Aufl. 1988; ders. JZ 1981, 641; Ränsch, Die Bewertung von Unternehmen in der Rechtswissenschaft, AG 1984, 210 ff.; Piltz, Die Unternehmensbewertung in der Rechtsprechung, 2. Aufl. 1989, S. 162; Meilicke, Rechtsgrundsätze der Unternehmensbewertung, DB 1980, 2121 Fn 128.

34 Hinrichs/Schultz, Das *Discounted Cashflow* Verfahren in der Praxis, GuG 2003, 265.

– Ansatz von Modernisierungskosten, mit der die Alterswertminderung kompensiert wird (z.B. nach dem Betrachtungszeitraum, vgl. § 32 ImmoWertV Rn. 33, 43 ff.).

Abb. 14: Berücksichtigung der Alterswertminderung bei Anwendung des prognoseorientierten Ertragswertverfahrens (Discounted-Cashflow-Verfahren)

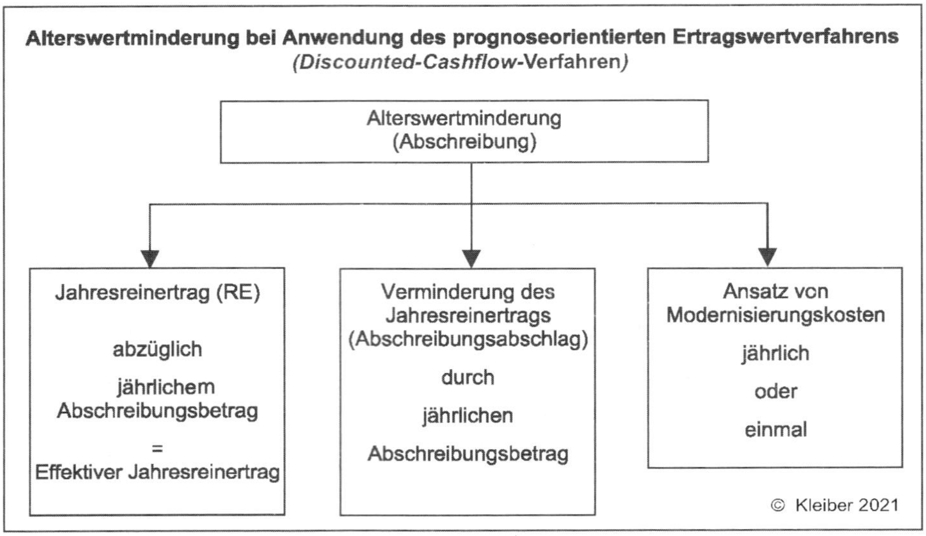

Die in der Praxis vornehmlich zur Anwendung kommende Methode besteht aber darin, dass zum Ausgleich der Alterswertminderung (Abschreibung) Modernisierungskosten zum Ansatz kommen, die so bemessen sein müssen, dass die altersbedingte Wertminderung ausgeglichen wird. Damit verlängert sich die Restnutzungsdauer um den Zeitraum, der sonst mit der Alterswertminderung kompensiert werden soll. Die Modernisierung kann angesetzt werden

– mit einem Einmalbetrag, z.B. nach Ablauf des Betrachtungszeitraums, oder
– mit einem alljährlich zum Ansatz kommenden Pauschalbetrag (etwa in Höhe von 2 % des Herstellungswerts), der dann direkt vom Reinertrag abgezogen wird und gleichzeitig die Restnutzungsdauer verlängert (Ertragswertverfahren nach dem Modernisierungsmodell).

g) Im Unterschied zur Anwendung des Ertragswertverfahrens auf der Grundlage des Liegenschaftszinssatzes[35] müssen bei Anwendung des prognoseorientierten Ertragswertverfahrens (*Discounted-Cashflow*-Verfahren) auch die **Grundstückstransaktionskosten** besonders berücksichtigt werden. Der dabei zur Anwendung kommende Zinssatz langfristiger (staatsgarantierter) Bundesanleihen (Bundesschatzbriefe) lässt sich nämlich nicht unmittelbar als Abzinsungszinssatz für Immobilieninvestitionen übertragen, da hier die Verzinsung durch erhebliche Grundstückstransaktionskosten vermindert wird. Die Grunderwerbskosten können sich schon leicht auf 10 % des Kaufpreises aufaddieren, jedoch fallen sie deutlich niedriger aus, wenn keine Maklerprovision anfällt. Der Investor, der sich an der Verzinsung von alternativen Geldanlagen orientiert, muss die Grunderwerbskosten als verlorene Kosten betrachten, um die sich seine Verzinsung vermindert.

35 Bei der Verkehrswertermittlung im Wege des Ertragswertverfahrens auf der Grundlage des Liegenschaftszinssatzes werden die Grunderwerbskosten mit dem Liegenschaftszinssatz berücksichtigt. Der Liegenschaftszinssatz wird nämlich aus dem Kaufpreis gleichartiger Grundstücke abgeleitet und die vom Erwerber aufzubringenden Grunderwerbskosten werden folglich indirekt mit dem aus diesen Kaufpreisen abgeleiteten Liegenschaftszinssatz berücksichtigt.

h) Der **Restwert wird** bei Anwendung des prognoseorientierte Ertragswertverfahrens (*Discounted-Cashflow*-Verfahren) **praktisch nach den Grundsätzen des Ertragswertverfahrens unter Heranziehung des Liegenschaftszinssatzes (LZ)** als „*exit cap rate*" **ermittelt**[36].

- Soweit zum Ausgleich der Alterswertminderung Modernisierungskosten angesetzt worden sind, muss die verlängerte Restnutzungsdauer beachtet werden. Da es sich bei dem Restwert um den sich erst nach Ablauf des Betrachtungszeitraums ergebenden Ertragswert handelt, muss dieser noch auf den Wertermittlungsstichtag abgezinst werden.

- Wird der Restwert ermittelt, indem der prognostizierte Reinertrag des 11. Jahres (im Anschluss an den Betrachtungszeitraum) über die sich dann ergebende (ggf. durch Modernisierungsmaßnahmen verlängerte) Restnutzungsdauer kapitalisiert und der Barwert auf den Wertermittlungsstichtag abgezinst wird, gehen alle bei der Prognose der Ertragsentwicklung unterlaufenen Fehler in entsprechend vervielfachter Größenordnung in den Restwert ein. Dies lässt sich vermeiden, indem man den am Wertermittlungsstichtag marktüblich erzielbaren Ertrag unter Heranziehung des Liegenschaftszinssatzes mit der Differenz der Kapitalisierungsfaktoren kapitalisiert, d.h., mit der Differenz aus dem Kapitalisierungsfaktor, der sich für die gesamte (verlängerte) Restnutzungsdauer ergibt, abzüglich des sich für den Betrachtungszeitraum ergebenden Kapitalisierungsfaktors.

Nachfolgend wird ein Verfahrensüberblick gegeben (Abb. 15).

36 Abzulehnen ist die fragwürdige Praxis einer bloßen Schätzung des Restwerts oder seiner Abschätzung mit Hilfe der Maklerformel (Kleiber, Verkehrswertermittlung von Grundstücken, 6. Aufl. 2010, S. 1637).

Abb. 15: Prognoseorientiertes Ertragswertverfahren (*Discounted-Cashflow*-Verfahren)

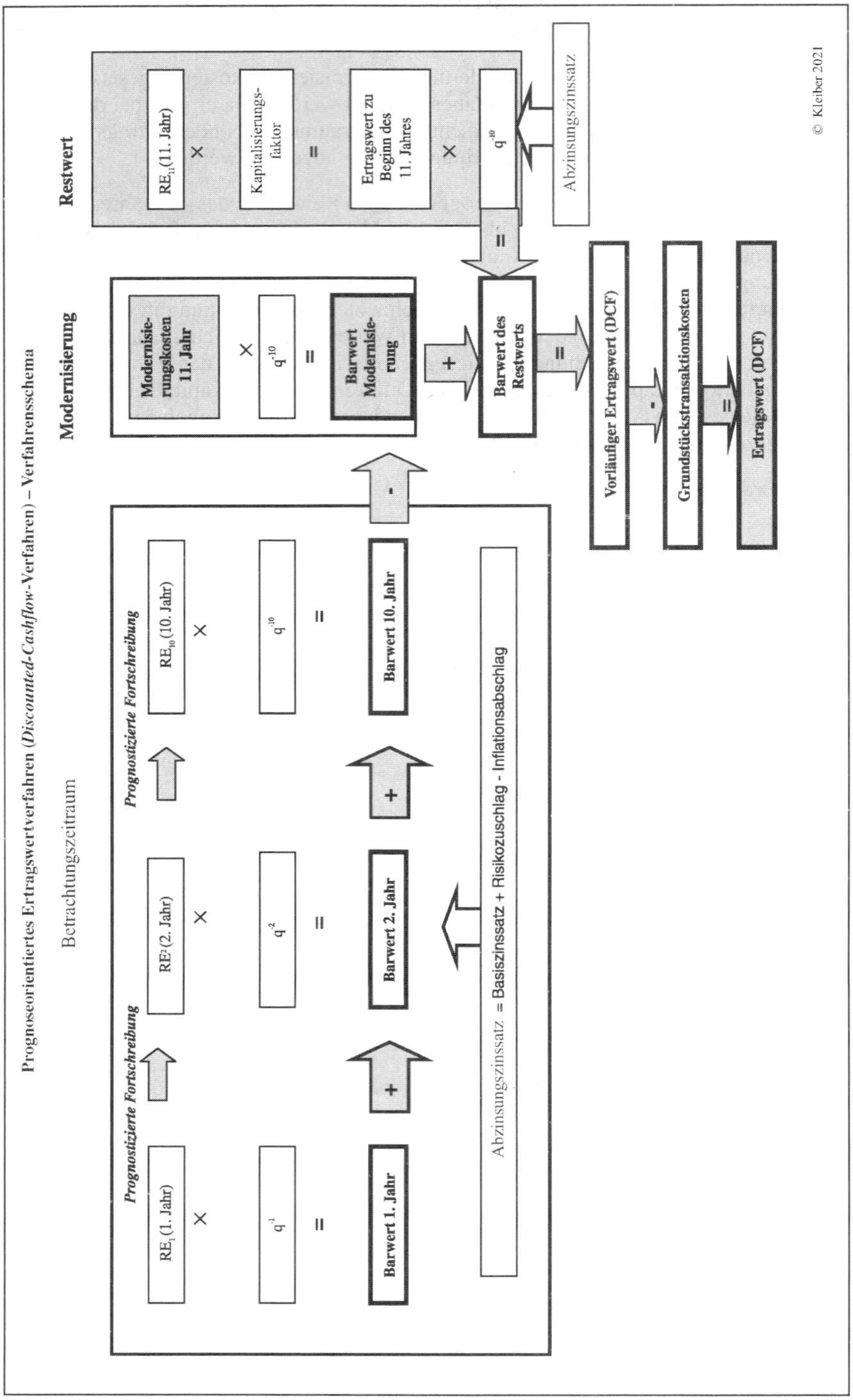

2.3.5 Pachtwertermittlung (EOP Methode)

▶ *Vgl. Rn. 30; § 6 ImmoWertV Rn. 110; Teil V Rn. 235*

Das Pachtwertverfahren[37] (sog. EOP-Methode) ist eine Variante des Ertragswertverfahrens, bei dem zur Ermittlung des Ertragswerts an Stelle von marktüblich erzielbaren Mieterlösen von marktüblich erzielbaren Pachterträgen ausgegangen wird. 56

Diese Variante kommt insbesondere bei gewerblichen Grundstücken zur Anwendung, die üblicherweise verpachtet werden (§§ 581 bis 597 BGB) bzw. verpachtet werden können. Das Verfahren kann aber auch bei eigengenutzten gewerblichen Objekten Anwendung finden. Der marktüblich erzielbare Pachterlös lässt sich aus branchenspezifischen Durchschnittspachten ableiten, wie sie von Handelsforschungsinstituten veröffentlicht werden. Die marktspezifischen örtlichen Gegebenheiten sind dabei zu berücksichtigen. Die marktüblich erzielbaren Durchschnittspachten werden üblicherweise in einem Vomhundertsatz des erzielbaren branchenspezifischen Umsatzes (z.B. in € pro m² Verkaufsfläche bzw. pro m² Geschäftsraum) angegeben.

Jahresrohertrag (€/m²) = Jahresumsatz (€/m²) x Pachtzins (%)

Das von *Loew/Riedel/Bruss*[38]unter der Bezeichnung „Ertragskraftorientierte Pachtwertmethode“ publizierte Verfahren zur Ermittlung von Pachtzinsen vornehmlich im gastwirtschaftlichen Bereich und die unwesentlichen Abwandlungen dieser Methode (insbesondere die sog. indirekte Vergleichswertmethode[39]) ist allerdings vom BGH[40] und BFH[41] als ungeeignet zur Ermittlung der ortsüblichen Marktmiete oder -pacht sowie zur Feststellung einer Sittenwidrigkeit von Miet- und Pachtverträgen aufgrund eines Missverhältnisses von Leistung und Gegenleistung erkannt worden. Es kann insoweit auch nicht – zumindest nicht direkt – als geeignet zur Ermittlung von Verkehrswerten angesehen werden. Der BGH hat es im Übrigen offen gelassen, ob das Verfahren für Investitions- und Beleihungszwecke geeignet ist.

2.4 Besonderheiten bei Anwendung der Ertragswertverfahren

2.4.1 Überblick

▶ *Vgl. Rn. 103 ff.; § 8 ImmoWertV Rn. 231 ff.; § 40 ImmoWertV Rn. 185 ff.*

Nach § 27 Abs. 2 ImmoWertV ist bei allen zur Anwendung kommenden Varianten des Ertragswertverfahrens der *vorläufige* Ertragswert u.a. auf der Grundlage des nach den §§ 40 bis 43 zu ermittelnden vorläufigen Bodenwerts und des objektspezifisch angepassten Liegen- 57

37 Umfassend dargestellt in Kleiber, Verkehrswertermittlung von Grundstücken, 6. Aufl. 2010, S. 1619.

38 Loew/Riedel/Bruss, Miet- und Pachtverträge im Gastgewerbe unter wirtschaftlicher Betrachtung, hrsg. Gastgewerbliche Schriftenreihe (Dehoga), Bonn 1993 Nr. 57.

39 OLG München, Urt. vom 04.09.2000 – 17 U 5278/98 –, NZM 2000, 1059 = EzGuG 20.174d.

40 BGH, Urt. vom 14.07.2004 – XII ZR 352/00 –, NJW 2004, 3553 = EzGuG 20.193; BGH, Beschl. vom 09.04.2003 – XII ZR 216/01 –, GuG 2007, 310 = EzGuG 20.190b; BGH, Urt. vom 10.07.2002 – XII ZR 314/00 –, GuG 2001, 302 = EzGuG 20.178; BGH, Urt. vom 13.06.2001 – XII ZR 49/99 –, GuG 2001, 303 = EzGuG 10.178; BGH, Urt. vom 28.04.1999 – XII ZR 150/97 –, BGHZ 141, 257 = GuG 2000, 54 = EzGuG 20.170c; OLG Stuttgart, Beschl. vom 19.06.2001 – 5 U 121/00 –, GuG 2001, 313 = EzGuG 20.179; OLG München, Urt. vom 04.09.2000 – 17 U 5278/98 –, NZM 2000, 1059 = EzGuG 20.175; OLG München, Urt. vom 27.04.1999 – 25 U 1817/98 –, GuG 2003, 187 = EzGuG 20.170a; OLG München, Urt. vom 25.09.1998 – 23 U 2624/98 –, GuG 1999, 248 = EzGuG 20.165a; OLG Stuttgart, Urt. vom 06.08.1998 – 13 U 262/97 –; OLGR-Stuttgart 1998, 389 = EzGuG 3.125; OLG Nürnberg, Urt. vom 16.07.1998 – 8 U 197/98 –, ZMR 1999, 255 = EzGuG 20.163a; OLG München, Urt. vom 21.11.1997 – 14 U 140/97 –, NZM 1999, 224 = EzGuG 20.162b; OLG Stuttgart, Urt. vom 26.05.1997 – 5 U 155/95 –; OLGR-Stuttgart 1997, 18 = EzGuG 20.160g; OLG München, Urt. vom 18.04.1997 – 21 U 5900/95 –; OLGR München 1998, 20 = EzGuG 3.123a; OLG Karlsruhe, Urt. vom 06.02.1997 – 12 U 92/96 –, NJWE-MietR 1997, 151 = EzGuG 20.160d; OLG München, Urt. vom 27.05.1994 – 21 U 2236/92 –; OLGR-München 1996, 163 = EzGuG 20.152a; OLG Stuttgart, Urt. vom 13.07.1992 – 5 U 2/92 –, NJW-RR 1993, 654 = EzGuG 20.142; LG Konstanz, Urt. vom 21.08.1998 – 3 O 586/96 –, ZMR 1999, 258 = EzGuG 20.164c.

41 BFH, Urt. vom 10.10.2018 – IX R 30/17 –, BFHE 263, 6 = BStBl II 2019, 200 = GuG 2019, 388 = EzGuG 20.170c.

schaftszinssatzes i.S. des § 33 ImmoWertV zu ermitteln. Hieraus können sich folgende Besonderheiten ergeben:

- Weist das zu bewertende Grundstück eine atypische Nutzung i.S. des § 40 Abs. 5 Nr. 1 ImmoWertV auf oder handelt es sich um ein Liquidationsobjekt i.S. des § 43 ImmoWertV, ist bei der Ermittlung des vorläufigen Ertragswerts zunächst der nutzungsbefangene Bodenwert entsprechend der auf dem Grundstück realisierten Nutzung anzusetzen.
- Weist das zu bewertende Grundstück eine **erhebliche Überschreitung der der Bebauung nach Art, Lage und Nutzung zurechenbaren marktüblichen Grundstücksfläche** auf, so bestimmt sich der Bodenwert unter Ausschluss der Grundstücksrestfläche.

Die Vorschrift definiert damit den bei allen Varianten des Ertragswertverfahrens nach § 28 Satz 1 Nr. 2, § 29 Nr. 2 sowie § 35 Abs. 2 Nr. 3 ImmoWertV **anzusetzenden***vorläufigen* „**Bodenwert**". Die in den genannten Fällen bodenbezogenen Besonderheiten wie Wertvor- und Nachteile i.S. der genannten Vorschriften, eine Grundstücksrestfläche, die die der vorhandenen Bebauung nach Art, Lage und Nutzung zurechenbare marktübliche Grundstücksfläche erheblich überschreitet, Freilegungskosten und dgl. sind gegebenenfalls als besondere objektspezifische Grundstücksmerkmale (boG) zu berücksichtigen.

58 Darüber hinaus gebietet die Vorschrift, den vorläufigen Ertragswert auf der Grundlage des „objektspezifisch angepassten Liegenschaftszinssatzes" zu ermitteln (**Anpassungsgebot**). Danach ist der vom Gutachterausschuss für Grundstückswerte ermittelte und jeweils herangezogene Liegenschaftszinssatz grundsätzlich den am Wertermittlungsstichtag herrschenden allgemeinen Wertverhältnissen auf dem Grundstücksmarkt und den Grundstücksmerkmalen des zu bewertenden Grundstücks „anzupassen". Dieses altbewährte Anpassungsgebot wird mit dem neu in die ImmoWertV aufgenommenen Begriff des „objektspezifisch angepassten Liegenschaftszinssatzes" verdeutlicht.

Soweit dies möglich ist, darf der Liegenschaftszinssatz nur auf solche Grundstücksmerkmale des Wertermittlungsobjekts angewandt werden, die auch der Ermittlung des Liegenschaftszinssatzes zugrunde lagen. Die von den Gutachterausschüssen abgeleiteten Liegenschaftszinssätze beziehen sich – vergleichbar mit Bodenrichtwerten – nämlich auf ein genormtes oder normierbares Referenzgrundstück („Liegenschaftszinssatzgrundstück") mit den dementsprechenden fiktiven Grundstücksmerkmalen. Besondere objektspezifische Grundstücksmerkmale, die nicht im Wege der Anpassung des Liegenschaftszinssatzes berücksichtigt werden konnten, sind als solche nachträglich zu berücksichtigen.

2.4.2 Bodensondierung bei übergroßen Grundstücken

▶ *Vgl. Rn. 125 ff.; § 3 ImmoWertV Rn. 38 ff.; § 5 ImmoWertV Rn. 70; § 8 ImmoWertV Rn. 29 ff.; § 20 ImmoWertV Rn. 15 ff.; § 41 ImmoWertV Rn. 1; Syst. Darst. des Ertragswertverfahrens Rn. 125; Syst. Darst. des Sachwertverfahrens Rn. 265; zur Bodensondierung bzw. Berücksichtigung der vom Modellansatz abweichenden Grundstücksgröße vgl. Syst. Darst. des Vergleichswertverfahrens Rn. 141 ff., 247 ff.; zur Bodensondierung bei der Beleihungswertermittlung vgl. Teil IX Rn. 194 ff.*

59 Am Anfang einer Ertragswertermittlung steht eine eingehende Befassung mit dem Bodenwert des Grundstücks (§ 40 ff. ImmoWertV). Weist das Grundstück neben der der Bebauung nach Art, Lage und Nutzung des Grundstücks zurechenbaren marktüblichen Grundstücksfläche (hier „**Umgriffsfläche**" genannt) in erheblichem Umfang weitere Teilflächen – hier „Grundstücksrestflächen" genannt– auf, ist das Grundstück entsprechend zu sondieren. Der dafür ermittelte Bodenwert ist der Ermittlung des vorläufigen Ertragswerts zu Grunde zu legen. Die von der Umgriffsfläche abweichende Grundstücksfläche ist nachträglich als besonderes objektspezifisches Grundstücksmerkmal (boG) ergänzend mit dem Wertanteil zu berücksichtigen, der dieser Fläche im gewöhnlichen Geschäftsverkehr beigemessen wird[42].

42 Vgl. Glosse Kleiber in GuG-aktuell 2017, 17.

Die Notwendigkeit einer Bodensondierung ist insbesondere gegeben, wenn zur Ermittlung des vorläufigen Ertragswerts ein Liegenschaftszinssatz (LZ) herangezogen wird, der sich auf eine bestimmte Grundstücksfläche (Referenzfläche) bezieht. Dann ist bei der Ermittlung des vorläufigen Ertragswerts schon aus Gründen der Modell- und Referenzkonformität grundsätzlich von einem **mit dem Liegenschaftszinssatz kompatiblen Bodenwert** der Grundstücksteilfläche auszugehen, die dem Liegenschaftszinssatz zugrunde liegt. Dies ist nach der hier vertretenen Auffassung die nach Art, Lage und Grundstücksnutzung (Bebauung) zurechenbare „*marktübliche objektbezogene Grundstücksfläche*". **Die erheblich darüber hinausgehende Grundstücksteilfläche des übergroßen Bewertungsgrundstücks – auch Grundstücksrestfläche genannt – ergibt sich nach Abzug der marktüblichen objektbezogenen Grundstücksfläche von der Gesamtfläche und wird ergänzend als besonderes objektspezifisches Grundstücksmerkmal** wiederum mitdem Wertanteil berücksichtigt, der dieser Fläche im gewöhnlichen Geschäftsverkehr beigemessen wird.

Die unter Rn. 34 ff. vorgestellten Formeln des Ertragswertverfahrens müssen in der Zusammenfassung also bei übergroßen Grundstücken unter Beachtung der unterschiedlichen Bodenwertanteile dementsprechend modifiziert werden: **60**

a) Bei Anwendung des vereinfachten (*eingleisigen*) Ertragswertverfahrens ist nur der Bodenwert der Umgriffsfläche über die Restnutzungsdauer abzuzinsen und ergibt zusammen mit dem kapitalisierten Reinertrag den „vorläufigen Ertragswert". Der Bodenwert der „*marktüblichen objektbezogenen Grundstücksfläche*" (Umgriffsfläche) kann insoweit auch als „vorläufiger" Bodenwert bezeichnet werden. Der Bodenwertanteil der Grundstücksrestfläche ist dagegen als „*besonderes objektspezifisches Grundstücksmerkmal*" (boG) in marktüblicher Höhe anzusetzen, d.h. mit dem Wertanteil, um den sich der Marktwert der Liegenschaft im gewöhnlichen Geschäftsverkehr erhöht.

$$EW = \underbrace{RE \times KF + BW_{\text{Umgriffsfläche}} \times AF_n}_{\text{Vorläufiger Ertragswert}} + BW_{\text{Grundstücksrestfläche}}$$

Bei hinreichend langer Restnutzungsdauer geht der über die Restnutzungsdauer abgezinste Bodenwert der Umgriffsfläche gegen null und kann dann vernachlässigt werden. Das eingleisige Ertragswertverfahren kann dann als „vereinfachtes Ertragswertverfahren" bezeichnet werden und der vorläufige Ertragswert ergibt sich dann aus

EW = RE x KP

Man braucht in diesem Falle keinen Bodenwert. Der Grund und Boden der der Bebauung marktüblich zurechenbaren Grundstücksfläche (objektbezogene Umgriffsfläche) wird bis auf einen marginalen Restwert (= $BW_{\text{Umgriffsfläche}} \times AF_n$) mit dem so ermittelten vorläufigen Ertragswert erfasst. Einer Bodenwertermittlung bedarf es allerdings dann, wenn das Grundstück eine Übergröße aufweist.

Abb. 16: Beispiel

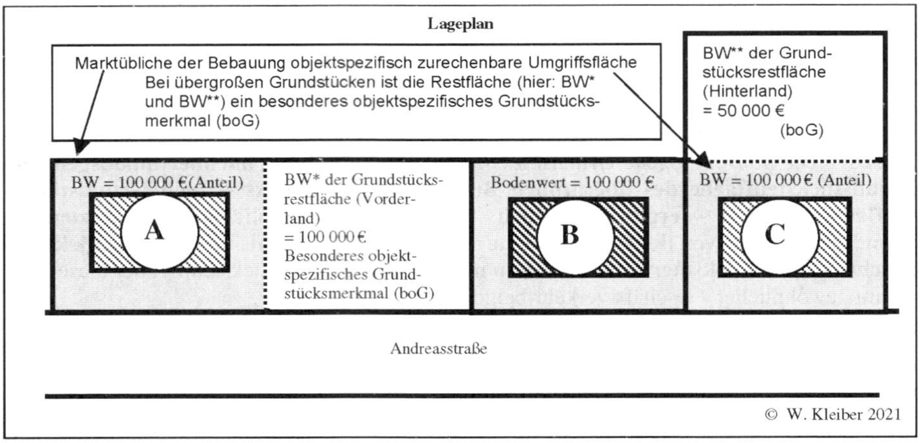

Bodenwert (BW) der der Bebauung zurechenbaren „marktüblichen objektspezifischen“ Umgriffsfläche 100 000 €

Bei Anwendung des vereinfachten Ertragswertverfahrens auf übergroße Grundstücke ergäbe sich ohne ergänzende Berücksichtigung der über die der Bebauung zurechenbaren „marktüblichen objektspezifischen“ Umgriffsfläche hinausgehenden Grundstücksrestflächen in allen Fällen derselbe Ertragswert:

Reinertrag (RE)	=	50 000 €		
Restnutzungsdauer (n)	=	80 Jahre		
Liegenschaftszinssatz (LZ)	=	5 %		
Kapitalisierungsfaktor (KF)	=	19,60		
Ertragswert (EW)	=	50 000 €	× 19,60	= 980 000 € in allen Fällen!

Die Grundstücksrestfläche übergroßer Grundstücke muss als „besonderes objektspezifisches Grundstücksmerkmal (boG)“ ergänzend berücksichtigt werden. Im Falle des *Grundstücks A* ergibt sich der Ertragswert wie folgt:

Vereinfachtes Ertragswertverfahren		**Vereinfachbares Ertragswertverfahren nach § 29 ImmoWertV**		**Allgemeines Ertragswertverfahren nach § 28 ImmoWertV**	
EW = RE × KF		**EW = RE × KF + BW × AF_n+ BW***		**EW = (RE – BW × LZ) × KF + BW + BW***	
EW vorläufig (RE × KF)	= 980 000 €	RE	= 50 000 €	RE	= 50 000 €
+ BW*	= 100 000 €	× KF (= 19,60)	= 980 000 €	– 5 % von 100 000 €	= 5 000 €
= EW	**= 1 080 000 €**	+ BW × $1{,}05^{-80}$	= 2 018 €	(RE – BW × LZ)	= 45 000 €
		= EW vorläufig	= 982 018 €	× KF (= 19,60)	= 882 000 €
		+ BW*	= 100 000 €	+ BW	= 100 000 €
		EW aufgerundet	**= 1 082 000 €**	+ BW* (boG)	= 100 000 €
				= EW (aufgerundet)	**= 1 082 000 €**

Im Falle des Grundstücks B ist der Bodenwert der Grundstücksrestfläche (Hinterland) mit einem entsprechend geringeren Bodenwert anzusetzen.

Aus alledem folgt:

a) Bei **Anwendung des allgemeinen** *(zweigleisigen)* **Ertragswertverfahrens** ist der Bodenwertverzinsungsbetrag (BW x LZ) nur auf der Grundlage des Bodenwerts der *„marktüblichen objektbezogenen Grundstücksfläche"* (Umgriffsfläche) und des objektspezifisch angepassten Liegenschaftszinssatzes zu ermitteln (100 000 €). Insoweit kann wiederum von einem *„vorläufigen* Bodenwert" gesprochen werden.

Vorläufiger Gebäudeertragswert: $(RE - BW_{Umgriffsfläche} \times LZ) \times KF_n$

Übergröße des Bodens als boG: $BW_{Grundstücksrestfläche}$

$$EW = (RE - BW_{Umgriffsfläche} \times LZ) \times KF_n + BW_{Umgriffsfläche} + BW_{Grundstücksrestfläche}$$

$BW_{Gesamt} = BW_{Umgriffsfläche} + BW_{Grundstücksrestfläche}$

Vorläufiger Ertragswert: $(RE - BW_{Umgriffsfläche} \times LZ) \times KF_n + BW_{Umgriffsfläche}$

Der **Bodenwertanteil der Grundstücksrestfläche** ist also als *„besonderes objektspezifisches Grundstücksmerkmal"* in marktüblicher Höhe anzusetzen, d.h. mit dem Wertanteil, um den sich der Marktwert der Liegenschaft aufgrund seiner Übergröße im gewöhnlichen Geschäftsverkehr erhöht. Der Bodenwertanteil der marktüblichen objektspezifischen Umgriffsfläche (vorläufiger Bodenwert) ergibt zusammen mit dem Bodenwertanteil der Grundstücksrestfläche den Gesamtwert des Grund und Bodens.

b) Bei **Anwendung des** sog. **vereinfachten** (eingleisigen) **Ertragswertverfahrens** bestimmt sich der vorläufige Ertragswert eines übergroßen Grundstücks allein unter Berücksichtigung der der Bebauung zurechenbaren marktüblichen objektspezifischen Grundstücksteilfläche (Umgriffsfläche), die auf den Wertermittlungsstichtag abzuzinsen ist. Insoweit kann wiederum von einem *„vorläufigen* Bodenwert" gesprochen werden. Die darüber hinausgehende Grundstücksrestfläche ist als besonderes objektspezifisches Grundstücksmerkmal (boG) ergänzend zu berücksichtigen, wenn sie nicht mit einem objektspezifisch angepassten Liegenschaftszinssatz erfasst werden kann. Die Grundstücksrestfläche ist gegebenenfalls mit dem Wertanteil zu berücksichtigen, um den sich der Marktwert des Grundstücks dadurch erhöht.

Vereinfachtes (eingleisigen) **Ertragswertverfahren**

$$EW = RE \times KF + BW_{Umgriffsfläche} \times AF_n + BW_{Grundstücksrestfläche}$$

Vorläufiger Ertragswert: $RE \times KF + BW_{Umgriffsfläche} \times AF_n$

Übergröße des Bodens als boG: $BW_{Grundstücksrestfläche}$

c) Bei **Anwendung des** ***periodischen*** (*ein*gleisigen) **Ertragswertverfahrens** ist ebenfalls nur der Bodenwert der *„marktüblichen objektbezogenen Grundstücksfläche"* (Umgriffsfläche) über die Restnutzungsdauer abzuzinsen und ergibt zusammen mit den kapitalisierten Reinerträgen den „vorläufigen Ertragswert" des periodischen Ertragswertverfahrens. Der Bodenwertanteil der Grundstücksrestfläche (sog. selbstständig nutzbaren Teilfläche) ist wie vorstehend als *„besonderes objektspezifisches Grundstücksmerkmal"* in marktüblicher Höhe anzusetzen.

Periodisches Ertragswertverfahren

$$EW = \underbrace{\sum_{1}^{b} RE_i \times AF_1 + RE_i \times (KF_n - KF_b) + BW_{Umgriffsfläche} \times AF_n}_{\text{Vorläufiger Ertragswert}} + \underbrace{BW_{Grundstücksrestfläche}}_{\text{Übergröße des Bodens als boG}}$$

Der **„vorläufige Ertragswert" des periodischen Ertragswertverfahrens ist im Übrigen nicht identisch mit dem „vorläufigen Ertragswert" der Standardverfahren**, wenn z.B. die in dem Betrachtungszeitraum angefallenen *erheblich* von den marktüblich erzielbaren Reinerträgen abweichende Reinerträge „direkt" berücksichtigt werden (zum Begriff der Erheblichkeit vgl. Vorbem. zur ImmoWertV Rn. 140; § 4 ImmoWertV Rn. 17; § 32 ImmoWertV Rn. 13). Bei Anwendung der Standardverfahren werden diese nämlich in differentieller Höhe erst als „besondere objektspezifische Grundstücksmerkmale" nachträglich berücksichtigt.

Abb. 17: Unterschiedliche Bodenwerte bei übergroßen Grundstücken

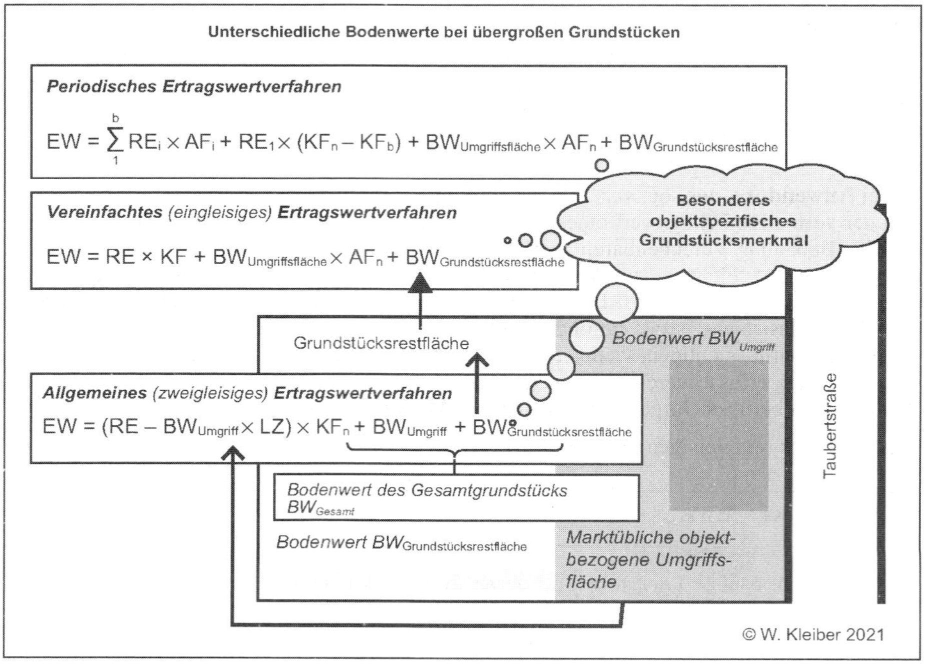

2.4.3 Freilegungskosten

▶ *Vgl. § 8 ImmoWertV Rn. 46; § 43 ImmoWertV Rn. 47, 114 ff.; Syst. Darst. des Sachwertverfahrens Rn. 266.*

61 Nach der **Grundsatzregelung des § 40 Abs. 1 ImmoWertV bemisst sich der Bodenwert eines bebauten Grundstücks nach dem Bodenwert eines unbebauten Grundstücks**. Ist die auf dem Grundstück vorhandene bauliche Anlage aufgrund ihres Alters oder ihres Zustands unrentierlich oder steht sie in einem Missverhältnis zu dem Bodenwert, stellt die Bebauung eine Belastung des Grundstücks dar und man spricht von einem Liquidationsobjekt (vgl. § 8 Abs. 3 Satz 2 Nr. 3 ImmoWertV).

Im Falle einer **alsbaldigen unmittelbar anstehenden Freilegung** geht es nur um die Ermittlung des Bodenwerts, denn die bauliche Anlage ist von Verwertungserlösen abgesehen nicht mehr werthaltig. Ausgehend vom Bodenwert eines unbebauten Grundstücks sind die Freilegungskosten in Abzug zu bringen. **62**

Im Falle einer **aufgeschobenen oder einer langfristig nicht zu erwartenden Freilegung** i.S. des § 43 ImmoWertV ist bei der Ermittlung des vorläufigen Ertragswerts abweichend von der Grundsatzregelung des § 40 Abs. 1 ImmoWertV der Bodenwert anzusetzen, der sich unter Berücksichtigung der tatsächlichen Nutzung ergibt (nutzungsabhängiger Bodenwert). Die Freilegungskosten sind in marktkonformer Höhe als besonderes objektspezifisches Grundstücksmerkmal (boG) nachträglich und abgezinst über den Zeitraum bis zur Freilegung zu berücksichtigen. **63**

Darüber hinaus sind gegebenenfalls nach Maßgabe des § 43 Abs. 2 ImmoWertV **Wertvorteile** als besonderes objektspezifisches Grundstücksmerkmal (boG) zu berücksichtigen, **die sich im Verhältnis zur ausgeübten Nutzung aus der künftigen nach der Freilegung realisierbaren Nutzbarkeit ergeben**. **64**

a) Vereinfachtes (eingleisiges) Ertragswertverfahren: **65**

$$EW = \underbrace{RE \times KF_n + BW \times AF_n}_{\text{Vorläufiger Ertragswert}} - FLK \times AF_n \quad +/- \text{ sonstige boG}$$

wobei

EW	= Ertragswert
RE	= marktüblich erzielbarer Reinertrag
BW	= vorläufiger Bodenwert eines unbebauten Grundstücks
FLK	= Freilegungskosten
KF	= Kapitalisierungsfaktor (Vervielfältiger), abhängig von n und LZ
n	= vorläufige Restnutzungsdauer in Jahren entsprechend dem Modellansatz der üblichen Gesamtnutzungsdauer
b	= Betrachtungszeitraum in Jahren
LZ	= objektspezifisch angepasster Liegenschaftszinssatz
AF	=Abzinsungsfaktor, abhängig von n und LZ

b) Allgemeines (zweigleisiges) Ertragswertverfahren:

$$EW = \underbrace{(RE - BW \times LZ) \times KF_n + BW}_{\text{Vorläufiger Ertragswert}} - FLK \times AF_n \quad +/- \text{ sonstige boG}$$

c) Periodisches Ertragswertverfahren:

$$EW = \sum_{1}^{b} RE_i \times AF_1 + RE_i \times (KF_n - KF_b) + BW \times AF_n - FLK \times AF_n \quad +/- \text{ sonstige boG}$$

Werden im Rahmen der Ertragswertermittlung die (abgezinsten) Freilegungskosten als „besondere objektspezifische Grundstücksmerkmale" aus der Ermittlung des vorläufigen markt- **66** angepassten Ertragswerts herausgebrochen, so erhält man im Überblick folgende Formeln des **Ertragswertverfahrens**:

Ertragswert bei anstehender Freilegung (Liquidation) unter Berücksichtigung der Freilegungskosten als besondere objektspezifische Grundstücksmerkmale (boG)

Formelübersicht

a) **Allgemeines (*zwei*gleisiges) Ertragswertverfahren**

$$EW = (RE - BW \times LZ) \times KF_n + BW \quad - FLK \times AF_n$$

b) **Vereinfachbares (*ein*gleisiges) Ertragswertverfahren**

$$EW = RE \times KF_n + BW \times AF_n \quad - FLK \times AF_n$$

c) ***Periodisches* Ertragswertverfahren**

$$EW = \sum_{1}^{b} RE_i \times AF_i + RE_1 \times (KF_n - KF_b) + BW \times AF_n \quad - FLK \times AF_n$$

Abgezinste Freilegungskosten werden nachträglich als besondere objektspezifische Grundstücksmerkmale berücksichtigt.

wobei
EW = Ertragswert
RE = marktüblich erzielbarer Reinertrag
BW = vorläufiger Bodenwert eines unbebauten Grundstücks
FLK = Freilegungskosten
KF = Kapitalisierungsfaktor (Vervielfältiger), abhängig von n bzw. b und LZ
n = Vorläufige Restnutzungsdauer in Jahren entsprechend Modellansatz der üblichen Gesamtnutzungsdauer
b = Betrachtungszeitraum in Jahren
LZ = Liegenschaftszinssatz
AF = Abzinsungsfaktor, abhängig von n bzw. b und LZ

2.4.4 Temporäre Mehr- oder Mindererträge (*underrent und overrent*) bei Anwendung der Standardverfahren (allgemeines und vereinfachtes Ertragswertverfahren)

▸ *Vgl. § 8 ImmoWertV Rn. 226 ff.*

67 Bei Anwendung der Standardverfahren auf Objekte, die temporäre Abweichungen der tatsächlich erzielten Erträge von den marktüblichen Erträgen aufweisen, wird zunächst der *vorläufige* Ertragswert auf der Grundlage der marktüblich erzielbaren Erträge ermittelt. **Im zweiten Schritt werden die temporären aus miet-, wohnungs- und sonstigen vertragsrechtlichen Bindungen**resultierenden Abweichungen der tatsächlichen von den marktüblich erzielbaren jährlichen Erträgen ($\Delta\ RE_i$) unter Berücksichtigung der davon betroffenen Wohn- bzw. Nutzfläche **ermittelt und** mit Hilfe des Abzinsungsfaktors (AF) auf den Wertermittlungsstichtag abgezinst. Ausgehend von monatlichen Reinerträgen ergeben sich die Barwerte mithin wie folgt:

$$\text{Barwert}\ \Delta\ RE_i = (RE_{\text{marktüblich}[€/m^2NF]} - RE_{\text{tatsächlich}[€/m^2NF]}) \times 12\ \text{Monate} \times NF_{[m^2]} \times AF_i$$

68 Der **Abzinsungszeitraum** bestimmt sich aus der zeitlichen Differenz zwischen dem Wertermittlungsstichtag und dem jeweiligen Jahr, in dem die Ertragsdifferenz anfällt.

69 Der Ertragswert setzt sich dann aus dem **vorläufigen Ertragswert** (langfristiger Ertragswertanteil) und den Barwerten der Mehr- oder Mindereinnahmen (temporärer Ertragswertanteil) zusammen (Abb. 18).

Abb. 18: Jährliche Berücksichtigung von Mehr- oder Mindereinnahmen

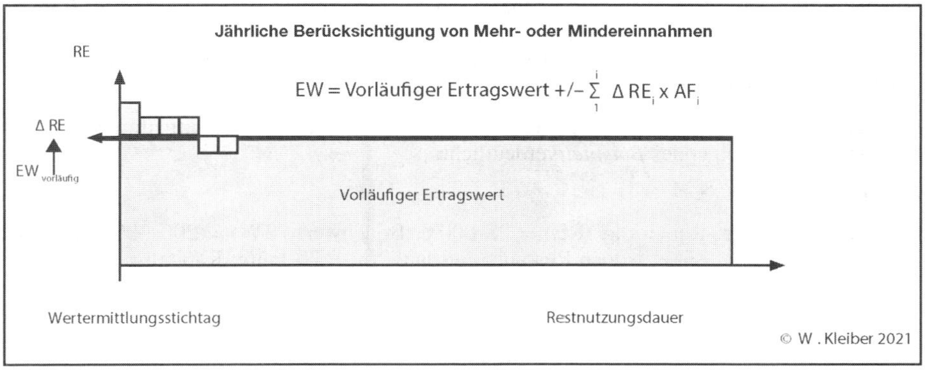

2.5 Standardverfahren: Allgemeines und vereinfachtes Ertragswertverfahren

▶ *Vgl. auch Rn. 24, 34*

Das in den §§ 28 und 29 ImmoWertV geregelte allgemeine und das vereinfachte Ertragswertverfahren gelten als die Standardverfahren. **70**

Ertragswert

$EW = (RE - BW \times LZ) \times KF_n + BW = RE \times KF_n + BW \times AF_n$

+/- besondere objektspezifische Grundstücksmerkmale

wobei

RE = jährlicher Reinertrag des Grundstücks

BW = (vorläufiger) Bodenwert

KF = Kapitalisierungsfaktor

AF = Abzinsungsfaktor

LZ = objektspezifisch angepasster Liegenschaftszinssatz

n = Restnutzungsdauer

Bei langer Restnutzungsdauer des Gebäudes kann der Ertragswert auch ohne Kenntnis des Bodenwerts abgeleitet werden. Dies ist leicht aus der Formel des so genannten vereinfachten (eingleisigen) Ertragswertverfahrens erkennbar: **71**

$EW = RE \times KF_n + BW \times AF_n$

↑ über die Restnutzungsdauer abgezinster Bodenwert

Bereits ab einer Restnutzungsdauer von 50 Jahren reduziert sich der Bodenwert zu einer vernachlässigbaren Größe und die vollständige Formel des Ertragswertverfahrens lässt sich zum so genannten „vereinfachten Ertragswertverfahren“ reduzieren:

$$EW = RE \times KF$$

wobei KF = finanzmathematischer Kapitalisierungsfaktor (Vervielfältiger)

72 **Voraussetzung für die Anwendung des** (so definierten) **vereinfachten Ertragswertverfahrens** ist mithin, dass die Restnutzungsdauer der baulichen Anlage ≥ 50 Jahre ist. Der **Bodenwert findet** unter den genannten Voraussetzungen **mit dem angesetzten Reinertrag, der sich in Abhängigkeit von der Höhe des Nutzungsentgelts und der jeweiligen vom Baurecht abhängigen Nutzfläche ergibt, mittelbar Eingang in den Ertragswert**.

73 Das **vereinfachte Ertragswertverfahren versagt bei kurzer Restnutzungsdauer des Gebäudes**, wie nachfolgendes *Beispiel* verdeutlicht:

Beispiel:

Beispiel wie vorher: Reinertrag (RE) = 28 000 €, Bodenwert (BW) = 200 000 €, Liegenschaftszinssatz (LZ) = 6 %; jedoch Restnutzungsdauer (n) = 20 Jahre; Kapitalisierungsfaktor (KF) bei LZ = 6 % und n = 20 Jahre: 11,469923

$EW = RE \times KF_n$		**$EW = RE \times KF_n + BW \times AF_n$**		**$EW = (RE - BW \times LZ) \times KF + BW$**	
Reinertrag (RE)	= 28 000 €	Reinertrag (RE)	= 28 000 €	Reinertrag (RE)	= 28 000 €
× Kapitalisierungsfaktor KF		× Kapitalisierungsfaktor KF		– Bodenwert × 6/100	= – 12 000 €
bei n = 20 Jahren		bei n = 20 Jahren	= 321 158 €	= Reinertragsanteil	= 16 000 €
und LZ = 6 %		+ abgezinster Bodenwert		× Kapitalisierungsfaktor	= 183 519 €
11,469923		bei AF_{20} = 0,3118047	= + 62 361 €	+ Bodenwert	= + 200 000 €
= Ertragswert	= 321 158 €	= Ertragswert	= 383 519 €	= Ertragswert	= 383 519 €

Falsch!

=

Dass das vereinfachte Ertragswertverfahren (EW = RE x KF) bei kurzer Restnutzungsdauer versagt, ist darin begründet, dassder Bodenwert ein „Dauerwert ist, der sich auf ∞ verzinst, während das Gebäude sich nur auf einen endlichen Zeitraum verzinst.

74 Diese Vereinfachung stellt sich ein, weil – wie bereits angesprochen – der **Bodenwert bei langer Restnutzungsdauer für das Ergebnis eine vernachlässigbare Größe** wird, da er ohnehin nur in der über die Restnutzungsdauer der baulichen Anlage abgezinsten Höhe eingeht. Das gilt allerdings nur für die Grundstücksfläche, die nach Art und Lage des Grundstücks üblicherweise der Bebauung zuzurechnen ist.

75 *Beispiel 6:*

Bodenwert	= 480 000 €
Restnutzungsdauer	= 60 Jahre
Liegenschaftszinssatz	= 5 %
$BW \times q^{-n}$ = 480 000 € × $1{,}05^{-60}$	= 25 697 €

76 Umgekehrt ist bei kurzer Restnutzungsdauer der Bodenwert nicht vernachlässigbar; er muss bei **sehr kurzer Restnutzungsdauer (RND ≤ 20 Jahre)** dann sogar um die Freilegungskosten vermindert werden:

$EW = RE \times KF_n$	$+ BW \times AF_n - FLK \times AF_n$	*bei RND ≤ 20 Jahren*
$EW = RE \times KF_n$	$+ BW \times AF_n$	*20 Jahre ≥ RND ≤ 50 Jahre*
$EW = RE \times KF_n$	*entfällt*	*bei RND ≥ 50 Jahre*

77 Weist das Wertermittlungsobjekt eine sog. **Übergröße i.S. des § 41 ImmoWertV** auf, kann bei Anwendung des vereinfachten Ertragswertverfahrens ebenfalls auch bei einer hinreichend langen Restnutzungsdauer der baulichen Anlage nicht gänzlich auf eine Bodenwertermittlung verzichtet werden. Nach der genannten Vorschrift liegt eine Übergröße vor, wenn die Grundstücksfläche die der Bebauung nach Art und Lage zurechenbare marktübliche Grundstücks-

größe (Umgriffsfläche) erheblich überschreitet. Mit dem vorläufigen Ertragswert wird dann nur die Umgriffsfläche erfasst. Die darüber hinausgehende Grundstücksrestfläche (sog. „selbstständig nutzbare oder sonstige Teilfläche“) muss dann i.d.R. als besonderes objektspezifisches Grundstücksmerkmal (boG) ergänzend berücksichtigt werden (Bodensondierung).

Die vorstehenden Ausführungen machen deutlich, dass die **Ermittlung des Ertragswerts von Objekten mit einer langen Restnutzungsdauer auch ohne Kenntnis des Bodenwerts erfolgen kann**. Die ImmoWertV sieht dies zwar nicht ausdrücklich vor, jedoch zeugt es eher von Unkenntnis, wenn der Sachverständige bei Objekten mit sehr langer Restnutzungsdauer filigrane und wissenschaftlich anmutende Untersuchungen zur Ermittlung des „richtigen“ Bodenwerts anstellt, die für das Ergebnis letztlich bedeutungslos sind. **78**

Einschränkend muss aber darauf hingewiesen werden, dass in **Extremfällen bei sehr hohen Bodenwerten** auch bei längerer Restnutzungsdauer der Bodenwert nicht vernachlässigt werden darf, denn der abgezinste Bodenwert kann dann eine beträchtliche Höhe haben. Darüber hinaus muss eine selbstständig nutzbare Freifläche (§ 41 ImmoWertV) gesondert ermittelt werden. **79**

Beispiel: **80**

Bodenwert	= 10 000 €/m²
Grundstücksgröße	= 2 000 m²
Bodenwert	= 10 000 €/m² × 2 000 m² = 20 Mio. €

Bei einem Liegenschaftszinssatz (LZ) von 5 % und einer Restnutzungsdauer von 50 Jahren ergibt der abgezinste Bodenwert immer noch:

Abgezinster Bodenwert = 20 Mio. € $\times 1{,}05^{-50}$ = 1,744 Mio. €

Dieser Betrag mag zwar im Verhältnis zum Gesamtwert gering sein, er sollte gleichwohl nicht vernachlässigt werden.

Das **vereinfachte Ertragswertverfahren ist** für den ungeübten Anwender **fehleranfälliger bezüglich im Einzelfall zu beachtender Besonderheiten**. **81**

– Der (vorläufige) **Bodenwert wird** auch im Falle eines erschließungsbeitragspflichtigen (ebpf) Zustands des Grund und Bodens **mit dem Wert des erschließungsbeitragsfreien (ebf) Baulands berücksichtigt**. Ist das Grundstück jedoch tatsächlich erschließungsbeitragspflichtig, müssen deshalb die auf den Wertermittlungsstichtag abgezinsten Erschließungsbeiträge zusätzlich in Abzug gebracht werden (vgl. § 5 ImmoWertV Rn. 108 ff.; § 8 ImmoWertV Rn. 45 ff.; Syst. Darst. des Vergleichswertverfahrens Rn. 228, 318 ff.; Syst. Darst. des Ertragswertverfahrens Rn. 103, 142 ff., 242; § 40 ImmoWertV Rn. 4, 192).

– Darüber hinaus kann bei Anwendung des vereinfachten Ertragswertverfahrens auf eine Bodenwertermittlung nicht verzichtet werden, wenn das Grundstück eine Übergröße aufweist, d.h. eine nach Art und Lage des Grundstücks die marktübliche objektbezogene Grundstücksgröße (Umgriffsfläche) erheblich überschreitende Grundstücksteilfläche (zum Begriff der Erheblichkeit vgl. Vorbem. zur ImmoWertV Rn. 140). Dies verdeutlicht die nachfolgende Abb. 19. Für die Grundstücke A und B ergeben sich nach dem vereinfachten Ertragswertverfahren identische Werte. Tatsächlich ist der Verkehrswert des Grundstücks B um den Bodenwert der selbstständig nutzbaren Teilfläche wertvoller.

Abb. 19: Übergroßes Grundstück und Sondierung

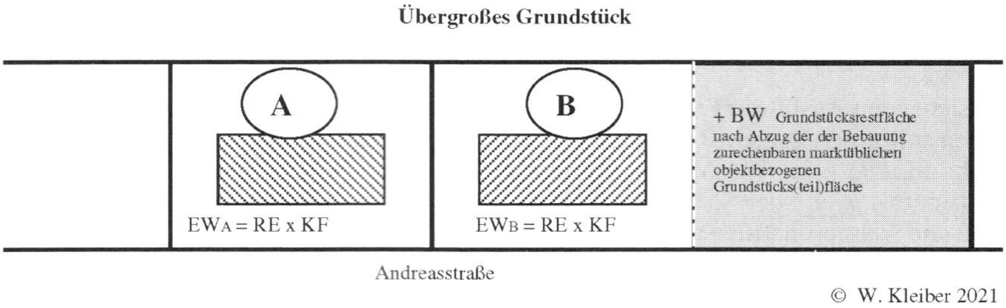

82 Bei der Ermittlung des **Ertragswerts von Objekten mit kurzer Restnutzungsdauer** sowie für den Teil eines bebauten Grundstücks, der eine zusätzliche Nutzung oder Verwertung zulässt, ist eine Bodenwertermittlung also unabweislich. Dann muss der Bodenwert mit der höchstmöglichen Genauigkeit ermittelt werden.

83 Übersteigt der sich durch Multiplikation des Bodenwerts mit dem objektspezifisch angepassten Liegenschaftszinssatz ergebende sog. Bodenwertverzinsungsbetrag (= BW x LZ) den Reinertrag des Grundstücks, so ist das Grundstück nach Maßgabe des § 43 ImmoWertV liquidationsverdächtig und der Bodenwert muss gegebenenfalls um die Freilegungskosten vermindert werden, wenn zur Ermittlung des Bodenwerts von Vergleichspreisen unbebauter Grundstücke ausgegangen wurde.

84 Ist am Wertermittlungsstichtag eine Freilegung des Grundstücks angezeigt, ist der so ermittelte **Bodenwert zugleich der Ertragswert**. Auf die Ermittlung des Gebäudewertanteils kann dann verzichtet werden, da dieser auf eine zu vernachlässigende Größe zusammenschrumpft und allein der Bodenwert im gewöhnlichen Geschäftsverkehr preisbildend ist.

85 Zusammenfassend kann also festgestellt werden, dass die Anwendung des vereinfachten Ertragswertverfahrens auf Grundstücke mit einer Bebauung, die eine längerfristige Restnutzungsdauer aufweisen, eine Reihe von Vorteilen hat, aber auch **Gefahrenmomente** aufweist. Wesentlicher Vorteil ist, dass der **Bodenwert** unter den vorstehenden Voraussetzungen gar **nicht** erst **ermittelt zu werden braucht**, da er – abgezinst über die Restnutzungsdauer – zu einer vernachlässigbaren Größe wird. Dies gilt allerdings nur insoweit, wie das Grundstück keine Übergröße aufweist und größenmäßig der Bebauung entspricht.

86 Bei sog. **ewiger Restnutzungsdauer** ist der Liegenschaftszinssatz reziprok zum Kapitalisierungsfaktor (KF = 1/LZ). Die Formel des vereinfachten Ertragswertverfahrens geht in die allgemeine Grundrentenformel über. Das vereinfachte Ertragswertverfahren kann dann auch direkt unter Heranziehung des Liegenschaftszinssatzes zur Anwendung kommen:

$$EW = \frac{\text{Reinertrag (RE)}}{\text{(Liegenschafts-)Zinssatz}}$$

2.6 Vervielfältigerverfahren (Maklermethode)

▶ *Vgl. § 20 ImmoWertV Rn. 34 ff.; zur Nettoanfangsrendite Vorbem. zur ImmoWertV Rn. 50*

87 Bei Anwendung des vereinfachten Ertragswertverfahrens wird als **Kapitalisierungsfaktor** der finanzmathematische Rentenbarwertfaktor in Abhängigkeit von dem Liegenschaftszinssatz LZ und der Restnutzungsdauer n angesetzt. Der Kapitalisierungsfaktor kann aber auch direkt als Vervielfältiger aus geeigneten Verkaufsfällen empirisch abgeleitet werden. Diese Methode entspricht der so genannten Maklermethode. Die Vorgehensweise ist in § 20 ImmoWertV geregelt. Die Vorschrift spricht in diesem Zusammenhang nicht von Kapitalisierungs-

faktoren (Vervielfältigern bzw. Rentenbarwertfaktoren), sondern von Ertragsfaktoren. Sie werden auch Mietenmultiplikatoren genannt.

$$EW = RE \times V$$

wobei V = empirisch abgeleiteter Vervielfältiger (Ertragsfaktor)

Diese Methode ist für die Ertragswertermittlung von Grundstücken, deren Bebauung eine kurze Restnutzungsdauer aufweist, aus den unter Rn. 66 ff. dargestellten Gründen untauglich. **88**

Beispiel: **89**

(für ein Wertermittlungsobjekt mit *kurzer* Restnutzungsdauer der baulichen Anlage)

a) Wertermittlungsobjekt

–	Jahresreinertrag RE	=	50 000 €
–	Bodenwert BW	=	200 000 €
–	Restnutzungsdauer n	=	20 Jahre
–	Liegenschaftszinssatz LZ	=	5 %
–	Kapitalisierungsfaktor KF	=	12,56

b) Wertermittlung

–	nach § 28 ImmoWertV:	EW = (RE – LZ u BW) u KF + BW	**= 700 000 €**
–	allein unter Verwendung des Kapitalisierungsfaktors KF:	EW = RE u KF	**= 628 000 €**

Mit **Verlängerung der Restnutzungsdauer** der baulichen Anlage vermindert sich der Anteil des Bodenwerts am Ertragswert des Grundstücks. **90**

Die **Ertragswertermittlung allein unter Anwendung des Kapitalisierungsfaktors ohne Berücksichtigung** (der Besonderheiten) **des Grund und Bodens muss bei kurzer Restnutzungsdauer des Gebäudes das Ergebnis verfälschen.** **91**

Dies gilt entsprechend bei Heranziehung von empirisch abgeleiteten Vervielfältigern, die im angelsächsischen Sprachraum als „*Years' Purchase*" – abgekürzt Y.P. – bzw. *Gross Income Multiplier* – abgekürzt: GIM – bezeichnet werden. Sie werden ermittelt als Quotienten aus **92**

$$\frac{\text{Kaufpreis}}{\text{Reinertrag (RE)}}$$

Diese Vorgehensweise entspricht der in Deutschland als **Maklermethode** bekannten Vorgehensweise, die auch den von verschiedenen Seiten veröffentlichten „**Kaufpreisen von Investments**" bzw. „**Mietenmultiplikatoren**" zugrunde liegt. **93**

Diese **Multiplikatoren (Kaufpreisen von** *Investments*) mögen zwar durch ihre Einfachheit verblüffen, sind aber für eine fundierte **Wertermittlung untauglich**, denn es wird nicht hinreichend differenziert nach Gebäudearten, Lagen, Ausstattung und vor allem nicht nach der Restnutzungsdauer der Gebäude. Es wird auch nicht immer eindeutig klargestellt, ob es sich bei den veröffentlichten Vervielfältigern um „Rein- oder Rohertragsvervielfältiger" handelt. **94**

Eine Verfeinerung des ihnen zugrunde liegenden Grundgedankens stellt die in § 20 ImmoWertV geregelte **Ableitung von Vergleichsfaktoren für bebaute Grundstücke** dar. Die danach abzuleitenden Ertragsfaktoren werden ebenfalls aus dem Verhältnis der Kaufpreise zum jeweiligen Reinertrag von den Gutachterausschüssen für Grundstückswerte abgeleitet, wobei nach § 20 ImmoWertV ausdrücklich die „marktüblich erzielbaren" und nicht die tatsächlich erzielten Reinerträge Grundlage sein sollen. Diesen Ertragsfaktoren ist der Vorzug zu geben, auch wenn bei ihrer Ableitung der jeweiligen Restnutzungsdauer bislang auch noch nicht hinreichend Rechnung getragen wurde (vgl. § 20 ImmoWertV Rn. 15 ff.). **95**

2.7 Instandhaltungs- und Modernisierungsmodell

▶ *Vgl. Rn. 15ff., 223*

96 Ausgangspunkt der Ertragswertermittlung ist – wie vorstehend dargestellt – der Jahresreinertrag des Grundstücks (*cashflow*). Der Reinertrag ergibt sich wiederum aus dem Rohertrag abzüglich der aufzubringenden Bewirtschaftungskosten. Bewirtschaftungskosten sind die Verwaltungs-, Betriebs- und Instandhaltungskosten, das Mietausfallwagnis sowie die Abschreibung. Instandhaltungskosten sind nach § 28 Abs. 1 Satz 1 II. BV die Kosten, die während der Nutzungsdauer zur Erhaltung des bestimmungsmäßigen Gebrauchs aufgewendet werden müssen, um die durch Abnutzung, Alterung und Witterungseinwirkung entstehenden baulichen oder sonstigen Mängel ordnungsgemäß zu beseitigen. **Mit der bloßen Instandhaltung lässt sich eine bauliche Anlage zwar „physisch“ auf Dauer erhalten, jedoch führt sie zu einer endlichen wirtschaftlichen Nutzungsdauer eines Gebäudes.** Denn bei ordnungsgemäßer Instandhaltung entspricht das Gebäude infolge der sich wandelnden Anforderungen an Immobilien irgendwann nicht mehr den zeitgemäßen Ansprüchen. Das Gebäude ist dann aus wirtschaftlicher Sicht „tot“ und der Zeitraum bis zu diesem Ableben wird als Restnutzungsdauer bezeichnet.

97 Grundsätzlich werden der Reinertrag (*cashflow*) und damit der Ertragswert unter Abzug eben dieser Instandhaltungskosten ermittelt. Daneben kann aber auch unterstellt werden, dass zusätzlich zur Instandhaltung die bauliche Anlage laufend modernisiert wird, was zu einem geringeren Reinertrag führt. Von daher kann nach dem

a) Instandhaltungsmodell

b) Modernisierungsmodell

unterschieden werden. Die **Modernisierung** definiert sich als Verbesserung des Gebrauchswerts (z.B. durch Änderung des Grundrisses bzw. der Ausstattung). Mit der Modernisierung gehen einerseits eine Erhöhung des marktüblich erzielbaren Ertrags und eine Verlängerung der Restnutzungsdauer einher. Da die jährlich angesetzten Modernisierungskosten i.d.R. höher als die daraus resultierenden Jahresmehrerträge sind, mindern sie im Ergebnis die jährlich marktüblich erzielbaren Reinerträge.

98 In der Praxis kommt vorherrschend das **Instandhaltungsmodell** zur Anwendung, wie es auch in der ImmoWertV geregelt ist, ohne dass die Verordnung die Anwendung des Modernisierungsmodells ausschließt. Dies ist darin begründet, dass über die Höhe der während der Restnutzungsdauer anfallenden Instandhaltungskosten verlässliche empirische Untersuchungen vorliegen, auf die sich eine fundierte Ertragswertermittlung stützen kann. Bei Anwendung dieses „Instandhaltungsmodells“ ergibt sich zwangsläufig eine begrenzte Restnutzungsdauer der baulichen Anlage, der entsprechend Rechnung zu tragen ist.

99 Bei Anwendung des **Modernisierungsmodells** wird der Ertragswert auf der Grundlage der entsprechend erhöhten Erträge ermittelt. Gleichzeitig werden neben den Instandhaltungskosten auch die jährlichen Modernisierungskosten bei der Ermittlung der Reinerträge berücksichtigt. Im Ergebnis ergibt sich regelmäßig ein gegenüber dem „Instandhaltungsmodell“ verminderter Reinertrag. Dem insoweit verminderten Reinertrag steht dann eine entsprechende Verlängerung der Restnutzungsdauer gegenüber.

100 Der damit einhergehende Vorteil des Modernisierungsmodells besteht nun darin, dass sich mit der Verlängerung der Restnutzungsdauer die Voraussetzungen für die Anwendung des vorgestellten vereinfachten Ertragswertverfahrens „künstlich“ herbeiführen lassen, d.h., man kommt dann ohne den Bodenwert aus.

– Das Modernisierungsmodell hat umgekehrt den Nachteil, dass im Vergleich zu den Instandhaltungskosten keine verlässlichen und allgemein anerkannten Erfahrungssätze über die künftigen Modernisierungskosten zur Verfügung stehen und auch nicht zur Verfügung stehen können. Welche Anforderungen schon heute im Hinblick auf die technischen Entwicklungen an bauliche Anlagen gestellt werden müssen, kann nämlich nicht verlässlich prognostiziert werden.

- Die Anwendung des Modernisierungsmodells verbietet sich dann, wenn aufgrund der Verhältnisse auf dem Grundstücksmarkt auch mit der aufwendigsten Modernisierung bzw. Umstrukturierung eine Immobilie nicht marktgängig gemacht werden kann oder die Modernisierungskosten unwirtschaftlich sind. So sind z.B. in den neuen Bundesländern auch aufwendig modernisierte Wohngebäude von einem erheblichen strukturellen Leerstand betroffen und stehen zum Abriss an.
- Dass bei Anwendung des Modernisierungsmodells der Ansatz eines Bodenwerts entbehrlich ist, stellt zumindest in Deutschland im Übrigen keinen echten Vorteil dar, denn mit den Bodenrichtwerten stehen die Bodenwerte mit einer für die Ertragswertermittlung hinreichenden Genauigkeit flächendeckend und jederzeit zur Verfügung.

Grundsätzlich wird aus Gründen der Nachvollziehbarkeit und Genauigkeit dem Instandhaltungsmodell der Vorzug gegeben. Das Modernisierungsmodell kommt gleichwohl in vielen Einzelfällen, z.B. bei Denkmälern, bei residueller Verkehrswertermittlung (Extraktion) einer instandsetzungs- bzw. modernisierungs- oder umstrukturierungsbedürftigen Immobilie oder bei besonderen Schwierigkeiten der Bodenwertermittlung, zur Anwendung. Zur Anwendung kommen auch „Zwittermodelle". So setzen beispielsweise die der Ertragswertermittlung von Lagerhallen und Hotels herangezogenen Nutzungsdauern bei genauerer Betrachtung zumindest eine Teilmodernisierung voraus. Mit den für derartige Objekte abgeleiteten Liegenschaftszinssätzen wird regelmäßig einer Teilmodernisierung Rechnung getragen. **101**

Darüber hinaus kann im Hinblick auf das Prinzip des *„highest and best use"* die Anwendung des Modernisierungsmodells auch geboten sein, nämlich dann, wenn sich auf der Grundlage dieses Modells ein **höherer Verkehrswert als bei bloßer Instandhaltung** ergibt. **102**

3 Grundzüge der Ertragswertverfahren

3.1 Übersicht

3.1.1 Modell- und referenzkonforme Ertragswertermittlung nach ImmoWertV

Schrifttum: *Austermann, C.*, Die neue Ertragswertrichtlinie – Genauere Berechnung oder nur scheinbar genau?, GuG 2016, 372.

▶ *Vgl. zur Anwendung der Wertermittlungsverfahren § 6 ImmoWertV Rn. 84 ff.*

Die Ertragswertermittlung nach den §§ 27 bis 34 ImmoWertV steht bei Heranziehung von Liegenschaftszinssätzen, die nach Maßgabe des § 12 Abs. 5 ImmoWertV abgeleitet worden sind, unter dem Grundsatz der Modell- und Referenzkonformität, und zwar in Bezug auf den der Ertragswertermittlung zugrunde liegenden Liegenschaftszinssatz. Die **dem Liegenschaftszinssatz zugrunde liegenden Modelle und Modellansätze** sind der Ermittlung des vorläufigen Ertragswerts zugrunde zu legen. Entsprechend den einschlägigen Vorgaben der ImmoWertV soll nach § 27 Abs. 2 ImmoWertV der *vorläufige* Ertragswert auf folgenden Grundlagen ermittelt werden: **103**

1. Der *vorläufige* **Bodenwert** ist nach Maßgabe der §§ 40 bis 43 ImmoWertV grundsätzlich mit dem Bodenwert eines unbebauten Grundstücks ohne Berücksichtigung der vorhandenen baulichen Anlagen auf dem Grundstück (§ 40 Abs. 1 ImmoWertV) anzusetzen, jedoch
   - bei **atypischer Nutzung** i.S. des § 40 Abs. 5 Nr. 1 ImmoWertV sowie bei Liquidationsobjekten i.S. des § 43 ImmoWertV mit dem nutzungsabhängigen Bodenwert entsprechend der auf dem Grundstück realisierten Nutzung,

- bei **übergroßen Grundstücken** i.S. des § 41 ImmoWertV nur mit dem Bodenwert der der Bebauung nach Art, Lage und Nutzung zurechenbaren marktüblichen Grundstücksfläche, d.h. unter Ausschluss der Grundstücksrestfläche.

Im Übrigen bestimmt sich der ***vorläufige*** **Bodenwerterschließungsbeitragspflichtiger Grundstücke regelmäßig nach dem Bodenwert des erschließungsbeitragsfreien Grundstücks** (vgl. Rn. 142, 242; § 40 ImmoWertV Rn. 192; Syst. Darst. des Vergleichswertverfahrens Rn. 142).

2. Es ist grundsätzlich vom marktüblich erzielbaren Reinertrag auszugehen. Der Reinertrag ergibt sich unter dem Regime der Modellkonformität aus dem Rohertrag abzüglich der mit Anl. 3 zur ImmoWertV vorgegebenen Modellansätze der Bewirtschaftungskosten, wie sie auch der Ableitung des Liegenschaftszinssatzes zugrunde liegen. Bei erheblichen Abweichungen der Modellansätze von den nach der Generalklausel des § 32 Abs. 1 ImmoWertV maßgeblichen „objektspezifischen Bewirtschaftungskosten" ergibt sich auf diesem Wege lediglich ein ***„vorläufiger"*** **Reinertrag**, der dementsprechend so auch im Gutachten zu bezeichnen ist. Der auf der Grundlage der objektspezifischen Bewirtschaftungskosten i.S. des § 32 Abs. 1 ImmoWertV sich ergebende objektspezifische Reinertrag muss nach der Systematik der ImmoWertV gar nicht mehr (im Gutachten) ausgeworfen werden, denn die Abweichungen der Bewirtschaftungskosten sind nach § 8 Abs. 3 ImmoWertV „besondere objektspezifische Grundstücksmerkmale" (boG). Deren Werteinfluss wird nachträglich dem vorläufigen Ertragswert „aufgesattelt", sofern er nicht im Rahmen der objektspezifischen Anpassung des Liegenschaftszinssatzes berücksichtigt wird.
   Werden abweichende Bewirtschaftungskosten indirekt im Rahmen der objektspezifischen Anpassung des Liegenschaftszinssatzes nach § 33 ImmoWertV berücksichtigt, gehen sie direkt bereits in den vorläufigen Ertragswert ein. Auch in diesem Falle wird vom vorläufigen Reinertrag ausgegangen, ohne dass nach der Systematik der ImmoWertV der objektspezifische Reinertrag (im Gutachten) ausgeworfen werden muss.

3. Das Gleiche gilt bei erheblichen Abweichungen der mit Anl. 1 und 2 zur ImmoWertV vorgegebenen Modellansätze der Gesamt- und Restnutzungsdauer von der nach der Generalklausel des § 4 Abs. 2 und 3 Satz 1 ImmoWertV maßgeblichen „objektspezifischen Gesamt- und Restnutzungsdauer". In diesem Fall ist es im Rahmen der Ermittlung des vorläufigen Verfahrenswerts angezeigt, von der modellkonform angesetzten „vorläufigen Gesamt- und Restnutzungsdauer" zu sprechen.

Die **Modellansätze sind bei alledem lediglich als Ausgangsgröße für die Ermittlung des** *vorläufigen* **Ertragswerts von Bedeutung**, wenn Liegenschaftszinssätze herangezogen werden, die auf der Grundlage dieser Modellansätze abgeleitet wurden. Der Marktwert (Verkehrswert) bestimmt sich aber nach der sich aus § 4 ImmoWertV für das zu bewertende Grundstück ergebenden Gesamt- und Restnutzungsdauer sowie den nach § 32 ImmoWertV für eine ordnungsgemäße Bewirtschaftung und zulässige Nutzung regelmäßig entstehenden Bewirtschaftungskosten. Daraus folgt, dass bei der Marktwertermittlung auftretende erhebliche Abweichungen von den Modellansätzen entweder im Rahmen der objektspezifischen Anpassung des Liegenschaftszinssatzes oder als besondere objektspezifische Grundstücksmerkmale (boG) zusammen mit sonstigen besonderen objektspezifischen Grundstücksmerkmalen i.S. des § 8 Abs. 3 Satz 2 ImmoWertV differentiell berücksichtigt werden müssen (vgl. Rn. 60; Vorbem. zur ImmoWertV Rn. 140; § 8 ImmoWertV Rn. 1 ff.; § 4 ImmoWertV Rn. 17; § 32 ImmoWertV Rn. 13; Syst. Darst. des Ertragswertverfahrens Rn. 60).

104 **Die ImmoWertV schließt** bei alledem **nicht aus**, dass **über die Vorgaben des § 12 Abs. 5 ImmoWertV hinaus der Ableitung von Liegenschaftszinssätzen noch weitere unter dem Grundsatz der Modell- und Referenzkonformität zu beachtende Modellstrukturen und Modellansätze zugrunde gelegt werden.** Soweit der Gutachterausschuss für Grundstückswerte über die Verordnung hinaus der Ableitung des Liegenschaftszinssatzes weitere Modellstrukturen und Modellansätze, z.B. bezüglich des marktüblich erzielbaren Ertrags, der der Wohn- bzw. Nutzfläche zugrunde liegenden Berechnungsnorm oder des Bodenwerts, zu-

grunde gelegt hat, müssen diese beachtet werden. Bei alledem ist die nach § 12 Abs. 6 ImmoWertV erforderliche Modellbeschreibung zu berücksichtigen.

Nach § 27 Abs. 2 ImmoWertV ist der **vorläufige Ertragswert auf der Grundlage eines** 105

- **den Grundstücksmerkmalen des jeweiligen Bewertungsobjekts sowie**
- **dem jeweilig maßgeblichen Wertermittlungsstichtag**

des „angepassten" Liegenschaftszinssatzes zu ermitteln. Hintergrund dieser Vorgabe ist, dass sich die aus der Kaufpreisansammlung abgeleiteten Liegenschaftszinssätze als „Basiszinssätze" darstellen, die sich jeweils

- **auf ein normiertes Norm- bzw. Referenzgrundstück (Liegenschaftszinssatzgrundstück)** mit den durchschnittlichen Merkmalen der Grundstücke beziehen, die der Ableitung des Liegenschaftszinssatzes zugrunde liegen, und
- der **Lage auf dem Grundstücksmarkt zu dem** der Ableitung des Liegenschaftszinssatzes zugrunde gelegten **Bezugsstichtag entsprechen**.

Der **Liegenschaftszinssatz** kann insoweit deshalb auch nur direkte Anwendung finden, wie im konkreten Fall ein zu bewertendes Grundstück auch die gleichen Grundstücksmerkmale aufweist und sich die Lage auf dem Grundstücksmarkt nicht grundlegend verändert hat. I.d.R. weichen jedoch im konkreten Bewertungsfall die Merkmale der zu bewertenden Liegenschaft von den Grundstücksmerkmalen ab, die dem Referenzgrundstück des Liegenschaftszinssatzes zugrunde liegen. Dem muss bei Heranziehung des Liegenschaftszinssatzes durch eine objektspezifische „Anpassung" des Liegenschaftszinssatzes oder in sonstiger geeigneter Weise Rechnung getragen werden.

Die Anpassung des Liegenschaftszinssatzes ist, wie im Übrigen auch die Anpassung sonstiger sog. erforderlicher Daten der Wertermittlung, schon seit jeher ein gewichtiger Schritt der Marktwertermittlung und wird nunmehr ihrer Bedeutung entsprechend in eigenständigen Paragrafen geregelt (§§ 26, 33 und 39 ImmoWertV). Begrifflich ist nunmehr zwischen dem **„Liegenschaftszinssatz"** (als Basiszinssatz) **und** dem **„objektspezifisch angepassten Liegenschaftszinssatz"** zu unterscheiden.

Ein „*objektspezifisch* angepasster Liegenschaftszinssatz" kann nach dem heutigen Stand der Marktwertermittlung im umfassenden Sinne nicht ermittelt werden und schon gar nicht unter Einbeziehung der besonderen *objektspezifischen* Grundstücksmerkmale (boG) i.S. des § 8 Abs. 3 ImmoWertV (vgl. § 33 ImmoWertV Rn. 5). In der Praxis geht es deshalb zumeist um objektspezifisch teilangepasste Liegenschaftszinssätze. Dies hängt nicht unwesentlich von den qualitativen Grundlagen der aus der Kaufpreissammlung abgeleiteten Liegenschaftszinssätzen ab. Es bedarf – vergleichbar mit der Darstellung der Grundstücksmerkmale von Bodenrichtwertgrundstücken – insbesondere auch einer umfassenden und hinreichenden Konkretisierung und Differenzierung der dem **Referenzgrundstück desLiegenschaftszinssatzes** zugrunde liegenden Grundstücksmerkmale.

Darüber hinaus bedarf es der Anpassung geeigneter vom Gutachterausschuss für Grundstückswerte bereitgestellter Umrechnungskoeffizienten, denn sonst verbleibt es bei einer Anpassung mittels Zu- oder Abschlägen oder in anderer sachgerechter Weise. Der mit § 9 Abs. 3 Satz 2 ImmoWertV gegebene Hinweis, dass „**auch sachgerecht geschätzt werden**" darf, wenn keine Umrechnungskoeffizienten „zur Verfügung" stehen, kann nicht befriedigen.

Mit der Anwendung des „objektspezifisch angepassten Liegenschaftszinssatzes" entfällt i.d.R. die Notwendigkeit einer ergänzenden Marktanpassung und sie führt dementsprechend zum **„vorläufigen marktangepassten Ertragswert"**.

Abschließend sind die mit dem modellkonform angeleiteten „**vorläufigen marktangepassten** 106 **Ertragswert**" nicht erfassten besonderen objektspezifische Grundstücksmerkmale (boG) ergänzend zu berücksichtigen.

107 **Besondere objektspezifische Grundstücksmerkmale (boG)** sind

- nicht nur die in § 8 Abs. 3 Satz 1 und 2 ImmoWertV genannten **besonderen Ertragsverhältnisse, Baumängel und Bauschäden, die baulichen Anlagen, die nicht mehr wirtschaftlich nutzbar sind (Liquidationsobjekte) und zur Freilegung anstehen, Bodenverunreinigungen, Bodenschätze sowie grundstücksbezogene Rechte und Belastungen,**sondern auch
- solche Grundstücksmerkmale, die nach Art oder Umfang erheblich von dem auf dem jeweiligen Grundstücksmarkt Üblichen abweichen, sowie
- von dem zugrunde gelegten Modell oder den Modellansätzen (Bewirtschaftungskosten, Restnutzungsdauer) erheblich abweichende Gegebenheiten einschließlich **vom Referenz- bzw. Normgrundstück des Liegenschaftszinssatzes abweichende Grundstücksmerkmale** des zu bewertenden Grundstücks,

denen mit der vorstehend erläuterten objektspezifischen „Anpassung" des Liegenschaftszinssatzes nach § 33 ImmoWertV nicht hinreichend Rechnung getragen wurde und nicht getragen werden konnte. Der mittelbaren Berücksichtigung besonderer objektspezifischer Grundstücksmerkmale (boG) durch Anpassung des Liegenschaftszinssatzes sind nämlich vielfach praktische Grenzen gesetzt und sie ist mitunter auch nicht praxisgerecht.

108 Keiner besonderen Berücksichtigung bedürfen bei Anwendung des Ertragswertverfahrens im Regelfall die bei Anwendung des Sachwertverfahrens gesondert zu berücksichtigenden Außenanlagen und „sonstigen" Anlagen wie **Gartenanlagen, Anpflanzungen und Parks**. Dass deren Wertanteil hier keiner gesonderten Wertermittlung bedarf, ist darauf zurückzuführen, dass die aus der baulichen Anlage fließende Rendite zugleich ein Entgelt für die Annehmlichkeit des Grundstücks in seiner Gesamtheit darstellt und mithin z.B. die Rendite aus einer parkähnlichen Gestaltung des Grundstücks umfasst[43]. Dies entspricht dem erkennbaren Willen des Verordnungsgebers. In der Begründung zu § 15 Abs. 1 WertV 88 heißt es hierzu: „Dies trägt einmal der Tatsache Rechnung, dass die baulichen Anlagen auf dem Grundstück insgesamt gesehen werden müssen und ihnen nur noch die sonstigen Anlagen gegenüberstehen, die i.d.R. für das Ertragswertverfahren nicht von Bedeutung sind, aber erforderlichenfalls über § 19 *(WertV 88, nunmehr § 8 Abs. 3 ImmoWertV)* erfasst werden können"[44]. Soweit sich zusätzlich zum Wertanteil der baulichen Anlagen ein Wertanteil für die „sonstigen" Anlagen tatsächlich einmal ergibt, ist dies nach § 8 Abs. 3 ImmoWertV zu berücksichtigen; eine doppelte Berücksichtigung muss dabei in jedem Fall vermieden werden.

Unter dem Regime des Modellkonformitätsgrundsatzes ändert sich der Aufbau eines Ertragswertgutachtens grundlegend. Der Sachverständige hängt insoweit (grundsätzlich) an der Nabelschnur des Gutachterausschusses für Grundstückswerte, auch wenn er fachlich abweichende Auffassungen vertritt.

1. Vor Anwendung des Ertragswertverfahrens muss man sich zu allererst Klarheit über den heranzuziehenden Liegenschaftszinssatz des Gutachterausschusses für Grundstückswerte sowohl hinsichtlich des ihm zugrunde liegenden Ertragswertmodells als auch der dem Liegenschaftszinssatz zugrunde liegenden „Modellansätze" sowie der sonstigen **Merkmale des Referenzgrundstücks** (Normgrundstück) verschaffen. Diesbezüglich empfiehlt es sich, den einschlägigen Grundstücksmarktbericht des Gutachterausschusses für Grundstückswerte auszuwerten und die diesbezüglichen **Angaben** insbesondere **zum Referenzgrundstück des Liegenschaftszinssatzes** im Interesse der Nachvollziehbarkeit im Gutachten möglichst vollständig anzugeben. Die eigene Ertragswertermittlung muss sich methodisch auf eben dieses Ertragswertmodell ausrichten.

---

43 OLG Koblenz, Urt. vom 13.01.1982 – 1 U 6/80 –, AVN 1988, 158 = EzGuG 2.28; so auch in der steuerlichen Bewertung (vgl. BewR Gr vom 19.09.1966, BAnz Nr. 183 Beil. = BStBl I 1966S. 890, zu § 79 BewG Nr. 21).
44 BR-Drs. 352/58, S. 55 f.

2. Darüber hinaus **muss sich auch das Ertragswertverfahren in seiner verfahrensmäßigen Abfolge am herangezogenen Liegenschaftszinssatz orientieren:**

   a) Ausgangspunkt der Ermittlung des vorläufigen Ertragswerts ist zunächst nicht das Bewertungsobjekt mit seinen tatsächlichen Grundstücksmerkmalen, sondern ein fiktives Grundstück mit den Grundstückseigenschaften des Referenzgrundstücks.

   b) Die dem Liegenschaftszinssatz zugrunde liegenden „Modellansätze" und sonstigen Grundstücksmerkmale sind möglichst detailliert im Gutachten darzulegen, damit die Berücksichtigung der besonderen Grundstücksmerkmale des zu bewertenden Grundstücks nachvollziehbar ist.

   c) Darüber hinaus muss der Werteinfluss der mit dem vorläufigen marktangepassten Ertragswert noch nicht erfassten besonderen objektspezifischen Grundstücksmerkmale (boG) in marktkonformer Weise ermittelt und begründet werden.

Das kann im Ergebnis dazu führen, dass bei der Ermittlung des Ertragswerts sowohl die Boden- als auch die Gebäudewertermittlung auseinandergerissen wird und die Lesbarkeit eines Gutachtens dadurch nicht unerheblich beeinträchtigt wird.

Abb. 20: Differentielle Berücksichtigung erheblicher Abweichungen der Gegebenheiten des Wertermittlungsobjekts von Modellansätzen

3.1.2 Verfahrensübersicht

109 Wie in der Verfahrensübersicht bei Rn. 32 ff. erläutert, werden mit dem 2. Abschnitt des 3. Teils der ImmoWertV drei Varianten ein- und desselben Ertragswertverfahrens angeboten:

1. Das als „***allgemeines*** **Ertragswertverfahren**“ bezeichnete *zweigleisige* Ertragswertverfahren unter Aufteilung des Ertragswerts in einen Boden- und Gebäudewertanteil (vgl. § 28 ImmoWertV),

2. das als „*vereinfachtes* **Ertragswertverfahren**" bezeichnete *eingleisige* Ertragswertverfahren *ohne* Aufteilung des Ertragswerts in einen Boden- und Gebäudewertanteil (vgl. § 29 ImmoWertV) und

3. das ***periodische* Ertragswertverfahren** auf der Grundlage periodisch konstanter oder alternierender Erträge (§ 30 ImmoWertV, vgl. Rn. 42).

Die Verfahren sind mathematisch identisch und müssen allesamt zu ein- und demselben Ertragswert führen.

Abb. 21: Systematik der ImmoWertV

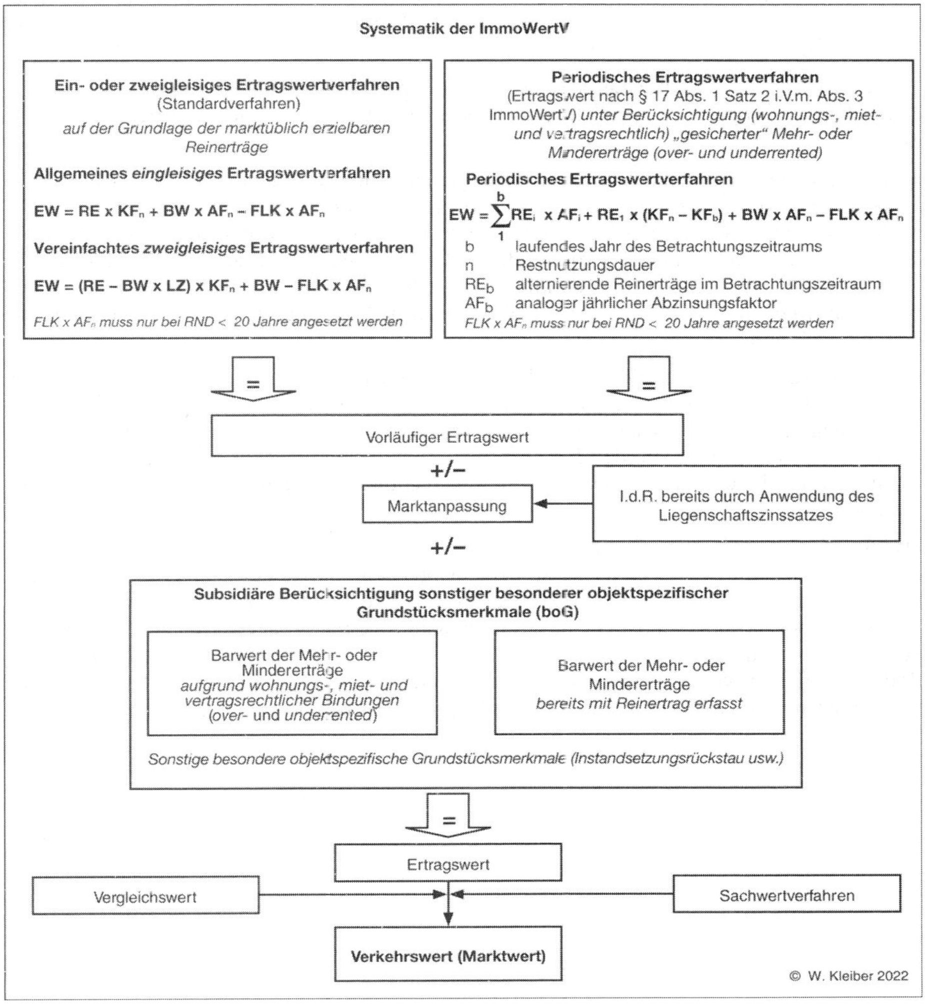

Der in der Verordnung gebrauchte Begriff des „vereinfachten Ertragswertverfahrens" ist irreführend, da das Verfahren lediglich *vereinfachungsfähig* ist, nämlich im Falle seiner Anwendung auf Grundstücke, deren Bebauung eine lange Restnutzungsdauer aufweist und wo keine selbstständig nutzbaren Teilflächen gegeben sind. Auf die Ermittlung des Bodenwerts kann dann verzichtet werden, da er nur in abgezinster Höhe in den Ertragswert eingeht und gegen null geht. Nur in diesem Fall wird – wie schon in den Vorlauflagen dieses Werks – vom vereinfachten Ertragswertverfahren gesprochen.

110 Bei allen Verfahrensvarianten ist grundsätzlich von den **am Wertermittlungsstichtag marktüblich erzielbaren Roh- bzw. Reinerträgen und** (nach Maßgabe des § 27 Abs. 1 Satz 1 i.V.m. § 3 ImmoWertV) **den bei ordnungsgemäßer Bewirtschaftung und zulässiger Nutzung marktüblich entstehenden Bewirtschaftungskosten** auszugehen. Die vom Grundstücksmarkt allgemein erwarteten Änderungen immobilienwirtschaftlich bedeutsamer Rahmenbedingungen, insbesondere die allgemeinen Ertragsentwicklungen, werden mit dem für alle Verfahren maßgeblichen Liegenschaftszinssatz nach § 21 Abs. 2 und 3 ImmoWertV berücksichtigt. Der Liegenschaftszinssatz „vernachhaltigt" den als Ausgangsgröße herangezogenen (am Wertermittlungsstichtag) marktüblich erzielbaren Ertrag. Es handelt sich mithin bei allen Verfahrensvarianten um die international gebräuchliche *all over capitalization method* auf der Grundlage der *all over capitalization rate.*

111 Die Standardverfahren **(allgemeines und vereinfachtes Ertragswertverfahren)** unterscheiden sich von dem periodischen Ertragswertverfahren nach § 30 ImmoWertV lediglich darin, dass

a) bei Anwendung der Standardverfahren (allgemeines und vereinfachtes Ertragswertverfahren) *temporäre Abweichungen der wohnungs-, miet- und vertragsrechtlich erzielten Erträge* und auch Abweichungen der tatsächlich entstehenden Bewirtschaftungskosten insbesondere aufgrund wohnungs-, miet- oder vertragsrechtlicher Bindungen von den marktüblich erzielbaren Erträgen bzw. marktüblich anfallenden Bewirtschaftungskosten (*over- und underrented*) in einem ergänzenden Rechenschritt zu ermitteln und zu berücksichtigen sind, während

b) bei Anwendung des *periodischen* Ertragswertverfahrens entsprechende Abweichungen (*over- und underrented*) direkt berücksichtig werden, indem in den jeweiligen Jahren nicht von den marktüblich erzielbaren Erträgen bzw. den marktüblich anfallenden Bewirtschaftungskosten, sondern von den Erträgen bzw. Bewirtschaftungskosten ausgegangen wird, die aufgrund wohnungs-, miet- oder vertragsrechtlicher Bindungen „sicher" zu erwarten sind.

112 Das Standardverfahren (ein- und zweigleisige Ertragswertverfahren) unterscheidet sich von dem *periodischen* Ertragswertverfahren dementsprechend nur in der Darstellung der Ergebnisse. Während bei Anwendung des ein- und zweigleisigen Ertragswertverfahrens der Barwert von Mehr- oder Mindereinnahmen aufgrund wohnungs-, miet- oder vertragsrechtlicher Bindungen (*over- und underrented*) gesondert „ausgeworfen" wird, gehen bei Anwendung des periodischen Ertragswertverfahrens diese **Mehr- oder Mindereinnahmen in den** jeweiligen **jährlichen Ertragswertanteil** ein, d.h., die jährlichen Ertragsflüsse werden in ihrer Gesamtheit „ausgeworfen".

Beispiel:

a) Sachverhalt

Auf der Grundlage des am Wertermittlungsstichtag marktüblich erzielbaren Reinertrags von 104 400 € p.a. wurde im ersten Schritt ein vorläufiger Ertragswert von 1 620 822,89 € ermittelt.

Aufgrund mietvertraglicher Bindungen werden jährlich unterschiedliche Mehr- und Mindereinnahmen (*over- und underrented*) erzielt. Diese stellen sich im zeitlichen Verlauf wie folgt dar (Abb. 22).

Abb. 22: Zeitlicher Verlauf der Ertragsflüsse der Mehr und Mindereinnahmen

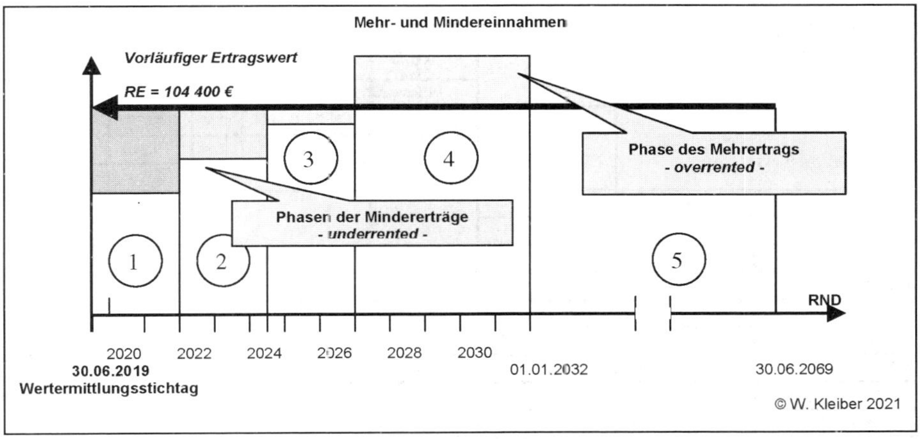

Aufgrund mietvertraglicher Bindungen stellt sich die Ertragsentwicklung wie folgt dar.

Ertragsentwicklung aufgrund Vertragslage, Wertermittlungsstichtag 31.06.2019				
Phase	**ab**	**bis**	**Jahresreinertrag**	**Dauer in Jahren**
1	ab 30.06.2019	bis 31.12.2021	93 600 €	2,5
2	ab 01.01.2022	bis 30.06.2024	96 300 €	2,5
3	ab 01.07.2024	bis 31.12.2026	99 900 €	2,5
4	ab 01.01.2027	bis 31.12.2031	108 900 €	5,0
5	ab 01.01.2032	bis 30.06.2069	104 400 €	37,5

b) Ertragswertermittlung unter Anwendung des allgemeinen und vereinfachten Ertragswertverfahrens

Ermittlung des Ertragswerts unter Anwendung des allgemeinen und vereinfachten Ertragswertverfahrens und Berücksichtigung von vertraglichen Mehr- und Mindereinnahmen mit Hilfe des Auf- und Abschichtungsverfahrens.

Vorläufiger Ertragswert				Auf- und Abschichtung *(Top and Bottom Slicing)*							
		marktüblicher Reinertrag		vertraglicher Reinertrag		Mehr- und Mindererträge					
Nr. Lage	NF/WF m²	€/m² NF Monat	€ p. a.	€ p. a.	€/m² NF Monat	ΔRE €/p. a.	Beginn	Ende	Δ Jahre	KF	Mehr- bzw. Minderertrag
1 EG links	50	12	7 200	7 200	12,00	–					
2 EG Mitte	150	10	18 000	9 000	5,00	– 9 000	30.06.2019	31.12.2021	2,50	2,26	– 20 334 €
Bemerkung	Staffelmietvertrag			13 500	7,50	– 4 500	01.01.2022	31.12.2026	7,50	5,90	
						Differenz der Kapitalisierungsfaktoren				3,64	– 16 386 €
				22 500	12,50	4 500	01. 01.2017	31 12 2021	12,50	8,82	
									7,50	-5,90	
						Differenz der Kapitalisierungsfaktoren				2,72	12 245 €
3 EG rechts	100	80	9 600	9 600	8,00						
4 OG links	50	120	7 200	7 200	12,00						
5 OG Mitte	150	10	18 000	14 400	8,00	– 3 600	30.06.2019	30.06.2024	5,00	4,21	– 15 165 €
Bemerkung	Mietvertrag (underrented)										
6 OG rechts	100	8	9 600	9 600	8,00						
7 DG inks	50	12	7 200	7 200	12,00						
8 DG Mitte	150	10	18 000	19 800	11,00	1 800	31.06.2019	31.12.2021	2,50	2,26	4 067 €
Bemerkung	Mietvertrag (overrented)										
9 DG rechts	100	8	9 600	9 600	8,00	–					
Summe	900		104 400 €								– 35 573 €

Ertragswertermittlung

Wertermittlungsstichtag: 30.6.2019

Bodenwert	200 000 €
Restnutzungsdauer	50 Jahre
Liegenschaftszinssatz (LZ)	6,00 %

Gebäudeertragswert

1. vereinfachtes Ertragswertverfahren

$$EW = RE \times KF_n + BW \times AF_n$$

RE	=	104 400 €
V	=	15,761861
RE × KF	=	1 645 538 €
BW	=	200 000 €
AF_n	=	0,054288
BW × AF_n	=	10858 €
EW (vorläufig)	**=**	**1 656 396 €**
abzüglich *(underrented)*	=	– 35 573 €
EW	**=**	**1 620 823 €**

2. Allgemeines Ertragswertverfahren

$$EW = (RE - BW \times LZ) \times KF + BW$$

RE	=	104 400 €
BW	=	200 000 €
BW × LZ	=	12 000 €
RE – (BW × LZ)	=	92 400 €
V	=	15,761861
RE – (BW × LZ) × KF	=	1 456 396 €
BW	=	***+ 200 000 €***
EW (vorläufig)	=	1 656 396 €
abzüglich *(underrented)*	=	– 35 573 €
EW	**=**	**1 620 823 €**

Der vorläufige Ertragswert ergibt sich damit zu **rd. 1 620 000 €**

Die Mehr oder Mindereinnahmen ergeben sich bezogen auf die einzelnen Mieteinheiten und in ihrer Gesamtheit aus der Aufstellung.

c) Ertragswertermittlung unter Anwendung des periodischen Ertragswertverfahrens

Ermittlung des Ertragswerts unter Anwendung des periodischen Ertragswertverfahrens und direkter Berücksichtigung von vertraglichen Mehr- und Mindereinnahmen:

Jahr	Dauer von WST: 31.06.2019 bis	Periode	Differenz Jahre	KF bei LZ 6,00 %	Reinertrag €/Jahr	RE × KF = Cashflow
2019	31.12.2019	1	0,50	0,478568961	× 93 600 €	= 44 794 €
2020	31.12.2020	2	1,50	1,394876378		
	31.12.2019		– 0,50	– 0,478563961		
			= 1,00	0,916307417	× 93 600 €	= 85 766 €
2021	31.12.2021	3	2,50	2,259317338		
	31.12.2020		– 1,50	– 1,39487638		
			= 1,00	0,86444096	× 93 600 €	= 80 912 €
2022	31.12.2022	4	3,50	3,074827677		
	31.12.2021		– 2,50	– 2,25931734		
			= 1,00	0,81551034	× 96 300 €	= 78 534 €
2023	31.12.2023	5	4,50	3,844177054		
	31.12.2022		– 3,50	– 3,07482768		
			= 1,00	0,76934938	× 96 300 €	= 74 088 €
2024 1. Jahreshälfte	31.06.2024	6a	5,00	4,212363786		
	31.12.2023		– 4,50	– 3,84417705		
			= 0,50	0,36818673	× 96 300 €	= 35 456 €
2024 2. Jahreshälfte	31.12.2024	6b	5,50	4,569973353		
	30.06.2024		– 5,00	– 4,21236379		
			= 0,50	0,35761457	× 99 900 €	= 35 726 €
2025	31.12.2025	7	6,50	5,254696559		
	31.12.2024		– 5,50	– 4,56997835		
			= 1,00	0,68471821	× 99 900 €	= 68 403 €
2026	31.12.2026	8	7,50	5,900657131		
	31.12.2025		– 6,50	– 5,25469656		
			= 1,00	0,64595057	× 99 900 €	= 64 531 €
2027	31.12.2027	9	8,50	6,51005390		
	31.12.2026		– 7,50	– 5,90065713		
			= 1,00	0,60939677	× 108 900 €	= 66 363 €
2028	31.12.2028	10	9,50	7,08495651		
	31.12.2027		– 8,50	– 6,51005390		
			= 1,00	0,57490261	× 108 900 €	= 62 607 €
2029	31.12.2029	11	10,50	7,62731746		
	31.12.2028		– 9,50	– 7,08495651		
			= 1,00	0,54236095	108 900 €	= 59 063 €

Jahr	Dauer von WST: 31.06.2019 bis	Periode	Differenz Jahre	KF bei LZ 6,00 %	Reinertrag €/Jahr	RE × KF = Cashflow
2030	31.12.2030	12	11,50	8,13897874		
	31.12.2029		– 10,50	– 7,62731746		
			= 1,00	0,51166128	108 900 €	= 55 720 €
2031	31.12.2031	13	12,50	8,62167805		
	31.12.2030		– 11,50	– 8,13897874		
			= 1,00	0,48269932	108 900 €	= 52 566 €
(Restwert)	30.06.2069	14	50,00	15,76186064		
	31.12.2031		– 12,50	– 8,62167805		
2032–2069			= 37,50	7,14018258	104 400 €	= 745 435 €
Σ RE × KF						1 609 965 €
+ Bodenwert: 200 000 € abgezinst über 50 Jahre mithilfe AF					10 858 €	10 858 €
= Ertragswert (vorläufig)						**1 620 823€**

113 Bei Anwendung des periodischen Ertragswertverfahrens sind die Mehr- oder Mindereinnahmen aufgrund wohnungs-, miet- oder vertragsrechtlicher Bindungen – im Unterschied zu den Standardverfahren – nicht mehr bezogen auf die einzelnen Mieteinheiten erkennbar. Stattdessen sind aber die **jährlichen Gesamterträge unter Berücksichtigung der Mehr- oder Mindereinnahmen** erkennbar.

3.1.3 BelWertV

▶ *Vgl. § 1 ImmoWertV Rn. 12; zu den Verfahren § 6 ImmoWertV Rn. 56; 210; § 21 ImmoWertV Rn. 59ff.; Teil IX Rn. 188ff., 264*

114 **Die §§ 8 bis 13 BelWertV regeln die Ermittlung des Beleihungswerts unter Anwendung eines Ertragswertverfahrens in Anlehnung an die Grundzüge des allgemeinen (zweigleisigen) Ertragswertverfahrens der ImmoWertV.**

Zur Ermittlung des Ertragswerts ist nach § 10 Abs. 1 Satz 1 BelWertV analog zur Verkehrswertermittlung von dem Ertrag auszugehen, den das Objekt „bei ordnungsgemäßer Bewirtschaftung und zulässiger Nutzung jedem Eigentümer *nachhaltig* gewähren kann“. Der **Begriff des „nachhaltigen“ Ertrags** ist der aufgehobenen WertV 88/98 entlehnt. Die ImmoWertV hat diesen Begriff verworfen und durch den (am Wertermittlungsstichtag) „marktüblich erzielbaren Ertrag ersetzt, denn tatsächlich wird dieser Ertrag erst mit dem Liegenschaftszinssatz „vernachhaltigt“ (vgl. Rn. 17 ff., 27; § 21 ImmoWertV Rn. 4, 16, 36). Dies gilt gleichermaßen für den Kapitalisierungszinssatz i.S. des § 12 Abs. 3 BelWertV. Die Vorschrift definiert den Kapitalisierungszinssatz in materieller Übereinstimmung mit dem Liegenschaftszinssatz der ImmoWertV als einen Zinssatz mit dem expressis verbis „die *künftig* erzielbaren nachhaltigen Reinerträge eines Grundstücks“ berücksichtigt werden sollen (*all over capitalization method*). Dabei dürfen jedoch im Hinblick auf das Vorsichtsprinzip die mit § 12 Abs. 4 BelWertV vorgegebenen Schranken nicht über- und unterschritten werden (vgl. Rn. 263).

Darüber hinaus gibt die BelWertV für die Anwendung des Ertragswertverfahrens folgende Vorgaben:

1. Zur Ermittlung des Reinertrags ist der nach § 10 BelWertV ermittelte Rohertrag um die nach Maßgabe des § 11 BelWertV anzusetzenden Bewirtschaftungskosten zu mindern. Diese bestimmen sich analog zur ImmoWertV nach den (bei ordnungsgemäßer Bewirtschaftung) üblicherweise beim Vermieter verbleibenden Einzelkostenansätzen für Verwaltungskosten, Instandhaltungskosten, das Mietausfallwagnis und gegebenenfalls weitere nicht durch Umlagen gedeckte Betriebskosten. Die **Einzelkostenansätze** dürfen im Hin-

blick auf das Vorsichtsprinzip die in Anl. 1 zur BelWertV vorgegebene Mindestsätze nicht unterschreiten (vgl. Rn. 204).

2. Darüber hinaus ist objektartenspezifisch ein **Modernisierungsrisiko** nach § 11 Abs. 7 BelWertV zu berücksichtigen. Berechnungsbasis des Modernisierungsrisikos sind die Herstellungskosten (ohne Baunebenkosten und Außenanlagen) sowie die sich aus Anl. 1 zur BelWertV ergebenden Prozentsätze (vgl. Rn. 205).
3. Nach § 10 Abs. 1 Satz 2 BelWertV soll der Ertragswert auf der Grundlage des **vertraglich vereinbarten Ertrags** ermittelt werden, wenn dieser unter dem „nachhaltigen" Ertrag liegt.
4. Der **Bodenwertverzinsungsbetrag** wird – analog zur Verkehrswertermittlung – auf der Grundlage des Kapitalisierungszinssatzes ermittelt, mit dem der nachhaltige Ertrag berücksichtigt wird. Bei sog. übergroßen Grundstücken bleiben – wiederum analog zur Verkehrswertermittlung – selbständig nutzbare Teilflächen bei der Ermittlung des Bodenwertverzinsungsbetrags außer Betracht (vgl. § 9 Abs. 2 Satz 3 BelWertV, § 41 ImmoWertV).
5. Nach § 12 Abs. 2 BelWertV bemisst sich die **Restnutzungsdauer** analog zu § 4 Abs. 3 Satz 1 ImmoWertV nach dem Zeitraum, über den die bauliche Anlage bei ordnungsgemäßer Unterhaltung und Bewirtschaftung voraussichtlich noch wirtschaftlich betrieben werden kann. Mit Anl. 2 zur BelWertV werden nachstehende Maximalsätze für die Nutzungsdauer baulicher Anlagen vorgegeben (vgl. Rn. 270).

Im Unterschied zur ImmoWertV wird nach der Systematik der BelWertV die **Berücksichtigung besonderer objektspezifischer Grundstücksmerkmale** (boG) nur kursorisch erfasst. Hier besteht eine Lücke, denn erfahrungsgemäß gilt es eine Vielzahl besonderer wertbeeinflussender Umstände zu berücksichtigen. Die BelWertV sieht diesbezüglich lediglich zwei besonders zu berücksichtigende Tatbestände vor:

a) Ein erkennbarer ***Instandhaltungsrückstau, Baumängel und Bauschäden***, die noch nicht in geeigneter Weise in die Ermittlung von Ertragswertwert eingeflossen sind, sind nach § 4 Abs. 3 BelWertV auf der Grundlage der für ihre Beseitigung am Wertermittlungsstichtag bekannten oder vorsichtig geschätzten Aufwendungen als gesonderter Abschlag vom Beleihungswert zu berücksichtigen.

b) Bestehen strukturelle oder lang andauernde **Leerstände**, ist nach § 10 Abs. 4 BelWertV besonders zu prüfen, ob das Objekt aufgrund der jeweiligen Marktlage und seines Zustands überhaupt ertragsfähig ist oder eine wirtschaftliche Nutzung zu den angesetzten Roherträgen in absehbarer Zeit noch zu erwarten ist.

3.1.4 Steuerliche Bewertung

3.1.4.1 Allgemeines

▶ *Vgl. Rn. 262, 271; Vorbem. zur ImmoWertV Rn. 3; zum niedrigeren Wert § 1 ImmoWertV Rn. 13, 24; § 3 ImmoWertV Rn. 26, 166, 196; § 6 ImmoWertV Rn. 64 f., 195; § 8 ImmoWertV Rn. 45 f., 159; § 13 ImmoWertV Rn. 24 ff., 31, 46 ff.; § 15 ImmoWertV Rn. 9; § 21 ImmoWertV Rn. 64 ff., 174; zu baufälligen Gebäuden und zur steuerlichen Aufteilung in einen Boden- und Gebäudeanteil (Abschreibung) vgl. § 40 ImmoWertV Rn. 7, 28, 82 ff., 142; Syst. Darst. des Vergleichswertverfahrens Rn. 9, 166 ff., 277; Syst. Darst. des Ertragswertverfahrens Rn. 118, 196, 264, 271; Syst. Darst. des Sachwertverfahrens Rn. 13 ff., 42, 169, 317 ff.*

115 Im Rahmen der steuerlichen Bewertung des Grundvermögens kommt das Ertragswertverfahren zur Ermittlung des gemeinen Werts für die Bemessung

a) der Grunderwerbsteuer nach den §§ 138 ff. BewG,

b) der Erbschaft- und Schenkungsteuer nach den §§ 157 ff. BewG,

c) der Grundsteuer nach den §§ 218 ff. BewG

in unterschiedlicher Weise zur Anwendung.

3.1.4.2 Grunderwerbsteuer

116 Der Grundbesitzwert bebauter Grundstücke (§ 146 Abs. 1 BewG) wird im Ertragswertverfahren nach den Vorgaben des § 146 Abs. 2 bis 7 BewG nach folgendem Schema ermittelt:

Schema

	Vereinbarte Jahresmiete* im Besteuerungszeitpunkt (bis 31.12.2006: durchschnittliche Jahresmiete* der letzten drei Jahre)
×	12,5
=	Kapitalisierte Jahresmiete
–	Alterswertminderung in Höhe von - 0,5 % für jedes vollendete Jahr zwischen Bezugsfertigkeit und Besteuerungszeitpunkt - maximal 25 %
=	Zwischenwert
+	20 % Zuschlag bei Wohngrundstücken mit nicht mehr als zwei Wohnungen
–	Abrundung auf volle 500 €
=	Grundbesitzerwert

* Jahresmiete ist das vertraglich vereinbarte Gesamtentgelt für die Nutzung ohne Betriebskosten (Nettokaltmiete) bzw. die „Sollmiete", d.h., auf die tatsächliche Miete soll es nicht ankommen.

Statt der Jahresmiete ist die übliche Miete, d. h. die für vergleichbare Objekte von Dritten üblicherweise gezahlte Miete, anzusetzen bei

- Eigennutzung,
- Nichtnutzung,
- vorübergehender oder unentgeltlicher Nutzung,
- Vermietung zu einer Miete, die um mehr als 20 % von der üblichen Miete abweicht.

117 § 146 Abs. 2 BewG knüpft für die Bewertung an die **für das bebaute Grundstück im Durchschnitt der letzten drei Jahre vor dem Besteuerungszeitraum erzielte Jahresmiete** an. Dabei handelt es sich um einen wirtschaftlichen Sachverhalt, der keiner Überprüfung nach § 42 Abs. 1 Satz 1 AO unterliegt. Eine missbräuchliche rechtliche Gestaltung i.S. dieser Vorschrift kann demgemäß nicht allein deshalb vorliegen, weil die erzielten Mieten niedriger als die üblichen sind.

Nach § 146 Abs. 2 Satz 1 BewG ist der Wert eines bebauten Grundstücks das 12,5-Fache der für dieses im Durchschnitt der letzten drei Jahre vor dem Besteuerungszeitpunkt erzielten Jahresmiete, vermindert um die Wertminderung wegen des Alters des Gebäudes. **Jahresmiete ist das Gesamtentgelt, das der Mieter für die Nutzung der bebauten Grundstücke aufgrund vertraglicher Vereinbarungen für den Zeitraum von zwölf Monaten zu zahlen hat** (§ 146 Abs. 2 Satz 2 BewG).

Nach § 146 Abs. 3 Satz 1 BewG tritt an die Stelle der Jahresmiete die **übliche Miete**, wenn ein bebautes Grundstück oder Teile hiervon nicht oder vom Eigentümer oder dessen Familie selbst genutzt, anderen unentgeltlich zur Nutzung überlassen oder an Angehörige oder Arbeitnehmer des Eigentümers vermietet wurde. Die übliche Miete ist dann die Miete, die für nach Art, Lage, Größe, Ausstattung und Alter vergleichbare, nicht preisgebundene Grundstücke von fremden Mietern bezahlt wird (§ 146 Abs. 3 Satz 2 BewG).

Die **Vermietung im Rahmen einer Betriebsaufspaltung** führt nicht dazu, dass das an die Betriebsgesellschaft entgeltlich überlassene Grundstück bewertungsrechtlich als durch die Besitzgesellschaft „selbst genutzt" anzusehen ist. Das folgt aus der rechtlichen Eigenständigkeit der Besitzgesellschaft einerseits und der Betriebsgesellschaft andererseits, die auch steuerrechtlich wie zwei selbstständige Unternehmen behandelt werden und nicht wirtschaftlich zu einem einheitlichen Unternehmen zusammenzufassen sind[45]. Dabei ist unerheblich, in welchem Betriebsvermögen das zu bewertende Grundstück ertragssteuerrechtlich zu erfassen ist. Selbst wenn das zu bewertende Grundstück nach § 4 Abs. 1 EStG Sonderbetriebsvermögen im Gewerbebetrieb des Mieters darstellt, ergibt sich auch daraus kein der Anwendung des § 146 Abs. 2 BewG vorgelagertes bewertungsrechtliches Hindernis, die erzielten Mieten zur Bestimmung der Jahresmiete i.S. des § 146 Abs. 2 BewG heranzuziehen[46].

3.1.4.3 Erbschaftssteuerliche Grundbesitzbewertung

Schrifttum: *Roscher, M.*, Bewertung eines Geschäftsgrundstücks nach dem Erbschaftsteuerreformgesetz, GuG 2009, 221.

a) Allgemeines 118

Die **erbschaft- und schenkungssteuerliche Bewertung des Grundvermögens** ist in den §§ 176 bis 198 BewG geregelt. Bei den Bewertungen sind die von den Gutachterausschüssen ermittelten „sonstigen für die Wertermittlung erforderlichen Daten" (§ 193 Abs. 5 Satz 2 BauGB i.V.m. §§ 12 ff. ImmoWertV) anzuwenden, wenn diese Daten weitgehend in demselben Modell erfolgt sind, das der steuerlichen Bewertung zugrundeliegt(Modellkonformität i.S. des § 10 ImmoWertV). Hat der Gutachterausschuss diese Daten auf einen Stichtag bezogen, ist der letzte Stichtag vor dem Bewertungsstichtag maßgeblich, sofern dieser nicht mehr als drei Jahre vor dem Bewertungsstichtag liegt. Liegt der Bezugsstichtag mehr als drei Jahre zurück oder ist kein Bezugsstichtag bestimmt, sind die sonstigen für die Wertermittlung erforderlichen Daten anzuwenden, die von den Gutachterausschüssen für den letzten Auswertungszeitraum abgeleitet werden, der vor dem Kalenderjahr endet, in dem der Bewertungsstichtag liegt. Diese Daten sind für längstens drei Jahre ab dem Ende des Kalenderjahres maßgeblich, in dem der vom Gutachterausschuss zugrunde gelegte Auswertungszeitraum endet. Soweit sich die maßgeblichen Wertverhältnisse nicht wesentlich geändert haben, können die Daten auch über einen längeren Zeitraum als drei Jahre hinaus angewendet werden.

b) Besonderheiten 119

Die Regelungen der §§ 176 bis 198 BewG über das Vergleichs-, Ertrags- und Sachwertverfahren lehnen sich zwar an die entsprechenden Vorschriften der ImmoWertV an, jedoch weisen sie eine Reihe von Abweichungen auf und dementsprechend handelt es sich auch hier um typisierende Verfahren, die regelmäßig zu Werten führen, die vom Verkehrswert abweichen. Dies geht z.B. bei Anwendung des Ertragswertverfahrens darauf zurück, dass der Ertrag abweichend von § 7 Abs. 1 Nr. 2 und § 27 Abs. 1 ImmoWertV nicht den marktüblich erzielbaren Ertrag, sondern gemäß § 186 Abs. 1 BewG nach dem bemessen werden soll, was nach den am Bewertungsstichtag geltenden vertraglichen Vereinbarungen für den Zeitraum von zwölf Monaten zu zahlen ist.

45 BFH, Urt. vom 11.09.2013 – II R 61/11 –, GuG 2014, 127 = BStBl II 2014, 363 = EzGuG 20.203b; BFH, Urt. vom 02.02.2005 – II R 4/03 –, BFHE 208, 421 = BStBl II 2005, 426 = EzGuG 20.197.
46 BFH, Beschl. vom 17.03.2008 – II B 3/08 –, BFH/NV 2008, 929 = EzGuG 20.203b.

Dies betrifft des Weiteren die **Berücksichtigung besonderer objektspezifischer Grundstücksmerkmale** i.S. des § 8 ImmoWertV (Besonderheiten). So bleiben in der steuerlichen Bewertung insbesondere die den Wert beeinflussenden Belastungen privatrechtlicher und öffentlich-rechtlicher Art vorbehaltlich nachstehender Besonderheiten unberücksichtigt[47]. Demgegenüber sind besondere objektspezifische Grundstücksmerkmale in einem Sachverständigengutachten einschließlich der Rechte und Belastungen eines Grundstücks nach Maßgabe des § 4 Abs. 2 ImmoWertV zu berücksichtigen.

Dabei geht es bei den typisierten Wertermittlungsverfahren nach den §§ 176 bis 197 BewG insbesondere um folgende Besonderheiten:

- Ist das **Grundstück wesentlich größer, als es einer den Gebäuden angemessenen Nutzung entspricht**, und ist eine zusätzliche Nutzung oder Verwertung einer Teilfläche zulässig und möglich, ist bei der Berechnung des Verzinsungsbetrags der Bodenwert dieser Teilfläche nach § 185 Abs. 2 Satz 2 BewG nicht zu berücksichtigen.
- Die **Restnutzungsdauer** eines noch nutzbaren Gebäudes bestimmt sich nach § 185 Abs. 3 und § 190 Abs. 6 BewG analog zu § 4 Abs. 1 ImmoWertV grundsätzlich aus dem Unterschiedsbetrag zwischen der Gesamtnutzungsdauer, die sich aus der Anl. 22 zum BewG ergibt, und dem Alter des Gebäudes am Bewertungsstichtag ermittelt (vgl. § 4 ImmoWertV Rn. 22). Sind nach Bezugsfertigkeit des Gebäudes Veränderungen eingetreten, die die Restnutzungsdauer des Gebäudes wesentlich verlängert haben, ist von der entsprechend verlängerten Restnutzungsdauer auszugehen. Die Restnutzungsdauer eines noch nutzbaren Gebäudes beträgt mindestens 30 Prozent der Gesamtnutzungsdauer, jedoch ist bei einer bestehenden Abbruchverpflichtung für das Gebäude diese Restnutzungsdauer auf den Unterschiedsbetrag zwischen der tatsächlichen Gesamtnutzungsdauer und dem Alter des Gebäudes am Bewertungsstichtag begrenzt. **Zur Verlängerung der Gesamtnutzungsdauer des Gebäudes durch Modernisierungsmaßnahmen** wird auf die Hinweise bei § 4 ImmoWertV Rn. 52, 90 ff. verwiesen.
- Wird ein Gebäude mit *nicht selbstständigen* Gebäudeteilen unterschiedlich genutzt, ist die Wahl der maßgeblichen wirtschaftlichen Gesamtnutzungsdauer entsprechend der Grundstücksart des § 181 BewG wie folgt vorzunehmen.

  1. Handelt es sich bei der zu bewertenden wirtschaftlichen Einheit um ein Mietwohngrundstück, ist die typisierte wirtschaftliche Gesamtnutzungsdauer für Mietwohngrundstücke in Höhe von 70 Jahren anzunehmen. Dies gilt unabhängig davon, ob im Gebäude enthaltene Räume (z.B. Verkaufsräume oder Büros) für Zwecke genutzt werden, für die eine abweichende wirtschaftliche Gesamtnutzungsdauer anzunehmen wäre.
  2. Handelt es sich bei der zu bewertenden wirtschaftlichen Einheit um ein Geschäftsgrundstück, das aus einem Gebäude mit nicht selbstständigen Gebäudeteilen verschiedener Bauart oder Nutzung (z.B. geschossweise unterschiedliche Bauart, Tiefgarage unter Bankgebäude) besteht, ist zur Ermittlung einer einheitlichen Restnutzungsdauer die typisierte wirtschaftliche Gesamtnutzungsdauer für Geschäftsgrundstücke laut Anl. 22 zum BewG anzunehmen, die dem durch die Hauptnutzung des Gebäudes bestimmten Gesamtgepräge des Gebäudes entspricht. Dies gilt unabhängig davon, ob im Gebäude enthaltene Räume (z.B. Wohnungen) für Zwecke genutzt werden, für die eine abweichende wirtschaftliche Gesamtnutzungsdauer anzunehmen wäre. Ist keine der Nutzungen des Gebäudes prägend, ist für dieses Gebäude bei der Ermittlung der Restnutzungsdauer von der durchschnittlichen Gesamtnutzungsdauer der jeweiligen Gebäudearten der Anlage 22 zum BewG auszugehen.

47 Vgl. FG München, Urt. vom 16.06.2021 – 4 K 347/19 –, EFG 2021, 1752 = EzGuG 20.369;vgl. auch BFH, Beschl. vom 05.07.2018 – II B 122/17 –, BFHE 262, 163 = BStBl II 2018, 660 = EzGuG 20,274; BFH, Urt. vom 28.05.2019 – II R 4/16 –, BFHE 265, 408 = BStBl II 2020, 32 = EzGuG 14.200; FG Münster, Urt. vom 27.08.2020 – 3 K 722/16 –, EFG 2020, 1627 = EzGuG 14.214.

3. Handelt es sich bei der zu bewertenden wirtschaftlichen Einheit um ein gemischt genutztes Grundstück, ist die typisierte wirtschaftliche Gesamtnutzungsdauer für gemischt genutzte Grundstücke in Höhe von 70 Jahren anzunehmen.

- Werden bei Anwendung des Vergleichswertverfahrens anstelle von Preisen für Vergleichsgrundstücke von den Gutachterausschüssen für geeignete Bezugseinheiten, insbesondere Flächeneinheiten des Gebäudes, ermittelte und mitgeteilte Vergleichsfaktoren herangezogen, die sich nur auf das Gebäude beziehen, ist der Bodenwert nach § 179 BewG gesondert zu berücksichtigen.
- **Außenanlagen** (bauliche Außenanlagen und sonstige Anlagen) sind bei Anwendung des Ertragswertverfahrens mit dem nach § 184 Abs. 1 bis 3 BewG ermittelten Ertragswert abgegolten. Bei Anwendung des Sachwertverfahrens sind sie entsprechend mit dem nach § 189 Abs. 1 bis 3 BewG ermittelten Sachwert abgegolten, jedoch gilt dies nicht bei „besonders werthaltigen Außenanlagen und sonstigen Anlagen“, die dann ergänzend zu berücksichtigen sind (vgl. Syst. Darst. des Sachwertverfahrens Rn. 243)[48].

Davon bleibt nach § 177 Abs. 4 und § 183 Abs. 3 die Ermittlung des niedrigeren gemeinen Werts i.S. des § 198 BewG unberührt (vgl. § 1 ImmoWertV Rn. 24 ff).

c) Wertermittlungsverfahren

Der Wert von bebauten Grundstücken (vgl. § 6 ImmoWertV Rn. 69) ist nach dem Vergleichs-, Ertrags-oder dem Sachwertverfahren zu ermitteln. § 182 Abs. 1 BewG führt diese Verfahren analog zu § 6 Abs. 1 Satz 1 ImmoWertV gleichwertig auf.

- Im **Vergleichswertverfahren** sind nach § 182 Abs. 2 BewG grundsätzlich **Wohnungs- und Teileigentum sowie Ein- und Zweifamilienhäuser** zu bewerten. Ein Grundstück gilt nach § 181 Abs. 2 Satz 2 BewG auch dann als Ein- oder Zweifamilienhaus, wenn es zu weniger als 50 Prozent, berechnet nach der Wohn- oder Nutzfläche, zu anderen als Wohnzwecken mitbenutzt wird und dadurch die Eigenart als Ein- oder Zweifamilienhaus nicht wesentlich beeinträchtigt wird.Liegt ein Vergleichswert nicht vor, sind Wohnungs- und Teileigentum sowie Ein- und Zweifamilienhäuser nach § 182 Abs. 4 Nr. 1 BewG im Sachwertverfahren zu bewerten.Bei Anwendung des **Vergleichswertverfahrens** sind nach § 183 Abs. 1 BewG Kaufpreise von Grundstücken heranzuziehen, die hinsichtlich der ihren Wert beeinflussenden Merkmale mit dem zu bewertenden Grundstück hinreichend übereinstimmen (Vergleichsgrundstücke). Vorrangig sind die von den Gutachterausschüssen für Grundstückswerte mitgeteilten Vergleichspreise.Anstelle von Preisen für Vergleichsgrundstücke können von den örtlichen Gutachterausschüssen für geeignete Bezugseinheiten, insbesondere Flächeneinheiten des Gebäudes, ermittelte und mitgeteilte **Vergleichsfaktoren** (§ 20 ImmoWertV) herangezogen werden. Bei Verwendung von Vergleichsfaktoren, die sich nur auf das Gebäude beziehen, ist der Bodenwert nach § 179 gesondert zu berücksichtigen. Die von den Gutachterausschüssen ermittelten herangezogenen Vergleichsfaktoren sind geeignet, wenn deren Ableitung weitgehend in demselben Modell erfolgt ist wie das Modell der steuerlichen Bewertung.
- Im **Ertragswertverfahren** sind nach § 182 Abs. 3 BewG **Mietwohngrundstücke, Geschäftsgrundstücke und gemischt genutzte Grundstücke** zu bewerten, für die sich auf dem örtlichen Grundstücksmarkt eine übliche Miete ermitteln lässt. Geschäftsgrundstücke und gemischt genutzte Grundstücke, für die sich auf dem örtlichen Grundstücksmarkt eine übliche Miete nicht ermitteln lässt, sind im Sachwertverfahren zu bewerten.

48 Ziff. 9 der gleich lautenden Erlasse der obersten Finanzbehörden der Länder zur Umsetzung des Steueränderungsgesetzes 2015 (Zur Anwendung der Vorschriften für die Bewertung des Grundvermögens im Sechsten Abschnitt des Zweiten Teils des BewG für Bewertungsstichtage nach dem 31.12.2015) vom 08.01.2016 (BStBl I 2016S. 173); ErbStR und ErbStH 2011, zu § 190 BewG R B 190.5 (GuG 2012, 157 228 ff. und S. 279); vgl. auch gleich lautende Erlasse der obersten Finanzbehörden der Länder zur Umsetzung des Gesetzes zur Reform des Erbschaftsteuer- und Bewertungsrechts vom 05.05.2009, Abschn. 29 (GuG 2009, 305 ff.)

- Im **Sachwertverfahren** sind nach § 182 Abs. 4 BewG **Wohnungs- und Teileigentum sowie Ein- und Zweifamilienhäuser** zu bewerten, wenn kein Vergleichswert vorliegt, Geschäftsgrundstücke und gemischt genutzte Grundstücke, für die sich auf dem örtlichen Grundstücksmarkt eine übliche Miete nicht ermitteln lässt, und sonstige bebaute Grundstücke.
  Der Gebäudesachwert ermittelt sich auf der Grundlage der Regelherstellungskosten unter Berücksichtigung eines von den örtlich zuständigen Gutachterausschüssen für Grundstückswerte ermittelten Regional- und Alterswertminderungsfaktors. Sofern solche nicht zur Verfügung stehen, sind die in der Anl. 25 zum BewG bestimmten und nunmehr ebenfalls an das Marktniveau angepassten Wertzahlen zu verwenden.

120 *d) Ertragswertverfahren*

Das mit den §§ 184 ff. BewG vorgegebene Modell der steuerrechtlichen Ertragswertermittlung entspricht dem Modell des in § 28 ImmoWertV geregelten allgemeinen Ertragswertverfahrens. Der Ertragswert setzt sich wie nach § 28 ImmoWertV aus dem getrennt zu ermittelnden Bodenwert (des unbebauten Grundstücks nach § 179 BewG) und dem auf der Grundlage des Ertrags (nach § 185 BewG) zu ermittelnden Wert des Gebäudes (Gebäudeertragswert) zusammen.

- **Rohertrag** ist das jährliche Entgelt, das für die Benutzung des bebauten Grundstücks nach den am Bewertungsstichtag geltenden *vertraglichenVereinbarungen* zu zahlen ist. Für Grundstücke oder Grundstücksteile, die eigengenutzt, ungenutzt, zu vorübergehendem Gebrauch oder unentgeltlich überlassen sind, ist die übliche Miete anzusetzen. Dies gilt auch, wenn der Eigentümer dem Mieter das Mietobjekt zu einer um mehr als 20 Prozent von der **üblichen Miete** abweichenden tatsächlichen Miete überlassen hat. Die übliche Miete ist in Anlehnung an die Miete zu schätzen, die für Räume gleicher oder ähnlicher Art, Lage und Ausstattung regelmäßig gezahlt wird.
- Der **Reinertrag** ergibt sich aus dem Rohertrag abzüglich der Bewirtschaftungskosten, die sich nach § 187 BewG aus den bei gewöhnlicher Bewirtschaftung nachhaltig entstehenden Verwaltungskosten, Betriebskosten, Instandhaltungskosten und dem Mietausfallwagnis zusammensetzen. Eine Abschreibung sowie durch Umlagen gedeckte Betriebskosten bleiben unberücksichtigt. Es sind die mit Anlage 23 zum BewG vorgegebenen und nach Maßgabe des § 187 Abs. 3 BewG auf der Grundlage des vom Statistischen Bundesamt festgestellten Verbraucherpreisindex für Deutschland dem Bewertungsstichtag anzupassenden Bewirtschaftungskosten anzusetzen (vgl. § 31 ImmoWertV Rn. 29).
- Der um den Bodenwertverzinsungsbetrag verminderte Reinertrag ist sodann mit dem **Liegenschaftszinssatz** über die Restnutzungsdauer zu kapitalisieren und ergibt zusammen mit dem Bodenwert den Ertragswert.
  Nach § 188 Abs. 2 Satz 1 BewG sind die **vom örtlichen Gutachterausschuss für Grundstückswerte ermittelten Liegenschaftszinssätze anzuwenden**. Soweit jedoch derartige Liegenschaftszinssätze nicht vorliegen, kommen nachfolgende Liegenschaftszinssätze nach § 188 Abs. 2 Satz 2 BewG zur Anwendung.

  1. 3,5 Prozent für Mietwohngrundstücke,
  2. 4,5 Prozent für gemischt genutzte Grundstücke mit einem gewerblichen Anteil von bis zu 50 Prozent, berechnet nach der Wohn- und Nutzfläche,
  3. 5,0 Prozent für gemischt genutzte Grundstücke mit einem gewerblichen Anteil von mehr als 50 Prozent, berechnet nach der Wohn- und Nutzfläche, und
  4. 6,0 Prozent für Geschäftsgrundstücke.

Bei alledem kommen nach § 188 Abs. 2 Satz 1 BewG nicht allein die vom örtlichen Gutachterausschuss ermittelten Liegenschaftszinssätze in Betracht. Es können analog zur Rechtsprechung des BFH[49] betreffend die Anwendung von Vergleichsfaktoren sowie entsprechend der allgemeinen Praxis der Verkehrswertermittlung auch Liegenschaftszinssätze aus vergleichbaren Gebieten (ggf. benachbarter Gutachterausschüsse) herangezogen werden, sofern Abweichungen in den regionalen und allgemeinen Marktverhältnissen marktgerecht berücksichtigt werden können. Dies war noch in Ziff. 7 der aufgehobenen ErtragswertR[50] klargestellt worden. Darüber hinaus können danach auch Liegenschaftszinssätze aus anderen Quellen berücksichtigt werden, wenn sie hinsichtlich Aktualität und Repräsentativität den für die jeweilige Grundstücksart maßgeblichen Grundstücksmarkt zutreffend abbilden und ihre Ableitung ausreichend nachvollziehbar dargelegt ist(§ 21 ImmoWertV Rn. 44). In diesen Fällen ist der Liegenschaftszinssatz besonders, d.h. über das allgemeine Begründungserfordernis hinaus, zu begründen.

Davon ist gegebenenfalls aus sachlichen Gründen Gebrauch zu machen, denn die in § 188 Abs. 2 Satz 2 BewG genannten „starren" Liegenschaftszinssätze berücksichtigen nicht die auf die langjährige Nullzinspolitik der Europäischen Zentralbank zurückführbaren erheblichen Immobilienwertsteigerungen. Diese haben auf dem allgemeinen Grundstücksmarkt zu einer signifikanten Absenkung der Liegenschaftszinssätze geführt. Vor diesem Hintergrund werden mit den „starren" Liegenschaftszinssätzen des § 188 Abs. 2 Satz 2 BewG die allgemeinen Wertverhältnisse des Grundstücksmarktes nur unzureichend berücksichtigt.

49 BFH, Urt. vom 24.08.2022 – II R 14/20 –, GuG 2023, 114 = EzGuG 20.240.

50 Abgedruckt in Kleiber, Wertermittlungsrichtlinien, 12.Aufl. Bundesanzeiger Verlag 2016.

Abb. 23: Übersicht über das erbschaftsteuerliche Ertragswertverfahren nach den §§ 184 bis 188 BewG

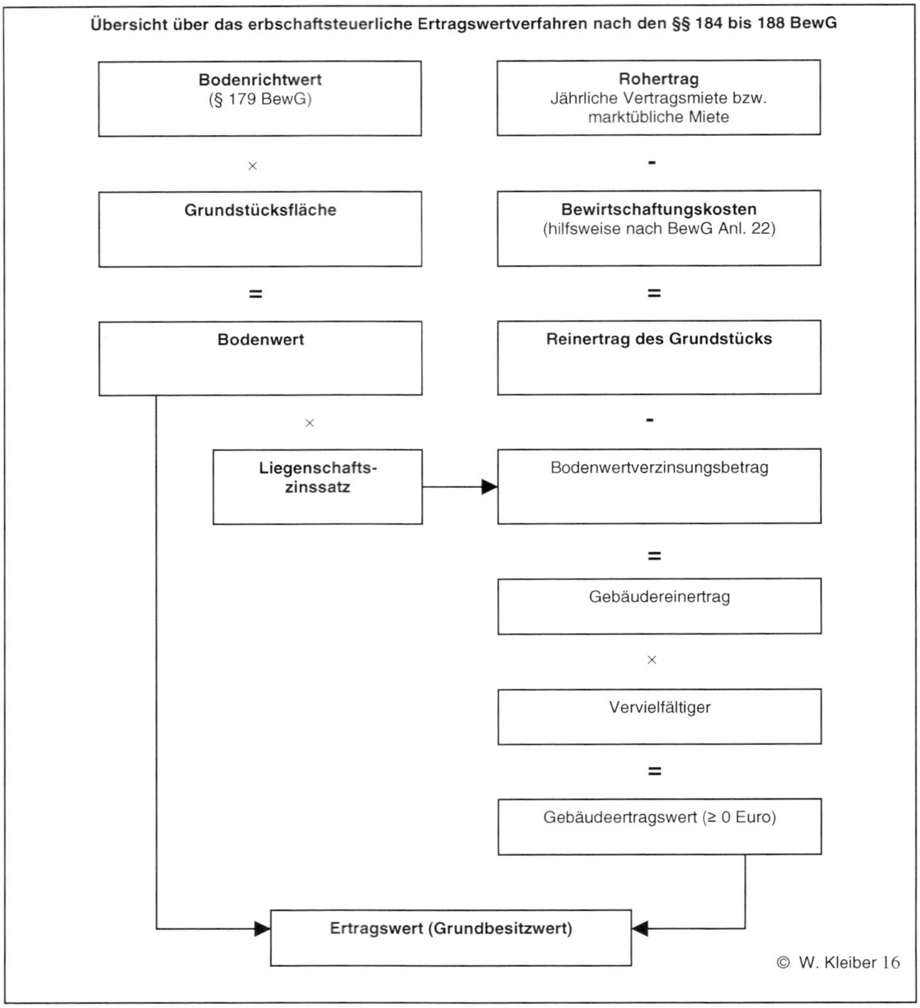

3.1.4.4 Grundsteuerbewertung

▶ *Zur Gesamt- und Restnutzungsdauer vgl. § 4 ImmoWertV Rn. 22, 56, 90*

121 Der Grundsteuerwert von Ein- und Zweifamilienhäusern, Mietwohngrundstücken und von Wohnungseigentum ist nach § 250 Abs. 2 BewG im **typisierten Ertragswertverfahren nach den §§ 252 bis 257 BewG** zu ermitteln. Das typisierte Ertragswertverfahren lehnt sich an das vereinfachte Ertragswertverfahren der ImmoWertV mit folgenden Maßgaben an:

– Der *Bodenwert* bestimmt sich nach § 257 Abs. 1 Satz 1 BewG „regelmäßig" nach dem Bodenrichtwert.

- Die *Restnutzungsdauer* ist grundsätzlich der Unterschiedsbetrag zwischen der typisierten *wirtschaftlichen Gesamtnutzungsdauer*, die sich aus Anl. 38 zum BewG ergibt, und dem Alter des Gebäudes am Bewertungsstichtag.
- Sind nach der Bezugsfertigkeit des Gebäudes Veränderungen eingetreten, die die wirtschaftliche Gesamtnutzungsdauer des Gebäudes wesentlich verlängert haben, ist von einer der Verlängerung der entsprechenden Restnutzungsdauer auszugehen (vgl. Rn. 117).
- Die Restnutzungsdauer eines noch nutzbaren Gebäudes beträgt mindestens 30 Prozent der wirtschaftlichen Gesamtnutzungsdauer.
- Bei einer bestehenden *Abbruchverpflichtung* für das Gebäude ist die Restnutzungsdauer abweichend auf den Unterschiedsbetrag zwischen der tatsächlichen Gesamtnutzungsdauer und dem Alter des Gebäudes am Bewertungsstichtag begrenzt.
- Der *jährliche Rohertrag* des Grundstücks ergibt sich aus den in Anl. 39 zum BewG nach Land, Gebäudeart, Wohnfläche und Baujahr des Gebäudes angegebenen monatlichen Nettokaltmieten je Quadratmeter Wohnfläche einschließlich der in Abhängigkeit der Mietniveaustufen festgelegten Zu- und Abschläge (**Listenmiete**). Die Listenmiete wurde aus dem Mikrozensus des Statistischen Bundesamtes abgeleitet und entspricht der durchschnittlichen Nettokaltmiete je Quadratmeter Wohnfläche, differenziert nach drei Grundstücksarten, drei Wohnflächengruppen, fünf Baujahrsgruppen sowie sechs gemeindescharfen Mietniveaustufen.
- Als typisierende *Bewirtschaftungskosten* werden die bei ordnungsgemäßer Bewirtschaftung und zulässiger Nutzung marktüblich entstehenden jährlichen Verwaltungskosten, Betriebskosten, Instandhaltungskosten und das Mietausfallwagnis berücksichtigt, die nicht durch Umlagen oder sonstige Kostenübernahmen gedeckt sind. Sie ergeben sich aus den pauschalierten Erfahrungssätzen nach Anl. 40 BewG (vgl. Rn. 107; § 32 ImmoWertV Rn. 29).
- Es kommen *typisierende Liegenschaftszinssätze* nach Maßgabe des § 256 BewG zur Anwendung (vgl. § 21 ImmoWertV Rn. 67).

  1. 2,5 Prozent für Ein- und Zweifamilienhäuser,
  2. 3,0 Prozent für Wohnungseigentum,
  3. 4,0 Prozent für Mietwohngrundstücke mit bis zu sechs Wohnungen,
  4. 4,5 Prozent für Mietwohngrundstücke mit mehr als sechs Wohnungen

  mit folgenden Modifikationen in Korrelation mit dem Bodenrichtwert[51]:

  - Bei der *Bewertung von Ein- und Zweifamilienhäusern* i.S. des § 249 Abs. 2 und 3 BewG **verringert sich der vorgegebene Zinssatz um jeweils 0,1 Prozentpunkte für jede vollen 100 €, die der Bodenrichtwert oder der Bodenwert nach § 247 Abs. 3 BewG je Quadratmeter den Betrag von 500 €/m² übersteigt.** Ab einem Bodenrichtwert oder Bodenwert nach § 247 Abs. 3 BewG je Quadratmeter in Höhe von 1 500 €/m² beträgt der Zinssatz für Ein- und Zweifamilienhäuser einheitlich 1,5 Prozent (§ 256 Abs. 2 BewG).
  - Bei der *Bewertung von Wohnungseigentum* i S. des § 249 Abs. 5 BewG verringert sich der vorgegebene Zinssatz um jeweils 0,1 Prozentpunkte für jede vollen 100 €, die der Bodenrichtwert oder der Bodenwert nach § 247 Abs. 3 BewG je Quadratmeter den Betrag von 2 000 €/m² übersteigt. Ab einem Bodenrichtwert oder Bodenwert nach § 247 Abs. 3 BewG je Quadratmeter in Höhe von 3 000 €/m² beträgt der Zinssatz für Wohnungseigentum einheitlich 2 Prozent (§ 256 Abs. 3 BewG).

51 Vgl. BTDrs 19/11085; BRDrs 354/19 (Beschluss); BTDrs 19/13713 und BTDrs 19/14138.

– Besondere objektspezifische Grundstücksmerkmale bleiben grundsätzlich unberücksichtigt, jedoch sind bei der Ermittlung von Grundsteuer- sowie Mindestwerten von Ein- und Zweifamilienhäusern von der Referenzfläche des herangezogenen Bodenrichtwerts abweichende Grundstücksgrößen ebenso zu berücksichtigen wie die „selbständig nutzbaren Teilflächen" übergroßer Grundstücke (vgl. 41 ImmoWertV).

122 Von einer **Verlängerung der Restnutzungsdauer** kann beispielsweise **im Falle einer Kernsanierung** oder Entkernung auszugehen sein, wenn nicht nur der Ausbau (u.a. Heizung, Fenster und Sanitäreinrichtungen) umfassend modernisiert, sondern auch der Rohbau (u.a. Fundamente, tragende Innen- und Außenwände, Treppen, Dachkonstruktion sowie Geschossdecken) teilweise erneuert worden sind (A 253.1 AEBewGrSt, Kernsanierung). Bauliche Maßnahmen an nicht tragenden Bauteilen (z. B. Neugestaltung der Fassade) verlängern die Gesamtnutzungsdauer allein nicht wesentlich.

Im Jahr der Kernsanierung beträgt die Restnutzungsdauer aus Vereinfachungsgründen 90 Prozent der wirtschaftlichen Gesamtnutzungsdauer des Gebäudes. Als **Jahr der Kernsanierung** gilt das Jahr, in dem die Kernsanierung abgeschlossen wurde.

3.2 Grundzüge des allgemeinen Ertragswertverfahrens nach § 28 ImmoWertV (Standardverfahren)

▶ *Vgl. Rn. 34 ff.*

123 **Das in § 28 ImmoWertV geregelte allgemeine (zweigleisige) Ertragswertverfahren ist das bedeutsamste Standardverfahren der Ertragswertermittlung**. Es ist universell anwendbar und bietet die größte Gewähr für eine fundierte Ertragswertermittlung.

124 Formelmäßig stellt sich das Verfahren wie folgt dar:

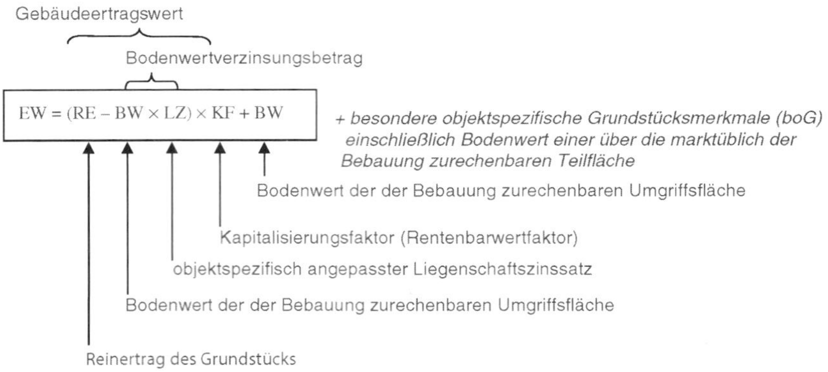

wobei

EW	= Ertragswert
BW	= Bodenwert
KF	= Kapitalisierungsfaktor (Vervielfältiger bzw. Rentenbarwertfaktor)
LZ	= objektspezifisch angepasster Liegenschaftszinssatz

125 **Der Ertragswert setzt sich zusammen aus dem „vorläufigen marktangepassten Ertragswert" und den Zu- bzw. Abschlägen aufgrund „besonderer objektspezifischer Grundstücksmerkmale"** (boG). Der „vorläufige Ertragswert" teilt sich in einen Boden- und Gebäudewertanteil auf. Als Bodenwert wird zunächst der „vorläufige" Bodenwert ermittelt, der mit

dem Liegenschaftszinssatz kompatibel ist und ggf. nach Maßgabe der in den §§ 40 ff. ImmoWertV geregelten Besonderheiten angesetzt werden muss Als Gebäudewertanteil (Gebäudeertragswert) wird zunächst der Gebäudewert ohne Berücksichtigung temporärer Minder- oder Mehreinnahmen aufgrund wohnungs-, miet- oder vertragsrechtlicher Bindungen oder eines Instandhaltungsrückstaus (Baumängel und Bauschäden) ermittelt; es handelt sich mithin um den „langfristigen" Gebäudewertanteil (Abb. 24).

Abb. 24 Zusammensetzung des Ertragswerts

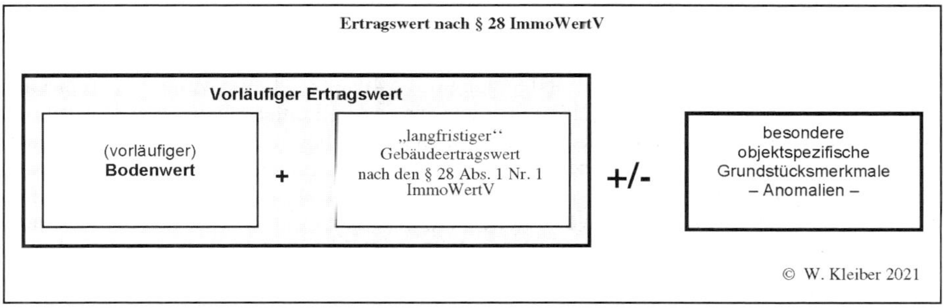

3.3 Ermittlung des vorläufigen Ertragswerts

3.3.1 Bodenwert

3.3.1.1 Vorläufiger Bodenwert

▶ *Vgl. § 3 ImmoWertV Rn. 38 ff.; § 5 ImmoWertV Rn. 70; § 8 ImmoWertV Rn. 29 ff.; § 13 ImmoWertV Rn. 24; § 14 ImmoWertV Rn. 19; § 20 ImmoWertV Rn. 15 ff.; § 41 ImmoWertV Rn. 1; Syst. Darst. des Ertragswertverfahrens Rn. 59, 125; Syst. Darst. des Sachwertverfahrens Rn. 265; zur Bodensondierung bzw. Berücksichtigung der vom Modellansatz abweichenden Grundstücksgröße vgl. Syst. Darst. des Vergleichswertverfahrens Rn. 141 ff., 247 ff.; zur Bodensondierung bei der Beleihungswertermittlung vgl. Teil IX Rn. 194 ff.*

Der Bodenwert ist vorrangig nach dem Vergleichswertverfahren zu ermitteln. Nach der 126
Grundsatzregelung des § 40 Abs. 1 ImmoWertV bestimmt sich der **Bodenwert ohne Berücksichtigung der auf dem Grundstück vorhandenen baulichen Anlagen nach dem des unbebaut gedachten Grundstücks**.

Grundsätzlich hat die **Bodenwertermittlung** nach § 24 Abs. 1 Satz 1 ImmoWertV auf der 127
Grundlage einer ausreichenden Anzahl von geeigneten Vergleichspreisen Vorrang vor dem Bodenrichtwertverfahren. Nach § 24 Abs. 1 Satz 2 ImmoWertV kann auch auf geeignete objektspezifisch angepasste Bodenrichtwerte zurückgegriffen werden. Dies kann in erster Linie nach dem Grundsatz der Modellkonformität angezeigt sein, nämlich dann, wenn der Liegenschaftszinssatz unter Heranziehung von Bodenrichtwerten ermittelt wurde.

Nach der hier vertreten Auffassung ist der *vorläufige* Bodenwert grundsätzlich bezogen

- auf die allgemeinen Wertverhältnisse des Bezugsstichtags des Liegenschaftszinssatzes und
- auf die Grundstücksmerkmale zu ermitteln, die dem Norm- bzw. Referenzgrundstück des Liegenschaftszinssatzes zugrunde liegen (bzw. innerhalb dessen Bandbreite liegen) (vgl. hierzu Rn. 130).

Sofern der Grund und Boden des zu bewertenden Grundstücks flächen- und zustandsmäßig 128
von dem abweicht, was auf dem jeweiligen Grundstücksmarkt nach Art und Größe üblich ist

und auch dem zur Ertragswertermittlung heranzuziehenden Liegenschaftszinssatz zugrunde liegt, muss begrifflich unterschieden werden, zwischen

a) dem **Bodenwert des Grundstücks in seiner Gesamtheit** und

b) dem **Bodenwert, der im Rahmen der Ermittlung des *vorläufigen*Ertragswerts nach Maßgabe des § 27 Abs. 2 ImmoWertV als „Bodenwert"** nach den § 28 Satz 1 Nr. 2, § 29 Abs. 1 Nr. 2 und § 30 Abs. 3 Satz 1 Nr. 2 ImmoWertV **zugrunde zu legen ist**.

129 Der **der Ermittlung des *vorläufigen* Ertragswerts** nach § 27 Abs. 2 ImmoWertV **zugrunde zu legende „*vorläufige*" Bodenwert ist der** auf der Grundlage des nach den §§ 40 bis 43 ImmoWertV zu ermittelnden Bodenwerts. Die genannten Vorschriften enthalten Ausnahmevorschriften zur vorstehenden Grundsatzregelung des § 40 Abs. 1 ImmoWertV bei atypischer Bebauung und bei anstehender Liquidation sowie für den Fall einer erheblichen Überschreitung der marktüblichen Grundstücksgröße. Es handelt sich bei alledem um bodenbezogene Besonderheiten, die üblicherweise bei den zur Ableitung des Liegenschaftszinssatzes herangezogenen Vergleichsgrundstücken nicht vorgelegen haben. Der unter Berücksichtigung dieser bodenbezogenen Besonderheiten ermittelte Bodenwert kann auch als der **mit dem Liegenschaftszinssatz kompatible Bodenwert** bezeichnet werden.

130 Die mit § 27 Abs. 2 ImmoWertV in Bezug genommenen bodenbezogenen Besonderheiten der §§ 40 bis 43 ImmoWertV erfassen nur zum Teil die im Einzelfall in Betracht kommenden bodenbezogenen Besonderheiten, die bei der Ermittlung des vorläufigen Bodenwerts nicht erfasst werden dürfen, da sie regelmäßig von dem Zustand abweichen, der dem Referenz- bzw. Normgrundstücks des Liegenschaftszinssatzes zugrunde liegt. Weicht z.B. der abgaben- und insbesondere **erschließungsbeitragsrechtliche Zustand des zu bewertenden Grundstücks** von dem abgabenrechtlichen Zustand ab, der wiederum dem Liegenschaftszinssatz zugrunde liegt, oder weist das zu bewertende Grundstück besondere bodenbezogene Rechte und Belastungen oder eine besondere den Einzelfall betreffende Bodenbeschaffenheit (Altlasten und dgl.; vgl. § 8 Abs. 3 Satz 2 Nr. 4 bis 6 ImmoWertV) auf, sind auch diese Besonderheiten bei der Ermittlung des *vorläufigen* Bodenwerts nicht zu berücksichtigen.

131 **Die Ermittlung des vorläufigen Bodenwerts** nach Maßgabe des § 27 Abs. 2 i.V.m. den §§ 40 bis 43 ImmoWertV ist nach ihrer inneren Logik darauf gerichtet, einen Bodenwert der Ermittlung des *vorläufigen* Ertragswerts zugrunde zu legen, der **mit dem zur Anwendung kommenden Liegenschaftszinssatz kompatibel** ist, denn dieser wird i.d.R. aus geeigneten Kaufpreisen von Grundstücken abgeleitet, die derartige Besonderheiten nicht aufweisen. Dieser Logik folgend müssen auch sonstige objektspezifischen Grundstücksmerkmale konsequenterweise unberücksichtigt bleiben, die erheblich von Grundstücksmerkmalen abweichen, die von den dem Liegenschaftszinssatz zugrunde liegenden Referenz- bzw. Normgrundstück abweichen. Die Abweichungen müssen mithin mit der Anpassung des Liegenschaftszinssatzes an die objektspezifischen Grundstücksmerkmale nach § 33 ImmoWertV oder subsidiär als besondere objektspezifische Grundstücksmerkmale berücksichtigt werden.

132 Bei **Anwendung des Ertragswertverfahrens auf Grundstücke, deren bauliche Anlagen eine lange Restnutzungsdauer aufweisen**, kann im Unterschied zum Sachwertverfahren i.d.R. eine vollständige Berücksichtigung bodenbezogener Besonderheiten des zu bewertenden Grundstücks vernachlässigt werden, denn der Bodenwert geht in diesem Fall nur geringfügig in den Ertragswert ein, sodass selbst grobe Fehler der Bodenwertermittlung nur eine marginale Bedeutung haben.

3.3.1.2 Bodensondierung und Bodenwert

▶ *Vgl. § 3 ImmoWertV Rn. 38 ff.; § 5 ImmoWertV Rn. 88; § 8 ImmoWertV Rn. 29 ff.; § 41 ImmoWertV Rn. 1 ff.; Syst. Darst. des Sachwertverfahrens Rn. 265; zur Bodensondierung bzw. Berücksichtigung der vom Modellansatz abweichenden Grundstücksgröße vgl. Syst. Darst. des Vergleichswertverfahrens Rn. 141 ff., 247 ff.; zur Bodensondierung bei der Beleihungswertermittlung vgl. Teil IX Rn. 194 ff.*

Grundsätzlich kann sich bei jeder Marktwertermittlung *bebauter und unbebauter Grundstücke* die Notwendigkeit ergeben, ein Grundstück flächenmäßig in Teilflächen aufzuteilen (Bodensondierung), insbesondere wenn das Grundstück, gemessen an der **der nach Art, Lage und Nutzung der vorhandenen Bebauung zurechenbaren „marktüblichen Grundstücksfläche"**, eine sog. „Übergröße" aufweist. Die allgemeinen Grundsätze sind bei § 41 ImmoWertV Rn. 1 ff. und in der Syst. Darst. des Vergleichswertverfahrens bei Rn. 247 ff. erläutert. 133

Bei bebauten Grundstücken bestimmt sich der der Ermittlung des vorläufigen Ertragswerts wie im Übrigen auch der der Ermittlung des vorläufigen Sachwerts zugrunde zu legende vorläufige Bodenwert im Falle eines übergroßen Grundstücks i.S. des § 41 ImmoWertV nach der „marktüblichen Grundstücksgröße". Dies entspricht der Modellvorgabe, die den Gutachterausschüssen für Grundstückswerte als Grundlage der Ermittlung von Liegenschaftszinssätzen vorgegeben ist, und der sich danach ergebende Bodenwert ist mit dem Liegenschaftszinssatz kompatibel (vgl. § 41 ImmoWertV Rn. 16 ff.). 134

Der **Bodenwert der** die nach Art, Lage und Nutzung der Bebauung zuzuordnende „marktübliche Grundstücksfläche" (Umgriffsfläche) erheblich überschreitenden **Grundstücksrestfläche** weicht i.d.R. von dem Bodenwert der Umgriffsfläche ab und ist ggf. als „besonderes objektspezifisches Grundstücksmerkmal"(boG) subsidiär zu berücksichtigen (vgl. § 41 ImmoWertV Rn. 26 ff.). 135

3.3.1.3 Bodenwert bei atypischer Bebauung

▶ *§ 3 ImmoWertV Rn. 38 ff.; § 5 ImmoWertV Rn. 3 ff., 70, 107 ff.; § 8 ImmoWertV Rn. 33 ff.; § 13 ImmoWertV Rn. 24; § 14 ImmoWertV Rn. 15; § 20 ImmoWertV Rn. 15 ff.; § 40 ImmoWertV Rn. 185 ff.; § 41 ImmoWertV Rn. 1 ff.*

Grundsätzlich bestimmt sich der Bodenwert gemäß § 5 Abs. 1 Satz 1 ImmoWertV nach Art und Maß der nach den §§ 30, 33 und 34 BauGB zulässigen Nutzung. Soweit die bauplanungsrechtlich zulässige Nutzung auf dem örtlichen Teilmarkt am Wertermittlungsstichtag üblicherweise nicht ausgenutzt oder überschritten wird, bestimmt sich der Bodenwert nach der sog. lagetypischen Nutzung entsprechend den Bestimmungen der BauNVO über Art und Maß der baulichen Nutzung. Die „zulässige" und „lagetypische" Nutzung nach § 5 Abs. 1 Satz 1 und 2 ImmoWertV wird in § 40 Abs. 5 Nr. 1 ImmoWertV spiegelbildlich als „**maßgebliche Nutzung**" bezeichnet. 136

Weicht die auf dem Grundstück realisierte Nutzung von der nach § 5 Abs. 1 ImmoWertV maßgeblichen Nutzung ab und ergeben sich daraus Beeinträchtigungen der Nutzung oder aber auch Nutzungsvorteile, bestimmt sich der (nach Maßgabe des § 27 Abs. 2 und § 35 Abs. 1 i.V.m. § 40 Abs. 5 Nr. 1 bzw. § 43 ImmoWertV) der Ermittlung des „vorläufigen" Ertrags- oder Sachwerts zugrunde zu legende „vorläufige" Bodenwert nach der realisierten Nutzung. Der auf dieser Grundlage ermittelte Bodenwert ist der „**nutzungsabhängige Bodenwert**". 137

Mit dem nutzungsabhängigen Bodenwert ist die Werthaltigkeit des Grund und Bodens nicht realitätsgerecht erfasst. 138

- Im Falle einer *Unternutzung* „schlummert" im Grund und Boden darüber hinaus die Wertsteigerung des Grundstücks, die erst nach wirtschaftlichem Abgang der baulichen Anlage und der dann möglichen Realisierung der planungsrechtlich zulässigen bzw. lagetypischen Nutzung i.S. des § 5 Abs. 1 ImmoWertV „auflebt".
- Im Falle einer *Übernutzung* muss in Betracht gezogen werden, dass nach wirtschaftlichem Abgang der baulichen Anlage nur noch die planungsrechtlich zulässige bzw. lagetypische Nutzung werthaltig ist.

Die sich daraus ergebenden **Wertvor- und -nachteile** sind **als besonderes objektspezifisches Grundstücksmerkmal (boG)** zu berücksichtigen (vgl. zu alldem die Erläuterungen bei § 40 ImmoWertV Rn. 200 ff.). 139

3.3.1.4 Bodenwert bei Liquidationsobjekten

▶ *Vgl. § 4 ImmoWertV Rn. 87; § 6 ImmoWertV Rn. 115; § 8 ImmoWertV Rn. 115 ff.; § 40 ImmoWertV Rn. 230 ff.; § 43 ImmoWertV Rn. 1 ff., 41*

140 Auch bei Liquidationsobjekten i.S. des § 43 ImmoWertV wird der vorläufige Ertrags- und Sachwert in entsprechender Anwendung vorstehender Ausführungen auf der Grundlage der auf dem Grundstück realisierten Nutzung ermittelt. **Vorläufiger Bodenwert ist mithin wiederum der „nutzungsabhängige Bodenwert".**

141 Die **Freilegungskosten** sind nach § 43 Abs. 2 Satz 2 ImmoWertV über den Zeitraum bis zur Freilegung abzuzinsen und als besonderes objektspezifisches Grundstücksmerkmal zu berücksichtigen, soweit dies marktüblich ist (vgl. zu alledem die Erläuterungen bei § 43 ImmoWertV Rn. 47 ff.).

3.3.1.5 Beitragspflicht

▶ *Vgl. Rn. 242; § 2 ImmoWertV Rn. 21; § 5 ImmoWertV Rn. 108; § 8 ImmoWertV Rn. 45; § 40 ImmoWertV Rn. 4 f., 192; Syst. Darst. des Vergleichswertverfahrens Rn. 318 ff.*

142 Bodenrichtwerte für baureifes Land sind nach § 16 Abs. 5 Satz 1 ImmoWertV grundsätzlich für beitragsfreie Grundstücke zu ermitteln. Ist der Grund und Boden eines auf dieser Grundlage zu bewertenden bebauten Grundstücks am maßgeblichen Wertermittlungsstichtag erschließungsbeitrags*pflichtig, kann der Bodenwert* aus dem Bodenrichtwert unter Abzug des üblicherweise zu erwartenden Erschließungsbeitrags ermittelt werden.

143 *Beispiel:*

Bodenwert (erschließungsbeitragsfrei – ebf –)	200 €/m²
Erschließungsbeitrag	– 50 €/m²
Bodenwert (erschließungsbeitragspflichtig – ebpf –)	150 €/m²

144 Bei Anwendung des Ertrags- und Sachwertverfahrens auf ein erschließungsbeitragspflichtiges Grundstück ist abweichend von der vorstehenden Verfahrensweise der vorläufige Ertrags- und Sachwert gleichwohl auf der Grundlage eines vorläufigen erschließungsbeitragsfreien Bodenwerts zu ermitteln. Dies hat mehrere Gründe:

a) Da sich die zur Ertrags- bzw. Sachwertermittlung herangezogenen Liegenschaftszinssätze und Sachwertfaktoren i.d.R. auf erschließungsbeitragsfreie Bodenwerte beziehen, muss der vorläufige Verfahrenswert unter Beachtung der Modell- und Referenzkonformität ebenfalls auf der Grundlage eines erschließungsbeitragsfreien Bodenwerts abgeleitet werden. Entsprechendes gilt im Übrigen bei Anwendung des Vergleichswertverfahrens auf der Grundlage von Vergleichsfaktoren bebauter Grundstücke.

b) Darüber hinaus muss berücksichtigt werden, dass **eine am Wertermittlungsstichtag absehbare Beitragspflicht** vom Eigentümer zu tragen ist, ohne dass sich damit sein Reinertrag erhöht. Die marktüblich erzielbare Miete erhöht sich nämlich in aller Regel nicht dadurch, dass der Eigentümer die Abgabe entrichtet und sich sein Bodenwert dadurch erhöht.

Aus diesen Gründen sind die ausstehenden Erschließungsbeiträge nachträglich als besondere objektspezifisches Grundstücksmerkmal zu berücksichtigen, soweit diese im gewöhnlichen Geschäftsverkehr berücksichtigt werden. Der zur Ermittlung des vorläufigen Ertragswerts anzusetzende „vorläufige" Bodenwert bezieht sich mithin auf ein erschießungsbeitragsfreies Grundstück.

a) Anwendung des allgemeinen zweigleisigen Ertragswertverfahrens

145 Bei Anwendung des allgemeinen (zweigleisigen) Ertragswertverfahrens auf ein am Wertermittlungsstichtag erschließungsbeitragspflichtiges Grundstück bemisst sich der Gesamtwert des Grund und Bodens nach dem erschließungsbeitragspflichtigen Zustand, jedoch ist **der Er-**

mittlung des Bodenwertverzinsungsbetrags ein erschließungsbeitragsfreier Bodenwert zugrunde zu legen (gespaltene Bodenwerte).

Boden werterschließungsbeitragspflichtig (ebpf)

Boden werterschließungsbeitragsfrei (ebf)

$$EW = (RE - BW_{ebf} \times LZ) \times KF_n + BW_{ebf} - \text{Erschließungsbeitrag}$$

Vorläufiger Ertragswert

Besonderes objektspezifisches Grundstücksmerkma

Da sich der zur Ermittlung des Ertragswerts heranzuziehende Liegenschaftszinssatz in aller Regel auf ein erschließungsbeitragsfreies (ebf) Referenzgrundstück (Liegenschaftszinssatzgrundstück) bezieht, muss der **vorläufige Ertragswert** nach den vorstehenden Ausführungen aus Gründen der Modellkonformität **auf der Grundlage eines erschließungsbeitragsfreien Bodenwerts (BWebf)** ermittelt werden. Die Beitragspflicht wird dann nachträglich als besonderes objektspezifisches Grundstücksmerkmal durch Abzug des zu erwartenden Erschließungsbeitrags berücksichtigt, soweit dieser im gewöhnlichen Geschäftsverkehr berücksichtigt wird. Bei einer aufgeschobenen Beitragspflicht ist die erwartete Abgabe über die Wartezeit abzuzinsen. **146**

Beispiel: **147**

Reinertrag (RE) =	60 844 €	p.a.
Grundstücksfläche =	1 000 m²	
Bodenwert (erschließungsbeitragsfrei – ebf –) =	200 €/m²	(= 200 000 €)
Bodenwert (erschließungsbeitragspflichtig – ebpf –) =	150 €/m²	(= 150 000 €)
Erschließungsbeitrag =	50 000 €	
Restnutzungsdauer n: 80 Jahre, objektspezifisch angepasster Liegenschaftszinssatz LZ =	5 %	
Kapitalisierungsfaktor KF =	19,5964605	

Das Grundstück ist erschließungsbeitrags*pflichtig.*

Richtig:			*Falsch:*		
$EW = (RE - BW_{ebf} \times LZ) \times KF_n + BW_{ebf} - FLK$			$EW = (RE - BW_{ebpf} \times LZ) \times KF + BW_{ebpf}$		
RE	=	60 844 €	RE	=	60 844 €
$BW_{(ebf)}$	=	*200 000 €*	$BW_{(ebpf)}$	=	*150 000 €*
BW × 0,05	=	10 000 €	BW × 0,05	=	7 500 €
RE – (BW × LZ)	=	50 844 €	RE – (BW × LZ)	=	53 344 €
× KF (= 19,5964605)	=	996 362 €	× KF (= 19,5964605)	=	1 045 354 €
+ $BW_{(ebf)}$	=	200 000 €	+ $BW_{(ebpf)}$	=	150 000 €
= Vorläufiger Ertragswert	=	1 196 362 €			
– Erschließungsbeitrag	=	– 50 000 €			
= Ertragswert		**1 146 362 €**	= Ertragswert	=	**1 195 354 €**

Δ EW = 48 992 €

Der **Unterschied** fällt umso **deutlicher aus, je länger die Restnutzungsdauer ist. Bei Restnutzungsdauer → ∞ entspricht er exakt dem Erschließungsbeitrag (50 000 €). Bei Ermittlung des Bodenwertverzinsungsbetrags auf der Grundlage des erschließungsbei-**

tragsfreien Bodenwerts *„korrespondiert*" der Bodenwert mit dem Reinertrag in der Weise, wie dies vergleichbaren Grundstücken (mit erschließungsbeitragsfreiem Bodenwert) entspricht und man erhält denselben Gebäudeertragswert.

148 Die als „richtig" vorgestellte Berechnungsweise ist im Übrigen auch darin begründet, dass in solchen Fällen davon ausgegangen werden muss, dass der Eigentümer noch mit einem Erschließungsbeitrag belastet wird und insoweit in dem Zeitraum, für den der um den Bodenwertverzinsungsbetrag verminderte Reinertrag kapitalisiert wird, von dem entsprechend verminderten Reinertrag ausgegangen werden muss, denn auch für den noch zu entrichtenden Erschließungsbeitrag muss der Eigentümer künftig einen Zinsverlust hinnehmen, der seinen Ertrag aus der Immobilie schmälert. Dies ist deshalb beachtlich, weil bei Anwendung des Ertragswertverfahrens über „künftige" Zeiträume kapitalisiert wird. Die Ermittlung des Bodenwertverzinsungsbetrags auf der Grundlage des erschließungsbeitragspflichtigen Bodenwerts würde das Ergebnis verfälschen. Dies würde nämlich dazu führen, dass sich der um den Bodenwertverzinsungsbetrag verminderte Reinertrag im Verhältnis zu einem erschließungsbeitragsfreien Grundstück erhöht und sich ein entsprechend höherer Gebäudeertragswert ergibt. Diese Verhältnisse können allenfalls nur kurzfristig unterstellt werden, denn es muss erwartet werden, dass der **Erschließungsbeitrag** schon bald **aufzubringen ist, ohne dass sich dadurch der Reinertrag erhöht** (Abb. 25).

Abb. 25 Langfristiger Bodenwertverzinsungsbetrag bei erschließungsbeitragspflichtigem Bodenwert

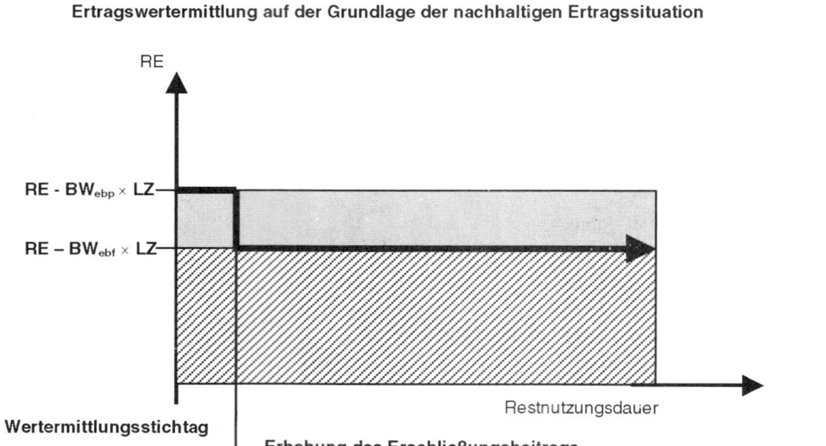

149 Ist im Einzelfall davon auszugehen, dass der **Erschließungsbeitrag längerfristig nicht erhoben** wird, kann dies zu einer Verfälschung des Ergebnisses führen. Dies lässt sich korrigieren, indem der Ertragswert um den Zinsertrag „aufgestockt" wird, der sich für den kapitalmäßig angelegten Erschließungsbeitrag ergibt. I.d.R. kann dies aber im Rahmen der allgemeinen Ungenauigkeit einer Verkehrswertermittlung vernachlässigt werden.

b) Anwendung des vereinfachten (eingleisigen) Ertragswertverfahrens

150 Bei Anwendung des vereinfachten (eingleisigen) Ertragswertverfahrens scheint sich die vorgestellte Problematik nicht zu stellen, denn der Bodenwert geht ohnehin nur in abgezinster Höhe in den Ertragswert ein. Die Ertragswertermittlung auf der Grundlage eines erschließungsbeitragspflichtigen oder erschließungsbeitragsfreien Bodenwerts unterscheidet sich mithin geringfügig.

Beispiel: 151

$EW = RE \times KF_n + BW \times AF_n$

Reinertrag (RE)	60 844 €	p.a.
Grundstücksfläche 1 000 m²		
Bodenwert (erschließungsbeitragsfrei – ebf –)	200 €/m²	(= 200 000 €)
Bodenwert (erschließungsbeitragspflichtig – ebpf –)	150 €/m²	(= 150 000 €)
Restnutzungsdauer n: 50 Jahre Liegenschaftszinssatz LZ	5 %	
Kapitalisierungsfaktor KF	19,5964605	

Das Grundstück ist erschließungsbeitrags*pflichtig*.

Bodenwert erschließungsbeitragsfrei

RE	= 60 844 €	
× KF (= 19,5964605)		= 1 192 327 €
BW	= *200 000 €*	
+ BW (ebf) abgezinst (AFn = 0,0201769)		= 4 035 €
= EW		**= 1 196 362 €**

Bodenwert erschließungsbeitragspflichtig

RE	= 60 844 €	
× KF (=19,5964605)		= 1 192 327 €
BW'	= *150 000 €*	
+ BW (ebpf) abgezinst (AF_n = 0,0201769)		= 3 026 €
= EW		**= 1 195 353 €**

Nach der hier vertretenen Auffassung sind aber **beide Ergebnisse falsch**. Bei Anwendung des *ein*gleisigen Ertragswertverfahrens ohne Unterscheidung nach dem Boden- und Gebäudewertanteil ist nämlich der Bodenwertanteil im Wesentlichen bereits in dem kapitalisierten Reinertrag enthalten, und zwar mit dem „langfristigen" Bodenwert, d.h. mit dem Bodenwert eines erschließungsbeitragsfreien Grundstücks. Da jedoch das Grundstück zum Wertermittlungsstichtag erschließungsbeitragspflichtig ist, muss der noch zu entrichtende Erschließungsbeitrag abgezogen werden. Bei der Ermittlung des abgezinsten Bodenwerts ist wiederum vom **Bodenwert des erschließungsbeitragsfreien Grundstücks** auszugehen, denn mit Ablauf der Restnutzungsdauer ist das Grundstück erschließungsbeitragsfrei. 152

Richtige Berechnungsweise: 153

Das Grundstück ist erschließungsbeitrags*pflichtig*.

RE	=	60 844 €	
× KF (= 19,5964605)	=	1 192 327 €	
BW erschließungsbeitragsfrei = *200 000 €*			
+ BW (ebf) abgezinst (AFn = 0,0201769)	=	4 035 €	
= vorläufiger Ertragswert	=	1 196362 €	
– Erschließungsbeitrag	=	50 000 €	besonderes objektspezifisches Grundstücksmerkmal
= Ertragswert	=	1 146362 €	

Bei dieser Berechnungsweise wird auch dem **Modellkonformitätsgrundsatz** Rechnung getragen.

Ist die Erhebung des Erschließungsbeitrags erst längerfristig zu erwarten, ist der voraussichtlich anfallende Erschließungsbeitrag über die Wartezeit abzuzinsen. 154

c) Anwendung des vereinfachten Ertragswertverfahrens

155 Im Übrigen ist auch bei **Anwendung des vereinfachten Ertragswertverfahrens** (EW = RE x KF) der Erschließungsbeitrag zum Abzug zu bringen:

156 *Beispiel:*

RE	= 60 844 €
× KF (= 19,5964605)	= 1 192 327 €
– Erschließungsbeitrag	– 50 000 €
= Ertragswert	= 1 142 327 €

3.3.1.6 Gespaltene Bodenwerte

a) Nutzungsrechtsbefangenes Grundstück

157 Auf dem Gebiet der neuen Bundesländer stellt sich häufig die Aufgabe, den Verkehrswert eines Gebäudes (ohne Grund und Boden) zu ermitteln. Nach dem **Teilungsmodell des Sachenrechtsbereinigungsgesetzes (SachenRBerG)** ist dabei der hälftige Bodenwert dem Nutzungsberechtigten und der verbleibende hälftige Bodenwert dem Eigentümer des Grundstücks zuzurechnen. Soll der Gebäudewertanteil im Wege des Ertragswertverfahrens ermittelt werden, so scheidet die Anwendung des vereinfachten Ertragswertverfahrens

$EW = RE \times KF_n \pm$ besondere objektspezifische Grundstücksmerkmale (boG)

auch bei Objekten mit langer Restnutzungsdauer von vornherein aus, weil damit der Wert des dem Gebäude zuzuordnenden Bodens miterfasst wird. Bei der hier angezeigten Anwendung des vereinfachten Ertragswertverfahrens nach § 29 ImmoWertV ermittelt sich der Ertragswert wiederum nach der Formel

$EW = (RE - BW \times LZ) \times KF_n + BW$

± besondere objektspezifische Grundstücksmerkmale (boG),
wobei der erste Term den Gebäudewertanteil ergibt. Bei Anwendung dieser Ertragswertformel ist es unzulässig, den Bodenwertverzinsungsbetrag überhaupt nicht anzusetzen oder allenfalls auf der Grundlage des hälftigen Bodenwerts zu ermitteln.

158 Diese **Vorgehensweise wäre abzulehnen**, weil sie zu übersetzten Gebäudeertragswerten führen muss, denn der unverminderte Reinertrag muss – kapitalisiert – den Gebäudeertragswert „hochschrauben". Dies wäre sachlich falsch, denn allein der Umstand, dass der hälftige Bodenwert nach den Vorschriften des SachenRBerG dem Nutzungsberechtigten unentgeltlich zukommt, ändert nichts daran, dass vermögensmäßig die übrige Hälfte vom Nutzungsberechtigten zur Erzielung des Reinertrags vorgehalten werden muss, sei es durch Kauf oder durch einen entsprechenden Erbbauzins. Es spielt grundsätzlich keine Rolle, wie der Gebäudeeigentümer zu seinem Eigentum am Grund und Boden gekommen ist; im Ergebnis hält er den Bodenwert (kapitalmäßig) auch dann vor, wenn er den Boden geschenkt bekommen hat.

159 **Zur Ermittlung des Gebäudewerts (Gebäudeertragswert) muss in jedem Fall** also **der volle Bodenwert der Ermittlung des Bodenwertverzinsungsbetrags zugrunde gelegt werden**, denn selbst für den dem Eigentümer des Grundstücks zuzurechnenden hälftigen Bodenwert muss der Nutzungsberechtigte in Ausübung seines Wahlrechts für den Erwerb bezahlen bzw. Erbbauzinsen aufbringen[52].

52 Weiteres Beispiel: Kleiber in GuG 1993, 351.

b) Sanierungsgebiete und Entwicklungsbereiche

▶ *Vorbem. zur ImmoWertV Rn. 74; § 2 ImmoWertV Rn. 19; § 3 ImmoWertV Rn. 25, 121 ff.; § 5 ImmoWertV Rn. 76; § 40 ImmoWertV Rn. 149 sowie Teil VI Rn. 397 ff.*

In förmlich festgelegten Sanierungsgebieten, die nicht im vereinfachten Sanierungsverfahren saniert werden, sowie in städtebaulichen Entwicklungsbereichen bleiben während des Verfahrens bei der Bodenwertermittlung grundsätzlich die sanierungs- bzw. entwicklungsbedingten Bodenwerterhöhungen außer Betracht. Maßgeblicher Bodenwert ist hier der sog. sanierungs- bzw. entwicklungsunbeeinflusste Bodenwert (vgl. § 153 BauGB). Die **Entwicklung der Mieten** kann sich dagegen der tatsächlichen Neuordnung schon während des Verfahrens angleichen, d.h., mit Fortschreiten der Sanierung bzw. Entwicklung kann eine Disparität zwischen Ertrag und dem bodenrechtlich maßgeblichen Bodenwert eintreten. 160

Solange die sanierungs- bzw. entwicklungsbedingten Bodenwerterhöhungen vom Eigentümer z.B. im Wege der Ablösung nach § 154 Abs. 2 BauGB oder durch Erwerb des Grundstücks zum Neuordnungswert nach § 153 Abs. 4 BauGB noch nicht erbracht worden sind, muss die **Mietentwicklung bei der Ermittlung des Verkehrswerts eines bebauten Grundstücks im Wege des Ertragswertverfahrens** unberücksichtigt bleiben. Andererseits läuft der Sachverständige Gefahr, überhöhte Ertragswerte zu ermitteln, wenn er gleichzeitig bei der Ermittlung des Bodenwertverzinsungsbetrags vom sanierungs- bzw. entwicklungsunbeeinflussten Bodenwert ausgeht. 161

Beispiel: 162

a) Sachverhalt

– Sanierungs- bzw. entwicklungsunbeeinflusster Bodenwert	=	100 000 €
– Wohnfläche	=	500 m²
– Reinertrag vor der Sanierung bzw. Entwicklung unter Sanierungs- bzw. Entwicklungseinfluss	= =	3,50 €/m² 4,00 €/m²

Der Unterschied im Reinertrag ergebe sich ausschließlich aufgrund Lageverbesserung im Zuge der bereits durchgeführten Sanierungs- bzw. Entwicklungsmaßnahmen. 163

– Liegenschaftszinssatz LZ	=	5 %
– Restnutzungsdauer n	=	40 Jahre
– Kapitalisierungsfaktor KF	=	17,16

b) Ertragswertermittlung

Richtig:			*Falsch:*		
RE = 500 m²× *3,50* €/m² × 12 Monate	=	21 000 €	RE = 500 m² × 4,00 €/m² × 12 Monate	=	24 000 €
– Bodenwertverzinsungsbetrag			– Bodenwertverzinsungsbetrag		
100 000 € × 0,05	=	– 5 000 €	100 000 € × 0,05	=	– 5 000 €
= RE – BW × LZ	=	16 000 €	= RE – BW × LZ	=	19 000 €
(RE – BW × LZ) × KF	=	274 560 €	(RE – BW × LZ) × KF	=	326 040 €
+ BW	=	100 000 €	+ BW	=	100 000 €
= EW	**=**	**374560€**	= EW	**=**	**426040€**

Der Fehler ist erheblich, weil hier die bereits infolge der Durchführung von Sanierungs- bzw. Entwicklungsmaßnahmen gestiegenen Reinerträge mit dem sanierungs- bzw. entwicklungsunbeeinflussten Bodenwert unzulässigerweise kombiniert wurden. **Der sanierungs- bzw. entwicklungsunbeeinflusste Bodenwert korrespondiert nicht mit dem angesetzten Reinertrag**. In solchen Fällen kann nicht mit gespaltenen Bodenwerten gearbeitet werden; vielmehr ist der sanierungs- bzw. entwicklungsunbeeinflusste Bodenwert sowohl der Ermittlung 164 des Bodenverzinsungsbetrags als auch dem Bodenwert selbst zugrunde zu legen, wenn von sanierungs- bzw. entwicklungsunbeeinflussten Erträgen ausgegangen wird:

$$EW = (RE - BW \times LZ) \times KF + BW$$

RE v o r der Sanierung bzw. Entwicklung

sanierungs- bzw. entwicklungsunbeeinflusster Bodenwert

165 Geht man indessen vom **Reinertrag** aus, **der sich bereits unter Berücksichtigung der durchgeführten Sanierungs- bzw. Entwicklungsmaßnahmen ergibt** (hier 4,00 €/m² WF), muss zur Ermittlung des Bodenwertverzinsungsbetrags der Bodenwert angesetzt werden, der sich korrespondierend zu der Ertragsentwicklung ergibt, d.h., es ist die Bodenwerterhöhung bereits zu berücksichtigen, die sich kausal auf die durchgeführten Sanierungs- bzw. Entwicklungsmaßnahmen zurückführen lässt und den erhöhten Mieteinnahmen entspricht:

$$EW = (RE - BW \times LZ) \times KF + BW$$

sanierungs- bzw. entwicklungsunbeeinflusster Bodenwert

Bodenwert unter Berücksichtigung des Sanierungs- bzw. Entwicklungseinflusses

Reinertrag unter Berücksichtigung des Sanierungs- bzw. Entwicklungseinflusses

c) Verbilligte Abgabe von Grundstücken

166 Bei einer verbilligten Abgabe des Grund und Bodens, wie dies beispielsweise unter besonderen haushaltsrechtlichen Voraussetzungen vom Bund, den Ländern und Gemeinden praktiziert wird, ist der **Bodenwertverzinsungsbetrag auf der Grundlage des „vollen" Bodenwerts** zu ermitteln. Die gewährte Verbilligung würde andernfalls zu einer Verminderung des Bodenwertverzinsungsbetrags und damit zu einer Erhöhung des Gebäudeertragswerts führen. Im Ergebnis würde damit die Verbilligung gar nicht „durchschlagen".

167 *Beispiel:*

1. Sachverhalt

„Voller" Bodenwert (BW) eines unbebauten Grundstücks	=	400 000 €
Verbilligung der Abgabe	=	50 %
Reduzierter Bodenwert 400 000 €× 0,5	=	200 000 €
Liegenschaftszinssatz LZ	=	6 %
Jahresreinertrag RE	=	100 000 €
Restnutzungsdauer n	=	50 Jahre
Kapitalisierungsfaktor KF	=	15,761863

2. Ertragswertermittlung eines bebauten Grundstücks bei verbilligter Abgabe des Grund und Bodens

Richtig:			*Falsch:*		
RE	=	100 000 €	RE	=	100 000 €
– Bodenwertverzinsungsbetrag *400000* € × 0,06	=	– 24 000	– Bodenwertverzinsungsbetrag *200000* € × 0,06	=	– 12 000 €
= RE – (BW × LZ)	=	76 000 €	= RE – (BW × LZ)	=	88 000 €
× Kapitalisierungsfaktor KF	=	1 197 902 €	× Kapitalisierungsfaktor KF	=	1 387 044 €
+ BW	=	+ 200 000 €	+ BW	=	+ 200 000 €
= EW	=	**1397902 €**	= EW	=	**1 587 044 €**

Zur Klarstellung sei darauf hingewiesen, dass der ausgeworfene Ertragswert von 1 397 902 € **168** nicht auf die Ermittlung des Verkehrswerts, sondern auf die Ermittlung eines Kaufpreises unter Berücksichtigung seiner Verbilligung abzielt.

d) Gemeinbedarfsfläche

▶ *Rn. 2; § 4 ImmoWertV Rn. 1 ff.*

Das Ertragswertverfahren ist eine geeignete Methode zur Ermittlung des (Verkehrs-)Werts be- **169** bauter Grundstücke, die einer öffentlichen Zweckbindung vorbehalten bleiben sollen (Gemeinbedarfsflächen).

Dies gilt insbesondere in den Fällen, in denen für die öffentliche Hand alternativ eine Anmie- **170** tung in Betracht kommt. Dabei macht es keinen Unterschied, ob die am Wertermittlungsstichtag gegebene öffentliche Zweckbindung erhalten bleibt oder einer anderen öffentlichen Zweckbindung zugeführt werden soll (ein aufgegebenes Kasernengebäude des Bundes soll in eine landeseigene Polizeischule umgenutzt werden).

Der **Bodenwert** wiederum bestimmt sich für derartige Grundstücke nach dem sog. aktualisier- **171** ten Beschaffungswertprinzip, d.h. nach dem Entwicklungszustand, der sich vor dem *neu*festgesetzten Gemeinbedarfszweck nach den vorhandenen Situationsmerkmalen ohne Berücksichtigung der tatsächlichen Bebauung bei erstmaliger Beschaffung (auch entschädigungsrechtlich) ergeben würde.

Die empfohlene **Anwendung des Ertragswertverfahrens für Gemeinbedarfsgrundstücke** **172** **auf der Grundlage von Erträgen, die im privatwirtschaftlichen Bereich üblich sind** und die Vorhaltung hochwertigen Baulands erfordern, verbietet es, den Bodenwertverzinsungsbetrag auf der Grundlage eines – unter Anwendung des Beschaffungswertprinzips – vergleichsweise niedrigen Bodenwerts abzuleiten. Wird z.B. der Wert des Grund und Bodens einer im Außenbereich gelegenen Kaserne als Bauerwartungsland bewertet, ist der Bodenwertverzinsungsbetrag wiederum auf der Grundlage des „vollen“ Bodenwerts abzuleiten, wenn gleichzeitig von Erträgen ausgegangen wird, die auf privatwirtschaftlich nutzbaren Grundstücken erzielt werden. Auch in diesem Fall müssen Bodenwert und Ertragsverhältnisse korrespondieren, d.h. der Ermittlung des Bodenwertverzinsungsbetrags ist ein (fiktiver) sich an einer privatwirtschaftlichen Nutzung orientierender Bodenwert zugrunde zu legen, während ansonsten der nach dem aktualisierten Beschaffungswertprinzip ermittelte Bodenwert maßgeblich ist (gespaltene Bodenwerte).

Abzulehnen ist auch die Praxis, den Ertragswert z.B. einer **Schule** auf der Grundlage der pri- **173** vatwirtschaftlich üblichen Erträge unter Abzug eines Bodenwertverzinsungsbetrags zu ermitteln, bei dem der Bodenwert beispielsweise mit 50 v.H. des Bodenrichtwerts der umliegenden Grundstücke angesetzt wird. Dies muss wiederum zu übersetzten und fehlerhaften Gebäudeertragswerten führen.

3.3.1.7 Aufwuchs

▶ *Vgl. Rn. 108ff.; § 1 ImmoWertV Rn. 86ff.; § 8 ImmoWertV Rn. 223; §14 ImmoWertV Rn. 28ff.; § 35 ImmoWertV Rn. 22ff.; Syst. Darst. des Sachwertverfahrens Rn. 211ff., 334*

174 Dem Aufwuchs braucht bei Anwendung des Ertragswertverfahrens i.d.R. keine besondere Beachtung geschenkt zu werden. Ein ortsüblicher **Aufwuchs findet** zum einen bereits **mit** dem **Bodenwer**t Eingang in die Wertermittlung. Zum anderen wird, soweit tatsächlich ein werterhöhender Aufwuchs vorhanden ist, dem Aufwuchs mit den angesetzten **Erträgen** hinreichend Rechnung getragen. Nur in besonderen Ausnahmefällen kann eine ergänzende Berücksichtigung nach § 8 Abs. 3 ImmoWertV in Betracht kommen.

3.3.2 Reinertrag

3.3.2.1 Allgemeines

Schrifttum: *Engels, R.*, Das Problem der Unschärfe in der Wertermittlung, GuG 2008, 269; *Kleiber*, Nachhaltige Einnahmen und Ausgaben, GuG 2006, 25.

▶ *Vgl. § 31 ImmoWertV Rn. 1ff.; § 32 ImmoWertV Rn. 1ff.; § 21 ImmoWertV Rn. 110; § 27 ImmoWertV Rn. 22*

175 Der in die Ertragswertermittlung eingeführte **Reinertrag** stellt **neben dem** zur Anwendung kommenden Kapitalisierungszinssatz (**Liegenschaftszinssatz**) **und der** angesetzten **Wohn- oder Nutzfläche die wichtigste wertbeeinflussende Eingangsgröße** dar. Dies gilt für alle zur Anwendung kommenden Ertragswertverfahren und ist insbesondere aus der Ertragswertformel des vereinfachten Ertragswertverfahrens ersichtlich:

$$EW = RE \times KF$$

176 Jede **prozentuale Änderung des Reinertrags wirkt sich mit dem gleichen Prozentsatz auf die Höhe des Ertragswerts** aus. Darüber hinaus wirkt sich auch jeder **Fehler in der Flächenermittlung in gleicher Weise direkt auf den Ertragswert** aus, denn der angesetzte Jahresreinertrag ist das Produkt aus dem jährlichen Reinertrag pro Quadratmeter Wohn- oder Nutzfläche und der gesamten Wohn- oder Nutzfläche.

177 Der „marktüblich erzielbare Ertrag" wird in § 5 Abs. 3 ImmoWertV als der **nach den Marktverhältnissen am Wertermittlungsstichtag für die jeweilige Nutzung in vergleichbaren Fällen durchschnittlich erzielte Ertrag** definiert.

Der **Reinertrag definiert sich** nach § 31 ImmoWertV als

Marktüblich erzielbarer Reinertrag =
Marktüblich erzielbarer Rohertrag – objektspezifische Bewirtschaftungskosten

Hiervon abweichend ist im Rahmen der Ermittlung des **vorläufigen Ertragswerts** auf der Grundlage der mit der ImmoWertV vorgegebenen von den Gegebenheiten des zu bewertenden Grundstücks erheblich abweichenden Modellansätze von einem vorläufigen marktüblichen Reinertrag auszugehen:

Vorläufiger marktüblicher Reinertrag =
Marktüblich erzielbarer Rohertrag – Modellansatz der Bewirtschaftungskosten

Wird der vorläufige Ertragswert auf der Grundlage der vom Gutachterausschuss nach Maßgabe der ImmoWertV abgeleiteten Liegenschaftszinssätze ermittelt, muss begrifflich zwischen zwei Reinerträgen unterschieden werden, nämlich

- dem **modellansatzkonformen Reinertrag**, der sich auf der Grundlage der Modellansätze der Bewirtschaftungskosten ergibt und
- dem **objektspezifischen Reinertrag**,

wenn die vorgegebenen Modellansätze erheblich von den maßgeblichen Bewirtschaftungskosten nach § 32 ImmoWertV abweichen. Bei „erheblich" von den objektspezifischen Bewirtschaftungskosten abweichenden Modellansätzen (z.B. bezüglich der Instandhaltungskosten und des Mietausfallwagnisses) sollen die Abweichungen nach § 8 Abs. 3 ImmoWertV nämlich nicht in den vorläufigen Ertragswert eingehen, sondern als „besondere objektspezifische Grundstücksmerkmale“ (boG) berücksichtigt werden. In diesem Fall liegt der Ermittlung des vorläufigen Ertragswerts nicht der objektspezifische Reinertrag, sondern der

modell(ansatz)konforme Reinertrag

zugrunde (vgl. § 21 ImmoWertV Rn. 4 Nr. 6 ImmoWertV).

Von dem „modellansatzkonformen Reinertrag“ ist im Übrigen selbst dann auszugehen, wenn die Abweichungen der Bewirtschaftungskosten im Rahmen **der objektspezifischen Anpassung des Liegenschaftszinssatzes** nach § 33 ImmoWertV berücksichtigt werden. Es empfiehlt sich, diesen Reinertrag im Gutachten zur Klarstellung auch so zu bezeichnen.

Abb. 26: Modellkonformer und nach § 31 Abs. 1 und 2 i.V.m. § 32 ImmoWertV objektspezifischer Reinertrag

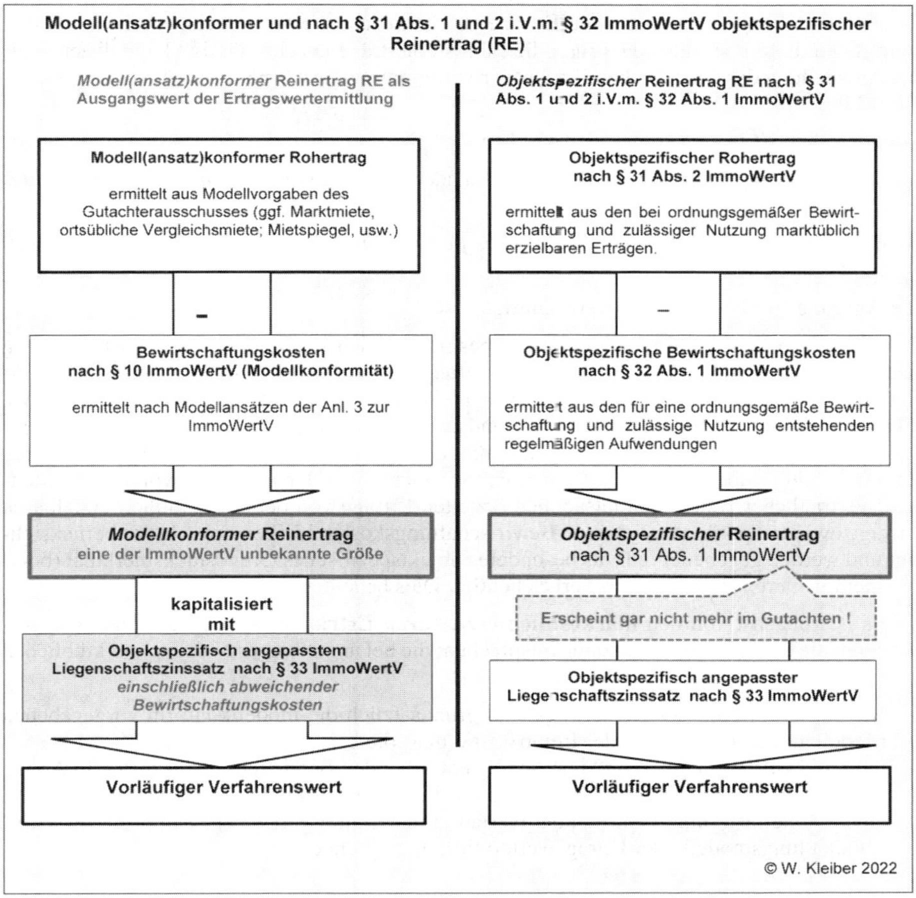

Dementsprechend muss auch zwischen dem modellkonform (auf der Grundlage der sich aus den Modellansätzen der Anl. 1 und 2 ergebenden Gesamt- und Restnutzungsdauer) kapitalisierten Reinertrag und dem über die Gesamt- und Restnutzungsdauer nach § 4 ImmoWertV kapitalisierten Reinertrag unterschieden werden, wenn diese erheblich voneinander abweichen.

Theoretisch ließe sich bei modellkonformer Vorgehensweise der nach **§ 31 Abs. 1 und 2 i.V.m. § 32 ImmoWertV maßgebliche Reinertrag** über einen Umweg ermitteln, wenn nämlich zur Ableitung des objektspezifisch angepassten Liegenschaftszinssatzes

- die „Abweichungen" der Modellansätze zu den tatsächlichen Gegebenheiten des Wertermittlungsobjekts ermittelt werden und
- die Modellansätze damit nachkorrigiert werden.

Bei impliziter Berücksichtigung der Abweichungen, z.B. mittels Liegenschaftszinssatz, die in Abhängigkeit von der Restnutzungsdauer des Gebäudes bzw. dessen Alter oder Baujahr abgeleitet worden sind (vgl. § 21 ImmoWertV Rn. 106), ist dies allerdings nicht möglich.

178 **In aller Regel geht man** bei der Ertragswertermittlung zur Vereinfachung **nach Maßgabe des § 31 Abs. 1 ImmoWertV von den jährlichen Reinerträgen aus**; d.h., die monatlichen Reinerträge werden zu Jahresreinerträgen zusammengefasst. Wenn vom Reinertrag die Rede ist, ist mithin grundsätzlich der **Jahresreinertrag** gemeint (§ 28 Satz 2 ImmoWertV). Der mit der Zusammenfassung der monatlichen Erträge zu einem Jahresreinertrag einhergehende Fehler wird dadurch kompensiert, dass man die Jahresreinerträge „nachschüssig" kapitalisiert bzw. bei Anwendung des periodischen Ertragswertverfahrens abzinst (vgl. hierzu § 34 ImmoWertV Rn. 13 ff.).

179 Grundsätzlich ist zu unterscheiden zwischen

a) dem Reinertrag, der bei Anwendung der Standardverfahren (*allgemeines und vereinfachtes Ertragswertverfahren)* und

b) dem Reinertrag, der bei Anwendung des *periodischen Ertragswertverfahrens* nach § 30 ImmoWertV

die Ausgangsgröße der Ertragswertermittlung ist.

180 Bei **Anwendung der Standardverfahren** bestimmen sich sowohl Roh- als auch Reinertrag nach den „bei ordnungsgemäßer Bewirtschaftung und zulässiger Nutzung (am Wertermittlungsstichtag) marktüblich erzielbaren Erträgen" (§ 27 Abs. 1 Satz 1 und § 31 ImmoWertV), wobei auch die Bewirtschaftungskosten grundsätzlich in Höhe der „bei ordnungsgemäßer Bewirtschaftung und zulässiger Nutzung marktüblich entstehenden" Aufwendungen zum Abzug kommen (vgl. jedoch Rn. 202). Temporäre Abweichungen der aufgrund wohnungs-, miet- oder vertraglicher Bindungen tatsächlich erzielten Erträge von dem marktüblich erzielbaren Ertrag sowie temporär abweichende Bewirtschaftungskosten bleiben zunächst unberücksichtigt und werden gegebenenfalls als besonderes objektspezifisches Grundstücksmerkmal (boG) in einem weiteren Rechenschritt berücksichtigt. Dies bedeutet:

- Es ist zunächst von den **marktüblich erziel*baren* Erträgen** auszugehen, und zwar solchen, die der zulässigen Nutzung entsprechen; die bei unzulässiger Nutzung marktüblichen Erträge müssen außer Betracht bleiben.
- Bei der Ermittlung des Reinertrags sind grundsätzlich die modellkonform vorgegebenen Modellansätze nach Anl. 3 der ImmoWertV bzw. die bei „ordnungsgemäßer Bewirtschaftung und zulässiger Nutzung" regelmäßig entstehenden Bewirtschaftungskosten in Abzug zu bringen. Dazu gehören insbesondere die Instandhaltungskosten und nicht die Kosten einer Modernisierung. Den Standardverfahren der ImmoWertV liegt damit das sog. „Instandhaltungsmodell" der Ertragswertermittlung zugrunde.

Die vorgeschriebene Ertragswertermittlung auf der Grundlage der **marktüblich erziel*baren*- Reinerträge** bedeutet, dass dieser Reinertrag **unabhängig von den tatsächlichen Verhältnissen auch bei** 181

- **eigengenutzten Gebäuden** bzw. Gebäudeteilen,
- **leerstehenden Gebäuden** bzw. Gebäudeteilen **und**
- Vermietung zu „von den marktüblich erzielbaren Erträgen erheblich abweichenden Erträgen"

der Ertragswertermittlung zugrunde zu legen ist.

Die am Wertermittlungsstichtag „marktüblich erzielbaren Erträge" werden über die Restnutzungsdauer kapitalisiert. Künftige Änderungen dieser Erträge, insbesondere aufgrund inflationärer Entwicklungen, des Wertverzehrs der baulichen Anlage und sonstiger allgemein vom Grundstücksmarkt erwarteter Ertragsänderungen werden mit dem objektspezifisch angepassten Liegenschaftszinssatz berücksichtigt (*all over capitalization method*). Dieser bestimmt sich nämlich (näherungsweise) aus den Quotienten der unter gewöhnlichen Verhältnissen tatsächlich erzielbaren Reinerträge und den diesen zugeordneten im gewöhnlichen Geschäftsverkehr tatsächlich erzielten Kaufpreisen. In diese Kaufpreise gehen die Zukunftserwartungen in umfassender Weise ein, d.h., in die Kaufpreise geht die vom Markt erwartete inflationäre Entwicklung ebenso wie die allgemeine Entwicklung der Mieten und Pachten ein. Mit der Ableitung des Liegenschaftszinssatzes aus diesen Kaufpreisen wird infolgedessen die Zukunft in der Weise „eingefangen", wie sie vom allgemeinen Geschäftsverkehr eingeschätzt wird. **Mit dem Liegenschaftszinssatz werden die am Wertermittlungsstichtag marktüblich erzielbaren Erträge gewissermaßen vernachhaltigt.** Das Ertragswertverfahren stellt insoweit kein „statisches" Verfahren dar. 182

Bei **Anwendung des *periodischen* Ertragswertverfahrens** bestimmen sich sowohl Roh- als auch Reinertrag nach den aufgrund wohnungs-, miet- oder vertraglicher Bindungen in den jeweiligen Phasen tatsächlich erzielten Erträgen, d.h. (temporäre) Abweichung von den marktüblich erzielbaren Erträgen sind direkt bereits bei der Ermittlung des in dem jeweiligen Zeitraum tatsächlich erzielten Rein- und Rohertrags zu berücksichtigen. Daneben können beispielsweise aufgrund vertraglicher Bindungen auch Abweichungen im Verhältnis zu den nach **§ 32 Abs. 1 ImmoWertV** in Abzug zu bringenden „regelmäßigen" Aufwendungen für eine ordnungsgemäße Bewirtschaftung bestehen. 183

3.3.2.2 Maßgebliche Wohn- bzw. Nutzfläche

▶ *Vgl. zur Definition der Wohnung und des Wohnraums § 31 ImmoWertV Rn. 128; zur Definition der mietrechtlichen Wohnfläche vgl. § 31 ImmoWertV Rn. 134 ff.; zu Flächenabweichungen § 31 ImmoWertV Rn. 143 ff.; zum Begriff des Aufenthaltsraums vgl. § 5 ImmoWertV Rn. 51; zu Hobbyräumen und als Freizeitraum genutzten Kellerräumen vgl. § 31 ImmoWertV Rn. 140 f. sowie § 26 ImmoWertV Rn. 29*

Grundsätzlich muss sich die Wohn- bzw. Nutzfläche des Bewertungsobjekts nach der Flächenberechnungsnorm bestimmen, die den herangezogenen Vergleichsmieten bzw. dem herangezogenen Mietspiegel zugrunde liegt (**Konformität der Flächenberechnung**). Im Allgemeinen können jedoch bei der Ertragswertermittlung von Wohnimmobilien die Unterschiede zwischen der Flächenberechnung nach der WoFlV, den §§ 42 ff. II. BV bzw. der DIN 283 und DIN 277 vernachlässigt werden, da in Anlehnung an die Rechtsprechung des BGH Flächenabweichungen zwischen der tatsächlichen und der im Mietvertrag ausgewiesenen Wohnungsgröße bis zu 10 Prozent hinzunehmen sind (vgl. § 31 ImmoWertV Rn. 145) und nur Mieterhöhungen auf der Basis der tatsächlichen Wohnfläche zulässig sind (vgl. § 31 ImmoWertV Rn. 64). 184

3.3.2.3 Marktüblich erzielbarer Rein- bzw. Rohertrag nach ImmoWertV

▶ *§ 31 ImmoWertV Rn. 13, 24ff., 69; § 21 ImmoWertV Rn. 110; § 27 ImmoWertV Rn. 12ff.; § 32 ImmoWertV Rn. 1ff.*

185 Ausgangspunkt aller in der ImmoWertV geregelten Varianten des Ertragswertverfahrens ist nach der Generalklausel des § 27 Abs. 1 ImmoWertV der „marktüblich erzielbare Ertrag“[53].

Nach dem gesetzlichen Leitbild des BGB obliegt es allein dem Vermieter, den Mietgegenstand in einem zum vertragsgemäßen Gebrauch geeigneten Zustand zu erhalten (§ 535 Abs. 1 S. 2 BGB). Die Vertragsparteien können nach § 556 BGB vereinbaren, dass der Mieter die umlagefähigen Betriebskosten i.S. der BetrKV trägt. Der unter Ausschluss der Betriebskosten marktüblich erzielbare Rohertrag ist die Nettokaltmiete. Zur Ermittlung des „marktüblich erzielbaren Reinertrags“ ist auf entsprechende Vergleichsmieten zurückzugreifen, die für hinreichend vergleichbare Objekte in hinreichend vergleichbarer Lage zum jeweiligen Wertermittlungsstichtag üblicherweise entrichtet werden.

Nach dem *Modell des in der ImmoWertV geregelten Ertragswertverfahrens* ist grundsätzlich vom **jährlichen Reinertrag der baulichen Anlagen** auszugehen (vgl. § 20 Abs. 3 Nr. 2, § 21 Abs. 2, § 28 Satz 2, § 29 Satz 1 Nr. 1 ImmoWertV), obwohl die Erträge i.d.R. vorschüssig und monatlich „fließen“. Mit dem Ansatz jährlicher Reinerträge vereinfacht sich das Modell, ohne dass damit eine wesentliche „Verfälschung“ des Ergebnisses einhergeht, wenn gleichzeitig nach Maßgabe des § 34 ImmoWertV ein jährlicher nachschüssiger Kapitalisierungsfaktor zur Anwendung kommt (vgl. § 34 ImmoWertV Rn. 44). Es besteht ein im Grundsatz der Modellkonformität begründetes **Junktim zwischen dem mit § 34 vorgegebenen Kapitalisierungsfaktor und dem jährlich anzusetzenden Reinertrag sowie der Anwendung eines auf dieser Grundlage abgeleiteten Liegenschaftszinssatzes**.

a) Wohnraum

Schrifttum: IVD-Wohn-Preisspiegel (2016/17), abgedruckt bei *Tillmann/Kleiber/Seitz*, Tabellenhandbuch zur Ermittlung des Verkehrswerts, 2. Aufl. 2017, S. 541 ff.

▶ *Vgl. § 2 ImmoWertV Rn. 29; § 31 ImmoWertV Rn. 125ff.; § 32 ImmoWertV Rn. 20, 27ff., 45ff.*

186 Bei der Marktwertermittlung von **Wohnimmobilien ist als marktüblich erzielbare Miete i.d.R. die ortsübliche Vergleichsmiete** maßgebend. Zur Ermittlung der marktüblich erzielbaren Miete können (einfache und qualifizierte) **Mietspiegel** nach den §§ 558c und d BGB herangezogen werden. Wird von Mietspiegeln ausgegangen, so muss beachtet werden, welche Mietentgelte (Nettokaltmiete, Mietnebenkosten) der Auswertung zugrunde gelegt und mit den Zahlenwerten wiedergegeben werden. Soweit erforderlich, muss die ausgewiesene Miete auf den Wertermittlungsstichtag umgerechnet werden. Ausgewiesen ist die **ortsübliche Vergleichsmiete**, die nach § 558 Abs. 2 BGB „aus den üblichen Entgelten“… „gebildet wird“, „die in der Gemeinde oder einer vergleichbaren Gemeinde für Wohnraum vergleichbarer Art, Größe, Ausstattung, Beschaffenheit und Lage in den letzten sechs Jahren vereinbart“ wurde[54]. Diese aus Mietvereinbarungen der Vergangenheit abgeleitete ortsübliche Vergleichsmiete kann gleichwohl auch zum aktuellen Wertermittlungsstichtag herangezogen werden, weil sie Bemessungsgrundlage für ein Mieterhöhungsverlangen ist. Wird tatsächlich eine geringere Miete entrichtet und kann diese Miete unter Berücksichtigung der mietrechtlichen Regelungen zur sog. Kappungsgrenze an die ortsübliche Vergleichsmiete angeglichen werden, kann diese Abweichung außer Betracht bleiben und muss auch nach § 8 Abs. 3 ImmoWertV unberücksichtigt bleiben.

---

53 So auch die höchstrichterliche Rechtsprechung: BGH, Urt. vom 08.12.1981 – 1 StR 416/81 –, BGHSt 30, 280 = EzGuG 3.63i; BVerwG, Urt. vom 17.10.1997 – 8 C 18/96 –, BVerwGE 81, 111 = EzGuG 19.45a.

54 § 558c Mietspiegel: (1) Ein Mietspiegel ist eine Übersicht über die ortsübliche Vergleichsmiete, soweit die Übersicht von der Gemeinde oder von Interessenvertretern der Vermieter und der Mieter gemeinsam erstellt oder anerkannt worden ist.

I.d.R. handelt es sich bei den im Mietspiegel ausgewiesenen ortsüblichen Vergleichsmieten 187
um sog. Nettokaltmieten (vgl. § 31 ImmoWertV Rn. 24 ff., 45 ff.), d.h., neben der Nettokaltmiete werden vom Mieter die Betriebskosten entrichtet. Die Nettokaltmiete stellt dann den Rohertrag dar und braucht nur noch um die nicht umgelegten Bewirtschaftungskosten vermindert zu werden, um zum Reinertrag zu kommen (§ 32 Abs. 1 ImmoWertV).

Von der ortsüblichen Vergleichsmiete zu unterscheiden ist die **Marktmiete,** die im Falle einer 188
Neuvermietung unter Berücksichtigung von Angebot und Nachfrage vereinbart werden kann[55]; der Vermieter ist in diesem Fall – vorbehaltlich mietrechtlicher Besonderheiten in *Gebieten mit einem angespannten Wohnungsmarkt* (vgl. § 31 ImmoWertV Rn. 47) – nicht an die ortsübliche Vergleichsmiete gebunden.

Grundsätzlich ist im Rahmen der **Ertragswertermittlung von Wohnimmobilien i.d.R. von** 189
der ortsüblichen Vergleichsmiete als der marktüblich erzielbaren Miete i.S. des § 27 Abs. 1 ImmoWertV **auszugehen**, da die Marktmiete nicht nachhaltig ist. Die Marktmiete muss faktisch als Festmiete betrachtet werden, da sie erst dann erhöht werden kann, wenn sie mit der Zeit von der ortsüblichen Vergleichsmiete „überholt" wird. Mehreinnahmen aufgrund der Marktmiete sind nur temporär erzielbar, wobei Abweichungen gegenüber der ortsüblichen Vergleichsmiete gegebenenfalls nach § 8 Abs. 3 ImmoWertV ergänzend als Mehr- oder Minderertrag zu berücksichtigen sind (vgl. § 8 ImmoWertV Rn. 301 ff.). Dies gilt selbst im Falle der Marktwertermittlung eines neu errichteten und erstmals auf der Grundlage von Marktmieten bezogenen Wohngebäudes. Zwar kann in diesem Fall das gesamte Wohngebäude zur Marktmiete vermietet werden, jedoch sind Mieterhöhungen erst dann wieder zulässig, wenn die ortsübliche Vergleichsmiete aufgrund von allgemeinen Mietsteigerungen die Marktmiete übersteigt.

Abb. 27: Marktmiete als temporär anfallender Mehrertrag (overrented)

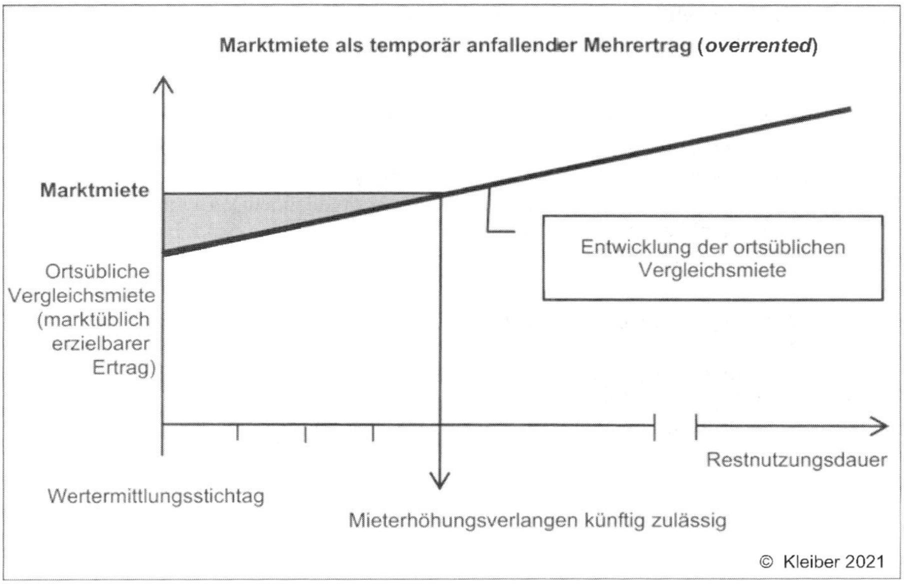

55 Zu den Abweichungen vgl. „Hintergrundpapier" des Bundesinstituts für Bau-, Stadt- und Raumforschung im Bundesamt für Bauwesen und Raumordnung zur Aktuellen Mietentwicklung und ortsüblichen Vergleichsmiete.

190 Aus den vorstehenden Gründen ist es **grundsätzlich sachgerecht, den Liegenschaftszinssatz von Wohnimmobilien auf der Grundlage der sich aus Mietspiegeln ergebenden ortsüblichen Vergleichsmiete abzuleiten** (vgl. § 21 ImmoWertV Rn. 110). Soweit im Rahmen des fluktuationsbedingten Leerstandes für einzelne Wohnungen Marktmieten vereinbart werden, ist dies in aller Regel nicht als ein nach § 8 Abs. 3 ImmoWertV anzusetzender Mehrertrag zu berücksichtigen, da derartige Sachverhalte schon bei der Ableitung des Liegenschaftszinssatzes nicht explizit berücksichtigt werden und diesem Umstand mit dem Liegenschaftszinssatz deshalb bereits Rechnung getragen wird. Letztlich ist im Rahmen einer modellkonformen Marktwertermittlung stets der **Mietansatz** entscheidend, **der der Ableitung des Liegenschaftszinssatzes zugrunde lag**.

Die Ableitung des Liegenschaftszinssatzes auf der Grundlage der sich aus dem Mietspiegel ergebenden ortsüblichen Vergleichsmiete hat den Vorteil, dass

– diese besonders einfach ermittelbar ist und
– auch im Hinblick auf einen realitätsgerechten Mietansatz problematische „ortsübliche Vergleichsmieten" zum „richtigen" vorläufigen Ertragswert führen, wenn modellkonform auch bei der Ableitung des vorläufigen Ertragswerts der Mietspiegel zur Anwendung kommt. In diesem Fall neutralisieren sich nach dem Grundsatz der Modellkonformität etwaige Fehler „von selbst".

Aus den vorstehenden Gründen sind **Angebotsmieten** i.d.R. nicht als Grundlage der Ertragswertermittlung geeignet, denn diese zielen auf eine Neuvermietung ab. Zudem handelt es sich dabei zunächst um eine „Mietpreisforderung", die i.d.R. nicht zu entsprechenden Abschlüssen führt (vgl. die entsprechenden Ausführungen zu Preisforderungen bei Grundstücksverkäufen bei Syst. Darst. des Vergleichswertverfahrens Rn. 48; § 31 ImmoWertV Rn. 29).

Von einem temporär anfallenden Mehrertrag (*overrent*) ist auch auszugehen, wenn die **Miete aufgrund** von durchgeführten **Modernisierungsmaßnahmen nach Maßgabe des § 559 BGB erhöht** wurde und die ortsübliche Vergleichsmiete übersteigt.

b) Gewerberaum

▶ *Vgl. § 31 ImmoWertV Rn. 32 ff., 106 ff.; § 32 ImmoWertV Rn. 100; Teil V Rn. 281*

191 Bei gewerblich genutzten Grundstücken ist der Rückgriff auf entsprechende Vergleichsmieten von hinreichend vergleichbaren Objekten in hinreichend vergleichbarer Lage ungleich schwieriger als bei Wohnobjekten, weil aufgrund der weitgehenden Vertragsfreiheit die **Gewerberaummietverträge** in ihrer Ausgestaltung sehr unterschiedlich sind. Im Übrigen liegen hierzu u.a. die IVD-Gewerbe-Preisspiegel (Büro- und Ladenmieten)[56] und andere Erhebungen vor.

Bei gewerblichen Mietverträgen wird die Erhaltungslast für den Mietgegenstand im Wege individueller Vereinbarungen oder im Rahmen von vermieterseits gestellten AGB ganz oder teilweise auf den Mieter zu übertragen[57]. Bei sog. „*Multi-Tenant*"-Objekten und Einkaufszentren trägt der Vermieter grundsätzlich die für Gemeinschaftsflächen und -anlagen anfallenden Erhaltungskosten, jedoch werden hinsichtlich dieser Kosten regelmäßig Umlagevereinbarungen getroffen.

---

56 Abgedruckt bei Tillmann/Kleiber/Seitz, Tabellenhandbuch zur Ermittlung des Verkehrswerts, 2. Aufl. 2017, S. 541 ff.
57 BGH, Urt. vom 08.01.2014 – XII ZR 12/13 –, NZM 2014, 242; Häublein in MüKo BGB, 9. Aufl. 2023, § 535 Rn. 132; Zeheleinin BeckOK BGB (Stand: 01.05.2023), § 535 Rn. 408 m.w.N.

Bei gewerblichen Grundstücken ist grundsätzlich zulässig die **Umlage** von

- Betriebskosten[58],
- Verwaltungskosten[59],
- Instandhaltungskosten (ganz oder teilweise, z.B. „Dach und Fach") und selbst ein
- Mietausfallwagnis.

Darüber hinaus sind auch die den gewerblichen Mietverträgen zugrunde liegenden Flächenberechnungen sehr unterschiedlich. Sie können sich auf die im Wohnungswesen üblichen Berechnungsnormen (§§ 42–44 II. BV, WoFlV, DIN 283), aber auch auf eine BGF oder gif-Fläche beziehen und nach Haupt- und Nebennutzflächen differenziert sein. Wird nach Haupt- und Nebennutzflächen unterschieden, können die Mieten den jeweiligen Anteilen entsprechend unterschiedlich ausfallen. Darüber hinaus werden Optionen und zahlreiche nutzungsspezifische Sonderregelungen vereinbart. **192**

Die zur Verfügung stehenden Vergleichsmieten lassen nur selten alle vorstehenden vertragsspezifischen Besonderheiten erkennen, sodass die **„marktüblich erzielbare Miete" eines gewerblichen Objekts zwangsläufig eine unsicherheitsbehaftete Größe** sein muss. **193**

3.3.2.4 BelWertV

▶ *Vgl. weiterführend Teil IX Rn. 145 ff.*

Nach § 9 Abs. 1 BelWertV ist bei der Ermittlung des Ertragswerts der baulichen Anlagen vom „nachhaltig" erzielbaren jährlichen Reinertrag auszugehen. Bei dem „nachhaltig" erzielbaren Reinertrag handelt es sich tatsächlich um den „marktüblich erzielbaren" Reinertrag. Der Begriff des „nachhaltigen" Reinertrags ist irreführend und wurde aus gutem Grunde mit der ImmoWertV durch den Begriff des „marktüblich erzielbaren" Reinertrags ersetzt. **194**

Das in der BelWertV vorgegebene Ertragswertverfahren entspricht in seinen Grundzügen im Übrigen dem allgemeinen (zweigleisigen) Ertragswertverfahren nach § 28 ImmoWertV, wobei abweichend **195**

- im Regelfall die vertraglich vereinbarte Miete anzusetzen ist, wenn der marktüblich erzielbare Ertrag über dem vertraglich vereinbarten Ertrag liegt (§ 10 Abs. 1 Satz 2 BelWertV).
- Bestehen strukturelle oder lang andauernde Leerstände, ist nach § 10 Abs. 4 BelWertV besonders zu prüfen, ob das Objekt aufgrund der jeweiligen Marktlage und seines Zustands überhaupt ertragsfähig ist oder eine wirtschaftliche Nutzung zu den angesetzten Roherträgen in absehbarer Zeit noch zu erwarten ist.
- Zur Ermittlung des Reinertrags ist der nach § 10 BelWertV ermittelte Rohertrag um die nach Maßgabe des § 11 BelWertV anzusetzenden Bewirtschaftungskosten zu mindern (vgl. Rn. 204).

3.3.2.5 Steuerliche Bewertung

Im Rahmen der **Grundsteuerbewertung** bestimmt sich der *jährliche Rohertrag* des Grundstücks nach der Listenmiete der Anl. 39 zum BewG. Sie listet die monatlichen Nettokaltmieten je Quadratmeter Wohnfläche differenziert nach Land, Gebäudeart, Wohnfläche und Baujahr des Gebäudes einschließlich der in Abhängigkeit der Mietniveaustufen festgelegten Zu- und Abschläge auf. **196**

---

58 OLG Rostock, Urt. vom 10.04.2006 – 3 U 158/06 –, NJ 2008, 313 = EzGuG 3.141.

59 OLG Frankfurt am Main, Urt. vom 1.11.1984 – 3 U 143/83 –, WuM 1985, 91 = EzGuG 20.104c; OLG Nürnberg, Urt. vom 21.03.1995 – 3 U 3727/94 –, WuM 1995, 306 = EzGuG 3.117g; KG, Urt. vom 02.10.2003 – 8 U 25/03 –, GE 2004, 234 = EzGuG 3.129a.

Im Rahmen der **erbschaftsteuerlichen Bewertung** ist nach § 186 BewG von dem **Entgelt (Rohertrag)** auszugehen, **das für die Benutzung des bebauten Grundstücks nach den am Bewertungsstichtag geltenden vertraglichen Vereinbarungen für den Zeitraum von zwölf Monaten zu zahlen ist**. Das gilt auch für öffentlich geförderte Wohnungen. Bei dem Entgelt handelt es sich um eine Sollmiete. Auf die tatsächlich gezahlte Miete kommt es nicht an. Neben der vertraglich vereinbarten Miete rechnen zum Entgelt auch

- Mieteinnahmen für Stellplätze,
- Mieteinnahmen für Nebengebäude, z.B. für Garagen,
- Vergütungen für außergewöhnliche Nebenleistungen des Vermieters, die nicht die Raumnutzung betreffen, aber neben der Raumnutzung aufgrund des Mietvertrags gewährt werden (z.B. Reklamenutzung sowie für das Aufstellen von Automaten),
- Vergütungen für Nebenleistungen, die zwar die Raumnutzung betreffen, jedoch nur einzelnen Mietern zugutekommen (z.B. zusätzliche Mieteinnahmen für die Verkabelung des Gebäudes zwecks Datenfernübertragung, für den Einbau einer Klimaanlage oder für die Nutzung eines Schwimmbads),
- Untermietzuschläge,
- Baukostenzuschüsse und Mietvorauszahlungen, soweit sie auf die Miete anzurechnen sind,
- Zahlungen des Mieters an Dritte für den Eigentümer, soweit es sich nicht um Betriebskosten i. S. des § 27 II. BV oder § 2 BetrKV handelt (z.B. Erschließungskosten),
- Leistungen des Mieters, die nicht in Geld bestehen, soweit sie nicht gleichzeitig als Betriebskosten zu berücksichtigen wären (z.B. die Übernahme der Grundstücksverwaltung),
- um Neben- und Betriebskosten bereinigte Leasing-Raten, soweit sie auf die Überlassung des Grundstücks entfallen.

Nicht zum Rohertrag gehören Umlagen, die zur Deckung der Betriebskosten gezahlt werden (R B 186.2 und R B 187.1 ErbStR 2019), insbesondere

- Einnahmen für die Überlassung von Maschinen und Betriebsvorrichtungen,
- Einnahmen für die Überlassung von Einrichtungsgegenständen (z.B. bei möblierten Wohnungen, Ferienwohnungen, Studentenwohnheimen),
- Dienstleistungen, die nicht die Grundstücksnutzung betreffen (Reinigungsdienste),
- Zuzahlungen Dritter außerhalb des Mietverhältnisses (z.B. bei Bauherrengemeinschaften Zahlungen des Mietgarantiegebers),
- Aufwendungszuschüsse im öffentlich geförderten Wohnungsbau,
- die Umsatzsteuer.

Bei dem Entgelt handelt es sich nach Maßgabe des R B 186.1 Satz 5 bis 8 ErbStR 2019 um eine Sollmiete. Auf die tatsächlich gezahlte Miete kommt es nicht an. Bei Mietausfall ist somit trotz des geringeren Ertrags eine Bewertung auf der Grundlage der vereinbarten Miete vorzunehmen. Bei mehrstöckigen Mietverhältnissen berechnet sich die Jahresmiete nach den Beträgen, die der oder die Mieter (Hauptmieter) an den Vermieter (Eigentümer) vereinbarungsgemäß zu zahlen haben. Hierzu zählen auch Untermietzuschläge.

Der **Reinertrag des Grundstücks** ergibt sich nach § 188 BewG aus dem Rohertrag des Grundstücks (§ 186 BewG) abzüglich der Bewirtschaftungskosten (§ 187 BewG) und ist um den Betrag zu vermindern, der sich durch eine angemessene Verzinsung des Bodenwerts ergibt. Der Verzinsung des Bodenwerts ist der Liegenschaftszinssatz (§ 188 BewG) zugrunde zu legen. Ist das Grundstück wesentlich größer, als es einer den Gebäuden angemessenen Nutzung entspricht, und ist eine zusätzliche Nutzung oder Verwertung einer Teilfläche zulässig und möglich, ist bei der Berechnung des Verzinsungsbetrags der Bodenwert dieser Teilfläche nicht zu berücksichtigen.

3.3.3 Bewirtschaftungskosten

3.3.3.1 Verkehrswertermittlung nach ImmoWertV

a) Allgemeines

▶ *Vorbem. zur ImmoWertV Rn. 136; § 8 ImmoWertV Rn. 296; § 10 ImmoWertV Rn. 15; § 21 ImmoWertV Rn. 13 ff.; § 32 ImmoWertV Rn. 16, 25 ff., 33, 44, 148 ff. (Instandhaltungskosten Wohnen), Rn. 154 (Instandhaltungskosten Gewerbe), Rn. 182 (Mietausfallwagnis); zur Abschreibung Syst. Darst. des Ertragswertverfahrens Rn. 33, 103, 249*

Der Jahresreinertrag ergibt sich nach vorstehenden Ausführungen aus dem **Jahresrohertrag** abzüglich der Bewirtschaftungskosten (*outgoings, maintenance*). Abzuziehen sind nur die Bewirtschaftungskosten, die „***nicht durch Umlagen oder sonstige Kostenübernahmen gedeckt sind***". Begrifflich wird in Anlehnung an § § 254 Abs. 1 BewG der „Rohertrag" mit der Nettokaltmiete gleichgesetzt (vgl. § 31 ImmoWertV Rn. 60). Nicht umlagefähig sind die Instandhaltungskosten, Verwaltungskosten und das Mietausfallwagnis (vgl. § 32 Abs. 1 Satz 1 ImmoWertV). Dies kann dahingehend konkretisiert werden, dass **Bewirtschaftungskosten in der Marktwertermittlung „nur" berücksichtigungsfähig sind, soweit sie nicht vom Eigentümer umgelegt werden „können"** und dies auch marktüblich ist. Bei Wohnimmobilien werden indessen Betriebskosten üblicherweise gemäß § 556 BGB mietvertraglich auf den Mieter umgelegt (vgl. § 32 ImmoWertV Rn. 77). 197

Die objektspezifischen **Bewirtschaftungskosten werden mit § 32 Abs. 1 Satz 1 ImmoWertV als die bei ordnungsgemäßer Bewirtschaftung und zulässiger Nutzung entstehenden regelmäßigen *Aufwendungen* definiert**. Bewirtschaftungskosten sind grundsätzlich jeweils mit der am Wertermittlungsstichtag marktüblichen Höhe anzusetzen. Ist der Verkehrswert bezogen auf einen zurückliegenden Wertermittlungsstichtag zu erstatten, so sind die zu diesem Zeitpunkt marktüblichen Bewirtschaftungskosten anzusetzen. 198

Gleichzeitig wird

- mit § 12 Abs. 5 ImmoWertV den Gutachterausschüssen für Grundstückswerte befohlen, der Ableitung von Liegenschaftszinssätzen die Modellansätze der Anl. 1 bis 3 zur ImmoWertV zugrunde zu legen, und
- mit § 12 Abs. 6 i.V.m. § 10 ImmoWertV vorgegeben, dass bei Anwendung der sonstigen für die Wertermittlung erforderlichen Daten (Liegenschaftszinssätze) dieselben Modelle, Modellansätze sowie Bezugseinheiten zu verwenden sind, die der Ermittlung dieser Daten zugrunde liegen (Grundsatz der Modellkonformität).

Die den Gutachterausschüssen für Grundstückswerte verbindlich vorgegebenen sowie die ergänzend von den Gutachterausschüssen nach eigenem Ermessen der Ableitung des Liegenschaftszinssatzes zugrunde gelegten**Modelle, Modellansätze sowie Bezugseinheiten haben insoweit Allgemeinverbindlichkeit.**

Die Allgemeinverbindlichkeit der Modellansätze der Anl. 3 zur ImmoWertV beschränkt sich unter den genannten Voraussetzungen nur auf die Ermittlung des *vorläufigen* Ertragswerts. Erhebliche Abweichungen zwischen den Modellansätzen und den **bei ordnungsgemäßer Bewirtschaftung und zulässiger Nutzung** tatsächlich **entstehenden regelmäßigen *Aufwendungen*** nach § 32 Abs. 1 Satz 1 ImmoWertV müssen bei der Marktwertermittlung – wenn sie wertrelevant sind – berücksichtigt werden. Weichen also im konkreten Einzelfall die nach Maßgabe des § 32 Abs. 1 Satz 1 ImmoWertV zu berücksichtigenden *objektspezifischen Bewirtschaftungskosten* von den Modellansätzen „erheblich" ab, müssen die Abweichungen als „besonderes objektspezifisches Grundstücksmerkmal" (boG) ergänzend berücksichtigt werden. Dies betrifft insbesondere die in Anl. 3 zur ImmoWertV vorgegebenen **starren Modellansätze der Instandhaltungskosten**, die abweichend von der II. BV nicht mehr nach dem Alter der baulichen Anlage differenziert sind. 199

Erhebliche Abweichungen der starren Modellansätze der Instandhaltungskosten von den objektspezifischen Instandhaltungskosten i.S. des § 32 Abs. 1 ImmoWertV können auch mit der objektspezifischen Anpassung des Liegenschaftszinssatzes aufgefangen werden, wenn dieser in Abhängigkeit von der Restnutzungsdauer abgeleitet wurde. Insoweit besteht ein **Junktim zwischen der Anwendung der „starren" (statischen) Modellansätze und der Heranziehung von Liegenschaftszinssätzen (LZ), die differenziert nach der Restnutzungsdauer abgeleitet werden** (vgl. Rn. 220; § 8 ImmoWertV Rn. 226; § 21 ImmoWertV Rn. 117; § 32 ImmoWertV 139 ff., 148 ff.).

Das Gleiche gilt, wenn **die objektspezifischen Bewirtschaftungskosten** aufgrund vertraglicher Bindungen, persönlicher Verhältnisse oder aufgrund anderer Gegebenheiten temporär **von den bei ordnungsgemäßer Bewirtschaftung und zulässiger Nutzung entstehenden regelmäßigen *Aufwendungen* bzw. den Modellansätzen erheblich abweichen**.

200 Nach § 32 Abs. 1 Satz 2 ImmoWertV sind bei der Ertragswertermittlung nach den Grundsätzen der ImmoWertV nur die dort aufgeführten Bewirtschaftungskostenarten berücksichtigungsfähig. Dies sind

1. Verwaltungskosten,
2. Instandhaltungskosten,
3. Mietausfallwagnis (*rent collection loss*) und
4. Betriebskosten i.S. des § 556 Abs. 1 Satz 2 BGB i.V.m. § 2 BetrKV.

Abb. 28: Bewirtschaftungskosten (§ 32 ImmoWertV, § 2 BetrKV)

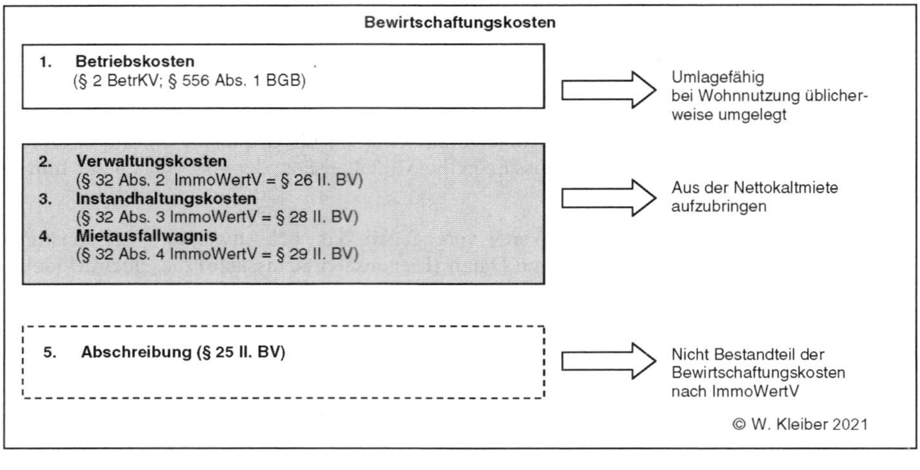

Zum **Ansatz eines Modernisierungsrisikos** vgl. § 32 ImmoWertV Rn. 161. Zu Finanzierungskosten vgl. § 32 ImmoWertV Rn. 14.

201 **Die Abschreibung gehört generell nicht zu den** „berücksichtigungsfähigen" **Bewirtschaftungskosten.**

Unter der **Abschreibung ist die mit dem** (ordnungsgemäßen) **Gebrauch des Gebäudes einhergehende Wertminderung zu verstehen**, die in der Immobilienwirtschaft den Bewirtschaftungskosten zugerechnet wird. Die davon abweichende Regelung der ImmoWertV ist darin begründet, dass bei Anwendung des Ertragswertverfahrens die Abschreibung mit dem Liegenschaftszinssatz berücksichtigt wird (vgl. § 32 ImmoWertV Rn. 33), der nach Maßgabe des § 20 ImmoWertV der Ertragswertermittlung zugrunde gelegt werden muss. Etwas anderes muss gelten bei Anwendung des prognoseorientierten Ertragswertverfahrens (*Discounted-*

Cashflow-Verfahren) auf der Grundlage prognostizierter Erträge und ihrer Kapitalisierung mit einem sich an alternativen Kapitalanlagen orientierenden besonderen Zinssatz.

3.3.3.2 „Modellansätze“ der Bewirtschaftungskosten nach Anl. 3 zu § 12 Abs. 5 Satz 2 ImmoWertV

Bei Ermittlung der Liegenschaftszinssätze sind die nachfolgenden Modellansätze zugrunde zu legen. Bei der Wertermittlung sind dieselben Bewirtschaftungskosten zugrunde zu legen, die auch der Ermittlung des verwendeten Liegenschaftszinssatzes zugrunde lagen; im Übrigen sind als Bewirtschaftungskosten vorrangig die nachfolgenden Modellansätze zugrunde zu legen. 202

I. Bewirtschaftungskosten für Wohnnutzung

1. Verwaltungskosten (Stand 1. Januar 2024)

351,00 Euro	jährlich je Wohnung bzw. je Wohngebäude bei Ein- und Zweifamilienhäusern
420,00 Euro	jährlich je Eigentumswohnung
46,00 Euro	jährlich je Garage oder ähnlichem Einstellplatz
Die vorstehend genannten Werte gelten für das Jahr 2024. Für Wertermittlungsstichtage in den Folgejahren sind sie wie unter III. dargestellt anzupassen.	

2. Instandhaltungskosten (Stand 1. Januar 2024)

14,8 Euro	jährlich je Quadratmeter Wohnfläche, wenn die Schönheitsreparaturen von den Mietern getragen werden
104 Euro	jährlich je Garage oder ähnlichem Einstellplatz einschließlich der Kosten für Schönheitsreparaturen
Die vorstehend genannten Beträge gelten für das Jahr 2023. Für Wertermittlungsstichtage in den Folgejahren sind sie künftig, wie unter III. dargestellt, anzupassen.	

3. Mietausfallwagnis

2 Prozent	des marktüblich erzielbaren Rohertrags bei Wohnnutzung

II. Bewirtschaftungskosten für gewerbliche Nutzung

1. Verwaltungskosten

3 Prozent	des marktüblich erzielbaren Rohertrags bei reiner und gemischter gewerblicher Nutzung

2. Instandhaltungskosten

Den Instandhaltungskosten für gewerbliche Nutzung wird jeweils ein Prozentsatz der Instandhaltungskosten für Wohnnutzung zugrunde gelegt.	
100 Prozent	für gewerbliche Nutzung wie z.B. Büros, Praxen, Geschäfte und vergleichbare Nutzungen bzw. gewerblich genutzte Objekte mit vergleichbaren Baukosten, wenn der Vermieter die Instandhaltung für „Dach und Fach“ trägt
50 Prozent	für gewerbliche Nutzung wie z.B. SB-Verbrauchermärkte und vergleichbare Nutzungen bzw. gewerblich genutzte Objekte mit vergleichbaren Baukosten, wenn der Vermieter die Instandhaltung für „Dach und Fach“ trägt
30 Prozent	für gewerbliche Nutzung wie z.B. Lager-, Logistik- und Produktionshallen und vergleichbare Nutzungen bzw. gewerblich genutzte Objekte mit vergleichbaren Baukosten, wenn der Vermieter die Instandhaltung für „Dach und Fach“ trägt

3. Mietausfallwagnis

4 Prozent	des marktüblich erzielbaren Rohertrags bei reiner bzw. gemischter gewerblicher Nutzung

III. Jährliche Anpassung

Die Anpassung der Werte nach den I.1 und I.2 erfolgt jährlich auf der Grundlage der in Satz 3 genannten Basiswerte mit dem Prozentsatz, um den sich der vom Statistischen Bundesamt festgestellte Verbraucherpreisindex für Deutschland für den Monat Oktober 2001 gegenüber demjenigen für den Monat Oktober des Jahres, das dem Stichtag der Ermittlung des Liegenschaftszinssatzes vorausgeht, erhöht oder verringert hat. Die Werte für die Instandhaltungskosten pro m² sind auf eine Nachkommastelle und bei den Instandhaltungskosten pro Garage oder ähnlichem Einstellplatz sowie Verwaltungskosten auf den vollen Euro kaufmännisch zu runden.

Von folgenden Basiswerten (2002) für die Verwaltungs- und Instandhaltungskosten wird ausgegangen:

1. Verwaltungskosten

230 EURO	jährlich je Wohnung bzw. je Wohngebäude bei Ein- und Zweifamilienhäusern
275 EURO	jährlich je Eigentumswohnung
30 EURO	jährlich je Garage oder ähnlichem Einstellplatz

2. Instandhaltungskosten

9,00 EURO	jährlich je Quadratmeter Wohnfläche, wenn die Schönheitsreparaturen von den Mietern getragen werden
68 EURO	jährlich je Garage oder ähnlichem Einstellplatz einschließlich der Kosten für Schönheitsreparaturen

203 Die mit Anl. 3 zur ImmoWertV verbindlich vorgegebenen „Modellansätze" der Bewirtschaftungskosten koppeln sich von den bewährten Sätzen und dem System der Zweiten Berechnungsverordnung (II. BV) ab.

- Die Modellansätze der Verwaltungs- und Instandhaltungskosten für Wohnnutzungen werden nach Maßgabe der Ausführungen unter III jährlich angepasst.
- Die Werte für die Instandhaltungskosten pro m² sind auf eine Nachkommastelle und bei den Instandhaltungskosten pro Garage oder ähnlichem Einstellplatz sowie Verwaltungskosten auf den vollen Euro kaufmännisch zu runden ist[60].
- Die Instandhaltungskosten differenzieren nicht mehr nach dem (fiktiven) Alter (Bezugsfertigkeit) der baulichen Anlage (vgl. § 32 ImmoWertV Rn. 139).

Die mit „starren" **Modellansätzen für die Instandhaltung** einhergehende Modellverbiegung muss im Rahmen der mit § 33 ImmoWertV vorgeschriebenen **„objektspezifischen" Anpassung des Liegenschaftszinssatzes** „aufgefangen" werden, wenn der Liegenschaftszinssatz nicht direkt „unter Berücksichtigung der wirtschaftlichen Restnutzungsdauer" abgeleitet worden ist.

60 Nach den Rundungsregeln der DIN 1333 wird unter *kaufmännischem Runden* verstanden:
die Abrundung, wenn die Ziffer an der ersten wegfallenden Dezimalstelle eine 0, 1, 2, 3 oder 4 ist, und
die Aufrundung, wenn die Ziffer an der ersten wegfallenden Dezimalstelle eine 5, 6, 7, 8, 9 ist.

3.3.3.3 Beleihungswertermittlung nach BelWertV

▶ *Vgl. § 32 ImmoWertV Rn. 182; Teil IX § 11 BelWertV Rn. 247 ff.*

Die zur Ermittlung des Reinertrags vom Rohertrag abzuziehenden Bewirtschaftungskosten bestimmen sich nach den Regelungen der ImmoWertV nach den (bei ordnungsgemäßer Bewirtschaftung) üblicherweise beim Vermieter verbleibenden Einzelkostenansätzen für Verwaltungskosten, Instandhaltungskosten, das Mietausfallwagnis und gegebenenfalls für weitere nicht durch Umlagen gedeckte Betriebskosten. Darüber hinaus ist objektartenspezifisch ein Modernisierungsrisiko nach § 11 Abs. 7 BelWertV zu berücksichtigen. 204

Die **Einzelkostenansätze** dürfen folgende in Anl. 1 zur BelWertV vorgegebene Mindestsätze nicht unterschreiten (Abb. 29).

Abb. 29: Bandbreiten der Bewirtschaftungskosten nach Anl. 1 zur BelWertV

1.	**Verwaltungskosten**	
1.1	**Wohnungsbau**	
	Für Wohnungen, Ein- und Zweifamilienhäuser, Eigentumswohnungen, Garagen und Tiefgaragenstellplätze: die in Anlage 3 (zu § 12 Absatz 5 Satz 2) der ImmoWertV in der jeweils geltenden Fassung genannten Beträge (vgl. Rn. 202).	
1.2	**Gewerbliche Objekte**	1 Prozent des Jahresrohertrags
	In jedem Einzelfall ist darauf zu achten, dass der ausgewiesene absolute Betrag unzweifelhaft für eine ordnungsgemäße Verwaltung angemessen ist.	
2.	**Instandhaltungskosten**	
	Kalkulationsbasis: Herstellungskosten pro Quadratmeter Wohn- oder Nutzfläche (ohne Baunebenkosten und Außenanlagen). Objektzustand, Ausstattungsgrad und Alter sind bei der Bemessung der Instandhaltungskosten zu berücksichtigen.	
a)	Lager und Produktionshallen, gewerbliche Objekte einfachen Standards und Selbstbedienungs-, Verbrauchermärkte	0,8 Prozent
b)	Wohngebäude und gewerbliche Gebäude mit mittleren Standard	0,5 Prozent
c)	Hochwertige Büro- und Handels- und andere gewerbliche Objekte	0,4 Prozent
3.	**Mietausfallwagnis**	
a)	Wohnungsbau	2 % oder mehr
b)	Gewerbliche Objekte	4 % oder mehr

Modernisierungsrisiko 205

Berechnungsbasis sind die Herstellungskosten (ohne Baunebenkosten und Außenanlagen)

a) *Geringes Modernisierungsrisiko* (zum Beispiel größere Bürogebäude, Wohn-, Büro- und Geschäftshäuser mit besonderen Ausstattungsmerkmalen, Einzelhandel mit einfachem Standard): 0,2 Prozent

b) *Mittleres Modernisierungsrisiko* (zum Beispiel innerstädtische Hotels, Einzelhandel mit höherem Standard, Freizeitimmobilien mit einfachem Standard): 0,5 Prozent

c) *Hohes Modernisierungsrisiko* (zum Beispiel Rehabilitationseinrichtungen, Sanatorien, Kliniken, Freizeitimmobilien mit höherem Standard, Hotels und Einzelhandelsobjekte mit besonders hohem Standard): 0,75 Prozent

3.3.3.4 Steuerliche Bewertung

▶ *Vgl. Rn. 118*

Im Rahmen der **Grundsteuerbewertung werden** als Bewirtschaftungskosten die sich aus der Anl. 40 zum BewG ergebenden pauschalierten Erfahrungssätzen angesetzt. 206

Im Rahmen der **Bewertungen für erbschaftsteuerliche Zwecke** kommen nach § 187 BewG als Bewirtschaftungskosten die bei gewöhnlicher Bewirtschaftung nachhaltig entstehenden 207

Verwaltungskosten, Betriebskosten, Instandhaltungskosten und das Mietausfallwagnis mit Ausnahme der durch Umlagen gedeckten Betriebskosten zum Ansatz. Die Bewirtschaftungskosten sind nach Erfahrungssätzen anzusetzen. Soweit von den Gutachterausschüssen i.S. der §§ 192 ff. BauGB keine geeigneten Erfahrungssätze zur Verfügung stehen, ist von den nachstehend abgedruckten **pauschalierten Bewirtschaftungskosten** nach Anl. 23 auszugehen (abgedruckt bei § 32 ImmoWertV Rn.29).

3.3.3.5 Betriebskosten

a) Allgemeines

▶ *Vgl. § 31 ImmoWertV Rn. 18ff.; § 32 ImmoWertV Rn. 19, 56ff., 168ff., 176; zum Leerstand vgl. Rn. 218ff. sowie § 8 ImmoWertV Rn. 342ff.*

208 Die Betriebskosten (*operating expense*) werden bei Wohnnutzungen i.d.R. umgelegt und zählen in diesem Fall nicht zu den abzugsfähigen Bewirtschaftungskosten. Die ImmoWertV führt die Betriebskosten deshalb als Bestandteil der Bewirtschaftungskosten nur auf, ohne sie zu konkretisieren. Betriebskosten sind nach § 556 Abs. 1 Satz 2 BGB die **Kosten, die dem Eigentümer oder Erbbauberechtigten durch das Eigentum oder das Erbbaurecht am Grundstück oder durch den bestimmungsgemäßen Gebrauch des Gebäudes, der Nebengebäude, Anlagen, Einrichtungen und des Grundstücks laufend entstehen**.

209 **Betriebskosten** sind nach der Betriebskostenverordnung[61]

- laufende öffentliche Lasten wie zum Beispiel Grundsteuer, bei grundsteuerbefreiten Objekten ist zu prüfen, inwieweit fiktive Beträge für die Grundsteuer in Ansatz zu bringen sind;
- die Kosten der Wasserversorgung,
- die Kosten der Entwässerung,
- die Kosten des Betriebs einer zentralen Heizungsanlage einschließlich der Abgasanlage oder der zentralen Brennstoffversorgungsanlage oder der eigenständig gewerblichen Lieferung von Wärme und der Reinigung und Wartung von Etagenheizungen;
- die Kosten des Betriebs der zentralen Warmwasserversorgungsanlage, der eigenständig gewerblichen Lieferung von Warmwasser oder der Reinigung und Wartung von Warmwassergeräten;
- die Kosten verbundener Heizungs- und Warmwasserversorgungsanlagen;
- die Kosten des Betriebs des maschinellen Personen- und Lastenaufzugs;
- die Kosten der Straßenreinigung und Müllbeseitigung;
- die Kosten der Gebäudereinigung und Ungezieferbekämpfung;
- die Kosten der Gartenpflege;
- die Kosten der Beleuchtung;
- die Kosten der Schornsteinreinigung;
- die Kosten der Sach- und Haftpflichtversicherung;
- die Kosten für den Hauswart;
- die Kosten des Betriebs der Gemeinschafts-Antennenanlage oder des Betriebs einer Breitbandkabelnetzverteileranlage;

61 Betriebskostenverordnung vom 25.11.2003 (BGBl. I 2003, 2346, 2347), geändert durch Art. 4 des Gesetzes vom 03.05.2021 (BGBl. I 2021, 958).

- die Kosten des Betriebs der Einrichtungen für die maschinelle Wäschepflege und
- sonstige Kosten, die dem Eigentümer oder Erbbauberechtigten durch das Eigentum oder Erbbaurecht oder durch den bestimmungsgemäßen Gebrauch des Gebäudes, der Nebengebäude, Anlagen, Einrichtungen und des Grundstücks laufend entstehen (z.B. Kosten der Dachrinnenreinigung).

Bezüglich **gewerblicher Immobilien** ist der Katalog der Betriebskosten der BetrKV unvollständig; ergänzend sind beispielsweise zu nennen die laufenden Kosten von Klimaanlagen, eines Wachdienstes usw. Die Betriebskosten werden wie im Wohnungsbereich üblicherweise vertraglich umgelegt. Dabei treten häufig Zweifelsfragen bezüglich der vertraglichen Umlage einzelner Positionen auf. Aus diesem Grunde ist es üblich, in die Wertermittlung einen Betrag von 0,5 % der vereinbarten Miete als nicht umgelegte Betriebskosten anzusetzen. **210**

Im **Bereich des Wohnungswesens** können die Vertragsparteien gemäß § 556 Abs. 1 Satz 1 BGB vereinbaren, dass der Mieter die Betriebskosten trägt. Dies entspricht auch der üblichen Vermietungspraxis. Die dann zu entrichtende Miete wird als **Nettokaltmiete** bezeichnet. Geht man von der Nettokaltmiete als Rohertrag aus, so sind nur noch die Verwaltungs- und Instandhaltungskosten sowie das Mietausfallwagnis abzuziehen, um zum Reinertrag zu gelangen. **211**

Abb. 30: Nettokaltmiete

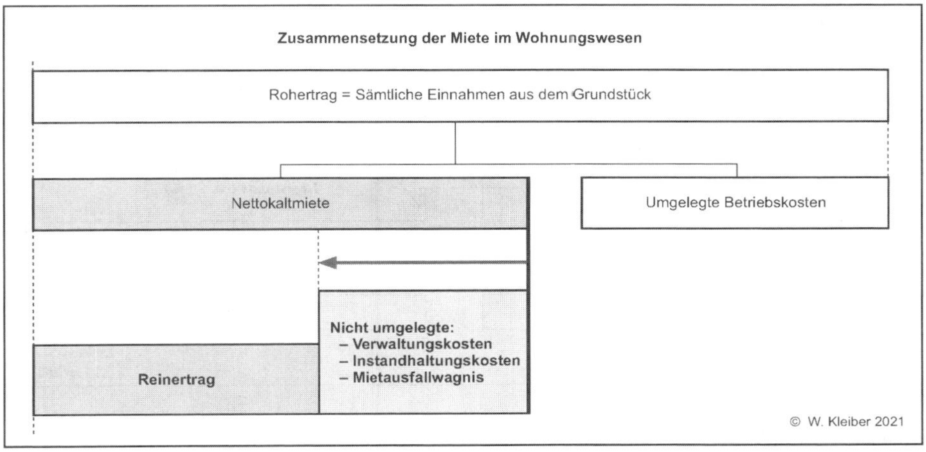

Schematisch vollzieht sich die Berechnung nach der aus nachfolgendem Schema ersichtlichen Vorgehensweise:

Schema

Schema zur Ermittlung des Reinertrags des Grundstücks **Nettokaltmiete**/Grundmiete (um umlagefähige Betriebskosten verminderter Rohertrag) ./. Verwaltungskosten (§ 32 Abs. 2 ImmoWertV) ./. Instandhaltungskosten (§ 32 Abs. 3 ImmoWertV) ./. Mietausfallwagnis (§ 32 Abs. 4 ImmoWertV) = **Reinertrag des Grundstücks** (§ 31 ImmoWertV)
© W. Kleiber 2021

b) Betriebskosten und Leerstand

▶ *§ 8 ImmoWertV Rn. 342; § 31 ImmoWertV Rn. 21; § 32 ImmoWertV Rn. 85, 168 ff.*

Bei **Leerstand** sind die Betriebskosten nicht umlegbar und die üblicherweise auf den Mieter umgelegten Betriebskosten muss der Eigentümer selbst tragen. Diese bestehen nämlich zu ei- **212** nem Großteil aus verbrauchsunabhängigen Fixkosten. Zur Einsparung kommen jedoch insbesondere die Kosten des reduzierten Wasser- und Energieverbrauchs und die Betriebskosten reduzieren sich auf etwa 40 bis 80 % der sonst anfallenden Betriebskosten. Die vom Eigentümer getragenen Betriebskosten sind begrifflich dem Mietausfallwagnis zuzurechnen und werden grundsätzlich mit dem Mietausfallwagnis berücksichtigt.

213 Etwas anderes gilt, wenn es sich um einen **vorübergehenden Leerstand** handelt, der nicht unter das Mietausfallwagnis fällt und mithin auch nicht mit dem Mietausfallwagnis berücksichtigt wird. In diesem Fall sind die Betriebskosten neben der insoweit nicht erzielten Nettokaltmiete als „besonderes objektspezifisches Grundstücksmerkmal“ zu berücksichtigen.

Abb. 31: Ermittlung des Reinertrags

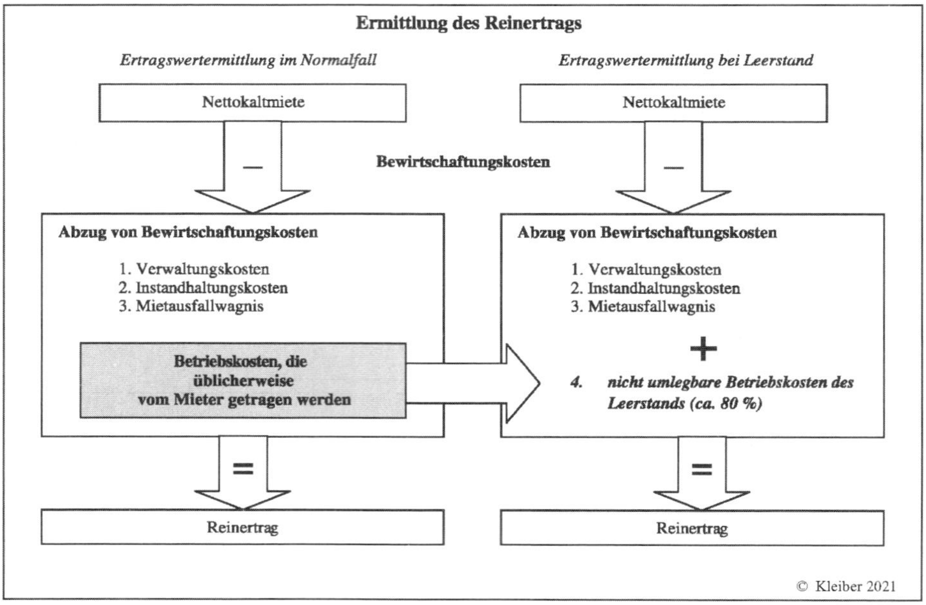

3.3.3.6 Verwaltungskosten

▶ *Vgl. Rn. 202; § 8 ImmoWertV Rn. 317 ff.; § 32 ImmoWertV Rn. 88 ff.; § 31 ImmoWertV Rn. 13, 106 ff.; zur Beleihungswertermittlung vgl. Teil IX Rn. 248*

214 Verwaltungskosten (*overhead; management*) umfassen insbesondere die **Kosten der zur Verwaltung des Grundstücks erforderlichen Arbeitskräfte und Einrichtungen, die Kosten der Aufsicht und die Kosten der Geschäftsführung sowie den Gegenwert der von Eigentümerseite persönlich geleisteten Verwaltungsarbeit.** Die Höhe der Verwaltungskosten ist insbesondere von der Anzahl der Mieteinheiten eines Objekts und weniger von der Nutzfläche bzw. dem Rohertrag abhängig. Sie bemessen sich nach der Generalklausel des § 32 Abs. 1 ImmoWertV grundsätzlich nach den für eine ordnungsgemäße Bewirtschaftung und zulässige Nutzung entstehenden regelmäßigen Aufwendungen.

Soweit der Marktwert unter Heranziehung des vom Gutachterausschuss für Grundstückswerte abgeleiteten Liegenschaftszinssatzes abgeleitet wird, der entsprechend den verbindlich mit Anl. 3 zur ImmoWertV vorgegebenen Modellansätzen der Verwaltungskosten ermittelt wurde, bestimmt sich der *vorläufige* Ertragswert auf der Grundlage dieser „Modellansätze“ (vgl. Rn. 202; § 32 ImmoWertV Rn. 93).

Abb. 32: Modellansätze der jährlichen Verwaltungskosten in EUR bei Wohnnutzung

Modellansätze der jährlichen Verwaltungskosten in € nach Anl. 3 zur ImmoWertV									
Jährliche Verwaltungskosten im Jahre:	2002*	2017	2018	2019	2020	2021	2022	2023	2024
je Wohnung bzw. je Wohngebäude im EFH- und ZFH	230	285	289	296	299	298	312	338,6	351,0
je Eigentumswohnung	275	341	346	353	356	356	372	405	420,0
je Garagen- oder Einstellplatz	30	37	38	39	39	39	41	44	46,0
* Ausgangswert nach II. BV Verbraucherpreisindex Oktober 2001 = 77,1 (Basis 2020 = 100); die Modellansätze sind (ausgehend von den sich auf das Jahr 2002 beziehenden Sätzen der II. BV) jährlich fortzuschreiben									

Bei der Ableitung von Liegenschaftszinssätzen für gewerbliche Nutzungen ist vom Gutachterausschuss für Grundstückswerte nach Anl. 3 zur ImmoWertV für Verwaltungskosten ein Modellansatz von

3 vom Hundert des marktüblich erzielbaren Rohertrags bei reiner und gemischter gewerblicher Nutzung

verbindlich vorgegeben.

Nach der Generalklausel des § 32 Abs. 1 ImmoWertV sind die Verwaltungskosten jedoch in der am Wertermittlungsstichtag bei ordnungsgemäßer Bewirtschaftung „marktüblichen" Höhe anzusetzen. Dementsprechend sind erhebliche Abweichungen gegenüber dem Modellansatz als besonderes objektspezifisches Grundstücksmerkmal zu berücksichtigen (vgl. Rn. 1, 60, 103, 199; § 8 ImmoWertV Rn. 1 ff.; § 4 ImmoWertV Rn. 17; § 32 ImmoWertV Rn. 13). Entsprechend ist zu verfahren, soweit im Einzelfall **mietvertragliche Vereinbarungen über die Umlage der Verwaltungskosten** bestehen (vgl. § 31 ImmoWertV Rn. 18, 100 ff.)[62] oder die Verwaltungskosten in voller Höhe umgelegt werden. In diesen Fällen empfiehlt es sich, „zur Sicherheit" die Verwaltungskosten noch mit 0,5 % der Einnahmen anzusetzen. 215

Die angesetzten marktüblichen Verwaltungskosten sollen den **Grundsätzen einer ordnungsgemäßen Bewirtschaftung** entsprechen[63]. Zur Beurteilung der Eignung der in Betracht kommenden Erfahrungssätze muss man sich verdeutlichen, von welchen Faktoren die jeweilige Höhe der angemessenen Bewirtschaftungskostengruppen abhängig ist.

- Die Verwaltungskosten fallen erfahrungsgemäß umso höher aus, je kleinteiliger eine Wohnanlage[64] ist.
- Gewerbeimmobilien mit nur wenigen Mietern sind in der Bewirtschaftung „pflegeleichter" als Wohnimmobilien. Werden größere Komplexe nur an einen einzigen Nutzer vermietet, fallen erheblich reduzierte Verwaltungskosten an. Als **übliche Verwaltungskosten sind** in diesem Falle jedoch **die Verwaltungskosten anzusetzen, die sich bei der sonst üblichen Anzahl von Mieteinheiten ergeben würde**.

Bei **Gewerbeimmobilien** werden Verwaltungskosten zwischen 0,15 €/m² bis 0,25 €/m² monatlich gezahlt. *Recker/Slomian*[65] geben Verwaltungskosten von 3 bis 6 % der Nettokaltmiete an, wobei sie sich tatsächlich eher im unteren Bereich bewegen.

62 OLG Hamburg, Urt. vom 06.02.2002 – 4 U 32/00 –, GuG-aktuell 2002, 46 = NJW-RR 2002, 802 = EzGuG 3.126b.
63 BAnz Nr. 154 vom 12.08.1961.
64 Vgl. auch Recker/Slomian, Immobilienverwaltung, Praxishandbuch, München 2000.
65 Immobilienverwaltung – Praxishandbuch, München 2000.

Abb. 33: Durchschnittswerte aller Nebenkosten (2013) für Bürogebäude in €/m² NF (im Monat)

Durchschnittswerte aller Nebenkosten (2013) für Bürogebäude in €/m² NF (im Monat)												
	klimatisiert						**unklimatisiert**					
	2013	**2014**	**2015**	**2016**	**2017**	**2018**	**2013**	**2014**	**2015**	**2016**	**2017**	**2018**
Öffentliche Abgaben	0,53	0,55	0,55	0,56	0,52	0,57	0,51	0,51	0,52	0,52	0,53	0,53
Versicherung	0,13	0,13	0,13	0,14	0,14	0,14	0,10	0,10	0,10	0,11	0,11	0,11
Wartung	0,51	0,57	0,59	0,59	0,59	0,56	0,43	0,45	0,46	0,46	0,45	0,44
Strom	0,41	0,45	0,47	0,41	0,48	0,46	0,32	0,33	0,35	0,36	0,37	0,37
Heizung	0,60	0,59	0,58	0,56	0,54	0,51	0,58	0,57	0,57	0,54	0,52	0,48
Wasser/ Kanal	0,13	0,12	0,13	0,12	0,13	0,13	0,12	0,12	0,12	0,12	0,12	0,12
Reinigung	0,32	0,36	0,31	0,37	0,32	0,36	0,29	0,29	0,30	0,31	0,30	0,30
Bewachung	0,33	0,31	0,32	0,32	0,32	0,32	0,29	0,26	0,27	0,27	0,28	0,29
Verwaltung	0,32	0,35	0,36	0,36	0,37	0,36	0,29	0,30	0,31	0,32	0,32	0,32
Hausmeister	0,28	0,35	0,31	0,32	0,39	0,31	0,28	0,26	0,26	0,27	0,27	0,27
Sonstiges	0,19	0,30	0,17	0,19	0,19	0,18	0,12	0,08	0,08	0,11	0,11	0,12
Gesamt	**3,75**	**3,90**	**3,56**	**3,99**	**4,00**	**3,90**	**3,33**	**3,27**	**3,34**	**3,39**	**3,24**	**3,35**

Quelle: Jones Lang Lasalle, Oscar 2010; GuG-aktuell 2012, 4; Vgl. Kleiber, Verkehrswertermittlung von Grundstücken, 6. Aufl. 2010, S. 2058 ff.; GuG aktuell 2013, 444

3.3.3.7 Mietausfallwagnis

▶ *Vgl. Rn. 200 ff.; § 32 ImmoWertV Rn. 168 ff.; § 8 ImmoWertV Rn. 317 ff.*

216 **Mietausfallwagnis** (*vacancy & collection loss*) **ist** nach § 29 II. BV **das Risiko „einer Ertragsminderung, die durch uneinbringliche Rückstände von Mieten, Pachten, Vergütungen und Zuschlägen oder durch Leerstehen von Raum, der zur Vermietung bestimmt ist, entsteht**“. Die nach § 32 Abs. 4 ImmoWertV gegebene Definition (vgl. § 32 ImmoWertV Rn. 168) weicht hiervon im Wesentlichen darin ab, dass nur ein „*vorübergehender Leerstand von Grundstücken oder Grundstücksteilen*“ dem Mietausfallwagnis zuzurechnen ist.

Soweit der Marktwert unter Heranziehung des Liegenschaftszinssatzes abgeleitet wird, der entsprechend den Vorgaben der Anl. 3 zur ImmoWertV auf der Grundlage der dort angegebenen Modellansätze dieses Mietausfallwagnisses ermittelt wurde, bestimmt sich der vorläufige Ertragswert modellkonform auf der Grundlage folgender Modellansätze.

Wohnnutzung:	2 vom Hundert des marktüblich erzielbaren Rohertrags,
Gewerbliche Nutzung:	4 vom Hundert des marktüblich erzielbaren Rohertrags bei reiner bzw. gemischter gewerblicher Nutzung.

Erhebliche Abweichungen dieser Modellansätze des Mietausfallwagnisses von den nach der Generalklausel des § 32 Abs. 1 ImmoWertV bei „ordnungsgemäßer Bewirtschaftung und zulässiger Nutzung" entstehenden regelmäßigen Aufwendungen sind ggf. als besonderes objektspezifisches Grundstücksmerkmal ergänzend zu berücksichtigen (vgl. Rn. 1, 60, 103, 199; § 8 ImmoWertV Rn. 1 ff.; § 4 ImmoWertV Rn. 17; § 32 ImmoWertV Rn. 13, 185). 217

Mit der Beschränkung auf den **„vorübergehenden Leerstand"** hat der Verordnungsgeber den üblichen fluktuationsbedingten und funktionalen Leerstand ansprechen wollen, wie er für die gesamte Restnutzungsdauer repräsentativ ist. Indessen ist es nicht sachgerecht, einen temporären strukturellen Leerstand in das Mietausfallwagnis einzubeziehen, der zwar „vorübergehend", aber nicht repräsentativ für die *gesamte* Restnutzungsdauer ist (vgl. hierzu § 32 ImmoWertV Rn. 168). 218

Bei **Anwendung der Standardverfahren (allgemeines und vereinfachtes Ertragswertverfahren)** werden temporäre Abweichungen von den marktüblich erzielbaren Erträgen und mithin auch ein für die Restnutzungsdauer nicht repräsentativer „vorübergehender Leerstand" als besonderes objektspezifisches Grundstücksmerkmal berücksichtigt. 219

Bei **Anwendung des periodischen Ertragswertverfahrens** nach § 30 ImmoWertV gehen temporäre Besonderheiten der Ertragsverhältnisse direkt mit dem für die jeweilige Periode angesetzten Ertrag in den vorläufigen Ertragswert ein und dürfen dann nicht mehr als besonderes objektspezifisches Grundstücksmerkmal berücksichtigt werden.

Bei alledem ist auch die **Bonität der Mieter** von ausschlaggebender Bedeutung.

3.3.3.8 Instandhaltungskosten

▶ *Vgl. Rn. 202; § 8 ImmoWertV Rn. 82 ff., 296 ff.; § 32 ImmoWertV Rn. 106, 121 ff.; zur Beleihungswertermittlung vgl. Teil IX Rn. 252*

Instandhaltungskosten sind die Kosten, die während der Nutzungsdauer zur Erhaltung des bestimmungsgemäßen Gebrauchs aufgewendet werden müssen, um die durch Abnutzung, Alterung und Witterungseinwirkungen entstehenden baulichen oder sonstigen Mängel ordnungsgemäß zu beseitigen. Sie sind insbesondere von der Wohn- bzw. Nutzfläche und dem Alter der baulichen Anlage abhängig. Darüber hinaus fallen sie in aller Regel bei älteren Gebäuden höher als bei jüngeren Gebäuden aus. 220

In den Instandhaltungskosten sind auch die Kosten von Instandsetzungen enthalten[66]. Nach der gesetzlichen Regelung des § 536 BGB ist nämlich der Vermieter zur *Instandhaltung*, erforderlichenfalls bei vernachlässigter Instandhaltung zur **Instandsetzung** verpflichtet, wobei jedoch regelmäßig die **Schönheitsreparaturen** auf den Mieter durch eine ausdrückliche Vereinbarung überwälzt werden. Aus einer vernachlässigten Instandhaltungspflicht kann sich dementsprechend eine Schadensersatzpflicht zur Instandsetzung ergeben.

Soweit der Marktwert unter Heranziehung des Liegenschaftszinssatzes abgeleitet wird, der entsprechend den Vorgaben der Anl. 3 zur ImmoWertV auf der Grundlage der dort angegebenen Modellansätze der Instandhaltungskosten ermittelt wurde, bestimmt sich der vorläufige Ertragswert modellkonform auf der Grundlage folgender Modellansätze.

66 Bub/Treier, Handbuch der Geschäfts- und Wohnraummiete, II Rn. 88; III A Rn. 1062.

Abb. 34: Modellansätze der jährlichen Instandhaltungskosten für Wohnnutzung nach Anl. 3 zur ImmoWertV

Modellansätze der jährlichen Instandhaltungskosten für Wohnen nach Anl. 3 zur ImmoWertV in €									
Instandhaltungskosten im Jahre:	2002*	2016	2017	2018	2019	2020	2021	2022	2023
je Quadratmeter Wohnfläche, wenn Schönheitsreparaturen von Mietern getragen werden	9	11,1	11,2	11,3	11,6	11,7	11,7	12,3	13,2
je Garagen- oder Einstellplatz einschließlich der Kosten von Schönheitsreparaturen	68	84	84	85	87	88	88	92	100
* Ausgangswert nach II. BV: Verbraucherpreisindex Oktober 2001 = 81,6 (Basis 2015 = 100); die Modellansätze sind (ausgehend von den sich auf das Jahr 2002 beziehenden Sätzen der II. BV) jährlich fortzuschreiben.									

Den Gutachterausschüssen für Grundstückswerte wird mit § 12 Abs. 5 ImmoWertV aufgegeben, die **Instandhaltungskosten für gewerbliche Nutzung** entsprechend den Vorgaben der Anl. 3 zur ImmoWertV **auf der Grundlage eines Vomhundertsatzes** der Instandhaltungskosten für Wohnnutzung mit nachstehenden „Modellansätzen" zu ermitteln.

100 vom Hundert	für gewerbliche Nutzung, wie z.B. Büros, Praxen, Geschäfte und vergleichbare Nutzungen bzw. gewerblich genutzte Objekte mit vergleichbaren Baukosten, wenn der Vermieter die Instandhaltung für „Dach und Fach" trägt,
50 vom Hundert	für gewerbliche Nutzung, wie z.B. SB-Verbrauchermärkte und vergleichbare Nutzungen bzw. gewerblich genutzte Objekte mit vergleichbaren Baukosten, wenn der Vermieter die Instandhaltung für „Dach und Fach" trägt,
30 vom Hundert	für gewerbliche Nutzung, wie z.B. Lager-, Logistik- und Produktionshallen und vergleichbare Nutzungen bzw. gewerblich genutzte Objekte mit vergleichbaren Baukosten, wenn der Vermieter die Instandhaltung für „Dach und Fach" trägt.

221 Im Falle der Heranziehung von Liegenschaftszinssätzen, die der Gutachterausschuss für Grundstückswerte auf dieser Grundlage abgeleitet hat, sind dieselben Modellansätze nach dem Grundsatz der Modellkonformität der Ermittlung des *vorläufigen* Ertragswerts zugrunde zu legen. Darüber hinaus ist aber die Generalklausel des § 32 Abs. 1 ImmoWertV zu beachten. **Nach der Generalklausel des § 32 Abs. 1 ImmoWertV bestimmen sich die Instandhaltungskosten als die bei „ordnungsgemäßer Bewirtschaftung und zulässiger Nutzung entstehenden regelmäßigen Aufwendungen", die nicht durch Umlagen oder sonstige Kostenübernahmen gedeckt sind.** Dementsprechend sind wiederum erhebliche Abweichungen gegenüber dem Modellansatz als besonderes objektspezifisches Grundstücksmerkmal zu berücksichtigen.

222 In der breiten Wertermittlungspraxis sind bei **Wohngebäuden** vielfach die Instandhaltungssätze der II. BV zur Anwendung gekommen. **In den** dort angegebenen **Instandhaltungskosten sind die Kosten für Schönheitsreparaturen nicht enthalten.** Trägt der Vermieter die Schönheitsreparaturen zum 01.01.2011, erhöhen sich die angegebenen Pauschalen um bis zu 9,74 €/m².

Im **gewerblichen Bereich** liegen sie bei 1,0 bis 1,5 % der Herstellungskosten bzw. in Abhängigkeit vom Alter der baulichen Anlage (vgl. o.a. Korrekturfaktoren)

- 10,00 bis 12,00 €/m² bei Bürogebäuden und Läden,
- 4,00 bis 9,00 €/m² bei, Lager, Gewerbe und Industrie usw.

Die jährlichen **Instandhaltungskosten,** ohne Schönheitsreparaturen, betragen **für Garagen- bzw. Tiefgaragenstellplätze** zum 01.01.2014 bis 60,00 € je Stellplatz im Jahr; bei **Außenstellplätzen** sind 20 €/m² ausreichend.

3.3.3.9 Modernisierungsrisiko

▶ *Vgl. Rn. 96; auch zur sog. Drittverwendungsfähigkeit § 32 ImmoWertV Rn. 161, 168, 177; Teil V Rn. 187, 214; zur Beleihungswertermittlung Teil IX Rn. 257*

Als Bewirtschaftungskosten sind nach der Grundsatzregelung des § 32 ImmoWertV nur die bei „ordnungsgemäßer Bewirtschaftung und zulässiger Nutzung“ anzusetzenden Bewirtschaftungskosten berücksichtigungsfähig. Dazu gehört die Instandhaltung, jedoch nicht die Modernisierung. Die **Modernisierung fällt** auch sonst **nicht unter den Begriff der „ordnungsgemäßen Bewirtschaftung“.** **223**

Das **Modernisierungs- und Umstrukturierungsrisiko** (auch als Revitalisierungsrisiko bezeichnet) ist mit dem Mietausfallwagnis einschließlich den Möglichkeiten einer **Drittverwendung** korreliert.

In der Gebäudebewirtschaftung sind aber vielfach auch laufende oder periodische Modernisierungen bzw. Teilmodernisierungen üblich, um die wirtschaftliche Nutzbarkeit von baulichen Anlagen zu erhalten. Dies betrifft insbesondere zahlreiche Sonderimmobilien wie Hotels, Kliniken, Sanatorien, Freizeitimmobilien und andere Betreiberimmobilien, Logistikimmobilien usw. Die im Schrifttum für die Immobilien angegebene **Gesamtnutzungsdauer bei ordnungsgemäßer Bewirtschaftung auf der Grundlage einer laufenden Instandhaltung, jedoch ohne Modernisierung sind bei genauerer Betrachtung nur realistisch**, wenn die Immobilie zumindest partiell laufend modernisiert wird (z.B. durch Erneuerung der Nasszellen eines Hotels). Es kommt hinzu, dass die laufende Instandhaltung häufig mit einer Modernisierung verbunden wird. Aus diesem Grunde ist es in der Wertermittlungspraxis üblich, abweichend von den Regelungen der ImmoWertV neben der Instandhaltung auch eine Modernisierung als Bewirtschaftungskosten zu berücksichtigen. Diese Position wird als Modernisierungsrisiko bezeichnet. Das jährliche Modernisierungsrisiko ist von den Herstellungskosten der baulichen Anlage abhängig und kann sich bei besonders hohem Standard auf bis zu 3 % der Herstellungskosten belaufen. **224**

Eine Modernisierung muss auch berücksichtigt werden, wenn man im Rahmen der **Verkehrswertermittlung eines denkmalgeschützten Objekts** im Hinblick auf die auf Dauer angelegte Erhaltungspflicht von einer unendlichen Restnutzungsdauer des Objekts ausgeht. Das Modernisierungsrisiko ist hier insbesondere von den sich an den Rekonstruktionskosten orientierenden Herstellungskosten der baulichen Anlage abhängig. **225**

3.3.4 Ertragswert der baulichen Anlage (Gebäudeertragswert)

3.3.4.1 Allgemeines

Die Ermittlung des Verkehrswerts (Marktwerts) eines bebauten Grundstücks unter Anwendung des Ertragswertverfahrens erfordert nicht zwangsläufig die Ermittlung des Gebäudewerts, denn es geht letztlich um den Gesamtwert der Immobilie. **226**

227 In der Wertermittlungspraxis sind gleichwohl zahlreiche **Anlässe für die gesonderte Ermittlung des Gebäudewerts** gegeben, z.B.

- bei der Bewertung von Erbbaurechten,
- für steuerliche Zwecke (vgl. § 40 ImmoWertV Rn. 96 ff.),
- für Bilanzierungszwecke (vgl. Rn. 237, § 40 ImmoWertV Rn. 10),
- bei Bewertungen nach dem Vermögensrecht sowie
- bei städtebaulichen Maßnahmen (vgl. Teil VI).

228 Der **Gebäudewertanteil** lässt sich bei allen zur Anwendung kommenden Ertragswertverfahren ermitteln, indem der Ertragswert um den Bodenwert vermindert wird:

Gebäudewertanteil = Ertragswert – Bodenwert

3.3.4.2 Gebäudeertragswert bei Anwendung des allgemeinen Ertragswertverfahrens

229 Das allgemeine (*zwei*gleisige) Ertragswertverfahren ist im Unterschied zu den übrigen Varianten des Ertragswertverfahrens darauf ausgerichtet, den Boden- und Gebäudewertanteil eines bebauten Grundstücks getrennt zu ermitteln. Der Anteil des Gebäudewerts am Gesamtwert lässt sich ermitteln, indem der allein auf das Gebäude bezogene Reinertrag kapitalisiert wird. Der Reinertrag (RE) stellt aus wirtschaftlicher Sicht ein Nutzungsentgelt für das Grundstück in seiner Gesamtheit (Gebäude *und* Boden) dar, auch wenn sich der Mietvertrag z.B. nur auf eine bestimmte Wohn- oder Gewerbefläche des Gebäudes beziehen mag und sich Mieter, Pächter und Eigentümer im Allgemeinen keine Gedanken darüber machen, wie sich der Gesamtertrag auf Boden und Gebäude aufteilt.

230 Um ausgehend von dem für die Nutzung des Gebäudes *und* der dafür marktüblichen Grundstücksfläche marktüblich erzielbaren Jahresreinertrag (RE) zu dem allein auf das Gebäude entfallenden Jahresreinertrag zu kommen, wird der Jahresreinertrag um den Verzinsungsbetrag des Bodenwerts (= BW x LZ) vermindert.

231 Verzinsungsbetrag des Bodenwerts ist das Produkt aus Bodenwert und dem objektspezifisch angepassten Liegenschaftszinssatz, das auch als **Bodenwertverzinsungsbetrag** bezeichnet wird:

Bodenwertverzinsungsbetrag = Bodenwert × objektspezifisch angepasster Liegenschaftszinssatz/100

232 Der Bodenwertverzinsungsbetrag stellt den jährlichen Ertragsausfall für das **im Grund und Boden investierte Kapital** dar, weil das Kapital nicht anderweitig zu banküblichen Zinsen angelegt werden kann. Erst der um den Bodenwertverzinsungsbetrag verminderte Reinertrag ergibt – kapitalisiert über die Restnutzungsdauer – den allein auf das Gebäude bezogenen Wertanteil, den Gebäudeertragswert.

233 **Während der Bodenwertverzinsungsbetrag sich im Hinblick auf die Unzerstörbarkeit des Grund und Bodens als ewige Rente darstellt, stellt d**er nach Abzug des Bodenwertverzinsungsbetrags sich ergebende Reinertragsanteil der baulichen Anlagen dagegen eine Zeitrente dar, die nur über die Dauer der voraussichtlichen Restnutzungsdauer des Gebäudes erzielt werden kann.

234 Die Aufteilung des Ertragswerts in einen Boden- und Gebäudeanteil ist eine Besonderheit des allgemeinen (zweigleisigen) Ertragswertverfahrens:

$$EW = \underbrace{(RE - BW \times LZ) \times KF_n}_{\text{Gebäudewertanteil}} + \underbrace{BW}_{\text{Bodenwertanteil}}$$

wobei

RE = Reinertrag

BW = Bodenwert

KF = Kapitalisierungsfaktor (Vervielfältiger)

LZ = objektspezifisch angepasster Liegenschaftszinssatz

n = Restnutzungsdauer

235 Der **Gebäudeertragswert**

Gebäudeertragswert = (RE – BW × LZ) × KF $_n$

wird dabei als der Barwert aller (allein) aus dem Gebäude fließenden Reinerträge ermittelt. Diese um den Bodenwertverzinsungsbetrag verminderten Reinerträge werden dazu über die modellkonforme Restnutzungsdauer des Gebäudes mit Hilfe des Kapitalisierungsfaktors KF (*Years' Purchase*) kapitalisiert. Es handelt sich bei genauerer Betrachtung allerdings nur um den vorläufigen Gebäudeertragswert, denn es müssen subsidiär die *besonderen objektspezifischen Grundstücksmerkmale* i.S. des § 8 Abs. 3 ImmoWertV berücksichtigt werden, wobei allerdings nur die gebäudebezogenen Grundstücksmerkmale dem Gebäudewertanteil zugerechnet werden können.

236 **Der** vorläufige **Bodenwert** der nach Art und Lage der Grundstücksnutzung der vorhandenen Bebauung zurechenbaren „marktüblichen objektbezogenen Grundstücksfläche“ und **der Wert der baulichen Anlagen ergeben zusammen den** vorläufigen **Ertragswert des Grundstücks.**

237 An dem allgemeinen (zweigleisigen) Ertragswertverfahren unter Aufspaltung in einen Boden- und Gebäudewertanteil (durch Verminderung des Reinertrags um den Bodenwertverzinsungsbetrag) ist bemängelt worden, dass es nicht „internationalen Standards“ entspräche. Dies ist abwegig, da es **finanzmathematisch mit dem eingleisigen (vereinfachten) Ertragswertverfahren (ohne Aufteilung in einen Boden- und Gebäudewertanteil) identisch** ist und dies selbst einem Laien vermittelbar ist. Auch die getrennte Ermittlung eines Boden- und Gebäudeanteils stellt keine deutsche Besonderheit dar (*estimation distinct*)[67].

238 **Das allgemeine (zweigleisige) Ertragswertverfahren ist auch unverzichtbar, da es zahlreiche Fallgestaltungen gibt, die einer gesonderten Ermittlung des Gebäudewertanteils bedürfen.** Dies ist nicht nur für steuerliche Zwecke, bei Bodenordnungsmaßnahmen oder bei der Ermittlung des Werts von Erbbaurechten erforderlich, sondern gerade auch in den Fällen, die von den Kritikern angeführt werden. So wird in der Bilanzbewertung der „Grund und Boden“ unabhängig von seiner zivilrechtlichen Behandlung, die den Grund und Boden, die baulichen Anlagen und sonstige wesentliche Bestandteile als Einheit betrachtet, als eigenständiger Vermögensgegenstand angesehen (vgl. § 240 HGB). Kein Bestandteil des Grund und Bodens sind in diesem Bereich auch grundstücksgleiche Rechte, unternehmenseigene Bodenbefestigungen, Straßen, Be- und Entwässerungsanlagen sowie Betriebsvorrichtungen[68].

---

67 The Appraisal of Real Estate, Chicago 12. Aufl., S. 493 ff.

68 Spitz, H., Grundstücks- und Gebäudewerte in der Bilanz- und Steuerpraxis, Herne Berlin 1996, S. 2, 40.

239 Die **Anwendung des *zwei*gleisigen Ertragswertverfahrens empfiehlt sich auch in den Fällen, in denen eine gesonderte Ermittlung des Gebäudeertragswerts nicht erforderlich ist.** Das Verhältnis des Bodenwertanteils (Bodenwertverzinsungsbetrag) am Gesamtertrag des Grundstücks gibt dem Anwender des Verfahrens nämlich wichtige Hinweise zur Ökonomie der Grundstücksnutzung.

Abzug des Bodenwertverzinsungsbetrags vom Reinertrag des Grundstücks						
	1	2	3	4	5	6
Reinertrag	100 000 €	100 000 €	100 000 €	100 000 €	100 000 €	100 000 €
– Bodenwert-verzinsungsbetrag	20 000 €	40 000 €	60 000 €	80 000 €	100 000 €	120 000 €
= RE – BW x LZ	80 000 €	60 000 €	40 000 €	20 000 €	0 €	– 20 000 €

240 Reduziert sich der Reinertrag des Grundstücks mit dem Abzug des Bodenwertverzinsungsbetrags gegen null oder ergibt sich sogar ein negativer Reinertrag, so signalisiert dies dem Anwender die angezeigte „Liquidation" der baulichen Anlage (Spalte 5 und 6). In diesem Fall ist der Bodenwert um die Freilegungskosten zu vermindern. Bereits ein erheblicher Anteil des Bodenwertverzinsungsbetrags am Reinertrag (Spalte 3 und 4) gibt Anlass, die ausgeübte Nutzung kritisch (z.B. auf Abweichungen von dem nach § 5 Abs. 1 ImmoWertV maßgeblichen Maß der baulichen Nutzung (Atypik i.S. des § 40 Abs. 5 Nr. 1 ImmoWertV) zu analysieren und gegebenenfalls die Ertragswertermittlung zu modifizieren. Der sonst übliche Anteil des Bodenwertverzinsungsbetrags am Gesamtertrag (Spalte 1 und 2) ist insbesondere von der Art der Grundstücksnutzung und der Lage abhängig. Bei Ein- und Zweifamilienhäusern sowie bei der Lage des Objekts in hochpreisigen Gebieten ist der **Anteil des Bodenwertverzinsungsbetrags am Gesamtertrag** höher als in einer geringerwertigen Lage bei höherem realisierten Maß der baulichen Nutzung.

3.3.4.3 Bodenwertverzinsungsbetrag

241 Das Verhältnis zwischen Bodenwertverzinsungsbetrag und Reinertrag bzw. der um den Bodenwertverzinsungsbetrag verminderte Reinertrag sind wichtige Kenngrößen, die Aufschluss über die **„Ökonomie der Grundstücksnutzung"** geben.

242 Bei der **Ermittlung des Bodenwertverzinsungsbetrags** wird davon ausgegangen, dass

- der Grund und Boden ein unzerstörbares Gut ist, das auf ewig eine Bodenrente abwirft; dementsprechend wird der **Verzinsungsbetrag des Bodenwerts auf ewig kapitalisiert** und ergibt den Bodenertragswert (= Bodenwert);
- der Ermittlung des Bodenwertverzinsungsbetrags der objektspezifisch angepasste **Liegenschaftszinssatz nach § 21 Abs. 2 und 3 i.V.m. § 33 ImmoWertV** zugrunde zu legen ist (§ 28 Satz 2 ImmoWertV). Dieser Zinssatz ist auch für die Kapitalisierung des verbleibenden Reinertragsanteils maßgebend (vgl. § 28 Satz 2 ImmoWertV)[69]. Finanzwirtschaftlich kann dies auch als der Schuldzins angesehen werden, der für das im Grund und Boden gebundene Kapital aufgebracht werden muss (im Falle der **Beleihungswertermittlung** tritt an die Stelle des Liegenschaftszinssatzes der materiell identisch definierte Kapitalisierungszinssatz nach § 12 Abs. 3 BelWertV; § 9 Abs. 2 Satz 3 BelWertV);
- nur der Teil des Grundstücks der Ermittlung des Bodenwertverzinsungsbetrags zugrunde zu legen ist, der der Bebauung nach Art, Lage und Nutzung zuzurechnen ist (**Umgriffsfläche**); bei sog. übergroßen Grundstücken bleiben mithin selbstständig nutzbare Teilflächen

69 Die ImmoWertV geht diesbezüglich von einer Ableitung des Liegenschaftszinssatzes als „Mischzinssatz" (Soll- und Habenzins) aus. Bei kurzer Restnutzungsdauer kann eine Unterscheidung nach Soll- und Habenzinssatz sinnvoll sein, da für die im Reinertrag (theoretisch) enthaltene Abschreibung Habenzinsen anfallen.

bei der Ermittlung des Bodenwertverzinsungsbetrags außer Betracht (vgl. § 41 ImmoWertV; § 9 Abs. 2 Satz 3 BelWertV);

- der Bodenwert grundsätzlich mit dem **Wert des erschließungsbeitragsfreien Grund und Bodens** anzusetzen ist, auch wenn das Grundstück am Wertermittlungsstichtag erschließungsbeitragspflichtig ist (vgl. § 5 ImmoWertV Rn. 108; § 8 ImmoWertV Rn. 45; Syst. Darst. des Vergleichswertverfahrens Rn. 318 ff.) und
- der Bodenwert nach der Grundsatzregelung des § 40 Abs. 1 ImmoWertV grundsätzlich mit dem Bodenwert eines unbebauten Grundstücks ermittelt wird, der jedoch bei kurzer Restnutzungsdauer des Gebäudes um die **Freilegungskosten** zu vermindern ist (vgl. Rn. 161 sowie § 43 ImmoWertV).

Der **Bodenwertverzinsungsbetrag** lässt sich im Übrigen auch aus der Ertragswertformel (durch Umformung) ableiten: 243

$$\text{Bodenwertverzinsungsbetrag} = BW \times LZ = RE - G/V$$

wobei

BW	= Bodenwert
RE	= Reinertrag
G	= Gebäudewert
KF	= Kapitalisierungsfaktor (Vervielfältiger)
LZ	= Liegenschaftszinssatz
n	= Restnutzungsdauer

3.3.5 Kapitalisierungsfaktor (Vervielfältiger, Rentenbarwertfaktor)

3.3.5.1 Allgemeines

▶ *Vgl. Rn. 22, 311; § 21 ImmoWertV Rn. 1 ff.*

Zur **Kapitalisierung der Reinerträge** ist bei allen in der ImmoWertV geregelten Varianten des Ertragswertverfahrens gemäß § 34 ImmoWertV der nachschüssige Rentenbarwertfaktor (Kapitalisierungsfaktor) in Abhängigkeit von 244

- dem jeweiligen objektspezifisch angepassten Liegenschaftszinssatz LZ und
- der Restnutzungsdauer n

heranzuziehen. Dies entspricht internationalen Standards (*direct capitalization* auf der Grundlage einer *all over capitalization rate*)[70]. Auch die getrennte Ermittlung eines Boden- und Gebäudeanteils stellt keine deutsche Besonderheit dar (*estimation distinct*).

Der sich **nach dem objektspezifisch angepassten Liegenschaftszinssatz bemessende Kapitalisierungsfaktor ist grundsätzlich für alle in der ImmoWertV vorgegebenen Varianten des Ertragswertverfahrens maßgebend**: 245

a) für das allgemeine (*zwei*gleisige) Ertragswertverfahren nach § 28 ImmoWertV:

$$EW = (RE - BW \times LZ) \times KF_n + BW$$

b) für das vereinfachte (*ein*gleisige) Ertragswertfahren nach § 29 ImmoWertV:

$$EW = RE \times KF_n + BW \times AF_n$$

70 The Appraisal of Real Estate, Chicago 12. Aufl., S. 493 ff.

c) für das *periodische* Ertragswertverfahren nach § 30 ImmoWertV:

$$EW = \sum_{1}^{b} RE_i \times AF_i + RE_1 \times (KF_n - KF_b) + BW \times AF_n$$

§ 30 Abs. 2 Satz 2 ImmoWertV will hierzu klarstellen, dass der **objektspezifisch angepasste Liegenschaftszinssatz „in der Regel" auch bei Anwendung des periodischen Ertragswertverfahrens** zur Anwendung kommt. In der Regel liegen der Ableitung von Liegenschaftszinssätzen allerdings marktüblich erzielbare und nicht davon erheblich abweichende Ertragsverhältnisse zugrunde, was zumeist gerade der Grund für die Anwendung des periodischen Ertragswertverfahrens ist. Temporär von den marktüblich erzielbaren erheblich abweichende Erträge sind bei Anwendung des periodischen Ertragswertverfahrens abweichend von § 8 Abs. 3 Satz 2 Nr. 1 ImmoWertV keine besonderen objektspezifischen Grundstücksmerkmale, denn sie werden naturgemäß bereits im Rahmen der Ermittlung des vorläufigen Ertragswerts berücksichtigt. Infolgedessen müssen bei Anwendung des periodischen Ertragswertverfahrens die Liegenschaftszinssätze im Rahmen des § 33 ImmoWertV den zum Ansatz kommenden tatsächlichen Erträgen angepasst werden. Dafür die notwendigen Umrechnungskoeffizienten bereitzustellen ist für die Gutachterausschüsse eine besondere Herausforderung.

246 **Das *periodische* Ertragswertverfahren unter Anwendung des Liegenschaftszinssatzes ist** im Übrigen **kein** prognoseorientiertes Ertragswertverfahren (***Discounted-Cashflow*-Verfahren**), bei dem von prognostizierten Erträgen ausgegangen wird, die dann mit einem vom Liegenschaftszinssatz abweichenden besonderen Zinssatz diskontiert werden.

3.3.5.2 Kapitalisierungsfaktor (Vervielfältiger) nach ImmoWertV, BelWertV und BewG

247 Der **Kapitalisierungsfaktor KF** ist in der Anlage zum Text der ImmoWertV am Anfang dieses Werks abgedruckt. Es handelt sich um einen *nachschüssigen* Rentenbarwertfaktor (Vervielfältiger) für jährlich fließende Nutzungsentgelte, der nach den zu § 34 ImmoWertV gegebenen Erläuterungen grundsätzlich **nur einschlägig ist, wenn die Erträge monatlich vorschüssig anfallen und die monatlichen Erträge zu einem Jahresreinertrag zusammengefasst werden**.

Der sich aus § 12 Abs. 1 BelWertV ergebende sowie der in Anl. 21 zu § 185 Abs. 3 Satz 11, § 193 Abs. 3 Satz 2, § 194 Abs. 3 Satz 3, § 195 Abs. 2 Satz 2 und Abs. 3 Satz 3 BewG und in Anl. 37 BewG veröffentlichte Vervielfältiger ist mit den Kapitalisierungsfaktoren der ImmoWertV identisch.

3.3.5.3 Abweichender Kapitalisierungsfaktor

248 Der in § 34 Abs. 2 ImmoWertV vorgegebene Kapitalisierungsfaktor ist nach Maßgabe der zu dieser Vorschrift gegebenen Erläuterungen zu modifizieren, wenn die genannten Voraussetzungen nicht erfüllt sind, insbesondere wenn üblicherweise die Erträge z.B. viertel- oder halbjährlich erzielt werden oder jährlich im Voraus erzielt werden.

3.3.6 Liegenschaftszinssatz

3.3.6.1 Verkehrswertermittlung nach ImmoWertV

a) Allgemeines

▶ *Vgl. § 21 ImmoWertV Rn. 1 ff., 54; § 32 ImmoWertV Rn. 10, 100, 139 ff.; § 33 ImmoWertV Rn. 27 ff.; § 34 ImmoWertV Rn. 1; § 8 ImmoWertV Rn. 310; Teil V Rn. 196, 218*

249 Nach § 34 ImmoWertV bestimmt sich der **Kapitalisierungsfaktor KF** (Rentenbarwertfaktor, Vervielfältiger) nach dem jeweils *geeigneten* Liegenschaftszinssatz (*all over capitalization*

rate). Im konkreten Bewertungsfall ist ein in Betracht kommender Liegenschaftszinssatz „geeignet“, wenn

- er in Bezug auf den maßgeblichen Stichtag aktuell ist,
- er den jeweiligen Grundstücksmarkt in repräsentativer Weise zutreffend abbildet und
- etwaige Abweichungen in den allgemeinen Wertverhältnissen sowie wertbeeinflussende Abweichungen der Grundstücksmerkmale des Wertermittlungsobjekts qualifiziert berücksichtigt werden können.

Voraussetzung ist mithin, dass sowohl der Bezugsstichtag des Liegenschaftszinssatzes als auch die wertbeeinflussenden Grundstücksmerkmale des dem Liegenschaftszinssatz zugrunde liegenden (fiktiven) Norm- bzw. Referenzgrundstücks vollumfänglich konkretisiert sind. **Es handelt sich mithin um einen auf ein konkret definiertes Norm- bzw. Referenzgrundstück bezogenen Basiszinssatz.** Das Norm- bzw. Referenzgrundstück soll keine besonderen objektspezifischen Grundstücksmerkmale i.S. des § 8 Abs. 3 ImmoWertV aufweisen (§ 9 Abs. 1 Satz 4 ImmoWertV).

Die vom Gutachterausschuss für Grundstückswerte anzugebenden Referenzmerkmale sind **250** bei Heranziehung des Liegenschaftszinssatzes in das Gutachten im erforderlichen Umfang zu übernehmen, weil sich nur dadurch der Aussagewert des als Basiszinssatz herangezogenen Liegenschaftszinssatzes erschließt.

Mit dem Liegenschaftszinssatz wird im Rahmen des Ertragswertverfahrens der vorläufige Er- **251** tragswert u.a. den **allgemeinen Wertverhältnissen auf dem Grundstücksmarkt** angepasst (§ 21 Abs. 2 ImmoWertV). Gleichzeitig werden mit diesem Liegenschaftszinssatz aufgrund der Methodik seiner empirischen Ableitung allgemein zu erwartende Änderungen der Erträge (Mietwertsteigerungen, aber auch Mietwertminderungen), erwartete Änderungen in der Entwicklung der Bewirtschaftungskosten sowie der steuerrechtlichen Rahmenbedingungen usw. verfahrensintegriert berücksichtigt.

Diese Methode wird auch im angelsächsischen Raum unter der Bezeichnung ***all over capitalization method*** bzw. *Growth Implicit Model* praktiziert. Die deutsche Wertermittlungslehre **252** entspricht damit durchaus internationalen Verfahren und ist ihnen sogar überlegen, weil der Liegenschaftszinssatz aufgrund der umfassenden Kaufpreissammlung der Gutachterausschüsse von diesen präziser als in anderen Ländern abgeleitet wird.

Bei **Anwendung der Standardverfahren (allgemeines und vereinfachtes Ertragswertverfahren)** bleiben bei der Ermittlung des *vorläufigen* Ertragswerts **temporäre Abweichungen** **253** **der Erträge vom marktüblich erzielbaren Reinertrag zunächst unberücksichtigt.** Dies betrifft insbesondere die vom marktüblich erzielbaren Reinertrag aufgrund vertraglicher Vereinbarungen oder aus sonstigen Gründen abweichenden Reinerträge (*underrented* und *overrented property),* die gegebenenfalls *als besondere objektspezifisch Grundstücksmerkmale (boG)* ergänzend zu berücksichtigen sind. Bei **Anwendung des periodischen Ertragswertverfahrens** werden auch solche temporären Abweichungen verfahrensintegriert durch den in der jeweiligen Periode erzielbaren Reinertrag berücksichtigt.

Liegenschaftszinssätze sind insbesondere **von der Grundstücksart abhängig**. Geht man **254** von dem typischen Renditeobjekt, nämlich dem Mehrfamilienhaus mit einem typischen Liegenschaftszinssatz von 4 % aus, so ergibt sich allgemein folgendes typische Zinsgefüge:

- Der Liegenschaftszinssatz ist umso höher, je größer der gewerbliche Anteil ist und je mehr man in den industriell-produzierenden Bereich kommt.
- Der Liegenschaftszinssatz ist umso geringer, je „feiner“ und „aufwendiger“ die Wohnnutzung ist.

Eine **Übersicht über typische Liegenschaftszinssätze** ergibt sich aus Abb. 35. **255**

Abb. 35: Typische Liegenschaftszinssätze

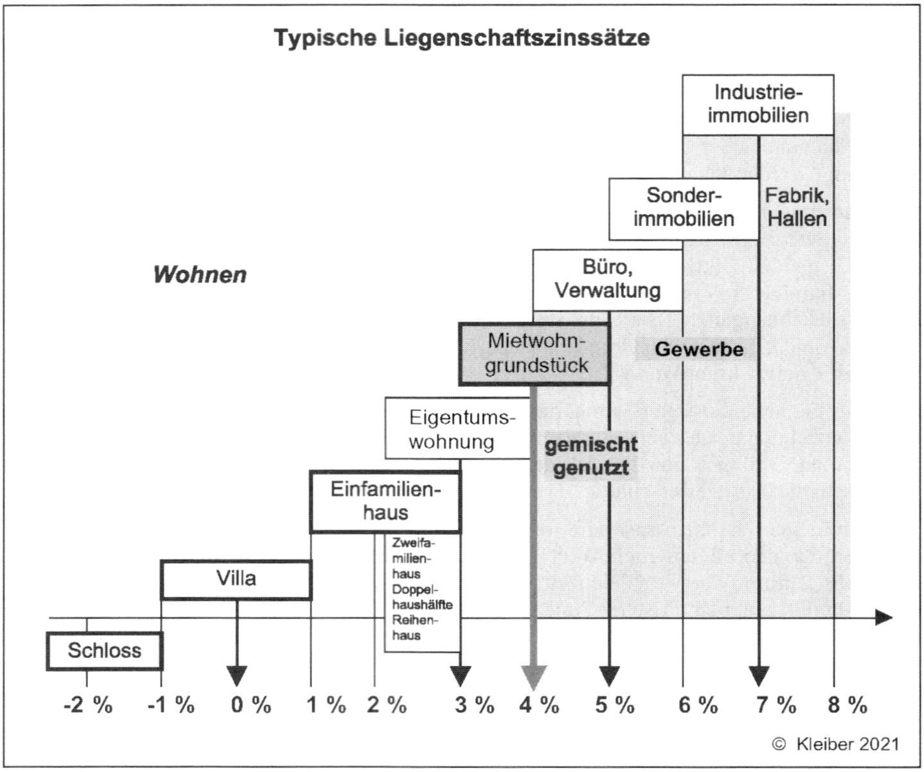

256 Wie vorstehend ausgeführt, sind **grundsätzlich die vom örtlichen Gutachterausschuss für Grundstückswerte abgeleiteten Liegenschaftszinssätze** bei allen Varianten des Ertragswertverfahrens als Basiszinssatz heranzuziehen. Nachfolgende Empfehlungen können mithin allenfalls zur Anwendung kommen, wenn keine geeigneten Liegenschaftszinssätze vom örtlichen Gutachterausschuss für Grundstückswerte zur Verfügung gestellt werden. Diesen Empfehlungen liegen die entsprechend der Grundstücksart durchschnittlichen Gegebenheiten zugrunde. Bei Anwendung der Empfehlungen muss ihre Eignung geprüft werden (Abb. 36).

Abb. 36: Empfehlungen für anzuwendende Liegenschaftszinssätze und „Kapitalisierungszinssätze“ (Liegenschaftszinssätze) nach Anl. 3 BelWertV

Vorschlag für anzuwendende Liegenschaftszinssätze				
Grundstücksart	**Liegenschafts-/Kapitalisierungszinssatz (p.a.)**			
	Verkehrswert		**Beleihungswert**	**steuerliche Bewertung**
	in ländlichen Gemeinden	**in den übrigen Gemeinden**	**gem. § 12 (4) BelWertV**	**gem. § 188 BewG[2,3]**
Wohngrundstücke* **			3,5 bis 5,5%	3,5%
Ein- und Zweifamilienhäuser				
Villa	0,5 bis 2,0%	0,5 bis 1,5%		
Freistehende Einfamilienhausgrundstücke[1]	1,5 bis 2,5%	1,0 bis 2,0%		
Reihenhäuser und Doppelhaushälften	2,0 bis 3,0%	1,5 bis 2,5%		
Zweifamilienhausgrundstücke	2,5 bis 3,5%	2,0 bis 3,0%		
Dreifamilienhausgrundstücke	3,0 bis 4,0%	2.5 bis 3.5%		
Mehrfamilienhausgrundstücke				
Mietwohngrundstücke	3,5 bis 5,0%	3 0 bis 4 5%		
Eigentumswohnungen	3,50%	2 50%		
Gemischt genutzte Grundstücke				
mit einem gewerblichen Anteil der Jahresnettokaltmiete von				
- bis zu 50 %	4,50%	4.00%		
- über 50 %	5,00%	4,50%		
mit einem gewerblichen Anteil an der Wohn- und Nutzfläche von				
- bis zu 50 %				4,50%
- über 50 %				5,00%
Gewerblich genutzte Grundstücke			4,5 bis 6,5%	6,0%
Büro- und Geschäftshäuser***		5,5 bis 7,0%		
Gewerbeparks		5,5 bis 8,0%		
Verbrauchermärkte und Einkaufszentren***		6,0 bis 8,5%	*	
Selbstbedienungs- und Fachmärkte***		6,0 bis 7,5%	*	

Warenhäuser***		6,0 bis 7,5%	*	
Hotels und Gaststätten		5,5 bis 8,5%	*	
≥ 4 Sterne		5,5 bis 7,5%		
≤ 4 Sternel		6,0 bis 8,0%	*	
- Budgethotels		6,5 bis 8,0%	*	
Sport- und Freizeitanlagen (Tennishallen, Multiplexkinos)		7,0 bis 9,0%	*	
Campingplätze		5,0 bis 7,5%	*	
Sozialimmobilien (z.B. Kliniken und Altenpflegeheime, Reha-Einrichtungen)		6,0 bis 8,5%	*	
Parkhäuser, Sammelgaragen		5,5 bis 8,5%	*	
Tankstellen		6,5 bis 8,5%	*	
Landwirtschaftlich genutzte Objekte	6,0 bis 8,5%		*	
Logistikimmobilien***		6,0 bis 8,5%	*	
Lagerhallen (Speditionsbetriebe)***		5,5 bis 8,0%	*	
Industriehallen (Fabrikhallen)		6,0 bis 8,5%	**	
Fabriken und ähnliche spezielle Produktionsstätten		7,0 bis 9,0%	**	
Öffentliche Gebäude				
- mit Drittverwendungsmöglichkeit		4,5 bis 6,0%		
- ohne Drittverwendungsmöglichkeit		5,5 bis 7,0%		

Anmerkungen zu den Liegenschaftszinssätzen bei der Ermittlung des Verkehrswerts
[1] Bei nicht bezugsfreien Einfamilienhäusern liegen die Liegenschaftszinssätze darüber (+30 % bei freistehenden Einfamilienhäusern; +20 % bei Reihenhäusern).
Anmerkungen zu den Liegenschaftszinssätzen bei der steuerlichen Bewertung
[2] Vorrang haben gem. § 288 Abs. 2 die von den Gutachterausschüssen ermittelten Liegenschaftszinssätze; soweit derartige Liegenschaftszinssätze nicht zur Verfügung stehen, gelten die nachfolgenden Zinssätze.
[3] Zur Klassifizierung der Grundstücksarten in der steuerlichen Bewertung vgl. § 181 BewG.
Anmerkungen zu den Kapitalisierungszinssätzen bei der Ermittlung des Verkehrswerts
* Aufschlag von 0,5 Prozentpunkten auf den Mindestkapitalisierungszinssatz gem. Anl. 3 zur BelWertV.
** Aufschlag von 1,0Prozentpunkt auf den Mindestkapitalisierungszinssatz gem. Anl. 3 zur BelWertV.
*** Ggf. Unterschreitung des Mindestkapitalisierungszinssatzes um höchstens 0,5 Prozentpunkte, wenn es sich um erstklassige Immobilien handelt. Zu den Voraussetzungen vgl. § 12 Abs. 5 BelWertV.

b) Objektspezifisch angepasster Liegenschaftszinssatz

▶ *Vgl. Rn. 33; § 21 ImmoWertV Rn. 49; § 33 ImmoWertV Rn. 1 ff., 27; Syst. Darst. des Vergleichswertverfahrens Rn. 30*

Die von den Gutachterausschüssen für Grundstückswerte nach Maßgabe des § 12 Abs. 5 ImmoWertV auf der Grundlage der ihnen verbindlich vorgeschriebenen Modellansätze der Anl. 1 bis 3 zur ImmoWertV abgeleiteten Liegenschaftszinssätze stellen nach vorstehenden Ausführungen generalisierte Basiszinssätze dar, die sich auf ein zu konkretisierendes Referenzgrundstück sowie auf einen bestimmten Bezugsstichtag beziehen. Die Anwendung dieser Liegenschaftszinssätze steht unter dem Grundsatz der Modellkonformität (§ 10 ImmoWertV) sowie dem Anpassungsgebot nach § 33 ImmoWertV. Dementsprechend ist der Basiszinssatz bei etwaigen Abweichungen der Grundstücksmerkmale des zu bewertenden Grundstücks (Wertermittlungsobjekt) und des Wertermittlungsstichtags von den dem Liegenschaftszinssatz zugrunde liegenden Modellansätzen, Referenzmerkmalen sowie des Bezugsstichtages den Gegebenheiten des Wertermittlungsobjekts anzupassen (vgl. Rn. 33 Abb. 1). **257**

– Weicht der Stichtag einer Marktwertermittlung von dem Bezugsstichtag des herangezogenen Liegenschaftszinssatzes ab, soll er nach dieser Vorschrift durch geeignete Indexreihen oder in anderer Weise an die Wertverhältnisse am Wertermittlungsstichtag angepasst werden.
– Ebenso sind Abweichungen der Grundstücksmerkmale des Wertermittlungsobjekts von den dem Liegenschaftszinssatz zugrunde liegenden Referenzmerkmalen durch geeignete Umrechnungskoeffizienten, durch eine Anpassung mittels marktüblicher Zu- oder Abschläge oder in anderer Weise zu berücksichtigen.

In diesem Zusammenhang sind gegebenenfalls auch Abweichungen zu berücksichtigen, die gegenüber den der Ermittlung des vorläufigen Ertragswerts modellkonform zugrunde zu legenden Modellansätzen bestehen, insbesondere in Bezug auf die Modellansätze der Bewirtschaftungskosten und die sich auf der Grundlage der verbindlich vorgegebenen Gesamtnutzungsdauer ergebende Restnutzungsdauer. Dieser Fall ist gegeben, wenn **258**

– die mit Anl. 3 zur ImmoWertV vorgegebenen Modellansätze der Bewirtschaftungskosten erheblich von den nach § 32 Abs. 1 ImmoWertV maßgeblichen Aufwendungen abweichen, die für eine ordnungsgemäße Bewirtschaftung und zulässige Nutzung regelmäßig entstehen, und
– die mit Anl. 1 i.V.m. Anl. 2 vorgegebenen Modellansätze erheblich von der nach § 4 Abs. 2 i.V.m. Abs. 3 Satz 1 und 2 ImmoWertV maßgeblichen Restnutzungsdauer abweichen.

In der Vergangenheit wurden die Abweichungen vornehmlich durch Zu- und Abschläge zum herangezogenen Liegenschaftszinssatz berücksichtigt. **259**

Abb. 37: Zu- und Abschläge bei der Festsetzung des Liegenschaftszinssatzes

Abschlag vom Liegenschaftszinssatz – 0,5 % bis – 1,0 %	**Zuschlag zum Liegenschaftszinssatz + 0,5 % bis + 1,0 %**
Der vorläufige Ertragswert wird nach § 27 Abs. 2 ImmoWertV auf der Grundlage des objektspezifisch angepassten Liegenschaftszinssatzes i.S. des § 33 ImmoWertV ermittelt. Ausgehend von dem einschlägigen vom Gutachterausschuss für Grundstückswerte abgeleiteten Liegenschaftszinssatz und den diesem Basiswert zugrunde liegenden Referenzmerkmalen ist der objektspezifisch angepasste Liegenschaftszinssatz bei etwaigen Abweichungen der allgemeinen Wertverhältnisse sowie der Grundstücksmerkmale des Wertermittlungsobjekts gemäß § 9 Abs. 1 Satz 2 ImmoWertV durch geeignete Indexreihen, Umrechnungskoeffizienten bzw. mittels marktüblicher Zu- oder Abschläge oder in anderer Weise anzupassen. Stehen keine geeigneten für die Wertermittlung erforderlichen Daten zur Verfügung, können sie oder die entsprechenden Werteeinflüsse nach § 9 Abs. 3 ImmoWertV auch sachverständig geschätzt werden; die Grundlagen der Schätzung sind zu dokumentieren. Ausgehend von den zu den Liegenschaftszinssätzen gegebenen Angaben der Referenzmerkmale des „Liegenschaftsgrundstücks" (z. B. Lage: Bodenrichtwert 100 €/m²) werden in der Tabelle Hinweise zu tendenziellen Zu- und Abschlägen gegeben; die absolute Summe der Zu- und Abschläge sollte nicht 2,5 Prozentpunkte überschreiten (vgl. § 33 ImmoWertV Rn. 21; Syst. Darst. des Vergleichswertverfahrens Rn. 30). Soweit zum Liegenschaftszinssatz keine Referenzangaben gemacht worden sind, müssen – vorbehaltlich anderer Erkenntnisse – durchschnittliche Verhältnisse unterstellt werden.	
LAGEBEZOGENE KRITERIEN (sofern nicht sonst wie berücksichtigt)	
Lagekriterien	
– bessere Lage (höherer Bodenrichtwert) – geringeres wirtschaftliches Risiko des Objekts – Orts- bis Zentrumsnähe – städtisches Gebiet • größere Nachfrage • wachsende Bevölkerung • zunehmendes Wirtschaftswachstum	– schlechtere Lage (niedrigerer Bodenrichtwert) – erhöhtes wirtschaftliches Risiko des Objekts – Randlage bis Umlandlage – ländliches Gebiet • geringere Nachfrage • abnehmende Bevölkerung • abnehmendes Wirtschaftswachstum
Wohnnutzung (Häuser und Eigentumswohnungen)	
– Haus/Grundstück sehr groß – Haus sehr aufwendig ausgestattet – Eigennutzung steht eindeutig im Vordergrund – je weniger Wohneinheiten im Haus	– Modernisierungsbedarf besteht – Haus sehr individuell – Kapitalanlage steht eindeutig im Vordergrund – je mehr Wohneinheiten im Haus
Eigentumswohnungen	
– besonders kleine Wohnungen (WF ≤ 40 m²)	– besonders große Wohnungen (WF ≥ 100 m²)
Gemischt genutzte Grundstücke	
– geringer gewerblicher Anteil – bessere Drittverwendungsfähigkeit – größerer Anteil der Wohnnutzung	– höherer gewerblicher Anteil – geringere Drittverwendungsfähigkeit – kleinerer Anteil der Wohnnutzung
Gewerbe- und Industriegrundstücke	
– je wahrscheinlicher eine Eigennutzung ist – je funktionaler die Baulichkeiten sind – je kleiner die Immobilie ist	– je wahrscheinlicher die Kapitalanlage ist – je individueller die Baulichkeiten sind – je größer die Immobilie ist
OBJEKTBEZOGENE KRITERIEN (sofern nicht sonst wie berücksichtigt)	
Wohn- und Nutzfläche	
– kleiner	– größer
Restnutzungsdauer	
– kürzer	– länger
Nettokaltmiete	
– niedriger – regelmäßige Mietzahlungen – geringere Instandhaltungskosten – bessere Vermietbarkeit	– höher – unregelmäßige Mietzahlungen – höhere Instandhaltungskosten – schlechtere Vermietbarkeit

MIETERBEZOGENE KRITERIEN (sofern nicht mit oder sonst wie berücksichtigt)	
– geringes Leerstandsrisiko – solventere Mieter – gesicherte Einnahmen	– höheres Leerstandsrisiko – risikobehaftete Mieter – weniger gesicherte Einnahmen
I.d.R. handelt es sich hierbei um temporäre Besonderheiten, denen dann nach Maßgabe des § 8 Abs. 3 ImmoWertV subsidiär Rechnung zu tragen ist.	

Zur Ermittlung der Zu- und Abschläge werden die Modell- und Referenzvorgaben des Liegenschaftszinssatzes den jeweiligen Grundstücksmerkmalen des zu bewertenden Grundstücks gegenübergestellt, um aus der sich daraus ergebenden Differenz die angemessenen Zu- und Abschläge abzuschätzen. Diese sollten in ihrer absoluten Gesamthöhe (unter Weglassen des Vorzeichens) nicht 2,5 Prozentpunkte überschreiten (vgl. § 21 ImmoWertV Rn. 54, Syst. Darst. des Vergleichswertverfahrens Rn. 30). **260**

Kalibrierung des herangezogenen Liegenschaftszinssatzes auf Grundstücksmerkmale des Bewertungsobjekts					
Modell- und Referenzgrundlagen des herangezogenen		**Grundstücksmerkmale des Bewertungsobjekts**	**Δ**	**Zu- und Abschläge**	**Anpassung**
1		**2**	**3**	**4**	**5**
Liegenschaftszinssatzes von	.........%				
Modellansätze					
Ortsübliche Vergleichsmiete/ Marktmiete	....	....	...	....	....
Bewirtschaftungskosten	....	....	...	....	....
Instandhaltungskosten					
Verwaltungskosten					
Mietausfallwagnis					
ggf. Betriebskosten					
Restnutzungsdauer (RND)	......Jahre	....	...	....	....
Boden(richt)wert usw.		....	...	....	....
Referenzvorgaben					
Ortsübliche erzielbare Vergleichsmiete/Marktmiete Nettokaltmiete (EUR/m² WF)					
Lage; Boden(richt)wert usw.					
Ausstattung/Gebäudestandard					
Grundstücksgröße in m²	....	....	...	....	....
Restnutzungsdauer/Baujahr	....	....	...	....	....
Wohnfläche (WF) in m²	.........m²	....	...	....	....
Größe der Anlage (z.B. Zahl der Wohneinheiten)	....	....	...	....	....
Nettokaltmiete (EUR/m² WF)	....	....		....	....
....	....	....	...	....	....
....	....	....	...	....	....
Anpassung auf Wertermittlungsstichtag					
Bezugsstichtag des Liegenschaftszinssatzes		......20...		Indexfaktor	
Wertermittlungsstichtag		......20...			....
Auf die Grundstücksmerkmale des Bewertungsobjekts (Spalte 3) kalibrierter Liegenschaftszinssatz					**.........%**

261 Der zur Ertragswertermittlung herangezogene Liegenschaftszinssatz ist nach § 33 ImmoWertV primär mittels geeigneter (empirisch abgeleiteter) **Umrechnungskoeffizienten** den Gegebenheiten des Wertermittlungsobjekts modellkonform anzupassen. Solche Umrechnungskoeffizienten stehen derzeit allerdings nur in ausgewählten Kreisen und Gemeinden und dann zumeist auch nicht umfassend zur Verfügung (vgl. § 33 ImmoWertV Rn. 1 ff.):

Abb. 38: Umrechnungskoeffizienten für Liegenschaftszinssätze

Umrechnungskoeffizienten für Liegenschaftszinssätze													
Vorbemerkungen: 1. Mithilfe der in der Tabelle angegebene Umrechnungskoeffizienten können Liegenschaftszinssätze, die sich auf bestimmte Referenzmerkmale des „Liegenschaftsgrundstücks" (z. B. Lage: Bodenrichtwert 100 €/m^2) beziehen, den einschlägigen Grundstücksmerkmalen des zu bewertenden Grundstücks angepasst werden. Soweit zum Liegenschaftszinssatz keine Referenzangaben gemacht worden sind, müssen – vorbehaltlich anderer Erkenntnisse – durchschnittliche Verhältnisse unterstellt werden. 2. Wenn sich der herangezogene Liegenschaftszinssatz aufgrund der Anpassung an die einschlägigen Grundstücksmerkmale des zu bewertenden Grundstücks um mehr als 2,5 % ändert, ist der herangezogene Liegenschaftszinssatz nicht hinreichend geeignet. 3. Es handelt sich um eine erste Auswertung der von den Gutachterausschüssen für Grundstückswerte abgeleiteten und veröffentlichten Korrekturfaktoren.													
MEHRFAMILIENHÄUSER													
Großräumige Lage	City		Großstadt			Subzentrum		Randlage		Zentraler Ort		Ländlicher Raum	
Anpassungsfaktoren	1,03		**1,00**			0,97		0,95		0,93		0,90	
Kleinräumige Lage (BRW €/m^2)	< 40	40	50	100	150	200	250	300	350	400	450	500	600
Anpassungsfaktoren	1,25	1,20	1,15	**1,00**	0,90	0,85	0,80	0,75					
Größe der Wohnanlage													
Anzahl der WE	2	3	4	6	8	10	12	14	16	18	20	25	> 25
Gesamte WF bzw. NF (m^2)	150	225	300	450	600	750	900	1050	1200	1350	1500	1875	>1875
Anpassungsfaktoren	0,98	0,97	0,95	**1,00**	1,03	1,05	1,06	1,07	1,08	-	-	-	-
Nettokaltmiete (€/m^2 WF)	<3,00	3,00	4,00	5,00	6,00	7,00	8,00	9,00	10,00	11,00	12,00	13,00	>13,00
Anpassungsfaktoren	0,96	0,96	0,98	**1,00**	1,02	1,04	-	-	-	-	-	-	-
Restnutzungsdauer (Jahre)	> 80	80	70	60	50	40	30	bis 20					
Anpassungsfaktoren	1,01	1,01	1,01	**1,00**	0,92	0,90	0,85	0,80					
Gebäudestandard i.S. SachwertR	<2,0	2,0	3,0	4,0 mittel	4,1	4,2	4,3	4,4	4,5	4,6	4,7	4,8	4,9
Umrechnungskoeffizient				**1,00**									
Gewerblicher Anteil in %				bis 10									
Anpassungsfaktoren				**1,00**									
EIN- und ZWEIFAMILIENHÄUSER													
Gebäudetyp				EFH	ZFH	RH	DHH	DFH					
Anpassungsfaktoren				**1,00**	1,20	1,20	1,20	1,30					

Der unter Anwendung des objektspezifisch angepassten Liegenschaftszinssatzes ermittelte Ertragswert ist begrifflich der „vorläufige marktangepasste Ertragswert" 262

Soweit Abweichungen der Grundstücksmerkmale des zu bewertenden Grundstücks von den Grundstücksmerkmalen des dem Liegenschaftszinssatz zugrunde liegenden Referenzgrundstücks (Liegenschaftszinssatzgrundstück) nicht nach vorstehenden Ausführungen berücksichtigt werden können, können sie hilfsweise auch als besondere objektspezifische Grundstücksmerkmale (boG) zusammen mit den besonderen objektspezifischen Grundstücksmerkmalen (boG) i.S. des § 8 Abs. 3 ImmoWertV einschließlich der Besonderheiten, die sich aus § 40 Abs. 5, § 41 und 43 ImmoWertV ergeben,subsidiär berücksichtigt werden. Dies betrifft insbesondere auch **temporär abweichende Grundstücksmerkmale.**

Der vorläufige marktangepasste Ertragswert ergibt zusammen mit den besonderen objektspezifischen Grundstücksmerkmalen (boG) den Ertragswert.

3.3.6.2 Beleihungswertermittlung

▶ *Vgl. Rn. 114; § 21 ImmoWertV Rn. 59; Teil IX § 12 BelWertV Rn. 264*

Im Rahmen der Beleihungswertermittlung ist als Liegenschaftszinssatz der Kapitalisierungszinssatz maßgebend, der nach den Vorgaben der BelWertV den in der Verkehrswertermittlung üblichen Liegenschaftszinssätzen entspricht (vgl. Rn. 114). § 12 Abs. 3 BelWertV definiert den für die Beleihungswertermittlung maßgeblichen Kapitalisierungszinssatz in § 12 Abs. 3 Satz 1 BelWertV als den „*angenommenen*" Zinssatz, mit dem die künftig erzielbaren nachhaltigen Reinerträge eines Grundstücks auf den Zeitraum ihrer angenommenen Zahlung nach vorsichtiger Schätzung erfahrungsgemäß abgezinst werden. **Nach § 12 Abs. 3 Satz 2 BelWertV soll diese Kapitalisierung nicht auf einer „Annahme beruhen, sondern muss – wie der Liegenschaftszinssatz nach den Vorschriften der ImmoWertV – aus der regional maßgeblichen langfristigen und nutzungsspezifischen Marktentwicklung abgeleitet werden.** Dies entspricht dem für Ermittlung des Liegenschaftszinssatzes maßgeblichen Grundsatz des § 21 Abs. 2 Satz 2 ImmoWertV. Während im Rahmen der Marktwertermittlung von Grundstücken den Gutachterausschüssen für Grundstückswerte für die Ableitung der Liegenschaftszinssätze die Kaufpreissammlung i.S. des § 195 BauGB vollumfänglich zur Verfügung steht, ist eine damit vergleichbare Ableitung des Kapitalisierungszinssatzes schlichtweg mangels geeigneter Vergleichspreise nicht möglich. 263

Aus diesem Grunde wird abweichend von der materiellen Definition des Kapitalisierungszinssatzes in § 12 Abs. 3 BelWertV mit dem daran anschließenden Abs. 4 ein sich **an dervon der Deutschen Bundesbank veröffentlichten Rendite 30-jähriger Bundesanleihen orientierender Kapitalisierungszinssatz** vorgegeben; vgl. hierzu die Ausführungen bei § 21 ImmoWertV Rn. 59 ff. Die BelWertV 22 verschließt sich mit der Negierung der Liegenschaftszinssätze der Gutachterausschüsse für Grundstückswerte einer pragmatischen Lösung eines seit Langem bestehenden Problems.

3.3.6.3 Steuerliche Bewertung

▶ *§ 21 ImmoWertV Rn. 64 ff.*

Im Rahmen der **erbschaftsteuerlichen Bewertung** sind nach § 188 BewG die von den Gutachterausschüssen i.S. der §§ 192 ff. BauGB ermittelten örtlichen Liegenschaftszinssätze heranzuziehen. Soweit von den Gutachterausschüssen keine *geeigneten* Liegenschaftszinssätze zur Verfügung stehen, gelten die sich aus der nachstehenden Aufstellung ergebenden Zinssätze. 264

Im Rahmen der **grund- und erbschaftsteuerlichen Bewertung sind die nachfolgenden typisierenden Liegenschaftszinssätze heranzuziehen:**

Typisierende Liegenschaftszinssätze in der steuerlichen Bewertung		
	Grundsteuerbewertung nach § 256 BewG	**Erbschaftsteuerliche Bewertung nach § 188 BewG**
Ein- und Zweifamilienhäuser	2,5 %*	-
Mietwohngrundstücke	-	5 %
Mietwohngrundstücke mit bis zu sechs Wohnungen	4,0 %	-
Mietwohngrundstücke mit mehr als sechs Wohnungen	4,5 %	-
gemischt genutzte Grundstücke mit einem gewerblichen Anteil von bis zu 50 Prozent, berechnet nach der Wohn- und Nutzfläche	-	5,5 %
gemischt genutzte Grundstücke mit einem gewerblichen Anteil von mehr als 50 Prozent, berechnet nach der Wohn- und Nutzfläche	-	6 %
Geschäftsgrundstücke	-	6,5 %
Wohnungseigentum	3,0 %**	-

* Der Zinssatz verringert sich um jeweils 0,1 Prozentpunkte für jede vollen 100 €, die der Bodenrichtwert oder der Bodenwert nach § 247 Abs. 3 BewG je Quadratmeter den Betrag von 500 €/m² übersteigt. Ab einem Bodenrichtwert oder Bodenwert nach § 247 Abs. 3 BewG je Quadratmeter in Höhe von 1 500 €/m² beträgt der Zinssatz für Ein- und Zweifamilienhäuser einheitlich 1,5 Prozent (§ 256 Abs. 2 BewG)

** Der Zinssatz verringert sich um jeweils 0,1 Prozentpunkte für jede vollen 100 €, die der Bodenrichtwert oder der Bodenwert nach § 247 Abs. 3 BewG je Quadratmeter den Betrag von 2 000 €/m² übersteigt. Ab einem Bodenrichtwert oder Bodenwert nach § 247 Abs. 3 BewG je Quadratmeter in Höhe von 3 000 €/m² beträgt der Zinssatz für Wohnungseigentum einheitlich 2 Prozent (§ 256 Abs. 3 BewG).

3.3.7 Gesamt- und Restnutzungsdauer

3.3.7.1 ImmoWertV

▶ *Vgl. Syst. Darst. des Sachwertverfahrens Rn. 185 ff.; § 4 ImmoWertV Rn. 1 ff., 15; § 8 ImmoWertV Rn. 48 ff.; § 38 ImmoWertV Rn. 8 ff.*

265 Im Rahmen der Ertragswertermittlung kann die Gesamtnutzungsdauer der baulichen Anlage außer Betracht bleiben, denn zur Kapitalisierung des Reinertrags muss lediglich die Restnutzungsdauer (*remaining economic life*) abgeschätzt werden. Diese bestimmt sich nach der Grundsatzregelung des ersten Halbsatzes des § 4 Abs. 2 ImmoWertV nach der **prognostizierten Anzahl der Jahre, in denen die baulichen Anlagen bei *„ordnungsgemäßer Bewirtschaftung“*** vom Baujahr an gerechnet **voraussichtlich noch** (wirtschaftlich) **genutzt werden können**. Die danach **übliche Gesamtnutzungsdauer** *(economic life)* fällt je nach Objektart unterschiedlich aus.

In der Praxis hat man zur Abschätzung der Restnutzungsdauer diese **aus der Differenz zwischen der üblichen Gesamtnutzungsdauer (GND)**[71] **und dem Alter der baulichen Anlage** abgeleitet.

71 In der BelWertV als „Nutzungsdauer“ bezeichnet.

Mit § 12 Abs. 5 ImmoWertV wird dem Gutachterausschuss für Grundstückswerte nunmehr u.a. verbindlich vorgegeben, den Liegenschaftszinssatz auf der Grundlage der mit Anl. 1 zur ImmoWertV vorgegebenen Modellansätze der Gesamtnutzungsdauer und der daraus sich ergebenden „modellkonformen Restnutzungsdauer" abzuleiten. Gleichzeitig gebietet der Grundsatz der Modellkonformität (§ 10 ImmoWertV), dass bei der Wertermittlung dieselbe Gesamtnutzungsdauer zugrunde zu legen ist, die auch der Ermittlung des Liegenschaftszinssatzes zugrunde lag. **Damit kommt den mit Anl. 1 zur ImmoWertV vorgegebenen Modellansätzen der Gesamtnutzungsdauer und der daraus ermittelten „modellansatzkonformen Restnutzungsdauer" eine Allgemeinverbindlichkeit** zu, wenn ein Liegenschaftszinssatz herangezogen wird, der auf der Grundlage der Modellansätze der Anl. 1 zur ImmoWertV ermittelt wurde.

modellansatzkonforme Restnutzungsdauer (RND) = Modellansatz der Gesamtnutzungsdauer (GND) – Alter

Es **handelt sich dabei um eine *„beschränkte"* Allgemeinverbindlichkeit**, denn nach der Generalklausel des § 4 Abs. 2 und 3 ImmoWertV bestimmen sich

- die **Gesamtnutzungsdauer** nach der Anzahl der Jahre, in denen eine bauliche Anlage bei ordnungsgemäßer Bewirtschaftung vom Baujahr an gerechnet üblicherweise wirtschaftlich genutzt werden kann, und
- die **Restnutzungsdauer** nach der Anzahl der Jahre, in denen eine bauliche Anlage bei ordnungsgemäßer Bewirtschaftung vom Wertermittlungsstichtag an gerechnet voraussichtlich noch wirtschaftlich genutzt werden kann.

Die sich nach Maßgabe des § 4 Abs. 2 und 3 ImmoWertV für ein zu bewertendes Grundstück (Wertermittlungsobjekt) ergebende Gesamt- und Restnutzungsdauer muss trotz der vorgegebenen Modellansätze ermittelt werden, denn diese bestimmt den Marktwert des Wertermittlungsobjekts. Die sich nach Maßgabe des § 4 Abs. 2 und 3 ImmoWertV für ein zu bewertendes Grundstück (Wertermittlungsobjekt) ergebende Gesamt- und Restnutzungsdauer kann nicht unerheblich von den Modellansätzen der sich nach Anl. 1 und 2 zur ImmoWertV ergebenden Gesamt- und Restnutzungsdauer abweichen.

Unter dem Regime des Grundsatzes der Modellkonformität kommt der „modellkonformen Restnutzungsdauer" im Rahmen der Ermittlung des *vorläufigen* Ertragswerts nur die Bedeutung einer Ausgangsgröße zu, wenn sich für das Wertermittlungsobjekt nach Maßgabe des § 4 Abs. 2 und 3 ImmoWertV eine von den Modellansätzen erheblich abweichende Restnutzungsdauer ergibt.

Eine davon erheblich abweichende Gesamt- und Restnutzungsdauer muss gegebenenfalls mit einem *„objektspezifisch angepassten"* Liegenschaftszinssatz oder als besonderes objektspezifisches Grundstücksmerkmal (boG) berücksichtigt werden.

a) Verlängerung der Restnutzungsdauer

▶ *Vgl. § 4 ImmoWertV Rn. 37 ff.*

Ist die bauliche Anlage in der Vergangenheit modernisiert worden, ist nach Maßgabe § 12 Abs. 5 Satz 1 i.V.m. Anl. 2 zur ImmoWertV von einer entsprechend „**modellhaft verlängerten Restnutzungsdauer**" auszugehen. 266

Das sich daraus ergebende fiktive Modellalter bzw. das **fiktive Baujahr** ist im Rahmen des Ertragswertverfahrens von Interesse, da sowohl die **marktüblich erzielbaren Erträge** als auch die Bewirtschaftungskosten (Instandhaltungskosten) vom Alter der baulichen Anlage abhängig sind. 267

Modellalter = Modellansatz der Gesamtnutzungsdauer (GND) – Modellhaft verlängerte Restnutzungsdauer (RND)

b) Verkürzung der Restnutzungsdauer

▶ *Vgl. § 4 ImmoWertV Rn. 33 ff.*

268 **Weist die bauliche Anlage Baumängel oder Bauschäden auf**, insbesondere aufgrund einer unterlassenen Instandhaltung (Instandhaltungsrückstau), **kann sich die Restnutzungsdauer verkürzt haben** (§ 4 Abs. 3 Satz 3 ImmoWertV). Ob tatsächlich eine Verkürzung der Restnutzungsdauer damit einhergeht, muss zuvor allerdings geprüft werden.

Aus Gründen der Modell- und Referenzkonformität kann es sich gleichwohl empfehlen, den *vorläufigen* Ertragswert modellkonform auf der Grundlage der Restnutzungsdauer zu ermitteln, die sich aus dem Modellansatz der Gesamtnutzungsdauer bei ordnungsgemäßer Instandhaltung ergibt, und die **Wertminderung aufgrund der unterlassenen Instandhaltung als besonderes objektspezifisches Grundstücksmerkmal (boG)**, z.B. ausgehend von den Instandhaltungskosten in marktkonformer Höhe, zu berücksichtigen.

269 Bei **unbehebbaren Baumängeln und Bauschäden** muss indessen von einer verkürzten Restnutzungsdauer ausgegangen werden. Das Gleiche gilt, wenn die Instandsetzung bei wirtschaftlicher Betrachtungsweise nicht angezeigt ist und eine Verkürzung der Restnutzungsdauer hinzunehmen ist.

Im Übrigen können auch andere Gegebenheiten, z.B. eine „**wegbrechende“ Nachfrage,** zu einer Verkürzung der Restnutzungsdauer führen.

3.3.7.2 BelWertV

▶ *Vgl. § 4 ImmoWertV Rn. 20; Teil IX § 12 BelWertV Rn. 262*

270 Nach § 12 Abs. 2 BelWertV ist – analog zu § 4 Abs. 3 Satz 1 ImmoWertV – bei der Bemessung der Restnutzungsdauer auf den Zeitraum abzustellen, in dem die bauliche Anlage bei ordnungsgemäßer Unterhaltung und Bewirtschaftung noch wirtschaftlich betrieben werden kann. Die wirtschaftliche Restnutzungsdauer ist unter Berücksichtigung der sich in zunehmend kürzer werdenden zeitlichen Abständen wandelnden Nutzeranforderungen objektspezifisch anhand der Fragestellung, wie lange die Vermietbarkeit des Beleihungsobjekts zu den angenommenen Erträgen gesichert erscheint, einzuschätzen.

Mit **Anl. 2 zur BelWertV** werden nachstehende **Maximalsätze für die Nutzungsdauer baulicher Anlagen** vorgegeben

A) Wohnwirtschaftliche Nutzung, Wohnhäuser	80 Jahre
B) Gewerbliche Nutzung a) Geschäfts- und Bürohäuser b) Warenhäuser, Einkaufszentren, Hotels, landwirtschaftlich genutzte Objekte, Kliniken, Reha-Einrichtungen, Pflegeheime, Lager- und Logistikimmobilien, Produktionsimmobilien und Parkhäuser c) Freizeitimmobilien (zum Beispiel Sportanlagen), Selbstbedienungs- und Fachmärke, Verbrauchermärke und Tankstellen	 60 Jahre 40 Jahre 30 Jahre

3.3.7.3 Steuerliche Bewertung

271 Die typisierte wirtschaftliche Gesamtnutzungsdauer bestimmt sich im Rahmen der Ermittlung des Grundsteuerwerts nach Anl. 38 zum BewG (zu § 253 Abs. 2 und § 259 Abs. 4 BewG: BGBl. I 2019S. 1834) und im Rahmen der erbschaftsteuerlichen Bewertung nach § 185 Abs. 3 Satz 3 BewG (vgl. § 6 ImmoWertV Rn. 63, 211 ff.). Hieran anknüpfend bestimmt sich die Restnutzungsdauer grundsätzlich aus dem Unterschiedsbetrag zwischen der wirtschaftlichen Gesamtnutzungsdauer und dem Alter des Gebäudes am Bewertungsstichtag. Sind nach Bezugsfertigkeit des Gebäudes Veränderungen eingetreten, die die wirtschaftliche Gesamtnutzungsdauer des Gebäudes verlängert oder verkürzt haben, ist von einer Verlängerung oder Verkürzung der entsprechenden Restnutzungsdauer auszugehen. Die Restnutzungsdauer eines

noch nutzbaren Gebäudes beträgt regelmäßig mindestens 30 Prozent der Gesamtnutzungsdauer.

3.3.8 Betrachtungszeitraum und Restwert nach § 30 Abs. 3 ImmoWertV

3.3.8.1 Allgemeines

Bei Anwendung des periodischen Ertragswertverfahrens setzt sich der *vorläufige* Ertragswert aus dem Teilwert des Betrachtungszeitraums und dem Restwert zusammen. 272

$$EW = \underbrace{\sum_{1}^{b} RE_i \times AF_i}_{\text{Teilwert des Betrachtungszeitraums}} + \underbrace{RE_1 \times (KF_n - KF_b) + \text{Bodenwert} \times AF_n}_{\text{Restwert}}$$

wobei

RE_b = Reinerträge des Betrachtungszeitraums

RE = marktüblich am Wertermittlungsstichtag erzielbarer Reinertrag

b = Betrachtungszeitraum (z.B. 10 Jahre)

n = Restnutzungsdauer am Wertermittlungsstichtag

KF_n = Kapitalisierungsfaktor KF für Restnutzungsdauer n

KF_b = Kapitalisierungsfaktor KF für Betrachtungszeitraum b (z.B. 10 Jahre)

LZ = objektspezifisch angepasster Liegenschaftszinssatz

3.3.8.2 Betrachtungszeitraum

Betrachtungszeitraum i.S. des § 30 Abs. 2 ImmoWertV ist der **Zeitraum, über den jährliche Reinerträge jeweils partiell mit Hilfe des Liegenschaftszinssatzes abgezinst und aufsummiert werden**. Entgegen dem Wortlaut des § 30 Abs. 2 ImmoWertV ist es nicht erforderlich, dass es sich dabei um *„periodisch unterschiedliche“* Erträge handeln muss. 273

Der Betrachtungszeitraum bemisst sich aber zweckmäßigerweise mindestens nach der **Zeitspanne, in der periodisch unterschiedliche Reinerträge** erzielt werden; ansonsten kann er frei gewählt werden. Bei entsprechender Bemessung des Betrachtungszeitraums kann davon ausgegangen werden, dass der Reinertrag im Anschluss auf den marktüblich erzielbaren Reinertrag zurückfällt. Dabei ist von dem am Wertermittlungsstichtag marktüblich erzielbaren Reinertrag auszugehen, der dann wiederum mit dem Liegenschaftszinssatz über die verbleibende modellkonforme Restnutzungsdauer kapitalisiert und auf den Wertermittlungsstichtag abgezinst wird. Dadurch werden – wie bei Anwendung der Standardverfahren – die vom Grundstücksmarkt allgemein erwarteten Änderungen der allgemeinen Wertverhältnisse implizit berücksichtigt. 274

3.3.8.3 Restwert des Grundstücks

▶ *Vgl. § 30 ImmoWertV Rn. 16 ff.*

Der **Restwert** kann **nach den allgemeinen Grundsätzen des in § 30 Abs. 3 ImmoWertV geregelten Ertragswertverfahrens** ermittelt werden. Er setzt sich zusammen aus 275

- den kapitalisierten Reinerträgen der Restperiode (Barwert), die auf den Wertermittlungsstichtag abzuzinsen sind, zuzüglich
- dem über die Restperiode auf den Wertermittlungsstichtag abgezinsten Bodenwert.

3.3.9 Vorläufiger marktangepasster Ertragswert

▶ *Vgl. Rn. 257ff.*

276 Der **Ertragswert setzt sich nach dem System der ImmoWertV regelmäßig aus dem *vorläufigen*marktangepassten Ertragswert und den ergänzend zu berücksichtigenden besonderen objektspezifischen Grundstücksmerkmalen (boG) zusammen.**

Abb. 39: Vorläufiger Ertragswert und Ertragswert

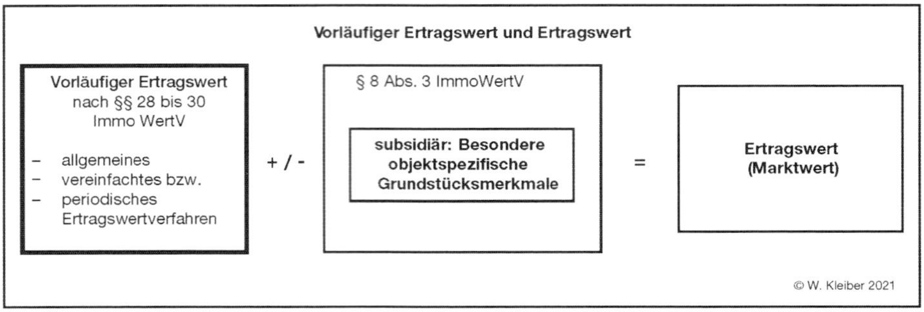

Die „allgemeinen Wertverhältnisse auf dem Grundstücksmarkt" **(Lage auf dem Grundstücksmarkt)** werden bei Anwendung des Ertragswertverfahrens insbesondere mit marktkonform angesetzten Ertragsverhältnissen und der Anwendung „objektspezifisch angepasster" Liegenschaftszinssätze berücksichtigt. Dieser ist nicht nur auf die Grundstücksmerkmale des zu bewertenden Grundstücks, sondern auch auf die allgemeinen Wertverhältnisse des maßgeblichen Wertermittlungsstichtags auszurichten.

Den vom Gutachterausschuss für Grundstückswerte abgeleiteten Liegenschaftszinssätzen liegen nicht nur die ihnen mit der ImmoWertV verbindlich vorgegebenen Modelle und Modellansätze zugrunde, sondern auch die darüber hinaus vom Gutachterausschuss zugrunde gelegten Modellansätze sowie vor allem auch **die Grundstücksmerkmale des fiktiven Norm- bzw. Referenzgrundstücks**, auf das sich der jeweilige Liegenschaftszinssatz bezieht. Weichen die Grundstücksmerkmale der zu bewertenden Liegenschaft von den Grundstücksmerkmalen des „Liegenschaftszinssatzgrundstücks" ab, so sind nach den vorstehenden Ausführungen abweichende Gegebenheiten des zu bewertenden Grundstücks durch Anpassung des Basiszinssatzes möglichst auf der Grundlage der vom Gutachterausschuss dafür vorgegebenen Umrechnungskoeffizienten zu berücksichtigen. Mit dem im konkreten Bewertungsfall angesetzten objektspezifisch angepassten Liegenschaftszinssatz nicht berücksichtigte besondere objektspezifische Grundstücksmerkmale (z.B. Baumängel und Bauschäden, Rechte und Belastungen am Grundstück, besondere Ertragsverhältnisse, Bodenschätze und -verunreinigungen) sind nach Maßgabe des § 8 Abs. 3 ImmoWertV ergänzend zu berücksichtigen.

3.4 Subsidiäre Berücksichtigung besonderer objektspezifischer Grundstücksmerkmale (boG)

▶ *Vgl. § 8 ImmoWertV Rn. 1 ff., 21*

277 Nach den vorstehenden Ausführungen kann in aller Regel erwartet werden, dass mit dem nach Maßgabe der §§ 28 bis 30 ImmoWertV auf der Grundlage objektspezifisch angepasster Liegenschaftszinssätze abgeleiteten Ertragswert die allgemeinen Wertverhältnisse auf dem Grundstücksmarkt (Marktanpassung), jedoch noch nicht die besonderen objektspezifischen Grundstücksmerkmale (Anomalien) vollständig erfasst werden. Demzufolge stellt der nach den §§ 28 bis 30 ImmoWertV ermittelte Ertragswert in aller Regel nur den „vorläufigen marktangepassten Ertragswert" dar. Die besonderen objektspezifischen Grundstücksmerkmale müs-

sen (subsidiär) insoweit berücksichtigt werden, wie sie mit dem vorläufigen Ertragswert noch nicht berücksichtigt worden sind. Bei Anwendung des Ertragswertverfahrens ist deshalb abschließend zu prüfen, welche besonderen objektspezifische Grundstücksmerkmale (boG) subsidiär zu berücksichtigen sind.

Als „**besondere objektspezifische Grundstücksmerkmale**" führt § 8 Abs. 3 ImmoWertV beispielhaft und ohne Anspruch auf Vollständigkeit auf: **278**

1. besondere Ertragsverhältnisse (insbesondere von den marktüblich erzielbaren Erträgen erheblich abweichende Erträge),
2. Baumängel und Bauschäden (Instandhaltungsrückstau),
3. bauliche Anlagen, die nicht mehr wirtschaftlich nutzbar sind (Liquidationsobjekte) und zur alsbaldigen Freilegung anstehen,
4. Bodenverunreinigungen,
5. Bodenschätze sowie
6. grundstücksbezogene Rechte und Belastungen.

Darüber hinaus zählen nach § 8 Abs. 2 letzter Halbsatz ImmoWertV zu den besonderen objektspezifischen Grundstücksmerkmalen solche, die erheblich von den zugrunde gelegten Modellen abweichen (z.B. Bewirtschaftungskosten).

Erheblich von den marktüblich erzielbaren Erträgen abweichende Erträge können insbesondere aus wohnungs-, miet- oder vertragsrechtlichen Bindungen, aber auch aus einem vorübergehenden Leerstand resultieren. Im Falle der Anwendung des *periodischen* Ertragswertverfahrens werden diese nicht als besondere objektspezifische Grundstücksmerkmale berücksichtigt, sondern gehen direkt mit dem angesetzten Reinertrag in den vorläufigen Ertragswert ein und es bedarf insoweit keiner subsidiären Berücksichtigung nach § 8 Abs. 3 ImmoWertV. Ansonsten muss auch bei Anwendung des periodischen Ertragswertverfahrens geprüft werden, ob es einer subsidiären Berücksichtigung besonderer objektspezifischer Grundstücksmerkmale (boG), z.B. eines Instandhaltungsrückstaus (Baumängel und Bauschäden), bedarf.

In der Gesamtschau setzt sich der **Ertragswert zusammen aus dem vorläufigen Ertragswert und den Zu- und Abschlägen für besondere objektspezifische Grundstücksmerkmale** (boG):

a) bei Anwendung des allgemeinen (*zwei*gleisigen) Ertragswertverfahrens

$$EW = \underbrace{(RE - BW \times LZ) \times KF_n + BW}_{\text{Vorläufiger Ertragswert}} \text{ +/– besondere objektspezifische Grundstücksmerkmale}$$

$$EW = (RE - BW \times LZ) \times KF_n + BW \text{ +/– besondere objektspezifische Grundstücksmerkmale}$$

wobei

EW = Ertragswert

BW = Bodenwert

KF = Kapitalisierungsfaktor

LZ = Liegenschaftszinssatz

b) bei Anwendung des vereinfachten (*ein*gleisigen) Ertragswertverfahrens

$$EW = RE \times KF_n + BW \times AF_n \text{ +/– besondere objektspezifische Grundstücksmerkmale (boG)}$$

c) bei Anwendung des *periodischen* Ertragswertverfahrens

$$EW = \sum_{1}^{b} RE_i \times AF_i + RE_1 \times (KF_n - KF_b) + \text{Bodenwert} \times AF_n +/- \text{boG}$$

Auch bei Anwendung des periodischen Ertragswertverfahrens muss in aller Regel damit gerechnet werden, dass besondere objektspezifische Grundstücksmerkmale (boG) subsidiär zu berücksichtigen sind, denn die direkt „im“ Verfahren berücksichtigten Mehr- oder Mindereinnahmen sind nur ein kleiner Ausschnitt dessen, was als besonderes objektspezifisches Grundstücksmerkmal zu berücksichtigen ist.

279 Des Weiteren ist darauf hinzuweisen, dass auch die übrigen in § 8 Abs. 3 ImmoWertV beispielhaft genannten „besonderen objektspezifischen Grundstücksmerkmale“ sowohl bei Anwendung der Standardverfahren als auch des periodischen Ertragswertverfahrens „im Verfahren selbst“ berücksichtigt werden können, indem z.B. die Ertragsverhältnisse, die Restnutzungsdauer, der Liegenschaftszinssatz und der Bodenwert diesen Besonderheiten entsprechend angepasst werden. Soweit aber im Hinblick auf den **Grundsatz der Modell- und Referenzkonformität** davon Abstand genommen werden muss, weil sich die Liegenschaftszinssätze der Gutachterausschüsse für Grundstückswerte auf die Grundstücksmerkmale des Liegenschaftszinssatzgrundstücks beziehen und insbesondere Grundstücksmerkmale von temporärer Bedeutung (vorübergehender Leerstand und sonstige Beeinträchtigungen und dgl.) nicht berücksichtigen, sind derartige Grundstücksmerkmale ergänzend nach Maßgabe des § 8 Abs. 3 ImmoWertV zu berücksichtigen.

280 Die in § 8 Abs. 3 ImmoWertV namentlich aufgeführten Grundstücksmerkmale geben nur einen kleinen und sehr unvollständigen Ausschnitt der in Betracht kommenden besonderen objektspezifische Grundstücksmerkmale (boG) wieder. Darüber hinaus kommen als besondere objektspezifische Grundstücksmerkmale vor allem auch

a) **besondere boden-, bausubstanz- und ertragswirtschaftliche Grundstücksmerkmale sowie**

b) **merkantile Minder- und Mehrwerte**

in Betracht (vgl. § 8 ImmoWertV Rn. 380 ff.). Hierzu gehören auch von marktüblich anfallenden Bewirtschaftungskosten abweichende Bewirtschaftungskosten, Leerstände, atypische Nutzungen (Fehlnutzungen), Abweichungen der tatsächlichen von der zulässigen bzw. lagetypischen Nutzung (atypische Nutzung nach § 40 Abs. 5 Nr. 1 ImmoWertV), Aufwendungen für bevorstehenden Abbruch (§ 40 Abs. 5 Nr. 3 und § 43 ImmoWertV), Altlasten, Aufwuchs und besonders zu berücksichtigende Außenanlagen.

Die sich aus der Berücksichtigung der besonderen objektspezifischen Grundstücksmerkmale (boG) ergebenden **Wertminderungen bzw. Werterhöhungen sind nur insoweit zu berücksichtigen, wie dies dem gewöhnlichen Geschäftsverkehr entspricht**, d.h. in marktüblicher Höhe. Im Übrigen wird zur subsidiären Berücksichtigung besonderer objektspezifischer Grundstücksmerkmale auf die Ausführungen bei § 8 ImmoWertV Rn. 29 ff. verwiesen.

3.5 Ertragswert und Verkehrswert

3.5.1 Allgemeines

281 Der sich unter Berücksichtigung **besonderer objektspezifischer Grundstücksmerkmale** (boG) ergebende Ertragswert **ist zugleich der Verkehrswert (Marktwert)**, soweit sich nicht unter Würdigung der Ergebnisse anderer zur Anwendung gekommener Wertermittlungsverfahren nach § 6 Abs. 4 ImmoWertV etwas anderes ergibt.

3.5.2 Auf- und Abrundung

▶ *Vorbem. zur ImmoWertV Rn. 98*

Im Übrigen verbleibt es bei **Auf- oder Abrundungen** nämlich bei einer Höhe des Verkehrswerts von 282

-		bis	10 000 €	auf	volle Hunderter
-	10 000 €	bis	500 000 €	auf	volle Tausender
-	500 000 €	bis	1 000 000 €	auf	volle Zehntausender
-		über	1 000 000 €	auf	volle Hunderttausender

3.6 Beispiele zum Ertragswertverfahren

a) Sachverhalt 283

Fiktives Baujahr:	1968
Gesamtnutzungsdauer:	80 Jahre
Restnutzungsdauer:	40 Jahre
Objektspezifisch angepasster Liegenschaftszinssatz LZ:	4,75 %
Kapitalisierungsfaktor KF:	17,763

Das Grundstück liegt im Geltungsbereich einer städtebaulichen Erhaltungssatzung nach § 172 BauGB und stellt ein auf Dauer erhaltenswertes Beispiel neuzeitlichen Städtebaus dar. In Abkehr von der verdichteten Bebauung des 19. Jahrhunderts besteht die Bebauung aus einer Blockrandbebauung mit einem großflächigen begrünten Innenbereich zur Belichtung und Belüftung, der nicht verdichtet werden darf und im Zusammenhang mit der Bebauung als grüne Einheit zu erhalten ist. Die grundsätzlich angezeigte Sondierung übergroßer Grundstücke in eine nach Art, Lage und Nutzung der Bebauung zurechenbare „marktübliche objektbezogene Grundstücksfläche“ (Umgriffsfläche) und die verbleibende Restfläche konfligiert dann mit dem Grundsatz der Modellkonformität, wenn sich der herangezogene Liegenschaftszinssatz nur auf eine bestimmte modellkonform zu unterstellende Teilfläche bezieht. In diesem Falle bestimmt sich der vorläufige Ertragswert nach der in modellkonformer Weise der Bebauung zurechenbaren „marktüblichen objektbezogenen Grundstücksfläche“. Die „überschießende“ Grundstücksrestfläche ist dann nachträglich als besonderes objektspezifisches Grundstücksmerkmal zu berücksichtigen. Bei einem modellkonform der Bebauung zurechenbaren Bodenwertanteil von 7 Mio. EUR ergäbe sich:

b) Ertragswertermittlung nach § 28 ImmoWertV

Bodenwert

der der Bebauung zurechenbaren „marktüblichen objektbezogenen Grundstücksfläche“	7 000 000 €
der Grundstücksrestfläche unter Berücksichtigung der Hinterlandqualität	868 772 €

Jahresnettokaltmiete		
– Wohnen	rd.	1 183 839 €
– Stellplätze	rd.	1 440 €
Zusammen	rd.	1 185 279 €
./. Bewirtschaftungskosten		
Wohnen	rd.	– 273 982 €
Stellplätze (20 %)	rd.	– 288 €
Zusammen	rd.	– 274 270 €
Reinertrag	rd.	911 009 €
1./. Bodenwertverzinsungsbetrag: 4,75 % von 7 000 000 €		– 332 500 €
Gebäudeertragsanteil	rd.	578 509 €
Kapitalisierungsfaktor bei 4,75 % Liegenschaftszins und einer Restnutzungsdauer von 40 Jahren = 17,763		
Gebäudeertragswert	rd.	10 276 055 €
+ Bodenwert		+ 7 000 000 €
Vorläufiger Ertragswert gerundet	**rd.**	17 276 055 €

c) Berücksichtigung der temporären mietrechtlichen Situation

Wohngroße Freifläche im Innenhof	rd.	868 772 €
Zwischenwert		**18 144 827 €**

Berücksichtigung der temporären mietrechtlichen Situation:

Die derzeit vertraglichen Mieten weichen von dem marktüblich erzielbaren Ertrag ab. Die temporären Mehr- oder Mindereinnahmen werden ergänzend als ein weiteres besonderes objektspezifisches Grundstücksmerkmal gesondert berücksichtigt.

Der Barwert der unter Berücksichtigung der Kappungsgrenzen in einem Anpassungszeitraum von bis zu sechs Jahren abschmelzbaren Mindererträge wird im Wege der Auf- bzw. Abschichtungsmethode („*top and bottom slicing*") ermittelt. Da die letzte Mietanpassung nach § 558 BGB bei den bestehenden Mietverhältnissen zuletzt am … (und mithin vor drei Jahren) vorgenommen wurde, wird bei der Ermittlung des Barwerts der temporären Mindererträge die derzeit entrichtete Miete um bis zu 20 % (jedoch nur bis zur ortsüblichen Vergleichsmiete) „aufgestockt". Dies ergibt den am Wertermittlungsstichtag *erzielbaren* Ertrag.

In der Summe ergeben sich aufgrund der Vertragssituation temporäre Mietausfälle, die aufgrund der gesetzlichen Kappungsgrenzen in Einzelfällen erst über einen Zeitraum von bis zu sechs Jahren abgebaut werden können. Diese wurden ermittelt mit insgesamt: rd. 56 224 € (vgl. Beispielsberechnung) und bezogen auf die einzelne Mieteinheit mit folgenden Barwerten:

$$\text{Barwert } \Delta RE_i = (RE_{\text{tatsächlich€/m²NF]}} - RE_{\text{marktüblich[€/m²NF]}}) \times 12 \text{ Monate} \times NF[m^2] \times KF_i$$

Darüber hinaus ist der Mietausfall für die in den Dachgeschossen in Errichtung befindlichen Wohnungen zu berücksichtigen. Es ergibt sich ein Mietausfall für sieben Monate von rd. 120 052 € (Ermittlung nicht abgedruckt).

Berechnung (auszugsweise) der abweichenden Mieterträge													
Haus	Mieteinheit						Nettokaltmiete				Temporäre Abweichungen		
							vertraglich am WST		marktüblich erzielbar			voraussichtliche Dauer	Barwert
		Straße	Nr.	Lage	Wohnfläche	Letzte Mieterhöhung	Monat			Monat	Δ Ertrag p. a.		LZ 5,00
					m²	zum	€	€/m²	€/m²	€	€	Jahre	%
1	2	3	4	5	6	7	8	9	10	11	12	13	14
1	1	C-Str.	82	ER	110,13	1.4.2005	410,58	3,73	5,53	609,02	– 1 395,87	5	– 6 043
1	2	C-Str.	82	EL	81,09	1.4.2005	343,82	4,24	5,39	437,08	– 293,89	3	– 800
1	3	C-Str.	82	1L	125,80	1.4.2005	575,82	4,58	5,72	719,58	– 343,10	3	– 797
1	4	C-Str.	82	1R	83,32	1.4.2005	313,28	3,76	5,58	464,93	– 1 067,88	5	– 4 623
…													
22	144	T-Str.	9	2R	107,91	16.11.2007	849,37	7,87	6,50	701,42	1 775,46	3	4 835
23	145	K-Str.	20	EM	125,22	1.4.2005	496,67	3,97	5,53	692,47	– 1 157,55	3	– 3 152
23	146	K-Str.	20	1M	130,21	1.4.2005	578,13	4,44	5,72	744,80	–612,54	3	– 1 668
23	147	K-Str.	20	2M	118,45	1.5.2008	501,04	4,23	6,50	769,93	– 2 024,12	5	– 8 763
24	148	K-Str.	21	EM	116,61	1.11.2007	913,27	7,83	6,31	735,81	2 129,53	3	5 799
24	149	K-Str.	21	1M	129,39	1.4.2005	583,43	4,51	5,72	740,11	– 479,94	3	– 1 307
24	150	K-Str.	21	2M	126,79	1.4.2005	475,36	3,75	5,72	725,24	– 1 857,68	5	– 8 043
					Σ = 13 693,67 m²					**Σ 78 436 Monat**		**Σ**	**– 56 224**

Unter Berücksichtigung temporärer Besonderheiten ergeben sich folgende Ertragswerte:

Vorläufiger Ertragswert	rd.	18 144 827 €
abzüglich temporäre Mindererlöse*(underrented)*	rd.	– 56 224 €
abzüglich temporäre Mindererlöse Dachgeschosse		– 120 052 €
Ertragswert	**rd.**	**17 968 551 €**

Dem „Verbraucher“ dieser Darstellung wird in anschaulicher Weise erläutert, bei welchen Wohneinheiten Abweichungen der Vertragsmieten gegenüber den marktüblich erzielbaren Erträgen auftreten.

Beispiel 2: Periodische Ertragswertermittlung nach § 30 ImmoWertV

Nachfolgende Berechnung des vorstehenden Beispiels ergibt wiederum rd. 18 000 000 €.

Bei dieser Darstellung werden die aus Abweichungen der Vertragsmiete gegenüber den ortsüblich erzielbaren Erträgen resultierenden Mehr- oder Mindererträge in ihrer Gesamtheit jahrgangsweise berücksichtigt.

Periodisches Ertragswertverfahren nach ImmoWertV																
			Erträge (Nettokaltmieten)			Nicht umlegbare Bewirtschaftungskosten										
Lfd. Jahr	Jahr	Nutzungsart	Marktüblich erzielbarer Mietertrag	Temporärer Mehr- bzw. Minderertrag (ohne Leerstand)	Erzielter Mietertrag Ist	Instandhaltung	Verwaltung	Mietausfallwagnis	Betriebskosten	insgesamt in €	insgesamt in % des erzielbaren Mieterträgs	Erzielter Reinertrag in €	Dauer (Jahr)	Liegenschaftszinssatz	Auf WST diskontierte Cashflow €	
1. Jahr*	2008	WF	549 051	-2 465	546 586	72 691	14 583	7 844	1 961	97 078	17,68	449 508	0,58	4,75	444 223	€**
2. Jahr	2009	WF	1 183 839	- 5 072	1 178 767	204 885	39 500	23 677	5 919	273 981	23,14	904 786	1,00	4,75	840 689	€
3. Jahr	2010	WF	1 183 839	-5 071	1 178 768	204 885	39 500	23 677	5 919	273 981	23,14	904 787	1,00	4,75	802 568	€
4. Jahr	2011	WF	1 183 839	-20 226	1 163 613	204 885	39 500	23 677	5 919	273 981	23,14	889 632	1,00	4,75	753 341	€
5. Jahr	2012	WF	1 183 839	-23 390	1 160 449	204 885	39 500	23 677	5 919	273 981	23,14	886 468	1,00	4,75	716 622	€
6. Jahr	2013	WF	1 183 839	0	1 183 839	204 885	39 500	23 677	5 919	273 981	23,14	909 858	1,00	4,75	702 178	€
7. Jahr	2014	WF	1 183 839	0	1 183 839	204 885	39 500	23 677	5 919	273 981	23,14	909 858	1,00	4,75	670 337	€
8. Jahr	2015	WF	1 183 839	0	1 183 839	204 885	39 500	23 677	5 919	273 981	23,14	909 858	1,00	4,75	639 940	€
9. Jahr	2016	WF	1 183 839	0	1 183 839	204 885	39 500	23 677	5 919	273 981	23,14	909 858	1,00	4,75	610 921	€
10. Jahr	2017	WF	1 183 839	0	1 183 839	204 885	39 500	23 677	5 919	273 981	23,14	909 858	1,00	4,75	583 218	€
* Juni - Dezember						** Monatlich vorschüssig gerechnet							bis	2017 Σ	6 764 037	€
Exit	2017	bis	2057												Restwert:	
		WF	1 183 839							273981	23,14	909 858	30,42	Jahre	9 285 192	€
										zzgl.	Bodenwert	12 559 820	€	diskontiert	1 962 556	€
										zzgl.	STPL				20 463	€
														Ertragswert	18 032 248	€

3.7 Allgemeine Fehlerbetrachtung

284 Ein *Beispiel* der Ermittlung des Ertragswerts eines Mietwohngrundstücks mit einer Restnutzungsdauer von 50 Jahren bei einer Gesamtnutzungsdauer von 80 Jahren ist in Abb. 21 dargestellt. An diesem *Beispiel* wird zugleich aufgezeigt, dass der Gutachter die fehlertheoretischen Zusammenhänge des Ertragswertverfahrens beherrschen muss, um das Ergebnis des Ertragswertverfahrens sachgerecht würdigen zu können. Zu beachten sind hierbei insbesondere die **Auswirkungen, die sich aus einem fehlerhaften Ansatz der in das Ertragswertverfahren eingehenden Parameter auf die Höhe des Ertragswerts ergeben**.

285 Dies sind:

- die (Größe der) Wohn- bzw. Nutzfläche,
- der marktüblich erzielbare Jahresrohertrag (Nettokaltmiete),
- die Höhe des Liegenschaftszinssatzes,
- die geschätzte Restnutzungsdauer,
- die Höhe der Bewirtschaftungskosten,
- der Bodenwert.

Abb. 40: Ermittlung des Ertragswerts; Fehlerbetrachtung

I Ermittlung des Ertragswerts

1. Wertermittlungsobjekt: Mietwohngrundstück		
– Bodenwert (BW)	=	420 000 €
– Wohnfläche (WF)	=	1 000 m²
– Monatliche Nettokaltmiete	=	8 €/m²
– Nicht umlagefähige Bewirtschaftungskosten	=	22 %
– Restnutzungsdauer (n)	=	50 Jahre
– objektspezifisch angepasster Liegenschaftszinssatz (LZ)	=	5 %
– Kapitalisierungsfaktor KF bei n = 50 Jahre und LZ = 5 %	=	18,26
2. Ermittlung des Ertragswerts:		
Jahresnettokaltmiete (8,00 €/m² × 1 000 m² × 12)	=	96 000 €
– Bewirtschaftungskosten (= 22 %)	=	– 21 120 €
= Jahresreinertrag (RE)	=	74 880 €
– Bodenwertverzinsungsbetrag (420 000 € × 5/100)	=	– 21 000 €
= Ertragswert der baulichen Anlage bei KF = 18,26	=	983 849 €
+ Bodenwert (BW)	=	420 000 €
= Ertragswert (EW)	=	1 403 849 €

II Auswirkung fehlerhafter Ansätze auf den Ertragswert

Die in *kursiv* gesetzten Ansätze sind gegenüber vorstehendem Beispiel jeweils um 10 % zu niedrig angesetzt.

	A*	B	C
Wohnfläche	*900* m²	1 000 m²	1 000 m²
Jahresnettokaltmiete	86 400 €	*86 400 €*	96 000 €
Liegenschaftszinssatz	5 %	5 %	*4,5 %*
Restnutzungsdauer	50 Jahre	50 Jahre	50 Jahre
Bewirtschaftungskosten	22 %	22 %	22 %
Bodenwert	420 000 €	420 000 €	420 000 €
Ertragswert (fehlerhaft)	1 267 118 €	1 267 118 €	1 526 165 €
Unterschied zu I in €	136 731 €	136 731 €	+ 122 316 €
in %	= – 9,7 %	= – 9,7 %	= + 8,7 %

	D	E	F
Wohnfläche	1 000 m²	1 000 m²	1 000 m²
Jahresnettokaltmiete	96 000 €	96 000 €	96 000 €
Liegenschaftszinssatz	5 %	5 %	5 %
Restnutzungsdauer	*45 Jahre*	50 Jahre	50 Jahre
Bewirtschaftungskosten	22 %	*19,8 %*	22 %
Bodenwert	420 000 €	420 000 €	*378 000 €*
Ertragswert (fehlerhaft)	1 377 448 €	1 442 414 €	1 400 195 €
Unterschied zu I in €	– 26 401 €	+ 38 565 €	3 654 €
in %	= – 1,9 %	= + 2,7 %	= – 0,3 %

* Dieser Fall ist im Ergebnis mit Fall B identisch.

286 Welche Auswirkungen diese Parameter auf das Ergebnis – den Ertragswert – haben, wenn sie (fehlerhaft) im Beispiel um 10 % zu niedrig gegenüber der „wahren" Höhe angesetzt wurden, wird in diesem Beispiel ergänzend dargestellt. **Neuralgische Größen sind** dabei insbesondere der **Rein- bzw. Rohertrag** (Nettokaltmiete) **sowie der Liegenschaftszinssatz**. Fehlerhafte Ansätze können dabei nicht nur bezüglich der „richtigen" Ermittlung des Ertrags pro Quadratmeter Wohn- oder Nutzfläche, sondern bereits bei der zutreffenden Ermittlung der Wohn- bzw. Nutzfläche auftreten.

287 Zur Vermeidung von Missverständnissen muss aber darauf hingewiesen werden, dass die in dem Beispiel ausgeworfenen Auswirkungen – relativ und absolut – insbesondere in Abhängigkeit von

– der Höhe des Liegenschaftszinssatzes und

– der Restnutzungsdauer

unterschiedlich ausfallen.

288 Zu den **Auswirkungen fehlerhafter Ansätze bei der Ermittlung des Ertragswerts** wird bemerkt:

a) **Fehler bei der Ermittlung der Wohnfläche** wirken sich direkt auf den Roh- bzw. Reinertrag aus. Insoweit gelten die unter Buchst. b) gemachten Ausführungen. Bezüglich der Flächenermittlung sollte dabei nicht unterstellt werden, dass Fehler nicht nur aufgrund falscher Berechnungen und Vermessungen auftreten; es kommt auch hier auf die Berechnungsmodalitäten an. Vielfach werden auch ungeprüft fehlerhafte Angaben, z.B. des Auftraggebers, übernommen.

b) Ein **Fehler bei der Ermittlung des Roh- bzw. Reinertrags** „schlägt“ auf den Ertragswert besonders stark durch. Im vorstehenden *Beispiel* führt ein fehlerhafter Ansatz von 7,20 €/m² statt 8,00 €/m² (= 10 v.H.) zu einem nahezu um ebenfalls 10 % zu niedrigen Ertragswert. Fehler schlagen umso stärker durch, je länger die Restnutzungsdauer ist.

c) Ein **Fehler bei dem angesetzten Liegenschaftszinssatz** wirkt sich – wie ein Blick in die Vervielfältigertabelle zeigt – umso stärker auf das Ergebnis der Ertragswertermittlung aus, je länger die Restnutzungsdauer und je kleiner der Liegenschaftszinssatz in seiner absoluten Höhe ist. Als „Faustformel“ kann gelten, dass ein Fehler von 0,5 % im Liegenschaftszinssatz den Ertragswert gleich um rd. 10 % verändert (vgl. § 21 ImmoWertV Rn. 54). Bei Objekten mit sehr langer Restnutzungsdauer und absolut niedrigen Liegenschaftszinssätzen sind eigentlich sogar Genauigkeiten von einer Dezimalstelle bei dem angesetzten Liegenschaftszinssatz anzustreben.

d) Ein **Fehler bei der geschätzten Restnutzungsdauer** wirkt sich – wie wiederum ein Blick in die Vervielfältigertabelle zeigt – umso stärker auf das Ergebnis der Ertragswertermittlung aus, je kürzer die Restnutzungsdauer und je kleiner der Liegenschaftszinssatz in seiner absoluten Höhe ist. Dies kommt im vorstehenden *Beispiel* unzureichend zum Ausdruck, da es sich hierbei um ein Beispiel handelt, das ein Objekt mit verhältnismäßig langer Restnutzungsdauer zum Gegenstand hat. Deshalb sei ausdrücklich darauf hingewiesen, dass das Ertragswertverfahren – angewandt auf Objekte mit kurzer Restnutzungsdauer– diesbezüglich besonders fehlerträchtig ist.

e) Ein **Fehler bei den angesetzten Bewirtschaftungskosten** schlägt direkt auf die Höhe des Reinertrags durch; insoweit gelten die zu Buchst. b) gemachten Ausführungen. Dass sich im vorstehenden *Beispiel* ein 10%iger Fehler bei den angesetzten Bewirtschaftungskosten verhältnismäßig geringfügig auf das Ergebnis der Ertragswertermittlung auswirkt, täuscht, denn beim Ansatz der Bewirtschaftungskosten können leicht größere Fehler gemacht werden. Deshalb muss auch für die „richtige“ Ermittlung der Bewirtschaftungskosten große Sorgfalt aufgebracht werden.

f) Ein **Fehler bei der Ermittlung des Bodenwerts** wirkt sich bei Objekten mit langer Restnutzungsdauer des Gebäudes in einer i.d.R. zu vernachlässigenden Größenordnung aus. Nur bei Objekten, deren Bebauung eine kurze Restnutzungsdauer aufweist, muss der Bodenwert besonders sorgfältig ermittelt werden. Bei Objekten mit sehr langer Restnutzungsdauer kann der Ertragswert unter Vernachlässigung des Bodenwerts allein durch Kapitalisierung des Reinertrags im sog. vereinfachten Ertragswertverfahren ermittelt werden (vgl. Rn. 72, 86).

289 Bei **Anwendung des vereinfachten Ertragswertverfahrens** erhält man für das oben behandelte *Beispiel*:

EW = 74 880 € x 18,255886 = 1 367 000 €

wobei KF bei n = 50 Jahre und LZ = 5 %: 18,233886

290 Das Ergebnis zeigt, dass sich fehlerhafte Ansätze bei Anwendung des klassischen Ertragswertverfahrens weitaus verhängnisvoller auswirken können als bei Übergang zum vereinfachten Ertragswertverfahren (Abb. 42).

Abb. 41: Abhängigkeit des Grundstücksertragswerts von der Höhe der Miete

Wesentliche Einflussfaktoren auf den Gebäudeertragswert		
Miete in €/m² WF	**Bewirtschaftungskosten in %**	**Gebäudeertragswert in €**
7,00	20,0	568 000
7,00	25,0	526 000
7,00	30,0	484 000
7,00	35,0	443 000
7,00	25,0	526 000
6,50	25,0	481 000
6,00	25,0	437 000
5,50	25,0	391 000
Berechnungsbasis:	Gebäude mit 500 m² Wohnfläche Bodenwert 100 000 € Zinssatz 5 %	

3.8 Umgekehrtes Ertragswertverfahren

3.8.1 Allgemeines

▶ *§ 4 ImmoWertV Rn. 26; § 21 ImmoWertV Rn. 92; § 40 ImmoWertV Rn. 138.*

Bei dem sog. „*umgekehrten Ertragswertverfahren*" handelt es sich um einen in der Wertermittlungs-lehre ungefestigten Begriff. Allgemein kann unter diesem Begriff ein Verfahren verstanden werden, mit dem sich bei einem bekannten Ertragswert, aber auch im Falle eines vorliegenden Kaufpreises einer Immobilie die maßgeblichen wertbestimmenden Parameter (Ertrag, Liegenschaftszinssatz, Boden- und Gebäudewert) sowie die Restnutzungsdauer auf der Grundlage eines normierten Modells des Ertragswertverfahrens ermitteln lassen. **291**

Mathematisch vollzieht sich dies durch Auflösung der Ertragswertformel nach dem jeweiligen Wertparameter. Die in der nachfolgenden Abbildung angegebenen Formeln für den Reinertrag RE, den Liegen-schafts-zinssatz LZ, den Bodenwert BW, den Gebäudeertragswert G sowie die Restnutzungsdauer n ergeben sich jeweils durch Auflösung der angegebenen Ausgangsformeln nach den gesuchten Größen. **292**

Abb. 42: Das Ertragswertverfahren in Formeln

Ertragswertverfahren in Formeln
(ohne besondere objektspezifische Grundstücksmerkmale)

$$EW = (RE - BW \times LZ) \times \frac{q^n - 1}{q^n (q-1)} + BW = (RE - BW \times LZ) \times KF_n + BW = RE \times KF_n + BW \times AF_n$$

wobei

EW	= Ertragswert
RE	= Jährlicher marktüblich erzielbarer Reinertrag des Grundstücks
BW	= Bodenwert
KF	= Kapitalisierungsfaktor = $q^n - 1/q^n \times (q-1)$
AF	= Abzinsungsfaktor = $1/q^n$
AD	= Abschreibungsdivisor
G	= Gebäudeertragswert (= EW – BW)
q	= Zinsfaktor = 1 + LZ
LZ	= objektspezifisch angepasster Liegenschaftszinssatz = p/100
p	= Zinsfuß
n	= Restnutzungsdauer
NF	= Nutzfläche
BewK	= Bewirtschaftungskosten

aufgelöst nach

a) Kapitalisierungsfaktor (§ 34 ImmoWertV):

$$\text{Kapitalisierungsfaktor} = \frac{(1+LZ)^n - 1}{(1+LZ)^n \times LZ} = \frac{q^n - 1}{q^n (q-1)} = \frac{1-(1+LZ)^n}{LZ} = \frac{EW - BW \times AF^n}{RE}$$

b) Reinertrag RE:

$$RE = \frac{(EW \times AF^n - BW) \times LZ}{AF^n - 1} = BW \times LZ + \frac{G}{KF}$$

c) Liegenschaftszinssatz LZ (vgl. Berechnungsbeispiel bei § 21 ImmoWertV Rn 92):

$$LZ = \frac{RE \times 100}{EW} - \frac{(q-1) \times 100}{q^n - 1} \times \frac{EW - BW}{EW}$$

d) Bodenwert BW (vgl. Berechnungsbeispiel in der SystDarst des Vergleichswertverfahrens Rn 447):

$$BW = \frac{RE - \frac{G}{KF_n}}{LZ} = \frac{EW - (RE \times KF_n)}{1 - (LZ \times KF_n)} = EW \times AF_n - \frac{RE \times (AF^n - 1)}{(q-1)} = (EW - RE \times KF_n) \times AF_n$$

e) Gebäudeertragswert G (bei Gebäudewert G = EW – BW):

$$\text{Gebäudewert } G = \frac{(RE - BW \times LZ)(AF^n - 1)}{(AF^n \times LZ)}$$

f) Restnutzungsdauer n (vgl. Berechnungsbeispiel bei § 4 ImmoWertV Rn 26):

$$\text{Restnutzungsdauer } n = \frac{\log(RE - LZ \times BW) - \log(RE - LZ \times EW)}{\log(1 + LZ)}$$

g) Monatsmiete pro Quadratmeter NF bzw. WF (Nettokaltmiete) auf der Grundlage des EW:

$$\text{Monatsmiete}_{\text{Nettokalt}} = \frac{\left(\frac{G}{KF_n} + BW \times LZ\right) / (1 - BewK_{\%} / 100)}{12 \times NF}$$

h) Monatsmiete (Nettokaltmiete) auf der Grundlage einer erwarteten Verzinsung von i %:

$$\text{Monatsmiete}_{\text{Nettokalt}} = \frac{(RE - LZ) / (1 - BewK_{\%} / 100) + \frac{G}{KF_n}}{12 \times NF}$$

Vgl. Beispiele bei Rn 291ff.

i) Abschreibungsdivisor AD:

$$AD = \text{Abschreibungsdivisor} = \frac{q^n - 1}{q - 1}$$

Abb. 43: Das Ertragswertverfahren in Formeln

Ertragswertverfahren in Formeln
(ohne besondere objektspezifische Grundstücksmerkmale)

$$EW = (RE - BW \times LZ) \times \frac{q^n - 1}{q^n (q-1)} + BW = (RE - BW \times LZ) \times KF_n + BW = RE \times KF_n + BW \times AF_n$$

EW	= Ertragswert
RE	= Jährlicher marktüblich erzielbarer Reinertrag des Grundstücks
BW	= Bodenwert
KF	= Kapitalisierungsfaktor
AF	= Abzinsungsfaktor
AD	= Abschreibungsdivisor
G	= Gebäudeertragswert (= EW − BW)
LZ	= objektspezifisch angepasster Liegenschaftszinssatz
q	= Zinsfaktor = 1 + LZ
n	= Restnutzungsdauer
NF	= Nutzfläche
BewK	= Bewirtschaftungskosten

aufgelöst nach

a) Kapitalisierungsfaktor:

$$\text{Kapitalisierungsfaktor:} = \frac{(1+LZ)^n - 1}{(1+LZ)^n \times LZ} = \frac{q^n - 1}{q^n (q-1)} = \frac{1-(1+LZ)^n}{LZ} = \frac{EW - BW \times AF^n}{RE}$$

b) Reinertrag RE:

$$RE = \frac{(EW \times AF^n - BW) \times LZ}{AF^n - 1} = BW \times LZ + \frac{G}{LF}$$

c) Liegenschaftszinssatz LZ:

$$LZ = \frac{RE \text{ x } 100}{EW} - \frac{(q-1) \times 100}{q^n - 1} \times \frac{EW - BW}{EW}$$

d) Bodenwert BW:

$$BW = \frac{RE - \frac{G}{KF_n}}{LZ} = \frac{EW - (RE \times KF_n}{1-(LZ \times KF_n)} = EW \times AF_n - \frac{RE\,(AF^n - 1)}{(q-1)} = (EW - E \times KF_n) \times AF_n$$

e) Gebäudeertragswert G (bei Gebäudewert G = EW - BW):

$$\text{Gebäudewert } G = \frac{(RE - BW \times LZ)(AF^n - 1)}{(AF^n \times LZ)}$$

f) Restnutzungsdauer:

$$\text{Restnutzungsdauer } n = \frac{\log (RE - LZ \times BW) - \log (RE - LZ \times EW)}{\log (1+LZ)}$$

g) Monatsmiete pro Quadratmeter NF bzw. WF
(Nettokaltmiete) auf der Grundlage des EW:

$$\text{Monatsmiete}_{\text{Nettokalt}} = \frac{(G/KF_n + BW \times LZ) / (1 - BewK_{\%} / 100)}{12 \times NF}$$

h) Monatsmiete (Nettokaltmiete) auf der Grundlage einer erwarteten Verzinsung von i %:

$$\text{Monatsmiete}_{\text{Nettokalt}} = \frac{(RE - LZ) / (1 - BewK_{\%} / 100) + G/KF_n}{12 \times NF}$$

vgl. *Beispiel* bei Rn. 291 ff.

i) Abschreibungsdivisor AD

$$AD = \text{Abschreibungsdivisor} \quad \frac{q^n - 1}{q - 1}$$

293 In der gängigen Praxis der Gutachterausschuss für Grundstückswerte wird dementsprechend der **Liegenschaftszinssatz** aus einer hinreichenden Anzahl geeigneter Vergleichspreise abgeleitet (§ 21 ImmoWertV Rn. 92).

294 Darüber hinaus kann auch der **Bodenwert bebauter und unbebauter Grundstücke** nach den vorstehenden Formeln ermittelt werden, Bei unbebauten Grundstücken wird dabei vom mutmaßlich erzielbaren Ertrags ausgegangen (vgl. Syst. Darst. des Vergleichswertverfahrens Rn. 447ff.).

3.8.2 Ermittlung der Soll- bzw. Kostenmiete (Reinertrag) – *Frontdoor Approach*

3.8.2.1 Allgemeines

295 Im Rahmen von Kaufpreisverhandlungen oder Investitionsüberlegungen stellt sich oftmals die Aufgabe, die „Sollmiete" zu ermitteln, die

a) auf der Grundlage einer vorgegebenen Verzinsung des investierten Kapitals bei einem geforderten Kaufpreis (Verkehrswert) oder

b) auf der Grundlage vorgegebener Investitionskosten (Herstellungskosten im umfassenden Sinne)

erzielt werden muss. Die Anwendung des Verfahrens unter Berücksichtigung der Finanzierungskosten wird in nicht gerade zutreffender Weise als *Frontdoor Approach* bezeichnet. Die mit dieser Methode ermittelte „Sollmiete" oder Kostenmiete ist von der erzielbaren Marktmiete zu unterscheiden. Das Verfahren kann aber im Vergleich zu der erzielbaren Marktmiete gleichwohl wichtige Hinweise auf die Rentabilität einer Investition liefern.

296 Die **Ableitung des Kaufpreises aus der erzielbaren Monatsmiete** wiederum unter Berücksichtigung der Finanzierungskosten und sämtlicher Investitionskosten wird dagegen als *Backdoor-Approach* bezeichnet. Bei dieser Vorgehensweise handelt es sich letztlich um nichts anderes als um ein Extraktionsverfahren (Residualwertverfahren; vgl. § 42 ImmoWertV Rn. 1 ff.). Der so ermittelte Preis ist von dem Verkehrswert (Marktwert) zu unterscheiden und kann gleichwohl wichtige Hinweise zu der Rentabilität einer Kaufpreisforderung liefern.

3.8.2.2 Soll- bzw. Kostenmiete (Reinertrag) auf ertragswirtschaftlicher Grundlage

297 Die sich auf ertragswirtschaftlicher Grundlage ergebende **„Sollmiete" (Kostenmiete) kann durch Umkehrung des Verfahrensgangs** ermittelt werden, der der Ertragswertermittlung zugrunde liegt (vgl. Abb. 42, 43). Damit lässt sich die Angemessenheit eines Kaufpreises im Hinblick auf eine vom Investor gewünschte (vorgegebene) Verzinsung prüfen. Zu diesem Zweck geht man in die Rechnung ein mit

- der gewünschten Verzinsung an Stelle des Liegenschaftszinssatzes und
- dem Kaufpreis (Kaufofferte) an Stelle des Verkehrswerts.

Man kann dann die monatliche Nettokaltmiete (Grundmiete) ermitteln, die man erzielen muss, um die gewünschte Verzinsung zu erhalten. In der Abb. 43 wird das Schema dieses Verfahrens ohne Berücksichtigung der Finanzierungskosten dargestellt.

Abb. 44: Ermittlung der Nettokaltmiete

Ermittlung der Nettokaltmiete
(Schema)

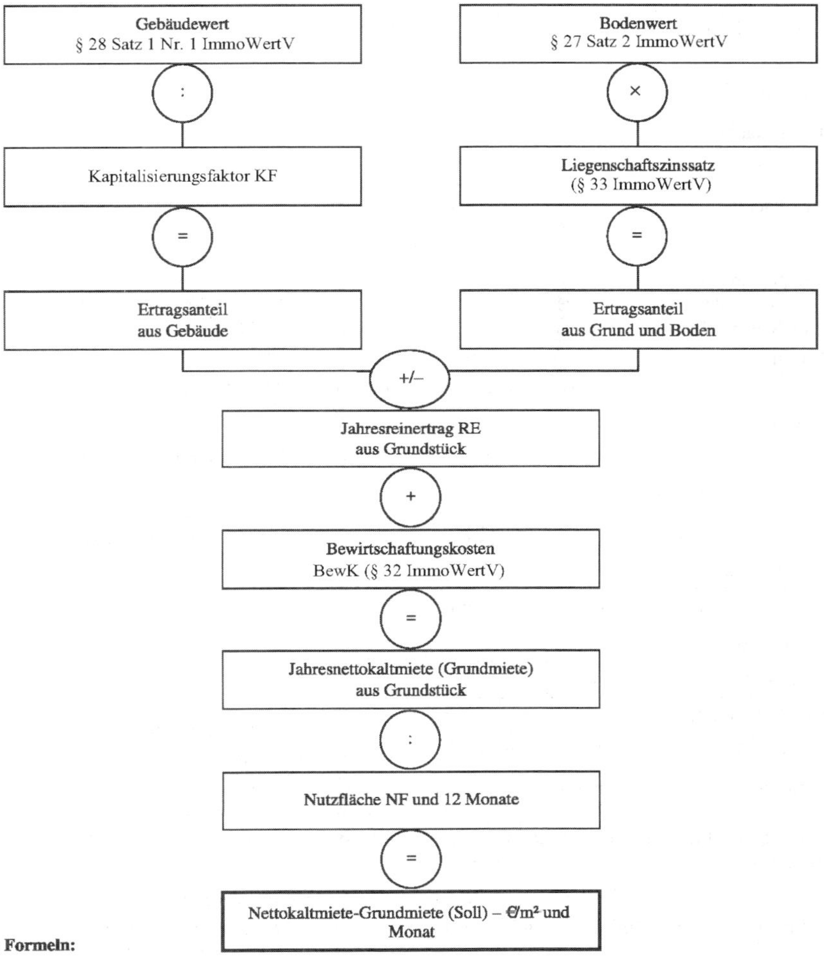

In Formeln:

$$\text{Monatsmiete}_{\text{Nettokalt}} = \frac{\left(\frac{\text{Gebäudewert}}{\text{KF}} + \text{BW} \times \text{LZ}\right) / \left(1 - \frac{\text{BewK}_{\%}}{100}\right)}{12 \times \text{NF}}$$

Hierzu Kleiber in GuG 1994, 160

298 *Beispiel:*

a) Sachverhalt

Verkehrswert	1 000 000 €
Bodenwert	300 000 €
Gebäudewert	700 000 €
Nutzfläche NF	500 m²
Restnutzungsdauer	50 Jahre
Bewirtschaftungskosten	15 %
objektspezifisch angepasster Liegenschaftszinssatz LZ	5 %
Kapitalisierungsfaktor KF	18,255929
Abschreibungsdivisor	209,348

Es ist die Nettokaltmiete (Grundmiete) zu ermitteln, die auf der Grundlage des angegebenen Liegenschaftszinssatzes dem Verkehrswert entspricht.

b) Ermittlung (auf der Grundlage der in Abb. 43 angegebenen Formel)

Gebäudewert:	700 000,00 €		
Kapitalisierungsfaktor KF:	18,255929		
Gebäudewert/Kapitalisierungsfaktor	38 343,71 €	=	38 343,71 €
Bodenwert	300 000,00 €		
× Liegenschaftszinssatz (= 0,05)	15 000,00 €	+	15 000,00 €
= Jahresreinertrag zuzüglich Bodenwertverzinsungsbetrag		=	53 343,71 €
: (1 – BewK/100)	62 757,30 €		
+ Bewirtschaftungskosten (15 %)	= 9 413,59 €	+	9 413,59 €
= Jahresnettokaltmiete		=	62 757,30 €
: 6 000 m² (bei 500 m² NF und 12 Monaten)			
= MonatlicheNettokaltmiete pro m² NF		=	**10,45€/m²**

299 Nachfolgend wird hierzu eine **zweite Berechnungsweise** vorgestellt, bei der zunächst auf der Grundlage der erwarteten Verzinsung (hier 5 %) der Jahreszinsertrag ermittelt wird, der dann noch

– um die nicht umlagefähigen Bewirtschaftungskosten (15 %) und

– um den Abschreibungsbetrag des Gebäudes

erhöht werden muss, um zu der erforderlichen Jahresnettokaltmiete (Grundmiete) zu gelangen (vgl. Abb. 24 mit der angegebenen Formel). Die Erhöhung um den Abschreibungsbetrag des Gebäudes ist erforderlich, da – anders als bei einer Kapitalanlage – das Gebäude einem Wertverzehr unterworfen ist. Ansonsten entspricht das nachfolgende Beispiel dem vorgestellten Sachverhalt.

c) Ermittlung (auf der Grundlage der in Abb. 43 angegebenen Formel)

Kaufpreis		=	1 000 000,00 €		
× Verzinsung von 5 %		×	0,05		
= Jahresreinertrag		=	50 000,00 €		50 000,00 €
Bewirtschaftungskosten in % =	0,15				
1 – Bewirtschaftungskosten =	0,85				
Jahresreinertrag/(1 – BewK/100)		=	58 823,53 €		
= Bewirtschaftungskosten		=	8 823,53 €	+	8 823,53 €
= Verzinsung zuzüglich Bewirtschaftungskosten				=	58 823,53 €
= Gebäudewert		=	700 000,00 €		
: Abschreibungsdivisor (= 209,348)				+	3 343,71 €
= Jahresnettokaltmiete (Grundmiete)				=	62 167,24 €
: 6 000 m² (bei 500 m² NF und 12 Monaten)					
= Monatliche Nettokaltmiete (Grundmiete) pro m² NF				=	**10,36 €/m²**

Abb. 45: Ermittlung der Nettokaltmiete bei vorgegebener Verzinsung eines Kaufpreises

Ermittlung der Nettokaltmiete bei vorgegebener Verzinsung eines Kaufpreises

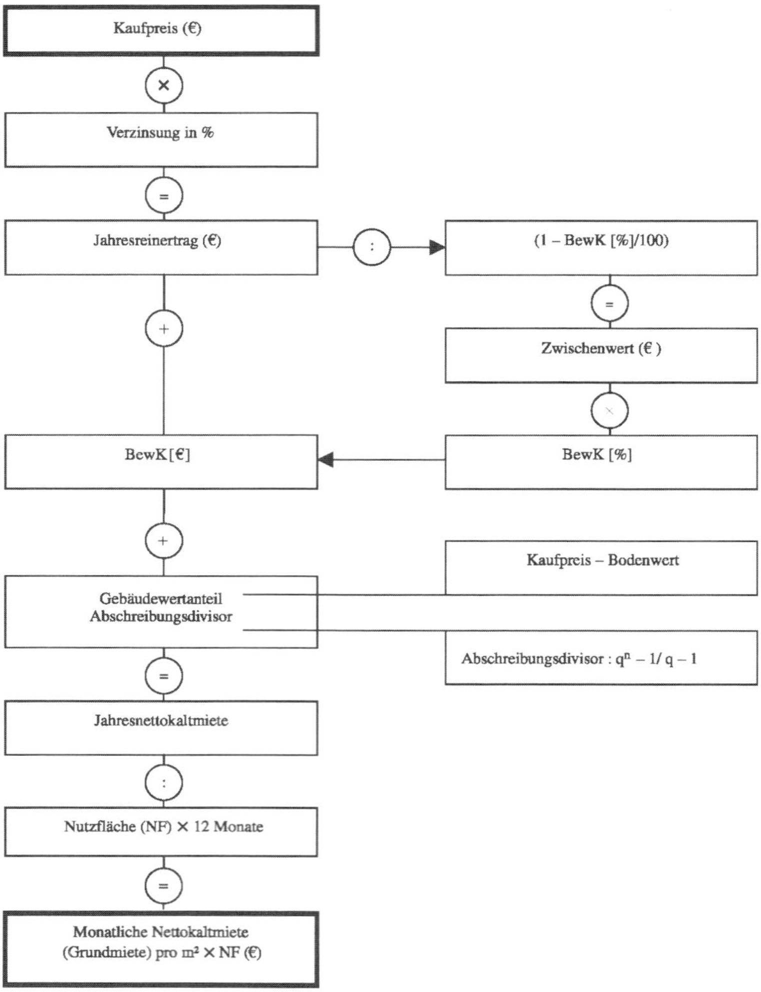

In Formeln:

$$\text{Monatsmiete}_{\text{Nettokalt}} = \frac{(\text{KP} \times \text{i})/(1 - \text{BewK}[\%]/100) + \text{Gebäudewertanteil}/\text{Abschreibungsdivisor})}{\text{Nutzfläche NF} \times 12}$$

wobei i = erwartete Verzinsung

3.8.2.3 Soll- bzw. Kostenmiete (Reinertrag) auf investiven Grundlagen

300 Die sich auf investiver Grundlage ergebende **„Sollmiete" (Kostenmiete) kann durch Umkehrung des Verfahrensgangs** ermittelt werden, der der Sachwertermittlung zugrunde liegt (vgl. Abb. 45). Im Unterschied zum klassischen Sachwertverfahren muss dabei jedoch der Substanzwert auf der Grundlage sämtlicher Investitionskosten einschließlich Grundstückstransaktions- und Finanzierungskosten ermittelt werden.

Abb. 46: Soll- bzw. Kostenmiete (Reinertrag) auf investiven Grundlagen

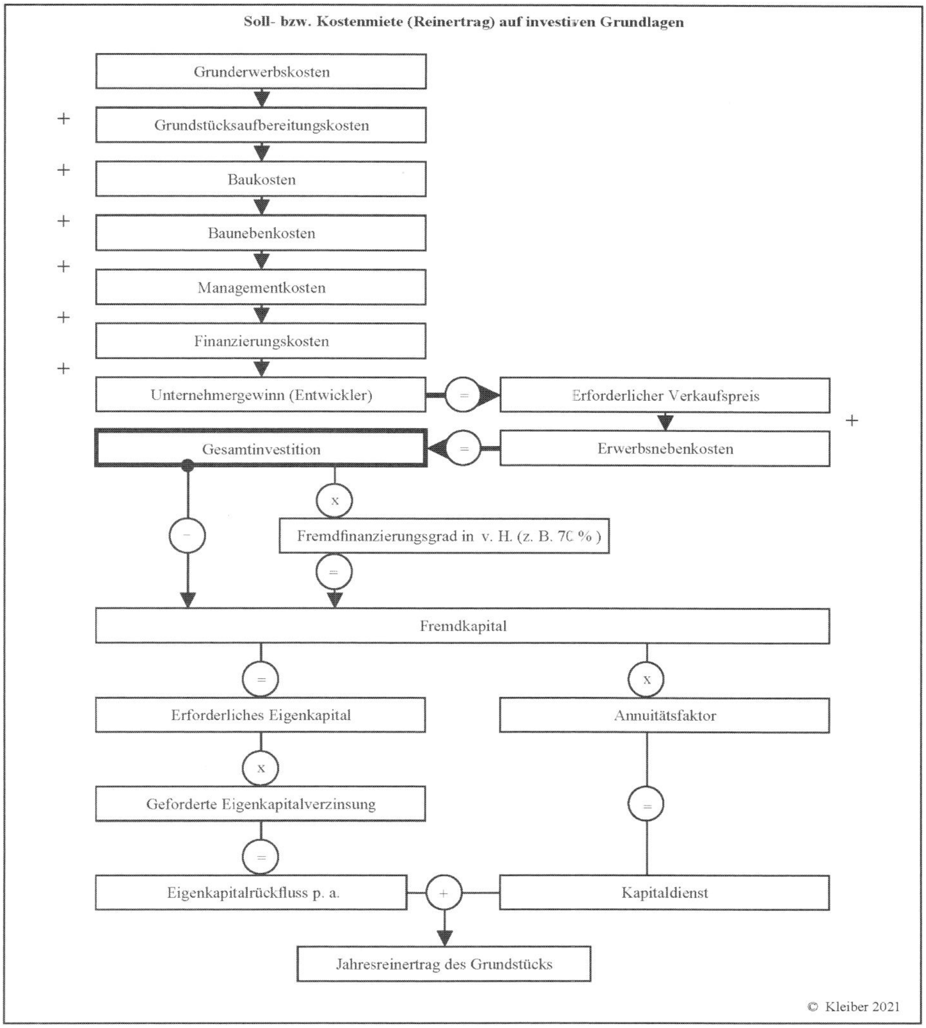

Zur Ermittlung der monatlichen Nettokaltmiete pro Quadratmeter Wohn- oder Nutzfläche aus dem Jahresreinertrag des Grundstücks vgl. Abb. 43 f.

§ 27 ImmoWertV
Grundlagen des Ertragswertverfahrens

(1) Im Ertragswertverfahren wird der Ertragswert auf der Grundlage marktüblich erzielbarer Erträge ermittelt. Soweit die Ertragsverhältnisse mit hinreichender Sicherheit aufgrund konkreter Tatsachen wesentlichen Veränderungen unterliegen oder wesentlich von den marktüblich erzielbaren Erträgen abweichen, kann der Ertragswert auf der Grundlage periodisch unterschiedlicher Erträge ermittelt werden.

(2) Der vorläufige Ertragswert wird auf der Grundlage des nach den §§ 40 bis 43 zu ermittelnden Bodenwerts und des Reinertrags im Sinne des § 31 Absatz 1, der Restnutzungsdauer im Sinne des § 4 Absatz 3 und des objektspezifisch angepassten Liegenschaftszinssatzes im Sinne des § 33 ermittelt.

(3) Der marktangepasste vorläufige Ertragswert entspricht nach Maßgabe des § 7 dem vorläufigen Ertragswert.

(4) Der Ertragswert ergibt sich aus dem marktangepassten vorläufigen Ertragswert und der Berücksichtigung vorhandener besonderer objektspezifischer Grundstücksmerkmale des Wertermittlungsobjekts.

(5) Für die Ermittlung des Ertragswerts stehen folgende Verfahrensvarianten zur Verfügung:

1. das allgemeine Ertragswertverfahren;

2. das vereinfachte Ertragswertverfahren;

3. das periodische Ertragswertverfahren.

Gliederungsübersicht *Rn.*

1 Grundlagen des Ertragswertverfahrens

1.1 Übersicht

Schrifttum: *Fischer/Lorenz/Biederbeck/Astl*, Verkehrswertermittlung von bebauten und unbebauten Grundstücken, Köln 2005; *Kleiber*, Nachhaltige Einnahmen und Ausgaben, GuG 2006, 25; *Petersen/Schnoor/Seitz/Vogel*, Verkehrswertermittlung von Immobilien, 2. Aufl. 2013; *Sommer/Kröll*, Lehrbuch zur Immobilienbewertung, 3. Aufl. 2010.

▶ *Zur Anwendung der Wertermittlungsverfahren § 6 ImmoWertV Rn. 5, 101 ff.; eine zusammenfassende Darstellung der Ertragswertverfahren vgl. Syst. Darst. des Ertragswertverfahrens Rn. 1 ff.; § 21 ImmoWertV Rn. 4 ff.; Vorbem. zur ImmoWertV Rn. 142 ff.*

1 Unter Ertragswertverfahren (*rental method*) sind in der Marktwertermittlung von Grundstücken Verfahren zu verstehen, mit denen der Marktwert von Grundstücken aus den daraus erzielbaren Erträgen ermittelt wird. Das Verfahren findet nach Maßgabe des § 5 Abs. 1 Satz 2 ImmoWertV mithin Anwendung, wenn nach den im gewöhnlichen Geschäftsverkehr bestehenden Gepflogenheiten der Ertrag im Vordergrund steht. Zum Anwendungsbereich des Ertragswertverfahrens vgl. § 6 ImmoWertV Rn. 101 ff.

2 Begrifflich handelt es sich bei dem „Ertragswertverfahren" um einen Gattungsbegriff für ertragsorientierte Wertermittlungsmethoden unterschiedlichster Ausprägungen. Die ImmoWertV bietet aus der großen „Familie" der Ertragswertverfahren insgesamt drei Varianten von in Grundzügen geregelten Ertragswertverfahren an (§ 27 Abs. 5 i.V.m. den nachfolgende Vorschriften der ImmoWertV):

1. das als **allgemeines Ertragswertverfahren** bezeichnete *zweigleisige* Ertragswertverfahren (vgl. § 28 ImmoWertV) unter Aufteilung des Ertragswerts in einen Boden- und Gebäudewertanteil;
2. das als **vereinfachtes Ertragswertverfahren** bezeichnete *eingleisige* Ertragswertverfahren ohne Aufteilung des Ertragswerts in einen Boden- und Gebäudewertanteil (vgl. § 29 ImmoWertV) und
3. das **periodische Ertragswertverfahren** unter Aufteilung des Ertragswerts in Ertragswertanteile einzelner Perioden – i.d.R. einzelner Jahre – eines „Betrachtungszeitraums" und in einen Restwert (§ 3 ImmoWertV).

3 Bei den drei dort geregelten Verfahren handelt es sich um mathematisch identische Verfahren auf der Grundlage gleicher Wertermittlungsparameter, die jedoch auf unterschiedlichem Wege zu ein und demselben Ertragswert führen. Die Ertragswertverfahren sind in den §§ 28 ff. ImmoWertV so gestaltet, dass der danach ermittelte Ertragswert gegebenenfalls unter Berücksichtigung des Ergebnisses anderer zur Marktwertermittlung herangezogener Verfahren dem Marktwert (Verkehrswert) entspricht.

4 Das **allgemeine und das vereinfachte Ertragswertverfahren werden zusammenfassend als die Standardverfahren** bezeichnet, wobei dem allgemeinen Ertragswertverfahren begrifflich eine Vorrangstellung eingeräumt wird. Die **Verfahren unterscheiden sich im Wesentlichen in der Darstellung des Ergebnisses**:

– Während bei Anwendung der Standardverfahren (allgemeines und vereinfachtes Ertragswertverfahren) in einem ersten Schritt der vorläufige Ertragswert auf der Grundlage der „langfristigen" Ertragssituation ermittelt wird und temporäre Abweichungen von den marktüblich erzielbaren Erträgen gesondert ausgewiesen und differentiell berücksichtigt werden,
– werden bei Anwendung des *periodischen* Ertragswertverfahrens die in den jeweiligen Perioden des „Betrachtungszeitraums" unter Einbeziehung von Mehr- oder Mindererträgen insbesondere aufgrund wohnungs-, miet- und vertragsrechtlicher Bindungen erwarteten Gesamterträge (i.d.R. jährlich) ausgewiesen.

5 Das periodische Ertragswertverfahren „kann" nach § 27 Abs. 1 Satz 2 ImmoWertV zur Anwendung kommen, „*soweit die Ertragsverhältnisse mit hinreichender Sicherheit aufgrund konkreter Tatsachen wesentlichen Veränderungen unterliegen oder wesentlich von den marktüblich erzielbaren Erträgen abweichen*". Tatsächlich kann das periodische Ertragswertverfahren auch bei stabilen Ertragsverhältnissen angewendet werden und kann dann auch sinnvoll sein (zur Berücksichtigung besonderer Ertragsverhältnisse vgl. Rn. 27 ff.). In diesem Fall kann die Anwendung des periodischen Ertragswertverfahrens sogar angezeigt sein, wenn im Gutachten der Barwert der künftigen jährlichen Ertragsflüsse dargestellt werden soll (vgl. Syst. Darst. des Ertragswertverfahrens Rn. 41 ff.).

1.2 Gliederung des Ertragswertverfahrens

Die im 2. Abschnitt des 3. Teils der ImmoWertV geregelten Ertragswertverfahren werden in den §§ 28 ff. ImmoWertV nicht abschließend geregelt. Mit den genannten Vorschriften ergibt sich im *ersten Schritt* nur der 6

„vorläufige Ertragswert“.

Der vorläufige Ertragswert wird ermittelt auf der Grundlage des *vorläufigen* Bodenwerts, des *vorläufigen marktüblich erzielbaren* Reinertrags, der *vorläufigen* Restnutzungsdauer und des Liegenschaftszinssatzes, der nach Maßgabe des § 33 ImmoWertV den Grundstücksmerkmalen des Bewertungsobjekts und dem Wertermittlungsstichtag anzupassen ist (objektspezifisch angepasster Liegenschaftszinssatz). Soweit dies nicht möglich ist, muss bei referenzkonformer Anwendung des Liegenschaftszinssatzes der vorläufige Ertragswert insoweit unter Ausschluss der verbleibenden *besonderen objektspezifischen Grundstücksmerkmale* (boG) i.S. des § 8 Abs. 3 ImmoWertV ermittelt werden. 7

Vorläufiger Bodenwert ist der nach Maßgabe der §§ 40 bis 43 ImmoWertV ermittelte Bodenwert gegebenenfalls unter Ausschluss der als besondere objektspezifische Grundstücksmerkmale ergänzend zu berücksichtigenden Wertvor- und -nachteile, Erschließungsbeitragspflichten, Freilegungskosten sowie sog. Grundstücksrestflächen übergroßer Grundstücke.

Der **vorläufige marktüblich erzielbare Reinertrag und die vorläufige Restnutzungsdauer** bestimmen sich bei Anwendung von Liegenschaftszinssätzen, die nach Maßgabe des § 12 Abs. 5 ImmoWertV auf der Grundlage der Modellansätze der Anl. 1 bis 3 zur ImmoWertV abgeleitet worden sind, unter dem Regime der Modellkonformität auf der Grundlage der genannten Modellansätze.

Wird bei der Ermittlung des vorläufigen Ertragswerts nach den Vorgaben von aktuellen auf den Wertermittlungsstichtag bezogenen Ertragsverhältnissen ausgegangen und wird der vorläufige Ertragswert nach Maßgabe des § 39 ImmoWertV auf der Grundlage eines objektspezifisch an die allgemeinen Wertverhältnisse des Wertermittlungsstichtags „angepassten“ Liegenschaftszinssatzes ermittelt, ist der vorläufige Ertragswert zugleich der 8

„vorläufige marktangepasste Ertragswert“.

Soweit mit dem objektspezifisch angepassten Liegenschaftszinssatz die am Wertermittlungsstichtag gegebene Lage auf dem Grundstücksmarkt noch nicht vollumfänglich erfasst ist, muss in einem weiteren Schritt eine ergänzende Marktanpassung vorgenommen werden.

Der *marktangepasste vorläufige Ertragswert* – gegebenenfalls ergänzt durch eine Marktanpassung – ergibt in einem abschließenden Schritt zusammen mit den gegebenenfalls ergänzend zu berücksichtigenden **besonderen objektspezifischen Grundstücksmerkmalen**(boG) den Ertragswert (§ 27 Abs. 4 ImmoWertV). 9

Die ergänzend zu berücksichtigenden **besonderen objektspezifischen Grundstücksmerkmale** (boG) sind in § 8 Abs. 3 ImmoWertV definiert als wertbeeinflussende Grundstücksmerkmale, die nach Art oder Umfang erheblich von dem auf dem jeweiligen Grundstücksmarkt Üblichen abweichen. Zu den dort namentlich hervorgehobenen besonderen objektspezifischen Grundstücksmerkmalen (boG) gehören bei erheblicher Überschreitung der marktüblichen Grundstücksgröße sowie bei Liquidationsobjekten die in den §§ 41 und 43 ImmoWertV genannten weiteren besonderen objektspezifischen Grundstücksmerkmale (boG). Dies bedingt eine gründliche Analyse der im Einzelfall subsidiär zu berücksichtigenden Grundstücksmerkmale, zumal eine Vielzahl von Grundstücksmerkmalen, die jeweils für sich betrachtet keine „erheblichen“ Abweichungen aufweisen, in ihrer Gesamtheit den Verkehrswert erheblich beeinflussen können (vgl. Vorbem. zur ImmoWertV Rn. 140; § 8 ImmoWertV Rn. 1 ff.; § 4 ImmoWertV Rn. 17; § 32 ImmoWertV Rn. 13, 185; Syst. Darst. des Ertragswertverfahrens Rn. 60; 103, 199, 215). 10

11 Kommen mehrere Wertermittlungsverfahren zur Anwendung, wird der Marktwert aus den Verfahrenswerten der angewendeten Wertermittlungsverfahren unter Würdigung ihrer Aussagefähigkeit ermittelt (§ 6 Abs. 4 ImmoWertV).

Abb. 1: Gliederung des Ertragswertverfahrens

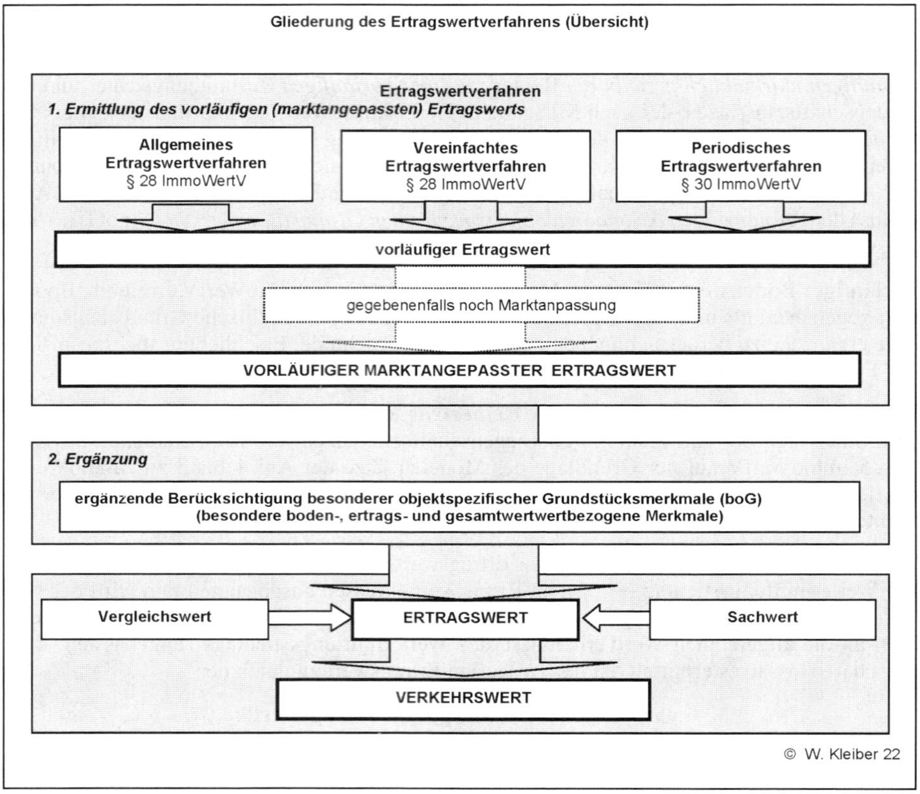

2 Marktüblich erzielbarer Ertrag (§ 27 ImmoWertV Abs. 1 Satz 1 ImmoWertV)

2.1 Allgemeines

Schrifttum: *Adolf, W.*, Der nachhaltige Ertrag ein veralteter Begriff?, GuG 2005, 193; *Kleiber, W.*, Nachhaltige Einnahmen und Ausgaben, GuG 2006, 25.

▶ *Umfassend hierzu Syst. Darst. des Ertragswertverfahrens Rn. 185 ff.; § 21 ImmoWertV Rn. 110; § 31 ImmoWertV Rn. 13, 24 ff., 69; § 32 ImmoWertV Rn. 1 ff.*

12 **Ausgangpunkt der Ertragswertermittlung ist der** künftig über die Restnutzungsdauer zu erwartende **marktüblich erzielbare Ertrag der zu bewertenden Immobilie.** Der „marktüblich erzielbare Ertrag" wird in § 5 Abs. 3 ImmoWertV als der **nach den Marktverhältnissen am Wertermittlungsstichtag für die jeweilige Nutzung in vergleichbaren Fällen durchschnittlich erzielte Ertrag** definiert. Die bei ordnungsgemäßer Bewirtschaftung und zulässiger Nutzung marktüblich erzielbaren Erträge werden in § 31 Abs. 2 ImmoWertV als Rohertrag bezeichnet.

Von den marktüblich erzielbaren Erträgen ist bei der Ermittlung des vorläufigen Ertragswerts unter Anwendung des allgemeinen und vereinfachten Ertragswertverfahrens nach den §§ 28 und 29 ImmoWertV auszugehen. Besondere Ertragsverhältnisse, insbesondere nach Art und Umfang wesentlich von diesen abweichende tatsächliche Erträge, sind gemäß § 8 Abs. 3 Satz 2 Nr. 1 ImmoWertV als besondere objektspezifische Grundstücksmerkmale (boG) ergänzend zu berücksichtigen und ergeben zusammen mit dem marktangepassten vorläufigen Ertragswert den Ertragswert des Grundstücks. Derartige Abweichungen können sich insbesondere aufgrund vertrags-, wohnungs- und mietrechtlicher Bindungen ergeben und sind i.d.R. temporär. Regelmäßig muss erwartet werden, dass die Erträge mit Auslauf der Bindungen den marktüblich erzielbaren Erträgen in zulässiger Weise (ggf. unter Berücksichtigung von mietrechtlichen Kappungsgrenzen) angepasst werden.

Von den tatsächlichen Erträgen kann bei der Ermittlung des vorläufigen Ertragswerts unter Anwendung des periodischen Ertragswertverfahrens nach § 30 ausgegangen werden. Das periodische Ertragswertverfahren soll nach § 27 Abs. 1 Satz 2 zur Anwendung kommen können, wenn

– die Ertragsverhältnisse mit hinreichender Sicherheit aufgrund konkreter Tatsachen wesentlichen Veränderungen unterliegen oder

– wesentlich von den marktüblich erzielbaren Erträgen abweichen.

In diesem Falle gehen die besonderen Ertragsverhältnisse direkt in den marktangepassten vorläufigen Ertragswert ein. Sie dürfen dann mithin nicht mehr als besondere objektspezifische Grundstücksmerkmale (boG) berücksichtigt werden.

Grundsätzlich ist dabei – abweichend von dem tatsächlichen Ertragsfluss – vom Modellansatz eines *jährlichen* Reinertrags auszugehen. Dieser ergibt sich nach § 31 Abs. 1 ImmoWertV aus den bei ordnungsgemäßer Bewirtschaftung und zulässiger Nutzung als Rohertrag bezeichneten „marktüblich erzielbaren Erträgen" abzüglich der Bewirtschaftungskosten. 13

Die „richtige" Erfassung der zu erwartenden künftigen Erträge ist das **Kardinalproblem jeder Ertragswertermittlung** (vgl. Syst. Darst. des Ertragswertverfahrens Rn. 12). Dabei kommt es im Kern nicht darauf an, die künftigen Erträge in ihrer tatsächlichen Höhe, ihrer wirtschaftlich gerechtfertigten Höhe oder ihrer nach wirtschaftlichen Kriterien prognostizierten Höhe „richtig" zu erfassen. Im Rahmen der Marktwertermittlung müssen die künftigen Erträge vielmehr in der Weise erfasst werden, wie sie unter Berücksichtigung der rechtlichen Gegebenheiten im „gewöhnlichen Geschäftsverkehr" am Wertermittlungsstichtag marktüblich erzielt werden können. 14

Dem Grundstücksmarkt und speziell dem Erwerber einer Immobilie sind diesbezüglich nur die ***am Wertermittlungsstichtag marktüblich erzielbaren Erträge*** und im Falle davon abweichender Erträge aufgrund wohnungs-, miet- oder vertraglicher Bindungen die sich daraus ergebende (zumeist temporär beschränkte) konkrete Ertragsentwicklung des jeweiligen Grundstücks bekannt. Darüber hinaus wird im gewöhnlichen Geschäftsverkehr davon ausgegangen, dass die am Wertermittlungsstichtag marktüblich erzielbaren Erträge sich unter dem Einfluss von Änderungen allgemeinwirtschaftlicher Art und speziell von Änderungen der Lage auf dem Grundstücksmarktmarkt fortentwickeln werden. Bei dieser Entwicklung bleibt nach dem systemischen Aufbau der ImmoWertV mit den *am Wertermittlungsstichtag marktüblich erzielbaren Erträgen* und auch im Falle davon abweichender Erträge aufgrund wohnungs-, miet- oder vertraglicher Bindungen die sich daraus ergebende (zumeist temporär beschränkte) konkrete Ertragsentwicklung unberücksichtigt. 15

Der Einfluss allgemeinwirtschaftlicher Entwicklungen und insbesondere der Lage auf dem Grundstücksmarkt werden mit dem nach Maßgabe des § 21 Abs. 1 und 2 ImmoWertV abgeleiteten und objektspezifisch angepassten Liegenschaftszinssatz indirekt berücksichtigt, ohne dass es dafür eines besonderen Ansatzes bedarf. Dabei kommt es nicht darauf an, ob die künftigen Entwicklungen mit dem Liegenschaftszinssatz so berücksichtigt werden, wie sie tatsächlich eintreten mögen. Künftige Entwicklungen müssen im Rahmen der Marktwertermittlung 16 von Grundstücken vielmehr in dem Umfang berücksichtigt werden, wie diese im gewöhnlichen Geschäftsverkehr erwartet werden, selbst dann, wenn sie im gewöhnlichen Geschäftsverkehr kollektiv falsch eingeschätzt werden. **Das Verfahren ist** damit **nicht „statisch"**, auch wenn dabei ein konstanter Einnahmefluss kapitalisiert wird.

17 Die den gewöhnlichen Geschäftsverkehr prägende Einschätzung der künftigen Entwicklung manifestiert sich in den Kaufpreisen, die auf dem allgemeinen Grundstücksmarkt in Kenntnis der aktuellen marktüblich erzielbaren Erträge entrichtet werden. Der aus Marktpreisen nach Maßgabe des § 21 Abs. 1 und 2 ImmoWertV abgeleitete und objektspezifisch angepasste Liegenschaftszinssatz berücksichtigt mithin in umfassender Weise die allgemein vom Grundstücksmarkt erwartete Entwicklung, und zwar nicht nur in Bezug auf die Entwicklung der Mieten oder Pachten, sondern in Bezug auf alle immobilienwirtschaftlich relevanten und den Marktwert beeinflussenden Perspektiven. Die vom Grundstücksmarkt erwartete jährliche Miet- und Pachtentwicklung bleibt dabei im Verborgenen. Der in der internationalen Wertermittlungspraxis zur Anwendung kommende Liegenschaftszinssatz wird deshalb dort als *„all over capitalization rate"* bezeichnet.

18 Dies gilt auch für das in § 30 ImmoWertV geregelte periodische Ertragswertverfahren, bei dem dieser Liegenschaftszinssatz ebenfalls heranzuziehen ist. Dies ist auch einer der wesentlichen Unterschiede zu dem damit verwandten *Discounted-Cashflow*-Verfahren, bei dem die künftigen Erträge prognostisch berücksichtigt werden.

Abb. 2: Liegenschaftszinssatz (overall capitalization rate)

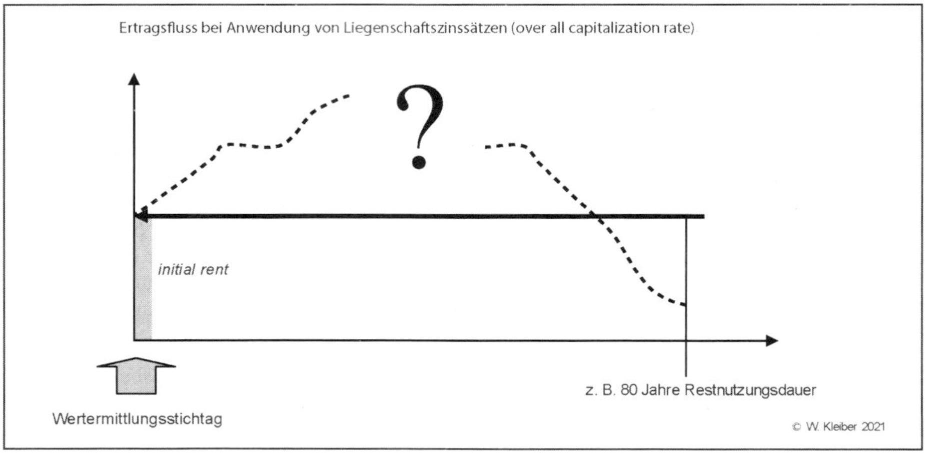

19 Bei alldem ist der **vorläufige Ertragswert auf der Grundlage des objektspezifisch angepassten Liegenschaftszinssatzes zu ermitteln**, d.h., der vom Gutachterausschuss für Grundstückswerte herangezogene Liegenschaftszinssatz ist den Grundstücksmerkmalen des zu bewertenden Grundstücks und dem Wertermittlungsstichtag nach Maßgabe des § 33 ImmoWertV anzupassen.

20 **Besonderen Ertragsverhältnissen i.S. des § 8 Abs. 3 Satz 2 Nr. 1 ImmoWertV, insbesondere temporär von den marktüblich erzielbaren Erträgen insbesondere aufgrund wohnungs-, miet- oder vertragsrechtlicher Bindungen** (Anomalien) **abweichenden Erträgen,** muss bei allen zur Anwendung kommenden Verfahren Rechnung getragen werden. Davon betroffen sind Ertragsverhältnisse, die mit hinreichender Sicherheit aufgrund konkreter Tatsachen wesentlichen Veränderungen unterliegen oder die wesentlich von den marktüblich erzielbaren Erträgen abweichen.

Die Berücksichtigung **„besonderer Ertragsverhältnisse“** (Syst. Darst. des Ertragswertverfahrens Rn. 56 ff., 277; § 8 ImmoWertV Rn. 296 ff.) erfolgt ggf. 21

- bei Anwendung der Standardverfahren (*allgemeines und vereinfachtes Ertragswertverfahren*) nach den §§ 28 f. ImmoWertV nach Maßgabe des § 8 Abs. 3 Satz 2 Nr. 1 ImmoWertV in Gestalt eines ergänzend zu berücksichtigenden „besonderen objektspezifischen Grundstücksmerkmals“ (boG),
- bei Anwendung des *periodischen Ertragswertverfahrens* nach § 30 ImmoWertV unmittelbar bereits im Rahmen der Ermittlung des vorläufigen Ertragswerts mit dem in der jeweiligen Periode angesetzten erhöhten oder geminderten Ertrag.

2.2 Marktüblich erzielbarer Ertrag der Standardverfahren

▶ *Syst. Darst. des Ertragswertverfahrens Rn. 175 ff.; § 31 ImmoWertV Rn. 26 ff., 49, 64; § 32 ImmoWertV Rn. 1 ff.; § 21 ImmoWertV Rn. 110*

Die mit § 27 Abs. 1 Satz 1 ImmoWertV vorgeschriebene Ertragswertermittlung auf der Grundlage des marktüblich erzielbaren Reinertrags bedeutet, dass dieser Reinertrag **unabhängig von den tatsächlichen Verhältnissen auch bei** 22

- **eigengenutzten Gebäuden** bzw. Gebäudeteilen,
- **leerstehenden Gebäuden** bzw. Gebäudeteilen **und**
- **Vermietung zu „von den marktüblich erzielbaren Erträgen erheblich abweichenden Erträgen“**

der Ertragswertermittlung zugrunde zu legen ist. Ein vom marktüblich erzielbaren insbesondere **aufgrund wohnungs-, miet- oder vertragsrechtlicher Bindungen abweichender Ertrag bleibt zunächst außer Betracht.** Diese Vorgabe betrifft die in den §§ 28 f. ImmoWertV geregelten Standardverfahren der Ertragswertermittlung (ein- und zweigleisiges Ertragswertverfahren). Die Ertragswertermittlung auf der Grundlage des am Wertermittlungsstichtag „marktüblich erzielbaren“ Ertrags (*initial rent*) führt – kapitalisiert mit dem Barwertfaktor (Kapitalisierungsfaktor) – zum *vorläufigen* Ertragswert.

Als „**marktüblich erzielbarer“ Ertrag** ist grundsätzlich der Ertrag anzusetzen, der für vergleichbare Objekte in vergleichbarer Lage am Wertermittlungsstichtag üblicherweise erzielt werden kann. **Bei** der Marktwertermittlung von **Wohnimmobilien kann von der ortsüblichen Vergleichsmiete ausgegangen werden**, die nach § 558 Abs. 2 BGB „aus den üblichen Entgelten … gebildet wird“, „die in der Gemeinde oder einer vergleichbaren Gemeinde für Wohnraum vergleichbarer Art, Größe, Ausstattung, Beschaffenheit und Lage in den letzten sechs Jahren vereinbart“ wird und dem Mietspiegel entnommen werden kann[1]. Die ortsübliche Vergleichsmiete markiert zugleich die Grenze, bis zu der ein Mieterhöhungsverlangen gestellt werden kann. Im Falle einer Neuvermietung ist der Vermieter allerdings nicht an die ortsübliche Vergleichsmiete gebunden und er kann die unter Berücksichtigung von Angebot und Nachfrage erzielbare **Marktmiete** vereinbaren. Insbesondere bei einem zur Vermietung anstehenden Gebäude könnte deshalb die „marktübliche Marktmiete“ als „marktüblich erzielbarer Ertrag“ i.S. des § 27 Abs. 1 Satz 1 ImmoWertV in Betracht gezogen werden, jedoch wird man auch in diesem Fall der ortsüblichen Vergleichsmiete der Vorzug geben, weil in aller Regel die Liegenschaftszinssätze auf der Grundlage von sog. Bestandsimmobilien abgeleitet werden und die ortsübliche Vergleichsmiete den „langfristig“ bedeutsamen Grundstücksertrag darstellt. Die davon abweichende Marktmiete wird dagegen nur temporär erzielt und die entsprechenden Mehreinnahmen müssen ggf. ergänzend als *„overrented“* berücksichtigt werden. 23

1 § 558c BGB Mietspiegel: (1) Ein Mietspiegel ist eine Übersicht über die ortsübliche Vergleichsmiete, soweit die Übersicht von der nach Landesrecht zuständigen Behörde oder von Interessenvertretern der Vermieter und der Mieter gemeinsam erstellt oder anerkannt worden ist.

24 Die Verordnung befiehlt mit § 31 Abs. 1 i.V.m. § 32 Abs. 1 ImmoWertV, dass der Reinertrag ausgehend vom Rohertrag unter Abzug der „*bei ordnungsgemäßer Bewirtschaftung und zulässiger Nutzung*“ entstehenden regelmäßigen jährlichen Aufwendungen zu ermitteln ist. Auf der anderen Seite wird mit § 27 Abs. 2 ImmoWertV vorgegeben, den vorläufigen Ertragswert auf der Grundlage des objektspezifisch angepassten Liegenschaftszinssatzes i.S. des § 33 ImmoWertV zu ermitteln. Den Gutachterausschüssen für Grundstückswerte wird mit § 12 Abs. 5 ImmoWertV u.a. aufgegeben, den Liegenschaftszinssatz unter Berücksichtigung der mit Anl. 3 zur ImmoWertV vorgegebenen „**Modellansätze für Bewirtschaftungskosten**“ abzuleiten. Diese können von den „*bei ordnungsgemäßer Bewirtschaftung und zulässiger Nutzung*“ anfallenden Bewirtschaftungskosten nicht unerheblich abweichen. Nach den Vorstellungen des Verordnungsgebers sind die Abweichungen gegebenenfalls im Rahmen des im Einzelfall maßgeblichen „objektspezifisch angepassten Liegenschaftszinssatzes“ nach § 33 ImmoWertV zu berücksichtigen. Eine sachgerechte Anpassung des Liegenschaftszinssatzes an die Gegebenheiten des zu bewertenden Grundstücks setzt voraus, dass die Gutachterausschüsse entsprechende Umrechnungskoeffizienten bereitstellen. Wo eine Anpassung in einer anderen sachlich begründbaren oder mindesten plausiblen Weise nicht möglich ist, müssen die Abweichungen als besonderes objektspezifisches Grundstücksmerkmal (boG) ergänzend berücksichtigt werden werden (vgl. Rn. 10; Vorbem. zur ImmoWertV Rn. 140; § 8 ImmoWertV Rn. 1 ff.; § 4 ImmoWertV Rn. 17; § 32 ImmoWertV Rn. 13, 185; Syst. Darst. des Ertragswertverfahrens Rn. 60; 103, 199, 215).

25 Weist die bauliche Anlage eines zu bewertenden Grundstücks aufgrund einer unterlassenen Instandhaltung Baumängel und Bauschäden auf und fallen deshalb die marktüblich erzielbaren Erträge entsprechend geringer als bei einem ordnungsgemäß instand gehaltenen Gebäude aus, muss im **Falle unbehebbarer Baumängel und Bauschäden** – abweichend von den allgemeinen Grundsätzen der Ertragswertermittlung – der Ertragswert auf der Grundlage der geringeren Erträge sowie gegebenenfalls angemessen zu vermindernden Restnutzungsdauer ermittelt werden. Wenn von der Behebung der Baumängel und Bauschäden abgesehen werden kann, kann dies bei wirtschaftlicher Betrachtungsweise sogar angezeigt sein. Der Grundsatz der Modell- und Referenzkonformität muss dann zurücktreten.

26 Auch der nach Realisierung einer anstehenden **Modernisierung und Umstrukturierung** (*refurbishment*) sich ergebende marktüblich erzielbare Ertrag kann Grundlage der Ertragswertermittlung sein, wobei auch dann (fiktiv) von dem am Wertermittlungsstichtag bei bereits unterstellter Modernisierung marktüblich erzielbaren Ertrag auszugehen ist. Die mit der Realisierung einhergehenden Ertragsausfälle und Kosten der Maßnahme sind dann in marktkonformer Weise wertmindernd zu berücksichtigen, sofern nicht als Ertragswert ein sog. „Würde-wenn-Wert“ ausgeworfen wird.

2.3 Berücksichtigung besonderer Ertragsentwicklungen

2.3.1 Allgemeines

▶ *Vgl. § 8 ImmoWertV Rn. 231 ff.*

27 Soweit die Ertragsverhältnisse „*mit hinreichender Sicherheit aufgrund konkreter Tatsachen*“ wesentlichen Veränderungen unterliegen „oder wesentlich von den marktüblich erzielbaren Erträgen“ abweichen, sind diese Abweichungen – sofern sie nicht bei Anwendung des periodischen Ertragswertverfahrens direkt in der jeweiligen Periode berücksichtigt werden – als **„besondere objektspezifische Grundstücksmerkmale“ (boG) im Anschluss an die Ermittlung des vorläufigen Ertragswerts zu berücksichtigen** (§ 8 Abs. 1 Satz 2 Nr. 1 ImmoWertV).

28 Dass nach § 27 Abs. 1 Satz 2 ImmoWertV nur unter derartigen besonderen Ertragsverhältnissen das periodischen Ertragswertverfahren zur Anwendung kommen „könne“, trifft nicht zu (vgl. Rn. 5) und bedeutet nicht im Umkehrschluss, dass besondere Ertragsentwicklungen bei

Anwendung der Standardverfahren (allgemeines und vereinfachtes Ertragswertverfahrens bzw. ein- oder zweigleisiges Ertragswertverfahren) unberücksichtigt bleiben.

2.3.2 Wesentliche Veränderungen der Ertragsverhältnisse

Mit den mit hinreichender Sicherheit aufgrund konkreter Tatsachen absehbaren **„wesentlichen Veränderungen" der Ertragsverhältnisse** sind neben den aufgrund wohnungs-, miet- oder vertragsrechtlicher Gegebenheiten (Rn. 37 ff.) vorgezeichneten Veränderungen der Ertragsverhältnisse auch solche angesprochen, die aus Veränderungen der qualitativen Eigenschaften des zu bewertenden Grundstücks resultieren. Prognostizierte Veränderungen der Ertragsverhältnisse aufgrund einer allgemein erwarteten Entwicklung der Miet- und Pachtverhältnisse fallen nach den obenstehenden Ausführungen indessen nicht darunter. Es kann vielmehr um die Berücksichtigung von langfristig wirksamen Ertragsveränderungen insbesondere aufgrund städtebaulicher oder objektbezogener Maßnahmen gehen. Sie müssen „mit hinreichender Sicherheit auf Grund konkreter Tatsachen zu erwarten" sein. 29

Die können z.B. sein 30

- die Durchführung städtebaulicher Maßnahmen (Sanierungs-, Entwicklungs- und Stadtumbaumaßnahmen), sonstiger städtebaulicher Maßnahmen, z.B. eine besondere Verkehrserschließung, aber auch sonstige den marktüblich erzielbaren Ertrag mindernde oder erhöhende Veränderungen (z.B. anstehende Konversionsmaßnahmen) bzw.
- die zum Wertermittlungsstichtag eingeleitete, aber noch nicht abgeschlossene Modernisierung, Umstrukturierung der baulichen Anlage (z.B. der Ausbau des Dachgeschosses) und dgl.

In derartigen Fällen müssen gegebenenfalls dafür anfallende Kosten und dgl. „gegengerechnet" werden. 31

Eine (temporäre) **Störung des marktüblich erzielbaren Ertrags** eines Grundstücks kann auch **durch die Art der vorgefundenen tatsächlichen Nutzung** gegeben sein, so z.B., wenn in einer Einkaufsstraße das Erdgeschoss zu Wohnzwecken genutzt wird und es der Eigentümer bisher versäumt hat oder daran gehindert war, hier eine ertragreichere Ladennutzung einzurichten. Zwar mögen dann hier dem Eigentümer die ortsüblich erzielbaren Wohnungsmieten zufließen, jedoch bestimmt sich der marktüblich erzielbare Ertrag nach den marktüblich erzielbaren Ladenmieten. 32

Nur die ***„wesentlichen"*** **absehbaren Veränderungen der Ertragsverhältnisse** und nur *„wesentlich* von den marktüblich erzielbaren Erträgen" abweichende Erträge sind zu berücksichtigen. Dies ist nicht allein von der Höhe der abweichenden Erträge (pro Quadratmeter Nutz- bzw. Wohnfläche) abhängig, sondern auch von der davon betroffenen Nutzfläche und dem Zeitraum. Eine absehbare Veränderung und Abweichung ist „wesentlich", wenn der sich daraus ergebende Barwert im Verhältnis zum Gesamtwert eine Größenordnung einnimmt, die im Rahmen der Auf- oder Abrundung des Gesamtergebnisses zu berücksichtigen ist. 33

Um derartige Abweichungen berücksichtigen zu können, müssen bei jeder Verkehrswertermittlung **sämtliche Miet- und Pachtverträge** herangezogen und ausgewertet werden. Darüber hinaus ist festzustellen, 34

a) ob und inwieweit die sich daraus ergebenden Möglichkeiten der Mietanpassung „ausgeschöpft" worden sind,

b) welche Mieten und Pachten nach Maßgabe der vertraglichen Vereinbarungen und unter Berücksichtigung gesetzlicher Regelungen, insbesondere der Regelung zu den Kappungsgrenzen nach § 558 Abs. 3 BGB (vgl. § 31 ImmoWertV Rn. 102 ff., zur Wucher- und Wesentlichkeitsgrenze vgl. § 31 ImmoWertV Rn. 97 ff.), am Wertermittlungsstichtag tatsächlich erzielt werden können,

c) in welchem Zeitraum bei festgestellten Abweichungen zum marktüblich erzielbaren Ertrag der am Wertermittlungsstichtag tatsächlich erzielbare Ertrag an den marktüblich erzielbaren Ertrag angepasst werden kann und

d) ob aufgrund förderrechtlicher Bestimmungen, z.B. denen des geförderten Wohnungsbaus, sich die Mieten nach Ablauf des Bindungszeitraums usw. ändern und Zinsvorteile wegfallen (vgl. § 31 ImmoWertV Rn. 51; Teil VI Rn. 721 ff.; Teil IX Rn. 144).

35 Darüber hinaus muss auch die **Solvenz des Mieters** in die Betrachtung einbezogen werden, denn bei vertraglichen Mehreinnahmen ist die Rechtsposition des Grundstückseigentümers nur so viel wert, wie der Mieter in der Lage ist, seinen Vertrag zu erfüllen.

36 Ergeben sich aus der **Analyse der Miet- und Pachtverhältnisse** nach Maßgabe der vertraglichen Vereinbarungen und unter Berücksichtigung gesetzlicher Regelungen temporäre Abweichungen gegenüber dem marktüblich erzielbaren Ertrag, müssen diese Abweichungen bei der Ertragswertermittlung – wie im Übrigen auch bei der Verkehrswertermittlung unter Anwendung des Vergleichs- oder Sachwertverfahrens – berücksichtigt werden. Bei Anwendung des Ertragswertverfahrens können die Abweichungen

a) differentiell sein, d.h., es werden die kapitalisierten Mehr- oder Mindererträge ergänzend zu dem unter Anwendung des *ein- oder zweigleisigen Ertragswertverfahrens* nach den §§ 28 f. ImmoWertV ermittelten vorläufigen Ertragswerts oder

b) direkt unter Ansatz der entsprechend periodisch unterschiedlichen Erträge (bei Anwendung des *periodischen Ertragswertverfahrens)*

berücksichtigt. Dabei muss sich in beiden Fällen dasselbe Gesamtergebnis ergeben.

2.3.3 Temporäre Abweichungen vom marktüblich erzielbaren Ertrag

▶ *Vgl. § 8 ImmoWertV Rn. 231 ff.*

37 Nach den vorstehenden Ausführungen sind von dem marktüblich erzielbaren Ertrag insbesondere aufgrund wohnungs-, miet- oder vertraglicher Bindungen[2]**temporär abweichende Erträge** gesondert zu erfassen und zu berücksichtigen. Die differentielle Berücksichtigung erfolgt mit Hilfe der Auf- und Abschichtungsmethode *(Top and Bottom Slicing)* bzw. des Vervielfältigerdifferenzverfahrens (*Term and Reversion)*. Entsprechendes gilt auch für temporäre Mehr- oder Mindereinnahmen, z.B. aufgrund von nur vorübergehend bereitstellbaren Werbeflächen, Abstellplätzen, einem vorübergehenden strukturellen Leerstand, einer vorübergehend nicht „artgerechten" Nutzung (Wohnung im Ladengeschoss), vorübergehenden Ertragseinbußen aufgrund von Baumaßnahmen, temporären Steuervor- und -nachteilen und dgl.

38 Aufgrund wohnungs-, miet- oder vertraglicher Bindungen vom marktüblich erzielbaren Ertrag abweichende Erträge können i.d.R. als **„gesicherte" Daten i.S. des § 27 Abs. 1 Satz 2 ImmoWertV** gelten. Soweit ein Miet- oder Pachtverhältnis mit einem „gefährdeten" Mieter besteht, kann dem Rechnung getragen werden.

39 Ein **zulässigerweise vertraglich vereinbartes Mietverhältnis** ist – auch wenn es ungewöhnlich sein mag – als rechtliche Gegebenheit zu berücksichtigen[3]. Dies gilt unabhängig davon, ob derartige Vertragsverhältnisse im Verhältnis zu dem marktüblich erzielbaren Reinertrag zu einem besonders hohen oder niedrigen Reinertrag führen. Wird bei der Verkehrswertermittlung ein sich nachhaltig auswirkendes Mietverhältnis nicht beachtet, so kann dem Gutachter der Vorwurf der Fahrlässigkeit gemacht werden[4].

---

2 OLG Karlsruhe, Beschl. vom 13.11.1989 – 9 REMiet 1/89 –, NJW-RR 1990, 155 = EzGuG 3.78; LG Düsseldorf, Urt. vom 02.05.1990 – 24 S – 452/89 –, DWW 1990, 308 = EzGuG 3.82; OLG Hamm, Beschl. vom 29.01.1993 – 30 REMiet 2/92 –, NJW-RR 1993, 659 = EzGuG 3.111.

3 BR-Drs. 352/88, S. 56.

4 BGH, Urt. vom 02.11.1983 – IVa ZR 20/82 –, NJW 1984, 355 = EzGuG 20.103; Schopp, ZMR 1990, 361.

Beispiel: 40

a) Ertragswertverfahren auf der Grundlage des marktüblich erzielbaren Ertrags (Standardverfahren nach den §§ 28 f. ImmoWertV)

Geschäftsgrundstück

Marktüblich erzielbare und tatsächlich erzielte Nettokaltmiete 120 000 €/Jahr. Die Miete ist über 8 Jahre vereinbart und über den Verbraucherpreisindex wertgesichert.

Bewirtschaftungskosten	12 v.H.
Objektspezifisch angepasster Liegenschaftszinssatz	7 v.H.
Restnutzungsdauer des Gebäudes	35 Jahre
Bodenwert	400 000 €

Ertragswertermittlung

Jahresnettokaltmiete	120 000 €
– Bewirtschaftungskosten	– 14 400 €
Jahresreinertrag	105 600 €
– Bodenwertverzinsungsbetrag 7 % von 400 000 €	– 28 000 €
Gebäudereinertrag	77 600 €
Kapitalisierungsfaktor KF bei 35 Jahren und LZ von 7 % = 12,95	
Gebäudeertragswert 77 600 € × 12,95	1 004 920 €
+ Bodenwert	+ 400 000 €
Ertragswert	**= 1 404 920 €**

Temporäre Mehr- oder Mindereinnahmen aufgrund vertraglicher Bindungen können mit Hilfe des **Auf- und Abschichtungsverfahrens** (*Top and Bottom Slicing Approach*) berücksichtigt werden: 41

b) Ertragswertverfahren bei abweichenden Mietverhältnissen

vorläufiger Grundstücksertragswert aus a)		1 404 920 €
Mehrertrag 160 000 € – 120 000 € (über 8 Jahre) p.a.	40 000 €	
Kapitalisierungsfaktor KF bei LZ von 7 % und 8 Jahren =	5,97	
Kapitalisierter Mehrerlös: 40 000 € × 5,97		+ 238 800 €
Grundstücksertragswert		**1 643 720 €**

Bei der Ermittlung des Ertragswerts unter Berücksichtigung des vertraglichen Mehrertrags werden die **Bewirtschaftungskosten nach Maßgabe des § 32 Abs. 1 ImmoWertV in marktüblicher Höhe** berücksichtigt. Im Falle der Ertragswertermittlung unter Heranziehung eines Liegenschaftszinssatzes, der vom Gutachterausschuss für Grundstückswerte auf der Grundlage der diesem vorgegebenen Modellansätze der Anl. 3 zur ImmoWertV abgeleitet wurde, ist der vorläufige Ertragswert modellkonform ebenfalls auf der Grundlage dieser Modellansätze zu ermitteln. Weichen die für eine ordnungsgemäße Bewirtschaftung und zulässige Nutzung entstehenden regelmäßigen Aufwendungen, die nicht durch Umlagen oder sonstige Kostenübernahmen gedeckt sind, hiervon ab, sind auch nur diese Abweichungen ergänzend zu berücksichtigen, d.h., ein temporärer Mehrertrag *(overrented)* findet wie im Übrigen ein temporärer Mindererertrag *(underrented)* keinen Eingang in die Bewirtschaftungskosten. 42

Grundsätzlich ist dies darin begründet, dass die Bewirtschaftungskosten sich durch ein besonders günstiges oder ungünstiges Mietverhältnis nicht ändern. In Bezug auf die Mehreinnahmen besteht allerdings ein erhöhtes **Mietausfallwagnis**, denn ein bestehendes Mietverhältnis schützt nicht vor einem Mietausfall (bei Insolvenz) und es kann nicht damit gerechnet werden, dass zu den gleichen Konditionen das Objekt neuvermietet werden kann. Dem könnte damit Rechnung getragen werden, dass der Mehrertrag mit einem Liegenschaftszinssatz kapitalisiert wird, der um einen geringfügigen Risikozuschlag „aufgestockt" wird. Darauf kann i.d.R. verzichtet werden, da dies sich nur marginal auf das Ergebnis auswirkt.

43 **c) Ertragswertverfahren bei abweichenden Mietverhältnissen**

Nach Ablauf des 8-jährigen Mietvertrags muss damit gerechnet werden, dass lediglich die marktüblich erzielbare Miete erzielt werden kann. Sie beträgt nur 120 000 €.

vorläufiger Grundstücksertragswert aus a)		1 404 920 €
Mehrertrag 160 000 € – 120 000 € (über 8 Jahre) p.a.	40 000 €	
Kapitalisierungsfaktor bei 10 % Zins und 8 Jahren =	5,33	
Kapitalisierter Mehrerlös: 40 000 € × 5,33		213 200 €
Grundstücksertragswert		**1 618 120 €**

2.3.4 Absehbare wesentliche Veränderungen

44 Neben den „*wesentlich von den marktüblich erzielbaren Erträgen*" abweichenden Ertragsverhältnissen sind auch sonstige mit hinreichender Sicherheit aufgrund konkreter Tatsachen absehbare „*wesentliche Veränderungen*" der Ertragsverhältnisse zu berücksichtigen, die nicht mit dem angesetzten Liegenschaftszinssatz bereits berücksichtigt werden. Es handelt sich dabei insbesondere um Änderungen der Ertragsverhältnisse aufgrund **absehbarer qualitativer Änderungen der baulichen Anlage und der Lage des Grundstücks**, die eine Erhöhung oder Minderung des Reinertrags gegenüber dem am Wertermittlungsstichtag marktüblich erzielbaren Reinertrag erwarten lassen.

In Betracht kommt z.B.

- eine absehbare Lageverbesserung durch städtebauliche Maßnahmen,
- die Errichtung eines großflächigen Einkaufszentrums in Konkurrenz zur Ortslage,
- die Verlegung einer Durchgangsstraße,
- die absehbare Fertigstellung einer U-Bahn, eines Flughafens, eines IC-Anschlusses,
- absehbare Verbesserungen der Nutzung des Gebäudes z.B. durch Ausbau des Dachgeschosses, Grundrissänderungen, auslaufende Belegungsrechte, den absehbaren Auslauf sog. Fehlnutzungen usw.

45 Soweit die **absehbaren Änderungen der Ertragsverhältnisse nicht nur temporär, sondern auf Dauer zu erwarten sind**, ist der Ertragswert auf der Grundlage der künftigen marktüblich erzielbaren Erträge zu ermitteln. Die Abweichungen gegenüber den dann zum Wertermittlungsstichtag nur noch temporär marktüblich erzielbaren Erträgen sind in diesem Fall als vorübergehende temporäre Mehr- oder Mindereinnahme gesondert zu berücksichtigen).

3 Allgemeine Grundlagen (§ 27 Abs. 2 ImmoWertV)

3.1 Übersicht

46 Nach § 27 Abs. 2 ImmoWertV wird der *vorläufige* Ertragswert bei allen Varianten des Ertragswertverfahrens ermittelt auf der Grundlage

1. des vorläufigen Bodenwerts (vgl. Rn. 4, 48 ff.),
2. des (vorläufigen) Reinertrags i.S. des § 31 Abs. 1 ImmoWertV,

3. der (vorläufigen) Restnutzungsdauer i.S. des § 4 Abs. 3 ImmoWertV (vgl. Rn. 4) und
4. des objektspezifisch angepassten Liegenschaftszinssatzes i.S. des § 33 ImmoWertV.

Die Vorschrift macht damit im Wesentlichen zwei Vorgaben. Es handelt sich bei den Vorgaben der Nr. 1 bis 3 um eine **Konkretisierung der modellkonformen Anwendung des Ertragswertverfahrens** in Bezug auf den anzusetzenden Bodenwert sowie zu dem modellkonform anzusetzenden Reinertrag und der modellkonform anzusetzenden Restnutzungsdauer. 47

3.2 Vorläufiger Bodenwert (§ 27 Abs. 2 ImmoWertV)

▶ *Vgl. § 3 ImmoWertV Rn. 38 ff.; § 8 ImmoWertV Rn. 29 ff.; § 13 ImmoWertV Rn. 24; § 14 ImmoWertV Rn. 19; § 41 ImmoWertV Rn. 1; Syst. Darst. des Ertragswertverfahrens Rn. 59, 125; Syst. Darst. des Sachwertverfahrens Rn. 266; zur Bodensondierung bzw. Berücksichtigung der vom Modellansatz abweichenden Grundstücksgröße vgl. Syst. Darst. des Vergleichswertverfahrens Rn. 141 ff., 247 ff.; zur Bodensondierung bei der Beleihungswertermittlung vgl. Teil IX Rn. 194 ff.*

Der ***vorläufige Ertragswert*** wird nach der Grundsatzregelung des § 27 Abs. 2 ImmoWertV **auf der Grundlage des nach den §§ 40 bis 43 zu ermittelnden Bodenwerts** ermittelt, d.h. insbesondere 48

– grundsätzlich mit dem Bodenwert eines unbebauten Grundstücks (§ 40 Abs. 1 ImmoWertV),
– bei atypischer Nutzung i.S. des § 40 Abs. 5 Nr. 1 ImmoWertV sowie bei Liquidationsobjekten i.S. des § 43 ImmoWertV mit dem nutzungsbefangenen Bodenwert entsprechend der auf dem Grundstück realisierten Nutzung,
– bei übergroßen Grundstücken i.S. des § 41 ImmoWertV nur mit dem Bodenwert der der Bebauung nach Art, Lage und Nutzung zurechenbaren marktüblichen Grundstücksfläche, d.h. unter Ausschluss der Grundstücksrestfläche.

Die Vorschrift definiert damit den bei allen Varianten des Ertragswertverfahrens nach § 28 Satz 1 Nr. 2, § 29 Nr. 2 sowie § 35 Abs. 2 Nr. 3 ImmoWertV **anzusetzenden vorläufigen „Bodenwert" als den sich nach den §§ 40 bis 43 ImmoWertV ergebenden Bodenwert, gegebenenfalls unter Ausschluss von** Wertvor- und Nachteilen, sog. Grundstücksrestflächen übergroßer Grundstücke und Freilegungskosten. Diese sind gegebenenfalls als besondere objektspezifische Grundstücksmerkmale (boG) zu berücksichtigen. Darüber hinaus muss im Rahmen der Ermittlungen des vorläufigen Ertragswerts auch bei dem dabei anzusetzenden vorläufigen Bodenwert der **Grundsatz der Modellkonformität** beachtet werden (z.B. im Hinblick auf bodenbezogene Rechte am Grundstück und den beitragsrechtlichen Zustand des Grundstücks; vgl. § 10 ImmoWertV Rn. 7; § 8 ImmoWertV Rn. 43 ff.). 49

3.3 Anpassungsgebot (§ 27 Abs. 2 ImmoWertV)

▶ *§ 33 ImmoWertV Rn. 1 ff.*

§ 27 Abs. 2 ImmoWertV befiehlt, den vorläufigen Ertragswert auf der Grundlage des „objektspezifisch angepassten Liegenschaftszinssatzes" zu ermitteln (**Anpassungsgebot**). Danach ist der vom Gutachterausschuss für Grundstückswerte ermittelte und jeweils herangezogene Liegenschaftszinssatz grundsätzlich den am Wertermittlungsstichtag herrschenden allgemeinen Wertverhältnissen auf dem Grundstücksmarkt und den Grundstücksmerkmalen des zu bewertenden Grundstücks „anzupassen". Dieses altbewährte Anpassungsgebot wird mit dem neu in die ImmoWertV aufgenommenen Begriff des „objektspezifisch angepassten Liegenschaftszinssatzes" verdeutlicht. 50

Soweit dies nicht möglich ist, darf der Liegenschaftszinssatz nur auf solche Grundstücksmerkmale des Wertermittlungsobjekts angewandt werden, die auch der Ermittlung des Liegenschaftszinssatzes zugrunde lagen. Die von den Gutachterausschüssen abgeleiteten Liegenschaftszinssätze beziehen sich – vergleichbar mit Bodenrichtwerten – nämlich auf ein genorm- 51 tes oder normierbares Referenzgrundstück („Liegenschaftszinssatzgrundstück") mit den dementsprechenden fiktiven Grundstücksmerkmalen. Besondere objektspezifische Grundstücksmerkmale, die nicht im Wege der Anpassung des Liegenschaftszinssatzes berücksichtigt werden konnten, sind als solche nachträglich zu berücksichtigen.

52 **Liegenschaftszinssätze sind insoweit grundsätzlich referenzkonform anzuwenden** (Grundsatz der Referenzkonformität).

4 Ertragswert und Ertragswertermittlung (§ 27 Abs. 3 bis 5 ImmoWertV)

53 Mit *§ 27 Abs. 3 ImmoWertV* wird entsprechend vorstehenden Ausführungen lediglich festgestellt, dass der auf der Grundlage der am Wertermittlungsstichtag marktüblich erzielbaren Erträge und ihrer Kapitalisierung mit einem der Lage auf dem Grundstücksmarkt objektspezifisch angepassten Liegenschaftszinssatz ermittelte vorläufige Ertragswert den **marktangepassten vorläufigen Ertragswert** ergibt.

54 Mit *§ 27 Abs. 4 ImmoWertV* wird wiederum entsprechend vorstehenden Ausführungen lediglich festgestellt, dass sich der **Ertragswert** aus dem marktangepassten vorläufigen Ertragswert und den gegebenenfalls noch ergänzend zu berücksichtigenden besonderen objektspezifischen Grundstücksmerkmalen des Wertermittlungsobjekts ergibt.

55 Mit *§ 27 Abs. 5 ImmoWertV* wird ein Überblick über die drei in der ImmoWertV in Grundzügen geregelten **Varianten des Ertragswertverfahrens** gegeben.

Unterabschnitt 2
Verfahrensvarianten

§ 28 ImmoWertV
Allgemeines Ertragswertverfahren

Im allgemeinen Ertragswertverfahren wird der vorläufige Ertragswert ermittelt durch Bildung der Summe aus

dem kapitalisierten jährlichen Reinertragsanteil der baulichen Anlagen zum Wertermittlungsstichtag, der unter Abzug des Bodenwertverzinsungsbetrags ermittelt wurde (vorläufiger Ertragswert der baulichen Anlagen), und

dem Bodenwert.

Der Ermittlung des Bodenwertverzinsungsbetrags und der Kapitalisierung des jährlichen Reinertragsanteils der baulichen Anlagen ist jeweils derselbe objektspezifisch angepasste Liegenschaftszinssatz zugrunde zu legen. Die Kapitalisierungsdauer entspricht der Restnutzungsdauer der baulichen Anlagen.

Gliederungsübersicht *Rn.*

1 Allgemeines Ertragswertverfahren (§ 28 ImmoWertV)

▶ *Syst. Darst des Ertragswertverfahrens Rn. 123 ff.; § 29 ImmoWertV*

Das in § 28 ImmoWertV geregelte allgemeine Ertragswertverfahren ist in der Wertermittlungspraxis **das wichtigste Standardverfahren**. Bei Anwendung des allgemeinen Ertragswertverfahrens wird der Reinertrag des Grundstücks um den Verzinsungsanteil des nach Maßgabe der §§ 40 ff. ImmoWertV ermittelten Bodenwerts vermindert (Bodenwertverzinsungsbetrag). **1**

Mit der Verminderung des Reinertrags, der aus Boden *und* Gebäude „fließt", um den Bodenwertverzinsungsbetrag reduziert sich der Reinertrag auf den allein aus der baulichen Anlage zurechenbaren Ertrag. Die Kapitalisierung dieses Ertragsanteils führt damit zum „Gebäudeertragswert". Dieser ergibt zusammen mit dem Bodenwert den Ertragswert. **2**
Es handelt sich dabei um den *vorläufigen Gebäudeertragswert* und *Ertragswert,* wenn darüber hinaus besondere objektspezifische Grundstücksmerkmale (boG) i.S. des § 8 Abs. 3 ImmoWertV ergänzend berücksichtigt werden müssen. Dazu gehören bei Anwendung von Liegenschaftszinssätzen, die nach Maßgabe des § 12 Abs. 5 ImmoWertV auf der Grundlage der Modellansätze der Anl. 1 bis 3 zur ImmoWertV abgeleitet worden sind, auch eine erheblich von den zugrunde gelegten Modellen und Modellansätzen abweichende Restnutzungsdauer und erheblich abweichende Bewirtschaftungskosten.

Der ***vorläufige Ertragswert*** wird nach der Grundsatzregelung des § 27 Abs. 2 ImmoWertV **auf der Grundlage des Bodenwerts** ermittelt, der sich nach Maßgabe der §§ 40 bis 43 ImmoWertV ohne Berücksichtigung der vorhandenen baulichen Anlagen auf dem Grundstück mit dem Bodenwert eines unbebauten Grundstücks (§ 40 Abs. 1 ImmoWertV) bestimmt. Darüber bleiben gegebenenfalls ergänzend zu berücksichtigende Wertvor- und -nachteile, Freilegungskosten sowie sog. Grundstücksrestflächen übergroßer Grundstücke unberücksichtigt. Deren Werteinfluss wird als besonderes objektspezifisches Grundstücksmerkmal (boG) berücksichtigt. Die Freilegungskosten können bei langer Restnutzungsdauer der baulichen Anlage **3**

(≥ rd. 20 Jahre) vernachlässigt werden, da sie in diesem Fall mit ihrer Abzinsung zu einer vernachlässigbaren Größe werden.

- Bei **atypischer Nutzung** i.S. des § 40 Abs. 5 Nr. 1 ImmoWertV sowie bei Liquidationsobjekten i.S. des § 43 ImmoWertV wäre dies der sich auf der Grundlage der realisierten Nutzung ergebende „nutzungsbefangene" Bodenwert.
- Bei **übergroßen Grundstücken** i.S. des § 41 ImmoWertV wäre dies der Bodenwert, der nach Art, Lage und Nutzung der Bebauung marktüblich zurechenbaren Umgriffsfläche.

4 Der **Bodenwert wird dabei unter Heranziehung des** objektspezifisch angepassten Liegenschaftszinssatzes LZ **auf ewig kapitalisiert** und ergibt den Bodenwertverzinsungsbetrag (Bodenertragswert), während der Ertragswertanteil der baulichen Anlage als Zeitrente über die Dauer der voraussichtlichen wirtschaftlichen Nutzungsmöglichkeit (Restnutzungsdauer) zu sehen ist. Sein Barwert ist der Ertragswertanteil der baulichen Anlagen.

5 Das allgemeine Ertragswertverfahren wird auch als **zweigleisiges Verfahren** bezeichnet, weil der Ertragswert aufgeteilt nach Boden- und Gebäudeanteil ermittelt wird. Es ist im Verhältnis zu dem in § 29 ImmoWertV eine universellere Anwendungsbreite, insbesondere wenn es um den Anteil des Gebäudewerts geht, wie z.B. im Rahmen der Marktwertermittlung von Erbbaurechten, der steuerlichen Bewertung, Marktwertermittlung nach dem Vermögensrecht oder auch im Zuge städtebaulicher und bodenordnerischer Maßnahmen.

6 Das **allgemeine Ertragswertverfahren (zweigleisiges Standardverfahren)** hat folgende mathematische Form

$$\mathbf{EW} = \overbrace{\underbrace{\mathbf{(RE - BW \times LZ) \times KP_n}}_{\text{Gebäudewertanteil}} + \mathbf{BW}}^{\text{Vorläufiger Ertragswert}} \underbrace{}_{} \; \mathbf{+ BW^*} \text{ +/- sonstige boG}$$

Gebäudewertanteil — Bodenwertanteil (BW + BW*)

wobei

EW	= Ertragswert
RE	= jährlicher Reinertrag = Rohertrag abzüglich nicht durch Umlagen gedeckten Bewirtschaftungskosten
BW	= vorläufiger Bodenwert; bei übergroßen Grundstücken der Bodenwertanteil der Umgriffsfläche
BW*	= bei übergroßen Grundstücken der Bodenwertanteil der Grundstücksrestfläche
KP	= Kapitalisierungsfaktor KF (Vervielfältiger) in Abhängigkeit von LZ und der n
LZ	= objektspezifisch angepasster Liegenschaftszinssatz nach § 33 ImmoWertV
BW × LZ	= Bodenwertverzinsungsbetrag
n	= Restnutzungsdauer

7 Der *vorläufige* Ertragswert wird auf der Grundlage eines Liegenschaftszinssatzes ermittelt, der nach Maßgabe des § 33 ImmoWertV den Grundstücksmerkmalen des Bewertungsobjekts und dem Wertermittlungsstichtag anzupassen ist (objektspezifisch angepasster Liegenschaftszinssatz). Soweit dies nicht möglich ist, muss bei referenzkonformer Anwendung des Liegenschaftszinssatzes der vorläufige Ertragswert insoweit unter Ausschluss der verbleibenden *besonderen objektspezifischen Grundstücksmerkmale* (boG) i.S. des § 8 Abs. 3 ImmoWertV ermittelt werden.

An dem Verhältnis vom Reinertrag (RE) zum Bodenwertverzinsungsbetrag (BW × LZ) lässt sich die Wirtschaftlichkeit der ausgeübten Nutzung des Grund und Bodens ablesen, denn je höher der vom Reinertrag abzuziehende Bodenwertverzinsungsbetrag ist, desto unwirtschaftlicher ist die Bodennutzung. Das Verhältnis ist deswegen ein nicht unwesentliches Kriterium zur Identifizierung liquidationsverdächtiger Grundstücke. 8

Die **Summe aus dem** (ggf. vorläufigen) **Bodenwert des Grundstücks und dem Gebäudeertragswert ergibt den Ertragswert.** Dabei handelt es sich allerdings um den vorläufigen marktangepassten Ertragswert, wenn nach Maßgabe des § 8 Abs. 3 ImmoWertV „besondere objektspezifische Grundstücksmerkmale" (Anomalien) berücksichtigt werden müssen, die noch nicht direkt mit dem vorläufigen marktangepassten Ertragswert berücksichtigt worden sind. 9

Bei einem **übergroßen Grundstück**, d.h. bei einem Grundstück, bei dem die nach den Anschauungen des örtlichen Grundstücksmarktes den vorhandenen baulichen Anlagen **nach Lage und Art der Grundstücksnutzung zurechenbare „marktübliche objektbezogene Grundstücksfläche"** (Umgriffsfläche) erheblich überschritten wird, bestimmt sich der Bodenwertverzinsungsbetrag nach dem Bodenwertanteil der Umgriffsfläche (BW x LZ) unter Ausschluss der Grundstücksrestfläche. Der Bodenwertanteil der Umgriffsfläche und der Bodenwertanteil der verbleibenden Restfläche ergeben zusammen den gesamten Bodenwert des Grundstücks. 10

2 Verzinsung und Kapitalisierung

▶ *Syst. Darst. des Ertragswertverfahrens Rn. 22, 244 ff., 311; § 21 ImmoWertV Rn. 3 ff., 74*

§ 28 Satz 2 ImmoWertV befiehlt, der Ermittlung des Bodenwertverzinsungsbetrags und der Kapitalisierung des jährlichen Reinertragsanteils der baulichen Anlagen grundsätzlich denselben Liegenschaftszinssatz zugrunde zu legen. Es handelt sich hierbei um eine **Modellvorgabe**, denn aus wirtschaftlicher Sicht wäre nach einem Soll- und Habenzinssatz zu unterscheiden. Der nach dieser Maßgabe abzuleitende Liegenschaftszinssatz stellt mithin ein **Mischzinssatz** dar[1]. Ein aus betriebswirtschaftlicher Sicht damit einhergehender Fehler kompensiert sich bei entsprechender Ableitung und Anwendung des Liegenschaftszinssatzes. 11

Der Ertragswertermittlung ist der nach § 33 ImmoWertV „**objektspezifisch angepasste Liegenschaftszinssatz**" zugrunde zu legen. 12

3 Kapitalisierungsdauer

▶ *§ 4 ImmoWertV Rn. 1 ff., 26; § 8 ImmoWertV Rn. 240 ff., 268; § 38 ImmoWertV Rn. 8 ff.; Syst. Darst. des Ertragswertverfahrens Rn. 265 ff.; Syst. Darst. des Sachwertverfahrens Rn. 194*

Die Kapitalisierungsdauer entspricht nach § 28 Satz 3 ImmoWertV der Restnutzungsdauer der baulichen Anlagen nach § 4 Abs. 3 ImmoWertV. 13

Nach § 4 Abs. 2 i.V.m. Abs. 3 Satz 4 ImmoWertV werden die im Rahmen der Ertragswertermittlung heranzuziehenden Liegenschaftszinssätze vom Gutachterausschuss für Grundstückswerte vorrangig auf der Grundlage der mit Anl. 1 vorgegebenen Modellansätze der Gesamtnutzungsdauer und der daraus resultierenden Restnutzungsdauer abgeleitet. Soweit die nach Maßgabe des § 4 Abs. 2 und Abs. 3 ImmoWertV sich ergebende Gesamt- und Restnutzungsdauer des zu bewertenden Grundstücks erheblich von dem Modellansatz abweichen, muss der 14

1 Die ImmoWertV geht diesbezüglich von einer Ableitung des Liegenschaftszinssatzes als „Mischzinssatz" (Soll- und Habenzins) aus. Bei kurzer Restnutzungsdauer kann eine Unterscheidung nach Soll- und Habenzinssatz sinnvoll sein, da für die im Reinertrag (theoretisch) enthaltene Abschreibung Habenzinsen anfallen.

nach Maßgabe des § 33 ImmoWertV anzusetzende objektspezifisch angepasste Liegenschaftszinssatz LZ dies berücksichtigen. Wo für eine Anpassung des Liegenschaftszinssatzes keine geeigneten Umrechnungskoeffizienten zur Verfügung stehen und dies auch nicht in einer anderen sachlich begründbaren oder mindestens plausiblen Weise möglich ist, müssen die Abweichungen als besonderes objektspezifisches Grundstücksmerkmal (boG) ergänzend berücksichtigt werden.

§ 29 ImmoWertV
Vereinfachtes Ertragswertverfahren

Im vereinfachten Ertragswertverfahren wird der vorläufige Ertragswert ermittelt durch Bildung der Summe aus

1. **dem kapitalisierten jährlichen Reinertrag zum Wertermittlungsstichtag (Barwert des Reinertrags) und**
2. **dem über die Restnutzungsdauer der baulichen Anlagen abgezinsten Bodenwert.**

Der Kapitalisierung des jährlichen Reinertrags und der Abzinsung des Bodenwerts ist jeweils derselbe objektspezifisch angepasste Liegenschaftszinssatz zugrunde zu legen. Die Kapitalisierungs- oder Abzinsungsdauer entspricht der Restnutzungsdauer der baulichen Anlagen.

Gliederungsübersicht *Rn.*

1 Vereinfachtes Ertragswertverfahren (§ 29 Satz 1 ImmoWertV)

▶ *Weiterführend Syst. Darst. des Ertragswertverfahrens Rn. 103 ff.*

1 Das in § 29 ImmoWertV geregelte **vereinfachte Ertragswertverfahren stellt lediglich eine abgewandelte Form des allgemeinen Ertragswertverfahrens dar**. Mathematisch sind die Verfahren identisch.
Bei Anwendung des vereinfachten Ertragswertverfahrens wird der gesamte aus Boden *und* Gebäude fließende Ertrag über die Restnutzungsdauer der baulichen Anlage kapitalisiert. Mit Ablauf der Restnutzungsdauer ist die bauliche Anlage nicht mehr werthaltig; die noch aufstehende, aber nicht mehr nutzbare bauliche Anlage stellt dann eine Belastung des Grund und Bodens dar, wenn eine Freilegung des Grundstücks angezeigt ist. Es handelt sich dann insoweit um ein Liquidationsobjekt.

2 Der ***vorläufige Ertragswert*** wird nach der Grundsatzregelung des § 27 Abs. 2 ImmoWertV **auf der Grundlage des nach den §§ 40 bis 43 zu ermittelnden Bodenwerts** ermittelt. Zum Bodenwert wird auf die Erläuterungen zu § 28 ImmoWertV hingewiesen.

3 Bei einer **Restnutzungsdauer der baulichen Anlage von über rd. 20 Jahren** kann die Berücksichtigung der Freilegungskosten entfallen, da sie mit ihrer Abzinsung zu einer vernachlässigbaren Größe wird. Davon geht auch der mit § 29 Satz 1 ImmoWertV vorgegebene Rechengang aus:
$EW = RE \times KFn + BW \times AF_n + BW^*$ +/- sonstige besondere objektspezifische Grundstücksmerkmale
wobei

EW	= Ertragswert
RE	= jährlicher Reinertrag = Rohertrag abzüglich nicht durch Umlagen gedeckte Bewirtschaftungskosten nach § 32 ImmoWertV
BW	= vorläufiger Bodenwert; bei übergroßen Grundstücken nur der Bodenwertanteil der Umgriffsfläche der baulichen Anlage
BW*	= bei übergroßen Grundstücken der Bodenwertanteil, der sich nach Abzug der Umgriffsfläche von der gesamten Grundstücksfläche für die Grundstücksrestfläche ergibt

BW + BW*	= Bodenwert des Gesamtgrundstücks
AF	= Abzinsungsfaktor
KF	= Kapitalisierungsfaktor (Vervielfältiger, Rentenbarwertfaktor), abhängig von dem LZ und n
LZ	= objektspezifisch angepasster Liegenschaftszinssatz
n	= Restnutzungsdauer

4 Der *vorläufige* Ertragswert wird wiederum auf der Grundlage eines Liegenschaftszinssatzes ermittelt, der nach Maßgabe des § 33 ImmoWertV den Grundstücksmerkmalen des Bewertungsobjekts und dem Wertermittlungsstichtag anzupassen ist (objektspezifisch angepasster Liegenschaftszinssatz). Soweit dies nicht möglich ist, muss bei referenzkonformer Anwendung des Liegenschaftszinssatzes der vorläufige Ertragswert insoweit unter Ausschluss der verbleibenden *besonderen objektspezifischen Grundstücksmerkmale* (boG) i.S. des § 8 Abs. 3 ImmoWertV ermittelt werden.

5 Bei **kurzer Restnutzungsdauer der baulichen Anlage** ($n \leq 20$ Jahre) ist der Bodenwert der Umgriffsfläche BW um die Freilegungskosten zu vermindern, jedoch ist die Minderung aus Gründen der Modell- und Referenzkonformität nicht bei der Ermittlung des vorläufigen Ertragswerts, sondern erst nachträglich als „besonderes objektspezifisches Grundstücksmerkmal“ (boG) zu berücksichtigen. Im Übrigen wird wiederum auf die umfassenden Erläuterungen in der Syst. Darst. des Ertragswertverfahrens bei den Rn. 61 ff. verwiesen.

6 Bei **sehr langer Restnutzungsdauer der baulichen Anlage** ($n \geq 50$ Jahre) kann auf den Ansatz des abgezinsten Bodenwerts (BW x AF) i.d.R. verzichtet werden, da der Bodenwert wiederum mit seiner Abzinsung zu einer vernachlässigbaren Größe wird. Dies gilt bei übergroßen Grundstücken indessen nicht für eine Grundstücksrestfläche, die bereits am Wertermittlungsstichtag wirtschaftlich realisierbar ist und deshalb auch nicht über die Restnutzungsdauer der baulichen Anlage abgezinst werden darf. Vorstehende Formel reduziert sich dann zu:
$EW = RE \times KF_n + BW^*$ +/– sonstige besondere objektspezifische Grundstücksmerkmale (boG)

7 Nur bei dieser Konstellation kann im eigentlichen Sinne von einem **vereinfachten Ertragswertverfahren** gesprochen werden. Liegen keine besonderen objektspezifischen Grundstücksmerkmale (boG) vor, reduziert sich die Formel nämlich zu
$EW = RE \times KF_n$

2 Verzinsung, Kapitalisierung, Kapitalisierungs- oder Abzinsungsdauer (§ 29 Satz 2 und 3)

8 Zur **Kapitalisierung des jährlichen Reinertrags und zur Abzinsung des Bodenwerts** sowie zur **Kapitalisierungs- oder Abzinsungsdauer** nach § 29 Satz 2 und 3 ImmoWertV vgl. die entsprechenden Erläuterungen zu § 28 ImmoWertV.

§ 30 ImmoWertV
Periodisches Ertragswertverfahren

(1) Im periodischen Ertragswertverfahren kann der vorläufige Ertragswert ermittelt werden durch Bildung der Summe aus

1. **den zu addierenden und auf den Wertermittlungsstichtag abgezinsten, aus gesicherten Daten abgeleiteten Reinerträgen der Perioden innerhalb des Betrachtungszeitraums und**
2. **dem über den Betrachtungszeitraum auf den Wertermittlungsstichtag abgezinsten Restwert des Grundstücks.**

(2) Der Betrachtungszeitraum, für den die periodisch unterschiedlichen Erträge ermittelt werden, ist so zu wählen, dass die Höhe der im Betrachtungszeitraum anfallenden Erträge mit hinreichender Sicherheit ermittelt werden kann; hierbei sollen zehn Jahre nicht überschritten werden. Der Abzinsung ist in der Regel der objektspezifisch angepasste Liegenschaftszinssatz zugrunde zu legen.

(3) Der Restwert des Grundstücks kann ermittelt werden durch Bildung der Summe aus

1. **dem Barwert des Reinertrags der Restperiode und**
2. **dem über die Restperiode abgezinsten Bodenwert.**

Die Restperiode ist die um den Betrachtungszeitraum reduzierte Restnutzungsdauer. Die Kapitalisierung des Reinertrags der Restperiode erfolgt über die Dauer der Restperiode. Der Kapitalisierung und der Abzinsung ist jeweils derselbe objektspezifisch angepasste Liegenschaftszinssatz zugrunde zu legen.

Gliederungsübersicht *Rn.*

1 Periodisches Ertragswertverfahren (§ 30 ImmoWertV)

1.1 Allgemeines

▶ *Vgl. Syst. Darst. des Ertragswertverfahrens Rn. 41 ff., 103 ff.*

Bei dem in § 30 ImmoWertV geregelten periodischen Ertragswertverfahren handelt es sich um nichts anderes als **um eine mit dem allgemeinen und vereinfachten Ertragswertverfahren** nach den §§ 28 f. ImmoWertV **mathematisch identische Berechnungsweise**, die bei identischen Wertparametern zu demselben Ergebnis führt. Sie unterscheidet sich von dem vereinfachten Ertragswertverfahren lediglich in ihrem Rechengang und der Darstellung der Ergebnisse. Das periodische Ertragswertverfahren hat im Falle temporär abweichender Ertragsverhältnisse gegenüber den Standardverfahren den Vorteil höherer Transparenz bezüglich der unterschiedlichen jährlichen Ertragsflüsse. 1

Das **periodische Ertragswertverfahren** kann wie das allgemeine Ertragswertverfahren nach § 28 ImmoWertV auch **unter Aufteilung in einen Boden- und Gebäudewertanteil** zur Anwendung kommen (vgl. Syst. Darst. des Ertragswertverfahrens Rn. 48). 2

3 Der unter Anwendung des periodischen Ertragswertverfahrens ermittelte vorläufige marktangepasste Ertragswert wird wie bei den Standardverfahren auf der Grundlage des objektspezifisch angepassten Liegenschaftszinssatzes nach § 33 ImmoWertV ermittelt. Soweit eine Anpassung nicht möglich ist, muss bei referenzkonformer Anwendung des Liegenschaftszinssatzes der vorläufige marktangepasste Ertragswert insoweit unter Ausschluss der verbleibenden *besonderen objektspezifischen Grundstücksmerkmale* (boG) ermittelt werden.

4 Der **mathematische Rechengang des periodischen Ertragswertverfahrens gleicht dem des sog. *Discounted-Cashflow*-Verfahrens**. Es unterscheidet sich im Wesentlichen jedoch davon, dass die konjunkturell erwartete Ertragsentwicklung – wie bei den Standardverfahren – implizit mit dem objektspezifisch angepassten Liegenschaftszinssatz (*all over capitalization-rate*) berücksichtigt wird, während diese bei Anwendung des *Discounted-Cashflow*-Verfahrens prognostiziert wird und dementsprechend mit einem speziellen vom Liegenschaftszinssatz abweichenden Zinssatz kapitalisiert bzw. abgezinst wird.

5 Das periodische Ertragswertverfahren hat folgende (allgemeine) mathematische Form

EW = RE1 x AF1 + RE2 x AF2 + RE3 x AF3 + ... REn x AFn + BW x AFn +/- boG

Als Bodenwert (BW) ist wiederum nur der nach Maßgabe der §§ 40 bis 43 ImmoWertV ermittelte vorläufige Bodenwert anzusetzen; auf die Erläuterung zum vorläufigen Bodenwert bei § 28 ImmoWertV Rn. 3 wird verwiesen.

Die jährlich unterschiedlichen oder jährlich gleichbleibenden Erträge RE_i werden mit Hilfe des jeweiligen Abzinsungsfaktors AF_i partiell auf den Wertermittlungsstichtag abgezinst und aufsummiert.

6 Die vorstehende **Formel des periodischen Ertragswertverfahrens stellt nichts anderes als die allgemeinste Form des Ertragswertverfahrens (allgemeine Barwertformel)** dar, quasi die „Urmutter" aller Ertragswertverfahren, bei der die jährlichen Reinerträge einzeln (partiell) diskontiert und die Barwerte aufsummiert werden (vgl. Syst. Darst. des Ertragswertverfahrens Rn. 8 ff.).

In eleganterer Schreibweise

$$\mathbf{EW = \sum_{1}^{n} RE_i \times AF_i + BW \times AF_n + BW^* +/- \text{sonstige boG}}$$

wobei

EW	= Ertragswert
RE_i	= jährliche Reinerträge in der Periode i = Rohertrag abzüglich nicht durch Umlagen gedeckte Bewirtschaftungskosten
BW	= vorläufiger Bodenwert; bei übergroßen Grundstücken nur der Bodenwertanteil der Umgriffsfläche der baulichen Anlage
BW*	= bei übergroßen Grundstücken der Bodenwertanteil, der sich nach Abzug der Umgriffsfläche von der gesamten Grundstücksfläche für die Grundstücksrestfläche ergibt
AF	= Abzinsungsfaktor
LZ	= objektspezifisch angepasster Liegenschaftszinssatz
n	= Restnutzungsdauer
boG	= besondere objektspezifische Grundstücksmerkmale

7 Im Unterschied zu den Standardverfahren werden die jeweiligen jährlichen Reinerträge (RE) jahrgangsweise abgezinst und aufsummiert. Damit eröffnet sich die Möglichkeit, temporär von den marktüblich erzielbaren Erträgen z.B. aufgrund wohnungs-, miet- oder vertragsrechtlicher Besonderheiten abweichende Ertragsflüsse jahrgangsweise bereits bei der Ermittlung

des vorläufigen Ertragswerts zu berücksichtigen. Solche Besonderheiten treten i.d.R. nur temporär auf und beziehen sich zumeist ausgehend vom Wertermittlungsstichtag nur auf die Anfangsphase. Im Anschluss daran ist wieder mit den *am Wertermittlungsstichtag marktüblich erzielbaren Erträgen* zu rechnen. Konjunkturbedingte Änderungen der Ertragsverhältnisse werden implizit mit dem darauf angewandten Liegenschaftszinssatz berücksichtigt.

Aus diesem Grunde beschränkt man sich bei Anwendung des periodischen Ertragswertverfahrens auf eine dementsprechend zeitlich beschränkte Ermittlung der jährlichen Barwerte und ermittelt den verbleibenden Restwert methodisch analog zu den Standardverfahren. Der einschlägige Zeitraum periodisch unterschiedlicher Erträge wird als „**Betrachtungszeitraum**" bezeichnet. 8

1.2 Periodisches Ertragswertverfahren nach § 30 ImmoWertV

▶ *Vgl. Syst. Darst. des Ertragswertverfahrens Rn. 41*

Das periodische Ertragswertverfahren wird mit § 30 ImmoWertV entsprechend vorstehend erläuterter Praxis unter Aufteilung in den Wertanteil eines Betrachtungszeitraums und den verbleibenden Restwert geregelt (sog. Restwertmethode). 9
Dies vollzieht sich in mehreren Schritten:

- Im *ersten Schritt* werden zunächst nur die Reinerträge des „**Betrachtungszeitraums**" i.d.R. jahrgangsweise erfasst und jeweils mit Hilfe des objektspezifisch angepassten Liegenschaftszinssatzes auf den Wertermittlungsstichtag abgezinst. Die aufsummierten Barwerte der einzeln erfassten jährlichen Erträge ergeben den Ertragswertanteil des Betrachtungszeitraums,
- Im *zweiten Schritt* wird der am Ende des Betrachtungszeitraums verbleibende Grundstückswert – in der ImmoWertV als „**Restwert**" bezeichnet – ermittelt und auf den Wertermittlungsstichtag abgezinst; der abgezinste Restwert ist der Ertragswertanteil des Restwerts.
- Im *dritten Schritt* muss gegebenenfalls der Werteinfluss der mit dem vorläufigen marktangepassten Liegenschaftszinssatz noch nicht berücksichtigten besonderen objektspezifischen Grundstücksmerkmale ermittelt werden. Zusammen mit dem vorläufigen marktangepassten Ertragswert ergeben diese den Ertragswert.

Der **Betrachtungszeitraum** ist nach § 30 Abs. 2 Satz 1 ImmoWertV so zu wählen, dass die Höhe der im Betrachtungszeitraum anfallenden Erträge mit hinreichender Sicherheit ermittelt werden kann. Hierbei sollen zehn Jahre nicht überschritten werden. Das periodische Ertragswertverfahren kommt damit regelmäßig als sog. Restwertmethode zur Anwendung. 10

Das periodische Ertragswertverfahren hat dann folgende (allgemeine) mathematische Form 11

$$\mathbf{EW} = \underbrace{\sum_{1}^{a} \mathbf{RE_i \times AF_i}}_{\text{Ertragswertanteil des Betrachtungszeitraums}} + \underbrace{\mathbf{Restwert \times AF_a}}_{\text{Ertragswertanteil des Restwerts}} \mathbf{+/- boG}$$

12 Der **Restwert** ermittelt sich aus dem in der Restperiode marktüblich erzielbaren und dem über den Zeitraum der Restperiode mit dem objektspezifisch angepassten Liegenschaftszinssatz kapitalisierten Reinertrag zuzüglich des über den Zeitraum der Restperiode abgezinsten Bodenwerts. Die Restperiode ist die um den Betrachtungszeitraum reduzierte Restnutzungsdauer.

$$\textbf{Restwert} = \textbf{RE}_{\text{marktüblich erzielbar}} \times \textbf{KFb} + \textbf{BW} \times \textbf{AFb} - \textbf{FLK x AFb}$$

wobei

EW	= Ertragswert
RE_i	= jährliche Reinerträge des Betrachtungszeitraums
$RE_{\text{marktüblich erzielbar}}$	= am Wertermittlungsstichtag marktüblich erzielbarer Reinertrag
n	= Restnutzungsdauer am Wertermittlungsstichtag
a	= Betrachtungszeitraum in Jahren
b	= Restperiode = Zeitraum des Restwerts in Jahren = n – a
LZ	= objektspezifisch angepasster Liegenschaftszinssatz
AF_a	= Abzinsungsfaktor, abhängig von LZ und a
AF_b	= Abzinsungsfaktor, abhängig vom Zeitraum der Restperiode
AF_n	= Abzinsungsfaktor, abhängig von der Restnutzungsdauer n
KF_b	= Kapitalisierungszeitraum für die Restperiode (Restperiode = n – a)
FLK x AF_b	= i.d.R. vernachlässigbare abgezinste Freilegungskosten

Der **Bodenwert** wird nach der Grundsatzregelung des § 27 Abs. 2 ImmoWertV auf der Grundlage der §§ 40 bis 43 ImmoWertV ohne Berücksichtigung der vorhandenen baulichen Anlagen auf dem Grundstück aus dem ermittelten Bodenwert eines unbebauten Grundstücks (§ 40 Abs. 1 ImmoWertV), gegebenenfalls unter Ausschluss der als besondere objektspezifische Grundstücksmerkmale ergänzend zu berücksichtigenden Wertvor- und Nachteile, Freilegungskosten sowie sog. Grundstücksrestflächen übergroßer Grundstücke, ermittelt (vgl. § 28 ImmoWertV bei Rn. 3).

13 Der wie vorstehend ermittelte **Restwert muss über den Betrachtungszeitraum auf den Wertermittlungsstichtag abgezinst** werden (vgl. § 30 Abs. 1 Nr. 2 ImmoWertV).

14 Die periodischen Reinerträge sowie der Restwert des Grundstücks sind nach § 30 Abs. 2 Satz 2 ImmoWertV jeweils mit Hilfe des **objektspezifisch angepassten Liegenschaftszinssatzes** abzuzinsen bzw. zu kapitalisieren.

15 Die vorstehend erläuterte Berechnungsmethode des § 30 ImmoWertV lässt sich nach den Ausführungen unter Rn. 44 ff. der Syst. Darst. des Ertragswertverfahrens vereinfachen zu

$$EW = \sum_{1}^{a} RE_i \times AF_i + \underbrace{RE_{\text{marktüblich erzielbar}} \times (KF_n - KF_a) + BW \times AF_n}_{\text{Restwert}}$$

+/– sonstige besondere objektspezifische Grundstücksmerkmale

2 Ermittlung des Restwerts (Beispiele)

2.1 Ermittlung des Restwerts unter Anwendung des vereinfachten Ertragswertverfahrens

▶ *Vgl. Syst. Darst. des Ertragswertverfahrens Rn. 275 ff.*

Beispiel 1: 16

a) Sachverhalt

Ertragswertermittlung eines Geschäftshauses

–	Ertragswertanteil des Betrachtungszeitraums unter Berücksichtigung alternierender Reinerträge	900 000 €
–	Marktüblich am Wertermittlungsstichtag erzielbarer Jahresreinertrag	100 000 €
–	Bodenwert	200 000 €
–	objektspezifisch angepasster Liegenschaftszinssatz	6 %
–	Betrachtungszeitraum	10 Jahre
–	Restnutzungsdauer am Wertermittlungsstichtag	50 Jahre
–	Restperiode am Ende des Betrachtungszeitraums (50 Jahre – 10 Jahre)	40 Jahre

b) Ermittlung des Restwerts

Marktüblich erzielbarer Jahresreinertrag		100 000 €
Kapitalisierungsfaktor (Vervielfältiger) bei		
– objektspezifisch angepasstem Liegenschaftszinssatz von 6 %		
– Restnutzungsdauer von 40 Jahren	15,04630	
Kapitalisierter Jahresreinertrag (100 000 € × 15,04630)		1 504 630 €
+ Bodenwert 200 000 € × 0,0972 (Restnutzungsdauer 40 Jahre)		+ 19 444 €
Restwert (= Ertragswert)		1 524 074 €

c) Ertragswert unter Anwendung des periodischen Ertragswertverfahrens

–	Ertragswertanteil des Betrachtungszeitraums		900 000 €
–	Restwert	1 524 074 €	
–	abgezinst auf den Wertermittlungsstichtag: 1 524 074 € × 0,5583947		851 035 €
–	Ertragswert		**1 751 035 €**

2.2 Vereinfachte Berechnungsweise

▶ *Vgl. das Beispiel eines Staffelmietvertrags bei § 8 ImmoWertV Rn. 286 ff.; § 31 ImmoWertV Rn. 82 ff.*

17 *Beispiel 2 (Sachverhalt wie vorstehend):*

Rechentechnisch lässt sich die mit § 30 Abs. 3 ImmoWertV vorgegebene Berechnungsweise dadurch vereinfachen, dass die über die Restwertperiode anfallenden marktüblich erzielbaren Erträge mit der Vervielfältigerdifferenz kapitalisiert werden; dies ersetzt die Abzinsung des Restwerts. Der Restwert wird dabei allerdings nicht „ausgeworfen".

$$\mathbf{EW} = \sum_{1}^{a} \mathbf{RE_i \times AF_i + RE_i \times (KF_n - KF_b) + Bodenwert \times AF_n +/- boG}$$

wobei

EW	= Ertragswert
BW	= Bodenwert
RE	= Reinerträge
AF_i	= Abzinsungsfaktor, abhängig von LZ und Periode bzw. n
a	= Betrachtungszeitraum in Jahren
n	= Restnutzungsdauer der baulichen Anlage in Jahren
LZ	= objektspezifisch angepasster Liegenschaftszinssatz
boG	= besondere objektspezifische Grundstücksmerkmale

18 Als **Reinertrag der Restwertperiode** ist der am Wertermittlungsstichtag marktüblich erzielbare Reinertrag anzusetzen und nicht etwa ein prognostizierter Reinertrag. Die allgemein vom Grundstücksmarkt erwarteten ertragswirtschaftlichen Entwicklungen werden nämlich bereits mit dem Liegenschaftszinssatz erfasst.

19 Bei *langer Restnutzungsdauer der baulichen Anlage* (n ≥ 50 Jahre) kann wiederum auf den Ansatz des abgezinsten Bodenwerts (BW x AF_n) verzichtet werden, da der Bodenwert mit seiner Abzinsung gegen null geht.

20 *Fortsetzung des Beispiels*

d) Ertragswert unter Anwendung des bekannten Vervielfältigerdifferenzenverfahren (Δ Kapitalisierungsfaktoren)

Ertragswertanteil des Betrachtungszeitraums				900 000 €
	Marktüblich erzielbarer Jahresreinertrag		100 000 €	
	Kapitalisierungsfaktor KF (Vervielfältiger) bei Liegenschaftszinssatz von 6 % und			
	– Restnutzungsdauer von 50 Jahren	15,76186		
	– Dauer des Betrachtungszeitraums von 10 Jahren	– 7,36009		
	Differenz der Kapitalisierungsfaktoren (Vervielfältigerdifferenz) =	8,40177		
	Multipliziert mit marktüblich erzielbarem Jahresreinertrag von		100 000 €	+ 840 177 €
+	Bodenwert 200 000 € × 0,0543 (Restnutzungsdauer 50 Jahre)			+ 10 858 €
=	Ertragswert			**1 751 035 €**

Abb. 1: Vereinfachtes periodisches Ertragswertverfahren (Δ Kapitalisierungsfaktoren)

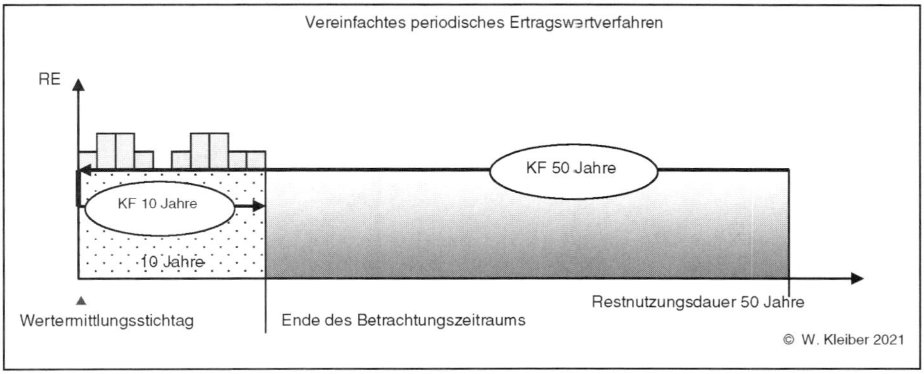

Unterabschnitt 3
Ermittlung des Ertragswerts

§ 31 ImmoWertV
Reinertrag, Rohertrag

(1) Der jährliche Reinertrag ergibt sich aus dem jährlichen Rohertrag abzüglich der Bewirtschaftungskosten.

(2) Der Rohertrag ergibt sich aus den bei ordnungsgemäßer Bewirtschaftung und zulässiger Nutzung marktüblich erzielbaren Erträgen; hierbei sind die tatsächlichen Erträge zugrunde zu legen, wenn sie marktüblich erzielbar sind. Bei Anwendung des periodischen Ertragswertverfahrens ergibt sich der Rohertrag insbesondere aus den vertraglichen Vereinbarungen.

Gliederungsübersicht *Rn.*

1 Reinertrag und Rohertrag

1.1 Begriffe

1.1.1 Objektspezifischer Reinertrag

Schrifttum: *Adolf, W.*, Der nachhaltige erzielbare Ertrag – ein veralteter Begriff?, GuG 2005, 193; *Kleiber,* Nachhaltige Einnahmen und Ausgaben, GuG 2006, 25; *Streich, J.-W.*, Die ortsübliche Vergleichsmiete, GuG 2003, 1; *Streich. J.-W.*, Abhängigkeit der Quadratmetermiete von der Wohnungsgröße, DWW 1980, 188.

▶ *Vgl. § 5 ImmoWertV Rn. 116 ff.; Syst. Darst. des Ertragswertverfahrens Rn. 175 ff.; § 32 ImmoWertV Rn. 9; zur Beleihungswertermittlung vgl. Teil IX Rn. 211*

In den Regelungen der §§ 27 ff. ImmoWertV zur Ertragswertermittlung wird begrifflich unterschieden zwischen 1

- „**Erträgen**" (§ 27 Abs. 1 Satz 2 ImmoWertV) und „**marktüblich erzielbaren Erträgen**" (§ 27 Abs. 1 und § 31 Abs. 2 ImmoWertV) sowie
- „**Reinerträgen**" (§ 27 Abs. 2, § 28, § 29, § 30 Abs. 1 Nr. 1 und Abs. 3 ImmoWertV) sowie „**marktüblich erzielbaren Reinerträgen**".

Die unterschiedlichen Begriffe erschließen sich aus § 31 ImmoWertV, mit dem der **Begriff des „Rohertrags"** eingeführt wird, aus dem der Reinertrag abzuleiten ist. Roherträge sind nach § 31 Abs. 2 ImmoWertV die bei „ordnungsgemäßer Bewirtschaftung und zulässiger Nutzung" marktüblich erzielbaren Erträge. Auf die tatsächlichen Erträge kommt es im Rahmen der Ermittlung des vorläufigen Ertragswerts unter Anwendung der Standardverfahren zunächst nicht an. 2

Der Reinertrag ergibt sich nach § 31 Abs. 1 ImmoWertV aus dem Rohertrag abzüglich der nach § 32 Abs. 1 ImmoWertV bei „ordnungsgemäßer Bewirtschaftung und zulässiger Nutzung" „regelmäßig", d.h. marktüblich entstehender objektspezifischer Bewirtschaftungskosten. Da sich der Rohertrag nach § 31 Abs. 2 Satz 1 ImmoWertV grundsätzlich aus den marktüblich erzielbaren „*Erträgen*" ergeben soll, ergibt sich eine **Begriffsidentität zwischen Reinertrag und „marktüblich erzielbarer Reinertrag"**. 3

$$\text{Reinertrag} = \text{Rohertrag}_{\text{marktüblich erzielbar}} - \text{Bewirtschaftungskosten}_{\text{marktüblich bei ordnungsgemäßer Bewirtschaftung}}$$

1.1.2 Modellansatzkonformer Reinertrag

Davon abweichend ist der Gutachterausschuss für Grundstückswerte nach § 12 Abs. 5 Satz 2 ImmoWertV u.a. gehalten, der Ableitung des Liegenschaftszinssatzes als Bewirtschaftungskosten i.S. des § 32 Abs. 1 Satz 2 ImmoWertV die Modellansätze der Anl. 3 zur ImmoWertV zugrunde zu legen, die sogar „erheblich" von den objektspezifischen bei „ordnungsgemäßer Bewirtschaftung und zulässiger Nutzung" „regelmäßig", d.h. marktüblich entstehenden Bewirtschaftungskostenabweichen können. **Dementsprechend liegt dem so** ermittelten Liegenschaftszinssatz nicht der objektspezifische Reinertrag, sondern **ein modellansatzkonform ermittelter Reinertrag** zugrunde. 4
Bei Anwendung des nach Maßgabe des § 12 Abs. 5 Satz 2 ImmoWertV ermittelten Liegenschaftszinssatzes wird der vorläufige Ertragswert unter dem Regime der Modellkonformität, ausgehend von dem **modellansatzkonform ermittelten Reinertrag,** ermittelt. Abweichungen der nach 32 Abs. 1 ImmoWertV maßgeblichen objektspezifischen Bewirtschaftungskosten von den Modellansätzen der Anl. 3 zur ImmoWertV werden im Wege der objektspezifischen Anpassung des Liegenschaftszinssatzes nach § 33 ImmoWertV bzw. als besonderes objektspezifisches Grundstücksmerkmal (boG) berücksichtigt (vgl. Vorbem. zur ImmoWertV

Rn. 140; § 8 ImmoWertV Rn. 1 ff.; § 4 ImmoWertV Rn. 17; § 27 ImmoWertV Rn. 10, 24, § 32 ImmoWertV Rn. 13, 185; Syst. Darst. des Ertragswertverfahrens Rn. 175 ff.).

$\text{Reinertrag}_{\text{modellansatzkonform}} = \text{Rohertrag}_{\text{marktüblich erzielbar}} - \text{Bewirtschaftungskosten}_{\text{modellansatzkonform}}$

1.1.3 Erträge

5 Wenn in der ImmoWertV allein von „**Erträgen**" (z.B. § 27 Abs. 1 Satz 2 ImmoWertV) gesprochen wird, sind von den „**marktüblich erzielbaren Erträgen**" z.B. aufgrund miet- und pacht- sowie vertragsrechtlicher Gegebenheiten abweichende *„Erträge"* angesprochen.

Nach dem *Modell des in der ImmoWertV geregelten Ertragswertverfahrens* ist grundsätzlich von einem **jährlichen Reinertrag der baulichen Anlagen** auszugehen (vgl. § 20 Abs. 3 Nr. 2, § 21 Abs. 2, § 28 Satz 2, § 29 Satz 1 Nr. 1 ImmoWertV), obwohl die Erträge i.d.R. vorschüssig und monatlich „fließen". Mit dem Ansatz jährlicher Reinerträge vereinfacht sich das Modell, ohne dass damit eine wesentliche „Verfälschung" des Ergebnisses einhergeht, wenn gleichzeitig nach Maßgabe des § 34 ImmoWertV ein jährlicher nachschüssiger Kapitalisierungsfaktor zur Anwendung kommt (vgl. § 34 ImmoWertV Rn. 44).

6 **Rohertrag und marktüblich erzielbarer Ertrag sind mithin grundsätzlich identisch.** Hiervon ausgenommen ist der bei Anwendung des periodischen Ertragswertverfahrens innerhalb des Betrachtungszeitraums insbesondere aufGrund von vertraglichen Vereinbarungen temporär vom marktüblich erzielbaren Ertrag abweichende Rohertrag.

7 Zu den **Erträgen** können insbesondere gehören

- die marktüblich erzielbaren Mieten und Pachten und sonstige ggf. als besonderes objektspezifisches Grundstücksmerkmal zu berücksichtigende Nutzungsentgelte einschließlich besonderer Vergütungen (z.B. Garage, Einstellplatz);
- die marktüblich erzielbaren Vergütungen (vgl. § 27 NMV[1] für preisgebundene Wohnungen) für eine Nutzung von Grundstücksteilen für Werbezwecke;
- eine anteilige Miete für Grundstücksfreiflächen (Gartennutzung);
- ein **Möblierungszuschlag,** vgl. Rn. 50;
- Entgelte für die Nutzung von Bestandteilen des Grundstücks (Einrichtungs- und Ausstattungsgegenstände) und des Zubehörs (Möblierungszuschlag), soweit diese zugleich Bestandteil oder Zubehör des Wertermittlungsobjekts sind;
- von den marktüblich erzielbaren Erträgen aufgrund wohnungs- und mietrechtlicher Bindungen abweichende Erträge (*over- und underrented*);
- vom Mieter übernommene Schönheitsreparaturen, zu denen ansonsten nach § 535 BGB der Vermieter verpflichtet ist;
- besondere Leistungen aufgrund von Gestaltungsverträgen;
- Zuschläge für die Benutzung von Wohnraum zu anderen als Wohnzwecken (§ 26 Abs. 2 NMV);
- Zuschläge für die Untervermietung von Wohnraum (Untermietzuschlag; § 26 Abs. 3 NMV);
- Zuschläge wegen Ausgleichszahlungen nach § 7 des Wohnungsbindungsgesetzes (§ 26 Abs. 4 NMV);

1 § 27 Vergütungen neben der Einzelmiete: „Neben der Einzelmiete kann der Vermieter für die Überlassung einer Garage, eines Stellplatzes oder eines Hausgartens eine angemessene Vergütung verlangen. Das gleiche gilt für die Mitvermietung von Einrichtungs- und Ausstattungsgegenständen und für laufende Leistungen zur persönlichen Betreuung und Versorgung, wenn die zuständige Stelle dies genehmigt hat."

- Zuschläge zur Deckung erhöhter laufender Aufwendungen, die nur für einen Teil der Wohnung, des Gebäudes oder der Wirtschaftseinheit entstehen (§ 26 Abs. 5 NMV);
- Zuschläge für Nebenleistungen des Vermieters, die nicht allgemein üblich sind oder nur einzelnen Mietern zugutekommen (§ 26 Abs. 6 NMV).
- Zuschläge für Wohnungen, die durch Ausbau von Zubehörraum neu geschaffen wurden (§ 26 Abs. 7 NMV).

Unter Berücksichtigung des Grundsatzes der Modell- und Referenzkonformität dürfen bei der Ermittlung des marktüblich erzielbaren Roh- und Reinertrags jedoch nur solche Erträge berücksichtigt werden, die mit den zur Ableitung des Liegenschaftszinssatzes herangezogenen Vergleichsobjekten und ihren Kaufpreisen erfasst wurden. 8

Nicht zum Rohertrag gehört bei gewerblicher Vermietung im Übrigen die anfallende **Mehrwertsteuer**. Eine **Vorsteuerabzugsberechtigung** bleibt grundsätzlich unberücksichtigt, da dies den ungewöhnlichen oder persönlichen Verhältnissen zuzurechnen ist[2]. Dies gilt auch für Gewerbemietraum, denn soweit dies allgemein üblich ist, wird dem bereits mit den dafür angesetzten Mieterträgen i.V.m. den dafür abgeleiteten Liegenschaftszinssätzen Rechnung getragen (vgl. Vorbem. zur ImmoWertV Rn. 53; § 21 ImmoWertV Rn. 116; § 32 ImmoWertV Rn. 72; § 36 ImmoWertV Rn. 16; zur Beleihungswertermittlung vgl. Teil IX Rn. 232). 9

Zur **Ermittlung des Rohertrags in der steuerlichen Bewertung** wird auf die hierzu ergangene Rechtsprechung verwiesen (vgl. Syst. Darst. des Ertragswertverfahrens Rn. 118, 196)[3]. 10

1.2 Vom „marktüblich erzielbaren Ertrag" abweichende „tatsächliche Erträge"

Wenn in der Wertermittlungspraxis vielfach **auf die tatsächlichen Erträge auch dort Bezug genommen wird, wo es im Rahmen des Ertragswertverfahrens auf die marktüblich erzielbaren Erträge ankommt**, so können erhebliche Irritationen nicht ausbleiben, auch wenn zur Begründung der Hinweis nachgeschoben wird, dass die angesetzten „*tatsächlichen Erträge*" zuvor mit den „marktüblich erzielbaren Erträgen" abgeglichen worden seien. Materiell kommt es entscheidend auf den „marktüblich erzielbaren Ertrag" an und sollte dann auch so eindeutig bezeichnet werden. Die Sanktionierung dieser Praxis mit dem neu in die ImmoWertV aufgenommenen § 31 Abs. 2 Satz 1, 2. Halbsatz ImmoWertV ist deshalb entschieden abzulehnen. 11

Die **„tatsächlichen Erträge" haben in der Marktwertermittlung** umgekehrt dort **eine eigenständige Bedeutung**, nämlich dann, wenn sie auch tatsächlich von den marktüblich erzielbaren Erträgen abweichen. Dies betrifft insbesondere die Fälle, in denen die tatsächlichen Erträge temporär aufgrund miet-, pacht- oder vertragsrechtlicher Bindungen wesentlich von den marktüblich erzielbaren Erträgen abweichen. Diese Abweichungen sind dann bei *Anwendung der Standardverfahren* (allgemeines und vereinfachtes Ertragswertverfahren) als „besonderes objektspezifisches Grundstücksmerkmal" (boG) ergänzend zu berücksichtigen. Bei *Anwendung des periodischen Ertragswertverfahrens* ergibt sich der im Betrachtungszeitraum temporär anzusetzende Rohertrag (marktüblich erzielbarer Ertrag) insbesondere aus den vertraglichen Vereinbarungen. 12

---

2 BGH, Urt. vom 10.07.1991 – XII ZR 109/90 –, NJW 1991, 3036 = EzGuG 20.134d; BFH, Urt. vom 30.06.2010 – II R 60/08 –, BFHE 230, 78 = BStBl II 2010, 897 = GuG 2010, 377 = EzGuG 1.74.

3 Zur Schätzung des Rohmietwerts in der **steuerlichen Bewertung** vgl. BFH, Urt. vom 21.01.1986 – IX R 7/79 –, BFHE 146, 51 = BStBl II 1986, 394 = EzGuG 20.113; BFH, Urt. vom 20.10.1965 – VI 292/64 U –, BFHE 84, 37 = BStBl III 1966, 13 = EzGuG 20.42; BFH, Urt. vom 11.10.1977 – VIII R 20/75 –, BFHE 123, 347 = BStBl II 1977, 860 = EzGuG 20.68; BFH, Urt. vom 17.10.1969 – VI R 17/67 –, BFHE 97, 117 = BStBl II 1970, 60 = EzGuG 20.45; BFH, Urt. vom 10.08.1984 – III R 41/75 –, BFHE 142, 289 = BStBl II 1985, 36 = EzGuG 20.107; ferner BFH, Urt. vom 14.12.1976 – VIII R 99/72 –, BFHE 151, 50 = BStBl II 1977, 305 = EzGuG 19.31.

13 Grundsätzlich müssen bei jeder Marktwertermittlung die zum Wertermittlungsstichtag **tatsächlichen erzielten Erträge** unter Einbeziehungen der ihnen zugrundeliegenden miet- und vertragsrechtlichen Bestimmungen **festgestellt werden,** um auf dieser Grundlage Dauer und Umfang der vorstehenden Abweichungen festzustellen. In diesem Zusammenhang muss auch festgestellt werden, ob eine entsprechend höhere Miete am Wertermittlungsstichtag bereits „erzielbar" wäre, z.B. im Falle eines zum Wertermittlungsstichtag zulässigen Mieterhöhungsverlangens, dem Rechnung getragen werden muss.Es muss unbeachtlich bleiben, wenn der Eigentümer aus subjektiven Gründen (z.B. aus wirtschaftlichem Unvermögen oder aus persönlichen Bindungen heraus) darauf verzichtet hat, das Nutzungsentgelt in zulässiger Weise anzuheben. Entsprechendes gilt auch bei unentgeltlicher Überlassung z.B. einer Wohnung aus persönlichen Gründen. Auf eine Berücksichtigung des Ertragsausfalls im Zuge der Mietanpassung kann dabei verzichtet werden, da der temporäre Einnahmeausfall i.d.R. von marginaler Bedeutung ist.

14 Des Weiteren muss unbeachtlich bleiben, wenn der **tatsächlich erzielte Reinertrag den marktüblich erzielbaren Reinertrag in unzulässiger Weise überschreitet** (z.B. unter Verstoß gegen die Wesentlichkeits- bzw. Wuchergrenze). Dementsprechend ist bei Verkehrswertermittlungen in Sanierungsgebieten auch nicht von einer vermeintlich hohen Rendite auszugehen, wenn diese durch Vermietung an Gastarbeiter erzielt wird, aber wegen ungesunder Wohnverhältnisse (vgl. § 43 Abs. 4 BauGB) nicht gerechtfertigt ist[4].

15 Aus vorstehenden Gründen ist es unerlässlich, die **Mietverhältnisse mietrechtlich zu analysieren.** Die rechtlichen Grundlagen der Mietpreisgestaltung und der Mietpreiserhöhung werden deshalb unter Rn. 24 ff. dargestellt.

1.3 Bewirtschaftungskosten

1.3.1 Modell- und referenzkonforme Bewirtschaftungskosten

▶ *Vgl. § 32 ImmoWertV Rn. 1 ff.*

16 Die zur Ermittlung des Reinertrags von den als Rohertrag angesetzten marktüblich erzielbaren Erträgen abzuziehenden Bewirtschaftungskosten bestimmen sich nach **§ 32 ImmoWertV**. Die **objektspezifischenBewirtschaftungskosten sind grundsätzlich die für eine ordnungsgemäße Bewirtschaftung und zulässige Nutzung entstehenden regelmäßigen Aufwendungen**, die nicht durch Umlagen oder sonstige Kostenübernahmen gedeckt sind.

17 Im Rahmen der **Ermittlung des *vorläufigen* Ertragswerts unter Heranziehung des vom Gutachterausschuss für Grundstückswerte nach Maßgabe des § 12 Abs. 5 Satz 2 ImmoWertV abgeleiteten Liegenschaftszinssatzes** sind jedoch als Bewirtschaftungskosten die sich aus Anl. 3 ergebenden Modellansätze anzusetzen. Ergeben sich aus den z.B. für die Instandhaltungskosten vorgegebenen Modellansätzen *erhebliche* Abweichungen gegenüber den nach **§ 32 Abs. 1 Satz 1** ImmoWertV „regelmäßig entstehenden Aufwendungen", ist der Liegenschaftszinssatz den tatsächlichen Gegebenheiten des zu bewertenden Grundstücks anzupassen (**§ 33 ImmoWertV**). Dazu sollen nach den Vorstellungen des Verordnungsgebers möglichst geeignete Umrechnungskoeffizienten herangezogen werden (vgl. Vorbem. zur ImmoWertV Rn. 140; § 8 ImmoWertV Rn. 1 ff.; § 4 ImmoWertV Rn. 17; § 27 ImmoWertV Rn. 10, 24, § 32 ImmoWertV Rn. 13, 185; Syst. Darst. des Ertragswertverfahrens Rn. 60; 103, 199, 215).

4 BT-Drs. VI/510, S. 39 sowie BR-Drs. 265/75, S. 15; vgl. hierzu BGH, Urt. vom 02.12.1971 – III ZR 165/69 –, BGHZ 57, 108 = EzGuG 20.51.

1.3.2 Umlageverminderte Bewirtschaftungskosten

▶ *Zu Betriebskosten (§ 2 BetrKV) vgl. § 32 ImmoWertV Rn. 23, 55, 67, 177; Syst. Darst. des Ertragswertverfahrens Rn. 208 ff.*

Die zur Ermittlung des Reinertrags von den als Rohertrag angesetzten „marktüblich erzielbaren Erträgen" abzuziehenden Bewirtschaftungskosten sind unter Ausschluss der durch Umlagen sowie sonstige Kostenübernahmen gedeckten Aufwendungen anzusetzen. Dies betrifft insbesondere Betriebskosten. Rechtsgrundlage für die Umlage der Betriebskosten sind die §§ 556 und 556a BGB, die folgende Fassung haben: 18

„**§ 556 BGB** Vereinbarungen über Betriebskosten

(1) Die Vertragsparteien können vereinbaren, dass der Mieter Betriebskosten trägt. Betriebskosten sind die Kosten, die dem Eigentümer oder Erbbauberechtigten durch das Eigentum oder das Erbbaurecht am Grundstück oder durch den bestimmungsmäßigen Gebrauch des Gebäudes, der Nebengebäude, Anlagen, Einrichtungen und des Grundstücks laufend entstehen. Für die Aufstellung der Betriebskosten gilt die Betriebskostenverordnung vom 25. November 2003 (BGBl. I S. 2346, 2347) fort. Die Bundesregierung wird ermächtigt, durch Rechtsverordnung ohne Zustimmung des Bundesrates Vorschriften über die Aufstellung der Betriebskosten zu erlassen.

(2) Die Vertragsparteien können vorbehaltlich anderweitiger Vorschriften vereinbaren, dass Betriebskosten als Pauschale oder als Vorauszahlung ausgewiesen werden. Vorauszahlungen für Betriebskosten dürfen nur in angemessener Höhe vereinbart werden.

(3) Über die Vorauszahlungen für Betriebskosten ist jährlich abzurechnen; dabei ist der Grundsatz der Wirtschaftlichkeit zu beachten. Die Abrechnung ist dem Mieter spätestens bis zum Ablauf des zwölften Monats nach Ende des Abrechnungszeitraums mitzuteilen. Nach Ablauf dieser Frist ist die Geltendmachung einer Nachforderung durch den Vermieter ausgeschlossen, es sei denn, der Vermieter hat die verspätete Geltendmachung nicht zu vertreten. Der Vermieter ist zu Teilabrechnungen nicht verpflichtet. Einwendungen gegen die Abrechnung hat der Mieter dem Vermieter spätestens bis zum Ablauf des zwölften Monats nach Zugang der Abrechnung mitzuteilen. Nach Ablauf dieser Frist kann der Mieter Einwendungen nicht mehr geltend machen, es sei denn, der Mieter hat die verspätete Geltendmachung nicht zu vertreten.

(3a) Ein Glasfaserbereitstellungsentgelt nach § 72 Absatz 1 des Telekommunikationsgesetzes hat der Mieter nur bei wirtschaftlicher Umsetzung der Maßnahme zu tragen. Handelt es sich um eine aufwändige Maßnahme im Sinne von § 72 Absatz 2 Satz 4 des Telekommunikationsgesetzes, hat der Mieter die Kosten nur dann zu tragen, wenn der Vermieter vor Vereinbarung der Glasfaserbereitstellung soweit möglich drei Angebote eingeholt und das wirtschaftlichste ausgewählt hat.

(4) Eine zum Nachteil des Mieters von Absatz 1, Absatz 2 Satz 2, Absatz 3 oder Absatz 3a abweichende Vereinbarung ist unwirksam."

„**§ 556a BGB** Abrechnungsmaßstab für Betriebskosten

(1) Haben die Vertragsparteien nichts anderes vereinbart, sind die Betriebskosten vorbehaltlich anderweitiger Vorschriften nach dem Anteil der Wohnfläche umzulegen. Betriebskosten, die von einem erfassten Verbrauch oder einer erfassten Verursachung durch die Mieter abhängen, sind nach einem Maßstab umzulegen, der dem unterschiedlichen Verbrauch oder der unterschiedlichen Verursachung Rechnung trägt.

(2) Haben die Vertragsparteien etwas anderes vereinbart, kann der Vermieter durch Erklärung in Textform bestimmen, dass die Betriebskosten zukünftig abweichend von der getroffenen Vereinbarung ganz oder teilweise nach einem Maßstab umgelegt werden dürfen, der dem erfassten unterschiedlichen Verbrauch oder der erfassten unterschiedlichen Verursachung Rechnung trägt. Die Erklärung ist nur vor Beginn eines Abrechnungszeitraums zulässig. Sind die Kosten bislang in der Miete enthalten, so ist diese entsprechend herabzusetzen.

(3) Ist Wohnungseigentum vermietet und haben die Vertragsparteien nichts anderes vereinbart, sind die Betriebskosten abweichend von Absatz 1 nach dem für die Verteilung zwischen den Wohnungseigentümern jeweils geltenden Maßstab umzulegen. Widerspricht der Maßstab billigem Ermessen, ist nach Absatz 1 umzulegen.

(4) Eine zum Nachteil des Mieters von Absatz 2 abweichende Vereinbarung ist unwirksam."

Betriebskosten werden heute im Bereich des Wohnungswesens üblicherweise nach Maßgabe vorstehender Vorschriften umgelegt und bleiben dementsprechend bei der Ableitung von Liegenschaftszinssätzen unberücksichtigt. Anl. 3 zur ImmoWertV sieht auch keine Modellansätze für Betriebskosten vor. Sie können außer Betracht bleiben, da sie sowohl beim Rohertrag 19

als auch bei den berücksichtigungsfähigen Bewirtschaftungskosten als „durchlaufender Posten" anzusetzen wären.
Dementsprechend ist schon aus pragmatischen Gründen von einem Rohertrag unter Ausschluss der üblicherweise umgelegten Bewirtschaftungskosten auszugehen.

- **Bei Wohnraum werden heute die Betriebskosten** mit der Folge **umgelegt** (sog. „zweite Miete", vgl. § 556 Abs. 1 BGB), dass der Vermieter aus der vereinbarten „ersten" Miete nur noch die Verwaltungs- und Instandhaltungskosten sowie das Mietausfallwagnis aufzubringen hat. Diese Miete wird **Nettokaltmiete** genannt und von dieser Nettokaltmiete kann bei der Ertragswertermittlung direkt ausgegangen werden. Ein als Gesamtheit aller Erträge definierter Rohertrag würde damit eine nicht praxisrelevante Größe darstellen.
- Entsprechendes gilt auch für **Gewerberaum** (vgl. Rn. 106; § 32 ImmoWertV Rn. 65). Im Unterschied zum Wohnraum bestehen dabei jedoch keine gesetzlichen Schranken, auch die übrigen Bewirtschaftungskosten umzulegen. Hier ist ein deutlicher Trend zu erkennen, möglichst alle Bewirtschaftungskostengruppen umzulegen (sog. *Double*-und *Triple-Net*-Mieten). Im konkreten Einzelfall kommt es auf die übliche mietvertragliche Gestaltung an, die den herangezogenen Vergleichsmieten zugrunde liegt.

20 Zu umlagefähigen **Schönheitsreparaturen sowie der sog. kleinen Instandhaltung**vgl. § 32 ImmoWertV Rn. 8, 124 f.; zur Umlagefähigkeit von Baumfällungen, der Kosten eines *doorman* sowie der der Dachrinnenreinigung vgl. § 32 ImmoWertV Rn. 64.

21 Betriebskosten sind in der Marktwertermittlung gleichwohl nicht bedeutungslos. Zu den umlagefähigen Betriebskosten bei älteren Mietverhältnissen sowie im Falle eines **erheblichen Leerstands** vgl. § 32 ImmoWertV Rn. 7, 86, 168 ff.

22 Derartige Besonderheiten bleiben bei der Ableitung des Liegenschaftszinssatzes außer Betracht und müssen dann ggf. nachträglich als besondere objektspezifische Grundstücksmerkmale (boG) berücksichtigt werden.
Auch andere Bewirtschaftungskosten, namentlich die Verwaltungs- und Instandhaltungskosten sowie das Mietausfallwagnis, bleiben sowohl bei der Ermittlung des Rohertrags als auch bei den davon abzuziehenden Bewirtschaftungskosten unberücksichtigt, soweit die **Umlage dieser Kosten in der Vermietungspraxis üblich** ist und von entsprechenden Roherträgen ausgegangen wird.

23 Entsprechendes gilt auch für „**sonstige Kostenübernahmen**" i.S. des § 32 Abs. 1 ImmoWertV zu den Bewirtschaftungskosten, zumal es sich dabei um temporäre Kostenübernahmen handeln kann.

2 Marktüblich erzielbarer Reinertrag

2.1 Allgemeines

Schrifttum: *Stelter, M./Swat, R.*, Die sachverständige Mietpreisbewertung als Problem der Anwendung statistischer Methoden, GuG 2019, 1.

▶ *Vgl. Rn. 69; Syst. Darst. des Ertragswertverfahrens Rn. 185 ff.; Teil V Rn. 190*

24 Der am Wertermittlungsstichtag **marktüblich erzielbare Reinertrag ist die Grundlage des allgemeinen und vereinfachten Ertragswertverfahrens (Standardverfahren)**. Es kann zwar nicht erwartet werden, dass die am Wertermittlungsstichtag marktüblich erzielbaren Reinerträge über die Restnutzungsdauer unverändert bleiben, jedoch werden bei Anwendung des Ertragswertverfahrens unter Heranziehung des Liegenschaftszinssatzes die vom Grundstücksmarkt erwarteten konjunkturellen Ertragsänderungen sowie sonstige erwartete Änderungen der immobilienwirtschaftlich bedeutsamen allgemeinen Rahmenbedingungen mit diesem Liegenschaftszinssatz „vernachhaltigt" (*all over capitalization method*).

„Marktüblich" erzielbarer Ertrag ist der am Wertermittlungsstichtag nach den allgemeinen mietrechtlichen Bestimmungen – ohne Berücksichtigung temporär wirksamer mietvertrags- bzw. mietrechtlicher Besonderheiten – für Wohn- bzw. Nutzflächen vergleichbarer Art, Größe, Ausstattung, Beschaffenheit und Lage üblicherweise erzielbare Ertrag: **Bleibt der am Wertermittlungsstichtag tatsächlich erzielte Ertrag hinter dem marktüblich erzielbaren Ertrag zurück, so ist dies unbeachtlich, wenn zum Wertermittlungsstichtag weder rechtliche noch sonstige Gründe einer Anpassung des Ertrags an den marktüblich erzielbaren Ertrag entgegenstehen**. Soweit z.B. die Kappungsgrenzen des § 558 BGB dem entgegenstehen, muss dies ergänzend als besonderes objektspezifisches Grundstücksmerkmal (boG) bzw. im Rahmen des periodischen Ertragswertverfahrens berücksichtigt werden. 25

Zur Ermittlung des „marktüblich erzielbaren Reinertrags" kommen in Betracht 26

a) die **ortsübliche Vergleichsmiete**, die nach § 558 Abs. 2 BGB „aus den üblichen Entgelten … gebildet wird", „die in der Gemeinde oder einer vergleichbaren Gemeinde für Wohnraum vergleichbarer Art, Größe, Ausstattung, Beschaffenheit und Lage in den letzten sechs Jahren vereinbart" wird (vgl. Rn. 48 ff., 64) und dem Mietspiegel entnommen werden kann[5], oder

b) die **Marktmiete**, die im Falle einer Neuvermietung unter Berücksichtigung von Angebot und Nachfrage und ggf. gesetzlicher „Kappungen" erzielt werden kann; der Vermieter ist in diesem Fall nicht an die ortsübliche Vergleichsmiete gebunden (vgl. Rn. 69).

Für die **ortsübliche Vergleichsmiete** gelten **im Verhältnis zur Marktmiete** eine Reihe von Besonderheiten (vgl. Rn. 67 ff.).

Es stellt sich die Frage, ob im Rahmen der Ertragswertermittlung von der „ortsüblichen Vergleichsmiete" oder der „Marktmiete" auszugehen ist. 27

- Bei einem bestehenden **Gebäude im vermieteten Zustand** wird man regelmäßig der Heranziehung ortsüblicher Vergleichsmieten den Vorzug geben, denn sie „markieren die Obergrenze" eines Mieterhöhungsverlangens. Dass im Rahmen der allgemeinen Fluktuation im Falle der Neuvermietung die Marktmiete verlangt werden kann, betrifft nur einen geringen Bestand und findet auch bei der Ableitung des Liegenschaftszinssatzes keine besondere Beachtung.
- Bei einem **zur Vermietung anstehenden Gebäude** (z.B. einem Neubau) könnte man die Heranziehung der Marktmiete in Betracht ziehen, jedoch muss auch im Hinblick auf die Gesamtnutzungsdauer des Gebäudes davon ausgegangen werden, dass auch in diesem Fall die ortsübliche Vergleichsmiete die künftigen Ertragsverhältnisse besser zu repräsentieren vermag, denn die Marktmiete wird aufgrund der Mietgesetzgebung über kurz oder lang von den ortsüblichen Vergleichsmieten „eingeholt".

Grundsätzlich ist im Rahmen der **Ertragswertermittlung von Wohnimmobilien von der ortsüblichen Vergleichsmiete als der marktüblich erzielbaren Miete** i.S. des § 27 Abs. 1 Satz 1 ImmoWertV **auszugehen**, da die Marktmiete bei langfristiger Betrachtung nur temporär erzielbar ist und insoweit nicht nachhaltig ist (vgl. Rn. 48 ff.). 28
Die tatsächlich erzielbare und von dem „marktüblichen Ertrag" erheblich abweichende Miete ist bei der Ertragswertermittlung auf der Grundlage der Standardverfahren (allgemeines und vereinfachtes Ertragswertverfahren) als besonderes objektspezifisches Grundstücksmerkmal zu berücksichtigen. Bei Anwendung des **periodischen Ertragswertverfahrens** wird der vorläufige Ertragswert direkt auf der Grundlage der im Verlauf des Betrachtungszeitraums mit hinreichender Sicherheit zu erwartenden tatsächlich erzielbaren Miete ermittelt. Der Restwert wird wiederum auf der Grundlage der am Wertermittlungsstichtag marktüblich erzielbaren Erträge ermittelt.

---

5 § 558c BGB Mietspiegel: (1) Ein Mietspiegel ist eine Übersicht über die ortsübliche Vergleichsmiete, soweit die Übersicht von der nach Landesrecht zuständigen Behörde oder von Interessenvertretern der Vermieter und der Mieter gemeinsam erstellt oder anerkannt worden ist.

Abzulehnen ist die Praxis, nach der bei der Ableitung von Liegenschaftszinssätzen erklärtermaßen von der „**tatsächlichen Miete**" ausgegangen wird, selbst dann, wenn prophylaktisch darauf hingewiesen wird, dass sie der ortsüblichen Vergleichsmiete oder der Marktmiete entspräche. Dies muss zu Irritationen führen. Denn wenn dies tatsächlich geprüft wurde, kann es nur der Klarheit dienen, wenn die maßgebliche Miete expressis verbis genannt wird (vgl. § 21 ImmoWertV Rn. 115).

Der Liegenschaftszinssatz ist konsequenterweise auf der Grundlage der ortsüblichen Vergleichsmiete auch dann zu ermitteln, wenn die tatsächlichen Mieten der zur Ableitung des Liegenschaftszinssatzes herangezogenen Grundstücke mehr oder minder unerheblich von der ortsüblichen Vergleichsmiete abweichen. Dies gebietet der Grundsatz der Modellkonformität, denn der Ermittlung des vorläufigen Ertragswerts unter Anwendung dieses Liegenschaftszinssatzes wird spiegelbildlich die ortsübliche Vergleichsmiete zugrunde gelegt.

Bei **gewerblichen Objekten** ist grundsätzlich von der Marktmiete auszugehen und diese der Ermittlung von Liegenschaftszinsen zugrunde zu legen.

29 **Angebotsmieten** sind als Grundlage der Ertragswertermittlung nur bedingt geeignet (vgl. Syst. Darst. des Ertragswertverfahrens Rn. 190; Syst. Darst. des Vergleichswertverfahrens Rn. 48). Ein **Internetportal** stellt keine Mietdatenbank i.S. von § 558a Abs. 2 Nr. 2, § 558e BGB dar und demzufolge darf ein Mieterhöhungsverlangen nicht darauf gestützt werden[6].

30 Rechtlich bedenkenfrei ist es nach Auffassung des BGH[7], dass **Mieten,** die **von „ausländischen Gastarbeitern" (Migranten) für** mangelhaft ausgestatteten Wohnraum „nicht selten" hingenommen werden, nach „Erfahrung" „überhöht" und nicht „nachhaltig" sind.

31 Zur **Ermittlung marktüblich erzielbaren Mieten/Pachten** können darüber hinaus folgende Quellen benutzt werden:

- Internet-Portale
  z.B. Berlin http://www.stadtentwicklung.berlin.de/wohnen/mietspiegel/de,
  z.B. Bonn http:/www.bonn.de/gutachterausschuss/welcome.html Suchbegriff: Mietspiegel),
  Darmstadt: http://www.portal-darmstadt.de/files/mietspiegel/mietspiegel_2008.pdf,
  http://www.ihk24.de;
- Mietspiegel für nicht öffentlich geförderte Wohnungen mit Bandbreiten für Nettokaltmieten je m² Wohnfläche gegliedert nach Baujahresgruppen, Lagequalität, Wohnungsgröße und Ausstattungsmerkmalen, zusammengestellt von den örtlichen Verbänden der Wohnungswirtschaft, Behörden, Haus-, Wohnungs- und Grundbesitzerverbänden, Mietervereinen und Maklern;
- Mieten im Bereich der sozialen Wohnraumförderung, die sich aus Wirtschaftlichkeitsberechnungen ergeben (berücksichtigt werden müssen das Wohnungsbindungsgesetz, die Neubaumietenverordnung und die II. Berechnungsverordnung);
- der alle zwei Jahre jeweils zum 31. März erscheinende Wohngeld- und Mietenbericht der Bundesregierung als Spiegelbild der Situation auf dem Wohnungsmarkt (Bundesministerium für Verkehr, Bau und Stadtentwicklung);
- aus der eigenen langjährigen Erfahrung des Sachverständigen sind Mieten vergleichbarer Objekte in ausreichendem Maße bekannt;

6 AG München, Urt. vom 22.03.2018 – 472 C 23258/17 –, ZMR 2019, 43 = EzGuG 3.170.

7 BGH, Urt. vom 02.12.1971 – III ZR 165/69 –, BGHZ 57, 108 = EzGuG 20.51; vgl. Gewos Gutachten „Städtebau-Verfassung-Bodenrecht", Hamburg 1969 Rn. 157 ff. m.w.N. (vgl. § 43 Abs. 4 BauGB); BR-Drs. VI/510, S. 39 sowie BR-Drs. 265/72, S. 15).

- die Auswertung des Angebots an Immobilien, insbesondere von Miet- und Pachtgrundstücken in der örtlichen und überörtlichen Presse und Immobilienspiegel von Tochterunternehmen der Banken und Sparkassen, vermitteln eine aktuelle Marktübersicht;
- der IVD und RdM und viele örtliche Immobilienbörsen veröffentlichen Preisspiegel für Mieten von Geschäfts-, Büro- und Lagerräumen, Stellplätze in Großgaragen (Parkhaus, Tiefgaragen) sowie für befestigte und unbefestigte Freiflächen;
- die jährlichen Mietkosten der Einzelhandelsfachgeschäfte nach Branchen, Ortsgrößenklassen und Geschäftslagen durch das Institut für Handelsforschung an der Universität zu Köln;
- die zuständigen Fachverbände des Handels und des Handwerks erteilen Auskünfte;
- Mietrichtwertkarten für Ladenräume (z.B. in Wuppertal für die Bereiche City-Elberfeld, City-Barmen und Oberbarmen und Nebenzentren);
- Mietwertübersichten in den Jahres-Grundstücksmarktberichten der Gutachterausschüsse für Grundstückswerte für Ladenräume, Büro- und Praxisräume, PKW-Stellplätze und Einfamilienhausmieten als Orientierungshilfe;
- Auswertungen zum Wohngeldbezug;
- Mietwerte für Ladenlokale, Büroräume und Gewerbeflächen im Kammerbezirk der IHKs mit Kaufkraftkennziffern je Einwohner der GfK Marktforschung GmbH & Co. KG, Nürnberg;
- Geschäftsberichte und statistische Berichte zum geförderten Wohnungsbau der Wohnungsbauförderungsanstalten der Länder;
- Mietwertübersichten in den Grundstücksmarktberichten der Gutachterausschüsse für Grundstückswerte;
- Jahres-Zahlenspiegel der Industrie- und Handelskammern mit Fläche in km[22], Einwohnerzahlen, Kammermitgliedern, verarbeitendem Gewerbe, Handel und Gastgewerbe, Fremdenverkehr, Gewerbeanzeigen (An-, Ab- und Ummeldungen), Realsteuerhebesätzen usw.;
- Monatszeitschriften der Industrie- und Handelskammern;
- Branchenprognosen von Bank- und Wirtschaftsinstituten, Verbänden;
- Jahresberichte renommierter Finanzberatungsgesellschaften;
- Fachserien zu Gewerbeimmobilien der Wirtschaftspresse;
- Wirtschaftsbriefe;
- Marktberichte international tätiger Immobiliengesellschaften;
- Top-Shop der Brockhoff & Zadelhoff Immobilien GmbH (Atlas der 1-A-Läden mit Straße, Haus-Nr., Schaufensterfrontlänge, Eck- bzw. Reihenhauslage, Differenzstufen im Eingangsbereich, Name des Nutzers);
- Strukturatlas der Hauptgemeinschaft des Deutschen Einzelhandels (HDE); u.a. mit Verkaufsflächenentwicklung, Umsätzen je Quadratmeter Verkaufsfläche, Mietpreisentwicklung; Karten ausgewählter Bürostandorte;
- Handelsatlanten der Industrie- und Handelskammern mit den Standorten großflächiger Einzelhandelsbetriebe, Strukturatlanten mit den Gewerbestandorten im Kammerbezirk;
- Berichte der Hauptgemeinschaft des Deutschen Einzelhandels (HDE) über Umsatzentwicklungen im Einzelhandel in der Bundesrepublik Deutschland;
- Wirtschafts- und Arbeitsmarktberichte der Großstädte (Ämter für Wirtschaftsförderung) über Stand, Entwicklung und Perspektiven der lokalen Wirtschaft und des Arbeitsmarktes;

- Studien zu den wirtschaftlichen Auswirkungen des EG-Binnenmarktes (ab 1993) auf Sektoren und Regionen der Bundesrepublik Deutschland;
- Standortanalysen verschiedener Institute zu Investitionsentscheidungen über größere Gewerbeimmobilien;
- Veröffentlichungen der Landesämter für Datenverarbeitung und Statistik (z.B. in Nordrhein-Westfalen „Statistische Rundschau“).

2.2 Allgemeines zur Wohn- und Gewerberaummiete

2.2.1 Abgrenzung

Schrifttum: *Burbulla, R./Klocke, A.*, Aktuelle Brennpunkte im Gewerberaummietrecht: Wichtige Rechtsprechungsentwicklungen aus Sachverständigensicht, GuG 2018, 278.

▶ *Vgl. Rn. 46; 121; § 46 ImmoWertV Rn. 54 ff.; Teil V Rn. 212*

32 Das **Miet- und Pachtrecht** ist im Titel 5 des BGB (§§ 335 bis 606 BGB) geregelt.

Im Bereich des Mietrechts bedarf es deshalb einer sorgfältigen **Abgrenzung der Wohnraummiete von der Gewerberaummiete** *(commercial leases).* Maßgebend für die Einordnung ist vor allem die Zweckbestimmung der Räume, die von den Parteien im Mietvertrag vereinbart wurde[8].

33 Ein **Geschäftsraummietvertrag** liegt vor, wenn die Fläche oder ein Gebäude aufgrund eines schuldrechtlichen Vertrags gegen Entgelt (unbefristet oder auf Zeit) zu anderen als Wohnzwecken überlassen wurde. Es kommt also auf die zwischen den Parteien vereinbarte Zweckbestimmung an, wobei eine ausdrückliche Festlegung entbehrlich ist, wenn die angemieteten Flächen eindeutig nur für gewerbliche oder geschäftliche Zwecke geeignet sind. Soweit im Mietvertrag keine eindeutige Zweckbestimmung vereinbart worden ist, richtet sich die Zweckbestimmung nach der objektiven Beschaffenheit der Räume.

34 Besteht ein „**Mischmietverhältnis**“, richtet sich die Zuordnung nach der sog. „Übergewichtstheorie“, wobei der Parteienwille und der Vertragszweck ausschlaggebend sind[9]. Dass die Räume nicht nur zu Wohnzwecken, sondern auch zur Ausübung einer gewerblichen Tätigkeit vermietet wurden, lässt keine Rückschlüsse auf den Vertragsschwerpunkt zu. Nach Vertragsabschluss wird durch eine ohne Abstimmung mit dem Vermieter vom Mieter vorgenommene Änderung der Nutzungsart an der rechtlichen Einordnung nichts geändert.

Bei der **Ermittlung von Mietwerten** ist ein einheitliches Mietverhältnis über Wohn- und Geschäftsräume zwingend entweder als Wohnraummietverhältnis oder als Mietverhältnis über andere Räume zu bewerten[10].

---

8 LG Hamburg, Urt. vom 09.10.1984 – 16 S 168/84 –, ZMR 1985, 54 = EzGuG 3.68a.

9 BGH, Urt. vom 09.07.2014 – VIII ZR 376/13 –, NJW 2014, 2864 = EzGuG 3.154: BGH, Urt. vom 16.04.1986 – VIII ZR 60/85 –, NJW-RR 1986, 877 = EzGuG 7.96b; BGH, Urt. vom 15.11.1978 – VIII ZR 14/78 –, WM 1979, 148 = EzGuG 3.61a.

10 BGH, Urt. vom 09.07.2014 – VIII ZR 376/ 13 –, NJW 2014, 2864 = EzGuG 3.154.

Abb. 1: Mietrecht

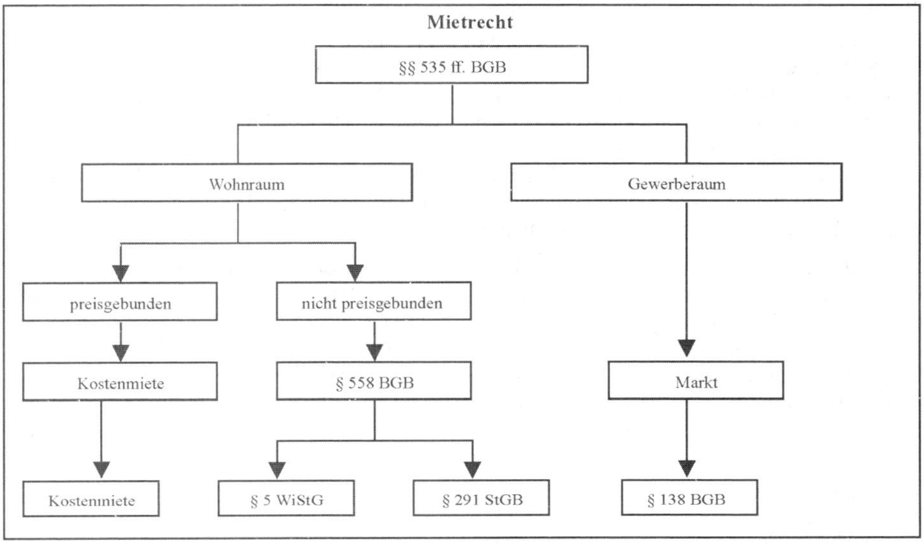

Der **wesentliche Unterschied zwischen der Wohnraum- und Geschäftsraummiete** besteht in der Gestaltung des Mietzinses. 35

- Für *Mietverhältnisse über Wohnraum* finden insbesondere die Regelungen des BGB Anwendung; des Weiteren sind die Regelungen über den sog. Rechtsentscheid (§ 541 ZPO) zu nennen.
- Für *Mietverhältnisse im gewerblichen Bereich* kann die Miete weitgehend frei vereinbart werden (Grundsatz der Vertragsfreiheit)[11]. Selbst die Kündigung des Mietverhältnisses mit dem Ziel einer Heraufsetzung des Mietzinses gilt nicht als sittenwidrig. Bei Geschäftsraummieten darf die Vereinbarung allerdings nicht gegen § 138 Abs. 2 BGB verstoßen.

Von einem gewerblichen Mietverhältnis ist auszugehen, wenn Wohnraum zum Zwecke der **Weitervermietung** an einen Dritten (sog. Endmieter) angemietet wird. Bei Beendigung des Zwischenmietverhältnisses tritt der Vermieter an Stelle des gewerblichen Zwischenmieters in das Weitermietverhältnis mit dem Endmieter ein. Der Endmieter kann dann nach § 565 BGB die Kündigungsschutzbestimmungen (§§ 566a bis e, § 574 BGB) für sich in Anspruch nehmen. 36

Das **Immobilienleasing** wird in der Rechtsprechung als Miete mit Einzelelementen des Kaufes und der Darlehensgewährung qualifiziert[12]. 37

2.2.2 Miete und Pacht

▶ *Zum Pachtwertverfahren vgl. § 6 ImmoWertV Rn. 110; zum Pachtwertverfahren vgl. Syst. Darst. des Ertragswertverfahrens Rn. 30, 56 (EOP-Methode); Teil V Rn. 281 ff., 235, 394 ff.*

Unter der **Miete ist die entgeltliche Überlassung einer Sache zum Gebrauch** an einen Dritten zu verstehen (§ 535 BGB). Die Miete setzt sich nach § 556 Abs. 1 BGB zusammen aus der Grundmiete (Netto- oder Kaltmiete) und den Betriebskosten als Teil der Mietnebenkosten, mit denen die laufend anfallenden Gemeinkosten der baulichen Anlage abgedeckt werden sollen. 38

---

11 Fritz, Gewerberaummietrecht, München 1991; Bub/Treier, Handbuch der Geschäfts- und Wohnraummiete, 4. Aufl., München 2014.
12 BGH, Urt. vom 25.01.1989 – VIII ZR 302/87 – ; BGHZ 106, 304 = EzGuG 12.54a.

Die Grundmiete/Nettokaltmiete enthält damit weder die Umlagen noch die nicht als „Umlagen erhobenen Betriebskosten“ und auch nicht die Abschreibung.

39 Die in den §§ 535 bis 580a BGB geregelte **Miete ist von der Pacht zu unterscheiden**, die in den §§ 581 bis 597 BGB geregelt ist. Während die Miete ein Nutzungsentgelt für den Gebrauch des vermieteten Gegenstands ist, wird mit der Pacht vom Verpächter dem Pächter zugleich auch das Recht zum „Genuss der Früchte“ gewährt. Dies bedingt i.d.R. die Überlassung einer betriebsbereiten Einrichtung, wie z.B. im Falle einer eingerichteten Gaststätte (z.B. Tische und Stühle) oder einer sonstigen Immobilie. Auf Pachtverhältnisse finden die mietrechtlichen Vorschriften weitgehend Anwendung, jedoch sind im Einzelfall Besonderheiten bezüglich der Kündigungsfristen und Instandhaltungspflichten zu beachten.

40 Die **Höhe der Miete können Mieter und Vermieter** bei Abschluss des Mietvertrags – vorbehaltlich besonderer mietrechtlicher Kappungsgrenzen („Mietpreisbremse“) – **bis zur Grenze der Mietpreisüberhöhung** (§ 5 WiStG, § 302a StGB) **grundsätzlich frei vereinbaren** (vgl. Rn. 47). Eine Ausnahme stellt – wie bereits erwähnt – die Miete im Bereich der sozialen Wohnraumförderung dar. Dass hierbei den allgemeinen Anforderungen an gesunde Wohn- und Arbeitsverhältnisse Rechnung zu tragen ist, bedarf nicht der Klarstellung. Im Übrigen muss aber bei der anzusetzenden Miete auf die rechtlich zulässige Nutzung abgestellt werden, weil nur diese nachhaltig ausgeübt werden kann[13].

41 Im Rahmen des Mietvertrags können die Vertragsparteien auch eine Änderung der Miete während der Vertragsdauer vereinbaren. Es muss jedoch grundsätzlich zwischen **Wohnraum- und Geschäftsraummietverträgen** unterschieden werden.

2.2.3 Schriftform

42 **Mietverhältnisse, die für einen längeren Zeitraum** als ein Jahr, gerechnet vom Beginn des Mietverhältnisses, **geschlossen werden, bedürfen** nach § 550 BGB grundsätzlich **der Schriftform**. Ein nicht schriftlich geschlossener Mietvertrag für länger als ein Jahr gilt für unbestimmte Zeit. Er kann unter Beachtung der gesetzlichen Kündigungsfristen frühestens zum Ablauf eines Jahres nach Überlassung des Wohnraums gekündigt werden.
Die Anforderungen an die Schriftform ergeben sich aus den §§ 126 ff. BGB:

- Unter einem **Vorvertrag** versteht man eine gegenseitige Verpflichtung der Vertragsparteien, einen Mietvertrag zu schließen. Er ist nur wirksam, wenn er den Inhalt des Mietvertrags hinreichend in dem Maße konkretisiert, dass ein Gericht den Vertragsinhalt durch Urteil bestimmen kann.
- Unter einem **Vormietrecht** versteht man analog zum Vorkaufsrecht das Recht eines dadurch Begünstigten, in ein Mietverhältnis vorrangig zu den Bedingungen einzutreten, die der Vermieter mit einem Dritten ausgehandelt hat. Der Begünstigte kann innerhalb einer Frist von zwei Monaten in den mit einem Dritten abgeschlossenen Mietvertrag eintreten. Der Vermieter ist analog zu § 510 BGB verpflichtet, dem Begünstigten unter Vorlage des mit einem Dritten geschlossenen Mietvertrags den Vertragsabschluss mitzuteilen.
- Unter einem **Anmietrecht** versteht man die vertraglich eingeräumte Verpflichtung des Vermieters, dem Begünstigten ein Mietobjekt anzubieten, bevor es an einen Dritten vermietet wird.
- Unter einer **Option** versteht man die Befugnis des Mieters, durch einseitige Erklärung ein bestehendes Mietverhältnis um eine bestimmte Zeit zu verlängern. Hierzu soll im Vertrag die Optionsfrist geregelt sein.

43 Im Übrigen tritt im **Falle des Todes des Mieters** oder des Vermieters sein Erbe als Gesamtrechtsnachfolgerin die Rechte und Pflichten des Mietvertrags ein (§§ 1922, 1967 ff. BGB).

13 BR-Drs. 352/88, S. 57.

Die §§ 563 ff. BGB lassen abweichend vom Prinzip der Gesamtrechtsnachfolge unter bestimmten Voraussetzungen eine Sonderrechtsnachfolge für bestimmte Personen in das Mietverhältnis über Wohnraum zu. Findet die Sonderrechtsnachfolge nicht statt, so bleibt es bei dem allgemeinen Erbrechtsprinzip der Gesamtrechtsnachfolge und das Mietverhältnis wird mit dem Erben fortgesetzt. Im Todesfall haben jedoch Mieter und Vermieter gemäß den §§ 563 f. BGB das Recht zur außerordentlichen Kündigung des Mietverhältnisses unter Wahrung der gesetzlichen Kündigungsfristen. Der Vermieter kann das Mietverhältnis mit den Erben des verstorbenen Wohnungsmieters grundsätzlich nur dann kündigen, wenn in der Person des Eingetretenen ein wichtiger Grund liegt, selbst wenn der Erbe zu Lebzeiten des Mieters nicht in der Wohnung gelebt hat (vgl. Rn. 106).

Die Miete wird bei Wohnimmobilien typischerweise als monatlicher Festbetrag vereinbart. Bei der Vermietung von Geschäftsraum, insbesondere bei Einzelhandelsflächen, wird häufig eine zusätzliche **umsatzabhängige Miete** vereinbart, wobei solche Verträge i.d.R. eine Betriebspflicht des Mieters vorsehen (vgl. Rn. 115).

Der **Anstieg der Wohnungsmieten** ist in den letzten Jahren (in fast allen großen Städten der Bundesrepublik Deutschland) recht unterschiedlich gewesen.

2.3 Wohnraummiete

Schrifttum: *Beuermann/Blümmel,* Das neue Mietrecht,1. Aufl. 2001; *Bub/Treier,* Handbuch der Geschäfts- und Wohnraummiete, 2. Aufl. 1993; *Dröge, F.,* Handbuch der Mietpreisbewertung für Wohn- und Gewerberaum, Wolters Kluwer 1999; *Kühne-Büning/Nordalm/Steveling (Hrsg.),* Grundlagen der Wohnungs- und Immobilienwirtschaft, 4. Aufl. Hammonia 2004; *Sternel,* Mietrecht aktuell, 3. Aufl. 1996.

2.3.1 Allgemeines

2.3.1.1 Rechtsgrundlagen

Nach § 549 BGB gelten für Mietverhältnisse über Wohnraum die §§ 535 bis 548 BGB, soweit sich nicht aus den §§ 549 bis 577a BGB etwas anderes ergibt. Nach § 578 Abs. 1 BGB (Mietverhältnis über Grundstücke und Räume) sind auf Mietverhältnisse über Grundstücke die Vorschriften der §§ 550, 562 bis 562d, 566 bis 567b sowie 570 entsprechend anzuwenden. Sind die Räume zum Aufenthalt von Menschen bestimmt, so gilt außerdem § 569 Abs. 1 BGB entsprechend. 44

Bei einem laufenden Mietvertrag kann der Vermieter nach § 558 Abs. 2 BGB von dem Mieter verlangen, dass dieser unter Beachtung der jeweiligen Kappungsgrenzen einer Erhöhung der Miete bis zur „ortsüblichen Vergleichsmiete" zustimmt. Bei Neuvermietung kann nach dem Grundsatz der Vertragsfreiheit dagegen die Marktmiete verlangt werden, die von der ortsüblichen Vergleichsmiete abweicht und i.d.R. höher ist. Mithin ist im Bereich des **frei finanzierten Wohnungsbaus** grundsätzlich zu unterscheiden zwischen

a) der im Falle der Neuvermietungen bezugsfreien Wohnraums erzielbaren „**Marktmiete**" und

b) der „im Bestand" nach den gesetzlichen Bestimmungen über die Begrenzung von Mieterhöhungsverlangen erzielbaren „**ortsüblichen Vergleichsmiete**".

2.3.1.2 Mietpreisbremse

In einem nach Maßgabe des § 556d Abs. 2 BGB durch Rechtsverordnung der Landesregierung bestimmten **Gebiet mit einem angespannten Wohnungsmarkt** darf im Falle einer Neuvermietung bestehenden Wohnraums die Miete zu Beginn des Mietverhältnisses die ortsübliche Vergleichsmiete i.S. des § 558 Abs. 2 BGB höchstens um 10 % übersteigen (sog. **Mietpreisbremse**: Kappungsgrenze bei Neuvermietungen nach § 556d Abs. 1 BGB). 45

Dazu bestehen folgende **Ausnahmen**:

- Ist die Miete, die der vorherige Mieter zuletzt schuldete, **höher als die nach § 556e Abs. 1 BGB zulässige Miete, so darf eine Miete nach § 556e Abs. 1 BGB bis zur Höhe der** Vormiete vereinbart werden („**Bestandsschutz der Vormiete**"). Bei der Ermittlung der Vormiete unberücksichtigt bleiben Mietminderungen sowie solche Mieterhöhungen, die mit dem vorherigen Mieter innerhalb des letzten Jahres vor Beendigung des Mietverhältnisses vereinbart worden sind.
- Hat der Vermieter in den letzten drei Jahren vor Beginn des Mietverhältnisses Modernisierungsmaßnahmen i.S. des § 555b BGB durchgeführt, so darf die nach § 556d Abs. 1 BGB zulässige Miete um den Betrag überschritten werden, der sich bei einer Mieterhöhung nach § 559 Abs. 1 bis 3 und § 559a Abs. 1 bis 4 BGB ergäbe (§ 556e Abs. 2 BGB). Dabei ist von der ortsüblichen Vergleichsmiete auszugehen, die bei Beginn des Mietverhältnisses ohne Berücksichtigung der Modernisierung anzusetzen wäre (**nicht durchgesetzte Modernisierungsmieterhöhung vor Weitervermietung**).
- Die vorstehende Kappungsgrenze für Neuvermietungen ist nach § 556f Satz 1 und 2 BGB nicht auf eine Wohnung anzuwenden, die nach dem 01.10.2014 erstmalig genutzt oder vermietet wird, sowie auf die **erste Vermietung nach umfassender Modernisierung**.

Die Mietpreisbremse ist nicht anzuwenden auf Mietverträge und **Staffelmietvereinbarungen** über Wohnraum, die abgeschlossen worden sind, bevor die vertragsgegenständliche Mietwohnung in den Anwendungsbereich einer Rechtsverordnung nach § 556d Abs. 2 BGB fällt.

2.3.2 Marktmiete

2.3.2.1 Allgemeines

▶ *Vgl. Syst. Darst. des Ertragswertverfahrens Rn. 188 ff.; § 32 ImmoWertV Rn. 14; zur Ableitung des Liegenschaftszinssatzes von Wohnimmobilien vgl. § 21 ImmoWertV Rn. 113*

46 Das Mietrecht des BGB geht vom Grundsatz der Vertragsfreiheit aus und überlässt es den Mietvertragsparteien, die Miete frei auszuhandeln und einvernehmlich festzulegen. Die **gesetzlichen Bestimmungen zur Regelung der Miethöhe in laufenden Mietverträgen (Vergleichsmietenprinzip) finden bei Neuvermietung keine Anwendung**. Es gilt lediglich das Verbot der Mietpreisüberhöhung nach § 5 WiStG und des Mietwuchers nach § 302a StGB. Im Zusammenhang mit den bei Neuabschlüssen vereinbarten Mieten spricht man von der „Marktmiete". Marktmiete ist dabei die durch Angebot und Nachfrage am freien Markt im Falle einer Neuvermietung nach der Beschaffenheit des Mietobjekts mit den nachfolgend behandelten Einschränkungen durchschnittlich erzielbare Miete[14]; zur ortsüblichen Vergleichsmiete vgl. Rn. 64.

2.3.2.2 Gebiete mit angespanntem Wohnungsmarkt

▶ *Vgl. Syst. Darst. des Ertragswertverfahrens Rn. 188 ff.; § 32 ImmoWertV Rn. 14; zur Ableitung des Liegenschaftszinssatzes von Wohnimmobilien vgl. § 21 ImmoWertV Rn. 113*

47 Nach § 201a BauGB werden die Landesregierungen ermächtigt, durch Rechtsverordnung Gebiete mit einem angespannten Wohnungsmarkt zu bestimmen. Definitionsgemäß liegt ein **Awoma-Gebiet** vor, wenn die ausreichende Versorgung der Bevölkerung mit Mietwohnungen

---

14 Der in den angelsächsischen TRICS Berufsgrundsätze (Global) unter Berücksichtigung des internationalen Bewertungssystems des IVSC (Januar 2014) gebrauchte Begriff der „Marktmiete" ist auf das deutsche Marktgeschehen und das deutsche Rechtssystem nicht anwendbar: „Marktmiete: Hierbei handelt es sich um den geschätzten Betrag, für den eine Immobilie am Bewertungsstichtag von einem bereitwilligen Vermieter zu angemessenen Vermietungsbedingungen, nach ordnungsgemäßer Vermarktung und im Rahmen eines marktüblichen Geschäfts an einen bereitwilligen Mieter vermietet werden könnte, wobei Mieter und Vermieter sachkundig, umsichtig und ohne Zwang handeln würden. Bei Nennung oder Angabe einer Marktmiete ist ebenfalls auf „angemessene Vermietungsbedingungen" zu verweisen."

in einer Gemeinde oder einem Teil der Gemeinde zu angemessenen Bedingungen besonders gefährdet ist. Die Regelung gilt für die Anwendung der Regelungen in § 25 Abs. 1 Satz 1 Nr. 3, § 31 Abs. 3, § 175 Abs. 2 Satz 2 und § 176 Abs.1 Satz 1 Nr. 3 BauGB und ist bis zum 31.12.2026 befristet.

Ein Gebiet mit einem angespannten Wohnungsmarkt liegt nach § 201 Abs. 1 Satz 3 BauGB vor, wenn die ausreichende Versorgung der Bevölkerung mit Mietwohnungen in einer Gemeinde oder einem Teil der Gemeinde zu angemessenen Bedingungen besonders gefährdet ist. Dies kann nach dieser Vorschrift – wortgleich mit § 556d Abs. 2 BGB – insbesondere dann der Fall sein, wenn

1. die Mieten deutlich stärker steigen als im bundesweiten Durchschnitt,
2. die durchschnittliche Mietbelastung der Haushalte den bundesweiten Durchschnitt deutlich übersteigt,
3. die Wohnbevölkerung wächst, ohne dass durch Neubautätigkeit insoweit erforderlicher Wohnraum geschaffen wird, oder
4. geringer Leerstand bei großer Nachfrage besteht.
   In einem durch Rechtsverordnung der Landesregierung bestimmten **Gebiet mit einem angespannten Wohnungsmarkt** darf im Falle einer Neuvermietung bestehenden Wohnraums die Miete zu Beginn des Mietverhältnisses die ortsübliche Vergleichsmiete i.S. des § 558 Abs. 2 BGB höchstens um 10 % übersteigen (sog. **Mietpreisbremse**: Kappungsgrenze bei Neuvermietungen nach § 556d Abs. 1 BGB). Dazu bestehen folgende Ausnahmen:

– Ist die Miete, die der vorherige Mieter zuletzt schuldete (**Vormiete**), höher als die nach § 556d Abs. 1 BGB zulässige Miete, so darf eine Miete nach § 556e Abs. 1 BGB bis zur Höhe der Vormiete vereinbart werden. Bei der Ermittlung der Vormiete unberücksichtigt bleiben Mietminderungen sowie solche Mieterhöhungen, die mit dem vorherigen Mieter innerhalb des letzten Jahres vor Beendigung des Mietverhältnisses vereinbart worden sind.

– Hat der Vermieter in den letzten drei Jahren vor Beginn des Mietverhältnisses **Modernisierungsmaßnahmen** i.S. des § 555b BGB durchgeführt, so darf die nach § 556d Abs. 1 BGB zulässige Miete um den Betrag überschritten werden, der sich bei einer Mieterhöhung nach § 559 Abs. 1 bis 3 und § 559a Abs. 1 bis 4 BGB ergäbe.

– Die vorstehende Kappungsgrenze für Neuvermietungen ist nach § 446f BGB nicht auf eine Wohnung anzuwenden, die nach dem 01.10.2014 erstmalig genutzt oder vermietet wird, sowie auf die **erste Vermietung nach umfassender Modernisierung**.

– Die Mietpreisbremse ist nicht anzuwenden auf Mietverträge und **Staffelmietvereinbarungen** über Wohnraum, die abgeschlossen worden sind, bevor die vertragsgegenständliche Mietwohnung in den Anwendungsbereich einer Rechtsverordnung nach § 556d Abs. 2 BGB fällt.

Im Rahmen der **Ertragswertermittlung von gewerblichen Grundstückenist grundsätzlich von der Marktmiete auszugehen** und diese sind der Ableitung von Liegenschaftszinssätzen zugrunde zu legen.

2.3.3 Ortsübliche Vergleichsmiete

2.3.3.1 Allgemeines

Schrifttum: *Börstinghaus*, DS 2018, 263; *Börstinghaus,* Der Sachverständige im Mieterhöhungsverfahren gem. §§ 558 ff. BGB aus richterlicher Sicht, DS 2008, 245 ff.; *Blank/Börstinghaus*, BGB, 5. Aufl. 2017, § 558 Rn. 19–44.; *Artz* in MüKoBGB, 8. Aufl. 2020, § 558 Rn. 22 ff.; *Dröge,* Handbuch der Mietpreisbewertung für Wohn- und Gewerberaum; *Kuntze, C./Tietsch, R.,* Sachverständigengutachten zur Bestimmung der ortsüblichen Vergleichsmiete, MietrB-Beratungspraxis 2009, 53; *Schlehe, V./Spähn, V.,* Ermittlung der ortsüblichen Vergleichsmiete unter Berücksichtigung der neueren Rechtsprechung des BGH. Empfehlungen für öffentlich bestellte Sachverständige. GuG 2021, 25; *Börstinghaus* in Schmidt-Futterer, Mietrecht, 14. Aufl., § 558a Rn. 86; *Schulz, St.*, Die ortsübliche Vergleichsmiete – Zur Bemessung der preisbildenden Eigenschaften, GuG 2016, 107.

▶ *Vgl. Rn. 28, 70*

48 Die ortsübliche Vergleichsmiete wird mit § 558 Abs. 2 BGB **als das übliche Entgelt definiert, das in der Gemeinde oder einer vergleichbaren Gemeinde für Wohnraum vergleichbarer Art, Größe, Ausstattung, Beschaffenheit und Lage gezahlt wird.** Sie gilt für Mietwohnungen in Mehrfamilienhäusern, die keiner Mietpreisbindung unterliegen (einschließlich ehemaliger Sozialwohnungen, bei denen die Mietpreisbindung ausgelaufen ist) und die nicht mit öffentlichen Mitteln modernisiert oder gefördert worden sind.

Die ortsübliche Vergleichsmiete wird grundsätzlich aus den üblichen Entgelten, die in der Gemeinde oder einer vergleichbaren Gemeinde für Wohnraum vergleichbarer Art, Größe, Ausstattung, Beschaffenheit und Lage vereinbart wurde, abgeleitet. Nach dem bis zum 01.01.2020 geltenden Recht wurden dabei Mietentgelte der letzten vier Jahre herangezogen. Dieser Zeitraum wurde mit dem am 01.01.2020 in Kraft getretenen Gesetz zur Verlängerung des Betrachtungszeitraums[15] auf sechs Jahre verlängert.

Die Übergangsregelung lautet wie folgt:

„(1) Mietspiegel können auch nach dem 31. Dezember 2019 nach § 558 Absatz 2 Satz 1 des Bürgerlichen Gesetzbuchs in der bis dahin geltenden Fassung neu erstellt werden, wenn der Stichtag für die Feststellung der ortsüblichen Vergleichsmiete vor dem 1. März 2020 liegt und der Mietspiegel vor dem 1. Januar 2021 veröffentlicht wird. Mietspiegel, die nach Satz 1 neu erstellt wurden oder die bereits am 31. Dezember 2019 existierten, können entsprechend § 558d Absatz 2 des Bürgerlichen Gesetzbuchs innerhalb von zwei Jahren der Marktentwicklung angepasst werden.

(2) In Gemeinden oder Teilen von Gemeinden, in denen ein Mietspiegel nach Absatz 1 Satz 1 neu erstellt wurde oder in denen am 31. Dezember 2019 ein Mietspiegel existierte, ist § 558 Absatz 2 Satz 1 des Bürgerlichen Gesetzbuchs in der bis zu diesem Tag geltenden Fassung anzuwenden, bis ein neuer Mietspiegel anwendbar ist, längstens jedoch zwei Jahre ab der Veröffentlichung des zuletzt erstellten Mietspiegels. Wurde dieser Mietspiegel innerhalb von zwei Jahren der Marktentwicklung angepasst, ist die Veröffentlichung der ersten Anpassung maßgeblich.“

Die **ortsübliche Vergleichsmiete** in der jeweiligen Gemeinde **wird** somit weiterhin **aus den Neuvermietungsmieten und veränderten Bestandsmieten** der letzten vier Jahre **gebildet**, wenn

a) es am 31.12.2019 einen einfachen oder qualifizierten Mietspiegel gab, dem der vierjährige Betrachtungszeitraum zugrunde lag. Das gilt bis zur Veröffentlichung eines neuen Mietspiegels mit sechsjährigem Betrachtungszeitraum, maximal 2 Jahre nach Veröffentlichung des alten Mietspiegels.

b) ein einfacher oder qualifizierter Mietspiegel vor dem 01.01.2021 veröffentlicht wurde, wenn dessen Stichtag zur Feststellung der ortsüblichen Vergleichsmiete vor dem 01.03.2020 lag.

c) Wurde ein nach Punkt a) oder b) erstellter Mietspiegel innerhalb von zwei Jahren der Marktentwicklung angepasst, ist für den Zweijahreszeitraum die Veröffentlichung der ersten Anpassung maßgeblich.

Hieraus folgt, dass Mietspiegel einer Nachbargemeinde dann nicht als Begründungsmittel verwendet werden dürfen, wenn in den jeweiligen Gemeinden unterschiedliche Betrachtungszeiträume vorgeschrieben sind und ein Mietspiegel mit vierjährigem Betrachtungszeitraum zwei Jahre nach seiner Veröffentlichung nicht mehr als veralteter Mietspiegel zur Begründung herangezogen werden darf, da er von da an von einem falschen Begriff der ortsüblichen Vergleichsmiete ausgeht.

---

15 BGBl. I 2019, 2911.

Nach der Rechtsprechung des BGH[16] ist nicht auf die **Mieten für vergleichbare Wohnungen** in dem Ortsteil abzustellen, in dem die jeweilige Wohnung liegt, sondern auf geeignete Vergleichswohnungen **im gesamten Gemeindegebiet**. Bei der Ermittlung der Einzelvergleichsmiete muss ein breites Spektrum von Vergleichswohnungen aus der gesamten Gemeinde und nicht nur Vergleichswohnungen aus einer einzigen im Eigentum des die Zustimmung begehrenden Vermieters stehenden Siedlung berücksichtigt werden (vgl. Rn. 67 ff.). Ein angemessenes Verhältnis von Neuvermietungen und Änderungen von Bestandsmieten ist dann nicht mehr gewahrt, wenn Bestandsmietenänderungen im maßgeblichen Vierjahreszeitraum nicht oder nur in einem vernachlässigbar geringen Umfang in die Bewertung einbezogen werden[17].

Die ortsübliche Vergleichsmiete stellt im Übrigen **auch das Entgelt für die auf dem Grundstück befindlichen sonstigen Anlagen** (z.B. parkähnliche Bepflanzungen) dar. So findet z.B. die Annehmlichkeit des „guten" Wohnens in einer begrünten Wohnanlage ihre Berücksichtigung in der Miete[18]. In Ausnahmefällen wäre dies nach § 8 Abs. 3 ImmoWertV besonders zu berücksichtigen. **49**

Nach § 558a Abs. 2 BGB darf der Vermieter zur **Ermittlung der ortsüblichen Vergleichsmiete** folgende Mittel verwenden:

- Mietspiegel,
- Auskunft aus einer Mietdatenbank,
- Gutachten eines öffentlich bestellten und vereidigten Sachverständigen (Rn. 198),
- Entgelte für einzelne vergleichbare Wohnungen, wobei die Benennung von drei Wohnungen ausreicht.

Dieser Katalog ist jedoch nicht abschließend (zur Frage des Erfordernisses einer Wohnungsbesichtigung im Rahmen der Gutachtenerstattung vgl. Teil II Rn. 193).

Im Rahmen der **Ertragswertermittlung von Wohngrundstückenist grundsätzlich von der ortsüblichen Vergleichsmiete auszugehen** und der Ermittlung von Liegenschaftszinssätzen zugrunde zu legen (vgl. Rn. 28 sowie § 21 ImmoWertV Rn. 110). Mit dem Rein- bzw. Rohertrag sind i.d.R. auch die Werteinflüsse der baulichen Außenanlagen und sonstigen Anlagen erfasst.

Zur **Ermittlung der ortsüblichen Vergleichsmiete** empfiehlt es sich, einfache oder qualifizierte **Mietspiegel** nach den §§ 558c und d BGB heranzuziehen (vgl. Rn. 174 sowie § 21 ImmoWertV Rn. 111). Des Weiteren ist auch auf entsprechende Erhebungen und Veröffentlichungen der Gutachterausschüsse (Mietwertübersichten) zurückzugreifen. Wird von Mietspiegeln ausgegangen, so muss beachtet werden, welche Mietentgelte (Nettokaltmiete, Mietnebenkosten) der Auswertung zugrunde gelegt und mit den Zahlenwerten wiedergegeben werden. Soweit erforderlich, muss die stichtagsbezogene Miete auf den Wertermittlungsstichtag umgerechnet werden. Dafür kann auf die vom Statistischen Bundesamt in der Reihe 7 der Fachserie 17 veröffentlichten „Preise und Preisindizes für die Lebenshaltung in Deutschland" zurückgegriffen werden. Des Weiteren ist zu beachten, dass es sich hierbei um Mieten handelt, die aus Bestands- und Neuvertragsmieten der letzten sechs Jahre abgeleitet wurden.

Bei Verwendung von Mietspiegeln, ist i.d.R. das **fiktive Baujahr** (Bezugsfertigkeit) maßgebend, wenn die Wohnung modernisiert wurde und sich dadurch die Restnutzungsdauer entsprechend verlängert. Die Mietspiegel sind zur Ermittlung der ortsüblichen Vergleichsmiete von Ein- und Zweifamilienhäusern nicht geeignet, da die einschlägigen Mieten i.d.R. höher ausfallen[19].

16 BGH, Urt. vom 03.07.2013 – VIII ZR 354/12 –, GuG 2014, 122 = EzGuG 3.152.
17 BGH, Urt. vom 24.04.2019 – VII ZR 62/18 –, GuG 2019, 315 = EzGuG 20.300.
18 OLG Koblenz, Urt. vom 13.01.1982 – 1 U 6/80 –, AVN 1988, 158 = EzGuG 2.28.
19 LG Berlin, Urt. vom 22.05.2002 – 64 S 159/01 –, NJ 2001, 488 = EzGuG 3.126b.

2.3.3.2 Möblierungszuschlag

Schrifttum: *Pfirrmann* in Herrmann/Heuer/Raupach, EStG KStG Kommentar, § 21 EStG Rn. 206; *Schmidt/Kulosa*, EStG, 36. Aufl., § 21 Rn. 159; *Schwirley, P./Dickersbach, M.* Die Bewertung von Wohnraum, 3. Aufl. Bundesanzeiger Verlag,S. 365 ff.

▶ *§ 8 ImmoWertV Rn. 229; Teil V Rn. 39; zu Ferienwohnungen vgl. Teil V Rn. 27*

50 Die Überlassung von möblierten oder teilmöblierten Wohnungen ist regelmäßig mit einem gesteigerten Nutzungswert verbunden, der sich häufig auch in einer höheren ortsüblichen Miete niederschlägt[20]. Bezieht sich ein Mietspiegel nicht auf möbliert oder teilmöbliert vermietete Wohnungen, ist für die Möblierung im Rahmen der Ermittlung der ortsüblichen Marktmiete i.S. des § 21 Abs. 2 EStG ein Zuschlag zu berücksichtigen, soweit sich auf dem örtlichen Mietmarkt für möblierte Wohnungen hierfür ein Zuschlag ermitteln lässt[21].
Der Möblierungszuschlag ist auf der Grundlage des örtlichen Mietmarkts für möblierte Wohnungen zu ermitteln. In der Rechtsprechung ist – wenn auch nicht einheitlich – als **Möblierungszuschlag** ein Prozentsatz von 2 % des Zeitwerts pro Monat allgemein anerkannt[22]; er kann im Rahmen der Marktwertermittlung ggf. als temporärer Sonderwert berücksichtigt werden.

2.3.4 Kostenmiete

▶ *Vgl. § 5 ImmoWertV Rn. 85; § 46 ImmoWertV Rn. 57; Teil V Rn. 11 ff., Teil VI Rn. 721 ff.*

51 Im Bereich des öffentlich geförderten **sozialen Wohnungsbaus** oder der sozialen Wohnraumförderung steht dem Vermieter lediglich die nach den §§ 8a und 8b WoBindG ermittelte **Kostenmiete** zu.

Die Kostenmiete ist die Miete, die zur vollständigen Deckung der laufenden Aufwendungen unter Berücksichtigung der tatsächlichen Finanzierungskosten und unter Berücksichtigung öffentlicher Baudarlehen erforderlich ist. Sie wird im Rahmen einer Wirtschaftlichkeitsberechnung aufgrund der Kapital- und Bewirtschaftungskosten errechnet und darf für die Dauer der Zweckbestimmung nicht überschritten werden. Die sich aus den **Wirtschaftlichkeitsberechnungen** ergebende durchschnittliche Kostenmiete für den Quadratmeter der Wohnfläche ist für die Vertragsparteien verbindlich. Wird dieser Betrag auf die Wohnfläche des Objekts bezogen, so spricht man mitunter von der Durchschnittsmiete.

Inhalt und Form der **Wirtschaftlichkeitsberechnung** werden in der Zweiten Berechnungsverordnung (II. BV) geregelt[23]. Gemäß § 3 II. BV muss die Wirtschaftlichkeitsberechnung eines Objekts enthalten:

1. Grundstücks- und Gebäudebeschreibung,
2. Aufstellung der Gesamtkosten,
3. Aufstellung der Finanzierungsmittel zur Deckung der Gesamtkosten (Finanzierungsplan),
4. Aufstellung über die jährlichen laufenden Aufwendungen und Erträge des Objekts.

---

20 FG Baden-Württemberg, Urt. vom 07.09.2002 – 11 K 126/98 –, EFG 2003, 156; für Einbauküche, Einbauschränke und Badezimmermöbel FG München, Urt. vom 25.05.2011 – 1 K 4079/09 –, EFG 2012, 1058 = EzGuG 3.144b.

21 BFH, Urt. vom 06.02.2018 – IX R 14/17 –, BFHE 261, 20 = BStBl II 2018, 522 = GuG 2018, 389 = EzGuG 3.196.

22 FG Niedersachsen, Urt. vom 07.12.2010 – 3 K 251/08 –, EFG 2011, 628 = EzGuG 3.144b; LG Berlin, Urt. vom 21.03.2003 – 63 S 365/01 –, BlnGE 2003, 954 = EzGuG 3.127a; vgl. Börstinghaus in Schmidt-Futterer, Mietrecht, 9. Aufl. 2007, § 558a BGB Rn. 64 f.; Flintrop in Hannemann/Wiegner, Münchener Anwaltshandbuch Mietrecht, 3. Aufl. 2010, § 23 Rn. 118.

23 Vgl. hierzu § 72 II. WoBauG und §§ 8, 8a WoBindG und §§ 1, 2 NMV 1970, Fischer-Dieskau, Pergande, Schwender, Wohnungsbaurecht, § 2 NMV 1970, Anmerkung 2: Verhältnis von II. BV zur NMV 1970.

2.3.5 Mietpreisgestaltung

Schrifttum: *Wetekamp, A.*, Schönheitsreparaturen, GuG 2017, 364.

▶ *Vgl. Syst. Darst. des Ertragswertverfahrens Rn. 197 ff.; § 32 ImmoWertV Rn. 56*

Grundsätzlich besteht im Rahmen der Grenzen der §§ 556d ff. BGB sowie des § 5 WiStrG (Mietpreisüberhöhung) und § 291 StGB (Wucher) Vertragsfreiheit (vgl. Rn. 45). **Für die Mietpreisgestaltung bestehen folgende Möglichkeiten:** 52

a) **Als Miete kann** aufgrund der Vertragsfreiheit bei nicht preisgebundenem Wohnraum für die eigentliche Überlassung des Wohnraums und alle sonstigen Verpflichtungen **ein Pauschalbetrag vereinbart** werden. Wurde eine pauschale Miete vereinbart und keine Regelung über Nebenkosten getroffen, so sind mit der Miete alle Entgelte des Mieters abgegolten.

b) Es kann auch frei vereinbart werden, ob und in welchem Umfang der Mieter bestimmte Mietnebenkosten neben der eigentlichen Miete trägt.

Die unterschiedliche Vertragsgestaltung hat nach den §§ 553 ff., 560 BGB ein **unterschiedlich ausgestaltetes Mieterhöhungsrecht** des Vermieters zur Folge.

Ausgehend vom Grundsatz, dass der Vermieter die auf der vermieteten Sache ruhenden Lasten zu tragen hat (§ 535 BGB), können dabei, soweit im Mietvertrag nichts anderes geregelt ist, von den Nebenkosten nur die Erhöhungsbeträge auf die Mieter umgelegt werden (§ 556 BGB, abgedruckt bei Rn. 18). 53
Dies betrifft ab 01.01.2004 die in § 2 BetrKV aufgeführten **Betriebskosten**. Alle übrigen Mietnebenkosten dürfen nur unter den erschwerten Voraussetzungen des § 558 BGB erhöht werden (vgl. Syst. Darst. des Ertragswertverfahrens Rn. 186 ff., § 32 ImmoWertV Rn. 78).

Nach den §§ 556 ff. BGB kann in den Fällen, in denen im Mietvertrag nur **die Nettokaltmiete/ Grundmiete vereinbart wurde** und die Betriebskosten gesondert ausgewiesen werden, auch nur die Nettokaltmiete/Grundmiete erhöht werden, während die Betriebskostenanteile nur über § 560 BGB verändert werden können. 54

Neben dem Preis für die bloße Gebrauchsüberlassung einer Wohnung kann mit dem Mieter also die Übernahme insbesondere von **Neben- und Betriebskosten** vereinbart werden. Im Einzelnen wird zwischen folgenden Kostengruppen unterschieden: 55

a) *Nutzungsabhängige Kosten:* Dies sind z.B. die Kosten für den Wasserverbrauch, die Heizung, die Müllabfuhr sowie für Energie und Strom.

b) *Existenzabhängige Kosten:* Dies sind insbesondere die Grundsteuer, Versicherungskosten sowie Straßenreinigungsgebühren.

c) *Anschaffungs- und herstellungsbedingte Kosten:* Dies sind insbesondere die Finanzierungskosten sowie die Eigenkapitalverzinsung.

Für die Abwälzung solcher Nebenkosten gilt das **Enumerationsprinzip,** nach dem auf den Mieter nur die Kosten übergehen, die im Mietvertrag besonders vereinbart sind. Soweit auf Anl. 3 der II. BV oder § 2 BetrKV Bezug genommen wird, sollte diese als Anlage zum Mietvertrag genommen werden. Sie erfasst aber nicht die Kosten der Hausverwaltung, deren Überwälzung auch bei kleineren Gewerbeimmobilien schon üblich ist. 56

57 Für die Neben- und Betriebskosten können **Vorauszahlungen** mit anschließender Abrechnung[24], aber auch Pauschalzahlungen vereinbart werden. Dies ergibt sich im Einzelnen aus dem Mietvertrag[25]. Daneben kann auch die Übernahme von **Schönheitsreparaturen** vereinbart werden, die **grundsätzlich vom Vermieter zu tragen** sind (§ 535 BGB)[26].

58 Eine gesetzliche Definition der **Mietnebenkosten** besteht nicht. Neben den Bewirtschaftungskosten gehören hierzu insbesondere die Kapitalkosten.

59 Der unter Ausschluss der umlagefähigen Betriebskosten sich ergebende Rohertrag stellt die **Nettokaltmiete** (= Grundmiete) dar, wie sie für Wohnraum heute regelmäßig vereinbart wird. Was marktüblich erzielbar ist, kann deshalb auf dieser Grundlage auf Grund örtlicher Vergleichsmieten einschließlich eines örtlichen Mietspiegels am zuverlässigsten ermittelt werden.

60 Im Überblick sind auch andere **Vertragsgestaltungen** möglich:

Bruttowarmmiete:	Miete einschließlich sämtlicher Bewirtschaftungskosten einschließlich Betriebskosten *einschließlich Heizung und Warmwasser* (und ohne Mehrwertsteuer); vielfach wird auch von Inklusivmiete, Pauschalmiete oder Festmiete gesprochen.
Bruttokaltmiete:	Miete einschließlich sämtlicher Bewirtschaftungskosten (einschließlich Betriebskosten), jedoch *ohne Heizung und Warmwasser* (und ohne Mehrwertsteuer).
Nettokaltmiete:	Bruttokaltmiete, jedoch ohne umlegbare Bewirtschaftungskosten (Betriebskosten)[27].
Teilinklusivmiete:	Miete einschließlich bestimmter Betriebskosten.
Warminklusivmiete:	Miete einschließlich Betriebs- und Heizkosten[28]
Reinertrag:	Bruttokaltmiete, jedoch ohne Bewirtschaftungskosten

---

24 Zur Verjährung: Der Anspruch des Vermieters gegen den Mieter auf Nachzahlung von Betriebskosten verjährt in vier Jahren. Die Verjährungsfrist beginnt jeweils am Ende des Jahres, in dem der Anspruch entstanden ist. Unklar ist bisher, ob die Frist für die Verjährung einer Nachforderung des Vermieters gegen seinen Mieter bereits mit dem Ende des Jahres zu laufen beginnt, innerhalb dessen die Abrechnungsperiode endet, oder erst mit dem Ende desjenigen Jahres, in welchem dem Mieter die Abrechnung zugeht. Bei der Abrechnung von Heizkosten hat der BGH (BGH, Urt. vom 19.12.1990 – VIII ARZ 5/90 –, BGHZ 113, 188) festgestellt, dass derjenige Zeitpunkt maßgebend ist, zu dem dem Mieter die Abrechnung über die Heizkosten zugeht.

25 Zur Umlagefähigkeit vgl. BGH, Urt. vom 20.01.1993 – VIII ZR 10/92 –, GuG 1994, 127 (LS) = WM 1993, 660.

26 Hierzu Schildt, WuM 1994, 237; Gather, ZAP F 4 S. 339 ff.

27 Der Begriff ist nicht immer eindeutig definiert, vgl. OLG Schleswig, Urt. vom 29.11.2011 – 11 U 26/10 –, GuG-aktuell 2012, 23 = EzGuG 3.146a.

28 Die Vereinbarung einer Warm- oder Warminklusivmiete ist – vorbehaltlich zulässiger Ausnahmen nach § 2 Heizkostenverordnung – unzulässig. BGH, Urt. vom 19.07.2006 – VIII ZR 215/05 –, NJW-RR 2006, 1305.

Abb. 2: Mietbegriffe

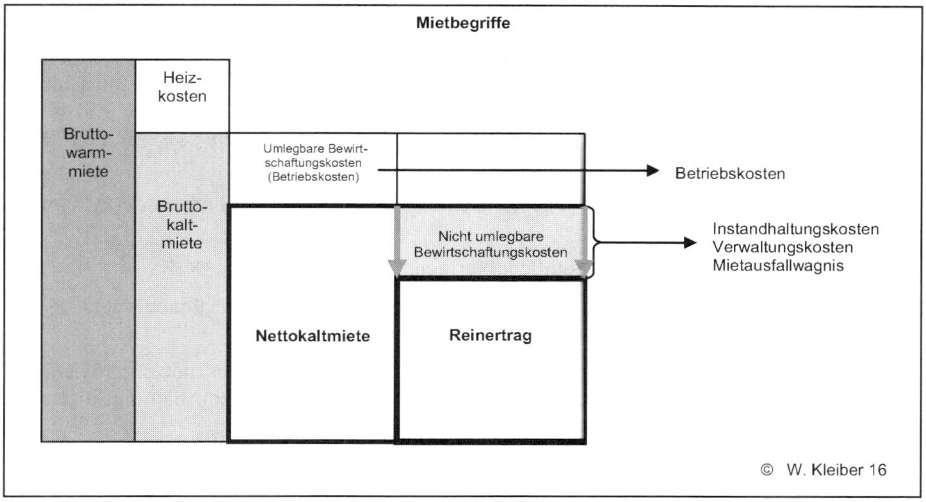

61 Ist eine **Bruttowarmmiete** vereinbart worden, so ist sie um die aktuellen warmen und kalten Betriebskosten zu vermindern, um eine Vergleichbarkeit mit der Nettokaltmiete herzustellen[29].

62 Bei der **Gestaltung der Wohnraummiete** sind neben den Preisvorschriften drei weitere allgemeine Schranken der Mietzinserhöhung zu beachten, wobei ein Verstoß – entgegen § 139 BGB – nicht den Bestand des Mietverhältnisses, sondern lediglich die Mietzinsvereinbarung berührt[30]. Dies sind

a) die Wesentlichkeitsgrenze (vgl. Rn. 90 ff.),

b) die Wuchergrenze (vgl. Rn. 97 ff.) und

c) die Kappungsgrenze (vgl. Rn. 102 ff.).

63 Bei Verwendung von **Formularmietverträgen** können sich jedoch Einschränkungen insbesondere bezüglich der Übernahme von Pflichten und Kosten auf den Mieter ergeben.

2.3.6 Mieterhöhungsverlangen

2.3.6.1 Allgemeines

Schrifttum: *Wetekamp, A.*, Das Mieterhöhungsverlangen bei der Wohnraummiete, GuG 2017, 24.

▶ *Näheres hierzu Rn. 171 ff.; zur Wohnfläche vgl. Rn. 128 ff.; zur Gewerbefläche Rn. 159; zum Mieterhöhungsverlangen Rn. 171 ff.*

64 Der Vermieter kann **Mieterhöhungen verlangen nach Maßgabe des**

- **§ 558 BGB,** d.h. eine Mieterhöhung bis zur ortsüblichen Vergleichsmiete,
- **§ 559 Abs. 1 BGB,** d.h. eine Mieterhöhung um acht vom Hundert der für die Wohnung aufgewendeten Modernisierungskosten, sowie
- **§ 560 BGB**, d.h. eine Mieterhöhung bei Veränderung der Betriebskosten,

soweit nicht eine Erhöhung durch Vereinbarung ausgeschlossen ist oder sich der Ausschluss aus den Umständen ergibt. Eine zum Nachteil des Mieters abweichende Vereinbarung ist un-

29 BGH, Urt. vom 19.07.2006 – VIII ZR 212/05 –, NJW-RR 2006, 1305 = EzGuG 3.141b.
30 BGH, Urt. vom 11.01.1984 – VIII ARZ 13/83 –, BGHZ 89, 316 = EzGuG 20.104a.

wirksam. Nach **§ 559 Abs. 3a BGB** darf sich die monatliche Miete bei Erhöhungen der jährlichen Miete nach § 559 Abs. 1 BGB innerhalb von sechs Jahren, von Erhöhungen nach § 558 und § 560 BGB abgesehen, nicht um mehr als 3 €/m² Wohnfläche erhöhen; beträgt die monatliche Miete vor der Mieterhöhung weniger als 7 €/m² Wohnfläche, so darf sie sich abweichend von § 550 Abs. 3a Satz 1 BGB nicht um mehr als 2 €/m² Wohnfläche erhöhen[31]. Im Übrigen können die Mietparteien während des Mietverhältnisses nach Maßgabe des § 557 Abs. 1 und 2 BGB Mieterhöhungen in Form von Staffel- und Indexmieten nach den §§ 557a und b BGB vereinbaren.

65 In der **Gesamtschau** (vgl. Abb. 3) ergeben sich also folgende Möglichkeiten der Mieterhöhung:

a) Anpassung der Miete an die ortsübliche Vergleichsmiete nach § 558 BGB,

b) Erhöhung der Miete nach Durchführung von Modernisierungsmaßnahmen gemäß § 559 BGB,

c) Anpassung der Miete aufgrund einer vertraglichen Vereinbarung einer Indexmiete (Koppelung an den Verbraucherpreisindex bzw. an die Entwicklung der Lebenshaltungskosten aller privaten Haushalte in Deutschland nach § 557b BGB) und

d) Anpassung der Miete aufgrund einer Staffelmietvereinbarung nach § 557a BGB bzw. einer Indexmiete nach § 557b BGB.

Abb. 3: Möglichkeiten der Mieterhöhungen bei laufenden Mietverhältnissen

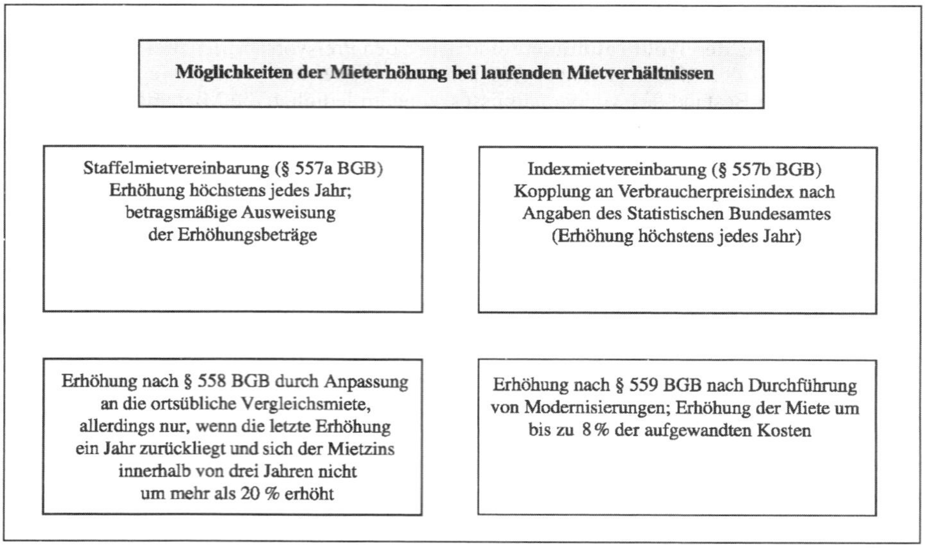

66 Das Mieterhöhungsverlangen muss begründet werden und die **Angabe der Wohnfläche** in m² sowie die verlangte Miete in €/m² angeben (vgl. Rn. 134)[32].

31 Art. 1 Modernisierungsanpassungsgesetz vom 18.12.2018 (BGBl. I 2018S. 2648).

32 LG Darmstadt, Urt. vom 15.08.1990 – 21 S 70/90 –, WuM 1991, 49; AG Wiesbaden, Urt. vom 10.08.1972 – 51 b C 429/72 –, ZMR 1973, 217 = EzGuG 20.51b.

2.3.6.2 Zustimmungsverfahren

▶ *Vgl. Rn. 48; zur Marktmiete vgl. Rn. 26*

Für Wohnungen in Mehrfamilienhäusern, die keiner Mietpreisbindung unterliegen (einschließlich ehemaligen Sozialwohnungen, bei denen die Mietpreisbindung ausgelaufen ist) und die nicht mit öffentlichen Mitteln modernisiert oder gefördert worden sind, hat der Vermieter unter bestimmten Voraussetzungen einen **Anspruch** gegen den Mieter **auf Zustimmung zu einem begründeten Mieterhöhungsverlangen** (*rent review*) **bis zur ortsüblichen Vergleichsmiete** (vgl. Rn. 48). Die Mieterhöhung bis zur ortsüblichen Vergleichsmiete kann nach § 558 BGB nur im Wege eines *Zustimmungsanspruchs* geltend gemacht werden. Bei der Umlegung von Modernisierungskosten nach § 559 BGB und der Umlegung von Betriebskostenerhöhungen nach § 556 f. BGB besteht dagegen ein *Zahlungsanspruch.* 67

Die **ortsübliche Vergleichsmiete stellt bei Mieterhöhungen die Obergrenze dar.** Aufschläge (Erhöhungen) wegen Modernisierung und höherer Betriebs- oder Kapitalkosten (soweit diese mietvertraglich vereinbart sind) bleiben bei der Bemessung der Kappungsgrenze unberücksichtigt. Dies gilt ebenso für den Fall der Mieterhöhung, wenn die Miete mindestens ein Jahr unverändert ist. 68

Die vorstehend angesprochenen Vorschriften haben folgende Fassung[33]: 69

„**§ 558 BGB** Mieterhöhung bis zur ortsüblichen Vergleichsmiete

(1) Der Vermieter kann die Zustimmung zu einer Erhöhung der Miete bis zur ortsüblichen Vergleichsmiete verlangen, wenn die Miete in dem Zeitpunkt, zu dem die Erhöhung eintreten soll, seit 15 Monaten unverändert ist. Das Mieterhöhungsverlangen kann frühestens ein Jahr nach der letzten Mieterhöhung geltend gemacht werden. Erhöhungen nach den §§ 559 bis 560 werden nicht berücksichtigt.

(2) Die ortsübliche Vergleichsmiete wird gebildet aus den üblichen Entgelten, die in der Gemeinde oder einer vergleichbaren Gemeinde für Wohnraum vergleichbarer Art, Größe, Ausstattung, Beschaffenheit und Lage einschließlich der energetischen Ausstattung und Beschaffenheit in den letzten sechs Jahren vereinbart oder, von Erhöhungen nach § 560 abgesehen, geändert worden sind. Ausgenommen ist Wohnraum, bei dem die Miethöhe durch Gesetz oder im Zusammenhang mit einer Förderzusage festgelegt worden ist.

(3) Bei Erhöhungen nach Absatz 1 darf sich die Miete innerhalb von drei Jahren, von Erhöhungen nach den §§ 559 bis 560 abgesehen, nicht um mehr als 20 vom Hundert erhöhen (Kappungsgrenze). Der Prozentsatz nach Satz 1 beträgt 15 vom Hundert, wenn die ausreichende Versorgung der Bevölkerung mit Mietwohnungen zu angemessenen Bedingungen in einer Gemeinde oder einem Teil einer Gemeinde besonders gefährdet ist und diese Gebiete nach Satz 3 bestimmt sind. Die Landesregierungen werden ermächtigt, diese Gebiete durch Rechtsverordnung für die Dauer von jeweils höchstens fünf Jahren zu bestimmen.

(4) Die Kappungsgrenze gilt nicht,

1. wenn eine Verpflichtung des Mieters zur Ausgleichszahlung nach den Vorschriften über den Abbau der Fehlsubventionierung im Wohnungswesen wegen des Wegfalls der öffentlichen Bindung erloschen ist und
2. soweit die Erhöhung den Betrag der zuletzt zu entrichtenden Ausgleichzahlung nicht übersteigt.

Der Vermieter kann vom Mieter frühestens vier Monate vor dem Wegfall der öffentlichen Bindung verlangen, ihm innerhalb eines Monats über die Verpflichtung zur Ausgleichszahlung und über deren Höhe Auskunft zu erteilen. Satz 1 gilt entsprechend, wenn die Verpflichtung des Mieters zur Leistung einer Ausgleichszahlung nach den §§ 34 bis 37 des Wohnraumförderungsgesetzes und den hierzu ergangenen landesrechtlichen Vorschriften wegen Wegfalls der Mietbindung erloschen ist.

(5) Von dem Jahresbetrag, der sich bei einer Erhöhung auf die ortsübliche Vergleichsmiete ergäbe, sind Drittmittel im Sinne des § 559a abzuziehen, im Falle des § 559a Absatz 1 mit 8 Prozent des Zuschusses.

(6) Eine zum Nachteil des Mieters abweichende Vereinbarung ist unwirksam.

33 BT-Drs. 14/4553, S. 53 ff.

§ 558a BGB Form und Begründung der Mieterhöhung

(1) Das Mieterhöhungsverlangen nach § 558 ist dem Mieter in Textform zu erklären und zu begründen.

(2) Zur Begründung kann insbesondere Bezug genommen werden auf

1. einen Mietspiegel (§§ 558c, 558d),
2. eine Auskunft aus einer Mietdatenbank (§ 558e),
3. ein mit Gründen versehenes Gutachten eines öffentlich bestellten und vereidigten Sachverständigen,
4. entsprechende Entgelte für einzelne vergleichbare Wohnungen; hierbei genügt die Benennung von drei Wohnungen.

(3) Enthält ein qualifizierter Mietspiegel (§ 558d Abs. 1), bei dem die Vorschrift des § 558d Abs. 2 eingehalten ist, Angaben für die Wohnung, so hat der Vermieter in seinem Mieterhöhungsverlangen diese Angaben auch dann mitzuteilen, wenn er die Mieterhöhung auf ein anderes Begründungsmittel nach Absatz 2 stützt.

(4) Bei der Bezugnahme auf einen Mietspiegel, der Spannen enthält, reicht es aus, wenn die verlangte Miete innerhalb der Spanne liegt. Ist in dem Zeitpunkt, in dem der Vermieter seine Erklärung abgibt, kein Mietspiegel vorhanden, bei dem § 558c Abs. 3 oder § 558d Abs. 2 eingehalten ist, so kann auch ein anderer, insbesondere ein veralteter Mietspiegel oder ein Mietspiegel einer vergleichbaren Gemeinde verwendet werden.

(5) Eine zum Nachteil des Mieters abweichende Vereinbarung ist unwirksam.

§ 558b BGB Zustimmung zur Mieterhöhung

(1) Soweit der Mieter der Mieterhöhung zustimmt, schuldet er die erhöhte Miete mit Beginn des dritten Kalendermonats nach dem Zugang des Erhöhungsverlangens.

(2) Soweit der Mieter der Mieterhöhung nicht bis zum Ablauf des zweiten Kalendermonats nach dem Zugang des Verlangens zustimmt, kann der Vermieter auf Erteilung der Zustimmung klagen. Die Klage muss innerhalb von drei weiteren Monaten erhoben werden.

(3) Ist der Klage ein Erhöhungsverlangen vorausgegangen, das den Anforderungen des § 558a nicht entspricht, so kann es der Vermieter im Rechtsstreit nachholen oder die Mängel des Erhöhungsverlangens beheben. Dem Mieter steht auch in diesem Fall die Zustimmungsfrist nach Absatz 2 Satz 1 zu.

(4) Eine zum Nachteil des Mieters abweichende Vereinbarung ist unwirksam."

70 Im Rahmen der allgemeinen Schranken kann der Vermieter von Wohnraum eine Mietpreiserhöhung verlangen, wenn der Mietzins seit einem Jahr unverändert geblieben ist und der verlangte Mietzins die üblichen Entgelte nicht übersteigt. **Als übliches Entgelt ist die ortsübliche Vergleichsmiete[34] zu verstehen.** Dieser in § 5 WiStG gebrauchte Begriff entspricht dem des § 558 Abs. 2 BGB. Eine ordnungswidrige Mietpreisüberhöhung lässt sich demzufolge auf der Grundlage von Mietspiegeln feststellen[35].

71 **Die ortsübliche Vergleichsmiete ist aus einem repräsentativen und angemessenen Querschnitt der in den letzten sechs Jahren tatsächlich und üblicherweise gezahlten oder, von Erhöhungen nach § 560 BGB abgesehen, geänderten Bestandsmieten für nicht preisgebundenen Wohnraum vergleichbarer Art, Größe, Ausstattung** (einschließlich der energetischen Ausstattung), **Beschaffenheit und Lage abzuleiten** (vgl. Rn. 48). Für die ortsübliche Vergleichsmiete gelten (auch im Verhältnis zur Marktmiete vgl. Rn. 47) eine Reihe von Besonderheiten:

– Bei der Ermittlung der ortsüblichen Vergleichsmiete werden **Alt- (Bestands-) und Neumieten** berücksichtigt, wobei das Verhältnis zwischen Alt- (Bestands-) und Neumieten ausgewogen und angemessen sein soll. Ein angemessenes Verhältnis von Neuvermietungen und Änderungen von Bestandsmieten, welches gemäß § 558 Abs. 2 Satz 1 BGB bei der Ermittlung der ortsüblichen Vergleichsmiete zugrunde zu legen ist, ist jedenfalls dann nicht mehr gewahrt, wenn der Tatrichter Bestandsmietenänderungen im maßgeblichen

34 Frantziock in Fischer-Dieskau/Pergande, Wohnungsbaurecht, § 1 MHG Rn. 2.

35 AG Dortmund, Urt. vom 20.05.1991 – 125 C 11518/90 –, NJW-RR 1991, 1228 = EzGuG 11.184; LG Dortmund, Urt. vom 24.07.1991 – 21 S 73/91 –, WuM 1991, 559.

Vierjahreszeitraum nicht oder nur in einem vernachlässigbar geringen Umfang in die Bewertung einbezieht[36].

- Das **Verhältnis ist** dann **ausgewogen und angemessen, wenn Alt- (Bestands-) und Neumieten** mit ihrem tatsächlichen Bestand und damit **gemäß ihrer Üblichkeit in der jeweiligen Gemeinde repräsentativ berücksichtigt werden** und so an der Bildung der ortsüblichen Vergleichsmiete angemessen teilnehmen[37].
- Es werden **Alt- (Bestands-) und Neumieten der letzten sechs Jahre** berücksichtigt.
- Von den herangezogenen Bestandsmieten ist ferner zu fordern, dass sie während der Vertragslaufzeit angepasst wurden.
- Maßgeblich ist die ortsübliche Vergleichsmiete in Bezug auf bestimmte Wohnungen, die selbst innerhalb eines Hauses sehr unterschiedlich sein können[38].
- Nach § 558 Abs. 2 BGB soll die ortsübliche Vergleichsmiete auf Wohnraum vergleichbarer Art, Größe, Ausstattung, Beschaffenheit und Lage abstellen, d.h., die Wohnwertmerkmale sind das entscheidende Kriterium.
- Ausreißer, insbesondere Liebhabermieten und Gefälligkeitsmieten, müssen nach dem Kriterium der Üblichkeit unberücksichtigt bleiben.

Ergibt sich auch nach Berücksichtigung der gesetzlichen Wohnwertmerkmale der herangezogenen Vergleichswohnungen eine **breite Streuung der** für diese Wohnungen **gezahlten Mieten**, darf nach der Rechtsprechung des BGH[39] die ortsübliche Einzelvergleichsmiete nicht mit dem oberen Wert dieser Streubreite gleichgesetzt werden. Denn es sei nicht sachgerecht, eine solche breite Marktstreuung, die nicht auf den gesetzlichen Wohnwertmerkmalen beruht, einseitig dem Vermieter zugutekommen zu lassen. In diesen Fällen obliege es ggf. dem Tatrichter, innerhalb dieser Streubreite die Miete zu ermitteln, die der Vermieter als ortsübliche Vergleichsmiete beanspruchen kann. Bei einer auffälligen Häufung der Vergleichsmieten um einen kleinen Wert herum mag es gerechtfertigt sein, die dadurch repräsentierte (gesamte) kleine Bandbreite als ortsübliche Vergleichsmiete anzusehen, sodass der Vermieter in einem solchen Fall die Miete bis zu dem höheren Wert dieser kleinen Bandbreite als ortsübliche Vergleichsmiete erhöhen kann. Lassen sich Besonderheiten der Verteilung der Vergleichsmieten nicht feststellen, mag es angemessen sein, auf den arithmetischen Mittelwert abzustellen[40]. **72**

Die zum Vergleich herangezogenen Wohnungen müssen unter Angabe des Straßennamens ausführlich beschrieben und eingehend bewertet werden, wobei die Hausnummern und die Lage der Vergleichswohnungen innerhalb des jeweiligen Geschosses nicht geboten sein muss[41]. **73**

Die ortsübliche Vergleichsmiete darf im Rahmen des Zustimmungsprozesses zur Mieterhöhung allein unter Heranziehung objektiver Erkenntnisquellen bestimmt werden, die die tatsächlich und üblicherweise gezahlten Mieten für im Wesentlichen („ungefähr“) vergleichbare Wohnungen in der Gemeinde in einer für die freie tatrichterliche Überzeugungsbildung (§ 286 ZPO) hinreichenden Weise ermittelt haben. Einzelnen Unterschieden bei den Vergleichswohnungen hinsichtlich der Ausstattung, der Lage usw. könne ggf. durch Zu- oder Abschläge Rechnung getragen werden. Für die Durchsetzung des Zustimmungsanspruchs hat das

36 BGH. Urt. vom 24.04.2019 – VIII ZR 62/18 –, GuG 2019, 795 = EzGuG 20.300.

37 Huber, ZMR 1992, 475; Wullkopf, WuM 1985, 4; Voelskow, ZMR 1992, 327; weiterführend zur Gewichtung von Bestands- und Neumieten: Dröge, Handbuch der Mietpreisbewertung für Wohn- und Gewerberaum, 2. Aufl., Neuwied 1999, S. 179 ff.

38 OLG München, RE vom 27.10.1992 – REMiet 3/92 –, NJW-RR 1993, 202 = EzGuG 20.143a.

39 BGH. Urt. vom 24.04.2019 – VIII ZR 62/18 –, GuG 2019, 795 = EzGuG 20.300; Fortführung des BGH, Urt. vom 29.02.2012 – VIII ZR 346/10 –, GuG 2012, 311 = EzGuG 3.147.

40 Fortführung des BGH, Urt. vom 29.02.2012 – VIII ZR 346/10 –, GuG 2012, 311 = EzGuG 3.147.

41 BGH, Urt. vom 18.12.2002 – VIII ZR 72/02 –, GuG 2003, 248 = EzGuG 20.189a; BGH, Urt. vom 18.12.2002 – VIII ZR 141/02 –, NJW 2003, 963; KG, Urt. vom 15.06.2012 – 11 U 18/11 – , IMR 2013 = EzGuG 19.57b.

BVerfG wiederholt klargestellt, dass dabei **keine überhöhten formalen Anforderungen** gestellt werden dürfen[42].

74 **Die ortsübliche Vergleichsmiete ist auf den Zugang des Erhöhungsverlangens zu beziehen.** Dies ist im Übrigen bei Stellung eines Mieterhöhungsverlangens beachtlich. Soweit ein Sachverständiger mit der Ermittlung der ortsüblichen Vergleichsmiete beauftragt ist, wird i.d.R. die ortsübliche Vergleichsmiete auf den im Auftrag angegebenen Zeitpunkt bezogen.

75 Bei der Auswahl ortsüblicher **Vergleichsmieten** zur Ermittlung des üblichen Entgelts müssen solche außer Betracht bleiben, **die aus einem verknappten Wohnungsangebot für benachteiligte Mietergruppen als überhöht gelten müssen**[43]. Allgemeine Änderungen der ortsüblichen Miete sind aber zu berücksichtigen[44].

76 Die angeführten Regelungen schließen nicht die **Gültigkeit individueller und einvernehmlicher Vereinbarungen über eine Mieterhöhung aus**, die auch über der ortsüblichen Vergleichsmiete liegen kann (vgl. § 557 Abs. 1 BGB). Sofern dies nicht möglich ist, stellt das Mieterhöhungsverlangen nach § 558a BGB einen besonderen formalisierten Antrag i.S. des § 145 BGB auf Zustimmung des Mieters zu einer Mieterhöhung dar.

77 Eine Erhöhung der **Miete für frei finanzierte Wohnungen** ist nach alledem nur unter Beachtung der gesetzlichen Bestimmungen zulässig. Der Vermieter kann verlangen, dass der Mieter einer Mieterhöhung (Anpassung) zustimmt, wenn

- die Miete seit 15 Monaten unverändert war; nach einer erfolgten Mieterhöhung kann ein erneutes Erhöhungsverlangen nicht schon nach zwölf Monaten zugestellt werden; es ist unwirksam[45],
- die neue Miete die üblichen Entgelte nicht übersteigt, die für nicht preisgebundenen Wohnraum vergleichbarer Art, Größe, Ausstattung, Beschaffenheit und Lage in den letzten vier Jahren vereinbart worden sind, und
- der Mietzins sich innerhalb eines Zeitraums von drei Jahren nicht um mehr als 20 v.H. erhöht (Kappungsgrenze).

2.3.6.3 Mieterhöhung nach Durchführung von Modernisierungsmaßnahmen

78 Nach § 559 BGB kann der Vermieter eine **Erhöhung der jährlichen Miete** seit Inkrafttreten des Mietrechtsanpassungsgesetzes vom 18.12.2018 (BGBl. I 2018S. 2648) um acht Prozent der für die Wohnung für Maßnahmen aufgewendeten Kosten verlangen, wenn dadurch

- der Gebrauchswert der Mietsache nachhaltig erhöht wird,
- die allgemeinen Wohnverhältnisse auf Dauer verbessert werden,
- oder nachhaltige Einsparungen von Energie oder Wasser bewirkt werden (Modernisierung).

Zur **Überleitung auf ein bis einschließlich 31.12.2018 entstandenes Mietverhältnis** vgl. § 49 EBGB. Danach sind auf ein bis einschließlich 31.12.2018 entstandenes Mietverhältnis die §§ 555c und 559 BGB in der bis dahin geltenden Fassung weiter anzuwenden, wenn dem

---

42 BGH. Urt. vom 24.04.2019 – VIII ZR 62/18 –, GuG 2019, 795 = EzGuG 20.300; BGH, Urt. vom 19.05.2010 – VIII ZR 122/09 –, GuG 2011, 56 = EzGuG 11.734; BGH, Beschl. vom 08.04.2014 – VIII ZR 216/13 –, GuG 2014, 378 = EzGuG 3.153a; BVerfG, Urt. vom 08.09.1993 – 1 BvR 1331/92 –, NJW-RR 1993, 1485; BVerfG, Beschl. vom 10.10.1978 – 1 BvR 180/77 –, BVerfGE 49, 244 = EzGuG 3.60a; BVerfG, Beschl. vom 12.03.1980 – 1 BvR 759/77 –, BVerfGE 53, 352 = EzGuG 20.82; BVerfG, Beschl. vom 14.05.1986 – 1 BvR 494/85 –, NJW 1987, 313 = EzGuG 11.153a.

43 OLG Hamburg, RE vom 15.11.1982 – 4 U 181/81 –, NJW-RR 1983, 1004 = EzGuG 3.64d; OLG Stuttgart, RE vom 07.07.1981 – 8 REMiet 1/81 –, NJW 1981, 2365 = EzGuG 20.89d; KG, RE vom 16.07.1992 – 8 REMiet 3166/92 –, WuM 1992, 514 = EzGuG 3.108c.

44 OLG Frankfurt am Main, RE vom 04.04.1985 – 20 REMiet 3/85 –, WuM 1985, 139 = EzGuG 20.109a.

45 BGH, Urt. vom 16.06.1993 – VIII ARZ 2/93 –, BGHZ 123, 37 = EzGuG 3.112.

Mieter bei Modernisierungsmaßnahmen die Mitteilung nach § 555c Abs. 1 Satz 1 BGB bis einschließlich 31.12.2018 zugegangen ist.

Die *Erklärung über eine Modernisierungsmieterhöhung* (§ 559 BGB) genügt regelmäßig den formellen Anforderungen nach § 559b BGB, wenn sie – im Hinblick auf die Angabe der entstandenen Kosten – die Gesamtkosten für die durchgeführte Modernisierungsmaßnahme und im Fall der Durchführung mehrerer verschiedener Modernisierungsmaßnahmen die jeweiligen Gesamtkosten für die einzelnen Maßnahmen ausweist[46].

§§ 559 ff. BGB haben folgenden Wortlaut: **79**

„**§ 559 BGB** Mieterhöhung nach Modernisierungsmaßnahmen

(1) Hat der Vermieter Modernisierungsmaßnahmen im Sinne des § 555b Nummer 1, 3, 4, 5 oder 6 durchgeführt, so kann er die jährliche Miete um 8 Prozent der für die Wohnung aufgewendeten Kosten erhöhen. Im Fall des § 555b Nummer 4a ist die Erhöhung nur zulässig, wenn der Mieter seinen Anbieter von öffentlich zugänglichen Telekommunikationsdiensten über den errichteten Anschluss frei wählen kann und der Vermieter kein Bereitstellungsentgelt gemäß § 72 des Telekommunikationsgesetzes als Betriebskosten umlegt oder umgelegt hat.

(2) Kosten, die für Erhaltungsmaßnahmen erforderlich gewesen wären, gehören nicht zu den aufgewendeten Kosten nach Absatz 1; sie sind, soweit erforderlich, durch Schätzung zu ermitteln.

(3) Werden Modernisierungsmaßnahmen für mehrere Wohnungen durchgeführt, so sind die Kosten angemessen auf die einzelnen Wohnungen aufzuteilen.

(3a) Bei Erhöhungen der jährlichen Miete nach Absatz 1 darf sich die monatliche Miete innerhalb von sechs Jahren, von Erhöhungen nach § 558 oder § 560 abgesehen, nicht um mehr als 3 Euro je Quadratmeter Wohnfläche erhöhen. Beträgt die monatliche Miete vor der Mieterhöhung weniger als 7 Euro pro Quadratmeter Wohnfläche, so darf sie sich abweichend von Satz 1 nicht um mehr als 2 Euro je Quadratmeter Wohnfläche erhöhen.

(4) Die Mieterhöhung ist ausgeschlossen, soweit sie auch unter Berücksichtigung der voraussichtlichen künftigen Betriebskosten für den Mieter eine Härte bedeuten würde, die auch unter Würdigung der berechtigten Interessen des Vermieters nicht zu rechtfertigen ist. Eine Abwägung nach Satz 1 findet nicht statt, wenn

1. die Mietsache lediglich in einen Zustand versetzt wurde, der allgemein üblich ist, oder
2. die Modernisierungsmaßnahme auf Grund von Umständen durchgeführt wurde, die der Vermieter nicht zu vertreten hatte.

(5) Umstände, die eine Härte nach Absatz 4 Satz 1 begründen, sind nur zu berücksichtigen, wenn sie nach § 555d Absatz 3 bis 5 rechtzeitig mitgeteilt worden sind. Die Bestimmungen über die Ausschlussfrist nach Satz 1 sind nicht anzuwenden, wenn die tatsächliche Mieterhöhung die angekündigte um mehr als 10 Prozent übersteigt.

(6) Eine zum Nachteil des Mieters abweichende Vereinbarung ist unwirksam.

§ 559a BGB Anrechnung von Drittmitteln

(1) Kosten, die vom Mieter oder für diesen von einem Dritten übernommen oder die mit Zuschüssen aus öffentlichen Haushalten gedeckt werden, gehören nicht zu den aufgewendeten Kosten im Sinne des § 559.

(2) Werden die Kosten für die Modernisierungsmaßnahmen ganz oder teilweise durch zinsverbilligte oder zinslose Darlehen aus öffentlichen Haushalten gedeckt, so verringert sich der Erhöhungsbetrag nach § 559 um den Jahresbetrag der Zinsermäßigung. Dieser wird errechnet aus dem Unterschied zwischen dem ermäßigten Zinssatz und dem marktüblichen Zinssatz für den Ursprungsbetrag des Darlehens. Maßgebend ist der marktübliche Zinssatz für erstrangige Hypotheken zum Zeitpunkt der Beendigung der Modernisierungsmaßnahmen. Werden Zuschüsse oder Darlehen zur Deckung von laufenden Aufwendungen gewährt, so verringert sich der Erhöhungsbetrag um den Jahresbetrag des Zuschusses oder Darlehens.

(3) Ein Mieterdarlehen, eine Mietvorauszahlung oder eine von einem Dritten für den Mieter erbrachte Leistung für die Modernisierungsmaßnahmen stehen einem Darlehen aus öffentlichen Haushalten gleich. Mittel der Finanzierungsinstitute des Bundes oder eines Landes gelten als Mittel aus öffentlichen Haushalten.

46 BGH, Urt. vom 20.07.2022 – FVIII ZR 361/21 – GuG 2022, 378.

(4) Kann nicht festgestellt werden, in welcher Höhe Zuschüsse oder Darlehen für die einzelnen Wohnungen gewährt worden sind, so sind sie nach dem Verhältnis der für die einzelnen Wohnungen aufgewendeten Kosten aufzuteilen.

(5) Eine zum Nachteil des Mieters abweichende Vereinbarung ist unwirksam.

§ 559b BGB Geltendmachung der Erhöhung, Wirkung der Erhöhungserklärung

(1) Die Mieterhöhung nach § 559 ist dem Mieter in Textform zu erklären. Die Erklärung ist nur wirksam, wenn in ihr die Erhöhung auf Grund der entstandenen Kosten berechnet und entsprechend den Voraussetzungen der §§ 559 und 559a erläutert wird. § 555c Absatz 3 gilt entsprechend.

(2) Der Mieter schuldet die erhöhte Miete mit Beginn des dritten Monats nach dem Zugang der Erklärung. Die Frist verlängert sich um sechs Monate, wenn

1. der Vermieter dem Mieter die Modernisierungsmaßnahme nicht nach den Vorschriften des § 555c Absatz 1 und 3 bis 5 angekündigt hat oder
2. die tatsächliche Mieterhöhung die angekündigte um mehr als 10 Prozent übersteigt.

(3) Eine zum Nachteil des Mieters abweichende Vereinbarung ist unwirksam.“

„**§ 559c BGB** Vereinfachtes Verfahren

(1) Übersteigen die für die Modernisierungsmaßnahme geltend gemachten Kosten für die Wohnung vor Abzug der Pauschale nach Satz 2 10 000 Euro nicht, so kann der Vermieter die Mieterhöhung nach einem vereinfachten Verfahren berechnen. Als Kosten, die für Erhaltungsmaßnahmen erforderlich gewesen wären (§ 559 Absatz 2), werden pauschal 30 Prozent der nach Satz 1 geltend gemachten Kosten abgezogen. § 559 Absatz 4 und § 559a Absatz 2 Satz 1 bis 3 finden keine Anwendung.

(2) Hat der Vermieter die Miete in den letzten fünf Jahren bereits nach Absatz 1 oder nach § 559 erhöht, so mindern sich die Kosten, die nach Absatz 1 Satz 1 für die weitere Modernisierungsmaßnahme geltend gemacht werden können, um die Kosten, die in diesen früheren Verfahren für Modernisierungsmaßnahmen geltend gemacht wurden.

(3) § 559b gilt für das vereinfachte Verfahren entsprechend. Der Vermieter muss in der Mieterhöhungserklärung angeben, dass er die Mieterhöhung nach dem vereinfachten Verfahren berechnet hat.

(4) Hat der Vermieter eine Mieterhöhung im vereinfachten Verfahren geltend gemacht, so kann er innerhalb von fünf Jahren nach Zugang der Mieterhöhungserklärung beim Mieter keine Mieterhöhungen nach § 559 geltend machen. Dies gilt nicht,

1. soweit der Vermieter in diesem Zeitraum Modernisierungsmaßnahmen auf Grund einer gesetzlichen Verpflichtung durchzuführen hat und er diese Verpflichtung bei Geltendmachung der Mieterhöhung im vereinfachten Verfahren nicht kannte oder kennen musste,
2. sofern eine Modernisierungsmaßnahme auf Grund eines Beschlusses von Wohnungseigentümern durchgeführt wird, der frühestens zwei Jahre nach Zugang der Mieterhöhungserklärung beim Mieter gefasst wurde.

(5) Für die Modernisierungsankündigung, die zu einer Mieterhöhung nach dem vereinfachten Verfahren führen soll, gilt § 555c mit den Maßgaben, dass

1. der Vermieter in der Modernisierungsankündigung angeben muss, dass er von dem vereinfachten Verfahren Gebrauch macht,
2. es der Angabe der voraussichtlichen künftigen Betriebskosten nach § 555c Absatz 1 Satz 2 Nummer 3 nicht bedarf.“

2.3.6.4 Mieterhöhung wegen Änderung der Darlehenszinsen

80 Nach § 5 MHG war der Vermieter berechtigt, unter bestimmten Voraussetzungen **Erhöhungen der Kapitalkosten** infolge einer Erhöhung des Zinssatzes aus einem dinglich gesicherten Darlehen auf den Mieter umzulegen.

81 § 5 MHG ist mit dem Mietrechtsreformgesetz aufgehoben worden[47].

47 Vgl. BT-Drs.14/4553, S. 37.

2.3.6.5 Mietanpassung bei Staffelmietverträgen

Schrifttum: *Evans, A./Seifert, U.*, Staffelmietverträge und Verkehrswerte, GuG 1994, 147; *Güttler, H.*, Ertragswert bei Staffelmieten, GuG 1991, 96; *Simon, J.*, Wertermittlung eines Mietwohngrundstücks mit Staffelmieten, GuG 1990, 31; *Simon, J.*, Ertragswert bei Staffelmieten, GuG 1991, 94; *Vogels, M.*, Staffelmieten und Instandhaltungsrückstellungen, GuG 2004, 157; *Werth*, GuG 1994, 279.

▶ *Vgl. zur Mietpreisbremse Rn. 46; Beispiel bei § 8 ImmoWertV Rn. 277 ff.*

Das BGB schränkt für Mietverträge über Wohnraum die Möglichkeiten einer vertraglichen Mieterhöhung durch § 557 Abs. 1 und 2 BGB auf Index- und Staffelmietverträge nach den §§ 557a und b BGB ein. Zum Nachteil des Mieters davon abweichende Vereinbarungen sind unwirksam (§ 557a Abs. 4 und § 557b Abs. 4 BGB)[48]. **82**

Nach § 557a BGB kann für bestimmte Zeiträume die Miete in unterschiedlicher Höhe schriftlich vereinbart werden **(Staffelmiete),** wobei **83**

- der jeweilige Mietzins oder die Erhöhung betragsmäßig ausgeworfen sein muss und
- der jeweilige Mietzins mindestens ein Jahr unverändert bleiben muss und
- der Mietzins absolut durch § 5 WiStG und § 302a StGB begrenzt bleibt.

Die Vereinbarung einer Staffelmiete i.S. von § 557a BGB ist grundsätzlich auch für Zeiträume zulässig, die innerhalb der Dauer einer – wegen öffentlicher Förderung bestehenden – Preisbindung liegen[49].

Nach Ablauf der Staffelmietvereinbarung gelten im Übrigen wieder die Regelungen der §§ 558 ff. BGB; § **557a BGB** lautet:

„**§ 557a BGB** Staffelmiete

(1) Die Miete kann für bestimmte Zeiträume in unterschiedlicher Höhe schriftlich vereinbart werden; in der Vereinbarung ist die jeweilige Miete oder die jeweilige Erhöhung in einem Geldbetrag auszuweisen (Staffelmiete).

(2) Die Miete muss jeweils mindestens ein Jahr unverändert bleiben. Während der Laufzeit einer Staffelmiete ist eine Erhöhung nach den §§ 558 bis 559b ausgeschlossen.

(3) Das Kündigungsrecht des Mieters kann für höchstens vier Jahre seit Abschluss der Staffelmietvereinbarung ausgeschlossen werden. Die Kündigung ist frühestens zum Ablauf dieses Zeitraums zulässig.

(4) Die §§ 556d bis 556g sind auf jede Mietstaffel anzuwenden. Maßgeblich für die Berechnung der nach § 556d Absatz 1 zulässigen Höhe der zweiten und aller weiteren Mietstaffeln ist statt des Beginns des Mietverhältnisses der Zeitpunkt, zu dem die erste Miete der jeweiligen Mietstaffel fällig wird. Die in einer vorangegangenen Mietstaffel wirksam begründete Miethöhe bleibt erhalten.

(5) Eine zum Nachteil des Mieters abweichende Vereinbarung ist unwirksam.“

Der Ertragswert eines Mietwohngrundstücks mit Staffelmieten kann besonders einfach auf der Grundlage differentieller Kapitalisierungsfaktoren (**Vervielfältigerdifferenzenverfahren**) ermittelt werden, wobei sich die Phasen unterschiedlicher Ertragsverhältnisse besonders eindrucksvoll nachvollziehen lassen. Die Anwendung des Verfahrens kann dadurch vereinfacht werden, dass das Ertragswertverfahren als ein sog. einsträngiges Verfahren ohne besondere Behandlung des Bodenwerts zur Anwendung kommt. **84**

---

48 Staffelmietverträge bei Mischmietverhältnissen: LG Berlin, Urt. vom 18.12.2003 – 67 S 343/03 –, BlnGE 2004, 425 = EzGuG 3.132.

49 BGH, Beschl. vom 16.01.2024 – VIII ZR 12/23 –, GuG 2024, 386.

2.3.6.6 Mietanpassung bei Indexmietverträgen

85 Nach § 557b BGB kann schriftlich vereinbart werden, dass die Miete durch den vom Statistischen Bundesamt ermittelten Preisindex für die Lebenshaltung aller privaten Haushalte in Deutschland bestimmt wird **(Indexmiete)**, wobei

- von Erhöhungen für durchgeführte Modernisierungen nach § 559 BGB und Veränderungen der Betriebskosten nach § 560 BGB abgesehen die Miete mindestens ein Jahr unverändert bleiben muss,
- Mieterhöhungen nach § 558 BGB (ortsübliche Vergleichsmiete) ausgeschlossen sind,
- die Mietänderung in Textform unter Angabe der eingetretenen Änderung des Preisindexes sowie die jeweilige Miete oder die Erhöhung in einem Geldbetrag anzugeben sind.

86 § 557b BGB hat folgende Fassung:

„**§ 557b BGB** Indexmiete

(1) Die Vertragsparteien können schriftlich vereinbaren, dass die Miete durch den vom Statistischen Bundesamt ermittelten Preisindex für die Lebenshaltung aller privaten Haushalte in Deutschland bestimmt wird (Indexmiete).

(2) Während der Geltung einer Indexmiete muss die Miete, von Erhöhungen nach den §§ 559 bis 560 abgesehen, jeweils mindestens ein Jahr unverändert bleiben. Eine Erhöhung nach § 559 kann nur verlangt werden, soweit der Vermieter bauliche Maßnahmen auf Grund von Umständen durchgeführt hat, die er nicht zu vertreten hat. Eine Erhöhung nach § 558 ist ausgeschlossen.

(3) Eine Änderung der Miete nach Absatz 1 muss durch Erklärung in Textform geltend gemacht werden. Dabei sind die eingetretene Änderung des Preisindexes sowie die jeweilige Miete oder die Erhöhung in einem Geldbetrag anzugeben. Die geänderte Miete ist mit Beginn des übernächsten Monats nach dem Zugang der Erklärung zu entrichten.

(4) Die §§ 556d bis 556g sind nur auf die Ausgangsmiete einer Indexmietvereinbarung anzuwenden.

(5) Eine zum Nachteil des Mieters abweichende Vereinbarung ist unwirksam.“

87 Die Vorschrift lehnt sich an § 10a MHG (aufgehoben) mit folgenden Änderungen an:

a) Maßgeblich ist künftig der ab dem Basisjahr 2000 nur noch für Deutschland ausgewiesene **Verbraucherpreisindex**.

b) Eine Mindestlaufzeit für Indexmieten gibt es nicht mehr. Mit Wegfall des Genehmigungserfordernisses seiner Indexmietvereinbarung auf Grund des Euroeinführungsgesetzes konnte die Festlegung einer Mindestlaufzeit entfallen.

Eine **Genehmigungspflicht** besteht nicht mehr (§ 4 Abs. 2 PreisklauselVO).

88 Ab Inkrafttreten des Mietrechtsreformgesetzes (01.07.2001) gilt das neue Recht. Es ist grundsätzlich auch auf **Miet- und Pachtverträge** anzuwenden, **die bereits vor Inkrafttreten abgeschlossen worden sind.** Artikel 229 § 3 EGBGB sieht bestimmte Ausnahmen (Übergangsregelungen) insbesondere bezüglich der Kündigungsregelungen, bestehender Mietspiegel und der Betriebskostenabrechnung vor. Von den außer Kraft getretenen Vorschriften ist insbesondere das Gesetz zur Regelung der Miethöhe (MHG) zu nennen.

89 Haben die Parteien eines Gewerberaummietvertrags vereinbart, dass bei einer bestimmten prozentualen Veränderung des „Lebenshaltungskostenindex eines 4-Personen-Arbeitnehmerhaushaltes der mittleren Einkommensgruppe in der Bundesrepublik Deutschland“ die Miete zu ändern ist, entsteht durch den **Wegfall des Indexes** eine Regelungslücke, die im Wege der ergänzenden Vertragsauslegung geschlossen werden muss[50]. Sind die Indexreihen für ein neues Basisjahr veröffentlicht, haben allein sie Gültigkeit für die Prozentklausel, während die früher veröffentlichten Indexreihen auf einem statistisch überholten Wägungsschema beruhen und allein deshalb nicht länger herangezogen werden können.

---

50 BGH, Urt. vom 07.11.2012 – XII ZR 41/11 –, NZM 2013, 148 = EzGuG 3.148b im Anschluss an BGH, Urt. vom 04.03.2009 – XII ZR 141/07 –, NJW-RR 2009, 880 = EzGuG 7.148.

2.3.7 Allgemeine Schranken der Mieterhöhung

2.3.7.1 Wesentlichkeitsgrenze

Schrifttum: *Eckert, H.-G.*, Wucherähnliche Immobilienverträge, ZfIR 2001, 884; *Mersson, G.*, Der neue alte § 5 WiStG, seine Voraussetzungen und die Darlegungslast im Mietrückforderungsprozess, DWW 2002, 220.

Eine **ordnungswidrige Mietpreiserhöhung** liegt nach § 5 des Wirtschaftsstrafgesetzes (WiStG) vor, wenn für die Vermietung von Räumen zum Wohnen oder damit verbundene Nebenleistungen unangemessen hohe Entgelte gefordert werden. Hierunter versteht das Gesetz solche, die infolge der Ausnutzung eines geringen Angebots an vergleichbaren Räumen[51]**die üblichen Entgelte** (örtliche Vergleichsmiete[52]) **um mehr als 20 v.H. übersteigen,** die in der Gemeinde oder in vergleichbaren Gemeinden für die Vermietung von Räumen vergleichbarer Art, Größe, Ausstattung, Beschaffenheit und Lage oder damit verbundene Nebenleistungen in den letzten sechs Jahren vereinbart wurden[53]. 90

Maßstab ist die Nettokaltmiete/Grundmiete zuzüglich der Entgelte für Nebenleistungen[54]. 91

§ 5 WiStG hat folgende Fassung: 92

„**§ 5 WiStG** Mietpreisüberhöhung

(1) Ordnungswidrig handelt, wer vorsätzlich oder leichtfertig für die Vermietung von Räumen zum Wohnen oder damit verbundene Nebenleistungen unangemessen hohe Entgelte fordert, sich versprechen lässt oder annimmt.

(2) Unangemessen hoch sind Entgelte, die infolge der Ausnutzung eines geringen Angebots an vergleichbaren Räumen die üblichen Entgelte um mehr als 20 vom Hundert übersteigen, die in der Gemeinde oder in vergleichbaren Gemeinden für die Vermietung von Räumen vergleichbarer Art, Größe, Ausstattung, Beschaffenheit und Lage oder damit verbundene Nebenleistungen in den letzten sechs Jahren vereinbart oder, von Erhöhungen der Betriebskosten abgesehen, geändert worden sind. Nicht unangemessen hoch sind Entgelte, die zur Deckung der laufenden Aufwendungen des Vermieters erforderlich sind, sofern sie unter Zugrundelegung der nach Satz 1 maßgeblichen Entgelte nicht in einem auffälligen Missverhältnis zu der Leistung des Vermieters stehen.

(3) Die Ordnungswidrigkeit kann mit einer Geldbuße bis zu fünfzigtausend Euro geahndet werden."

Nach dieser Vorschrift steht die Sanktionierung zu hoher Mietabschlüsse unter drei **Voraussetzungen**: 93

a) Es muss eine **Wohnraummangellage** im gesamten Gemeindegebiet[55] vorhanden sein.

b) Die vereinbarte Miete muss die ortsübliche Miete um mehr als 20 % übersteigen.

c) Der Mieter muss nachweisen, dass der Vermieter eine aufgrund des zu geringen Angebots an vergleichbaren Wohnungen entstandene **Zwangslage des Mieters ausgenutzt** hat[56].

Übersteigt die vereinbarte Miete die ortsübliche Miete um mehr als 20 %, wird die Mietvereinbarung zivilrechtlich auf die um 20 % erhöhte ortsübliche Vergleichsmiete beschränkt und der Mieter kann die überbezahlte Miete zurückfordern.

---

51 Eine „Mangellage" i.S. des § 5 Abs. 2 WiStG liegt vor, wenn zum Zeitpunkt des Vertragsabschlusses das vorhandene Angebot an Wohnungen die Nachfrage um mindestens 5 % übersteigt.
52 OLG Hamburg, RE vom 15.11.1982 – 4 U 181/81 –, NJW 1983, 1004 = EzGuG 3.64d.
53 Mersson, G., DWW 2002, 220; vgl. hierzu BGH, Urt. vom 28.01.2004 – VIII ZR 190/03 –, NJW 2004, 1740.
54 OLG Stuttgart, RE vom 26.02.1982 – 8 REMiet 5/81 –, NJW 1982, 1160 = EzGuG 20.93d; BayObLG, RE vom 26.06.1972 – RReg 4 St 504/72 OWi –, BayVBl 1972, 474.
55 BGH, Urt. vom 13.04.2005 – VIII ZR 44/04 –, GE 2005, 790.
56 BGH, Urt. vom 28.01.2004 – VIII ZR 190/03 –, NJW 2004, 1740.

94 Nach der Überleitungsregelung des § 3 Abs. 11 Satz 1 des Art. 229 EGBGB sind nicht unangemessen hoch i.S. des § 5 WiStG Entgelte für Wohnraum i.S. des § 11 Abs. 2 MHG in der bis zum 31.08.2001 geltenden Fassung, die

1. bis zum 31.12.1997 nach § 3 oder § 13 MHG in der bis zum 31.08.2001 geltenden Fassung geändert oder nach § 13 i.V.m. § 17 jenes Gesetzes in der bis zum 31.08.2001 geltenden Fassung vereinbart oder
2. bei der Wiedervermietung in einer der Nr. 1 entsprechenden Höhe vereinbart

worden sind. Für Zwecke des Satzes 1 bleiben die hier genannten Bestimmungen weiterhin anwendbar.

95 **Die Wesentlichkeitsgrenze von 20 % darf grundsätzlich nicht überschritten werden,** d.h., die geforderte Miete darf die üblichen Entgelte (ortsübliche Vergleichsmiete) für vergleichbare Räume nicht wesentlich überschreiten[57].

96 Darüber hinaus handelt nach § **26 WoBindG** ordnungswidrig, wer im Bereich der sozialen Wohnraumförderung für die Überlassung einer Wohnung ein höheres Entgelt fordert, sich versprechen lässt oder annimmt, als nach §§ 8 bis 9 WoBindG zulässig ist (Kostenmiete).

2.3.7.2 Wuchergrenze

97 Ein auffälliges **Missverhältnis zwischen dem geforderten und üblichen Entgelt** kann angenommen werden, wenn der Mietzins die ortsübliche Vergleichsmiete um mehr als 50 % überschreitet **(Wuchergrenze)**. Bei einer Überschreitung der ortsüblichen Vergleichsmiete um mehr als 50 % aufgrund laufender Aufwendungen des Vermieters bleibt die Mietvereinbarung bis zu einer Höhe von 150 % der ortsüblichen Vergleichsmiete wirksam[58]. Zum Wucher bestimmt § 138 BGB:

„**§ 138 BGB** Sittenwidriges Rechtsgeschäf; Wucher

(1) Ein Rechtsgeschäft, das gegen die guten Sitten verstößt, ist nichtig.

(2) Nichtig ist insbesondere ein Rechtsgeschäft, durch das jemand unter Ausbeutung der Zwangslage, der Unerfahrenheit, des Mangels an Urteilsvermögen oder der erheblichen Willensschwäche eines anderen sich oder einem Dritten für eine Leistung Vermögensvorteile versprechen oder gewähren lässt, die in einem auffälligen Missverhältnis zu der Leistung stehen."

98 Eine weitere Begrenzung eines Mieterhöhungsverlangens ergibt sich aus dem Strafgesetzbuch (StGB).

99 So liegt nach § 291 StGB der Straftatbestand des Wuchers vor, wenn ein **auffälliges Missverhältnis zwischen der Miete und der Leistung des Vermieters** besteht. In diesem Fall ist die Rede von **Mietwucher**[59].

100 § 291 StGB hat folgende Fassung:

„**§ 291 StGB** Wucher

(1) Wer die Zwangslage, die Unerfahrenheit, den Mangel an Urteilsvermögen oder die erhebliche Willensschwäche eines anderen dadurch ausbeutet, daß er sich oder einem Dritten,

1. für die Vermietung von Räumen zum Wohnen oder damit verbundene Nebenleistungen,
2. für die Gewährung eines Kredits,
3. für eine sonstige Leistung oder
4. für die Vermittlung einer der vorbezeichneten Leistungen

Vermögensvorteile versprechen oder gewähren läßt, die in einem auffälligen Mißverhältnis zu der Leistung oder deren Vermittlung stehen, wird mit Freiheitsstrafe bis zu drei Jahren oder mit Geldstrafe bestraft. Wirken

57 OLG Stuttgart, RE vom 07.07.1981 – 8 REMiet 1/81 –, NJW 1981, 2365 = EzGuG 20.89d.
58 BGH, Urt. vom 08.12.1981 – 1 StR 416/81 –, BGHSt30, 280; BGH, Urt. vom 23.04.1997 – VIII ZR 212/96 –, NJW 1997, 1845.
59 OLG Köln, Urt. vom 22.08.1978 – 1 Ss 391/78 –, WuM 1980, 36 = EzGuG 20.77.

mehrere Personen als Leistende, Vermittler oder in anderer Weise mit und ergibt sich dadurch ein auffälliges Missverhältnis zwischen sämtlichen Vermögensvorteilen und sämtlichen Gegenleistungen, so gilt Satz 1 für jeden, der die Zwangslage oder sonstige Schwäche des anderen für sich oder einen Dritten zur Erzielung eines übermäßigen Vermögensvorteils ausnutzt.

(2) In besonders schweren Fällen ist die Strafe Freiheitsstrafe von sechs Monaten bis zu zehn Jahren. Ein besonders schwerer Fall liegt in der Regel vor, wenn der Täter

1. durch die Tat den anderen in wirtschaftliche Not bringt,
2. die Tat gewerbsmäßig begeht,
3. sich durch Wechsel wucherische Vermögensvorteile versprechen läßt."

101 Die **Wuchergrenze** des § 291 Abs. 1 Nr. 1 StGB **bezieht sich wie die Wesentlichkeitsgrenze des § 5 WiStG nur auf die Vermietung von Räumen zum Wohnen**, worunter im Übrigen auch Nebenräume fallen, die eigentlich nicht zum Wohnen vermietet werden. Jedoch dürfen nach § 138 Abs. 2 BGB auch Mietvereinbarungen über Geschäftsräume nicht in einem auffälligen Missverhältnis zu der Leistung stehen. I.d.R. liegt ein solches Missverhältnis auch hier vor, wenn die vereinbarte Miete die angemessene (marktübliche) Miete um mehr als 50 % übersteigt[60].

2.3.7.3 Kappungsgrenze

▶ *Vgl. Rn. 68*

102 Bei bestehenden Mietverhältnissen sind im frei finanzierten Wohnungsbau Mieterhöhungen (-anpassungen) möglich, wenn die bisherige Grundmiete (Nettokaltmiete) seit einem Jahr unverändert ist. Eine **neue Mietforderung** ist dem Mieter gegenüber zu begründen.

103 Zur **Begründung** kann nach § 558a BGB insbesondere Bezug genommen werden auf

1. einen Mietspiegel (§§ 558c, 558d BGB),
2. eine Auskunft aus einer Mietdatenbank (§ 558e BGB),
3. ein mit Gründen versehenes Gutachten eines öffentlich bestellten und vereidigten Sachverständigen,
4. entsprechende Entgelte für einzelne vergleichbare Wohnungen; hierbei genügt die Benennung von drei Wohnungen.

Zur Begründung kann auf eine Mietdatenbank oder auf einen qualifizierten Mietspiegel zurückgegriffen werden.

Wird zur Begründung eines Mieterhöhungsverlangens ein mit Gründen versehenes **Gutachten eines öffentlich bestellten und vereidigten Sachverständigen** beigefügt, so ist nach der Rechtsprechung des BGH damit zugleich der Begründungspflicht des Vermieters grundsätzlich Genüge getan, wenn das Gutachten Angaben über Tatsachen enthält, aus denen die geforderte Mieterhöhung hergeleitet wird, und zwar in einem Umfang, der es dem Mieter gestattet, der Berechtigung des Erhöhungsverlangens nachzugehen und diese zumindest ansatzweise selbst überprüfen zu können[61]. Der Sachverständige muss somit eine Aussage über die tatsächliche ortsübliche Vergleichsmiete treffen und die zu beurteilende Wohnung in das örtliche Preisgefüge einordnen. Etwaige kleinere Mängel des Gutachtens führen nicht zur Unwirksamkeit des Mieterhöhungsverlangens aus formellen Gründen

104 **Die Mietsteigerung darf** nach § 558 Abs. 3 BGB (abgedruckt bei Rn. 69) **in drei Jahren nicht mehr als 20 v.H. betragen (Kappungsgrenze)**. In den durch Rechtsverordnung nach § 558 Abs. 3 Satz 3 BGB bestimmten Gebieten ist der Prozentsatz auf 15 % beschränkt. Er-

---

60 LG Darmstadt, Urt. vom 14.01.1972 – 2 KLS 2/71 –, NJW 1972, 1244 = EzGuG 3.38a.

61 BGH, Urt. vom 03.02.2016 – VIII ZR 69/15 –, GuG 2016, 265 = EzGuG 3.161; BGH, Urt. vom 12.12.2007 – VIII ZR 11/07 –, NJW 2008, 573= EzGuG 3.142c; BGH, Urt. vom 19.05.2010 – VIII ZR 122/09 –, GuG 2011, 120 = EzGuG 11.734.

reicht der Vermieter vom Mieter indessen die Zustimmung für eine höhere (angemessene) Grundmiete, so hat der Mieter in aller Regel kein Recht zum Widerruf i.S. des Gesetzes über den Widerruf von Haustürgeschäften. Die Kappungsgrenze bemisst sich nach der vereinbarten Mietstruktur, d.h., ist eine Bruttomiete vereinbart (Inklusivmiete), ist diese maßgebend[62].

Der Umfang der möglichen Mieterhöhung wird dabei von der jeweils niedrigeren Grenze bestimmt, d.h., eine **Angleichung der Miete an die ortsübliche Vergleichsmiete ist im Rahmen der Kappungsgrenze nur bis zur ortsüblichen Vergleichsmiete möglich**.

2.3.8 Mieterdienstbarkeiten

Schrifttum: *HypZert GmbH* (Hrsg.), Bewertung von Einzelhandelsimmobilien, 2. Aufl. Berlin 2013.

▶ *Vgl. zur Berücksichtigung bei der Beleihungswertermittlung Teil IX Rn. 79*

105 **Mietverträge haben im Falle einer Veräußerung grundsätzlich Bestand**, denn der Erwerber einer Immobilie tritt nach § 566 BGB in die Rechte und Pflichten aus dem Mietvertrag automatisch ein. Kündigungsrechte ergeben sich für den Erwerber

- im Falle eines **Sonderkündigungsrechts**
  - in der *Zwangsversteigerung* nach § 57a ZVG[63] bzw.
  - in einem *Insolvenzverfahren*, wenn für die vom Insolvenzverwalter erworbenen Räume, die der Schuldner vermietet oder verpachtet hatte, das Miet- oder das Pachtverhältnis unter Einhaltung der gesetzlichen Frist vom Erwerber nach § 111 InsO gekündigt wird[64]; die Kündigung kann nur für den ersten Termin erfolgen, für den sie zulässig ist;
- wenn der ***Mietvertrag*** nach § 550 BGB *auf „unbestimmte Zeit"* geschlossen wurde und die Kündigung frühestens zum Ablauf eines Jahres nach Überlassung des Wohnraums zulässig ist;
- im Falle der ***Nacherbfolge***. Wenn der Vorerbe ein zur Erbschaft gehörendes Grundstück vermietet oder verpachtet, so findet § 1056 Abs. 2 BGB entsprechende Anwendung, wenn das Miet- oder Pachtverhältnis bei dem Eintritt der Nacherbfolge noch besteht (§ 2135 BGB). Danach ist der Eigentümer bei Beendigung des Nießbrauchs berechtigt, das Miet- oder Pachtverhältnis unter Einhaltung der gesetzlichen Kündigungsfrist zu kündigen. Verzichtet der Nießbraucher auf den Nießbrauch, so ist die Kündigung erst von der Zeit an zulässig, zu welcher der Nießbrauch ohne den Verzicht erlöschen würde;
- im Falle einer ***Beendigung des Erbbaurechts*** nach Maßgabe des § 30 ErbbauRG;
- bei **Eigenbedarf** nach § 573 Abs. 2 Nr. 2 BGB;
- bei **schuldhafter Pflichtverletzung** nach § 573 Abs. 2 Nr. 1 BGB;
- zwecks angemessener **wirtschaftlicher Verwertung** nach § 573 Abs. 2 Nr. 3 BGB[65], d.h. bauliche Maßnahmen (Umbau, die Modernisierung oder der Abbruch eines Gebäudes sowie Verkauf, die Vermietung, Bestellung eines Nießbrauchs oder Erbbaurechts, wenn der Vermieter die Absicht hat, das Grundstück (die Mieträume) wirtschaftlich zu verwerten, die Verwertung angemessen ist, die Fortsetzung des Mietverhältnisses der Verwertung entgegensteht und der Vermieter im Falle der Hinderung der Verwertung erhebliche Nachteile erleiden würde[66].

---

62 BGH, Urt. vom 19.11.2003 – VIII ZR 160/03 –, NJW 2004, 1380.

63 Die Bemessung des Wertersatzes für das Erlöschen einer Mieterdienstbarkeit im Falle der Zwangsversteigerung bestimmt sich nach den §§ 92 Abs. 2 und 121 Abs. 1 ZVG auf der Grundlage einer sog. „Jahresleistung", die sich nach dem Vorteil der Mieterdienstbarkeit bemisst.

64 Nach der Rechtsprechung des BGH, Urt. vom 25.01.1974 – V ZR 68/72 –, NJW 1974, 702, ist eine Festsetzung des Ersatzwerts für das Erlöschen einer Mieterdienstbarkeit entsprechend dem Mietzins nicht zutreffend.

65 BGH Urt. vom. 24.03.2004 – VIII ZR 188/03 –, GuG 2004, 317 = EzGuG 3.141a.

66 Wetekamp, A., Kündigung wegen wirtschaftlicher Verwertung, GuG 2018, 23.

Mieter, die erhebliche Investitionen in das Mietobjekt vorgenommen haben, sowie Mieter von standortgebundenen Immobilien bzw. von Immobilien, für die gleichwertige Ersatzimmobilien nur eingeschränkt zur Verfügung stehen, können sich vor dem Entzug der Gebrauchsmöglichkeit durch eine sog. **Mieterdienstbarkeit** schützen. Es handelt sich dabei um eine beschränkte persönliche Dienstbarkeit gem. § 1090 BGB. Sie berechtigt den Mieter, das belastete Grundstück entsprechend dem in der Bestellungsurkunde vereinbarten Zweck zu nutzen.

Mieterdienstbarkeiten sind mithin darauf gerichtet, erhebliche Investitionen des Mieters abzusichern, die diese in das Mietobjekt vornehmen wollen bzw. vorgenommen haben. Sie sollen sich während der Laufzeit des Mietvertrags amortisieren, insbesondere bei Immobilienleasingverträgen und Sale-and-lease-back-Verträgen, Ankermieternvon Einkaufszentren mit entsprechender Verhandlungsmacht, bei Ankermietern von gewerblichen Objekten (Büroobjekte, Einzelhandelsfilialisten und sonstige gewerbliche Objekte) sowie von Spezialimmobilien. Sie sollen den Anspruch des Mieters absichern, die Räume während der gesamten Laufzeit des Mietvertrags bestimmungsgemäß selbst im Falle des Sonderkündigungsrechts nach § 57a ZVG bzw. der § 111 InsO, § 550 BGB, § 2135 i.V.m. § 1056 Abs. 2 BGB und § 30 ErbbauRG zu nutzen. Sie schützen den Mieter vor dem Verlust der Mietsache, wenn das Eigentum im Wege der **Zwangsversteigerung** auf einen Dritten übergeht.

Mit einer Dienstbarkeit abgesicherte Mietverträge (**Mieterdienstbarkeiten**) sind wie andere mit einer Dienstbarkeit abgesicherte Mietverträge bei der Marktwertermittlung zu berücksichtigen.

2.4 Gewerberaummiete

2.4.1 Allgemeines

Schrifttum: *Burbulla, R.*, Gewerberaummiete, MDR 2017, 800; *Dröge, F.*, Handbuch der Mietpreisbewertung für Wohn- und Gewerberaum, 3. Aufl. 2005, S. 107; *Fritz*, Gewerberaummietrecht, 2. Aufl. 1995; *Schaper, D.*, Mietwert einer Gewerbefläche ohne Berücksichtigung mieterseitiger Investitionen, GuG 2013, 277.

▶ *Allgemeine Hinweise vgl. Rn. 33, 46 und § 32 ImmoWertV Rn. 69 ff.; Syst. Darst. des Ertragswertverfahrens Rn. 191 ff.; Teil V Rn. 154 ff.*

Das Miet- und Pachtrecht ist im Titel 5 des BGB (§§ 335 bis 606 BGB) geregelt. Nach § 578 **106**
Abs. 2 BGB sind auf **Mietverhältnisse über Räume, die keine Wohnräume sind**, die in Abs. 1 genannten Vorschriften sowie § 552 Abs. 1, § 554 Abs. 1 bis 4 und § 569 Abs. 2 BGB entsprechend anzuwenden. Anwendbar sind gemäß § 578 Abs. 2 BGB neben den allgemeinen Vorschriften insbesondere § 550 BGB (Geltung des Mietvertrags auf unbestimmte Zeit ohne Schriftform), §§ 562 bis 562d (Vermieterpfandrecht), §§ 566 bis 567b BGB („Kauf bricht nicht Miete") und § 569 Abs. 1 und 2 BGB (außerordentliche fristlose Kündigung aus wichtigem Grunde).

- Eine **ordentliche Kündigung** ist gemäß § 580a Abs. 2 BGB spätestens am dritten Werktag eines Kalendervierteljahres zum Ablauf des nächsten Kalendervierteljahres zulässig, ohne dass es eines „besonderen Interesses" bedarf.
- Bei **Tod eines Mieters** sind gemäß § 580 BGB sowohl der Erbe als auch der Vermieter berechtigt, das Mietverhältnis innerhalb eines Monats, nachdem sie vom Tod des Mieters Kenntnis erlangt haben, außerordentlich mit der gesetzlichen Frist zu kündigen (vgl. Rn. 43).

Bei alledem bedarf es deshalb einer sorgfältigen **Abgrenzung der Wohnraummiete von der** **107**
Gewerberaummiete *(commercial leases)*. Maßgebend für die Abgrenzung ist vor allem die Zweckbestimmung der Räume, die von den Parteien im Mietvertrag vereinbart wurde (vgl. Rn. 34 ff.).

Der **wesentliche Unterschied zwischen der Wohnraum- und Geschäftsraummiete** besteht **108**
darin, dass bei der **Gestaltung von Geschäfts- und Gewerberaummieten** weitgehend Ver-

tragsfreiheit gegeben ist, jedoch sind Vereinbarungen unwirksam, wenn sie sittenwidrig oder wucherisch sind oder gegen gesetzliche Vorschriften verstoßen (§§ 134, 138 BGB). Voraussetzung dafür ist, dass zum Zeitpunkt des Vertragsabschlusses zwischen der Leistung und Gegenleistung ein aus einer verwerflichen Gesinnung resultierendes auffälliges Missverhältnis bestand.
Im Hinblick auf die Umlegung von Nebenkosten ist insbesondere das **Transparenzgebot** nach § 307 Abs. 1 Satz 2 BGB zu beachten.

109 Sollen bei Gewerberaummietverträgen **Betriebskosten** umgelegt werden, so genügt i.d.R. ihre schlagwortartige Bezeichnung. Inhaltlich sind dann die in § 3 Nr. 1 bis 16 BetrKV definierten Betriebskosten angesprochen, es sei denn, diese werden im allgemeinen Sprachgebrauch anders verwendet. Es kann auch eine Höchstgrenze der Umlagefähigkeit vereinbart werden[67].

110 Bei Gewerberaummietverträgen ist grundsätzlich auch eine Umlage der **Verwaltungskosten** zulässig[68]; der Begriff der „Verwaltungskosten" ist i.S. des § 307 Abs. 1 Satz 2 BGB hinreichend bestimmt, da bestimmt zur Ausfüllung des Begriffs der Verwaltungskosten auf die im Wesentlichen übereinstimmenden Definitionen in § 1 Abs. 2 Nr. 1 BetrKV und § 26 Abs. 1 II. BV zurückgegriffen werden kann[69]. Einer Umlegung von Verwaltungskosten stehen keine zwingenden Vorschriften entgegen. Sowohl Fremd- als auch Eigenkosten können umgelegt werden. Dafür bedarf es einer wirksamen ausdrücklichen Vereinbarung[70]. Diese muss bei Formularmietverträgen dem Transparenzgebot des § 307 Abs. 1 Satz 2 BGB entsprechen. Allein dem Begriff „Verwaltungskosten" kann nach allgemeinem Sprachgebrauch kein hinreichend bestimmter Inhalt beigemessen werden[71]. Eine unmittelbare Anwendung des § 1 Abs. 2 Nr. 1 BetrKV scheidet aus, denn die Vorschrift findet mangels einer entsprechenden Verweisung in § 578 BGB keine Anwendung. Der in § 26 II. BV bzw. § 1 Abs. 2 Nr. 1 BetrKV für die Wohnraummiete definierte Begriff der Verwaltungskosten kann nicht unmittelbar auf Gewerberaummietverträge übertragen werden, weil die dort erforderliche Verwaltung einen darüber hinausgehenden Umfang hat[72]. Auch ein Rückgriff auf § 27 WEG verbietet sich. Bei Gewerberaummietverträgen können anders als bei Wohnraummietverhältnissen insbesondere Aufgaben im Zusammenhang mit der technischen Verwaltung, Kosten für Leitungs- und Organisationsaufgaben, Managementaufgaben und Unwägbarkeiten zu den Verwaltungskosten gehören[73].
Die formularmäßig vereinbarte Klausel eines Gewerberaummietvertrags, die dem Mieter eines in einem Einkaufszentrum belegenen Ladenlokals als Nebenkosten des Einkaufscenters zusätzlich zu den Kosten der „Verwaltung" nicht näher aufgeschlüsselte Kosten des „Center-Managements" gesondert auferlegt, verstößt allerdings gegen das **Transparenzgebot nach § 307 Abs. 1 Satz 2 BGB** und ist unwirksam[74].

Wird eine **Pauschale** vereinbart, bleibt es bei dem Betrag, wenn nichts anderes ausbedungen wurde.

---

67 OLG Rostock, Urt. vom 10.04.2006 – 3 U 158/06 –, NJ 2008, 313 = EzGuG 3.141.
68 OLG Frankfurt am Main, Urt. vom 01.11.1984 – 3 U 143/83 –, WuM 1985, 91 = EzGuG 20.104c; OLG Nürnberg, Urt. vom 21.03.1995 – 3 U 3727/94 –, WuM 1995, 306 = EzGuG 3.117c; KG, Urt. vom 02.10.2003 – 8 U 25/03 – GE 2004, 234 = EzGuG 3.129a.
69 BGH, Urt. vom 24.02.2010 – XII ZR 69/08 –, BGHZ 183, 299 = EzGuG 3.144.
70 BGH, Urt. vom 06.04.2005 – XII ZR 158/01 –, NJW 2096, 766.
71 KG, Urt. vom 08.10.2001 – 8 U 6267/90 –, NZM 2002, 954; a.A. OLG Hamburg, Urt. vom 06.02.2002 – 4 U 32/00 –, NZM 2002, 388.
72 OLG Köln, Urt. vom 04.07.2006 – 22 U 40/06 –, NZM 2006, 701.
73 KG, Urt. vom 02.10.2003 – 8 U 25/03 –, GE 2004, 234= EzGuG 3.129a; OLG Hamburg, Urt. vom 06.02.2002 – 4 U 32/00 –, NZM 2002, 388.
74 BGH, Urt. vom 03.08.2011 – XII ZR 205/09 – , NJW 2012, 54; BGH, Urt. vom 26.09.2012 – XII ZR 112/10 –, NJW 2013, 41; BGH, U vom 09.12.2009 – XII ZR 109/08 –, BGHZ 183, 299; BGH, Urt. vom 04.05.2011 – XII ZR 112/09 –, GuT 2011, 48; BGH, Urt. vom 24.02.2010 – XII ZR 69/08 –, NJW-RR 2010, 739 = EzGuG 3.144.

Instandhaltungs- und Instandsetzungsmaßnahmen können im Rahmen von Individualverträgen über Gewerberäume – wie andere Bewirtschaftungskosten – auf den Mieter überwälzt werden. 111

Der bei Mietwohnobjekten übliche pauschalierte Abzug der nicht umlagefähigen Bewirtschaftungskosten (Verwaltungs- und Instandhaltungskosten sowie Mietausfallwagnis) ist bei hochwertigen Gewerbeimmobilien nicht statthaft und kann zu katastrophalen Fehlbewertungen führen.

Da es im Gewerberaummietrecht keine gesetzlichen Regelungen zu Mieterhöhungen gibt, bestehen, wenn keine Mietänderungsklauseln vereinbart wurden, auch keine Möglichkeiten für Mieterhöhungen.

Zulässig sind auch **Wertsicherungsklauseln**[75]*(Stable Value Clauses)*. Sofern in einer Wertsicherungsklausel eine automatische Anpassung des Mietzinses ohne Ermessensspielraum für die Parteien geregelt ist und sofern als Wertmesser keine gleichartige oder vergleichbare, sondern eine andere Leistung geregelt ist, handelt es sich um eine genehmigungsbedürftige Gleitklausel. Typischer Fall ist eine automatische Anpassung des Mietzinses an Veränderungen des Verbraucherpreisindexes. Entsprechendes gilt für eine Anpassung des Mietzinses an die Entwicklung der Hypothekenzinsen, die Beamtengehälter und an die Entwicklung des Grundstückswerts[76]. 112

Nach § 4 Abs. 1 **PreisklauselVO** gelten Anpassungsklauseln als genehmigt und bedürfen damit keiner Einzelgenehmigung, wenn 113

- der Vermieter für 10 Jahre auf sein Kündigungsrecht verzichtet oder
- der Mieter das Recht hat, die Vertragsdauer auf mindestens 10 Jahre zu verlängern, und der Vertrag zulässige Bezugsgrößen verwendet.

Zulässig sind der Verbraucherpreisindex des Statistischen Bundesamtes, eines Statistischen Landesamtes oder des Statistischen Amtes der Europäischen Gemeinschaft. Für Mietanpassungsvereinbarungen in Verträgen über Wohnraum gilt § 557 BGB (§ 3 Abs. 1 Ziff. 3d und e Preisklauselgesetz). Daneben können Preisklauseln genehmigt werden, wenn besondere Gründe des nationalen oder internationalen Wettbewerbs dies rechtfertigen (§ 5).

Genehmigungsfrei sind Umsatz- und Gewinnbeteiligungsklauseln.

Nicht zum Rohertrag gehört im Übrigen die bei gewerblicher Vermietung üblicherweise anfallende Mehrwertsteuer (vgl. § 21 ImmoWertV Rn. 116, § 32 ImmoWertV Rn. 72).

Entscheidend bei der Vermietung von Gewerbe- und Geschäftsräumen sind die **Vereinbarungen im Mietvertrag**, der deshalb vom Sachverständigen eingesehen werden sollte. So kann beispielsweise das langfristig vereinbarte Mietverhältnis von dem Betreiber eines *Selbstbedienungsmarktes* durch einseitige Erklärung unter Beachtung einer Kündigungsfrist (i.d.R. 6 bis 12 Monate) vorzeitig beendet werden, wenn eine nicht von ihm zu vertretende geschäftliche Entwicklung eintritt und zu einem nachhaltig unwirtschaftlichen Ergebnis führt, sodass die Weiterführung im Hinblick auf hohe Verluste ihm nicht zugemutet werden kann. In solchen Fällen wird der Nachweis der Unwirtschaftlichkeit durch Vorlage der Geschäftsbücher erbracht und meist bis zu einer Jahrespacht als Abstandszahlung geleistet beziehungsweise es wird eine um bis zu einem Drittel reduzierte Miete bis zum Vertragsende als Ausgleichszahlung vereinbart. 114

Mietsicherheiten in Form einer Barkaution und einer Bankbürgschaft sind im gewerblichen Bereich zu verzinsen, soweit hierüber eine Vereinbarung im Mietvertrag getroffen wurde.

---

75 BGH, Urt. vom 02.02.1977 – VIII ZR 271/75 –, WM 1977, 418 = EzGuG 3.58a.
76 BGH, Urt. vom 27.06.1973 – VIII ZR 98/72 –, NJW 1973, 1498; BGH, Urt. vom 23.02.1979 – V ZR 106/76 –, NJW 1979, 1545 = EzGuG 7.65.

Es bestehen **keine Einschränkungen für den Abschluss von Staffelmietverträgen**. Es kann dabei im Vorhinein festgelegt werden, in welchem Umfang der Mietzins zu bestimmten Zeitpunkten erhöht wird. Es kann ein bestimmter Prozentsatz oder ein fester Betrag vereinbart werden. Von der Möglichkeit wird man insbesondere Gebrauch machen, wenn dem Mieter einerseits bei Geschäftsbeginn eine Anlaufzeit gewährt werden soll und andererseits der Vermieter am Gedeihen des Geschäfts partizipieren will.

2.4.2 Umsatzmiete

Schrifttum: *Brunn* in Bub/Treier, Handbuch der Geschäfts- und Wohnraummiete, 4. Aufl. 2014, Rn. III. A, 21; a.A. *Moeser*, Gewerblicher Mietvertrag, 1998, Rn. 91; zur Ermittlung der Sittenwidrigkeit nach der sog. EOP-Methode (ertragsorientierte Pachtwertfindung) bei Gewerberaummietverträgen; *Fritz*, Gewerberaummietrecht, 5. Aufl. 2016, Rn. 102 m.w.N.; *Gather*, DWW 1993, 12; *Wolf/Eckert*, Handbuch des gewerblichen Miet-, Pacht und Leasingrechts, 7. Aufl. 1995, Rn. 418; *Sternel*, Mietrecht, 4. Aufl. 2009, Rn. II, 273 f.; Staudinger, BGB, 13. Bearb. 2014, § 535 Rn. 159; *Kraemer* in Bub/Treier a.a.O., Rn. III. A, 938; IHK Köln, Merkblatt zu Kaufkraft und Umsatz, GuG 2013, 301.

▶ *Vgl. Rn. 44; Teil V Rn. 262*

115 I.d.R. einigen sich die Parteien eines Gewerbemietvertrags auf einen Festbetrag als Mietzins, der in bestimmten Zeitabständen (etwa aufgrund einer Wertsicherungsklausel) angepasst wird. Bei der Vermietung von Geschäftsräumen (z.B. Einzelhandelsflächen) wird zwischen den Vertragsparteien darüber hinaus häufig eine Umsatzmiete vereinbart (*Turnover Rent*).

Eine gesetzliche Definition des Begriffs Umsatzmiete gibt es nicht. Entscheidend ist, was die Mietvertragsparteien unter **Umsatzmiete** verstehen.

Die **Höhe der Umsatzmiete** richtet sich i.d.R. nach einem im Mietvertrag vereinbarten prozentualen Anteil am Monatsumsatz, der in den betreffenden Räumlichkeiten erzielt wird und an den Vermieter abgeführt werden muss. **Umsatz- und Gewinnbeteiligungsklauseln sind genehmigungsfrei**. Umsatzmietvereinbarungen sind auch unter dem Gesichtspunkt des nunmehr in § 2 PaPkG geregelten Indexierungsverbots unbedenklich. Lediglich bei Mietverträgen über Apotheken bleibt den Parteien wegen des Verbots von Umsatzmietvereinbarungen nach § 8 Satz 2 ApothekenG[77] nur die Möglichkeit, unter engen Voraussetzungen Pachtverträge mit einem vom Umsatz oder Gewinn abhängigen Pachtzins abzuschließen. Die Vereinbarung eines solchen umsatzabhängigen Mietzinses ist grundsätzlich – i.d.R. auch formularmäßig – zulässig, da die Miete im gewerblichen Bereich – anders als beim Wohnraummietrecht – weitgehend frei vereinbart werden kann[78].

116 Aus der *Sicht des Vermieters* hat die Vereinbarung einer Umsatzmiete zwar grundsätzlich den Vorteil, dass ihm über die Miete eine Beteiligung am Gewinn des Mieters eingeräumt wird; umgekehrt wird er auch am geschäftlichen Risiko des Mieters beteiligt, ohne Einfluss auf den Umsatz des Mieters nehmen zu können. Er wird deshalb danach trachten, seine Beteiligung am geschäftlichen Risiko des Mieters dadurch nach unten zu begrenzen, dass eine **umsatzunabhängige Mindestmiete** vereinbart wird, die auf die Umsatzmiete anzurechnen ist. Darüber hinaus sehen Umsatzmietvereinbarungen häufig Anpassungsmöglichkeiten (insbesondere Staffelmietvereinbarungen oder Wertsicherungsklauseln) für die Mindestmiete vor.

Aus der *Sicht des Mieters* hat die Vereinbarung einer Umsatzmiete den Vorteil, dass er bei einem schlechten Geschäftsverlauf eine geringere Miete zu zahlen hat; umgekehrt hat eine umsatzabhängige Miete für den Mieter den Nachteil, dass er bei hohen Umsätzen (die im Übrigen nicht unbedingt mit hohen Gewinnen einhergehen müssen) eine im Vergleich zu anderen Gewerberaummietern möglicherweise höhere Miete bezahlt. Dem kann als Korrelat zur Mindestmiete durch die **Vereinbarung einer Höchstmiete** Rechnung getragen werden.

---

77 Gesetz über das Apothekenwesen i.d.F. vom 15.10.1980 (BGBl. I 1980S. 1993); hierzu BGH; Urt. vom 22.10.1997 – XII ZR 142/95 –, NJW-RR 1998, 303; OLG Oldenburg, Urt. vom 24.11.1988 – 14 U 42/88 –, NJW-RR 1990, 84.

78 Muster eines Mietvertrags vgl. Schwirley, Bewertung von Mieten bei Miet- und Verkehrswertgutachten, 2. Aufl. 2006, S. 958.

Die **Vereinbarung einer Umsatzmiete begründet keine Betriebs- und Gebrauchspflicht**; sie kann auch nicht als stillschweigend vereinbart angesehen werden. Ohne Vereinbarung einer Betriebs- und Gebrauchspflicht ist der Mieter grundsätzlich nicht verpflichtet, seinen Betrieb aufrechtzuerhalten. Es kann vom Mieter auch nicht verlangt werden, dass er einen möglichst hohen Umsatz oder Gewinn erzielt[79]. Stellt der Mieter den Betrieb ein, so folgt daraus allerdings auch keine Mietbefreiung. Die Höhe der Miete ist in diesen Fällen im Wege der Vertragsauslegung zu ermitteln[80]; persönliche Gründe für die Betriebseinstellung (z.B. Alter des Mieters) sollen dabei keine Rolle spielen[81]. Für den Vermieter können sich daraus gleichwohl erhebliche Nachteile ergeben, da im Falle der Betriebsaufgabe die Gefahr besteht, dass das Mietobjekt in seinem Marktwert nicht unerheblich absinkt und hiernach nicht mehr mit gleichem Gewinn weitervermietet werden kann[82]. **117**

Da die Vertragsparteien bei der Bestimmung des Umsatzes nicht an bestimmte steuerliche oder zivilrechtliche Begriffe gebunden sind, empfiehlt es sich, in jedem Fall **im Mietvertrag zu regeln**, **118**

- welche Umsätze bei der Berechnung der Umsatzmiete zugrunde gelegt werden sollen,
- in welcher Weise Skonti, Boni, Warenentnahmen, Retouren und Personalrabatte zu berücksichtigen sind und wie Kreditkartengeschäfte und Ratenverkäufe behandelt werden,
- wie Änderungen der Geschäftstätigkeit des Mieters berücksichtigt werden,
- wie sich der Umsatz bei einer Untervermietung durch den Mieter bemisst,
- der Zahlungsmodus für die Umsatzmiete sowie
- die Abrechnungsmodalitäten, insbesondere wie die getätigten Umsätze nachzuweisen sind (Kontrollrecht zu den vom Mieter erzielten Umsätzen z.B. durch ein Einsichtsrecht eines Wirtschaftsprüfers).

2.4.3 Mietpreisgestaltung

Wichtige Punkte bei Mietverträgen für Gewerbeimmobilien sind **119**

1. **Bezeichnung der Vertragsparteien**
   - genaue Angaben des Vertragspartners, ggf. unter Beachtung
     - der Gesellschaftsform,
     - der Mieterbranche und
     - der Einschätzung der Mieterbonität.
2. **Beschreibung des Vertragsgegenstandes**
   - Lage, Größe der Flächen, Definition der Mietflächen (WoFlV, DIN 277),
   - Darstellung im Lageplan (wesentlicher Bestandteil des Vertrags),
   - Nutzungsfestschreibung,
   - Konkurrenzschutz,
   - Schlüsselverzeichnis als Anlage.

---

79 BGH, Urt. vom 30.05.1990 – V ZR 207/98 –, BGHZ 111, 301; LG Lübeck, Urt. vom 20.02.1992 – 14 S 11/92 –, NJW-RR 1993, 78; LG Hannover, Urt. vom 09.10.1992 – 8 S 146/92 –, ZMR 1993, 280; OLG Düsseldorf, Urt. vom 10.02.1994 –, ZMR 1994, 408; Wolf/Eckert, Handbuch des gewerblichen Miet-, Pacht und Leasingrechts, 7. Aufl. 1995, Rn. 418; Staudinger/ Emmerich, BGB, 13. Bearb. 1995, § 535 Rn. 159.

80 Bub/Treier, Handbuch der Geschäft- und Wohnraummiete, 3. Aufl. III Rn. 22 f.

81 BGH, Urt. vom 04.04.1979 – VII ZR 118/78 –, NJW 1979, 2352.

82 Wolf/Eckert., Handbuch des gewerblichen Miet- und Pachtrechts, 7. Aufl. 1995, Rn. 649; Fritz, Gewerberaummietrecht, 5. Aufl. 1996, Rn. 234; Roquette, Das Mietrecht des BGB, Komm. 1966, Rn. 5 vor § 584.

3. **Miete**
   - Miete pro m²,
   - Mehrwertsteuer,
   - Fälligkeit der Miete,
   - Verzug, Verzugsschaden,
   - Ausschluss von Aufrechnung sowie Minderungs- oder Zurückhaltungsrechten,
   - Untermietvereinbarungen,
   - mietfreie Zeiten,
   - Ausbauzuschüsse,
   - kostenlose Ergänzungsflächen,
   - Rückbauverpflichtungen.
4. **Mietbeginn und Mietdauer**
   - Festmietzeit,
   - Fortsetzung nach Ablauf der Mietzeit,
   - Kündigungsfrist,
   - Ausschluss § 545 BGB (Stillschweigende Verlängerung),
   - Duldung von Vermietungsplakaten.
5. **Mieterhöhung**
   Mieterhöhungsregelung, insbesondere
   - indizierte Miete (Wertgleitklausel auf Index-Basis),
   - Umsatzmiete,
   - Staffelmiete,
   - verhandelbar.
6. **Kündigung des Mieters bzw. Vermieters (aus wichtigem Grunde)**
   - Vorbehaltserklärung,
   - beispielhafte Benennung von Kündigungsgründen.
7. **Bewirtschaftungskosten**
   - Betriebskosten (inkl. Hausverwaltung) gemäß Anlage (= § 2 BetrKV),
   - Verwaltungskosten (*overhead*),
   - Vorauszahlungen,
   - Umlageschlüssel,
   - Abrechnungszeitraum,
   - Änderung der Vorauszahlungen.
8. **Optionen**
   - Verlängerungsoption,
   - Erweiterungsoptionen.
9. **Sammelheizung und Warmwasserversorgung**
   - Heizperiode,
   - Haftungsausschluss bei Betriebsstörungen,

- Haftungsbegrenzung auf Dritthaftung,
- Änderung der Beheizungsart.

10. **Benutzung der Gemeinschaftsanlagen**
   - Aufzug,
   - Tiefgarage usw.

11. **Haftung für den Zustand des Mietobjekts**

   11.1 Haftung des Vermieters
   – Instandhaltung und Instandsetzung durch den Vermieter,
   – Ausschluss von Mietminderung oder Schadenersatzansprüchen bei vom Vermieter nicht zu vertretenden Störungen,
   – Versicherungsangelegenheiten.

   11.2 Haftung des Mieters
   – Umgang mit der Mietsache,
   – Schönheitsreparaturen,
   – Kleinreparaturen,
   – Anzeigepflicht des Mieters.

Von besonderer Bedeutung für die Nutzung sind die **Raumkonfiguration und ihre Flexibilität** für die jeweils nachgefragte Büroform. **120**

2.4.4 Wettbewerbsbeschränkungen

2.4.4.1 Allgemeines

Schrifttum: *Amann, H.*, Steuerung des Bierabsatzes durch Dienstbarkeiten, DNotZ 1986, 578 und DNotZ 1988, 581; *Baetge, D.*, Wettbewerbsbeschränkende Dienstbarkeiten in Europa, RabelsZ 59 (1995); *Bormann, J.*, Wettbewerbsbeschränkungen durch Grundstücksrechte, Heidelberg 2004; *Daubner, R.*, Probleme bei der Bestellung von Sicherungsdienstbarkeiten im Rahmen von Alleinbezugsvereinbarungen nach europäischem Kartellrecht, JA 1993, 19; *Höchtl, F.*, Die dingliche Sicherung von Bierbezugsverpflichtungen durch Reallast und Dienstbarkeit, Diss. 1959; *Joost, D.*, Sachenrechtliche Zulässigkeit wettbewerbsbeschränkender Dienstbarkeiten, NJW 1981, 308; *Münch, J.*, Die Sicherungsdienstbarkeit zwischen Gewerberecht und Kartellrecht, ZHR 157 (1993).

▶ *Zu den wettbewerbsbeschränkenden Dienstbarkeiten vgl. Teil VIII Rn. 398 ff.*

In gewerblichen Mietverträgen werden häufig Konkurrenzschutzklauseln aufgenommen, um den Mieter eine erhöhte Standortsicherheit zu geben. **Vereinbarungen von Wettbewerbsverboten** zugunsten des Mieters und *Mieterbetriebsverpflichtungen* sind bei der Verkehrswertermittlung zu berücksichtigen. Hingewiesen wird in diesem Zusammenhang auf ein Urteil des OLG Celle[83], nach dem der Warenhauskonzern ein Warenhaus in Hameln 1988 nicht schließen durfte, weil die Stadt Hameln im Jahre 1977 dem Warenhausneubau im Altstadtkern nur unter der Voraussetzung zugestimmt hatte, dass das neue Haus auch über 20 Jahre hinweg als Vollwarenhaus zu betreiben ist. **121**

2.4.4.2 Wettbewerbsbeschränkende Dienstbarkeiten (Konkurrenz- und Sortimentsschutzklauseln)

Schrifttum: *Amann, H.*, Steuerung des Bierabsatzes durch Dienstbarkeiten, DNotZ 1986, 578 und DNotZ 1988, 581; *Baetge, D.*, Wettbewerbsbeschränkende Dienstbarkeiten in Europa, RabelsZ 59 (1995); *Bormann, J.*, Wettbewerbsbeschränkungen durch Grundstücksrechte, Heidelberg 2004; *Daubner, R.*, Probleme bei der Bestellung von Sicherungsdienstbarkeiten im Rahmen von Alleinbezugsvereinbarungen nach europäischem Kartellrecht, JA 1993, 19; *Höchtl, F.*, Die dingliche Sicherung von Bierbezugsverpflichtungen durch Reallast und Dienstbarkeit, Diss. 1959; *Joost, D.*, Sachenrechtliche Zulässigkeit wettbewerbsbeschränkender Dienst-

83 OLG Celle, Urt. vom 16.06.1987 – 20 U 10/87 –, rechtskräftig.

barkeiten, NJW 1981, 308; *Münch, J.*, Die Sicherungsdienstbarkeit zwischen Gewerberecht und Kartellrecht, ZHR 157 (1993).

▶ *Vgl. Teil VIII Rn. 398 ff.*

122 In Mietverträgen für Gewerberäume sind mitunter auch **Konkurrenz- und Sortimentsschutzklauseln** sowie Werbeverbote hinsichtlich des Vertriebs bestimmter Artikel vereinbart[84]. Obschon der Vermieter gewerblicher Räume grundsätzlich die Pflicht hat, den Mieter vor Konkurrenz im eigenen Haus zu schützen, hat er bei innerstädtischen Immobilien ein besonderes Interesse daran, den Konkurrenzschutz generell auszuschließen. Hierdurch bleiben die Vermietungschancen besser gewahrt und neue interessante Mieter müssen aus Rücksicht auf bestehende Schutzpflichten nicht abgewiesen werden.

Die **Verletzung der** in einem Gewerberaummietvertrag **vereinbarten Konkurrenzschutzklausel durch den Vermieter** stellt einen **Mangel der Mietsache** gemäß § 536 Abs. 1 Satz 1 BGB dar, der zur Minderung der Miete führen kann[85].

Hingewiesen in diesem Zusammenhang wird auf ein Urteil des BGH[86]. Der Vermieter hatte im Mietvertrag mit einem **Drogisten** vereinbart, dass keine Konkurrenzbranchen bezüglich der im gleichen Gebäudekomplex vorhandenen anderen Mieter betrieben werden dürfen. Der Drogist verkaufte nun neben Babynahrung, Kinderpflegemitteln und Windeln auch nicht apothekenpflichtige Arzneimittel. Eine auf dem gleichen Grundstück befindliche Apotheke hatte einen Umsatzanteil von 8 % für diese Artikel. Unter Berufung auf die vereinbarte Konkurrenzschutzklausel verlangte der Apotheker die Aufgabe des Ladens, zumindest aber die Einstellung des Verkaufs der nicht apothekenpflichtigen Arzneimittel.

Der BGH hielt eine **Unterlassungspflicht in Form von Werbebeschränkungen** bei teilweiser Sortimentsüberschneidung durch die Vereinbarungen im Mietvertrag für nicht erfasst; nur das Betreiben einer weiteren Apotheke auf demselben Grundstück sei ausgeschlossen.

2.4.4.3 Bierbezugsverträge

▶ *Vgl. Teil VIII Rn. 401*

123 Die Pflicht zum ausschließlichen Ausschank und Verkauf von Bier einer bestimmten Brauerei oder eines Bierverlegers **kann** als **positive Leistungspflicht nicht Inhalt einer Dienstbarkeit sein und** ist deshalb unzulässig[87]. Das Verbot zum Ausschank oder Verkauf von Bier ist hingegen als **Inhalt einer Dienstbarkeit** zulässig (Unterlassungsdienstbarkeit)[88].

124 Brauereien und Bierverleger umgehen die §§ 1018 und 1090 BGB (Dienstbarkeiten), indem sie die Untersagung jeglichen **Bierausschanks und Verkaufs als Grunddienstbarkeit dinglich absichern lassen** und zugleich einen schuldrechtlichen Ausschließlichkeitsvertrag abschließen, der den Grundstückseigentümer zwingt, ausschließlich Bier ihrer Brauerei bzw. ihres Vertriebs abzunehmen, auszuschenken und zu verkaufen. Diese Rechtskonstruktion ist

---

84 Zu den Voraussetzungen einer ergänzenden Vertragsauslegung bei einer mietvertraglich vereinbarten Konkurrenzschutzklausel vgl. BGH, Urt. vom 11.01.2012 – XII ZR 40/10 –, NZM 2012, 196 = EzGuG 146b.

85 BGH, Urt. vom 10.10.2012 – XII ZR 117/10 –, BGHZ 195, 50 = EzGuG 3.148b.

86 BGH, Urt. vom 09.07.1987 – I ZR 140/85 –, NJW 1987, 3132 = EzGuG 14.81a.

87 BGH, Beschl. vom 30.01.1959 – V ZB 31/58 –, BGHZ 29, 244 = EzGuG 14.9; für die dingliche Absicherung einer positiven Leistungspflicht kennt das BGB das Rechtsinstitut der Reallast (vgl. § 1105 BGB). Es ist ein Verwertungsrecht, ähnlich dem Grundpfandrecht. Der Berechtigte hat die Befugnis, das belastete Grundstück im Wege der Zwangsversteigerung zu verwerten und sich durch den Erlös in Geld zu befriedigen. Ein Bierbezugsvertrag bedeutet jedoch lediglich eine Gegenleistung in Geld für das gelieferte Bier. Diese Gegenleistung kann nicht Inhalt einer Reallast sein (vgl. Joost, JZ 1979, 467).

88 Baur, Soergel, a.a.O., § 1090 Rn. 16.

möglich[89]. Es wird praktisch ein dingliches Recht (Unterlassungsdienstbarkeit) bestellt, auf dessen Ausübung schuldrechtlich verzichtet wird. Der Eigentümer des Grundstücks soll nicht etwa kein Bier ausschenken und verkaufen, sondern dies gerade im Verhältnis zum dinglich Berechtigten tun.

Bei dem durch eine Grunddienstbarkeit abgesicherten **Bierbezugsvertrag** liegt eine Sonderform der Dienstbarkeit vor. Sie wird in diesem speziellen Fall dazu benutzt, eine Bezugsbindung des jeweiligen Grundstückseigentümers an einer Brauerei abzusichern.

Vor Jahren waren **Laufzeiten von Bierlieferungsverträgen** von mehr als 30 Jahren üblich. Nach einer Entscheidung des BGH[90] liegt nun die Grenze für die Bindung eines Wirtes an eine Brauerei oder einen Bierverleger bei höchstens 20 Jahren Nach der neueren Rechtsprechung besteht die Tendenz, die höchstzulässige Bindungsdauer in Ansehung des § 138 Abs. 1 BGB noch weiter herabzusetzen[91].

Die **Unterlassungsdienstbarkeit** stellt eine Grundstücksbelastung dar und schränkt die wirtschaftliche Nutzung ein. Die daraus resultierende Wertminderung ist vom Standort des Objekts, des möglichen Hektoliterumsatzes, dem Bekanntheitsgrad und dem „Ruf" des Berechtigten abhängig.

Bei Verstößen gegen die Bierbezugsverpflichtung werden üblicherweise ein pauschalisierter Schadensersatz je Hektoliter fremdbezogenes Bier (Fass- und Flaschenbier) berechnet[92]. Als Entschädigung werden auch 20 % des jeweils gültigen Brauereibezugspreises für alle anderweitig bezogenen Biere vereinbart[93].

2.5 Mietpreisbestimmende Merkmale

2.5.1 Wohnung, Wohnraum

Schrifttum: *Durst/Zitzewitz*, ZM 1999, 605; *Isenmann*, NZM 1998, 749; *Käser/Beck*, BWNotZ 2001, 143; *Kramer* NZM 1999, 156 und NZM 2000, 1121; *Münzenmaier, Ch.*, Bewertung von Nicht-Aufenthaltsräumen, GuG 2013, 214; *Schul, A./Wichert, J.*, Berechnung und Bedeutung der Mietfläche von Gewerberäumen, ZMR 2002, 633.

▶ *Zur Flächenberechnung vgl. Rn. 64, 159; Syst. Darst. des Ertragswertverfahrens Rn. 184 ff.*

Eine **Wohnung** ist im steuerrechtlichen Sinne (vgl. § 181 Abs. 9 BewG; § 249 Abs. 10 BewG[94]) i.d.R. die Zusammenfassung mehrerer Räume, die in ihrer Gesamtheit so beschaffen sein müssen, dass die Führung eines selbstständigen Haushalts möglich ist. Die Zusammenfassung der Räume muss eine von anderen Wohnungen oder Räumen, insbesondere Wohnräumen, baulich getrennte, in sich abgeschlossene Wohneinheit bilden und einen selbstständigen Zugang haben. Daneben ist erforderlich, dass die für die Führung eines selbstständigen Haushalts notwendigen Nebenräume (Küche, Bad oder Dusche, Toilette) vorhanden sind. 125

Nach der **DIN 283** von 1951, die der Normungsausschuss des Deutschen Instituts für Normung e.V. am 08.03.1983 (Teil I) und am 01.06.1989 (Teil II) ersatzlos zurückgezogen hat, gilt

89 BGH, Urt. vom 18.05.1979 – V ZR 70/78 –, BGHZ 74, 293 = EzGuG 14.61; BGH, Urt. vom 13.07.1979 – V ZR 122/77 –, NJW 1979, 2149 = EzGuG 14.63; BGH, Urt. vom 21.05.1975 – VIII ZR 215/72 –, WM 1975, 850 = EzGuG 14.49b; BGH, Urt. vom 22.01.1975 – VIII ZR 243/73 –, WM 1975, 307 = EzGuG 14.48i; BGH, Urt. vom 17.10.1971 – VIII ZR 91/72 –, WM 1973, 1360 = EzGuG 14.48c; BGH, Urt. vom 02.10.1969 – V ZR 10/68 –, MDR 1971, 119 = EzGuG 14.38a; BGH, Urt. vom 16.10.1956 – I ZR 2/56 –, BB 1958, 1088 = EzGuG 14.1a; BGH, Urt. vom 23.11.1951 – I ZR 24/51 –, MDR 1952, 222 = EzGuG 14.2d; OLG Koblenz, Urt. vom 21.02.2002 – 5 U 677/01 –, Gewerbemiete und Teileigentum 2002, 142 = EzGuG 14.135i; OLG Karlsruhe, Urt. vom 18.10.2001 – 19 U 97/01 –, MDR 2002, 445 = EzGuG 14.135e; OLG Düsseldorf, Urt. vom 03.12.1987 – 10 U 126/87 –, ZMR 1988, 175 = EzGuG 3.71f.

90 BGH, Urt. vom 21.3.1990 – VIII ZR 49/89 –, GuG 1990, 102 = EzGuG 14.88.

91 BGH, Urt. vom 21.3.1990 – VIII ZR 49/89 –, GuG 1990, 102 = EzGuG 14.88.

92 BGH, Urt. vom 22.2.1989 – VIII ZR 45/88 –, BGHZ 107, 87 = EzGuG 14.84d.

93 BGH, Urt. vom 22.2.1989 – VIII ZR 45/88 –, BGHZ 107, 87 = EzGuG 14.84d.

94 BFH, Urt. vom 04.12.2014 – II R 20/14 –, BFHE 248, 193 = BStBl II 2015, 610.

als **Wohnung die Summe der Räume, welche die Führung eines Haushalts ermöglichen**, darunter stets eine Küche oder ein Raum mit Kochgelegenheit. Zu einer Wohnung gehören außerdem Wasserversorgung, Ausguss und Abort. Die aufgehobene DIN 283-1 unterschied in Nr. 1 zwischen abgeschlossenen und nicht abgeschlossenen Wohnungen. In die Wohnflächenberechnung gehen davon nach der DIN 233-2 Nr. 1 nur die Grundflächen der Räume von Wohnungen und nicht die Grundflächen ein, die der „Ausstattung der Wohnung" gemäß DIN 283-1 Nr. 3 zuzurechnen sind, z.B. Bodenräume, Waschküchen, Kellerräume, Trockenräume, Speicherräume, Garagen usw. Dies entspricht § 42 Abs. 4 II. BV, in der die vorgenannten Räume als „Zubehörraum" bezeichnet werden.

Weitere Definitionen vgl. § 16 MeldeG (Berlin); § 2 Abs. 3 Zweitwohnsteuergesetz (Berlin), § 144 Abs. 1 Satz 3 ZPO[95].

Mindestanforderungen an Wohnungen ergeben sich aus den Bauordnungen der Länder. So bestimmt § 48 der BbgBO z.B.:

„(1) Innerhalb jeder Wohnung müssen die technischen Voraussetzungen für den Einbau einer Küche vorhanden sein. § 43 findet entsprechende Anwendung.

(2) In Wohngebäuden der Gebäudeklassen 3 bis 5 sind leicht erreichbare und gut zugängliche Abstellräume für Rollstühle, Kinderwagen und Fahrräder sowie für jede Wohnung ein ausreichend großer Abstellraum herzustellen.

(3) Jede Wohnung muss ein Bad mit Badewanne oder Dusche und eine Toilette haben.

(4) In Wohnungen müssen

i) Aufenthaltsräume, ausgenommen Küchen, und

ii) Flure, über die Rettungswege von Aufenthaltsräumen führen,

1. Aufenthaltsräume, ausgenommen Küchen, und
2. Flure, über die Rettungswege von Aufenthaltsräumen führen,

jeweils mindestens einen Rauchwarnmelder haben. Die Rauchwarnmelder müssen so eingebaut oder angebracht und betrieben werden, dass Brandrauch frühzeitig erkannt und gemeldet wird. Bestehende Wohnungen sind bis zum 31. Dezember 2020 entsprechend auszustatten."

Wohnraum definiert sich nach § 17 Abs. 1 des Wohnraumförderungsgesetzes als der umbaute Raum, „der tatsächlich oder rechtlich zur dauernden Wohnnutzung geeignet und vom Verfügungsberechtigten dazu bestimmt ist. Wohnraum können abgeschlossene Wohnungen oder einzelne Wohnräume sein" (vgl. § 549 BGB).

2.5.2 Vergleichsmerkmale

2.5.2.1 Allgemeines

Schrifttum: *Dröge,* Handbuch der Mietpreisbewertung für Wohn- und Gewerberaum, 3. Aufl. 2005: *Kossmann,* Handbuch der Wohnraummiete, 2003, S. 635, Rn. 25; *Krämer*, Vergleichswerte für Mehrfamilienhausgrundstücke in den neuen Bundesländern, GuG 1995, 12; *Roth, Ch.,* Qualitätsforderungen für Mietgutachten, GuG 2005, 13; *Schulz, E/Streich, J.-W.,* Mindestanforderungen an Mietgutachten, ZMR 1985/11; *Schwirley,* Die Bewertung von Wohnraummieten, 3. Aufl.; *Stelter, M./Swat, R.*, Zur Mietpreisbewertung von ortsüblichen Vergleichsmieten, GuG 2012, 134; *Streich, J.-W.,* Die ortsübliche Vergleichsmiete, GuG 2005, 13; *Stelter, O./ Swat, R.*, Die sachverständige Mietpreisbewertung als Problem der Anwendung statistischer Methoden, GuG 2019, 1.

▶ *Vgl. § 2 ImmoWertV Rn. 29; Syst. Darst. des Ertragswertverfahrens Rn. 186; § 32 ImmoWertV Rn. 69 ff.*

95 BGH, Urt. vom 17.07.2009 – V ZR 95/08 –, NJW-RR 2009, 1293.

Bei der Verkehrswertermittlung im Wege des Ertragswertverfahrens sowie der Erstattung von Mietwertgutachten sind als geeignete Vergleichsmieten solche heranzuziehen, die für hinreichend vergleichbare Wohnungen vereinbart worden sind. Entsprechend der Regelung des § 558 Abs. 2 BGB sind **Vergleichskriterien Art, Größe (Wohnfläche), Ausstattung und Beschaffenheit (Wohnwertmerkmale) der Wohnung sowie das Baualter der Wohnung.** Unterschiede der Vergleichswohnungen zu den zu bewertenden Wohnungen sind durch Zu- und Abschläge zu berücksichtigen[96]. 126

Des Weiteren sind **folgende Merkmale von Belang** 127

- Trennung von Bad und WC,
- Kochnische oder Küche,
- Vorhandensein eines Balkons, einer Terrasse oder einer Loggia, soweit diese Umstände nicht der Beschaffenheit zugeordnet werden,
- Gesamteindruck, Fassadengestaltung.

Mieterbefragungen haben folgende Präferenzen ergeben:

Abb. 4: Wichtigste Ausstattungsmerkmale

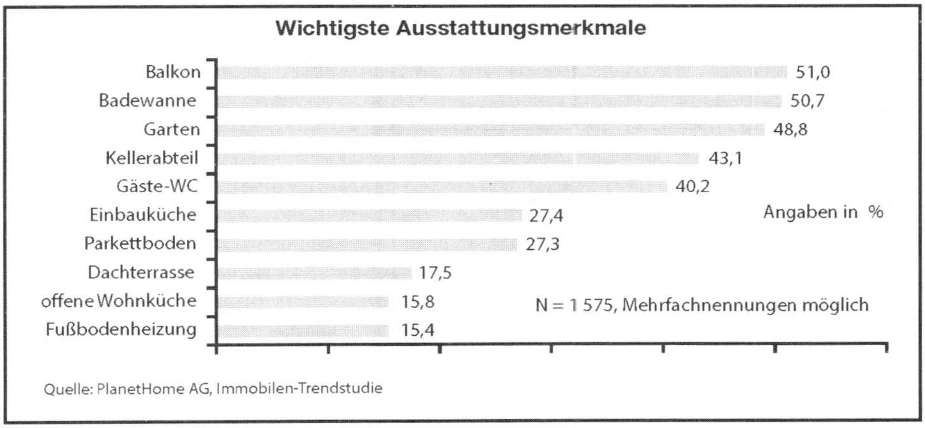

Die genannten vier **Wohnwertmerkmale** (Art, Größe, Ausstattung und Beschaffenheit) sind nicht gleichwertig. Folgende **Gewichtungen** werden den wohnwertbestimmenden Merkmalen zugeordnet (Abb. 5). 128

96 Kaupmann, Nachr. der nds. Kat.- und VermVw 1989, 144; auf Ablehnung im Schrifttum stößt die sog. Grenzwertmethode von Töllner, DS 1990, 307; Dröge, a.a.O., S. 170 ff.

Abb. 5: Merkmale

Merkmal	Bewertungsanteil %	
	1	2
Art (Hochhaus usw.)	20	5
Beschaffenheit	20	10
Größe	30	10
Ausstattung	10	15
Lage (Wohnlage)	40	60

1 Isenmann, DWW 1994, 178.
2 Oberhofer, WM 1993, 10; vgl. auch Dröge, 1. Aufl. a.a.O., S. 172 f., vgl. auch Isenmann, DWW 1992, 234 und DWW 1994, 178.

Abb. 6: Art und Beschaffenheit

Objekt	**Wertigkeit**
Wintergarten	2,00
Freisitz ebenerdig	
beidseitig gedeckt	1,25
einseitig gedeckt	1,00
nicht gedeckt	0,75
Freisitz Dachgeschoss	
beidseitig gedeckt	1,75
einseitig gedeckt	1,50
nicht gedeckt	1,25
Loggia	1,25
Veranda	1,25
Balkon	1,00
Überdachung	**Wertigkeit**
nicht überdacht	0,60
Teilüberdachung	
Dachüberstand	0,70
Überdachung	**Wertigkeit**
weniger als 1,0 m	0,80
1,0 m bis 1,5 m	1,00
1,5 m bis 2,0 m	1,10
mehr als 2 m	1,20
Vollüberdachung	
undurchsichtig	1,50
teilweise durchsichtig	1,75
Glasüberdachung	2,00

Brüstung und Deckung	**Wertigkeit**
durchsichtige Brüstung	0,25
teilweise undurchsichtige Brüstung	0,50
undurchsichtige Brüstung	1,00
Brüstungshöhe	
unter 1,0 m	0,50
1,00 m bis 1,25 m	1,00
1,25 m bis 1,50 m	1,25
über 1,50 m	0,50
für Bepflanzung geeignet	0,50
Pflanztrog o.Ä. vorhanden	0,75
Sichtschutz	
einseitig	0,75
zweiseitig	1,50
zusätzlich bepflanzt	0,25
Windschutz	
einseitig	0,60
zweiseitig	1,20
zusätzlich bepflanzt	0,25
Brüstung und Sichtschutz	
einseitig	1,25
zweiseitig	1,90
Brüstung und Windschutz	
einseitig	1,10
zweiseitig	1,75
Oberflächenbeschaffenheit	**Wertigkeit**
bindiges Material	0,25
Betonplatte ohne Glattstrich	0,40
Betonplatte mit Glattstrich	0,60
Verbundsteine o.Ä.	1,10
raue Bodenplatten	0,75
glatte Bodenplatten	1,00
Bodenfliesen	1,25
Entwässerung	**Wertigkeit**
ohne	0
Innenentwässerung	0,75
Außenentwässerung	
Wasser tropft ab	1,00
Wasserspeier	1,10
Wasserrinne	1,25

2.5.2.2 Wohnraum vergleichbarer Art

129 Nach § 558 Abs. 2 BGB bestimmt sich die ortsübliche Vergleichsmiete nach den üblichen Entgelten, die in der Gemeinde oder einer vergleichbaren Gemeinde für **Wohnraum vergleichbarer Art** vereinbart worden sind. Unter der Art i.S. dieser Vorschrift ist in erster Linie die **Struktur des Hauses und des Wohnraums** zu verstehen, beispielsweise

- Dachgeschoss- bzw. Kellerwohnung,
- Appartement,
- Einfamilienhaus[97],
- Penthauswohnung,
- Reihenhaus,
- Hochhaus (vgl. § 2 ImmoWertV Rn. 36; § 32 ImmoWertV Rn. 76; Syst. Darst. des Vergleichswertverfahrens Rn. 233).
- Ferienwohnung

Wohnraum definiert sich nach § 17 Abs. 1 des Wohnraumförderungsgesetzes als der umbaute Raum, der tatsächlich oder rechtlich zur dauernden Wohnnutzung geeignet und vom Verfügungsberechtigten dazu bestimmt ist. Wohnraum können abgeschlossene Wohnungen oder einzelne Wohnräume sein (vgl. § 549 BGB).

Wohnungen in Hochhäusern stellen einen Markt sui generis dar, der nicht in einen Topf mit dem Wohnraum in Ein- und Zweifamilienhäusern geworfen werden kann[98]. Die Wohnung in einem Ein- und Zweifamilienhaus lässt sich selbst nur bedingt mit einer Wohnung in einem einfachen Mehrfamilienhaus vergleichen, weil dort das Wohnen in ruhiger und gepflegter Vorortlage im Vordergrund steht.

130 Bei **Anmietung von Einfamilienhäusern** liegt die marktübliche Miete erheblich über der Miete im Geschosswohnungsbau. Nach dem Grundstücksmarktbericht 2013 des Gutachterausschusses von *Essen* ist mit folgenden Zuschlägen zu rechnen:

Reihenmittelhaushäuser	+ 5 v.H.
Doppelhaushälfte/Reihenendhaus	+ 10 v.H.
Freistehende Einfamilienhäuser	+ 15 v.H.
In Ausnahmefällen (z.B. Villen)	≥ 15 v.H.

Auch in kleinen Mehrfamilienhäusern (vgl. Teil V Rn. 20) **mit Garten sind die marktüblich erzielbaren Erträge höher als in sonstigen Mehrfamilienhäusern.** *Schwirley* und *Dickersbach* beziffern die Differenz der Mietpreise zwischen Wohnanlagen und Dreifamilienhäusern auf bis zu 5 %[99]. Wenn weitere wohnwerterhöhende Merkmale hinzukommen (separater Eingang, Gartennutzung, Stellplatz), sind diese zusätzlich zu berücksichtigen. Andererseits sind auch die Verwaltungskosten (je Wohneinheit) und Instandhaltungskosten (je Quadratmeter) höher, je kleiner ein Mehrfamilienhaus ist[100].

131 Der Vermieter kann zur Begründung eines Mieterhöhungsverlangens für ein Einfamilienhaus auf einen **Mietspiegel**, der keine Angaben zu Einfamilienhäusern enthält, jedenfalls dann Bezug nehmen, wenn die geforderte Miete innerhalb der Mietpreisspanne für Wohnungen in Mehrfamilienhäusern liegt[101].

---

97 Schmid, H., Mietwertermittlung für Einfamilienhäuser, GuG 2023, 209.

98 A.A. LG Lübeck, Urt. vom 11.10.1994 – 6 S 256/93 –, WuM 1995, 189; Beuermann, Miete und Mieterhöhung, 2. Aufl. Berlin 1994, § 2 Rn. 29.

99 Schwirley, P./Dickersbach, M.: Die Bewertung von Wohnraummieten, 3. Aufl. Bundesanzeiger Verlag Köln 2017, Teil A.2, Rn. 92 S. 224.

100 Höhere Verwaltungskosten in Abhängigkeit von der Größe weist beispielsweise der Berliner GAA in den Veröffentlichungen zum Liegenschaftszinssatz aus.

101 BGH, Urt. vom 17.09.2008 – VIII ZR 58/08 –, NJW-RR 2009, 86 = EzGuG 3.142b; vgl. LG Gera, Urt. vom 04.07.2001 – 1 S 459/00 –, WuM 2002, 497; LG Hamburg, Urt. vom 13.03.1997 – 334 S 118/96 –, WuM 1997, 331; LG Berlin, Urt. vom 08.10.2001 – 61 S 608/00 –, GE 2002, 331.

2.5.2.3 Wohnraum vergleichbarer Größe

▶ *Zur Ermittlung der Wohnfläche nach der WoFlV, den §§ 42 bis 44 der II. BV sowie nach DIN 283 vgl. Kleiber, Verkehrswertermittlung von Grundstücken, 9. Aufl., Teil II Rn. 691 ff.; zu Aufenthaltsräumen vgl. § 5 ImmoWertV Rn. 51*

Nach § 558 Abs. 2 BGB bestimmt sich die ortsübliche Vergleichsmiete des Weiteren nach den üblichen Entgelten, die in der Gemeinde oder einer vergleichbaren Gemeinde für **Wohnraum vergleichbarer Größe** vereinbart worden sind. Unter der **Größe des Mietobjekts** wird vielfach nicht nur die Quadratmeterzahl der Wohnung, sondern auch die Zahl der Zimmer einer Wohnung verstanden. I.d.R. bestimmt sich die Größe des Wohnobjekts jedoch nach der Wohnfläche. 132

Erfahrungsgemäß fallen die **Mieten pro Quadratmeter Wohnfläche umso geringer aus, je größer die Wohnfläche** insgesamt ist[102]. In den sog. „Adressenlagen" (am Englischen Garten in München) kann es sich jedoch umgekehrt verhalten; dort sind große repräsentative Wohnungen teurer als kleinere Wohnungen. 133

a) Wohnfläche

Schrifttum: *Durst/v. Zitzewitz*, NZM 1999, 605; *Isenmann*NZM 1998, 749; *Käser/Beck*,BWNotZ 2001, 143; *Kramer*, NZM 19999, 156 und NZM 2000, 1121; *Schul, A., Wichert, J.*, Berechnung und Bedeutung der Mietfläche von Gewerberäumen, ZMR 2002, 633.

▶ *Vgl. zur Definition der Wohnung und des Wohnraums Rn. 128; zu Flächenabweichungen Rn. 143 ff.; zum Begriff des Aufenthaltsraums vgl. § 5 ImmoWertV Rn. 51; zu Hobbyräumen und als Freizeitraum genutzte Kellerräume vgl. Rn. 137 f. sowie § 26 ImmoWertV Rn. 29; Syst. Darst. des Ertragswertverfahrens Rn. 184 ff.*

Ein allgemeiner Sprachgebrauch für den **Begriff „Wohnfläche"** hat sich nicht entwickelt[103]. Die Wohnfläche einer Wohnung wird mit § 19 des Wohnraumförderungsgesetzes definiert als „die Summe der anrechenbaren Grundflächen der ausschließlich zur Wohnung gehörenden Räume." 134

§ 19 des Wohnraumförderungsgesetz

„(1) Die Wohnfläche einer Wohnung ist die Summe der anrechenbaren Grundflächen der ausschließlich zur Wohnung gehörenden Räume. Die Landesregierungen werden ermächtigt, durch Rechtsverordnung Vorschriften zur Berechnung der Grundfläche und zur Anrechenbarkeit auf die Wohnfläche zu erlassen. Die Landesregierungen können die Ermächtigung durch Rechtsverordnung auf eine oberste Landesbehörde übertragen."

Mit dem Begriff der Wohnfläche verbindet sich im allgemeinen Sprachgebrauch keine bestimmte Berechnungsart. Auch nach Erlass der Wohnflächenverordnung (WoFlV) bleibt die Situation weiterhin von einem **uneinheitlichen Wohnflächenbegriff** geprägt, was die Berechnung der Wohnfläche anbelangt.

Wird dieser Begriff z.B. in Mietverträgen ohne Bezugnahme auf eine bestimmte Berechnungsart verwandt, so ist der **Begriff auslegungsfähig**[104]. Der BGH[105] hat u.a. hierzu festgestellt, dass dabei die Verkehrssitte zu berücksichtigen ist und infolgedessen die Gültigkeit der DIN 283 von 1951 für die Bildung der Verkehrssitte unbeachtlich sei. Maßgeblich ist der ortsübliche Berechnungsmodus entsprechend der „bestehenden örtlichen Verkehrssitte" Auch das OLG München beruft sich auf die **Verkehrssitte** und räumt dabei auch die Heranziehung der

102 Schnoor, RDM Informationsdienst 1/1994; Streich in RDM Informationsdienst 1994 Nr. 1 S. 3.

103 BGH, Urt. vom 30.11.1990 – V ZR 91/89 –, NJW 1991 = EzGuG 12.77; BGH, Urt. vom 15.05.1991 – VIII ZR 123/90 –, NJW-RR 1991, 1120; BGH, Urt. vom 11.07.1997 – V ZR 246/96 –, NJW 1997, 2874 = EzGuG 20.161; BayObLG, Urt. vom 07.03.1996 – 2Z BR 136/95 –, GuG 1996, 381 = EzGuG 20.160a.

104 BGH, Urt. vom 30.11.1990 – V ZR 91/89 –, WM 1991, 519 = EzGuG 12.77; BGH, Urt. vom 11.07.1997 – V ZR 246/96 –, NJW 1997, 2874 = EzGuG 20.161; LG Berlin, Urt. vom 17.01.2018 – 18 S 308/13 –, MDR 2018, 662 = EzGuG 3.168.

105 BGH, Urt. vom 23.05.2007 – VIII ZR 231/06 –, NJW 2007, 2624 = EzGuG 3.141d; BGH, Urt. vom 11.07.1997 – V ZR 246/96 –, NJW 1997, 2874 = EzGuG 20.161.

bereits 1983 bzw. 1989 zurückgezogenen DIN 283 ein[106]. Auf eine nicht mit der DIN 283 übereinstimmende Berechnung der Wohnfläche braucht nicht ausdrücklich hingewiesen zu werden[107]. Die im Wohnraummietvertrag enthaltene Wohnflächenangabe stellt nach der Rechtsprechung des BGH im Allgemeinen eine vertragliche Festlegung der Sollbeschaffenheit[108] dar und selbst im Rahmen einer Mieterhöhung war nach überholter Rechtsprechung die vereinbarte Wohnfläche zugrunde zu legen, wenn die tatsächliche Wohnfläche zum Nachteil des Mieters um nicht mehr als 10 % davon abweicht. Vor diesem Hintergrund wurden im gewöhnlichen Geschäftsverkehr unpräzisierte Wohnflächen hingenommen und konnten der Marktwertermittlung zugrunde gelegt werden. Diesbezüglich ist ein Paradigmenwechsel festzustellen (vgl. Rn. 143).

135 Die der Marktwertermittlung zugrunde zu legende Wohn- bzw. Nutzfläche des Bewertungsobjekts steht in einem engen Zusammenhang mit der Berechnungsgrundlage, die den zur Marktwertermittlung herangezogenen Vergleichsmieten zugrunde liegt. Die Wohn- bzw. Nutzfläche des Bewertungsobjekts soll grundsätzlich nach der Flächenermittlungsnorm ermittelt werden, auf die sich auch die jeweils zum Vergleich herangezogenen marktüblich erzielbaren Erträge beziehen, weil sonst die Höhe der zum Ansatz gebrachten Mieterträge verfälscht würde (**Kompatibilität der Flächenberechnungsmethodik**)[109]. Dementsprechend wird zum Mietspiegel üblicherweise die ihm zugrunde liegende Ermittlungsnorm angegeben. Bezieht sich der vom Gutachterausschuss herangezogene Liegenschaftszinssatz auf eine Flächenberechnungsnorm, die von der Norm abweicht, die den Wohn- bzw. Nutzflächen eines Bewertungsobjekts zugrunde liegt, kann dies vor dem Hintergrund der Modell- und Referenzkonformität i.d.R. unbeachtlich bleiben; nur im Falle erheblicher Abweichungen muss dem Rechnung getragen werden.

Als Flächenberechnungsnorm kommen insbesondere die Berechnungsvorschriften der WoFlV bzw. der §§ 42 bis 45 II. BV[110] zur Anwendung, obwohl diese nur für die Ermittlung der Wohnfläche im Bereich der sozialen Wohnraumförderung gilt[111], und die der DIN 283 (März 1951)[112]. Auch nach Inkrafttreten der Wohnflächenverordnung wird die Wohnfläche insbesondere in älteren Mietverträgen noch immer unter Bezugnahme auf die DIN 283 und die

106 OLG München, Urt. vom 07.03.1996 – 2 Z BR 136/95 –, GuG 1996, 381 = EzGuG 20.160a.

107 OLG Koblenz, Urt. vom 02.02.1994 – 7 U 1605/92 –, IBR 1995, 191.

108 BGH, Urt. vom 24.03.2004 – VIII ZR 295/03 –, NJW 2004, 1947; BGH, Urt. vom 10.03.2010 – VIII ZR 144/09 –, NJW 2010, 1745 = EzGuG 3.144a. Nach der Rechtsprechung in Berlin wird die Wohnfläche mangels anderweitiger Vereinbarung der Vertragsparteien nach der WoFlV ermittelt, da eine abweichende örtliche Verkehrssitte nicht festgestellt werden konnte; vgl. LG Berlin, Urt. vom 17.01.2018 – 18 S 308/13 –, MDR 2018, 662 = EzGuG 3.168.

109 Vgl. auch den zu den Wohn- und Nutzflächen gegebenen Hinweis in Anl. 2 zur ErtragswertR.

110 OLG Hamm, Urt. vom 07.11.1996 – 22 U 12/96 –, NJW-RR 1997, 1551 = EzGuG 20.160b; LG München, Urt. vom 05.03.1980 – 14 S 11 902/79 –, WuM 1980, 183. Der Anwendungsbereich der II. BV ergab sich aus § 1 II. BV; die Vorschrift lautet: § 1 Anwendungsbereich der Verordnung.
Diese Verordnung ist anzuwenden, wenn
– die Wirtschaftlichkeit, Belastung, Wohnfläche oder der angemessene Kaufpreis für öffentlich geförderten Wohnraum bei Anwendung des Zweiten Wohnungsbaugesetzes oder des Wohnungsbindungsgesetzes,
– die Wirtschaftlichkeit, Belastung oder Wohnfläche für steuerbegünstigten oder frei finanzierten Wohnraum bei Anwendung des Zweiten Wohnungsbaugesetzes,
– die Wirtschaftlichkeit, Wohnfläche oder der angemessene Kaufpreis bei Anwendung der Verordnung zur Durchführung des Wohnungsgemeinnützigkeitsgesetzes
zu berechnen ist.
(2) Diese Verordnung ist ferner anzuwenden, wenn in anderen Rechtsvorschriften die Anwendung vorgeschrieben oder vorausgesetzt ist. Das Gleiche gilt, wenn in anderen Rechtsvorschriften die Anwendung der Ersten Berechnungsverordnung vorgeschrieben oder vorausgesetzt ist; Pohnert, GuG 1991, 150.

111 Die Wohnflächenverordnung ist im Übrigen nicht die einzige Möglichkeit zur Bestimmung der Wohnungsgröße. Nach § 27 Abs. 4 WoFlV kann die Wohnungsgröße bei Erteilung des Wohnberechtigungsscheins auch mit der Raumzahl angegeben werden.

112 LG Hamburg, Urt. vom 10.04.1987 – 11 S 212/86 –, WuM 1987, 354. Der Normungsausschuss des Deutschen Instituts für Normung e.V. hat die DIN 283 aus dem Jahre 1951 – Berechnung von Wohnflächen und Nutzflächen – mit Teil 1 am 08.03.1983 und mit Teil 2 am 1.6.1989 ersatzlos zurückgezogen (abgedruckt im Anhang 11); vgl. Kremer, Zur Berechnung der Wohnflächen im BBauBl 1990, 367.

§§ 42 bis 34 II.BV nachgewiesen. Die WoFlV findet erst allmählich auch bei älteren Objekten Anwendung[113].

Ist die **Wohnfläche bis zum 31.12.2003 nach den §§ 42 ff. der II. BV** berechnet worden, bleibt es bei dieser Berechnung (§ 5 WoFIV).

Jede Norm kann für ein und dieselbe Wohnung zu unterschiedlichen Quadratmetern Wohn- bzw. Nutzfläche führen. Dies kann beachtlich sein, wenn Vergleichsmieten herangezogen werden, die sich auf Wohnraum beziehen, deren Fläche nach Berechnungsvorschriften ermittelt wurde, die von der Wohnflächenberechnung des Bewertungsobjekts abweicht. So kann insbesondere von Bedeutung sein, dass die Wohnfläche nach Maßgabe der WoFlV im Unterschied zu den Vorgängernormen (z.B. nach § 43 Abs. 3 II BV) nicht mehr um einen „Putzabschlag" von 3 % zu kürzen ist, wenn die Grundfläche nach den lichten Maßen zwischen den Wänden ohne Wandbekleidung und dgl. (Fertigmaße) oder den Rohbaumaßen ermittelt wird. Allein dadurch vergrößert sich rechnerisch die Wohnfläche um 3 %, wenn eine auf den §§ 42 bis 44 II BV basierte Wohnflächenberechnung auf die aktuelle WoFlV umgestellt wird. Gleichzeitig erhöht sich eine auf den Quadratmeter Wohnfläche i.S. der WoFlV basierte Mietangabe (z.B. 10 €/m² WF_{WFlV}) um den Faktor 1,3093 (= 1,00 m²/0,97 m²), wenn diese Miete auf 1 Quadratmeter Wohnfläche i.S. der §§ 42 bis 44 II BV umgestellt wird.

- Wird dementsprechend eine WoFlV-basierte Vergleichsmiete zur Ertragswertermittlung eines Objektes herangezogen, dessen Wohnflächen auf die II BV oder DIN 276 bzw. 283 bezogen sind, erhöht sich im angesprochenen *Beispiel* die Vergleichsmiete von 10 €/m² WF_{WFlV} auf rd. 10,31 €/m² $WF_{II\ BV}$. Es ergibt sich somit ein **Faustformelfaktor von rd. 1,03**.
- Umgekehrt kann in dem *Beispiel* die auf dem Quadratmeter Wohnfläche i.S. der II BV tatsächlich erzielte Miete von z.B. 10,31 €/m² $WF_{II\ BV}$ im Vergleich mit einer WoFlV-basierten Vergleichsmiete auf die sich rechnerisch erhöhende aktuelle Wohnfläche umgerechnet werden, indem die tatsächliche Miete mit einem **Faustformelfaktor von 0,97** vermindert wird. Im Beispielsfall: 10,31€/m² $WF_{II\ BV}$ x 0,97 = 10,00 €/m² WF_{WoFlV}.

Die **Wohnfläche einer Wohnung** (eines Wohnheims) bestimmt sich bei **Anwendung der Wohnflächenverordnung (WoFlV)** nach den 136

- gemäß § 2 WoFlV zur Wohnung (zum Wohnheim) gehörenden Grundflächen, die
- gemäß § 3 WoFlV ermittelt werden und
- nach Maßgabe des § 4 WoFlV zur Anrechnung kommen.

Nach § 2 Abs. 1 WoFlV umfasst

- die **Wohnfläche einer Wohnung die Grundflächen** der Räume, die ausschließlich zu dieser Wohnung gehören;
- die **Wohnfläche eines Wohnheims die Grundflächen** der Räume, die zur alleinigen und gemeinschaftlichen Nutzung durch die Bewohner bestimmt sind.

Zur Wohnfläche gehören nach § 2 Abs. 2 WoFlV auch die Grundflächen von

1. Wintergärten, Schwimmbädern und ähnlich nach allen Seiten geschlossenen Räumen sowie
2. Balkonen, Loggien, Dachgärten und Terrassen,

wenn sie ausschließlich zu der Wohnung oder dem Wohnheim gehören.

113 BGH, Urt. vom 23.05.2007 – VIII ZR 138/06 –, NJW 2007, 2626 = EzGuG 3.141d; BGH, Urt. vom 24.03.2004 – VIII ZR 44/03 –, NJW 2004, 2230 = EzGuG 3.133b.

137 **Zur Wohnfläche gehört** nach § 2 Abs. 3 WoFlV indessen **nicht die Grundfläche** von

1. Zubehörräumen; insbesondere Kellerräume[114], Abstellräume und Kellerersatzräume außerhalb der Wohnung, Waschküchen, Boden-, Trocken- und Heizungsräume sowie Garagen;
2. Räume, die nicht den an ihre Nutzung zu stellenden Anforderungen des Bauordnungsrechts der Länder genügen, sowie
3. Geschäftsräume (d.h. Räume, die nach ihrer baulichen Anlage und Ausstattung auf Dauer anderen als Wohnzwecken, insbesondere gewerblichen und beruflichen Zwecken, zu dienen bestimmt sind und solchen Zwecken dienen (§ 2 Abs. 2 Nr. 3 WoFlV).

Bei Abstell- und Vorratsräumen ist demgemäß zwischen den innerhalb und den außerhalb der „Wohnung" gelegenen Räumen zu unterscheiden. Abstellräume innerhalb der Wohnung gehören zu den sog. „Nebenräumen", die zur ordnungsgemäßen Benutzung einer Wohnung zur dauernden Unterbringung eines selbstständigen Haushalts vorhanden sein müssen, wie Flure, Dielen, Bäder und Toiletten. Abstellräume innerhalb der Wohnung sind deswegen als deren Bestandteile ebenso wie sonstige Nebenräume (Bad, Toiletten, Flure, Windfang), die keine Aufenthaltsräume sind, in die Wohnflächenberechnung einzubeziehen[115].

Im Umkehrschluss zu § 2 Abs. 3 WoFlV sind **Räume im Kellergeschoss** der Wohnfläche zuzurechnen, wenn sie nach ihrer Nutzung den zu stellenden Anforderungen des Bauordnungsrechts (vgl. Rn. 501) genügen und keine Zubehörräume sind[116]. Dabei kommt es (im Rahmen der Verkehrswertermittlung) nicht darauf an, ob sie von der Baubehörde ausdrücklich dafür als geeignet erklärt worden sind. Die Tatsache, dass Räume im Kellergeschoss liegen, macht sie nämlich nicht zum „Kellerraum", wenn man von Lager- und Abstellräumen und dgl. absieht[117]. **Ausgebaute Kellerräume,** die zum dauernden Aufenthalt von Menschen bauordnungsrechtlich geeignet sind, müssen demzufolge auch im Rahmen der Verkehrswertermittlung der Wohnfläche zugerechnet werden[118].

Ein **als Freizeitraum genutzter Kellerraum** mit Heizung und PVC-Fußboden ist mit einem Viertel der Raumfläche zu berücksichtigen, auch wenn er als Kellerraum für den dauernden Aufenthalt von Menschen ungeeignet ist.

b) Berücksichtigung der von den Anforderungen des Bauordnungsrechts nicht genügenden Räume

138 Die Bezeichnung eines Raumes als „**Hobbyraum**" klassifiziert diesen Raum nicht als eine Art Zubehörraum (Syst. Darst. des Vergleichswertverfahrens Rn. 158). Hobbyräume sind auch nach der WoFlV keine Zubehörräume und dürfen nur entsprechend ihrer Zweckbestimmung

---

114 Mit der Verwendung des Begriffs „Kellerraum" statt „Keller" soll verdeutlicht werden, dass ein im Untergeschoss – z.B. in Hanglagen – für Wohnzwecke ausgebauter Raum nicht gleich Keller ist.

115 Vgl. BVerwG, Urt. vom 13.12.1985 – 8 C 95/83 – EzGuG 3.69a; BVerwG, Urt. vom 11.06.1975 – 8 C 52/73 – und BVerwG, Urt. vom 03.09.1980 – 8 C 85/79 –; BFH, Urt. vom 13.08.1969 – II 213/65 –; Fischer-Dieskau/Pergande/Heix, II. BV § 42 Anm. 9.3 sowie dieselben, II WoBauG § 82 Anm. 15).

116 Dieser Auslegung entspricht § 42 Abs. 4 Nr. 3 II. BV: Im Umkehrschluss zu dieser Vorschrift sind Räume im Kellergeschoss der Wohnfläche zuzurechnen, wenn sie nach ihrer Nutzung den Anforderungen des Bauordnungsrechts genügen. Dabei kommt es nicht darauf an, ob sie von der Baubehörde ausdrücklich dafür als geeignet erklärt worden sind. Dieser Auslegung entspricht auch DIN 283 – 2: Diese gestattet unter Nr. 2.1.1 die Hinzurechnung von Nebenräumen, die nach den sonstigen Grundsätzen der DIN 283 auch im Kellergeschoss liegen können, auch wenn sie nicht zum dauernden Aufenthalt für Menschen bestimmt sind.

117 OLG Frankfurt am Main, Urt. vom 23.03.1983 – 17 U 113/82 –, MDR 1984, 754; BFH, Urt. vom 27.01.1999 – II B 74/98 –, GuG 2000, 184 = EzGuG 20.169.

118 Otto, F., AIZ 1984, 37; vgl. auch Dröge, Handbuch der Mitpreisbewertung für Wohn- und Gewerberaum, 2. Aufl., Neuwied 1999, S. 28; zur Wohnfläche im Keller, vgl. BVerwG, Urt. vom 23.08.1990 – 8 C 18/89 –, NJW-RR 1991, 396; zum **Aufenthaltsraum im Keller** vgl. OVG Berlin, Beschl. vom 14.11.2003 – 2 B 6/02 –, BlnGE 2004, 356 = EzGuG 3.130a.

als Hobbyraum und i.d.R. nicht als Wohnraum, jedoch gewerblich genutzt werden[119]. Nach der aufgehobenen DIN 283, die konkret vereinbart worden sein kann, waren Hobbyräume mit der Hälfte ihrer Fläche bei der Ermittlung der Wohnfläche anzurechnen.

Hobby-, Bastel-, Werk- oder Spielräume in Keller- oder Dachgeschossen, welche insbesondere mit einer lichten Höhe von mindestens 2 m den materiellen Anforderungen des Bauordnungsrechts an Aufenthaltsräumen entsprechen, nach landesrechtlichen Vorschriften genutzt werden dürfen und entsprechend ausgestattet sind, haben eine anzurechnende Wohnfläche, denn diese Räume genügen den nach ihrer Nutzung zu stellenden Anforderungen des Bauordnungsrechts[120]. Sie benötigen grundsätzlich keinen Wasseranschluss, Abflusseinrichtungen oder ein WC. Für Hobbyräume als Teileigentum gelten nicht die gleichen strengen Anforderungen zur Abgeschlossenheit wie für Wohnungen.

Das OLG Celle[121] rechnet einen in der Bauzeichnung mit „Gartenmöbel- und Hobbyraum" gekennzeichneten Raum im Rahmen der Ermittlung eines Verkehrswerts pauschal der Wohnfläche zu, wenn er in der maßgeblichen Zeit entsprechend genutzt wurde und später genutzt werden sollte. Zu **Hobbyräumen in der finanzgerichtlichen Rechtsprechung** vgl. die einschlägige Rechtsprechung[122].

Nach der *Rechtsprechung des BGH* gehören die **Grundflächen derjenigen Wohnräume, die nicht den an ihre Nutzung zu stellenden Anforderungen des Bauordnungsrechtes der Länder genügen, nicht zur Wohnfläche, jedoch steht dem eine baurechtswidrige Nutzung als Wohnraum nicht entgegen**[123]. Flächen, die vertraglich zu Wohnzwecken vermietet sind, sind bei der Wohnflächenermittlung unabhängig davon einzurechnen, ob sie wegen öffentlich-rechtlicher Nutzungsbeschränkung bei den Bestimmungen der maßgeblichen Berechnungsnorm als Wohnraum einzurechnen sind; eine öffentlich-rechtliche Nutzungseinschränkung liegt erst vor, wenn die Nutzbarkeit durch Einschreiten der zuständigen Behörde eingeschränkt werden muss[124]. In der *Rechtsprechung des BFH* gelten die den Anforderungen des Bauordnungsrechts nicht genügenden Räume als „nutzbare Flächen"[125].

Im Übrigen kommt es bei der **Abrechnung von Heiz- und Warmwasserkosten** dagegen nicht darauf an, ob ein Hobbyraum als Wohnfläche genutzt wird, vielmehr ist die komplette beheizbare Fläche zugrunde zu legen.

c) Außenflächen (Balkon, Loggia, Terrasse, Dach- und Wintergarten, Schwimmbäder)

▶ *Hierzu § 26 ImmoWertV Rn. 38; Syst. Darst. des Sachwertverfahrens Rn. 23, 149 ff.*

---

119 OLG Zweibrücken, Urt. vom 17.09.2001 – 3 W 87/01 –, ZMR 2002 219 = EzGuG 3.126e; OLG München in WE 1995, 28. Das BayObLG ließ es dahingestellt, ob aufgrund der Art. 48 und 50 der BayBauO die gewerbliche Nutzung der Hobbyräume zulässig ist oder nicht. Zwar kann nach § 1 Abs. 6, 13 Abs. 1 WEG jeder Teileigentümer, soweit nicht das Gesetz oder Rechte Dritter entgegenstehen, mit den im Sondereigentum stehenden Gebäudeteilen nach Belieben verfahren und andere von Einwirkung ausschließen. Gesetzliche Beschränkungen der Eigentümerbefugnisse ergeben sich aus dem Privatrecht, aber auch aus dem öffentlichen Recht. Vgl. auch BayObLG, Beschl. vom 27.06.1985 – Breg2 Z BR 59/84 –, ZMR 1985, 307; BayObLG, Beschl. vom 18.12.1998 – 2Z BR 166/98 –, WuM 1999, 178 = EzGuG 3.125d; vgl. AG Wedding, Urt. vom 13.12.2016 – 20 C 298/76 –, Bln GE 2017, 481 = EzGuG 3.163, nach dem Hobbyräume zumindest zum Teil bei der Ermittlung der Wohnfläche zu berücksichtigen sind. Hat ein von einer Erdgeschosswohnung über eine Treppe zugängliche Hobbyraum im Keller eine lichte Höhe von mindestens 2 m, ist seine Grundfläche nach der Rechtsprechung des AG Charlottenburg für Mieterhöhungen – unabhängig davon, ob die Hobbyraumfläche im Mietvertrag separat neben der übrigen Wohnfläche ausgewiesen ist– bei der Wohnfläche in vollem Umfang anzurechnen (AG Charlottenburg, Urt. vom 27.09.2018 – 232 C 67/18 –, GE 2018, 1529 = EzGuG 3.172).

120 BVerwG, Urt. vom 23.09.1987 – 8 C 32/85 –, ZMR 1988, 191 = EzGuG 3.87g; zur Flächenberechnung eines Einfamilienhauses im steuerbegünstigten Wohnungsbau vgl. BVerwG, Urt. vom 13.12.1985 – 8 C 95/83 –, ZMR 1986, 321 = EzGuG 3.69a; LG Berlin, Beschl. vom 29.04.2019 – 64 S 233/18 –, GE 2019, 919; Teil II Rn. 529.

121 OLG Celle, Urt. vom 16.07.1981 – 12 UF 44/81 –, FamRZ 1981, 1066 = EzGuG 20.

122 BFH, Beschl. vom 27.01.1999 – II B 74/98 –, BFH/NV 1999, 91[illegible] = EzGuG 20.169; Erl. des Saarlandes vom 16.08.1967 – III-B/IV-TgB Nr. 404/67-S 3201 A – (Steuerrechtsprechung in Karteiform, BewG 1965, Nr. 15).

123 BGH, Urt. vom 16.12.2009 – VIII ZR 39/09 –, GuG 2010, 188 = EzGuG 3.11; AG Wedding, Urt. vom 13.12.2016 – 20 C 298/76 –, Bln GE 2017, 481 = EzGuG 3.163.

124 BGH, Urt. vom 16.09.2009 – VIII ZR 275/08 –, NJW 2009, 3421 = EzGuG 3.143a.

125 BFH, Urt. vom 15.05.2013 – IX R 36/12 –, GuG 2014, 55 = EzGuG 3,151.

139 Bei der Ermittlung des Mietwerts müssen die sog. Außenflächen, worunter im Gegensatz zur eigentlichen allseits umschlossenen Innenfläche Balkone, Dach- und Wintergärten, Terrassen, Veranden, Loggien und Freisitze (nunmehr Terrasse) zu verstehen sind, besonders beachtet werden. Für die anzusetzende Fläche gibt es, abgesehen von der Regelung der WoFlV für den mietpreisgebundenen Wohnraum, keine verbindlichen Berechnungsregeln, nachdem die DIN 283 bereits im August 1983 zurückgezogen wurde. Das OLG München[126] hat hierzu ausgeführt, dass bei einem Mieterhöhungsverlangen nach den Umständen des Einzelfalls der **Flächenanteil je nach seinem Wohnwert überhaupt nicht oder in guten Lagen bis zu 1/4 und in Ausnahmefällen bei sehr guter Lage bis zu 1/2 zu berücksichtigen** ist.

- Ein **Balkon** ist ein vom Wohnungsinnern betretbarer offener Vorbau, der oberhalb der Geländeoberfläche aus dem Stockwerk eines Gebäudes herausragt.
- Eine **Loggia** ist ein dem Wohnraum vorgelagerter Bereich, der zu einer Seite hin offen ist und über drei Wände sowie einen soliden Boden und eine massive Überdachung verfügt. Die Loggia unterscheidet sich vom Balkon dadurch, dass der Austritt innerhalb der Außenwand, d.h. innerhalb der Kubatur des Gebäudes liegt.
- Eine **Terrasse** ist ein abgegrenzter ebenerdiger Platz an einem Haus, der „ausschließlich einem angrenzenden Wohnraum zugeordnet, mit einem festen Bodenbelag versehen und zum Aufstellen von Tischen und Stühlen geeignet" ist[127]. Eine Terrasse wird nach der WoFlV auf die Wohnfläche angerechnet, wenn sie mit einem festen Bodenbelag versehen, zum Aufstellen von Tischen und Stühlen geeignet ist und über einen Sichtschutz verfügt[128].
  Der Begriff der Terrasse wird nunmehr an Stelle des Begriffs des „(sicht-)gedeckten" „**Freisitzes**"[129] i.S. des § 44 Abs. 2 II. BV verwendet. Der Freisitz wird in § 2 WoFlV als zur Wohnfläche gehörende Grundflächen nicht ausdrücklich erwähnt und wird in der Rechtsprechung mit dem der Terrasse gleichgesetzt. Ein Sichtschutz („gedeckt") wird nicht mehr vorausgesetzt[130]. Da ein Sichtschutz ohne erheblichen Aufwand auch nachträglich durch Bepflanzungen oder leicht montierbare Sichtblenden errichtet oder auch wieder beseitigt werden kann, ist es nicht mehr gerechtfertigt, die Anrechenbarkeit von Terrassen vom Bestehen des Sichtschutzes abhängig zu machen.
- Ein **Wintergarten** ist ein nach allen Seiten geschlossener Raum.
  - *Unbeheizbare* Wintergärten, d.h. Räume, die überwiegend zum Halten von Pflanzen bestimmt sind und von im Winter beheizbaren und zum Wohnen bestimmten Räumen zu unterscheiden sind, sind lediglich zur Hälfte anzurechnen.
  - *Beheizbare* Wintergärten sind hingegen voll anzurechnen.
- **Schwimmbäder** und ähnliche nach allen Seiten geschlossene Räume werden hälftig auf die Grundflächen angerechnet. Ein **Raum mit Schwimmbecken und Sauna**[131] gehört im Übrigen auch nach dem Steuerrecht zu den *Wohnzwecken dienenden Räumen.*

---

126 OLG München, Urt. vom 20.07.1983 – REMiet 6/82 –, MDR 1983, 1027 = EzGuG 20.102a.

127 LG Landau, Urt. vom 21.10.2014 – 1 S 67/14 –, EzGuG 3.157.

128 BGH, Urt. vom 28.10.2009 – VIII ZR 164/08 – NJW 2010, 292 = EzGuG 3.143c; BVerwG, Urt. vom 16.03.1977 – 8 C 72/76 –, BVerwGE 52, 178; OLG Nürnberg, Urt. vom 27.07.2000 – 13 U 1118/00 –, NJW-RR 2001, 82 = EzGuG 3.126; LG Hamburg, Urt. vom 16.02.1996 – 311 S 73/95 –, WuM 1996, 278 = EzGuG 3.119b; LG Saarbrücken, Urt. vom 28.02.2007 – 13 B S 117/06 –, WuM2010, 44 = EzGuG 3.141c; Langenberg, NZM 2003, 117; Isenmann, WuM 2006, 303; Eisenschmid, WuM 2004, 3; Heix in Fischer-Dieskau/Pergande/Schwender, Wohnungsbaurecht, Bd. 4b II BV § 44 Anm. 6.

129 Hierzu BVerwG, Urt. vom 16.03.1977 – 7 C 72/76 –, DVBi 1978, 698 = EzGuG 3.59a; BGH, Urt. vom 08.07.2009 – VIII ZR 218/38 –, NJW 2009, 2330 = EzGuG 3.143; LG Rostock, Urt. vom 17.03 2006 – 1 S 2/04 –, WuM 2005, 247 = EzGuG 3.140e; VGH München, Urt. von 05.07.1982 – 72 XV 77 –, BPS Bd. 39 Nr. 147 = EzGuG 3.64c. OLG Nürnberg. Urt. vom 27.07.2000 – 13 U 1118/00 –, NZM 2001, 680 = EzGuG 3.126.

130 OLG Nürnberg, Urt. vom 27.07.2000 --13 U 1118/00 –, NZM 2001, 680 = EzGuG 3.126.

131 BFH, Urt. vom 09.09.1980 – VIII R 5/79 –, BFHE 132, 222 = BStBl II 1981, 258 = EzGuG 3.63b.

Der wesentliche **Unterschied zwischen der Wohnflächenberechnung** nach der WoFlV, der DIN 283 (1951) und den §§ 42 bis 44 II. BV liegt bei der Ermittlung der Flächen für **Balkone, Loggien, Dachgärten oder „gedeckten" Freisitzen.**

Im Mietrecht ist der Berechnungsmaßstab für die **Grundflächen von Balkonen, Loggien und Dachterrassen umstritten**[132]. Nach § 2 Abs. 2 WoFlV gehören Winter- und Dachgärten, Balkone, Loggien und Terrassen zur Wohnfläche, wenn sie ausschließlich zu einer Wohnung oder einem Wohnheim gehören.

Abweichend vom früheren § 44 Abs. 2 II. BV (vgl. Teil II Rn. 725) sind die Grundflächen von Balkonen, Loggien, Dachgärten und Terrassen nach § 4 WoFlV (und der DIN 283) i.d.R. zu einem Viertel[133] anzurechnen, jedoch können sie (im Falle einer besonders hohen Qualität) bis zur Hälfte angerechnet werden[134]. Nach § 44 Abs. 2 II. BV konnten dagegen deren Grundflächen zur Ermittlung der Wohnfläche (WF) entweder überhaupt nicht oder bis zur Hälfte angerechnet werden. Dabei war auf den Wohnwert, Nutzbarkeit und Himmelsrichtung abzustellen[135]. Die hälftige Anrechnung kam in Betracht, wenn der Balkon von der Straße abgelegen ist[136]. Hingegen ist der Balkon bei Nordlage und Nähe einer Verkehrsstraße nicht zu berücksichtigen[137].

Daneben kann die Wohnfläche bei einem Einfamilienhaus nach § 44 Abs. 3 II. BV noch bis zu 10 v.H. gemindert werden. Im Ergebnis ist danach die Wohnfläche eines Einfamilienhauses, die nach der DIN 283 berechnet wurde, gegenüber der Berechnung nach der II. BV um rd. 10 bis 20 m² größer.

Nach Untersuchungen der Immowelt liegen in den 14 größten Städten die Mieten für Wohnungen mit Balkon (oder Loggia) 31 % über den entsprechenden Wohnungen ohne Balkon (vgl. Teil V Rn. 88)[138].

Abb. 7: Gegenüberstellung der WoFlV, II. BV und DIN 283 (1951)

Gegenüberstellung WoFlV, II. BV und DIN 283		
WoFlV	**II. BV**	**DIN 283**
Die Wohnfläche … ist die Summe der anrechenbaren Grundflächen der ausschließlich zur Wohnung gehörenden Räume (§ 19 WohnraumFördG; § 2 WoFlV).	Die Wohnfläche einer Wohnung ist die Summe der anrechenbaren Grundfläche der Räume, die ausschließlich zu der Wohnung gehören.	Wohnfläche ist die anrechenbare Grundfläche der Räume von Wohnungen.
Voll berechnet werden die Grundflächen von Räumen und Raumteilen mit einer lichten Höhe von mindestens 2 m.	Voll berechnet werden die Grundflächen von Räumen und Raumteilen mit einer lichten Höhe von mindestens 2 m.	Voll berechnet werden die Grundflächen von Räumen oder Raumteilen mit einer lichten Höhe von mindestens 2 m.

132 Vgl. Palandt/Putzo, BGB, 55. Aufl. § 2 MHG Rn. 1; Emmmerich/Sonnenschein, Miete, 6. Aufl. Art. 3. WKSchG/ § 2 MHRG Rn. 13; Barthelmess WKSchG/MHG 5. Aufl.§ 2 MHG Rn. 29; Isenmann, Bewertung von Balkonen, Dachgärten, Freisitzen, Loggien, Veranden, Wintergarten etc., DWW 1994, 178 f.

133 LG Berlin, Urt. vom 17.01.2018 – 18 S 308/13 –, MDR 2018, 662 = EzGuG 3.168: Wintergärten, Balkone und Terrassen sind nach der WoFlV regelmäßig nicht mit der Hälfte, sondern nur mit einem Viertel ihrer Grundfläche zu berücksichtigen.

134 OLG München, RE vom 20.07.1983 – REMiet 6/82 –, MDR 1983, 1027 = EzGuG 20.102a; OLG München, Beschl. vom 07.03.1996 – 2 Z BR 136/95 –, NJW 1996, 2106 = GuG 1996, 381 = EzGuG 20.160a.

135 LG Hamburg, Urt. vom 16.02.1996 – 311 S 73/95 –, WuM 1996, 278 = EzGuG 3.119b.

136 AG Wuppertal, Urt. vom 22.04.1987 – 94 C 79/87 –, DWW 1988, 211 = EzGuG 3.70g.

137 LG Kiel, Urt. vom 14.10.1993 – 1 S 210/91 –, WuM 1995, 307 = EzGuG 3.112b; AG Krefeld, Urt. vom 04.07.1991 – 9 C 103/91 –, DWW 1992, 243 = EzGuG 3.98a.

138 Vgl. GuG-aktuell 2018, 20.

Gegenüberstellung WoFlV, II. BV und DIN 283		
Zur Hälfte anrechenbar ist die Grundfläche von Räumen und Raumteilen mit einer lichten Höhe von mindestens 1 m und < als 2 m, von *unbeheizbaren Wintergärten*, Schwimmbädern u.Ä. nach allen Seiten geschlossenen Räumen. „In der Regel" zu einem Viertel, höchstens jedoch zur Hälfte die Grundflächen von Balkonen, Loggien, Dachgärten und Terrassen (Freisitze).	Zur Hälfte anrechenbar ist die Grundfläche von Räumen und Raumteilen mit einer lichten Höhe von mindestens 1 m und < als 2 m und von Wintergärten, Schwimmbecken u.Ä. nach allen Seiten geschlossenen Räumen. Die Grundflächen von Balkonen, Loggien, Dachgärten oder gedeckten Freisitzen können *bis zur Hälfte* angerechnet werden, wenn sie ausschließlich zu dem Wohnraum gehören.	Zur Hälfte anrechenbar ist die Grundfläche von Raumteilen mit einer lichten Höhe von mehr als 1 m und < als 2 m und von nicht ausreichend beheizbaren Wintergärten. Zu einem Viertel anrechenbar sind Hauslauben (Loggien), Balkone und gedeckte Freisitze.
Nicht zu berechnen ist die Grundfläche von Räumen oder Raumteilen mit einer lichten Höhe < als 1 m.	Nicht zu berechnen sind die Grundflächen von Räumen oder Raumteilen mit einer lichten Höhe < als 1 m.	Nicht zu berechnen sind die Grundfläche von Raumteilen mit einer lichten Höhe < als 1 m und von nicht gedeckten Terrassen und Freisitzen.
Nicht zur Wohnfläche gehören Zubehörräume, insbesondere – Kellerräume, Abstellräume, Waschküchen, Bodenräume, Trockenräume, Heizungsräume, Garagen, Geschäftsräume und – Räume, die bauordnungsrechtlichen Anforderungen nicht genügen.	Nicht zur Wohnfläche gehören Zubehörräume, wie Keller, Abstellräume, Waschküchen, Dachböden usw. außerhalb der Wohnung.	Nutzflächen von Wirtschaftsräumen und gewerblichen Räumen, die mit einer Wohnung im Zusammenhang stehen, sind nach den Grundsätzen für die Ermittlung von Wohnflächen zu berechnen.
Bei der Grundflächenermittlung sind einzubeziehen die Grundflächen von – Tür- und Fensterbekleidungen, – Fußsockel- und Schrammleisten, – fest eingebauten Gegenständen (Öfen, Herden, Klimageräten usw.), – Einbaumöbeln, – frei liegenden Installationen, – nicht ortsgebundenen Raumteilern.	Bei der Grundflächenermittlung sind einzubeziehen die Grundflächen von – Tür- und Fensterbekleidungen, – Fußsockel- und Schrammleisten, – fest eingebauten Gegenständen (Öfen, Herden, Klimageräten usw.), – Erkern und Wandschränken, die eine Mindestgrundfläche von 0,5 m² haben, Raumteilern unter Treppen mit lichter Höhe von mindestens 2 m.	Bei der Grundflächenermittlung sind einzubeziehen die Grundflächen von – Tür- und Fensterbekleidungen und -umrahmung, – Scheuerleisten, – Öfen, Kochherden, Kaminen, Heizkörpern – Einbaumöbeln, – Wandgliederung in Stuck, Mörtel oder Gips.

Gegenüberstellung WoFlV, II. BV und DIN 283		
Bei der Grundflächenermittlung bleiben außer Betracht die Grundflächen von – Schornsteinen, Pfeilern, Vormauerungen und Bekleidungen mit einer Höhe von > 1,50 m und einer Grundfläche von > 0,1 m², – Treppen mit über 3 Steigungen und deren Treppenabsätzen, – Türnischen, – Fenster- und Wandnischen, die nicht zum Fußboden herunterreichen oder bis zum Fußboden herunterreichen und 0,13 m oder weniger tief sind.	Bei der Grundflächenermittlung bleiben außer Betracht die Grundflächen von – Schornstein- und Mauervorlagen mit einer Grundfläche > von 0,1 m² (§ 43 Abs. 4 Nr. 1 II. BV). – Fenster- und offenen Wandnischen, die bis zum Fußboden herunterreichen und weniger als 0,13 m tief sind.	Bei der Grundflächenermittlung bleiben außer Betracht die Grundflächen von – Schornsteinen, Pfeilern, Säulen, Mauervorlagen mit einer Grundfläche von > 0,1 m², die in ganzer Raumhöhe durchgehen, – Treppen bis zu 3 Steigungen, – Türnischen, – Fenster- und Wandnischen, die nicht zum Fußboden herunterreichen oder bis zum Fußboden herunterreichen und weniger als 0,13 m tief sind.
Die Grundfläche ist zu ermitteln durch – Ausmessung am fertig gestellten Wohnraum oder – nach bauordnungsrechtlich geeigneter Bauzeichnung, wenn entsprechend gebaut wurde, ohne Abzug von 3 % für Putz.	– Wird die Wohnfläche über Fertigmaße ermittelt, so werden die lichten Maße zwischen den Wänden ohne Berücksichtigung der Wandgliederung, Wandbekleidungen, Scheuerleisten usw. zugrunde gelegt (§ 43 Abs. 2 II. BV). – Wird bei der Grundflächenermittlung von Rohbaumaßen ausgegangen, so sind die errechneten Wohnflächen um 3 v.H. zu kürzen (§ 43 Abs. 3 II. BV).	– Die Grundflächen sind aus Fertigmaßen (lichte Maße zwischen den Wänden) zu ermitteln. – Wird bei der Grundflächenermittlung von Bauzeichnungen ausgegangen, so sind bei verputzten Wänden die aus Rohbaumaßen ermittelten Flächen um 3 v.H. zu kürzen (§ 43 Abs. 3 II. BV).

Abb. 8: Gegenüberstellung der WoFlV und DIN 277

Gegenüberstellung WoFlV und DIN 277			
Gebäudeteil		WoFlV	DIN 277
Abstellraum	im Wohnbereich	100%	100%
	außerhalb des Wohnbereichs	nicht anzurechnen	100 % , sofern dieser zweckbestimmt ist
Terrasse		25 % , höchstens 50 %	100%
Balkon		25 % , höchstens 50 %	100 %
Wintergarten	beheizt	100 %	100 %
	unbeheizt	50 %	100 %
Dachschrägen bis zu	1 bis 2 m	50 %	100 %
	unter 1 m	nicht anzurechnen	100 %
Keller und Waschküche		nicht anzurechnen	

d) Ermittlung der Grundfläche

140 Die **Grundfläche** wird nach § 3 WoFIV nach den lichten Maßen zwischen den Bauteilen ermittelt; dabei ist von der Vorderkante der Bekleidung der Bauteile auszugehen. Bei fehlenden begrenzenden Bauteilen ist der bauliche Abschluss zugrunde zu legen. Bei der Ermittlung der Grundfläche sind namentlich einzubeziehen die Grundflächen von

1. Tür- und Fensterbekleidungen sowie Tür- und Fensterumrahmungen,
2. Fuß-, Sockel und Schrammleisten,
3. fest eingebauten Gegenständen, wie z.B. Öfen, Heiz- und Klimageräten, Herden, Bade- oder Duschwannen,
4. freiliegenden Installationen,
5. Einbaumöbeln und
6. nicht ortsgebundenen, versetzbaren Raumteilern.

Bei der Ermittlung der Grundflächen bleiben außer Betracht die Grundflächen von

1. Schornsteinen, Vormauerungen, Bekleidungen, freistehenden Pfeilern und Säulen, wenn sie eine Höhe von mehr als 1,50 Meter aufweisen und ihre Grundfläche mehr als 0,1 m² beträgt (Abs. 3 Nr. 1 WoFIV),
2. Treppen mit über drei Steigungen und deren Treppenabsätze,
3. Türnischen (§ 3 Abs. 3 Nr. 3 WoFIV) und
4. Fenster- und offenen Wandnischen, die nicht bis zum Fußboden herunterreichen oder bis zum Fußboden herunterreichen und 0,13 m oder weniger tief sind (§ 3 Abs. 3 Nr. 4 WoFIV).

141 Die Grundfläche ist durch **Ausmessung im fertiggestellten Wohnraum oder aufgrund einer Bauzeichnung**zu ermitteln. Wird die Grundfläche aufgrund einer Bauzeichnung ermittelt, muss diese

1. für ein Genehmigungs-, Anzeige-, Genehmigungsfreistellungs- oder ähnliches Verfahren nach dem Bauordnungsrecht der Länder gefertigt oder, wenn ein bauordnungsrechtliches Verfahren nicht erforderlich ist, für ein solches geeignet sein und
2. die Ermittlung der lichten Maße zwischen den Bauteilen i.S. des Abs. 1 ermöglichen.

Ist die **Grundfläche nach einer Bauzeichnung** ermittelt worden und ist abweichend von dieser Bauzeichnung gebaut worden, ist die Grundfläche durch Ausmessung im fertiggestellten Wohnraum oder aufgrund einer berichtigten Bauzeichnung neu zu ermitteln.

Anders als nach dem aufgehobenen § 43 Abs. 1 bis 3 II. BV wird nicht mehr zwischen Rohbaumaßen und Fertigmaßen unterschieden. Diese Unterscheidung ist nach bisherigem Recht für den bei Rohbaumaßen vorzunehmenden pauschalen sog. „Putzabzug" von drei vom Hundert von Bedeutung. Ein **„Putzabzug"** – so die Begründung – sei heute angesichts veränderter Bautechniken (Fertigbauweise, Verwendung von Fertigteilen) nicht mehr gerechtfertigt. Künftig sind daher nach Satz 1 ausschließlich die lichten Maße zwischen den Bauteilen maßgeblich. Dabei wird klargestellt, dass von der Vorderkante der Bekleidung der Bauteile auszugehen ist; Putz oder andere Wandbekleidungen – sofern vorhanden – gelten hierbei als Bestandteil der Bauteile. Aus der Begründung folgt, dass man bei älteren Bauwerken, die nicht mit den „neuen Bautechniken" errichtet worden sind, dann umgekehrt weiterhin die nach Rohbaumaßen ermittelten Flächen um den Putzabschlag (3 %) kürzen müsste.

Grundflächen von Erkern und Wandschränken werden nach der Grundregel des § 3 Abs. 1 WoFIV in die Grundflächenermittlung einbezogen, ohne dass eine Mindestfläche gefordert wird.

Grundflächen von Schornsteinen, Vormauerungen, Bekleidungen, freistehenden Pfeilern und Säulen sind nicht in die Grundflächenermittlung einzubeziehen, wenn sie eine Höhe von mehr als 1,50 m aufweisen. Damit wird insbesondere dem Umstand Rechnung getragen, dass in neuerer Zeit vermehrt z.B. sanitäre Installationen verkleidet werden und es hier zu Unsicherheiten über die Behandlung derartiger Verkleidungen bei der Grundflächenermittlung kommt. Durch die Bestimmung soll sichergestellt werden, dass die Grundflächen solcher Raumgebilde in die Grundflächenermittlung nur einzubeziehen sind, wenn der über diesen Raumgebilden befindliche Bereich, z.B. als Ablagemöglichkeit, nutzbar bleibt.

Nach § 4 WoFIV sind **auf die Grundfläche anzurechnen die Grundflächen** 142

1. von Räumen und Raumteilen mit einer lichten Höhe von mindestens zwei Metern vollständig,
2. von Räumen und Raumteilen mit einer lichten Höhe von mindestens 1 m und weniger als 2 m zur Hälfte,
3. von unbeheizbaren Wintergärten, Schwimmbädern und ähnlichen nach allen Seiten geschlossenen Räumen zur Hälfte,
4. von Balkonen, Loggien, Dachgärten und Terrassen i.d.R. zu einem Viertel, höchstens jedoch zur Hälfte.

Auf den im bisherigen § 44 Abs. 1 Nr. 3 II. BV ausdrücklich enthaltenen Hinweis auf die Nichtanrechnung von Grundflächen von **Räumen oder Raumteilen mit einer lichten Höhe von weniger als 1 m** wird in der WoFIV verzichtet, da sich die Nichtanrechenbarkeit dieser Grundflächen bereits aus dem Regelungszusammenhang der Nummern 1 und 2 i.V.m. § 1 Abs. 2 ergibt.

Abb. 9: Wohnfläche nach WoFIV und den §§ 42 bis 44 II. BV

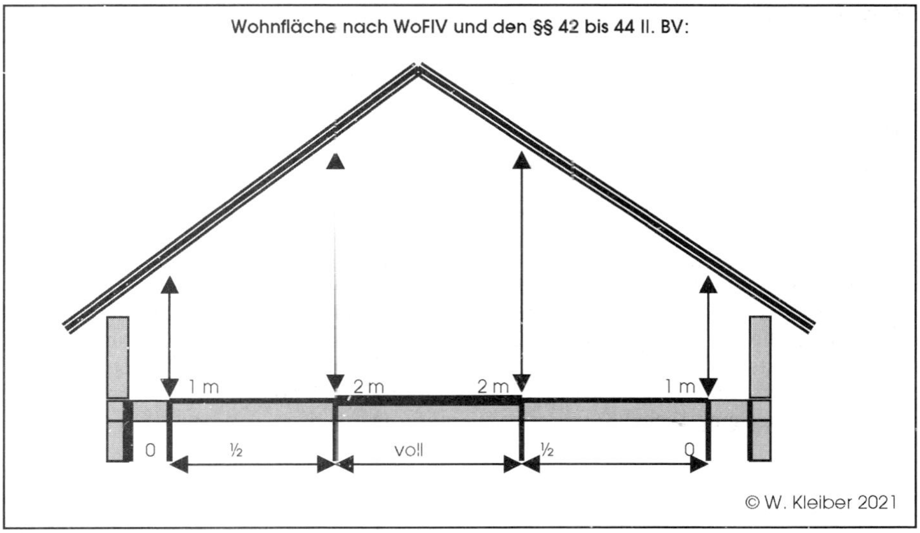

e) Flächenabweichung

Schrifttum: *Kraemer,* NZM 1999, 156; *Groll, M.,* Wohnflächenabweichung im Lichte der neuen BGH-Rechtsprechung – Einfluss auf Mieterhöhung, Schadensersatzfragen, GuG 2018, 286.

▶ *Zu Flächenabweichungen bei Mieterhöhungen vgl. Rn. 64; zu Flächenabweichungen bei Gewerberaummietverträgen vgl. Rn. 159*

Die Ermittlung einer **im Mietvertrag vereinbarten Wohnfläche** richtet sich – soweit die Parteien nichts anderes vereinbart haben oder eine andere Berechnungsweise ortsüblich ist – nach 143 den für den preisgebundenen Wohnraum im Zeitpunkt des Abschlusses des Mietvertrags maßgeblichen Bestimmungen[139].

In Wohnungsmietverträgen wird die **Wohnfläche oftmals mit Zirka-Quadratmetern**[140] vereinbart. Ergibt sich durch ein späteres Aufmaß eine geringere als die vereinbarte Wohnfläche, so ist eine Reduzierung der Miete nicht möglich. Zur Begründung führte der BGH[141] in einer Entscheidung an, dass der Verkäufer gewusst hat, dass der Käufer von der im Prospekt genannten Wohnfläche von 78 m² ausging. Hatte der Verkäufer eine andere Vorstellung über die tatsächliche Größe, so wäre diese für die Bestimmung des Vertrags nur dann von Bedeutung, wenn der Käufer das erkannt und in dieser Kenntnis den Vertrag abgeschlossen hätte. Des Weiteren mache der verwendete **Zusatz „ca." die Angabe nur dann unverbindlich, wenn die Abweichung geringfügig gewesen wäre, „nicht aber für einen Unterschied von mehr als 10 %**".

Einer Mieterhöhung war nach überholter Rechtsprechung die vereinbarte Wohnfläche zugrunde zu legen, wenn die tatsächliche Wohnfläche zum Nachteil des Mieters um nicht mehr als 10 % davon abweicht[142]. **Im Rahmen einer Mieterhöhung kommt es** nach der neueren Rechtsprechung des BGH **auf die tatsächliche** und nicht auf die vertraglich vereinbarte **Wohnfläche** (vgl. hierzu Rn. 128) **an**, selbst wenn die Abweichung beider Werte nicht mehr als 10 % beträgt[143]. Dies gilt unabhängig davon, ob im Mietvertrag eine abweichende Wohnfläche angegeben und wie hoch die Abweichung von der tatsächlichen Wohnfläche ist. § 558 BGB soll es dem Vermieter ermöglichen, eine angemessene, am örtlichen Markt orientierte Miete zu erzielen. Für den Vergleich ist deshalb allein der objektive Wohnwert der zur Mieterhöhung anstehenden Wohnung maßgeblich, während etwaige Vereinbarungen der Mietvertragsparteien über die Wohnungsgröße im Mieterhöhungsverfahren keine Rolle spielen können, denn sonst würden nicht die tatsächlichen, sondern vertraglich fingierte Umstände berücksichtigt. Ist im umgekehrten Fall die Wohnfläche im Mietvertrag zu groß angegeben, kann die Miete ebenfalls nur auf der Grundlage der tatsächlichen (niedrigeren) Wohnfläche erhöht werden.

144 Die tatsächliche und nicht die im Mietvertrag vereinbarte Wohnfläche ist im Übrigen auch der **Betriebskostenabrechnung** zugrunde zulegen[144]. Das gilt sowohl zu Gunsten als auch zu Lasten des Mieters.

145 Im Falle einer **Unterschreitung der Mietfläche** um mehr als 10 % ist in ständiger Rechtsprechung des BGH zum Wohnraummietrecht die prozentuale Flächenunterschreitung als Maßstab der Minderung zugrunde zu legen[145].

146 Auch beim **Erwerb noch zu errichtender Eigentumswohnungen** führen Flächenabweichungen häufig zum Streit. Im Kern geht es dabei um die zugesicherten Eigenschaften des Kaufgegenstands. Ist z.B. einem Erwerber vom Bauträger eine bestimmte Wohnfläche zugesichert worden, die z.B. aufgrund eines Nachbareinspruchs (wenn die Bauerlaubnis unbeschadet der Rechte Dritter erteilt wurde) mit der Folge einer Planungsänderung und einer damit verbundenen Reduzierung der Wohnfläche nicht realisiert werden konnte, so wird dem Erwerber in der Rechtsprechung[146] eine Kaufpreisminderung zugestanden.

---

139 BGH, Urt. vom 22.4.2009 – VIII ZR 86/08 –, GuG-aktuell 2009, 47 = EzGuG 3.141.
140 LG Berlin, Urt. vom 08.09.2003 – 67 S 92/03 –, BlnGE 2004, 51 = EzGuG 3.129.
141 BGH, Urt. vom 11.07.1997 – V ZR 246/96 –, NJW 1997, 2874 = EzGuG 20.161.
142 BGH, Urt. vom 08.07.2009 – VIII ZR 205/08 –, NJW 2009, 2739 = EzGuG 3.142e; BGH, Urt. vom 07.07.2004 – VIII ZR 192/03 –, NJW 2004, 3115; BGH, Urt. vom 23.05.2007 – VIII ZR 138/06 –, NJW 2007, 2626 = EzGuG 3.141d.
143 BGH, Urt. vom 18.11.2015 – VIII ZR 266/14 –, NJW 2016, 239 = EzGuG 3.160.
144 BGH, Urt. vom 30.05.2018 – VIII ZR 220/17 –, GuG 2018, 325 = EzGuG 3.171a.
145 BGH, Urt. vom 24.03.2004 – VIII ZR 295/03 –, NJW 2004, 1947, 1949 unter Bezugnahme auf Kraemer NZM 1999, 156, 161 und BGH, Urt. vom 10.03.2010 – VIII ZR 144/09 –, NJW 2010, 1745 = EzGuG 3.144a.
146 LG Ravensburg, Urt. vom 21.12.1990 – 2 O 1745/90 –, BauR 1992, 81 = EzGuG 12.79a.

f) Umrechnungskoeffizient Wohnfläche (Mietwohnungsbau)

▶ *Vgl. zu Eigentumswohnungen die Hinweise § 26 ImmoWertV Rn. 22 ff.*

Bezüglich der Wohnfläche (Wohnungsgröße) haben sich bislang keine anerkannten Klasseneinteilungen feststellen lassen. Die Mietspiegel weisen hier unterschiedliche **Klasseneinteilungen** auf[147] bzw. geben die Nettokaltmieten gestaffelt nach der Wohnfläche an. **147**

Von den Gutachterausschüssen für Grundstückswerte sowie aus Kreisen der Sachverständigen wurden zu diesem Zweck **Umrechnungskoeffizienten für das Verhältnis von Wohnfläche zur Miethöhe für Neubauwohnungen in mittlerer Wohnlage mit mittlerer Ausstattung** ermittelt (vgl. Abb. 10). Bezüglich der Abhängigkeit der Miete von der sich nach der Zahl der Zimmer bestimmenden Wohnungsgröße sind nach vorliegenden Erfahrungen geringe Abweichungen hinnehmbar, und zwar umso eher, je größer die Wohnung (das Haus) ist, d.h. ab 4 Zimmer; ansonsten ist die Gewichtung im Schrifttum sehr strittig. **148**

Abb. 10: Umrechnungskoeffizienten für das Verhältnis der Wohnfläche zur Miethöhe

Wohnfläche (WF) m²	**Umrechnungskoeffizient**								
	München (Englert)*	**Bonn, Essen** 2012	**Dortmund** 2019	**Mainz**	**Hessen** 2011	**Südhessen** 2015	**Heppenheim**		**Streich* 1982**
							Wohnungen 2011	**Häuser** 2011	
10	–	–	–	1,67	–	–	–	–	–
20	1,70	–	–	1,40	–	–	–	–	–
30	1,31	1,38	–	1,26	1,12	–	1,25	–	1,17
40	1,16	1,35	–	1,18	1,09	1.15	1,16	–	1,14
50	1,10	1,15	–	1,11	1,06	1.12	1,10	–	1,08
60	1,05	1,08	–	1,06	1,03	1,09	1,05	–	1,05
70	1,02	1,02	1,05	1,02	**1,00**	1,06	1,02	–	1,02
75	**1,00**	**1,00**	–	**1,00**	0,97	1,04	**1,00**	–	**1,00**
80	0,98	0,98	1,03	0,98	0,94	1,03	0,98	–	0,99
90	0,96	0,94	1,01	0,95	0,91	**1,00**	0,96	1,09	0,96
100	0,93	0,90	**1,00**	0,93	0,88	0,97	0,93	1,07	0,94
110	0,92	0,87	0,99	0,91	0,85	0,94	0,91	1,05	0,92
120	0,90	0,85	0,98	0,88	0,82	0,91	0,89	1,04	0,91
130	0,88	0,82	0,97	0,87	-	0,88	0,88	1,02	0,90
140	0,86	0,80	0,97	0,85	-	0,85	–	1,01	0,89
150	0,85	0,78	0,96	0,84	-	0,82	–	1,00	0,88
160	–	–	0,96	–	–	0,80	–	0,99	0,87
170	–	–	–	–	–	–	–	0,98	0,86
180	–	–	–	–	–	–	–	0,97	–
190	–	–	–	–	–	–	–	0,96	–

147 Vgl. Kleiber, Verkehrswertermittlung von Grundstücken, 6. Aufl. 2010, S. 1729.

Wohnfläche (WF) m²	Umrechnungskoeffizient								
	München (Englert)*	Bonn, Essen 2012	Dortmund 2019	Mainz	Hessen 2011	Südhessen 2015	Heppenheim		Streich* 1982
200	–	–	–	–	–	–	–	0,95	–
210	–	–	–	–	–	–	–	0,95	–
220	–	–	–	–	–	–	–	0,94	–
230	–	–	–	–	–	–	–	0,93	–
240	–	–	–	–	–	–	–	0,93	–
250	–	–	–	–	–	–	–	0,92	–

* Englert, in Immobilienwirtschaft heute Nr. 17/92.

** Streich in VR 1981, 381; ders. in VR 1982, 147 und DWW 1984, 9; DWW 1980, 188.

Beispiel:

– Gegeben	Vergleichsmiete von 3,00 €/m² für 50 m² große Wohnung in Bonn
– Gesucht	Miete für 80 m² große Wohnung
– UK am Beispiel von Bonn	Umrechnungskoeffizient für 50 m² = 1,15 Umrechnungskoeffizient für 80 m² = 0,98

Gesuchte Miete = 0,98/1,15 × 3,00 €/m² = **2,56 €/m²**

Als **ausgeglichene Umrechnungskoeffizienten** ergeben sich die in Abb. 11 angegebenen Mittelwerte:

Abb. 11: Umrechnungskoeffizienten für das Verhältnis der Wohnfläche (WF) zur Miethöhe

Wohnfläche (WF)	Umrechnungskoeffizient für das Verhältnis der Wohnfläche (WF) zur Miethöhe		
m²	von	Mittel	bis
10	1,50	1,60	1,70
20	1,34	1,40	1,46
30	1,23	1,29	1,35
40	1,16	1,20	1,24
50	1,09	1,13	1,17
60	1,03	1,07	1,11
70	0,98	1,02	1,06
75	-	1,00	-
80	0,94	0,98	1,02
90	0,92	0,96	1,00
100	0,90	0,94	0,98
110	0,87	0,91	0,95
120	0,83	0,88	0,93
130	0,70	0,85	0,90
140	0,76	0,82	0,88
150	0,73	0,79	0,85
160	0,70	0,76	0,82
© W. Kleiber 2021			

g) Umrechnungskoeffizient Wohnfläche (vermietete Einfamilienhäuser)

Die für den Mietwohnungsbau abgeleiteten Umrechnungskoeffizienten für die Anhängigkeit der Mieten von der Wohnfläche können nicht generell auf **vermietete Einfamilienhäuser** übertragen werden. In hessischen Grundstücksmarktberichten werden folgende Umrechnungskoeffizienten angegeben: 149

Abb. 12: Umrechnungskoeffizienten für die Abhängigkeit der Miete von der Wohnfläche (WF) für vermietete Einfamilienhäuser in Hessen, Südhessen

Wohnfläche m²	**Umrechnungskoeffizient**	
	Hessen	Südhessen
	2011	2019
90	-	1,18
100	1,03	1,14
110	1,02	1,10
120	1,02	1,08
130	1,01	1,05
140	1,01	1,03
150	1,00	1,02
160	**1,00**	**1,00**
170	1,00	0,99
180	0,99	0,97
190	0,99	0,96
200	0,98	0,95
210	0,98	0,95
220	0,97	0,94
230	0,97	0,93
240	0,96	0,92
250	0,96	0,92
-	-	-

2.5.2.4 Wohnraum vergleichbarer Ausstattung

▶ *Vgl. Rn. 126*

Unter der Ausstattung werden **alle räumlichen und sonstigen Ausstattungsmerkmale** verstanden, die der Vermieter dem Mieter zur Verfügung gestellt hat. Hilfsweise kann hierauf die DIN 283 Teil I Ziff. 3 zurückgegriffen werden, die allerdings auch keine vollständige Aufzählung enthält. 150

Der Ausstattung kommt von den unter Rn. 126 ff. genannten wohnwertbestimmenden Merkmalen das höchste Gewicht zu; innerhalb der Merkmale bedient sich die Praxis eines **Schulnotensystems;** z.B.

- gehobene Ausstattung,
- übliche Ausstattung und
- einfache Ausstattung.

151 **Ausstattungsmerkmale** sind alle im leeren Wohnraum eingebauten oder eingerichteten Teile, insbesondere

- sanitäre Einrichtungen,
- energetische Ausstattung,
- Heizung/Warmwasser,
- Kücheneinrichtungen,
- Heizungseinrichtungen,
- Fußböden,
- Fenster und Türen,
- besondere Isolierungen,
- Gemeinschaftsantennen,
- Gemeinschaftseinrichtungen,
- Decken und Wände (Holz, Stuck, Tapete),
- Keller- und Speicherräume,
- Gemeinschaftsräume,
- Wandschränke/Garderoben/offener Kamin.

152 **Einrichtungen des Mieters** (zum Möblierungszuschlag vgl. Rn. 50) sind hingegen nicht zu berücksichtigen. Werterhöhende Investitionen des Mieters bleiben bei Ermittlung der ortsüblichen Vergleichsmiete auf Dauer unberücksichtigt, wenn und soweit dies nicht zwischen Mieter und Vermieter ausdrücklich vereinbart worden ist[148].

2.5.2.5 Wohnraum vergleichbarer Beschaffenheit

153 Unter der Beschaffenheit wird insbesondere der **Zuschnitt und der Zustand der Ausstattung der Wohnung** einschließlich der **mit vermieteten Hausteile, Art und Gestaltung der Umgebung sowie der Gesamteindruck des Gebäudes** verstanden.

Behebbare **Mängel** sind dagegen bedeutungslos, da der Mieter seine Gewährleistungsansprüche (§§ 536 ff. BGB) geltend machen kann (Minderungsrechte)[149]. Nicht behebbare Baumängel sind indessen zu berücksichtigen[150].
Unter der **Beschaffenheit ist des Weiteren zu verstehen**

- die architektonische Gestaltung der Wohnung,
- die Baualtersklasse (vgl. Mietspiegel, Rn. 157),
- die Raumeinteilung (Schnitt),
- das Vorhandensein von Balkon und Nebenräumen,
- der bauliche Zustand der Wohnung und der mitzubenutzenden Hausteile,
- die Aussicht,
- die Besonnungslage,

148 LG Baden-Baden, Urt. vom 08.05.1992 – 1 S 98/91 –, WuM 1993, 358 = EzGuG 11.193a; BayObLG, Urt. vom 14.07.1981- AllgReg 32/81 –, NJW 1981, 2197; a.A. Walterscheidt, Typische Fehler in einem Vergleichsmietzinsgutachten, Hannover 1999, S. 45.
149 OLG Stuttgart, Urt. vom 07.07.1981 – 8 REMiet 1/81 –, NJW 1981, 2365 = EzGuG 20.89c; LG Saarbrücken, Urt. vom 21.11.1988 – 13 BS 145/88 –, WuM 1989, 578; LG Hamburg, Urt. vom 10.10.1989 – 11 S 99/89 –, WuM 1991, 593.
150 LG Berlin, Urt. vom 30.04.2007 – 67 S 367/06 –, Info M 2007, 214.

- der Garten und Grünanlagen,
- die Abgeschlossenheit der Wohnung,
- der Modernisierungsgrad,
- die Wärmedämmung.

Die **Beschaffenheit der Wohnung wird in der Praxis der Erarbeitung von Mietspiegeln mit dem Baualter indiziert** und die Mietspiegel kommen nach Literatur und Rechtsprechung dementsprechend zur Anwendung (vgl. Rn. 157).

2.5.2.6 Wohnraum vergleichbarer Lage

Schrifttum: *Bünnemeyer/Hebecker/Werlin*, Zur Abgrenzung von Wohnlagen im qualifizierten Mietspiegel, ZMR 2016, 96; *Hebecker, J./Werling, U.*, Wohnlagen im Mietspiegel, eine Alternative, GuG 2017, 178; *Ohler, A./Kienast, S./Plieser, J.*, Berechnung der Lagefaktoren zur Mietwertermittlung, GuG 2019, 81; *Schwirley, D.*, Analyse bestehender Wohnlagenmodelle in deutschen Großstädten, GuG 2017, 1.

▶ *Vgl. Rn. 161; § 5 ImmoWertV Rn. 132 ff.; Syst. Darst. des Vergleichswertverfahrens Rn. 376 ff.*

Grundsätzlich ist zu unterscheiden zwischen der Lage der Wohnung innerhalb des Stadtgebiets (Umgebung, Nahversorgung, Freizeiteinrichtungen) und der Lage der Wohnung im Haus (Vorder- und Hinterhaus, Souterrain, Geschoss, Himmelsrichtung). 154

Lagemerkmale sind insbesondere[151]:

- Baudichte,
- baulicher Zustand,
- Frei- und Grünflächen,
- landschaftlicher Charakter, Beeinträchtigungen durch Lärm, Staub, Geruch,
- Ortslage: Lage des Wohnquartiers innerhalb des Stadtgebietes (Zentralität),
- Verkehrsanbindung zur Innenstadt oder zu Bezirkszentren,
- Parkmöglichkeiten,
- Versorgung mit Läden, Schulen und sonstigen Infrastruktureinrichtungen,
- Infrastruktur (öffentliche Einrichtungen wie Verkehrsanbindung, Schulen, Krankenhäuser, Spielplatz, Grünflächen, Kindergärten usw.),
- Lage im Haus (Geschosslage – auch abhängig vom Vorhandensein eines Fahrstuhls – und Ausrichtung nach der Himmelsrichtung[152] sowie Lage innerhalb des Komplexes (Vorderhaus – Rückgebäude).

Im Hinblick auf die hohe Streitbefangenheit, die mit der **Einordnung von Lagemerkmalen** verbunden ist, hat *Börstinghaus*[153] einen **Kriterienkatalog** (Abb. 13) mit nachstehend abgedruckten Erläuterungen vorgegeben: 155

Erläuterungen zur Lageklassentabelle

Spalte 1: Enthält beispielhaft die wichtigsten Lagekriterien. Selbstverständlich können Sie noch andere Kriterien, die für den Einzelfall zutreffen, hinzufügen und/oder andere Kriterien weglassen.

Spalte 2: Hier sollten Sie Noten eintragen, wobei Sie sinnvollerweise eine Notenskala verwenden sollten, die Ihrem Mietspiegel entspricht (hat der Mietspiegel vier Lageklassen, sollte man die Noten Eins bis Vier vergeben). Auf diese Weise wird die Eingruppierung in die Lage-

151 Hinweise des BMJ, WM 1980, 189 = ZMR 1980; weiterführend Niederberger, WuM 1980, 173; Isenmann, DS 1992, 153.
152 LG Köln, Urt. vom 16.02.1994 – 10 S 407/93 –, WuM 1994, 691.
153 Börstinghaus, U., Mieterhöhungen bei Wohnraummietverträgen, 2. Aufl. 1995, S. 322.

klasse für beide Vertragsparteien nachvollziehbarer und überprüfbarer. Wenn Sie die Gesamtnotenzahl durch die Anzahl der vergebenen Noten dividieren, erhalten Sie einen Wert, der zunächst eine Aussage über die Eingruppierung in eine Lageklasse erlaubt, und zum anderen kann man unter Umständen an dem entsprechenden Dezimalwert auch schon ablesen, ob die Benotung im oberen, mittleren oder unteren Bereich der Notenskala liegt, was dann ggf. ein Anhaltspunkt dafür sein kann, aus welchem Bereich der Mietpreisspanne die konkrete Vergleichsmiete zu entnehmen ist. Maßstab für die Benotung muss aber auf jeden Fall ein objektiver sein. Wie oben bereits festgestellt, kann für den einen Mieter ein fehlender U-Bahnanschluss bedeutungslos sein und für den anderen von sehr großer Bedeutung. Objektiv ist ein solcher Anschluss aber immer vorteilhaft. Wichtig ist in diesem Zusammenhang aber der Hinweis, dass manche Mietspiegel bestimmte Bedingungen an die Eingruppierung in eine bestimmte Lageklasse knüpfen. In diesem Fall muss zusätzlich überprüft werden, ob diese Bedingungen erfüllt sind.

Abb. 13: Tabelle zur Ermittlung der Lageklasse

Tabelle zur Ermittlung der Lageklasse	
Lagemerkmal	**Beurteilung**
Lage	
Im Stadtgebiet	
Im Stadtbezirk	
Wohnberuhigung	
Bebauung	
Offene/geschlossene Bauweise	
Bebauungsdichte	
Wohnbeeinträchtigungen	
Straßenlärm	
Bahn- oder Fluglärm	
Industrielärm	
Sonstiger Lärm	
Geruchs- u. Staubimmissionen	
Verkehrsanbindung	
Auto	
Bahn/Bus	
U-Bahn	
Radwege	
Fußwege	
Schulweg	
Einkauf	
Für den täglichen Einkauf	
Andere Dinge	
Freizeiteinrichtungen	
Kinderspielplätze	
Naherholungsgebiete	
Sportplätze, -hallen	

Tabelle zur Ermittlung der Lageklasse	
Lagemerkmal	**Beurteilung**
Sonstige Einrichtungen	
Medizinische Versorgung	
Schulen	
Kindergärten	
Öffentliche Einrichtungen	
Sonstige Lagevor- und -nachteile	

Es handelt sich bei dem vorstehenden Kriterienkatalog um die sog. Makrolage. Umstritten ist dagegen, ob die sog. Mikrolage, d.h. die **Lage der Wohnung innerhalb des Hauses,** unter dem Begriff der Lage i.S. des § 558 Abs. 2 BGB fällt, da diese möglicherweise bereits mit der „Beschaffenheit" erfasst werden kann. Entscheidend ist bei alledem, dass diese Mikrolage nicht doppelt berücksichtigt wird.

Die Aufnahme des zum Vermietungszeitpunkt aktuellen Vermietungszustands eines Einkaufs- **156**
zentrums in der Präambel zu einem Mietvertrag stellt keine Zusicherung der Vollvermietung dar, die weder zu einer außerordentlichen Kündigung noch zu einer Mietreduzierung auf Grund eines Leerstands berechtigt[154].

2.5.2.7 Wohnraum vergleichbaren Baualters

▶ *Vgl. § 4 ImmoWertV Rn. 6*

In der Rechtsprechung der Gerichte[155] sowie nach Mietspiegeln[156] wird das Alter (Baualter/ **157**
Bezugsfertigkeit) zur Erläuterung der „Beschaffenheit" der Wohnung verwendet. Über das Baualter wird mithin die Bauweise und der Baustandard, also die Beschaffenheit der Wohnung, indiziert[157].

Wird jedoch ein vor einer Modernisierung zum Wohnen nicht mehr geeignetes Haus, vergleichbar einem Rohbau, vollständig saniert und modernisiert oder durch An- oder Umbau neuer Wohnraum geschaffen (z.B. Dachgeschossausbau), ist bei Heranziehung eines Mietspiegels (abweichend von den dazu gemachten grundsätzlichen Hinweisen, nach denen eine Wohnung in die Baualtersklasse einzuordnen ist, in der das Gebäude erstellt wurde) die Wohnung in die Baualtersklasse einzuordnen, in der die Baumaßnahme erfolgte[158].

2.5.3 Gewerberaum

2.5.3.1 Allgemeines

Schrifttum: *Burbulla, R./Klocke, A.,* Gewerberaummietrecht. Rechtsprechungsentwicklung aus Sachverständigensicht, GuG 2018, 278; *Burbulla,* Gewerberaummietrecht, 5. Aufl. 2017; *Fritz,* Gewerberaummietrecht, 4. Aufl. 2005; Leo, Aktuelle Rechtsprechung zur Gewerberaummiete, 4. Aufl. 2016; *Lindner-Figura/Oprée/Stellmann,* Geschäftsraummiete, 4. Aufl. 2017; *Schulz,* Gewerberaummiete, 4. Aufl. 2015.

▶ *Allgemeines zu den Lagemerkmalen von Gewerbeimmobilien vgl. Teil V Rn. 8, 149 ff., 176, 236, 313, 388*

154 BGH, Urt. vom 26.05.2004 – XII ZR 149/02 –, NJW-RR 2004, 1236
155 LG Berlin, Urt. vom 05.11.2007 – 62 S 205/07 –, GE 2007, 1635; LG Berlin, MM 1996, 124.
156 Berliner Mietspiegel, ABl. 2007– Ziff. 6.4: „Die Beschaffenheit einer Wohnung wird im Mietspiegel durch das Alter (Bezugsfertigkeit/Baualter) erläutert, weil die grundsätzliche Beschaffenheit verschiedener Wohnungen wesentlich durch die während bestimmter Zeitperioden übliche Bauweise charakterisiert wird. Maßgebend ist das Baualter/die Bezugsfertigkeit der Wohnung."
157 Börstinghaus in Schmidt-Futterer, Mietrecht, 9. Aufl., § 558 BGB Rn. 80.
158 LG München I, Urt. vom 18.04.2012 – 14 S 16973/12 –, ZMR 2012, 626 = EzGuG 3.148a.

158 Gewerbeimmobilien weisen eine große Spannbreite unterschiedlicher Nutzungen auf. Die **mietpreisbestimmenden Merkmale sind** deshalb **nutzungsabhängig.**

2.5.3.2 Mietfläche von Gewerberäumen

Schrifttum: *Durst/v. Zitzewitz*, in NZM 1999, 605; *Isenmann*, NZM 1998, 749; *Käser/Beck*, BWNotZ 2001, 143; *Kramer*, NZM 1999, 156 und NZM 2000, 121; *Schul, A., Wiehert, J.*, Berechnung und Bedeutung der Mietfläche von Gewerberäumen, ZMR 2002, 633.

▶ *Zu Flächenabweichungen bei Wohnraummietverträgen vgl. Rn. 143; Teil II Rn. 513, 552*

159 Die Ermittlung der Mietfläche für Gewerberäume ist insoweit problematisch, als sich hierfür einheitliche mietvertragliche Berechnungsnormen noch nicht durchgesetzt haben. Während bei der Vermietung von Wohnraum die maßgebliche Mietfläche auf der Grundlage der WoFIV, der §§ 42 bis 44 II. BV bzw. der DIN 283 ermittelt wird und Vergleichsmieten sich darauf beziehen, fehlt es in der **gewerblichen Vermietungspraxis** an eindeutigen allgemein anerkannten Grundlagen zur Berechnung der Mietfläche. In der Vermietungspraxis konnte man auf eine entsprechende Anwendung der genannten Normen bzw. auf die nach Maßgabe der DIN 277 ermittelte Nutzfläche zurückgreifen.

Die im Gewerberaumietvertrag enthaltene Mietflächenangabe beinhaltet nach der Rechtsprechung des BGH im Allgemeinen eine vertragliche Festlegung der Sollbeschaffenheit[159]. In Mietverträgen für gewerblich genutzte Räume wird die Nutzfläche im Allgemeinen durch Angabe der Quadratmeterzahl beschrieben. ***„Nutzfläche“* ist** derjenige **Teil der Netto-Grundfläche (NGF), der der Nutzung des Bauwerks aufgrund seiner gewerblichen Zweckbestimmung dient.** Dies sind Nutzungen nach Tabelle 1 Nrn. 1 bis 7 DIN 277-2:2005-02, die sich in die Nutzungsgruppen Wohnen und Aufenthalt, Büroarbeit, Produktion, Hand- und Maschinenarbeit, Experimente, Lagern, Verteilen und Verkaufen, Bildung, Unterricht, Kultur, Heilen, Pflegen und Sonstige Nutzflächen gliedern (vgl. Definition unter Nr. 4 der DIN 283-1).

Bei Neubauten (Erstbezug) ist meist das gemeinsame Aufmaß Grundlage für die Bemessung der Kaltmiete und den Umlageschlüssel. Die Kaltmiete wird dann in einem Preis je m² Gesamtnutzfläche (ohne Kellerräume, Tiefgarage etc.) angegeben. Für Haupt- und Nebenflächen in Büro-, Verwaltungsgebäuden sowie für Verkaufs-, Büro-, Lager-, Sozial- und Werkstatträume werden oft auch differenzierte Mietansätze entsprechend der Wertigkeit dieser Räumlichkeiten vereinbart.

- Bei **Selbstbedienungsmärkten (SB-Märkte)** umfasst der Durchschnittssatz pro Quadratmeter Nutzfläche (m² NF) meist auch das Nutzungsrecht an den Pkw-Parkplätzen auf der Freifläche des Grundstücks.
- Soweit zur Verkehrswertermittlung von **Büroflächen** Erfahrungssätze, z.B. über die erzielbaren Erträge oder deren Herstellungskosten, herangezogen werden, sind dessen ungeachtet die Berechnungsmethoden maßgebend, die diesen Erfahrungssätzen zugrunde liegen. So werden z.B. in *München* rd. 72 %[160] aller Mietverträge auf der Grundlage der BGF vereinbart, sodass man dann auch bei dem zu wertenden Objekt die BGF als Bemessungsgrundlage heranziehen muss.

160 Lässt sich im Fall einer **Unterschreitung der vertraglich vereinbarten Fläche** bei der Geschäftsraummiete die Minderfläche eindeutig Nebenräumen (hier: Kellerräume) zuordnen, so darf die Minderung nicht pauschal nach dem prozentualen Anteil der fehlenden Fläche an der vertraglich vereinbarten Gesamtfläche berechnet werden. Vielmehr muss eine angemessene

---

159 BGH, Urt. vom 18.07.2012 – XII ZR 97/09 –, NJW 2012, 3173.
160 Colliers Büromarktbericht Juli 2006.

Herabsetzung des Mietzinses den geringeren Gebrauchswert dieser Räume in Rechnung stellen[161].

Die Gesellschaft für Immobilienwirtschaftliche Forschung (gif) hat für die Berechnung der Mietfläche von gewerblichen Räumen die **Richtlinie MF/G** vom Mai 2012 und für die Berechnung der Verkaufsfläche im Einzelhandel die Richtlinie MF/V vom 01.05.2012 vorgelegt[162]. Die Richtlinie MF/G für gewerbliche Räume will regeln, welche Flächen der DIN 277 als „Mietfläche" gelten und wie die gemeinschaftlich genutzten Flächen der Mietfläche zuzuordnen sind. Dementsprechend wird unterschieden nach

- MF/G Flächen; dies ist die „Mietfläche", die sich aus der BGF i.S. der DIN 277 abzüglich der MF-O-Flächen ergibt,
- MF-0 Flächen; dies sind Flächen, die keine „Mietflächen" sind, insbesondere die technischen Funktionsflächen (TF), die anteiligen Verkehrsflächen (VF) und die Konstruktionsflächen (KGF) i.S. der DIN 277,
- MF-G1 Flächen; dies sind Mietflächen, die einem Mieter exklusiv zugeordnet sind, und
- MF-G2 Flächen; dies sind Mietflächen, die mehreren oder allen Mietern anteilig mit gemeinschaftlichem Nutzungsrecht zugeordnet sind (z.B. Müllräume, Anlieferung usw.).

Die Richtlinien haben bislang nur in einem verhältnismäßig kleinen Marktsegment Anerkennung[163]gefunden und sind erst noch im Begriff, sich durchsetzen[164]. Die Bedeutung dieser Richtlinien liegt vor allem im Rahmen des Ertragswertverfahrens, wenn sie zur Ermittlung der vermieteten Fläche, z.B. des zu bewertenden Objekts, herangezogen werden sollen. Vor Anwendung dieser Richtlinie muss man sich aber Gewissheit verschaffen, dass die im Einzelfall zum Vergleich herangezogenen (auf den Quadratmeter Mietfläche bezogenen) Vergleichserträge ebenfalls auf der Grundlage der nach diesen Richtlinien ermittelten Mietfläche vereinbart worden sind.

In jedem Fall gilt für die Heranziehung von Vergleichsmieten und ihre Übertragbarkeit auf das im Wege des Ertragswertverfahrens zu bewertende Objekt der Grundsatz, dass die diesen Vergleichsmieten zugrunde liegende Mietflächenermittlungsmethodik der Ermittlung der maßgeblichen Mietfläche des zu bewertenden Objekts zugrunde gelegt werden muss (**Kompatibilitätsgrundsatz: Einheitlichkeit der Mietflächenermittlungsmethodik**). Unterschiedlichkeiten der Mietflächenermittlungsmethodik beeinträchtigen die Vergleichbarkeit.

2.5.3.3 Lage und Beschaffenheit gewerblicher Immobilien

► *Zur Verkehrslage vgl. Syst. Darst. des Vergleichswertverfahrens Rn. 376; § 5 ImmoWertV Rn. 132 ff.; zur Lage und der Beschaffenheit von Büro-, Logistik- und Handelsimmobilien vgl. Teil V Rn. 184, 209, 245 ff.*

Neben den allgemeinen **Lagemerkmalen, die die Rangfolge der wertbeeinflussenden Merkmale von Büroimmobilien anführen, sind** vor allem die **Ausstattungsmerkmale von** hoher **Bedeutung.** Gute Lagemerkmale mit guter Ausstattung des Gebäudes sind Voraussetzung für Spitzenmieten. Daneben sind auch die Größe, die **Flexibilität** der Nutzbarkeit, ihre Teilbarkeit und das Alter von Bedeutung. 161

161 BGH, Urt. vom 18.07.2012 – XII ZR 97/09 – NJW 2012, 3173 (Abgrenzung zu BGH, Urt. vom 24.03.2004 – VIII ZR 295/03 – NJW 2004, 1947 und BGH, Urt. vom 10.03.2010 – VIII ZR 144/09 – NJW 2010, 1745 = EzGuG 3.144a).

162 Die Richtlinien sind abgedruckt bei Kleiber, Sammlung amtlicher Vorschriften zur Wertermittlung, WERTR, 12. Aufl. Bundesanzeiger Verlag 2016. Vgl. die vorangegangene Richtlinie vom 01.11.2004: GuG 2005, 221.

163 Schul/Wiehert, ZMR 2002, 633.

164 Der Normenausschuss Bauwesen (NABau) im Deutschen Institut für Normung e.V. (DIN) vertritt die Auffassung, dass für gewerblich genutzte Flächen DIN 277-1 und DIN 277-2 anzuwenden sind, die auch für Wohnungen anwendbar sein sollen, wenn dies vertraglich vereinbart ist, und dass die Wohnungsdefinition den jeweiligen Landesbauordnungen sowie deren Durchführungsverordnungen zu entnehmen wäre. Die zurückgezogenen DIN 283-1 und DIN 283-2 können nach Meinung des NABau im DIN auch als Vertragsgrundlage dienen, sofern sie beiden Vertragsparteien zugänglich sind (Isermann, NZM 1998, 749).

162 Zu den Lage- und Beschaffenheitsmerkmalen von **Handelsimmobilien** (auch **Läden**) vgl. Teil V Rn. 236 ff., 299 ff.

163 Zu den Lage- und Beschaffenheitsmerkmalen im **industriell-produzierenden Bereich** (einschließlich **Lager- und Logistikimmobilien** sowie **Gewerbeparks**) vgl. Teil V Rn. 176 ff.

164 Zu den Lage- und Beschaffenheitsmerkmalen von **Sonderimmobilien** einschließlich **Freizeitimmobilien** vgl. Teil V Rn. 474 ff.

Bei **speziellen Immobilien,** deren Mietwert bzw. Miete üblicherweise nicht über m²-Nutzfläche ermittelt wird, sind zusätzliche Objektangaben erforderlich:

Bei **Hotels** bedarf es für die Bereiche Logis, Gastronomie und Sonstiges (Tagungsräume, Verkauf, Schwimmbad usw.) einschlägiger Angaben über den mehrjährigen Umsatz (netto ohne MwSt.) sowie die Zimmerauslastung (vgl. Teil V Rn. 330 ff.).

Bei **Tennis-, Badminton-, Squash- und Reithallen** bedarf es der Angaben über den Umsatz sowie die Auslastung in der Sommer- und Wintersaison (vgl. Teil V Rn. 514 ff.).

2.5.4 Gemeinbedarfsnutzung

▶ *Vgl. Syst. Darst. des Ertragswertverfahrens Rn. 2, 169 ff.; zu Sonderbauflächen als Gemeinbedarfsflächen § 3 ImmoWertV Rn. 170 f., 182, 190*

165 Das **Ertragswertverfahren kann grundsätzlich auch zur Ermittlung des Verkehrswerts von baulich für Gemeinbedarfszwecke genutzten Grundstücken zur Anwendung** kommen. Dabei gilt es insbesondere zwei Besonderheiten zu beachten:

a) Als Erträge sind solche anzusetzen, die von der öffentlichen Hand im Falle einer Anmietung der Räumlichkeiten für vergleichbare Objekte auf dem privatwirtschaftlichen Grundstücksmarkt aufgebracht werden müssten.

b) Als Bodenwert ist in solchen Fällen bei der Ermittlung des Bodenwertverzinsungsbetrags der mit diesen Ertragsverhältnissen **korrespondierende Bodenwert** vergleichbarer privatwirtschaftlich nutzbarer Grundstücke anzusetzen, während es ansonsten bei dem Bodenwert der Gemeinbedarfsfläche verbleibt (gespaltene Bodenwerte).

Dies ist in dem Modell der Ertragswertermittlung begründet:

$$EW = (RE - BW \times LZ) \times KF + BW +/- boG$$

↓ Bodenwert des mit dem Reinertrag korrespondierenden Grundstücks

↓ Bodenwert der Gemeinbedarfsfläche

wobei

EW = Ertragswert

BW = Bodenwert

KF = Kapitalisierungsfaktor (Vervielfältiger)

LZ = objektspezifisch angepasster Liegenschaftszinssatz

166 Würde man nämlich den Bodenwertverzinsungsbetrag auf der Grundlage der Gemeinbedarfsnutzung ermitteln, so würde der um den Bodenwertverzinsungsbetrag verminderte Reinertrag (RE – BW × LZ) unangemessen „hochschnellen", denn der **Bodenwert einer Gemeinbedarfsnutzung ist in aller Regel niedriger** als der einer vergleichbaren privatwirtschaftlich nutzbaren Fläche (Prinzip korrespondierender Bodenwerte).

Bezüglich der für Gemeinbedarfsnutzungen anzusetzenden Erträge gilt der bereits angesprochene **Grundsatz, nach dem solche Erträge anzusetzen sind, die für vergleichbare privatwirtschaftlich nutzbare bauliche Anlagen ortsüblich und nachhaltig sind.** Dies ist in vielen Fällen unproblematisch, bereitet mitunter aber auch Schwierigkeiten: 167

- Bei öffentlichen *Verwaltungsgebäuden* bereitet der Ansatz in aller Regel keine Schwierigkeiten, weil hier auf vergleichbare Büronutzungen zurückgegriffen werden kann.
- Bei anderen Gemeinbedarfsnutzungen wie *Schulen, Kindergärten und öffentlichen Versammlungsstätten* stellt sich die Situation schon komplizierter dar, jedoch gibt es auch für dieses Segment durchaus einen (kleinen) Mietmarkt.

In der Wertermittlungspraxis kann hier vielfach auf die **Benutzungs- und Entgeltverordnung** der jeweiligen Städte zurückgegriffen werden. 168

Ein *Beispiel* für die **Benutzungs- und Entgeltverordnung** ist abgedruckt bei Kleiber, Verkehrswertermittlung von Grundstücken, 6. Aufl. 2010, S. 1736 ff.[165] 169

2.5.5 Landwirtschaftliche Gebäude

Bei der Vermietung von landwirtschaftlichen Wirtschaftsgebäuden (z.B. Lagernutzung, Getränkeverkauf) lassen sich nur geringe unterhalb der Kostenmiete liegende Einnahmen erzielen, die i.d.R. zwischen monatlich 0,25 und 1,00 €/m² liegen (in Ballungsgebieten mitunter bis zu 3,50 €/m² für z.B. eine gute Maschinenhalle). 170

Als Stellplatzfläche für z.B. Wohnwagen können monatliche Mietpreise von 30 bis 50 € bei einem durchschnittlichen Flächenbedarf von 30 m² einschließlich Rangierflächen erzielt werden. Deutlich höher sind die Mieten der angebotenen Stellplätze auf dem landwirtschaftlichen Betrieb für durchreisende „Camper" (vgl. Teil V Rn. 561).

2.6 Mieterhöhungsverlangen

2.6.1 Allgemeines

Schrifttum: *Isenmann/Roth/Walterscheidt,* Leitfaden für die Erstellung von Gutachten zur Ermittlung von Wohnraummieten, IfS Köln 2000; *Dröge, F.,* Handbuch der Mietpreisbewertung für Wohn- und Gewerberaum, 3. Aufl. 2005.

▶ *Vgl. hierzu Rn. 64 ff.*

Ein Mieterhöhungsverlangen muss begründet werden. Das Gesetz sieht hierfür verschiedene **Begründungsmittel** vor (§ 558a BGB): 171

1. Mietspiegel (§§ 558c und d BGB),
2. eine Auskunft aus einer Mietdatenbank (§ 558e BGB),
3. Gutachten eines öffentlich bestellten und vereidigten Sachverständigen[166],
4. Hinweis auf Entgelte für mindestens drei vergleichbare Wohnungen.

Streitig ist bei alledem, ob auch ein Sachverständigengutachten eines nicht öffentlich bestellten Sachverständigen zulässig ist[167].

165 Zu Krankenhäusern vgl. Gödecke, Nachr. der nds. Kat.- und VermVw 2001, 15.
166 BGH, Beschl. vom 21.04.1982 – VIII ARZ 2/82 – BGHZ 83, 366 = EzGuG 20.98; OLG Hamburg, Beschl. vom 30.12.1983 – 4 U 9/83 –, NJW 1984, 930 = EzGuG 20.104; BayObLG, Beschl. vom 23.07.1987 – REMiet 2/87 –, NJW-RR 1987, 1302 = EzGuG 20,121.
167 Schulz in Bub/Treier, Handbuch der Geschäfts- und Wohnraummiete, 4. Aufl. 2014, § 2 MHG IIIa Rn. 242.

172 Der Vermieter ist in der Wahl seines Begründungsmittels frei. Der **Heranziehung von Mietspiegeln räumt das Gesetz keine Priorität bei.** Nach Auffassung von *Fischer*[168] bieten Mietspiegel und, wenn im Streitfall nötig, deren Handhabung und Begründung durch Sachverständige die „richtigste" Lösung zur Ermittlung der ortsüblichen Vergleichsmiete.

Soll sich das Mieterhöhungsverlangen auf ein Gutachten eines Sachverständigen stützen, so muss es sich dabei um „ein mit Gründen versehenes Gutachten eines öffentlich bestellten und vereidigten Sachverständigen" handeln. Insoweit gelten nicht die unmittelbaren Regelungen der ZPO. An ein vorprozessuales Gutachten sind keine minderen Ansprüche zu stellen als an ein gerichtliches Gutachten[169].

173 **Wertermittlungsstichtag** ist der **Zeitpunkt des Zugangs des Mieterhöhungsverlangens**[170].

2.6.2 Mietspiegel

Schrifttum: *Börstinghaus/Clar,* Mietspiegel, 2. Aufl. München 2013; *Pötzschmann-Wemme,* Mietwertermittlung individueller Objekte bei Vorliegen von Mietspiegeln, Grenzen und Chancen, GuG 2016, 362; *Stelter, M.,* Mietspiegelspannen, Spanneneinordnung und Einzelvergleichsmiete, GuG 2015, 130.

▶ *Vgl. Rn. 30, 131*

174 Unter einem Mietspiegel ist eine Übersicht über die ortsüblichen Vergleichsmieten zu verstehen. Das BGB kennt zwei Arten von Mietspiegeln,

a) den *(einfachen)* Mietspiegel nach § 558c BGB und

b) den *qualifizierten* Mietspiegel nach § 558d BGB.

175 Die **Anwendung des Mietspiegels ist in den in § 549 BGB genannten Fällen ausgeschlossen**, d.h. bei Mietverhältnissen über

1. Wohnraum, der nur zum vorübergehenden Gebrauch vermietet ist,
2. Wohnraum, der Teil der vom Vermieter selbst bewohnten Wohnung ist und den der Vermieter überwiegend mit Einrichtungsgegenständen auszustatten hat, sofern der Wohnraum dem Mieter nicht zum dauernden Gebrauch mit seiner Familie oder mit Personen überlassen ist, mit denen er einen auf Dauer angelegten gemeinsamen Haushalt führt,
3. Wohnraum, den eine juristische Person des öffentlichen Rechts oder ein anerkannter privater Träger der Wohlfahrtspflege angemietet hat, um ihn Personen mit dringendem Wohnungsbedarf zu überlassen, wenn sie den Mieter bei Vertragsschluss auf die Zweckbestimmung des Wohnraums und die Ausnahme von den genannten Vorschriften hingewiesen hat, sowie
4. Wohnraum in einem Studenten- oder Jugendwohnheim.

176 Sowohl für den einfachen als auch für den qualifizierten Mietspiegel fordert das Gesetzbuch, dass sie von der Gemeinde oder **von Interessenvertretern der Vermieter und der Mieter gemeinsam erstellt oder anerkannt** worden sind[171].

177 Für den **qualifizierten Mietspiegel** wird darüber hinaus gefordert, dass

– er nach „anerkannten wissenschaftlichen Grundsätzen" erstellt worden ist,

– von der Gemeinde oder von Interessensvertretern der Vermieter und der Mieter anerkannt worden ist und

---

168 Fischer, Der Sachverständige im Spannungsfeld zwischen Mietspiegel und Mietprozess, WuM 1996, 604 ff.; OLG München, RE vom 23.07.1987 – REMiet 2/87 –, NJW-RR 1987, 1302 = EzGuG 20.121; OLG Oldenburg, Beschl. vom 22.12.1980 – 5 UH 13/80 –, DWW 1981, 120 = EzGuG 11.120o.

169 OLG Karlsruhe, Beschl. vom 20.07.1982 – 3 REMiet 2/82 –, NJW 1983, 1863 = EzGuG 11.132d.

170 OLG München, Beschl. vom 27.10.1992 – REMiet 3/92 –, WuM 1992, 677 = EzGuG 20.143a; OLG Stuttgart, Urt. vom 15.12.1993 – 8 REMiet 4/93 –, NJW-RR 1994, 334 = EzGuG 3.113a.

171 OLG Hamm, Urt. vom 11.10.1991 – 30 REMiet 4/90 –, WuM 1990, 538.

– im Abstand von zwei Jahren der Mietentwicklung angepasst wird bzw. nach vier Jahren neu erstellt wird.

§§ 558c und d BGB haben folgende Fassung: 178

„**§ 558c BGB** Mietspiegel; Verordnungsermächtigung

(1) Ein Mietspiegel ist eine Übersicht über die ortsübliche Vergleichsmiete, soweit die Übersicht von der nach Landesrecht zuständigen Behörde oder von Interessenvertretern der Vermieter und der Mieter gemeinsam erstellt oder anerkannt worden ist.

(2) Mietspiegel können für das Gebiet einer Gemeinde oder mehrerer Gemeinden oder für Teile von Gemeinden erstellt werden.

(3) Mietspiegel sollen im Abstand von zwei Jahren der Marktentwicklung angepasst werden.

(4) Die nach Landesrecht zuständigen Behörden sollen Mietspiegel erstellen, wenn hierfür ein Bedürfnis besteht und dies mit einem vertretbaren Aufwand möglich ist. Für Gemeinden mit mehr als 50 000 Einwohnern sind Mietspiegel zu erstellen. Die Mietspiegel und ihre Änderungen sind zu veröffentlichen.

(5) Die Bundesregierung wird ermächtigt, durch Rechtsverordnung mit Zustimmung des Bundesrates Vorschriften zu erlassen über den näheren Inhalt von Mietspiegeln und das Verfahren zu deren Erstellung und Anpassung einschließlich Dokumentation und Veröffentlichung.“

„**§ 558d BGB** Qualifizierter Mietspiegel 179

(1) Ein qualifizierter Mietspiegel ist ein Mietspiegel, der nach anerkannten wissenschaftlichen Grundsätzen erstellt und von der nach Landesrecht zuständigen Behörde oder von Interessenvertretern der Vermieter und der Mieter anerkannt worden ist. Entspricht ein Mietspiegel den Anforderungen, die eine nach § 558c Absatz 5 erlassene Rechtsverordnung an qualifizierte Mietspiegel richtet, wird vermutet, dass er nach anerkannten wissenschaftlichen Grundsätzen erstellt wurde. Haben die nach Landesrecht zuständige Behörde und Interessenvertreter der Vermieter und der Mieter den Mietspiegel als qualifizierten Mietspiegel anerkannt, so wird vermutet, dass der Mietspiegel anerkannten wissenschaftlichen Grundsätzen entspricht.

(2) Der qualifizierte Mietspiegel ist im Abstand von zwei Jahren der Marktentwicklung anzupassen. Dabei kann eine Stichprobe oder die Entwicklung des vom Statistischen Bundesamt ermittelten Preisindexes für die Lebenshaltung aller privaten Haushalte in Deutschland zugrunde gelegt werden. Nach vier Jahren ist der qualifizierte Mietspiegel neu zu erstellen. Maßgeblicher Zeitpunkt für die Anpassung nach Satz 1 und für die Neuerstellung nach Satz 3 ist der Stichtag, zu dem die Daten für den Mietspiegel erhoben wurden. Satz 4 gilt entsprechend für die Veröffentlichung des Mietspiegels.

(3) Ist die Vorschrift des Absatzes 2 eingehalten, so wird vermutet, dass die im qualifizierten Mietspiegel bezeichneten Entgelte die ortsübliche Vergleichsmiete wiedergeben.“

Die Gemeinde ist zur Erstellung eines qualifizierten Mietspiegels gesetzlich nicht verpflichtet. 180
Das Gesetzbuch verzichtet auch auf Vorgaben bestimmter wissenschaftlicher Methoden (Tabellenmethode oder Regressionsanalyse) für die Erstellung qualifizierter Mietspiegel. Im Unterschied zum einfachen Mietspiegel soll dem qualifizierten Mietspiegel wegen der erforderlichen wissenschaftlichen Qualität eine **prozessuale (gleichwohl widerlegbare Richtigkeits-)Vermutung** im gerichtlichen Mieterhöhungsrechtsstreit zukommen. Der wesentliche Unterschied besteht also in den Rechtsfolgen[172]. Im Streitfalle kann man sich wegen der „Vermutungswirkung“ grundsätzlich darauf beschränken, einen qualifizierten Mietspiegel als Beweismittel für die angesetzte ortsübliche Vergleichsmiete heranzuziehen und die Einholung eines Sachverständigengutachtens ist dann nicht berechtigt.

Wenn der Vermieter der Auffassung ist, dass die ortsübliche Vergleichsmiete höher ist als im 181
qualifizierten Mietspiegel angegeben, kann er sich ebenso wie im Falle des Vorliegens eines einfachen Mietspiegels auf drei Vergleichsmieten oder ein **Gutachten eines öffentlich bestellten und vereidigten Sachverständigen** berufen[173], d.h., den Parteien bleibt gemäß § 292 ZPO die Möglichkeit des Gegenbeweises. In jedem Fall muss der Sachverständige nach § 558a Abs. 3 BGB auf einen qualifizierten Mietspiegel Bezug nehmen.

---

172 BGH, Urt. vom 20.04.2005 – VIII ZR 110/04 –, GuG 2005, 369 = EzGuG 20.199; LG Berlin, Urt. vom 09.12.2011 – 63 S 220/11 –, GuG 2012 = EzGuG 11.906a.

173 LG Berlin, Urt. vom 08.12.2003 – 67 S 288/03 – GuG 2004, 187 = EzGuG 3.131; LG Berlin, Urt. vom 03.06.2003 – 65 S 17/03 –, GuG 2004, 50 = EzGuG 3.128; AG Charlottenburg, Urt. vom 05.11.2003 – 207 C 234/03 –, GuG-aktuell 2004, 15 = EzGuG 3.130.

182 Der Mietspiegel hat sich bei außergerichtlichen Mieterhöhungserklärungen bewährt[174]. Im Rechtsstreit kommt dem **Mietspiegel** die **Bedeutung eines Parteigutachtens** bei. Sofern ein Mietspiegel vorliegt, hat sich der Sachverständige damit auseinanderzusetzen[175]. Für die Zeit zwischen der Datenerhebung zum Mietspiegel und dem Zugang des Mieterhöhungsverlangens (sog. Stichtagsdifferenz) kann ein Zu- bzw. Abschlag zu dem für die Wohnung betreffenden Mietspiegelwert gemacht werden, der sich nach der ermittelten Steigerung der ortsüblichen Vergleichsmieten bemisst[176].

183 Nach § 558c Abs. 3 und § 558d Abs. 2 BGB sollen die einfachen Mietspiegel und die qualifizierten Mietspiegel alle zwei Jahre der Entwicklung angepasst werden. Von der Ermächtigung des § 558c Abs. 5 BGB, durch Rechtsverordnung Vorschriften über den näheren Inhalt und das Verfahren zur Aufstellung und Anpassung von Mietspiegeln zu erlassen, hat die Bundesregierung bislang keinen Gebrauch gemacht. Stattdessen sind aber **„Hinweise für die Aufstellung von Mietspiegeln“** veröffentlicht worden[177]. Auf derartige Mietspiegel kann also Bezug genommen werden, wenn der Mietspiegel von der Gemeinde oder vom Interessenvertreter der Vermieter und der Mieter gemeinsam erstellt oder anerkannt worden ist.

184 Ein Mieterhöhungsverlangen kann im Übrigen auch auf **Mietspiegel vergleichbarer Nachbargemeinden** gestützt werden. Davon wird man nur Gebrauch machen, wenn ein Mietspiegel der Belegenheitsgemeinde nicht zur Verfügung steht. An die Erstellung des Mietspiegels sind folgende **Anforderungen** zu stellen:

- Der Mietspiegel soll einen repräsentativen Querschnitt der ortsüblichen Entgelte vergleichbarer Wohnungen enthalten.
- In den Mietspiegel sollen ortsübliche Entgelte eingehen, die in den letzten vier Jahren vereinbart oder geändert wurden.
- In den Mietspiegel dürfen preisgebundene Mieten nicht eingehen.
- Der Mietspiegel soll eine Einordnung der Wohnungen nach Art, Größe, Ausstattung, Beschaffenheit und Lage zulassen; dabei empfiehlt es sich, das Baualter anzugeben.

185 Die Verwendung des **IVD-Immobilienpreisspiegels** oder der Mietpreisübersichten der Finanzämter ist bei einem Mieterhöhungsverlangen unzulässig. Dies spricht gegen ihre Heranziehung zur Verkehrswertermittlung. Die Verwendung von Mietspiegeln zur Begründung der ortsüblichen Vergleichsmiete ist im Übrigen für **Zweifamilienhäuser** in der Rechtsprechung abgelehnt worden[178].

186 Bei der Verwendung von Mietspiegeln ist zu beachten, dass die meisten Mietspiegel die sog. **Grundmiete** ausweisen. Unter dem Begriff **Grundmiete** ist das **Entgelt für die Gebrauchsüberlassung einer Wohnung o h n e Betriebskosten** zu verstehen (Nettomiete).

---

174 OLG Stuttgart, RE vom 02.02.1982 – 8 REMiet 4/81 –, NJW 1982, 945 = EzGuG 3.64b; AG Frankfurt am Main, Urt. vom 20.10.1988 – 33 C 4916/87-29 –, WuM 1989, 25 = EzGuG 3.74; AG Köln, Urt. vom 15.01.2001 – 207 C 338/00 –, GuG 2002, 65 = EzGuG 20.176a.

175 LG Berlin, Urt. vom 09.11.1992 – 66 S 84/92 –, GE 1993, 749; LG Köln, Urt. vom 19.09.1991 – 1 S 108/90 –, WuM 1992, 256 = EzGuG 20.134e; AG Dortmund, Urt. vom 09.12.1991 – 114 C 14266/90 –, WuM 1992, 138 = EzGuG 3.103a.

176 OLG Stuttgart, Beschl. vom 15.12.1993 – 8 REMiet 4/93 –, WuM 1994, 58 = EzGuG 3.113a.

177 BBauBl. 1980, 357 = WuM 1980, 165; Zur Methodik vgl. Klein, Th./Martin, F., WuM 1994, 513; Voelskow, R., ZMR 1992, 326; Aigner, K./Oberhofer, W./Schmidt, B., WuM 1993, 10, 16; Gaede, K.-W./Kredler, C., WuM 1992, 577; Krämer, WuM 1992, 172; Leutner, B., WuM 1992, 652; Bundesinstitut für Bau-, Stadt- und Raumforschung (BBSR) im Bundesamt für Bauwesen und Raumordnung (BBR): Hinweise zur Erstellung von Mietspiegeln, in der 3. aktualisierten Aufl. 2020.

178 LG Berlin, Urt. vom 22.05.2002 – 64 S 159/01 –, NJ 2001, 488 = EzGuG 3.126b.

Um die Vergleichbarkeit der ausgewiesenen Grundmiete mit der tatsächlich entrichteten Miete herzustellen, bedarf es insbesondere bei älteren Mietverträgen, mit denen nicht die gesamten umlagefähigen Betriebskosten umgelegt werden, der Umrechnung. Im Einzelnen kann zwischen folgenden Vertragstypen unterschieden werden: 187

1. Mietverträge, mit denen alle umlagefähigen Betriebskosten umgelegt werden;
2. Mietverträge, mit denen nicht alle umlagefähigen Betriebskosten umgelegt werden und stattdessen pauschal ein Teilbetrag vom Mieter vertraglich übernommen wird und damit auch die an sich umlagefähigen Betriebskosten abgegolten sind **(Teilinklusivmiete)**;
3. Mietverträge, die eine Warm-, Inklusiv- oder Bruttomiete vorsehen, mit der die Betriebskosten als abgegolten gelten, d.h., die vereinbarte Miete enthält auch den gesamten Betriebskostenanteil.

Der **Vergleich der vertraglich vereinbarten Miete mit den im Mietspiegel ausgewiesenen Mietwerten** erfolgt regelmäßig in der Weise, dass – je nach mietvertraglicher Behandlung der umlagefähigen Betriebskosten bzw. überwälzungsfähigen Schönheitsreparaturen – die im Mietspiegel ausgewiesene Grundmiete „aufgestockt" wird. 188

Im *2. Fall* (Teilinklusivmiete) muss, um eine Vergleichbarkeit herzustellen, unter Heranziehung des Mietvertrags der **vom Mieter bezahlte Betriebskostenanteil** zunächst herausgerechnet werden. Einfacher ist es, wenn der Mieter seinen Betriebskostenanteil durch eine Nebenkostenpauschale entrichtet. Die mietvertraglich vereinbarte Miete kann dann direkt mit der im Mietspiegel ausgewiesenen Grundmiete verglichen werden[179]. 189

Sieht der **Mietvertrag** indessen eine **Warm-, Inklusiv- oder Bruttomiete** vor (*Fall 3*), müssen die in der Miete enthaltenen Betriebskosten zunächst im Wege einer fiktiven Umlage herausgerechnet werden. Zu diesem Zweck werden 190

a) die jährlich anfallenden Betriebskosten des Gesamtobjekts ermittelt,
b) anschließend wird der auf den Mieter entfallende Anteil pro Quadratmeter Wohnfläche in der Weise ermittelt, indem der Gesamtbetrag der jährlichen Betriebskosten durch die gesamte Wohnfläche des Mietobjekts geteilt wird;
c) schließlich wird der auf den Quadratmeter Wohnfläche bezogene Betriebskostenanteil auf den Monatswert umgerechnet, indem das vorstehende Ergebnis durch 12 geteilt wird.

Bei Berufung auf den Mietspiegel hat der Sachverständige die Bewertungsmerkmale (Rasterfeld) des Mietspiegels eindeutig anzugeben. Zur Frage, ob und welche **Zu- und Abschläge an die im Mietspiegel ausgewiesenen Werte** anzubringen sind, ist zunächst auf den Mietspiegel selbst hinzuweisen, soweit dieser ausdrücklich für bestimmte Merkmale Zu- oder Abschläge vorsieht (vgl. nachfolgendes Beispiel). Weitere Zu- und Abschläge für bestimmte Beschaffenheitsmerkmale verbieten sich, wenn solche Merkmale in das statistische Material, das der Ableitung zugrunde gelegt wurde, bereits eingegangen sind. 191

Der Vermieter kann zur Begründung eines **Mieterhöhungsverlangens für ein Einfamilienhaus** unter bestimmten Voraussetzungen auf einen Mietspiegel Bezug nehmen (vgl. Rn. 130).

Unzulässig sind Zu- und Abschläge für Teilmärkte wie z.B. für Wohnungen bestimmter Bevölkerungsgruppen (Studenten, Stationierungskräfte, Ausländer, Wohngemeinschaften). Selbst errechnete Zuschläge, z.B. für eine im Mietspiegel nicht berücksichtigte Gartennutzung des Mieters oder wegen des Alters des Mietspiegels, sind nach Auffassung einiger Gerichte unzulässig[180]. Als zulässig werden Zu- und Abschläge angesehen, um die Vergleichbarkeit 192

179 Hannemann, NZM 1998, 612 ff.; OLG Hamburg, Urt. vom 03.11.1983 – 4 U 79/83 –, WuM 1984, 24; OLG Stuttgart, Urt. vom 13.07.1983 – 8 REMiet 2/83 –, WuM 1983, 285 = EzGuG 20.102a; LG Nürnberg-Fürth, Urt. vom 22.03.1996 – 7 S 9637/95 –, WuM 1996, 344.

180 AG Dortmund, Urt. vom 16.02.1999 – 125 C 14138/98 –, NZM 1999, 415; LG Düsseldorf, Urt. vom 13.07.1993 – 24 S 614/92 –; a.A. OLG Hamm, Beschl. vom 30.08.1996 – 30 REMiet 1/96 –, WuM 1996, 610 = EzGuG 20.108a; LG Wiesbaden, Urt. vom 11.07.1994 – 1 S 205/92 –, WuM 1996, 420.

hinsichtlich der Mietstruktur oder hinsichtlich der Abwälzbarkeit der Schönheitsreparaturen herzustellen[181].

193 *Beispiel:*

Monatliche Zu- und Abschläge zur Basis Nettokaltmiete in Darmstadt[182]

Durchschnittliche monatliche Zuschläge zur Basis-Nettokaltmiete	
Wohnungstypen	
4-Zimmer-Etagenwohnung mit Küche	+ 0,70 €/m²
Etagenwohnung mit Küche, 5 und mehr Zimmer	+ 1,19 €/m²
Dachwohnung mit Freifläche (z.B. Balkon/Dachterrasse), Tiefe mindestens 1,50 m	+ 0,62 €/m²
Grundriss	
Größter Wohnraum in einer 2- und Mehrzimmerwohnung ist mindestens 25 m²	+ 0,50 €/m²
Balkon, Terrasse, Wintergarten oder Loggia, Tiefe mindestens 2,50 m	+ 0,49 €/m²
Ausstattung	
Integrierte Küche bei 3 oder mehr Wohn-/Schlafräumen	+ 0,79 €/m²
Zweites oder weitere Badezimmer innerhalb der Wohnung vorhanden	+ 0,69 €/m²
Hochwertiger Fußboden in der überwiegenden Zahl aller Räume	+ 0,86 €/m²
Gebäudemerkmale	
Repräsentativer Altbau mit Stilfassade und mindestens eines der Merkmale	
– Stuck an Wand und/oder Decke	
– Überwiegende Raumhöhe 3,00 m oder mehr	
– Verbindung zwischen mindestens 2 Wohn-/Schlafräumen mit 2-teiligen Türen	+ 0,94 €/m²
– Echtholzparkett in der überwiegenden Anzahl der Wohn-/Schlafräume	
Aufzug in Gebäuden mit bis zu 4 Geschossen (einschließlich Erdgeschoss)	+ 0,94 €/m²
Zwei oder mehr Radabstellplätze pro Wohnung	+ 0,53 €/m²
Wärmetechnische Gebäudebeschaffenheit	
– Mittlerer Primärenergiekennwert (unter 250 bis 175 kWh/m²a)	+ 0,38 €/m²
– Verbesserter Primärenergiekennwert (unter 175 kWh/m²a)	+ 0,50 €/m²
Wohnlage	
Gute Wohnlage (in sep. Wohnlagenkarte markiert)	+ 1,35 €/m²
Durchschnittliche monatliche Abschläge zur Basis Nettokaltmiete	
Wohnungstypen	
1-Zimmer-Etagenwohnung mit Küche	– 1,21 €/m²
2-Zimmer-Etagenwohnung mit Küche	– 0,47 €/m²

181 OLG Koblenz, Urt. vom 08.11.1984 – 4 W RE 571/84 –, NJW 1985, 333; AG Dortmund, Urt. vom 16.02.1999 – 125 C 14138/98 –, NZM 1999, 415.

182 Quelle: Grundstücksmarktbericht 2013.

Durchschnittliche monatliche Zuschläge zur Basis-Nettokaltmiete	
Wohnungstypen	
Grundriss	
Wohnung bis 85 m² und mit 4 und mehr Wohn-/Schlafräumen	– 0,41 €/m²
Ausstattung	
Kein Badezimmer vom Vermieter gestellt	– 0,68 €/m²
Keine Heizung oder überwiegend nur Einzelöfen für Holz/Kohle/Öl/Gas	– 0,54 €/m²
Heizung vom Vermieter gestellt, aber keine Beheizung in mindestens einem der Wohn-/Schlafräume	– 0,72 €/m²
Gebäudemerkmale	
Nicht modernisierter Altbau, Baujahr bis 1968 und mit mindestens vier der folgenden Merkmale	
– Nicht ausgebauter Speicher oder Dachboden	
– Toilette außerhalb der Wohnung	
– Kein Wohnungsabschluss zum Treppenhaus hin	
– Unverkleidete Elektroleitungen, -installationen auf Putz in mindestens einem Raum	
– Verkleidete Elektro-, Gas-, Wasser- oder Heizungsleitungen auf Putz in mindestens einem der Räume (einschließlich Küche und Bad)	
– Unverkleidete Wasser-, Gas-, Heizungsleitungen in mindestens einem der Wohn-/Schlafräume auf Putz	
– Maximale Anzahl der Elektrodosen in Wohn-/Schlafräumen: höchstens eine Steckdose in Wohn-/Schlafräumen bis unter 12 m² Wohnfläche oder höchstens zwei Steckdosen in Wohn-/Schlafräumen ab 12 m² Wohnfläche (Mehrfachsteckdosen zählen als eine Steckdose, ebenso an einer Wand in geringem Abstand zueinander liegende Steckdosen)	– 0,79 €/m²
– Vom Vermieter gestellte Heizung, aber fehlende Heizung in Küche	
– Vom Vermieter gestellte Heizung, aber fehlende Heizung in Bad	
– Vom Vermieter gestellte Heizung, aber fehlende Heizung in mindestens einem Wohn-/Schlafraum	
– Fenster mit Einfachverglasung in mindestens einem der Räume	
– Zugang zum Bad nur über Küche und nicht über Flur	
– Von der Küche/Kochnische zugängliche Speisekammer bei einer Wohnfläche bis unter 70 m²	
– Sichtbar an der Wand angebrachter großer (z.B. 80-Liter-)Boiler	
– Sichtbar im Raum freistehend aufgestellter (Kohle-)Badeofen oder großer (z.B. 80-Liter-)Boiler	
Wohnlage	
Einfache Wohnlage oder Industrie-/Gewerbegebiet in separater Wohnlagenkarte markiert)	– 0,53 €/m²

Weist ein Mietspiegel **Leerstellen** auf, ist **eine Interpolation unzulässig**[183]. **194**

183 LG Berlin, Urt. vom 01.02.1990 – 61 S 353/89 –, WuM 1990, 158.

195 Soweit **Schönheitsreparaturen** vom Vermieter getragen werden, sind diese den im Mietspiegel ausgewiesenen Werten zuzuschlagen[184]. In Anlehnung an § 28 Abs. 4 II. BV n.F. kommt ein Höchstzuschlag von 8,50 € je Quadratmeter Wohnfläche im Jahr in Betracht, wobei sich dieser Satz für Wohnungen nach der *alten* Fassung der II. BV verringerte

- die überwiegend nicht tapeziert sind, um 0,68 €
- die ohne Heizkörper ausgestattet sind, um 0,63 €
- und die überwiegend nicht mit Doppelfenstern oder Verbundfenstern ausgestattet sind: um 0,55 €.

196 Diese **Abzugsbeträge sind** nach der seit dem 01.01.2002 geltenden Fassung der II. BV **gestrichen worden,** weil – so die Begründung – diese Fälle „heute kaum noch gegeben" sind.

197 Bei Verwendung von Mietspiegeln kann ein **Zuschlag wegen zwischenzeitlich eingetretener Erhöhung der ortsüblichen Vergleichsmiete** verlangt werden, wenn die eingetretene Erhöhung begründbar ist. Maßstab hierfür ist die Entwicklung der ortsüblichen Vergleichsmiete.

2.6.3 Sachverständigengutachten

Schrifttum: *Kuntze, C./Tietsch, R.*, Sachverständigengutachten zur Bestimmung der ortsüblichen Vergleichsmiete, MietrB-Beratungspraxis 2009, 53.

▶ *Zum Beweis durch Sachverständigengutachten vgl. Teil II Rn. 287 ff. und §§ 402 bis 414 ZPO*

198 Neben dem Mietspiegel nennt § 558a Abs. 2 Nr. 3 BGB ein mit Gründen versehenes Gutachten eines öffentlich bestellten und vereidigten Sachverständigen als Grundlage eines Mieterhöhungsverlangens. Die Einholung eines Sachverständigengutachtens zur Feststellung der ortsüblichen Vergleichsmiete ist auch bei der Begründung mit Vergleichswohnungen nicht gerechtfertigt, wenn die ortsübliche Vergleichsmiete aus einem qualifizierten Mietspiegel mit Orientierungshilfe für die Spanneneinordnung ermittelt werden kann[185].

Dem Gutachten kommt im Streitfall lediglich die Bedeutung eines Parteigutachtens bei[186]. Der Sachverständige muss nicht speziell für das Gebiet des Mietpreisrechts öffentlich bestellt und vereidigt sein. Auch Sachverständige für Grundstückswerte kommen in Betracht[187]. Es muss sich aber um einen **Sachverständigen** handeln, **der von der Industrie- und Handelskammer der Belegenheitsgemeinde der Wohnung bestellt worden ist.** Dabei ist es unerheblich, von welcher IHK der Sachverständige öffentlich bestellt und vereidigt worden ist[188]. Der Sachverständige muss auch nicht zwingend Kenntnisse des örtlichen Wohnungsmarktes haben[189] oder über eigene Daten verfügen. Da ein Mieterhöhungsverlangen auch „auf sonstige Weise" begründet werden kann, kommen auch andere Gutachter und wissenschaftliche Institute in Betracht, jedoch wird man erhöhte Anforderungen an deren Qualifikation stellen müssen. Nicht öffentlich bestellte und vereidigte Sachverständige können herangezogen werden, wenn es in dem entsprechenden Bezirk keine von der IHK bestellten und vereidigten Sachverständigen gibt[190].

199 Wie andere Gutachten müssen auch **Mietwertgutachten verständlich und in nachvollziehbarer Weise erstattet** werden. Es genügt auch hier nicht, wenn sich der Gutachter allein auf

---

184 OLG Koblenz, Urt. vom 08.11.1984 – 4 W RE 571/84 –, NJW 1985, 333 = EzGuG 20.108a; LG Wiesbaden, Urt. vom 09.02.1987 – 1 S 104/86 –, WuM 1987, 127.
185 LG Berlin, Beschl. vom 09.12.2011 – 63 S 220/11 –, GuG 2012, 191 = EzGuG 11.896a.
186 OLG München, Urt. vom 23.07.1987 – REMiet 2/87 –, NJW-RR 1987, 1302 = EzGuG 20.121.
187 BGH, Urt. vom 21.04.1982 – VIII ARZ 2/82 –, BGHZ 83, 366 = EzGuG 20.97.
188 OLG München, Urt. vom 23.07.1987 – REMiet 2/87 –, NJW-RR 1987, 1302 = EzGuG 20.121.
189 OLG München, Urt. vom 23.07.1987 – REMiet 2/87 –, NJW-RR 1987, 1302 = EzGuG 20.121.
190 OLG Hamburg, Beschl. vom 30.07.1983 – 4 U 8/83 –, NJW 1984, 930 = EzGuG 20.102b.

seine Sachkunde beruft[191]. Die Gutachten dürfen sich auch nicht in „Allgemeinplätzen" verlieren[192].

200 Für ein Mieterhöhungsverlangen bedarf es nach der Rechtsprechung des BGH[193] in formeller Hinsicht nicht notwendigerweise einer vorherigen Besichtigung der betreffenden Wohnung. Das Gutachten muss jedoch hinreichende Angaben machen, die es dem Mieter ermöglichen, die Berechtigung des Mieterhöhungsverlangens zu prüfen.

201 Der Vermieter hat gegenüber dem Mieter einen durchsetzbaren **Anspruch auf Besichtigung der Wohnung** durch den Sachverständigen[194].

202 **Grundsätzlich muss der Vermieter dem Mieterhöhungsverlangen das schriftliche Sachverständigengutachten im vollen Wortlaut beifügen**[195]. Dies gilt auch dann, wenn das Gutachten im Rahmen eines Vorprozesses dem Mieter bereits zugegangen war[196]. Das Anerbieten einer Einsichtnahme reicht nicht aus. Im Sachverständigengutachten ist der zugrunde gelegte **Mietbegriff darzulegen,** damit eine Vergleichbarkeit zum Mietzinserhöhungsverlangen hergestellt werden kann.

203 **Ein Gutachten, in dem zur Ermittlung der ortsüblichen Miete keine konkreten Vergleichsobjekte angeführt sind, ist nicht hinreichend begründet**, wenn daraus nicht wenigstens zu erkennen ist, dass dem Sachverständigen Vergleichswohnungen in ausreichender Zahl und deren Mietpreisgestaltung bekannt sind und dass er die zu beurteilende Wohnung in vergleichender Abwägung in das Mietpreisgefüge der Vergleichswohnungen eingeordnet hat[197]. Das Gutachten muss sich auch auf **repräsentatives Datenmaterial**[198] stützen (vgl. hierzu Rn. 213 ff.).

204 Die Wirksamkeit eines Mieterhöhungsverlangens mit Hinweisen auf entsprechende Vergleichsmieten für einzelne vergleichbare Wohnungen ist nicht davon abhängig, dass die angegebenen Vergleichswohnungen eine mit der zu bewertenden Wohnung **vergleichbare Größe** haben[199].

205 Das Gutachten muss zum Zeitpunkt der Begründung des Mieterhöhungsverlangens aktuell sein. Zur **Konsistenz eines Mietwertgutachtens** hat das LG Berlin[200] festgestellt, dass der in § 2 Abs. 5 Satz 3 MHG (§ 558 Abs. 3 BGB) festgelegte Maßstab an Aktualität fordere, dass Sachverständigengutachten nicht mehr verwertet werden können, wenn sie älter als zwei Jahre sind. Nach Ablauf eines Zeitraums von über zwei Jahren können sich nämlich die tatsächlichen Verhältnisse so verändert haben, dass sie von einem so alten Gutachten nicht mehr belegt werden können.

---

191 OLG Karlsruhe, RE vom 20.07.1982 – 3 REMiet 2/82 –, NJW 1983, 1863 = EzGuG 11.132d; LG Baden-Baden, Beschl. vom 30.12.1992 – 1 S 52/93 –, WuM 1993, 357.

192 Schopp, ZMR 1977, 259; OLG Stuttgart, Beschl. vom 15.12.1993 – 3 REMiet 4/93 –, WuM 1994, 58 = EzGuG 3.113a; LG Köln, Urt. vom 28.8.1993 – 1 S 45/93 –, WuM 1995, 114. LG Mannheim, Urt. vom 18.01.1978 – 4 S 155/77 –, MDR 1978, 406 = EzGuG 20.70a.

193 OLG Oldenburg, Beschl. vom 19.12.1980 – 5 UH 13/80 –, WuM 1981, 150 = EzGuG 11.120o; LG Koblenz, Urt. vom 09.07.1990 – 12 S 24/90 –, DWW 1991, 22 = EzGuG 11.179.

194 Franke, DWW 1998, 299; AG Rosenheim, Urt. vom 28.01.1981 – 13 C 575/80 –, WuM 1982, 83.

195 OLG Braunschweig, Urt. vom 19.04.1982 – 1 UH 1/82 –, WuM 1982, 272 = EzGuG 3.64c; LG Berlin, Beschl. vom 18.05.1987 – 61 T 27/87 –, MDR 1987, 768.

196 AG Bonn, Urt. vom 28.04.1999 – 5 C 27/99 –, WuM 1999, 341 = EzGuG 20.170b. AG Heinsberg, Urt. vom 29.09.2008 – 6 C 126/06.

197 OLG Karlsruhe, RE vom 29.12.1982 – 9 REMiet 2/82 –, WuM 1983, 133 = EzGuG 3.64f; AG Heinsberg, Urt. vom 29.09.2008 – 6 C 126/06.

198 Schulz in Bub/Treier, Handbuch der Geschäfts- und Wohnraummiete, 4. Aufl. 2014, III A Rn. 508; LG Köln. Urt. vom 11.01.1991 – 12 S 334/90 –, WuM 1992, 225; LG München, Urt. vom 01.06.1985 – 14 S 12391/85 –, ZMR 1986, 169; LG Köln, Urt. vom 19.09.1991 – 1 S 108/90 –, WuM 1992, 256 = EzGuG 20.134e.

199 OLG Schleswig, RE vom 03.10.1986 – 6 REMiet 1/86 –, WuM 1987, 140 = EzGuG 3.70b; OLG München, Beschl. vom 01.04.1982 – Allg.Reg. 68/81 –, WuM 1982, 154 = EzGuG 20.95.

200 LG Berlin, Urt. vom 03.02.1998 – 63 S 364/97 –, NJW-RR 1999, 91 = EzGuG 11.262; AG Rheinbach, Urt. vom 07.10.1997 – 3 C 460/96 –, ZMR 1998, 638 = EzGuG 20.161a: 36 Monate; LG Hannover. Urt. vom 29.01.1986 – 11 S 374/84 –, WuM 1987, 125: 23 Monate; AG Bonn, Urt. vom 31.08.1993 – REMiet 2/93 –, WuM 1993, 660: 21 Monate.

206 Nach der Rechtsprechung des BGH[201] sind auch sog. „**Typengutachten**" zur Begründung eines Mieterhöhungsverlangens zulässig. Bei sog. Typengutachten kann auch die Besichtigung einer Wohnung gleichen Typs genügen[202], vgl. sog. „Gruppengutachten" nach § 14 Nr. 2 b der nds. DVO-BauGB.

2.6.4 Vergleichsobjekte

2.6.4.1 Allgemeines

▶ *Vorbem. zur ImmoWertV Rn. 85; Syst. Darst. des Vergleichswertverfahrens Rn. 19, 25; § 31 ImmoWertV Rn. 207.*

207 Ein Mieterhöhungsverlangen kann nach § 558a Abs. 2 Nr. 4 BGB auch durch Hinweise auf **Entgelte vergleichbarer Wohnungen** begründet werden. Dabei können vom Vermieter auch eigene Vergleichswohnungen benannt werden, auch solche, die sich in demselben Haus befinden, indem der vom Mieterhöhungsverlangen betroffene Mieter wohnt[203]. Dies erfordert bei einem Mehrfamilienhaus mit mehreren Wohnungen auf demselben Geschoss weitere Erläuterungen wie etwa die genaue Lage der Wohnung, die Angabe einer nach außen erkennbaren Wohnungsnummer oder des Namens des derzeitigen Mieters[204].

Dies gilt allerdings nicht für die Ermittlung der ortsüblichen Vergleichsmiete in einem Rechtsstreit auf Zustimmung zur Mieterhöhung. Die Auswahl von Wohnungen, die sämtlich dem die Mieterhöhung begehrenden Vermieter gehören, stellt dabei keine repräsentative Stichprobe für die Ermittlung der ortsüblichen Vergleichsmiete dar und ein Sachverständiger muss seine Ermittlung auf ein breites Spektrum von Vergleichswohnungen aus der Gemeinde stützen[205].

208 Nach § 558a Abs. 2 Nr. 4 BGB genügt die **Benennung von drei Vergleichswohnungen**[206]. Nur in besonders gelagerten Ausnahmefällen können zwei Vergleichswohnungen ausreichend sein[207]. In jedem Fall müssen die Vergleichswohnungen konkret beschrieben werden, sodass sie identifizierbar sind. Dabei muss der Quadratmeterpreis angegeben werden bzw. die Wohnfläche und die Miete. Wenn die angegebene Miete dem Mietbegriff entspricht[208], der dem Mieterhöhungsverlangen zugrunde liegt, müssen die Betriebskosten nicht zusätzlich angegeben werden. Unterschiedliche Mietbegriffe müssen ggf. erläutert werden. Im Übrigen müssen die Vergleichswohnungen mit der Wohnung, für die ein Mieterhöhungsverlangen gestellt wird, nur ungefähr vergleichbar und nicht identisch sein.

209 Die an die „Vergleichbarkeit" der zur Begründung eines Mieterhöhungsverlangens genannten Wohnungen zu stellenden Anforderungen sind in der höchstrichterlichen Rechtsprechung da-

---

201 BGH, Urt. vom 19.05.2010 – VIII ZR 122/09 –, GuG 2011, 120 = EzGuG 11.734; BGH, Urt. vom 30.09.2009 – VIII ZR 276/08 –, ZMR 2010, 274; BGH, Urt. vom 18.12.2002 – VIII ZR 141/02 –, ZMR 2003, 406, hierzu Scherr, H., Typengutachten über Wohnraummieten – nach der BGH-Rechtsprechung 2010, GuG 2014, 70.

202 BGH, Urt. vom 11.07.2018 – VIII ZR 136/17 –, NJW 2018, 2792 = EzGuG 11.2265, OLG Oldenburg, Urt. vom 02.01.1981 – 5 UH 4/80 –, DWW 1982, 120 = EzGuG 11.120o; OLG Celle, Urt. vom 27.04.1982 – 2 UH 1/81 –, MDR 1982, 627 = EzGuG 20.98; LG Nürnberg-Fürth, Urt. vom 20.07.1990 – 7 S 9789/89 –, NJW-RR 1991, 13 = EzGuG 3.84b; LG Koblenz, Urt. vom 09.07.1990 – 12 S 74/90 –, DWW 1991, 22 = EzGuG 11.179; Staudinger/V. Emmerich, BGB, Neubearb. 2018, § 558a Rn. 41; Schmidt-Futterer/Börstinghaus, Mietrecht, 13. Aufl., § 558a BGB Rn. 88; MüKo GB/Artz, 7. Aufl., § 558a Rn. 26; BeckOKG-BGB/Fleindl, Stand: 01.04.2018, § 558a BGB Rn. 61 f.

203 OLG Karlsruhe, RE vom 07.05.1984 – 3 REMiet 1/84 –, NJW 1984, 2367 = EzGuG 3.65b OLG Frankfurt am Main, Urt. vom 05.10.1981 – 20 REMiet 2/81 –, MDR 1982, 147 = EzGuG 20.91; OLG Karlsruhe, RE vom 20.07.1982 – 3 REMiet 2/82 –, NJW 1983, 1863 = EzGuG 11.132d.

204 BGH, Urt. vom 18.12.2002 – VIII ZR 72/02 –, GuG 2003, 248 = EzGuG 20.189b; BGH, Urt. vom 18.12.2002 – VIII ZR 141/02 –, NJW 2003, 963 = EzGuG 3.153.

205 BGH, Urt. vom 03.07.2013 – VIII ZR 354/12 –, BGHZ 197, 366 = GuG 2014, 118 = EzGuG 3.152; BGH, Urt. vom 03.07.2013 – VIII ZR 269/12 –, GuG 2014, 116 = EzGuG 3.153.

206 Zur Angabe von Vergleichsmieten aus einem vorher abgelehnten Gutachten LG Berlin, Urt. vom 29.04.1982 – 61 S 62/82 –, WuM 1982, 246 = EzGuG 11.128a.

207 OLG München, Urt. vom 23.07.1987 – REMiet 2/87 –, NJW-RR 1987, 1302 = EzGuG 20.121.

208 OLG Frankfurt am Main; RE vom 20.03.1984 – REMiet 2/84 –, MDR 1984, 582 = EzGuG 20.104c; BVerfG, Beschl. vom 12.05.1993 – 1 BvR 442/93 –, NJW 1993, 2039.

hin geklärt, dass ein großzügiger Maßstab anzulegen ist und eine Übereinstimmung oder gar Identität in allen Wohnwertmerkmalen nicht zu fordern ist, denn der Mieter soll lediglich in die Lage versetzt werden, der Berechtigung des Mieterhöhungsverlangens nachgehen zu können[209]. Vergleichbar sind Wohnungen, die insbesondere nach **Lage, Ausstattung und Alter** in ihren wesentlichen Merkmalen mit dem Objekt übereinstimmen. Bezüglich der Größe der Wohnung werden geringere Anforderungen gestellt, sofern es sich nicht um einen gänzlich anderen Wohnungsmarkt handelt, wie es etwa bei nur halb so großen Wohnungen der Fall ist[210]. Unterschiede sind wie bei einem Sachverständigengutachten zu berücksichtigen. Beim Vergleich mit Wohnungen aus benachbarten oder vergleichbaren Gemeinden sind erhöhte Anforderungen an die Vergleichbarkeit zu stellen.

Ein Mieterhöhungsverlangen, das zur Begründung auf entsprechende Entgelte mindestens dreier vergleichbarer Wohnungen Bezug nimmt (§ 558a Abs. 2 Nr. 4 BGB), ist nicht allein deshalb formell unwirksam, weil es sich bei den Vergleichswohnungen um öffentlich geförderten, preisgebundenen Wohnraum handelt[211].

Im Anschluss an die Berücksichtigung von Abweichungen des Vergleichsobjekts vom Werter- **210**
mittlungsobjekt ermittelt sich die ortsübliche **Vergleichsmiete aus dem arithmetischen Mittel,** wobei vorher Ausreißer ausgesondert werden müssen. Als Maß für die Aussagekraft der Spanne gilt der sog. Variationskoeffizient (vgl. Syst. Darst. des Vergleichswertverfahrens Rn. 128).

2.6.4.2 Mischungsverhältnis

▶ *Vgl. Rn. 71*

I.d.R. können nur annähernd vergleichbare Wohnungen zum Mietvergleich herangezogen **211**
werden, wobei die **Daten der letzten sechs Jahre** in ausgewogener Weise **möglichst gleichrangig heranzuziehen** sind. Des Weiteren ist auf ein gleichrangiges Mischungsverhältnis zwischen Neuabschlussmieten und Bestandsmieten Wert zu legen, weil sonst eine vom Gesetz nicht gewollte Verfälschung eintreten würde. Schließlich empfiehlt sich, den Vergleich auf der Grundlage der Nettokaltmiete/Grundmiete vorzunehmen und die zur Verfügung stehenden Mieten darauf zu überprüfen, ob Teilinklusivmieten vereinbart wurden.

Das **Mischungsverhältnis ist durch Offenlegung der Befundtatsachen transparent zu** **212**
machen. Hierzu hat der Sachverständige insbesondere die Herkunft der Vergleichsmieten darzulegen und ein für den Mietmarkt repräsentatives Verhältnis zwischen Bestands- und Neuvermietungsmieten zugrunde zu legen[212].

2.6.4.3 Offenbarungspflicht von Vergleichsobjekten

▶ *Vgl. Rn. 70 Zur Offenbarungspflicht von Vergleichspreisen vgl. Vorbem. zur ImmoWertV Rn. 85; Syst. Darst. des Vergleichswertverfahrens Rn. 19, 35.*

Grundsätzlich muss ein Gutachten nachvollziehbar sein. Dazu gehört insbesondere die Kon- **213**
kretisierung von Vergleichspreisen und Vergleichsmieten. Dies gilt insbesondere, wenn ein Gutachten Grundlage für **Entscheidungen ist, die in Grundrechte eingreifen, z.B.** bei der Bemessung von Enteignungsentschädigungen und Ausgleichsbeträgen sowie bei Gutachten zur Begründung eines Mieterhöhungsverlangens. Die Rechtsschutzgarantie des Art. 19 Abs. 4 GG bedingt, dass Eingriffe in das Eigentum nachprüfbar sind und gerichtliche Entscheidungen

---

209 BVerfG, Urt. vom 10.10.1978 – 1 BvR 180/77 –, BVerfGE 49, 244; BGH, Urt. vom 08.04.2014 – VIII ZR 216/13 –, GE 2014, 9929 = EzGuG 3.153a; BGH, Urt. vom 13.11.2013 – VIII ZR 413/12 –, GuG 2014, 259; BGH, Urt. vom 19.05.2010 – VIII ZR 122/09 –, GE 2010, 1048 = EzGuG 11.734; BGH, Urt. vom 10.10.2007 – VIII ZR 331/06 –, NJW 2008, 848; BGH, Urt. vom 12.11.2003 – VIII ZR 52/03 –, NJW 2004, 1370.

210 BVerfG, Beschl. vom 12.03.1980 – 1 BvR 759/77 –, BVerfGE 53, 352 = EzGuG 20.82.

211 BGH, Urt. vom 18.12.2019 – VIII ZR 236/18 –, NJW-RR 2020, 334 = EzGuG 20.

212 Schulz in Bub/Treier, Handbuch der Geschäfts- und Wohnraummiete, 4. Aufl. 2014,III A Rn. 482 ff.; Osmer, ZMR 1995, 1 ff.

nur auf Tatsachen gestützt werden dürfen, zu denen sich die Beteiligten äußern können (§ 108 Abs. 2 VwGO). In derartigen Fällen muss zwischen beiden Rechtsgütern abgewogen werden. In der Rechtsprechung wurde dem Datenschutz (Geheimhaltungspflicht der Gutachter) zunächst ein hohes Gewicht beigemessen.

Dementsprechend muss auch ein Mieterhöhungsverlangen Angaben über Tatsachen enthalten, aus denen der Vermieter die Berechtigung der geforderten Mieterhöhung herleitet, und zwar in dem Umfang, wie der Mieter solche Angaben benötigt, um der Berechtigung des Erhöhungsverlangens nachgehen und diese zumindest ansatzweise überprüfen zu können[213]. Zur Frage, ob zur Begründung eines Mieterhöhungsverlangens die herangezogenen Vergleichswohnungen zu offenbaren sind, fordert das BVerfG, dass die Geheimhaltungspflicht des Sachverständigen und das Rechtsschutzbedürfnis des durch ein Mieterhöhungsverlangen betroffenen Mieters gegeneinander abzuwägen sind. **„Auf eine Offenlegung von Mietpreis und Adressen der Vergleichswohnungen** oder sonstiger Angaben über deren Beschaffenheit **kann … in aller Regel nicht verzichtet werden, soweit deren Kenntnis für eine Überprüfung des Gutachtens praktisch unentbehrlich ist“,** heißt es unmissverständlich im Beschl. des BVerfG vom 11.10.1994[214].

214 Das Gericht hat angeführt:

„Das Rechtsstaatsprinzip gewährleistet in bürgerlichen Rechtsstreitigkeiten elementare Verfahrensregeln, die für einen fairen Prozess und einen wirkungsvollen Rechtsschutz unerlässlich sind. Dazu gehört, dass das Gericht die Richtigkeit bestrittener Tatsachen nicht ohne hinreichende Prüfung bejaht. Das gilt grundsätzlich auch für konkrete Befundtatsachen, auf deren Feststellung ein Sachverständiger sein Gutachten gestützt hat. Den Parteien muss dabei die Möglichkeit gegeben werden, an dieser Prüfung mitzuwirken. Dazu müssen auch ihnen die konkreten Befundtatsachen, die das Gericht durch Übernahme des Sachverständigengutachtens verwerten will, zugänglich sein.

Eine dem Rechtsstaatsprinzip genügende Urteilsgrundlage fehlt jedoch, wenn der Richter einem Sachverständigengutachten, dessen Befundtatsachen bestritten sind, ohne nähere Prüfung dieser Tatsachen folgt und sich ohne weiteres darauf verlässt, dass die vom Sachverständigen zugrunde gelegten und nicht im Einzelnen konkretisierten tatsächlichen Feststellungen richtig sind. Auch den Parteien wird auf diese Weise die Möglichkeit abgeschnitten, an einer Überprüfung mitzuwirken. Es wird ihnen dadurch verwehrt, gegebenenfalls die tatsächlichen Grundlagen und somit die Tauglichkeit des Gutachtens zur Streitentscheidung zu erschüttern. Das führt im Ergebnis dazu, dass nicht der Richter unter Beteiligung der Parteien, sondern der Sachverständige die tatsächlichen Urteilsgrundlagen feststellt.

Zur Nachprüfung eines Sachverständigengutachtens kann die Kenntnis der einzelnen tatsächlichen Umstände, die der Sachverständige selbst erhoben und seinem Gutachten zu Grunde gelegt hat, entbehrlich sein.

In einem solchen Fall ist die Offenlegung dieser Tatsachen aus rechtsstaatlichen Gründen regelmäßig geboten. Ist der Sachverständige dazu nicht bereit, darf sein Gutachten nicht verwertet werden.

Ob und inwieweit das Gericht und die Verfahrensbeteiligten die Kenntnis von Tatsachen, die ein Sachverständiger seinem Gutachten zu Grunde gelegt hat, für eine kritische Würdigung des Gutachtens tatsächlich benötigen, lässt sich nicht generell entscheiden. Die Frage muss vom Richter unter Berücksichtigung der Umstände des Einzelfalles entschieden werden. Grundsätzlich wird die Forderung nach einer eigenen Überprüfung durch die Beteiligten umso berechtigter sein, je weniger das Gutachten auf dem Erfahrungswissen des Sachverständigen und je mehr es auf einzelnen konkreten Befundtatsachen aufbaut. Je umfassender und allgemeiner der vom Sachverständigen verwertete Tatsachenstoff ist, desto deutlicher nimmt allerdings der Nutzen der Kenntnis einzelner Umstände für die kritische Auseinandersetzung mit dem Gutachten ab. Unter Umständen kann es dann ausreichen, den Beteiligten die Möglichkeit von Stichproben einzuräumen. Soweit der Sachverständige schließlich sein Gutachten auf statistisch erfasstes oder allgemein zugängliches Tatsachenmaterial aufbaut, werden Einzelheiten für eine kritische Würdigung regelmäßig nicht benötigt. Entsprechend verhält es sich bei Erfahrungswissen und wissenschaftlich begründeten Einsichten.

Das Maß, in dem Tatsachen offengelegt werden müssen, damit ein Gutachten im Prozess verwertet werden darf, lässt sich ebenso wenig generell festlegen, sondern richtet sich nach den Umständen des Einzelfalles. Einerseits ist den Betroffenen grundsätzlich die Möglichkeit zu eröffnen, allen nicht fernliegenden Zweifeln

---

213 BGH, Urt. vom 16.10.2019 – VIII ZR 340/18 –, NZM 2019, 852; BGH, Urt. vom 17.10.2018 – VIII ZR 94/17 –, NJW 2019, 303; BGH, Urt. vom 13.11.2013 – VIII ZR 413/12 –, GuG 2014, 259; BGH, Urt. vom 12.12.2007 – VIII ZR 11/07 –, NJW 2008, 573 = EzGuG 3.142c.

214 BVerfG, Beschl. vom 11.10.1994 – 1 BvR 1398/93 –, GuG 1995, 51 = EzGuG 11.217b.

an der Tragfähigkeit der Tatsachengrundlage eines Gutachtens nachzugehen. Doch können, insbesondere auch zur Wahrung der Privatsphäre Dritter, Grenzen gesetzt werden, wenn ein Beteiligter seine Zweifel nicht hinreichend substantiiert oder wenn bei vernünftiger Würdigung der Gesamtumstände nicht zu erwarten ist, dass durch eine Überprüfung das Gutachten in Frage gestellt wird.

Abstriche an dem Offenlegungsanspruch der Parteien können allerdings gerechtfertigt sein, wenn das Schweigen des Sachverständigen auf anerkennenswerten Gründen beruht und die Nichtverwertung eines Gutachtens zum materiellen Rechtsverlust eines Beteiligten führen würde. Das kommt vor allem dann in Betracht, wenn die dem Gutachten zu Grunde liegenden Tatsachen generell geheimhaltungsbedürftig sind und nicht nur der ausgewählte Sachverständige an ihrer Offenbarung gehindert ist."

In der vorstehenden Entscheidung des BVerfG sind Grenzen der Offenbarungspflicht dort erkannt worden, wo dem Gutachten zugrunde liegende Tatsachen „generell geheimhaltungsbedürftig" sind. Im Einzelfall muss zwischen den Anforderungen an einem Gutachten als Grundlage für eine in Grundrechte eingreifende Entscheidung und dem Rechtsschutzbedürfnis der von einer Offenlegung ihrer personenbezogenen Daten Betroffenen abgewogen werden, ob und in welchem Umfang der Rechtsschutz der Beteiligten eine Offenlegung von Vergleichsdaten bedingt, d.h., ob und in welchem Umfang das Recht auf informationelle Selbstbestimmung vor den Belangen der Betroffenen zurückstehen muss (Abwägungsprinzip). **Die einem Gutachten zugrunde liegenden Daten sind** nach der o.a. Entscheidung des BVerfG **nur in dem Maße offenzulegen, wie dies zur Wahrung der Rechte der Beteiligten erforderlich ist.**

Hierzu führt das BVerfG (a.a.O.) **aus:**

„Die im rechtsstaatlichen Fairnessgebot verankerte Pflicht des Gerichts, die tatsächlichen Grundlagen eines Gutachtens hinreichend zu überprüfen und daran auch die Parteien mitwirken zu lassen, verträgt Einschränkungen, soweit Rechte anderer beeinträchtigt würden. Das Gericht kann daher im Interesse eines beweisbelasteten Prozessbeteiligten geringere Anforderungen an die Offenlegung durch den Sachverständigen stellen, wenn die von diesem dafür vorgebrachten Gründe hinreichend gewichtig sind. Das ist insbesondere der Fall, wenn es sich um Daten aus der engsten Privat- oder Intimsphäre unbeteiligter Dritter handelt, deren Preisgabe niemandem zuzumuten ist. In derartigen Fällen muss regelmäßig damit gerechnet werden, dass auch ein anderer Sachverständiger nicht in der Lage sein wird, zu der Beweisfrage unter Offenlegung einschlägiger Tatsachen Stellung zu nehmen. Allein der Umstand, dass Dritte eine Bekanntgabe von Tatsachen aus ihrer Privatsphäre nicht wünschen und der Sachverständige sich daran gebunden fühlt, ist freilich kein ausreichender Grund dafür, das Urteil auf ein solches Gutachten zu stützen.

Auf eine Offenlegung von Mietpreis und Adressen der Vergleichswohnungen oder sonstiger Angaben über deren Beschaffenheit kann danach in aller Regel nicht verzichtet werden, soweit deren Kenntnis für eine Überprüfung des Gutachtens praktisch unentbehrlich ist."

Der BGH[215] hatte festgestellt, dass für die Verkehrswertermittlung durch Gutachterausschüsse für Grundstückswerte „einzelne Vergleichsobjekte nicht gesondert" aufgeführt werden müssen. Die Auffassung wurde damit begründet, dass einzelne Vergleichsobjekte ohnehin nur einen Ausschnitt dessen bieten, was Gutachter bei der Verkehrswertermittlung an Erfahrung hineinbringen können, wobei ein Großteil der persönlichen Erfahrungen sich nicht belegen ließe. Im Anschluss an die Rechtsprechung des BVerfG hat der BGH jedoch erkannt, dass bei Mieterhöhungsverlangen, die mit Vergleichswohnungen begründet werden, diese so genau bezeichnet werden müssen, dass der Mieter sie ohne nennenswerte Schwierigkeiten auffinden kann. Dies erfordere bei einem Mehrfamilienhaus mit mehreren Wohnungen auf demselben Geschoss die **Angabe der genauen Lage der Wohnung, einer Wohnungsnummer oder des Namens des Mieters**[216].

Auch das KG[217] hat einschränkend festgestellt, dass **kein Verfahrensverstoß** vorläge, **wenn ein Gutachter davon absieht, die ihm vom Gutachterausschuss für Grundstückswerte in Berlin mitgeteilten Wohnungen nach genauer Lage und mit dem Namen des Eigentümers zu bezeichnen, da die vom Gutachterausschuss für Grundstückswerte erhobenen**

215 BGH, Urt. vom 04.03.1982 – III ZR 156/80 –, BRS Bd. 45 Nr. 18 = EzGuG 11.127; dagegen AG Wiesbaden, Urt. vom 10.08.1972 – 51b C 429/72 –, ZMR 1973, 217 = EzGuG 20.51b.

216 BGH, Urt. vom 18.12.2002 – VIII ZR 72/02 –, GuG 2003, 248 = EzGuG 20.189b.

217 KG, Urt. vom 15.06.2012 – 11 U 18/11 –, IMR 2013 = EzGuG 19.57b.

Daten ihm in anonymisierter Form mitgeteilt wurden und er zur Offenlegung der konkreten Bezugsdaten auch nicht in der Lage sei. Darüber hinaus sei eine Offenlegung und Konkretisierung der Bezugsdaten entbehrlich, wenn der Betroffene zur Überprüfung der vom Sachverständigen verwendeten Daten ohne Weiteres in der Lage ist und beim Gutachterausschuss für Grundstückswerte die entsprechenden Daten abrufen und nach Abruf dieser Daten das Gutachten einer kritischen Überprüfung unterziehen kann.

Eine besondere Regelung über die Angabe von Daten aus der Kaufpreissammlung im Gutachten enthält **§ 9 Abs. 2 und 3 der brandenburgischen GAVOB**. Danach gilt die Kaufpreissammlung auch für die Gutachtenerstattung grundsätzlich als geheimhaltungspflichtig, jedoch dürfen Daten der Kaufpreissammlung in Gutachten angegeben werden, soweit es zu deren Begründung erforderlich ist; dies jedoch in einer auf natürliche Personen beziehbaren Form nur, wenn kein Grund zu der Annahme besteht, dass dadurch schutzwürdige Geheimhaltungsinteressen der Betroffenen beeinträchtigt werden.

215 Für **Schiedsgutachten hat der BGH**[218]**die Offenbarungspflicht** im Übrigen dahin gehend **eingeschränkt,** dass es im Hinblick auf das grundsätzliche Einvernehmen der Parteien, sich dem Schiedsgutachter zu unterwerfen, genügen soll, wenn der Sachverständige die Vergleichsobjekte lediglich mit der Anschrift (Straßenbezeichnung), den individuellen Beschaffenheitsmerkmalen und den Mietpreisen, jedoch ohne genaue Angabe über die Lage des Hauses und der Wohnung sowie Namen und Anschrift von Vermieter und Mieter benennt[219].

Zur Tauglichkeit eines vom Schiedsgutachter **angewandten Vergleichswertverfahrens** zur Verkehrswertermittlung hat der BGH festgestellt, dass Angaben über den Kaufpreis geeigneter Grundstücke in ausreichender Zahl zur Verfügung stehen und die Vergleichsobjekte, ihre Wertmerkmale und die einzelnen Preise in dem Schiedsgutachten mitgeteilt werden müssen, da nur dann nachprüfbar sei, ob der Schiedsgutachter einen zutreffenden Vergleichsmaßstab angewandt hat. Wenn der Schiedsgutachter nur mitteilt, dass „umfangreiche Recherchen" durchgeführt worden seien, ohne das Ergebnis dieser Recherchen darzulegen, sei das Schiedsgutachten offenbar unrichtig und unverbindlich[220].

216 Im Zusammenhang mit der **Unternehmensbewertung** hat das OLG Düsseldorf verneint, dass der Sachverständige sämtliche Tatsachen, auf denen ein Gutachten beruht, durch Vorlage von Einzelerläuterungen und Zahlenwerke, insbesondere der kompletten Buchhaltung und dgl., belegenmuss (Detailprüfung). Sofern das Gericht selbst im Rahmen seiner Sorgfaltspflicht überfordert wäre, die Grundlagen eines Gutachtens selbst zu überprüfen, müsse das Gericht vielmehr die Autorität und die persönliche und fachliche Qualität des Gutachters in seine Betrachtung einbeziehen[221].

217 Ähnliche Probleme stellen sich im **Bereich der steuerlichen Bewertung**, wenn ein Grundbesitzwert (Einheitswert) auf der Grundlage personenbezogener Daten abgeleitet worden ist. Auch hier ist der BFH[222] von dem Grundsatz ausgegangen, dass Sinn und Zweck des Steuergeheimnisses mit dem gesetzlichen Erfordernis der Einheitsbewertung abzuwägen seien. In dem zu entscheidenden Fall hätte es allerdings nach Auffassung des BFH die Offenbarungsbefugnisse überschritten, wenn bei Anwendung des Ertragswertverfahrens auf der Grundlage der üblichen Miete „das Finanzamt" die von ihm ermittelten Mieten, aus denen es die regelmäßig gezahlte Miete ableitet, bei der Bekanntgabe der Vergleichsobjekte jeweils einzeln einem be-

218 BGH, Beschl. vom 21.06.1995 – XII ZR 167/94 –, GuG 1996, 113 = EzGuG 20.157.

219 BGH, Urt. vom 18.12.2002 – VIII ZR 72/02 –, GuG 2003, 248 = EzGuG 20.189b; OLG Schleswig, Beschl. vom 01.06.1981 – 6 REMiet 1/81 –, NJW 1981, 2261 = EzGuG 20.89b.

220 BGH, Urt. vom 23.11.1984 – V ZR 120/83 –, WM 1985, 174 = EzGuG 11.144b; BGH, Urt. vom 21.05.1975 – VIII ZR 161/73 –, NJW 1975, 1556 = EzGuG 11.96; BGH, Urt. vom 25.01.1979 – X ZR 40/77 –, NJW 1979, 1885 = EzGuG 11.114g; OLG Düsseldorf, Beschl. vom 21.08.1995 – 10 W 66/95 –, NJW-RR 1996, 189 = EzGuG 11.224.

221 OLG Düsseldorf, Beschl. vom 17.02.1984 – 19 W 1/81 –, WM 1984, 432 = EzGuG 20.104b.

222 BFH, Urt. vom 24.09.1976 – III B 12/76 –, BFHE 120, 270 = BStBl II 1977, 196 = EzGuG 11.104; Vorinstanz: FG Hamburg, Beschl. vom 23.06.1981 – III 119/77 –, AVN 1986, 345.

stimmten Grundstück zuordnen würde, sodass einem Dritten bekannt würde, welche Miete ein bestimmter Grundstückseigentümer im Einzelfall mit seinen Mietern vereinbart hat.

In einer weiteren Entscheidung hat der BFH[223] erkannt, dass nach dem jeweiligen Verfahrensstand zu entscheiden ist, ob im Verfahren gegen die Einheitsbewertung eines unbebauten Grundstücks glaubhaft gemacht wird, dass der zum Sachverständigen bestellte Gutachterausschuss für Grundstückswerte die genaue Lagebezeichnung von Vergleichsobjekten verweigern darf. Bei dieser Entscheidung sind insbesondere die Geheimhaltungspflicht des Gutachterausschusses und das Interesse an einer zutreffenden Besteuerung unter Berücksichtigung aller Umstände des Einzelfalls gegeneinander abzuwägen.

Des Weiteren kommt das Gericht zu der Auffassung, dass der Grundsatz der Chancen- und Waffengleichheit im Prozess allein nicht rechtfertige, die Kaufpreissammlung bzw. Teile von ihr entgegen der Geheimhaltungspflicht des Gutachterausschusses den Prozessbeteiligten zugänglich zu machen. Nicht unter die Geheimhaltungspflicht fällt im Übrigen die Angabe solcher **Tatsachen, die ohne Weiteres allen lebenserfahrenen Menschen bekannt sind**[224].

2.6.5 Mietdatenbank

Schrifttum: *Szameitat, R.,* WuM 2002, 63; Stover, B., WuM 2002, 55.

Seit dem 01.09.2001 kann ein Mieterhöhungsverlangen nach § 558a Abs. 2 Nr. 2 BGB auch auf eine Auskunft aus einer Mietdatenbank gestützt werden. 218

Eine **Mietdatenbank** ist nach § 558e BGB n.F. eine zur Ermittlung der ortsüblichen Vergleichsmiete fortlaufend geführte Sammlung von Mieten, die von der Gemeinde oder von Interessenvertretern der Vermieter und der Mieter gemeinsam geführt oder anerkannt wird und aus der Auskünfte gegeben werden, die für einzelne Wohnungen einen Schluss auf ortsübliche Vergleichsmieten zulassen (z.B. die Mietdatenbank in Hannover des „Vereins zur Ermittlung und Auskunftserteilung über die ortsüblichen Vergleichsmieten e.V. (MEA)“).

§ 558e BGB hat folgende Fassung 219

„**§ 558e BGB** Mietdatenbank

Eine Mietdatenbank ist eine zur Ermittlung der ortsüblichen Vergleichsmiete fortlaufend geführte Sammlung von Mieten, die von der Gemeinde oder von Interessenvertretern der Vermieter und der Mieter gemeinsam geführt oder anerkannt wird und aus der Auskünfte gegeben werden, die für einzelne Wohnungen einen Schluss auf die ortsübliche Vergleichsmiete zulassen.“

Im Umgang mit der Mietdatenbank dürften sich eine Reihe **datenschutzrechtlicher Fragen** stellen und der Gesetzgeber hat es sich in der Begründung vorbehalten, das Instrument der Mietdatenbank mit weiterreichenden Rechtsfolgen auszustatten, wenn die notwendigen praktischen Erfahrungen vorliegen. 220

2.7 Mietminderung

2.7.1 Allgemeines

Schrifttum: *Dröge,* Handbuch der Mietpreisbewertung, 3. Aufl. LuchterhandNeuwied 2005; *Kamphausen,* DS 1982; 230 = WuM 1982, 3; *Kamphausen,* DS 1993; 7; *Schwirley,* Bewertung von Mieten bei Miet- und Verkehrswertgutachten, 2. Aufl. 2006; *Sternel,* Mietrecht, Dr. O. Schmidt KG.

▶ *§ 5 ImmoWertV Rn. 155*

Grundsätzlich ist bei Mieterhöhungen nach § 558 BGB von einem vertragsmäßigen Zustand der Mietsache auszugehen, d.h., behebbare Mängel bleiben unberücksichtigt. 221

223 BFH, Beschl. vom 21.05.1982 – III B 32/81 –, BFHE 136, 141 = BStBl II 1982, 604 = EzGuG 20.99.
224 RG, Urt. vom 29.01.1935 – VII 272/34 –, RGZ 147, 20; OVG Münster, Urt. vom 05.08.1960 – V 49/59 –, OVGE 15, 56.

222 Nach § 536 Abs. 1 BGB

- ist der Mieter von der Entrichtung der Miete befreit, wenn die **Mietsache** zur Zeit der Überlassung an den Mieter **einen Mangel aufweist**, der ihre Tauglichkeit zum vertragsgemäßen Gebrauch aufhebt; das gilt auch, wenn während der Mietzeit ein solcher Mangel entsteht;
- ist der Mieter für die Zeit, während der die Tauglichkeit gemindert ist, nur verpflichtet, eine angemessen herabgesetzte Miete zu entrichten; d.h. er kann eine Mietminderung geltend machen.

„**§ 536 BGB** Mietminderung bei Sach- und Rechtsmängeln

(1) Hat die Mietsache zur Zeit der Überlassung an den Mieter einen Mangel, der ihre Tauglichkeit zum vertragsgemäßen Gebrauch aufhebt, oder entsteht während der Mietzeit ein solcher Mangel, so ist der Mieter für die Zeit, in der die Tauglichkeit aufgehoben ist, von der Entrichtung der Miete befreit. Für die Zeit, während der die Tauglichkeit gemindert ist, hat er nur eine angemessen herabgesetzte Miete zu entrichten. Eine unerhebliche Minderung der Tauglichkeit bleibt außer Betracht.

(1a) Für die Dauer von drei Monaten bleibt eine Minderung der Tauglichkeit außer Betracht, soweit diese auf Grund einer Maßnahme eintritt, die einer energetischen Modernisierung nach § 555b Nummer 1 dient.

(2) Absatz 1 Satz 1 und 2 gilt auch, wenn eine zugesicherte Eigenschaft fehlt oder später wegfällt.

(3) Wird dem Mieter der vertragsgemäße Gebrauch der Mietsache durch das Recht eines Dritten ganz oder zum Teil entzogen, so gelten die Absätze 1 und 2 entsprechend.

(4) Bei einem Mietverhältnis über Wohnraum ist eine zum Nachteil des Mieters abweichende Vereinbarung unwirksam."

223 Die Mietsache ist mangelhaft, wenn der tatsächliche Zustand vom vereinbarten Zustand zum Nachteil des Mieters abweicht[225]. Dies können u.a. Beeinträchtigungen durch Verkehrslärm[226], Baulärm aufgrund (vorübergehender) Baumaßnahmen sowie Lärm durch Nachbarn, Gaststätten usw. sein.

224 Der **Schadens- und Aufwendungsersatzanspruch des Mieters** wegen eines Mangels ergibt sich aus § 536a BGB:

„**§ 536a BGB** Schadens- und Aufwendungsersatzanspruch des Mieters wegen eines Mangels

(1) Ist ein Mangel im Sinne des § 536 bei Vertragsschluss vorhanden oder entsteht ein solcher Mangel später wegen eines Umstands, den der Vermieter zu vertreten hat, oder kommt der Vermieter mit der Beseitigung eines Mangels in Verzug, so kann der Mieter unbeschadet der Rechte aus § 536 Schadensersatz verlangen.

(2) Der Mieter kann den Mangel selbst beseitigen und Ersatz der erforderlichen Aufwendungen verlangen, wenn

1. der Vermieter mit der Beseitigung des Mangels in Verzug ist oder
2. die umgehende Beseitigung des Mangels zur Erhaltung oder Wiederherstellung des Bestands der Mietsache

notwendig ist."

225 Der temporäre Ausschluss einer Mietminderung aufgrund Minderung einer **energetischen Modernisierungsmaßnahme** nach § 555b Nr. 1 BGB gemäß § 536 Abs. 1a BGB ist bei alledem ein Sonderfall. Ausgeschlossen sind nach § 536b BGB auch Ansprüche wegen Mängeln, die der Mieter bei Vertragsschluss oder Annahme kannte.

„**§ 536b BGB** Kenntnis des Mieters vom Mangel bei Vertragsschluss oder Annahme

Kennt der Mieter bei Vertragsschluss den Mangel der Mietsache, so stehen ihm die Rechte aus den §§ 536 und 536a nicht zu. Ist ihm der Mangel infolge grober Fahrlässigkeit unbekannt geblieben, so stehen ihm diese Rechte nur zu, wenn der Vermieter den Mangel arglistig verschwiegen hat. Nimmt der Mieter eine mangel-

---

225 BGH, Urt. vom 07.07.2010 – VIII ZR 85/09 –, NJW 2010, 3088; BGH, Urt. vom 06.10.2004 – VIII ZR 355/03 –, NJW 2005, 218.

226 BGH, Urt. vom 19.12.2012 – VIII ZR 152/12 –, NJW 2013, 680= EzGuG 13.157a; BGH, Urt. vom 23.09.2009 – VIII ZR 300/08 –, NJW 2010, 1133; BGH, Urt. vom 17.06.2009 – VIII ZR 131/08 –, NJW 2009, 2441; BGH, Urt. vom 06.10.2004 – VIII ZR 355/03 –, NJW 2005, 218.

hafte Sache an, obwohl er den Mangel kennt, so kann er die Rechte aus den §§ 536 und 536a nur geltend machen, wenn er sich seine Rechte bei der Annahme vorbehält."

Folgende Grundsätze sind hervorzuheben:

- Bei großer **Lärmimmission** in der Innenstadt kann eine Mietminderung nur in Betracht kommen, wenn die Lärmbelastung nicht lageüblich ist (Lärmvorbelastung)[227]. Eine vorübergehende erhöhte Verkehrslärmbelastung aufgrund von Straßenbauarbeiten stellt nach der Rechtsprechung des BGH unabhängig von ihrer zeitlichen Dauer jedenfalls dann, wenn sie sich innerhalb der in Innenstadtlagen üblichen Grenzen hält, keinen Mangel der vermieteten Wohnung dar[228]. Im konkreten Einzelfall ist entscheidend darauf abzustellen, ob die zum Vergleich herangezogenen Vergleichsmieten sich auf Objekte beziehen, die gleichartig „vorbelastet" sind. Auch **Baulärm,** der von einem Nachbargrundstück ausgeht, kann zu einer Mietkürzung führen[229].
- Bei Belastungen des Grund und Bodens (eines Wohngrundstücks) durch **giftige Chemikalien** kann allein schon die Sorge um mögliche Schäden zur Mietminderung oder sogar zur fristlosen Kündigung berechtigen; d.h., eine Mietminderung hängt nicht davon ab, dass die Mieter infolge der Gifte bereits Schäden erlitten haben[230]. Kriterien der Mietminderung sind „der Ernst der Lage", die Zusammensetzung und Konzentration der Schadstoffe, das Urteil von Sachverständigen, die Möglichkeit von Sanierungsmaßnahmen, der Kreis der gefährdeten Personen, die Dauer der Mietzeit usw.[231].

2.7.2 Ermittlung der Mietminderung

Schrifttum: *Brinkmann, W.,* Mietwertgutachten für eine Wohnung, GuG 2011, 289.

Die Ermittlung der Mietminderung auf der Grundlage pauschaler Abschlagssätze trägt nur unzureichend den Gegebenheiten des Einzelfalls Rechnung. Die in der Rechtsprechung genannten Minderungssätze können allenfalls nur als Anhalt dienen (vgl. Abb. 14). **226**

Abb. 14: Mietminderungstabelle (Orientierungshilfe)

Mietminderungstabelle		
Kurzbeschreibung des Mangels	**Gericht**	**Minderung der Monatsmiete**
Abflussverstopfung, Rückstau verschmutzten Wassers	AG Hannover[232], AG Groß-Gerau[233]	50 %
Asbestbelastung	LG Dresden[234]	100
Der Balkon ist wegen Baufälligkeit unbenutzbar	AG Bonn[235] AG Tempelhof-Kreuzberg[236] AG Wetzlar[237]	3 %–15 %

227 AG Mainz, Urt. vom 12.03.1998 – 86 C 197/97 –, EzGuG 13.137.
228 BGH, Urt. vom 19.12.2012 – VIII ZR 152/12 –, NJW 2013, 680 = EzGuG 13.157a; BGH, Urt. vom 23.09.2009 – VIII ZR 300/08 –, NJW 2010, 1133.
229 OLG München, Urt. vom 04.02.1987 – REMiet 2/86 –, NJW 1987, 1950 = EzGuG 12.84a.
230 OLG Hamm, Urt. vom 25.05.1987 – 30 REMiet 1/86 –, WuM 1987, 248 = EzGuG 3.71b.
231 Thieler/Montasser, Mietminderungsliste, 6. Aufl. Bayerisch Gmain.
232 AG Hannover, Urt. vom 10.10.2008 – 559 C 34/75/08 –.
233 AG Groß-Gerau, Urt. vom 19.07.1979 – 21 C 1336/78 –.
234 LG Dresden, Urt, vom 25.02.2011 – 4 S 73/10 –.
235 AG Bonn. Beschl. vom 27.11.1985 – 5 C 175/85 – WuM 1986, 212.
236 AG Tempelhof-Kreuzberg, Urt. vom 15.01.2014 – 2 C 207/13 –.
237 AG Wetzlar, Urt. vom 15.12.2008 – 38 C 1467/08 –, ZMR 2009, 542.

Mietminderungstabelle		
Kurzbeschreibung des Mangels	**Gericht**	**Minderung der Monatsmiete**
Briefkasten	LG Berlin[238] , AG Köln[239]	0,5
Die Gegensprechanlage ist defekt		3 %
Die Hauseingangstüre ist defekt		3 %
Bei fehlender Wohnungseingangstür	LG Düsseldorf[240]	15 %
Bei vollständigem Ausfall der Elektrik für Warmwasser Licht, Küche usw.	AG Neukölln[241]	100 %
Fahrstuhl	AG Hamburg[242] , AG Berlin-Mitte [243]	20 %
Treppenhaus Verunreinigung	LG Berlin[244] , AG Münster[245]	10 %
Bei Entziehung der Nutzung von Waschküche und Trockenraum	AG Osnabrück[246] AG Brühl[247]	10 %
Der Küchenherd ist defekt	LG Berlin[248]	5 %
Bei schlechtem Fernsehempfang	AG Schöneberg[249] , LG Berlin[250]	10 %
Abblätternde Farbe und sich lösender Putz im Treppenhaus	LG Köln[251]	5 %
Fahrzeugabstellplatz	AG Steinfurt[252] , AG Köln[253]	10 %
Dachstuhlausbau	AG Osnabrück[254] LG Berlin[255]	30 %
Bleibelastung im Trinkwasser zwischen 126 und 176 mg/l		10 %
Trinkwasser überhöhte Legionellen	AG Dresden[256]	25 %
Trinkwasser Biofilm auf Leitung	LG Münster[257]	0 %
Das Trinkwasser ist rostig und bräunlich verfärbt		10 %

238 LG Berlin, Urt. vom 11.05.1990 – 29 S 20/90 –, MM 1990, 261.
239 AG Köln, Urt. vom 16.12.1993 – 208 C 124/93 –.
240 LG Düsseldorf, Urt. vom 17.05.1973 – 12 S 282/73 –, WuM 1973, 187.
241 AG Berlin Neukölln, Urt. vom 26.11.1987 – 14 C 271/87 –, MM 1988, 151.
242 AG Hamburg, Urt. vom 22.08.2007 – 46 C 1/07 –, NZM 2007, 802.
243 AG Berlin Mitte, MM 2007, 277.
244 LG Berlin, Urt. vom 28.01.2011 – 65 S 296/10 –, GE 2011, 821; LG Berlin, Urt. vom 30.07.2014 – 65 S 12/14 –.
245 AG Münster, Urt. vom 22.06.1995 – 8 C 749/94 –, WuM 1995, 534.
246 AG Osnabrück, Urt. vom 06.05.1988 – 44 C 57/88 –, WuM 1990, 147.
247 AG Brühl, Urt. vom 25.07.1975 – 2 C 38/73 –, WuM 1975, 145.
248 LG Berlin, Urt. vom 13.10.1980 – 61 S 171/80 –, GE 1981, 673.
249 AG Schöneberg, Beschl. vom 08.07.1987 – 12 C 354/87 –, BlnGE 1988, 361.
250 LG Berlin, Urt. vom 25.05.2012 – 63 S 426/11 –, ZMR 2013, 191.
251 LG Köln, Beschl. vom 07.09.1989 – 1 S 117/89 –, WuM 1990, 17.
252 AG Steinfurt, Urt. vom 05.03.2009 – 4 C 310/08 –, WuM 2009, 227.
253 AG Köln, Beschl. vom 09.01.1989 – 213 C 295/86 –, WuM 1990, 146.
254 AG Osnabrück, Urt. vom 11.10.1996 – 44 C 345/96 –, WuM 1996, 754.
255 LG Berlin, Urt. vom 08.03.1996 – 64 S 357/95 –, GE 1996, 1951.
256 AG Dresden, Urt. vom 11.11.2013 – 148 C 5353/13 –, IMR 2014, 242.
257 LG Münster, Beschl. vom 07.01.2010 – 08 S 185/09 –, WuM 2010, 87.

Mietminderungstabelle		
Kurzbeschreibung des Mangels	**Gericht**	**Minderung der Monatsmiete**
Gesundheitsgefährdender Nitratgehalt des Trinkwassers		10 %
Fenster sind undicht	AG Neukölln[258]	50 %
Die Nutzungsmöglichkeit des Kellers entfällt	OLG Düsseldorf[259]	10 %
Keller feucht	AG Lübeck[260]	0
Die Wohnung ist empfindlich feucht	AG Köln[261]	20 %
Feuchtigkeit in mehreren Räumen, außerdem Schimmel- und Algenbefall		10 %
Blindwerden eines Doppelfensters durch Feuchtigkeit		10 %
Feuchtigkeitsschäden, Tropfwasser an der Decke und Durchfeuchtung des Teppichbodens	AG Leverkusen[262]	50 %
Feuchtigkeitsschäden wirken sich auf den Funktionswert aller Räume aus	AG Köln[263]	20 %
Die Wohnung ist wegen Durchfeuchtung, Versandung und unerträglichem Gestank infolge Überschwemmung für 2 bis 3 Wochen unbewohnbar	AG Friedberg[264]	80 %
Unbenutzbarkeit der Badewanne		20 %
Unzureichende Toilettenspülung	AG Münster[265]	15 %
Bei schlechter Heizleistung	AG Köln[266]	15 %
Die Heizung fällt aus	LG Hannover[267], LG Berlin[268], AG Neukölln[269]	20 %
Bei einer Durchschnittstemperatur von 15° im Wohnzimmer	LG Düsseldorf[270]	30 %
Die Heizung fällt während der Wintermonate aus	LG Berlin [271], LG Hamburg[272]	100 %
Überdimensionierte Heizkörper	AG Münster[273]	5 %–11 %

258 AG Neukölln, Urt. vom 11.07.2013 – 6 C 540/12 –.
259 OLG Düsseldorf, Urt. vom 03.09.1980 – 15 U 39/80 –, WuM 1981, 19.
260 AG Lübeck, Urt. vom 15.06.2011 – 24 C 4044/09 –, ZMR 2012, 277.
261 AG Köln, Urt. vom 23.05.1973 – 152 C 195/73 –, WuM 1974, 241.
262 AG Leverkusen, Urt. vom 18.04.1979 – 23 C 141/76 –, WuM 1980, 163.
263 AG Köln, Urt. vom 23.05.1973 – 152 C 195/73 –, WuM 1974, 241.
264 AG Friedberg, Urt. vom 06.07.1983 – C 389/82 –, WuM 1984, 198.
265 AG Münster, Urt. vom 19.01.1993 – 49 C 133/92 –, WuM 1993, 124.
266 AG Köln, Urt. vom 04.11.1974 – 153a C 587/73 –, WuM 1975, 69.
267 LG Hannover, Urt. vom 19.12.1979 – 11 S 296/79 –, WuM 1980, 130.
268 LG Berlin, Urt. vom 24.06.2014 – 63 S 373/13 –, NJW 2015, 93.
269 AG Neukölln Urt. vom 11.07.2013 – 6 C 540/12 –.
270 LG Düsseldorf, Urt. vom 17.05.1973 – 12 S 382/73 –, WuM 1973, 187.
271 LG Berlin, Beschl. vom 10.01.1992 – 64 S 219/91 –, BlnGE 1993, 263; LG Berlin, Urt. vom 20.10.1962 – 65 S 70/92 –, GE 1992, 1213.
272 LG Hamburg, Urt. vom 15.05.1975 – O 80/75 –, WuM 1976, 10.
273 AG Münster, Urt. vom 05.05.1987 – 28 C 330/86 –, WuM 1987, 382 = WuM 1988, 109.

Mietminderungstabelle		
Kurzbeschreibung des Mangels	**Gericht**	**Minderung der Monatsmiete**
Heizkörpergeräusche	LG Berlin[274], LG Münster[275], LG Mannheim[276]	
Fogging	AG Düren[277]	40 %
Taubenhaltung Dritter	AG Dortmund[278]	25 %
Nistende Tauben	AG Pforzheim[279]	30 %
Im Haus wird ein Bordell betrieben	BGH[280]; LG Berlin[281]; LG Berlin[282]	10 bis 30 %
Erhebliche Lärmstörungen wegen Bauarbeiten im Haus	AG Mitte[283], AG Wiesbaden[284]; LG Berlin[285], LG Mannheim[286], LG Köln[287]	30 %
Großbaustelle in Nachbarschaft	LG Berlin[288]	
Bei mangelhaftem Schallschutz	AG Gelsenkirchen[289]	20 %
Baugerüste	LG Berlin[290], BGH[291], LG Hamburg[292]	
Bei Einrüstung und Verhängung des Hauses im Zuge von Bauarbeiten am Haus	AG Hamburg[293]	15 %
Lärmstörung durch Aufzug	AG Wiesbaden[294]	10
Lärmstörung durch Gaststätte	AG Berlin-Köpenick[295]	0
Erheblicher Gaststättenlärm bis 1:00 Uhr nachts		37 %
Bei nächtlichem Lärmstörung durch Garagentor	AG Mainz[296]	20 %

274 LG Berlin, Urt. vom 27.10.2006 – 63 S 186/06 –, GE 2007, 67.
275 LG Münster, Urt. vom 02.11.2000 – 8 S 167/00 –, WuM 2000, 691.
276 LG Mannheim, Urt. vom 23.11.1977 – 4 S 95/77 –, ZMR 1978, 84.
277 AG Düren, Urt. vom 23.10.2009 – 30 C 10487/08 –.
278 AG Dortmund, Urt. vom 14.09.1979 – 121 C 151/79 –, WuM 1980, 6.
279 AG Pforzheim, Urt. vom 09.03.2000 – 2 C 160/98 –.
280 BGH, Urt. vom 28.09.2012 – XII ZR 122/11 –, NJW-RR 2012, 1480.
281 LG Berlin, –, MM 1995, 534.
282 LG Berlin, Urt. vom 13.01.2004 – 64 S 324/03 –.
283 AG Berlin Mitte, Urt. vom 11.01.2007 – 7 C 147/06 –, MM 2007, 183.
284 AG Wiesbaden, Urt. vom 25.06.2012 – 93 C 2696/11 –, WuM 2012, 439.
285 LG Berlin, Urt. vom 08.10.2013 – 63 S 446/12 –.
286 LG Mannheim WuM 2000, 186.
287 LG Köln, Urt. vom 05.09.2002 – 1 S 60/02 –, WuM 2004, 234.
288 Urt. vom 21.08.2019 – 6 S 190/18 – GEBln 2019, 1309; LG Berlin, Urt. vom 16.06.2016 – 67 S 76/16 – GE 2016, 486; LG Berlin, Urt. vom 07.06.2017 – 18 S 211/16 – BlnGE 2017, 1550.
289 AG Gelsenkirchen, Urt. vom 22.12.1975 – 3 C 29/75 –, WuM 1978, 66.
290 LG Berlin, Urt. vom 30.07.2014 – 65 S 12/14 –.
291 BGH, Urt. vom 12.12.2012 – VIII ZR 181/12 –, NJW-RR 2013, 585.
292 LG Hamburg, Urt. vom 15.06.2012 – 311 S 92/10 –.
293 AG Hamburg, Urt. vom 24.08.1995 – 38 C 483/95 –, WuM 1996, 30.
294 AG Wiesbaden, Urt. vom 19.01.2006 – 93 C 2004/05 –, WuM 2006, 219.
295 AG Berlin-Köpenick, Urt. vom 04.05.2006 – 12 C 44/06 –.
296 AG Mainz, Urt. vom 13.11.2002 – 81 C 230/01 –, WuM 2003, 87.

Mietminderungstabelle		
Kurzbeschreibung des Mangels	**Gericht**	**Minderung der Monatsmiete**
Lärmbelästigung durch Waschsalon im Hause	AG Hamburg[297]	7 %
Lärmstörung durch Einwerfen von Flaschen in Sammelcontainer	AG Rudolfstadt[298]	10 %
Lärmstörung Musik	AG Köln[299], AG Bremen[300], AG Braunschweig[301]	50 %
Bei Ruhestörung nach 22:00 Uhr durch Tanzschule	AG Köln[302]	20 %
Lärm in Nachbarwohnungen	AG Bremen[303], LG Wiesbaden[304]	20 %
Bei vermeidbarem Kinderlärm innerhalb der allgemeinen Ruhezeiten	AG Neuss[305]	10 %
Straßenbaulärm	AG Hagen[306]	10 %
Baulärm	AG Darmstadt[307]	
Bei erheblicher Belästigung durch eine nahe Großbaustelle	LG Hamburg[308]	35 %
Bauarbeiten im Treppenhaus	LG Berlin[309]	10 %
Im Wohnzimmer droht Deckeneinsturz durch Wasserschaden, Unbenutzbarkeit des Wohnzimmers	AG Bochum[310]	30 %
Parkettschaden	KG Berlin[311]	10 %
Formaldehydbelastung in der Wohnung zwischen 0,13 und 0,21 ppm, asbesthaltiger Elektronachtspeicherofen	LG Dortmund[312]	50 %
Schimmelpilzbefall in allen Räumen einer Neubauwohnung	LG Köln[313]	75 %
Schimmel nach Wasserschaden	AG Köln[314]	80 %
Erheblicher Schimmelbefall im Wohn- und Schlafzimmer sowie im Bad		20 %

297 AG Hamburg, Urt. vom 24.01.1975 – 43 C 268/74 –, WuM 1976, 151.
298 AG Rudolfstadt, Beschl. vom 20.5.1999 – 1 C 914/98 –, WuM 2000, 19.
299 AG Köln, Urt. vom 15.05.1990 – 208 C 4/90 –, WuM 1990, 291.
300 AG Bremen, Urt. vom 09.03.2011 – 17 C 105/10 –, NZM 2012, 383.
301 AG Braunschweig, Urt. vom 03.08.1989 – 113 C 168/89 –, WuM 1990, 147.
302 AG Köln, Urt. vom 28.09.1987 – 222 C 407/87 –, WuM 1988, 56.
303 AG Bremen, Urt. vom 09.03.2011 – 17 C 105/10 –, NZM 2012, 383.
304 LG Wiesbaden, Urt. vom 17.02.2012 – 3 S 54/11 –, NZM 2012, 456.
305 AG Neuss, Urt. vom 01.07.1988 – 36 C 232/88 –, WuM 1988, 264.
306 AG Hagen DWW 2003, 204.
307 LG Darmstadt, Urt. vom 18.03.1983 – 17 S 2884/82 –.
308 LG Hamburg, Urt. vom 05.07.2001 – 333 S 13/01 –, WuM 2001, 444.
309 LG Berlin, Urt. vom 30.07.2014 – 65 S 12/14 –.
310 AG Bochum, Urt. vom 28.11.1978 – 5 C 668/78 –, WuM 1979, 74.
311 LG Berlin, Urt. vom 04.12.2006 – 67 S 223/06 –.
312 LG Dortmund, Urt. vom 16.02.1994 – 11 S 197/93 –, WuM 1996, 141.
313 LG Köln, Urt. vom 15.11.2000 – 9 S 25/00 –, WuM 2001, 604.
314 AG Köln, Urt. vom 25.10.2011 – 224 C 100/11 – WuM 2012, 342.

Mietminderungstabelle		
Kurzbeschreibung des Mangels	**Gericht**	**Minderung der Monatsmiete**
Schimmel	LG Gießen[315], LG Lübeck[316]	15 %
PCB Raumluft	AG Mainz [317]	100 %
Ungeziefer	KG Berlin[318], AG Berlin-Tiergarten[319]	20 %
Mäuse und Kakerlaken befinden sich über Monate hinweg in der Wohnung		10 %
Warmwasser	AG München[320], AG Berlin-Charlottenburg[321], LG Berlin[322], AG Neukölln[323]	15 %
Heizungs- und Lüftungsmängel in einer Diskothek	OLG München [324]	
Wohnung ist unbewohnbar	AG Köln[325]; LG Wiesbaden[326]	100 %
Fluglärm	BGH, LG Berlin[327]	

Quelle: GuG 1994, 364; vgl. auch Thieler/Huber, Deutscher Mieterbund Köln, Sonderheft 94/I; 1995; Hannemann/Wiek, Handbuch des Mietrechts, 2. Aufl. 2003; Der Immobilien Berater 1993, Altenkirchen.

227 Ist die **Mietsache** hingegen **von Anfang an mit einem Mangel behaftet**, der im Laufe der Mietzeit zur Aufhebung der Gebrauchstauglichkeit führen würde, und nimmt der Vermieter sie in seinen Besitz, um den Mangel beheben zu lassen, so gilt die Gebrauchstauglichkeit für die Dauer der Mängelbeseitigung als aufgehoben mit der Folge, dass der Mieter während dieser Zeit von der Entrichtung des Mietzinses befreit ist[328].

228 Für die Höhe der Mietminderung kommt entscheidend auf die Intensität des Mangels und den Umgang der betroffenen Räume und die sich daraus ergebende eingeschränkte Gebrauchstauglichkeit an. Von daher ist eine differenzierende Betrachtungsweise angezeigt. Es gibt auch keine allgemeingültigen Kriterien. Nach der von Sternel angegebenen Formel soll die **Mietminderung nach einem** aus der „vollen“ Gebrauchstauglichkeit (Soll-Beschaffenheit) im

315 LG Gießen, Urt. vom 02.04.2014 – 1 S 199/13 –, IMR 2014, 369.
316 LG Lübeck, Urt. vom 07.03.2014 – 1 S 106/13 –, IMR 2014, 504.
317 AG Mainz, Urt. vom 15.02.1996 – 10 C 671/95 –, DWW 1996, 216.
318 KG, Urt. vom 17.05.2001 – 20 U 8310/99 –, KGR 2002, 97.
319 AG Berlin-Tiergarten, Urt. vom 14.03.1990 – 7 C 118/89 –, MM 1990, 233.
320 AG München, Urt. vom 10.01.1991 – 232 C 37276/90 –, NJW-RR 1991, 845.
321 AG Berlin-Charlottenburg, Urt. vom 17.03.2008 – 211 C 3/07 –, MM 2008, 210.
322 LG Berlin, Urt. vom 06.06.2014 – 63 S 238/13 –.
323 AG Neukölln, Urt. vom 11.07.2013 – 6 C 540/12 –.
324 OLG München, Urt. vom 17.01.1997 – 21 U 5288/93 – und – 21 U 5618/93 –, OLGR-München 1997, 62.
325 AG Köln, Urt. vom 25.02.1976 – 54 C 596/74 –, ZMR 1980, 87.
326 LG Wiesbaden, Urt. vom 04.07.1977 – 1 S 426/76 –, WuM 1980, 17.
327 LG Berlin. Urt. vom 18.02.2013 – 67 S 275/12 –, GuG 2014, 50 = EzGuG 13.158; BGH, Urt. vom 19.12.2012 – VIII ZR 152/12 –; NJW 2013, 680 = EzGuG 13.157a; BGH, Urt. vom 23.09.2009 – VIII ZR 300/08 –, NJW 2010, 1133; BGH, Urt. vom 17.06.2009 – VIII ZR 131/08 –, NJW 2009, 2442; BGH, Urt. vom 10.05.2006 – XII ZR 23/05 –, NZM 2006, 582; BGH, Urt. vom 21.09.2005 – XII ZR 66/03 –, NJW 2006, 899: BGH, Urt. vom 06.10.2004 – VIII ZR 355/03 –, NJW 2005, 218; AG Fürth, Urt. vom 17.10.2006 – 310 C 1727/06 –, WuM 2007, 317.
328 BGH, Urt. vom 29.10.1986 – VIII ZR 144/85 –, NJW 1987, 432 = EzGuG 20.118; vgl. Deutscher Mieterbund, Wohnungsmangel und Mietminderung, Köln 1987; Zentralverband der Dt. Haus-, Wohnungs- und Grundeigentümer, Handbuch für Wohnungsrecht und Wohnungswirtschaft.

Verhältnis zur eingeschränkten Gebrauchstauglichkeit (Ist-Beschaffenheit) sich ergebenden **Vomhundertsatz** bestimmt werden.

$$\text{Mietminderung} = \text{Vereinbarte Miete} \; \frac{\text{Gebrauchstauglichkeit der mangelhaften Sache (Ist-Beschaffenheit)}}{\text{Gebrauchstauglichkeit der mangelhaften Sache (Soll-Beschaffenheit)}}$$

Zur **Ermittlung der Minderung** wird unterschieden zwischen 229

a) dem Funktionswert,

b) dem Geltungswert und

c) der Wertigkeit des mangelbehafteten Raums.

Die **Wertigkeit der einzelnen Räume** wird mit einer sog. Wertzahl quantifiziert. Diese bestimmt sich durch die Bedeutung der den einzelnen Wohnflächen zuzurechnenden „Wohnvorgänge“ (Nutzungen). Ausgehend von der Wertzahl für das Wohnzimmer mit der Wertzahl 100 werden von *Schwirley* folgende Erfahrungssätze angegeben:

Wertzahlen von Räumen			
Raum	**Wertzahl**	**Raum**	**Wertzahl**
Wohnzimmer	100	Hausarbeitsraum	40
Elternschlafzimmer	90	Hobbyraum	40
Kinder- Gästezimmer	90	Flur	30
Küche	60	Abstellraum, Speisekammer	20
Bad, WC, Duschraum	55	Balkon, Loggia, Freisitz	25

Auf dieser Grundlage kann die Wertigkeit des mangelbehafteten Raums bestimmt werden.

Der **Funktionswert** bezieht sich auf die Gebrauchs- und Betriebsfähigkeit eines Wohnraums, der wesentlich durch den Zuschnitt, die Belichtung und Belüftung, den Schallschutz, den Wärmeschutz, die technische Ver- und Entsorgung (Energie- und Wasserversorgung und Entwässerung, Beheizung und Kochmöglichkeiten), die Funktionsabläufe in der Wohnung und die Sicherheit der Wohnung vor Diebstahl und Gewalt bestimmt wird. 230

Der **Geltungswert** bezieht sich auf den räumlich-optischen Eindruck (Repräsentation) und die damit verbundene Wertschätzung, der wesentlich durch die Raumaufteilung, die Qualität des Materials, die Form und Ausstattung sowie die Farbgebung bestimmt ist. 231

Die **Wertigkeit des Raums** wird in Form einer Wertzahl bestimmt, ausgehend vom Wohnzimmer, Esszimmer, der Wohndiele sowie dem Bad/WC. Ausgehend von der höchsten Wertzahl von 100 muss der Anteil des Funktions- bzw. Gebrauchswerts der einzelnen Flächen bestimmt werden. 232

Die **Feststellung der Gebrauchstauglichkeit** vollzieht sich dann in folgenden Schritten: 233

Im *ersten* Schritt gilt es,

a) die Wertigkeit der einzelnen Flächen durch Wertzahlen (W) sowie

b) die einzelnen Anteile des Funktions- und Gebrauchswerts der einzelnen Flächen

festzulegen, beispielsweise (Abb. 15a):

Abb. 15a: Wertigkeit der einzelnen Flächen einer Wohnung

Wertigkeit der einzelnen Flächen einer Wohnung				
Flächen	**Wertzahl (W)**	**Anteil in % des**		**zusammen in v.H.**
		Funktionswerts	**Gebrauchswerts**	
Wohnzimmer/Esszimmer/ Wohndiele	100	60	40	100
Bad/WC	100	80	20	100
Schlafzimmer	90	70	30	100
Kinder- und Gästezimmer	95	70	30	100
Küche	70	80	20	100
Flur/Diele	20 bis 60	50 bis 70	30 bis 50	100
Balkon, Terrasse/Loggia	10 bis 20	80	20	100
Abstellraum, sonstige Nebenräume	10	95	5	100

Quelle: Dröge a.a.O., anders Schwirley a.a.O., S. 613

Abb. 15b: Wertigkeit der einzelnen Flächen einer Wohnung nach Schwirley

Raum	**Wertzahl**	**Aufteilung Wertzahlen**	
Regelwert	**Bezeichnung**	**Funktion**	**Geltung**
Wohnzimmer	100	60	40
Elternschlafzimmer	90	60	30
Kinder- Gästezimmer	90	60	30
Küche	60	45	15
Bad, WC, Duschraum	55	40	15
Hausarbeitsraum	40	30	10
Hobbyraum	40	25	15
Flur	30	15	15
Abstellraum, Speisekammer	20	15	5
Balkon, Loggia. Freisitz	25	15	10

Quelle: Schwirley, 3. Aufl., S. 245

Wie sich aus vorstehendem *Beispiel* ergibt, weisen Küchen üblicherweise einen hohen Funktionswert und einen geringeren Gebrauchswert auf, während das Wohnzimmer einen höheren Gebrauchswert und einen geringeren Funktionswert aufweist. Funktions- und Gebrauchswert ergeben zusammen jeweils einen 100%igen Anteil. Die Wertzahl ist sodann in einen Funktions- und Geltungswert aufzuteilen.

234 Zu diesem Zweck ist in einem *zweiten Schritt* auf der Grundlage der in Quadratmetern angegebenen Fläche der einzelnen Räume (Flächen) einer Wohnung

a) der mangelfreie Soll-Funktions- und Gebrauchswert der einzelnen Räume (Flächen) und

b) der mangelbehaftete Gebrauchswert der einzelnen Räume (Flächen)

festzustellen, und zwar

Soll-Funktionswert	=	Größe [m²] × Wertzahl (W) × Funktionswert [%]
Soll-Gebrauchswert	=	Größe [m²] × Wertzahl (W) × Gebrauchswert [%]

Das Produkt aus der Größe des jeweiligen Raums (Wohnfläche) und der Wertzahl (W) wird als der **Wohnwertanteil** bzw. dessen **Wertigkeit** bezeichnet.

Ist-Funktionswert	=	Soll-Funktionswert	×	(1 – Abschlagsfaktor)
Ist-Gebrauchswert	=	Soll-Gebrauchswert	×	(1 – Abschlagsfaktor)

Der **Abschlagsfaktor** bemisst sich nach einem die Beeinträchtigung aufgrund des vorhandenen Mangels darstellenden Vomhundertsatz. 235

Von *Schwirley* wird folgende grobe Skalierung der optischen Beeinträchtigung und seine Gewichtung als „Anhaltspunkt" angegeben:

Grad der optischen Beeinträchtigung des Geltungswerts	
Art der Beeinträchtigung	**Grad der Beeinträchtigung**
Auffällige Beeinträchtigung des Gesamtbilds	75 % bis 100 %
Gut sichtbar, aber nicht auffällig	40 % bis 70 %
Nur bei genauem Hinsehen bzw. kurzfristig bemerkbar	15 % bis 30 %
Gewichtung der Beeinträchtigung	
Räume mit hoher Verweildauer und zur Repräsentation	80 % bis 100 %
Räume mit durchschnittlicher Verweildauer	60 % bis 80 %
Sonstige sichtbare Flächen	60 % bis 40 %
Flächen untergeordneter Bedeutung	40 % bis 20 %
Nicht einsehbare Flächen	20 % bis 5 %

Quelle: Schwirley, 3. Aufl. S. 347

Die prozentuale Beeinträchtigung des Mangels ergibt sich aus dem Produkt und aus dem Grad der Beeinträchtigung mit dem Gewicht der Beeinträchtigung.

Die Beeinträchtigung kann auch mit Hilfe von Wertminderungsfaktoren (Schwirley[329]) bzw. Abschlagsfaktoren (Kamphausen[330]) ermittelt werden (Abb. 16). Der Abschlag wird im Dezimalsystem in Stufen von 0,10 ermittelt, denen *Kamphausen* folgende Begriffe zugeordnet hat (Abb. 16):

Abb. 16: Wertminderungs- bzw. Abschlagsfaktoren

Abschlagsfaktoren	
Faktor	**Beschreibung**
0,00	Keine bzw. unerhebliche Beeinträchtigung
0,10	Fast keine Beeinträchtigung
0,20	Noch leichte, geringe Beeinträchtigung
0,30	Mäßige Beeinträchtigung
0,40	Deutliche, schon etwas stärkere Beeinträchtigung
0,50	Starke Beeinträchtigung

329 Schwirley/Dickersbach, Die Bewertung von Wohnraummieten, Bundesanzeigerverlag, 3. Aufl. S. 349.
330 Kamphausen, DS 1982, 235

Abschlagsfaktoren	
Faktor	**Beschreibung**
0,60	Sehr starke Beeinträchtigung
0,70	Schwere Beeinträchtigung
0,80	Sehr schwere Beeinträchtigung
0,90	Massive Beeinträchtigung
1,00	Vollständige Beeinträchtigung, die zur völligen Gebrauchsuntauglichkeit führt

236 Der **Grad der Minderung** ist abhängig von

- Art und Umfang von Funktionseinbußen für die Nutzung,
- Dauer und Häufigkeit der Beeinträchtigung,
- Gesteigerten Qualitätsansprüchen des Nutzers im Hinblick auf den Kaufpreis,
- Absinken auf den Mindeststandard oder sogar dessen Unterschreitung,
- Berücksichtigung von Jahreszeiten (z.B. Heizung) und Wohngegend (Geltungsbereich),
- Optische Auffälligkeit des Mangels für den Geltungswert; Ausmaß der Folgebeeinträchtigung.

237 *Beispiel:*

Es ist die Wertminderung einer im 1. Obergeschoss gelegenen Wohnung durch den Betrieb einer Klimaanlage im Erdgeschoss des Hauses zu ermitteln:

Abb. 17: Ermittlung der prozentualen Wertminderung

Ermittlung der prozentualen Wertminderung											
	Größe und Wertzahl			**Funktionswert (FW)**				**Geltungswert (GW)**			
Raum	**Größe**	**Wertzahl**	**Wertigkeit**	**Anteil**	**Soll**	**Abschlag**	**Ist**	**Anteil**	**Soll**	**Abschlag**	**Ist**
1	2	3	4	5	6	7	8	9	10	11	12
	m²	W	2 × 3	%	4 × 5	%		%		%	
Wohnen	21,17	100	2 117	60	1 270	10	1 143	40	847	0	847
Schlafen	11,18	90	1 006	70	704	20	563	30	302	0	302
Kind	12,58	85	1 069	70	749	0	749	30	321	0	321
Küche	11,29	70	790	80	632	0	632	20	158	0	158
Bad	4,26	50	213	80	170	0	170	20	43	0	43
WC	1,23	50	62	80	49	0	49	20	12	0	12
Diele	10,06	40	402	60	241	0	241	40	161	0	161
Balkon	2,60	20	52	80	42	20	33	20	10	0	10
Summe	74,37		5 712		3 858		3 582		1 854		1 854
Summe: Ist-Funktionswert + Ist-Gebrauchswert = 3 582 + 1 854 =											5 436

Im *dritten Schritt* wird die prozentuale Mietminderung nach folgender Formel ermittelt:

$$\text{Mietminderung}_{[\%]} = 100 - \frac{[\text{Ist-Funktionswert} + \text{Ist-Gebrauchswert}]}{\text{Größe x Wertzahl}} \times 100$$

Im *Beispiel*:

$\text{Mietminderung}_{[\%]} = 100 - (5\,436 / 5\,712) \times 100 = 4{,}84\,\%$

Ein Beispiel eines Mietwertgutachtens ist in der 7. Aufl. dieses Werks auf den Seiten 1756 ff. abgedruckt. **238**

§ 32 ImmoWertV
Bewirtschaftungskosten

(1) Bewirtschaftungskosten sind die für eine ordnungsgemäße Bewirtschaftung und zulässige Nutzung entstehenden regelmäßigen Aufwendungen, die nicht durch Umlagen oder sonstige Kostenübernahmen gedeckt sind. Zu den Bewirtschaftungskosten gehören

1. die Verwaltungskosten,

2. die Instandhaltungskosten,

3. das Mietausfallwagnis und

4. die Betriebskosten im Sinne des § 556 Absatz 1 Satz 2 des Bürgerlichen Gesetzbuchs.

(2) Verwaltungskosten umfassen insbesondere die Kosten der zur Verwaltung des Grundstücks erforderlichen Arbeitskräfte und Einrichtungen, die Kosten der Aufsicht und die Kosten der Geschäftsführung sowie den Gegenwert der von Eigentümerseite persönlich geleisteten Verwaltungsarbeit.

(3) Instandhaltungskosten umfassen die Kosten, die im langjährigen Mittel infolge Abnutzung oder Alterung zur Erhaltung des der Wertermittlung zugrunde gelegten Ertragsniveaus der baulichen Anlagen während ihrer Restnutzungsdauer marktüblich aufgewendet werden müssten.

(4) Das Mietausfallwagnis umfasst

1. das Risiko einer Ertragsminderung, die durch uneinbringliche Zahlungsrückstände von Mieten, Pachten und sonstigen Einnahmen oder durch vorübergehenden Leerstand von Grundstücken oder Grundstücksteilen entstehen, die zur Vermietung, Verpachtung oder sonstigen Nutzung bestimmt sind,

2. das Risiko von bei uneinbringlichen Zahlungsrückständen oder bei vorübergehendem Leerstand anfallenden, vom Eigentümer zusätzlich zu tragenden Bewirtschaftungskosten sowie

3. das Risiko von uneinbringlichen Kosten einer Rechtsverfolgung auf Zahlung, auf Aufhebung eines Mietverhältnisses oder auf Räumung.

Gliederungsübersicht *Rn.*

1 Allgemeines

1.1 Zusammensetzung der Bewirtschaftungskosten (§ 32 Abs. 1 Satz 1 und 2 ImmoWertV)

Schrifttum: *Verband Deutscher Hypothekenbanken*, Wesentliche Aspekte der Beleihungswertermittlung, Bonn Bad Godesberg 1998.

▶ *Vgl. Syst. Darst. des Ertragswertverfahrens Rn. 197 ff.; zur Modellkonformität Vorbem. zur ImmoWertV Rn. 141; § 8 ImmoWertV Rn. 296, 317; § 10 ImmoWertV Rn. 1 ff.*

Nach § 27 Abs. 1 ImmoWertV ist bei der Ermittlung des Ertragswerts der baulichen Anlagen grundsätzlich von dem marktüblich erzielbaren Ertrag auszugehen. Der Reinertrag ergibt sich nach § 31 ImmoWertV aus dem Rohertrag abzüglich der bei ordnungsgemäßer Bewirtschaftung und zulässiger Nutzung entstehenden regelmäßigen Aufwendungen, den marktüblich anfallenden Bewirtschaftungskosten. Bewirtschaftungskosten i.S. der ImmoWertV definieren sich im Übrigen – komplementär zu den angesetzten Roherträgen – unter Ausschluss der durch Umlagen oder sonstige Kostenübernahmen gedeckten Aufwendungen. 1

Bewirtschaftungskosten setzen sich grundsätzlich zusammen aus 2

- den Verwaltungskosten,
- den Instandhaltungskosten,
- dem Mietausfallwagnis,
- den Betriebskosten und
- der Abschreibung.

Die **Abschreibung**, d.h. der Wertverlust einer Immobilie, der trotz ordnungsgemäßer Bewirtschaftung einschließlich der Instandhaltung hingenommen werden muss und die Rendite mit fortschreitender Zeit schmälert, wird in § 32 Abs. 1 Satz 2 ImmoWertV namentlich nicht aufgeführt. Dies ist darin begründet, dass die Abschreibung bei der Ableitung von Liegenschaftszinssätzen unberücksichtigt bleibt und spiegelbildlich bei der Ermittlung des Ertragswerts unter modellkonformer Anwendung des Liegenschaftszinssatzes außer Betracht bleiben muss. Dies gilt allerdings nicht bei Anwendung des Ertragswertverfahrens auf der Grundlage prognostizierter Erträge (*Discounted-Cashflow*-Verfahren) i.V.m. einem besonderen Abzinsungszinssatz. 3

Die vorgenannten **Kostengruppen der Bewirtschaftungskosten werden** in Anlehnung an die entsprechenden Regelungen der §§ 24 bis 30 II. BV sowie der BetrKVO **mit § 32 Abs. 2 bis 4 ImmoWertV materiell abweichend definiert**[1]. 4

Welche von den verbleibenden Kostengruppen der Bewirtschaftungskosten (Verwaltungs-, Betriebs- und Instandhaltungskosten sowie Mietausfallwagnis) zur Ermittlung des Reinertrags in Abzug zu bringen sind, hängt im Einzelnen von den zum Vergleich herangezogenen marktüblich erzielbaren **Erträgen der jeweiligen Grundstücksart und den dabei üblicherweise umgelegten Bewirtschaftungskosten** (der Ausgangsmiete) ab. 5

Im **Bereich der Wohnbaugrundstücke** werden Betriebskosten regelmäßig umgelegt. In diesen Fällen ist es bei der Ermittlung des Ertragswerts angezeigt, direkt von der **Nettokaltmiete/ Grundmiete** auszugehen und als Bewirtschaftungskosten nur noch die Verwaltungs- und Instandhaltungskosten sowie das Mietausfallwagnis in Abzug zu bringen, um den Reinertrag zu ermitteln. § 32 Abs. 1 Satz 1 ImmoWertV bestimmt deshalb, dass durch Umlagen oder sonstige Kostenübernahmen gedeckte Betriebskosten unberücksichtigt bleiben. 6

1 Mit der seit dem 01.01.2002 geltenden Fassung der II. BV i.V.m. Art. 3 der Verordnung vom 25.11.2003 (BGBl. I 2003, 2345, 2347) sind die §§ 8, 26, 28 und 41 sowie die Anl. 3 geändert und die Verwaltungs- und Instandhaltungskosten mit Wirkung ab 01.01.2005 indiziert worden.

7 Betriebskosten sind in der Marktwertermittlung gleichwohl nicht bedeutungslos. Dies betrifft

- ältere Mietverhältnisse, bei denen die Betriebskosten nicht umgelegt worden sind,
- **Gebäude, die von einem strukturellen (dauerhaften oder vorübergehenden) Leerstand betroffen sind** (vgl. Rn. 171; § 8 ImmoWertV Rn. 324).

8 Neben **Schönheitsreparaturen kann auch die sog. kleine Instandhaltung** mietvertraglich auf den Mieter umgelegt werden und bräuchte insoweit bei der Ermittlung des Reinertrags nicht mehr in Abzug gebracht zu werden. Allerdings stehen dafür i.d.R. keine zum Vergleich geeigneten marktüblich erzielbaren Erträge zur Verfügung, sodass derartige Vereinbarungen als „besondere objektspezifische Grundstücksmerkmale“ differentiell oder durch entsprechend höhere Reinerträge berücksichtigt werden (vgl. Rn 124 f., § 31 ImmoWertV Rn. 20).

9 Die im Einzelfall zur Ermittlung des Reinertrags von dem marktüblich erzielbaren Rohertrag abzuziehenden Bewirtschaftungskosten werden in der Wertermittlungspraxis

a) als **Gesamtpauschalabschlag** in einem Vomhundertsatz der Ausgangsmiete (z.B. Nettokaltmiete) oder

b) **gegliedert nach den abzusetzenden Bewirtschaftungskostengruppen (Verwaltungs- und Instandhaltungskosten sowie dem Mietausfallwagnis)** in ihrer jeweils marktüblichen Höhe einzeln angesetzt.

Der zuletzt genannten Vorgehensweise ist grundsätzlich der Vorzug zu geben. Die pauschale Berücksichtigung kann allerdings wiederum aus Gründen der Modellkonformität geboten sein, wenn auch die Liegenschaftszinssätze auf der Grundlage eines pauschalen Abzugs der Bewirtschaftungskosten vom Rohertrag (bzw. von der Nettokaltmiete) abgeleitet worden sind.

Beispiel A:

a) Sachverhalt

Büroobjekt

Nutzfläche	1 500 m²
Objektspezifisch angepasster Liegenschaftszinssatz	6 %
Nettokaltmiete/Grundmiete	15 €/m²
Bodenwert	500 000 €
Restnutzungsdauer	40 Jahre

Der Vermieter trägt laut Mietvertrag nur die Reparaturen an Dach und Fach.
Der Mieter übernimmt lt. Mietvertrag sämtliche Bewirtschaftungskosten, also sowohl die gesamten Instandhaltungskosten als auch die Verwaltungskosten.

Variante A

b) Fehlerhafter Ansatz pauschalierter Bewirtschaftungskosten

Jahresnettokaltmiete/Grundmiete: 15 €/m² × 1 500 m² NF × 12 Monate	270 000 €
./. Bewirtschaftungskosten 30 % pauschal	– 81 000 €
	189 000 €
– Bodenwertverzinsungsbetrag 6 % von 500 000 €	– 30 000 €
Reinertrag – (BW × LZ)	= 159 000 €
Gebäudeertragswert 159 000 € × 15,05	= 2 392 950 €
Bodenwert	+ 500 000 €
Ertragswert	= 2 892 950 €
Verkehrswert	**2 895 000 €**

Variante B

c) Fehlerhafter Ansatz (Einzelansätze) des Wohnungsbaus

Jahresnettokaltmiete/Grundmiete: 15 €/m² × 1 500 m² NF × 12 Monate		270 000 €
Bewirtschaftungskosten		
Verwaltungskosten 4 %	10 800 €	
Instandhaltungskosten 1 500 m² × 8 €/m²	12 000 €	
Mietausfallwagnis 3 %	8 100 €	
	30 900 €	– 30 900 €
		= 239 100 €
– Bodenwertverzinsungsbetrag 6 % von 500 000 €		– 30 000 €
Reinertrag – (BW × LZ)		= 209 100 €
Gebäudeertragswert 209 100 € × 15,05		3 146 955 €
+ Bodenwert		+ 500 000 €
Ertragswert		= 3 646 955 €
Verkehrswert		**3 645 000 €**

Variante C

Jahresnettokaltmiete/Grundmiete: 15 €/m² × 1 500 m² NF × 12 Monate		270 000 €
Bewirtschaftungskosten		
Verwaltungskosten (zur Sicherheit 0,5 %)	1 350 €	
Instandhaltungskosten	–	
Mietausfallwagnis 3 %	8 100 €	
	9 450 €	– 9 450 €
		= 260 550 €
– Bodenwertverzinsungsbetrag 6 % von 500 000 €		– 30 000 €
Reinertrag – (BW × LZ)		= 230 550 €
Gebäudeertragswert 230 550 € × 15,05 bei Kapitalisierungsfaktor KF von 40 Jahren und LZ = 6 %		= 3 469 778 €
+ Bodenwert		+ 500 000 €
Ertragswert		3 969 778 €
Verkehrswert		**3 970 000 €**

Hier wäre zu empfehlen, die Wertberechnung mit den üblichen Bewirtschaftungskosten vorzunehmen (also etwa 11–12 v.H.) und den sich aufgrund des günstigen Mietvertrags ergebenden Mehrertrag lediglich über die Restlaufzeit des Mietvertrags zu kapitalisieren und zuzuschlagen.

Parameter	**A**	**B**	**C**
Bewirtschaftungskostenansatz	30 %	11,44 %	3,5 %
	81 000 €	30 900 €	9 450 €
Verkehrswert	2 895 000 € = 100 %	3 645 000 € = 125,91 %	3 970 000 € = 137,12 %

1.2 Modellansätze für Bewirtschaftungskosten (§ 32 Abs. 1 Satz 3 ImmoWertV)

▶ *Vorbem. zur ImmoWertV Rn. 136; § 8 ImmoWertV Rn. 317; § 21 ImmoWertV Rn. 45ff., 148; Syst. Darst. des Ertragswertverfahrens Rn. 33, 103, 197, 249; zu abweichenden Bewirtschaftungskosten § 8 ImmoWertV Rn. 296ff.*

10 Nach § 32 ImmoWertV bestimmen sich die Bewirtschaftungskosten nach den „für eine ordnungsgemäße Bewirtschaftung und zulässige Nutzung entstehenden regelmäßigen Aufwendungen, die nicht durch Umlagen oder sonstige Kostenübernahmen gedeckt sind." Diese können nicht unerheblich von den mit Anl. 3 zur ImmoWertV den Gutachterausschüssen für Grundstückswerte vorgegebenen Bewirtschaftungskosten abweichen, die diese nach § 12 Abs. 5 Satz 2 ImmoWertV der Ermittlung des anzuwendenden **Liegenschaftszinssatzes von Wohn- und Gewerbeimmobilien** zugrunde zu legen haben.

11 § 12 Abs. 5 ImmoWertV befielt u.a., der Ableitung von Liegenschaftszinssätzen **von Wohn- und Gewerbeimmobilien** nicht nur das dafür vorgegebene Modell, sondern auch die **in Anl. 3 zur ImmoWertV vorgegebenen Modellansätze der Bewirtschaftungskosten** zugrunde zu legen (abgedruckt unter Rn. 202 der Syst. Darst. des Ertragswertverfahrens). Diese sind nach Maßgabe des Modellkonformitätsgrundsatzes (§ 10) für jedermann verbindlich, der die vom Gutachterausschuss für Grundstückswerte dementsprechend abgeleiteten Liegenschaftszinssätze heranzieht.

12 Diese Verbindlichkeit bezieht sich nur auf die Ermittlung des *vorläufigen* Ertragswerts und nicht auf die „Wertermittlung" insgesamt. Denn der Ermittlung des Ertragswerts sind die objektspezifischen Bewirtschaftungskosten i.S. des § 32 ImmoWertV zugrunde zu legen. Erhebliche Abweichungen zwischen den Modellansätzen und den **bei ordnungsgemäßer Bewirtschaftung und zulässiger Nutzung** tatsächlich **entstehenden regelmäßigen *Aufwendungen*** i.S. des § 32 Abs. 1 Satz 1 ImmoWertV müssen bei der Marktwertermittlung – wenn sie wertrelevant sind – berücksichtigt werden (vgl. hierzu Syst. Darst. des Ertragswertverfahrens Rn. 199). Dies betrifft insbesondere die in Anl. 3 zur ImmoWertV vorgegebenen **starren Modellansätze der Instandhaltungskosten**, die abweichend von der II. BV nicht mehr nach dem Alter der baulichen Anlage differenziert sind.

13 **Abweichungen der nach § 32 Abs. 1 ImmoWertV maßgeblichen Bewirtschaftungskosten von vorstehenden Modellansätzen** können nachträglich als „besondere" objektspezifische Grundstücksmerkmale berücksichtigt werden (vgl. Syst. Darst. des Ertragswertverfahrens Rn. 277; § 27 ImmoWertV Rn. 27), wenn diese Besonderheit nicht mit einer nach der Restnutzungsdauer differenzierenden Ableitung des Liegenschaftszinssatzes aufgefangen oder durch Umrechnungskoeffizienten zur Anpassung des Liegenschaftszinssatzes berücksichtigt werden können (vgl. § 8 ImmoWertV Rn. 296 ff.).

Nach der hier vertretenen Auffassung muss von einer „erheblichen" Abweichung ausgegangen werden, wenn sie die Höhe des Verkehrswerts in einer Größenordnung beeinflusst, die im Rahmen der Auf- und Abrundung (vgl. Rn. 93) auf das Ergebnis „durchschlägt". Sind jedoch im konkreten Einzelfall eine Vielzahl besonderer objektspezifischer Grundstücksmerkmale zu berücksichtigen, die jeweils für sich allein nach Art oder Umfang von dem auf dem jeweiligen Grundstücksmarkt Üblichen oder von den zugrunde gelegten Modellen oder Modellansätzen unerheblich abweichen, so können sie zusammen den Verkehrswert signifikant beeinflussen (vgl. Rn. 187; Vorbem. zur ImmoWertV Rn. 140; § 4 ImmoWertV Rn.17, § 8 ImmoWertV Rn. 1 ff.; Syst. Darst. des Ertragswertverfahrens Rn. 60; 103, 199, 215).

2 Marktübliche Bewirtschaftungskosten (§ 32 Abs. 1 ImmoWertV)

2.1 Marktüblichkeit der regelmäßigen Aufwendungen

▶ *Vgl. § 21 ImmoWertV Rn. 117; Syst. Darst. des Ertragswertverfahrens Rn. 197*

Die Generalklausel des § 32 Abs. 1 ImmoWertV, nach der sich Bewirtschaftungskosten als die bei ordnungsgemäßer Bewirtschaftung und zulässiger Nutzung „entstehenden regelmäßigen Aufwendungen“ definieren, ist aus der ImmoWertV 10 und aus § 24 Abs. 2 II. BV hervorgegangen. Während § 19 Abs. 1 ImmoWertV 10 die Bewirtschaftungskosten in logischer Konsequenz zu dem „*marktüblichen* Ertrag“ unter Bezugnahme auf die „*marktüblich*“ entstehenden Aufwendungen definiert, hebt die Nachfolgeregelung nurmehr ohne Bezugnahme auf den jeweils einschlägigen Markt auf die „*regelmäßigen*“ Aufwendungen ab. 14

Bewirtschaftungskosten sind in der Höhe anzusetzen, **wie sie bei normalen,** die Art der Nutzung berücksichtigenden **Verhältnissen mit fremdem Personal für ein unverschuldetes Grundstück laufend entstehen.** Finanzierungskosten (Zinsen, Agien) und Steuern sind mit Ausnahme der Grundsteuer und Grundbesitzabgaben nicht eingeschlossen. Unberücksichtigt bleiben ebenso überdurchschnittliche, unnötige und unwirtschaftliche Ausgaben, die auf einer aufwendigen Wirtschaftsführung beruhen, und einmalige oder zufällige Kosten (z.B. die Kosten von größeren Reparaturen, Instandsetzungs- oder Modernisierungsmaßnahmen). Die Bewirtschaftungskosten müssen sich auf die erforderlichen Kosten beschränken.

Es sind grundsätzlich die **Bewirtschaftungskosten** maßgebend, **die für die jeweilige Gebäudeart und Beschaffenheit„regelmäßig“** entstehen. Dementsprechend muss z.B. der Umstand berücksichtigt werden, dass eine bauliche Anlage aufgrund ihrer Konstruktion und Nutzbarkeit besonders hohe oder niedrige Verwaltungs-, Betriebs- oder Instandhaltungskosten verursacht (z.B. erhöhte Betriebs- und Instandhaltungskosten für denkmalgeschützte Gebäude). Soweit dem nicht direkt Rechnung getragen werden kann, muss dies als ein besonderes objektspezifisches Grundstücksmerkmal (boG) ergänzend berücksichtigt werden. 15

2.2 Bezugsstichtag

Spiegelbildlich zu den bei Anwendung des Ertragswertverfahrensanzusetzenden marktüblich erzielbaren Erträgen (§ 27 Abs. 1 Satz 1 ImmoWertV) sind auch die **Bewirtschaftungskosten nach den Verhältnissen des Wertermittlungsstichtags** anzusetzen. 16

Dies ist von doppelter Bedeutung. Die Bewirtschaftungskosten sind vom Alter der baulichen Anlage am Wertermittlungsstichtag bzw. dessen Restnutzungsdauer abhängig (**altersabhängige Bewirtschaftungskosten**). Besonders augenfällig ist dies bei der Instandhaltung eines Gebäudes. Während bei einem Neubau (noch) verhältnismäßig geringe Instandhaltungskosten anfallen, sind in schwer kalkulierbaren zeitlichen Abständen sog. größere Instandhaltungen unvermeidbar (Abb. 1).

Abb. 1: Instandhaltungskosten

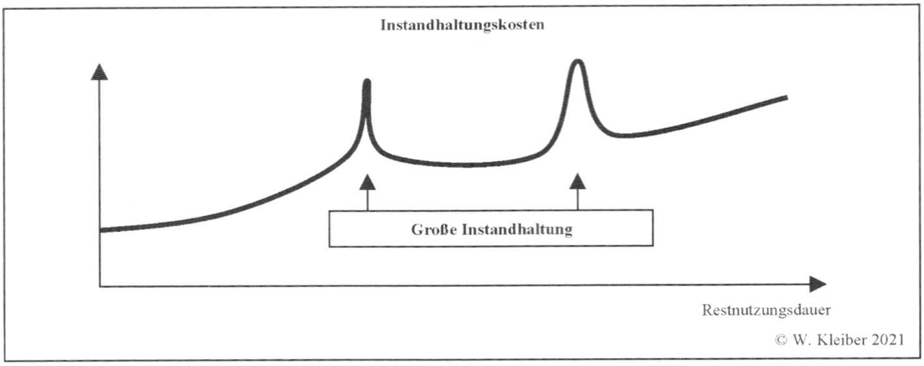

17 Darüber hinaus verändern sich die Bewirtschaftungskosten allein schon aufgrund allgemeiner Änderungen der allgemeinen Wertverhältnisse mit fortschreitender Zeit. Die **zeitabhängigen Änderungen der Bewirtschaftungskosten resultieren aus zwei Komponenten**, nämlich aus

1. den *allgemeinen konjunkturellen Entwicklungen* (sog. allgemeine Wertverhältnisse) sowie
2. aus den mit zunehmendem Alter der baulichen Anlage einhergehenden höheren Bewirtschaftungskosten, die insbesondere auf technische Abnutzungen und gewandelte Ansprüche des Marktes zurückführbar sind (**altersabhängige Bewirtschaftungskosten**). Daraus resultieren
   - höhere Instandhaltungskosten infolge technisch begrenzter Lebensdauer einzelner Bauteile,
   - höhere Verwaltungskosten infolge höherer Reparaturanfälligkeit sowie
   - ein höheres Mietausfallwagnis für ein „gealtertes“ Gebäude, das nicht mehr den zeitgemäßen Anforderungen entspricht.

18 Bei den mit Anl. 3 vorgegebenen „Modellansätzen“ handelt es sich um stichtagsbezogene **Modellansätze für Bewirtschaftungskosten ohne Berücksichtigung ihrer Altersabhängigkeit**. So werden z.B. die Instandhaltungskosten für Wohngebäude ohne Berücksichtigung des Gebäudealters mit einem einheitlichen Modellansatz vorgeschrieben, der für eine ca. 15 Jahre alte bauliche Anlage gelten mag. Daraus ergeben sich erhebliche Abweichungen gegenüber den angemessenen altersabhängigen Instandhaltungskosten bei „jungen“ und „älteren“ bauliche Anlage.

19 Die unter Ziff. III. der Anl. 3 zur ImmoWertV vorgeschriebene jährliche Anpassung der Modellansätze ist eine rein konjunkturelle Fortschreibung der Modellansätze ohne Berücksichtigung der Altersabhängigkeit von Bewirtschaftungskosten.

20 Auch wenn mit der Fortschreibung der Modellansätze auch künftig aktuelle Modellansätze am Wertermittlungsstichtag zur Verfügung stehen werden, muss sich die Frage stellen, wie im weiteren Verlauf die **Entwicklung der Bewirtschaftungskosten** berücksichtigt wird. Zwei Lösungsalternativen kommen in Betracht:

a) Bei Anwendung des Ertragswertverfahrens auf der Grundlage prognostizierter Erträge (*Discounted-Cashflow*-Verfahren) müssen die künftig anfallenden Bewirtschaftungskosten prognostiziert werden. Dies wiederum trachtet man dadurch zu vermeiden, dass man die Bewirtschaftungskosten in einem Vomhundertsatz der (prognostizierten) Einnahmen ansetzt. Gleichwohl bleiben die so zum Ansatz kommenden Bewirtschaftungskosten damit eine fehlerbehaftete Größe, denn die unvermeidlichen Fehler der Einnahmenprognosen werden damit zwangsläufig auf die Bewirtschaftungskosten übertragen.

b) In der internationalen Praxis der Verkehrswertermittlung (Marktwertermittlung) nach der sog. *overall capitalization method*, wie sie auch in dem Ertragswertverfahren nach den §§ 27 ff. ImmoWertV zur Anwendung kommt, ermittelt sich der Reinertrag grundsätzlich unter Abzug der am Wertermittlungsstichtag „regelmäßig" bzw. „marktüblich" entstehenden Bewirtschaftungskosten. Vom Grundstücksmarkt erwartete Änderungen dieser Bewirtschaftungskosten werden zusammen mit den erwarteten Änderungen der Erträge wiederum mit dem Liegenschaftszinssatz (*all over capitalization rate)* berücksichtigt.

Diese Vorgehensweise ist darin begründet, dass sich die Bewirtschaftungskosten bei realistischer Betrachtungsweise nicht prognostizieren lassen. So wie der Sachverständige steht nämlich auch der Käufer eines Grundstücks vor dem Problem, die künftigen Bewirtschaftungskosten abzuschätzen. Auch er ist sich bewusst, dass die zum Zeitpunkt des Ankaufs eines Grundstücks (wie auch zum Zeitpunkt der Wertermittlung) anfallenden Bewirtschaftungskosten nicht konstant bleiben, sondern muss erwarten, dass sie sich mit zunehmendem Alter der baulichen Anlage eher erhöhen und auch von der allgemeinen wirtschaftlichen Entwicklung nicht verschont bleiben. Wie auch die Einschätzung der künftigen Ertragsentwicklung findet auch die Einschätzung der künftigen Bewirtschaftungskosten ihren Ausdruck in dem Kaufpreis, den er für das Grundstück entrichtet. Wird der Liegenschaftszinssatz in Abhängigkeit von der Restnutzungsdauer der baulichen Anlage ermittelt, so kann erwartet werden, dass die mit zunehmendem Alter einhergehenden höheren Instandhaltungskosten bei gleichzeitigem Rückgang der Erträge ihren Niederschlag in den Kaufpreisen und somit auch in den daraus abgeleiteten Liegenschaftszinssätzen finden. 21

2.3 Abweichungen der tatsächlichen von den regelmäßig entstehenden Bewirtschaftungskosten

▶ *Vgl. Rn. 148; § 8 ImmoWertV Rn. 296 ff.; Syst. Darst. des Ertragswertverfahrens Rn. 200; § 27 ImmoWertV Rn. 24*

Mit dem Liegenschaftszinssatz werden die allgemein erwarteten Entwicklungen der Bewirtschaftungskosten, nicht jedoch Bewirtschaftungskosten erfasst, die aufgrund besonderer vertraglicher Bindungen ungewöhnlich sind. 22

Ungewöhnliche Bewirtschaftungskosten liegen insbesondere vor, wenn die vom Vermieter bzw. dem Mieter zu tragenden Bewirtschaftungskosten von den üblichen Bewirtschaftungskosten aufgrund besonderer Vertragsgestaltungen oder aus sonstigen Gründen dem Grunde oder der Höhe nach nicht nur geringfügig abweichen Bei geringen Abweichungen wird man solche Besonderheiten vernachlässigen können. Größere Abweichungen müssen indessen berücksichtigt werden, insbesondere wenn sie längerfristig hinzunehmen sind.

Ungewöhnliche Bewirtschaftungskosten können beispielsweise vorliegen, wenn 23

a) der Vermieter die Betriebskosten nicht oder nur teilweise auf den Mieter umgelegt hat,

b) der Vermieter (vertraglich) die Schönheitsreparaturen trägt oder der Mieter die Kosten der „kleinen Instandhaltung",

c) ein langfristiges Mietverhältnis mit einem solventen Mieter besteht und deshalb das Mietausfallwagnis zum Wertermittlungsstichtag (im Vergleich zur Gesamtnutzungsdauer) vorübergehend gering ist,

d) abweichend von den üblichen Vertragsgestaltungen vom Mieter bzw. Vermieter vertraglich bestimmte Bewirtschaftungskosten getragen werden,

e) ungewöhnlich hohe oder niedrige Bewirtschaftungskosten vertraglich umgelegt werden,

f) der Vermieter die Betriebskosten überhaupt nicht umgelegt hat oder die Grundsteuer im Rahmen der Umlage der Betriebskosten nicht umgelegt hat,

g) der Vermieter (einer gewerblichen Immobilie) ungewöhnlich hohe oder niedrige Bewirtschaftungskosten vertraglich umgelegt hat.

24 Solche **vertraglichen Besonderheiten müssen** als Anomalien gelten, wenn sie längerfristig hinzunehmen sind und im Falle der Veräußerung des Grundstücks nicht untergehen, denn „Kauf bricht nicht die Miete“.

Sie müssen wie Mehr- oder Mindereinnahmen (*over- und underrented*) wiederum als **besonderes objektspezifisches Grundstücksmerkmal (boG) gesondert berücksichtigt werden**. Der aus den Besonderheiten resultierende Vor- oder Nachteil ist zu diesem Zweck über den jeweiligen Zeitraum zu kapitalisieren und erhöht bzw. mindert den Verkehrswert. Bei Anwendung des periodischen Ertragswertverfahrens nach § 30 ImmoWertV können solche Besonderheiten auch mit dem sich daraus ergebenden Reinertrag berücksichtigt werden.

Etwas anderes gilt im Falle einer überholten, aber kündbaren **Vergütung der Verwaltung**; diese bleibt nach § 32 Abs. 2 ImmoWertV unberücksichtigt.

3 Gesamtpauschale der Bewirtschaftungskosten

3.1 Allgemeines

▶ *Zu den Bewirtschaftungskosten für Block- und Plattenbauweisen in den neuen Bundesländern im Jahre 1999 vgl. GuG aktuell 1994, 42; RdSchr. Nr. 185/1994 des Ostdeutschen Sparkassen- und Giroverbandes vom 06.10.1994; 3. Aufl. zu diesem Werk S. 2158*

25 Grundsätzlich besteht die Möglichkeit, die im Einzelfall nicht umgelegten Bewirtschaftungskosten(gruppen) mit einer Gesamtpauschale oder im Wege von Einzelansätzen in Abzug zu bringen. **Allgemein ist** jedoch **Einzelansätzen** schon deshalb **der Vorzug zu geben, weil damit Besonderheiten des Einzelfalls präziser erfasst werden können**, während der Ansatz von Pauschalansätzen nur dann zufriedenstellende Ergebnisse erwarten lässt, wenn das zu bewertende Objekt durchschnittliche Verhältnisse aufweist, wie sie der Ableitung von Pauschalen für die nicht umlagefähigen Bewirtschaftungskosten zugrunde lagen.

3.2 Wohnraum

▶ *Vgl. Syst. Darst. de Ertragswertverfahrens Rn. 197 ff.*

26 Die Spannbreite der Bewirtschaftungskosten von Wohngebäuden ist äußerst groß und beträgt je nach Ausstattung, Alter und Miethöhe zwischen 10 bis 40 % (bei Altbauten bis Baujahr 1948) der Nettokaltmiete. Für Mietwohnobjekte enthielt Anl. 3 WertR 96 eine **Tabelle für die Gesamtpauschale der nicht umlagefähigen Bewirtschaftungskosten,** d.h. für die Verwaltungs- und Instandhaltungskosten sowie das Mietausfallwagnis. Im Hinblick auf die Abhängigkeit der Verwaltungskosten von der Anzahl der Untereinheiten war ihre Anwendung auf Objekte mit 3 bis 8 Wohnungen beschränkt[2]. Von den Gutachterausschüssen werden Gesamtpauschalen der Bewirtschaftungskosten nur noch vereinzelt ermittelt.

3.3 Gewerberaum

Schrifttum: *Burbulla, R./ Schneider, M.,* Die Verteilung der Erhaltungslast in der Gewerberaummiete als zentraler Bewertungsfaktor bei der Immobilienbewertung, GuG 2023, 319;*Zeißler, M.*, Bewirtschaftungskosten für Gewerbeimmobilien, GuG 2002, 197.

▶ *Vgl. Syst. Darst. des Ertragswertverfahrens Rn. 197 ff.; Teil V Rn.162*

27 Die **Spannbreite der Bewirtschaftungskosten** ist je nach Ausstattung, Alter und Miethöhe äußerst groß.

- Bei *Wohngebäuden* beträgt sie zwischen 10 bis 40 % (bei Altbauten bis Baujahr 1948) der Nettokaltmiete.
- Bei *gewerblichen Objekten* beträgt sie zwischen 10 bis 30 % der Nettokaltmiete.

2 Zuletzt abgedruckt in Kleiber, Verkehrswertermittlung von Grundstücken, 9. Aufl. 2019, § 19 ImmoWertV 10 Rn. 25.

Für gewerbliche Objekte lassen sich pauschalierte Vomhundertsätze des Ertrags nur schwerlich angeben; allgemein gilt, dass sie i.d.R. deutlich niedriger als für Wohnraum ausfallen. Der bei Mietwohnobjekten (früher) übliche pauschalierte Abzug der Bewirtschaftungskosten vom Rohertrag (i.d.R. Jahresnettokaltmiete) kann insbesondere bei hochwertigen Gewerbeimmobilien zu Fehlbewertungen führen. Diesbezüglich muss in die Gewerbemietverträge eingesehen werden, denn bei Gewerbeobjekten besteht im Gegensatz zu Mietwohngrundstücken Gestaltungsfreiheit hinsichtlich der vom Mieter zu tragenden Bewirtschaftungskosten. Dies ist frei aushandelbar und selbst innerhalb eines Objekts können je nach Abschlusszeitpunkt der Mietverträge entweder mieter- oder vermieterfreundliche Vereinbarungen mit erheblichen Auswirkungen auf die jeweiligen Reinerträge getroffen worden sein. **Bei Heranziehung von Vergleichsmieten zur Verkehrswertermittlung von gewerblichen Objekten dürfen deshalb nur die Bewirtschaftungskosten zum Abzug gebracht werden, die in den herangezogenen Vergleichsfällen nicht umgelegt wurden.** Von daher muss bei der Verkehrswertermittlung auch sorgfältig zwischen Mietwohn- und gewerblichen Objekten unterschieden werden. 28

3.4 Bewirtschaftungskosten für steuerliche Bewertung

▶ *Vgl. Syst. Darst. des Ertragswertverfahrens Rn. 116*

Als Bewirtschaftungskosten werden – wie nach der ImmoWertV – die bei ordnungsgemäßer Bewirtschaftung und zulässiger Nutzung marktüblich entstehenden jährlichen Verwaltungskosten, Betriebskosten, Instandhaltungskosten und das Mietausfallwagnis berücksichtigt, die nicht durch Umlagen oder sonstige Kostenübernahmen gedeckt sind. 29

Im Rahmen der **Feststellung von Grundsteuerwerten** ab 01.01.2022 kommen die pauschalierten Bewirtschaftungskosten für Verwaltung, Instandhaltung und Mietausfallwagnis in Prozent des Rohertrags des Grundstücks nach § 254 BewG zur Anwendung (vgl. Syst. Darst. des Ertragswertverfahrens Rn. 116, 206).

Abb. 2: Pauschalierte Bewirtschaftungskosten in der steuerlichen Bewertung

Pauschalierte Bewirtschaftungskosten für Verwaltung, Instandhaltung und Mietausfallwagnis in v.H. des Rohertrags des Grundstücks nach § 255 BewG (BGBl. I 2019, 1840)			
	Grundstücksart		
Restnutzungsdauer	1 Ein- und Zweifamilienhäuser	2 Wohnungseigentum	3 Mietwohngrundstück
≥ 60 Jahre	18	23	21
40 bis 59 Jahre	21	25	23
20 bis 39 Jahre	25	29	27
< 20 Jahre	27	31	29

Im Rahmen der **Erbschaftsteuer** sind nach § 187 Abs. 2 und 3 BewG die aus Anl. 23 zum BewG ergebenden Bewirtschaftungskosten anzusetzen.

Anl. 23 zu § 187 Abs. 2 und 3 BewG (BGBl I 2022, 2317)

I. **Bewirtschaftungskosten für Wohnnutzung**	
1. **Verwaltungskosten (Basiswerte)**	
jährlich je Wohnung	230 Euro
jährlich je Garage oder ähnlichen Einstellplatz	30 Euro
2. **Instandhaltungskosten (Basiswerte)**	
jährlich je Quadratmeter Wohnfläche	9 Euro
jährlich je Garage oder ähnlichen Einstellplatz	68 Euro
3. **Mietausfallwagnis**	
jährlicher Rohertrag	2 Prozent
II. **Bewirtschaftungskosten für gewerbliche Nutzung**	
1. **Verwaltungskosten**	
jährlicher Rohertrag	3 Prozent
2. **Instandhaltungskosten**	
jährlich je Quadratmeter Nutzfläche (alle Gebäudearten der Anlage 24, Teil II., mit Ausnahme der nachfolgend genannten Gebäudearten)	100 Prozent der Instandhaltungskosten je Quadratmeter Wohnfläche gemäß Nummer I.2
jährlich je Quadratmeter Nutzfläche (Gebäudeart 13 der Anlage 24, Teil II.)	50 Prozent der Instandhaltungskosten je Quadratmeter Wohnfläche gemäß Nummer I.2
jährlich je Quadratmeter Nutzfläche (Gebäudearten 15 bis 16 und 18 der Anlage 24, Teil II.)	30 Prozent der Instandhaltungskosten je Quadratmeter Wohnfläche gemäß Nummer I.2
3. **Mietausfallwagnis**	
jährlicher Rohertrag	
Die Anpassung der Basiswerte nach den Nummern I.1 und I.2 erfolgt jährlich mit dem Prozentsatz, um den sich der vom Statistischen Bundesamt festgestellte Verbraucherpreisindex für Deutschland für den Monat Oktober 2001 gegenüber demjenigen für den Monat Oktober des Jahres, das dem Stichtag der Ermittlung des Liegenschaftszinssatzes vorausgeht, erhöht oder verringert hat. Die Werte für die Instandhaltungskosten pro Quadratmeter sind auf eine Nachkommastelle und bei den Instandhaltungskosten pro Garage oder ähnlichem Einstellplatz sowie bei Verwaltungskosten kaufmännisch auf volle Euro zu runden.	

Abb. 2a: Pauschalierte Bewirtschaftungskosten in der steuerlichen Bewertung nach Anl. 23 BewG

Pauschalierte Bewirtschaftungskosten für Verwaltung, Instandhaltung und Mietausfallwagnis in v.H. des Rohertrags des Grundstücks nach § 254 BewG				
Restnutzungsdauer	**1**	**Grundstücksart**		**4**
		2	**3**	
		gemischt genutztes Grundstück mit einem gewerblichen Anteil von		
	Mietwohngrundstück	bis zu 50 % (berechnet nach der Wohn- bzw. Nutzfläche)	mehr als 50 % (berechnet nach der Wohn- bzw. Nutzfläche)	**Geschäftsgrundstück**
> 60 Jahre	21	21		18
40 bis 59 Jahre	23	22		20
20 bis 39 Jahre	27	23		22
< 20 Jahre	29	26		23

4 Einzelpauschalen der Bewirtschaftungskosten

4.1 Allgemeines

▶ *Vgl. Syst. Darst. de Ertragswertverfahrens Rn. 197 ff.*

Grundsätzlich sind bei der Ertragswertermittlung die Bewirtschaftungskosten im Einzelnen gegliedert nach den Kostenarten partiell anzusetzen, sofern nicht ein pauschaler Ansatz aus Gründen der **Modellkonformität** geboten ist. 30

Entsprechendes gilt auch für die **Ermittlung des Beleihungswerts** und entspricht den Vorgaben der BaFin zur Ermittlung von Beleihungswerten. 31

Bei **größeren Objekten** sollte schon im Hinblick auf ein sicheres Ergebnis einer individuellen Berücksichtigung der Bewirtschaftungskosten der Vorrang eingeräumt werden. 32

4.2 Abschreibung (AfA)

4.2.1 Begriff

Schrifttum: *Bauer/Bauer*, Steuerratgeber, Vermietung, Verpachtung, Selbstnutzung, 5. Aufl. Boorberg 2004; *Bowie, N.*, The depreciation of buildings, Journal of Valuation 1984, Vol. 2, Issue 1.

▶ *Rn. 43; Syst. Darst. des Ertragswertverfahrens Rn. 55, 201; § 21 ImmoWertV Rn. 116, 204; § 38 ImmoWertV Rn. 1 ff.*

Abschreibung (*depreciation*) **ist die Wertminderung eines Gebäudes, die mit fortschreitender Zeit insbesondere infolge des technologischen Wandels, der sich wandelnden Anforderungen des Marktes an Beschaffenheit und Funktionalität einer Immobilie, der sich wandelnden Bedürfnisse des Wohnens, Arbeitens und anderer Nutzungen, der demografischen Entwicklung, des Umfeldes einer Immobilie und des Wandels der Lebensgewohnheiten usw.** ***trotz seiner ordnungsgemäßen Instandhaltung*** **eintritt.** Die so verstandene Abschreibung führt regelmäßig zum wirtschaftlichen Abgang der baulichen Anlage. „*Depreciation is the inevitable march to the scrap heap*", heißt es dazu im englischsprachigen Schrifttum[3]. Die so definierte Abschreibung rückt bei oberflächlicher Betrachtungsweise erst viele Jahre nach Errichtung des Gebäudes in das Bewusstsein des Eigentümers, denn die „schleichende" Wertminderung wird durch die konjunkturelle (inflationäre) Entwicklung des Grundstücksmarktes bis zur Unkenntlichkeit überdeckt. 33

Der so verstandene **Begriff der „Abschreibung"** ist auch in der internationalen Immobilienwirtschaft gebräuchlich (vgl. IAS 16 §§ 50 ff.). Die Tegova definiert die Abschreibung als „das Maß der Absetzung für Abnutzung, Verbrauch oder anderweitigen Wertverlust einer Sachanlage durch Gebrauch, Zeitablauf oder aufgrund einer Minderung durch technologische oder marktbedingte Änderungen"[4]. 34

§ 25 Abs. 1 II. BV definiert für die Belange der sozialen Wohnraumförderung **die Abschreibung (AfA) als den auf jedes Jahr der Nutzung fallenden „Anteil der verbrauchsbedingten Wertminderung der Gebäude, Anlagen und Einrichtungen"**. Der Abschreibungsbetrag soll nach der mutmaßlichen Nutzungsdauer errechnet werden. 35

Mit § 25 Abs. 2 und 3 II. BV werden folgende Abschreibungssätze empfohlen:

„(2) Die Abschreibung soll bei Gebäuden 1 vom Hundert der Baukosten, bei Erbbaurechten 1 vom Hundert der Gesamtkosten nicht übersteigen, sofern nicht besondere Umstände eine Überschreitung rechtfertigen.

(3) Als besondere Abschreibung für Anlagen und Einrichtungen dürfen zusätzlich angesetzt werden von den in der Wirtschaftlichkeitsberechnung enthaltenen Kosten

1. der Öfen und Herde 3 vom Hundert,
2. der Einbaumöbel 3 vom Hundert,

---

3 *Bowie, N.*, The depreciation of buildings, Journal of Valuation 1984, Vol. 2.
4 Tegova, Europäische Bewertungsstandards, 7. Aufl. 2012.

3. der Anlagen und der Geräte zur Versorgung mit Warmwasser, sofern sie nicht mit einer Sammelheizung verbunden sind, 4 vom Hundert,
4. der Sammelheizung einschließlich einer damit verbundenen Anlage zur Versorgung mit Warmwasser 3 vom Hundert,
5. der Hausanlage bei eigenständig gewerblicher Lieferung von Wärme 0,5 vom Hundert, und einer damit verbundenen Anlage zur Versorgung mit Warmwasser 4 vom Hundert,
6. des Aufzugs 2 vom Hundert,
7. der Gemeinschaftsantenne 9 vom Hundert,
8. der maschinellen Wascheinrichtung 9 vom Hundert."

36 Die **DIN 31 051** (Januar 1985) verwendet an Stelle des Begriffs der Abschreibung den technischen Begriff der Abnutzung und definiert diese wie folgt:

„Im Sinne der Instandhaltung Abbau des Abnutzungsvorganges (Nr. 4.1) infolge physikalischer und/oder chemischer Einwirkungen.

Anmerkung: Abnutzung im Sinne der Instandhaltung sind z.B. Verschleiß, Alterung, Korrosion und auch plötzlich auftretende Istzustandsveränderungen wie z.B. ein Bruch (Abnutzung in kaufmännischer Bewertung ist die Abschreibung)."

37 Begrifflich steht die so definierte Abschreibung in enger Verwandtschaft mit der **Alterswertminderung nach § 38 ImmoWertV**. Im Rahmen des *Ertragswertverfahrens* stellt die Abschreibung jedoch nicht die verbrauchsbedingte Wertminderung, sondern die dieser Wertminderung entsprechende **Erneuerungsrücklage für den verbrauchsbedingten Wertverzehr der baulichen Anlagen** dar. Diese Erneuerungsrücklage wäre aus dem Reinertrag aufzubringen, wobei es dahingestellt sein mag, ob der Eigentümer diesen Bestandteil des Reinertrags „verfrühstückt" oder tatsächlich auf Zins und Zinseszins anlegt, um am Ende der Restnutzungsdauer den Ertragswert der baulichen Anlagen wieder angesammelt zu haben. Von daher braucht der Abschreibung (= Erneuerungsrücklage) in der Tat keine Beachtung geschenkt zu werden. Das Modell des in der ImmoWertV geregelten Ertragswertverfahrens und des mit § 27 Abs. 1 ImmoWertV definierten Reinertrags ist aber gleichwohl irreführend, weil hierin eben die Erneuerungsrücklage enthalten ist. Kein Kapitalanleger würde den Kapitalrückfluss als *Rein*ertrag ansehen, wenn am Ende der Investitionsdauer das angelegte Kapital „verfrühstückt" wäre. Der eigentliche Reinertrag ist von daher der um die Erneuerungsrücklage verminderte Reinertrag i.S. der ImmoWertV.

38 In diesem Zusammenhang ist allerdings darauf hinzuweisen, dass bei Immobilien, die nicht der sog. Konsumgutlösung unterliegen, der Gesetzgeber den Wertverlust steuerlich dadurch kompensiert, dass der Anleger einen bestimmten Prozentsatz der Herstellungskosten oder des Kaufpreises (ohne Grund und Boden) steuersparend geltend machen kann. Die prozentuale Höhe hängt vom Alter des Gebäudes ab.

39 Der altersbedingte Wertverlust kann steuerlich dadurch geltend gemacht werden, dass der Anleger einen bestimmten Prozentsatz der Herstellungskosten oder des Kaufpreises (ohne Grund und Boden) steuersparend im Rahmen seiner Einkommensteuer geltend machen kann. Die prozentuale Höhe hängt vom Alter des Gebäudes ab.

40 Nach der Neuregelung des § 7 Abs. 5 Nr. 3 Buchst. c EStG beläuft sich die degressive Gebäudeabschreibung für Gebäude i.S. des § 7 Abs. 4 Satz 1 Nr. 2 EStG, soweit

- sie Wohnzwecken dienen,
- nicht zu einem Betriebsvermögen gehören und
- aufgrund eines Bauantrags errichtet worden sind, der nach dem 31.12.2003 und vor dem 01.01.2006 gestellt wurde, bzw. in Erwerbsfällen, in denen der Notarvertrag nach dem 31.12.2003 und vor dem 01.01.2006 rechtswirksam abgeschlossen wurde,

auf folgende Sätze:

Abb. 3: Degressive Gebäudeabschreibung nach § 7 Abs. 5 Nr. 3 Buchst. c EStG (ab 01.01.2004)

Degressive Gebäudeabschreibung nach § 7 Abs. 5 EStG (ab 01.01.2004)		
Anzahl der Jahre	**AfA-Satz**	**Gesamt**
10 Jahre	4,00 %	40 %
8 Jahre	2,50 %	20 %
32 Jahre	1,25 %	40 %
50 Jahre (gesamt)		100 %

▶ *Zur erhöhten Abschreibung in Sanierungsgebieten Teil VI Rn. 246 ff.; für Baudenkmale Teil VI Rn. 246 ff.*

Die steuerlichen Abschreibungssätze können aber schon insofern nicht der tatsächlichen wirtschaftlichen Abschreibung entsprechen, weil sie an Kosten der Vergangenheit anknüpfen. Wirtschaftlich muss aber von der Abschreibung erwartet werden, dass sie – als Erneuerungsrücklage auf Zinseszins angelegt – mit Ablauf der Restnutzungsdauer einen Kapitalbetrag ergibt, mit dem das Gebäude unter Berücksichtigung zwischenzeitlich eingetretener Preissteigerungen ersetzt werden kann. 41

Darüber hinaus können bei steuerpflichtigen **Einkünften aus Vermietung und Verpachtung Werbungskosten** geltend gemacht werden, wie z.B. 42

- Instandhaltungsaufwand,
- Saalmiete für Eigentümerversammlung,
- Kontoführungsgebühren,
- Rechts- und Gerichtskosten,
- Verwaltergebühr,
- Fahrtkosten zum Besuch des Eigentums,
- Zeitungsannoncen bei Neuvermietung und
- Kosten für Fotokopien, Telefon und Büromaterial.

Zu den betragsmäßig dominierenden Ausgaben zählen vor allem die Zinsen für Hypothekendarlehen.

4.2.2 Berücksichtigung der Abschreibung

▶ *Vgl. § 21 ImmoWertV Rn. 116; zur Berücksichtigung der Abschreibung bei Anwendung des Discounted-Cashflow-Verfahrens vgl. Syst. Darst. des Ertragswertverfahrens Rn. 55 ff.*

Das in den §§ 35 ff. ImmoWertV geregelte **Sachwertverfahren** schenkt der Frage der Rücklage der sog. Abschreibung im Übrigen keine Beachtung. Dies ist in dem grundlegenden Wesensunterschied zwischen Ertrags- und Sachwertverfahren begründet und bei Anwendung des Sachwertverfahrens auch systemgerecht. Mit der in § 38 ImmoWertV definierten **Alterswertminderung**, die auch als Abschreibung (für Abnutzungen – AfA –) bezeichnet wird, soll die mit zunehmendem Alter einhergehende Wertminderung des Objekts gegenüber dem als Neubauwert ermittelten Herstellungswert erfasst werden. Diese Wertminderung wächst von null im Zeitpunkt der Gebäudeerrichtung bis zum vollen Herstellungswert im Jahre des wirtschaftlichen Abgangs des Gebäudes an, ohne dass dabei gefordert wird, dass die Wiederanlage eines der alljährlich anfallenden Wertminderung entsprechenden Betrags auf Zins und Zinseszins den „Wert der baulichen Anlagen" reproduziert. 43

Bei Anwendung des in den §§ 31 ff. ImmoWertV geregelten **Ertragswertverfahrens** braucht der Abschreibung auch keine Beachtung geschenkt zu werden. Die **Erneuerungsrücklage für den verbrauchsbedingten Wertverzehr der baulichen Anlage** ist nach vorstehenden Ausführungen nämlich im Reinertrag enthalten, und es wird bei der Anwendung des Kapitalisierungsfaktors auf den ermittelten Reinertrag nicht zwischen der Kapitalisierung der darin 44 enthaltenen Abschreibung und dem eigentlichen Reinertrag unterschieden. Mit dem aus Kaufpreisen von Grundstücken und ihren jeweiligen Reinerträgen (einschließlich der darin enthaltenen Erneuerungsrücklage) abgeleiteten Liegenschaftszinssatz wird die Abschreibung mit dem zur Anwendung kommenden Liegenschaftszinssatz berücksichtigt. Dies gilt gleichermaßen für die steuerliche Abschreibung.

45 Der in § 27 Abs. 2und § 31 Abs. 1 ImmoWertV gebrauchte **Begriff des** jährlichen ***Reinertrags*** suggeriert, dass er sich unter Abzug sämtlicher Bewirtschaftungskosten ergibt. Tatsächlich wird bei der Ermittlung des „Reinertrags" nach § 31 Abs. 1 i.V.m. § 32 ImmoWertV die jährliche Wertminderung aufgrund des jährlichen Wertverlustes der baulichen Anlage (Abschreibung) nicht in Abzug gebracht. Der so definierte Reinertrag ist insofern nicht „rein".

Der **effektive Jahresreinertrag** würde sich aus dem Jahresreinertrag i.S. des § 31 Abs. 1 ImmoWertV abzüglich des jährlichen Abschreibungsbetrags ergeben (vgl. Abb. 4).

Abb. 4: Effektiver Reinertrag

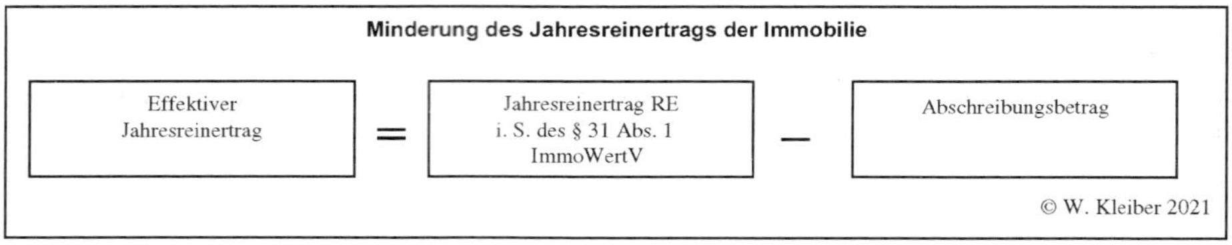

Der effektive Jahresreinertrag braucht aber nicht ermittelt zu werden, weil die **Abschreibung indirekt mit dem Liegenschaftszinssatz berücksichtigt** wird. Sowohl bei der Ableitung der Liegenschaftszinssätze als auch bei Heranziehung dieser Liegenschaftszinssätze zur Ertragswertermittlung wird nämlich jeweils von einem abschreibungsunverminderten Reinertrag ausgegangen und man bleibt in demselben System.

46 Dies soll an nachfolgendem *Beispiel* (RND = 100 Jahre) verdeutlicht werden:

a) Ableitung des Liegenschaftszinssatzes (bei n = ∞)

ohne Berücksichtigung der Abschreibung			*mit* Berücksichtigung der Abschreibung		
RE	=	50 000 €	RE	=	50 000 €
Abschreibung	=	0 €	Abschreibung	=	– 5 000 €
$RE_{unvermindert}$	=	50 000 €	$RE_{vermindert}$	=	*45 000 €*
Kaufpreis = Verkehrswert	=	1 000 000 €	Kaufpreis = Verkehrswert	=	1 000 000 €
LZ = RE × 100/KP	=	5 %	LZ = RE × 100/KP	=	*4,5 %*

b) Verkehrswertermittlung: Verkehrswert = RE × 100/LZ (bei n = ∞)

RE	=	50 000 €	RE	=	50 000 €
Abschreibung	=	0 €	Abschreibung	=	– 5 000 €
$RE_{unvermindert}$	=	50 000 €	$RE_{vermindert}$	=	*45 000 €*
LZ	=	5 %	LZ	=	4,5 %
VW = RE × 100/LZ	=	**1 000 000 €**	VW = RE × 100/LZ	=	**1 000 000 €**

Anmerkung: Bei n = ∞ stehen Liegenschaftszinssatz LZ und Kapitalisierungsfaktor KF in reziprokem Verhältnis zueinander.

47 Aus dem *Beispiel* wird deutlich, dass man zu demselben Ergebnis gelangt, wenn man jeweils in demselben System bleibt. Bei Ableitung des Liegenschaftszinssatzes unter Vernachlässigung der Abschreibung und gleichzeitigem (modellkonformem) Ansatz eines Reinertrags

wiederum unter Vernachlässigung der Abschreibung neutralisiert sich eine mit den §§ 31f. ImmoWertV vorgegebene Vernachlässigung der Abschreibung bei Ableitung des Reinertrags. Das Verfahren der ImmoWertV, die Abschreibung außer Betracht zu lassen, hat damit den Vorteil, dass man sich über die Höhe der angemessenen Abschreibung keine Gedanken zu machen braucht, und zwar weder bei der Ableitung des Liegenschaftszinssatzes noch bei Anwendung des Ertragswertverfahrens. Festzuhalten bleibt aber, dass das, was als **Reinertrag nach § 31 Abs. 1 ImmoWertV** in die Wertermittlung eingeführt wird, **nicht der „wahre" Reinertrag** ist und diesen Ausdruck aus immobilienwirtschaftlicher Sicht nicht verdient. Auch die üblichen steuerlichen Abschreibungsmöglichkeiten gehen im Übrigen in den Liegenschaftszinssatz ein.

Entsprechendes gilt für den Liegenschaftszinssatz. Das *Beispiel* zeigt, dass sich **Liegenschaften unter Berücksichtigung der Abschreibung zu einem geringeren Zinssatz verzinsen, als der angesetzte Liegenschaftszinssatz vorgibt**. 48

Bei Anwendung des **prognoseorientierten Ertragswertverfahrens** (*Discounted-Cashflow-Verfahren*) muss im Gegensatz zum klassischen Ertragswertverfahren die Abschreibung besonders berücksichtigt werden. 49

Die Höhe des **Abschreibungsbetrags, der im Reinertrag enthalten ist,** lässt sich nach dem dem Ertragswertverfahren zugrunde liegenden Modell aus dem jeweiligen Gebäudewert ableiten. Der Abschreibungsbetrag ergibt sich aus 50

$$\text{Abschreibungsbetrag des Gebäudes} = \frac{G}{AD} \quad \text{wobei } AD = \frac{q^n - 1}{q - 1}$$

wobei

G = Gebäudewert

AD = Abschreibungsdivisor

q = Zinsfaktor = 1 + Abschreibungszinssatz / 100 = 1 + Liegenschaftszinssatz

Als **Abschreibungszinssatz** ist der Liegenschaftszinssatz LZ maßgebend.

Der jährliche Abschreibungsbetrag kann ermittelt werden, indem der Gebäudeertragswert am Wertermittlungsstichtag durch den nachhaltigen **Abschreibungsdivisor** 51

$$AD = \text{Abschreibungsdivisor} = \frac{q^n - 1}{q - 1}$$

geteilt wird.

Beispiel: 52

Gebäudewert	500 000 €
Abschreibungszinssatz	5 %
Restnutzungsdauer	50 Jahre

Abschreibungsbetrag = 500 000 €/209,348 = 2 388 €

Der Gebäudewert kann als Gebäudeertragswert berechnet werden:

$$EW = \underbrace{(RE - BW \times LZ) \times KF}_{\text{Gebäudeertragswert}} + \underbrace{BW}_{\text{Bodenwert}}$$

$$\text{Gebäudeertragswert} = EW - BW = (RE - BW \times LZ) \times KF$$

53 Der **jährliche Abschreibungsbetrag** kann ermittelt werden, indem der Gebäudeertragswert am Wertermittlungsstichtag durch den Abschreibungsdivisor AD = $(q^n - 1)/(q - 1)$ geteilt wird.

Die jährlichen Abschreibungsbeträge für die ersten 10 Jahre des Betrachtungszeitraums ergeben sich dann nach der Ausgangsformel wie oben ersichtlich (Abschreibungsdivisor = $(q^n - 1)/ (q - 1)$).

4.2.3 Besonderheiten (Anomalien)

▶ *Vgl. Rn. 22; Syst. Darst. des Ertragswertverfahrens Rn. 277; § 8 ImmoWertV Rn. 296 ff.; § 27 ImmoWertV Rn. 20*

54 Bei Anwendung des dynamischen Ertragswertverfahrens (*direct capitalization*) wird die **Abschreibung** (einschließlich ihrer steuerlichen Geltendmachung) nach den vorstehenden Ausführungen bereits **mit dem Liegenschaftszinssatz (Kapitalisierungsfaktor) erfasst,** und zwar in der objektspezifisch üblichen Höhe.

– Soweit sich die steuerlichen Rahmenbedingungen zwischen der Ermittlung des Liegenschaftszinssatzes und dem Wertermittlungsstichtag geändert haben, kann dem durch eine Modifikation des Liegenschaftszinssatzes Rechnung getragen werden. Nach Fortfall von Steuervergünstigungen kann es z.B. angezeigt sein, den Liegenschaftszinssatz (z.B. um 0,5 %) zu erhöhen.

– Soweit ein allgemeingültiger Liegenschaftszinssatz auf Objekte mit besonders günstigen oder ungünstigen steuerlichen Abschreibungsmöglichkeiten zur Anwendung kommt, kann es ebenfalls angezeigt sein, den Liegenschaftszinssatz um 0,5 % zu vermindern bzw. zu erhöhen.

55 **Bei Anwendung des prognoseorientierten Ertragswertverfahrens** (*Discounted-Cashflow-*Verfahren) auf der Grundlage eines besonderen Kapitalisierungszinssatzes **muss die Abschreibung in geeigneter Form berücksichtigt werden**.

4.3 Betriebskosten (§ 32 Abs. 1 Satz 2 Nr. 4 ImmoWertV)

4.3.1 Begriff

Schrifttum: *Bölscher, N.*, Energie Contracting – Einflüsse auf die kreditwirtschaftliche Immobilienbewertung, GuG 2016, 166; *Burbulla*, Aktuelles Gewerberaummietrecht, 3. Aufl. 2017, Kap. G, Rn. 33; *Langenberg*, Betriebskostenrecht der Wohn- und Gewerbemiete, 2. Aufl. München 2000; *Fischer-Dieskau/Pergande/Schwender*, Wohnungsbaurecht; *Wetekamp, A.*, Die Einzelpositionen der Betriebskostenverordnung, GuG 2021, 87; *Zwanck, H.*, Betriebskosten und Betriebskostenvergleich, GWW 1971, 17.

▶ *Rn. 18 ff.; zur Umlage von Betriebskosten vgl. § 31 ImmoWertV Rn. 19 ff., 53, 109; Allgemeines vgl. Syst. Darst. des Ertragswertverfahrens Rn. 208 ff.; Teil IX Rn. 202*

56 § 32 Abs. 1 Satz 2 Nr. 4 ImmoWertV nennt die Betriebskosten (*operating expense*) als Teil der Bewirtschaftungskosten, ohne sie zu definieren. Betriebskosten sind nach § 556 Abs. 1 Satz 2 BGB die **Kosten, die dem Eigentümer oder Erbbauberechtigten durch das Eigentum oder das Erbbaurecht am Grundstück oder durch den bestimmungsgemäßen Gebrauch des Gebäudes, der Nebengebäude, Anlagen, Einrichtungen und des Grundstücks laufend entstehen**. Wie sich die Betriebskosten zusammensetzen, bestimmt sich nach der BetrKV[5]; der Katalog der **Betriebskosten nach § 2 BetrKV** ist in der Syst. Darst. des Ertragswertverfahrens bei Rn. 208 abgedruckt. Darüber hinaus werden Betriebskosten auch in der DIN 18960 unter der Kostengruppe 300 definiert.

Nach § 2 Nr. 2, 4a und Nr. 5c BetrKV zählen auch Wartungskosten zu den umlagefähigen Betriebskosten. Unter Wartungskosten – in Abgrenzung zu Instandhaltungs- und Instandset-

---

5 Betriebskostenverordnung – BetrKV – vom 25.11.2003 (BGBl. I 2003, 2346, 2347).

zungskosten – werden demnach wiederkehrende Kosten aus vorbeugenden Maßnahmen verstanden, welche der Überprüfung der Funktionsfähigkeit oder Betriebssicherheit einer technischen Anlage dienen[6]. Nr. 4.1.2 DIN 31 051, 2003 definiert die Wartung als „Maßnahmen zur Verzögerung des Abbaus des vorhandenen Abnutzungsvorrats". Zu Inspektionskosten vgl. Rn. 107.

Betriebskosten werden vielfach auch als „**Nebenkosten**" bezeichnet. Auch wenn die Begriffe vielfach synonym gebraucht werden, empfiehlt es sich zu unterscheiden zwischen den 57

- *gesetzlich definierten Betriebskosten* und
- den *Nebenkosten,* die mitunter *durch Vertrag abweichend definiert* werden.

Als Nebenkosten gelten mithin die Kosten, die als solche im Mietvertrag ausdrücklich vereinbart worden sind.

Die **Definition der Betriebskosten des § 2 BetrKV gilt** unmittelbar für preisgebundenen Wohnraum und **mittelbar über § 556 BGB auch für preisfreien Wohnraum;** für preisfreien Wohnraum können die in der BetrKV genannten Betriebskostenarten im Übrigen nicht erweitert werden[7]. 58

Betriebskosten können im Bereich der Wohnraumbewirtschaftung gemäß § 556 BGB mietvertraglich auf den Mieter umgelegt werden. Davon wird regelmäßig Gebrauch gemacht. Die Betriebskosten werden deshalb i.d.R. von den Mietern neben der Miete getragen. Der Betriebskostenabrechnung ist im Übrigen die tatsächliche, nicht die im Mietvertrag vereinbarte Wohnfläche zugrunde zulegen (vgl. § 31 ImmoWertV Rn. 142). 59

Nach § 32 Abs. 1 Satz 1 ImmoWertV werden deshalb die **durch Umlagen** (nach den §§ 556 f. BGB) **gedeckten Betriebskosten** von vornherein **nicht den bei der Ermittlung des Ertragswerts berücksichtigungsfähigen Bewirtschaftungskosten zugerechnet**. Dies ist nur insoweit begründet, wie der Rohertrag spiegelbildlich unter Ausschluss der Umlagen ermittelt wird. Infolgedessen brauchen sie zur Ermittlung des Reinertrags aus dem Rohertrag nicht als Bewirtschaftungskosten in Abzug gebracht zu werden. **Zur Ermittlung des Reinertrags** wird deshalb regelmäßig **von der Jahresnettokaltmiete ausgegangen**. Dies gilt gleichermaßen für den gewerblichen Bereich; auch hier werden die Betriebskosten in aller Regel auf die Mieter umgelegt. 60

Abb. 5: Betriebskosten für Wohnen nach Gebäudearten

Durchschnittliche Betriebskosten für Wohnen nach Gebäudearten						
Gebäudeart	Durchschnittliche Nettokaltmiete € pro m² WF		Durchschnittliche Betriebskosten € pro m² WF		Durchschnittliche Heizkosten € pro m² WF	
	1. HJ 2015	2. HJ 2015	1. HJ 2015	2. HJ 2015	1. HJ 2015	2. HJ 2015
Einfamilienhaus (EFH)	8,21	7,55	0,96	0,88	1,10	1,02
Zweifamilienhaus (ZFH)	6,64	6,70	1,03	1,05	1,12	1,10
Eigentumswohnung (WEG)	9,60	9,54	1,58	1,65	1,18	1,08
Mehrfamilienhaus	7,45	7,58	1,24	1,27	1,10	1,06

Quelle: Haus und Grund Düsseldorf, Düsseldorfer Bauzeitung 2016/II

6 OLG Brandenburg, Urt. vom 05.04.2022 – 3 U 144/20 –, NJW-RR 2022, 1462; OLG Frankfurt am Main, Urt. vom 16.10.2015 – 2 U 216/14 –, MDR 2016, 388 = GE 2016, 326 unter Bezugnahme auf BGH, Urt. vom 07.04.2004 – VIII ZR 167/03 –, NJW-RR 2004, 875.

7 Fischer-Dieskau/Pergande/Schwender, Wohnungsbaurecht, Bd. IV § 27 II. BV S. 11.

Abb. 6: Betriebskosten für Wohnen

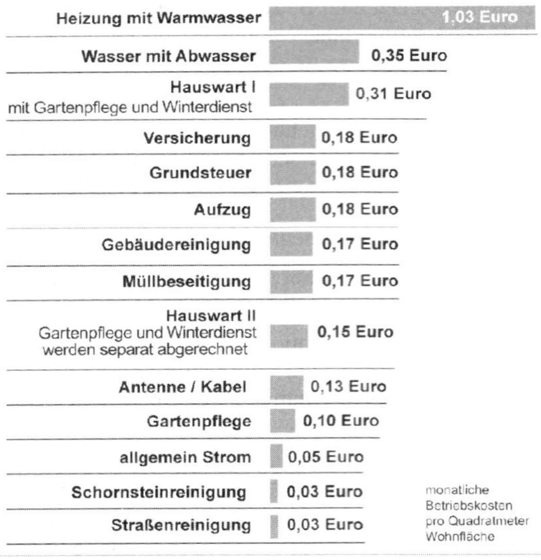

Quelle: DMB Betriebskostenspiegel 2019

61 Bei **gewerblichen Mietverhältnissen** und solchen, die nicht auf Gewinnerzielung ausgerichtet sind, ist die Definition nur verbindlich, wenn sie vertraglich vereinbart worden ist oder im Wege der Auslegung Anwendung finden kann[8].

62 Im gewerblichen Bereich können die Vertragsparteien nach dem Grundsatz der Vertragsfreiheit selbst vereinbaren, von wem die Bewirtschaftungskosten im Einzelnen zu tragen sind. Demzufolge sind die wohnraumrechtlichen Regelungen über die Betriebskosten für sie nur verbindlich, wenn sie vertraglich vereinbart worden sind oder im Wege der Auslegung Anwendung finden können. Um den **Besonderheiten gewerblicher Mieträume** Rechnung zu tragen, wird dabei häufig von einem erweiterten Betriebskostenbegriff ausgegangen und der Begriff der Betriebskosten durch den Begriff „Nebenkosten" ersetzt.

63 Die Regelungen der **HeizkostenV** über die Verteilung der Kosten der Beheizung und Warmwasserversorgung sind generell, d.h. sie finden sowohl auf gewerbliche Mietverhältnisse als auch im wohnungswirtschaftlichen Bereich Anwendung.

64 In jedem Fall ist **in Miet- bzw. Pachtverträge** einzusehen[9]. Die Umlagefähigkeit des *Fällens von Bäumen* ist je nach Fallgestaltung umlagefähig[10]. Des Weiteren sind umlagefähig die Kosten eines *doorman*[11], der Dachrinnenreinigung[12], eines Müllmanagements sowie der Rauchmelderprüfung[13].

65 Marktuntersuchungen haben gezeigt, dass von der **Umlegbarkeit der Betriebskosten** jedoch nicht immer in vollständigem Umfang Gebrauch gemacht wird, und zwar vornehmlich im Handelsbereich. Nach einer Untersuchung der Deutschen Immobilien Datenbank (Ergebnisse des deutschen Marktes 1998) beliefen sich 1998 die zu Lasten des Eigentümers gehenden Betriebskostenanteile auf die sich aus Abb. 7 ergebenden Größenordnungen:

---

8 Langenberg/Zehelein, Betriebskostenrecht der Wohn- und Gewerberaummiete, 8. Aufl., München 2016.
9 Zur Umlagefähigkeit AG Dachau, Beschl. vom 07.04.1998 – 3 C 76/98 –, DWW 1998, 181.
10 AG Düsseldorf, Urt. vom 19.07.2002 – 33 C 6544/02 –, WuM 2002, 498 = EzGuG 3.127; vgl. Schmidt-Futterer/Langenberg, Mietrecht, 7. Aufl., § 546 BGB Rn. 131 f.
11 Zur Umlagefähigkeit eines „doorman" vgl. LG Potsdam, Urt. vom 07.11.2002 – 11 S 63/02 –, BlnGE 2003, 743.
12 BGH, Urt. vom 07.04.2004 – VIII ZR 167/03 –, GuG 2004, 317.
13 BGH, Urt. vom 05.10.2022 – VIII ZR 117/21 –, NJW-RR 2022, 1593.

Abb. 7: Durchschnittliche vom Eigentümer getragene Betriebskosten

	Betriebskosten	
	in % der tatsächlich erzielten Miete	absolut
Wohnen	1,9 %	1,20 €/m²/Jahr
Büro	2,6 %	4,20 €/m²/Jahr
Handel	6,0 %	7,80 €/m²/Jahr

Quelle: Deutsche Immobilien Datenbank

Es kommt insbesondere bei Wohnungsunternehmen vor, dass hier nur die Kosten von Wasserversorgung, Heizung und Warmwasser neben der Miete umgelegt werden. **Generell empfiehlt es sich daher, zur Sicherheit auch bei umgelegten Betriebskosten ca. 1 % der Nettokaltmiete als nicht umgelegte Betriebskosten anzusetzen.** 66

Auch bei den **Betriebskosten** ist im Übrigen ein **Ausfallwagnis** zu berücksichtigen. Dieses Umlageausfallwagnis darf z.B. im Bereich der sozialen Wohnraumförderung 2 v.H. der für alle Wohnungen entstandenen Betriebskosten nicht übersteigen. Darüber hinaus vermindern die Betriebskosten den Reinertrag, soweit sie im Zuge eines **dauerhaften Leerstands** als fixe Kosten vom Eigentümer getragen werden müssen (vgl. Rn. 177 f.). 67

Nach § 32 Abs. 1 ImmoWertV sind die **bei ordnungsgemäßer Bewirtschaftung und zulässiger Nutzung marktüblich entstehenden Betriebskosten** zu berücksichtigen, soweit sie verfahrensmäßig nicht bereits indirekt dadurch berücksichtigt worden sind, dass der marktüblich erzielbare Reinertrag aus dem marktüblich erzielbaren Rohertrag unter Ausschluss der umlegbaren Betriebskosten seine Berücksichtigung gefunden hat. 68

4.3.2 Wohnraum

Schrifttum: *Deutscher Mieter Bund*, Neuer Betriebskostenspiegel Deutschland des Deutschen Mieterbundes, vgl. auch GuG 2011, 19.

▶ *Vgl. Rn. 26; § 31 ImmoWertV Rn. 18 ff.*

Die Betriebskosten haben in der Wohnungswirtschaft immer mehr an Bedeutung gewonnen. Man spricht in diesem Zusammenhang von einer „zweiten Miete“. Als Betriebskosten werden nach dem vorher Gesagten die Kosten definiert, die durch das Eigentum am Grundstück oder durch den bestimmungsgemäßen Gebrauch des Grundstücks sowie seiner baulichen und sonstigen Anlagen *laufend* entstehen. Im Unterschied zum bisherigen Recht werden die Betriebskosten nicht definiert und es wird auch nicht auf die **Betriebskostenverordnung** verwiesen; die dort genannten Betriebskostenarten sind aber weiterhin zu berücksichtigen. 69

Im öffentlich geförderten Wohnungsbau gehört die **Grundsteuer** nach § 2 Nr. 1 BetrKV neben anderen laufenden öffentlichen Lasten des Grundstücks zu den umlagefähigen Betriebskosten. Die Grundsteuer wird üblicherweise auch ohne gesetzliche Regelung im freifinanzierten Wohnungsbau umgelegt. 70

Da das Grundsteuersystem als sog. verbundene Grundsteuer auf der Grundlage von Boden *und* Gebäude ausgestaltet ist, ergibt sich für neue Gebäude eine höhere Grundsteuer als für ältere Gebäude. 71

Die **vom Eigentümer** (Erbbauberechtigten) **selbst erbrachten Sach- und Arbeitsleistungen**, durch die Betriebskosten erspart werden, dürfen nach § 27 Abs. 2 Satz 1 II. BV mit dem Betrag angesetzt werden, der für eine gleichwertige Leistung eines Dritten, insbesondere eines Unternehmers, angesetzt werden könnte. Die **Umsatzsteuer** des Dritten darf allerdings nicht angesetzt werden (vgl. § 21 ImmoWertV Rn. 116). 72

Die von der Gewos im Auftrag des BMBau abgeleiteten durchschnittlichen Betriebskosten sind auf S. 2142 der 3. Aufl. dieses Werks abgedruckt. Für den **Bereich des geförderten Wohnungsbaus** sowie für den **steuerbegünstigten oder freifinanzierten Wohnungsbau, der mit** 73

Wohnungsbauförderungsmitteln gefördert worden ist, schreibt § 27 Abs. 3 II. BV im Übrigen vor, dass **Betriebskosten nicht in der Wirtschaftlichkeitsberechnung angesetzt** werden dürfen.

74 **Maßstab für die Verteilung der umlagefähigen Betriebskosten** ist im Allgemeinen der Anteil der Nutz- bzw. Wohnfläche an der gesamten nutzbaren Fläche (vgl. § 556a BGB). Nachdem die DIN 283 (1951) in den Jahren 1983 und 1989 ersatzlos zurückgezogen wurde, wurde die Nutz- bzw. Wohnfläche heute meist auf der Grundlage der §§ 42 bis 44 II. BV berechnet. Es ist damit zu rechnen, dass künftig die Wohnflächenverordnung breitere Anwendung findet.

75 Zur Ermittlung der **nicht umgelegten Betriebskosten**, die den Jahresreinertrag des Vermieters mindern, werden nachfolgende Erfahrungssätze angegeben (Abb. 8):

Abb. 8: Durchschnittliche Betriebskosten pro m² Wohnfläche in €

Betriebskostenart	per annum	Im Monat	umgelegt	nicht umgelegt
Wasserversorgung und -entsorgung	4,70	0,40		
Zentrale Warmwasserversorgung	1,50	0,12		
Verbundene Heizungs- und Warmwasserversorgungsanlagen	1,30	0,11		
Maschinell betriebener Personen- und Lastenaufzug	1,00	0,08		
Straßenreinigung und Müllbeseitigung (Schneebeseitigung)	4,00	0,33		
Gebäudereinigung und Ungezieferbekämpfung	1,10	0,09		
Gartenpflege	1,30	0,11		
Beleuchtung	0,40	0,03		
Schornsteinfegerreinigung	0,60	0,05		
Sach- und Haftpflichtversicherung	1,50	0,12		
Hauswart	1,70	0,14		
Gemeinschaftsantennenanlage Breitbandkabelnetzverteileranlage	0,50 1,00	0,04 0,08		
Wäschepflegeanlage	0,50	0,04		
Sonstiges (Dachrinnenreinigung)				
Grundsteuer	2,80	0,23		
			Verbleibt beim Vermieter:	

76 **Hochhäuser** (vgl. § 2 ImmoWertV Rn. 29; § 31 ImmoWertV Rn. 129;Syst. Darst. des Vergleichswertverfahrens Rn. 233) erfordern i.d.R. höhere Betriebskosten von 6,00 €/m² (2016) sowie schon im Hinblick auf eine i.d.R. überdurchschnittliche Ausstattung auch überdurchschnittlich höhere Instandhaltungskosten[14].

77 **Zahlungen auf Betriebskosten erfolgen regelmäßig als Vorauszahlungen.** Der Vermieter muss jährlich abrechnen und angeben, welchen Abrechnungszeitraum er zugrunde legt. So kann es möglich sein, dass der Vermieter nicht alle Betriebskosten in einer Abrechnung erfasst. Dies ist dann der Fall, wenn für Heizkosten als Abrechnungszeitraum beispielsweise der 01.07. bis 30.06. vereinbart ist, im Übrigen aber das Kalenderjahr zugrunde gelegt wird. Der Vermieter muss die jeweilige Abrechnung spätestens bis zum Ablauf des zwölften Monats nach Ablauf des Abrechnungszeitraums vorlegen. Auch bei den Betriebskosten ist ein Ausfallwagnis zu berücksichtigen. Dieses Umlageausfallwagnis darf z.B. im Bereich der sozialen Wohnraumförderung 2 v.H. der für alle Wohnungen entstandenen Betriebskosten nicht über-

14 Katzyska in GuG 2022, 50.

steigen. Der Anspruch des Vermieters gegen den Mieter auf Nachzahlung von Betriebskosten verjährt in vier Jahren[15].

4.3.3 Gewerberaum

Schrifttum: *Burbulla, R./ Schneider, M.*, Die Verteilung der Erhaltungslast in der Gewerberaummiete als zentraler Bewertungsfaktor bei der Immobilienbewertung, GuG 2023, 319.

▶ *Vgl. Teil V Rn. 162; zu den Nebenkosten für Shoppingcenter Teil V Rn. 243 ff., 307*

Zu den Mietnebenkosten zählen auch im gewerblichen Bereich die Betriebskosten gemäß § 2 BetrKV, d.h. einschließlich Grundbesitzabgaben und Prämien für Sach- und Haftpflichtversicherungen. Bei der *Neuvermietung gewerblich nutzbarer Räume* wird selten die **Umlage der Grundsteuer und Versicherungsprämien** vereinbart. **78**

Durch **individualvertragliche Regelungen** kann im gewerblichen Bereich der Vermieter den Mieter mit Kosten belasten, die über den Betriebskostenkatalog des § 2 BetrKV hinausgehen. Dies ist darauf zurückzuführen, dass **79**

- sich der wohnungswirtschaftlich ausgerichtete Betriebskostenkatalog der BetrKV für gewerbliche Immobilien als zu eng erwiesen hat,
- im gewerblichen Bereich von den Möglichkeiten der Vertragsfreiheit Gebrauch gemacht wird und über die wohnungsrechtlichen Beschränkungen hinaus weitere Kosten auf den Mieter umgelegt werden und
- zudem auch vielfache Abgrenzungsschwierigkeiten zwischen den einzelnen Bewirtschaftungskostenarten damit überwunden werden können.

In diesem Zusammenhang wird dann der Begriff der Betriebskosten durch den Begriff der **Nebenkosten** ersetzt.

Die **Richtlinie der GEFMA/gif 210 über Betriebs- und Nebenkosten für gewerblichen Raum** (Stand: Dezember 2006; Anh. A, Teil 2 dieser Richtlinie) führen hierzu auf: **80**

- die Kosten des Betriebs von Feuerlöschanlagen, z.B. Sprinkleranlagen,
- die Kosten des Betriebs von luft- und klimatechnischen Anlagen, einschließlich zugehöriger Klimakälteerzeugung, Rückkühlwerke etc.,
- die Kosten des Betriebs von Blindstromkompensationsanlagen, Netzersatzanlagen, unterbrechungsfreien Stromversorgungen (USV), Notbeleuchtungsanlagen und weiteren Starkstromanlagen,
- die Kosten des Betriebs von fernmelde- und informationstechnischen Anlagen, insbesondere Gefahrenmelde-, Alarm- und Videoüberwachungsanlagen,
- die Kosten des Betriebs weiterer Fördertechnik, z.B. Rolltreppen,
- die Kosten des Betriebs nutzungsspezifischer Anlagen,
- die Kosten des Betriebs der Gebäudeautomation,
- die Kosten des Betriebs sonstiger Anlagen und Einrichtungen, die der Bedienung, Überwachung, Prüfung, Pflege, Inspektion oder Wartung bedürfen, z.B. kraftbetätigte Türen und Tore.

Darüber hinaus können auch andere Bewirtschaftungskostenarten umgelegt werden, z.B.

- die Kosten der Verwaltung bei der Vermietung von Teileigentum,
- die Kosten einer rechtlich nicht mit dem Vermieter identischen Hausverwaltung,
- die laufenden Kosten von Befahranlagen für Glasdächer und Fassaden,

15 Zur Auslegung und Zulässigkeit von Formularklauseln in einem Wohnungsmietvertrag (z.B. Verteilungsschlüssel, Dübeleinsätze in Küche und Bad) wird auf BGH, Urt. vom 20.01.1993 – VIII ZR 10/92 –, GuG 1994, 127 [LS] verwiesen.

- die Kosten von Fahnen und Hinweisschildern,
- die laufende Instandhaltung und Instandsetzung im Innern der Räume[16].

81 Die **Betriebskosten von Bürogebäuden** sind insbesondere abhängig von

a) der Gebäudequalität, insbesondere der Klimatisierung,

b) dem Standort (Gemeindegröße und Attraktivität) und

c) der Geschossigkeit und Gebäudegröße, die

- mit dem **Gebäudestandard (Gebäudequalität)** geringfügig ansteigen und
- mit zunehmender **Gebäudegröße** abnehmen.

Für Bürogebäude sind nach Untersuchungen von *Jones Lang LaSalle* **Betriebskosten** in Höhe von rd. 10 bis 17 % der Mieten aufzubringen.

Der Gebäudestandard (Gebäudequalität, Ausstattung) wird maßgeblich durch die Stufe der **Klimatisierung** bestimmt, wobei selbst hochqualitative Gebäude nicht immer klimatisiert sind. Zwischen einem unklimatisierten und einem vollklimatisierten Gebäude können sich Unterschiede in den monatlichen Nebenkosten von bis zu rd. 1,00 €/m² ergeben. Bei klimatisierten Gebäuden gehen die Nebenkosten mit zunehmender Gebäudegröße stärker als bei unklimatisierten Gebäuden zurück. Bei größeren Gebäuden kann nämlich die Klimatisierung wirtschaftlich günstiger als bei kleineren Gebäuden angelegt werden. Eine Besonderheit stellen einfachste Bürogebäude mit veralteter und unwirtschaftlicher Betriebstechnik und dgl. dar. Bei derartigen Gebäuden müssen vielfach überdurchschnittliche Nebenkosten hingenommen werden.

Abb. 9: Durchschnittswerte aller Betriebskosten für klimatisierte Bürogebäude im Zeitverlauf

Durchschnittswerte aller Betriebskosten für klimatisierte Bürogebäude im Zeitverlauf in € pro Quadratmeter Nutzfläche im Monat								
	2011	**2012**	**2013**	**2014**	**2015**	**2016**	**2017**	**2018**
Öffentliche Abgaben	0,53	0,52	0,53	0,55	0,55	0,56	0,52	0,57
Versicherung	0,12	0,13	0,13	0,13	0,13	0,14	0,14	0,14
Wartung	0,50	0,50	0,51	0,57	0,59	0,59	0,59	0,56
Strom	0,38	0,39	0,41	0,45	0,47	0,47	0,48	0,46
Heizung	0,57	0,58	0,60	0,59	0,58	0,56	0,54	0,51
Wasser, Kanal	0,12	0,12	0,13	0,12	0,12	0,12	0,13	0,13
Reinigung	0,35	0,34	0,32	0,36	0,37	0,37	0,32	0,36
Bewachung	0,33	0,32	0,33	0,31	0,31	0,32	0,32	0,32
Verwaltung	0,30	0,31	0,32	0,35	0,36	0,36	0,37	0,36
Hausmeister	0,28	0,27	0,28	0,30	0,31	0,31	0,39	0,31
Sonstiges	0,11	0,17	0,19	0,17	0,17	0,19	0,19	0,18
Gesamt	**3,59**	**3,55**	**3,75**	**3,90**	**3,95**	**3,99**	**4,00**	**3,90**

Quelle: Jones Lang LaSalle (Oscar 2016)

16 Langenberg/Zehelein, Betriebskostenrecht der Wohn- und Gewerbemiete, 8. Aufl. München 2016; Betriebskosten von Shopping-Centern: Kinzer, GuG 2001, 74.

Abb. 10: Durchschnittswerte aller Betriebskosten für nicht klimatisierte Bürogebäude im Zeitverlauf

Durchschnittswerte aller Betriebskosten für nicht klimatisierte Bürogebäude im Zeitverlauf in € pro Quadratmeter Nutzfläche im Monat								
	2011	**2012**	**2013**	**2014**	**2015**	**2016**	**2017**	**2018**
Öffentliche Abgaben	0,50	0,50	0,51	0,51	0,52	0,52	0,53	0,53
Versicherung	0,09	0,10	0,10	0,10	0,10	0,11	0,11	0,11
Wartung	0,43	0,43	0,43	0,45	0,46	0,46	0,45	0,44
Strom	0,23	0,30	0,32	0,33	0,35	0,36	0,37	0,37
Heizung	0,53	0,55	0,58	0,57	0,57	0,54	0,52	0,48
Wasser, Kanal	0,12	0,12	0,12	0,12	0,12	0,12	0,12	0,12
Reinigung	0,31	0,29	0,29	0,29	0,30	0,31	0,30	0,30
Bewachung	0,27	0,28	0,29	0,26	0,27	0,27	0,28	0,29
Verwaltung	0,27	0,29	0,29	0,30	0,31	0,32	0,32	0,32
Hausmeister	0,27	0,28	0,28	0,26	0,26	0,27	0,27	0,27
Sonstiges	0,09	0,10	0,12	0,08	0,08	0,11	0,11	0,12
Gesamt	**3,16**	**3,24**	**3,33**	**3,27**	**3,34**	**3,39**	**3,24**	**3,35**

Quelle: Jones Lang LaSalle (Oscar 2016)

Abb. 11: Durchschnittswerte aller Betriebskosten für Bürogebäude nach Gebäudequalität

Durchschnittswerte aller Betriebskosten für Bürogebäude nach Gebäudequalität in € pro Quadratmeter Nutzfläche im Monat			
	einfach	**mittel**	**hoch**
Öffentliche Abgaben	0,52	0,53	0,57
Versicherung	0,09	0,12	0,14
Wartung	0,41	0,51	0,62
Strom	0,29	0,41	0,52
Heizung	0,57	0,57	0,59
Wasser, Kanal	0,12	0,12	0,12
Reinigung	0,28	0,32	0,39
Bewachung	0,25	0,28	0,33
Verwaltung	0,31	0,31	0,38
Hausmeister	0,24	0,28	0,31
Sonstiges	0,04	0,14	0,20
Gesamt	**3,12**	**3,58**	**4,17**

Quelle: Jones Lang LaSalle (Oscar 2015)

Abb. 12: Durchschnittswerte aller Betriebskosten für Bürogebäude nach Gebäudegröße

Durchschnittswerte aller Betriebskosten für Bürogebäude nach Gebäudegröße in € pro Quadratmeter Nutzfläche im Monat										
	1 000–4 999 m²		5 000–9 999 m²		10 000–19 999 m²		20 000–49 999 m²		≥ 50 000 m²	
	klimatisiert	nicht klimatisiert	klimatisiert	nicht klimatisiert	klimatisiert	nicht klimatisiert	klimatisiert	nicht klimatisiert	klimatisiert	nicht klimatisiert
Öffentliche Abgaben	0,53	0,51	0,56	0,54	0,57	0,54	0,55	0,51	0,56	-
Versicherung	0,12	0,10	0,13	0,11	0,14	0,11	0,14	0,11	0,15	-
Wartung	0,49	0,42	0,52	0,46	0,59	0,47	0,63	0,50	0,67	-
Strom	0,46	0,31	0,45	0,33	0,46	0,36	0,49	0,39	0,52	-
Heizung	0,57	0,55	0,57	0,55	0,57	0,57	0,59	0,60	0,60	-
Wasser, Kanal	0,13	0,12	0,12	0,12	0,12	0,13	0,12	0,12	0,12	-
Reinigung	0,36	0,31	0,38	0,30	0,36	0,30	0,35	0,29	0,37	-
Bewachung	0,29	0,24	0,30	0,25	0,30	0,30	0,34	0,29	0,34	-
Verwaltung	0,35	0,31	0,34	0,31	0,35	0,31	0,37	0,31	0,39	-
Hausmeister	0,33	0,27	0,32	0,25	0,30	0,27	0,29	0,26	0,28	-
Sonstiges	0,20	0,11	0,16	0,12	0,18	0,06	0,15	0,06	0,16	-
Gesamt	**3,83**	**3,25**	**3,85**	**3,34**	**3,94**	**3,42**	**4,02**	**3,44**	**4,16**	-

Quelle: Jones Lang LaSalle (Oscar 2015)

Abb. 13: Durchschnittswerte aller Betriebskosten für Bürogebäude nach Standorten

Durchschnittswerte aller Betriebskosten für Bürogebäude nach Standorten in € pro Quadratmeter Nutzfläche im Monat										
	Berlin		Düsseldorf		Frankfurt a.M.		Hamburg		München	
	klimatisiert	nicht klimatisiert	klimatisiert	nicht klimatisiert	klimatisiert	nicht klimatisiert	klimatisiert	nicht klimatisiert	klimatisiert	nicht klimatisiert
Öffentliche Abgaben	0,57	0,55	0,55	0,53	0,55	0,50	0,57	0,55	0,51	0,47
Versicherung	0,14	0,11	0,14	0,11	0,13	0,10	0,13	0,10	0,12	0,09
Wartung	0,62	0,47	0,52	0,42	0,61	0,49	0,54	0.41	0,63	0,51
Strom	0,48	0,36	0,46	0,34	0,50	0,36	0,46	0,33	0,47	0,34
Heizung	0,59	0,57	0,56	0,57	0,56	0,58	0,56	0,56	0,63	0,54
Wasser, Kanal	0,15	0,13	0,11	0,11	0,12	0,12	0,12	0,13	0,11	0,11
Reinigung	0,35	0,28	0,35	0,31	0,37	0,28	0,39	0,29	0,35	0,32
Bewachung	0,33	0,28	0,29	0,26	0,31	0,28	0,30	0,25	0,33	0,28
Verwaltung	0,36	0,30	0,35	0,30	0,36	0,33	0,35	0,31	0,36	0,31
Hausmeister	0,26	0,23	0,30	0,28	0,32	0,30	0,29	0,26	0,34	0,30
Sonstiges	0,10	0,07	0,21	0,08	0,22	0,09	0,15	0,10	0,20	0,11-
Gesamt	**3,95**	**3,35**	**3,84**	**3,31**	**4,05**	**3,43**	**3,86**	**3,29**	**4,05**	**3,38**

Quelle: Jones Lang LaSalle (Oscar 2015)

4.3.4 Land- und Forstwirtschaft

Bei **landwirtschaftlichen Wirtschaftsgebäuden** wird mit Betriebskosten von 5,0 bis 18,0 % des Rohertrags gerechnet; zumeist werden sie jedoch vom Mieter getragen und können dann unberücksichtigt bleiben. 82

4.3.5 Besonderheiten (Anomalien)

▶ *Vgl. § 8 ImmoWertV Rn. 324; Syst. Darst. des Ertragswertverfahrens Rn. 259, 277 ff.*

Da die Betriebskosten umgelegt werden können und i.d.R. auch umgelegt werden, ist davon auszugehen, dass den herangezogenen Vergleichsmieten Vertragsgestaltungen zugrunde liegen, bei denen die Betriebskosten umgelegt worden sind. Gleichwohl sollte diesbezüglich geprüft werden, ob tatsächlich alle Betriebskosten umgelegt worden sind. **Betriebskosten sind** nach § 8 Abs. 3 ImmoWertV **gesondert zu berücksichtigen, wenn sie abweichend von der üblichen Vermietungspraxis nicht umgelegt wurden,** so z.B., wenn die Kosten der Gebäudeversicherung oder die Grundsteuer nicht umgelegt werden (vgl. Rn. 22). 83

Solchen besonderen von der üblichen Vertragspraxis und den herangezogenen Vergleichsmieten **temporär abweichenden mietvertraglichen Regelungen** muss Rechnung getragen, soweit sie den Verkehrswert beeinflussen. 84

Eine weitere Besonderheit kann bei **Leerstand** gegeben sein. Wie dargelegt wird bei der Ertragswertermittlung dem Mietausfallwagnis im Allgemeinen durch Minderung der Jahresnettokaltmiete (Rohertrag) unter 85

a) Ansatz (z.B. 2 %) eines pauschalen Vomhundertsatzes der Jahresnettokaltmiete (Rohertrag) oder

b) Ansatz eines pauschalen Vomhundertsatzes der nicht umgelegten Bewirtschaftungskosten (insgesamt)

Rechnung getragen.

Im Falle eines nur zeitweise und in ungewöhnlicher Höhe auftretenden **vorübergehenden Leerstands**, z.B. in der Anlaufphase eines neu errichteten Bürokomplexes (Aquisitionszeitraum), ist es i.d.R. angezeigt, dem vorübergehenden Leerstand dadurch Rechnung zu tragen, dass der Ermittlung des *vorläufigen* Ertragswerts zunächst das übliche Mietausfallwagnis (bei Vollvermietung) zugrunde gelegt wird und der mit dem vorübergehenden ungewöhnlichen Leerstand verbundene Ertragsausfall („*underrented*") zusätzlich als besonderes objektspezifisches Grundstücksmerkmal (boG) berücksichtigt wird. 86

Bei **Gebäuden, die von einem strukturellen (dauerhaften oder vorübergehenden) Leerstand betroffen sind** (vgl. Rn. 86), ist zu prüfen, ob die **sonst auf die Mieter umgelegten Betriebskosten** vom Eigentümer getragen werden müssen, und zwar der Betriebskostenanteil, der als „fixe Kosten" unabhängig von der Vermietung anfällt (ca. 40 bis 80 % der sonst üblichen Betriebskosten).

In diesen Fällen erhöht sich der Ertragsausfall um die üblicherweise auf den Mieter umgelegten Betriebskosten, die dann in der Leerstandsphase vom Vermieter getragen werden müssen, sofern nicht Anderweitiges mit *allen* Mietern vereinbart worden ist[17]. Für den Bereich der Wohnraumbewirtschaftung sind nach der Rechtsprechung des BGH die verbrauchsunabhängigen Betriebskosten nach der gesamten Wohnfläche vom Vermieter zu tragen. Diese bestehen nämlich zu einem Großteil aus verbrauchsunabhängigen Fixkosten. Zur Einsparung kommen jedoch insbesondere die Kosten des reduzierten Wasser- und Energieverbrauchs. **Die Be-** 87

17 Der BGH hat mit Urt. vom 21.01.2003 – VIII ZR 137/03 –, NJW-RR 2004, 659 = EzGuG 3.133 entschieden, dass bei Leerstand der Vermieter die verbrauchsunabhängigen Betriebskosten anteilig (nach der gesamten Wohnfläche) übernehmen muss; BGH, Urt. vom 31.05.2006 – VIII ZR 159/05 –, NJW 2006, 2771 = EzGuG 3.141a.

triebskosten sind bei Leerstand etwa mit 80 % der sonst anfallenden Betriebskosten anzusetzen und erhöhen insoweit den Ertragsausfall:

Beispiel:

Jährlicher Mietausfall infolge Leerstands 2 000 m² × 20 €/m² × 12 Monate		= 480 000 €
zuzüglich üblicherweise umlagefähiger Betriebskosten: 2 000 m² × 2 €/m² × 12 Monate	= 48 000 €	
davon 80/100 : 48 000 € × 80/100	= 38 400 €	+ 38 400 €
Gesamter Ertragsausfall		518 400 €
Bei einer erwarteten Leerstandszeit von 3 Jahren und einem objektspezifisch angepassten Liegenschaftszinssatz von 6 % ergibt sich ein Kapitalisierungsfaktor von 2,67. Mithin bemisst sich der kapitalisierte Ertragsausfall auf 518 400 € × 2,67		**= 1 384 128 €**

4.4 Verwaltungskosten (§ 32 Abs. 2 ImmoWertV)

4.4.1 Begriff

▶ *Syst. Darst. des Ertragswertverfahrens Rn. 214*

88 Verwaltungskosten (*overhead; management*) sind nach § 32 Abs. 2 ImmoWertV die **Kosten der zur Verwaltung des Grundstücks einschließlich seiner baulichen Anlagen erforderlichen Arbeitskräfte und Einrichtungen, die Kosten der Aufsicht sowie die Kosten der Geschäftsführung sowie der Gegenwert der von Eigentümerseite persönlich geleisteten Verwaltungsarbeit**[18]**.**

89 Zu den Verwaltungskosten gehören die Kosten für die Überwachung der Mieteingänge, der Mietanpassung und Mietveränderungen, der Neuvermietung und des Abschlusses von Mietverträgen, der Buchhaltung, Rechnungsprüfung, des Zahlungsverkehrs und des Jahresabschlusses, die Kosten für die Bearbeitung von Versicherungsfällen und die Organisation von Instandhaltungsarbeiten, die nach Nr. 14 der Anl. 3 zu § 27 Abs. 1 II. BV nicht umlegbaren Anteile der Hauswartkosten, die auf die Verwaltung entfallen. Bei **persönlicher Arbeitsleistung** ist auf den Betrag abzustellen, der für gleichwertige Unternehmerleistung zu erbringen wäre, jedoch ohne Umsatzsteuer.

90 Die in § 26 Abs. 1 Satz 2 II. BV ergänzend genannten **Kosten der gesetzlichen und freiwilligen Prüfung des Jahresabschlusses und der Geschäftsprüfung** werden nicht mehr in der Definition der ImmoWertV ausdrücklich erwähnt. Diese Kosten sind nach wie vor für die unternehmerische Wohnungswirtschaft von Bedeutung und gehören zu den marktüblichen Verwaltungskosten bei Objekten, die diesem Teilmarkt zugeordnet werden müssen.

91 Auch die **Verwaltungskosten sind grundsätzlich in der am Wertermittlungsstichtag marktüblichen Höhe zu berücksichtigen**. Im Rahmen der Ermittlung des *vorläufigen* Ertragswerts unter Heranziehung der vom Gutachterausschuss abgeleiteten Liegenschaftszinssätze werden sie zunächst jedoch mit demselben Modellansatz berücksichtigt, der der Ableitung des Liegenschaftszinssatzes zugrunde liegt.

92 Als **Bezugsgrundlage der Erfahrungssätze über die Höhe der Verwaltungskosten** hat sich vor allem die Anzahl der Mieteinheiten bewährt. Erfahrungssätze für Verwaltungskosten in einem Vomhundertsatz der Durchschnittsmiete sind dagegen vor allem von der Höhe der Durchschnittsmiete und dem Baujahr abhängig.

---

18 BR-Drs. 352/88, S. 58. Die vom Eigentümer persönlich geleistete Verwaltungsarbeit war bereits nach der in der WertV 72 gegebenen Definition Bestandteil der Verwaltungskosten.

4.4.2 Wohnraum

4.4.2.1 Modellansatz nach Anl. 3 zur ImmoWertV

▶ *Zu den Verwaltungskosten vgl. Syst. Darst. des Ertragswertverfahrens Rn. 202 ff.*

Kommt bei der Ertragswertermittlung ein Liegenschaftszinssatz zur Anwendung, der gemäß § 12 Abs. 5 Satz 2 ImmoWertV auf der Grundlage der den Gutachterausschüssen für Grundstückswerte mit Anl. 3 zur ImmoWertV verbindlich vorgegeben ist, müssen nach dem Grundsatz der Modellkonformität des § 10 ImmoWertV die dort **vorgegebenen Modellansätze** der **Verwaltungskosten** der Ermittlung des vorläufigen Ertragswerts zugrunde gelegt werden. Es sind jeweils die auf den Wertermittlungsstichtag bezogenen Modellansätze anzusetzen (Syst. Darst. des Ertragswertverfahrens Rn. 214). 93

4.4.2.2 Modellansätze nach II. BV

Viele Gutachterausschüsse für Grundstückswerte haben ihre **Liegenschaftszinssätze** lange **auf der Grundlage** der **Verwaltungskosten des § 28 II. BV** entsprechend den Empfehlungen der WERTR 06 a.F. ermittelt. Diese Verwaltungskosten waren im Rahmen der Marktwertermittlung ein bewährter „Modellansatz". 94

Aus Gründen der Modellkonformität können sie auch heute noch von Bedeutung sein, wenn sich die Wertermittlung auf einen Wertermittlungsstichtag bezieht, zu dem man sich bei der Ableitung von Liegenschaftszinssätzen an den „Modellansätzen" der II. BV orientiert hat. Dabei sind wiederum die auf den Wertermittlungsstichtag bezogenen „Modellansätze" anzusetzen. 95

Mit der am 01.01.2002 in Kraft getretenen Neufassung der II. BV hält die Verordnung an Verwaltungskostenpauschalen fest, die sich auf die Wohneinheit beziehen. Die angegebenen Verwaltungs- und auch die Instandhaltungskosten werden jedoch alle drei Jahre der Entwicklung angepasst. § 26 Abs. 4, § 28 Abs. 5a und § 41 Abs. 1 Satz 2 II. BV n.F. geben zu alledem vor: 96

a) die Höchstpauschale der Verwaltungskosten für Wohnungen, Eigentumswohnungen und Garagen,

b) die *Abzugssätze* nach § 28 Abs. 2 Satz 2 II. BV bei *eigenständig gewerblicher Leistung von Wärme,*

c) der Zuschlagssatz für Wohnungen, für die ein maschinell betriebener Aufzug vorhanden ist (§ 28 Abs. 2 Satz 3 II. BV),

d) die Abzugssätze nach § 28 Abs. 3 II. BV für die vom Mieter getragenen Kosten der *kleinen Instandhaltung,*

e) die gesondert zu berücksichtigenden Kosten der vom Vermieter getragenen *Schönheitsreparaturen* in Wohnungen nach § 28 Abs. 4 II. BV sowie

f) die *Instandhaltungspauschale* für Garagen und ähnliche Einstellplätze nach § 28 Abs. 5 II. BV.

Die in der II. BV angegebenen Verwaltungskosten sind nach § 26 Abs. 4 und § 41 Abs. 2 Satz 2 II. BV **ab dem 01.01.2005 und am 1. Januar eines jeden darauf folgenden dritten Jahres um den Prozentsatz anzupassen, um den sich der** vom Statistischen Bundesamt festgestellte **Verbraucherpreisindex** für Deutschland für den der letzten Veränderung vorausgehenden Monat Oktober erhöht oder verringert hat.

Bei **Verkehrswertermittlungen, die sich auf einen zurückliegenden Wertermittlungsstichtag beziehen**, sind die entsprechenden Ansätze der II. BV in der jeweils gültigen Fassung heranzuziehen (vgl. Abb. 14). 97

Abb. 14: Verwaltungskosten nach II. BV

Zeitraum	Verwaltungskosten					
	Wohnung		Eigentumswohnung		Garage	
ab 01.01.2002	**230,00**	p.a. je Wohnung	**275,00**	p.a. je Wohnung	**30,00**	p.a. je Garage
01.01.2005	239,98	p.a. je Wohnung	286,94	p.a. je Wohnung	31,30	p.a. je Garage
01.01.2008	253,92	p.a. je Wohnung	303,60	p.a. je Wohnung	33,12	p.a. je Garage
01.01.2011	263,38	p.a. je Wohnung	314,91	p.a. je Wohnung	34,35	p.a. je Garage
01.01.2014	278,37	p.a. je Wohnung	332,83	p.a. je Wohnung	36,31	p.a. je Garage
01.01.2017	283,62	p.a. je Wohnung	339,11	p.a. je Wohnung	36,99	p.a. je Garage
01.01.2020	298,41	p.a. je Wohnung	356,79	p.a. je Wohnung	38,92	p.a. je Garage

98 Verwaltungskostenpauschalen gibt es auch im freifinanzierten Wohnungsbau. Diese bewegten sich z.B. bei **Eigentumswohnungen** zwischen 300 € und 450 € p.a. einschließlich der Mehrwertsteuer.

Abb. 15: Verwaltungskosten von Wohnungs- und Wohngeschäftsgebäuden

Verhältnis	Wohn- und Wohngeschäftsgebäude		
Qualifizierung	niedrig	mittel	hoch
Jährliche Verwaltungskosten in % der Sollmieten-Vollvermietung *ohne* Mietrückstände	4	8	12

Quelle: Gärtner, S., Beurteilung und Bewertung alternativer Planungsentscheidungen im Immobilienbereich mit Hilfe eines Kennzahlensystems, 1. Aufl. 1996

99 Bei **Wohnungs- und Teileigentum** können wesentliche Daten im Übrigen der jährlichen Wohngeldabrechnung des Verwalters (§§ 20 bis 29 WEG) entnommen werden.

4.4.3 Gewerberaum

4.4.3.1 Modellansatz nach Anl. 3 ImmoWertV

▶ *Vgl. § 31 ImmoWertV Rn. 191 ff.; Teil V Rn. 162*

100 Kommt bei der Ertragswertermittlung ein Liegenschaftszinssatz zur Anwendung, der gemäß § 12 Abs. 5 Satz 2 ImmoWertV den Gutachterausschüssen für Grundstückswerte mit Anl. 3 zur ImmoWertV verbindlich vorgegeben ist, müssen nach dem Grundsatz der Modellkonformität des § 10 ImmoWertV wiederum die dort **vorgegebenen Modellansätze** der **Verwaltungskosten** der Ermittlung des vorläufigen Ertragswerts zugrunde gelegt werden.

Anl. 3 zur ImmoWertV gibt für gewerbliche Nutzungen einen **Modellansatz von 3 vom Hundert des marktüblich erzielbaren Rohertrags bei reiner und gemischter gewerblicher Nutzung** verbindlich vor. Bei Anwendung dieses Liegenschaftszinssatzes ist der *vorläufige* Ertragswert wiederum auf dieser Grundlage zu ermitteln.

101 Weichen die Verwaltungskosten des zu bewertenden Grundstücks nach der örtlichen Situation, dem Zustand und der Art des Grundstücks sowie vor allem auch aufgrund der Restnutzungsdauererheblich davon ab, kann es erforderlich sein, diese Abweichungen ergänzend zu berücksichtigen.

102 Die Abweichung kann auch darin begründet sein, dass die Verwaltungskosten umgelegt worden sind. Denn bei Gewerberaummieten ist eine Umlage von „Verwaltungskosten“ grundsätz-

lich zulässig[19]. Voraussetzung ist eine Vereinbarung der Parteien[20]. Handelt es sich dabei – wie vorliegend – um eine Formularklausel des Vermieters, muss sich die Vereinbarung am Transparenzgebot des § 9 AGBG messen lassen[21].

4.4.4 Landwirtschaftliche Wirtschaftsgebäude

Bei **landwirtschaftlichen Wirtschaftsgebäuden** wird mit Verwaltungskosten von 3,0 bis 5,0 % des Rohertrags gerechnet. **103**

4.4.5 Besonderheiten (Anomalien)

▶ *Vgl. Syst. Darst. des Ertragswertverfahrens Rn. 259, 277*

Weichen die der Ermittlung des *vorläufigen* Ertragswerts zugrunde zu legenden Modellansätze der Verwaltungskosten von den nach § 32 Abs. 1 Satz 1 ImmoWertV maßgeblichen Bewirtschaftungskosten ab, ist der Liegenschaftszinssatz nach § 33 ImmoWertV den tatsächlichen Gegebenheiten des zu bewertenden Grundstücks anzupassen. Dazu sollen nach den Vorstellungen des Verordnungsgebers möglichst geeignete Umrechnungskoeffizienten herangezogen werden. **104**

Darüber hinaus können sich aus besonderen vom Üblichen abweichenden mietvertraglichen Regelungen zu den für eine ordnungsgemäße Bewirtschaftung und zulässige Nutzung entstehenden regelmäßigen Bewirtschaftungskosten erhebliche Abweichungen ergeben, die im Ergebnis zu temporär unterschiedlichen Reinerträgen führen. Auch dem muss Rechnung getragen werden, soweit sie den Verkehrswert beeinflussen: **105**

- Bei Anwendung der Standardverfahren (des *zwei- und eingleisigen Ertragswertverfahrens* nach den §§ 28 f. ImmoWertV) kann solchen Besonderheiten Rechnung getragen werden, indem die kapitalisierte Differenz als besonderes objektspezifisches Grundstücksmerkmal (boG) ergänzend berücksichtigt wird.
- Bei Anwendung des *periodischen Ertragswertverfahrens* nach § 30 ImmoWertV kann direkt von einem in der jeweiligen Periode entsprechend erhöhten oder verminderten Reinertrag ausgegangen werden.

4.5 Instandhaltungs- und Modernisierungskosten

4.5.1 Begriffe

Schrifttum: *Bahr, C.*, Instandhaltungskosten zuverlässig ermitteln, GuG 2022, 143; *Fuchs, P.*, Die Instandsetzungskosten im Wohnungsbau – pauschaliert und in Wirklichkeit, BIGBW 1972, 49.

▶ *Vgl. Syst. Darst. des Ertragswertverfahrens Rn. 220 ff.; zur Inspektion: VDMA 24186, AMEV Wartung 2002, VDI 2067-1 Tabellen A2–A4*

a) Instandhaltung

Nach der gesetzlichen Regelung des § 536 BGB ist der Vermieter zur **Instandhaltung**, erforderlichenfalls bei vernachlässigter Instandhaltung zur **Instandsetzung** (vgl. Rn. 110) verpflichtet, wobei jedoch regelmäßig die Schönheitsreparaturen auf den Mieter durch eine ausdrückliche Vereinbarung überwälzt werden. Aus einer vernachlässigten Instandhaltungspflicht kann sich dementsprechend eine Schadensersatzpflicht zur Instandsetzung ergeben. **106**

---

19 OLG Frankfurt am Main, Urt. vom 01.11.1984 – 3 U 143/83 – WuM 1985, 91 = EzGuG 20.104c; OLG Nürnberg, Urt. vom 21.03.1995 – 3 U 3727/94 –, WuM 1995, 306 = EzGuG 3.117g; KG, Urt. vom 02.10.2003 – 8 U 25/03 –, Bln GE 2004, 234 = EzGuG 3.129a; Both, Betriebskostenlexikon, 2. Aufl., Rn. 229; Schmidt-Futterer/Langenberg, MietR, 9. Aufl., § 556 Rn. 93.

20 Lützenkirchen, GE 2006, 614; Pfeifer, DWW 2000, 13; Ludley, NZM 2006, 851.

21 OLG Rostock, Urt. vom 10.04.2006 – 3 U 158/06 –, NJ 2008, 313 = EzGuG 3.

§ 28 II. BV definiert (ohne den Begriff zu gebrauchen) als **Instandhaltung** die Maßnahmen, die während der Nutzungsdauer zur Erhaltung des bestimmungsgemäßen Gebrauchs getätigt werden müssen, um die durch Abnutzung, Alterung und Witterungseinwirkung entstehenden baulichen und sonstigen Mängel ordnungsgemäß zu beseitigen. Die Instandhaltung ist von der Modernisierung abzugrenzen.

Mit der **DIN 31 052** (Januar 1985; vgl. auch DIN 18 960) wird die Instandhaltung definiert als Maßnahmen zur *Bewahrung und Wiederherstellung des Sollzustands* sowie zur Feststellung und Beurteilung des Istzustands von technischen Mitteln eines Systems. Diese Maßnahmen beinhalten:

- **Wartung** (Nr. 1.1),
- **Inspektion** (Nr. 1.2) und
- **Instandsetzung** (Nr. 1.3).

Sie schließen ein

- **Abstimmung** der Instandhaltungsziele mit den Unternehmenszielen,
- **Festlegung entsprechender Instandhaltungsstrategien.**

107 Als **Wartung** werden – in Abgrenzung zu Instandhaltung – wiederkehrende Maßnahmen zur Überprüfung der Funktionsfähigkeit oder Betriebssicherheit einer technischen Anlage verstanden (vgl. Rn. 56).

108 Als **Inspektion** werden in Nr. 4.1.3 DIN 31 051, 2003 „Maßnahmen zur Feststellung und Beurteilung des Istzustands einer Betrachtungseinheit einschließlich der Bestimmung der Ursachen der Abnutzung und dem Ableiten der notwendigen Konsequenzen für eine künftige Nutzung“ definiert.

b) Instandsetzung

109 Die **Instandhaltung ist zu unterscheiden von der Instandsetzung**. Die Instandsetzung war in § 3 Abs. 4 ModEnG[22] definiert als die Behebung von baulichen Mängeln, insbesondere von Mängeln, die infolge von Abnutzung, Alterung, Witterungseinflüssen *oder Einwirkungen Dritter* entstanden sind, durch Maßnahmen, die in den Wohnungen den zum bestimmungsgemäßen Gebrauch geeigneten Zustand wiederherstellen (vgl. § 28 Abs. 1 Satz 2 II. BV, § 3 Nr. 10 HOAI, auch § 177 BauGB), sofern sie nicht unter den Wiederaufbau fallen oder durch Modernisierungen verursacht worden sind.

Dies bedeutet aber nicht, dass die Instandsetzung immer in der Wiederherstellung des ursprünglichen Zustands des Gebäudes bestehen muss, zumal namentlich ältere Gebäude im Laufe der Jahrzehnte oder Jahrhunderte mehrfach verändert werden[23]. Instandsetzung und Instandhaltung sind danach wesensgleich, aber nicht identisch. Die Begriffe werden im Verhältnis so zueinander abgegrenzt, dass die **Instandhaltung** die Beseitigung von Mängeln umfasst, die durch Alterung, Abnutzung oder Witterungseinflüsse in mehr oder weniger zeitlich gleichbleibenden Abständen auftreten, und die vorbeugenden Maßnahmen zur Verhinderung von eingetretenen Schäden, deren Auftreten ungewiss und unregelmäßig ist oder die durch unterlassene Instandhaltung oder durch Einwirkungen Dritter entstanden sind[24].

110 Als Instandsetzungen werden in der **DIN 31 052** definiert:
Maßnahmen zur Wiederherstellung des Sollzustands von technischen Mitteln eines Systems. Diese Maßnahmen beinhalten:

- **Auftrag,** Auftragsdokumentation und Analyse des Auftragsinhalts,
- **Planung** im Sinne des Aufzeigens und Bewertens alternativer Lösungen unter Berücksichtigung betrieblicher Forderungen,

---

22 Aufgehoben durch Art. 4 des Gesetzes zur Reform des Wohnungsbaurechts.
23 Battis/Krautzberger/Löhr, BauGB, § 177 Rn. 10.
24 Pergande, Wohnungsbaurecht II., BV § 11 Anm. 10.4; zu den Kosten § 17 Rn. 6 und § 18 Rn. 15.

- **Entscheidung** für eine Lösung – Vorbereitung der Durchführung, beinhaltend Kalkulation, Terminplanung, Abstimmung, Bereitstellung von Personal, Mitteln und Material, Erstellung von Arbeitsplänen,
- **Vorwegmaßnahmen** wie Arbeitsplatzausrüstung, Schutz- und Sicherheitseinrichtungen usw.,
- **Überprüfung** der Vorbereitung und der Vorwegmaßnahmen einschließlich der Freigabe zur Durchführung,
- Durchführung,
- **Funktionsprüfung** und Abnahme,
- **Fertigmeldung, Auswertung** einschließlich Dokumentation, Kostenaufschreibung, Aufzeigen und gegebenenfalls Einführen von Verbesserungen.

Instandhaltungskosten dienen nach § 28 Abs. 1 II. BV n.F. im Übrigen **nicht mehr zur Deckung der Kosten einer *Instandsetzung*.** 111

c) Unterlassene Instandhaltung

▶ *Vgl. § 4 ImmoWertV Rn. 33; § 8 ImmoWertV Rn. 82*

Von einer unterlassenen Instandhaltung spricht man, wenn eine bauliche Anlage nicht ordnungsgemäß instandgehalten wurde und hierdurch Bauschäden eingetreten sind (**Instandhaltungsrückstau).** 112

Unterlassene Instandhaltungen können zu einer **Verkürzung der üblichen Restnutzungsdauer** führen. Dies können z.B. auch durch höhere Gewalt entstandene Schäden sein, die nicht behoben worden sind. Bei unterlassener Instandhaltung kann jedoch nicht schematisch eine Verkürzung der üblichen Restnutzungsdauer angenommen werden, denn nicht in jedem Fall wird die übliche Restnutzungsdauer durch unterlassene Instandsetzungsmaßnahmen verkürzt[25]. 113

d) Modernisierung

▶ *Vgl. § 4 ImmoWertV Rn. 41 ff.; zum Begriff der „Kernsanierung" vgl. § 4 ImmoWertV Rn. 56*

Unter **Modernisierung**[26] sind im Bereich der Wohnraumbewirtschaftung bauliche Maßnahmen zu verstehen (§ 559 Abs. 1 BGB, § 16 Abs. 3 WoFG[27]; § 11 Abs. 6 II. BV[28]), die 114

- den Gebrauchswert des Wohnraums nachhaltig erhöhen,
- die allgemeinen Wohnverhältnisse auf Dauer verbessern oder
- nachhaltige Einsparungen von Energie und Wasser bewirken.

Die Modernisierung gehört nicht zu den Bewirtschaftungskosten. 115

---

25 BGH, Urt. vom 08.12.1975 – III ZR 93/73 –, BRS Bd. 34 Nr. 126 = EzGuG 20.58.

26 Vgl. § 3 Nr. 6 HOAI a.F.; § 559 BGB; § 16 Abs. 3 WoFG; früher: Gesetz zur Förderung und Modernisierung von Wohnungen (BGBl. I 1976S. 2429); § 17 Abs. 1 Satz 2 II. WoBauG; BVerwG, Urt. vom 03.07.1987 – 8 C 73/86 –, NJW-RR 1987, 1489 = EzGuG 3.71f.

27 Förderrechtlich fallen nach § 16 Abs. 3 WoFG unter den Begriff der Modernisierung auch die Instandsetzungen, die durch Modernisierungsmaßnahmen verursacht werden.

28 Es besteht Verwandtschaft zum **Umbau**, worunter nach allgemeinem Sprachgebrauch (nur) die bauliche Umgestaltung eines vorhandenen Gebäudes oder von Räumen zu verstehen ist; im Rechtssinne liegt ein Umbau vor, wenn das äußere Erscheinungsbild der bisherigen Räume nachhaltig geändert wird (vgl. BVerwG, Urt. vom 03.03.1987 – 8 C 73/86 –, NJW-RR 1987, 1489 = EzGuG 3.71f; OVG Hamburg, Urt. vom 08.10.1981 – Bf. II 51/80 –, BBauBl 1982, 793 = EzGuG 3.63f; BFH, Urt. vom 28.06.1977 – VIII R 115/73 –, BFHE 122, 512 = BStBl II 1977, 725 = EzGuG 11.110a). Nach § 11 Abs. 6 Satz 2 II. a.F. gehörte zur Modernisierung auch der Ausbau und der Anbau i.S. des § 17 Abs. 1 Satz 2 und Abs. 2 des II. WoBauG, soweit die baulichen Maßnahmen den Gebrauchswert des bestehenden Wohnraums nachhaltig erhöhen (Pergande, Wohnungsbaurecht, II. BV Anm. 10). Diese Vorschrift ist wie auch das II. WoBauG ersatzlos aufgehoben worden (Art. 2 Wohnraumförderungsgesetz); vgl. auch das durch Art. 4 des Gesetzes zur Reform des Wohnungsbaurechts aufgehobene ModEnG.

116 Wesentliche Voraussetzung der Modernisierung ist immer die nachhaltige Erhöhung des Gebrauchswerts des Objekts. Dies schließt also eine Erhöhung des reinen Verkaufs- oder Handelswerts des Objekts allein aus. Unter dem **Gebrauchswert** ist der Wert zu verstehen, der ein Objekt nach Nutzung, funktionellen Eigenschaften, Wirtschaftlichkeit und Anforderungen an den Stand der Erkenntnis und Technik qualifiziert. Auch gestalterisch-ästhetische Verbesserungen können als Teilmaßnahmen den Gebrauchswert erhöhen. Als alleinige Maßnahmen sind sie jedoch keine Modernisierung, sondern i.d.R. Instandsetzung oder Instandhaltung[29]. Die **nachhaltige Erhöhung des *Gebrauchswerts*** bezieht sich deshalb nicht nur auf Wohnobjekte, sondern auch auf alle übrigen Objekte, wie zum Beispiel Grünanlagen oder raumbildende Ausbauten, Anlagen der technischen Ausrüstung oder der Verbesserung des Wärme- und Schallschutzes.

117 **Instandsetzungen, die durch Maßnahmen der Modernisierung verursacht werden**, fallen unter die „Modernisierung“. Eine ähnliche Definition enthält § 559 BGB in Bezug auf die Modernisierungsumlage[30]. Danach kann für bauliche Maßnahmen, die den Gebrauchswert der Mietsache nachhaltig erhöhen, die allgemeinen Wohnverhältnisse auf Dauer verbessern oder nachhaltig Einsparungen von Energie oder Wasser bewirken (Modernisierung), die jährliche Miete um 11 vom Hundert der für die Wohnung aufgewendeten Kosten erhöht werden.

118 Der Modernisierungsbegriff gilt auch für § 9 Abs. 3 des Wohnungsbindungsgesetzes – WoBindG – sowie für die §§ 6, 13 Abs. 1 und für den § 16 Abs. 5 der Neubaumietenverordnung. Trotz Aufhebung des ModEnG ist dessen Modernisierungsbegriff nach wie vor zur Auslegung heranzuziehen. Danach fallen unter den **Modernisierungsbegriff** insbesondere Maßnahmen zur Verbesserung

a) des Zuschnitts der Wohnung,

b) der Belichtung und Belüftung,

c) des Schallschutzes,

d) der Energie- und Wasserversorgung sowie der Entwässerung,

e) der sanitären Einrichtungen,

f) der Beheizung und der Kochmöglichkeiten,

g) der Funktionsabläufe in Wohnungen und

h) der Sicherheit vor Diebstahl und Gewalt.

Solche Maßnahmen sind geeignet, die sonst übliche wirtschaftliche Nutzungsdauer eines Gebäudes um mindestens 35 bis 40 Jahre zu verlängern; dies muss jedoch im Einzelfall gewissenhaft geprüft werden[31].

e) Wiederherstellung

119 **Wiederherstellung** ist der Oberbegriff für Instandsetzungen und Wiederaufbauten (§ 3 Nr. 10 HOAI).

f) Umbau

120 Unter einem Umbau (im Rechtssinne) ist eine **nachhaltige Änderung des äußeren Erscheinungsbilds** mit wesentlichen Eingriffen in die Konstruktion und Gestaltung zu verstehen, wie etwa bei Grundrissänderungen oder der Zusammenfassung von mehreren Räumen oder klei-

29 Locher/Koeble/Frik/Locher/Zahn, HOAI Komm., 12. Aufl. Wiesbaden 2014.

30 Das Miethöhengesetz sowie das Gesetz zur Förderung der Modernisierung von Wohnungen und von Maßnahmen zur Einsparung von Heizenergie (ModEnG), in denen die Modernisierung ähnlich definiert war (§ 3 Abs. 1 MHG), sind mit Art. 10 Nr. 1 des Mietrechtsreformgesetzes und Art. 4 des Wohnraumförderungsgesetzes aufgehoben worden.

31 OLG Hamburg, Urt. vom 16.03.2001 – 11 U 131/98 –, GuG 2002, 125 = EzGuG 20.178b.

nen Wohnungen zu einer abgeschlossenen Wohneinheit[32]. Im allgemeinen Sprachgebrauch ist unter Umbau (nur) die bauliche Umgestaltung eines vorhandenen Gebäudes oder von Räumen zu verstehen[33]. Bauliche Maßnahmen zur Instandsetzung sind kein Umbau, weil sie nur auf eine Wiederherstellung des zum bestimmungsgemäßen Gebrauch geeigneten Zustandes der Wohnung gerichtet sind. Die Instandsetzung umfasst alle Maßnahmen zur Behebung solcher baulicher Mängel, die den bestimmungsgemäßen Gebrauch der Wohnung beeinträchtigen. Die Ursache derartiger Mängel ist dabei ohne Bedeutung, sodass es nicht darauf ankommt, ob sie durch Verschleiß in allen seinen Erscheinungsformen, Abnutzung, Alterung, Witterungseinflüsse oder durch schuldhafte oder schuldlose Einwirkungen Dritter oder sogar durch höhere Gewalt entstanden sind.

Die Vorschrift des § 3 Abs. 6 ModEnG regelt die im Falle des Ausbaus durch Umbau von Wohnräumen auftretende Gesetzeskonkurrenz. Sie stellt in Richtung auf § 17 Abs. 1 Satz 2 WoBauG II klar, dass es bei einer Modernisierung, die zugleich die Voraussetzungen des Ausbaus durch Umbau erfüllt, bei der Rechtsfolge des § 17 Abs. 1 S 2 WoBauG II verbleibt.

4.5.2 Instandhaltungskosten

4.5.2.1 Allgemeines

▶ *Vgl. § 8 ImmoWertV Rn. 82 ff., 296; Syst. Darst. des Ertragswertverfahrens Rn. 202, 220 ff.; zur Beleihungswertermittlung vgl. Teil IX Rn. 254*

Instandhaltungskosten (*repairs & maintanance*) definieren sich als die **Kosten, die während der Restnutzungsdauer zur Erhaltung des bestimmungsgemäßen Gebrauchs der baulichen Anlagen im langjährigen Mittel aufgewendet werden müssen, um die durch Abnutzung, Alterung, Witterungs- und Umwelteinflüsse entstehenden baulichen Schäden ordnungsgemäß zu beseitigen und die Qualität und damit die Ertragsfähigkeit des Renditeobjekts zu erhalten**. Mit § 32 Abs. 3 ImmoWertV werden sie abweichend von § 28 Abs. 1 II. BV definiert: 121

§ 28 Abs. 1 II. BV	§ 32 Abs. 3 ImmoWertV
(1) Instandhaltungskosten sind die Kosten, die während der Nutzungsdauer zur Erhaltung des bestimmungsmäßigen Gebrauchs aufgewendet werden müssen, um die durch Abnutzung, Alterung *und Witterungseinwirkung* entstehenden baulichen oder sonstigen Mängel ordnungsgemäß zu beseitigen. Der Ansatz der Instandhaltungskosten dient auch zur Deckung der Kosten von Instandsetzungen, nicht jedoch der Kosten von Baumaßnahmen, soweit durch sie eine Modernisierung vorgenommen wird oder Wohnraum oder anderer auf die Dauer benutzbarer Raum neu geschaffen wird. Der Ansatz dient nicht zur Deckung der Kosten einer Erneuerung von Anlagen und Einrichtungen, für die eine besondere Abschreibung nach § 25 Abs. 3 zulässig ist.	(3) Instandhaltungskosten umfassen die Kosten, die im langjährigen Mittel infolge Abnutzung oder Alterung *zur Erhaltung des der Wertermittlung zugrunde gelegten Ertragsniveaus der baulichen Anlagen während ihrer Restnutzungsdauer* marktüblich aufgewendet werden müssten.
Vgl. auch: § 3 Nr. 11 HOAI a.F.: „11. Instandhaltungen sind Maßnahmen zur Erhaltung des Soll-Zustandes eines Objekts" (§ 1 Abs. 2 Satz 2 BetrKV). Die Instandhaltungskosten umfassen im Übrigen sowohl die Kosten der laufenden Unterhaltung wie auch der Erneuerung einzelner baulicher Teile (z.B. Flachdächer, Fassaden, Fensterrahmen einschl. Isolierglas)	

Nach der Begründung zu **§ 32 Abs. 3 ImmoWertV soll mit dieser Änderung klargestellt werden, dass** „*bei Instandhaltungskosten von ihrem langjährigen Mittel auszugehen*" sei und nicht die aktuell geplanten noch die erst kürzlich erfolgten Instandhaltungsmaßnahmen von

32 BVerwG, Urt. vom 03.07.1987 – 8 C 73/86 –, NJW-RR 1987, 1489 = EzGuG 3.71f; OVG Hamburg, Urt. vom 08.10.1981 – Bf II 51/80 –, BBauBl. 1992, 793 = EzGuG 3.63f.

33 BFH, Urt. vom 28.06.1977 – VIII R 115/73 –, BFHE 122, 512 = BStBl II 1977, 725 = EzGuG 11.110a.

Bedeutung sind. Dabei geht es ausdrücklich um den langjährigen Mittelwert *„während der Restnutzungsdauer"*. Dieser Mittelwert ist im Rahmen der Marktwertermittlung vom Alter bzw. der **Restnutzungsdauer der baulichen Anlage zum jeweiligen Qualitätsstichtag** abhängig. Dementsprechend differenzieren die in der II. BV zu den Instandhaltungskosten vorgeschriebenen Modellansätze aus gutem Grunde nach dem Alter der baulichen Anlage. Der mit Anl. 3 zur ImmoWertV den Gutachterausschüssen für Grundstückswerte verbindlich vorgegebene einheitliche Modellansatz stellt dagegen nicht auf den sich für die jeweilige „Restnutzungsdauer" ergebenden Mittelwert ab. Die Klarstellung steht damit im diametralen Widerspruch zu dem mit Anl. 3 zur ImmoWertV den Gutachterausschüssen verbindlich vorgegebenen Modellansatz der Instandhaltungskosten (vgl. Rn. 139).

Dass die Instandhaltungskosten auch die Kosten umfassen sollen, die *„zur Erhaltung des der Wertermittlung zugrunde gelegten Ertragsniveaus der baulichen Anlagen"* während ihrer „Restnutzungsdauer" aufgewendet werden müssen, geht auch über das bisherige Verständnis hinaus. Die II. BV stellt die Instandhaltung unter die Zielsetzung, dass sie der „Erhaltung des bestimmungsmäßigen Gebrauchs" diene und sich damit von der Modernisierung (als Verbesserung des Gebrauchswerts) abgrenzt. Das *„der Wertermittlung zugrunde gelegte Ertragsniveau"*, d.h. der zum Wertermittlungsstichtag nach Maßgabe der Verordnung *„marktüblich erzielbare Reinertrag"*, kann längerfristig ohne eine Modernisierung der baulichen Anlage über die Restnutzungsdauer – konjunkturelle Veränderungen ausgeschlossen – gar nicht erhalten werden, denn die einmal nach modernsten Erkenntnissen errichtete bauliche Anlage genügt mit fortschreitender Zeit immer weniger den sich wandelnden Anforderungen und büßt trotz Instandhaltung ihre Ertragsfähigkeit ein, zumal die Instandhaltungskosten mit fortschreitendem Alter ansteigen[34].

Davon geht auch der gewöhnliche Geschäftsverkehr aus und dies findet seine entsprechende Berücksichtigung im baujahrsabhängigen Liegenschaftszinssatz.

4.5.2.2 Modellansätze der Instandhaltungskosten nach II. BV

122 Nach den Vorschriften des § 28 II. BV sind die im Rahmen der Wirtschaftlichkeitsberechnung ansetzbaren Instandhaltungskosten in Abhängigkeit vom Zeitpunkt der Bezugsfertigkeit unterschiedlich anzusetzen (objektspezifischer Instandhaltungskostenansatz).

Viele Gutachterausschüsse für Grundstückswerte haben ihre **Liegenschaftszinssätze** lange **auf der Grundlage** der **Instandhaltungskosten des § 28 II. BV** entsprechend den Empfehlungen der aufgehobenen WERTR 06 a.F. ermittelt. Diese Instandhaltungskosten waren im Rahmen der Marktwertermittlung ein bewährter „Modellansatz". Ihnen ist auch heute noch gegenüber den mit Anl. 3 zur ImmoWertV vorgeschriebenen „starren" Modellansätzen der Vorzug zu geben, da sie nach dem Alter der baulichen Anlage differenzieren und insoweit damit keine Modellverbiegung einhergeht (vgl. Rn. 149). Aus Gründen der Modellkonformität können sie auch heute noch von Bedeutung sein, wenn sich die Wertermittlung auf einen Wertermittlungsstichtag bezieht, zu dem man sich bei der Ableitung von Liegenschaftszinsen an den „Modellansätzen" der II. BV orientiert hat.

123 Nach den Vorschriften der II. BV ist grundsätzlich zwischen der sog. **kleinen und großen Instandhaltung** zu unterscheiden.

- Unter der *kleinen Instandhaltung* ist nach § 28 Abs. 3 Satz 2 II. BV das Beheben kleinerer Schäden an den Installationsgegenständen für Elektrizität, Wasser und Gas, den Heiz- und Kocheinrichtungen, den Fenster- und Türverschlüssen sowie den Verschlussvorrichtungen von Fensterläden zu verstehen. Die kleine Instandhaltung kann selbst im Bereich der sozialen Wohnraumförderung (§ 28 Abs. 3 II. BV) mietvertraglich auf den Mieter übertragen werden, sodass sich die Bewirtschaftungskosten insoweit für den Vermieter vermindern.
- Die *große Instandhaltung* fällt insbesondere mit der Erneuerung von Gebäudeteilen an.

34 Die Instandhaltungskosten steigen da, vgl. BR-Drs 171/10.

Wie sich aus § 28 Abs. 4 II. BV ergibt, sind die sog. **Schönheitsreparaturen begrifflich der Instandhaltung zuzurechnen** (vgl. Rn. 8, § 31 ImmoWertV Rn. 20). Hierunter definiert die Vorschrift „das Tapezieren, Anstreichen oder Kalken der Wände und Decken, das Streichen der Fußböden, Heizkörper einschließlich Heizrohre, der Innentüren sowie der Fenster und Außentüren von innen“[35]. Schönheitsreparaturen sind zwar grundsätzlich Sache des Vermieters, werden heute aber i.d.R. in der Wohnraumbewirtschaftung auf die Mieter umgelegt. **124**

Nach **§ 536 BGB** hat der Vermieter die vermietete Sache in einem zu dem vertragsgemäßen Gebrauch geeigneten Zustand zu überlassen und sie während der Mietzeit in diesem Zustand zu erhalten. Demzufolge sind Schönheitsreparaturen zwar grundsätzlich Sache des Vermieters, jedoch werden sie regelmäßig mietvertraglich auf den Mieter „überwälzt“. Dementsprechend schließen die in den II. BV angegebenen Instandhaltungspauschalen die Kosten der Schönheitsreparaturen aus. **125**

Nach den auf den 01.01.2020 aktualisierten Sätzen der II. BV[36] belaufen sich die Instandhaltungskosten auf

bis	9,21 €/m²	je m² Wohnfläche bei einem (fiktiven) Alter ≤ 22 Jahre,
bis	11,68 €/m²	je m² Wohnfläche bei einem (fiktiven) Alter von 22 bis 31 Jahre,
bis	14,92 €/m²	je m² Wohnfläche bei einem (fiktiven) Alter ≥ 32 Jahre
bis	83,23 €	je Garage und ähnliche Einstellplätze und Jahr.

Es handelt sich bei den angegebenen Sätzen um Höchstwerte („bis“). Als „Zeitpunkt der Bezugsfertigkeit“ ist auf das Baujahr abzustellen. **Bei modernisierten Gebäuden ist das fiktive Baujahr (Bezugsfertigungsjahr) zugrunde zu legen**[37]. **126**

Die II. BV sieht unter Berücksichtigung der vorgeschriebenen Indexierung ab 01.01.2017 folgende ausstattungsabhängige **Zu- und Abschläge** vor: **127**

Abschlag von 0,25 €/m²	bei eigenständig gewerblicher Leistung von Wärme i.S. des § 1 Abs. 2 Nr. 2 der Verordnung über Heizkostenabrechnung i.d.F. der Bekanntmachung vom 20.01.1989 (BGBl. I 1989, 115);
Abschlag von 1,36 €/m²	wenn der Mieter die Kosten der kleinen Instandsetzung trägt;
Zuschlag von 1,30 €/m²	wenn ein maschinell betriebener Aufzug vorhanden ist und
Zuschlag von bis 11,02 €/m²	wenn der Vermieter die Kosten der Schönheitsreparaturen i.S. des § 28 Abs. 4 Satz 2 II. BV trägt.

35 BGH, Urt. vom 13.01.2010 – VIII ZR 48/09 – NJW 2010, 674: Nicht zu den Schönheitsreparaturen das Abschleifen von Parkett oder dessen Versiegelung bzw. von Böden. Ersatz von abgewohnten oder zerschlissenen Teppichboden. das Streichen von Fußleisten, Sockeln oder Außenwänden und Balkonbrüstungen sowie die Beseitigung von Rissen in Decken, Wänden oder Fußböden. Mieter, die sich auf eine Unwirksamkeit einer Schönheitsreparaturklausel beziehen wollen, weil sie die Wohnung unrenoviert übernommen haben, müssen beweisen, dass dies der Fall ist. Das kann durchaus schwierig sein, wenn kein Übergabeprotokoll angefertigt wurde (BGH, Urt. vom 30.01.2024 – VIII ZB 43/23 –; NJW 2024, 1653.

36 Die fortgeschriebenen Werte wurden zur Vermeidung von Fortführungsfehlern durch Indexierung der Ursprungswerte der II. BV abgeleitet.

37 Zur Restnutzungsdauer: BFH, Urt. vom 31.03.1992 – IX R 175/87 –, = BFHE 168, 109 = BStBl. II 1992, 808 = EzGuG 19.40a.

Abb. 16: Gesamtübersicht ab 01.01.2020

Instandhaltungskosten					
Bezugsfertigkeit am Ende des Kalenderjahres	**Jährliche Instandhaltungskosten pro m² Wohnfläche höchstens**	**Abschläge** bei Wohnungen mit		**Zuschläge** bei Wohnungen mit	
		kleiner Instandhaltung durch Mieter	eigenständig gewerblicher Leistung von Wasser	maschinell betriebenem Aufzug	Kostentragung der Schönheitsreparaturen durch Vermieter
	€/m²	€/m²	€/m²	€/m²	€/m²
weniger als 22 Jahre	**9,21**	1,36	0,25	1,30	11,02
mindestens 22 Jahre	**11,68**	1,36	0,25	1,30	11,02
mindestens 32 Jahre	**14,92**	1,36	0,25	1,30	11,02

Die Zu- und Abschläge sind nach § 28 Abs. 5a II. BV ab dem 1. Januar eines jeden darauffolgenden dritten Jahres entsprechend der Entwicklung des Verbraucherpreisindexes in Deutschland nach Feststellung des Statistischen Bundesamtes anzupassen.

128 Die **Zu- und Abschläge sind aber bei der Ermittlung der Instandhaltungskosten nur insoweit zu berücksichtigen, wie sie auf Dauer zu erwarten** sind. Dies ist bezüglich des Zuschlags für einen maschinell betriebenen Aufzug zu bejahen, denn dieser besteht i.d.R. auf Dauer.

Bezüglich des Zu- und Abschlags für die vom Mieter bzw. Vermieter übernommenen Kosten der kleinen Instandsetzung und der Kosten der Schönheitsreparaturen stellt sich die Situation anders dar. Der II. BV liegt die übliche Vertragspraxis zugrunde, nach der

- der Vermieter die Kosten der kleinen Instandhaltung und
- der Mieter die Kosten der Schönheitsreparaturen[38]

trägt, und es kann nicht erwartet werden, dass ein davon abweichender Mietvertrag auf Dauer Bestand hat. Die Beteiligung der Mieter z.B. an Kleinreparaturen bis zu 50 € im Einzelfall sowie bei Beendigung des Mietverhältnisses (Dübeleinsätze entfernen und Löcher verschließen) ist meist in Formularmietverträgen geregelt[39].

129 Der Vermieter ist gemäß § 535 Abs. 1 und § 538 BGB zur **Erhaltung der Mieträume im vertragsgemäßen Zustand** und mithin auch verpflichtet, Schönheitsreparaturen durchzuführen. Bei den genannten Vorschriften handelt es sich aber um abdingbares Recht und es entspricht der Verkehrssitte, dass die Schönheitsreparaturen durch Vertrag auf den Mieter übertragen werden.

130 Nach § 28 Abs. 4 Satz 3 II. BV sind „Schönheitsreparaturen… das **Tapezieren** *(einschließlich des Entfernens von Tapeten und das Verschließen von Dübellöchern)*, **Anstreichen oder Kalken der Wände und Decken, das Streichen der Fußböden und der Heizkörper einschließlich Heizrohre, der Innentüren sowie der Fenster und Außentüren von innen**". Außenanstriche von Türen und Fenstern fallen mithin nicht unter die Definition, die für den öffentlich geförderten Mietwohnraum maßgebend ist[40].

131 **Trägt indessen der Vermieter die Schönheitsreparaturen**[41] und der Mieter die Kosten der kleinen Instandhaltung, **handelt es sich um Besonderheiten**, die zunächst bei der Ermittlung des vorläufigen Ertragswerts außer Betracht bleiben.

38 Schmidt, WuM 1994, 237; Gather, ZAP F 4, S. 339 ff.
39 BGH, Urt. vom 07.06.1989 – VIII ZR 91/88 –, BGHZ 108, 1 = EzGuG 3.75a.
40 *Eisenschmid, N.*, Schönheitsreparaturen, WuM 2010, 459.
41 Zu den Schönheitsreparaturen in der steuerlichen Bewertung: BFH, Urt. vom 02.06.1971 – III R 105/70 –, BFHE 102, 563 = BStBl II 1971, 675 = EzGuG 20.49e.

Starre Fristenregelungen, wonach bestimmte Räume zwangsweise („mindestens") alle zwei, drei oder fünf Jahre oder „spätesten" nach x Jahren renoviert werden müssen, sind nach der Rechtsprechung des BGH[42] unwirksam. Unzulässig sind auch starre Quoten der Beteiligung an Renovierungskosten. Zulässig sind dagegen Verpflichtungen zur Durchführung von Schönheitsreparaturen, die „in der Regel", „ungefähr", „meist" oder „normalerweise alle drei Jahre" durchzuführen sind[43]. 132

Die vom Üblichen abweichenden Vereinbarungen sind für die Dauer ihres voraussichtlichen Bestands zusätzlich zu dem vorläufigen Ertragswert zu berücksichtigen. 133

Beispiel: 134

Für 3 jeweils 100 m² große Wohnungen trägt der Vermieter die Schönheitsreparaturen.

Es wird mit einer 10-jährigen Vertragsdauer gerechnet:

8,54 €/m²× 3 Wohnungen × 100 m² = 2 562 €

Zusätzliche Instandhaltungskosten des Vermieters = 2 562 € p.a.

Kapitalisierungsfaktor bei einem Kapitalisierungszinssatz von 5 % und einer Dauer von 10 Jahren: 7,72

Es sind zusätzlich Instandhaltungskosten von 19 778,64 € vom vorläufigen Ertragswert zum Abzug zu bringen.

Für den **Bereich der sozialen Wohnraumförderung** sind die angegebenen Pauschalsätze verbindlich. 135

Bei **neueren baulichen Anlagen** muss zudem beachtet werden, dass die auf die Wirtschaftlichkeitsberechnung im öffentlich geförderten sozialen sowie im steuerbegünstigten Wohnungsbau zugeschnittenen Instandhaltungskosten der II. BV gegenüber den für den freifinanzierten Wohnungsbau angemessenen Sätzen i.d.R. zurückbleiben, weil dieser regelmäßig eine aufwendigere Bauart und Ausstattung aufweist. Infolgedessen müssen ggf. entsprechende Zuschläge angebracht werden. 136

Für **Einfamilienhäuser** wird z.B. mit einer Rücklage von 1,60 € pro Quadratmeter Wohnfläche im Monat gerechnet; dies entspricht 19,20 €/m² im Jahr. 137

Bei **Wohnungseigentum** sind die Eigentümer nach § 21 Abs. 5 Nr. 4 WEG zur Ansammlung einer angemessenen Instandhaltungsrücklage verpflichtet. Ihre Höhe bestimmen die Wohnungseigentümer bei der Aufstellung des jährlichen Wirtschaftsplans durch Stimmenmehrheit. Zur Durchführung erforderlicher Instandsetzungsmaßnahmen genügt im Übrigen die Stimmenmehrheit der Wohnungseigentümergemeinschaft. Gemäß einer Entscheidung des OLG München[44] ist ein einstimmiger Beschluss der Eigentümergemeinschaft nur erforderlich, wenn die Veränderung der Wohnanlage über eine ordnungsgemäße Instandhaltung hinausgeht. Eine Instandhaltung ist auch dann gegeben, wenn die Maßnahmen wirtschaftlich sinnvoll und erprobt sind und der Zustand des Gebäudes verändert wird. 138

4.5.2.3 Instandhaltungskosten nach § 32 Abs. 3 ImmoWertV

Die Definition der Instandhaltungskosten des § 32 Abs. 3 ImmoWertV lehnt sich an die für den öffentlich geförderten Wohnraum geltende Definition der Instandhaltungskosten der II. BV an. Während § 28 Abs. 1 II. BV auf die Kosten abstellt, die *„zur Erhaltung des bestimmungsgemäßen Gebrauchs der baulichen Anlagen"* aufgebracht werden müssen, stellt die **De-** 139

42 BGH, Urt. vom 22.09.2004 -VIII ZR 360/03 –, NJW 2004, 3775; BGH, Urt. vom 14.07.2004 – VIII ZR 339/03 –, NJW 2004, 2961; BGH, Urt. vom 18.02.2009 – VIII ZR 210/08 –, NJW 2009, 1408; BGH, Urt. vom 25.01.2006 – VIII ZR 47/05 –, NJW 2006, 1126; BGH, Urt. vom 05.04.2006 – VIII ZR 152/05 –, NJW 2006, 2115; BGH, Urt. vom 11.09.2012- VIII ZR 237/11 –, ZMR 2013, 108; BGH, Urt. vom 28.03.2007 – VIII ZR 199/06 –, NJW 2007, 1743; BGH, Urt. vom 14.05.2003 – VIII ZR 308/02 –, NJW 2003, 2234; BGH, Urt. vom 18.10.2006 – VIII ZR 52/06 –, NJW 2006, 3778; BGH, Urt. vom 29.05.2013 – VIII ZR 285/12 –, NJW 2013, 2505; BGH, Urt. vom 14.01.2009 – VIII ZR 71/08 –, NJW 2009, 1075.

43 BGH, Urt. vom 13.07.2005 – VIII ZR 351/04 –, NJW 2005, 3416.

44 OLG München, Entsch. vom 26.02.1990 – 2 Z 104/89 –, WuM 1990, 234 = EzGuG 20.132.

finition des § 32 Abs. 3 ImmoWertV auf die Kosten ab, die „*im langjährigen Mittel infolge Abnutzung oder Alterung zur Erhaltung des der Wertermittlung zugrunde gelegten Ertragsniveaus der baulichen Anlagen während ihrer Restnutzungsdauer marktüblich aufgewendet werden müssten*“ (kritisch hierzu Rn. 121).

140 Die Definition stellt auf die im langjährigen Mittel aufzuwendenden **Kosten** ab, **die ausdrücklich „während der Restnutzungsdauer“ der baulichen Anlage marktüblich aufgewendet werden müssten**. Die Höhe der Instandhaltungskosten ist im besonderen Maße vom Alter der baulichen Anlage bzw. der verbleibenden Restnutzungsdauer abhängig (altersabhängige Instandhaltungskosten). Während bei einem Neubau (noch) verhältnismäßig geringe Instandhaltungskosten anfallen, muss bei älteren baulichen Anlagen mit einer dementsprechend kürzeren Restnutzungsdauer mit deutlich höheren Instandhaltungskosten gerechnet werden. So fallen bei Neubauten in den ersten fünf Jahren meist keine nennenswerten Kosten an. In den folgenden Jahren sind es i.d.R. Kleinreparaturen, die das Gebäudeinstandsetzungskonto belasten. Sog. *große* Instandhaltungen fallen regelmäßig erst bei älteren Gebäuden an. All dem wird mit den in Anl. 3 zur ImmoWertV den Gutachterausschüssen für Grundstückswerte verbindlich vorgegebenen einheitlichen und nicht nach dem Alter bzw. der Restnutzungsdauer der baulichen Anlage differenzierenden Modellansätzen nicht Rechnung getragen. Dies muss zu Modellverbiegungen führen.

4.5.3 Höhe der Instandhaltungskosten

141 **Instandhaltungskosten sollen wie die übrigen Bewirtschaftungskosten nach den** für eine ordnungsgemäße Bewirtschaftung und zulässige Nutzung entstehenden **regelmäßigen Aufwendungen bemessen sein**[45]. Die Höhe der Instandhaltungskosten ist in erster Linie eine Funktion

- des Alters und des Zustands der baulichen Anlage,
- der Wohn- bzw. Nutzfläche,
- des Ausstattungsstandards,
- der Bauweise und -konstruktion,
- der Herstellungskosten sowie
- der Nutzungsart.

142 **Bezugsgrundlage der Erfahrungssätze über Instandhaltungskosten** sind deshalb vornehmlich

- die Wohn- und Nutzfläche (unter Berücksichtigung des Alters) und
- die Herstellungskosten.

a) Wohn- oder Nutzfläche

143 Instandhaltungskosten werden in der Wertermittlungspraxis üblicherweise in Abhängigkeit von der Wohn- und Nutzfläche (unter Berücksichtigung des Alters) angesetzt; dies entspricht auch den Vorgaben der II. BV; vgl. z.B. die für Berlin abgeleiteten durchschnittlichen Instandhaltungskosten von 1996[46].

b) Herstellungskosten

144 Instandhaltungskosten werden hilfsweise auch in Abhängigkeit der Herstellungskosten angesetzt.

145 Die **Instandhaltungskosten im Wohnungsbau bezogen auf Herstellungskosten** belaufen sich – je nach Ausstattung – zwischen 0,8 bis 1,2 % (vgl. Abb. 17).

---

45 BAnz Nr. 154 vom 12.08.1961.

46 Vgl. ABl. Berlin 1996, 4098, abgedruckt auch bei Kleiber, Verkehrswertermittlung von Grundstücken, 6. Aufl. 2010, S. 1812.

Abb. 17: Instandhaltungskosten in % des Herstellungswerts

Instandhaltungskosten in % des Herstellungswerts			
Qualifizierung	Wohn- und Wohnungsgeschäftsgebäude		
	niedrig	mittel	hoch
Instandsetzungskosten in % der Herstellungskosten Annahme: Kosten des Bauwerks eines 3- bis 4-geschossigen Wohnungsbaus 1994: 1 120 €/m²	0,8	1,0	1,2

Quelle: Gärtner, S., Beurteilung und Bewertung alternativer Planungsentscheidungen im Immobilienbereich mit Hilfe eines Kennzahlensystems, 1. Aufl. 1996

Die oben genannten Einflusskriterien für die Höhe der Instandhaltungskosten beeinflussen alle auch die Miethöhe. Von daher könnte auch eine Bezugnahme auf die Einnahmen in Betracht kommen, d.h., man könnte auf Pauschalsätze in Höhe eines Vomhundertsatzes des Rohertrags (Nettokaltmiete) rekurrieren. Schwachstelle solcher Pauschalsätze ist die Tatsache, dass die Instandhaltungskosten für gleich große und gleichermaßen ausgestattete Objekte in guten und schlechten Lagen etwa gleich hoch ausfallen, sodass diese vor ihrer Anwendung auf Objekte in besonders guter oder besonders schlechter Lage korrigiert werden müssen, denn die Instandhaltungskosten fallen für Objekte, die z.B. auf Grund ihrer schlechten Lage einen entsprechend geringeren Ertrag einbringen, nicht niedriger aus, wenn eine ordnungsgemäße Bewirtschaftung gewährleistet sein soll. 146

Zur Berücksichtigung der allgemeinen **Entwicklung von Instandhaltungskosten** vgl. die Ausführungen bei Rn. 20. 147

4.5.4 Modellansätze für Instandhaltungskosten nach Anl. 3 zur ImmoWertV

4.5.4.1 Wohnraum

▶ *Vgl. Rn. 121; § 21 ImmoWertV Rn. 108, 157 ff.*

Nach § 32 ImmoWertV bestimmen sich auch die Instandhaltungskosten nach den „für eine ordnungsgemäße Bewirtschaftung und zulässige Nutzung entstehenden regelmäßigen Aufwendungen, die nicht durch Umlagen oder sonstige Kostenübernahmen gedeckt sind." Diese können nicht unerheblich von den mit Anl. 3 zur ImmoWertV den Gutachterausschüssen für Grundstückswerte vorgegebenen Instandhaltungskosten abweichen, die diese nach § 12 Abs. 5 Satz 2 ImmoWertV der Ermittlung des anzuwendenden **Liegenschaftszinssatzes von Wohn- und Gewerbeimmobilien** zugrunde zu legen haben. Mit diesen den Gutachterausschüssen für Grundstückswerte verbindlich vorgegebenen Modellansätzen geht ein radikaler Paradigmenwechsel einher, denn anstelle altersabhängiger Instandhaltungskosten, wie es der tatsächlichen „Dynamik" der Instandhaltungskosten entspricht, wird ihnen nunmehr ein „starrer" Modellansatz verbindlich vorgeschrieben. 148

Bei Anwendung von Liegenschaftszinssätzen, die auf dieser Grundlage abgeleitet worden sind, muss der *vorläufige* Ertragswert nach § 10 ImmoWertV auf dieser Grundlage modellkonform ermittelt werden. Es sind jeweils die auf den Wertermittlungsstichtag bezogenen Modellansätze anzusetzen (Syst. Darst. des Ertragswertverfahrens Rn. 220).

In der „altehrwürdigen" Bewertungspraxis hat man sich bislang an den Modellansätzen des § 28 II. BV orientiert, die im Hinblick auf die Altersabhängigkeit der Instandhaltungskosten zumindest nach insgesamt drei Altersklassen differenzieren. Dementsprechend wird auch in der Begründung zur Anl. 3 der ImmoWertV eingeräumt, dass „ältere Gebäude grundsätzlich höhere Instandhaltungskosten haben." 149

Die **Umstellung auf einen einheitlichen altersunabhängigen Modellansatz für Instandhaltungskosten**, der sich nunmehr an Instandhaltungskosten für Objekte orientiert, deren Bezugsfertigkeit am Ende des Kalenderjahres mindestens 22 Jahre zurückliegt, wurde damit begründet, dass dies der „Vermeidung von Wertsprüngen, insbesondere bei den Übergängen der in § 28 II. BV genannten Werte", diene[47]. Diese Begründung ist befremdlich, denn es können sich mit einer die Realität verfremdenden Vereinheitlichung zwar keine „Wertsprünge" mehr ergeben, die damit einhergehende Wertverzerrung wird aber umso größer. Des Weiteren wurden die „starren" Modellansätze damit begründet, dass ältere Gebäude zwar grundsätzlich höhere Instandhaltungskosten hätten, jedoch diese Gebäude vielfach modernisiert seien. Auch diese Begründung ist befremdlich, denn in diesem Fall sind diese Gebäude nach dem System der ImmoWertV insoweit „verjüngt" (§ 4 Abs. 3 Satz 3 ImmoWertV). Bei alledem werden ältere Gebäude stets ein gewichtiger Teilmarkt sein. Aufgrund des starken Anstiegs der Instandhaltungskosten mit zunehmendem Alter müssen mit den starren Modellansätzen für Instandhaltungskosten Wertverzerrungen einhergehen, wenn diese nicht anderweitig, insbesondere durch Liegenschaftszinssätze, aufgefangen werden, die differenziert nach der Restnutzungsdauer abgeleitet wurden.

150 Der „starre" Modellansatz der ImmoWertV entspricht damit regelmäßig nicht den tatsächlich anfallenden Aufwendungen für Instandhaltungen bei jungen und alten baulichen Anlagen. Dies **verfälscht den** auf dieser Basis ermittelten **Reinertrag**, denn die Instandhaltungskosten erhöhen sich mit zunehmendem Alter bzw. sind bei jüngeren baulichen Anlagen deutlich niedriger. So werden die größeren Gewerke einer Immobilie nämlich erst mit zunehmendem Alter erneuerungsbedürftig. Die Pauschale ist mithin bei Gebäuden, die am Wertermittlungsstichtag entsprechend der Differenzierung der II. BV bereits älter als 33 Jahre sind, zu niedrig und bei jüngeren Gebäuden zu hoch.

Abb. 18: Instandhaltungskosten eines Gebäudes nach II. BV und Anl. 3 zur ImmoWertV

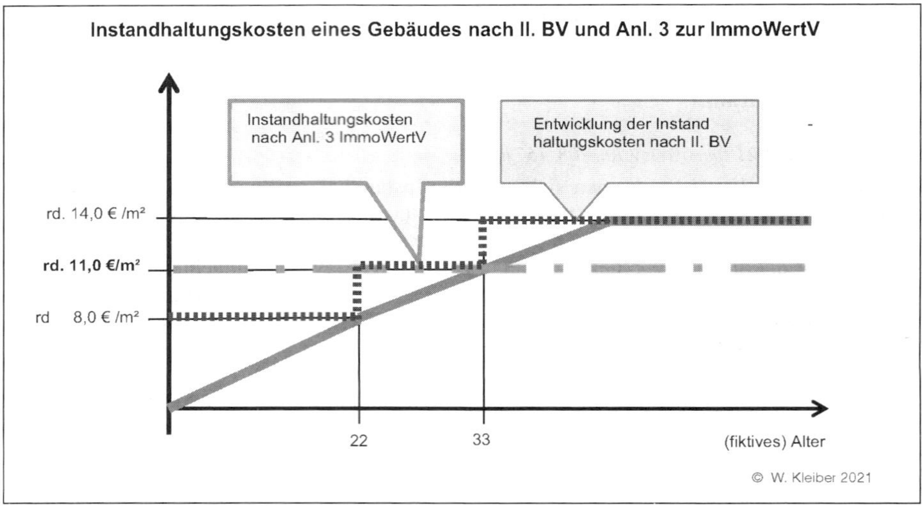

151 Die mit „starren" Modellansätzen für die Instandhaltung einhergehende Modellverbiegung muss im Rahmen der mit § 33 ImmoWertV vorgeschriebenen **„objektspezifischen" Anpassung des Liegenschaftszinssatzes** „aufgefangen" werden, wenn der Liegenschaftszinssatz

47 In der Anl. 1 b) der ErtragswertR wird hierzu ausgeführt: „Zur Vermeidung von Wertsprüngen, insbesondere bei den Übergängen der in § 28 II. BV genannten Werte, wird **für die Instandhaltungskosten nur der Wert für Wohnungen, deren Bezugsfertigkeit am Ende des Kalenderjahres mindestens 22 Jahre zurückliegt**, übernommen. Eine darüber hinausgehende Differenzierung erfolgt nicht. Mit dem Ansatz einer wirtschaftlichen Restnutzungsdauer wird eine übliche, das heißt von jedem wirtschaftlich handelnden Grundstückseigentümer vorgenommene Instandhaltung unterstellt, die den Bestand und die wirtschaftliche Nutzung des Gebäudes für diesen Zeitraum sicherstellt."

nicht direkt „unter Berücksichtigung der wirtschaftlichen Restnutzungsdauer“ abgeleitet worden ist.

152 Wie bei § 21 ImmoWertV unter Rn. 101 ausführlich begründet ist, besteht nämlich ein **Junktim zwischen dem Modellansatz der nicht nach der Restnutzungsdauer (bzw. dem Alter) der baulichen Anlage differenzierenden Instandhaltungskosten und der Ableitung von „baualtersabhängigen“Liegenschaftszinssätzen, differenziert nach dem Alter bzw. der Restnutzungsdauer der baulichen Anlage**. Dies muss bei Anwendung des Ertragswertverfahrens im Rahmen des Ansatzes der Bewirtschaftungskosten und des Liegenschaftszinssatzes beachtet werden. Bei Heranziehung von Liegenschaftszinssätzen, die nicht differenziert nach der Restnutzungsdauer abgeleitet wurden, können erhebliche Abweichungen der statischen (starren) Modellansätze gegenüber den im Einzelfall unter Berücksichtigung des Alters bzw. der Restnutzungsdauer der baulichen Anlage regelmäßig anfallenden Instandhaltungskosten den *vorläufigen* Ertragswert erheblich „verbiegen“.

Im Übrigen gilt dies auch für **Abweichungen zwischen der objektspezifischen Gesamt- und Restnutzungsdauer von den mit Anl. 1 und 2 zur ImmoWertV vorgegebenen Modellansätzen**. Diese lassen sich bereits bei der Ermittlung des vorläufigen Verfahrenswerts berücksichtigen, wenn der Liegenschaftszinssatz oder auch Vergleichs- und Sachwertfaktoren in Abhängigkeit von der Restnutzungsdauer bzw. dem Alter der baulichen Anlage ermittelt werden (vgl. § 8 ImmoWertV Rn. 67 ff.).

153 Soweit diese Wertverzerrungen nicht mit dem objektspezifisch angepassten Liegenschaftszinssatz korrigiert werden können, sind sie als „besonderes objektspezifisches Grundstücksmerkmal“ (boG) zu berücksichtigen.

4.5.4.2 Gewerberaum

▶ *Syst. Darst. des Ertragswertverfahrens Rn. 197 ff.; Teil V Rn. 162*

154 Grundsätzlich sind auch bei gewerblicher Nutzung und modellkonformer Anwendung des Ertragswertverfahrens die **Instandhaltungskosten in der Höhe anzusetzen, die bei der Ableitung des Liegenschaftszinssatzes vom Gutachterausschuss für Grundstückswerte als Modellansatz angesetzt wurden**. Soweit der Gutachterausschuss bei der Ableitung des einschlägigen Liegenschaftszinssatzes den Vorgaben der Anl 3 zur ImmoWertV gefolgt ist, sind den Instandhaltungskosten für gewerbliche Nutzung jeweils der Vomhundertsatz der Instandhaltungskosten für Wohnnutzung als „Modellansatz“ zugrunde zu legen:

100 v.H. für gewerbliche Nutzung wie z.B. Büros, Praxen, Geschäfte und vergleichbare Nutzungen bzw. gewerblich genutzte Objekte mit vergleichbaren Baukosten, wenn der Vermieter die Instandhaltung für „Dach und Fach“ trägt,

50 v.H. für gewerbliche Nutzung wie z.B. SB-Verbrauchermärkte und vergleichbare Nutzungen bzw. gewerblich genutzte Objekte mit vergleichbaren Baukosten, wenn der Vermieter die Instandhaltung für „Dach und Fach“ trägt,

30 v.H. für gewerbliche Nutzung wie z.B. Lager-, Logistik- und Produktionshallen und vergleichbare Nutzungen bzw. gewerblich genutzte Objekte mit vergleichbaren Baukosten, wenn der Vermieter die Instandhaltung für „Dach und Fach“ trägt.

4.5.4.3 Allgemeine Erfahrungssätze

155 Bei Gewerbeimmobilien kann die **Instandhaltungskostenpauschale** je nach Art ihrer Nutzung, ihrer Beanspruchung unter Berücksichtigung von Alter und Ausstattung etwa 15 € bis 20 € je Quadratmeter Nutzfläche betragen. Da im gewerblichen Bereich die Instandhaltungskosten – wie im Übrigen auch die anderen Bewirtschaftungskosten – umgelegt werden können, kommt es entscheidend auf die mietvertraglichen Vereinbarungen an.

156 Sofern der Vermieter aufgrund mietvertraglicher Regelungen nur die **„Instandhaltung von Dach und Fach“** trägt, liegen die bei der Wertermittlung zugrunde zu legenden Instandhaltungspauschalen zumeist zwischen 5,00 und 7,50 €/m² NF.

Für **Garagen oder ähnliche Stellplätze** dürfen als Instandhaltungskosten einschließlich der Kosten für Schönheitsreparaturen höchstens 68 € jährlich je Garagen- oder Einstellplatz angesetzt werden (§ 28 Abs. 5 II. BV). Für **Lager und Industrieflächen bei einfacher Ausführung** sind Instandhaltungskosten von 2,50 €/m² angemessen.

157 **Kalkulationsbasis für die Instandhaltungskosten** pro Quadratmeter Wohn- oder Nutzfläche **ist insbesondere der Herstellungswert (ohne Außenanlagen und Baunebenkosten) zum Wertermittlungsstichtag.** Ein entsprechender Vomhundertsatz ist von der Ausstattung abhängig (vgl. Abb. 17 bei Rn. 145):

– Einfache gewerbliche Objekte (z.B. Lager- und Produktionshallen)	0,8 bis 1,2 %
– Einfache gewerbliche Objekte (z.B. Selbstbedienungs- und Verbrauchermärkte)	0,8 bis 1,2 %
– Mittlere gewerbliche Objekte und Wohngebäude	0,5 bis 1,0 %
– Hochwertige Büro- und Handelsobjekte	0,4 bis 0,8 %
– Hotels, Betreiberimmobilien	bis 4,0 %

158 Neben den Instandhaltungskosten ist insbesondere bei Gewerbeobjekten ein **Modernisierungsrisiko** – ergänzend zu den Vorgaben der ImmoWertV – zu berücksichtigen, insbesondere bei Objekten, die neben der Instandhaltung einer Modernisierung bedürfen. Dies betrifft beispielsweise Hotelobjekte, deren Nasszellen einer ständigen Modernisierung bedürfen, um die üblicherweise angesetzte Gesamtnutzungsdauer zu gewährleisten. Darüber hinaus sind Dienstleistungs-, Freizeitimmobilien, aber auch Büroobjekte zu nennen.

4.5.5 Landwirtschaftliche Wirtschaftsgebäude

159 Bei **landwirtschaftlichen Wirtschaftsgebäuden** wird mit Instandhaltungskosten von 1,0 bis 3,0 % des Herstellungswerts am Wertermittlungsstichtag gerechnet.

4.5.6 Besonderheiten (Anomalien)

▶ *Vgl. Syst. Darst. des Ertragswertverfahrens Rn. 212*

160 Besonderen von der üblichen Vertragspraxis temporär abweichenden mietvertraglichen Regelungen zu den Bewirtschaftungskosten muss Rechnung getragen werden, soweit sie den Verkehrswert beeinflussen.

Des Weiteren müssen erhebliche Abweichungen der im Einzelfall marktüblichen Instandhaltungskosten von dem dem Liegenschaftszinssatz zugrunde liegenden Modellansatz der Instandhaltungskosten entweder im Rahmen der objektspezifischen Anpassung des Liegenschaftszinssatzes oder als besonderes objektspezifisches Grundstücksmerkmal (boG) berücksichtigt werden.

4.6 Modernisierungs- und Umstrukturierungsrisiko (Revitalisierungsrisiko)

4.6.1 Allgemeines

Schrifttum: *Engel, E./Esselmann, D.,* Der Einfluss der Modernisierungskosten auf Nutzungsdauer, Ertragswert und Immobilienrenditen, GuG 2005, 321.

▶ *Vgl. Syst. Darst. des Ertragswertverfahrens Rn. 4, 223*

161 Insbesondere bei gewerblichen Immobilien (Bürogebäude und sog. Managementimmobilien) ist die üblicherweise angesetzte Gesamt- und Restnutzungsdauer nur dann realistisch, wenn das Objekt über die Instandhaltung hinaus durch Modernisierungsmaßnahmen den **sich verändernden Anforderungen des Grundstücksmarktes** angeglichen wird. Dies kann durch Ansatz eines Modernisierungsrisikos (Revitalisierungsrisiko) berücksichtigt werden, mit dem die notwendigen Anpassungsmaßnahmen abgedeckt werden, die zur Aufrechterhaltung der Marktgängigkeit und Ertragsfähigkeit aufgebracht werden müssen.

Das **Modernisierungsrisiko kann im Einzelfall mit dem objektspezifischen Mietausfallwagnis korreliert sein**. Eine Doppelberücksichtigung muss vermieden werden.

Grundsätzlich kann einem Modernisierungs- und Umstrukturierungsrisiko (Revitalisierungsrisiko) auch durch eine verkürzte Restnutzungsdauer, einen erhöhten Liegenschaftszinssatz oder einen (individuellen) Wertabschlag Rechnung getragen werden, jedoch empfiehlt es sich aus Gründen der Transparenz, dem Modernisierungsrisiko im Rahmen der Bewirtschaftungskosten durch einen gesonderten Ansatz eines Modernisierungsrisikos Rechnung zu tragen. Dies entspricht auch den Grundsätzen der **Beleihungswertermittlung**. 162

4.6.2 Bemessung des Revitalisierungsrisikos

▶ *Vgl. Rn. 168 ff.; § 8 ImmoWertV Rn. 305, 322; Syst. Darst. des Ertragswertverfahrens Rn. 216, 223; Teil V Rn. 187, 214*

Das Modernisierungs- und Umstrukturierungsrisiko (Revitalisierungsrisiko) ist abhängig von 163

- der Objektart,
- der Lage des Objekts,
- dem Zustand des Objekts (bauliche Struktur und Ausstattung) sowie
- der Höhe des Ausgangsmietniveaus sowie
- der Flexibilität einer Immobilie.

Das Modernisierungs- und Umstrukturierungsrisiko (auch als Revitalisierungsrisiko bezeichnet) ist mit dem Mietausfallwagnis einschließlich den Möglichkeiten einer **Drittverwendung** korreliert.

Das Modernisierungs- und Umstrukturierungsrisiko (Revitalisierungsrisiko) ist umso höher, 164

- je älter die Immobilie ist,
- je höher das Ausgangsmietniveau ist,
- je exponierter die Immobilie ist,
- je zeitgemäßer Ausstattung und Struktur sein müssen und
- je zeitgemäßer die ausgeübte Nutzung ist.

Es empfiehlt sich, den **akuten und konkreten Modernisierungsbedarf** eines überschaubaren Zeitraums von bis zu 30 Jahren auf der Grundlage der kalkulierten Aufwendungen zusammen mit einer ggf. veränderten Restnutzungsdauer und einem erhöhten Ertrag zu berücksichtigen[48]. 165

Modernisierungskosten liegen im Vergleich deutlich **über den Instandhaltungs-/Sanierungskosten.** Folgende Werte je Quadratmeter Wohnfläche (WF) sind im Jahre 2020 für eine durchgreifende Modernisierung angemessen:

einfacher Standard	1 000 bis	1 200 €/m² WF
mittlerer Standard	1 200 bis	1 800 €/m² WF
gehobener Standard	1 800 bis	2 500 €/m² WF

Berechnungsbasis für das **Modernisierungsrisiko** sind nach Anl. 1 zu § 11 BelWertV die Neubauherstellungskosten. Die in der Beleihungswertermittlung anzuhaltenden Bandbreiten sind in der Syst. Darst. des Ertragswertverfahrens unter Rn. 205 ff. abgedruckt. 166

Fazit: Bei Spezialimmobilien empfiehlt es sich, über die Instandhaltung hinaus ein Modernisierungs- und Umstrukturierungsrisiko (Revitalisierungsrisiko) zu berücksichtigen, weil die üblicherweise herangezogene Gesamt- und Restnutzungsdauer dies bedingt. 167

48 VDH, Wesentliche Aspekte der Beleihungswertermittlung (Stand 03.06.1998).

4.7 Mietausfallwagnis (§ 32 Abs. 4 ImmoWertV)

4.7.1 Begriff

4.7.1.1 Mietausfallwagnis in der Marktwertermittlung von Grundstücken

Schrifttum: *Lehmann, H.-J.*, Wertansätze bei Ertragswertberechnungen angesichts der Wohnungs- und Leerstandsproblematik, GuG 2001, 276.

▶ *Vgl. Syst. Darst. des Ertragswertverfahrens Rn. 216 ff.; § 8 ImmoWertV Rn. 305*

168 Das **Mietausfallwagnis** (*vacancy & rent collection loss*) wird mit § 32 Abs. 4 ImmoWertV abweichend von der wohnungswirtschaftlichen Definition für die Belange der Marktwertermittlung von Grundstücken als das **Risiko einer Ertragsminderung** definiert, und zwar mit

- **uneinbringlichen Zahlungsrückständen von Mieten, Pachten und sonstigen Einnahmen,**
- **uneinbringlichen Zahlungsrückständen, die bei vorübergehendem Leerstand von Grundstücken oder Grundstücksteilen entstehen, die zur Vermietung, Verpachtung oder sonstigen Nutzung bestimmt sind, oder**
- **uneinbringlichen Kosten, die bei einer Rechtsverfolgung auf Zahlung, auf Aufhebung eines Mietverhältnisses oder auf Räumung entstehen.**

Dass nach dieser Definition der „***vorübergehende Leerstand***“ dem Mietausfallwagnis zugerechnet wird, kann missverständlich sein. Der Verordnungsgeber hat damit den üblichen *fluktuationsbedingten und funktionalen Leerstand* ansprechen wollen, der zwar jeweils „vorübergehend“ ist, aber über die gesamte Restnutzungsdauer, d.h. auf Dauer immer, wieder, auftritt.

Auch ein **struktureller Leerstand** kann temporär, d.h. „vorübergehend“ sein. Der „vorübergehende“ strukturelle Leerstand kann nach der hier vertretenen Auffassung jedoch nicht dem Mietausfallwagnis zugerechnet werden, denn er ist in Bezug auf die gesamte Restnutzungsdauer nur temporär. Hier hat der Verordnungsgeber nur den üblichen fluktuationsbedingten bzw. funktionalen Leerstand ansprechen wollen, wie er für die gesamte Restnutzungsdauer repräsentativ ist (vgl. § 8 ImmoWertV Rn. 296, Syst. Darst. des Ertragswertverfahrens Rn. 216).

169 **Zu den uneinbringlichen Kosten einer Rechtsverfolgung** mit dem Ziele der Zahlung rückständiger Mieten gehören Kosten einer formellen Abmahnung mit Nachweis der Zustellung sowie die Kosten einer Aufhebung eines Mietverhältnisses oder Räumung der Mietfläche. Daneben können Kosten für die eventuelle Lagerung von Einrichtungsgegenständen, Maschinen, Möbeln und Zubehör sowie für eine u.U. notwendige Renovierung des geräumten Mietobjekts anfallen.

170 **Uneinbringliche Zahlungsrückstände** ergeben sich i.d.R. dann, wenn der Mieter die von ihm geschuldete Miete nicht zu zahlen fähig oder willens ist. Die Praxis zeigt, dass zwischen der Erklärung der fristlosen Kündigung wegen Zahlungsverzugs und der Räumung des Mietobjekts Monate vergehen können, die ein Anwachsen der Zahlungsrückstände bewirken. So ist beispielsweise bei der Räumung von Wohnraum – auch wegen der Mieterschutzgesetzgebung – oft mit sechs, meistens jedoch mit acht bis zu zwölf Monaten (im Einzelfall) zu rechnen. Während dieser Zeit erhält der Vermieter i.d.R. weder die Grundmiete noch die Abschlagszahlungen für die Betriebskosten. Reduzierungen der Zahlungsrückstände bei Wohnungsmieten können sich allenfalls durch die Zahlungen der Sozial- und Ordnungsämter sowie Aufrechnungen der Vermieter mit Mietkautionen ergeben. Neben Barkautionen sind auch selbstschuldnerische Bürgschaften – häufig von Kreditinstituten – üblich. Diese Sicherheiten dürfen bei Wohnungen betragsmäßig zusammengenommen die Summe von drei Monatsmieten nicht übersteigen.

Ertragsminderungen können auch aus **Mietkürzungen und Mietausfällen resultieren.**

4.7.1.2 Leerstand

▶ *Zum Leerstand vgl. § 8 ImmoWertV Rn. 324 ff.; § 31 ImmoWertV Rn. 19 ff.; zu den Betriebskosten vgl. § 32 ImmoWertV Rn. 168 ff.; Syst. Darst. des Ertragswertverfahrens Rn. 212; Teil IX Rn. 233 ff.*

Im Unterschied zu der mit § 29 II. BV gegebenen Definition soll nach § 32 Abs. 4 ImmoWertV zum Mietausfallwagnis nur der „vorübergehende Leerstand" gehören (vgl. Rn. 168). Die Vorschrift ist lex specialis und nur für die Ertragswertermittlung maßgebend. Sie wird damit begründet[49], dass „bei dauerhaften, strukturellen Leerständen – die insbesondere in Stadtumbaugebieten zu verzeichnen sind – ... sich von vornherein der marktüblich erzielbare Ertrag" mindere und nur ein vorübergehender Leerstand mit dem Mietausfall zu berücksichtigen sei. **171**

Nach dieser Definition des Mietausfallwagnisses und der dazu gegebenen Begründung sollen bei einem **dauerhaften Leerstand** die auf die leerstandsbetroffenen Flächen entfallenden Ertragsausfälle mit dem Ansatz entsprechend reduzierter „marktüblich erzielbarer Erträge" schon mit der Ermittlung des *vorläufigen* Ertragswerts berücksichtigt werden. Eine modellkonforme Anwendung des einschlägigen Liegenschaftszinssatzes wäre dann allerdings nicht mehr möglich, denn diese werden i.d.R. aus Kaufpreisen von Grundstücken abgeleitet, die von derartigen Besonderheiten nicht betroffen sind. Eine Ertragswertermittlung unter Wahrung einer modellkonformen Anwendung des Liegenschaftszinssatzes ist mit der vorstehenden Reduktion des marktüblich erzielbaren Ertrags nicht vereinbar. Der aus dem dauerhaften Leerstand resultierende Ertragsausfall ist vielmehr unter Wahrung der Modellkonformität im Wege einer ergänzenden Berücksichtigung als besonderes objektspezifisches Grundstücksmerkmal sachgerecht zu berücksichtigen. **172**

Bei modellkonformer Anwendung der in den §§ 28 f. ImmoWertV geregeltem Standardverfahren (allgemeines und vereinfachtes Ertragswertverfahren) ist es auch nicht sachgerecht, den **strukturbedingten „vorübergehenden", d.h. temporären Leerstand** zusammen mit dem üblichen auf die gesamte Restnutzungsdauer der baulichen Anlage betreffenden Mietausfallwagnis zu berücksichtigen. Auch in diesem Falle ist der damit einhergehende Ertragsausfall als besonderes objektspezifisches Grundstücksmerkmal (boG) ergänzend zu berücksichtigen. **173**

Aus alledem folgt, dass das Mietausfallwagnis – abweichend von seiner wohnungswirtschaftlichen Definition – im Rahmen einer modellkonformen Ermittlung des Ertragswerts unter **Anwendung der Standardverfahren (allgemeines und vereinfachtes Ertragswertverfahren)** zu differenzieren ist nach **174**

a) dem allgemeinen und regelmäßig die gesamte Restnutzungsdauer durchziehenden üblichen Mietausfallwagnis, insbesondere dem allgemeinen fluktuationsbedingten Mietausfallwagnis, und

b) dem aus besonderen strukturellen Gegebenheiten resultierenden, zumeist nur temporär auftretenden und vom üblichen abweichenden Mietausfallwagnis, das bei der Ableitung von Liegenschaftszinssätzen i.d.R. außer Betracht bleibt.

Dieses besondere Mietausfallwagnis ist als „besonderes objektspezifisches Grundstücksmerkmal" zu berücksichtigen. Auf das in § 8 ImmoWertV unter Rn. 324 ff. vorgestellte *Beispiel* wird verwiesen. Dies gilt entsprechend für sonstige von den marktüblichen Kosten abweichende Bewirtschaftungskosten.

Bei **Anwendung des *periodischen Ertragswertverfahrens nach* § 30 ImmoWertV** ist einem erhöhten, aber temporären Mietausfallwagnis dagegen dadurch Rechnung zu tragen, dass der Mietausfall ebenso wie temporäre Abweichungen der Erträge von den sonst marktüblichen Erträgen direkt in der jeweiligen Periode mit entsprechend verminderten Einnahmen berücksich- **175**

49 Vgl. BR-Drs. 171/10.

tigt werden. Davon wird man beispielsweise Gebrauch machen, wenn z.B. eine Büroimmobilie mit erhöhtem Leerstand zu bewerten ist und erkennbar ist, dass die Phase des erhöhten Leerstands zeitlich befristet ist.

4.7.1.3 Ergänzende Berücksichtigung sonst umgelegter Betriebskosten

▶ *§ 8 ImmoWertV Rn. 340; Syst. Darst. des Ertragswertverfahrens Rn. 208*

176 **Betriebskosten, die üblicherweise umgelegt werden und deshalb** bei der Ermittlung des marktüblich erzielbaren Reinertrags ausgehend vom marktüblich erzielbaren Rohertrag unter Ausschluss der Betriebskosten **außer Betracht geblieben sind**, müssen im Fall eines Leerstands vom Eigentümer getragen werden, soweit sie nicht auf die Mieter der nicht vom Leerstand betroffenen Wohn- bzw. Nutzflächen abgewälzt werden können. Dies betrifft vor allem den Bereich der Wohnnutzungen (vgl. § 31 ImmoWertV Rn. 18).

Bei dieser Sachlage müssen die auf die von einem besonderen Leerstand betroffenen Flächen entfallenden fixen Betriebskosten bei Anwendung der Standardverfahren (allgemeines und vereinfachtes Ertragswertverfahren) wertmindernd mit dem Barwert der über die Restnutzungsdauer kapitalisierten Betriebskosten als besonderes objektspezifisches Grundstücksmerkmal (boG) berücksichtigt werden. Bei Anwendung des periodischen Ertragswertverfahrens nach § 30 ImmoWertV können solche Besonderheiten auch mit dem sich daraus ergebenden Reinertrag berücksichtigt werden.

4.7.1.4 Höhe des Mietausfallwagnisses

▶ *Vgl. Syst. Darst. des Ertragswertverfahrens Rn. 96, 223; zur Beleihungswertermittlung vgl. Syst. Darst. des Ertragswertverfahrens Rn. 204; sowie Teil V Rn. 187 214; Teil IX Rn. 257*

177 Die vielfach vertretene Auffassung, dass **langfristig vereinbarte Mietverhältnisse** das Mietausfallwagnis reduzierten, ist falsch, denn auch solche Mietverhältnisse können den Grundstückseigentümer nicht vor Zahlungsrückständen und dgl. schützen. Das Mietausfallwagnis ist vielmehr in erster Linie von der Solvenz des Mieters abhängig[50]. Bei sog. *overrented* Objekten ist es erfahrungsgemäß höher als bei sog. *underrented* Objekten. Selbst bei einem ungewöhnlich langfristigen Mietverhältnis mit einem solventen Mieter kann keinesfalls von einem „nachhaltig“ verminderten Mietausfallwagnis ausgegangen werden, da das eine Besonderheit i.S. des § 8 Abs. 3 ImmoWertV darstellt.

Beispiel:

Bei der Bewertung hochkarätiger neu errichteter Büroimmobilien im Rahmen der Fondsbewertungen (denen vielfach eine Restnutzungsdauer von 80 Jahren beigemessen wird!) ist es weitverbreitete Praxis, das Mietausfallwagnis (nur) mit 1 % bis 2 % anzusetzen, wenn ein Mietverhältnis von 5 bis 10 Jahren besteht und der Mieter zudem solvent erscheint.

Ein Mietausfallwagnis in dieser Größenordnung ist nicht das zum Wertermittlungsstichtag „marktübliche“ Mietausfallwagnis, denn die „Momentaufnahme“ des Wertermittlungsstichtags gibt nicht das langfristige Mietausfallwagnis wieder, das über 80 Jahre mit der wirtschaftlichen Abnutzung der baulichen Anlage erheblich anwächst, wenn nicht modernisiert wird.

178 Ein phasenweise vermindertes Mietausfallwagnis (auch vorübergehender Leerstand) aufgrund vertraglicher Besonderheiten kann bei Anwendung der Standardverfahren wiederum als besonderes objektspezifisches Grundstücksmerkmal (boG) berücksichtigt werden. In diesem Rahmen sind insbesondere bei Gewerbeobjekten die Laufzeit von Mietverträgen, die **Bonität des Mieters und das Wiedervermietungsrisiko** in die Betrachtung einzustellen. Je kürzer die Laufzeit ist und je geringer die Bonität des Mieters eingeschätzt wird, umso höher ist das prognostizierbare Mietausfallwagnis.

---

50 Zum Mieterscoring vgl. Kleiber, Verkehrswertermittlung von Grundstücken, 7. Aufl. 2014, Rn. 183 ff.; *Dobberstein, M.*, Scoringmodelle als Analyseinstrument des Immobilienportfoliomanagements, GuG 2000, 8.

Die **Höhe des Mietausfallwagnisses** ist wie die Höhe der Instandhaltungskosten wiederum eine Funktion der Wohn- bzw. Nutzfläche i.V.m. den nach Lage des Objekts und seiner Ausstattung erzielbaren Erträgen. Darüber hinaus ist das Mietausfallwagnis aber besonders von der Grundstücksart abhängig. Angebots- und Nachfragesituation weisen je nach Grundstücksart erhebliche Unterschiede auf. Gewerbliche Objekte, die eine deutlich höhere Fluktuation als Wohnobjekte aufweisen, sind bezüglich der Nachfrage stark von der wirtschaftlichen Konjunktur abhängig; sie weisen deshalb ein deutlich höheres Mietausfallwagnis auf. Das Mietausfallwagnis ist insbesondere abhängig von 179

- der Miethöhe,
- der Restlaufzeit der Mietverträge,
- den individuellen Objekteigenschaften,
- der Marktsituation und
- der Mieterbonität (Solvenz).

Das **Mietausfallwagnis steht in engem Zusammenhang mit der sog. „Drittverwendungsfähigkeit“**, die der ImmoWertV fremd ist. Soll im Einzelfall ergänzend zum allgemeinen Mietausfallwagnis die „Drittverwendungsfähigkeit“ berücksichtigt werden, muss eine Doppelberücksichtigung vermieden werden, denn das Mietausfallwagnis erhöht sich naturgemäß bei eingeschränkten Möglichkeiten der Drittverwendung und vermindert sich umgekehrt bei hoher Flexibilität der Nutzung.

Für das Mietausfallwagnis kann auf Erfahrungssätze zurückgegriffen werden, die den Grundsätzen einer ordnungsgemäßen Bewirtschaftung entsprechen[51]. Das Mietausfallwagnis wird üblicherweise dadurch berücksichtigt, dass die Jahresnettokaltmiete um einen bestimmten Vomhundertsatz vermindert wird. 180

Das Mietausfallwagnis kann im Einzelfall deutlich über den angegebenen Sätzen liegen, jedoch sollte bei **strukturell hohen Leerständen** das Mietausfallwagnis i.d.R. nicht höher als mit 10 bis 15 % angesetzt werden, da höhere Leerstände auf Dauer wirtschaftlich nicht tragbar sind.

Wird einem erhöhten, aber zeitlich begrenzten Mietausfallwagnis, wie vorstehend erläutert, durch Abzug des Mietausfalls gesondert Rechnung getragen, muss aber umgekehrt berücksichtigt werden, dass der **fixe Kostenanteil der Bewirtschaftungskosten** gleichwohl zum Ansatz kommt. Nach älteren Untersuchungen müssen für ein leerstehendes Bürogebäude Betriebskosten in Höhe von 40 % der umlagefähigen Betriebskosten[52] aufgebracht werden. 181

4.7.1.5 Mietausfallwagnis nach BelWertV

▶ *Vgl. Syst. Darst. des Ertragswertverfahrens Rn. 204*

Bei der **Beleihungswertermittlung** ist nach Anl. 1 zur BelWertV anzusetzen: 182

a) Wohnungsbau: 2 % oder mehr

b) Gewerbliche Objekte: 4 % oder mehr

4.7.2 Modellansätze der Anl. 3 zur ImmoWertV

4.7.2.1 Wohnraum

§ 12 Abs. 5 Satz 2 ImmoWertV befiehlt den Gutachterausschüssen für Grundstückswerte, der Ermittlung der Liegenschaftszinssätze die mit Anl. 3 zur ImmoWertV verbindlich vorgegebe- 183

51 BAnz Nr. 154 vom 12.08.1961.
52 GuG 1999, 56.

nen Bewirtschaftungskosten zugrunde zu legen. Dementsprechend ist bei Wohnnutzung von einem Modellansatz von

2 vom Hundert des marktüblich erzielbaren Rohertrags auszugehen.

Es handelt sich hierbei um einen überholten Modellansatz, der schon in den WertR empfohlen wurde und aus einer Zeit stammt, in der die Gesellschaft bei Weitem nicht so mobil wie heute war und zudem ein anderes Mietrecht galt (vgl. hierzu nachstehende Ausführungen).

184 Bei modellkonformer Anwendung des Ertragswertverfahrens unter Anwendung des so abgeleiteten Liegenschaftszinssatzes ist nach dem Grundsatz der Modell- und Referenzkonformität von diesem Modellansatz auszugehen. Bei alledem muss aber beachtet werden, dass das Mietausfallwagnis, ebenso wie die übrigen Bewirtschaftungskosten nach der Generalklausel des § 32 Abs. 1 ImmoWertV, grundsätzlich mit den *„für eine ordnungsgemäße Bewirtschaftung und zulässige Nutzung entstehenden regelmäßigen Aufwendungen"* zu berücksichtigen ist. Dementsprechend ist zu prüfen, wie hoch die *„regelmäßigen Aufwendungen"*, d.h. der fluktuationsbedingte Ertragsausfall, tatsächlich sind. So hat der Bundesverband deutscher Wohnungs- und Immobilienunternehmen e.V. (GdW) erst jüngst für 2020 allein schon für mietvertragliche Kündigungen eine Fluktuationsrate von 7,4 % festgestellt[53].

185 **Abweichungen** zwischen dem dem herangezogenen Liegenschaftszinssatz zugrunde liegenden Modellansatz des Mietausfallwagnisses und dem nach § 32 Abs. 1 ImmoWertV maßgeblichen Mietausfallwagnis **müssen** bei der Marktwertermittlung in geeigneter und angemessener Weise **berücksichtigt werden, wenn sie „erheblich" sind** und sich gegebenenfalls zusammen mit anderen Abweichungen auf das Ergebnis der Marktwertermittlung signifikant auswirken (zum Begriff der Erheblichkeit vgl. Rn. 13; Vorbem. zur ImmoWertV Rn. 140; § 8 ImmoWertV Rn. 1 ff.; § 4 ImmoWertV Rn. 17; Syst. Darst. des Ertragswertverfahrens Rn. 1, 60, 103, 199, 217). Dies kann nicht ausgeschlossen werden, denn „rechnerisch" würde sich der (vorläufige) Ertragswert vermindern, wenn im konkreten Fall z.B. das Mietausfallwagnis um 5 % gegenüber dem Modellansatz erhöht würde. Denn mit dem Abzug des Mietausfallwagnisses vom Rohertrag vermindert sich um eben diesen Vomhundertsatz der Reinertrag und (zumindest bei langer Restnutzungsdauer) auch gleichermaßen der Ertragswert. Der Ertragswert ist nämlich direkt vom Reinertrag abhängig. Dabei muss umgekehrt bedacht werden, dass ein **fluktuationsbedingter Mieterwechsel vor dem Hintergrund des geltenden Mietrechts die Chance bietet, die Bestandsmiete (ortsübliche Vergleichsmiete) bei der Neuvermietung abzuschütteln.** Damit kann sich auch unter Beachtung der Mietpreisbremse die wertbeeinflussende Ertragskraft einer Immobilie zumindest temporär nicht unerheblich erhöhen.

186 Sofern ein vom Modellansatz erheblich abweichendes Mietausfallwagnis nicht im Rahmen der objektspezifischen Anpassung des Liegenschaftszinssatzes nach § 33 ImmoWertV berücksichtigt wird, muss es gegebenenfalls als besonderes objektspezifisches Grundstücksmerkmal erfasst werden.

4.7.2.2 Gewerberaum

187 Gemäß Anl. 3 der ImmoWertV beläuft sich bei **gewerblicher Nutzung das übliche Mietausfallwagnis auf**

4 vom Hundert des marktüblich erzielbaren Rohertrags bei reiner bzw. gemischter gewerblicher Nutzung.

Dies entspricht der bereits in der WertR von 1991 gegebenen Empfehlung.

Der genannte Modellansatz kann wiederum aber nur einen Anhalt geben.

53 Vgl. GuG-Glosse 2022/2.

4.7.2.3 Allgemeine Erfahrungssätze

Das Mietausfallwagnis hat im gewerblichen Bereich besondere Bedeutung, denn der Vermieter hat es hier regelmäßig – ausgenommen die *Shoppingcenter*mit z.B. 50 bis 150 Fachgeschäften – nicht mit einer Vielzahl von Einzelmietern zu tun, wie dies bei Mietwohnhäusern der Fall ist, sondern mit wenigen Partnern. Das Risiko eines Mietausfalls liegt sowohl in der **Mieterbonität** als auch in der eingeschränkten **Vermietbarkeit von „maßgeschneiderten" und** vielfach **übergroßen** Nutzungsflächen. Zeiten starker Konjunktureinbrüche sind regelmäßig von Zurückhaltung der Konsumenten begleitet. 188

Bei ausschließlich gewerblich genutzten Objekten sollte das Mietausfallwagnis mit 4 bis 8 v.H. der Jahresroherträge berücksichtigt werden.

Beispiel: 189

Für ein hochwertiges Gewerbeobjekt mit Leerstand

Bei hochwertigen Gewerbeobjekten bestimmt sich der Verkehrswert nach

- der Lage des Objekts,
- der Bonität der Mieter,
- der Qualität der Mietverträge.

Die Qualität des Mietvertrags wird bestimmt durch

- den Ablaufzeitpunkt des Mietvertrags,
- Optionsvereinbarungen,
- Abgleich der vereinbarten Miete mit der marktüblich erzielbaren Miete,
- Indexvereinbarungen zur Wertsicherung der Miete und
- Überprüfung der im Vertrag vereinbarten vermietbaren Fläche.

Laufen die Verträge in Kürze aus und sind die Konditionen der Weitervermietung unklar, ist die Nachhaltigkeit der Ertragssituation gefährdet, insbesondere wenn davon der Hauptmieter betroffen ist.

a) Sachverhalt 190

Gemischt genutztes Grundstück
Baujahr 2001
Wertermittlungsstichtag 1.11.2012
Die Miet- und Nutzungssituation stellt sich wie folgt dar:

Sachverhalt	Nutzung	Fläche	Miete	Nettokaltmiete	Nettokaltmiete	Laufzeit desMietvertrags Leerstand
		m²	€/m²	€/Monat	€/p.a.	
Mieter A	EG: Ladenfläche	2 000	50	100 000	1 200 000	Mieter hat zum 1.11.2012 gekündigt
Mieter B	I. OG: Bürofläche	2 000	10	20 000	240 000	1.5.2015
Mieter C	II. OG: Bürofläche	2 000	9	18 000	216 000	Mieter hat zum 1.11.2013 gekündigt
	Summe:	6 000		138 000	1 656 000	

b) Wertermittlung

Lösung 1:

Aus der Miet- und Nutzungsübersicht folgt, dass 72 % der Gesamteinnahmen durch die Ladenmiete erzielt werden und durch die Kündigung des Mieters ein Ertragsausfall droht, wenn nicht in absehbarer Zeit eine gleichwertige Anschlussvermietung gelingt. In diesem Falle ergäbe sich für eine Vollvermietung folgender Ertragswert:

Nettokaltmiete p.a.		1 656 000 €
Bewirtschaftungskosten		
– Verwaltungskosten	– 41 400 €	
– Instandhaltungskosten: 6 000 m² × 6 €/m²	– 36 000 €	
– Mietausfallwagnis	– 49 680 €	
insgesamt	127 080 €	– 127 080 €
Grundstücksreinertrag		1 528 920 €
Bei einer Restnutzungsdauer von 50 Jahren und einem Liegenschaftszinssatz von 6 % ergibt sich ein Kapitalisierungsfaktor von 15,76		
Vorläufiger Ertragswert: 1 528 920 € × 15,76		**rd. 24 100 000 €**

Der Umstand, dass der Mieter C bereits am Wertermittlungsstichtag seinen Vertrag gekündigt hat, kann vernachlässigt werden, da der Akquisitionszeitraum bis zur möglichen Nachvermietung noch 12 Monate beträgt und nach der Marktsituation zu dem aktuellen Mietpreis eine Weitervermietung ohne Weiteres erwartet werden kann.

191 *Lösung 2:*

Grundsätzlich anders stellt sich die Situation für den kurzfristig gekündigten Mietvertrag des Mieters A dar.

Hier ist zunächst zu prüfen, ob das bestehende Mietpreisniveau von 50 €/m² als angemessen und nachhaltig erzielbar anzusehen ist. Da der Mieter selbst noch keine Nachvermietungsverhandlungen aufgenommen hat, sind Zweifel angezeigt. Unterstellt man gleichwohl die Angemessenheit mit der derzeit marktüblich erzielbaren Miete, muss bei der Verkehrswertermittlung ein angemessener Akquisitionszeitraum angesetzt werden.

Nettokaltmiete p.a.		1 656 000 €
Bewirtschaftungskosten		
– Verwaltungskosten	– 41 400 €	
– Instandhaltungskosten: 6 000 m² × 6 €/m²	– 36 000 €	
– Mietausfallwagnis	– 49 680 €	
insgesamt	127 080 €	– 127 080 €
Grundstücksreinertrag		1 528 920 €
Bei einer Restnutzungsdauer von 50 Jahren und einem Liegenschaftszinssatz von 6 % ergibt sich ein Kapitalisierungsfaktor von 15,76		
Vorläufiger Ertragswert (bei Vollvermietung) 1 528 920 € × 15,76		rd. 24 100 000 €
Geschätzter Mietausfall bis zur Vollvermietung		
2 000 m² × 50 €/m² × 12 Monate	1 200 000 €	
zuzüglich üblicherweise umlagefähiger Bewirtschaftungskosten		
2 000 m² × 2 €/m² × 12 Monate	+ 48 000 €	
zusammen	1 248 000 €	

Abzinsung auf den Wertermittlungsstichtag über 1 Jahr und einem Zinssatz von 6 %: AF_1 = 0,9434		
1 248 000 € × 0,9434		– 1 180 000 €
Vorläufiger Ertragswert		22 920 000 €

Lösung 3: 192

Wird nach der Marktsituation am Wertermittlungsstichtag mit einem längerfristigen Leerstand gerechnet, so wäre der Minderertrag der bereits gekündigten Teilfläche C zusätzlich zu berücksichtigen

Ertragswert *(bei Vollvermietung)*		rd. 24 100 000 €
Geschätzter Mietausfall für Fläche A		
2 000 m² × 50 €/m² × 24 Monate	2 400 000 €	
zuzüglich üblicherweise umlagefähiger Bewirtschaftungskosten		
2 000 m² × 2 €/m² × 24 Monate	+ 96 000 €	
zusammen	2 496 000 €	
Abzinsung auf den Wertermittlungsstichtag über 2 Jahre und einem Zinssatz von 6 %: AF_2 = 0,8900		
2 496 000 € × 0,8900		– 2 220 000 €
Geschätzter Mietausfall für Fläche C		
2 000 m² × 9 €/m² × 12 Monate	216 000 €	
zuzüglich üblicherweise umlagefähiger Bewirtschaftungskosten		
2 000 m² × 2 €/m² × 12 Monate	+ 48 000 €	
zusammen	264 000 €	
Abzinsung auf den Wertermittlungsstichtag über 2 Jahre und einem Zinssatz von 6 % : AF_2 = 0,8900		
264 000 € × 0,8900		– 235 000 €
Vorläufiger Ertragswert		21 645 000 €

Lösung 4: 193

Resultieren die Nachvermietungsprobleme aus einer Verschlechterung der Lagequalitäten des Grundstücks und seiner unmittelbaren Umgebung (z.B. Umleitung der Passantenfrequenz), fällt die Prüfung auf Angemessenheit und Nachhaltigkeit der erzielten Miete von 50 €/m² negativ aus. In diesem Fall ist einzuschätzen

- welche Nutzung und welche Miete aufgrund der geänderten Situation nachhaltig erzielbar sind,
- welche Akquisitionszeit bis zur Nachvermietung angemessen ist und
- ob und in welchem Umfang dem Eigentümer durch die Folgenutzung Umbaukosten entstehen.

Aufgrund der Lagequalitätsverschlechterung ist im vorstehenden Beispiel die erdgeschossige Ladennutzung zwar weiterhin marktgerecht, das Mietniveau ist aber deutlich niedriger anzunehmen (20 €/m²). Umbauten zu Lasten des Eigentümers fallen nicht an. Die Akquisitionszeit bis zur Vermietung wird auf ein halbes Jahr veranschlagt.

Nettokaltmiete p.a.		936 000 €
Bewirtschaftungskosten		
– Verwaltungskosten	– 23 400 €	
– Instandhaltungskosten: 6 000 m² × 6 €/m²	– 36 000 €	
– Mietausfallwagnis	– 28 100 €	
insgesamt	87 500 €	– 87 500 €
Grundstücksreinertrag		848 500 €

Bei einer Restnutzungsdauer von 50 Jahren und einem Liegenschaftszinssatz von 6 % ergibt sich ein Kapitalisierungsfaktor von 15,76

Vorläufiger Ertragswert (bei Vollvermietung) 848 500 € × 15,76		rd. 13 370 000 €
Geschätzter Mietausfall bis zur Vollvermietung		
2 000 m² × 50 €/m² × 6 Monate	240 000 €	
zuzüglich üblicherweise umlagefähiger Bewirtschaftungskosten		
2 000 m² × 2 €/m² × 6 Monate	+ 24 000 €	
zusammen	264 000 €	– 264 000 €
Abzinsung auf den Wertermittlungsstichtag entfällt wegen Geringfügigkeit		
Vorläufiger Ertragswert		13 100 000 €

Darüber hinaus ist zu prüfen, ob angesichts der Lageverschlechterung der Liegenschaftszins zu erhöhen ist.

4.7.3 Landwirtschaftliche Wirtschaftsgebäude

194 Bei **landwirtschaftlichen Wirtschaftsgebäuden** wird mit einem Mietausfallwagnis von 5,0 bis 18,0 % des Rohertrags gerechnet.

§ 33 ImmoWertV
Objektspezifisch angepasster Liegenschaftszinssatz

Zur Ermittlung des objektspezifisch angepassten Liegenschaftszinssatzes ist der nach § 21 Absatz 2 ermittelte Liegenschaftszinssatz auf seine Eignung im Sinne des § 9 Absatz 1 Satz 1 zu prüfen und bei etwaigen Abweichungen nach Maßgabe des § 9 Absatz 1 Satz 2 und 3 an die Gegebenheiten des Wertermittlungsobjekts anzupassen.

Gliederungsübersicht *Rn.*

1 Liegenschaftszinssatz

1.1 Übersicht

▶ *Vgl. § 21 ImmoWertV Rn. 1 ff., 110, 191; § 32 ImmoWertV Rn. 45*

1 Liegenschaftszinssätze i.S. des § 21 Abs. 2 Satz 1 ImmoWertV sind Kapitalisierungszinssätze, mit denen Verkehrswerte von Grundstücken je nach Grundstücksart im Durchschnitt marktüblich verzinst werden. **Liegenschaftszinssätze sind** zugleich **Marktanpassungsfaktoren**, mittels derer der *vorläufige* Ertragswert in einem Rechengang (implizit) an die am Wertermittlungsstichtag auf dem örtlichen Grundstücksmarkt vorherrschenden allgemeinen Wertverhältnisse des Grundstücksmarktes angepasst wird.

2 **Liegenschaftszinssätze sind** zugleich **Korrekturfaktoren**, mit denen die aus dem *„Modell"* der Ertragswertermittlung nach den §§ 27 bis 34 ImmoWertV (vgl. Rn. 10) und den dafür vorgegebenen *„Modellansätzen"* resultierenden Wertverzerrungen berichtigt werden sollen.

3 Bei der Ermittlung der Liegenschaftszinssätze bestimmen sich nach § 12 Abs. 5 ImmoWertV die Gesamtnutzungsdauer nach den Modellansätzen der Anl. 1, die Restnutzungsdauer von Wohngebäuden bei vorangegangener Modernisierung nach Anl. 2 und die Bewirtschaftungskosten nach Anl. 3 zur ImmoWertV.

4 Soweit das Modell oder die Modellansätze von der objektspezifischen Gesamt- und Restnutzungsdauer nach § 4 Abs. 2 und 3 ImmoWertV und vonden objektspezifischen Bewirtschaftungskosten nach § 32 Abs. 1 ImmoWertV erheblich abweichen, werden diese mit § 8 Abs. 3 Satz 1 ImmoWertV als „besondere objektspezifische Grundstücksmerkmale" (boG) definiert, die grundsätzlich im Anschluss an die Ermittlung des vorläufigen Ertragswerts ergänzend zu berücksichtigen sind. Dessen ungeachtet kann auch eine Berücksichtigung solcher Abweichungen durch eine Anpassung des Liegenschaftszinssatzes in Betracht kommen (vgl. Rn. 7).

5 **Die Ermittlung des vorläufigen Ertragswerts steht unter dem Anpassungsgebot** nach § 27 Abs. 2 ImmoWertV. Nach diesem Grundsatz ist der jeweils herangezogene Liegenschaftszinssatz (Basiszinssatz) grundsätzlich anzupassen an

a) die am Wertermittlungsstichtag herrschenden *allgemeinen Wertverhältnisse auf dem Grundstücksmarkt* und

b) an die *Grundstücksmerkmale des zu bewertenden Grundstücks.*

Dieses altbewährte **Anpassungsgebot** wird mit dem neu in die ImmoWertV aufgenommenen Begriff des „objektspezifisch angepassten Liegenschaftszinssatzes" verdeutlicht.

a) Allgemeine Wertverhältnisse auf dem Grundstücksmarkt

6 Da die allgemeinen Wertverhältnisse auf dem Grundstücksmarkt einem steten Wandel unterworfen sind, ist der Liegenschaftszinssatz eine zeitabhängige Größe. Die Gutachterausschüsse für Grundstückswerte leiten Liegenschaftszinssätze deshalb i.d.R. alljährlich unter Angabe des Bezugszeitraums (bzw. Bezugsstichtag) aus den Kaufpreisen des Vorjahres ab. Werden diese Liegenschaftszinssätze zur Marktwertermittlung herangezogen, müssen sie den am Wertermittlungsstichtag herrschenden *allgemeinen Wertverhältnissen auf dem Grundstücksmarkt durch Zu- oder Abschläge* angepasst werden, wenn sich diese erheblich geändert haben. Die Zu- und Abschläge können analytisch auf der Grundlage der zwischenzeitlichen Preisentwicklung und immobilienwirtschaftlich durch Änderungen der maßgebenden Umstände i.S. des § 2 Abs. 2 ImmoWertV ermittelt und begründet werden.

b) Grundstücksmerkmale des zu bewertenden Grundstücks

7 Die nach vorstehenden Grundsätzen auf der Grundlage der genannten Modellansätze abgeleiteten Liegenschaftszinssätze aus geeigneten Kaufpreisen von Grundstücken beziehen sich – vergleichbar mit Bodenrichtwerten – auf ein genormtes oder normierbares Referenz- bzw. Normgrundstück mit bestimmten fiktiven Grundstücksmerkmalen.

Liegenschaftszinssätze sind grundsätzlich modell- und referenzkonform anzuwenden (vgl. Syst. Darst. des Ertragswertverfahrens Rn. 33, dort Abb. 1).

Erheblich abweichende Grundstücksmerkmale des Wertermittlungsobjekts werden bei modell- und referenzkonformer Anwendung des Liegenschaftszinssatzes in einem **zweistufigen Verfahren** berücksichtigt.

- Im *ersten Schritt* sollen nach § 33 ImmoWertV Abweichungen nach Maßgabe des § 9 Abs. 1 Satz 2 und 3 ImmoWertV durch geeignete Umrechnungskoeffizienten, durch eine Anpassung des Liegenschaftszinssatzes mittels marktüblicher Zu- oder Abschläge oder in anderer Weise berücksichtigt werden und sie gehen folglich in den *vorläufigen* Ertragswert ein.
- Im *zweiten Schritt* werden die mit der Anpassung des Liegenschaftszinssatzes nicht berücksichtigten objektspezifischen Grundstücksmerkmale nachträglich als „besondere objektspezifische Grundstücksmerkmale“ (boG) nach § 8 Abs. 3 ImmoWertV berücksichtigt.

Normativ lassen sich beide Schritte nicht voneinander abgrenzen. Die im zweiten Schritte nach § 8 Abs. 3 ImmoWertV als „besondere objektspezifische Grundstücksmerkmale“ nachträglich zu berücksichtigenden Grundstücksmerkmale können bei alledem bereits mit dem vorläufigen Ertragswert erfasst worden sein. So können bei Anwendung des periodischen Ertragswertverfahrens beispielsweise die dort genannten „besonderen Ertragsverhältnisse“ direkt in den vorläufigen Ertragswert eingehen (vgl. § 8 ImmoWertV Rn. 228, 310; Syst. Darst. des Ertragswertverfahrens Rn. 105, 245). Darüber hinaus können auch die in § 8 Abs. 2 Satz 1 ImmoWertV genannten„erheblich“ von den zugrunde gelegten Modellen oder Modellansätzen abweichenden Grundstücksmerkmale (z.B. Instandhaltungskosten, Mietausfallwagnis) bereits mit dem (angepassten) Liegenschaftszinssatz berücksichtigt worden sein (Syst. Darst. des Ertragswertverfahrens Rn. 197 ff.).

Bei alledem muss eine Doppelberücksichtigung vermieden werden.

1.2 Subsidiär zu berücksichtigende besondere objektspezifische Grundstücksmerkmale

8 Eine vollständige Ausrichtung des Liegenschaftszinssatzes auf sämtliche Grundstücksmerkmale des zu bewertenden Grundstücks ist angesichts der vielfältigen Eigenschaften von Grundstücken, die allesamt Unikate sind, und den vielerorts nur sehr begrenzt zur Verfügung stehenden Umrechnungskoeffizienten regelmäßig nicht zu erwarten. Die **von dem angewandten „objektspezifisch angepassten Liegenschaftszinssatz“ nicht erfassten Wertanteile des**

zu bewertenden Grundstücks, z.B. Baumängel und Bauschäden oder vom marktüblich erzielbaren Ertrag abweichende tatsächliche bzw. tatsächlich erzielbare Erträge, sind nachträglich **als besondere objektspezifische Grundstücksmerkmale (boG)** in marktüblicher Höhe zu berücksichtigen. Sie sind also mit dem Betrag zu berücksichtigen, um den sich der Marktwert dadurch erhöht oder vermindert. Dazu sind die jeweiligen Abweichungen zwischen den Grundstücksmerkmalen des zu bewertenden Grundstücks und den Referenzmerkmalen des Liegenschaftszinssatzes festzustellen und die daraus resultierende Werterhöhung oder Wertminderung mit dem Betrag zu ermitteln, um den sich der Marktwert des Grundstücks erhöht bzw. vermindert.

Abb. 1: Objektspezifisch angepasster Liegenschaftszinssatz

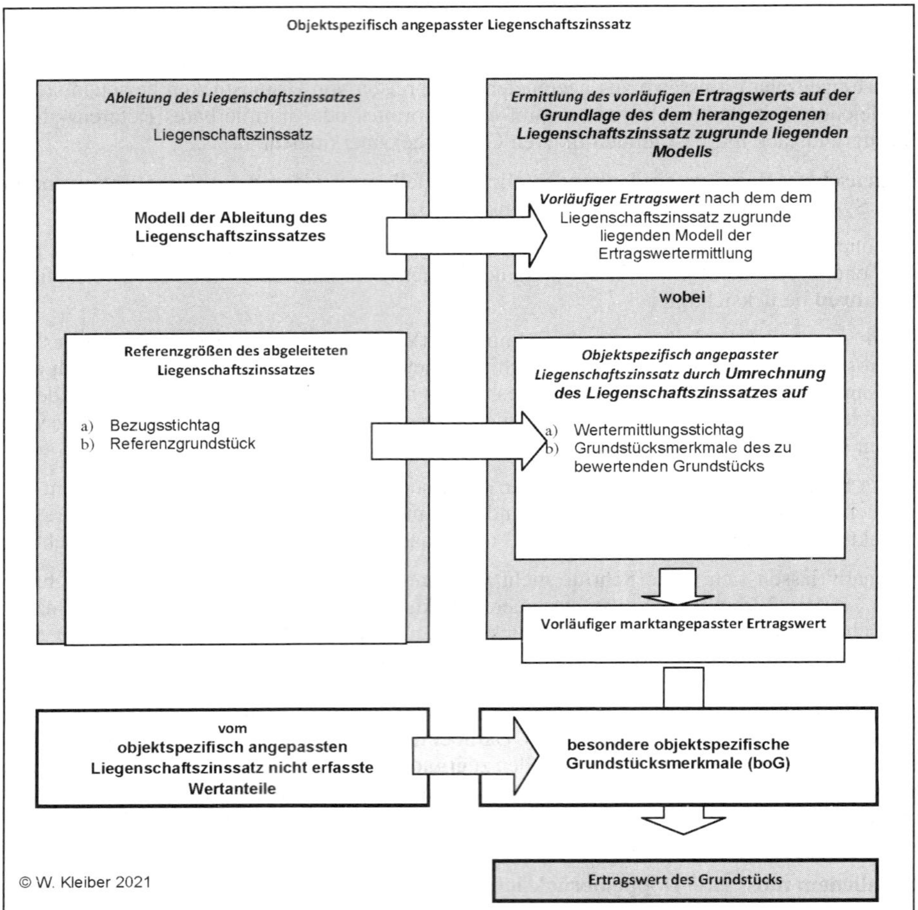

1.3 Dem Liegenschaftszinssatz zugrunde liegendes Modell der Ertragswertermittlung

▶ *Vgl. § 21 ImmoWertV Rn. 47 ff.;Syst. Darst. des Ertragswertverfahrens Rn. 33*

9 Das vom Gutachterausschuss für Grundstückswerte der Ermittlung des Liegenschaftszinssatzes zugrunde gelegte **Modell der Ertragswertermittlung** i.V.m. den durch Anl. 1 bis 3 zur

ImmoWertV vorgegebenen Modellansätzen muss bei der Ermittlung des *vorläufigen* Ertragswerts unter Heranziehung von Liegenschaftszinsätzen aus Gründen der Modellkonformität in exakt gleicher Weise zur Anwendung kommen. Dementsprechend müssen die vom Gutachterausschuss für Grundstückswerte der Ermittlung des Liegenschaftszinssatzes zugrunde liegenden Modellparameter im Rahmen der mit § 33 ImmoWertV vorgeschriebenen Prüfung seiner Eignung bekannt und veröffentlicht worden sein.

Das Modell des Sachwertverfahrens gliedert sich in die Ermittlung des vorläufigen Sachwerts nach den §§ 35 bis 39 ImmoWertV – bestehend aus dem vorläufigen Sachwert der baulichen Anlagen, der baulichen Außenanlagen und sonstigen Anlagen sowie dem Bodenwert und der ergänzenden Berücksichtigung besonderer objektspezifischer Grundstücksmerkmale (boG). Grundlage der Ermittlung von Sachwertfaktoren ist das in **der ImmoWertV vorgegebene Modell des Sachwertverfahrens** (vgl. Syst. Darst. des Sachwertverfahrens Rn. 29) **i.V.m. mit den dafür vorgegebenen Modellansätzen**. 10
Die auf der Grundlage dieses Modells i.V.m. den vorgegebenen Modellansätzen abgeleiteten Sachwertfaktoren sind modellkonform anzuwenden (**Grundsatz der Modellkonformität**). Dementsprechend wird der vorläufige Sachwert auf der Grundlage des Modells und der Modellansätze ermittelt, die dem Sachwertfaktor zugrunde liegen.

Sachwertfaktoren können auch Auffangfaktoren für abweichend von dem Modell des Sachwertverfahrens nicht gesondert berücksichtigte Grundstücksmerkmale sein. Werden Sachwertfaktoren aus Kaufpreisen von Grundstücken abgeleitet, die im „üblichen" Umfang 11

- einzelne mit den Normalherstellungskosten nicht (gemäß § 36 Abs. 3 Satz 4 ImmoWertV durch Zuschläge bei den durchschnittlichen Herstellungskosten) berücksichtigte **werthaltige Bauteile** bzw. c- Flächen sowie
- nach Maßgabe des § 35 Abs. 2 Nr. 2 i.V.m. § 37 ImmoWertV zu berücksichtigende **bauliche Außenanlagen** und sonstige Anlagen (Aufwuchs)

aufweisen und werden diese bei der Ableitung der Sachwertfaktoren nicht gesondert angesetzt, so gehen diese in dem „üblichen Umfang" in den Sachwertfaktor und mit der Anwendung dieses Sachwertfaktors direkt in den *vorläufigen Sachwert* ein (vgl. § 8 ImmoWertV Rn. 165, 184 ff., 222; Syst. Darst. des Sachwertverfahrens Rn. 23, 154 ff., 220 f.; § 37 ImmoWertV Rn. 3). In diesem Fall setzt sich der vorläufige Sachwert allein aus dem vorläufigen Gebäudesachwert und dem (vorläufigen) sachwertkompatiblen Bodenwert zusammen.

Einer nachträglichen Ergänzung des vorläufigen Sachwerts, z.B. als „besondere objektspezifische Grundstücksmerkmale" (boG), bedarf es in diesem Fall nur, wenn die Gegebenheiten des Wertermittlungsobjekts erheblich davon abweichen. Dabei sind nur die im Verhältnis zum „üblichen" Umfang differenziell verbleibenden Abweichungen als „besonderes objektspezifisches Grundstücksmerkmal" (boG) zu berücksichtigen. Dies kann nur bei funktional besonders werthaltigen Bauteilen erwartet werden, insbesondere **Balkonen**, die nach Maßgabe der Ziff. 2. (2) der Anl. 4 zur ImmoWertV auch flächenmäßig nicht berücksichtigt werden. Die Werterhöhung bemisst sich dann auch nicht nach dem Zeitwert dieser Bauteile, sondern lediglich aus der daraus resultierenden Erhöhung des Marktwerts (Verkehrswerts).

Dementsprechend muss der Gutachterausschuss für Grundstückswerte bei dieser Praxis den **„üblichen Umfang" der in den Sachwertfaktor eingegangenen** werthaltigen Bauteile bzw. c- Flächen **sowie der werthaltigen baulichen und sonstigen Außenanlagen (Aufwuchs)** bei der Veröffentlichung der Sachwertfaktoren konkretisieren.

1.4 Referenzmerkmale des Liegenschaftszinssatzes

▶ *Vgl. § 21 ImmoWertV Rn. 132; Syst. Darst. des Ertragswertverfahrens Rn. 257 ff.*

Der Grundstücksmarkt zerfällt in zahlreiche Grundstücksteilmärkte mit unterschiedlichen Marktentwicklungen. **Liegenschaftszinssätze müssen** deshalb **hinreichend differenziert** 12

nach Grundstücksarten abgeleitet werden. So wird in der Wertermittlungspraxis die Differenzierung der Liegenschaftszinssätze z.B. im Bereich der Mehrfamilienhäuser heruntergebrochen auf eine weitere Differenzierung nach dem gewerblichen Anteil.

13 Liegenschaftszinssätze sind zeitabhängige Größen und müssen deshalb mit ihrem **Bezugsstichtag** versehen werden.

14 Der von den Gutachterausschüssen für Grundstückswerte abgeleitete Liegenschaftszinssatz stellt lediglich einen „**Basiszinssatz**" dar.

Für eine sachgerechte Anwendung dieses „Basiszinssatzes" reicht allein eine nach Grundstücksarten differenzierende Ableitung nicht aus, wenn dieser nach Maßgabe der ImmoWertV an die Gegebenheiten des Wertermittlungsobjekts angepasst werden soll. Dies nämlich setzt voraus, dass – vergleichbar mit dem Bodenrichtwertgrundstück – die **Grundstücksmerkmale des dem Liegenschaftszinssatz zugrunde liegenden Referenzgrundstücks (Norm- oder Liegenschaftszinssatzgrundstück)** bekannt sind. Diese können sich aus den durchschnittlichen Grundstücksmerkmalen der zur Ableitung des Liegenschaftszinssatzes herangezogenen Vergleichsgrundstücke ergeben; sie können aber auch im Rahmen der Ableitung normiert worden sein. Sie müssen aber bekannt sein, denn sonst wäre eine Anpassung an die Grundstücksmerkmale des zu bewertenden Grundstücks nicht möglich.

15 Dabei müssen die **Referenzmerkmale sowohl des Grund und Bodens als auch der baulichen Anlage** bekannt sein. Sie können dem Grundstücksmarktbericht eines qualifizierten Gutachterausschusses oder sonstigen Bekanntmachungen entnommen werden.

2 Objektspezifisch angepasster Liegenschaftszinssatz

2.1 Definition

▶ *Vgl. § 21 ImmoWertV Rn. 37 ff.*

16 Der zur Ermittlung des vorläufigen Ertragswerts eines zu bewertenden Grundstücks heranzuziehende **„objektspezifisch angepasste Liegenschaftszinssatz" definiert sich als der Liegenschaftszinssatz, der,** ausgehend von einem vom Gutachterausschuss für die jeweilige Grundstücksart bereitgestellten Liegenschaftszinssatz (auch Basiszinssatz genannt), der sich auf

- die allgemeinen Wertverhältnisse eines definierten Bezugsstichtags sowie
- auf die vom Gutachterausschuss für Grundstückswerte zu konkretisierenden Grundstücksmerkmale des Grund und Bodens sowie der baulichen Anlage eines Referenzgrundstücks (Liegenschaftszinssatz- bzw. Normgrundstück) bezieht,

auf den maßgeblichen Wertermittlungsstichtag sowie die maßgeblichen Grundstücksmerkmale des zu bewertenden Grundstücks angepasst worden ist.

17 Mit der Anpassung des vom Gutachterausschuss für Grundstückswerte für die jeweilige Grundstücksart bereitgestellten Liegenschaftszinssatzes an den maßgeblichen Wertermittlungsstichtag sowie die maßgeblichen Grundstücksmerkmale des zu bewertenden Grundstücks müssen auch die mit den vorgegebenen Modellansätzen (insbesondere mit den Modellansätzen für die Gesamtnutzungsdauer und damit auch für die Restnutzungsdauer nach Anl. 1 der ImmoWertV, den Modellansätzen für die Berücksichtigung einer Modernisierung nach Anl. 2 sowie für die Bewirtschaftungskosten) gegebenenfalls einhergehenden Abweichungen gegenüber den Gegebenheiten des zu bewertenden Grundstücks korrigiert werden.

18 Diesbezüglich setzt eine sachgerechte Anpassung des Liegenschaftszinssatzes an die Gegebenheiten des zu bewertenden Grundstücks voraus, dass die Gutachterausschüsse entsprechende **Umrechnungskoeffizienten** bereitstellen. Wo eine Anpassung in einer anderen sach-

lich begründbaren oder mindesten plausiblen Weise nicht möglich ist, müssen die vom objektspezifisch angepassten Liegenschaftszinssatz nicht erfassten Wertanteile des zu bewertenden Grundstücks als besondere objektspezifische Grundstücksmerkmale (boG) ergänzend berücksichtigt werden.

2.2 Eignung des Liegenschaftszinssatzes (Basiszinssatz)

Der zur Ableitung des „objektspezifisch angepassten Liegenschaftszinssatzes" vom Gutachterausschuss bereitgestellte Liegenschaftszinssatz (Basiszinssatz) muss „geeignet" sein. Nach § 33 ImmoWertV muss seine Eignung nach Maßgabe des § 9 Abs. 1 Satz 1 ImmoWertV überprüft werden. Die Vorschrift fordert, dass der herangezogene **Liegenschaftszinssatz** (Basiszinssatz) **hinsichtlich der Aktualität in Bezug auf den maßgeblichen Stichtag und die Repräsentativität den jeweiligen Grundstücksmarkt zutreffend abbildet** und etwaige Abweichungen in den allgemeinen Wertverhältnissen sowie wertbeeinflussende Abweichungen der Grundstücksmerkmale des Wertermittlungsobjekts in sachgerechter Weise berücksichtigt werden können. 19

Ob wertbeeinflussende Abweichungen der Grundstücksmerkmale des Wertermittlungsobjekts „in sachgerechter Weise" berücksichtigt werden können, erweist sich erst im konkreten Anwendungsfall. Die zu berücksichtigenden Abweichungen müssen sich in Grenzen halten, denn wenn sie über ein gewisses Maß hinausgehen, ist dies ein Beleg dafür, dass der Liegenschaftszinssatz (Basiszinssatz) gerade nicht geeignet ist, den jeweiligen Grundstücksmarkt zu repräsentieren. 20

Die Zu- und Abschläge, die zur Berücksichtigung der besonderen objektspezifischen Grundstücksmerkmale der zu bewertenden Liegenschaft an den herangezogenen Liegenschaftszinssatz (Basiszinssatz) „angebracht" werden müssen, sollten nach der hier vertretenen Auffassung in ihrer Gesamthöhe 2,5 Prozentpunkte nicht überschreiten. Dabei ist auf die absolute Gesamthöhe der Zu- und Abschläge (unter Weglassen des Vorzeichens) abzustellen. Wie bei Anwendung des Vergleichswertverfahrens muss nämlich auch bei Anwendung des Ertragswertverfahrens gefordert werden, dass das Referenzgrundstück des herangezogenen Liegenschaftszinssatzes (Normobjekt) mit der zu bewertenden Liegenschaft hinreichend vergleichbar ist. Da sich bei einer **Modifikation des Liegenschaftszinssatzes in einer Gesamthöhe von 2,5 Prozentpunkten** der Ertragswert um rd. 40 % ändert, ist damit der Grenzbereich der Vergleichbarkeit erreicht (vgl. Syst. Darst. des Ertragswertverfahrens Rn. 260; Syst. Darst. des Vergleichswertverfahrens Rn. 30 ff.). Der Basiszinssatz, aus dem der objektspezifisch angepasste Liegenschaftszinssatz abgeleitet wurde, ist in diesem Fall nicht „geeignet". 21

3 Anpassung des herangezogenen Liegenschaftszinssatzes (Basiszinssatz)

3.1 Allgemeines

▶ *§ 21 ImmoWertV Rn. 49 ff.*

Zur Ermittlung des vorläufigen Ertragswerts ist nach § 33 ImmoWertV jeweils der „**objektspezifisch angepasste Liegenschaftszinssatz**" anzuwenden. 22

Mit der Anpassung des vom Gutachterausschuss für Grundstückswerte für die jeweilige Grundstücksart bereitgestellten Liegenschaftszinssatzes (Basiszinssatz) an den maßgeblichen Wertermittlungsstichtag sowie die maßgeblichen Grundstücksmerkmale des zu bewertenden Grundstücks müssen auch die mit den vorgegebenen Modellansätzen (insbesondere mit den **Modellansätzen für die Gesamtnutzungsdauer und damit auch für die Restnutzungsdauer** nach Anl. 1 der ImmoWertV, den Modellansätzen für die Berücksichtigung einer Mo- 23 dernisierung nach Anl. 2 sowie für die Bewirtschaftungskosten) gegebenenfalls einhergehenden Abweichungen gegenüber den Gegebenheiten des zu bewertenden Grundstücks korrigiert werden.

24 Die Anpassung des Liegenschaftszinssatzes an die Grundstücksmerkmale des zu bewertenden Grundstücks ist möglichst auf der Grundlage der vom Gutachterausschuss für Grundstückswerte dafür bereitgestellten Indexreihen und Umrechnungskoeffizienten vorzunehmen, soweit sie sich nicht direkt aus einer **mehrdimensional angelegten Darstellung der veröffentlichten Liegenschaftszinssätze**, beispielsweise in Abhängigkeit von der Lage (Bodenrichtwert) und der Restnutzungsdauer bzw. dem Baujahr der baulichen Anlage, ergibt.

25 Wo eine Anpassung auch nicht in einer anderen sachlich begründbaren oder mindestens plausiblen Weise möglich ist, müssen die Abweichungen als besonderes objektspezifisches Grundstücksmerkmal (boG) ergänzend berücksichtigt werden (vgl. Rn. 8 ff.).

3.2 Ableitung des „objektspezifisch angepassten Liegenschaftszinssatzes"

3.2.1 Übersicht

▶ *Syst. Darst. des Ertragswertverfahrens Rn. 249, 257; bei von marktüblich erzielbaren Erträgen abweichenden Erträgen vgl. § 8 ImmoWertV Rn. 226 ff.*

26 Der „objektspezifisch angepasste Liegenschaftszinssatz" wird ausgehend von einem i.d.R. vom Gutachterausschuss für Grundstückswerte zur Verfügung gestellten „*geeigneten*" Liegenschaftszinssatz ermittelt (auch **Basiszinssatz** genannt; zur Eignung vgl. Syst. Darst. des Ertragswertverfahrens Rn. 249). Die diesem zugrunde liegenden Grundstücksmerkmale und der ihm zugrunde liegende Bezugsstichtag weichen i.d.R. von den Grundstücksmerkmalen der zu bewertenden Liegenschaft und dem maßgeblichen Wertermittlungsstichtag ab.

27 Die wertbeeinflussenden Abweichungen der Grundstücksmerkmale des Wertermittlungsobjekts sowie ein abweichender Wertermittlungsstichtag sind nach Maßgabe des § 9 Abs. 1 Satz 2 und 3 ImmoWertV durch geeignete Umrechnungskoeffizienten, Indexreihen, durch eine Anpassung mittels Zu- oder Abschlägen oder in anderer sachgerechter Weise zu berücksichtigen. Diese „*Anpassung*" des Liegenschaftszinssatzes führt zum „objektspezifisch angepassten Liegenschaftszinssatz".

28 Die den empirisch aus der Kaufpreissammlung abgeleiteten Liegenschaftszinssätzen zugrunde liegenden Grundstücksmerkmale (Referenzmerkmale), die die Grundlage für die Anpassung des Liegenschaftszinssatzes sind, sollten sich aus einer vollständigen Beschreibung aller wertbeeinflussenden Grundstücksmerkmale des Gutachterausschusses ergeben. Es handelt sich dabei um die **Grundstücksmerkmale des fiktiven Referenz- bzw. Normgrundstücks**, auf die sich der jeweilige Liegenschaftszinssatz bezieht.

29 Der Liegenschaftszinssatz ist das „Herzstück" des Ertragswertverfahrens und die Ableitung des „objektspezifisch angepassten Liegenschaftszinssatzes" nach den Vorstellungen des Verordnungsgebers ist oftmals sehr problematisch, weil die Gutachterausschüsse für Grundstückswerte derzeit

a) die wertbeeinflussenden Referenzmerkmale des Liegenschaftszinssatzes oftmals nur kursorisch und zumeist unvollständig konkretisieren und zudem

b) die in § 9 Abs. 1 Satz 2 und 3 ImmoWertV genannten Umrechnungskoeffizienten zur Anpassung des Liegenschaftszinssatzes nicht oder nur von wenigen Grundstücksmerkmalen ableiten.

30 Der bei dieser Sachlage mit § 9 Abs. 1 Satz 2 und 3 ImmoWertV zugelassene Rückgriff auf „*eine Anpassung mittels Zu- oder Abschlägen*" oder in anderer „*sachgerechter Weise*" ist heute noch vielerorts der „bewertungstechnische" Alltag. Dabei besteht häufig keine Klarheit darüber, an welchen Referenzmerkmalen die *Zu- oder Abschläge anzubringen* sind.

3.2.2 Allgemeine Grundsätze zur „Anpassung" des Liegenschaftszinssatzes

▶ *Syst. Darst. des Ertragswertverfahrens Rn. 256 ff.*

Es sind grundsätzlich nur „erhebliche" Abweichungen eines Grundstücksmerkmals von dem jeweiligen dem Liegenschaftszinssatz zugrunde liegenden Grundstücksmerkmal zu berücksichtigen. Allein schon eine Anpassung des Liegenschaftszinssatzes um 0,1 Prozentpunkte – eine Marge, die sich nicht fundiert begründen lässt – kann die Höhe des Ertragswerts bereits bis zu 2 % beeinflussen. 31

Die Zu- und Abschläge, die zur Berücksichtigung der objektspezifischen Grundstücksmerkmale der zu bewertenden Liegenschaft an den herangezogenen Liegenschaftszinssatz „angebracht" werden, sollten in ihrer Gesamthöhe 2,5 Prozentpunkte nicht überschreiten. Dabei ist auf die absolute Gesamthöhe der Zu- und Abschläge (unter Weglassen des Vorzeichens) abzustellen. Wie bei Anwendung des Vergleichswertverfahrens muss nämlich auch bei Anwendung des Ertragswertverfahrens gefordert werden, dass das Referenzgrundstück (Liegenschaftszinssatzgrundstück) des herangezogenen Liegenschaftszinssatzes mit der zu bewertenden Liegenschaft hinreichend vergleichbar ist. Da sich bei einer Modifikation des Liegenschaftszinssatzes in einer Gesamthöhe von 2,5 Prozentpunkten der Ertragswert um rd. 40 % ändert, ist damit der Grenzbereich der Vergleichbarkeit erreicht (vgl. Syst. Darst. des Ertragswertverfahrens Rn. 259; Syst. Darst. des Vergleichswertverfahrens Rn. 30 ff.). Der Basiszinssatz, aus dem der objektspezifisch angepasste Liegenschaftszinssatz abgeleitet wurde, ist in diesem Fall nicht „geeignet". 32

Bei der schrittweisen Anpassung der einzelnen Grundstücksmerkmale, die von den Referenzmerkmalen des Liegenschaftszinssatzes abweichen, müssen **Doppelberücksichtigungen** vermieden werden. 33

- So kann z.B. der energetische Zustand einer baulichen Anlage bereits mit der Anpassung der Restnutzungsdauer erfasst sein, wenn der **energetische Zustand** dem des jeweiligen Baujahres entspricht.
- So kann beispielsweise mit der Ableitung von Liegenschaftszinssätzen in Abhängigkeit von der Restnutzungsdauer auch die mit den Modellansätzen der Bewirtschaftungskosten einhergehende Modellverbiegung insbesondere im Hinblick auf den „starren" vom Alter der baulichen Anlage nicht abhängigen **Modellansatz der Instandhaltungskosten** „aufgefangen" werden, der dann nicht einer nachträglichen Korrektur bedarf.

Eine vollständige Ausrichtung des Liegenschaftszinssatzes auf sämtliche Grundstücksmerkmale des zu bewertenden Grundstücks ist angesichts der vielfältigen Eigenschaften von Grundstücken, die allesamt Unikate sind, und den vielerorts nur sehr begrenzt zur Verfügung stehenden Umrechnungskoeffizienten (Anpassungskoeffizienten) regelmäßig nicht zu erwarten. Insoweit sind „objektspezifisch angepasste Liegenschaftszinssätze" nur bedingt ermittelbar und i.d.R. verbleibt es allenfalls bei **„objektspezifisch teilangepassten Liegenschaftszinssätzen"**. 34

Soweit eine vollständige Berücksichtigung der Grundstücksmerkmale des zu bewertenden Grundstücks mit den zur Verfügung stehenden Umrechnungskoeffizienten nicht möglich ist oder sie auch sonst nicht in sachgerechter Weise möglich ist, können die nicht hinreichend berücksichtigten Grundstücksmerkmale – ausgehend von dem modell- und referenzkonform ermittelten vorläufigen Ertragswert – ergänzend als **besondere objektspezifische Grundstücksmerkmale (boG)** berücksichtigt werden. Dazu sind die jeweiligen Abweichungen zwischen den Grundstücksmerkmalen des zu bewertenden Grundstücks von den Referenzmerkmalen des Liegenschaftszinssatzes festzustellen und die daraus resultierende Werterhöhung oder Wertminderung mit dem Betrag zu ermitteln, um den sich der Marktwert des Grundstücks erhöht bzw. vermindert. 35

3.2.3 Allgemeine empirische Erfahrungssätze

3.2.3.1 Allgemeiner Überblick

▶ *Vgl. Syst. Darst. des Ertragswertverfahrens Rn. 249; zur Ableitung und Abhängigkeit von Liegenschaftszinssätzen von Wertermittlungsparametern vgl. §21 ImmoWertV Rn. 71 ff.*

36 Eine Reihe von Gutachterausschüssen für Grundstückswerte hat, ergänzend zu den nach einem vorgegebenen Modell der Ertragswertermittlung ermittelten und auf die Grundstücksmerkmale eines bestimmten Norm- bzw. Referenzgrundstücks bezogenen Liegenschaftszinssätzen, **Umrechnungskoeffizienten** (auch Anpassungs- bzw. Korrekturfaktoren genannt) abgeleitet, mit denen die Liegenschaftszinssätze an die besonderen Grundstücksmerkmale des zu bewertenden Grundstücks angepasst werden können.

37 Sofern vom örtlichen Gutachterausschuss für Grundstückswerte keine Umrechnungskoeffizienten zur Anpassung von veröffentlichten Liegenschaftszinssätzen abgeleitet worden sind, können den bislang veröffentlichten Umrechnungskoeffizienten allgemeine Hinweise für eine Verminderung bzw. Erhöhung lage- und objekttypischer Liegenschaftszinssätze entnommen werden (siehe folgende Erläuterungen).

38 Soweit entsprechenden Veröffentlichungen keine hinreichende Konkretisierung der den veröffentlichten Liegenschaftszinssätzen zugrunde liegenden Referenzmerkmale zugeordnet ist, muss i.d.R. von dem jeweils **durchschnittlichen Grundstückszustand** ausgegangen werden.

39 Wird auf empirisch abgeleitete Liegenschaftszinssätze zurückgegriffen, sind die **Besonderheiten des Wertermittlungsobjekts** zu berücksichtigen. Dabei können folgende Grundsätze Anwendung finden:

- Der Liegenschaftszinssatz ist bis zu 1,0 Prozentpunkte zu vermindern, wenn die **Lage des Objekts** besonders gut ist und seine Nutzung ein besonders geringes wirtschaftliches Risiko aufweist; umgekehrt ist der Liegenschaftszinssatz um bis zu 1,0 Prozentpunkte zu erhöhen, wenn das Objekt in besonders schlechter Lage gelegen ist und ein erhöhtes wirtschaftliches Risiko aufweist.
- Der Liegenschaftszinssatz ist bei Objekten, die gemessen an der **Wohnfläche** besonders groß sind, zu erhöhen und bei kleinerer Wohnfläche zu vermindern (vgl. Teil V Rn. 21).
- **Ländliche Belegenheitsgebiete** weisen gegenüber Städten und Ballungszentren tendenziell höhere Liegenschaftszinssätze auf; für Niedersachsen wurden (im Jahre 2004) allerdings keine signifikanten Unterschiede festgestellt.
- **Aufwendig errichtete Immobilien** weisen geringere Liegenschaftszinssätze als modernisierungsbedürftige Gebäude auf.
- Bei **Eigentumswohnungen** fällt der Liegenschaftszinssatz bei besonders kleinen Wohnungen (WF $\leq$ 40 m²) auch besonders niedrig aus und umgekehrt (WF $\geq$ 100 m²). Des Weiteren ist der Liegenschaftszinssatz in hochwertigen Lagen mit hohem Bodenrichtwertniveau kleiner als in geringerwertigen Lagen; er ist zudem von der Restnutzungsdauer abhängig. *Vermietete Eigentumswohnungen* weisen i.d.R. einen leicht höheren Liegenschaftszinssatz als bezugsfreie Eigentumswohnungen auf (vgl. zu den Liegenschaftszinssätzen bei EigentumswohnungenTeil V Rn. 112).
- Bei **Ein- und Zweifamilienhäusern** muss beachtet werden, ob der Liegenschaftszinssatz für bezugsfreie oder fremd genutzte (vermiete) Objekte abgeleitet wurde(zu den „kleinen Mehr-familien-häusern" in der „Grauzone" zwischen Ein- und Zweifamilienhäusern und Mehr-familienhäusern (große Ein- bzw. Zweifamilienhäuser) vgl. Kleiber, Verkehrswertermittlung von Grundstücken, 10. Aufl. Teil V Rn. 18). Der Liegenschaftszinssatz ist wiederum vom Baujahr bzw. der Restnutzungsdauer und der Lage (gemessen am Bodenrichtwertniveau) abhängig (vgl. Rn. 40ff.).

- **Dreifamilienhäuser**(zum Begriff vgl. § 2 ImmoWertV Rn. 29) weisen i.d.R. einen um bis zu 1 Prozentpunkt höheren Liegenschaftszinssatz als Ein- und Zweifamilienhäuser auf.
- Der Liegenschaftszinssatz von **Altbauvillen** ist gegenüber dem Liegenschaftszinssatz von neueren Ein- und Zweifamilienhäusern i.d.R. abgesenkt; im Immobilienmarktbericht 2014 für *Südhessen* wird ein Liegenschaftszinssatz von 1,7 % angegeben (*Wiesbaden*: 2,2 %)[1].
- **Reihenhäuser und Doppelhaushälften** weisen im Verhältnis zu Ein- und Zweifamilienhäusern einen nur leicht erhöhten Liegenschaftszinssatz auf, wie auch aus niedersächsischen Untersuchungen erkennbar ist.
- Bei „**Paketverkäufen**" ist ein höherer Liegenschaftszinssatz anzusetzen. Nach Feststellung des Gutachterausschusses von *Wuppertal* lag der Liegenschaftszinssatz im Jahre 2009 bei Mehrfamilienhäusern bei 5,2 bis 6,8 % (bei sonst 5,0 bis 6,4 %) und bei gemischt genutzten Gebäuden bei 6,2 bis 8,4 % (bei sonst 5,3 bis 7,7 %).

3.2.4 Ein-und Zweifamilienhäuser

3.2.4.1 Abhängigkeit von der Lage bzw. vom Bodenrichtwertniveau bei Ein- und Zweifamilienhäusern

Liegenschaftszinssätze von Ein- und Zweifamilienhäusern sind insbesondere von der Lage und dem Baujahr (Restnutzungsdauer) abhängig. Die Abhängigkeit des Liegenschaftszinssatzes von der Lage und dem Baujahr ist von verschiedenen Gutachterausschüssen untersucht worden (Abb. 2). 40

Abb. 2: Liegenschaftszinssätze für Ein- und Zweifamilienhäuser, Mehrfamilienhäuser und Eigentumswohnungen in Abhängigkeit von der Lage (Bodenrichtwertniveau) in Südhessen

Liegenschaftszinssätze für Ein- und Zweifamilienhäuser in Abhängigkeit vom Bodenrichtwertniveau und Baujahr in Heppenheim						
Objektart	**Bodenrichtwert**					
	150 €/m²	**250 €/m²**	**275 €/m²**	**400 €/m²**	**450 €/m²**	**500 €/m²**
Einfamilienhäuser	3,5	–	3,2	2,9	–	–
Zweifamilienhäuser	3,6	–	3,4	3,1	–	–
Villen	–	–	–	–	–	1,7
Mehrfamilienhäuser	5,2	–	4,3	4,0	–	–
Eigentumswohnungen < 10 Einheiten	4,2	–	3,8	3,6	–	–
Eigentumswohnungen in Wohnblocks	4,8	–	4,5	4,1	–	–
Gemischt genutzte Grundstücke	–	5,9	–	–	4,5	–

Quelle: Gutachterausschuss AfB Heppenheim Immobilienmarktbericht 2014

Dementsprechend ist in der **steuerlichen Bewertung** (Grundsteuerbewertung) der „typisierte Liegenschaftszinssatz" um jeweils 0,1 Prozentpunkte für jede volle 100 Euro, die der Bodenrichtwert oder der Bodenwert nach § 247 Abs. 3 BewG je Quadratmeter den Betrag von 500 Euro je Quadratmeter übersteigt, anznehmen. Ab einem Bodenrichtwert oder Bodenwert

1 Vgl. z.B. Grundstücksmarktbericht 2016 von Wiesbaden.

nach § 247 Abs. 3 je Qua-dratmeter in Höhe von 1 500 Euro je Quadratmeter beträgt der Zinssatz für Ein- und Zwei-familienhäuser einheitlich 1,5 Prozent[2].

3.2.4.2 Abhängigkeit von der Restnutzungsdauer bzw. Baujahr oder Alter bei Ein- und Zweifamilienhäusern

▶ *Vgl. Syst. Darst. des Ertragswertverfahrens Rn. 265 ff.; § 8 ImmoWertV Rn. 66; § 32 ImmoWertV Rn. 152 ff.; Teil V Rn. 198*

41 Zur **Abhängigkeit des Liegenschaftszinssatzes von der Restnutzungsdauer** der baulichen Anlage liegen die Untersuchungsergebnisse des Oberen Gutachterausschusses von *Rheinland-Pfalz* und der Zentralen Geschäftsstelle der Gutachterausschüsse für Grundstückswerte in *Hessen*[3](2010) und anderer Gutachterausschüsse vor. Danach ist der Liegenschaftszinssatz umso höher, je länger die Restnutzungsdauer ist (vgl. § 8 ImmoWertV Rn. 66).

Abb. 3: Liegenschaftszinssatz in Abhängigkeit von Restnutzungsdauer (bzw. Baujahr)

<table>
<tr><th colspan="14">Liegenschaftszinssätze in Abhängigkeit von der Restnutzungsdauer</th></tr>
<tr><th rowspan="4">RND</th><th colspan="6">Rheinland-Pfalz</th><th colspan="3">Moers</th><th>Traunstein</th><th colspan="2">Potsdam</th><th>Potsdam Mittelmark</th></tr>
<tr><th colspan="2">EFH</th><th rowspan="2">FH</th><th rowspan="2">MFH (bis 6 WE)</th><th rowspan="2">WGG</th><th rowspan="2">Lagerhallen</th><th rowspan="2">MFH gew. Anteil < 20 %</th><th rowspan="2">gem. genutzt gew. Anteil ≥ 20 %</th><th rowspan="2">G+I</th><th rowspan="2">EFH</th><th rowspan="2">MFH</th><th rowspan="2">WGH</th><th rowspan="2">WGH</th></tr>
<tr><th>bezugsfrei</th><th>vermietet</th></tr>
<tr><th colspan="6">2013</th><th colspan="3">2011</th><th>2010</th><th colspan="2">2010</th><th></th></tr>
<tr><td>bis 20</td><td>2,2 %</td><td>2,7 %</td><td>3,0%</td><td>4,2 %</td><td>5,0%</td><td>4,7%</td><td>7,3</td><td>8,6</td><td>–</td><td rowspan="3">4,3</td><td rowspan="4">4,0</td><td rowspan="4">4,9</td><td rowspan="5">6,8</td></tr>
<tr><td>25</td><td>2,4 %</td><td>2,9 %</td><td>3,2%</td><td>4,4 %</td><td>5,1%</td><td>5,1%</td><td rowspan="4">6,6</td><td rowspan="4">7,6</td><td rowspan="4">7,3</td></tr>
<tr><td>30</td><td>2,5 %</td><td>3,0 %</td><td>3,3%</td><td>4,5 %</td><td>5,1%</td><td>5,5%</td></tr>
<tr><td>35</td><td>2,6 %</td><td>3,1 %</td><td>3,3%</td><td>4,6 %</td><td>5,2%</td><td>5,7%</td><td rowspan="5">4,0</td></tr>
<tr><td>40</td><td>2,7 %</td><td>3,2 %</td><td>3,4%</td><td>4,7 %</td><td>5,2%</td><td>6,0%</td><td rowspan="9">5,4</td><td rowspan="9">6,7</td></tr>
<tr><td>45</td><td>2,7 %</td><td>3,2 %</td><td>3,5%</td><td>4,7 %</td><td>5,3%</td><td>6,2%</td><td rowspan="4">6,4</td><td rowspan="4">6,7</td><td rowspan="4">7,0</td><td rowspan="8">7,5</td></tr>
<tr><td>50</td><td>2,8 %</td><td>3,3 %</td><td>3,5%</td><td>4,8 %</td><td>5,3%</td><td>6,4%</td></tr>
<tr><td>55</td><td>2,9 %</td><td>3,4 %</td><td>3,6%</td><td>4,9 %</td><td>5,4%</td><td>–</td></tr>
<tr><td>60</td><td>2,9 %</td><td>3,4 %</td><td>3,6%</td><td>4,9 %</td><td>5,4%</td><td>–</td><td rowspan="9">3,7</td></tr>
<tr><td>65</td><td>3,0 %</td><td>3,5 %</td><td>3,7%</td><td>5,0 %</td><td>5,4%</td><td>–</td><td>–</td><td>–</td><td>–</td></tr>
<tr><td>70</td><td>3,0 %</td><td>3,5 %</td><td>3,7%</td><td>5,0 %</td><td>5,5%</td><td>–</td><td>–</td><td>–</td><td>–</td></tr>
<tr><td>75</td><td>3,1 %</td><td>3,6 %</td><td>3,8%</td><td>5,1 %</td><td>5,5%</td><td>–</td><td>–</td><td>–</td><td>–</td></tr>
<tr><td>80</td><td>3,1 %</td><td>3,6 %</td><td>3,8%</td><td>5,1 %</td><td>5,5%</td><td>–</td><td>–</td><td>–</td><td>–</td></tr>
<tr><td>85</td><td>3,1 %</td><td>3,6 %</td><td>3,8%</td><td>–</td><td>–</td><td>–</td><td>–</td><td>–</td><td>–</td><td>–</td><td>–</td><td>–</td></tr>
<tr><td>90</td><td>3,2 %</td><td>3,7 %</td><td>3,9%</td><td>–</td><td>–</td><td>–</td><td>–</td><td>–</td><td>–</td><td>–</td><td>–</td><td>–</td></tr>
<tr><td>95</td><td>3,2 %</td><td>3,7 %</td><td>3,9%</td><td>–</td><td>–</td><td>–</td><td>–</td><td>–</td><td>–</td><td>–</td><td>–</td><td>–</td></tr>
<tr><td>100</td><td>3,2 %</td><td>3,7 %</td><td>3,9%</td><td>–</td><td>–</td><td>–</td><td>–</td><td>–</td><td>–</td><td>–</td><td>–</td><td>–</td></tr>
<tr><td colspan="14">EFH = Einfamilienhaus, 2FH = Zweifamilienhaus, WGG = Wohn- und Geschäftsgrundstücke, G+I Gewerbe und Industrie, WGH = Wohn- und Geschäftshäuser</td></tr>
</table>

Quelle: Grundstücksmarktberichte

2 Grootens, Grundsteuergesetz, Bewertungsgesetz, 2. Aufl. 2022 NWB Verlag, S. 627; vgl. BT-Drs 19/11085, S. 115, A 256 Abs. 2 Satz 5 AEBewGrSt

3 Grundstücksmarktbericht 2010, S. 66

42 Zur **Abhängigkeit des Liegenschaftszinssatzes (LZ) von Einfamilienhäusern von der Restnutzungsdauer** (bzw. komplementär vom Baujahr) hat der Gutachterausschuss von *Frankfurt a.M.* ebenfalls festgestellt, dass der Liegenschaftszinssatz umso höher ist, je länger die Restnutzungsdauer bzw. je jünger das Baujahr ist.

Abb. 4: Liegenschaftszinssatz in Abhängigkeit von Restnutzungsdauer (bzw. Baujahr)

Liegenschaftszinssätze für Einfamilienwohnhäuser in guten Lagen in Frankfurt a.M.				
Baujahr	**Mittelwert**	**Minimum**	**Maximum**	**Anzahl**
bis 1949	–0,1	–2,9	3,4	26
1950–1977	1,1	0,0	2,7	35
1978–1990	1,0	0,7	1,6	7
ab 1991 oder Neubau	1,5	1,3	1,9	7

Quelle: Grundstücksmarktbericht Gutachterausschuss Frankfurt a.M. 2019

Zu- und Abschläge in Prozentpunkten für vom Normobjekt (Referenzobjekt) abweichende Liegenschaftszinssätze von Ein- und Zweifamilienhäusern in Abhängigkeit von der Restnutzungsdauer	
Restnutzungsdauer in Jahren	**Zu- und Abschläge**
	Wesel
	2024
30	–1,58
35	–0,98
40	–0,46
45	0,00
50	0,41
55	0,78
60	1,12

Quelle: Grundstücksmarktbericht

Umrechnungskoeffizient des Liegenschaftszinssatzes zu dem vom Normobjekt (Referenzobjekt) abweichenden Baujahr	
Baujahr	**Umrechnungskoeffizienten**
	LK Soest
	EFH/ZFH
	2024
1927	0,7452
1955	0,7787
1965	0,8396
1975	0,9161
1985	1,0000
1995	1,0747
2005	1,1145
2015	1,0935

Quelle: Grundstücksmarktberichte

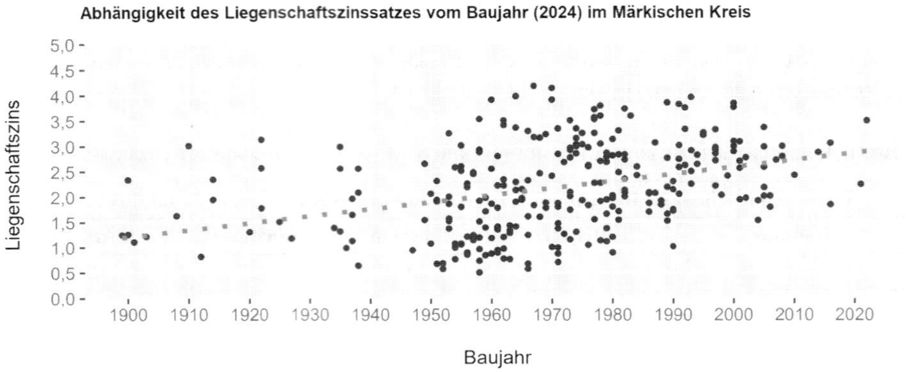

Quelle: GAA Märkischer Kreis, Grundstücksmarktbericht 2024

3.2.4.3 Abhängigkeit von dem Gebäudestandard bei Ein- und Zweifamilienhäusern

43 Umrechnungskoeffizienten zu dem vom Normobjekt (Referenzobjekt) abweichenden Gebäudemerkmalen werden abgeleitet in Abhängigkeit von der Gebäudestandardkennzahl i.S. der Anl. 4 zur ImmoWertV oder.–wie nachfolgend – nach einer vereinfachten Klassifikation (einfach/mittel/aufwendig).

Umrechnungskoeffiient des Liegenschaftszinssatzes zu dem vom Normobjekt (Referenzobjekt) abweichenden Gebäudestandard			
Gebäudestandard	**Gebäudestandard kennzahl**	**Umrechnungskoeffizienten**	
		LK Soest	
		EFH/ZFH	DHH/RH
		2024	
sehr einfach/einfach	1,3–1,7	1,1240	–
einfach	1,8–2,2	1,0826	0,8662
einfach/mittel	2,3–2,7	1,0413	0,9283
mittel	2,8–3,2	1,0000	1,0000
mittel/gehoben	3,3–3,2	0,9587	1,0837
gehoben	3,8–4,2	0,9174	1,1827
gehoben/stark gehoben	4,3–4,7	0,8760	–

Quelle: Grundstücksmarktberichte

3.2.4.4 Abhängigkeit von der Wohnflächebei Ein- und Zweifamilienhäusern

Umrechnungskoeffiient des Liegenschaftszinssatzes zu der vom Normobjekt (Referenzobjekt) abweichenden Wohnfläche 44

Umrechnungskoeffiient des Liegenschaftszinssatzes zu der vom Normobjekt (Referenzobjekt) abweichenden Wohnfläche		
Wohnfläche [m²]	**Umrechnungskoeffizienten**	
	LK Soest	
	EFH/ZFH	DHH/RH
	2024	
80	0,8542	0,8032
100	–	0,9061
120	0,9511	1,0000
140	1,0000	1,0869
160	1,0489	1,1683
180	–	1,2451
200	1,1457	1,3180
220	–	1,3877
240	1,2410	–
280	1,3359	–

Quelle: Grundstücksmarktberichte

3.2.4.5 Abhängigkeit von der Gebäudeart (Gebäudetyp) bzw. Anbauweise

Umrechnungskoeffiient des Liegenschaftszinssatzes zu dem vom Normobjekt (Referenzobjekt) abweichenden Gebäudetyp bzw. der Anbauweise 45

Umrechnungskoeffiient des Liegenschaftszinssatzes zu dem vom Normobjekt (Referenzobjekt) abweichenden Gebäudetyp bzw. der Anbauweise		
Gebäudetyp	**Umrechnungskoeffizienten**	
	LK Soest	
	EFH/ZFH	DHH/RH
	2024	
Einfamilienhaus (EFH)	1,0000	
Einfamilienhaus mit Einliegerwohnung	1,0477	
Zweifamilienhaus	1,1429	
Doppelhaushälfte (DHH)	-	1,0000
Reihenendhaus (REH)	-	0,9086
Reihenmittelhaus (RMH)	-	1,1827

Quelle: Grundstücksmarktberichte

3.2.5 3.2.5 Ein- und Zweifamilien- und Reihenhäuser sowie Doppelhaushälften

46 Reihenhäuser und Doppelhaushälften sowie Zweifamilienhäuser können gegenüber dem Liegenschaftszinssatz von Einfamilienhäusern einen leicht um rd. 1 Prozentpunkt erhöhten Liegenschaftszinssatz aufweisen.

Abb. 5: Liegenschaftszinssätze von Ein-, Zwei-, Dreifamilienhäusern, Reihenendhäusern und Doppelhaushälften

Liegenschaftszinssätze von Ein-, Zwei-, Dreifamilien-, Reihenend- und Doppelhäusern in Bonn (2021)				
	Liegenschaftszinssätze in %			
	Einfamilienhäuser	Einfamilienreihen-und Doppelhäuser	Zweifamilienhäuser	Dreifamilienhäuser
Bonn	2,0	2,1	2,3	2,7

Quelle: Grundstücksmarktbericht Bonn 2021

Abb. 6: Zu- und Abschläge des Liegenschaftszinssatzin Prozentpunkten für vom Normobjekt (Referenzobjekt) abweichendefreistehende Ein- und Zweifamilienhäuser, Doppelhaushälften und Reihenhäuser in Abhängigkeit von der Wohnflächees

Zu- und Abschläge des Liegenschaftszinssatzes in Prozentpunkten für vom Normobjekt (Referenzobjekt) abweichende freistehende Ein- und Zweifamilienhäuser, Doppelhaushälften und Reihenhäuser in Abhängigkeit von der Wohnfläche				
Wohnfläche	**Wesel**			
in m²		EFH/ZFH		EFH/ZFH/DHH/RH
			2024	
120		–0,45		**0,00**
130–		–0,30		0,15
140		–0,15		0,30
150		**0,00**		0,45
160		0,15		0,60
170		0,30		0,75
180		0,45		0,90

Quelle: Grundstücksmarktbericht

3.2.6 Eigentumswohnungen

3.2.6.1 Abhängigkeit von der Lage im Stadtgebiet (Bodenrichtwertniveau)

47 Die **Abhängigkeit des Liegenschaftszinssatzes von der Lage** lässt sich durch eine Abhängigkeit vom Bodenrichtwert beschreiben. Je höher der Bodenrichtwert ist, desto geringer ist der Liegenschaftszinssatz.

Abb. 7: Liegenschaftszinssätze für Eigentumswohnungen in Abhängigkeit von der Lage, Wohnungsgröße und Vermietung

Liegenschaftszinssätze für Wohnungseigentum in der Stadt Aachen								
Lage	**Sehr gut**		**gut**		**mittel**		**2,5**	
Wohnungsgröße	**vermietet**	**unvermietet**	**vermietet**	**unvermietet**	**vermietet**	**unvermietet**	**vermietet**	**unvermietet**
bis 30 m²	–	–	3,2	4,4	2,9	2,4	4,5	(1,8)
31 bis 60 m²	–	–	3,5	3,1	2,2	1,7	4,2	3,2
61 bis 100 m²	2.5	2,3	2,5	2,5	1,6	1,5	2,0	1,8
101 bis 160 m²	2,6	2,5	(2,5)	2,7	2,1	1,5	–	(4,1)
≥ 160 m²	–	(2,4)	–	1,5	–	4,1	–	–

Quelle: Grundstücksmarktbericht 2019

3.2.6.2 Abhängigkeit von der Restnutzungsdauer (bzw. Baujahr oder Alter) bei Eigentumswohnungen

▶ *Vgl. § 21 ImmoWertV Rn. 101 f.; § 32 ImmoWertV Rn. 136 ff., 148; Syst. Darst. des Ertragswertverfahrens Rn. 198*

Auch der Liegenschaftszinssatz von Eigentumswohnungen (ETW) ist von dem Baujahr bzw. dem Alter oder der Restnutzungsdauer abhängig. Der Liegenschaftszinssatz erhöht sich mit zunehmendem Alter bzw. abnehmender Restnutzungsdauer der Eigentumswohnung (vgl. Untersuchungen der Gutachterausschüsse). **48**

Abb. 8: Liegenschaftszinssätze für selbstgenutztes und vermietetes Wohnungseigentum in Abhängigkeit von der Restnutzungsdauer

Liegenschaftszinssätze für selbstgenutztes und vermietetes Wohnungseigentum in Abhängigkeit von der Restnutzungsdauer				
	Mönchengladbach (2021)		**Bonn (2021)**	
Restnutzungsdauer	**selbstgenutzt**	**vermietet**	**selbstgenutzt**	**vermietet**
bis 10 Jahre	-	-	1,9	1,9
11 bis 35 Jahre	-	-	2,2	2,8
25 bis 45 Jahre	2,8	3,7	-	-
≥ 35 Jahre	-	-	2,3	2,6
≥ 45 Jahre	2,5	3,3	-	-

Quelle: Grundstücksmarktberichte

Der Gutachterausschuss für Grundstückswerte in *Frankfurt am Main* hat in seinem Immobilienmarktbericht 2010 folgende Liegenschaftszinssätze für Eigentumswohnungen in **Abhängigkeit** von der Restnutzungsdauer bzw. (komplementär) **vom Baujahr** ausgewiesen.

Abb. 9: Liegenschaftszinssätze für Eigentumswohnungen in Frankfurt am Main

Liegenschaftszinssätze in zentraler Lage von Frankfurt am Main						
	Gesamtnutzungsdauer					
Baujahr	**70 Jahre**			**80 Jahre**		
	Mittelwert	Min	Max	Mittelwert	Min	Max
Bis 1949	**–1,6**	–4,3	1,6	**0,2**	–2,0	3,0
1950–977	**0,6**	–1,9	3,2	**1,5**	–0,5	3,9
1978–1990	**1,6**	0,1	2,7	**2,4**	1,2	3,5
ab 1991	**0,6**	–0,4	1,5	**1,4**	0,4	2,4
Neubau	**1,1**	0,1	2,0	**1,7**	0,6	2,5

Quelle: Grundstücksmarktbericht 2019

Zu- und Abschläge des Liegenschaftszinssatzes in Prozentpunkten für vom Normobjekt (Referenzobjekt) abweichende Eigentumswohnungen in Abhängigkeit vom Baujahr	
Baujahr	Dortmund
Bezugszeitpunkt	2024
bis 1900	–0,99
1920	–0,74
1940	–0,50
1960	–0,25
1980	0,00
2000	0,25
2020	0,50

Quelle: Grundstücksmarktbericht

Zu- und Abschläge des Liegenschaftszinssatzes in Prozentpunkten für vom Normobjekt (Referenzobjekt) abweichende Eigentumswohnungen in Abhängigkeit von der Restnutzungsdauer		
Restnutzungsdauer in Jahren	**Dortmund**	**Wesel**
Bezugszeitpunkt	2024	
12	–0,34	–
25	–0,15	–
30	–	–0,60
35	0,00	–0,28
40	–	0,00
45	0,15	0,25
50	–	0,47
55	0,29	0,66
60	–	0,85
65	0,44	–
70	0,59	–

Quelle: Grundstücksmarktbericht

Im Grundstücksmarktbericht des Gutachterauschusses von Dortmund wird nachfolgendes Beispiel vorgestellt:

Liegenschaftszinssatz Normobjekt für Gebiet	5	1,38%
Baujahr	1984	0,05 Prozentpunkte
Restnutzungsdauer	36	0,02 Prozentpunkte
Wohnfläche 80 m²		–0,07 Prozentpunkte
Miete	6,60 €/m²	0,28 Prozentpunkte
Gebäudestandardkennzahl	3,5	–0,46 Prozentpunkte
Vermietungssituation	nicht vermietet	0,00 Prozentpunkte
objektspezifischer Liegenschaftszinssatz		**1,2 %**

3.2.6.3 Abhängigkeit von der Wohnfläche

Zur **Abhängigkeit des Liegenschaftszinssatzes für Eigentumswohnungen von der Wohnfläche** ist festzustellen, dass der Liegenschaftszinssatz von besonders kleinen Wohnungen (WFs 40 m²) besonders niedrig ausfällt und umgekehrt (WF > 100 m²). 49
Liegenschaftszinssätze für vermietetes Wohnungseigentum in Abhängigkeit von der Wohnungsgröße und der Lage in *Köln* (2020)

Liegenschaftszinssätze für vermietetes Wohnungseigentum in Köln (2020)			
Wohnfläche in m²	**Liegenschaftszinssatz**		
	Zentral/citynah	**in % linksrheinisch**	**rechtsrheinisch**
40	1,7	2,5	2,7
60	1,7	2,4	2,6
80	1,6	2,3	2,5
100	1,4	2,3	2,5
120	1,3	2,2	2,4

Quelle: Grundstücksmarktbericht Köln 2021

Zu- und Abschläge in Prozentpunkten des Liegenschaftszinssatzes für vom Normobjekt (Referenzobjekt) abweichende Eigentumswohnungen in Abhängigkeit von der Wohnfläche	
Wohnfläche in m²	Dortmund
Bezugszeitpunkt	2024
20	1,46
30	0,78
40	0,44
50	0,23
60	0,10
70	0,00
90	–0,13
110	–0,21
130	–0,27
160	–0,33
200	–0,38

Quelle: Grundstücksmarktbericht

3.2.6.4 Abhängigkeit von der Zahl der Wohneinheiten bzw. der Gesamtwohnfläche einer Wohnanlage (Größe der Wohnanlage)

50 In **größeren Wohnanlagen** liegt der Liegenschaftszinssatz bis zu 2 % über dem Durchschnittswert.

Zu- und Abschläge in Prozentpunkten der Liegenschaftszinssätze für vom Normobjekt (Referenzobjekt) abweichende Eigentumswohnungen in Abhängigkeit von der Anzahl der Wohnungseigentümer in der Wohnanlage		
°Anzahl Wohnungseigentum in der Wohnlage	Warendorf	
	Erstverkauf	Weiterverkauf
	2024	
< 7	–0,11	0,00
7 bis 12	0,00	0,00
13 bis 30	+0,15	+0,25
≥30	+0,32	+0,25

Quelle: Grundstücksmarktbericht 2024

3.2.6.5 Abhängigkeit vom Vermietungszustand (Erst- und Weiterverkauf)

51 Der **Liegenschaftszinssatz von vermietetem Wohnungs- und Teileigentum** liegt jeweils um

- etwa bis 1,00 Prozentpunkte über dem Liegenschaftszinssatz von neu erstelltem Wohnungs- und Teileigentum und
- etwa bis 0,5 Prozentpunkte über dem Liegenschaftszinssatz von umgewandeltem Wohnungs- und Teileigentum.

3.2.6.6 Abhängigkeit vom Gebäude- bzw. Ausstattungsstandard

52 Zu- und Abschläge in Prozentpunkten des Liegenschaftszinssatzes für vom Normobjekt (Referenzobjekt) abweichendeEigentumswohnungen in Abhängigkeit vom der Gebäudestandard

Zu- und Abschläge in Prozentpunkten des Liegenschaftszinssatzes für vom Normobjekt (Referenzobjekt) abweichende Eigentumswohnungen in Abhängigkeit vom der Gebäudestandard		
Gebäudestandard	**Gebäudeausstattungskennzahl**	**Dortmund**
Bezugszeitpunkt		2024
sehr einfach	1,1	-
sehr einfach/einfach	1,5	0,46
einfach	2,0	0,23
einfach /mittel	2,5	0,0
mittel	3,0	–0,23
mittel/gehoben	3,5	–0,46
gehoben	4,0	–0,69
gehoben/stark gehoben	4,5	–0,92
stark gehoben	4,8	–1,06
Luxus	5,0	–

Quelle: Grundstücksmarktbericht

3.2.6.7 Abhängigkeit von der Miete

Zu- und Abschläge in Prozentpunkten des Liegenschaftszinssatzes für vom Normobjekt (Referenzobjekt) abweichend Eigentumswohnungen in Abhängigkeit von der Miete 53

Zu- und Abschläge in Prozentpunkten des Liegenschaftszinssatzes für vom Normobjekt (Referenzobjekt) abweichende Eigentumswohnungen in Abhängigkeit von der Miete	
Miete [€/m²]	**Dortmund**
Bezugszeitpunkt	2024
3,0	–0,62
4,5	–0,25
5,5	0,00
6,5	0,25
7,5	0,50
8,5	0,74
9,5	0,99
10,5	1,24

Quelle: Grundstücksmarktbericht

3.2.6.8 Abhängigkeit von der Vermietungssituation

Zu- und Abschläge in Prozentpunkten des Liegenschaftszinssatzes für vom Normobjekt (Referenzobjekt) abweichendeEigentumswohnungen in Abhängigkeit von der Vermietungssituation 54

Zu- und Abschläge in Prozentpunkten für vom Normobjekt (Referenzobjekt) abweichendes Liegenschaftszinssatz von Eigentumswohnungen in Abhängigkeit von der Vermietungssituation	
	Dortmund
Vermietungssituation	2024
nicht vermietet (bezugsfrei)	0,00
vermietet	0,47

Quelle: Grundstücksmarktbericht

3.2.7 Mehrfamilienhäuser

3.2.7.1 Abhängigkeit von der Lage von Mehrfamilienhäusern

55 Zur **Abhängigkeit des Liegenschaftszinssatzes für Mehrfamilienhäuser mit reiner Wohnnutzung und gemischter Nutzung von der Lage** hat der Gutachterausschuss von Frankfurt a.M. folgende Ergebnisse vorgelegt:

Abb. 10: Liegenschaftszinssätze für reine Wohnnutzung und gemischte Nutzung

Liegenschaftszinssätze für Mehrfamilienhäuser mit reiner Wohnnutzung und gemischter Nutzung in Frankfurt am Main (2019)										
	Mehrfamilienhäuser mit reiner Wohnnutzung					Mehrfamilienhäuser mit gemischter Nutzung				
Lage	Mittel %	min %	max %	RND Jahre	WF m^2	Mittel %	min %	max %	RND Jahre	WF m^2
sehr gut	2,0	0,8	3,1	32	624	-	-	-	-	-
gehoben	1,7	0,1	3,5	28	646	1,7	0,2	3,2	28	604
mittel	2,3	0,5	3,6	28	669	2,2	0,6	4,3	26	990
einfach/ sehr einfach	2,6	0,7	4,7	31	430	3,0	- 0,4	7,8	26	339

Quelle: Grundstücksmarktbericht 2019 des Gutachterauschusses für Grundstückswerte Frankfurt am Main

56 **Für Wohn- und Geschäftshäuser in Niedersachsen sind Umrechnungskoeffizienten** zum Liegenschaftszinssatz (Basiszinssatz) in Abhängigkeiten von der Lage ermittelt worden. Müssen mehrere abweichende Grundstücksmerkmale durch Korrekturen berücksichtigt werden, so sollte die Summe der Korrekturen nicht 2,0 Prozentpunkte übersteigen.

Abb. 11: Umrechnungskoeffizienten zum Liegenschaftszinssatz (Basiszinssatz) für Mehrfamilienhäuser in Abhängigkeit von der Lage (Bodenrichtwert)

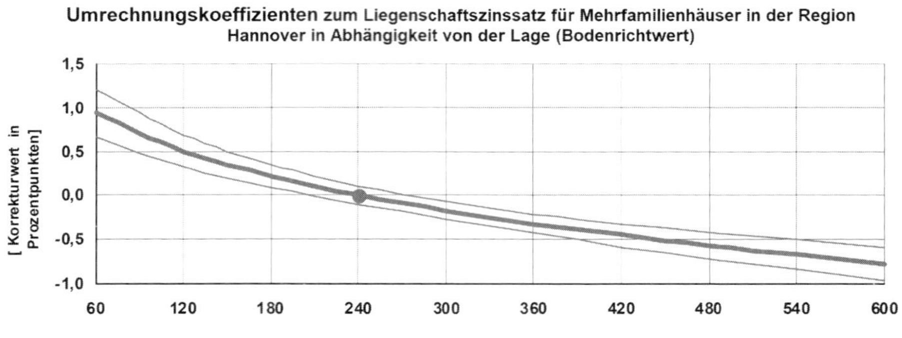

Quelle: Grundstücksmarktbericht 2013

Dem Deutschlandmarktbericht 2015 des Arbeitskreises der Gutachterausschüsse in der Bundesrepublik Deutschland lassen sich zur Abhängigkeit des Liegenschaftszinssatzes vom Bodenwerten – differenziert nach der Größe der Wohneinheit – folgende Daten entnehmen: 57

Abb. 12: Abhängigkeit des Liegenschaftszinssatzes vom Bodenwerten bei Mehrfamilienhäusern 2013/14

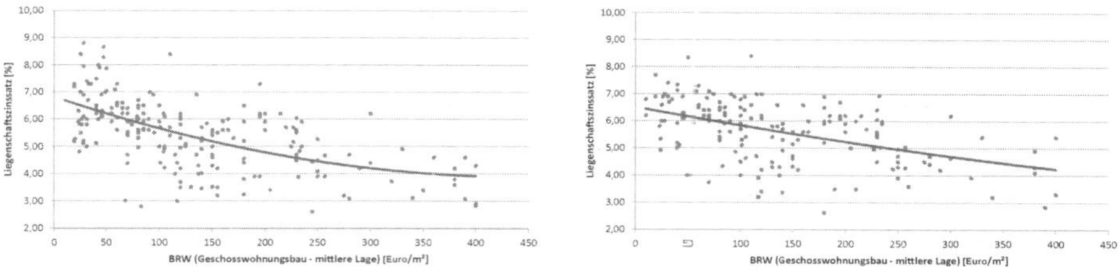

Quelle: Immobilienmarktbericht Deutschland 2015

3.2.7.2 Abhängigkeit vom Baujahr bzw. Alter oder Restnutzungsdauer von Mehrfamilienhäusern

Schrifttum: Pauen, W./Schlesinger, D./Schmid, P., Modell zur Ermittlung von Liegenschaftszinssätzen unter besonderer Berücksichtigung des Bodenwerts, GuG 2021, 203.

Der Liegenschaftszinssatz von Mehrwohnhäusern ist von der Restnutzungsdauer des Gebäudes bzw. dem Alter oder dem Baujahr des Gebäudes abhängig: 58

Abb. 13: Liegenschaftszinssätze für Mehrfamilienhäuser in Abhängigkeit von Lage (Bodenrichtwertniveau) und Baujahr in Heppenheim

Liegenschaftszinssätze für Mehrfamilienhäuser in Abhängigkeit vom Bodenrichtwertniveau und Baujahr in Heppenheim (Grundstücksmarktbericht 2010/20111							
Baujahr	Bodenrichtwert						
	50 €/m²	150 €/m²	250 €/m²	275 €/m²	350 €/m²	400 €/m²	450 €/m²
1960	-	5,4	5,2	-	5,0	-	4,8
1965	-	5,5	5,2	-	5,0	-	4,8
1970	-	5,5	5,3	-	5,1	-	4,9
1975	-	5,5	5,3	-	5,1	-	4,9
1980	-	5,6	5,4	-	5,1	-	4,9
1985	-	5,6	5,4	-	5,2	-	5,0
1990	-	5,6	5,4	-	5,2	-	5,0
1995	-	5,7	5,5	-	5,2	-	5,0
2000	-	5,7	5,5	-	5,3	-	5,1
2005	-	5,7	5,5	-	5,3	-	5,1
2010	-	5,8	-	5,5*	-	5,2*	-

Quelle: Gutachterausschuss AfB Heppenheim Immobilienmarktbericht 2010 sowie 2011 (*)

Zu- und Abschläge in Prozentpunkten des Liegenschaftszinssatzes für vom Normobjekt (Referenzobjekt) abweichende Mehrfamilienhäuser in Abhängigkeit von der Restnutzungsdauer		
Restnutzungsdauer in Jahren	**Zu- und Abschläge in Prozentpunkten**	
	Hochsauerlandkreis	**Wesel**
Bezugszeitpunkt	2024	2024
20	0,10	-
30	0,10	–0,30
35	-	0,00
40	0,15	0,30
45	-	0,60
50	0,20	0,90
55	-	1,20
60	0,25	1,50
70	0,30	-
80	0,30	-

Quelle: Guterachterausschussmarktbericht 2024

3.2.7.3 Abhängigkeit vom Ertrag (Miete) von Mehrfamilienhäusern

▶ *§ 31 ImmoWertV Rn 126ff*

59 Die Miete ist insbesondere von der Art und Lage des Mietobjekts (Bodenrichtwertgefüge), seiner Größe, Ausstattung und Beschaffenheit abhängig. Dementsprechend besteht eine hohe Korrelation zwischen dem Ertrag (Miete) und den genannten Wertparametern, die bei gleichzeitiger Anwendung entsprechender Umrechnungskoeffizienten zu einer Doppelberücksichtigung führen können.

Umrechnungskoeffizient zu dem vom Normobjekt (Referenzobjekt) abweichenden Jahresrohertrag des Liegenschaftszinssatzes	
Jahresrohertrag [EUR]	**Umrechnungskoeffizienten**
	LK Soest
	2024
10 000	0,7422
15 000	0,8960
19 000	1,0000
20 000	1,0241
25 000	1,1359
30 000	1,2363

Quelle: Grundstücksmarktberichte

Für **Wohn- und Geschäftshäuser** in Niedersachsen sind folgende Korrekturwerte zum Liegenschaftszinssatz (Basiszinssatz) in Abhängigkeit von der Nettokaltmiete ermittelt worden: **60**

Abhängigkeit des Liegenschaftszinssatzes von der monatlichen Miete in Mehrfamilienhäusern in Göttingen **61**

Abb. 14: Abhängigkeit des Liegenschaftszinssatzes von der monatlichen Miete in Mehrfamilienhäusern in Göttingen

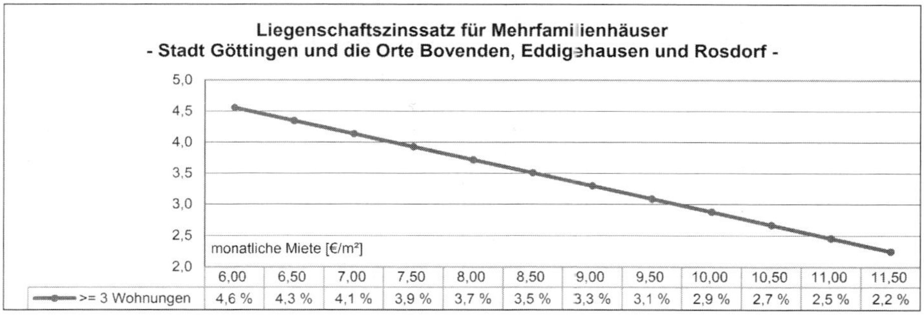

Quelle: Grundstücksmarktbericht Göttingen 2019

3.2.7.4 Abhängigkeit von der Wohnfläche pro Wohneinheit bei Mehrfamilienhäusern

62

Zu- und Abschläge in Prozentpunkten des Liegenschaftszinssatzes für vom Normobjekt (Referenzobjekt) abweichende Mehrfamilienhäuser in Abhängigkeit von der Wohnfläche pro Wohneinheit	
Durschnittliche Wohnfläche pro Wohneinheit	**Zu- und Abschläge in Prozentpunkten**
	Hochsauerlandkreis
40	0,30
50	0,40
60	0,50
70	0,55
80	0,65
90	0,70
100	0,80
110	0,90
≥120	0,95

Quelle: Gutachterausschussmarktbericht 2024

3.2.7.5 Abhängigkeit von der Zahl der Wohneinheiten bzw. Gesamtwohnfläche einer Wohnanlage

63 Zur Abhängigkeit des Liegenschaftszinssatzes von der Anzahl der Wohneinheiten eines Mietwohnhauses liegen im Unterschied zu Eigentumswohnungen nur einige Untersuchungen vor:

Zu- und Abschläge in Prozentpunkten des Liegenschaftszinssatzes für vom Normobjekt (Referenzobjekt) abweichendeMehrfamilienhäuser in Abhängigkeit von der Anzahl der Wohneinheiten (WE)des	
Anzahl der Wohneinheiten (WE)	**Hochsauerlandkreis**
Bezugsjahr	Prozentpunkte
3	0,40
4	1,10
5	1,30
6	1,50
7	1, 65
8	1,70
9	1,80
10	1,85
Bis 16	1,85

Quelle: Grundstücksmarktbericht

64 Nach Untersuchungen des Oberen Gutachterausschusses für Niedersachsen sind für **Wohn- und Geschäftshäuser in Niedersachsen** ein durchschnittlicher Liegenschaftszinssatz von 6,0–9,0 % (2013) und folgende Korrekturwerte ermittelt worden:

Abb. 15: Umrechnungskoeffizienten zum Liegenschaftszinssatz (Basiszinssatz) in Abhängigkeit von der Gesamtwohn- und Nutzfläche einer Wohnanlage

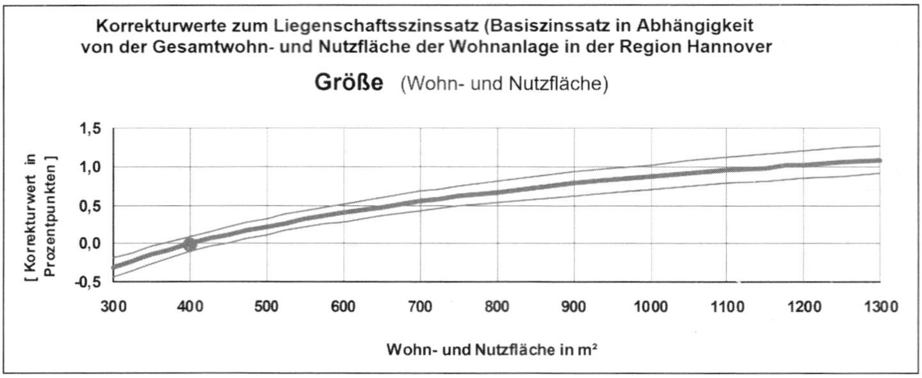

Quelle: Grundstücksmarktbericht 2013

65 Zur **Abhängigkeit des Liegenschaftszinssatzes von Mehrfamilienhäusern von der Lage (Bodenrichtwertniveau), Anzahl der Wohnungen in dem Gebäude und der Nettokaltmiete** haben niedersächsische Gutachterausschüsse Umrechnungskoeffizienten ermittelt, nach denen der Liegenschaftszinssatz zu **vermindern ist, je weniger Wohneinheiten in dem Gebäude sind:**

3.2.8 Geschäftshäuser

3.2.8.1 Lage bei Geschäftshäusern

Zur Abhängigkeit des Liegenschaftszinssatzes für Büronutzung von der Lage hat der Gutachterausschuss von *Frankfurt a.M.* folgende Ergebnisse vorgelegt: 66

Abb. 16: Liegenschaftszinssätze für Büronutzung in Frankfurt am Main

Liegenschaftszinssätze für Büronutzung in Frankfurt am Main (2019)						
	BRW-Schlüssel*	Liegenschafts-zinssatz			Mittlere RND	Mittlere NF
		Mittel	min	max	Jahre	m²
Bankenviertel/Westend/ Innenstadt	461	2,3	0,5	3,0	35	18 628
Erweiterte Innenstadt	462	2,9	1,4	4,5	32	4 030
City-Rand	463	3,0	1,4	5,2	39	10 966
Subzentren	464	4,6	1,8	7,8	38	13 479
Sonstige Lagen	465	4,1	1,9	5,4	39	7 220
* Die ersten drei Ziffern der Bodenrichtwertzone						

Quelle: Marktbericht 2019 des Gutachterausschusses von Frankfurt a.M.

Zur Abhängigkeit des Liegenschaftszinssatzes nach Geschäftslagen und der Lage in Gewerbe- und Sondergebieten liegt folgende Untersuchung des Gutachterausschusses von *Dortmund* vor: 67

Abb. 17: Liegenschaftszinssätze für Büronutzung in Dortmund

Liegenschaftszinssätze in Dortmund			
Objekte		Liegenschafts-zinssatz in %	Restnutzungs-dauer in Jahren
Innenstadtlage	1 a-Lagen	3,9–6,3	30–33
	1b-Lagen	4,5–6,8	25–34
	Nebenlage	4,9–7,2	25–35
	Außerhalb des Wallringes	5,9–7,3	20–30
	Sonstige Innenstadt	5,4–6,5	28–31
Gewerbegebiete		4,1–6,7	20–40
Sondergebiete		4,5–5,8	33–51
Unterscheidung nach Nutzung			
Mischnutzung	Mit gewerblichem Anteil von 21–50 % des Rohertrags	4,8–6,8	25–30
	Mit gewerblichem Anteil über 50 % des Rohertrags	3,8–6,9	25–31
Büro- und Geschäftshäuser		5,1–7,1	25–40
Warenlager, Parkhäuser, Garagen, Werkstatt, Fabrikgebäude		5,8–7,4	20–40

Quelle: Grundstücksmarktbericht 2021

3.2.9 Gemischte Nutzungen

68 **Bei gemischt genutzten Grundstücken steigt der Liegenschaftszinssatz mit dem gewerblichen Anteil, während der Vomhundertsatz der Bewirtschaftungskosten in Abhängigkeit von dem Ertrag sinkt.**

3.2.10 Gewerbliche Nutzungen

69 **Zur Abhängigkeit des Liegenschaftszinssatzes für mit Lagerhallen bebaute Grundstücke von der Restnutzungsdauer wurde 2013 bezüglich einer Bebauung mit einer NF = 1 100 m² und einem Bodenwert von 57 €/m2 in Rheinland Pfalz ermittelt:**

Liegenschaftszinssätze für mit Lagerhallen bebaute Grundstücke in Rheinland-Pfalz (2013)							
Restnutzungsdauer	20	25	30	35	40	45	50
Liegenschaftszinssatz	4,7	5,1	5,5	5,7	6,0	5,2	6,2

Quelle: Landesgundstücksmarktbericht 2013 (Rheinland-Pfalz)

3.2.11 Denkmalschutz

▶ *Vgl. § 8 ImmoWertV Rn. 373.*

70 **Für denkmalgeschützte Renditeobjekte hat der Gutachterausschuss für Grundstückswerte im Bereich der Landeshauptstadt München gegenüber vergleichbaren Objekten ohne Denkmalschutz verminderte Liegenschaftszinssätze festgestellt (2014).Für Wohnhäuser mit einem Gewerbeanteil bis 30 %, für die wegen ihrer attraktiven Eigenart eine erhöhte Nachfrage bestand, sind die Liegenschaftszinssätze um bis zu 0,7 Prozentpunkte vermindert. Für entsprechende Objekte in besonders attraktiven und zentrumsnahen Wohnanlagen sind keine unterschiedlichen Liegenschaftszinssätze festgestellt worden. Für Wohnhäuser mit einem Gewerbeanteil größer als 30 % sind keine unterschiedlichen Liegenschaftszinssätze festgestellt worden.Für Bürohäuser (Erstverkauf Neubau und Wiederverkauf ohne zentrale Geschäftslagen) ist der Liegenschaftszinssatz für denkmalgeschützte Objekte sogar um bis 2,0 Prozentpunkte gemindert.Für Büro- und Geschäftshäuser (Erstverkauf Neubau und Wiederverkauf ohne zentrale Geschäftslagen) sind indessen keine Unterschiede festgestellt worden.**

§ 34 ImmoWertV
Barwertfaktor

(1) Der Kapitalisierung und der Abzinsung sind Barwertfaktoren auf der Grundlage der Restnutzungsdauer und des objektspezifisch angepassten Liegenschaftszinssatzes zugrunde zu legen.

(2) Der jährlich nachschüssige Rentenbarwertfaktor für die Kapitalisierung (Kapitalisierungsfaktor) ist nach der folgenden Formel zu ermitteln:

$$\text{Kapitalisierungsfaktor (KF)} = \frac{q^n - 1}{q^n x (q - 1)} \qquad q = 1 + LZ \qquad LZ = \frac{p}{100}$$

LZ = Liegenschaftszinssatz
p = Zinsfuß
n = Restnutzungsdauer

(3) Der Barwertfaktor für die Abzinsung (Abzinsungsfaktor) ist nach der folgenden Formel zu ermitteln:

$$\text{Abzinsungfaktor} = \frac{1}{q^n} \qquad q = 1 + LZ \qquad LZ = \frac{p}{100}$$

LZ = Liegenschaftszinssatz
p = Zinsfuß
n = Restnutzungsdauer

Gliederungsübersicht *Rn.*

1 Kapitalisierung und Abzinsung

§ 34 ImmoWertV bestimmt ergänzend zu den Vorschriften des Ertragswertverfahrens, dass zur Kapitalisierung und Abzinsung der in der Vorschrift vorgegebenen Kapitalisierungs- und Abzinsungsfaktor zusammen mit dem objektspezifisch angepassten Liegenschaftszinssatz nach § 33 ImmoWertV heranzuziehen ist. 1

- Der danach maßgebliche **Faktor für die Kapitalisierung ist ein Rentenbarwertfaktor** und wird umgangssprachlich auch als Vervielfältiger bezeichnet.
- Der Abzinsungsfaktor wird auch als Diskontierungsfaktor bezeichnet.

2 Die sich nach der angegebenen Formel ergebenden Kapitalisierungsfaktoren (Vervielfältiger) entsprechen denen der Anl. zur **Beleihungswertverordnung (BelWertV)** sowie den in Anl. 21 zu § 185 Abs. 3 Satz 11, § 193 Abs. 3 Satz 2, § 194 Abs. 3 Satz 3 und § 195 Abs. 2 Satz 2 und Abs. 3 Satz 3 des **Bewertungsgesetzes (BewG)** veröffentlichten Kapitalisierungsfaktoren (Vervielfältiger).

Die **Kapitalisierungs- und Abzinsungsfaktoren sind in Abhängigkeit vom Zinssatz und der Laufzeit** als ergänzende Anlange zu dem Text der ImmoWertV abgedruckt.

2 Kapitalisierungsfaktor (Vervielfältiger, Rentenbarwertfaktor)

2.1 Allgemeines

2.1.1 Kapitalisierungsfaktor (Vervielfältiger) nach ImmoWertV

▶ *Vgl. Syst. Darst. des Ertragswertverfahrens Rn. 311*

3 Der Kapitalisierungsfaktor (Rentenbarwertfaktor) für die Kapitalisierung von Ertragsflüssen bestimmt sich nach § 20 Satz 2 ImmoWertV unter Berücksichtigung

- des jeweiligen objektspezifisch angepassten Liegenschaftszinssatzes LZ und
- der gegebenenfalls modellkonform angesetzten Restnutzungsdauer n.

Der **Kapitalisierungsfaktor** (Vervielfältiger) **stellt** mathematisch nichts anderes als **den jährlichen Rentenbarwertfaktor** *(Present Value Factor)* **einer endlichen Rente** dar. Die jährlich über die Restnutzungsdauer der baulichen Anlage anfallenden Reinerträge der baulichen Anlage werden (als „Rente") mit seiner Hilfe kapitalisiert, indem sie mit dem Kapitalisierungsfaktor multipliziert werden. Dies ergibt den finanzmathematischen Barwert der künftigen Erträge (*Years's Purchase*).

4 Die der ImmoWertV zugrunde liegende Formel lautet

$$KF_{\text{nachschüssig}} = \frac{q^n - 1}{q^n \times (q-1)} = \frac{(LZ+1)^n - 1}{(LZ+1)^n \times LZ} = \frac{1-(1+LZ)}{LZ} = \frac{EW - BW \times AF^n}{RE}$$

wobei

KF	= Kapitalisierungsfaktor (Vervielfältiger), abhängig von n und LZ
LZ	= Liegenschaftszinssatz als Jahreszinssatz = p/100
n	= Restnutzungsdauer der baulichen Anlage in Jahren (Perioden)
p	= Zinsfuß
q	= Zinsfaktor = 1 + Liegenschaftssatz

5 Grundsätzlich ist nach der ImmoWertV der **objektspezifisch angepasste** jährliche **Liegenschaftszinssatz** zugrunde zu legen.

Die vorstehend vorgestellte **Formel des Kapitalisierungsfaktors** (Rentenbarwertfaktors) lässt sich auch aus dem jährlichen Gebäudeertrag der allgemeinen Ertragswertformel ableiten: 6

$$EW = \underbrace{(RE - BW \times LZ) \times KF}_{\text{Gebäudeertragswert}} + \underbrace{BW}_{\text{Bodenwert}}$$

wobei

EW = Ertragswert

BW = vorläufiger Bodenwert

LZ = objektspezifisch angepasster Liegenschaftszinssatz

Der **Gebäudeertragswertanteil ergibt sich durch Kapitalisierung des um den Bodenwertverzinsungsbetrag verminderten Reinertrags**. Dieser jährlich anfallende Betrag entspricht der Summe aus dem Verzinsungs- und dem Abschreibungsbetrag des Gebäudes. 7

$$RE - (BW \times LZ) = \underbrace{G \times LZ}_{\text{Verzinsung des Gebäudes}} + \underbrace{G \frac{(q-1)}{(q^n - 1)}}_{\text{Abschreibung des Gebäudes}}$$

wobei

RE = Reinertrag

BW = vorläufiger Bodenwert

G = Gebäudezeitwert

n = Restnutzungsdauer

LZ = objektspezifisch angepasster Liegenschaftszinssatz (Sollzinssatz)

q = Zinsfaktor = 1 + Abschreibungszinssatz : 100

$(q^n - 1) / (q - 1)$ = Abschreibungsdivisor

Abschreibung (*depreciation*) ist die Wertminderung eines Gebäudes, die mit fortschreitender Zeit insbesondere infolge des technologischen Wandels und der sich wandelnden Anforderungen des Marktes trotz seiner ordnungsgemäßen Instandhaltung eintritt. Daran orientiert sich die Erneuerungsrücklage zum Ausgleich dieses Wertverfalls. Die **Abschreibung des Gebäudes** definiert sich damit als Zeitrente, die n-mal über die Restnutzungsdauer am Ende eines jeden Jahres auf Zins und Zinseszins angelegt wird und so bemessen ist, dass sich als Endwert der Gebäudezeitwert ergibt (vgl. § 32 ImmoWertV Rn. 33 ff.). 8

Bezüglich der **Verzinsung** kann unterschieden werden zwischen 9

- dem *Sollzinssatz,* dem Zinssatz für Schulden auf das investierte Kapital (= übliche Kapitalverzinsung), und
- dem *Abschreibungszinssatz* (= Habenzinssatz), dem Zinssatz auf Guthaben, die der Grundstückseigentümer während der Restnutzungsdauer n des Gebäudes aus der Rücklage ansammelt.

10 Durch Umformung der vorstehenden Gleichung erhält man die Formel des Kapitalisierungsfaktors:

$$\text{Kapitalisierungsfaktor (KF)} = \frac{G}{(RW - BW x LZ)} = \frac{1}{\left(\frac{q-1}{q^n - 1}\right) + LZ}$$

wobei

q = Zinsfaktor = 1 + Liegenschaftszinssatz

11 Mit § 28 Satz 2 ImmoWertV **wird im Modell des in der ImmoWertV geregelten Ertragswertverfahrens der Abschreibungszinssatz (Habenzinssatz) mit dem Sollzinssatz gleichgesetzt**[1] (vgl. § 21 ImmoWertV Rn. 74 f.). Hieraus folgt:

$$\text{Kapitalisierungsfaktor} = \frac{(1+LZ)^n - 1}{(1+LZ)^n \times LZ} = \frac{q^n - 1}{q^n(q-1)} = \frac{1-(1+LZ)^n}{LZ} = \frac{EW - BW \times AF_n}{RE}$$

Bei $n \rightarrow \infty$ ergibt sich

$$KF = \frac{1}{LZ}$$

Der Kapitalisierungsfaktor KF ist mithin bei $n \rightarrow \infty$ der reziproke Liegenschaftszinssatz.

2.1.2 Kapitalisierungsfaktor (Vervielfältiger) in der steuerlichen Bewertung

12 Der für die **Einheitsbewertung** maßgebliche Vervielfältiger bestimmt sich nach § 8 i.V.m. Anl. 21 zum BewG unter Berücksichtigung

- der Grundstücksart,
- der Bauart und Bauausführung,
- des Baujahrs und
- der Einwohnerzahl der Gemeinde zum 01.01.1964.

Im Rahmen der **grunderwerbsteuerlichen Grundbesitzbewertung** kommt (bis zum 31.12.2006) ein Vervielfältiger von 12,5 zur Anwendung.

Im Rahmen der **erbschaftsteuerlichen Grundbesitzbewertung** bestimmt sich der Kapitalisierungsfaktor (Vervielfältiger) nach § 185 Abs. 3 BewG i.V.m. Anl. 21 zum BewG in Abhängigkeit von dem Liegenschaftszinssatz und der Restnutzungsdauer. Der sich danach ergebende Vervielfältiger entspricht dem Kapitalisierungsfaktor nach § 34 ImmoWertV.

1 Kleiber, DS 1983, 106; Stemmler, Archivbericht der Fédération Internationale des Géomètres (FIG) 1971 Nr. 904.2; zum Einfluss der **Inflation** auf den Ertragswert vgl. Lüftl, Österreichische Immobilien-Zeitung 1975, 359; Haenle, DWW 1982, 354.

2.2 Nach-, vor- und mittelschüssiger Kapitalisierungsfaktor

2.2.1 Allgemeines

In der Marktwertermittlung wird das für die Überlassung einer Immobilie entrichtete Nutzungsentgelt (Miete) finanzmathematisch als Rente verstanden. Unter einer Rente versteht man wiederum eine periodische Folge von Zahlungen. Eine Rente (bzw. Miete) wird als „nachschüssig" oder als **Postnumerando-Rente** bezeichnet, wenn die Zahlungen am Ende des Zeitraums entrichtet werden, für den die Rente gezahlt werden soll. 13

Im Mietrecht wird im Allgemeinen eine monatliche Zahlweise vereinbart.

Wird die Rente (bzw. Miete) am Anfang des Zeitraums entrichtet, wird von einer vorschüssigen oder einer **Pränumerando-Rente** gesprochen.

Von einer **mittelschüssigen Zahlweise** spricht man, wenn die Rente in der Mitte des jeweiligen Zeitraums entrichtet wird, z.B. in der Monats- bzw. Jahresmitte.

Von einer mittelschüssigen Zahlweise wird z.B. nach den §§ 13 f. BewG bei der Ermittlung des Kapitalwerts von wiederkehrenden Nutzungen und Leistungen ausgegangen, für den die Rente gezahlt werden soll. Der Kapitalwert bestimmt sich nach Anl. 9a zum BewG unter Berücksichtigung von Zwischenzinsen und Zinseszinsen mit 5,5 Prozent als Mittelwert zwischen dem Kapitalwert für jährlich vorschüssige und jährlich nachschüssige Zahlungsweise.

2.2.2 Nachschüssiger Kapitalisierungsfaktor

Die angegebene **Formel bezieht sich auf eine jährlich nachschüssig anfallende Rente bzw. Zahlweise** (Reinertrag der baulichen Anlage), d.h., die Anwendung dieser Formel ist im strengen Sinne eigentlich nur zulässig, wenn der Reinertrag aus der Grundstücksnutzung erst am 31.12. des Jahres „fließt". Tatsächlich werden die Mieten i.d.R. jedoch vorschüssig, und zwar am Monatsanfang erbracht. 14

2.2.3 Vorschüssiger Kapitalisierungsfaktor

Bei vorschüssigem Nutzungsentgelt lautet die Formel des Kapitalisierungsfaktors 15

$$\text{Kapitalisierungsfaktor } KF_{\text{vorschüssig}} = \frac{q^n - 1}{q^{n-1} \times (q - 1)}$$

Der Exponent zum Zinsfaktor q^n im Nenner der Formel des Kapitalisierungsfaktors wird zur Umstellung der der ImmoWertV zugrunde liegenden Formel des nachschüssigen Kapitalisierungsfaktors um 1 vermindert.

16 Bei **längerer Restnutzungsdauer** kann eine vorschüssige Zahlungsweise schon „zu Buche" schlagen, wie sich aus nachfolgendem *Beispiel* ergibt:

Beispiel:

Ertragswertermittlung bei

Ertragswertermittlung bei

1. „*Nachschüssiger*" jährlicher Zahlweise			**2. „*Vorschüssiger*" jährlicher Zahlweise**		
Bodenwert BW	=	200 000 €	Bodenwert BW	=	200 000 €
Reinertrag RE p.a.	=	60 844 €	Reinertrag RE p.a.	=	60 844 €
Liegenschaftszinssatz LZ	=	5 %	Liegenschaftszinssatz LZ	=	5 %
Restnutzungsdauer	=	60 Jahre	Restnutzungsdauer	=	60 Jahre
Kapitalisierungsfaktor			Kapitalisierungsfaktor		
$KF = \frac{q^n - 1}{q^n \times (q - 1}$	=	18,92929	$KF = \frac{q^n - 1}{q^{n-1} \times (q - 1)}$	=	19,87575
RE × KF	=	1 151 734 €	RE × KF	=	1 209 320 €
BW × AF_n	=	+ 10 707 €	BW × AF_n	=	+ 10 707 €
Ertragswert	=	**1 162 441 €**	**Ertragswert**	=	**1 220 027 €**

$\Delta = 57\,586\ € \approx 5\ \%$

17 Die Ergebnisse machen deutlich, dass der **Unterschied mit rd. 5 % recht hoch** ausfällt. Dies findet seine Erklärung darin, dass bei der hier vorgenommenen jahrgangsweisen Kapitalisierung des alljährlich anfallenden Jahresreinertrags bei Verwendung des vorschüssigen Kapitalisierungsfaktors gegenüber dem nachschüssigen Kapitalisierungsfaktor jeweils über einen um ein Jahr verminderten Zeitraum abgezinst wird.

18 Unter Hinweis auf den nicht unerheblichen Unterschied zwischen der nachschüssigen Kapitalisierung gemäß Anlage zur ImmoWertV und der vorschüssigen Kapitalisierung wird vereinzelt eine Umstellung des nach der ImmoWertV regelmäßig zur Anwendung kommenden Kapitalisierungsfaktors auf vorschüssige Zahlungsweise gefordert, weil dies dem tatsächlichen Zahlungsfluss entspräche. Dies klingt zunächst plausibel, jedoch ist in diesem Zusammenhang auch darauf hinzuweisen, dass man dann konsequenterweise auch die *unterjährige* Zahlungsweise berücksichtigen muss. Üblicherweise werden nämlich (in Deutschland) die Mieten monatlich (unterjährig) entrichtet. Im Rahmen der Ertragswertermittlung werden nach der Modellvorgabe des § 31 Abs. 1 ImmoWertV i.d.R. jedoch die Jahresreinerträge (statt der monatlichen Ertragsflüsse) kapitalisiert. Dies geschieht zur Vereinfachung, wobei sich (nur) im Falle einer

- Umstellung von einer *monatlichen* auf eine *jährliche* Zahlweise bei gleichzeitiger
- Heranziehung eines *nach*schüssigen Kapitalisierungsfaktors (Vervielfältigers) statt eines *vor*schüssigen Kapitalisierungsfaktors

die in Kauf genommenen Fehler nahezu kompensieren. Wird indessen die Miete vierteljährlich, halbjährlich oder gar jährlich im Voraus entrichtet, muss man jedoch seine Berechnung auf einen vorschüssigen Kapitalisierungsfaktor und die entsprechenden Zahlungsintervalle umstellen. Eine Umstellung auf vorschüssig erbrachte Nutzungsentgelte ist mithin geboten, wenn das Nutzungsentgelt über einen längeren Zeitraum (z.B. vierteljährlich) erbracht wird, wie z.B. im angelsächsischen Raum bei Gewerbeobjekten oder bei der Kapitalisierung der Rente für einen Überbau.

2.2.4 Ermittlung vorschüssiger Kapitalisierungsfaktoren

19 Da häufig keine Tabellen für vorschüssige Kapitalisierungsfaktoren zur Hand sind, kann im Übrigen der **vorschüssige Kapitalisierungsfaktor** (Vervielfältiger) bei Verwendung von Tabellenwerten aus den dort angegebenen nachschüssigen Kapitalisierungsfaktoren **wie folgt ermittelt** werden:

1. Der nachschüssige Kapitalisierungsfaktor wird mit dem Zinsfaktor q multipliziert:

Zinssatz 6,5 %

Laufzeit 10 Jahre

Kapitalisierungsfaktor nach ImmoWertV (nachschüssiger **Kapitalisierungsfaktor**)	= 7,19
Vorschüssiger Kapitalisierungsfaktor: 7,19 × 1,065	= 7,66

2. Es wird der nachschüssige Kapitalisierungsfaktor für die um ein Jahr verminderte Laufzeit aus der Tabelle entnommen und dieser Wert um 1 erhöht:

Zinssatz 6,5 %

Laufzeit 10 Jahre

Kapitalisierungsfaktor für 10 – 1 Jahre, also 9 Jahre	= 6,66
Vorschüssiger Kapitalisierungsfaktor: 6,66 + 1	= 7,66

2.3 Unterjähriger Kapitalisierungsfaktor

Schrifttum: *Gottschalk, G.-J.,* Der falsche oder der richtige Vervielfältiger, GuG 2012, 94; *Berka, Th.,* Das falsche oder richtige Modell zur Ertragswertermittlung, GuG 2012, 209.

20 Die vorstehenden **Formeln des Kapitalisierungsfaktors für** vor- und nachschüssig entrichtete Nutzungsentgelte lässt sich auf eine **unterjährige Verzinsung** umstellen. Von einer unterjährigen Verzinsung spricht man bei Intervallen zwischen den Zinszahlungen kleiner als ein Jahr.

21 Bei unterjähriger Verzinsung tritt an die Stelle der jahresbezogenen Laufzeit n die Gesamtzahl der unterjährigen Zinsperioden (m x n).

22 Des Weiteren ist der Jahreszins für den **unterjährigen (Perioden-)Zinssatz** anzusetzen, z.B. bei einem Jahreszinssatz von 8 % und

– bei *vierteljährlicher* Zahlweise	$p^* = 8/4$	= 2 %
– bei *monatlicher* Zahlweise	$p^* = 8/12$	= 0,6666 %

23 Dementsprechend ist z.B. bei monatlicher (m = 12) oder vierteljährlicher Zahlweise (m = 4) der **Zinsfaktor** entsprechend zu modifizieren:

$q = 1 + p/1200$	Zinsfaktor bei *monatlicher* Zahlweise
$q = 1 + p/400$	Zinsfaktor bei *vierteljährlicher* Zahlweise
$q = 1 + p/100$	Zinsfaktor bei *jährlicher* Zahlweise

24 Darüber hinaus ist bei Anwendung des allgemeinen *(zweigleisigen)* Ertragswertverfahrens der **Bodenwertverzinsungsbetrag auf die unterjährige Verzinsung umzustellen**.

25 Unter Rn. 18 wurde darauf hingewiesen, dass eine **Umstellung der Kapitalisierungsfaktoren der ImmoWertV** auf eine vorschüssige Zahlungsweise gefordert wurde. Die Forderung übersieht die Tatsache, dass das **Nutzungsentgelt üblicherweise monatsweise und nicht jährlich im Voraus entrichtet** wird und dann auch ein monatlicher Ertragsfluss zu kapitalisieren wäre. Mit der alleinigen Umstellung der Kapitalisierung auf einen vorschüssigen **Kapitalisierungsfaktor** würde man den Fehler begehen, der Immobilie eine Rendite unterzuschieben, die sie tatsächlich nicht hat. Die Rendite „fließt" nämlich i.d.R. gar nicht in voller Höhe

zum Jahresbeginn, sondern verteilt über 12 Monate jeweils am Monatsanfang. Wollte man also das Berechnungsverfahren der Ertragswertmethode realitätsbezogener verfeinern, müsste das Rechenverfahren konsequenterweise auf eine Kapitalisierung der vorschüssig erbrachten *Monatsentgelte* umgestellt werden. Dies wäre zunächst rechenaufwendiger, wogegen in Anbetracht moderner Rechenhilfsmittel für sich allein heute nichts mehr spräche, jedoch muss diese Umstellung das Ergebnis wiederum dem annähern, was sich bei nachschüssiger jährlicher Zahlungsweise ergibt. Dies soll nachfolgend demonstriert werden.

26 *Beispiel:*

Ertragswertermittlung bei monatlicher Zahlweise des Nutzungsentgelts

1. *Nachschüssige* Zahlweise am Monatsende

Bodenwert BW	=	200 000 €
Reinertrag RE p.a.	=	60 844 €
Reinertrag RE im Monat 60 844 € : 12	=	**5 077 €**
Jährlicher Liegenschaftszins	=	5 %
Restnutzungsdauer in Jahren	=	60
Restnutzungsdauer in Monaten	=	**720**
$KF_{23} = \frac{q^n - 1}{q^n \times (q-1)}$	=	(227,98086)
wobei q = (1 + LZ) / 1200	=	1,0041666
Monatlicher Liegenschaftszins: 5 %/12	=	0,41666 %
$RE_{Monat} \times KF$	=	1 157 459 €
$BW \times AF_n$	=	+ 10 707 €
Ertragswert	=	**1 168 166 €**

2. *Vorschüssige* Zahlweise am Monatsanfang

Bodenwert BW	=	200 000 €
Reinertrag RE p.a.	=	60 844 €
Reinertrag RE im Monat 60 844 € : 12	=	**5 077 €**
Jährlicher Liegenschaftszins	=	5 %
Restnutzungsdauer in Jahren	=	60
Restnutzungsdauer in Monaten	=	**720**
$KF_{23} = \frac{q^n - 1}{q^{n-1} \times (q-1)}$	=	(228,93056)
wobei q = (1 + LZ) / 1200	=	1,0041666
Monatlicher Liegenschaftszins: 5 %/12	=	0,41666 %
$RE_{Monat} \times KF$	=	1 162 280 €
$BW \times AF_n$	=	+ 10 707 €
Ertragswert	=	**1 172 987 €**

Δ = 4 821 € = 0,4 %

Δ = 10 546 €
= 0,9 %

Ertragswert bei nachschüssiger jährlicher Zahlweise: **1 162 441 €**

Mit dem Rechenergebnis auf der Grundlage eines vorschüssig entrichteten Monatsentgelts nähert man sich von allen dargestellten Berechnungsarten den tatsächlichen Verhältnissen am nächsten an. Das Ergebnis (im *Beispiel*: 1 172 987 €) stimmt überraschend gut mit dem unter Anwendung des (nachschüssigen) Kapitalisierungsfaktors ermittelten Ertragswert (EW = 1 162 441 €) überein.

27 Bei **mehrmonatiger Vorauszahlung des Nutzungsentgelts,** z.B. wenn Gewerbemieten vierteljährlich vorschüssig gezahlt werden, kann eine Umstellung geboten sein. Dann ergeben sich pro Jahr 4 Zahlungstermine, jeweils am 01.01., 01.04., 01.07 und 01.10. des Jahres.

Beispiel: 28

Vierteljährlich vorschüssige Zahlung	25 000 €
Zinssatz	6,5 %
Laufzeit der Zahlungen	10 Jahre
Anzahl der Zahlungsintervalle 10 Jahre × 4 Perioden	40
Zinssatz je Zahlungstermin 6,5 %/4	1,63 %
Vorschüssiger Kapitalisierungsfaktor bei 1,63 % Zins und 40 Zahlungsintervallen: 29,24 × 1,0163	29,72
Kapitalisierter Wert der vierteljährlich vorschüssigen Zahlungen über 10 Jahre: 25 000 € × 29,72	743 000 €

Würde man hier die Zahlungsmodalitäten ignorieren und als jährlich nachschüssige Zahlungen behandeln, ergäbe sich

100 000 € × 7,19* = 719 000 €

* Kapitalisierungsfaktor bei 6,5 % und 10 Jahren Laufzeit

3 Barwertfaktor für die Abzinsung (Abzinsungsfaktor)

▶ *Vgl. Syst. Darst. des Ertragswertverfahrens Rn. 305*

Unter einer **einfachen Abzinsung (einer einmaligen Zahlung)** versteht man die **Ermittlung einesnfangs-kapitals K_0, das sich für ein bekanntes Endkapital K_n** (zu einem bestimmten Zeitpunkt) ergibt, wenn dieses Anfangskapital über die Laufzeit n mit i Prozent verzinst wird. 29

Die **Abzinsungsformel** (Diskontierungsformel) lautet:

$$K_0 = K_n \frac{1}{(1+i)^n}$$

oder vereinfacht $K_0 = K_n \frac{1}{q^n} = K_n \times q^{-1}$

Die Abzinsung wird auch als Diskontierung bezeichnet. Der Abzinsungsfaktor ergibt sich aus dem reziproken Zinsfaktor:

Abzinsungsfaktor AF = $\frac{1}{q^n}$ wobei q = 1 + LZ

LZ	= objektspezifisch angepasster Liegenschaftszinssatz
q	= Zinsfaktor
n	= Restnutzungsdauer

4 Aufzinsung (Aufzinsungsfaktor)

▶ *Vgl. Syst. Darst. des Ertragswertverfahrens Rn. 305*

30 Unter der Aufzinsung versteht man die Ermittlung eines Endkapitals K_n, das sich für ein Anfangskapital K_o (zu einem bestimmten Zeitpunkt t_o) nach n-Jahren ergibt, wenn das Anfangskapital K_o über die Laufzeit n mit p-Prozent verzinst wird.

31 Der Barwertfaktor für die Aufzinsung eines Anfangskapitals ergibt sich deshalb aus dem **Reziprok-wert des Abzinsungsfaktors**. Mit seiner Hilfe lässt sich der Endwert K_n eines Anfangskapitals K_0 bei einem Zins i ermitteln:

Die Aufzinsungsformel lautet

$K_n = K_o \times (1 + i)^n$

oder vereinfacht wenn $(1 + i) = q$ $K_n = K_o x\ q^n$

wobei K_n = Endkapital

K_o = Anfangskapital

i = Zins

n = Anzahl der Jahre, Laufzeit

q^n = Aufzinsungsfaktor = $(1 + LZ)^n$

q = (1 + i) wird auch als **Zinsfaktor** bezeichnet. q^n wird als **Aufzinsungsfaktor** bezeichnet.

LZ = objektspezifisch angepasster Liegenschaftszinssatz

q = Zinsfaktor

n = Restnutzungsdauer

32 Der Barwertfaktor für die Aufzinsung eines Anfangskapitals (**Aufzinsungsfaktor**) ist der reziproke Abzinsungs-faktor:

Aufzinsungsfaktor = q^n wobei q = 1 + LZ

LZ = objektspezifisch angepasster Liegenschaftszinssatz

q = Zinsfaktor

n = Restnutzungsdauer

K_n = Endkapital

K_o = Anfangskapital

n = Anzahl der Jahre, Laufzeit

q^n = Aufzinsungsfaktor = $(1 + LZ)^n$

Abschnitt 3
Sachwertverfahren (§§ 35 bis 39 ImmoWertV)

Systematische Darstellung des Sachwertverfahrens

Gliederungsübersicht *Rn.*

1 Anwendungsbereich

1.1 Allgemeines

Schrifttum: *Buske, K./Lüder, H.*, Verkehrswertermittlung von Grundstücken mit Betonplattenbauweise, GuG 1994, 86 und GuG 1995, 96; *Dieterich/Kleiber,* Verkehrswertermittlung von Grundstücken, 4. Aufl.; *Dröge,* Handbuch der Mietpreisbewertung für Wohn- und Gewerberaum, *2. Aufl.; Gottschalk, G.-J.,* Immobilienwertermittlung, 2. Aufl., *Hiller, H.;* Die Diskussion um den Sachwert muss sachlich sein, GuG 1999, 52; *Hübner, K.-H.,* Anmerkungen zur Anwendung von Baupreisindices für Grundstückswertermittlungen in der ehemaligen DDR, GuG 1993, 224; *Mittag, M,.* Ermittlung zeitgemäßer Normalherstellungskosten für die Belange der Verkehrswertermittlung, Bundesanzeiger Verlag 1996; *Möckel, R.,* Gedanken zur Irrationalität des Sachwertverfahrens, GuG 1998, 292; *Netscher, H.,* Sachwertverfahren – koste es, was es wolle, GuG 1996, 26; *Petersen/Seitz/Schnoor/Vogel,* Verkehrswertermittlung von Immobilien, 2. Aufl. 2013; *Pohnert, F.* Konkurrierende Normen bei Hochbauten, GuG 1991, 150; *Wolk, P.,* Sachwert-Ost, GuG 1994, 89; *Sailer, E.,* Ist der Sachwert nicht doch obsolet?, GuG 1999, 50; *Tiemann, M.,* Reformvorschläge zum Ertragswert- und Sachwertverfahren, AVN 1970, 523; *Sommer/Kröll,* Lehrbuch der Immobilienbewertung, 4. Aufl. 2013; *Tiemann, M.,* Reformvorschläge zum Ertragswert- und Sachwertverfahren, AVN 1970, 523; *Vogels, M.,* Grundstücksbewertung – marktgerecht, 5. Aufl.; *Schnoor, J.,* Sachwertermittlung mit NHK 2010 mittels EXCEL-Programms, GuG 2013, 77; *Sommer, G.,* Das Sachwertverfahren nach Sachwertrichtlinie, GuG 2013, 65; *Vogel, R.,* Zur Sachwertermittlung von baulichen Anlagen in Gebieten der ehemaligen DDR, ZOV 1992, 30.

► *Zu den Anwendungsfällen ausführlich vgl. § 6 ImmoWertV Rn. 14 ff.; zur Anwendung des Ertragswertverfahrens auf die Verkehrswertermittlung von Ein- und Zweifamilienhäusern vgl. Syst. Darst. des Ertragswertverfahrens Rn. 3; zu öffentlichen Zwecken vorbehaltene Grundstücke vgl. § 44 ImmoWertV*

Das Sachwertverfahren *(Cost Approach, contractor's method)* kommt zur Anwendung, wenn die **Ersatzbeschaffungskosten des Wertermittlungsobjekts nach den Gepflogenheiten des gewöhnlichen Geschäftsverkehrs preisbestimmend** sind *(Depreciated Replacement Cost Approach)*. Die Anwendung lässt sich damit begründen, dass ein Kaufwilliger im Allgemeinen nicht mehr als den Preis zu zahlen bereit ist, den die Errichtung eines gleichen Objektes kosten würde. 1

„Sachwertobjekte" sind in erster Linie **Ein- und Zweifamilienhäuser**, bei deren Nutzung im gewöhnlichen Geschäftsverkehr nicht der erzielbare Ertrag, sondern ein besonderer persönlicher Nutzen, wie z.B. die Annehmlichkeit des „schöneren" Wohnens im Vordergrund steht. Grundsätzlich kann aber **das Ertragswertverfahren** zur Anwendung kommen (vgl. § 6 ImmoWertV Rn. 7, 62, 103, 117; § 31 ImmoWertV Rn. 129). In der modernen Wertermittlungspraxis kommt zunehmend das Vergleichswertverfahren zur Anwendung (vgl. Syst. Darst. des Vergleichswertverfahrens Rn. 138 ff.). 2

Auf die persönliche „eigene" Nutzung des Grundstücks kommt es allerdings nicht entscheidend an. Dass das Sachwertverfahren insbesondere bei *eigengenutzten* Einfamilienhäusern zur Anwendung kommt, darf nicht zu der Annahme verleiten, dass das Sachwertverfahren gene- 3 rell bei eigengenutzten Objekten zur Anwendung kommt. Diese weitverbreitete Auffassung kann schon als **missverstandenes Eigennutzprinzip**[1]angesehen werden.

4 Auf das missverstandene Eigennutzprinzip kann zurückgeführt werden, dass in der Vergangenheit insbesondere **eigengenutzte Gewerbe- und Industrieobjekte**, eigengenutzte Verwaltungsgebäude sowie bauliche Anlagen der öffentlichen Hand gemeinhin unter Anwendung des Sachwertverfahrens bewertet wurden:

a) **Gewerbe- und Industrieobjekte** sind indessen nicht als Sachwertobjekte anzusehen, weil es dem Nutzer dieser Objekte wohl mehr als bei anderen Objekten um die Rendite geht. Wenn in der Vergangenheit das Sachwertverfahren zur Ermittlung des Verkehrswerts von Gewerbe- und Industrieobjekten zur Anwendung gekommen ist, so ließ sich das allenfalls damit begründen, dass die Ertragsverhältnisse häufig „undurchsichtig" sind und persönliche Umstände, steuerliche Besonderheiten oder die Verschachtelung von Betriebszweigen nicht erkennen lassen, was als marktüblich erzielbarer Reinertrag bei ordnungsgemäßer Bewirtschaftung gelten kann. Soweit es um die Bewertung von Unternehmen mit eigenem „Firmenwert" geht, kann das Sachwertverfahrens allenfalls zur Ermittlung eines **Substanzwerts** zur Anwendung kommen, mit dem aber lediglich ein Element des Unternehmenserwerbs erfasst werden kann.

   Die Anwendung des Sachwertverfahrens auf Gewerbe- und Industrieobjekte muss von daher für den Regelfall abgelehnt werden. Es kommt hinzu, dass insbesondere bei älteren Gewerbe- und Industrieobjekten das Verfahren (z.B. wegen aufwendiger Bauweisen, die aber keineswegs neueren Produktionsmethoden entsprechen oder auch nicht erforderlich sind, so z.B. überhohe Geschosshöhen und erhebliche Mauerstärken) zu einem Wert führen muss, der dann drastisch zu vermindern wäre.

b) Auch die dem Gemeinbedarf vorbehaltenen bebauten Grundstücke werden heute nicht (mehr) im Wege des Sachwertverfahrens bewertet. Die **öffentliche Zweckbindung steht der Anwendung des Ertragswertverfahrens grundsätzlich nicht entgegen**. Die Verkehrswertermittlung auf der Grundlage der marktüblich erzielbaren Rendite lässt vielmehr auch bei den von der öffentlichen Hand eigengenutzten Objekten ein dem wahren und inneren Wert angemesseneres Ergebnis als bei Anwendung des Sachwertverfahrens erwarten. Dies gilt nicht nur, wenn die öffentliche Zweckbindung aufgegeben werden soll, sondern auch bei Fortführung einer öffentlichen Nutzung.

   Dem Sachwertverfahren ist bei solchen Objekten nur dann der Vorzug zu geben, wenn es um die **Ermittlung eines Ersatzbeschaffungswerts** geht, z.B. wenn ein öffentlich genutztes Objekt an einem bestimmten Standort aufgegeben werden muss und die ersatzweise Fortführung der Nutzung an anderer Stelle einen Neubau erfordert[2].

5 Das Sachwertverfahren ist wiederholt schon für „tot" erklärt worden. Dem ist nicht so. Ein modernes Sachwertverfahren wird für die Praxis auch weiterhin von Bedeutung sein. Im amerikanischen Schrifttum hat es jedenfalls noch einen hohen Stellenwert[3]. Dies gilt nicht nur für den Bereich der Verkehrswertermittlung von Ein- und Zweifamilienhäusern.

6 Das Sachwertverfahren kann für die Ermittlung des Verkehrswerts typischer Ertragswertobjekte zur **„Abstützung" des Ergebnisses anderer Wertermittlungsverfahren** von nicht unerheblicher Bedeutung sein. Dies gilt insbesondere für neu errichtete Ertragswertobjekte. Denn wenn die gewöhnlichen Herstellungskosten eines solchen Objekts dessen Ertragswert übersteigen, wäre es kaum verständlich, dass ein solches Objekt von einem Investor „hochgezogen" wurde. Bei neu errichteten Objekten kann für die Anwendung des Sachwertverfahrens

---

1 Nicht zu folgen BGH, Urt. vom 13.07.1970 – VII ZR 189/68 –, NJW 1970, 2018 = EzGuG 20.49; OLG Hamm, Urt. vom 22.04.1993 – 21 U 39/92 –, BauR 1993, 628 = EzGuG 20.144c; dort auch nur für Fälle der Bausummenüberschreitung.

2 Erl. des BMBau vom 12.10.1993 (BAnz Nr. 199; 1993, 9630; vgl. Kleiber, WertR 76/96, Bundesanzeiger Verlag, 7. Aufl. 2000, S. 69 f.

3 The Appraisal of Real Estate, The American Institute, 12. Aufl., S. 350 ff.

ins Feld geführt werden, dass sich der (investierte) Sachwert „rechnen“ sollte, wenn der Investor die Möglichkeit hatte, sich ein entsprechendes Objekt anzumieten. Ein vernünftig handelnder Investor wird deshalb den Sachwert durchaus „im Blick“ haben und dies sollte auch für den Sachverständigen gelten[4].

Weiterhin von Bedeutung ist das Sachwertverfahren bei der Ermittlung von Beleihungswerten nach den Vorschriften der BelWertV. 7

Des Weiteren wird dem Sachwertverfahren auch eine Bedeutung für die **Bemessung der Enteignungsentschädigung von betrieblich genutzten Grundstücken** zugesprochen, wobei jeweils und im Gegensatz zu dem Sachwertverfahren nach den Vorschriften der ImmoWertV der Sachwert ohne Marktanpassung maßgeblich sein soll. Zur Begründung dieser Auffassung wird auf die Rechtsprechung des BGH[5] hingewiesen, nach der im Falle der Entschädigung von Industriegrundstücken der Sachwert (Substanzwert) ohne Anpassung an die Marktlage zu entschädigen sei, damit der Eigentümer in die Lage versetzt werde, sich ein anderes Grundstück gleicher Art zu verschaffen. Nach der dem zugrunde liegenden Wiederbeschaffungstheorie wird mit dem Sachwert nämlich die wirtschaftliche Bedeutung der Bebauung für den Eigentümer eines eingerichteten und ausgeübten Gewerbebetriebs direkt mit der Entschädigung für den Rechtsverlust (Grundstück) berücksichtigt; die dieser Rechtsprechung entgegenstehende Auffassung will dagegen die Entschädigung für den Rechtsverlust konsequent unter Berücksichtigung der Marktlage an dem Verkehrswert (Marktwert) orientieren und die dem enteigneten Eigentümer entstehenden Kosten der betriebsspezifischen Herrichtung eines Ersatzgrundstücks als Folgekosten nach Maßgabe des § 96 BauGB entschädigen. 8

1.2 Ersatzbeschaffungs- und Reproduktionskosten

Ausgangspunkt für die Ermittlung des Sachwerts sind die gewöhnlichen Herstellungskosten, die unter Berücksichtigung der am Wertermittlungsstichtag vorherrschenden wirtschaftlichen Rahmenbedingungen für die Neuerrichtung einer baulichen Anlage ersatzweise aufzubringen wären. Insoweit definieren sich die zur Ermittlung der „gewöhnlichen“ Herstellungskosten herangezogenen Normalherstellungskosten für bauliche Anlagen älterer Baualtersstufen (Gebäudebaujahrsklassen) nicht als „Rekonstruktionskosten“, wie sie z.B. für den Wiederaufbau der Dresdner Frauenkirche aufgebracht wurden, sondern als die (gewöhnlichen) Herstellungskosten, die am Wertermittlungsstichtag nach wirtschaftlichen Gesichtspunkten unter Berücksichtigung technischer Entwicklungen aufzubringen wären, um zu einem mit dem älteren Gebäude vergleichbaren Bauwerk zu gelangen. In diesem Sinne definieren sich z.B. die Normalherstellungskosten für ein Ende des 19. Jahrhunderts errichtetes Mietshaus auch nicht nach den Kosten einer Holzbalkendecke, sondern nach den Kosten von Betondecken, die im Falle einer Erneuerung der baulichen Anlage auch tatsächlich eingezogen würden. Insoweit geht das **Sachwertverfahren nicht von Reproduktionskosten***(reproduction cost)*, **sondern von neuzeitlichen Ersatzbeschaffungskosten***(replacement cost)* aus[6]. 9

1.3 Kosten und Wert

▶ *Vgl. § 42 Rn. 8 ff., 34, 134 ff.; § 6 ImmoWertV Rn. 114; § 8 ImmoWertV Rn. 102, 114*

Die **Sachwertermittlung** ist als **ein Rechenverfahren** zur Ermittlung der Herstellungskosten der Grundstückssubstanz angesehen worden. Tatsächlich ist ein sich allein daran orientieren- 10

4 Insoweit abzulehnen die Stellungnahme des BvS zu den SachwertR vom Dezember 2011.

5 BGH, Urt. vom 16.12.1974 – III ZR 39/72 –, NJW 1975, 387 = EzGuG 19.26.

6 So bereits Nr. 3.6.1.1.1 WERTR 06; nunmehr Nr. 4.1 SachwertR. Kontrovers im amerikanischen Schrifttum (The Appraisal of Real Estate, The American Institute, 12. Aufl. 2002, S. 357)
Reproduction cost is the estimated cost to construct, as of the effective appraisal date, an exact duplicate or replica of the building being appraised …
Replacement cost is the estimated cost to construct, as of the effective appraisal date, a building with utility equivalent to the building being appraised, using contemporary materials, standards, design, and layout.

der „Sachwert" des Grundstücks nur selten mit dessen Marktwert (Verkehrswert) gleichzusetzen. Getätigte Aufwendungen treffen nämlich keine Aussagen über potenziell den Marktwert insbesondere renditeorientierter Objekte prägende erzielbare Erträge[7] und ignorieren die volatile Preisentwicklung auf dem Grundstücksmarkt. Der Marktwert wird nämlich durch den Grundstücksmarkt bestimmt, d.h. danach, was ein Kaufwilliger üblicherweise für das jeweilige Objekt bezahlen würde, oder anders ausgedrückt, wie viel Geld ihm das Objekt „wert" ist. Das kann unter Umständen wesentlich weniger sein als die dafür aufgebrachten Kosten. Ein sehr gut ausgestattetes Einfamilienhausgrundstück wird fast immer unter seinem Sachwert gehandelt. In der Rechtsprechung zur Verkehrswertermittlung von Einfamilienhäusern sind Abschläge von ca. 10 bis 15 % von einem sich allein an Kosten orientierenden „Sachwert" zur Anpassung an die **Lage auf dem Grundstücksmarkt** deshalb nicht beanstandet worden[8]; bei sehr aufwendigen Villen sind die Abschläge sogar vielfach höher. Der (vorläufige) nach den §§ 35 ff. ImmoWertV abgeleitete Grundstückssachwert muss nach der ImmoWertV an die jeweilige Marktlage mit Hilfe von Sachwertfaktoren angepasst werden.

11 Die hohen Abschläge, die insbesondere bei hochwertigen Immobilien angebracht werden müssen, um über den Sachwert zum Verkehrswert zu gelangen, sind letztlich darauf zurückzuführen, dass **keine Identität zwischen Kosten und Wert** besteht. Infolge der Verquickung von Kosten und Wert und den daraus resultierenden Unzulänglichkeiten des Sachwertverfahrens, auf einem möglichst direkten Weg zum Verkehrswert zu gelangen, wird das Verfahren auch als *„method of last resort"* bezeichnet[9].

12 Auch der BGH[10] hat schon 1953 darauf hingewiesen, dass es **keinen Erfahrungssatz gäbe, nach dem sich der Verkehrswert eines Grundstücks dadurch, dass es bebaut wird, um den Wert der für die Bebauung gemachten angemessenen Baukosten erhöht**. In diesem Sinne führt das OLG Karlsruhe[11] aus, dass die Baukosten eines Gebäudes lediglich einen Anhalt für die Höhe des Verkehrswerts bilden und u.a. die Konjunktur berücksichtigt werden muss.

1.4 Marktwertkonformes Sachwertverfahren

▶ *Vgl. § 6 ImmoWertV Rn. 114 ff.*

13 Nach der grundlegenden Systematik der ImmoWertV setzt sich der Sachwert – wie im Übrigen auch der Vergleichs- und Ertragswert – aus einem nach den §§ 35 ff. ImmoWertV ermittelten „vorläufigen marktangepassten" Sachwert und den gegebenenfalls ergänzend zu berücksichtigenden besonderen objektspezifischen Grundstücksmerkmalen zusammen. Der Verkehrswert ist aus dem Ergebnis gegebenenfalls i.V.m. dem bzw. den übrigen zur Anwendung gekommenen Wertermittlungsverfahren (Vergleichs- und/oder Ertragswert) unter Würdigung seines oder ihrer Aussagefähigkeit zu ermitteln. Die **Aufspaltung der Sachwertermittlung in einen vorläufigen und (endgültigen) Sachwert** ermöglicht eine weitgehend automatisierbare Ermittlung des vorläufigen marktangepassten Sachwerts auf der Grundlage von fundierten Wertermittlungsparametern.

14 Der Verordnungsgeber war seit jeher bestrebt, das **Sachwertverfahren auf eine marktkonforme Verkehrswertermittlung** auszurichten. Tatsächlich darf die Sachwertermittlung nicht mehr als eine sich allein an Baukosten orientierende „Rechenmethode" verstanden werden, bei der sowohl der Markt als auch die Rentabilität der Immobilie ignoriert werden. Zwar stellen bei Anwendung dieses Verfahrens die gewöhnlichen Herstellungskosten eines Neubaus die Ausgangsgröße der Sachwertermittlung dar, jedoch sind alle daran anschließenden weiteren Rechenschritte darauf gerichtet, die Sichtweise des Grundstücksmarktes und dabei vor allem

7 Beck, DStR 2016, 2689 (2692); zu Inkonsistenzen im Einzelnen vgl. A. Löhr, BB 2016, 2075.
8 BGH, Urt. vom 04.03.1982 – III ZR 156/80 –, BRS Bd. 45 Nr. 18 = EzGuG 11.127.
9 Scarett, D., Property Valuation – The five methods, London 1991, S. 171.
10 BGH, Urt. vom 10.07.1953 – V ZR 22/52 –, BGHZ 10, 171 = EzGuG 20.16.
11 OLG Karlsruhe, Urt. vom 13.06.1958 – 7 U 1/58 –, HGBR 1959, 48 = EzGuG 20.20.

auch **ertragswirtschaftliche Sichtweisen des Grundstücksmarktes** in das Verfahren zu integrieren:

a) Dies beginnt bereits damit, dass nur die „***nutzbaren***" **baulichen und sonstigen Anlagen** (§ 35 Abs. 1 ImmoWertV) Gegenstand der Sachwertermittlung sind und gegebenenfalls eine vorhandene technisch intakte Bausubstanz keinen Sachwert haben kann, wenn sie *wirtschaftlichnicht (mehr) nutzbar* ist (vgl. Rn. 71 ff., 137).

b) **Gesamt- und Restnutzungsdauerder baulichen Anlage** bestimmen sich – wie bei Anwendung des Ertragswertverfahrens – auch bei Anwendung des Sachwertverfahrens grundsätzlich nach dem prognostizierten Zeitraum, über den die bauliche Anlage voraussichtlich *wirtschaftlich nutzbar* ist, d.h. eine Rendite abwirft.

c) Die **Herstellungskosten der baulichen Anlagen** werden auf der Grundlage derdurchschnittlichen Herstellungskosten ermittelt, die sich **unter Beachtung*wirtschaftlicher Gesichtspunkte*** nach den dafür aufzuwendenden Kosten eines dem Wertermittlungsobjekt nach Art und Standard vergleichbaren Neubaus am Wertermittlungsstichtag bemessen sollen. Die von den Gutachterausschüssen für Grundstückswerte zur Ermittlung von Sachwertfaktoren heranzuziehenden Normalherstellungskosten nach Anl. 4 zur ImmoWertV können dies allerdings nicht leisten. Diese bilden i.d.R. weder die durchschnittlichen Herstellungskosten eines Neubaus noch dessen Wert ab.

d) Da der Wert einer baulichen Anlage trotz ordnungsgemäßer Instandhaltung mit zunehmendem Alter hinter die sich wandelnden Anforderungen an Gebäude zurückfällt und die wirtschaftliche Nutzungsfähigkeit eines Gebäudes mit fortschreitender Zeit gegen null läuft, sind bei Anwendung des Sachwertverfahrens die durchschnittlichen Herstellungskosten unter Berücksichtigung der *wirtschaftlichen* Gesamt- und Restnutzungsdauer einer **Alterswertminderung** zu unterziehen, mit der die Kosten der baulichen Anlage auf dessen Wert transformiert werden sollen. Im Kern geht es hier um eine partielle auf die bauliche Anlage bezogene altersgerechte Marktanpassung(vgl. § 38 ImmoWertV Rn.4).

e) Die eigentliche Marktanpassung geht mit der Anwendung des Sachwertfaktors auf den sich aus dem vorläufigen Sachwert der baulichen Anlage, den baulichen und sonstigen Außenanlagen sowie dem Bodenwert zusammensetzenden **„vorläufigen Sachwert"** des Grundstücks einher. Mit dem so ermittelten *„marktangepassten vorläufigen Sachwert des Grundstücks"* wird dieser unter Berücksichtigung der wirtschaftlichen Restnutzungsdauer den allgemein am Wertermittlungsstichtag herrschenden Wertverhältnissen auf dem Grundstücksmarkt angepasst.
Im Falle der Heranziehung von Sachwertfaktoren, die auf der Grundlage der mit Anl. 1 und gegebenenfalls 2 zur ImmoWertV vorgegebenen Modellansätze der wirtschaftlichen Gesamt- und Restnutzungsdauer abgeleitet wurden, bestimmt sich der „marktangepasste vorläufige Sachwert des Grundstücks" zunächst modellkonform anhand der dementsprechenden Gesamt- und Restnutzungsdauer.

f) Neben der Alterswertminderung müssen auch sonstige **„besondere objektspezifische Grundstücksmerkmale"** (u.a. Baumängel und Bauschäden sowie auch sonstige die wirtschaftliche Nutzbarkeit beeinflussende Besonderheiten, Rechte am Grundstück usw.) in der Höhe berücksichtigt werden, wie dies dem gewöhnlichen Geschäftsverkehr entspricht, d.h. insoweit, wie der Verkehrswert (Marktwert) dadurch beeinflusst wird. Auf die Kosten zur Behebung entsprechender Mängel kommt es nicht entscheidend an, wenngleich diese Hinweise auf die Wertminderung geben können. Sie kann in marktkonformer Weise auch nach ertragswirtschaftlichen Maßstäben ermittelt werden[12].

12 Fachlich abzulehnen die Stellungnahme des BvS zu der SachwertR, nach der eine „Vermischung von Sachwert- und Ertragswertelementen nicht methodengerecht" sei, denn ein „reinrassiges" Sachwertverfahren hat es ohnehin nie gegeben (GuG 2012, 106).

2 Grundzüge des Sachwertverfahrens

2.1 Übersicht

2.1.1 Allgemeines

▶ *Zu den Begriffen Gebäude, bauliche Anlagen, Außenanlagen, „sonstige“ Anlagen und besondere Betriebsvorrichtungen vgl. § 1 ImmoWertV Rn. 75 ff.; zur Modellkonformität vgl. Vorbem. zur ImmoWertV Rn. 131; auch Erläuterungen zu § 36 ImmoWertV*

15 Im Unterschied zu dem zweisträngigen Ertragswertverfahren (bestehend aus Boden- und Gebäudeertragswert) ist das Sachwertverfahren dreisträngig ausgestaltet. Der **„vorläufige Sachwert“** setzt sich im ersten Schritt **zusammen aus**

- dem *vorläufigen* Sachwert der *nutzbaren* baulichen Anlagen (vorläufiger Gebäudesachwert),
- dem *vorläufigen* Sachwert der *nutzbaren* baulichen Außenanlagen und sonstigen Anlagen sowie
- dem *vorläufigen (*mit dem Sachwertfaktor kompatiblen*)* Bodenwert nach den §§ 40 bis 43 ImmoWertV.

Der „Sachwert der baulichen Anlagen“ schließt begrifflich nicht den Sachwert baulicher Außenanlagen und im Übrigen auch nicht den Sachwert der „sonstigen Anlagen“ (Aufwuchs, insbesondere Gartenanlagen, Anpflanzungen und Parks) ein.

16 Mit dem vorläufigen Sachwert der baulichen Anlagen (vorläufiger Gebäudesachwert), dem vorläufigen Sachwert der baulichen und sonstigen Außenanlagen und dem vorläufigen Bodenwert nach den §§ 40 bis 43 ImmoWertV werden zunächst nur die nach Art und Umfang auf dem jeweiligen Grundstücksmarkt regelmäßig auftretenden allgemeinen wertbeeinflussenden Grundstücksmerkmale erfasst. **„Besondere objektspezifische Grundstücksmerkmale“** (boG) sollen dabei erst nachträglich, nämlich nach Anpassung des vorläufigen Sachwerts an die Marktlage unter Heranziehung des einschlägigen vom Gutachterausschuss ermittelten Sachwertfaktors, berücksichtigt werden.

17 Aus diesem Grunde wird

- der sich aus dem vorläufigen Sachwert der baulichen Anlagen (Gebäudesachwert), dem vorläufigen Sachwert der baulichen und sonstigen Außenanlagen nach Maßgabe des § 37 ImmoWertV und dem vorläufigen Bodenwert zusammensetzende Sachwert lediglich als der „**vorläufige Sachwert**“,
- der unter Heranziehung von Sachwertfaktoren an die Marktlage angepasste vorläufige Sachwert auch nur als „**marktangepasster vorläufiger Sachwert**“ und
- erst der sich unter Berücksichtigung der „besonderen objektspezifischen Grundstücksmerkmale“ i.S. des § 8 Abs. 3 ImmoWertV ergebende marktangepasste vorläufige Sachwert als der „**Sachwert**“

bezeichnet (Abb. 1).

Abb. 1: Sachwertbegriffe

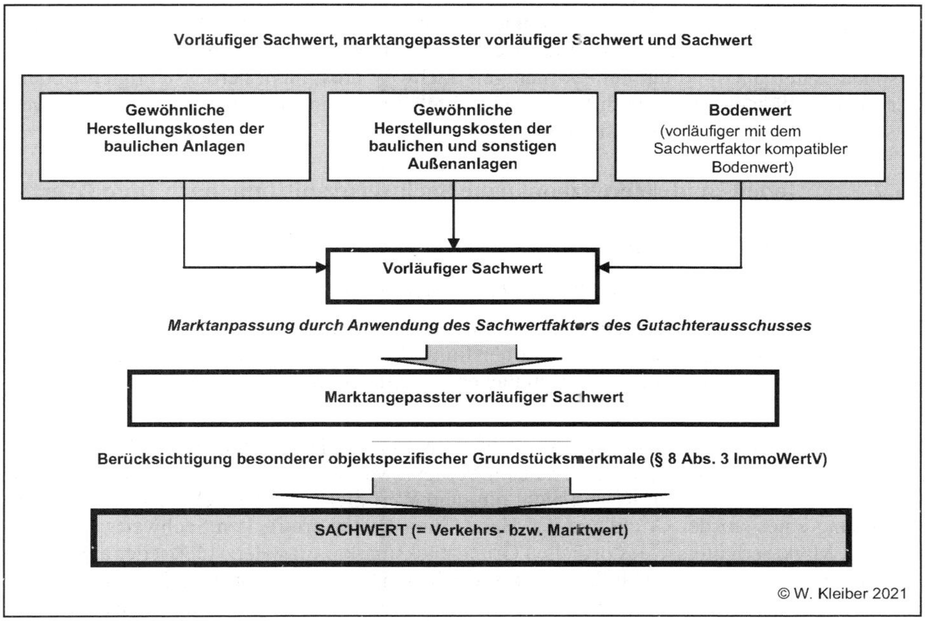

Beispiel: 18

Vom Gutachterausschuss für Grundstückswerte ist für Grundstücke

- mit einer marktüblich objektbezogenen Grundstücksfläche von 1 000 m² und
- mit Gebäuden, die ordnungsgemäß instand gehalten wurden,

ein Sachwertfaktor ermittelt worden, der

- einen üblichen Wertansatz für bauliche und sonstige Außenanlagen in Höhe von 6 % der Gebäudeherstellungskosten und
- einen üblichen Wertansatz für besondere Bauteile, Einrichtungen und Vorrichtungen, die mit der BGF nicht erfasst sind, in Höhe von 4 % der Gebäudeherstellungskosten

erfasst.

Davon abweichende Grundstücksmerkmale des zu bewertenden Grundstücks müssen bei der Ermittlung des vorläufigen Sachwerts zunächst außer Betracht bleiben.

Daraus folgt, dass für ein zu bewertendes Grundstück, das eine Größe von 1 500 m², ein Gebäude ohne besondere Bauteile, Einrichtungen und Vorrichtungen sowie keine baulichen und sonstigen Außenanlagen aufweist, nach Maßgabe der §§ 35 ff. ImmoWertV zunächst ein fiktiver vorläufiger Sachwert zu ermitteln ist, bestehend aus

a) einem vorläufigen Bodenwert für ein 1 000 m² großes Grundstück,

b) einem vorläufigen Gebäudesachwert für ein Gebäude mit besonderen Bauteilen, Einrichtungen und Vorrichtungen im sonst üblichen Umfang von 4 % der Gebäudeherstellungskosten und

c) einem sonst üblichen Anteil an baulichen und sonstigen Außenanlagen in Höhe von 6 % der Gebäudeherstellungskosten.

Die differenziellen Abweichungen der tatsächlichen Grundstücksmerkmale von den genannten dem Sachwertfaktor zugrunde liegenden Grundstücksmerkmalen werden mit der objektspezifischen Anpassung des Sachwertfaktors nach § 30 ImmoWertV oder nachträglich berücksichtigt. In diesem Fall müssen nach § 8 Abs. 3 ImmoWertV neben den dort genannten Besonderheiten auch die mit dem vorläufigen Sachwert noch nicht berücksichtigten Bodenwert- und Gebäudewertanteile differentiell ermittelt und ergänzend angesetzt werden, soweit dies dem gewöhnlichen Geschäftsverkehr entspricht.

2.1.2 Modell- und referenzkonforme Sachwertermittlung nach ImmoWertV

2.1.2.1 Modell und Modellansätze

▶ *Vgl. Vorbem. zur ImmoWertV Rn. 136 ff.; § 21 ImmoWertV Rn. 45, 179 ff.*

19 Zur Ermittlung des Sachwerts einer Immobilie werden mit den §§ 35 bis 39 ImmoWertV entsprechend dem Titel der Verordnung mit der ImmoWertV nur Grundsätze vorgegeben, ohne dass die Verordnung ein allgemeinverbindliches einheitliches Standardmodell der Sachwertermittlung vorgibt.

20 Die Sachwertermittlung ist darauf ausgerichtet, über einen sich an Herstellungskosten baulicher Anlagen orientierenden Sachwerts zum Verkehrswert (Marktwert) zu kommen. Da nach vorstehenden Ausführungen Kosten nicht mit dem Wert gleichgesetzt werden können, ist die Anpassung eines auf der Grundlage von Herstellungskosten ermittelten Sachwerts an die jeweiligen Marktverhältnisse des örtlichen Grundstücksmarktes das Herzstück jeder auf die Ermittlung des Verkehrswerts (Marktwert) ausgerichteten Sachwertermittlung. Der Gesetzgeber hat deshalb mit § 193 Abs. 5 Satz 2 Nr. 2 BauGB den Gutachterausschüssen für Grundstückswerte als Pflichtaufgabe die Ableitung von sog. **Sachwertfaktoren** verbindlich vorgegeben, mit denen „*Sachwerte an die jeweilige Lage auf dem Grundstücksmarkt*“ angepasst werden.

21 Die Ableitung von Sachwertfaktoren ist in den § 21 Abs. 3 i.V.m. § 12 ImmoWertV geregelt. Die Vorschriften machen dafür verbindliche Vorgaben insbesondere im Hinblick auf das **Modell der Sachwertermittlung** und eine Reihe von den in diesem Modell anzusetzenden „**Modellansätzen**“.

Der nach Maßgabe des § 21 Abs. 3 i.V.m. § 12 Abs. 5 ImmoWertV abzuleitende *Sachwertfaktor des örtlichen Gutachterausschusses* wirddifferenziert nach Grundstücksartenaus einer hinreichenden Anzahl von

- geeigneten Kaufpreisennach Beschaffenheit und Lage repräsentativer Grundstücke und
- den sich dafür nach dem mit der ImmoWertV vorgegebenen Modell und den verbindlich vorgegebenen Modellansätzen ermittelten vorläufigen Sachwerten

ermittelt. Einflüsse aufgrund besonderer objektspezifischer Grundstücksmerkmale (boG) auf den jeweiligen Kaufpreis sind ggf. zu eliminieren. Der so ermittelte Sachwertfaktor bezieht sich – vergleichbar mit einem Bodenrichtwert – auf einen der Ermittlung zugrunde gelegten Stichtag und die durchschnittlichen Grundstücksmerkmale des jeweiligen Norm- bzw. Referenzgrundstücks (Sachwertfaktorengrundstück).

Der Sachwertfaktor ergibt sich nach § 21 Abs. 3 Satz 1 ImmoWertV aus dem **Verhältnis des vorläufigen marktangepassten Sachwerts zum vorläufigen Sachwert**. Zur Ableitung von Sachwertfaktoren – differenziert nach Grundstücksarten – werden anstelle des vorläufigen marktangepassten Sachwerts jeweils geeignete Kaufpreise von Grundstücken herangezogen, die nach Lage und Beschaffenheit repräsentativ für ein dem Sachwertfaktor zugrunde liegendes Norm- bzw. Referenzgrundstück sind.

Referenzmerkmale
Der Sachwertfaktor ist somit abhängig von den durchschnittlichen Merkmalen der Grundstücke (Lage, Baujahr, Zustand usw.) und den in die Sachwertermittlung eingeführten Parametern (Gesamt- und Restnutzungsdauer usw.), d. h. nach den Grundstücksmerkmalen des Referenzgrundstücks.

$$\text{Sachwertfaktor}_i = \frac{\text{Kaufpreis}_i}{\text{(vorläufiger) Sachwert}_i}$$

Modellmerkmale
Der Sachwertfaktor ist somit abhängig von der Methodik des angewandten Sachwertverfahrens (NHK, Regionalfaktor, Gesamt- und Restnutzungsdauer, vorläufiger Bodenwert, c-Flächen und besondere Bauteile, Indexreihe, Außenanlagen usw.).

Gleichzeitig wird die **Marktwertermittlung von Grundstücken** nach den Grundsätzen der ImmoWertV mit § 10 ImmoWertV **unter das Regime der Modellkonformität** gestellt. Danach sind generell bei Anwendung der vom örtlichen Gutachterausschuss für Grundstückswerte abgeleiteten Sachwertfaktoren dieselben Modelle und Modellansätze zu verwenden, die vom Gutachterausschuss der Ermittlung des Sachwertfaktors zugrunde lagen (Grundsatz der Modellkonformität). Insofern kommt den dem Gutachterausschuss für Grundstückswerte mit der ImmoWertV verbindlich vorgegebenen Modellen und Modellansätzen generell eine Allgemeinverbindlichkeit zu.

Aus alledem folgt, dass im Falle einer Ermittlung des Sachwerts unter Heranziehung eines vom Gutachterausschuss für Grundstückswerte unter Beachtung der stringenten Vorgaben der ImmoWertV ermittelten Sachwertfaktors das vom Gutachterausschuss für Grundstückswerte angewandte Sachwertmodell einschließlich der Modellansätze zur Anwendung kommen müssen.

Im Rahmen der Ermittlung des vorläufigen Sachwerts betrifft dies insbesondere folgende mit 22
der ImmoWertV verbindlich vorgegebene **Modellansätze**

a) Der vorläufige Sachwert der baulichen Anlagen ist auf der Grundlage der den Gutachterausschüssen für Grundstückswerte mit § 12 Abs. 5 Satz 3 ImmoWertV verbindlich vorgegebenen „modellhaften" auf 2010 bezogenen Kostenkennwerte (Normalherstellungskosten) der Anl. 4 zur ImmoWertV zu ermitteln. Damit kommt den **von der Praxis abgelehnten „modellhaften Normalherstellungskosten" (NHK 2010) der Anl. 4 zur ImmoWertV** („durch die Hintertür") eine Allgemeinverbindlichkeit zu.

b) Der für den Kostenkennwert maßgebliche Gebäudestandard wird nach den Kriterien der Anl. 4 zur ImmoWertV ermittelt.

c) Bezugsgrundlage der Kostenkennwerte ist ein Quadratmeter Bruttogrundfläche, der sich abweichend von der DIN 277 nach den Berechnungsvorschriften der Anl. 4 zur ImmoWertV ergibt.

d) Die Kostenkennwerte sind nach § 36 Abs. 2 Satz 4 ImmoWertV mit dem für die jeweilige Art der baulichen Anlage zutreffenden Baupreisindex für die Bauwirtschaft des Statistischen Bundesamtes auf den jeweiligen Wertermittlungsstichtag umzurechnen und

e) unter Anwendung des vom örtlich zuständigen Gutachterausschuss nach § 36 Abs. 3 ImmoWertV festgelegten Regionalfaktors den örtlichen Verhältnissen anzupassen.

f) Das Modell geht dabei nach § 38 ImmoWertV von einer linearen Alterswertminderung aus, die sich aus dem Verhältnis der Restnutzungsdauer zur Gesamtnutzungsdauer ergibt. Gesamt- und Restnutzungsdauer sind bei Anwendung von Sachwertfaktoren, die nach Maßgabe des § 12 Abs. 5 Satz 1 ImmoWertV auf der Grundlage der verbindlich vorgegebenen Modellansätze der Gesamtnutzungsdauer nach Anl. 1 und der sich daraus ergebenden vorläufigen Restnutzungsdauer der baulichen Anlage abgeleitet wurden, modellkonform auf der Grundlage der genannten Modellansätze zu ermitteln. Erhebliche Abweichungen der objektspezifischen Gesamt- und Restnutzungsdauer i.S. des § 4 Abs. 2 und 3 ImmoWertV von den Modellansätzen sind nach Maßgabe des § 8 Abs. 3 ImmoWertV als besonderes objektspezifisches Grundstücksmerkmal zu berücksichtigen, wenn dem nicht im Rahmen der objektspezifischen Anpassung des Sachwertfaktors nach § 39 ImmoWertV Rechnung getragen werden kann (vgl. Rn. 185 ff; Vorbem. zur ImmoWertV Rn. 140; § 8 ImmoWertV Rn. 1 ff.; § 4 ImmoWertV Rn. 17; § 38 ImmoWertV Rn. 8).

g) Der im Rahmen dieses Modells anzusetzende *vorläufige* Bodenwert ist nach Maßgabe der §§ 40 bis 43 ImmoWertV grundsätzlich mit dem Bodenwert eines unbebauten Grundstücks ohne Berücksichtigung der vorhandenen baulichen Anlagen auf dem Grundstück (§ 40 Abs. 1 ImmoWertV) zu ermitteln. Im Falle einer **atypischen Nutzung des Grundstücks** i.S. des § 40 Abs. 5 Nr. 1 ImmoWertV sowie bei **Liquidationsobjekten** i.S. des § 43 ImmoWertV ist nur der nutzungsabhängige Bodenwert entsprechend der auf dem Grundstück realisierten Nutzung anzusetzen. Bei übergroßen Grundstücken i.S. des § 41 ImmoWertV ist nur die der Bebauung nach Art, Lage und Nutzung zurechenbare marktübliche Grundstücksfläche unter Ausschluss der Grundstücksrestfläche bei der Ermittlung des vorläufigen Sachwerts zu berücksichtigen.

Die ImmoWertV schließt bei alledem **nicht aus, dass der Ableitung von Sachwertfaktoren noch weitere unter dem Grundsatz der Modell- und Referenzkonformität zu beachtende Modellstrukturen und Modellansätze zugrunde gelegt werden** (z.B. ein erschließungsbeitragsfreier Bodenwert für ein erschließungsbeitragspflichtiges Grundstück).

23 **Die ImmoWertV schließt nicht ausdrücklich aus, bauliche und sonstige Außenanlagen** i.S. des § 37 ImmoWertV sowie **besondere Bauteile** i.S. des § 36 Abs. 2 Satz 3 ImmoWertV bei der Ableitung des Sachwertfaktors außer Betracht zu lassen, obwohl solche bei den zur Ableitung des Sachwertfaktors herangezogenen Vergleichsgrundstücken vorhanden waren und den Kaufpreis entsprechend erhöht haben. Bleiben sie bei der Ableitung des Sachwertfaktors unberücksichtigt, werden sie mit dem so abgeleiteten Sachwertfaktor in dem dann zu konkretisierenden „durchschnittlichen Umfang" der Vergleichsgrundstücke erfasst. Bei der Ermittlung des vorläufigen Sachwerts auf der Grundlage so ermittelter Sachwertfaktoren gehen sie mithin in demselben durchschnittlichen Umfang in diesen „automatisch" ein. Weichen die Gegebenheiten des zu bewertenden Grundstücks davon erheblich ab, sind die Abweichungen in marktkonformer Höhe wiederum als besonderes objektspezifisches Grundstücksmerkmal (boG) zu berücksichtigen. Entsprechendes gilt, wenn **bauliche und sonstige Außenanlagen** bei der Ableitung des Sachwertfaktors mit einer zu konkretisierenden Pauschale berücksichtigt worden sind (Abb. 2).

Abb. 2: Erfassung baulicher Außenanlagen und sonstiger Anlagen mit dem Sachwertfaktor

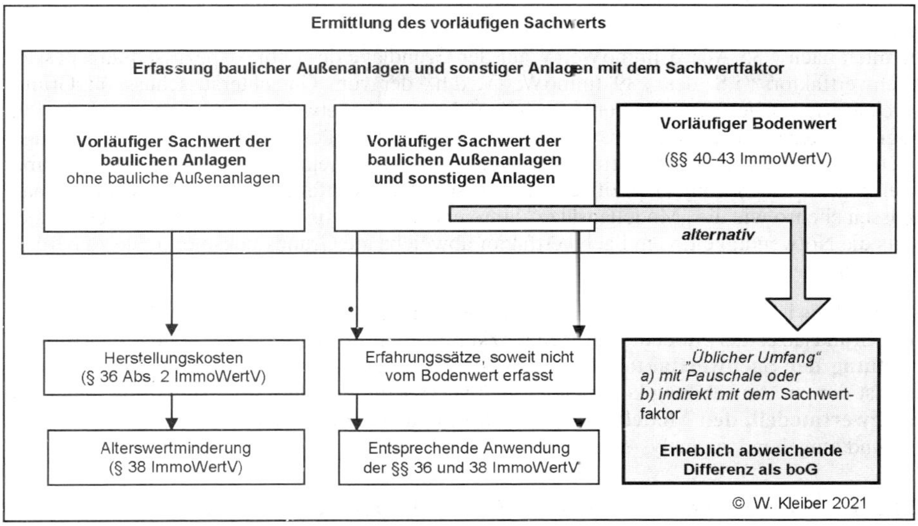

Keine Modellvorgaben werden **bezüglich der Berücksichtigung von c-Flächen i.S. der DIN 277** (nicht überdeckte Bereiche wie Loggien, Dachterrassen) gemacht, ebenso zu der nach den zu Anl. 4 der ImmoWertV gemachten Erläuterungen zur reduzierten BGF (BGF_{red}) der Balkone. Balkone einschließlich überdeckter Balkone sind danach dem Bereich c zuzuordnen, der bei der Ermittlung der Brutto-Grundfläche unberücksichtigt bleibt (vgl. Nr. 2 Abs. 2 Satz 2 und 3). Sie sind mithin als besondere Bauteile zu berücksichtigen.

Ob und ggf. in welchem „üblichen Umfang" der Kostenanteil der sog. c-Flächen in dem für die jeweilige Gebäudeart angegebenen modellhaften Kostenkennwerten der NHK 2010 enthalten sind, konnte zu den ausgewiesenen Kostenkennwerten der ImmoWertV nicht dargelegt werden. Bei dieser Sachlage empfiehlt es sich – analog zu den Modellvorgaben zur Berücksichtigung von Außenanlagen und besonderen Bauteilen –, dass bei der Ableitung der Sachwertfaktoren für c-Flächen wiederum keine Herstellungskosten angesetzt werden, jedoch der **„übliche Umfang" an c-Flächen**, der sich wiederum aus dem Durchschnitt der ausgewerteten Objekte ergibt, bei der Veröffentlichung des Sachwertfaktors darzulegen ist. Soweit im Einzelfall die zu bewertende Liegenschaft c-Flächen in einem Umfang aufweist, der vom üblichen Umfang erheblich abweicht, müssen die Abweichungen, wie vorstehend erläutert, ergänzend nach Maßgabe des § 8 Abs. 3 ImmoWertV berücksichtigt werden. 24

Die zur Ableitung des Sachwertfaktors angewandte *Methode der Sachwertermittlung* (Sachwertmodell) sowie die dem Sachwertfaktor zugrunde liegenden „Modellansätze" sowie sonstige *Grundstücksmerkmale des Referenzgrundstücks* müssen deshalb bei der **Veröffentlichung der Sachwertfaktoren** (zumeist im Grundstücksmarktbericht des Gutachterausschusses) konkretisiert werden, damit die Sachwertfaktoren auch sachgerecht zur Anwendung kommen können. 25

Bei alledem ist die nach § 12 Abs. 6 ImmoWertV erforderliche **Modellbeschreibung** zu berücksichtigen. 26

2.1.2.2 Referenzmerkmale des Sachwertfaktors

Bei Anwendung des nach vorstehenden Ausführungen ermittelten Sachwertfaktors müssen die diesem zugrunde liegenden **Grundstücksmerkmale des Norm- bzw. Referenzgrund-** 27

stücks bzw. deren Bandbreite beachtet werden. Diese ergeben sich aus den durchschnittlichen Merkmalen aller zur Ableitung des Sachwertfaktors herangezogenen Grundstücke, sofern die herangezogenen Kaufpreise nicht auf ein vorab definiertes Norm- bzw. Referenzgrundstück umgerechnet wurden. Der marktangepasste vorläufige Sachwert bestimmt sich nämlich nach § 35 Abs. 3 ImmoWertV auf der Grundlage des „objektspezifisch angepassten Sachwertfaktors" i.S. des § 39 ImmoWertV, d.h., der vom Gutachterausschuss für Grundstückswerte zur Verfügung gestellte Sachwertfaktor ist „bei etwaigen Abweichungen" der ihm zugrunde liegenden „Modellansätze" und sonstigen Grundstücksmerkmale sowie des Bezugsstichtags von den „Gegebenheiten des Wertermittlungsobjekts" diesen in marktkonformer Weise anzupassen (objektspezifisch angepasster Sachwertfaktor). Die Referenzmerkmale müssen ebenso wie die „Modellansätze" hinreichend konkretisiert sein, denn i.d.R. ergibt sich stets die Notwendigkeit, vom Sachwertfaktor abweichende Grundstücksmerkmale zu berücksichtigen.

28 Im Ergebnis ist also festzuhalten, dass unter der Herrschaft des der ImmoWertV innewohnenden Grundsatzes der Modell- und Referenzkonformität **im Mittelpunkt jeder Sachwertermittlung der Sachwertfaktor** steht. Am Anfang jeder Sachwertermittlung ist deshalb zunächst der zur Anwendung kommende **Sachwertfaktor mit dem ihm zugrunde liegenden Sachwertmodell, den Modellansätzen und seinen sonstigen Referenzbezügen** festzustellen und eingehend zu analysieren.

2.1.2.3 Grundzüge des Modells der Sachwertermittlung nach ImmoWertV

▶ *Vgl. Vorbem. zur ImmoWertV Rn. 141; § 8 ImmoWertV Rn. 367, 388; Syst. Darst. des Ertragswertverfahrens Rn. 33*

29 **Vergleichs-, Ertrags- und Sachwertverfahren sind** nach der Systematik der ImmoWertV **zweistufig gegliedert** (Dichotomie). Nach diesem Modell wird in der ersten Stufe zunächst der vorläufige marktangepasste Sachwert auf der Grundlage des **mit der ImmoWertV vorgegebenen Modells des Sachwertverfahrens** i.V.m. dem vom Gutachterausschuss für Grundstückswerte aus der Kaufpreissammlung abgeleiteten einschlägigen Sachwertfaktor abgeleitet. In der zweiten Stufe werden ergänzend besondere objektspezifische Grundstücksmerkmale (boG) berücksichtigt, soweit sie mit den angesetzten Eingangsparametern und dem Sachwertfaktor (noch) nicht erfasst sind.

Der vorläufige Sachwert wird darüber hinaus in seinen Grundzügen auf der Grundlage folgender Modellvorgaben ermittelt:

- durchschnittlicher auf den Wertermittlungsstichtag bezogener Herstellungskosten für einen nach Art und Standard vergleichbaren Neubau der baulichen Anlage unter Zugrundelegung zeitgemäßer, wirtschaftlicher Bauweisen (§ 36 Abs. 2 ImmoWertV), die bei der Ermittlung von Sachwertfaktoren gemäß § 12 Abs. 5 Satz 3 ImmoWertV nach den auf 2010 bezogenen Modellansätzen der Normalherstellungskosten nach Anl. 4 zu ImmoWertV anzusetzen sind,
- bezogen auf den Quadratmeter einer in Anl. 4 zur ImmoWertV in Anlehnung an die DIN 277 definierten reduzierten Brutto-Grundfläche (BGF), wobei die sog. c-Flächen i.S. der DIN 277 einschließlich der diesen zugeordneten überdeckten Balkone unberücksichtigt bleiben,
- einer Anpassung dieser Normalherstellungskosten an die Verhältnisse am örtlichen Grundstücksmarkt mittels des vom örtlich zuständigen Gutachterausschuss festgelegten Regionalfaktors (§ 36 Abs. 1 i.V.m. Abs. 3 ImmoWertV) und
- einer Anpassung der auf 2010 bezogenen „modellhaften" Kostenkennwerte der Normalherstellungskosten an den Wertermittlungsstichtag unter Heranziehung des aktuellen und für die jeweilige Art der baulichen Anlage zutreffenden Preisindexes für die Bauwirtschaft des Statistischen Bundesamtes (Baupreisindex),

- einer **linearen Alterswertminderung** unter Anwendung eines Alterswertminderungsfaktors, der sich aus dem Verhältnis der Restnutzungsdauer zur Gesamtnutzungsdauer ergibt, wobei sich die **Gesamtnutzungsdauer nach den Modellansätzen der Anl. 1, die Restnutzungsdauer von Wohngebäuden bei vorangegangener Modernisierung nach Anl. 2 zur ImmoWertV** bemisst,
- eines **Bodenwerts**, der vorbehaltlich des § 40 Abs. 5 ImmoWertV (insbesondere bei atypischer Bebauung und bei Liquidationsobjekten) ohne Berücksichtigung der vorhandenen baulichen Anlagen auf dem Grundstück, d.h. mit dem Bodenwert eines vergleichbaren unbebauten Grundstücks, anzusetzen ist (§ 40 Abs. 1 ImmoWertV); bei einer erheblichen **Überschreitung der marktüblichen Grundstücksgröße** sind die darüber hinausgehenden „selbständig nutzbaren oder sonstigen" Restflächen als besonderes objektspezifisches Grundstücksmerkmal zu berücksichtigen (§ 41 ImmoWertV).

Darüber hinaus stehen **weitere Modellansätze in der Entscheidung des Gutachterausschusses**, wie z.B. die Berücksichtigung einzelner mit den Normalherstellungskosten nicht erfasster werthaltiger Bauteile, c-Flächen, baulicher Außenanlagen und sonstiger Anlagen und dgl. mit dem Sachwertfaktor, des angesetzten Bodenwerts (z.B. Bodenrichtwert; Grundstücksgröße, abgabenrechtlicher Zustand) usw.

Die Anwendung des Sachwertverfahrens folgt unter dem Regime des Modellkonformitätsgrundsatzes dem Modell, das dem herangezogenen Sachwertfaktor zugrunde liegt und dem folgt zweckmäßigerweise der Aufbau eines Sachwertgutachtens. Der Sachverständige hängt insoweit (grundsätzlich) an der Nabelschnur des Gutachterausschusses für Grundstückswerte, auch wenn er fachlich abweichende Auffassungen vertritt.

1. Vor Anwendung des Sachwertverfahrens muss man sich zu allererst Klarheit über den heranzuziehenden Sachwertfaktor des Gutachterausschusses für Grundstückswerte sowohl hinsichtlich des ihm zugrunde liegenden Sachwertmodells als auch der dem Sachwertfaktor zugrunde liegenden „Modellansätze" sowie der sonstigen **Merkmale des Referenzgrundstücks** (Normgrundstück) verschaffen. Diesbezüglich empfiehlt es sich, den einschlägigen Grundstücksmarktbericht des Gutachterausschusses für Grundstückswerte auszuwerten und die diesbezüglichen **Angaben** insbesondere **zum Referenzgrundstück des Sachwertfaktors** im Interesse der Nachvollziehbarkeit im Gutachten möglichst vollständig anzugeben. Die eigene Sachwertermittlung muss sich methodisch auf eben dieses Sachwertmodell auszurichten.
2. Darüber hinaus **muss sich auch das Sachwertverfahren in seiner verfahrensmäßigen Abfolge am herangezogenen Sachwertfaktor orientieren:**
   a) Ausgangspunkt der Ermittlung des vorläufigen Sachwerts ist zunächst nicht das Bewertungsobjekt mit seinen tatsächlichen Grundstücksmerkmalen, sondern ein fiktives Grundstück mit den Grundstückseigenschaften des Referenzgrundstücks.

   b) Die dem Sachwertfaktor zugrunde liegenden „Modellansätze" und sonstigen Grundstücksmerkmale sind möglichst detailliert im Gutachten darzulegen, damit die Berücksichtigung der besonderen Grundstücksmerkmale des zu bewertenden Grundstücks nachvollziehbar ist.

   c) Etwaige Abweichungen des Wertermittlungsobjekts von dem dem Sachwertfaktor zugrundeliegenden Modell, den Modellansätzen sowie den Referenzmerkmalen sind gemäß § 39 ImmoWertV mit der objektspezifischen Anpassung des Sachwertfaktors zu berücksichtigen.

   d) Darüber hinaus muss subsidiär der Werteinfluss der mit dem vorläufigen marktangepassten Sachwert noch nicht erfassten besonderen objektspezifischen Grundstücksmerkmale (boG) in marktkonformer Weise ermittelt und begründet werden.

Das kann im Ergebnis dazu führen, dass bei der Ermittlung des Sachwerts sowohl die Boden- als auch die Gebäudewertermittlung auseinandergerissen wird und die Lesbarkeit eines Gutachtens dadurch nicht unerheblich beeinträchtigt wird.

Abb. 3: Modell- und referenzkonforme Sachwertermittlung

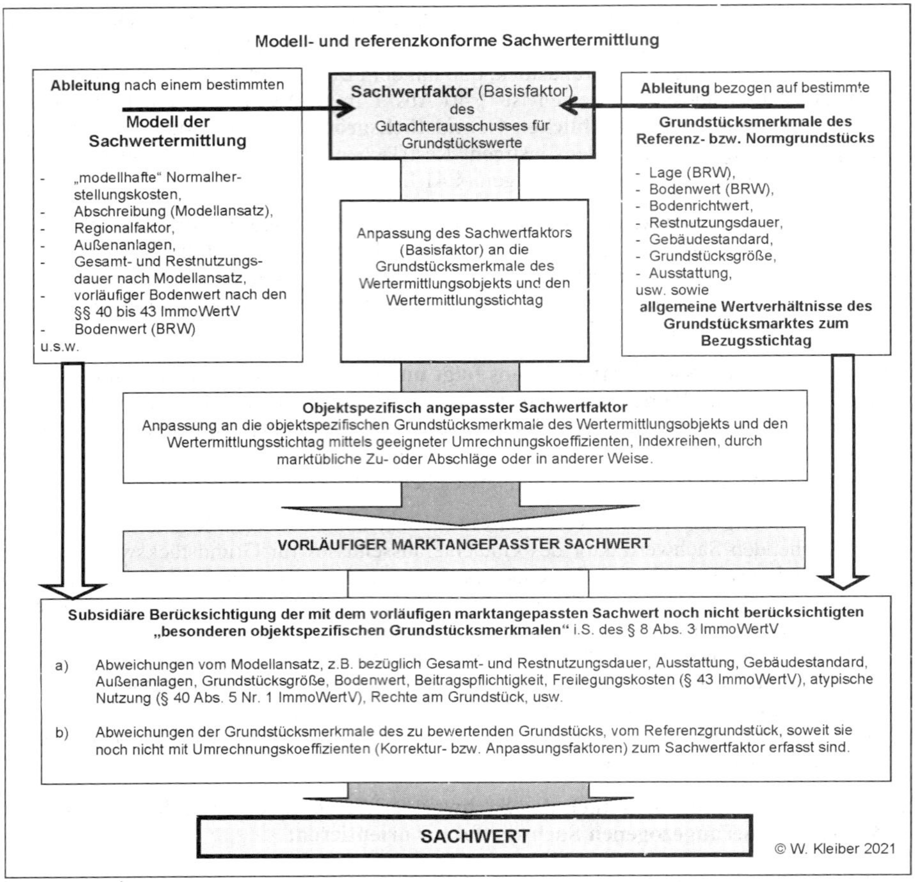

Die Ermittlung des vorläufigen Boden- und Gebäudesachwerts hat sich daran auszurichten (Abb. 4). **30**

Abb. 4: Vorläufiger Sachwert der baulichen Anlagen, der baulichen Außenanlagen und sonstigen Anlagen sowie vorläufiger Bodenwert

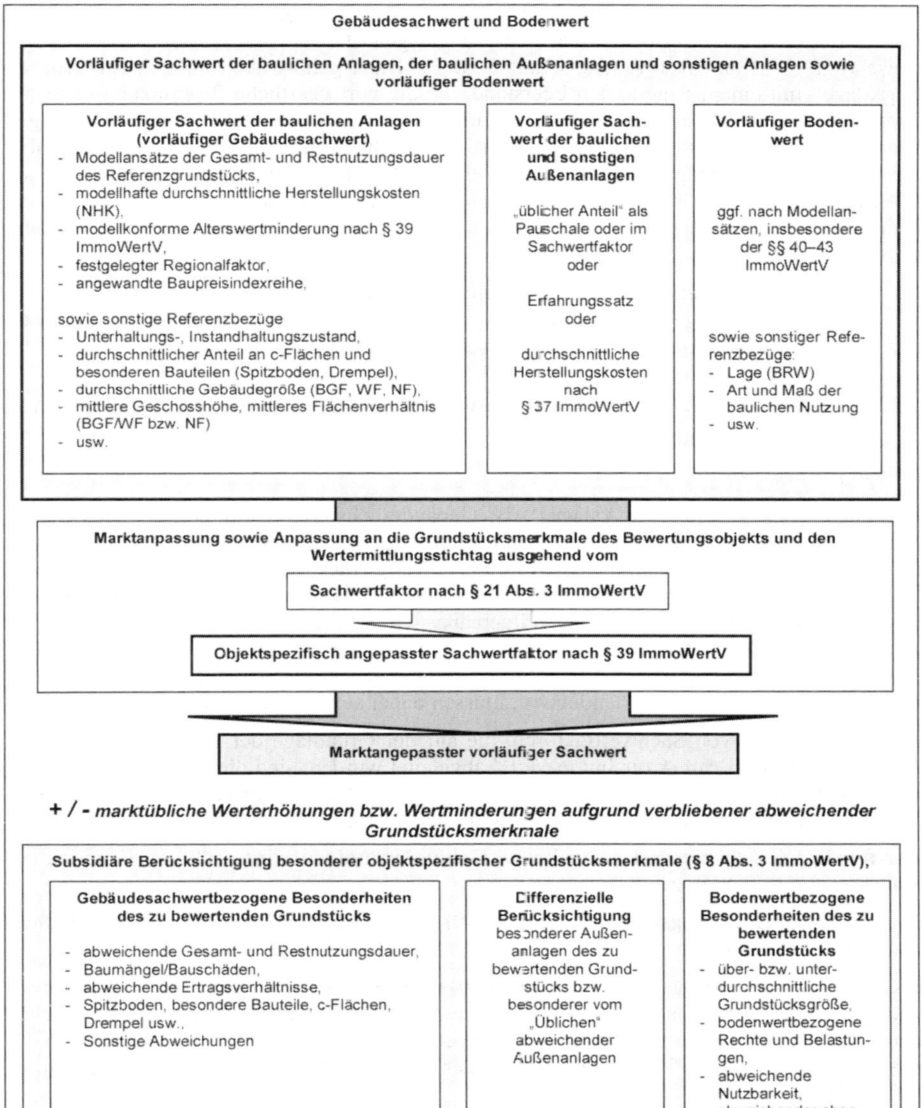

2.2 Vorläufiger Sachwert der baulichen Anlage (Gebäudesachwert)

2.2.1 Allgemeines

▶ *Vgl. § 36 ImmoWertV Rn. 1 ff.*

31 Es ist grundsätzlich nur der **Sachwert der „nutzbaren" Anlagen** zu berücksichtigen. Maßgeblich für die Beurteilung der Nutzbarkeit von Anlagen ist eine wirtschaftliche Betrachtungsweise (vgl. § 8 ImmoWertV Abs. 3 Satz 2 Nr. 3). Dazu gehört auch eine „wegbrechende Marktlage" mit einem dauerhaften Leerstand, die die wirtschaftliche Restnutzungsdauer im Grenzfall sogar gegen „null" gehen lassen kann. Wirtschaftlich nicht mehr nutzbare Anlagen haben praktisch keine Restnutzungsdauer mehr; d.h., ihr Sachwert würde sich ohnehin über die Alterswertminderung auf „null" reduzieren; die Bebauung steht dann zur Liquidation an. Die Begründung nennt in diesem Zusammenhang Wohngebäude in Stadtumbaugebieten, die nicht ausreichend nachgefragt werden und auch nicht in wirtschaftlicher Weise umgenutzt werden können[13].

32 Die **Ermittlung des Herstellungswerts baulicher Anlagen** stellt trotz Heranziehung empirischer Untersuchungsergebnisse eine Kostenschätzung nach Vergleichswerten dar, die **mit einer Ungenauigkeit von +/-30 %** verbunden ist[14].

2.2.2 Vorläufiger Sachwert der baulichen Anlage nach durchschnittlichen Herstellungskosten

▶ *Vgl. § 36 ImmoWertV Rn. 12*

33 Der Sachwert der baulichen Anlage (z.B. Gebäudesachwert) bestimmt sich nach dessen „durchschnittlichen" Herstellungskosten (§ 36 Abs. 2 Satz 1 ImmoWertV). Der Ermittlung dieser **Herstellungskosten** sind die **für die Errichtung eines** nach Art und Standard der baulichen Anlage (Ausstattung und Beschaffenheit) **vergleichbaren Neubaus am Wertermittlungsstichtag** unter Zugrundelegung zeitgemäßer wirtschaftlicher Bauweisen aufzubringenden „durchschnittlichen Herstellungskosten" zugrunde zu legen. Besonders preisgünstige oder überzogene Herstellungskosten, z.B. aufgrund von Feierabendarbeiten oder unter Zeitdruck in Kauf genommenen Preiszugeständnissen, müssen dabei außer Betracht bleiben.

34 Bei Heranziehung von Sachwertfaktoren, die auf der Grundlage der modellhaften Kostenkennwerte der nach Anl. 4 zur ImmoWertV abgeleitet wurden, sind diese der Ermittlung des vorläufigen Sachwerts der baulichen Anlage zugrunde zu legen. Sie werden **mit dem Begriff „Normalherstellungskosten" (NHK 2010) gleichgesetzt**.

35 Der für den Kostenkennwert maßgebliche **Gebäudestandard** wird nach den Kriterien der Anl. 4 zur ImmoWertV ermittelt.

36 **Die „Normalherstellungskosten" (NHK 2010) umfassen auch die** üblicherweise anfallenden **Baunebenkosten**.

37 **Die „Normalherstellungskosten" (NHK 2010) umfassen indessen nicht sog. c-Flächen** sowie die Flächen von Balkonen. Nach Anl. 4 zur ImmoWertV sollen dabei auch die Flächen eines Spitzbodens nicht in die reduzierte BGF eingehen, auch wenn sie als nutzbare Grundrissebene i.S. der DIN 277 bei der Ermittlung der BGF zu berücksichtigen wären (vgl. Anl. 4 I Ziff. 2. Abs. 4).

38 Die auf eine Flächen-, Raum- oder sonstige Bezugseinheit bezogenen durchschnittlichen Herstellungskosten sind mit der Anzahl der **entsprechenden Bezugseinheiten der zu bewertenden baulichen Anlage zu vervielfachen – Bezugseinheit ist** bei Heranziehung von Sach-

13 BR-Drs. 296/09.

14 Schmitz/Krings/Dahlhaus/Meisel, Baukosten, 23. Aufl. 2017/III, S. 10; in der 18. Aufl. wurde noch eine Ungenauigkeit von nur +/- 25 % genannt.

wertfaktoren, die auf der Grundlage der modellhaften Kostenkennwerte nach Anl. 4 zur ImmoWertV abgeleitet wurden, die sich an die DIN 277[15] anlehnende sog. reduzierte **Brutto-Grundfläche (BGF_{red})**.

Verfahrensmäßig stellt sich die Ermittlung der Herstellungskosten baulicher Anlagen nach den Regelungen des § 36 ImmoWertV im Weiteren wie folgt dar: 39

Ausgehend von den nach vorstehenden Ausführungen ermittelten **durchschnittlichen Herstellungskosten der baulichen Anlage bezogen auf** den Stichtag, der den NHK 2010 zugrunde liegt (**Jahresmitte von 2010**), sind diese

a) auf den Wertermittlungsstichtag mit dem für die jeweilige Art der baulichen Anlage zutreffenden Preisindex für die Bauwirtschaft des Statistischen Bundesamtes (Baupreisindex) zu indexieren,

b) mit einem vom örtlich zuständigen Gutachterausschuss festgelegten **Modellparameter Regionalfaktor** zur Anpassung der durchschnittlichen Herstellungskosten an die Verhältnisse am örtlichen Grundstücksmarkt zu multiplizieren,

c) einer linearen Alterswertminderung mittels eines sich aus dem Verhältnis der Restnutzungsdauer zur Gesamtnutzungsdauer ergebenden Alterswertminderungsfaktors nach § 38 ImmoWertV zu unterziehen.

d) Soweit mit den herangezogenen Normalherstellungskosten „**einzelne Bauteile** entgegen § 36 Abs. 2 Satz 3 ImmoWertV nicht erfasst worden sind, können diese als besondere objektspezifische Grundstücksmerkmale (boG) nachträglich berücksichtigt werden, „soweit dies dem gewöhnlichen Geschäftsverkehr entspricht“ und soweit diese nicht modellgemäß mit dem Sachwertfaktor berücksichtigt werden. Entsprechendes gilt grundsätzlich auch für den **Wertanteil sog. c-Flächen** i.S. der DIN 277.

e) Entsprechendes gilt auch für den Grund und Boden betreffende besondere objektspezifische Grundstücksmerkmale sowie gebäudebezogene **Rechte und Belastungen**, soweit das zu bewertende Grundstück diesbezüglich von den Grundstücksmerkmalen abweicht, die der Ableitung der Sachwertfaktoren zugrunde liegen.

f) Soweit die herangezogenen Normalherstellungskosten ausnahmsweise noch nicht die üblicherweise entstehenden **Baunebenkosten** umfassen, können diese ebenfalls ergänzend berücksichtigt werden. Entsprechendes gilt, soweit bei Heranziehung der NHK 2010 die im konkreten Einzelfall angemessenen Baunebenkosten von den Baunebenkosten abweichen, die den Kostenkennwerten zugeordnet sind. Abweichungen können differentiell und subsidiär nach § 8 Abs. 3 ImmoWertV berücksichtigt werden. Davon kann jedoch regelmäßig abgesehen werden, da der Marktwert i.d.R. nicht durch die in der Vergangenheit angefallenen besonders niedrigen oder hohen Baunebenkosten beeinflusst wird und diese nach § 8 Abs. 3 ImmoWertV ausdrücklich nur zu erfassen sind, wenn sie im „gewöhnlichen Geschäftsverkehr“ berücksichtigt werden.

Die Regionalisierung der durchschnittlichen Herstellungskosten mittels des Regionalfaktors ist methodisch erst nach der Indexierung der auf 2010 bezogenen Normalherstellungskosten auf den jeweiligen Wertermittlungsstichtag vorzunehmen, da sich die Regionalisierungsfaktoren i.d.R. auf aktuelle Marktverhältnisse und auf die den NHK 2010 zugrunde liegenden Marktverhältnisse des Jahres 2010 beziehen (vgl. § 36 ImmoWertV Rn. 7). 40

15 DIN 277-1:2005-02, Grundflächen und Rauminhalte von Bauwerken im Hochbau – Teil 1: Begriffe, Ermittlungsgrundlagen.

2.2.3 Vorläufiger Sachwert der baulichen Anlage nach Einzelkosten

▶ *Vgl. § 36 ImmoWertV Rn. 13*

41 Nur in besonderen Ausnahmefällen ist nach § 36 Abs. 2 Satz 5 ImmoWertV eine **Ermittlung nach** den Herstellungskosten einzelner Bauleistungen (*unit-in-place method*) – **Einzelkosten** – zulässig. Es muss jedoch gefordert werden, dass es sich dabei um „gewöhnliche" Kosten der Einzelgewerke handelt. Diese Voraussetzung ist i.d.R. nicht gegeben, zumal auch die Gesamtkosten (bei einer Gesamtausschreibung und insbesondere der Errichtung eines Gebäudes durch einen Generalunternehmer) geringer ausfallen als bei Einzelvergaben (Mengenrabatt). So wäre z.B. auch ein Auto unbezahlbar, wenn man es sich durch Einzelvergabe zusammenbauen würde. Dies wäre mit der mit § 36 Abs. 2 Satz 1 ImmoWertV geforderten „Beachtung wirtschaftlicher Gesichtspunkte" unvereinbar. Im Übrigen stehen für eine derartige Vorgehensweise i.d.R. keine Sachwertfaktoren zur Verfügung.

42 Die **Ermittlung der gewöhnlichen Herstellungskosten nach den durchschnittlichen Kosten einzelner Bauleistungen** (so noch § 22 Abs. 5 WertV 88/98) ist gemäß § 36 Abs. 2 Satz 5 ImmoWertV nur „ausnahmsweise" zugelassen. Nach einer älteren Entscheidung des RFH war die Heranziehung der tatsächlichen Herstellungskosten deshalb nur „hilfsweise als Anhaltspunkt" zulässig[16].

43 In der **Zusammenfassung** stellt sich die Ermittlung des vorläufigen Sachwerts der baulichen Anlage (Gebäudesachwert) wie folgt dar (Abb. 5):

16 RFH, Urt. vom 22.11.1934 – III A 247/33 –, RStBl 1935, 107.

Abb. 5: Ermittlung der Herstellungskosten der baulichen Anlage (Gebäudesachwert)

Ermittlung der Herstellungskosten der baulichen Anlage (Gebäudesachwert)

Normalherstellungskosten (NHK 2010) des zu bewertenden Gebäudes, insbesondere unter Berücksichtigung
- der Gebäudeart,
- des Gebäudestandards,
- eines Drempels, der Trauflänge, der Giebelbreite und ggf. der Dachneigung

×

Brutto-Grundfläche (BGF) des zu bewertenden Gebäudes, wobei sich diese bei Anwendung der NHK 2010 auf die Teilfläche a und b i. S. der DIN 277 (ohne Berücksichtigung überdeckter Balkone und nutzbarer Grundrissebenen in Spitzböden) beschränkt, d.h. Ermittlung der **sog. reduzierten Brutto-Grundfläche (BGF_{red})**

=

Vorläufige Herstellungskosten des zu bewertenden Gebäudes einschließlich Baunebenkosten
- bezogen auf die Preisverhältnisse des Bezugsjahres der NHK 2010,
- jedoch ggf. ohne den mit den Kostenkennwerten (der NHK 2010) nicht erfassten Anteil an c-Flächen i.S. der DIN 277, Balkone sowie den Kosten besonderer Bauteilen,

soweit nicht modellkonform mit entsprechend abgeleiteten Sachwertfaktoren berücksichtigt.

×

1. **Umrechnung der vorläufigen Herstellungskosten auf die Preisverhältnisse des Wertermittlungsstichtags:**

$$\times \frac{\text{Baupreisindexzahl des Wertermittlungsstichtags}}{\text{Baupreisindexzahl des Bezugsstichtags der Normalherstellungskosten (2010)}}$$

2. **Umrechnung der vorläufigen Herstellungskosten auf die örtlichen Marktverhältnisse mittels Regionalisierungsfaktor** (§ 36 Abs. 1 und 3 ImmoWertV)

=

Regionalisierte vorläufige Herstellungskosten am Wertermittlungsstichtag (Neubauwert)

×

Alterswertminderung mittels Alterswertminderungsfaktor (§ 36 Abs. 1 und § 38 ImmoWertV)

↓

Vorläufiger Sachwert der baulichen Anlage am Wertermittlungsstichtag
(Alterswertgeminderte geminderte Herstellungskosten)

ggf. subsidiär als besondere objektspezifisches Grundstücksmerkmal nach § 8 Abs. 3 ImmoWertV) zu ergänzen durch marktkonforme Zu- oder Abschläge für
- c-Flächen i.S. der DIN 277
- besondere Bauteile einschließlich Balkone,
- außergewöhnliche Baunebenkosten,

soweit sich erhebliche Abweichungen gegenüber deren Erfassung durch die Kostenkennwerte bzw. dem angesetzten Sachwertfaktor ergeben und dies dem gewöhnlichen Geschäftsverkehr entspricht.

2.2.4 Normalherstellungskosten (NHK 2010)

2.2.4.1 Allgemeines

▶ *Vgl. § 21 ImmoWertV Rn. 194 ff.; § 36 ImmoWertV Rn. 1 ff.; Normalherstellungskosten 2010 abgedruckt in ImmoWertV (2021), Sammlung amtlicher Vorschriften und Richtlinien, 13. Aufl., 2021 Reguvis Fachmedien*

44 **Normalherstellungskosten**(*unit cost)* sind standardisierte für bauliche Anlagen bestimmter Bauart (Gebäudearten), Ausstattung und Beschaffenheit (Gebäudestandards) unter Ausschluss ungewöhnlicher Mehr- oder Minderkosten üblicherweise anfallende „durchschnittliche" Herstellungskosten für die Neuerrichtung (Neubau) einer entsprechenden baulichen Anlage. Es handelt sich um stichtagsbezogene Kosten der Ersatzbeschaffung und nicht um Rekonstruktionskosten, denn die Herstellungskosten ändern sich mit der Zeit; sie werden i.d.R. für das gesamte Bundesgebiet als Bundesmittelwerte ohne Unterscheidung nach örtlichen Verhältnissen abgeleitet.

45 Zu den Normalherstellungskosten gehören per definitionem die üblicherweise entstehenden **Baunebenkosten**, insbesondere die Kosten für Planung, Baudurchführung, behördliche Prüfungen und Genehmigungen.

46 Auch bei den in der steuerlichen Bewertung zur Anwendung kommenden **Regelherstellungskosten** nach Anl. 24 zu § 190 BewG (Anh. 3 und 4) sowie den in der Beleihungswertermittlung heranzuziehenden „Erfahrungssätzen" handelt es sich um Normalherstellungskosten.

47 Nach der ImmoWertV sind zur Ermittlung der durchschnittlichen Herstellungskosten „in der Regel" modellhafte Kostenkennwerte zugrunde zu legen. Die **Wahl der Normalherstellungskosten steht insoweit grundsätzlich im Ermessen des Anwenders. Hiervon abweichend wird den Gutachterausschüssen für Grundstückswerte mit § 12 Abs. 5 Satz 3 ImmoWertV aufgegeben,** bei der Ableitung der Sachwertfaktoren der Ermittlung der durchschnittlichen Herstellungskosten i.S. des § 36 Abs. 2 ImmoWertV die Normalherstellungskosten nach Anl. 4 zur ImmoWertV zugrunde zu legen. Im Falle der Heranziehung derart ermittelter Sachwertfaktoren kommt den modellartigen Normalherstellungskosten nach Anl. 4 zur ImmoWertV eine Allgemeingültigkeit zu.

Soweit die entsprechende Gebäudeart in den NHK 2010 nicht erfasst ist, können geeignete Datensammlungen und ausnahmsweise Einzelkosten herangezogen werden, d.h. die gewöhnlichen Herstellungskosten einzelner Bauleistungen.

Nach § 36 Abs. 2 Satz 5 ImmoWertV können die durchschnittlichen Herstellungskosten der baulichen Anlagen ausnahmsweise nach den **durchschnittlichen Kosten einzelner Bauleistungen** ermittelt werden (vgl. § 36 ImmoWertV Rn. 11 ff., 14). **Tatsächlich entstandene Herstellungskosten können** nach einer Entscheidung des RFH[17] **allenfalls „hilfsweise als Anhaltspunkt" zugelassen werden, wenn geeignete Schätzungsgrundlagen nicht zur Verfügung stehen**.

2.2.4.2 Normalherstellungskosten 2010 (NHK 2010)

48 Die in der Anl. 4 zu ImmoWertV ausgewiesenen Normalherstellungskosten 2010 (NHK 2010) sind in einem äußerst langwierigen und kontroversen Prozess aus den NHK 95/2000 hervorgegangen. In dem Tabellenwerk werden für insgesamt 22 Gebäudearten mit zahlreichen Untergruppen Normalherstellungskosten differenziert nach

- der Dachkonstruktion und dem Dachausbau (bei Ein- und Zweifamilienhäusern, Doppel- und Reihenendhäusern sowie Reihenmittelhäusern) und
- dem Gebäudestandard

nachgewiesen.

17 RFH, Urt. vom 22.11.1934 – III A 247/33 –, RStBl 1935, 107.

Die Normalherstellungskosten werden auch als **Kostenkennwerte** bezeichnet. Sie erfassen die Kostengruppen 300 und 400 der DIN 276, ohne danach zu unterscheiden, lediglich die für landwirtschaftliche Betriebsgebäude ausgewiesenen Kostenkennwerte unterscheiden nach den genannten Kostengruppen. **49**

Bei den NHK 2010 handelt sich um konstruierte Kostenkennwerte **aus der Retorte**, die auch als „**Kunstwerte**"[18] bezeichnet worden sind. **50**

Das Baukosteninformationszentrum Deutscher Architektenkammern (BKI) hat 2008 einen Vorschlag für aktuelle Normalherstellungskosten unter dem Titel „Aktuelle Gebäudesachwerte in der Verkehrswertermittlung" zusammen mit einem bauteilorientierten Alterswertminderungsmodell vorgestellt[19]. Die darin ausgewiesenen Normalherstellungskosten sind aus 1 400 abgerechneten und in der Baukostendatenbank des BKI registrierten Bauprojekten deutscher Architekturbüros zu Neu- und Altbauten, energiesparendem Bauen und Freianlagen hervorgegangen. Dabei ist unklar geblieben, ob neben den in der Bewertungspraxis unter Sachverständigen allgemein als überhöht eingeschätzten Kosten von Architekturbüros[20] auch solche von Bauträgermaßnahmen, Bauten in großen Ballungsgebieten oder von Fertighäusern als Datenquelle berücksichtigt wurden. Die im Jahre 2008[21] erstmals daraus abgeleiteten NHK 2005 sind ebenso wie das vom BKI vorgeschlagene bauteilorientierte Alterswertminderungsmodell auf massive Kritik gestoßen[22], insbesondere auch, was die ausgewiesenen Werte und die Verkomplizierung des Systems anbelangt. Zudem haben die empirischen Grundlagen der Tabellenwerte erhebliche Bedenken ausgelöst. Bei den rd. 7 000 aus gerade einmal 1 400 abgerechneten Bauprojekten abgeleiteten Tabellenwerten handelt es sich vornehmlich um synthetische Herstellungskosten, von denen gerade einmal rd. 20 % empirisch belegt sind. Das BMVBS hat deshalb seine ursprüngliche Absicht, die NHK 2005 in die WERTR aufzunehmen, schnell fallengelassen und die Tabellen einer grundlegenden Revision unterzogen, ohne allerdings die erforderlichen empirischen Nacherhebungen zu veranlassen.

Die NHK 2010 sind aus den umstrittenen und nicht in Kraft gesetzten NHK 2005 durch eine nicht nachvollziehbare Fortschreibung hervorgegangen, indem man ohne durchgreifende empirische Überprüfung die rd. 7 000 Tabellenwerte der NHK 2005 bis zur Unkenntlichkeit auf nunmehr nur noch rd. 430 Kostenkennwerte „zusammengeschmolzen" hat und die ursprünglich vorgesehene, aber unsinnige Aufteilung in die Kostengruppe 300 (Bauwerk, Baukonstruktion) und Kostengruppe 400 (Bauwerk, Technische Anlagen) aufgegeben hat. Hatte man die vom BKI abgeleiteten Normalherstellungskosten von 2005 noch als „synthetische" Werte bezeichnet, kann man die Kostenkennwerte der NHK 2010 als „konstruierte Kostenkennwerte aus der Retorte" bezeichnen[23]. Sie wurden erstmals vom BMVBS im Internet mit dem Vorentwurf der SachwertR nach dem Stand vom 25.10.2011 veröffentlicht[24]. Die darin veröffentlichten Kostenkennwerte hatten sich ebenfalls nicht als tragfähig erwiesen. Ihre Glaubwürdigkeit ist auch deshalb in Frage gestellt, weil für zahlreiche Gebäudearten die Kostenkennwerte nachträglich und ohne hinreichende empirische Begründung geändert und „gespreizt" wurden; so wurden beispielsweise die Kostenkennwerte von zahlreichen Gebäudearten in nicht nachvollziehbarer Weise drastisch und mitunter um über 100 % (Sakralbauten, Kirchen) nachkorrigiert. Dies muss zu Lasten ihrer Vertrauenswürdigkeit gehen.

Das Konstrukt weist nicht unerhebliche Abweichungen von den empirisch abgeleiteten Kostenkennwerten der NHK 2000 auf: So hat man beispielsweise im Rahmen der Ableitung der NHK 2000 festgestellt, dass die Normalherstellungskosten von Reihenhäusern „einfacher" und „mittlerer" Ausstattung höher ausfallen als die entsprechenden Normalherstellungskosten von freistehenden Einfamilienhäusern. Dieses zunächst nicht gerade plausibel erscheinende Ergebnis hat sich im Rahmen einer empirischen Überprüfung bestätigt und wurde damit erklärt, dass die im Vergleich zu freistehenden und „luftigen" Einfamilienhäusern kom-

---

18 Vgl. Stellungnahme des Bundesfachausschusses für Sachverständige im Immobilienverband IVD zur Wertermittlung im Sachwertverfahren vom 21.04.2017, nach dem die im IVD organisierten Sachverständigen festgestellt haben, dass „weiterhin Vorbehalte gegen die eher synthetisch und sehr modellhaft abgeleiteten Normalherstellungskosten 2010 bestehen." Hier wird auch genannt, dass diese dem Grundgedanken des Sachwertverfahrens, über Baukosten auf den Verkehrswert zu schließen, widersprechen (GuG 2017, 254). Abele, G., Normalherstellungskosten 2010, 37; Arbeitstagung des Arbeitskreises der Bausachverständigen im BDB Baden Württemberg am 19.05.2012 in Bodman.

19 Zur Entstehungsgeschichte vgl. Kleiber, Verkehrswertermittlung von Grundstücken, 6. Aufl. 2010, S. 1843 ff., 1921 ff.

20 So auch DeBRIV in seiner Stellungnahme zum NHK-Entwurf 2005 vom 20.04.2009 – Ka/90420 –.

21 GuG 2008, 204.

22 Stemmler auf der Fachtagung des IVD am 10.07.2009 in Berlin; Kröll, R., Nachbesserungsbedarf bei NHK 2005 und Restwertmodell, GuG 2010, 65.

23 Da sich die in der Baukostendatenbank des BKI registrierten Herstellungskosten von Bauprojekten damit als unbrauchbar erwiesen haben, ist die Heranziehung dieser Daten ebenso wie die Heranziehung der Regionalfaktoren des BKI künftig nicht frei von Bedenken.

24 Abgedruckt in GuG 2012, 29 ff.

pakte Bauweise von Reihenhäusern bezogen auf den Quadratmeter Brutto-Grundfläche tatsächlich auch höhere Bauleistungen erfordert. Die NHK 2010 folgen der gegenteiligen und nur vordergründig plausiblen Auffassung und weisen nunmehr für freistehende Einfamilienhäuser bei gleicher Ausstattung höhere Normalherstellungskosten als für Reihenhäuser auf:

Abb. 6: Vergleich der Normalherstellungskosten von frei stehenden Einfamilienhäusern zu Reihenendhäusern

Vergleich der Normalherstellungskosten von frei stehenden Einfamilienhäusern zu Reihenendhäusern								
	NHK 2000 *Bezugszeitpunkt 2000*				**NHK 2010** *Bezugszeitpunkt 2010*			
	Frei stehendes Einfamilienhaus		**Einfamilien-, Reihenhaus (Kopfhaus)**		**Frei stehendes Einfamilienhaus**		**Einfamilien-, Reihenhaus (Kopfhaus)**	
	KG, EG, ausgebautes DG				KG, EG, ausgebautes DG			
	Typ Ausstattung		Typ Ausstattung		Typ Ausstattung		Typ Ausstattung	
	1.01	€/m²	2.01	€/m²	1.01	€/m²	2.01	€/m²
	einfach	580	einfach	**635**	2	725	2	***685***
	mittel	660	mittel	**675**	3	835	3	***785***
	bislang höher				***nunmehr kleiner***			
	Frei stehendes Einfamilienhaus		**Einfamilien-, Reihenhaus (Kopfhaus)**		**Frei stehendes Einfamilienhaus**		**Einfamilien-, Reihenhaus (Kopfhaus)**	
	KG, EG, nicht ausgebautes DG				KG, EG, ausgebautes DG			
	1.02	€/m²	2.02	€/m²	1.02	€/m²	2.02	€/m²
	einfach	475	einfach	**580**	2	605	2	***570***
	mittel	540	mittel	**620**	3	695	3	***655***
	bislang höher				***nunmehr kleiner***			

Die Umstellung der bisherigen Struktur ist mit Recht auf Kritik gestoßen[25].

25 Der Deutsche Braunkohlenindustrie-Verein e.V. (DeBRIV), in dem die RWE Power AG, die Mitteldeutsche Braunkohlengesellschaft mbH und Vattenfall Europe Mining AG organisiert sind, hat dies in seiner Stellungnahme vom 15.12.2011 mit den Worten bemängelt: „So ist bei größeren Ein- und Zweifamilienhäusern i.d.R. mit geringeren NHK-Ansätzen zu rechnen, da sich „teure" Räume (Nassräume) und „teure" Bauteile (Treppen, Haustüren) auf eine größere Brutto-Grundfläche verteilen" (GuG 2012, 104). Auffällig ist auch die Identität der Kostenkennwerte der Haustypen 1.01 = 1.11; 2.01 = 2.11 sowie 3.01 = 3.11 trotz unterschiedlicher Geschossigkeit.

Die in den NHK 2010 für **landwirtschaftliche Gebäudearten** ausgewiesenen Kostenkennwerte korrespondieren im Übrigen nicht mit der vom Kuratorium für Technik und Bauwesen in der Landwirtschaft (KTBL) gepflegten Datensammlung zu Kostenkennwerten im landwirtschaftlichen Bereich.

Die NHK 2010 bilden bei alledem nicht die tatsächlichen (durchschnittlichen) Bau- oder Rekonstruktionskosten ab und können zur entsprechenden **Kostenkalkulation baulicher Anlagen nicht herangezogen werden** (vgl. Ziff. 36 (2) 1 Satz 2 der ImmoWertA).

Angesichts dieser Kritik stieß die Absicht des für die ImmoWertV federführenden Bundesressorts, die missglückten NHK 2010 in einer novellierten ImmoWertV zu verankern – der „Ritterschlag für eine missratene Geburt" – auf Verwunderung und entschiedene Ablehnung[26]. **51**

Der Bundesrat hat bei alledem die Bundesregierung mit nachstehender Begründung gebeten, die **NHK 2010** „an die aktuellen Verhältnisse anzupassen. Das betrifft sowohl die Kostenkennwerte als auch die Relationen zu den Standardstufen. Die Beschreibung der Standardstufen ist zudem auf die Erfordernisse einer digitalen Datenerhebung auszurichten". Dies wird wie folgt begründet:

Die Normalherstellungskosten bilden den Kern des Sachwertverfahrens, das die Immobilienwertermittlungsverordnung als ein Verfahren zur Ermittlung der Verkehrswerte von Grundstücken normiert.

Die Normalherstellungskosten 2010 (NHK 2010) wurden unverändert aus den Anl. 1 und 2 der Sachwertrichtlinie in die Anl. 4 der Verordnung über die Grundsätze für die Ermittlung der Verkehrswerte von Immobilien und der für die Wertermittlung erforderlichen Daten (Immobilienwertermittlungsverordnung – ImmoWertV – BR-Drs. 407/21) übernommen.

Die NHK 2010 beruhen auf Daten, die vor dem Jahr 2005 erhoben wurden. Gerade in den vergangenen 20 Jahren haben sich die Anforderungen an die Errichtung von Gebäuden, zum Beispiel in energetischer Hinsicht, erheblich verändert. Daher entsprechen die NHK 2010 nicht mehr den Marktverhältnissen und werden von der Fachwelt immer weniger akzeptiert.

Im Rahmen der fachlichen und förmlichen Beteiligung haben daher sowohl die Länder als auch die Verbände die dringende Anregung vorgebracht, die NHK 2010 im Zuge des Verordnungsgebungsverfahrens zur ImmoWertV zeitnah zu überarbeiten und marktgerecht auszugestalten. Zudem wurde vorgeschlagen, einen Automatismus zur regelmäßigen Aktualisierung der Normalherstellungskosten, beispielsweise im fünf oder zehn Jahresrhythmus, in die ImmoWertV zu implementieren.

Der Forderung der Länder und Verbände wurde jedoch seitens der Bundesregierung nicht nachgekommen; die Begründung zur ImmoWertV führt dazu lediglich aus, dass „eine Aktualisierung der NHK 2010 […] im Anschluss an das Verordnungsgebungsverfahren geplant" (vgl. BR-Drs. 407/21, S. 79) ist. Aufgrund der zentralen Bedeutung der Normalherstellungskosten im Sachwertverfahren ist eine zeitnahe Überarbeitung der NHK 2010 zwingend erforderlich.

Die **Konstruktion der Kostenkennwerte** folgt folgenden Grundsätzen: **52**

1. Das **Verhältnis zwischen den Kostenkennwerten freistehender Einfamilienhäuser zu den übrigen Gebäudetypen** ist unabhängig von den einzelnen Geschossen und den Gebäudestandards einheitlich konstruiert. Ausgehend von den Kostenkennwerten für freistehende Einfamilienhäuser (100 %) sollen sich die Kostenkennwerte für Doppel- und Reihenendhäuser sowie für Reihenhäuser schrittweise jeweils um 6 Prozentpunkte auf 94 % bzw. 88 % vermindern:

26 Stellungnahme Bund Deutscher Baumeister, Architekten und Ingenieure vom 20.08.2020; Stellungnahme des Bundesverbandes öffentlich bestellter und vereidigter Sachverständiger (BvS) vom 20.08.2020; jeweils zum Referentenentwurf vom 19.06.2020.

Verhältnis der Kostenkennwerte nach Gebäudearten		
Freistehende Einfamilienhäuser	1.01/ 1.11/ 1.21/ 1.31	100 %
Freistehende Zweifamilienhäuser	1.01/ 1.11/ 1.21/ 1.31	105 %
Doppel- und Reihenendhäuser	2.01/ 2.11/ 2.21/ 2.31	94 %
Reihenmittelhäuser	3.01/ 3.11/ 3.21/ 3.31	88 %

2. Das **Verhältnis der Kostenkennwerte zwischen den jeweiligen Gebäudestandards** ist bei allen Gebäudetypen ebenfalls einheitlich.

Verhältnis der Kostenkennwerte nach Gebäudestandards						
	Δ [%]	1	2	3	4	5
Gebäudestandard 1		**100 %**	90 %	78 %	65 %	52 %
	+ 11 %					
Gebäudestandard 2		111 %	**100 %**	87 %	72 %	58 %
	+ 15 %					
Gebäudestandard 3		128 %	115 %	**100 %**	83 %	66 %
	+ 20 %					
Gebäudestandard 4		153 %	140 %	120 %	**100 %**	80 %
	+ 25 %					
Gebäudestandard 5		192 %	174 %	151 %	125 %	**100 %**

3. Die Abhängigkeit der Kostenkennwerte von der Geschossigkeit ist widersprüchlich und unlogisch. Die Kostenkennwerte der Gebäudetypen 1.01/2.01 und 3.01 (Einfamilienhaus mit Erd- und Kellergeschoss sowie ausgebautem Dachgeschoss) sind identisch mit den Kostenkennwerten der Gebäudetypen 1.11/2.11 und 3.11, die neben dem Erd-, Keller- und ausgebauten Dachgeschoss ein weiteres Obergeschoss aufweisen. In allen übrigen Fällen führt ein weiteres Obergeschoss mal zu mehr oder minder höheren und mal zu mehr oder minder niedrigeren Kostenkennwerten.

Die **Kostenkennwerte der NHK 2010 definieren sich** wie bereits die der NHK 2000 **als Bundesmittelwerte nach dem Preisstand von 2010**. Der Preisstand 2010 wird als der Preisstand 2010 **zur Jahresmitte** konkretisiert. Dies ist im Hinblick auf die Indizierung der NHK bedeutsam, da damit der Ausgangspunkt der Indizierung bestimmt wird.

53 Eine **Anpassungderbundesdurchschnittlichen Kostenkennwerte der NHK 2010 an die örtlichen Verhältnisse mittels Ortsgrößen- bzw. Regionalisierungsfaktor**hat die ImmoWertV 2010 nicht vorgesehen, aber auch nicht ausgeschlossen. Davon konnte insbesondere abgesehen werden, wenn bei der Ableitung der Sachwerffaktoren ebenfalls darauf verzichtet wird und somit die ortlichen Marktverhältnisse direkt mit dem Sachwertfaktor erfasst werden. Da vielerorts unter der Herrschaft der NHK 2010 Sachwertfaktoren in einer Größenordnung ermittelt wurden, die Zweifel an der Eignung des Sachwertverfahrens hervorrufen mussten, ist die schon zu den NHK 1995/2000 vorgegebene Regionalisierung der NHK mit § 36 Abs. 1 ImmoWertV 2021 wieder in die Verordnung eingeführt worden (vgl. Rn. 151 sowie Vorbem. zur ImmowertV Rn. 151). Ansonsten hält die ImmoWertV an den unzulänglichen NHK 2010 fest. Diese bilden nach wie vor nicht die tatsächlichen (durchschnittlichen) Baukosten oder Rekonstruktionskosten ab und können nicht zur entsprechenden Kostenkalkulation herangezogen werden (vgl. Ziff. 36 (2) 1 Satz 2 der ImmoWertA).

Die Berücksichtigung **der allgemeinen Wertverhältnisse auf dem Grundstücksmarkt (Marktanpassung)** vollzieht sich in **zwei Schritten**: **54**

a) Im *ersten Schritt* werden die bundeseinheitlichen Kennwerte der NHK 2010 mittels eines vom örtlich zuständigen Gutachterausschuss festgelegten Regionalfaktors an die örtlichen Marktverhältnisse angepasst. Zugleich werden die Herstellungskosten einer Alterswertminderung mittels eines sich aus dem Verhältnis der Restnutzungsdauer zur Gesamtnutzungsdauer ergebenden **Alterswertminderungsfaktors** unterzogen (vgl. § 38 ImmoWertV Rn. 1 ff.).

b) Im *zweiten Schritt* wird der auf der Grundlage der regionalisierten und alterswertgeminderten durchschnittlichen Herstellungskosten der baulichen Anlage ermittelte vorläufige Sachwert mittels des einschlägigen **Sachwertfaktors** der Lage auf dem Grundstücksmarkt angepasst (Marktanpassung).

Die Sachwertfaktoren stellen zugleich **Modell- bzw. Systemkorrekturfaktoren** dar (vgl. § 21 ImmoWertV Rn. 139).

Wie bereits nach den NHK 2000 enthalten die Kostenkennwerte die zum Preisstand geltende **Umsatz- bzw. Mehrwertsteuer** von 19 %. Im Falle einer Erhöhung der Umsatz- bzw. Mehrwertsteuer verlieren die ausgewiesenen Normalherstellungskosten nicht ihre Gültigkeit, da die mit einer Änderung des Mehrwertsteuersatzes einhergehenden Auswirkungen auf die Höhe der Normalherstellungskosten mit dem Baupreisindex erfasst werden. **55**

Im Unterschied zu den NHK 1995/2000 definieren sich die Kostenkennwerte der NHK 2010 – wie im Übrigen auch die in der steuerlichen Bewertung maßgeblichen Regelherstellungskosten der Anl. 24 zu § 190 BewG – unter Einbeziehung der üblichen **Baunebenkosten** (Kostengruppen 730 und 771 der DIN 276-11:2006), und zwar in der im Tafelwerk jeweils angegebenen Höhe. **56**

2.2.4.3 Brutto-Grundfläche (BGF) und reduzierte Brutto-Grundfläche (BGF_{red})

Schrifttum: *Elwert, U.*, Flächenberechnung versus Flächenbewertung, GuG 2017, 371.

▶ *Zur Ermittlung der Netto-Raumfläche (NRF), Konstruktions-Grundfläche (KGF), Nutzungsfläche (NUF), Technikfläche (TF) und Verkehrsfläche (VF) vgl. Teil II Rn. 640 ff.*

a) Allgemeines

Die der Ermittlung des Sachwerts der baulichen Anlage (z.B. des Gebäudesachwerts) nach § 36 Abs. 2 Satz 2 ImmoWertV zugrunde gelegte (reduzierte) **Brutto-Grundfläche (BGF) bestimmt sich in Anlehnung an die DIN 277 nach Maßgabe der Anl. 4 zur ImmoWertV** (vgl. Rn. 67). Die Vorgaben der Anl. 4 zur ImmoWertV entsprechen denen, die der **Ermittlung des steuerlichen Sachwerts** nach § 190 Abs. 1 Satz 4 und Abs. 3 i.V.m. Anl. 24 zum BewG zugrunde zu legen sind. **57**

Die der Sachwertermittlung zugrunde gelegte Brutto-Grundfläche ist aufgrund des allgemeinen Begründungs- und Sachaufklärungsgebots sowie der Sorgfaltspflichten in einem Gutachten **in nachvollziehbarer Weise darzulegen.** Davon kann bei großen und kompliziert gestalteten baulichen Anlagen abgesehen werden, wenn eine vertrauenswürdige Flächenberechnung vorliegt. In diesem Fall muss diese Flächenberechnung jedoch gründlich auf Plausibilität überprüft werden. Im Rahmen der **„Plausibilisierung" vorliegender Flächenberechnungen** müssen Unstimmigkeiten erkannt und offengelegt werden, soweit sie objektiv erkennbar sind. Aus diesem Grunde ist eine eingehende Befassung mit der Ermittlung der maßgeblichen Brutto-Grundfläche unverzichtbar. **58**

b) Brutto-Grundfläche (BGF) nach DIN 277

Die Brutto-Grundfläche (BGF) definiert sich in der DIN 277 (2016) als *„sämtliche Grundflächen der aufgehenden Baukonstruktionen des Bauwerks"*. Demzufolge sind die äußeren Maße der Baukonstruktionen einschließlich Bekleidung (z.B. Außenseite von Putzschichten oder **59**

Außenschalen mehrschaliger Wandkonstruktionen) in Höhe der Oberseite der Boden- bzw. Deckenbeläge anzusetzen.

Die von der BGF erfassten Nutzungen ergeben sich aus Tabelle 2 zur DIN 277 (2016) (Abb. 7):

Abb. 7: Nutzungsfläche (NUF) nach Tabelle 2 DIN 277 2016

Nr.	Nutzungsfläche (NUF)	Beispiele und Anmerkungen
1	Wohnen und Aufenthalt (NUF 1)	Wohnräume, Schlafräume, Beherbergungsräume, Küchen in Wohnungen, Gemeinschaftsräume, Aufenthaltsräume, Bereitschaftsräume, Pausenräume, Teeküchen, Ruheräume, Warteräume, Speiseräume, Hafträume.
2	Büroarbeit (NUF 2)	Büroräume, Großraumbüros, Besprechungsräume, Konstruktionsräume, Zeichenräume, Schalterräume, Aufsichtsräume, Bürogeräteräume.
3	Produktion, Hand- und Maschinenarbeit, Forschung und Entwicklung (NUF 3)	Werkhallen, Werkstätten, Labors (technologische, physikalische, elektrotechnische, chemische, biologische usw.), Räume für Tierhaltung, Räume für Pflanzenzucht, gewerbliche Küchen (einschließlich Aus- und Rückgaben), Sonderarbeitsräume (für Hauswirtschaft, Wäschepflege usw.).
4	Lagern, Verteilen und Verkaufen (NUF 4)	Lager- und Vorratsräume, Lagerhallen, Tresorräume, Siloräume, Archive, Sammlungsräume, Registraturen, Kühlräume, Annahme- und Ausgaberäume, Packräume, Versandräume, Verkaufsräume, Messeräume.
5	Bildung, Unterricht und Kultur (NUF 5)	Unterrichts- und Übungsräume, Hörsäle, Seminarräume, Werkräume, Praktikumsräume, Bibliotheksräume, Leseräume, Sporträume, Gymnastikräume, Zuschauerräume (in Kinos, Theatern, Sporthallen usw.), Bühnenräume, Studioräume, Proberäume, Ausstellungsräume (in Museen, Galerien usw.), Sakralräume.
6	Heilen und Pflegen (NUF 6)	Räume für allgemeine Untersuchung und Behandlung (für medizinische Erstversorgung, Beratung usw.), Räume für spezielle Untersuchung und Behandlung (für Endoskopie, Physiologie, Zahnmedizin usw.), Operationsräume, Entbindungsräume, Räume für Strahlendiagnostik und Strahlentherapie, Räume für Physiotherapie und Rehabilitation, Bettenräume, Intensivpflegeräume.
7	Sonstige Nutzungen (NUF 7)	Abstellräume, Fahrradräume, Müllsammelräume, Fahrzeugabstellflächen (Garagen, Hallen, Schutzdächer), Fahrgastaufenthaltsflächen (Bahn- und Flugsteige usw.). Technische Anlagen zum Betrieb nutzungsspezifischer Einrichtungen (EDV-Serverraum, Kompressor-Raum für die Druckluftanlage einer Werkstatt, Schalträume für medizinische Einrichtungen, Schaltwarten, Leitstellen usw.), technische Anlagen zur Versorgung und Entsorgung anderer Bauwerke (Kraftwerke, Gaswerke, Trafostationen, Klärwerke usw.), Umkleideräume/Schrankräume, Künstlergarderoben usw., Reinigungsschleusen.

60 Zur Brutto-Grundfläche i.S. der DIN 277 gehören nicht die **Flächen, die keine** *nutzbaren* **Grundrissebenen** von Geschossen, Zwischengeschossen, Dachgeschossen oder Dachflächen sind, wobei allerdings nicht definiert wird, wann eine Dachgeschossfläche „*nutzbar*" bzw. „nicht nutzbar" ist.

Nicht anzurechnen sind nach 6.1.1 der DIN 277 2016 namentlich

- Flächen innerhalb einer Grundrissebene, die nicht vorhanden sind (z.B. Flächen von Lufträumen über Atrien und in Galeriegeschossen, Deckenöffnungen);
- Flächen z.B. im Dachraum, die keinen Zugang haben, nicht begehbar sind oder aus anderen Gründen nicht nutzbar sind;
- Flächen, die ausschließlich der Wartung, Inspektion und Instandsetzung von Baukonstruktionen und technischen Anlagen dienen, z.B. *nicht nutzbare* Dachflächen, fest installierte Dachleitern und -stege, Wartungsstege in abgehängten Decken, Kriechkeller,
- Flächen der außerhalb des Bauwerks befindlichen und nicht mit dem Bauwerk konstruktiv verbundenen Baukonstruktionen (z.B. Außentreppen, Außenrampen, Pergolen, Freisitze, Terrassen).
- Grundrissebenen von Güllekanälen werden im Übrigen nicht auf die Brutto-Grundfläche angerechnet, da sie mit Korrekturfaktoren zu den Kostenkennwerten berücksichtigt werden können. Nicht anrechnungsfähig sind im Übrigen auch unzugängliche Hängeböden landwirtschaftlicher Betriebsgebäude.

Zur **steuerlichen Bewertung von Grundbesitz für die Erbschaftssteuer** ab 01.01.2009 vgl. Anl. 24 zu § 190 Abs. 1 Satz 4 und 5 BewG sowie zur **Feststellung von Grundsteuerwerten** ab 01.01.2022 Anl. 42 zu § 259 Abs. 1 BewG.

Der **Begriff der „nutzbaren" Flächen und Räume i.S. der DIN 277** ist nicht definiert und bedarf einer anwendungsbezogenen Auslegung. Dabei muss berücksichtigt werden, dass die gesamte Fläche einer Dachgeschossebene mit den „vollen" gebäudespezifischen Normalherstellungskosten in die Sachwertermittlung eingeht, wenn sie als Brutto-Grundfläche qualifiziert wird. Von daher ist für die Auslegung des Begriffs der „nutzbaren" Dachgeschossfläche grundsätzlich zu fordern, dass die Fläche mit dem für die übrigen Geschossebenen üblichen Aufwand erstellt worden ist und nicht etwa lediglich mit rigipsverkleideten Dachsparren und einer ausziehbaren Leiter oder einer einfachen „Jägertreppe". 61

Nutzbarkeit einer Grundrissebene setzt in diesem Sinne voraus, dass die **Fläche zugänglich und begehbar ist, ohne dass sie ausgebaut sein muss** (i.S. der NHK). Dementsprechend muss eine nutzbare Grundrissebene 62

- über eine **„ortsfeste" Treppe**[27] zugänglich und
- auf **„belastbarer" Decke** begehbar sein[28].

Ein Anschluss des Dachgeschosses mit den üblichen Versorgungsleitungen wird dagegen zu vernachlässigen sein.

Ein Ausbau des Dachgeschosses ist nicht erforderlich; es können auch **eingeschränkte bzw. untergeordnete Nutzungen in Betracht kommen** wie beispielsweise als Lager- und Abstellfläche, Trockenräume oder Räume für betriebstechnische Anlagen (vgl. DIN 277-2:205-02). 63

Von dem vorstehend dargestellten Grundsatz kann im Einzelfall abgewichen werden (Zwitterfälle). Ist beispielsweise eine begehbare Geschossdecke, jedoch keine ortsfeste Treppe vorhanden bzw. wird eine vorhandene „Magertreppe" nicht als ortsfeste Treppe beurteilt, kommt man in eine gewisse „Grauzone". Würde man in diesem Falle die begehbare Geschossfläche gleichwohl als BGF i.S. der ImmoWertV klassifizieren, muss beachtet werden, dass dann der „volle" Kostenkennwert eines „vollständigen" Geschosses (mit belastbarer Decke, 64

27 Vgl. z.B. § 36 BauO Nordrh.-Westf. Die nutzbare Breite der Treppen und Treppenabsätze notwendiger Treppen muss mindestens 1 m betragen; in Wohngebäuden mit nicht mehr als zwei Wohnungen genügt eine Breite von 0,8 m (vgl. § 36 Abs. 5 BauO Nordrh.-Westf.); dies gilt allerdings nicht für Treppen innerhalb von Wohnungen (vgl. § 36 Abs. 11 BauO Nordrh.-Westf.). Die ausnahmsweise zulässige einschiebbare Treppe fällt kostenmäßig nicht ins Gewicht und kann von daher nicht zur Qualifizierung der dadurch „erschlossenen" Grundrissebene als „nutzbare" BGF führen. So im Übrigen auch der DEBRIV in seiner Stellungnahme zur SachwertR vom 15.12.2011 (Ka111215).

28 BFH, Urt. vom 14.10.2020 – II R 27/18 –, GuG 2021, 394.

der üblichen ortsfesten Treppe und auch der notwendigen Versorgungsleitungen) in die Sachwertermittlung einginge. Soweit die aufgeführten Elemente tatsächlich nicht vorhanden sind oder in einer gewissen Grauzone eine vorhandene „Magertreppe" nicht als ortsfeste Treppe beurteilt wird, müssten komplementär

- eine ortsfeste Treppe (insgesamt) bzw.
- der differenzielle Unterschied zwischen einer „Magertreppe" und einer ortsfesten Treppe

als Abschlag berücksichtigt werden. Daraus folgt, dass man von der Grundregel dort abweichen kann, wo der „andere Weg" eine bessere Genauigkeit erwarten lässt.

65 Die **DIN 277 unterscheidet bei den Grundflächen folgende Bereiche:**

- **Bereich a:** *Überdeckt und allseitig in voller Höhe umschlossen,*
  insbesondere Kellergeschoss (KG), Erdgeschoss (EG), Obergeschosse (OG), ausgebautes und nicht ausgebautes Dachgeschoss.
- **Bereich b:** *Überdeckt, jedoch nicht allseitig in voller Höhe umschlossen,*
  insbesondere nicht abgeschlossene Durchfahrten im Erdgeschoss, überdachte Balkone bzw. Loggien sowie überdachte Teile von Terrassen; Brutto-Grundflächen des Bereichs b sind an den Stellen, an denen sie nicht umschlossen sind, bis zur senkrechten Projektion ihrer Überdeckungen zu rechnen. Brutto-Grundflächen von Bauteilen (Konstruktions-Grundflächen), die zwischen den Bereichen a und b liegen, sind dem Bereich a zuzurechnen.
- **Bereich c:** *Nicht überdeckt,*
  insbesondere überdeckte Balkone, da Dachüberstände nicht als Überdeckung gelten, und nicht überdachte Terrassenflächen.

Grundflächen von waagerechten Flächen sind aus ihren tatsächlichen Maßen, **Grundflächen von schräg liegenden Flächen**, z.B. Tribünen, Zuschauerräume, Treppen und Rampen, aus ihrer vertikalen Projektion zu ermitteln. Brutto-Grundflächen des Bereiches b sind an Stellen, an denen sie nicht umschlossen sind, bis zur vertikalen Projektion ihrer Überdeckung zu ermitteln. Brutto-Grundflächen von Bauteilen (Konstruktions-Grundflächen), die zwischen den Bereichen a und b liegen, sind dem Bereich a zuzuordnen.

c) Reduzierte Brutto-Grundfläche (BGF_{red}) nach Anl. 4 zur ImmoWertV (NHK 2010)

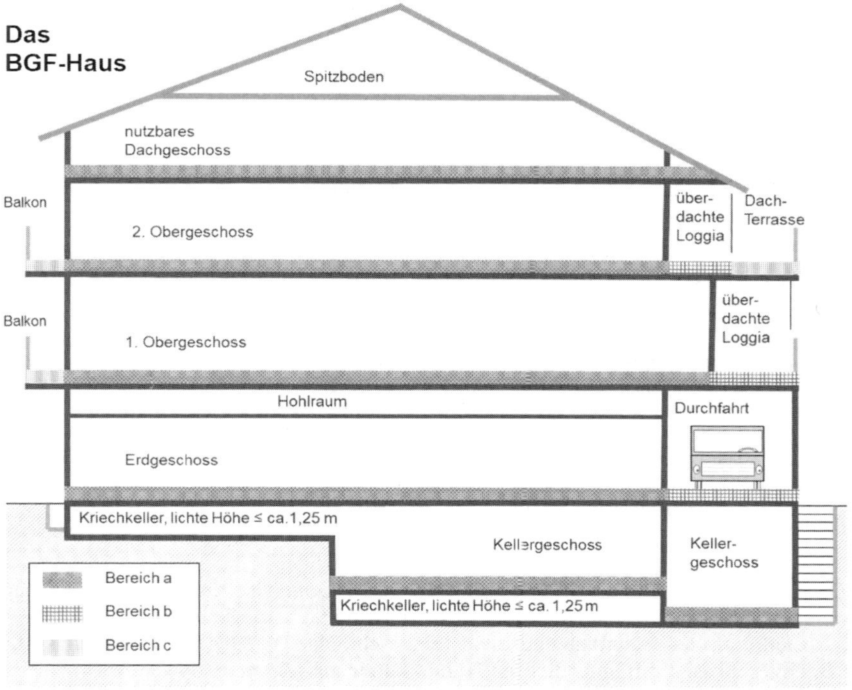

Für die Ermittlung der BGF sind die **äußeren Maße der Bauteile einschließlich Bekleidung**, z.B. Putz, Außenschalen, mehrschalige Wandkonstruktionen, in Höhe der Bodenbelagsoberkanten anzusetzen. Konstruktive und gestalterische Vor- und Rücksprünge der Grundrissfläche sowie Profilierungen, Fuß-Sockelleisten, Schrammborde und Unterschneidungen sowie vorstehende Teile von Fenster- und Türbekleidungen bleiben unberücksichtigt. **66**

Die Kostenkennwerte der NHK 2010 nach Anl. 4 zur ImmoWertV beziehen sich in Anlehnung an die DIN 277[29] auf den einen Quadratmeter Brutto-Grundfläche (BGF), jedoch beschränkt auf die Grundflächen der Bereiche a und b, d.h. **unter Ausschluss von sog. c-Flächen sowie der Flächen von Balkonen** (§ 31 ImmoWertV Rn. 140). **Bezugsgrundlage der NHK 2010 ist** mithin **die** so definierte reduzierte **Brutto-Grundfläche (BGF_{red})**. **67**

Dem entsprechen auch die **steuerrechtlichen Regelungen** zur Bewertung von Grundbesitz für die Erbschaftssteuer ab 01.01.2009 vgl. Anl. 24 zu § 190 Abs. 1 Satz 4 und 5 BewG sowie zur Feststellung von Grundsteuerwerten ab 01.01.2022 Anl. 42 zu § 259 Abs. 1 BewG (vgl. Rn. 60).

Aus vorstehenden Gründen muss begrifflich ein deutlicher Unterschied zwischen der BGF i.S. der DIN 277 und der nach Maßgabe der Anl. 4 zur ImmoWertV maßgeblichen reduzierten BGF (BGF_{red}) gemacht werden. **68**

29 DIN 277-1:2005-02, Grundflächen und Rauminhalte von Bauwerken im Hochbau – Teil 1: Begriffe, Ermittlungsgrundlagen.

69 Geht man von einer vorliegenden (allein auf die DIN 277 gestützten) Berechnung der BGF aus, so ist diese Berechnung zu mindern um

- die c-Flächen,
- die Flächen von Balkonen und
- ggf. um Flächen der Dachgeschosse mit einer lichten Höhe kleiner als 1,25 m.

Des Weiteren müssen vorliegende auf der Grundlage der DIN 277 erstellte BGF-Berechnungen um die Grundrissebene eines ggf. vorhandenen nutzbaren Spitzbodens vermindert werden, wenn man entgegen der hier vertretenen Auffassung tatsächlich die Grundrissebenen ausgebauter **Spitzböden** nicht in die BGF einbeziehen will. Nr. 2 Abs. 4 der einführenden Hinweise zur Flächenermittlung der Anl. 4 zur ImmoWertV nimmt allerdings nur „untergeordnete Ebenen innerhalb des Dachraums (Spitzböden)" von einer Einbeziehung in die BGF aus (vgl. Rn. 142).

Entsprechendes gilt auch für die Heranziehung der **NHK 1995/2000**, jedoch nur in Bezug auf die c-Flächen. Die NHK 1995/2000 beziehen sich nämlich auf eine um die c-Flächen reduzierte Brutto-Grundfläche. Der mit den Normalherstellungskosten nicht erfasste **Bereich c ist** i.d.R. **kostenanteilsmäßig** schon deshalb **unbedeutsam,** weil nicht überdachte Grundflächen – wenn überhaupt – nur in wenigen Fällen auftreten (zumeist nur der sich im obersten Geschoss unter dem Dachüberstand befindliche Balkon). Sofern dieser Bereich von Bedeutung ist (Kostenanteil mehr als 1 %), wird er zusätzlich als ein besonders zu veranschlagender Bauteil (oder über den **Gebäudemix** als Nebennutzfläche mit geringen Kosten) berücksichtigt. Insoweit ändert sich bei Heranziehung der NHK 2000 nichts gegenüber der bisherigen Wertermittlungspraxis, in der z.B. Balkone als „besonders zu veranschlagende Bauteile" wertmäßig gesondert zu erfassen waren.

70 Im Dachgeschoss richtet sich die Anrechenbarkeit der Grundflächen nach ihrer Nutzbarkeit. Ausreichend ist, wenn eine untergeordnete Nutzung möglich ist, die beispielsweise als Lager- und Abstellraum der Hauptnutzung dient (eingeschränkte Nutzbarkeit). **Grundrissebenen von Dachgeschossen mit einer lichten Höhe kleiner als 1,25 m** sind nach Anl. 4 zur ImmoWertV nicht „nutzbar" i.S. einer Anrechenbarkeit auf die BGF. Sie sollen deshalb nicht in die hier maßgebliche BGF_{red} eingehen. Dies gilt selbst dann, wenn diese Geschossebene begehbar und zugänglich ist, und ist darin begründet, dass die Fläche nur für untergeordnete Nutzungen in Betracht kommt. Die Flächen können gleichwohl in sehr eingeschränktem Maße werthaltig sein. Dies muss gegebenenfalls berücksichtigt werden.

71 **Grundrissebenen von Dachgeschossen mit einer lichten Höhe kleiner als 2,00 m und größer als 1,25 m**, die **nach bisherigem Verständnis**[30] „*eingeschränkt nutzbar*" sind, gehen nach wie vor in die maßgebliche BGF_{red} ein. Die „*eingeschränkte Nutzbarkeit*" muss gegebenenfalls berücksichtigt werden.

72 Die **Nutzbarkeit von Dachgeschossen setzt** grundsätzlich **eine lichte Höhe von circa 1,25 Metern und ihre Begehbarkeit voraus.** Eine Begehbarkeit setzt **eine feste Decke und die Zugänglichkeit** voraus, wobei sich die Art der Zugänglichkeit nach der Intensität der Nutzung richtet. In der Regel ist dafür eine „feste Treppe" zu fordern.

73 Unklar bleibt dabei, ob und ggf. in welchem für die jeweilige Gebäudeart „üblichen Umfang" die c-Flächen (z.B. nicht überdachte Loggien und Balkone sowie entsprechende Dachterrassen) mit den Kostenkennwerten der NHK 2010 erfasst sind. Davon kann nicht ohne Weiteres ausgegangen werden, denn dann hätte der „übliche Umfang" in der ImmoWertV dargelegt werden müssen. Bei dieser Sachlage erscheint es angezeigt, die üblichen **c-Flächen** grundsätzlich außer Betracht zu lassen, zumal sie **i.d.R. nur etwa 2 bis 3 % der Herstellungskosten** ausmachen **und insoweit vernachlässigbar** sind. Nur besonders außergewöhnliche und werthaltige c-Flächen sind zusammen mit den mit der BGF-Berechnung nicht erfassten Bauteilen ergänzend zu berücksichtigen (z.B. große Dachterrassen).

30 Vgl. Nr. 4.1.1.4 Abs. 7 der aufgehobenen SachwertR.

Mit der nach Maßgabe der Anl. 4 zur ImmoWertV ermittelte BGF_{red} bleiben **Balkone** unberücksichtigt und müssen zusammen mit werthaltigen Bauteilen nach § 36 Abs. 2 Satz 3 ImmoWertV erfasst werden. **Balkone sind wie große Dachterrassen** im gewöhnlichen Geschäftsverkehr werthaltig. 74

Bei **Ein- und Zweifamilienhäusern, Doppel- und Reihenendhäusern sowie Reihenmittelhäusern** wird im Tafelwerk der NHK 2010 unterschieden 75

- nach *Gebäuden mit ausgebautem und nicht ausgebautem Dachgeschoss,*
- nach *Gebäuden mit Flachdach oder flach geneigtem Dach* sowie
- jeweils nach fünf verschiedenen Stufen des *Gebäudestandards* (Standardstufen 1 bis 5).

Ein **teilweiser Ausbau des Dachgeschosses** oder eine teilweise Unterkellerung können durch anteilige Heranziehung der jeweiligen Kostenkennwerte für die verschiedenen Gebäudearten berücksichtigt werden (Mischkalkulation).

Bei **Gebäuden mit *nicht*ausgebautem Dachgeschoss** ist zu unterscheiden zwischen 76

a) Gebäuden mit Dachgeschossen, die nicht zu einer Wohnnutzung als Hauptnutzung ausbaubar sind, jedoch im Unterschied zur Gebäudeart mit Flachdach oder flach geneigtem Dach eine untergeordnete Nutzung zulassen (nicht ausbaufähig) und

b) Gebäuden mit Dachgeschossen, die für eine Wohnnutzung als Hauptnutzung ausbaubar sind.

Bei **nicht ausgebauten Dachgeschossen**, die nicht zu einer Wohnnutzung als Hauptnutzung ausbaufähig sind, ist i.d.R. ein Abschlag vom Kostenkennwert anzusetzen, wobei dieser allerdings nur für die davon betroffene Grundrissebene vertretbar ist.

Ein genereller Abschlag vom Kostenkennwert muss abgelehnt werden, denn die **Besonderheiten des Dachgeschosses betreffen eben nur dieses und beeinflussen i.d.R. nicht die Herstellungskosten der übrigen Geschosse**. Es kommt hinzu, dass die im Rahmen der Marktanpassung zur Anwendung kommenden Sachwertfaktoren sich regelmäßig nicht auf Objekte mit eingeschränkter Nutzbarkeit des Dachgeschosses beziehen und derartige Besonderheiten bei der Ermittlung des vorläufigen Sachwerts zunächst außer Betracht bleiben müssen. Dementsprechend sind sie auf der Grundlage einer allein auf die Dachgeschossebene bezogenen Betrachtungsweise ergänzend als besonderes objektspezifisches Grundstücksmerkmal zu berücksichtigen. Dies wird bei § 8 ImmoWertV unter Rn. 213 ff. erläutert. 77

Bei **Gebäuden mit ausgebautem Dachgeschoss** bestimmt sich der Grad der wirtschaftlichen Nutzbarkeit des Dachgeschosses insbesondere nach dem Verhältnis der vorhandenen Wohnfläche zur Grundfläche. Die Wohnfläche ist im Wesentlichen abhängig von Dachneigung, Giebelbreite und Drempelhöhe. 78

Ein fehlender **Drempel** ist i.d.R. durch einen Abschlag zu berücksichtigen, wobei dieser allerdings nur auf die davon betroffene Grundrissebene vertretbar ist.

2.2.4.4 Baunebenkosten

a) Begriff

Baunebenkosten[31] (*Fees and Charges*) **sind begrifflich integraler Bestandteil der Normalherstellungskosten.** Die Baunebenkosten sind dementsprechend in den Kostenkennwerten der Normalherstellungskosten 2010 (NHK 2010) enthalten, wobei zu fordern ist, dass die modellkonforme Höhe der Baunebenkosten anzugeben ist. Soweit die Baunebenkosten im Einzelfall davon abweichen, muss der Unterschied gegebenenfalls in einem ergänzenden Rechenschritt zusätzlich berücksichtigt werden. 79

31 Die Baunebenkosten sind in Großbritannien allerdings nicht einheitlich definiert.

Im Rahmen der **Ermittlung von Beleihungswerten** unter Anwendung des Sachwertverfahrens (§§ 14–17 BelWertV) wird der Wert der baulichen Anlage begrifflich aus „Erfahrungssätzen" regional- und objektspezifisch angemessener Herstellungskosten abgeleitet, wobei offen bleibt, ob die Erfahrungssätze die in „üblicher Höhe" zu berücksichtigenden Baunebenkosten einschließen. Die Baunebenkosten dürfen nach Maßgabe des § 16 Abs. 3 ImmoWertV den um einen Sicherheitsabschlag von mindestens 10 Prozent gekürzten Herstellungswert jedoch nicht überschreiten.

80 Baunebenkosten definieren sich als die **üblicherweise entstehenden Baunebenkosten, insbesondere Kosten für Planung, Baudurchführung, behördliche Prüfungen und Genehmigungen**.

In § 22 Abs. 2 WertV 88/87 wurde darüber hinaus ausdrücklich auch die „Finanzierung" genannt, jedoch nur insoweit, wie sie in unmittelbarem Zusammenhang mit der Herstellung der baulichen Anlage erforderlich ist. Konkret geht es um die **Finanzierungsbeschaffungskosten**, die im Allgemeinen von der Bonität des Bauherrn abhängig sind. Außergewöhnlich hohe oder niedrige Kosten der Finanzierungsbeschaffung (z.B. Zwischenfinanzierungskosten) zum Zeitpunkt der Erbauung, die zweifellos in unmittelbarem Zusammenhang mit der Herstellung des Gebäudes stehen, gehören zu den so genannten „persönlichen Umständen", die nach § 194 BauGB bei der Verkehrswertermittlung nicht zu berücksichtigen sind. Sie sind zudem nicht werthaltig und erhöhen deshalb auch nicht den Verkehrswert. Deshalb können hier nur die bei jedem Bauvorhaben üblicherweise anfallenden Finanzierungsbeschaffungskosten berücksichtigt werden, insbesondere ein Disagio, Bearbeitungsgebühren, Bereitstellungszinsen, Kosten der Beleihungsprüfung, Gerichts- und Notargebühren und die Kosten der Wertermittlung.

Als Kosten der in unmittelbarem Zusammenhang mit der Herstellung der baulichen Anlagen erforderlichen **Finanzierung** können üblicherweise **etwa 2 v.H. der ohne Baunebenkosten angesetzten Normalherstellungskosten** angenommen werden. Diese Kosten der Finanzierungsbeschaffung sind nach der Natur der Sache von dem Herstellungswert des Gebäudes abhängig.

81 Nach **DIN 276 i.d.F. von 1993** (Ziff. 4.3) zählen zu den Baunebenkosten:

- *Grundstücksnebenkosten,* „die im Zusammenhang mit dem Erwerb eines Grundstücks entstehen: Vermessungsgebühren, Gerichtsgebühren, Notariatsgebühren, Maklerprovisionen, Grunderwerbsteuer, Wertermittlungen/Untersuchungen (Wertermittlungen, Untersuchungen zu Altlasten und deren Beseitigung, Baugrunduntersuchungen und Untersuchungen über die Bebaubarkeit, soweit sie zur Beurteilung des Grundstückswerts dienen), Genehmigungsgebühren, Bodenordnung/Grenzregulierung, sonstige Grundstücksnebenkosten" (Kostengruppen 120 bis 129).
- *Baunebenkosten,* „die bei der Planung und Durchführung auf der Grundlage von Honorarordnungen, Gebührenordnungen oder nach weiteren vertraglichen Vereinbarungen entstehen" (Kostengruppe 700).

82 Unter der **Kostengruppe 700 ff.** werden folgende Positionen aufgeführt:

- 710 Bauherrenaufgaben,
- 720 Vorbereitung der Objektplanung,
- 730 Architekten- und Ingenieurleistungen,
- 740 Gutachten und Beratung,
- 750 Kunst,
- 760 Finanzierung,
- 770 Allgemeine Baunebenkosten und
- 790 Sonstige Baunebenkosten.

In **Anl. 1** zu § 5 Abs. 5 **II. BV** sind die Baunebenkosten (entsprechend DIN 1954/81), wie folgt definiert: 83

„a) Kosten der Architekten- und Ingenieurleistungen; diese Leistungen umfassen namentlich Planungen, Ausschreibungen, Bauleitung, Bauführung und Bauabrechnung,

b) Kosten der dem Bauherrn obliegenden Verwaltungsleistungen bei Vorbereitung und Durchführung des Bauvorhabens,

c) Kosten der Behördenleistungen; hierzu gehören die Kosten der Prüfungen und Genehmigungen der Behörden oder Beauftragten der Behörden,

d) folgende Kosten:

aa) Kosten der Beschaffung der Finanzierungsmittel, z.B. Maklerprovisionen, Gerichts- und Notarkosten, einmalige Geldbeschaffungskosten (Hypothekendisagio, Kreditprovisionen und Spesen, Wertberechnungs- und Bearbeitungsgebühren, Bereitstellungskosten usw.),

bb) Kapitalkosten und Erbbauzinsen, die auf die Bauzeit entfallen,

cc) Kosten der Beschaffung und Verzinsung der Zwischenfinanzierungsmittel einschließlich der gestundeten Geldbeschaffungskosten (Disagiodarlehen),

dd) Steuerbelastungen des Baugrundstücks, die auf die Bauzeit entfallen,

ee) Kosten der Beschaffung von Darlehen und Zuschüssen zur Deckung von laufenden Aufwendungen, Fremdkapitalkosten, Annuitäten und Bewirtschaftungskosten,

e) sonstige Nebenkosten, z.B. die Kosten der Bauversicherungen während der Bauzeit, der Bauwache, der Baustoffprüfungen des Bauherrn, der Grundsteinlegungs- und Richtfeier."

Die **Kosten der Architekten- und Ingenieurleistungen** lassen sich auf der Grundlage der HOAI ermitteln. Nach § 8 Abs. 2 II. BV ist nämlich für die Berechnung der Architekten- und Ingenieurleistungen die HOAI zugrunde zu legen. Als Kosten für die Verwaltungsleistungen dürfen im Bereich der sozialen Wohnraumförderung höchstens die Beträge angesetzt werden, die sich nach § 8 Abs. 3 bis 5 II. BV ergeben; die Sätze können auch sonst als Anhalt dienen. An Kosten für Behördenleistungen fallen insbesondere Gebühren für Baugenehmigungen, Genehmigungen des Gewerbeaufsichtsamts, Abwassergenehmigungen, Gebühren für die Prüfung der Statik, die Abnahme des Rohbaus und die Bauabnahme, Gutachten und dgl. an. 84

b) Höhe der Baunebenkosten

Die **Höhe der** üblicherweise entstehenden **Baunebenkosten** hängt insbesondere von 85

a) dem **Gebäudestandard** (Ausstattung des Bauwerks) und

b) der **Höhe der Gesamtkosten**

ab und beträgt je nach Qualität des Gebäudes 5 bis 25 v.H. der reinen Bauwerkskosten. Hierzu werden in den Tabellenwerken der Normalherstellungskosten objektspezifische Baunebenkosten als Empfehlung angegeben (Abb. 8).

Abb. 8: Baunebenkosten in % des Herstellungswerts (ohne Baunebenkosten)

Aufwandskennzahlen						
Qualifizierung	**Büro- und Verwaltungsgebäude**			**Wohn- und Wohnungsgeschäftsgebäude**		
	niedrig	mittel	hoch	niedrig	mittel	hoch
Baunebenkosten in % der Kosten des Bauwerks	10,5	12,25	20,0	12,0	16,0	20,0

Quelle: Gärtner, S., Beurteilung und Bewertung alternativer Planungsentscheidungen im Immobilienbereich mit Hilfe eines Kennzahlensystems, 1. Aufl. 1996

86 Bei Denkmälern sind für **denkmalpflegerische Sonderaufwendungen**[32] ca. 5 bis 10 % der Bauwerkskosten zusätzlich anzusetzen. Daneben belaufen sich die Baunebenkosten (Kostengruppe 700 DIN 276) auf

- 15 bis 18 % bei einfachen Maßnahmen,
- 18 bis 23 % bei durchschnittlichem Schwierigkeitsgrad und
- 23 bis 28 % bei extrem hohem Schwierigkeitsgrad.

87 Bezüglich der **Höhe der Gesamtkosten** gilt der Grundsatz, dass die **Baunebenkosten als Vomhundertsatz der reinen Baukosten umso niedriger** ausfallen, je höher **die Baukosten ausfallen**. Dies ist darauf zurückzuführen, dass nicht alle Baunebenkosten direkt von der Höhe des Herstellungswerts abhängig sind.

88 Werden **Eigenleistungen** erbracht, so sind dafür die Kosten einzusetzen, die für entsprechende Fremdleistungen entstehen würden. **Besondere Erschwernisse** liegen insbesondere bei Altbauprojekten vor. Hier sind die Kosten der Mieterumsetzung und für Ausweichwohnungen sowie einer Möbelzwischenlagerung zu nennen. Des Weiteren können zusätzliche Kosten für Sonderuntersuchungen anfallen.

89 Für Baunebenkosten (Kostengruppe 700 DIN 276) bestehen folgende Rahmensätze, wenn keine besonderen Erschwernisse vorliegen:

15–18 %	der Baukosten bei größeren Objekten mit Baukosten	≥ 1 Mio. €,
18–22 %	der Baukosten bei kleineren Objekten mit Baukosten	≤ 1 Mio. €,
23–25 %	der Baukosten bei kleinen Objekten mit Baukosten	≤ 500 000 €.
Etwa 5 %	der Baukosten bei Garagen	

c) Berücksichtigung von Baunebenkosten

90 Soweit die im konkreten Bewertungsfall zu berücksichtigenden Baunebenkosten den dem herangezogenen Sachwertfaktor zugeordneten Baunebenkosten entsprechen, sind die Baunebenkosten hinreichend berücksichtigt. Bei Sachwertfaktoren, die unter Heranziehung der Normalherstellungskosten 2010 (NHK 2010) abgeleitet wurden, kann i.d.R. erwartet werden, dass den Sachwertfaktoren die den Kostenkennwerten zugeordneten Baunebenkosten zugrunde liegen.

91 Soweit im konkreten Bewertungsfall Baunebenkosten anzusetzen sind, die von den in den ausgewiesenen Kostenkennwerten bereits eingerechneten Baunebenkosten abweichen, können die Kostenkennwerte entsprechend umgerechnet werden, indem die Baunebenkosten mit der im Tafelwerk angegebenen Höhe zunächst herausgerechnet und die im **konkreten Einzelfall angemessenen Baunebenkosten** wieder eingerechnet werden:

92 *Beispiel:*

- Kostenkennwert (lt. Tabellenwerk) einschließlich Baunebenkosten 1 000 €/m² BGF (NHK 2010)
- darin enthaltene Baunebenkosten als Vomhundertsatz des Kostenkennwerts 17 v.H. Kostenkennwert (NHK 2010) ohne Baunebenkosten von 17 % =

$$\frac{1\,000\ \text{€/m}^2\ \text{BGF}}{1 + 17/100} = \frac{1\,000\ \text{€/m}^2\ \text{BGF}}{1{,}17} = 854{,}70\ \text{€/m}^2\ \text{BGF}$$

32 Gesamtverband der Wohnungswirtschaft e.V., GdW-Schriften 43, Modernisierung und Entwicklung des Wohnungsbestandes 1994, S. 145 ff.

Der Kostenkennwert berechnet sich bei abweichenden Baunebenkosten wie folgt:

- Kostenkennwert (lt. Tabellenwerk) *einschließlich* Baunebenkosten in Höhe von 17 % 1 000 €/m² BGF (NHK 2010)
- Kostenkennwert (lt. Tabellenwerk) *ohne* Baunebenkosten 854,70 €/m² BGF (vgl. oben)

Kostenkennwert (NHK 2010) *mit* Baunebenkosten in Höhe von 15 % =

$$854{,}70\ €/m^2\ BGF \times \left(1 + \frac{15}{100}\right) = 982{,}905\ €/m^2\ BGF$$

Der Multiplikator (1 + Baunebenkosten in v.H.) wird als **Baunebenkostenfaktor** bezeichnet. 93

Baunebenkostenfaktor = 1,00 + Vomhundertsatz der Baunebenkosten

In aller Regel ist jedoch gleichwohl trotz abweichender Baunebenkosten von einer Modifikation der Kostenkennwerte aus Gründen der Modell- und Referenzkonformität abzusehen, denn der Sachwertfaktor wird regelmäßig auf der Grundlage von Normalherstellungskosten und den darin eingerechneten Regelsätzen der Baunebenkosten ermittelt. Deshalb käme allenfalls eine **ergänzende Berücksichtigung** ausnahmsweise nur dann in Betracht, **wenn** die **im konkreten Einzelfall üblicherweise anfallenden Baunebenkosten erheblich von den bereits mit den herangezogenen Normalherstellungskosten bzw. dem Sachwertfaktor berücksichtigten Baunebenkosten abweichen.** In diesem Fall könnten die Baunebenkosten nachträglich nach Maßgabe des § 8 Abs. 3 ImmoWertV als ein „besonderes objektspezifisches Grundstücksmerkmal" berücksichtigt werden, und zwar 94

a) nur noch (differentiell) insoweit, wie sie nicht mit dem Regelsatz bereits berücksichtigt sind, und

b) nur soweit dies dem gewöhnlichen Geschäftsverkehr entspricht.

Beispiel: 95

Die ermittelten Normalherstellungskosten des Gesamtobjekts einschließlich Baunebenkosten betragen		5 000 000 €
– Darin enthalten sind gemäß Angaben zu den Kostenkennwerten Baunebenkosten von	16 %	
– übliche objektspezifische Baunebenkosten (gemindert wegen „Großanlage")	12 %	
– Normalherstellungskosten ohne Baunebenkosten von 16 % = 5 000 000 €/1,16)	4 310 345 €	
Baunebenkosten von 16 % (= 4 310 345 € × 0,16)	689 655 €	689 655 €
zusammen	5 000 000 €	
– Baunebenkosten von 12 % (= 4 310 345 € × 0,12)		– 517 241 €
verminderte Baunebenkosten bei dem realisierten Großprojekt		= 172 414 €

Von einer nachträglichen Berücksichtigung abweichender Baunebenkosten ist regelmäßig abzusehen, denn es kann nicht erwartet werden, dass dies den Verkehrswert beeinflusst. Im vorstehenden Fall kann wohl nicht erwartet werden, dass ein Käufer aufgrund der bei Errichtung des Gebäudes eingesparten Baunebenkosten einen entsprechend höheren Kaufpreis entrichtet. 96

2.2.5 Ermittlung objektspezifischer Normalherstellungskosten

2.2.5.1 Übersicht

97 Zur Ermittlung des Gebäudesachwerts auf der Grundlage der Normalherstellungskosten 2010 (NHK 2010) ist nach den vorstehenden Ausführungen zunächst

a) die Gebäudeart (Gebäudetyp),

b) der Gebäudestandard,

c) die reduzierte Brutto-Grundfläche (BGF_{red}) und

d) ggf. die Trauflänge, Giebelbreite, Drempel und bei Mehrfamilienhäusern die Zahl der Wohneinheiten (WE)

des zu bewertenden Gebäudes nach Maßgabe der Anl. 4 zur ImmoWertV festzustellen.

2.2.5.2 Kostenkennwerte als Grundlage der Normalherstellungskosten

98 Die durchschnittlichen Herstellungskosten bestimmen sich nach den Kostenkennwerten der Anl. 4 zur ImmoWertV differenziert nach Gebäudetypen. Die pro Quadratmeter (reduzierter) Brutto-Grundfläche angegebenen Normalherstellungskosten können nicht einer bestimmten Fläche eines Gebäudes zugeordnet werden, denn es handelt sich um einen **„Mischkostenansatz" für das Gesamtobjekt**, das gegebenenfalls ein Kellergeschoss und ein (ausgebautes oder nicht ausgebautes) Dachgeschoss umfasst, wobei es ohne Belang ist, ob es sich dabei um ein Vollgeschoss handelt und wie hoch z.B. der Wohn- und Nutzflächenanteil ist (Abb. 9).

Abb. 9: Normalherstellungskosten 2010

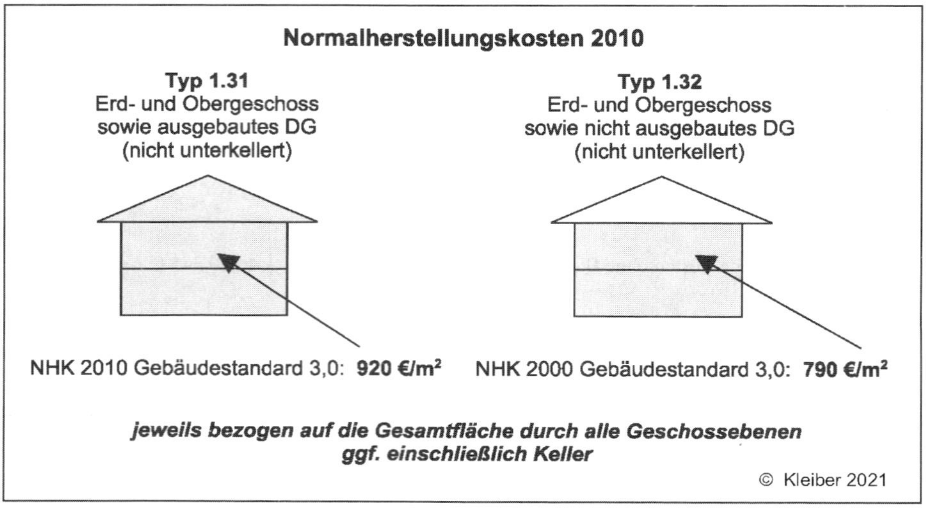

99 **Kostenkennwerte** werden **nach Gebäudearten (Gebäudetypen) differenziert nach** drei Stufen des **Gebäudestandards** (Standardstufen) ausgewiesen. Für die Gebäudearten Einfamilienhäuser, Doppelhäuser und Reihenhäuser (Gebäudearten Nr. 1.01 bis 3.33) enthalten die NHK 2010 im Unterschied zu den übrigen Gebäudearten zwei weitere Standardstufen (1 und 2) mit Kostenkennwerten für Gebäude, deren Ausstattung zwar nicht mehr zeitgemäß ist, aber dennoch eine wirtschaftliche Nutzung des Gebäudes erlaubt (Substandard).

Beispiel (Auszug aus dem Tabellenwerk):

	Typ	BRI* / BGF	BGF* / WF	Gebäudestandard 1	2	3	4	5
Dachgeschoss voll ausgebaut	**1.31**	2,97	1,5	**720**	**800**	**920**	**1 105**	**1 385**
				Angaben in €/m² BGF				
				80	120	185	280	
Dachgeschoss nicht ausgebaut	**1.32**	2,67	2,1	**620**	**690**	**790**	**955**	**1 190**
				Angaben in €/m² BGF				
				70	100	165	235	
Flachdach oder flach geneigtes Dach	**1.33**	3,37	1,4	**785**	**870**	**1 000**	**1 205**	**1 510**
				Angaben in €/m² BGF				
				85	130	205	305	

* Der hier angegebene Nutzflächenfaktor und das hier angegebene Ausbauverhältnis sind dem vom BMVBW veröffentlichten Vorentwurf (vgl. GuG 2012, 29) entnommen.

2.2.5.3 Gebäudeart

▶ *§ 2 ImmoWertV Rn. 28, 40; § 6 ImmoWertV Rn. 64 ff.*

Nach den NHK 2010 ist zwischen folgenden **Gebäudearten** zu unterscheiden **100**

1 freistehende Ein- und Zweifamilienhäuser
Doppel- und Reihenendhäuser
Reihenmittelhäuser

2 Mehrfamilienhäuser

3 Wohnhäuser mit Mischnutzung, Banken/Geschäftshäuser

4 Bürogebäude

5 Gemeindezentren, Saalbauten/Veranstaltungsgebäude

6 Kindergärten, Schulen

7 Wohnheime, Alten- und Pflegeheime

8 Krankenhäuser, Tageskliniken

9 Beherbergungsstätten, Verpflegungseinrichtungen

10 Sporthallen, Freizeitbäder/Heilbäder

11 Verbrauchermärkte, Kauf-/ und Warenhäuser, Autohäuser

12 Garagen

13 Betriebs- oder Werkstätten, Produktionsgebäude

14 Lagergebäude

15 sonstige Gebäude (Museen, Theater, Sakralbauten, Friedhofsgebäude)
landwirtschaftliche Betriebsgebäude

16 Reithallen,

17 Pferdeställe
Rinderställe, Melkhäuser

18 Kälberställe

19 Jungvieh-, Mastbullen- oder Milchviehställe ohne Melkstand und Warteraum

20 Milchviehställe mit Melkstand und Milchlager,

21 Melkhäuser mit Milchlager und Nebenräumen als Einzelgebäude ohne Warteraum und Selektion
Schweineställe

22 Ferkelaufzuchtställe

23 Mastschweineställe

24 Zuchtschweineställe, Deck-, Warte- oder Abferkelbereich

25 Abferkelstall als Einzelgebäude
Geflügelställe

26 Mastgeflügel, Bodenhaltung (Hähnchen, Puten, Gänse)

27 Legehennen, Bodenhaltung

28 Legehennen, Volierenhaltung

29 Legehennen, Kleingruppenhaltung, ausgestalteter Käfig
sonstige bauliche Anlagen

30 landwirtschaftliche Mehrzweckhallen

31 Außenanlagen zu allen landwirtschaftlichen Betriebsgebäuden

101 Keine Erwähnung finden in dieser Untergliederung sog. Kettenhäuser und auch nicht sog. *Townhouses* (vgl. § 2 ImmoWertV Rn. 35).

2.2.5.4 Gebäudestandard

Schrifttum: IVD Berlin-Brandenburg, Immobilienpreisservice 2020/21.

▶ *Vgl. § 2 ImmoWertV Rn. 35 ff.*

102 Die objektspezifischen Normalherstellungskosten der zu bewertenden baulichen Anlage sollen unter Berücksichtigung des jeweiligen Gebäudestandards ermittelt werden. Der **Gebäudestandard bestimmt sich bei Heranziehung der NHK 2010 nach den sich aus Anl. 4 zur ImmoWertV unter III ergebenden Kriterien**. Bezüglich landwirtschaftlicher Wirtschaftsgebäude und ländlicher Wohnhäuser wird ergänzend auf Wägungsanteile des Kuratoriums für Technik und Bauwesen e.V. (KTBL) hingewiesen.

103 In der Anl. 4 zur ImmoWertV werden für die genannten Gebäudearten die **Gebäudestandards – gegliedert nach Standardstufen und 9 Kostengruppen mit ihrem Wägungsanteil –** bezogen auf das Jahr 2010 beschrieben. Die Beschreibung der Gebäudestandards kann nicht auf alle in der Praxis ausgeführten Merkmale zutreffen.
Das **Konstrukt der Standardstufen und Kostengruppen ist auf ein einheitliches Verhältnis der Kostenkennwerte zwischen den jeweiligen Gebäudestandards ausgelegt** (vgl. Rn. 52).

104 **Für die Einordnung des Gebäudestandards sind die am Wertermittlungsstichtag herrschenden marktüblichen Anschauungen und nicht die Verhältnisse des Baujahrs der baulichen Anlage maßgebend.** Ein baujahrsüblicher bei Errichtung des Gebäudes hoher Gebäudestandard kann mithin am Wertermittlungsstichtag ein „Substandard" sein (z.B. Gebäudestandard 1). Gebäude mit einschaligem Mauerwerk, Holzdielenböden, Nachtspeicherheizungen, unzeitgemäßer bzw. fehlender Wärmedämmung sind nicht mehr zeitgemäß und den untersten Gebäudestandards zuzuordnen. Verblendmauerwerke, die im Zuge einer Wärmedämmung nicht mehr sichtbar sind, können mithin auch nicht zu einem höheren Gebäudestandard führen.

Die in der Tabelle angegebenen Jahreszahlen beziehen sich im Übrigen auf die im jeweiligen Zeitraum gültigen **Wärmeschutzanforderungen**; in Bezug auf das konkrete Bewertungsobjekt ist zu prüfen, ob von diesen Wärmeschutzanforderungen abgewichen wird. 105

Auszug aus Anl. 4 zur ImmoWertV

Gebäudestandardstufen				
1	**2**	**3**	**4**	**5**
Außenwände				**Wägungsanteil: 23 %**
Holzfachwerk, Ziegelmauerwerk; Fugenglattstrich, Putz, Verkleidung mit Faserzementplatten, Bitumenschindeln oder einfachen Kunststoffplatten; kein oder deutlich nicht zeitgemäßer Wärmeschutz (vor ca. 1980)	ein-/zweischaliges Mauerwerk, z.B. Gitterziegel oder Hohlblocksteine; verputzt und gestrichen oder Holzverkleidung; nicht zeitgemäßer Wärmeschutz (vor ca. 1995)	ein-/zweischaliges Mauerwerk, z.B. aus Leichtziegeln, Kalksandsteinen, Gasbetonsteinen; Edelputz; Wärmedämmverbundsystem oder Wärmedämmputz (nach ca. 1995)	Verblendmauerwerk, zweischalig, hinterlüftet, Vorhangfassade (z.B. Naturschiefer); Wärmedämmung (nach ca. 2005)	aufwendig gestaltete Fassaden mit konstruktiver Gliederung (Säulenstellungen, Erker etc.), Sichtbeton-Fertigteile, Natursteinfassade, Elemente aus Kupfer-/ Eloxalblech, mehrgeschossige Glasfassaden; Dämmung im Passivhausstandard
Dach				**Wägungsanteil: 15 %**
Dachpappe, Faserzementplatten / Wellplatten; keine bis geringe Dachdämmung	einfache Betondachsteine oder Tondachziegel, Bitumenschindeln; nicht zeitgemäße Dachdämmung (vor ca. 1995)	Faserzement-Schindeln, beschichtete Betondachsteine und Tondachziegel, Folienabdichtung; Rinnen und Fallrohre aus Zinkblech; Dachdämmung nach ca. 1995	glasierte Tondachziegel, Flachdachausbildung tlw. als Dachterrassen; Konstruktion in Brettschichtholz, schweres Massivflachdach; besondere Dachformen, z.B. Mansarden-, Walmdach; Aufsparrendämmung, überdurchschnittliche Dämmung (nach ca. 2005)	hochwertige Eindeckung z.B. aus Schiefer oder Kupfer, Dachbegrünung, befahrbares Flachdach; aufwendig gegliederte Dachlandschaft, sichtbare Bogendachkonstruktionen; Rinnen und Fallrohre aus Kupfer; Dämmung im Passivhausstandard
Fenster und Außentüren				**Wägungsanteil: 11 %**
Einfachverglasung; einfache Holztüren	Zweifachverglasung (vor ca. 1995); Haustür mit nicht zeitgemäßem Wärmeschutz (vor ca. 1995)	Zweifachverglasung (nach ca. 1995), Rollläden (manuell); Haustür mit zeitgemäßem Wärmeschutz (nach ca. 1995)	Dreifachverglasung, Sonnenschutzglas, aufwendigere Rahmen, Rollläden (elektr.); höherwertige Türanlage z.B. mit Seitenteil, besonderer Einbruchschutz	Große, feststehende Fensterflächen, Spezialverglasung (Schall- und Sonnenschutz); Außentüren in hochwertigen Materialien

Gebäudestandardstufen				
Innenwände und -türen				**Wägungsanteil: 11 %**
Fachwerkwände, einfache Putze/Lehmputze, einfache Kalkanstriche; Füllungstüren, gestrichen, mit einfachen Beschlägen ohne Dichtungen	massive tragende Innenwände, nicht tragende Wände in Leichtbauweise (z.B. Holzständerwände mit Gipskarton), Gipsdielen; leichte Türen, Stahlzargen	nicht tragende Innenwände in massiver Ausführung bzw. mit Dämmmaterial gefüllte Ständerkonstruktionen; schwere Türen, Holzzargen	Sichtmauerwerk, Wandvertäfelungen (Holzpaneele); Massivholztüren, Schiebetürelemente, Glastüren, strukturierte Türblätter	gestaltete Wandabläufe (z.B. Pfeilervorlagen, abgesetzte oder geschwungene Wandpartien); Vertäfelungen (Edelholz, Metall), Akustikputz, Brandschutzverkleidung; raumhohe aufwendige Türelemente
Deckenkonstruktion und Treppen				**Wägungsanteil: 11 %**
Holzbalkendecken ohne Füllung, Spalierputz; Weichholztreppen in einfacher Art und Ausführung; kein Trittschallschutz	Holzbalkendecken mit Füllung, Kappendecken; Stahl- oder Hartholztreppen in einfacher Art und Ausführung	Beton- und Holzbalkendecken mit Tritt- und Luftschallschutz (z.B. schwimmender Estrich); geradläufige Treppen aus Stahlbeton oder Stahl, Harfentreppe, Trittschallschutz	Decken mit größerer Spannweite, Deckenverkleidung (Holzpaneele/Kassetten); gewendelte Treppen aus Stahlbeton oder Stahl, Hartholztreppenanlage in besserer Art und Ausführung	Decken mit großen Spannweiten, gegliedert, Deckenvertäfelungen (Edelholz, Metall); breite Stahlbeton-, Metall- oder Hartholztreppenanlage mit hochwertigem Geländer
Fußböden				**Wägungsanteil: 5 %**
ohne Belag	Linoleum-, Teppich-, Laminat- und PVC-Böden einfacher Art und Ausführung	Linoleum-, Teppich-, Laminat- und PVC-Böden besserer Art und Ausführung, Fliesen, Kunststeinplatten	Natursteinplatten, Fertigparkett, hochwertige Fliesen, Terrazzobelag, hochwertige Massivholzböden auf gedämmter Unterkonstruktion	hochwertiges Parkett, hochwertige Natursteinplatten, hochwertige Edelholzböden auf gedämmter Unterkonstruktion
Sanitäreinrichtungen				**Wägungsanteil: 9 %**
einfaches Bad mit Stand-WC, Installation auf Putz, Ölfarbenanstrich, einfache PVC-Bodenbeläge	1 Bad mit WC, Dusche oder Badewanne; einfache Wand- und Bodenfliesen, teilweise gefliest	1 Bad mit WC, Dusche und Badewanne, Gäste-WC; Wand- und Bodenfliesen, raumhoch gefliest	1–2 Bäder mit tlw. zwei Waschbecken, tlw. Bidet/Urinal, Gäste-WC, bodengleiche Dusche; Wand- und Bodenfliesen; jeweils in gehobener Qualität	mehrere großzügige, hochwertige Bäder, Gäste-WC; hochwertige Wand- und Bodenplatten (oberflächenstrukturiert, Einzel- und Flächendekors)

Gebäudestandardstufen				
Heizung			**Wägungsanteil: 9 %**	
Einzelöfen, Schwerkraftheizung	Fern- oder Zentralheizung, einfache Warmluftheizung, einzelne Gasaußenwandthermen, Nachtstromspeicher-, Fußbodenheizung (vor ca. 1995)	elektronisch gesteuerte Fern- oder Zentralheizung, Niedertemperatur- oder Brennwertkessel	Fußbodenheizung, Solarkollektoren für Warmwassererzeugung, zusätzlicher Kaminanschluss	Solarkollektoren für Warmwassererzeugung und Heizung, Blockheizkraftwerk, Wärmepumpe, Hybrid-Systeme; aufwendige zusätzliche Kaminanlage
Sonstige technische Ausstattung			**Wägungsanteil: 6 %**	
sehr wenige Steckdosen, Schalter und Sicherungen, kein Fehlerstromschutzschalter (FI-Schalter), Leitungen teilweise auf Putz	wenige Steckdosen, Schalter und Sicherungen	zeitgemäße Anzahl an Steckdosen und Lichtauslässen, Zählerschrank (ab 1985) mit Unterverteilung und Kippsicherungen	zahlreiche Steckdosen und Lichtauslässe, hochwertige Abdeckungen, dezentrale Lüftung mit Wärmetauscher, mehrere LAN- und Fernsehanschlüsse	Video- und zentrale Alarmanlage, zentrale Lüftung mit Wärmetauscher, Klimaanlage, Bussystem

Die Wägungsanteile der 9 Kostengruppen sind unterschiedlich, sodass im Einzelfall für das zu bewertende Objekt der jeweilige Gebäudestandard als gewichtetes Mittel ermittelt werden muss. Des Weiteren ist zu beachten, dass die angegebenen Normalherstellungskosten auch jeweils nur für die angegebenen Gebäudestandards gelten, d.h., bei *besonders exklusivem oder besonders zurückgebliebenem Gebäudestandard* müssen die angegebenen Normalherstellungskosten erhöht bzw. vermindert werden. 106

Abb. 10: Wägungsanteile der Kostengruppen

Wägungsanteile der Kostengruppen	
Kostengruppe	**Kostenanteil in %**
1. Außenwände	23
2. Dächer	15
3. Außentüren und Fenster	11
4. Innenwände	11
5. Deckenkonstruktion und Treppen	11
6. Fußböden	5
7. Sanitäreinrichtungen	9
8. Heizung	9
9. Sonstige technische Ausstattung	6
Zusammen	100

Die **Einordnung des zu bewertenden Objekts durch eine Benotung der jeweiligen Kostengruppe stellt eine grobe Schätzung dar.** Die zu den Kostengruppen angegebenen Wägungsanteile dürfen nicht zu der Annahme verleiten, der Gebäudestandard lasse sich mathematisch exakt berechnen. Der im konkreten Fall vorliegende Gebäudestandard lässt sich damit gleichwohl als gewogener Gebäudestandard „berechnen", indem der jeweiligen Benotung der 107 angegebene Wägungsanteil als Gewicht zugeordnet wird. Dabei können selbst innerhalb einer Kostengruppe unterschiedliche Standards gegeben sein. Ein Gebäude kann z.B. in den verschiedenen Wohn- bzw. Gewerbeeinheiten unterschiedliche Sanitäreinrichtungen, Bodenbeläge, technische Ausstattung oder z.B. an seiner Vorder- und Rückseite qualitativ unterschiedliche Fassaden (Außenwände mit einem Wägungsanteil von 23 %) aufweisen.

108 Zu bewerten ist ein Gebäude des Typs 1.22. Die Benotung des Gebäudestandards in den jeweiligen Kostengruppen ergibt sich aus dem nachfolgenden Berechnungsschema (kursiv). Zu den Kostengruppen Außenanlagen, Fußböden und Sanitäreinrichtungen werden entsprechend dem Anteil am Gesamtgebäude unterschiedliche Benotungen gegeben, und zwar:

- Die Außenwände sind zu 30 % der Stufe 4 und zu 70 % der Stufe 3 zuzuordnen.
- Die Fußböden sind zu 50 % der Stufe 3 und zu 50 % der Stufe 2 zuzuordnen.
- Die Sanitäreinrichtungen sind zu 60 % der Stufe 4 und zu 40 % der Stufe 3 zuzuordnen.

Hinweis: Die Summe der Anteile innerhalb einer Kostengruppe muss 100 % ergeben, d.h. im Berechnungsschema zusammen 1,0 ergeben.

Berechnungsschema
zur Ermittlung eines gewichteten Standards und gewichteter Normalherstellungskosten

Ausstattungsmerkmal	**Standardeinstufung** 1	2	3	4	5	**Wägungsanteil**	**Standard gew.**	**anteilige NHK gewogen**
Außenwände				*0,3*		**0,23**	0,76*	62,10** €/m² BGF
(Anteil in % des Bewertungsobjekts in der Stufe 4)			*0,7*					119,95 €/m² BGF
Dächer			*1,0*			**0,15**	0,45	111,75 €/m² BGF
								0,00 €/m² BGF
Außentüren und Fenster				*1,0*		**0,11**	0,44	99,00 €/m² BGF
								0,00 €/m² BGF
Innenwände			*1,0*			**0,11**	0,33	81,95 €/m² BGF
								0,00 €/m² BGF
Deckenkonstruktion und Treppen				*1,0*		**0,11**	0,44	99,00 €/m² BGF
								0,00 €/m² BGF
Fußböden (Σ stets 1,0)			*0,5*			**0,07**	0,18	26,08 €/m² BGF
		0,5						22,75 €/m² BGF
Sanitäreinrichtungen				*0,6*		**0,07**	0,25	37,80 €/m² BGF
			0,4					20,86 €/m² BGF
Heizung				*1,0*		**0,09**	0,36	81,00 €/m² BGF
								0,00 €/m² BGF
Sonstige technische Einrichtungen			*1,0*			**0,06**	0,18	44,70 €/m² BGF
								0,00 €/m² BGF
					Σ =	**1,00**		
					Gewogener Standard = 3,39			
Typ des zu bewertenden Gebäudes								
Typ 1.22	**585**	**650**	**745**	**900**	**1125**	**Gewogene NHK = 807 €/m² BGF**		

* Berechnung: Gewogene Standardeinstufung [(4,0 × 0,3 × 23/100) + (3,0 × 0,7 × 23/100)] = 0,76
** Berechnung des gewogenen NHK-Anteils des Gebäudestandards:
900 €/m² × 0,3 × 23/100 = 62,10 €/m²

Die **Normalherstellungskosten können auf der Grundlage des gewogenen Gebäudestandards** durch lineare Interpolation der jeweiligen Kostenkennwerte ermittelt werden: 109

Beispiel:

In dem Beispiel ergibt sich ein gewichteter Gebäudestandard von 3,39.

Kostenkennwerte des Typs 1.33 für den

– Gebäudestandard 3:	745 €/m² BGF
– Gebäudestandard 4:	900 €/m² BGF
– Differenz:	155 €/m² BGF

Objektspezifische NHK 2010 = 745 €/m² BGF + (155 €/m² × 39/100) ~ **805 €/m²**

Rechentechnisch genauer ist die **Ermittlung der gewogenen NHK** in der Weise, dass man nach Maßgabe des Berechnungsschemas den jeweiligen Anteil einer Standardstufe direkt mit dem jeweiligen Wägungsanteil und dem jeweiligen Kostenkennwert der jeweiligen Standardstufe multipliziert und aufaddiert. Im Beispiel ergibt sich eine objektspezifische NHK von 807 €/m² BGF (statt 805 €/m² BGF). Die Unterschiede können durchaus auch größer sein und sind darin begründet, dass die Differenzen zwischen den verschiedenen Standardstufen unterschiedlich sind und dies mit der verfeinerten Berechnungsmethode berücksichtigt wird. Gleichwohl stellt dies i.d.R. eine übertriebene Rechenschärfe dar, denn bereits die zugrunde gelegten Kostenkennwerte haben eine Rechenunschärfe von +/– 25 %. 110

2.2.5.5 Baualtersstufen (Gebäudebaujahrsklassen)

Schrifttum: *Böhning,* Altbaumodernisierung im Detail – Konstruktionsempfehlungen, 4. Aufl. 2002; *Eckermann/Preißler,* Altbaumodernisierung – Haustechnik, 2000 DVA Stuttgart; *Neddermann,* Kostenermittlung in der Altbauerneuerung – und technische Beurteilung von Altbauten, 2. Aufl. 2000.

▶ *Vgl. § 21 ImmoWertV Rn. 199; § 39 ImmoWertV Rn. 8: zur Ermittlung des fiktiven Baujahrs bei unterlassener Instandhaltung und Modernisierung vgl. die Erläuterungen zu § 4 ImmoWertV Rn. 52 ff.*

Normalherstellungskosten ändern sich mit der Zeit aufgrund unterschiedlicher Bautechniken, Baustoffe, Baugestaltungen und Bauelemente sowie der sich wandelnden Zusammensetzung der maßgeblichen Kostengruppen. So hat z.B. der Anteil technischer Anlagen am Gebäude in den letzten 100 Jahren deutlich zugenommen, während der Anteil des Bauwerks (Baukonstruktion) an den gesamten Neubaukosten kontinuierlich abgenommen hat. Demzufolge müssen sich grundsätzlich auch die auf einen aktuellen Stichtag bezogenen Normalherstellungskosten für Gebäude unterschiedlicher Bauperioden (Baualtersstufen bzw. Gebäudebaujahrsklassen) grundsätzlich unterscheiden, und zwar – wie in den aktuellen Baukostenwerken von *Schmitz/Krings/Dahlhaus/Meisel*[33] und seinerzeit von *Mittag*[34] festgestellt wurde – nicht unerheblich. Im Rahmen der empirischen Ableitung der Normalherstellungskosten 1995/2000 wurden nachstehende **Gebäudebaujahrsfaktoren** ermittelt, die das Verhältnis zu den auf das Jahr 2000 ermittelten Normalherstellungskosten abbilden. 111

33 Schmitz/Krings/Dahlhaus/Meisel, Baukosten, 23. Aufl. Wingen Verlag Essen, S. 39 ff.

34 Ermittlung von zeitgemäßen Normalherstellungskosten für die Belange der Verkehrswertermittlung, Forschungsbericht im Auftrag vom Bundesministerium für Raumordnung, Bauwesen und Städtebau, vorgelegt von Mittag, M., Bundesanzeiger Verlag Köln 1996; vgl. die nach Baujahrklassen gegliederte Kostengliederung in Kleiber, Verkehrswertermittlung von Grundstücken, 6. Aufl., S. 1067 ff.

Berücksichtigung der Gebäudebaujahrsklasse		
Baualtersstufen ggf. fiktiv	**Gebäudebaujahrsfaktor näherungsweise**	**Bemerkungen**
vor 1925 1925–1945 1946–1959 1960–1969 1970–1984 1985–1999 ab 2000	0,70–0,74 0,74–0,76 0,76–0,82 0,82–0,86 0,86–0,92 0,92 – 0,99 1,00	**Bei durchgreifend modernisierten oder überdurchschnittlich instand gesetzten Gebäuden sowie bei unterlassener Instandhaltung ist vom sog. fiktiven Baujahr auszugehen.** – Bei durchgreifend modernisierten oder überdurchschnittlich instand gesetzten Gebäuden ist fiktiv eine entsprechend verjüngte Gebäudebaujahrsklasse zugrunde zu legen, die dem Standard der Gebäudebaujahrsklasse entspricht, der durch die Modernisierung herbeigeführt wurde, wenn dem nicht bereits durch Zuschläge Rechnung getragen wurde. – Bei unterlassener Instandhaltung ist entsprechend von einer älteren Baujahrsklasse auszugehen, wenn dem Instandhaltungsstau nicht in anderer Weise Rechnung getragen wird. Dies ist regelmäßig der Fall, wenn ein Instandsetzungsstau bereits durch Ansatz von Instandsetzungskosten nach Maßgabe des § 8 Abs. 3 ImmoWertV berücksichtigt wird.

112 Die **NHK 2010 unterscheiden** im Unterschied zu den NHK 1995/2000 **nicht** mehr **nach Baualtersstufen bzw. Gebäudebaujahrsklassen**. Dieser Mangel muss durch dementsprechend abgeleitete Sachwertfaktoren aufgefangen werden.

113 Zur Begründung wird lapidar ausgeführt, dass die sachlich begründete Differenzierung der Normalherstellungskosten für Gebäude unterschiedlicher Bauperioden (Baualtersklassen bzw. Gebäudebaujahrsklassen) mit der Umstellung von einer progressiven zu einer linearen Alterswertminderung quasi „aufgefangen“ werde[35]. Die Begründung ist abwegig.

– Tatsächlich kam die lineare Abschreibung insbesondere bei gewerblichen Objekten auch schon vor Inkrafttreten der ImmoWertV zur Anwendung, sodass sich insoweit die notwendige Differenzierung nach Baualtersklassen gar nicht kompensieren konnte.

– Die im Rahmen der Sachwertermittlung anzusetzende **Alterswertminderung hat mit der Abhängigkeit der gewöhnlichen Herstellungskosten** (Normalherstellungskosten) **von der jeweiligen Baualtersstufe** (Gebäudebaujahrsklasse) **grundsätzlich nichts zu tun**[36]. Bei den Normalherstellungskosten handelt es sich um „gewöhnliche“ Herstellungskosten“, die für einen Neubau aufzubringen sind. Die **Neubaukosten baulicher Anlagen sind nun schon per definitionem lediglich von den zum jeweiligen Baujahr üblichen Herstellungskosten (Normalherstellungskosten) und nicht von dem in den Folgejahren bei der Wertermittlung zur Anwendung kommenden Alterswertminderungsmodell** abhängig. Dies gilt grundsätzlich auch für die empirische Ableitung von Normalherstellungskosten für Gebäude älterer Baualtersklassen (Gebäudebaujahrsklassen), denn auch dabei

---

35 Initiiert durch ein Schreiben des BMVBS vom 09.12.2010 und die daraus gezogen abwegigen Folgerungen der Obersten Baubehörde im Bayerischen Staatsministerium des Innern; anders: Bekanntmachung der Senatsverwaltung für Stadtentwicklung vom 10.11.2010, ABl. Berlin 2010, 1886.

36 Die irrige Feststellung ist durch den missverständlichen Hinweis im Forschungsbericht „Aktuelle Gebäudesachwerte in der Verkehrswertermittlung“ des Baukosteninformationszentrums der Deutschen Architektenkammern ausgelöst worden, dass die Restwertfunktion nach Ross (100 % – Alterswertminderung) in Kombination mit den Baujahresklassen fast eine lineare Alterswertminderung ergibt. Diese Feststellung durfte das Baukosteninformationszentrums jedoch nicht veranlassen, die Gebäudebaujahrsklassen bei der Ableitung der Normalherstellungskosten für ältere Gebäudebaujahrsklassen zu ignorieren und das Problem in ein irgendwie geartetes Alterswertminderungsmodell zu verlagern.

handelt es sich um Neubaukosten. Wenn die gewöhnlichen Herstellungskosten eines im Jahre 1920 errichteten Gebäudes (bezogen auf 2010) tatsächlich geringer als die eines im Jahre 2010 errichteten Gebäudes sind, so sind folgerichtig zunächst auch die geringeren Normalherstellungskosten anzusetzen.

– Abwegig ist im Übrigen auch die gelegentliche Feststellung, dass man auf eine Differenzierung der Normalherstellungskosten nach Baualtersklassen bzw. Gebäudebaujahrsklassen verzichten könne, weil die Berücksichtigung der unterschiedlichen Normalherstellungskosten für unterschiedliche Baualtersklassen (Gebäudebaujahrsklassen) eine „Marktanpassung" sei. Richtig ist dagegen, dass man mit der Ableitung von baujahrsspezifischen Sachwertfaktoren die unterschiedlichen Normalherstellungskosten quasi kompensatorisch „auffangen" kann[37].

Bei der empirischen Ableitung der Normalherstellungskosten 2000 erschien es aber angezeigt, die Normalherstellungskosten nicht nur nach Gebäudetypen und Ausstattungsstandards, sondern auch nach Baualtersstufen (Gebäudebaujahrsklassen) zu unterscheiden, denn **in den unterschiedlichen Bauperioden ist nun einmal mit erheblich unterschiedlichem Kostenaufwand gebaut worden, der dementsprechend auch zu unterschiedlichen Normalherstellungskosten führen muss**[38]. Die NHK 2000 waren deshalb aus gutem Grunde auch nach Gebäudebaujahrsklassen gegliedert, denn mit den Normalherstellungskosten soll dem Anwender zunächst ermöglicht werden, die Neubaukosten von Gebäuden aller Baualtersklassen (Gebäudebaujahrsklassen) – und nicht nur von Neubauten – möglichst realitätsnah zu ermitteln. Die Alterswertminderung hat bei der empirischen Ableitung der NHK 2000 deshalb keine Rolle gespielt[39].

Dementsprechend wird auch in der **steuerlichen Bewertung** – unabhängig von der Alterswertminderung – die Baualtersstufe (Gebäudebaujahrsklasse) gesondert berücksichtigt (§ 190 Abs. 1 Satz 1 BewG i.V.m. Anl. 25). **114**

Bei Anwendung der NHK 2010 kommt es aufgrund der aufgegebenen Differenzierung der ausgewiesenen Kostenkennwerte nach Baualtersklassen (Gebäudebaujahrsklassen) mehr als bisher darauf an, die unterschiedlichen Ausstattungsstandards der verschiedenen Bauperioden möglichst mit dem „richtigen" *Gebäudestandard* zu erfassen. Der **Gebäudestandard ist – wie ausgeführt – nach den Anschauungen und der „Baukultur" des Wertermittlungsstichtags zu bestimmen, sodass z.B. der zeitlich überholte Gebäudestandard eines älteren und nicht modernisierten Gebäudes zwangsläufig zu einer „niedrigen" Gebäudestandardstufe führt**. **115**

Darüber hinaus bleibt abzuwarten, ob die Gutachterausschüsse für Grundstückswerte nunmehr dazu übergehen werden, **Sachwertfaktoren in Abhängigkeit von Baualtersstufen (Gebäudebaujahrsklassen)** abzuleiten (z.B. in den Grundstücksmarktberichten von *Bonn, Frankfurt an der Oder, München, Düsseldorf, Duisburg*). **116**

---

37 Eine Reihe von Gutachterausschüssen für Grundstückswerte hat schon in der Vergangenheit ihre Sachwertfaktoren in Abhängigkeit von Gebäudebaujahrsklassen abgeleitet und dieser Trend muss sich verstärken, wenn die Gebäudebaujahrsklassen nicht schon direkt mit den Normalherstellungskosten erfasst werden.

38 Allein schon ein Langzeitvergleich der von den statischen Ämtern veröffentlichten Kostengliederungen nach Bauelementen macht deutlich, dass sich die Normalherstellungskosten unterschiedlicher Gebäudebaujahrsklassen erheblich unterscheiden.

39 Von daher ist die durch das Schreiben des BMVBS vom 09.12.2010 ausgelöste Auffassung der Obersten Baubehörde im Bayerischen Staatsministerium des Innern abwegig, die NHK 2000 basierten nicht auf der linearen Abschreibung (vgl. GuG-aktuell 2011, 5) und deshalb könne die lineare Alterswertminderung nicht zur Anwendung kommen. Der Berliner Gutachterausschuss hat inzwischen den Beweis angetreten, dass es doch geht (Bekanntmachung der Senatsverwaltung für Stadtentwicklung vom 10.11.2010, ABl. Berlin 2010, 1886), ebenso unsinnig RdSchr. des Ministeriums für Inneres und Kommunales des Landes Nordrhein-Westfalen vom 03.08.2010 (GeschZ 32 – 51.11.01 – 9210) an die Gutachterausschüsse für Grundstückswerte in Nordrhein-Westfalen sowie an den Oberen Gutachterausschuss für Grundstückswerte im Land Nordrhein-Westfalen betr. Übergangsregelung für die Anwendung des Sachwertverfahrens nach ImmoWertV (vgl. GuG 2012, 28).

2.2.5.6 Geschosshöhe

▶ *Vgl. § 8 ImmoWertV Rn. 60, 213*

117 Das Tafelwerk der Normalherstellungskosten macht – anders noch als das Tafelwerk zu den NHK 2000 – keine Angabe zu der durchschnittlichen Geschosshöhe, die den angegeben Kostenkennwerten bzw. den jeweiligen Gebäudetypen zugrunde liegt. Diesbezüglich kann allenfalls auf die jeweiligen Angaben der Vorveröffentlichung[40] zurückgegriffen werden. **Bei alldem ist** aber **entscheidend, welche Geschosshöhe mit dem Sachwertfaktor in die Marktwertermittlung eingeht**. Aus diesem Grunde ist zu fordern, dass der Gutachterausschuss bei der Veröffentlichung von Sachwertfaktoren auch die durchschnittliche Geschosshöhe des Referenzgrundstücks angibt. Im Einzelfall kann es geboten sein, davon abweichende Geschosshöhen ggf. nach Maßgabe des § 8 Abs. 3 ImmoWertV ergänzend zu berücksichtigen.

Bei Verwendung von Kubikmeterpreisen für großvolumige Gebäudearten wird die Frage aufgeworfen, ob sich mit zunehmender **Geschosshöhe** der **Raummeterpreis** verringert, da vor allem im Niveau des Erdgeschosses sowie des Dachs kostenintensive Bauleistungen enthalten sind und ansonsten mit zunehmender Geschosshöhe der Luftraum erfasst wird. Dafür sprechen auch die von *Schieweg* veröffentlichten Untersuchungen[41]. Neuere Untersuchungen im Bereich der Bundesfinanzverwaltung haben indessen ergeben, dass sich mit zunehmender Geschosshöhe die Kubikmeterpreise keinesfalls signifikant vermindern, da mit höheren Geschosshöhen **Mehrkosten bei den Außenwänden insbesondere im Hinblick auf den nicht unerheblich zunehmenden Winddruck einhergehen**[42].

2.2.6 Gebäudebezogene Besonderheiten

2.2.6.1 Allgemeines

▶ *Vgl. § 8 ImmoWertV Rn. 47 ff.*

118 Die NHK 2010 sehen **Korrekturfaktoren** vor für die Berücksichtigung

- von *freistehenden Zweifamilienhäusern*,
- der *Wohnungsgröße und der Grundrisse* von Mehrfamilienhäusern und Wohnhäusern mit Mischnutzung sowie
- von *Gebäudegrößen und Unterbauten landwirtschaftlicher Gebäudearten.*

2.2.6.2 Korrekturfaktor für freistehende Zweifamilienhäuser

119 Die für freistehende Einfamilienhäuser abgedruckten Kostenkennwerte sind mit einem Korrekturfaktor von 1,05 zu multiplizieren, wenn sie zur Ermittlung der Herstellungskosten von freistehenden Zweifamilienhäusern herangezogen werden.

2.2.6.3 Korrekturfaktoren für Mehrfamilienhäuser und Wohnhäuser mit Mischnutzung

120 Das Tabellenwerk der **NHK 2010 differenziert zwischen Mehrfamilienhäusern und Wohnhäusern mit Mischnutzung.** Als Wohnhäuser mit Mischnutzung sollen Gebäude gelten, die überwiegend eine Wohnnutzung und einen geringen gewerblichen Anteil aufweisen. Der Wohnanteil soll ca. 75 % betragen; bei deutlich abweichenden Nutzungsanteilen soll eine Ermittlung durch Gebäudemix sinnvoll sein. Alle Gebäudearten werden darüber hinaus nach drei Gebäudestandards differenziert (3 bis 5).

---

40 Abgedruckt in GuG 2012, 29 ff.

41 Vgl. Schieweg, Bauwerkspreise, Verlag für Wirtschaft und Verwaltung Hubert Wingen Essen 1993, abgedruckt in Kleiber, Verkehrswertermittlung von Grundstücken, 6. Aufl. 2010, S. 1932.

42 Vgl. Darstellung in Kleiber, Verkehrswertermittlung von Grundstücken, 6. Aufl. 2010, S. 1932.

Für (reine) *Mehrfamilienhäuser* werden Kostenkennwerte angegeben, differenziert nach der **Zahl der Wohneinheiten (WE)**, konkret nach Mehrfamilienhäusern mit **121**

- bis zu sechs Wohneinheiten,
- 7 bis 20 Wohneinheiten und
- mehr als 20 Wohneinheiten.

Die Kostenkennwerte für *Mehrfamilienhäuser* sowie *Wohnhäuser mit Mischnutzung* beziehen sich auf Gebäude, die als Zweispänner mit einer durchschnittlichen Wohnungsgröße von 50 m² pro Wohneinheit (WE) errichtet wurden. Abweichungen von der **Art des Grundrisses und** der **Wohnungsgröße** sollen mit folgenden Korrekturfaktoren berücksichtigt werden: **122**

Korrekturfaktoren für Mehrfamilienhäusern sowie Wohnhäusern mit Mischnutzung		
für die Wohnungsgröße		für die Grundrissart
ca. 35m² WF/WE = 1,10		Einspänner = 1,05
ca. 50 m² WF/WE = 1,00		**Zweispänner = 1,00**
ca. 135 m² WF/WE = 0,85		Dreispänner = 0,97
		Vierspänner = 0,95

Die Korrekturfaktoren lehnen sich an die mit den NHK 1995/2000 bereits vorgegebenen Korrekturfaktoren an, ohne dass sie aufeinander abgestimmt wurden. Die Korrekturfaktoren sind nämlich insoweit problematisch, weil sie sich zum Teil neutralisieren. Ein Einspänner weist in aller Regel zwangsläufig größere Wohnungen als Drei- oder Vierspänner auf, sodass der anzubringende Korrekturzuschlag durch den Korrekturabschlag für größere Wohnungsflächen aufgefangen wird[43]. **123**

2.2.6.4 Korrekturfaktoren für landwirtschaftliche Gebäudearten

Schrifttum: *Becker, W./Olejnizak, K.Schneider, F./Tepper, D.,* Ableitung von Marktanpassungsfaktoren für aufgegebene landwirtschaftliche Hofstellen, Nachr. der rh.-pf. Kat- und VermVw 1999, 28-50; *Gartung, J./ Uminski, K./Preiß, F.,* Landbauforschung Völkenrode, Sonderheft Nr. 174, Investitionsbedarf für Mast- und Zuchtschweineställe; *Gartung, J./Uminskl, K./Preiß* F., Landbauforschung Völkenrode, Sonderheft Nr. 173, Investitionsbedarf für Milchviehlaufställe, Mastbullenställe sowie Kälber- und Rinder-Jungviehställe; KTBL-Taschenbuch Landwirtschaft. Daten für betriebliche Kalkulationen in der Landwirtschaft. 20. Aufl. 2000/2001; Richtpreise für den Neu- und Umbau landwirtschaftlicher Wirtschaftsgebäude und ländlicher Wohnhäuser. Arbeitsgemeinschaft für Rationalisierung, Landtechnik und Bauwesen in der Landwirtschaft Hessen e.V. (ALB).

Des Weiteren werden für landwirtschaftliche Gebäudearten **Korrekturfaktoren für die Berücksichtigung der Gebäudegröße und des Unterbaus** angegeben. **124**

2.2.6.5 Dachspezifische Besonderheiten

▶ *Vgl. Rn. 75, 137, 163, 304; § 8 ImmoWertV Rn. 60, 213 ff.; § 5 ImmoWertV (Aufenthaltsraum), Rn. 51; § 40 ImmoWertV Rn. 185 ff.*

Neben den Korrekturfaktoren für bestimmte Gebäudetypen sollen die in den NHK 2010 ausgewiesenen Kostenkennwerte nach Anl. 4 zur ImmoWertV (I 3. Abs. 3 Satz 2 und Abs. 4 Satz 3 und 4) in bestimmten Fällen zur Berücksichtigung dachspezifischer Besonderheiten modifiziert werden, so zur Berücksichtigung **125**

- eines *fehlenden Drempels* bei **Gebäudearten mit ausgebautem bzw. nicht ausgebautem, aber ausbaufähigem Dachgeschoss** (Abschlag vom Kostenkennwert, wobei dieser nur für die betroffene Grundrissebene vertretbar ist),

43 Hierzu vgl. Kleiber, Verkehrswertermittlung von Grundstücken, 6. Aufl. 2010, S. 1857 f.

- einer *eingeschränkten Nutzbarkeit des Dachgeschosses*[44] bei **Gebäuden,** die nicht zu einer Wohnnutzung als Hauptnutzung ausbaufähig sind (i.d.R. Abschlag vom Kostenkennwert, wobei dieser wiederum nur für die betroffene Grundrissebene vertretbar ist (vgl. § 8 ImmoWertV Rn. 213 ff.),
- eines **ausgebauten Spitzbodens** (i.d.R Zuschlag zum Kostenkennwert).

Dabei ist zwischen folgenden Fallgestaltungen zu unterscheiden:

Abb. 11: Fallspezifische Dachgeschosse

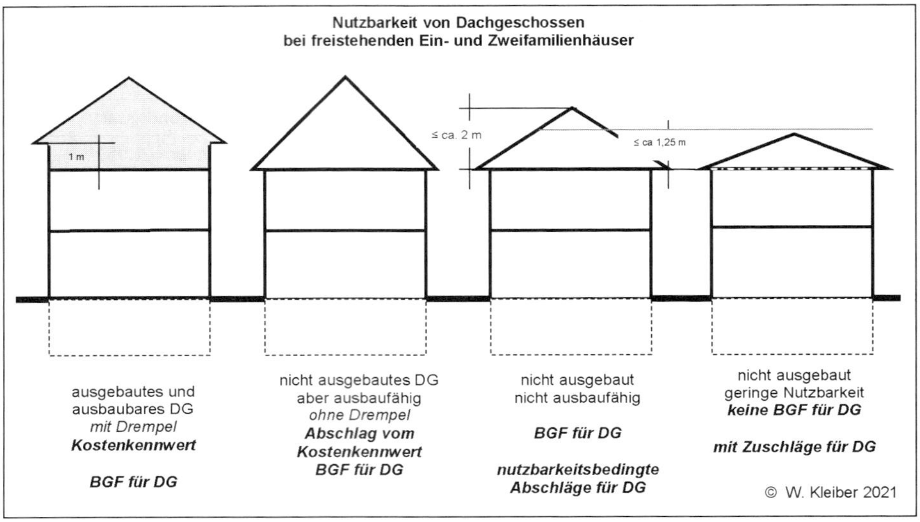

126 **Grundrissebenen von Dachgeschossen mit einer lichten Höhe kleiner als 1,25 m** sind nach Anl. 4 zur ImmoWertV nicht *„nutzbar"* i.S. einer Anrechenbarkeit auf die BGF. Sie sollen deshalb nicht in die hier maßgebliche BGF_{red} eingehen. Nicht nutzbar sind auch belüftete Dächer, die nur einen Notzugang haben und nur eingeschränkt begehbar sind. Die Nutzbarkeit beschränkt sich nicht nur auf Hauptnutzungen (z.B. Wohn- oder Büronutzung), sondern auch auf untergeordnete bzw. eingeschränkte Nutzungen (vgl. DIN 277-2:205-02) wie beispielsweise die Nutzung als Lager- und Abstellfläche oder für betriebstechnische Anlagen.

127 **Grundrissebenen von Dachgeschossen mit einer lichten Höhe kleiner als 2,00 m und größer als 1,25 m,** die **nach bisherigem Verständnis**[45] *„eingeschränkt nutzbar"* sind, gehen nach wie vor in die maßgebliche BGF_{red} ein. Die *„eingeschränkte Nutzbarkeit"* muss gegebenenfalls wertmindernd berücksichtigt werden.

128 **Zu- und Abschläge zum Kostenkennwert zur Berücksichtigung dachspezifischer Besonderheiten,** wie sie in Anl. 4 zur ImmoWertV hervorgehoben werden, **müssen grundsätzlich abgelehnt werden, denn** entsprechend „aufgestockte" bzw. „abgesenkte" Kostenkennwerte kommen im Rahmen der Ermittlung des Gebäudesachwerts auf die gesamte Brutto-Grundfläche des jeweiligen Gebäudes zur Anwendung. Tatsächlich betreffen aber derartige Besonderheiten lediglich das Dachgeschoss. Zudem wäre bei einem „aufgestockten" bzw. „abgesenkten" Kostenkennwert der Kostenanteil der dachspezifischen Besonderheiten von der übrigen Gebäudefläche abhängig.

44 Eine weitere „Einschränkung" der Nutzbarkeit kann sich auch dadurch ergeben, dass anstelle einer „festen Treppe" nur eine ausziehbare Treppe vorhanden ist.

45 Vgl. Nr. 4.1.1.4 Abs. 7 der aufgehobenen SachwertR.

Wird beispielsweise der Kostenkennwert wegen einer eingeschränkten Nutzbarkeit des Dachgeschosses (lichte Höhe ≤ 2 m) um 4–12 % vermindert, hätte dies zur Folge, dass sich die Minderung der Herstellungskosten bei einer bestimmten Dachgeschossebene verdoppeln würde, wenn sich die BGF des Gebäudes verdoppelt. Dies müsste erst durch bautypenabhängige Zu- oder Abschläge aufgefangen werden; die Zu- und Abschläge müssen mit zunehmender Geschossigkeit ab- bzw. zunehmen (vgl. Rn. 123).

Entsprechendes gilt insbesondere auch für nach Anl. 4 zur ImmoWertV anzusetzende Zuschläge zum Kostenkennwerte zur Berücksichtigung von ausgebauten **Spitzböden**. 129

Der Grad der wirtschaftlichen Nutzbarkeit des Dachgeschosses soll sich nach Anl. 4 zur ImmoWertV entsprechend der in der Vorauflage zu diesem Werk schon vertretenen Auffassung insbesondere nach dem Verhältnis der vorhandenen Wohnfläche zur Grundfläche bestimmen. Die Wohnfläche ist im Wesentlichen abhängig von Dachneigung, Giebelbreite und Drempelhöhe. 130

Bei **Gebäuden mit ausgebautem Dachgeschoss**[46] **wird unterstellt, dass die dafür ausgewiesenen Kostenkennwerte einen Drempel aufweisen**, denn ein fehlender Drempel soll in Abhängigkeit von der Dachneigung, Giebelbreite und Drempelhöhe „in der Regel *durch Abschläge*" berücksichtigt werden. Die dort ausgewiesenen mittleren Geschosshöhen lassen jedoch erkennen, dass nicht in jedem Fall davon ausgegangen werden kann, dass bei ausgebautem Dachgeschoss stets ein Drempel unterstellt werden kann. Entsprechendes gilt umgekehrt für Gebäude ohne ausgebautes Dachgeschoss. 131

Die Abschläge dürfen jedoch wiederum nicht generell an den einschlägigen Kostenkennwert der baulichen Anlage angebracht werden[47]. Denn ein fehlender Drempel beeinträchtigt nur die Nutzbarkeit der Dachgeschossebene. 132

2.2.6.6 Grad der Nutzbarkeit der Grundflächen des Dachgeschosses

▶ *Vgl. § 8 ImmoWertV Rn. 213; § 5 ImmoWertV Rn. 51 (Aufenthaltsraum)*

Der „*Grad der wirtschaftlichen Nutzbarkeit*" des Dachgeschosses soll sich nach vorstehenden Ausführungen insbesondere nach dem Verhältnis der vorhandenen Wohnfläche zur Grundfläche zu bestimmen. 133

Abb. 12: Wohn- bzw. Nutzfläche eines Dachgeschosses in Abhängigkeit von einem Drempel

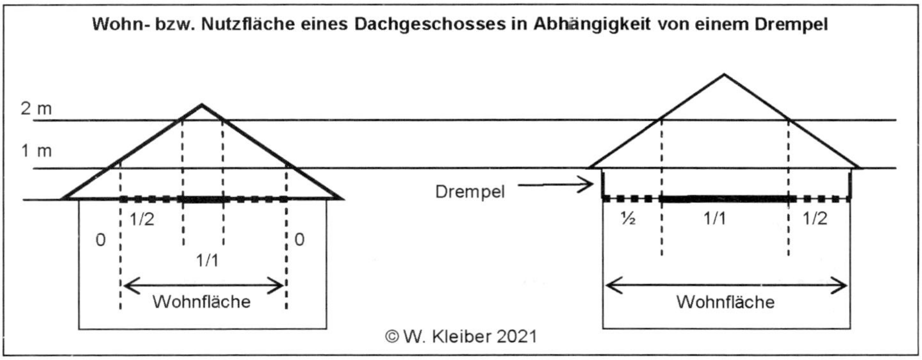

46 Gebäudearten 1.01; 2.01; 3.01; 1.11; 2.11; 3.11; 1.21; 2.21; 3.21; 1.31; 2.31; 3.31.

47 Der äußerst problematische Vorschlag der AGVGA Nordrhein-Westfalen (abgedruckt bei Kleiber, Marktwertermittlung von Grundstücken, 8. Aufl., 2018, S. 1772), in die SachwertR Korrekturfaktoren für einen „fehlenden Drempel" aufzunehmen, ist damit verworfen worden.

Abb. 13: Wohn- bzw. Nutzfläche eines Dachgeschosses in Abhängigkeit Giebelbreite und -höhe

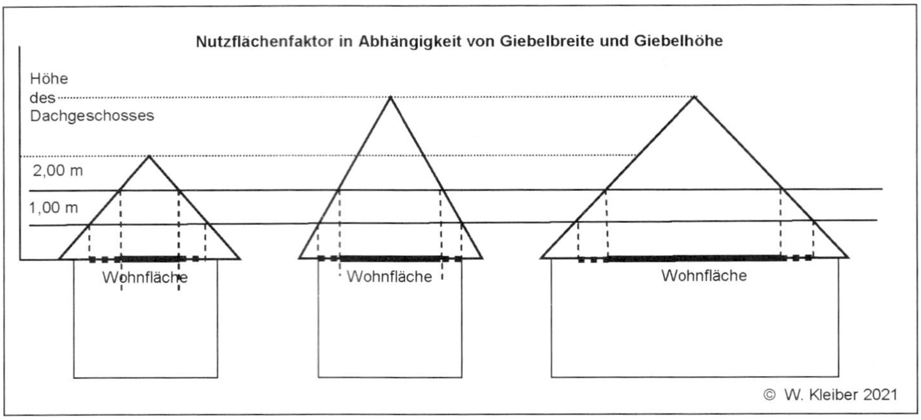

134 Die wirtschaftliche Nutzbarkeit der Grundflächen des Dachgeschosses ist in erster Linie von dem **dachgeschossspezifischen Nutzflächenfaktor** abhängig. Der dachgeschossspezifische Nutzflächenfaktor ergibt sich aus dem Verhältnis des tatsächlichen bzw. potenziellen Anteils der Wohn- bzw. Nutzfläche eines Dachgeschosses an seiner Brutto-Grundfläche (vgl. Abb. 14).

$$\text{Dachgeschossspezifischer Nutzflächenfaktor} \quad \frac{\text{Wohnfläche des Dachgeschosses (gemäß WoFlVO)}}{\text{BGF des Dachgeschosses}}$$

Abb. 14: Brutto-Grundfläche bei eingeschränkter Nutzbarkeit von Dachgeschossen

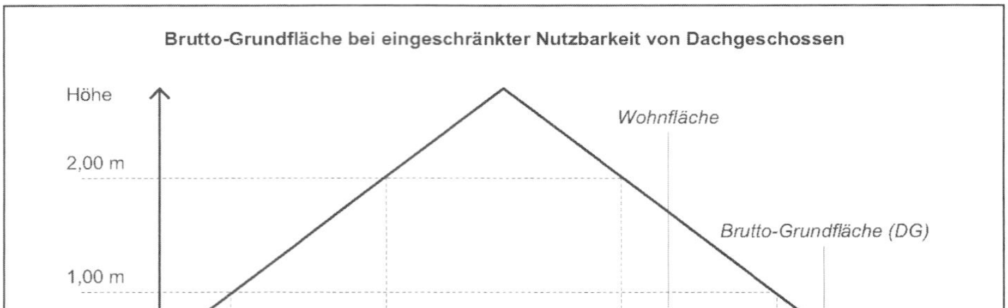

135 Dementsprechend geht nur 50 % der Dachgeschossebene in die Ermittlung der BGF_{red} des Gesamtobjekts ein. Ergänzend wird darauf hingewiesen, dass der Ansatz dieser **Methode deckungsgleich mit einer Ertragswertermittlung** ist, denn in diesem Falle gehen auch nur die

Reinerträge der Wohn- bzw. Nutzflächen in die Ertragswertermittlung ein. Die vorstehende Reduktion der Grundfläche der Dachgeschossflächen kann ihrer Natur nach als eine **vorweggenommene Marktanpassung** angesehen werden, denn damit gehen die gewöhnlichen Herstellungskosten (Normalherstellungskosten) der Teile des Dachgeschosses, die keine bzw. nur eine eingeschränkte Nutzbarkeit aufweisen – wie bei Anwendung des Ertragswertverfahrens – gar nicht in den (vorläufigen) Gebäudesachwert ein.

Wird die **„Nutzbarkeit der Grundflächen des Dachgeschosses" bei der Ermittlung der Brutto-Grundfläche berücksichtigt**, ist für einen Korrekturfaktor zum Kostenkennwert zur Berücksichtigung der „Nutzbarkeit" des Dachgeschosses kein Raum mehr und die objektspezifische Nutzbarkeit des Bewertungsobjekts geht direkt in den vorläufigen Gebäudesachwert ein. Dementsprechend ist dann auch kein Raum mehr für eine subsidiäre Berücksichtigung der objektspezifischen „Nutzbarkeit" als besonderes objektspezifisches Grundstücksmerkmal. **136**

Bei alledem muss jedoch hinterfragt werden, ob die vom Gutachterausschuss abgeleiteten und im Einzelfall herangezogenen Sachwertfaktoren auf der Grundlage einer entsprechend der *„Nutzbarkeit der Grundflächen des Dachgeschosses"* reduzierten Brutto-Grundfläche abgeleitet worden sind. Davon kann – soweit erkennbar – jedoch regelmäßig nicht ausgegangen werden. Wurde der **Sachwertfaktor auf der Grundlage der „vollen" BGF der Dachgeschossebene** ermittelt, muss die eingeschränkte objektspezifische *„Nutzbarkeit der Grundfläche des Dachgeschosses"* nach vorstehendem Verfahren als besonderes objektspezifisches Grundstücksmerkmal (boG) ergänzend berücksichtigt werden, soweit dies auch tatsächlich dem gewöhnlichen Geschäftsverkehr entspricht. Der auf der Grundlage der „vollen" BGF ermittelte vorläufige Sachwert ist dann im *Beispiel* der Abb. 14 im Hinblick auf hälftige Nutzbarkeit der Dachgeschossebene zu mindern. Der Abschlag kann bei 50%iger Nutzungsminderung der Dachgeschossfläche wie folgt ermittelt werden: **137**

Abschlag = BGF der Dachgeschossfläche x Kostenkennwert x 0,5 x Sachwertfaktor

Die vorstehende Marktanpassung auf der Grundlage des für das Gesamtobjekt maßgeblichen Sachwertfaktors ist darin begründet, dass die für das Gesamtobjekt geltende Marktanpassung auch für die Marktanpassung eines Gebäudeteils gelten kann.

2.2.6.7 Spitzboden bei Wohngebäuden

▶ *Vgl. § 8 ImmoWertV Rn. 213 ff.; Syst. Darst. des Sachwertverfahrens Rn. 75, 125, 150, 163*

a) Allgemeines

Es besteht keine allgemeingültige Definition eines Spitzbodens. Im Hinblick auf die Belange der Marktwertermittlung von Grundstücken wird hier unter einem Spitzboden eine oder mehrere Grundrissebenen über einem Dachgeschoss verstanden[48]. Grundsätzlich können solche Spitzbodenebenen unterschieden werden nach *„nutzbaren"* und *„nicht nutzbaren"* bzw. *„eingeschränkt nutzbaren"* Flächen i.S. der DIN 277. Darüber hinaus können die nutzbaren Spitzbodenebenen *„ausgebaut"* und *„nicht ausgebaut"* sein. **138**

48 Umgangssprachlich wird unter einem Spitzboden auch der „Dach*raum*" über der Dachgeschossebene verstanden.

Abb. 15: Typologie der Spitzböden

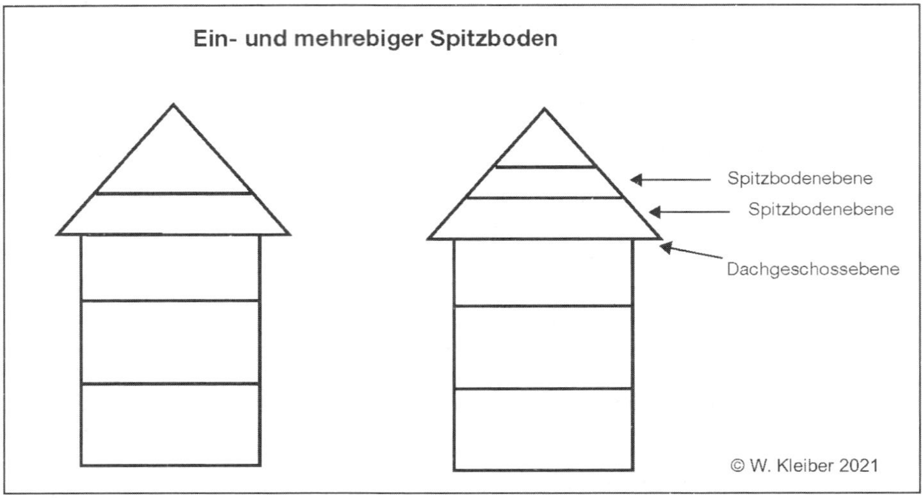

Abb. 16: Ausgebaute mehrebige Spitzböden

139 Spitzböden sollen nach Anl. 4 Nr. I 2. (4) zur ImmoWertV nicht zur (reduzierten) Brutto-Grundfläche i.S. der ImmoWertV gehören und müssten dann bei der Sachwertermittlung ergänzend berücksichtigt werden. Nach der DIN 277 gehen **Spitzbodenebenen bzw. -flächen dagegen in die dort geregelte** Brutto-Grundfläche (BGF) ein, wenn sie **„nutzbar"** i.S. der DIN 277 sind; davon ausgenommen sind nur die *Spitzbodenflächen, die „ausschließlich der Wartung, Inspektion und Instandsetzung von Baukonstruktionen und technischen Anlagen dienen sowie Flächen unter konstruktiven Hohlräumen, z.B. über abgehängten Decken"*.

140 Nach der hier vertretenen Auffassung können die **nutzbaren Spitzbodenebenen sehr viel einfacher schon bei der Ermittlung des vorläufigen Sachwerts der baulichen Anlage direkt berücksichtigt werden, indem sie im Einklang mit der DIN 277 bei der Ermittlung der BGF berücksichtigt werden.** Die **für die Spitzböden aufgebrachten Herstellungskosten werden** bei dieser Vorgehensweise **über die entsprechend höhere Brutto-Grundfläche**

erfasst. Bei dieser Vorgehensweise braucht der Spitzboden nicht als besonderes objektspezifisches Grundstücksmerkmal ergänzend berücksichtigt zu werden.

Bei alldem kann auch in Ansehung des **Modellkonformitätsgrundsatzes** vernachlässigt werden, dass die zur Anwendung kommenden Sachwertfaktoren des Gutachterausschusses aus Objekten abgeleitet wurden, die keine Spitzböden aufweisen, denn die mit der BGF erfassten nutzbaren Spitzbodenflächen sind im Vergleich zu den übrigen Flächen i.d.R. weitgehend gleichartig. Soweit im Einzelfall tatsächlich wesentliche Unterschiede bestehen sollten, können diese mit einem objektspezifisch angepassten Sachwertfaktor berücksichtigt werden. 141

An eine **Berücksichtigung nutzbarer Spitzbodenebenen mit einem Zuschlag zum Kostenkennwert**, wie sie mit Anl. 4 zur ImmoWertV 2010[49] vorgegeben war und in der Vorauflage zu diesem Werk abgelehnt wurde[50], hält die geltende Fassung der ImmoWertV nicht fest. Dies wäre sachwidrig, denn der entsprechend „aufgestockte" Kostenkennwert kommt bei der Ermittlung des vorläufigen Sachwerts auf die gesamte Brutto-Grundfläche des einen Gebäudes zur Anwendung, obwohl die Besonderheit des Spitzbodens lediglich das Dachgeschoss betrifft. Zudem wäre bei einem aufgestockten Kostenkennwert der Kostenanteil der Spitzbodenfläche von der übrigen Gebäudefläche abhängig. Dies müsste erst durch bautypenabhängige Zuschläge aufgefangen werden; die Zuschläge müssen mit zunehmender Geschossigkeit abnehmen. 142

Kostenkennwerte definieren sich als gewöhnliche Herstellungskosten und beziehen sich als Mischwert auf sämtliche Geschosse des jeweiligen Gebäudetyps. Dies steht gleichwohl nicht ihrer Anwendung auf mehrebige Dachgeschossflächen entgegen, zumal sich die „Anrechnung" der aufsummierten Grundflächen des Dachgeschosses nach ihrer Nutzbarkeit und dementsprechend nach der anteiligen Wohnfläche bestimmt. Dementsprechend halten sich Flächenabweichungen in Grenzen.

Abb. 17: Unterschiedlicher Kostenanteil einer Spitzbodenebene im Falle eines „Zuschlags" zum Kostenkennwert

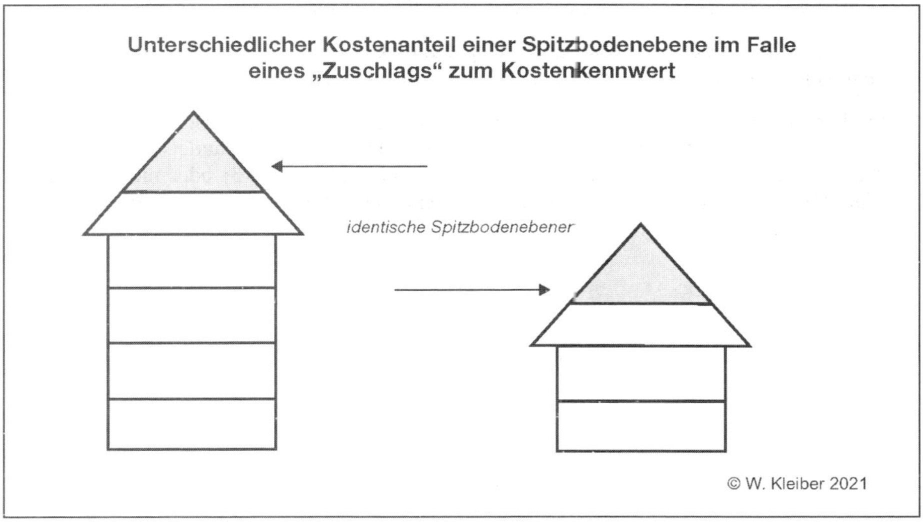

49 So auch ein Vorschlag der AGVGA-NRW zu den Vorentwürfen zur ImmoWertV 2010; abgedruckt in Kleiber, Marktwertermittlung von Grundstücken, 8. Aufl. 2018, S. 1777.
50 Kleiber, Verkehrswertermittlung von Grundstücken, 9. Aufl. 2020, Syst. Darst. des Sachwertverfahrens Rn. 132.

143 Eine „nutzbare Spitzbodenebene“ kann wie für die darunterliegende Dachgeschossebene angenommen werden, wenn sie über eine begehbare Decke verfügt und durch eine ortsfeste Treppe zugänglich ist. Es kommt auch nicht darauf an, dass der Spitzboden ausgebaut ist. *„Nutzbar“* i.S. der DIN 277 kann ein ausgebauter Spitzboden, aber auch ein nicht ausgebauter z.B. als Lager- bzw. Abstellfläche genutzter oder nutzbarer Spitzboden sein. Ob ein Spitzboden als Aufenthaltsraum genutzt werden darf, richtet sich nach bauordnungsrechtlichen Vorschriften[51].

144 Ein *nicht nutzbare***Spitzbodenebene bzw. -fläche** (i.S. der DIN 277) kann vernachlässigt werden, wenn sie nicht werthaltig ist. Kann von einer ggf. geringen Werthaltigkeit tatsächlich ausgegangen werden, sind die diesbezüglichen Herstellungskosten i.d.R. bedeutungslos. Zwar sind die Herstellungskosten der mit den herangezogenen Normalherstellungskosten nicht erfassten Bauteile nach Maßgabe des § 36 Abs. 2 Satz 3 ImmoWertV ergänzend zu berücksichtigen, jedoch nur insoweit, wie dies „dem gewöhnlichen Geschäftsverkehr entspricht“ und auch nicht mit dem Sachwertfaktor erfasst ist. Im Ergebnis kommt in derartigen Fällen allenfalls ein geringer Zuschlag für ein „besonderes Bauteil“ in Betracht. Die folgenden Ausführungen sollen sich deshalb auf „nutzbare“ Spitzböden in *ausgebautem* oder *nicht ausgebautem* Zustand beziehen.

145 **Spitzböden haben gerade in heutiger Zeit insbesondere in den Innenstädten sowohl im Hinblick auf ihre Fläche als auch die darauf realisierte Nutzung keine** *„untergeordnete“***Bedeutung und sind mithin auch keine untergeordneten Ebenen.** Im Umkehrschluss zu Nr. 2 Abs. 4 der einführenden Hinweise der Anl. 4 zur ImmoWertV, nach dem die dort angesprochenen Flächen der Spitzböden nicht in die BGF eingingen, sind sie entsprechend der schon in den Vorauflagen zu diesem Werk vertretenen Auffassung mithin bei der BGF zu berücksichtigen, wenn die Nutzung und auch die Nutzbarkeit dieser Ebene keine „untergeordnete“ Bedeutung hat.

146 Die vorgestellte Vorgehensweise kann auch bei **teilausgebauten Spitzböden** zur Anwendung kommen. Dabei ist grundsätzlich zwischen drei Fallgestaltungen zu unterscheiden:

- Sind sämtliche Dachgeschossebenen ausgebaut bzw. nicht ausgebaut, sind die Kostenkennwerte des entsprechenden Gebäudetyps heranzuziehen (Fall 1 und 2).
- Sind die Dachgeschossebenen nur teilweise ausgebaut (Fall 3 und 4), empfiehlt es sich, den vorläufigen Gebäudewert zunächst auf der Grundlage des Gebäudetyps zu ermitteln, der im Dachgeschoss flächenmäßig überwiegt (ausgebaut [Fall 3] oder nicht ausgebaut [Fall 4]). Die restliche Fläche muss entsprechend den differentiellen Ausbaukosten nachkorrigiert werden.

51 BVerwG, Urt. vom 09.11.1990 – 8 C 81/89 –, NJW-RR 1991, 400 = EzGuG 3.88a.

Abb. 18: Fallgestaltungen bei teilausgebauten Spitzböden

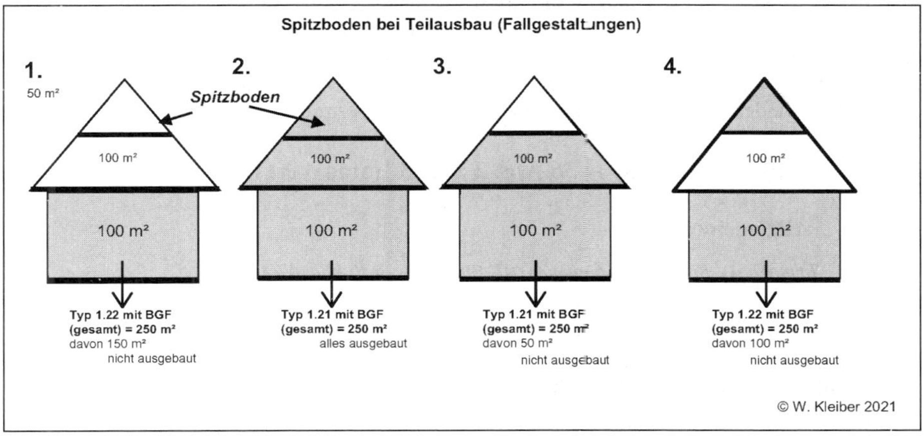

Ist der Spitzboden abweichend vom übrigen Dachgeschoss ausgebaut, so können die **Kosten des Ausbaus des Dachgeschosses** durch einen Vergleich der Gebäudetypen 1.11 und 1.12 (Gebäudestandard 3) ermittelt werden. 147

Beispiel:

Abb. 19: Berücksichtigung von Spitzböden

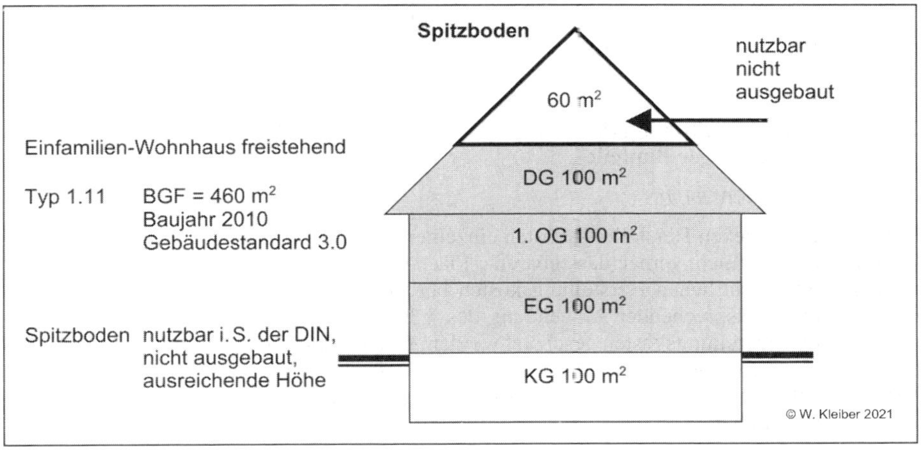

Beispiel:

1. Normalherstellungskosten für Dachausbau

Typ 1.11:	4 Ebenen × 835 €/m²	= 3 340 €/m²
Typ 1.12:	4 Ebenen × 730 €/m²	= 2 920 €/m²
= Differenz		= 420 €/m²

2. Normalherstellungskosten des Wertermittlungsobjekts

460 m² × 835 €/m²	= 384 100 €	(Typ 1.11, ausgebautes DG)
– 60 m² × 420 €/m²	= – 25 200 €	(fehlender Dachausbau)
= Gesamtobjekt	= 358 900 €	= rd. 360 000 €

148 Soweit die Grundflächen des Dachgeschosses in ihrer wirtschaftlichen Nutzbarkeit eingeschränkt sind, ist nach allgemeinen Grundsätzen für die **„Anrechenbarkeit der Grundflächen in Dachgeschossen" auf die Brutto-Grundfläche (BGF)** ihre „Nutzbarkeit" entscheidend, d.h., sie soll nur insoweit in die Brutto-Grundfläche eingehen, wie sie nutzbar ist. Der *„Grad der wirtschaftlichen Nutzbarkeit"* kann nach dem Verhältnis der Wohn- bzw. Nutzfläche des Spitzbodens zu der zugehörigen Grundrissebene ermittelt werden.

2.2.7 Einzelne Bauteile (§ 36 Abs. 2 Satz 3 ImmoWertV) sowie c-Flächen

2.2.7.1 Allgemeines

▶ *Vgl. § 8 ImmoWertV Rn. 163; § 31 ImmoWertV Rn. 141 ff.; § 36 ImmoWertV Rn. 9 ff.*

149 Nach § 36 Abs. 2 Satz 3 ImmoWertV sind werthaltige „**einzelne Bauteile**", die mit den Kostenkennwerten der herangezogenen NHK (2010) noch nicht erfasst sind, grundsätzlich bei der Ermittlung des vorläufigen Sachwerts baulicher Anlagen und entsprechend bei der Ermittlung des vorläufigen Sachwerts der baulichen und sonstigen Außenanlagen durch marktübliche Zu- und Abschläge bei den durchschnittlichen Herstellungskosten zu berücksichtigen.

150 Dies betrifft insbesondere **Kellerlichtschächte, Außentreppen zum Keller, Eingangstreppen, Balkon und Gauben**; zu den Besonderheiten bei Spitzböden vgl. Rn. 137, 163. Entsprechendes gilt für **c-Flächen** i.S. der DIN 277, die mit den herangezogenen Kostenkennwerten nicht erfasst werden.

151 **Einzelne (besondere) Bauteile sowie die mit den herangezogenen NHK nicht erfassten c-Flächen sind i.d.R. von geringer Bedeutung** (nach Untersuchungen 2 %) und weitgehend vernachlässigbar. Ist in besonderen Ausnahmefällen die Werthaltigkeit der besonderen Bauteile und c-Flächen so erheblich, dass sie ergänzend berücksichtigt werden müssen, muss der mit § 36 Abs. 2 Satz 3 ImmoWertV vorgeschriebenen „Aufstockung" Rechnung getragen werden.

2.2.7.2 Berücksichtigung durchschnittlicher Herstellungskosten einzelner werthaltiger Bauteile

▶ *Vgl. § 8 ImmoWertV Rn. 163*

152 Die durchschnittlichen Herstellungskosten einzelner werthaltiger Bauteile einschließlich Balkone und auch der nicht vernachlässigbaren c-Flächen sollen durch „marktübliche Zuschläge" bei den durchschnittlichen Herstellungskosten berücksichtigt werden. Diese können anlehnend an die in entsprechender Anwendung des § 36 Abs. 2 ImmoWertV ermittelten durchschnittlichen Herstellungskosten geschätzt werden. Die Kosten sind dabei immer nur insoweit berücksichtigungsfähig, wie sie im gewöhnlichen Geschäftsverkehr auch tatsächlich in den Verkehrswert (Marktwert) eingehen. Der **Ermittlung eines pauschalen Zeitwerts ist** deshalb der **Vorzug zu geben.**

153 Dies gilt im Übrigen auch für nicht in der ImmoWertV angesprochene **besondere Betriebsvorrichtungen**. Im Verhältnis zu der Alterswertminderung von baulichen Anlagen sind die besonderen Betriebsvorrichtungen – je nach Art – i.d.R. allerdings einem sehr viel kürzeren Abschreibungszeitraum unterworfen.

Abb. 20: Normalherstellungskosten 2010 für einzelne werthaltige Bauteile und Einrichtungen

Normalherstellungskosten 2010 für einzelne werthaltige Bauteile und Einrichtungen einschließlich Umsatzsteuer und Baunebenkosten					
	Gewerke	Kosten	Einheit	Menge	
1	**Treppen**				
	Hauseingangstreppe				
	bis 5 Stufen pauschal	570–1 150	€/Stück	Stück	€
	bis 10 Stufen pauschal	850–1 700	€/Stück	Stück	€
	Zuschlag bei Klinkerbelag	50	%		€
	Zuschlag bei Natursteinbelag	100	%		
	Freitreppe	40–80	€/Stufe	Stufen	€
	Kelleraußentreppe (einschließlich Tür, Geländer, Handlauf)	6 000	€/Stück	Stück	€
	Außentreppe mit mehr als 3 Stufen (b = 1 m; Beton mit Belag)	400	€/Stufe	Stufen	€
2	**Balkon,** soweit nicht in BGF enthalten				
	Balkon einschließlich Geländer, ISO-Korb				
	Grundbetrag	1 000	€/Stück	Stück	€
	zuzüglich Dämmung, Abdichtung und Belag, Kragplatte, Isolierung, Geländer, Dämmung, Fliesenbelag	750	€/m²	m²	€
	Balkon pauschal bis 5 m²	2 800–5 700	€/Stück	Stück	€
	Balkon pauschal bis 10 m²	4 500–8 500	€/Stück	Stück	€
	Balkon pauschal größer als 10 m²				
	Balkon aus Stahlbeton, Stahlgeländer	600	€/m²	m²	€
	Balkonplatte (mit keramischem Belag, Abdichtung, ohne Brüstung)	ab 280	€/m²	m²	€
3	**Kellerlichtschacht**				
	Beton oder gemauert bis 100/40 cm	570	€/Stück	Stück	€
	Beton oder gemauert bis 200/40 cm	850–1 150	€/Stück	Stück	€
	Kunststoff (pauschal)	230–570	€/Stück	Stück	€
4	**Eingangsvorbauten/Vordächer,** soweit nicht in BGF enthalten				
	Stahl/Zink	150	€/m²	m²	€
	Stahl/Glas	350	€/m²	m²	€
	Stahl/Edelstahl	300	€/m²	m²	€
	Stahlkonstruktion auf Stützen	1 150–3 400	€/Stück	Stück	€
	Holzkonstruktion	550–1 700	€/Stück	Stück	€
	Massiv ein- und zweiseitig offen (bis 10 m² BGF)	3 400–17 000	€/Stück	Stück	€

Normalherstellungskosten 2010 für einzelne werthaltige Bauteile und Einrichtungen einschließlich Umsatzsteuer und Baunebenkosten					
	Leichtmetallkonstruktion (bis 10 m² BGF)	1 700–11 500	€/Stück	Stück	€
	geschlossene Leichtmetallkonstruktion (bis 10 m² BGF)	bis 17 000	€/Stück	Stück	€
	Vordach (Stahltragewerk/Trapezprofil)	140	€/m²	m²	€
5	**Gartenterrasse**				
	Waschbetonplatten (10–20 m²)	1 700–3 400	€/Stück	Stück	€
	Fliesen/Klinkerplatten (10–20 m²)	1 900–3 700	€/Stück	Stück	€
	Bruchsteinplatten (10–20 m²)	2 000–4 000	€/Stück	Stück	€
	Gartenterrasse	280	€/m²	m²	€
	Waschbetonplatten (40 × 40 cm)	60	€/m²	m²	€
	Betonplatte (40 cm × 40 cm)	50	€/m²	m²	€
	Kunststeinplatten (Betonwerkstein)	65	€/Stück	Stück	€
	Keramischer Belag (einschließlich Betonunterbau)	100	€/Stück	Stück	€
6	**Markise**				
	Pauschal	650–4 000	€/Stück	Stück	€
	Breite bis 2,5 m	650	€/Stück	Stück	€
	Breite bis 5 m	4 000	€/Stück	Stück	€
7	**Dachterrasse**				
	bis 10 m²	2 800–5 700	€/Stück	Stück	€
	über 10 m² in angemessener Größe bezogen auf Baulichkeit	11 500	€/Stück	Stück	€
Oberer Spannwert bei hochwertigem Bodenbelag (z.B. Terrakotta, Naturstein) und gemauerter Brüstung					
8	**Gauben** (mehr als 2 m² Ansichtsfläche)				
	Flachdachgaube (einschließlich Fenster)				
	Grundbetrag	1 800	€/Stück	Stück	€
	zuzüglich Ansichtsfläche, Front	1 100	€/m²	m²	€
	Schleppdachgaube (einschließlich Fenster)				
	Grundbetrag	1 900	€/Stück	Stück	€
	zuzüglich Ansichtsfläche, Front	1 200	€/m²	m²	€
	Satteldachgaube (einschließlich Fenster)				
	Grundbetrag	2 100	€/Stück	Stück	€
	zuzüglich Ansichtsfläche, Front	1 400	€/m²	m²	€
	Steildachgaube, Wangengaube	2 300–6 300	€/Stück	Stück	€
	Fledermausgaube	3 400–6 800	€/Stück	Stück	€
9	**Wintergarten,** soweit nicht in BGF enthalten				
	Leichtmetallkonstruktion ab 20 m²	11 000–23 000	€		€

Normalherstellungskosten 2010 für einzelne werthaltige Bauteile und Einrichtungen einschließlich Umsatzsteuer und Baunebenkosten					
	Leichtmetallkonstruktion bis 20 m²	8 000–23 000	€		€
Untere Spannwerte beziehen sich auf offene Konstruktionen (Loggia)					
10	**Rampen**				
	Garagenabfahrt	120	€/m²	m²	€
	Gewerblich mit Unterbau und Entwässerung	170	€/m²	m²	€
	Freistehende Rampe (Breite 4,00 m)	bis 170	€/m²		
	Rampe i.V.m. Gebäude	400–450	€/Stück	Stück	€
	auskragende Rampe	60–90	€/m²	m²	€
	untermauerte Rampe	70–95	€/m²	m²	€
11	**Offener Kamin** (je nach Qualität)	850–6 000	€/Stück	Stück	€
12	**Einbauküche** (je nach Ausstattung des Gebäudes)				
	max. 3 % des Gebäudeherstellungswerts				€
	einfach	1 159–2 300	€/Stück	Stück	€
	mittel	2 800–6 000	€/Stück	Stück	€
	gehoben	6 300–17 000	€/Stück	Stück	€
	stark gehoben	8 500–35 000	€/Stück	Stück	€
13	**Whirlpool**				
	Whirlpoolwannen	1 700	€/Stück	Stück	€
	Professionelle Systeme (z.B. Fitnesscenter)	bis 28 000	€/Stück	Stück	€
14	**Innenschwimmbad**				
	Alternativ: Pauschalzuschlag für Schwimmbadtechnik				
	Pauschal (50–100 m²)	35 000–120 000	€/Stück	Stück	€
15	**Sauna**	2 300–8 500	€/Stück	Stück	€
16	**Satellitenspiegel**	230–550	€/Stück	Stück	€
17	**Alarmanlage**	1 150–12 000	€/Stück	Stück	€
18	**Notstromaggregat** 110 kVA	75 000	€/Stück	Stück	€
19	**Aufzugsanlagen**				
	320 kg (4 Personen, 4 Haltestellen)	45 000	€/Stück	Stück	€
	630 kg (8 Personen, 6 Haltstellen)	55 000	€/Stück	Stück	€
	1 000 kg (13 Personen, 6 Haltestellen)	85 000	€/Stück	Stück	€
	Paternoster (bei 7 Geschossen)	180 000	€/Stück	Stück	€
Bei Aufzügen in Glasschächten erhöhen sich die Angaben um 10 bis 15 % sowie um 12 000 € je zusätzliches Geschoss.					
20	**Rolltreppen** (je Geschosstreppenlauf)	100 000–140 000	€/Stück	Stück	€

Normalherstellungskosten 2010 für einzelne werthaltige Bauteile und Einrichtungen einschließlich Umsatzsteuer und Baunebenkosten					
21	**Heizöltank (Erdtank)**				
	5 000 Ltr.	4 500–6 000	€/Stück	Stück	€
	10 000 Ltr.	8 000–11 000	€/Stück	Stück	€
22	**Hundezwinger**	180	€/Stück	Stück	€
	Gesamtsumme				€

Quellen: SachwertR, Gutachterausschuss Köln, Mittag, Kostenplanung mit Bauelementen nach DIN, IVD Berlin-Brandenburg

2.2.7.3 Modellabhängige Erfassung mit Sachwertfaktoren

154 **Einzelne mit den herangezogenen Kostenkennwerten nicht erfasste werthaltige Bauteile (einschließlich Balkone) sowie c-Flächen können** – abweichend von § 36 Abs. 2 Satz 3 ImmoWertV – auch **mit dem Sachwertfaktor erfasst werden**. Der Wertanteil kann nämlich mittelbar mit dem Sachwertfaktor in dem Umfang berücksichtigt werden, wenn sie im Rahmen der Ableitung der Sachwertfaktoren nicht gesondert angesetzt wurden und damit in den Sachwertfaktor eingehen. Dies ist also von dem Modell abhängig, das der Ableitung des Sachwertfaktors zugrunde gelegt worden ist.

155 Für eine **indirekte Berücksichtigung** der mit den herangezogenen Kostenkennwerten nicht erfassten werthaltigen Bauteile einschließlich der Balkone sowie c-Flächen **durch Sachwertfaktoren** bestehen zwei Möglichkeiten (Modelle):

1. Der Sachwertfaktor wird entsprechend den Ausführungen bei Rn. 17 ff. aus Kaufpreisen von Grundstücken abgeleitet, deren bauliche Anlagen **werthaltige Bauteile einschließlich Balkone sowie c-Flächen** aufweisen. Diese **bleiben** jedoch **bei der Ableitung des vorläufigen Sachwerts unberücksichtigt**, obwohl sie aufgrund ihrer Werthaltigkeit in den jeweiligen Kaufpreis eingegangen sind. In diesem Falle gehen sie in den Sachwertfaktor ein, und zwar in dem durchschnittlichen Umfang, wie sie bei den zur Ableitung des Sachwertfaktors herangezogenen Grundstücken tatsächlich gegeben sind; in diesem Zusammenhang wird auch vom „üblichen Umfang“ gesprochen.
2. Alternativ wird der Sachwertfaktor entsprechend den Ausführungen bei Rn. 17 ff. wiederum aus Kaufpreisen von Grundstücken abgeleitet, deren bauliche Anlagen **werthaltige Bauteile** (einschließlich Balkone) sowie c-Flächen aufweisen, jedoch **werden** diese bei der Ableitung des vorläufigen Sachwerts aufgrund ihrer Werthaltigkeit **mit einer vorgegebenen der Art, Lage und Nutzung der Grundstücke entsprechenden Pauschale berücksichtigt**.

156 Die so ermittelten Sachwertfaktoren müssen modellkonform zur Anwendung kommen. Im *ersten Fall* gehen bei der Ermittlung des *vorläufigen* Sachwerts unter Heranziehung des nach vorstehendem Modell ermittelten Sachwertfaktors werthaltige Bauteile (einschließlich Balkone) sowie c-Flächen in dem „üblichen Umfang“ ein, ohne dass es dafür eines besonderen Ansatzes bedarf. Im zweiten Fall wird der *vorläufige* Sachwert unter Heranziehung des nach dieser Alternative zugrunde liegenden Modells unter Ansatz der entsprechenden Pauschale ermittelt.

157 In beiden Fällen muss der **„übliche Umfang“ der mit dem Sachwertfaktor berücksichtigten werthaltigen Bauteile einschließlich Balkone sowie c-Flächen** und dgl. vom Gutachterausschuss für Grundstückswerte bei der Veröffentlichung des Sachwertfaktors konkretisiert werden. Weist im konkreten Einzelfall die zu bewertende bauliche Anlage besondere Bauteile und dgl. in einem Umfang auf, der erheblich von dem konkretisierten „üblichen Umfang“ abweicht, so sind die daraus resultierenden Wertminderungen oder Werterhöhungen gegebenenfalls nachträglich (subsidiär) als besondere objektspezifische Grundstücksmerkmale (boG) zu berücksichtigen, soweit dies dem gewöhnlichen Geschäftsverkehr entspricht. Dies kann nur

bei erheblich vom Üblichen abweichenden Bauteilen erwartet werden. Die Werterhöhung bemisst sich dann auch nicht nach dem Zeitwert dieser Bauteile, sondern lediglich aus der daraus resultierenden Erhöhung des Marktwerts (Verkehrswerts) und die ist in aller Regel nicht signifikant.

2.2.7.4 Erfassung bei der Beleihungswertermittlung

Im Rahmen der **Beleihungswertermittlung** bleiben gemäß § 23 BelWertV Maschinen und Betriebseinrichtungen bei der Ermittlung des Sachwerts grundsätzlich unberücksichtigt, „sofern sie nicht wesentliche Bestandteile des Gegenstands" der Beleihungswertermittlung i.S. des § 2 BelWertV sind. Der Wert solcher wesentlicher Bestandteile ist, wenn sich das Grundpfandrecht darauf erstreckt, unter Berücksichtigung einer normalen Abschreibung und ausreichender Abschläge für Abnutzung und technische Entwertung gesondert zu schätzen. Sofern bei Maschinen infolge der technischen Entwicklung mit einer schnellen Überalterung zu rechnen ist, können diese wertmäßig nicht angesetzt werden." **158**

2.2.8 Umrechnung der Normalherstellungskosten auf die örtlichen Baupreisverhältnisse am Wertermittlungsstichtag (§ 36 Abs. 2 Satz 4 ImmoWertV)

2.2.8.1 Vorbemerkung

Schrifttum: *Hübner, K.-H.,* Anmerkungen zur Anwendung von Baupreisindizes für Grundstückswertermittlungen in der ehemaligen DDR, GuG 1993, 224.

▶ *Näheres hierzu bei § 21 ImmoWertV Rn. 196*

Normalherstellungskosten liegen i.d.R. nur bezogen auf die Preisverhältnisse eines zurückliegenden Bezugsstichtags vor und müssen mit Hilfe geeigneter Baupreisindexreihen auf die Preisverhältnisse des Wertermittlungsstichtags umgerechnet werden. Dies betrifft auch die von den Gutachterausschüssen für Grundstückswerte zur Ableitung von Sachwertfaktoren verbindlich vorgegebenen auf 2010 bezogenen „modellhaften" Kostenkennwerte der Anl. 4 zur ImmoWertV (Normalherstellungskosten). **159**

Die „modellhaften" Kostenkennwerte der Anl. 4 zur ImmoWertV (Normalherstellungskosten) beziehen sich auf das gesamte Bundesgebiet und berücksichtigen weder die im Bundesgebiet unterschiedlichen Marktverhältnisse noch die im Bundesgebiet unterschiedlichen Bauweisen. Im Rahmen der Marktanpassung bedürfen sie einer Regionalisierung bis hin zur Berücksichtigung der örtlichen Marktverhältnisse. Zur Anpassung der durchschnittlichen Herstellungskosten und mithin auch der „modellhaften" NHK2010 an die Verhältnisse des örtlichen Grundstücksmarktes ist jeweils der **vom örtlich zuständigen Gutachterausschuss festgelegte Regionalfaktor als maßgeblicher „Modellparameter"** heranzuziehen. **160**

2.2.8.2 Regionalisierung der Normalherstellungskosten (§ 36 Abs. 3 ImmoWertV)

Schrifttum: *Zaddach, S./Weitkamp, A./Käker, R./Alkhatib, H.,* Empirische Ableitung des Regionalfaktors mit statistischen Methoden, GuG 2011, 200; BKI Baukosten Regionalfaktoren, s.: https://www.bki.de/regionalfaktoren.html.

▶ *Vgl. Rn. 53; § 21 ImmoWertV Rn. 148; § 40 ImmoWertV Rn. 82 ff.*

Die nach Maßgabe des § 36 ImmoWertV auf der Grundlage bundeseinheitlicher durchschnittlicher Herstellungskosten der baulichen Anlagen ermittelten Kostenkennwerte sind mittels eines Regionalfaktors i.S. des § 36 Abs. 3 ImmoWertV den durchschnittlichen Herstellungskosten am örtlichen Grundstücksmarkt anzupassen. **161**

Regionalfaktoren sind keine Marktanpassungsfaktoren, d.h. keine Faktoren zur Anpassung der Kostenkennwerte der NHK an die allgemeinen Wertverhältnisse auf dem Grundstücksmarkt i.S. des § 2 Abs. 2 ImmoWertV (Marktanpassungsfaktoren). Regionalfaktoren sind vielmehr *Kosten*parameter, mit denen die bundesdurchschnittlichen „modellhaften" Kostenkennwerte baulicher Anlagen (NHK) an die durchschnittlichen Herstellungskosten der örtlichen Bauwirtschaft angeglichen werden. Damit sollen also regional unterschiedliche Herstellungskosten zwischen den Regionen (untereinander) erfasst werden.

Die Anwendung der Regionalfaktoren soll zu einer regionalen Differenzierung der modellhaften Normalherstellungskosten der Anl. 4 zur ImmoWertV entsprechend dem örtlichen Grundstücksmarkt führen. Dieses Ziel ist allerdings nur in eingeschränktem Maße zu erreichen. Die Regionalfaktoren werden in der ImmoWertV deshalb als „Modellparameter" bezeichnet.

Mit § 36 Abs. 1 i.V.m. Abs. 3 ImmoWertV wird der „Regionalfaktor" begrifflich nicht vom sogenannten „Ortsfaktor" bzw. „Ortsgrößenfaktor" (vgl. Rn. 167) abgegrenzt. Das ist darin begründet, dass die „örtliche" Bauwirtschaft selbst bei den größeren kreisfreien Städten einschließlich der Stadtstaaten mit dem Umland (Region) verquickt ist.

162 Dessen ungeachtet wird die **Ableitung der Regionalfaktoren** mit § 36 Abs. 3 ImmoWertV den „örtlich zuständigen" **Gutachterausschüssen** zugewiesen. Die „örtlich zuständigen" Gutachterausschüsse können dieser Aufgabe aus den vorstehenden Gründen nur in enger Kooperation mit den benachbarten Gutachterausschüssen der jeweiligen Region nachkommen, wobei auch eine Delegierung dieser Aufgabe an den Oberen Gutachterausschuss bzw. an die Zentrale Geschäftsstellen in Betracht gezogen werden muss. Es kommt hinzu, dass die Ableitung und „Festlegung" von Regionalfaktoren eine sehr komplexe und schwierige Aufgabe ist, da sie nach der Systematik der ImmoWertV den den Gutachterausschüssen mit § 12 Abs. 5 Satz 3 ImmoWertV vorgegebenen bundeseinheitlichen Normalherstellungskosten der Anl. 4 zur ImmoWertV gemäß § 36 Abs. 1 ImmoWertV quasi „aufgesattelt" werden. Daraus folgt, dass Regionalfaktoren als „Modellparameter" grundsätzlich in Anlehnung an das Modell ermittelt werden, das der Ableitung der Kostenkennwerte der NHK zugrundeliegt (Modellkonformitätsgrundsatz). Erschwerend kommt hinzu, dass sich auch die mit dem Gebäudestandard der NHK nicht erfassten regionalen baulichen Besonderheiten der Bauweisen und -gestaltungauf die Regionalfaktoren auswirken können. Dies alles stellt die Gutachterausschüsse vor große Herausforderungen, die man daran ermessen mag, dass der Bund zur Ableitung von Normalherstellungskosten stets ein gutes Dezennium brauchte. Da wäre es eigentlich schon aus wirtschaftlicher Sicht geboten, die Ableitung der Regionalfaktoren „in einem Guss" mit der Ableitung der NHK zu verknüpfen.

163 Als Regionalfaktoren sollen gemäß § 36 Abs. 3 ImmoWertV **nur solche zur Sachwertermittlung herangezogen werden, die vom örtlich zuständigen Gutachterausschuss „festgelegt" worden sind**.

Ist das Bewertungsgrundstück in einem Landkreis gelegen, der an einBallungszentrum (z.B.Hamburg) angrenzt, kann es nach den vorstehenden Ausführungen dort sachgerecht sein, den vom Gutachterausschuss des Ballungszentrums abgeleiteten Regionalfaktor heranzuziehen, wo die marktüblichen Herstellungskosten durch die Marktverhältnisse des Ballungszentrums dominiert werden. Im **Grenzbereich eines Bundeslandes sowie** insbesondere in **kleineren Gemeinden im Umland größerer Städte und Gemeinden** kommt es bei der Wahl des Faktors mithin nicht allein auf die geographische Lage des zu bewertenden Grundstücks an; vielmehr muss das wirtschaftliche Beziehungsgeflecht berücksichtigt werden. Der Regionalfaktor kleinerer Gemeinden im Umland größerer Städte und Gemeinden (im sog. Speckgürtel) bestimmt sich mithin i.d.R. nach dem Regionalfaktor der größeren Stadt.

164 Die mit § 36 Abs. 1 i.V.m. Abs. 3 ImmoWertV vorgeschriebene Regionalisierung der Normalherstellungskosten mittels des **vom „örtlich zuständigen Gutachterausschuss" festgelegten Regionalfaktors** ist nach der hier vertretenen Auffassung nicht dahingehend auszulegen, dass es sich dabei stets um den „örtlich zuständigen Gutachterausschuss" handeln muss, in dessen örtlichem Tätigkeitsbereich das Bewertungsgrundstück gelegen ist.

165 Die ImmoWertV macht zu der **Frage, auf welchen Bezugsstichtag Regionalfaktoren zu ermitteln sind,** keine eindeutigen Aussagen bzw. ist sogar widersprüchlich. Aus § 36 Abs. 1

ImmoWertV ergibt sich lediglich, dass im Rahmen der Ermittlung des vorläufigen Sachwerts die dem zugrundegelegten Normalherstellungskosten unmittelbar mit dem Regionalfaktor zu regionalsieren sind, sodass aus vorstehenden Gründen insoweit Regionalfaktoren sachgerecht wären, die sich auf den Bezugsstichtag der angewandten NHK beziehen. Dann wäre es auch nur sachgerecht, die regionalisierten Normalherstellungskosten mit dem aktuellen regionalen Baupreisindex auf den Wertermittlungsstichtag umzurechnen Dem steht allerdings entgegen, dass die regionalisierten Normalherstellungskosten nach Maßgabe des § 36 Abs. 2 Satz 4 ImmoWertV mit dem aktuellen Preisindex für die Bauwirtschaft des Statistischen Bundesamtes (Baupreisindex) auf den Wertermittlungsstichtag umzurechnen sind, sodass die dann zur Anwendung gekommenen Regionalfaktoren möglicherweise nicht mehr aktuell sind. Umgekehrt steht der laufenden Ableitung aktueller Regionalfaktoren der systematische Aufbau des § 36 Abs. 1 und 2 ImmoWertV entgegen.

Eine Regionalisierung der NHK 2010, wie sie nunmehr mit § 36 ImmoWertV ausdrücklich vorgeschrieben wird, sah die ImmoWertV 2010 nicht ausdrücklich vor. Sie war gleichwohl wie schon nach den vorangegangenen Fassungen der Wertermittlungsverordnung zulässig. Sie wurde als nicht erforderlich angesehen, weil mit der Marktanpassung auf der Grundlage der aus bundeseinheitlichen durchschnittlichen Herstellungskosten abgeleiteten Sachwertfaktoren auch eine Regionalisierung einhergehen konnte.

Mit dem als „Modellparameter“ von dem örtlichen Gutachterausschuss für Grundstückswerte **166**
festgelegten Regionalfaktor ist die Anwendung der vom **Baukosteninformationszentrum Deutscher Architektenkammern (BKI) veröffentlichten Regional- und Ortsgrößenfaktoren** ausgeschlossen. Diese haben sich im Vergleich zu den von den örtlichen Gutachterausschüssen abgeleiteten Faktoren als unzuverlässig erwiesen und beruhen zudem auf einer unzureichenden Datengrundlage.

Die vom Baukosteninformationszentrum Stuttgart (BKI) abgeleiteten Regionalfaktoren (BKI Baukosten Regionalfaktoren, vgl: https://www.bki.de/regionalfaktoren.html) basieren im Wesentlichen auf Veröffentlichungen der Statistischen Landesämter und des Statistischen Bundesamtes und beziehen sich nicht auf die tatsächlichen, sondern auf die in den Baugenehmigungen veranschlagten Kosten des Bauwerks pro Quadratmeter Rauminhalt. Die BKI-Regionalfaktoren sind insbesondere in den Randbereichen der aufgeführten Stadt- und Landkreise nicht eindeutig. Sie haben keine Bestätigung durch empirische Untersuchungen der Gutachterausschüsse für Grundstückswerte gefunden und **sind** bei alledem **abzulehnen**[52]. Für eine fundierte Sachwertermittlung kommt es entscheidend darauf an, dass das zur Anwendung kommende Sachwertmodell mit dem der Ableitung dieser Korrekturfaktoren (Ortsgrößen- und Regionalfaktoren, Marktanpassungs- bzw. Sachwertfaktoren) zugrunde liegenden Sachwertmodell identisch ist. Abzulehnen sind auch die vom Sächsischen Bauinstitut[53] bis **auf die Ebene von Postleitzahlen abgeleiteten und veröffentlichten Regionalfaktoren,** auch wenn bei deren Veröffentlichung in irreführender Weise ein Zusammenhang mit dem Einführungserlass des Bundes bzw. der diesem zugrunde liegenden Forschungsarbeit von *Mittag* aufkommen mag. Es handelt sich hier um Faktoren, die wohl für eine bestimmte Versicherungsgesellschaft abgeleitet worden sind und von dieser – soweit erkennbar – noch nicht einmal eigenverantwortlich publiziert wurden.

In der Wertermittlungspraxis früherer Jahre hat man zur Anpassung der durchschnittlichen **167**
Herstellungskosten an die Verhältnisse am örtlichen Grundstücksmarkt in ambitionierter Weise noch zwischen **Orts- und Regionalfaktoren** unterschieden. In der Wertermittlungspraxis sind vor diesem Hintergrund gleichzeitig kombinierte Faktoren zur Anwendung gekommen:

---

52 A.A. die zur steuerlichen Aufteilung des Gesamtwerts in einen Boden- und Gebäudeanteil erlassene Vfg. des Bay. Landesamtes für Steuern vom 27.07.2017 – S2196.21-6/35 St 32 – für Regionen, in denen der BKI Regionalfaktor ≥ 1,0 ausfällt.

53 Rödenbeck, Nachr. der nds. Kat.- und VermVw 1999, 157.

Beispiel:

Es werden die Normalherstellungskosten in einer kleineren saarländischen Gemeinde mit 40 000 Einwohnern gesucht.

Regionalfaktor für das Bundesland:	1,00
Ortsgrößenfaktor des Ortes:	0,95
Kombinierter Korrekturfaktor:	0,95 × 1,00 ~ **0,95**

Die Multiplikation der Tafelwerte mit dem kombinierten Korrekturfaktor ergibt dann die ortsspezifischen Normalherstellungskosten bezogen auf 2010.

Orts- und Regionalfaktoren sind im Schrifttum und von der Immobilienwirtschaft wiederholt publiziert worden (vgl. Abb. 21); sie konnten nur als Anhalt dienen.

Abb. 21: Orts- und Regionalfaktoren

Regionalfaktoren nach Bundesländern					
Bundesdurchschnitt (1,00)					
Bundesland	**NHK 95**	**LBS****		**S/K/G/M*****	
	1995	**2012**	**2013/14**	**2010/11**	**2012/13**
Baden-Württemberg	1,00–1,10	1,535	1,576	1,02	1,02
Bayern	1,05–1,10	1,675	1,717	1,03	1,03
Berlin	1,25–1,45	1,231	1,266	1,05	1,05
Brandenburg	0,95–1,10	1,160	1,223	1,00	1,00
Bremen	0,90–1,00	1,141	1,112	0,98	0,98
Hamburg	1,25–1,30	1,291	1,383	1,00	1,00
Hessen	0,95–1,00	1,478	1,492	1,00	1,00
Mecklenburg-Vorpommern	0,95–1,10	1,123	1,160	1,00	1,00
Niedersachsen	0,75–0,90	1,147	1,194	0,98	0,98
Nordrhein-Westfalen	9,90–1,00	1,296	1,341	0,98	0,98
Rheinland-Pfalz	0,95–1,00	1,429	1,486	0,98	0,98
Saarland	0,85–1,00	1,320	1,526	0,98	0,98
Sachsen	1,00–1,10	1,212	1,275	1,00	1,00
Sachsen-Anhalt	0,90–0,95	1,050	1,079	1,00	1,00
Schleswig-Holstein	0,90–0,95	1,238	1,308	0,98	0,98
Thüringen	1,00–1,05	1,221	1,261	1,00	1,00

Ortsgrößenfaktoren***	
Bundesdurchschnitt (1,00)	
Ortsgröße	S/G/M***
Großstädte mit mehr als 500 000 und weniger als 1 500 000 Einwohnern	1,03–1,10
Städte mit mehr als 50 000 und weniger als 500 000 Einwohnern	0,98–1,03
Orte bis 50 000 Einwohner	0,95–0,98

Konjunkturelle Schwankungen	
Sehr gute konjunkturelle Lage	1,05
gute konjunkturelle Lage	1,03
mittlere konjunkturelle Lage	**1,00**
schlechte konjunkturelle Lage	0,98
sehr schlechte konjunkturelle Lage	0,95

* Einführungserlass des Bundesministeriums für Raumordnung, Bauwesen und Städtebau vom 01.08.1997 (abgedruckt bei Kleiber, WertR 76/96, 7. Aufl. 2000, S. 151).

** LBS Research 2012/Statistisches Bundesamt; vgl. GuG 2006, 232; vgl. auch die Kostenunterschiede in GuG-aktuell 2010, 22.

*** Schmitz/Krings/Gerlach/Meisel, Baukosten 2012/13, 21. Aufl. Verlag Wingen, S. 29; ab der 22. Aufl. (2014/15) wird auf die Notwendigkeit der Berücksichtigung „regionaler Kostenstrukturen" hingewiesen, jedoch erschien eine „zahlenmäßige Wertung" nicht mehr möglich (S. 27); vgl. 24. Aufl. S. 20.

Der Gutachterausschuss für Grundstückswerte in *Hamburg* hat am 03.06.2021 einen Regionalfaktor für *Hamburg* i.H. von 1,75 für freistehende Einfamilienhäuser und für Reihenhäuser/Doppelhaushälften beschlossen. Damit werden die durchschnittlichen Herstellungskosten „an die Verhältnisse am örtlichen Grundstücksmarkt" und nicht etwa an das durchschnittliche Baukostenniveau angepasst. Dieser Regionalfaktor wird aus Kaufpreisen von Grundstücken abgeleitet, indem man den sich unter **Abzug des objektspezifischen Bodenwerts ergebenden Gebäudekaufpreis durch die entsprechenden durchschnittlichen Herstellungskosten** auf **der Grundlage der NHK 2010 dividiert**[54]. Solche Regionalfaktoren sind im Kern Marktanpassungsfaktoren und leisten das, was eigentlich den Sachwertfaktoren vorbehalten bleiben sollte.

Die angegebenen Faktoren konnten in der früheren Wertermittlungspraxis nur hilfsweise zur Anwendung kommen, wenn nämlich vom örtlichen Gutachterausschuss für Grundstückswerte keine aus dem örtlichen Grundstücksmarkt abgeleiteten Orts- und Regionalfaktoren zur Verfügung gestellt wurden. **168**

Beispiel:

Für die ostfriesischen Inseln wurden beispielsweise bedingt durch deutlich höhere Aufwendungen für den Transport von Material und Gerät, durch höhere Personalkosten und durch Bausperren während der Saison ortsspezifisch erheblich höhere gewöhnliche Herstellungskosten als auf dem Festland angenommen. Dementsprechend wurden im Vergleich zum Festland für die ostfriesischen Inseln weitaus höhere Ortsfaktoren ermittelt:

Insel	Ortsfaktor
Juist	1,9
Norderney	1,4
Baltrum	1,8
Langeoog	1,6
Spiekeroog	1,7
Borkum	1,3

In der Wertermittlungspraxis hat man darüber hinaus auch noch nach sog. Konjunkturfaktoren unterschieden. Konjunkturelle Schwankungen bewegen sich erfahrungsgemäß im Bereich von **169**

54 GuG-aktuell 2021, 26; hierzu auch Glosse in GuG-aktuell 2021/6.

+/– 10 % und können sich insbesondere aus der **Beschäftigungslage, der Konkurrenzintensität und dem Auslastungsgrad der örtlichen Bauwirtschaft**[55] ergeben. Mit aktuell festgelegten Regionalfaktoren werden konjunkturelle Schwankungen erfasst. Sie sind bei alledem i.S. einer Fortschreibung der „festgelegten" Regionalfaktoren nur beachtlich, wie sie nicht bereits mit dem Regionalfaktor erfasst sind:

Konjunkturelle Lage	Faktor
für sehr gute konjunkturelle Lage	1,05
für gute konjunkturelle Lage	1,03
für mittlere konjunkturelle Lage	**1,00**
für schlechte konjunkturelle Lage	0,98
für sehr schlechte konjunkturelle Lage	0,95

2.2.8.3 Indexierung auf den Wertermittlungsstichtag

▶ *§ 18 ImmoWertV Rn. 29.*

170 **Nach § 36 Abs. 2 Satz 4 ImmoWertV sind die durchschnittlichen Herstellungskosten und mithin auch die verbindlich anzuwendenden modellhaften NHK 2010** mit dem für die jeweilige Art der baulichen Anlage zutreffenden Preisindex für die Bauwirtschaft des Statistischen Bundesamtes (Baupreisindex) auf den Wertermittlungsstichtag umzurechnen. Die Baupreisindexreihen bzw. Baupreisindizes (construction price index) beschreiben die Entwicklung der Preise für den Neubau sowie für die Instandhaltung ausgewählter Bauwerksarten. Aus der Sicht der Käufer können sie zugleich als Kaufpreisindizes gelten[56].

171 Es sind die **Baupreisindexreihen** heranzuziehen, **die nach der jeweiligen Art der baulichen Anlage des zu bewertenden Objekts entsprechen.** Dabei wird vom Statistischen Bundesamt unterschieden zwischen

1. Wohngebäuden und
2. Nichtwohngebäuden.

Im Einzelnen werden Baupreisindexreihen abgeleitet für den Neubau von

1. Wohn- und Mehrfamiliengebäuden,
2. Einfamilienhäusern (in verschiedenen Bauarten),
3. gewerbliche Betriebsgebäude und
4. Bürogebäuden.

172 Daneben werden insbesondere **Baupreisindexreihen für die Instandhaltung von Wohngebäuden sowie für Außenanlagen abgeleitet**. Die Indexreihen werden auf verschiedene Basisjahre bezogen und teilweise mit und ohne Umsatzsteuer ausgeworfen.

173 Zur Anwendung der Indexreihen des Statistischen Bundesamtes[57] führt dieses aus:

„Baupreisindizes geben Auskunft über Stand und Entwicklung der Neubauwerte, nicht aber der Verkehrs-, Ertrags- oder Mietwerte von Bauwerken.

Die Tatsache, dass aus den Indexzahlen der Effekt von Qualitätsänderungen und anderen Änderungen in den preisbestimmenden Merk-malen der beobachteten Bauleistungen herausgerechnet wurde, kann von besonderer Bedeutung sein, wenn die Indizes zur Ermittlung von

55 Vgl. Kleiber, Verkehrswertermittlung von Grundstücken, 6. Aufl., S. 1862.
56 Vorholt, H., Zur Neuberechnung der Baupreisindizes auf Basis 1991, Wirtschaft und Statistik 1995/1; Mindig, B., Zur Neuberechnung der Preisindizes auf Basis 1991, Wirtschaft und Statistik 1991, 209 ff., Vorholt, H., Neuberechnung der Baupreisindizes auf Basis 2005, Statistisches Bundesamt, Wirtschaft und Statistik 2008, 808.
57 Statistisches Bundesamt, GWW 1967, Brüdgam, Bauwirtschaft 1977, 474; Wirtschaft und Statistik 1959, 588.

Wiederbeschaffungswerten verwendet werden. Werden Bauwerke in der ursprünglichen Qualität nicht mehr angeboten, weil sich bei der betreffenden Bauwerksart die Ausführung durchweg verbessert hat, dann können sich bei der Verwendung der Preisindizes Wiederbeschaffungswerte ergeben, die unter den Beträgen liegen, die bei der Wiederbeschaffung tatsächlich aufgewendet werden müssen.

Soweit Grundstückswerte nach dem Baugesetzbuch (BauGB) zu ermitteln sind, wird in der „Wertermittlungsverordnung" vom 06.12.1988 (BGBI. I 1988S. 2209) vorgeschrieben, den Bauwert von Gebäuden in der Weise zu bestimmen, dass die Baukosten eines bekannten Bezugszeitpunktes mit Hilfe geeigneter amtlicher Baupreisindizes auf die Preisverhältnisse am Wertermittlungsstichtag umgerechnet werden.

Das Statistische Bundesamt ist nicht zuständig für die Festsetzung von Prämien-Richtzahlen bzw. gleitenden Neuwertfaktoren der Gebäudeversicherer."

Bezugsstichtag der NHK 2010 ist das Jahr 2010, und zwar der Jahresdurchschnitt. Dies be- **174**
deutet, dass bei der Fortschreibung dieser Werte mittels Baupreis-indexreihen von der Indexzahl des Jahresdurchschnitts auszugehen ist. Die **Anwendung der Indexreihen** wird am nachstehenden *Beispiel* erläutert:

Beispiel: **175**

Der Kostenkennwert betrage 1 000 €/m² BGF_{red} bezogen auf 2010 (Jahresmitte). Wertermittlungsstichtag ist der 15.02.2020. Der Baupreisindex für das Jahr 2010 bei Basisjahr 2015 (= 100) beträgt 90,1; der Baupreisindex zum Wertermittlungsstichtag 15.02.2020 bei Basisjahr 2015 (= 100) beträgt 115,7

Der Kostenkennwert der NHK2010 wird auf den Kostenkennwert des Wertermittlungsstichtags (WST) ist wie folgt umzurechnen:

$$\text{Kostenkennwert}_{WST} = \frac{\text{Baupreisindex zum Wertermittlungsstichtag Basisjahr 2015 = 100}}{\text{Baupreisindex für das Jahr 2010 beBasisjahr 2015}} \times \text{Kostenkennwert}_{2010}$$

$$\text{Kostenkennwert}_{15.02.2020} = \frac{115{,}7}{90{,}1} = 1\,000\ €/m^2 \times 1{,}127 = 1\,284\ €/m^2$$

Der Quotient der Indexzahlen (im *Beispiel*: 115,7/90,1) wird auch als **Indexfaktor** bezeichnet.

Grundsätzlich ist das **Indexieren von Normalherstellungskosten umso fehlerträchtiger, je** **176**
größer die Zeiträume sind, die mit Baupreisindexreihen überbrückt werden. Dies ist u.a. auf die Verknüpfung verschiedener Rechnungsmethoden (Warenkörbe) zurückzuführen.

Ein Hoch- oder Herunterindexieren über einen Zeitraum von mehr als fünfzehn Jahren **177**
ist fachlich abzu-lehnen, weil die dafür zwar zur Verfügung stehenden Indexreihen aus der Verkettung von Indexreihen mit unterschiedlichen Erfassungsmethoden und sich stetig ändernden Regel-bauleistungen hervorgegangen sind[58].

2.2.9 Gewöhnliche Herstellungskosten eines Neubaus der zu bewertenden baulichen Anlage

In der Gesamtschau ergeben sich die gewöhnlichen Herstellungskosten der zu bewertenden **178**
baulichen Anlage zunächst auf der Grundlage der nach Gebäudearten und Gebäudestandards tabellierten objektspezifischen und auf den Quadratmeter Brutto-Grundfläche bezogenen

58 Metzmacher/Krikler, Gebäudeschätzung über die Bruttogeschossfläche, 2. Aufl. Bundesanzeiger Verlag Köln 2005, S. 13 f.

Kostenkennwerte der NHK-Tabelle von 2010, ggf. unter Berücksichtigung von Korrekturfaktoren, die sodann

- mit der nach Art der baulichen Anlage (Gebäudeart) einschlägigen Indexreihe des Statistischen Bundesamtes (d.h. mit dem daraus abgeleiteten Indexfaktor) sowie mit dem Regionalfaktor auf die maßgeblichen örtlichen Preisverhältnisse des Wertermittlungsstichtags umgerechnet werden und
- mit der reduzierten Brutto-Grundfläche (BGF_{red}) der zu bewertenden baulichen Anlage (Gebäude) multipliziert werden.

179 Die so ermittelten gewöhnlichen Herstellungskosten der zu bewertenden baulichen Anlage (Gebäude) sind die gewöhnlichen bundesdurchschnittlichen **Herstellungskosten eines zum Wertermittlungsstichtag neu errichteten Gebäudes (Neubaukosten)**. Sie müssen noch nach Maßgabe des § 39 ImmoWertV einer Alterswertminderung unterworfen werden, um zum vorläufigen Sachwert der baulichen Anlage zu kommen.

180 **Rechenschema**

Ohne Berücksichtigung vom Üblichen abweichender c-Flächen sowie nicht erfasster werthaltiger Bauteile (§ 36 Abs. 2 Satz 3 ImmoWertV)

Sachverhalt: Zu ermitteln sind die gewöhnlichen Herstellungskosten (Normalherstellungskosten) eines frei stehenden Einfamilienhauses des Typs 1.01 (Keller-, Erd- und voll ausgebautes Dachgeschoss).

Reduzierte Brutto-Grundfläche des Gesamtobjekts (BGF_{red}):	300 m²
Gebäudestandard	3
Wertermittlungsstichtag:	1.2.2019

Ermittlung des vorläufigen Gebäudesachwerts

Tabellierter Kostenkennwert 2010 (Grundwert des Gebäudestandards 3)	835,00	€/m²	BGF_{red}
Darin enthalten Baunebenkosten von % 17 %			
Korrekturfaktor für freistehendes Zweifamilienhaus	x 1,05		
Korrigierter Kostenkennwert	876,75	€/m²	BGF_{red}
Baupreisindexreihe Basis 2015 = 100			
Index des Wertermittlungsstichtags *113,4*			
Index des Bezugsjahres 2010 90,1			
Indexfaktor *113,41/* 90,1	x 1,2586		
Regionalfaktor x 1,50			
Objektspezifischer Kostenkennwert bezogen auf Wertermittlungsstichtag	rd. 1 655	€/m²	BGF_{red}
Gewöhnliche Herstellungskosten eines Neubaus (bei einer BGF_{re} von 300 m²)	**496 566**	€*	

Soweit die mit dem vorläufigen Gebäudesachwert nicht erfassten werthaltigen Bauteile (§ 36 Abs. 2 Satz 3 ImmoWertV) sowie c-Flächen nicht mit dem Sachwertfaktor im vollen Umfang berücksichtigt werden, müssen sie nach Maßgabe des § 8 Abs. 3 ImmoWertV differentiell berücksichtigt werden, soweit sie vom „üblichen Umfang“ abweichen und dies dem gewöhnlichen Geschäftsverkehr entspricht.

181 Bei einem Gebäude, das aus unterschiedlichen Gebäudetypen bzw. bei Gebäuden mit unterschiedlichen Gebäudestandards (sog. **Gebäudemix**) können die jeweiligen Anteile gesondert, aber auch aus entsprechend gewichteten relativen Gebäudeanteilen abgeleitet werden:

Rechenschema 182

ohne Berücksichtigung vom Üblichen abweichender c-Flächen sowie nicht erfasster werthaltiger Bauteile (§ 36 Abs. 2 Satz 3 ImmoWertV).

Sachverhalt: Zu ermitteln sind die gewöhnlichen Herstellungskosten eines frei stehenden Einfamilienhauses des Typs 1.01 (Keller-, Erd- und voll ausgebautes Dachgeschoss) *mit unterschiedlichen Gebäudestandards.*

Wertermittlungsstichtag: 01.02.2019

Reduzierte Brutto-Grundfläche des Gesamtobjekts	*300* m²	
Reduzierte Brutto-Grundfläche der zu bewertenden *Teilfläche*	*200* m²	Gebäudestandard **4**
A Relativer Gebäudeanteil *der Teilfläche A*	66,67 %	
Reduzierte Brutto-Grundfläche der zu bewertenden Teilfläche	100 m²	Gebäudestandard 3
B Relativer Gebäudeanteil *der Teilfläche B*	33,33 %	

Ermittlung des vorläufigen Gebäudesachwerts

Tabellierter Kostenkennwert 2010 für *Teilfläche A* *(66,67 %, Gebäudestandard 4)*	1 005,00	€/m² BGF_{red}
Korrekturfaktor für freistehendes Zweifamilienhaus	1,05	
Korrigierter Kostenkennwert für *Teilfläche A* des Zweifamilienhauses	**1 055,25**	**€/m² BGF_{red}**
Tabellierter Kostenkennwert 2010 für *Teilfläche B* *(33,33 %, Gebäudestandard 3)*	835,00	€/m² BGF_{red}
Korrekturfaktor für freistehendes Zweifamilienhaus	1,05	
Korrigierter Kostenkennwert 2010 für *Teilfläche B* des Zweifamilienhauses	876,75	€/m² BGF_{red}
Gewichteter Kostenkennwert 2010 ***[(1 055,25 €/m² x 66,67) + (876,75 €/m² x 33,33)]/100 =***	***995,76***	**€/m² BGF_{red}**
Index des Wertermittlungsstichtags *113,4*		
Index des Bezugsjahres 2010 90,1		
Indexfaktor *113,4* 90,1 x	1,2586	
Regionalfaktor x 1,50		
Objektspezifischer (gewichteter) Kostenkennwert bezogen auf Wertermittlungsstichtag	1 879,89	€/m² BGF_{red}
Gewöhnliche Herstellungskosten eines Neubaus (bei einer BGF von 300 m²)	**563 969**	**€**

Soweit die mit dem vorläufigen Gebäudesachwert nicht erfassten werthaltigen Bauteile (§ 35 Abs. 2 Satz 3 ImmoWertV) sowie c-Flächen nicht mit dem Sachwertfaktor im vollen Umfang berücksichtigt werden, müssen sie nach Maßgabe des § 8 Abs. 3 ImmoWertV differentiell berücksichtigt werden, soweit sie vom „üblichen Umfang“ abweichen und dies dem gewöhnlichen Geschäftsverkehr entspricht. 183

Rechenschema 184

Mit Berücksichtigung eines Regionalfaktors, vom Üblichen abweichender c-Flächen sowie nicht erfasster werthaltiger Bauteile (§ 36 Abs. 2 Satz 3 ImmoWertV).

Sachverhalt: Zu ermitteln sind die gewöhnlichen Herstellungskosten (Normalherstellungskosten) eines frei stehenden Einfamilienhauses des Typs 1.01 (Keller-, Erd- und voll ausgebautes Dachgeschoss).

Reduzierte Brutto-Grundfläche des Gesamtobjekts	500 m²
Gebäudestandard	4
Wertermittlungsstichtag	15.02.2020

Ermittlung des vorläufigen Gebäudesachwerts

Tabellierter Kostenkennwert 2010 (Gebäudestandard 4)			1 005,00	€/m² BGF_{red}
Index des Wertermittlungsstichtags	115,7	(Basis 2015 = 100)		
Index des Bezugsjahres 2010	90,1	(Basis 2015 = 100)		
Indexfaktor	115,7/ 90,1		x 1,284	
tabellierter Kostenkennwert (Grundwert) bezogen auf Wertermittlungsstichtag			1 290,42	€/m² BGF_{red}

Regionalisierung der gewöhnlichen Herstellungskosten

nur, wenn der vorläufige Sachwert nicht mit dem herangezogenen Sachwertfaktor regionalisiert wird.

Regionalfaktor	*1,20*		
ortsspezifischer Kostenkennwert bezogen auf Wertermittlungsstichtag		1 548,50	€/m² BGF_{red}
Vorläufige Herstellungskosten eines Neubaus (2020 bei einer BGF von 500 m²)		774 250	€

Ergänzungen nach § 36 Abs. 2 Satz 3 ImmoWertV (stichtagsbezogene Herstellungskosten)

Übertrag			774 250	€
Herstellungskosten der vom Üblichen abweichenden c-Flächen			+ 4 940	€
Besondere werthaltige Bauteile nach marktangepassten Ansätzen bezogen auf den Wertermittlungsstichtag*:				
4 Satteldachgauben zu	5 000	€/Stück	+ 20 000	€
3 Balkone zu	5 000	€/Stück	+ 20 000	€
Kelleraußentreppe	6 000	€/Stück	+ 6 000	€
abweichende Baunebenkosten			–	
Gewöhnliche Herstellungskosten eines Neubaus (insgesamt)			825 190	€

*Hinweis: Ansätze nur insoweit, wie vom Grundstücksmarkt berücksichtigt. Soweit die Ansätze in Anlehnung an Herstellungskosten ermittelt werden, empfiehlt es sich, die Herstellungskosten der vom Üblichen abweichenden c-Flächen sowie der nicht erfassten werthaltigen Bauteile abweichend von § 36 Abs. 2 Satz 2 ImmoWertV durch alterswertgeminderte und marktangepasste Pauschalen zu berücksichtigen.

2.2.10 Alterswertminderung und Alterswertminderungsfaktor (§ 38 ImmoWertV)

2.2.10.1 Übersicht

Schrifttum: *Erxleben,* Schätzung der Wertminderung, VR 1976, 381; *Mann, W.,* Marktkonforme Gebäudewertabschreibung im Sachwertverfahren, GuG 2008, 129; *Mann, W.,* Die Regressionsanalyse zur Unterstützung der Anwendung des Normierungssystems in der Grundstücksbewertung, ZfV 2005, 283; *Schindler,* Analyse von Kaufpreisen bei Einfamilienhäusern, Lehrbriefe zum Kontaktstudium des geodätischen Instituts, Nds. Landesverwaltungsamt Hannover 1976; *Mann, W.,* Marktkonforme Gebäudewertabschreibung im Sachwertverfahren, GuG 2008, 129; *Tiemann, M.,* Reformvorschläge zum Ertrags- und Sachwertverfahren, AVN 1970, 523; *Tscheließnigg*, Die Alterung von Bauwerken, DBZ 1981, 251.

▶ *Vgl. Rn. 20; § 4 ImmoWertV Rn. 26; § 21 ImmoWertV Rn. 204; § 32 ImmoWertV Rn. 33 ff.; zum Modernisierungsbegriff vgl. § 32 ImmoWertV Rn. 161; § 38 ImmoWertV Rn. 1 ff., Syst. Darst. des Ertragswertverfahrens Rn. 55, 201*

Ausgangspunkt der Sachwertermittlung sind die auf der Grundlage von Ersatzbeschaffungskosten ermittelten **durchschnittlichen Herstellungskosten einer am Wertermittlungsstichtag neu errichteten baulichen Anlage (Neubauwert des Gebäudes).** In diesem Zusammenhang wird fälschlicherweise von einem „Neubau*wert*" bzw. „Wert" der baulichen Anlage gesprochen. Tatsächlich wird jedoch von den „durchschnittlichen" modellkonformen Herstellungs*kosten* ausgegangen, die i.d.R. weder den marktüblichen Herstellungskosten noch dem „Wert" der baulichen Anlage entsprechen. Kosten und Wert können aber erheblich auseinanderfallen, zumal die modellkonform angesetzten durchschnittlichen Herstellungskosten der NHK 2010 die tatsächlichen Baukosten nicht abbilden. **185**

Mit der sog. „Alterswertminderung" nach Maßgabe des § 36 Abs. 1 i.V.m. § 38 ImmoWertV werden die sich auf den Wertermittlungsstichtag beziehenden durchschnittlichen Herstellungskosten der baulichen Anlage auf dessen „Wert" transformiert, und zwar auf den Wert, den die bauliche Anlage am Wertermittlungsstichtag aufgrund ihres Alters hat. Soweit es sich bei dem zu bewertenden Grundstück um eine ältere bauliche Anlage handelt, muss nämlich u.a. berücksichtigt werden, dass eine bauliche Anlage aufgrund sich wandelnder Anforderungen an ein Gebäude trotz Instandhaltung einem wirtschaftlichen Wertverzehr unterworfen ist (Alterswertminderung). **Es handelt sich bei dieser sog. Alterswertminderung** mithin **um eine partielle auf die bauliche Anlage bezogene und ihr Alter berücksichtigende Marktanpassung.** Sie ist unvollständig und steht im Zusammenhang mit der Marktanpassung des vorläufigen Sachwerts nach Maßgabe des § 35 Abs. 2 und 3 ImmoWertV. Diese bezieht sich umfassend auf den vorläufigen Sachwert der baulichen Anlagen, der baulichen Außenanlagen und sonstigen Anlagen sowie den nach den §§ 40 bis 43 ImmoWertV zu ermittelnden Bodenwert (vgl. § 38 ImmoWertV Rn. 1 f., § 21 ImmoWertV Rn. 137). Erfahrungsgemäß ist sie nicht nur von der Objektart, ihrer Ausstattung (Gebäudestandard) usw. sowie der Lage des Grundstücks abhängig, sondernwie die sog. Alterswertminderung nach § 38 ImmoWertV regelmäßig auch von der Restnutzungsdauer der baulichen Anlage (vgl. § 21 ImmoWertV Rn. 199).

Dem Alter ist nicht nur in bautechnischer Hinsicht eine entscheidende Bedeutung beizumessen. Denn eine bauliche Anlage entspricht mit fortschreitendem Alter bzw. abnehmender Restnutzungsdauer trotz ordnungsgemäßer Instandhaltung nach Anlage, Struktur, Grundriss, Ausstattung und vielem mehr immer weniger wirtschaftlich dem Standard einer neuerrichteten baulichen Anlage und irgendwann „stirbt" ihre wirtschaftliche Nutzbarkeit (vgl. IAS 16 §§ 50 ff.). Dem muss mit der sog. Alterswertminderung Rechnung getragen werden. **186**

Die sog. **Alterswertminderung ist** bei alledem **vornehmlich allein von der wirtschaftlichen Gebrauchsfähigkeit einer Immobilie und nicht von den Kosten der Instandhaltung** und der physischen Lebensdauer einzelner Bauteile **abhängig**. Von daher ist auch der Ansatz von *Vogels*[59]abzulehnen, der die Alterswertminderung nach den am Stichtag der Wertermittlung erforderlichen Instandsetzungsrückstellungen bemessen will. Auch das Sachwertverfahren geht nämlich grundsätzlich von einer ordnungsgemäßen Instandhaltung aus. Das Gebäude unterliegt indessen unabhängig von den Kosten dieser Instandhaltung einem wirtschaftlichen Wertverzehr, weil es irgendwann trotz Instandhaltung nicht mehr zeitgemäß ist und wirtschaftlich „stirbt". Die Alterswertminderung stellt damit letztlich eine sich an der wirtschaftlichen Ertragsfähigkeit orientierende Größe dar. Je nach Gebäudeart können sich die an eine bauliche Anlage gestellten Anforderungen in relativ kurzer Zeit (Logistikimmobilien) oder erst langfristig (z.B. Kirchen) derart wandeln, dass eine bauliche Anlage entweder wirtschaftlich abgängig ist oder modernisiert werden muss, um sie weiterhin wirtschaftlich nutzen zu können. **187**

Die sog. **Alterswertminderung (Abschreibung) isteine auf die bauliche Anlage bezogene-Marktanpassung**. Sie zielt nämlich darauf ab, den zunächst nach den üblichen Kosten eines Neubaus ermittelten Herstellungswert auf einen marktüblichen Wert zu reduzieren, der für ein wirtschaftlich gealtertes Objekt im gewöhnlichen Geschäftsverkehr erzielbar ist. Mit der Al- **188**

---

59 Vogels, Verfahren zur Alterswertminderung im Sachwertverfahren, Tag der Immobilienbewertung 1993, Deutsche Consulting Institut GmbH München.

terswertminderung soll also die Wertminderung erfasst werden, die im gewöhnlichen Geschäftsverkehr hinzunehmen ist, weil eine bauliche Anlage (Gebäude) mit zunehmendem Alter trotz ihrer ordnungsgemäßen Instandhaltung gegenüber den zeitgemäßen Anforderungen zurückfällt. Sofern keine Notwendigkeit der Berücksichtigung von Wertminderungen bzw. Werterhöhungen aufgrund von Baumängeln und Bauschäden und sonstigen besonderen objektspezifischen Merkmalen der baulichen Anlage bestünde, müsste eine „richtig" dimensionierte Alterswertminderung zum „Verkehrswert" (Marktwert) der baulichen Anlage führen. Für eine weitere Marktanpassung wäre dann nur noch insoweit Raum, wie der vorläufige Sachwert des gesamten Objekts, bestehend aus den vorläufigen Wertanteilen für die bauliche Anlage, die baulichen Außen- und sonstigen Anlagen (Aufwuchs) sowie dem vorläufigen Bodenwert, einer Marktanpassung bedarf.

189 Im Rahmen einer marktkonformen Sachwertermittlung wäre es nur konsequent, die Alterswertminderung empirisch aus dem Markt (mit Hilfe von Vergleichspreisen) abzuleiten[60]. Dies ist der Wertermittlungspraxis allerdings bislang nicht gelungen.

190 In der deutschen Wertermittlungspraxis war jahrzehntelang eine Alterswertminderung nach Ross üblich, die der Schussbahn einer Granate folgend einen parabolischen Verlauf aufweist (1838–1901; „Rosskur", vgl. Anl. 8a WERTR 06). Bemühungen, sie durch eine angeblich **empirisch abgeleitete Alterswertminderung** (*Schindler, Tiemann, AGVGA, Gerardy* und *Vogels*) zu ersetzen, sind gescheitert. Sie werden aus diesem Grunde nicht mehr abgedruckt[61]. Wenn die genannten angeblich empirisch abgeleiteten Alterswertminderungen der tatsächlichen altersbedingten Wertminderung baulicher Anlagen entsprochen hätten, so bedürfte es bei Heranziehung dieser Tabellen (ceteris paribus) keiner Marktanpassung der baulichen Anlage. Dies war indessen nicht der Fall. Ein empirisch belegter die Marktverhältnisse in zutreffender Weise beschreibender Verlauf der tatsächlichen Alterswertminderung einer baulichen Anlage scheiterte insbesondere daran, dass bauliche Anlagen nicht selbstständiger Gegenstand des gewöhnlichen Geschäftsverkehrs sind.

191 Da es **keine gesicherten Erkenntnisse über die „richtige" Alterswertminderung** gibt, hat bereits die ImmoWertV 2010 eine lineare Alterswertminderung verbindlich vorgegeben. Dies gewährleistet eine Vereinheitlichung und damit Vergleichbarkeit von Wertermittlungen. Hieran hält die ImmoWertV fest.

192 Die modellmäßig vorgeschriebene lineare Alterswertminderung gewährleistet allerdings nicht, dass sie die tatsächliche Alterswertminderung baulicher Anlagen abbildet. Dies ist im Hinblick auf die **steuerliche Aufteilung des Gesamtwerts einer Liegenschaft** in einen Boden- und Gebäudeanteil bedeutsam, wenn dieser auf der Grundlage des Sachwerts ermittelt wird. Die ergänzende Marktanpassung mittels Sachwertfaktoren ist mithin nicht nur eine den Gesamtwert der Liegenschaft betreffende Marktanpassung, sondern im Wesentlichen eine ergänzende Marktanpassung des Anteils der baulichen Anlage am Gesamtwert.

193 Die Alterswertminderung, um die sich die durchschnittlichen Herstellungskosten des Neubaus einer baulichen Anlage altersbedingt vermindern, bemisst sich im Falle der mit § 38 ImmoWertV verbindlich vorgegebenen *linearen* Alterswertminderung nach dem Verhältnis des Alters der baulichen Anlage, berechnet aus dem Unterschied der Gesamt- und Restnutzungsdauer der baulichen Anlage, und der Gesamtnutzungsdauer der baulichen Anlage. Rechnerisch kommt man zu den alterswertgeminderten Herstellungskosten auf direktem Wege, indem die durchschnittlichen Herstellungskosten eines Neubaus nach Maßgabe des § 38 ImmoWertV mit dem Alterswertminderungsfaktor multipliziert werden. Der **Alterswertminderungsfaktor ergibt sich aus dem Verhältnis der Restnutzungsdauer zur Gesamtnutzungsdauer,** ohne dass es dafür einer Berechnung des Alters bedarf.

60 So auch Mann, W., Marktkonforme Gebäudewertabschreibung im Sachwertverfahren, GuG 2008, 129.
61 Vgl. eingehende Darstellung in Kleiber/Simon, Verkehrswertermittlung von Grundstücken, 5. Aufl. 2007, S. 1854 ff., 1939 ff.

2.2.10.2 Gesamt- und Restnutzungsdauer

▶ *§ 4 ImmoWertV Rn. 8 ff.; § 8 ImmoWertV Rn. 48 ff.; § 38 ImmoWertV Rn. 8 ff.*

Bei der Ermittlung der Alterswertminderung ist nach § 38 ImmoWertV grundsätzlich **von der Gesamt- und Restnutzungsdauer auszugehen.** 194

- Die *objektspezifische* **Gesamtnutzungsdauer** ist im Rahmen der Alterswertminderung nach § 4 Abs. 2 Satz 1 ImmoWertV die übliche Anzahl von Jahren, in denen eine bauliche Anlage bei ordnungsgemäßer Bewirtschaftung vom Baujahr an gerechnet *wirtschaftlich* genutzt werden kann, und zwar unabhängig davon, ob sie sich durch
  - eine unterlassene Instandhaltung oder „andere Gegebenheiten“ oder
  - durch eine Modernisierung

  verkürzt bzw. verlängert hat.
- Als *objektspezifische***Restnutzungsdauer** (*remaining economic life*) wird mit § 4 Abs. 3 Satz 1 ImmoWertV die prognostizierte Anzahl der Jahre definiert, in denen eine bauliche Anlage bei „ordnungsgemäßer Bewirtschaftung“ bezogen auf den Qualitätsstichtag voraussichtlich noch wirtschaftlich genutzt werden kann.

Wird entsprechend dem System der ImmoWertV statt der üblichen *Gesamtnutzungsdauer einer baulichen Anlage* i.S. des § 4 Abs. 3 ImmoWertV **die Gesamtnutzungsdauer mit den Modellansätzen** der Anl. 1 zur ImmoWertV **in die Sachwertermittlung eingeführt, stellt die sich daraus ergebende Restnutzungsdauer lediglich eine modellkonforme „vorläufige“ Restnutzungsdauer dar.** Den Modellansätzen der Gesamtnutzungsdauer kommt im Falle einer Sachwertermittlung auf der Grundlage der vom Gutachterausschuss für Grundstückswerte abgeleiteten Sachwertfaktoren eine Allgemeinverbindlichkeit zu, denn diesen sind mit § 12 Abs. 5 Satz 1 ImmoWertV bei Ermittlung der sonstigen für die Wertermittlung erforderlichen Daten die Modellansätze der Anl. 1 und 2 zur ImmoWertV verbindlich vorgeschrieben. 195

Die sich modellansatzkonform ergebende **vorläufigeRestnutzungsdauer (RND)** der baulichen Anlage wird in der Praxis regelmäßig durch Abzug des Alters der baulichen Anlage am maßgeblichen Stichtag unter Berücksichtigung individueller Gegebenheiten des Wertermittlungsobjekts von dem Modellansatz der (wirtschaftlichen) Gesamtnutzungsdauer ermittelt: 196

Vorläufige Restnutzungsdauer (RND) = Modellansatz der Gesamtnutzungsdauer (GND) – Alter

2.2.10.3 Alterswertminderung bei verlängerter und verkürzter Gesamtnutzungsdauer

▶ *Vgl. § 4 ImmoWertV Rn. 41 ff., 52 ff.*

Haben hingegen *Modernisierungsmaßnahmen* zu einer **Verlängerung des Modellansatzes der Gesamtnutzungsdauer** geführt, so bestimmt sich die Alterswertminderung gleichwohl weiterhin nach dem Modellansatz der Gesamtnutzungsdauer und der sich daraus ergebenden modifizierten Restnutzungsdauer (Prinzip der gleichbleibenden Gesamtnutzungsdauer). Diese ergibt sich wiederum modellansatzkonform unter Anwendung des den Gutachterausschüssen verbindlich vorgegebenen Modells der Anl. 2 zur ImmoWertV. 197

Das „**Prinzip der gleichbleibenden Gesamtnutzungsdauer**“ ist darin begründet, dass sich für eine bauliche Anlage mit einer bestimmten Restnutzungsdauer die Alterswertminderung nicht 198

- durch eine Verlängerung der tatsächlichen Gesamtnutzungsdauer (aufgrund durchgeführter Modernisierungen) erhöht bzw.
- durch eine Verkürzung der tatsächlichen Gesamtnutzungsdauer (aufgrund unterlassener Instandhaltung) vermindert.

Dies würde sich aber im Falle einer Ermittlung der Alterswertminderung auf der Grundlage einer entsprechend verlängerten und verkürzten Gesamtnutzungsdauer ergeben und wäre nicht sachgerecht. Denn **in Bezug auf die künftige wirtschaftliche Nutzungsfähigkeit zählt**, wie bei Anwendung des Ertragswertverfahrens, **allein die verbleibende Restnutzungsdauer**. Der Ertragswert ist nämlich allein von der Restnutzungsdauer der baulichen Anlage abhängig. Dementsprechend ist der Kapitalisierungsfaktor nach § 34 ImmoWertV allein eine Funktion der Restnutzungsdauer und des Liegenschaftszinssatzes.

199 Die entsprechend **modifizierte Restnutzungsdauer** ist wiederum die vorläufige Restnutzungsdauer der baulichen Anlage. Mit der **Modifizierung der Restnutzungsdauer** wird nach dem sog. Verjüngungsprinzip auch das Alter der baulichen Anlage „verjüngt". Das „verjüngte" Alter der baulichen Anlage ergibt sich dann aus der Differenz des **Modellansatzes der Gesamtnutzungsdauer (GND) abzüglich der nach Maßgabe der** Anl. 2 zur ImmoWertV modifizierten Restnutzungsdauer.

Im Falle erheblicher Abweichungen der tatsächlichen Gesamt- und Restnutzungsdauer des zu bewertenden Grundstücks handelt es sich jeweils um ein vorläufiges Alter und eine vorläufige Gesamt- und Restnutzungsdauer.

200 Das Verjüngungsprinzip lässt sich auch damit begründen, dass durchgreifend instand gesetzte oder modernisierte Gebäude erheblich mehr neuwertige Bauteile als vergleichsweise nicht modernisierte Objekte aufweisen und sich ein **derartiges Objekt am Wertermittlungsstichtag jünger** darstellt, **als es seinem tatsächlichen Baujahr entspricht.** Die Verlängerung der Restnutzungsdauer durch Instandsetzungen oder Modernisierungen stellt also eine künstliche Verjüngung der baulichen Anlage dar.

201 Das tatsächliche Baujahr wird gleichzeitig ersetzt durch ein entsprechend verjüngtes (fiktives) Baujahr, das sich aus der Differenz zwischen dem Kalenderjahr des maßgeblichen Stichtags unter Abzug des verjüngten Alters ergibt.

Fiktives (verjüngtes) Baujahr = Jahr der Wertermittlung – verjüngtes Alter der baulichen Anlage in Jahren

Beispiel (lineare Alterswertminderung):

Gesamtnutzungsdauer	= 80 Jahre
Restnutzungsdauer	= 20 Jahre (tatsächliches Alter = 60 Jahre)

Durch umfangreiche Modernisierungsmaßnahmen wurde die Restnutzungsdauer (RND) um 20 Jahre verlängert.

Fiktives Alter = 80 – (20 + 20) = 40 Jahre

Alterswertminderung = 40 / 80 x 100 = 50 %

202 Haben indessen *unterlassene Instandhaltungsmaßnahmen* oder *andere Gegebenheiten,* z.B. ein Zurückbleiben hinter den allgemeinen Anforderungen an gesunde Wohn- und Arbeitsverhältnisse (städtebauliche Missstände oder Mängel) sowie eine „wegbrechende Marktlage" (vgl. § 4 ImmoWertV Rn. 46),zu einer Verkürzung der üblichen Gesamtnutzungsdauer i.S. des § 4 Abs. 3 Satz 1 ImmoWertV bzw. des Modellansatzes der Gesamtnutzungsdauer i.S. der Anl. 1 zur ImmoWertV geführt, so muss auch in diesen Fällen – wie vorstehend – bei der Ermittlung der Alterswertminderung von der üblichen Gesamtnutzungsdauer bzw. dem Modellansatz der Gesamtnutzungsdauer und der sich daraus unter Abzug des Alters ergebenden Restnutzungsdauer ausgegangen werden.

203 Eine **Sachwertermittlung auf der Grundlage einer entsprechend verkürzten Restnutzungsdauer**, wie sie lange Zeit (als sog. künstliches Alterungsprinzip) praktiziert worden ist, **ist grundsätzlich auch weiterhin zulässig**. § 4 Abs. 3 Satz 3 ImmoWertV weist in diesem Zusammenhang ausdrücklich darauf hin, dass individuelle Gegebenheiten des Wertermittlungsobjekts wie beispielsweise eine unterlassene Instandhaltung des Wertermittlungsobjekts die

Restnutzungsdauer verkürzen können. Eine unterlassene Modernisierung kann indessen nicht zu einer Verkürzung der Restnutzungsdauer führen[62].

Unterlassene Instandhaltungsmaßnahmen führen zu Baumängeln und Bauschäden, die bei der Ermittlung des vorläufigen Sachwerts zunächst außer Betracht bleiben und grundsätzlich als besondere objektspezifische Grundstücksmerkmale (boG) nach § 8 Abs. 3 Satz 2 Nr. 2 ImmoWertV berücksichtigt werden. Im Übrigen steht die Ermittlung des vorläufigen Sachwerts auf der Grundlage der Modellansätze der vorläufigen Gesamt- und Restnutzungsdauer unter dem Vorbehalt der Vorläufigkeit und ist einer nachträglichen Korrektur bei erheblich von den Modellansätzen abweichender Gesamt- und Restnutzungsdauer zugänglich. Im Falle von **Baumängeln und Bauschäden, die bei wirtschaftlicher Betrachtungsweise wirtschaftlich nicht behebbar sind**, wird man von dieser Möglichkeit Gebrauch machen müssen. 204

Die Alterswertminderung kann in beiden behandelten Fällen nach der allgemeinen Formel der Alterswertminderung bestimmt werden, wobei **an Stelle des tatsächlichen Alters das fiktive Alter** anzusetzen ist: 205

$$\text{Alterswertminderung } [\%] = 50 \times \frac{100 \times \text{Alter}}{\text{GND}} = \frac{100\,(\text{GND} - \text{RND})}{\text{GND}}$$

wobei

GND = Übliche Gesamtnutzungsdauer

RND = Restnutzungsdauer

Die sich so ergebende Alterswertminderung ist der **Vomhundertsatz der Herstellungskosten, mit dem sich der Absolutbetrag der Wertminderung errechnen lässt:** 206

Beispiel:

Herstellungskosten (Neubauwert)	=	1 000 000 €	
Alterswertminderung in %	=	75 %	
Alterswertminderung absolut	=	1 000 000 €	× 0,75 = 750 000 €

Alterswertgeminderte Herstellungskosten:

	Herstellungskosten (Neubau)	=	1 000 000 €
–	Alterswertminderung	=	– 750 000 €
=	Herstellungskosten (alterswertgemindert)	=	**250 000 €**

Die vorgestellte Vorgehensweise hat den Vorteil, dass der Alterswertminderungsbetrag in absoluter Höhe ausgeworfen wird; sie ist aber unnötig rechenaufwendig. **Rechentechnisch einfacher ist es, wenn unter Verzicht auf einen gesonderten Auswurf des Alterswertminderungsbetrags gleich in „einem Zuge" die alterswertgeminderten Herstellungskosten ermittelt werden**. Die hier schon in den Vorauflagen vertretene Vorgehensweise hat auch der Bundesrat im Zuge der Beratungen zur geltenden ImmoWertV empfohlen[63]. Nach § 38 ImmoWertV definiert sich der Alterswertminderungsfaktor als Quotient „der Restnutzungsdauer zur Gesamtnutzungsdauer": 207

$$\text{Alterswertminderung} = \frac{\text{RND}}{\text{GND}}$$

62 BR-Drs. 352/88, S. 64.
63 BR-Drs. 407/1/21 vom 10.06.2021.

Die alterswertgeminderten Herstellungskosten ergeben sich als Produkt aus Herstellungskosten (Neubauwert) und Alterswertminderungsfaktor.

Beispiel:

Gesamtnutzungsdauer (GND) = 80 Jahre

Restnutzungsdauer (RND) = 20 Jahre

Herstellungskosten (Neubau) = 1 000 000 €

$$\text{Alterswertminderung} = \frac{20\ \text{Jahre}}{80\ \text{Jahre}} = 25\ \%$$

Alterswertgeminderter Herstellungswert = 1 000 000 € × 0,25 = 250 000 €

Im Falle einer Regionalisierung der bundeseinheitlichen Herstellungskosten nach Anl. 4 zur ImmoWertV kann der mit Hilfe eines Regionalisierungsfaktors (z.B. 1,2) regionalisierte alterswertgeminderte Herstellungswert auf dieser Grundlage in einem Zuge leicht ermittelt werden.

Regionalisierter alterswertgeminderter Herstellungswert = 1 000 000 € x 0,25 x 1,2 = 300 000 €

208 Diese Vorgehensweise hat auch den Vorteil, dass man das **Alter der baulichen Anlage erst gar nicht zu ermitteln braucht.** Dies ist oftmals auch gar nicht möglich. Es kommt hinzu, dass es auf das tatsächliche Alter – wie noch zu erläutern ist – gar nicht ankommt.

209 Nachfolgend werden deshalb die Alterswertfaktoren abgedruckt, mit denen die durchschnittlichen Herstellungskosten eines Neubaus direkt zu multiplizieren sind, um zu den alterswertgeminderten Herstellungskosten zu kommen:

$$\textbf{Alterswertgeminderte Herstellungskosten} = \textbf{Herstellungskosten}_{\textbf{Neubau}} \times \frac{\textbf{Alterswertminderungsfaktor}}{\textbf{100}}$$

Alterswertminderungsfaktor (linear und nach Ross)

Alterswertminderungsfaktor (linear und nach Ross)																				
Restnutzungsdauer	**Gesamtnutzungsdauer in Jahren (GND)**																			
	10		**20**		**30**		**40**		**50**		**60**		**70**		**80**		**90**		**100**	
	linear	Ross	linear	Ross	linear	Ross	linear	Ross	linear	Ross	linear	Ross	linear	Ross	linear	Ross	linear	Ross	linear	Ross
0	100	100	100	100	100	100	100	100	100	100	100	100	100	100	100	100	100	100	100	100
1	90	86	95	93	97	95	98	96	98	97	98	98	99	98	99	98	99	98	99	99
2	80	72	90	86	93	90	95	93	96	94	97	95	97	96	98	96	98	97	98	97
3	70	60	85	79	90	86	93	89	94	91	95	93	96	94	96	94	97	95	97	96
4	60	48	80	72	87	81	90	86	92	88	93	90	94	92	95	93	96	93	96	94
5	50	38	75	66	83	76	88	82	90	86	92	88	93	90	94	91	94	92	95	93
6	40	28	70	60	80	72	85	79	88	83	90	86	91	88	93	89	93	90	94	91
7	30	20	65	54	77	68	83	75	86	80	88	83	90	86	91	87	92	89	93	90
8	20	12	60	48	73	64	80	72	84	77	87	81	89	84	90	86	91	87	92	88
9	10	6	55	43	70	60	78	69	82	75	85	79	87	82	89	84	90	86	91	87
10	0	0	50	38	67	56	75	66	80	72	83	76	86	80	88	82	89	84	90	86
11			45	33	63	52	73	63	78	69	82	74	84	78	86	80	88	82	89	84
12			40	28	60	48	70	60	76	67	80	72	83	76	85	79	87	81	88	83
13			35	24	57	44	68	57	74	64	78	70	81	74	84	77	86	79	87	81
14			30	20	53	41	65	54	72	62	77	68	80	72	83	75	84	78	86	80
15			25	16	50	38	63	51	70	60	75	66	79	70	81	74	83	76	85	79

Alterswertminderungsfaktor (linear und nach Ross)																				
Rest-nut-zungs-dauer	Gesamtnutzungsdauer in Jahren (GND)																			
	10		20		30		40		50		60		70		80		90		100	
	li-near	Ross	li-near	Ross	li-near	Ross	li-near	Ross	li-near	Ross	li-near	Ross	li-near	Ross	li-near	Ross	li-near	Ross	li-near	Ross
16			20	12	47	34	60	48	68	57	73	64	77	68	80	72	82	75	84	77
17			15	9	43	31	58	45	66	55	72	62	76	67	79	70	81	73	83	76
18			10	6	40	28	55	43	64	52	70	60	74	65	78	69	80	72	82	75
19			5	3	37	25	53	40	62	50	68	58	73	63	76	67	79	71	81	73
20			0	0	33	22	50	38	60	48	67	56	71	61	75	66	78	69	80	72
21					30	20	48	35	58	46	65	54	70	60	74	64	77	68	79	71
22					27	17	45	33	56	44	63	52	69	58	73	63	76	66	78	69
23					23	14	43	30	54	42	62	50	67	56	71	61	74	65	77	68
24					20	12	40	28	52	40	60	48	66	54	70	60	73	64	76	67
25					17	10	38	26	50	38	58	46	64	53	69	58	72	62	75	66
26					13	8	35	24	48	36	57	44	63	51	68	57	71	61	74	64
27					10	6	33	22	46	34	55	43	61	50	66	55	70	60	73	63
28					7	4	30	20	44	32	53	41	60	48	65	54	69	58	72	62
29					3	2	28	18	42	30	52	39	59	46	64	52	68	57	71	61
30					0	0	25	16	40	28	50	38	57	45	63	51	67	56	70	60
31							23	14	38	26	48	36	56	43	61	49	66	54	69	58
32							20	12	36	24	47	34	54	42	60	48	64	53	68	57
33							18	10	34	23	45	33	53	40	59	47	63	52	67	56
34							15	9	32	21	43	31	51	39	58	45	62	50	66	55
35							13	7	30	20	42	30	50	38	56	44	61	49	65	54
36							10	6	28	18	40	28	49	36	55	43	60	48	64	52
37							8	4	26	16	38	26	47	35	54	41	59	47	63	51
38							5	3	24	15	37	25	46	33	53	40	58	46	62	50
39							3	1	22	13	35	24	44	32	51	39	57	44	61	49
40							0	0	20	12	33	22	43	31	50	38	56	43	60	48
41									18	11	32	21	41	29	49	36	54	42	59	47
42									16	9	30	20	40	28	48	35	53	41	58	46
43									14	8	28	18	39	27	46	34	52	40	57	45
44									12	7	27	17	37	25	45	33	51	39	56	44
45									10	6	25	16	36	24	44	31	50	38	55	43
46									8	4	23	14	34	23	43	30	49	36	54	42
47									6	3	22	13	33	22	41	29	48	35	53	41
48									4	2	20	12	31	21	40	28	47	34	52	40
49									2	1	18	11	30	20	39	27	46	33	51	39
50									0	0	17	10	29	18	38	26	44	32	50	38
51											15	9	27	17	36	25	43	31	49	37
52											13	8	26	16	35	24	42	30	48	36
53											12	7	24	15	34	23	41	29	47	35
54											10	6	23	14	33	22	40	28	46	34
55											8	5	21	13	31	21	39	27	45	33
56											7	4	20	12	30	20	38	26	44	32
57											5	3	19	11	29	19	37	25	43	31
58											3	2	17	10	28	18	36	24	42	30
59											2	1	16	9	26	17	34	23	41	29
60											0	0	14	8	25	16	33	22	40	28
61													13	7	24	15	32	21	39	27
62													11	6	23	14	31	20	38	26
63													10	6	21	13	30	20	37	25
64													9	5	20	12	29	19	36	24

Rest-nut-zungs-dauer	Alterswertminderungsfaktor (linear und nach Ross)																			
	Gesamtnutzungsdauer inJahren(GND)																			
	10		20		30		40		50		60		70		80		90		100	
	li-near	Ross	li-near	Ross	li-near	Ross	li-near	Ross	li-near	Ross	li-near	Ross	li-near	Ross	li-near	Ross	li-near	Ross	li-near	Ross
65													7	4	19	11	28	18	35	24
66													6	3	18	10	27	17	34	23
67													4	2	16	9	26	16	33	22
68													3	1	15	9	24	15	32	21
69													1	1	14	8	23	14	31	20
70													0	0	13	7	22	14	30	20
71															11	6	21	13	29	19
72															10	6	20	12	28	18
73															9	5	19	11	27	17
74															8	4	18	10	26	16
75															6	3	17	10	25	16
76															5	3	16	9	24	15
77															4	2	14	8	22	14
78															3	1	13	8	22	13
79															1	1	12	7	21	13
80															0	0	11	6	20	12
81																	10	6	19	11
82																	9	5	18	11
83																	8	4	17	10
84																	7	4	16	9
85																	6	3	15	9
86																	4	2	14	8
87																	3	2	13	7
88																	2	1	12	7
89																	1	1	11	6
90																	0	0	10	6
91																			9	5
92																			8	4
93																			7	4
94																			6	3
95																			5	3
96																			4	2
97																			3	2
98																			2	1
99																			1	1
100																			0	0

2.2.11 Vorläufiger Sachwert der baulichen Anlage

210 In der Zusammenfassung ergibt sich der vorläufige Sachwert der baulichen Anlage aus den gewöhnlichen Herstellungskosten eines Neubaus der zu bewertenden baulichen Anlage unter Berücksichtigung der Regionalisierung der durchschnittlichen Herstellungskosten sowie der linearen Alterswertminderung nach folgendem Rechenschema:

Rechenschema

Ohne Berücksichtigung der vom Üblichen abweichenden c-Flächen und der von den Normalherstellungskosten nicht erfassten Bauteile (§ 36 Abs. 2 Satz 3 ImmoWertV).

Sachverhalt: Zu ermitteln sind die gewöhnlichen Herstellungskosten (Normalherstellungskosten) eines frei stehenden Einfamilienhauses des Typs 3.01 (Keller-, Erd- und voll ausgebautes Dachgeschoss).

Reduzierte Brutto-Grundfläche des Gesamtobjekts	130 m²
Gebäudestandard	2
Wertermittlungsstichtag	01.02.2019

Ermittlung des vorläufigen Gebäudesachwerts

tabellierter Kostenkennwert 2010 (Grundwert des Gebäudestandards 2); darin Baunebenkosten	17 %			640,00	€/m² BGF
Objektspezifischer Kostenkennwert bezogen auf Wertermittlungsstichtag					
Baupreisindexreihe (Basis 2015 = 100)					
Index des Wertermittlungsstichtags	*113,4*				
Index des Bezugsjahres 2010	90,1				
Indexfaktor zum 01.02.2019	*113,4*/	90,1	x	1,2586	
tabellierter Kostenkennwert (Grundwert) bezogen auf Wertermittlungsstichtag				805,50	€/m² BGF
Gewöhnliche Herstellungskosten eines Neubaus (bei einer BGF_{red} von 130 m²)				**104 716**	**€**

Alterswertminderung (§ 39 ImmoWertV)

Wertermittlungsstichtag	01.02.2019			
Baujahr	1954			
Alter = 2019 – 1954 =		65	Jahre	
Modellansatz der Gesamtnutzungsdauer (GND)		*80*	Jahre	
Vorläufige Restnutzungsdauer (RND)	= 80 – 65 =	15	Jahre	
Alterswertminderungsfaktor	= 15/80:		x	0,1875
Alterswertminderung in Prozent:	65/80 x 100 =		81,25 %	
(nachrichtlich) als Betrag:	104 716 € x 81,25/100		85 082 €	
Vorläufiger Gebäudesachwert (alterswertgeminderte Herstellungskosten):				**19 634 €**

Regionalisierung

Regionalisierungsfaktor	x 1,25	
Vorläufiger alterswertgeminderter und regionalisierter Gebäudesachwert zum Wertermittlungsstichtag		**24 542 €**

2.3 Berücksichtigung der baulichen Außenanlagen und sonstigen Anlagen (Aufwuchs)

2.3.1 Allgemeines

▶ *Vgl. § 1 ImmoWertV Rn. 75 ff.; § 6 ImmoWertV Rn. 109; § 8 ImmoWertV Rn. 223; § 37 ImmoWertV Rn. 8; Syst. Darst. des Ertragswertverfahrens Rn. 32; bei Kleingärten vgl. Kleiber/Simon, Verkehrswertermittlung von Grundstücken, 3. Aufl., S. 2247 ff.*

211 Bei Anwendung des Sachwertverfahrens ist nach § 35 Abs. 1 ImmoWertV neben dem Sachwert der baulichen Anlagen (Gebäude) und dem Bodenwert grundsätzlich auch der Sachwert der nutzbaren baulichen Außenanlagen und der sonstigen Anlagen (Aufwuchs) anzusetzen. Zu den **Außenanlagen** gehören **nach** der **DIN 276** u.a.

– *bauliche Anlagen* außerhalb des Gebäudes wie *Hofbefestigungen, Wege, Einfriedungen* und dgl. (bauliche Außenanlagen) sowie

– *Gartenanlagen und sonstige Bepflanzungen* (nicht bauliche Außenanlagen).

212 Nach § 21 Abs. 1 Satz 1 sind **nur die „nutzbaren" baulichen Außenanlagen und sonstigen Anlagen (Aufwuchs) zu berücksichtigen**. Den wirtschaftlich und auch sonst nicht nutzbaren Anlagen ist i.d.R. im gewöhnlichen Geschäftsverkehr keine werterhöhende Bedeutung beizumessen.

213 Der **Wertanteil baulicher Außenanlagen und sonstiger Anlagen (Aufwuchs) kann ganz oder teilweise bereits mit dem Bodenwert und vor allem auch mit dem Sachwertfaktor erfasst worden sein**. Deshalb ist zunächst zu prüfen, ob und ggf. in welchem Umfang bauliche Außenanlagen und sonstige Anlagen (Aufwuchs) bereits mit dem Bodenwert bzw. mit dem Sachwertfaktor berücksichtigt werden.

214 Mit dem Sachwertfaktor werden bauliche Außenanlagen und sonstige Anlagen (Aufwuchs) in dem üblichen Umfang erfasst, wenn der Gutachterausschuss für Grundstückswerte den Sachwertfaktor ohne einen gesonderten Ansatz für diese Anlagen abgeleitet hat. In diesem Fall gehen bauliche Außenanlagen und sonstige Anlagen in dem vom Gutachterausschuss im Rahmen der Veröffentlichung der Sachwertfaktoren angegebenen „üblichen Umfang" in den Sachwertfaktor ein, sodass diese in dem angegebenen üblichen Umfang bei Heranziehung dieses Sachwertfaktors direkt Eingang in die Sachwertermittlung finden. Für bauliche Außenanlagen und sonstige Anlagen (Aufwuchs) sind dann insoweit keine Sachwerte nach Maßgabe des § 37 ImmoWertV zu ermitteln und anzusetzen. Soweit allerdings die auf dem zu bewertenden Grundstück befindlichen baulichen **Außenanlagen und sonstigen Anlagen (Aufwuchs) „erheblich" von dem mit dem Sachwertfaktor erfassten „üblichen Umfang" abweichen**, sind die Abweichungen als besondere objektspezifische Grundstücksmerkmale (boG) differentiell in dem Maße zu berücksichtigen, wie dies dem gewöhnlichen Geschäftsverkehr entspricht (Abb. 22).

215 Das Gleiche gilt, wenn der Gutachterausschuss für Grundstückswerte den **Wertanteil für bauliche und sonstige Außenanlagen mit einem pauschalen Ansatz** berücksichtigt hat.

Abb. 22: Fallgestaltungen zur Berücksichtigung des Sachwerts von baulichen Außenanlagen und sonstigen Anlagen (Aufwuchs)

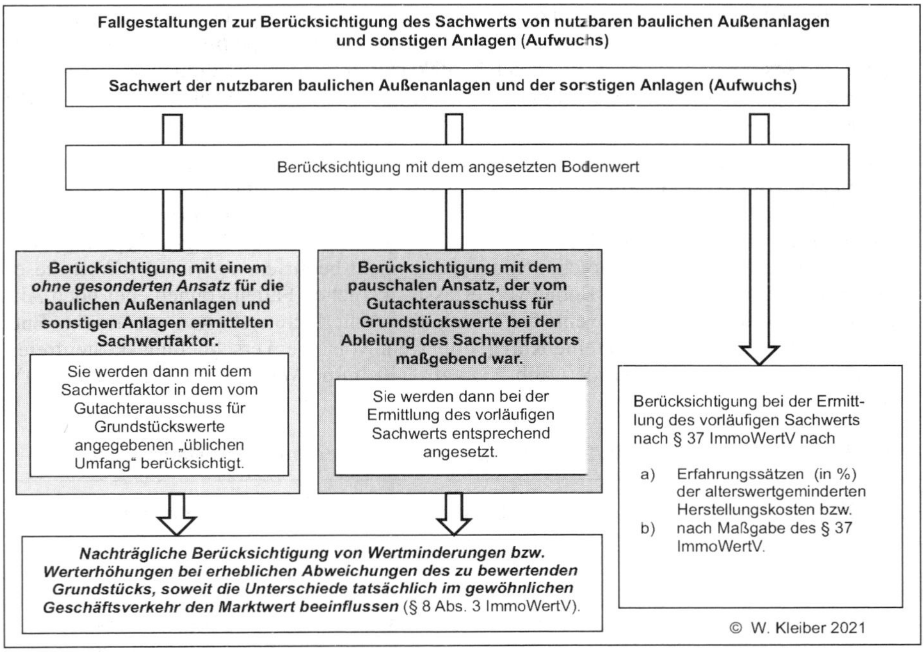

2.3.2 Berücksichtigung des Wertanteils bei der Bodenwertermittlung

Die üblichen baulichen und sonstigen Außenanlagen (Aufwuchs) eines Grundstücks werden mit dem Bodenwert erfasst, wenn und soweit die zum Preisvergleich herangezogenen Vergleichsgrundstücke bzw. Bodenrichtwertgrundstücke mit dem zu bewertenden Grundstück vergleichbare bauliche und sonstige Außenanlagen aufweisen und diese nicht „herausgerechnet" wurden. Demzufolge ist ein Wertanteil für bauliche Außenanlagen und sonstige Anlagen, insbesondere für Anpflanzungen, nur zu berücksichtigen, *soweit* sie nicht vom Bodenwert miterfasst werden. **216**

In der Begründung zu § 21 Abs. 4 WertV 88/98, aus der die Vorschrift hervorgegangen ist, betrifft dies in erster Linie „die **üblichen Zier- und Nutzgärten**"[64]; weiter heißt es dort, dass diese „**im gewöhnlichen Geschäftsverkehr vom Bodenwert mitumfasst**" werden und sich damit einer eigenen Wertermittlung „entziehen". In aller Regel werden nämlich die von den Gutachterausschüssen für Grundstückswerte in ihrer Kaufpreissammlung registrierten Vergleichspreise unbebauter Grundstücke nicht um den jeweiligen Wertanteil des auf den Grundstücken vorhandenen Aufwuchses „bereinigt", d.h., es handelt sich um Vergleichspreise unbebauter Grundstücke einschließlich des darauf befindlichen Aufwuchses. Wenn von Gehölzwertsachverständigen dies – zumeist im Interesse ihrer Auftraggeber – bestritten wird, so wäre es nur konsequent, im Rahmen der Verkehrswertermittlung bei der Bodenwertermittlung die herangezogenen Vergleichspreise um den Wertanteil zu „bereinigen". Dies könnte im Einzelfall sogar aus Gründen der Transparenz geboten sein; i.d.R. sind jedoch solche unnötigen Rechenoperationen abzulehnen. **217**

64 BR-Drs. 352/88, S. 61.

218 Hieraus folgt:

- Wenn der Bodenwert aus Vergleichspreisen gleichartig bepflanzter Grundstücke mit vergleichbarer Funktion abgeleitet und der Vergleichspreis nicht um den vorhandenen Aufwuchs „bereinigt“ worden ist, darf zur **Vermeidung einer Doppelberücksichtigung des Aufwuchses** dieser nicht noch zusätzlich berücksichtigt werden. „Lediglich außergewöhnliche Anlagen wie parkartige Gärten und besonders wertvolle Anpflanzungen werden i.d.R. vom Bodenwert nicht umfasst und sind daher gesondert zu bewerten.
- Der Wertanteil **baulicher Außenanlagen** kann im Einzelfall bereits **mit dem Bodenwert berücksichtigt werden**. Sind z.B. für eine wirtschaftliche Nutzung des Grundstücks aufwendige Stützmauern (Pfahlgründungen und dgl.) oder sonstige **Gründungsmehrkosten** erforderlich und wurde der Bodenwert auf der Grundlage von Vergleichspreisen von Grundstücken ermittelt, die solcher Stützmauern nicht bedürfen, so wird der Wert dieser Stützmauern bereits mit dem Bodenwert erfasst. In solchen Fällen können eher noch Abschläge notwendig werden, wenn die Stützmauer Unterhaltungskosten verursacht. Entsprechendes gilt z.B. auch für eine **Klärgrube**, wenn von einem erschließungskostenfreien Bodenwert ausgegangen wurde (Abb. 23; vgl. § 40 ImmoWertV Rn. 5; § 5 ImmoWertV Rn. 365).

Abb. 23: Erfassung baulicher Außenanlagen (Stützmauer) mit dem Bodenwert

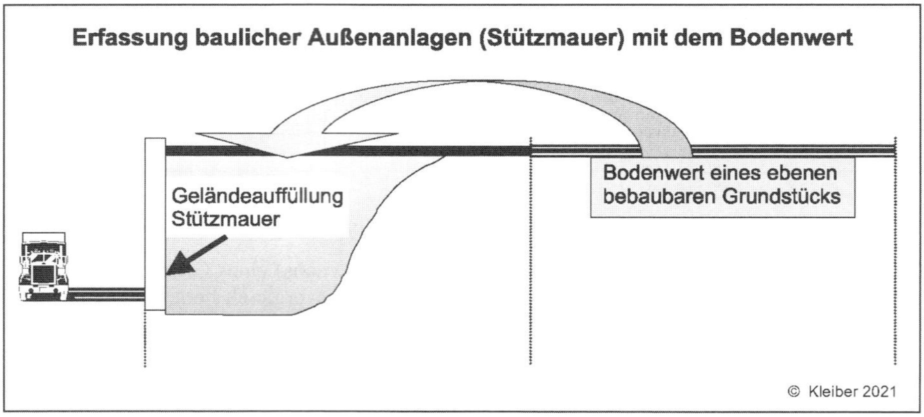

219 **Lediglich außergewöhnliche Anlagen wie parkartige Gärten und besonders wertvolle Anpflanzungen werden i.d.R. vom Bodenwert nicht umfasst** und sind gegebenenfalls gesondert zu bewerten. Ihr Herstellungswert ergibt sich nach Erfahrungssätzen oder notfalls aus den gewöhnlichen Herstellungskosten[65].

2.3.3 Berücksichtigung des Wertanteils mit dem Sachwertfaktor

▶ *Vgl. Rn. 21*

220 Werden bei der Ableitung von Sachwertfaktoren die baulichen Außenanlagen sowie der Aufwuchs (sonstige Anlagen) nicht gesondert angesetzt, werden die baulichen Außenanlagen und der Aufwuchs bei Heranziehung so abgeleiteter Sachwertfaktoren **indirekt bei der Sachwertermittlung berücksichtigt**, ohne dass es dafür eines besonderen Ansatzes bedarf (vgl.

65 OLG Frankfurt am Main, Urt. vom 14.03.1983 – 1 U 6/81 –, BRS Bd. 45 Nr. 118 = EzGuG 2.31 unter Bezugnahme auf OLG Hamburg, Urt. vom 06.12.1978 – 5 U 237/77 –, NJW 1979, 1168 = EzGuG 2.22; das OLG Frankfurt am Main bestätigend: BGH, Beschl. vom 29.09.1983 – III ZR 66/83 –, AgrarR 1987, 250 = EzGuG 2.34; BGH, Urt. vom 12.07.1965 – III ZR 214/64 –, BRS Bd. 19 Nr. 96 = EzGuG 2.8.

Rn. 29); die baulichen Außenanlagen und der Aufwuchs gehen dann nämlich mit dem Sachwertfaktor in den Sachwert ein. Der Sachwertfaktor ist dann kein reiner Marktanpassungsfaktor, sondern zugleich ein „Auffangfaktor“ für nicht berücksichtigte Grundstücksmerkmale.

§ 37 ImmoWertV läuft in diesem Fall insoweit leer. Leitet also der Gutachterausschuss für Grundstückswerte nach vorstehenden Grundsätzen Sachwertfaktoren ab, mit denen die baulichen und sonstigen Außenanlagen (Aufwuchs) miterfasst werden, so muss er konsequenterweise auch den **üblichen Umfang der mit dem Sachwertfaktor erfassten baulichen und sonstigen Außenanlagen (Aufwuchs)** bei der Veröffentlichung der Sachwertfaktoren angeben. Bauliche und sonstige Außenanlagen (Aufwuchs) sind dann als besondere objektspezifische Grundstücksmerkmale (boG) nur noch insoweit (differentiell) zu berücksichtigen, soweit sie im konkreten Fall von dem üblichen Umfang erheblich abweichen. **221**

Eine daraus resultierende **Wertminderung bzw. Werterhöhung** kann **nur** in Betracht kommen, **wenn** ein „Mehr“ oder ein „Weniger“ an **Aufwuchs auch tatsächlich im *gewöhnlichen Geschäftsverkehr* zu einer Werterhöhung oder Wertminderung führt**, dies kann nur in besonderen Ausnahmefällen erwartet werden. **222**

2.3.4 Wertanteil von Außenanlagen

2.3.4.1 Pauschale Ermittlung des Wertanteils von Außenanlagen nach Erfahrungssätzen

Schrifttum: *Vogels, M.*, Grundstücksbewertung marktgerecht, 5. Aufl. Bauverlag 1996, S. 131.

▶ *Vgl. Rn. 29 ff., 218; § 1 ImmoWertV Rn. 74 ff.*

Der Sachwert der baulichen Außenanlagen und der sonstigen Anlagen ist, soweit er nicht bereits mit dem angesetzten Bodenwert bzw. mit dem herangezogenen Sachwertfaktor hinreichend berücksichtigt worden ist, gemäß § 37 Abs. 3 ImmoWertV **223**

– nach den gewöhnlichen Herstellungskosten unter Anwendung des § 36 Abs. 2 ImmoWertV

– nach Erfahrungssätzen oder

– hilfsweise durch sachverständige Schätzung

zu ermitteln.

Für die Verkehrswertermittlung von Ziergehölzen (Aufwuchs) als Bestandteile von Grundstücken (Schutz- und Gestaltungsgrün) sind vom BMF die **Ziergehölzhinweise 2000 – ZierH 2000 –** erlassen worden[66]. **224**

§ 37 ImmoWertV führt die **Ermittlung nach Erfahrungssätzen**[67] auf, wobei regelmäßig pauschale Erfahrungssätze herangezogen werden. Auf pauschale Erfahrungssätze wird man nach vorstehenden Ausführungen schon deshalb regelmäßig zurückgreifen, weil die nach § 21 Abs. 3 ImmoWertV heranzuziehenden Sachwertfaktoren regelmäßig auf der Grundlage einer entsprechenden Sachwertermittlung abgeleitet werden. Die Ermittlung des Wertanteils der baulichen Außenanlagen auf der Grundlage von gewöhnlichen Herstellungskosten, für die Tabellenwerke vorliegen, lässt sich zumeist durch den damit verbundenen Rechenaufwand nicht rechtfertigen, zumal sich die Neubaukosten durch erhebliche Alterswertabschreibungen insbesondere aufgrund einer im Verhältnis zu der Gesamtnutzungsdauer von Gebäuden verkürzten Restnutzungsdauer und Marktanpassungen zu Pauschalgrößen reduzieren. **225**

Der Wertanteil von baulichen und sonstigen Außenanlagen wird in der breiten Anwendungspraxis in einer zumindest vom Ergebnis her durchaus zu akzeptierenden Weise mit einem **pauschalen Zuschlag von i.d.R. 1 bis 5 v.H. des (vorläufigen) Gebäudesachwerts** berücksich- **226**

---

66 Ziergehölzhinweise vom 20.03.2000, BAnz Nr. 94 vom 18.05.2000; abgedruckt in GuG 2000, 155; hierzu Wilbat/Bracke, GuG 2001, 74.

67 U.a. Vogels, Grundstücksbewertung marktgerecht, 5. Aufl. 1996.

tigt. Diesem Erfahrungssatz liegt der Gedanke zugrunde, dass der Wert der Außenanlagen in einem dementsprechenden Verhältnis zum (vorläufigen) Gebäudesachwert steht. Dieser Erfahrungssatz hat sich, von den angesprochenen Sonderfällen abgesehen, immer wieder bestätigt (Abb. 24).

227 **Abb. 24: Kosten der Außenanlagen in % der Herstellungskosten nach Gärtner**

Kosten der Außenanlagen in Prozent der Herstellungskosten nach *Gärtner*						
Qualifizierung	Büro- und Verwaltungsgebäude			Wohn- und Wohnungsgeschäftsgebäude		
	niedrig	mittel	hoch	niedrig	mittel	hoch
Kosten der Außenanlagen in Prozent der Herstellungskosten	3,5	5,5	7,5	5,0	10,0	15,0

Quelle: Gärtner, S., Beurteilung und Bewertung alternativer Planungsentscheidungen im Immobilienbereich mithilfe eines Kennzahlensystems, 1. Aufl. 1996

228 Die Pauschalzuschläge sind umso größer, je aufwendiger, größer und neuwertiger die Bebauung ist. Bei mehrgeschossigen Gebäuden sinkt der pauschale Ansatz mit der Zahl der Geschosse. Bei **neuen Ein- und Zweifamilienhäusern** können die Pauschalsätze höhere Größenordnungen bis zu 10 % einnehmen.

229 **Schwimmbad- und Poolanlagen** können je nach Ausführung erhebliche Herstellungskosten verursacht haben, die im Verhältnis zum Gebäudesachwert nur in geringem Maße den Marktwert (Verkehrswert) der Immobilie erhöhen (zum Herstellungswert von Innenbädern vgl. Rn. 153). Nach einer „intersubjektiven Expertenmeinung“ sind Schwimmbad- und Poolanlagen mit rd. 50 % der Experteneinschätzungen mindestens als wertneutral bis werterhöhend einzustufen. Immerhin sehen dagegen 31 % der Experten Schwimmbad- und Poolanlagen als Belastung mit negativem Werteinfluss an[68]. Dies ist letztlich von den Umständen des Einzelfalls abhängig (vgl. Syst. Darst. des Vergleichswertverfahrens Rn. 86). Ein Schwimmbad gilt nach Auffassung des BGH von 1980 in Bezug auf einen Schadensersatz für die Unbenutzbarkeit eines Schwimmbads während der Mängelbeseitigung (nach der Verkerhsauffassung von 1980) „noch weithin als Liebhaberei“[69].

230 Werden die Außenanlagen in einem Vomhundertsatz des Sachwerts der baulichen Anlage angesetzt, so bemisst sich dieser Vomhundertsatz nach dem vorläufigen Sachwert der baulichen Anlage einer mängelfreien baulichen Anlage. Der **Vomhundertsatz ist** deshalb **auf den für eine mängelfreie bauliche Anlage ermittelten vorläufigen Sachwert** und nicht auf den um die Instandsetzungskosten verminderten Sachwert der baulichen Anlage **anzuwenden**.

231 Auch die den aufstehenden baulichen Anlagen (Gebäuden) dienenden Außenanlagen sind einer wirtschaftlichen Alterswertminderung unterworfen, wobei diese das wirtschaftliche Schicksal des Gebäudes teilen und mithin die **Alterswertminderung von Außenanlagen mit der Alterswertminderung der baulichen Anlage korreliert** ist. Aus diesem Grunde beziehen sich die für Außenanlagen anzusetzenden Vomhundertsätze im Übrigen auf den alterswertgeminderten Sachwert der baulichen Anlage.

68 Vgl. GuG 2018, 367, 236.
69 BGH, Urt. vom 28.02.1980 – VII ZR 183/79 –, EzGuG 11.117.

Beispiel: 232

– Ermittelter vorläufiger (alterswertgeminderter) Sachwert eines mängelfreien Gebäudes zum Wertermittlungsstichtag	=	500 000 €
– Instandsetzungsrückstau	=	100 000 €
– Sachwert der baulichen Anlage unter Berücksichtigung des Instandhaltungsrückstaus	=	400 000 €
– Vomhundertsatz der Außenanlagen		6 %

Falsch

Instandhaltungsgeminderter Gebäudesachwert	400 000 €
+ Außenanlagen: 400 000 € × 0,06	+ 24 000 €
= Gesamtwert	**424000 €**

Richtig

Mängelfreier Gebäudesachwert	500 000 €
+ Außenanlagen: 500 000 € × 0,06	+ 30 000 €
= Gebäudesachwert + Außenanlagen	530 000 €
– Instandsetzungsrückstau	– 100 000 €
= Gesamtwert	**430000 €**

Abb. 25: Pauschale Ermittlung des Wertanteils von Außenanlagen als Vomhundertsatz des mängelfreien und alterswertgeminderten Sachwerts der baulichen Anlage

Pauschale Ermittlung des Wertanteils von Außenanlagen als Vomhundertsatz des mangelfreien und alterswertgeminderten Sachwerts der baulichen Anlage (Gebäudesachwert) einschließlich Zeitwert der Nebengebäude				
Kategorie	Beschreibung	Ein- und Zweifamilienhäuser	Wohn- und Geschäftsgebäude	
			3- bis 5-geschossig	> als 5-geschossig
Einfachste Anlagen	Ver- und Entsorgungsanlagen Hofflächenbefestigung in geringem Umfang, Gehwegplatten, einfachste Holz- oder Metallzäune	1–2 %	1–2 %	0,5–1,0 %
Einfache Anlagen	Ver- und Entsorgungsanlagen Hofflächenbefestigung, Gehwegplatten in winterfester Ausführung, gemauerte Einfriedung mit Holz- oder Metallzäunen	2 %–4 %	2 %–3 %	1 %–2 %
Durchschnittliche Anlagen	Ver- und Entsorgungsanlagen großflächig befahrbare Weg- und Hoffläche; Gehwege und Einfriedung in Natur- oder Kunststein	4 %–6 %	3 %–4 %	2 %–3 %

Pauschale Ermittlung des Wertanteils von Außenanlagen als Vomhundertsatz des mangelfreien und alterswertgeminderten Sachwerts der baulichen Anlage (Gebäudesachwert) einschließlich Zeitwert der Nebengebäude				
Aufwendige Anlagen	Ver- und Entsorgungsanlagen großflächig befahrbare Weg- und Hoffläche; Gehwege und Einfriedung in Natur- oder Kunststein, Pergola; Stützmauern und Treppenanlagen für Grundstücke mit Höhenunterschieden, Zierteiche	bis 10 %	bis 6 %	bis 5 %

2.3.4.2 Ermittlung nach gewöhnlichen Herstellungskosten

a) Bauliche Außenanlagen

▶ *Vgl. § 1 ImmoWertV Rn. 75 ff.; § 8 ImmoWertV Rn. 223; Syst. Darst. des Vergleichswertverfahrens Rn. 107 ff.; Syst. 74. des Ertragswertverfahrens, Rn. 32, 84; § 32 ImmoWertV Rn. 4, 51; § 21 ImmoWertV Rn. 8, 16*

233 Als „*durchschnittliche* Herstellungskosten" gelten nach der Terminologie der ImmoWertV die letztlich auch aus Erfahrungssätzen resultierenden Normalherstellungskosten. Die Ermittlung des Wertanteils von baulichen Außenanlagen auf der Grundlage von Normalherstellungskosten kann sich recht „rechenaufwendig" gestalten. Dieser **Rechenaufwand steht** dabei **oftmals in keinem Verhältnis zum Wertanteil der Außenanlagen,** zumal man i.d.R. auch noch sehr hohe **Marktanpassungsabschläge** berücksichtigen muss: Dies ist deshalb nur bei außergewöhnlichen baulichen Außenanlagen zu rechtfertigen.

234 Zur Ermittlung des Herstellungswerts von Außenanlagen ist nachstehend eine in der Praxis anerkannte Tabelle des Gutachterausschusses im Bereich Köln über Normalherstellungskosten für Außenanlagen (einschließlich Nebenkosten) abgedruckt. Im Falle ihrer Heranziehung auf aktuelle Wertermittlungen müssen diese Normalherstellungskosten mittels des Baupreisindexes für Außenanlagen auf den Wertermittlungsstichtag indiziert und einer Alterswertminderung unterworfen werden.

Abb. 26: Normalherstellungskosten 2010 für Außenanlagen[70]

1. Normalherstellungskosten für Außenanlagen (Preisbasis 2010)

Die angegebenen Werte für die Kosten von Außenanlagen enthalten die geltende Mehrwertsteuer.

Die aufgeführten m²- bzw. m³-Sätze sind auf Außenanlagen abgestellt, die i.d.R. keine größeren Gewerke sind. Bei größeren Anlagen können die angegebenen Werte wegen rationellerer Arbeitstechniken geringer sein.

Die Wertansätze für Bodenaushub beziehen sich je nach Bodenverhältnissen auf nichtbelastete Materialien (Erdreich).

70 Quelle: Gutachterausschuss für Grundstückswerte im Bereich der Stadt Köln.

	Gewerke	Kosten	Menge	
1	**Hausanschlüsse** (Pauschal)	6 800 €	Stück	€
	Kanal (je nach Lage und Bodenverhältnissen)			
	im Straßenbereich	620 €/m	m	€
	im Grundstücksbereich	340 €/m	m	€
	Stromanschluss			
	bei EFH pauschal	2 850 €	Stück	€
	bei MFH pauschal	4 600 €	Stück	€
	Gasanschluss			
	bei EFH pauschal	1 700 €	Stück	€
	bei MFH pauschal	2 300 €	Stück	€
	Fernwärmeanschluss (ohne Übergabestation)	2 550 €	Stück	€
	Wasseranschluss	4 000 €	Stück	€
	Entwässerungsleitung DN 100	75 €/m	m	€
	Einfache Elektroleitung, im Garten verlegt		m	€

2	**Erdaushub**			
	Mutterbodenabtrag (30 cm) einschließlich Transport und Lagerung	7 €/m³	m³	€
	Fundamentaushub einschließlich Transport und Lagerung			
	Streifenfundament	70 €/m³	m³	€
	Flächenfundament (30 cm), z.B. für Hoffläche	17 €/m³	m³	€
	Kiesverfüllung und Verdichtung	28 €/m³	m³	€
	Fundament (frostfrei)	150 €/m³	m³	€
	zzgl. Schalung (mittlere Dicke 30 cm)	50 €/m³	m³	€
	Betonsockel (einschl. Schalung)	340 €/m³	m³	€

3	**Zysterne**			
	Einzelgewerk bis 1–2 m³ (pauschal)	570 €	Stück	€
	– aus Betonringen Ø 1 m T bis 3 m (pauschal)	850 €	Stück	€
	Sickerbrunnen mit Einlaufschacht	340 €	Stück	€
	Kläranlage (3- bis 4-Kammer-System)			
	für 4 Personen (pauschal)	4 000 €	Stück	€
	für 6 Personen (pauschal)	5 700 €	Stück	€
	für 8 Personen (pauschal)	8 000 €	Stück	€

4	**Hofbefestigung**			
	Schotterfläche	35 €/m²	m²	€
	Bitumen (Grob- und Feinasphalt 10 + 4 cm)			
	einfache Garagenhofbefestigung	50 €/m²	m²	€
	Bitumen einschließlich Unterbau	70 €/m²	m²	€

4	**Hofbefestigung**			
	Bitumen für Schwerlastverkehr inklusive Unterbau, Entwässerung (Industriegrundstücke)	90 €/m²	m²	€
	Verbundsteine			
	– ohne Unterbau	40 €/m²	m²	€
	– einschl. Unterbau	55 €/m²	m²	€
	Betonierte Hoffläche			
	Beton einschl. Unterbau (ab 15 cm stark)	55 €/m²	m²	€
	Beton einschl. Unterbau mit Fugenteilung	75 €/m²	m²	€
	Unterbau	17 €/m²	m²	€
	Kiesverfüllung und Verdichtung	28 €/m²	m²	€
	Mutterbodeneintrag 30 cm	7 €/m²	m²	

5	**Wegebefestigungen**			
	Betonweg (Verdichtung Tiefe 50 cm)	28 €/m²	m²	€
	Pflasterweg Blaubasalt (Verdichtung Tiefe 50 cm)	85 €/m²	m²	€
	Verbundsteinpflaster	85 €/m²	m²	€

6	**Wegeeinfassung**			
	Rasenkantensteine (6 × 25 cm)	17 €/m	m	€
	Bordsteine (8 × 25 cm)	28 €/m	m	€

7	**Einfriedungen**				
	Jägerzaun (ohne Betonsockel)	h = 0,6 m	40 €/m	m	€
		h = 1,0 m	46 €/m	m	€
	Jägerzaun (auf Betonsockel)	h = 0,6 m	105 €/m	m	€
		h = 1,0 m	120 €/m	m	€
	Holzgeflechtzaun				
	ohne Betonsockel	h = 2,0 m	85 €/m	m	€
	mit Betonsockel	h = 2,0 m	160 €/m	m	€
	Maschendrahtzaun				
	zwischen T-Eisen-Pfosten, in Betonklotz	h = 1,0 m	35 €/m	m	€
	Zaun kunststoffummantelt	h = 1,5 m	40 €/m	m	€
		h = 2,0 m	50 €/m	m	€
	Stahlzaun	h = 2,0 m	170 €/m	m	€
	Stahlgitter (runde/eckige Stäbe)	h = 1,0 m	200 €/m	m	€
	Eisengitter (verzinkt) auf Betonsockel	h = 1,0 m	330 €/m	m	€
	SchmiedeeisernesGitter				
	runde/eckige Stäbe	h = 1,0 m	170 €/m	m	€
	ohne Betonsockel	h = 1,0 m	200 €/m	m	€
	mit Betonsockel	h = 1,0 m	285 €/m	m	€

7	**Einfriedungen**				
	Ziegelsteinmauer auf Fundament				
	0,12 Abdeckung (einschließlich Aushub und Schalung)	h = 1,0 m	130 €/m	m	€
		h = 1,5 m	155 €/m	m	€
		h = 2,0 m	190 €/m	m	€
	0,25 Abdeckung (einschließlich Aushub und Schalung)	h = 1,0 m	190 €/m	m	€
		h = 1,5 m	245 €/m	m	€
		h = 2,0 m	300 €/m	m	€
	Kalksandstein (KS) Mauer auf Fundament				
	0,12 Abdeckung	h = 1,0 m	180 €/m	m	€
		h = 1,5 m	230 €/m	m	€
		h = 2,0 m	275 €/m	m	€
	0,24 Abdeckung verputzt	h = 1,0 m	245 €/m	m	€
		h = 1,5 m	305 €/m	m	€
		h = 2,0 m	370 €/m	m	€
	Kalksandstein (KS) Sichtmauer auf Fundament				
	0,12 Abdeckung	h = 1,0 m	130 €/m	m	€
		h = 1,5 m	150 €/m	m	€
		h = 2,0 m	190 €/m	m	€
	0,24 Abdeckung verputzt	h = 1,0 m	190 €/m	m	€
		h = 1,5 m	245 €/m	m	€
		h = 2,0 m	300 €/m	m	€
	Bimsmauer auf Fundament				
	0,12 Abdeckung	h = 1,0 m	170 €/m	m	€
		h = 1,5 m	210 €/m	m	€
		h = 2,0 m	255 €/m	m	€
	0,24 Abdeckung verputzt	h = 1,0 m	205 €/m	m	€
		h = 1,5 m	280 €/m	m	€
		h = 2,0 m	340 €/m	m	€
	Klinkermauer auf Fundament				
	0,12 Abdeckung	h = 1,0 m	155 €/m	m	€
		h = 1,5 m	190 €/m	m	€
		h = 2,0 m	230 €/m	m	€
	0,24 Abdeckung verputzt	h = 1,0 m	210 €/m	m	€
		h = 1,5 m	300 €/m	m	€
		h = 2,0 m	365 €/m	m	€

7	**Einfriedungen**				
	Waschbetonplatten zwischen Betonpfählen (Fundament)	h = 1,0 m	160 €/m	m	€
		h = 1,5 m	210 €/m	m	€
		h = 2,0 m	270 €/m	m	€
	Gebrochener Beton einschließlich Fundament	h = 1,0 m	180 €/m	m	€
		h = 1,5 m	240 €/m	m	€
		h = 2,0 m	320 €/m	m	€
	Betonplatten einschließlich Fundament und Abdeckung	h = 1,0 m	140 €/m	m	€
		h = 1,5 m	180 €/m	m	€
		h = 2,0 m	205 €/m	m	€
	Betonmauer 24 cm dick		370 €/m	m	€
	*Bruchsteinmauer (*Plattenstärke 0,12)	h = 1,0 m	290 €/m	m	e
	auf Betonsockel mit	h = 1,5 m	425 €/m	m	e
	Abdeckung und Verfugen	h = 2,0 m	535 €/m	m	e
	Einfacher Betonsockel		170 €/m	m	€

8	**Hecken**				
	Naturhecke (je nach Strauchgut)	h = 2,0 m	55 €/m	m	€

9	**Vorgarteneingangstür**				
	Stahlrohrrahmen mit Wellengitterfüllung einflüglig 1 m × 1 m	h = 1,0 m	240 €/Stück	Stück	€
	Schmiedeeisern einflüglig einfach 1 m × 1 m	h = 1,0 m	340 €/Stück	Stück	€
		h = 1,5 m	455 €/Stück	Stück	€
	Eisengitter verzinkt einflüglig einfach 1 m × 1 m	h = 1,0 m	400 €/Stück	Stück	€
		h = 1,5 m	510 €/Stück	Stück	€
	Holz einfach 1 m × 1 m	h = 1,0 m	230 €/Stück	Stück	€
		h = 1,5 m	310 €/Stück	Stück	€

10	**Einfahrtstor**				
	Schmiedeeisern doppelflüglig einfach	h = 1,0 m	340 €/Stück	Stück	€
		h = 1,5 m	455 €/Stück	Stück	€
		h = 2,0 m	570 €/Stück	Stück	€
	Eisengitter doppelflüglig einfach	h = 1,0 m	400 €/Stück	Stück	€
		h = 1,5 m	520 €/Stück	Stück	€
		h = 2,0 m	680 €/Stück	Stück	€

10	**Einfahrtstor**				
	Holz doppelflüglig einfach	h = 1,0 m	230 €/Stück	Stück	€
		h = 1,5 m	310 €/Stück	Stück	€
		h = 2,0 m	400 €/Stück	Stück	€
	Stahlgitter verzinkt		400 €/Stück	Stück	€

11	**Sonstiges**				
	Gartenhaus	einfach	340 €/m² BGF	m²	€
		mittel	455 €/m² BGF	m²	€
		gehoben	510 €/m² BGF	m²	€
	Gewächshaus		230 €/m² BGF	m²	€
	Grillplatz		850 €/Stück	Stück	€
	Teichanlage		8 000 €/Stück	Stück	€
	Gesamtsumme				**€**

Daneben sind etwaige Baumängel und Bauschäden zusätzlich zu berücksichtigen. Dabei muss bedacht werden, dass **235**

a) die **Alterswertminderung von Außenanlagen** einerseits gegenüber dem Alterswertminderungsverlauf der baulichen Anlage abweichen und für die einzelnen Außenanlagen zwar unterschiedlich ausfallen kann, aber andererseits die Nutzungen korreliert sind und

b) darüber hinaus auch die **Gesamt- und Restnutzungsdauer** von vorhandenen Außenanlagen wiederum von der der baulichen Anlage (Gebäude) abweicht und für einzelne Außenanlagen unterschiedlich ausfallen kann. Im Durchschnitt kann von einer Gesamtnutzungsdauer von 50 Jahren ausgegangen werden.

Nach § 37 Satz 3 ImmoWertV richtet sich die bei Ermittlung der **Alterswertminderung** anzusetzende Restnutzungsdauer **i.d.R. nach der Restnutzungsdauer der baulichen Anlage.** Von dieser Regel ist abzuweichen, wenn die Restnutzungsdauer der baulichen Außenanlagen und sonstigen Anlagen deutlich unter der der baulichen Anlage (Gebäude) liegt. **236**

Weist ein **Grundstück besonders viele Außenanlagen** auf, so kann die vorstehend erläuterte Vorgehensweise angezeigt sein. Allerdings kann in solchen Fällen vielfach beobachtet werden, dass es der Grundstücksmarkt in seiner Preisgestaltung nicht „honoriert", wenn der Grundstückseigentümer persönlichen Neigungen folgend sein Grundstück mit vielen Außenanlagen „bepflastert" hat; die Marktanpassungsabschläge fallen dann i.d.R. besonders hoch aus. Auch können solche Außenanlagen wertmindernd sein, wenn es sich um eher verunstaltend wirkende Außenanlagen handelt. **237**

b) Sonstige Außenanlagen (Aufwuchs)

▶ *Vgl. Rn. 29 ff., 219; § 1 ImmoWertV Rn. 75 ff.; § 8 ImmoWertV Rn. 223 ff.; § 32 ImmoWertV Rn. 4, 51; § 37 ImmoWertV Rn. 11 ff., 16; Syst. Darst. des Ertragswertverfahrens, Rn. 107 ff.; zu Kleingärten vgl. 3. Aufl. dieses Werks auf S. 2247 ff.*

Der Wertanteil der sonstigen Anlagen, insbesondere Gartenanlagen und Anpflanzungen, wird nach vorstehenden Ausführungen regelmäßig mit dem Bodenwert und bei der Marktwertermittlung bebauter Grundstücke im Übrigen auch mit dem herangezogenen Sachwertfaktor i.V.m. mit einem pauschalen Erfahrungssatz den vorstehenden Ausführungen entsprechend erfasst. Soweit darüber hinaus in besonderen Ausnahmefällen bei **außergewöhnlichen besonders werthaltigen Anlagen (wie parkartige Gärten und besonders wertvolle Anpflanzungen)** eine ergänzende Ermittlung des Wertanteils von Aufwuchs erforderlich wird, ist dieser **238** gemäß § 37 ImmoWertV in erster Linie nach **Erfahrungssätzen** oder „notfalls aus den gewöhnlichen Herstellungskosten“ zu ermitteln[71].

239 Dem Ansatz von Erfahrungssätzen wird in der Praxis der Vorzug eingeräumt, weil es entscheidend auf die Funktion der Außenanlagen und nicht auf deren Kosten ankommt. Die Ermittlung über gewöhnliche Herstellungskosten verursacht dagegen einen erheblichen und fragwürdigen Rechenaufwand, weil das Ergebnis i.d.R. mit erheblichen Abschlägen der Marktlage angepasst werden muss. Der Wertanteil des Aufwuchses bestimmt sich nämlich nach dem Betrag, um den sich der Verkehrswert des Grundstücks durch den vorhandenen Aufwuchs erhöht oder vermindert; er kann auch wertneutral sein (vgl. Nr. 1 ZierH); der funktionale Zusammenhang ist entscheidend. Aus diesem Grunde ist eine **eigenständige Ermittlung des Aufwuchswerts ohne Berücksichtigung seiner Bedeutung für den Gesamtwert des Grundstücks sachwidrig**. Es kommt entscheidend auf den Wert*anteil* des Aufwuchses am Gesamtwert an und die Beauftragung eines Zweitgutachters mit der Erstellung eines eigenständigen Gutachtens allein zum „Aufwuchswert“ ist i.d.R. sachwidrig. Der Grundstückssachverständige, der eine von einem Zweitgutachter erstellte eigenständige Ermittlung des Aufwuchswerts heranzieht, kann diese auch nicht ungeprüft seiner eigenen Wertermittlung zuschlagen, sondern muss unter Berücksichtigung der funktionalen Bedeutung des Aufwuchses für ein konkretes Grundstück eigenverantwortlich entscheiden, in welchem Umfang der eigenständig ermittelte Aufwuchswert in den Gesamtwert eingeht. Die **bloße Summation unabhängig voneinander ermittelter Werte ist** deshalb auch in der Rechtsprechung **verworfen worden**[72].

Aufwuchs ist grundsätzlich nur mit dem Betrag anzusetzen, den ein durchschnittlicher Kaufinteressent, auf den bei der gebotenen Abschätzung abzustellen ist, je nach Bedeutung, die er den betroffenen Gewächsen für die Nutzung und Schönheit des Gesamtgrundstücks beimisst, zu bezahlen bereit ist. Es handelt sich um einen mehr oder weniger großen Betrag, der sich einer nur einigermaßen exakten Berechnung entzieht und ggf. in Abzug oder Verlust wertmäßig sogar überhaupt nicht in Ansatz zu bringen ist[73].

240 **Aufwuchs kann je nach Funktion wertneutral, werterhöhend oder wertmindernd sein**[74].

Als *wertmindernde* Aspekte werden in den ZierH beispielsweise genannt:

- Unvereinbarkeit der Gehölze mit der zukünftigen Nutzung des Grundstücks (z.B. Rohbauland, baureifes Land),
- Einschränkung aus der Sicht des Marktes unter Berücksichtigung der üblichen Ausnutzung des Baurechts eines Grundstücks,
- Gefahr der Beschädigung unter- und oberirdischer Leitungsnetze, der Gebäude und sonstiger Außenanlagen,
- Gehölze, deren Beseitigung aufgrund ihres Alters, Zustands oder sonstiger Gegebenheiten (z.B. Dichtstand) aus der Sicht des verständigen Marktteilnehmers sofort oder in naher Zukunft geboten ist und deren Werteinschätzung daher überwiegend durch die zu erwartenden Kosten geprägt ist,

71 BR-Drs. 352/88, S. 56.
72 OLG Frankfurt am Main, Urt. vom 14.03.1983 – 1 U 6/81 –, BRS Bd. 45 Nr. 118 = EzGuG 2.31: „Auf einem Grundstück wachsende Gehölze können wertmäßig grundsätzlich nicht isoliert betrachtet werden.“
73 OLG Frankfurt am Main, Urt. vom 17.01.1983 – 1 U 6/81 –, BRS Bd. 45 Nr. 118 = EzGuG 2.31: „Auf einem Grundstück wachsende Gehölze können wertmäßig grundsätzlich nicht isoliert betrachtet werden.“
74 So auch die BReg zur parl. Anfrage zur ImmoWertV (BT-Drs. 17/1298, vgl. GuG-aktuell 2010 S. 18, dort auch S. 21).

- Störungen des Lichteinfalls im Gebäude oder auf das Grundstück (**Verschattungen und Beeinträchtigung der Aussichtslage**)[75],
- Sonstige erheblich störende Einwirkungen des Aufwuchses (starker Laubfall, Blütenstaub, Nektar) oder hohe Pflege- und Bewirtschaftungskosten, insbesondere bei Renditeobjekten, ohne dass diesen Nachteilen entsprechende Vorteile, z.B. Mietmehreinnahmen, gegenüberstehen.

Wertmindernd können insbesondere bei **außergewöhnlichen besonders werthaltigen Anlagen (wie parkartige Gärten und besonders wertvolle Anpflanzungen)** die hohen Pflege- und Bewirtschaftungskosten sein. Dies wird bei Anwendung des Ertragswertverfahrens besonders deutlich, wobei die daraus zu ziehenden Erkenntnisse auch für die Sachwertermittlung von Bedeutung und im Rahmen der Marktanpassung zu berücksichtigen sind. Ein in einer aufwendig gestalteten Parkanlage gelegenes Gebäude wird zwar auch einen höheren Ertrag als ein Gebäude in schlichter Umgebung abwerfen, jedoch wird man nicht erwarten können, dass sich ein für den Aufwuchs ermittelter „Herstellungswert“ von z.B. 350 000 € auch in einem entsprechenden rentierlichen Ertragszuwachs niederschlägt. Soweit Mehreinnahmen tatsächlich nachweisbar sind, werden diese allein schon durch die Pflege des Parks „aufgefressen“, denn Pflege- und Bewirtschaftungskosten sind bei der Aufwuchsbewertung wertmindernd zu berücksichtigen (vgl. Ziff. 1 ZierH). Der BGH hat deshalb selbst einem aufwendigen Landschaftsgarten keine Wertsteigerung beigemessen und ihm allenfalls einen für die Verkehrswertermittlung unmaßgeblichen Affektionswert zugeordnet[76]. 241

Die **Minderung des Grundstückswerts durch störenden Aufwuchs** kann über die Beseitigungskosten, ggf. korrigiert um Erlöse aus der Materialverwertung, ermittelt werden. Dabei sind die nach den ggf. zu beachtenden Rechtsvorschriften zu leistenden öffentlichen Abgaben oder Strafen und Kosten vorgeschriebener Ersatzpflanzungen zu berücksichtigen. Bei alledem ist zu untersuchen, ob ihre Beseitigung aufgrund rechtlicher Einschränkungen (z.B. Baumschutzsatzung, Naturdenkmal) ausgeschlossen oder erschwert ist. 242

Als *wertneutral* sind beispielsweise anzusehen: 243

- Bepflanzungen, deren Vor- und Nachteile sich gegenseitig aufheben oder
- Ziergehölze, die bei Renditeobjekten keine Mehreinnahmen bewirken.

Ziergehölze, die keine Funktion für das Grundstück haben, bewirken keine Werterhöhung des Grundstücks, sodass eine Berücksichtigung entfällt. 244

Als *wertsteigernde* Funktionen sind beispielsweise zu nennen: 245

- Abgrenzung von Grundstücken und Nutzungsbereichen (Hecken),
- Windschutz,
- Schutz vor Immissionen (Lärm, Staub),
- Schutz vor Einblicken von außen,
- Verblendung von wenig attraktiven Ausblicken auf Nachbargrundstücke oder die Umgebung,
- Hangbefestigung,
- biologische Entwässerung von Nassstellen,
- ästhetische Gestaltungen, z.B.

75 BGH, Urt. vom 10.07.2015 – V ZR 229/14 –, BeckRS 2015, 16398 = EzGuG 6.311; BGH, Urt. vom 14.11.2003 – V ZR 102/03 –, BGHZ 157,33 = EzGuG 2.62; OLG Düsseldorf, Urt. vom 06.07.1979 – 4 U 18/79 –, MDR 1980, 54 = EzGuG 3.62; OLG Düsseldorf, Urt. vom 18.09.2000 – 9 U 67/00 –, NZM 2001, 717 = EzGuG 1.66a; OLG Hamm, Urt. vom 28.09.1998 – 5 U 67/98 –, MDR 1989, 930 = EzGuG 3.125; LG Frankfurt a.M., Urt. vom 21.01.1986 – 2/8 S 150/85 –, NJW-RR 1986, 503.

76 BGH, Beschl. vom 30.11.2006 – V ZB 44/06 –, GuG 2008, 123 = EzGuG 2.66.

  - Auflockerung und Strukturierung ansonsten eintöniger Flächen,
  - Bestandteil eines Gartens mit parkähnlichem Charakter,
  - Teil eines gartenarchitektonischen Gesamtkonzeptes in Beziehung mit der Bebauung des Grundstücks,
- Erholungsfunktion unter Berücksichtigung der städtebaulichen Umgebungssituation,
- bessere Vermarktbarkeit.

246 Insbesondere bei den stark durch individuelle Einstellungen geprägten Aspekten (Ästhetik und Erholung) ist jeweils konkret für das betrachtete Objekt und das entsprechende Marktsegment zu prüfen, ob und inwieweit sie für den einschlägigen potenziellen Nachfragerkreis tatsächlich von werterhöhender Bedeutung sind. Dabei ist auch einzuschätzen, inwieweit diese potenziell werterhöhenden Aspekte mit dem Wunsch vereinbar sind, die Garten- bzw. Parkanlage mit möglichst geringem Einsatz an Arbeit und Kosten zu unterhalten.

247 Für den Fall der Ermittlung des Wertanteils von Aufwuchs nach gewöhnlichen Herstellungskosten ist die „entsprechende Anwendung" des **§ 36 Abs. 2 ImmoWertV** vorgeschrieben. Des Weiteren ist auf die vom Bundesministerium der Finanzen herausgegebenen **Ziergehölzhinweise**[77] und auf die fachlich umstrittene **Methode Koch** hinzuweisen (vgl. § 1 ImmoWertV Rn. 86 ff.).

- Die **Aufwuchsbewertung nach der Methode Koch wird in der allgemeinen Wertermittlungslehre und im juristischen Schrifttum abgelehnt** und in der Rechtsprechung stark relativiert[78]. In dieser Rechtsprechung wird von „völlig übersetzten Entschädigungsbeträgen", „überzogenen Entschädigungssätzen", „Abschlägen von 50 % und deutlich mehr" und einer „Reduktion auf Null" gesprochen. Derartige Abschläge sprechen gegen die Eignung der Methode. Besonders problematisch ist, wenn neben dem Grundstückssachverständigen ein sog. „Gehölzsachverständiger" den Aufwuchs für sich bewertet hat, denn deren Kenntnisse beschränken sich, wie im *Palandt*[79] festgestellt wird, auf Herstellungskosten. Im Falle der Ermittlung von Wertminderungen des Grundstücks bei Beschädigungen des Aufwuchses sind nach der dort dargelegten Auffassung „allein Grundstückssachverständige" kompetent und dies gilt auch umgekehrt für die Ermittlung der Werterhöhung aufgrund eines besonderen Aufwuchses. Wenn im Palandt zusammenfassend festgestellt wird, dass „die Methode *Koch/Breloer* zur Schadensermittlung offensichtlich ungeeignet" ist, so wird damit die vorherrschende Meinung[80] aufgegriffen, und dies gilt mithin auch zur Ermittlung einer Werterhöhung des Grundstücks aufgrund eines besonderen Aufwuchses.
- Ergänzend wird darauf hingewiesen, dass die **Beleihungswertverordnung** überhaupt **keinen gesonderten Aufwuchswert** kennt, da er nicht als werthaltig i.S. der Beleihungsfähigkeit angesehen wird. Die Kreditinstitute haben dafür gute Gründe, denn sie wissen sehr gut, dass die nach der Methode Koch „errechneten" Aufwuchswerte im Verwertungsfalle nicht realisiert werden können.

---

77 BAnz Nr. 94 vom 18.05.2000 (GuG 2000, 155).

78 OLG Zweibrücken, Urt. vom 25.01.2005 – 8 U 105/04 –, NZM 2005, 438 = EzGuG 2.64a; LG Traunstein, Urt. vom 27.05.1999 – 2 O 1849/98 –, NJW-RR 2000, 615 = EzGuG 2.61; OLG Koblenz, Urt. vom 13.06.1997 – 8 U 1009/96 –, OLGR-Koblenz 1997, 138 = EzGuG 2.60; OLG Düsseldorf, Urt. vom 12.12.1996 – 18 U 118/95 –, NJW-RR 1997, 856 = EzGuG 2.59b; LG Berlin, Urt. vom 11.01.1994 – 31 O 266/93 –, VersR 1995, 107 = EzGuG 2.58; OLG München, Urt. vom 28.04.1994 – 1 U 6995/93 –, OLGR-München 1994, 146 = EzGuG 2.58a; LG Arnsberg, Urt. vom 12.11.1993 – 5 S 96/92 –, VersR 1995, 844 = EzGuG 2.54; OLG Düsseldorf, Urt. vom 24.10.1986 – 22 U 104/86 –, VersR 1987, 1139 = EzGuG 2.42a; vgl. auch die lesenswerten Ausführungen in Palandt, 80. Aufl. 2021, BGB, zu § 251 und Staud/Schiemann, Komm. zum BGB, zu § 251 Rn. 91; AnwK/Magnus, § 249 Rn. 99.

79 BGB, 67. Aufl. § 251 Rn. 11.

80 So u.a. selbst auch im Zusammenhang mit der Bewertung denkmalgeschützter Objekte: BVVG, Fachbeiratsrichtlinie: Bewertungsgrundsätze für denkmalgeschützte Objekte am Beispiel der neuen Bundesländer (17.02.1999).

In **bergrechtlichen Abbaugebieten** hat ein Umsiedler nach dem BBergG grundsätzlich Anspruch auf Entschädigung des Verkehrswerts und der Folgekosten, wobei Einflüsse aus dem bevorstehenden Abbau unberücksichtigt bleiben. In der **Entschädigungspraxis** (z.B. der RWE Power) wird Aufwuchs nach den Kosten einer Neuanlage des alten Gartens in handelsüblicher Ausführung, ggf. unter Anrechnung der Aufwuchsentschädigung, entschädigt. **248**

Der Aufwuchs wird in 12 Kategorien katalogisiert: **249**

Kategorien		**Beispiele**	**Bezugsgröße**
Bäume	Laubbäume (solitär*)	Ahorn, Linde, Buche, Walnuss, Kastanie, Eiche, Birke, Eberesche, Esche	Stück
	Nadelbäume (solitär*)	Fichte, Kiefer, Tanne, Zeder, Lärche, Eibe, Zypresse als Solitär	
	Obstbäume (solitär*)	Apfel-, Kirsch-, Birn-, Pflaumen-, Pfirsich-, Zwetschgenbaum	
Hecken	Laubholzhecken (≥ 1 m)	Buchenhecken, Ligusterhecken, Weißdornhecken, Kirschlorbeer, Himbeere, Brombeere	lfd. Meter
	Nadelholzhecken (≥ 1 m)	Zypressen, Thuja, Taxus, Buxus	
	Hecken (≤ 1 m)	Alle vorgenannten ≤ 1 cm	
Sträucher & Heister**	Sträucher (≥ 1,5 m)	Blütengehölze wie Forsythien, Weigelien, Holunder, Hibiskus, Kerria, Stachel- und Johannisbeere	Stück
	Sträucher (≤ 1,5 m)	Buche, Ahorn, Erle, Eberesche	
Stauden &		Mehrjährige Blütenstauden (Phlox, Margeriten, Lilien, Astern, Pfingstrosen, Fette Henne	m²
Bodendecker***		Efeu, Cotoneaster, Geranium, Immergrün, Dickmännchen, Polsterstauden	
Rosen			Stück
Rasen		Regelmäßig gemähte Rasenfläche, keine Wildwiesen	m²

* solitär: in Einzelstellung stehende Laub-, Nadel- und Obstbäume.

** Heister: Laubbaum vom Boden an belastet.

*** Bodendecker: Wandbegrünung wie Wilder Wein, Efeu werden den Bodendeckern zugeordnet.

und kostenmäßig angesetzt (*Beispiel*):

Kategorien		**Handelsübliche Größe**	**EP inkl. Pflege (€)**	**Pflanzkosten (€) (35 % vom Einheitspreis)**	**Kosten (€)**	**Wiederanlagekosten (€)**
Bäume	Laubbäume (solitär) Stück	14/16	315,00	110,00	425,00	Anzahl × Kosten
	Nadelbäume (solitär) Stück	125–150	130,00	45,00	175,00	Anzahl × Kosten
	Obstbäume (solitär) Stück	125–150	130,00	45,00	175,00	Anzahl × Kosten

Kategorien		**Handelsübliche Größe**	**EP inkl. Pflege (€)**	**Pflanzkosten (€) (35 % vom Einheitspreis)**	**Kosten (€)**	**Wiederanlagekosten (€)**
Hecken	Laubholzhecken (≥ 1 m) lfd. M.	125–150	55,00	20,00	75,00	Anzahl × Kosten Anzahl × Kosten Anzahl × Kosten
	Nadelholzhecken (≥ 1 m) lfd. M.	125–150	134,00	46,00	180,00	
	Hecken (≤ 1 m) lfd. M.	60–80	70,00	25,00	95,00	
Sträucher & Heister	Sträucher (≥ 1,5 m) Stück	100–125	48,00	17,00	65,00	Anzahl × Kosten Anzahl × Kosten
	Sträucher (≤ 1,5 m) Stück	60–80	33,00	12,00	45,00	
Stauden & Bodendecker	m²		12,00	4,50	16,50	Anzahl × Kosten
Rosen	Stück		6,30	2,20	8,50	Anzahl × Kosten
Rasen	m²				5,00	Anzahl × Kosten
					Summe Wiederanlagekosten	Zwischensumme
					abzüglich Wertanteil für Aufwuchs im Verkehrswert	Abzugsbetrag
					Zulage Aufwuchs	Summe

Quelle: RWE Power

2.4 Vorläufiger Bodenwert

Schrifttum: *Debus, M./Helbach, Ch.*, Ist der Bodenwertansatz beim Verkauf bei bebauten Objekten von Bedeutung? GuG 2012, 65.

▶ *Vgl. § 6 ImmoWertV Rn. 76; § 8 ImmoWertV Rn. 33 ff.; § 21 ImmoWertV Rn. 192; § 40 ImmoWertV Rn. 2 ff.; zur Bodenwertermittlung vgl. Syst. Darst. des Vergleichswertverfahrens Rn. 152 ff., 173 ff.; Syst. Darst. des Ertragswertverfahrens Rn. 127 ff.; zur Ermittlung des Bodenwertanteils ohne Kenntnis des Bodenwerts § 40 ImmoWertV Rn. 85 ff.; zur „Bodenwertdämpfung" vgl. § 40 ImmoWertV Rn. 96 ff.*

250 Der Bodenwert ist vorrangig nach dem Vergleichswertverfahren zu ermitteln. Nach der Grundsatzregelung des § 40 Abs. 1 ImmoWertV bestimmt sich der **Bodenwert ohne Berücksichtigung der auf dem Grundstück vorhandenen baulichen Anlagen nach dem des unbebaut gedachten Grundstücks.**

251 Grundsätzlich hat die **Bodenwertermittlung** nach § 24 Abs. 1 Satz 1 ImmoWertV auf der Grundlage einer ausreichenden Anzahl von geeigneten Vergleichspreisen Vorrang vor dem Bodenrichtwertverfahren. Nach § 24 Abs. 1 Satz 2 ImmoWertV kann auch auf einen geeigneten Bodenrichtwert zurückgegriffen werden. Dies kann in erster Linie nach dem Grundsatz der Modellkonformität angezeigt sein, nämlich dann, wenn der Sachwertfaktor unter Heranziehung von Bodenrichtwerten ermittelt wurde. Auf die Erläuterungen in der Syst. Darst. des Vergleichswertverfahrens unter Rn. 152 ff. und die Erläuterungen zu § 40 ImmoWertV wird verwiesen.

Nach der hier vertreten Auffassung ist der *vorläufige* Bodenwert bezogen

- auf die allgemeinen Wertverhältnisse des Bezugsstichtags des Sachwertfaktors und
- auf die Grundstücksmerkmale zu ermitteln, die dem Norm- bzw. Referenzgrundstück des Sachwertfaktors entsprechen bzw. innerhalb der Bandbreite liegen, die gegebenenfalls dem Norm- bzw. Referenzgrundstück des Sachwertfaktors zugrunde liegt.

Sofern der Grund und Boden des zu bewertenden Grundstücks flächen- und zustandsmäßig von dem abweicht, was auf dem jeweiligen Grundstücksmarkt nach Art und Größe üblich ist und auch dem zur Ertragswertermittlung heranzuziehenden Sachwertfaktor zugrunde liegt, muss begrifflich unterschieden werden zwischen **252**

a) dem **Bodenwert des Grundstücks in seiner Gesamtheit** und

b) dem **Bodenwert, der im Rahmen der Ermittlung des *vorläufigen* Sachwerts nach Maßgabe des § 35 Abs. 2 Nr. 3 ImmoWertV als „Bodenwert"zugrunde zu legen ist**.

Der **der Ermittlung des *vorläufigen* Sachwerts** nach § 35 Abs. 2 Nr. 3 ImmoWertV **zugrunde zu legende „*vorläufige*" Bodenwert ist der** auf der Grundlage des nach den §§ 40 bis 43 ImmoWertV zu ermittelnden Bodenwerts. Die genannten Vorschriften enthalten Ausnahmevorschriften zur vorstehenden Grundsatzregelung des § 40 Abs. 1 ImmoWertV bei atypischer Bebauung und bei anstehender Liquidation sowie für den Fall einer erheblichen Überschreitung der marktüblichen Grundstücksgröße. Es handelt sich bei alledem um bodenbezogene Besonderheiten, die üblicherweise bei den zur Ableitung des Sachwertfaktors herangezogenen Vergleichsgrundstücken nicht vorgelegen haben. Der unter Berücksichtigung dieser bodenbezogenen Besonderheiten ermittelte Bodenwert kann auch als der **mit dem Sachwertfaktor kompatible Bodenwert** bezeichnet werden. **253**

Die mit § 35 Abs. 2 Nr. 3 in Bezug genommenen bodenbezogenen Besonderheiten der §§ 40 bis 43 ImmoWertV erfassen nur zum Teil die im Einzelfall in Betracht kommenden bodenbezogenen Besonderheiten, die bei der Ermittlung des vorläufigen Bodenwerts nicht erfasst werden dürfen, da sie regelmäßig von dem Zustand abweichen, der dem Referenz- bzw. Normgrundstück des Sachwertfaktors zugrunde liegt. Weicht z.B. der abgaben- und insbesondere **erschließungsbeitragsrechtliche Zustand des zu bewertenden Grundstücks** von dem beitragsrechtlichen Zustand ab, der wiederum dem Sachwertfaktor zugrunde liegt, oder weist das zu bewertende Grundstück besondere bodenbezogene Rechte und Belastungen oder eine besondere den Einzelfall betreffende Bodenbeschaffenheit (Altlasten und dgl.; vgl. § 8 Abs. 3 Satz 2 Nr. 4 bis 6 ImmoWertV) auf, sind auch diese Besonderheiten bei der Ermittlung des *vorläufigen* Bodenwerts nicht zu berücksichtigen. **254**

Die Ermittlung des vorläufigen Bodenwerts nach Maßgabe des § 35 Abs. 2 Nr. 3 i.V.m. den §§ 40 bis 43 ImmoWertV **ist** nach ihrer inneren Logik darauf gerichtet, einen Bodenwert der Ermittlung des *vorläufigen* Sachwerts zugrunde zu legen, der **mit dem zur Anwendung kommenden Sachwertfaktor kompatibel** ist, denn dieser wird i.d.R. aus geeigneten Kaufpreisen von Grundstücken abgeleitet, die derartige Besonderheiten nicht aufweisen. Dieser Logik folgend müssen auch sonstige objektspezifische Grundstücksmerkmale konsequenterweise unberücksichtigt bleiben, die von dem dem Sachwertfaktor zugrunde liegenden Referenz- bzw. Normgrundstück abweichen. Die Abweichungen müssen mithin mit der Anpassung des Sachwertfaktors an die objektspezifischen Grundstücksmerkmale nach § 39 ImmoWertV oder subsidiär als besondere objektspezifische Grundstücksmerkmale (boG) berücksichtigt werden.

Zur Bodensondierung von Grundstücken, die eine **Übergröße** i.S. des § 41 ImmoWertV aufweisen, sowie zur Bodenwertermittlung bei atypischer Bebauung i.S. des § 40 Abs. 5 ImmoWertV und dem dann anzusetzenden nutzungsbefangenen Bodenwert und zu liquidationsträchtigen Grundstücken vgl. die Erläuterungen zum Ertragswertverfahren (Syst. Darst. des Ertragswertverfahrens Rn. 133 ff.). **255**

2.5 Vorläufiger und marktangepasster Sachwert

2.5.1 Vorläufiger Sachwert nach ImmoWertV

▶ *Vgl. zur subsidiären Berücksichtigung besonderer objektspezifischer Grundstücksmerkmale (boG) § 8 ImmoWertV Rn. 8 ff.*

256 Der vorläufige Sachwert der nutzbaren baulichen Anlagen (Gebäudesachwert) ergibt zusammen mit dem vorläufigen Sachwert der nutzbaren baulichen Außenanlagen und sonstigen Anlagen (Anpflanzungen) sowie dem vorläufigen Bodenwert nach den §§ 40 bis 43 ImmoWertV den vorläufigen Sachwert.

2.5.2 Vorläufiger marktangepasster Sachwert

2.5.2.1 Allgemeines

Schrifttum: *Gripp, P.*, Anpassungsfaktoren für NHK-Gebäudetypen mit Kostenangaben pro m³ Brutto-Rauminhalt, GuG 2007, 48; *Leutner, B./Wartenberg, J.*, Aktuelle Marktanpassungsfaktoren für das Sachwertverfahren, GuG 2009, 152.

▶ *Vgl. § 21 ImmoWertV Rn. 157; § 39 ImmoWertV Rn. 23*

257 Die Summe aus dem vorläufigen Sachwert der nutzbaren baulichen Anlagen (Gebäudesachwert), dem vorläufigen Sachwert der nutzbaren baulichen Außenanlagen und sonstigen Anlagen (Anpflanzungen) sowie dem vorläufigen Bodenwert (vorläufiger Sachwert) ergibt, multipliziert mit dem objektspezifisch angepassten Sachwertfaktor nach § 39 ImmoWertV, den „**vorläufigen marktangepassten Sachwert des Grundstücks**“. Tatsächlich handelt es sich indessen nicht um eine reine Marktanpassung, denn mit dem objektspezifisch angepassten Sachwertfaktor soll der vorläufige Sachwert auch auf die objektspezifischen Grundstücksmerkmale des zu bewertenden Grundstücks ausgerichtet werden.

Vorläufiger marktangepasster Sachwert = vorläufiger Sachwert x objektspezifisch angepasster Sachwertfaktor

258 Soweit die objektspezifischen Grundstücksmerkmale des zu bewertenden Grundstücks damit noch nicht vollständig erfasst werden, bedarf es einer subsidiären Berücksichtigung der verbleibenden objektspezifischen Grundstücksmerkmale des zu bewertenden Grundstücks, um zum Sachwert des Grundstücks zu kommen.

Abb. 27: Vorläufiger Sachwert und Sachwert nach ImmoWertV (Überblick)

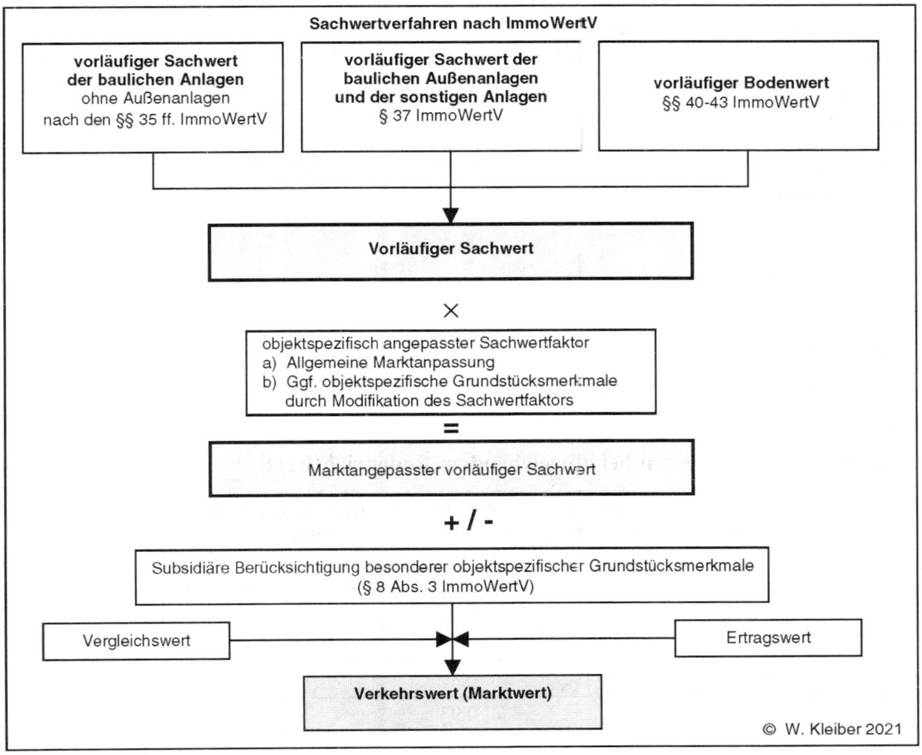

2.5.2.2 Objektspezifisch angepasster Sachwertfaktor

▶ *Vgl. § 39 ImmoWertV Rn. 23; § 21 ImmoWertV Rn. 157*

Der objektspezifisch angepasste Sachwertfaktor nach § 39 ImmoWertV ergibt sich ausgehend **259**
von dem Sachwertfaktor, der sich auf den angegebenen Stichtag und auf die Grundstücksmerkmale bezieht, die ihm zugrunde liegen (Referenzmerkmale des Norm- bzw. Referenzgrundstücks). Dabei ist vorrangig der vom örtlichen Gutachterausschuss für Grundstückswerte für die jeweilige Grundstücksart abgeleitete einschlägige Sachwertfaktor heranzuziehen. Sind solche vom Gutachterausschuss nicht ermittelt worden, muss auf Sachwertfaktoren zurückgegriffen werden, die für vergleichbare Regionen abgeleitet wurden; hilfsweise auf allgemeine Erfahrungswerte. Die Marktanpassung nach „Verkäuflichkeit" einzuschätzen, stellt eine hilflose Methode dar, denn die Verkäuflichkeit ist nach einer alten Maklerregel immer eine Frage des angemessenen Verkaufspreises und dieser soll ja gerade nach objektiven Kriterien und möglichst aus empirisch belegbaren Vergleichsdaten ermittelt werden.

2.5.2.3 Umrechnungskoeffizienten zum Sachwertfaktor

▶ *§ 21 ImmoWertV Rn. 157*

Etwaige Abweichungen der Grundstücksmerkmale des zu bewertenden Grundstücks sowie **260**
ein abweichender Wertermittlungsstichtag sind durch geeignete Indexreihen und durch geeignete Umrechnungskoeffizienten, durch eine Anpassung mittels marktüblicher Zu- oder Abschläge oder in anderer Weise zu berücksichtigen. Dementsprechend kann der vorläufige Sachwert auf die besonderen objektspezifischen Grundstücksmerkmale (boG) des zu bewertenden Grundstücks ausgerichtet werden. Einer ergänzenden Berücksichtigung der insoweit

nicht erfassten besonderen objektspezifischen Grundstücksmerkmale (boG) bedarf es dann insoweit nicht mehr. Voraussetzung für eine fundierte und marktkonforme Berücksichtigung objektspezifischer Besonderheiten ist mithin, dass entsprechende Umrechnungskoeffizienten vom Gutachterausschuss aus der Kaufpreissammlung abgeleitet und bereitgestellt werden.

261 Entsprechende Umrechnungskoeffizienten sind insbesondere erforderlich zur Berücksichtigung von Abweichungen hinsichtlich

a) der Lage eines Grundstücks auf der Grundlage des jeweiligen Bodenrichtwerts,

b) des Gebäudestandards,

c) der Gebäudeart,

d) der Wohnfläche,

e) der Grundstücksfläche,

f) der Restnutzungsdauer und

g) des Modernisierungszustands.

262 *Beispiele:*

Umrechnungskoeffizienten bei abweichendem Bodenrichtwert

Umrechnungskoeffizienten bei abweichendem Bodenrichtwert für freistehende Ein- und Zweifamilienhäuser		
Bodenrichtwert (€/m²)	**LK Göttingen**	**LK Goslar**
	2019	**2019**
	Baujahr ab 1950	
20	0,89	0,91
30	0,93	0,96
40	0,95	1,00
50	0,98	1,02
60	1,00	1,04
70	1,02	1,06
80	1,04	1,07
90	1,06	1,08
100	1,07	–
110	1,10	–
120	1,11	–
130	1,12	–

Quelle: Jeweilige Grundstücksmarktberichte

Umrechnungskoeffizienten bei abweichendem Gebäudestandard 263

Umrechnungskoeffizienten bei abweichendem Gebäudestandard für freistehende Ein- und Zweifamilienhäuser					
Gebäude-standard i.S. der Immo-WertV	LK Göttingen	LK Goslar	LK Holzminden	LK Nordheim	Osterode Harz
	2019	2019	2019	2019	2019
	Baujahr ab 1950				
1,5	–	0,83	0,81	0,92	0,93
2,0	0,85	0,91	1,00	0,96	1,00
2,5	1,00	1,00	1,12	1,00	1,08
3,0	1,15	1,09	1,21	1,04	1,15
3,5	1,25	1,18	1,27	1,08	1,23

Quelle: Jeweilige Grundstücksmarktberichte

Umrechnungskoeffizienten bei abweichendem Modernisierungszustand 264

Umrechnungskoeffizienten bei abweichendem Modernisierungszustand für Ein- und Zweifamilienhäuser	
Modernisierungszustand i.S. Anl. 2 der ImmoWertV	LK Göttingen 2019 Baujahr ab 1950
Nicht modernisiert < 2 Punkte	0,83
kleine Modernisierung im Rahmen der Instandhaltung 4 Punkte	0,91
Mittlerer Modernisierungsgrad 8 Punkte	1,00

Quelle: Jeweilige Grundstücksmarktberichte

2.6 Subsidiäre Berücksichtigung besonderer objektspezifischer Grundstücksmerkmale (boG)

▶ *Vgl. § 21 ImmoWertV Rn. 148; § 8 ImmoWertV Rn. 17 ff.*

Abschließend werden die mit dem „vorläufigen marktangepassten Sachwert“ unberücksichtigt gebliebenen „**besonderen objektspezifischen Grundstücksmerkmale** (boG)“ des zu bewertenden Grundstücks jeweils in der Höhe ergänzend berücksichtigt, wie sich der Marktwert des Grundstücks dadurch erhöht oder vermindert. 265

Als **besondere objektspezifische Grundstücksmerkmale** (Anomalien) kommen insbesondere in Betracht: 266

- Baumängel und Bauschäden (Instandhaltungsrückstau vgl. § 8 ImmoWertV Rn. 82 ff.),
- die architektonische Gestaltung (vgl. § 8 ImmoWertV Rn. 72 ff.),
- vom marktüblich erzielbaren Ertrag abweichender Ertrag (vgl. § 8 ImmoWertV Rn. 231 ff.),
- von marktüblich anfallenden Bewirtschaftungskosten abweichende Bewirtschaftungskosten (vgl. § 8 ImmoWertV Rn. 317 ff.),
- Leerstand (vgl. § 8 ImmoWertV Rn. 324 ff.),

- besondere Wertvor- und -nachteile bei atypischer Nutzung (vgl. § 40 Abs. 5 Nr. 1 ImmoWertV Fehlnutzungen), die mit dem vorläufigen Bodenwert unberücksichtigt geblieben sind,
- besondere mit dem vorläufigen Bodenwert eines übergroßen Grundstücks noch nicht berücksichtigte Grundstücksrestflächen (Bodensondierung),
- besonderer mit dem vorläufigen Bodenwert noch nicht berücksichtigte Abgaben (vgl. § 8 ImmoWertV Rn. 45 ff., 369; § 40 ImmoWertV Rn. 4, 192),
- Aufwendungen für eine bevorstehende Freilegung (Abbruch, vgl. § 43 ImmoWertV Rn. 47 ff.; § 8 ImmoWertV Rn. 46 ff.),
- Baunebenkosten, soweit sie von den mit den Normalherstellungskosten erfassten Baunebenkosten abweichen und auch nicht mit dem Sachwertfaktor erfasst werden,
- besondere Bodenverunreinigungen (Altlasten, vgl. § 8 ImmoWertV Rn. 34 ff.) und Bodenschätze,
- besonderer (erheblich vom Üblichen abweichender) Aufwuchs und andere Außenanlagen (vgl. § 8 ImmoWertV Rn. 223 ff.),
- Rechte am Grundstück (vgl. § 8 ImmoWertV Rn. 43 ff.),
- besondere (erheblich vom Üblichen abweichende) Bauteile und Einrichtungen, usw.

267 Der **Berücksichtigung besonderer objektspezifischer Grundstücksmerkmale** kommt regelmäßig eine sehr große Bedeutung zu, denn nur selten entspricht ein bebautes Grundstück in allen Belangen den Grundstücksmerkmalen, die mit einem auf der Grundlage von Normalherstellungskosten ermittelten Grundstückssachwert und dem zur Anwendung kommenden objektspezifisch angepassten Sachwertfaktor erfasst werden.

268 Die besonderen objektspezifischen Grundstücksmerkmale sind nach § 8 Abs. 3 Satz 3 ImmoWertV insbesondere durch marktgerechte Zu- oder Abschläge zu berücksichtigen, und zwar **nur insoweit, wie die daraus resultierendenWertminderungen bzw. Werterhöhungen dem gewöhnlichen Geschäftsverkehr entsprechen**, d.h. in marktüblicher Höhe. Im Übrigen wird zur subsidiären Berücksichtigung besonderer objektspezifischer Grundstücksmerkmale auf die Ausführungen bei § 8 ImmoWertV Rn. 21 ff. verwiesen.

2.7 Sach- und Verkehrswert

▶ *Näheres hierzu bei § 6 ImmoWertV Rn. 218 ff.; Vorbem. zur ImmoWertV Rn. 98; zum Aufrundungsverbot bei der Beleihungswertermittlung vgl. Teil IX Rn. 174*

269 Der nach vorstehenden Grundsätzen unter Berücksichtigung der Marktlage und der besonderen objektspezifischen Grundstücksmerkmale ermittelte Sachwert ist sachgerecht auf- bzw. abzurunden und ergibt regelmäßig der Verkehrswert. Soweit andere Wertermittlungsverfahren unterstützend herangezogen worden sind, ist er nach Maßgabe des § 6 Abs. 4 ImmoWertV unter Berücksichtigung der Ergebnisse dieser Verfahren abzuleiten.

270 Im Übrigen verbleibt es bei **Auf- oder Abrundungen,** nämlich bei einer Höhe des Verkehrswerts von

–		bis	10 000 €	auf	volle Hunderter
–	10 000 €	bis	500 000 €	auf	volle Tausender
–	500 000 €	bis	1 000 000 €	auf	volle Zehntausender
–		über	1 000 000 €	auf	volle Hunderttausender

3 Beispiel

3.1 Allgemeines

▶ *Zur Modellkonformität vgl. Vorbem. zur ImmoWertV Rn. 141 ff.*

Die Ermittlung des Marktwerts (Verkehrswert) auf der Grundlage des Sachwertverfahrens soll zur Erläuterung der vorstehenden Ausführungen an folgendem *Beispiel* dargestellt werden. 271

3.2 Sachverhalt

Zu ermitteln ist der Marktwert (Verkehrswert) eines Einfamilienhauses unter Anwendung des Sachwertverfahrens. Der Sachwert wird nach § 35 Abs. 3 ImmoWertV auf der Grundlage des einschlägigen vom Gutachterausschuss für Grundstückswerte abgeleiteten und veröffentlichten Sachwertfaktors nach § 21 Abs. 3 ImmoWertV unter Beachtung des Grundsatzes der Modellkonformität ermittelt. 272

3.2.1 Gegenstand der Marktwertermittlung

Es handelt sich um ein im Jahre 1999 in massiver Bauweise erstelltes Einfamilienhaus mit zwei Vollgeschossen, bestehend aus einem Kellergeschoss (KG), einem Erdgeschoss (EG) und einem ausgebauten Dachgeschoss (DG) einschließlich Garage im „Speckgürtel" einer nordrhein-westfälischen Stadt von 350 000 Einwohnern (E). 273

Gemäß Wertermittlungsauftrag ist

- Wertermittlungsstichtag (§ 2 Abs. 4 ImmoWertV) 01.02.2020
- Qualitätsstichtag (§ 2 Abs. 5 ImmoWertV) 01.02.2020

Zu den **Grundstücksmerkmalen** wurde festgestellt: 274

a) Zu Art und Maß der baulichen Nutzung

Das Grundstück ist als baureifes Land i.S. des § 3 Abs. 4 ImmoWertV zu qualifizieren. Das Grundstück liegt innerhalb des Geltungsbereichs eines Bebauungsplans mit den Festsetzungen zur zulässigen baulichen Nutzung:

– Art der baulichen Nutzung	WA
– Maß der baulichen Nutzung (GFZ)	1,0
– Bauweise	offene Bauweise

b) Zum Bodenrichtwert

Das Grundstück liegt zudem in einer Bodenrichtwertzone, für die der Gutachterausschuss zum Wertermittlungsstichtag einen

Bodenrichtwert von 250 €/m²

ermittelt hat mit folgenden Angaben zum (fiktiven) Bodenrichtwertgrundstück:

– B	Baureifes Land
– WA	Allgemeines Wohngebiet
– 1,0	(GFZ)
– II	Zahl der Vollgeschosse
– 500 m²	Grundstücksgröße
– ebf	erschließungsbeitrags*frei*

Abb. 28: Lageplan

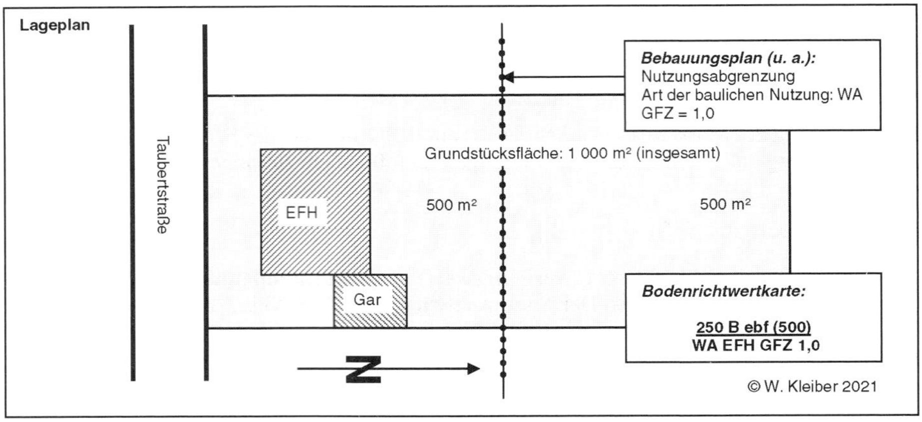

c) Zum Grund und Boden

Das zu bewertende Grundstück

- liegt in einer bevorzugten Randlage der Bodenrichtwertzone,
- ist planungskonform mit einem Einfamilienhaus (EFH) bebaut,
- weist eine Grundstücksgröße von 1 000 m² auf, von denen 500 m² innerhalb des festgesetzten Baugebiets liegen, die Restfläche ist als Hinterland des eigentlichen Baugrundstücks nutzbar,
- ist erschlossen, jedoch erschließungsbeitrags*pflichtig* (ebp),
- ist gartenmäßig nach Norden ausgerichtet und
- weist die üblichen Außenanlagen auf.

d) Zur Bebauung

Das Grundstück ist bebaut mit

– einem frei stehenden **Einfamilienhaus des Gebäudetyps**	1.01	und einer reduzierten BGF_{red} von	333,95 m²
– einer **Garage des Gebäudetyps**	14.1	und einer reduzierten BGF_{red} von	29,89 m²

gemäß Tabellenwerk der NHK 2010.

Die reduzierte **Brutto-Grundfläche (BGF_{red})** wurde ermittelt nach Anl. 4 zur ImmoWertV auf der Grundlage von Bauzeichnungen:

Abb. 29: Ansicht

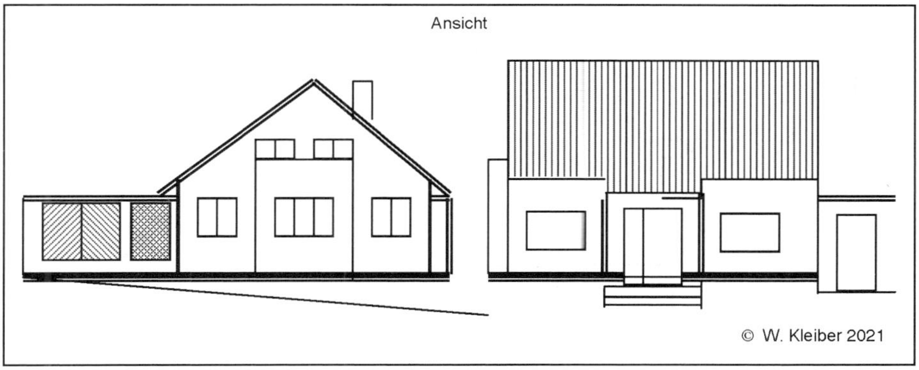

Abb. 30: Grundrisse Keller- und Erdgeschoss

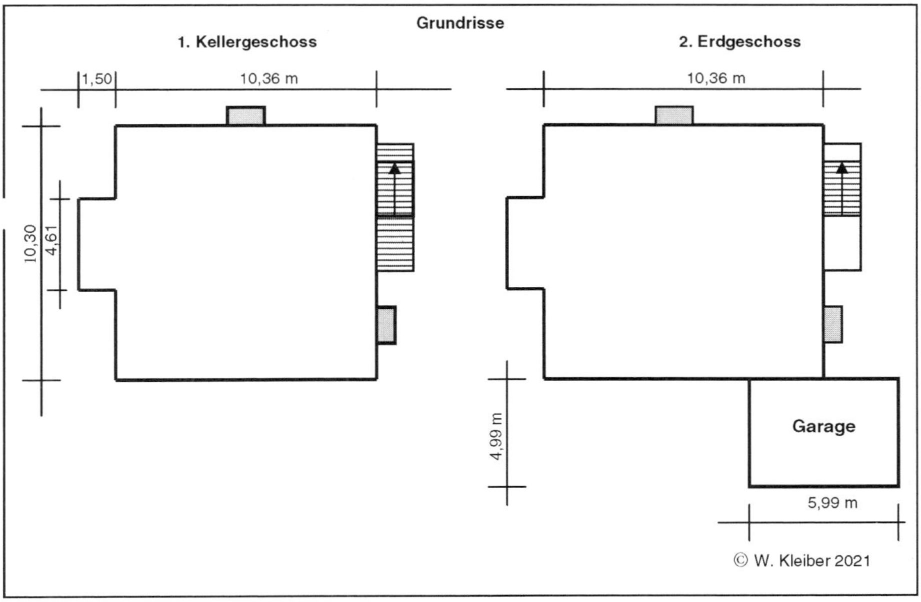

Abb. 31: Grundriss Dachgeschoss

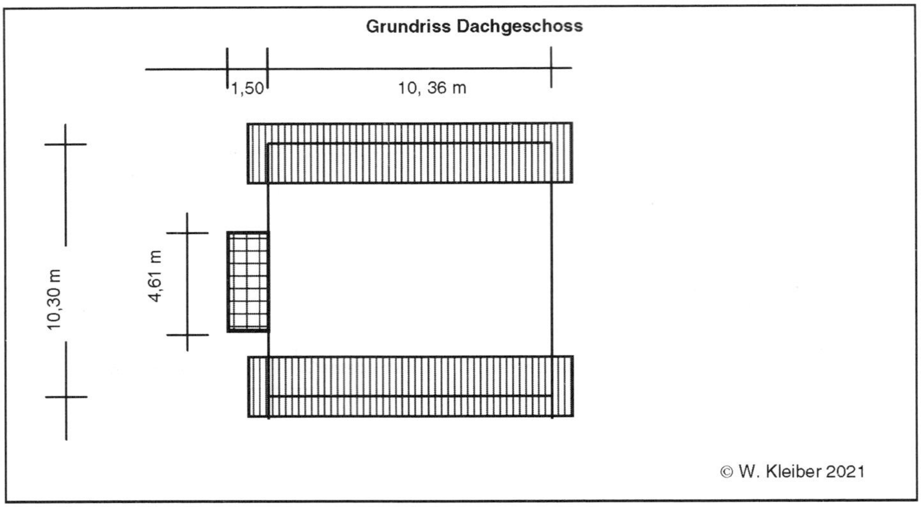

3.2.2 Grundlagen der Ermittlung des Sachwerts

3.2.2.1 Reduzierte Brutto-Grundfläche

▶ *Vgl. Rn. 57 ff.*

275 Zur Ermittlung des vorläufigen Gebäudesachwerts wird zunächst die sog. „reduzierte“ Brutto-Grundfläche (BGF_{red}) auf der Grundlage der **Vorgaben zur Anl. 4 der ImmoWertV** sowie der **Grundrisse** wie folgt ermittelt:

Berechnung der BGF_{red} des *Einfamilienhauses (EFH)*:

Hauptebenen:	10,30 m × 10,36 m × 3 nutzbare Geschosse (KG, EG und DG)	=	320,12 m²
Erker:	4,61 m × 1,50 m × 2 Grundrissebenen (KG und EG)	=	13,83 m²
zusammen	BGF_{red}	=	**333,95 m²**

Nicht berücksichtigt wird nach Anl. 4 zur ImmoWertV der Balkon.

Berechnung der BGF der *Garage* (4,99 m x 5,99 m) **BGF_{red} = 29,89 m²**

3.2.2.2 Gebäudeart

▶ *Vgl. Rn. 100*

276 Zur Ermittlung des (vorläufigen) Gebäudesachwerts ist des Weiteren die **„Gebäudeart“ nach dem Katalog der in der Anl. 4 zur ImmoWertV aufgeführten Gebäudetypen** zu qualifizieren.

Es handelt sich bei den zu bewertenden Gebäuden um folgende Gebäudearten:

– freistehendes Einfamilienhaus des Gebäudetyps 1.01,

– Garage des Garagentyps 14.1.

Für den Gebäudetyp 1.01 weist das Tabellenwerk der NHK 2010 – gegliedert nach den Gebäudestandardstufen 1 bis 5 – folgende Kostenkennwerte aus:

Ein- und Zweifamilienhäuser (freistehend)

Kostenkennwerte für freistehende Einfamilienhäuser
einschließlich Mehrwertsteuer und *Baunebenkosten in Höhe von 17 %*

	Typ		BRI/BGF	BGF/WF	Gebäudestandard 1	2	3	4	5
					NHK in €/m² BGF:				
Keller-, Erdgeschoss **Dachgeschoss voll ausgebaut**		**1.01**	2,83	2,3	**655**	**725**	**835**	**1 005**	**1 260**
						70	110	170	255

14.1 Einzelgaragen/Mehrfachgaragen

Standardstufen	**3**	**4**	**5**
Bauwerk	**245**	**485**	**780**
einschließlich Baunebenkosten i.H. von		12 %	

Standardstufe 3: Fertiggaragen
Standardstufe 4: Garagen in Massivbauweise
Standardstufe 5: Individuelle Garage in Massivbauweise mit besonderen Ausführungen wie Ziegeldach, Gründach, Bodenbelägen, Fliesen o.Ä., Wasser

3.2.2.3 Gebäudestandard

▶ *Vgl. Rn. 52, 102 ff.*

Daneben ist zur Ermittlung des vorläufigen Gebäudesachwerts der **„Gebäudestandard" nach dem Katalog der in Anl. 4 unter III zur ImmoWertV aufgeführten „Standardstufen"** zu ermitteln. 277

Der Gebäudestandard der zu bewertenden baulichen Anlage wird auf der Grundlage einer **Einstufung ihrer Ausstattungsmerkmale (Außenwände, Dächer usw.) nach der „Beschreibung des Gebäudestandards für Ein- und Zweifamilienhäuser, Doppelhäuser, Reihenhäuser"** ermittelt, wobei die jeweiligen Ausstattungsmerkmale anteilig verschiedenen Standardstufen zurechenbar sind.

Unter Berücksichtigung der Wägungsanteile der jeweiligen Ausstattungsmerkmale errechnet sich

– ein gewogener Gebäudestandard	hier	3,39	und
– der entsprechend gewogene Kostenkennwert (NHK)	hier	903 €/m² BGF.	

Berechnungsschema zur Ermittlung eines gewichteten Standards und gewichteter Normalherstellungskosten (NHK 2010)									
Ausstattungsmerkmal	**Anteiliger Vomhundertsatz der Standardeinstufung**					**Wägungsanteil**	**Gebäudestandard**	**anteilige NHK gewichtet**	
	1	2	3	4	5		gew.	€/m^2 BGF$_{red}$	
Außenwände				30		**0,23**	0,76	69,35	€/m^2 BGF$_{red}$
			70					134,44	€/m^2 BGF$_{red}$
Dächer			100			**0,15**	0,45	125,25	€/m^2 BGF$_{red}$
								0,00	€/m^2 BGF$_{red}$
Außentüren und Fenster				100		**0,11**	0,44	110,55	€/m^2 BGF$_{red}$
								0,00	€/m^2 BGF$_{red}$
Innenwände			100			**0,11**	0,33	91,85	€/m^2 BGF$_{red}$
								0,00	€/m^2 BGF$_{red}$
Deckenkonstruktion und Treppen				100		**0,11**	0,44	110,55	€/m^2 BGF$_{red}$
								0,00	€/m^2 BGF$_{red}$
Fußböden			50			**0,07**	0,18	29,23	€/m^2 BGF$_{red}$
		50						25,38	€/m^2 BGF$_{red}$
Sanitäreinrichtungen				60		**0,07**	0,25	42,21	€/m^2 BGF$_{red}$
			40					23,38	€/m^2 BGF$_{red}$
Heizung				100		**0,09**	0,36	90,45	€/m^2 BGF$_{red}$
								0,00	€/m^2 BGF$_{red}$
Sonstige technische Einrichtungen			100			**0,06**	0,18	50,10	€/m^2 BGF$_{red}$
								0,00	€/m^2 BGF$_{red}$
				Σ =		**1,00**			
				Gewogener Standard =			**3,39**		
Typ des zu bewertenden Gebäudes									
Typ 1.01 Kostenkennwerte:	**655**	**725**	**835**	**1005**	**1260**	**Gewogene NHK =**		**903**	**€/m^2 BGF$_{red}$**

3.2.2.4 Modellansatz der Gesamtnutzungsdauer

▶ *Vgl. Rn. 194; § 4 ImmoWertV Rn. 8, 15 ff.*

278 Nach Anl. 1 zur ImmoWertV ergibt sich für ein Einfamilienhaus als **Modellansatz eine Gesamtnutzungsdauer von 80 Jahren**. Die tatsächliche Gesamtnutzungsdauer kann im konkreten Einzelfall hiervon abweichen. Dies soll hier nicht der Fall sein.

3.2.2.5 Sachwertfaktor

▶ *Vgl. Vorbem. zur ImmoWertV Rn. 136 ff.; § 21 ImmoWertV Rn. 5 ff., 136 ff., 157 ff.; § 39 ImmoWertV Rn. 17 ff.*

279 Zur Ermittlung des Marktwerts unter Anwendung des Sachwertverfahrens kann der vom Gutachterausschuss für Grundstückswerte abgeleitete und veröffentlichte Sachwertfaktor herangezogen werden. Bei Beachtung des **Grundsatzes der Modell- und Referenzkonformität**

muss sich die Sachwertermittlung an dem Sachwertmodell und den durchschnittlichen Grundstücksmerkmalen des Referenzgrundstücks ausrichten, das dem Sachwertfaktor zugrunde liegt.

Der einschlägige **Sachwertfaktor** (Basisfaktor) wird im Grundstücksmarktbericht des örtlichen Gutachterausschusses angegeben **mit 0,85 bezogen auf**

– Bodenrichtwert von 350 €/m²	(= 1,00)
– Gebäudestandard von 2,0	(= 1,00)

Der **vorläufige Sachwert** setzt sich nach § 35 ImmoWertV zusammen aus

– dem vorläufigen Gebäudesachwert,

– dem vorläufigen Wertanteil baulicher und sonstiger Außenanlagen (Aufwuchs) und

– dem vorläufigen Bodenwert.

Diese bestimmen sich im Wesentlichen nach

a) dem vom Gutachterausschuss für Grundstückswerte *bei der Ableitung des Sachwertfaktors angewandten Sachwertmodell* und

b) den durchschnittlichen Merkmalen der Grundstücke, die der Ableitung des einschlägigen Sachwertfaktors zugrunde liegen (Grundstücksmerkmale des Referenzgrundstücks).

Zum einschlägigen hier heranzuziehenden **Sachwertfaktor** werden vom Gutachterausschuss folgende Angaben gemacht:

– Der **bei der Ableitung des Sachwertfaktors angesetzte (vorläufige)** ***Gebäudesachwert*** wurde methodisch ermittelt auf der Grundlage
  – der Kostenkennwerte der NHK 2010 ohne Berücksichtigung von abweichenden Baunebenkosten,
  – der Baupreisindexreihe des Statistischen Bundesamtes,
  – einer linearen Alterswertminderung nach § 39 ImmoWertV,
  – des sich nach Anl. 1 zur ImmoWertV ergebenden Modellansatzes der Gesamtnutzungsdauer (GND),
  – ohne ergänzende Berücksichtigung der vom Üblichen abweichenden c-Flächen (i.S. der DIN 277) und der mit den Normalherstellungskosten nicht erfassten besonderen Bauteile i.S. von § 36 Abs. 2 Satz 3 ImmoWertV),
  – ohne Berücksichtigung von baulichen Außenanlagen und sonstigen Anlagen (Aufwuchs),
  – eines **Regionalisierungsfaktors von 1,2** sowie
  – ohne Berücksichtigung besonderer objektspezifischer Grundstücksmerkmale i.S. des § 8 Abs. 3 ImmoWertV.

– Der **bei der Ableitung des Sachwertfaktors angesetzte (vorläufige)** ***Bodenwert*** wurde methodisch ermittelt auf der Grundlage
  – von Bodenrichtwerten erschließungsbeitragsfreier (ebf) Grundstücke ohne Berücksichtigung von Abweichungen der einzelnen Grundstücke im Verhältnis zu den in der Bodenrichtwertkarte angegebenen Eigenschaften des Bodenrichtwertgrundstücks (GFZ, abgabenrechtlicher Zustand usw.), von abweichenden Baunebenkosten,
  – von einer marktüblichen Grundstücksgröße von 500 m².

- Der Ableitung des herangezogenen Sachwertfaktors liegen *Kaufpreise von Grundstücken* zugrunde, **deren Gebäude**
  - in den Jahren 1980 bis 2000 errichtet und ordnungsgemäß instand gehalten wurden,
  - einen durchschnittlichen Erhaltungszustand und keine wesentlichen Baumängel oder Bauschäden aufwiesen,
  - besondere Bauteile und c-Flächen in einem üblichen Umfang von 1 % der Herstellungskosten aufwiesen,
  - einen Gebäudestandard von 3,0, eine durchschnittliche Wohnfläche von rd. 140 m² und eine lichte Geschosshöhe von 2,80 m aufwiesen und
  - auch sonst keine besonderen objektspezifischen Grundstücksmerkmale i.S. des § 8 Abs. 3 ImmoWertV aufwiesen.

  Darüber hinaus wurden die Sachwertfaktoren gestaffelt nach der Höhe des Sachwerts angegeben.
- Die *Grundstücke*, deren Kaufpreise zur Ableitung des herangezogenen Sachwertfaktors herangezogen wurden, wurden **marktüblich genutzt** und wiesen insbesondere
  - keine vom marktüblich erzielbaren Ertrag abweichende Erträge und Bewirtschaftungskosten,
  - keinen von der marktüblichen Leerstandsrate abweichenden Leerstand und
  - keine Abweichung der tatsächlichen von der zulässigen bzw. lagetypischen Nutzung auf.
- Der bei der Ableitung des Sachwertfaktors angesetzte ***Wertanteil der baulichen und sonstigen Außenanlagen*** wurde methodisch auf der Grundlage durchschnittlicher Pauschalen der (vorläufigen) alterswertgeminderten Herstellungskosten des Gebäudes (Vomhundertsatz) ohne Berücksichtigung besonderer objektspezifischer Grundstücksmerkmale i.S. des § 8 Abs. 3 ImmoWertV) ermittelt.

Die für Einfamilienhäuser ermittelten Sachwertfaktoren wurden unter Einbeziehung des Gebäudesachwerts einer Garage und differenziert nach Lageverhältnissen ermittelt, wobei diese sich nach der Höhe des Bodenrichtwerts ergeben (hier Bodenrichtwert 200 bis 300 €/m²).

3.2.2.6 Ermittlung des zum Sachwertfaktor kompatiblen Bodenwerts

280 Der Bodenwert des zu bewertenden Grundstücks ist nach Maßgabe des § 35 Abs. 2 Nr. 3 i.V.m. den §§ 40–43 ImmoWertV zu ermitteln. Bei der Ermittlung des vorläufigen Sachwerts unter Heranziehung von Sachwertfaktoren wird unter Beachtung des Grundsatzes der Modellkonformität der vorläufige Bodenwert ermittelt

a) auf der Grundlage des einschlägigen Bodenrichtwerts sowie
b) einer **Bodensondierung nach § 43 ImmoWertV**, d.h. einer Aufteilung des Grund und Bodens
   - in eine dem Sachwertfaktor zugrunde liegende „marktübliche Grundstücksgröße" und die davon abweichenden Grundstücksrestfläche sowie
   - nach Flächenanteilen unterschiedlicher Wertigkeit (Vorder- und Hinterland).

Dem **Grundstücksmarktbericht des Gutachterausschusses** können entnommen werden:
- die durchschnittlichen im Gemeindegebiet anfallenden Erschließungsbeiträge: 30 €/m² Baugrundstücksfläche,

- der durchschnittlicher Wertansatz für gartenmäßig genutztes Hinterland: 30 v.H. des Bodenrichtwerts (Vorderland),
- der Wertabschlag bei Nordausrichtung von Ein- und Zweifamilienhäusern: 5 %.

Ermittlung des tatsächlichen Bodenwerts des Gesamtgrundstücks sowie des **zum Sachwertfaktor kompatiblen Bodenwerts**:

			Bodenwert	
		BRW	kompatibel zum	
		€/m²	Sachwertfaktor	tatsächlich
Gesamtfläche	1 000 m²			
Baulandanteil*	500 m²	250	125 000 € (ebf)	125 000 €
Restfläche	500 m²			
Wertansatz (Restfläche)	30 %			37 500 €
Zwischenwert				**162 500 €**
Sonstige Zu- und Abschläge				
Abschlag wegen Erschließungsbeitrags	30 €/m²			– 15 000 €
Zuschlag wegen bevorzugter Lage	10 %			+ 16 250 €
Abschlag wegen Nordausrichtung	5 %			– 8 125 €
....				€
....				€
Bodenwert (kompatibel zum Sachwertfaktor)			**125 000 € (ebf)**	
Bodenwert des Gesamtgrundstücks	**(ebpf)**			**155 625 €**

* Regelfläche gemäß Erläuterungen zum Sachwertfaktor i.V. mit der Attribuierung des ausgewiesenen Bodenrichtwerts

3.2.2.7 Objektspezifisch angepasster Sachwertfaktor

Der einschlägige Sachwertfaktor (Basisfaktor) von 0,85 bezieht sich auf einen **281**

- Bodenrichtwert von 350 €/m² (= 1,00)
- Gebäudestandard von 2,0 (= 1,00)

Bodenrichtwert des z u bewertenden Grundstücks 250 €/m² **Umrechnungskoeffizient** 0,89

Gebäudestandard des zu bewertenden Grundstücks 3,4 **Umrechnungskoeffizient** 1,20

Hieraus folgt:

Objektspezifisch angepasster Sachwertfaktor 0,85 x 0,89 x 1,20 = 0,9078

3.2.2.8 Modellkonforme Ermittlung des Marktwerts unter Anwendung des Sachwertverfahrens

Sachwertermittlung **1. Vorläufiger Sachwertanteil der baulichen Anlage (vorläufiger Gebäudesachwert)**		
Gebäude	**Einfamilienhaus (1.01)**	**Garage (14.1)**
Reduzierte Brutto-Grundfläche (BGF_{red})	333,95 m²	29,89 m²
(gewichteter) Gebäudestandard (vgl. Berechnungsblatt)	3,39	5,00
(gewichteter) Kostenkennwert nach NHK 2010* *im Jahr 2010*	**903,00 €/m² BGF_{red}**	**780,00 €/m² BGF_{red}**
nachrichtlich darin enthaltene Baunebenkosten	17 %	12 %

* Berechnung des Kostenkennwerts nach gewichtetem Gebäudestandard (vgl. Rn. 283).

Umrechnung auf den Wertermittlungsstichtag	**01.02.2020**		
Baupreisindexreihe Basis: 2015 = 100			
Baupreisindex zum Wertermittlungsstichtag	120,8		
Baupreisindex des Bezugsstichtags der NHK 2010	90,1		
Indexfaktor 120,8/90,1 =	=	1,34073	1,34073
Regionalfaktor		1,2	1,2
Reduzierte Brutto-Grundfläche		333,95	29,89
Gewöhnliche Herstellungskosten zum Wertermittlungsstichtag		1 452,81 €/m² BGF_{red}	1 254,92 €/m² BGF_{red}
Gewöhnliche Herstellungskosten insgesamt (eines Neubaus)		**485 166 €**	**37 580 €**

Alterswertminderung (§ 39 ImmoWertV)			
(Fiktives) Baujahr		1998	1998
(Fiktives) Alter		22 Jahre	22 Jahre
Modellansatz der üblichen Gesamtnutzungsdauer nach Anl. 1 zur ImmoWertV		80 Jahre	60 Jahre
vorläufige Restnutzungsdauer		58 Jahre	38 Jahre
Alterswertminderungsfaktor = 58 Jahre/80 Jahre (EFH) =		0,725	
Alterswertminderungsfaktor = 38 Jahre/60 Jahre (Garage) =			0,63339
Alterswertminderung	in v.H. der Herstellungskosten	27,50 %	36,76 %
	als Betrag	133 421 €	13 754 €
Vorläufige alterswertgeminderte Gebäudesachwerte		**351 745 €**	**23 756 €**
	zusammen	**375 501 €**	

2. Vorläufiger Sachwertanteil der baulichen Außenanlagen und sonstigen Anlagen*		
Pauschaler dem Sachwertfaktor zugrundeliegender Ansatz in v.H. der alterswertgeminderten Gebäudesachwerte	3 %	**+ 11 265 €**

* entfällt, wenn bei der Ableitung des Sachwertfaktors nicht angesetzt wird, aber ortsüblich ist

3. Vorläufiger mit dem Sachwertaktor kompatibler Bodenwertanteil		
Gesamtfläche des Grundstücks, davon	1 000 m²	
mit dem Sachwertfaktor kompatibler Flächenanteil	500 m²	
Bodenrichtwert (ebf)	× 250 €/m²	**+ 125 000 €**
nachrichtlich verbleibende Restfläche	+ 500 m²	

4. Vorläufiger Sachwert (1 + 2 + 3)			**= 511 766 €**
Sachwertfaktor (Ausgangswert)	350	€/m² (= 100)	× 0,85
bezogen auf Bodenrichtwert	2,0	(= 100)	
bezogen auf Gebäudestandard			
Objektspezifisch angepasster Sachwertfaktor			
bezogen auf Bodenrichtwert	250	€/m² Umrechnungskoeffizient x 1,2	
bezogen auf Gebäudestandard	3,4	Umrechnungskoeffizient x 0,89	
Marktangepasster vorläufiger Sachwert			**464 581 €**

Subsidiäre Berücksichtigung besonderer objektspezifischer Grundstücksmerkmale (§ 8 Abs. 3 ImmoWertV) Soweit nicht bereits mit dem vorläufigen Sachwert oder dem Sachwertfaktor berücksichtigt			
1. Gebäudebezogene Besonderheiten			
– Wertanteil der mit dem Sachwertfaktor bzw. einer Pauschale nicht erfassten besonderen Bauteile, Einrichtungen bzw. Vorrichtungen und c-Flächen			
1 Kellertreppe		entfällt	€
1 Balkon			
2 Lichtkästen			
– Wirtschaftliche Überalterung		entfällt	€
– Überdurchschnittlicher Erhaltungszustand		entfällt	
– Baumängel und Bauschäden		entfällt	€
– Vermietung		entfällt	€
– vom marktüblich erzielbaren Ertrag abweichende Erträge		entfällt	€
– von marktüblich anfallenden Bewirtschaftungskosten abweichende Kosten			
– außergewöhnliche Baunebenkosten, usw.		entfällt	€
	Summe	entfällt	**€**
2. Besondere bauliche Außenanlagen und sonstige Anlagen (Aufwuchs)			
Nur soweit sie „nutzbar" i.S. des § 21 Abs. 1 Satz 1 ImmoWertV sind und nicht bereits mit dem Bodenwert, dem Sachwertfaktor oder einer Pauschale berücksichtigt worden sind			
Werterhöhung wegen –			
Wertminderung wegen –			
	Summe		**€**
	entfällt hier, weil die Außenanlagen und sonstigen Anlagen nur unerheblich von denen abweichen, die entsprechend dem herangezogenen Sachwertfaktor hier pauschaliert angesetzt wurden		

3. Bodenbezogene Besonderheiten				
Restfläche	500 m²			
Wertanteil in v.H. des Bodenrichtwerts 30 % von	250 €/m²		+ 37 500	€
abzuziehende Freilegungskosten (§ 16 Abs. 3 ImmoWertV)			entfällt	
Abweichende Nutzung nach § 16 Abs. 4 ImmoWertV			entfällt	
Abgabenrechtliche Besonderheiten		ebpf	– 15 000	€
Abweichende Lagemerkmale		bevorzugte Lage	+ 16 250	€
		Nordausrichtung	– 8 125	€
		Summe	**30 625**	**€**
4. Besondere Rechte und Belastungen				
z.B. Wegerecht			entfällt	
		Summe		**€**
Summe der subsidiär zu berücksichtigenden Grundstücksmerkmale			**30 625**	**€**

Sachwert (Marktwert)	**495 206 €**
= marktangepasster vorläufiger Sachwert + subsidiär zu berücksichtigende besondere Grundstücksmerkmale (boG)	**rd. 500 000 €**

282 4 Sonderfälle

4.1 Gebäudesachwert bei Gebäudemix (Teilunterkellerungen und Anbauten)

4.1.1 Gebäudemix

283 Bei einem **Gebäude, das sich** zumeist als wirtschaftliche Einheit **aus unterschiedlichen Gebäudearten zusammensetzt**, spricht man von einem Gebäudemix. Der Gebäudesachwert kann in derartigen Fällen grundsätzlich auf der Grundlage

a) der jeweiligen Teilbereiche (z.B. unterschiedliche Gebäudearten, Nutzungen, Standardstufen, Ausbaugrade) sowie

b) nach entsprechend gewichteten Kostenkennwerten (Mischkalkulation)

ermittelt werden.

Soll der Sachwert von Gebäuden, die sich aus unterschiedlichen Gebäudearten zusammensetzen, auf der Grundlage der verschiedenen Teilbereiche (vgl. Abb. 32) ermittelt werden, sind die jeweiligen Flächenanteile (d.h. die dafür ermittelte BGF_{red}) mit den jeweiligen vom Gebäudestandard abhängigen Kostenkennwerten zu multiplizieren und die Produkte aufzusummieren.

Bilden die Gebäudeteile eine **wirtschaftliche Einheit,** ist die Alterswertminderung regelmäßig auf der Grundlage einer einheitlichen Restnutzungsdauer zu bemessen.

Abb. 32: Gebäudemix

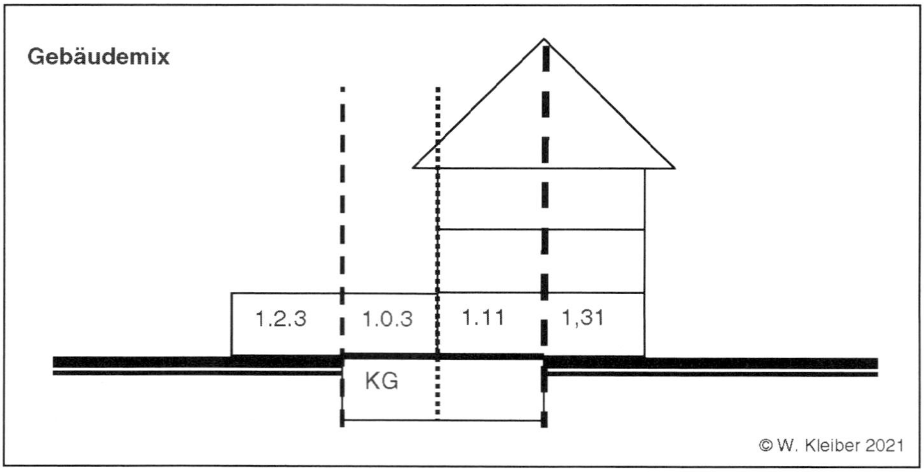

284 Soll der Sachwert von Gebäuden, die sich aus unterschiedlichen Gebäudearten zusammensetzen, auf der Grundlage entsprechend **gewichteter Kostenkennwerte (Mischkalkulation)** ermittelt werden, muss der relative Flächenanteil (in v.H. der Gesamtfläche des Gebäudes) der Teilflächen ermittelt werden, um daraus den gewichteten Kostenkennwert abzuleiten, der dann auf die Gesamtfläche des Gebäudes zur Anwendung kommen kann. Dies soll nachfolgend an einem *Beispiel* vorgestellt werden.

4.1.2 Teilunterkellerung

Für ein teilunterkellertes Gebäude, das sich zu 55 % aus dem Gebäudetyp 2.11 und zu 45 % **285**
aus dem Gebäudetyp 2.31 zusammensetzt, wird nachfolgend der **gewichtete Kostenkennwert** ermittelt:

Mischkalkulation:

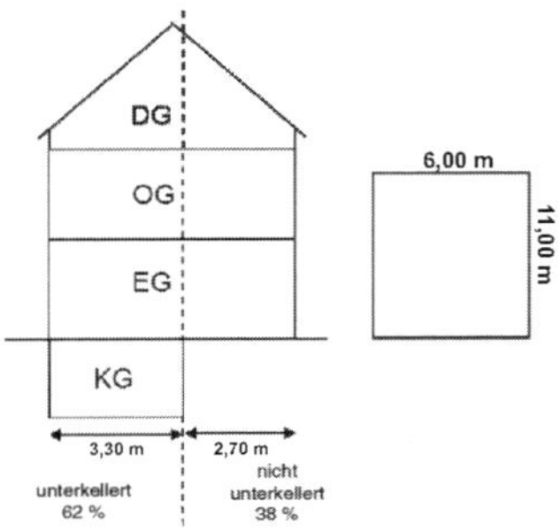

Gebäudedaten

Reihenendhaus	teilweise unterkellert, Erdgeschoss, Obergeschoss, ausgebautes Dachgeschoss, Standardstufe 3	

Gebäudeart der NHK 2010

Gebäudeart unterkellert	2.11	785 €/m² BGF_{red}
Gebäudeart nicht unterkellert	2.31	865 €/m² BGF_{red}

Unterkellerter Gebäudeteil:	Grundfläche:	3,30 m × 11 m =	36,30 m²			
	BGF_{red}:	4 Ebenen	36,30 m²	**× 4**	=	145,20 m²
Nicht unterkellerter Gebäudeteil:	Grundfläche	2,70 m × 11 m =	29,70 m²			
	BGF_{red}:	3 Ebenen	29,70 m³	× 3	=	89,10 m²
Summe					=	234,30 m²

Gewichteter Kostenkennwert

= 61,97 % × 785 €/m² BGF_{red} + 38,03 % × 865 €/m² BGF_{red}

= 815,42 €/m² BGF_{red}

Herstellungskosten = 815,42 €/m² BGF_{red} × 234,30 m² = 191 053 €

Ermittlung nach Flächenanteilen

Herstellungskosten

= 145,20 m² BGF_{red} × 785 €/m² BGF_{red} + 89,10 m² BGF_{red} × 865 €/m² BGF_{red} = 191 053 €

Herstellungskosten **rd. 190 000 €**

286 Die **Normalherstellungskosten einzelner Geschossebenen** lassen sich auch im Wege eines Schnittvergleichs ermitteln. Dies soll am vorstehenden *Beispiel* eines teilunterkellerten Reihenendhauses erläutert werden:

Abb. 33: Schnittvergleich

Typ Reihenendhaus	Gebäudestandard				
	1	2	3	4	5
2.11 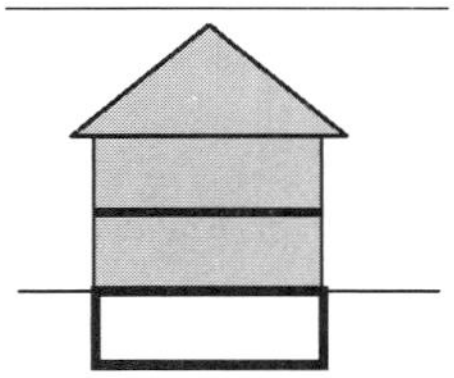	615 €/m²	685 €/m²	785 €/m²	945 €/m²	1 180 €/m²
2.31 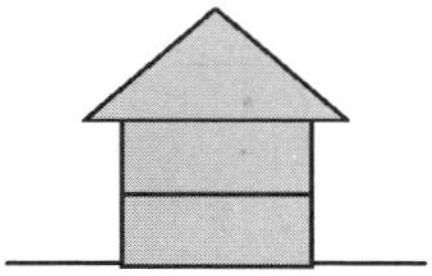	675 €/m²	750 €/m²	865 €/m²	1 040 €/m²	1 300 €/m²

	4 Ebenen × 785 €/m²	(Typ 2.11, Gebäudestandard 3,0)	=	3 140 €/m²
–	3 Ebenen × 865 €/m²	(Typ 2.31, Gebäudestandard 3,0)	=	– 2 595 €/m²
=	1 m² Kellergeschoss		=	545 €/m²

Die Normalherstellungskosten (2010) pro Quadratmeter Kellergeschoss eines zweigeschossigen Reihenendhauses betragen 545 €/m² BGF_{red}. Das Ergebnis soll mit den Ergebnissen des vorstehenden *Beispiels* verglichen werden:

287 **Ermittlung der Herstellungskosten:**

1. Kostenkennwert für Gebäudetyp 2.31 bei Gebäudestandard 3,0	865 €/m² BGF	
2. BGF_{red} des Gebäudes = 6,00 m × 11,00 m × 3 Ebenen	198 m²	
3. Gesamtherstellungskosten (198 m² × 865 €/m²)	171 270 €	171 270 €
Ergänzende Berücksichtigung des Kellergeschosses		
4. BGF_{red} des Kellergeschosses = 3,30 m × 11,00 m =	36,30 m²	
5. Normalherstellungskosten pro Quadratmeter Kellergeschoss	545 €/m² BGF	
6. Herstellungskosten des Kellergeschosses (36,30 m² × 545 €/m²) =	19 783 €	19 783 €
Gesamtherstellungskosten		**191 053 €**

Das Ergebnis entspricht exakt den oben ermittelten Herstellungskosten.

288 Die vorstehend ermittelten NHK pro 1 m² Kellergeschoss können nicht verallgemeinernd auf andere Gebäudetypen übertragen werden. Sie sind insbesondere von

- der Anzahl der Geschosse und
- dem Dachtypus

abhängig, wie das nachfolgende *Beispiel* zeigt:

Beispiel 2:

Teilunterkellertes Einfamilienhaus

BGF_{red} des Obergeschosses	300 m²
BGF_{red} des Kellergeschosses	100 m²
BGF_{red} (gesamt)	400 m²

Das Gebäude ist damit zu 2/3 ein Gebäude des Typs 1.23 und zu 1/3 ein Gebäude des Typs 1.03.

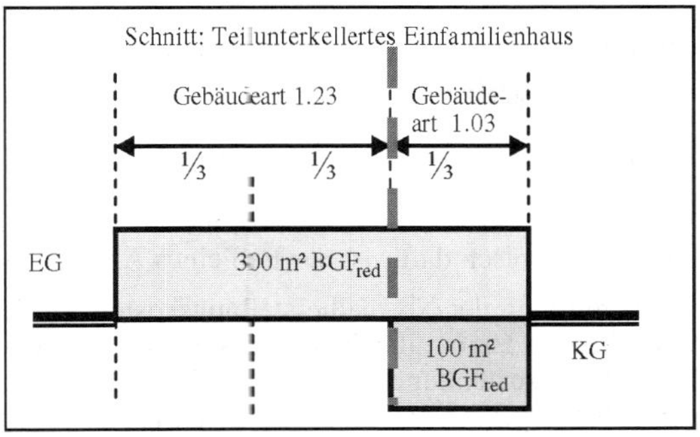

Berechnung nach Teilbereichen (Gebäudestandard 3):

Typ 1.23:	200 m² ×	1 180 €/m² =	236 000 €	(200 m² des Obergeschosses)
Typ 1.03:	200 m² ×	900 €/m² =	180 000 €	(100 ² im OG und 100 m² im KG)
zusammen	400 m²	=	416 000 €	

Berechnung unter gesonderter Berücksichtigung des Kellergeschosses (Gebäudestandard 3):

OG (Typ 1.23):	300 m² ×	1 180 €/m² =	354 000 €	
KG	100 m² ×	620 €/m² =	62 000 €	*siehe nachfolgende Ermittlung*
Zusammen:	400 m²	=	416 000 €	*Ergebnis wie vorstehend*

NHK für ein Kellergeschoss eines Einfamilienhauses (Abb. 34, Flachdach, Gebäudestandard 3,0):

Abb. 34: Schnittvergleich

Typ	Gebäudestandard 1	2	3	4	5
1.03 	**705 €/m²**	**785 €/m²**	**900 €/m²**	**1 085 €/m²**	**1 360 €/m²**
Geschosshöhe 3,02 m					
1.23 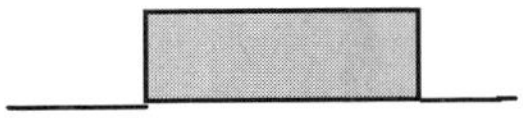	**920 €/m²**	**1 025 €/m²**	**1 180 €/m²**	**1 420 €/m²**	**1 775 €/m²**
Geschosshöhe 3,51 m					

	2 Ebenen ×	900 €/m²	(Typ 1.03, Gebäudestandard 3,0)	=	1 800 €/m²
–	1 Ebene ×	1 180 €/m²	(Typ 1.23, Gebäudestandard 3,0)	=	– 1 180 €/m²
=	1 m² Kellergeschoss			=	620 €/m²

Für 1 m² Kellergeschoss in einem eingeschossigen Einfamilienhaus (Gebäudestandard 3,0) ergeben sich Normalherstellungskosten (2010) von 620 €/m²

290 Es fällt auf, dass beide Berechnungsmethoden zu exakt demselben Ergebnis führen, wobei die bei der Ausgangsberechnung angesetzten Normalherstellungskosten des Kellergeschosses ohne Berücksichtigung der unterschiedlichen Geschosshöhen der Typen 1.03 und 1.23 ermittelt wurden. Dies lässt darauf schließen, dass die Kostenkennwerte der NHK 2010 aufeinander „abgestimmt" wurden.

4.1.3 Gebäudeanbau

291 Vielfach ist es erforderlich, die Normalherstellungskosten eines Vollgeschosses gesondert zu ermitteln. Typisch dafür ist der Fall eines Anbaus (Abb. 35).

Die Ermittlung der Normalherstellungskosten auf der Grundlage der Kostenkennwerte eines freistehenden Einfamilienhauses des Typs 1.11 und eines gesonderten Ansatzes der Normalherstellungskosten für den Anbau auf der Grundlage des Typs 1.23 würde nicht zu einem sachgerechten Ergebnis führen, da mit den für den Typ 1.23 im Tabellenwerk angegebenen Normalherstellungskosten die gesamte Haustechnik Berücksichtigung finden würde, die aber bereits mit den Normalherstellungskosten des Typs 1.11 erfasst ist.

Abb. 35: Anbau

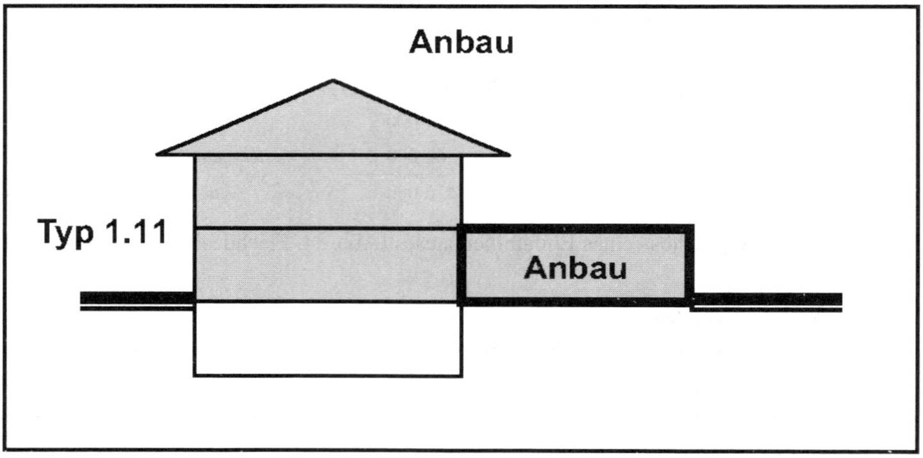

292 Bei einem Gebäudestandard von 3,0 ergäben sich für den Typ 1.23 – bezogen auf 2010 – Normalherstellungskosten von 1 180 €/m². Diese sind aus vorstehenden Gründen zu hoch. Im Rahmen eines Schnittvergleichs ergeben sich für den Anbau gerade einmal Normalherstellungskosten von rd. 835 €/m² BGF_{red}.

Beispiel: **293**

NHK für ein Vollgeschoss eines zweigeschossigen Einfamilienhauses (Abb. 36, Satteldach, Gebäudestandard 3,0); Typen 1.01 und 1.11:

Abb. 36: Schnittvergleich für freistehendes Einfamilienhaus

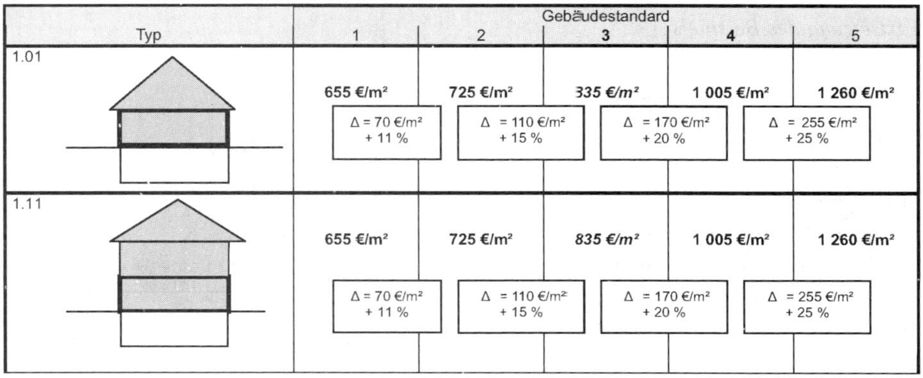

	4 Ebenen × 835 €/m²	(Typ 1.11, Gebäudestandard 3,0)	=	3 340 €/m²
–	3 Ebenen × 835 €/m²	(Typ 1.01, Gebäudestandard 3,0)	=	– 2 505 €/m²
=	1 m² Vollgeschoss		=	835 €/m²

Die Normalherstellungskosten 2010 pro 1 m² Vollgeschoss eines zweigeschossigen Einfamilienhauses mit Satteldach betragen rd. 835 €/m².

Für ein Vollgeschoss eines zweigeschossigen Reihenmittelhauses (Abb. 37, Satteldach, Gebäudestandard 3,0) der Typen 3.01 und 3.11 ergeben sich aus nachfolgender Vergleichsberechnung geringere Normalherstellungskosten pro Quadratmeter Vollgeschoss: **294**

Abb. 37: Schnittvergleich für Reihenmittelhaus

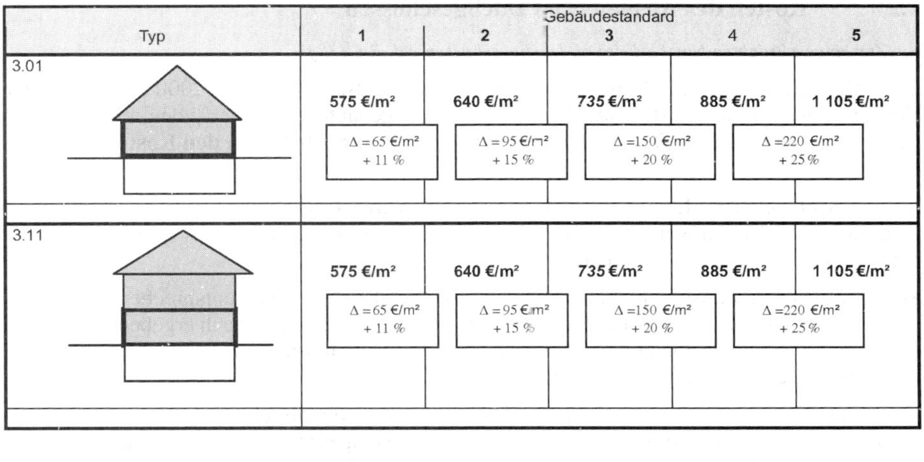

	4 Ebenen × 735 €/m²	(Typ 3.11 Gebäudestandard 3,0)	=	2 940 €/m²
–	3 Ebenen × 735 €/m²	(Typ 3.01 Gebäudestandard 3,0)	=	– 2 205 €/m²
=	1 m² Vollgeschoss		=	735 €/m²

Die Normalherstellungskosten (2010) pro 1 m² Vollgeschoss eines zweigeschossigen Reihenmittelhauses mit Satteldach betragen 735 €/m² und fallen damit um 100 €/m² geringer als die eines (analogen) zweigeschossigen Einfamilienhauses aus. Dies ist nur auf dem ersten Blick plausibel, denn tatsächlich erfordern Reihenhäuser mit vergleichsweise kleinteiliger Aufteilung i.d.R. höhere Bauleistungen pro Quadratmeter BGF_{red} als Einfamilienhäuser mit großzügigerem Grundriss.

295 *Fortsetzung des Beispiels:*

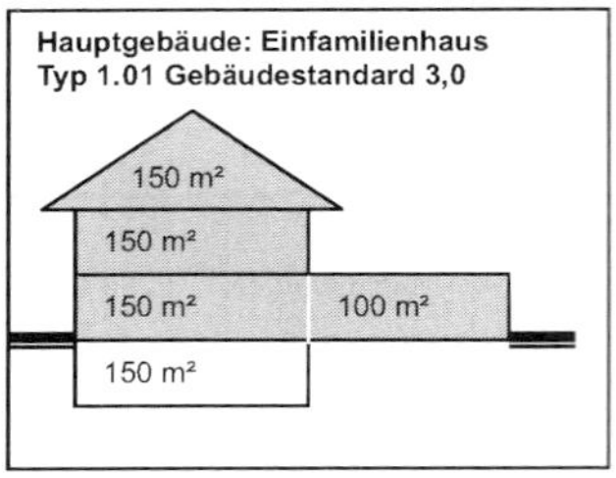

Berechnungsalternativen:

Alternative 1		**Alternative 2**	
Berücksichtigung des Anbaus nach Maßgabe vorstehender Berechnung		Berücksichtigung des Anbaus als Typ 1.23 mit 1 180 € /m²	
BGF: 150 m² x 4 Geschosse			
600 m² x 835 € /m² =	501 000 €	600 m² x 835 € /m² =	501 000 €
+ 100 m² x 835 € /m² =	81 700 €	100 m² x 1 180 € /m² =	118 000 €
= 700 m²	582 700 €	700 m² =	619 000 €

Δ = 36 300 €

Beiden Berechnungen kann nicht uneingeschränkt gefolgt werden, weil

- Alternative 1 die Gründungskosten unzureichend berücksichtigt und
- Alternative 2 nicht dem Umstand Rechnung trägt, dass beim Anbau die Kosten für Versorgungsleitungen und die innere Erschließung nicht anfallen.

Die „Lösung“ liegt zwischen den Alternativlösungen. Unter Berücksichtigung der Gründungskosten ergeben sich „gerundete Herstellungskosten von 600 000 €.

4.1.4 Spitzboden

▶ *Vgl. Rn. 125 ff.; zur Nutzbarkeit des Dachgeschosses vgl. § 8 ImmoWertV Rn. 213.*

4.2 Kosten des Ausbaus von Dachgeschossen

▶ *Zur eingeschränkten Nutzbarkeit von Dachgeschossen vgl. Rn. 138 ff.*

296 Das Tafelwerk der NHK 2010 unterscheidet wie das Tafelwerk der NHK 2000 im Bereich der Ein- und Zweifamilienhäuser nach Gebäuden mit ausgebautem und Gebäuden mit nicht ausgebautem Dachgeschoss. Der **Dachausbau geht damit unmittelbar in den Kostenkennwert** ein.

Bei der Sachwertermittlung von Gebäuden, deren Dachgeschoss nur teilweise ausgebaut ist, kann der Gebäudesachwert zunächst auf der Grundlage des Gebäudetyps ermittelt werden, dem das zu bewertende Gebäude überwiegend entspricht.

a) Ist das Dachgeschoss zu mehr als 50 % ausgebaut, ist z.B. von dem entsprechenden Gebäudetyp mit ausgebautem Dachgeschoss auszugehen und der sich danach ergebene Gebäudesachwert ist um die entsprechenden Dachgeschossausbaukosten der nicht ausgebauten Flächenanteile des Dachgeschosses zu vermindern.

b) Ist das Dachgeschoss zu weniger als 50 % ausgebaut, so empfiehlt es sich umgekehrt, zunächst vom Gebäudetyp mit nicht ausgebautem Dachgeschoss auszugehen und den sich danach ergebenden Gebäudesachwert um die entsprechenden Dachgeschossausbaukosten der ausgebauten Flächenanteile des Dachgeschosses zu erhöhen.

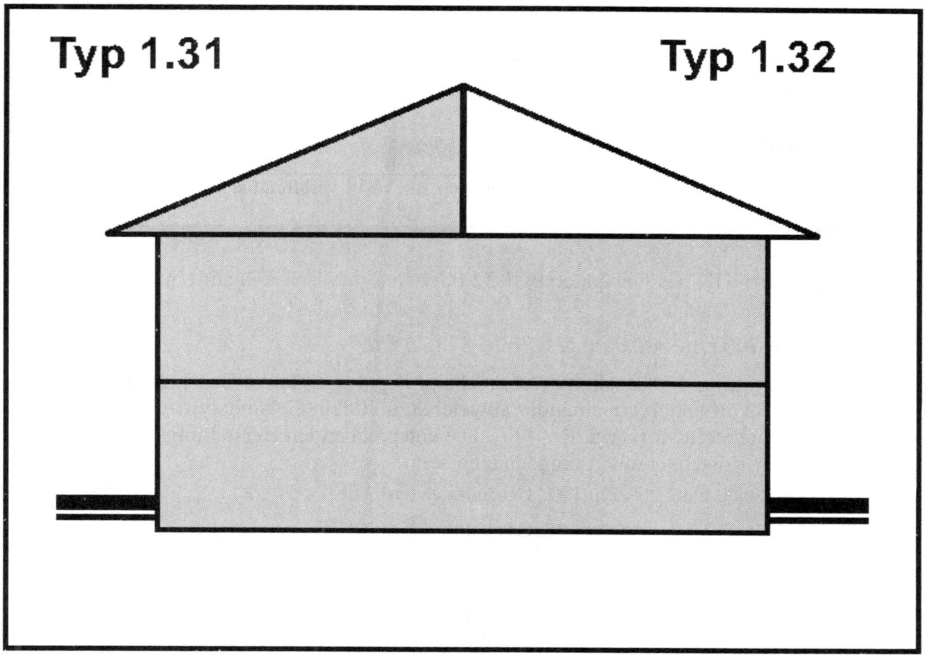

Die **Dachgeschossausbaukosten** ergeben sich wiederum aus dem Unterschied der Normalherstellungskosten des jeweiligen Gebäudetyps mit ausgebautem Dachgeschoss und ohne Ausbau. 297

Beispiel 298

Unterschied der NHK zwischen ausgebautem und nicht ausgebautem Dachgeschoss eines nicht unterkellerten Einfamilienhauses (Abb. 38, zweigeschossiges Einfamilienhaus, Gebäudestandard 3,0), Typen 1.31 und 1.32.

Abb. 38: Schnittvergleich zum Dachausbau

Typ	Gebäudestandard				
	1	2	3	4	5
1.31 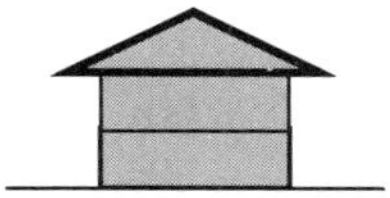	720 €/m²	800 €/m²	920 €/m²	1 105 €/m²	1 385 €/m²
Geschosshöhe 2,97 m (die Geschosshöhe ist der vom BMVBW veröffentlichten Vorversion entnommen (GuG 2012, 30))					

1.32 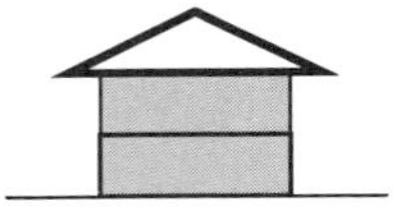	**620 €/m²**	**690 €/m²**	**790 €/m²**	**955 €/m²**	**1 190 €/m²**
Geschosshöhe 2,67 m (die Geschosshöhe ist der vom BMVBW veröffentlichten Vorversion entnommen (GuG 2012, 30))					

Umrechnung der NHK des Gebäudetyps 1.32 (Gebäudestandard 3,0) auf eine Geschosshöhe von 2,97 m:

$NHK_{GH = 2,97\ m} = 790$ €/m² × 2,97 m/2,67 m = 878,76 €/m²

Eine Berücksichtigung der Geschosshöhe erscheint angezeigt, da die Geschosshöhen der Typen 1.31 und 1.32 erheblich voneinander abweichen und dem Gebäudetyp 1.31 ein Drempel von 1 m Höhe unterstellt wird (vgl. Rn. 117). Die entsprechenden Herstellungskosten müssten dann auch in den Kostenkennwert eingegangen sein.

	3 Ebenen × 920,00 €/m²	(Typ 1.31, Gebäudestandard 3,0)	=	2 760,00 €/m²
–	3 Ebenen × 878,75 €/m²	(Typ 1.32, Gebäudestandard 3,0)	=	– 2 636,25 €/m²
=	Differenz (Dachausbau)		=	124,75 €/m²

Die Normalherstellungskosten für den Ausbau von 1 m² einer nutzbaren Dachgeschossfläche betragen unter Berücksichtigung der unterschiedlichen Geschosshöhen im Beispiel rd. 125 €/m². Ohne Berücksichtigung der unterschiedlichen Geschosshöhen ergäben sich Dachausbaukosten von 390 €/m².

299 Die **Kosten für den Ausbau des Dachgeschosses** fallen je nach Gebäudetyp und Ausstattungsstandard unterschiedlich aus. Sie sind erwartungsgemäß bei frei stehenden Einfamilienhäusern mit gehobenem Gebäudestandard am höchsten.

300 **Bei Reihenhäusern, die nur ein Erd- und ein Dachgeschoss aufweisen, ergeben sich geringere Ausbaukosten als bei mehrgeschossigen Reihenhäusern**. Dies dürfte darauf zurückzuführen sein, dass diese Reihenhäuser zwangsläufig eine geringe Wohnfläche aufweisen und die Dachgeschosse regelmäßig bereits für den endgültigen Ausbau vorbereitet sind. Dies gilt insbesondere für kellerlose Reihenhäuser. Für diese Auslegung spricht auch, dass sich für Reihenhäuser in auffälliger Weise deutlich geringere Ausbaukosten als für freistehende Einfamilienhäuser ergeben.

Abb. 39: Einfamilienhaus

Kosten des Dachgeschossausbaus in €/m² BGF_{red} (Baujahr 2010)				
Gebäudestandard	**Typ** 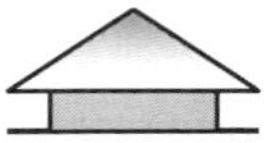 **1.21/1.22**	**Typ** 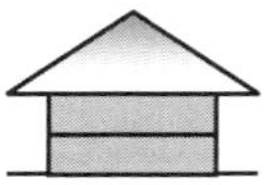 **1.31/1.32**	**Typ** 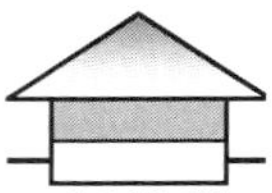 **1.01/1.02**	**Typ** 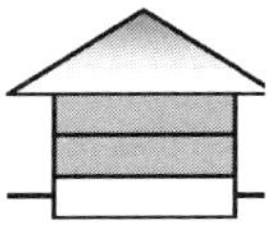 **1.11/1.12**
1	120 €/m²	92 €/m²	53 €/m²	340 €/m²
2	128 €/m²	98 €/m²	53 €/m²	360 €/m²
3	151 €/m²	124 €/m²	67 €/m²	420 €/m²
4	184 €/m²	128 €/m²	68 €/m²	500 €/m²
5	222 €/m²	185 €/m²	96 €/m²	640 €/m²
Hinweis: Ermittlung unter Berücksichtigung der unterschiedlichen Geschosshöhen				

Abb. 40: Reihenmittelhaus

Kosten des Dachgeschossausbaus in €/m² BGF_{red} (Baujahr 2010)				
Gebäude-standard	Typ 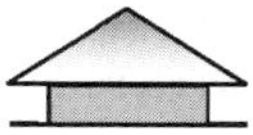 3.21/3.22	Typ 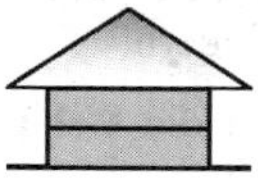 3.31/3.32	Typ 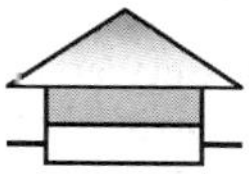 3.01/3.02	Typ 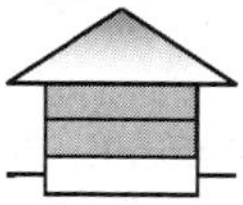 3.11/3.12
1	360 €/m²	270 €/m²	285 €/m²	280 €/m²
2	400 €/m²	300 €/m²	315 €/m²	320 €/m²
3	460 €/m²	345 €/m²	360 €/m²	380 €/m²
4	550 €/m²	405 €/m²	435 €/m²	440 €/m²
5	690 €/m²	495 €/m²	540 €/m²	560 €/m²

Abb. 41: Doppelhäuser und Reihenendhäuser

Kosten des Dachgeschossausbaus in €/m² BGF_{red} (Baujahr 2010)				
Gebäude-standard	Typ 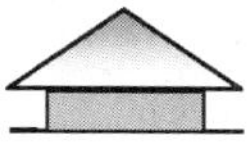 2.21/2.22	Typ 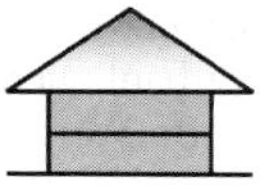 2.31/2.32	Typ 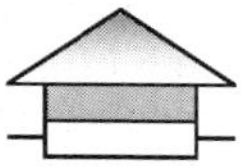 2.01/2.02	Typ 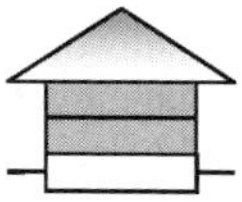 2.11/2.12
1	380 €/m²	285 €/m²	300 €/m²	320 €/m²
2	430 €/m²	315 €/m²	345 €/m²	360 €/m²
3	490 €/m²	360 €/m²	390 €/m²	400 €/m²
4	590 €/m²	435 €/m²	465 €/m²	480 €/m²
5	740 €/m²	540 €/m²	585 €/m²	580 €/m²

Die Ergebnisse zeigen auf, dass die Ausbaukosten mit dem Gebäudestandard ansteigen.

5 Sachwertverfahren nach BelWertV

5.1 Allgemeines

▶ *Vgl. Rn. 158; § 1 ImmoWertV Rn. 12; zu den Verfahren § 6 ImmoWertV Rn. 56, 210; § 21 ImmoWertV Rn. 59 ff.; Syst. Darst. des Ertragswertverfahrens Rn. 114; Teil IX § 14 BelWertV Rn. 300 ff.*

In der Beleihungswertermittlung wird der Sachwert nach den §§ 14 bis 17 BelWertV als **301**
„Substanzwert“ ohne Berücksichtigung der Lage auf dem Grundstücksmarkt (Marktanpassung) ermittelt. Nach § 4 Abs. 1 BelWertV ist grundsätzlich der Sachwert des Beleihungsobjekts getrennt vom Ertragswert zu ermitteln[81]. **Maßgeblich für die Ermittlung des Beleihungswerts ist** jedoch nach § 4 Abs. 1 Satz 2 BelWertV **regelmäßig der Ertragswert**, der nicht überschritten werden darf.

81 Die Hervorhebung einer „getrennten Ermittlung“ bleibt unklar, denn auch nach den Grundsätzen der ImmoWertV werden Ertrags- und Sachwert getrennt voneinander ermittelt, ohne dass dafür die Notwendigkeit einer Hervorhebung gesehen wurde.

302 Dem **Sachwert** kommt danach die **Funktion eines Kontrollwerts** zu. Bleibt nämlich der Sachwert (ohne Marktanpassung) des Beleihungsobjekts um mehr als 20 Prozent hinter dem Ertragswert zurück, bedarf es einer besonderen Überprüfung der Nachhaltigkeit der zugrunde gelegten Erträge und ihrer Kapitalisierung. Bestätigt sich hierbei der anfangs ermittelte Ertragswert, bedarf das Ergebnis der Überprüfung einer nachvollziehbaren Begründung, andernfalls ist der Ertragswert entsprechend zu mindern.

303 Nach § 4 Abs. 2 Satz 1 BelWertV soll sich die **Beleihungswertermittlung bei Ein- und Zwei-familienhäusern sowie Wohnungseigentum** abweichend von § 4 Abs. 1 Satz 2 BelWertV **am Sachwert oder Vergleichswert orientieren und eine Ertragswertermittlung entfallen können.** Nach § 4 Abs. 1 Satz 1, 2. Halbsatz i.V.m. § 19 BelWertV kann bei **Ein- und Zweifamilienhäusern sowie Wohnungs- und Teileigentum** anstelle des Sachwerts auch der Vergleichswert ermittelt werden, wenn das zu bewertende Objekt und die Ausstattungsqualität zweifelsfrei zur *Eigennutzung* geeignet ist und von potenziellen Erwerbern für die eigene Nutzung dauerhaft nachgefragt wird. Eine Orientierung des Beleihungswerts am Vergleichswert darf nach § 4 Abs. 2 Satz 3 BelWertV grundsätzlich jedoch nur dann erfolgen, wenn der Ermittlung aktuelle Vergleichspreise von mindestens fünf Objekten zugrunde liegen (vgl. § 6 ImmoWertV Rn. 61).

304 Das Sachwertverfahren ist im Zweiten Abschnitt des Dritten Teils (§§ 14 bis 17 BelWertV) in Anlehnung an die Vorschriften der ImmoWertV geregelt, jedoch mit einer Reihe von **Modifikationen und „Leitplanken“.**

- Im Unterschied zur ImmoWertV setzt sich der in der BelWertV geregelte Sachwert lediglich aus dem Bodenwert und Sachwert der baulichen Anlage zusammen. Zu den baulichen Anlagen gehören nach § 14 Abs. 1 Satz 2 BelWertV auch die baulichen und die sonstigen nicht baulichen Außenanlagen (vgl. § 1 ImmoWertV Rn. 75). Zu den nicht baulichen Außenanlagen gehört auch der Aufwuchs, soweit er nicht vom Bodenwert miterfasst wird. Dies betrifft allerdings auch nur ungewöhnliche und besondere nicht bauliche Anlagen wie Parks, Gärten und Anpflanzungen[82]. Diese werden nach § 14 Satz 2 BelWertV mit den „Außenanlagen“ als Teil der „baulichen Anlagen“ erfasst.

- Mit § 23 BelWertV (**Maschinen und Betriebsvorrichtungen**) wird ergänzend vorgegeben, dass Maschinen und Betriebsvorrichtungen „bei der Ermittlung des Sachwerts grundsätzlich unberücksichtigt zu lassen“ sind, „sofern sie nicht wesentliche Bestandteile[83] des Gegenstands der Beleihungswertermittlung“ i.S. des § 2 BelWertV sind. Der Wert solcher wesentlichen Bestandteile ist, wenn sich das Grundpfandrecht darauf erstreckt, unter Berücksichtigung einer normalen Abschreibung und ausreichender Abschläge für Abnutzung und technische Entwertung gesondert zu schätzen. Sofern bei Maschinen infolge der technischen Entwicklung mit einer schnellen Überalterung zu rechnen ist, können diese wertmäßig nicht angesetzt werden.“

---

82 BR-Drs. 352/88, S. 60 f.
83 Vgl. § 1 ImmoWertV Rn. 32.

Abb. 42: Zusammensetzung des Sachwerts nach BelWertV

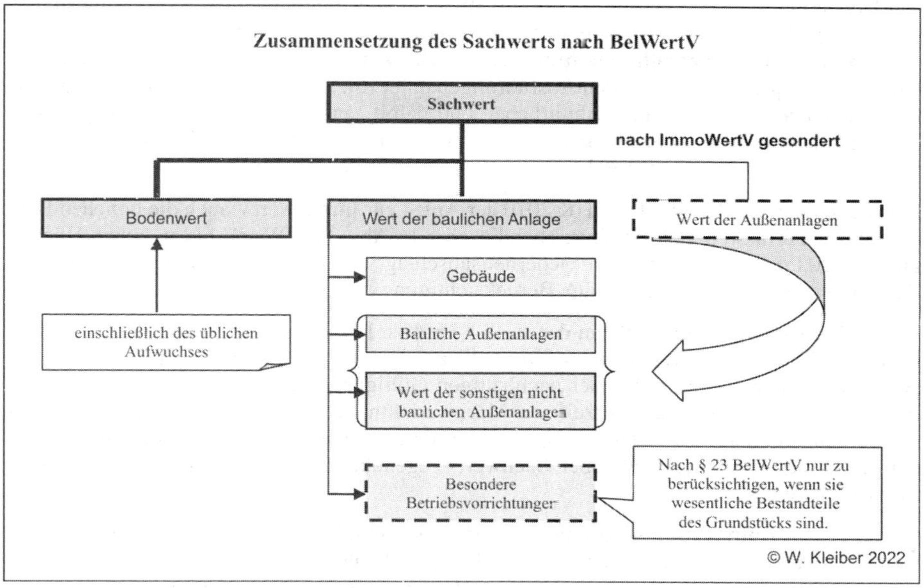

5.2 Bodenwertermittlung nach BelWertV

▶ *Vgl. Syst. Darst. des Vergleichswertverfahrens Rn. 172 ff.; § 8 ImmoWertV Rn. 45 ff.; § 38 ImmoWertV Rn. 11*

Die Bodenwertermittlung ist kursorisch in § 15 BelWertV geregelt und entspricht grundsätzlich den für die Verkehrswertermittlung geltenden Grundsätzen, jedoch sind **305**

– nach § 15 Abs. 2 Satz 2 BelWertV keine höherwertige Nutzung als die zulässige Nutzung zugrunde zu legen, d.h. künftige Änderungen des Grundstückszustands bleiben auch dann unberücksichtigt, wenn sie mit hinreichender Sicherheit aufgrund konkreter Tatsachen zu erwarten sind, und

– nur gesicherte Bebauungsrechte zu berücksichtigen (§ 20 Satz 3 BelWertV).

5.3 Sachwert der baulichen Anlagen

Die Ermittlung des „**Werts der baulichen Anlagen**" ist in § 16 ImmoWertV nur kursorisch geregelt. In Anlehnung an die in der ImmoWertV geregelten Grundsätze der Verkehrswertermittlung ist der Wert der baulichen Anlagen auf der Grundlage von „regional und objektspezifisch angemessenen" Herstellungskosten je Raum- oder Flächeneinheit zu ermitteln. Begrifflich handelt es sich auch hier um „Normalherstellungskosten". **306**

1. der beabsichtigten und möglichen Verwendung,
2. des Umfangs und der Raumaufteilung,
3. der Bauweise und der für den Rohbau verwendeten Materialien sowie
4. der Ausstattung und der wertbeeinflussenden Nebenlagen

Es soll sich dabei um „*aus Erfahrungssätzen abzuleitende Herstellungskosten*" handeln, was der einzelne Sachverständige wohl kaum leisten kann.

307 **Die BelWertV nimmt** hinsichtlich der geforderten „regional und objektspezifisch angemessenen Herstellungskosten" **keinen Bezug auf die** den Gutachterausschüssen für Grundstückswerte mit § 12 Abs. 5 Satz 3 ImmoWertV bei Ermittlung der Sachwertfaktoren heranzuziehenden **„modellhaftenNormalherstellungskosten" der Anl. 4 zur ImmoWertV (NHK 2010).** Dies ist konsequent, denn nach den Ausführungen unter Rn. 50 handelt es sich um konstruierte Kostenkennwerte, die die durchschnittlichen und damit „angemessenen" Herstellungskosten nicht abbilden und nur i.V.m. einem modellkorrigierenden Sachwertfaktor i.S. des § 21 ImmoWertV zur Anwendung kommen können (vgl. § 21 ImmoWertV Rn. 139).

308 Darüber hinaus werden mit den NHK 2010 der Anl. 4 zur ImmoWertV auch die üblichen Baunebenkosten erfasst, die davon abweichend nach § 16 Abs. 3 BelWertV bis zu einem Höchstsatz von 20 Prozent des um einen Sicherheitsabschlag von mindestens 10 Prozent gekürzten Herstellungswerts in „üblicher Höhe Berücksichtigung finden" können.

309 Der nach § 16 Abs. 2 BelWertV an den nach § 16 Abs. 1 BelWertV ermittelten Herstellungswert anzubringende **Sicherheitsabschlag von mindestens 10 Prozent** soll im Hinblick auf eventuelle Baupreissenkungen „der nachhaltigen Gültigkeit der Ansätze" Rechnung tragen. Hiervon kann angesichts der derzeitigen Marktverhältnisse nicht ausgegangen werden. Der „Sicherheitsabschlag" vom Herstellungswert ist die entscheidende Stellschraube für die Verminderung des beleihungsrechtlichen Sachwerts gegenüber dem nach der ImmoWertV ermittelten Sachwert.

310 Die **Alterswertminderung** bestimmt sich nach § 17 Abs. 1 Satz 1 BelWertV nach dem Verhältnis der Restnutzungsdauer zur Nutzungsdauer der baulichen Anlage und ist in einem Prozentsatz des nach § 16 BelWertV ermittelten „Herstellungswerts" auszudrücken. Abweichend von § 38 der geltenden Fassung der ImmoWertV kann dabei in Anlehnung an § 23 WertV 88/98 je nach Art und Nutzung der baulichen Anlagen von einer gleichmäßigen oder von einer mit zunehmendem Alter sich verändernden Wertminderung ausgegangen werden.

311 Soweit die bei ordnungsgemäßem Gebrauch übliche Nutzungsdauer der baulichen Anlagen durch **Instandsetzungen oder Modernisierungen verlängert wurde oder eine unterlassene Instandhaltung oder andere Gegebenheiten** zu einer Verkürzung der Restnutzungsdauer geführt hat, soll – analog zu § 4 Abs. 3 Satz 3 ImmoWertV – nach § 17 Abs. 2 BelWertV auch bei der Ermittlung des Beleihungswerts der Bestimmung der Wertminderung wegen Alters die geänderte Restnutzungsdauer und die für die baulichen Anlagen übliche Nutzungsdauer zugrunde gelegt werden (vgl. § 4 ImmoWertV Rn. 26 ff.).

312 Ein **Instandhaltungsrückstau sowie Baumängel und Bauschäden** sind, soweit sie noch nicht in geeigneter Weise in die Ermittlung des Sachwerts eingeflossen sind, nach § 4 Abs. 3 BelWertV auf der Grundlage der für ihre Beseitigung am Wertermittlungsstichtag bekannten oder vorsichtig geschätzten Aufwendungen (Kosten) i.S. eines besonderen objektspezifischen Grundstücksmerkmals „als gesonderter Abschlag" (boG) zu berücksichtigen (vgl. § 8 ImmoWertV Rn. 26).

313 Im Unterschied zur ImmoWertV sieht die BelWertV allerdings nicht vor, dass die Lage auf dem Grundstücksmarkt mit entsprechenden **Marktanpassungszu- und -abschlägen** (Marktanpassung, Sachwertfaktoren) zu berücksichtigen ist. Eine Marktanpassung wäre nun auch völlig systemwidrig, denn unter der Marktanpassung ist die Angleichung des Sachwerts an den Verkehrswert zu verstehen und die BelWertV zielt ja nun gerade nicht darauf ab, den Verkehrswert zu ermitteln. Es macht auch keinen Sinn, den Herstellungswert zunächst durch irgendwie geartete Sicherheitsabschläge zu vermindern, um dann den Sachwert (B) wieder der Lage auf dem Grundstücksmarkt (durch eine Marktanpassung) anzupassen, was dann wieder zum Verkehrswert (Marktwert) führen würde.

314 Eine Marktanpassung kann vor diesem Hintergrund auch nicht aus § 4 Abs. 4 Satz 1 BelWertV hergeleitet werden. Diese Vorschrift spricht – gesetzessprachlich unscharf – zwar von einer „Orientierung" des Beleihungswerts am Sachwert und man mag hieraus die rechtliche Grundlage für eine Marktanpassung herauslesen. Die genannte Vorschrift betrifft aber lediglich Ein-

und Zweifamilienhäuser sowie Eigentumswohnungen, sodass sich für die übrigen Objekte im Umkehrschluss eine Marktanpassung verbieten würde.

Wenn man bei Anwendung des Sachwertverfahrens nach den Grundsätzen der ImmoWertV vielfach mit nicht unerheblichen Marktanpassungsabschlägen (z.B. in einer Größenordnung von 30 %) rechnet und demgegenüber bei der Ableitung des Sachwerts (B) nach den Grundsätzen der BelWertV lediglich den Herstellungswert mit einem Sicherheitsabschlag von 10 % versieht, kommt man zu dem skurrilen Ergebnis, dass der **nach den Grundsätzen der ImmoWertV im Weg des Sachwertverfahrens ermittelte Verkehrswert sehr deutlich unter dem nach einem „Vorsichtsprinzip" ermittelten Sachwert i.S. der BelWertV liegt** und so der Sachwert nach BelWertV kaum die ihm zugedachte Kontrollfunktion erfüllen kann. **315**

5.4 Sachwert der baulichen und sonstigen Außenanlagen

Im Rahmen der **Beleihungswertermittlung** gehört nach § 14 Satz 3 BelWertV zum Wert der baulichen Anlage auch der Wertanteil der Außenanlagen (vgl. Rn. 304). Maschinen und Betriebseinrichtungen bleiben bei der Ermittlung des Sachwerts grundsätzlich unberücksichtigt, sofern sie nicht wesentliche Bestandteile des Grundstücks sind. **316**

Die Kosten für Außenanlagen dürfen im Regelfall mit nicht mehr als 5 Prozent des Herstellungswerts angesetzt werden (§ 16 Abs. 1 Satz 4 BelWertV). **317**

6 Steuerliche Bewertung

6.1 Vorbemerkung

Schrifttum: *Krause, I./Grooterns, M.*, Die neue Sachwertrichtlinie und ihre Bedeutung für die Grundbesitzbewertung, NWB 2013, 37; *ErbStR 2019, GuG 2012, 167 ff., 228 ff. und 279.*

▶ *Vgl. § 1 ImmoWertV Rn. 13; § 3 ImmoWertV Rn. 26, 166, 196; § 4 ImmoWertV Rn. 21, 90, 98; § 6 ImmoWertV Rn. 37 f.; § 13 ImmoWertV Rn. 24 ff., 43 ff.; Syst. Darst. des Vergleichswertverfahrens Rn. 9, 166 ff., 277; zur steuerlichen Aufteilung in einen Boden- und Gebäudeanteil (Abschreibung) vgl. § 1 ImmoWertV Rn. 24; § 40 ImmoWertV Rn. 104, Syst. Darst. des Ertragswertverfahrens Rn. 115 ff., 196, 206, 263; § 38 ImmoWertV Rn. 13; zu baufälligen Gebäuden vgl. § 40 ImmoWertV Rn. 7, 28, 82 ff., 142*

Im Rahmen der steuerlichen Bewertung des Grundvermögens kommt das Sachwertverfahren zur Ermittlung des gemeinen Werts für die Bemessung **318**

a) der Erbschaft- und Schenkungsteuer nach den §§ 157 ff. BewG und der

b) Grundsteuer nach den §§ 218 ff. BewG

in unterschiedlicher Weise zur Anwendung.

6.2 Erbschaftsteuerliche Grundsteuerbewertung

Im **Sachwertverfahren** sind nach § 182 Abs. 4 BewG **Wohnungs- und Teileigentum sowie Ein- und Zweifamilienhäuser**zu bewerten, wenn kein Vergleichswert vorliegt. Darüber hinaus sind Geschäftsgrundstücke und gemischt genutzte Grundstücke unter Anwendung des Sachwertverfahrens zu bewerten, wenn sich für diese auf dem örtlichen Grundstücksmarkt eine übliche Miete nicht ermitteln lässt. **319**

Ein Grundstück gilt nach § 181 Abs. 2 Satz 2 BewG auch dann als Ein- oder Zweifamilienhaus, wenn es zu weniger als 50 Prozent, berechnet nach der Wohn- oder Nutzfläche, zu anderen als Wohnzwecken mitbenutzt wird und dadurch die Eigenart als Ein- oder Zweifamilienhaus nicht wesentlich beeinträchtigt wird. **320**

321 Das in den §§ 189 bis 191 BewG geregelte steuerliche Sachwertverfahren lehnt sich an die Vorschriften der §§ 35 bis 39 ImmoWertV an. Bei den Bewertungen sind die von den Gutachterausschüssen ermittelten „sonstigen für die Wertermittlung erforderlichen Daten" (§ 193 Abs. 5 Satz 2 BauGB i.V.m. §§ 12 ff. ImmoWertV) anzuwenden, wenn diese Daten weitgehend in demselben Modell abgeleitet wurden wie die der steuerlichen Bewertung (Modellkonformität i.S. des § 10 ImmoWertV). Hat der Gutachterausschuss diese Daten auf einen Stichtag bezogen, ist der letzte Stichtag vor dem Bewertungsstichtag maßgeblich, sofern dieser nicht mehr als drei Jahre vor dem Bewertungsstichtag liegt. Liegt der Bezugsstichtag mehr als drei Jahre zurück oder ist kein Bezugsstichtag bestimmt, sind die sonstigen für die Wertermittlung erforderlichen Daten anzuwenden, die von den Gutachterausschüssen für den letzten Auswertungszeitraum abgeleitet werden, der vor dem Kalenderjahr endet, in dem der Bewertungsstichtag liegt. Diese Daten sind für längstens drei Jahre ab dem Ende des Kalenderjahres maßgeblich, in dem der vom Gutachterausschuss zugrunde gelegte Auswertungszeitraum endet. Soweit sich die maßgeblichen Wertverhältnisse nicht wesentlich geändert haben, können die Daten auch über einen längeren Zeitraum als drei Jahre hinaus angewendet werden.

322 Im Unterschied zur ImmoWertV setzt sich der steuerliche Sachwert grundsätzlich nur aus dem Wert der Gebäude (Gebäudesachwert) und dem sich nach dem Wert des unbebauten Grundstücks bemessenden Bodenwert nach § 190 i.V.m. § 179 BewG zusammen. Damit ist nach § 189 Abs. 4 BewG der Wert der baulichen Außenanlagen und sonstigen Anlagen grundsätzlich abgegolten, soweit das Grundstück keine besonders werthaltigen baulichen Außenanlagen und sonstigen Anlagen aufweist.

323 Boden- und Gebäudesachwert ergeben den vorläufigen Sachwert des Grundstücks, der zur Anpassung an den gemeinen Wert mit einer Wertzahl nach § 189 Abs. 3 BewG i.V.m. § 191 zu multiplizieren ist. Als Wertzahlen sind die von den Gutachterausschüssen für Grundstückswerte ermittelten Sachwertfaktoren i.S. des § 21 Abs. 3 ImmoWertV anzuwenden. Soweit derartige Sachwertfaktoren nicht zur Verfügung stehen, sind die in Anl. 25 zum BewG bestimmten Wertzahlen zu verwenden.

324 **Anl. 25 zu § 191 Satz 2 BewG:**

Wertzahlen für Ein- und Zweifamilienhäuser nach § 181 Abs. 1 Nr. 1 und Wohnungseigentum nach § 181 Abs. 1 Nr. 3 BewG				
Vorläufiger Sachwert	**Bodenrichtwert oder abgeleiteter Bodenwert in EUR/m² nach § 179 Satz 4 BewG**			
§ 189 Abs. 3 BewG	**30 EUR/m²**	**60 EUR/m²**	**120 EUR/m²**	**180 EUR/m²**
50 000 EUR	1,4	1,5	1,6	1,7
100 000 EUR	1,2	1,3	1,4	1,4
150 000 EUR	1,0	1,1	1,3	1,3
200 000 EUR	0,9	1,0	1,2	1,2
300 000 EUR	0,9	1,0	1,1	1,1
400 000 EUR	0,8	0,9	1,0	1,1
500 000 EUR	0,8	0,9	1,0	1,0

Wertzahlen für Ein- und Zweifamilienhäuser nach § 181 Abs. 1 Nr. 1 und Wohnungseigentum nach § 181 Abs. 1 Nr. 3 BewG				
Vorläufiger Sachwert	**Bodenrichtwert oder abgeleiteter Bodenwert in EUR/m² nach § 179 Satz 4**			
§ 189 Abs. 3 BewG	**250 EUR/m²**	**350 EUR/m²**	**500 EUR/m²**	**1 000 EUR/m²**
50 000 EUR	1,7	1,7	1,8	1,8
100 000 EUR	1,5	1,5	1,6	1,7
150 000 EUR	1,3	1,4	1,5	1,6
200 000 EUR	1,3	1,4	1,5	1,6
300 000 EUR	1,2	1,3	1,4	1,5
400 000 EUR	1,2	1,3	1,4	1,5
500 000 EUR	1,1	1,2	1,3	1,4
Für vorläufige Sachwerte und Bodenrichtwerte oder abgeleitete Bodenwerte zwischen den angegebenen Intervallen sind die Wertzahlen durch lineare Interpolation zu bestimmen. Über den tabellarisch aufgeführten Bereich hinaus ist keine Extrapolation durchzuführen. Für Werte außerhalb des angegebenen Bereichs gilt der nächstgelegene vorläufige Sachwert oder Bodenrichtwert oder abgeleitete Bodenwert.				

Wertzahlen für Teileigentum, Geschäftsgrundstücke, gemischt genutzte Grundstücke und sonstige bebaute Grundstücke nach § 181 Abs. 1 Nr. 3 bis 6 BewG			
Vorläufiger Sachwert	**Bodenrichtwert oder abgeleiteter Bodenwert in EUR/m² nach § 179 Satz 4**		
§ 189 Abs. 3 BewG	**50 EUR/m²**	**150 EUR/m²**	**400 EUR/m²**
500 000 EUR	0,8	0,9	1,0
750 000 EUR	0,8	0,9	1,0
1 000 000 EUR	0,7	0,8	0,9
1 500 000 EUR	0,7	0,8	0,9
2 000 000 EUR	0,7	0,8	0,8
3 000 000 EUR	0,7	0,7	0,7
Für vorläufige Sachwerte und Bodenrichtwerte oder abgeleitete Bodenwerte zwischen den angegebenen Intervallen sind die Wertzahlen durch lineare Interpolation zu bestimmen. Über den tabellarisch aufgeführten Bereich hinaus ist keine Extrapolation durchzuführen. Für Werte außerhalb des angegebenen Bereichs gilt der nächstgelegene vorläufige Sachwert oder Bodenrichtwert oder abgeleitete Bodenwert			

Bei Anwendung der Wertzahlen nach Anl. 25 zum BewG ist auf den Bodenrichtwert ohne **325** Wertkorrekturen abzustellen. In den Fällen des § 179 Satz 4 BewG ist auf den Bodenrichtwert der herangezogenen vergleichbaren Flächen abzustellen. Im Falle einer Differenzierung zwischen einem Vorder- und Hinterlandpreis ist ausschließlich der Bodenrichtwert für das Vorderland anzusetzen.

Im Überblick weist das in den §§ 189 ff. BewG geregelte **typisierte** („abgespeckte“) **Sach- 326** **wertverfahren** folgende Besonderheiten auf:

a) Der steuerliche **Sachwert** setzt sich im Unterschied zur ImmoWertV regelmäßig nur aus **zwei Komponenten** zusammen, dem **Bodenwert und Gebäudesachwert.**

b) Sonstige bauliche Anlagen, die nicht den Gebäuden zuzurechnen sind, insbesondere **bauliche Außenanlagen, und der Wert der sonstigen Anlagen** sollen nach § 189 Abs. 1 Satz 2 BewG *„regelmäßig“* mit dem Gebäudewert und dem Bodenwert abgegolten sein, d.h., sonstige Anlagen und bauliche Außenanlagen **bleiben unberücksichtigt.** Nur in Ausnahmefällen mit besonders werthaltigen Außenanlagen, z.B. ein größerer *Swimmingpool*, und sonstigen Anlagen werden hierfür gesonderte Wertansätze nach gewöhnlichen Herstellungskosten berücksichtigt (vgl. Rn. 231; vgl. R B 179.3 ErbStR 2019).

c) Der **Bodenwert** bestimmt sich wie nach § 40 Abs. 1 ImmoWertV als Wert des unbebauten Grundstücks und **ist** nach § 189 Abs. 2 i.V.m. § 179 BewG *„regelmäßig"* **mit dem** nach § 196 BauGB zuletzt vom Gutachterausschuss ermittelten **Bodenrichtwert anzusetzen**. Wird von den Gutachterausschüssen kein Bodenrichtwert ermittelt, ist der Bodenwert aus den Werten vergleichbarer Flächen abzuleiten.

d) Der Gebäudesachwert ist stets auf der Grundlage der Brutto-Grundfläche (BGF) und der in Anl. 24 zum BewG vorgegebenen **Regelherstellungskosten (RHK)** zu ermitteln (vgl. Anh. 3 und 4 zu dieser Syst. Darst.). Die Regelherstellungskosten (RHK) entsprechen den NHK 2000 bzw. 2010, wobei

- die Baunebenkosten bereits eingerechnet sind;
- die angegebenen Regelherstellungskosten nur noch nach drei Ausstattungsmerkmalen differenziert sind;
- die Baujahrsgruppen vor 1946 zusammengefasst wurden;
- die angegebenen Regelherstellungskosten sich auf den Preisstand 01.01.2007 bzw. das IV. Quartal von 2010 beziehen.

e) Die Berücksichtigung von **besonderen Bauteilen** ist nicht vorgeschrieben. Sog. c-Flächen i.S. der DIN 277 können mit den vorgegebenen Regelherstellungskosten als miterfasst gelten.

f) Die auf 2010 bezogenen Regelherstellungskosten der Anl. 24 zum BewG (BGBl. I 2015, 1847) sind analog zu § 36 Abs. 1 ImmoWertV

- mit dem Regionalfaktor nach § 190 Abs. 5 BewG sowie
- dem Alterswertminderungsfaktor nach § 190 Abs. 6 zu multiplizieren.

Mit dem **Regionalfaktor** wird der Unterschied zwischen dem bundesdurchschnittlichen und dem regionalen Baukostenniveau berücksichtigt. Anzuwenden sind die Regionalfaktoren, die von den Gutachterausschüssen für Grundstückswerte bei der Ableitung der Sachwertfaktoren zugrunde gelegt worden sind. Soweit von den Gutachterausschüssen keine geeigneten Regionalfaktoren zur Verfügung stehen, gilt der Regionalfaktor 1,0.

Mit dem **Sachwertfaktor** werden die durchschnittlichen Regelherstellungs*kosten eines Neubaus* auf dessen Wert unter Berücksichtigung des Gebäudealters transformiert. Er ergibt sich aus dem Verhältnis der Restnutzungsdauer des Gebäudes am Bewertungsstichtag zur Gesamtnutzungsdauer nach Anl. 22 zum BewG[84].

Die **Restnutzungsdauer** eines noch nutzbaren Gebäudes bestimmt sich nach § 190 Abs. 6 Satz 2 BewG analog zu § 4 Abs. 1 ImmoWertV grundsätzlich aus dem Unterschiedsbetrag zwischen der Gesamtnutzungsdauer, die sich aus der Anl. 22 zum BewG ergibt, und dem Alter des Gebäudes am Bewertungsstichtag (vgl. § 4 ImmoWertV Rn. 22 sowie Syst. Darst. des Ertragswertverfahrens Rn. 119).

g) Zur Anpassung der Regelherstellungskosten an die regionalisierten und alterswertgeminderten Wertverhältnisse des Bewertungsstichtags sind nach § 190 Abs. 2 BewG die vom Statistischen Bundesamt veröffentlichten Baupreisindizes heranzuziehen. Dabei ist auf die Preisindizes für die Bauwirtschaft abzustellen, die das Statistische Bundesamt für den Neubau in konventioneller Bauart von Wohn- und Nichtwohngebäuden jeweils als Jahresdurchschnitt ermittelt. Diese Preisindizes sind für alle Bewertungsstichtage des folgenden

84 Nach Anl. 22 zum BewG ist die lineare Alterswertminderung zugrunde zu legen.

Kalenderjahres anzuwenden. Das BMF veröffentlicht die maßgebenden Baupreisindizes im Bundessteuerblatt.

h) **Außenanlagen** (bauliche Außenanlagen und sonstige Anlagen) sind grundsätzlich mit dem nach den § 189 BewG ermittelten Sachwert abgegolten. Dies gilt nicht bei besonders werthaltigen baulichen Außenanlagen und sonstigen Anlagen, die dann ergänzend zu berücksichtigen sind[85].

Nach den Regelungen der §§ 189 ff. BewG über das steuerliche Sachwertverfahren bleiben **besondere objektspezifische Grundstücksmerkmale** i.S. des § 8 ImmoWertV (Besonderheiten), insbesondere die den Wert beeinflussenden Belastungen privatrechtlicher und öffentlich-rechtlicher Art, weitgehend unberücksichtigt. Insoweit entspricht der im Wege des typisierenden Sachwertverfahrens nach den §§ 189 ff. BewG ermittelte Sachwert nicht dem Sachwert nach den Vorschriften der ImmoWertV:

85 Ziff. 9 der gleich lautende Erlasse der obersten Finanzbehörden der Länder zur Umsetzung des Steueränderungsgesetzes 2015 (Zur Anwendung der Vorschriften für die Bewertung des Grundvermögens im Sechsten Abschnitt des Zweiten Teils des BewG für Bewertungsstichtage nach dem 31.12.2015) vom 08.01.2016 (BStBl. I 2016S. 173); ErbStR und ErbStH 2011, zu § 190 BewG R B 190.5 (GuG 2012, 167 228 ff. und S. 279); vgl. auch gleich lautende Erlasse der obersten Finanzbehörden der Länder zur Umsetzung des Gesetzes zur Reform des Erbschaftsteuer- und Bewertungsrechts vom 05.05.2009, Abschn. 29 (GuG 2009, 305 ff).

Abb. 43: Typisiertes Sachwertverfahren nach den §§ 189 ff. BewG

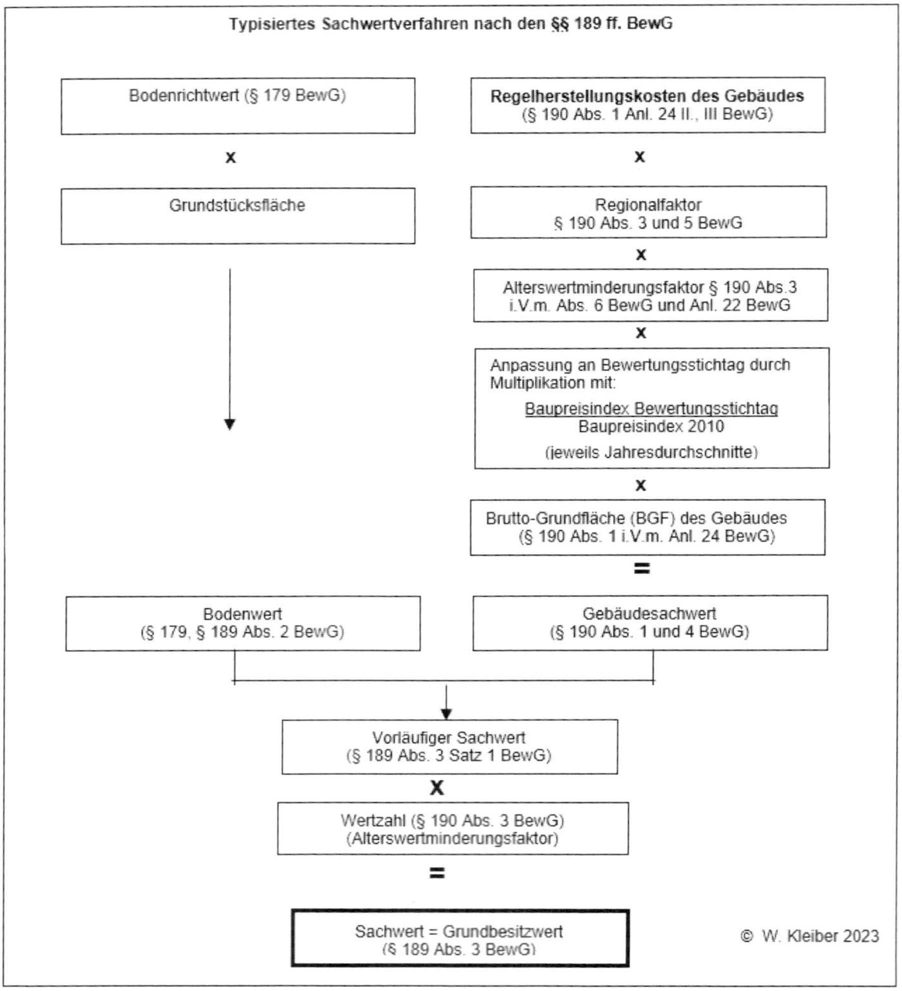

327 Die Normalherstellungskosten sind aus dem arithmetischen Mittel der **Regelherstellungskosten** vergleichbarer Gebäudearten für die Standardstufen 2 bis 4 gemäß Anl. 24 zum BewG[86] abgeleitet worden und ergeben sich aus Anl. 42 zum BewG.

86 BewG i.d.F. des Steueränderungsgesetzes vom 02.11.2015 (BGBl. I 2015, 1834).

Die Normalherstellungskosten in €/m² BGF_{red} einschließlich Baunebenkosten und Umsatzsteuer für die jeweilige Gebäudeart (Kostenstand 2010) sowie eines pauschalen Zuschlages für bauliche Anlagen, insbesondere Außenanlagen und sonstige Anlagen (3 %), betragen nach Anl. 42 zum BewG (BGBl. I 2019, 1847 f.): 328

1. Die BGF ist die Summe der bezogen auf die jeweilige Gebäudeart marktüblich nutzbaren Grundflächen aller Grundrissebenen eines Bauwerks. In Anlehnung an die DIN 277-1:2005–02 sind bei den Grundflächen folgende Bereiche zu unterscheiden:

   Bereich a: überdeckt und allseitig in voller Höhe umschlossen,

   Bereich b: überdeckt, jedoch nicht allseitig in voller Höhe umschlossen,

   Bereich c: nicht überdeckt.

   Für die Anwendung der Normalherstellungskosten (NHK) sind im Rahmen der Ermittlung der BGF nur die Grundflächen der Bereiche a und b zugrunde zu legen. Balkone, auch wenn sie überdeckt sind, sind dem Bereich c zuzuordnen.

   Für die Ermittlung der BGF sind die äußeren Maße der Bauteile einschließlich Bekleidung, z.B. Putz und Außenschalen mehrschaliger Wandkonstruktionen, in Höhe der Bodenbelagsoberkanten anzusetzen.

2. Nicht zur BGF gehören z.B. Flächen von Spitzböden und Kriechkellern, Flächen, die ausschließlich der Wartung, Inspektion und Instandsetzung von Baukonstruktionen und technischen Anlagen dienen, sowie Flächen unter konstruktiven Hohlräumen, z.B. über abgehängten Decken.

Anl. 42 zu § 259 Abs. 1 BewG: Normalherstellungskosten (BGBl. I 2019S. 1847–1848)

Normalherstellungskosten in €/m² BGFred einschließlich Baunebenkosten und Umsatzsteuer für die jeweilige Gebäudeart (Kostenstand 2010) sowie eines pauschalen Zuschlages für bauliche Anlagen, insbesondere Außenanlagen und sonstige Anlagen				
Gebäudeart		**Baujahrsgruppe**		
		vor 1995	**1995–2004**	**ab 2005**
1	Gemischt genutzte Grundstücke (Wohnhäuser mit Mischnutzung)	695	886	1 118
2	Banken und ähnliche Geschäftshäuser	736	937	1 494
3	Bürogebäude, Verwaltungsgebäude	839	1 071	1 736
4	Gemeindezentren, Vereinsheime, Saalbauten, Veranstaltungsgebäude	1 004	1 282	1 555
5	Kindergärten (Kindertagesstätten), allgemeinbildende Schulen, berufsbildende Schulen, Hochschulen, Sonderschulen	1 164	1 488	1 710
6	Wohnheime, Internate, Alten-, Pflegeheime	876	1 118	1 370
7	Krankenhäuser, Kliniken, Tageskliniken, Ärztehäuser	1 334	1 705	2 075
8	Beherbergungsstätten, Hotels, Verpflegungseinrichtungen	1 118	1 427	1 859
9.1	Sporthallen	1 133	1 447	1 777
9.2	Tennishallen	814	1 040	1 226
9.3	Freizeitbäder, Kur- und Heilbäder	1 978	2 524	3 075
10.1	Verbrauchermärkte	582	742	906
10.2	Kauf- und Warenhäuser	1 066	1 360	1 633

Normalherstellungskosten in €/m² BGFred einschließlich Baunebenkosten und Umsatzsteuer für die jeweilige Gebäudeart (Kostenstand 2010) sowie eines pauschalen Zuschlages für bauliche Anlagen, insbesondere Außenanlagen und sonstige Anlagen				
10.3	Autohäuser ohne Werkstatt	757	968	1 277
11.1	Betriebs- und Werkstätten eingeschossig oder mehrgeschossig ohne Hallenanteil; industrielle Produktionsgebäude, Massivbauweise	762	973	1 200
11.2	Betriebs- und Werkstätten, mehrgeschossig, hoher Hallenanteil; industrielle Produktionsgebäude überwiegend Skelettbauweise	536	680	942
12.1	Lagergebäude ohne Mischnutzung, Kaltlager	283	361	505
12.2	Lagergebäude mit bis zu 25 Prozent Mischnutzung	443	567	711
12.3	Lagergebäude mit mehr als 25 Prozent Mischnutzung	716	917	1 128
13	Museen, Theater, Sakralbauten	1 514	1 875	2 395
14	Reithallen, ehemalige landwirtschaftliche Mehrzweckhallen, Scheunen und Ähnliches	263		
15	Stallbauten	422		
16	Hochgaragen, Tiefgaragen und Nutzfahrzeuggaragen	623		
17	Einzelgaragen, Mehrfachgaragen	500		
18	Carports und Ähnliches	196		
19	Teileigentum Teileigentum ist in Abhängigkeit von der baulichen Gestaltung den vorstehenden Gebäudearten zuzuordnen			
20	**Auffangklausel** Normalherstellungskosten für nicht aufgeführte Gebäudearten sind aus den Normalherstellungskosten vergleichbarer Gebäudearten abzuleiten			

6.3 Gebäudesachwert bei der Bewertung des Grundbesitzes für die Erbschaftsteuer

▶ *Vgl. hierzu die Übersicht über das steuerliche Sachwertverfahren bei Rn. 317; zur Wertzahl Rn. 329 und § 21 ImmoWertV Rn. 175 ff.; zur Ermittlung des Bodenwerts Syst. Darst. des Vergleichswertverfahrens Rn. 166; zum Sachwert der baulichen und sonstigen Außenanlagen (Aufwuchs) Rn. 304*

329 Im Rahmen der **Bewertung des Grundbesitzes für die Erbschaftsteuer** wird wie nach den §§ 35 ff. ImmoWertV der Gebäudesachwert nach den §§ 189 bis 191 BewG getrennt vom Bodenwert auf der Grundlage von gewöhnlichen Herstellungskosten ermittelt. Der Bodenwert bestimmt sich – wie bei der Ermittlung von Marktwerten (Verkehrswerten) – nach den Vorschriften der ImmoWertV nach dem Wert des unbebauten Grundstücks (vgl. § 179 BewG). Mit dem Gebäude- und dem Bodenwert ist regelmäßig auch der Wert der baulichen und sonstigen baulichen Anlagen (Außenanlagen) abgegolten. Die Summe aus Gebäudesachwert und Bodenwert ergibt den vorläufigen Sachwert, der zur Anpassung an den gemeinen Wert mit einer **Wertzahl** nach § 191 BewG zu multiplizieren ist (vgl. § 21 ImmoWertV Rn. 175 f.).

330 Der **Gebäudesachwert** ist wie bei der Ermittlung des (vorläufigen) Gebäudesachwerts nach den Vorschriften der ImmoWertV **auf der Grundlage von** gewöhnlichen Herstellungskosten zu bemessen. Als gewöhnliche Herstellungskosten (Normalherstellungskosten) werden in der steuerlichen Bewertung (im Unterschied zur Verkehrswertermittlung) die **sog. Regelherstellungskosten (RHK)** herangezogen. Die Regelherstellungskosten i.S. des § 190 Abs. 1 BewG ergeben sich aus Anl. 24 zum BewG. Die Regelherstellungskosten werden bezogen auf einen nach Maßgabe der Anl. 24 bzw. 42 ermittelten Quadratmeter Brutto-Grundfläche angegeben. Des Weiteren sind die Regelherstellungskosten nach Grundstücksarten und Ausstattungsstandards (Gebäudestandards) sowie nach Gebäudeklassen und Baujahrsgruppen gegliedert. Im Übrigen handelt es sich bei den Regelherstellungskosten (RHK) ebenfalls um Bundesmittelwerte.

- Die **Gebäudeklasse** bestimmt sich nach dem gesamten Gebäude oder einen baulich selbstständig abgrenzbaren Teil eines Gebäudes (Gebäudeteil); entscheidend für die Einstufung ist allein das durch die Hauptnutzung des Gebäudes/Gebäudeteils entstandene Gesamtgepräge. Zur Hauptnutzung gehörende übliche Nebenräume (z.B. Lager- und Verwaltungsräume bei Warenhäusern) sind entsprechend dem Gesamtgepräge der Hauptnutzung zuzurechnen.

- Ist ein Gebäude zu mehr als 50 % der bebauten Fläche unterkellert, ist von einem **Gebäude mit Keller** auszugehen. Entsprechend ist von einem Gebäude mit ausgebautem Dachgeschoss auszugehen, wenn dies zu mehr als 50 % ausgebaut ist.

- Der **Gebäudestandard** bestimmt sich nach dem Ausstattungsbogen der Anl. 24 zum BewG. Um die für das Gebäude oder den Gebäudeteil maßgeblichen Regelherstellungskosten zu ermitteln, ist der dem Ausstattungsstandard eines jeden Bauwerksteils des Gebäudes oder Gebäudeteils entsprechende Flächenpreis zu addieren und die Gesamtsumme durch die Anzahl der Bauwerksteile zu dividieren. In Betracht kommen zehn verschiedene Bauwerksteile (Fassade, Fenster, Dächer, Sanitärinstallation, Innenwandbekleidung der Nassräume, Bodenbeläge, Innentüren, Heizung, Elektroinstallation, sonstige Einbauten). Ist ein Bauwerksteil bei einem Gebäude oder Gebäudeteil nicht vorhanden, bleibt dieser Bauwerksteil unberücksichtigt und die Anzahl der Bauwerksteile wird entsprechend reduziert (z.B. Einfamilienhaus ohne sonstige Einbauten).

Der auf der Grundlage der Regelherstellungskosten ermittelte Gebäuderegelherstellungswert **331** wird nach § 190 Abs. 3 i.V.m. Abs. 5 BewG zur Berücksichtigung der örtlichen Marktverhältnisse mit dem Regionalisierungsfaktor des örtlichen Gutachterausschusses für Grundstückswerte multipliziert, der von den Gutachterausschüssen der Ableitung der Sachwertfaktoren nach § 191 Satz 1 zugrunde gelegt worden ist.

Der Gebäuderegelherstellungswert wird darüber hinaus nach § 190 Abs. 3 i.V.m. Abs. 6 BewG **332** zur Berücksichtigung der Wertminderung wegen Alters mit dem Alterswertminderungsfaktor in Abhängigkeit von der Gesamt- und Restnutzungsdauer multipliziert. Sind nach Bezugsfertigkeit des Gebäudes Veränderungen eingetreten, die die Restnutzungsdauer des Gebäudes wesentlich verlängert haben, ist von der entsprechend verlängerten Restnutzungsdauer auszugehen. Die Restnutzungsdauer eines noch nutzbaren Gebäudes beträgt vorbehaltlich des Satzes 6 mindestens 30 Prozent der Gesamtnutzungsdauer. Bei einer bestehenden Abbruchverpflichtung für das Gebäude ist die nach den Sätzen 2 bis 5 ermittelte Restnutzungsdauer auf den Unterschiedsbetrag zwischen der tatsächlichen Gesamtnutzungsdauer und dem Alter des Gebäudes am Bewertungsstichtag begrenzt.

Bodenwert und Gebäudesachwert (§ 190 BewG) ergeben den vorläufigen Sachwert des **333** Grundstücks. Dieser ist zur Anpassung an den gemeinen Wert mit einer Wertzahl nach § 191 BewG zu multiplizieren.

Abb. 44: Sachwertverfahren nach den §§ 189 bis 191 BewG

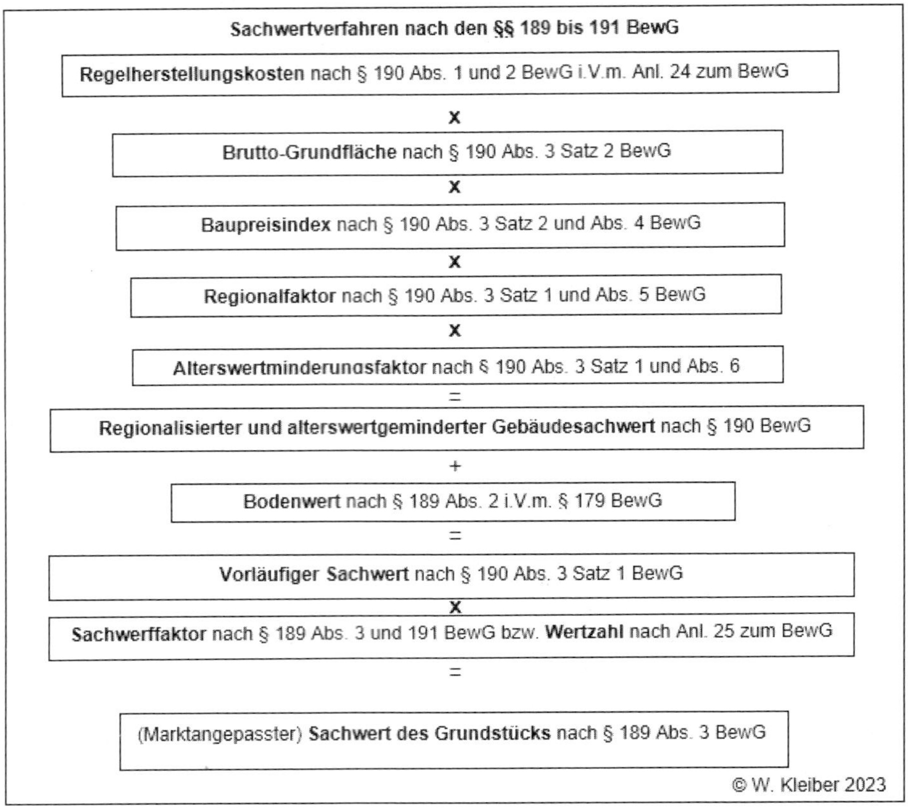

6.4 Bauliche und sonstige Außenanlagen

Schrifttum: *Erl. des BMF* zur Bewertung mehrjähriger Kulturen in Baumschulbetrieben nach § 6 Abs. 1 Nr. 2 EStG vom 08.09.2009 (GuG 2010, 107).

334 Zur Ermittlung des **Wertanteils von Außenanlagen in der steuerlichen Einheitsbewertung** führt Abschn. 45 der BewGr[87] folgende Grundsätze an[88]:

„(1) Zu den Außenanlagen gehören insbesondere die Einfriedungen, Tore, Stützmauern, Brücken, Unterführungen, Wegebefestigungen, Platzbefestigungen, Schwimmbecken, Tennisplätze, Gartenanlagen sowie die außerhalb des Gebäudes gelegenen Versorgungsanlagen und Abwasseranlagen innerhalb der Grundstücksgrenzen.

(2) Der Wert der Außenanlagen wird neben dem Gebäudewert gesondert erfasst (§ 83 BewG). Bei Geschäftsgrundstücken wird im Allgemeinen bei der Bewertung der Außenanlagen von ins Einzelne gehenden Ermittlungen abgesehen werden können. In vielen Fällen wird es genügen, als Wert der Außenanlagen 2 bis 8 v.H. des gesamten Gebäudewerts anzusetzen. Andernfalls muss auf Erfahrungswerte zurückgegriffen werden. Solche Erfahrungswerte können für oft vorkommende Außenanlagen aus der Anlage 17 entnommen werden. Die angegebenen Preise sind bereits unter Berücksichtigung eines Baupreisindex von 135 (1958 = 100) auf die Baupreisverhältnisse im Hauptfeststellungszeitpunkt (1. Januar 1964) umgerechnet worden. Von dem

87 Richtlinien für die Bewertung des Grundvermögens vom 19.09.1966 (BAnz Nr. 183 vom 29.9.1966); VV THFM vom 19.06.1996 – S 3219b A – 3 – 201.5, GuG 2000, 107.

88 Zur steuerlichen Betrachtungsweise vgl. BFH, Urt. vom 15.10.1965 – VI 181/65 U –, BFHE 84, 33 = BStBl III 1966, 12 = EzGuG 20.41.

Normalherstellungswert ist die Wertminderung wegen Alters abzuziehen. Sie bestimmt sich nach dem Alter der einzelnen Außenanlagen im Hauptfeststellungszeitpunkt und ihrer Lebensdauer.

(3) Auch bei jeder einzelnen Außenanlage ist in der Regel ein Restwert von 30 v.H. des Normalherstellungswerts anzusetzen.

Neben der Wertminderung wegen Alters kommen noch Abschläge wegen etwaiger baulicher Mängel und Schäden in Betracht. Darüber hinaus können in Einzelfällen weitere Abschläge vorzunehmen sein."

Zu den Durchschnittspreisen bezogen auf den **Hauptfeststellungszeitpunkt 01.01.1964** vgl. Kleiber/Simon, Verkehrswertermittlung von Grundstücken, 5. Aufl., S. 1972. **335**

Im Rahmen der **Grundsteuerbewertung** werden „sonstige bauliche Anlagen", insbesondere Außenanlagen wie z.B. Außenstellplätze, Erschließung und Einfriedung, durch den Bodenwert und den Gebäudewert berücksichtigt, denn die nach dem BewG anzusetzenden Normalherstellungskosten wurden pauschal um 3 % erhöht[89]. **336**

Nach den Grundsätzen der **erbschaftsteuerlichen Bewertung** sind Außenanlagen regelmäßig mit dem Gebäudewert und dem Bodenwert abgegolten und nur in besonderen Einzelfällen mit besonders werthaltigen Außenanlagen ergänzend zu berücksichtigen[90]. Außenanlagen gelten als besonders werthaltig, wenn **337**

– die in der nachfolgenden Tabelle dargestellten Größenmerkmale erreicht werden oder

– ihre Sachwerte (RHK für Außenanlagen nach Alterswertminderung) in der Summe 10 % des Gebäudewerts übersteigen; sie sind dann entsprechend der nachfolgenden Tabelle zu berücksichtigen.

Abb. 45: Regelherstellungskosten für Außenanlagen einschließlich Baunebenkosten und Umsatzsteuer

Regelherstellungskosten 2007 für Außenanlagen einschließlich Baunebenkosten und Umsatzsteuer			
Typisierte Gesamtnutzungsdauer = 40 Jahre			
Einfriedung bei mehr als 500 lfd. m	**€ je lfd. m**		
	bis 1 m hoch	bis 2 m hoch	über 2 m hoch
Einfriedungsmauer aus Ziegelstein, 11,5 cm dick	70	110	135
Einfriedungsmauer aus Ziegelstein, 24 cm dick	105	150	180
Einfriedungsmauer aus Ziegelstein, 36,5 cm dick	136	215	295
Einfriedungsmauer aus Beton, Kunststein und dgl.	75	135	170
Einfriedungsmauer aus Naturstein mit Abdeckplatten	200	260	325
Wege- und Platzbefestigungen über 1 000 m² Fläche	**€ je m²**		
Wassergebundene leichte Decke auf leichter Packlage	15		
Betonplattenbelag	45		
Sonstiger Plattenbelag	50		
Asphalt-, Teer-, Beton- oder ähnliche Decke auf Pack- oder Kieslage	40		
Kopfstein- oder Kleinpflaster	60		

89 Vgl. Begründung zu § 259 Abs. 1 BewG.
90 Vgl. R B 190.5 ErbStR 2019 (GuG 2009, 305 ff.).

Regelherstellungskosten 2007 für Außenanlagen einschließlich Baunebenkosten und Umsatzsteuer	
Bruchsteinplatten mit Unterbeton	60
Freitreppen bei mehr als 100 lfd. m	**€ je lfd. m. Stufen**
	80
Rampen bei mehr als 100 m²	**€ je m² Grundfläche**
frei stehend ohne Verbindung mit einem Gebäude	105
Stützmauern bei mehr als 200 lfd. m	**€ je m² vordere Ansichtsfläche**
Beton	105
Bruchstein	135
Werkstein	260
Typisierte Gesamtnutzungsdauer = 30 Jahre	
Schwimmbecken je nach Ausführung bei mehr als 50 m² Fläche	**€ je m²**
einfache Ausführung	200
normale Ausführung	525
gehobene Ausführung	850

Anhang 1

Anhang 1: Regelherstellungskosten nach Anl. 24 zu § 190 Abs. 1 Satz 4 und 5 BewG[91]

1. Ein- und Zweifamilienhäuser

1. Ein- und Zweifamilienhäuser (Euro/m² BGF)

Typisierte Gesamtnutzungsdauer = 80 Jahre

GKL	Baujahr	bis 1945			1946–1959			1960–1969			1970–1984			1985–1999			ab 2000		
	Ausstattungsstandard	einf.	mittel	geh.	einf.	mittel	geh.	einf.	mittel	geh.	einf.	mittel	geh.	einf.	mittel	geh.	einf.	mittel	geh.
	mit Keller																		
1.11	Dachgeschoss ausgebaut	580	630	740	620	680	800	670	720	850	710	770	900	860	820	970	790	860	1010
1.12	Dachgeschoss nicht ausgebaut	520	570	660	560	610	720	600	650	760	640	690	810	680	740	870	720	770	910
1.13	Flachdach	590	630	740	630	680	800	680	730	850	720	770	900	770	830	960	800	870	1010
	ohne Keller																		
1..21	Dachgeschoss ausgebaut	660	720	860	710	770	930	760	820	990	800	870	1050	860	940	1130	900	980	1180
1.22	Dachgeschoss nicht ausgebaut	380	640	760	630	690	820	670	730	880	710	770	930	760	830	1000	800	870	1040
1.23	Flachdach	720	780	930	770	840	1000	830	900	1070	770	840	1130	940	1030	1220	990	1070	1270

91 BGBl. I 2008 S. 3071 ff.

2. Wohnungseigentum

2. Wohnungseigentum (Euro/m² BGF)

Typisierte Gesamtnutzungsdauer = 80 Jahre

GKL	Baujahr	bis 1945			1946–1959			1960–1969			1970–1984			1985–1999			ab 2000		
	Ausstattungs-standard	einf.	mittel	geh.	einf.	mittel	geh.	einf.	mittel	geh.	einf.	mittel	geh.	einf.	mittel	geh.	einf.	mittel	geh.
2.11	Alle Gebäude	680	680	690	680	720	780	730	760	830	770	810	880	830	870	950	870	910	990

Für Wohnungseigentum in Gebäuden, die wie Ein- und Zweifamilienhäuser gestaltet sind, werden die Regelherstellungskosten der Ein- und Zweifamilienhäuser zugrunde gelegt.
Umrechnungsfaktor Wohnfläche (WF) – Brutto-Grundfläche (BGF):
für Wohnungseigentum in Mehrfamilienwohnhäusern (Mietwohngrundstücke): BGF = 1,55 x WF

3. Geschäftsgrundstücke, gemischt genutzte Grundstücke und sonstige bebaute Grundstücke

3. Geschäftsgrundstücke, gemischt genutzte Grundstücke und sonstige bebaute Grundstücke (Euro/m² BGF)

3.1 Typisierte Gesamtnutzungsdauer = 70 Jahre

GKL	Baujahr	bis 1945			1946–1959			1960–1969			1970–1984			1985–1999			ab 2000		
	Ausstattungs-standard	einf.	mittel	geh.	einf.	mittel	geh.	einf.	mittel	geh.	einf.	mittel	geh.	einf.	mittel	geh.	einf.	mittel	geh.
3.11	Gemischt genutzte Grundstücke (mit Wohn- und Gewerbeflächen)	660	960	960	720	1040	1040	770	1110	1450	810	1180	1540	870	1260	1650	910	1310	1720
3.12	Hochschulen	1430	1430	1710	1540	1540	1830	1640	1640	1960	1740	1740	2080	1870	1870	2230	1940	1940	2330
3.13	Saalbauten	1270	1560	1560	1270	1680	2110	1360	1790	2260	1450	1900	2390	1550	2040	2570	1620	2120	2680
314	Kur- und Heilbäder	2500	2500	2780	2690	2690	2870	2870	3190	3040	3040	3380	3380	3260	3260	3630	3410	3410	3780

3. Geschäftsgrundstücke, gemischt genutzte Grundstücke und sonstige bebaute Grundstücke (Euro/m² BGF)

3.2 Typisierte Gesamtnutzungsdauer = 60 Jahre

GKL	Baujahr	bis 1945			1946–1959			1960–1969			1970–1984			1985–1999			ab 2000		
	Ausstattungs-standard	einf.	mittel	geh.	einf.	mittel	geh.	einf.	mittel	geh.	einf.	mittel	geh.	einf.	mittel	geh.	einf.	mittel	geh.
3.211	Verwaltungs-gebäude (ein- bis zweige-schossig, nicht unterkellert)	950	950	950	950	1110	1360	1010	1190	1460	1080	1260	1540	1160	1350	1650	1210	1410	1720
3.212	Verwaltungsge-bäude (zwei- bis fünfge-schossig)	1260	1250	1510	1140	1350	1630	1220	1450	1740	1290	1540	1850	1380	1640	1980	1440	1710	2060
3.213	Verwaltungsge-bäude (sechs- und mehrge-schossig)	1760	1760	1760	1760	1760	2190	1880	1880	2350	1990	1990	2480	2140	2140	2660	2230	2230	2780
3.22	Bankgebäude	1860	1860	1860	1860	1860	2140	1990	1990	2260	2110	2110	2400	2260	2260	2600	2350	2350	2710
3.23	Schulen	1030	1170	1270	1110	1260	1370	1190	1350	1460	1260	1430	1550	1350	1530	1670	1410	1600	1730
3.24	Kindergärten	1090	1090	1090	1090	1180	1510	1170	1270	1610	1230	1340	1710	1320	1440	1840	1380	1500	1910
3.25	Altenwohn-heime	920	1080	1190	990	1160	1280	1060	1240	1370	1120	1310	1450	1200	1410	1560	1250	1470	1620
3.26	Personalwohn-heime	800	980	1080	860	1060	1160	919	1130	1240	970	1190	1320	1040	1280	1420	1080	1340	1480
3.27	Hotels	880	1150	1490	950	1230	1600	1010	1320	1710	1080	1400	1810	1150	1500	1940	1200	1570	2020
3.18	Sporthallen	970	970	970	970	1170	1250	1030	1250	1340	1100	1330	1420	1170	1420	1520	1230	1480	1580

3.3 Typisierte Gesamtnutzungsdauer = 50 Jahre

GKL	Baujahr	bis 1945			1946–1959			1960–1969			1970–1984			1985–1999			ab 2000		
	Ausstattungsstandard	einf.	mittel	geh.	einf.	mittel	geh.	einf.	mittel	geh.	einf.	mittel	geh.	einf.	mittel	geh.	einf.	mittel	geh.
3.31	Kaufhäuser, Warenhäuser	950	1120	1490	1020	1210	1600	1100	1290	1720	1160	1370	1820	1250	1470	1950	1300	1530	2030
3.32	Ausstellungsgebäude	1450	1450	1450	1450	1450	1450	1550	1550	1550	1540	1640	2070	1760	1760	2210	1840	1840	2310
3.33	Krankenhäuser	1430	1840	2260	1540	1980	2430	1650	2110	2600	1750	2240	2760	1870	2400	2950	1950	2500	3080
3.34	Vereinsheime	1020	1020	1020	1020	1130	1310	1090	1210	1410	1160	1280	1490	1240	1370	1600	1300	1430	1670
3.351	Parkhäuser (offene Ausführung, Parkpaletten)	490	490	490	490	490	490	530	530	530	560	560	560	590	590	590	620	620	620
3.352	Parkhäuser (geschlossene Ausführung)	610	610	610	610	610	610	650	650	650	690	690	690	740	740	740	780	780	780
3.353	Tiefgaragen	540	540	540	540	700	700	580	750	750	610	790	790	650	850	850	680	890	890
3.36	Funktionsgebäude für Sportanlagen (z. B. Sanitär- und Umkleideräume)	800	800	800	800	1010	1400	850	1080	1490	910	1150	1580	970	1230	1700	1010	1280	1770
3.37	Hallenbäder	1390	1390	1390	1390	1830	2020	1490	1960	2160	1570	2080	2290	1680	2230	2460	1750	2320	2570
3.381	Industriegebäude, Werkstätten ohne Büro- und Sozialtrakt	450	450	450	450	630	740	500	670	780	520	720	840	560	770	910	610	800	940
3.382	Industriegebäude, Werkstätten mit Büro- und Sozialtrakt	660	660	660	660	850	980	700	910	1040	740	970	1120	780	1040	1190	840	1090	1260
3.391	Lagergebäude (Kaltlager)	390	390	390	390	740	740	430	800	800	460	830	830	490	900	900	520	950	950
3.392	Lagergebäude (Warmlager)	510	510	510	510	860	860	550	920	920	580	970	970	610	1060	1060	660	1090	1090
3.393	Lagergebäude (Warmlager mit Büro- und Sozialtrakt)	820	820	820	820	1100	1100	850	1180	1180	920	1250	1250	970	1350	1350	1030	1430	1430

4. Kleingaragen und Carports

4. Kleingaragen und Carports (Euro/m² BGF)		
Typisierte Gesamtnutzungsdauer = 50 Jahre		
GKL	Baujahr	alle
	Ausstattungsstandard	alle
4.11	Kleingaragen	290
4.12	Carports	170

Anhang 2

Regelherstellungskosten 2010 (RHK 2010)[92] (einschließlich Baunebenkosten, Preisstand IV. Quartal 2010).

Anlage 24 zu § 190 Abs. 1 Satz 4 und 5 BewG)[93]

1. Ein- und Zweifamilienhäuser (Euro/m² BGF)

Typisierte Gesamtnutzungsdauer = 80 Jahre

GKL	Baujahr	bis 1945			1946–1959			1960–1969			1970–1984			1985–1999			ab 2000		
	Ausstattungs-standard	einf.	mittel	geh.	einf.	mittel	geh.	einf.	mittel	geh.	einf.	mittel	geh.	einf.	mittel	geh.	einf.	mittel	geh.
	mit Keller																		
1.11	Dachgeschoss ausgebaut	640	690	810	690	740	830	730	790	940	780	840	990	840	910	1060	870	940	1110
1.12	Dachgeschoss nicht ausgebaut	570	620	730	620	670	790	660	720	840	700	760	890	750	820	960	790	850	1010
1.13	Flachdach	640	700	810	700	750	880	740	800	930	790	850	990	850	910	1060	880	950	1110
	ohne Keller																		
1.21	Dachgeschoss ausgebaut	720	790	940	780	850	1020	830	910	1090	880	960	1150	950	1040	1250	990	1080	1300
1.22	Dachgeschoss nicht ausgebaut	640	700	840	690	760	910	740	800	960	780	850	1020	840	920	1100	880	960	1150
1.23	Flachdach	790	860	1020	850	930	1100	910	990	1180	850	920	1250	1040	1130	1350	1080	1180	1400

92 Gemäß § 205 Abs. 4 BewG ist Teil II der Anlage 24 i.d.F. des Art. 10 des Gesetzes vom 07.12.2011 (BGBl. I 2011, 2592) auf Bewertungsstichtage nach dem 31.11.2011 anzuwenden.
93 BGBl. I 2008 S. 3071–3076

2. Wohnungseigentum und vergleichbares Teileigentum/ohne Tiefgaragenplatz (Euro/m² BGF)

Typisierte Gesamtnutzungsdauer = 80 Jahre

1946–1959			1960–1969			
einf.	mittel	geh.	einf.	mittel	geh.	
760	800	870	810	850	920	

Für Wohnungseigentum in Gebäuden, die wie Ein- und Zweifamilienhäuser im Sinne des § 181 Abs. 2 BewG gestaltet sind, werden die Regelherstellungskosten der Ein- und Zweifamilienhäuser zugrunde gelegt. Umrechnungsfaktor hinsichtlich der Brutto-Grundfläche (BGF)für Wohnungseigentum in Mehrfamilienwohnhäusern (Mietwohngrundstücke): BGF = 1,55 x Wohnfläche

3. Geschäftsgrundstücke, gemischt genutzte Grundstücke und sonstige bebaute Grundstücke (Euro/m² BGF)

3.1 Typisierte Gesamtnutzungsdauer = 70 Jahre

GKL	Baujahr	bis 1945			1946–1959			1960–1969			1970–1984			1985–1999			ab 2000		
	Ausstattungs-standard	einf.	mittel	geh.	einf.	mittel	geh.	einf.	mittel	geh.	einf.	mittel	geh.	einf.	mittel	geh.	einf.	mittel	geh.
3.11	Gemischt genutzte Grundstücke (mit Wohn- und Gewerbefläche)	750	1090	1090	800	1170	1170	860	1250	1640	910	1320	1730	980	1420	1860	1020	1480	1940
3.12	Hochschulen, Universitäten	1610	1610	1920	1730	1730	2070	1850	1850	2210	1960	1960	2340	2100	2100	2510	2190	2190	2620
3.13	Saalbauten, Veranstaltungszentren	1430	1760	1760	1430	1890	2380	1530	2020	2550	1630	2140	2690	1740	2290	2890	1830	2390	3020
314	Kur- und Heilbäder	2820	2820	3130	3020	3020	3360	3240	3240	3600	3430	3430	3810	3680	3680	4090	3840	3840	4260

3. Geschäftsgrundstücke, gemischt genutzte Grundstücke und sonstige bebaute Grundstücke (Euro/m² BGF)

3.2 Typisierte Gesamtnutzungsdauer = 60 Jahre

GKL	Baujahr	bis 1945			1946–1959			1960–1969			1970–1984			1985–1999			ab 2000		
	Ausstattungs-standard	einf.	mittel	geh.	einf.	mittel	geh.	einf.	mittel	geh.	einf.	mittel	geh.	einf.	mittel	geh.	einf.	mittel	geh.
3.211	Verwaltungsgebäude (ein- bis zweigeschossig, nicht unterkellert)	1060	1060	1060	1060	1240	1510	1130	1320	1620	1200	1400	1710	1280	1500	1840	1340	1570	1910
3.212	Verwaltungsgebäude (zwei- bis fünfgeschossig)	1400	1400	1680	1270	1500	1810	1350	1610	1940	1430	1710	2050	1540	1830	2210	1600	1900	2290
3.213	Verwaltungsgebäude (sechs- und mehrgeschossig)	1950	1950	1950	1950	1950	2440	2090	2090	2610	2220	2220	2760	2380	2380	2960	2470	2470	3090
3.22	Bankgebäude	2070	2070	2070	2070	2070	2380	2210	2210	2510	2340	2340	2670	2510	2510	2890	2620	2620	3010
3.23	Schulen, Berufsschulen	1150	1300	1410	1240	1400	1520	1320	1500	1630	1400	1590	1720	1500	1710	1850	1570	1780	1930
3.24	Kindergärten	1210	1210	1210	1210	1310	1680	1300	1410	1790	1370	1490	1900	1470	1600	2040	1530	1670	2130
3.25	Altenwohnheime	1020	1200	1320	1100	1290	1420	1170	1380	1520	1250	1460	1610	1340	1570	1730	1390	1640	1800
3.26	Personalwohnheime	890	1090	1200	950	1170	1290	1020	1260	1380	1080	1330	1410	1160	1430	1570	1210	1490	1640
3.27	Hotels	980	1280	1650	1050	1370	1780	1120	1470	1900	1200	1550	2010	1280	1670	2160	1330	1740	2250
3.18	Sporthallen	1080	1080	1080	1080	1300	1390	1150	1390	1480	1230	1470	1570	1300	1580	1690	1360	1650	1700

3.3 Typisierte Gesamtnutzungsdauer = 50 Jahre

GKL	Baujahr	bis 1945			1946–1959			1960–1969			1970–1984		
	Ausstattungsstandard	einf.	mittel	geh.	einf.	mittel	geh.	einf.	mittel	geh.	einf.	mittel	
3.31	Kaufhäuser, Warenhäuser	1070	1260	1670	1150	1350	1800	1230	1440	1920	1300	1530	
3.32	Ausstellungsgebäude	1630	1630	1630	1630	1630	1630	1730	1730	1730	1840	1840	
3.33	Krankenhäuser	1610	2060	2530	1730	2210	2720	1850	2360	2910	1950	2500	
3.34	Vereinsheime, Jugendheime, Tagesstätten	1140	1140	1140	1140	1260	1470	1220	1350	1570	1300	1430	
3.351	Parkhäuser (offene Ausführung, Parkpaletten), Tankstellen	550	550	550	550	550	550	590	590	590	620	620	
3.352	Parkhäuser(geschlosseneAusführung)	680	680	680	680	680	680	730	730	730	770	770	
3.353	Tiefgaragen*	600	600	600	600	780	780	650	840	840	680	890	
3.36	Funktionsgebäude für Sportanlagen (z.B. Sanitär- und Umkleideräume)	900	900	900	900	1140	1560	960	1210	1670	1020	1290	
3.37	Hallenbäder	1550	1550	1550	1550	2050	2260	1660	2190	2420	1760	2320	
3.381	Industriegebäude, Werkstätten ohne Büro- und Sozialtrakt	510	510	510	510	710	830	550	750	880	590	800	
3.382	Industriegebäude, Werkstätten mit Büro- und Sozialtrakt	740	740	740	740	960	1100	780	1020	1160	830	1080	
3.391	Lagergebäude (Kaltlager)	440	440	440	440	820	820	480	900	900	510	930	
3.392	Lagergebäude (Warmlager)	570	570	570	570	960	960	610	1040	1040	650	1090	
3.393	Lagergebäude (Warmlager mit Büro- und Sozialtrakt)	910	910	910	910	1230	1230	950	1320	1320	1030	1400	

* Umrechnungsfaktor hinsichtlich der Brutto-Grundfläche (BGF) für Tiefgaragen: BGF = tatsächliche Stellplatzfläche (Länge x Breite) x 1,53

3.4 Typisierte Gesamtnutzungsdauer = 40 Jahre

GKL	Baujahr	bis 1945			1946–1959			1960–1969			1970–1984			1985–1999			ab 2000		
	Ausstattungsstandard	einf.	mittel	geh.	einf.	mittel	geh.	einf.	mittel	geh.	einf.	mittel	geh.	einf.	mittel	geh.	einf.	mittel	geh.
3.41	Einkaufsmärkte, Großmärkte, Discountermärkte, Läden	710	710	710	710	950	950	760	1020	1020	800	1090	1220	860	1170	1310	900	1210	1370
3.42	Tennishallen	580	580	580	580	680	680	620	730	730	650	770	890	700	830	950	730	860	1000
3.43	Reitsporthallen mit Stallungen, andere Stallungen, ehemalige landwirtschaftliche Mehrzweckhallen, Scheunen u.Ä.	220	220	220	220	220	220	220	220	220	220	240	290	240	260	310	250	270	330

4. Kleingaragen und Carports (Euro/m² BGF)

Typisierte Gesamtnutzungsdauer = 50 Jahre

GKL	Baujahr	alle
	Ausstattungsstandard	alle
4.11	Kleingaragen	320
4.12	Carports	190

5. Teileigentum

Teileigentum ist in Abhängigkeit von der baulichen Gestaltung den vorstehenden Gebäudeklassen zuzuordnen.

6. Auffangklausel
Regelherstellungskosten für nicht aufgeführte Gebäudeklassen sind aus den Regelherstellungskosten vergleichbarer Gebäudeklassen abzuleiten.

Ausstattungsstandard[94] zu den Regelherstellungskosten (RHK)				
		einfach	**mittel**	**gehoben**
Fassade	**Skelett-, Fachwerk-, Rahmenbau**	• einfache Wände, Holz-, Blech-, Faserzementbekleidung, Leichtbetonwände mit Wärmedämmung, Beton- Sandwich-Elemente, Ausfachung 15 bis 26 cm; • Verbretterung oder Blechverkleidung auf Holztragwerk[P]);	• Leichtbetonwände mit Wärmedämmung, Beton-Sandwich-Elemente, Ausfachung 15 bis 26 cm; • Stahlblech- Sandwichelemente auf Holz- oder Stahlrahmen, Lichtflächen aus Kunststoff-Doppelstegplatten[P]);	• Schwerbetonplatten, Verblendmauerwerk, Spaltklinker, Schwerbetonplatten, Ausfachung bis 40 cm, Glasverkleidung, Spaltklinker; • Stahlbetonstützen und Ziegelmauerwerk, Holzfenster, Holztüren und Holztore[P]);
	Massivbau	• Mauerwerk mit Putz oder mit Fugenglattstrich und Anstrich; • Betonwände[M]);	• Wärmedämmputz, Wärmedämmverbundsystem, Sichtmauerwerk mit Fugenglattstrich und Anstrich, Holzbekleidung, mittlerer Wärmedämmstandard; • Sichtbeton[M]);	• Verblendmauerwerk, Metallbekleidung, Vorhangfassade; Naturstein, hoher Wärmedämmstandard;
Fenster		• einfache Holz-, Stahl, Einfachverglasung; • einfache Metallgitter[M]);	• hochwertige Holz-, Kunststoff, Isolierverglasung; • begrünte Metallgitter, Glasbausteine[M]);	• Aluminium, Rollladen, Sonnenschutzvorrichtung, Wärmeschutzverglasung, raumhohe Verglasung, große Schiebeelemente, elektr. Rollladen, Schallschutzverglasung; • Sprossenfenster[A]); • begrünte Metallgitter, Glasbausteine[M]);
Dächer		• Wellfaserzement-, Blecheindeckung, Bitumen-, Kunststofffolienabdichtung; • Betondachpfannen (untere Preiskl.), Bitumen-, Kunststofffolienabdichtung, keine Wärmedämmung; • Holzbinder auf Stahl- oder Stahlbetonstützen, Faserzementwellplatten auf Holzpfetten[P]);	• Betondachpfannen (gehobene Preiskl.); • Betondachpfannen, mittlerer Wärmedämmstandard • Papp-, PVC-, Blecheindeckung[D]); • Stahlblech- Sandwichelemente auf Holz- oder Stahlrahmen[P]);	• Tondachpfannen, Schiefer-, Metalleindeckung, Gasbetonfertigteile, Stegzementdielen, gro-ße Anzahl von Oberlichtern, Dachaus- und Dachaufbauten mit hohem Schwierigkeitsgrad, Dachausschnitte in Glas, hoher Wärmedämmstandard; • Papp-, PVC-, Blecheindeckung[D]); • Holzbinder, Pfetten, Sparren, Hartschaumdämmung, Betondachsteine, Tonpfannen[P]);
Sanitärinstallation		• einfache Toilettenanlagen [und Duschräume[F])], Installation auf Putz; • 1 Bad mit WC, Installation auf Putz[A]) [B]) [C]); • WC und Bäderanlage geschossweise, Waschbecken im Raum, Installation auf Putz[J]) [M]) [L]);	• ausreichende Toilettenanlagen, Duschräume, Installation unter Putz; • 1 Bad mit WC, separates Gäste-WC, Installation unter Putz[A]) [B]) [C]); • mehrere WCs und Duschbäder je Geschoss, Installation unter Putz[J]) [K]) [L]); • tlw. Toiletten je Zimmer, Installation unter Putz[I]); • Sprinkleranlage, Strom- und Wasseranschluss, Löschwasserleitungen, Installation auf Putz[M]);	• gut ausgestattete Toilettenanlagen und Duschräume, großzügige Toilettenanlagen, Sanitäreinrichtungen, gehobener Standard; • 1 – 2 Bäder[A]) [B]) [C]); • je Zimmer ein Duschbad mit WC[J]) [M]) [L]); • je Raum ein Duschbad mit WC in guter Ausstattung[I]); • Düsenrohrberegnung, Toiletten und Duschanlagen[P]);
Innenwandbekleidung der Nassräume		• Ölfarbanstrich;	• Fliesensockel (1,50 m);	• Fliesen raumhoch, großformatige Fliesen, Naturstein, aufwendige Verlegung;

94 Ein- und Zweifamilienhäuser; B) Wohnungseigentum; C) Gemischt genutzte Grundstücke; D) Tennishallen; E) Sporthallen (Turnhallen); F) Hallenbäder; G) Kur- und Heilbäder; H) Kauf- und Warenhäuser, Einkaufsmärkte, Großmärkte, Läden, Ausstellungsgebäude; I) Krankenhäuser; J) Altenwohnheime; K) Hotels; L) Personal- und Schwesternwohnheime; M) Parkhäuser und Tiefgaragen; N) Industriegebäude, Werkstätten; O) Lagergebäude; P) Reitsporthallen.

Ausstattungsstandard[94] zu den Regelherstellungskosten (RHK)			
Bodenbeläge	• Linoleum, PVC (jeweils untere Preiskl.), Holzdielen, Nadelfilz; • Beton oder Asphaltbeton, oberflächenbehandelt, Holzdielen[D]) [E]); • Rohbeton[M]); • Tretschicht als Schüttung auf gewachsenem Boden[P]);	• PVC, Linoleum (jeweils mittlere Preiskl.), Teppich, Fliesen; • Estrich oder Gussasphalt auf Beton, Teppichbelag, PVC, beschichteter Estrich, Gussasphalt[D]) [E]); • Estrich, Gussasphalt[D]); • Verbundpflaster ohne Unterbau[O]); • Tretschicht als Schüttung auf Tragschicht aus Lehm[P]);	• großformatige Fliesen, Parkett, Betonwerkstein, Naturstein, aufwendige Verlegung; • Fliesen[H]); • flächenstatische Fußbodenkonstruktion, Spezialteppich mit Gummigranulatauflage[D]); • Schwingboden[E]); • Estrich, Gussasphalt[M]); • Tretschicht als Schüttung auf Tragschicht aus Schotter und Sand/Lehm- Zwischenschicht[P]);
	Nassräume: • PVC	Nassräume: • Fliesen	Nassräume: • großformatige Fliesen, beschichtete Sonderfliesen
Innentüren	• Füllungstüren, Türblätter und Zargen gestrichen;	• Kunststoff-/Holztürblätter, Stahlzargen;	• beschichtete oder furnierte Türblätter und Zargen, Türblätter mit Edelholzfurnier, bessere Ausführung; Glasausschnitte, Glastüren; Holzzargen, massivere Ausführung, Einbruchschutz, Automatiktüren, rollstuhlgerechte Bedienung, Stiltüren;
Heizung	• Einzelöfen, elektr. Speicherheizung, Boiler für Warmwasser; Lufterhitzer mit Direktbefeuerung[D]) [E]) [F]) [G]); • keine[P]);	• Zentralheizung mit Radiatoren (Schwerkraftheizung); Fernheizung; Mehrraum-Warmluft-Kachelofen; • Lufterhitzer mit Wärmetauscher mit zentraler Kesselanlage[I]);	• Zentralheizung, Warmwasserbereitung zentral; Zentralheizung/Pumpenheizung mit Flachheizkörpern oder Fußbodenheizung; Sammelheizung mit separater Kesselanlage; Klima- oder Lüftungsanlage; Solaranlagen, aufwendige Heiztechnik; • Luftheizung mit Außenluft- und Umluftregelung, Luftqualitätsregeltechnik[D]) [E]) [F]) [G]); • WW-Zentralheizung in Nebenräumen, Lufterhitzer[P]);
Elektroinstallation	• je Raum 1 Lichtauslass und 1 – 2 Steckdosen, Fernseh- /Radioanschluss, Installation auf Putz; • einfache Leuchten in Halle und WCP);	• je Raum 1 – 2 Lichtauslässe und 2 – 4 (bzw. 6[I]) Steckdosen, Blitzschutz, Installation unter Putz, informationstechnische Anlagen; • hochwertige Leuchten in Halle und WCP);	• je Raum mehrere Lichtauslässe und Steckdosen, informationstechnische Anlagen, Sicherheitseinrichtungen, Solaranlage, Fensterbankkanal mit aufwendige Installation; • hochwertige Leuchten in Halle, WC, Reiterstübchen und Tribüne[P]);
Sonstige Einbauten	• Gemeinschaftsküche[K]); • zentrale Einrichtungen, Gastraum[L]); • Kochmöglichkeit, Spüle[N]) [O]);	• Gemeinschaftseinrichtungen, Einbauküchen[L]); • Balkon je Raum, Brandmelder, Sprinkler, zentrale Einrichtungen: z. B. Konferenzräume, Schwimmbad, Sauna, zusätzl. Restaurant[K]); • Sauna[D]) [E]); • Solarien, Massageräume, Sauna, separates Kinderbecken, Imbiss, Therapieräume[F]); • Personenaufzug, Video-überwachung, Rufanlagen, Brandmelder, Beschallung, Toilettenanlagen, Rauch- und Wärmeabzugsanlagen, mechanische Be- und Entlüftungsanlagen[F]); • Teeküche[N]) [O]);	• Aufzugsanlage, Balkon je Raum, Pantry-Küche[L]), Fitnessraum[L]), zentrale Einrichtungen[J]), Gemeinschaftsräume[J]), Therapie- und Gymnastikräume[J]); • Aufzugsanlage, Müllschlucker, zentrale Einrichtungen: z. B. große Konferenzräume, Ballsäle, Sondereinrichtungen, z. B. Friseur[K]); • Restaurant, große Saunaanlage, Solarium[D]) [E]); • Sprungbecken, Wellenbad, Restaurant[F]); • Personenaufzug, Videoüberwachung, Rufanlagen, Brandmelder, Beschallung, Toilettenanlagen, Rauch- und Wärmeabzugsanlagen, mechanische Be- und Entlüftungsanlagen[D]) [F]); • Einbauküche, Aufenthaltsraum[N]) [O]);

§ 35 ImmoWertV
Grundlagen des Sachwertverfahrens

(1) Im Sachwertverfahren wird der Sachwert des Grundstücks aus den vorläufigen Sachwerten der nutzbaren baulichen und sonstigen Anlagen sowie aus dem Bodenwert ermittelt.

(2) Der vorläufige Sachwert des Grundstücks ergibt sich durch Bildung der Summe aus

1. dem vorläufigen Sachwert der baulichen Anlagen im Sinne des § 36,

2. dem vorläufigen Sachwert der baulichen Außenanlagen und sonstigen Anlagen im Sinne des § 37 und

3. dem nach den §§ 40 bis 43 zu ermittelnden Bodenwert.

(3) Der marktangepasste vorläufige Sachwert des Grundstücks ergibt sich durch Multiplikation des vorläufigen Sachwerts mit einem objektspezifisch angepassten Sachwertfaktor im Sinne des § 39. Nach Maßgabe des § 7 Absatz 2 kann zusätzlich eine Marktanpassung durch marktübliche Zu- oder Abschläge erforderlich sein.

(4) Der Sachwert des Grundstücks ergibt sich aus dem marktangepassten vorläufigen Sachwert und der Berücksichtigung vorhandener besonderer objektspezifischer Grundstücksmerkmale des Wertermittlungsobjekts.

Gliederungsübersicht *Rn.*

1 Grundlagen des Sachwertverfahrens (§ 35 Abs. 1 und 2 ImmoWertV)

1.1 Übersicht

Schrifttum: *Fischer/Lorenz/Biederbeck/Astl*, Verkehrswertermittlung von bebauten und unbebauten Grundstücken, Köln 2005; *Kleiber*, Nachhaltige Einnahmen und Ausgaben, GuG 2006, 25; *Petersen/Schnoor/Seitz/Vogel*, Verkehrswertermittlung von Immobilien, 2. Aufl. 2013; *Sommer/Kröll*, Lehrbuch zur Immobilienbewertung, 3. Aufl. 2010.

▶ *Zur Anwendung der Wertermittlungsverfahren vgl. § 6 ImmoWertV Rn. 37, 88 ff.; eine zusammenfassende Darstellung des Ertragswertverfahrens vgl. Syst. Darst. des Ertragswertverfahrens Rn. 1 ff.*

Unter Sachwertverfahren *(Cost Approach, contractor's method)* sind in der Marktwertermittlung von bebauten Grundstücken Verfahren zu verstehen, mit denen der Marktwert von Grundstücken aus den Herstellungskosten der baulichen und sonstigen Anlagen ermittelt wird. Das Verfahren findet nach Maßgabe des § 5 Abs. 1 Satz 2 ImmoWertV mithin Anwendung, wenn nach den im gewöhnlichen Geschäftsverkehr bestehenden Gepflogenheiten die Herstel- 1 lungskosten im Vordergrund stehen. Zum Anwendungsbereich des Sachwertverfahrens vgl. § 6 ImmoWertV Rn. 114 ff.

2 Begrifflich handelt es sich bei dem „Sachwertverfahren“ um einen **Gattungsbegriff für kostenorientierte Wertermittlungsmethoden** unterschiedlichster Ausprägungen. Die ImmoWertV bietet aus der großen „Familie“ der Sachwertverfahren im Unterschied zum Ertragswertverfahren nur ein einziges in Grundzügen geregeltes Sachwertverfahren an (§§ 114 ff. ImmoWertV):

1.2 Begriffe (§ 35 Abs. 1 ImmoWertV)

▶ *Zur Nutzbarkeit vgl. § 43 ImmoWertV Rn. 10 ff.*

3 Mit § 35 Abs. 1 ImmoWertV wird die Anwendung des Sachwertverfahrens auf „nutzbare bauliche Anlagen und nutzbare bauliche Außenanlagen einschließlich nutzbarem Aufwuchs“ bezogen. Wirtschaftlich nicht nutzbare Objekte sind nach § 8 Abs. 3 Satz 3 Nr. 3 ImmoWertV Liquidationsobjekte. **Was keine Nutzungsfähigkeit hat, soll keinen Sachwert haben.**

4 Der ***vorläufige Sachwert*** wird nach der Grundsatzregelung des § 35 Abs. 1 ImmoWertV **auf der Grundlage des nach den §§ 40 bis 43 zu ermittelnden Bodenwerts** ermittelt, d.h. insbesondere

- grundsätzlich mit dem Bodenwert eines unbebauten Grundstücks (§ 40 Abs. 1 ImmoWertV),
- bei atypischer Nutzung i.S. des § 40 Abs. 5 Nr. 1 ImmoWertV sowie bei Liquidationsobjekten i.S. des § 43 ImmoWertV auf der Grundlage des nutzungsabhängigen Bodenwerts entsprechend der auf dem Grundstück realisierten Nutzung,
- bei übergroßen Grundstücken i.S. des § 41 ImmoWertV auf der Grundlage des Bodenwerts der der Bebauung nach Art, Lage und Nutzung zurechenbaren marktüblichen Grundstücksfläche, d.h. unter Ausschluss der verbleibenden Grundstücksrestfläche.

5 Die in den genannten Fällen **bodenbezogenen Besonderheiten** wie Wertvor- und Nachteile, eine Grundstücksrestfläche, die die der vorhandenen Bebauung nach Art, Lage und Nutzung zurechenbare marktübliche Grundstücksfläche erheblich überschreitet, sowie Freilegungskosten, Erschließungsbeitragspflichten und dgl. sind gegebenenfalls als besondere objektspezifische Grundstücksmerkmale (boG) zu berücksichtigen.

1.3 Zusammensetzung des vorläufigen Sachwerts (§ 35 Abs. 2 ImmoWertV)

6 Nach § 35 Abs. 2 ImmoWertV setzt sich der *vorläufige* Sachwert zusammen aus

1. dem vorläufigen Sachwert der baulichen Anlagen,
2. dem vorläufigen Sachwert der baulichen Außenanlagen und sonstigen Anlagen und
3. dem vorläufigen Bodenwert (§§ 40 bis 43 ImmoWertV).

7 Es handelt sich bei den Vorgaben der Nr. 1 bis 3 um eine **Konkretisierung der modellkonformen Anwendung des Sachwertverfahrens** in Bezug auf den nach einem vorgegebenen Modell und vorgegebenen Modellansätzen ermittelten *vorläufigen* Sachwert der baulichen Anlagen (vorläufiger Gebäudesachwert), baulicher Außenanlagen und sonstiger Anlagen auf der Grundlage einer modellkonformen Alterswertminderung sowie einer modellansatzkonform anzusetzenden Gesamt- und Restnutzungsdauer.

8 Aufgrund der vorgegebenen Modellansätze ist der auf dieser Grundlage ermittelte vorläufige Sachwert ein „Wert“, den die „Sache“ i.d.R. nicht wert ist. So ist der *vorläufige* Sachwert der baulichen Anlage nach § 36 Abs. 3 Satz 1 und 2 ImmoWertV zwar auf der Grundlage der „durchschnittlichen Herstellungskosten“ der baulichen Anlagen zu ermitteln, jedoch entspre-

chen die dafür vorgegebenen „modellhaften“ Normalherstellungskosten der Anl. 4 zur ImmoWertV i.d.R. gerade nicht den „durchschnittlichen Herstellungskosten“ einer baulichen Anlage. Der **vorläufige Sachwert bildet infolgedessen nicht die durchschnittlichen Herstellungskosten einer baulichen Anlage ab** und kann deshalb nicht allgemein zur Abschätzung der üblichen Kosten einer baulichen Anlage herangezogen werden. Es handelt sich dabei um eine synthetische Rechengröße, die dieser Bezeichnung nicht würdig ist.

Nach vorstehenden Ausführungen ist das Sachwertverfahren im Unterschied zum Ertrags- 9
wertverfahren dreisträngig gegliedert.

Abb. 1: Zusammensetzung des vorläufigen Sachwerts des Grundstücks

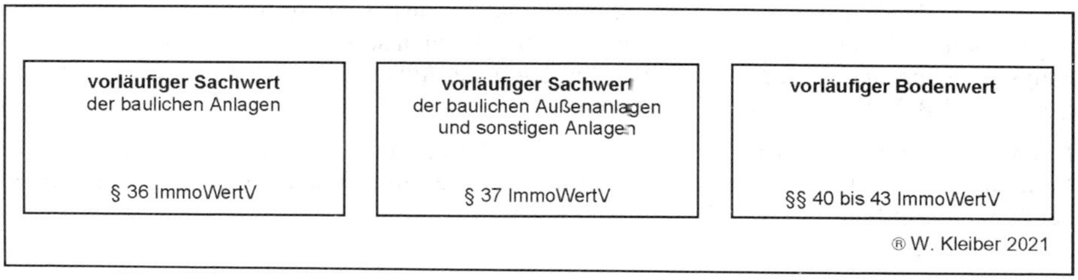

Der vorläufige Sachwert der baulichen Anlagen (ohne Außenanlagen), der vorläufige Sach- 10
wert der baulichen und sonstigen Außenanlagen sowie der vorläufige Bodenwert sind getrennt zu ermitteln und zum vorläufigen Sachwert des Grundstücks zusammenzufassen.

Bei **Anwendung des Ertragswertverfahrens** werden die baulichen Außenanlagen und die 11
sonstigen Anlagen mit dem vorläufigen Gebäudeertragswert i.d.R. implizit berücksichtigt, soweit sie nach Art und Umfang üblich sind. Soweit sie wertbeeinflussend sind, gehen sie nämlich in den marktüblich erzielbaren Reinertrag ein und werden „in einem Zug“ mit dem vorläufigen Gebäudeertragswert berücksichtigt.

Es ist grundsätzlich nur der **Sachwert der „nutzbaren“ Anlagen** zu berücksichtigen, wobei 12
es auf die wirtschaftliche und nicht die technische Nutzbarkeit ankommt.

2 Gliederung des Sachwertverfahrens

Nach *§ 35 Abs. 2 bis 4 ImmoWertV wird der Sachwert* schrittweise ermittelt. Im *ersten Schritt* 13
wird der

„vorläufige Sachwert des Grundstücks“

ermittelt.

Der vorläufige Sachwert des Grundstücks setzt sich nach vorstehenden Ausführungen aus den vorläufigen Sachwerten der baulichen Anlage, dem vorläufigen Sachwert der baulichen Außenanlagen und sonstigen Anlagen sowie dem Bodenwert zusammen.

Der vorläufige Sachwert wird im *zweiten Schritt* mit dem objektspezifisch an die allgemeinen 14
Wertverhältnisse des Wertermittlungsstichtags „angepassten“ Sachwertfaktor multipliziert. Das Produkt ergibt den

„vorläufigen marktangepassten Sachwert“ des Grundstücks.

Es handelt sich dabei nicht nur um eine „Marktanpassung“ i.S. einer Anpassung an die allge- 15
meine Lage auf dem Grundstücksmarkt, wie der Begriff suggeriert. **Sachwertfaktoren stellen zugleich einen Modell- bzw. Systemkorrekturfaktor dar** (vgl. § 21 ImmoWertV Rn. 14), wenn vom Gutachterausschuss für Grundstückswerte die mit § 12 Abs. 5 Satz 1 und 3 Immo-

WertV, insbesondere die unzulänglichen „Normalherstellungskosten“ der Anl. 4 zur ImmoWertV zugrunde gelegt wurden.

16 Der *vorläufige marktangepasste Sachwert* ergibt im *dritten Schritt* zusammen mit den gegebenenfalls ergänzend zu berücksichtigenden **besonderen objektspezifischen Grundstücksmerkmalen** (boG) den Sachwert (§ 35 Abs. 4 ImmoWertV).

17 Die ergänzend zu berücksichtigenden **besonderen objektspezifischen Grundstücksmerkmale** (boG) sind in § 8 Abs. 3 ImmoWertV definiert als wertbeeinflussende Grundstücksmerkmale, die nach Art oder Umfang erheblich von dem auf dem jeweiligen Grundstücksmarkt Üblichen abweichen. Neben den dort namentlich hervorgehobenen besonderen objektspezifischen Grundstücksmerkmalen (boG) können – vorbehaltlich ihrer Berücksichtigung mit dem objektspezifisch angepassten Sachwertfaktor – insbesondere Abweichungen von dem angewandten Modell und den vorgeschriebenen Modellansätzen der Gesamt- und Restnutzungsdauer, besondere Bauteile, c-Flächen, bauliche Außenanlagen und sonstige Anlagen, Rechte und Belastungen usw. dazugehören.

18 Kommen mehrere Wertermittlungsverfahren zur Anwendung, wird der Marktwert aus den Verfahrenswerten der angewendeten Wertermittlungsverfahren unter Würdigung ihrer Aussagefähigkeit ermittelt (§ 6 Abs. 4 ImmoWertV Rn. 218).

Abb. 2: Gliederung des Sachwertverfahrens

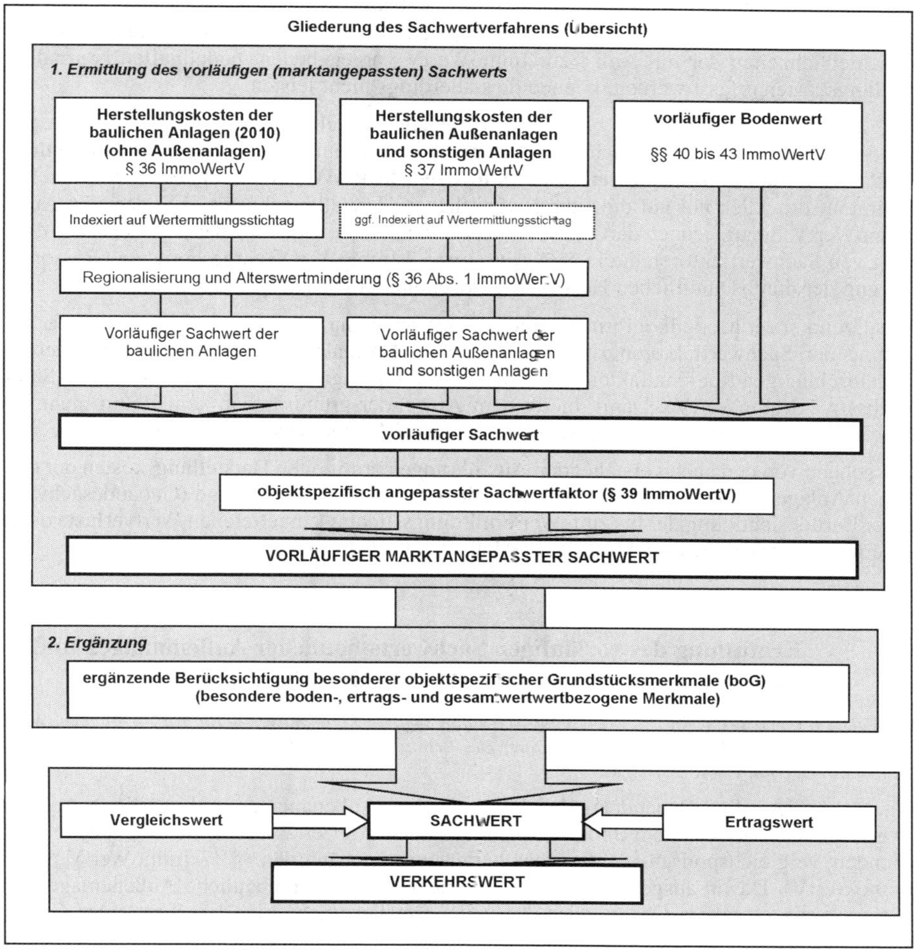

3 Vorläufiger Sachwert der baulichen Anlage (§ 35 Abs. 2 Nr. 1 ImmoWertV)

▶ *Näheres in der Syst. Darst. des Sachwertverfahrens Rn. 31 ff.*

Der vorläufige Sachwert der baulichen Anlagen, insbesondere eines Gebäudes, wird ausgehend von den durchschnittlichen Herstellungskosten der baulichen Anlagen ermittelt. Diese sind nach § 36 Abs. 3 Satz 4 ImmoWertV mittels des nach der jeweiligen Art der baulichen Anlage zutreffenden Preisindexes für die Bauwirtschaft des Statistischen Bundesamtes (Baupreisindex) auf den Wertermittlungsstichtag umzurechnen und nach Maßgabe des § 38 ImmoWertV in altersgeminderter Höhe anzusetzen. Die durchschnittlichen Herstellungskosten sind nach § 36 Abs. 1 ImmoWertV mit einem Regionalfaktor (§ 36 Abs. 3 ImmoWertV) zu multiplizieren. 19

Mit dem nach § 36 Abs. 3 ImmowertV **vom Gutachterausschuss für Grundstückswerte abgeleitetenRegionalfaktor** sollen die i.d.R. auf der Grundlage der modellhaften Normalherstellungskosten der Anl. 4 zur ImmoWertV ermittelten „durchschnittlichen Herstellungskosten" den **„Verhältnissen am örtlichen Grundstücksmarkt"** angepasst werden (§ 36 Abs. 3 ImmoWertV). Regionalfaktoren im herkömmlichen Sinne, mit denen lediglich regionale Unterschiedlichkeiten der mit Anl. 4 zur ImmoWertV vorgegebenen modellhaften Normalherstellungskosten erfasst werden, können dies allerdings nicht leisten.

20 § 12 Abs. 5 Satz 3 ImmoWertV befiehlt (den Gutachterausschüssen für Grundstückswerte) die zur Marktanpassung heranzuziehenden Sachwertfaktoren auf der Grundlage der **„modellhaften" Normalherstellungskosten nach Anl. 4 der ImmoWertV** abzuleiten. Die Vorschrift nimmt ausdrücklich nur auf die „durchschnittlichen Herstellungskosten" i.S. des § 36 Abs. 2 ImmoWertV Bezug, jedoch darf daraus nicht der Schluss gezogen werden, dass bei der Ableitung von Sachwertfaktoren die in § 36 Abs. 1 und 3 ImmoWertV vorgeschriebene Regionalisierung der durchschnittlichen Herstellungskosten unberücksichtigt bleibt.

Aus Gründen der Modellkonformität sind bei Heranziehung der Sachwertfaktoren die der Ableitung der Sachwertfaktoren zugrunde liegenden Normalherstellungskosten einschließlich der einschlägigen Regionalfaktoren der Wertermittlung zugrunde zu legen (§ 36 Abs. 3 Satz 2 Halbsatz 1 ImmoWertV). Damit bleibt dem Anwender grundsätzlich kein Raum mehr, die durchschnittlichen Herstellungskosten der baulichen Anlagen anderweitig zu ermitteln.

21 Ausgehend von den nach vorstehenden Ausführungen ermittelten Herstellungskosten der baulichen Anlage ergibt sich der vorläufige Sachwert der baulichen Anlage (Gebäudesachwert) unter Berücksichtigung der bis zum Wertermittlungsstichtag eingetretenen Wertverluste durch Alterung (**Alterswertminderung**) nach Maßgabe des § 38 ImmoWertV.

4 Ermittlung des vorläufigen Sachwerts baulicher Außenanlagen und sonstiger Anlagen (§ 35 ImmoWertV Abs. 2 Nr. 2 ImmoWertV)

► *Vgl. § 1 ImmoWertV Rn. 75; § 14 ImmoWertV Rn. 25 ff.; § 37 ImmoWertV Rn. 1 ff.; § 40 ImmoWertV Rn. 5; § 37 ImmoWertV Rn. 1 ff.; Syst. Darst. des Ertragswertverfahrens, Rn. 108, 174; Syst. Darst. des Sachwertverfahrens Rn. 210 ff., 219.*

22 Die für die jeweilige Gebäudeart üblichen baulichen Außenanlagen und sonstigen Anlagen (Aufwuchs) können mit dem Bodenwert oder „anderweitig" erfasst sein, wenn sie bei entsprechenden Vergleichspreisen nicht vorher herausgerechnet wurden (§ 37 ImmoWertV Satz 1 ImmoWertV). Davon ausgenommen sind besonders aufwendige bauliche Außenanlagen sowie parkartig gestaltete Gärten oder wertvolle Anpflanzungen, die den Wert eines Grundstücks beeinflussen können[1].

23 § 37 ImmoWertV enthält eine zusammenfassende Regelung der Ermittlung des vorläufigen Sachwerts baulicher Außenanlagen und sonstiger Anlagen (Aufwuchs). Dabei ist von folgenden **Grundsätzen** auszugehen:

1. Bauliche Außenanlagen und sonstige Anlagen (Aufwuchs) sind zur Vermeidung einer Doppelberücksichtigung nur insoweit zu erfassen, wie sie nicht bereits anderweitig, insbesondere mit dem **Bodenwert oder gegebenenfalls mit dem Sachwertfaktor** berücksichtigt worden sind.
2. Soweit eine ergänzende Berücksichtigung des Sachwerts baulicher Außenanlagen und sonstiger Anlagen (Aufwuchs) erforderlich ist, wird mit **§37 ImmoWertV**
   a) an erster Stelle eine Ermittlung des vorläufigen Sachwerts baulicher Außenanlagen und sonstiger Anlagen (Aufwuchs) auf der Grundlage von durchschnittlichen Herstellungskosten unter entsprechender Anwendung des § 36 Abs. 2 ImmoWertV genannt,

1 BR-Drs. 352/88, S. 60 f.

b) an zweiter Stelle eine Ermittlung nach „Erfahrungssätzen“ und schließlich

c) an dritter Stelle hilfsweise eine sachverständige Schätzung zugelassen.

Dabei sind grundsätzlich die Ansätze zu wählen, die bei der Ermittlung des Sachwertfaktors verwendet wurden. Werden durchschnittliche Herstellungskosten zugrunde gelegt, ist eine Alterswertminderung anzusetzen, wobei sich die Restnutzungsdauer i.d.R. nach der Restnutzungsdauer der baulichen Anlage richtet. 24

5 Ermittlung des vorläufigen Bodenwerts (§ 35 ImmoWertV Abs. 2 Nr. 3 ImmoWertV)

▶ *Vgl. Rn. 4; Erl. zu den §§ 40 ff. ImmoWertV.*

Der vorläufige Bodenwert ist gemäß § 35 Abs. 1 ImmoWertV nach Maßgabe der §§ 40 bis 43 ImmoWertV zu ermitteln. 25

6 Ermittlung des marktangepassten Sachwerts (§ 35 ImmoWertV Abs. 3 ImmoWertV)

6.1 Allgemeines

Der **vorläufige Sachwert des *Grundstücks*** setzt sich nach vorstehenden Ausführungen zusammen aus den vorläufigen Sachwerten der baulichen Anlage, dem vorläufigen Sachwert der baulichen Außenanlagen und sonstigen Anlagen sowie dem vorläufigen Bodenwert. Der **marktangepasste vorläufige Sachwert des *Grundstücks*** ergibt sich i.d.R. durch Multiplikation des vorläufigen Sachwerts des Grundstücks (in seiner Gesamtheit) mit dem objektspezifisch angepassten Sachwertfaktor. 26

Wie unter § 21 ImmoWertV ausgeführt, stellen Sachwertfaktoren zugleich Modell- bzw. Systemkorrekturfaktoren dar, die sich nicht nur auf die vorgegebenen unzulänglichen Modellansätze, wie z.B. die nach § 12 Abs. 5 Satz 3 ImmoWertV heranzuziehenden modellhaften „Normalherstellungskosten“ der Anl. 4 zur ImmoWertV, sondern auf den Gesamtwert des Grundstücks, bestehend aus dem anteiligen vorläufigen Sachwert der baulichen Anlage, der baulichen Außenanlagen und sonstigen Anlagen sowie dem anteiligen Bodenwert, beziehen. **Ein anteiliger „*marktangepasster vorläufiger Sachwert der baulichen Anlage*“ bzw. ein anteiliger „*marktangepasster vorläufiger Sachwert der baulichen Außenanlage und sonstiger Anlagen*“ lässt sich mit dem Sachwertfaktor mithin nicht ermitteln.** 27

6.2 Anpassungsgebot (§ 35 ImmoWertV Abs. 3 ImmoWertV)

Die Vorschrift befiehlt, den vorläufigen Sachwert auf der Grundlage des „objektspezifisch angepassten Sachwertfaktors“ zu ermitteln (**Anpassungsgebot**). Dementsprechend ist der vom Gutachterausschuss für Grundstückswerte ermittelte Sachwertfaktor grundsätzlich den am Wertermittlungsstichtag herrschenden allgemeinen Wertverhältnissen auf dem Grundstücksmarkt und den Grundstücksmerkmalen des zu bewertenden Grundstücks „anzupassen“. 28

Soweit dies möglich ist, darf der Sachwertfaktor nur auf solche Grundstücksmerkmale des Wertermittlungsobjekts angewandt werden, die auch der Ermittlung des Sachwertfaktors zugrunde lagen. Die von den Gutachterausschüssen abgeleiteten Sachwertfaktoren beziehen sich – vergleichbar mit Bodenrichtwerten – nämlich auf ein genormtes oder normierbares Referenzgrundstück („Sachwertfaktorgrundstück“) mit den dementsprechenden fiktiven Grundstücksmerkmalen. Besondere objektspezifische Grundstücksmerkmale, die nicht im Wege der 29

Anpassung des Sachwertfaktors berücksichtigt werden konnten, sind nachträglich als solche zu berücksichtigen.

30 **Sachwertfaktoren sind insoweit grundsätzlich referenzkonform anzuwenden** (Grundsatz der Referenzkonformität).

7 Sachwert (§ 35 Abs. 4 ImmoWertV)

31 Der Sachwert des Grundstücks ergibt sich aus dem marktangepassten vorläufigen Sachwert des Grundstücks und den damit noch nicht erfassten besonderen objektspezifischen Grundstücksmerkmalen (boG).

§ 36 ImmoWertV
Vorläufiger Sachwert der baulichen Anlagen; durchschnittliche Herstellungskosten

(1) Zur Ermittlung des vorläufigen Sachwerts der baulichen Anlagen ohne bauliche Außenanlagen sind die durchschnittlichen Herstellungskosten mit dem Regionalfaktor und dem Alterswertminderungsfaktor zu multiplizieren.

(2) Die durchschnittlichen Herstellungskosten der baulichen Anlagen stehen für die aufzuwendenden Kosten, die sich unter Beachtung wirtschaftlicher Gesichtspunkte für die Errichtung eines dem Wertermittlungsobjekt nach Art und Standard vergleichbaren Neubaus am Wertermittlungsstichtag unter Zugrundelegung zeitgemäßer, wirtschaftlicher Bauweisen ergeben würden. Der Ermittlung der durchschnittlichen Herstellungskosten sind in der Regel modellhafte Kostenkennwerte zugrunde zu legen, die auf eine Flächen-, Raum- oder sonstige Bezugseinheit bezogen sind (Normalherstellungskosten), und mit der Anzahl der entsprechenden Bezugseinheiten der baulichen Anlage zu multiplizieren. Von den Normalherstellungskosten nicht erfasste werthaltige einzelne Bauteile sind durch marktübliche Zuschläge bei den durchschnittlichen Herstellungskosten zu berücksichtigen. Zur Umrechnung auf den Wertermittlungsstichtag ist der für den Wertermittlungsstichtag aktuelle und für die jeweilige Art der baulichen Anlage zutreffende Preisindex für die Bauwirtschaft des Statistischen Bundesamtes (Baupreisindex) zu verwenden. Ausnahmsweise können die durchschnittlichen Herstellungskosten der baulichen Anlagen nach den durchschnittlichen Kosten einzelner Bauleistungen ermittelt werden.

(3) Der Regionalfaktor ist ein vom örtlich zuständigen Gutachterausschuss festgelegter Modellparameter zur Anpassung der durchschnittlichen Herstellungskosten an die Verhältnisse am örtlichen Grundstücksmarkt.

Gliederungsübersicht *Rn.*

1 Grundlage der Sachwertermittlung baulicher Anlagen

1.1 Durchschnittliche Herstellungskosten

▶ *Vgl. Syst. Darst. des Sachwertverfahrens Rn. 33 ff.*

§ 36 ImmoWertV regelt die Ermittlung des **vorläufigen Sachwerts baulicher Anlagen auf der Grundlage „durchschnittlicher Herstellungskosten" einer nach der Art, ihrem Standard und gegebenenfalls ihrer Größe mit der zu bewertenden baulichen Anlage vergleichbaren mehr oder minder kursorisch normierten baulichen Anlage.** Sie setzen sich 1 zusammen aus den reinen Baukosten einschließlich der üblichen Bauteile, Einrichtungen und sonstigen Vorrichtungen (jedoch ohne Kosten der Sonderbauteile nach DIN 277 [1950] Nr. 1.4). **Zu den „durchschnittlichen Herstellungskosten“** gehören nicht **ungewöhnliche Mehr- oder Minderkosten,** z.B. aufgrund im Einzelfall in Kauf genommener Verteuerungen oder gewährter Verbilligungen oder sonstiger Kosteneinsparungen (Nachbarschaftshilfen).

2 **Bei den „durchschnittlichen Herstellungskosten“ baulicher Anlagen** handelt es sich um standardisierte **Herstellungskosten**, die bezogen auf eine in § 36 ImmoWertV nicht näher definierte Bezugseinheit zu einem bestimmten in § 36 ImmoWertV nicht direkt vorgegebenen Bezugsstichtag bzw. Bezugsjahr für **die Neuerrichtung einer baulichen Anlage (Neubaukosten)** der jeweiligen Bauwerksart entsprechend den zum Bezugszeitraum herrschenden allgemeinen Preisverhältnissen im Durchschnitt aufzubringen waren, sofern nicht von aktuellen durchschnittlichen Herstellungskosten ausgegangen werden kann.

3 **Zu den durchschnittlichen Herstellungskosten** (Normalherstellungskosten) **gehören begrifflich auch die üblicherweise entstehenden Baunebenkosten**[1]**.** Baunebenkosten sind Kosten der Planung, Baudurchführung, Architekten-, Ingenieur-, Verwaltungs- und Behördenleistungen (Kosten für behördliche Prüfungen und Genehmigungen) und sonstigen Nebenkosten nach DIN 276 Nr. 2.35.

4 Die Ermittlung durchschnittlicher Herstellungskosten aus einer hinreichenden Anzahl geeigneter und abgerechneter Bauvorhaben ist mit einem erheblichen statistischen Aufwand verbunden und ein wesentliches Problem einer fundierten Sachwertermittlung baulicher Anlagen. Die letzte größere Untersuchung – datiert auf 2010 – geht auf Vergleichsobjekte der vorangegangenen Jahre zurück. Sie wurde erstmals unter der Bezeichnung **„Normalherstellungskosten 2010“ – NHK 2010 –** mit der Sachwertrichtlinie des Bundes[2] publiziert und steht seither in der Kritik der Fachwelt (vgl. Syst. Darst. des Sachwertverfahrens Rn. 44 ff.). Die darin veröffentlichten nach Gebäudeart und Gebäudestandard differenzierenden „Kostenkennwerte“ für neuerrichtete Bauwerke gelten als synthetische Werte, die nicht den durchschnittlichen Herstellungskosten entsprechen. Die NHK 2010 erfassen die Kostengruppen 300 und 400 der DIN 276[3], die Umsatzsteuer und enthalten – abweichend von den NHK 1995/2000 und abweichend von den sonstigen im Schrifttum angegebenen Normalherstellungskosten – die Baunebenkosten (Kostengruppen 730 und 771 der DIN 276).

Bei den mit Anl. 4 zur ImmoWertV vorgegebenen Normalherstellungskosten handelt es sich um durchschnittliche sich auf das gesamte Bundesgebiet beziehende Herstellungskosten baulicher Anlagen. Um regionale Abweichungen zu berücksichtigen, sind diese nach Maßgabe des § 36 Abs. 1 i.V.m Abs. 3 ImmoWertV mit dem **vom „örtlich zuständigen Gutachterausschuss“ festgelegten Regionalfaktor**zu multiplizieren (vgl. hierzu Syst. Darst, des Sachwertverfahrens Rn. 169; zu den nicht erfassten besonderen werthaltigen Bauteilen vgl. Syst. Darst. des Sachwertverfahrens Rn. 149 ff.).

5 Die ImmoWertV hält trotz der Unzulänglichkeiten dieser Kostenkennwerte mit Anl. 4 zur ImmoWertV an den NHK 2010 fest und befiehlt mit § 12 Abs. 5 Satz 3 ImmoWertV den Gutachterausschüssen für Grundstückswerte, auf dieser Grundlage Sachwertfaktoren zu ermitteln. Aus der Erkenntnis, dass die NHK 2010 nicht die durchschnittlichen Herstellungskosten der baulichen Anlage abbilden, werden sie in § 36 Abs. 2 Satz 2 ImmoWertV als **„modellhafte Kostenkennwerte“ (Normalherstellungskosten)** bezeichnet.

6 **Die modellhaften Normalherstellungskosten sind** nicht nur für den Gutachterausschuss für Grundstückswerte, sondern **für jeden Anwender der ImmoWertV verbindlich, wenn er die vom Gutachterausschuss für Grundstückswerte auf dieser Grundlage ermittelten Sachwertfaktoren heranzieht**.

---

1 Mesenhöller, Ermittlung von Gebäude-Versicherungswerten, 5. Aufl.; Gütter, Bewertung landwirtschaftlicher Wirtschaftsgebäude und baulicher Anlagen. Diss. 1991 Göttingen, S. 72 ff.

2 Sachwertrichtlinie vom 05.09.2012 (BAnz AT 18.10.2012 B 1).

3 DIN 276-1:2006-11, Kosten im Bauwesen – Teil 1: Hochbau.

Die modellhaften Normalherstellungskosten der Anl. 4 zur ImmoWertV beziehen sich auf die Preisverhältnisse für die jeweilige Bauwerksart im Jahre **2010** und bedürfen der Anpassung an die zum Wertermittlungsstichtag herrschenden Preisverhältnisse. Sie sind nach § 36 Abs. 2 Satz 4 ImmoWertV auf den Wertermittlungsstichtag mittels dem für die jeweilige Art der baulichen Anlage zutreffenden Preisindex für die Bauwirtschaft des Statistischen Bundesamtes (Baupreisindex) umzurechnen. Daraus ergeben sich als Ausgangswert der Sachwertermittlung modellhafte Normalherstellungskosten unter der Fiktion, dass die zu bewertende bauliche Anlage nach Art und Standard eines vergleichbaren Neubaus errichtet wurde. Es soll sich um einen modellhaften Ausgangswert handeln, der nach § 36 Abs. 1 ImmoWertV zur Anpassung der durchschnittlichen Herstellungskosten an die Verhältnisse am örtlichen Grundstücksmarkt mit den vom örtlichen Gutachterausschuss für Grundstückswerte als „Modellparameter … festgelegten" Regionalfaktoren zu multiplizieren ist. 7

▶ *Zu* **den Regionalfaktoren** *vgl. Syst. Darst des Sachwertverfahrens Rn. 161 ff.*

Da sich der Gebrauchswert baulicher Anlagen ausgehend vom Zeitpunkt ihrer Errichtung trotz ihrer ordnungsgemäßen Instandhaltung mit fortschreitender Zeit infolge sich wandelnder Ansprüche an die Gestaltung baulicher Anlage mindert, ist der Ausgangswert darüber hinaus entsprechend dem Alter der baulichen Anlage zu mindern, indem die auf den Wertermittlungsstichtag indexierten und regionalisierten durchschnittlichen Herstellungskosten mit dem Alterswertminderungsfaktor nach § 38 ImmoWertV multipliziert werden. 8

Abb. 1: Indexierung der modellhaften Normalherstellungskosten und ihre Alterswertminderung

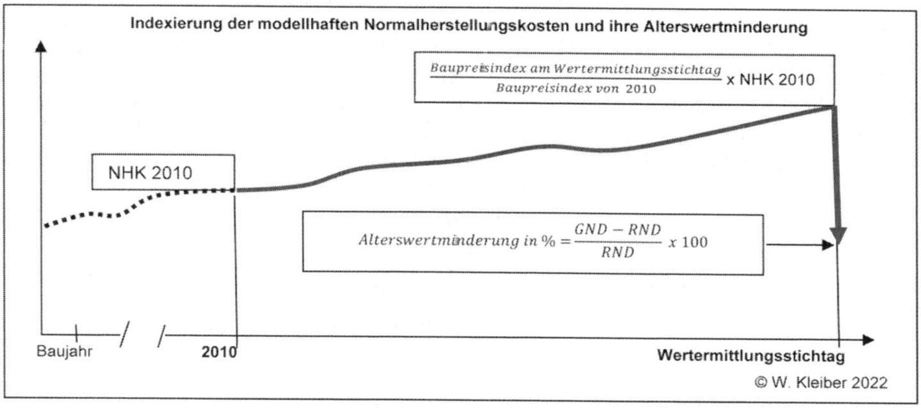

1.2 Werthaltige einzelne Bauteile

▶ *Vgl. § 8 ImmoWertV Rn. 163 ff.*

In den „durchschnittlicher Herstellungskosten" sind die objektüblichen Bauteile, Einrichtungen und sonstigen Vorrichtungen enthalten. Nicht mit den „durchschnittlichen Herstellungskosten" bzw. mit den Kostenkennwerten der modellhaften Normalherstellungskosten der Anl. 4 zur ImmoWertV erfasste werthaltige besondere Bauteile sind nach § 36 Abs. 2 Satz 3 ImmoWertV durch marktübliche **Zuschläge bei den durchschnittlichen Herstellungskosten** zu berücksichtigen (vgl. hierzu die in den Syst. Darst. zum Sachwertverfahren bei Rn. 152 abgedruckten Erfahrungssätze). 9

Einzelne mit den Normalherstellungskosten nicht berücksichtigte besondere Bauteile sowie auch die mit der angesetzten Fläche der zu bewertenden baulichen Anlage unberücksichtigt gebliebenen werthaltigen „c-Flächen", die weder mit den „durchschnittlichen Herstellungskosten" bzw. den Normalherstellungskosten 2010 noch mit dem Sachwertfaktor berücksich- 10 tigt worden sind, können auch mit dem von den Gutachterausschüssen für Grundstückswerte abgeleiteten Sachwertfaktoren erfasst werden, soweit entsprechende besondere Bauteile bei den zur Ableitung dieser Sachwertfaktoren herangezogenen Vergleichsfaktoren gegeben waren und gleichwohl nicht berücksichtigt wurden. Sie sind damit in den jeweiligen Sachwertfaktor eingegangen und müssen dann bei ihrer Veröffentlichung konkretisiert werden.

1.3 Durchschnittliche Herstellungskosten nach durchschnittlichen Kosten einzelner Bauleistungen

1.3.1 Verkehrswertermittlung

▶ *Vgl. Syst. Darst. des Sachwertverfahrens Rn. 33 ff.; besondere Betriebsvorrichtungen vgl. § 1 ImmoWertV Rn. 98 ff.*

11 Nach § 36 Abs. 2 Satz 5 ImmoWertV können die durchschnittlichen Herstellungskosten der baulichen Anlagen ausnahmsweise nach den durchschnittlichen Kosten einzelner Bauleistungen ermittelt werden. Die Ausnahmeregelung geht auf § 22 Abs. 4 WertV 88/98 zurück. Nach der Begründung[4] zu dieser Vorschrift sollen damit vor allem **besonderer Bauteile** wie **Spezialgründungen und Kranbahnen** (besondere Betriebsvorrichtungen) ergänzend erfasst werden können.

12 Die **Ermittlung der Herstellungskosten** einer baulichen Anlage in ihrer Gesamtheit **nach den „durchschnittlichen" Herstellungskosten aller „einzelnen" anfallenden Bauleistungen** ist in aller Regel abzulehnen und allenfalls bei sehr einfachen Anlagen noch tragfähig, weil dies regelmäßig zu erheblich übersetzten Gesamtkosten führen muss. Bauliche Anlagen werden nämlich i.d.R. nicht durch Vergabe einzelner Bauleistungen errichtet (Generalvertrag) und die Summe der gewöhnlichen Kosten einzelner Bauleistungen entspricht von daher nicht den gewöhnlichen Herstellungskosten einer baulichen Anlage. Darüber hinaus kommt eine Ermittlung nach Einzelkosten in aller Regel schon deshalb nicht in Betracht, weil ein unter Berücksichtigung dieser Methode empirisch ermittelter Sachwertfaktor nicht zur Verfügung steht.

13 Die durchschnittlichen Kosten einzelner Bauleistungen müssen den **gewöhnlichen Baukosten** entsprechen. Das ist z.B. nicht der Fall, wenn

- das Bauwerk teilweise in Eigenleistung erstellt wurde;
- zwischen Bauherrn und Unternehmer besondere Beziehungen bestehen;
- der Bauherr selbst Unternehmer ist;
- das Bauwerk aus betriebswirtschaftlichen Erwägungen in besonders kurzer Zeit erstellt wurde;
- Bauart und Bauausstattung des Bauwerks nicht dem nutzungstypischen Gebäude entsprechen;
- besondere Baumaßnahmen (z.B. Tiefgründung) erforderlich waren, deren Kosten nicht befriedigend abgespalten werden können.

1.3.2 Steuerliche Bewertung

▶ *Vgl. Syst. Darst. des Sachwertverfahrens Rn. 14, 169, 174, 324 ff.*

14 In der steuerlichen Bewertung ist der Rückgriff auf **tatsächliche Herstellungskosten einzelner Bauleistungen** schon im Hinblick darauf verworfen worden, dass das Gebäude zu besonders günstigen oder außergewöhnlich hohen Kosten errichtet worden sein kann und es bei der

---

4 Amtliche Begründung, BR-Drs. 352/88, S. 63.

Ermittlung des Verkehrswerts im Übrigen entscheidend darauf ankomme, welcher Veräußerungspreis allgemein zu erzielen wäre[5]. Nach einer Entscheidung des RFH[6] können die **tatsächlich entstandenen Herstellungskosten allenfalls „hilfsweise als Anhaltspunkt" zugelassen werden, wenn geeignete Schätzungsgrundlagen nicht zur Verfügung stehen.** Stehen dem Sachverständigen aber Normalherstellungskosten zur Verfügung, so stellen diese eben eine „geeignetere Schätzungsgrundlage" dar, die die Heranziehung der tatsächlichen Herstellungskosten verbieten.

Zur Ermittlung von sog. **Lärmschutzdämmen** und sonstigen Bauteilen, die dem Umweltschutz dienen, in der steuerlichen Bewertung nach Durchschnittspreisen aus den tatsächlichen Herstellungskosten vgl. OFD Frankfurt am Main[7]. 15

1.4 Umsatz-, Mehrwertsteuer (MwSt.)

1.4.1 Marktwertermittlung nach ImmoWertV

Schrifttum: *Baumann, U.*, Auswirkungen der Absenkung des Umsatzsteuersatzes auf die Wertermittlung, GuG 2021, 20; *Lamprecht*, Umsatzsteuer in der Immobilienwirtschaft und deren Auswirkungen auf die Bewertung, GuG 2020, 295 ff.; *Wollein, A.*, Umsatzsteuer im Bewertungsverfahren, Der Sachverständige (Österreich) 2011, 144; *Ulrich, J.*, DS 2001, 209.

▶ *Vorbem. zur ImmoWertV Rn. 53; Syst. Darst. des Sachwertverfahrens Rn. 55; § 21 ImmoWertV Rn. 116; § 31 ImmoWertV Rn. 9, 113; § 32 ImmoWertV Rn. 72; zur Beleihungswertermittlung vgl. Teil IX Rn. 231*

Allgemein ist davon auszugehen, dass Verkehrswerte gewissermaßen als **im gewöhnlichen Geschäftsverkehr erzielbare „Endpreise"** anzusehen sind. Dementsprechend wird auch bei der Marktwertermittlung im Sachwertverfahren allgemein von Herstellungskosten einschließlich MwSt. ausgegangen. Mit der Verwendung des Baupreisindex wird auch eine ggf. erfolgte Umsatzsteueränderung berücksichtigt. 16

Darüber hinaus wird auch mit dem objektspezifischen Sachwertfaktor i.d.R. auf den **Teilmarkt der Endverbraucher** abgestellt; zum **Teilmarkt der optierenden Personen** vgl. Vorbem. zur ImmoWertV Rn. 53. 17

1.4.2 Steuerliche Bewertung

▶ *Syst. Darst. des Sachwertverfahrens Rn. 317 ff.; Syst. Darst. des Vergleichswertverfahrens Rn. 166 ff.*

Auch im Rahmen der steuerlichen Bewertung sind nach der Rechtsprechung des BFH[8] die Herstellungskosten einschließlich der Umsatzsteuer anzusetzen. Dem steht auch nicht die im Einzelfall gegebene Berechtigung zum **Vorsteuerabzug** (§ 15 UStG) entgegen, denn diese Berechtigung **zählt zu den ungewöhnlichen und persönlichen Verhältnissen** i.S. des § 9 Abs. 2 Satz 3 BewG, die wie in der Verkehrswertermittlung (§ 9 Abs. 2 ImmoWertV) nicht zu berücksichtigen sind (vgl. § 9 ImmoWertV Rn. 18). Der Wert eines Grundstücks ist objektiv zu bestimmen und kann daher nicht von den steuerlichen Verhältnissen des Eigentümers abhängen[9]. Ein Abzug der Umsatzsteuer ist auch nicht geboten, um einen Vergleich mit den Raummeterpreisen nach den BewRGr zu ermöglichen. Diese Raummeterpreise enthalten nämlich wie die in der Verkehrswertermittlung zur Anwendung kommenden NHK die Umsatzsteuer, da es im Jahr 1964 aufgrund der Ausgestaltung der Umsatzsteuer als Allphasen-Bruttoumsatzsteuer keine Berechtigung zum Vorsteuerabzug gab und deshalb die entstandene Umsatzsteuer in jedem Fall in die Herstellungskosten eingegangen ist[10]. 18

---

5 BFH, Urt. vom 28.10.1998 – II R 37/97 –, BFHE 187, 99 = BStBl II 1999, 51 = GuG 1999, 194 = EzGuG 20.166.
6 RFH, Urt. vom 22.11.1934 – III A 247/33 –, RStBl 1935, 107.
7 OFD Frankfurt am Main, Vfg. vom 13.11.1987 – S 3211 A - 1 - St III 40, Planen und Bauen 1988, 8.
8 BFH, Urt. vom 30.06.2010 – II R 60/08 –, BFHE 230, 78 = BStBl II 2010, 897 = GuG 2010, 377 = EzGuG 1.74.
9 BGH, Urt. vom 10.07.1991 – XII ZR 109/90 –, NJW 1991, 3036 = EzGuG 20.134d.
10 Vgl. Klenk in Sölch/Ringleb, Umsatzsteuer, vor § 1 Rn. 1.

1.5 Bezugseinheit

1.5.1 Allgemeines

▶ *Syst. Darst. des Sachwertverfahrens Rn. 57 ff.; Teil V Rn. 267*

19 Die durchschnittlichen Herstellungskosten der baulichen Anlagen bzw. die modellhaften Normalherstellungskosten beziehen sich auf eine geeignete Bezugseinheit, ohne dass diese in § 36 Abs. 2 Satz 2 ImmoWertV allgemeinverbindlich vorgegeben ist. Lediglich den Gutachterausschüssen für Grundstückswerte ist mit § 12 Abs. 5 Satz 3 ImmoWertV verbindlich vorgegeben, die Sachwertfaktoren auf der Grundlage der modellhaften Normalherstellungskosten nach Anl. 4 zur ImmoWertV zugrunde zu legen. Diese beziehen sich auf die in Anlehnung an die DIN 277 ermittelte reduzierte Brutto-Grundfläche (BGF_{red}, Syst. Darst. des Sachwertverfahrens Rn. 57 ff.). Im Falle der Heranziehung von Sachwertfaktoren, die bezogen auf diese Grundlage ermittelt worden sind, muss von dieser Bezugsgrundlage modellkonform ausgegangen werden.

20 **Grundsätzlich muss bei Heranziehung von Normalherstellungskosten die Fläche oder der Rauminhalt der zu bewertenden baulichen Anlage (Gebäude) nach den Berechnungsregeln (Berechnungsnorm) ermittelt werden, die auch der Ableitung der Normalherstellungskosten als Bezugseinheit zugrunde liegen (Grundsatz der korrespondierenden Flächen- und Rauminhaltsermittlung).** In der Bauindustrie und Immobilienwirtschaft haben sich heute weitgehend flächenbezogene Erfahrungssätze über die gewöhnlichen Herstellungskosten von baulichen Anlagen durchgesetzt. Eine Ausnahme machen dabei allenfalls noch gewerbliche und hier insbesondere **industrielle Gebäude mit überdurchschnittlichen Raumhöhen (Hallen usw.).**

1.5.2 Bezugseinheit der modellhaften Normalherstellungskosten nach Anl. 4 zur ImmoWertV

▶ *Zur Ermittlung der Brutto-Grundfläche (BGF) vgl. Syst. Darst. des Sachwertverfahrens Rn. 57 f.*

21 Die Kostenkennwerte der modellhaften Normalherstellungskosten nach Anl. 4 zur ImmoWertV beziehen sich auf den in Anlehnung an die DIN 277[11] ermittelten Quadratmeter **Brutto-Grundfläche**[12]. Die durchschnittlichen Herstellungskosten der baulichen Anlagen bzw. die modellhaften Normalherstellungskosten der zu bewertenden baulichen Anlage sind mithin mit Summe der bezogen auf die jeweilige Gebäudeart marktüblich nutzbaren Grundflächen aller Grundrissebenen der baulichen Anlage zu multiplizieren.

22 **Die den Normalherstellungskosten zugrunde liegende „Brutto-Grundfläche" ist** begrifflich missverständlich, da sie **nicht identisch mit der in der DIN 277 definierten „Brutto-Grundfläche" (BGF)** ist. Bei der Ermittlung der Brutto-Grundfläche der zu bewertenden baulichen Anlage gehen die nicht überdeckten Grundrissebenen (c-Flächen) nicht in die BGF ein; maßgebend ist mithin eine **reduzierte BGF (BGFred)**. Wird von einer vorliegenden Berechnung der BGF (z.B. einer dem Bauantrag bzw. der Baugenehmigung beigefügten Berechnung) ausgegangen, sind die c-Flächen von der ausgeworfenen Gesamtfläche in Abzug zu bringen.

23 Die **BGF unterscheidet sich von der Geschossfläche (GF)** i.S. des § 20 Abs. 2 BauNVO, die fälschlicherweise mitunter als „Brutto-*Geschoss*fläche" bezeichnet wird, im Wesentlichen darin, dass mit der Geschossfläche (GF) nur die Grundrissebenen aller Vollgeschosse erfasst werden, während mit der BGF alle „nutzbaren" Grundrissebenen (einschließlich Keller- und

---

11 DIN 277-1:2005-02, Grundflächen und Rauminhalte von Bauwerken im Hochbau – Teil 1: Begriffe, Ermittlungsgrundlagen.

12 BR-Drs. 171/10.

Dachgeschoss) erfasst werden. Liegen Berechnungen zur BGF und GF vor, lassen sich die ausgeworfenen Flächen damit allenfalls plausibilisieren.

Liegen für das zu bewertende Grundstück Flächen- bzw. Rauminhaltsberechnungen nach anderen Berechnungsnormen (z.B. Wohn-, Nutz- oder Geschossflächen bzw. der umbaute Raum) vor, die von der **reduzierten BGF (BGFred)** abweichen, muss die dieser Bezugsgrundlage entsprechende Fläche bzw. der entsprechende Rauminhalt des zu bewertenden Grundstücks i.d.R. originär ermittelt werden. Es gibt nämlich keine allgemeingültige und für die Belange der Verkehrswertermittlung hinreichend exakte Formel für die Umrechnung 24

- der Wohn-, Nutz- oder Geschossflächen[13] in die Brutto-Grundfläche (BGF) bzw.
- des umbauten Raumes nach der DIN 277 (1950)[14] in den Rauminhalt (BRI)[15].

Wichtiger Hinweis: Das im amtlichen Tabellenwerk der NHK 2010 nicht mehr angegebene Verhältnis „BGF/WF" darf nicht als eine allgemeingültige Umrechnungsformel verstanden werden, sondern gibt lediglich das durchschnittliche Verhältnis an, das dem angegebenen Kostenkennwert zugrunde liegt.

Die Wohn/Nutzfläche nach DIN 283 (1983), die Wohnfläche nach der Verordnung zur Berechnung der Wohnfläche (WoFlV) und der umbaute Raum nach DIN 277 (November 1950) bzw. nach der II. Berechnungsverordnung (II. BV) haben heute im Rahmen der Sachwertermittlung keine Bedeutung mehr. 25

Es gibt keine formelmäßig erfassbaren Beziehungen, mit denen sich eine Flächeneinheit auf eine andere mathematisch exakt umrechnen ließe. Es gibt lediglich allgemeine gebäudespezifische Erfahrungssätze, mit denen sich Flächenangaben plausibilisieren lassen. 26

Grundstücksart	Umrechnungsfaktor
Personal- und Schwesterwohnheime	1 m² NF erfordert durchschnittlich 1,65 m² BGF
Altenwohnheime	1 m² NF erfordert durchschnittlich 1,85 m² BGF
Hotels	1 m² NF erfordert durchschnittlich 1,80 m² BGF
Krankenhäuser	1 m² NF erfordert durchschnittlich 2,50 m² BGF
Kindergärten, Kindertagesstätten	1 m² NF erfordert durchschnittlich 1,80 m² BGF
Schulen, Berufsschulen	1 m² NF erfordert durchschnittlich 2,05 m² BGF
Hochschulen, Universitäten	1 m² NF erfordert durchschnittlich 1,55 m² BGF
Funktionsgebäude für Sportanlagen	1 m² NF erfordert durchschnittlich 1,40 m² BGF
Turnhallen, Sporthallenbäder	1 m² NF erfordert durchschnittlich 2,00 m² BGF
Kur- und Heilbäder	1 m² NF erfordert durchschnittlich 2,05 m² BGF
Tennishallen	1 m² NF erfordert durchschnittlich 1,20 m² BGF
Reitsporthallen und Stallungen	1 m² NF erfordert durchschnittlich 1,35 m² BGF

13 Mit der Wohn- und Nutzfläche werden die kostenverursachenden Grundrissebenen unvollständig erfasst. Es kommt hinzu, dass es diesbezüglich keine für alle Gebäudearten geltende Berechnungsnorm gibt. Umgekehrt könnte der Vorteil von wohn- bzw. nutzflächenbezogenen Normalherstellungskosten darin gesehen werden, dass nur die wirtschaftlich nutzbaren Flächen a priori erfasst werden und insoweit eine wirtschaftlich ungünstige Baugestaltung bereits ihre Berücksichtigung findet. Bei näherer Betrachtung ist aber auch dieser Gesichtspunkt nicht unproblematisch.

14 Der umbaute Raum war Bezugsgrundlage der lange Zeit herangezogenen auf die Preisbasis 1913 und 1914 (= 100 %) bezogenen Normalherstellungskosten von Ross/Brachmann, deren Anwendung heute nicht mehr vertretbar ist.

15 Der *Rauminhalt* oder die *Brutto-Grundfläche* nach der DIN 277 (1973/1987/2005); aufgrund der Neufassung der DIN 277 können sich (rechnerisch) für ein und dasselbe Gebäude erhebliche Differenzen des Rauminhalts (nach DIN 277 von 1973/1987/2005) gegenüber dem umbauten Raum (nach DIN 277 von 1950) ergeben, wobei sich eine allgemeingültige Umrechnungsformel nicht angeben lässt. Da die Ermittlung des Rauminhalts einen erheblichen Rechenaufwand erfordert und bis zur Bekanntgabe der NHK 95 kaum Erfahrungssätze für Normalherstellungskosten vorliegen, die auf der Grundlage des Rauminhalts nach der DIN 277 (1973/1987/2005) abgeleitet worden sind, hat diese Bezugseinheit bis dahin keine Bedeutung erlangen können.

Grundstücksart	Umrechnungsfaktor
Kirchen	1 m² NF erfordert durchschnittlich 1,45 m² BGF
Gemeindezentren, Bürgerhäuser	1 m² NF erfordert durchschnittlich 1,65 m² BGF
Saalbauten, Veranstaltungszentren	1 m² NF erfordert durchschnittlich 1,45 m² BGF
Vereinsheime, Jugendheime, Tagesstätten	1 m² NF erfordert durchschnittlich 1,40 m² BGF
Einkaufsmärkte	1 m² NF erfordert durchschnittlich 1,30 m² BGF
Kaufhäuser, Warenhäuser	1 m² NF erfordert durchschnittlich 1,40 m² BGF
Ausstellungsgebäude	1 m² NF erfordert durchschnittlich 1,40 m² BGF
Bankgebäude	1 m² NF erfordert durchschnittlich 1,70 m² BGF
Gerichtsgebäude	1 m² NF erfordert durchschnittlich 1,05 m² BGF

Für **freistehende Ein- und Zweifamilienhäuser, Reihen und Doppelhäuser** sind folgende Umrechnungsfaktoren gebräuchlich:

Gebäudetyp nach NHK 2010	Umrechnungsfaktor
1.01, 2.01, 3.01	1 m² NF erfordert durchschnittlich 1,50 m² BGF
1.02, 2.02, 3.02	1 m² NF erfordert durchschnittlich 2,45 m² BGF
1.03, 2.03, 3.03	1 m² NF erfordert durchschnittlich 1,85 m² BGF
1.11, 2.11, 3.11	1 m² NF erfordert durchschnittlich 1,30 m² BGF
1.12, 2.12, 3.12	1 m² NF erfordert durchschnittlich 1,75 m² BGF
1.13, 2.13, 3.13	1 m² NF erfordert durchschnittlich 1,45 m² BGF
1.21, 2.21, 3.21	1 m² NF erfordert durchschnittlich 1,20 m² BGF
1.22, 2.22, 3.22	1 m² NF erfordert durchschnittlich 1,85 m² BGF
1.23, 2.23, 3.23	1 m² NF erfordert durchschnittlich 1,15 m² BGF
1.31, 2.31, 3.31	1 m² NF erfordert durchschnittlich 1,15 m² BGF
1.32, 2.32, 3.32	1 m² NF erfordert durchschnittlich 1,40 m² BGF
1.33, 2.33, 3.33	1 m² NF erfordert durchschnittlich 1,15 m² BGF

§ 37 ImmoWertV
Vorläufiger Sachwert der baulichen Außenanlagen und sonstigen Anlagen

Der vorläufige Sachwert der für die jeweilige Gebäudeart üblichen baulichen Außenanlagen und sonstigen Anlagen ist gesondert zu ermitteln, soweit die Anlagen wertbeeinflussend sind und nicht bereits anderweitig erfasst wurden. Der vorläufige Sachwert kann entsprechend § 36 nach den durchschnittlichen Herstellungskosten, nach Erfahrungssätzen oder hilfsweise durch sachverständige Schätzung ermittelt werden. Werden durchschnittliche Herstellungskosten zugrunde gelegt, richtet sich die bei Ermittlung der Alterswertminderung anzusetzende Restnutzungsdauer in der Regel nach der Restnutzungsdauer der baulichen Anlage.

Gliederungsübersicht *Rn.*

1 Bauliche Außenanlagen und sonstige Anlagen

1.1 Allgemeines

▶ *Vgl. § 1 ImmoWertV Rn. 75 ff.; § 14 ImmoWertV Rn. 25 ff.; § 40 ImmoWertV Rn. 5; Syst. Darst. des Sachwertverfahrens Rn. 15 ff., 230; Syst. Darst. des Ertragswertverfahrens, Rn. 108; zur Verkehrswertermittlung von Waldgrundstücken vgl. § 3 ImmoWertV Rn. 85 ff.*

1 Der vorläufige Sachwert baulicher Außenanlagen und sonstiger Anlagen ist nach § 37 Satz 1 ImmoWertV grundsätzlich gesondert zu ermitteln, soweit die Anlagen wertbeeinflussend sind. Mit dem letzten Halbsatz wird aber auch eine „anderweitige“ Erfassung *„der für die jeweilige Gebäudeart üblichen baulichen Außenanlagen und sonstigen Anlagen“* zugelassen.

2 Der mit dem letzten Halbsatz angesprochene Vorbehalt betrifft insbesondere den bereits mit dem Bodenwert erfassten Aufwuchs. Darüber hinaus können die *„für die jeweilige Gebäudeart üblichen baulichen Außenanlagen und sonstigen Anlagen“* auch bereits dem Sachwertfaktor entnommen werden. In diesem Fall sind davon abweichende bauliche Außenanlagen und sonstigen Anlagen ergänzend als „besondere objektspezifische Grundstücksmerkmale“ (boG) differentiell zu berücksichtigen, wenn und soweit diese wertbeeinflussend sind. Dies betrifft außergewöhnliche *bauliche Außenanlagen und sonstige Anlagen*, z.B. besonders wertvolle Anpflanzungen. Ihr Herstellungswert kann dann nach Erfahrungssätzen oder *„notfalls* aus den gewöhnlichen Herstellungskosten“ ermittelt werden (BR-Drs. 352/88, S. 56), die auch nur dann berücksichtigungsfähig sind, soweit ihr Werteinfluss über das hinausgeht, was dann über den Werteinfluss der *„für die jeweilige Gebäudeart üblichen und bereits mit dem Sachwertfaktor erfassten baulichen Außenanlagen und sonstigen Anlagen“* hinausgeht. In jedem Fall müssen Doppelberücksichtigungen vermieden werden.

3 Der vorläufige Sachwert baulicher Außenanlagen und sonstiger Anlagen kann nämlich indirekt mit dem Sachwertfaktor berücksichtigt werden sein, ohne dass es dafür eines besonderen Ansatzes bedarf. Hat der Gutachterausschuss für Grundstückswerte bei der Ableitung von Sachwertfaktoren aus Vergleichspreisen diese von Grundstücken abgeleitet, die bauliche Außenanlagen und sonstige Anlagen aufweisen, ohne dass diese bei der Ableitung des Sachwertfaktors eigenständig angesetzt wurden, werden diese mit dem Sachwertfaktor wertmäßig erfasst, soweit sie werthaltig sind und deshalb in die Vergleichspreise eingegangen sind. Bauliche Außenanlagen und sonstige Anlagen gehen damit in den Sachwertfaktor in dem Umfang ein, wie die jeweiligen Vergleichsgrundstücke solche Anlagen im Durchschnitt aufweisen.

Dementsprechend muss der Gutachterausschuss für Grundstückswerte den **üblichen Umfang der in den Sachwertfaktor eingegangenen baulichen und sonstigen Außenanlagen (Aufwuchs)** bei der Veröffentlichung der Sachwertfaktoren angeben. Bauliche und sonstige Außenanlagen (Aufwuchs) sind dannnur noch insoweit (differentiell) zu berücksichtigen, soweit sie im konkreten Fall von dem üblichen Umfang abweichen. Des betrifft besonders aufwendige bauliche Außenanlagen sowie parkartig gestaltete Gärten oder wertvolle Anpflanzungen, die den Wert eines Grundstücks beeinflussen können.

Der Werteinfluss baulicher Außenanlagen, die für die bauliche Nutzung erforderlich sind, kann auch bereits mit dem Bodenwert berücksichtigt werden. Sind z.B. für eine wirtschaftliche Nutzung des Grundstücks aufwendige Stützmauern, Pfahlgründungen oder sonstige **Gründungsmehrkosten** erforderlich und wurde der Bodenwert auf der Grundlage von Vergleichspreisen von Grundstücken ermittelt, die solcher Stützmauern nicht bedürfen, so wird der Wert dieser Stützmauern bereits mit dem Bodenwert erfasst. In solchen Fällen können eher noch Abschläge notwendig werden, wenn die Stützmauer Unterhaltungskosten verursacht. Entsprechendes gilt z.B. auch für eine Klärgrube, wenn von einem erschließungskostenfreien Bodenwert ausgegangen wurde (vgl. § 40 ImmoWertV Rn. 5).

4 Der vorläufige Sachwert der baulichen Außenanlagen und sonstigen Anlagen ist dann nur noch insoweit als **besonderes objektspezifisches Grundstücksmerkmal (boG)** zu ermitteln, wie er über den üblichen Umfang hinausgeht und wertbeeinflussend ist[1].

1.2 Bauliche Außenanlagen

▶ *§ 1 ImmoWertV Rn. 81 ff.; Syst. Darst. des Sachwertverfahrens Rn. 225 ff., 241*

5 Zu den baulichen Außenanlagen zählen z.B. befestigte Wege und Plätze, Ver- und Entsorgungseinrichtungen auf dem Grundstück und Einfriedungen (vgl. § 1 ImmoWertV Rn. 81 ff.).

6 Soweit eine ergänzende Berücksichtigung des Sachwerts baulicher Außenanlagen und sonstiger Anlagen (Aufwuchs) erforderlich ist, wird mit **§ 37 ImmoWertV**

a) an erster Stelle eine Ermittlung des vorläufigen Sachwerts baulicher Außenanlagen und sonstiger Anlagen (Aufwuchs) auf der Grundlage von durchschnittlichen Herstellungskosten unter entsprechender Anwendung des § 36 Abs. 2 ImmoWertV genannt,

b) an zweiter Stelle eine Ermittlung nach „Erfahrungssätzen“ und schließlich

c) an dritter Stelle hilfsweise eine sachverständige Schätzung zugelassen.

Außenanlagen und sonstige Anlagen, die über den für die jeweilige Gebäudeart üblichen Bestand hinausgehen und als besonderes objektspezifisches Grundstücksmerkmal (boG) ergänzend berücksichtigt werden müssen, sind nur insoweit werthaltig, wie sie den Marktwert des Grundstücks erhöhen. Im Falle der Ermittlung ihres Anteils am Marktwert auf der Grundlage von durchschnittlichen Herstellungskosten müssen die Kosten dem Markt angepasst werden (Marktanpassung).

7 Wird der vorläufige Sachwert baulicher Außenanlagen auf der Grundlage durchschnittlicher Herstellungskosten ermittelt, ist eine **Alterswertminderung** nach § 37 Satz 4 ImmoWertV i.d.R. auf der Grundlage der Restnutzungsdauer der baulichen Anlage zu ermitteln. Dies ist darin begründet, dass die baulichen Anlagen in einer Schicksalsgemeinschaft mit dem Gebäude stehen.

1 BR-Drs. 352/88, S. 60 f.

1.3 Sonstige Anlagen

▶ *Vgl. § 1 ImmoWertV Rn. 81 ff.; § 35 ImmoWertV Rn. 16; Syst. Darst. des Sachwertverfahrens Rn. 225 ff., 245*

Zu den sonstigen Anlagen zählen insbesondere Gartenanlagen und ein sonstiger Aufwuchs. 8
Aufwuchs kann je nach Funktion wertneutral, werterhöhend oder wertmindernd sein. Ein vorläufiger Sachwert der sonstigen Anlagen kann sich mithin nur dann ergeben, wenn die sonstigen Anlagen (der Aufwuchs) im Rahmen einer Gesamtbetrachtung werterhöhend sind. Im Falle einer aufwuchsbedingten Wertminderung ist auch diese als besonderes objektspezifisches Grundstücksmerkmal (boG) zu berücksichtigen.

Aufwuchs, der über den für die jeweilige Gebäudeart üblichen Bestand hinausgeht und als besonderes objektspezifisches Grundstücksmerkmal (boG) ergänzend berücksichtigt werden muss, ist wiederum nur insoweit werthaltig, wie er den Marktwert des Grundstücks erhöht. Im Falle der Ermittlung ihres Anteils am Marktwert auf der Grundlage von durchschnittlichen Herstellungskosten müssen die Kosten dem Markt angepasst werden (Marktanpassung).

Im Übrigen ist zur Verkehrswertermittlung von Ziergehölzen (Aufwuchs) als Bestandteile von 9
Grundstücken (Schutz- und Gestaltungsgrün) auf die vom BMF erlassenen **Ziergehölzhinweise 2000** – ZierH 2000 – hinzuweisen[2].

2 Ziergehölzhinweise vom 20.03.2000, BAnz Nr. 94 vom 18.05.2000; abgedruckt in Kleiber, ImmoWertV 2021, Sammlung amtlicher Vorschriften, Reguvis 2021; GuG 2000, 155; hierzu Wilbat/Bracke, GuG 2001, 74.

§ 38 ImmoWertV
Alterswertminderungsfaktor

Der Alterswertminderungsfaktor entspricht dem Verhältnis der Restnutzungsdauer zur Gesamtnutzungsdauer.

Gliederungsübersicht *Rn.*

1 Allgemeines

▶ *Vgl. § 4 ImmoWertV Rn. 26; § 21 ImmoWertV Rn. 103, 204; § 32 ImmoWertV Rn. 33 ff.; zum Modernisierungsbegriff vgl. § 32 ImmoWertV Rn. 161; Syst. Darst. des Sachwertverfahrens Rn. 185 ff.; § 32 ImmoWertV Rn. 19 ff., 33; Syst. Darst. des Ertragswertverfahrens Rn. 55, 201*

Zur Ermittlung des „vorläufigen Sachwerts der baulichen Anlage" – vielfach auch als Gebäudenormalherstellungswert bezeichnet – sind nach § 36 Abs. 1 und 2 ImmoWertV **durchschnittliche Herstellungskosten (Normalherstellungs*kosten*)** heranzuziehen, die den **für die Errichtung eines** dem Wertermittlungsobjekt nach Art und Standard **vergleichbaren Neubaus am Wertermittlungsstichtag** aufzuwendenden *Kosten* der baulichen Anlagen entsprechen. Die ermittelten Kosten – und das gilt auch für „durchschnittliche" Kosten eines Neubaus – sind bekanntlich aber nicht mit dessen *Wert* gleichzusetzen (vgl. Syst. Darst. des Sachwertverfahrens Rn. 10) und es geht auch regelmäßig nicht um die Ermittlung des vorläufigen Sachwerts eines Neubaus, sondern um den vorläufigen Sachwert einer „in die Jahre gekommenen" baulichen Anlage. 1

Die nach § 36 Abs. 1 i.V.m. § 38 ImmoWertV deshalb vorzunehmende sog. „Alterswertminderung" ist darauf gerichtet, die durchschnittlichen Herstellungskosten eines Neubaus auf den Wert eines z.B. 40 Jahre alten Gebäudes zu transformieren. Im Kern geht es dabei nicht allein um eine Alterswertminderung, sondern im Wesentlichen um eine nur empirisch beherrschbare Transformation der durchschnittlichen Herstellungskosten der baulichen Anlage auf einen ihrem Alter entsprechenden Wert (Kosten/Werttransformation). Damit ist der *Wert* angesprochen, der sich im gewöhnlichen Geschäftsverkehr nach der Lage auf dem Grundstücksmarkt ergibt, d.h. also eine **Marktanpassung**. Eine Anpassung an die „Herstellungs*kosten*" einer z.B. 40 Jahre alten baulichen Anlage würde ja gar keinen Sinn machen. Die mit § 38 ImmoWertV vorgegebene Alterswertminderung kann dies i.d.R. allerdings nicht in umfassender Weise leisten. Sie stellt allenfalls einen ersten Schritt der Marktanpassung dar und macht eine ergänzende Anpassung an die allgemeinen Wertverhältnisse auf dem Grundstücksmarkt (Marktanpassung) durch den nach § 7 Abs. 1 Nr. 3 i.V.m. § 21 Abs. 3 und § 35 Abs. 3 ImmoWertV anzusetzenden Sachwertfaktor erforderlich (§ 21 ImmoWertV Rn. 137). Die „Marktanpassung" in ihrer Gesamtheit kann mithin weitaus höher sein, als sich allein aus dem Sachwertfaktor ergibt[1].

Von einer partiellen Marktanpassung des vorläufigen Sachwerts der baulichen Anlage mittels der Alterswertminderung ist lediglich der vorläufige Sachwert eines Neubaus ausgenommen, denn in diesem Fall ergibt sich keine Alterswertminderung. In der Regel entsprechen auch in diesem Fall die durchschnittlichen Herstellungskosten nicht seinem Wert.

1 Vgl. Glosse in GuG-aktuell 2023, 1.

Bei alledem ist, wie bei Anwendung des Vergleichs- und Ertragswertverfahrens, grundsätzlich davon auszugehen, dass die bauliche Anlage ordnungsgemäß bewirtschaftet worden ist (§ 536 BGB). Dazu gehört insbesondere ihre Instandhaltung. Im Rahmen der Instandhaltung werden die durch Abnutzung, Alterung, Witterungs- und Umwelteinflüsse entstehenden baulichen Schäden ordnungsgemäß beseitigt. Technisch lässt sich damit eine bauliche Anlage zwar auf Dauer erhalten. Wirtschaftlich ist die Nutzungsdauer einer baulichen Anlage bei „bloßer“ Instandhaltung auf die Gesamtnutzungsdauer i.S. des § 4 Abs. 2 ImmoWertV begrenzt.

2 Der technische Substanzerhalt ist damit nur im Rahmen der wirtschaftlichen Gesamtnutzungsdauer von Bedeutung, denn die wirtschaftliche Nutzungsfähigkeit einer baulichen Anlage – und auf die kommt es allein an – vermindert sich nämlichmit fortschreitender Zeit, weil **mit der ordnungsgemäßen Instandhaltung keine Anpassung der baulichen Anlage an die sich wandelnden Anforderungen an bauliche Anlagen einhergeht**. Die bauliche Anlage ist am Ende trotz ihrer technischen Instandhaltung wirtschaftlich ist verbraucht. Dies betrifft insbesondere die Gebäude, den Grundriss, die Konstruktion, neue Technologien sowie die Ausstattung des Gebäudes. Je nach Gebäudeart können sich diese Anforderungen in relativ kurzer Zeit (Logistikimmobilien) oder erst langfristig (z.B. Kirchen) derart wandeln, dass die Gebäude entweder modernisiert werden müssen, um sie wirtschaftlich nutzen zu können, oder die wirtschaftliche Nutzbarkeit kommt zum Erliegen (§ 7 ImmoWertV Rn. 8). Allein die Instandhaltung kann die wirtschaftliche Nutzbarkeit einer baulichen Anlage nicht auf Dauer erhalten.

3 Der Begriff der „**Alterswertminderung**“ (altersbedingter Wertverzehr) **ist** damit **in erster Linie** als **wirtschaftlicher Wertverzehr** auszulegen. Damit eng verbunden ist der Begriff der „Gesamt- und Restnutzungsdauer“ als die prognostizierte Anzahl von Jahren, in der sich der wirtschaftliche Wertverzehr vollzieht *(declining balance method)*. Das Sachwertverfahren ist insoweit keine „reine“ Kostenermittlung, sondern auch durch wirtschaftliche Betrachtungsweisen geprägt.

4 Die **Alterswertminderung ist** mithin auch **nicht von den Kosten der Instandhaltung oder der Lebensdauer einzelner Bauteile abhängig**. Der Wertverzehr wird vielmehr durch die sich wandelnden Anforderungen an bauliche Anlagen bestimmt, denn irgendwann ist die bauliche Anlage trotz Instandhaltung nicht mehr zeitgemäß und wirtschaftlich verbraucht.

5 Ein marktwertorientiertes Sachwertverfahren muss darauf angelegt sein, die Alterswertminderung in der Weise in die Sachwertermittlung einzustellen, wie sie im gewöhnlichen Geschäftsverkehr berücksichtigt wird. **Welchem Wertverzehr eine bauliche Anlage unterworfen ist und wie sich dieser Wertverzehr mit fortschreitender Zeit auf den Marktwert eines Grundstücks auswirkt, konnte indessen bislang nicht empirisch überzeugend aus dem Marktgeschehen abgeleitet werden**. Die angeblich empirisch abgeleiteten Alterswertminderungen (*Schindler*, *Gerardy* und *Vogels*) haben sich als untauglich erwiesen (vgl. Syst. Darst. des Sachwertverfahrens Rn. 185 ff.). Wären sie richtig, dürfte es bei Heranziehung dieser Tabellen regelmäßig keine Marktanpassung geben. Tatsächlich wurden auch bei Heranziehung dieser Tabellen bekanntlich erhebliche Marktanpassungszu- und -abschläge erforderlich. Bereits mit der ImmoWertV 2010 wurde angesichts dieser noch immer unklaren Erkenntnisse zum altersbedingten Wertverzehr baulicher Anlagen die lineare Wertminderung in die Marktwertermittlung eingeführt, die allerdings auch nicht zum Marktwert führt. Hieran hält die geltende ImmoWertV fest. Die lineare Alterswertminderung ist die **einfachste Form der Abschreibung** und ist allein schon deshalb ein Fortschritt, weil künftig alle dieselbe Methode anwenden. Damit werden nicht nur die von den Gutachterausschüssen abgeleiteten Marktanpassungsfaktoren vergleichbarer, sondern auch die Gutachten verschiedener Sachverständiger untereinander.

6 Die lineare Alterswertminderung vermag den wirtschaftlichen Wertverzehr einer baulichen Anlage auch nicht in marktkonformer Weise zu beschreiben, jedoch werden die **Mängel mit den empirisch abgeleiteten Sachwertfaktoren kompensiert.** Nach wie vor bedarf es daher der nach § 21 Abs. 3 ImmoWertV zu ermittelnden Sachwertfaktoren. **Sachwertfaktoren stel-**

len mithin ein Korrektiv einer nicht am Marktgeschehen orientierten Alterswertminderung dar. Diese stellen die eigentliche Marktanpassung dar, was auch keine der sonst bekannten Alterswertabschreibungen zu leisten vermag.

Der **Alterswertminderung kommt** bei Anwendung des Sachwertverfahrens mithin **eine andere Funktion zu als der Abschreibung bei Anwendung des Ertragswertverfahrens** (vgl. hierzu § 32 ImmoWertV Rn. 33 ff.). Dies ist in der Natur der grundsätzlich unterschiedlichen Verfahren begründet. Während nämlich das Ertragswertverfahren von der Bildung einer Erneuerungsrücklage ausgeht und dabei dahingestellt bleiben kann, ob und wie die Erneuerungsrücklage angelegt wird, geht es bei der Bemessung der Alterswertminderung um die Berücksichtigung des bis zum Wertermittlungsstichtag tatsächlich eingetretenen altersbedingten Wertverzehrs der baulichen Anlagen. 7

2 Modellhafte und modellansatzkonforme Alterswertminderung nach ImmoWertV

Schrifttum: *Mann, W.*, Marktkonforme Gebäudewertabschreibung im Sachwertverfahren, GuG 2008, 129.

▶ *Zur Gesamt- und Restnutzungsdauer vgl. Syst. Darst. des Sachwertverfahren Rn. 20, 185 ff.; § 4 ImmoWertV Rn. 8 ff.; § 8 ImmoWertV Rn. 46*

Die **Alterswertminderung** bemisst sich nach dem Verhältnis 8

- des Alters der baulichen Anlage, berechnet aus dem Unterschied der Gesamt- und Restnutzungsdauer der baulichen Anlage, und
- der Gesamtnutzungsdauer der baulichen Anlage.

Verfahrenstechnisch bedarf es nicht einer gesonderten Berechnung der Alterswertminderung. Nach § 36 Abs. 1 ImmoWertV geht die Alterswertminderung unmittelbar in die Ermittlung des vorläufigen Sachwerts der baulichen Anlage ein, indem die durchschnittlichen Herstellungskosten mit dem Alterswertminderungsfaktor nach § 38 ImmoWertV multipliziert werden. Der **Alterswertminderungsfaktor ergibt sich aus dem Verhältnis der Restnutzungsdauer zur Gesamtnutzungsdauer,** ohne dass es dafür einer Berechnung des Alters bedarf: 9

$$\text{Alterswertminderungsfaktor} = \frac{\text{Restnutzungsdauer}}{\text{Gesamtnutzungsdauer}}$$

Bei Heranziehung von Sachwertfaktoren, die nach Maßgabe des § 12 Abs. 5 ImmoWertV auf der Grundlage der mit Anl. 1 zur ImmoWertV vorgegebenen Modellansätze der Gesamtnutzungsdauer und der daraus ermittelten Restnutzungsdauer abgeleitet worden sind, ist modellkonform auch der **Alterswertminderungsfaktor auf der Grundlage der** genannten **Modellansätze der Gesamt- und Restnutzungsdauer** zu ermitteln. Dies folgt aus dem Grundsatz der Modellkonformität. Erhebliche Abweichungen der objektspezifischen Gesamt- und Restnutzungsdauer i.S. des § 4 Abs. 2 und 3 ImmoWertV von den Modellansätzen sind nach Maßgabe des § 8 Abs. 3 ImmoWertV als besonderes objektspezifisches Grundstücksmerkmal zu berücksichtigen, wenn dem nicht im Rahmen der objektspezifischen Anpassung des Sachwertfaktors nach § 39 ImmoWertV Rechnung getragen werden kann (vgl. Syst. Darst. des Sachwertverfahrens Rn. 20).

Die Anwendung des Alterswertminderungsfaktors auf die sich nach § 36 ImmoWertV ergebenden durchschnittlichen Herstellungskosten **führt zu den alterswertgeminderten Herstellungskosten**.

Beispiel:

Durchschnittliche Herstellungskosten nach § 36 Abs. 2 ImmoWertV =	1 000 000 €
Gesamtnutzungsdauer (GND) =	80 Jahre
Restnutzungsdauer (RND) =	60 Jahre

$$\text{Alterswertminderungsfaktor} = \frac{60}{80} = 0{,}75$$

Alterswertgeminderte durchschnittliche Herstellungskosten = 1 000 000 € × 0,75 = 750 000 €

§ 38 ImmoWertV findet nach § 37 ImmoWertV entsprechende Anwendung auf die **Ermittlung des vorläufigen Sachwerts der baulichen Außenanlagen und der sonstigen Anlagen** (Aufwuchs), soweit sie nicht vom Bodenwert miterfasst sind. Dabei bestimmt sich nach § 37 Satz 3 ImmoWertV die Restnutzungsdauer der baulichen Außenanlagen nach der Restnutzungsdauer der baulichen Anlage.

10 Nach dem System der ImmoWertV handelt es sich bei der Alterswertminderung nach § 36 ImmoWertV nicht um eine den Gegebenheiten des jeweils zu bewertenden Grundstücks Rechnung tragende Alterswertminderung, sondern um eine „**modellhafte Alterswertminderung**". Denn bei der Ermittlung der Sachwertfaktoren bestimmen sich die Gesamtnutzungsdauer und mithin auch die sich daraus ergebende Restnutzungsdauer gemäß § 12 Abs. 5 Satz 2 ImmoWertV nach den Modellansätzen der Anl. 1 ggf. i.V.m. Anl. 2 zur ImmoWertV. Diese Vorgabe richtet sich zwar in erster Linie an die Gutachterausschüsse für Grundstückswerte, denen die Ableitung von Sachwertfaktoren nach § 193 BauGB obliegt. Diese Vorgabe hat aber Allgemeingültigkeit, zumindest dann, wenn deren Sachwertfaktoren herangezogen werden.

3 Alterswertminderung nach BelWertV

▶ *Das Sachwertverfahren der Beleihungswertermittlung ist in der Syst. Darst. des Sachwertverfahrens unter Rn. 313 ff. dargestellt. Vgl. im Übrigen die Erläuterungen in der Syst. Darst. des Sachwertverfahrens bei Rn. 185 ff.*

11 Die Alterswertminderung (in der BelWertV noch als „Wertminderung wegen Alters" bezeichnet) ist in der BelWertV in Anlehnung an § 23 WertV 88/98 wie folgt geregelt.

„**§ 17 BelWertV** Wertminderung wegen Alters

(1) Die Wertminderung wegen Alters bestimmt sich nach dem Verhältnis der Restnutzungsdauer zur Nutzungsdauer der baulichen Anlage; sie ist in einem Prozentsatz des Herstellungswerts auszudrücken. Bei der Bestimmung der Wertminderung kann je nach Art und Nutzung der baulichen Anlage von einer gleichmäßigen oder von einer mit zunehmendem Alter sich verändernden Wertminderung ausgegangen werden.

(2) Ist die bei ordnungsgemäßem Gebrauch übliche Nutzungsdauer der baulichen Anlage durch Instandsetzungen oder Modernisierungen verlängert worden oder haben unterlassene Instandhaltung oder andere Gegebenheiten zu einer Verkürzung der Restnutzungsdauer geführt, soll der Bestimmung der Wertminderung wegen Alters die geänderte Restnutzungsdauer und die für die bauliche Anlage übliche Nutzungsdauer zugrunde gelegt werden."

12 Die **BelWertV lässt damit noch jede Form der Alterswertminderung** zu. Im Falle einer unterlassenen Instandhaltung oder einer Modernisierung ist wie bei der Verkehrswertermittlung von einer entsprechend verminderten oder verlängerten Restnutzungsdauer auszugehen, wobei es jedoch bei der üblichen Gesamtnutzungsdauer (Nutzungsdauer) bleibt.

4 Alterswertminderung in der steuerlichen Bewertung

▶ *Vgl. Vorbem. zur ImmoWertV Rn. 3; § 3 ImmoWertV Rn. 26, 166, 196; § 4 ImmoWertV Rn. 21, 90, 98; § 6 ImmoWertV Rn. 63 ff.; § 13 ImmoWertV Rn. 31, 24, 46 ff.; § 15 ImmoWertV Rn. 9; § 21 ImmoWertV Rn. 64 ff., 174; § 36 ImmoWertV Rn. 14, 18; § 40 ImmoWertV Rn. 7, 28, 96 ff.; Syst. Darst. des Ertragswertverfahrens Rn. 115 ff., 196, 206, 262*

Im Rahmen der erbschaftsteuerlichen Bewertung ist der auf der Grundlage der Regelherstellungskosten (RHK) ermittelte **Gebäuderegelherstellungswert nach dem Verhältnis des Alters des Gebäudes am Bewertungsstichtag zur „typisierten" wirtschaftlichen Gesamtnutzungsdauer zu mindern** (Alterswertminderung); wobei die „typisierte" Gesamtnutzungsdauer der „üblichen" Gesamtnutzungsdauer i.S. des § 4 Abs. 3 Satz 1 ImmoWertV entspricht. Die wirtschaftliche Gesamtnutzungsdauer bestimmt sich nach den für das steuerliche Ertragswertverfahren maßgeblichen Grundsätzen. Im Falle einer in den letzten zehn Jahren vorgenommenen durchgreifenden Modernisierung ist ein fiktiv späteres Baujahr anzunehmen. 13

Die Alterswertminderung bestimmt sich im Rahmen der **erbschaftsteuerlichen Bewertung** wie in der Verkehrswertermittlung unter Berücksichtigung des Verjüngungs- bzw. Alterungsprinzips nach vorgegebener linearer Alterswertminderung. Sind nach Bezugsfertigkeit des Gebäudes Veränderungen eingetreten, die die wirtschaftliche Gesamtnutzungsdauer des Gebäudes verlängert oder verkürzt haben, ist nach § 190 Abs. 2 Satz 3 BewG von einem entsprechenden früheren oder späteren Baujahr auszugehen.

Die Wertermittlung wegen Alters (**Alterswertminderung) wird bei der erbschaftsteuerlichen Bewertung** – wie nach in der Verkehrswertermittlung nach Maßgabe des § 36 Abs. 1 ImmoWertV – **mittels eines Alterswertminderungsfaktors berücksichtigt,** mit dem der *vorläufige Sachwert der baulichen Anlagen* (Gebäudewertanteil)– *ohne bauliche Außenanlagen*–multipliziert wird (§ 190 Abs. 3 und 6 BewG). Da nach § 190 Abs. 5 BewG die Regelherstellungskosten unter Anwendung von Regionalfaktoren, die von den Gutachterausschüssen für Grundstückswerte bei der Ableitung der Sachwertfaktoren nach § 191 Satz 1 BewG zugrunde gelegt worden sind, der örtlichen Lage auf dem Grundstücksmarkt anzupassen sind, sind nach Maßgabe des Modellkonformitätsgrundsatzes die modellkonformen Alterswertminderungsfaktoren des Gutachterausschuss für Grundstückswerte heranzuziehen. 14

5 Anlagen

Anlage 5.1: Alterswertminderungsfaktor bei linearer Abschreibung in v.H. der Herstellungskosten

Restnutzungsdauer	Übliche Gesamtnutzungsdauer (Nutzungsdauer) in Jahren									
Jahre	10	20	30	40	50	60	70	80	90	100
1	0,10	0,05	0,03	0,02	0,02	0,02	0,01	0,01	0,01	0,01
2	0,20	0,10	0,07	0,05	0,04	0,03	0,03	0,02	0,02	0,02
3	0,30	0,15	0,10	0,07	0,06	0,05	0,04	0,04	0,03	0,03
4	0,40	0,20	0,13	0,10	0,08	0,07	0,06	0,05	0,04	0,04
5	0,50	0,25	0,17	0,12	0,10	0,08	0,07	0,06	0,06	0,05
6	0,60	0,30	0,20	0,15	0,12	0,10	0,09	0,07	0,07	0,06
7	0,70	0,35	0,23	0,17	0,14	0,12	0,10	0,09	0,08	0,07

Rest-nutzungs-dauer	Übliche Gesamtnutzungsdauer (Nutzungsdauer) in Jahren									
8	0,80	0,40	0,27	0,20	0,16	0,13	0,11	0,10	0,09	0,08
9	0,90	0,45	0,30	0,22	0,18	0,15	0,13	0,11	0,10	0,09
10	1,00	0,50	0,33	0,25	0,20	0,17	0,14	0,12	0,11	0,10
11		0,55	0,37	0,27	0,22	0,18	0,16	0,14	0,12	0,11
12		0,60	0,40	0,30	0,24	0,20	0,17	0,15	0,13	0,12
13		0,65	0,43	0,32	0,26	0,22	0,19	0,16	0,14	0,13
14		0,70	0,47	0,35	0,28	0,23	0,20	0,17	0,16	0,14
15		0,75	0,50	0,37	0,30	0,25	0,21	0,19	0,17	0,15
16		0,80	0,53	0,40	0,32	0,27	0,23	0,20	0,18	0,16
17		0,85	0,57	0,42	0,34	0,28	0,24	0,21	0,19	0,17
18		0,90	0,60	0,45	0,36	0,30	0,26	0,22	0,20	0,18
19		0,95	0,63	0,47	0,38	0,32	0,27	0,24	0,21	0,19
20		1,00	0,67	0,50	0,40	0,33	0,29	0,25	0,22	0,20
21			0,70	0,52	0,42	0,35	0,30	0,26	0,23	0,21
22			0,73	0,55	0,44	0,37	0,31	0,27	0,24	0,22
23			0,77	0,57	0,46	0,38	0,33	0,29	0,26	0,23
24			0,80	0,60	0,48	0,40	0,34	0,30	0,27	0,24
25			0,83	0,62	0,50	0,42	0,36	0,31	0,28	0,25
26			0,87	0,65	0,52	0,43	0,37	0,32	0,29	0,26
27			0,90	0,67	0,54	0,45	0,39	0,34	0,30	0,27
28			0,93	0,70	0,56	0,47	0,40	0,35	0,31	0,28
29			0,97	0,72	0,58	0,48	0,41	0,36	0,32	0,29
30			1,00	0,75	0,60	0,50	0,43	0,37	0,33	0,30
31				0,77	0,62	0,52	0,44	0,39	0,34	0,31
32				0,80	0,64	0,53	0,46	0,40	0,36	0,32
33				0,82	0,66	0,55	0,47	0,41	0,37	0,33
34				0,85	0,68	0,57	0,49	0,42	0,38	0,34
35				0,87	0,70	0,58	0,50	0,44	0,39	0,35
36				0,90	0,72	0,60	0,51	0,45	0,40	0,36
37				0,92	0,74	0,62	0,53	0,46	0,41	0,37
38				0,95	0,76	0,63	0,54	0,47	0,42	0,38

Restnutzungsdauer	Übliche Gesamtnutzungsdauer (Nutzungsdauer) in Jahren									
39				0,97	0,78	0,65	0,56	0,49	0,43	0,39
40				1,00	0,80	0,67	0,57	0,50	0,44	0,40
41					0,82	0,68	0,59	0,51	0,46	0,41
42					0,84	0,70	0,60	0,52	0,47	0,42
43					0,86	0,72	0,61	0,54	0,48	0,43
44					0,88	0,73	0,63	0,55	0,49	0,44
45					0,90	0,75	0,64	0,56	0,50	0,45
46					0,92	0,77	0,66	0,57	0,51	0,46
47					0,94	0,78	0,67	0,59	0,52	0,47
48					0,96	0,80	0,69	0,60	0,53	0,48
49					0,98	0,82	0,70	0,61	0,54	0,49
50					1,00	0,83	0,71	0,62	0,56	0,50
51						0,85	0,73	0,64	0,57	0,51
52						0,87	0,74	0,65	0,58	0,52
53						0,88	0,76	0,66	0,59	0,53
54						0,90	0,77	0,67	0,60	0,54
55						0,92	0,79	0,69	0,61	0,55
56						0,93	0,80	0,70	0,62	0,56
57						0,95	0,81	0,71	0,63	0,57
58						0,97	0,83	0,72	0,64	0,58
59						0,98	0,84	0,74	0,66	0,59
60						1,00	0,86	0,75	0,67	0,60
61							0,87	0,76	0,68	0,61
62							0,89	0,77	0,69	0,62
63							0,90	0,79	0,70	0,63
64							0,91	0,80	0,71	0,64
65							0,93	0,81	0,72	0,65
66							0,94	0,82	0,73	0,66
67							0,96	0,84	0,74	0,67
68							0,97	0,85	0,76	0,68

Rest-nutzungs-dauer	Übliche Gesamtnutzungsdauer (Nutzungsdauer) in Jahren									
69							0,99	0,86	0,77	0,69
70							1,00	0,87	0,78	0,70
71								0,89	0,79	0,71
72								0,90	0,80	0,72
73								0,91	0,81	0,73
74								0,92	0,82	0,74
75								0,94	0,83	0,75
76								0,95	0,84	0,76
77								0,96	0,86	0,77
78								0,97	0,87	0,78
79								0,99	0,88	0,79
80								1,00	0,89	0,80
81									0,90	0,81
82									0,91	0,82
83									0,92	0,83
84									0,93	0,84
85									0,94	0,85
86									0,96	0,86
87									0,97	0,87
88									0,98	0,88
89									0,99	0,89
90									1,00	0,90
91										0,91
92										0,92
93										0,93
94										0,94
95										0,95
96										0,96
97										0,97
98										0,98
99										0,99
100										1,00

Anlage 5.2: Alterswertminderung (Einheitsbewertung) 15

1. Lebensdauer* und jährliche Wertminderung von Außenanlagen (gemäß Nr. 45 der BewR Gr) 16

Bauart	**Lebensdauer** in Jahren	**jährliche Wertminderung** in v.H.
1. Einfriedungen		
Holz- und Drahtzäune	10 bis 20	10 bis 5
Plattenwände und Einfriedungsmauern	20 bis 50	5 bis 2
2. Wege und Platzbefestigungen		
Leichte Decken und Plattenwege	10 bis 20	10 bis 5
Sonstige Bodenbefestigungen	20 bis 50	5 bis 2
3. Rampen und Stützmauern	20 bis 50	5 bis 2
4. Schwimmbecken	10 bis 20	10 bis 5
5. Entwässerungs- und Versorgungsleitungen	20 bis 50	5 bis 2

* Für die sachgerechte Verkehrswertermittlung kommt es entscheidend auf die wirtschaftliche *Restnutzungsdauer* an, die durch die technische Lebensdauer begrenzt wird.

2. Lebensdauer* und jährliche Wertminderung für Fabrikgebäude, Lagergebäude, Kühlhäuser, Trockenhäuser, Molkereigebäude, Tankstellengebäude, Transformatorenhäuser, Hallenbäder und Badehäuser (nach Nr. 41 der BewR Gr)

Bauart	**Lebensdauer und jährliche Wertminderung für**			
	Fabrikgebäude, Werkstattgebäude, Lagergebäude, Kühlhäuser, Trockenhäuser, Molkereigebäude, Tankstellengebäude, Transformatorenhäuser, Hallenbäder, Badehäuser		die übrigen Gebäude	
	in Jahren	in v.H.	in Jahren	in v.H.
1. Massivgebäude und Gebäude in Stahl oder Stahlbetonskelettkonstruktion	80	1,25	100	1,00
2. Holzfachwerkgebäude mit Ziegelsteinausmauerung	60	1,67	70	1,43
3. Holzgebäude und Holzfachwerkgebäude mit Lehmausfachung oder mit Verschalung, Massivgebäude aus großformatigen Betonplatten (Fertigteile)	50	2,00	60	1,67
4. Massivschuppen, Stahlfachwerkgebäude mit Plattenverkleidung, Gebäude in leichter Bauart, bei denen die Außenmauern – ohne Putz gemessen – weniger als 20 cm stark sind (ausgenommen Skelettbauten und Rahmenbauten), Fertigteilbauten aus Holz	40	2,50	40	2,50

5. Holzgebäude in Tafelbauart mit massiven Fundamenten	30	3,33	30	3,33
6. Wellblechschuppen, Holzschuppen, Holzgebäude in Tafelbauart ohne massive Fundamente	20	5	20	5

* Für eine sachgerechte Verkehrswertermittlung kommt es entscheidend auf die wirtschaftliche *Restnutzungsdauer* an, die durch die technische Lebensdauer begrenzt wird.

§ 39 ImmoWertV
Objektspezifisch angepasster Sachwertfaktor

Zur Ermittlung des objektspezifisch angepassten Sachwertfaktors ist der nach § 21 Absatz 3 ermittelte Sachwertfaktor auf seine Eignung im Sinne des § 9 Absatz 1 Satz 1 zu prüfen und bei etwaigen Abweichungen nach § 9 Absatz 1 Satz 2 und 3 an die Gegebenheiten des Wertermittlungsobjekts anzupassen.

Gliederungsübersicht *Rn.*

1 Sachwertfaktoren

1.1 Übersicht

▶ *Vgl. § 21 ImmoWertV Rn. 136 ff.*

Sachwertfaktoren i.S. des § 21 Abs. 3 ImmoWertV sind **Marktanpassungsfaktoren**, mit denen der nach den Vorschriften der §§ 35 bis 38 ImmoWertV ermittelte *vorläufige* Sachwert an die am Wertermittlungsstichtag auf dem örtlichen Grundstücksmarkt vorherrschenden allgemeinen Wertverhältnisse auf dem Grundstücksmarkt und somit an den Verkehrswert (Marktwert) angeglichen werden soll. **Sachwertfaktoren sind Marktanpassungsfaktoren**, mit denen der *vorläufige* Sachwert an die am Wertermittlungsstichtag auf dem örtlichen Grund- 1 stücksmarkt vorherrschenden allgemeinen Wertverhältnisse des Grundstücksmarktes angepasst wird.

2 **Sachwertfaktoren sind zugleich Korrekturfaktoren**, mit denen die aus dem *„Modell"* der Sachwertermittlung nach den §§ 35 bis 39 ImmoWertV und den dafür vorgegebenen *„Modellansätzen"* resultierenden Wertverzerrungen berichtigt werden sollen.

3 Bei der Ermittlung der Sachwertfaktoren bestimmen sich nach § 12 Abs. 5 ImmoWertV die Gesamtnutzungsdauer nach den Modellansätzen der Anl. 1, die **Restnutzungsdauer von Wohngebäuden bei vorangegangener Modernisierung** nach Anl. 2, die durchschnittlichen Herstellungskosten (Normalherstellungskosten) nach Anl. 4 zur ImmoWertV und die **Alterswertminderung** nach § 38 ImmoWertV.

4 Insbesondere mit den modellkonform anzusetzenden bundeseinheitlichen **Normalherstellungskosten** der Anl. 4 zur ImmoWertV, die unter Heranziehung des einschlägigen Preisindexes für die Bauwirtschaft des Statistischen Bundesamtes (Baupreisindex) ausgehend vom „Bezugsstichtag" der Normalherstellungskosten (2010) auf den Wertermittlungsstichtag umzurechnen sind, gehen erhebliche korrekturbedürftige Wertverzerrungen einher. Diese entsprechen auch unter Berücksichtigung eines **Regionalfaktors zur Anpassung an die Verhältnisse des örtlichen Grundstücksmarkts** (§ 36 Abs. 3 ImmoWertV) regelmäßig nicht den durchschnittlichen Normalherstellungskosten i.S. des § 36 Abs. 2 Satz 1 ImmoWertV. Die der Anl. 4 zur ImmoWertV zugrunde liegenden Kostenkennwerte werden deshalb in der ImmoWertV als *„modellhafte"* Kostenkennwerte abqualifiziert (§ 36 Abs. 2 Satz 2 ImmoWertV). Dies betrifft aber auch die im Rahmen der Ermittlung des vorläufigen Sachwerts vorgeschriebenen Modellansätze, namentlich die vorgeschriebenen Modellansätze für die Gesamt- und Restnutzungsdauer und die als Modellparameter ausgewiesenen Regionalfaktoren (Anl. 1 zur ImmoWertV), die Berücksichtigung von Modernisierungen nach Anl. 2, die mit § 38 ImmoWertV vorgeschriebene lineare Alterswertermittlung und vieles mehr.

▶ *Zu* **den Regionalfaktoren** *vgl. Syst. Darst. des Sachwertverfahrens Rn. 161 ff.*

5 **Die Anwendung des Sachwertfaktors steht unter dem Anpassungsgebot** nach § 35 Abs. 3 ImmoWertV. Nach diesem Grundsatz ist der jeweils herangezogene Sachwertfaktor (Basisfaktor) grundsätzlich anzupassen an

a) die am Wertermittlungsstichtag herrschenden allgemeinen Wertverhältnisse auf dem Grundstücksmarkt und

b) an die Grundstücksmerkmale des zu bewertenden Grundstücks.

Dieses altbewährte **Anpassungsgebot** wird mit dem neu in die ImmoWertV aufgenommenen Begriff des „objektspezifisch angepassten Liegenschaftszinssatzes" verdeutlicht.

a) Allgemeine Wertverhältnisse auf dem Grundstücksmarkt

6 Da die allgemeinen Wertverhältnisse auf dem Grundstücksmarkt einem steten Wandel unterworfen sind, ist der Sachwertfaktor eine zeitabhängige Größe. Die Gutachterausschüsse für Grundstückswerte leiten Sachwertfaktoren deshalb i.d.R. alljährlich unter Angabe des Bezugszeitraums (bzw. Bezugsstichtag) aus den Kaufpreisen des Vorjahres ab. Werden diese Sachwertfaktoren zur Marktwertermittlung herangezogen, müssen sie den am Wertermittlungsstichtag herrschenden *allgemeinen Wertverhältnissen auf dem Grundstücksmarkt durch Zu- oder Abschläge* angepasst werden, wenn sich diese erheblich geändert haben. Die Zu- und Abschläge können analytisch auf der Grundlage der zwischenzeitlichen Preisentwicklung und immobilienwirtschaftlichen Änderungen der maßgebenden Umstände i.S. des § 2 Abs. 2 ImmoWertV ermittelt und begründet werden.

b) Grundstücksmerkmale des zu bewertenden Grundstücks

Die nach vorstehenden Grundsätzen auf der Grundlage der genannten Modellansätze abgeleiteten Sachwertfaktoren aus geeigneten Kaufpreisen von Grundstücken beziehen sich – vergleichbar mit Bodenrichtwerten – auf ein Referenz- bzw. Normgrundstück mit bestimmten Grundstücksmerkmalen. 7

Sachwertfaktoren sind grundsätzlich modell- und referenzkonform anzuwenden (vgl. Syst. Darst. des Sachwertverfahrens Rn. 29, dort Abb. 3)

Erheblich abweichende Grundstücksmerkmale des Wertermittlungsobjekts werden bei modell- und referenzkonformer Anwendung des Sachwertfaktors in einem **zweistufigen Verfahren** berücksichtigt.

- Im *ersten Schritt* sollen nach § 39 ImmoWertV Abweichungen nach Maßgabe des § 9 Abs. 1 Satz 2 und 3 ImmoWertV durch geeignete Umrechnungskoeffizienten, durch eine Anpassung des Sachwertfaktors mittels marktüblicher Zu- oder Abschläge oder in anderer Weise berücksichtigt werden und gehen folglich in den *vorläufigen Ertragswert* ein.
- Im zweiten Schritt werden die mit der Anpassung des Sachwertfaktors nicht berücksichtigten objektspezifischen Grundstücksmerkmale nachträglich als „besondere objektspezifische Grundstücksmerkmale" (boG) nach § 8 Abs. 3 ImmoWertV berücksichtigt.

Bei alledem muss eine Doppelberücksichtigung vermieden werden.

1.2 Subsidiär zu berücksichtigende besondere objektspezifische Grundstücksmerkmale

Der Begriff des *objektspezifisch angepassten Sachwertfaktors* kann zu Fehlschlüssen verleiten, denn der Sachwertfaktor ist nur zum Teil an die objektspezifischen Grundstücksmerkmale anzupassen. Ausgenommen sind i.d.R. die „besonderen objektspezifischen Grundstücksmerkmale" i.S. des § 8 Abs. 3 ImmoWertV. 8

Eine vollständige Ausrichtung des Sachwertfaktors auf sämtliche Grundstücksmerkmale des zu bewertenden Grundstücks ist angesichts der vielfältigen Eigenschaften von Grundstücken, die allesamt Unikate sind, und den vielerorts nur sehr begrenzt zur Verfügung stehenden Umrechnungskoeffizienten regelmäßig nicht zu erwarten. Die **von dem angewandten „objektspezifisch angepassten Sachwertfaktor" nicht erfassten Wertanteile des zu bewertenden Grundstücks**, z.B. Baumängel und Bauschäden oder vom marktüblich erzielbaren Ertrag abweichende tatsächliche bzw. tatsächlich erzielbare Erträge, sind nachträglich **als besondere objektspezifische Grundstücksmerkmale (boG)** in marktüblicher Höhe zu berücksichtigen. Dazu sind die jeweiligen Abweichungen zwischen den Grundstücksmerkmalen des zu bewertenden Grundstücks von den Referenzmerkmalen des Sachwertfaktors festzustellen und die daraus resultierende Werterhöhung oder Wertminderung ist mit dem Betrag zu ermitteln, um den sich der Marktwert des Grundstücks erhöht bzw. vermindert.

Abb. 1: Objektspezifisch angepasster Sachwertfaktor

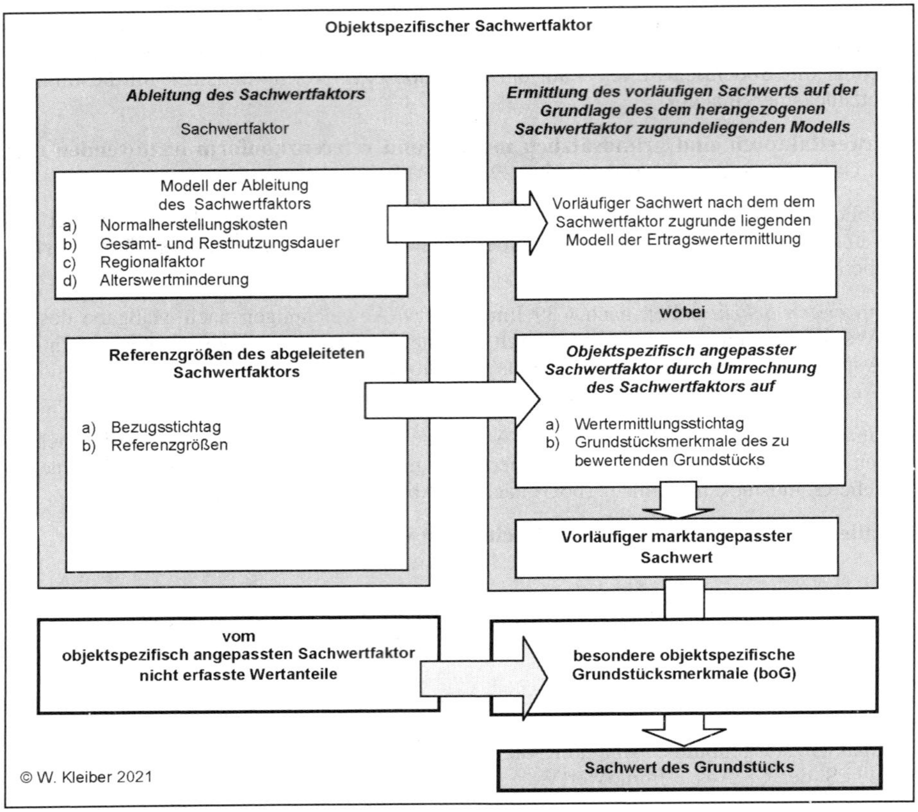

1.3 Dem Sachwertfaktor zugrunde liegendes Modell der Sachwertermittlung

▶ *Vgl. § 21 ImmoWertV Rn. 192 ff.*

9 Das vom Gutachterausschuss für Grundstückswerte der Ermittlung des Sachwertfaktors zugrunde gelegte **Modell der Sachwertermittlung** muss bei der Ermittlung des *vorläufigen* Sachwerts unter Heranziehung des Sachwertfaktors aus Gründen der Modellkonformität in exakt gleicher Weise zur Anwendung kommen. Dementsprechend müssen die vom Gutachterausschuss für Grundstückswerte der Ermittlung des Sachwertfaktors zugrunde gelegten Modellparameter im Rahmen der mit § 39 ImmoWertV vorgeschriebenen Prüfung seiner Eignung bekannt und veröffentlicht worden sein.

10 Das vom Gutachterausschuss für Grundstückswerte der Ermittlung des Sachwertfaktors zugrunde gelegte Modell der Sachwertermittlung bestimmt sich zum Teil durch die mit den **in der ImmoWertV vorgegebenen oder empfohlenen Modellansätze**, wie z.B. durch die Gesamt- und Restnutzungsdauer einschließlich der Restnutzungsdauer baulicher Außenanlagen und das Modell zur Berücksichtigung von Modernisierungen, den Normalherstellungskosten, dem als „Modellparameter" festgelegten Regionalfaktor sowie die lineare Alterswertminderung nach § 38 ImmoWertV.

11 Darüber hinaus stehen weitere Modellansätze in der Entscheidung des Gutachterausschusses für Grundstückswerte, wie z.B. der Ansatz eines Regionalfaktors zur Anpassung der Normalherstellungskosten an die Verhältnisse am örtlichen Grundstücksmarkt, die Erfassung besonderer Bauteile, des vorläufigen Sachwerts der für die jeweilige Gebäudeart üblichen baulichen Außenanlagen und sonstigen Anlagen, des Bodenwerts usw.

1.4 Referenzmerkmale des Sachwertfaktors

▶ *Vgl. § 21 ImmoWertV Rn. 220*

12 Der Grundstücksmarkt zerfällt in zahlreiche Grundstücksteilmärkte mit unterschiedlichen Marktentwicklungen. **Sachwertfaktoren** müssen deshalb hinreichend **differenziert nach Grundstücksarten** abgeleitet werden. So wird in der Wertermittlungspraxis die Differenzierung der Sachwertfaktoren im Bereich der Ein- und Zweifamilienhäuser heruntergebrochen auf Sachwertfaktoren freistehender Ein- und Zweifamilienhäuser, Doppelhaushälften, Reihenend- und Reihenmittelhäuser sowie Villen und Landhäuser.

13 Sachwertfaktoren sind zeitabhängige Größen und müssen deshalb mit ihrem **Bezugsstichtag** versehen werden.

14 Für eine sachgerechte Anwendung des Sachwertfaktors reicht allein eine nach Grundstücksarten differenzierende Ableitung von Sachwertfaktoren nicht aus, wenn dieser nach Maßgabe der ImmoWertV an die Gegebenheiten des Wertermittlungsobjekts angepasst werden soll. Dies nämlich setzt voraus, dass – vergleichbar mit dem Bodenrichtwertgrundstück – die **Grundstücksmerkmale des dem Sachwertfaktor zugrunde liegenden Referenzgrundstücks (Normgrundstück)** bekannt sind. Diese können sich aus den durchschnittlichen Grundstücksmerkmalen der zur Ableitung des Sachwertfaktors herangezogenen Vergleichsgrundstücke ergeben; sie können aber auch im Rahmen der Ableitung normiert worden sein. Sie müssen aber bekannt sein, denn sonst wäre eine Anpassung an die Grundstücksmerkmale des zu bewertenden Grundstücks nicht möglich.

15 Dabei müssen die **Referenzmerkmale sowohl des Grund und Bodens als auch der baulichen Anlage** bekannt sein. Sie können dem Grundstücksmarktbericht eines qualifizierten Gutachterausschusses oder sonstigen Bekanntmachungen entnommen werden.

16 In diesem Zusammenhang muss auch bekannt sein, ob der Sachwertfaktor unter Ansatz oder ohne Berücksichtigung

- der baulichen und sonstigen Außenanlagen bzw. unter Ansatz einer anzugebenden Pauschale,
- der besonderen Bauteile, Einrichtungen und sonstigen Vorrichtungen bzw. unter Ansatz einer anzugebenden Pauschale, d.h. abweichend von der Vorgabe des § 36 Abs. 2 Satz 3 ImmoWertV,

ermittelt wurde.

2 Objektspezifisch angepasster Sachwertfaktor

2.1 Definition

17 Der zur Ermittlung des vorläufigen Sachwerts eines zu bewertenden Grundstücks heranzuziehende **„objektspezifisch angepasste Sachwertfaktor" definiert sich als der Sachwertfaktor, der,**ausgehend von einem vom Gutachterausschuss für die jeweilige Grundstücksart bereitgestellten Sachwertfaktor (auch Basisfaktor genannt), der sich auf

- die allgemeinen Wertverhältnisse eines definierten Bezugsstichtags sowie
- auf die vom Gutachterausschuss für Grundstückswerte zu konkretisierenden Grundstücksmerkmale des Grund und Bodens sowie der baulichen Anlagen eines Referenzgrundstücks (Normgrundstück) bezieht,

auf den maßgeblichen Wertermittlungsstichtag sowie die maßgeblichen Grundstücksmerkmale des zu bewertenden Grundstücks angepasst worden ist.

18 Mit der Anpassung des vom Gutachterausschuss für Grundstückswerte für die jeweilige Grundstücksart bereitgestellten Sachwertfaktors an den maßgeblichen Wertermittlungsstichtag sowie die maßgeblichen Grundstücksmerkmale des zu bewertenden Grundstücks müssen auch die mit den vorgegebenen Modellansätzen (wie insbesondere den Modellansätzen für die Gesamtnutzungsdauer und damit auch für die Restnutzungsdauer nach Anl. 1 der ImmoWertV oder der Berücksichtigung einer Modernisierung nach Anl. 2) gegebenenfalls einhergehenden **Abweichungen gegenüber den Gegebenheiten des zu bewertenden Grundstücks** korrigiert werden.

19 Diesbezüglich setzt eine sachgerechte Anpassung des Sachwertfaktors an die Gegebenheiten des zu bewertenden Grundstücks voraus, dass die Gutachterausschüsse entsprechende Umrechnungskoeffizienten bereitstellen. Wo eine Anpassung in einer anderen sachlich begründbaren oder mindesten plausiblen Weise nicht möglich ist, müssen die **vom objektspezifisch angepassten Sachwertfaktor nicht erfassten Wertanteile des zu bewertenden Grundstücks** ergänzend als besonderes objektspezifisches Grundstücksmerkmal (boG) berücksichtigt werden.

2.2 Eignung des Sachwertfaktors (Basisfaktors)

20 Der zur Ableitung des „objektspezifisch angepassten Sachwertfaktors" vom Gutachterausschuss bereitgestellte Sachwertfaktor (Basiszinssatz) muss „geeignet" sein. Nach § 33 ImmoWertV muss seine **Eignung** nach Maßgabe des § 9 Abs. 1 Satz 1 ImmoWertV überprüft werden. Die Vorschrift fordert, dass der herangezogene Sachwertfaktor (Basisfaktor) hinsichtlich der Aktualität in Bezug auf den maßgeblichen Stichtag und die Repräsentativität den jeweiligen Grundstücksmarkt zutreffend abbildet und etwaige Abweichungen in den allgemeinen Wertverhältnissen sowie wertbeeinflussende Abweichungen der Grundstücksmerkmale des Wertermittlungsobjekts in sachgerechter Weise berücksichtigt werden können.

21 Ob wertbeeinflussende Abweichungen der Grundstücksmerkmale des Wertermittlungsobjekts „in sachgerechter Weise" berücksichtigt werden können, erweist sich erst im konkreten Anwendungsfall. Die zu berücksichtigenden Abweichungen müssen sich in Grenzen halten, denn wenn sie über ein gewisses Maß hinausgehen, ist dies ein Beleg dafür, dass der Liegenschaftszinssatz (Basiszinssatz) gerade nicht geeignet ist, den jeweiligen Grundstücksmarkt zu repräsentieren.

22 Die Zu- und Abschläge, die zur Berücksichtigung der besonderen objektspezifischen Grundstücksmerkmale der zu bewertenden Liegenschaft an dem herangezogenen Sachwertfaktor (Basisfaktor) „angebracht" werden müssen, sollten nach der hier vertretenen Auffassung in ihrer Gesamthöhe 40 % nicht überschreiten. Dabei ist auf die absolute Gesamthöhe der Zu- und Abschläge (unter Weglassen des Vorzeichens) abzustellen. Wie bei Anwendung des Ver-

gleichswertverfahrens muss nämlich auch bei Anwendung des Sachwertverfahrens gefordert werden, dass das Referenzgrundstück (Sachwertfaktorengrundstück) des herangezogenen Sachwertfaktors mit der zu bewertenden Liegenschaft hinreichend vergleichbar ist. Da sich bei einer Modifikation des Sachwertfaktors in einer Gesamthöhe von 40/100stel der Sachwert um rd. 40 % ändert, ist damit der Grenzbereich der Vergleichbarkeit erreicht (vgl. Syst. Darst. des Vergleichswertverfahrens Rn. 30 ff.). Der Basisfaktor, aus dem der objektspezifisch angepasste Sachwertfaktor abgeleitet wurde, ist in diesem Fall nicht „geeignet“.

3 Anpassung des herangezogenen Sachwertfaktors (Basisfaktors)

3.1 Allgemeines

▶ *§ 21 ImmoWertV Rn. 157 ff.*

Zur Ermittlung des vorläufigen Sachwerts ist nach § 38 ImmoWertV jeweils der „objektspezifisch angepasste Sachwertfaktor“ anzuwenden. 23

Mit der Anpassung des vom Gutachterausschuss für Grundstückswerte für die jeweilige Grundstücksart bereitgestellten Sachwertfaktors (Basisfaktor) an den maßgeblichen Wertermittlungsstichtag sowie die maßgeblichen Grundstücksmerkmale des zu bewertenden Grundstücks müssen gegebenenfalls auch die mit den vorgegebenen Modellansätzen, insbesondere den Modellansätzen für die Gesamtnutzungsdauer und damit auch für die Restnutzungsdauer nach Anl. 1 der ImmoWertV oder die Berücksichtigung einer Modernisierung nach Anl. 2, einhergehenden und anderweitig nicht berücksichtigten Wertverzerrungen gegenüber den Gegebenheiten des zu bewertenden Grundstücks korrigiert werden. 24

Die Anpassung des Sachwertfaktors an die Grundstücksmerkmale des zu bewertenden Grundstücks ist möglichst auf der Grundlage der vom Gutachterausschuss für Grundstückswerte dafür bereitgestellten Indexreihen und Umrechnungskoeffizienten vorzunehmen, soweit sie sich nicht direkt aus einer **mehrdimensional angelegten Darstellung der veröffentlichten Sachwertfaktoren**, beispielsweise in Abhängigkeit von der Höhe des vorläufigen Sachwerts, der Ausstattung der baulichen Anlage (Standardstufe), der nach Bodenrichtwerten konkretisierten Lage oder dem Alter bzw. der Restnutzungsdauer der baulichen Anlage, ergibt (*Beispiel*). 25

Beispiel: 26

Sachwertfaktor für Ein- und Zweifamilienhäuser in Leverkusen auf Basis der Normalherstellungskosten 2010 (NHK 2010) in Abhängigkeit von der der Höhe des vorläufigen Sachwerts und der Ausstattung:

Sachwertfaktor für Ein- und Zweifamilienhäuser auf Basis der Normalherstellungskosten 2010 (NHK 2010), abgeleitet aus 154 Kaufpreisen von 2022 und 2023 in Leverkusen				
Vorläufiger Sachwert	**Standardstufe (Ausstattung)**			
€	**1 bis 2**	**2,5**	**3**	**3,5 bis 4,5**
150 000	1,43	–	–	–
180 000	1,36	1,52	1,69	–
210 000	1,29	1,45	1,62	1,71
240 000	1,24	1,40	1,57	1,66
270 000	1,19	1,35	1,52	1,61
300 000	1,15	1,30	1,47	1,56
330 000	1,11	1,26	1,44	1,52

Sachwertfaktor für Ein- und Zweifamilienhäuser auf Basis der Normalherstellungskosten 2010 (NHK 2010), abgeleitet aus 154 Kaufpreisen von 2022 und 2023 in Leverkusen				
360 000	1,07	1,23	1,40	1,49
390 000	1,04	1,19	**1,37**	1,45
420 000	1,01	1,16	1,34	1,42
450 000	0,98	1,14	1,31	1,40
480 000	0.95	1,11	1,28	1,37
510 000	0,93	1,08	1,26	1,34
540 000	–	1,06	1,23	1,32
570 000	–	1,04	1,21	1,30
600 000	–	1,02	1,19	1,28
630 000	–	1,00	1,17	1,26
660 000	–	0,98	1,15	1,24
690 000	–	0,96	1,13	1,22

Quelle: Grundstücksmarktbericht 2024 für die Stadt Leverkusen

27 Wo eine Anpassung auch nicht in einer anderen sachlich begründbaren oder mindestens plausiblen Weise möglich ist, müssen die Abweichungen als besonderes objektspezifisches Grundstücksmerkmal (boG) ergänzend berücksichtigt werden.

3.2 Ableitung des objektspezifisch angepassten Sachwertfaktors

3.2.1 Übersicht

28 Der „objektspezifisch angepasste Sachwertfaktor" wird ausgehend von einem i.d.R. vom Gutachterausschuss für Grundstückswerte zur Verfügung gestellten „*geeigneten*" Sachwertfaktor ermittelt (auch **Basisfaktor** genannt). Die diesem zugrunde liegenden Grundstücksmerkmale und der ihm zugrunde liegende Bezugsstichtag weichen i.d.R. von den Grundstücksmerkmalen der zu bewertenden Liegenschaft und dem maßgeblichen Wertermittlungsstichtag ab. Die wertbeeinflussenden Abweichungen der Grundstücksmerkmale des Wertermittlungsobjekts sowie ein abweichender Wertermittlungsstichtag sind nach Maßgabe des § 9 Abs. 1 Satz 2 und 3 ImmoWertV sind durch geeignete Umrechnungskoeffizienten, Indexreihen, durch eine Anpassung mittels Zu- oder Abschlägen oder in anderer sachgerechter Weise zu berücksichtigen. Diese **„*Anpassung*"** des Sachwertfaktors führt zum „objektspezifisch angepassten Sachwertfaktor".

29 Die den empirisch aus der Kaufpreissammlung abgeleiteten Sachwertfaktoren zugrunde liegenden Grundstücksmerkmale (Referenzmerkmale), die die Grundlage für die Anpassung des Sachwertfaktors sind, sollten sich aus einer vollständigen Beschreibung aller wertbeeinflussenden Grundstücksmerkmale des Gutachterausschusses ergeben. Es handelt sich dabei um die **Grundstücksmerkmale des fiktiven Referenz- bzw. Normgrundstücks**, auf den sich der jeweilige Sachwertfaktor bezieht (Sachwertfaktorgrundstück).

Der Sachwertfaktor ist das „Herzstück" des Sachwertverfahrens und die Ableitung des „objektspezifisch angepassten Sachwertfaktors" nach den Vorstellungen des Verordnungsgebers ist oftmals sehr problematisch, weil die Gutachterausschüsse für Grundstückswerte derzeit 30

a) die wertbeeinflussenden Referenzmerkmale des Sachwertfaktors oftmals nur kursorisch und zumeist unvollständig konkretisieren und zudem

b) die in § 9 Abs. 1 Satz 2 und 3 ImmoWertV genannten Umrechnungskoeffizienten zur Anpassung des Sachwertfaktors in vielen Landesteilen von den Gutachterausschüssen nur selten abgeleitet werden.

Der bei dieser Sachlage mit § 9 Abs. 1 Satz 2 und 3 ImmoWertV zugelassene Rückgriff auf „*eine Anpassung mittels Zu- oder Abschlägen*" oder in anderer „*sachgerechter Weise*" ist heute noch vielerorts der „bewertungstechnische" Alltag. Dabei besteht häufig keine Klarheit darüber, an welchen Referenzmerkmalen die *Zu- oder Abschläge anzubringen sind.* 31

3.2.2 Allgemeine Grundsätze zur „Anpassung" des Sachwertfaktors

Es sind grundsätzlich nur „erhebliche" Abweichungen eines Grundstücksmerkmals von dem jeweiligen dem Sachwertfaktor zugrunde liegenden Grundstücksmerkmal zu berücksichtigen. 32

Bei der schrittweisen Anpassung der einzelnen Grundstücksmerkmale, die von den Referenzmerkmalen des Sachwertfaktors abweichen, müssen **Doppelberücksichtigungen** vermieden werden. 33

3.2.3 Allgemeine empirische Erfahrungssätze

3.2.3.1 Allgemeiner Überblick

Eine Reihe von Gutachterausschüssen für Grundstückswerte veröffentlichtergänzend zu den nach einem vorgegebenen Modell der Sachwertermittlung ermittelten und auf die Grundstücksmerkmale eines bestimmten Norm- bzw. Referenzgrundstücks bezogenen Sachwertfaktoren**Umrechnungskoeffizienten (auch Anpassungs- bzw. Korrekturfaktoren** genannt), mit denen die Sachwertfaktoren an die besonderen Grundstücksmerkmale des zu bewertenden Grundstücks angepasst werden können. 34

Sofern vom örtlichen Gutachterausschuss für Grundstückswerte keine Umrechnungskoeffizienten zur Anpassung von veröffentlichten Sachwertfaktoren abgeleitet worden sind, können den bislang veröffentlichten Umrechnungskoeffizienten **allgemeine Hinweise für eine Verminderung bzw. Erhöhung lage- und objekttypischer Sachwertfaktoren**entnommen werden. 35

Werden in entsprechenden Veröffentlichungen die den Sachwertfaktoren zugrunde liegenden Referenzmerkmale nicht hinreichend konkretisiert, muss i.d.R. von dem jeweils durchschnittlichen Grundstückszustand ausgegangen werden. 36

3.2.3.2 Umrechnungskoeffizienten zur Berücksichtigung unterschiedlicher Lagen

Es wurden insbesondere **Umrechnungskoeffizienten (Anpassungsfaktoren) zur Berücksichtigung unterschiedlicher Lagen** abgeleitet, wobei die Lage in der Wertermittlungspraxis mit dem einschlägigen Bodenrichtwert erfasst und beschrieben wird. Unterschiede zwischen der Lage des Bewertungsobjekts und der Lage, auf die sich das Referenzgrundstück des heranzuziehenden Sachwertfaktors bezieht, werden durch entsprechend modifizierte Sachwertfaktoren berücksichtigt. 37

Abb. 2: Umrechnungskoeffizienten zu Sachwertfaktoren für Reihenhäuser und Doppelhaushälften für abweichende Bodenrichtwerte in Niedersachsen

Umrechnungskoeffizienten zu Sachwertfaktoren für abweichende Bodenrichtwerte in Niedersachsen für								
	Reihenhäuser und Doppelhaushälften				Ein- und Zweifamilienhäusern			
Boden-richtwert €/m²	LK Harburg	LK Lüneburg	LK Verden	Region Hannover	LK Cloppenburg		LK Oldenburg	LK Vechta
					Süd-licher Bereich	Nörd-licher Bereich		
	2013	2013	2013	2013	2013	2013	2013	2013
30	–	–	–	0,88	30	0,94	0,94	0,90
40	–	–	–	–	40	0,97	0,99	0,92
50	–	0,85	0,92	–	50	1,00	1,00	0,94
60	0,88	0,88	0,93	0,92	60	1,03	1,02	0,96
70	0,91	0,90	0,95	–	70	1,06	1,03	0,99
80	0,93	0,93	0,96	–	80	1,07	1,06	1,00
90	0,95	0,95	0,97	0,96	90	1,10	1,05	1,03
100	0,87	0,97	0,98	–	100	1,11	–	1,06
110	0,98	0,99	0,99	–	110	1,13	–	1,07
120	0,99	1,00	1,00	1,00	120	1,14	–	1,10
130	1,00	1,01	1,01	–	–	–	–	–
140	1,00	1,02	1,02	–	–	–	–	–
150	1,00	1,03	1,04	1,04	–	–	–	–
160	1,00	1,03	1,05	–	–	–	–	–
170	1,00	1,03	1,07	–	–	–	–	–
180	0,99	1,03	–	1,09	–	–	–	–
190	099	1,03	–	–	–	–	–	–
200	0,99	1,02	–	–	–	–	–	–
210	0,98	1,01	–	1,13	–	–	–	–
220	0,98	–	–	–	–	–	–	–
230	0,98	–	–	–	–	–	–	–
240	0,97	–	–	1,18	–	–	–	–
250	0,97	–	–	–	–	–	–	–
260	0,98	–	–	–	–	–	–	–
270	0,98	–	–	1,23	–	–	–	–
280	0,99	–	–	–	–	–	–	–
300	–	–	–	1,28	–	–	–	–
330	–	–	–	1,33	–	–	–	–

Quelle: Grundstücksmarktberichte

Umrechnungskoeffizienten zum Sachwertfaktor für Ein- und Zweifamilienhäuser bei abweichendem Bodenrichtwert in Niedersachsen

Abweichender Bodenrichtwert	LK Lüchow-Dannenberg (W)	LK Rotenburg (Wümme)	Heidekreis	Region Hannover	LK Verden	Cloppenburg Bereich		LK Oldenburg	LK Vechta
				Stadt: UK 1,07		Nord	Süd		
€/m²	2013	2013	2013	2013	2013	2013	2013	2013	2013
8	0,84	–	–	–	–	–	–	–	–
10	0,88	–	–	–	–	–	–	–	–
15	0,94	–	–	–	–	–	–	–	–
20	0,89	0,89	0,90	–	0,88	–	–	–	–
25	**1,00**	–	–	–	–	–	–	–	–
30	1,02	0,93	0,94	0,88	0,91	0,94	0,94	0,90	0,95
35	1,03	–	–	–	–	–	–	–	–
39	1,04	–	–	–	–	–	–	–	–
40	–	0,96	0,96	–	0,92	0,99	0,97	0,92	0,96
50	–	0,99	0,99	–	0,94	**1,00**	**1,00**	0,94	0,99
60	–	**1,00**	1,01	0,92	0,96	1,02	1,03	0,96	**1,00**
70	–	1,01	1,03	–	0,97	1,03	1,06	0,99	1,01
80	–	1,04	1,04	–	0,99	1,05	1,07	**1,00**	1,03
90	–	1,06	1,07	0,96	1,00	1,05	1,10	1,03	1,04
100	–	1,07	1,09	–	**1,00**	–	1,11	1,06	1,06
110	–	1,08	1,10	–	1,01	–	1,13	1,07	1,07
120	–	1,08	–	**1,00**	1,03	–	1,14	1,10	1,08
130	–	1,10	–	–	1,04	–	–	–	–
140	–	–	–	–	1,04	–	–	–	–
150	–	–	–	1,04	1,05	–	–	–	–
160	–	–	–	–	1,07	–	–	–	–
170	–	–	–	–	1,07	–	–	–	–
180	–	–	–	1,09	1,08	–	–	–	–
210	–	–	–	1,13	–	–	–	–	–
240	–	–	–	1,18	–	–	–	–	–
270	–	–	–	1,23	–	–	–	–	–
300	–	–	–	1,28	–	–	–	–	–
330	–	–	–	1,33	–	–	–	–	–

Quelle: Grundstücksmarktberichte

3.2.3.3 Umrechnungskoeffizienten zur Berücksichtigung unterschiedlicher Wohnflächen

38 Umrechnungskoeffizienten zum Sachwertfaktor von Ein- und Zweifamilienhäusern

Umrechnungskoeffizienten zum Sachwertfaktor von Ein- und Zweifamilienhäusern für abweichende Wohnfläche in Niedersachsen				
Wohnfläche m²	**LK Harburg**	**LK Lüneburg**	**LK Uelzen**	**LK Lüchow-Dannenberg**
	2013	2013	2013	2013
50	–	–	–	0,66
60	0,74	0,75	0,66	0,72
70	–	–	0,72	0,78
80	0,83	0,84	0,77	0,83
90	–	–	0,82	0,87
100	0,89	0,90	0,87	0,92
110	–	–	0,92	0,96
120	0,95	0,96	0,96	**1,00**
130	–	–	**1,00**	1,04
140	**1,00**	**1,00**	1,04	1,07
150	–	–	1,07	1,11
160	1,04	1,04	1,10	1,14
170	–	–	1,13	1,17
180	1,08	1,07	1,15	1,20
190	–	–	1,17	1,23
200	1,12	1,10	1,18	1,26
210	–	–	1,19	1,29
220	1,15	1,13	1,20	1,32
230	–	–	1,20	1,34
240	1,18	1,16	1,20	1,37
250	–	–	–	1,30
260	1,20	1,18	–	–
280	1,23	1,20	–	–
300	1,25	1,22	–	–

Quelle: Grundstücksmarktberichte

Von anderen Gutachterausschüssen werden **Umrechnungskoeffizienten zur Berücksichtigung eines abweichenden Verhältnisses der Bruttogrundfläche zur Wohnfläche** veröffentlicht[1].

1 Z.B. *LK Diepholz*, Grundstücksmarktbericht Sulingen 2013.

3.2.3.4 Umrechnungskoeffizienten zur Berücksichtigung unterschiedlicher Grundstücksflächen

Umrechnungskoeffizienten zum Sachwertfaktor von Ein- -und Zweifamilienhäusern für abweichende Grundstücksflächen (NHK 2010)				
Grundstücks-fläche m²	**LK Harburg**	**LK Lüneburg**	**LK Uelzen**	**LK Lüchow-Dannenberg**
	2013	2013	2013	2013
200	0,87	–	–	–
300	0,89	0,86	0,90	–
400	0,91	0,90	–	0,88
500	0,93	0,92	0,94	–
600	0,94	0,94	–	0,93
700	0,96	0,96	0,97	–
800	0,97	0,98	–	0,97
900	0,99	0,99	0,99	–
1.000	**1,00**	**1,00**	–	**1,00**
1.100	1,01	1,01	**1,00**	–
1.200	1,03	1,02	–	1,02
1.300	1,04	1,03	1,01	–
1.400	1,05	1,04	–	1,04
1.500	1,06	1,04	1,02	–
1.600	1,07	1,05	–	1,06
1.700	1,08	1,05	1,03	–
1.800	1,09	1,06	–	1,07
1.900	1,10	1,06	1,04	–
2.000	1,11	1,07	–	1,09
2.100	1,12	1,07	1,05	–
2.200	–	–	–	1,10
2.300	–	–	1,05	–
2.400	–	–	–	1,11
2.500	–	–	1,06	–
2.600	–	–	–	1,12

39

Quelle: Grundstücksmarktberichte

3.2.3.5 Umrechnungskoeffizienten zur Berücksichtigung unterschiedlicher Restnutzungsdauer bzw. des Baujahrs

▶ *§ 8 ImmoWertV Rn. 66*

Beispiel: 40

Der Gutachterausschuss von *Höxter* hat Sachwertfaktoren in Abhängigkeit vom vorläufigen Sachwert und dem Bodenrichtwert ermittelt, die sich auf Referenzobjekte mit einem Gebäude beziehen, das eine BGF von 350 m² und eine Restnutzungsdauer von 40 Jahren aufweist (Grundstücksmarktbericht 2024).

Ergänzend werden Zu- und Abschläge zur Anpassung des Sachwertfaktors für eine davon abweichende BGF und Restnutzungsdauer des Wertermittlungsobjekts abgeleitet:

Zu- und Abschläge zum Sachwertfaktor bei abweichender Restnutzungsdauer 2024	
Restnutzungsdauer	**Zu- und Abschläge**
	Höxter
10	–0,21
15	–0,17
20	–0,14
25	–0,10
30	–0,07
35	–0,03
40	0,00
45	0,03
50	0,07
55	0,10
60	0,14
65	0,17
70	0,21
75	0,24

Quelle: GAA Höxter: Grundstücksmarktbericht 2024

Umrechnungskoeffizienten zum Sachwertfaktor bei abweichenden Baujahren		
Baujahr	**Umrechnungskoeffizienten**	
	LK Soest	
	EFH/ZFH	DHH/RH
	2024	
1929	1,1373	1,2509
1955	1,1128	1,2323
1965	1,0588	1,1876
1975	1,0000	1,1306
1985	0,9462	1,0666
1995	0,9035	1,0000
2005	0,8760	0,9341
2015	0,8674	0,8711

Quelle: Grundstücksmarktbericht

Umrechnungskoeffizienten zu den Sachwertfaktoren von Reihenhäusern und Doppelhaushälften bei abweichender Restnutzungsdauer					
Abweichende Restnutzungs-dauer	**LK Harburg**	**LK Lüneburg**	**LK Uelzen**	**LK Lüchow-Dannenberg**	**Region Hannover**
Jahre	2013	2013	2013	2013	2013
15	0,84	0,85	0,71	0,79	0,92
20	0,86	0,86	0,77	0,83	0,93
25	0,88	0,87	0,83	0,87	0,95
30	0,91	0,89	0,89	0,91	0,96
35	0,94	0,92	0,95	0,96	0,98
40	0,97	0,96	**1,00**	**1,00**	**1,00**
45	**1,00**	**1,00**	1,05	1,05	1,02
50	1,03	1,05	1,10	1,09	1,04
55	1,07	1,11	1,15	1,14	1,07
60	1,11	1,19	1,19	1,19	1,09
65	1,15	1,27	1,24	1,24	–
70	1,19	1,37	1,28	1,29	–

Quelle: Grundstücksmarktberichte der genannten Gemeinden und Landkreise

41

Umrechnungskoeffizienten zum Sachwertfaktor von Ein- und Zweifamilienhäusern bei abweichender Restnutzungsdauer					
Restnutzungs-dauer	**Region Hannover**	**LK Harburg**	**LK Lüneburg**	**LK Uelzen**	**LK Lüchow-Dannenberg**
Jahre	2013	2013	2013	2013	2013
15	0,92	0,73	0,95	0,73	0,79
20	0,93	0,78	0,95	0,79	0,83
25	0,95	0,83	0,96	0,85	0,87
30	0,96	0,88	0,97	0,90	0,91
35	0,98	0,92	0,96	0,95	0,96
40	**1,00**	0,96	0,40	**1,00**	**1,00**
45	1,02	**1,00**	**1,00**	1,05	1,05
50	1,04	1,05	1,01	1,09	1,09
55	1,07	1,07	1,02	1,14	1,14
60	1,09	1,10	1,03	1,18	1,19
65	–	1,12	1,04	1,22	1,24
70	–	1,14	1,05	1,26	1,29

Quelle: Grundstücksmarktberichte

3.2.3.6 Umrechnungskoeffizienten zur Berücksichtigung unterschiedlicher BGF

42 Umrechnungskoeffizienten zum Sachwertfaktor bei abweichender BGF

Umrechnungskoeffizienten zum Sachwertfaktor bei abweichender BGF		
BGF m²	**Umrechnungskoeffizienten**	
	LK Soest	
	EFH/ZFH	**DHH/RH**
	2024	
130	–	1,1376
175	1,1930	1,0788
225	–	1,0000
250	1,0854	–
275	–	0,9220
325	–	0,8538
350	1,0000	–
375	–	0,7999
430	–	0,7595
450	0,9524	–
550	0,9260	–
685	0,9059	–

Quelle: Grundstücksmarktbericht

Zu- und Abschläge zum Sachwertfaktor bei abweichender BGF 2024	
	Höxter
BGF	**2024**
	Zu- und Abschläge
100	0,04
150	0,03
200	0,03
250	0,02
300	0,01
350	0,00
400	–0,01
450	–0,02
500	–0,03
550	–0,03
600	–0,03

Quelle: GAA Höxter: Grundstücksmarktbericht 2024

3.2.3.7 Umrechnungskoeffizienten zur Berücksichtigung unterschiedlicher Gebäudearten

Umrechnungskoeffizienten zum Sachwertfaktor bei abweichender Gebäudeart 43

Umrechnungskoeffizienten zum Sachwertfaktor bei abweichender Gebäudeart					
Gebäudeart	**Umrechnungskoeffizienten**				
	Neuss/Stadt			**LK Soest**	
	EFH/ZFH	**DH/REH**	**RMH**	**EFH/ZFH**	**DHH/RH**
	2024			2024	
Einfamilienhaus (EFH)	1,00	1,00	1,00	1,000	–
Einfamilienhaus mit Einliegerwohnung	–	–	.	0,9694	–
Zweifamilienhaus (ZFH)	0,93	0,95	0,97	0,9388	–
Doppelhaushälfte (DHH)	–	–	–	–	1,0000
Reihenendhaus (REH)	–	–	–	–	1,0057
Reihenmittelhaus (RMH)	–	–	–	–	1,0669

Quelle: Grundstücksmarktbericht

3.2.3.8 Umrechnungskoeffizienten zur Berücksichtigung des unterschiedlichen Gebäude- bzw Ausstattungsstandards

Umrechnungskoeffizienten zum Sachwertfaktor bei abweichendem Gebäude- bzw. Austattungsstandard 44

Umrechnungskoeffizienten zum Sachwertfaktor bei abweichendem Gebäude- bzw. Austattungsstandard				
Gebäudestandard	**Umrechnungskoeffizienten**			
	Neuss			**LK Soest**
	EFH/ZFH	**DHH/REH**	**RMH**	**EFH/ZFH**
	2024			2024
sehr einfach/ einfach	–	–	–	0,8575
einfach	0,82	0,83	0,85	0,9366
einfach/mittel	0,90	0,92	0,94	0,9930
mittel	1,00	1,00	1,00	1,0000
mittel/gehoben	1,06	1,06	1,08	1,0065
gehoben	1,11	1,11	1,14	1,0232
gehoben/stark gehoben	1,16	1,16	–	1,0400

Quelle: Grundstücksmarktbericht

Umrechnungskoeffizienten zum Sachwertfaktor von Ein- und Zweifamilienhäusern bei abweichendem Gebäudestandard				
Gebäude-standardstufe	**LK Uelzen**	**LK Lüchow-Dannenberg**	**Region Hannover**	**Ausstattungs-standard**
	2013	2013	2013	
1,00	0,93	0,90	–	–
1,50	0,96	0,93	–	Einfacher Ausstattungsstandard
2,00	0,98	0,97	0,95	Mittlerer Standard
2,50	1,00	1,00	1,00	Guter Ausstattungsstandard
3,00	1,02	1,03	1,06	Sehr guter Ausstattungsstandard
3,50	1,04	1,07	1,11	–
4,00	1,07	1,10	–	

Quelle: Grundstücksmarktbericht

3.2.3.9 Umrechnungskoeffizienten zur Berücksichtigung von Fertighäusern

Schrifttum: *Schäfer, S.,* Bewertung von älteren Fertighäusern, GuG 2022.

▶ *Zu den Kosten einer Vollmodernisierung vgl. § 8 ImmoWertV Rn. 489*

45 Nach den Auswertungen des Gutachterausschusses des Rhein-Sieg-Kreises fallen Sachwertfaktoren für Fertighäuser gegenüber Sachwertfaktoren von Massivhäusern um rd. 15 bis 20 % ab (2022):

Abb. 3: Sachwertfaktoren von Fertighäusern im Vergleich zu Massivhäusern

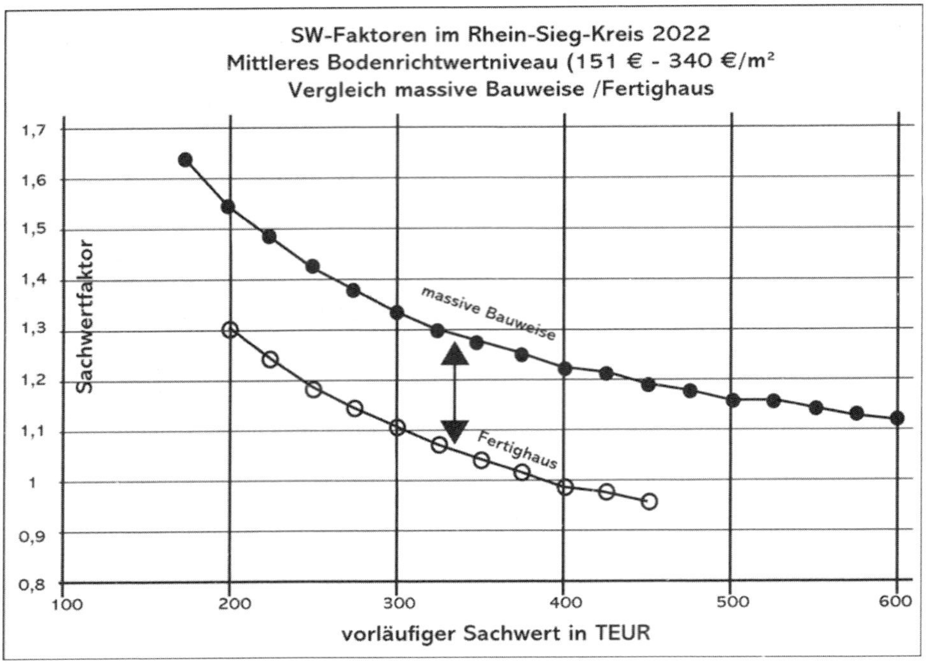

Quelle: Schäfer, S., in GuG 2022

Nach den Auswertungen des Gutachterausschusses des Rhein-Erft Kreises bestimmt sich der Sachwertfaktor für Fertighäuser, die einen vorläufigen Sachwert (vSW) von 50 000 bis 600 000 € aufweisen und zum Kaufzeitpunkt älter als 20 Jahre waren, nach der Formel

SF = a × vSW^{b}

wobei

Sachwertfaktoren für Fertighäuser im Erftkreis 2022					
	Bodenrichtwert				
Fertighäuser	50	100	200	400	800
Konstante a	5,51928	3,31135	1,98668	1,19193	0,71511
Konstante b	–0,14580	–0,09708	–0,04836	0,00036	0,04909

Quelle: Grundstücksmarktwertbericht 2022

Die Abschläge vom Sachwertfaktor für Massivhäuser liegen in Abhängigkeit von der Höhe des vorläufigen Sachwerts und dem Bodenwert zwischen 7 bis 22 %. Mit steigendem Sach- und Bodenwert gehen die Abschläge gegen null.

Teil 4
Bodenwertermittlung; grundstücksbezogene Rechte und Belastungen

Abschnitt 1 Bodenwertermittlung

§ 40 ImmoWertV
Allgemeines zur Bodenwertermittlung

(1) Der Bodenwert ist vorbehaltlich des Absatzes 5 ohne Berücksichtigung der vorhandenen baulichen Anlagen auf dem Grundstück vorrangig im Vergleichswertverfahren nach den §§ 24 bis 26 zu ermitteln.

(2) Neben oder anstelle von Vergleichspreisen kann nach Maßgabe von § 26 Absatz 2 ein objektspezifisch angepasster Bodenrichtwert verwendet werden.

(3) Steht keine ausreichende Anzahl von Vergleichspreisen oder steht kein geeigneter Bodenrichtwert zur Verfügung, kann der Bodenwert deduktiv oder in anderer geeigneter Weise ermittelt werden. Werden hierbei die allgemeinen Wertverhältnisse nicht ausreichend berücksichtigt, ist eine Marktanpassung durch marktübliche Zu- oder Abschläge erforderlich.

(4) Bei der Ermittlung der sanierungs- oder entwicklungsbedingten Bodenwerterhöhung zur Bemessung von Ausgleichsbeträgen nach § 154 Absatz 1 oder § 166 Absatz 3 Satz 4 des Baugesetzbuchs sind die Anfangs- und Endwerte bezogen auf denselben Wertermittlungsstichtag zu ermitteln. Der jeweilige Grundstückszustand ist nach Maßgabe des § 154 Absatz 2 des Baugesetzbuchs zu ermitteln.

(5) Die tatsächliche bauliche Nutzung kann insbesondere in folgenden Fällen den Bodenwert beeinflussen:

1. **wenn dies dem gewöhnlichen Geschäftsverkehr entspricht, ist ein erhebliches Abweichen der tatsächlichen von der nach § 5 Absatz 1 maßgeblichen Nutzung bei der Ermittlung des Bodenwerts bebauter Grundstücke zu berücksichtigen;**
2. **wenn bauliche Anlagen auf einem Grundstück im Außenbereich rechtlich und wirtschaftlich weiterhin nutzbar sind, ist dieser Umstand bei der Ermittlung des Bodenwerts in der Regel werterhöhend zu berücksichtigen;**
3. **wenn bei einem Grundstück mit einem Liquidationsobjekt im Sinne des § 8 Absatz 3 Satz 2 Nummer 3 mit keiner alsbaldigen Freilegung zu rechnen ist, gilt § 43.**

Gliederungsübersicht *Rn.*

1 Übersicht

Schrifttum: *Hanke, H.:* Der Produktionsfaktor Boden; Akademie für Raumforschung und Landesplanung, Hannover 1976, S. 60 ff.; *Niehans, J.:* Eine vernachlässigte Beziehung zwischen Bodenpreis, Wirtschaftswachstum und Kapitalzins, Schweizerische Zeitschrift für Volkswirtschaft und Statistik 1966, S. 195 ff.; dazu *Sieber, H.*, ebenda, 1967, Nr. 1; *Beutler, H.:* Das Problem der Grundrente und seine Lösungsversuche, Diss. Stuttgart 1962; *Brede, H., Dietrich, B., Kohaupt, B.*, Politische Ökonomie des Bodens und Wohnungsfrage, Frankfurt/M. 1976; *Leimbrock, H.*, Zur Ursachenerklärung von Preissteigerungen beim städtischen Boden, Frankfurt/M. 1980; *Haman, U.*, Bodenwert und Stadtplanung, Stuttgart 1969, S. 12; *Upmeyer, B.*, Bodenwertermittlung für ein Grundstück in einer Großstadt in den neuen Bundesländern, GuG 1999, 42; *Roth, C.*, Verkehrswertermittlung von Grundstücken in den neuen Bundesländern, GuG 1993, 206; *Vogel, R.*, Zur Ermittlung von Grundstückspreisen (Bodenpreisen) in der ehemaligen DDR, DS 1990, 200.

1.1 Regelungsgehalt

Die Vorschrift ist aus § 16 ImmoWertV 10 hervorgegangen und regelt verfahrensübergreifend die Ermittlung von Bodenwerten unbebauter Grundstücke und bebauter Grundstücke. 1

- *Abs. 1* enthält die Grundsatzregelung zur Bodenwertermittlung bebauter Grundstücke,
- *Abs. 2* erlaubt das nach Abs. 1 vorrangig anzuwendende Vergleichswertverfahren sowohl im direkten als auch im mittelbaren Preisvergleich unter Heranziehung von Bodenrichtwerten (vgl. § 24 Abs. 1 Satz 2 ImmoWertV),
- *Abs. 3* erlaubt die Anwendung anderer Wertermittlungsverfahren, namentlich deduktiver Methoden,
- *Abs. 4* enthält eine klarstellende Regelung zum Wertermittlungsstichtag des Anfangs- und Endwerts zur Ermittlung von Ausgleichsbeträgen in Sanierungsgebieten und städtebaulichen Entwicklungsbereichen.
- *Abs. 5* enthält drei Ausnahmebestimmungen zur Grundsatzregelung des Abs. 1.

1.2 Bodenwert und modellkonformer Bodenwert nach ImmoWertV

1.2.1 Allgemeines

▶ *Vgl. Rn. 185; § 8 ImmoWertV Rn. 33; § 25 ImmoWertV Rn. 11 f.; § 26 ImmoWertV Rn. 21; Syst. Darst. des Vergleichswertverfahrens Rn. 152 f.*

2 **Die ImmoWertV gebraucht den Begriff des „Bodenwerts" mit unterschiedlichem Inhalt.**

- Im Falle der eigenständigen **Ermittlung des Bodenwerts eines unbebauten Grundstücks** sind gegebenenfalls alle besonderen objektspezifischen Grundstücksmerkmale (boG) direkt in die Marktwertermittlung einzubeziehen (§ 24 Abs. 4 ImmoWertV).
- Im Rahmen der **Marktwertermittlung bebauter Grundstücke unter modellkonformer Anwendung des Vergleichs-, Ertrags- und Sachwertverfahrens** wird der jeweilige *vorläufige* Verfahrenswert auf der Grundlage eines nach Maßgabe der §§ 40 bis 43 ImmoWertV berechneten*vorläufigen* Bodenwerts ermittelt. Dieser bestimmt sich grundsätzlich nach den Grundstücksmerkmalen, die der Ableitung des Liegenschaftszinssatzes bzw. des Vergleichs- oder Sachwertfaktors zugrunde liegen:
  - Der Bodenwert bestimmt sich nach der Grundsatzregelung des § 40 Abs. 1 ImmoWertV unter Ausschluss der auf dem Grundstück vorhandenen Bebauung nach dem Bodenwert eines unbebauten Grundstücks.
  - Abweichend davon ist bei **atypischer Nutzung i.S. des § 40 Abs. 5 Nr. 1 ImmoWertV sowie bei Liquidationsobjekten** i.S. des § 43 ImmoWertV der sich nach den genannten Vorschriften ergebende *nutzungsabhängige* Bodenwert unter Ausschluss der dem Grund und Boden zurechenbaren Wertvor- und -nachteile i.S. des § 43 ImmoWertV anzusetzen.
  - Bei erheblicher Überschreitung der marktüblichen Grundstücksgröße i.S. des § 41 ImmoWertV bestimmt sich der *vorläufige* Bodenwert nach der der Bebauung nach Art, Lage und Nutzung zurechenbaren marktüblichen Grundstücksfläche; d.h. unter Ausschluss der verbleibenden Grundstücksrestfläche.

Im Übrigen bestimmt sich im Rahmen der **Ermittlung des *vorläufigen* Verfahrenswerts bebauter Grundstücke unter Anwen-dung erforderlicher Daten der Wertermittlung, z.B. Liegen-schaftszinssätze und Sachwertfaktoren**, der *vorläufige* Bodenwert unter Berücksichtigung des Grundsatzes der Modellkonformität nach § 10 ImmoWertV (vgl. Rn. 5 lit i; 192).

3 Im Ergebnis wird im Falle vorstehender Besonderheiten der **„Bodenwert" in einen *vorläufigen* Bodenwert(-anteil) und die verbleibenden besonderen bodenwertbezogenen objektspezifischen Grundstücksmerkmale (boG) zerlegt.**
Dementsprechend bestimmt sich der **Bodenwert** im Rahmen des Enteignungsrechts und des besonderen Städtebaurechts für Sanierungsgebiete und Entwicklungsbereiche grundsätzlich **unter Einbeziehung der besonderen Grundstücksmerkmale (boG) des Grund und Bodens.** Dies gilt auch für die steuerliche Bewertung, soweit nicht der Bodenrichtwert anzusetzen ist.

1.2.2 Weitere Besonderheiten

▶ *Zum beitragsrechtlichen Zustand vgl. § 2 ImmoWertV Rn. 21; § 5 ImmoWertV Rn. 108; § 8 ImmoWertV Rn. 45; zur Berücksichtigung von Abgaben und Beiträgen vgl. Syst. Darst. des Vergleichswertverfahrens Rn. 318 ff.; Syst. Darst. des Ertragswertverfahrens Rn. 142 ff., 242*

4 Dass der Verordnungsgeber den Begriff des „Bodenwerts" nicht generell definieren wollte, hat pragmatische Gründe. Diesbezüglich muss sich der Anwender der Verordnung nach den Gegebenheiten des Einzelfalls selbst Klarheit verschaffen, wie sich der Bodenwert in seiner Gesamtheit und gegebenenfalls unter bewertungstechnischer Abspaltung einzelner bodenbezogener Grundstücksmerkmale definiert. Generell ist aus bewertungstechnischer Sicht von dem Grundsatz auszugehen, dass im Rahmen der Marktwertermittlung

a) bodenbezogene Besonderheiten, die großräumig üblich sind oder sonst wie mit geeigneten Vergleichspreisen berücksichtigungsfähig sind, direkt mit geeigneten Vergleichspreisen erfasst werden, insbesondere wenn der auf dieser Grundlage ermittelt **vorläufige Bodenwert** bei der Marktwertermittlung bebauter Grundstücke **mit** der Bebauung und **dem zur Anwendung kommenden objektspezifisch angepassten Liegenschaftszinssatz bzw. Sachwertfaktor kompatibel** ist, und

b) umgekehrt, dass bodenbezogene Besonderheiten, die nur den Einzelfall betreffen und wo ihre unmittelbare Berücksichtigung zu einem vorläufigen Bodenwert führen würde, der bei der Marktwertermittlung bebauter Grundstücke mit der Bebauung und dem zur Anwendung kommenden objektspezifisch angepassten Liegenschaftszinssatz bzw. Sachwertfaktor nicht kompatibel ist, zunächst außer Betracht bleiben und als besonderes objektspezifisches Grundstücksmerkmal (boG) ergänzend berücksichtigt werden. Sie bleiben gleichwohl ein den Bodenwert beeinflussendes Grundstücksmerkmal.

Die **Kompatibilität des vorläufigen Bodenwerts mit dem im Einzelfall zur Anwendung kommenden Liegenschaftszinssatz, Vergleichs- bzw. Sachwertfaktors** ist im Kern das maßgebliche systemische Kriterium der Zerlegung des Bodenwerts. 5
Ausgehend von vorstehenden Grundsätzen ist insbesondere auf folgende Fallgestaltungen hinzuweisen:

a) Befindet sich auf dem Grundstück eine alsbald zur Freilegung anstehende bauliche Anlage, ist der vorläufige Bodenwert gemäß der Grundsatzregelung des § 40 Abs. 1 ImmoWertV ohne Berücksichtigung der vorhandenen abbruchträchtigen baulichen Anlagen mit dem Bodenwert des unbebaut gedachten Grundstücks zu ermitteln und die aus der anstehenden Freilegung resultierende Bodenwertminderung als besonders objektspezifisches Grundstücksmerkmal zu berücksichtigen.

b) Bei atypischer Nutzung sowie im Falle einer aufgeschobenen Freilegung liquidationsträchtig bebauter Grundstücke ist nach Maßgabe der §§ 40 und 43 ImmoWertV als vorläufiger Bodenwert zunächst der nutzungsabhängige Bodenwert zu ermitteln. Bodenwertbezogene Wertvor- und -nachteile sowie Freilegungskosten sind wiederum als besondere objektspezifische Grundstücksmerkmale ergänzend zu berücksichtigen.

c) **Bodenverunreinigungen** (Altlasten) bleiben regelmäßig bei der Ermittlung des vorläufigen Bodenwerts wie im Übrigen auch bei der Ableitung der für die Wertermittlung erforderlichen Daten wie Liegenschaftszinssätze, Vergleichs-, Sachwert-, Erbbaurechts- und Erbbaugrundstücksfaktoren außer Betracht. Dementsprechend müssen sie bei modellkonformer Marktwertermittlung auch bei der Ermittlung des *vorläufigen* Verfahrenswerts zunächst unberücksichtigt bleiben. In der breiten Wertermittlungspraxis wird die Berücksichtigung von Altlasten schon mangels erforderlicher Sachkunde des Immobilienbewerters bei der Marktwertermittlung gänzlich ausgeschlossen (vgl. § 5 ImmoWertV Rn. 296; § 8 ImmoWertV Rn. 41).

d) Großräumige Bodenbelastungen, z.B. die großräumig nicht auszuschließende Existenz von Kampfmitteln, die in das allgemeine Marktgeschehen eingehen, werden dagegen regelmäßig mit dem vorläufigen Bodenwert erfasst. Entsprechendes gilt dort, wo der Bergbau „umgeht“ und allgemein von einem gefährdeten Baugrund ausgegangen werden muss.

e) Bei **Bodenschätzen** ist es in angezeigt, zwischen bergfreien Bodenschätzen und grundeigenen Bodenschätzen (§ 3 Abs. 3 und 4 BBergG) zu unterscheiden (vgl. § 3 ImmoWertV Rn. 397; § 8 ImmoWertV Rn. 41), jedoch gilt es auch hier, sich im Einzelfall Klarheit darüber zu verschaffen, was mit dem Bodenwert erfasst wird oder erfasst werden soll.

f) Bei **bodenbezogenen Rechten und Belastungen** bleiben auch die daraus resultierenden Besonderheiten zunächst bei der Ermittlung des vorläufigen Bodenwerts grund-sätzlich außer Betracht, jedoch sind sie dann insoweit zu berücksichtigen, wie sie die Bebaubarkeit und Nutzungsfähigkeit des Grundstücks beeinflussen und ihr Werteinfluss direkt auf der Grundlage entsprechend vergleichbarer Vergleichspreise bzw. Bodenrichtwerte Berücksichtigung finden kann. Auch in diesem Fall kommt es entscheidend darauf an, dass der vorläufige Bodenwert mit dem herangezogenen Liegenschaftszinssatz oder dem Vergleichs- bzw. Sachwertfaktor kompatibel ist. Ergibt sich z.B. die Bebaubarkeit erst aus einem Wegerecht, so wird die daraus resultierende Bodenwerterhöhung mit der Ermittlung des Bodenwerts als baureifes Land erfasst. Dieser Bodenwert ist dann auch mit dem zur Marktwertermittlung des Grundstücks herangezogenen Liegenschaftszinssatz oder dem Vergleichs- bzw. Sachwertfaktor kompatibel. Umgekehrt kann die Minderung des Bodenwerts durch ein die Bebaubarkeit und Nutzungsfähigkeit des Grundstücks beeinträchtigendes Aussichtsrecht mit der Ermittlung des vorläufigen Bodenwerts auf der Grundlage der geminderten Nutzungsfähigkeit berücksichtigt werden.

Denkmalschutzauflagen betreffen in erster Linien den Wert der Gebäude, sind aber bereits aufgrund des Umstandes, dass ein mit einem denkmalgeschützten Gebäude bebautes Grundstück nicht ohne Weiteres von diesem „frei gemacht" werden kann, **auch beim Bodenwert zu berücksichtigen**[1].

g) Entsprechendes kann im Übrigen auch für **bauliche Außenanlagen** gelten. Sind z.B. für eine wirtschaftliche Nutzung des Grundstücks aufwendige Stützmauern erforderlich und wurde der Bodenwert auf der Grundlage von Vergleichspreisen von Grundstücken ermittelt, die solcher Stützmauern nicht bedürfen, so wird der Wert dieser Stützmauern bereits mit dem daraus resultierenden Bodenwert erfasst. In solchen Fällen können eher noch Abschläge notwendig werden, wenn die **Stützmauer** Unterhaltungskosten verursacht. Entsprechendes kann ferner auch für eine **Klärgrube und generell für Gründungsmehraufwendungen gelten**, wenn vom Bodenwert voll erschlossener Grundstücke ausgegangen wurde (vgl. Syst. Darst. des Sachwertverfahrens Rn. 218).

Dies ist darin begründet, dass zu den wertbestimmenden Eigenschaften eines Baugrundstücks seine „Eignung als Baugrund" gehört, und z.B. die Lage des Grundstücks in einem Gebiet, das von potenziellen Senkungsschäden und dgl. betroffen ist (Ufergrundstücke, Bergbaugebiete oder an einer Abbruchkkante[2]) einen besonderen Grundstücksmehraufwand bedingt, der sich im Bodenwert niederschlägt. Diese Wertminderung wird in der Rechtsprechung mitunter als „merkantile Wertminderung" bezeichnet. Tatsächlich handelt es sich zuvörderst um eine allgemeine lagebedingte Wertminderung, die darüber hinaus von einer vorübergehenden „merkantilen Wertminderung" i.S. der in der Rechtsprechung des BGH gegebenen Definition betroffen sein kann (vgl. § 8 ImmoWertV Rn. 381, 398). Dies kann insbesondere der Fall sein, wenn die jeweiligen Gründungsmaßnahmen in technisch einwandfreier Weise durchgeführt worden sind bzw. die Gründungsmaßnahmen noch ausstehen und ein dolus eventualis temporär anhängig ist (Vertrauensschaden). Wird in diesem Zusammenhang von Vergleichspreisen für Grundstücke ausgegangen, die von einem vergleichbaren Grundstücksmehraufwand betroffen sind, wird ein derartiger merkantiler Minderwert direkt mit den Vergleichspreisen erfasst, ohne dass dafür eine besondere merkantile Wertminderung angesetzt werden darf (unzulässige Doppelberücksichtigung).

h) **Mit dem im Wege des Preisvergleichs ggf. unter Heranziehung von Bodenrichtwerten ermittelten Bodenwert wird** – entgegen der apodiktischen Behauptung des § 14 Abs. 4 ImmoWertV – **auch der übliche Aufwuchs erfasst**, soweit die im Rahmen der Auswertung der vom Gutachterausschuss für Grundstückswerte in die Kaufpreissammlung aufgenommenen Kaufpreise und die der Ableitung von Bodenrichtwerten und sonstiger erforderlichen Daten der Wertermittlung zugrunde liegenden Kaufpreise nicht entsprechend

1 LG Wiesbaden, Urt. vom 13.07.2012 – 1 O 49/05 –, GuG 2013, 116 = EzGuG 3.69a; LG Bayreuth, Beschl. vom 11.08.1993 – 4 T 29/93 –, JurBüro 1994, 557.

2 Vgl. OVG Lüneburg, Urt. vom 17.01.2007 – 1 L 1218/95 –, BRS Br. 59 Nr. 250 = EzGuG 15.87a.

„bereinigt“ worden sind[3]. Dies betrifft in erster Linie „die **üblichen Zier- und Nutzgärten**“, die „im gewöhnlichen Geschäftsverkehr vom Bodenwert mitumfasst … werden und sich damit einer eigenen Wertermittlung entziehen“ (vgl. § 1 ImmoWertV Rn. 90; § 14 ImmoWertV Rn. 28; § 37 ImmoWertV Rn. 1 ff.)[4].

Lediglich außergewöhnliche Anlagen wie parkartige Gärten und besonders wertvolle Anpflanzungen werden i.d.R. vom Bodenwert nicht erfasst. Dementsprechend hat der BGH in seiner Rechtsprechung unter Hinweis auf § 21 Abs. 4 WertV 88/98 (nunmehr § 21 Abs. 3 ImmoWertV) ausdrücklich nur einen **„aus dem Rahmen der Bepflanzung normaler Wohngrundstücke fallenden, den Charakter des zu bewertenden Grundstücks als eines parkähnlichen Geländes maßgeblich prägenden Bewuchs“** als Außenanlage angesehen, die dann nicht von vornherein vom Bodenwert miterfasst wird[5].

Abweichend von vorstehenden Ausführungen sind **Bodenrichtwerte im land- und forstwirtschaftlichen Bereich** grundsätzlich ohne den vorhandenen Aufwuchs zu ermitteln.

i) In der Regel werden die für die Wertermittlung erforderlichen Daten auf der Grundlage von erschließungsbeitragsfreien (ebf) Bodenwerten abgeleitet und sind dementsprechend nach dem Grundsatz der Modell- und Referenzkonformität bei der Ermittlung des vorläufigen Verfahrenswerts auch dann anzusetzen, wenn das Grundstück am maßgeblichen Stichtag erschließungsbeitragspflichtig ist. Die ausstehenden Erschließungsbeiträge sind folglich als besondere objektspezifische Grundstücksmerkmale ergänzend zu berücksichtigen, wenn sie nicht z.B. aufgrund besonderer vertraglicher oder anderer rechtlicher Gegebenheiten von Dritten getragen werden (vgl. Rn. 192).

Bei *Anwendung des Ertragswertverfahrens* ist die Frage, ob ein auf dem Grundstück vorhandener **Aufwuchs** vom Bodenwert miterfasst wird und welcher Wertanteil ihm zuzuordnen ist, von nachrangiger Bedeutung, da die im Rahmen dieses Verfahrens herangezogenen marktüblich erzielbaren Erträge zugleich ein Nutzungsentgelt für den auf dem Grundstück vorhandenen und möglicherweise sogar bedeutsamen Aufwuchs sind und er im Ergebnis in den Gebäudeertragswert eingeht. 6

1.3 Steuerliche Bewertung

Schrifttum: *Debus, M./Helbach, Ch.,* Ist der Bodenwertansatz beim Verkauf bebauter Objekte von Bedeutung?, GuG 2012, 65.

▶ *Vgl. Vorbem. zur ImmoWertV Rn. 3; zum niedrigeren Wert § 1 ImmoWertV Rn. 13, 24; § 3 ImmoWertV Rn. 26, 165, 196; § 6 ImmoWertV Rn. 63f., 211; § 8 ImmoWertV Rn. 44 f.; § 13 ImmoWertV Rn. 24 ff., 31, 46 ff.; § 15 ImmoWertV Rn. 9; § 21 ImmoWertV Rn. 64 ff., 174; Syst. Darst. des Vergleichswertverfahrens Rn. 9, 166 ff., 277; zur steuerlichen Aufteilung in einen Boden- und Gebäudeanteil (Abschreibung) vgl. § 40 ImmoWertV Rn. 7, 28, 82 ff., 142; Syst. Darst. des Ertragswertverfahrens Rn. 118, 196, 264, 271; Syst. Darst. des Sachwertverfahrens Rn. 14, 170, 326*

§§ 72, 145, 178 f und 246 BewG definieren als **„unbebaute Grundstücke“ solche, auf denen sich keine benutzbaren Gebäude befinden** (vgl. § 6 ImmoWertV Rn. 64)[6]. Materiell besteht insoweit Übereinstimmung des sich für ein unbebautes Grundstück i.S. der genannten Vor- 7

---

3 So auch die Bundesregierung, die im Widerspruch zur ImmoWertV in ihrer Parl. Antwort vom 29.03.2010 (BT-Drs. 17/1298, S. 50) darauf hinweist, dass in dem „keineswegs seltenen Fall, dass das Grün die Lage des Grundstücks prägt (Beispiel: normalbepflanzte Wohngrundstücke)“, dieses deshalb bereits im Bodenwert erfasst wird.

4 Vgl. Begründung zu § 21 Abs. 4 Satz 1 WertV 88/89, BR-Drs. 352/88, S. 61.

5 BGH, Urt. vom 02.07.1992 – III ZR 162/90 –, BGHZ 119, 62 = EzGuG 2.54; OLG Frankfurt am Main, Urt. vom 14.03.1983 – 1 U 6/81 –, BRS Bd. 45 Nr. 118 = EzGuG 2.31 unter Bezugnahme auf OLG Hamburg, Urt. vom 06.12.1978 – 5 U 237/77 –, NJW 1979, 1168 = EzGuG 2.22; das OLG Frankfurt am Main bestätigend: BGH, Beschl. vom 29.09.1983 – III ZR 66/83 –, AgrarR 1987, 250 = EzGuG 2.34; BGH, Urt. vom 12.07.1965 – III ZR 214/64 –, BRS Bd. 19 Nr. 96 = EzGuG 2.8.

6 Zur Abgrenzung von bebauten Grundstücken vgl. den gleichlautenden Ländererlass vom 07.03.1995 (z.B. Erl. des thür. FM vom 03.03.1995 – S 3219 c A-Z-201.5).

schriften ergebenden Bodenwerts mit dem Bodenwert nach der ImmoWertV. Eine Berücksichtigung der Freilegungskosten wird allerdings im Steuerrecht nicht vorgegeben.

Der **Wert unbebauter Grundstücke bestimmt sich regelmäßig nach ihrer Fläche und den** von den Gutachterausschüssen für Grundstückswerte zuletzt vor dem Bewertungsstichtag abgeleiteten einschlägigen **Bodenrichtwerten** (§ 196 BauGB). Wird von den Gutachterausschüssen kein Bodenrichtwert ermittelt, ist der Bodenwert aus den **Werten vergleichbarer Flächen** abzuleiten (vgl. Syst. Darst. des Vergleichswertverfahrens Rn. 287).

8 Unter dem **Grund und Boden** wird steuerrechtlich die „nackte" Grundstücksfläche ohne jegliche Auf- und Einbauten verstanden[7]; zur **Unbenutzbarkeit eines Gebäudes** vgl. die Ausführungen bei § 6 ImmoWertV Rn. 64.

9 Zum Bodenwert bebauter Grundstücke enthält das steuerliche Bewertungsrecht keine Vorgaben. Tendenziell „koppelt" sich das steuerliche Bewertungsrecht in immer stärkerem Maße an die von den Gutachterausschüssen für Grundstückswerte abgeleiteten „erforderlichen Daten der Wertermittlung" wie Liegenschaftszinssätze, Sachwert- und Vergleichsfaktoren bis hin zu Umrechnungskoeffizienten an. Diesen liegt als Modellparameter die **Konvention** zugrunde**, dass der Bodenwert eines bebauten Grundstücks grundsätzlich mit dem Wert anzusetzen ist,** der sich für ein unbebautes Grundstück ergibt. Insoweit **ist** diese Konvention **auch für die steuerliche Bewertung von Bedeutung**.

1.4 Bilanzbewertung

▶ *Vgl. Vorbem. zur ImmoWertV Rn. 5*

10 In der Bilanzbewertung ist der „**Grund und Boden**" unabhängig von seiner zivilrechtlichen Behandlung, die den Grund und Boden, die baulichen Anlagen und sonstige wesentliche Bestandteile als Einheit betrachtet, als eigenständiger Vermögensgegenstand anzusehen[8], d.h. bei der Bilanzierung des Anlagevermögens sind der Grund und Boden sowie das Gebäude zwei Vermögensgegenstände. Der „Grundstückswert" ist als Wert des „nackten" Grund und Bodens zu ermitteln. Kein Bestandteil des Grund und Bodens sind in diesem Bereich auch grundstücksgleiche Rechte, unternehmenseigene Bodenbefestigungen, Straßen, Be- und Entwässerungsanlagen sowie Betriebsvorrichtungen[9].

1.5 Rentierlicher Bodenwert

▶ *Syst. Darst. des Ertragswertverfahrens Rn. 136; § 41 ImmoWertV Rn. 20*

11 Im vorigen Jahrhundert war die „Theorie der Bodenwertbildung" von der ertragswirtschaftlichen Betrachtung beherrscht. Im Vordergrund stand dabei der landwirtschaftliche Grundstücksmarkt. Die **Lehre von der Grundrente** (Grundrententheorie) ging dabei von der auf ewig bestehenden Nutzungsfähigkeit des Grund und Bodens aus und leitete den Bodenwert aus der **Grundrentenformel**

$$\text{Bodenwert} = \frac{\text{Grundrente}}{\text{Zinssatz}}$$

ab, d.h., der Bodenwert wurde als der Barwert einer auf ewig fließenden Grundrente (Reinertrag) ermittelt.

7 BFH, Urt. vom 14.03.1961 – I 17/60 S –, BFHE 73, 359 = BStBl III 1961, 398 = EzGuG 4.15b; BFH, Urt. vom 15.10.1965 – VI 181/65 U –, BFHE 84, 33 = BStBl III 1966, 12 = EzGuG 20.41.

8 In der internationalen Bilanzbewertung müssen nach IAS 17 (Leasingverhältnisse) bei der Bewertung bebauter Grundstücke der Wert des Grund und Bodens (Bodenwert) und der Gebäude dann getrennt werden, wenn der Grund und Boden einen wesentlichen Anteil am Gesamtkaufpreis des Objekts ausmacht. In Analogie zu den US-GAAP-Vorschriften wird bei einem Bodenwert > 25 % der Gesamtkosten die Miete nach dem Verhältnis der Wertanteile auf Boden und Gebäude verteilt.

9 Spitz, H., Grundstücks- und Gebäudewerte in der Bilanz- und Steuerpraxis, Herne Berlin 1996 S. 2, 40.

Der **Bodenwert bestimmt sich** nach der Definition des Verkehrswerts (§ 194 BauGB) jedoch **nicht danach, was der Boden „kosten darf", sondern in erster Linie danach, welchen Wert der gewöhnliche Geschäftsverkehr dem Boden beimisst.** Dies kommt in Vergleichspreisen direkt zum Ausdruck. 12

Bodenwerte sind gleichwohl nicht völlig losgelöst von der künftigen Ertragsfähigkeit, denn diese bestimmt das Marktverhalten der Käufer. Wenn auch die Ertragsfähigkeit des Grund und Bodens ein wichtiger Parameter der Bodenwertbildung ist, so kann allerdings eine gewisse **Entkoppelung des Bodenwerts von der Ertragsfähigkeit des Grund und Bodens** beobachtet werden, die – je nach Grundstücksteilmarkt – unterschiedlich ausfällt: 13

a) Der **Verkehrswert land- und forstwirtschaftlich genutzter Flächen** hat sich (insbesondere im Ausstrahlungsbereich der Ballungszentren, aber auch sonst) zwar nicht vollständig, jedoch weitgehend von der landwirtschaftlichen Ertragsfähigkeit „abgekoppelt"[10]. Dem wird insbesondere mit den Regelungen über den Zugewinnausgleich bei Landwirten Rechnung getragen[11].

b) Der **Verkehrswert von Ein- und Zweifamilienhäusern** wird maßgeblich von dem im Gebäude verkörperten Sachwert und weniger vom Ertragswert bestimmt, was letztlich auch für die Wahl des Wertermittlungsverfahrens ausschlaggebend ist.

c) Selbst der **Verkehrswert von Mietwohnhäusern**, deren Herstellung zu Kostenmieten von 20 €/m² WF und mehr führt, die aber tatsächlich weitaus geringere Renditen abwerfen, entfernt sich nicht selten vom wirtschaftlichen Nutzen.

Die „Entkoppelung" (wenn auch nicht Abkoppelung) der Verkehrswerte von der („reinen" finanzmathematischen) Ertragsfähigkeit wird in der Wertermittlungspraxis in erster Linie mit Hilfe des Liegenschaftszinssatzes überbrückt (vgl. § 21 ImmoWertV Rn. 26 ff.). 14

Bei Anwendung des Vergleichswertverfahrens als Regelverfahren für die Bodenwertermittlung unbebauter und bebauter Grundstücke (vgl. § 41 ImmoWertV, § 6 ImmoWertV Rn. 88 ff.) bleiben ertragswirtschaftliche Überlegungen außer Betracht bzw. finden nur insoweit Eingang in die Wertermittlung, wie sie sich in den Vergleichspreisen niederschlagen. Bei hilfsweiser Anwendung **deduktiver Methoden** wird indessen die Rentierlichkeit des Grund und Bodens berücksichtigt. 15

Im Zusammenhang mit der Verkehrswertermittlung bebauter Grundstücke wird mitunter auch von einem irgendwie gearteten **„rentierlichen Bodenwert"** gesprochen. Dieser schillernde Begriff ist der ImmoWertV aus gutem Grunde fremd und ließe sich begrifflich nur schwer definieren. Im Rahmen der Ertragswertermittlung schmälert nämlich der Bodenwert (mit dem abzuziehenden Bodenwertverzinsungsbetrag) die Rendite, und zwar umso mehr, je höher der Bodenwert ist. Die Ermittlung eines „rentierlichen Bodenwerts" auf der Grundlage eines theoretischen Modells und einer dem Boden ex cathedra zugewiesenen Rentierlichkeit ist deshalb mit einer marktorientierten Verkehrswertermittlung unvereinbar und soll hier nicht näher behandelt werden[12]. Bei übergroßen Grundstücken kann nach der Systematik der ImmoWertV als „rentierlicher Bodenwert" allenfalls der Bodenwert verstanden werden, der unter Ausschluss einer selbstständig nutzbaren Teilfläche des Grundstücks i.S. des § 41 ImmoWertV der Bebauung als sog. Umgriffsfläche zuzurechnen ist. 16

---

10 BVerfG, Beschl. vom 16.10.1984 – 1 BvL 17/80 –, BVerfGE 67, 348 = EzGuG 20.107b; BGH, Urt. vom 30.09.1976 – III ZR 149/75 –, BGHZ 17, 190 = EzGuG 20.64; BGH, Urt. vom 06.12.1973 – III ZR 143/71 –, BRS Bd. 34 Nr. 1 = EzGuG 8.40; BGH, Urt. vom 17.12.1964 – III ZR 96/63 –, BRS Bd. 19 Nr. 112 = EzGuG 11.47; BGH, Urt. vom 08.11.1962 – III ZR 86/61 –, BGHZ 39, 198 = EzGuG 8.5; BGH, Urt. vom 09.11.1959 – III ZR 149/58 –, WM 1960, 71 = EzGuG 14.12; OLG München, Beschl. vom 23.11.1967 – XXV 2/66 –, RdL 1967, 121 = EzGuG 8.23; OLG Köln, Urt. vom 28.08.1962 – 9 U 28/58 –, NJW 1962, 2161 = EzGuG 20.31; OLG Hamm, Urt. vom 14.03.1961 – 10 U 3/60 –, MDR 1963, 677 = EzGuG 14.13c; OLG Hamm, Urt. vom 28.11.1983 – 22 U 23/83 –, AgrarR 1984, 185 = EzGuG 14.75.

11 BGBl. I 1994S. 2324.

12 Vgl. hierzu GuG-aktuell 2003, 9.

Bei **atypischer Bebauung eines Grundstücks** i.S. des § 40 Abs. 5 Nr. 1 ImmoWertV einschließlich der von einer „aufgeschobenen“ und „langfristig nicht zu erwartenden Liquidation“ betroffenen Grundstücke stellt auch der dann maßgebliche *„nutzungsabhängige Bodenwert“* den rentierlichen Bodenwert dar.

2 Grundsatzregelungen zur Bodenwertermittlung (§ 40 Abs. 1 ImmoWertV)

2.1 Übersicht

17 § 40 Abs. 1 ImmoWertV stellt in einem Satz zwei wesentlich Grundsätze einer modell- und marktkonformen Marktwertermittlung auf:

a) Die Vorschrift bestimmt in Ergänzung zu § 6 ImmoWertV, dass der Bodenwert vorrangig unter Anwendung des Vergleichswertverfahrens zu ermitteln ist.

b) Bei der Bodenwertermittlung bebauter Grundstücke bleiben die auf dem Grundstück vorhanden baulichen Anlagen auf dem Grundstück unberücksichtigt, d.h., der Bodenwert ist mit dem Wert zu ermitteln, der sich ergeben würde, wenn das Grundstück unbebaut ist.

2.2 Vorrangigkeit des Vergleichswertverfahrens

▶ *Zur Vorrangigkeit bei der steuerlichen Bewertung vgl. Syst. Darst. des Vergleichswertverfahrens Rn. 9*

18 Mit § 40 Abs. 1 ImmoWertV („Bodenwertermittlung“) wird ergänzend zu § 6 ImmoWertV dem **Vergleichswertverfahren – beschränkt auf die Bodenwertermittlung – eine Vorrangstellung** eingeräumt. Die Vorrangstellung steht auch hier unter der Voraussetzung, dass eine ausreichende Anzahl hinreichend geeigneter Vergleichspreise zur Verfügung steht (§ 24 Abs. 1, § 25 ImmoWertV i.V.m. § 9 Abs. 1 ImmoWertV). Dies entspricht der ständigen Rechtsprechung des BGH[13] und BFH[14] und ist in der Wertermittlungspraxis sowie im Schrifttum herrschende Auffassung. Eine allgemeingültige Vorrangstellung des Vergleichswertverfahrens für die Marktwertermittlung bebauter Grundstücke besteht nicht. Die Anwendung des sog. direkten Vergleichswertverfahrens, d.h. auf der Grundlage von Vergleichspreisen, scheitert selbst in Großstädten unter Beachtung der Rechtsprechung[15] zur Eignung von Vergleichspreisen an geeigneten Vergleichspreisen.

2.3 Bodenwertermittlung bebauter Grundstücke

Schrifttum: *Böser, W./Preuss, R.,* Aufspaltung des Gesamtkaufpreises in Bodenwert und Gebäudewert, AVN 1982, 449; *Frenkler,* Bauart und Bodenwert, Nachr. der nds. Kat.- und VermVw 1966, 74; *Güttler, H.,* Zur Problematik der Ermittlung des Bodenwerts bebauter Grundstücke durch Anwendung eines kombinierten Sach- und Ertragswertverfahrens, VR 1981, 396; *Lucht, H.,* Zur Ermittlung von Bau- und Bodenwerten aus Kaufpreisen bebauter Grundstücke, VR 1977, 401 und 1978, 264; *Hannen, V.,* Zur Ermittlung von Bau- und Bodenwerten aus Kaufpreisen bebauter Grundstücke, VR 1978, 257; *Kleiber, W.,* Zur Harmonisierung der Bodenwerte, VR 1975, 329; *Schmidt, K.-J.,* Bodenwert bebauter Grundstücke in Bauverbotszonen, Nachr. der nds. Kat.- und VermVw 1982, 348; *Sommer/Kröll,* Lehrbuch zur Grundstückswertermittlung, Luchterhand 2005, S. 208; *Vogel, R.,* Zur Verkehrswertermittlung von baulichen Anlagen auf fremden Grund und Boden, GuG 1995, 268.

---

13 BGH, Urt. vom 23.06.1983 – III ZR 39/82 –, BRS Bd. 45 Nr. 102 = EzGuG 20.102; BFH, Urt. vom 26.09.1980 – III R 21/78 –, BFHE 132, 101 = BStBl II 1981, 153 = EzGuG 20.86.

14 BFH, Urt. vom 21.07.1993 – II R 13/91 –, BFH/NV 1994, 610 = EzGuG 20.147a: BFH, Urt. vom 21.05.1982 –, BFHE 136, 141 = BStBl II 1982, 604 = EzGuG 20.99; BFH, Urt. vom 26.09.1980 – III R 21/78 –, BFHE 132, 101 = BStBl. II 1981, 153 = EzGuG 20.86.

15 LG Berlin, Urt. vom 11.08.1998 – 29 0 371/97 –, GuG 1999, 250 = EzGuG 19.46a; (BR-Drs 352/88); LG Koblenz, Urt. vom 01.09.1986 – 4 O 5/86 –, EzGuG 20.117; VG Schleswig, Urt. vom 25.09.1974 – 2 A 108/74 –, SchlH 1975, 18 = EzGuG 15.2; : KG Berlin, Urt. vom 01.11.1969 – U 1449/68 –, AVN 1970, 68 = EzGuG 20.46.

2.3.1 Übersicht

2.3.1.1 Grundsatzregelung für die Ermittlung des Bodenwerts bebauter Grundstücke

▶ *Vgl. § 3 ImmoWertV Rn. 195; § 13 ImmoWertV Rn. 16 ff.; Syst. Darst. des Ertragswertverfahrens Rn. 127 ff.*

Der wesentliche materielle Inhalt des § 40 Abs. 1 ImmoWertV – das Herzstück der Vorschrift – besteht in dem Grundsatz, nach dem **der Bodenwert eines bebauten Grundstücks „ohne Berücksichtigung der vorhandenen baulichen Anlagen auf dem Grundstück" mit dem Wert des unbebauten Grundstücks zu ermitteln ist** (Würde-wenn-Wert)[16]. Diese Grundsatzregelung steht im Einklang zu § 196 Abs. 1 Satz 2 BauGB und § 84 BewG und ist insbesondere bei der Ermittlung des Verkehrswerts (Marktwerts) bebauter Grundstücke im Wege des Ertrags- und Sachwertverfahrens zu beachten. 19
Bei modellkonformer Marktwertermittlung bebauter Grundstücke bleiben die den Grund und Boden betreffenden besonderen objektspezifischen Grundstücksmerkmale (boG) **unter dem Regime der Modell- und Referenzkonformität im Rahmen der Ermittlung des jeweiligen** *vorläufigen*„**Bodenwerts" zunächst außer Betracht.**Sie werden erst subsidiär als „besondere objektspezifische Grundstücksmerkmale" (boG) berücksichtigt.

2.3.1.2 Berücksichtigung der Umgebungsbebauung

▶ *Zu § 15 ImmoWertV Rn. 81 f.*

Im Umkehrschluss zu dieser Grundsatzregelung sind der **Zustand und die Struktur der das Gebiet prägenden Bebauung zu berücksichtigen, denn diese stellen i.d.R. lagebestimmende Merkmale des Grundstücks** dar (vgl. auch § 5 Abs. 1 Satz 2 ImmoWertV). Dies wird – beschränkt auf die Bodenrichtwertermittlung – in § 14 Abs. 3 ImmoWertV klargestellt (vgl. § 15 ImmoWertV Rn. 19). Die Klarstellung ist grundsätzlich von allgemeingültiger Bedeutung, sofern nicht in dem Gebiet städtebauliche Missstände i.S. des § 136 Abs. 2 und 3 BauGB bestehen und die Nutzung des Grundstücks zu diesen Missständen wesentlich beiträgt. 20

16 Die Begründung zu der Vorgängerregelung (§ 16 Abs. 1 ImmoWertV 10) führt hierzu aus, dass die „Annahme einer generellen Bodenwertdämpfung für bebaute Grundstücke … den gesetzlichen Vorschriften zur Wertermittlung (vgl. § 154 Abs. 1 und § 166 Abs. 3 Satz 4 BauGB i.V.m. bisherigen § 28 Abs. 3 Satz 1 WertV sowie § 196 Abs. 1 Satz 2 BauG)" widerspräche. Für sie besteht auch kein praktisches Bedürfnis. Zuvor war bereits mit der mit dem BauGB aufgehobenen Regelung des § 141 Abs. 3 BBauG 76 vorgeschrieben, dass in einem Gutachten über ein bebautes Grundstück der **Bodenwert mit dem Wert eines unbebauten Grundstücks** anzugeben ist. BRDrs 171/10 vom 26.03.2010 S. 54.

Abb. 1: Nichtberücksichtigung der durch die tatsächliche Nutzung realisierten Nutzung

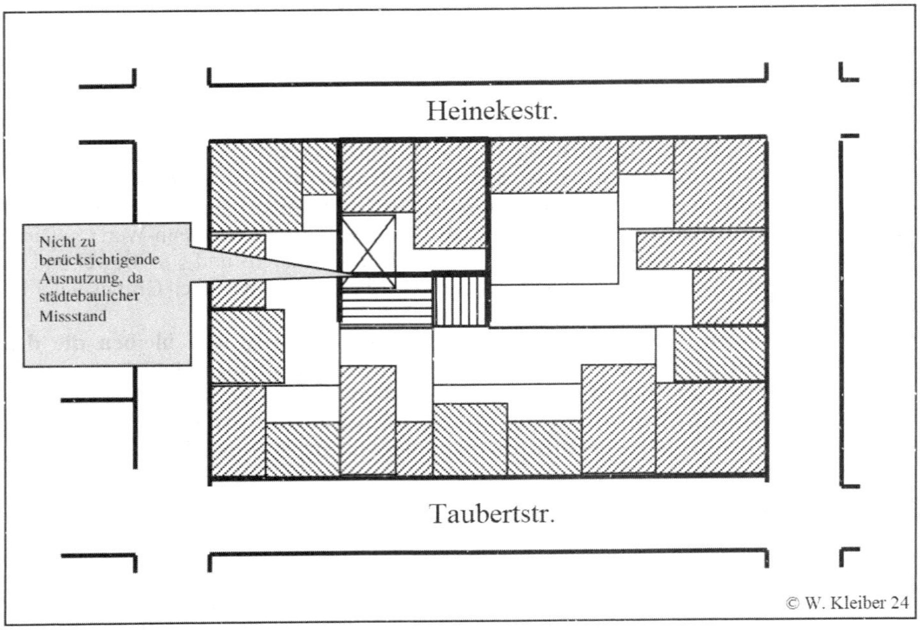

Bei der Ermittlung des Bodenwerts eines fiktiv unbebauten Grundstücks ist die das Gebiet prägende Bebauung auch in Bezug auf die nach der Art und dem Maß der baulichen Nutzung maßgebliche GFZ i.S. des § 5 Abs. 1 ImmoWertV zugrunde zu legen. **Dementsprechend ist von der „lagetypischen Nutzung" i.S. des § 5 Abs. 1 Satz 2 ImmoWertV auszugehen, wenn**„*in der Umgebung des zu bewertenden Grundstücks … bei der Kaufpreisbemessung regelmäßig ein von den für die planungsrechtliche Zulässigkeit maßgeblichen Vorschriften des Städtebaurechts*"**abweichendes Maß der baulichen Nutzung**„*üblicherweise zugrunde gelegt wird*" (vgl. § 5 ImmoWertV Rn. 100). Soweit für das Belegenheitsgebiet ein Bodenrichtwert aus den in der Bodenrichtwertzone bzw. vergleichbarer Lage gelegenen Vergleichsobjekten abgeleitet wird und diese Objekte in Bezug auf **die Nutzung der Keller- und Dachgeschosse wertbeeinflussende Besonderheiten i.S. des § 16 Abs. 4 ImmoWertV** aufweisen, werden diese mit dem so aus Vergleichspreisen abgeleiteten GFZ-bezogenen Bodenrichtwert bereits erfasst, ohne dass dem Bodenrichtwert eine WGFZ zugeordnet werden muss. Denn die gebietsübliche Nutzung der Keller- und Dachgeschosse ist mit den herangezogenen Vergleichspreisen bereits „eingepreist" und darf nicht doppelt berücksichtigt werden (vgl. § 16 ImmoWertV Rn. 33).

2.3.1.3 Ausnahmen

21 Die **Grundsatzregelung steht unter dem Vorbehalt der in Abs. 5 geregelten drei Ausnahmen (Reduktionsklauseln).**

- *Abs. 5 Nr. 1* enthält eine **Ausnahmeregelung für** den Fall, dass die auf einem Grundstück realisierte (tatsächliche) Nutzung „erheblich" von der nach § 6 Abs. 1 ImmoWertV maßgeblichen zulässigen bzw. lagetypischen Nutzung abweicht. Es handelt sich dann um ein **atypisch genutztes Grundstück.**
- *Abs. 5 Nr. 2* regelt den Sonderfall, in dem sich die Grundstücksbebauung ausnahmsweise auf den Bodenwert auswirkt. Er bestimmt, dass vorhandene bauliche Anlagen auf **im Au-**

ßenbereich gelegenen Grundstücken bei der Ermittlung des Bodenwerts zu berücksichtigen sind, wenn sie weiterhin *„rechtlich und wirtschaftlich"* nutzbar sind. Dies ist in den Regelungen des § 35 BauGB über privilegierte bzw. begünstige Vorhaben regelmäßig begründet[17]. In der Praxis wird in diesem Zusammenhang von **De-facto-Bauland** gesprochen. Aus systemischer Sicht ist der Regelungsgehalt eher als klarstellende Ergänzung zu § 3 Abs. 4 ImmoWertV einzuordnen, denn bei den in der Begründung zu dieser Vorschrift angesprochenen Regelungen des § 35 BauGB handelt es sich um öffentlich-rechtliche Vorschriften, nach denen die Flächen i.V.m. ihrer tatsächlichen Nutzung „baulich nutzbar" sind.

- *Abs. 5 Nr. 3* regelt den Sonderfall, in dem die auf dem Grundstück vorhandenen baulichen Anlagen nicht mehr wirtschaftlich nutzbar sind und zur alsbaldigen Freilegung anstehen (Liquidationsobjekte). Diesem Sonderfall zuzurechnen sind gleichgelagerte Fälle, bei denen die Freilegung aufgeschoben oder erst langfristig zu erwarten ist (§ 43 ImmoWertV). Freilegungskosten mindern den nach der Grundsatzregelung des § 40 Abs. 1 ImmoWertV ermittelten Bodenwert, auch wenn diese bewertungstechnisch als besondere objektspezifische Grundstücksmerkmale in die Marktwertermittlung eingehen.

Unter die genannten Ausnahmetatbestände fallen auch die Fälle, in denen die bauliche Nutzung eines Grundstücks wesentlich zu den **städtebaulichen Missständen** i.S. des § 136 Abs. 2 und 3 BauGB eines Gebiets beiträgt oder die zulässige Nutzung auf dem Grundstück den allgemeinen Anforderungen an gesunde Wohn- und Arbeitsverhältnisse oder an die Sicherheit der auf dem Grundstück oder im umliegenden Gebiet wohnenden oder arbeitenden Menschen nicht entspricht. Nach der planungsschadensrechtlichen Regelung des § 40 Abs. 4 BauGB sind die daraus resultierenden Bodenwerte nicht zu entschädigen (vgl. § 95 Abs. 2 Nr. 7 BauGB). 22

17 Vgl. BR-Drs. 296/09.

Abb. 2: Systematik des § 40 Abs. 1 und 4 ImmoWertV

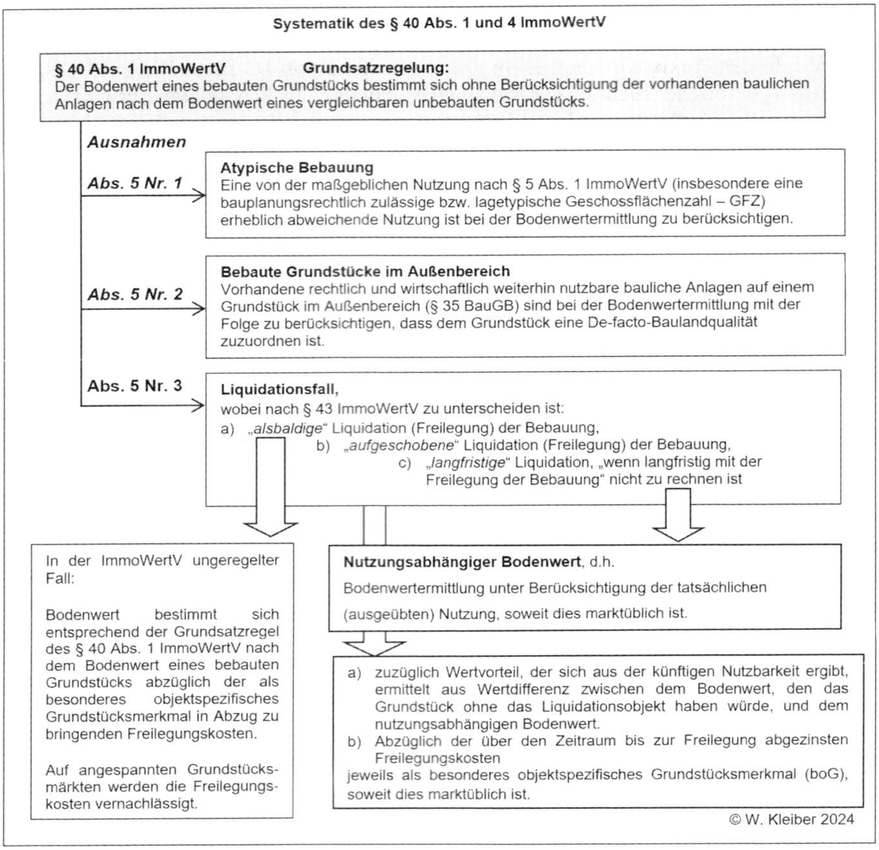

Soweit nach Maßgabe der Ausnahmeregelungen des § 40 Abs. 5 ImmoWertV bei der Ermittlung des Bodenwerts eines bebauten Grundstücks die Bebauung zu berücksichtigen ist, wird der **vorläufige Verfahrenswert auf der Grundlage des sog. „*nutzungsabhängigen*" Bodenwert**s ermittelt werden (vgl. Rn. 185 ff.).

2.3.2 Grundsatzregelung zur Bodenwertermittlung bebauter Grundstücke

23 Bei der Grundsatzregelung des § 40 Abs. 1 ImmoWertV handelt es sich um eine für die Marktwertermittlung bebauter Grundstücke, insbesondere unter Anwendung des Ertrags- und Sachwertverfahrens, bedeutsame wertermittlungstechnische Konvention[18], die schon seit jeher der herrschenden Auffassung entspricht und auch für die Ermittlung von Bodenrichtwerten verbindlich ist (§ 196 Abs. 1 Satz 2 BauGB). Materiell wird mit dieser Konvention vorgegeben, dass der Bodenwert eines bebauten Grundstücks vorrangig im Wege des Preisvergleichs ohne Berücksichtigung der auf dem Grundstück vorhandenen baulichen Anlagen auf der Grundlage von Vergleichspreisen unbebauter Grundstücke zu ermitteln ist. Dabei bleiben allein die auf dem Grundstück vorhandenen baulichen Anlagen unberücksichtigt. Die **umliegende Bebauung ist** einschließlich der sonstigen Beziehungen des Grundstücks zu seiner Umgebung (Situationsgebundenheit) als **lageprägendes Faktum zu berücksichtigen.**

18 Bereits in der amtlichen Begründung zur WertV 72 (BR-Drs. 265/75, zu § 18d Abs. 24) wurde darauf hingewiesen, dass der Bodenwert bebauter Grundstücke „nur" durch Preisvergleich mit dem Bodenwert unbebauter Grundstücke ermittelt werden kann.

Abb. 3: Das Ertragswertverfahren in Formeln

Ertragswertverfahren in Formeln
(ohne besondere objektspezifische Grundstücksmerkmale)

$$\mathbf{EW = (RE - BW \times LZ) \times \frac{q^n - 1}{q^n\,(q-1)} + BW = (RE - BW \times LZ) \times KF_n + BW = RE \times KF_n + BW \times AF_n}$$

wobei

EW	= Ertragswert
RE	= Jährlicher marktüblich erzielbarer Reinertrag des Grundstücks
BW	= Bodenwert
KF	= Kapitalisierungsfaktor = $q^n - 1/q^n \times (q-1)$
AF	= Abzinsungsfaktor = $1/q^n$
AD	= Abschreibungsdivisor
G	= Gebäudeertragswert (= EW – BW)
q	= Zinsfaktor = 1 + LZ
LZ	= objektspezifisch angepasster Liegenschaftszinssatz = p/100
p	= Zinsfuß
n	= Restnutzungsdauer
NF	= Nutzfläche
BewK	= Bewirtschaftungskosten

aufgelöst nach

a) Kapitalisierungsfaktor (§ 34 ImmoWertV):

$$\text{Kapitalisierungsfaktor} = \frac{(1+LZ)^n - 1}{(1+LZ)^n \times LZ} = \frac{q^n - 1}{q^n\,(q-1)} = \frac{1-(1+LZ)^n}{LZ} = \frac{EW - BW \times AF^n}{RE}$$

b) Reinertrag RE:

$$RE = \frac{(EW \times AF^n - BW) \times LZ}{AF^n - 1} = BW \times LZ + \frac{G}{KF}$$

c) Liegenschaftszinssatz LZ (vgl. Berechnungsbeispiel bei § 21 ImmoWertV Rn 92):

$$LZ = \frac{RE \times 100}{EW} - \frac{(q-1) \times 100}{q^n - 1} \times \frac{EW - BW}{EW}$$

d) Bodenwert BW (vgl. Berechnungsbeispiel in der SystDarst des Vergleichswertverfahrens Rn 447):

$$BW = \frac{RE - \frac{G}{KF_n}}{LZ} = \frac{EW - (RE \times KF_n)}{1-(LZ \times KF_n)} = EW \times AF_n - \frac{RE \times (AF^n - 1)}{(q-1)} = (EW - RE \times KF_n) \times AF_n$$

e) Gebäudeertragswert G (bei Gebäudewert G = EW – BW):

$$\text{Gebäudewert } G = \frac{(RE - BW \times LZ)\,(AF^n - 1)}{(AF^n \times LZ)}$$

f) Restnutzungsdauer n (vgl. Berechnungsbeispiel bei § 4 ImmoWertV Rn 26):

$$\text{Restnutzungsdauer } n = \frac{\log\,(RE - LZ \times BW) - \log\,(RE - LZ \times EW)}{\log\,(1 - LZ)}$$

g) Monatsmiete pro Quadratmeter NF bzw. WF (Nettokaltmiete) auf der Grundlage des EW:

$$\text{Monatsmiete}_{\text{Nettokalt}} = \frac{\left(\frac{G}{KF_n} + BW \times LZ\right) / (1 - BewK_{\%} / 100)}{12 \times NF}$$

h) Monatsmiete (Nettokaltmiete) auf der Grundlage einer erwarteten Verzinsung von i %:

$$\text{Monatsmiete}_{\text{Nettokalt}} = \frac{(RE - LZ) / (1 - BewK_{\%} / 100) + \frac{G}{KF_n}}{12 \times NF}$$

Vgl. Beispiele bei Rn 291ff.

i) Abschreibungsdivisor AD:

$$AD = \text{Abschreibungsdivisor} = \frac{q^n - 1}{q - 1}$$

24 Die Bedeutung der Konvention geht weit über die Bodenwertermittlung bebauter Grundstücke hinaus. Sie kommt im Rahmen von Wertermittlungen im Zuge städtebaulicher Maßnahmen[19] nach dem BauGB (Bodenordnungsmaßnahmen nach den §§ 45 ff. und Sanierungs- und Entwicklungsmaßnahmen nach den §§ 136 ff. BauGB), des Bewertungs- und Bilanzrechts (§ 84 BewG) zur Anwendung und entspricht internationalen Gepflogenheiten.

Die **Bodenwertermittlung bebauter Grundstücke nach dem Bodenwert eines (gleichartigen) unbebauten Grundstücks entspricht internationalen Bewertungsgrundsätzen**. „*The value of land is generally determined as though vacant*“ schreibt z.B. das *American Institute* seinen Mitgliedern vor[20]. „*The ground on which the house stands has still a destinet value of its own, notwithstanding that it has been built on*“ heißt es bereits *1879* bei Scott[21]. In der internationalen Bilanzbewertung müssen nach IAS 17 (Leasingverhältnisse) bei der Bewertung bebauter Grundstücke der Wert des Grund und Bodens (Bodenwert) und der Wert der Gebäude dann getrennt werden, wenn der Grund und Boden einen wesentlichen Anteil am Gesamtkaufpreis des Objekts ausmacht. In Analogie zu den US-GAAP-Vorschriften wird bei einem Bodenwert > 25 % der Gesamtkosten die Miete nach dem Verhältnis der Wertanteile auf Boden und Gebäude verteilt.

Das *American Institute of Real Estate Appraisers* stellt als maßgeblichen Wertermittlungsgrundsatz heraus: „*The use of a property based on the assumption that the parcel of land is vacant by demolishing any improvements /Highest and best use of site as though vacant*“[22].

25 **Es handelt sich bei der Grundsatzregelung deshalb um eine Konvention**, weil Boden und Gebäude rechtlich und wirtschaftlich eine in Schicksalsgemeinschaft stehende Einheit sind und der Anteil des Bodenwerts am Gesamtwert eines bebauten Grundstücks nach den stringenten Grundsätzen einer Marktwertermittlung nicht eigenständig ermittelbar ist (Repartitionsproblem). Es gibt nämlich keinen eigenständigen Grundstücksmarkt beschränkt auf den Grund und Boden bebauter Grundstücke. Gleichwohl bedarf es bei der Marktwertermittlung bebauter Grundstücke nach den einschlägigen Verfahren der ImmoWertV eines gesonderten Ansatzes des Bodenwerts (vgl. § 28 Satz 1 Nr. 2 und § 35 Abs. 2 Nr. 3 ImmoWertV; § 154 BauGB).

26 Bei dieser Sachlage wurde im historischen Rückblick selbst nach dem 2. Weltkrieg unter der Herrschaft der Wertermittlungsverordnung (WertV) von 1961, die noch keine klarstellende Grundsatzregelung zum Bodenwert bebauter Grundstücke enthielt, der Bodenwert eines bebauten Grundstücks in unterschiedlichster Höhe auf der Grundlage unterschiedlichster individueller Theorien eines gegenüber dem Bodenwert eines unbebauten Grundstücks „gedämpften Bodenwerts“ mit daraus resultierenden unterschiedlichsten Ergebnissen der Marktwertermittlung angesetzt. Dies hat zu einer unübersichtlichen und streitbefangenen Praxis der Marktwertermittlung geführt.

Begrifflich ist unter einem „**gedämpften Bodenwert**“ eine irgendwie geartete Reduktion des entsprechend der Grundsatzregelung i.S. des § 40 Abs. 1 ImmoWertV ermittelten Bodenwerts zu verstehen, wobei die „Dämpfung“ sich allein damit begründen soll, dass der Eigentümer eines bebauten Grundstücks in allen seinen Dispositionsmöglichkeiten selbst dann eingeschränkt sei, wenn die auf dem Grundstück realisierte Nutzung der der Wertermittlung zugrunde zu legenden maßgeblichen Nutzung entspricht, d.h., die planungsrechtlich zulässige bzw. lagetypische Nutzung i.S. des § 5 Abs. 1 ImmoWertV auf dem Grundstück in vollem Umfang ausgeschöpft worden ist. Etwas anderes kann indessen dann gegeben sein, wenn das Grundstück atypisch genutzt wird, d.h. die vorhandenen baulichen Anlagen nicht unerheblich und irreparabel von der maßgeblichen Nutzung abweichen. Dann kann sich der Bodenwert

19 Vgl. Begründung zu § 16 Abs. 1 Satz 1, BR-Drs. 171/10.
20 The Appraisal of Real Estate, 12. Aufl. 2001, S. 309.
21 Scott, J., Rents and Purchases, London 1879, S. 74.
22 The Appraisal of Real Estate. American Institute of Real Estate Appraisers, 12. Aufl. Chicago 2001, S. 60, 305 ff.

erhöhen und vermindern. Diese Ausnahmefälle sind Gegenstand der Regelungen des § 40 Abs. 5 Nr. 1 ImmoWertV.

27 Vor diesem Hintergrund handelt es sich bei der Grundsatzregelung um eine **Konvention, die die Vergleichbarkeit von Verkehrswertermittlungen bebauter Grundstücke gewährleistet.** Der Konvention liegt die Erkenntnis zugrunde, dass es im Rahmen der Verkehrswertermittlung bebauter Grundstücke nicht entscheidend auf die Beantwortung der Frage ankommt, ob und ggf. wie der Bodenwert eines bebauten Grundstücks aufgrund der vorhandenen baulichen Anlagen „gedämpft" wird oder sich umgekehrt erhöht. Denn eine „Dämpfung" des Bodenwerts kann sich nicht auf den Verkehrswert eines bebauten Grundstücks (in seiner Gesamtheit) auswirken und bedeutet lediglich eine Insichverschiebung des Boden- und Gebäudewertanteils.

Abb. 3: Auswirkung einer Dämpfung des Bodenwerts auf die Wertanteile des Bodens und der baulichen Anlage am Verkehrswert eines bebauten Grundstücks

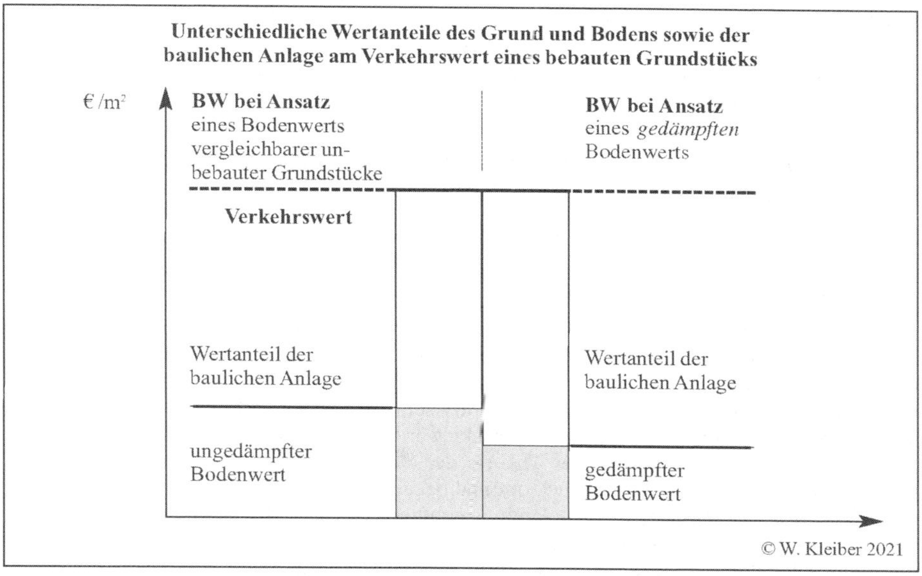

2.3.3 Verhältnis der Grundsatzregelung zu anderen Rechtsvorschriften

28 Die Grundsatzregelung des § 40 Abs. 1 ImmoWertV entspricht der herrschenden Meinung[23] und steht – wie noch ausgeführt wird – im Einklang mit dem BauGB, der Systematik der ImmoWertV sowie des Bewertungs- und Bilanzrechts (§ 84 BewG).

- Auch nach § 196 Abs. 1 Satz 2 BauGB sind in bebauten Gebieten „***Bodenrichtwerte** mit dem Wert zu ermitteln, der sich ergeben würde, wenn der Boden unbebaut wäre*". Werden zur Bodenwertermittlung nach Maßgabe des § 40 Abs. 1 ImmoWertV „auch" Bodenrichtwerte aus bebauten Gebieten herangezogen, so sind diese insoweit für Wertermittlungen nach den Grundsätzen der ImmoWertV geeignet. Die Grundsatzregelung der ImmoWertV ist damit in sich schlüssig und mit dem BauGB abgestimmt.
- Im gleichen Sinne schreibt § 19 Abs. 2 des Sachenrechtsbereinigungsgesetzes (SachenRBerG) für die **Ermittlung des Bodenwerts bebauter Grundstücke zum Zwecke**

23 Vgl. z.B. Gottschalk, Immobilienbewertung, 2. Aufl. München 2003, Sommer/Kröll, Lehrbuch zur Grundstückswertermittlung, Luchterhand 2005, S. 208.

der Zusammenführung von Boden- und Gebäudeeigentum in den jungen Bundesländern – anknüpfend an die Regelung des § 196 Abs. 1 Satz 2 BauGB – vor, dass der Bodenwert mit dem Wert zu ermitteln ist, der sich ergeben würde, wenn das Grundstück unbebaut wäre.

- Der Grundsatz, den Bodenwert bebauter Grundstücke mit dem Wert anzusetzen, der sich für das unbebaute Grundstück ergeben würde, herrscht schließlich auch im **steuerlichen Bewertungsrecht** (§ 84 BewG).

29 **§ 84 BewG** bestimmt wie die ImmoWertV zunächst, dass der Grund und Boden *„mit dem Wert anzusetzen“* ist, *„der sich ergeben würde, wenn das Grundstück unbebaut wäre“*. Darüber hinaus **kennt** das Bewertungsrecht **eine irgendwie geartete Bodenwertdämpfung nicht.** Das steuerliche Bewertungsrecht begibt sich damit gar nicht erst auf das „Glatteis“, sich dem Streit auszusetzen, ob und ggf. in welchem Maße eine Dämpfung des Bodenwerts in Betracht kommt[24]. Im Hinblick auf die rechtliche Bedeutung der steuerlichen Bewertung und ihrer Rechtsmittelanfälligkeit hat man hier erkannt, dass man in Begründungsdefizite geraten muss. Des Weiteren ist auch richtigerweise erkannt worden, dass die Frage sehr viel eleganter im Rahmen des Marktanpassungsabschlags zu lösen ist, der an den (Gesamt-)Sachwert anzubringen ist (§ 90 BewG). Für das Ergebnis spielt es nämlich keine Rolle, ob der Boden- oder Gebäudewert gedämpft wird.

2.3.4 Historischer Rückblick zur Theorie der Dämpfung des Bodenwerts bebauter Grundstücke

2.3.4.1 Allgemeines

▶ *Vgl. Rn. 9, 41, 53; § 21 ImmoWertV Rn. 124 ff.*

30 Der das Wertermittlungs- und Bewertungsrecht beherrschenden Grundsatzregelung der Bodenwertermittlung bebauter Grundstücke wurde die These entgegengehalten, der Bodenwert bzw. der Bodenwertanteil eines bebauten Grundstücks müsse gegenüber dem Bodenwert eines unbebauten Grundstücks gemindert (gedämpft) sein, weil mit der Bebauung eines Grundstücks die Dispositionsfähigkeit eingeschränkt werde und dies letztlich den Wert mindere. Fundamentalistische Vertreter dieser Theorie der Bodenwertdämpfung machen dabei auch keinen Unterschied, ob das Grundstück optimal bebaut wurde, die Bebaubarkeit nicht „ausgeschöpft“ wurde oder über die bauplanungsrechtlich zulässige Bebauung hinausgegangen wurde. Vielmehr wird behauptet, dass selbst bei optimaler Bebauung allein schon **mit zunehmendem Alter der Bebauung eine wertmindernde Disparität zwischen der tatsächlichen Nutzung des Bodens und der im Neubaufall gegebenen Nutzbarkeit** bestehe.

31 Die zuvor genannte **„Dämpfung“ ist** streng **von den Ausnahmetatbeständen des § 40 Abs. 5 ImmoWertV abzugrenzen**.

32 **Die These einer Dämpfung des Bodenwerts eines bebauten Grundstücks ist** letztlich **nicht beweisfähig,** weil der Grund und Boden eines bebauten Grundstücks nicht eigenständiger Gegenstand des Grundstücksmarktes ist. Die Grundsatzregelung des § 40 Abs. 1 ImmoWertV – wie auch die des § 19 Abs. 2 Satz 2 SachenRBerG – ist von daher im Hinblick auf die Vermeidung von Rechtsstreitigkeiten erforderlich und sinnvoll. Sie ist darauf angelegt, einen gerechten Interessenausgleich zwischen dem Grundeigentümer und dem Nutzer des Gebäudes herbeizuführen.

33 Auch die Konvention, nach der der Bodenwert eines bebauten Grundstücks dem Bodenwert eines unbebauten Grundstücks entspricht, ist nicht beweisfähig, weil eine eindeutige verursachungsgerechte Aufteilung von Vergleichspreisen bebauter Grundstücke bzw. von im Wege

24 Die steuerliche Betrachtungsweise kann als der Königsweg zur Behandlung des unlösbaren Repartitionsproblems angesehen werden. Warum also im Himmelreich eine Lösung suchen, die der Wertermittlung zu Füßen liegt.

des Ertrags- oder Sachwertverfahrens abgeleiteten Verkehrswerten bebauter Grundstücke in einen Boden- und Gebäudewertanteil nicht möglich ist. Dies wird als das **ungelöste Repartitionsproblem** bezeichnet. Entsprechende Versuche, das ungelöste Repartitionsproblem auf der Grundlage schon vom Ansatz her fragwürdiger Annahmen mit komplizierten mathematischen Modellen einer Lösung zuzuführen, müssen als gescheitert gelten, zumal die vorgestellten „Zahlenapparate" nicht überprüfbar dargestellt werden konnten.

In der täglichen Wertermittlungspraxis ist eine **Lösung des Repartitionsproblems regelmäßig** auch **nicht erforderlich, denn die Wertermittlungspraxis zielt auf das Gesamtergebnis, nämlich auf den Verkehrswert des bebauten Grundstücks ab.** Selbst wenn man in Ausnahmefällen nicht umhinkommt, den Boden- bzw. Gebäudewertanteil ermitteln zu müssen, so besteht kein vernünftiger Grund, solche zumeist fragwürdigen Lösungswege in die tägliche Praxis der Verkehrswertermittlung bebauter Grundstücke zu übertragen: 34

- In den besonderen Ausnahmefällen, in denen der Bodenwertanteil bebauter Grundstücke erforderlich ist, muss der Lösungsweg ohnehin teleologisch auf einen bestimmten zumeist gesetzgeberischen Zweck ausgerichtet sein.
- Ansonsten müssen die damit verbundenen (überflüssigen) Zwischenrechnungen mit all ihren Fehlermöglichkeiten abgelehnt werden, wenn auf direktem Wege ohne derartige zusätzliche Fehlerquellen das Gesamtergebnis mit einer zwangsläufig höheren Sicherheit ermittelbar ist[25].

Die tägliche Wertermittlungspraxis ist gut beraten, den Verkehrswert des (Gesamt-)Grundstücks möglichst direkt auf der Grundlage eines Wertermittlungsmodells abzuleiten, das nicht durch **zusätzliche Fehlerquellen** belastet ist. 35

Grundsätzlich ist von jedem Wertermittlungsverfahren zu fordern, dass man zum „richtigen" Verkehrswert gelangt. Die **Verkehrswertermittlung auf der Grundlage gedämpfter Bodenwerte muss von daher zu demselben Ergebnis wie die Verkehrswertermittlung auf der Grundlage „ungedämpfter" Bodenwerte führen.** Dies wiederum bedeutet, dass die Anwendung beider Methoden – „richtig" angewandt – lediglich zu einer Verschiebung des Boden- und Gebäudewertanteils führt. 36

Während nun bei Anwendung der Grundsatzregelung des § 40 Abs. 1 ImmoWertV, nach dem der Bodenwert eines bebauten Grundstücks mit dem Bodenwert vergleichbarer unbebauter Grundstücke anzusetzen ist, der Bodenwert sich direkt aus Vergleichspreisen bzw. Bodenrichtwerten ableiten lässt, wird im Falle einer Dämpfung des Bodenwerts ein **zusätzlicher Rechenschritt** – nämlich die Dämpfung – erforderlich. Für diese Dämpfung wiederum gibt es keine anerkannten Dämpfungsmethoden; die im Einzelfall angewandte Dämpfungsmethode wird vielfach von den Vertretern dieser Methode bewusst verschwiegen. 37

Die Dämpfung des Bodenwerts führt, wie aus Abb. 3 ersichtlich, zu einer **Aufblähung des Gebäudewerts um den Betrag, um den der Bodenwert gedämpft wurde.** Dies wiederum führt zwangsläufig zu einer modifizierten Gebäudeertrags- bzw. -sachwertermittlung. Die herkömmlichen Wertermittlungsmethoden müssten also dementsprechend modifiziert werden, damit die Bodenwertdämpfung wieder „aufgefangen" wird. Dies wird nachfolgend noch näher erläutert. Als Zwischenergebnis kann aber schon jetzt festgestellt werden, dass die Bodenwertdämpfung eine Reihe zusätzlicher Rechenschritte mit zusätzlichen Fehlerquellen zur Folge hat, die für das Gesamtergebnis belanglos sind, d.h. ein **Nullsummenspiel** sind. Mit der Bodenwertdämpfung und der zwangsläufig damit verbundenen Modifikation der Gebäudeer- 38

25 Eine sachgerechte Anwendung der Methode der Bodenwertdämpfung setzt nämlich die strikte Einhaltung der Modellkonformität im Hinblick einheitlicher und allseits transparenter Dämpfungsregularien bis hin zur modellkonformen Ableitung und Anwendung von Liegenschaftszinssätzen, Bodenpreisindexreihen, Normalherstellungskosten und Marktanpassungsfaktoren voraus, wobei dies dann zu keinem anderen Ergebnis führen kann als bei Ansatz ungedämpfter Bodenwerte. Wer aber kann im Interesse der Nachvollziehbarkeit und Durchsichtigkeit einer Wertermittlung dem freien Berufsstand dies schon aufbürden wollen?

trags- bzw. -sachwertermittlung sind zusätzliche Fehlereinflüsse verbunden, sodass schon von daher die Bodenwertdämpfung abzulehnen ist (vgl. Rn. 41 ff.).

39 Bei alldem wurde in entsprechender Auslegung der ImmoWertV die Bodenwertdämpfung nach herrschender Meinung abgelehnt. Gleichwohl wurde lange Zeit in der behördlichen Wertermittlungspraxis einiger Städte (*Bremen, Darmstadt, Lübeck, München, Stuttgart*) an der Bodenwertdämpfung bebauter Grundstücke festgehalten[26]. Inzwischen sind aber auch diese Gutachterausschüsse von der Bodenwertdämpfung abgerückt:
Die Gutachterausschüsse von *München* und *Stuttgart* haben lange Zeit Bodenrichtwerte für bebaute Grundstücke in den Bodenrichtwertkarten ausgeworfen, die (in nicht nachvollziehbarer Weise) gegenüber dem Bodenwert unbebauter Grundstücke um einen bestimmten Vomhundertsatz vermindert waren (bis 40 %). Davon ist der Gutachterausschuss in *München* wieder abgegangen, zumal gleichzeitig in den Grundstücksmarktberichten ausdrücklich darauf hingewiesen werden musste, dass die Heranziehung gedämpfter Bodenrichtwerte zur Ertragswertermittlung zwangsläufig die Heranziehung von gedämpften Liegenschaftszinssätzen mit dem Ergebnis bedingt, dass sich die Bodenrichtwertdämpfung im Gesamtergebnis wieder kompensiert. Für *Stuttgart* wiederum hat der Gutachterausschuss festgestellt, dass die Heranziehung gedämpfter Bodenrichtwerte bei der Verkehrswertermittlung im Wege des Sachwertverfahrens selbst bei Objekten in Millionenhöhe einen kompensatorischen Marktanpassungs*zuschlag* erfordert. Eine Bodenwertdämpfung wird allenfalls noch von einigen kleineren Gutachterausschüssen in Baden-Württemberg unter der Bezeichnung „**Bebauungsabschlag**" praktiziert, jedoch rücken auch diese aufgrund von Marktbeobachtungen davon ab[27].

40 Bei näherer Betrachtung ist die vorstehende Praxis häufig darauf zurückzuführen, dass die Dämpfung von Bodenwerten (im eigentlichen Sinne) nicht hinreichend von einer besonderen Fallgestaltung unterschieden wird, die in begründbarer Weise zu einer Verminderung (aber auch Erhöhung) des Bodenwerts eines bebauten Grundstücks führen muss. Diese nunmehr **in § 40 Abs. 5 ImmoWertV geregelten Sonderfälle dürfen aber nicht mit der Bodenwertdämpfung gleichgesetzt werden**[28].

41 Dazu gehört der in § 40 Abs. 5 Nr. 1 ImmoWertV geregelte **Sonderfall, in dem die auf einem Grundstück vorhandene bauliche Anlage von der nach § 5 Abs. 1 ImmoWertV maßgeblichen zulässigen (bzw. lagetypischen) Nutzbarkeit abweicht und es bei wirtschaftlicher Betrachtungsweise oder aus sonstigen Gründen geboten erscheint, die bauliche Anlage weiter zu nutzen**. Weicht die auf dem Grundstück realisierte Nutzung von der bauplanungsrechtlich zulässigen bzw. lagetypischen Nutzung ab, so ist diese bereits nach § 4 Abs. 1 Satz 2 ImmoWertV maßgebend. Diese und auch die übrigen in § 40 Abs. 5 ImmoWertV angesprochenen Sonderfälle stellen ein Aliud gegenüber der Dämpfung von Bodenwerten dar.

2.3.4.2 Dämpfung von Bodenwerten

▶ *Vgl. § 21 ImmoWertV Rn. 124 ff.*

42 Wie vorstehend ausgeführt, ist im Schrifttum wiederholt darauf hingewiesen worden, dass der Bodenwert eines bebauten Grundstücks mit dem eines unbebauten Grundstücks nicht vergleichbar sei, weil dem Eigentümer mit der Bebauung des Grundstücks die **Dispositionsfreiheit** genommen sei, sein Grundstück nach eigenen Wünschen bedarfsgerecht zu nutzen. Art und Intensität der Nutzung seien mit dem Zeitpunkt der Bebauung festgelegt und könnten später nicht ohne Weiteres geändert werden.

43 Welche Folgerungen sich hieraus ergeben, stellt eine im Schrifttum kontrovers und mitunter schon als „Glaubenskrieg" behandelte Streitfrage dar. Ausgangspunkt der **„Theorie von den**

26 Von Berlin wird berichtet, dass sich Möckel im Rahmen der Bewertung von Erbbaurechtsgrundstücken um den Nachweis einer Bodenwertdämpfung bemüht habe und der gewählte Modellansatz jedoch umstritten geblieben sei; das Berliner Modell fand keine umfassende Anwendung (Lindner, Bln GE 2003, 1475).
27 Vgl. Grundstücksmarktbericht 2007 der Stadt Aalen S. 13.
28 So aber das OLG Brandenburg, Urt. vom 09.11.2011 – 4 U 361/04 –, GuG 2012, 118 = EzGuG 20.213.

gedämpften Bodenwerten bebauter Grundstücke“ ist die mit der Bebauung eines Grundstücks einhergehende Beeinträchtigung der freien Disposition über eine (optimale) Nutzung des Grundstücks. Dabei wird unterstellt, dass der Grund und Boden im Zeitpunkt seiner Bebauung i.d.R. einer optimalen Nutzung zugeführt wurde, sich jedoch die realisierte Bebauung mit zunehmendem Alter von der optimalen Nutzung des unbebaut gedachten Grundstücks entferne.

Es handelt sich hierbei um ein eigentümliches Problem deutscher Wertermittlungstheoretiker, das im angelsächsischen Raum auf Unverständnis stoßen muss. Zum einen hat man erkannt, dass der einer **baulichen Anlage** zurechenbare Bodenwert ohnehin für das Ergebnis zumindest bei **längerer Restnutzungsdauer** weitgehend bedeutungslos ist, wenn das Ertragswertverfahren zur Anwendung kommt. Man hat sich deshalb dort auch nicht in diese ohnehin nicht zu beantwortende Frage verbissen; insbesondere hat man dort auch nicht den Versuch unternommen, die gängigen Verfahren in überflüssiger Weise zu verkomplizieren, weil die Frage in besonderen Ausnahmefällen eine Rolle spielen könnte, die dann aber pragmatisch und sachbezogen zu lösen ist. In den Fällen der Wertermittlung von Objekten mit kurzer Restnutzungsdauer eines aufstehenden Gebäudes, in denen der Bodenwert überhaupt erst Bedeutung erlangt, ist darüber hinaus die zur Rechtfertigung einer Dämpfung ins Feld geführte Begründung, nach der mit der Bebauung die freie Disposition verloren ginge und deshalb der Bodenwert zu mindern sei, in sich widersprüchlich, weil gerade in dieser Phase mit abnehmender Restnutzungsdauer die freie Disponierbarkeit immer näher rückt und gerade umgekehrt der volle Bodenwert wieder „aufblühen“ müsste, so er tatsächlich gedämpft wurde. 44

Begründet wird diese Auffassung dort, wie im Übrigen auch hier schon in der Vorauflage, nicht allein im Hinblick auf **praktische**, sondern **auch** auf **wirtschaftliche Erwägungen**[29]. 45

Bei alledem ist die Bodenwertdämpfung in der ausländischen Wertermittlungslehre „kein Thema“. In Deutschland wiederum findet die Bodenwertdämpfung nur noch bei einigen wenigen Gutachterausschüssen für Grundstückswerte Zuspruch. Der Methode kommt dort die Bedeutung eines innerbehördlichen Katasterdirektorenverfahrens zu, das von außenstehenden Sachverständigen schon deshalb nicht nachvollzogen werden kann, weil diese Katasterdirektoren ihre Dämpfungsmechanismen nicht offenlegen. Dies ist aber unverzichtbar, wenn solche gedämpften Bodenwerte unter Beachtung des **Grundsatzes der Modellkonformität** auch sachgerecht zur Anwendung kommen sollen. Gedämpfte Bodenwerte werden deshalb in der freien Sachverständigentätigkeit zu Recht weitgehend ignoriert[30]. Wenn von freien Sachverständigen in Einzelfällen gedämpften Bodenwerten „zugesprochen“ wird, so geschieht dies im vorauseilenden Gehorsam allenfalls dann, wenn sie von solchen Katasterdirektoren mit der Gutachtenerstattung beauftragt werden[31]. Daneben bilden sich diesbezüglich allerdings auch böse Allianzen zu solchen Sachverständigen, die mit der Bodenwertdämpfung ihr Ergebnis „hinzutrimmen“ trachten, ohne dass sie z.B. bei Anwendung des Ertragswertverfahrens erkennen, dass sie dann auch einen die Bodenwertdämpfung neutralisierenden gedämpften Liegenschaftszinssatz heranziehen müssten; solche Gutachten sind damit (grob) fehlerhaft. 46

29 Johnson, The Appraisal Journal, Januar 1981; North, The Concept of Highest and Best Use, Appraisal Institute Canada Winnipeg 1981; Reading in Highest and Best Analysis. American Institute of Real Estate Appraisers, Chicago 1981.

30 Im Rahmen der Überprüfung von 100 000 Gutachten freier Sachverständiger durch die TLG ist nur in verschwindend seltenen Fällen der Bodenwert „gedämpft“ worden und dann zumeist nur in solchen Fällen, wo mit dem „Joker Bodenwertdämpfung“ das Ergebnis „hingetrimmt“ werden sollte.

31 Zur Beschreibung der Situation kann auf eine im Auftrag der Treuhandanstalt durchgeführte Verkehrswertermittlung eines Berliner Sachverständigen verwiesen werden, der dabei wie selbstverständlich von „ungedämpften“ Bodenwerten ausging. Als derselbe Sachverständige in derselben Angelegenheit dann im Auftrag der Senatsverwaltung nochmals tätig wurde, hat er dieselbe Verkehrswertermittlung im vorauseilenden Gehorsam (und in Erwartung weiterer Aufträge) auf der Grundlage gedämpfter Bodenwerte durchgeführt. Im Rahmen des von ihm zur Anwendung gekommenen Ertragswertverfahrens gelangte er im Übrigen insoweit in beiden Fällen zu demselben Ergebnis, denn der Bodenwert schlägt bei Anwendung dieses Verfahrens i.d.R. ohnehin nicht auf das Gesamtergebnis durch.

47 Über die genannten Fälle hinaus findet die Bodenwertdämpfung in der deutschen **Praxis der freien Sachverständigen,** die immerhin rd. 90 % aller Sachverständigentätigkeiten besorgen, kaum Anwendung[32].

48 Im Kern geht es bei dem aufgeworfenen Problem des „richtigen" Bodenwerts bebauter Grundstücke nicht um die Frage nach der tatsächlichen Höhe des Bodenwerts (i.S. der Definition des Verkehrswerts nach § 194 BauGB), denn der Grund und Boden ist für sich allein aufgrund der Schicksalsgemeinschaft von Boden und Bebauung im Allgemeinen nicht „verkehrsgängig" und ließe sich ohnehin nicht direkt aus dem Markt ableiten. Es muss vielmehr darum gehen, welcher Bodenwert aus Gründen der Praktikabilität und der mit der Wertermittlung verfolgten Zielsetzung anzusetzen ist. Dabei ist zunächst in Erinnerung zu rufen, dass es hier i.d.R. um die Ermittlung des *(Gesamt-)*Verkehrswerts eines bebauten Grundstücks nach dem durch die ImmoWertV vorgegebenen Wertermittlungsverfahren geht, wobei das Ertrags- und Sachwertverfahren noch immer die Regelverfahren sind. Die „Theorie von den gedämpften Bodenwerten bebauter Grundstücke" stellt hierzu einen Bruch her, denn die verfahrensmäßige Ausgestaltung des **Ertragswertverfahrens geht von der Wertbeständigkeit des Grund und Bodens aus**[33]. In Abwandlung der ricardianischen Grundrententheorie soll nämlich mit der durch § 28 ImmoWertV vorgegebenen Aufteilung des Ertragswerts in einen Boden- und Gebäudewertanteil der Tatsache Rechnung getragen werden, dass der Grund und Boden wertbeständig ist, während der Wert der baulichen Anlagen infolge Alterung und Abnutzung gegen null läuft und zu einer „Belastung" des Grund und Bodens (Freilegungskosten) wird[34].

49 In der Praxis der „Bodenwertdämpfung" sind auf der Grundlage unterschiedlichster Theorien unterschiedlichste Rechenoperationen entwickelt worden, aus denen ein letztlich theoretischer Bodenwert eines bebauten Grundstücks konstruiert wird. Auch wenn derartige Vorgehensweisen unter Berufung auf Kaufpreisanalysen – jede für sich – mit dem Anspruch auf Richtigkeit entwickelt wurden, muss bedenklich stimmen, dass die unterschiedlichsten Verfahrensweisen zu unterschiedlich konstruierten Bodenwerten führen und von daher die **Gefahr der Manipulation** nicht auszuschließen ist.

50 Aus den vorstehenden Gründen wäre – wenn man schon den Bodenwert dämpfen wollte – der Praxis der Vorzug zu geben, die sich der Bodenwertdämpfung auf der Grundlage fester und für jedermann nachvollziehbarer (prozentualer) Abschläge bedient, selbst wenn diese Abschläge willkürlich gegriffen sind. Diese Praxis ist zumindest kontrollierbar, wenn die **Dämpfungsmechanismen offengelegt werden.** Begrifflich kann aber auch in diesem Fall von einer Dämpfung des Bodenwerts gesprochen werden. Auch bedeutet dies für die Praxis die Einschaltung eines zusätzlichen und (bei „richtiger Verkehrswertermittlung") für das Ergebnis bedeutungslosen Rechenschritts, der sich zwangsläufig auf die Ermittlung des Gebäudewertanteils auswirken muss.

51 Von einer Reihe von Sachverständigen wird unbedacht der Bodenwert eines bebauten Grundstücks gegenüber dem vollen Bodenwert mit kürzer werdender Restnutzungsdauer der baulichen Anlage gegen „Null gedämpft", wobei nach Ablauf der Restnutzungsdauer – spätestens mit Abbruch der baulichen Anlage – der volle Bodenwert des unbebaut gedachten Grundstücks – quasi schlagartig – wieder aufleben soll[35].

---

32 Der freie Sachverständige kann es sich im täglichen Geschäft zumeist auch gar nicht leisten, sich mit irgendwelchen „Dämpfungstheorien" zu befassen, die im Rahmen des vorherrschend zur Anwendung kommenden Ertragswertverfahrens in aller Regel für das Gesamtergebnis belanglos sind. Insoweit wurde der „Theorienstreit" vornehmlich von einigen Katasterdirektoren betrieben.

33 Seit jeher nimmt der Boden eine besondere Stellung ein (superficies solo cedit). Gebäude sind vergänglich und der Fährnis unterworfen („Fährnis ist, was die Fackel verzehrt").

34 Da das Ertragswertverfahren von dem Modell ausgeht, dass mit der Bebauung eines Grundstücks das in dem Grund und Boden investierte Kapital für die Dauer der baulichen Nutzung „gebunden" ist und nicht anderweitig angelegt werden kann, ist der Ansatz des „vollen" Bodenwerts systemkonform.

35 Brandau, VR 1977, 68 mit Replik von Kleiber, VR 1977, 74 und Güttler, VR 1981, 396; Böser/Preuss, AVN 1982, 138: Lucht, VR 1977, 264; Meissner in AVN 1975, 131; Streich, AVN 1974, 360 sowie AVN 1975, 132.

Dieser Einschätzung ist der **BGH** nicht gefolgt[36]. In einer **Entscheidung** heißt es hierzu wörtlich: 52

„Ohne Erfolg wendet sich die Revision dagegen, dass das BG im Anschluss an den Sachverständigen bei einem mit Miethäusern bebauten Grundstück davon ausgeht, mit zunehmendem Alter der Gebäude (bis 70 Jahre) sinke auch der reine Bodenwert kontinuierlich; dann nehme diese Bodenwertminderung wieder allmählich ab und entfalle beim Abbruch des Gebäudes nach einer (angenommenen) Gesamtnutzungsdauer des Gebäudes von 100 Jahren ganz."

Die in diesem Verfahren vom Sachverständigen vorgetragene „Erfahrung" ist einerseits fragwürdig und andererseits im Hinblick auf die für die Verkehrswertermittlung von Mietshäusern angezeigte Anwendung des Ertragswertverfahrens weitgehend unbedeutend: 53

a) Tatsächlich muss nämlich festgestellt werden, dass der **Verkehrswert bebauter Grundstücke sowohl an steigenden als auch fallenden Bodenwerten partizipiert**[37]**.** Die aufstehende Bebauung ist dagegen einer verbrauchsbedingten Wertminderung unterworfen, wobei die jährliche Wertminderung ohne durchgreifende Instandsetzungen und Modernisierungen umso größer ist, je kürzer die (wirtschaftliche) Gesamtnutzungsdauer des Gebäudes ist. Da die früher als üblich angesehene 100-jährige Gesamtnutzungsdauer eines Gebäudes ohne solche Maßnahmen schon seit Langem nicht mehr gilt, herrschen bei vielen Grundeigentümern häufig falsche Vorstellungen über den Wertverfall ihres Gebäudes.

b) Zum anderen muss im Falle einer Dämpfung des Bodenwerts unter dem **Grundsatz der Modellkonformität** konsequenterweise ein **gedämpfter Liegenschaftszinssatz** zur Anwendung kommen (vgl. § 21 ImmoWertV Rn. 124), der im Ergebnis die Bodenwertdämpfung vollständig kompensiert (Nullsummenspiel). Die Dämpfung des Bodenwerts ist zudem bei Objekten mit langer Restnutzungsdauer für das Ergebnis selbst bei Verwendung „ungedämpfter" Liegenschaftszinssätze belanglos, weil der Bodenwert mit länger werdender Restnutzungsdauer einen immer geringer werdenden Einfluss auf das Ergebnis hat und lediglich – wie dargestellt – zu einer Verschiebung des Boden- und Gebäudewertanteils führt. Gedämpfte Bodenwerte führen nämlich zu einer Verminderung des Bodenwertverzinsungsbetrags und damit zu einer Erhöhung des um den Bodenwertverzinsungsbetrag verminderten Reinertrags. Die damit einhergehende Erhöhung des Gebäudeertragswerts wird dann mit dem gedämpften Bodenwert im Gesamtergebnis wieder aufgefangen.

Eine andere als hilflos zu bezeichnende Praxis bedient sich **pauschaler Dämpfungsmethoden,** indem generell vom Bodenrichtwert (für unbebaute Grundstücke) ein Abschlag von z.B. 40 % angebracht wird. Diese Vorgehensweise steht zwar im Widerspruch zu der „inneren" Begründung der Bodenwertdämpfung, nämlich der mit zunehmendem Alter der baulichen Anlage anwachsenden Disparität des „verbrauchten" Bodens zum Bodenwert eines unbebauten Grundstücks; sie hat aber immerhin den Vorteil der Eindeutigkeit für den „Verbraucher". 54

Das von *Naegeli*[38] vor sehr langer Zeit (1955 bis 1957) entwickelte **Lageklassenverfahren,** nach dem sich ggf. der gedämpfte Anteil des Bodens am Gesamtwert eines bebauten Grundstücks „einzig und allein" nach den von ihm definierten Lageklassen bestimmt, mag seinerzeit für den von ihm untersuchten schweizerischen Grundstücksmarkt „stimmig" gewesen sein; für deutsche Verhältnisse ist dieses Verfahren sowohl von seinem Ansatz her als auch den angegebenen Werten her unbrauchbar, auch wenn im deutschsprachigen Schrifttum hierauf schon einmal zurückgegriffen worden ist[39]. Von sachkundigen Gutachtern wird das Verfahren deshalb nicht angewandt. 55

---

36 BGH, Beschl. vom 28.06.1984 – III ZR 187/83 –, NJW 1985, 387 = EzGuG 14.77.
37 So auch bereits Lütge, Wohnungswirtschaft, Stuttgart 1949, S. 382.
38 Naegeli, Die Wertberechnung des Baulandes, Zürich 1965.
39 Ross/Brachmann, Ermittlung des Bauwertes von Gebäuden und des Verkehrswerts von Grundstücken, 29. Aufl. 2005 S. 496 ff.

56 Auf einen interessanten Aspekt zur „Theorie der Dämpfung des Bodenwerts bebauter Grundstücke" weist Weil[40] hin, mit dessen Verfahren sich bereits das BVerwG eingehend befasst hat[41]. Weil geht von folgenden Grundprinzipien aus:

a) Der Bodenwert eines bebauten Grundstücks hängt von der zulässigen Bebauungsmöglichkeit und nicht von der tatsächlichen Bebauung ab.

b) Der für die Ermittlung des Verkehrswerts im Sach- und Ertragswertverfahren anzusetzende Bodenwert für dasselbe Grundstück ist identisch.

c) Eine von der zulässigen und lagetypischen Bebauung abweichende Bebauung ändert nicht den anzusetzenden Bodenwert, sondern lediglich die Bodenwertverzinsung.

Für diese Grundprinzipien spricht in der Tat, dass z.B. der Eigentümer eines untergenutzten Grundstücks gewollt (im Falle einer von ihm selbst zu verantwortenden Bebauung) oder ungewollt (im Falle einer nachträglichen „Heraufzonung") auf die „volle" Verzinsung des Bodenwerts verzichtet. Die Weil'sche Auffassung hat vor allem für das Ertragswertverfahren eine besondere Bedeutung und lässt sich am folgenden Beispiel erläutern (Abb. 5):

Abb. 4: Unterschiedliche Bodenwertverzinsung nach Weil

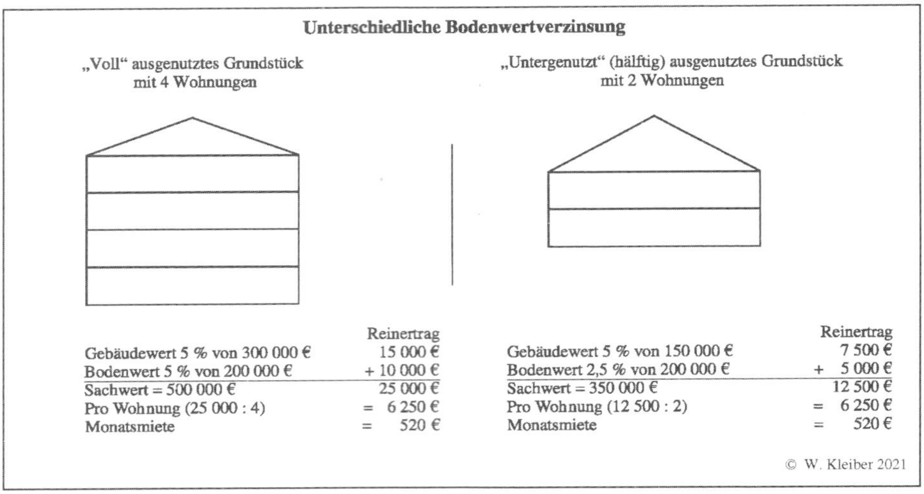

Nach *Weil* soll die Bodenwertverzinsung eines unter- oder übergenutzten Grundstücks in dem Verhältnis von der Bodenwertverzinsung des planungsadäquat genutzten Grundstücks abweichen, wie dies dem jeweiligen Ertragsverhältnis entspricht.

Der Nachteil dieses Verfahrensvorschlags ist darin zu sehen, dass man bei der Ertragswertermittlung zu unterschiedlichen Soll- und Habenzinssätzen kommt (eigener Zinssatz für die Ermittlung des Bodenwertverzinsungsbetrags). Des Weiteren ist dagegen anzuführen, dass das Verfahren die Restnutzungsdauer unberücksichtigt lässt. Diese ist aber von entscheidender Bedeutung, denn es macht einen Unterschied, ob der Grund und Boden nur noch wenige Jahre oder über eine sehr lange Zeitspanne untergenutzt bleibt.

57 Schließlich greifen andere Sachverständige zur Begründung ihrer Dämpfungspraxis auf Begründungen zurück, die mit einer verantwortungsbewussten Wertermittlungspraxis nicht vereinbar sind. Um nicht dem Grundeigentümer den Wertverzehr seines Gebäudes im Gutachten

40 Weil, Grundstücksschätzung, 5. Aufl. Düsseldorf 1958, S. 20, 29 ff., 48 ff.

41 BVerwG, Urt. vom 13.11.1964 – 7 C 20/64 –, DÖV 1965, 97 = EzGuG 20.38; auch BFH, Urt. vom 16.11.1979 – III R 76/77 –, BFHE 129, 187 = BStBl II 1980, 87 = EzGuG 20.81b.

attestieren zu müssen, begründen eine Reihe von Sachverständigen die Bodenwertdämpfung gelegentlich auch damit, dass ein entsprechend **höherer Wert der baulichen Anlage „verbraucherfreundlicher“** sei. Dies kann allerdings wenig überzeugen, zumal anderenorts die Praxis ohne eine derartige Argumentation auskommt[42].

Ob der gesunde Grundstücksverkehr den Bodenwertanteil so beurteilt, wie er nach den unterschiedlichsten Theorien und Verfahrensweisen der Bodenwertdämpfung abgeleitet wird, muss bei alledem solange fraglich bleiben, wie der Grund und Boden eines bebauten Grundstücks nicht selbstständig gehandelt wird. Nach der hier vertretenen Auffassung kann das sog. **Repartitionsproblem,** nämlich die verursachungsgerechte Aufteilung des (Gesamt-)Verkehrswerts eines Grundstücks auf Boden und Gebäude, letztlich **nicht eindeutig gelöst werden**[43]. Deshalb müssen **praktischen Bedürfnissen und rechtlichen Erfordernissen Rechnung tragende Lösungen** zur Anwendung kommen[44]. Von dieser Zielsetzung ist ersichtlich auch der Verordnungsgeber mit der Grundsatzregelung des § 40 Abs. 1 ImmoWertV ausgegangen und hat die Ausnahmefälle in den § 40 Abs. 5 ImmoWertV geregelt[45]. 58

2.3.5 Ertrags- und Sachwertverfahren unter Heranziehung gedämpfter Bodenwerte

2.3.5.1 Allgemeines

▶ *Zur Modellkonformität § 21 ImmoWertV Rn. 124; Vorbem. zur ImmoWertV Rn. 141 ff.*

Mit § 40 Abs. 1 ImmoWertV wird ausdrücklich bestimmt, dass der im Rahmen des Ertrags- und Sachwertverfahrens nach § 27 Abs. 2 bzw. § 35 Abs. 2 Nr. 3 ImmoWertV anzusetzende Bodenwert im Wege des **Preisvergleichs auf der Grundlage unbebauter Vergleichsgrundstücke** und mithin als ungedämpfter Bodenwert zu ermitteln ist. 59

Wird dessen ungeachtet **ein gedämpfter Bodenwert in die Ertrags- oder Sachwertermittlung eingeführt, so ist dies bei der gebotenen konsequenten Beachtung aller Verfahrensgrundsätze für das Gesamtergebnis unwirksam,** denn dies muss dann zu einer entsprechenden Erhöhung des Gebäudeertrags- bzw. -sachwerts führen, d.h., die Bodenwertdämpfung führt lediglich zu einer Verschiebung des Gebäude- und Bodenwertanteils am Gesamtwert. 60

2.3.5.2 Dämpfung bei Anwendung des Ertragswertverfahrens

▶ *Vgl. § 21 ImmoWertV Rn. 124*

Bei Anwendung des in § 28 ImmoWertV geregelten allgemeinen Ertragswertverfahrens bestimmt sich der (vorläufige) **Ertragswert nach folgender Formel**: 61

$EW = (RE - BW \times LZ) \times KF + BW$ 62

wobei

EW	= Ertragswert
RE	= Reinertrag
BW	= Bodenwert
KF	= Kapitalisierungsfaktor
LZ	= Liegenschaftszinssatz

42 Pohlmann/Hohenaspe, Die Trennung des Boden- und Bauwerts in der Praxis amerikanischer Gemeinden, in Jahrbuch der Bodenreform 1914, S. 103.

43 So im Übrigen auch Sieber, Bodenpreissteigerung und Grundstücksmarkt, WuR 1956, 29 ff. Fn. 25.

44 Zustimmend Zimmermann, WertV 88, München 1998, S. 277.

45 Rechtlich stellt sich die Notwendigkeit zur „Herausfilterung“ des Bodenwerts eines bebauten Grundstücks dort, wo gesetzliche Regelungen an den Bodenwert anknüpfen, z.B. in der Umlegung, bei der Ausgleichsbetragsermittlung für sanierungsbedingte Bodenwerterhöhungen, der Entschädigung bei hoheitlichen Eingriffen in die ausgeübte Nutzung nach § 42 BauGB sowie im Falle der Einführung einer Bodenwertsteuer.

63 Der aus am Markt erzielten Kaufpreisen nach Maßgabe der unter § 21 ImmoWertV Rn. 92 gemachten Ausführungen abgeleitete Liegenschaftszinssatz führt nach dem vorstehenden Modell der Ertragswertermittlung zu einem am Markt erzielbaren Ertragswert, der dann zugleich Verkehrswert ist.

64 Wie aus den Formeln für den Ertragswert und den Liegenschaftszinssatz ersichtlich, geht der Bodenwert sowohl in die Ableitung des Liegenschaftszinssatzes als auch des Ertragswerts sein. **Soll der Bodenwert gedämpft werden, muss nach dem Grundsatz der Modellkonformität sowohl der Liegenschaftszinssatz als auch der Ertragswert auf der Grundlage gedämpfter Bodenwerte abgeleitet werden.**

65 **Bei systemkonformer Anwendung des Ertragswertverfahrens schlägt die Dämpfung des Bodenwerts eines bebauten Grundstücks in erster Linie auf den Liegenschaftszinssatz durch,** wenn dieser als logische Konsequenz (Modellkonformität) auf der Grundlage gedämpfter Bodenwerte abgeleitet wird. Da der Wertanteil der baulichen Anlage am Verkehrswert bei einer Dämpfung des Bodenwerts komplementär zunimmt, muss sich nämlich der Liegenschaftszinssatz entsprechend vermindern, denn bei gleichbleibendem Reinertrag, aber höherem Wert der baulichen Anlage stellt sich eine geringere Verzinsung der Liegenschaft ein. Dies zeigt auch das Berechnungsbeispiel in Abb. 6.

Abb. 5: Vergleichende Betrachtung zur Ermittlung des Ertragswerts und des Liegenschaftszinssatzes bei unterschiedlich angesetzten Bodenwerten

Vergleichende Betrachtung zur Ermittlung des Ertragswerts und des Liegenschaftszinssatzes bei unterschiedlich angesetzten Bodenwerten

Beispiel:

Kaufpreis KP für bebautes Grundstück	500 000 €
Jährlicher Reinertrag RE	30 000 €
Restnutzungsdauer RND	30 Jahre

1. Alternative
Als Bodenwert BW des bebauten Grundstücks wird der Wert angesetzt, den das Grundstück im unbebauten Zustand hätte.

2. Alternative
Als Bodenwert BW des bebauten Grundstücks wird ein gegenüber dem Wert des unbebauten Grundstücks abgesenkter („gedämpfter") Bodenwert angesetzt.

1. Alternative			2. Alternative		
$BW_{ungedämpft}$ (aus Vergleichspreisen)	=	200 000 €	$BW_{gedämpft}$	=	100 000 €
Gebäudewert	=	300 000 €	Gebäudewert	=	400 000 €
(500 000 € – BW	=	300 000 €)	(500 000 € – BW	=	400 000 €)

a) Berechnung des Liegenschaftszinssatzes
(entsprechend dem Beispiel bei § 21 ImmoWertV Rn. 94 ff.)

1. Alternative			2. Alternative		
mit einem			mit einem		
$BW_{ungedämpft}$	=	200 000 €	$BW_{gedämpft}$	=	100 000 €
ergibt			ergibt		
Liegenschaftszinssatz LZ_1	=	5,13 v.H.	Liegenschaftszinssatz LZ_2	=	4,75 v H.

$LZ_1 \geq LZ_2$

b) Berechnung des Ertragswerts
auf der Grundlage der unterschiedlich angesetzten Bodenwerte, des jeweils zuzuordnenden Liegenschaftszinssatzes LZ_i und des sich dafür ergebenden Kapitalisierungsfaktor KF_i

$$EW = (RE - BW \times LZ) \times KF + BW$$

(vgl. Syst. Darst. des Ertragswertverfahrens)

bei

1. Alternative			2. Alternative		
$BW_{ungedämpft}$	=	200 000 €	$BW_{gedämpft}$	=	100 000 €
LZ_1	=	5,13 v.H.	LZ_2	=	4,75 v. H.
KF_1	=	15,14725	KF_2	=	15,82042
EW	=	**500 000 €** ⟺	**EW**	=	**500 000 €**

Fazit: Die Ermittlung des Ertragswerts auf der Grundlage gedämpfter Bodenwerte führt auch zum Verkehrswert, wenn innerhalb dieses „Modells" kein Systembruch entsteht und die Dämpfung bei allen Parametern, insbesondere bei der Ableitung des Liegenschaftszinssatzes, berücksichtigt wird.

Wo mit gedämpften Bodenwerten „gearbeitet" wird, müssen bei alledem in gleicher Weise gedämpfte Bodenwerte in die Ableitung des Liegenschaftszinssatzes eingeführt worden sein. Wo hingegen der Liegenschaftszinssatz auf der Grundlage des „vollen" Bodenwerts abgeleitet worden ist, darf grundsätzlich auch kein gedämpfter Bodenwert in die Ertragswertermittlung eingeführt werden.

Hieraus müssen zwei wichtige **Schlussfolgerungen** gezogen werden, die in der Wertermittlungspraxis oft unbeachtet gelassen werden: 66

1. Empirisch ermittelte Liegenschaftszinssätze der Gutachterausschüsse, die bei ihrer Ableitung von gedämpften Bodenwerten ausgingen (soweit erkennbar: *Darmstadt, Lübeck, Bremen* und *Stuttgart*), konnten nicht unmittelbar mit empirisch abgeleiteten Liegenschaftszinssätzen verglichen werden, bei deren Ableitung von „vollen" Bodenwerten ausgegangen wurde. *Darmstadt, Lübeck, München* und *Stuttgart* sind aus den hier dargestellten Gründen davon abgegangen.

2. Bei Anwendung der empirisch unter Berücksichtigung gedämpfter Bodenwerte abgeleiteten Liegenschaftszinssätze muss – um im System zu bleiben – auch ein gedämpfter Bodenwert in das Ertragswertverfahren eingeführt werden; vielfach wird dies schon deshalb nicht beachtet, weil die Dämpfer ihr Dämpfungssystem nicht hinreichend offenlegen.

Dies macht deutlich, dass die **Dämpfung der Bodenwerte zu einer im Ergebnis nutzlosen Verkomplizierung** führt, die der Nachvollziehbarkeit der Wertermittlung abträglich ist.

67 Eine zu einem beliebigen Zeitpunkt im Laufe der Nutzungsdauer des aufstehenden Gebäudes vorgenommene **Verminderung des Bodenwerts wegen Bebauung verletzt** somit **die finanzmathematische Grundstruktur des Ertragswertverfahrens** und ist bereits aus diesem Grunde abzulehnen.

2.3.5.3 Dämpfung bei Anwendung des Sachwertverfahrens

▶ *Vgl. § 21 ImmoWertV Rn. 124 ff.*

68 Nach dem Vorhergesagten ist gemäß § 35 Abs. 2 Nr. 3 ImmoWertV der **Bodenwert** auch bei Anwendung des Sachwertverfahrens im Wege des Preisvergleichs **mit dem Wert zu ermitteln, wie er sich für unbebaute Grundstücke ergibt.**

69 Auch bei Anwendung des Sachwertverfahrens würde eine Dämpfung des Bodenwerts bei richtiger Ermittlung des Verkehrswerts lediglich zu einer Insichverschiebung der Boden- und Gebäudewertanteile führen. Sieht man einmal von einem Wertanteil für sonstige Anlagen ab, so muss die Bodenwertdämpfung zwangsläufig dazu führen, dass sich der Gebäudewertanteil erhöht, wenn die Summe aus Boden- und Gebäudeanteil den Verkehrswert ergeben. Abzulehnen wäre dabei der Ansatz entsprechend höherer Normalherstellungskosten, da dies zu einer weiteren Verzerrung des Systems insbesondere im Verhältnis zu den ansonsten anzusetzenden Normalherstellungskosten führen würde.

70 Die **Dämpfung von Bodenwerten bei Anwendung des Sachwertverfahrens** müsste sich zwangsläufig auf die Marktanpassung und somit auf die Sachwertfaktoren i.S. des § 21 Abs. 3 ImmoWertV auswirken. Im Verhältnis zu den auf der Grundlage des § 40 Abs. 1 ImmoWertV abgeleiteten Sachwertfaktoren müssten sich nach dem Grundsatz der Modellkonformität modifizierte Sachwertfaktoren ergeben bzw.

- entsprechend verminderte Marktanpassungsabschläge (Sachwertfaktor) oder
- entsprechend erhöhte Marktanpassungszuschläge (Sachwertfaktor Abb. 7).

Abb. 6: Marktanpassungsabschläge bei gedämpften und ungedämpften Bodenwerten

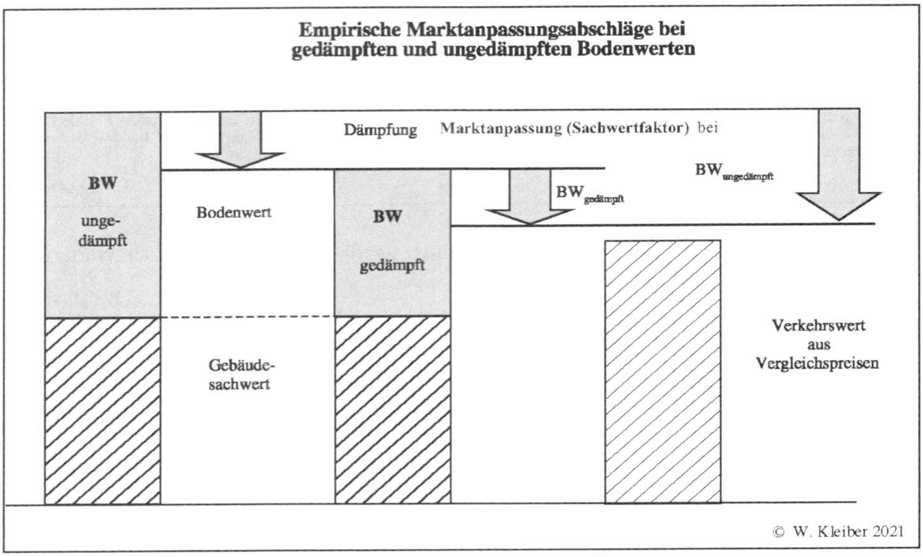

71 Der wohl augenfälligste Beleg dafür war die Praxis der Bodenwertdämpfung des Gutachterausschusses für Grundstückswerte für den Bereich *Stuttgart.* Dort wurde der Bodenwert von Grundstücken, die vor 1965 bebaut wurden (sic!) – unabhängig von irgendwelchen Kriterien

gleichsam mit überstrapaziertem Ermessen –, weitgehend pauschal um 30 % vermindert. Als **Folge der Bodenwertdämpfung** hatte man dort selbst noch für Einfamilienhäuser (mit Einliegerwohnung) mit einem Sachwert von über 0,9 Mio. DM (~ 450 000 €) empirisch Marktanpassungs*zuschläge* (Sachwertfaktor) abgeleitet, um aus dem Sachwert den Verkehrswert abzuleiten, während anderenorts ohne die Zwischenschaltung einer Bodenwertdämpfung üblicherweise bereits ab einem Sachwert von rd. 250 000 € Marktanpassungsabschläge (Sachwertfaktor) ermittelt wurden.
Bei alledem ist es durchaus plausibel, dass der Sachwert bei Objekten dieser Größenordnung nur über einen Marktanpassungsabschlag zu dem Verkehrswert führt. Wenn nun aber der Bodenwert in *Stuttgart* zunächst gedämpft wurde und infolgedessen ein Marktanpassungszuschlag (Sachwertfaktor) erforderlich wurde, um über den Sachwert zum Verkehrswert zu gelangen, so erscheint die **Dämpfung** nicht nur im Hinblick auf zusätzliche Rechenoperation überflüssig, sondern auch **wenig realitätsnah**.

Fazit: Die Bodenwertdämpfung kann im Rahmen des Sachwertverfahrens zu einer „Aufblähung", aber auch „Schrumpfung" des vom Gutachterausschuss für Grundstückswerte ermittelten Marktanpassungsabschlags (Sachwertfaktor ≤ 1) führen. Hieraus wiederum folgt, dass bei der **Veröffentlichung solcher Marktanpassungsfaktoren (Sachwertfaktoren) für außenstehende Sachverständige die Dämpfungsmethodik des Gutachterausschusses bekannt gemacht werden muss,** weil sonst die Veröffentlichungen solcher Marktanpassungsfaktoren für den Sachverständigen praktisch wertlos sind. Die Bodenwertdämpfung des Gutachterausschusses für Grundstückswerte, so er sie für unvermeidlich hält, muss dann also transparent gemacht werden, wenn sie schadlos bleiben soll. **72**
Wenn also von einzelnen Gutachterausschüssen für Grundstückswerte Bodenwerte nach jeweils eigenen Theorien gedämpft und dementsprechend Sachwertfaktoren abgeleitet werden, so mögen sie dies sachlich für geboten erachten. Problematisch wird dies aber dann, wenn sie ihre Dämpfungsmethodik nicht offenlegen und die abgeleiteten **Sachwertfaktoren** auf ungedämpfte Bodenwerte zur Anwendung kommen.

2.3.5.4 Sog. Münchner Modell

► *Vgl. Rn. 133; Teil VIII Rn. 172; Teil IX Rn. 97, 369*

Der Münchner Gutachterausschuss für Grundstückswerte beschreitet für hochpreisige Lagen, insbesondere Innenstadtlagen, einen Sonderweg, indem er dort den sich für ein unbebautes Grundstück ergebenden Bodenwert nach dem Verhältnis der marktüblich erzielbaren Bestandsmieten zu der dort angemessenen Neuvertragsmiete „dämpft" und kommt so auch zu „gedämpften" Liegenschaftszinssätzen (§ 21 ImmoWertV Rn. 124). Das kommt allerdings nur bei Anwendung des Ertragswertverfahrens mit der nicht nachvollziehbaren Begründung zur Anwendung, dass damit ein *„plausibleres Verhältnis"* zwischen Boden- und Gebäudewert geschaffen werde[46]. **73**

Zur Begründung wird darauf hingewiesen, dass in Hochpreisgebieten die tatsächlichen Baukosten trotz Anwendung eines Regionalfaktors zum Teil erheblich über den als realitätsfern erkannten Kostenkennwerten der NHK 2010 liegen können und zu einer mitunter sehr niedrigen Gebäudebewertung führen[47]. Diesem Mangel der Kostenkennwerte der NHK durch eine manipulative Korrektur des Bodenwerts abzuhelfen, ist grundsätzlich der falsche Weg (abyssus abyssum invocat). Mängel müssen dort bereinigt werden, wo sie ihre Ursache haben. **74**

Der zur Anwendung kommende „Dämpfungsmechanismus" ist zudem sachwidrig, da die bei Neuvermietungen erzielbaren Erträge nach dem geltenden Mietrecht nur temporär erzielt wer- **75**

46 Vgl. Gutachterausschuss für Grundstückswerte München: Immobilienmarktbericht 2014, S. 64.
47 Schaper GuG 2017, 100, Rade/Stobbe in Herrmann/Heuer/Raupach, EStG KSTG Kommentar, § 6 EStG Rn. 315; Jacoby/Geiling, DStR 2020, 481; Jardin/Roscher, Die Immobilienwertermittlung aus steuerlichen Anlässen, 2019, Rn. 175; vgl. auch Kaminski in Steuerberater Handbuch, 2019, 27. Aufl., Teil 4, Immobilieninvestitionen durch Privatpersonen, Rn. 1273; Wagner, DB 2016, 556; BeckOK EStG/Graw, 7. Aufl. (01.05.2020), EStG § 7 Rn. 185.

den und über kurz oder lang in Bestandsmieten münden. Zudem führt die sich auf die Anwendung des Ertragswertverfahrens beziehende „Bodenwertdämpfung" im Verhältnis zur Anwendung des Sachwertverfahrens zu unterschiedlichen Bodenwerten.

76 Ob damit ein „*plausibleres Verhältnis*" zwischen Boden- und Gebäudewert geschaffen wird, ist bei alledem höchst fragwürdig, denn ein starres von dem Bodenwertniveau unabhängiges Verhältnis zwischen Boden- und Gebäudewert ist höchst fragwürdig. Es gibt gute Gründe davon auszugehen, dass in Hochpreisgebieten der Bodenwertanteil gegenüber den übrigen Gebieten spürbar steigt, weil die dort erzielbaren Mieten gerade nicht im gleichen Verhältnis wie die Bodenwerte ansteigen. Dies belegen die für Hochpreisgebiete empirisch abgeleiteten deutlich geringeren Liegenschaftszinssätze. Das wiederum ist plausibel, denn eine gute Lage mit höheren Bodenpreisen vermindert nach Anschauung des gewöhnlichen Geschäftsverkehrs das Risiko. Im Ergebnis ist es mithin auch plausibel, dass der Bodenwertanteil am Gesamtwert einer Liegenschaft in Hochpreisgebieten ansteigt.

2.4 Schlussfolgerung

77 Sachverständige, die bei der Ermittlung des Bodenwerts bebauter Grundstücke mit generellen Bebauungsabschlägen arbeiten, begeben sich unnötig in Schwierigkeiten, denn

- die Höhe des gewährten Abschlags kann nicht schlüssig begründet werden, da die hierzu erforderlichen Grunddaten nicht ermittelbar sind;
- bei Anwendung geminderter (gedämpfter) Bodenwerte müssen die üblicherweise bei der Wertermittlung verwendeten Parameter (z.B. Liegenschaftszinssatz, Sachwertfaktoren) korrigiert werden, da sie unter anderem von der Ermittlungsmethodik des Bodenwerts abhängen.

78 Im Übrigen würden bei der generellen **Bodenwertdämpfung** alle Einflüsse, die auf den Wert des Grundstücks einwirken, einseitig auf den Bodenwert abgewälzt. Das Verfahren ist damit mit der vom BFH verworfenen Restwertmethode vergleichbar. Es wird empfohlen, die Bodenwerte so anzusetzen, als ob das Grundstück unbebaut wäre und auf Bebauungsabschläge zu verzichten. Dazu können die von den Gutachterausschüssen ermittelten Bodenrichtwerte ohne Weiteres herangezogen werden, denn die Bodenrichtwerte in bebauten Gebieten werden seit jeher[48] mit dem Wert ermittelt, der sich ergeben würde, wenn der Boden unbebaut wäre[49]. Etwaige in ihrer Höhe nicht exakt feststellbare Bodenwertminderungen infolge Bebauung können ohne Begründungsprobleme bei der Anpassung des Ausgangswerts (Grundstückssachwert, Grundstücksertragswert) an die Marktlage berücksichtigt werden.

79 Die **Heranziehung von gedämpften Bodenwerten setzt bei Anwendung des Ertragswertverfahrens unter dem Grundsatz der Modellkonformität zwangsläufig die Ableitung und Anwendung gedämpfter Liegenschaftszinssätze** und bei Anwendung des Sachwertverfahrens „gedämpfter", aber auch „aufgekochter" Sachwertfaktoren voraus. Bei der grundsätzlich zu beachtenden Modellkonformität führt die Heranziehung gedämpfter Bodenwerte stets (und nicht nur bei Grundstücken, deren Bebauung eine lange Restnutzungsdauer aufweist) zu demselben Ergebnis wie bei Anwendung des „vollen" Bodenwerts. Sie ist damit letztlich stets ein (unsinniges) Nullsummenspiel (vgl. § 21 ImmoWertV Rn. 124 ff.).

80 Die Ausführungen zeigen, dass

a) eine Bodenwertdämpfung zwar unschädlich ist, wenn in systemkonformer Weise auch die erforderlichen Daten der Wertermittlung (insbesondere die Liegenschaftszinssätze und Sachwertfaktoren) mit derselben „Dämpfungsmethodik" abgeleitet worden sind (Grundsatz der Modellkonformität);

---

48 § 144 Abs. 1 Satz 2 BBauG 76.
49 § 196 Abs. 1 Satz 2 BauGB 87.

b) eine systemkonforme Bodenwertdämpfung im vorstehenden Sinne lediglich zu einem zusätzlichen und für das Ergebnis bedeutungslosen Rechengang führt,

c) die Grundsatzregelung des § 40 Abs. 1 ImmoWertV aus vorstehenden Gründen sachgerecht ist.

Den Bodenwert eines bebauten Grundstücks mit dem Bodenwert eines unbebauten Grundstücks anzusetzen, entspricht zudem anderen Rechtsmaterien. 81

3 Aufteilung von Verkehrswerten und Kaufpreisen in einen Boden- und Gebäudewertanteil

3.1 Vorbemerkung

Schrifttum: *Ehmcke* in Blümich, Komm. EStG; *Janssen*, NWB 2002, S. 2289 f.; *Kulosa* in Schmidt, Komm. EStG, 40. Aufl. 2021, § 6 Rn. 183; *Steck, D.*, Nachträgliche Bauarbeiten an Gebäuden – Abgrenzung der Anschaffungs- und Herstellungskosten zu den Erhaltungsaufwendungen nach Ertragsteuerrecht: GuG 2021, 344; *Steck*, Praxiswissen Immobilien und Steuern 2. Aufl. 2019, Steck, DStR 2020, 2766.

▶ *Vgl. Syst. Darst. des Sachwertverfahrens Rn. 170 ff.; bei Erbbaurechten: § 48 ImmoWertV Rn. 45*

Wie vorstehend dargelegt handelt es sich bei der Grundsatzregelung des § 40 Abs. 1 ImmoWertV um eine bewertungstechnische Konvention zu dem bei der Marktwertermittlung bebauter Grundstücke anzusetzenden Bodenwert. Die Frage, ob es sich dabei um den Bodenwert handelt, der im gewöhnlichen Geschäftsverkehr bei dem Erwerb eines Grundstücks anteilig allein auf den Grund und Boden entfällt, kann unbeantwortet bleiben. Dies ließe sich – wie ausgeführt – auch nicht eindeutig beantworten, da der anteilige Bodenwert nicht eigenständiger Gegenstand des gewöhnlichen Geschäftsverkehrs sein kann (ungelöstes Repartitionsproblem). Dafür besteht auch keine Notwendigkeit, da die Systematik der ImmoWertV darauf gerichtet ist, den Verkehrswert des Gesamtgrundstücks, d.h. einschließlich des Wertanteils baulicher Anlagen, in marktkonformer Höhe zu ermitteln. In dieser Systematik kann der sich nach der Grundsatzregelung des § 40 Abs. 1 ImmoWertV ergebende Bodenwert auch als „Modellansatz" des Bodenwerts angesehen werden. 82

Die Konvention kann für sich in Anspruch nehmen, dass sie im Einklang mit anderen vorstehend angeführten Rechtsbereichen steht und eine praktikable und i.d.R. **bewertungstechnisch fundierte Ermittlung des in der Marktwertermittlung bebauter Grundstücke anzusetzenden Bodenwerts gewährleistet**. Den Bodenwert eines bebauten Grundstücks entsprechend der Grundsatzregel ohne Berücksichtigung der Bebauung mit dem Bodenwert eines unbebauten Grundstücks anzusetzen, kann zudem eine hohe Plausibilität in Anspruch nehmen. 83

Ein aufgeklärter Marktteilnehmer ist sich stets der Tatsache wohl bewusst, dass beim Kauf eines bebauten Grundstücks der **Grund und Boden „unvergänglich und wertbeständig"** ist, während das Gebäude technisch und wirtschaftlich vergänglich ist und an Wert verliert. Der „volle" **Bodenwert** stellt für jeden Erwerber eine „krisensichere Bank" dar und er **partizipiert während der Nutzung der baulichen Anlage sogar an einschlägigen Bodenwertsteigerungen**. Schon beim Erwerb eines Grundstücks wie auch bei einem späteren Verkauf ist der jeweils aktuelle Verkehrswert des Grund und Bodens für den gewöhnlichen Geschäftsverkehr – vergleichbar mit dem aktuellen Goldpreis bei Verkauf von Goldschmuck – eine feste und, selbst wenn der Goldschmuck außer Mode gekommen ist, stets realisierbare Größe. 84

3.2 Empirische Untersuchungen zum Bodenwertanteil bebauter Grundstücke

3.2.1 Allgemeines

Schrifttum: *Debus, M./Helbach, Ch.*, Ist der Bodenwertansatz beim Verkauf bebauter Objekte von Bedeutung?, GuG 2012, 65.

85 Allgemein kann als Erfahrungssatz gelten, dass der **Bodenwertanteil** umso größer ist, je höher das allgemeine Bodenwertniveau ist, je größer das Grundstück, je geringer das Maß der baulichen Nutzung und je älter die Bebauung ist.

3.2.2 Bodenwertanteil in Innenstadtlagen

86 In einer Reihe empirischer Untersuchungen ist der Frage nachgegangen worden, welchen Anteil der Bodenwert am Gesamtwert eines Grundstücks hat. Auslöser derartiger Untersuchungen waren zumeist solche Fälle, in denen im Rahmen der Marktwertermittlung bebauter Grundstücke der anzusetzende Bodenwert an einer hinreichenden Anzahl geeigneter Vergleichspreise bzw. geeigneter Bodenrichtwerte gescheitert ist. Dies betrifft insbesondere die **bebauten Innenstadtbereiche** der Großstädte (Einkaufsstraßen, Fußgängerbereiche), wo selbst Vergleichspreise von bebauten Grundstücken, die zum Zwecke ihrer Freilegung erworben wurden, eher selten sind. Insoweit besteht dann auch keine Möglichkeit, den Bodenwert aus dem Kaufpreis zuzüglich der vom Erwerber kalkulierten Freilegungskosten abzuleiten.

87 Nach älteren aus dem Jahre 1996 stammenden Untersuchungen wurden in westdeutschen Großstädten folgende Bandbreiten beobachtet:

Wohnfläche (Mietwohnungen)	210 bis 425 €/m²	je Wohnfläche
	(Ausnahmen bis 450 €/m²	je Wohnfläche)
Bürofläche	700 bis 1 050 €/m²	je Nutzfläche
Ladenfläche (Handelsfläche)	1 050 bis 1 400 €/m²	je Nutzfläche
Nebenräume	350 bis 700 €/m²	je Nutzfläche
Pkw-Stell- bzw. -Einstellplätze	2 100 bis 7 000 €/Stück	je Stell- bzw. Einstellplatz

88 Wo keine Bodenwerte zur Verfügung stehen, wird ersatzweise auch auf „Erfahrungswerte" des **Bodenwertanteils bebauter Grundstücke zurückgegriffen (Abb. 8):**

Abb. 7: Bodenwertanteile in % der Verkehrswerte für Innenstadtlagen

	Bodenwertanteile in % der Verkehrswerte					
Baujahrsgruppen	**Einfamilienhäuser**	**Zweifamilienhäuser**	**Wohnungs- und Teileigentum**	**Mietwohngrundstücke**	**Gemischt genutzte Grundstücke**	**Geschäftsgrundstücke**
bis 1900	39,5	41,4	32,8	32,5	36,0	40,0
1901–1924	35,6	43,7	45,5	28,8	34,7	32,9
1925–1949	30,5	48,4	43,7	29,9	31,8	33,3
1950–1959	32,6	38,2	38,3	24,1	24,6	27,3
1960–1969	25,3	31,5	32,2	23,8	22,9	22,9
1970–1979	21,1	24,6	24,7	18,3	20,7	19,9
ab 1980	20,9	18,6	17,1	19,5	21,8	21,9
im Mittel	**35,3**	**32,5**	**24,9**	**26,8**	**27,7**	**29,6**

Quelle: Kleiber/Simon/Weyers, Verkehrswertermittlung von Grundstücken, 3. Aufl.

Großstädte (z.B. *Düsseldorf* und *Köln*) orientieren beim Verkauf eigener Grundstücke die Höhe des Verkaufspreises zunehmend nicht mehr an dem Bodenrichtwert i.V.m. der Katasterfläche, sondern bemessen den **Verkaufspreis nach der Größe der Laden-, Gewerbe- oder Wohnfläche,** die nach Maßgabe einer noch zu erteilenden Baugenehmigung auf der „Kauffläche" errichtet werden kann. Häufig bleiben dabei allgemeine Verkehrsflächen wie Eingang, Foyer, Treppenhaus und Flur und die Flächen für Pkw-Abstell- und Einstellplatz unberücksichtigt. Kaufverträge werden unter Zugrundelegung von i.d.R. noch nicht genehmigten Bauzeichnungen beurkundet. Nutzfläche und Höhe des Kaufpreises gelten als vorläufig, Abrechnungsmaßstab sind die Flächen, für die eine Baugenehmigung erteilt wurde und die mängelfrei errichtet und abgenommen worden sind (Zustandsbericht; Schluss- bzw. Gebrauchsabnahme). 89

Beispiel: 90
a) Ein 5 915 m^2 großes Grundstück liegt gemäß rechtskräftigem Bebauungsplan im MK-Gebiet (Kern-/Geschäftsgebiet); GRZ = 0,8; GFZ = 2,2; 4 Vollgeschosse; Satteldach.
Zur Bestimmung des Grundstücksverkaufspreises im erschlossenen Zustand sind anzusetzen:

– für Ladenfläche:	450 €/m^2
– für Gewerbefläche:	375 €/m^2
– für Wohnfläche:	250 €/m^2

Unberücksichtigt bleiben Verkehrsflächen, die Tiefgarage und die oberirdisch anzulegenden Stellplätze.

Mithilfe der Bauzahlen des Bauantrags vom 5.1.2001 ergibt sich der vorläufige Kaufpreis wie folgt:

Ladenfläche	3 052,20 m^2	× 450 A/m^2 =	1 373 490 A
Gewerbefläche	831,67 m^2	× 375 A/m^2 =	311 876 A
Wohnfläche	3 202,76 m^2	× 250 A/m^2 =	800 690 A
	7086,63m^2	**× 350,80 A/m^2=**	**2486056A**
Bei einer Grundstücksfläche von 5 915 m^2 sind dies			**420,30A/m^2**
			rd. 420 A/m^2

b) Der marktüblich erzielbare Jahresrohertrag wurde mit 0,9 Mio. € (= rd. 152 €/m^2 Grundstücksfläche) ermittelt.

c) *Anmerkung:* Ein in der Nachbarschaft zum 31.12.2000 ausgewiesener Bodenrichtwert (235 €/m^2 ebf. GFZ 1,5; Mischgebiet, 4 Vollgeschosse, Grundstückstiefe 40 m) war für die Ermittlung ungeeignet.

Aus neueren Projektbewertungen für **Geschäftsgrundstücke (Büro/Verwaltung) in hochwertiger Innenstadtlage** hat sich ein Bodenwertanteil von rd. 30 % am Verkehrswert des Gesamtgrundstücks bestätigt, ohne dass dabei eine Abhängigkeit von der Höhe des Bodenrichtwerts erkennbar wurde (Abb. 9): 91

Abb. 8: Anteil des Bodenwerts am Verkehrswert bei Bürogebäuden in hochwertiger Innenstadtlage

Anteil des Bodenwerts am Verkehrswert bei Bürogebäuden in hochwertiger Innenstadtlage		
Standort	**Bodenwert**	**Bodenwertanteil am Verkehrswert**
Berlin	< 10 000 €	38,3 %
Dortmund	> 5 000 €	26,8 %
Düsseldorf	> 5 000 €	30,9 %
Köln	< 10 000 €	36,3 %
Stuttgart	< 10 000 €	28,6 %
Mittel		29,2 %

Quelle: Datenbank der Deutschen Immobilien Akademie Consulting AG Freiburg.

Es muss aber angemerkt werden, dass es sich bei diesen Werten trotz ihrer Ausweisung mit einer Nachkommastelle um residuell abgeleitete Schätzwerte handelt, da es eben keine Möglichkeit gibt, den Bodenwertanteil aus einem Gesamtkaufpreis i.S. eines Verkehrswertanteils abzuleiten.

92 Vereinzelt wird in **Innenstadtbereichen** auch mit **Bodenwertanteilen je Quadratmeter Wohn- oder Nutzfläche** gearbeitet, wobei im gewerblichen Bereich zwischen Büro-, Laden- und Nebenflächen unterschieden wird. Daneben werden in der Bewertungspraxis auch Bodenwertanteile je Pkw-Stellplatz auf dem Grundstück bzw. in der Sammelgarage auf dem Grundstück berücksichtigt.

3.2.3 Bodenwertanteil von Einfamilienhäusern

93 Der Bodenwertanteil an Kaufpreisen von bebauten Grundstücken bzw. deren Verkehrswert ist naturgemäß umso höher, je jünger die bauliche Anlage ist. Mit abnehmender Restnutzungsdauer der baulichen Anlage nimmt der Wertanteil der baulichen Anlage altersbedingt ab.

Abb. 9: Bodenwertanteil am Kaufpreis bzw. Marktwert

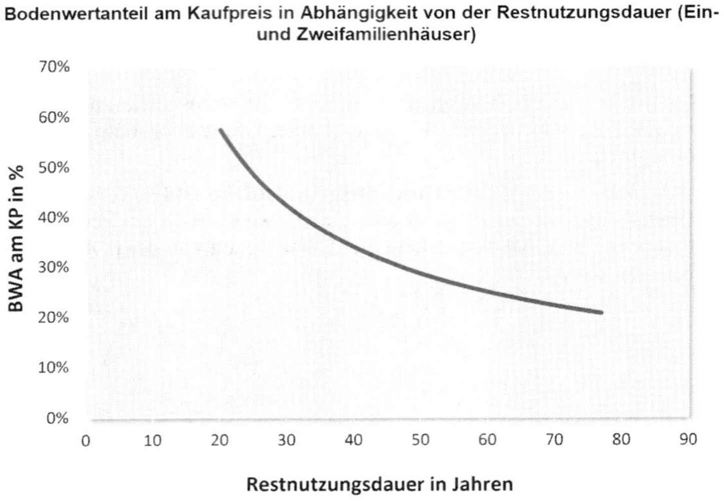

Quelle: Grundstücksmarktbericht Rhein-Erft-Kreis 2024

Bodenwertanteil in v.H. am Kaufpreis bei Ein- und Zweifamilienhäusern im Rhein-Erft-Kreis							
Restnutzungsdauer in Jahren	**25**	**30**	**40**	**50**	**60**	**70**	**75**
Anteil am Kaufpreis in %	48	42	34	29	25	22	21

Quelle: Grundstücksmarktbericht Rhein-Erft Kreis 2024

Nach einer Untersuchung des IVD vom Frühjahr 2008 ist der Bodenwertanteil von der Höhe des Gesamtkaufpreises abhängig (Abb. 11): 94

Abb. 10: Bodenwertanteil für Einfamilienhäuser in Städten

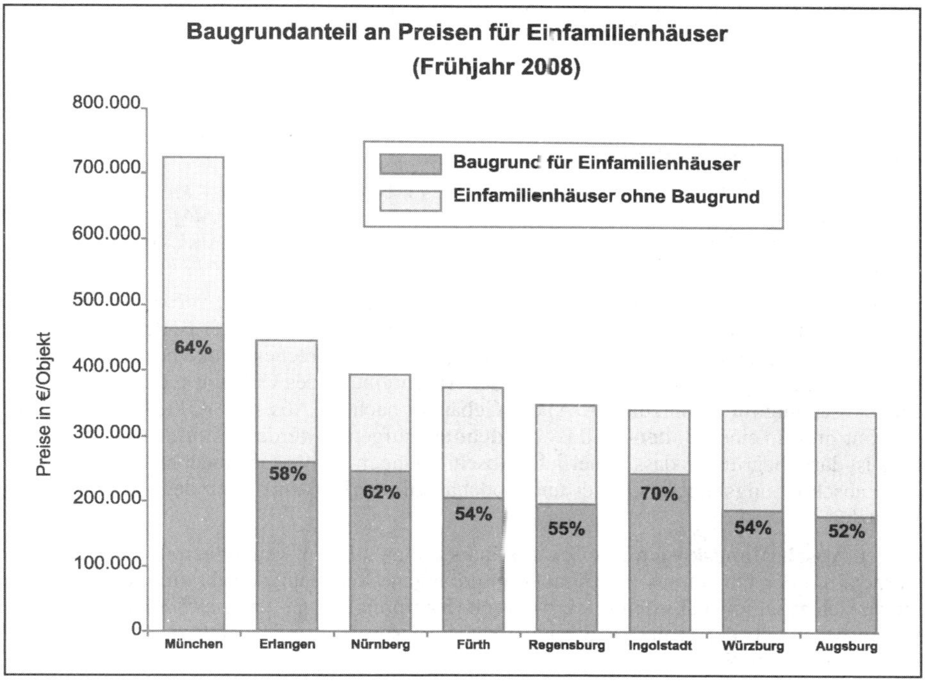

Quelle: IVD Professional Süd 4/08

Der Gutachterausschuss von *Aalen* hat in seinem Grundstücksmarktbericht 2007 für Einfamilienhäuser mit durchschnittlicher Wohnfläche zum Herstellungszeitpunkt und einer durchschnittlichen Bauplatzgröße von 500 bis 600 m² folgende Bodenwertanteile festgestellt: 95

2000–2006	ca. 25 %
1970–1979	ca. 50 %
1950–1960	ca. 62 %
1900–1930	ca. 68 %

4 Kaufpreisaufteilung in der steuerlichen Bewertung (§ 7 Abs. 4 bis 5a EStG)

Schrifttum: *Birkenfeld,* FR 1983, 441; *Blum/Weiß,* Die steuerliche Aufteilung der Anschaffungskosten von Grundstücken, GuG 2007, 257; *Budzinski, M. et al.,* Herausforderungen bei der Kaufpreisaufteilung für steuerliche Zwecke, GuG 2023, 155; *Debus/Helbach,* Ist der Bodenwertansatz beim Verkauf bei bebauten Objekten von Bedeutung, GuG 2012, 65; *Jacoby, J.,* Kaufpreisaufteilung für bebaute Grundstücke, KIT Karlsruher Institut für Technologie 2018; *Jacoby, J./Geiling, S.,* Kaufpreisaufteilung bei Grundstücksanschaffungen – Quo vadis?, DStR 2020, 481; *Jardin/Roscher,* Die Immobilienwertermittlung aus steuerlichen Anlässen; 1. Aufl. NWB Verlag Herne 2019; *Mayer-Wengelin* in Hartmann/Böttcher/Nissen/Bordewin, Komm. zum EStG, § 6 EStG Rn. 159; *Moll-Amrein/Schaper,* Ermittlung des Gebäudewertanteils von Renditeobjekten in Gebieten mit hohem Bodenpreisniveau, GuG 2013, 257; *Münchehofen/Springer,* Bewertung von Grund und Boden nach steuerlichen Maßgaben, GuG 2005, 65; *Mundt,* Schätzung von Boden- und Gebäudewertanteilen aus Kaufpreisen bebauter Grundstücke, 1. Aufl. 2021, S. 10 ff.; *Schmidt/Glanegger,* EStG 18. Aufl. § 6 Rn. 118; *Seitz, W.,* Modellvorschlag der Kaufpreisaufteilung, GuG 2017, 142; *Stöckel,* DStZ 1988, 220, DStZ 1998, 795; *Steck, D.,* Nachträgliche Bauarbeiten an Gebäuden, GuG 2021, 135; *Stürzenberger,* Unzulässigkeit der Kaufpreisaufteilung auf der Grundlage der BMF-Arbeitshilfe, DS 2021, 51, *Winkeljohann* in Herrmann/Heuer/Raupach, EStG KSTG Kommentar, § 6 Rn. 313; *Wichmann,* FR 1988, 513.

4.1 Allgemeines

4.1.1 Rechtsgrundlagen

▶ *Vorbem. zur ImmoWertV Rn. 3; § 1 ImmoWertV Rn. 13, 24 ff.; § 3 ImmoWertV Rn. 26, 166, 196; § 6 ImmoWertV Rn. 63 ff.; § 8 ImmoWertV Rn. 45 f.; § 13 ImmoWertV Rn. 31, 24, 46 ff.; § 15 ImmoWertV Rn. 9; § 21 ImmoWertV Rn. 64 ff., 174; zu Gebäuden im Zustand der Bebauung vgl. § 6 ImmoWertV Rn. 208; zum steuerlichen Sachwertverfahren vgl. Syst. Darst. des Sachwertverfahrens Rn. 324 ff.*

96 Bemessungsgrundlage für die steuerliche Abschreibung (AfA) eines erworbenen „vermieteten" Grundstücks ist der Gebäudewertanteil des Anschaffungspreises; der Bodenwertanteil ist dagegen kein abschreibungsfähiges Wirtschaftsgut. Dementsprechend muss bei einem Erwerb eines bebauten Grundstücks zum Zwecke der Abschreibung des Gebäudes, d.h. zur steuerlichen Absetzung für Abnutzung (AfA) des Gebäudes nach § 7 Abs. 4 EStG (i.V.m. § 6 EStG), der Kaufpreis in einen **Boden- und Gebäudeanteil** aufgeteilt werden **(Kaufpreisaufteilung)**. Dies ist darin begründet, dass steuerliche Abschreibungen nur für Gebäude, nicht aber für den nicht abschreibungsfähigen Grund- und Bodenanteil möglich sind, denn der Boden ist nicht abnutzbar.

97 Zu den **Anschaffungskosten des Grundstücks** zählen alle Aufwendungen, die aufgewendet wurden, um das Objekt aus der fremden in die eigene Verfügungsmacht zu überführen. Sie setzen sich zusammen aus den Erwerbskosten (Kaufpreis) sowie den *Anschaffungsnebenkosten*, insbesondere der Grunderwerbsteuer und den sonstigen nicht erstattungsfähigen Verkehrssteuern, den Notar- und Maklerkosten, Provisionen und den Gebühren der Grundbuchumschreibung. Nicht zu den Anschaffungskosten gehören indessen Notar und Grundbuchgebühren, die mit der Eintragung der Grundschuld in Zusammenhang stehen; es handelt sich hierbei um Geldbeschaffungskosten, die in voller Höhe als Werbungskosten abzugsfähig sind.

98 Werden sanierungsbedürftige Objekte z.B. in Sanierungsgebieten oder Baudenkmale in einem unsanierten Zustand erworben, um sie in modernisiertem Zustand weiterzuveräußern, besteht eine besondere Problematik darin, dass eine **Aufteilung der Anschaffungskosten in drei Komponenten** erforderlich wird, nämlich in der Aufteilung des Gebäudeanteils des unsanierten Gebäudes, des Bodenanteils sowie des Modernisierungsaufwands als Bemessungsgrundlage für die §§ 7h und 7i EStG (vgl. das *Beispiel* bei Rn. 138)[50].

99 Nach der Rechtsprechung des BFH ist im Rahmen der „Abschreibung für Abnutzung" (AfA) grundsätzlich eine **vertragliche Kaufpreisaufteilung** von Grundstück und Gebäude der Be-

50 Blum/Weiss, Die steuerliche Aufteilung der Anschaffungskosten von Grundstücken, GuG 2007, 257 ff.

rechnung der AfA auf das Gebäude zugrunde zu legen. Der vertraglichen Kaufpreisaufteilung kommt indessen keine Richtigkeitsgewähr[51] zu und sie bedarf regelmäßig der Überprüfung insbesondere im Hinblick auf eine „steuerinteressierte" Aufteilung.

Dies gilt insbesondere im Falle eines **Gestaltungsmissbrauchs** i.S. des § 42 AO, d.h., wenn sie 100

- zum einen nach der Restwertmethode oder nur zum Schein[52] getroffen wurde und
- zum anderen, wenn das Finanzgericht auf der Grundlage einer Gesamtwürdigung der das Grundstück und das Gebäude betreffenden Einzelumstände zu dem Ergebnis gelangt, dass die vertragliche Kaufpreisaufteilung die *„realen Wertverhältnisse in grundsätzlicher Weise verfehlt und wirtschaftlich nicht haltbar erscheint"*[53].
  Ein Missbrauch soll u.a. vorliegen, wenn für den Grund und Boden weniger als 90 % des Bodenrichtwerts vereinbart wurde[54]. Bei dieser Grenzziehung kann ein Verdacht schnell aufkommen, denn ein deutlich niedrigerer Bodenwert kann im Einzelfall den tatsächlichen Wertverhältnissen entsprechen, weil sich der Bodenrichtwert nach § 196 BauGB als „durchschnittlicher Lagewert" der jeweiligen Bodenrichtwertzone bestimmt und mithin der Bodenwert des einzelnen Grundstücks sich als deutlich höher oder auch deutlich niedriger als der Bodenrichtwert darstellen kann. Aus diesem Grunde hat das BVerfG[55] im Rahmen der Erbschaftsteuer eine 20%ige Streubreite der Grundstücksbewertung als „noch vertretbar" angesehen, was nach Auffassung des Bundesrates nicht leistbar sei. Dem folgend sollen Bodenrichtwertzonen grundsätzlich so abzugrenzen sein, dass lagebedingte Wertunterschiede zwischen der Mehrheit der Grundstücke und dem Bodenrichtwertgrundstück nicht mehr als 30 Prozent betragen. Bei diesen Gegebenheiten kann der Verdacht eines Missbrauchs schnell aufkommen, ohne dass ein solcher tatsächlich vorliegt.

Kommt das Finanzamt bzw. das Finanzgericht als Tatsacheninstanz im Rahmen einer Gesamtwürdigung der im Einzelfall das Gebäude und den Boden betreffenden Umstände zum vorstehenden Ergebnis, hat es die vereinbarte Kaufpreisaufteilung durch eine angemessene Aufteilung zu ersetzen[56]. „Nennenswerte" Zweifel an den kaufvertraglich vereinbarten Aufteilungsmaßstab sind gegeben, wenn dieser vom objektiven Verhältnis der Verkehrswertanteile der einzelnen Wirtschaftsgüter in nicht unwesentlichem Umfang abweicht. In der Rechtsprechung[57] wird eine (Un-)Wesentlichkeitsgrenze von 10 v.H. genannt. 101

Nach welcher **Methode die Kaufpreisaufteilung** ggf. vorzunehmen ist, lässt das Gesetz offen. In der höchstrichterlichen Rechtsprechung ist jedoch festgestellt worden, dass dabei **grundsätzlich die Regelungen der ImmoWertV** Anwendung finden[58]. Den nach Maßgabe der ImmoWertV anzu-wendenden Wertermittlungsverfahren liegt ein Modell zugrunde, das bei der Marktwertermittlung bebauter Grundstücke stets von einem *Bodenwert* auszugehen ist, *der sich gemäß* der Grundsatz-regelung des § 40 Abs. 1 ImmoWertV *nach dem Bodenwert eines vergleich-baren unbebauten Grundstücks bemisst* (vgl. § 10 ImmoWertV Rn 2). Im Falle 102

51 BFH, Beschl. vom 04.12.2008 – IX B 149/08 –, BFH/NV 2009, 36 = EzGuG 20.207a.
52 BFH, Urt. vom 29.10.2019 – IX R 38/17 –, BFHE 267, 18 = EzGuG 20.360; BFH, Urt. vom 28.10.1988 – X R 96/96 –, BFHE 187, 450 = BStBl II 1999, 217 = EzGuG 6.287.
53 BFH, Urt. vom 16.09.2015 – IX R 12/14 –, BFHE 251, 214 = BStBl II 2016, 397 = EzGuG 20.240; BFH, Beschl. vom 04.12.2008 – IX B 149/08 –, BFH/NV 2009, 365 = EzGuG 20.207a; BFH, Urt. vom 24.01.2007 – IX B 84/06 –, BFH/NV 2007, 1104 = EzGuG 20.203; BFH, Beschl. vom 16.09.2002 – IX B 35/02 –, BFH/NV 2003, 40 = EzGuG 20.188a; BFH, Urt. vom 10.10.2000 – IX R 86 97 –, BFHE 193, 326 = BStBl II 2001, 183 = EzGuG 4.177a.
54 BFH, Urt. vom 01.04.2009 – IX R 35/08 –, BFHE 224, 533 = BStBl II 2009, 553 = EzGuG 20.207d; BFH, Urt. vom 18.01.2006 – IX R 34/05 –, BFH/NV 2006, 1634 = EzGuG 20.200d.
55 BVerfG, Urt. vom 07.11.2006 – I BvL 10/02 –, BVerfGE 117, 1 = EzGuG 1.71a.
56 BFH, Urt. vom 15.01.1985 – IX R 81/83 –, BFHE 20.109 = BStBl II 1985, 252 = EzGuG 20.109.
57 FG Thüringen, Urt. vom 20.02.2008 – III 740/05 –, EFG 2008, 1140 = EzGuG 20.203e.
58 BFH, Urt. vom 21.07.2020 – IX R 26/19 –, BFHE 270, 133 = BStBl II 2021, 372 = GuG 2021, 59 = EzGuG 20.350: BFH, Beschl. vom 15.11.2016 – IX B 98/16 –, BFHE 2017, 292 = EzGuG 19.85; BFH, Urt. vom 29.05.2008 – IX R 36/06 –, GuG 2009, 55 = EzGuG 20.205; BFH, Urt. vom 11.02.2003 – IX R 13/00 –, GuG 2003, 316 = EzGuG 4.186a; BFH, Urt. vom 27.06.1995 – IX R 130/90 –, BFHE 178, 151 = BStBl II 1996, 215 = EzGuG 19.43b; 1; BFH, Urt. vom 15.01.1985 – IX R 81/83 –, BFHE 143, 61 = BStBl II 1985, 252 = EzGuG 20.109.m.w.N.

einer atypischen Bebauung des Grundstücks nach § 40 Abs. 5 Nr. 1 ImmoWertV ist ausnahmsweise vom nutzungsabhängigen Boden-wert auszugehen[59], soweit es nicht um die **Ermittlung des Mindestwerts** auf der Grundlage des Werts geht, mit dem der Grund und Boden nach § 251 BewG allein als unbebautes Grundstück zu bewerten wäre.
Die Anwendung der ImmoWertV steht im Übrigen **unter dem Grundsatz der Modellkonformität** nach § 10 ImmoWertV. Dies ist eine Konvention, die – wie ausgeführt – darin begründet ist, dass der anteilige Bodenwert nicht eigenständiger Gegenstand des gewöhnlichen Geschäftsverkehrs sein kann. Infolgedessen kann der Anteil des Bodenwerts am Gesamtwert eines bebauten Grundstücks i.S. eines marktkonformen „Verkehrswertanteils" (vgl. Rn. 108) weder nach den Grundsätzen der ImmoWertV noch sonstwie empirisch ermitteltwerden (ungelöstes Repartitionssystem vgl. Rn. 49).

103 Nach der Rechtsprechung des BFH ist die bis 1971 angewandte **Restwertmethode**[60]**heute allerdings nicht mehr zulässig**. Die Verwerfung dieser Methode ist nicht zuletzt auch aus vorstehenden Gründen kritisch zu sehen.

4.1.2 Kaufpreisaufteilung nach Verkehrswertmethode

4.1.2.1 Allgemeines

Schrifttum:*Spiegelberger* in *Spiegelberger/Schallmoser*, Immobilien im Zivil- und Steuerrecht, 3. Aufl., Rn. 1.71; *Wichmann*, Die Steuerberatung – Stbg – 2017, 405; *Schmidt/Kulosa*, EStG, 41. Aufl., § 6 Rn. 122 ff.; *Schindler* in Kirchhof/Seer, EStG, 21. Aufl., § 6 Rn. 49 f.; *Pfirrmann* in Kirchhof/Seer, a.a.O., § 7 Rn. 42; *Korn/Strahl* in Korn, § 6 EStG Rn. 140 ff.; *Dornheim* in Bordewin/Brandt, § 21 EStG Rn. 142 „Gesamtkaufpreis"; *Rade* in Herrmann/Heuer/Raupach, EStG KSTG Kommentar, § 6 EStG Rn. 311; *Brandis/Heuermann/Brandis*, § 7 EStG Rn. 241; *Kaminski* in Steuerberater Handbuch 2019, 27. Aufl., Immobilieninvestitionen durch Privatpersonen, Rn. 1273; Wüllenkemper, EFG 2013, 1905

104 Die Kaufpreisaufteilung erfolgt nunmehr nach der sog. **Verkehrswertmethode**[61], d.h.

- nach dem Verhältnis der Teilwerte (§ 1 ImmoWertV Rn. 13 ff.) bei *Betriebsvermögen* und
- nach dem Verhältnis der „Verkehrswert*anteile*" des Bodens und des Gebäudes bei *Privatvermögen.*

105 Im Kern handelt es sich bei dem Konstrukt der sog. Verkehrswertmethode eigentlich um eine **Proportionalitätsmethode**, deren ungelöstes Kernproblem darin besteht, dass der „Verkehrswert des Bodens" und der „Verkehrswert des Gebäudes" jeweils anteilig am Verkehrswert des Gesamtgrundstücks „*realitätsnah*" ermittelt werden muss. Richtschnur der „realitätsnahen" Aufteilung soll der dem Verkehrswert definitionsgemäß zugrunde liegende gewöhnliche Geschäftsverkehr sein. Einen gewöhnlichen Geschäftsverkehr gibt es jedoch nur für den Gesamtwert der Immobilie, nicht aber für den anteiligen Boden und das anteilige Gebäude. Diese können nicht eigenständig gehandelt werden und müssen deshalb ein Geheimnis bleiben (Repartitionsproblem vgl. Rn. 36).

---

59 FG München, Urt. vom 07.02.2024 - 4 K 1385/23 -, EFG 2024, 634 = EzGuG 19.140; so schon FG Düsseldorf, Urt. vom 10.09.1993 - 14 K 255/88 F -, GuG 1994, 253 = EzGuG 20.148; FG Köln, Urt. vom 14.01.1988 – 5 K 296/86 -, BayHausbesitzer Zeitung 1988, 307 = EzGuG 4.120.

60 Vgl. hierzu Kleiber, Verkehrswertermittlung von Grundstücken, 7. Aufl., Rn. 71 m.w.N.; BFH, Urt. vom 10.10.2000 – IX R 86/97 –, BFHE 193, 326 = BStBl II 2001, 183 = EzGuG 4.177b; BFH, Urt. vom 15.01.1985 – IX R 81/83 –, BFHE 20.109 = BStBl II 1985, 252 = EzGuG 20.109; BFH, Urt. vom 21.01.1971 – IV R 123/65 –, BFHE 102, 464 = BStBl II 1971, 682 = EzGuG 4.31a.; BFH, Urt. vom 03.06.1965 – IV 351/64 U –, BFHE 83, 207 = BStBl III 1965, 576 = EzGuG 4.24; BFH, Urt. vom 15.10.1965 – VI 134/65 U –, BFHE 83, 610 = BStBl III 1965, 720 = EzGuG 4.26.

61 BFH, Urt. vom 29.05.2008 – IX R 36/06 –, BFH/NV 2008, 1668 = EzGuG 20.205; BFH, Urt. vom 11.02.2003 – IX R 13/00 –, GuG 2003, 316 = BFH/NV 2003, 769 = EzGuG 4.186a; BFH, Urt. vom 31.07.2001 – IX R 15/98 – , BFH/NV 2002, 324 = EzGuG 20.182b; BFH, Urt. vom 10.10.2000 – IX R 86/97 –, BFHE 193, 326 = BStBl II 2001, 183 = GuG 2001, 253 = EzGuG 4.177a; BFH, Urt. vom 27.06.1995 – IX R 130/90 –, BFHE 178, 151 = BStBl II 1996, 215 = EzGuG 19.43b; BFH, Urt. vom 07.06.1994 – IX R 33, 34/92 –, BFHE 175, 70 = BStBl II 1994, 927 = EzGuG 19.42a; BFH, Urt. vom 19.12.1972 – VIII R 124/69 –, BFHE 108, 168 = BStBl II 1973, 295 = EzGuG 4.38a.

Der **Begriff „Verkehrswertmethode" kann missverständlich sein**, denn es geht bei der Kaufpreisaufteilung nicht um die Aufteilung des Marktwerts einer Immobilie (Verkehrswert), sondern um die vom Erwerber unter Berücksichtigung der lokalen Marktverhältnisse mit dem *Kaufpreis aufgebrachte Gegenleistung für den Boden- und Gebäudeanteil sowie die Nebenkosten (Anschaffungskosten)*[62].

Bei Anwendung der Verkehrswertmethode müssen zur Aufteilung eines Gesamtkaufpreises zunächst Boden- und Gebäudewert gesondert ermittelt werden (**Grundsatz der Einzelbewertung**); Boden- und Gebäudewert müssen zusammen den Verkehrswert ergeben. Sodann werden die Anschaffungskosten nach dem Verhältnis der beiden Wertanteile in Anschaffungskosten für den Boden- und Gebäudeanteil aufgeteilt. Zur Ermittlung des Boden- und Gebäudeanteils können nach höchstrichterlicher Finanzrechtsprechung die anerkannten Grundsätze der ImmoWertV herangezogen werden. **106**

Wertermittlungsmethodisch kann das Repartitionsproblem aber mangels eines eigenständigen Marktes für den Boden- und Gebäudeanteil nicht eindeutig beantwortet werden. Die ImmoWertV kann zu dieser Frage mit § 40 Abs. 1 ImmoWertV lediglich eine Konvention dahingehend vorgeben, dass der Anteil des Bodenwerts am Vergleichs-, Ertrags- und Sachwert stets mit dem Bodenwert eines unbebaut gedachten Grundstücks anzusetzen ist. Der Anteil des Gebäudes ist damit stets der um den konventionsgemäß angesetzten Bodenwert verminderte Verkehrswert des Gesamtgrundstücks (vgl. § 189 i.V.m. § 179 BewG). **107**

Die höchstrichterliche Rechtsprechung fordert für die Kaufpreisaufteilung unter Anwendung der Verkehrswertmethode dessen ungeachtet eine **„Aufteilung nach den *realen Verkehrswerten* von Grund und Gebäude"**[63], die sich nach ihren Grundlagen als *„nachvollziehbar und überzeugend"* darstellen müssen. Auf „Wertermittlungsobjekte, für die kein Markt besteht", und dazu gehört auch der Boden- und Gebäudeanteil am Gesamtwert eines Grundstücks, können die Regelungen der ImmoWertV *„entsprechend"* angewendet werden. Um zumindest zu einem *realitätsnahen* Anteil des „Verkehrswerts" des Bodens sowie des „Verkehrswerts" des Gebäudes zu kommen, müssen diese so angesetzt werden, wie sie in einem fingierten gewöhnlichen Geschäftsverkehr plausibel, *nachvollziehbar und überzeugend* wären. **108**

Wird in einem Kaufvertrag eine **vertragliche Kaufpreisaufteilung** ausgewiesen, ist dies allenfalls ein in Betracht kommendes, jedoch vages Indiz und noch lange kein Beweis. Denn dafür besteht bei einem Grundstückserwerb grundsätzlich keine Notwendigkeit. Wurde gleichwohl eine Kaufpreisaufteilung im Kaufvertrag ausgewiesen, so liegt es nicht fern, eine dahinterstehende Absicht zu vermuten. **109**

Geht man von der Rechtsfigur des *„fingierten gewöhnlichen Geschäftsverkehrs"* aus, ist sich jeder Käufer eines bebauten Grundstücks wohl bewusst, dass er ein Gut erwirbt, das sich zusammensetzt **110**

- einerseits aus dem unzerstörbaren, unvermehrbaren und krisensicheren Grund und Boden mit einer nicht nur auf Dauer gewährleisteten Werthaltigkeit und
- andererseits einem Gebäude, das trotz ordnungsgemäßer Instandhaltung einem Wertverzehr unterliegt.

Der Käufer ist sich zudem wohl bewusst, dass der Wert des Grund und Bodens während der Nutzung des bebauten Grundstücks vielfach nicht unerheblich konjunkturell ansteigt, während der Gebäudewert in Abhängigkeit vom Alter der baulichen Anlage einhergehend mit der konjunkturellen Wertstei-gerung abnimmt.

Davon ausgehend ist die der ImmoWertV zugrunde liegende Konvention, **den Anteil des Bodenwerts am Vergleichs-, Ertrags- und Sachwert stets mit dem Bodenwert eines unbe-** **111**

62 BFH, Urt. vom 02.07.2004 – II R 55/01 –, BFHE 205, 492 = BStBl II 2004, 703 = EzGuG 19.49d; BGH, Urt. vom 28.03.1966 – VI 320/64 –, BFHE 85, 433 = BStBl III 1966, 456 = EzGuG 20.42.

63 BFH, Urt. vom 21.7.2020 – IX R 26/19 –, GuG 2021, 59 = EzGuG 20.350; vorangehend a.A. FG Berlin-Brandenburg, Urt. vom 14.08.2019 – 3 K 3137/19 –, BeckRS 2019, 28421 = EzGuG 20.335.

baut gedachten Grundstücks anzusetzen, eine durchaus dem gewöhnlichen Geschäftsverkehr nahekommende Konvention. Insoweit entspricht der so angesetzte Anteil des Bodenwerts am Gesamtwert des Grundstücks dem „realen" Verkehrswert des Bodens i.S. vorstehender Rechtsprechung. Er lässt sich zudem auch mit hoher Vertrauenswürdigkeit aus geeigneten Vergleichspreisen bzw. auf der Grundlage von Bodenrichtwerten ableiten. Der BFH[64] sieht jedenfalls bei einem so ermittelten Bodenwert den erforderlichen Marktbezug als „durchaus gewährleistet" an.

112 *Beispiel 1:*

auf den Grund und Boden

Als **Verkehrswert des Grundstücks** wurde ein Betrag von 1 000 000 € ermittelt; aufgeteilt auf die einzelnen Teilkomponenten:

–	Grund und Boden (Bodenrichtwert)	400 000 €	= 40 %	(400 000 € x 100/ 1 000 000 €)
–	Gebäude	600 000 €	= 60 %	(600 000 € x 100/ 1 000 000 €)
		1 000 000 €	100 %	

Nach der Verkehrswertmethode entfallen von dem gezahlten Gesamtkaufpreis von 1 100 000 €

–	**auf den Grund und Boden**	(= 40 % von 1 100 000 €)	**= 440 000 €**
–	**auf das Gebäude**	(= 60 % von 1 100 000 €)	**= 660 000 €**

Beispiel 2 zur Verkehrswertaufteilung unter Einbeziehung anschaffungsnaher Modernisierungen (vgl. Rn. 129):

Ein mit einem modernisierungsbedürftigen Gebäude bebautes Grundstück wurde zum Zwecke der Modernisierung für einen Kaufpreis von 1 100 000 € erworben. Für die Modernisierung wurden 300 000 € aufgebracht. Die gesamten Anschaffungskosten belaufen sich mithin auf 1 400 000 € (=1 100 000 € + 300 000 €).

Als Verkehrswert des Grundstücks unter Berücksichtigung der Modernisierung wurde ein Betrag von 1 200 000 € ermittelt.

Die Aufteilung des **Verkehrswerts unter Berücksichtigung der Modernisierung** ergibt für die einzelnen Teilkomponenten:

–	Grund und Boden		400 000 €	= 33 %	(400 000 € x 100 / 1 200 000 €)
	Gebäude (modernisiert)*	800 000 €	800 000 €		
–	Gebäude (nicht modernisiert)	600 000 €		= 50 %	(600 000 € x 100 / 1 200 000 €)
–	Modernisierungsbedingte Werterhöhung	200 000 €	200 000 €	= 17 %	(200 000 € x 100 / 1 200 000 €)
–	Verkehrswert (insgesamt)		1 200 000 €	100 %	

* Ermittlung unter Berücksichtigung einer verlängerten Restnutzungsdauer und abgepasster Bewirtschaftungskosten

Dabei wurde der Wertanteil des Grund und Bodens auf der Grundlage des Bodenrichtwerts und der Wertanteil der im Zusammenhang mit dem Grundstückserwerb stehenden Modernisierungsmaßnahmen nach den aufgebrachten Modernisierungskosten (z.B. auf der Grundlage eines Bauträgervertrags) angesetzt (vgl. Rn. 130).

64 BFH, Urt. vom 21.01.2020 – IX R 26/19 –, GuG 2021, 59 = EzGuG 20.350; vorangehend a.A. FG Berlin-Brandenburg, Urt. vom 14.08.2019 – 3 K 3137/19 –, BeckRS 2019, 28421 = EzGuG 20.335.

Nach der Verkehrswertmethode entfallen auf den gezahlten gesamten Anschaffungskosten von 1 400 000 €

–	**auf den Grund und Boden**	(= 33 % von 1 400 000 €)	**= 466 667 €**
–	**auf den Altbau**	(= 50 % von 1 400 000 €)	**= 700 000 €**
–	**auf die Modernisierungsmaßnahmen**	(= 17 % von 1 400 000 €)	**= 233 333 €**
		Σ =	**1 400 000 €**

Anmerkung:

1. Kosten und mithin auch die Modernisierungs*kosten* bilden nicht den *Wert* und mithin auch nicht die daraus resultierende Werterhöhung ab.
3. Es erscheint deshalb angezeigt, die Modernisierung nicht mit ihren Kosten, sondern mit der daraus resultierenden Werterhöhung der Altbausubstanz bzw. das Gebäude gleich mit dem Wertanteil des modernisierten Gebäudes anzusetzen.

Bei Anwendung der vorstehenden Methode werden alle den Kaufpreis beeinflussenden Komponenten gleichermaßen auf die Wertanteile des Grund und Bodens und des Gebäudes verteilt. **113**

Etwas anderes kann gelten, wenn die Vertragsparteien eine sachgerechte Aufteilung vorgenommen haben oder wenn das **Gebäude objektiv wertlos** war; im letzteren Fall entfällt der volle Kaufpreis auf den Grund und Boden[65]. **114**

Die **Absicht beim Erwerb eines Grundstücks, die Gebäude abzureißen,** rechtfertigt im Übrigen nach ständiger finanzgerichtlicher Rechtsprechung nicht, den für ein bebautes Grundstück bezahlten Überpreis im Wesentlichen dem Grund und Boden zuzuordnen[66]. **115**

4.1.2.2 Wertermittlungsverfahren

▶ *Vgl. Rn. 102.*

Nach höchstrichterlicher Finanzrechtsprechung ist – den Grundsätzen der ImmoWertV folgend – das anzuwendende **Wertermittlungsverfahren** nach der Art des Wertermittlungsobjekts unter Berücksichtigung der im gewöhnlichen Geschäftsverkehr bestehenden Gepflogenheiten und der sonstigen Umstände des Einzelfalls, insbesondere der zur Verfügung stehenden Daten, nach den tatsächlichen Gegebenheiten des jeweiligen Einzelfalls zu wählen und zu begründen[67]. Es können auch mehrere Verfahren zur Anwendung kommen. Im Übrigen sind die Wertermittlungsverfahren grundsätzlich gleichwertig[68]. Dabei ist zu fordern, dass alle in Betracht kommenden Wertermittlungsverfahren zu den gleichen Boden- und Gebäudeanteilen führen und diese zusammen den Verkehrswert der Liegenschaft ergeben. **116**

---

65 BFH, Urt. vom 15.02.1989 – X R 97/87 –, BFHE 156, 423 = BStBl II 1989, 604 = EzGuG 19.39j; BFH, Urt. vom 12.06.1978 – GrS 1/77 –, BFHE 125, 516 = BStBl II 1978, 620 = EzGuG 4.56a.

66 BFH, Urt. vom 16.12.1981 – I R 131/78 –, BFHE 135, 185 = BStBl II 1982, 320 = EzGuG 4.80.

67 BFH, Urt. vom 20.09.2022 – IX R 12/21 –, GuG 2023, 116 = BFH/NV 2023, 1861 = EzGuG 20.425 (Eigentumswohnung); BFH, Urt. vom 29.10.2019 – IX R 38/17 –, BFHE 267, 18 = BStBl II 2021, 202 = EzGuG 20.360; BFH, Beschl. vom 15.11.2016 – IX B 98/16 –, BFH/NV 2017, 292 = EzGuG 19.85; BFH, Urt. vom 20.09.2022 – IX R 12/21 –, (Eigentumswohnung); BFH, Urt. vom 11.02.2003 – IX R 13/00 – BFH/NV 2003, 769 = GuG 2003, 316 = EzGuG 4.186a; BFH, Urt. vom 10.10.2000 – IX R 86/97 –, BFHE 193, 326 = BStBl II 2001, 183 = EzGuG 4.177a; BFH, Urt. vom 27.06.1995 – IX R 130/90 –, BFHE 178, 151 = BStBl II 1996, 215 = EzGuG 19.43b BFH, Urt. vom 02.02.1990 – III R 173/86 –, GuG 1992, 217 = BFHE 159, 505 = BStBl II 1990, 497 = EzGuG 20.131; BFH, Urt. vom 15.01.1985 – IX R 81/83 –, BFHE 143, 61 = BStBl II 1985, 252 =EzGuG 20.109.

68 BFH, Beschl. vom 27.11.2017 – IX B 144/16 – GuG 2018, 193 = EzGuG 20.266; BFH, Beschl. vom 15.11.2016 – IX B 98/16 –, BFH/NV 2017, 292 = EzGuG 19.85.

117 Die **Privilegierung des Sachwertverfahrens** in der Rechtsprechung der Finanzgerichte **ist** damit **weitgehend überholt**[69]. Danach sollte sich der Gebäudewertanteil selbst bei typischen Ertragswertobjekten, insbesondere bei Mehrfamilienhäusern und Eigentumswohnungen (im Privatvermögen) nach dem Gebäudesachwert bemessen. Dies wurde u.a. unverständlicherweise damit begründet, dass bei Anwendung des Ertragswertverfahrens der „Gebäudewert lediglich unter Einbeziehung des „Verzinsungsbetrags des Bodenwerts" – mithin also nicht unabhängig vom Grund und Boden – ermittelt werden kann"[70]. Die vielfach unterschiedliche Rechtsprechung der Finanzgerichte und die von den Bundesländern zu alledem erlassenen unterschiedlichen Vereinfachungsregeln zur Ermittlung des Gebäudewertanteils[71] waren rechtspolitisch unbefriedigend. Dies kann als der wesentliche Grund dafür angesehen werden, dass die von den obersten Finanzbehörden von Bund und Ländern erlassene und inzwischen verworfene Arbeitshilfe zur Kaufpreisaufteilung ausschließlich eine Kaufpreisaufteilung unter Anwendung des Sachwertverfahrens vorsah. Die höchstrichterliche Rechtsprechung hat bereits seit 1999[72] Zweifel an der einseitigen Ausrichtung am Sachwertverfahren dargelegt und 2005[73] einen Schlussstrich gezogen.

118 Die Anwendung des Ertragswertverfahrens wurde in der Rechtsprechung des BFH unverständlicherweise nur in besonderen Einzelfällen zugelassen[74]. So kann die **Anwendung des Ertragswertverfahrens** angezeigt sein, wenn dieses aus der Sicht des Finanzgerichts als Tatsacheninstanz zum „zutreffenderen Wert" führt und die Wertverhältnisse besser abbildet[75]. So kann der Verkehrswert von **Mietwohngrundstücken** grundsätzlich sowohl durch das Sachwert- wie auch das Ertragswertverfahren ermittelt werden[76]. Bei Mietwohngrundstücken *im Privatvermögen* wurde die Kaufpreisaufteilung nach dem Sachwertverfahren damit begründet, dass bei derartigen Objekten regelmäßig davon auszugehen sei, dass für den Erwerb neben Ertragsgesichtspunkten und der sicheren Kapitalanlage auch die Aussicht auf einen langfristigen steuerfreien Wertzuwachs des Vermögens ausschlaggebend ist[77]. Die Rechtsprechung ist nicht sachgerecht, denn auch bei im Privatvermögen stehenden Mietwohngrundstücken findet neben der im Vordergrund stehenden Rendite auch die Aussicht „auf einen langfristigen steuerfreien Wertzuwachs des Vermögens" Eingang in das Ertragswertverfahren.

119 **Für die Anwendung des in der Verkehrswertermittlung umstrittenen Sachwertverfahrens ist nur noch wenig Raum**, zumal das Sachwertverfahren nicht zuletzt aufgrund der mit der ImmoWertV verbindlich vorgegebenen problematischen Normalherstellungskosten

69 Die steuerrechtliche Rechtsprechung (vgl. FG Düsseldorf, Urt. vom 19.01.2016 – 13 K 1496/13 –, GuG 2016, 266 = EzGuG 20.242) nimmt als „systemimmanent" sogar in Kauf, dass bei Anwendung des Sachwertverfahrens sehr hohe Sachwertfaktoren erforderlich werden, um zum Verkehrswert zu kommen, obgleich dies in der anerkannten Wertermittlungspraxis ein Beleg dafür ist, dass das angewandte Verfahren nicht geeignet ist. Davon abweichend: BFH, Urt. vom 02.02.1990 – III R 173/86 – , GuG 1992, 217 = BFHE 159, 505 = BStBl II 1990, 497 = EzGuG 20.131; BFH, Urt. vom 27.06.1995 – IX R 130/90 –, BFHE 178, 151 = BStBl II 1996, 215 = EzGuG 19.43b.

70 BFH, Urt. vom 24.02.1999 – IV B 73/98 –, BFH/NV 1990, 1201 = GuG 2000, 186 = EzGuG 20.170; Glanegger in Schmidt, a.a.O. , § 6 Rn. 118.

71 Z.B. Berlin: Senatsverwaltung für Finanzen Berlin: *Erlass* betr. Aufteilung des Kaufpreises von bebauten Grundstücken in Grund- und Boden sowie Gebäudeanteil für Zwecke der Einkommensteuer im Wege des vereinfachten Sachwertverfahrens auf der Grundlage der Raummeterpreise von 1913 (!) – III B-S 2196-1/1993 – gültig ab: 20.04.2012.

72 BFH, Urt. vom 24.02.1999 – IV B 73/98 –, GuG 2000, 186 = BFH/NV 1999, 1201 = EzGuG 20.170.

73 BFH, Urt. vom 23.06.2005 – IX B 117/04 –, BFH/NV 2005, 1813 = EzGuG 4.195a;

74 BFH, Beschl. vom 24.02.1999 – IV B 73/98 –; BFH/NV 1999, 1201 = EzGuG 20.170; BFH, Urt. vom 11.02.2003 – IX R 13/00 –, GuG 2003, 316 = BFH/NV 2003, 769 = EzGuG 4.186a.

75 BFH, Urt. vom 29.05.2008 – IX R 36/06 –, GuG 2009, 55 = BFH/NV 2008, 1668 = EzGuG 20.205; BFH, Urt. vom 10.10.2000 – IX R 86/97 –, BFHE 193, 326 = BStBl II 2001, 183 = EzGuG 4.177a; BFH, Urt. vom 15.01.1985 – IX R 81/83 –, BFHE 143, 61 = BStBl II 1985, 252 = EzGuG 20.109.

76 BFH, Beschl. vom 29.05.2008 – IX R 36/06 –, BFH/NV 2008, 1668 = GuG 2009, 55 = EzGuG 20.205.

77 BFH, Beschl. vom 29.05.2008 – IX R 36/06 –, BFH/NV 2008, 1668 = GuG 2009, 55 = EzGuG 20.205; BFH, Beschl. vom 23.06.2005 – IX B 132/04 –, BFH/NV 2005, 1798 = EzGuG 19.50i; BFH, Urt. vom 25.05.2005 – IX R 46/04 –, BFH/NV 2006, 261 = EzGuG 19.50g; BFH, Urt. vom 11.02.2003 – IX R 13/00 –, BFH/NV 2003, 769 = EzGuG 4.186a; FG Düsseldorf, Urt. vom 19.01.2016 – 13 K 1496/13 –, GuG 2016, 266 = EzGuG 20.242, hierzu Spiegelberger in Spiegelberger/Schallmoser, Immobilien im Zivil- und Steuerrecht, 3. Aufl., Rn. 1.71; kritisch dazu Wichmann, Die Steuerberatung – Stbg – 2017, 405.

(NHK) 2010 (synthetische Kunstwerte vgl. Syst. Darst. des Sachwertverfahrens Rn. 50 ff.) seine Glaubwürdigkeit und Überzeugungskraft eingebüßt hat.

- Zur Teilwertermittlung bei **Eigentumswohnungen** hat der BFH in diesem Zusammenhang die Ermittlung des Gebäudewertanteils nach dem Vergleichswertverfahren abgelehnt und dem Sachwertverfahren den Vorzug gegeben[78]. Die Ablehnung des Vergleichswertverfahrens wird damit begründet, dass bei Anwendung dieser Methode die Eigentumswohnung als eine Einheit von Miteigentumsanteil und Sondereigentum bewertet wird. Daraus ist aber keinesfalls eine grundsätzliche Ablehnung des Vergleichswertverfahrens für die Verkehrswertermittlung von Eigentumswohnungen (insgesamt) herauslesbar[79].
- Auch zur Teilwertermittlung bei **Mietwohngrundstücken im Privatvermögen mit einer nur geringen Zahl von Wohneinheiten** wurde dem Sachwertverfahren der Vorzug gegeben[80].
- Des Weiteren hält die Finanzgerichtsrechtsprechung auch bei der Teilwertermittlung von **Geschäftsgrundstücken (mit Ladengeschäften)** unverständlicherweise am Sachwertverfahren fest[81].

4.1.2.3 Bodenwertanteil

▶ *Rn. 3; § 6 ImmoWertV Rn. 63 ff.*

Der Bodenwert wird nach vorstehenden Ausführungen auf der Grundlage der ImmoWertV mit dem geforderten Marktbezug unter Heranziehung geeigneter Vergleichspreise bzw. Bodenrichtwerte mit hoher Vertrauenswürdigkeit ermittelt. Nach dem System der ImmoWertV ergeben sich – unabhängig von dem zur Anwendung kommenden Wertermittlungsverfahren (Ertrags- oder Sachwertverfahren) – jeweils gleiche Bodenwerte. Dies gilt im Übrigen auch bei Anwendung des vereinfachten Ertragswertverfahrens (EW = RE x KF + BW x AF). Bei Anwendung dieses Verfahrens ergibt sich der Ertragswert ohne Aufteilung in einen Boden- und Gebäudeanteil zuzüglich des nach Ablauf der Restnutzungsdauer verbleibenden Bodenwerts, abgezinst auf den Wertermittlungsstichtag. **120**

Nach dem systemischen Aufbau der ImmoWertV wird bei der Marktwertermittlung bebauter Grundstücke bei Anwendung des Ertrags- und Sachwertverfahrens – wie in der steuerlichen Bewertung – der Bodenwert **mit dem Wert des unbebauten Grundstücks („voller Bodenwert“)** angesetzt (§ 40 Abs. 1 ImmoWertV), d.h. mit dem Verkehrswert eines unbebauten Grundstücks. Dieser Wert ist nach der ImmoWertV allerdings nur der modellkonforme Aus- **121**

---

78 BFH, Urt. vom 29.10.2019 – IX R 38/17 –, BFHE 267, 28 = BStBl. II 2021, 202 = EzGuG 20.360; BFH, Urt. vom 29.10.2019 – IX R 39/17 –, BFH/NV 2020, 681 = EzGuG 20.360; BFH, Urt. vom 11.02.2003 – IX R 13/00 –, GuG 2003, 316 = BFH/NV 2003, 769 = EzGuG 4.186a; BFH, Urt. vom 10.10.2000 – IX R 86/97 –, BFHE 193, 326 = BStBl II 2001, 183 = EzGuG 4.177a; BFH, Beschl. vom 27.11.2017 – IX B 144/16 – GuG 2018, 193 = EzGuG 20.266; BFH, Beschl. vom 23.06.2005 – IX B 117/04 –, BFH/NV 2005, 1813 = EzGuG 4.195a.

79 BFH, Urt. vom 15.11.2016 – IX B 98/16 –, BFH/NV 2017, 292 = EzGuG 19.85; BFH, Urt. vom 10.10.2000 – IX R 86/97 –, BFHE 193, 326 = BStBl II 2001, 183 = EzGuG 4.177a; BFH, Urt. vom 24.02.1999 – IV B 73/98 –, GuG 2000,186 = BFH/NV 1999,1201 =EzGuG 20.170; BFH, Urt. vom 22.04.1997 – IX R 74/95 –, BFHE 182, 300 = BStBl II 1997, 541 = EzGuG 20.160f; BFH, Urt. vom 15.01.1985 – IX R 81/83 –, BFHE 143, 61 = BStBl II 1985, 252 = EzGuG 20.109; FG Baden-Württemberg, Urt. vom 29.11.1990 – III K 412/84 –, BeckRS 2014, 07652 = EzGuG 20.134; FG Düsseldorf, Urt. vom 12.06.1997 – 14 K 6480/93 –, EFG 1997, 1302 = EzGuG 4.169a; FG Baden-Württemberg, Urt. vom 29.04.1998 – 12 K 35[illegible]/92 –, EFG 1998, 1675 = EzGuG 20.162d; FG München, Urt. vom 26.10.1999 – 16 K 2935/98 –, EFG 2000, 210 = EzGuG 4.175a; vgl. Schreiben des BMF vom 30.03.1990 – IV B 2 – S 2171 –, BStBl I 1990, 149; OFD Berlin, Vfg. Nr. 118/1985 –, EStG Kartei Berlin § 7 Fach 3 Nr. 1003.

80 BFH, Urt. vom 22.01.2003 – IX R 13/00 –, BFH/NV 2003, 762 = GuG 2003, 316 = EzGuG 4.186a; FG Hamburg, Urt. vom 10.08.2004 – I 241/02 –, EzGuG 4.188a.; FG Hamburg, Urt. vom 09.09.2003 – III 268/03 –, EFG 2004, 324 = EzGuG 4.187a; FG München, Urt. vom 26.10.1999 – 16 K 2935/98 –, EFG 2000, 210 = EzGuG 4.175a.

81 BFH, Urt. vom 23.06.2005 – III R 173/86 –, BFHE 159, 505 = BStBl II 1990, 497 = GuG 1992, 217 = EzGuG 20.131; FG Baden-Württemberg, Urt. vom 28.06.2006 – 5 K 604/03 –, EFG 2006, 1747 = EzGuG 4.197; a.A., FG Niedersachsen, Urt. vom 11.04.2000 – 6 K 611/93 –, EFG 2001, 157 = EzGuG 19.47c; FG Nürnberg, Urt. vom 01.04.2004 – IV 197/03 –, EFG 2004, 1194 = EzGuG 19.49; FG Münster, Urt. vom 07.12.1995 – 8 K 4427/92 F – , EFG 1996, 270 = EzGuG 19.44; FG München, Urt. vom 26.10.1999 – 16 K 2935/98 –, EFG 2000, 210 = EzGuG 4.175a.

gangswert. Ob es sich dabei tatsächlich um den „Verkehrswertanteil“ des Grund und Bodens am Gesamtwert des Grundstücks handelt, bleibt damit unbeantwortet, denn die bei Anwendung dieser Verfahren gebotene Marktanpassung vollzieht sich über den Liegenschaftszinssatz bzw. den Sachwertfaktor, die nicht zwischen dem Boden- und Gebäudewert differenzieren (vgl. § 21 ImmoWertV Rn. 74 sowie § 28 Satz 2 ImmoWertV). Im Rahmen der Marktwertermittlung besteht auch keine Notwendigkeit, den anteilig auf den Grund und Boden entfallenden „Verkehrswert“ des Grund und Bodens zu ermitteln.
Dessen ungeachtet setzt sich sowohl bei Anwendung des Sachwertverfahrens als auch bei Anwendung des allgemeinen Ertragswertverfahrens der vorläufige marktangepasste Sach- und Ertragswert aus dem Verkehrswert eines unbebauten Grundstücks sowie dem Gebäudesach- bzw. Gebäudeertragswert zusammen (§ 28 Satz 1 und § 35 Abs. 2 ImmoWertV). Die mit dem Sachwertfaktor bzw. Liegenschaftszinssatz einhergehende Marktanpassung wird nach dem Modell der ImmoWertV im Gesamtergebnis allein dem Gebäudewertanteil zugewiesen, wenn die baulichen und sonstigen Außenanlagen einmal außer Betracht bleiben.
Soweit sich aus der Beziehung des nach vorstehenden Grundsätzen ermittelten Bodenwerts zu der aufstehenden Bebauung besondere **bodenbezogene Werteinflüsse ergeben, von denen erwartet werden kann, dass sie sich im gewöhnlichen Geschäftsverkehr im Kaufpreis niederschlagen**, werden diese besonderen objektspezifischen Grundstücksmerkmale (boG) nach dem System der ImmoWertV bei dem Bodenwert berücksichtigt. Dies sind insbesondere auf dem Grundstück atypisch realisierte Nutzungen und im Falle übergroßer Grundstücke eine am Geschehen auf dem Grundstücksmarkt orientierte besondere Bewertung der über die nach Art, Lage und Nutzung der Bebauung zuzuordnende marktübliche Grundstücksfläche hinausgehenden Fläche, der Grundstücksrestfläche (vgl. § 40 Abs. 5 i.V.m. den §§ 41 und 43 ImmoWertV). Die daraus resultierende Verfeinerung der Ermittlung des Grund und Bodens eines bebauten Grundstücks ist nachvollziehbar und hat hohe Plausibilität.

122 Ob das Modell der ImmoWertV der Fiktion eines gewöhnlichen Geschäftsverkehrs i.S. des Steuerrechts[82] (*„reale Verkehrswerte von Grund und Gebäude“*) entspricht, kann die Wertermittlungslehre nicht abschließend beantworten (sog. ungelöstes Repartitionsproblem, vgl. Rn. 49). Dem in der Marktwertermittlung zur Anwendung kommenden Bewertungsansatz wird diesbezüglich zumindest eine hohe Plausibilität beigemessen und die einschlägigen Gründe können gleichermaßen für die steuerliche Aufteilung in einen Boden- und Gebäudeanteil gelten.

4.1.2.4 Gebäudewertanteil

123 Unter der Zielsetzung, dass sich die Kaufpreisaufteilung am Marktgeschehen orientieren soll, muss der Gebäudewertanteil **marktkonform** ermittelt werden, d.h. **mit dem Betrag, der zusammen mit dem Bodenwertanteil den Verkehrswert ergibt**(*„reale Verkehrswerte von Grund und Gebäude“*).Da die Kaufpreisaufteilung nicht von dem zur Anwendung kommenden Wertermittlungsverfahren abhängig sein darf, müssen Gebäudeertrags- und Gebäudesachwert gleich sein.

124 Während bei *Anwendung des Ertragswertverfahrens* die Lage auf dem Grundstücksmarkt (Marktlage) über den Liegenschaftszinssatz (auf direktem Wege) in den Ertragswert eingeht, wird bei *Anwendung des Sachwertverfahrens* der ohne Marktbezug auf der Grundlage synthetischer bundeseinheitliche „Modellwerte“ ermittelte Gebäudesachwert nachträglich mittels Sachwertfaktoren an die Lage auf dem Grundstücksmarkt (Marktlage) angepasst.

125 Vom Gutachterausschuss für Grundstückswerte werden allerdings nur Sachwertfaktoren abgeleitet, die sich – wie die steuerlichen Wertzahlen – auf den Gesamtwert des Grundstücks, d.h. auf Boden und Gebäude ggf. einschließlich Außenanlagen beziehen (vgl. § 21 ImmoWertV

---

82 In diesem Zusammenhang wird von einem *„vermutlichen Konsenspreis“* für den einzelnen Vermögensgegenstand am unaufgeteilten Gesamtkaufpreis gesprochen, was hier nicht weiterführt, denn ein Konsens wird bei Vertragsabschluss infolge der einseitigen Interessenlage nicht gefordert.

Rn. 141) Mit dem Sachwertfaktor wird der sich aus dem Sachwert der baulichen Anlage (einschließlich dem Sachwert der baulichen und sonstigen Außenanlagen) und dem Bodenwert zusammensetzende vorläufige Sachwert an die Lage auf dem Grundstücksmarkt angepasst. Dies ist von der Finanzverwaltung als Kernproblem der Kaufpreisaufteilung bei Anwendung des Sachwertverfahrens erkannt worden.

4.2 Kaufpreisaufteilung nach typisierten Wertermittlungsverfahren der Finanzverwaltung

4.2.1 Entstehungsgeschichte

Schrifttum:*Burkhardt/Müller/Schuster*, BBK 17/2014 S. 810; *Grootens, M.*, BMF-Arbeitshilfe NWB 2021; *Graf/Nacke*, Arbeitshilfe des BMF zur Kaufpreisaufteilung auf dem Prüfstand, NWB 32/2020 S. 2383; *Jacoby, J.*, Kaufpreisaufteilung für bebaute Grundstücke, KIT Karlsruher Institut für Technologie 2018; *Jacoby, J./Geiling, S.*, Kaufpreisaufteilung bei Grundstücksanschaffungen – Quo vadis?, DStR 2020, 481 in GuG 2013, 357; *Jacoby, J./Geiling, S.*, Kaufpreise korrekt aufteilen, Datev 2021, 23; *Jardin/Roscher*, Die Immobilienwertermittlung aus steuerlichen Anlässen, 1. Aufl. NWB Verlag Herne 2019; *Kaminski* in Steuerberater Handbuch 2019, 27. Aufl., Teil 4, Immobilieninvestitionen durch Privatpersonen, Rn. 1273; *Kohlhaas*, Stbg 2016, S. 460; *Rade/Stobbe* in Herrmann/Heuer/Raupach, EStG KSTG Kommentar, § 6 EStG Rn. 315; *Ronig, R.*, Neue Arbeitshilfe des BMF zur Kaufpreisaufteilung, NWB Nr. 28 vom 16.07.2021; *Wagner*, DB 2016, 556; BeckOK EStG/Graw, 7. Aufl. (01.05.2020), EStG § 7 Rn. 185; *Mann*, GuG 2017, 17; *Schaper*, GuG 2017, 100; *Seitz*, GuG 2017, 142.

Der BMF bietet seit 2016 eine **Arbeitshilfe zur Kaufpreisaufteilung**[83]**in einem typisierten Verfahren** an. Die seit 2016 geltende Fassung der Arbeitshilfe hat der BFH[84] mit dem Hinweis auf ihre einseitige Ausrichtung auf das Sachwertverfahren und den unzureichenden Marktbezug der auf der Grundlage der NHK 2010 ermittelten Gebäudewerte verworfen. Auch die nunmehr geltende Arbeitshilfe 21[85] – aktualisiert zum 22.06.2023 und nunmehr neu veröffentlicht im Januar 2025 (BMF-online) – hat insoweit keine allgemeine Bindungswirkung, als es sich nicht um eine Rechtsnorm handelt; jedoch handelt es sich um eine nachgelagerte Finanzbehörden bindende Anweisung zur Rechtsanwendung („Selbstbindung der Verwaltung")[86]. 126

Die geltende Arbeitshilfe bietet nunmehr ein typisiertes Vergleichs-, Ertrags- und Sachwertverfahren an. Grundsätzlich ist vor Anwendung des Sachwertverfahrens als Auffangverfahren zunächst die Heranziehung des Ertragswertverfahrens zu prüfen. Da bei Mietwohngrundstücken, gemischt genutzten Grundstücken und Geschäftsgrundstücken i.d.R. bundesweit keine Vergleichsfaktoren vorliegen, wird in der Arbeitshilfe bei diesen Grundstücksarten auf die Abfrage von Vergleichsfaktoren und die Prüfung des Vergleichswertverfahrens verzichtet, ohne dass damit die Anwendung des Vergleichswertverfahrens ausgeschlossen wird. Die Arbeitshilfe stellt erklärtermaßen eine qualifizierte Schätzung dar, die sachverständig begründet widerlegbar ist. 127

Grundsätzlich ist zu fordern, dass die **Anwendung der in Betracht kommenden Verfahren zu gleichen Boden- und Gebäudewertanteilen führen**, die zusammen denselben Verfahrenswert ergeben. 128

83 GuG 2017, 199; GuG 2014, 299 ff.; GuG 2016, 192; GuG-aktuell 2018, 20; zur Restnutzungsdauer bei Modernisierungen vgl. § 4 ImmoWertV Rn. 49 ff.; RdErl der Senatsverwaltung für Finanzen Berlin (Est-Nr. 10/2021 – S 2196-2/2013-1) zur Aufteilung eines Gesamtkaufpreises für ein bebautes Grundstück vom 11.05.2021.

84 BFH, Urt. vom 21.07.2020 – IX R 26/19 –, GuG 2021, 59 = EzGuG 20.350j; vorangehend a.A. FG Berlin-Brandenburg, Urt. vom 14.08.2019 – 3 K 3137/19 –, BeckRS 2019, 28421 = EzGuG 20.335.

85 BStBl II 2021, 372.

86 Nach § 21a Abs. 1 Satz 1 des Finanzverwaltungsgesetzes (FVG) kann das BMF mit Zustimmung der obersten Finanzbehörden der Länder u.a. allgemeine Weisungen zur Behandlung steuerlicher Sachverhalte erteilen. Schreiben des BMF stellen allgemeine Weisungen i.S. des Art. 108 Abs. 3 Satz 2, Art. 85 Abs. 3 GG dar, die – wie allgemeine Verwaltungsvorschriften nach Art. 108 Abs. 7 GG – die Vollzugsgleichheit im Bereich der Länder im Auftrag des Bundes verwalteten.

129 Die regelmäßig vorhandenen **besonderen objektspezifischen Grundstücksmerkmale** i.S. des § 8 Abs. 3 ImmoWertV bleiben nach der Arbeitshilfe zur typisierten Kaufpreisaufteilung unberücksichtigt. Insoweit erfolgt die Kaufpreisaufteilung auf der Grundlage der vorläufigen Vergleichs-, Ertrags- oder Sachwerte i.S. der ImmoWertV.

4.2.2 Kaufpreisaufteilung nach dem Vergleichswertverfahren

130 Ausgangswert der Kaufpreisaufteilung nach dem Vergleichswertverfahren ist der vorläufige Vergleichswert des bebauten Grundstücks. Dieser ergibt sich aus dem Produkt des (gegebenenfalls objektspezifisch angepassten) Vergleichsfaktors i.S. des § 20 ImmoWertV und der Wohn- bzw. Nutzfläche. Garagen- und Tiefgaragenplätze sind gegebenenfalls entsprechend zu berücksichtigen. Hieraus ergibt sich der Wertanteil der baulichen Anlagen im Vomhundertsatz nach

$$\text{Wertanteil der baulichen Anlagen [\%]} = \frac{(\text{Vorläufiger Vergleichswert} - \text{Bodenwert}) \times 100}{\text{Vorläufiger Vergleichswert}}$$

und der

Wertanteil des Grund und Bodens [%] = 100 % – Wertanteil der baulichen Anlagen [%]

131 Vorläufiger Vergleichswert ist i.d.R. der unter Berücksichtigung der Lage auf dem Grundstücksmarkt ermittelte Verfahrenswert, denn der (gegebenenfalls objektspezifisch angepasste) Vergleichsfaktor i.S. des § 20 ImmoWertV wird aus einer ausreichenden Anzahl geeigneter den Grundstücksmarkt repräsentierender Kaufpreise abgeleitet. Die Lage auf dem Grundstücksmarkt geht damit direkt in den vorläufigen Vergleichswert ebenso wie in den aus Kaufpreisen bzw. Bodenrichtwerten abgeleiteten Bodenwert ein.

4.2.3 Kaufpreisaufteilung nach dem Ertragswertverfahren

132 Die Kaufpreisaufteilung unter Anwendung des Ertragswertverfahrens ist nach der höchstrichterlichen Finanzrechtsprechung angezeigt, wenn entsprechend den Vorgaben der ImmoWertV nach der Art des Wertermittlungsobjekts unter Berücksichtigung der im gewöhnlichen Geschäftsverkehr bestehenden Gepflogenheiten und der sonstigen Umstände des Einzelfalls, insbesondere der zur Verfügung stehenden Daten, dieses nach den tatsächlichen Gegebenheiten des jeweiligen Einzelfalls gewählt werden muss.

133 Bei Anwendung des Ertragswertverfahrens gegebenenfalls unter Heranziehung von objektspezifisch angepassten Liegenschaftszinssätzen nach § 21 Abs. 2 ImmoWertV, mit dem die allgemeinen Wertverhältnisse auf dem Grundstücksmarkt (Marktlage) direkt bereits in den Ertragswert eingehen, gelangt man im Unterschied zum Sachwertverfahren direkt zum vorläufigen *marktangepassten* Ertragswert. Soweit ein vom Gutachterausschuss für Grundstückswerte abgeleiteter Liegenschaftszinssatz herangezogen wird, kann davon ausgegangen werden, dass dieser auf der Grundlage von Bodenwerten in einer marktangepassten Größenordnung abgeleitet wurde und die mit dem Liegenschaftszinssatz einhergehende Marktanpassung sich bei Anwendung des allgemeinen Ertragswertverfahrens nach dem Modell der ImmoWertV (§ 28 ImmoWertV) im Wesentlichen auf die Ermittlung des (vorläufigen) Gebäudeertragswerts (= [RE – BW x LZ] x KF) bezieht. Dass der „Gebäudewert … unter Einbeziehung des „Verzinsungsbetrags des Bodenwerts" – dabei nicht unabhängig vom Grund und Boden – ermittelt werden kann, ist dem Umstand geschuldet, dass das im Grund und Boden investierte Kapital den Reinertrag mindert."

134 Ausgangswert der Kaufpreisaufteilung nach dem Ertragswertverfahren ist der vorläufige Ertragswert des bebauten Grundstücks. Dieser ergibt sich aus dem kapitalisierten Reinertragsanteil der baulichen Anlage zuzüglich des Bodenwerts. Garagen- und Tiefgaragenplätze sind gegebenenfalls entsprechend zu berücksichtigen.

- Der Reinertrag soll auf der Grundlage der tatsächlichen oder „ortsüblichen" Miete ermittelt werden.
- Die Bewirtschaftungskosten sollen dabei analog Anl. 23 bzw. § 40 BewG angesetzt werden.

Hieraus ergibt sich der Wertanteil der baulichen Anlagen im Vomhundertsatz nach

$$\text{Wertanteil der baulichen Anlagen [\%]} = \frac{(\text{Vorläufiger Ertragswert} - \text{Bodenwert}) \times 100}{\text{Vorläufiger Ertragswert}}$$

und der

Wertanteil des Grund und Bodens [%] = 100 % – Wertanteil der baulichen Anlagen [%]

Die Verknüpfung der analog zu Anl. 23 bzw. § 40 BewG angesetzten Bewirtschaftungskosten mit einem Liegenschaftszinssatz, der auf der Grundlage der sich aus Anl. 3 zur ImmoWertV ergebenen Bewirtschaftungskosten abzuleiten ist, stellt eine unzulässige Verquickung unterschiedlicher Modelle dar.

4.2.4 Kaufpreisaufteilung nach dem Sachwertverfahren

Schrifttum: *Grootens, M.,* Entscheidung zum vereinfachten Sachwertverfahren, NWB BBK Nr. 24 vom 18.12.2020.

Ausgangswert der Kaufpreisaufteilung nach dem Sachwertverfahren[87] ist der vorläufige Sachwert der baulichen Anlage i.S. des § 36 ImmoWertV. Grundlage sind nach wie vor die höchst umstrittenen NHK 2010 (THK) i.V.m. den nicht weniger umstrittenen Vorgaben der Anl. 2 zur ImmoWertV zur Berücksichtigung einer Modernisierung von Gebäuden. Allein mit der Regionalisierung der NHK 2010 bzw. THK, wie sie nunmehr nach der neugefassten ImmoWertV ausdrücklich vorgeschrieben ist, wird die große **Lücke zwischen dem auf dieser Grundlage ermittelten vorläufigen Gebäudesachwert und dem *„realen Verkehrswert* des Gebäudes"** nicht geschlossen. **135**
Diese Lücke wird erst mit dem bei der Marktwertermittlung von Grundstücken zur Anwendung kommenden Sachwertfaktor geschlossen, denn dabei handelt es sich nicht nur um einen Marktanpassungsfaktor, sondern zugleich auch um einen Korrekturfaktor der **„synthetischen Kostenkennwerte" der NHK 2010** bzw. THK, die in der ImmoWertV als „modellhafte Kostenkennwerte" bezeichnet werden. Eine entsprechende Korrektur mittels eines (objektspezifisch angepassten) Sachwertfaktors sieht die Arbeitshilfe jedoch nicht vor. Mit der Ergänzung der Arbeitshilfe zur Kaufpreisaufteilung vom 22 06.2023 wird in Anlehnung an die ImmoWertV lediglich ein Regionalfaktor eingeführt, mit dem regional unterschiedlichen Kostenstrukturen Rechnung getragen wird.
Hieraus ergibt sich der Wertanteil der baulichen Anlagen im Vomhundertsatz nach

$$\text{Wertanteil der baulichen Anlagen [\%]} = \frac{(\text{Vorläufiger Sachwert} - \text{Bodenwert}) \times 100}{\text{Vorläufiger Sachwert}}$$

und

Wertanteil des Grund und Bodens [%] = 100 % – Wertanteil der baulichen Anlagen [%]

Im Unterschied zur Anwendung des Vergleichs- und Ertragswertverfahrens soll – wie schon nach der vom BFH verworfenen alten Fassung der Arbeitshilfe – der Gebäudesachwert ohne Marktanpassung ermittelt werden, denn der „vorläufige Sachwert" ist nun einmal der nicht an die Lage auf dem Grundstücksmarkt angepasste Sachwert (§ 35 Abs. 2 und 3 ImmoWertV)[88].

---

87 Kritisch hierzu BFH, Urt. vom 20.09.2022 – IX R 12/21 –, GuG 2023, 116 = EzGuG 20.425.

88 Tatsächlich geht aber mit der dabei zur Anwendung kommenden sog. „Alterswertminderung" eine partielle Marktanpassung einher; vgl. § 38 ImmoWertV Rn. 1 f; vgl. Glosse in GuG-aktuell 2023, 1.

Vermindert man ihn um den Bodenwert, ist mithin der so ermittelte Gebäudesachwert im Unterschied zur Vergleichs- und Ertragswertmethode nicht der Lage auf dem Grundstücksmarkt angepasst. Denn der vorläufige Vergleichs- und Ertragswert wird unter Berücksichtigung einer Marktanpassung ermittelt, die regelmäßig integraler Bestandteil der Ermittlung des vorläufigen Vergleichs- und Ertragswerts eines bebauten Grundstücks ist, denn diese wird mit dem einschlägigen aktuellen Vergleichsfaktor des bebauten Grundstücks bzw. mit dem Liegenschaftszinssatz berücksichtigt (vgl. § 21 ImmoWertV Rn. 3).

Dementsprechend besteht bei der Kaufpreisaufteilung unter Anwendung des Sachwertverfahrens ein eklatanter Systembruch zur Kaufpreisaufteilung unter Anwendung des Vergleichs- und Ertragswertverfahrens. An dem zu der bis 2021/23 zur Anwendung gekommenen Arbeitshilfe der Finanzverwaltung gegebenen Hinweis, dass auf eine Marktanpassung der (vorläufigen) Sachwerte zu verzichten sei, „da sich diese im gleichen Verhältnis auf den Grund und Boden einerseits sowie das Gebäude andererseits" auswirke, hält der BMF nach wie vor fest. Diese Behauptung trifft schon deshalb nicht zu, da der Gebäudesachwert unter Berücksichtigung der Alterswertminderung ermittelt werden soll und auch diese eine partielle Marktanpassung darstellt (vgl. § 38 ImmoWertV Rn. 1). Wenn dieser fragwürdige Hinweis tatsächlich zuträfe, wäre die neue Arbeitshilfe zur Kaufpreisaufteilung unter Anwendung des Vergleichs- und Ertragswertverfahrens falsch, bei der der nach Maßgabe des § 40 Abs. 1 ImmoWertV 21 im Wege des Preisvergleichs ermittelte Bodenwert in voller Höhe „durchläuft". Der prozentuale Wertanteil der baulichen Anlage bei der Kaufpreisaufteilung unter Anwendung des Vergleichs-, Ertrags- und Sachwertverfahrens muss dementsprechend je nach angewandtem Wertermittlungsverfahren nicht unerheblich auseinanderklaffen[89]. Der vom BMF nach wie vor bei der Kaufpreisaufteilung postulierte **Verzicht einer Marktanpassung der (vorläufigen) Sachwerte durch Anwendung der Sachwertfaktoren steht auch im eklatanten Widerspruch des zur Anwendung kommenden Modells des Sachwertermittlung**. Denn die Sachwert-faktoren stellen auch Korrektur-faktoren für die Anwendung realitätsfremder Normalher-stellungskosten und der mit der vorge-schriebenen linearen Alterswertminderung unvollständig erfassten tatsächlichen Alterswert-minderung dar (vgl. § 7 ImmoWertV Rn. 8; § 21 ImmoWertV Rn. 138ff., § 38 ImmoWertV Rn. 3).

4.2.5 Gesamtbetrachtung

136 Die geltende Arbeitshilfe des BMF vom Mai 2021 ist vor allem im Hinblick auf die darin angebotenen Wertermittlungsverfahren in sich nicht schlüssig. Es besteht ein grundlegender Systembruch zwischen dem Vergleichs- und Ertragswertverfahren einerseits und dem Sachwertverfahren andererseits. Während nämlich bei Anwendung des Vergleichs- und Ertragswertverfahrens mit den diesen zugrunde liegenden Vergleichsfaktoren bzw. Liegenschaftszinssätzen eine Marktanpassung des Gebäudewerts (Wertanteil der baulichen Anlage) einhergeht, soll bei Anwendung des Sachwertverfahrens der Gebäudewert ohne Marktanpassung ermittelt werden.

Der Gebäudewert soll nach wie vor auf der Grundlage der höchst fragwürdigen **„synthetischen Kostenkennwerte" der NHK 2010** bzw. THK ermittelt werden, die in der ImmoWertV als „modellhafte Kostenkennwerte" bezeichnet werden und in der Marktwertermittlung von Grundstücken nach den Vorschriften der ImmoWertV nur damit gerechtfertigt werden, dass die Unzulänglichkeiten dieser Kostenkennwerte mit dem Sachwertfaktor korrigiert werden. Eine entsprechende Korrektur mittels eines (objektspezifisch angepassten) Sachwertfaktors sieht die Arbeitshilfe jedoch nicht vor.

137 In der Anleitung zu der bis 2021/23 zur Anwendung gekommenen Arbeitshilfe der Finanzverwaltung[90] wird hierzu kühn bemerkt, dass auf eine Marktanpassung der (vorläufigen) Sachwerte verzichtet werde, „da sich diese im gleichen Verhältnis auf den Grund und Boden einer-

89 Glosse in GuG-aktuell 2021, 33.
90 GuG 2017, 199; GuG 2014, 299 ff.; GuG 2016, 192; GuG-aktuell 2018, 20.

seits sowie das Gebäude andererseits" auswirke[91]. Dem wurde in der Vorauflage zu diesem Werk und nun auch in der Rechtsprechung des BFH widersprochen. Der BFH stellt richtigerweise fest, dass „bei der Ermittlung des Bodenwerts der erforderliche Marktbezug – wie zuvor dargestellt – durchaus gewährleistet" sei, jedoch „*die Summe der ermittelten Einzelwerte (vorläufigen Sachwerte) … ohne Marktanpassung nicht den Verkehrswert*" ausweise.
An der These, dass eine „Marktanpassung" entfallen könne, weil sie sich gleichermaßen auf Boden und Gebäude auswirke, hält auch die aktualisierte Arbeitshilfe der Finanzverwaltung fest. Sie ist nach wie vor abzulehnen, da Sachwertfaktoren (vgl. § 21 ImmoWertV) auf der Grundlage von **Bodenwerten in einer marktangepassten Größenordnung** abgeleitet werden, denn der dabei eingeführte Bodenwert wird nach Maßgabe des § 40 Abs. 1 ImmoWertV aus geeigneten Vergleichspreisen unbebauter Grundstücke abgeleitet, und bei Heranziehung stichtagsjustierter Vergleichspreise bedarf es i.d.R. insoweit keiner ergänzenden Marktanpassung. Demgegenüber muss der abgeleitete vorläufige Gebäudesachwert aus den vorstehend erläuterten Gründen in nicht unerheblichem Maße korrigiert werden, damit der als „fragwürdige Modellgröße" abgeleitete vorläufige Sachwert zum Marktwert führt. Ein allein auf das Gebäude bezogener Gebäudesachwertfaktor ließe sich ermitteln, indem die allgemeine Berechnungsformel des Sachwertfaktors (vgl. § 21 ImmoWertV Rn. 125) auf den Gebäudeanteil reduziert wird:

$$\text{Sachwertfaktor}_i = \frac{\text{Kaufpreis}_i}{\text{(vorläufiger) Sachwert}_i} \quad \Longrightarrow \quad \textbf{Gebäudesachwertfaktor}_i = \frac{\text{Kaufpreis}_i - \text{Bodenwert}_i}{\text{(vorläufiger)Gebäudesachwert}}$$

Um entsprechend den Anforderungen des Konstrukts der Verkehrswertmethode den „*Verkehrswert des Gebäudes*" im Wege des Sachwertverfahrens „realitätsnah" aus dem die Realität verfälschenden „Gebäudesachwert" abzuleiten, bedarf es der Anwendung eines Sachwertfaktors, der neben der Marktanpassung auch einen Korrekturfaktor für nicht unerhebliche systemische Mängel des angewandten Verfahrens ist. Darüber hinaus müssen unter Beachtung des Grundsatzes der Modell- und Referenzkonformität alle den entrichteten Kaufpreis beeinflussenden Grundstücksmerkmale berücksichtigt werden, einschließlich solcher, die erheblich von den im Rahmen des angewandten Sachwertverfahrens angesetzten „Modellgrößen" abweichen. Dies sind

- Grundstücksmerkmale, die neben den regionalen Besonderheiten der Baukosten mit einem einschlägigen Sachwertfaktor erfasst werden können,
- sonstige Anlagen (bauliche und sonstige Außenanlagen)[92] eines Grundstücks, die ebenfalls mit dem Sachwertfaktor erfasst werden können, und
- weitere im Einzelfall gegebenen besonderen objektspezifischen Grundstücksmerkmale (boG), soweit sie von den Modell- und Referenzparametern eines zur Anwendung kommenden Sachwertfaktors erheblich abweichen, z.B. eine abweichende Gesamt- und Restnutzungsdauer, nicht erfasste besondere Bauteile, Einrichtungen und sonstige Vorrichtungen, von der marktüblichen objektbezogenen Grundstücksgröße abweichende Grundstücksfläche, Bodenverunreinigungen, abweichender abgabenrechtlicher Zustand, Rechte und Belastungen und vieles mehr.

Im Ergebnis ist festzustellen, dass sich bei Anwendung der unterschiedlichen Wertermittlungsverfahren völlig unterschiedliche Kaufpreisaufteilungen[93] ergeben müssen, was der Vertrauenswürdigkeit der aktualisierten „Arbeitshilfe" des BMF wenig zuträglich ist. Dem bei aus vorstehenden Gründen resultierende Wertunterschied zutage tretende Makel hat der BFH[94]

91 Jardin/Roscher, Die Immobilienwertermittlung aus steuerlichen Anlässen, 1. Aufl. NWB Verlag Herne 2019, Teil I Kap. 3.2.4.1 Rn. 148.
92 Z.B. auch Außenanlagen: BFH, Urt. vom 16.09.2015 – IX R 12/14 –, BFHE 251, 214 = BStBl II 2016, 397 = EzGuG 20.240.
93 *Ronig, R.*, Neue Arbeitshilfe des BMF zur Kaufpreisaufteilung, NWB Nr. 28 vom 16.07.2021.
94 BFH, Urt. vom 20.09.2022 – IX R 12/21 –, GuG 2023, 116 = EzGuG 20.425.

dem Sachwert angehaftet und die diesem zugrunde gelegte Methode als zur Wertfindung ungeeignet angesehen.

Im Falle eines modernisierten Gebäudes muss die daraus resultierende Verlängerung der Restnutzungsdauer ebenfalls realitätsnah berücksichtigt werden. Dafür bietet das **„Modell" der ImmoWertV zur Berücksichtigung einer Modernisierung** (vgl. Anl. 2 zur ImmoWertV) im Übrigen keine Gewähr und ist eine weitere Schwachstelle der Arbeitshilfe.

4.3 Kaufpreisaufteilung nach Jacoby

Schrifttum: *Diller/Lorenz*, Kaufpreisaufteilung bei Grundstücken, DStR 2023, 1638; *Jacoby, J./Geiling, S.*, Kaufpreisaufteilung bei Grundstücksanschaffungen – Quo vadis?, DStR 2020, 481; *Geiling, S./Jacoby J.*, Kaufpreis korrekt aufteilen, Datev 2018, 23; *Grootens, M.*, Kaufpreisaufteilung anhand des umgekehrten Ertragswertverfahrens, NWB-Praxisfall BBK 4/2021.

▶ *Zur Bodenwertermittlung aus dem Ertrag vgl. Syst. Darst. des Vergleichswertverfahrens Rn. 5, 68, 418 und 447*

138 Von *Jacoby*[95]wurde ein Bewertungsmodell unter Anwendung des Ertragswertverfahrens speziell für die besonderen Anforderungen von Kaufpreisaufteilungen bei Grundstücksanschaffungen konzipiert. Das Modell soll § 6 Abs. 1, Satz 3 EStG i.V.m. der höchstrichterlichen Rechtsprechung[96] und der sog. Teilwertvermutung[97] Rechnung tragen. Es geht von dem im Einzelfall im gewöhnlichen Geschäftsverkehr vereinbarten Kaufpreis[98] und – so *Jacoby* – dem diesem in Umkehrung des Verfahrensgangs des Ertragswertverfahrens zuzurechnenden Reinertrag aus, wobei es sich allerdings nicht um das in der Syst. Darst. des Vergleichswertverfahrens unter Rn. 447 behandelte sogenannte **„umgekehrte" bzw. reziprokes Ertragswert-verfahren** handelt (vgl. Rn. 144, Syst. Darst. des Ertragswertverfahrens Rn. 291 ff. sowie Syst. Darst. des Vergleichswertverfahrens Rn. 69)[99].

---

95 Vgl. *Jacoby*, Kaufpreisaufteilung für bebaute Grundstücke – Problematik und Lösungsansatz, 2018, Karlsruhe, Karlsruher Institut für Technologie (KIT), Fakultät der Wirtschaftswissenschaften i.V.m. *Jacoby/Geiling*, Kaufpreisaufteilung bei Grundstücksanschaffungen – Quo vadis?, DStR 2020, 481.

96 BFH, Urt. vom 29.10.2019 – IX R 38/17 –, BFHE 267, 18 = EzGuG 20.360; BFH, Urt. vom 30.01.2019 – II R 9/16 –, BFHE 263, 267 = BStBl II 2019, 599 = EzGuG 3.178; BFH, Urt. vom 15.03.2017 – II R 10/15 –, BFH/NV 2017, 1153 = EzGuG 20.257; BFH, Urt. vom 22.07.2004 – II B 176/02 –, BFH/NV 2004, 1628 = EzGuG 19.50: BFH, vom 08.10.2003 – II R 27/02 –, BFHE 204, 306 = BStBl II 2004, 179 = EzGuG 19.48g; BFH, Urt. vom 02.07.2001 – II R 55/01 –, BFHE 205, 492 = BStBl II 2004, 703 = EzGuG 19.49d, BFH, Urt. vom 16.12.1981 – I R 131/78 –, BFHE 135, 185 = BStBl II 1982, 320 = EzGuG 4.80 bzgl. Aufteilung von „Überpreisen" (sog. Liebhaberzuschlägen), BFH, Urt. vom 03.06.1965 – IV 351/64 U –, BFHE 83, 207 = BStBl III 1965, 576 = EzGuG 4.24 und BFH, Urt. vom 15.01.1985 – IX R 81/83 –, BFHE 143, 61 = BStBl II 1985, 252 = EzGuG 20.109.

97 BFH, Urt. vom 20.05.1988 – III R 151/86 –, BFHE 153, 566 = BStBl II 1989, 269 = EzGuG 20.124e; BFH, Urt. vom 29.04.1999 – IV R 63/97 –, BFHE 188, 386 = BStBl II 1999, 38 = EzGuG 20.170d und BFH, Urt. vom 11.01.1966 – I 99/63 – , BStBl III 1966, 310 i.V.m. *Jardin/Roscher*, Die Immobilienwertermittlung aus steuerlichen Anlässen, 1. Aufl.NWB Verlag Herne 2019, S. 24: Die höchstrichterliche Rechtsprechung geht davon aus, *„dass der Kaufmann für ein Wirtschaftsgut nicht mehr aufwendet, als es für seinen Betrieb wert ist, und dass ein fiktiver Erwerber ebenso handeln würde, so dass diese sog. Teilwertvermutung grundsätzlich auch für überhöhte und erzwungene Aufwendungen gilt."*

98 Nachweis z.B. anhand von Vergleichskaufpreisen oder anhand von individuellen schriftlichen Begründungen bei Vorliegen von besonderen wertbeeinflussenden Objekteigenschaften oder für marktgängige Objekte, ggf. vereinfacht anhand von Preisspannen in Grundstücksmarktberichten von Gutachterausschüssen u.v.m.

99 Erstmals anerkannt FG Berlin-Brandenburg, Urt. vom 30.03.2024 – 3 K 3137/19 –, GuG 2024, 307 = EzGuG 20.335.

Das Verfahren unterscheidet sich von der vom BFH[100] abgelehnten sog. Restwertmethode[101] und trage – so Jacoby – dem Grundsatz der Einzelbewertung der Wirtschaftsgüter gem. § 6 Abs. 1 EStG Rechnung[102]. 139

Verfahrensgang: 140

1. Im *ersten Schritt* wird entsprechend dem Verfahrensgang des allgemeinen Ertragswertverfahrens der Gebäudewertanteil des Kaufpreises nach nachstehender Formel (zur Ableitung Jacoby, J./Geiling, S., in DStR 2020, 481) ermittelt, indem dieser um den „vollen" Bodenwert vermindert wird:

Gebäudewertanteil = Kaufpreis – Bodenwert = (RE – [BW – LZ]) x KF

wobei

RE = Reinertrag des Grundstücks

BW = Bodenwert

LZ = Liegenschaftszinssatz

KF = Kapitalisierungsfaktor

2. Im *zweiten Schritt* wird der jährliche Gebäudereinertrag ermittelt, indem der Reinertrag um den Bodenwertverzinsungsbetrag vermindert wird.
   Dabei wird – und das ist das **„Herzstück" der Methode** – von einem reduzierten Bodenwert ausgegangen, der sich aus der Differenz des „vollen" Bodenwerts und dem „Bodenrestwert" nach Ablauf der Restnutzungsdauer gemäß § 29 Satz 1 Nr. 2 ImmoWertV ergibt, wie er sich bei Anwendung des vereinfachten Ertragswertverfahrens darstellt. Das ist der über die Restnutzungsdauer abgezinste Bodenwert (= Bodenwert x Abzinsungsfaktor). *Jacoby* sieht darin den „ewig nutzbaren Bodenanteil nach Ablauf der Restnutzungsdauer".
3. Im dritten Schritt werden die anteiligen Boden- und Gebäudewerte als Vomhundertsatz ermittelt, indem der vorläufige Gebäudeertragswert bzw. der reduzierte Bodenwertverzinsungsbetrag ins Verhältnis zum Jahresreinertrag des Gebäudes gesetzt werden.
4. Im abschließenden Schritt wird der steuerlich absetzbare sowie der prozentuale Gebäudeanteil ermittelt, indem der vereinbarte Kaufpreis um den über die Restnutzungsdauer abgezinsten Bodenwert reduziert und mit dem vorläufigen Gebäudeanteil multipliziert wird.

„Herzstück" der Methode ist mithin ein gegenüber dem „vollen" Bodenwert nach Ablauf der Restnutzungsdauer *reduzierter Bodenwert*, der während der Nutzung des Gebäudes maßgeblich sein soll. *Jacoby* begründet die Reduktion damit, dass der Gebäudewert gem. § 6 Abs. 1 Satz 3 i.V.m. § 7 Abs. 1 Satz 2 EStG nach Ablauf der Restnutzungsdauer jeweils 0 Euro betrage und somit ab diesem Zeitpunkt definitionsgemäß kein in die Verhältnisbildung einzubeziehender Gebäudeanteil mehr vorhanden sei. 141

---

100 BFH, Urt. vom 21.07.2020 – IX R 26/19 –, GuG 2021, 59 = BFHE 270, 133 = BStBl II 2021, 372 = EzGuG 20.350.

101 Eine sog. Restwertmethode liegt gem. BFH, Urt. vom 15.01.1985 – IX R 81/83 –, BFHE 143, 61 = BStBl II 1985, 252 = EzGuG 20.109 und BFH, Urt. vom 10.10.2000 – IX R 86/97 –, BFHE193, 326 = BStBl II 2001, 183 = EzGuG 4.177a nur in den Fällen vor, in denen sich der Gebäudewertanteil „allein" bzw. „im Wesentlichen" aus der Differenz von Kaufpreis und dem darin beinhalteten Bodenwert ergibt.

102 BFH, Urt. vom 27.11.2017 – IX B 144/16 –, GuG 2019, 193 = BFH/NV 2018, 218 = EzGuG 20.266; BFH, Urt. vom 15.11.2016 – IX B 98/16 –, BFH/NV 2017, 292 = EzGuG 19.85 und BFH, Urt. vom 21.07.2020 – IX R 26/19 –, BFHE 270, 133 = BStBl II 2021, 372 = GuG 2021, 59 = EzGuG 20.350.

Beispiel:

a) Sachverhalt

Grundstücks-/Objektart:	Eigentumswohnung
Kaufpreis (ohne Nebenkosten):	450 000,00 €
Datum des Kaufvertrags:	03.12.2020
Miteigentumsanteil:	186/1000
Baujahr:	1966
Gesamtnutzungsdauer	80 Jahre
Gebäudealter am Wertermittlungsstichtag	54 Jahre
– Restnutzungsdauer der baulichen Anlage	26 Jahre
Liegenschaftszinssatz LZ:	2 %
besondere objektspezifische Grundstücksmerkmale:	-
Grundstücksfläche:	1.700 m²
Bodenwert:	1.000 €/m²

b) Berechnung

Kaufpreis (ohne Nebenkosten):			450 000,00 €
+/- besondere objektspezifische Grundstücksmerkmale:			0,00 €
– Bodenwertanteil bei Miteigentumsanteil 186/1000			
1 700 m² x 1 000 €/m² x 0,186 =			316 200,00 €
= Aus Kaufpreis abgeleiteter vorläufiger Gebäudeertragswert			133 800,00 €
./. Kapitalisierungsfaktor (LZ von 2 %, RND von 26 Jahre)			20,1210
= Vorläufiger Gebäudeertragswert/Kapitalisierungsfaktor			**= 6 649,76 €**
+	Reduzierter Bodenwertverzinsungsbetrag		
	Bodenwertanteil$_{\text{Miteigentum}}$	316 200,00 €	
	x abgezinst mit 2 % über RND 26 Jahre: AF = 0,5976:	x 0,5976	
	– Wertermittlungsstichtagsbezogener Bodenrestwert nach Ablauf der RND =	– 188 954,57 €	
	= Bodenwert während der Restnutzungsdauer (RND)	127 245,43 €	
	Bodenwertverzinsungsbetrag während der RND bei 2 % und BW 127 245,43 €	2 544,91 €	+ 2 544,91 €
=	**Jahresreinertrag des Gebäudes**		**= 9 194,67 €**

Hieraus ergibt sich

ein vorläufiger Gebäudeanteil	6 649,76 € / 9 194,67 € =	**72,3219 %**
ein vorläufiger Bodenanteil	2 544,91 € / 9 194,67 € =	**27,6781 %**

Der steuerlich absetzbare Gebäudeanteil ergibt sich, indem der Kaufpreis von	450 000,00 €
vermindert wird um den abgezinsten Bodenwert nach Ablauf der Restnutzungsdauer von	– 188 954,57 €
=bereinigter Kaufpreis	**= 261 045,43 €**

Daraus folgt

steuerlich absetzbarer Gebäudeanteil	**261 045,43 € x 72,3219 % =**	**188 793,02 €**
prozentualer Gebäudeanteil	**188 793,02 € / 450 000,00 € =**	**41,9540 %**

5 Bodenrichtwertverfahren (§ 40 Abs. 2 ImmoWertV)

▶ *Vgl. Rn. 18; Syst. Darst. des Vergleichswertverfahrens Rn. 9, 142, 155 ff.; § 13 ImmoWertV Rn. 38 ff.; zu baufälligen Gebäuden vgl. § 40 ImmoWertV Rn. 7; zu Gebäuden im Zustand der Bebauung vgl. § 6 ImmoWertV Rn. 99 f.*

Nach § 40 Abs. 1 ImmoWertV kann neben oder anstelle von Vergleichspreisen ein nach Maßgabe des § 26 Abs. 2 ImmoWertV objektspezifisch angepasster Bodenrichtwert verwendet werden[103]. Grundsätzlich hat dabei jedoch die **Heranziehung von Kaufpreisen geeigneter Vergleichsgrundstücke seit jeher Vorrang vor der Heranziehung von Bodenrichtwerten** (vgl. Syst. Darst. des Vergleichswert-verfahrens Rn. 16). **142**
Die Regelung ist aus § 16 Abs. 1 Satz 2 ImmoWertV 2010 hervorgegangen, nach dem der Bodenwerte „auch" auf der Grundlage von geeigneten Bodenrichtwerten ermittelt werden konnten, und die damit die Stellung des Bodenrichtwertverfahrens gegenüber der WertV 88/98 herabgestuft hat. Hieran ist in den Vorauflagen dieses Werks Kritik geübt worden[104]. Der Wortlaut des § 40 Abs. 1 der geltenden ImmoWertV entspricht nun wieder dem Wortlaut des § 13 Abs. 2 Satz 1 der WertV i.d.F. von 1988/98. Der Verordnungsgeber folgt damit der an § 16 Abs. 1 Satz 2 ImmoWertV 2010 geübten Kritik.

6 Deduktive Verfahren

6.1 Überblick

Steht im Einzelfall kein Bodenrichtwert zur Verfügung und können auch keine Kaufpreise von Vergleichsgrundstücken herangezogen werden, muss auf andere weniger gesicherte Verfahren zurückgegriffen werden. Dazu gehören das Residualwertverfahren (Extraktion), die **Bodenwertermittlung aus dem zu erwartenden Ertrag, die Zielbaummethode bis hin zur sog. Expertenbefragung**. **143**

6.2 Bodenwertermittlung aus dem zu erwartenden Ertrag

▶ *Vgl. Syst. Darst. des Vergleichswertverfahrens Rn. 447, 460*

Die *Bodenwertermittlung aus dem zu erwartenden Ertrag* eignet sich vornehmlich zur Bodenwertermittlung von ertragsorientierten Geschäftsgrundstücken. Es setzt voraus, dass der künftige Grundstücksrohertrag, die Bewirtschaftungskosten und die Gebäudeherstellungskosten unschwer ermittelt werden können. Das Verfahren ist deshalb sehr unsicher, gleichwohl hält es der BGH für zulässig[105]. **144**

103 BR-Drs. 296/09.
104 Vgl. VG Regensburg, Urt. vom 06.12.2018 – RO 7 K 16.1883 –, BeckRS 2013, 45374 = EzGuG 15.205.
105 BGH, Urt. vom 10.02.1958 – III ZR 168/56 –, MDR 1958, 313 = EzGuG 4.8; kritisch in Bezug auf den „richtigen" Ertrag: FG Berlin, Urt. vom 06.07.1998 – 8 K 8533/96 –, EFG 1998, 1624 = EzGuG 20.163a; OVG Lüneburg, Urt. vom 25.01.2001 – 1 L 5010/96 –, GuG 2001, 182 = EzGuG 15.99d; LG Hamburg, Urt. vom 05.08.1960 – 10 O 36/59 –, ZMR 1961, 335 = EzGuG 4.15.

145 Daneben werden in der Literatur für verschiedene spezielle Fälle Ermittlungsverfahren angeboten, deren Qualität schwer nachprüfbar ist (z.B. Bodenwertermittlung über die zu erwartende **Erdgeschossrohmiete**)[106].

6.3 Residualwertverfahren (Extraktion)

▶ *§ 42 ImmoWertV Rn. 2 ff.*

146 In der heutigen Wertermittlungsliteratur ist die **Anwendung des Extraktionsverfahrens (Residualwertverfahrens) in erster Linie als geeignetes Verfahren der Ermittlung eines Investitionswerts anerkannt und nur als Hilfsmethode der Verkehrswertermittlung (Marktwertermittlung) toleriert.** Die Rechtsprechung zur Verkehrswertermittlung hat es dementsprechend geduldet, wenn keine geeigneteren Verfahren zur Verfügung stehen (Residualwertverfahren „als letzter Ausweg")[107].

6.4 Zielbaumverfahren

▶ *§ 8 ImmoWertV Rn. 101; § 8 ImmoWertV Rn. 142; Syst. Darst. des Vergleichswertverfahrens Rn. 467; Teil VI Rn. 551, 655 ff.*

147 Das **Zielbaumverfahren (Multifaktorenanalyse)** ist seiner Natur nach ein Vergleichswertverfahren, wobei Vergleichspreise aus benachbarten Gemeinden oder sogar aus „vergleichbaren" Gemeinden anderer Bundesländer herangezogen werden. Der überregionale Preisvergleich macht dabei die Berücksichtigung struktureller Lageunterschiede mit Zu- und Abschlägen in einer Größenordnung erforderlich, die sonst mit einer fundierten Verkehrswertermittlung als unvereinbar angesehen werden. Bei Anwendung des Zielbaumverfahrens ist man deshalb bestrebt, die Ermittlung der **Zu- und Abschläge methodisch zu operationalisieren**, was erfahrungsgemäß in der Praxis zu unbefriedigenden Ergebnissen führt, wenn allzu große Unterschiede überbrückt werden sollen.

6.5 Expertenbefragung

Schrifttum: *Kerschner, F.* in Kerschner/Kleib*er/Ertl*, Der merkantile Minderwert, Linde Verlag 2021.

▶ *Vgl. § 6 ImmoWertV Rn. 154, 171; § 8 ImmoWertV Rn. 422; Syst. Darst. des Vergleichswertverfahrens Rn. 72*

148 Die „**intersubjektive Expertenbefragung**" ist zunehmend ein beliebtes von der Rechtsprechung bislang grundsätzlich zugelassenes Hilfsmittel (§ 6 ImmoWertV Rn. 154).

7 Ergänzende Regelung für Sanierungsgebiete undEntwicklungsbereiche (§ 40 Abs. 4 ImmoWertV)

7.1 Allgemeines

149 § 40 Abs. 3 ImmoWertV enthält klarstellende Reglungen zur Ermittlung von Ausgleichsbeträgen nach § 154 Abs. 1 oder § 166 Abs. 3 Satz 4 BauGB in förmlich festgelegten Sanierungsgebieten und städtebaulichen Entwicklungsbereichen einschließlich Anpassungsgebieten i.S. des § 170 BauGB.

---

106 Paul, VR 1983, 141.

107 Vogels, H., Grundstücks- und Gebäudebewertung marktgerecht, 5. Aufl. Wiesbaden 1996, S. 28 f.; Pohnert, Kreditwirtschaftliche Wertermittlung, 5. Aufl. S. 113; Zimmermann, WertV 88, München 1998, S. 204; Kleiber/Simon, WertV 98, 5. Aufl. 1999, S. 245; Simon, GuG 1995, 229; Sotelo, GuG 1995, 91; Simon/Kleiber, Schätzung und Ermittlung von Grundstückswerten, 7. Aufl. Neuwied 1996, S. 138; Kleiber, GuG 1996, 16; Möckel, GuG 1996, 274; Thomas/Leopoldsberger/Waldbröhl in Schulte, Immobilienökonomie Bd. I, München/Wien 1998, S. 444; zustimmend: Thomas, GuG 1995, 25, 82; Kremer, GuG 1995, 264; kritisch und mit Einschränkungen: Reck, GuG 1995, 234; Vogel, GuG 1994, 347.

Mit Ausgleichsbeträgen werden sanierungs- bzw. entwicklungsbedingte Bodenwerterhöhungen „abgeschöpft", die ursächlich auf die Vorbereitung und Durchführung der Sanierungs- bzw. Entwicklungsmaßnahme zurückzuführen sind. Diese werden mithin als **sanierungs- bzw. entwicklungsbedingte Bodenwerterhöhungen** bezeichnet. Sanierungsbedingte Werterhöhungen werden allerdings nur in Sanierungsgebieten „abgeschöpft", die in einem sog. „umfassenden" Sanierungsverfahren förmlich festgelegt sind. Für die sog. „vereinfachten" Sanierungsmaßnahmen unter Ausschluss des „Abschöpfungssystems" sind die Regelungen des § 40 Abs. 3 ImmoWertV bedeutungslos. **150**

Unter die Regelung des § 40 Abs. 3 ImmoWertV fällt auch nicht die **Ausgleichsbetragserhebung auf der Grundlage des Aufwands für die Erweiterung und Verbesserung von Erschließungsanlagen** nach § 154 Abs. 2a BauGB. **151**

Der (bodenwertbezogene) **Ausgleichsbetrag** ergibt sich aus der Differenz **152**

- des Bodenwerts, der sich für das Grundstück ergeben würde, wenn eine Sanierung bzw. Entwicklung weder beabsichtigt, vorbereitet noch durchgeführt worden wäre (*sanierungs- bzw. entwicklungsunbeeinflusster Bodenwert*) und
- dem Bodenwert, der sich für das Grundstück durch die rechtliche und tatsächliche Neuordnung des Sanierungsgebiets bzw. des städtebaulichen Entwicklungsbereichs ergeben hat (*sanierungs- bzw. entwicklungsbeeinflusster Bodenwert*).

Die jeweiligen Bodenwerte sind im Falle bebauter Grundstücke entsprechend der Grundsatzregelung des § 40 Abs. 1 ImmoWertV grundsätzlich ohne Berücksichtigung der auf dem Grundstück befindlichen baulichen Anlagen, d.h. mit dem Bodenwert eines unbebauten Grundstücks, zu ermitteln.

Der Ausgleichsbetrag entsteht mit Abschluss der Sanierungs- bzw. Entwicklungsmaßnahme nach den §§ 162 f. ggf. i.V.m. § 169 Abs. 1 Nr. 8 BauGB Der für die Ermittlung des Ausgleichsbetrags maßgebliche Bodenwert ist bezogen auf diesen Stichtag zu ermitteln. Wertermittlungsstichtag ist mithin der Zeitpunkt des Abschlusses der Sanierungs- bzw. Entwicklungsmaßnahme. **153**

Der auf den Zeitpunkt des Abschlusses der Sanierungs- bzw. Entwicklungsmaßnahme bezogene sanierungs- bzw. entwicklungs*un*beeinflusste Bodenwert wird in § 154 Abs. 2 BauGB als **Anfangswert** bezeichnet. **154**

Der auf den Zeitpunkt des Abschlusses der Sanierungs- bzw. Entwicklungsmaßnahme bezogene sanierungs- bzw. entwicklungsbeeinflusste Bodenwert wird in § 154 Abs. 2 BauGB als **Endwert** bezeichnet. **155**

Die Begriffe Anfangs- und Endwerte dürfen bei alldem nur für die zum Zwecke der Ermittlung von Ausgleichsbeträgen auf den Zeitpunkt des Abschlusses der Sanierungs- bzw. Entwicklungsmaßnahme bezogenen sanierungs- bzw. entwicklungsbeeinflussten Bodenwerte verwendet werden. Sie werden in nicht gesetzeskonformer Weise vielfach auch für sanierungs- bzw. entwicklungs(un)beeinflusste Bodenwerte gebraucht, die auf andere Stichtage bezogen sind. **156**

7.2 Wertermittlungsstichtag

Entsprechend den vorstehend erläuterten Vorschriften des BauGB wird in § 40 Abs. 4 ImmoWertV klargestellt, dass Anfangs- und Endwerte auf denselben Zeitpunkt zu ermitteln sind. **157**

Wertermittlungsstichtag ist danach **158**

a) in den Fällen einer Aufhebung der Sanierungssatzung nach § 162 BauGB der Zeitpunkt des Inkrafttretens der Satzung, mit dem die Sanierungssatzung aufgehoben wird,

b) in den Fällen des § 169 Abs. 1 Nr. 8 i.V.m. § 162 BauGB der Zeitpunkt des Inkrafttretens der Satzung, mit der die Entwicklungssatzung aufgehoben wird,

c) in den Fällen Abgeschlossenheitserklärung für einzelne Grundstücke nach § 163 Abs. 1 und 2 BauGB sowie des § 169 Abs. 1 Nr. 8 i.V.m. § 163 Abs. 1 und 2 BauGB der Zeitpunkt der Abschlusserklärung.

159 Mit einem für den End- und Anfangswert identischen Wertermittlungsstichtag wird bewertungstechnisch die unzulässige Abschöpfung konjunkturbedinger Bodenwerterhöhungen ausgeschlossen.

7.3 Qualitätsstichtag

7.3.1 Allgemeines

160 Wertermittlungs- und Qualitätsstichtag fallen nach vorstehenden Ausführungen bei der Ermittlung der für die Ermittlung des Ausgleichsbetrags maßgeblichen End- und Anfangswerte regelmäßig auseinander. Das BauGB gibt dafür keinen bestimmten Stichtag vor, jedoch wird der jeweils maßgebliche Grundstückszustand definiert.

7.3.2 Qualitätsstichtag des Anfangswerts

161 Der Ermittlung des Anfangswerts ist der Grundstückszustand **unter Ausschluss einer Absicht zur Vorbereitung und Durchführung einer Sanierungs- bzw. Entwicklungsmaßnahme** zugrunde zu legen.

162 Im Verlauf der Sanierungs- oder Entwicklungsmaßnahmen eingetretene qualitative Verbesserungen, die zu Bodenwerterhöhungen geführt haben, sind bei der Qualifizierung des Anfangswertzustands nur zu berücksichtigen, wenn sie nicht in kausalem Zusammenhang mit der Sanierungs- oder Entwicklungsmaßnahme gestanden haben. Dies betrifft Maßnahmen außerhalb des Sanierungsgebiets oder Entwicklungsbereichs, wobei an die Berücksichtigung solcher **externen Effekte** enge Anforderungen zu stellen sind. Denn grundsätzlich kann davon ausgegangen werden, dass alle im Sanierungsgebiet oder im städtebaulichen Entwicklungsbereich durchgeführten Maßnahmen erst durch die städtebauliche Veranstaltung ermöglicht und ausgelöst worden sind (conditio sine qua non).

163 Maßgebend ist der Zustand zum **Zeitpunkt des beginnenden Sanierungseinflusses.** Dieser **Zeitpunkt** lässt sich feststellen, indem die Preisentwicklung im Sanierungsgebiet mit der in ähnlich sanierungsbedürftigen Gebieten verglichen wird. Sobald die Preisentwicklungen nachweisbar auseinanderzulaufen beginnen, kann ein Sanierungseinfluss unterstellt werden[108]. Damit sind auch Werterhöhungen ausgeschlossen, die auf die Vorbereitung und Durchführung der Sanierung zurückgehen. Was dabei unter „Vorbereitung" und „Durchführung" zu verstehen ist, ergibt sich aus den §§ 140 und 146 BauGB.

164 Die Qualifizierung des maßgeblichen Grundstückszustands nach dem Zeitpunkt des beginnenden Sanierungseinflusses stellt eine Hilfskonstruktion dar, die das BauGB nicht zwingend vorschreibt. Nach dem Gesetzbuch ist es auch zulässig, den **sanierungsunbeeinflussten Grundstückszustand deskriptiv zu qualifizieren**, um auf dieser Grundlage den sanierungsunbeeinflussten Grundstückswert zu ermitteln. Im Gesetzgebungsverfahren sind dieser Methode sogar Vorzüge zugesprochen worden.

165 Bei der Bestimmung des Zeitpunkts des beginnenden Sanierungseinflusses wird in aller Regel – vorbehaltlich einer zeitlich weiter zurückgehenden Kausalität – mindestens auf den **Zeitpunkt der ortsüblichen Bekanntmachung des Beginns der vorbereitenden Untersuchung** abzustellen sein (§ 141 Abs. 3 BauGB)[109]. Der Beschluss über den Beginn der vorbereitenden Untersuchungen (Voruntersuchungen; vorbereitende Untersuchungen) ist ortsüblich bekannt

108 OVG Lüneburg, Urt. vom 30.10.1986 – 6 A 32/85 und 8 174/84 –, ZfBR 1987, 205 = EzGuG 15.50.

109 So auch Köhler in Schrödter, BauGB-Komm., § 153 Rn. 16; Freise in Kohlhammer-Komm. BauGB, § 153 Rn. 10; Schmalgemeier, VR 1978, 146.

zu machen. Die Bekanntmachung kann als **Vermutungstatbestand dafür angesehen werden, dass eine über die allgemeine Wertentwicklung hinausgehende Werterhöhung der Grundstücke spätestens von diesem Zeitpunkt ab ursächlich in Aussicht auf die Vorbereitung und Durchführung der Entwicklungsmaßnahme eingetreten** ist. Soweit aufgrund konkreter Anhaltspunkte eine entwicklungsbedingte Werterhöhung schon zu einem früheren Zeitpunkt nachweisbar ist, muss diese nach Maßgabe des § 169 Abs. 1 Nr. 6 i.V.m. § 153 Abs. 1 BauGB bei der Ermittlung des entwicklungsunbeeinflussten Grundstückswerts bzw. des Anfangswerts unberücksichtigt bleiben[110].

Bei **land- oder forstwirtschaftlich genutzten Grundstücken** bestimmt sich nach dem Bewertungsprivileg des § 169 Abs. 4 BauGB der der Ermittlung des Anfangswerts zugrunde zu legende Entwicklungszustand mindestens nach dem der „besonderen" bzw. „begünstigten" Flächen der Land- oder Forstwirtschaft (außerlandwirtschaftlicher Verkehrswert des begünstigten Agrarlands). 166

7.3.3 Qualitätsstichtag des Endwerts

Der Ermittlung des Endwerts ist der Grundstückszustand zugrunde zulegen, der sich durch die rechtliche und tatsächliche Neuordnung des förmlich festgelegten Sanierungsgebiets ergibt, d.h. nach dem Grundstückszustand, der sich nach **vollständigem Abschluss der Sanierungs- bzw. Entwicklungsmaßnahme einstellt**. 167

Die **rechtliche Neuordnung ergibt sich aus den Zielen und Zwecken der Sanierung bzw. Entwicklung und ihrer Konkretisierung durch eine städtebauliche Planung, aus der Bodenordnung und allen rechtlichen Maßnahmen, die für die Realisierung der Ziele und Zwecke der Sanierung bzw. Entwicklung erforderlich sind**. Dabei ist von einem **erschließungsbeitragsfreien Grundstückszustand** auszugehen, denn für die durchgeführten Maßnahmen werden keine Erschließungsbeiträge erhoben. 168

Die tatsächliche Neuordnung bestimmt sich nach den durchgeführten **Ordnungs- und Baumaßnahmen** (§§ 147 f. BauGB). 169

7.4 Endwert bei atypischer Grundstücksnutzung

Grundsätzlich bestimmt sich der Bodenwert bebauter Grundstücke nach der Grundsatzregelung des § 40 Abs. 1 ImmoWertV mit dem Bodenwert, den das Grundstück in unbebautem Zustand hätte. So findet auch die Ausnahmeregelung des § 40 Abs. 5 Nr. 1 bzw. 3 ImmoWertV bei atypischer Grundstücksnutzung Anwendung. Eine atypische Grundstücksnutzung liegt danach vor, wenn Art und Maß (z.B. GFZ) der auf einem Grundstück realisierten baulichen Nutzung von der nach § 5 Abs. 1 ImmoWertV maßgeblichen, d.h. planungsrechtlich zulässigen bzw. lagetypischen Nutzung erheblich abweichen. Die Berücksichtigung von Beeinträchtigungen der zulässigen Nutzung kann allerdings bei der Ermittlung des Anfangswerts problematisch sein und ist i.d.R. aus bodenrechtlichen Gründen abzulehnen. Dementsprechend sind auch nach der Rechtsprechung **Beeinträchtigungen der zulässigen bzw. lagetypischen Nutzung nur bei der Ermittlung des Endwerts zu berücksichtigen**[111]. 170

§ 40 Abs. 5 Nr. 1 bzw. 3 ImmoWertV geht auf § 28 Abs. 5 Satz 2 WertV 88/98 zurück, nach dem „Beeinträchtigungen der zulässigen Nutzbarkeit, die sich aus einer bestehen bleibenden Bebauung auf dem Grundstück ergeben", bei der Ermittlung des Ausgleichsbetrags zu berücksichtigen waren, wenn es bei wirtschaftlicher Betrachtungsweise oder aus sonstigen Gründen geboten erscheint, das Grundstück in der bisherigen Weise zu nutzen. Diese Regelung bezog sich ausdrücklich nur auf den Endwert, denn es waren damit nur Beeinträchtigungen angesprochen, die sich im Zuge der Sanierung aus einer „bestehenbleibenden Bebauung" ergeben. 171

---

110 A.A.: Hinweise des bad.-württ. MWi vom 29.06.1994 – VI 2516/5 – (GABl. 1994, 570 = GuG 1995, 41) Ziff. 2.3.
111 VGH Mannheim, Urt. vom 18.11.2005 – 8 S 496/05 –, BauR 2006, 1187 = EzGuG 15.118b.

In der **amtlichen Begründung** wurde in diesem Sinne klarstellend festgestellt, dass diese Vorschrift „nur den Endwert" betrifft, „denn als zulässige Nutzbarkeit im Sanierungs- und Entwicklungsgebiet kann nach dem Sinn der Bestimmung – Einschränkung der Nutzbarkeit durch bestehenbleibende Bebauung – nur der Zustand des Grundstücks nach Abschluss der Sanierungs- und Entwicklungsmaßnahme gemeint sein". Im Schrifttum ist hierzu bereits darauf hingewiesen worden, dass eine andere Auslegung zur Abschöpfung nicht sanierungsbedingter Bodenwerterhöhungen führen kann, die nach den ausgleichsbetragsrechtlichen Bestimmungen der §§ 153 ff. BauGB nicht zulässig wäre[112].

172 Eine sich aus § 40 Abs. 5 Nr. 1 bzw. 3 ImmoWertV ergebende **Minderung des Anfangswerts** aufgrund von Beeinträchtigungen der zulässigen bzw. lagetypischen Nutzbarkeit **ist bei städtebaulichen Sanierungs- und Entwicklungsmaßnahmen insbesondere aus rechtlichen Gründen abzulehnen.** Die besonderen sanierungs- und entwicklungsrechtlichen Vorschriften der §§ 152 ff. BauGB sind nämlich darauf angelegt, mit dem Ausgleichsbetrag Bodenwerterhöhungen „abzuschöpfen", die kausal auf die Aussicht auf die städtebauliche Maßnahme sowie ihre Vorbereitung und Durchführung zurückzuführen sind.

173 Wurde das Grundstück bereits vor der Sanierungs- und Entwicklungsmaßnahme in atypischer Weise z.B. nur mit einer realisierten GFZ von 1,0 genutzt, obwohl bauplanungsrechtlich eine GFZ von 2,0 zulässig war, so wäre nach dem Wortlaut des § 40 Abs. 5 Nr. 1 bzw. 3 ImmoWertV der Anfangswert – ausgehend vom Bodenwert eines unbebauten Grundstücks – zu vermindern:

174 *Beispiel 1:*
Sachverhalt wie vorstehend beschrieben. Eine Freilegung des Grundstücks sei wirtschaftlich unvertretbar gewesen und war langfristig auszuschließen. Aufgrund der Sanierung rückt die alsbaldige Freilegung in greifbare Nähe. Das planungsrechtlich zulässige Maß der baulichen Nutzung blieb im Zuge der Sanierung unverändert.

Anfangswert	bei einer zulässigen GFZ von 2,0	=	400 €/m²	
Anfangswert	bei einer realisierten GFZ von 1,0	=	200 €/m²	nutzungsabhängiger Bodenwert
Endwert	bei einer zulässigen GFZ von 2,0	=	420 €/m²	aufgrund von Sanierungsmaßnahmen
Sanierungsbedingte Bodenwerterhöhung		=	220 €/m²	
Ausgleichsbetrag bei 1 000 m² Grundstücksfläche		=	**220 000 €**	= 1 000 m² x 220 €/m²

175 Tatsächlich beläuft sich die ursächlich auf die Sanierungsmaßnahme zurückführbare sanierungsbedingte Bodenwerterhöhung im vorstehenden Beispiel nur auf 20 000 €. Der Eigentümer eines vergleichbaren bebauten Grundstücks, auf dem eine GFZ von 2,0 realisiert worden ist, hätte dementsprechend auch nur einen Ausgleichsbetrag von 20 000 € zu entrichten.

176 **Gegenstand der „Abschöpfung" dürfen jedoch nur die sanierungsbedingten Bodenwerterhöhungen sein.** Die Minderung des Anfangswerts aufgrund eines bereits „vor" der Sanierung nicht realisierten zulässigen bzw. lagetypischen Maßes der baulichen Nutzung führt – wie das Beispiel zeigt – zu einer sanierungsrechtlich unzulässigen Bodenwertabschöpfung, die im Übrigen auch mit dem Gleichheitsgrundsatz (Art. 3 GG) unvereinbar ist.

112 Tabbe, VR 1990, 4; vgl. auch Nds. RdErl. vom 02.05.1988 – 301-21013 –, NdsMBl. 1988, 547, geändert durch RdErl. vom 06.03.1991 (NdsMBl. 1991, 470) Nr. 226.4.2; VG Berlin, Beschl. vom 11.11.1998 – 19 A 86/98 –, GuG 1999, 186 = EzGuG 15.93.

Abb. 11: Erhöhung des Ausgleichsbetrags durch geminderten Anfangswert

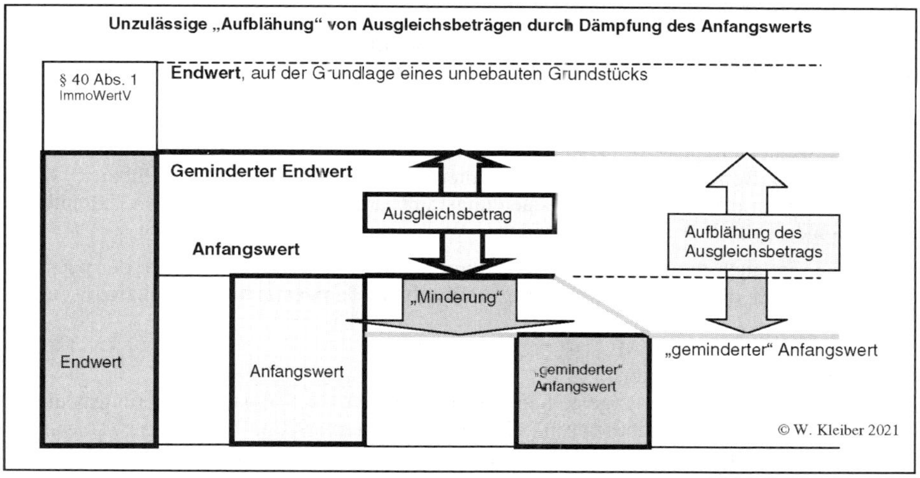

Anders stellt sich die Situation bei der **Ermittlung des Endwerts** dar[113]. Hier ist insbesondere auf den „klassischen Fall“ hinzuweisen, in dem ein Grundstück vor Einleitung der Sanierungs- bzw. Entwicklungsmaßnahme planungskonform (z.B. mit einer GFZ von 1,0) genutzt wurde und das realisierte Maß der baulichen Nutzung dem zulässigen Maß der baulichen Nutzung entsprach. Wird nun im Zuge der Sanierungs- bzw. Entwicklungsmaßnahme das Maß der baulichen Nutzung (z.B. auf eine GFZ von 2,0) erhöht, kann nicht erwartet werden, dass das nunmehr zulässige Maß der baulichen Nutzung realisiert wird, wenn es bei wirtschaftlicher Betrachtungsweise geboten erscheint, das Grundstück (mit dem darauf realisierten Maß der baulichen Nutzung) weiter zu nutzen. Die Anwendung der Grundsatzregelung des § 40 Abs. 1 ImmoWertV würde aber dazu führen, dass sich der Ausgleichsbetrag zwar nach einer kausal auf die Sanierungs- bzw. Entwicklungsmaßnahme zurückführbaren Bodenwerterhöhung bemisst, diese jedoch bei wirtschaftlicher Betrachtungsweise alsbald nicht „realisiert“ werden kann. Der Endwert ist dementsprechend nach Maßgabe der Ausnahmeregelung des § 40 Abs. 5 Nr. 1 bzw. 3 ImmoWertV zu mindern. 177

Beispiel 2: 178

			unverminderter Endwert	**verminderter Endwert**
Anfangswert	bei einer zulässigen GFZ von 1,0	„vor“ Sanierung	= 200 €/m²	**=200 €/m²**
Endwert	bei einer zulässigen GFZ von 2,0	„nach“ Sanierung	= 420 €/m²	
Endwert	bei einer realisierten GFZ von 1,0	„nach“ Sanierung		= 220 €/m²
Sanierungsbedingte Bodenwerterhöhung			220 €/m²	**=20 €/m²**
Ausgleichsbetrag bei 1 000 m² Grundstücksfläche			220 000 €	**20 000 €/m²**

Die Reduktion des Endwerts ist geboten, denn andererseits würden mit dem Ausgleichsbetrag Bodenwerterhöhungen zur „Abschöpfung“ kommen, die der Eigentümer bei wirtschaftlicher Betrachtungsweise nicht „realisieren“ kann. 179

113 So auch VG Greifswald Urt. vom 26.01.2012 – 3 A 507/09 –, GuG 2014, 52 = EzGuG 15.135.

180 Im Ergebnis bleibt festzustellen, dass die **Reduktionsregel des § 40 Abs. 5 Nr. 1 ImmoWertV im Rahmen der Ermittlung von Ausgleichsbeträgen nur auf die Ermittlung des Endwerts anzuwenden** ist.

181 Abzulehnen ist deshalb der AusführungsErl des SenBauWohn *Berlin*[114] , in dem apodiktisch auch eine Minderung des Anfangswerts sachwidrig angeordnet wird und willkürlich unterschiedliche Fallgruppen (vom Denkmalschutz bis zur Zweckentfremdungsverbotsverordnung) vermischt werden, obwohl gerade Letztere angesichts der Rechtsprechung des BVerwG und BVerfG mit Befreiungsvorbehalt ausgestaltet ist[115]. Diese kaum nachvollziehbaren Vorgaben können nicht dem Gebot der Entscheidungstransparenz genügen (§ 39 VwVfG) und den unabhängigen Gutachter auch nicht binden.

182 Abzulehnen ist auch die mitunter im Schrifttum dargestellte Auffassung, nach der pauschal und schematisch **die *gesamte* sanierungsbedingte Bodenwerterhöhung abzuzinsen** ist, nämlich
(Endwert – Anfangswert) x AF_n
wobei AF = Abzinsungsfaktor,
denn abweichend von dem vorgestellten Beispiel können auch sonstige sanierungsbedingte Bodenwerterhöhungen eingetreten sein, die sofort „realisierbar“ sind. So kann z.B. eine allgemeine Lageverbesserung zu einer Erhöhung der Mieteinnahmen in dem bestehenbleibenden Gebäude führen. Deshalb muss der **Grundsatz** beachtet werden, **dass nur die nicht sofort realisierbaren Bodenwerterhöhungen zu einer Minderung des Endwerts führen. Eine generelle Abzinsung des Gesamtunterschieds zwischen End- und Anfangswert ist dagegen schon vom Grundansatz her falsch.**

183 *Beispiel 3:*
Ein im Sanierungsgebiet belegenes Grundstück (Mietwohnungsbau) ist nach § 34 BauGB mit einer GFZ von 1,5 bebaut. Der Sanierungsbebauungsplan erlaubt nunmehr eine Bebauung mit einer GFZ von 2,4, die jedoch nicht realisierbar ist, weil das Gebäude nicht „aufstockbar“ ist und auch nicht angebaut werden kann.
Das Gebäude weist eine Restnutzungsdauer von 20 Jahren auf. Als Endwert wurde für das Grundstück bei einer GFZ von 2,4 ein Bodenwert von 1 000 €/m² ermittelt.

Abb. 12: Lageplan

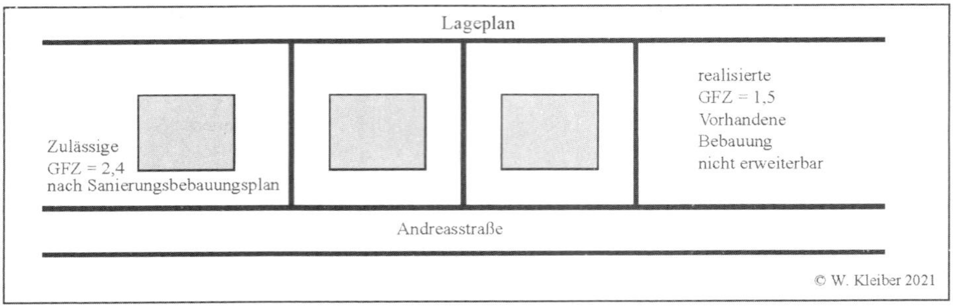

Als Ergebnis der Sanierung erhält der Grundstückseigentümer ein höheres Maß der baulichen Nutzung, das er allerdings infolge der Bebauung seines Grundstücks erst in 20 Jahren nach

114 Nr. 3 Abs. 2 der Ausführungsvorschriften a. F. zur Ermittlung der sanierungsbedingten Bodenwerterhöhung und zur Festsetzung von Ausgleichsbeträgen nach §§ 152 bis 155 des Baugesetzbuchs (AV Ausgleichsbeträge) des Senators für Bau- und Wohnungswesen von Berlin vom 20.02.2009 (ABl. Bln. 2009, 434); hierzu VG Berlin, Urt. vom 20.03.2002 – 19 A 32/99 –, GuG 2003, 114 = EzGuG 15.104a; vgl. Neufassung vom 12.11.2002 – SenStadt IV C 3/III E 2 – (ABl. 2003, 2597 = GuG 2003, 164, 219).

115 BVerwG, Urt. vom 17.10.1997 – 8 C 18/96 –, BVerwGE 81,111 = EzGuG19.45a.

Ablauf der Restnutzungsdauer des Gebäudes realisieren kann. Die sanierungsbedingte Bodenwerterhöhung „schlummert“ quasi auf seinem Grundstück.

Sie ergibt sich wie folgt:

$\text{Bodenwert}_{GFZ=1,5}$ = 1 000 €/m² x $UKGFZ_{=1,5}$ / $UKGFZ_{=2,4}$ = 1 000 €/m² x 1,24/ 1,61 = 770 €/m²

wobei

UKGFZ = 1,5 = 1,24

UKGFZ = 2,4 = 1,61

BodenwertGFZ = 2,4	=	1 000 €/m²
BodenwertGFZ = 1,5	=	770 €/m²
= Bodenwertdifferenz	=	230 €/m²

Dem Eigentümer erwächst zusätzlich zu dem aufgrund der tatsächlichen Bebauung sich ergebenden Bodenwert von 770 €/m² ein Bodenwertzuwachs von 230 €/m², der ihm jedoch nur in einer über die Restnutzungsdauer abgezinsten Höhe zufällt (Abzinsungszinssatz = 5 %).

Der Endwert ergibt sich mithin wie folgt:

Endwert = 770 €/m² + 230 €/m²/$1,05^{-20}$ = **857 €/m².**

Abgezinst wurde in dem vorstehenden Beispiel nur die auf die nicht sofort realisierbare Erhöhung des Maßes der baulichen Nutzung zurückgehende Bodenwerterhöhung (230 €/m²).

Beispiel 4: 184
Ein förmliches Sanierungsverfahren wird in einem unbeplanten Innenbereich durchgeführt. Als zulässiges Maß der baulichen Nutzung ergibt sich nach Maßgabe des § 34 BauGB „ vor der Sanierung“ wiederum eine GFZ von 1,5.
Es soll die sanierungsbedingte Bodenwerterhöhung für drei atypisch bebaute Grundstücke ermittelt werden, wobei lediglich durch die Festsetzungen des Sanierungsbebauungsplans über das Maß der baulichen Nutzung sanierungsbedingte Bodenwerterhöhungen bewirkt werden. Der Sanierungsbebauungsplan sieht (künftig) eine GFZ von 2,0 vor.

Abb. 13: Lageplan

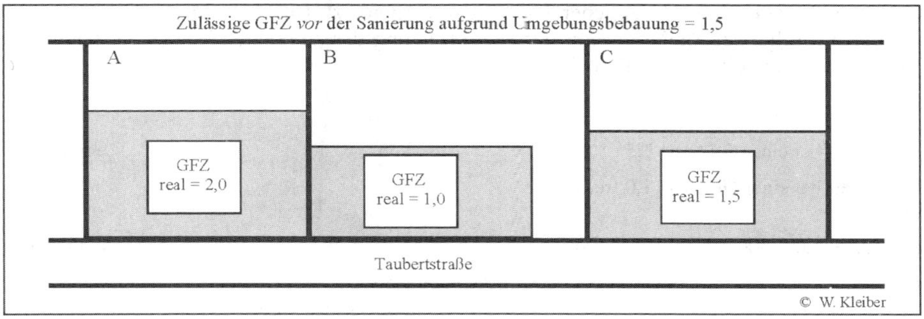

Als **Anfangswert** wurde für ein unbebautes Grundstück der im Innenbereich gelegenen Grundstücke mit einer vor der Sanierung zulässigen Nutzung GFZ von 1,5 ein Bodenwert von 500 €/m² ermittelt.

Gesucht ist der Ausgleichsbetrag für die Grundstücke A, B und C, wobei eine sanierungsbedingte Bodenwerterhöhung allein aufgrund des Sanierungsbebauungsplans zu erwarten ist.

Die Abhängigkeit des Bodenwerts vom Maß der baulichen Nutzung (GFZ : GFZ) soll sich nach den vom Gutachterausschuss abgeleiteten Umrechnungskoeffizienten bestimmen.

Die Grundstücke der Eigentümer A, B und C sind alle mit Gebäuden bebaut, die eine 20-jährige Restnutzungsdauer aufweisen.

Der Abzinsungszinssatz ist mit 5 % anzusetzen.

a) Ausgleichsbetrag für Grundstück A

Das **Grundstück A** wies bereits vor der Sanierung **eine Übernutzung** auf, die über die Restnutzungsdauer des Gebäudes Bestandsschutz genoss.

Bodenwert bei einer GFZ von 1,5	=	500 €/m²
Bodenwert bei einer GFZ von 2,0 (realisiert):		
BWGFZ = 2,0 = 500 €/m² x 1,45 / 1,24	=	585 €/m²
Bodenwertunterschied	=	85 €/m²

Bei der **Ermittlung des Anfangswerts** ist zu berücksichtigen, dass sich der Eigentümer zumindest über die verbleibende Restnutzungsdauer des Gebäudes einer GFZ von 2,0 aufgrund der realisierten Bebauung i.V.m. dem Bestandsschutz „erfreuen" konnte. Ohne Aussicht auf den Sanierungsbebauungsplan musste der Eigentümer davon ausgehen, dass er von dem realisierten Bodenwert in Höhe von 585 €/m² nach Ablauf der Restnutzungsdauer auf einen Bodenwert von 500 €/m² zurückfällt, mithin in 20 Jahren eines Betrags von 85 €/m² „verlustig" geht.

Anfangswert = 585 €/m² – 85 €/m²/$1{,}05^{-20}$ = 553 €/m²

Bei der **Ermittlung des Endwerts** unter Berücksichtigung des Sanierungsbebauungsplans mit einer künftigen GFZ von 2,0 ist eine Minderung nicht zu berücksichtigen, da die vorhandene Bebauung die künftige Nutzung nicht beeinträchtigt.

Ausgleichsbetrag = Endwert – Anfangswert

Ausgleichsbetrag = 585 €/m² – 553 €/m² = **32 €/m²**

In diesem Fall ist der Anfangswert gegenüber dem nach § 34 BauGB im Gebiet vor der Sanierung zulässigen Maß der baulichen Nutzung nach § 6 Abs. 1 ImmoWertV zu erhöhen.

b) Ausgleichsbetrag für Grundstück B

Das **Grundstück B** war bereits *vor* der Sanierung im Verhältnis zu dem nach § 34 BauGB im Gebiet zulässigen Maß der baulichen Nutzung **untergenutzt.** Das Ausmaß der Unternutzung wird sich infolge der Sanierung mit der Heraufsetzung des zulässigen Maßes der baulichen Nutzung auf eine GFZ von 2,0 noch erhöhen.

Anfangswert:

Bodenwert bei einer GFZ von 1,5			= 500 €/m²
Bodenwert bei einer GFZ von 1,0 (realisiert):			
BWGFZ = 1,0 = 500 €/m² x 1,00 / 1,24 =			– 403 €/m²
wobei	UKGFZ = 1,5 =	1,24	
	UKGFZ = 1,0 =	1,00	
------------------------------------	---------------	-------	-----------------
Bodenwertunterschied			= 97 €/m²

Der Eigentümer konnte aber schon vor der Sanierung damit rechnen, dass er nach Ablauf der Restnutzungsdauer des Gebäudes von 20 Jahren das in der Umgebung zulässige Maß der baulichen Nutzung in Höhe einer GFZ von 1,5 realisieren kann. Mithin „schlummerte" auf dem Grundstück ein Bodenwertzuwachs von 500 €/m² – 403 €/m² = 97 €/m². Auch wenn er diesen Bodenwertzuwachs aufgrund der vorhandenen Bebauung wirtschaftlich erst nach Ablauf der

Restnutzungsdauer realisieren kann, muss von einem Anfangswert von 500 €/m² bei einer GFZ von 1,5 ausgegangen werden, denn der sich im Vergleich zur realisierten Nutzung ergebende **Bodenwertzuwachs ist nicht auf die Sanierung zurückführbar und damit nach § 154 Abs. 2 BauGB auch nicht abschöpfbar,** weder in voller noch in abgezinster Höhe.

Endwert:

Die vorhandene Bebauung „blockiert" zusätzlich zu der bereits mit dem Anfangswert in Höhe von 500 €/m² berücksichtigten und zulässigen GFZ von 1,5 vor der Sanierung die Realisierung der Bodenwerterhöhung infolge der zusätzlichen Erhöhung des Maßes der baulichen Nutzung mit einer GFZ von 1,5 auf eine GFZ von 2,0. Diese auf dem Grundstück „schlafende" Bodenwerterhöhung beträgt 85 €/m² und ist in 20 Jahren „realisierbar":

Endwert	= 500 €/m² + 85 €/m²/$1{,}05^{-20}$ = 532 €/m²
Ausgleichsbetrag	= Endwert – Anfangswert
	= 532 €/m² – 500 €/m² = 32 €/m²

c) Ausgleichsbetrag für Grundstück C

Anfangswert	= 500 €/m²
Endwert	= 532 €/m² (vgl. Grundstück B)
Ausgleichsbetrag	= Endwert – Anfangswert
Ausgleichsbetrag	= 532 €/m² – 500 €/m² = **32 €/m²**

8 Ausnahmetatbestände zur Grundsatzregelung (§ 40 Abs. 5 ImmoWertV)

8.1 Nutzungsabhängiger Bodenwert bei erheblichen Abweichungen der realisierten Nutzung von der maßgeblichen Nutzung (§ 40 Abs. 5 Nr. 1 ImmoWertV)

8.1.1 Atypische Nutzung

8.1.1.1 Allgemeines

▶ *Vgl. § 5 ImmoWertV Rn. 3, 35, 107; § 8 ImmoWertV Rn. 11 ff., 357; § 16 ImmoWertV Rn. 25ff., 39; § 25 ImmoWertV Rn. 25; Syst. Darst. des Ertrags-wertverfahrens Rn. 136 ff., Syst. Darst. des Sach-wert-verfahrens Rn. 264 ff., Syst. Darst. des Vergleichs-wertverfahrens Rn. 218 ff.*

Von besonderer Bedeutung ist die in § 40 Abs. 5 Nr. 1 ImmoWertV geregelte Reduktionsklau- 185
sel[116]. Nach dieser Ausnahmeregelung ist i.d.R. von einer **Beeinflussung des nach der Grundsatzregelung des § 40 Abs. 1 ImmoWertV zu ermittelnden Bodenwerts eines bebauten Grundstücks** auszugehen, wenn die „*maßgebliche*" Nutzung, d.h. die bauplanungsrechtlich zulässige bzw. lagetypische Nutzbarkeit, von der tatsächlich auf dem auf dem Grundstück ausgeübten(ggf. auch bestandsgeschützten) Nutzung erheblich abweicht. In diesem Fall liegt eine **atypische Nutzung** vor.

116 Die Vorschrift geht auf § 16 Abs. 4 ImmoWertV 2010 sowie auf die Regelung des § 28 Abs. 3 WertV 88/98 für die Bemessung von Ausgleichsbeträgen nach § 154 BauGB in förmlich festgelegten Sanierungsgebieten bzw. Entwicklungsbereichen zurück.

186 Die kann vielfältige **Ursachen** haben. So liegt z.B. bei **Eckgrundstücken** in geschlossener Bauweise regelmäßig eine gegenüber der Nachbarbebauung erhöhte GFZ vor, die städtebaulich im Allgemeinen nicht nur unbedenklich, sondern sogar erwünscht ist, damit sich das Eckgebäude in das Straßenbild harmonisch einfügt[117]. Es kann sich um eine unter Bestandschutz (vgl. § 5 ImmoWertV Rn. 96) stehende Altbebauung handeln, die im Zeitpunkt ihrer Errichtung zulässigerweise mit einem heute infolge einer Änderung der BauNVO, bauordnungsrechtlicher Regelungen usw. beziehungsweise entsprechender vorheriger Bestimmungen nicht mehr zulässigen höheren Maß errichtet wurde, oder die einschlägigen Festsetzungen des Bebauungsplans zur baulichen Nutzung wurden geändert. Es kann aber auch auf geänderte Usancen der örtlichen Bauweisen sowie schlichtweg auf die persönliche Entscheidung des Bauherrn zurückzuführen sein.

187 Mit der **maßgeblichen Nutzung** sind konkret die Art und das Maß, insbesondere die GFZ der baulichen Nutzung, angesprochen, die nach der Grundsatzregelung des § 40 Abs. 1 ImmoWertV i.V. mit § 5 Abs. 1 ImmoWertV der Bodenwertermittlung bebauter Grundstücke zugrunde zu legen ist. Die Art und das zugrunde zu legende Maß der baulichen Nutzung bestimmen sich im Falle des § 5 Abs. 1 Satz 1 ImmoWertV nach den Vorschriften des BauGB i.V.m. der BauNVO. Wird z.B. in der Umgebung des zu bewertenden Grundstücks regelmäßig eine davon abweichende GFZ der Kaufpreisbemessung zugrunde gelegt, so ist die lagetypische GFZ (GFZ_{lag}) maßgebend. Diese wird in der Wertermittlungspraxis nach den Modalitäten der planungsrechtlich zulässigen GFZ (GFZ_{zul}) ermittelt. Entsprechendes gilt im Falle einer Bezugnahme auf die übrigen planungsrechtlichen Kenngrößen für das „Maß der baulichen Nutzung", nämlich die Grundflächenzahl (GRZ), Baumassenzahl (BMZ), Zahl der Vollgeschosse (Z) sowie die Höhe der baulichen Anlagen, vgl. § 5 ImmoWertV Rn. 60).

188 Der auf der Grundlage der auf dem Grundstück realisierten Art und des auf dem Grundstück realisierten Maßes der baulichen Nutzung (GFZ) ermittelte lagetypische Bodenwert des bebauten Grundstücks wird in § 43 Abs. 1 ImmoWertV als **„nutzungsabhängiger Bodenwert"** bezeichnet. Dieser kann sich im Verhältnis zum Bodenwert, der sich für das unbebaut gedachte Grundstück infolge einer erheblichen Unterschreitung der maßgeblichen Nutzung ergibt, mindern, aber auch erhöhen, wenn die auf dem Grundstück realisierte Art und das realisierte Maß (GFZ) die maßgebliche Nutzung erheblich überschreitet. Die abweichende Art und das abweichende Maß der baulichen Nutzung können im Übrigen auch wertneutral sein. Voraussetzung ist bei alledem, dass die **atypische Nutzung** den Marktwert des Grundstücks im gewöhnlichen Geschäftsverkehr auch tatsächlich beeinflusst.

Die **Ausnahmeregelung des § 40 Abs. 5 Nr. 1 ImmoWertV**, nach der sich der bei erheblichen Abweichungen der tatsächlich realisierten von der nach § 5 Abs. 1 ImmoWertV maßgeblichen Nutzung der „nutzungsabhängige" Bodenwert nach der realisierten Nutzung bemisst, **ist in der Systematik der ImmoWertV begründet** (vgl. Rn. 201). Wurde nämlich z.B. die maßgebliche GFZ mit der vorhandenen Bebauung nur zur Hälfte ausgenutzt, halbiert sich auch der auf dem Grundstück marktüblich erzielbare Reinertrag. Dementsprechend muss bei der Ermittlung des vorläufigen Ertragswerts auf der Grundlage des nutzungsabhängigen Bodenwerts ermittelt werden, denn sonst könnte unter Beachtung des Modellkonformitätsgrundsatzes der Liegenschaftszinssatz zur Anwendung kommen (**Kompatibilität von Bodenwert und Gebäudereinertrag**).

Daraus folgt, dass der nutzungsabhängige Bodenwert nicht den Gesamtwert des Grund und Bodens abbildet und darüber hinaus in entsprechender Anwendung des § 43 Abs. 2 ImmoWertV ein „Wertvorteil" bzw. „Wertnachteil" ergänzend berücksichtigt werden muss (vgl. Rn. 220). Materiell sind Wertvor- und -nachteil dem Bodenwert zuzurechnen, auch wenn sie ermittlungstechnisch aus systematischen Gründen in der ImmoWertV den „besonderen" objektspezifischen Grundstücksmerkmalen (boG) zugeordnet werden. Dies muss insbesondere

117 Die Geschossfläche ist in den im Zusammenhang bebauten Gebieten (§ 34 BauGB) auch in Bezug auf die Zulässigkeit des Ausbaus von Dachgeschossendas maßgebliche Tatbestandsmerkmal des Einfügens, BVerwG, Urt. vom 23.03.1994 – 4 C 18/92 –, BauR 1994, 481 = EzGuG 4.155b.

bei der **Bodenwertermittlung in Sanierungsgebieten und Entwicklungsbereichen**[118] beachtet werden.

Eine **wertmindernde Beeinflussung des Bodenwerts** kann allerdings nur dann erwartet werden, soweit die „Abweichungen“ baulich z.B. durch An- oder Aufbauten bei wirtschaftlicher Betrachtungsweise irreparabel sind oder es sonst geboten erscheint, das Grundstück in der bisherigen Weise wie bisher weiter zu nutzen. Aus Gründen der Modell- und Referenzkonformität ist es jedoch i.d.R. gleichwohl geboten, den *vorläufigen* Vergleichs-, Ertrags- oder Sachwert auch bei *reparablen* Abweichungen der realisierten Nutzung von der *„maßgeblichen“* (zulässigen bzw. lagetypischen) Nutzung auf der Grundlage des nutzungsabhängigen Bodenwerts zu ermitteln und die Differenz zum „vollen“ Bodenwert in „voller“ Höhe als besonderes objektspezifisches Grundstücksmerkmal zu berücksichtigen. **189**

8.1.1.2 Weitere atypische Nutzungen

Von einer atypischen Nutzung i.S. des § 40 Abs. 5 Nr. 1 ImmoWertV ist nach vorstehenden Ausführungen auszugehen, wenn die tatsächliche Nutzung erheblich von der nach § 5 Abs. 1 ImmoWertV abweicht. Abweichungen können nach dem Wortlaut des § 5 Abs. 1 ImmoWertV nicht nur in Bezug auf Art und Maß der zulässigen baulichen Nutzung, sondern generell auch in Bezug auf **„sonstige Nutzungen“ und „sonstigen Vorschriften, die die Nutzbarkeit betreffen“** ergeben. **190**

Nach der hier vertretenen Auffassung gehören hierzu insbesondere **191**

- die Lage eines Grundstücks in einem Erhaltungsgebiet nach den §§ 172 ff. BauGB[119], insbesondere im Geltungsbereich einer **Milieuschutzsatzung mit Mietobergrenzen, und im** Geltungsbereich einer **städtebaulichen Erhaltungssatzung,**
- im Falle denkmalrechtlicher Festsetzungen sowie
- im Falle einer**atypischen unter Bestandschutz stehenden Bebauung**

Eine **atypische Bebauung kann auch gegeben sein, wenn** die bauliche Anlage eine GFZ aufweist, die der im Belegenheitsgebiet bzw. der Bodenrichtwertzone „maßgeblichen“, d.h. bauplanungsrechtlich zulässigen bzw. lagetypischen GFZ i.S. des § 5 Abs. 1 ImmoWertV entspricht, jedoch in Bezug auf die dort übliche Nutzung der nicht den Vollgeschossen (vgl. § 5 ImmoWertV Rn. 46) zurechenbaren Geschossflächen, insbesondere der Dachgeschosse, in ihrer wirtschaftlichen Ausnutzung „untergenutzt“ ist. Der klassische Fall sind die innerstädtischen Gebiete, in denen die Dachgeschosse üblicherweise durch sog. Staffelgeschosse sowie den Ausbau von Satteldächern, die keine Vollgeschosse sind, intensiv genutzt werden und hiervon abweichend z.B. ein Gebäude mit einem Flachdach errichtet wurde.

---

118 BVerwG, Urt. vom 29.01.2019 – 4 B 73/17 –, EzGuG 3.177; OVG Koblenz, Urt. vom 12.09.2017 – 6 A 10802/16 –.

119 OVG Hamburg, Urt. vom 04.07.2023 – 2 Bf 200/22 –, EzGuG 15.245.

Abb. 14: „Untergenutztes“ Wertermittlungsobjekt trotz Realisierung der maßgeblichen GFZ der Bodenrichtwertzone

„Untergenutztes“ Wertermittlungsobjekt trotz Realisierung der maßgeblichen GFZ der Bodenrichtwertzone

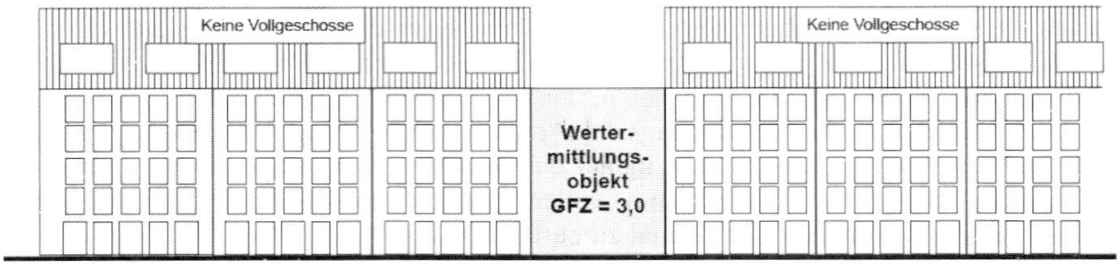

Maßgebliche (bauplanungsrechtlich zulässig oder lagetypische) GFZ der Bodenrichtwertzone = 3.0
Bodenrichtwert (ermittelt aus Vergleichspreisen der Bodenrichtwertzone) = 1 000 EUR/m² bei GFZ = 3,0

© W. Kleiber 2023

Im allgemeinen Marktgeschehen des gewöhnlichen Geschäftsverkehrs bestimmen sich die Bodenpreise in dem Belegenheitsgebiet bzw. der Bodenrichtwertzone unter Berücksichtigung einer intensiven Nutzung der Nichtvollgeschosse. Dementsprechend werden diese Nutzungen in die Kaufpreise „eingepreist“, aus denen der Bodenrichtwert abgeleitet wird. Generell bedarf es in derartigen Gebieten deshalb nicht einer WGFZ i.S. des § 16 Abs. 4 ImmoWertV. In dem Beispiel der Abb. 9 ergibt sich für das Belegenheitsgebiet ein Bodenrichtwert von 1 000 EUR, und zwar auch dann, wenn man diesem Bodenrichtwert eine WGFZ i.S. des § 16 Abs. 4 ImmoWertV zuordnen würde. Da jedoch das Bewertungsgrundstück im Vergleich dazu „untergenutzt“ ist, kann in diesem **Ausnahmefall** der dann **maßgebliche *nutzungsabhängige* Bodenwert**“ i.S. des § 43 ImmoWertV **durch einen in Abhängigkeit von der Geschossfläche**[120] **modifizierten Bodenrichtwert** ermittelt werden; einer WGFZ bedarf es auch in diesem Fall nicht[121]. Kommt im konkreten Einzelfall das Ertragswertverfahren zur Anwendung, kann davon abgesehen werden, wenn die bauliche Anlage eine langfristige Nutzungsdauer aufweist, denn in diesem Fall schlagen selbst grob fehlerhafte Bodenwerte nur marginal auf das Ergebnis durch.

Beispiel (Lösungsvorschlag)

Bodenrichtwert und Bodenrichtwertgrundstück	
Bodenrichtwert:	1 000 EUR/m²
Grundstücksgröße i.S. des § 16 Abs. 2 Nr. 3 ImmoWertV	500 m²
Bodenwert insgesamt 1 000 EUR/m² x 500 m²	500 000 EUR
GFZ (bauplanungsrechtlich zulässige oder lagetypisch; vgl. § 5 ImmoWertV Rn. 104)	3,0
Geschossfläche in den Vollgeschossen i.S. des § 20 BauNVO zuzüglich Nichtvollgeschossen (Dach)	3 500 m²
Bodenrichtwert pro Quadratmeter vorstehender Geschossfläche = 1 000 EUR/m² / 3 500 m² x 1 000	0,28571 EUR/m²

120 Die Geschossfläche ist in den im Zusammenhang bebauten Gebieten (§ 34 BauGB) auch in Bezug auf die Zulässigkeit des Ausbaus von Dachgeschossen das maßgebliche Tatbestandsmerkmal des Einfügens (BVerwG, Urt. vom 23.03.1994 – 4 C 18/92 –, BauR 1994, 481 = EzGuG 4.155b.)

121 Bei einer sehr hohen GFZ stellt sich auch die Frage, ob die Nutzung des Dachgeschosses überhaupt auf den Bodenwert „durchschlägt“, denn die Abhängigkeit des Bodenwerts von dem Maß der baulichen Nutzung lässt bei einer sehr hohen GFZ vielerorts spürbar nach.

Bewertungsobjekt	
Bebaubare Grundstücksgröße bzw. anteilige bebaubare Grundstücksgröße	500 m²
Realisierte Geschossfläche in den Vollgeschossen i.S. des § 20 BauNVO	3 000 m²
Ermittlung des modifizierten Bodenrichtwerts	
Modifizierter Bodenrichtwert pro Quadratmeter realisierter Geschossfläche = 3 000 m² x 0,28571	857,13 EUR/m²
„Nutzungsabhängiger Bodenwert" des Gesamtgrundstücks: 857,13 EUR/m² x 500 m²	**428 565 EUR**

Als besonderes objektspezifisches Grundstücksmerkmal (boG) ist in Abhängigkeit von der Restnutzungsdauer der baulichen Anlage die auf dem Grundstück „schlummernde Bodenwerterhöhung" ergänzend zu berücksichtigen. Sie bemisst sich nach dem Unterschied beider Bodenwerte des gesamten Grundstücks (vgl. Rn. 200):

Ausgangswert ist mithin: 500 000 EUR – 428 565 EUR = 71 435 EUR

In den oben genannten Fällen kann nicht ausgeschlossen werden, dass ein nach der Grundsatzregel des § 40 Abs. 1 ImmoWertV angesetzter Bodenwert nicht sachgerecht ist, da die Bebauung auch dann, wenn sie bauplanungsrechtlich keine Atypik aufweist, auf die Nutzbarkeit und Wertigkeit des Grund und Bodens „durchschlägt". Aus diesem Grunde muss auch hier von einem *„nutzungsabhängigen Bodenwert"* i.S. des § 43 ImmoWertV ausgegangen werden, wobei die Nutzungsbefangenheit wiederum auf Dauer (z.B. bei einem Denkmal) oder nur vorübergehend (z.B. im Bereich einer Milieuschutzsatzung) gegeben sein kann. Ein Einfluss auf die Nutzbarkeit der betroffenen Grundstücke und ihre Ertragskraft geht in den genannten Fällen insbesondere von den einschlägigen Vorschriften zur Erhaltungspflicht und den zahlreichen Genehmigungsvorbehalten, den i.d.R. erhöhten denkmalgerechten Bewirtschaftungskosten, aber auch denkmalabhängigen Steuervorteilen sowie von Mietobergrenzen und Nutzungsbeschränkungen im Geltungsbereich einer Milieuschutzsatzung aus. **192**

Von einem „nutzungsabhängigen" Bodenwert ist auch bei der **Marktwertermittlung bebauter Grundstücke** auszugehen, **die** beispielsweise zwar erschlossen, jedoch noch **erschließungsbeitragspflichtig sind**. Die dabei zur Anwendung kommenden Vergleichsfaktoren bebauter Grundstücke, Liegenschaftszinssätze und Sachwertfaktoren werden in aller Regel auf der Grundlage erschließungsbeitragsfreier Grundstücke bestimmt und müssen dementsprechend modellkonform zur Anwendung kommen. „Vorläufiger" Bodenwert ist mithin auch in den genannten Fällen der erschließungsbeitragsfreie Bodenwert. Denn nur dieser ist mit dem zur Anwendung kommenden Vergleichsfaktor bebauter Grundstücke, Liegenschaftszinssatz bzw. Sachwertfaktor kompatibel. Die ausstehenden Erschließungsbeiträge sind nachträglich als besonderes objektspezifisches Grundstücksmerkmal (boG) wertmindernd zu berücksichtigen, soweit dieses im gewöhnlichen Geschäftsverkehr berücksichtigt wird (vgl. Rn. 5; Syst. Darst. des Vergleichswertverfahrens Rn. 318; Syst. Darst. des Ertragswertverfahrens Rn. 142 ff., 242; § 2 ImmoWertV Rn. 21; § 5 ImmoWertV Rn. 108; § 8 ImmoWertV Rn. 45).

Bei weitergehender Betrachtung müssten auch Beeinträchtigungen der Nutzbarkeit einer auf dem Grundstück vorhandenen baulichen Anlage, die aus einer atypischen Baugestaltung und irreparablen Ausstattung der baulichen Anlagen resultieren, im Rahmen der Ermittlung des *vorläufigen* Verfahrenswerts außer Betracht bleiben und als besonderes objektspezifisches Grundstücksmerkmal (boG) ergänzend berücksichtigt werden. **193**

8.1.2 Erheblichkeit der abweichenden Nutzung

▶ *Vgl. § 8 ImmoWertV Rn. 357; § 41 ImmoWertV Rn. 1 ff.*

194 Nach dem Wortlaut des § 40 Abs. 5 Nr. 1 ImmoWertV ist nur eine „**erhebliche“ Abweichung der tatsächlichen und atypischen Nutzung von der maßgeblichen Nutzung** zu berücksichtigen. Bei nicht erheblichen Abweichungen findet sie keine Anwendung. Die Verordnung konnte keine „festen“ Grenzen vorgeben, denn diese sind von der Art der baulichen Nutzung, der Lage des Grundstücks, der Höhe des Marktwerts, der zu erwartenden Dauer der Abweichung sowie dem gewöhnlichen Geschäftsverkehr abhängig. Grundsätzlich ist eine Abweichung erheblich, wenn sich unter Berücksichtigung der Abweichung ein Marktwert ergibt, der von dem ohne Berücksichtigung dieser Abweichung ermittelten Marktwert um einen Betrag abweicht, der außerhalb der Spanne liegt, die der Auf- und Abrundung des Ergebnisses zugrunde zu legen ist (vgl. Vorbem. zur ImmoWertV Rn. 98).

195 Es kommt hinzu, dass der Bodenwert je nach angewandten Wertermittlungsverfahren unterschiedlich auf das Ergebnis der Marktwertermittlung durchschlägt.

8.1.3 Vorübergehende und auf Dauer erwartete atypische Nutzung

196 Der Bodenwert ist in Bezug auf die aufstehende Bebauung nur **solange „nutzungsabhängig“, wie die Bebauung rechtlich zu erhalten ist und bei ordnungsgemäßer Bewirtschaftung wirtschaftlich genutzt werden kann.** Im Falle einer unter Denkmalschutz stehenden Bebauung, die regelmäßig auf Dauer zu erhalten ist, ist der „nutzungsabhängige“ Bodenwert ein „Dauerwert“. Entsprechendes kann auch in dem Fall gelten, wo sich der nutzungsabhängige Bodenwert infolge einer erheblichen Überschreitung der planungsrechtlich zulässigen Art oder des planungsrechtlich zulässigen Maßes der baulichen Nutzung im Verhältnis zum Bodenwert eines unbebauten Grundstücks erhöht, wenn zu erwarten ist, dass die bauliche Anlage auf Dauer erhalten wird (z.B. im **Geltungsbereich einer städtebaulichen Erhaltungssatzung**[122] nach den §§ 172 ff. BauGB), sowie in den Fällen, in denen künftig mit einer Dispensierung zu rechnen ist.

197 Erscheint es im Falle eines im Vergleich zur maßgeblichen Nutzung untergenutzten Grundstücks am Wertermittlungsstichtag geboten, das Grundstück bei wirtschaftlicher Betrachtungsweise in der bisherigen Weise weiter zu nutzen, so ist dies eine „Momentaufnahme“. Eine am Wertermittlungsstichtag gegebene wirtschaftliche Nutzbarkeit der baulichen Anlage schwindet trotz ordnungsgemäßer Instandhaltung der baulichen Anlage mit zunehmendem Alter und zehrt sich auf. Mit Ablauf der Restnutzungsdauer der baulichen Anlage kann die grundsätzlich maßgebliche Nutzung und der sich danach bemessende Bodenwert realisiert werden. Das im Grundstück „schlummernde“ Wertpotenzial lebt spätestens mit Ablauf der Restnutzungsdauer wieder auf. Hieraus folgt, dass mit dem zum Wertermittlungsstichtag ermittelten „nutzungsabhängigen Bodenwert“ die Werthaltigkeit des Grund und Bodens nicht vollumfänglich erfasst wird. Es müssen ergänzend auch die Bodenwerterhöhungen (sog Wertvorteile) ergänzend berücksichtigt werden, die ausgehend vom „nutzungsabhängigen Bodenwert“ mit Abgang der baulichen Anlage nach den Wertverhältnissen des Wertermittlungsstichtags zu erwarten sind. Die so definierten **Wertvorteile einschließlich der Freilegungskosten sind** dabei am Wertermittlungsstichtag allerdings nur **in der auf den Zeitraum bezogenen abgezinsten Höhe als besondere objektspezifische Grundstücksmerkmale (boG)** berücksichtigungsfähig, wenn es bei wirtschaftlicher Betrachtungsweise geboten erscheint, das Grundstück in der bisherigen Weise weiter zu nutzen, spätesten mit Ablauf der Restnutzungsdauer. Bei einem langen Zeitraum bzw. bei langer Restnutzungsdauer schwinden die genannten Positionen in Abhängigkeit von dem Zinssatz und dem jeweiligen Zeitraum gegen null.

---

122 OVG Hamburg, Urt. vom 04.07.2023 – 2 Bf 200/22 –, EzGuG 15.245.

Entsprechendes gilt auch im Falle einer erheblichen Überschreitung der maßgeblichen Nutzung, die zu einem nutzungsabhängigen Bodenwert führt, der zwangsläufig höher ausfällt, als sich nach der Grundsatzregelung des § 40 Abs. 1 i.V.m. § 5 Abs. 1 ImmoWertV ergeben würde. **198**

Die vorstehend erläuterte **Berücksichtigung einer atypischen Nutzung entspricht der für Liquidationsobjekte** i.S. der Ausnahmeregelung des § 40 Abs. 5 Nr. 3 ImmoWertV mit § 43 ImmoWertV vorgeschriebenen Ermittlung des „nutzungsabhängigen" Bodenwerts. Die Fälle sind bewertungstechnisch eng verwandt. **199**

8.1.4 Verfahren der Ermittlung des nutzungsabhängigen Bodenwerts bei atypischer Nutzung des Grundstücks

8.1.4.1 Allgemeines

▶ *Vgl. § 43 ImmoWertV Rn. 78 ff.; § 11 ImmoWertV Rn. 22.*

Der Bodenwert (in seiner Gesamtheit) wird nach den vorstehenden Ausführungen bewertungstechnisch aufgeteilt in **200**

a) den „**nutzungsabhängigen Bodenwert**" auf der Grundlage der Art und des Maßes der mit der realisierten Bebauung tatsächlichen ausgeübten Nutzung, beschränkt auf den Zeitraum, über den ausgehend vom Wertermittlungsstichtag eine wirtschaftliche Nutzung der baulichen Anlage erwartet werden kann, und

b) den **Wertvorteil**, der aus der mit Ablauf der wirtschaftlichen Nutzbarkeit der baulichen Anlage (Restnutzungsdauer) potenziellen Realisierbarkeit eines höheren Baurechts, bzw. den **Wertnachteil**, der aus dem Ausblick auf die mit dem wirtschaftlichen Abgang der baulichen Anlage einhergehende geminderte Ausnutzbarkeit des Grundstücks resultiert. Wertvor- und -nachteil werden i.d.R. gesondert als besonderes objektspezifisches Grundstücksmerkmal (boG) berücksichtigt.

Die vorstehende Aufteilung ist aus Gründen der **Modell- und Referenzkonformität** bei der Marktwertermittlung bebauter Grundstücke im Wege des Vergleichs-, Ertrags- und Sachwertverfahrens unter Anwendung von Vergleichsfaktoren, Liegenschaftszinssätzen und Sachwertfaktoren geboten. Diese werden vom Gutachterausschuss für Grundstückswerte aus geeigneten Kaufpreisen von Grundstücken unter Ausschluss besonderer objektspezifischen Grundstücksmerkmale (boG) der hier erläuterten Art abgeleitet. Der nutzungsabhängige Bodenwert stellt insoweit auch den mit dem herangezogenen Liegenschaftszinssatz, Vergleichs- oder Sachwertfaktor kompatiblen Bodenwert dar. **201**

8.1.4.2 Nutzungsabhängiger Bodenwert

▶ *Vgl. Rn. 185; § 8 ImmoWertV Rn. 357 ff.*

Bei der Marktwertermittlung von Grundstücken, auf denen die baulichen Anlagen nach Art und Maß (insbesondere der GFZ) erheblich von der maßgeblichen (planungsrechtlich zulässigen bzw. lagetypischen) Nutzung abweichen, bestimmt sich der zur **Ermittlung des *vorläufigen*Verfahrenswerts** anzusetzende Bodenwert nach der auf dem Grundstück tatsächlich ausgeübten Nutzung (z.B. nach der auf dem Grundstück realisierten GFZ). Der so ermittelte Bodenwert wird als **nutzungsabhängiger Bodenwert** bezeichnet. **202**

Es handelt sich dabei um eine **atypische Nutzung des Grundstücks**. Dabei ist zu unterscheiden zwischen **203**

- einer atypischen *Überschreitung* der planungsrechtlich zulässigen bzw. lagetypischen Nutzung (sog. übergenutztes Grundstück; Übernutzung) und
- einer atypischen *Unterschreitung* der planungsrechtlich zulässigen bzw. lagetypischen Nutzung (sog. untergenutztes Grundstück; Unternutzung). Im Falle einer Unterschreitung des maßgeblichen Maßes der baulichen Nutzung kann die Immobilie liquidationsträchtig sein (Rn. 230).

Der bei der Ermittlung des vorläufigen Verfahrenswerts anzusetzende Bodenwert ist grundsätzlich nach dem *nutzungsabhängigen* Bodenwert i.S. des § 43 Abs. 1 ImmoWertV und nach der Art und dem Maß der auf dem Grundstück am Wertermittlungsstichtag ausgeübten Nutzung zu bestimmen. Daneben ist gegebenenfalls ein Wertvorteil, der sich aus der künftigen Nutzbarkeit ergibt, als besonderes objektspezifisches Grundstücksmerkmal nach Maßgabe des § 43 Abs. 2 ImmoWertV zu berücksichtigen.

§ 43 Abs. 2 ImmoWertV, der die Verkehrswertermittlung von Liquidationsobjekten regelt, spricht neben dem nutzungsabhängigen Bodenwert nur den ergänzend zu berücksichtigenden „Wertvorteil" an, der mit der Freilegung der baulichen Anlagen „auflebt". Daneben kann aber auch bei Liquidationsobjekten der Fall gegeben sein, dass **das auf dem Grundstück realisierte Maß der baulichen Nutzung die nach § 5 Abs. 1 ImmoWertV maßgebliche Nutzung in atypischer Weise überschreitet.** In diesem Falle kann zwar davon ausgegangen werden, dass der Eigentümer bestrebt sein wird, die bauliche Anlage gegebenenfalls durch Modernisierungsmaßnahmen auf Dauer zu erhalten. Ein bei Abriss der baulichen Anlage eintretender „Wertnachteil" ginge infolge seiner Abzinsung gegen Null und kann dann vernachlässigt werden. Indessen können entsprechende Modernisierungsmaßnahmen bei wirtschaftlicher Betrachtungsweise derart unwirtschaftlich sein, dass gegebenenfalls auch nicht langfristig mit dem Erhalt zu rechnen ist. In diesem Fall ist die Vorschrift des § 43 Abs. 2 ImmoWertV analog entsprechend der Lage auf dem Grundstücksmarkt auch auf *„Wertnachteile"* anzuwenden. So kann nach der **derzeitigen Lage auf dem Grundstücksmarkt in Gebieten mit angespannten Marktverhältnissen ein Wertnachteil nach den Gegebenheiten des Einzelfalls vernachlässigbar sein, jedoch gilt dies nicht gleichermaßen in strukturschwachen Räumen und muss auch nicht auf Dauer gelten.**

204 Der Ansatz des nutzungsabhängigen Bodenwerts bei der **Ermittlung des *vorläufigen* Verfahrenswerts** ist darin begründet, dass nur dieser Bodenwert mit der vorhandenen baulichen Anlage wirtschaftlich realisiert wird. Zugleich ist damit eine modell- und referenzkonforme Anwendung von Liegenschaftszinssätzen und Sachwertfaktoren gewährleistet, denn diese werden i.d.R. unter Ausschluss von Sonderfällen der hier behandelten Art abgeleitet werden. Der nutzungsabhängige Bodenwert ist mithin der bei der Ermittlung des *vorläufigen* Ertrags- oder Sachwerts anzusetzende Bodenwert.

8.1.4.3 Wertvor- und -nachteil sowie Freilegungskosten

205 Mit dem nutzungsabhängigen Bodenwert ist die Werthaltigkeit des Grund und Bodens nicht realitätsgerecht erfasst.

- Im Falle einer *Unternutzung* „schlummert" im Grund und Boden darüber hinaus die Wertsteigerung des Grundstücks, die erst nach wirtschaftlichem Abgang der baulichen Anlage und der dann möglichen Realisierung der planungsrechtlich zulässigen bzw. lagetypischen Nutzung i.S. des § 5 Abs. 1 ImmoWertV „auflebt".
- Im Falle einer *Übernutzung* muss in Betracht gezogen werden, dass nach wirtschaftlichem Abgang der baulichen Anlage nur noch die planungsrechtlich zulässige bzw. lagetypische Nutzung werthaltig ist.

206 Die im **Falle der *Unternutzung*** nach Freilegung des Grundstücks eintretende Erhöhung des Bodenwerts wird im Verhältnis zum nutzungsabhängigen Bodenwert als „**Wertvorteil**" bezeichnet.

207 Die im **Falle der *Übernutzung*** nach dem wirtschaftlichen Abgang der baulichen Anlage eintretende Minderung des Bodenwerts wird im Verhältnis zum nutzungsabhängigen Bodenwert als „**Wertnachteil**" bezeichnet.

208 Die potenzielle Realisierbarkeit eines höheren Baurechts und damit einhergehend eines höheren Bodenwerts (Wertvorteil) sowie der Ausblick auf die mit dem wirtschaftlichen Abgang der baulichen Anlage einhergehende geminderte Ausnutzbarkeit des Grundstücks und die damit einhergehende Minderung des Bodenwerts (Wertnachteil) bestimmen sich am *Beispiel* der

GFZ aus der Differenz des Bodenwerts, der sich auf der Grundlage der bauplanungsrechtlichen bzw. lagetypischen GFZ ergibt, und dem nutzungsbefangenen Bodenwert nach Maßgabe der zum Wertermittlungsstichtag realisierten tatsächlichen GFZ. Da diese Wertsteigerung (Wertvorteil) und die Wertminderung (Wertnachteil) wirtschaftlich erst mit dem wirtschaftlichen Abgang der baulichen Anlage eintritt, sind Wertvor- und -nachteil – ausgehend vom Wertermittlungsstichtag – über den Zeitraum bis zum wirtschaftlichen Abgang der baulichen Anlage (Freilegung) abzuzinsen. Der abgezinste Betrag erhöht bzw. vermindert den Bodenwert. Verfahrensmäßig wird er aber als besonderes objektspezifisches Grundstücksmerkmal (boG) berücksichtigt (vgl. *Beispiele* bei § 8 ImmoWertV Rn. 357 ff.).

In Formeln: 209

$$BW = BWreal + (BWzul/lag - BWreal) \times AF_n$$

wobei

BW_{real} = nutzungsabhängiger Bodenwert auf der Grundlage der realisierten Nutzung

$BW_{zul./lag}$ = maßgeblicher Bodenwert auf der Grundlage der planungsrechtlich zulässigen bzw. lagetypischen Nutzung

AF = Abzinsungsfaktor

n = Zeitraum bis zum wirtschaftlichen Abgang der baulichen Anlage in Jahren

Die **Abzinsung** ist **über** die Dauer vorzunehmen, die die bauliche Anlage unter Berücksichtigung ihres Bestandsschutzes und sonstiger rechtlicher Gegebenheiten (z.B. Denkmalschutz) voraussichtlich wirtschaftlich nutzbar ist (**Restnutzungsdauer**), sofern nicht aus anderen rechtlichen Gründen ein vorheriger Abbruch erwartet werden muss. 210

Darüber hinaus müssen bei einem kurzen Zeitraum auch die über den Zeitraum bis zum wirtschaftlichen Abgang der baulichen Anlage abgezinsten **Freilegungskosten** wiederum – ausgehend vom Wertermittlungsstichtag – wertmindernd berücksichtigt werden, es sei denn, dass eine längerfristig aufgeschobene Freilegung i.S. des § 43 ImmoWertV zu erwarten ist. Der abgezinste Betrag mindert den Bodenwert. Verfahrensmäßig werden auch diese gegebenenfalls als besonderes objektspezifisches Grundstücksmerkmal (boG) berücksichtigt. 211

Bei einer auf Dauer zu erhaltenden baulichen Anlage mit einer (zumindest theoretisch) gegen unendlich strebenden Restnutzungsdauer, wie z.B. bei **denkmalgeschützten Gebäuden,** führt diese Vorgehensweise dazu, dass der abgezinste Wertvor- oder -nachteil gegen null geht, und es verbleibt bei dem nutzungsabhängigen Bodenwert. Dieser kann niedriger, aber auch höher als die nach den heute geltenden bauplanungsrechtlichen Vorschriften zulässige Nutzbarkeit sein. In der Praxis, so z.B. in *Hamburg*, werden deshalb zu Recht Abweichungen der realisierten von der rechtlich zulässigen und lagetypischen Nutzung nur berücksichtigt, wenn die vorhandene Nutzung nach Art und Maß nicht nachhaltig ist, so z.B., wenn die vorhandene Bebauung eine wirtschaftliche Restnutzungsdauer von weniger als 30 Jahren hat[123]. 212

Schließlich ist noch im Falle einer Herabzonung zu prüfen, ob und ggf. in welcher Höhe bei Aufhebung oder Änderung der baulichen Nutzung eine nicht nur unwesentliche Wertminderung des Grundstücks nach § 42 BauGB geltend gemacht werden kann (**Planungsschaden**)[124]. 213

---

123 Vgl. AK Wertermittlung des Deutschen Städtetages, Vorbericht zu TOP 8 der Sitzung am 11.11.1991.
124 Kleiber, Verkehrswertermittlung von Grundstücken, 9. Aufl., Teil VI Rn. 180 ff.

8.1.4.4 Atypisches Maß der realisierten baulichen Nutzung

▶ *Vgl. § 5 ImmoWertV Rn. 93 ff., 107; § 8 ImmoWertV Rn. 34,357; § 43 ImmoWertV Rn. 83 ff.; zur WGFZ § 16 ImmoWertV Rn. 39 ff.*

214 Abweichend von der Grundsatzregel des § 40 Abs. 1 ImmoWertV, nach der sich der Bodenwert eines bebauten Grundstücks ohne Berücksichtigung der auf dem Grundstück vorhandenen baulichen Anlagen bemisst, kann nach der **Ausnahmeregelung des § 40 Abs. 5 Nr. 1 ImmoWertV** die tatsächliche auf dem Grundstück realisierte Nutzung den Bodenwert beeinflussen, wenn sie von der nach § 5 Abs. 1 ImmoWertV *„maßgeblichen" Nutzung* atypischerweise abweicht (Atypik). Gegenstand der Regelung sind also **Abweichungen der auf dem Grundstück *realisierten* GFZ von dem der *maßgeblichen* GFZ** i.S. des § 5 Abs. 1 ImmoWertV.

- Die nach § 5 Abs. 1 ImmoWertV maßgebliche GFZ ist die **planungsrechtlich zulässige GFZ** (§ 5 Abs. 1 Satz 1 ImmoWertV), es sei denn, in der Umgebung des Grundstücks wird im gewöhnlichen Geschäftsverkehr bei der Kaufpreisbemessung regelmäßig davon abgewichen (§ 5 Abs. 1 Satz 2 ImmoWertV). In diesem Fall ist die in entsprechender Anwendung des § 20 Abs. 2 BauNVO aus dem Verhältnis der lagetypisch realisierten Geschossfläche (GF) zur „Grundstücksfläche" (i.S. des § 19 BauNVO) ermittelte **lagetypische GFZ** maßgebend.
- Die **auf dem Grundstück realisierte GFZ** bestimmt sich wiederum in entsprechender Anwendung des § 20 Abs. 2 BauNVO aus dem Verhältnis der auf dem Grundstück realisierten Geschossfläche (GF) zur „Grundstücksfläche" (i.S. des § 19 BauNVO). Der auf dieser Grundlage ermittelte Bodenwert wird als ***nutzungsabhängiger Bodenwert*** bezeichnet.

215 Da nur der auf der Grundlage der realisierten GFZ ermittelte nutzungsbefangene Bodenwert mit dem aus der baulichen Anlage „fließenden" jährlichen Gesamtertrag kompatibel ist, kann der ***vorläufige*Ertragswert** auch nur **auf der Grundlage des nutzungsabhängigen Bodenwerts** ermittelt werden.

- Dieser kann im Falle einer Überschreitung der nach § 5 Abs. 1 ImmoWertV maßgeblichen GFZ (z.B. infolge einer unter Bestandsschutz stehenden „Altbebauung") höher als der auf der Grundlage der maßgeblichen GFZ ermittelte Bodenwert sein.
- Im Falle einer Unterschreitung der nach § 5 Abs. 1 ImmoWertV maßgebliche GFZ ist er i.d.R. niedriger als der auf der Grundlage der maßgeblichen GFZ ermittelte Bodenwert.

216 Die sich aus dem abweichenden Maß der baulichen Nutzung ergebende Bodenwertdifferenz lässt sich dabei unter Heranziehung der Umrechnungskoeffizienten für Grundstücke mit unterschiedlicher GFZ ermitteln.

- Die **Bodenwertdifferenz** ist **im Falle einer Überschreitung der maßgebliche GFZ** ein vermögenswerter Vorteil, der aber nur solange von Bestand ist, wie die bauliche Anlage genutzt wird. Der „Wertvorteil" muss deshalb über die zu erwartende Restnutzungsdauer abgezinst werden. Der Barwert ist bei der Marktwertermittlung ein ergänzend zu berücksichtigendes „besonderes objektspezifisches Grundstücksmerkmal" (boG).
- Die **Bodenwertdifferenz** ist **im Falle einer Unterschreitung der maßgebliche GFZ** ein vermögenswerter Nachteil, der aber nur solange von Bestand ist, wie die bauliche Anlage genutzt wird. Der „Wertnachteil" muss deshalb über die zu erwartende Restnutzungsdauer abgezinst werden. Der Barwert ist bei der Marktwertermittlung ein ergänzend zu berücksichtigendes „besonderes objektspezifisches Grundstücksmerkmal" (boG).

Der **Zeitraum**, über den Wertvorteil bzw. Wertnachteil abzuzinsen ist, muss je nach Fallgestaltung unter Berücksichtigung der wirtschaftlichen und rechtlichen Rahmenbedingungen abgeschätzt werden. So kann im Falle einer Überschreitung der maßgeblichen Nutzung davon ausgegangen werden, dass die realisierte Nutzung grundsätzlich langfristig ggf. einhergehend mit Modernisierungsmaßnahmen fortgesetzt wird. Im Falle einer Unterschreitung der maßgeblichen Nutzung bestimmt sich der Zeitraum danach, wie es bei wirtschaftlicher Betrachtungsweise geboten erscheint, die bisherige Nutzung fortzusetzen. **217**

Abb. 15: Berücksichtigung von Abweichungen des Maßes der tatsächlichen Bebauung eines Grundstücks von dem rechtlich zulässigen bzw. lagetypischen Maß der baulichen Nutzung

Berücksichtigung von Abweichungen des Maßes der tatsächlichen Bebauung eines Grundstücks von dem rechtlich zulässigen bzw. lagetypischen Maß der baulichen Nutzung bei der Bodenwertermittlung

$$BW = BW_{real} + (BW_{zul/lag} - BW_{real}) \times 1/AF_n$$

Nutzungsabhängiger Bodenwert

„Wertvorteil" bzw. „Wertnachteil", der als besonderes objektspezifisches Grundstücksmerkmal nachträglich berücksichtigt wird.

wobei:

BW_{real} = Bodenwert aufgrund realisierter Nutzung (nutzungsabhängiger Bodenwert)
$BW_{zul/lag}$ = Bodenwert aufgrund zulässiger bzw. lagetypischer Nutzung (maßgeblicher Bodenwert)
q = Zinsfaktor = 1 + Zinssatz/100 = 1 + LZ
n = voraussichtlicher Zeitraum der wirtschaftlichen Nutzbarkeit

Beispiele:

a) bei Unterschreitung der rechtlich zulässigen Nutzung

BW_{real}	bei GFZ von 0,8	= 244 €/m²
$BW_{zul/lag}$	bei GFZ von 1,2	= 300 €/m²
Liegenschaftszinssatz LZ		= 5 %
voraussichtlicher Zeitraum der wirtschaftlichen Nutzbarkeit n		= 20 Jahre
		= 21 €/m²
abgezinst		**= 265 €/m²**

BW = 244 €/m² + 56 €/m² x 1/1,05^20

„Wertvorteil"

b) bei Überschreitung der rechtlich zulässigen Nutzung

BW_{real}	bei GFZ von 1,2	= 300 €/m²
$BW_{zul/lag}$	bei GFZ von 0,8	= 244 €/m²
Liegenschaftszinssatz LZ		= 5 %
voraussichtlicher Zeitraum der wirtschaftlichen Nutzbarkeit n		= 20 Jahre
		= –21 €/m²
abgezinst		**= 279 €/m²**

BW = 300 €/m² – 56 €/m² x 1/1,05^20

„Wertnachteil"

c) bei „auf Dauer" zu erhaltenden Gebäuden (Denkmäler)

$\lim_{n \to \infty} 1/q^n = 0$ **BW = BW_real**

© W. Kleiber 2021

Beispiel: **218**

a) Sachverhalt

- Der Bodenwert beträgt bei einer zulässigen bzw. lagetypischen Nutzung mit einer GFZ von 1,0 = 400 €/m².
- Auf einem Grundstück ist eine GFZ von 0,6 realisiert worden.
- Der voraussichtliche Zeitraum der wirtschaftlichen Nutzbarkeit des Gebäudes liegt bei 40 Jahren.

Abb. 16: Ermittlung der auf dem Grundstück realisierten Geschossflächenzahl (GFZ_{real}) nach § 40 Abs. 5 Nr. 1 ImmoWertV

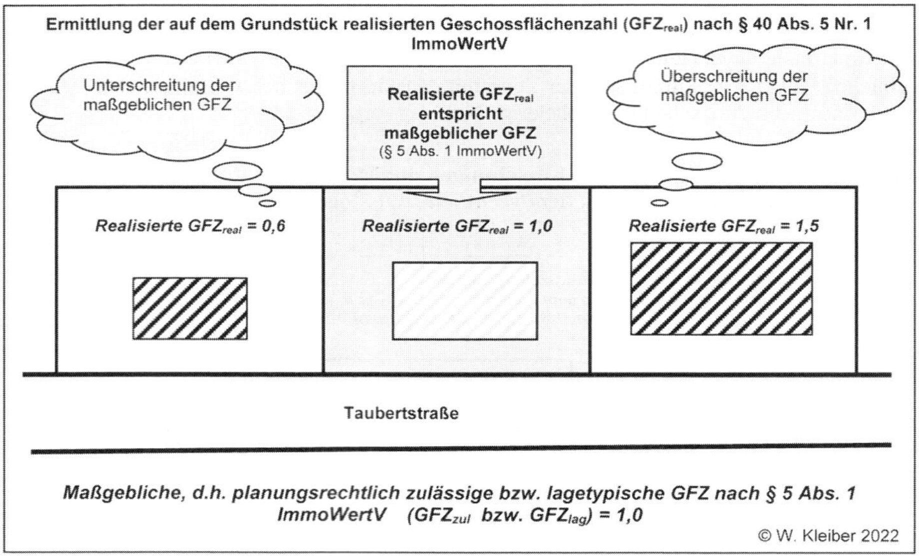

Abb. 17: Unternutzung

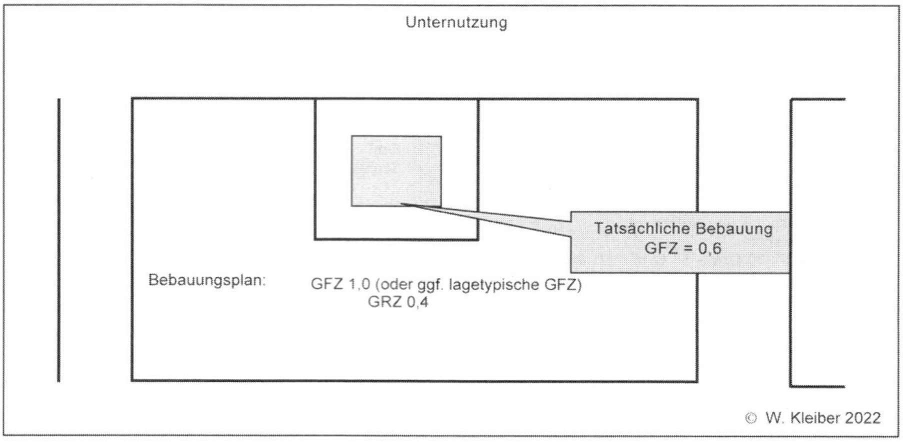

Kann dabei (im Falle der Unternutzung) die vorhandene Bebauung der bauplanungsrechtlich zulässigen bzw. lagetypischen Nutzung nicht durch An- oder Aufbauten angeglichen werden, kann sich daraus eine Bodenwertminderung ergeben. Im Falle der Übernutzung kann sich eine Bodenwerterhöhung ergeben.

Wertminderung und Werterhöhung lassen sich auf der Grundlage des Unterschieds der Bodenwerte ermitteln, die sich für das Grundstück auf der Grundlage

- der realisierten Geschossflächenzahl (nutzungsabhängiger Bodenwert) und
- der maßgeblichen Nutzung, d.h. der bauplanungsrechtlich zulässigen bzw. lagetypischen Geschossflächenzahl (GFZ),

ergeben.

Die Bodenwertunterschiede lassen sich mit Hilfe geeigneter Umrechnungskoeffizienten (GFZ/GFZ) ermitteln, sofern keine ortsüblichen Umrechnungskoeffizienten für das Verhältnis GFZ/GFZ vorliegen. Diese Bodenwertunterschiede sind sodann nach der vorstehend beschriebenen Methode zu berücksichtigen.

Ausgangspunkt für die **Ermittlung des gegenüber einem unbebauten Grundstück im Wert geminderten bzw. erhöhten Bodenwerts** ist zunächst der nutzungsabhängige Bodenwert, der sich nach dem realisierten Maß der baulichen Nutzung (GFZ) ergibt. Dieser Bodenwert ist dann

- im Falle einer **Unternutzung** um die abgezinste Werterhöhung „aufzustocken", die nach Ablauf des voraussichtlichen Zeitraums der wirtschaftlichen Nutzbarkeit im Hinblick auf die zulässige Nutzbarkeit bzw. lagetypische Nutzung dann realisiert werden kann, bzw.
- im Falle einer **Übernutzung,** um die abgezinste Wertminderung „abzusenken", die nach Ablauf des voraussichtlichen Zeitraums der wirtschaftlichen Nutzbarkeit im Hinblick auf die zulässige Nutzbarkeit bzw. lagetypische Nutzung im Neubaufall realisierbar wäre.

b) Wertermittlung

Bodenwert bei einer zulässigen bzw. lagetypischen Nutzung mit einer GFZ von 1,0 = 400 €/m²

Ermittlung des Bodenwerts bei einer GFZ von 0,6 auf der Grundlage folgender Umrechnungskoeffizienten bei einer

GFZ von 0,6 = 0,78

GFZ von 1,0 = 1,00

$BW_{GFZ = 0,6}$ = 400 €/m² x 0,78 / 1,00 €/m² = 312 €/m²

Bodenwertdifferenz ($BW_{zul/lag} - BW_{real}$) = 400 €/m² – 312 €/m² = 88 €/m²

Bodenwert unter Berücksichtigung des realisierten Maßes der baulichen Nutzung:

$BW = BW_{real} + (BW_{zul./lag} - BW_{real}) \times AF_n$

BW = 312 €/m² + 88 €/m² x 0,097222 = **320 €/m²**

bei einem Zinssatz von 6 %

8.1.4.5 Atypische Art der realisierten baulichen Nutzung

▶ *Vgl. Rn. 185; § 5 ImmoWertV Rn. 3, 93, 107; zu den Besonderheiten in Berlin § 5 ImmoWertV Rn. 61 ff.; § 8 ImmoWertV Rn. 357 ff.; § 27 ImmoWertV Rn. 32; Syst. Darst. des Ertragswertverfahrens Rn. 58, 67 ff., 105 ff., 136,185*

Was vorstehend beispielhaft für Abweichungen im Maß der baulichen Nutzung erläutert ist, **219**
gilt gleichermaßen für **Abweichungen der realisierten von der bauplanungsrechtlich zulässigen Nutzungsart**. Dies verlangt ausdrücklich auch § 5 Abs. 1 ImmoWertV. Als Beispielfall kann die sich aus einer Zweckentfremdungsverordnung ergebende Erhaltungspflicht einer Wohnnutzung gelten, wenn andererseits das Grundstück einer höherwertigen Büronutzung zugeführt würde.

Beispiel: **220**

a) Sachverhalt (Abb. 19)

- Das zu bewertende Grundstück liegt an einer großstädtischen Ausfallstraße (mit hohem Verkehrsaufkommen) in einem allgemeinen Wohngebiet (WA). Das Grundstück wird jedoch abweichend von der übrigen Bebauung mit einem gewerblich ausgelegten und genutzten Mehrzweckgebäude genutzt.
- Das Grundstück ist erschlossen, jedoch erschließungsbeitragspflichtig; es ist mit einem Erschließungsbeitrag in Höhe von 100 000 € zu rechnen.

- Das 6 469 m² große Grundstück weist in Bezug auf die vorhandene Bebauung eine Übergröße auf: Die nach Art, Lage und Nutzung auf die Bebauung entfallende marktübliche Grundstücksfläche (Umgriffsfläche) von 5 889 m² wird deutlich überschritten. Die Grundstücksrestfläche i.S. des § 17 Abs. 2 Satz 2 beläuft sich mithin auf rd. 580 m².
- Der für das Belegenheitsgebiet ausgewiesene Bodenrichtwert beläuft sich auf 200 €/m² (ebf); dem Bodenrichtwert zugeordnet ist die im Belegenheitsgebiet zulässige WA-Nutzung sowie das dort zulässige Maß der baulichen Nutzung, das auch realisiert wurde.
- Für die gegenüber der Ausfallstraße gelegene Bodenrichtwertzone wird ein Bodenrichtwert von 150 €/m² (ebf) ausgewiesen; dem Bodenrichtwert ist eine GE-Nutzung sowie das auch im WA Gebiet zulässige Maß der baulichen Nutzung zugeordnet.
- Die Restnutzungsdauer des Gebäudes liegt bei 14 Jahren.
- Die Freilegungskosten wurden mit 300 000 € ermittelt.
- Der am Wertermittlungsstichtag marktüblich erzielbare Jahresreinertrag wurde mit 60 000 € ermittelt.
- Der Liegenschaftszinssatz beläuft sich auf 6,5 %.

Abb. 18: Abweichende Art der baulichen Nutzung

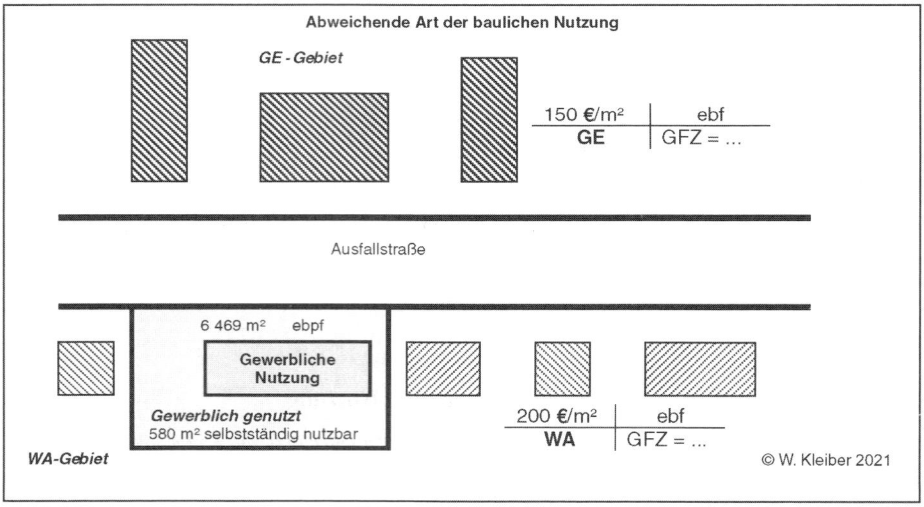

221 Bei dem gegebenen Sachverhalt ist bei Anwendung des hier angezeigten Ertragswertverfahrens der Bodenwert grundsätzlich auf der Grundlage des nach § 5 Abs. 1 ImmoWertV maßgeblichen Bodenwerts zu ermitteln. Darüber hinaus könnte die abweichende Art der baulichen Nutzung in analoger Anwendung des § 40 Abs. 5 Nr. 1 ImmoWertV berücksichtigt werden. Dies wäre allerdings problematisch, wenn sich der Liegenschaftszinssatz auf ein Referenzgrundstück bezieht, das nicht von einer derartigen Fallgestaltung betroffen und im Übrigen auch erschließungsbeitragsfrei ist. Davon ist regelmäßig auszugehen. Aus Gründen der Modellkonformität empfiehlt sich in diesem Fall, den Ertragswert zunächst auf der Grundlage des sog. nutzungsabhängigen sowie erschließungsbeitragsfreien Bodenwerts abzuleiten und die hier eigentlich maßgebliche Art der baulichen Nutzung, die Erschließungsbeitragspflicht sowie die anstehenden Freilegungskosten als „besondere objektspezifische Grundstücksmerkmale" nachträglich zu berücksichtigen.

Als modellkonformer und mit dem Liegenschaftszinssatz kompatibler Bodenwert ist der Bodenwert in die Ermittlung des vorläufigen Ertragswerts einzuführen, der sich ohne Berücksichtigung der Freilegungskosten und der Erschließungsbeitragspflicht für die auf dem Grundstück tatsächlich realisierte Nutzung ergibt, nämlich der Bodenwert einer gewerblichen Nutzung. Bei einer Grundstücksgröße von 6 469 m² und einem Bodenrichtwert von 150 €/m² ergibt sich für das Gesamtgrundstück mithin: **222**

Gesamtgrundstück	6 469 × 150 €/ m²	=	970 350 €
abzüglich der selbstständig nutzbaren Teilfläche von 580 m²:	580 m² × 150 €/m²	=	87 000 €
Modellkonformer (nutzungsabhängiger) Bodenwert der Umgriffsfläche		=	883 350 €

b) Wertermittlung

Nach den Vorschriften der ImmoWertV ergibt sich unter analoger Anwendung des § 40 Abs. 5 Nr. 1 ImmoWertV folgender Bodenwert:

Bodenwert (ebf) bei einer zulässigen bzw. lagetypischen WA-Nutzung	=	200 €/m²	(§ 5 Abs 1 ImmoWertV)
Bodenwert (ebf) bei einer zulässigen bzw. lagetypischen GE-Nutzung	=	150 €/m²	(§ 5 Abs. 1 ImmoWertV)
Bodenwertdifferenz	=	50 €/m²	

Bodenwert unter Berücksichtigung der realisierten Art der baulichen Nutzung:

BW = 150 €/m² + 50 €/m² x $AF_{14\ Jahre}$ = rd. 170 €/m² (ebf) bei einem Zinssatz von 6,5 %

Bodenwert des *Gesamtgrundstücks* unter entsprechender Anwendung des § 40 Abs. 5 Nr. 1 und 3 ImmoWertV auf die erheblich abweichende Art der baulichen Nutzung sowie unter Berücksichtigung der in 14 Jahren anstehenden Freilegung sowie der Erschließungsbeitragspflicht:

6 469 m² × 170 €/m²	=	rd. 1 099 730 €	ebf
abzüglich Erschließungsbeitrag	=	100 000 €	
Bodenwert des erschließungsbeitragspflichtigen Gesamtgrundstücks	=	999 730 €	ebpf
davon entfallen auf die selbstständig nutzbare Teilfläche (999 730 €/6 469 m² × 580 m²)	=	89 634 €	
Verbleibt für Umgriffsfläche	=	910 096 €	
abzüglich Freilegungskosten (§ 40 Abs. 5 Nr. 3 ImmoWertV)	=	– 300 000 €	
Bodenwert der Umgriffsfläche i.S. des § 41 ImmoWertV	=	**610 096 €**	ebpf
Bodenwert des Gesamtgrundstücks (610 096 € + 89 634 €)	=	699 730 €	ebpf

			modellkonform	nach § 40 Abs. 5
Jahresreinertrag			60 000 €	60 000 €
Bodenwert				
	Gesamtfläche Umgriffsfläche Grundstücksfläche Modellkonformer nutzungsabhängiger Bodenwert Bodenwert i.S. des § 40 Abs. 5 ImmoWertV Bodenwertverzinsungsbetrag bei LZ = 6,5 %	6 469 m² 5 889 m² 580 m² 883 350 € 610 096 €	– 57 418 €	– 39 656 €
	(RE – BW × LZ)		2 582 €	20 344 €
	Kapitalisierungsfaktor bei RND von 14 Jahren und 6,5 %		× 9,01384	× 9,01384
	Gebäudeertragswert: (RE – BW × LZ) × KF = Bodenwert i.S. des § 40 Abs. 5 ImmoWertV Modellkonformer nutzungsabhängiger Bodenwert		23 429 € + 883 350 €	183 378 € + 699 730 €
Vorläufiger marktangepasster Ertragswert			**906 779 €**	**883 108 €**
Besondere objektspezifische Grundstücksmerkmale				
a)	Grundstücksfläche (580 m²)		+ 87 000 €	
b)	Bodenwertzuwachs nach Freilegung*	50 €/m²		
	Bodenwertzuwachs insgesamt bei 6 469 m²	323 450 €		
	Abzinsungsfaktor bei 14 Jahren und 6,5 %	× 0,4141	+ 133 941 €	
c)	Freilegungskosten	300 000 €		
	Abzinsungsfaktor bei 14 Jahren und 6,5 %	× 0,4141	– 124 230 €	
d)	Erschließungsbeitragspflicht		– 100 000 €	
	Ertragswert		903 490 €	
	Ertragswert gerundet		**900 000 €**	**<-> 880 000 €**

Ertragswertermittlung (Methodenvergleich)

* Es wird unterstellt, dass sich der Bodenwertzuwachs auf das Gesamtgrundstück einschließlich der Grundstücksrestfläche bezieht.

c) Nachbetrachtung

Tatsächlich handelt es sich jedoch um ein Liquidationsobjekt, denn bei sofortiger Freilegung des Grundstücks kann ein höherer Wert realisiert werden:

Bodenwert des Gesamtgrundstücks:

6 469 m² × 200 €/m² (WA-Nutzung)	=	1 293 800 €
abzüglich Erschließungsbeitrag	=	– 100 000 €
abzüglich Freilegungskosten	=	– 300 000 €
Liquidationswert	=	**rd. 900 000 €**

Von einer „alsbaldigen Freilegung“ kann ausgegangen werden, wenn der nicht abgezinste Bodenwert ohne Berücksichtigung der Freilegungskosten den im Ertragswertverfahren ermittelten Ertragswert erreicht oder übersteigt.

Der nicht abgezinste Bodenwert (ohne Berücksichtigung der Freilegungskosten)	=	1 193 800 €	(= 1 293 800 € – 100 000 €)
übersteigt den Ertragswert	=	835 000 €	deutlich.

8.1.4.6 Steuerliche Bewertung

▶ *Vgl. Vorbem. zur ImmoWertV Rn. 3; zum niedrigeren Wert § 1 ImmoWertV Rn. 13, 24; § 3 ImmoWertV Rn. 26, 165, 196; § 6 ImmoWertV Rn. 46 f., 195; § 8 ImmoWertV Rn. 44 f.; § 13 ImmoWertV Rn. 24 ff., 31, 45 ff.; § 15 ImmoWertV Rn. 9; § 21 ImmoWertV Rn. 64 ff., 174; Syst. Darst. des Vergleichswertverfahrens Rn. 9, 158, 166 ff., 277; zur steuerlichen Aufteilung in einen Boden- und Gebäudeanteil (Abschreibung) vgl. Rn. 7,28, 82 ff., 142; Syst. Darst. des Ertragswertverfahrens Rn. 118, 196, 262, 271; Syst. Darst. des Sachwertverfahrens Rn. 14, 169,174, 325, 336 ff.*

In der **steuerlichen Grundbesitzbewertung** findet bei der Bewertung von bebauten Grundstücken im Ertragswertverfahren nach § 146 BewG bzw. § 184 BewG eine vereinfachende Betrachtungsweise Anwendung. Danach ist im Falle einer Abweichung der tatsächlichen Bebauung von der rechtlich zulässigen Bebauung des Bodenrichtwertgrundstücks das Maß der tatsächlichen Bebauung für die Bodenwertermittlung maßgebend, wenn rechtlich keine Möglichkeit besteht, das Maß der zulässigen baulichen Nutzung durch Erweiterung und Neubau auszuschöpfen[125]. 223

In den einschlägigen **ErbStR 2019**[126] heißt es hierzu: 224

„... Der Wert von Grundstücken, die von den wertbeeinflussenden Grundstücksmerkmalen des Bodenrichtwertgrundstücks abweichen, ist grundsätzlich nach den Vorgaben des Gutachterausschusses (Abs. 2 bis 6) aus dem Bodenrichtwert der jeweiligen Richtwertzone abzuleiten.“

(2) Definiert der Gutachterausschuss den Bodenrichtwert in Abhängigkeit von einer Geschossflächenzahl, ist bei Grundstücken, deren planungsrechtlich zulässige Geschossflächenzahl von der des Bodenrichtwertgrundstücks abweicht, der Bodenwert nach folgender Formel abzuleiten:

$$\text{Bodenwert/m}^2 = \frac{\text{Umrechnungskoeffizient für die Geschossflächenzahl des zu bewertenden Grundstücks} \times \text{Bodenrichtwert}}{\text{Umrechnungskoeffizient für die Geschossflächenzahl des Bodenrichtwertgrundstücks}}$$

Weiter heißt es dort: 225

„Die Umrechnungskoeffizienten sind den Bewertungsstellen der Finanzämter vom zuständigen Gutachterausschuss zusammen mit den Bodenrichtwerten mitzuteilen.

(3) Sofern die Gutachterausschüsse Umrechnungskoeffizienten in Abhängigkeit von der Grundstücksgröße vorgegeben haben, sind diese anzusetzen.

(4) Sind die Bodenrichtwerte in Abhängigkeit von der Grundstückstiefe ermittelt worden, ist die Grundstücksfläche aufzuteilen. Dabei ist die Grundstücksfläche nach ihrer Tiefe in Zonen zu gliedern, deren Abgrenzung sich nach den Vorgaben des Gutachterausschusses richtet.“

---

125 Erl. des Min. für Finanzen und Energie des Landes Schleswig-Holstein vom 09.10.1997 – VI 310 – S 3014 – 097 – (GuG 1998, 166 = DStZ 1998, 144 = DStR 1997, 1728) versus Erl. des bay. FM vom 15.10.1997 – 17/106 – 53 946 –, GuG 1998, 305; OFD Frankfurt am Main, Vfg. vom 31.10.1997 – S 3289 d A 1 St III 30 –, GuG 1998, 353.

126 R B 179.2 Abs. 1 Satz 9, Abs. 2 – 4 Allgemeine Verwaltungsvorschrift zur Anwendung des Erbschaftsteuer- und Schenkungsteuerrechts (Erbschaftsteuer-Richtlinien 2019 – ErbStR 2019) vom 16.12.2019; vgl. BR-Finanzausschuss (zu Punkt 3 der TO der 709. Sitzung am 25.06.1998), BR-Drs. 525/1/98.

8.2 Im Außenbereich gelegene bebaute Grundstücke (§ 40 Abs. 5 Nr. 2 ImmoWertV)

Schrifttum: *Mundt,* Der Bodenwert bebauter Ein- und Zweifamilienhäuser im Außenbereich, ZfV 2016, 35.

▶ *Vgl. § 3 ImmoWertV Rn. 135, 195 ff., 231; § 5 ImmoWertV Rn. 7, 74 ff.*

226 Mit der konsequenten Anwendung der Grundsatzregelung des § 40 Abs. 1 ImmoWertV, nach der sich der Bodenwert eines bebauten Grundstücks nach dem Bodenwert bemisst, der sich für das unbebaute Grundstück ergeben würde, ist die Frage aufgeworfen, wie die im Außenbereich gelegenen bebauten Grundstücke zu qualifizieren sind:

- Aus der mit § 40 Abs. 1 ImmoWertV gegebenen Vorgabe, die vorhandene Bebauung auf dem Grundstück nicht zu berücksichtigen, ist einerseits zu folgern, dass Grundstücke als land- oder forstwirtschaftliche Flächen i.S. des § 3 Abs. 1 ImmoWertV zu qualifizieren wären, denn eine bauliche Nutzung ist im Außenbereich nur für die in § 35 BauGB genannten privilegierten Vorhaben zulässig.
- Auf der anderen Seite sind die betroffenen Grundstücke nach öffentlich-rechtlichen Vorschriften, nämlich nach § 35 BauGB aufgrund ihrer Bebauung baulich nutzbar, sodass sie insoweit als baureifes Land i.S. des § 3 Abs. 4 ImmoWertV zu qualifizieren wären.

227 § 40 Abs. 5 Nr. 2 ImmoWertV enthält eine klarstellende Regelung, nach der vorhandene bauliche Anlagen auf dem Grundstück im Außenbereich auch bei der Ermittlung des Bodenwerts zu berücksichtigen sind, wenn sie **rechtlich und wirtschaftlich weiterhin nutzbar sind**. Dies führt im Ergebnis dazu, dass den Grundstücken eine De-facto-Baulandqualität zuzusprechen ist, denn sie sind nach § 35 BauGB unter den genannten Voraussetzungen baulich nutzbar. § 40 Abs. 5 Nr. 2 ImmoWertV stellt damit eine § 3 ImmoWertV ergänzende Regelung zur Feststellung des maßgeblichen Entwicklungszustands dar (zum Bodenwert von im Außenbereich baurechtswidrig bebauten Grundstücken vgl. § 3 ImmoWertV Rn. 135, 231).

228 Die im Außenbereich gelegenen Grundstücke sind vielfach außerordentlich groß und nur ein beschränkter Teil dieser Grundstücke im Rechtssinne wird baulich genutzt. Bei dieser Sachlage ist **die Vorschrift nur auf den Teil der Grundstücke anzuwenden, der tatsächlich baulich genutzt wird**, auch wenn in der Vorschrift von dem „Grundstück" die Rede ist. Im konkreten Einzelfall muss also die maßgebliche Fläche nach der vorhandenen Bebauung unter entsprechender Berücksichtigung der Regelungen der BauNVO über Art und Maß der baulichen Nutzung (GRZ und GFZ) bestimmt werden (Umgriffsfläche), um sie von der übrigen Fläche des Grundstücks abzugrenzen.

229 Nach dem Wortlaut der Regelung des § 40 Abs. 5 Nr. 2 ImmoWertV ist bei der Ermittlung des Bodenwerts eine vorhandene bauliche Nutzung auch zu berücksichtigen, wenn ihre Nutzung aus anderen als den in § 35 BauGB ausdrücklich genannten rechtlichen Gründen rechtlich und wirtschaftlich weiterhin nutzbar ist, wie z.B. ein **im Außenbereich unter Denkmalschutz stehendes und wirtschaftlich nutzbares Gebäude**.

8.3 Liquidationsobjekte, deren alsbaldige Freilegung nicht ansteht (§ 40 Abs. 5 Nr. 3 ImmoWertV)

▶ *Vgl. Rn. 203; § 4 ImmoWertV Rn. 87; § 6 ImmoWertV Rn. 132; § 8 ImmoWertV Rn. 134 ff.; § 43 ImmoWertV Rn. 1 ff., 43; Syst. Darst. des Sachwertverfahrens Rn. 133; Syst. Darst. des Ertragswertverfahrens Rn. 140*

230 Mit § 40 Abs. 5 Nr. 3 ImmoWertV wird als weiterer Ausnahmetatbestand zur Grundsatzregelung des § 40 Abs. 1 ImmoWertV, nach der sich der Bodenwert eines bebauten Grundstücks ohne Berücksichtigung der auf dem Grundstück befindlichen baulichen Anlage nach dem Bodenwert des unbebaut gedachten Grundstücks bemisst, der Fall genannt, wo die **Bebauung als Liquidationsobjekt** i.S. des § 8 Abs. 3 Satz 2 Nr. 3 ImmoWertV zu qualifizieren ist.

Die Vorschrift beschränkt sich auf Liquidationsobjekte, bei denen mit einer alsbaldigen Freilegung nicht zu rechnen ist. Der Marktwertermittlung solcher Liquidationsobjekte ist in § 43 ImmoWertV geregelt. Danach ist auch in diesem Fall wie im Falle einer atypischen Nutzung nach § 40 Abs. 5 Nr. 1 ImmoWertV von dem nutzungsabhängigen Bodenwert auszugehen. Im Fall einer **aufgeschobenen Freilegung** sind wiederum der aus der künftigen Nutzbarkeit resultierende Wertvorteil sowie die gegebenenfalls zu berücksichtigenden Freilegungskosten als besonderes objektspezifisches Grundstücksmerkmal zu berücksichtigen, soweit dies marktüblich ist. Hierzu wird auf die Erläuterungen bei § 43 ImmoWertV hingewiesen. 231

In dem nicht angesprochenen und nicht geregelten **Falle einer alsbaldigen Freilegung** ist davon abweichend vom Bodenwert auszugehen, der sich nach Maßgabe der Grundsatzregelung des § 40 Abs. 1 ImmoWertV ergibt, jedoch ist dieser um die alsbald anfallenden Freilegungskosten zu vermindern. 232

§ 41 ImmoWertV
Erhebliche Überschreitung der marktüblichen Grundstücksgröße

Bei einer erheblichen Überschreitung der marktüblichen Grundstücksgröße kommt eine getrennte Ermittlung des Werts der über die marktübliche Grundstücksgröße hinausgehenden selbstständig nutzbaren oder sonstigen Teilfläche in Betracht; der Wert der Teilfläche ist in der Regel als besonderes objektspezifisches Grundstücksmerkmal zu berücksichtigen.

Gliederungsübersicht *Rn.*

1 Bodensondierung übergroßer Grundstücke

1.1 Allgemeines

Schrifttum: *Reinhardt, W.,* Die Fläche als wertrelevante Größe für individuelles Wohnbauland in ländlichen Bereichen, GuG 2008, 321; *Kleiber, W.,* Glosse, GuG-aktuell 2017, 24.

▶ *Vgl. § 3 ImmoWertV Rn. 38 ff.; § 5 ImmoWertV Rn. 70; § 8 ImmoWertV Rn. 28 ff.; Syst. Darst. des Ertragswertverfahrens Rn. 59, 125; Syst. Darst. des Sachwertverfahrens Rn. 266; zur Bodensondierung bzw. Berücksichtigung der vom Modellansatz abweichenden Grundstücksgröße vgl. Syst. Darst. des Vergleichswertverfahrens Rn. 141 ff., 247 ff.; zur Bodensondierung bei der Beleihungswertermittlung vgl. Teil IX Rn. 195 ff.*

Bei der Marktwertermittlung *bebauter und unbebauter Grundstücke* besteht im Falle einer „erheblichen Überschreitung der marktüblichen Grundstücksgröße" (Übergröße) regelmäßig die Notwendigkeit, das Grundstück flächenmäßig in Teilflächen aufzuteilen (Bodensondierung). **1**

1. Besteht ein Grundstück aus Flächen unterschiedlicher Nutzbarkeit bzw. Wertigkeiten mit jeweils unterschiedlichen Bodenwerten, kann es sachgerecht sein, den Bodenwert des Grundstücks im Rahmen einer sog. Mosaikbewertung aus der Summe der sich für die jeweiligen Teilflächen ergebenden Bodenwerte zu ermitteln. Dies kann in Betracht kommen, wenn Teile des Grundstücks einen voneinander abweichenden Entwicklungszustand aufweisen:

   a) Bei bebauten und bebaubaren Grundstücken (Bauland) kann im Falle einer „erheblichen Überschreitung der marktüblichen Grundstücksgröße" die Notwendigkeit einer flächenmäßigen **Aufteilung** des Grundstücks nach der Grundstückstiefe **in Vorder- und Hinterland** bestehen. Es kann sich dabei um baulich nicht nutzbares (hausnahes) **Gartenland** – auch **Hausgarten** genannt – handeln, wobei diese Teilfläche im Einzelfall auch noch nach unterschiedlichen Wertigkeiten zu differenzieren ist. Der Bodenwert des Hinterlandes wird in der Wertermittlungspraxis i.d.R. mit einem Vomhundertsatz (bis zu 30 % des baulich genutzten Vorderlands) angesetzt (vgl. Syst. Darst. des Vergleichswertverfahrens Rn. 266).

b) Selbst bei einer Übergröße von Grundstücken, die eine einheitliche Nutzbarkeit aufweisen, kann eine bewertungstechnische Zerlegung des Grundstücks angezeigt sein, z.B. wenn sich daraus ein höherer Gesamtwert ergibt (vgl. Abb. 1).

Abb. 1: Sondierung eines übergroßen Grundstücks

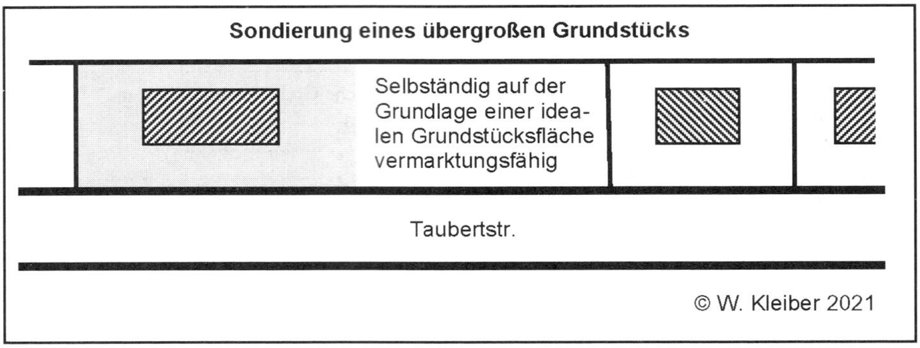

c) Bei bebauten und bebaubaren Grundstücken kann es im Hinblick auf die Feststellung des zulässigen Maßes der baulichen Nutzung geboten sein, die Grundstücksfläche nach der gemäß § 23 BauNVO baurechtlich maßgeblichen „**bebaubaren und** der **nicht bebaubaren Grundstücks(teil-)fläche**" (vgl. § 5 ImmoWertV Rn. 70) zu gliedern. Die überbaubare Grundstücksfläche bestimmt sich nach den im Bebauungsplan festgesetzten Baulinien, Baugrenzen, Bebauungstiefen und den außerhalb der überbaubaren Grundstücksflächen liegenden Flächen (Nebenanlagen). In den im Zusammenhang bebauten Gebieten bestimmt sich die überbaubare Grundstücksfläche nach den in der näheren Umgebung tatsächlich vorhandenen Baulinien, Baugrenzen und Bebauungstiefen, in die sich ein Vorhaben einfügt.
Die nicht als bebaubare Grundstücksfläche i.S. des § 23 BauNVO qualifizierten Flächen können eine unterschiedliche Wertigkeit aufweisen, insbesondere wenn sie einen unterschiedlichen Entwicklungszustand i.S. des § 3 ImmoWertV aufweisen. Dem kann durch einen differenziert angesetzten Bodenwert Rechnung getragen werden (Mosaikmethode, vgl. Syst. Darst. des Vergleichswertverfahrens Rn. 264 ff.).

2. Die Übergröße eines Grundstücks lässt sich unter Anwendung der zur Verfügung stehenden Umrechnungskoeffizienten nicht immer sachgerecht berücksichtigen.

3. Von besonderer Bedeutung ist die Notwendigkeit einer Sondierung einer übergroßen Grundstücksfläche bei der Bodenwertermittlung bebauter Grundstücke. Bei modellkonformer Anwendung der dafür in Betracht kommenden Wertermittlungsverfahren (Vergleichs-, Ertrags- und Sachwertverfahren) ist eine **Bodensondierung aus Gründen der Modell- und Referenzkonformität** geboten. Es geht dabei im Kern darum, im Rahmen der Ermittlung des vorläufigen Verfahrenswerts den **mit dem zur Anwendung kommenden Liegenschaftszinssatz sowie Vergleichs- und Sachwertfaktor kompatiblen Bodenwert** anzusetzen. Dementsprechend nehmen die Grundsatzregelungen des § 27 Abs. 2 ImmoWertV sowie des § 35 Abs. 2 Nr. 3 ImmoWertV ausdrücklich auf die §§ 40 bis 43 ImmoWertV Bezug. Der danach im Rahmen der Ermittlung des vorläufigen Verfahrenswerts ermittelte Bodenwert stellt mithin den *„vorläufigen"* Bodenwert dar.

1.2 Zerlegung übergroßer Grundstücke in eine „marktübliche Grundstücksfläche" und Restfläche (Bodensondierung)

2 Eine Übergröße liegt vor, wenn die Fläche des zu bewertenden Grundstücks „erheblich" die „marktübliche Grundstücksgröße" überschreitet. Die **Grundstücksfläche wird** dann regelmäßig **zerlegt in die „marktübliche Grundstücksfläche" und die verbleibende Grundstücksrestfläche**. Die marktübliche der vorhandenen Bebauung zurechenbare Grundstücksfläche wird hier als „**Umgriffsfläche**"[1] bezeichnet. Die verbleibende Grundstücksrestfläche wird in der Verordnung in Anlehnung an die steuerliche Bewertung etwas umständlich als „**selbständig nutzbare *oder sonstige* Teilfläche**" bezeichnet. Die Erwähnung der *„sonstigen Teilfläche"* macht deutlich, dass es sich bei der Grundstücksrestfläche nicht um eine *„selbständig nutzbare Teilfläche"* handeln muss. Mithin handelt es sich dabei schlichtweg um die Grundstücksrestfläche.

3 Die so praktizierte Bodensondierung kann auch als **Restflächenmethode** bezeichnet werden.

4 Der in der ImmoWertV gebrauchte Begriff der *„selbständig nutzbaren Teilfläche"* ist der Vorgängerregelung (§ 17 Abs. 1 Satz 1 Nr. 1 i.V.m. Abs. 2 Satz 2 ImmoWertV 10) und dem Bewertungsrecht entlehnt. Die selbständig nutzbare Teilfläche wird dort als Teil eines Grundstücks, definiert, der *für die angemessene Nutzung der baulichen Anlagen nicht benötigt wird* und selbständig genutzt oder verwertet werden kann. Begriff und die gegebene Definition der *„selbständig nutzbaren Teilfläche"* sind für eine Bodensondierung nach Maßgabe der ImmoWertV ungeeignet[2], wenn man davon ausgehend im ersten Schritt zum Zwecke der Bodensondierung die *„selbständig nutzbaren und für eine angemessene Nutzung der baulichen Anlagen nicht benötigten Teilflächen"* ermittelt und die sich daraus ergebende Restfläche der Bebauung als „marktübliche Grundstücksfläche" zurechnet (vgl. *Beispiel* der Abb. 2).

Abb. 2: Sondierung eines übergroßen bebauten Grundstücks

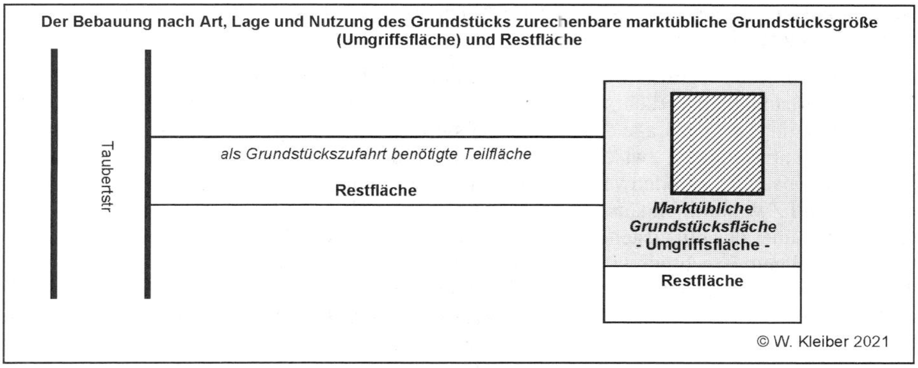

Das Beispiel zeigt, dass es sich bei den „**selbständig nutzbaren *oder sonstigen* Teilflächen**" um Flächen handeln kann, die für die bauliche Nutzung „erforderlich" sind, und auch um solche, die nicht selbständig genutzt werden können (z.B. ein schmaler Randstreifen, Böschungen, Hangflächen, „Grundstückszwickel"). Der Begriff und die Auslegung des Begriffs der „selbständig nutzbaren Teilfläche" sind mit dem Regime der Modellkonformität (§ 10 ImmoWertV) unvereinbar.

5 Unter dem Regime der Modellkonformität (§ 10 ImmoWertV) muss im Rahmen der Bodensondierung im ersten Schritt die marktübliche Grundstücksgröße festgestellt werden. Die nach

1 Der Begriff der „Umgriffsfläche" wird auch in der Arbeitshilfe zur Anwendung derGrundbesitzbewertung der OFD Nordrhein-Westfalen v. 24.04.2014 – S 3015-2014/0001-St 251 gebraucht.
2 Vgl. Glosse Kleiber, GuG-aktuell 2017, 17.

Abzug dieser marktüblichen Grundstücksgröße von der Gesamtfläche verbleibende Restfläche ist die im Rahmen der Marktwertermittlung nach den Grundsätzen der ImmoWertV „selbständig nutzbare oder sonstige Teilfläche" auch dann, wenn sie für die bauliche Nutzung erforderlich ist (**Restflächenmethode**).

Die „marktübliche Grundstücksfläche" ist auch nicht von der baurechtlich erforderlichen Mindestgröße abhängig (Abb. 3).

Abb. 3: Marktübliche Grundstücksfläche und selbstständig nutzbare bzw. sonstige Teilfläche

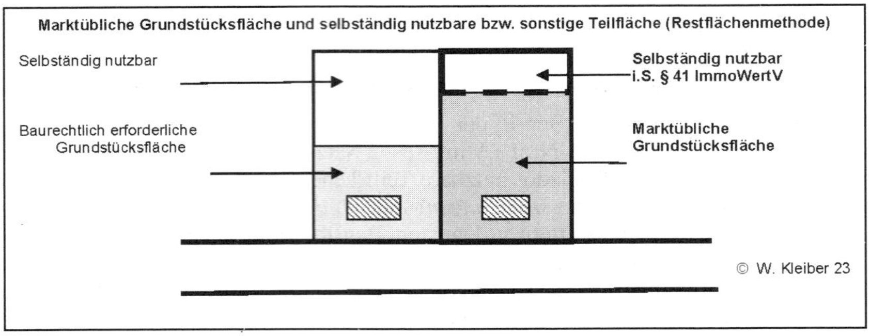

§ 41 ImmoWertV regelt im Übrigen nicht den umgekehrten Fall, in dem das Grundstück zwar eine Grundstücksgröße aufweist, die baurechtlich erforderlich ist, aber kleinerist als die marktübliche Grundstücksgröße.

6 Die **„marktübliche Grundstücksfläche" bestimmt sich unter Berücksichtigung** der regionalen und ortsüblichen Verkehrsauffassung (örtlichen Gepflogenheiten). Sie ist zudem von der Art der Nutzung und der Lage des Grundstücks im Belegenheitsgebiet abhängig. So ist insbesondere zu unterscheiden zwischen der Art der Wohn- und gewerblichen Nutzung und nicht zuletzt auch nach dem Bodenwertgefüge. So weisen beispielsweise im Bereich der freistehenden Ein- und Zweifamilienhäuser die Grundstücke oftmals Grundstücksflächen auf, die nicht unerheblich über das hinausgehen, was nach den §§ 30, 33 und 34 BauGB für die vorhandene Bebauung planungsrechtlich erforderlich ist[3]. Des Weiteren ist schon seit Langem erwiesen, dass die **durchschnittlichen Grundstücksgrößen bei niedrigen Grundstückspreisen** (z.B. im ländlichen Raum) **deutlich höher sind als in Großstädten mit vergleichsweise deutlich höheren Bodenpreisen**. Hohe Preise und auch hohe Bodenpreise führen nämlich zu einem ökonomischen Umgang mit dem jeweiligen Gut.

7 Ein beachtenswertes **Indiz für die (nach Art, Lage und Nutzung des Grundstücks) der Bebauung zurechenbare marktübliche Grundstücksfläche ist** bei systemkonformer Ableitung des einschlägigen Bodenrichtwerts **die bei der Veröffentlichung des Bodenrichtwerts dargestellte Grundstücksgröße**. Bodenrichtwerte sind nämlich als durchschnittliche Lagewerte des Grund und Bodens der in der Bodenrichtwertzone gelegenen Grundstücke definiert, sodass sie sich – systemkonform abgeleitet – auf die durchschnittliche Grundstücksgröße der in der Bodenrichtwertzone gelegenen Grundstücke beziehen.

3 Aus diesem Grunde bestimmt sich das Maß der baulichen Nutzung in derartigen Fällen nicht nach der zulässigen, sondern gemäß § 6 Abs. 1 Satz 2 ImmoWertV nach der lagetypischen Nutzung.

Im amerikanischen Schrifttum[4] wird die über **die „marktübliche Grundstücksfläche" hinausgehende Grundstücksrestfläche** unterschieden nach: 8

- „***Excess land:*** *In regard to an improved site, the land not needed to serve or support the existing improvement. In regard to a vacant site or a site considered as though vacant, the land not needed to accomodate the site's primary highest and best use. Such land may be separated from the larger site and have its own highest and best use, or it may allow for future expansion of the existing or anticipated improvement.*
- ***Surplus land:*** *Land not necessary to support the highest and best use of the existing improvement but, because of physical limitations, building placement, or neighbourhood norms, cannot be sold off separately. Such land may or may not contribute positively to value and may or may not accommodate future expansion of an existing or anticipated improvement.*"

1.3 Erheblichkeit der Übergröße

Eine Bodensondierung braucht nur in Betracht gezogen zu werden, wenn die marktübliche Grundstücksgröße „erheblich" überschritten wird. Eine von der nach Art, Lage und Nutzung des Grundstücks der Bebauung zurechenbare marktübliche Grundstücksgröße „erheblich" abweichende Grundstücksgröße liegt nach der hier vertretenen Auffassung *indessen* vor, wenn der auf der Grundlage der Bodensondierung ermittelte Marktwert in einer **über die allgemeine Auf- und Abrundungsspanne hinausgehende Größenordnung** modifiziert wird. Dies ist von dem zur Anwendung kommenden Wertermittlungsverfahren abhängig (vgl. Vorbem. zur ImmoWertV Rn. 98). 9

Die Erheblichkeitsgrenze kann bei bebauten und unbebauten Grundstücken unterschiedlich zu ziehen sein. Bei der Ermittlung bebauter Grundstücke schlägt der Bodenwert je nach angewandten Wertermittlungsverfahren unterschiedlich auf das Ergebnis der Marktwertermittlung durch. So weist die Marktwertermittlung auf der Grundlage *des Ertragswertverfahrens* im Verhältnis zu den übrigen Wertermittlungsverfahren nur eine geringe Empfindlichkeit von dem modellkonformen Bodenwert auf, wenn die Restnutzungsdauer hinreichend lang ist (40 bis 50 Jahre). Dies betrifft allerdings nur den *vorläufigen* Ertragswert und nicht die Grundstücksrestfläche. 10

Die Sondierung führt bei Anwendung des *allgemeinen* Ertragswertverfahrens zu einer sog. Insichverschiebung des Boden- und Gebäudewertanteils mit marginaler Auswirkung auf den Gesamtwert der Immobilie. Während der auf der Grundlage des Bodenwerts eines übergroßen Grundstücks ermittelte Gebäudewert „schrumpft", erhöht sich kompensativ der Bodenwertanteil. In derartigen Fällen kann eine Sondierung aber zu empfehlen sein, wenn eine objektgerechte Gebäudewertermittlung zur Ermittlung des abschreibungsfähigen Gebäudewertanteils angezeigt ist. 11

2 Bodensondierung bei bebauten Grundstücken

2.1 Allgemeines

Bei bebauten und bebaubaren Grundstücken ist die nach Art, Lage und Nutzung des Grundstücks der Bebauung zuzurechnende „marktübliche Grundstücksgröße" (Umgriffsfläche) nicht zwangsläufig identisch mit der **nach Maßgabe der für die planungsrechtliche Zulässigkeit von Vorhaben maßgeblichen §§ 30, 33 und 34 BauGB erforderlichen Grund-** 12

4 The Appraisal of Real Estate, American Institute 12. Aufl., S. 198.

stücksfläche[5]. Das danach zulässige Maß der üblichen Nutzung stellt jedoch i.d.R. nur ein Höchstmaß dar, sodass die sich danach ergebende Grundstücksfläche allenfalls als Mindestfläche angesehen werden kann. Dies gilt entsprechend auch für das lagetypische Maß der baulichen Nutzung i.S. des § 5 Abs. 1 ImmoWertV. Die nach Art, Lage und Nutzung der Bebauung zuzuordnende „marktübliche Grundstücksgröße" kann in Abhängigkeit von der Art der Nutzung und der Lage des Grundstücks erheblich darüber liegen. Es kommt bei alledem entscheidend auf die örtliche Situation, die Art der baulichen Nutzung und die jeweiligen Gepflogenheiten an (**Verkehrsauffassung**)[6]. Dies ist abhängig von den jeweiligen Wertverhältnissen des örtlichen Grundstücksmarkts.

13 In **Hochpreisgebieten** wird schon aufgrund der hohen Bodenpreise haushälterisch mit dem Grund und Boden umgegangen. Dementsprechend zeigen die Grundstücksgrößen dort deutlich geringere Abweichungen von der bauplanungsrechtlich erforderlichen Grundstücksfläche als in Gebieten mit ausgeglichenem oder einem „schwachen" Grundstücksmarkt. Bei alldem wäre der größte Marktbezug gewährleistet, wenn die quartiersbezogene Marktüblichkeit zugrunde gelegt werden kann.

14 Eine **Übergröße** ist **bei einem bebauten Grundstück** gegeben, wenn unter Berücksichtigung der im Belegenheitsgebiet vorherrschenden Verkehrsauffassung die nach Art, Lage und Nutzung der Bebauung zurechenbare **„marktübliche objektbezogene Grundstücksfläche"**[7] erheblich überschritten wird.

15 Rückschlüsse auf die nach Art, Lage und Nutzung der Bebauung zurechenbare **„marktübliche objektbezogene Grundstücksfläche" können aus den Darstellungen zum einschlägigen Bodenrichtwert gezogen werden.** Diese sollten bei systemkonformer Ableitung auch die durchschnittliche Grundstücksgröße der in der Bodenrichtwertzone gelegenen Grundstücke ausweisen. Entsprechendes gilt auch für die einschlägigen Liegenschaftszinssätze sowie Vergleichs- und Sachwertfaktoren, denen der Gutachterausschuss auch die Grundstücksfläche als Referenzbezug zugeordnet hat. Insoweit können die Ableitung der erforderlichen Daten und die Sondierung übergroßer bebauter Grundstücke nach der der Bebauung nach Art, Lage und Nutzung zuzurechnende „marktübliche und objektbezogene Grundstücksfläche"(Umgriffsfläche) ein in sich schlüssiges System bilden.

2.2 Wertermittlungsverfahren

2.2.1 Allgemeines

2.2.1.1 Vorläufiger Verfahrenswert

16 Bei der Marktwertermittlung übergroßer Grundstücke ist nach vorstehenden Ausführungen regelmäßig zu prüfen, ob sich die Notwendigkeit stellt, die Grundstücksfläche nach Teilflächen zu sondieren. Handelt es sich dabei um ein bebautes Grundstück, bestimmt sich nach den gängigen Wertermittlungsverfahren der jeweils ***vorläufige*** **Verfahrenswert aus Gründen der Modell- und Referenzkonformität auf der Grundlage der nach Art, Lage und Nutzung der Bebauung zuzuordnenden „marktüblichen Grundstücksfläche"(Umgriffsfläche).** Die verbleibende Grundstücksrestfläche ist i.d.R. als besonderes objektspezifisches Grundstücksmerkmal zu berücksichtigen (§ 41 ImmoWertV).

---

5 Ggf. unter Berücksichtigung
– der Mindestgrundstücksfläche auf der Grundlage der Geschossfläche nach § 20 i.V.m. § 19 BauNVO,
– der gesetzlichen Abstandsfläche nach den Regeln der Bauordnung des Landes und
– der Mindestgrundstücksfläche auf der Grundlage der Grundfläche nach § 19 i.V.m. § 17 Abs. 1 BauNVO ggf. unter Berücksichtigung der notwendigen Kfz-Stellplätze und der Richtgröße für Kinderspielflächen (3 m² je Wohneinheit).

6 BGH, Urt. vom 27.09.1990 – III ZR 57/89 –, GuG 1991, 31 = EzGuG 4.134.

7 BGH, Urt. vom 27.09.1990 – III ZR 57/89 –, GuG 1991, 31 = EzGuG 4.134.

Die so definierte Grundstücksrestfläche gewährleistet eine Bodensondierung, die bei allen zur Anwendung kommenden Wertermittlungsverfahren sowohl mit dem Grundsatz der Modell- und Referenzkonformität als auch mit der notwendigen Bodensondierung übergroßer Grundstücke im Einklang steht. 17

Der sich für die Umgriffsfläche ergebende Bodenwert kann als der jeweils mit dem Liegenschaftszinssatz bzw. dem Vergleich- oder Sachwertfaktor **„kompatible Bodenwert"** bezeichnet werden. Da der *vorläufige* Vergleichs-, Ertrags- und Sachwert übergroßer Grundstücke auf der Grundlage dieses kompatiblen Bodenwerts ermittelt wird, kann er verfahrensmäßig auch als **„vorläufiger Bodenwert"** angesehen werden. 18

Im Hinblick auf eine gleichzeitige Anwendung des Vergleichs-, Ertrags- und Sachwertverfahrens sollte **für alle Wertermittlungsverfahren eine einheitliche Bodensondierung** angestrebt werden, zumal die einer Bebauung zurechenbare „marktüblich objektbezogene Grundstücksfläche" nicht von dem im Einzelfall zur Anwendung kommenden Wertermittlungsverfahren abhängig ist. 19

Dem Bodenwert der der Bebauung zuzurechnenden „Umgriffsfläche" wird mitunter der eigentlich abzulehnende Begriff des **„rentierlichen Bodenwerts"** zugeordnet. Der Bodenwert der Restfläche(n) wird als der **„unrentierliche Bodenwert"** bezeichnet (vgl. Syst. Darst. des Vergleichswertverfahrens Rn. 460; § 40 ImmoWertV Rn 11). 20

Bei **Anwendung des allgemeinen** (zweigleisigen) **Ertragswertverfahrens** kommt hinzu, dass nur die nach Art, Lage und Nutzung der vorhandenen Bebauung zuzuordnende marktübliche Grundstücksfläche für die bauliche Nutzung des Grundstücks erforderlich ist und deswegen auch nur diese der **Ermittlung des Bodenwertverzinsungsbetrags** zugrunde gelegt werden darf. Der Bodenwertverzinsungsbetrag stellt die Verzinsung des im Grund und Boden investierten Kapitals dar, und zwar nur insoweit, wie der Boden flächenmäßig dem Gebäude „dient". Da dieses Kapital zum Zwecke der Ertragserzielung vorgehalten werden muss und nicht bankenüblich angelegt werden kann, ist nur der auf das Gebäude entfallende Betrag in Abzug zu bringen. 21

Bei **Anwendung des vereinfachten** (eingleisigen) **Ertragswertverfahrens** ist auch nur die nach Art, Lage und Nutzung der vorhandenen Bebauung zuzuordnende marktübliche Grundstücksfläche gemäß § 29 Satz 1 Nr. 2 ImmoWertV auf den Wertermittlungsstichtag abzuzinsen. Dies gilt entsprechend bei **Anwendung des periodischen Ertragswertverfahrens** (Grundsatzregelung des § 27 Abs. 2 ImmoWertV). 22

Die **Grundstücksrestfläche** muss entsprechend ihrer Wertigkeit sowohl bei Anwendung des allgemeinen wie auch des vereinfachten Ertragswertverfahrens **als besonderes objektspezifisches Grundstücksmerkmal** (boG) ergänzend mit der Wertigkeit berücksichtigt werden, wie sich dadurch der Marktwert des Grundstücks erhöht.

Vorstehende Ausführungen gelten nach der Grundsatzregelung des § 35 Abs. 2 Nr. 3 ImmoWertV auch bei **Anwendung des Sachwertverfahrens.** 23

Beispiel:

Vom Gutachterausschuss für Grundstückswerte wurde für Einfamilienhäuser bestimmter Bauweise, Baujahrsgruppen und Ausstattung ein Sachwertfaktor von 0,7 ermittelt. Des Weiteren soll sich der Sachwertfaktor auf eine übliche Grundstücksgröße von 500 m² mit einem Bodenrichtwert von 300 €/m² beziehen, d.h. auf einen Bodenwertanteil von insgesamt 150 000 €.

- Das zu bewertende Grundstück weist mit einer *marktüblichen objektbezogenen* Grundstücksfläche von 1 000 m² eine Übertiefe auf. Das Hinterland (500 m²) wurde mit 75 000 € bewertet; der Bodenwert beläuft sich damit insgesamt auf 225 000 €.
- Die alterswertgeminderten Herstellungskosten des Gebäudes wurden mit 500 000 € ermittelt.

Richtig:

Alterswertgeminderte Herstellungskosten	=	500 000 €
Bodenwert: 500 m² x 300 €/m²	+	150 000 €
Vorläufiger nicht marktangepasster Sachwert	=	650 000 €
Sachwertfaktor	x	0,7
Vorläufiger marktangepasster Sachwert	=	455 000 €
+ Bodenwert (Hinterland)	=	75 000 €
Sachwert	=	**530 000 €**

Falsch:

Alterswertgeminderte Herstellungskosten	=	500 000 €
Bodenwert	+	225 000 €
Vorläufiger nicht marktangepasster Sachwert	=	725 000 €
Sachwertfaktor	x	0,7
Sachwert	=	**507 500 €**

Unterschied = rd. 22 500 €

24 Wie das vorstehende *Beispiel* zeigt, ist bei Anwendung des Sachwertverfahrens der vorläufige Sachwert zunächst auf der Grundlage eines **mit dem heranzuziehenden Sachwertfaktor kompatiblen Bodenwerts** zu ermitteln. Die bodenbezogenen Besonderheiten des zu bewertenden Grundstücks werden erst nachträglich und subsidiär als „besondere objektspezifische Grundstücksmerkmale“ berücksichtigt.

25 Im Rahmen der steuerrechtlichen **Ermittlung von Grundsteuerwerten unter Anwendung des typisierten (vereinfachten) Ertragswertverfahrens nach** den §§ 252 bis 257 BewG **ist bei übergroßen Grundstücken** der Bodenwert des *Teiles „eines Grundstücks, der für die angemessene Nutzung der Gebäude nicht benötigt wird und selbständig genutzt oder verwertet werden kann*“ (nach § 257 Abs. 2 BewG „*selbständig nutzbare Teilflächen*“), gesondert zu berücksichtigen (Bodensondierung), soweit dieser Teil nicht eine gesonderte wirtschaftliche Einheit bildet und gesondert bewertet wird. Mit welchem „Wert“ die „*selbständig nutzbare Teilfläche*“ anzusetzen ist, wird nicht klarstellend geregelt. Bei Anwendung des **typisierten Sachwertverfahrens** nach den §§ 258 bis 260 BewG wird eine Bodensondierung nicht zugelassen.

2.2.1.2 Wertanteil der Restfläche als besonderes objektspezifisches Grundstücksmerkmal

▶ *Vgl. Syst. Darst. des Vergleichswertverfahrens Rn. 264 ff.*

26 Der **Bodenwert der** die nach Art, Lage und Nutzung der Bebauung zuzuordnende „marktübliche Grundstücksfläche“ (Umgriffsfläche) erheblich überschreitenden **Grundstücksrestfläche** weicht i.d.R. von dem Bodenwert der Umgriffsfläche ab und ist ggf. als „besonderes objektspezifisches Grundstücksmerkmal“(boG) subsidiär zu berücksichtigen.

27 Die Ermittlung des Wertanteils der Grundstücksrestfläche ist nicht unproblematisch. Allgemein kann bei bebauten übertiefen Grundstücken davon ausgegangen werden, dass der Bodenwert ausgehend vom Bodenwert der Vorderlandfläche eines Grundstücks mit der Grundstückstiefe abnimmt. Jedoch kann eine schematische Multiplikation der Grundstücksrestfläche mit dem sich in Abhängigkeit von der Grundstückstiefe oder Grundstücksqualität ergebenden Quadratmeterwert zu einem nicht sachgerechten Ergebnis führen. Es kommt entscheidend darauf an, den Grundstücksrestwert in der Größenordnung zu ermitteln, wie sich der Marktwert des Grundstücks dadurch erhöht (vgl. nachstehendes *Beispiel*). Werden im Marktbericht des örtlichen Gutachterausschusses beispielsweise empirisch abgeleitete Angaben zur Wertigkeit von rückwärtigem Gartenland (Hausgärten) gemacht, ist deshalb kritisch zu hinterfragen, ob diese Angaben dem entsprechen.

Abb. 4: Lageplan

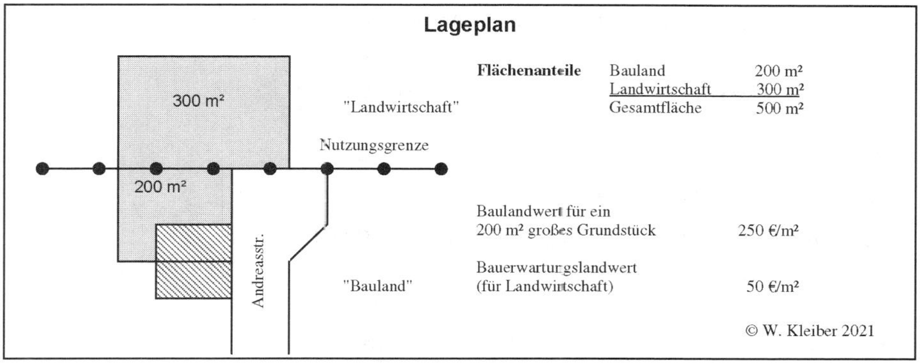

Lösungsvorschlag für die Ermittlung des Verkehrswerts:

Falsch		*Richtig*	
200 m² × 250 €/m²	= 50 000 €	500 m² × 193,80 €/m²	**= 96 900 €**
300 m² × 50 €/m²	= 15 000 €		↑
500 m² = Summe	= 65 000 € ←	Differenz	**31 900 €**

Bodenwertermittlung in Abhängigkeit von der Grundstücksfläche **28**

$$BW_{500\,m^2} = 250\ €/m^2 \times \frac{UK_{500m^2}}{UK_{200m^2}} = 250\ €/m^2 \times \frac{1{,}00}{1{,}29} = 193{,}80\ €/m^2$$

Den Verhältnissen auf dem Grundstücksmarkt würde man nicht gerecht werden, wenn man **29**
die der Landwirtschaft vorbehaltene Fläche mit dem Bodenwert (anteilig) ansetzen würde, der auf dem landwirtschaftlichen Grundstücksmarkt erzielt werden kann, wenn es sich faktisch um Bauland handelt.

2.2.2 Auswirkungen der Bodensondierung auf den Ertrags- und Gebäudeertragswert

Eine **Sondierung der Grundstücksfläche** nach der der Bebauung entsprechend ihrer Art, **30**
Lage und Nutzung zuzuordnenden „marktüblichen" „objektbezogenen Grundstücksfläche" und der verbleibenden Grundstücksrestfläche ist nur bei erheblicher Überschreitung der marktüblichen Grundstücksgröße gefordert.

Dabei ist zu berücksichtigen, dass bei Anwendung des Ertragswertverfahrens eine geringfü- **31**
gige Überschreitung der „marktüblichen objektbezogenen Grundstücksfläche" sich unwesentlich auf den Gesamtwert des Grundstücks auswirkt und im Rahmen der Abrundungsgenauigkeit vernachlässigbar ist. Sie hat nämlich eine Insichverschiebung des Boden- und Gebäudeanteils zur Folge. Sie kann dann **im Rahmen der steuerlichen Bewertung von Bedeutung** sein, um den Gebäudeertragswert nach Maßgabe der herrschenden Verkehrsauffassung sachgerecht zu ermitteln. Die Auswirkungen der Bodensondierung **auf den Gebäudeertragswert** (Gebäudewertanteil) werden in dem nachfolgenden *Beispiel* demonstriert:

32 *Beispiel:*

Die in dem Lageplan eingetragenen Gebäude sind völlig gleichartig.

Es beträgt

- der Reinertrag (RE) = 28 000 €
- der Liegenschaftszinssatz (LZ) = 6 %
- die Restnutzungsdauer(n) = 70 Jahre
- der Kapitalisierungsfaktor (KF) LZ = 6 % und n = 70 Jahre: 16,384544
- der Bodenwert 500 €/m²

Abb. 5: Lageplan

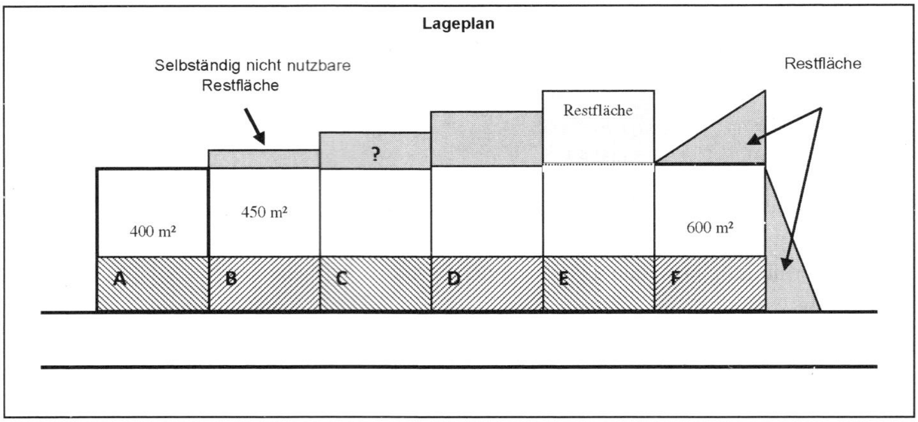

1. Ertragswert für das Grundstück A

Bodenwert = 400 m² x 500 €/m²	=	200 000 €	
Reinertrag (RE)	=	28 000 €	
– Bodenwertverzinsungsbetrag: 200 000 € x 6/100	=	– 12 000 €	
= RE – BW x LZ	=	16 000 €	
x Kapitalisierungsfaktor (KF = 16,384544)	=	**262 153 €**	**= Gebäudewert A**
+ Bodenwert	=	+ 200 000 €	
= Ertragswert	=	**462 153 €**	

2. Ertragswert für das Grundstück B

Bodenwert = 450 m² x 500 €/m²	=	225 000 €	
Reinertrag (RE)	=	28 000 €	
– Bodenwertverzinsungsbetrag: 225 000 € x 6/100	=	– 13 500 €	
= RE – BW x LZ	=	14 500 €	
x Kapitalisierungsfaktor (KF = 16,384544)	=	**221 191 €**	**= Gebäudewert B**
+ Bodenwert	=	+ 225 000 €	
= Ertragswert	=	**446 191 €**	

Für das Grundstück E ist die Teilfläche von 200 m² als Restfläche (selbständig nutzbare Teilfläche i.S. von § 17 Abs. 2 Satz 2 ImmoWertV) erachtet worden und daraus ergibt sich ein Gebäudeertragswert wie im Falle des Grundstücks A:

3. Ertragswert für das Grundstück E

Bodenwert = 600 m² x 500 €/m²	=	300 000 €	
Reinertrag (RE)	=	28 000 €	
– Bodenwertverzinsungsbetrag: 300 000 € x 6/100	=	– 12 000 €	
= RE – BW x LZ	=	16 000 €	
x Kapitalisierungsfaktor (KF = 16,384544)	=	**262 153 €**	**= Gebäudewert E**
+ Bodenwert	=	+ 300 000 €	
= Ertragswert	=	**562 153 €**	

4. Ertragswert für das Grundstück F

Bodenwert = 600 m² x 500 €/m²	=	300 000 €	
Reinertrag (RE)	=	28 000 €	
– Bodenwertverzinsungsbetrag: 300 000 € x 6/100	=	– 18 000 €	
= RE – BW x LZ	=	10 000 €	
x Kapitalisierungsfaktor (KF = 16,384544)	=	**163 845 €**	**= Gebäudewert F**
+ Bodenwert	=	+ 300 000 €	
= Ertragswert	=	**463 945 €**	

Dass die Gebäudeertragswerte der Grundstücke B bis D und F gegenüber dem Gebäudewert des Grundstücks A trotz der gleichen Beschaffenheit der Gebäude abfallen, ist darauf zurückzuführen, dass die Grundstücke im Verhältnis zum Grundstück A unwirtschaftlich gestaltet sind. Es muss mehr in dem Grund und Boden investiertes Kapital vorgehalten werden, um den gleichen Reinertrag zu erzielen, den das Grundstück A erzielt. Dies mag im Hinblick auf die Gleichartigkeit der Gebäude zunächst als widersinnig erscheinen, ist aber bei Anwendung des Ertragswertverfahrens nur konsequent.

§ 42 ImmoWertV
Bodenwert von Bauerwartungsland und Rohbauland

Der Bodenwert von Bauerwartungs- oder Rohbauland kann in Anwendung des § 40 Absatz 3 ausgehend vom Bodenwert für entsprechend genutztes oder nutzbares baureifes Land deduktiv durch angemessene Berücksichtigung der auf dem örtlichen Grundstücksmarkt marktüblichen Kosten der Baureifmachung und unter Berücksichtigung der Wartezeit in Verbindung mit einem Realisierungsrisiko nach Maßgabe des § 11 Absatz 2 oder in sonstiger geeigneter Weise ermittelt werden.

Gliederungsübersicht *Rn.*

1 Bodenwert von Bauerwartungs- und Rohbauland

1.1 Anwendungsbereich

▶ *Vgl. § 3 ImmoWertV Rn. 138 f.; § 6 ImmoWertV Rn. 37; Syst. Darst. des Vergleichwertverfahrens Rn. 429 ff.*

1 Mit § 42 ImmoWertV werden in Ergänzung

- zur Definition des Bauerwartungs- und Rohbaulandes des § 3 Abs. 2 und 3 ImmoWertV sowie
- der allgemeinen Grundsätze zur Verfahrenswahl bei der Bodenwertermittlung des § 40 ImmoWertV

ergänzende Hinweise gegeben, wie der **Bodenwert von Bauerwartungs- und Rohbauland** ermittelt werden kann, wenn keine ausreichende Anzahl von Vergleichspreisen oder kein geeigneter Bodenrichtwert zur Verfügung steht und wie die Marktanpassung durch Zu- oder Abschläge vorgenommen werden kann.

Die Vorschrift steht in engem Zusammenhang mit der Ermittlung von Bodenrichtwerten für Bodenrichtwertzonen, die den Entwicklungszustand Bauerwartungsland bzw. Rohbauland aufweisen und

1. nach § 15 Abs. 1 ImmoWertV so abzugrenzen sind, dass **lagebedingte Wertunterschiede** zwischen den Grundstücken, für die der Bodenrichtwert gelten soll, und dem Bodenrichtwertgrundstück grundsätzlich **nicht mehr als 30 Prozent** betragen, und

2. nach § 15 Abs. 4 Satz 2 ImmoWertV einen **überwiegend einheitlichen Entwicklungsgrad** der Grundstücke aufweisen müssen (vgl. § 15 ImmoWertV Rn. 33 ff.; § 16 ImmoWertV Rn. 24).

2 **Der Bodenwert von Bauerwartungs- oder Rohbauland** „kann" nach § 42 ImmoWertV *„deduktiv durch angemessene Berücksichtigung der auf dem örtlichen Grundstücksmarkt marktüblichen Kosten der Baureifmachung unter Berücksichtigung der Wartezeit i. V.m einem Realisierungsrisiko"* ermittelt werden. Es handelt sich dabei um das seit jeher in der Wertermittlungspraxis als *„method of last resort"* zur Anwendung kommende Extraktions- bzw. Residualwertverfahren. Die Anwendung des Verfahrens war bislang nur mit den Empfehlungen der WertR 02 und 06 zugelassen[1].

Bei der mit § 42 ImmoWertV erstmals in der Verordnung zugelassenen Anwendung des Residualwertverfahrens (Extraktion) handelt es sich um ein **Verfahren, das seiner Natur nach ein Vergleichswertverfahren** ist. Bei diesem Verfahren wird der Bodenwert (hier von Bauerwartungs- und Rohbauland) ausgehend von *geeigneten* Vergleichspreisen i.S. des § 9 Abs.1 ImmoWertV für baureifes Land entsprechend der künftigen Nutzungsfähigkeit unter Abzug des aufzubringenden Zeit- und Kostenaufwands sowie des Realisierungsrisikos ermittelt. Die Regelung nennt nicht die Verwertungs- und Grundstückstransaktionskosten sowie den Unternehmergewinn, die jeder Entwickler gleichzeitig in seine Investitionsrechnung einstellt (vgl. Rn. 99 ff.).

1 Vgl. Ziff. 2.3.1 der WertR 2002 (BAnz Nr. 238a vom 20.12.2002) sowie WertR 2006 (BAnz Nr. 108a vom 10.06.2006); vgl. Kleiber; WertR 02 in WertR 06, Bundesanzeiger Verlag, 9. Aufl.

Abb. 1: „Deduktives" Vergleichswertverfahren zur Ermittlung des Bodenwerts von Bauerwartungs- und Rohbauland

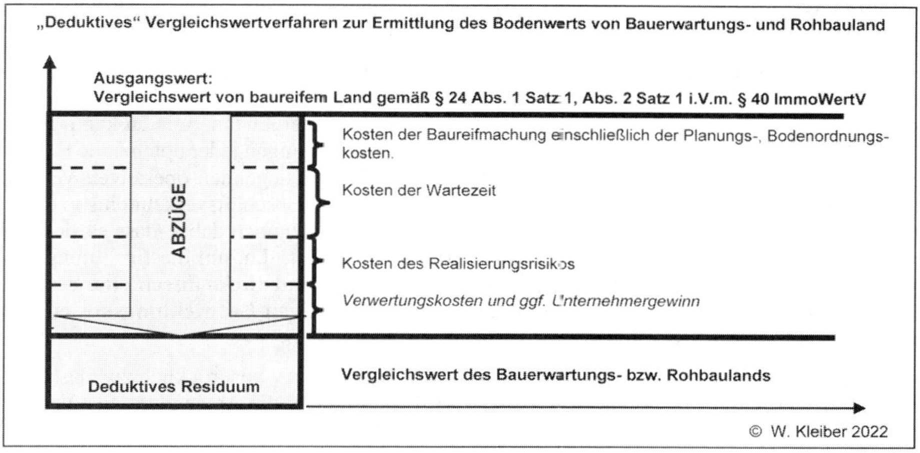

Nach § 25 ImmoWertV muss nämlich der zum Preisvergleich herangezogene Vergleichspreis bzw. Vergleichswert „mit dem zu bewertenden Grundstück (Bauerwartungs- bzw. Rohbauland) hinreichend übereinstimmende Grundstücksmerkmale aufweisen" und sich auf einen Zeitpunkt beziehen, der „in hinreichender zeitlicher Nähe zum Wertermittlungsstichtag" steht. Abweichungen gegenüber dem zu bewertenden Grundstück (Bauerwartungs- bzw. Rohbauland) müssen nach Maßgabe des § 25 Satz 2 ImmoWertV berücksichtigt werden. Die dementsprechend anzubringenden **Abzüge fallen schon aufgrund des „Qualitätssprungs" regelmäßig sehr hoch aus, was die Anwendbarkeit dieses Vergleichswertverfahrens grundsätzlich fragwürdig macht.** In der Rechtsprechung wird die Notwendigkeit von Korrekturen in Höhe von 40 % und mehr als Beleg dafür angesehen, dass eine hinreichende Vergleichbarkeit nicht angenommen werden kann und insoweit das Vergleichswertverfahren versagt (vgl. Syst. Darst. des Vergleichswertverfahrens Rn. 30). Nach Ziff. 2.3.1 der aufgehobenen WertR 2002 sowie WertR 2006 konnte die Anwendung des Residualwertverfahrens (Extraktion) aus diesem Grunde nur einschränkend in Betracht kommen, wenn *„das Ergebnis nicht überproportional vom Ausgangswert abweicht"*. Die in die ImmoWertV aufgenommene Regelung setzt sich über diese bedeutsame Einschränkung hinweg.

Die mit § 42 ImmoWertV zugelassene Anwendung des Residualwertverfahrens (Extraktion) unter Berücksichtigung eines expressis verbis genannten Realisierungsrisikos steht nicht nur in einem Spannungsfeld oder sogar im Widerspruch zu der mit § 25 ImmoWertV geforderten „hinreichenden" Vergleichbarkeit des als Ausgangswert (Vergleichswert) herangezogenen Verkehrswerts des baureifen Landes, sondern auch zu § 11 ImmoWertV, nach dem *„künftige Änderungen des Grundstückszustands"* nur berücksichtigt werden dürfen, *„wenn sie am Qualitätsstichtag mit hinreichender Sicherheit aufgrund konkreter Tatsachen zu erwarten sind"* und auch nur dann von Bauerwartungsland gesprochen werden kann (§ 3 Abs. 2 ImmoWertV).

Es handelt sich bei diesem Verfahren um eine vornehmlich von Investoren praktizierte Methode zur Ermittlung eines tragbaren Ankaufspreises. Es gilt in der Wertermittlungspraxis nach vorherrschender Auffassung aus guten Gründen als äußerst problematisch und fehleranfällig (vgl. Rn. 75). 3

§ 42 ImmoWertV lässt die Anwendung des Verfahrens nur im Falle der Bodenwertermittlung von Bauerwartungs- und Rohbauland zu. Im Umkehrschluss wäre damit die Anwendung der Extraktion (Residualwertverfahren) auf die Marktwertermittlung des baureifen Landes und sonstiger Entwicklungszustände sowie auf die Marktwertermittlung bebauter Grundstücke ausgeschlossen. Die Wertermittlungspraxis beschränkt sich jedoch nicht auf die **Anwendung** 4

des Extraktionsverfahrens (Residualwertverfahren) zur Marktwertermittlung warteständigen Baulandes. Das Verfahren wird **hilfsweise zur Marktwertermittlung unbebauter und bebauter Grundstücke** herangezogen, insbesondere wenn keine ausreichende Anzahl geeigneter Vergleichsgrundstücke zur Verfügung stehen und kostenintensive Maßnahmen anstehen.

Das Verfahren ist methodisch darauf angelegt, zu dem Preis des Grundstücks zu führen, bis zu dem ein Erwerber gehen kann, damit er bei anschließender Realisierung der bestimmungsgemäßen Nutzung auch noch einen angemessenen Unternehmergewinn erzielen kann. Nach der Philosophie des Verfahrens muss sich an derartigen Überlegungen jeder potenzielle Erwerber des Grundstücks orientieren. Die der Methode zu Grunde liegenden operativen Verfahrensschritte der Marktmechanismen sollten dem gewöhnlichen Geschäftsverkehr entsprechen, wenn das Verfahren zum Verkehrswert führen soll. Es bleibt dennoch dabei, dass es sich bei dieser Methode um die **Ermittlung eines Grenzwerts** handelt, d.h. um die Ermittlung des Bodenwerts, bis zu dem **im Falle einer Verwertung des Grundstücks durch eine bestimmungsgemäße Bebauung unter Abzug der Bau- und sonstigen Entwicklungskosten der Investor gehen kann (Residuum)**[2].

Auf Grund des Sachzusammenhangs mit dem in § 42 ImmoWertV ausdrücklich zugelassenen Extraktionsverfahren (Residualwertverfahren) wird nachstehend die Anwendung des Verfahrens auf bebaute Grundstücke unter Rn. 110 ff. erläutert.

2 Extraktionsverfahren (Residualwertverfahren) bei warteständigem Bauland

2.1 Allgemeines

Schrifttum: *Kleiber,* GuG 1996, 16; *Oebbeke, Th.,* Das Residualwertverfahren, Systematik, Internationale Verbreitung und Anwendung, Grin Verlag 2006; *Vogel,* Bodenwertermittlung anhand des Residualwertverfahrens, GuG 1994, 347.

▶ *Vgl. Rn. 2; § 6 ImmoWertV Rn. 146 ff.*

5 Das Residualwertverfahren (*Residual Approach*) oder besser **Extraktionsverfahren** (*extraction*) ist ein in § 42 ImmoWertV nicht näher normiertes Verfahren zur Ermittlung des Marktwerts (Verkehrswerts) unbebauter und bebauter Grundstücke. Es gibt für dieses Verfahren auch **keine das Verfahren konkretisierenden allgemein anerkannten Verfahrensgrundsätze**[3] **und solche werden auch mit der ImmoWertV nicht konkretisiert**.

6 Das Residualwertverfahren (Extraktion) geht in seinen **Grundzügen** davon aus, dass sich der Preis eines (unbebauten oder sonst erst noch zu entwickelnden) Grundstücks (Bodenpreis) auf der Grundlage eines Nutzungskonzepts (Projekts) ableiten lässt, indem

- der für das realisierte Projekt ermittelte fiktive (Gesamt-)Verkehrswert des Grundstücks um
- die dafür aufzubringenden Gesamtkosten (Bau-, Entwicklungs- und Vermarktungskosten)

vermindert wird. Der verbleibende Betrag (das Residuum) ergibt dann den „tragbaren" Preis des Grundstücks „vor" seiner Entwicklung (Bodenpreis). Im Falle der Anwendung des Extraktionsverfahrens (Residualwertverfahrens) auf die Verkehrswertermittlung warteständigen Baulands ist Ausgangswert der Verkehrswert des baureifen Landes, der dann um die **Baulandproduktions- und Vermarktungskosten** vermindert wird. Die Methode wird im amerikanischen Schrifttum zutreffender als Extraktionsverfahren (*extraction*) bezeichnet[4].

---

2 The Appraisal of Real Estate: American Institute of Real Estate Appraisers: 12. Aufl. Chicago 2002, S. 335 ff.
3 Shapiro, E./Mack in D./Sams, G., Modern Methods of Valuation, 11. Aufl. 2013.
4 The Appraisal of Real Estate, 12. Aufl. Chicago, S. 334 ff.

Die **Grundgleichung des Extraktionsverfahrens (Residualwertverfahrens)** stellt sich wie folgt dar (Abb. 2): 7

Abb. 2: Bodenwertermittlung im Wege des Extraktionsverfahrens (Residualwertverfahrens)

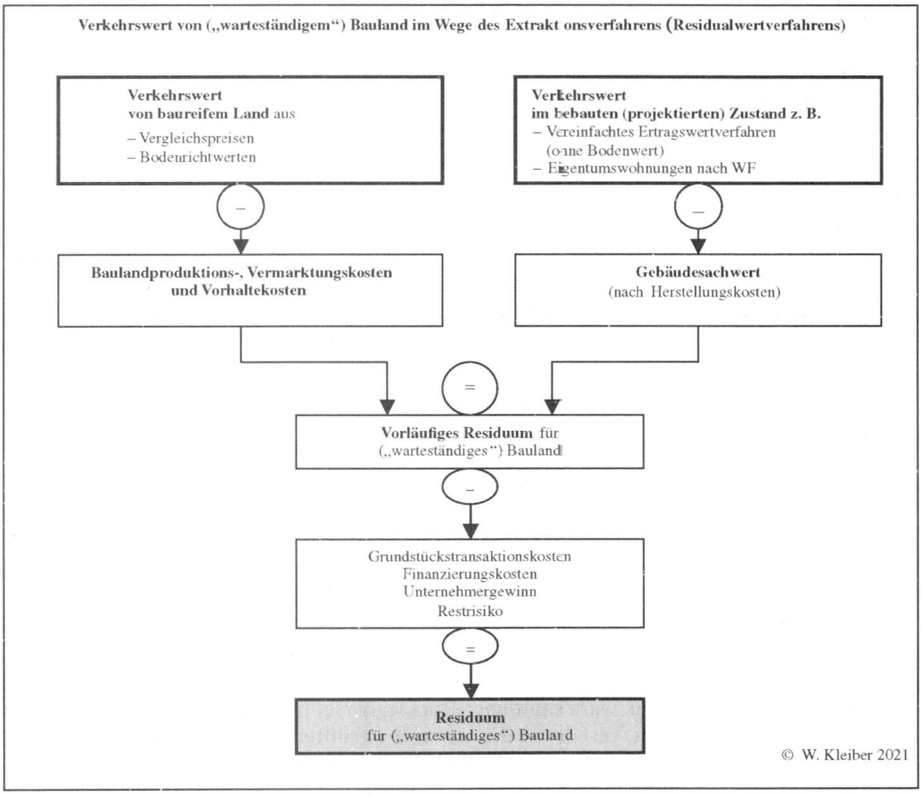

Das **Verfahren ist** nach den Grundgedanken **darauf angelegt, sämtliche für die Vorbereitung und Durchführung eines Projekts aufzubringenden Kosten rechnerisch dem Erwerbspreis zu „unterwälzen" (Unterwälzungs- bzw. Rückrechnungsverfahren).** Dementsprechend hat man das Verfahren deshalb auch als **Rückwärtsrechnung** bezeichnet (*Backdoor-Approach*)[5]. 8

Das Verfahren kann deshalb vom Ansatz her nur dann direkt zum Verkehrswert (Marktwert) i.S. des § 194 BauGB führen, wenn und soweit im gewöhnlichen Geschäftsverkehr eine Unterwälzung der dem Erwerber künftig entstehenden Kosten allgemein akzeptiert wird, d.h. nach den Preismechanismen des gewöhnlichen Geschäftsverkehrs diese Kosten auch tatsächlich „unterwälzbar" sind. Ansonsten ist das Verfahren auf die Ermittlung eines aus der Sicht des Käufers wirtschaftlich tragbaren Erwerbspreises (Residualpreises) angelegt.

Investoren werben für das Extraktionsverfahren (Residualwertverfahren) damit, dass es ein modernes und leistungsfähiges Wertermittlungsverfahren sei, und bemängeln, dass sich die deutsche Wertermittlungspraxis des Verfahrens nur ungenügend angenommen hätte. Dies trifft 9

5 Naegeli, Handbuch des Liegenschaftsschätzers, Zürich 1975, S. 35; Graaskamp, J. A., *A rational approach to feasibility analysis*, *Appraisal Journal* 1972, 513 ff.

nicht zu. Seitens der Investoren wird das Verfahren vielmehr nur deshalb bevorzugt, weil mit dieser Methode besonders günstige Grunderwerbspreise „errechenbar" sind.

10 Das Extraktionsverfahren (**Residualwertverfahren) ist in Deutschland** unter der Bezeichnung „Kalkulatorische Bodenwertermittlung" bzw. „Rest-durch-Abzug-Verfahren" **schon von alters her in Ausnahmefällen zur Anwendung gekommen,** wenn der direkte Preisvergleich (mangels Vergleichspreisen) versagte. Mit dieser Methode hat man sich in Deutschland schon im 19. Jahrhundert unter anderen Bezeichnungen intensiv auseinandergesetzt. Im sog. Pommernbankprozess war das Residualwertverfahren bereits Gegenstand gerichtlicher Auseinandersetzungen und wurde seinerzeit von einer vom Gericht bestellten Kommission als „ganz unzuverlässig" bezeichnet, um mit dieser Methode zum Handelswert (Verkehrswert) zu gelangen[6].

11 Im sog. Pommernbankprozess[7] standen sich zwei Werttheorien gegenüber:

a) Nach der vom Geheimrat Dietrich vertretenen Auffassung sollte sich der Wert eines Grundstücks nicht nach dem bemessen, was der Grundstücksmarkt einem Grundstück tatsächlich beimisst (Verkehrswert; im Prozess wurde vom „Handelswert" gesprochen), sondern nach dem Residualwert, ermittelt aus dem (fiktiven) Ertragswert unter Abzug der Herstellungskosten und eines Risikoabschlags.

b) Die vom Gericht bestellte Kommission bekämpfte diese Methode als „ganz unzuverlässig" und wollte nur den Handelswert (Verkehrswert) gelten lassen.

Das Gericht hat letztendlich nur den Handelswert (Verkehrswert) gelten lassen.

12 Im deutschsprachigen Schrifttum blieb diese Methode lange Zeit aufgrund seiner inhärenten Unschärfe unbeachtet oder wurde als „ältere" Methode abgetan, weil **das Ergebnis dieses Verfahrens** ein Produkt aus einer Vielzahl von Annahmen mit **hoher Fehlerträchtigkeit** sei und deshalb eine große Streuung aufweise. Vor- und Nachteile dieses Verfahrens müssen bei Anwendung des Extraktionsverfahrens (Residualwertverfahrens) in der Tat gewissenhaft beachtet werden, um das Ergebnis angemessen würdigen zu können.

13 Das Extraktionsverfahren (Residualwertverfahren) hat gleichwohl unter anderen Bezeichnungen seinen festen Platz in der deutschen Wertermittlungspraxis gefunden (Rest-durch-Abzug-Verfahren; deduktive Verkehrswertermittlung, Rückwärtsrechnung usw.). Es ist aber immer noch ein höchst umstrittenes Verfahren, das nur **mit „größter Vorsicht" zur Anwendung** kommen sollte (Residualwertverfahren „als letzter Ausweg")[8]. **Es handelt sich insofern nach wie vor um ein nachrangiges Verfahren**[9], das in Anbetracht seiner hohen Fehlerträchtigkeit hilfsweise zur Anwendung kommt, wenn andere und sicherere Verfahren, z.B. mangels Vergleichspreisen, nicht zur Anwendung kommen können. Fehlertheoretisch wurden die

---

6 Weber, A., Über Bodenrente und Bodenspekulation in der modernen Stadt, Leipzig, S. 106 ff.; Eberstadt, R., Die Spekulation im neuzeitlichen Städtebau, Berlin 1907, S. 46; Fuchs, C. J., Über städtische Bodenrente und Bodenspekulation, Archiv für Sozialwissenschaft Vol. XXII, XXIII, S. 720.

7 Weil, Grundstücksschätzung, 3. Aufl., S. 11, 20 f., 31; Albert, Schätzung der Grund- und Gebäudewerte, 4. Aufl., S. 66 bis 82; Ehlers, Die Bewertung und Preisbildung bei Grundbesitz, 1942, S. 61 ff.; Haider/Engel/Dürschke, Bewertungsgesetz und Bodenschätzungsgesetz, 3. Aufl., S. 239, 245; Naegeli, Handbuch des Liegenschaftsschätzers, Zürich 1975, S. 35.

8 Vgl. Möckel, R, GuG 1996, 274; Wyatt, P., Property Valuation, 2. Aufl. 2013, S. 200; auch Germ, R., Bewertung bei geplanter Umnutzung, Österreichische Zeitung für Liegenschaftsbewertung 2014, 49; Kovacs, R./Stocker, G., Um- und Nachnutzungen, Bewertung von Erwartungshaltungen? Österreichische Zeitung für Liegenschaftsbewertung 2014, 45; Vogels, H., Grundstücks- und Gebäudebewertung marktgerecht, 5. Aufl. Wiesbaden 1996, S. 28 f.; Pohnert, Kreditwirtschaftliche Wertermittlung, 5. Aufl., S. 113; Zimmermann, WertV 88, München 1998, S. 204; Simon, GuG 1995, 229; Sotelo, GuG 1995, 91; Simon/Kleiber, Schätzung und Ermittlung von Grundstückswerten, 7. Aufl. Neuwied 1996, S. 138; Kleiber, GuG 1996, 16; Thomas/Leopoldsberger/Waldbröhl in Schulte, Immobilienökonomie, Bd. I München/Wien 1998, S. 444; zustimmend: Thomas, GuG 1995, 25, 82; Kremer, GuG 1995, 264; kritisch und mit Einschränkungen: Reck, GuG 1995, 234; Vogel, GuG 1994, 347.

9 Shapiro, E./Mack in D./Sams, G., Modern Methods of Valuation, 11. Aufl. 2013.

Schwachstellen des Verfahrens insbesondere hinsichtlich der Ermittlung eines fiktiven Ertragswerts schon sehr früh untersucht[10].

Nach der Rechtsprechung des BVerwG können auch andere nicht in der ImmoWertV geregelte Verfahren zur Anwendung kommen, wenn sie geeignet sind und eine der in der ImmoWertV vorgesehenen Methoden nicht angewendet werden kann[11]. 14

Der BGH hat in einer Entscheidung aus dem Jahre 1958 hierzu festgestellt, es würde „die Methode der Ermittlung des Bodenwerts von unbebautem städtischem Bauland auf der Grundlage einer fiktiven Ertragsberechnung, indem unter Zugrundelegung eines nach der geltenden Bauordnung möglichen Bauprojektes der aus dem Grundstück zu erzielende Ertrag errechnet wird, … von jeher für zulässig gehalten“[12].

Der BGH hat im Jahre 1961 diese Auffassung bestätigt. Einschränkend hat das Gericht aber diese Auffassung **nur in den Fällen** gelten lassen wollen, **in denen sich der Tatrichter „hiervon sichere Anhaltspunkte verspricht“**. Dabei wurde der Fall herausgestellt, dass die Ermittlung des Bodenwerts anhand von Vergleichspreisen „schwer oder gar nicht möglich erscheint“[13]. In der Rechtsprechung der unteren Gerichte ist die Anwendung des Extraktionsverfahrens (Residualwertverfahrens) als **unvereinbar mit Erfahrungssätzen** und als ungeeignet bezeichnet worden, um zu brauchbaren Ergebnissen bei der Verkehrswertermittlung zu gelangen[14]. Auch im Bereich der steuerlichen Bewertung wurde das Verfahren abgelehnt[15]. 15

Umgekehrt ist in der höchstrichterlichen Rechtsprechung dem Vergleichswertverfahren Priorität zugesprochen worden, wenn es um die Ermittlung von Bodenwerten geht und eine ausreichende Anzahl von geeigneten Vergleichspreisen zur Verfügung steht (vgl. Syst. Darst. des Vergleichswertverfahren Rn. 13)[16]. 16

Das Extraktionsverfahren (Residualwertverfahren) stand zeitweilig nicht zuletzt aufgrund öffentlichkeitswirksamer Verlautbarungen der Investoren in „Konjunktur“ und dies allzu häufig auch dann, wenn der „klassische“ Preisvergleich angezeigt ist. Bei der Verkehrswertermittlung von warteständigem Bauland wird zunehmend von Sachverständigen z.B. gar nicht mehr der intensive Versuch unternommen, geeignete Vergleichspreise heranzuziehen, was ja wohl noch immer die überzeugendste Methode darstellt. Vielmehr wird allzu häufig leichtfertig behauptet, Vergleichspreise lägen nicht vor und – wenn es z.B. um Bauerwartungsland gehe – sie seien „sowieso fragwürdig“. Dann wird vom „grünen Tisch“ der Bodenrichtwert für baureifes Land herangezogen, der sich „bequem“ um pauschale, aus „schlauen“ und zitierfähigen Büchern entnommene Tabellenabschläge vermindern lässt, oder es werden im „deduktiven Verfahren“ von den sog. „Abschlagsgutachtern“ imposante Abschlagsrechnungen aufgestellt. Schon oft genug ist dabei die peinliche Situation entstanden, dass die **Gegenkontrolle durch doch vorhandene Vergleichspreise** das Unheil offenbarte. Wenn z.B. unlängst ein Gutachterausschuss für Grundstückswerte für den Bereich einer Großstadt den Wert für begünstigtes Agrarland (besondere land- oder forstwirtschaftliche Flächen) mit 45 €/m² (hochoffiziell gegen eine Gebühr von 100 €) mitteilen konnte und der Sachverständige für Bauerwartungsland mit langer Aufschließungsdauer im Wege des Extraktionsverfahrens (Residualwertverfahrens) 17

---

10 Ermert in AVN 1967, 213; Schahn in VR 1985, 173; Kremers in BlGBW 1969, 129; Hintzsche in BlGBW 1969, 233; Naegeli, Handbuch des Liegenschaftsschätzers, Zürich, 1975, S. 36.

11 OLG Brandenburg, Urt. vom 09.11.2011 – 4 U 16/11 –; GuG 2012, 118 = EzGuG 20.213; so auch in Österreich nach ÖNORM B 1802 – 3 Liegenschaftsbewertung Teil 3 (01.08.2014).

12 BGH, Urt. vom 10.02.1958 – III ZR 168/56 –, MDR 1958, 313 = EzGuG 4.8.

13 BGH, Urt. vom 27.11.1961 – III ZR 167/60 –, BB 1962, 204 = EzGuG 4.16.

14 KG, Urt. vom 20.05.1957 – 9 U 491/57 –, BlGBW 1959, 14 = EzGuG 4.6; LG Hamburg, Urt. vom 05.08.1960 – 10 0 36/59 –, ZMR 1961, 335 = EzGuG 4.15; OVG Lüneburg, Urt. vom 25.01.2001 – 1 L 5010/96 –, GuG 2001, 182 = EzGuG 20.177; a.A. OLG Köln, Urt. vom 19.02.2002 – 15 U 184/96 –, EzGuG 4.182a.

15 FG Berlin-Brandenburg, Urt. vom 26.02,2013 – 6 K 6228/08 –, EFG 2013, 1292 = EzGuG 19.59.

16 BGH, Urt. vom 29.03.1971 – III ZR 98/69 –, BGHZ 56, 57 = EzGuG 6.137; BVerwG, Urt. vom 13.11.1964 – 7 C 20/64 –, DÖV 1965, 97 = EzGuG 20.38; BFH, Urt. vom 26.09.1980 – III R 21/78 –, BFHE 132, 101 = BStBl II 1981, 153 = EzGuG 20.86; BFH, Urt. vom 21.05.1982 – III B 32/81 –, BFHE 136, 141 = BStBl II 1982, 604 = EzGuG 20.99.

zuvor mit imposanten Rechnungen dagegen zu einem Bodenpreis von 20 €/m² gelangte, muss Nachdenklichkeit aufkommen.

18 Dass sich der **Verkehrswert von Bauland nicht aus einer Addition der Baulandproduktionskosten** ergibt, ist inzwischen jedem Sachverständigen geläufig. Dass sich umgekehrt der Verkehrswert des werdenden Baulands, z.B. des Bauerwartungslands, nicht aus einer Subtraktion der Baulandproduktionskosten vom Baulandwert – vor allem nicht unmittelbar – ergeben kann, ist manchem Sachverständigen noch nicht bewusst geworden. Dass die für die Baulanderschließung aufgebrachten Kosten keinesfalls oder allenfalls nur sehr bedingt zu einer entsprechenden Bodenwerterhöhung führen, mag man sich am Versuch verdeutlichen, den Verkehrswert von werdendem Gewerbebauland aus dem Verkehrswert für „fertiges" Gewerbebauland, z.B. in *Altwarp* (z.B. 15 €/m²), unter Abzug der Erschließungskosten von 40 €/m² abzuleiten.

19 Das **Extraktionsverfahren (Residualwertverfahren)** kommt in der Praxis **in recht unterschiedlicher Weise zur Anwendung,** insbesondere was Art und Umfang der in Abzug gebrachten Herstellungs- und Entwicklungskosten anbelangt. Im Allgemeinen beschränkt man sich bei Anwendung des Extraktionsverfahrens (Residualwertverfahrens) nicht auf die „bloßen" Herstellungskosten, sondern berücksichtigt auch

- Finanzierungskosten,
- Verwertungskosten,
- Vorhaltekosten,
- einen Unternehmergewinn und
- Grunderwerbsnebenkosten.

20 Umgekehrt werden zumindest seitens der Investoren die im Einzelfall in Anspruch genommenen **Förderungen** und Subventionen nicht berücksichtigt, was nur konsequent wäre.

2.2 Verfahrensgang

2.2.1 Allgemeines

21 Mit der früher üblichen Abzinsung des als Ausgangswert herangezogenen Vergleichswerts für erschließungsbeitragspflichtiges baureifes Land über die Wartezeit (vgl. Rn. 71 ff.) wird man vielfach den heutigen Verhältnissen auf dem Grundstücksmarkt und den dort herrschenden Preismechanismen nicht mehr gerecht. Dies gilt insbesondere dann, wenn es um die Verkehrswertermittlung großflächigen warteständigen Baulands (Bauerwartungsland bzw. Rohbauland) oder um die Umnutzung bzw. Neuordnung baureifen Landes (z.B. großflächige Industriebrachen) geht. In solchen Fällen kann es erforderlich werden, neben der Wartezeit und dem Erschließungsbeitrag (Erschließungsausbau- und Grunderwerbskosten) noch die folgenden wertbeeinflussenden Merkmale zu berücksichtigen:

a) ein **erhöhter öffentlicher Flächenbedarf für Infrastrukturmaßnahmen, naturschutzrechtliche Ausgleichsflächen und soziale Folgeeinrichtungen**,

b) eine **Überwälzung des 10%igen Eigenanteils** der Gemeinde am Erschließungsaufwand auf den Eigentümer (Erschließungsvertrag nach § 124 BauGB),

c) die **Abschöpfung umlegungsbedingter Bodenwerterhöhungen** im Rahmen amtlicher Bodenordnungsmaßnahmen nach den §§ 45 ff. BauGB sowie

d) die **Übernahme** der durch die Bauleitplanung verursachten **Bodenordnungs-, Erschließungs- und Folgekosten im Rahmen eines städtebaulichen Vertrags**.

22 Sofern nach der vorhandenen städtebaulichen Situation und dem Verhalten des Planungsträgers davon ausgegangen werden muss, dass die maßnahmenbedingten Kosten (i.S. des § 11

BauGB) **üblicherweise auf die Eigentümer „überwälzt" werden** und davon die Preisbildung im gewöhnlichen Geschäftsverkehr mitbestimmt wird, muss dies bei der Verkehrswertermittlung im Wege deduktiver Verfahren mitberücksichtigt werden.

Wertermittlungstechnisch ist zu empfehlen, sich auf die **wesentlichen wertbestimmenden Parameter** und auf einen möglichst einfachen und übersichtlichen Verfahrensgang zu konzentrieren. „Überfrachtete Rechenverfahren" sind dagegen ungeeignet, auch wenn sie eine hohe Wissenschaftlichkeit und Scheingenauigkeit vortäuschen. 23

Bei dieser Vorgehensweise sind in der Gesamtschau die **wesentlichen Parameter**: 24

a) die Erschließungs*ausbau*kosten (vgl. Rn. 40 ff.),

b) die Kosten der Bodenordnung und der im Rahmen eines städtebaulichen Vertrags bereitzustellenden Infrastruktureinrichtungen (Folgekosten, Rn. 54 ff.),

c) der unentgeltlich bereitzustellende Flächenanteil, insbesondere soweit er für Infrastruktur- und naturschutzrechtliche Ausgleichsmaßnahmen über die Erschließungsflächen aufgebracht werden muss,

d) die Wartezeit und das damit verbundene Realisierungsrisiko (vgl. hierzu Rn. 69, 75 ff.) sowie

e) der Abzinsungszinssatz (vgl. Rn. 77 ff.).

Dies macht es erforderlich, den in solchen Fällen **unentgeltlich bereitzustellenden Flächenanteil sowie die Folgekosten** möglichst sorgfältig abzuschätzen. Grundlage dafür sind der Bebauungsplan bzw. der städtebauliche Vertrag. Soweit diese noch nicht zur Verfügung stehen, muss sich der Sachverständige an der vorhandenen städtebaulichen Situation und dem Verhalten des Planungsträgers in der Weise orientieren, wie dadurch das Marktgeschehen mitbestimmt wird. Der Auftraggeber muss sich in dieser Phase bewusst sein, dass er bei diffusen Verhältnissen Unsicherheiten der Verkehrswertermittlung in Kauf nimmt. Dies kann dem Sachverständigen nicht angelastet werden[17]. Lässt sich der künftige Grundstückszustand am Qualitätsstichtag nicht auf der Grundlage konkreter Tatsachen mit der von § 11 ImmoWertV geforderten hinreichenden Sicherheit bestimmen, kann es sich bei einer „Marktwertermittlung" im Wege des Residualwertverfahrens lediglich um eine **Szenariobewertung** handeln (vgl. Rn. 36, 61). 25

Als ein universell und an die Gegebenheiten des Einzelfalls anpassungsfähiges Wertermittlungsverfahren kann die nachfolgend vorgestellte Methode bei zeitlich begrenzter Wartezeit zur Anwendung kommen. 26

2.2.2 Verfahrensüberblick

▶ *Vgl. § 3 ImmoWertV Rn. 173; zum umlegungsbedingten Mehrwertausgleich Teil VI Rn. 863 ff.*

Verfahrensmäßig muss bei Anwendung des Extraktionsverfahrens (Residualwertverfahrens) auf die Verkehrswertermittlung warteständigen Baulands zwischen der **Brutto- und Nettofläche des Erschließungsgebiets** und dementsprechend zwischen dem Brutto- und Nettowert unterschieden werden. Der zu ermittelnde Bodenwert des warteständigen Baulands bezieht sich nämlich auf die Bruttofläche des zu entwickelnden Gebiets, während der auf den Quadratmeter Nettobaulandfläche bezogene Bodenwert als Ausgangswert herangezogen wird. 27

Deshalb empfiehlt es sich zunächst, die auf den Quadratmeter Nettobaulandfläche bezogenen Bodenwerte, die sich direkt aus Vergleichspreisen für baureifes Land (ebf) ableiten lassen, um die Kosten der Erschließung, Infrastrukturmaßnahmen und Bodenordnung zu vermindern. Auf diesem Wege gelangt man zu dem Bodenwert (pro Quadratmeter baureifes Land), der sich nach der Gebietsentwicklung unter Berücksichtigung der genannten Kosten realisieren lässt. 28

17 Kleiber, WiV 1967, 63.

Das Produkt aus dem Bodenwert und den entwickelten Baulandflächen (Nettofläche) ergibt dann den realisierbaren Veräußerungserlös für das zu entwickelnde Gebiet, der – abgezinst über die Entwicklungszeit (Wartezeit) – dem Bodenwert der gesamten Bruttobaulandfläche zum Wertermittlungsstichtag entspricht.

29 Dieser Wert ist dann allerdings noch um die **Nebenkosten** zu vermindern, d.h. um

a) die Grundstückstransaktionskosten, die im Rahmen der Baulanderschließung erforderlich werden, und

b) um einen Unternehmergewinn (ggf. einschließlich Risikoabschlag),

und ergibt – geteilt durch die Bruttobaulandfläche – den Bodenwert pro Quadratmeter der Bruttofläche. Die Nebenkosten werden dabei in einen gesamtheitlichen Vomhundertsatz des um die Erschließungs-, Infrastruktur- und Bodenordnungskosten verminderten und auf den Wertermittlungsstichtag abgezinsten Nettobaulandflächenwerts angesetzt. Rechentechnisch wird dieser mit einem Nebenkostenfaktor multipliziert:

Nebenkostenfaktor = 1– Nebenkosten$_{\text{(\% des Nettobaulandflächenwerts)}}$

30 *Beispiel:*

Nebenkosten	=	15 % des Nettobaulandflächenwerts
Nebenkostenfaktor	=	(1 – 15/100) = 0,85

Abb. 3: Brutto- und Nettorohbauland

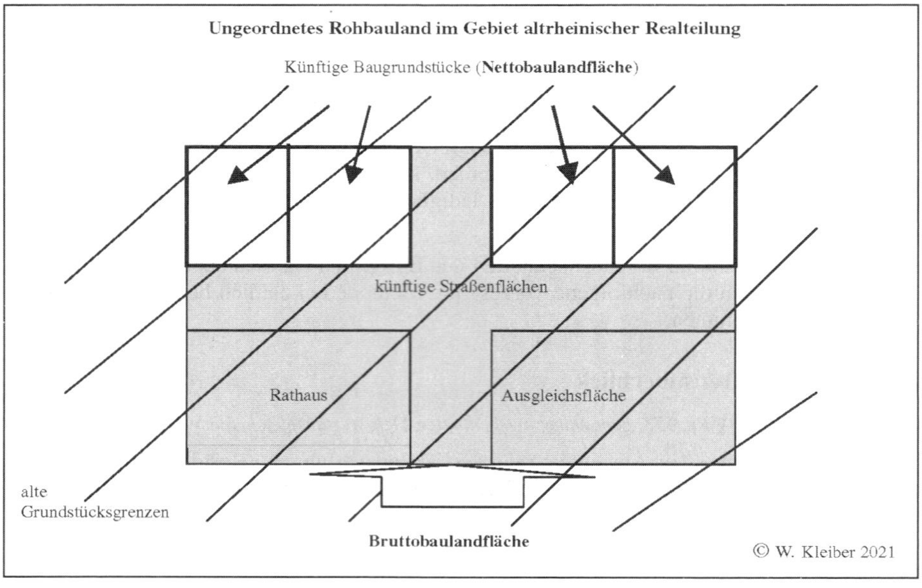

31 Bei dieser Vorgehensweise findet der **Anteil der unentgeltlich bereitzustellenden Flächen** für den Gemeinbedarf einschließlich sonstiger nach einem städtebaulichen Vertrag unentgeltlich bereitzustellender Flächen dadurch Eingang in die Wertermittlung, dass sich der Gesamtwert der Nettobaulandfläche aus dem Produkt des entsprechenden Bodenwerts pro Quadratmeter Nettobauland mit der der möglichst genau der Planung zu entnehmenden (Bebauungsplan) Nettobaulandfläche ermittelt und dieser Gesamtwert durch die Bruttobaulandfläche geteilt wird.

Als Formel: 32

$$BW_{\text{warteständig}} = \frac{[(BW_{(ebf)} - EAB \times 0{,}9 - InfraK) \times \text{Nettobaulandfläche} \times AF_n] \times \text{Nettokostenfaktor}}{\text{Bruttobaulandfläche}}$$

wobei:

$BW_{\text{warteständig}}$	Bodenwert/m² des warteständigen Baulands (Bruttoflächenwert)
BW (ebf)	Bodenwert/m² des erschließungsbeitragsfreien baureifen Landes (Nettoflächenwert baureifes Land)
EAB	Erschließungs*ausbau*beitragsanteil
InfraK	Infrastrukturkosten (bei Umlegungen nach den §§ 45 BauGB ersparte Grundbuch-, Vermessungs- und Notarkosten)
AF_n	Abzinsungsfaktor = $(1 + p/100)^{-n}$
p	Abzinsungszinssatz
n	Wartezeit
Nebenkostenfaktor	(1 – Nebenkosten $_{(\%)}$)
Nebenkosten	Grundstückstransaktionskosten, Unternehmergewinn und ggf. Wagnisabschlag als Vomhundertsatz des kostenverminderten Nettobaulandflächenwerts
0,9	Faktor zur Berücksichtigung eines 10%igen Gemeindeanteils

Beispiel: 33

BW (ebf)	= 200 €/m²
Erschließungsbeitrag	= 50 €/m²
Erschließungsausbaubeitragsanteil (EAB)	= 30 €/m²
Infrastrukturkosten einschließlich Bodenordnung	= 35 €/m² davon 15 €/m² Bodenordnung
Bruttofläche	= 100 000 m²
Nettofläche	= 75 000 m²
Erschließungsflächen	= 25 000 m²
Abzinsungszinssatz p	= 5 %
Wartezeit n	= 5 Jahre
Nebenkosten	= 15 % des Bruttobaulandflächenwerts

Der Eigenanteil der Erschließung wird von der Gemeinde nicht getragen.

$$BW_{\text{warteständig}} = \frac{\left[(200\ €/m^2 - 30\ €/m^2 - 35\ €/m^2) \times 75\,000\ m^2 \times 1{,}05^{-5}\right] \times 0{,}85}{100\,000\ m^2}$$

$BW_{\text{warteständig}}$ = (7 933 212 € – 1 189 982 €)/100 000 m² = **67,43 €/m²**

Nebenrechnung: Berechnung der Nebenkosten:

a) Bruttobaulandflächenwert: (200 €/m² – 30 €/m² – 35 €/m²) × 75 000 m² × $1{,}05^{-5}$ = 7 933 212 €

b) Nebenkosten (Grundstückstransaktionskosten und Unternehmergewinn ggf. einschließlich Wagnis) 15 % 1 189 982 €

34 Das Verfahren stellt letztlich ein „**Kostenunterwälzungsmodell**" dar. Es findet seine Grenzen dort, wo die Verkäufer das Ergebnis nicht (mehr) akzeptieren bzw. akzeptieren können. Das Ergebnis ist jeweils abhängig von dem im Einzelfall unterstellten Baulanderschließungsmodells und dem Umfang der unentgeltlichen Flächenbereitstellung. Nachfolgend wird zu Demonstration der Wert des wartеständigen Baulands nach drei verschiedenen Baulanderschließungsmodellen ermittelt

a) der konventionellen Baulanderschließung, bei der die Gemeinde ihren 10%igen Gemeindeanteil sowie die Kosten der Bodenordnung und Infrastruktur trägt (gemeindliche Baureifmachung),

b) der Baulanderschließung im Wege der Umlegung nach den §§ 45 ff. BauGB, bei der die Bodenordnungskosten den Eigentümern im Wege des umlegungsbedingten Mehrwertausgleichs angelastet werden und

c) der Baulanderschließung im Wege eines städtebaulichen Vertrags, mit dem dem Eigentümer bzw. dem Entwickler der 10%ige Eigenanteil der Gemeinde und die gesamten Erschließungs-, Bodenordnungs- und Infrastrukturkosten angelastet werden (Abb. 4).

Abb. 4: Residualwert wartеständigen Baulands bei unterschiedlichen Baulanderschließungsmodellen

Baulanderschließungsmodell	**a Gemeindliche Baureifmachung**	**b Baureifmachung im Wege der Umlegung**	**c Baureifmachung im Wege eines städtebaulichen Vertrags**
Ausgangswert			
BW (ebf)	200 €/m²	200 €/m²	200 €/m²
abzgl. Eigenanteil am Erschließungsausbau	– 27 €/m²	– 27 €/m²	
voller Erschließungsausbau			– 30 €/m²
abzgl. Infrastrukturkosten und Bodenordnung			– 35 €/m²
nur Bodenordnung		– 15 €/m²	
verbleiben	173 €/m²	158 €/m²	135 €/m²
× Nettobaulandfläche	75 000 m²	75 000 m²	75 000 m²
= Nettobaulandflächenwert in 5 Jahren	12 975 000 €	11 850 000 €	10 125 000 €
× Diskontierungsfaktor bei 5 %	× 0,78352	× 0,78352	× 0,78352
= Nettobaulandflächenwert zum Wertermittlungsstichtag (nebenkostenunvermindert)	10 166 264 €	9 284 796 €	7 933 212 €
× Nebenkostenfaktor			× 0,85
ergibt			6 743 230 €
Bruttobaulandfläche insgesamt	100 000 m²	100 000 m²	100 000 m²
=Bruttobaulandflächenwert/m²	**101,66 €/m²**	**92,85 €/m²**	**67,83 €/m²**

Fordert die Gemeinde zusätzlich zu dem Erschließungsflächenanteil von 25 000 m² eine weitere unentgeltliche **Flächenbereitstellung** von 25 000 m² **für soziale Zwecke bzw. für naturschutzrechtliche Ausgleichsmaßnahmen**, so ergeben sich folgende Bruttobaulandflächenwerte (Abb. 5):

Abb. 5: Residualwert warteständigen Baulands (Städtebaulicher Vertrag) unter Berücksichtigung von Flächenbereitstellungen

Baulanderschließungsmodell beiInanspruchnahme naturschutzrechtlicherAusgleichsflächen	**c Baureifmachung im Wege eines städtebaulichen Vertrags**
Kostenverminderter Ausgangswert (vgl. oben)	135 €/m²
× Nettobaulandfläche	50 000 m²
= Nettobaulandflächenwert in 5 Jahren	6 750 000 €
× Diskontierungsfaktor bei 5 %	× 0,78352
= Nettobaulandflächenwert zum Wertermittlungsstichtag	5 288 760 €
= Bruttobaulandflächenwert (nebenkostenunvermindert)	
× Nebenkostenfaktor	× 0,85
ergibt nebenkostenverminderten Bruttobaulandflächenwert	4 493 746 €
Bruttobaulandfläche insgesamt	100 000 m²
= Bruttobaulandflächenwert/m²	**44,94 €/m²**

Abb. 6: Deduktive Ableitung des Verkehrswerts wartest ändigen Baulands

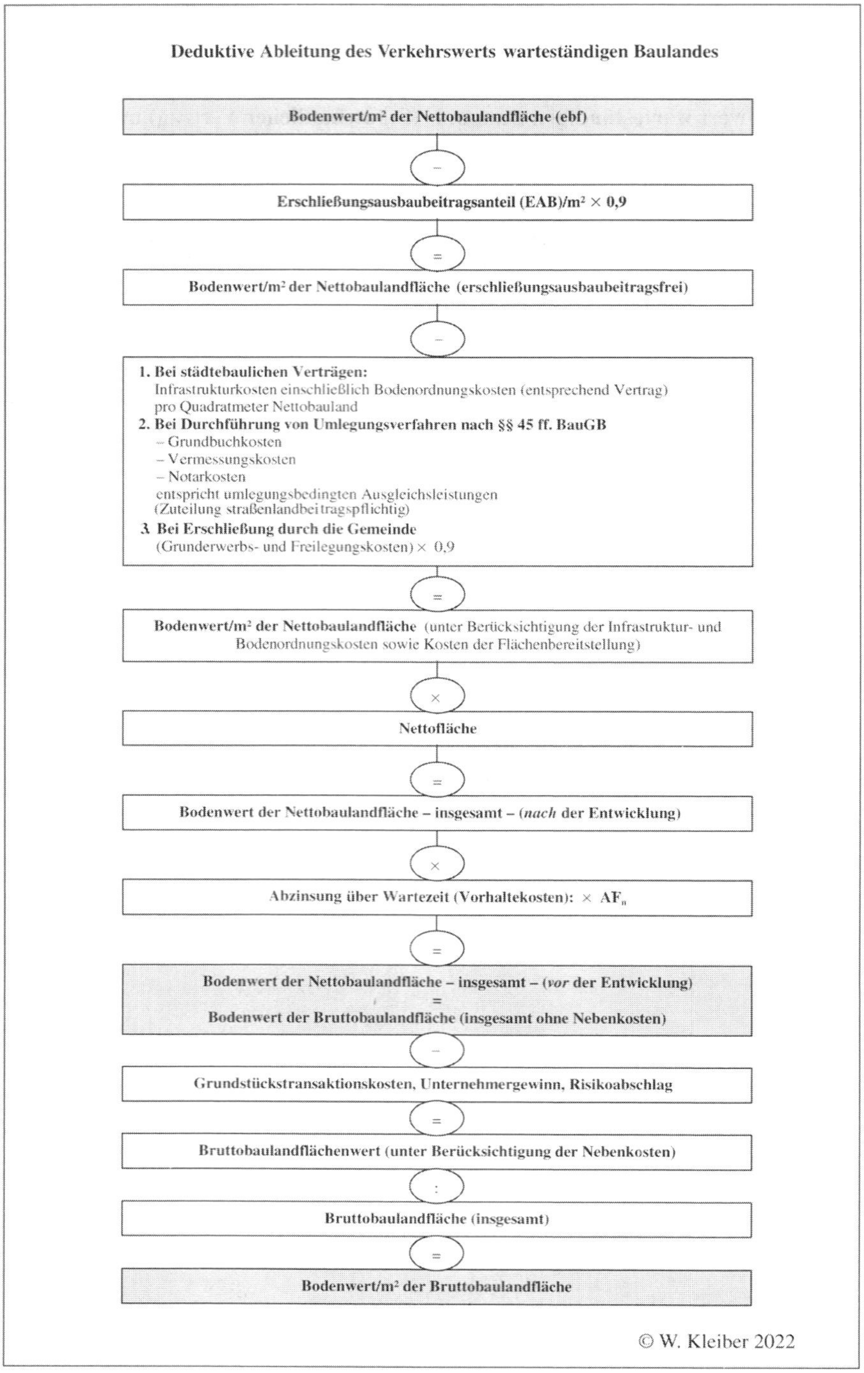

2.3 Ausgangswert

2.3.1 Maßgeblicher Grundstückszustand

Am Anfang des Verfahrens steht die **Marktwertermittlung des „fertigen Produktes“ einer Baulanderschießung.** Die zur Verkehrswertermittlung des wartständigen Baulands heranziehbaren **Vergleichspreise** für baureifes Land sollen sich nach den allgemeinen Grundsätzen des § 24 ImmoWertV auf Grundstücke beziehen, die mit dem künftigen Zustand des zu bewertenden wartständigen Baulands möglichst übereinstimmende Grundstücksmerkmale aufweisen, insbesondere was die Lage und künftige Nutzbarkeit anbelangt. Des Weiteren ist vor allem beachtlich, ob sich die Vergleichspreise auf erschließungsbeitragsfreies (ebf) oder erschließungsbeitragspflichtiges (ebpf) baureifes Land beziehen. 35

Die Heranziehung der geeigneten Vergleichspreise setzt voraus, dass die **künftige Nutzung und Gestaltung des Erschließungsgebiets** eindeutig bekannt sind. Im Idealfall ist dafür ein Bebauungsplan zu fordern, jedoch wird der Sachverständige zumeist hierauf nicht zurückgreifen können, weil oftmals noch unklare Vorstellungen über die künftige Gestaltung des Gebiets herrschen. In diesen Fällen fehlt es eigentlich an den erforderlichen Grundlagen für die Anwendung des Extraktionsverfahrens (Residualwertverfahrens). Der Sachverständige kann sich dann auf unverbindliche Planungskonzeptionen (informelle Planungen) stützen. In diesem Fall steht das Ergebnis seiner Extraktion (Residualwertermittlung) unter dem Vorbehalt, dass diese Planungskonzeption tatsächlich realisiert wird. Stehen dem Sachverständigen keine oder nur unklare Planungskonzeptionen zur Verfügung, muss er seine Residualwertermittlung auf Annahmen über die künftige Nutzung und Gestaltung des Gebiets stützen, die zweckmäßigerweise mit dem Auftraggeber abzusprechen sind. In diesem Fällen empfiehlt es sich, in dem Gutachten deutlich herauszustellen, dass das Ergebnis seiner Residualwertermittlung unter der Prämisse der Annahmen steht, weil bei anderen Vorgaben sich zwangsläufig auch ein anderer Residualwert ergeben würde (Szenariobewertung vgl. Rn. 25). 36

2.3.2 Ermittlung des Verkehrswerts

Die zur Ermittlung des Ausgangswerts herangezogenen Vergleichspreise für baureifes Land sind – soweit erforderlich – auf die Lagemerkmale des zu bewertenden Baulands „umzurechnen“. Dies gilt auch für etwaige Unterschiede im **Maß der baulichen Nutzung (GFZ)**. Dabei kann es von Bedeutung sein, welchen erschließungsbeitragsrechtlichen Zustand die den Vergleichspreisen zugrunde liegenden Grundstücke aufweisen. Die in der Praxis zur Anwendung kommenden Umrechnungskoeffizienten zur Berücksichtigung eines unterschiedlichen Maßes der baulichen Nutzung (GFZ) sind nämlich in aller Regel auf der Grundlage erschließungsbeitragsfreier (ebf) baureifer Grundstücke abgeleitet worden. Um „im System zu bleiben“, müssen deshalb Vergleichspreise für erschließungsbeitragsfreies baureifes Land herangezogen werden, die dann auf das Maß der baulichen Nutzung umgerechnet werden, das für das zu bewertende wartständige Bauland maßgeblich ist. Vergleichspreise erschließungsbeitragspflichtiger Grundstücke müssen ggf. zuvor auf einen erschließungsbeitragsfreien Zustand umgerechnet werden. 37

2.3.3 Baulandproduktionskosten (Überblick)

Im Anschluss an diese vorab durchzuführende „Angleichung“ der Vergleichspreise für baureifes Land gilt es sodann, 38

a) die sich aus der Flächenbereitstellung und den Erschließungsausbaumaßnahmen zusammensetzenden **Erschließungskosten** und ggf. auch **infrastrukturelleAufschließungskosten** (Folgekosten) sowie

b) die **Vorhaltekosten** über die ausstehende Wartezeit bis zur Baureife und das damit verbundene Wagnis (Realisierungsrisiko i.S. des § 11 ImmoWertV)

zu berücksichtigen.

39 Dies macht es erforderlich, den in solchen Fällen **unentgeltlich bereitzustellenden Flächenanteil sowie die Folgekosten** möglichst sorgfältig abzuschätzen. Grundlage dafür sind der Bebauungsplan ggf. i.V.m. dem städtebaulichen Vertrag. Soweit diese Grundlagen noch nicht zur Verfügung stehen, muss sich der Sachverständige an der vorhandenen städtebaulichen Situation und dem Verhalten des Planungsträgers in der Weise orientieren, wie dadurch das Marktgeschehen mitbestimmt wird. Der Auftraggeber muss sich in dieser Phase bewusst sein, dass er bei diffusen Verhältnissen Unsicherheiten der Verkehrswertermittlung in Kauf nimmt. Dies kann dem Sachverständigen nicht angelastet werden[18].

2.4 Erschließung

▶ *§ 2 ImmoWertV Rn. 21; § 5 ImmoWertV Rn. 108; § 8 ImmoWertV Rn. 45; § 40 ImmoWertV Rn. 4; zur Berücksichtigung von Abgaben und Beiträgen vgl. Syst. Darst. des Vergleichswertverfahrens Rn. 318 ff.; Syst. Darst. des Ertragswertverfahrens Rn. 142 ff., 242*

40 Im *zweiten Schritt* gilt es zunächst den Ausgangswert für erschließungsbeitragsfreies baureifes Land, um die Kosten zu vermindern, die mit der örtlichen Erschließung verbunden sind. Dazu wird auf Kosten zurückgegriffen, die sonst nach dem Erschließungsbeitragsrecht der §§ 123 ff. BauGB geltend gemacht werden können. Nach § 127 BauGB erheben die Gemeinden zur Deckung ihres „anderweitig nicht gedeckten“ Aufwands für Erschließungsanlagen einen Erschließungsbeitrag. Der Erschließungsbeitrag wird erhoben für

- den **Grunderwerb**,
- eine etwaige **Freilegung** sowie
- die **Herstellung der Erschließungsanlage.**

Die Gemeinde trägt dabei (grundsätzlich) 10 % des beitragsfähigen Erschließungsaufwands.

41 Bezüglich des durch die Erschließung ausgelösten **Flächenbedarfs** und der üblicherweise anfallenden **Erschließungsbeiträge** liegen folgende **Erfahrungswerte** vor:

- Die Erschließungsbeiträge belaufen sich in der Praxis je nach örtlichen Verhältnissen (Lage, Topografie) zwischen 25 €/m² bis 70 €/m² des erschlossenen Baulands.
- Der Flächenbedarf für die Erschließung beläuft sich auf etwa 20 bis 30 % der Bruttobaulandfläche; es kommt hier entscheidend darauf an, ob der Maßnahme eine flächensparende oder flächenintensive Erschließungskonzeption zugrunde liegt.

42 **In den** vorgenannten **Erfahrungswerten** über Erschließungsbeiträge **sind die Kosten des Grunderwerbs enthalten**, wobei – im Falle von Neuerschließungsmaßnahmen – der Grunderwerb regelmäßig nicht zu den Preisen des baureifen Landes getätigt wird. Zumindest bei Neuerschließungsmaßnahmen können die künftigen Erschließungsflächen unter Anwendung des Vorwirkungsgrundsatzes erworben werden. Bei der hier behandelten Vorgehensweise dürfen zunächst aber nur die Erschließungsausbaukosten (EAB) zum Ansatz kommen, denn die Höhe der Grunderwerbskosten ergibt sich erst aus dem Ergebnis der Wertermittlung.

43 Bei der (deduktiven) Ableitung des Verkehrswerts wartenständigen Baulands aus Vergleichspreisen für erschließungsbeitragsfreies Bauland dürfen aus den vorstehenden Gründen nicht

- der Freilegungsanteil für die Erschließungsflächen (häufig **pauschal mit 30 % der Bruttobaulandfläche) und gleichzeitig**

---

18 Kleiber, WiV 1967, 63.

- **der ortsübliche Erschließungsbeitrag** *in voller Höhe* bezogen auf die Bruttobaulandfläche zum Abzug gebracht werden. Dies würde zu einer Doppelberücksichtigung führen, denn im Erschließungsbeitrag ist der Grunderwerb enthalten. Dieser in der Wertermittlungspraxis oftmals begangene Fehler führt im Ergebnis dazu, dass bei der Ermittlung des Verkehrswerts wartständiger Baulands aus Vergleichspreisen baureifer erschließungsbeitragsfreier (ebf) Grundstücke der Flächenbeitrag für die künftige Erschließung
  - einerseits mit dem Abzug eines prozentualen Flächenabzugs und
  - andererseits mit dem Ansatz des „vollen" Erschließungsbeitrags, der die Grunderwerbskosten enthält,

doppelt zum Abzug gebracht wird.

Deswegen ist es geboten, im Rahmen der deduktiven Ableitung des Verkehrswerts wartestän- 44
digen Baulands aus erschließungsbeitragsfreien (ebf) Vergleichspreisen (für baureifes Land) den grundsätzlich abzuziehenden Erschließungsbeitrag in

- eine Grunderwerbskomponente und
- eine Ausbaukomponente

aufzuspalten und zunächst **nur die Ausbaukomponente in Abzug zu bringen**. Entsprechende Regelungen enthält auch das Umlegungsrecht in § 57 Satz 4 i.V.m. § 68 Abs. 1 Nr. 4 BauGB für den Fall einer straßenlandbeitragsfreien, aber ansonsten erschließungsbeitragspflichtigen Zuteilung[19]. Dem entspricht auch die deduktive Ableitung von Rohbaulandwerten (aber auch generell die Ableitung des Verkehrswerts von „wartständigem Bauland"), wenn dabei von einem anteiligen (prozentualen) unentgeltlichen Flächenabzug für Erschließungsanlagen ausgegangen wird.

Beispiel: 45

Ausgangsdaten:

– Vergleichswert für erschließungsbeitragsfreies (ebf) baureifes Land BW	200 €/m²
– Erschließungsbeitrag pro Quadratmeter erschlossenen baureifen Landes	50 €/m²
davon Grunderwerbskosten	20 €/m²
Ausbaukosten	30 €/m²
– Bruttobaulandfläche	100 000 m²
– Erschließungsfläche	25 000 m²
– Nettobaulandfläche	75 000 m²

Rechengang:

BW (ebf)	=	200 €/m²	
– Erschließungsbeitragsanteil für Ausbau	=	– 30 €/m²	
= BW (ebpf)	=	170 €/m²	(noch nicht diskontierter Zwischenwert)

Bodenwert des gesamten Baugrundstücks: 75 000 m² × 170 €/m² = 12,75 Mio. € (Zwischenwert)

Zu beachten ist, dass sich der vorstehend ermittelte **Quadratmeterwert des erschließungs- 46
beitragspflichtigen (ebp) baureifen Landes nur auf die künftige Nettobaulandfläche** bezieht, weil der Anteil der Grunderwerbskosten am Erschließungsbeitrag mit der unentgeltlichen Bereitstellung der dafür erforderlichen Flächen getätigt wird und diese Flächen damit einen „Nullwert" aufweisen.

---

19 Ernst/Zinkahn/Bielenberg/Krautzberger, Komm. zum BauGB, § 68 Rn. 6; § 57 BauGB Rn. 34.

47 Zur Erläuterung wird die **Gesamtberechnung** vorgestellt:

Rechengang:

Zu ermitteln ist der Verkehrswert der Nettobaulandfläche bei sofortiger unentgeltlicher Abgabe der Erschließungsflächen von 25 000 m², mithin 75 000 m²:

Erschlossen hat diese Fläche im erschließungsbeitragsfreien (ebf) Zustand einen Wert von:

75 000 m² × 200 €/m²	=	15,000 Mio. €
Abzug des Erschließungsausbaubeitrags für die Nettobaulandfläche:		
75 000 m² × 30 €/m²	=	– 2,250 Mio. €
Straßenausbaupflichtiges, aber ansonsten erschließungsbeitragsfreies Land mithin	=	12,750 Mio. €

Der Bodenwert pro Quadratmeter Nettorohbauland ergibt sich mithin zu:

12,750 Mio. € : 75 000 m² = **170 €/m²**

48 **Um zum aktuellen Nettobaulandwert zu kommen, ist vorstehend ermittelter Zwischenwert noch über die Wartezeit** unter gleichzeitiger Berücksichtigung des damit verbundenen Realisierungsrisikos **abzuzinsen** (vgl. § 11 ImmoWertV Rn. 26 ff.).

49 **Abzulehnen** ist dagegen eine Berechnungsweise, bei der – vom Bodenwert für erschließungsbeitragsfreies (ebf) Bauland (BW [ebf]) ausgehend

- der Bodenwert um einen Flächenbeitrag für die künftigen Erschließungsflächen (z.B. um 30 %) vermindert,
- der „volle" Erschließungsbeitrag (einschließlich des Anteils für die Grunderwerbskosten) abgezogen und
- das Ergebnis darüber hinaus als Ausgangswert für die „volle" Bruttobaulandfläche herangezogen wird.

50 *Beispiel (falsch)*:

Ausgangsdaten wie im vorstehenden Beispiel

BW (ebf)		200 €/m²
– 25 % von 200 €/m²		– 50 €/m²
= Nettobaulandflächenwert	=	150 €/m²
– Erschließungsbeitrag		– 50 €/m²
= BW (ebpf)	=	100 €/m²

Auch wenn dieser Wert nur auf die Nettorohbaulandfläche zur Anwendung käme, wäre das Ergebnis falsch: 75 000 m² x 100 €/m² = 7,5 Mio. € (falsch).

51 Bei dieser Berechnungsweise werden – wie vorstehend erläutert – die **Kosten des Grunderwerbs für die Erschließungsflächen** doppelt zum Ansatz gebracht, nämlich einmal mit dem „vollen" Erschließungsbeitrag und ein zweites Mal mit dem Flächenbeitrag. Tatsächlich müsste, wenn die Erschließungsbeiträge „voll" zum Ansatz gebracht werden, eine Entschädigung für die vom Eigentümer in Anspruch genommenen Erschließungsflächen berücksichtigt werden. Dieser Entschädigungsbetrag ist bei vorstehender Berechnungsweise aber unberücksichtigt geblieben.

Abzulehnen ist auch die vorstehende Berechnungsweise, wenn an Stelle des vollen Erschließungsbeitrags nur der Erschließungs*ausbau*beitrag zum Abzug gebracht wird, um insoweit eine Doppelberücksichtigung zu vermeiden: 52

Beispiel (falsch):

Ausgangsdaten wie im vorstehenden Beispiel

BW (ebf)		200 €/m²
– 25 % von 200 €/m²		– 50 €/m²
= Nettobaulandflächenwert	=	150 €/m²
– Erschließungsausbaubeitrag		– 30 €/m²
= BW (ebp)	=	120 €/m²

Der Gesamtwert der Nettorohbaulandfläche ergäbe sich damit zu 75 000 m² x 120 €/m² = 9,0 Mio. € (falsch).

An dieser Berechnung ist zu bemängeln, dass sich der Grunderwerb für die Erschließungsflächen am Wert des baureifen Landes orientiert; tatsächlich wird der Grunderwerb jedoch nach dem Wert des wareständigen Baulands getätigt.

In den vorstehenden Berechnungsbeispielen wurden nicht, wie vielfach von Entwicklungsgesellschaften gefordert, **Entwicklungskosten** berücksichtigt. Dies ist nur in den Ausnahmefällen sachgerecht, wo der Grundstücksmarkt mit solchen Kostenbelastungen rechnen muss und dies auch im gewöhnlichen Geschäftsverkehr die Preisbildung beeinflusst. Grundsätzlich kann jedoch der Grundstücksmarkt damit rechnen, dass solche Entwicklungsmaßnahmen zu den ureigensten Aufgaben der Gemeinde gehören. Demzufolge trägt auch bei Bodenordnungsmaßnahmen nach den §§ 45 ff. BauGB die Gemeinde die Verfahrenskosten (§ 78 BauGB). Selbst bei Durchführung städtebaulicher Sanierungs- und Entwicklungsmaßnahmen sind die **gemeindlichen Verfahrenskosten** nicht förderfähig, wenn die Gemeinde die Maßnahme in eigener Regie durchführt; etwas anderes gilt nur im Falle der Beauftragung eines Trägers. Es kommt bei genauerer Betrachtung hinzu, dass die Gemeinde grundsätzlich 10 % der Erschließungskosten selber tragen muss. 53

2.5 Planungs-, Bodenordnungs- und Infrastrukturkosten

2.5.1 Allgemeines

Im *dritten Schritt* ist der Ausgangswert für erschließungsbeitragsfreies baureifes Land noch um die Kosten zu vermindern, die mit der maßnahmenbedingten Infrastruktur (Folgekosten) verbunden sind. Dies gilt allerdings nur unter besonderen Voraussetzungen. 54

Grundsätzlich kann die Gemeinde nur die **Kosten der örtlichen Erschließungsanlagen nach** den Vorschriften des **Erschließungsbeitragsrechts** geltend machen und hat darüber hinaus die Kosten der sonstigen Infrastrukturmaßnahmen und die Bodenordnungskosten (Folgekosten) zu tragen, wenn man von den Besonderheiten der städtebaulichen Sanierungs- und Entwicklungsmaßnahme (nach den §§ 136 ff. BauGB) und der amtlichen Umlegung (nach den §§ 45 ff. BauGB) absieht. Die Gemeinden sehen sich diesbezüglich insbesondere bei großflächigen Baulanderschließungen finanziell überfordert und sind bestrebt, diese Kosten auf den durch die Bauleitplanung begünstigten Eigentümer bzw. auf den Investor zu überwälzen[20]. Da umgekehrt für die Eigentümer bzw. den Investor mit der Planung und Erschließung der wareständigen Baulandflächen nicht unerhebliche Wertsteigerungen einhergehen, sind sie im Rah- 55

20 Zum Stand des kommunalpolitischen Flächenmanagements vgl. Schäfer, Baulandbereitstellung, Bundesministerium für Verkehr, Bau- und Wohnungswesen, Berlin 2001.

men dieses Wertsteigerungspotenzials bereit, diese Kosten mitzutragen. Dies betrifft insbesondere die nachstehenden Folgekosten:

a) die Planungskosten,

b) die Kosten der Bodenordnung,

c) die Kosten für den Rückbau von nicht nachnutzbaren baulichen und sonstigen Anlagen,

d) die Kosten der Baureifmachung, insbesondere der örtlichen Erschließung (anstelle ihrer Geltendmachung durch Erschließungsbeiträge unter Einbeziehung des 10%igen Gemeindeanteils),

e) die Kosten für Maßnahmen, die nach § 11 BauGB zulässigerweise vereinbart werden können,

f) die Kosten für Ausgleich- und Ersatzmaßnahmen,

g) die Kosten der sonstigen Infrastrukturmaßnahmen.

56 Im Rahmen des Wertsteigerungspotenzials wird es von den Eigentümern bzw. von Investoren hingenommen, dass die mit der Planung und Entwicklung einhergehende Wertsteigerung durch unentgeltliche Bereitstellung von privat nutzbaren Flächen (z.B. für den Bereich der sozialen Wohnraumförderung) „abgeschöpft" wird.

57 Die Gemeinden legen vielfach ihre diesbezüglichen boden- und baulandpolitischen Strategien in Form von „**städtebaulichen Grundsatzbeschlüssen**" fest. Diese bilden auch die Grundlage für den Abschluss städtebaulicher Verträge, die mit gleicher Zielsetzung, aber auch ohne entsprechende städtebauliche Grundsatzbeschlüsse vereinbart werden können.

58 **Der Beteiligung der Eigentümer bzw. des Investors** an den Infrastruktur- und Bodenordnungskosten (einschließlich der unentgeltlichen Flächenbereitstellung) **sind Grenzen gesetzt:**

a) Der Eigentümer bzw. der Investor ist aus wirtschaftlichen Überlegungen zur Kostenübernahme nur in dem Umfang bereit, wie sich diese durch die mit der Entwicklung einhergehende Werterhöhung „rechnet".

b) Die Gemeinde darf die Kosten im Rahmen städtebaulicher Verträge dem Eigentümer bzw. dem Investor anlasten, wenn sie auf Maßnahmen zurückführbar sind, die

- in einem kausalen Zusammenhang mit der Baulandentwicklung stehen (*Ursächlichkeit*) und
- in ihrer Ausgestaltung angemessen sind (*Angemessenheit,* § 11 Abs. 2 BauGB).

59 Sofern nach der vorhandenen städtebaulichen Situation und dem Verhalten des Planungsträgers davon ausgegangen werden muss, dass die „Überwälzung" der Infrastruktur- und Bodenordnungskosten (einschließlich der unentgeltlichen Flächenbereitstellung) auf die Eigentümer üblich ist und davon die Preisbildung auf dem Grundstücksmarkt im gewöhnlichen Geschäftsverkehr mitbestimmt wird, muss dies bei der Verkehrswertermittlung im Wege deduktiver Verfahren mitberücksichtigt werden.

60 Dies macht es erforderlich, die Folgekosten und den in solchen Fällen unentgeltlich bereitzustellenden (zusätzlichen) Flächenanteil möglichst sorgfältig abzuschätzen. **Grundlage dafür sind der Bebauungsplan bzw. der städtebauliche Vertrag** (§§ 11 f. BauGB). Soweit diese noch nicht zur Verfügung stehen, muss sich der Sachverständige an der vorhandenen städtebaulichen Situation und dem Verhalten des Planungsträgers in der Weise orientieren, wie dadurch das Marktgeschehen mitbestimmt wird. Der Auftraggeber muss sich in dieser Phase bewusst sein, dass er bei „diffusen" Verhältnissen Unsicherheiten der Verkehrswertermittlung in Kauf nimmt. Dies kann dem Sachverständigen nicht angelastet werden[21].

21 Kleiber, Wirtschaft und Verwaltung 1967, 63.

Ob im Einzelfall bei der Verkehrswertermittlung einer wartständigen Baulandfläche davon auszugehen ist, dass deren Entwicklung tatsächlich vom Abschluss eines städtebaulichen Vertrags mit der Übernahme von Folgekosten abhängig ist, kann nur auf der Grundlage des **örtlichen Marktgeschehens und des** generellen **Verhaltens des Planungsträgers** beurteilt werden. Im Rahmen einer Verkehrswertermittlung verbietet es sich zunächst, stillschweigend entsprechenden Anweisungen des Auftraggebers zu folgen. Hier muss sich der Sachverständige zunächst selbst ein Bild darüber verschaffen, ob dies tatsächlich den Gepflogenheiten des Grundstücksmarktes entspricht und der Grundstücksmarkt auf ein entsprechendes Verhalten des Planungsträgers „reagiert". Wäre dies im Einzelfall zu verneinen und besteht der Auftraggeber dennoch darauf, ein solches Verhalten des Planungsträgers der Wertermittlung zugrunde zu legen, sollte der Gutachter seine Wertermittlung mit einem entsprechenden Hinweis versehen (Szenariobewertung vgl. Rn. 25, 36). 61

2.5.2 Städtebauliche Verträge

▶ *Vgl. Rn. 34*

Als **Indiz dafür, dass die Baulandentwicklung** im Einzelfall **nur in Abhängigkeit vom Abschluss eines städtebaulichen Vertrags eine Chance hat**, gilt insbesondere die Größe des künftigen Baugebiets, weil i.d.R. nur große Baugebiete auch größere Infrastrukturmaßnahmen zur Folge haben, die der Planungsträger auf den Investor zu überwälzen trachtet. Daneben sind entsprechende städtebauliche Grundsatzbeschlüsse sowie die Eigentumsstruktur beachtlich, weil der Abschluss eines städtebaulichen Vertrags vor allem nur dann eine Chance hat, wenn sich nur ein oder zumindest wenige Investoren nach der vorgefundenen Eigentumsstruktur als Vertragspartner anbieten. 62

Im Übrigen wäre es nur konsequent, spiegelbildlich zu den überwälzten Infrastrukturkosten auch die zu erwartenden Förderungen der Maßnahme werterhöhend zu berücksichtigen. **Bodenbezogene Förderungen** führen nun einmal zu Bodenwerterhöhungen. 63

Die **Höhe der** unter den genannten Voraussetzungen **zum Abzug zu bringenden Folgekosten** (Infrastruktur- und Bodenordnungskosten einschließlich der unentgeltlichen Flächenbereitstellung) sind schwer kalkulierbar. Der Sachverständige sieht sich hier oftmals unübersichtlichen Kostenaufstellungen ausgesetzt. Die Höhe der Kosten ist insbesondere abhängig von 64

a) der Art des zu entwickelnden Gebiets, wobei die Entwicklung von Wohngebieten i.d.R. höhere Infrastrukturkosten erfordert als die Entwicklung von Gewerbegebieten,

b) der vorhandenen Topographie,

c) der „Qualität" und Quantität der vorgesehenen Infrastrukturmaßnahmen und

d) ggf. dem Umfang von Freilegungsmaßnahmen einschließlich Altlastenbeseitigung.

Nach **allgemeinen Erfahrungssätzen** liegen die Infrastrukturkosten oftmals in gleicher Höhe wie die Erschließungskosten[22]. Wenn im Einzelfall die vom Investor geltend gemachten Folgekosten den Betrag von 70 € pro Quadratmeter baureifen Landes (ebf) überschreiten, muss dies sehr kritisch hinterfragt werden und hat vielfach seine Ursache in einer allzu aufwendigen Planung. Dies kann zum Scheitern des Vorhabens führen, denn diese Kosten werden im Rahmen des Extraktionsverfahrens (Residualwertverfahrens) auf den Erwerbspreis „unterwälzt", d.h. sie führen zu einem Preis für die wartständigen Bauflächen, der dann von dem Käufer nicht mehr akzeptiert werden kann. 65

22 Voß, GuG 1996, 343.

66 Im Rahmen der von der Landeshauptstadt *München* beschlossenen Grundsätze der „Sozialen Bodennutzung“ (SoBoN)[23] und der hierzu erlassenen Richtlinie für die inhaltliche und verfahrensmäßige Umsetzung wird im Rahmen städtebaulicher Verträge neben

a) der unentgeltlichen Flächenbereitstellung;

b) den Herstellungskosten der Erschließungsanlagen und Ausgleichsmaßnahmen;

c) ggf. den Wettbewerbskosten, Kosten für zusätzliche Öffentlichkeitsarbeit, Honorare nach HOAI bei Vergabe von Leistungen an Dritte, Kosten für Gutachten, Umlegungskosten;

d) dem Verzicht auf Ansprüche z.B. wegen Eingriffs in den eingerichteten und ausgeübten Gewerbebetrieb

ein anteiliger **Infrastrukturkostenbeitrag in Höhe von 65 €/m²Geschossfläche „der Baurechtsmehrung“** ausbedungen; dieser soll in etwa die Hälfte der angesetzten ursächlichen sozialen Infrastrukturkosten abdecken. Er wird zum Zeitpunkt der Realisierungsmöglichkeit des neuen bzw. zusätzlichen Baurechts fällig. Andere Städte handeln ähnlich[24].

67 Es kommt hinzu, dass in **Gebieten mit niedrigem Bodenwertniveau** der Unterwälzung von Folgekosten enge Grenzen gesetzt sind. Wo z.B. erschlossenes Gewerbebauland zum Preis von 40 €/m² (ebf) auf dem Markt ist, wird man neben den Erschließungskosten wohl kaum noch die Folgekosten dem Eigentümer anlasten können. Folgekosten können dem Grundstückseigentümer letztlich nur in dem Maße angelastet werden, wie sie sich in entsprechenden Bodenwerterhöhungen niederschlagen.

68 Anhaltspunkte für die Baulandproduktionskosten ergeben sich aus Abb. 7.

Abb. 7: Baulandproduktionskosten (ohne Grunderwerb)

	Kostenarten	Umlegung nach §§ 45 ff. BauGB €	Städtebauliche Entwicklungsmaßnahmen §§ 165 ff. BauGB €
1.	**Vorbereitung**		
1.1	Flächennutzungsplan	0,32	0,32
1.2	Bebauungsplan	0,41	0,41
1.3	Grünordnungsplan	0,25	0,25
1.4	Verwaltungskosten	0,71	
1.5	Entwicklungsbetreuer		0,71
2.	**KostenderErschließung**		
2.1	Erschließung nach den §§ 127 ff. BauGB	30,00	30,00
2.1.1	Kosten Erhebung	**0,56**	
	Ermittlung der Grundlagen		
	Berechnungen, Erteilung, Beratung,		
	Buchungsaufwand		

23 Gemeinsamer Beschluss des Ausschusses für Stadtplanung und Bauordnung, des Kommunalausschusses, des Finanzausschusses und des Ausschusses für Arbeit und Wirtschaft vom 03.12.1997 der Landeshauptstadt München. Berliner Modell zur kooperativen Baulandentwicklung der Berliner Senatsverwaltung für Stadtentwicklung und Umwelt, Grundstücksmarkt und Grundstückswert, GuG 2015, 47 ff., nunmehr i.d.F. der Leitlinie 2018, vgl. dort Ziff. 2 zur Kostenbeteiligung von Investoren; Globalrichtlinie der Freien und Hansestadt Hamburg GuG 2004, 173; Fortschreibung GuG-aktuell 2017, 15.

24 Vgl. Globalrichtlinie der Freien und Hansestadt Hamburg (GuG 2004, 173).

	Kostenarten	Umlegung nach §§ 45 ff. BauGB €	Städtebauliche Entwicklungs-maßnahmen §§ 165 ff. BauGB €
2.1.2	Zuschlag Risiko		
	Widerspruchsverfahren (ohne Ansatz)		
2.2	**Kanalanlage**		
2.2.1	Kanalbau	6,40	6,40
2.2.2	Beitragserhebung	**0,56**	
2.3	**Wasserbau**		
2.3.1	Anlagenbau	2,72	2,72
2.3.2	Beitragserhebung	**0,56**	
2.4	**SonstigeOrdnungsmaßnahmen**		
2.4.1	Altlastenerkundung Grundbaulabor	0,25	0,25
2.4.2	Sonstige Gutachten	0,25	0,25
2.4.3	Vermessung	5,00	5,00
2.4.4	Sonstige Ordnungsmaßnahmen	5,00	5,00
2.4.5	Ausbau Ausgleichsflächen	5,00	5,00
3.	**Baumaßnahmen**		
3.1	Kindergarten	6,00	6,00
3.1.1	Kosten der Verwaltung	0,25	
3.2	Verwaltungsstelle	0,25	
4.	**SonstigeKosten**		
	Finanzierungskosten		
	Kosten 77,86 €		
	Deckungsbeitrag	./. 48,12	
	Kosten 29,75 × 6 % × 3 Jahre	**5,34**	
	Kosten 109,93 × 6 % × 3 Jahre		19,78
5.	**Finanzierungsbeiträge/ Deckungsbeiträge**		
5.1	Erhebung der Erschließungskosten	27,00	
	90 %		
5.2	Erhebung von		
	Beiträgen Ausgleichsmaßnahmen	16,53	
	90 %		
5.3	Einmalbeitrag		
	Kanal 50 %	3,20	
	Rest über lfd. Gebühren		
5.4	Einmalbeitrag Wasser 50 %	1,38	
	Rest über lfd. Gebühren		

Anmerkungen:

1. Kostenpositionen ohne direkte Deckungsbeiträge = **Fettdruck.**

2. Bei Kosten der Verwaltung wurde von Gehalts- und Vergütungstabellen der öffentlichen Verwaltung, Zuschlägen für Lohnnebenkosten und Arbeitsplatzkosten ausgegangen.

3. Bei den Erschließungskosten wurde der gemeindliche Mindestanteil (= 10 v.H.) angesetzt. Mithin werden 90 v.H. der Kosten über Erschließungsbeiträge erhoben. Weiter wurde bei der Zinsrechnung (5.1 Finanzierungskosten) unterstellt, dass die Gemeinde gemäß § 133 Abs. 3 BauGB Vorauszahlungen erhebt. Zinsen wurden daher nicht angesetzt.

4. Bei den Gebühren für Wasser und Kanal wurde von einer Splittung der Kosten mit 50 v.H. für Einmalbetrag und 50 v.H. für Kostenanteil in verbrauchsabhängiger Rechnung (Abschreibungsanteil in Gebührenkalkulation) ausgegangen. Weiter wurde bei der Zinsrechnung unterstellt, dass die Gemeinde/VGV Vorausleistungen von den Eigentümern bis zur Höhe des Beitrags anfordert. Zinsen wurden daher nicht angesetzt. Die Satzungslage bzw. Entgeltsatzung ist bei einer genauen Satzungslage zu berücksichtigen.

5. Bei Baumaßnahmen wurden eventuell Landeszuschüsse (z.B. KIGA-Programm) nicht berücksichtigt, da diese in beiden Modellen anfallen. Sie würden somit zu einer analogen Reduzierung führen. Allerdings ist dabei zu berücksichtigen, dass grundsätzlich kein Förderungsanspruch besteht. Wegen der Haushaltslage ist eine Aussage zu Fördermöglichkeiten nur bedingt möglich.

6. Da gemäß § 170 BauGB bei Entwicklungsmaßnahmen grundsätzlich die Ausgaben aus den Einnahmen finanziert werden sollen, wurde ein Förderansatz nicht ausgewiesen. Eine Förderung würde im Ergebnis zu einer Kostenreduzierung und damit zu einem niedrigeren Kostenpreis für den Verkauf führen.

7. Ein Ansatz unter Position 2.1.2 wurde nicht vorgenommen, da dieser nur ungenau zu ermitteln ist. Allerdings zeigt die Unzahl von Verwaltungsgerichtsverfahren in Erschließungsbeitragsverfahren, dass hier relative Rechtsunsicherheit besteht. Als Merkposten wurde nur eine Textstelle eingesetzt.

Quelle: Heimstätte Rheinland-Pfalz GmbH; nach *Toman, D.*: Bundesverband der Landentwicklungsgesellschaften 1997/4 = GuG 1998, 110

2.5.3 Umlegungsgebiete

▶ *Vgl. Teil VI Rn. 773 ff.*

69 Eine Beteiligung der Eigentümer an den Kosten der Baulandentwicklung findet darüber hinaus in städtebaulichen Sanierungs- und Entwicklungsgebieten und in Umlegungsgebieten statt. Bei Durchführung eines **amtlichen Umlegungsverfahrens nach den §§ 45 ff. BauGB** beschränkt sich die Beteiligung allerdings auf die umlegungsbedingte Bodenwerterhöhung. Die umlegungsbedingte Bodenwerterhöhung wird von der Gemeinde mit der Ausgleichsleistung nach § 64 BauGB auf der Grundlage des Umlegungsplans geltend gemacht. Bei residueller Ermittlung des Einwurfswerts in einem Umlegungsverfahren werden entsprechend den vorstehenden Ausführungen die Kosten der Bodenordnung (Vermessungs-, Notar- und Grundbuchkosten) in Abzug gebracht.

70 Die Bodenordnungskosten, die im Falle einer amtlichen Umlegung nach den §§ 45 ff. BauGB als Umlegungsvorteil „abschöpfungsfähig“ sind, müssen auch im Falle der **privaten Bodenordnung** (freiwillige Umlegung) als eine den Eigentümer belastende Kostenposition in Abzug gebracht werden. Für den Eigentümer besteht insoweit kein wirtschaftlicher Unterschied. Freiwillige Umlegungsmaßnahmen werden in aller Regel im Zusammenwirken mit der Gemeinde, die zu diesem Zweck den Bebauungsplan beschließen muss, auf der Grundlage eines städtebaulichen Vertrags durchgeführt. Dabei werden den beteiligten Eigentümern vielfach zusätzliche Leistungen abverlangt, deren Kosten wiederum in Abzug gebracht werden müssen.

2.6 Wartezeit (Vorhaltekosten)

2.6.1 Allgemeines

▶ *§ 3 ImmoWertV Rn. 151 ff.; Syst. Darst. des Vergleichswertverfahrens Rn. 206; 425 ff.; § 11 ImmoWertV Rn. 26; § 40 ImmoWertV Rn. 15, 153 ff.*

Im *vierten Schritt* sind die sog. **Vorhaltekosten** zu berücksichtigen. Darunter sind die Kosten zu verstehen, die dem Eigentümer für die Vorhaltung der Grundstücke über den Entwicklungszeitraum entstehen. 71

Der Verkehrswert des erschließungsbeitragsfreien baureifen Landes (Ausgangswert) unter Abzug der Kosten für die örtlichen Erschließungsanlagen (in Höhe des Erschließungsausbaubeitrags) sowie der vom Investor zu tragenden Kosten der Infrastruktur und Bodenordnung (ggf. entsprechend den Vereinbarungen des städtebaulichen Vertrags) garantiert dem Investor eine kostendeckende Entwicklung des Gebiets. Der Investor kann den zum Ansatz kommenden Verkehrswert allerdings erst nach der Entwicklung realisieren. Der Grunderwerb für die zu entwickelnde (Brutto-)Fläche steht dagegen am Anfang der Maßnahme. Zur Berücksichtigung der Vorhaltekosten wird der um die Erschließungs-, Infrastruktur- und Bodenordnungskosten verminderte Ausgangswert über die Dauer der Entwicklung abgezinst (vgl. Abb. 8). 72

Abb. 8: Abzinsung des Ausgangswerts

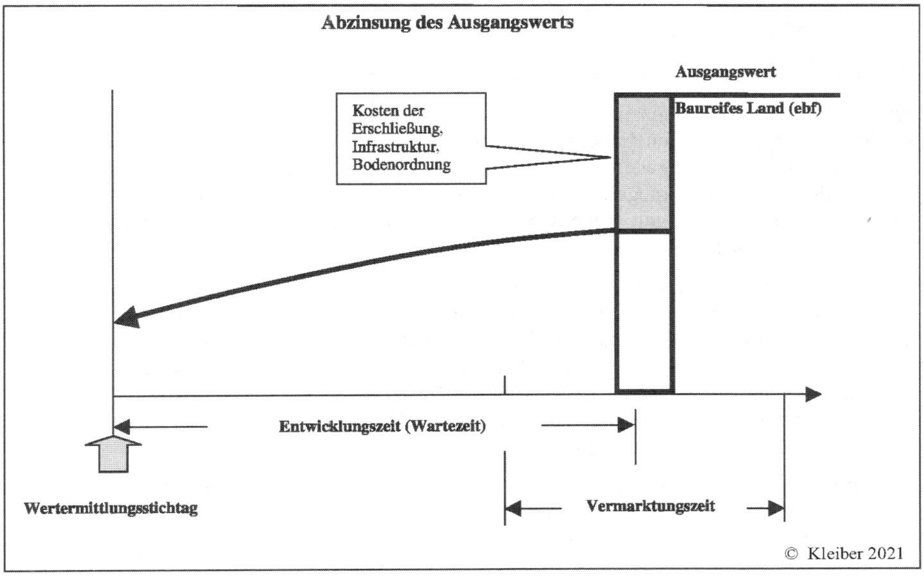

Zur Vereinfachung wird üblicherweise unterstellt, dass sich die nach den Preisverhältnissen des Wertermittlungsstichtags angesetzten Kosten der Erschließung, Infrastruktur und Bodenordnung über die Dauer der Maßnahme nicht ändern. Tatsächlich muss i.d.R. jedoch mit Kostensteigerungen gerechnet werden. Umgekehrt entstehen diese Kosten erst im Verlauf der Maßnahme, sodass sie nur in diskontierter Höhe zu berücksichtigen wären, sodass sich diese Einflüsse kompensieren und nicht berücksichtigt zu werden brauchen. 73

Der **Abzinsungsfaktor AF** $=1/ q^n = q^{-n}$ bestimmt sich in Abhängigkeit vom Abzinsungszinssatz und der Wartezeit. 74

2.6.2 Voraussichtliche Dauer der Entwicklung

75 Die **Abschätzung der Wartezeit bis zum Eintritt der für die Zulässigkeit einer baulichen Nutzung erforderlichen rechtlichen und tatsächlichen Voraussetzungen** erfordert vom Sachverständigen viel Einfühlungsvermögen in den „Baulandproduktionsprozess" und eingehende Kenntnisse der bodenrechtlichen Zusammenhänge, wobei spekulativen Erwägungen keinen Eingang in die Betrachtung finden dürfen. Der „Baulandproduktionsprozess" ist – angefangen von den ersten Überlegungen, eine „grüne Wiese" oder Brachfläche für eine bauliche oder sonstige Nutzung aufzubereiten, über die Aufstellung des Bebauungsplans, die Erschließung und Bodenordnung bis hin zum Verkauf des fertigen Bauplatzes – häufig langwierig und scheitert auch schon einmal. Bei Baulanderschließungen auf der Grundlage städtebaulicher Verträge sind jedoch zeitlich enge Grenzen zu setzen, denn mit dem städtebaulichen Vertrag lässt sich auch eine zügige Bereitstellung gemeindlicher Vorleistungen, insbesondere der Bebauungsplan, ausbedingen.

76 Eine zusätzliche Berücksichtigung der **Vermarktungszeit der baureifen Grundstücke** bleibt dagegen problematisch, weil bereits vor Abschluss der Gesamtmaßnahme Teilflächen erschlossen sind und die Vermarktung schon frühzeitig beginnen kann. Andere Teilflächen mögen dagegen erst nach Abschluss der Entwicklung vermarktungsfähig sein, sodass sich wirtschaftliche Nachteile einer „nachhinkenden" Vermarktung mit den Vorteilen einer vorgezogenen Vermarktung kompensieren.

2.6.3 Abzinsungszinssatz

▶ *§ 21 ImmoWertV Rn. 3 ff.; Syst. Darst. des Vergleichswertverfahrens Rn. 425 ff.*

77 Ein bestimmter Abzinsungszinssatz, mit dem der Verkehrswert des erschließungsbeitragspflichtigen (ebpf) baureifen Landes – Ausgangswert für die Ermittlung des warteständigen Baulandwerts – über die jeweilige Wartezeit abzuzinsen ist, kann mit dem Anspruch der Allgemeingültigkeit nicht vorgegeben werden. Aus theoretischer Sicht müsste der **Abzinsungszinssatz aus den jeweiligen Verhältnissen des örtlichen Grundstücksmarktes** und des Wertermittlungsobjekts abgeleitet werden.

78 Hierfür bedürfte es eingehender Analysen des Grundstücksmarktes, um aus dem Wertverhältnis von Vergleichspreisen für warteständiges Bauland zu Vergleichspreisen für erschließungsbeitragsfreies (ebf) baureifes Land die Verzinsung zu ermitteln. Solche Untersuchungen stehen zurzeit nicht zur Verfügung, jedoch könnte hilfsweise **aus einzelnen zur Verfügung stehenden Vergleichspreisen für werdendes Bauland finanzmathematisch der Abzinsungszinssatz ermittelt** werden. Dafür bedarf es der Kenntnis der Wartezeit (bis zur Baureife) der zum Vergleich herangezogenen Grundstücke.

79 Als Ertrag eines unbebauten Grundstücks könnte allenfalls der **Wertzuwachs eines Grundstücks** angesehen werden, der dem Grundstück realiter (inflationsbereinigt) zuwächst. Die Erfahrung lehrt, dass solche Wertzuwächse entgegen landläufigen Meinungen vielfach recht gering ausfallen, wenn man von Wertzuwächsen aufgrund von Qualitätsverbesserungen absieht. Bei warteständigem Bauland, um das es hier geht, ist ein solcher Wertzuwachs vielfach von der Wartezeit bis zur höherwertigen Nutzung abhängig, d.h., bei sehr langer Wartezeit wird regelmäßig ein geringer jährlicher Wertzuwachs und damit auch ein kleiner Abzinsungszinssatz zu verzeichnen sein; bei kurzer Wartezeit können sich höhere jährliche Wertzuwächse einstellen.

80 *Beispiel:*

– Es steht als Vergleichspreis für werdendes Bauland ein Vergleichsobjekt zur Verfügung, das eine Wartezeit von 7 Jahren bis zum Erreichen der Entwicklungsstufe „baureifes Land" aufweist.	225 €/m²
– Der Vergleichspreis für „baureifes Land" erschließungsbeitragspflichtig (ebpf) beläuft sich auf	300 €/m²

Die Wartezeit zur Abzinsung des herangezogenen Vergleichsgrundstücks bemisst sich nach dem Zeitraum, der

- einerseits vom Zeitpunkt des Kaufvertrags und
- andererseits durch den Zeitpunkt begrenzt wird, zu dem seinerzeit der Eintritt der rechtlichen und tatsächlichen Voraussetzungen für die Zulässigkeit der baulichen Nutzung erwartet wurde.

Ermittlung des Abzinsungszinssatzes p:

$$p_{\%} = 100 \sqrt[n]{\frac{(Bodenwert_{baureif/ebpf} - 1}{Bodenwert_{Wartezeit}}}$$

wobei n = Wartezeit

$$p_{\%} = 100 \left(\sqrt[7]{\frac{300}{225}} - 1 \right) = 4{,}2\,\%$$

Mithilfe solcher Abzinsungszinssätze lässt sich der Bodenwert wartständigen Baulands unter **81**
Berücksichtigung der jeweiligen Wartezeit nach folgender Formel ableiten:

$$Bodenwert_{Wartest\ddot{a}ndiges\ Bauland} = Bodenwert_{baureif\ (ebpf)} \times AF_n$$

wobei

AF	= Abzinsungsfaktor
q	= (1 + p / 100)
p	= Abzinsungszinssatz
n	= Wartezeit

Beispiel: **82**

Es soll nunmehr der Verkehrswert einer Bruttobaulandfläche ermittelt werden, die eine Wartezeit von vier Jahren aufweist.

Als Vergleichswert wird wiederum der zur Verfügung stehende Vergleichspreis von 300 €/m² für erschließungsbeitragspflichtiges (ebp) baureifes Land herangezogen:

Wartezeit n	=	4 Jahre
Vergleichspreis (ebpf)	=	300 €/m²
Abzinsungszinssatz	=	4 %
Bodenwert = 300 €/m² ×(1 + 4/100)$^{-4}$	=	**256€/m²**

In der Praxis scheitert die Ableitung eines empirischen Abzinsungszinssatzes in aller Regel **83**
bereits an geeigneten Vergleichspreisen. Die Praxis bedient sich ersatzweise des objektspezifischen örtlichen **Liegenschaftszinssatzes als Abzinsungszinssatz**[25]. Dies ist in einer Reihe von Verwandtschaften begründet, die der Liegenschaftszinssatz mit dem Abzinsungszinssatz aufweist:

- Der Grundstücksmarkt geht bei einem Erwerb wartständigen Baulands in aller Regel von einem **Wertzuwachs** im Verlauf der Wartezeit aus. Des Weiteren wird wie bei einem be-

25 Gablenz, Grundstücks-Wertermittlung, Verlag Bauwesen Bln. 1999, S. 291.

reits bebauten Objekt erwartet, dass – zeitlich versetzt – später auch die Mieterträge steigen werden.

- Der Grundstücksmarkt betrachtet auch den Erwerb wartestandigen Baulands als eine krisenfeste **Sachgutanlage**, die eine geringere als die bankenübliche Verzinsung des investierten Kapitals rechtfertigt. Inflationäre Entwicklungen wirken sich demzufolge gleichartig auf Liegenschafts- und Abzinsungszinssatz aus.
- Der Grundstücksmarkt kann in vielen Fällen – ersatzweise zu der bankenüblichen Verzinsung des eingesetzten Kapitals – auch mit direkten und indirekten Förderungen „rechnen". Dabei stehen nicht nur die i.d.R. erst mit der Bebauung gewährten steuerlichen Vorteile im Vordergrund, sondern häufig auch die mit der Baulanderschließung gewährten **Förderungen.** So wurden im Zeitraum von 1991 bis 1997 insgesamt rd. 16 Milliarden € im Rahmen der Gemeinschaftsaufgabe „Verbesserung der regionalen Wirtschaftsstruktur" (GA-Mittel) für infrastrukturelle Maßnahmen gewährt. Daneben bestehen zahlreiche Förderungsprogramme (KfW-Infrastrukturprogramm; Fördermittel der EU (EFRE), Konversionsprogramme, KONVERS- und URBAN-Programm und vieles mehr).

84 Die **alternative Heranziehung eines finanzüblichen Zinssatzes als Abzinsungszinssatz** schlägt im Übrigen nur unwesentlich auf das Ergebnis durch, ohne dass diesem eine höhere Überzeugungskraft beizumessen wäre. In diesem Fall müsste nämlich davon ausgegangen werden, dass der nach den allgemeinen Wertverhältnissen des Wertermittlungsstichtags angesetzte Ausgangswert des baureifen Landes (ebf) sich nach der Entwicklung unter dem Einfluss von Kaufkraftänderungen in der Entwicklungszeit ebenfalls fortentwickelt, wobei regelmäßig mit einem Anstieg zu rechnen ist. Demzufolge müsste zunächst der Ausgangswert unter Berücksichtigung der prognostizierten Wertentwicklung auf das bis zur Baureife eingetretene Wertniveau umgerechnet werden, um dann den fortgeschriebenen Ausgangswert mit dem finanzüblichen Abzinsungszinssatz auf den Wertermittlungsstichtag wieder abzuzinsen (vgl. Abb. 9).

Abb. 9: Verwendung finanzüblicher Abzinsungszinssätze

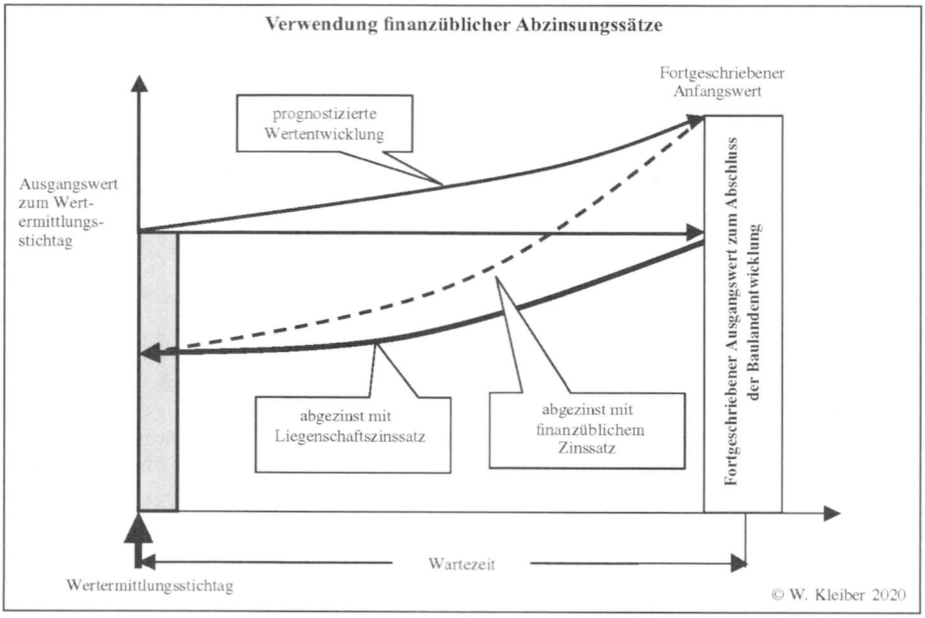

Bei alledem ist empirisch belegbar, dass im gewöhnlichen Geschäftsverkehr bei der Ableitung des Verkehrswerts wartständigen Baulands aus Vergleichspreisen baureifen Landes der Grundstücksmarkt nicht auf der Grundlage bankenüblicher Zinssätze kalkuliert, sondern sich an dem objektspezifischen örtlichen Liegenschaftszinssatz orientieren kann. Dies findet seinen empirischen Nachweis auch darin, dass die **Wertentwicklung wartständigen Baulands von der Entwicklung der Hypothekenzinsen** stets **weitgehend abgekoppelt** war (§ 21 ImmoWertV). Die Heranziehung des Hypothekenzinssatzes als Abzinsungszinssatz würde deshalb zu Ergebnissen führen, die mit dem Geschehen auf dem Grundstücksmarkt unvereinbar sind. Umgekehrt führen Verkehrswertermittlungen auf der Grundlage des Liegenschaftszinssatzes (als Abzinsungszinssatz) regelmäßig zu Kaufabschlüssen (allein im Bereich des Bundes bei einem Veräußerungsvolumen von 50 Mio. € p.a.). Diese Praxis – ob sachlich begründet oder nicht – kann für sich mithin in Anspruch nehmen, der Lage auf dem Grundstücksmarkt zu entsprechen. Insoweit mag sich die Praxis der Verkehrswertermittlung von Grundstücken von der Praxis der Unternehmensbewertung und der Beleihungspraxis unterscheiden. 85

Wenn nämlich bei alledem der Grundstücksmarkt in seinen **Preisbildungsmechanismen für wartständiges Bauland** (z.B. Bauerwartungsland) direkt mit der Entwicklung der Hypothekarzinsen korreliert wäre, so müsste die Preisentwicklung z.B. für Bauerwartungsland dieser folgen. Es kann aber empirisch nachgewiesen werden, dass dem gerade nicht so ist. 86

Vergleicht man nun einmal die Entwicklung der Hypothekenzinsen mit der des Liegenschaftszinssatzes, so stellt man zunächst fest, dass der **Liegenschaftszinssatz** selbst **in einem Zeitraum von 10 Jahren Änderungen ausgesetzt ist, die sich in einem Korridor von einem Prozentpunkt bewegen,** während sich die Hypothekenzinsen in wenigen Jahren verdoppeln bzw. halbieren, ohne dass z.B. der Wert des Bauerwartungslandes ungewöhnliche Preisentwicklungen vollzieht. 87

Würde man nun an Stelle des Liegenschaftszinssatzes den jeweiligen **Hypothekenzinssatz** in die deduktive Ableitung des Bodenwerts einführen, so ergäbe sich für das *Beispiel* unter Rn. 80 als Bauerwartungslandwert 88

a) im Jahre 1982 bei einem Hypothekenzinssatz von rd. 11,6 %

b) im Jahre 1987 bei einem Hypothekenzinssatz von rd. 6,0 %

BW = rd. 75,00 €/m²

BW = rd. 88,50 €/m²

Exkurs: 89

Bei Heranziehung banküblicher Zinssätze wäre mindestens zu fordern, dass die Inflationsrate berücksichtigt wird. Näherungsweise könnte der Inflationsrate dadurch Rechnung getragen werden, dass der nominelle bankenübliche Zinssatz r_{nom} um die Inflationsrate i vermindert wird:

Faustformel:

$$r_{real} = (r_{nom} - i)$$

Beispiel:

r_{nom}	= 7 %
i	= 2 %
r_{real}	= 5 % (approx.)

Die Faustformel ist nur im Falle niedriger Inflationsraten für die Umrechnung geeignet. Die exakte Umrechnungsformel lautet:

$(1 + r_{nom}) = (1 + r_{real})\ (1 + i)$

$$r_{real} = (r_{nom} - i)/(1+i)$$

Beispiel:

r_{real} =(7 – 2)/(1 + 0,02) = **4,902 %** (exakt)

90 **Die Verwendung bankenüblicher Finanzierungszinssätze** ist bei alledem **abzulehnen.** Der Eigentümer z.B. einer Bauerwartungslandfläche erwartet gerade nicht die bankenübliche Verzinsung. Vielmehr werden Grundstücke vielfach aus einer inneren Verbundenheit und als krisensicheres Sachgut unter Verzicht auf eine bankenübliche Verzinsung des darin investierten Kapitals gehalten. Würde auf dem Grundstücksmarkt eine bankenübliche Verzinsung in Form eines entsprechenden Wertzuwachses erwartet werden, so müssten im großen Umfange solche Flächen zum Verkauf gestellt werden, weil die Erlöse – bankenüblich angelegt – i.d.R. eine weitaus höhere Verzinsung erbringen und auch steuerliche Privilegien des Grundbesitzes dies nicht aufwiegen. Eine Abzinsung auf der Grundlage bankenüblicher Zinsen verbietet sich deshalb, wenn es um den Verkehrswert geht.

91 Etwas anderes kann im Rahmen von **Investitionsrechnungen** gelten, wenn es nicht um die Ermittlung des Verkehrswerts geht. Der **Ansatz bankenüblicher Finanzierungszinssätze** mit der Begründung, dass im Falle einer Fremdfinanzierung die Vorhaltung warteständigen Baulands entsprechend finanziert werden müsse, kann auch nicht überzeugen. Dies **könnte** nämlich **gleichermaßen für den Fall des Erwerbs eines bebauten Ertragsobjekts geltend gemacht werden**, für den i.d.R. ebenfalls Fremdmittel aufgenommen werden. Gleichwohl ist im Rahmen der Verkehrswertermittlung nach den Grundsätzen des Ertragswertverfahrens hier nicht ernsthaft die Verwendung bankenüblicher Zinssätze gefordert worden.

2.7 Unentgeltliche Flächenbereitstellung

2.7.1 Allgemeines

92 Im *fünften Schritt* werden die Kosten berücksichtigt, die mit der unentgeltlichen Bereitstellung der erforderlichen Flächen für die örtlichen Erschließungsanlagen, die Infrastrukturmaßnahmen, die naturschutzrechtlichen Ausgleichsflächen und ggf. für sonstige unentgeltlich bereitzustellende Flächen (z.B. für Maßnahmen der sozialen Wohnraumförderung) verbunden sind. Der **Umfang der unentgeltlich bereitzustellenden Flächen** kann im Einzelfall recht unterschiedlich sein und ist möglichst auf der Grundlage von formellen Planungen (Bebauungsplan) und ggf. des städtebaulichen Vertrags zu ermitteln.

93 Kann der Umfang der unentgeltlich bereitzustellenden Flächen nach dem Stand der Maßnahme nicht genau ermittelt werden, so bleibt nur die **Schätzung mit den damit verbundenen Unsicherheiten.** Im Gutachten sollte darauf ausdrücklich hingewiesen werden.

94 Als **Anhalt für die örtlichen Erschließungsflächen sowie die naturschutzrechtlichen Ausgleichsflächen** kann eine Umfrage des Deutschen Städtetags aus dem Jahre 1997[26] dienen. Danach beträgt der **durchschnittliche Flächenabzug in Umlegungsgebieten** (mit steigender Tendenz) in

Wohngebieten	ohne naturschutzrechtliche Ausgleichsflächen	rd. 21,0 %
	mit naturschutzrechtlichen Ausgleichsflächen	rd. 28,0 %
Gewerbegebieten	ohne naturschutzrechtliche Ausgleichsflächen	rd. 17,5 %
	mit naturschutzrechtlichen Ausgleichsflächen	rd. 24,0 %

95 Der **naturschutzrechtliche Ausgleichsflächenbedarf**, der bezogen auf Umlegungsgebiete rd. 6 bis 7 % nach dieser Untersuchung ausmacht, dürfte aber tatsächlich höher ausfallen, weil wohl weitere Flächen außerhalb des Umlegungsgebiets bereitgestellt werden.

26 Umdruck DST M 4801 vom 13.03.1997.

Im Rahmen der von der Landeshauptstadt *München* beschlossenen Grundsätze der „Sozialen Bodennutzung“ (SoBoN)und der hierzu erlassenen Richtlinie für die inhaltliche und verfahrensmäßige Umsetzung wird neben sonstigen Leistungen die unentgeltliche und kostenfreie Flächenabtretung für im Plangebiet vorgesehene Erschließungsanlagen (Grün- und Verkehrsflächen, Immissionsschutzanlagen und dgl.) für Gemeinbedarfsnutzungen und für den naturschutzrechtlich gebotenen Ausgleich verlangt, soweit diese Flächen nicht bei den Planungsbegünstigten verbleiben sollen; ggf. ist der Erwerbsaufwand zu erstatten. **96**

2.7.2 Rechenschritte

Rechnerisch erfolgt die Berücksichtigung der unentgeltlichen Flächenbereitstellung in einem komplexen Rechenschritt ohne Unterscheidung nach den Flächenarten, indem der sich für die Nettobaulandfläche ergebende Gesamtwert – bezogen auf die Wertverhältnisse des Wertermittlungsstichtags – auf die Bruttobaulandfläche verteilt wird. Der zuvor auf den Quadratmeter der Nettobaulandfläche ermittelte Bodenwert wird dazu mit der Nettobaulandfläche multipliziert. Das Produkt wird sodann um die mit der Baulanderschließung verbundenen Nebenkosten (Grundstückstransaktionskosten, Unternehmergewinn und -wagnis) vermindert und das Ergebnis durch die Bruttobaulandfläche geteilt. **97**

Schema: **98**

	BW/m² (ebf) baureifes Land
–	Erschließungsausbaubeitrag/m²
–	Infrastrukturkosten/m²
=	geminderter BW/m²
×	Abzinsungsfaktor (q^{-n})
=	abgezinster BW/m²
×	Nettobaulandfläche1
=	Bodenwert der Nettobaulandfläche insgesamt
–	Nebenkosten
–	(Grundstückstransaktionskosten, Unternehmergewinn)
=	$BW_{nebenkostenvermindert}$ der Nettobaulandfläche
=	$BW_{nebenkostenvermindert}$ der Bruttobaulandfläche
=	BW/m² der Bruttobaulandfläche

Rechnerisch vollzieht sich damit der Übergang von der Nettobaulandfläche auf die Bruttobaulandfläche.

2.8 Nebenkosten (Grundstückstransaktionskosten, Unternehmergewinn und Realisierungsrisiko)

2.8.1 Grundstückstransaktionskosten

▶ *Vgl. Vorbem. zur ImmoWertV Rn. 43 ff.*

Grundstückstransaktionskosten, die regelmäßig vom Käufer getragen werden, beeinflussen im Allgemeinen den Verkehrswert eines Grundstücks. **Bei Anwendung der klassischen Wertermittlungsverfahren (Vergleichs-, Ertrags- und Sachwertverfahren)** können die Grundstückstransaktionskosten gleichwohl **unbeachtlich** bleiben, weil ihr Einfluss bereits mit den in die Wertermittlung eingehenden Parametern erfasst wird. **99**

100 **Bei Anwendung des Extraktionsverfahrens (Residualwertverfahrens)** finden die Grundstückstransaktionskosten zunächst bereits mit dem angesetzten Ausgangswert (Bodenwert des erschließungsbeitragsfreien Baulands) ihre Berücksichtigung. Dieser wird nämlich aus Vergleichspreisen abgeleitet und wurde bereits bei dem Grundstückserwerb vom Käufer mit dem gezahlten Kaufpreis (indirekt) berücksichtigt. Da das Extraktionsverfahren (Residualwertverfahren) in aller Regel in solchen Fällen zur Anwendung kommt, in denen im Zuge der Entwicklung des zu bewertenden Gebiets ein zusätzlicher Zwischenerwerb erforderlich wird, **stellen die** dabei anfallenden **Grunderwerbskosten eine zusätzlich auftretende unvermeidliche Kostengröße** dar, die mit dem Verkauf der baureif gemachten Grundstücke erwirtschaftet werden muss.

101 Die **Höhe der anzusetzenden Grunderwerbskosten** wird in erster Linie durch die Grunderwerbsteuer, die Vermessungs-, Notariat- und Grundbuchgebühren sowie ggf. die Maklerprovision bestimmt. Die Grunderwerbskosten belaufen sich – je nach Fallgestaltung – auf 5 bis 10 % des um

a) die Erschließungs-, Infrastruktur- und Bodenordnungskosten sowie

b) den Unternehmergewinn ggf. einschließlich des Unternehmerwagnisses

geminderten und auf den Wertermittlungsstichtag abgezinsten Ausgangswerts.

2.8.2 Unternehmergewinn

102 Als eine weitere Kostenposition der Baureifmachung sind schließlich die **Kosten des Entwicklungsträgers (Investors)** zu berücksichtigen. Diese auch als Unternehmergewinn bezeichnete Kostenposition wird in der Praxis mit 10 bis maximal 20 % des um die Erschließungs- und Infrastrukturkosten geminderten und auf den Wertermittlungsstichtag abgezinsten Ausgangswerts angesetzt. Allgemein ist der Vomhundertsatz umso höher anzusetzen, je größer die dem Entwickler (Investor) aufgebürdeten Leistungen sind. Denn der Wert des wartestädigen Baulands vermindert sich in dem Umfang, wie die Kosten der Baureifmachung in den Residualwert „unterwälzt" werden, während die Leistungen des Entwicklers (Investors) gleichzeitig damit anwachsen.

103 Es empfiehlt sich, den **Unternehmergewinn (ggf. einschließlich Risikoabschlag) mit den Grunderwerbskosten** bei der Residualwertermittlung **zusammenzufassen,** denn der Wert des wartestädigen Baulands vermindert sich mit dem Abzug des Unternehmergewinns.

2.8.3 Realisierungsrisiko (Unternehmerwagnis)

104 Unter einem Realisierungsrisiko (Wagnis) ist die aus Ungewissheit und Unsicherheit resultierende **Wahrscheinlichkeit zu verstehen, dass ein Ereignis nicht oder nicht in der erwarteten Ausprägung eintritt.** Im Zusammenhang mit der Verkehrswertermittlung wartestädigen Baulandes steht dabei insbesondere die Erwartung im Vordergrund, dass

a) die Fläche tatsächlich die Baureife mit den erwarteten Nutzungsmöglichkeiten erlangt und

b) der Baulandproduktionsprozess sich in einem bestimmten Zeitraum vollzieht und bestimmte Kosten eingehalten werden können.

105 **Einem Risiko stehen in aller Regel auch (Gewinn-)potenziale gegenüber**[27]. Diese können darin bestehen, dass sich der Baulandproduktionsprozess schneller als erwartet vollzieht, geringere Kosten verursacht und in einer höheren Nutzbarkeit mündet. In der Immobilienbewer-

27 Benthlin, FamRZ 1982, 338; Hildebrand, Systemorientierte Risikoanalyse in der Investitionsplanung, Berlin 1988; Ropeter, Investitionsanalyse für gewerbliche Immobilien, Rudolf Müller 1998, S. 61 ff.; Timm, Das Investitionsrisiko im investitionstheoretischen Ansatz, Berlin 1976; Teichmann, Die Investitionsentscheidung bei Unsicherheiten, Berlin 1970; Müller, Risiko und Ungewissheiten, in E. Wittmann (Hrsg.): HWB, 5. Aufl. Stuttgart 1993; Kupsch, Risikomanagement, in Corstn/Reiß (Hrsg.), Handbuch der Unternehmensführung, Wiesbaden 1995; Maier, K., Risikomanagement im Immobilien- und Finanzwesen Frankfurt am Main 2004, S. 10 ff.

tung wird das Risiko in sachwidriger Weise auf negative Abweichungen von Erwartungswerten reduziert[28].

Risiko und Gewinnpotenzial sind im Übrigen in aller Regel in nicht unerheblichem Maße subjektiv und nicht für jeden gleich. Für den Planungsträger oder denjenigen, der zu diesem eine besondere Nähe hat, ist z.B. das Risiko eines sich hinziehenden Planungsprozesses geringer als für denjenigen, der gegen den Planungsträger agiert. 106

Anders als bei der Unternehmensbewertung ist es in der Praxis der Verkehrswertermittlung von wartständigem Bauland nicht üblich, das mit der Baulandentwicklung verbundene Risiko durch einen zusätzlichen **Risikozuschlag am Abzinsungszinssatz** zu berücksichtigen. Die sog. „Ergebniszuschlagsmethode" (Sicherheitsäquivalenzmethode) ist im Vergleich zur „Zinszuschlagsmethode" (Risikozuschlagsmethode) klarer und deutlicher[29]. Es kommt hinzu, dass mit dem Rückgriff auf den Liegenschaftszinssatz ohnehin das objektspezifische Risiko in ortsüblicher Weise mitberücksichtigt wird. Diesbezüglich erscheint es vielmehr sachgerecht, ein noch verbleibendes bestehendes Risiko mit einer entsprechend „dimensionierten" Wartezeit zu berücksichtigen. In diesem Fall ist es unzulässig, das Ergebnis der Verkehrswertermittlung mit einem zusätzlichen Risikoabschlag zu „belegen". Dies liefe auf eine **Doppelberücksichtigung** eines bestehenden Risikos hinaus. Wenn darüber hinaus dann noch der Abzinsungszinssatz um einen Risikozuschlag erhöht würde, wäre das Risiko sogar dreifach berücksichtigt. Zur Verdeutlichung wird auf die nachfolgende Abbildung verwiesen. Der unter lit a vorgestellten Vorgehensweise ist – wenn tatsächlich ein Realisierungsrisiko bestehen sollte – der Vorzug zu geben (Abb. 10): 107

28 Siepe, Wpg 1998, 325.
29 Günther, R. in FB 2004, 204.

Abb. 10: Berücksichtigung des Risikos bei der Abzinsung

Berücksichtigung des Risikos bei der Abzinsung

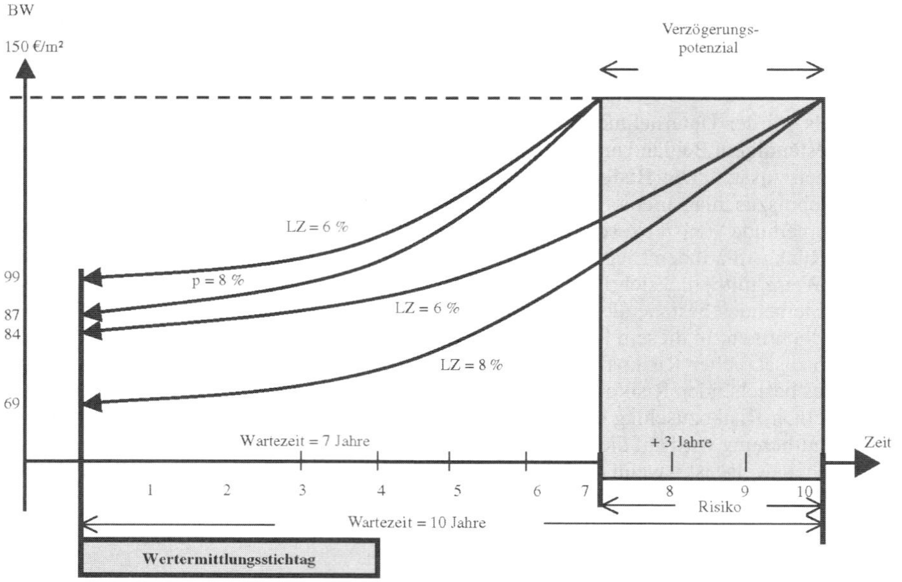

Bodenwert (ebpf) des baureifen Landes (Endwert)	= 150 €/m²
Wartezeit bei zügiger Baulanderschließung	= 7 Jahre
Verwirklichungsrisiko (Verzögerungen)	= 3 Jahre

Abzinsungszinssatz

– ohne Risikozuschlag	= 6 %
– mit Risikozuschlag	= 8 %

Bodenwert

a) bei Wartezeit von 10 Jahren und p = 8 %	**= 69 €/m²**
b) bei Wartezeit von 10 Jahren und p = 6 %	**= 84 €/m²**
c) bei Wartezeit von 7 Jahren und p = 8 %	**= 87 €/m²**
d) bei Wartezeit von 7 Jahren und p = 6 %	**= 99 €/m²**

Anmerkung
Wird zusätzlich zu einer „großzügig" angesetzten Wartezeit *und* einem Risikozuschlag zum Abzinsungszinssatz auch noch ein Risikoabschlag an das Gesamtergebnis angebracht, so führt dies zu einer *dreifachen* Berücksichtigung des Risikos!

108 Bei alledem ist sorgsam zu prüfen, ob tatsächlich ein Realisierungsrisiko (Wagnis) besteht[30]. Muss das bejaht werden, kann dies wertermittlungstechnisch am sichersten durch Abschätzung der Zeitspanne erfasst werden, um die sich die Realisierung der Baulanderschließung verzögern kann (im *Beispiel*: 3 Jahre). Allgemein kann hierzu festgestellt werden, dass ein solches **Risiko umso geringer ist, je exponierter die Fläche ist**, da die planende Gemeinde ein umso höheres Interesse an der Baulandentwicklung hat, je größer der Entwicklungsdruck aufgrund der städtebaulichen Gesamtsituation ist.

30 Ungewissheit erwächst aus der Unkenntnis zufälliger Entwicklungen, aber auch Störimpulsen sowie aus der begrenzten Kenntnis tatsächlicher Wirkungszusammenhänge. Die mit Irrtumsgefahren behafteten prognostizierten Erwartungen können sich positiv oder negativ entwickeln. Der Risikobegriff umfasst deshalb sowohl die Möglichkeit des von der Prognose abweichenden Wertverlustes als auch des Wertgewinns.

2.9 Sonstige abweichende Grundstücksmerkmale

Bei **Anwendung des Vergleichswertverfahrens auf bebaute Grundstücke** sind des Weiteren die unter Rn. 174 genannten abweichenden Grundstücksmerkmale auf der Grundlage der in § 8 ImmoWertV gegebenen Erläuterungen ergänzend zu berücksichtigen. **109**

3 Extraktionsverfahren (Residualwertverfahren) auf der Grundlage bebauter und bebaubarer Grundstücke

3.1 Allgemeines

Das vorstehend im Zusammenhang mit der Verkehrswertermittlung von wartesständigem Bauland vorgestellte Extraktionsverfahren (Residualwertverfahren) findet auch auf die Ermittlung von baureifem Land Anwendung. Dies betrifft insbesondere **Grundstücke, für die im Hinblick auf ihre besonderen Eigenschaften keine Vergleichspreise zur Verfügung stehen.** Es kann sich hierbei um besonders hochwertige Grundstücke in den Innenstadtlagen mit solitären Eigenschaften, aber auch um baureife Grundstücke handeln, deren wirtschaftlicher Gebrauch eine kostenintensive Umnutzung erfordert. **110**

Wie einleitend bereits ausgeführt, handelt es sich um ein sehr altes und seit jeher **problembehaftetes Verfahren,** mit dem man sich gerade in Bezug auf seine Anwendung auf baureife Grundstücke kritisch auseinandergesetzt hat. **111**

Das Extraktionsverfahren (Residualwertverfahren, auch Restwertmethode) findet bei der Ermittlung des tragbaren Preises für unbebaute und bebaute Grundstücke einschließlich der zum Abriss oder zum Umbau anstehenden bebauten Grundstücke Anwendung. Das Verfahren beruht auf **Investitionsüberlegungen** und ist darauf gerichtet, als investitionsverträglichen Wert eines zur Entwicklung (*development*) anstehenden Grundstücks den Preis zu ermitteln, den ein Investor im Hinblick auf **112**

- eine angemessene Rendite oder
- einen erzielbaren Veräußerungserlös (Verkehrswert nach vollzogener Entwicklung des Grundstücks)

tragen kann[31]. Dies erfolgt auf der Grundlage einer fiktiven Bebauung des Grundstücks oder eines fiktiven Umbaus des vorhandenen Gebäudes sowie der dafür aufzubringenden Investitionskosten einschließlich eines angemessenen Unternehmergewinns.

Es handelt sich damit i.d.R. um eine **Szenariobewertung**, bei der das Ergebnis von dem der Wertermittlung zugrunde gelegten Szenarios abhängt.

Dementsprechend kommt das Extraktionsverfahren (Residualwertverfahren) insbesondere in folgenden Fällen zur **Anwendung:** **113**

a) beim Grunderwerb zur Ermittlung des höchsten für einen Investor noch tragbaren Ankaufspreises *(maximum oder best use value);*

b) zur Berechnung der Rentabilität der Bebauung eines im Eigentum des Investors bereits befindlichen Grundstücks, wobei hierbei aber ein Grundstückswert (z.B. der Erwerbspreis) in das Verfahren eingeführt werden muss;

c) zur Berechnung der höchsten noch tragfähigen Baukosten, wenn sich das Grundstück bereits im Eigentum eines Investors befindet und die wirtschaftliche Verwertungsfähigkeit des Grundstücks nach seiner Bebauung bekannt ist[32].

31 Kleiber, Der Städtetag 1989, 579.
32 Darlow, Valuation and Development Appraisal, Estates Gazette 1982.

114 Der für den Investor in erster Linie bedeutsame Fall der **Ermittlung von Ankaufpreisen** für die **vor einer baulichen Entwicklung** (Neubebauung oder Umnutzung einer bestehenden Bebauung) stehenden Immobilie wird als Residuum aus dem potenziellen Erlös bei anschließender Veräußerung der Immobilie und den investierten Kosten ermittelt.

115 Das vornehmlich als Grundlage für Investitionsentscheidungen entwickelte Modell des Extraktionsverfahrens (Residualwertverfahrens) kann für die Verkehrswertermittlung eine Aussagekraft allenfalls unter der **Prämisse** entwickeln, **dass bei Anwendung des Verfahrens vom Szenario einer harten Konkurrenz um den Erwerb eines Grundstücks ausgegangen wird** und in die Wertermittlung mit „soliden" Parametern gegangen wird, wobei stets eine Situation gegeben sein muss, die auf

- eine Maximierung des Erfolgs in Gestalt eines möglichst hohen Verkehrswerts nach Durchführung der Entwicklung und
- eine Minimierung der dafür investierten Kosten ausgerichtet ist.

116 Umgekehrt kann ausgehend von der Prognose aller Entwicklungskosten einschließlich eines Unternehmergewinns und ggf. eines Risikozuschlags **die erforderliche Monatsmiete** mit Hilfe des Verfahrens abgeleitet werden, um die wirtschaftliche Tragfähigkeit eines Projekts zu überprüfen (sog. *Frontdoor Approach;* vgl. Syst. Darst. des Ertragswertverfahrens Rn. 291 ff.).

117 Das Verfahren zielt nach seinen Grundgedanken darauf ab, sämtliche mit der Realisierung einer Nutzungskonzeption (Projekt) verbundenen Kosten in den Erwerbspreis zu unterwälzen **(Unterwälzungsverfahren)**; die Entwicklungskosten werden quasi in das Residuum „durchgereicht". Das Verfahren kann deshalb auf direktem Wege zum Verkehrswert nur dann führen, wenn im gewöhnlichen Geschäftsverkehr eine Unterwälzung der dem Erwerber künftig entstehenden Entwicklungskosten allgemein akzeptiert wird. Ansonsten ist das Verfahren darauf angelegt, zu dem sich aus der Sicht eines Erwerbers ergebenden Residual*preis* zu führen.

118 Damit ist das Extraktionsverfahren (Residualwertverfahren) darauf angelegt, den höchsten für den Investor noch tragbaren Grundstückswert auf der Grundlage einer vorausschauenden Investitionsrechnung und Verkehrswertabschätzung abzuleiten. Fordert der Veräußerer einen höheren Kaufpreis, muss der erwerbswillige Investor „aussteigen" oder in Kauf nehmen, dass sich sein **Unternehmergewinn** entsprechend verringert oder ihm die Investition sogar Verluste einbringt. Gelingt es einem erwerbswilligen Investor, zu einem niedrigeren Kaufpreisabschluss zukommen, erhöht sich dagegen sein Unternehmergewinn.

119 Das Verfahren stellt insoweit ein **Instrument einer Kosten-Nutzen-Analyse** dar, wobei das höchste erzielbare Residuum die wirtschaftlich intelligenteste Lösung markiert. Als Verfahren zur Ermittlung des Verkehrswerts muss das **Extraktionsverfahren (Residualwertverfahren)** jedoch nach den ihm zugrunde liegenden Mechanismen **versagen, wenn ein solcher Wettbewerb fehlt** und erwerbsseitig die Position „Entwicklungskosten" diktiert werden kann. Durch entsprechend „anspruchsvolle" Vorgaben für das zur Entwicklung anstehende Objekt einerseits und ggf. durch Verzicht auf eine möglichst ertragreiche Nutzung kann unter Anwendung des Extraktionsverfahrens (Residualwertverfahrens) der Preis beliebig zu Lasten des Veräußerers „gedrückt" werden. Eine privilegierte Stellung nehmen dabei die Gemeinden auf Grund ihrer Planungshoheit ein. Diese Stellung lässt sich im Rahmen des Extraktionsverfahrens (Residualwertverfahrens) „instrumentalisieren"[33].

120 Anders stellt sich die Situation dar, wenn das Extraktionsverfahren (Residualwertverfahren) von miteinander konkurrierenden Erwerbern zur Anwendung kommt und ein jeder, im Bestreben, die höchste Kaufofferte unterbreiten zu können, **eine Optimierung des Kosten-Nutzen-Verhältnisses** der Residualwertermittlung zugrunde legt.

33 So auch AK „Wertermittlung" der FK „Kommunales Vermessungs- und Liegenschaftswesen" des Deutschen Städtetags am 17. und 18.10.1996 (L 5307).

121 Die Tatsache, dass dann alle potenziellen Erwerber ihr Kaufangebot unter vorstehenden Gesichtspunkten bemessen, führt zwangsläufig zu dem Ergebnis, dass derjenige das **höchste Kaufangebot** abgibt, **der die wirtschaftlich** „intelligenteste" **Nutzung beabsichtigt** und deren preisgünstige Realisierung antizipiert. I.d.R. wird ein Veräußerer auf das entsprechende Kaufangebot eingehen mit der Folge, dass das höchste (tragbare) Kaufangebot das Geschehen auf dem Grundstücksmarkt bestimmt. Dies kann das Bild der Städte stärker beeinflussen als manche Wunschvorstellungen der Stadtplaner.

3.2 Verfahrensgang

3.2.1 Grundfall

122 Die Anwendung des Extraktionsverfahrens (Residualwertverfahren) auf der Grundlage bebauter und bebaubarer Grundstücke folgt in seiner **Grundform** wiederum der sich aus Abb. 2 ergebenden Gleichung. Ausgangswert ist der auf der **Grundlage einer Nutzungskonzeption** für das Grundstück ermittelte Marktwert eines bebauten Grundstücks. Dieser kann ermittelt werden,

- entweder auf der Grundlage eines fiktiven Ertragswerts
- oder auf der Grundlage eines fiktiven Vergleichswerts.

Der Ausgangswert wird dann im zweiten Schritt um die Bau-, Entwicklungs- und Vermarktungskosten einschließlich eines Unternehmergewinns vermindert.

Der Abzug der Baukosten macht deutlich, dass das **Extraktionsverfahren** (Residualwertverfahren) **letztlich ein Kombinationsverfahren darstellt, bei dem der Ertrags- oder Vergleichswert mit dem Sachwert verquickt wird,** wenn man die Baukosten mit den Normalherstellungskosten zum Ansatz bringt.

123 Statt von einer fundierten Ermittlung des fiktiven Verkehrswerts eines hinreichend genau konkretisierten Projekts wird als Ausgangswert der Extraktion (Residualwertermittlung) vielfach lediglich der erwartete **Veräußerungserlös nach vollendeter Bebauung** des Grundstücks zugrunde gelegt. Dabei kann es sich um eine Neubebauung (ggf. nach vorherigem Abriss einer Altbebauung), aber auch um eine Modernisierung bzw. Umstrukturierung einer bestehenden Bebauung handeln. Dabei kommen in erster Linie die sog. klassischen Wertermittlungsverfahren, d.h. das Vergleichs- und Ertragswertverfahren, zur Anwendung, wobei dem Vergleichswertverfahren wiederum der Vorzug zu geben ist:

- Der Veräußerungserlös nach vollendeter Bebauung *(development)* kann insbesondere **im Wege des Vergleichswertverfahrens** auf der Grundlage von Kaufpreisen für vergleichbare neu erstellte Objekte abgeleitet werden. Beabsichtigt z.B. der Investor die Errichtung von Eigentumswohnungen, so lässt sich der fiktive Veräußerungserlös unter Heranziehung von Vergleichswerten für neu erstellte Eigentumswohnungen (€/Quadratmeter Wohnfläche) ableiten, die nach Lage und Ausstattung der beabsichtigten Bebauung entsprechen. Die Ableitung erfolgt dabei auf der Grundlage der für das Wertermittlungsobjekt bestehenden Baurechte unter Berücksichtigung aller rechtlichen und tatsächlichen Eigenschaften des Grundstücks.
- Bei ertragswertorientierten Objekten kann neben oder an Stelle des nach Vergleichspreisen ermittelten und zu erwartenden Veräußerungserlöses der **Ertragswert** herangezogen werden. Hierauf wird man zurückgreifen, wenn Vergleichspreise nicht zur Verfügung stehen. Da es hierbei um die Ermittlung des Ertragswerts nach erfolgter Neubebauung des Grundstücks geht, ergeben sich hierbei eine Reihe von Vereinfachungen:
  - Als Restnutzungsdauer wird die Gesamtnutzungsdauer (GND) angesetzt.
  - Der Bodenwert wird (bei normal geschnittenen Grundstücken) nicht benötigt, denn bei entsprechend langer Restnutzungsdauer ist der Bodenwert für die Ermittlung des Er-

tragswerts eine zu vernachlässigende Größe (vgl. Syst. Darst. des Ertragswertverfahrens Rn. 66. 72 und 91 ff.). Das Problem der Bodenwertermittlung stellt sich mithin nicht:

$$\text{Ertragswert} = \frac{\text{Reinertrag RE}}{\text{Liegenschaftszinssatz LZ}} \times 100 = \text{Reinertrag} \times \text{KF}$$

wobei KF = Kapitalisierungsfaktor

124 Ausgehend vom Verkehrswert des „Endprodukts“ werden im zweiten Schritt die **Gesamtheit der dafür aufzubringenden Kosten einschließlich der Finanzierungskosten und eines Unternehmergewinns „gegengerechnet“**:

- Grunderwerbskosten einschließlich Grunderwerbsnebenkosten,
- Grundstücksaufbereitungskosten (Erschließungs-, Dekontaminations-, Aufschließungs- und Freilegungskosten usw.),
- Abstandszahlungen,
- Baukosten einschließlich Baunebenkosten,
- Projektmanagementkosten,
- Finanzierungskosten,
- Unternehmergewinn (Gewinnspanne des Projektentwicklers).

125 *Beispiel (Grundfall):*

1. Wertermittlungsobjekt

Unbebautes Grundstück, baureifes Land: Gewerbegebiet mit einer GFZ = 0,6; Grundstücksgröße 2 833 m²

2. Ermittlung des Bodenwerts nach dem sog. Residualwertverfahren (residual valuation)

a) Berechnung der Geschoss- und Nutzfläche

2 833 m² × 0,6	=	1 700 m²
./. 17/100 × 1 700 m²	=	289 m²
Nutzfläche	=	1 411 m²

b) Berechnung des fiktiven Ertragswerts

Bei einem jährlichen Reinertrag von		160 €/m²
und einer Nutzfläche von 1 411 m² ergibt sich: 1 411 m² × 160 €/m²	=	225 760 €
× Kapitalisierungsfaktor *(YearsPurchase)* bei LZ = 6,5 % und einer Restnutzungsdauer n		
von 100 Jahren = 15,36		
Ertragswert im Falle eines Neubaus 15,36 × 225 760 €	=	rd. 3 468 000 €

c) Berechnung der Bau- und Entwicklungskosten *(costsofdevelopment)*

– Baukosten bei Normalherstellungskosten von

1 500 €/m² Nutzfläche:

1 411 m² × 1 500 €/m²	=	2 116 000 €		
– Baunebenkosten: 10 % der Baukosten				
10/100 × 2 116 000 €	=	+ 212 000 €		
Summe:	=	2 328 000 €	→ 2 328 000 €	
– Finanzierungskosten: 13 % p.a. auf 6 Monate (13 % p.a. × 0,5)*			rd. + 151 000 €	
– Vermietungskosten			rd. + 10 000 €	
– Gebühren, Abgaben, Rechtsverfolgung			rd. + 10 000 €	
– Verschiedenes			rd. + 30 000 €	
– Unternehmergewinn** in Höhe von 20 % des Ertragswerts				
0,20 × 3 468 000 €			+ 694 000 €	
= Bau- und Entwicklungskosten			rd. 3 223 000 €	– 3 223 000 €
Residuum (vorläufig)				rd. 245 000 €

* Auf den Zinssatz wird deshalb der Faktor 0,5 angewandt.

** Üblicherweise wird mit einem Unternehmergewinn von 10 – 20 % gerechnet.

3. Berechnung des tragbaren Bodenwerts

Grundstücksfinanzierungskosten auf ein Jahr 13 %

Abzinsung des Residuums über die Finanzierungsdauer

Bodenwert = Residuum × AF_n = $\frac{245\,000\text{ €}}{1{,}13^1}$	**= 216 814 €**
Abzüglich Grunderwerbsnebenkosten von 6 %	= – 13 009 €
= Residuum	= 203 805 €
Entspricht **Bodenwert pro Quadratmeter** Grundstücksfläche 203 805 € : 2 833 m²	**= 72 €/m²**

Die unter Ziff. 3 des vorstehenden Beispiels vorgenommene **Berücksichtigung der Grundstücksfinanzierungskosten** und Rechtskosten (Notariats-, Anwaltskosten und dgl.) stellt eine Erweiterung der Grundgleichung des Extraktionsverfahrens (Residualwertverfahrens) dar, wie es heute üblicherweise praktiziert wird. Damit wird berücksichtigt, dass der als Residuum ermittelte tragbare Bodenwert vorgehalten werden muss. Finanzmathematisch erfolgt die Berücksichtigung der Finanzierungskosten also durch Abzinsung des Residuums über die Zeit der Vorhaltung: 126

Bodenwert = Residuum/AFn

n =	Vorhaltezeit
AF	Abzinsungsfaktor

Im Unterschied zu dem mitunter in der Bundesrepublik Deutschland unter anderer Bezeichnung praktizierten Extraktionsverfahren/Residualwertverfahren (hierzulande auch als **Rest-durch-Abzug-Verfahren** oder als kalkulatorische Grundstückswertermittlung bezeichnet) 127 wird dieses Verfahren im Ausland zumeist auf der Grundlage konkreter Vorstellungen über die künftige Nutzung angewandt, d.h., es liegen zumeist sogar ausführungsreife Baupläne vor.

128 Sie erlauben es, einerseits den künftigen Verkaufswert und andererseits die konkret anfallenden **Bau-, Entwicklungs- und Vermarktungskosten** mit einer vergleichsweise hohen Zuverlässigkeit abzuschätzen. Dies muss man sogar als eine **wesentliche Voraussetzung für die Anwendung des Extraktionsverfahrens** (Residualwertverfahrens) fordern, weil sich sonst die unter Rn. 152 ff. angesprochene Fehlerträchtigkeit dieses Verfahrens nicht in Grenzen halten lässt. Der Investor ist damit zugleich in der Lage, einen zuverlässigen „Fahrplan" für die Realisierung der geplanten Maßnahme aufzustellen. Damit lassen sich die anfallenden Kosten mit einer höheren Genauigkeit abschätzen und in das Berechnungsverfahren einführen.

3.2.2 Verfeinerter Verfahrensgang bei langfristiger Entwicklung

129 Bei Anwendung des Extraktionsverfahrens (Residualwertverfahrens) auf Objekte, deren Entwicklung sich längerfristig hinzieht, wird seitens der Investoren der **Finanzierung** große Beachtung geschenkt.

130 Die **Finanzierung der Bebauung** hat dabei besonderes Gewicht, da die Bebauung bekanntlich weitaus höhere Kosten verursacht als die Bereitstellung des Grundstücks. Deshalb wird bei Anwendung des Extraktionsverfahrens (Residualwertverfahrens) zwischen der Finanzierung der eigentlichen Bebauung des Grundstücks und der Gesamtentwicklung (*development*) unterschieden. Während mit der Abzinsung des Residuums vor allem die Vorhaltung des Grundstücks erfasst wird und diese sich auf die gesamte Entwicklungsdauer erstreckt, fallen die höheren Finanzierungskosten der Bebauung erst in der Bauphase an. Um dies bei der Ermittlung des Residualwerts zu erfassen, stellt man einen Fahrplan für die Gesamtentwicklung auf und berücksichtigt die Finanzierung der Bebauung gesondert (Abb. 11):

Abb. 11: Zeitlicher Ablauf der Entwicklung und Verwertung einer Baumaßnahme (Schema)

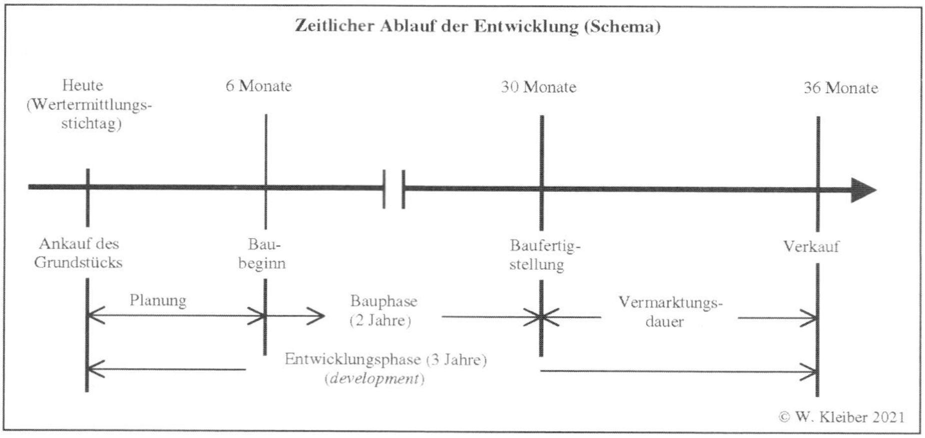

131 Die Finanzierungskosten für die Bebauung des Grundstücks werden den Baukosten zugerechnet. Die **Abzinsungskosten für die Gesamtentwicklung** hingegen, wie bereits ausgeführt, durch Abzinsung des Residuums. Damit ergibt sich als erweiterte Form des Extraktionsverfahrens (Residualwertverfahrens) folgendes Schema (Abb. 12).

Abb. 12: Erweiterte Form des Extraktionsverfahrens (Residualwertverfahrens) bei unterschiedlicher Berücksichtigung der Baufinanzierung und der Finanzierung der Gesamtentwicklung

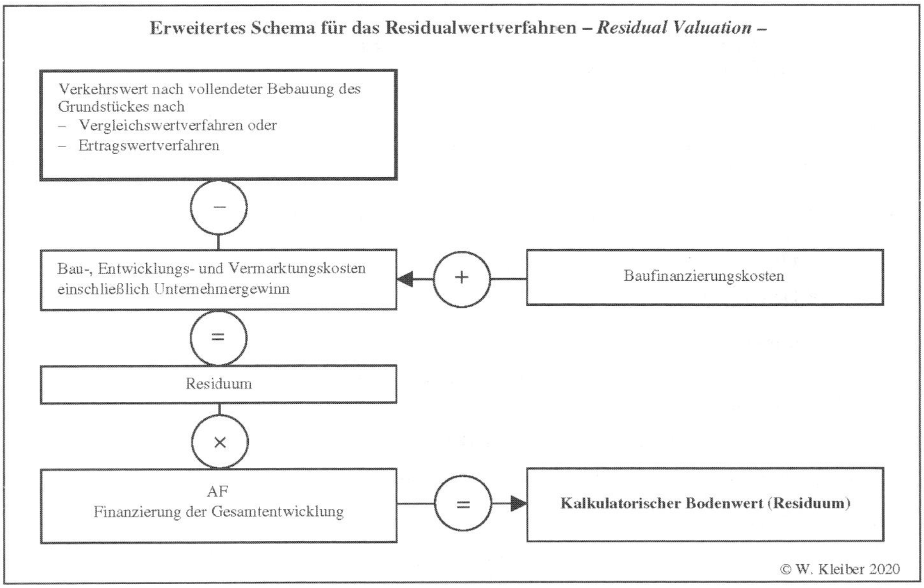

Beispiel 1: 132

Anwendung des Extraktionsverfahrens (Residualwertverfahrens) bei langer Entwicklungsdauer

1. Wertermittlungsobjekt

Unbebautes Baugrundstück am Stadtrand

Gewerbegebiet, zulässige Geschossfläche auf dem Grundstück:	600 m²
Erwartete Gesamtentwicklungszeit *(development):*	3 Jahre
Erwartete Bebauungszeit:	2 Jahre
Erwarteter Jahresreinertrag nach Bebauung:	150 €/m² Nutzfläche

2. Ermittlung des Bodenwerts nach dem Extraktionsverfahren/Residualwertverfahren (residual valuation)

a) Berechnung der Nutzfläche

b)	Geschossfläche:	< 600 m²
	./. 17/100 × 600 m²	< 100 m²
	Nutzfläche	< 500 m²

c) Berechnung des fiktiven Ertragswerts

Bei einem jährlichen Reinertrag von 150 €/m² Nutzfläche ergibt sich: 500 m² × 150 €/m²	=	75 000 €	
× Kapitalisierungsfaktor *(Years Purchase)* bei p = 6,5 % und einer Restnutzungsdauer n von 100 Jahren	=	15,36	
= Ertragswert im Falle eines Neubaus			rd. 1 155 000 €

d) Berechnung der Bau- und Entwicklungskosten *(costs ofdevelopment)*

–	*Baukosten* bei Normalherstellungskosten von 900 €/m² Geschossfläche (einschließlich Baunebenkosten): 900 €/m² × 600 m²	=	540 000 €		
–	Baufinanzierung bei Bauzeit von 2 Jahren und Zinssatz von 14 %: 0,5* × 14 % auf 2 Jahre	=	rd. 75 000 €		
–	Architekten- und Beratungskosten 12,5 % der Baukosten	=	67 500 €		
–	Finanzierungskosten für Architekten und Beratungskosten auf 2 Jahre: 0,5* × 14 % auf 2 Jahre	=	10 000 €		
–	Vermietungskosten 10 % des erwarteten Jahresreinertrags	=	7 500 €		
–	Verschiedenes	=	30 000 €		
–	Unternehmergewinn in Höhe von 15 % des vorläufigen Ertragswerts	=	173 250 €		
=	Bau- und Entwicklungskosten	=	903 250 €	=	– 903 250 €
Residuum (vorläufig)				=	251 750 €

3. Berechnung des tragbaren Bodenwerts

–	Grundstücksfinanzierungskosten für 3 Jahre bei einem Zinssatz von 14 %		
	Bodenwert = Residuum/1,14³ = 251 750 €/0,67497	=	169 924 €
	Abzüglich Grunderwerbsnebenkosten von 6 %	=	– 10 195 €
=	Residuum		159 729 €

* Der Faktor 0,5 wird eingeführt, weil die Kosten erst im Verlauf der Maßnahme, d.h. nicht über die volle Bauphase, entstehen.

Hinweis: Die Grundstücksgröße geht in die Bodenwertermittlung des Grundstücks indirekt über die Geschossfläche ein; bei übergroßen Grundstücken müsste sie gesondert Berücksichtigung finden.

Beispiel 2: 133

a) Es soll ein 10 000 m² großes Grundstück mit einer Geschossfläche von 12 000 m² erworben werden. Die Planung sieht folgende Nutzung vor:

–	Bürofläche		5 000 m²	Nutzfläche (NF)
–	Ladenfläche		2 000 m²	Nutzfläche (NF)
–	Wohnfläche		2 000 m²	Nutzfläche (NF)
	Insgesamt		9 000 m²	Nutzfläche (NF)
+ 25 % von 12 000 m²		=	+ 3 000 m²	
Summe		=	12 000 m²	Geschossfläche (GF)

b) Folgender „Fahrplan" besteht:

Vorlaufzeit	4 Jahre
Bauzeit	+ 2 Jahre
Insgesamt	= 6 Jahre

c) Folgende Finanzierungskosten sowie Wert- und Kostensteigerungen werden erwartet:

–	Finanzierungskosten	10 % p.a.
–	Baukostensteigerung	6 % p.a.
–	Wertsteigerung	4 % p.a.

1. Ertragswert/Verkaufswert (nach Bauzeit)

Nutzung	NF (m²)	Preis (Verkauf)	Insgesamt
Büro	5 000	3 000 €/m²	15 000 000 €
Laden	2 000	4 000 €/m²	8 000 000 €
Wohnen	2 000	2 500 €/m²	5 000 000 €
		Summe	28 000 000 €

Ertragswert/Verkaufswert in 6 Jahren bei 4 % Wertsteigerung

28 000 000 € × $1{,}04^6$ ($q^n = 1{,}26532$) = 35 428 960 €

2. Aufzuwendende Kosten

a) Baukosten

Nutzung	NF (m²)	Baukosten einschließlich Nebenkosten	Insgesamt	
Büro	5 000	1 500 €/m²	7 500 000 €	
Laden	2 000	1 000 €/m²	2 000 000 €	
Wohnen	2 000	1 400 €/m²	2 800 000 €	
		Summe	12 300 000 €	– 12 300 000 €

b)	Kosten in 5 Jahren bei 6 % Baukostensteigerung		
	12 300 000 € × $1{,}06^5$ ($q^n = 1{,}33823$)	=	+ 16 460 229 €
	4 Jahre Vorlaufzeit und bei zweijähriger Bauzeit (× 0,5)	=	5 Jahre
c)	Finanzierungskosten (1 % von 16 460 229 €)		
	1 Jahr bei zweijähriger Bauzeit	=	+ 164 602 €

d)	Vermarktungskosten	=	+ 500 000 €		
e)	Abbruchkosten/Sonstiges	=	+ 2 500 000 €		
	Summe	=	19 624 831 €		
f)	Unternehmergewinn/Wagnis (15 v.H. von 19 624 × 831 €)	=	2 943 725 €		
=	Ertragswert abzüglich Kosten	=	22 568 556 €	=	– 22 568 556 €
				=	12 860 404 €

3. Bodenwertermittlung

Ertragswert (Verkaufswert) abzüglich Kosten	=	12 860 404 €
abgezinst über 6 Jahre bei 10 % Finanzierungskosten 12 860 404 € × 0,56447	=	7 259 312 €
wobei $1/1{,}10^6 = 0{,}56447$		
abzüglich Grunderwerbskosten (4 % von 7 259 312 €)	=	– 290 372 €
Grunderwerbsteuer/Notar/Grundbuch		
ergibt Bodenwert erschließungsbeitragsfrei (ebf)	=	6 968 940 €
Erschließungskosten 50 €/m² × 10 000 m²	=	– 500 000 €
Ergibt Bodenwert erschließungsbeitragspflichtig (ebpf)	=	6 468 940 €

Bodenwert=rd.650€/m²entspricht540m²BGF.

3.3 Schwachstellen des Extraktionsverfahrens (Residualwertverfahrens)

▶ *Syst. Darst. des Sachwertverfahrens Rn. 10*

134 Die Schwächen des Extraktionsverfahrens (Residualwertverfahrens) müssen darin erblickt werden, dass es sich dabei um einen „konstruierten" Bodenwert handelt, dessen Höhe durch eine Reihe nur **unsicher kalkulierbarer Faktoren** direkt und mit einer äußerst verhängnisvollen Fehlerfortpflanzung bestimmt wird und insoweit auch beeinflussbar ist.

135 Nach dem Grundschema des Extraktionsverfahrens (Residualwertverfahrens) bestimmt sich der Residualwert als Differenzwert zweier fast gleichgroßer Einzelwerte (fiktiver Ertragswert abzüglich Bau-, Entwicklungs- und Vermarktungskosten). Zur Ermittlung des Bodenpreises wird dabei als Ausgangswert zunächst der Ertragswert des Grundstücks (Gebäude und Boden) abgeleitet, der dann um die Herstellungskosten des Gebäudes vermindert wird. Dies hat zur Folge, dass bereits relativ **kleine Fehler von wenigen Prozentpunkten bei der Ermittlung des Ertragswerts oder der Herstellungskosten des Gebäudes überproportional auf die absolute Höhe des Residuums durchschlagen.**

136 Durch kleine nicht mehr kontrollierbare Änderungen der Ausgangsdaten lässt sich nahezu jeder beliebige Bodenwert ermitteln; das Verfahren ist deshalb „in der überwiegenden Mehrzahl aller Fälle" unbrauchbar[34].

137 *Beispiel:*

Als (fiktiver) erzielbarer Veräußerungserlös sei im Wege des Vergleichs- oder Ertragswertverfahrens ermittelt	1 000 000 €
Die Bau-, Entwicklungs- und Vermarktungskosten (einschließlich Unternehmergewinn) seien ermittelt mit	– 900 000 €
Residuum	**= 100 000 €**

34 Vogels, M., Grundstücks- und Gebäudebewertung marktgerecht, 5. Aufl. 1996, S. 28; Kleiber, GuG 1996, 16.

- Unterstellt, bei der Ermittlung des erzielbaren Veräußerungsgewinns sei ein um 10 % zu hoher Wert ermittelt worden, d.h., der „richtig“ ermittelte Veräußerungspreis betrage nur 900 000 €, so ist das als tragbarer Bodenwert ermittelte Residuum um 100 % falsch.
- Unterstellt, die Bau-, Entwicklungs- und Vermarktungskosten seien „nur“ um 10 % zu niedrig ermittelt worden, d.h., sie betrügen tatsächlich 990 000 €, so vermindert sich das Residuum gleich um 90 %.

Dass z.B. der unter Heranziehung des Ertragswertverfahrens ermittelte Veräußerungserlös um 10 % falsch berechnet wird, kann bei realistischer Betrachtung kaum ausgeschlossen werden. Überschreitungen von Baukostenvoranschlägen in nicht unerheblicher Höhe, wie sie fast tagtäglich Schlagzeilen machen, signalisieren hier eine weitere Schwachstelle. Fehler, die hier begangen werden, stellen – ebenso wie Fehler, die bei der Ermittlung des fiktiven Veräußerungserlöses nach vollendeter Bebauung auftreten, – im Verhältnis zu dem Residuum eine große Wertkomponente dar und schlagen deshalb überproportional auf das Residuum durch. 138

Fehler bei den Ausgangswerten können sich dabei **kumulieren** und besonders verhängnisvoll auswirken: Wird beispielsweise der Ertragswert des Grundstücks (Boden und Gebäude in fehlerhafter Weise zu niedrig ermittelt und werden gleichzeitig die Herstellungskosten zu hoch angesetzt, muss sich das Residuum „auffressen“. Es kann sich dann auch sehr schnell ein negativer Residualwert (*nil value*) ergeben. 139

Charakteristisch für die Anwendungspraxis ist also, dass **das Residuum** i.d.R. **als Differenzbetrag zweier nahezu gleichgroßer Ausgangsgrößen abgeleitet wird.** Dies ist dann der Fall, wenn z.B. der Bodenwert als Residuum aus dem im Wege des (fiktiven) Ertragswertverfahrens abgeleiteten Verkehrswert abzüglich der Herstellungskosten und – in Erweiterung dieses Gedankens – abzüglich der gesamten Entwicklungskosten einschließlich eines Unternehmergewinns, der Finanzierungs- und Vermarktungskosten sowie eines Risikoabschlages für unvorhersehbare Kosten abgeleitet werden soll. Das Ergebnis der Ausgangsgrößen muss dabei naturgemäß fehlerbehaftet sein. 140

In der Kombination nimmt sich der Fehler, wenn man einen der wichtigsten Sätze der **Fehlerfortpflanzungslehre** heranzieht, noch harmlos aus. Danach ergibt sich der Fehler, gleichlautend mit dem pythagoräischen Satz der Geometrie, als Hypotenuse zu den Katheten: 141

$$m = \pm \sqrt{m_1^2 + m_2^2}$$

wobei für m_1 und m^2 jeweils der mittlere Fehler der Ausgangswerte anzusetzen ist.

In der praktischen Anwendung des Verfahrens nimmt sich der Fehler im Verhältnis zum Residuum jedoch schon gewaltig aus, wenn zwei nahezu gleichgroße Größen kombiniert werden. Die Fehleranfälligkeit wird erst erträglich, wenn eine der Größen, z.B. die Herstellungskosten, im Verhältnis zum künftigen Wert eine kleinere Größenordnung einnimmt und damit das Residuum entsprechend anwächst. Der erstgenannte Fall tritt in der täglichen Praxis z.B. bei Anwendung des Ertragswertverfahrens unter Berücksichtigung eines Instandsetzungsstaus sogar sehr häufig auf. 142

Bei der Ableitung des Residuums aus nahezu gleichgroßen Größen kann es sogar leicht vorkommen, dass sich bei Ansatz fehlerhafter Ausgangsgrößen ein **negatives Residuum** ergibt. Verfechter des Verfahrens sind deshalb im Interesse ihrer Glaubwürdigkeit peinlichst darauf bedacht, diesen Fall nicht eintreten zu lassen. 143

Aus dem einfachen *Beispiel* (oben Rn. 137) lässt sich folgendes **Fazit** ziehen: 144

- Die **Fehlerträchtigkeit wird erst erträglich, wenn** die **Position, die vom Ausgangswert in Abzug gebracht wird** (hier: Bau-, Entwicklungs- und Vermarktungskosten), **den hälftigen Betrag der Ausgangsposition und weniger ausmacht.** Dann sind die mit der Methode verbundenen Fehleranfälligkeiten noch hinnehmbar. Die Fehlerträchtigkeit ist indessen am größten, wenn der Differenzbetrag aus etwa gleich großer Position als Residuum ermittelt wird und es sich bei diesen Positionen zudem um absolut große Positionen handelt. Kleine relative Fehler können hier zu einer völligen Verfälschung des Ergebnisses führen.

– Bei Anwendung des bevorzugt vom Erwerber herangezogenen Extraktionsverfahrens (Residualwertverfahrens) ergeben sich i.d.R. auffällig „niedrige" Bodenwerte, die zudem damit begründet werden, dass sie für den Erwerber im Hinblick auf die Rentierlichkeit einer Immobilie gar nicht höher ausfallen dürften, weil sich die Immobilie sonst nicht „rechne". Dies mag zwar zutreffen, jedoch sind es häufig dieselben Investoren, die gern darauf hinweisen, dass der Baulandkostenanteil zumindest bei Ein- und Zweifamilienhäusern bereits im Jahre 1990 in Baulandhochpreisregionen bei 30 v.H. und in einigen Kernstädten schon bei 50 v.H. und mehr lag[35]. Dieser Widerspruch **(residuelles Paradoxon)** ist auffällig und findet seine Erklärung darin, dass bei Anwendung des Extraktionsverfahrens (Residualwertverfahrens) die Herstellungskosten und damit der Gebäudesachwert in voller Höhe eingeht, obwohl aus der Wertermittlungslehre bekannt ist, dass bei Sachwerten über rd. 150 000 € bereits erhebliche **Marktanpassungsabschläge** angebracht werden müssen und diese **bei Sachwerten von rd. 250 000 €bereits eine Größenordnung von 30 v.H. und mehr** erreichen. Will man also tatsächlich über das Residualverfahren zum Verkehrswert gelangen, dürften auch nur die entsprechend verminderten und nicht die tatsächlichen Herstellungskosten zum Ansatz kommen, d.h., das Residuum erhöht sich um den Marktanpassungsabschlag (vgl. auch die Rechtsprechung des BGH).

145 Bei Anwendung des Extraktionsverfahrens (Residualwertverfahrens) auf der Grundlage fiktiv ermittelter Ertragswerte unter Abzug der Herstellungskosten werden Elemente des Ertragswertverfahrens und des Sachwertverfahrens kombiniert (Verquickung von Wert und Kosten). Während mithilfe des Ertragswerts auf der Grundlage marktüblicher Liegenschaftszinssätze i.S. des § 21 ImmoWertV der Verkehrswert noch verhältnismäßig sicher ermittelt werden kann, handelt es sich bei den zum Abzug kommenden Herstellungskosten für das Gebäude um eine bloße Kostengröße, die sich in aller Regel erheblich vom Gebäudewert entfernt. Bei Anwendung des Sachwertverfahrens nach den §§ 21 ff. ImmoWertV werden deshalb in der Wertermittlungspraxis erhebliche Marktanpassungszu- oder -abschläge erforderlich, um mithilfe des Sachwerts zum Verkehrswert zu gelangen. Es besteht nämlich **keine Identität zwischen Kosten und Werten** (vgl. Syst. Darst. des Sachwertverfahrens Rn. 10 ff.). Hierauf hat die höchstrichterliche Rechtsprechung mehrfach hingewiesen[36]. In der Gesetzgebung wird diesbezüglich auch zwischen rentierlichen und unrentierlichen Kosten unterschieden (so z.B. § 177 Abs. 4 BauGB).

146 Es liegt nämlich in der inneren Logik der Extraktion (des Residualwertverfahrens), bei dem sich das Residuum aus der Differenz zweier Werte ergibt, dass sich **beide Werte (Ertrags- und Vergleichswert einerseits und Sachwert/Herstellungskosten andererseits) am Verkehrswert orientieren müssen, wenn das sich daraus ergebende Residuum ebenfalls verkehrswertorientiert sein soll.** Legt der Sachverständige bei Anwendung des Extraktionsverfahrens (Residualwertverfahrens) seinen aus der Anwendung des Sachwertverfahrens kommenden Erfahrungsschatz zu Grunde, muss er sich folgerichtig fragen, ob er seinen Erfahrungsschatz über die dabei notwendig werdenden Marktanpassungszu- und -abschläge zum Ansatz bringen muss. Andererseits müsste sich das Residuum, z.B. im Falle von Objekten, bei denen im Falle der Ermittlung nach dem Sachwertverfahren hohe Marktanpassungsabschläge angebracht werden müssen, genau um die Höhe des Marktanpassungsabschlags vermindern; das Residuum kann sonst insoweit nicht mehr verkehrswertorientiert sein.

---

35 Bundesministerium für Raumordnung, Bauwesen und Städtebau, Baulandbericht 1993, Bonn 1993, S. 23, vgl. 7. Aufl. dieses Werks in der Syst. Darst. des Vergleichswertverfahrens Rn. 598.

36 BGH, Urt. vom 24.01.1963 – III ZR 149/61 –, BGHZ 39, 40 = EzGuG 20.34; BGH, Urt. vom 13.05.1955 – V ZR 36/54 –, BGHZ 17, 236 = EzGuG 3.5; BGH, Urt. vom 10.07.1953 – V ZR 22/52 –, BGHZ 10, 171 = EzGuG 20.16; OLG Köln, Urt. vom 02.03.1962 – 9 U 33/61 –, BlGBW 1962, 368 = EzGuG 20.29.

Das Extraktionsverfahren (Residualwertverfahren) ist damit ein Verfahren, das sich im Wesentlichen auf das Sachwertverfahren *(Cost Approach)* mit allen seinen Schwachstellen gründet (*„method of last resort“).* Der als Residuum ermittelte Bodenpreis kann schon deshalb i.d.R. nicht dem Verkehrswert des Grund und Bodens entsprechen[37]. *Zimmermann*[38] stellt deshalb fest, dass das Extraktionsverfahrens (Residualwertverfahren) schon vom Denkansatz mit der Ermittlung eines marktwirtschaftlich definierten Verkehrswerts unvereinbar ist. **147**

Bei der Verkehrswertermittlung von Grundstücken kommen **Finanzierungskosten, Vermarktungskosten, Unternehmergewinne** und dgl. grundsätzlich nicht gesondert zum Ansatz. Bei Anwendung des Ertrags- und Sachwertverfahrens finden solche Positionen indirekt über den Liegenschaftszinssatz und den Sachwertfaktor Eingang in das Wertermittlungsverfahren[39]. So wird z.B. ein Mietausfallwagnis im Rahmen der angesetzten Bewirtschaftungskosten berücksichtigt. Ein erhöhtes Risiko spiegelt sich in einem entsprechend erhöhten Liegenschaftszinssatz wider und umgekehrt. Finanzierungskosten sind in Bezug auf die Herstellung des Gebäudes üblicherweise in den Normalherstellungskosten enthalten. **148**

„Finanzierungskosten“ stellen eine Position dar, deren Berücksichtigung im Rahmen der Verkehrswertermittlung geradezu verpönt ist, weil unterschiedliche Finanzierungskosten zu unterschiedlichen Verkehrswerten führen würden. Der Ansatz von Finanzierungskosten im Rahmen des Extraktionsverfahrens (Residualwertverfahrens) muss deshalb das Residuum umso mehr vermindern, je höher diese Kosten im Einzelfall angesetzt werden. **149**

Auch der Ansatz eines **Unternehmergewinns** von 10 bis 20 % oder der Vermarktungskosten sind der Sachwertermittlung fremd und muss zu einer Verringerung des Residuums führen. **150**

Im Gegensatz zur Verkehrswertermittlung werden bei Anwendung des Extraktionsverfahrens (Residualwertverfahrens) die genannten Kostenpositionen neben weiteren dieser Art (häufig i.V.m. einem Unternehmergewinn) demgegenüber zum Abzug gebracht, sodass insoweit der Residualwert zusätzlich „gedrückt“ wird. **Doppelberücksichtigung** ist dabei nicht auszuschließen. **151**

Im Hinblick auf das mit jedem Kauf eines Grundstücks verbundene Risiko ist das Verfahren einseitig auf den Vorteil eines investierenden Käufers ausgerichtet. Dies wird besonders deutlich, wenn ein Risikoabschlag wertmindernd in Abzug gebracht wird, denn einem **Risiko stehen in aller Regel auch Gewinnpotenziale gegenüber** (vgl. oben Rn. 105). **152**

Eine weitere Schwäche des Extraktionsverfahrens (Residualwertverfahrens) liegt in seiner **Manipulierbarkeit.** Da sich der Residualwert – vereinfacht gesagt – als Differenzwert aus einem fiktiven Ertragswert und den aufzubringenden Herstellungskosten ergibt, muss sich der Residualwert **153**

– *erhöhen,* wenn der Residualwertermittlung eine besonders ertragreiche Nutzung mit besonders niedrigen Herstellungskosten zugrunde gelegt wird und umgekehrt,
– *vermindern,* wenn der Residualwertermittlung eine besonders ertragsarme Nutzung bei sehr hohen Herstellungskosten zugrunde gelegt wird.

Im Schrifttum wird deshalb herausgestellt, dass bei Anwendung des Extraktionsverfahrens (Residualwertverfahrens) die „Gefahr betrügerischer Manipulationen“ besonders hoch ist. Die Summierung vieler kleiner Differenzen genüge, um extreme Resultate zu erzielen. „Diese an und für sich richtige Methode wird daher in der Hand des Kenners, der die Karten zu mischen versteht, zum Instrument, mit welchem sich ein Landwert in fast jeder gewünschten Höhe rechnerisch ausweisen lässt[40]“. **154**

---

37 Scarett, D., Property Valuation: The five methods, London 1961.
38 Zimmermann, WertV 88, München 1998, S. 205.
39 Vgl. Kleiber, Verkehrswertermittlung von Grundstücken, 6. Aufl. 2010, § 194 BauGB Rn. 90 ff.
40 Zimmermann, a.a.O., S. 206 f.; Naegeli, W., Die Wertberechnung des Baulands, Zürich, S. 9.

155 Dabei ist allerdings zu fordern, dass vor dem Hintergrund einer gesunden Konkurrenzsituation auf dem Immobilienmarkt der Extraktion (Residualwertermittlung) ein Nutzungskonzept zu Grunde gelegt wird, mit der das Entwicklungspotenzial unter Berücksichtigung der rechtlichen und tatsächlichen Gegebenheiten ohne spekulative Elemente bei gleichzeitiger **Minimierung der dafür erforderlichen Kosten** optimal ausgeschöpft wird *(highest and best use)*. Der Begriff des *highest and best use* wird hier i.S. einer optimalen Verwertungsstrategie gebraucht, ohne dass damit zwangsläufig ein optimistischer Verkaufspreis in dem Sinne verbunden ist, dass dieser „Optimismus“ auf eine allgemeine konjunkturelle Verbesserung der Lage auf dem Immobilienmarkt oder gar auf einen Immobilienboom gerichtet ist.

156 Im Ansatz der Herstellungskosten, Vermarktungskosten, Finanzierungskosten usw. liegt neben der „dramatischen“ Fehleranfälligkeit des Verfahrens mithin die zweite große Schwachstelle der Methode. Man muss sich daher vergegenwärtigen, dass das **Extraktionsverfahren (Residualwertverfahren) in seinem Kern eine Kombination aus Ertrags- und Sachwertverfahren bzw. aus Vergleichs- und Sachwertverfahren ist,** wobei die Anwender des Extraktionsverfahrens (Residualwertverfahrens) die Herstellungskosten in voller Höhe ansetzen, während bei Anwendung des „reinen“ Sachwertverfahrens nicht unerhebliche Marktanpassungsabschläge als erforderlich angesehen werden, wenn das Sachwertverfahren zum Verkehrswert führen soll. Dies mag im Rahmen einer Investitionsberechnung sachgerecht sein; geht es dagegen um den Verkehrswert, darf die Erkenntnis nicht vergessen werden, dass **zwischen Kosten und Wert keine Identität** besteht[41].

157 Auf der anderen Seite besteht der Vorteil des Verfahrens darin, dass mit ihm allen **individuellen Eigenschaften** des Objekts Rechnung getragen werden kann. Rechtliche und tatsächliche Gegebenheiten (Baubeschränkungen, Gestaltungsvorschriften, Stellplatzfrage, Abstandszahlungen, Umweltauflagen, grundstücksbedingte Vor- und Nachteile usw.) gehen einerseits in die Bau- und Entwicklungskosten und andererseits in den erwarteten Veräußerungserlös ein. Mit den ohnehin in den bebauten Ballungszentren kaum noch zur Verfügung stehenden Vergleichspreisen für unbebaute Grundstücke lassen sich die individuellen Eigenschaften allenfalls mit einem kaum noch zu leistenden Aufwand erfassen; ihre Heranziehung würde deshalb aufwendige Analysen erforderlich machen.

158 **Fazit:** Bei dem Extraktionsverfahren (Residualwertverfahren) handelt es sich, soweit es auf die Bodenwertermittlung zur Anwendung kommt, um nichts anderes als um das schon früher zur Anwendung gekommene Verfahren der kalkulatorischen Ermittlung eines (tragbaren) Bodenpreises. Allerdings wurden bei Anwendung des Extraktionsverfahrens (Residualwertverfahrens) in immer stärkerem Maße Kostenpositionen zur Geltung gebracht, die einem Investor hinsichtlich der Gesamtheit aller Entwicklungskosten auch einen Gewinn einschließlich der Finanzierungs- und Grunderwerbskosten eines Unternehmergewinns versprechen. Deren Berücksichtigung muss in der Wertermittlungslehre jedoch auf Bedenken stoßen, zumindest wenn nicht gleichzeitig zu erwartende **Wertzuwächse und Subventionen** (z.B. GRW, Urban, Konvers, KfW-Mittel und dgl.) **einschließlich Steuervorteile** berücksichtigt werden. Unternehmergewinne verstecken sich vielfach bereits in Einzelpositionen. Darüber hinaus sind direkte und indirekte Subventionen steuerlicher Art oftmals für die Preisbildung von erheblicher Bedeutung, sodass vor einer einseitigen Berücksichtigung eines Unternehmergewinns und vor übersetzten Ansätzen gewarnt werden muss.

159 Je stärker die Investorenseite ihre Belange in die Wertermittlung eingebracht hat, desto größer ist in der Wertermittlungspraxis allerdings auch der Widerstand gegen solche Verfahren geworden[42]. Soweit es um die Verkehrswertermittlung geht, ist deshalb der **direkte Preisver-**

---

41 Pohnert, Kreditwirtschaftliche Wertermittlung, 5. Aufl., S. 113; Kleiber, GuG 1996, 16; Groß, GuG 1996, 24; Vogel, GuG 1994, 347; Möckel, GuG 1996, 274; Reck, GuG 1995, 234; Simon, GuG 1985, 229; Zimmermann, WertV 88 München 1998, S. 204; a.A. Thomas, A., GuG 1995, 25, 82; Krämer, GuG 1995, 264.

42 Pohnert in Kreditwirtschaftliche Wertermittlungen, 5. Aufl. 1997, S. 113; Möckel, GuG 1996, 274; Kleiber, GuG 1996, 16; Schwarz, GuG 1994, 267.

gleich noch immer **vorzuziehen**; dies scheitert allerdings oftmals an geeigneten Vergleichspreisen.

Die Wertermittlungspraxis bewegt sich bei Anwendung des Extraktionsverfahrens (Residualwertverfahrens) immer dann in eine äußerst kritische Zone, wenn der danach ermittelte Wert im Verhältnis zu dem als Ausgangswert herangezogenen Vergleichswert/-preis in ein solches Missverhältnis gerät, dass man die **herangezogenen Ausgangspreise kaum noch als geeignete Vergleichspreise** i.S. des § 24 ImmoWertV bezeichnen kann. In der Rechtsprechung ist jedenfalls das Maß der zu berücksichtigenden Abweichungen als ein Kriterium für die Beurteilung der Eignung der Vergleichsobjekte herangezogen worden. 160

Bei dem Extraktionsverfahren (Residualwertverfahren) handelt es sich somit um eine **höchst fehleranfällige Hilfsmethode**[43], die als Methode zur Ermittlung des Verkehrswerts eines Grundstücks nur dann zur Anwendung kommt, wenn andere Verfahren, die eine sichere Ableitung des Verkehrswerts ermöglichen, nicht zur Anwendung kommen können. Im Allgemeinen ist die Ermittlung des Bodenwerts auf der Grundlage von Vergleichspreisen der Vorzug zu geben. 161

Das Extraktionsverfahren (Residualwertverfahren) hat in der Wertermittlungspraxis vornehmlich nur in den Fällen eine Bedeutung erlangen können, wo eine Bodenwertermittlung auf der Grundlage von Vergleichspreisen nicht möglich war. Dies sind insbesondere **Immobilien, die i.d.R. nur von professionellen Projektentwicklern in einem aufwendigen Verfahren verwertet werden können und insofern auch nur einem begrenzten Marktsegment zuzurechnen sind.** 162

Aus Vergleichsrechnungen, die für Objekte durchgeführt worden sind, von denen der Bodenwert über den direkten Preisvergleich ermittelt werden konnte, ist bekannt, dass die Anwendung des Extraktionsverfahrens (Residualwertverfahrens) zumeist sehr schnell zu einem Preis führt, der den Verkehrswert des Grund und Bodens erheblich unterschreiten kann. Dies ist darin begründet, dass dabei in aller Regel die Herstellungskosten und auch sonstige Kosten in voller Höhe von dem fiktiven Ertragswert (Verkehrswert des Objektes nach seiner Entwicklung) in Abzug gebracht werden und keine **Identität zwischen Kosten und Wert** und dementsprechend auch keine Identität zwischen Kostendifferenzialen und Wertdifferenzialen besteht. Wegen des „Restwertcharakters" und der Abhängigkeit des Residualpreises von sämtlichen Entwicklungskosten sowie der in der Struktur des Verfahrens angelegten Fehlerträchtigkeit ist das Verfahren in erster Linie als Plausibilitätsprüfung von Bedeutung. 163

Unter der Zielsetzung, den Verkehrswert des Grundstücks zu ermitteln, muss bei Anwendung des Extraktionsverfahrens (Residualwertverfahrens) eine Konzeption zugrunde gelegt werden, die auf eine **Optimierung des Kosten-Nutzenverhältnisses** ausgerichtet ist. 164

Unter der Zielsetzung der Ermittlung eines investitionssicheren tragbaren Bodenpreises sind demgegenüber die individuellen Kosten möglichst vollständig und umfassend anzusetzen. Die Disparität zum Boden- und zum Verkehrswert wird dabei umso größer, je umfassender das damit verbundene Risiko und die damit verbundenen Kosten in den Residualwert eingerechnet werden. Nach den Mechanismen des Verfahrens werden solche **Kosten preismindernd bis in das Residuum (Bodenwert) „durchgereicht".** 165

Folgt man dem Grundsatz, dass die Usancen des gewöhnlichen Geschäftsverkehrs das entscheidende Kriterium für die Wahl des Verfahrens zur Ermittlung des Verkehrswerts ist, so kann das Extraktionsverfahren (Residualwertverfahren) unter vorstehenden Gesichtspunkten allenfalls für Grundstücke solcher Grundstücksmarktsegmente noch als geeignet angesehen werden, deren Preisbildung durch Investitionsüberlegungen i.S. des Extraktionsverfahrens (Residualwertverfahrens) beherrscht werden. Unter diesen Kautelen ist die **Wahl des Extraktionsverfahrens** (Residualwertverfahrens) auch mit dem Grundsatz des § 6 Abs. 1 Satz 2 ImmoWertV vereinbar. 166

43 Schulte, Handbuch Immobilien-Projektentwicklung, Köln 1996, S. 60.

167 In Betracht kommt hier insbesondere

a) der Grundstücksmarkt großflächig zu erschließender Baulandflächen, insbesondere wenn in der Gemeinde kommunale Grundsatzbeschlüsse gefasst worden sind, nach denen ein Planungsrecht nur im Falle der Übernahme kommunaler Infrastrukturleistungen, z.B. im Wege städtebaulicher Verträge, gewährt wird.

b) Ein Grundstück, dessen Nutzung vornehmlich nur durch professionelle Investoren herbeigeführt werden kann.

168 Selbst unter diesen Voraussetzungen ist die Anwendung des Extraktionsverfahrens (Residualwertverfahrens) vornehmlich nur i.S. einer **Investitionsentscheidung** und weniger als Verfahren der Verkehrswertermittlung geeignet. Der Verkäufer eines Grundstücks, dessen Bodenwert im Wege des Extraktionsverfahrens (Residualwertverfahrens) ermittelt werden soll, wird mindestens den aus Vergleichspreisen abgeleiteten Verkehrswert eines unbebauten Grundstücks abzüglich evtl. Abbruchkosten verlangen. Dies ist im Verhältnis zum Extraktionsverfahren (Residualwertverfahren) auch die einfachere und plausiblere Methode. Das Extraktionsverfahren (Residualwertverfahren) kann in diesem Fall als Entscheidungshilfe dafür herangezogen werden, ob auch ein höherer Preis wirtschaftlich tragfähig ist, wobei dann der höhere Preis auch über dem Verkehrswert liegen kann. Dem Liquidationswert muss ansonsten der Vorzug gegeben werden.

169 Die eigentliche Bedeutung des Extraktionsverfahrens (Residualwertverfahrens) liegt also in seiner **Funktion als Entscheidungsgrundlage für Investitionen.** Im Hinblick auf eine anstehende Bebauung eines Grundstücks bzw. einen Umbau eines bebauten Grundstücks kann mithilfe des Extraktionsverfahrens (Residualwertverfahrens) der wirtschaftlich tragbare Erwerbspreis ermittelt werden. Demzufolge wäre der Begriff Residual*preis*verfahren zutreffender. Wie bereits dargelegt, wird dieser Residualpreis maßgeblich von der seiner Ermittlung zugrunde gelegten **Nutzungskonzeption** bestimmt.

170 Bei Anwendung des Extraktionsverfahrens (Residualwertverfahrens) müssen deshalb zwei voneinander abzugrenzende **Ansätze** unterschieden werden:

a) Ermittlung des Residualpreises auf der Grundlage einer bestimmten vorgegebenen Nutzungskonzeption.

b) Ermittlung des Residualpreises auf der Grundlage einer kosten- und nutzenoptierten Konzeption *(highest and best use).*

171 Die Ermittlung des Residualpreises auf der Grundlage einer bestimmten vorgegebenen Nutzungskonzeption führt in aller Regel zu den größten Disparitäten der Ergebnisse gegenüber dem Verkehrswert. Dies sind regelmäßig auch die Fälle, in denen das **Extraktionsverfahren** (Residualwertverfahren) **seitens der Käufer in Ankaufsverhandlungen instrumentalisiert** wird, indem Ertragspotenziale ebenso wie die Möglichkeiten einer Kostenminimierung unausgeschöpft bleiben.

172 Als Grundlage für die Ermittlung des Verkehrswerts ist das Residualwertverfahren deshalb allenfalls **nur** dann **geeignet, wenn bezüglich der Nutzungskonzeption eine Konkurrenzsituation zugrunde gelegt wird,** die dem Grundsatz des *highest and best use* bei gleichzeitiger Minimierung der Gesamtaufwendungen entspricht. Dies ist u.a. auch darin begründet, dass Grundstücke im gewöhnlichen Geschäftsverkehr, der nach Maßgabe des § 194 BauGB Maßstab für die Verkehrswertermittlung sein muss, in aller Regel an den Meistbietenden veräußert werden. Soweit die Grundgedanken des Extraktionsverfahrens (Residualwertverfahrens) das Preisgeschehen auf dem Grundstücksmarkt bestimmen, kommt mithin nur derjenige Käufer zum Zuge, der **i.S. einer Kosten-Nutzenanalyse auf Grund einer optimierten Verwertungsstrategie auch den höchsten Preis bieten kann.**

173 Gleichwohl führt das Extraktionsverfahren (Residualwertverfahren) auch unter diesen Prämissen aus den genannten Gründen i.d.R. nicht unmittelbar zum Verkehrswert (Abzug von nicht wertadäquaten Kostenpositionen). Das Extraktionsverfahren (Residualwertverfahren) in der

von Investorenseite praktizierten Ausgestaltung stellt bei alledem ein **einseitig auf die Belange des Investors** ausgerichtetes Investorenverfahren zur Ermittlung des tragbaren Bodenpreises dar.

Die Ermittlung des Residualpreises auf der Grundlage einer Nutzungskonzeption, die dem Grundsatz des *highest and best use* folgt, kann im Übrigen aber auch zu einem Preis führen, der **über** dem im Wege des Preisvergleichs ermittelten Verkehrswert liegt. Dieser Fall kann bei optimalen Verwertungsstrategien eintreten. Im Konkurrenzkampf der Bewerber um ein Grundstück kommt der Anbieter zum Erfolg, der sein **Angebot auf der Grundlage des *highest and best use*** abgegeben hat[44]. **174**

In der **Zusammenfassung** können als besonders fehlerträchtige und sensitive Parameter des Extraktionsverfahrens (Residualwertverfahrens) gelten: **175**

a) Das „richtige" Nutzungskonzept, insbesondere bezüglich der wirtschaftlichsten Nutzung unter Minimierung der Bau-, Entwicklungs- und Vermarktungskosten.

b) Die fiktive Ertragswertermittlung, insbesondere bezüglich
   - des angesetzten marktüblich erzielbaren Reinertrags,
   - der „richtigen" Nutzflächenermittlung und
   - des „richtigen" Liegenschaftszinssatzes.

c) Die Angemessenheit
   - der Baukosten (einschließlich Baunebenkosten und der Kosten für Außenanlagen), der Abbruch- und Erschließungskosten,
   - der Finanzierungskosten,
   - der Kosten der Vermarktung,
   - der Höhe des Mietausfallwagnisses,
   - der Kosten für Unvorhergesehenes (Gewinn, Wagnis, Altlasten) und
   - ggf. der Abfindungsbeträge,

   wobei der Abzug von „bloßen" Kosten[45] insoweit vom Verkehrswert wegführt, wie die Kosten nicht werthaltig sind. Wie dargelegt, sind im Rahmen der Verkehrswertermittlung entsprechend den Preismechanismen im gewöhnlichen Geschäftsverkehr solche Kosten i.d.R. nicht überwälzbar. Es kommt hinzu, dass solche Kosten möglicherweise doppelt zum Ansatz kommen (Beispiel: Finanzierung der Baukosten sind bei Ansatz angemessener Herstellungskosten bereits in diesen Herstellungskosten enthalten. Umgekehrt werden in der Praxis der Investitionsberechnungen auf der Grundlage des Extraktionsverfahrens (Residualwertverfahrens) vielfach auch weitere Kosten zum Abzug gebracht (z.B. ein Unternehmergewinn in Höhe von 10 bis 15 % des Ertragswerts).

d) Werden die Baukosten in Höhe der gewöhnlichen Herstellungskosten (§ 36 Abs. 2 ImmoWertV) als sog. Normalherstellungskosten in das Extraktionsverfahren (Residualwertverfahren) eingeführt, so wird damit die Mehrwert-/Umsatzsteuer berücksichtigt. Dies ist auch sachgerecht, wenn es um die Ermittlung des Verkehrswerts im Wege des Extraktionsverfahrens (Residualwertverfahrens) geht. Kommt das Extraktionsverfahren (Residualwertverfahren) mit der Zielsetzung zur Anwendung, den investitionsorientierten Erwerbspreis eines bestimmten Investors abzuleiten, kann zwischen optierenden und nicht optierenden Investoren unterschieden werden. Soweit demnach die Mehrwertsteuer „weitergereicht" werden kann, können die auf der Grundlage der Normalherstellungskos-

44 American Institute of Real Estate Appraisers: The Appraisal of Real Estate, 12. Aufl. Chicago 2002, S. 60 ff., 305 ff.

45 Selbst in der steuerlichen Bewertung, die sich vereinfachender Methoden bedient, ist dies mit aller Dringlichkeit (BFH im Urt. vom 28.10.1998 – II R 37/97 –, GuG 1999, 184 = EzGuG 20.166) herausgestellt worden; dies muss insbesondere von den Beleihungsinstituten gewürdigt werden.

ten, die die Mehrwertsteuer definitionsgemäß enthalten, angesetzten Baukosten um diese vermindert werden.

e) Bezüglich der Größenordnung der anzusetzenden Kosten bis zur Verwertung des Objekts (insbesondere Baukosten) besteht die Möglichkeit,

- die individuellen tatsächlich zu erwartenden Kosten i.S. einer objektspezifischen Investitionsberechnung anzusetzen, wobei dann ggf. auch überhöhte Herstellungskosten zum Ansatz kommen müssen, wenn das Projekt schnell durchgeführt werden soll (Feiertagszuschläge, Nachtarbeit usw.), oder
- jeweils von gewöhnlichen und nachhaltig entstehenden Kosten auszugehen.

Einheitliche Sätze, die für sämtliche Projekte und alle Gebäudearten Gültigkeit haben, gibt es nicht und diese können auch nicht aus Vereinfachungsgründen angesetzt werden.

f) Die Schätzung der Preisentwicklung aller übrigen Kosten (Bau-, Finanzierungs-, Abrisskosten, Abfindungen, Genehmigungsgebühren usw.) ist mit zusätzlichen Fehlerquellen verbunden. Die freie Schätzung der Entwicklung dieser Kosten ist außerordentlich problematisch. Ihre Berücksichtigung stellt damit zwar theoretisch eine Verfeinerung dar; praktisch entstehen damit aber neue Fehlerquellen, die hier zu einer Scheingenauigkeit führen. Allenfalls bei sehr langer Entwicklungsdauer ist deshalb eine Dynamisierung sinnvoll[46].

Der schon aus grundsätzlichen Erwägungen problematische Abzug sonstiger anfallender Kosten einschließlich der Grunderwerbs- und Finanzierungskosten ist einseitig auf die Belange des Investors ausgerichtet. Entsprechendes gilt auch für den Abzug eines Unternehmergewinns und eines Risikoabschlags. Im Grundstücksverkehr allgemein als auch im Handel mit baureifen Grundstücken, deren Bebauung stets einer mehr oder minder lange Vorbereitungs-, Bau- und Vermarktungsphase bedarf, lassen sich nämlich die Verkäufer derartige Kosten sonst auch nicht wertmindernd in Rechnung stellen. Verkehrswert ist insoweit der „volle“ Wert ohne Abzug der Grunderwerbskosten eines Käufers.

Der Verkäufer eines Grundstücks würde sich auf einen so ermittelten Residual*preis* nur dann einlassen, wenn dieser höher als der im Preisvergleich direkt ermittelte Bodenwert des unbebauten Grundstücks abzüglich der Abbruchkosten ausfällt. Der Grundstücksmarkt greift dabei in aller Regel auf die aus Vergleichspreisen abgeleiteten Bodenrichtwerte zurück, die nach § 196 BauGB für das Gemeindegebiet von der Gemeinde zu ermitteln sind. Der Verkehrswert des Grund und Bodens eines Abbruchobjektes kann in diesem Fall also vergleichsweise einfach und plausibel direkt aus diesen Bodenrichtwerten unter Abzug der Abbruchkosten abgeleitet werden (§ 40 Abs. 5 ImmoWertV).

46 Britton, W./Davies, K., Modern Methods of Valuation of Land, Houses and Buildings, 8. Aufl. London 1989.

§ 43 ImmoWertV
Nutzungsabhängiger Bodenwert bei Liquidationsobjekten

(1) Ist bei einem Grundstück mit einem Liquidationsobjekt im Sinne des § 8 Absatz 3 Satz 2 Nummer 3 insbesondere aus rechtlichen Gründen mit der Freilegung erst zu einem späteren Zeitpunkt zu rechnen (aufgeschobene Freilegung) oder ist langfristig nicht mit einer Freilegung zu rechnen, so ist bei der Bodenwertermittlung von dem sich unter Berücksichtigung der tatsächlichen Nutzung ergebenden Bodenwert (nutzungsabhängiger Bodenwert) auszugehen, soweit dies marktüblich ist.

(2) Im Fall einer aufgeschobenen Freilegung ist der Wertvorteil, der sich aus der künftigen Nutzbarkeit ergibt, bei der Wertermittlung als besonderes objektspezifisches Grundstücksmerkmal zu berücksichtigen, soweit dies marktüblich ist. Der Wertvorteil ergibt sich aus der abgezinsten Differenz zwischen dem Bodenwert, den das Grundstück ohne das Liquidationsobjekt haben würde, und dem nutzungsabhängigen Bodenwert. Die Freilegungskosten sind über den Zeitraum bis zur Freilegung abzuzinsen und als besonderes objektspezifisches Grundstücksmerkmal zu berücksichtigen, soweit dies marktüblich ist.

Gliederungsübersicht *Rn.*

1 Übersicht

Schrifttum: *Hanke, H.:* Der Produktionsfaktor Boden; Akademie für Raumforschung und Landesplanung, Hannover 1976, S. 60 ff.; *Niehans, J.:* Eine vernachlässigte Beziehung zwischen Bodenpreis, Wirtschaftswachstum und Kapitalzins, Schweizerische Zeitschrift für Volkswirtschaft und Statistik 1966, 195 ff.; dazu *Sieber, H.,* ebenda, 1967, Nr. 1; *Beutler, H.:* Das Problem der Grundrente und seine Lösungsversuche, Diss. Stuttgart 1962; vgl. auch *Brede, H., Dietrich, B., Kohaupt, B.,* Politische Ökonomie des Bodens und Wohnungsfrage, Frankfurt/M. 1976; *Leimbrock, H.,* Zur Ursachenerklärung von Preissteigerungen beim städtischen Boden, Frankfurt/M. 1980; *Haman, U.,* Bodenwert und Stadtplanung, Stuttgart 1969, S. 12; *Upmeyer, B.,* Bodenwertermittlung für ein Grundstück in einer Großstadt in den neuen Bundesländern, GuG 1999, 42; *Roth, C.,* Verkehrswertermittlung von Grundstücken in den neuen Bundesländern, GuG 1993, 206; *Vogel, R.,* Zur Ermittlung von Grundstückspreisen (Bodenpreisen) in der ehemaligen DDR, DS 1990, 200.

1.1 Regelungsgehalt

▶ *Vgl. zu Liquidationsobjekten § 8 ImmoWertV Rn. 46; zum strukturellen Leerstand § 8 ImmoWertV Rn. 324 ff.; § 31 ImmoWertV Rn. 21; § 32 ImmoWertV Rn. 168 ff.; Syst. Darst. des Ertragswertverfahrens Rn. 212*

1 § 43 regelt in einer eigenständigen Vorschrift die **Ermittlung des vorläufigen Bodenwerts von Liquidationsobjekten** im Falle einer aufgeschobenen und langfristig zu erwartenden Liquidation. Liquidationsobjekte sind nach der Definition des § 8 Abs. 3 Satz 2 Nr. 3 ImmoWertV Grundstücke, deren bauliche Anlagen nicht mehr wirtschaftlich nutzbar sind und zur „alsbaldigen" Freilegung anstehen. Als Liquidationsobjekte gelten nach § 43 ImmoWertV auch Grundstücke, deren bauliche Anlagen erst zu einem späteren Zeitpunkt zur Freilegung anstehen (aufgeschobene Freilegung) oder bei denen langfristig nicht mit einer Freilegung zu rechnen ist.

Von einer **„aufgeschobene Freilegung"** oder einer **„langfristig" nicht zu erwartenden Freilegung** soll nach dem Wortlaut der Vorschrift ausgegangen werden, wenn damit im gewöhnlichen Geschäftsverkehr „zu rechnen" ist. Die angesprochenen künftigen Änderungen sind nach § 11 Abs. 1 ImmoWertV nur zu berücksichtigen, wenn sie *„am Qualitätsstichtag mit hinreichender Sicherheit aufgrund konkreter Tatsachen zu erwarten sind"*. Dabei ist die voraussichtliche Dauer bis zum Eintritt dieser Änderung (Wartezeit) auch i.V.m. einer verbleibenden Unsicherheit des Eintritts dieser Änderung (Realisierungsrisiko) angemessen zu berücksichtigen (§ 11 Abs. 2 ImmoWertV).

Demzufolge ist grundsätzlich zu unterscheiden zwischen drei Typen von Liquidationsfällen, nämlich

a) der *„alsbaldigen"* Liquidation,

b) der *„aufgeschobenen"* Liquidation und

c) der *„langfristig nicht zu erwartenden Liquidation"*.

Der sich nach § 43 Abs. 1 ImmoWertV ergebende *nutzungsabhängige* Bodenwert ist bei der modellkonformen Marktwertermittlung bebauter Grundstücke nach den gängigen Wertermittlungsverfahren (Vergleichs-, Ertrags- und Sachwertverfahren) im Rahmen der Ermittlung des jeweiligen *vorläufigen* Verfahrenswerts als Bodenwert anzusetzen. Die nach Maßgabe des § 43 *Abs. 2* ImmoWertV zu berücksichtigenden Freilegungskosten sowie Wertvor- und -nachteile sind ergänzend als besondere objektspezifische Grundstücksmerkmale (boG) anzusetzen.

Die Marktwertermittlung von **Liquidationsobjekten, die zur „alsbaldigen" Freilegung anstehen**, ist nicht Gegenstand der Regelung des § 43 ImmoWertV. Diese Fälle werden in § 8 Abs. 3 Satz 2 Nr. 3 ImmoWertV angesprochen. Danach sind bauliche Anlagen, die den Bodenwert mindern, weil sie nicht mehr wirtschaftlich nutzbar sind (Liquidationsobjekte) und zur alsbaldigen Freilegung anstehen, als besondere objektspezifische Grundstücksmerkmale (boG) zu berücksichtigen. Es muss sich dabei um ein bodenwertbezogenes Grundstücksmerkmal handeln, denn die Bebauung hat in diesem Fall keinen Wert und stellt nur noch eine Belastung des Grund und Bodens dar. Die aus dieser Belastung resultierende Bodenwertminderung orientiert sich an den Freilegungskosten. 2

Die systemische und wesensfremd erscheinende Verortung der den Bodenwert mindernden abbruchträchtigen Bebauung als „besonderes objektspezifisches Grundstücksmerkmal" (boG) zielt darauf ab, die Grundsatzregelung des § 40 Abs. 1 ImmoWertV zu wahren, denn nach dieser Vorschrift bestimmt sich der Bodenwert eines bebauten Grundstücks ohne Berücksichtigung der vorhandenen baulichen Anlagen nach dem Bodenwert eines unbebauten Grundstücks. 3

1.2 Grundstücke mit nicht nutzbaren baulichen und sonstigen Anlagen – Liquidationsobjekte

1.2.1 Liquidationsobjekt

▶ *Vgl. § 8 ImmoWertV Rn. 51; § 40 ImmoWertV Rn. 230 ff.; Syst. Darst. des Ertragswertverfahrens Rn. 140 ff.; Syst. Darst. des Sachwertverfahrens Rn. 133 ff.*

Als liquidationsbetroffene bauliche Anlagen (Liquidationsobjekte) werden in § 8 Abs. 3 Satz 2 Nr. 3 ImmoWertV **solche definiert, die eine „nicht mehr wirtschaftlich nutzbare" und „zur alsbaldigen Freilegung" anstehende bauliche Anlage aufweisen.** Die Definition steht im Widerspruch zu § 43 ImmoWertV, der die Marktwertermittlung von „Liquidationsobjekten" regelt, die nicht zur „alsbaldigen" Freilegung anstehen, weil diese „aufgeschoben" oder sogar langfristig nicht zu erwarten ist. 4

Worauf die nicht mehr gegebene **wirtschaftliche Nutzbarkeit der baulichen Anlage** zurückzuführen ist, lässt die Definition offen. Generell ist eine wirtschaftliche Nutzbarkeit der baulichen Anlage nicht mehr gegeben, wenn die am Qualitätsstichtag tatsächlich ausgeübte Nutzung in einem wirtschaftlich irreparablen Missverhältnis zum „vollen" Bodenwert i.S. der Grundsatzregelung des § 40 Abs. 1 ImmoWertV steht.

Die Ursachen können vielfältig sein:

Art und Zustand der baulichen Anlage entspricht nicht mehr den zum Qualitätsstichtag herrschenden allgemeinen Anforderungen des Grundstücksmarkts;

die bauliche Anlage weist einen hohen Instandhaltungsrückstau bzw. Modernisierungsbedarf auf, der wirtschaftlich nicht reparabel ist;

Art und Maß der auf dem Grundstück realisierten baulichen Anlage steht in einem wirtschaftlich nicht reparablem Missverhältnis zu der nach § 5 Abs. 1 ImmoWertV maßgeblichen Nutzung sowie

sonstige Gegebenheiten.

Der unter c) genannte Fall entspricht dem in § 40 Abs. 5 Nr. 1 ImmoWertV geregelten Fall und ist bewertungstechnisch analog zu den Regelungen des § 43 Abs. 2 ImmoWertV zu behandeln (vgl. Rn. 14, § 40 ImmoWertV Rn. 200 ff.). Steht hingegen allein die tatsächlich ausgeübte Nutzung des Grundstücks in einem Missverhältnis zum Bodenwert, weil z.B. das Erdgeschoss eines in einer hochwertigen Einkaufzone gelegenen Grundstücks für Wohnzwecke genutzt wird, ist eine Liquidation i.d.R. nicht angezeigt, wenn die angemessene Nutzung ggf. durch Abstandszahlungen herbeigeführt werden kann.

5 **Eine nicht mehr gegebene wirtschaftliche Nutzbarkeit der baulichen Anlage ist insbesondere indiziert, wenn der auf der Grundlage der tatsächlich ausgeübten Nutzung marktüblich erzielbare Ertrag in einem wirtschaftlich irreparablen Missverhältnis zum „vollen" Bodenwert i.S. der Grundsatzregelung des § 40 Abs. 1 ImmoWertV steht und unter Berücksichtigung der zu erwartenden Kosten einer ggf. erforderlichen Instandsetzung bzw. Modernisierung zu einem negativen Ertragswert[1] führen.** Darüber hinaus kann aus städtebaulichen Gründen die Anordnung eines Rückbaugebots z.B. wegen einer erheblichen Beeinträchtigung des Orts- und Straßenbildes und eines daraus folgenden sog. Trading-Down-Effekt[2] erforderlich sein[3]; wobei die insbesondere bei Baunebenkosten für die Schadstoffsanierung zu Freilegungskosten führen können, die wiederum im Ergebnis den sich dadurch ergebenden „vollen" Bodenwert i.S. der Grundsatzregelung des § 40 Abs. 1 ImmoWertV deutlich überschreiten[4] und daher wirtschaftlich unzumutbar sind.
Als Liquidationsobjekte gelten auch abbruchträchtige bauliche Anlagen, die zwar noch nutzbar sind, jedoch nur einen Ertrag erwirtschaften, der im Verhältnis zu diesem Bodenwert unwirtschaftlich ist (**„Kümmernutzung"**).

Derartige Objekte werden in § 43 Abs. 1 ImmoWertV unterschieden nach solchen, bei denen

- mit der Freilegung der baulichen Anlagen erst zu einem späteren Zeitpunkt (aufgeschobene Freilegung) oder
- erst langfristig mit einer Freilegung

zu rechnen ist. Darüber hinaus muss auch die **sog.** *vorgezogene* **Freilegung** beachtet werden.

6 Der Fall einer „aufgeschobenen" oder „langfristig" zu erwartenden Freilegung kann darin seine Ursache haben, dass eine „alsbaldige" Freilegung aus rechtlichen oder tatsächlichen Gründen am Wertermittlungsstichtag nicht möglich bzw. zulässig wäre. Dies könnten öffentlich-rechtliche, aber auch privatrechtliche, z.B. mietrechtliche Gegebenheiten bis hin zu Nutzungsbindungen für vorübergehende Zwischennutzungen, Werbeflächen usw. sein. Bei nicht mehr baulich nutzbaren baulichen Anlagen kann es aber auch in der freien Entscheidung des Eigentümers liegen, von einer Freilegung über kurz oder lang Abstand zu nehmen, und dieses Verhalten kann weithin auch marktüblich sein.

---

1 VG Gelsenkirchen, Urt. vom 12.03.2024 – 6 K 5527/19 -, BeckRS 2024, 5585; VG Leipzig, Urt. vom 18.11.2021 – 5 K 1461/20 -, BeckRS 2021, 5868.

2 Oehmen, in: BeckOK BauGB, Stand 01.10.2023, § 175 Rn. 5; Faller/Wilmsmeier/Beyer/Steinbach/-Ritter, Soziale Wohnungspolitik auf kommunaler Ebene, vhw-Schriftenreihe 25.05.2021

3 Stock, in: Ernst/Zinkahn/Bielenberg/Krautzberger, Komm., 151. EL August 2023, BauGB § 175 Rn. 47; Möller, in: Schrödter, BauGB, Komm., 9. Aufl. 2019, § 175 Rn. 24.

4 Schmuck, Rückbau von „Schrottimmobilien" durch die Gemeinden nach der BauGB-Novelle 2013, LKV 2014, 481; Schmitz, Zugriffsmöglichkeiten der Gemeinde auf verwahrloste Immobilien de lege lata und de lege ferenda, ZfBR 2011, 641.

Bei alldem muss es nicht immer um eine vollständige Freilegung des Grundstücks gehen. Die „Liquidation“ kann sich bei wirtschaftlicher Betrachtungsweise auch auf Teile der Bebauung beschränken, wie z.B. der über dem Kellergeschoss aufstehenden Bebauung. 7

Bebaute Grundstücke, deren Freilegung ***„dauerhaft*** **ausgeschlossen ist“,** wie z.B. bauliche Denkmale, können i.d.R. nicht als „Liquidationsobjekt“ angesehen werden. Soweit die mit dem Baudenkmal realisierte bauliche Nutzung „erheblich“ von der nach § 3 Abs. 1 ImmoWertV maßgeblichen bauplanungsrechtlich zulässigen bzw. lagetypischen Nutzung abweicht, fallen diese Objekte allenfalls unter die Ausnahmebestimmung des § 40 Abs. 5 Nr. 1 ImmoWertV (sog. Atypik, wie z.B. bei dem Roten Haus in Monschau). 8

Ist die Erhaltungspflicht eines Denkmals für den Eigentümer unzumutbar, **kann der Liquidationswert** allenfalls im Rahmen der Geltendmachung eines Übernahmeanspruchs Bedeutung haben. 9

1.2.2 Unwirtschaftliche Nutzbarkeit nach § 8 Abs. 3 Satz 2 Nr. 3 ImmoWertV

Eine unwirtschaftliche Nutzbarkeit einer baulichen Anlage kann insbesondere gegeben sein, wenn das Grundstück z.B. infolge einer erheblichen Unterausnutzung unwirtschaftlich bebaut ist und eine Anpassung rechtlich oder tatsächlich nicht möglich oder wirtschaftlich unvertretbar wäre. Dies gilt entsprechend, wenn die Bebauung erhebliche Baumängel aufweist und die Nutzbarkeit nicht in wirtschaftlich vertretbarer Weise herbeigeführt werden kann, sowie im Falle einer rechtlich unzulässigen Nutzung. 10

Allein die **Unbenutzbarkeit der baulichen Anlagen** i.S. des steuerlichen Bewertungsrechts am Wertermittlungsstichtag und die daraus resultierende steuerrechtliche Einordnung des Grundstücks als „unbebautes Grundstück“ (vgl. § 6 ImmoWertV Rn. 66 ff.) führt nicht zwangsläufig auch zur Einordnung des Grundstücks als Liquidationsobjekt. Erst wenn die Mängel wirtschaftlich irreparabel sind, handelt es sich um ein Liquidationsobjekt. Wirtschaftlich irreparabel sind die Mängel, wenn die für eine dem Bodenwert des Grundstücks angemessene Nutzung aufzubringenden Kosten zur Behebung der baulichen und sonstigen Mängel sich höher darstellen als der sich im Falle einer Neubebauung nach Freilegung der Bebauung (ganz oder teilweise) ergebende Marktwert des Grundstücks (Rn. 30). 11

1.2.3 Indizierte Unwirtschaftlichkeit

1.2.3.1 Missverhältnis zwischen Reinertrag und vollem Bodenwert i.S. des § 40 Abs. 1 ImmoWertV

▶ *Rn. 41; § 4 ImmoWertV Rn. 87; § 6 ImmoWertV Rn. 132; § 8 ImmoWertV Rn. 46 ff., 51, 133; Syst. Darst. des Ertragswertverfahrens Rn. 34, 140 ff.; § 40 ImmoWertV Rn. 230*

Die **wirtschaftlich indizierte Freilegung** kann allein schon aus technischen Mängeln resultieren, wenn die bauliche Anlage nach ihrer Art und ihrem Zustand ganz oder teilweise nicht (mehr) nutzbar ist. In diesem Fall kann sich zwar grundsätzlich kein entsprechender Gebäudeertrags- oder Gebäudesachwert ergeben. Gleichwohl kann sich ein Restwert ergeben, nämlich insoweit, wie die vorhandene baulich nicht (mehr) nutzbare Anlage oder Teile davon (z.B. Kellergeschoss) eine wirtschaftlich sinnvolle Verwendung finden können. Der Restwert lässt sich in Anlehnung an die damit ersparten Herstellungskosten eines Neubaus ermitteln. 12

Die **Freilegung eines Grundstücks kann** aber auch **wirtschaftlich indiziert** sein, ohne dass die bauliche Anlage Mängel aufweist. Dieser Fall ist gegeben, wenn mit der am Qualitätsstichtag tatsächlich ausgeübten Nutzung die Nutzungsmöglichkeiten nicht ausgeschöpft werden, die üblicherweise auf dem Grund und Boden realisiert werden, und der **Ertrag in einem Missverhältnis zum dem „vollen“ Bodenwert i.S. der Grundsatzregelung des § 40 Abs. 1 ImmoWertV** steht. Dies kann des Weiteren aus einer nach Art und Maß atypischen Bebauung i.S. des § 40 Abs. 3 Nr. 1 ImmoWertV, aus einer rückständigen Anpassung der Mieten und 13

Pachten, aus nicht ausgeschöpften Baurechten, aus der Art der Nutzung bis hin zu einer „weggebrochenen" Nachfrage nach der ausgeübten resultieren. Wirtschaftlich indiziert ist die Freilegung ganz allgemein in den Fällen, in denen die auf dem Grundstück ausgeübte **bauliche Nutzung in einem wirtschaftlich nicht „reparablem" Missverhältnis zum Bodenwert** steht, der sich i.S. der Grundsatzregelung des § 40 Abs. 1 ImmoWertV für das unbebaute Grundstück ergibt.

14 Ein **Liquidationsverdacht** kann mithin verschiedene **Ursachen** haben, insbesondere wenn

a) die bauliche Anlage nicht mehr nutzbar ist oder

b) die bauliche Anlage zwar nutzbar ist, jedoch das Grundstück nach der realisierten Art und dem realisierten Maß der baulichen Nutzung unwirtschaftlich genutzt wird, insbesondere wenn die nach § 5 Abs. 1 ImmoWertV maßgebliche zulässige bzw. lagetypische Nutzbarkeit nicht realisiert worden ist (Abb. 1).

Der zuletzt genannte Fall wird als **atypische Nutzung** bezeichnet.

Abb. 1: Untergenutztes Grundstück

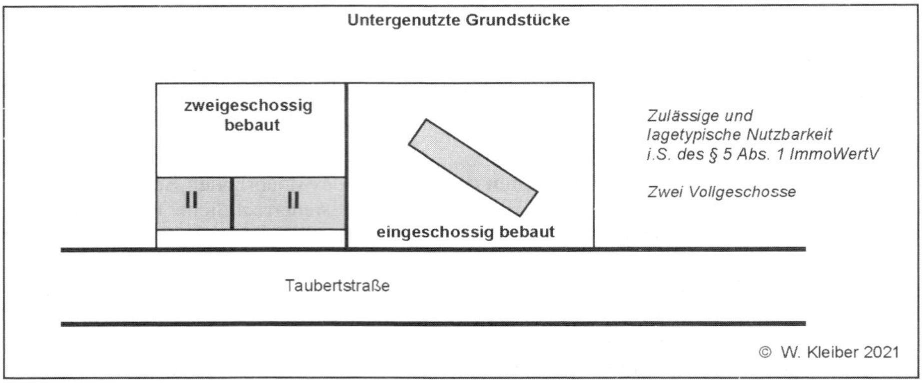

c) die bauliche Anlage zwar nutzbar ist und auch die zulässige bzw. lagetypische Nutzbarkeit realisiert wurde, jedoch eine wirtschaftliche Nutzung nicht möglich ist, z.B.

- aufgrund eines erheblichen und dauerhaften Leerstandes mit entsprechenden Ertragsausfällen oder
- Wegen eines Instandhaltungsrückstaus, der sich bei wirtschaftlicher Betrachtungsweise nicht mehr beheben lässt;
- aufgrund einer wegen weggebrochener Nachfrage obsolet gewordenen Art der baulichen Nutzung (Fehlnutzungen),

d) eine Nutzung des Grundstücks nach dem *Prinzip des highest and best use* (vgl. Vorbem. zur ImmoWertV Rn. 33) den Abriss einer noch nutzbaren Bebauung wirtschaftlich erfordert.

15 Darüber hinaus ist auch der Fall hervorzuheben, in dem eine bestehende Bebauung der Instandsetzung, Modernisierung bzw. Umstrukturierung bedarf und die jeweiligen **Kosten** wiederum **bei wirtschaftlicher Betrachtungsweise unrentierlich** sind. Dies ist der Fall, wenn diese Kosten **höher als die Kosten eines Neubaus** ggf. nach Freilegung des Grundstücks ausfallen.
In den vorstehend genannten Fällen stellt die bauliche Anlage jedoch nicht zwangsläufig ein Liquidationsobjekt i.S. des § 8 Abs. 3 Satz 2 Nr. 3 ImmoWertV dar. In den genannten Fällen muss zunächst geprüft werden, ob und wie den Missverhältnissen in einer wirtschaftlich gebotenen Weise abgeholfen werden kann, insbesondere durch Instandsetzungen und sonstige bau-

liche Maßnahmen, Umnutzungen oder einer Anpassung der Mieten und Pachten an die marktüblich erzielbaren Erträge. In diesem Fall kann es auch geboten sein, alternativ in Betracht kommende Maßnahmen „durchzuspielen".
Ein Liquidationsobjekt ist erst dann gegeben, wenn der Ertrag in einem wirtschaftlich irreparablem Missverhältnis zum „vollen" Bodenwert i.S. der Grundsatzregelung des § 40 Abs. 1 ImmoWertV steht und die in Betracht kommenden Möglichkeiten wirtschaftlich, d.h. unter Berücksichtigung der dafür ggf. aufzuwendenden Kosten nicht geeignet sind, dem Missverhältnis abzuhelfen. Davon kann regelmäßig ausgegangen werden, wenn die sich unter den jeweiligen Szenarien ergebenden Ertragswerte den „vollen" Bodenwert i.S. der Grundsatzregelung des § 40 Abs. 1 ImmoWertV unterschreiten. Dann schlägt ein liquidationsverdächtiges Objekt in ein Liquidationsobjekt um.

1.2.3.2 Highest and best use

▶ *Vgl. Rn. 39*

Sowohl die Identifizierung als auch die Marktwertermittlung von Liquidationsobjekten stellt den Sachverständigen vor besondere Herausforderungen. Grundsätzlich ist auch der Marktwert von Liquidationsobjekten als *„highest and best use value"* zu ermitteln. Dementsprechend muss analytisch untersucht werden, unter welchem Szenario den vorstehend aufgeführten Sachverhalten mit den im Einzelfall sich anbietenden Optionen wirtschaftlich angemessen entsprochen werden kann. Konkret können diese bestehenden Optionen im Hinblick auf ihre Wirtschaftlichkeit unter Anwendung des Ertragswertverfahrens analysiert werden. 16

Die im Einzelfall in Betracht kommenden Szenarien können vielfältig sein. Dies beginnt bei der „alsbaldigen Freilegung" und schließt alle Möglichkeiten ein, die „Wirtschaftlichkeit" der Nutzung zu verbessern, z.B. durch Instandsetzungen, Modernisierungen, Umstrukturierung, Nutzungsänderungen einhergehend mit der entsprechenden Ertüchtigung der Ertragsverhältnisse und Verlängerung der Restnutzungsdauer der baulichen Anlage sowie unter Berücksichtigung der dafür aufzubringenden Kosten.

In Anwendung des Prinzips vom *„highest and best use value"* kann auch eine vorgezogene Freilegung geboten sein.

1.2.3.3 Wirtschaftliche Prüfkriterien

Eine wirtschaftliche indizierte Unwirtschaftlichkeit kann sich aus dem Verhältnis des im Rahmen des Ertragswertverfahrens anzusetzenden Bodenwerts und des Ertragswerts ergeben. Übersteigt der „volle" Bodenwert (ohne Berücksichtigung etwaiger Freilegungskosten) jedoch unter Einbeziehung sonstiger bodenbezogener besonderer objektspezifischer Grundstücksmerkmale den so ermittelten Ertragswert, *kann*, aber muss nicht zwangsläufig eine Freilegung indiziert sein. 17

$$BW \geq EW$$

Entsprechend dem zugrunde gelegten Szenario sind die jeweiligen Ertragswerte zu ermitteln, um die wirtschaftlich angezeigte Verwertung der Immobilie zu bestimmen. Diese ist für die Ermittlung des Verkehrswerts nach dem Grundsatz des „highest and best use" zugrunde zu legen.

Zur Identifizierung wurde der Bodenwertverzinsungsbetrag (BW x LZ) mit dem objektspezifischen Reinertrag verglichen. Dies gründet sich auf die Überlegung, dass es sich nicht lohne, eine bauliche Nutzung fortzusetzen, wenn die Verzinsung des in dem Grund und Boden investierten Kapitals einen höheren Ertrag abwirft. 18

$$BW \times LZ > RE$$

wobei

RE = objektspezifischer Reinertrag

BW = Bodenwert

LZ = objektspezifisch angepasster Liegenschaftszinssatz

19 Übersteigt also der Bodenwertverzinsungsbetrag (BW x LZ) den marktüblich erzielbaren Reinertrag (RE), verbleibt **kein (positiver) Betrag für die Ermittlung des Ertragswerts der baulichen Anlage.**

$$RE - BW \times LZ \leq 0$$

Beispiel:

Jahresreinertrag RE	=	10 000 A			
Bodenwert BW	=	250 000 A			
Liegenschaftszinssatz LZ	=	5,0 %			
Restnutzungsdauer n		30 Jahre			
Jahresreinertrag des Grundstücks			=	10 000 A	
./. Bodenwertverzinsungsbetrag: 250 000 € x 5/100			=	– 12 500 A	
= Differenz			=	– 2 500 A	≤ 0

Hinweis: Es muss der *objektspezifisch angepasste Liegenschaftszinssatz* sowie der objektspezifische Reinertrag zur Anwendung kommen, denn bei dem der Ableitung des Liegenschaftszinssatzes nach Maßgabe des § 12 Abs. 5 ImmoWertV zugrundeliegenden Reinertrag handelt es sich um einen „modellansatzkonformen Reinertrag" (Kunstwert), der sich aufgrund des den Gutachterausschüssen vorgegebenen Modells und ihnen vorgegebenen Modellansätzen von der Realität weit entfernen kann (vgl. Syst. Darst. des Ertragswertverfahrens Rn. 177; § 21 ImmoWertV Rn. 4).

20 *Beispiel:*

Der Ertragswert (EW) bestimmt sich nach § 28 ImmoWertV wie folgt:
EW = [(RE – (BW x LZ)] x KF + BW
wobei KF = Kapitalisierungsfaktor (Vervielfältiger, Rentenbarwertfaktor).

Bei einer Restnutzungsdauer von 30 Jahren ergibt sich im vorstehenden *Beispiel* ein Kapitalisierungsfaktor KF von 15,37 und ein Ertragswert von 211 575 € (= –2 500 € x 15,37 + 250 000 €). Der unverminderte Bodenwert von 250 000 € übersteigt mithin den Ertragswert.

21 Nach der Logik dieses Kriteriums soll – unabhängig davon, wie der Marktwert des Grundstücks verfahrensmäßig ermittelt werden soll – eine Liquidation wegen unwirtschaftlicher Nutzung angezeigt sein, weil **allein schon der Kapitalwert des Grund und Bodens eine höhere Verzinsung abwerfen kann als die bauliche Nutzung.** Dies kann in Zeiten einer langfristigen Niedrigzinspolitik aber nicht uneingeschränkt gelten.

22 Das zuletzt angeführte Kriterium (RE – BW x LZ ≤ 0) unterscheidet sich gegenüber dem zuvor vorgestellten Kriterium (BW ≥ EW) im Übrigen darin, dass sich der Reinertrag (RE) im Rahmen der Ermittlung des vorläufigen Ertragswerts modellkonform nach dem *„marktüblich erzielbaren"* Ertrag bemisst und besondere Ertragsverhältnisse unberücksichtigt bleiben. Liegen gegebenenfalls solche vor, wird die Gesamtsituation damit allein nur unvollständig erfasst.

23 Der **Bodenwert ist bei Anwendung vorstehender Prüfkriterien mit dem Bodenwert anzusetzen, der sich für das freigelegte Grundstück** unter Berücksichtigung der nach § 5 Abs. 1 ImmoWertV maßgeblichen Nutzung **ergibt**. Soweit das Grundstück eine erhebliche Übergröße aufweist, muss im Übrigen auch eine über die Art, Lage und Nutzbarkeit marktübliche Grundstücksteilfläche hinausgehende Grundstücksrestfläche außer Betracht bleiben (in der Verordnung selbständig nutzbare Teilfläche genannt).

Beispiel: 24

a) Sachverhalt

Zu bewerten ist ein in guter Wohnlage gelegenes Grundstück, das

- mit einem kleinen älteren Mietshaus mit einer Restnutzungsdauer n von 20 Jahren bebaut ist und bei einer Gesamtwohnfläche (WF) von 400 m² und einem marktüblich erzielbaren monatlichen Reinertrag von 5 €/m² WF einen **Jahresreinertrag von 24 000 €** (= 400 m² x 5 €/m² x 12 Monate) erwirtschaftet,
- mit einer Gesamtfläche von 1 200 m² eine Übergröße aufweist, wobei auf dem bebaubaren Flächenanteil von 1 000 m² zudem das planungsrechtlich zulässige und üblicherweise realisierte Maß der baulichen Nutzung – nämlich die GFZ_{zul} von 1,0 – deutlich unterschreitet.

Das auf der bebaubaren Grundstücksteilfläche realisierte Maß der baulichen Nutzung beläuft sich auf eine GFZ_{real} von 0,5.

Der objektspezifische Liegenschaftszinssatz (LZ) beträgt 3 % bezogen auf die Restnutzungsdauer n des Gebäudes von 20 Jahren.

Die Flächenverhältnisse und die sich daraus ergebenden Bodenwerte stellen sich wie folgt dar:

Grundstücksgesamt und -teilflächen		**Bodenwert bei planungsrechtlich zulässiger GFZ_{zul}= 1,0**		**Nutzungsbefangener Bodenwert, realisiert: GFZ_{rel}= 0,5**	
		pro m²	insgesamt	pro m²	insgesamt
– bebaubarer Grundstücksfläche (Vorderland)	1 000 m²	900 €/m²	900 000 €	450 €/m²	450 000 €
– nicht bebaubares Hinterland	200 m²	100 €/m²	20 000 €	100 €/m²	20 000 €
Bodenwert des Grundstücks insgesamt	1 200 m²		920 000 €		470 000 €
Bodenwertanteil des Vorderlands			900 000 €		450 000 €
Bodenwertverzinsungsbetrag für das Vorderland bei einem LZ von 3 %			**27 000 €**		13 500 €

Der Bodenwertverzinsungsbetrag von 27 000 fällt deutlich höher als der marktüblich erzielbare Jahresreinertrag von 24 000 € aus und die Anwendung des Liquidationswertverfahrens ist angezeigt.

25 Wird der Bodenwertverzinsungsbetrag im Hinblick auf die atypische Nutzung i.S. des § 40 Abs. 5 Nr. 1 ImmoWertV auf der Grundlage des nutzungsabhängigen Grundstücks ermittelt, bleibt dieser hinter dem marktüblich erzielbaren Jahresreinertrag. Dies gibt ein irreführendes Bild. Es handelt sich gleichwohl um einen Liquidationswert, denn der auf der Grundlage des nutzungsabhängigen Bodenwerts ermittelte Ertragswert fällt deutlich geringer als der Bodenwert aus, der sich für das Grundstück im freigelegten Zustand ergibt.

b) Ertragswertermittlung

Reinertrag	24 000 €	24 000 €
– Bodenwertverzinsungsbetrag des Vorderlands (BW x LZ) bei LZ von 3 %	27 000 €	13 500 €
Um den Bodenwertverzinsungsbetrag geminderter Reinertrag: Gebäudereinertrag	– 3 000 €	10 500 €
Kapitalisierungsfaktor KF bei n = 20 Jahre und LZ von 3 %	x 14,8775	x 14,8775
Kapitalisierter Gebäudereinertrag	– 44 634 €	156 214 €
+ Bodenwert der Umgriffsfläche bei GFZ_{zul} von 1,0	900 000 €	-
+ Nutzungsabhängiger Bodenwert bei GFZ_{real} von 0,5	-	400 000 €
= Vorläufiger Ertragswert = (RE – BW x LZ) + BW	**855 366 €**	**556 214 €**

Besondere objektspezifische Grundstücksmerkmale (boG)		
Wertvorteil aufgrund der künftigen Nutzbarkeit 450 000 € = 900 000 € – 450 000 €		
abgezinst mit Abzinsungsfaktor bei LZ von 3 % und n = 20 Jahre: 0,55368	-	249 156 €
Zwischenwert	**855 366 €**	805 370 €
– zuzüglich nicht bebaubares Hinterland	+ 20 000 €	+ 20 000 €
Ertragswert = vorläufiger Ertragswert zuzüglich boG	**820 000 €**	**820 000 €**

Die ermittelten Ertragswerte bleiben in beiden Fällen deutlich hinter dem Bodenwert für das freigelegte Grundstück (beschränkt auf das Vorderland: 900 000 €) zurück: die Anwendung des Liquidationswertverfahrens ist auch hiernach angezeigt.

26 Die vorstehenden behandelten Kriterien einer indizierten Freilegung dürfen nicht als ein centgenaues Kriterium mit der Folge verstanden werden, dass eine Freilegung auszuschließen ist, wenn der Ertragswert den Bodenwert bzw. der Reinertrag den Bodenwertverzinsungsbetrag geringfügig überschreitet. Insbesondere bei **Grundstücken, deren bauliche Anlage nur noch eine kurze Restnutzungsdauer (i.d.R. ≤ 10 Jahre) aufweisen**, „kann" mit einer alsbaldigen Freilegung gerechnet werden, wenn es im Rahmen einer Gesamtbetrachtung unter Beachtung des Prinzips des *highest and best use* vernünftig ist, den Gebäuderestwert vorzeitig zu liquidieren, um den Boden einer ertragreicheren Nutzung zuführen zu können.

1.2.3.4 Liquidationsfalle

▶ *Vgl. § 8 ImmoWertV Rn. 133*

27 Die vorstehend behandelten Kriterien zur Identifizierung des Liquidationsfalls dürfen nach den Ausführungen unter Rn. 12 nicht schematisch zur Anwendung kommen. Es muss insbesondere beachtet werden, dass, abgesehen von besonderen Ausnahmefällen wie z.B. der Gefahrenabwehr, grundsätzlich keine rechtliche Verpflichtung zur Freilegung (vgl. § 8 ImmoWertV Rn. 46) besteht. Selbst das Rückbaugebot nach § 179 BauGB läuft lediglich auf eine Pflicht zur Duldung einer Beseitigung der baulichen Anlage hinaus.

28 Es ist stets eine Gesamtbetrachtung unter Einbeziehung örtlichen Marktverhältnisse und der sich daraus ergebenden vielfältigen Möglichkeiten der Grundstücksverwertung vorzunehmen. Andernfalls läuft man bei schematischer Anwendung vorstehend behandelter Kriterien Gefahr, in die sog. Liquidationsfalle zu geraten. Dies kann bedeuten, dass sich der Sachverständige entsprechend den Ausführungen in den Vorbem. zur ImmoWertV (Rn. 33) mit verschiedenen Nutzungsalternativen befassen muss, um dann den sog. *best use value* einer Verkehrswertermittlung zugrunde zu legen.

29 Es muss insbesondere Beachtung finden:

1. Die vorstehenden in langjähriger Wertermittlungspraxis zur Anwendung gekommenen Kriterien (BW ≥ EW bzw. RE – BW x LZ ≤ 0) sind in Zeiten anhaltender Niedrigzinspolitik unzeitgemäß. Die dem Kriterium zugrunde liegende Logik, dass eine Freilegung angezeigt sei, weil **allein schon der Kapitalwert des Grund und Bodens eine höhere Verzinsung abwirft als die bauliche Nutzung**, gilt mangels alternativer krisensicherer Möglichkeiten einer Anlage des Veräußerungserlöses nur noch eingeschränkt.

2. Auf angespannten Grundstücksmärkten mit hohem Nachfrageüberhang, **insbesondere in den Innenstadtlagen und bevorzugten Lagen, sind selbst bei indizierter Freilegung die Kosten der Freilegung im gewöhnlichen Geschäftsverkehr kaum noch von Bedeutung und haben mithin keinen wertmindernden Einfluss auf den Marktwert**.

3. Übersteigt der nicht abgezinste Bodenwert ohne Berücksichtigung der Freilegungskosten den Ertragswert, weil

   – die nach § 5 Abs. 1 ImmoWertV maßgebliche, d.h. zulässige bzw. lagetypische Nutzbarkeit nicht realisiert wurde (Atypik), ist eine Freilegung des Grundstücks nicht zwangsläufig angezeigt, wenn durch eine ergänzende Bebauung einschließlich An- und Aufbauten die zulässige bzw. lagetypische Nutzbarkeit realisiert werden könnte oder

– aufgrund eines erheblichen und dauerhaften Leerstandes, eines erheblichen Instandhaltungsrückstaus, einer gebotenen Modernisierung bzw. Umstrukturierung oder aus sonstigen Gründen entsprechende Ertragsausfälle hingenommen werden müssen. Dann ist ebenfalls eine Freilegung des Grundstücks nicht zwangsläufig angezeigt. Mit einer Freilegung ist in diesen Fällen nur dann zu rechnen, wenn eine wirtschaftliche Nutzung durch entsprechende Instandsetzungs-, Modernisierungs- oder Umstrukturierungsmaßnahmen nicht realisierbar wäre bzw. Abriss und Neubebauung rentierlicher sind.

4. Umgekehrt kann eine Liquidation bereits geboten sein, wenn die baulichen Anlagen am Wertermittlungsstichtag baulich (noch) nutzbar sind und der Ertragswert (noch nicht) den nicht abgezinsten Bodenwert übersteigt, wenn im Rahmen einer **vorgezogenen Freilegung** die Werthaltigkeit des Grund und Bodens mit einer Neubebauung „aktiviert“ werden kann und der daraus resultierende Marktwert den sich bei Fortsetzung der „Kümmernutzung“ ergebenden Verkehrswert übersteigt.

1.3 Liquidationsobjekte in der steuerlichen Bewertung

▶ *Rn. 11*

In der steuerlichen *Einheitsbewertung* wird Grundstücken, deren bauliche Anlagen baulich nicht nutzbar sind, mit der Regelung des § 77 BewG Rechnung getragen. **Grundstücke mit baufälligen nicht mehr benutzbaren Gebäuden** oder sonstiger dem Verfall preisgegebener Bausubstanz **gelten** in der steuerlichen Bewertung **als unbebaute Grundstücke** (vgl. § 6 ImmoWertV Rn. 66). Begrifflich kann es dahinstehen, wie derartige Grundstücke zu bezeichnen sind. Ist eine wirtschaftliche Nutzbarkeit vorhandener baulicher Anlagen am Wertermittlungsstichtag auf absehbare Zeit indessen nicht zu erwarten, so stellt die vorhandene Bebauung im Verhältnis zu vergleichbaren unbebauten Grundstücken eine wirtschaftliche Belastung des Grundstücks dar (obsolete Bausubstanz). In diesem Fall ist trotz obsoleter Bausubstanz nicht zwangsläufig mit einer alsbaldigen Freilegung des Grundstücks, d.h. mit einem Abriss der Bebauung, zu rechnen. 30

Bei Grundstücken mit baufälligen nicht mehr benutzbaren Gebäuden ist der sog. **Mindestwert nach § 77 BewG** maßgebend. § 77 BewG hat folgende Fassung: 31

„Der für ein bebautes Grundstück anzusetzende Wert darf nicht geringer sein als der Wert, mit dem der Grund und Boden allein als unbebautes Grundstück zu bewerten wäre. Müssen Gebäude oder Gebäudeteile wegen ihres baulichen Zustands abgebrochen werden, so sind die Abbruchkosten zu berücksichtigen.“

Mit Art. 7 des Steueränderungsgesetzes 1969[5] wurde die Ermittlung des Mindestwerts dahingehend modifiziert, dass es an Stelle des Abzugs von Abbruchkosten heißt: „Der … anzusetzende Wert darf nicht geringer sein als 50 vom Hundert des Werts, mit dem der Grund und Boden allein als unbebautes Grundstück zu bewerten wäre“. 32

Im Rahmen der *Ermittlung von Grundsteuerwerten* bestimmt sich der **Mindestwert nach § 251 BewG**. Danach darf der für ein bebautes Grundstück anzusetzende Wert nicht geringer sein als **75 Prozent** des Werts, mit dem der Grund und Boden allein als unbebautes Grundstück zu bewerten wäre (§ 247 BewG). Bei der Bewertung von Ein- und Zweifamilienhäusern i.S. des § 249 Abs. 2 und 3 BewG sind bei der Ermittlung des Mindestwerts zur Berücksichtigung abweichender Grundstücksgrößen beim Bodenwert die Umrechnungskoeffizienten nach Anl. 36 zum BewG anzuwenden (vgl. Syst. Darst. des Vergleichswertverfahrens Rn. 287). 33

Im Rahmen der erbschaft- und schenkungsteuerlichen Ermittlung von *Grundbesitzwerten* bestimmt sich der Mindestwert land- und forstwirtschaftlichen Vermögens nach § 164 BewG. 34

5 Steueränderungsgesetz vom 18.08.1969 (BGBl. I 1969, 1211).

2 Liquidationswertverfahren

2.1 Übersicht

35 Die ImmoWertV unterscheidet nach vorstehenden Ausführungen zwischen drei Arten von Liquidationsobjekten und regelt den im Rahmen der Marktwertermittlung bebauter Grundstücke bei der Ermittlung des *vorläufigen* Verfahrenswerts anzusetzenden Bodenwert bzw. den **Liquidationswert** *(default market value)* nach drei unterschiedlichen Szenarien, nämlich

a) der „alsbaldigen“ Freilegung der baulichen Anlagen (§ 8 Abs. 3 Satz 2 Nr. 3 ImmoWertV),

b) der aufgeschobenen Freilegung der baulichen Anlagen sowie

c) der langfristig nicht erwarteten Freilegung der baulichen Anlagen.

Darüber hinaus kann auch der Fall einer **sog. *vorgezogenen* Freilegung** vorliegen.

Abb. 2: „Alsbaldige“, „aufgeschobene“ sowie „langfristig“ nicht erwartete Freilegung der baulichen Anlagen nach den Vorgaben des § 43 ImmoWertV

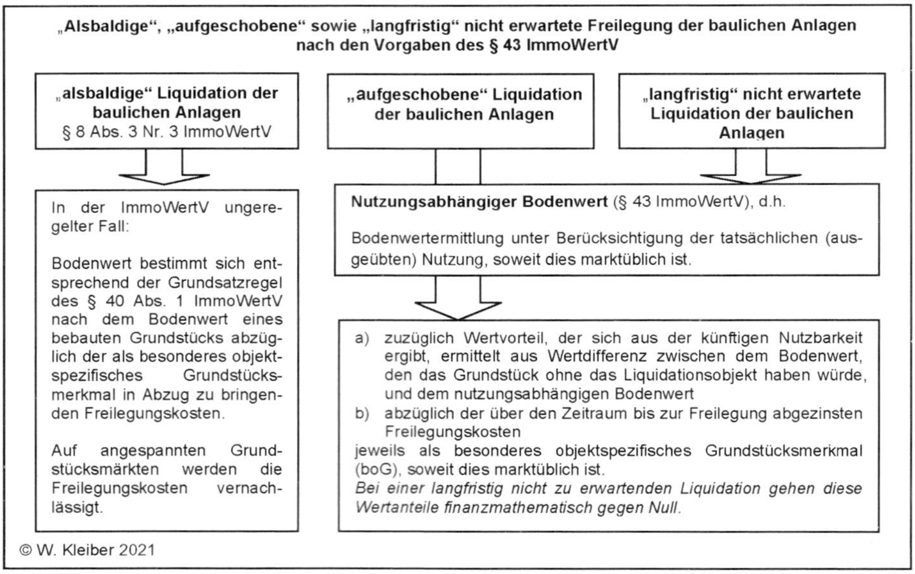

36 Von einer **„aufgeschobenen“ Freilegung** kann gesprochen werden, wenn die Freilegung nicht bereits am Wertermittlungsstichtag oder zumindest in allernächster Zeit „alsbald“ ansteht.

37 Die „aufgeschobene“ und „langfristig“ nicht erwartete Freilegung der baulichen Anlagen ist mit der ImmoWertV dem Schrifttum folgend erstmals in die Verordnung – sprachlich verunglückt – aufgenommen worden, denn bei der langfristig nicht erwarteten Freilegung der baulichen Anlagen handelt es sich auch um eine *konkret langfristig aufgeschobene Freilegung*. Wie die „*aufgeschobene*“ von der „*langfristig*“ nicht erwarteten Freilegung der baulichen Anlagen abzugrenzen ist und welche Aufschiebungszeiträume damit angesprochen sind, lässt die ImmoWertV offen. Die Frage beantwortet sich allein schon bewertungstechnisch von selbst, denn im Falle der aufgeschobenen Freilegung werden die Kosten der Freilegung sowie etwaige mit der Freilegung einhergehende Bodenwerterhöhungen oder -minderungen – bezogen auf den Wertermittlungsstichtag – nur in einer über den Zeitraum bis zur Freilegung abgezinsten Höhe, d.h. mit ihrem Barwert, berücksichtigt. Sie können nach den Gesetzen der Finanzmathematik vernachlässigt werden, wenn der Zeitraum so groß ist, dass sich der Barwert rech-

nerisch bis auf die allgemeine Auf- und Abrundungsgenauigkeit vermindert hat (vgl. § 43 Abs. 3 ImmoWertV). Insoweit bedarf es einer Unterscheidung zwischen der aufgeschobenen und „langfristig“ nicht erwarteten Freilegung der baulichen Anlagen gar nicht.

2.2 Rückbaugebot und Beseitigung baulicher Anlagen

Grundsätzlich kann vom Eigentümer eines Grundstücks der Abriss vorhandener Baulichkeiten nicht gefordert werden. Eine rechtliche Verpflichtung zum Abriss einer baulichen Anlage kommt nur in besonderen Ausnahmefällen in Betracht: 38

1. Mit dem sog. **Rückbaugebot des § 179 BauGB** kann dem Eigentümer **der Abriss vorhandener Baulichkeiten nicht aufgegeben werden.** Er kann damit nur verpflichtet werden, den Abriss einer baulichen Anlage ganz oder teilweise zu dulden, wenn sie
   a) den Festsetzungen eines Bebauungsplans nicht entspricht und ihnen nicht angepasst werden kann oder
   b) Missstände oder Mängel i.S. des § 177 Abs. 2 und 3 Satz 1 BauGB aufweist, die auch durch eine Modernisierung oder Instandsetzung nicht behoben werden können.

   Entstehen dem Eigentümer, Mieter, Pächter oder sonstigen Nutzungsberechtigten durch die Beseitigung der baulichen Anlage Vermögensnachteile, hat die Gemeinde nach § 179 Abs. 3 BauGB angemessene Entschädigung in Geld zu leisten. Der Eigentümer kann anstelle der Entschädigung nach Satz 1 von der Gemeinde die Übernahme des Grundstücks verlangen, wenn es ihm mit Rücksicht auf das Rückbaugebot wirtschaftlich nicht mehr zuzumuten ist, das Grundstück zu behalten (§ 43 Abs. 1, 2, 4 und 5 sowie § 44 Abs. 3 und 4 BauGB). Im Falle von Missständen oder Mängeln i.S. des § 177 Abs. 2 und 3 Satz 1 BauGB sind nach § 179 Abs. 4 BauGB die Beseitigungskosten vom Eigentümer bis zur Höhe der ihm durch die Beseitigung entstehenden Vermögensvorteile zu tragen.

2. Bauliche Anlagen müssen bauordnungsrechtlich verkehrssicher sein und so instandgehalten werden, dass die öffentliche Sicherheit und Ordnung, insbesondere Leben, Gesundheit und die natürlichen Lebensgrundlagen, nicht gefährdet werden (vgl. § 3 Abs. 1 MBO). Die **teilweise oder vollständige Beseitigung einer baulichen Anlage kann vor diesem Hintergrund bauordnungsrechtlich nur gefordert werden, wenn eine bauliche Anlage im Widerspruch zu öffentlich-rechtlichen Vorschriften errichtet oder geändert wurde sowie die öffentliche Sicherheit und Ordnung einer baulichen Anlage nicht auf andere Weise herbeigeführt werden** kann.
   In diesem Fall kann ein Abriss auch wirtschaftlich geboten sein, insbesondere wenn die öffentliche Sicherheit und Ordnung laufend kostenintensive Sicherungsmaßnahmen (Überwachung, Umzäunung usw.) erfordert.

2.3 Marktübliches Szenario

▶ *Vgl. Rn. 16*

Die Bodenwertermittlung muss im Einzelfall jeweils den vorstehenden Szenarien entsprechen. § 43 ImmoWertV fordert übergreifend für jeden der angesprochenen Fälle ausdrücklich, dass die **„alsbaldige“, „aufgeschobene“ oder „langfristig“ nicht erwartete Freilegung der baulichen Anlagen im gewöhnlichen Geschäftsverkehr „*marktüblich*“** ist. Dies ist nicht eine unbedeutende Floskel, sondern der „Knackpunkt“ des § 43 ImmoWertV. Denn für die unterschiedlichen Szenarien ergeben sich nach den jeweils dafür anzuwendenden Vorgehensweisen teilweise erheblich unterschiedliche Liquidationswerte. Das im Einzelfall maßgebliche Szenario bestimmt sich nach dem Prinzip des *„highest and best use value“* (vgl. Rn. 16). 39

Abgesehen von dem unproblematischen Fall, dass eine bauliche Anlage aus rechtlichen Gründen langfristig oder sogar auf Dauer zu erhalten ist, ist die Feststellung des jeweils der Marktwertermittlung zugrunde zu legenden Szenarios das eigentliche Problem. Dies gilt insbeson- 40 dere dann, wenn es allein in der Entscheidung des Eigentümers liegt, ob er die Freilegung des Grundstücks „alsbald" tätigt, sie über einen *absehbaren* Zeitraum oder gar *langfristig* aufschiebt. Darauf kommt es aber nicht an. Maßgeblich ist stets, was im gewöhnlichen Geschäftsverkehr „*marktüblich*" ist. Dies in begründeter Weise festzustellen, ist oftmals eine unlösbare Aufgabe, der sich Sachverständige mit einer „Würde-wenn-Bewertung" entziehen (Szenariobewertung).

2.4 Alsbaldige Liquidation

2.4.1 Fallbezogenes Liquidationswertverfahren

▶ *Vgl. § 8 ImmoWertV Rn. 46*

41 § 43 ImmoWertV lässt den Fall einer sofortigen Freilegung einschließlich einer „alsbaldigen"[6] Freilegung der baulichen Anlagen ungeregelt. In Abgrenzung zur „**aufgeschobenen" Freilegung** ist damit der Fall angesprochen, in dem die Freilegung bereits am Wertermittlungsstichtag oder zumindest in allernächster Zeit „alsbald" ansteht. Dafür ist Voraussetzung, dass **aus baulichen oder wirtschaftlichen Gründen tatsächlich mit einer „alsbaldigen" Freilegung zu rechnen ist, weil die bauliche Anlage „*nicht mehr wirtschaftlich nutzbar*" ist und deren** Rentierlichkeit nicht durch geeignete Maßnahmen herbeigeführt werden kann.

42 Dabei ist zwischen den **Ursachen der Unwirtschaftlichkeit** zu unterscheiden:

a) Die bauliche Anlage kann „wirtschaftlich nicht mehr nutzbar" sein, weil sie erhebliche Baumängel aufweist oder allein schon aufgrund ihres Alters einen derart desolaten Zustand aufweist, dass die marktüblich erzielbaren Erträge in einem gravierenden Missverhältnis zum „vollen" Bodenwert stehen.

b) Eine ordnungsgemäß instandgehaltene bauliche Anlage kann trotz marktüblich erzielter oder erzielbarer Erträge aber auch dann wirtschaftlich nicht mehr nutzbar sein, wenn sie in irreparabler Weise die nach § 5 Abs. 1 ImmoWertV maßgebliche Nutzung erheblich unterschreitet (Atypik) und infolgedessen die Erträge in einem Missverhältnis zum Bodenwert stehen (Abb. 3).

43 Kann in derartigen Fällen eine wirtschaftliche Nutzung der baulichen Anlage durch geeignete und wirtschaftlich tragfähige Maßnahmen nicht herbeigeführt werden, muss eine Freilegung in Betracht gezogen werden.
Die vorstehenden Gegebenheiten bedeuten aber nicht zwangsläufig, dass der Fall einer „alsbaldigen Liquidation" gegeben ist.

44 Dafür ist Voraussetzung, dass die **alsbaldige Freilegung nach den Verhältnissen des Grundstücksmarktes marktüblich ist**. Dies kann beispielsweise auf Grundstücksmärkten erwartet werden, die durch eine Verknappung des Baulandangebots geprägt sind, oder bei Grundstücken in begehrten Lagen. Erst wenn nach den im Einzelfall gegebenen Verhältnissen des örtlichen Grundstücksmarktes eine „alsbaldige" Freilegung üblicherweise zu erwarten ist, bestimmt sich der Marktwert im Wege des Liquidationswertverfahrens. Dabei können sich für die betrachteten Fälle unterschiedlich zu berücksichtigende Sachverhalte ergeben.

45 Ist die bauliche Anlage aufgrund erheblicher Baumängel oder ihres Zustands wirtschaftlich irreparabel und ist nach den Verhältnissen des Grundstücksmarktes die „alsbaldige" Freilegung marktüblich, bestimmt sich der Marktwert (Liquidationswert) nach dem Bodenwert des unbebauten Grundstücks abzüglich einer sich an den Kosten der Freilegung orientierenden

---

6 Zum Begriff „alsbald" im WoBauG, § 82 Abs. 5 Satz 1: BVerwG, Urt. vom 22.09.1966 – 8 C 22/64 –, WM 1967, 101 = EzGuG 9.2b.

Wertminderung[7]. Wenn das Grundstück aus rechtlichen Gründen alsbald nicht freigelegt werden kann, weil es z.B. vertraglich für eine untergeordnete Nutzung (z.B. als Lagerfläche) überlassen wurde, liegt der Fall einer aufgeschobenen Freilegung i.S. des § 43 Abs. 1 ImmoWertV vor.

Bei der Ermittlung des Bodenwerts eines alsbald freizulegenden Grundstücks sind die Freilegungskosten gleichwohl als besonderes objektspezifisches Grundstücksmerkmal zu „verorten“. Das ist darin begründet, dass im Rahmen der Bodenwertermittlung es erforderlich sein kann, den Bodenwert z.B. ausgehend von einem Bodenrichtwert mittels Umrechnungskoeffizienten auf die objektspezifischen Bodenmerkmale „umzurechnen“ und die Umrechnungskoeffizienten modellkonform, d.h. entsprechend ihrer Ableitung aus freilegungsunbelasteten Vergleichspreisen zur Anwendung kommen müssen. 46

Abb. 3: Szenario einer alsbaldigen Liquidation aufgrund unterschiedlicher Ursachen

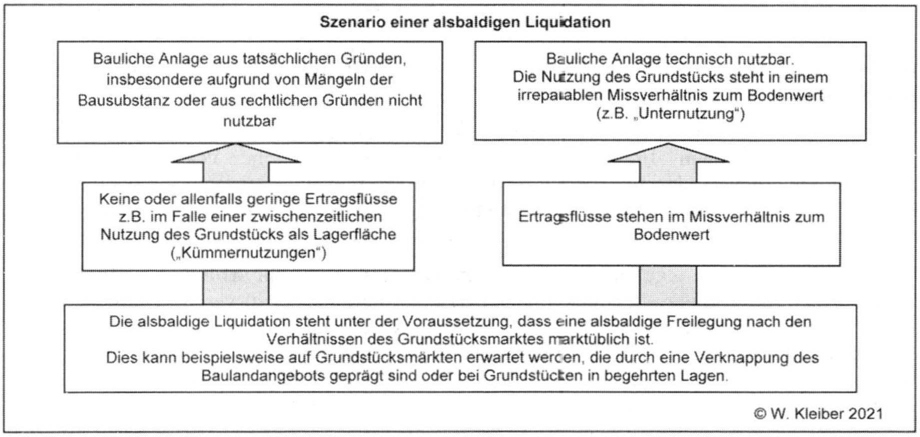

2.4.2 Freilegungskosten

2.4.2.1 Übliche Freilegungskosten

Schrifttum: *Stock, K.-D./Gütter, K.*, Abrisskosten und Entsorgungskosten bei der Bewertung von Gebäuden, Verlag Pflug und Feder, 1. Aufl. 2000.

▶ *Vgl. Rn. 41 ff., 113 ff., § 8 ImmoWertV Rn. 4, 46 ff.; § 40 ImmoWertV Rn. 214; Syst. Darst. des Sachwertverfahrens Rn. 268; Syst. Darst. des Ertragswertverfahrens Rn. 61*

Freilegungskosten bzw. die Kosten der Freimachung (vgl. Nr. 1.3 DIN 276) sind insbesondere die Abbruch- bzw. Abrisskosten einschließlich der damit einhergehenden **Nebenkosten**[8], 47

- Kosten der Genehmigungen (ggf. einschließlich Kampfmittelnachweis),
- Kosten von Sicherungsmaßnahmen,
- Kosten der Umverlegung von Leitungen und Kabeln.
- Kosten der Entleerung und Entgasung von Öltanks,

7 Dem ist auch die Rechtsprechung gefolgt: BGH, Urt. vom 19.12.1963 – III ZR 162/63 –, BRS Bd. 19 Nr. 21 = EzGuG 20.35; OLG Koblenz, Urt. vom 01.06.1977 – 1 U 9/76 –, DB 1977, 1362 = EzGuG 20.67; OLG Köln, Beschl. vom 03.05.1962 – 4 W 7/62 –, BlGBW 1962, 368 = EzGuG 20.30; RFH, Urt. vom 09.01.1931 – I A 346/30 –, RStBl 1931, 307 = EzGuG 20.13.

8 Zur steuerlichen Behandlung vgl. BFH, Urt. vom 06.11.1968 – I R 12/66 –, BFHE 94, 56 = BStBl II 1969, 74 = EzGuG 20.44.

- Kosten der Sperrmüllentsorgung,
- Folgekosten auf Nachbargrundstücken, z.B. bei gemeinsamer Giebelwand[9], und
- Kosten für Baustrom, Bauwasser sowie Bauleitung, soweit sie nicht in den Kosten selbst enthalten sind. Die Kosten werden etwa mit 10 % der Freilegungskosten anzusetzen sein.

48 Nach Untersuchungen des Gutachterausschusses von *Mülheim an der Ruhr* belaufen sich die Abbruchkosten dort wie folgt:

Abbruchkosten (2018) in Mülheim an der Ruhr					
Art des Objektes	**Anzahl**	**Min. (€/m³)**	**Max. (€/m³)**	**Mittelwert €/m³**	**Abbruchkosten €/m³**
Freistehend	44	18,75	66,00	33,42	35,00
Einseitig angebaut	1	32,65	32,65	32,65	40,00

Quelle: Grundstücksmarktbericht 2024

49 Von besonderer Bedeutung ist die **Entsorgung von Sondermüll**, die erhebliche Kosten verursachen kann.

50 Ausgangspunkt der mit den zu erwartenden Freilegungskosten einhergehenden Wertminderung sind die „üblichen" Freilegungskosten. Aufgrund persönlicher Verhältnisse außergewöhnlich hohe oder niedrige Freilegungskosten müssen mithin außer Betracht bleiben.
Auch die üblicherweise gewährten Förderungen einer Freilegung – direkt oder indirekt – sind zu berücksichtigen, wenn im gewöhnlichen Geschäftsverkehr damit gerechnet werden kann.

51 Zur *indirekten* Förderung gehört die **steuerliche Absetzbarkeit der Abbruchkosten**[10]. Lässt der Erwerber eines objektiv technisch oder wirtschaftlich noch nicht verbrauchten Gebäudes dieses nach dem Erwerb abreißen, so kann er eine Absetzung für außergewöhnliche Abnutzung nach § 7 Abs. 1 Satz 4 i.V.m. Abs. 4 Satz 3 EStG vornehmen und die Abbruchkosten als Betriebsausgaben (Werbungskosten) abziehen. Hat er dagegen ein solches Gebäude in Abbruchabsicht angeschafft, so gehören der (Buch-)Wert und die Abbruchkosten, wenn der Abbruch des Gebäudes mit dem Herstellungsgut in einem engen wirtschaftlichen Zusammenhang steht, zu den Herstellungskosten dieses Wirtschaftsguts, sonst zu den Anschaffungskosten des Grund und Bodens[11].

52 Soweit zu erwarten ist, dass die Freilegung unternehmerseitig betrieben wird, muss eine Minderung der Freilegungskosten um die **Umsatzsteuer** (als durchlaufender Posten) in Betracht gezogen werden. Auch wenn die Freilegungskosten steuerrechtlich den Herstellungskosten zuzuordnen sind, steht diese Umsatzsteuer nämlich im engen Zusammenhang mit dem Grund und Boden und ist insoweit bei der Verkehrswertermittlung nach den Preisbildungsmechanismen bei den abzuziehenden Freilegungskosten kostenmindernd zu berücksichtigen[12].

53 Die **Berücksichtigung von steuerlichen Vorteilen** ist allerdings in der Wertermittlungspraxis nicht unumstritten und stellt eine gewisse „Grauzone" dar, da darin „persönliche Verhältnisse" gesehen werden, die nach der Definition des Verkehrswerts (§ 194 BauGB) nicht berücksichtigt werden dürfen. In diesem Zusammenhang wird auch darauf verwiesen, dass die steuerlichen sich nach den Einkommensverhältnissen des einzelnen Steuerpflichtigen ergebenden

9 BGH, Urt. vom 27.07.2012 – V ZR 2/12 –, GuG 2013, 58 = EzGuG 4.212: Verläuft z.B. die Grenze zwischen Nachbargrundstücken in der Mitte einer gemeinsamen Giebelwand (§ 921 BGB), müssen diejenigen Maßnahmen getroffen werden, die zur Veränderung oder Beseitigung der Auswirkungen des Abrisses auf das Nutzungsinteresse des Nachbarn geboten sind, d.h., der das Gebäude abreißende Grundstückseigentümer schuldet bei gemeinsamer Giebelwand dem Nachbarn die Erstattung der Kosten für die Herstellung der Wärmedämmung und des Außenputzes.

10 BFH, Urt. vom 12.06.1978 – GrS 1/77 –, BFHE 125, 516 = EzGuG 4.56a.

11 BFH, Urt. vom 12.06.1978 – GrS 1/77 –, BFHE 125, 516 = EzGuG 4.56a. Wird mit dem Abbruch eines Gebäudes innerhalb von drei Jahren nach dem Erwerb begonnen, so spricht der Beweis des ersten Anscheins dafür, dass der Erwerber das Gebäude in der Absicht erworben hat, es abzureißen.

12 Vgl. § 33a Abs. 5 Nr. 3 EStR.

Vorteile für den Sachverständigen nicht erkennbar sind und entsprechend vorstehenden Ausführungen letztlich im Rahmen der steuerlichen Behandlung der Gebäudeherstellungskosten (und nicht des Grund und Bodens) berücksichtigt werden[13].

Des Weiteren sind ggf. **Verwertungserlöse für wiederverwendbare Bauteile** gegenzurechnen. Auch die Verkaufswerte müssen in der Höhe angesetzt werden, wie dies dem gewöhnlichen Geschäftsverkehr entspricht[14]. 54

Im Jahre 2020 beliefen sich die Freilegungskosten auf etwa 35 bis 50 €/m³ umbautem Raum (Raummeter) einschließlich Abfuhr der anfallenden Schuttmassen und aller Gebühren für die Entsorgung/Versorgung[15]. Der Betrag kann sich deutlich erhöhen, soweit es sich um Sondermüll handelt, der bei der Entsorgung besonders behandelt werden muss, oder besondere Transport- und Sicherungskosten anfallen. Die Freilegungskosten vermindern sich deutlich mit dem Volumen der freizulegenden Bausubstanz, insbesondere wenn es sich um großvolumige Hallen mit „viel Luft" handelt. Bei einem Verbleib von **vor Ort recycelfähigen Abbruchmassen** und ihrer Aufbereitung zu Recyclingschotter auf der Baustelle können sich darüber hinaus Einsparungen von 2,00 bis 4,00 €/m³ ergeben. Dies kommt aber nur bei entsprechend hohem Abbruchvolumen in Betracht und setzt voraus, dass durch einen hohen Mauerwerksanteil ein Recyclingschotter in ausreichender Qualität herzustellen ist, der für die nachfolgenden Bauarbeiten in dieser Menge benötigt wird oder sonst verwertbar ist. 55

Die Feststellung der üblichen Freilegungskosten, insbesondere wenn Sondermüll zu entsorgen ist, steht insbesondere bei aufwendigen baulichen Anlagen nicht in der Kompetenz des Sachverständigen für Grundstückswerte. I.d.R. wird er sich nur auf grobe Schätzungen stützen können, die unter dem Vorbehalt einer **Feststellung durch Spezialgutachter** stehen. Für eine verlässliche Abschätzung von Freilegungskosten wird deshalb – wie für die Feststellung von Baumängeln und Bauschäden und die Ermittlung von Schadensbeseitigungskosten – auf speziell ausgebildete Abrisskostengutachter zurückgegriffen. Liegen konkrete Kostenangebote für die Freilegungskosten vor, so gehören sie zu den Anknüpfungstatsachen der Gutachtenerstattung, die bezüglich Vollständigkeit und Angemessenheit einer Plausibilisierung zu unterziehen sind. 56

2.4.2.2 Im „gewöhnlichen Geschäftsverkehr berücksichtigte" Freilegungskosten

Kosten sind nicht mit dem Wert bzw. mit der Wertminderung gleichzusetzen, die aus den aufzubringenden Freilegungskosten resultieren. Die **üblichen Freilegungskosten können aber einen Anhaltspunkt für die „im gewöhnlichen Geschäftsverkehr berücksichtigten" Freilegungskosten bieten**. Ausgehend von den üblichen Freilegungskosten und den üblichen Verwertungserlösen der freizulegenden Bausubstanz sind diese nur insoweit zu berücksichtigen, wie sie „im gewöhnlichen Geschäftsverkehr berücksichtigt" werden. 57

Generell kann davon ausgegangen werden, dass „im gewöhnlichen Geschäftsverkehr" die künftig anfallenden Freilegungskosten in umso geringerem Maße den Kaufpreis eines Grundstücks mit freizulegender Bausubstanz beeinflussen, je länger die Freilegung aussteht. Diesem aus dem „gewöhnlichen Geschäftsverkehr" resultierenden Erfahrungssatz wird man gerecht, wenn die künftig anfallenden und möglicherweise in vielen Jahren erst anfallenden **Kosten über den erwarteten Zeitraum abgezinst** werden. Die auf der Grundlage der allgemeinen Wertverhältnisse des Wertermittlungsstichtags geschätzten Freilegungskosten finden damit nur zu einem entsprechenden Bruchteil Eingang in die Bodenwertermittlung. 58

---

13 Darüber hinaus wird die Auffassung vertreten, dass auf dem Grundstücksmarkt allgemein geltende Steuervor- und -nachteile bereits mit dem Liegenschaftszinssatz erfasst werden und eine gesonderte Berücksichtigung zu einer unzulässigen Doppelberücksichtigung führt. Der Liegenschaftszinssatz (LZ) wird nämlich aus tatsächlich auf dem Grundstücksmarkt erzielten Kaufpreisen abgeleitet. Soweit sich steuerliche Vor- und Nachteile auf das Marktgeschehen auswirken, finden sie mithin Eingang in diese Kaufpreise und werden mit den daraus abgeleiteten Liegenschaftszinssätzen bereits erfasst.

14 BGH, Urt. vom 25.06.1964 – III ZR 111/61 –, BRS Bd. 19 Nr. 128 = EzGuG 20.37.

15 Zu den Rückbau- und Entsorgungskosten in Berlin/Brandenburg 1993 vgl. GuG 1996, 228.

59 Ob darüber hinaus die künftig anfallenden Freilegungskosten im Verhältnis zu den üblichen Freilegungskosten im gewöhnlichen Geschäftsverkehr „über- oder untersetzt" berücksichtigt werden, ist i.d.R. eine nur schwer oder gar nicht zu beantwortende Frage, wenn im konkreten Einzelfall keine weiteren Erkenntnisse vorliegen.

- Soweit mit erheblichen Freilegungskosten zu rechnen ist und üblicherweise im Zuge der Kaufpreisverhandlungen Voranschläge eingeholt werden, kann davon ausgegangen werden, dass sie in plausibilisierter Höhe berücksichtigt werden und das Marktgeschehen bestimmen.
- Soweit nach der Beschaffenheit der abzureißenden Bausubstanz ein besonderes Risiko besteht, insbesondere wenn Sondermüll erkennbar oder nicht auszuschließen ist, ist ein „gewöhnlicher" Käufer geneigt, dieses Risiko wertmindernd (zusätzlich zu den allgemein erwarteten Freilegungskosten) zu berücksichtigen, denn Sondermüll kann die Freilegungskosten bei den heute gestellten Anforderungen in unkalkulierbarem Ausmaß drastisch erhöhen, zumal diesbezüglich eine hohe Sensibilisierung des Umweltschutzes besteht.

60 Bei alledem gibt es weder den Erfahrungssatz, dass künftige Freilegungskosten über die mit ihrer Abzinsung einhergehende Minderung hinaus per se nur zu einem Bruchteil „im gewöhnlichen Geschäftsverkehr" berücksichtigt werden, noch gibt es den Erfahrungssatz, dass sie im Hinblick auf ein allgemeines nicht konkretisierbares Risiko beispielsweise im Hinblick auf „Unvorhergesehenes" in übersetzter Höhe berücksichtigt werden.

61 Bei größeren Objekten treten vielfach Fälle auf, in denen die Kosten des Abrisses den Bodenwert „auffressen" würden, wenn dieser um die Freilegungskosten vermindert wird; es können sich dann auch negative Werte (**Unwerte;** *nil value*)[16] ergeben, wenn allein das „bloße" Halten eines Grundstücks mit Kosten verbunden ist, z.B. wenn ein munitionshaltiges Grundstück bewacht werden muss.

2.4.3 Vorzeitige Beendigung vertraglicher Bindungen

62 Eine am Wertermittlungsstichtag unter Berücksichtigung der Gesamtsituation angezeigte, aber aufgrund vertraglicher Bindungen oder aus sonstigen Gründen nicht mögliche Freilegung führt zwangsläufig zu einem **Ertragswert, der den „vollen" Bodenwert des Grundstücks unterschreitet**. Wenn nämlich schon allein das im Grund und Boden investierte Kapital eine höhere Rendite abwirft als aus der baulichen Nutzung des Grundstücks erzielt wird, wird der „volle" Bodenwert umso mehr „aufgefressen", je länger die rechtlichen oder sonstigen Gründe eine Freilegung des Grundstücks verhindern und je ausgeprägter die Unternutzung ist.

63 *Beispiel:*

a) Sachverhalt

- Reinertrag RE	20 000 €
- Bodenwert BW (baureif)	550 000 €
- Freilegungskosten FLK	50 000 €
- Liegenschaftszinssatz LZ	5 %
Bodenwertverzinsungsbetrag BW x LZ	27 500 € = 500 000 € x 0,05
Liquidationswert ist angezeigt, da RE ≤ BW x LZ	20 000 € ≤ 27 500 €

Liquidationswert = BW – FLK = 550 000 € – 50 000 € = **500 000 €**

16 Statements of Valuation and Appraisal Practice and Guidance Notes des RICS, London 1996, VAS. 3.6.

b) Wertermittlung

Als Ertragswerte (EW = RE x KF + BW x AF – FLK x AF) ergeben sich bei Fortsetzung einer unwirtschaftlichen Bebauung im vorstehenden Beispiel bei einer Weiternutzung um

Weiternutzung	**5 Jahre**	**10 Jahre**	**20 Jahre**	**50 Jahre**
Reinertrag RE	20 000 €	20 000 €	20 000 €	20 000 €
x Kapitalisierungsfaktor KF	4,32947667	7,72173493	12,4622103	18,2559255
= kapitalisierter Reinertrag =	**86 589,53 €**	**154 434,70 €**	**249 244,20 €**	**365 118,51 €**
Bodenwert BW, unbebaut	550 000 €	550 000 €	550 000 €	550 000 €
x Abzinsungsfaktor AF	0,78352617	0,61391325	0,37688948	0,08720373
= abgezinster Bodenwert =	**430 939,39 €**	**337 652,29 €**	**207 289,21 €**	**47 962,05 €**
Vorläufiger Ertragswert	**517 528,92 €**	**492 086,99 €**	**456 533,41 €**	**413 080,56 €**
Besonderes objektspezifisches Merkmal				
Freilegungskosten (FLK)	50 000 €	50 000 €	50 000 €	50 000 €
x AF = abgezinste Freilegungskosten	39 176,31	30 695,66 €	18 844,47 €	4 360,19 €
Ertragswert	**478 353 €**	**462 391 €**	**437 689 €**	**408 720 €**

Der Eigentümer wird demzufolge bestrebt sein, das Nutzungsverhältnis baldmöglichst aufzulösen (vgl. §§ 569 ff. BGB; §§ 182 ff. BauGB).

Eine Aufhebung von Miet- und Pachtverhältnissen kann z.B. **in förmlich festgelegten Sanierungsgebieten und städtebaulichen Entwicklungsbereichen nach Maßgabe der §§ 182 ff. BauGB** in Betracht kommen. Des Weiteren kann ein Mietverhältnis über Wohnraum nach § 573 Abs. 2 BGB bei berechtigtem Interesse des Vermieters gekündigt werden, wobei nach Nr. 3 dieser Regelung ein berechtigtes Interesse vorliegt, wenn der Vermieter durch die Fortsetzung des Mietverhältnisses an einer angemessenen wirtschaftlichen Verwertung des Grundstücks gehindert wird und dadurch erhebliche Nachteile erleiden würde. **64**

Bei **gewerblichen Mietverhältnissen** stellt sich die Situation i.d.R. einfacher als für Wohnraum dar. Ist nämlich das Mietverhältnis für eine feste Vertragslaufzeit abgeschlossen worden, endet es mit dem vertraglichen Ablauf (§ 542 BGB), ohne dass das Mietverhältnis gekündigt werden müsste. Setzt der Mieter nach Ablauf der vertraglichen Festmietzeit das Mietverhältnis fort und teilen sich weder Mieter noch Vermieter innerhalb von zwei Wochen gegenseitig mit, dass eine stillschweigende Verlängerung des Mietverhältnisses nicht gewollt sei, tritt nach Maßgabe § 545 BGB eine Verlängerung des Mietverhältnisses auf unbestimmte Zeit ein. **65**

Ansonsten kann das Mietverhältnis nach § 542 Abs. 1 BGB von jeder Vertragspartei nach den gesetzlichen Vorschriften gekündigt werden (§§ 573 ff. BGB). Insoweit ist bei einer **unwirtschaftlichen Nutzung des Grundstücks für gewerbliche Zwecke** die Situation einfacher als bei einer Nutzung für Wohnzwecke. **66**

Wo der Vermieter keine rechtlichen Möglichkeiten zur Durchsetzung einer vorzeitigen Beendigung des Mietverhältnisses hat, kann diese im Verhandlungswege herbeigeführt werden, z.B. durch **Abstandszahlungen**. Dabei können sich – rein rechnerisch – gewaltige Spielräume ergeben. Profitieren können dabei sowohl der Rechtsinhaber als auch der Grundstückseigentümer. Kommt es zu einer Einigung mit der Folge, dass das Grundstück sofort freilegbar wird, bemisst sich der Verkehrswert nach Maßgabe eines vergleichbaren unbebauten Grundstücks abzüglich der Freilegungskosten einschließlich einer Abstandszahlung[17]. **67**

17 Vgl. hierzu die ältere Erhebung der Aufina (1993); abgedruckt in Kleiber, Marktwertermittlung, 7. Aufl. 2012, S. 1200.

68 *Beispiel:*

a) Sachverhalt

Ein hochwertiges Baugrundstück in Berlin-Mitte ist mit einer eingeschossigen Stahlbetonhalle sowie im hinteren Teil mit einem kleinen fünfgeschossigen Altbauteil bebaut. Das Grundstück liegt in einem 34er MK-Gebiet mit einer GFZ von 4,0. Der Bodenwert des insgesamt 1 792 m² großen Grundstücks wurde mit 16 Mio. € ermittelt, d.h. rd. 9 000 €/m².

Es besteht ein **langfristiges Mietverhältnis** an den Baulichkeiten bis zum 31.12.2027, das aufgrund einer Option des Mieters um 5 Jahre, also bis zum 31.12.2032, verlängert werden kann. Der Reinertrag beträgt 11 000 € mtl., d.h. 132 000 € p.a.

Die dem Reinertrag zugrunde liegende Miete ist für den Mieter außerordentlich günstig, da sich für das Grundstück, wie es steht und liegt, im Falle der Vereinbarung einer ortsüblichen Miete ein jährlicher Reinertrag von 350 000 € p.a. ergeben würde.

Was immer den Eigentümer bewogen haben mag, ein derartiges Mietverhältnis eingegangen zu sein, er hat sich gleich doppelt bestraft: Neben dem Mietverzicht hat er sich über die Mietdauer der Möglichkeit beraubt, sein Grundstück „bodenwertkonform" zu nutzen. Es ist erheblich untergenutzt und es wird so auch bleiben, wenn der Mieter auf Einhaltung des Mietvertrags „pocht"; eine vorzeitige Kündigung des Mietverhältnisses erschien bislang nicht möglich.

Der Eigentümer – inzwischen klüger geworden – möchte trotzdem aus dem Mietvertrag „aussteigen" – gefragt ist nach der **Höhe der Abstandszahlung**,

Wertermittlungsstichtag 01.01.2020.

69 **b) Lösungsansätze**

1. Es handelt sich um ein **Liquidationsobjekt,** denn das Grundstück weist im Verhältnis zum Bodenwert eine deutliche Unternutzung aus:
   Bei einem Bodenwert von 16 Mio. € und einem Liegenschaftszinssatz (LZ) von 3 % ergibt sich ein Bodenwertverzinsungsbetrag von 960 000 €, dem ein Reinertrag von 132 000 € gegenübersteht: Der Verkehrswert würde sich bei einem sofort zulässigen Abriss aus dem Bodenwert abzüglich der Freilegungskosten – FLK – ergeben:
   Bei einem umbauten Raum von 7000 m³ und Freilegungskosten von 50 €/ m³ würde sich bei sofortiger Liquidation ergeben:

Bodenwert (wenn unbebaut)	=	16 000 000 €
– FLK = 7 000 m3 × 50 €/m3	=	350 000 €
= Verkehrswert (sofort freilegbar)	=	**15 650 000 €**

2. Unter Berücksichtigung des langfristigen Mietvertrags, aus dem sich der Eigentümer erst zum 01.01.2033 lösen kann, ergibt sich der Liquidationswert wie folgt:

aufgeschobener Liquidationswert

Reinertrag (RE)	=	132 000 €
x Kapitalisierungsfaktor bei LZ = 3 % und 13 Jahren (01.01.2020–31.12.2032)	=	x 10,6349553
= Kapitalisierter Reinertrag	=	**1 325 035 €**
Bodenwert unter Berücksichtigung der FLK	=	15 650 000 €
x Abzinsungsfaktor (AF) für 13 Jahre (1.1.2020 – 31.12.2032) bei LZ = 3 %	=	x 0,68095134
= abgezinster Bodenwert	x	10 656 888 €
= Liquidationswert (= Verkehrswert/Marktwert)	=	**11 981 922 €**

c) Zwischenfazit

Der Liquidationswert ist zugleich der Verkehrswert, wenn der Mieter auf Einhaltung des Mietvertrags besteht. Würde er der sofortigen Auflösung des Mietvertrags zustimmen, steigt der Verkehrswert auf den zuvor berechneten Verkehrswert von 15,65 Mio. €, d.h., es tritt eine Wertsteigerung von rd. **3.67 Mio. €** ein!

Anders stellt sich die Situation für den Mieter dar: Als marktüblich erzielbare Miete für vergleichbaren Raum hätte er üblicherweise eine Jahresmiete (ohne Bewirtschaftungskosten) von 350 000 € aufzubringen (= Reinertrag zur Vereinfachung). Mit der sofortigen Auflösung des Mietvertrags würde er auf den Differenzbetrag gegenüber der vereinbarten Miete verzichten. Dies ergibt kapitalisiert:

Vermögensverlust des Mieters = (350 000 € – 132 000 €) x 10,635 = **2 316 430 €.**

Kapitalisierungsfaktor für 13 Jahre bei LZ = 3 % = 10,635

Umzugskosten und dgl. sollen hier vernachlässigt werden.

d) Ergebnis

Im Falle der sofortigen Auflösung des Mietverhältnisses ist der Nachteil für den Mieter weitaus geringer als der Vorteil für den Eigentümer. Beide Beträge setzen die Grenzen für den Verhandlungsspielraum der Parteien, wenn sie sich auf einen Ablösebetrag einigen wollen. Die ermittelte Spanne von

2,32 Mio. € bis 3,67 Mio. €

ist außerordentlich groß. Selbst eine Einigung auf den Mittelwert von rd. 3 Mio. € wäre ein gutes Geschäft sowohl für den Mieter als auch für den Eigentümer.

2.5 Vorgezogene Freilegung (Liquidation)

Ist nach dem unter Rn. 16 vorgestellten Kriterien (BW ≥ EW bzw. RE – BW x LZ ≤ 0) die Voraussetzung für eine alsbaldige Freilegung (Liquidation der baulichen Anlage) noch nicht (rechnerisch) gegeben, kann im Vergleich zu einer Neubebauung gleichwohl schon eine unwirtschaftliche Nutzung des Grundstücks vorliegen und es muss eine vorgezogene Liquidation in Betracht gezogen werden. Dies ist angezeigt, wenn der Bodenwertverzinsungsbetrag (BW x LZ) deutlich das nach Art der Nutzung und Lage des Grundstücks marktübliche Verhältnis zwischen Reinertrag (RE) und Bodenwertverzinsungsbetrag (BW x LZ) überschreitet. Dieser Fall tritt insbesondere auf sog. angespannten Grundstücksmärkten mit erheblichem Nachfrageüberhang und einem geringen Angebot an unbebauten Grundstücken auf: 70

Beispiel: 71

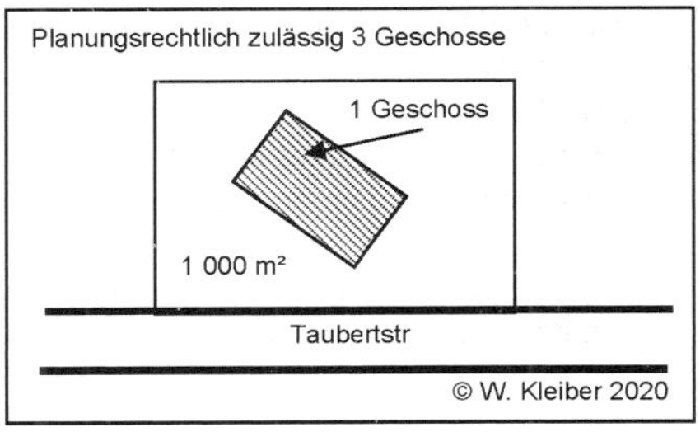

1. Geringer Reinertrag aufgrund eingeschossiger Bebauung und nicht ausgeschöpftem Baurecht.
2. Hoher Bodenwert wegen großem Grundstück in guter Lage mit hohen Bodenwerten.

Reinertrag RE	80 000 €
BW x LZ: 1 000 000 x 0,06	– 60 000 €
RE – (BW x LZ)	**= 20 000 €**

Bodenwertverzinsungsbetrag = 75 % des Reinertrags

72 Der **Anteil des Bodenwertverzinsungsbetrags am Reinertrag** (im *Beispiel* 75 %) **ist eine wichtige Kenngröße der Wirtschaftlichkeit der ausgeübten Grundstücksnutzung**. Üblicherweise beträgt der Bodenwertverzinsungsbetrag je nach Art der Nutzung und der Lage des Grundstücks im Bereich von 20 bis 40 %. Allgemein gilt:

- Je höher die einschlägigen Bodenwerte des Belegenheitsgebiets sind, desto höher ist der anteilige Bodenwertverzinsungsbetrag, und
- je größer das Maß der baulichen Ausnutzbarkeit des Grundstücks ist, desto geringer ist der anteilige Bodenwertverzinsungsbetrag.

73 Ist die im *Beispiel* gegebene Situation wirtschaftlich irreparabel, muss eine Freilegung in Betracht gezogen werden, obwohl sich auf der Grundlage des (nach Abzug des Bodenwertverzinsungsbetrags vom Reinertrag) noch ein Gebäudewert ergibt, denn nur so ließe sich der Bodenwert vollumfänglich nutzen. Diese Möglichkeit muss bei der Marktwertermittlung nach dem Prinzip des *highest and best use* beachtet werden.

74 Ergäbe sich bei vorgezogener Freilegung des Grundstücks und „voller" Ausnutzung des Bodenwerts nach Maßgabe der maßgeblichen Nutzbarkeit ($GFZ_{zul/lag}$) ein höherer Wert als bei Fortsetzung der unwirtschaftlichen Nutzung, so muss dies bei der Marktwertermittlung Berücksichtigung finden, zumal bei diesem Szenarium im Zuge einer Neubebauung auch ein höherer Ertrag erzielbar ist.

2.6 Aufgeschobene Liquidation

2.6.1 Allgemeines

75 Eine unter Berücksichtigung der Gesamtsituation angezeigte Freilegung des Grundstücks kann aufgrund vertraglicher Miet- und Pachtverhältnisse oder aus sonstigen Gründen am Wertermittlungsstichtag nicht möglich sein. In diesem Fall kann gleichwohl nicht davon ausgegangen werden, dass die Liquidation über den Zeitraum der Nutzungsbindung „aufgeschoben" ist.

76 Grundsätzlich steht es nämlich in der freien **Entscheidung des Eigentümers, ob und wann er unter Berücksichtigung der Gesamtsituation eine grundsätzlich angezeigte Freilegung des Grundstücks veranlasst**, wenn man von den Fällen absieht, in denen er sich dazu verpflichtet hat oder in denen die Freilegung aus Gründen der Sicherheit bauordnungsrechtlich geboten ist (vgl. Rn. 38). Die sog. aufgeschobene oder gestreckte Liquidation kann neben allgemeinen Finanzierungsproblemen viele Ursachen haben, die nicht nur persönlicher Art, sondern auch wirtschaftlich begründbarer Art sein können.

Ein Abriss von Wohnraum ist nach § 2 Abs. 1 Nr. 5 **des Zweckentfremdungsverbotsgesetzes (ZwVbG) von Berlin**[18]eine Zweckentfremdung, wenn vorrangige öffentliche Interessen oder schutzwürdige private Interessen das öffentliche Interesse an der Erhaltung des betroffenen Wohnraums zu dauerhaften Wohnzwecken überwiegen. Der Abriss kann nach Maßgabe des § 3 Abs. 1 nur im Falle der Errichtung von vergleichbarem Ersatzwohnraum genehmigt werden, wenn dadurch der mit der Zweckentfremdung eintretende Wohnraumverlust ausgeglichen wird. Die Genehmigung kann befristet, bedingt oder unter Auflagen erteilt werden, insbesondere können Ausgleichszahlungen verlangt werden, die zur Kompensation des durch die Zweckentfremdung entstandenen Wohnraumverlustes zur Neuschaffung von Wohnraum zu verwenden sind. Die Höhe der Ausgleichszahlung soll den Kosten für die Schaffung von angemessenem Ersatzwohnraum entsprechen.

---

18 Gesetz über das Verbot der Zweckentfremdung von Wohnraum vom 29.11.2013 (GVBl 2013, 626), zuletzt geändert durch Gesetz vom 09.04.2018 (GVBl 2018 211) i.V.m. der Verordnung über das Verbot der Zweckentfremdung von Wohnraum (Zweckentfremdungsverbot-Verordnung – ZwVbVO) vom 04.03.2014 (GVBl 2014, 73), zuletzt geändert durch Verordnung vom 30.08.2022 (GVBl 2022, 534).

So mag der Eigentümer den Abriss zurückstellen, weil eine bauliche Nutzung am Wertermittlungsstichtag aufgrund einer ungünstigen Konjunkturlage und Vermietbarkeit nicht erwartet werden kann. Von einer sofortigen Freilegung wird er insbesondere auch dann absehen, wenn eine **untergeordnete Zwischennutzung der baulichen Anlage** möglich ist, auch wenn der Bodenwert höher ausfällt als der sich auf dieser Grundlage ergebende Ertragswert. Dies ist nämlich für ihn im wirtschaftlichen Ergebnis vorteilhafter als die sofortige kostenverursachende Freilegung. Wertermittlungstechnisch sind dies schwierige Fälle, die auf der Grundlage eines wirtschaftlich handelnden Eigentümers zu behandeln sind. 77

- In strukturschwachen Gebieten können z.B. die Freilegungskosten den Bodenwert des dann unbebauten (freigelegten) Grundstücks übersteigen.
- Eine untergeordnete Zwischennutzung erwirtschaftet im Unterschied zum freigelegten Grundstück Erträge.
- Es wird nicht ausgeschlossen, dass im Rahmen einer künftigen Nutzung die obsolete Bausubstanz zumindest in Teilen noch genutzt werden kann (z.B. das Kellergeschoss).

Tatsächlich werden sogar Grundstücke mit obsoleter Bausubstanz in nicht unerheblichem Umfang gehandelt, ohne dass sie nach dem Erwerb (sofort) freigelegt werden. In diesem Zusammenhang wird von einer gestreckten (aufgeschobenen) Liquidation gesprochen. 78

2.6.2 Verfahren der Bodenwertermittlung bei aufgeschobener Liquidation baulicher Anlagen

§ 43 ImmoWertV regelt den bei der Marktwertermittlung bebauter Grundstücke nach den gängigen Wertermittlungsverfahren jeweils bei der Ermittlung des vorläufigen Verfahrenswerts anzusetzenden Bodenwert von Grundstücken, deren bauliche Anlagen wirtschaftlich nicht mehr nutzbar sind und bei denen die „alsbaldige“ Freilegung zum Wertermittlungsstichtag nach den örtlichen Verhältnissen des Grundstücksmarktes nicht marktüblich ist. Die Vorschrift findet mithin nur dann Anwendung, wenn nach den örtlichen Verhältnissen mit der Freilegung erst zu einem späteren Zeitpunkt zu rechnen ist, und unterscheidet sibyllinisch zwischen 79

- der „*aufgeschobenen*“ Freilegung und
- der „*langfristig*“ nicht zu erwartenden Freilegung.

Als Beispiel einer „aufgeschobenen Freilegung“ hebt § 43 ImmoWertV den Fall hervor, in dem eine wirtschaftlich nicht mehr nutzbare bauliche Anlage aus rechtlichen Gründen erst zu einem späteren Zeitpunkt zur Freilegung ansteht. 80

Der Fall einer „aufgeschobenen Freilegung“ tritt in der Wertermittlungspraxis häufig auch bei **Grundstücken** auf, die in „marktüblicher Weise“ vom Eigentümer nicht freigelegt werden, obwohl **deren bauliche Anlagen technisch „verschlissen“ bzw. in der realisierten Art und dem realisierten Maß der baulichen Nutzung „untergenutzt“ sind oder ganz allgemein** – gemessen am „vollen“ Bodenwert – nur noch geringe Erträge erwirtschaften können ($BW \geq EW$ bzw. $RE - BW \times LZ \leq 0$) und gleichwohl von dem Eigentümer nicht freigelegt werden (Fallgestaltung a). Die Eigentümer stellen die Freilegung schlichtweg zurück und „akzeptieren“ gegebenenfalls auch eine **unwirtschaftliche„Kümmernutzung“.** 81

Der dafür nach § 43 Abs. 1 ImmoWertV zu ermittelnde **„nutzungsabhängige Bodenwert“ ist in diesem Fall der der tatsächlich ausgeübten unwirtschaftlichen Nutzung der baulichen Anlage entsprechende Bodenwert.** Dieser ist der Ermittlung des *vorläufigen* Verfahrenswerts zugrunde zu legen. Die Freilegungskosten sowie Wertvor- und -nachteile, die sich aus der künftigen Nutzbarkeit ergeben, sind nach Maßgabe des § 43 Abs. 2 ImmoWertV – abgezinst über den Zeitraum bis zur Freilegung – als besondere objektspezifische Grundstücksmerkmale zu berücksichtigen. Die Abschätzung dieses Zeitraums ist dabei von besonderer Problematik.

Die **Regelung ist bewertungstechnisch mit dem** zur Grundsatzregelung des § 40 Abs. 1 ImmoWertV genannten **Ausnahmetatbestand des in § 40 Abs. 5 Nr. 1 ImmoWertV geregelten Falles einer atypischen Nutzung verwandt.** Insoweit können die Regelungen des § 43 ImmoWertV generell in dem in § 40 Abs. 5 Nr. 1 ImmoWertV genannten Fall erheblicher Abweichungen der tatsächlichen von der nach § 5 Abs. 1 ImmoWertV maßgeblichen Nutzung bei der Ermittlung des Bodenwerts bebauter Grundstücke zur Anwendung kommen, und zwar auch unter Einbeziehung des Falles einer erheblichen Überschreitung der nach § 5 Abs. 1 ImmoWertV maßgeblichen Nutzung. Der nutzungsabhängige Bodenwert ist mithin auch im Falle **atypisch bebauter Grundstücke** – unabhängig von ihrer Qualifizierung als „Liquidationsobjekt" – der **Ermittlung des vorläufigen Verfahrenswerts zugrunde zu legen.** Davon ausgenommen sind bei übergroßen Grundstücken die über die nach Art, Lage und Nutzung der Bebauung zuzuordnende marktübliche Grundstücksfläche hinausgehenden Grundstücksrestflächen.

82 Die Regelungen stehen – wie dargestellt – in engem Kontext mit der Grundsatzregelung des § 40 Abs. 1 ImmoWertV, nach dem sich der Bodenwert eines bebauten Grundstücks ohne Berücksichtigung der auf dem Grundstück vorhandenen baulichen Anlagen nach dem Bodenwert eines unbebauten Grundstücks ergibt. Ausgehend von diesem Grundsatz ist jedoch nach der Ausnahmeregelung des § 40 Abs. 5 Nr. 1 ImmoWertV die auf dem Grundstück vorhandene Bebauung zu berücksichtigen, wenn sie „erheblich" von der nach § 5 Abs. 1 ImmoWertV maßgeblichen, d.h. planungsrechtlich zulässigen bzw. lagetypischen Nutzung abweicht. In Ergänzung zu diesem Ausnahmetatbestand regelt § 43 ImmoWertV, wie sich der abweichende Bodenwert im Falle eines nach Art und Maß der baulichen Nutzung „untergenutzten" Grundstücks bestimmt (Fall b der vorstehenden Fallunterscheidung).

2.6.2.1 Nutzungsabhängiger Bodenwert (§ 43 Abs. 1 ImmoWertV)

▶ *§ 40 ImmoWertV Rn. 202 ff.*

83 „Nutzungsbefangener Bodenwert" ist nach vorstehenden Ausführungen der Bodenwert, der der auf dem Grundstück ausgeübten unwirtschaftlichen Nutzung des Grundstücks entspricht. Dieser Bodenwert bestimmt sich nach der Ertragskraft der ausgeübten „Kümmernutzung" und ist im Verhältnis zum „vollen" Bodenwert i.S. des § 40 Abs. 1 ImmoWertV in dem Maße gemindert, wie die Ertragskraft der abbruchträchtigen baulichen Anlage infolge ihrer eingeschränkten Nutzbarkeit gemindert ist.

84 Bei der Marktwertermittlung von Grundstücken, auf denen die baulichen Anlagen nach Art und Maß, insbesondere der GFZ, erheblich die planungsrechtlich zulässige bzw. lagetypische Nutzung unterschreiten (untergenutztes Grundstück), bestimmt sich der zur **Ermittlung des vorläufigen Verfahrenswerts** anzusetzende *nutzungsabhängige* Bodenwert nach der auf dem Grundstück tatsächlich ausgeübten Nutzung (z.B. nach der auf dem Grundstück realisierten GFZ).
Dies ist darin begründet, dass nur dieser Bodenwert mit der vorhandenen baulichen Anlage wirtschaftlich realisiert wird. Zugleich ist damit eine modell- und referenzkonforme Anwendung von Liegenschaftszinssätzen und Sachwertfaktoren gewährleistet, denn die werden i.d.R. unter Ausschluss von Sonderfällen der hier behandelten Art abgeleitet. Der nutzungsabhängige Bodenwert ist mithin der bei der Ermittlung des *vorläufigen* Ertrags- oder Sachwerts anzusetzende *vorläufige* Bodenwert.

2.6.2.2 Wertvorteil und Freilegungskosten (§ 43 Abs. 2 ImmoWertV)

▶ *§ 40 ImmoWertV Rn. 205*

85 Mit dem nutzungsabhängigen Bodenwert ist die Werthaltigkeit des Grund und Bodens nicht vollständig erfasst. Im Grund und Boden „schlummert" darüber hinaus die Wertsteigerung, die nach Freilegung der baulichen Anlage mit der sich damit einstellenden Realisierbarkeit einer dem „vollen" Bodenwert i.S. des § 40 Abs.1 ImmoWertV entsprechenden Nutzung „auflebt".

Im Falle einer baulichen Nutzung eines Grundstücks, auf dem die nach Art und Maß der baulichen Nutzung die nach § 5 Abs. 1 ImmoWertV maßgebliche Nutzung nicht ausgeschöpft worden ist, gehört dazu auch die Wertsteigerung (Wertvorteil), die nach der Freilegung des Grundstücks „auflebt". Dieser Wertvorteil bestimmt sich am Beispiel der GFZ aus dem Bodenwert entsprechend der bauplanungsrechtlichen bzw. lagetypischen GFZ abzüglich des Bodenwerts entsprechend der am Wertermittlungsstichtag realisierten GFZ. Da diese Wertsteigerung (Wertvorteil) wirtschaftlich erst mit der Freilegung des Grundstücks realisiert werden kann, ist sie – ausgehend vom Wertermittlungsstichtag – über den Zeitraum bis zum wirtschaftlichen Abgang der baulichen Anlage (Freilegung) abzuzinsen. Der abgezinste Betrag erhöht den Bodenwert. Verfahrensmäßig wird er aber als besonderes objektspezifisches Grundstücksmerkmal (boG) berücksichtigt.

Bei alledem ist jeweils von den einschlägigen Bodenwerten des Wertermittlungsstichtags auszugehen. 86

Darüber hinaus müssen die **Freilegungskosten** wiederum – ausgehend vom Wertermittlungsstichtag – über den Zeitraum bis zur Freilegung abgezinst werden. Der abgezinste Betrag mindert den Bodenwert. Verfahrensmäßig wird er aber wiederum als besonderes objektspezifisches Grundstücksmerkmal (boG) berücksichtigt. 87

Beispiel: 88
Es wird in 5 Jahren mit Freilegungskosten in Höhe von 100 000 € gerechnet. Der Barwert dieser Freilegungskosten beträgt dann bei einem Zinssatz von 5 % rd. 78 350 € (= 100 000 € x 0,7835).

Die Freilegungskosten sind – wie vorstehend die Bodenwerte – entsprechend den jeweiligen Verhältnissen des Wertermittlungsstichtags, d.h. mit den an diesem Stichtag üblichen Freilegungskosten, anzusetzen. Dies ist sachgerecht, wenn sie mit dem Liegenschaftszinssatz abgezinst werden, denn der Liegenschaftszinssatz ist ein Zinssatz, mit dem die vom Grundstücksmarkt erwarteten immobilienwirtschaftlich relevanten Wertänderungen – vergleichbar mit den im Rahmen des Ertragswertverfahrens nach den Verhältnissen des Wertermittlungsstichtags angesetzten marktüblich erzielbaren Erträgen – implizit berücksichtigt werden. 89

Finanzmathematisch reduzieren sich bei dieser Vorgehensweise die zu **berücksichtigenden Wertvorteile sowie Freilegungskosten** mit zunehmender Zeit und können – abhängig von der Höhe des Zinssatzes – bei **einem Zeitraum von etwa 10 bis 20 Jahren** im Rahmen der allgemeinen Unsicherheitsmarge der Verkehrswertermittlung und vor dem Hintergrund der Auf- oder Abrundung des Wertermittlungsergebnisses **eine zu vernachlässigende Größenordnung** einnehmen. 90

2.6.2.3 Abzinsungszeitraum (§ 43 Abs. 1 ImmoWertV)

Der Zeitraum bei der aufgeschobenen Liquidation im Rahmen der Abzinsung der Freilegungskosten sowie der gegebenenfalls mit der Freilegung des Grundstücks einhergehenden Werterhöhung (Wertvorteil) stellt eine prognostische und zugleich problematische Größe dar, da er den örtlichen Verhältnissen des Grundstücksmarktes entsprechen muss. Er muss letztlich kalkulatorisch nach den Gegebenheiten des Einzelfalls eingegrenzt werden: 91

- Soweit eine alsbaldige Freilegung z.B. aufgrund vertraglicher Miet- und Pachtverhältnisse sowie sonstiger Rechtsverhältnisse am Wertermittlungsstichtag nicht möglich ist, bestimmt sich der Zeitraum mindestens nach der Anzahl von Jahren, über die das Miet- und Pachtverhältnis besteht (Mindestzeitraum).
- Umgekehrt wird der Zeitraum durch die am Wertermittlungsstichtag maßgebliche Restnutzungsdauer begrenzt (Höchstzeitraum).

- Innerhalb der sich daraus ergebenden Zeitspanne muss damit gerechnet werden, dass die **Freilegung so lange aufgeschoben wird, wie es bei wirtschaftlicher Betrachtungsweise geboten erscheint, das Grundstück in der bisherigen Weise weiter zu nutzen**.
- Bei angespannter Lage auf dem Grundstücksmarkt, wo ein hoher Nachfrageüberhang besteht, **insbesondere in den Innenstadtlagen und bevorzugten Lagen, ist mit einer** deutlich kürzeren Aufschiebung der Freilegung zu rechnen als in Gebieten mit einem „schwachen“ Bodenmarkt.
  Hochproblematisch sind dort die Fälle, in denen die Freilegungskosten höher als Kaufpreise erschlossener unbebauter Grundstücke ausfallen, die bei alsbaldiger Freilegung zu einem „*nil value*“ führen, und umgekehrt die Fälle, wo das Szenario einer aufgeschobenen Freilegung nach dem Algorithmus des § 43 ImmoWertV zu dem Ergebnis führen würde, dass sich ein umso höherer Liquidationswert ergibt, je länger der Zeitraum bis zur Freilegung angesetzt wird.
- Im Falle **denkmalgeschützter baulicher Anlagen**, d.h. im Falle der auf Dauer zu erhaltenden baulichen Ablagen, ist der Zeitraum praktisch unbegrenzt und bedeutungslos, weil weder im Falle einer Unternutzung noch im Falle einer Überschreitung der maßgeblichen Nutzung i.S. des § 5 Abs. 1 ImmoWertV eine Änderung der ausgeübten (tatsächlichen) Art und des tatsächlichen Maßes der baulichen Nutzung und auch eine Freilegung des Grundstücks erwartet werden kann. Die Abzinsung der Wertvor- und -nachteile würde im Übrigen finanzmathematisch auch gegen null gehen. Der Bodenwert eines mit einem Denkmal bebauten Grundstücks ist mithin stets der nutzungsabhängige Bodenwert.

2.6.2.4 Abzinsungszinssatz

92 Zur Höhe des Abzinsungszinssatzes werden in § 43 ImmoWertV keine Vorgaben gemacht. In der allgemeinen Wertermittlungspraxis wird diesbezüglich auf den Liegenschaftszinssatz zurückgegriffen. Dem kann entgegengehalten werden, dass es sich dabei um einen Zinssatz handelt, der sich aus der Verzinsung bebauter Ertragswertobjekte ergibt und neben der Verzinsung des Grund und Bodens auch die Verzinsung der baulichen Anlage abbildet. Der Zinssatz hat gleichwohl in der Praxis Anerkennung gefunden. Der Vorteil dieses Zinssatzes besteht darin, dass mit ihm die vom Grundstücksmarkt erwarteten immobilienwirtschaftlich relevanten Wertänderungen berücksichtigt und damit die Freilegungskosten sowie der nach Freilegung des Grundstücks „auflebende“ Bodenwert eines unbebauten Grundstücks nach den am Wertermittlungsstichtag herrschenden allgemeinen Wertverhältnissen auf dem Grundstücksmarkt abgeleitet werden kann.

2.6.2.5 Modellkonforme Aufspaltung des Bodenwerts

▶ *Zur Ermittlung des nutzungsabhängigen Bodenwerts und des Wertvorteils vgl. § 40 ImmoWertV Rn. 202 ff.*

93 Nach vorstehenden Ausführungen setzt sich der Bodenwert des Liquidationsobjekts zusammen aus dem nutzungsabhängigen Bodenwert

- zuzüglich einer zu berücksichtigenden Werterhöhung (**Wertvorteil**), die gegebenenfalls mit der Freilegung des Grundstücks „auflebt“ und
- abzüglich der auf den Wertermittlungsstichtag abgezinsten **Freilegungskosten**.

Mit § 43 Abs. 2 ImmoWertV werden nur Wertvorteile angesprochen, denn vor allem Grundstücke, auf denen das maßgebliche Maß der baulichen Nutzung unterschritten wird, sind liquidationsträchtig. Von der Liquidation können grundsätzlich aber auch Grundstücke betroffen sein, bei denen die nach § 5 Abs. 1 ImmoWertV maßgebliche GFZ in atypischer Weise überschritten wird. In diesem Fall wird der Eigentümer bestrebt sein, die bauliche Anlage gegebenenfalls durch Modernisierungsmaßnahmen auf Dauer zu erhalten. Modernisierungsmaßnahmen können bei wirtschaftlicher Betrachtungsweise jedoch derart unwirtschaftlich sein, dass gegebenenfalls auch nicht langfristig mit dem Erhalt zu rechnen ist. In diesem Fall ist die Vorschrift des § 43 Abs. 2 ImmoWertV analog *entsprechend der Lage auf dem Grundstücksmarkt* auch auf ***„Wertnachteile“*** anzuwenden. So kann nach der derzeitigen Lage auf dem Grundstücksmarkt in Gebieten mit angespannten Marktverhältnissen ein Wertnachteil nach den Gegebenheiten des Einzelfalls vernachlässigbar sein, jedoch gilt dies nicht gleichermaßen in strukturschwachen Räumen und muss auch nicht auf Dauer gelten.

An dieser Stelle sind die **Regelungen der ImmoWertV** unverständlicherweise und abweichend von der mit der ImmoWertV aufgehobenen Vergleichswertrichtlinie **nicht ergebnisneutral ausgestaltet,** indem sie die Möglichkeit einer Wertminderung im Falle einer „Überausnutzung“ negiert[19].

Die Freilegungskosten fallen nach der hier vertretenen Auffassung begrifflich unter den Bodenwert, auch wenn sie im Rahmen einer modellkonformen Ermittlung des Marktwerts eines bebauten Grundstücks bei der Ermittlung des vorläufige Verfahrenswerts gesondert als besondere objektspezifische Grundstücksmerkmale (boG) des Grund und Bodens berücksichtigt werden müssen. **Grundlage der Ermittlung des vorläufigen Verfahrenswerts ist also stets der nutzungsabhängige Bodenwert.** 94

Bei **Anwendung des allgemeinen sowie des vereinfachten** (eingleisigen) **Ertragswertverfahrens** ist vorstehenden Ausführungen dadurch Rechnung zu tragen, dass der vorläufige Ertragswert auf der Grundlage des nutzungsabhängigen Bodenwerts ermittelt wird. Die mit der Freilegung der baulichen Anlagen einhergehende Werterhöhung (Wertvorteil) und die Freilegungskosten werden in abgezinster Höhe als besonderes objektspezifisches Grundstücksmerkmal (boG) berücksichtigt: 95

$$\mathbf{EW = (RE} - BW_{nutzungsabhängig} \mathbf{\times LZ) \times} KF_n + BW_{nutzungsabhängig}$$
$$+ (BW_{unbebaut} - BW_{nutzungsabhängig}) \times AF_n - \mathbf{FLK} \times AF_n$$

$$EW = RE \times KF + BW_{nutzungsabhängig} \times AF_n + (BW_{unbebaut} - BW_{nutzungsabhängig}) \times AF_n - FLK \times AF_n$$

wobei

EW	= Ertragswert
RE	= Reinertrag
KF	= Kapitalisierungsfaktor
AF	= Abzinsungsfaktor
BW	= Bodenwert
FLK	= Freilegungskosten
LZ	= objektspezifisch angepasster Liegenschaftszinssatz
n	= Zeitraum der aufgeschobenen Freilegung

Vorstehende Ausführungen gelten bei **Anwendung des Sachwertverfahrens sowie bei Anwendung des Vergleichswertverfahrens auf der Grundlage von Vergleichsfaktoren bebauter Grundstücke** entsprechend. 96

19 Vgl. Ziff. 9.2.2.2 der aufgehobenen Richtlinie zur Ermittlung des Vergleichswerts und des Bodenwerts (Vergleichswertrichtlinie – VW-RL) vom 20.04.2014 (BAnz AT 11.04.2014 B3 = GuG 2014, 183).

2.6.3 Beispiele einer aufgeschobenen Freilegung

97 Eine am Wertermittlungsstichtag zwar angezeigte Freilegung gibt nicht stets Veranlassung, das Grundstück sofort freizulegen. Die Freilegung verursacht erhebliche Kosten, die wiederum nur dann rentierlich sind, wenn der volle Bodenwert durch Verkauf des Grundstücks oder durch eine dem Bodenwert angemessene Bebauung realisiert werden kann. Besonders problematisch sind die Fälle, in denen die **Freilegungskosten den Bodenwert überschreiten**. Diese Fälle treten insbesondere in Regionen mit niedrigem Bodenwertniveau auf. Das Marktgeschehen kann in diesen Fällen auch durch eine „gestreckte" Liquidation geprägt sein.

98 *Beispiel:*
Es liegen die sich aus Abb. 4 ergebenden Verhältnisse vor:

Abb. 4: Beispielsfall für den Bodenwert überschießende Freilegungskosten

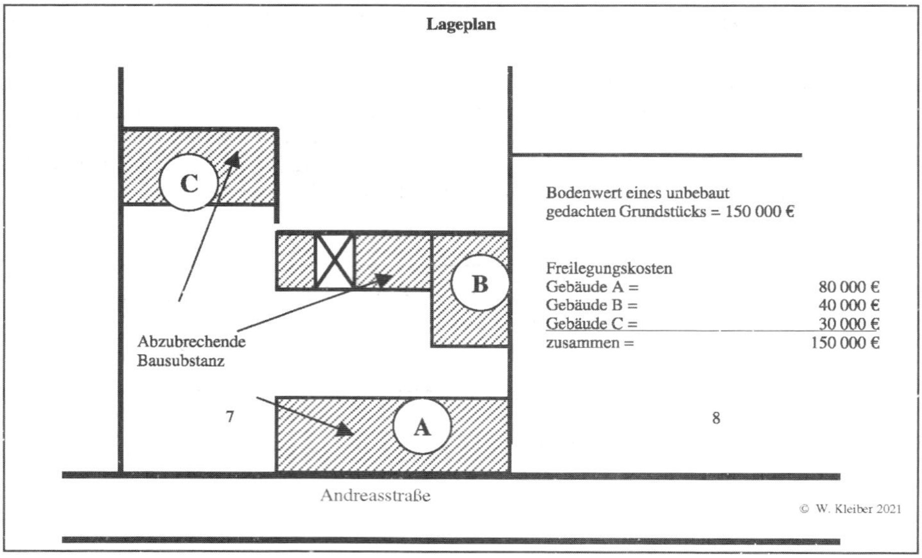

Ein Grundstückseigentümer bzw. ein potenzieller Erwerber wird in dem vorstehenden Fall einerseits danach trachten, die Möglichkeiten der ertragreichsten baulichen Nutzung des Grundstücks „auszuschöpfen" und gleichzeitig die unrentierlichen Kosten zu minimieren.

Er wird bezüglich der Freilegung nur die unabweisbaren Maßnahmen ergreifen. In dem Beispielsfall wird er, um den Bodenwert realisieren zu können, das Gebäude A abreißen müssen. Geht man also bei der Wertermittlung vom Bodenwert des unbebaut gedachten Grundstücks aus, so ist dieser mindestens um die Freilegungskosten des Gebäudes A zu vermindern.

- Bei den übrigen baulichen Anlagen, die nicht zwangsläufig abzureißen sind, muss kritisch die Notwendigkeit eines sofortigen oder baldigen Abrisses geprüft werden. Dabei ist auch in Erwägung zu ziehen, ob allein schon zur Kostenersparnis der **Abbruch** gedanklich **in die Zukunft verschoben** wird, wenn nicht die ästhetische Beeinträchtigung so stark ist, dass sie zu sofortigem Handeln zwingt. Auch muss eine „einfache" Zwischennutzung in Erwägung gezogen werden.
- Vielfach kann die **Notwendigkeit** des Abbruchs **am Wertermittlungsstichtag noch nicht beurteilt werden** und es wird bewusst im Hinblick auf sich noch möglicherweise ergebende Weiterverwendungsmöglichkeiten davon Abstand genommen. Auch diese Überlegungen können sich für die vorhandenen Gebäude B und C in dem vorgestellten Beispielsfall ergeben.

- Es kommt schließlich hinzu, dass auch eine substanziell abbruchreife Bausubstanz insoweit eine **werterhöhende Komponente** haben kann, als diese Bausubstanz im Hinblick auf ihren Bestandsschutz (zu Recht oder zu Unrecht) dem Eigentümer eine bauliche Nutzung dort sichert, wo ein Neubau nicht genehmigungsfähig wäre.

Soweit nach den Usancen des Grundstücksmarktes eine **Freilegung erst zu einem (sehr viel) späteren Zeitpunkt üblicherweise verwirklicht** wird, ist es begründet, die Freilegungskosten über den Zeitraum des Fortbestands der abgangsträchtigen Bausubstanz gegebenenfalls **unter Berücksichtigung eines Abschlags für ästhetische Beeinträchtigungen** abzuzinsen. 99

Es kann nicht beobachtet werden, dass in derartigen Fällen Grundstücke unentgeltlich abgegeben werden. Vielmehr werden für derartige Grundstücke durchaus „positive" Veräußerungserlöse erzielt. 100

Dies hat seine Begründung darin, dass Erwerber z.B. den Rückbau „strecken", d.h. erst zu einem späteren Zeitpunkt in Betracht ziehen, um das Grundstück zwischenzeitlich zu nutzen (Zwischennutzung). 101

Beispiel: 1. Fall „gestreckter" Abriss 102

Bodenwert (eines unbebaut gedachten Grundstücks)		150 000 €
Freilegungskosten		
a)	des Gebäudes A, das sofort freigelegt werden soll	– 80 000 €
b)	der Gebäude B und C in ca. 10 Jahren: 70 000 € × AF10	– 42 974 €
	Differenz	27 026 €
	– Abschlag/ästhetische Minderung	– 2 026 €
	= Verkehrswert	**25 000 €**

Kommt für die Gebäude B und C noch eine **rentierliche Zwischennutzung**, z.B. für Lagerzwecke und dgl., in Betracht, so ist das Ergebnis um die kapitalisierten Erträge aufzustocken. 103

Beispiel: 2. Fall Zwischennutzung 104
Die Gebäude B und C können noch für einfache Lagerzwecke mit einem jährlichen Reinertrag von 4 000 € zwischengenutzt werden. Bei einer 10-jährigen Zwischennutzung ergibt sich bei einem Liegenschaftszinssatz von 5 % und einem Kapitalisierungsfaktor von 7,72 ein Mehrwert von

4 000 € × 7,72 = 30 880 €

Verkehrswert = 25 000 € + 30 880 € = **56 000 €**

Das *Beispiel* soll deutlich machen, dass **ein schematischer Abzug der Freilegungskosten** das Ergebnis und **die wirtschaftliche Realität erheblich verfälschen kann**. Für Objekte mit maroder Bausubstanz, deren alsbaldiger Abriss mehr kostet als das Grundstück im freigelegten Zustand (Bodenwert), finden sich oftmals Käufer, die gleichwohl noch einen (positiven) Preis bezahlen und sich dabei an dem Bodenwert (des unbebauten Grundstücks) orientieren. Dieses Käuferverhalten ist darin begründet, dass der Eigentümer nicht zum Rückbau der baulichen Anlage gezwungen werden und beliebig „strecken" kann, d.h., der Käufer verdrängt die Freilegung in die Zukunft und rechnet möglicherweise sogar noch mit einer „Magerrendite" für „Kümmernutzungen", z.B. hier als Lagerfläche unter Zurückstellung des Instandhaltungsrückstaus. 105

Dies macht die **Grenzen der Verkehrswertermittlung** deutlich. Es ist in solchen Fällen kaum möglich, vom Schreibtisch aus einen Verkehrswert zu ermitteln, denn die Höhe der Abstandszahlung hängt maßgeblich vom Verhandlungsgeschick der Parteien ab. Falsch wäre es jedenfalls, in einem solchen Fall schematisch den Liquidationswert ohne Beachtung dieser Zusammenhänge zu ermitteln und diesen als Verkehrswert unkommentiert im Gutachten auszuwerfen. Die finanziellen Verhandlungsspielräume des Eigentümers können je nach Lage des 106

Einzelfalls sehr groß sein, sodass man eine einvernehmliche Lösung von vornherein nicht als aussichtslos einstufen darf.

2.7 Langfristig nicht erwartete Liquidation (§ 43 Abs. 1 ImmoWertV)

107 § 43 ImmoWertV unterscheidet zwischen der „aufgeschobenen" und der „langfristig" nicht zu erwartenden Freilegung des Grundstücks, ohne dass es einer solchen Abgrenzung bedarf. Der Fall einer langfristig nicht zu erwartenden Freilegung ist eigentlich nur denkbar, wenn eine Freilegung aus rechtlichen (oder sonstigen Gründen) längerfristig ausgeschlossen werden muss. Darüber hinaus können allenfalls noch solche Fälle in Betracht kommen, in denen die bauliche Anlage zwar i.S. des § 8 Abs. 3 Satz 2 Nr. 3 ImmoWertV *„wirtschaftlich"* nicht mehr nutzbar ist, die Bausubstanz gleichwohl noch eine unwirtschaftliche „Kümmernutzung" erlaubt (z.B. als Lagerfläche). Eine Verkehrswertermittlung auf der Grundlage eines sich an einer „Kümmernutzung" orientierenden „nutzungsabhängigen Bodenwerts", die i.d.R. nicht erwarten lässt, dass sie langfristig ausgeübt wird, ist nach der hier vertretenen Auffassung nur zulässig, wenn sie nachweisbar in marktüblicher Weise dem gewöhnlichen Geschäftsverkehr entspricht. Bei alledem kann ein nach Maßgabe des § 43 ImmoWertV ermittelter Verkehrswert eines Liquidationsobjektes, bei dem langfristig mit einer Freilegung nicht zu rechnen ist, nur Bestand haben, wenn er den sog. Mindestwert übersteigt.

108 Bei einer „langfristig" nicht zu erwartenden Freilegung soll sich im Rahmen der modellkonformen Marktwertermittlung bebauter Grundstücke nach den gängigen Wertermittlungsverfahren der jeweilige *vorläufige* Verfahrenswert – wie im Falle einer aufgeschobenen Liquidation – auf der Grundlage eines nach der Art und dem Maß der auf dem Grundstück realisierten (tatsächlichen) Nutzung ermittelten nutzungsabhängigen Bodenwerts bestimmen, soweit dieser marktüblich ist. Es handelt sich dabei wiederum um eine Ausnahmeregelung zur Grundsatzregelung des § 40 Abs. 1 ImmoWertV.
Dieser Fall ist eigentlich nur denkbar, wenn eine Freilegung aus rechtlichen (oder sonstigen Gründen) längerfristig ausgeschlossen werden muss. Darüber hinaus können allenfalls noch solche Fälle in Betracht kommen, in denen die bauliche Anlage zwar i.S. des § 8 Abs. 3 Satz 2 Nr. 3 ImmoWertV „wirtschaftlich" nicht mehr nutzbar ist und die Bausubstanz gleichwohl noch eine unwirtschaftliche „Kümmernutzung" erlaubt (z.B. als Lagerfläche). Eine Verkehrswertermittlung auf der Grundlage eines sich an einer „Kümmernutzung" orientierenden „nutzungsabhängigen Bodenwerts", die i.d.R. nicht erwarten lässt, dass sie langfristig ausgeübt wird, ist nach der hier vertretenen Auffassung nur zulässig, wenn sie nachweisbar in marktüblicher Weise dem gewöhnlichen Geschäftsverkehr entspricht. Bei alledem kann ein nach Maßgabe des § 43 ImmoWertV ermittelter Verkehrswert eines Liquidationsobjektes, bei dem langfristig mit einer Freilegung nicht zu rechnen ist, nur Bestand haben, wenn er den sog. Mindestwert übersteigt.

Mindestwert des Liquidationsobjekts ist in diesem Falle der nach Maßgabe der Grundsatzregelung des § 40 Abs. 1 ImmoWertV ermittelte Bodenwert unter Berücksichtigung der Freilegungskosten und etwaiger Verwertungserlöse.

109 Der nutzungsabhängige Bodenwert ist bei allen zur Anwendung kommenden Wertermittlungsverfahren der Ermittlung des *vorläufigen* Verfahrenswerts zugrunde zu legen.
Einer ergänzenden Berücksichtigung der „Wertvorteile" und der Freilegungskosten, wie im Falle einer „aufgeschobenen" Freilegung, bedarf es bei einer „langfristig" nicht zu erwartenden Freilegung nicht, denn etwaige Werterhöhungen (Wertvorteile) sowie Freilegungskosten wären wiederum über den Zeitraum bis zur Freilegung abzuzinsen und gehen finanzmathematisch bei einem „langfristigen" Zeitraum gegen null. Sie können mithin i.d.R. vernachlässigt werden und finden deshalb in § 43 Abs. 2 keine Erwähnung. Die abgezinsten Wertvorteile und Freilegungskosten sind jedoch als besondere objektspezifische Grundstücksmerkmale (boG) zu berücksichtigen, wenn diese aufgrund des im konkreten Bewertungsfall gegebenen „langfristigen" Zeitraums nicht vernachlässigbar sind.

2.8 Mindestwert

Die Regelung des § 43 ImmoWertV ist nicht unproblematisch, denn sie ist darauf ausgelegt, den nach der Grundsatzregelung des § 40 Abs. 1 zu ermittelnden „vollen" Bodenwert soweit abzusenken, wie es der tatsächlich ausgeübten (Kümmer-)Nutzung des Grundstücks und der damit eingeschränkten Ertragskraft entspricht (nutzungskompatibler Bodenwert). Die Reduktion kann so erheblich sein, dass der „nutzungsabhängige Bodenwert" zusammen mit den abgezinsten Wertvor- und -nachteilen sowie Freilegungskosten kleiner als der Bodenwert ausfällt, der sich bei alsbaldiger Freilegung des Grundstücks auf der Grundlage des sich zum Wertermittlungsstichtag ergebenden „vollen" Bodenwerts i.S. der Grundsatzregelung des § 40 Abs. 1 ImmoWertV unter Abzug der Freilegungskosten ergeben würde. **110**
In diesem Fall kann, soweit zwingende rechtliche Gründe einer Freilegung nicht entgegenstehen, nicht erwartet werden, dass ein Eigentümer im gewöhnlichen Geschäftsverkehr zu dem nach Maßgabe des § 43 ImmoWertV ermittelten „Wert" des Grundstücks zu einem Verkauf bereit wäre. Dies widerspräche des in der Verkehrswertermittlung geltenden Grundsatzes vom *„highest and best use"*. Die Regelungen laufen mithin nicht zwangsläufig auf die Ermittlung des Verkehrswerts, sondern auf die Ermittlung eines Mindestwerts hinaus[20] und stehen unter dem Vorbehalt einer analytischen Beachtung des *„highest and best use"-Prinzips*(vgl. Rn. 16). **Mindestwert des Liquidationsobjekts ist in diesem Falle der nach Maßgabe der Grundsatzregelung des § 40 Abs. 1 ImmoWertV ermittelte Bodenwert unter Berücksichtigung der Freilegungskosten und etwaiger Verwertungserlöse und der zu beachtenden rechtlichen Gegebenheiten.**

3 Liquidation in der Beleihungswertermittlung

3.1 Übersicht

▶ *Vgl. Teil IX Rn. 278ff.*

§ 13 Abs. 1 BelWertV regelt die Anwendung des Liquidationswertverfahrens noch in Anlehnung an § 20 Abs. 1 WertV 88. Die Vorschrift enthält keine mit der ImmoWertV vergleichbaren Regelungen, insbesondere auch nicht für den Fall, dass aufgrund mietvertraglicher bzw. mietrechtlicher Regelungen die sofortige Freilegung (Abbruch) nicht möglich ist. Die BelWertV enthält stattdessen **111**

a) Vorgaben für die Anwendung des Ertragswertverfahrens auf Grundstücke, deren bauliche Anlagen eine Restnutzungsdauer von weniger als 30 Jahren aufweisen (§ 13 Abs. 2 BelWertV), und

b) in einer weiteren Vorschrift (§ 13 Abs. 3 BelWertV) ergänzende Vorgaben für die Bodenwertermittlung bei Anwendung des Ertragswertverfahrens auf Grundstücke, bei denen der Bodenwert mehr als die Hälfte des Ertragswerts i.S. der BelWertV ausmacht.

20 BGH, Urt. vom 13.03.1978 – II ZR 142/76 –, BGHZ 71, 40 = EzGuG 20.72a.

§ 20 WertV 88/98 Ermittlung des Ertragswerts in besonderen Fällen	§ 13 BelWertV Ermittlung des Ertragswerts in besonderen Fällen
(1) Verbleibt bei der Minderung des Reinertrags um den Verzinsungsbetrag des Bodenwerts nach § 16 Abs. 2 kein Anteil für die Ermittlung des Ertragswerts der baulichen Anlagen, so ist als Ertragswert des Grundstücks nur der Bodenwert anzusetzen. Der Bodenwert ist in diesem Fall um die gewöhnlichen Kosten zu mindern, insbesondere Abbruchkosten, die aufzuwenden wären, damit das Grundstück vergleichbaren unbebauten Grundstücken entspricht, *soweit diese im gewöhnlichen Geschäftsverkehr berücksichtigt werden.*	*(1) Verbleibt bei der Minderung des Reinertrags um den Verzinsungsbetrag des Bodenwerts nach § 9 Abs. 2 kein Anteil für die Ermittlung des Ertragswerts der baulichen Anlage, so ist als Ertragswert des Beleihungsobjekts abweichend von § 8 Abs. 3 nur der Bodenwert nach Maßgabe des Satzes 4 anzusetzen. Der Bodenwert ist in diesem Fall um die gewöhnlichen Kosten zu mindern, die aufzuwenden wären, um das Grundstück vergleichbaren unbebauten Grundstücken anzugleichen. Gewöhnliche Kosten im Sinne des Satzes 2 sind insbesondere die Abbruchkosten für die baulichen Anlagen. Der so ermittelte, um die Abbruchkosten verminderte Bodenwert ist vom Zeitpunkt, an dem das Grundstück unbebaut zur Verfügung stünde, auf den Wertermittlungsstichtag mit dem für die zulässige Nutzung heranzuziehenden Kapitalisierungszinssatz abzuzinsen.*
(2) Wenn das Grundstück aus rechtlichen oder sonstigen Gründen alsbald nicht freigelegt und deshalb eine dem Bodenwert angemessene Verzinsung nicht erzielt werden kann, ist dies bei dem nach Absatz 1 Satz 2 verminderten Bodenwert für die Dauer der Nutzungsbeschränkung zusätzlich angemessen zu berücksichtigen. Der so ermittelte Bodenwert zuzüglich des kapitalisierten aus der Nutzung des Grundstücks nachhaltig erzielbaren Reinertrags ergeben den Ertragswert. Der für die Kapitalisierung des nachhaltig erzielbaren Reinertrags maßgebende Vervielfältiger bestimmt sich nach der Dauer der Nutzungsbeschränkung und dem der Grundstücksart entsprechenden Liegenschaftszinssatz.	*(2) Bei einer Restnutzungsdauer der baulichen Anlage von weniger als 30 Jahren ist auch der Anteil des Bodenwerts am Reinertrag über die Restnutzungsdauer der baulichen Anlage zu kapitalisieren oder sind die ermittelten Abbruchkosten der baulichen Anlage vom Ertragswert abzuziehen. Hinsichtlich der Abzinsung der Abbruchkosten gilt Absatz 1 Satz 4 entsprechend.*
(3) Stehen dem Abriss der Gebäude längerfristig rechtliche oder andere Gründe entgegen und wird den Gebäuden nach den Verhältnissen des örtlichen Grundstücksmarkts noch ein Wert beigemessen, kann der Ertragswert nach den §§ 15 bis 19 mit einem Bodenwert ermittelt werden, der von dem Wert nach § 15 Abs. 2 abweicht. Bei der Bemessung dieses Bodenwerts ist die eingeschränkte Ertragsfähigkeit des Grundstücks sowohl der Dauer als auch der Höhe nach angemessen zu berücksichtigen.	*(3) In Fällen, in denen der Bodenwert mehr als die Hälfte des Ertragswerts ausmacht, sind im Gutachten die bei der Ermittlung des Bodenwerts zugrunde gelegten Annahmen zu begründen und gegebenenfalls die Voraussetzungen für eine Ersatzbebauung und die dafür gegebenenfalls notwendigen Aufwendungen besonders darzulegen.*

112 Die **BelWertV enthält keine Regelung zur Behandlung von anstehenden Freilegungen im Rahmen des Sachwertverfahrens**. Bei Anwendung des Sachwertverfahrens „schlägt" der Bodenwert stets in voller Höhe auch auf den Sachwert (B) „durch". Die Vorgaben des § 13 Abs. 2 und 3 BelWertV gelten auch hier entsprechend, zumal das **Sachwertverfahren** bei Ein- und Zweifamilienhäusern für sich allein zur Anwendung kommen kann.

3.2 Beleihungswertermittlung bei sofortiger Freilegung (§ 13 Abs. 1 BelWertV)

Verbleibt bei Anwendung des Ertragswertverfahrens bei der dafür vorgeschriebenen Minderung des Reinertrags um den Verzinsungsbetrag des Bodenwerts kein Anteil für die Ermittlung des Ertragswerts der baulichen Anlagen, soll „als Ertragswert“ allein der um die Freilegungskosten verminderte Bodenwert ermittelt werden. Liegen die Anwendungsvoraussetzungen vor, übersteigt der (unverminderte) Bodenwert zwangsläufig den Ertragswert. Für den Fall einer sofort anstehenden Freilegung entspricht die Vorgabe der BelWertV materiell der ImmoWertV. 113

3.3 Ertragswertermittlung für Grundstücke, deren Bebauung eine Restnutzungsdauer von weniger als 30 Jahren aufweist (§ 13 Abs. 2 BelWertV)

3.3.1 Vorbemerkung

► *Vgl. Teil IX § 13 BelWertV Rn. 282*

Das der Ertragswertermittlung nach den Grundsätzen der BelWertV zugrunde liegende mathematische Modell entspricht dem allgemeinen Ertragswertverfahren nach § 28 ImmoWertV 114
EW (B) = (RE – BW x LZ) x KF + BW
wobei:

RE	= Reinertrag
LZ	= Liegenschaftszinssatz bzw. Kapitalisierungszinssatz
BW	= Bodenwert
KF	= Kapitalisierungsfaktor

Im diametralen Unterschied zur ImmoWertV wird mit § 13 Abs. 2 BelWertV nicht vorgeschrieben, dass bei Anwendung des Ertrags- oder Sachwertverfahrens auf Objekte, die baulich noch genutzt werden und bei denen mit einer alsbaldigen Freilegung zu rechnen ist (sog Liquidationsobjekte), der Bodenwert um die Freilegungskosten zu mindern ist. Nach dem Wortlaut des § 13 Abs. 2 BelWertV soll auch bei entsprechenden Objekten, deren Bebauung eine Restnutzungsdauer ≤ 30 Jahre aufweist, das Standardverfahren des § 28 ImmoWertV Anwendung finden. Eine mit der Vorgabe des § 43 ImmoWertV vergleichbare Reduktion des Bodenwerts ist nicht vorgeschrieben. 115

Mit § 13 Abs. 2 BelWertV wird das allgemeine (zweigleisige) Ertragswertverfahren (nach den §§ 8 ff. BelWertV) für den Fall, dass die baulichen Anlagen des Grundstücks eine kurze Restnutzungsdauer aufweisen (RND < 30 Jahre), lediglich dahingehend modifiziert, dass 116

a) entweder *„auch der Anteil des Bodenwerts am Ertragswert“ nur auf die Restnutzungsdauer (der baulichen Anlagen)* zu kapitalisieren ist oder (alternativ)

b) die Abbruchkosten der vorhandenen baulichen Anlagen ermittelt, ausgewiesen und vom Ertragswert abgezogen werden müssen.

Die unter b) genannte Alternative stellt eine Regelung dar, die generell zur Anwendung kommen kann, wenn die Restnutzungsdauer der baulichen Anlage ≤ als 30 Jahre ist, unabhängig davon, ob es sich um einen Liquidationsfall i.S. des § 13 Abs. 1 BelWertV handelt. 117

3.3.2 Alternative 1: Kapitalisierung des „Bodenertragsanteils" über die Restnutzungsdauer des Gebäudes

118 Bei Anwendung dieses Lösungswegs soll („alternativ" zum 2. Lösungsweg) der „Anteil des *Bodenwerts am Ertragswert*" nur über die Restnutzungsdauer des Gebäudes kapitalisiert werden. Was unter dem „Anteil des Bodenwerts am Ertragswert" zu verstehen ist, wird in der BelWertV nicht definiert. Bei semantischer Auslegung dürfte es sich um die „angemessene Verzinsung des Bodenwerts" i.S. des § 9 Abs. 2 Satz 1 BelWertV handeln, die in Satz 2 dieser Vorschrift auch als der „Verzinsungsbetrag" des Bodenwerts, mithin als der (jährliche) „Bodenwertverzinsungsbetrag" (BW x LZ), bezeichnet wird. Dieser Betrag wird bereits nach der allgemeinen Ertragswertformel (als ein vom Reinertrag abzuziehender Betrag) stets nur über die Restnutzungsdauer des Gebäudes kapitalisiert, sodass der Wortlaut dieser Vorschrift keinen Sinn ergibt.

119 Die **allgemeine Ertragswertformel** hat nämlich folgende mathematische Form

$$EW = (RE - [BW \times LZ]) \times KF + BW$$

$$\downarrow$$

KF in Abhängigkeit von der Restnutzungsdauer

3.3.3 Alternative 2: Abzug der Abbruchkosten vom Ertragswert

120 Auch die mit § 13 Abs. 2 BelWertV alternativ zugelassene Regelung, nämlich der vorgeschriebene „Abzug" der Abbruchkosten (Freilegungskosten) vom Ertragswert, stellt eine wertermittlungstechnisch fragwürdige und zudem auch unklar formulierte Regelung dar.

121 Nach den §§ 8 bis 12[21] i.V.m. des mit § 13 Abs. 2 BelWertV vorgeschriebenen Abzugs der Freilegungskosten (FLK) von dem Ertragswert ergibt sich folgende mathematische Form:

$$EW_{Liquidation} = (RE - (BW - [BW \text{ x } LZ]) \text{ x } KF + BW - \mathit{FLK}$$

Ertragswert nach den §§ 8 bis 12 BelWertV

122 Finanzmathematisch wäre dies eine falsche und durch die Besonderheiten der Beleihung nicht zu rechtfertigende Formel, da dann auch der Bodenwertverzinsungsbetrag unter Berücksichtigung des um die Freilegungskosten verminderten Bodenwerts zu ermitteln wäre. Wenn nämlich nur ein entsprechend verminderter Bodenwert zum Ansatz kommt, vermindert sich auch das in den Grund und Boden investierte Kapital entsprechend.

123 *Beispiel:*

Bodenwert BW (baureif, d.h. im unbebauten Zustand)	= 550 000 €
Freilegungskosten FLK	= 50 000 €
Reinertrag RE (RoE abzüglich besonderer Bewirtschaftungskosten)	= 20 000 €
Restnutzungsdauer n	= 5 Jahre
Liegenschaftszinssatz LZ	= 5,0 %
Kapitalisierungszinssatz LZ'	= 5,5 %
Kapitalisierungsfaktor $KF_{(LZ = 5,0;\ n = 5)}$	= 4,3294131

124 Zwecks direkten Vergleichs wird der Beleihungswert nach § 13 Abs. 2 BelWertV mit dem Liegenschaftszinssatz von 5 % berechnet.

21 § 8 Abs. 3 BelWertV: „(3) Bodenwert und Ertragswert der baulichen Anlage ergeben vorbehaltlich § 13 den Ertragswert des Beleihungsobjekts."

EW = (RE – p × [BW – FLK]) × KF+[BW– FLK]
§ 27 ImmoWertV

RE			=	20 000 €
BW	=	550 000 €		
– FLK	=	50 000 €		
$BW_{vermindert}$	=	500 000 €		
(BW – FLK) × p			=	– 25 000 €
RE – [(BW – FLK) × p]			=	– 5 000 €
(RE – [(BW – FLK) × p]) × KF			=	– 21 647 €
BW	=	550 000 €		
– FLK	=	50 000 €		
$BW_{vermindert}$	=	500 000 €	=	+ 500 000 €
EW			=	**478 353 €**

EW = RE × KF + (BW– FLK) / × q^n
§ 28 ImmoWertV

RE			=	20 000 €
RE x KF			=	86 588 €
BW =		550 000 €		
FLK =		50 000 €		
BW_{ve}	=	500 000 €		
× q^{-5} (0,7835262)			=	391 763 €
EW			=	**478 351 €**

EW = (RE – [p× BW]) × KF+BW– FLK
§ 13 Abs. 2 BelWertV

RE			=	20 000 €
BW	=	550 000 €		
BW × p			=	–27 500 €
RE – (BW × p)			=	*– 7 500 €*
(RE – [BW × p]) × KF			=	*– 32 471 €*
+ BW			=	+ 550 000 €
– FLK			=	– 50 000 €
EW			=	***467 529 €***

Falsch

3.4 Ertragswertermittlung bei einem Bodenwertanteil von mehr als 50 % des Ertragswerts (§ 13 Abs. 3 BelWertV)

125 § 13 Abs. 3 BelWertV fordert für die Fälle, *„in denen der Bodenwert mehr als die Hälfte des Ertragswerts ausmacht, … im Gutachten die bei der Ermittlung des Bodenwerts zugrunde gelegten Annahmen zu begründen und die Voraussetzungen für eine Ersatzbebauung und die dafür gegebenenfalls notwendigen Aufwendungen besonders darzulegen."*

126 Die Vorschrift ist einerseits darin begründet, dass ein fehlerhafter Bodenwert bei Anwendung des Ertragswertverfahrens auf Grundstücke, deren Bebauung eine lange Restnutzungsdauer aufweist, allenfalls marginal auf das Ergebnis der Ertragswertermittlung durchschlägt, und ein hoher Bodenwertanteil (am Ertragswert) ein Indiz für eine unwirtschaftliche Grundstücksnutzung ist, die per se liquidationsverdächtig ist. Dies steht im Einklang mit der Regelung des § 13 Abs. 1 BelWertV, nach der „als Ertragswert" der um die Freilegungskosten verminderte Bodenwert anzusetzen ist, wenn der Bodenwertverzinsungsbetrag den Reinertrag überschreitet. Der Ertragswert wird dann also entscheidend durch den Bodenwert bestimmt und deshalb sollen nach Sinn und Zweck der Regelung des § 13 Abs. 3 BelWertV die *der Ermittlung des Bodenwerts zugrunde gelegten Annahmen im Einzelnen begründet werden.*

3.5 Zusammenfassung

127 Die Vorschriften der BelWertV sind fachlich und „handwerklich" völlig misslungen und geeignet, das Vertrauen in die Beleihungswertermittlung zu erschüttern.

128 Bei Anwendung des (allgemeinen) Ertragswertverfahrens auf ein Grundstück, dessen Bebauung eine kurze Restnutzungsdauer erwarten lässt (Liquidationsobjekte), liegen die Verhältnisse anders. Die Realisierung des vollen Bodenwerts und auch die Kosten der Freilegung des Grundstücks fallen schon in einer absehbaren Zeit an und ein fehlerhafter Bodenwert „schlägt" auf den Ertragswert unabhängig davon durch, ob man das allgemeine Ertragswertverfahren der ImmoWertV, das die BelWertV übernommen hat, oder das vereinfachte Ertragswertverfahren nach § 29 ImmoWertV anwendet.

§ 44 ImmoWertV
Gemeinbedarfsflächen

Gemeinbedarfsflächen sind Flächen, für die eine öffentlichen Zweckbindung besteht. Bei Ermittlung des Werts ist danach zu differenzieren, ob es sich um Gemeinbedarfsflächen handelt, die

1. **weiterhin für denselben öffentlichen Zweck genutzt werden oder die unter der Änderung der öffentlichen Zweckbindung einem anderen Gemeinbedarf zugeführt werden sollen (bleibende Gemeinbedarfsflächen),**
2. **ihre öffentliche Zweckbindung verlieren (abgehende Gemeinbedarfsflächen) oder**
3. **bislang keiner öffentlichen Zweckbestimmung unterlagen und erst für Gemeinbedarfszwecke zu beschaffen sind (künftige Gemeinbedarfsflächen).**

Gliederungsübersicht *Rn.*

1 Gemeinbedarfsflächen

1.1 Vorbemerkungen

► *§ 3 ImmoWertV Rn. 6; Syst. Darst. des Ertragswertverfahrens Rn. 2, 169; § 6 ImmoWertV Rn. 191 ff.; § 31 ImmoWertV Rn. 165*

1 Mit § 44 ImmoWertV wird erstmals eine Definition der Gemeinbedarfsflächen in die ImmoWertV aufgenommen. Die Definition ergänzt die Regelung des § 3 ImmoWertV über den Entwicklungszustand von Grundstücken.

2 Die mit der Vorschrift gegebene **Differenzierung der Gemeinbedarfsflächen** entspricht Ziff. 5 der aufgehobenen WertR 06.

1.2 Definition von Gemeinbedarfsflächen

Gemeinbedarfsflächen werden mit § 44 Satz 1 ImmoWertV als **Flächen** definiert, **die einer öffentlichen Zweckbindung (Nutzung) unterworfen sind**. 3

Der Begriff der „Gemeinbedarfsfläche" sowie der Begriff der „Nutzung für öffentliche Zwecke" sind dem Baurecht entlehnt, insbesondere 4

- den §§ 5 Abs. 2 Nr. 2a und 9 Abs. 1 Nr. 5 BauGB zur Festsetzung von Gemeinbedarfsflächen – *„der Allgemeinheit dienende bauliche Anlagen und Einrichtungen des Gemeinbedarfs"* wie **Schulen und Kirchen sowie sonstige kirchlichen, sozialen, gesundheitlichen und kulturellen Zwecken dienende Gebäude und Einrichtungen** (§ 4 Abs. 2 Nr. 3, des § 4a Abs. 2 Nr. 5, § 5 Abs. 2 Nr. 7, § 6 Abs. 2 Nr. 5, § 7 Abs. 2 Nr. 4 BauNVO und § 9 Abs. 3 Nr. 2 BauNVO),
- dem § 32 BauGB über Nutzungsbeschränkungen für bebaute Grundstücke, die im Bebauungsplan als Baugrundstücke für den Gemeinbedarf oder als **Verkehrs-, Versorgungs- oder Grünflächen** festgesetzt sind,
- dem § 55 Abs. 5 BauGB zum Flächenabzug in Umlegungsverfahren und
- dem § 164 BauGB und § 169 Abs. 5 BauGB über den Rückübertragungsanspruch bzw. die Veräußerungspflicht von „Baugrundstücken für den Gemeinbedarf" in Sanierungs- und Entwicklungsverfahren.

Wesentliches Merkmal einer Gemeinbedarfsfläche ist, dass die darauf zulässigen Anlagen oder Einrichtungen der Allgemeinheit dienen und dass – unabhängig davon, wer ihr Träger ist – eine **dem bloßen privatwirtschaftlichen Gewinnstreben entzogene öffentliche Aufgabe** wahrgenommen wird[1].Gemeinbedarfsflächen **müssen jedoch** i.S. eines Gemeingebrauchs **nicht** jedermann ohne Weiteres zugänglich sein. Es kommt auch nicht darauf an, dass der Gemeinbedarfszweck durch einen öffentlichen Träger wahrgenommen wird. 5

Nicht aus jeder der vorstehend genannten Nutzungen muss zwangsläufig auf eine Gemeinbedarfsfläche i.S. der gegebenen Definition geschlossen werden. Eine für sportliche, soziale und gesundheitliche Zwecke festgesetzte Nutzung kann nämlich auch privatwirtschaftlich mit sogar hohen Gewinnerwartungen betrieben werden. Dementsprechend ist auch eine „Grünfläche" nicht zwangsläufig eine Gemeinbedarfsfläche. 6

Nach der gegebenen Definition kommt es entscheidend auf den Ausschluss einer auf privatwirtschaftlichen Gewinn ausgerichteten Nutzung an, wie z.B. bei einer „öffentlichen Grünfläche". Den Gemeinbedarfsflächen sind in diesem Sinne auch **Sondergebiete zuzurechnen**, für die eine öffentliche Zweckbestimmung festgesetzt wurde. 7

Zu den Gemeinbedarfsflächen im erweiterten Sinne gehören auch **öffentliche Grundstücke „im Anstaltsgebrauch"**, wenn sie als solche gewidmet und faktisch in Dienst gestellt wurden, wie z.B. 8

- Flughäfen (vgl. Rn. 238),
- Bahnflächen (vgl. Rn. 139 ff.) und
- Postflächen (vgl. Rn. 219 ff.).

Es kommt insoweit nicht darauf an, dass der Gemeinbedarfszweck durch einen öffentlichen Träger wahrgenommen wird. Im Zuge der Privatisierung werden öffentliche Aufgaben durch privatrechtlich wirtschaftliche Träger wahrgenommen, deren Tätigkeit auf die Erzielung von Gewinnen ausgerichtet ist. 9

1 Zum Begriff: BVerwG, Beschl. vom 18.05.1994 – 4 NB 15/94 –, GuG 1995, 53 = EzGuG 8.71a.

1.3 Grundsätzliches zum Wert von Gemeinbedarfsflächen

10 **Gemeinbedarfsflächen** sind dem gewöhnlichen Geschäftsverkehr entzogen, denn entsprechend ihrer Zweckbestimmung kommt nur der Gemeinbedarfsträger als Erwerber in Betracht. Damit sind sie dem allgemeinen Marktgeschehen entzogen (extra commercium). Es gibt für diese Flächen deshalb **begrifflich keinen Marktwert (Verkehrswert)**[2].

11 In einer älteren Entscheidung des OLG Braunschweig wird darauf hingewiesen, dass die Innehabung des Eigentums an einer Gemeinbedarfsfläche für den Eigentümer nur eine Belastung sei und im Falle des Entzugs dieser Fläche die Entschädigung ggf. bis auf 0 € reduziert werden könne[3].

12 Die Ansicht, derartige Flächen (z.B. dem öffentlichen Verkehr dienende Straßen) hätten keinen oder nur einen symbolischen Vermögenswert, wird vom BGH als mit Art. 14 GG unvereinbar abgelehnt. Dass für derartige Grundstücke ein freier Markt fehle, rechtfertige nicht die Schlussfolgerung, ihnen sei ein realer wirtschaftlicher Wert nicht beizumessen[4]. Sie kann für den öffentlichen Bedarfsträger vielmehr einen **bedarfsträgerspezifischen Wert** haben. Im amerikanischen Schrifttum spricht man diesbezüglich von einem *public interest value*, der eigentlich ein *non-market value* ist[5].

1.4 Wertermittlungstechnische Differenzierung von Gemeinbedarfsflächen

Schrifttum:*Dresen*, Nachr. der rh.-pf. Kat.- und VermVw. 1988, 180; *Kuscha*, Nachr. der nds. Kat.- und VermVw. 1974, 124 ff. und 133; *Uebelhoer*, Nachr. der nds. Kat.- und VermVw. 1974, 131; *Schaper, D.*, Bewertung einer Gemeinbedarfsfläche, GuG 2014, 165; *Weyers, G.*, Nutzungsentgelt bei Inanspruchnahme öffentlichen Straßenlands, GuG 1998, 296.

13 Entsprechend der gewachsenen Wertermittlungspraxis ist nach § 44 Satz 2 ImmoWertV **bei der Bewertung von Gemeinbedarfsflächen typologisch zu unterscheidenden zwischen**

den ***künftigen*****Gemeinbedarfsflächen**, für die am Qualitätsstichtag **eine öffentliche Zweckbindung besteht**, die aber noch nicht realisiert ist, einschließlich solcher, die noch nicht in das Eigentum der öffentlichen Trägerschaft überführt worden sind und im Wege einer Enteignung erworben werden können (sog. *künftiger* Gemeinbedarf),

den ***bleibenden*** **Gemeinbedarfsflächen**, für die am Qualitätsstichtag eine öffentliche Zweckbindung bereits bestand und deren öffentliche Zweckbindung zur Änderung ansteht,

den ***abgehenden*** **Gemeinbedarfsflächen**, deren öffentliche Zweckbindung aufgegeben wird.

14 Zu den *künftigen Gemeinbedarfsflächen* gehören auch Flächen, die trotz einer baurechtlichen oder sonstigen Zweckbindung für öffentliche Zwecke privatwirtschaftlich genutzt wurden.

15 Ausgehend von dieser Typologie ergeben sich unterschiedliche Verfahrenswege zur Ermittlung des Werts der jeweiligen Gemeinbedarfsfläche.

---

2 KG Berlin, Urt. vom 25.10.1994 – 1 W 5012/94 –, DNotZ 1995, 790 = EzGuG 18.116a; BayObLG, Urt. vom 23.09.1985 – BReg 3 Z 36/84 –, BayObLGZ 1995, 325 = EzGuG 18.99a; OLG Bremen, Urt. vom 14.01.1970 – UB 13/68 –, BRS Bd. 26 Nr. 98 = EzGuG 18.47; BGH, Urt. vom 30.11.1959 – III ZR 122/59 –, BGHZ 31, 244 = EzGuG 6.46; OLG Hamburg, Urt. vom 06.12.1978 – 5 U 237/77 –, MDR 1979, 400 = EzGuG 18.31; a.A. RFH, Urt. vom 08.19.1926 – II A 429/26 –, JW 1928, 44 = ZfV 1928, 117 = EzGuG 14.1a.

3 OLG Braunschweig, Urt. vom 01.09.1993 – 3 U 1/92 –, GuG 1994, 126 = EzGuG 18.116.

4 BGH, Urt. vom 20.04.1989 – III ZR 237/87 –, BRS Bd. 53 Nr. 129 = EzGuG 18.110a.

5 The Appraisal of Real Estate, 12. Aufl. Chicago, S. 649.

Abb. 1: Gemeinbedarfsflächen (Wertermittlungsgrundsätze)

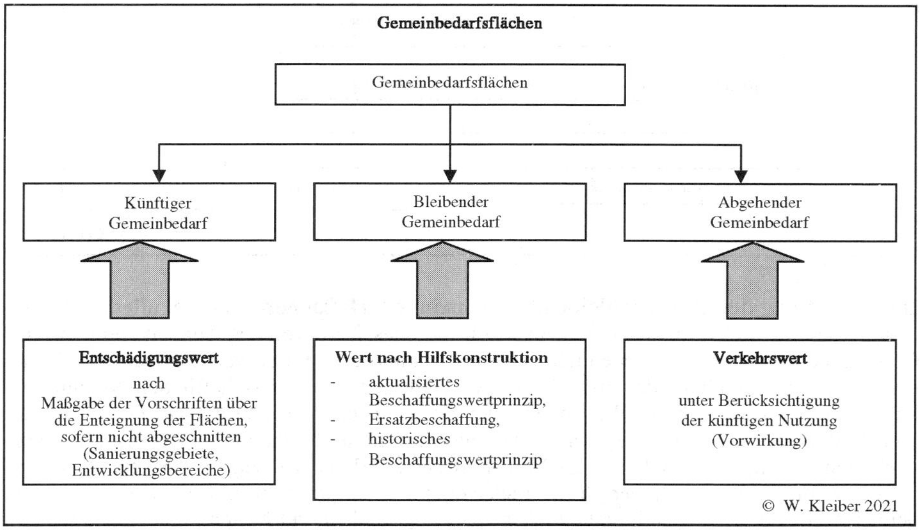

2 Wertermittlung

2.1 Bleibende Gemeinbedarfsflächen

2.1.1 Allgemeines

Schrifttum: *Debus, M.*, GuG 1994, 7; *Kleiber, W.*, Bewertung öffentlichen Straßenlandes, GuG 2011, 105.

▶ *Zu Gemeinbedarfsflächen und zur Verfahrenswahl vgl. § 6 ImmoWertV Rn. 20 ff., 191 ff.*

Gemeinbedarfsflächen, die sich bereits im **Eigentum der öffentlichen Hand** befinden und **auf absehbare Zeit einer öffentlichen Zweckbindung vorbehalten bleiben, haben nach dem vorher Gesagten keinen Verkehrswert**, da sie dem gewöhnlichen Geschäftsverkehr entzogen sind (vgl. Rn. 9). 16

Abgesehen vom Fall einer Bilanzierung des Grundvermögens besteht grundsätzlich kein Anlass, den Wert bleibender Gemeinbedarfsflächen zu ermitteln. Die Aufgabe, ihren Wert zu ermitteln, kann sich dennoch stellen, insbesondere, wenn der **Bedarfsträger wechselt.** Wechselt der Bedarfsträger, ohne dass sich die Art der öffentlichen Zweckbindung ändert, besteht weiterhin keine Notwendigkeit der Bewertung, wenn aufgrund gesetzlicher Regelungen eine unentgeltliche Übertragung vorgesehen ist. Mit der unentgeltlichen Übertragung gehen allerdings regelmäßig auch Lasten auf den Erwerber über. Anders stellt sich die Situation dar, wenn die bisherige öffentliche Nutzung einer anderen öffentlichen Nutzung zugeführt werden soll. 17

Grundsätzlich ist deshalb **zu unterscheiden zwischen** 18

a) Gemeinbedarfsflächen, die auch nach dem Eigentumswechsel *derselben öffentlichen Nutzung* vorbehalten bleiben und somit lediglich der Träger der Nutzung wechselt, und

b) Gemeinbedarfsflächen, die nach dem Eigentumswechsel einer *anderen Nutzung als der öffentlichen Nutzung* zugeführt werden (Wechsel der öffentlichen Zweckbindung).

Abb. 2: Wechsel von Gemeinbedarfsflächen

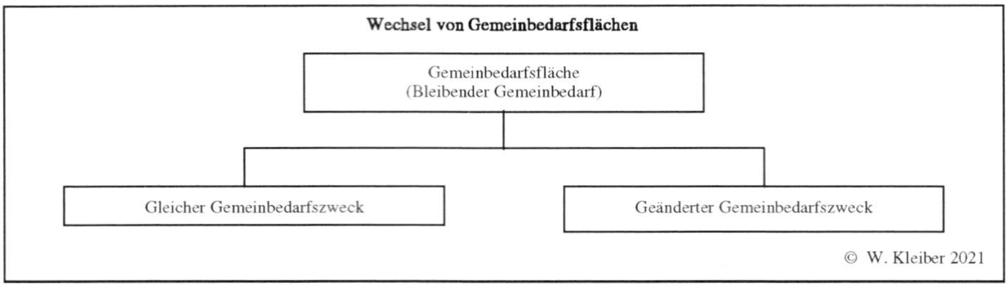

19 **Die Ermittlung des „Werts“ bleibender Gemeinbedarfsflächen wirft bei alledem besondere Probleme auf**. Im Unterschied zur Ermittlung des Werts von abgehenden und künftigen Gemeinbedarfsflächen, bei denen man an einen fundiert ermittelten Verkehrswert des Grundstücks auf der Grundlage der bisherigen bzw. künftigen privatwirtschaftlichen Nutzung anknüpfen kann, lässt sich der Wert bleibender Gemeinbedarfsflächen nur auf der Grundlage von „**Hilfskonstruktionen**“ bestimmen. Der hierzu mitunter floskelhafte Hinweis, für „spezielle“ nicht marktgängige Objekte als Verkehrswert den Preis anzusetzen, der gezahlt werden würde, wenn ein gewöhnlicher Grundstücksverkehr bestünde, hilft hier nicht weiter. Da für derartige Objekte gerade kein entsprechender Grundstücksmarkt besteht, müsste ein anderer Teilmarkt unterstellt werden, der aber für derartige Objekte nicht einschlägig wäre.

20 Die Bestimmung des Werts **bleibender Gemeinbedarfsflächen stellt im Kern keine Aufgabe der Verkehrswertermittlung dar**. Es geht hier vielmehr um die Ermittlung eines „gerechten“ Preises, der den unterschiedlichen Interessenlagen des Käufers und des Veräußerers in ausgewogener Weise und unter Berücksichtigung aller Umstände i.S. des § 287 ZPO Rechnung trägt. Dies kann von Fall zu Fall unterschiedlich beurteilt werden. Folgende **Hilfskonstruktionen** bieten sich an:

1. Bewertung nach dem Vorwirkungsgrundsatz
   a) historisches Beschaffungswertprinzip
   b) aktualisiertes Beschaffungswertprinzip
2. Ersatzbeschaffung
3. Anerkennungsbetrag bzw. unentgeltliche Übertragung
4. Pauschalierte Bruchteilsbewertung
5. Bewertung nach Umgebungsbebauung

Abb. 3: Bewertungsprinzipien für bleibenden Gemeinbedarf

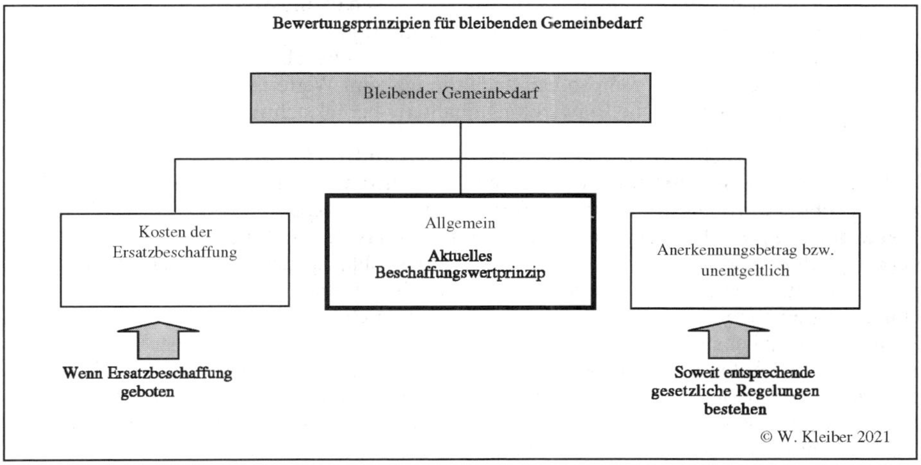

In den nachfolgenden Ausführungen wird davon ausgegangen, dass eine Gemeinbedarfsfläche *ausschließlich* einer Nutzung für öffentliche Zwecke vorbehalten ist. In einer Reihe von Fällen ist aber nicht auszuschließen, dass die **vorgegebene Nutzung auch von einem privaten Bedarfsträger mit eingeschränkter Rendite ausgeübt wird**. In diesen Fällen lässt sich der Wert dieser Flächen auf der Grundlage der eingeschränkten Rendite ermitteln, wobei die sich für einen privaten Bedarfsträger ergebenden Vor- und Nachteile angemessen berücksichtigt werden müssen. Öffentliche Gebühren sind dabei nicht als Erträge berücksichtigungsfähig. 21

Soweit eine **Gemeinbedarfsfläche ausnahmsweise einen nicht unwesentlichen nachhaltigen Ertrag abwirft,** muss dies bei der Bewertung berücksichtigt werden. Dieser Fall ist in erster Linie gegeben, wenn die Gemeinbedarfsfläche auf einen privaten Bedarfsträger (Schule, Krankenhaus und dgl.) übergeht und dieser Vorteil aus der Nutzung ziehen kann. Im Hinblick auf den Gemeinbedarfszweck ist dabei regelmäßig nur eine eingeschränkte Rendite erzielbar, wobei nach der gegebenen Rechtskonstruktion Vor- und Nachteile berücksichtigt werden müssen. Die gegenüber einem vergleichbaren unbeschränkt nutzbaren Grundstück eingeschränkte Rendite lässt sich bei der Bewertung des Grundstücks im Verhältnis zu dem Verkehrswert eines ansonsten vergleichbaren uneingeschränkt nutzbaren Grundstücks anteilig berücksichtigen. 22

2.1.2 Beschaffungswertprinzip

In der Praxis wird mitunter die Auffassung vertreten, dass sich beim Übergang einer Gemeinbedarfsfläche auf einen anderen Träger der Preis des Grundstücks nach dessen Zustand bemisst, der beim erstmaligen Erwerb dieser Fläche ggf. unter *Anwendung des Vorwirkungsgrundsatzes* maßgebend war, wobei zwischenzeitliche Änderungen der allgemeinen Wertverhältnisse berücksichtigt werden (**historisches Beschaffungswertprinzip**). Bei Anwendung dieses Prinzips soll die beim *erstmaligen Erwerb dieser Fläche gegebene Qualität* auch dann maßgebend sein, wenn der Gemeinbedarfszweck in der Vergangenheit möglicherweise sogar mehrfach geändert wurde. In diesem Zusammenhang wird von einer „**Verkettung der Vorwirkung**“ gesprochen, d.h., der Wert einer solchen Gemeinbedarfsfläche soll sich nach dieser Auffassung noch heute an der beim *erstmaligen Erwerb dieser Fläche gegebenen Qualität* bemessen, auch wenn die Fläche heute in einem hochwertigen im Zusammenhang bebauten Ortsteil nach § 34 BauGB liegt. Das historische Beschaffungswertprinzip führt im Falle einer Wertermittlung dieser Fläche im Zuge einer erneuten Änderung des Gemeinbedarfszwecks für den „abgebenden Gemeinschaftsbedarfsträger“ regelmäßig zu einem unbilligen Ergebnis. 23

24 Aus den vorstehenden Gründen wurde das Beschaffungswertprinzips erstmals mit Nr. 5.1.1.1 WERTR 06 unter der Bezeichnung „**aktualisiertes Beschaffungswertprinzip**" dahingehend modifiziert, dass bei Anwendung des Vorwirkungsgrundsatzes auf bleibende Gemeinbedarfsflächen, die ggf. auch unter Änderung ihres Gemeinbedarfszwecks auf einen anderen Gemeinbedarfsträger übertragen werden sollen, auch die bis zum Wertermittlungsstichtag eingetretene allgemeine städtebauliche Entwicklung qualitativ berücksichtigt wird.

25 Der Preis bemisst sich dann nach dem **Wert des Grundstücks, der sich nach Fortfall des bisherigen Gemeinbedarfszwecks, jedoch unter Anwendung des Vorwirkungsgrundsatzes für den künftigen Gemeinbedarfszweck nach den allgemeinen Verhältnissen am Wertermittlungsstichtag ergeben würde** (aktualisiertes Beschaffungswertprinzip[6]. Für eine ursprünglich zu landwirtschaftlichen Preisen erworbene Fläche kann sich danach ein Baulandpreis ergeben, wenn zwischenzeitlich eine dahin gehende städtebauliche Entwicklung in der Umgebung eingetreten ist. Soweit es sich dabei um eine kleinere und nunmehr in einem im Zusammenhang bebauten Ortsteil gelegene Fläche handelt, kann sich sogar der Entwicklungszustand des baureifen Landes ergeben. Der Erwerber wird bei Anwendung dieses Prinzips so gestellt, wie er am Wertermittlungsstichtag bei erstmaligem Erwerb auch sonst stehen würde. Der Veräußerer partizipiert demgegenüber an der allgemeinen städtebaulichen Entwicklung, ohne dass er planungsbedingte Werterhöhungen in Anspruch nimmt.

26 Die Anwendung des aktualisierten Beschaffungswertprinzips wird in Anlehnung an der aufgehobenen **Nr. 5.1.1.1 WERTR** 06 in Ziff. 44.1 empfohlen:

„Der Wert einer bleibenden Gemeinbedarfsfläche einschließlich solcher, die unter Änderung der öffentlichen Zweckbindung einem anderen Gemeinbedarf zugeführt werden soll (z.B. Konversionsflächen), bemisst sich vorbehaltlich des unter Buchstabe cc geregelten Falles nach dem Entwicklungszustand, der sich bei ersatzlosem Wegfall der bisherigen öffentlichen Zweckbindung (z.B. militärische Nutzung) auf Grund der allgemeinen Situationsgebundenheit (Umgebungssituation einschließlich deren Planungsrechte, Lage, Erschließungszustand, verkehrliche Anbindung, wirtschaftlich und städtebaulich sich aufdrängende Nutzbarkeit baulicher Anlagen) für das Grundstück ergeben würde (aktualisiertes Beschaffungswertprinzip). Bei einem Wechsel der Gemeinbedarfsbestimmung ist als Qualitätsstichtag der Zeitpunkt zugrunde zu legen, der unmittelbar vor dem Zeitpunkt liegt, zu dem das Grundstück infolge der künftigen öffentlichen Zweckbindung von der weiteren Entwicklung des Grundstückszustands ausgeschlossen worden wäre.

bb) Wertänderungen, insbesondere Wertverbesserungen auf Grund von Erschließungsmaßnahmen, die der „weichende" Eigentümer durchgeführt oder durch entsprechende Beiträge entgolten hat, sind zu berücksichtigen, soweit sie im Rahmen einer geordneten städtebaulichen Entwicklung unter wirtschaftlichen Gesichtspunkten der künftigen Gemeinbedarfsnutzung dienlich sein können."

---

6 Die diesbezügliche Ergänzung der WERTR 06 fand die Billigung des Deutschen Städtetags und wurde in Abstimmung mit dem Deutschen Städtetag 1994 eingeführt (vgl. Schreiben des Deutschen Städtetags vom 17.01.1994 (AktZ 61.05.70/62.63.30; Umdruck H 4814)).

Abb. 4: Aktualisiertes und historisches Beschaffungswertprinzip

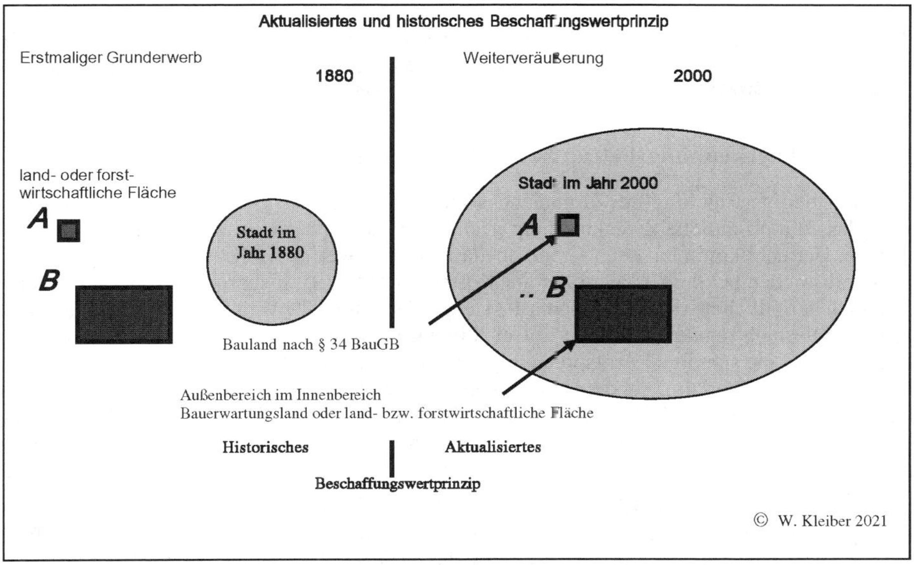

2.1.3 Ersatzbeschaffungswertprinzip

2.1.3.1 Allgemeines

Soweit mit der Aufgabe der bisherigen Gemeinbedarfsnutzung **Ersatzbeschaffung geboten** ist (Verlagerungsfall), entspricht es nach der hier vertretenen Auffassung i.d.R. allgemeinen Grundsätzen der Billigkeit, wenn als Preis der zu übertragenden Gemeinbedarfsfläche die **Kosten** angesetzt werden, **die der Verkäufer unter vernünftiger Mitwirkung aufbringen müsste, um die bisher ausgeübte Nutzung an anderer Stelle fortzusetzen**. Vor- und Nachteile sind dabei in entsprechender Anwendung des § 5 LBG auszugleichen. 27

Bei der Ermittlung des Verkehrswerts des Ersatzgrundstücks können die allgemeinen Grundsätze der Verkehrswertermittlung Anwendung finden[7] Im Ergebnis hält sich bei dieser Betrachtungsweise der abgebende Gemeinbedarfsträger schadlos, während der künftige Gemeinbedarfsträger als Preis die Kosten zu entrichten hat, die durch die Übernahme der Gemeinbedarfsflächen verursacht werden. Dazu sind die notwendigen Kosten eines etwa bereitgestellten Grundstücks im Rahmen gleichartiger, gleichwertiger, u.U. auch fiktiver Maßnahmen zugrunde zu legen. Im Übrigen sind gesetzliche Bestimmungen über den Umfang der Ersatzbeschaffung zu berücksichtigen, um Vor- und Nachteile auszugleichen. 28

2.1.3.2 Fiktives Ersatzbeschaffungswertprinzip

Ist eine Ersatzlandbeschaffung nicht erforderlich, wird mitunter gleichwohl von fiktiven Maßnahmen ausgegangen (fiktives Ersatzbeschaffungsprinzip). Dies kann allerdings für den Erwerber unbillig sein, wenn nämlich aufgrund der örtlichen Verhältnisse die Ersatzlandbeschaffung im Vergleich zu dem in der abzugebenden Gemeinbedarfsfläche investierten Kapital unverhältnismäßig hohe Kosten verursachen würde. Zur Vermeidung einer unbilligen Bereicherung des Veräußerers kann die Grenze bei dem Verkehrswert gezogen werden, den der veräußernde Gemeinbedarfsträger beim erstmaligen Erwerb dieser Fläche unter Berücksichti- 29

7 BGH, Urt. vom 12.10.1970 – III ZR 117/67 –, BRS Bd. 26 Nr. 83 = EzGuG 6.128.

gung zwischenzeitlicher Änderungen in den allgemeinen Wertverhältnissen hätte aufbringen müssen.

30 Bei Anwendung des Ersatzbeschaffungsprinzips ist ggf. ein **Abzug im Hinblick auf „neu für alt“** zu berücksichtigen, denn sonst würde der Entschädigte besser als vorher gestellt sein (Äquivalenzprinzip)[8].

2.1.4 Anerkennungsbetrag bzw. unentgeltliche Übertragung

31 Geht mit der Veräußerung des Grundstücks allein die Trägerschaft auf den Erwerber über, ohne dass die öffentliche Zweckbindung geändert wird, kann eine **unentgeltliche Übertragung** in Betracht kommen, denn Gemeinbedarfsflächen werfen i.d.R. keinen Ertrag ab, sondern verursachen bei dem Träger eher nur Kosten. Dies betrifft insbesondere die im Gemeingebrauch befindlichen Verkehrs- und Grünflächen, für deren Übertragung die gesetzlichen Regelungen deshalb regelmäßig keine Entschädigung vorsehen (vgl. § 6 Abs. 1b FStrG)[9]. Dies stützt sich auf die ständige Rechtsprechung des BVerfG[10], nach der Art. 14 GG als Grundrecht nicht das Privateigentum, sondern das Eigentum Privater schützt. Demzufolge „greift“ ein Grundrechtsschutz z.B. nicht, soweit gemeindliches Eigentum der Erfüllung öffentlicher Aufgaben dient. Infolgedessen gibt es für solche Flächen weder eine Bestands- noch eine Wertgarantie.

32 Im Gemeingebrauch befindliche Gemeinbedarfsflächen sind demzufolge nicht zu werten, soweit gesetzliche Regelungen vorhanden sind, die eine unentgeltliche Übertragung vorsehen. Dies gilt vor allem bei Gemeinbedarfsflächen, die nach dem Eigentümerwechsel derselben öffentlichen Nutzung vorbehalten bleiben. Soweit keine derartigen Regelungen bestehen, ist, da grundsätzlich keine rentierliche Nutzung aus den angesprochenen Flächen zu ziehen ist, allenfalls ein geringer **Anerkennungsbetrag** in Ansatz zu bringen (z.B. bei im Gemeingebrauch befindlichen Verkehrs- und Grünflächen, bei Wechsel der Straßenbaulast von Straßenbaugrundstücken).

33 Ansonsten ist die Praxis abzulehnen, als Wert der Gemeinbedarfsfläche einen **Anerkennungsbetrag**[11] festzusetzen, da auch diese Methode letztlich willkürlich wäre. Soweit gesetzliche Regelungen eine unentgeltliche Übertragung vorsehen, bedarf es keiner Marktwertermittlung.

34 Das **Fernstraßengesetz** sieht deshalb wie die Straßengesetze der Länder beim Wechsel der Straßenbaulast einen entschädigungslosen Eigentumsübergang an Straßenbaugrundstücken vor. Grundsätzlich ist es auf Grund der vorstehend erläuterten Rechtslage bei alledem unerheblich, ob das **Straßengrundstück** Straße bleibt oder ob es für andere öffentliche Aufgaben Verwendung finden soll, jedoch wird man den entschädigungslosen Übergang auf solche Gemeinbedarfsflächen beschränken müssen, die für den bisherigen Träger entbehrlich geworden sind, weil sonst die Erfüllung seiner öffentlichen Aufgaben gefährdet wäre. Ist er aufgrund seines Verfassungsauftrags gehalten, Ersatz zu beschaffen, oder wird seine Vermögenslage im Hinblick auf seine sonstigen Aufgaben beeinträchtigt, muss man ihm einen lastenausgleichsähnlichen Anspruch auf Kostenausgleich für die Ersatzbeschaffungsmaßnahmen unter Anwendung der anerkannten Grundsätze wie Vorteilsausgleich und einen Abzug hinsichtlich „Neu für Alt“ einräumen[12].

---

8 OLG Celle, Urt. vom 30.07.1959 – 7 U 23/58 –, ZMR 1959, 357 = EzGuG 6.44.

9 VG Freiburg, Urt. vom 01.10.1969 – VS I 186/68 –, KStZ 1970, 75 = EzGuG 18.45.

10 BVerfG, Beschl. vom 08.07.1982 – 2 BvR 1187/80 –, BVerfGE 61, 82 = EzGuG 6.216a; BGH, Urt. vom 31.11.1974 – III ZR 45/72 –, BGHZ 63, 196 = EzGuG 18.62.

11 OLG Hamm, Urt. vom 03.12.1954 – 9 U 222/52 –, BlGBW 1961,147 = EzGuG 18.2; OLG Hamm, Urt. vom 27.06.1965 – 16 U1/64 –, AVN 1966, 511 = EzGuG 18.27; 1/10 des Baulandwerts; von einem symbolischen Wert spricht das OLG Bremen, Urt. vom 14.01.1970 – UB 13/68 –, BauR 1970, 103 = EzGuG 18.47.

12 BGH, Urt. vom 24.03.1959 – VI ZR 90/58 –, BGHZ 30, 29 = EzGuG 6.39; OLG Celle, Urt. vom 30.07.1959 – 7 U 23/58 –, ZMR 1959, 1958 = EzGuG 6.44; BGH, Urt. vom 11.07.1963 – III ZR 133/62 –, VersR 1963, 1185 = EzGuG 6.71a.

Eine unentgeltliche Übertragung ist bei **Fortführung der abstrakt gleichen Gemeinbedarfsnutzung** durch den Erwerber (wenn sich der Nutzerkreis ändert; z.B. eine von Militärangehörigen genutzte Schule wird infolge eines Truppenabzugs zum Zwecke der „Nachnutzung durch andere Schüler" veräußert) in vielen Fällen unbillig. In solchen Fällen käme eine Ermittlung des Werts 35

a) nach den ersparten Kosten, die für die Errichtung der Schule für einen „anderen" Nutzerkreis aufzubringen wären (Ersatzbeschaffungswertprinzip), oder

b) nach dem „Beschaffungswertprinzip"

in Betracht.

Für den „Empfänger" unentgeltlich abgetretener Gemeinbedarfsflächen kann im Übrigen sogar der **Fall eines Unwerts** auftreten, wenn z.B. 36

– Entschädigungsansprüche auf den Erwerber übergeben oder

– unterlassene Instandsetzungen an baulichen Anlagen übernommen werden.

Dies kann entsprechend den Gegebenheiten des Einzelfalls durch Einrechnung solcher Kosten in den Preis berücksichtigt werden. 37

2.1.5 Pauschalierte Bruchteilsbewertung

▶ *Vgl. § 6 ImmoWertV Rn. 20, 187 ff.*

Die mancherorts bestehende Gepflogenheit, den Wert einer Gemeinbedarfsfläche nach einem bestimmten Prozentsatz des angrenzenden privatwirtschaftlich nutzbaren baureifen Landes zu bemessen, ist grundsätzlich abzulehnen, weil dies ein letztlich willkürlicher und nicht begründbarer Ansatz wäre. Allenfalls bei der Wertermittlung von Vorgartenflächen konnte diese Vorgehensweise („pauschalierte Bruchteilsbewertung") unter bestimmten Voraussetzungen zur Anwendung kommen, jedoch ist die Methode angesichts der BGH-Rechtsprechung zum **Teilmarkt** fragwürdig geworden. 38

Im Grundstücksmarktbericht von Potsdam (2020) werden für künftige Verkehrsflächen auf der Grundlage eines Auswertungszeitraums 2016 bis 2020 folgende Bodenpreise genannt:

Zukünftige Nutzung als Verkehrsfläche			
Nutzung vorher	**Anzahl**	**Grundstücksfläche**	**Bodenpreise** ohne Berücksichtigung von Verträgen nach VerkFlBerG
Bauland	5	Ø 20 m²	80 – 100 % des BRW
Landwirtschaftliche Flächen	16	Ø 2 110 m²	0,65 bis 2,45 €/m²
Gemeinbedarfsflächen (rückständiger Grunderwerb)	35	Ø 995 m²	0,60 bis 15,00 €/m²

2.1.6 Bewertung nach Umgebungsbebauung

Abzulehnen ist des Weiteren die Praxis, den Wert einer Gemeinbedarfsfläche nach dem Verkehrswert zu bemessen, der sich fiktiv im Falle einer Aufhebung der öffentlichen Zweckbindung für das Grundstück nach „fingierter" Maßgabe des § 34 BauGB und der sog. Umgebungsbebauung ergeben würde. Da bei einem auf Dauer der öffentlichen Zweckbindung vorbehaltenen Grundstück gerade nicht mit der Aufhebung der öffentlichen Nutzung zu rechnen ist, muss diese Vorgehensweise zu sachlich nicht vertretbaren (i.d.R. „übersetzten") Ergebnissen führen. 39

2.1.7 Bebaute Gemeinbedarfsgrundstücke

Schrifttum: *Skindelies/Höhn,* Der Mietwert einer Ersatzschule, GuG 2000, 363; *Baier, P.,* Bewertung von Gemeinbedarfsflächen am Beispiel von Hochschulimmobilien in öffentlicher Trägerschaft, GuG 2025

▶ *Zur Verfahrenswahl bei bebauten Grundstücken vgl. § 6 ImmoWertV Rn. 37 ff.*

40 Das Sachwertverfahren[13] steht bei vielen Sachverständigen auch dann noch im Vordergrund, wenn für ein bebautes Gemeinbedarfsgrundstück die **öffentliche Zweckbindung in der bestehenden oder einer abgewandelten Form erhalten bleiben soll**. Dem Ertragswertverfahren wird in der modernen Marktwertermittlung jedoch Vorrang eingeräumt. Zwar werfen bebaute Gemeinbedarfsflächen keinen Ertrag im privatwirtschaftlichen Sinne ab, jedoch kommt es bei Anwendung des Ertragswertverfahrens auf den „marktüblich erzielbaren Ertrag" an, d.h. auf den Ertrag, der bei privatwirtschaftlicher Nutzung erzielbar wäre. In der modernen Wertermittlungspraxis kommt deshalb regelmäßig das Ertragswertverfahren zur Anwendung.

41 **Bei Anwendung des Ertragswertverfahrens wird** *von der Ertragssituation vergleichbarer baulicher Anlagen ausgegangen, z.B.:*

- *für Verwaltungsgebäude: Erträge einer Büronutzung vergleichbarer Qualität,*
- *für Kinderheime, Kindergärten, Freizeitzentren, Kindererholungsheime: vergleichbare privatwirtschaftliche Einrichtungen,*
- *für Schulen: Erträge aus vergleichbaren oder anderen dafür in Betracht kommenden gewerblich genutzten Objekten.*

42 Die Wertermittlungspraxis ist darin begründet, dass der erwerbswillige Gemeinbedarfsträger vor die Wahl gestellt ist, ein Objekt anzumieten oder auf der Grundlage des Sachwerts zu kaufen. Vernünftiges wirtschaftliches Handeln vorausgesetzt würde er sich zur Anmietung entschließen, wenn die den Sachwert bestimmenden Herstellungskosten höher als der Ertragswert ausfallen. Etwas anderes mag gelten, wenn eine Anmietung nicht in Betracht kommt und der erwerbswillige Gemeinbedarfsträger zur Errichtung einer öffentlichen Zwecken dienenden Anlage „gezwungen" ist[14]. In diesem Fall können ihm bei der Bemessung eines „gerechten Kaufpreises" **Ersparnisse eigener Herstellungskosten** entgegengehalten werden, soweit die bauliche Anlage ganz oder teilweise und ggf. unter Berücksichtigung von Umnutzungskosten Verwendung finden kann.

43 Das Ertragswertverfahren kommt ausgehend von dem marktüblich erzielbaren Ertrag, der bei privatwirtschaftlicher Nutzung erzielt werden könnte, nach allgemeinen Grundsätzen des Ertragswertverfahrens zur Anwendung. Eine Reihe von **Besonderheiten** ist allerdings zu beachten

a) bei **verbilligter Abgabe des Grund und Bodens** muss ein mit dem privatwirtschaftlichen Reinertrag korrespondierender Bodenwert zum Ansatz kommen.

Beispiel:

– Der Grund und Boden wurde verbilligt abgegeben mit	500 000 A
– Der Bodenwert vergleichbarer privatwirtschaftlicher Grundstücke beträgt	1 000 000 A
– Der Jahresreinertrag bei privatwirtschaftlicher Nutzung beträgt	800 000 A
– Restnutzungsdauer	30 Jahre
– Liegenschaftszinssatz	6 %
– Kapitalisierungsfaktor	13,76

---

13 VG Ansbach, Urt. Vom 19.07.2021 – AN 2 K 20.01510 –, EzGuG 18.145 für den Ausgleich von Vermögenswerten zwischen Staat und privaten Schulträgern nach Fortfall einer Förderschule, wobei ohne nähere Begründung ein Marktanpassungsabschlag von 42 % des Zielwerts angesetzt wurde. VG Würzburg, Urt. vom 11.11.2002 – W 8 K 00.220 – BeckRS 2002, 30662.

14 BGH, Urt. vom 12.10.1970 – III ZR 117/67 –, BRS Bd. 26 Nr. 83 = EzGuG 6.128.

Richtig		Falsch	
BW	1 000 000 €	BW	500 000 €
RE	800 000 €	RE	800 000 €
BW × LZ	– 60 000 €	BW × LZ	– 30 000 €
RE – (BW × LZ)	740 000 €	RE – (BW × LZ)	770 000 €
(RE – BW × LZ) × KF	10 182 400 €	(RE – BW × LZ) × KF	10 595 200 €
+ BW	500 000 €	+ BW	500 000 €
= EW	10 682 400 €	= EW	11 095 200 €

Δ = 412 800 €

Der Unterschied „frisst" die gewährte Verbilligung nahezu vollständig auf.

Die Vorgehensweise ist darin begründet, dass die privatwirtschaftlich erzielbaren Reinerträge auch nur mit dem sog. „nutzungsbefangenen", d.h. privatwirtschaftlich „vollen" Bodenwert kombiniert werden dürfen, weil sonst der Gebäudeertragswert auf Grund des geringen Bodenwertverzinsungsbetrags unangemessen wäre. Im Ergebnis muss hier mit „gespaltenen Bodenwerten" gearbeitet werden.

Die empfohlene Anwendung des Ertragswertverfahrens für Gemeinbedarfsgrundstücke auf der Grundlage von Erträgen, die im privatwirtschaftlichen Bereich üblich sind und die Vorhaltung hochwertigen Baulands erfordern, kann dann zu einer Kombination mit einem sehr niedrigen und der baulichen Nutzung nicht korrespondierenden Bodenwert führen, so z.B., wenn eine im Außenbereich gelegene Kaserne zu bewerten ist und sich der Wert des Grund und Bodens am Bauerwartungslandwert orientiert. Auch in diesem Fall muss, wenn die Verkehrswertermittlung zu vernünftigen Ergebnissen führen soll, der **mit den angesetzten Ertragsverhältnissen korrespondierende (fiktive) Bodenwert der Ermittlung des Bodenwertverzinsungsbetrags zugrunde gelegt** werden, während ansonsten der nach dem aktualisierten Beschaffungswertprinzip ermittelte Bodenwert maßgeblich ist (gespaltene Bodenwerte).

EW = (RE – BW × LZ) × KF + BW

- RE: Reinertrag unter Berücksichtigung einer privatwirtschaftlichen Nutzung
- BW (in der Klammer): Bodenwert unter Berücksichtigung einer privatwirtschaftlichen Nutzung
- BW (am Ende): verbilligter Bodenwert

b) Entsprechendes gilt im Übrigen auch, wenn der unter Anwendung des aktualisierten Beschaffungswertprinzips ermittelte Bodenwert niedriger als der privatwirtschaftliche Bodenwert ausfällt.

c) Bei entsprechend langer Restnutzungsdauer ist der Ansatz des „richtigen" Bodenwerts bedeutungslos.

2.1.8 Beispiel (Bleibendes Straßenland)

▶ *Vgl. Syst. Darst. des Vergleichswertverfahrens Rn. 240 ff.*

a) Sachverhalt 44

Zu bewerten ist eine ca. 2 250 m² große Teilfläche einer dem Verkehr gewidmeten Straßenfläche (Gehweg), die von der Gemeinde im Rahmen eines städtebaulichen Vertrags auf einen Vorhabenträger übergehen soll. Nach den Festsetzungen des Bebauungsplans ist die Gehwegsfläche mit einem Tiefgeschoss unterbaubar. Des Weiteren ist die Errichtung von Brücken und Balkonen im Luftraum der Gehwegsfläche (ca. 850 m²) vorgesehen.

Die Fläche ist im Bebauungsplan zwar als Bauland ausgewiesen, jedoch besteht zur „Sicherung einer öffentlichen fußläufigen Durchwegung im Plangebiet" eine Baulast des Inhalts, dass die *„Fläche mit einem Gehrecht zugunsten der Allgemeinheit belastet ist und das Gehrecht zugunsten der Allgemeinheit durch Lichtschächte, Rolltreppen u.ä. ausnahmsweise eingeschränkt werden kann; unter auskragenden Bauteilen und Brücken ist eine lichte Höhe von mindestens 4,3 m einzuhalten."*

Eine Unterbauung der Gehwegsfläche und die Nutzung des „Luftraums" ist zulässig, jedoch sind für diesen Fall vom Erwerber die nicht unerheblichen Kosten der notwendig werdenden Verlegung sämtlicher Versorgungsleitungen zu tragen. Die Kosten der Umverlegung belaufen sich auf rd. 1 000 000 €; darüber hinaus obliegt dem Erwerber künftig die Straßenbaulast, Unterhaltung sowie die Verkehrssicherungspflicht. Dem steht ein wirtschaftlicher Vorteil gegenüber, nämlich

– die Unterbaubarkeit des Straßenraums bzw. der Gehwegsfläche (hier rd. 14.000 m³) und
– der Nutzung des „Luftraums" durch auskragende Bauteile.

Es handelt es sich im wirtschaftlichen Ergebnis um eine öffentliche Verkehrsfläche. Die formale Ausweisung darf nicht dazu verleiten, sie qualitätsmäßig als Bauland zu bewerten. Die Möglichkeit der Unterbauung hätte auch durch Nutzungsrechte an ausgewiesenen Gemeinbedarfsflächen (öffentliche Straße) gesichert werden können.

45 *b) Allgemeiner Bewertungsansatz*

Im Gemeingebrauch stehende Gemeinbedarfsflächen sind dem gewöhnlichen Geschäftsverkehr entzogen (extra commercium). Mithin kann für diese Flächen begrifflich auch kein Verkehrswert (Marktwert) ermittelt werden. Die Tatsache, dass eine Fläche dem gewöhnlichen Geschäftsverkehr entzogen ist, bedeutet allerdings nicht, dass sie keinen oder nur einen symbolischen Vermögenswert hat, und rechtfertigt nicht die Schlussfolgerung, ihr sei ein realer wirtschaftlicher Wert nicht beizumessen.

Es sind diesbezüglich nur wenige Marktbeobachtungen veröffentlicht worden. So ist vom langjährigen Vorsitzenden des Gutachterausschusses von Berlin in einem Vortrag am 12.11.2003 berichtet worden, dass in der Berliner Praxis Straßenland mit 5 €/m² entschädigt wird (vgl. Abb. 5).

Abb. 5: Ankaufspreise für Straßenland

Nr.	Bezirk	Lage	Datum	Fläche m²	Veräußerer	Erwerber	Kaufpreis €/m²
1	Spandau	Mertensstr. 63	25.04.2001	12	Jr. Person	Land Berlin	5
2	Mitte	Leipziger Platz	08.10.2001	141	BRD	Land Berlin	5
3	Köpenick	Stubenrauchstr.	22.04.2002	315	Privat	BRD	5
4	Köpenick	Klafterzeile 26	26.08.2002	114	Privat	Privat	6
5	Köpenick	Buntzelstr. 131	09.09.2002	86	Privat	Land Berlin	5

Quelle: Ribbert, Vortrag am 12.11.2003 in Berlin

Die Veräußerung einer gemeindlichen Verkehrsfläche ohne tatsächliche Aufgabe des Gemeinbedarfszwecks hat für das Gemeinwesen im Unterschied zu den vorstehenden Erwerbsfällen den besonderen Vorteil, dass die Straßenbaulast und die Unterhaltung und die Verkehrssicherungspflicht auf den Erwerber übergehen. Im Hinblick auf die auf den Erwerber übergehenden Belastungen kann sich nach Auffassung des OLG Braunschweig der Wert bis auf 0 € reduzieren[15]. Dies betrifft insbesondere die im Gemeingebrauch befindlichen Verkehrs- und Grünflächen, für deren Übertragung die gesetzlichen Regelungen deshalb regelmäßig keine Entschädigung vorsehen (vgl. § 6 Abs. 1b FStrG)[16].

15 OLG Braunschweig, Urt. vom 01.09.1993 – 3 U 1/92 –, GuG 1994, 126 = EzGuG 18.116.
16 VG Freiburg, Urt. vom 01.10.1969 – VS I 186/68 –, KStZ 1970, 75 = EzGuG 18.45.

c) Bodenwertermittlung 46

Zur Ermittlung des Bodenwerts der öffentlich zugänglichen Gehwegsflächen sind folgende Verfahrenswege in Betracht zu ziehen:

1. Bodenwertermittlung auf der Grundlage ersparter Nutzungsentgelte 47

Die im Bebauungsplan festgesetzten Nutzungen könnten auch realisiert werden, wenn die Verkehrsflächen im Eigentum der Gemeinde verbleiben. In diesem Fall können für die vorgesehene Nutzung entsprechende Nutzungsentgelte nach der gemeindlichen Sondernutzungsgebührenverordnung geltend gemacht werden. Der mit dem Erwerb der öffentlichen Gehwegsfläche verbundene Vorteil lässt sich mithin auf der Grundlage ersparter Nutzungsentgelte ermitteln, denn im wirtschaftlichen Ergebnis besteht insoweit kein Unterschied zwischen den verschiedenen Rechtskonstruktionen.

- Nach der Sondernutzungsgebührenverordnung (SNGebV) von Berlin wird für die unterirdische Nutzung des Straßenraums eine vom Bodenrichtwert der Anliegergrundstücke abhängige Gebühr pro Quadratmeter umbauten Raums erhoben. Sie beläuft sich in Abhängigkeit vom angrenzenden Bodenrichtwert auf 2,50–4,50 €/m³ umbauten Raum im Jahr. Die Gebühr kann auch durch Zahlung eines einmaligen Betrags in 20-facher Höhe des Jahresbetrags abgelöst werden.
  Bei einem umbauten Raum von 14.000 m³ und einer Gebühr von 3 €/m³ (auf der Grundlage eines Bodenrichtwerts von 500 €/m²) ergibt sich eine Jahresgebühr von rd. 42 000 € oder ein einmaliger Ablösungsbetrag von rd. 840 000 €.
- Der wirtschaftliche Vorteil der Errichtung von Brücken und Balkonen im Luftraum ermittelt sich entsprechend über die Kapitalisierung des Nutzungsentgelts für Sondernutzungen öffentlichen Straßenraums. Sie beläuft sich für Vorbauten wie Brücken und Balkone („Überhänge“) auf 25 €/m² überbaubarer Fläche per annum. Die Gebühr kann wiederum durch Zahlung eines einmaligen Betrags in 20-facher Höhe des Jahresbetrags abgelöst werden.
  Bei einer Fläche von 850 m² und einer Gebühr von 25 €/m² ergibt sich eine Jahresgebühr von rd. 21.250 € oder ein einmaliger Ablösungsbetrag von rd. 425 000 €.
- Betrachtet man die im Falle eines Erwerbs der Verkehrsflächen ersparten Ablösungsbeträge als wirtschaftlichen Vorteil, müssen allerdings die Bau- und Unterhaltungslast sowie Sicherungspflichten wertmindernd berücksichtigt werden, die auf den Erwerber übergehen. Der ermittelte Ablösungsbetrag kann von daher allenfalls einen Anhaltspunkt für den „Höchstpreis“ für die zu erwerbende Fläche geben. Im Hinblick auf die übergehende Bau- und Unterhaltungslast muss der Fläche indessen eine geringere Wertigkeit beigemessen werden. Bei einem Kostenansatz von 3 €/m² p.a. und 2 250 m² ergeben sich rd. 6 750 €, wiederum kapitalisiert mit dem 20-fachen Jahresbetrag von rd. 135 000 €.
  Somit ergibt sich folgende Gesamtrechnung:

Kapitalisierte Vorteile aus der Unterbauung und den Überhängen insgesamt	1 265 000 €
abzüglich	
Kapitalisierte Unterhaltungskosten	– 135 000 €
Kosten der Verlegung bestehender Leitungen usw.	– 1 000 000 €
Verbleiben	130 000 €

48 *2. Deduktive Bodenwertermittlung*

Um zu einem entsprechenden Vomhundertsatz des Bodenwerts von Bauland für eine privatwirtschaftliche Unterbauung öffentlichen Straßenlandes zu kommen, stehen selten entsprechende Erfahrungswerte zur Verfügung. Im Schrifttum werden im Zusammenhang mit der Einräumung von Bahnunterfahrungsrechten Entschädigungen von 1,25 % bis 30 % des Bodenwerts der betroffenen Fläche genannt[17].

Hilfsweise kann der Vomhundertsatz ermittelt werden, indem der prozentuale Anteil des im Untergeschoss erzielbaren Mietwerts (pro Quadratmeter Grundstücksfläche) in das Verhältnis zum Mietwert einer bebauungsplankonformen Bebauung der angrenzenden Baulandfläche gesetzt wird.

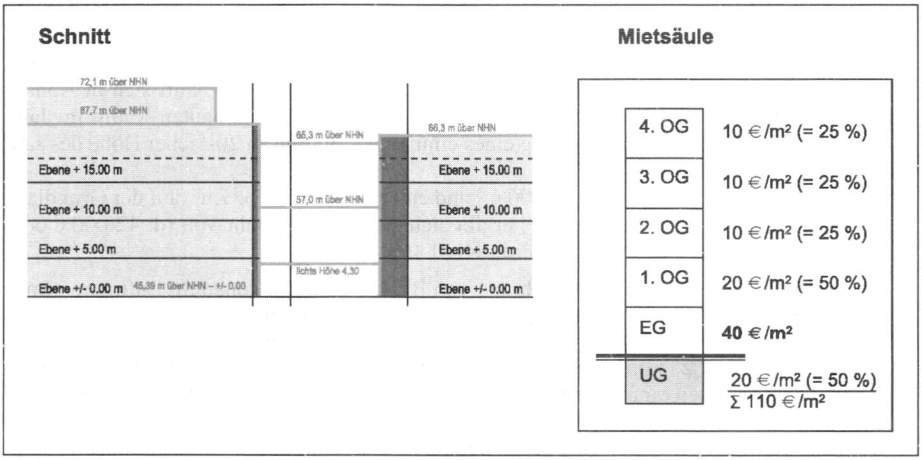

Gemessen am erzielbaren Mietertrag ergibt sich für das Untergeschoss ein Vomhundertsatz von rd. 18 % (= 20/110), der – angewandt auf einen Bodenwert von rd. 600 €/m² für das angrenzende Bauland – einen Bodenwert von rd. 110 €/m² ergibt und für die gesamte Straßenfläche von 2 250 m² einen „Gesamtwert" von rd. 250 000 €. Dieser Betrag ist wiederum um die bei Erwerb der Fläche auf den Erwerber übergehenden Belastungen bezüglich der Straßenbaulast, Unterhaltung, Verkehrssicherungspflicht usw. (135 000 €) zu vermindern und reduziert sich damit auf 115 000 €.

Im Übrigen ist der ermittelte Vomhundertsatz nicht von der (absolut) erzielbaren Höhe der Erdgeschossmiete, sondern allein vom prozentualen Anteil der in den übrigen Geschossen erzielbaren Miete abhängig ist. Insoweit kommt es nicht auf eine „richtige" Ermittlung des ortsüblich erzielbaren Mietertrags an.

Ergänzend wird darauf hingewiesen, dass bei Anwendung des Mietsäulenverfahrens die in der Praxis mitunter betriebenen „Verfeinerungen" des Mietsäulenverfahrens unter Heranziehung von Nutzflächenfaktoren und anteiligen Herstellungskosten eine das Geschehen auf dem Grundstücksmarkt nicht reflektierende Verbrämung des Mietsäulenverfahrens darstellt[18], da nämlich

– der Nutzflächenfaktor unberücksichtigt bleiben kann, da er sich lediglich wie ein Maßstabsfaktor auswirkt, ohne den Vomhundertsatz zu verändern;

---

17 Debus, GuG 1994, 7 auf Grund einer Rundfrage unter 13 deutschen Großstädten mit Bahnunterfahrungen.

18 Vgl. Kleiber, Verkehrswertermittlung von Grundstücken, 6. Aufl. 2010, S. 1310 f.

– der Baukostenanteil unberücksichtigt bleiben kann, denn auch die Baukosten wirken sich im Wesentlichen lediglich wie ein Maßstabsfaktor aus, ohne den Vomhundertsatz zu verändern[19].

d) Nachbetrachtung

Bei der hier angezeigten investiven Betrachtung wird man schließlich und vor allem auch noch das Risiko mit in die Betrachtung einbeziehen müssen, das der Vorhabenträger eingeht. Dies ist nicht unerheblich, sodass in derartigen Fällen trotz der hier aufgezeigten Vorteile (Unterbauung und Überhänge) nur ein Anerkennungsbetrag gerechtfertigt ist.

2.1.9 Gemeinbedarfsgrundstücke in der Bilanzbewertung

▶ *Teil V Rn. 651*

Die **Bewertung von Gemeinbedarfsflächen aus Anlass der Rechnungslegung der öffentlichen Hand** stellt einen Sonderfall dar. Bleibende Gemeinbedarfsflächen werden in der Bilanzbewertung in erster Linie nach Anschaffungs- bzw. Herstellungskosten oder i.S. des Rekonstruktionsgedankens auf der Grundlage von Wiederbeschaffungs-/Wiederherstellungskosten (Ersatzwerte) nach Maßgabe entsprechender Bewertungsrichtlinien[20] bewertet (vgl. z.B. IDW ERS ÖFA 1 Abs. 29 f.). 49

Zur Begründung wird einerseits darauf verwiesen, dass bei öffentlich genutzten Immobilien eine unmittelbare Ableitung des Zeitwerts aus zeitnah vereinbarten Kaufpreisen (Vergleichswertverfahren) und eine Anwendung des Ertragswertverfahrens mangels nachhaltiger Erträge nicht möglich sei. Andererseits ließe sich die Anwendung des Sachwertverfahrens aus dem Gesichtspunkt der Daseinsvorsorge begründen: Für das Gemeinwesen bildet sich der Verkehrswert einer Gemeinbedarfsfläche nicht im Ertrag der Immobilie. Vielmehr bilde der **Substanzwert die „Nutzungsstiftung für den Bürger“ ab** und die Grundstücke hätten deshalb den Wert, den die Herstellung der baulichen Anlagen kostet. 50

Der Bewertung bleibender Gemeinbedarfsflächen nach Anschaffungs- bzw. Herstellungskosten oder Ersatzwerten liegt der Beschluss der Ständigen Konferenz der Innenminister[21] zugrunde. Damit wird das Ziel verfolgt, den **Haushalt auf die doppelte Rechnungsführung („Doppik“) umzustellen**, um zu einer zutreffenden Abbildung der „tatsächlichen Vermögens-, Finanz- und Ertragslage“ zu gelangen. Mit der weitgehenden Übernahme des handelsrechtlichen Bilanzierungsrechts können die Eröffnungsbilanzwerte nach den Grundsätzen des HGB fortgeschrieben werden. Die Eröffnungsbilanzwerte von Gebäuden werden als abnutzbares Anlagevermögen durch planmäßige Abschreibungen auf die Restnutzungsdauer des jeweiligen Vermögensgegenstandes verteilt. 51

In einem Gutachten des Ifo-Instituts für Wirtschaftsforschung e.V. an der Universität München[22] wurde das gesamte Immobilienvermögen der Gemeinden Baden-Württembergs (Anfang 2003) auf der Grundlage des Wiederbeschaffungswerts sämtlicher Bauten und des Grundstückswerts auf 7 217 Mrd. € geschätzt. Sinn und Zweck der Aktion sind mehr als fragwürdig, denn die „tatsächlichen Vermögenswerte“ spiegeln sich darin jedenfalls nicht wider, und so muss das Ergebnis der Sachwertermittlung eine trügerische Illusion sein[23]. Die öffentli- 52

19 Vom Investor wird gesamtheitlich kalkuliert, zumal bei gemischten Nutzungen eine flächenbezogene Kostenkalkulation schon im Hinblick auf das gemeinsame Unter- und Dachgeschoss nicht möglich ist. Die amtlichen Wertermittlungsrichtlinien enthalten daher nur (gesamtheitliche) und keine nach unterschiedlichen Nutzungen differenzierende flächenbezogenen Normalherstellungskosten.

20 Erfassung und Bewertung kommunalen Vermögens (Bewertungsrichtlinien – BewertRL), Bek. des Bay. Staatsministeriums des Innern vom 29.9.2008 – IB4 – 1516 – 35-, Bay AllMBl. 2008, 558; Richtlinien zur Bewertung des kommunalen Vermögens und der kommunalen Verbindlichkeiten (Bewertungsrichtlinien – BewertRL); RdErl des MI vom 9.4.2006 – 32.3. – 10401/1-3 –, MinBl LSA 2006, 204.

21 Beschluss der Ständigen Konferenz der Innenminister in: Der Gemeindehaushalt, 2004, 36 ff. „Von einem zahlungsorientierten zu einem ressourcenorientierten Haushalts- und Rechnungswesen“.

22 Die volkswirtschaftliche Bedeutung der Immobilienwirtschaft, München 2005.

23 Vgl. GuG aktuell 2006, 1.

che Hand rechnet sich so reich, denn die ermittelten Sachwerte haben i.d.R. mit dem Marktwert (Verkehrswert) und auch mit dem beizulegenden Zeitwert wenig gemein. Würde man zur Sanierung der Haushalte die Gemeinbedarfsflächen mit ihrer Zweckbindung veräußern, müsste man schnell erkennen, dass z.B. beim Verkauf einer unterhaltungsaufwändigen Straße keine Einnahmen erzielt werden könnten, und das Beispiel ließe sich an anderen öffentlich genutzten Grundstücken beliebig fortsetzen. Wenn gleichwohl das öffentliche Vermögen im großen Stile im Sachwertverfahren bewertet wurde, so gibt das Ergebnis jedenfalls nicht die „tatsächlichen" Vermögensverhältnisse wieder.

2.2 Abgehender Gemeinbedarf

2.2.1 Allgemeines

53 Gemeinbedarfsflächen, die am Wertermittlungsstichtag formell noch einer öffentlichen Zweckbindung – z.B. aufgrund entsprechender Festsetzungen im Bebauungsplan – unterliegen, von denen aber **aufgrund konkreter Tatsachen mit hinreichender Sicherheit zu erwarten ist, dass sie wieder einer privatwirtschaftlichen Nutzung (durch Umplanungen) zugeführt werden** sollen, befinden sich in einer Übergangsphase. In dieser Zeit öffnen sich die Flächen wieder dem gewöhnlichen Geschäftsverkehr.

54 Problematisch sind die Fälle, in denen die künftige Nutzung auf der Grundlage konkreter Tatsachen mit hinreichender Sicherheit nicht bestimmbar ist. Eine fundierte Wertermittlung kann dann nur im Benehmen mit dem Auftraggeber **nach Maßgabe eines vorgegebenen Szenarios** zur künftigen Nutzbarkeit des Grundstücks und seiner Umgebung einschließlich des zeitlichen Prozesses seiner Realisierung erstattet werden (sog. Szenariobewertung). Ein auf dieser Grundlage ermittelter Wert darf sich nicht als allgemeingültig verselbstständigen und ist deshalb als **szenariobedingter Wert** zu deklarieren.

55 Vorstehende für Verkehrs- und Grünflächen angesprochene Grundsätze können grundsätzlich für alle Gemeinbedarfsflächen Anwendung finden, die ihre öffentliche Zweckbindung verlieren. Als Fallbeispiel kann der **Rückbau einer Straße** gelten. Sobald die betroffene Fläche planungsrechtlich wieder privatwirtschaftlich nutzbar ist, bemisst sich der Verkehrswert nach allgemeinen Grundsätzen, auch wenn die öffentliche Hand noch Eigentümerin wäre. Die evtl. noch aufzubringenden **Kosten des Rückbaus** müssten ggf. wertmindernd berücksichtigt werden, wenn bei der Verkehrswertermittlung von Vergleichspreisen unbebauter Grundstücke ausgegangen wird.

56 Noch vor der Umzonung stellt sich i.d.R. ein sich am künftigen Verkehrswert orientierender Wert für die Flächen ein, sobald ohne spekulative Momente die **Rückführung dieser Fläche in eine privatwirtschaftliche Nutzung** in absehbarer Zeit erkennbar wird; wäre dies in „absehbarer Zeit" nicht zu erwarten, müssten in Anwendung des § 95 Abs. 2 Nr. 1 BauGB Erwartungsmomente unberücksichtigt bleiben.

57 Die dabei anzubringenden **Abschläge** bemessen sich nach

1. den ggf. anfallenden Freilegungskosten,
2. der voraussichtlichen Dauer für den Vollzug der erforderlichen rechtlichen und tatsächlichen Maßnahmen (§ 11 ImmoWertV) sowie
3. dem dafür bestehenden Realisierungsrisiko (Wagnis), soweit dieses nicht mit der Wartezeit berücksichtigt wird.

2.2.2 Abgehende Straßenflächen

58 Im Zuge des **Rückbaus von Straßen** werden vielfach Gemeinbedarfsflächen an die Eigentümer der anliegenden Grundstücke wieder (zurück-)veräußert. Erfahrungsgemäß kommt es da-

bei zu Preisvereinbarungen über den **Rückkauf,** die nur einen Bruchteil des jeweiligen Verkehrswerts des baureifen Landes ausmachen.

Der Bruchteil beträgt 59

a) bei kleineren unmaßgeblichen Teilflächen etwa 10 bis 20 % und

b) bei größeren Teilflächen als Vorgartenland oder Stellplätze 35 bis 45 % des angrenzenden Baulands (Abb. 6):

Abb. 6: Bruchteilssätze bei Straßenrückveräußerung an Anlieger

Empirisch abgeleitete Bruchteilssätze des Gutachterausschusses				
Art der unselbstständigen Teilfläche	**Ort**	**Anzahl**	**% des Baulandwerts**	**Durchschnittliche Preisspanne**
Rückkauf				
a) unmaßgebliche Teilflächen bei bereits ausreichenden Vorgärten 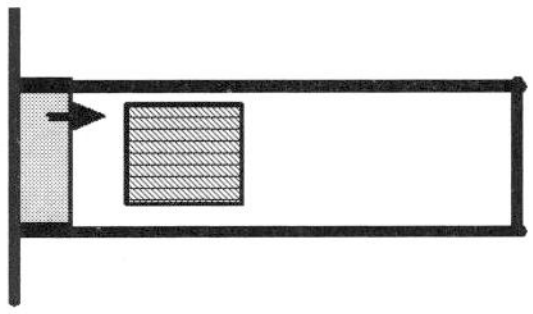	Bergisch Gladbach (2021) Chemnitz Leverkusen (2021) Leipzig (2013) Schwerin Ennepe-Ruhr-Kreis Gelsenkirchen	23 8 7 10 - - 20	35 % 30 % 28 % 24 % 42 % - 22%	19–63 % – ±4 % 11–36 % 4–80 % 15–60 % 14–30 %
b) Große Teilfläche als Vorgarten oder Stellfläche 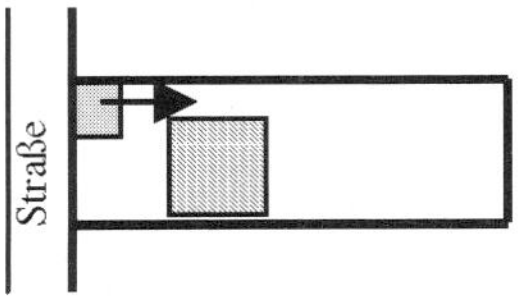	Bergisch Gladbach (2021) Chemnitz Oberbergischer Kreis (2020) Rheinisch-Bergischer Kreis (2019) Leipzig (2013) Gelsenkirchen	9 12 63 8 8 15	38 % 44 % 55 % 29 % 47 % 40%	25–58 % – ± 29 % ± 8 % 25–69 % 28–51 %

Für **private Erschließungsflächen** werden erfahrungsgemäß Preise bis zu 50 % des angrenzenden Baulandes bezahlt. Von den Gutachterausschüssen liegen folgende Erfahrungswerte vor (Abb. 7): 60

Abb. 7: Bruchteilssätze für private Erschließungsflächen

Empirisch abgeleitete Bruchteilssätze des Gutachterausschusses				
Art der unselbstständigen Teilfläche	**Ort**	**Anzahl**	**% des Baulandwerts**	**Durchschnittliche Preisspanne**
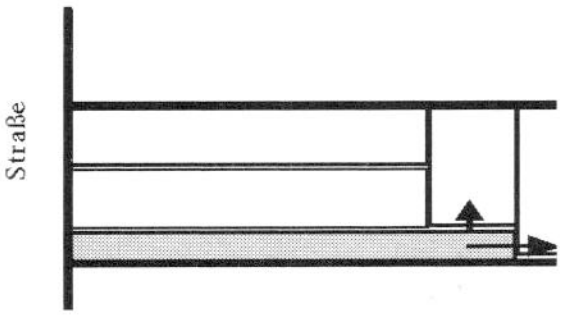	Bergisch Gladbach (2015) Chemnitz Rheinisch- Bergischer Kreis Leverkusen (2019) Leipzig (2013) Gütersloh (2013)	10 14 5 7 21	52 % 63 % 50 % 41 % 93 % 40 %	27–100 % – 40–65 % ± 10 % 80–104 %

Für private Erschließungs- und Wirtschaftswege, die keine anderweitige Nutzung zulassen, werden nach Untersuchungen des Gutachterausschusses von *Mülheim* Kaufpreise bezahlt, die sich zwischen 5 und 65 €/m² und in der Mitte um einen Wert von 25 Euro/m² bewegen. Vom Gutachterausschuss *Krefeld* werden sie mit rd. der Hälfte des Bodenrichtwerts für Bauland bewertet[24].

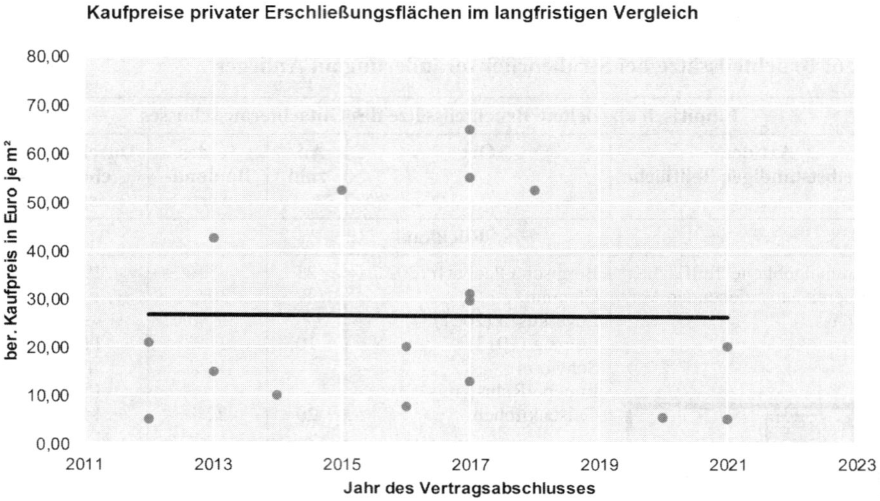

Quelle: GAA Mühlheim, Grundstücksmarktbericht 2024

61 Für **unbebaute Garagen- und Vorplatzflächen im Siedlungsbereich** wird nach Untersuchungen des Gutachterausschusses des *Rheinisch-Bergischen Kreises* i.d.R. der volle Baulandwert bezahlt. Nach Untersuchungen des Gutachterausschusses in *Mainz* (2008) werden für **Stellplätze** durchschnittlich 56 % des Bodenrichtwerts bezahlt.

2.2.3 Abgehende Flächen der Landesverteidigung

Schrifttum:*Feldmann,* Konversionsflächen als städtebaulicher Entwicklungsbereich, LKV 1997, 151; *Kleiber, W.,* Städtebauliche Integration von Konversionsflächen und ihre Verkehrswertermittlung, ZfBR 1993, 269; *Luers,* Der städtebauliche Rahmen von Konversionsflächen, Städte- und Gemeinderat 1993, 14; *Rohmer, F.;* Folgenbeseitigung nach Beendigung von militärischen und sonstigen Fachplanungsnutzungen von Liegenschaften, GuG 2002, 1; *Uechtritz,* Der planungsrechtliche Status von Konversionsflächen, BauR 1996, 485; *Wallraven-Lind/Strunz,* Die planungsrechtliche Beurteilung bestehender und aufgelassener Kasernen, UPR 1997, 94.

2.2.3.1 Allgemeines

▶ *Vgl. zur Bodenverunreinigung § 5 ImmoWertV Rn. 297 ff.*

62 Die Verkehrswertermittlung aufgelassener Militärflächen (Konversionsflächen) bereitet der Praxis in erster Linie große Schwierigkeiten sowohl bezüglich der Bodenwertermittlung als auch der Gebäudewertermittlung[25].

---

24 Grundstücksmarktbericht 2024

25 Kleiber, ZfBR 1993, 275; RdErl. des bbg Ministeriums für Stadtentwicklung, Wohnen und Verkehr über die rechtlichen, planerischen und finanziellen Aspekte der Konversion militärischer Liegenschaften vom 20.05.1997 (ABl. 1997, 476 = GuG 1998, 234); v. Feldmann, LKV 1997, 151.

Bei **Errichtung und Änderung von Vorhaben, die der Landesverteidigung**, dienstlichen Zwecken, der Bundespolizei oder dem zivilen Bevölkerungsschutz dienen, sind nach § 37 Abs. 2 Satz 1 BauGB mit Zustimmung der höheren Verwaltungsbehörde und nach Anhörung der Gemeinde Abweichungen von den allgemeinen bauplanungsrechtlichen Vorschriften des BauGB zulässig. Versagt die höhere Verwaltungsbehörde ihre Zustimmung oder widerspricht die Gemeinde dem beabsichtigten Vorhaben, entscheidet das zuständige Bundesministerium im Einvernehmen mit den beteiligten Bundesministerien und im Benehmen mit den zuständigen Obersten Landesbehörden. Im Übrigen bleiben die Bestimmungen über die nach den Landesbauordnungen zu erteilenden Baugenehmigungen unberührt. Wird die Zweckbindung aufgehoben, fällt die betroffene Fläche wieder unter die gemeindliche Planungshoheit mit der Folge, dass damit eine Nutzungsänderung einhergeht.

Der Verkehrswert (= voller Wert i.S. des Haushaltsrechts), um den es bei der Veräußerung **ehemaliger Militärflächen** geht, **ist in § 194 BauGB als ein stichtagsbezogener, aber dennoch zukunftsorientierter Wert definiert.** Er wird maßgeblich durch die künftige Nutzung (eskomptierte Nutzung) bestimmt, es sei denn, die künftige Nutzung wird als „rechtliche" Gegebenheit ganz oder teilweise „abgeschnitten", so z.B. im Falle 63

1. der Lage des Grundstücks in einem Sanierungsgebiet oder städtebaulichen Entwicklungsbereich (§ 153 Abs. 1 ggf. i.V.m. § 169 Abs. 4 Nr. 6 BauGB),
2. der Lage des Grundstücks in einem Umlegungsgebiet (§§ 57, 58, 64 BauGB) oder
3. einer künftigen Nutzung der Fläche für den Gemeinbedarf (§ 96 BauGB).

Nach § 165 Abs. 5 Satz 3 i.V.m. § 26 Nr. 2a BauGB können der Landesverteidigung dienende Flächen im Übrigen nur mit **Zustimmung des Bedarfsträgers in eine städtebauliche Entwicklungsmaßnahme** einbezogen werden. Der Bedarfsträger soll nach § 165 Abs. 5 Satz 4 BauGB seine Zustimmung erteilen, wenn auch unter Berücksichtigung seiner Aufgaben ein überwiegendes öffentliches Interesse an der Durchführung der städtebaulichen Entwicklungsmaßnahme besteht und er in Zukunft auf die Flächen verzichten kann. Der Bedarfsträger hat insoweit kein Ermessen[26] und die Gemeinde kann die Ablehnung der Zustimmung gerichtlich überprüfen lassen. Liegt die Zustimmung bei Inkrafttreten der Entwicklungssatzung nicht vor, so kann dies zur Unwirksamkeit der Entwicklungssatzung führen. 64

Ansonsten wird der Verkehrswert von Grundstücken unter der Herrschaft des Städtebaurechts, das keinen allgemeinen maßnahmenbedingten Wertausgleich und mithin auch keinen Planungswertausgleich kennt, von der künftigen Nutzung bestimmt, und zwar umso stärker, je konkreter sich die Nutzung abzeichnet. Von den vorstehenden Sonderfällen abgesehen kommt es dabei nicht zwingend darauf an, dass die künftige Nutzung formalrechtlich feststeht, z.B. in Form eines Bebauungsplans. In der Entschädigungsrechtsprechung ist immer wieder auf die **Situationsgebundenheit** (vgl. § 3 ImmoWertV Rn. 160 ff.) hingewiesen worden, die auch ohne formalrechtliche Planungsgrundlagen zur Einstufung einer Fläche in eine höhere Entwicklungszustandsstufe i.S. des § 5 ImmoWertV führen kann, wenn sich die „von der Natur der Sache" gegebenen Möglichkeiten der Nutzung und der wirtschaftlichen Ausnutzung, wie sie sich aus der örtlichen Lage des Grundstücks bei wirtschaftlicher Betrachtungsweise objektiv anbietet[27] (z.B. Bauerwartungsland), ohne spekulative Momente aufdrängen. Dabei ist zudem noch zwischen der formalrechtlichen Einstufung einer Fläche und deren Wertigkeit zu unterscheiden. Allein die Einstufung einer Fläche als **Bauerwartungsland** sagt noch wenig über ihren Wert aus. Kann z.B. mit einer an Sicherheit grenzenden Wahrscheinlichkeit die Aufstellung eines Bebauungsplans mit einer Festsetzung der Nutzung für privatwirtschaftliche 65

---

26 Krautzberger/Battis/Löhr, BauGB, 11. Aufl. § 165 Rn. 28; Spannowsky/Uechtritz, BauGB, § 165 Rn. 37.2.

27 BGH, Urt. vom 14.06.1984 – III ZR 41/83 –, BRS Bd. 45 Nr. 133 = EzGuG 8.61; BGH, Urt. vom 22.04.1982 – III ZR 131/80 –,BRS Bd. 45 Nr. 192 = EzGuG 17.44; BGH, Urt. vom 15.11.1979 – III ZR 78/78 –, BGHZ 76, 274 = EzGuG 17.36; BGH, Urt. vom 12.02.1976 – III ZR 184/73 –, BRS Bd. 34 Nr. 166 = EzGuG 19.28; BGH, Urt. vom 25.11.1974 – III ZR 42/73 –, BGHZ 63, 240 = EzGuG 6.173; BGH, Urt. vom 28.04.1966 – III ZR 24/65 –, WM 1966, 774 = EzGuG 19.9; BGH, Urt. vom 30.09.1963 – III ZR 59/61 –, BRS Bd. 19 Nr. 13 = EzGuG 8.9.

Zwecke erwartet werden, so kann dies zu einer Einstufung der Fläche als Bauerwartungsland führen, das sich wertmäßig vom Verkehrswert für (erschließungsbeitragspflichtiges) baureifes Land lediglich durch die jeweils zu berücksichtigende **Wartezeit** i.S. des § 11 Satz 2 ImmoWertV bis zur Herbeiführung der Baureife unterscheidet – und die kann auch sehr kurz sein.

66 Die möglicherweise zum Wertermittlungsstichtag noch tatsächlich gegebene Nutzung einer Fläche und ihrer Bebauung für militärische Zwecke kann bei alledem allerdings auch nicht gänzlich außer Betracht bleiben:

1. Die **militärische Bebauung eines Grundstücks** hat für den zukunftsorientierten Verkehrswert eine umso größere Bedeutung, je leichter sie sich in die vorgesehene Nachfolgenutzung überführen lässt. Das Spektrum reicht hier von einem „vollen" Wertanteil, wenn eine bauliche Anlage ohne bauliche Änderungen sofort in die Nachfolgenutzung überführt werden kann, bis zu einer deutlichen Wertminderung, wenn die bauliche Anlage abgerissen werden muss und die Freilegungskosten etwaige Verwertungserlöse überschreiten. Bei alledem kommt es auch hier entscheidend auf die künftige Nutzung der Flächen an.
   Auch die auf den Flurstücken vorhandene Bebauung kann keine 34er Qualität begründen, denn für militärische Zwecke im Außenbereich errichtete bauliche Anlagen genießen nach der endgültigen Aufgabe der militärischen Nutzung keinen Bestandsschutz, auch wenn sie aufgrund einer Zustimmung nach § 37 BauGB errichtet worden sind[28].
2. Die **bisherigen rechtlichen Festsetzungen** für eine Militärfläche (Sondergebiet) sind im Falle der Aufgabe der militärischen Nutzung, wenn man von einer Nachfolgenutzung für öffentliche Zwecke absieht, nicht das entscheidende Kriterium für den künftigen der Verkehrswertermittlung zugrunde zu legenden Entwicklungszustand, auch wenn die Überführung der militärischen Nutzung in eine zivile Nutzung als eine Änderung der Zweckbestimmung zu werten ist. Die Rechtsgrundlagen für die bisherige militärische Nutzung können jedoch den „Umwidmungsprozess" vor allem in zeitlicher Hinsicht beeinflussen, insbesondere wenn ein Bebauungsplan aufzustellen ist und zuvor möglicherweise noch die fachplanungsrechtliche Widmung nach § 1 Abs. 3 LBG aufzuheben ist, d.h. die Militärfläche für die Bauleitplanung erst wieder „freigegeben" werden muss[29]. Die Wartezeit ist wiederum der entscheidende Parameter!

67 Der **Verkehrswert** als stichtagsbezogener, aber dennoch zukunftsorientierter Wert **kann mit einer umso höheren Sicherheit und Genauigkeit ermittelt werden, je konkreter sich die Zukunft abzeichnet und bei der Wertermittlung berücksichtigt werden kann.** Es empfiehlt sich daher, die Verkehrswertermittlung nicht allzu früh „in Auftrag" zugeben und dem Gutachter die künftige Nutzung möglichst auf der Grundlage qualifizierter Nutzungsvorstellungen an die Hand zu geben – im Idealfalle wäre dies der rechtsverbindliche Bebauungsplan.

68 Im Vorfeld kann sich (und muss sich) der Gutachter auf das stützen, was ohne spekulative Erwartungen im gewöhnlichen Geschäftsverkehr unter Berücksichtigung der rechtlichen und tatsächlichen Gegebenheiten (Situationsgebundenheit) erwartet werden kann[30]; des Weiteren muss er dabei den **Zeitraum** berücksichtigen, **in dem die Umsetzung einer beabsichtigten Folgenutzung erwartet werden** kann. Zwangsläufig wird die Verkehrswertermittlung umso „schwammiger", je unsicherer die künftige Nutzung ist. Wenn bei alledem in der Praxis sog. Risikoabschläge berücksichtigt werden, so trägt dies dem Realisierungsrisiko (Wagnis) Rechnung, das ein Investor als Erwerber auf sich nimmt. Das Wagnis kann bereits mit einer entspre-

---

28 BVerwG, Urt. vom 21.11.2000 – 4 B 36/00 –, GuG 2001, 249 = EzGuG 18.109a.

29 Die Freigabeerklärung ist in geeigneter Weise bekannt zu machen (vgl. BVerwG, Urt. vom 16.12.1988 – 4 C 48/86 –, BVerwGE 81, 111 = EzGuG 18.109a). Erschwerend kommt hinzu, dass Militärflächen im Flächennutzungsplan i.d.R. als „Sondergebiet" dargestellt sind.

30 BGH, Urt. vom 08.11.1962 – III ZR 86/61 –, BGHZ 39, 198 = EzGuG 8.5; BGH, Urt. vom 25.03.1975 – V ZR 92/74 –, MDR 1977, 827 = EzGuG 4.50; BGH, Urt. vom 28.10.1971 – III ZR 84/70 –, BRS Bd. 26 Nr. 61 = EzGuG 8.37; BGH, Urt. vom 20.12.1963 – III ZR 60/63 –, BGHZ 40, 312 = EzGuG 14.17; BGH, Urt. vom 30.09.1963 – III ZR 59/61 –, WM 1964, 124 = EzGuG 8.9; BVerwG, Urt. vom 27.01.1967 – 4 C 33/65 –, BVerwGE 26, 111 = EzGuG 8.20; BVerwG, Urt. vom 09.06.1959 – 1 CB 27/58 –, BVerwGE8, 343 = EzGuG 17.13.

chenden Wartezeit berücksichtigt werden. Bei alldem empfiehlt sich auch von daher, schon frühzeitig die Vorbereitungen für die Anschlussnutzung voranzutreiben.

Der **Bund steht** als Verkäufer der Flächen grundsätzlich **unter der Verpflichtung, Vermögensgegenstände grundsätzlich zum „vollen Wert" (= Verkehrswert) zu veräußern.** Soweit Verbilligungen gewährt werden, ist dies keine Frage der Verkehrswertermittlung, sondern allenfalls im Anschluss an die Verkehrswertermittlung durch entsprechende Abschläge zu berücksichtigen. Da ein allgemeiner maßnahmebedingter Wertausgleich und somit auch ein Planungswertausgleich dem deutschen Städtebaurecht fremd sind, müssen – von den besonderen Verhältnissen in Sanierungsgebieten und Entwicklungsbereichen (auch in Umlegungsgebieten bezüglich umlegungsbedingter Werterhöhungen) abgesehen – die sich abzeichnenden künftigen Nutzungen bei der Verkehrswertermittlung (soweit sie nicht auf spekulativen Erwartungen beruhen) grundsätzlich berücksichtigt werden. Dies ist grundsätzlich von der Person des Veräußerers unabhängig. Um dennoch hier im Interesse einer erwünschten Folgenutzung den Erwerber finanziell zu entlasten, hat der Bund zahlreiche **Verbilligungstatbestände** geschaffen bis hin zur Abgabe der Grundstücke zum entwicklungsunbeeinflussten Grundstückswert i.S. des § 153 Abs. 1 ggf. i.V.m. § 169 Abs. 4 Nr. 6 BauGB in Gebieten, in denen die Voraussetzungen für eine städtebauliche Entwicklungsmaßnahme vorliegen, ohne dass eine solche formalrechtlich eingeleitet wurde. 69

Die Verbilligungstatbestände tragen auch dem Umstand Rechnung, **dass die Baulanderschließung auf ehemaligen Militärflächen** – entgegen euphorischen Vorstellungen der Anfangsphase – die wohl **teuerste „Baulandgewinnung"** überhaupt sein dürfte – gleichwohl in aller Regel städtebaulich geboten und von daher gerechtfertigt ist. 70

Nur mit ganzheitlichen Konzepten kann man diese Aufgabe lösen. Man denke nur daran, dass **Versorgungsleitungen** die Militärflächen „kunterbunt" kreuzen und die Überführung dieser Flächen in eine Zivilnutzung, insbesondere wenn eine Parzellierung erforderlich wird, den *„developer"* vor allem unter Einbeziehung bodenordnerischer Belange fordern; denn es muss darum gehen, vernünftige Anschlussnutzung unter weitgehender Verwendung bestehender Anlagen und unter Berücksichtigung einer tragfähigen Grundstücksstruktur zu schaffen. Auch diesbezüglich ist ein enges Zusammengehen der Verkehrswertermittlung mit dem *„developer"* und dem Planungsträger idealtypisch. 71

Die Überplanung einer militärischen Anlage, Maßnahmen zur Sicherung der Bauleitplanung sowie sonstige städtebauliche Veranstaltungen zur Realisierung der Planung können nämlich bereits vor Aufhebung der militärischen Zweckbestimmung eingeleitet werden. Hier liegen im Übrigen **Möglichkeiten für die Beschleunigung der Revitalisierung** solcher Flächen: 72

1. Frühzeitige Ankündigung der Freigabe;
2. frühzeitige Prüfung des Anschlussbedarfs des Bundes, der Länder und Gemeinden;
3. frühzeitige Einleitung der Überplanung, Altlastenuntersuchung, Erarbeitung von Nutzungskonzepten, Prüfung der Einleitung von Sanierungs- und Entwicklungsmaßnahmen.

Dies alles sind auch für die Verkehrswertermittlung die wesentlichsten Anhaltspunkte. Die künftige Nutzung und Verwertbarkeit muss sich – frei von spekulativen Erwartungen – konkretisiert haben, um fundierte Wertermittlungen vornehmen zu können.

Es muss vermieden werden, dass die mit der Verkehrswertermittlung verbundenen Schwierigkeiten im Frühstadium, in dem sich die Anschlussnutzung noch nicht hinreichend konkretisiert hat, **zu einer Unterbrechung des Grundstücksverkehrs führen.** Unsicherheiten bei der Verkehrswertermittlung, die allein als Folge noch nicht vom Planungsträger hinreichend konkretisierter Planungsvorstellungen zwangsläufig auftreten und nicht in der Verkehrswertlehre begründet sind, können dadurch überwunden werden, dass **Nachzahlungsklauseln**[31] vereinbart werden. Die Verwaltungsvorschriften des Bundes halten hierfür solche 73

31 BMF – VSV – VV 0652.

Nachzahlungsklauseln bereit; sie sind allerdings konfliktträchtig. Hier tut sich nämlich insofern eine weitere Problematik auf, als der Investor Sicherheit über den Grundstückspreis begehrt; umgekehrt hat er bei dieser Vorgehensweise aber auch die Sicherheit, dass nur das in den Preis eingehen kann, was aufgrund einer qualifizierten Planung „gesichert“ ist.

74 Politisch tritt daneben im Falle des Erwerbs der Flächen durch die Gemeinde die Auffassung zutage, dass die Gemeinde auf Grund ihrer Planungshoheit insbesondere die **planungsbedingten Wertsteigerungen** als selbst herbeigeführte Werterhöhung betrachtet und ausgeschlossen sehen möchte. Es ist offensichtlich – wie die Behandlung des Themas in der Tagespresse zeigt – schwer verständlich zu machen, dass der Bund als Veräußerer unter der Herrschaft des Haushaltsrechts sich so behandelt sehen will, wie die Gemeinde andere private Veräußerer behandeln müsste. Im gewöhnlichen Geschäftsverkehr nimmt nun einmal jedermann für sich in Anspruch, an künftigen Wertsteigerungen zu partizipieren – dies ist, vereinfacht gesagt, das bekannte Problem des Schöneberger Millionenbauers, der lediglich das damalige Städtebaurecht für sich in Anspruch nahm und die Bodenreformer auf den Plan rief.

75 Im Falle der Aufgabe einer militärischen Nutzung kann sich die **Aufgabe** stellen, den Verkehrswert einer solchen Fläche zu ermitteln, die

a) einer anderen Gemeinbedarfsnutzung zugeführt werden soll (Bleibender Gemeinbedarf) oder

b) künftig einer privatwirtschaftlichen Nutzung zugeführt werden soll (Abgehender Gemeinbedarf).

76 Wird die **bisher militärisch genutzte Fläche ohne Unterbrechung einem anderen Gemeinbedarfszweck zugeführt** (Fall a), so kann in diesem Fall – schon begrifflich – ein Verkehrswert nicht ermittelt werden, denn es besteht kein gewöhnlicher Geschäftsverkehr im Handel mit Gemeinbedarfsflächen. Dies bedeutet nicht, dass Gemeinbedarfsflächen in diesen Fällen ohne Wert sind, auch wenn eine Reihe gesetzlicher Vorschriften eine unentgeltliche Übertragung vorsieht. Im Einzelfall ist hier ein „Wert“ zwischen den jeweiligen Bedarfsträgern „auszuhandeln“, wobei dies unter Berücksichtigung eines angemessenen Interessenausgleichs und nach Grundsätzen der Billigkeit geschehen sollte.

77 Die Aufgabe, Verkehrswerte für aufgelassene Militärflächen in solchen Fällen zu ermitteln, die in eine privatwirtschaftliche Nutzung überführt werden sollen (Fall b), erfolgt nach dem Grundsatz, dass die zu erwartende privatwirtschaftliche Nutzung unter Berücksichtigung der Wartezeit wertbestimmend ist[32]. Die Anwendung dieser Grundsätze gestaltet sich aber bei der Verkehrswertermittlung aufgelassener Militärflächen äußerst schwierig, da diese Flächen häufig in Gebieten gelegen sind, die eine bauplanungsrechtlich komplizierte Situation aufweisen.

78 Wird eine militärische Nutzung, z.B. für ein dicht mit Kasernengebäuden (Wohnen und Verwaltung) bebautes Gebiet aufgegeben, so folgt hieraus nicht automatisch, dass an seine Stelle ein „im Zusammenhang bebauter Ortsteil“ mit Anspruch auf eine zivile Nachfolgenutzung entsteht. Die bisherige **militärische Anlage** kann zwar aufgrund ihres Quartiercharakters einen im Zusammenhang bebauten Ortsteil bilden, jedoch ist dieser dann regelmäßig durch die militärische Nutzung „geprägt“, insbesondere, wenn die Fläche aus Werkstätten, Sportplätzen und dergleichen besteht.

79 Problematisch sind die in aller Regel auftretenden Fälle der „militärischen Mischnutzung“ (Kasernenhof, Sportflächen, Werkstätten einerseits und Verwaltungs- und Wohngebäude andererseits). Strittig ist hier insbesondere die Frage einer **Anwendung des Mosaikprinzips,** da die Fläche ursprünglich einer einheitlichen militärischen Zweckbestimmung vorbehalten war. Es sind aber auch hier Fälle denkbar, wo die baulichen Anlagen der bisherigen militärischen Nutzung einen angrenzenden im Zusammenhang bebauten Ortsteil mitgeprägt haben, z.B. ein in der Innenstadt gelegenes Kasernengelände, das dominierende Verwaltungsgebäude an einer

32 GuG 1994, 168.

öffentlichen Straße aufweist, die der Bebauung auf der gegenüber liegenden Straßenseite entsprechen und das Gebiet prägen. Wenn zudem der Erhalt dieser Gebäude den städtebaulichen Vorstellungen der Gemeinde entspricht, diese möglicherweise zudem noch unter Denkmalschutz stehen und sich ohne bauliche Veränderungen eine zivile Anschlussnutzung geradezu aufdrängt (Bürogebäude), stehen für die Belange der Verkehrswertermittlung einer Qualifizierung dieser Flächen als privatwirtschaftlich nutzbares Bauland keine gewichtigen Gründe entgegen[33].

Das BVerwG[34] hat nur für den Fall einen **Bestandsschutz für bauliche Anlagen** verneint, in denen diese ausschließlich für öffentliche Zwecke errichtet wurden, und bezüglich einer Beseitigungsanordnung auf den Verhältnismäßigkeitsgrundsatz verwiesen. Bei dem hierzu geführten Streit, in dem auf die Notwendigkeit eines Bebauungsplans bzw. einer Baugenehmigung verwiesen wird, wird häufig übersehen, dass diese Problematik für die Verkehrswertermittlung **eher nur von theoretischer Bedeutung ist,** denn, soweit für die Nutzungsänderung ein Bebauungsplan tatsächlich zu fordern wäre, käme nach dem beschriebenen Sachverhalt auch nur eine solche Festsetzung in Betracht, die für die bestehenden baulichen Anlagen eine entsprechende zivile Nachfolgenutzung erlaubt. Diese wiederum wäre dann bei der Ermittlung des Verkehrswerts zu berücksichtigen, wobei lediglich der Faktor „Zeit“ (und ggf. der Faktor „Kosten“) mitberücksichtigt werden muss. Für die Ermittlung des Verkehrswerts ist es von daher vom Grundsatz her nicht entscheidend, ob in solchen Fällen die Notwendigkeit besteht, einen Bebauungsplan aufzustellen und eine Baugenehmigung einzuholen. Die Wertermittlung kann hier die juristische Streitfrage überbrücken, indem sie die mit Sicherheit zu erwartende höherwertige Nutzung **unter Berücksichtigung der Wartezeit und der Kosten** bis zur Realisierung dieser Nutzung zugrunde legt. Generell kann sogar gesagt werden, dass es für die Verkehrswertermittlung von Militärflächen, die einer zivilen Nutzung zugeführt werden sollen, weniger auf den derzeitigen rechtlichen Entwicklungszustand, sondern entscheidend auf die Wartezeit bis zu ihrer künftigen Baureife ankommt. 80

Bestimmt sich die Nutzung einer in einem im Zusammenhang bebauten Ortsteil gelegenen **Militärfläche schon aufgrund ihrer geringen Größe** nach der vorhandenen (zivilen) Umgebungsbebauung, so bleibt eine militärische Nutzung, die der den Innenbereich prägenden Bebauung widerspricht, bei der Qualifizierung des Entwicklungszustands unberücksichtigt. Maßgebend für die Verkehrswertermittlung sind Art und Maß der den **Innenbereich** prägenden Bebauung in der Umgebung dieser Militärfläche. 81

Für den Fall der **Aufgabe einer militärischen Nutzung** folgt hieraus nicht „automatisch“, dass an ihre Stelle ein „im Zusammenhang bebauter Ortsteil“ mit Anspruch auf eine zivile Nachfolgenutzung entsteht. Die bisherige militärische Anlage kann zwar aufgrund ihres Quartiercharakters einen im Zusammenhang bebauten Ortsteil bilden, jedoch ist dieser dann regelmäßig durch die militärische Nutzung „geprägt“, wenn die Fläche aus Werkstätten, Sportplätzen und dergleichen besteht. 82

Ein **ziviler Nutzungsanspruch** kann allerdings dann bestehen, wenn die baulichen Anlagen der militärischen Nutzung ein Gebiet überwiegend in einer Weise geprägt haben, die zugleich auch einer zivilen Nutzung entspricht, z.B. 83

– eine **reine Wohnanlage außerhalb eines eigentlichen Kasernengeländes**, die bislang von Soldaten genutzt wurde und allgemeinen Wohnzwecken zugeführt wird. In diesem Fall wird die Nutzung „Wohnen“ nicht geändert; i.d.R. bedarf es dann noch nicht einmal einer Baugenehmigung, da die Nutzung nicht geändert wird;
  Soweit die militärisch genutzte Fläche innerhalb bebauter Ortsteile liegt und – vor allem bei geringer Größe – insgesamt noch von der umliegenden Bebauung geprägt wird, ist das aufgelassene Militärgrundstück dem Innenbereich zuzurechnen. Dies gilt auch für größere Anlagen, z.B. Wohnsiedlungen, die von Soldaten und ihren Familien bewohnt wurden (sog. *„Housing Areas“*). Das BVerwG[35] hat dazu

33 VG Regensburg, Beschl. vom 17.06.1996 – RN 65 96.1090 –, GuG 1997, 127 = EzGuG 4.165.
34 BVerwG, Urt. vom 21.11.2000 – 4 B 36/00 –, GuG 2001, 249. = EzGuG 4.177d.
35 BVerwG, Urt. vom 17.05.2002 – 4 C 6/01 –, GuG 2002, 314 = EzGuG 15.105.

festgestellt, dass für solche Teile eines ehemaligen Militärgeländes, die einer zivilen Nutzung vergleichbaren Zwecken dienen (z.B. Wohnsiedlung, Kindergarten, Verwaltung usw.), eine Beurteilung nach § 34 Abs. 1 BauGB in Betracht kommt. Die sonstigen Voraussetzungen des § 34 Abs. 1 BauGB (Bebauung von gewissem Gewicht, die Ausdruck einer organischen Siedlungsstruktur ist) müssen ebenfalls erfüllt sein. Soweit auch eine zivile Bebauung in der Nachbarschaft als prägendes Element mit berücksichtigt werden kann, erleichtert dies eine planungsrechtliche Beurteilung nach § 34 Abs. 1 BauGB.

– eine außerhalb eines eigentlichen Kasernengeländes gelegene **Anlage der militärischen Verwaltung**, die künftig ohne Baugenehmigung zivilen Verwaltungszwecken dienen kann. Es handelt sich auch hier um die Aufnahme einer „gleichartigen" Nutzung[36]. Selbst wenn dabei allein wegen der Aufgabe der militärischen Nutzung eine Baugenehmigungspflicht besteht, steht dies dem nicht entgegen, wenn hierauf ein Anspruch besteht.

2.2.3.2 Qualifizierung des maßgeblichen Entwicklungszustands i.S. des § 3 ImmoWertV

▶ *Vgl. zur Einordnung einer Fläche in einen im Zusammenhang bebauten Ortsteil vgl. § 5 ImmoWertV Rn. 73 ff. und § 3 ImmoWertV Rn. 208, 234*

84 Nach den vorstehenden Ausführungen bemisst sich der **Verkehrswert** aufgelassener bzw. aufzulassender Konversionsflächen, die einer privatwirtschaftlichen Nutzung zugeführt werden sollen, **nach den rechtlichen *und* tatsächlichen Merkmalen (Situationsgebundenheit), die sich nach Fortfall der öffentlichen Zweckbindung** ergeben, wobei die Wartezeit und Umnutzungskosten berücksichtigt werden müssen. Vereinfacht gesagt: Die bisherige Zweckbindung muss weggedacht und es müssen die sich in der gleichen Sekunde einstellenden rechtlichen *und* tatsächlichen Zustandsmerkmale der Qualifizierung des Entwicklungszustands zugrunde gelegt werden. Dafür sind die bauplanungs- und städtebaurechtliche Situation des Grundstücks, aber auch seine tatsächlichen Situationsmerkmale nach Aufgabe der militärischen Nutzung maßgebend, insbesondere die Lage eines Grundstücks

– in einem Gebiet nach § 34 BauGB,
– im unbeplanten Außenbereich (§ 35 BauGB),
– in einem Bebauungsplangebiet nach § 30 BauGB, der Festsetzungen über die zivile Anschlussnutzung enthält, einschließlich der Voraussetzungen nach § 33 BauGB für die Zulässigkeit einer baulichen Nutzung sowie
– in einem Sanierungsgebiet oder städtebaulichen Entwicklungsbereich nach den §§ 136 ff. BauGB.

85 Ist für die Fläche bereits ein **Bebauungsplan** mit einer privatwirtschaftlichen Anschlussnutzung aufgestellt, kommt es des Weiteren für die Qualifizierung des Entwicklungszustands auf die Bodenordnung und -erschließung an, d.h., die Fläche kann Rohbauland oder bereits baureif sein. Die Qualifizierung des Entwicklungszustands wird bei alledem eine gesamtgebietliche Betrachtungsweise nicht immer erlauben. Vielmehr wird es entgegen anderen Auffassungen mitunter auch zweckmäßig sein können, die bisherige Militärfläche mosaikartig aufzuteilen. Im Einzelfall kann es sich zumindest bezüglich Teilflächen dabei um baureifes Land handeln, wenn die Erschließung gesichert ist. Sind die Grundstücke nach Lage, Form und Größe unzureichend gestaltet oder ist die Erschließung (noch) nicht gesichert, sind die Flächen als **Rohbauland** einzustufen. Des Weiteren ist wiederum die Wartezeit nach § 11 ImmoWertV bis zu ihrer Baureife zu berücksichtigen. Wertermittlungstechnisch vollzieht sich dies durch Abzinsung des „ausstehenden" Bodenwertzuwachses über die geschätzte Wartezeit (Bodenwertdifferenz x AF_n). Die in der Syst. Darst. des Vergleichswertverfahrens unter Rn. 418 ff. dargelegten Berechnungsmethoden sind hier wiederum anwendbar.

---

36 BVerwG, Urt. vom 03.02.1984 – 4 C 25/82 –, BVerwGE 68, 60. = EzGuG 4.98a.

Ist ein Bebauungsplan nicht aufgestellt worden und dessen Aufstellung auch nicht beabsichtigt, so kann **nach Aufhebung der militärischen Zweckbindung** gleichwohl als maßgeblicher Entwicklungszustand **„baureifes Land"** in Betracht kommen, nämlich 86

a) wenn die Fläche innerhalb eines im Zusammenhang bebauten Ortsteils liegt und auf Grund ihrer geringen Größe Bestandteil desselben wird oder

b) wenn die Fläche – wie bereits dargestellt – aufgrund ihres Quartiercharakters und Eigengewichts einen im Zusammenhang bebauten Ortsteil bildet.

Für die Anwendung des § 34 BauGB kommt es auf die tatsächliche Bebauung an, unabhängig davon, ob sie Bestandsschutz genießt oder nicht[37]. 87

Im Außenbereich gelegene Militärflächen, die nicht das gemäß § 34 Abs. 1 BauGB erforderliche Bebauungsgewicht aufweisen (z.B. Flugplätze Depots, Bunkeranlagen, Kasernenanlagen mit Übungsplätzen), **bleiben nach Aufgabe der militärischen Nutzung Außenbereich,** wenn nicht ein Bebauungsplan mit ziviler Anschlussnutzung aufgestellt werden soll oder bereits aufgestellt worden ist[38]. Ausnahmen stellen z.B. die bereits angesprochenen im Außenbereich gelegenen reinen Wohnanlagen dar, die für zivile Wohnzwecke eine Anschlussnutzung finden. 88

Soweit die militärisch genutzte Fläche außerhalb der im Zusammenhang bebauten Ortsteile liegt und nicht das nach § 34 Abs. 1 BauGB erforderliche Bebauungsgewicht besitzt (z.B. nur vereinzelte Gebäude, oberirdische Munitionslager, Depots, Bunkeranlagen, u. U. Flugplätze, Übungsplätze, Raketenstationen), ist von einer Einordnung als Anlage im Außenbereich auszugehen. Dies trifft auf die Mehrheit der ehemaligen Militärgelände zu 89

Ebenfalls dem Außenbereich zuzurechnen sind abgrenzbare Flächen einer militärischen Gesamtanlage auch innerhalb zusammenhängend bebauter Ortsteile, die keine oder nur planungsrechtlich unbedeutende Bebauung aufweisen, die aber bereits so groß sind, dass sie nach allgemeinen Grundsätzen nicht als im Zusammenhang bebauter Ortsteil stehend zu qualifizieren sind. Dies hat zur Folge, dass dort lediglich die für den Außenbereich privilegierten Nutzungen zulässig sind.

Nach § 35 Abs. 2 BauGB können im Einzelfall auch sonstige Vorhaben zugelassen werden, die öffentliche Belange nicht beeinträchtigen. Eine Beeinträchtigung wird aber zumeist gegeben sein, sodass in Außenbereichslagen die Zulässigkeit von Vorhaben regelmäßig erst durch ein formelles Bauleitplanverfahren geschaffen werden muss.

Zum Außenbereich gehören auch abgrenzbare Militärflächen innerhalb im Zusammenhang bebauter Ortsteile, die nach ihrer Größenordnung eine zwanglose Fortsetzung der vorhandenen Bebauung nicht aufdrängen[39]. Sie stellen einen „Außenbereich im Innenbereich" dar, wobei solche Militärflächen auch am Ortsrand gelegen sein können. Sie haben grundsätzlich keinen Bestandschutz, jedoch können an den Grenzrändern die vorerwähnten Probleme auftreten. 90

Die **Einordnung der Fläche als Außenbereichsfläche schließt nicht aus, dass es sich dennoch um wartenständiges Bauland handeln kann,** insbesondere, wenn ohne spekulative Motive eine „bauliche Nutzung" in absehbarer Zeit erwartet werden kann. Dies wäre z.B. durch eine entsprechende Darstellung im Flächennutzungsplan begründet. Daneben können es auch tatsächliche und sonstige Gegebenheiten sein, die eine Bauerwartung begründen. Auch § 3 Abs. 2 ImmoWertV fordert dafür nicht zwingend die entsprechende Darstellung in einem Flächennutzungsplan. Hier müssen die Rechtsprechung des BGH zur allgemeinen Bauerwartung 91

37 BVerwG, Urt. vom 17.05.2002 – 4 C 6/01 –, GuG 2002,314 = EzGuG 15.105; zur Möglichkeit einer Beseitigungsverfügung BVerwG, Beschl. vom 21.11.2000 – 4 B 36/00 –, GuG 2001, 249 = EzGuG 4.177d; Wahl, Abschied von den Ansprüchen aus Art. 14 GG, in Bender u.a. (Hrsg.), Festschrift für Redeker, 1993, 245.

38 OVG Lüneburg, Urt. vom 21.01.2000 – 1 L 4202/99 –, BauR 2000, 1030 = EzGuG 4.175c; gleicher Auffassung Tiemann, BBauBl. 1992, 819.

39 BVerwG, Urt. vom 06.11.1968 – 4 C 2/66 –, BVerwGE 31, 20 = EzGuG 8.27.

auf Grund eines Siedlungsdrucks, die Lage des Grundstücks innerhalb des Siedlungsgebiets, die vorhandene Infrastruktur einschließlich günstiger Verkehrsverhältnisse beachtet werden; danach steht selbst eine die Bebauung (noch) ausschließende Planung einer Bauerwartung nicht entgegen, weil Planungen auch geändert[40] werden können.

92 Auch hier ist die **Wartezeit** der entscheidende Wertermittlungsparameter.

93 In **Sanierungsgebieten und städtebaulichen Entwicklungsbereichen** wird auch für aufgelassene Militärflächen als Verkehrswert der dort maßgebliche sanierungs- oder entwicklungsunbeeinflusste Grundstückswert ermittelt; d.h., der Entwicklungszustand bestimmt sich grundsätzlich nach dem **Zustand, den das Grundstück bei Aufgabe der militärischen Nutzung, jedoch unter Ausschluss von Werterhöhungen auf Grund der Aussicht auf die Maßnahmen sowie der Vorbereitung und Durchführung der anstehenden Maßnahmen hätte.** Dabei können die vorstehenden Grundsätze zur Anwendung kommen, jedoch darf dabei allerdings insbesondere nicht die Werterhöhung aufgrund eines Sanierungs- oder Entwicklungsmaßnahmebebauungsplans in die Verkehrswertermittlung eingehen. Maßgebend sind also allein die rechtliche Qualität und der tatsächliche Zustand des Grundstücks nach Aufgabe der militärischen Nutzung zu dem Zeitpunkt, als eine Aussicht auf Vorbereitung und Durchführung der genannten städtebaulichen Veranstaltungen nicht bestehen konnte. Allgemeine Erwartungen und die allgemeinen Situationsverhältnisse, die auch ohne eine Sanierungs- bzw. Entwicklungsmaßnahme bestehen würden, sind hingegen zu berücksichtigen.

94 Im **Ergebnis** bedeutet dies, dass eine Fläche entweder

- im Innenbereich als baureifes Land (Art und Maß der baulichen Nutzung nach der Umgebung),
- als „reine" Außenbereichsfläche (ohne Entwicklungschancen) oder
- als Außenbereichsfläche mit mehr oder minder großer Bauerwartung

einzustufen ist. In Gebieten, wo die rechtlichen Voraussetzungen für die Durchführung einer Entwicklungsmaßnahme vorliegen, d.h. das Wohl der Allgemeinheit die Durchführung der Maßnahme unter Anwendung des besonderen Bodenrechts erfordert, kann es sich bei alledem zwar um eine **Bauerwartung, jedoch i.d.R. nicht um eine „hochkarätige" Bauerwartung** handeln, denn erst die Entwicklungsmaßnahme – verbunden mit dem intensiven Einsatz der Verwaltungskapazität der Gemeinde oder eines Trägers (Organisationsrecht), dem i.d.R. hohen finanziellen Einsatz (Förderung) und den dabei zur Anwendung kommenden bodenrechtlichen Instrumenten – rückt die städtebauliche Entwicklung in eine greifbare Nähe.

2.2.3.3 Bauliche Anlagen und sonstige Einrichtungen

95 Der **Wert(-anteil) baulicher Anlagen** und sonstiger Einrichtungen wird ebenso wie der Entwicklungszustand entscheidend **durch die künftige Nutzung** (Nutzbarkeit) **bestimmt.** Sie bestimmt, welche Gebäude, sonstige bauliche Anlagen und Einrichtungen sich in die künftige Nutzung integrieren lassen. Des Weiteren ist zu beachten, ob mit der Aufgabe der Nutzung einer baulichen Anlage für öffentliche Zwecke eine künftige bauliche Nutzung einer formalen **Entwidmung** bedarf. Für **Nutzungsänderungen** gelten nach § 29 BauGB die Vorschriften der §§ 30 bis 37 BauGB.

40 BGH, Urt. vom 20.12.1963 – III ZR 60/63 –, BGHZ 40, 312 = EzGuG 14.17.

Der **Wert der Gebäude** bemisst sich nach dem, was bei wirtschaftlich vernünftigem Verhalten weiter Verwendung finden kann, und zwar unter Berücksichtigung von 96

1. Anpassungs- und Umgestaltungsmaßnahmen,
2. Freilegungskosten,
3. Sicherungsmaßnahmen,
4. Verwertungserlösen für nicht weiter verwendbare Bauteile sowie
5. Zeitverlusten für Umgestaltungsmaßnahmen.

Entsprechendes gilt für die **sonstigen Einrichtungen.** Es bedarf hier ebenfalls einer genauen Bestandsaufnahme und Prüfung, in welchem Umfang die Anlagen Weiterverwendung finden können, wobei Kosteneinsparungen, aber auch Zusatzkosten auftreten können. Z.B. kann die Weiterverwendung einer „gut zementierten" Panzerstraße erforderlich machen, dass zusätzlich ein Grünstreifen für Gemeinbedarfszwecke festgesetzt werden muss, um die notwendigen Versorgungsleitungen verlegen zu können. 97

Der **Anwendung des Ertragswertverfahrens** ist bei der Ermittlung des Gebäudewertanteils grundsätzlich der Vorzug zu geben[41]. Das Verfahren wird i.d.R. für die künftig zivilen Zwecken dienenden Anlagen zu marktorientierten Ergebnissen führen. Nur in Ausnahmefällen wird sich die **Anwendung des Sachwertverfahrens** empfehlen; die Anwendung des Vergleichswertverfahrens dürfte für bebaute Militärflächen dagegen in aller Regel schon mangels Vergleichspreisen ausscheiden. 98

Die Anwendung des Ertragswertverfahrens gewährleistet, dass die **künftige wirtschaftliche Nutzbarkeit baulicher Anlagen** maßgeblich die Wertfindung bestimmt, während die Anwendung des Sachwertverfahrens regelmäßig zu Ergebnissen führen muss, die bei eingeschränkter wirtschaftlicher Verwertbarkeit den „Wert" widerspiegeln, den die Sache gerade nicht wert ist. Vielen Sachverständigen ist es bis heute nicht geläufig, dass bereits im Rahmen der Sachwertermittlung eine eingeschränkte wirtschaftliche Verwendbarkeit berücksichtigt werden muss. Wer dies „vergisst" und über den Sachwert zum Verkehrswert gelangen will, muss mit Sachwertfaktoren weit unter 1,00 rechnen, die allein schon aufgrund ihrer Größenordnung das Versagen des Sachwertverfahrens eindrucksvoll markieren. 99

Nicht untypisch für die Anwendung des Ertragswertverfahrens ist der Fall, dass eine ertragsbringende Weiternutzung verwendungsfähiger baulicher Anlagen einen sehr hohen **Instandsetzungs- bzw. Umnutzungsbedarf** bedingt. Wertermittlungstechnisch wird in solchen Fällen zunächst der fiktive Ertragswert auf der Grundlage eines instand gesetzten bzw. umgenutzten Gebäudes ermittelt. Dieser (fiktive) Ertragswert wird dann um die Instandsetzungs- bzw. Umnutzungskosten vermindert. Es handelt sich hierbei um eine Kombination aus Ertragswert- und Sachwertverfahren, denn die „gegengerechneten" Instandsetzungs- bzw. Umnutzungskosten sind ihrer Natur nach dem Sachwertverfahren zuzurechnen. Soweit das Sachwertverfahren in solchen Fällen abgelehnt wird, weil es zu überhöhten Werten führe, müssen solche Bedenken auch gegen diese Methode bestehen, zumal diese Methode im Zuge von Verkaufsverhandlungen käuferseitig dazu „verführt", mit preisdämpfender Wirkung überhöhte Instandsetzungs- und Umnutzungsansprüche zustellen[42]. Diese Methode kann im Übrigen auch als Extraktionsverfahren (Residualwertverfahren) angesehen werden, das ohnehin kritisch beurteilt werden muss. 100

41 Auch BGH, Urt. vom 24.01.1963 – III ZR 149/61 –, BGHZ 39, 40 = EzGuG 20.34.
42 RdErl. des BMBau vom 12.10.1993, BAnz Nr. 199, S. 9630 = GuG 1994, 42.

2.2.3.4 Komplexe Wertermittlungsansätze (Extraktions- bzw. Residualwertverfahren)

▶ *Vgl. § 42 ImmoWertV Rn. 1 ff.*

101 Die Probleme der Verkehrswertermittlung aufgelassener Konversionsflächen konzentrierten sich derzeit noch sehr stark auf die Frage der Bodenwertermittlung und der ihr zu Grunde zu legenden Qualifizierung des Entwicklungszustands. Dies muss für sich konfliktträchtig bleiben, selbst wenn der maßgebliche Entwicklungszustand einwandfrei ermittelt worden ist. Der **Erwerb** einer **solchen Fläche ist** nämlich für jeden Investor auch darüber hinaus **sehr risikobehaftet:**

- Zum einen geht er ein erhebliches Risiko ein, wenn und soweit er mit dem Verkehrswert die künftige Nutzung vorwegnimmt, auch wenn dabei die Wartezeit möglichst einschließlich der Realisierungschancen berücksichtigt wird.
- Zum anderen ist die Aufgabe, eine bislang militärische in eine zivile Nutzung zu überführen – vergleichbar mit der Umnutzung aufgelassener Industrieflächen – derartig komplex, dass sie nur von einem erfahrenen Träger möglichst in einem einheitlichen Verfahren bewältigt werden kann. Dabei treten auf Grund der notwendig werdenden Bodenordnungs-, Erschließungs-, Freilegungs- und Umbaumaßnahmen Kosten in einer Größenordnung auf, die vielfach und vielleicht sogar in den meisten Fällen noch nicht einmal durch die maßnahmenbedingte Werterhöhung ausgeglichen werden.
  Ohne eine konkretisierende Planungsvorstellung der Gemeinde wird ein Investor diese Kosten auch kaum quantifizieren können. Auf der anderen Seite muss die Planung auch so flexibel ausgestaltet sein, dass kostengünstige und zugleich bedarfsgerechte Lösungen unter Berücksichtigung des Bestands gefunden werden können. Soweit zur Bewältigung dieser Aufgabe nicht eine städtebauliche Entwicklungsmaßnahme eingeleitet wird, bietet sich hier vor allem ein **städtebaulicher Vertrag** an, wobei die Grunderwerbskosten – losgelöst von den klassischen Wertermittlungsverfahren – im Wege des Extraktionsverfahrens (Residualwertverfahrens) ermittelt werden könnten. Bei Anwendung dieses Verfahrens erübrigt sich die streitbefangene Ermittlung des maßgeblichen Entwicklungszustands. Der für den Erwerb der Fläche tragbare Grundstückspreis ergibt sich vielmehr dann aus dem Verkehrswert der Flächen nach Abschluss der rechtlichen und tatsächlichen Neuordnung der Grundstücke unter Abzug der dafür aufzubringenden Kosten einschließlich eines Unternehmergewinns. Bei dieser Vorgehensweise tragen planungsbedingte Wertsteigerungen zur Finanzierung der Maßnahme bei, wie dies im Übrigen auch im Falle der Durchführung einer städtebaulichen Entwicklungsmaßnahme der Fall ist.

102 Die **Anwendung des Extraktionsverfahrens (Residualwertverfahrens)** ist allerdings in höchstem Maße risikobehaftet und fehleranfällig. Denn eine Ableitung des Bodenwerts aus Vergleichspreisen oder Bodenrichtwerten eines Entwicklungszustands „höherer" Qualität muss problematisch sein, wenn der dabei zu berücksichtigende Wertunterschied mehr als 40 % des Ausgangswerts übersteigt. Dies ist ein klarerer Hinweis dafür, dass der Ausgangswert zum Preisvergleich ungeeignet ist (vgl. Syst. Darst. des Vergleichswertverfahrens Rn. 30).

103 Zu der vorstehenden Verfahrensweise ist zunächst darauf hinzuweisen, dass im Falle von sehr hohen Instandsetzungs- bzw. Umnutzungskosten, die den fiktiven Gebäudeertragswert mit der Folge überschreiten, dass im Ergebnis der „reine" Bodenwert „an- bzw. sogar aufgefressen" wird, der **Liquidationswert als Mindestwert** für die Verkehrswertermittlung maßgeblich sein muss. In solchen Fällen bemisst sich der Verkehrswert nach Maßgabe des § 40 Abs. 1 ImmoWertV. Hierbei handelt es sich aber – wie zu betonen ist – zunächst nur um einen Mindestwert.

104 Die Anwendung der in diesem Erlass dargelegten Grundsätze ist generell geboten, unabhängig davon, dass Instandsetzungs- bzw. Umnutzungskosten in einem Umfang anfallen, dass damit der **Bodenwert „an- oder aufgefressen"** wird. Dies wird nachstehend an einem der Praxis entnommenen *Beispiel* erläutert.

Beispiel:

Grund und Boden:

Grundstücksteilfläche	=	4 363 m²
Bodenwert	=	200 €/m²
Bodenwert insgesamt	=	872 600 €

Instandsetzungs- und umstrukturierungsbedürftiges Gebäude:

Instandsetzungs- und Umstrukturierungsbedarf 5,5 Mio. €	=	1 104,50 €/m²
Gesamte Nutzfläche	=	4 980 m²
Durchschnittliche Nettokaltmiete/Grundmiete (nach Modernisierung)	=	9,30 €/m²/Monat
Bewirtschaftungskosten rd. 15 %	=	1,40 €/m² NF
Jährlicher Reinertrag: 4 980 m² × 9,30 €/m² × 12 × 0,85	=	rd. 472 403 €
Liegenschaftsverzinsung	=	6,5 %

Die Anwendung des Ertragswertverfahrens führt in einem solchen Fall zu folgendem Ergebnis:

RE = (9,30 €/m²/Monat – 1,40 €/m²/Monat) × 4 980 m² × 12 Monate	=	472 104 €
abzüglich Bodenwertverzinsungsbetrag (= 4 363 m² × 200 €/m² × 0,065)	=	– 56 719 €
Reinertrag der baulichen Anlage	=	415 385 €
× Kapitalisierungsfaktor KF = 15,03 bei 60 Jahren und 6,5 %		
= Gebäudeertragswert	=	6,243 Mio. €
+ Bodenwert	=	+ 0,873 Mio. €
– Modernisierungskosten	=	– 5,500 Mio. €
= vorläufiger Ertragswert	=	**1,616 Mio. €**

In dem *Beispiel* wird der Ertragswert durch die hohen „Instandsetzungs- und Umstrukturierungskosten“ erschlagen, wobei man sich dabei eigentlich darüber im Klaren sein sollte, dass das Ertragswertverfahren in solchen Fällen weitgehend zum Sachwertverfahren „mutiert“, denn die Instandsetzungs- und Umstrukturierungskosten „fressen“ den Gebäudeertragswert nahezu auf. Der Ansatz der „vollen“ Umstrukturierungskosten wird damit begründet, dass sie von „jedem“ Erwerber aufzubringen seien und deshalb auch in voller Höhe berücksichtigt werden müssten. Bei dieser Sichtweise kann umgekehrt ins Feld geführt werden, dass für jeden Erwerber die Bausubstanz einen **Restwert** aufweist, **der sich aus dem Unterschied gegenüber den Neubaukosten pro m² Nutzfläche ergibt,** d.h., die brachliegende Bausubstanz zu **Ersparnissen bei der Umstrukturierung** im Vergleich zur Neubebauung führt; für diese müssen ebenfalls die „vollen“ Herstellungskosten aufgebracht werden. 105

Diese **Betrachtungsweise** führt **überschlägig** zu folgendem Ergebnis: 106

Nutzfläche	=	4 980 m²	
Herstellungskosten (Neubau)	=	1 500 €/m²	
Sachwert: 4 980 m² × 1 500 €/m²	=	7,47 Mio. €	(Neubau)
ersparte Herstellungskosten:			
1 500 €/m² – 1 104,50 €/m²	=	395,50 €/m²	
4 980 m² × 395,50 €/m²	=	1,870 Mio. €	
+ Bodenwert	+	0,873 Mio. €	
= Sachwert		**2,843 Mio.€**	= 38 %
Ertragswert (nachrichtlich)		1,616 Mio. €	

107 Die **Wahl zwischen beiden Verfahren** ist in solchen Fällen oft schwierig. Allgemein kann gelten, dass die vorgestellte Sachwertermittlung zumindest in solchen Fällen in Betracht gezogen werden muss, in denen nach den Situationsmerkmalen im gewöhnlichen Geschäftsverkehr für jeden Erwerber *keine Alternative zur Errichtung eines Neubaus besteht, d.h.,dass auch ersatzweise eine Anmietung nicht in Betracht kommt und die Umstrukturierung des vorhandenen Gebäudes im Vergleich zum Neubau keine wirtschaftlichen Vorteile bietet.*

108 Ein Investor bzw. ein potenzieller Erwerber wird dies im Rahmen von Verkaufsverhandlungen stets in Abrede stellen, weil er natürlich an einem „preisgünstigen“ Erwerb des Grundstücks interessiert ist und bei Anwendung des Liquidationswertverfahrens ergibt sich nun einmal der geringste „Preis“. Allgemein kann hier die Behauptung gewagt werden, dass Sachverständige sich häufig allzu schnell einer „Abbruchmentalität“ beugen und nicht immer realitätsbezogen eine Verwertung der **Restbausubstanz im Rahmen der Nachfolgenutzung in Betracht ziehen.**

2.2.3.5 Bodenverunreinigungen

▶ *Vgl. Rn. 62 ff.; § 5 ImmoWertV Rn. 298, 356; § 8 ImmoWertV Rn. 36*

109 Bei der Veräußerung von altlastenverdächtigen und altlastenbehafteten Grundstücken praktiziert der Bund die unter § 5 ImmoWertV Rn. 298 beschriebene Verfahrensweise.

Im Übrigen werden bundeseigene Grundstücke verbilligt abgegeben; der sich **unter Anwendung der Verbilligungsregeln erzielte Preis ist** damit **nicht zugleich dem Verkehrswert gleichzusetzen.**

110 Bei Einbeziehung einer Konversionsfläche in eine städtebauliche Sanierungsmaßnahme muss der Bund den Erwerb des Grundstücks unter Anwendung des **§ 153 Abs. 1 ggf. i.V.m. § 169 Abs. 4 Nr. 6 BauGB** gegen sich gelten lassen. Das Grundstück kann ggf. im Wege der Enteignung erworben werden, wobei sich die Entschädigung wiederum nach den genannten Vorschriften bemisst.

2.2.4 Abgehende Bahnflächen

▶ *Schrifttum: Mann, B., Die Bedeutung der Entwidmung eines Bahnwärterhäuschens, GuG 2023, 222.*

111 Bahnflächen verlieren ihre öffentliche Zweckbindung erst mit ihrer Entwidmung (§ 23 AEG). Für Nutzungsänderungen gelten nach § 29 BauGB die Vorschriften der §§ 30 bis 37 BauGB. Der Wert abgehender Bahnflächen sowie ihrer baulichen Anlagen bestimmt sich wiederum nach der künftigen Nutzbarkeit unter Berücksichtigung der Wartezeit (vgl. Rn. 201 sowie die Erl. bei § 11 ImmoWertV).

2.3 Künftige Gemeinbedarfsflächen

2.3.1 Überblick

▶ *Allgemeines zum Vorwirkungsgrundsatz vgl. Teil VI Rn. 31, 83 ff.; zur Verfahrenswahl vgl. § 6 ImmoWertV Rn. 37 ff.; zur Bewertung von Gemeinbedarfsflächen in Umlegungsgebieten vgl. Teil VI Rn. 889 ff.; zur Erhebung von Ausgleichsbeträgen für Gemeinbedarfsflächen vgl. Teil VI Rn. 715 ff., 889 ff.; zu den Folgeschäden Teil VI Rn. 105 ff.*

112 Der Verkehrswert *künftiger* Gemeinbedarfsflächen bemisst sich nach dem, was im Falle einer Enteignung davon betroffener Flächen zu entschädigen wäre. Die dafür jeweils maßgeblichen Entschädigungsbestimmungen stellen bei alldem die **fundierteste Bewertungsmethodik** dar, die in der Praxis allerdings durch pauschalierende Methoden und vor allem durch die Praxis des freihändigen Grunderwerbs zur Vermeidung von Enteignungen ausgehöhlt wird.

Steht eine Fläche am Wertermittlungstag möglicherweise sogar schon seit Jahrzehnten im Gemeingebrauch, ohne dass das Eigentum an dieser Fläche auf den Bedarfsträger übergegangen ist (rückständiger Grunderwerb), so ist auch in diesem Fall der Verkehrswert nach den Vorgaben für „künftige Gemeinbedarfsflächen“ zu ermitteln.

113 Im Falle einer Enteignung künftiger Gemeinbedarfsflächen bemisst sich die Entschädigung nach dem durch die Enteignung eintretenden **Rechtsverlust sowie „anderer“ durch die Enteignung eintretender Vermögensnachteile (Folgeschäden)**. Dabei sind **Vermögensvorteile**, die dem Entschädigungsberechtigten infolge der Enteignung entstehen, zu berücksichtigen (vgl. Teil VI Rn. 31 ff.). Bei alledem geht es vielfach nur um die von dem Gemeinbedarf betroffenen **Teilflächen eines Grundstücks** (z.B. eines Vorgartens bei Straßenerweiterung).

Abb. 8 Zusammensetzung der Entschädigung

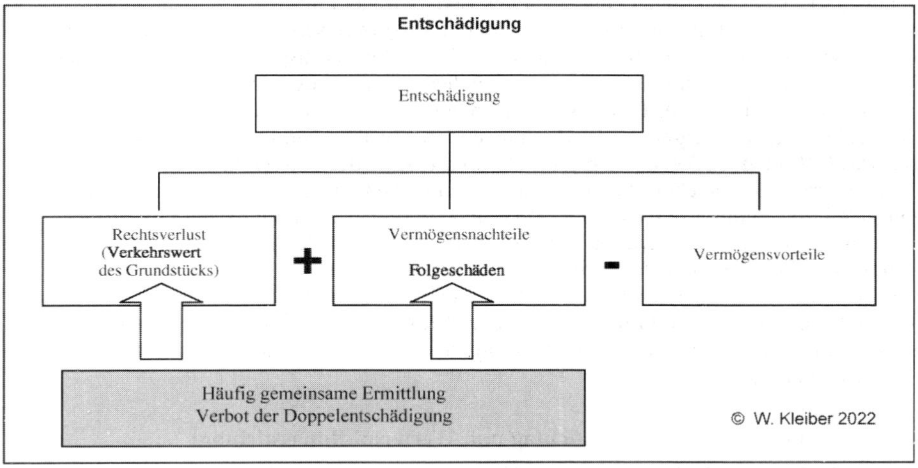

114 Die **Entschädigung für den** durch die Enteignung eintretenden Rechtsverlust des Grundstücks, der Grundstücksteilfläche oder sonstigen Gegenstands der Enteignung (Grundstücksrecht) bemisst sich **nach dem** jeweiligen nach Maßgabe des § 95 BauGB ermittelten **Verkehrswert**.

115 Die mit dem Verkehrswert nicht erfassten **Vermögensnachteile (Folgeschäden)** können eigenständig, aber auch in Verbund mit dem Verkehrswert vorrangig im Wege des Differenzwertverfahrens ermittelt werden (Rn. 152). Es handelt sich dabei vornehmlich um Vermögensnachteile i.S. des § 96 BauGB. Dies betrifft bei Inanspruchnahme von Teilflächen eines Grundstücks insbesondere die für das Restgrundstück eintretenden Vermögensnachteile einschließlich einer damit einhergehenden spürbaren Beeinträchtigung der rechtlich zulässigen baulichen Nutzung (Teil VI Rn. 105 ff.).

Die Anrechnung von Vermögensvorteilen ist insbesondere im Zuge des bei einer Straßenverbreiterung abzutretenden Grundstücksstreifens entlang der Straße zu beachten, wenn durch die Abtretung des vorderen Baulandes nur ein Wertverlust in qualitätsmäßig niedrigerem Hinterland entstanden ist (sog. vorgeschobenes Hinterland). Diesen Fall einer Vorteilsausgleichung hat der BGH[43] in seiner Rechtsprechung gebilligt, denn es handelt sich hier nicht um einen rechtlich bedenkliche „Abschöpfung“ eines allgemeinen Planungsgewinns.

43 BGH, Urt. Vom 30.05.1983 – III ZR 22/82 – BRS. Bd. 45 Nr 120 =, EzGUG 18 93; BGH Urt. vom 14.01.1982 – III ZR 134/80 – BRS Bd. 45 Nr. 126 = EzGuG 6.214; BGH, Urt. vom 26.05.1977 – III ZR 149/74 –, BRS Bd. 34 Nr. 100 = EzGuG 18 75; BGH Urt. Vom 13.05.1974 – III ZR 7/72 –, BGHZ 62, 305 = EzGuG = 6 168; BGH, Urt. vom 29.01.1970 – III ZR 30/69 –, BRS Bd.26 Nr.97 = EzGuG 18.48; BGH, Urt. vom 10.10.1956 – VZR 33/55 –, BGHZ 21, 388 = EzGuG 6.19.

2.3.2 Entschädigung für den Rechtsverlust nach dem Vorwirkungsgrundsatz

Schrifttum: *Dittrich, F./Spinda, J.:* Verkehrswertermittlung und -wertminderung beim Teilflächenentzug vor dem Hintergrund der neuen LandR 19, GuG 2022, 22; *Dresen*, Nachr. der rh.-pf. Kat.- und VermVw 1988, 180; *Kuscha*, Nachr. der nds. Kat.- und VermVw, 1974, 124 ff. und 133; *Uebelhoer*, Nachr. der nds. Kat.- und VermVw 1974, 131.

▶ *Vgl. Teil VII Rn. 357 ff.*

116 Flächen, die aufgrund von rechtsverbindlichen Festsetzungen, z.B. in einem Bebauungsplan, aber auch in Fachplanungen einer öffentlichen Zweckbindung unterworfen worden sind (Gemeinbedarfsflächen), können zugunsten des Bedarfsträgers im Wege der Enteignung erworben werden. Die **für die Bemessung der Enteignungsentschädigung maßgeblichen Grundsätze müssen** deshalb grundsätzlich **bei der Bewertung dieser Flächen Beachtung finden.** Dies gilt für den Fall des Erwerbs solcher Flächen durch den Bedarfsträger gleichermaßen wie für den Fall des Erwerbs durch einen Dritten. Auch das angemessene Angebot zur Vermeidung einer Enteignung muss sich an der zu gewährenden Entschädigung ausrichten. Das **BauGB regelt in den §§ 93 bis 103 die Bemessung der Entschädigung bei Enteignungen.** Materiell entsprechen ihnen die landesrechtlichen Entschädigungsbestimmungen. Die Entschädigung bemisst sich nach dem Verkehrswert (vgl. § 194 BauGB) des Grundstücks, wobei sich der der Verkehrswertermittlung zugrunde zu legende Entwicklungszustand nach dem Zeitpunkt (Qualitätsstichtag) bestimmt, zu dem eine Enteignung mit Sicherheit und hinreichender Bestimmtheit zu erwarten war (Zeitpunkt des Eingriffs). Dies wird als **Institut der Vorwirkung** oder auch als Grundsatz des **Ausschlusses von der konjunkturellen Weiterentwicklung** bezeichnet, obwohl es dabei eigentlich um den Ausschluss von der qualitativen Weiterentwicklung geht.

Abb. 9: Vorwirkung (Qualitätsstichtag und Wertermittlungsstichtag)

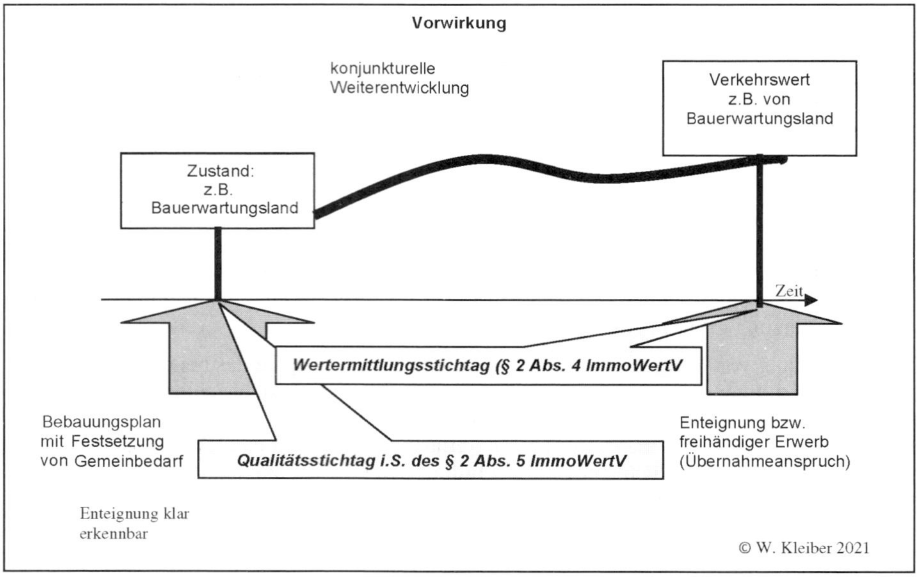

117 Mit dem Institut der Vorwirkung wird aber nur die Qualität der Fläche – der Entwicklungszustand – festgeschrieben. Ausgehend von diesem Entwicklungszustand sind der Bewertung die allgemeinen Wertverhältnisse auf dem Grundstücksmarkt zum Wertermittlungsstichtag zu

Grunde zu legen, d.h., es wird der Wert nach dem **Entwicklungszustand „von damals" nach den allgemeinen Wertverhältnissen „von heute"** ermittelt.

Handelt es sich bei der betroffenen Fläche zum Zeitpunkt ihrer Festsetzung als Gemeinbedarfsfläche bereits um baureifes Land, so ist eben diese Qualität zu entschädigen.

Die der Wertermittlung zugrunde zu legenden **allgemeinen Wertverhältnisse auf dem Grundstücksmarkt** bestimmen sich im Übrigen grundsätzlich nach den Verhältnissen zum Wertermittlungsstichtag (§ 2 Abs. 4 ImmoWertV). Im Falle einer förmlichen Enteignung ist der Zustand der Entscheidung der Enteignungsbehörden über den Enteignungsantrag maßgebend (ggf. letzte Tatsachenverhandlung; § 95 Abs. 1 Satz 2 BauGB). 118

2.3.3 Sonderfälle der Vorwirkung

2.3.3.1 Vorbereitende Maßnahmen

Vorbereitende Maßnahmen, insbesondere eine vorzeitige Besitzeinweisung (§ 93 Abs. 4 BauGB), eine Veränderungssperre (§ 14 BauGB), eine Zurückstellungsverfügung nach § 15 BauGB, vorbereitende Planungen sowie eine tatsächliche und rechtmäßige Inanspruchnahme zu Gemeinbedarfszwecken haben nur dann eine Vorverlegung des der Bemessung der Entschädigung zugrunde zu legenden Entwicklungszustands zur Folge, wenn ein ursächlicher Zusammenhang zwischen der vorwirkenden Maßnahme und der späteren Enteignung und darin ein einheitlicher Enteignungsvorgang gesehen werden kann. Bei **freiwilliger Besitzüberlassung** ist auf den vertraglich vereinbarten Übergabetag abzustellen[44]. 119

2.3.3.2 Verkettung der Vorwirkung

Im Falle einer **Änderung des Gemeinbedarfszwecks noch vor erstmaliger Übertragung des Eigentums auf eine öffentliche Hand** (Enteignungsverfahren, die sich über einen längeren Zeitraum hinziehen) ist die Änderung des Gemeinbedarfszwecks in Bezug auf die Vorwirkung nur dann unschädlich, wenn vor der Änderung im gewöhnlichen Geschäftsverkehr eine Aufhebung der öffentlichen Zweckbindung zu keiner Zeit erwartet werden konnte (***Verkettung der Vorwirkung***). In diesen Fällen wäre also auf den erstmaligen Ausschluss von der qualitativen Weiterentwicklung des Grundstücks abzustellen, weil es auf eine bestimmte öffentliche Zweckbestimmung nicht ankomme[45]. 120

Bei einem sich **über einen längeren Zeitraum hinziehenden Enteignungsvorgang** unter Einbeziehung vorbereitender Planungen, Veränderungssperren, Zurückstellung von Baugesuchen und dgl. liegt i.d.R. ein enteignender Eingriff vor, wenn ein ursächlicher Zusammenhang zwischen den vorbereitenden Maßnahmen und dem späteren Eigentumsentzug auf der Grundlage rechtsverbindlicher Festsetzungen für öffentliche Zwecke (Bebauungsplan) besteht. Die vorbereitenden Maßnahmen und die spätere Enteignung müssen einen einheitlichen Vorgang darstellen. Entsprechendes gilt für übergeleitete städtebauliche Pläne, wenn durch sie ein dauerndes Bauverbot ausgesprochen wurde, z.B. Straßenfestsetzung durch Straßenbegrenzungslinien und Planfeststellungsbeschlüsse (z.B. § 17 f., § 19 Abs. 2 FStrG). Deswegen könnte in Betracht gezogen werden, der Bewertung weiterhin den Grundstückszustand zugrunde zu legen, den die Fläche vor dem ersten Zeitpunkt des Eingriffs hatte, wenn zwischenzeitlich eine Aufhebung der öffentlichen Zweckbindung nicht erwartet werden konnte (*Verkettung der Vorwirkung*). In diesen Fällen wäre also auf den erstmaligen Ausschluss von der qualitativen Wei- 121

---

44 BGH, Urt. vom 06.04.1995 – III ZR 27/94 –, GuG 1995, 310 = EzGuG 18.117; BGH, Urt. vom 23.11.1972 – III ZR 77/70 –, BRS Bd. 26 Nr. 126 = EzGuG 4.38; BGH, Urt. vom 08.11.1990 – III ZR 364/89 –, GuG 1991, 99 = EzGuG 6.257.

45 BGH, Urt. vom 13.12.1962 – III ZR 164/61 –, BRS Bd. 19 Nr. 110 = EzGuG 6.67; OLG Frankfurt am Main, Urt. vom 23.11.2000 – 1 U 78/98 –, GuG 2004, 371 = EzGuG 18.117a.

terentwicklung des Grundstücks abzustellen, weil es auf eine bestimmte öffentliche Zweckbestimmung nicht ankomme[46].

2.3.3.3 Vorwirkung nach vorkonstitutionellem Recht

122 Zur **Vorwirkung nach vorkonstitutionellem Recht** sind von der Rechtsprechung folgende Grundsätze entwickelt worden:

- Ist die Teilfläche eines Grundstücks nach den Vorschriften des Pr. Fluchtliniengesetzes vom 02.07.1875 (GS 1875, 651) – in dem zu entscheidenden Fall im Jahr 1930 – zu Straßenland herabgestuft worden, so ist, auch wenn die Teilfläche erst unter der Herrschaft des Grundgesetzes (hier: 1970) zur Verbreiterung einer Straße herangezogen wird, bei der Ermittlung der Entschädigung die Qualitätsstufe zugrunde zu legen, die das Grundstück vor der endgültigen Festsetzung der Fluchtlinie besessen hatte[47].
- Wird durch die Festsetzung von Baulinien nach Münchner Baurecht[48] die Teilfläche eines unbebauten Grundstücks von Bauland zu Straßenland herabgestuft, so liegt darin eine Teilenteignung. War diese Teilenteignung nach dem damals geltenden Recht[49] entschädigungslos zulässig (sog. altrechtliche Verkehrsfläche), so ist für die Ermittlung einer Entschädigung für die unter der Herrschaft des Grundgesetzes vorgenommene Vollenteignung (Entziehung des Grundeigentums) von der Grundstücksqualität Straßenland auszugehen[50].
- Nach Art. 13 Abs. 2 des BayStWG ist in *Bayern* die Wertermittlung unter Anwendung des Vorwirkungsgrundsatzes nur innerhalb einer 30-jährigen Verjährungsfrist (§ 195 BGB), in der zugleich ein Übernahmeanspruch besteht, zulässig[51].
- Ist in dem zum früheren Land *Württemberg-Hohenzollern* gehörenden Landesteil von *Baden-Württemberg* nach Inkrafttreten der Verfassung vom 18.05.1947 (RegBl. 1947, 1) eine enteignende Maßnahme auf Grund des (Reichs-)Naturschutzgesetzes getroffen worden, so ist eine angemessene Entschädigung nach Art. 153 Abs. 2 Satz 2 WRV zu leisten[52].

2.3.3.4 Herabzonung

▶ *Vgl. Teil VI Rn. 160 ff., 566*

123 Die Festsetzung einer Fläche als Gemeinbedarfsfläche kann auch eine bereits baulich nutzbare Fläche (baureifes Land) treffen. Damit ist der Fall einer Herabzonung angesprochen. In diesen Fällen bemisst sich der Wert dieser Flächen nach der in **Anwendung des Planungsschadensrechts** (§§ 39 ff. BauGB) zu gewährenden Entschädigung. Soweit nur Teilflächen betroffen sind, kann der Eigentümer in besonders gravierenden Fällen ein Übernahmeverlangen bezüglich der betroffenen Gesamtfläche des Grundstücks stellen. Die Entschädigung bemisst sich dabei nach der bisher zulässigen Nutzung, ggf. nach Maßgabe der Reduktionsklausel des § 43 Abs. 4, des § 95 Abs. 2 i.V.m. den §§ 40 bis 42 und des § 153 Abs. 1 BauGB).

---

46 BGH, Urt. vom 13.12.1962 – III ZR 164/61 –, BRS Bd. 19 Nr. 110 = EzGuG 6.67.

47 BGH, Urt. vom 26.04.1990 – III ZR 194/88 –, BRS Bd. 53 Nr. 128 = EzGuG 6.253a; BGH, Urt. vom 17.11.1988 – III ZR 210/87 –, BRS Bd. 53 Nr. 130 = EzGuG 18.109; BGH, Urt. vom 14.01.1982 – III ZR 134/80 –, BRS Bd. 45 Nr. 126 = EzGuG 6.214; BGH, Urt. vom 02.02.1978 – III ZR 90/76 –, BRS Bd. 34 Nr. 116 = EzGuG 18.81; ferner BGH, Urt. vom 24.10.1955 – III ZR 121/54 –, BGHZ 19, 1 = EzGuG 6.16; BGH, Urt. vom 09.05.1960 – III ZR 79/59 –, BRS Bd. 10 Nr. 228 = EzGuG 6.50; BGH, Urt. vom 27.09.1962 – III ZR 40/61 –, BRS Bd. 19 Nr. 43 = EzGuG 6.62; BayObLG, Urt. vom 29.04.1974 – 2 Z 152/72 –, DÖV 1975, 324 = EzGuG 6.167; zu AGBGB Bay. Art. 125 a.F. hierzu auch BGH, Urt. vom 10.07.1975 – III ZR 161/72 –, BRS Bd. 34 Nr. 76 = EzGuG 6.180.

48 Gesetz vom 17.11.1837 betr. die Zwangsabtretung von Grundeigentum für öffentliche Zwecke – ZAG – (GBl. 1837, 109) i.d.F. des Gesetzes vom 19.05.1918 (GVBl. 1918, 289).

49 2. Verordnung zur Sicherung von Wirtschaft und Finanzen vom 05.06.1931 – Zweite NotVO – (RGBl. I 1931,278), unbefristet verlängert durch Gesetz vom 31.05.1939 (RGBl. I 1939, 649).

50 BGH, Urt. vom 08.12.1977 – III ZR 163/75 –,BGHZ 71, 1 = EzGuG 18.82; BGH, Urt. vom 03.03.1988 – III ZR 162/85 –, BRS Bd. 53 Nr. 124 = EzGuG 6.241.

51 Siedler/Zeidler, Bay. Straßen- und Wegegesetz, Art. 13 Rn. 22.

52 BGH, Urt. vom 20.09.1984 – III ZR 198/82 –, NVwZ 1985, 69 = EzGuG 6.226; BGH, Urt. vom 26.01.1984 – III ZR 179/82 –, BGHZ 90, 1 = EzGuG 4.97.

Wird mit einem Bebauungsplan baureifes Land i.S. des § 3 Abs. 5 ImmoWertV in eine Gemeinbedarfsfläche umgewidmet (Herabzonungsfall), ist entschädigungsrechtlich solange von diesem Entwicklungszustand auszugehen, wie der Planungsschaden nach den §§ 39 ff. BauGB (noch) nicht entschädigt wurde. 124

Soweit ein **bebautes Grundstück** einer öffentlichen Nutzung zugeführt werden soll und ggf. im Wege der Enteignung erworben werden kann, bemisst sich die Entschädigung nach dem Verkehrswert auf der Grundlage der bisherigen baulichen Nutzung. Demzufolge finden für die Wahl des Wertermittlungsverfahrens die allgemeinen Grundsätze Anwendung, die sonst im privatwirtschaftlichen Bereich maßgebend sind. 125

Eine maßgebliche Bedeutung im Falle einer vorkonstitutionellen Inanspruchnahme des Baulands misst bei alledem die Rechtsprechung der Frage bei, ob der am Wertermittlungsstichtag eingetragene Eigentümer nachweisen kann, dass der einem früheren Eigentümer mit der Herabzonung seines Grundstücks zu Straßenland entstandene Entschädigungsanspruch auf ihn übergegangen ist. Der BGH[53] hat hierzu festgestellt, dass der Eigentümer die Entschädigung für eine höhere Qualität des Grundstücks als die von Straßenland nur geltend machen kann, wenn die aufgezeigte **Rechtsposition von dem Eigentümer im Zeitpunkt der Herabzonung auf den jetzigen Eigentümer übergegangen** ist. In dem zu entscheidenden Fall ging es um die Herabzonung eines Grundstückteils durch Festsetzung einer Fluchtlinie (vom 05.12.1989). In der Berliner Praxis wird in diesen Fällen eine Entschädigung von 5 €/m² gewährt. 126

Auch diese Verfahrensweise begegnet Bedenken. Zum einen wird ein „starrer" Wertansatz der zwischenzeitlich ausgeübten Nutzung nicht gerecht[54], zum anderen ist zu fragen, warum die Beweislast umgedreht ist und der Eigentümer den Nachweis zu erbringen habe, dass der Entschädigungsanspruch auf ihn übergegangen sei. Etwas anderes gilt nur, wenn der Entschädigungsanspruch erloschen oder verjährt ist. 127

2.3.4 Freihändiger Ankauf

2.3.4.1 Allgemeines

Der Verkehrswert künftiger Gemeinbedarfsflächen bemisst sich auch bei freihändigem Ankauf nach dem Wert, der unter Berücksichtigung des **Instituts der Vorwirkung** zu entschädigen wäre (Entschädigungswert). 128

Die für die Bemessung der Enteignungsentschädigung maßgeblichen Grundsätze müssen aus grundsätzlichen Erwägungen auch bei der Verkehrswertermittlung bei freihändigem Erwerb gelten[55]. Dies folgt auch aus allgemeinen Haushaltsgrundsätzen, die zur sparsamen und wirtschaftlichen Verwendung von Haushaltsmitteln anhalten. Dem trägt die Praxis allerdings oftmals dann nicht Rechnung, wenn die Vorwirkung auf den land- oder forstwirtschaftlichen Entwicklungszustand hinausläuft. So muss festgestellt werden, dass öffentliche Bauträger für künftige Gemeinbedarfsflächen im Außenbereich **Kaufpreise** zahlen, **die deutlich über den Kaufpreisen benachbarter der reinen Land- oder Forstwirtschaft weiterhin vorbehaltener Flächen** i.S. des § 3 Abs. 1 ImmoWertV **liegen**. Dies ist darauf zurückzuführen, dass einerseits die Eigentümer danach trachten, an der Umwidmung zu partizipieren, 129

53 BGH, Urt. vom 17.11.1988 – III ZR 210/87 –, BRS Bd. 53, 130 = EzGuG 18.109; BGH, Urt. vom 02.02.1978 – III ZR 90/76 –, BRS Bd. 34 Nr. 116 = EzGuG 18.81; BGH, Urt. vom 14.01.1982 – III ZR 134/80 –, NVwZ 1982, 458 = EzGuG 6.214.

54 OLG Nürnberg, Urt. vom 11.10.1989 – 4 U 1748/89 –, GuG 1990, 48 = EzGuG 18.111; Vorinstanz: LG Nürnberg-Fürth, Urt. vom 18.04.1989 – 4 O 6698/87 –, GuG 1990, 47 = EzGuG 18.110.

55 BGH, Urt. vom 20.11.1967 – III ZR 161/65 –, BRS Bd. 19 Nr. 137 = EzGuG 6.110; BGH, Urt. vom 17.10.1974 – III ZR 53/72 –,BRS Bd. 34 Nr. 95 = EzGuG 6.171; BGH, Urt. vom 27.06.1966 – III ZR 202/65 –, BRS Bd. 19 Nr. 87 = EzGuG 6.89; Ernst/Zinkahn/Bielenberg/Krautzberger, BauGB, § 87 Rn. 82; § 194 Rn. 148; Büchs, Grunderwerb und Entschädigung beim Straßenbau, 2. Aufl. 1980, S. 84 f.

und andererseits die Bedarfsträger zur Vermeidung einer Enteignung Preiszugeständnisse machen[56]. Die tatsächlich vereinbarten (überhöhten) Kaufpreise sind vornehmlich mit

- dem erschließungsbeitragspflichtigen (ebpf) Bodenrichtwert des nächstgelegenen Wohnbaulandes und
- der Entfernung zum Rand der zugehörigen Bodenrichtwertzone

korreliert.

130 Dass in der Praxis das **Marktgeschehen durch überhöhte Preise gekennzeichnet** ist, kann auf ein unzweckmäßig geregeltes Enteignungsverfahren zurückgeführt werden. In Zeiten steigender Baukosten ist es mitunter wirtschaftlicher, überhöhte Preise zu zahlen, als durch Verzögerungen eine Verkürzung des Bauvorhabens hinzunehmen[57].

131 In der Praxis werden deshalb zur **Vermeidung einer Enteignung** vielfach Preise bezahlt, die deutlich über dem liegen, was nach dem Vorwirkungsgrundsatz zu gewähren wäre (vgl. § 46 ImmoWertV Rn. 5). Die Praxis ist von einer allgemeinen Unsicherheit geprägt, die sich darin manifestiert, dass die Wertermittlung z.B. dadurch manipuliert wird, dass ein vorhandener Aufwuchs (quasi zum Ausgleich) überbewertet wird oder man sich auf das allgemeine Marktgeschehen beruft. Dies spiegelt sich auch in der Rechtsprechung wider. Während nach Auffassung des OLG Köln[58] **überhöhte Preiszugeständnisse zum Zwecke eines zügigen Erwerbs** und zur Vermeidung einer Enteignung nicht dem gewöhnlichen Geschäftsverkehr zuzurechnen sind, lassen andere Gerichte den Willen der Vertragsparteien gelten[59]. Das OLG Frankfurt am Main hat hieraus sogar den Schluss gezogen, dass die Beteiligung der öffentlichen Hand keine Gewähr dafür biete, dass der Verkehrswert objektiv ermittelt werde[60].

132 Man kommt bei alledem nicht umhin festzustellen, dass die *Großzügigkeit der Praxis* beim freihändigen Erwerb von Flächen, die zu einem (geringeren) Entschädigungswert enteignet werden könnten, im Ergebnis zu einem selbst geschaffenen **Teilmarkt** führen kann[61]. Von der allgemeinen Übung beim Erwerb von Gemeinbedarfsflächen kann unter Beachtung des Gleichheitsgrundsatzes dann nur schwer abgewichen werden[62]. Diese **Praxis findet** (leider) **große Verbreitung.**

2.3.4.2 Öffentliche Grünflächen/Sportplätze

133 Eine Umfrage von *Füllekrug* hat z.B. ergeben, dass 1994 von den örtlichen Gutachterausschüssen für Grundstückswerte für den Erwerb von Flächen, die erstmals einer Nutzung als **öffentliche Grünfläche** bzw. als **öffentliche Sportfläche** zugeführt werden sollten, als Ankaufspreis vielfach das 1,5- bis 5,0-Fache (sic) des Werts des (begünstigten) Agrarlandes empfohlen wurde (Abb. 10).

---

56 Es ist eine Prüfung angezeigt, ob solche Vergleichspreise dem gewöhnlichen Geschäftsverkehr zurechenbar sind: OLG Köln, Urt. vom 16.08.1973 – 7 U 18/73 –, BRS Bd. 34 Nr. 117 = EzGuG 19.25 a.

57 Salzwedel in Erichsen (Hrsg.), Allgemeines Verwaltungsrecht, 10. Aufl. 1995, § 49 Rn. 31; BGH, Urt. vom 21.10.1966 – III ZR 210/87 –, BRS Bd. 53 Nr. 130 = EzGuG 18.109; OLG Frankfurt am Main, Urt. vom 20.03.1980 – 1 U 198/77 –, BRS Bd. 45 Nr. 116 = EzGuG 19.35c.

58 OLG Köln, Urt. vom 16.08.1973 – 7 U 18/73 –, BRS Bd. 34 Nr. 117 = EzGuG 19.25b.

59 BGH, Urt. vom 21.10.1966 – III ZR 210/87 –, BRS Bd. 53 Nr. 130 = EzGuG 18.109.

60 OLG Frankfurt am Main, Urt. vom 20.03.1980 – 1 U 198/77 –, BRS Bd. 45 Nr. 116 = EzGuG 19.35c.

61 BGH, Urt. vom 01.03.1987 – III ZR 197/82 –, BGHZ 90; 243 = EzGuG 6.224; BGH, Urt. vom 01.07.1982 – III ZR 10/81 –, BRS Bd. 45 Nr. 147 = EzGuG 4.86; OLG Nürnberg, Urt. vom 11.10.1989 – 4 U 1748/89 –, GuG 1990, 46 = EzGuG 18.111; BGH, Urt. vom 23.05.1985 – III ZR 10/84 –, BRS Bd. 45 Nr. 147 = EzGuG 6.228.

62 Dieterich/Voß in Ernst/Zinkahn/Bielenberg/Krautzberger, BauGB, § 194 BauGB, Rn. 151.

Abb. 10: Agrarlandpreise/Preise für Sportplatzflächen[63]

Vergleichsstadt		Bodenpreise für Agrarland	vom Gutachterausschuss vorgeschlagene Bodenpreise für Sportplatzflächen, öffentliche Grünflächen	Faktor Sportplatzflächen/ Agrarland
1	Bad Harzburg	1,75–2,25 €	max. 5,00 €	ca. 2,5-Fach
2	Hannover	max. 3,25 €	12,50–17,50 €	ca. 5,0-Fach
3	Baden-Baden	5,00–7,50 €	max. 5,00 €	ca. 1,5-Fach
4	Iffezheim (Baden-B.)	7,50–10,25 €	7,50–10,00 €	ca. 1,5-Fach
5	Braunschweig	max. 3,25 €	6,50–9,00 €	ca. 2,5-Fach
6	Hamburg	1,35–3,00 €	7,50–10,00 €	ca. 3,5-Fach
7	Mainz	5,00–7,50 €	max. 25,00 €	ca. 4,0-Fach
			im Mittel	3,0-Fach

134 Weitere (allerdings ältere) Untersuchungen über das **Kaufpreisverhalten beim Ankauf von Flächen, die** auf Grund bauleitplanerischer Ausweisung künftig **als öffentliche Grünfläche** genutzt werden sollen, liegen aus *Niedersachsen* vor.

135 Für **Außenbereichsgebiete in der Nachbarschaft von Wohnbauland** mit einem ebpf Bodenrichtwert bis zu 75 €/m² sind von *Ziegenbein*[64] für Entfernungsbereiche

a) bis 200 m

b) 200 m bis 600 m

c) 600 m bis 1 300 m

folgende Abhängigkeiten der gezahlten Kaufpreise von den Bodenrichtwerten für das benachbarte ebpf Wohnbauland ermittelt worden (Abb. 11):

Abb. 11: Verhältnis tatsächlich gezahlter Kaufpreise für Flächen, die als öffentliche Grünflächen ausgewiesen sind, zum Bodenrichtwert

Entfernungsbereiche (m)	Bodenrichtwerte für erschließungsbeitragspflichtiges (ebp) Wohnbauland (€/m²)												
	15	20	25	30	35	40	45	50	55	60	65	70	75
bis 200 m	0,25	0,21	0,18	0,16	0,15	0,14	0,13	0,12	0,11	0,11	0,11	0,10	0,10
200–600 m	0,21	0,17	0,15	0,13	0,12	0,11	0,11	0,10	0,10	0,09	0,09	0,09	0,08
600–1 300 m	0,17	0,14	0,12	0,11	0,10	0,10	0,09	0,08	0,08	0,08	0,07	0,07	0,07

Beispiel:

- Die als öffentliche Grünfläche ausgewiesene künftige Gemeinbedarfsfläche befindet sich in einer Entfernung von 500 m vom nächstgelegenen Wohnbauland mit einem erschließungsbeitragspflichtigen Bodenrichtwert von 60 €/m²
- (Empirischer) Kaufpreis = 0,09 x 60 €/m² = 5,40 €/m²

63 Füllekrug, GuG 1994, 85; vgl. auch Borchert, GuG 1994, 337; GuG 1995, 71, 153.
64 Ziegenbein, Nachr. der nds. Kat.- und VermVw 1989, 96; vgl. auch Lichtner, Nachr. der nds. Kat.- und VermVw 1974, 212.

Zu diesen Untersuchungsergebnissen bleibt anzumerken, dass sie sich nicht auf Kauffälle von Verkehrsflächen bezieht und die Untersuchung des Weiteren gezeigt hat, dass die tatsächlich vereinbarten Kaufpreise nicht mit dem Bodenrichtwert benachbarter Flächen der Land- oder Forstwirtschaft korreliert sind.

136 Ähnliche Untersuchungen wurden von *Lichtner*[65] im Jahre 1974 für **Friedhofserweiterungs- und Sportplatzflächen** vorgenommen. In Abhängigkeit zum Bodenrichtwert des nächstgelegenen Wohnbaulands ergibt sich der Bodenwert nach folgender Beziehung:
Bodenwert = 0,36 x Bodenrichtwert – 5,46 x Entfernung
wobei:
Bodenrichtwert in €/m²
Entfernung in km zum Rand der Bodenrichtwertzone

137 Für den Großraum **Hannover** in den Jahren 1982 bis 1984 hat die Überprüfung[66] auf der Grundlage von 90 Kaufpreisen zu folgender Funktion geführt:

$$BW = 0{,}3 \quad \sqrt{1{,}502 + 0{,}6567 \times F^{0,2} + 0{,}5727 \times BRW^{0,3} - 0{,}9454 \times E^{0,1}}$$

wobei:

BW	= Bodenwert = Schätzwert für die Grünfläche in €/m²
F	= Fläche des Wertermittlungsobjekts in ha (0,03 ≥ F ≥ 9,0)
BRW	= Bodenrichtwert (erschließungsbeitragspflichtig) der nächstgelegenen Bodenrichtwertzone für Wohnbauland in €/m² (15 €/m² ≥ BRW ≥ 100 €/m²)
E	= Entfernung zum Rand der nächstgelegenen Bodenrichtwertzone für Wohnbauland in km (0,001 km ≤ E ≤ 1,0 km)

138 Im Land *Brandenburg* wurden 2009 für Sportanlagen Durchschnittspreise von 0,18 €/m² bis 5,83 €/m³ (im Mittel 1,94 €/m²) entrichtet[67].

2.3.4.3 Künftige Bahnflächen

Schrifttum: *Battis/Otte,* Die Beplanung von Bahnanlagen durch die Gemeinde mittels befristeter und bedingter Festsetzungen, IR 2006, 54.

▶ *Allgemeines zum Vorwirkungsgrundsatz vgl. Teil VI Rn. 83 ff.*

139 Die für den Erwerb künftiger Gemeinbedarfsflächen geltenden Wertermittlungsgrundsätze finden Anwendung, wenn neue Schienenwege gebaut werden. Der Bau neuer Schienenwege erfolgt auf der Grundlage eines Planfeststellungsverfahrens nach § 18 Abs. 1 AEG. Die für den Betrieb der Eisenbahn notwendigen Flächen (Eisenbahnbetriebsanlagen) können auf der Grundlage des festgestellten und genehmigten Plans nach § 22 AEG enteignet werden. Die Enteignung vollzieht sich gem. § 22 Abs. 4 AEG nach Maßgabe landesrechtlicher Enteignungsgesetze, die hinsichtlich ihrer entschädigungsrechtlichen Vorschriften den §§ 93 ff. BauGB nachgebildet sind. Insoweit kommen – unabhängig von der Frage, ob und inwieweit es sich bei der Deutschen Bahn AG um ein privates Unternehmen handelt – die allgemeinen Verkehrswertermittlungsgrundsätze zur Anwendung, die auch sonst dem Erwerb künftiger Gemeinbedarfsflächen zugrunde zu legen wären, d.h., der **Wert des Grundstücks bemisst sich nach dem Zustand,** der vorhanden war, als mit einer Enteignung gerechnet werden musste. Dabei kommt es nicht darauf an, dass das Planfeststellungsverfahren bereits durchgeführt worden ist; vielmehr genügt, dass mit dem Planfeststellungsverfahren zu rechnen ist. Bei alledem ist auch in diesem Fall davon auszugehen, dass zunächst ein freihändiger Erwerb des Grundstücks anzustreben ist, wobei sich im Rahmen des freihändigen Grunderwerbs der Wert nach den Entschädigungsgrundsätzen bemisst.

---

65 Lichtner, Nachr. der nds. Kat.- und VermVw 1974, 212.
66 Scharnhorst, WF 1989, 114.
67 Grundstücksmarktbericht 2009.

Im Zuge der ICE-Neubaustrecke Köln–Rhein/Main wurde der **Grunderwerb auf der Grundlage** der von verschiedenen Gutachterausschüssen für Grundstückswerte (Landkreis *Limburg-Weilbruck* und Stadt *Limburg*) bereitgestellten Vergleichspreise getätigt, die sich am Verkehrswert der besonderen Flächen der Land- und Forstwirtschaft orientierten, wobei es sich um Vergleichsgrundstücke handelte, die nicht von der Eisenbahnneubaustrecke betroffen waren. Gegenüber dem Verkehrswert für reine Flächen der Land- und Forstwirtschaft (innerlandwirtschaftlicher Verkehrswert bzw. reine land- oder forstwirtschaftliche Flächen; § 5 Abs. 1 ImmoWertV) ergaben sich hier **Multiplikationsfaktoren von 3,5 zum Verkehrswert besonderer land- oder forstwirtschaftlicher Flächen**[68]. 140

Lediglich der Gutachterausschuss für Grundstückswerte des *Rheingau-Taunus*-Kreises fiel bei der Bemessung des Werts künftiger Eisenbahnflächen auf den **Wert des reinen Agrarlandes** (§ 5 Abs. 1 ImmoWertV) zurück. 141

2.3.4.4 Künftige Straßenflächen

▶ *Vgl. Teil VI Rn. 88*

Der Verkehrswert künftiger Straßenflächen bestimmt sich auch bei freihändigem Grunderwerb nach der im Enteignungsfall zu bemessenden Entschädigung und demzufolge nach dem Vorwirkungsgrundsatz. Soweit der Träger der Straßenbaulast sein Enteignungsrecht zur Erfüllung seiner Aufgaben wahrnimmt (§ 19 Abs. 1 Satz 1 FStrG), reicht für die Zulässigkeit der Enteignung die Notwendigkeit des Eigentumsentzugs zur Ausführung eines durch Planfeststellung festgelegten Bauvorhabens aus. Der festgestellte Plan ist dem Enteignungsverfahren zugrunde zu legen und dem Planfeststellungsbeschluss kommt demzufolge – anders als grundsätzlich etwa einem Bebauungsplan – eine Vorwirkung der Enteignung zu[69]. Dieser Grundsatz gilt auch, wenn der Träger der Straßenbaulast die Enteignung von Grundstücken zur Ausführung eines festgestellten Plans betreibt, der den (Aus-)Bau eines Nebenbetriebs an einer Bundesautobahn betrifft. Und zwar auch dann, wenn die Übertragung des Baus des geplanten Nebenbetriebs auf einen privaten Dritten (vgl. § 15 Abs. 2 Satz 2 FStrG) vorgesehen ist. Der Straßenbaulastträger verfolgt in diesem Fall mit dem **Bau und Betrieb einer Tank- und Raststätte** (Konzessionsträger) öffentliche Aufgaben, auch wenn diese nach Maßgabe der gesetzlichen Vorschriften auf Private übertragen wird[70]. 142

Bei der Bemessung des Ankaufspreises für Ortsumgehungsstraßen im Außenbereich gehen z.B. die Straßenbauämter im Rhein-Main-Gebiet zwar (je nach Situation) vom inner- bzw. außerlandwirtschaftlichen Verkehrswert i.S. des § 3 Abs. 1 ImmoWertV aus, lassen jedoch in Abhängigkeit zur Ortsnähe folgende **Ortsrandentfernungszuschläge**[71] zu: 143

Wiesbaden-Erbenheim

0–50 m	+	100 %	100 %
50–100 m	+	70 %	50 %
100–150 m	+	60 %	40 %
150–200 m	+	50 %	30 %
200–300 m	+	40 %	10–20 %
300–400 m	+	30 %	5 %
400–500 m	+	20 %	
500–600 m	+	10 %	
600–700 m	+	5 %	
über 700 m	+	0 %	

68 Dieterich, Gutachten über den Grundstückserwerb für die ICE-Strecke Köln-Rhein/Main, Dortmund 1996; vgl. Kleiber, Verkehrswertermittlung von Grundstücken, 6. Aufl. 2010 S. 2316.
69 Kastner in Marschall/Schroeter/Kastner, BFStrG, 5. Aufl., § 19 Rn. 19.
70 BGH, Beschl. vom 28.11.2002 – III ZR 167/02 –, GuG 2003,249 = EzGuG 6.292.
71 Köhne, Landwirtschaftliche Bewertungslehre, Hbg. 1978, S. 37.

144 *Beispiel:*

a) Sachverhalt:

Auf der Grundlage des preußischen Fluchtliniengesetzes wurde 1898 erstmalig eine Straße angelegt. Die Straßenflächen wurden nicht von der Gemeinde erworben. Sie wurden aber von der Gemeinde in Besitz genommen und der öffentlichen Nutzung zugeführt. Die Teilfläche ist aber bis heute weder freihändig erworben noch enteignet worden.

b) Verkehrswertermittlung

Vorbehaltlich des Bestands eines Entschädigungsanspruchs sind für die Bewertung der Fläche folgende Überlegungen anzustellen:

1. Zum Zeitpunkt der erstmaligen Festsetzung der Teilfläche als Straßenland hat es sich um eine landwirtschaftliche Fläche in unmittelbarer Nähe zu einer stark wachsenden Großstadt gehandelt.
2. Wertbemessung nach dem Verkehrswert für land- und forstwirtschaftliche Fläche bzw. als Bauerwartungsland nach den allgemeinen Wertverhältnissen von „heute".
3. Problem: Die Feststellung der Qualität (Zustand) des Grundstücks „damals".

145 Es handelt sich um den Fall einer lange zurückliegenden Inanspruchnahme (**Unvordenklichkeit**). Ein zwischen der Herabstufung und der Entziehung des Grundeigentums liegender langer Zeitraum (von über 80 Jahren) schließt die Vorwirkung nach einer Grundsatzentscheidung des BGH grundsätzlich nicht aus[72]. Die Entschädigung nach einem symbolischen Betrag ist deshalb auch in diesem Falle abzulehnen[73].

2.4 Teilfläche (Vorgarten)

2.4.1 Allgemeines

Schrifttum: *Fuhlendorf, H.*, Die Bewertung von Straßenverbreiterungsflächen bei der Feststellung der Enteignungsentschädigung, NJW 1966, 581; *Sasse, R.*, Bewertung von abzutretenden Vorlandflächen im Enteignungsverfahren bei Ertragsgrundstücken, HbgGE 1974, 326 sowie HbgGE 1973, 298.

▶ *Vgl. Rn. 112 ff.; zur Verfahrenswahl bei § 6 ImmoWertV Rn. 196 ff.; Teil VI Rn. 31, 83, 105*

146 Im Rahmen der Wertermittlung von Gemeinbedarfsflächen geht es vielfach darum, nur den auf eine **Teilfläche eines Grundstücks** anfallenden Marktwert zu ermitteln. „Teilfläche" ist dann i.d.R. eine unselbstständige Fläche, die aus einem Grundstück abgetrennt und dem Gemeinbedarf zugeführt werden soll. Dazu gehören insbesondere Vorgarten-, Vorderland-, Vorland-, Seiten- und Hinterlandflächen; sie können bebaut oder nicht bebaut, bebaubar, beschränkt bebaubar oder nicht bebaubar sein.

147 **Grundsätzlich bestimmt sich der Wert einer Teilfläche, die einer öffentlichen Zweckbestimmung (Gemeinbedarf) zugeführt werden soll, nach dem**, was im Falle einer Enteignung für den Rechtsverlust an der Teilfläche **zu entschädigen wäre**. Dies ist der gegebenenfalls unter Berücksichtigung des Vorwirkungsgrundsatzes sich ergebende Verkehrswert des Grundstücks.

148 Neben dem **Rechtsverlust müssen auch Vermögensnachteile** i.S. des § 96 Abs. 1 BauGB ggf. unter Anrechnung von Vermögensvorteilen entschädigt werden. Dies betrifft insbesondere die für das Restgrundstück aufgrund der Abtrennung der Teilfläche entstehenden Folgeschäden (z.B. Verlust der sog. Pufferzone).

---

72 BGH, Urt. vom 08.12.1977 – III ZR 163/75 –, BGHZ 71, 1 = EzGuG 18.79.

73 So aber OLG Bremen, Urt. vom 11.02.1970 – UB 13/68 –, OLGZ 70, 466 = EzGuG 18.47; OLG Hamburg, Urt. vom 21.12.1979 – 1 U 2/79 –, AVN 1983, 476 = EzGuG 18.90.

Abweichend vom vorstehenden Grundsatz hat sich in der Praxis auf Grund unterschiedlicher Betrachtungsweisen auf diesem Teilmarkt regional unterschiedliches Marktverhalten – vielfach auch in Bezug auf die unterschiedlichen Bedarfsträger – eingestellt, das dann jeweils als gewöhnlicher Geschäftsverkehr i.S. der Marktwertdefinition angesehen wird. Folgt man dieser Auffassung, bestimmt sich das anzuwendende **Wertermittlungsverfahren nach den Usancen des örtlichen Grundstücksmarktes** (vgl. Rn. 171 ff.). 149

Neben der im Falle einer Enteignung nach den §§ 89 ff. BauGB **zu gewährenden Entschädigung kommt in Betracht:** 150

a) das Differenzwertverfahren,

b) die pauschalierte Bruchteilsmethode und

c) bei übertiefen Grundstücken die Verschiebemethode (sog. Vorgeschobenes Hinterland).

Bei Anwendung dieser Verfahren muss insbesondere die Frage Beachtung finden, ob und inwieweit bei Anwendung der entschädigungsrechtlichen Grundsätze neben dem Rechtsverlust an der Teilfläche auch Vermögensnachteile (Folgeschäden) des Restgrundstücks zu entschädigen und dabei Vermögensvorteile zu berücksichtigen sind 151

2.4.2 Differenzwertverfahren

2.4.2.1 Allgemeines

▶ *Hierzu bereits im Überblick § 6 ImmoWertV Rn. 149, 199 ff.*

Das Differenzwertverfahren kommt insbesondere bei der **Verkehrswertermittlung von Teilflächen (Vorgärten)** zur Anwendung, die im Zuge von Straßenverbreiterungsmaßnahmen abgetreten werden. Bei Anwendung des Differenzwertverfahrens bemisst sich der Verkehrswert einer Teilfläche nach der Differenz des 152

– Verkehrswerts **vor** der Teilflächenabtretung **und** dem

– Verkehrswert **nach der Teilflächenabtretung**.

Der BGH im Zusammenhang mit der Teilflächenenteignung (Vorgarten) für ein mit einem Mehrfamilienhaus bzw. einem Geschäftshaus bebautes Grundstück erkannt, dass die Teilfläche nicht für sich allein bewertet werden darf. Sowohl eine getrennte Bewertung der einzelnen Teile als auch der Ansatz eines „gleichmäßigen Durchschnittswerts" könne zu Ungerechtigkeiten führen. Als Entschädigung ist vielmehr der Betrag angemessen, um den sich der frühere Gesamtwert durch die Wegnahme eines Grundstücksteils vermindert (Differenzwertverfahren)[74].

Der Vorteil des Verfahrens besteht insbesondere darin, dass mit dem Wertunterschied zugleich Vermögensvor- und -nachteile des Restgrundstücks berücksichtigt werden.Bei Anwendung dieses Verfahrens werden uno actu 153

– die Entschädigung für den Rechtsverlust der Teilfläche (Verkehrswert der Teilfläche) und

– auch weitgehend die Entschädigung für sonstige Vermögensnachteile (Folgeschäden) des Restgrundstücks

ermittelt[75]. Im Einzelfall muss geprüft werden, ob weitere nicht direkt erfasste Vermögensnachteile wie z.B. die Neueinfriedung und Bepflanzungen ergänzend berücksichtigt werden müssen.

---

74 BGH, Urt. vom 23.09.1957 – III ZR 171/56 –, MDR 1958, 314 = EzGuG 18.8.; LG Hamburg, Urt. vom 06.01.2017-351 01/15, EzGuG 14.173

75 BGH, Urt. vom 19.12.1963 – III ZR 162/63 –, BRS Bd. 19 Nr. 21 = EzGuG 20.35; BGH, Urt. vom 16.03.1964 – III ZR 11/63 –, BRS Bd. 19 Nr. 121 = EzGuG 18.24; BGH, Urt. vom 29.01.1970 – III ZR 30/69 –, BRS Bd. 26 Nr. 97 = EzGuG 18.48; BGH, Urt. vom 10.03.1977 – III ZR 195/74 –, BRS Bd. 34 Nr. 139 = EzGuG 18.72.

154 Soweit mit der Teilflächenabtretung auch **Vermögensvorteile** (Rn. 115) verbunden sind, werden auch solche damit erfasst. Vermögensvorteile können sich z.B.durch die Aufwertung des Hinterlandes in Folge der Abtretung von Vorderlandflächen ergeben.

155 **Vermögensnachteile** können sich einstellen, wenn das Heranrücken der Straße die gewerbliche oder sonstige Nutzung des Grundstücks zusätzlich beeinträchtigt.

156 Die Anwendung des Differenzwertverfahrens muss sich allerdings auf die Anwendung

- des Vergleichswertverfahrens und
- des Sachwertverfahrens

beschränken, da die **Anwendung des Differenzwertverfahrens i.V.m. dem Ertragswertverfahren,** wie noch nachgewiesen wird, **in aller Regel zu unsachlichen Ergebnissen führt.**

2.4.2.2 Differenzwertverfahren auf der Grundlage des Vergleichswertverfahrens

▸ *Vgl. § 6 ImmoWertV Rn. 113, 199 ff.; Syst. Darst. des Vergleichswertverfahrens Rn. 264 ff.*

157 Bei Anwendung des Differenzwertverfahrens wird zur Ermittlung des Werts der Teilfläche **der im Wege des Preisvergleichs ermittelte Wert des Gesamtgrundstücks vor der Teilflächenabtretung festgestellt und um den wiederum im Wege des Preisvergleichs ermittelten Wert des Restgrundstücks vermindert.**

Abb. 12: Gemeinsame Ermittlung der Entschädigung für den Rechtsverlust sowie sonstiger Vermögensnachteile

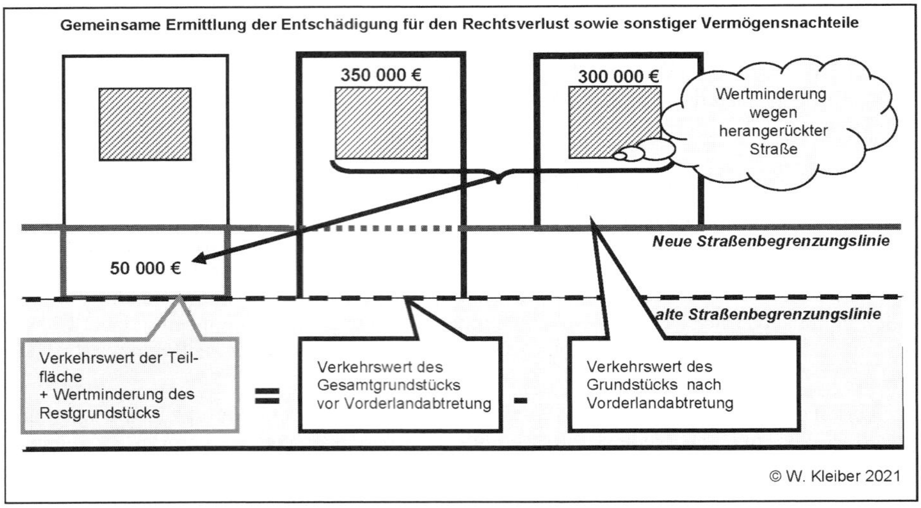

158 Bei Anwendung des Differenzwertverfahrens werden auch etwaige **Änderungen der Nutzbarkeit** des nach Abtretung der Teilfläche verbleibenden **Restgrundstücks** berücksichtigt.
Beispiel:
Von einem Villengrundstück soll eine Teilfläche zur Straßenverbreiterung und zum Ausbau des Kreuzungsbereichs abgetreten werden. Aufgrund der Topografie wird vor der Villa die Errichtung einer Stützmauer erforderlich und die Zuwegung muss neu geschaffen werden. Aufgrund des Heranrückens der viel befahrenen Straße wird der Verkehrswert des Restgrundstücks erheblich gemindert.

Abb. 13: Lageplan

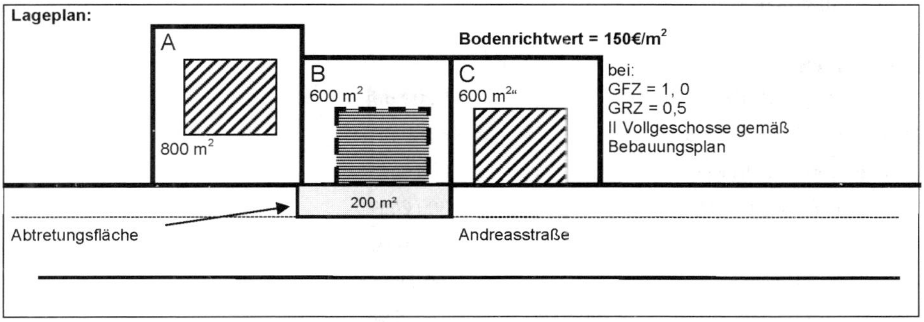

Grundstück A = Grundstück B (vor Vorderlandabtretung)

Das Grundstück ist „voll" bebaut.

Bodenwert BW: 800 m² × 300 €/m² (Bodenrichtwert) =		240 000 €
Geschossfläche bei GRZ = 0,5 und II Vollgeschossen =	800 m²	
Geschossflächenwert: 1 m² = 240 000 €/800 m² =	300 €/m²	

Grundstück C

Geschossfläche bei GRZ = 0,5 und II Vollgeschossen =	600 m²	
Bodenwert bei 300 €/m² GF: 600 m² × 300 €/m² =		180 000 €
= Differenz		60 000 €

Dies entspricht dem vollen Bodenwert der abzutretenden Teilfläche von 200 m² des Grundstücks B:

BW = 200 m² × 300 €/m² (Bodenrichtwert) = 60 000 €

Ist nun aber das Grundstück B entsprechend der bisherigen Nutzbarkeit bebaut und kann die 159
Bebauung erhalten bleiben, so wird die Wertminderung mit der **Abtretung der Teilfläche nicht sofort „spürbar"**, d.h. die Wertminderung tritt in „vollem" Umfang erst nach Abgang der baulichen Anlage ein. Als Wertvorteil für das Restgrundstück ergibt sich eine über die bauplanungsrechtliche Nutzbarkeit hinausgehende tatsächliche „Übernutzung". Diesem Vermögensvorteil kann dadurch Rechnung getragen werden, dass der Entschädigungsbetrag für die abzutretende Teilfläche über die Restnutzungsdauer der baulichen Anlage abgezinst wird. Diesem Vermögensvorteil steht darüber hinaus ein Vermögensnachteil gegenüber, der sich aus dem Näherrücken der Straße, d.h. aus dem Verlust der „Pufferzone" zwischen Gebäude und Straßenbegrenzungslinie, ergibt. Auch dieser Vermögensnachteil ist ggf. auf den Zeitraum begrenzt, über den die bauliche Anlage voraussichtlich erhalten bleibt.

2.4.2.3 Differenzwertverfahren auf der Grundlage des Ertragswertverfahrens

▶ *Vgl. § 6 ImmoWertV Rn. 113, 139; § 8 ImmoWertV Rn. 115; Teil V Rn. 613*

Die Anwendung des Differenzwertverfahrens (Ertragsdifferenzialverfahren) auf der Grund- 160
lage der nach dem Ertragswertverfahren ermittelten Verkehrswerte für das Gesamt- und Restgrundstück muss in aller Regel versagen, wenn die abgetretene Fläche des Grundstücks schon von der Methode des Ertragswertverfahrens her die Ertragsfähigkeit und den Verkehrswert des

Restgrundstücks nur sehr gering oder überhaupt nicht beeinflussen kann, sodass das Ergebnis nicht sachgerecht wäre[76].

Beispiel:

a) Sachverhalt

Grundstücksgröße	1 200 m²
Abzutretende Vorderlandfläche	200 m²
Wert der Vorderlandfläche	800 €/m²
Wert der Hinterlandfläche	300 €/m²
Reinertrag per annum	120 000 €
Restnutzungsdauer	60 Jahre
Liegenschaftszinssatz	5 %
Vervielfältiger	18,93

b) Bodenwert vor und nach Vorderlandabtretung

Gesamtgrundstück *vor* Vorderlandabtretung

1 000 m²	× 800 €/m² =	800 000 €
200 m²	× 300 €/m² =	60 000 €
1 200 m²	=	860 000 €

Gesamtgrundstück *nach* Vorderlandabtretung:

1 000 m² × 800 €/m² = 800 000 €

c)Ertragswert vor und nach Vorderlandabtretung

Gesamtgrundstück *vor* Vorderlandabtretung:

RE	=	120 000 €
Bodenwertverzinsungsbetrag:		
860 000 € × 0,05	=	43 000 €
= RE – BW × LZ	=	77 000 €
× Kapitalisierungsfaktor KF (= 18,93)		1 458 610 €
+ BW	=	860 000 €
= Ertragswert (EW)	=	**2 317 610€**

Gesamtgrundstück *nach* Vorderlandabtretung:

RE	=	120 000 €
Bodenwertverzinsungsbetrag:		
800 000 € × 0,05	=	40 000 €
= RE – BW × LZ	=	80 000 €
× Kapitalisierungsfaktor KF (= 18,93)		1 514 400 €
+ BW	=	800 000 €
= Ertragswert (EW)	=	**2 314 400€**

d)Differenz

EW *vor* Vorderlandabtretung		2 317 610 €	
EW nach Vorderlandabtretung		2 314 400 €	
Differenz insgesamt	=	3 210 €	: 200 m²
Differenz pro m²	=	16,05 €/m²	

76 BGH, Urt. vom 26.10.1972 – III ZR 78/71 –, BRS Bd. 26 Nr. 106 = EzGuG 18.57; BGH, Urt. vom 20.3.1975 – III ZR 153/72 –, BRS Bd. 34 Nr. 120 = EzGuG 18.64; BGH, Urt. vom 18.10.1979 – III ZR 177/77 –, BRS Bd. 45 Nr. 130 = EzGuG 13.52; BGH, Urt. vom 3.12.1981 – III ZR 53/80 –, BRS Bd. 45 Nr. 121 = EzGuG 20.93; OLG Hamburg, Urt. vom 13.4.1973 – 1 U 13/71 –, BRS Bd. 34 Nr. 121 = EzGuG 4.40; LG Hamburg, Urt. vom 31.10.1960 – 10 0 30/60 –, BBauBl 1961, 376 = EzGuG 18.15; OLG Hamburg, Urt. vom 30.4.1959 – 1 U 218/58 –, BlGBW 1961, 65 = EzGuG 18.9.

Die **wesentlichen Gründe** werden in der Entscheidung des BGH vom 26.10.1972[77] zusammengefasst; in der Entscheidung heißt es: 161

„Der Gesichtspunkt, dass der Wertvergleich nach Ertragswerten nicht zu sachgerechten Ergebnissen führen kann, wenn es um die Entschädigung für die Abtrennung von kleinen Grundstücksteilen geht, die zum Ertragswert des Grundstücks so gut wie nichts beitragen, gilt schlechthin für die Verwendung der Ertragswertmethode … Wie die Revision zutreffend bemerkt, ergibt sich in jedem Fall ein bestimmtes Verhältnis zwischen der jeweiligen Nutzungsdauer des Bauwerks auf dem Stammgrundstück und dem Wert des abgetrennten Teilstücks. Die – durch Zahlung der Entschädigung auszugleichende – Entwertung dieser Teilfläche ist umso größer, je geringer die Restnutzungsdauer des auf dem Stammgrundstück errichteten Bauwerks ist; sie verringert sich in dem Maße, in dem die Restnutzungsdauer ansteigt. Dieses Ergebnis beruht darauf, dass bei Anwendung der … WertV der Gebäudeertragswert ein um dem kapitalistischen Verzinsungsbetrag des Bodenwerts verminderter Ertragswert ist, der sich durch jede Verminderung der Gesamtgrundfläche rechnerisch zwangsläufig erhöhen muss, was den eingetretenen Bodenwertverlust mehr oder minder aufzehrt. Da bei gleichbleibendem Sollzinssatz des Bodenwerts (§ 8 Abs. 2 WertV 61 = *§ 28 Satz 2 ImmoWertV*) der für die Errechnung des Gebäudeertragswerts zu verwendende Kapitalisierungsfaktor (§ 8 Abs. 3 a.a.O. und Anl. 1 WertV 61 (*§ 28 Satz. 2 i.V.m. § 34 ImmoWertV*) mit der Restnutzungsdauer des Gebäudes ansteigt und dieser Kapitalisierungsfaktor KF nach § 7 Abs. 4 WertV 61 (*§ 28 Satz. 2 Immo-WertV*) auch die Höhe des abzusetzenden kapitalisierten Bodenwertzinses bestimmt, muss bei einem nach Maßgabe dieser Ertragswertberechnung vorgenommenen Wertvergleich der Wert der enteigneten Teilfläche gleich Null sein, wenn sich der Kapitalisierungsfaktor KF und Zinssatz gegenseitig aufheben. In diesem Fall halten sich dann Bodenwertabgang und Gebäudeertragswertzuwachs rechnerisch die Waage“[78].

Die **Anwendung des Differenzwertverfahrens auf der Grundlage** von Verkehrswerten, die im Wege **des Ertragswertverfahrens** ermittelt werden, **versagt also, wenn die abgetretene Fläche den Ertragswert des Restgrundstücks nicht in dem Maße beeinflusst, wie dies dem Verkehrswert der abgetretenen Fläche entspricht**. Der im *Beispiel* um 60 000 € verminderte Bodenwert wird zum erheblichen Teil durch den höheren Gebäudewertanteil kompensiert. 162

Die Ertragswertmethode muss deshalb in den Fällen ausscheiden, in denen sich die Teilfläche nicht werterhöhend auf den vom Hauptgrundstück abgeworfenen Ertrag auswirken kann und infolgedessen mit der Abtretung der Teilfläche auch keine Ertragsminderung bei dem Haupt- oder Restgrundstück eintreten kann[79]. Es kommt hinzu, dass sich bei Anwendung des Ertragswertverfahrens zwar der **Bodenwert durch die abgetretene Fläche vermindert wird, gleichzeitig aber auch der vom Reinertrag abzuziehende Bodenwertverzinsungsbetrag**, sodass sich der Gebäudeertragswert (Wert der baulichen Anlage) entsprechend erhöht. Infolgedessen kann die Anwendung des Ertragswertverfahrens i.V.m. dem Differenzwertverfahren nicht zu einer sachgerechten Ermittlung des Verkehrswerts für abgetretene Teilflächen führen[80]. 163

Die mit der Vorgartenabtretung eintretenden **Vermögensnachteile** (für das Restgrundstück) können mit der Differenzwertmethode unter Anwendung des Ertragswertverfahrens jedoch gesondert ermittelt werden: 164

---

77 BGH, Urt. vom 26.10.1972 – III ZR 78/71 –, BRS Bd. 26 Nr. 106 = EzGuG 18.57.

78 Eine ausführliche Sachdarstellung hierzu enthält die Entscheidung des OLG Hamburg, Urt. vom 24.04.1970 – 1 U 17/69 –, BRS Bd. 26 Nr. 111 = EzGuG 18.50; a.A. LG Nürnberg- Fürth, Urt. vom 18.04.1989 – 4 O 6698/87 –, GuG 1990, 47 = EzGuG 18.110.

79 BGH, Urt. vom 19.12.1963 – III ZR 162/63 –, BRS Bd. 19 Nr. 21 = EzGuG 20.35; BGH, Urt. vom 23.09.1957 – III ZR 171/56 –, MDR 1958, 314 = EzGuG 18.8.

80 BGH, Urt. vom 26.10.1972 – III ZR 78/71 –, BRS Bd. 26 Nr. 106 = EzGuG 18.57; OLG Hamburg, Urt. vom 24.04.1970 – 1 U 17/69 –, BRS Bd. 26 Nr. 211 = EzGuG 18.50; a.A. LG Nürnberg-Fürth, Urt. vom 18.04.1989 – 4 O 6698/87 –, GuG 1990, 47 = EzGuG 18.110.

165 *Beispiel:*

1. Sachverhalt (vgl. wie vorstehend)

Grundstücksgröße	1 200 m²
Abzutretende Vorderlandfläche	200 m²
Wert der Vorderlandfläche	800 €/m²
Wert der Hinterlandfläche	300 €/m²
Reinertrag per annum	120 000 €
Restnutzungsdauer	60 Jahre
Liegenschaftszinssatz	5 %
Kapitalisierungsfaktor	18,93

Der Reinertrag soll sich infolge der Abtretung der Vorderlandfläche auf 100 000 € vermindern.

2. Entschädigung für den Rechtsverlust unter Berücksichtigung von Vermögensvorteilen (Hinterland wird auf Vorderlandwert aufgewertet).

Bodenwert vor und nach Vorderlandabtretung

Gesamtgrundstück *vor* Vorderlandabtretung

1 000 m²	× 800 €/m²	=	800 000 €
200 m²	× 300 €/m²	=	+ 60 000 €
1 200 m²		=	860 000 €

Gesamtgrundstück *nach* Vorderlandabtretung

1 000 m² × 800 €/m² = 800 000 €

Entschädigung: 860 000 € – 800 000 € = 60 000 €

3. Entschädigung für Vermögensnachteile des Restgrundstücks

Bodenwert vor und nach Vorderlandabtretung

Gesamtgrundstück *vor* Vorderlandabtretung:

RE	=	120 000 €
./. Bodenwertverzinsungsbetrag		
800 000 € × 0,05	=	40 000 €
= RE – (BW × LZ)	=	80 000 €
× Kapitalisierungsfaktor KF (= 18,93)	=	1 514 400 €
+ BW	=	800 000 €
= Ertragswert (EW)	=	2 314 400 €

Gesamtgrundstück *nach* Vorderlandabtretung:

RE	=	100 000 €
./. Bodenwertverzinsungsbetrag		
800 000 € × 0,05	=	40 000 €
= RE – (BW × LZ)	=	60 000 €
× Kapitalisierungsfaktor KF (= 18,93)	=	1 135 800 €
+ BW	=	800 000 €
= Ertragswert (EW)	=	1 935 800 €

Vermögensnachteil = 2 314 400 € – 1 935 800 € = 378 600 €

2.4.3 Pauschalierte Bruchteilsmethode

▶ *Vgl. Rn. 153; Allgemeines zur Verfahrenswahl vgl. § 6 ImmoWertV Rn. 37 ff.*

166 In der Praxis wurde einem Hinweis des BGH[81] folgend der **Wert von Vorgartenland** auch mit einem bestimmten Prozentsatz des für das übrige Grundstück maßgeblichen Durchschnittswerts pro Quadratmeter ermittelt (pauschalierte Bruchteilsbewertung).

---

81 BGH, Urt. vom 02.02.1978 – III ZR 90/76 –, BRS Bd. 34 Nr. 116 = EzGuG 18.81; BGH, Urt. vom 16.03.1964 – III ZR 11/63 –, BRS Bd. 19 Nr. 121 = EzGuG 18.24; ablehnend: Maunz/Herzog/Düring, GG Komm., Art. 14 Rn. 119.

So wird z.B. in *Schleswig-Holstein* als Bruchteilswert 5/10 bis 6/10 des vollen Baulandwerts der angrenzenden Bauflächen angesetzt, *Hamburg* 50 % und *Hannover* 30 %. In *München* wird dagegen ein **(absolutes)** Wertniveau von 12,50 €/m² zugrunde gelegt. In *Leipzig* wurden (2011) für den nachträglichen Erwerb einer bereits als Straße genutzten Fläche rd. 22 % des Baulandwerts bezahlt (bei einer Spanne von 16–29 %). **167**

Im Landesgrundstücksmarktbericht *Rheinland-Pfalz* 2011 werden folgende Kaufpreise aus zwei Landkreisen genannt (Abb. 14): **168**

Abb. 14: Teilmarkt für Straßenverbreiterungs-/Gemeinbedarfsergänzungsflächen

Teilmarkt für Straßenverbreiterungs-/Gemeinbedarfsergänzungsflächen (2000–2008) für Flächen ≤100 m²			
– Auszug –			
Landkreis	**Gemeinde**	**Durchschnittlicher Bodenrichtwert**	**Absoluter Teilmarktwert**
Landkreis Ahrweiler			
Adenau	Adenau	70 €/m²	23,00 €/m²
	Bad Neuenahr-Ahrweiler	200 €/m²	10,00 €/m²
	Wimbach	34 €/m²	21,00 €/m²
	Dümpelfeld	30 €/m²	20,00 €/m²
	Rest VG Adenau	um 25 €/m²	5,00 €/m²
Altenahr	Lind	29 €/m²	8,50 €/m²
	Rest VG Altenahr	um 30 €/m²	5,00 €/m²
Bad Breisig	VG Bad Breisig	um 60 €/m²	15,00 €/m²
Brohltal	Burg Brohl	50 €/m²	41,00 €/m²
	Rest VG Brohltal	um 35 €/m²	15,00 €/m²
	Remagen	80 €/m²	5,00 €/m²
	Sinzig	80 €/m²	10,00 €/m²
	Grafschaft	um 80 €/m²	14,00 €/m²
Landkreis Altenkirchen (Westerwald)			
Betzdorf	Betzdorf	225 €/m²	50 %
	Scheuerfeld	40 €/m²	47 %
Gebhardshain	Elkenroth	52 €/m²	50 %
Kirchen (Sieg)	Kirchen-Freusburg	25 €/m²	58 %
	Kirchen-Herkersdorf	35 €/m²	50 %
	Kirchen (Sieg)	65 €/m²	50 %
	Niederfischbach-Fischbach	60 €/m²	58 %
	Niederfischbach-Hüttseifen	28 €/m²	35 %
Wissen	Wissen	70 €/m²	50 %
	Hersdorf	60 €/m²	50 %

Quelle: Landesgrundstücksmarktbericht Rheinland-Pfalz 2011

Der Grundstücksmarktbericht von *Cottbus* (2011) gibt für Vorderland folgende Bruchteilswerte an:

Vorderlandabtretungen			
Anzahl der Kauffälle	**Flächengröße (m^2)**	**Durchschnittlicher Kaufpreis (€/m^2) Preisspanne (€/m^2)**	**Durchschnittlicher Wertanteil am BRW (Spanne in %)**
8	≤ 100	85 (14 bis 200)	65 (12 bis 144)
5	101–600	30 (10 bis 58)	50 (12 bis 101)
2	≥ 600	44 (29 bis 59)	40 (23 bis 57)

Quelle: Grundstücksmarktbericht 2011

169 Eine **schematische Anwendung der Bruchteilsmethode ist problematisch**, denn danach ergibt sich auch für die Inanspruchnahme von straßenseitig gelegenen Teilflächen, die eine Baulandqualität i.S. des § 3 Abs. 1 ImmoWertV aufweisen, ein dem nicht entsprechender Marktwert der Teilfläche. Wenn derartige „Bruchteilswerte" gleichwohl im gewöhnlichen Geschäftsverkehr „akzeptiert" worden sind, mag es im Einzelfall darauf zurückführbar sein, dass sie nach Lage und Beschaffenheit eine geringere Wertigkeit aufgewiesen, eine Minderung der baulich zulässigen Nutzung mit der Abtretung nicht einhergeht oder umgekehrt mit der Abtretung anrechnungsfähige Vermögensvorteile einhergehen. Aus diesem Grunde muss kritisch hinterfragt werden, auf welche konkreten Fallgestaltungen sich die Vergleichspreise beziehen, die dem „Bruchteilswert" zugrunde liegen.

170 Der BGH[82] hat in seiner Rechtsprechung betont, dass bei der Bruchteilsbewertung **eine „irrtümliche Betrachtungsweise"** nicht auszuschließen **ist**, wenn diese Bewertung **auf dem Grundstücksmarkt allgemein üblich** ist, sich gewissermaßen als allgemeiner Ortsgebrauch darstellt und nicht besondere werterhöhende oder wertmindernde Umstände ersichtlich sind. Der BGH[83] hat sich auch nicht die Auffassung zu eigen gemacht, dass sich der Verkehrswert von selbstständig nicht nutzbaren unbebauten Teilflächen von bebauten oder unbebauten Grundstücken i.d.R. am Bodenpreis- bzw. Wertniveau der Umgebung orientiere.

171 Das KG Berlin[84] ging in einer früheren Entscheidung bei der Verkehrswertermittlung von Straßenlandabtretungen von einem Viertel des Durchschnittswerts der angrenzenden Grundstücksfläche aus. In seiner früheren Rechtsprechung[85] hat das Gericht aber schon darauf hingewiesen, dass die „allgemeine Bewertung von Vorgartenland mit 1/4 des für das Grundstück ermittelten Verkehrswerts … zwar der Übung der Berliner Enteignungsbehörden" entspräche, diese Praxis aber, soweit ersichtlich, „von den Gerichten in dieser allgemeinen Fassung bisher einheitlich noch nicht anerkannt und übernommen worden" sei.

Allerdings ist anzumerken, dass der BGH für Berlin die tatrichterliche Feststellung gebilligt hat, der zufolge für ein „bedeutungsloses Vorgartengelände" eines im Stadtzentrum gelegenen Baugrundstücks „üblicherweise" mit einem Viertel des für das sonstige Grundstück maßgeblichen Verkehrswerts gehandelt werde[86].

172 Diese Vorgehensweise wird insbesondere bei der Abtretung von Flächen praktiziert, die im Zuge einer Fahrbahnverbreiterung für einen Straßenzug benötigt werden. Als Voraussetzung ist mindestens zu fordern, dass sich hier ein **begrenzter Teilmarkt** gebildet hat, der dem ge-

---

82 BGH, Urt. vom 19.12.1963 – III ZR 162/63 –, BRS Bd. 19 Nr. 21 = EzGuG 20.35.
83 BGH, Urt. om 26.10.1972 lli ZR 78/71 BRS Bd 26 Nr. 106 = EzGuG 18.57.
84 KG Berlin, Urt. vom 22.03.1983 – U 3418/82 –, JurBüro 1984, 587; vgl. auch LG Hamburg, Urt. vom 08.02.1965 – 10 O 24/62 –, MDR 1965, 910 = EzGuG 18.27.
85 KG Berlin, Urt. vom 22.12.1959 – 2 W 1864/59 –, NJW 1960, 631 = EzGuG 18.12; vgl. auch OLG Hamm, Urt. vom 27.06.1965 – 16 U 1/64 –, AVN 1966, 511 = EzGuG 18.29; OLG Hamm, Urt. vom 03.12.1954 – 9 U 222/52 –, BlGBW 1961, 147 = EzGuG 18.2.
86 BGH, Urt. vom 25.02.1960 – III ZR 27/59 BGHZ 32, 97; BGH, Urt. vom 02.02.1978 – lll ZR 90/76 –, BRS Brd. 34 Nr. 116 = EzGuG 18.81

wöhnlichen Geschäftsverkehr zuzurechnen ist. Ein solcher Teilmarkt kann sich mit der Zeit herausbilden, wenn im allgemeinen Grundstücksverkehr diese Praxis auf allgemeine Akzeptanz stößt, wobei das Vorliegen gleicher Preise allein nicht zu der Annahme zwingt, dass sich ein solcher Teilmarkt gebildet hat. Gegen diese Praxis sind im Übrigen Bedenken geltend gemacht worden. Dass auf diesem Teilmarkt allein die öffentliche Hand als Erwerber auftritt, steht hingegen der Annahme eines gewöhnlichen Geschäftsverkehrs nicht entgegen.

Tatsächlich kann dieses Verfahren auch allenfalls zur Anwendung kommen, wenn das **Gesamtgrundstück nach Nutzbarkeit und Lagevorteilen einheitlich genutzt** wird und dem Vorgarten nicht andererseits eine besondere Funktion, z.B. die Abschirmung des Grundstücks gegen Lärm, Abgase und dgl., zukommt[87]. **173**

Die Praxis der Bruchteilsbewertung ist nicht unproblematisch, da sie den besonderen Verhältnissen des Einzelfalls oftmals unzureichend Rechnung trägt. Ihre Anwendung setzt daher voraus, dass eine **hinreichende Anzahl von Vergleichsfällen** vorliegt, die mit dem jeweiligen Bewertungsfall auch tatsächlich vergleichbar sind[88]. **174**

- Soweit eine Vorderlandfläche für die höchstzulässige bzw. lageübliche bauliche Ausnutzbarkeit des zugehörigen Ertragsgrundstücks erforderlich ist, teilt sie die „volle“ Baulandqualität und ist damit mit dem „vollen“ Baulandwert zu werten.
- Im theoretisch ungünstigsten Fall einer gänzlichen Nutzlosigkeit einer Vorderlandfläche ist noch ein Wert von 25 % des „vollen“ Baulandwerts (schon im Hinblick auf nicht abschätzbare Entwicklungen der Vorderlandfläche) beizumessen.
- Erschöpft sich die Nutzung der Vorderlandfläche darin, dass sie in mehr oder weniger bescheidenem Maße zur Verbesserung des Wohngefühls und zur mindestens optischen Abschirmung des Gebäudes von den Einwirkungen der Straße beiträgt, können 50 % des „vollen“ Baulandwerts als angemessen gelten.
- Eine höhere Wertigkeit – mindestens etwa 75 % (bis 100 %) des „vollen“ Baulandwerts – ist der Vorderlandfläche beizumessen, wenn sie zu konkreten Nutzungsvorteilen, etwa in der Möglichkeit der Anlegung von Kinderspielplätzen oder zur Schaffung von Autostellplätzen oder Aufstellung von Mülltonnen, führt.

Eine maßgebliche Bedeutung im Falle einer vorkonstitutionellen Inanspruchnahme des Baulands (vgl. Rn. 142) misst bei alledem die Rechtsprechung der Frage bei, ob der am Wertermittlungsstichtag eingetragene Eigentümer nachweisen kann, dass der einem früheren Eigentümer mit der Herabzonung seines Grundstücks zu Straßenland entstandene Entschädigungsanspruch auf ihn übergegangen ist. Der BGH[89] hat hierzu festgestellt, dass der Eigentümer die Entschädigung für eine höhere Qualität des Grundstücks als die von Straßenland nur geltend machen kann, wenn die aufgezeigte **Rechtsposition von dem Eigentümer im Zeitpunkt der Herabzonung auf den jetzigen Eigentümer übergegangen** ist. In dem zu entscheidenden Fall ging es um die Herabzonung eines Grundstückteils durch Festsetzung einer Fluchtlinie (vom 05.12.1989). In der Berliner Praxis wird in diesen Fällen eine Entschädigung von 5 €/m² gewährt. Auch diese Verfahrensweise begegnet Bedenken. Zum einen wird ein „starrer“ Wertansatz der zwischenzeitlich ausgeübten Nutzung nicht gerecht[90], zum anderen ist zu fragen, warum die Beweislast umgedreht ist und der Eigentümer den Nachweis zu erbringen habe, dass der Entschädigungsanspruch auf ihn übergegangen sei. Etwas anderes gilt nur, wenn der Entschädigungsanspruch erloschen oder verjährt ist. **175**

87 BGH, Urt. vom 16.03.1972 – III ZR 26/71 –, BRS Bd. 26 Nr. 108 = EzGuG 6.150; VGH München, Urt. vom 19.12.1984 – 6 B 82 A. 411 –, BayVBl. 1985, 566 = EzGuG 18.95.

88 OLG Hamburg, Urt. vom 05.07.1974 – 1 U 1/73 –, HbgGE 1974, 326 = EzGuG 18.60a; zuvor BGH, Urt. vom 26.10.1972 – III ZR 78/71 –, BRS Bd. 26 Nr. 106 = EzGuG 11.57.

89 BGH, Urt. vom 17.11.1988 – III ZR 210/87 –,BRS Bd. 53 Nr. 130 = EzGuG 18.109; BGH, Urt. vom 02.02.1978 – III ZR 90/76 –,WM 1978, 520 = EzGuG 18.81; BGH, Urt. vom 14.01.1982 – III RZ 134/80 –, BRS Bd. 45 Nr. 126 = EzGuG 6.214.

90 OLG Nürnberg, Urt. vom 11.10.1989 – 4 U 1748/89 –, GuG 1990, 48 = EzGuG 18.111; Vorinstanz: LG Nürnberg-Fürth, Urt. vom 18.04.1989 – 4 O 6698/87 –, GuG 1990, 47 = EzGuG 18.110.

2.4.4 Verschiebetheorie (Vorgeschobenes Hinterland)

▶ *Zur Bodenwertermittlung in Abhängigkeit von der Grundstückstiefe vgl. Syst. Darst. des Vergleichswertverfahrens Rn. 247 ff.*

176 Bei der Abtretung von **Teilflächen** – z.B. für die Anlage öffentlicher Verkehrswege **(Vorgärten)** – bemisst sich deren Verkehrswert ebenfalls nach dem Entwicklungszustand, den die Teilfläche ggf. nach Maßgabe der enteignungsrechtlichen Vorwirkung hatte. Für die in bereits bebauten Gebieten für **Straßenlandverbreiterungen** in Anspruch genommenen Vorgärtenflächen ergäbe sich danach ein Entwicklungszustand baureifes Land. Wächst jedoch mit der Abtretung einer Vorgartenfläche gleichzeitig ein im Hinterland gelegener „minderwertiger" Grundstücksteil mit dem Heranrücken der Verkehrswege in eine höhere Qualität hinein, so wird dem Grundstück mit der Abtretung lediglich eine Teilfläche genommen, die wertmäßig dem „minderwertigen" hinteren Grundstücksteil entspricht. Dies ist auch ein Ergebnis des Vorteilsausgleichs. Der schon klassische Fall ist die damit angesprochene **Abtretung von Vorgartenflächen zur Straßenverbreiterung**. Bei übergroßen Grundstücken wird dabei – wenn der Vorwirkungsgedanke nicht zum Tragen kommt – zwar eine Fläche mit dem Entwicklungszustand „baureifes Land" abgetreten, auf der anderen Seite wächst das bisher baulich nicht nutzbare Hinterland anteilig in das baureife Land hinein. In diesem Zusammenhang spricht der BGH (vgl. Rn. 115) vom „vorgeschobenen Hinterland" (Vorderlandabtretung als „vorgeschobenes Hinterland"; vgl. Abb. 15).

Abb. 15: Vorderlandabtretung als vorgeschobenes Hinterland

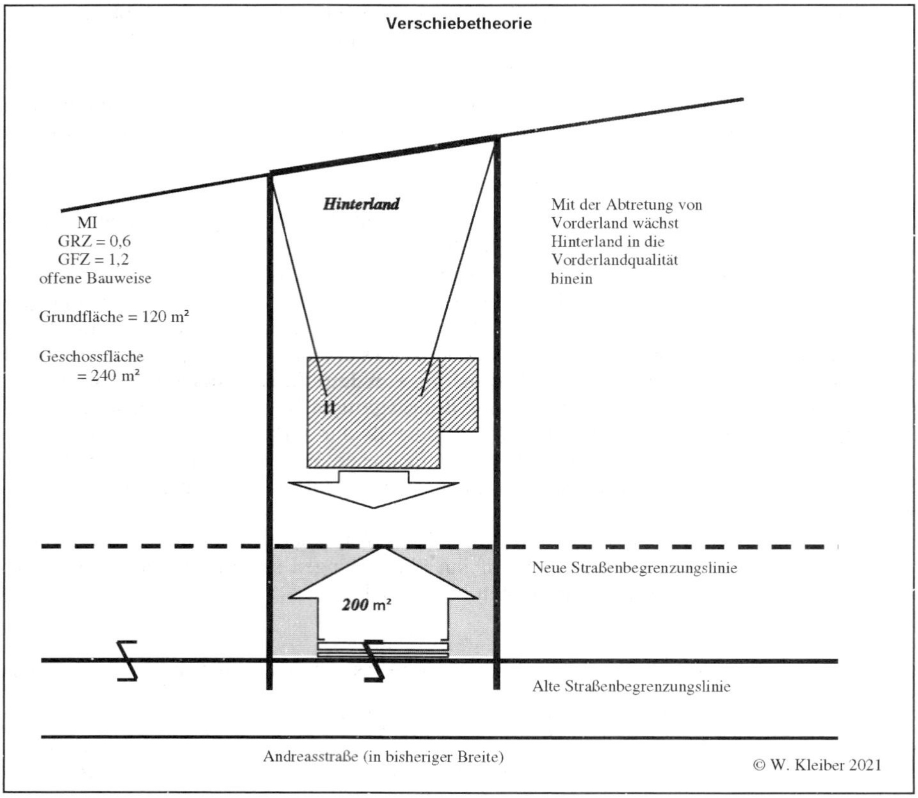

177 Die **Trennlinie zwischen dem vorderen Bauland und dem Hinterland** ist nach der Rechtsprechung am Ende der Fläche zu ziehen, die bebaut werden darf, zuzüglich der Freifläche, die für die Bebauung erforderlich ist[91].

178 Die Bewertung der Vorderlandfläche von übertiefen Grundstücken nach dem Wert des Hinterlandes, das mit der Abtretung der Vorderlandfläche in die Vorderlandqualität „hineinwächst", entspricht der sog. Verschiebetheorie. Die Anwendung der **Verschiebetheorie findet** insoweit ihre **Grenzen,** als infolge der Abtretung des Vorderlands ein kleineres Grundstück entsteht, als für die Realisierung der „vor" der Vorderlandabtretung zulässigen Nutzung erforderlich ist. Dabei kann auch der Fall auftreten, dass nur ein Teil der abzutretenden Vorderlandfläche nach den Grundsätzen der „Verschiebetheorie" bewertet wird. Das Verfahren kann insbesondere bei unbebauten Grundstücken zur Anwendung kommen; bei bebauten Grundstücken ist die Anwendung von der Stellung des Baukörpers auf dem Grundstück und der Vorgartenfläche abhängig.

179 Bei Anwendung der Verschiebetheorie (vorgeschobenes Hinterland) wird die Entschädigung für **sonstige Vermögensnachteile des** verbleibenden **Restgrundstücks** nicht erfasst. Diese können sich z.B. aus dem Verlust der sog. Pufferzone zwischen der Bebauung und der näher gerückten Straße ergeben. Hieraus können sich aber auch Wertvorteile für das Restgrundstück etwa durch das Heranrücken der Passantenströme in einer Einkaufsstraße ergeben. Vermögensvor- und -nachteile sind insbesondere bei der Ermittlung von Enteignungsentschädigungen zusätzlich zu ermitteln. Umgekehrt werden aber **Vermögensvorteile** erfasst, denn tatsächlich wird unter Beachtung des Vorwirkungsgrundsatzes dem Eigentümer der „volle" Baulandwert (des Vorderlandes) entzogen, auf den die Wertsteigerung seines Hinterlandes infolge der Abtretung im Ergebnis angerechnet wird. Dies gilt es bei Anwendung der Methode zu beachten:

- *Vermögensnachteile* müssen demzufolge gesondert berücksichtigt werden;
- *Vermögensvorteile*, die mit dieser Methode „automatisch" berücksichtigt werden, dürfen tatsächlich nur dann berücksichtigt werden, wenn sie nicht zu einem Sonderopfer führen.

180 Des Weiteren ist der Verlust der auf der Vorgartenfläche vorhandenen Einrichtungen (Einfriedungen) einschließlich eines vorhandenen **Aufwuchses** zu entschädigen, wobei insbesondere die funktionale Bedeutung des Aufwuchses (Abschirmung) im Vordergrund steht. Zu entschädigen ist der Zeitwert und nicht etwa „neu für alt", denn dies würde den Entschädigten besser als vorher stellen.

181 **Die Verschiebetheorie ist rechtlich als ein Fall des Vorteilsausgleichs anzusehen. Es wird der Vorteil angerechnet, dass das Hinterland zu Vorderland in Zuge der Teilflächenabtretung aufgewertet wird.** Es erfolgt nur eine partielle Anrechnung von Vermögensvorteilen, weil die Entschädigung für sonstige Vermögensnachteile des verbleibenden Restgrundstücks nicht erfasst wird. Diese können sich z.B. aus dem Verlust der sog. Pufferzone zwischen der Bebauung und der näher gerückten Straße ergeben. Hieraus können sich aber auch Wertvorteile für das Restgrundstück etwa durch das Heranrücken der Passantenströme in einer Einkaufsstraße ergeben. Vermögensvor- und -nachteile sind insbesondere bei der Ermittlung von Enteignungsentschädigungen zusätzlich zu ermitteln.

91 BGH, Urt. vom 30.05.1983 – III ZR 22/82 –, BRS Bd. 45 Nr. 120 = EzGuG 18.93; BGH, Urt. vom 14.01.1982 – III ZR 134/80 –, BRS Bd. 45 Nr. 126 = EzGuG 6.214; BGH, Urt vom 26.05.1977 – III ZR 149/74 –, BRS Bd. 34 Nr. 100 = EzGuG 18.75; BGH, Urt. vom 29.01.1970 – III ZR 30/69 –, BRS Bd. 26 Nr. 97 = EzGuG 18.48; BGH, Urt. vom 10.10.1956 – V ZR 35/55 –, BGHZ 21, 388 = EzGuG 6.19; BVerwG, Urt. vom 17.07.1958 – 1 C 209/57 –, BRS Bd. 8 Nr. 37 = EzGuG 4.10.

2.4.5 Berücksichtigung von Vermögensvor- und -nachteilen

2.4.5.1 Allgemeines

182 Bei der Abtretung von Teilflächen müssen in entsprechender Anwendung des § 93 Abs. 1 BauGB auch die eintretenden Vermögensvor- und -nachteile[92] berücksichtigt werden, die für den Restbesitz entstehen. Bei Anwendung des *Differenzwertverfahrens* können diese durch den Wertvergleich des Grundstücks vor und nach der Abtretung zusammen mit der Entschädigung des Rechtsverlusts an der abgetretenen Teilfläche ganz oder teilweise berücksichtigt werden; bei Anwendung des Ertragswertverfahrens müssen allerdings die vorstehend erläuterten Besonderheiten berücksichtigt werden. Geht es dagegen um die Ermittlung der Enteignungsentschädigung, muss allerdings die **Wertminderung** unberücksichtigt bleiben, die sich für das Grundstück ohnehin auch dann ergeben hätte, wenn eine Teilfläche zum Ausbau einer Straße nicht abgetreten worden wäre, und **die der Eigentümer entschädigungslos hätte hinnehmen müssen**[93].

183 In besonders gravierenden Fällen einer Teilflächenabtretung kann der Eigentümer ein **Übernahmeverlangen** für die betroffene Gesamtfläche stellen (vgl. Teil VI Rn. 152 ff.). Dies kann bereits in den Festsetzungen des Bebauungsplans begründet sein; Rechtsgrundlage ist in diesem Fall **§ 40 Abs. 2 BauGB,** der folgende Fassung hat:

„(2) Der Eigentümer kann die Übernahme der Flächen verlangen,

1. wenn und soweit es ihm mit Rücksicht auf die Festsetzung oder Durchführung des Bebauungsplans wirtschaftlich nicht mehr zuzumuten ist, das Grundstück zu behalten oder es in der bisherigen oder einer anderen zulässigen Art zu nutzen, oder

2. wenn Vorhaben nach § 32 nicht ausgeführt werden dürfen und dadurch die bisherige Nutzung einer baulichen Anlage aufgehoben oder wesentlich herabgesetzt wird.

Der Eigentümer kann anstelle der Übernahme die Begründung von Miteigentum oder eines geeigneten Rechts verlangen, wenn die Verwirklichung des Bebauungsplans nicht die Entziehung des Eigentums erfordert."

184 Ein Übernahmeanspruch nach Maßgabe dieser Vorschrift besteht auch im Falle einer **Aufhebung der zulässigen Nutzung eines Grundstücks** (§ 42 Abs. 9 BauGB).

185 Im Falle einer Teilenteignung kann der Eigentümer nach § 92 Abs. 3 BauGB die **Ausdehnung der Enteignung** auf das Restgrundstück oder den Restbesitz insoweit verlangen, als das Restgrundstück oder der Restbesitz nicht mehr in angemessenem Umfang baulich oder wirtschaftlich genutzt werden kann[94].

---

92 BGH, Urt. vom 27.01.1977 – III ZR 153/74 –, BGHZ 68, 100 = EzGuG 6.189.

93 BGH, Urt. vom 19.05.1988 – III ZR 224/86 –, NVwZ-RR 1989, 170 = EzGuG 6.240b; BGH, Urt. vom 17.04.1986 – III ZR 202/84 –, BGHZ 97, 361 = EzGuG 13.87; BGH, Urt. vom 06.03.1986 – III ZR 146/84 –, BRS Bd. 45 Nr. 131 = EzGuG 13.86; BGH, Urt. vom 07.05.1981 – III ZR 67/80 –, BGHZ 80; 360 = EzGuG 18.91; BGH, Urt. vom 08.11.1979 – III ZR 87/78 –, BGHZ 76, 1 = EzGuG 18.89; BGH, Urt. vom 08.02.1979 – III ZR 86/77 –, BRS Bd. 24 Nr. 142 = EzGuG 4.66; BGH, Urt. vom 01.12.1977 – III ZR 130/75 –, BRS Bd. 34 Nr. 141 = EzGuG 18.78; BGH, Urt. vom 14.07.1977 – III ZR 41/75 –, BRS Bd. 34 Nr. 103 = EzGuG 18.77; BGH, Urt. vom 12.02.1976 – III ZR 184/73 –, BRS Bd. 19 Nr. 166 = EzGuG 19.28; BGH, Urt. vom 20.03.1975 – III ZR 153/72 –, BRS Bd. 34 Nr. 120 = EzGuG 18.64; BGH, Urt. vom 04.10.1973 – III ZR 138/71 –, BGHZ 61, 253 = EzGuG 18.59; BGH, Urt. vom 31.01.1972 – III ZR 133/69 –, BRS Bd. 26 Nr. 115 = EzGuG 6.147; BGH, Urt. vom 29.03.1971 – III ZR 108/67 –, BRS Bd. 26 Nr. 82 = EzGuG 18.55; BGH, Urt. vom 10.10.1969 – V ZR 155/60 –, NJW 1970, 187 = EzGuG 18.46; BGH, Urt. vom 05.02.1968 – III ZR 217/65 –, BRS Bd. 19 Nr. 148 = EzGuG 18.41; ferner: OLG Hamburg, Urt. vom 06.10.1965 – 1 U 197/64 –, MDR 1966, 367 = EzGuG 18.31; OLG Hamburg, Urt. vom 18.04.1966 – 10 O 1/65 –, MDR 1966, 214 = EzGuG 18.33; OLG Hamburg, Urt. vom 12.05.1964 – 1 U 53/62 –, BlGBW 1965, 311 = EzGuG 4.21; OLG Frankfurt am Main, Urt. vom 17.01.1957 – 2 U 97/55 –, AVN 1963, 450 = EzGuG 18.5; OLG Hamburg, Urt. vom 13.04.1973 – 1 U 13/71 –, BRS Bd. 34 Nr. 121 = EzGuG 4.40, OLG Hamburg, Urt. vom 11.03.1966 – 1 B 44/65 –, HbgGE 1966, 252.

94 BGH, Nichtannahmebeschl. vom 27.09.1990 – III ZR 322/89 –, GuG 1991, 30 = EzGuG 4.134; BGH, Urt. vom 13.12.1984 – III ZR 175/73 –, BRS Bd. 34 Nr. 128 = EzGuG 6.227; BGH, Urt. vom 25.11.1974 – III ZR 142/73 –, BRS Bd. 34 Nr. 115 = EzGuG 6.175.

2.4.5.2 Pufferzone

Nach einem Grundsatzurteil des BGH[95] sind bei der Bemessung der Entschädigung für die Enteignung eines Vorgartenteils die von einer außerhalb des (ungeteilten) Grundstücks verlaufenden Hochstraße ausgehenden Beeinträchtigungen baulicher und verkehrsmäßiger Art insoweit zu berücksichtigen, als der abgetrennte Vorgartenteil dem Eigentümer die tatsächliche Möglichkeit geboten hätte, das Grundstück gegen diese Beeinträchtigung abzuschirmen. In dem zu entscheidenden Fall (Bremer Hochstraße) hatte sich ein unmittelbar vor dem betroffenen Grundstück gelegenes Brückenbauwerk nicht nur als störender Blickfang, sondern auch als Immissionsquelle erwiesen. Des Weiteren führte ein Näherrücken von Kraftfahrzeug- und Fußgängerverkehr sowohl in optischer als auch akustischer Hinsicht zu einer Wertminderung. Soweit diese Einwirkungen über das Maßhinausgehen, was die Eigentümerin nachbarrechtlich nach § 906 BGB hinnehmen muss, kommt eine **Entschädigung wegen hoheitlichen Eingriffs in das Grundeigentum** in Betracht. 186

Die Frage des entschädigungsrechtlichen Anspruchs muss aber auch hier wieder von der Frage einer **Wertminderung** unterschieden werden, die **unabhängig von dem Entschädigungsanspruch** eingetreten sein kann[96]. 187

Im Hinblick auf Entschädigungsansprüche muss bei alledem geprüft werden, ob und inwieweit ein (nachbarrechtlicher) Ausgleichs- und Entschädigungsanspruch besteht. **Abwehrrechte** können sich diesbezüglich **aus § 906 Abs. 2 BGB** ergeben. Mit der Entschädigung für den Substanzverlust an einer Vorgartenfläche, bemessen nach dem Verkehrswert des abgetretenen Grund und Bodens, der sich darauf befindlichen Einfriedung sowie des Aufwuchses, werden nämlich nicht immer die zusätzlichen optischen, akustischen und gesundheitlichen Nachteile ausgeglichen, die sich aus dem **Verlust einer Pufferzone** mit ihrer Abschirmfunktion gegen Verkehrslärm, Abgase und Erschütterungen ergeben können. Werden also mit der für den Substanzverlust gewährten Entschädigung sowie einem Kostenersatz für etwaige Schutzeinrichtungen die für das Restgrundstück verbleibenden Nachteile nicht ausgeglichen, weil mit dem Verlust der Abschirmfunktion einer Teilfläche Beeinträchtigungen für das Restgrundstück „nachbleiben", die im gewöhnlichen Geschäftsverkehr zu höheren Wertabschlägen führen, so sind diese neben der Entschädigung für den Substanzverlust zusätzlich zu entschädigen[97]. 188

Eine **spürbare Beeinträchtigung besteht, wenn die Immissionsschutzgrenzwerte** (IGW vgl. § 5 ImmoWertV Rn. 259) **überschritten werden** und mit dem Wegfall der Schutzzone die Lärmbelastung um mindestens 3 dB (A) zunimmt, denn erst eine dermaßen große Lärmzunahme wird vom menschlichen Ohr wahrgenommen. Im Einzelfall ist deshalb zu prüfen, ob eine zusätzliche Entschädigung unter Anwendung des § 42 BlmSchG zu gewähren ist (vgl. § 74 Abs. 2 VwVfG oder § 96 Abs. 1 Nr. 2 BauGB). Eine Doppelentschädigung ist dabei unzulässig. Im Verhältnis zwischen dem **fachplanungsrechtlichen Ausgleichsanspruch** nach § 74 Abs. 2 VwVfG oder dem nach § 96 Abs. 1 Nr. 2 BauGB ist der **weitergehende Anspruch** maßgebend: 189

95 BGH, Urt. vom 16.03.1972 – III ZR 26/71 –, BRS Bd. 26 Nr. 108 = EzGuG 6.150; OLG Bremen, Urt. vom 09.08.1972 – U (B) 7/72 –, Vers R. 1972, 1170 = EzGuG 18.56; OLG Celle, Urt. vom 17.07.1990 – 4 U 27/90 –, GuG 1991, 41 = EzGuG 2.50.

96 Kamphausen, GuG 1993, 31 und BauR 1992, 723.

97 Gelzer/Busse, a.a.O.; LG Koblenz, Urt. vom 16.05.1988 – 4 O 7/85 –, EzGuG 18.107; BGH, Urt. vom 27.09.1990 – III ZR 97/89 –, EzGuG 2.51 = GuG 1991, 38; OLG Celle, Urt. vom 17.07.1990 – 4 U 27/90 –, GuG 1991, 41 = EzGuG 2.50; VGH München, Urt. vom 19.12.1984 – 6 B 82 A. 411 –, BayVBl. 1985, 566 = EzGuG 18.95; BGH, Urt. vom 16.03.1972 – III ZR 26/71 –, BRS Bd. 26 Nr. 108 = EzGuG 6.150.

190 *Beispiel:*

a)	Wohnhaus in einem allgemeinen Wohngebiet	=	59 dB (A)
	Berechneter Mittelungspegel (Lm.T) *vor*		
	Abtretung einer Vorgartenfläche	=	62 dB (A)
	– Berechneter Mittelungspegel (Lm.T) *nach*		
	Abtretung einer Vorgartenfläche	=	68 dB (A)
	= Schutzwirkung	=	6 dB (A)
b)	Wohnhaus in einem allgemeinen Wohngebiet: IGW	=	59 dB (A)
	Berechneter Mittelungspegel (Lm.T) *vor*		
	Abtretung einer Vorgartenfläche	=	56 dB (A)
	Berechneter Mittelungspegel (Lm.T) *nach*		
	Abtretung einer Vorgartenfläche	=	62 dB (A)
	= Schutzwirkung	=	6 dB (A)

Im Fall a) geht der fachplanungsrechtliche Ausgleichsanspruch nach § 74 Abs. 2 VwVfG weiter als der entschädigungsrechtliche Anspruch; im Fall b) geht der entschädigungsrechtliche Anspruch weiter.

Die **Ermittlung des Ausgleichsanspruchs** kann in beiden Fällen nach dem unter § 5 ImmoWertV Rn. 141 ff. vorgestellten Berechnungsbeispiel erfolgen.

3 Bahnfläche

Schrifttum: *Bartz, G./Thielges, R.*, Verkehrswertermittlung ehemaliger Bahnflächen, AVN 1985, 53 = Nachr. der Kat- und VermVw Rh.-Pf. 1990, 86; *Blümel, W.*, Fragen der Entwidmung von Eisenbahnbetriebsanlagen, Forschungsinstitut für öffentliche Verwaltung Speyer, 2000; *Hoppe, W./ Busch, B.*, Fragen des städtebaulichen Entwicklungsrechts unter besonderer Berücksichtigung von Bahnflächen, Beiträge zur Raumplanung und zum Siedlungs- und Wohnungswesen, Bd. 198, Münster 2001; *Wagner, K./Freese, A.*, Bewertung von Bahnflächen, GuG 2004, 332.

3.1 Allgemeine Grundsätze

191 a) **Bahnflächen** (Bahnanlagen) **sind öffentliche Grundstücke „im Anstaltsgebrauch“,** wenn sie als solche gewidmet und faktisch für den Eisenbahnbetrieb in Dienst gestellt wurden. Mit Widmung dieser Flächen als Eisenbahnanlage unterliegen diese öffentlich-sachenrechtlicher Bindungen. Nutzungen oder verbindliche Planungen, die der widmungsgemäßen Zweckbestimmung widersprechen, sind unzulässig[98]. Bahnflächen sind erst mit ihrer Entwidmung dem allgemeinen Geschäftsverkehr wieder zugänglich und erst damit wieder im allgemeinen Sinne „verkehrswertfähig“.

b) **Bahnflächen**[99]**sind** grundsätzlich **der gemeindlichen Planungshoheit entzogen;** planerischen Aussagen der Gemeinden sind sie nur insoweit zugänglich, als diese der besonderen Zweckbestimmung der Anlage, dem Betrieb der Bahn zu dienen, nicht widersprechen.

c) **Die Bestimmung des Zwecks einer Anlage, dem Betrieb der Bahn zu dienen, erfolgt durch Widmung,** die nicht an eine besondere Form gebunden ist und auch im schlüssigen

98 Blümel, W., Fragen der Entwidmung von Eisenbahnbetriebsanlagen, Forschungsinstitut für öffentliche Verwaltung Speyer, 2000.

99 Zur Definition von Bahnanlagen vgl. BVerwG, Urt. vom 27.11.1996 – 11 A 2/96 –, BVerwGE 102, 269 = EzGuG 3.121a und § 4 Abs. 1 EBO.

Handeln der öffentlichen Verwaltung begründet sein kann. Die Widmung kann durch Rechtssatz (z.B. Gesetz, Rechtsverordnung oder Satzung), durch Verwaltungsakt oder durch andere verwaltungsinterne, aber nach außen erkennbare und amtlich nachweisbare Vorgänge erfolgen. Planfestgestellte Anlagen sind nachrichtlich in Bebauungspläne zu übernehmen (§ 9 Abs. 6 BauGB).

d) **Bahnflächen sind erst nach ihrer förmlichen Entwidmung durch das Eisenbahn-Bundesamt (EBA) der Planungshoheit zugänglich.** Stichtag ist der bestandskräftig gewordene Entwidmungsbescheid; auf den Zeitpunkt der Bekanntmachung der Entwidmung kommt es nicht an. Die rechtliche „Planungssperre" gilt nur bis zum abschließenden Beschluss über einen Bebauungsplan und insbesondere auch nicht für die Durchführung informeller Planungen. Im Flächennutzungsplan sind von der Planfeststellung abweichende Darstellungen zulässig und können verfahrensmäßig abgeschlossen werden, wenn die Beendigung der Rechtswirkung des Planfeststellungsbeschlusses in Aussicht steht[100].
Nach Durchführung der Entbehrlichkeitsprüfung wird der Entwicklungsantrag von der DBImm für die DB AG gestellt, die allein antragsbefugt ist. Die Entwidmung erfolgt regelmäßig nach einem vorgeschalteten Planaufhebungs- bzw. Planänderungsverfahren. Das Verfahren kann mit einer Planaufstellung für die Verlagerung von Bahnanlagen verbunden werden. Das Eisenbahnbundesamt beansprucht bei alledem einen eigenen Beurteilungsspielraum für die Frage der weiteren Bahnnotwendigkeit von Liegenschaften, wobei die städtebauliche Gesamtsituation berücksichtigt wird. Infolgedessen soll aus der Sicht der Bahn ein Entwidmungsantrag erst dann gestellt werden können, wenn sich die gemeindliche Planung hinreichend verdichtet hat. Dies ist

- bei Bauleitverfahren der Beginn der Öffentlichkeits- und Behördenbeteiligung bzw.
- in Verfahren nach § 34 BauGB der Zeitpunkt des Einreichens eines abgestimmten Baugesuchs/Bauvoranfrage.

e) Allein **durch die Aufnahme einer nichtwidmungsfähigen Nutzung tritt eine Entwidmung nicht ein,** damit auch grundsätzlich kein Bestandsschutz der widmungsfremden Nutzung. Darüber hinaus ist auch eine nur vorübergehende Überlassung von Bahnflächen an Dritte grundsätzlich nicht geeignet, den Rechtscharakter der Fläche als Bahnfläche aufzuheben[101].

f) **In Sonderfällen kann die Planungshoheit auch ohne formelle Entwidmung auf die Gemeinde zurückgefallen sein, wenn nämlich eine bestehende Fachplanung funktionslos, d.h. rechtlich obsolet geworden ist.** Eine Funktionslosigkeit kann sich ergeben, wenn die Verhältnisse auf Grund tatsächlicher Entwicklungen einen Zustand erreicht haben, der die Verwirklichung der Planung auf unabsehbare Zeit ausschließt und die Wiederaufnahme einer bahnbetriebsbezogenen Nutzung – auch äußerlich erkennbar – auf unabsehbare Zeit ausgeschlossen werden muss[102]. Bei stillgelegten Bahnflächen ist dies näher zu untersuchen. Ist dies zu bejahen, ist bei der Verkehrswertermittlung von entwidmeten Flächen auszugehen. Zuvor ist das mit der DB AG und dem EBA zu klären.

g) Die **vorhandene Bebauung von Bahnflächen entfaltet nach ihrer Entwidmung keinen Bestandsschutz in dem Sinne,** dass diesen Flächen ein Baurecht beizumessen ist. Eine in jedem Fall zu prüfende Ausnahme hiervon bildet eine Bebauung, die nach Art und Größenordnung unter Berücksichtigung des prägenden Gewichts der angrenzenden Bebauung sich hierin einfügt.

---

100 BVerwG, Urt. vom 16.12.1988 – 4 C 48/86 –, BVerwGE 81, 111 = EzGuG 18.109a.
101 BVerwG, Beschl. vom 05.02.1990 – 1 B 1/90 –, BRS Bd. 50 Nr. 70 = NVwZ 1990, 462.
102 BVerwG, Urt. vom 31.08.1995 – 7 A 19/94 –, BVerwGE 99, 106; BVerwG, Urt. vom 29.04.1977 – 4 C 39/75 –, BVerwGE 54, 5; BVerwG, Urt. vom 03.08.1990 – 7 C 41 – 43/89 –, BVerwGE 85, 273 = GuG 1991, 105; OVG Münster, Urt. vom 25.04.1997 – 7a D 127/94 –, EzGuG 3.123 und OVG Münster, Urt. vom 23.05.1997 – 7 A 5844/95 –, EzGuG 18.116c.

h) Auch wenn Bahnflächen erst nach ihrer förmlichen Entwidmung einer privatwirtschaftlichen Nutzung zugänglich und damit „verkehrswertfähig" werden, kann **bereits in Erwartung dieser Entwidmung ein Verkehrswert ermittelt werden**. Ausgangspunkt und zugleich wohl auch die schwierigste Frage der Verkehrswertermittlung ist die Feststellung des maßgeblichen Entwicklungszustands. Sie erfordert eine gewissenhafte Analyse der bodenrechtlichen Rahmenbedingungen. Der Sachverständige muss deshalb zunächst die rechtlichen und tatsächlichen Grundstücksverhältnisse aufbereiten.

i) **Planfeststellungsbedürftig und planfeststellungsfähig sind nur Bahnanlagen** i.S. von § 18 Abs. 1 Satz 1 AEG (Schienenwege und betriebsnotwendige Anlagen). Nicht zu den Bahnanlagen zählen z.B. Spielhallen, Boutiquen, Fachmärkte und Einrichtungen, die nicht für den Reisebedarf gedacht sind. Gebäude, die zwar auf dem Bahngelände liegen, aber nicht vollständig Betriebsanlagen sind, unterliegen nicht der Planfeststellung[103]. Diesen Flächen ist insoweit ein „Baurecht" beizumessen. Die Verkehrswertermittlung erfolgt nach allgemeinen Grundsätzen[104]. Bahnverträgliche Anlagen und Nutzungen, die zwar im Sachzusammenhang mit dem Bahnbetrieb stehen, jedoch keine dienende Funktion i.S. der Planfeststellung erfüllen, beurteilen sich nach den § 30 Abs. 2, §§ 34 und 35 BauGB. Dementsprechend bemisst sich ihr Verkehrswert nach allgemeinen Grundsätzen.

3.2 Entwicklungszustand und Zulässigkeit von Vorhaben

3.2.1 Allgemeines

192 Der für die Verkehrswertermittlung entwidmeter bzw. zur Entwidmung anstehender Bahnflächen maßgebliche **Entwicklungszustand bestimmt sich nach der künftigen Nutzbarkeit der Flächen nach Wegfall der öffentlichen Zweckbestimmung,** insbesondere bezüglich Art und Maß der baulichen, aber auch der sonstigen Nutzung (z.B. als Ausgleichsflächen). Im Rahmen der Verkehrswertermittlung müssen Art und Maß der baulichen und sonstigen Nutzung unter Angabe der Rechtsgrundlagen in einer nachweisbaren Form festgestellt werden. Dies sind die maßgeblichen Ausgangsdaten.

193 Die besondere Problematik besteht nun i.d.R. darin, dass die **bauplanungsrechtlichen Grundlagen** zumeist noch keine Konkretisierung erfahren haben und sich der Sachverständige an dem orientieren muss, was sich ohne spekulative Erwartungen und im Einklang mit einer geordneten städtebaulichen Entwicklung abzeichnet.

194 Planungsrechtlich sind dabei folgende **Fallgestaltungen** denkbar:

a) Die entwidmete **Bahnfläche ist dem Außenbereich nach § 35 BauGB zuzurechnen,** wobei die Fläche unter den Voraussetzungen des § 5 Abs. 2 ImmoWertV die Qualität von Bauerwartungsland aufweisen kann. Innerhalb des Stadtgeflügels kann bei entsprechend großen Flächen in diesem Sinne auch ein „Außenbereich im Innenbereich" vorliegen.

b) Die Flächen können **Bestandteil eines im Zusammenhang bebauten Ortsteils nach § 34 BauGB** sein und insoweit bereits den Entwicklungszustand Rohbauland oder baureifes Land i.S. des § 5 Abs. 3 oder 4 ImmoWertV aufweisen. Im Hinblick auf die zumeist an Bahnsträngen gelegenen Flächen wird dieser Fall zwar sehr selten sein, kann jedoch auch nicht ausgeschlossen werden.

c) Sind die Flächen bereits Gegenstand der Bauleitplanung (Flächennutzungs- und Bebauungsplanung) oder stehen die Flächen in Erwartung einer Bauleitplanung – ggf. in Verbindung mit einer informellen Planung –, kann sich eine Bauerwartungsland- oder Rohbau-

---

103 BVerwG, Urt. vom 16.12.1988 – 4 C 48/86 –, BVerwGE 81, 111 = EzGuG 18.109a.: Hotels, Multiplexkinos, nicht reisebezogener Einzelhandel; hierzu Leistungskennziffern, GuG 2001, 176.

104 A.A. VGH München, Urt. vom 20.10.1998 – 20 A 98.40022 –, GuG 1999, 65 = EzGuG 18.117.

landqualität ergeben. Auf den Sonderfall der Einbeziehung dieser Fläche in eine Sanierungs- und Entwicklungsmaßnahme soll hier nicht näher eingegangen werden.

Weitgehend unproblematisch ist die Verkehrswertermittlung entwidmeter **Bahnflächen im Außenbereich, für die eine bauliche Nutzung nach Aufgabe der öffentlichen Nutzung nicht in Betracht kommt.** Die Flächen können dann einem Entwicklungszustand i.S. des § 3 Abs. 1 ImmoWertV zugerechnet werden, sofern dem nicht die vorhandenen baulichen und sonstigen Anlagen entgegenstehen. Im Einzelfall werden das Erfordernis einer Freilegung sowie Abbruchkosten unter Berücksichtigung von Verwertungserlösen wertmindernd zu berücksichtigen sein, wobei durchaus auch Unwerte vorliegen können (Beseitigung von Bodenversiegelungen, Altlasten und dgl.). 195

3.2.2 Erwartung einer baulichen und sonstigen Nutzung

3.2.2.1 Allgemeines

Bei der Verkehrswertermittlung von entwidmeten oder zur Entwidmung anstehenden Bahnflächen, für die künftig eine bauliche Nutzung erwartet werden kann, muss der Sachverständige über die sich nach vorstehenden Grundsätzen ergebende **Qualität** hinaus zu folgenden Feststellungen kommen: 196

- Art und Maß der künftigen baulichen Nutzung,
- Art und Umfang einer sonstigen privatwirtschaftlichen Nutzung,
- die voraussichtliche Dauer des Umstrukturierungsprozesses (sog. Wartezeit) sowie
- Art und Umfang der Kosten im Hinblick auf die notwendig werdende Umstrukturierung der aufgelassenen Bahnflächen.

Soweit eine **Gemeinbedarfsnutzung für die entwidmeten Bahnflächen** vorgesehen ist, ohne dass eine privatwirtschaftliche Nutzung zwischenzeitlich in Aussicht stand, bestimmt sich der Wert nach den für sog. „bleibende Gemeinbedarfsflächen" entwickelten Grundsätzen. 197

3.2.2.2 Künftige Nutzbarkeit

► *Vgl. Erläuterungen zu § 11 ImmoWertV*

Eine entwidmete oder zur Entwidmung anstehende Bahnfläche kann bereits auch ohne planerische Maßnahme der Gemeinde nach § 3 Abs. 2 ImmoWertV dem Bauerwartungsland zuzurechnen sein, wenn die Fläche nach ihrer Eigenschaft, ihrer sonstigen Beschaffenheit oder ihrer Lage eine bauliche Nutzung in absehbarer Zeit tatsächlich erwarten lässt. Hier ist u.a. die städtebauliche Umgebungs- und Gesamtsituation, die Nähe des Siedlungsgebiets sowie die Angebots- und Nachfragesituation zu berücksichtigen. Indiz hierfür ist das **Preisgefüge vergleichbarer Flächen.** 198

Eine entsprechende **Darstellung des Flächennutzungsplans** ist nicht erforderlich; die Bauerwartung kann sich auch auf die städtebauliche Gesamtsituation oder auf ein entsprechendes Verhalten der Gemeinde gründen. 199

Der Sachverständige muss sich um folgende **Unterlagen** bemühen: 200

Informelle Planungen: Bahnflächen können bereits vor ihrer Entwidmung Gegenstand informeller Planungen sein (Rahmenplanung, Entwicklungsplanung). Die informelle Planung ist hinsichtlich der Planungsabsichten der Gemeinde zu analysieren. Es kann sich um bloße „Schubladenpläne" oder um von der Gemeinde zustimmend zur Kenntnis genommene Planungen handeln.

Flächennutzungsplan: Grundsätzlich können Bahnzwecken gewidmete Flächen im Flächennutzungsplan nicht für andere Zwecke dargestellt werden, jedoch können im Einvernehmen mit dem betroffenen Planungsträger Änderungen im Flächennutzungsplan auch ohne Entwidmung vorgenommen werden.

Bebauungsplanung: Bereits vor der förmlichen Entwicklung einer Bahnfläche kann das Aufstellungs- und Änderungsverfahren bis zur abschließenden Beschlussfassung vorbereitet werden. Eine abschließende Beschlussfassung ist jedoch erst nach förmlicher Entwidmung der entsprechenden Bahnfläche durch das Eisenbahn-Bundesamt (EBA) möglich. Stichtag ist der bestandskräftig gewordene Entwidmungsbescheid. Soweit für den Sachverständigen Unklarheit über die Entwidmung einer Bahnfläche besteht und der Sachverständige für die Gemeinde tätig ist, kann der **gemeindliche Auskunftsanspruch** bedeutsam sein. Die Gemeinde hat nämlich aufgrund ihrer Planungshoheit nach Art. 28 GG grundsätzlich einen Anspruch darauf, dass der Träger der Bahnplanung sich eindeutig darüber äußert, ob eine Bahnfläche auf absehbare Zeit weiterhin für Zwecke des Bahnbetriebs benötigt wird. Der Anspruch kann ggf. vor den Verwaltungsgerichten durchgesetzt werden. Unter bestimmten Voraussetzungen kann sogar ein Anspruch auf Entwidmung gegenüber dem Eisenbahn-Bundesamt (EBA) bestehen, insbesondere bei Abgabe einer bedingten Freigabeerklärung durch die DB AG bzw. der Verwaltung der Fläche durch das Bundeseisenbahnvermögen (BEV).

3.3 Verkehrswertermittlung

3.3.1 Abgehende Bahnfläche

201 Grundsätzlich kann nach Feststellung der künftigen Art der baulichen Nutzung und des künftigen Maßes der baulichen Nutzung der Verkehrswert **im Wege des Preisvergleichs oder auf der Grundlage deduktiver Verfahren** (Extraktionsverfahren/Residualwertverfahren) abgeleitet werden.

202 Die Verkehrswertermittlung im Wege des **Vergleichswertverfahrens** stößt auf die bekannten Probleme, da es sich bei den künftig baulich nutzbaren aufgelassenen Bahnflächen in den behandelten Fällen zumeist um Bauerwartungsland bzw. Rohbauland handelt, für die Vergleichspreise zumeist nicht zur Verfügung stehen.

203 Die **Verkehrsministerkonferenz** hat am 03. und 04. April 2002 in Potsdam folgenden Beschluss hierzu gefasst:

Nach Auffassung der Verkehrsministerkonferenz sind die vom jeweiligen **Gutachterausschuss** bzw. in der **Bodenrichtwertkarte** festgelegten Preise als Verkaufsgrundlagen heranzuziehen, um langwierige Preisverhandlungen zu vermeiden. Dabei sind Kosten für die Altlastensanierung und die Sanierung der zu übernehmenden Ver- und Entsorgungsleistungen ggf. in Abschlag zu bringen.

204 Ob und inwieweit einem derartigen Beschluss Folge geleistet wird, dürfte entscheidend von der Qualität des Gutachterausschusses abhängig sein.

205 Sowohl bei dem Vergleichswertverfahren als auch bei Anwendung deduktiver Verfahren kommt dem Erfordernis einer Freimachung der Grundstücke eine besondere Bedeutung zu, insbesondere hinsichtlich der zu beseitigenden Betriebseinrichtungen und Altlasten. Dabei wird grundsätzlich ein öffentlich-rechtlicher **Folgebeseitigungsanspruch für den Fall bejaht, dass Bahnanlagen nach Entwidmung liegen gelassen werden und diese entweder weitere Planungen behindern oder von diesen Gefahren für die öffentliche Sicherheit ausgehen.**

206 Bezüglich der **Altlasten** führt die Bahn in Zusammenarbeit mit der DB Immobilien GmbH (DBImm) Untersuchungen und ggf. zusätzliche Beprobungen der Altlastenverdachtsflächen durch und führt bei polizeirechtlicher Gefährdung entsprechende Sicherungs- und Sanierungsmaßnahmen zur Gefahrenabwehr aus. Im Falle des Verkaufs übernimmt die DBAG die Bodensanierung im Hinblick auf die geplante zukünftige Nutzung und nimmt vor dem Verkauf noch entsprechende Preissicherungen vor.

Neben der Altlastenbeseitigung können vor allem die **Kosten von erforderlichen Infrastrukturmaßnahmen** für die Verkehrswertermittlung von Bedeutung sein. Grundsätzlich beteiligt sich die Bahn auch an der Erstellung der verkehrlichen, technischen, ökologischen und sozialen Infrastruktur. Als Voraussetzung wird dafür allerdings genannt[105]: 207

- Die geforderten Leistungen müssen in einem kausalen Zusammenhang mit der Entwicklung stehen,
- die Leistungen müssen angemessen sein und
- die Kostenbeteiligung muss sich aus der Entwicklung heraus finanzieren.

Die Voraussetzungen entsprechen den für städtebauliche Verträge geltenden Grundsätzen. Wertermittlungstechnisch können die Grundsätze des deduktiven Verfahrens der Bodenwertermittlung zur Anwendung kommen. 208

3.3.2 Bahnfremde Nutzungen

Schrifttum: *Freese,* Bewertung von Bahnhöfen, in Bienert, Spezialimmobilien, S. 649.

Auf einem Bahngelände können sich sog. bahnfremde Nutzungen befinden, d.h. Anlagen und Nutzungen, die keine Betriebsanlagen sind. **Bahnfremde Nutzungen unterliegen formell und materiell dem allgemeinen Baurecht und sind genehmigungspflichtig:** 209

- Bahnfremde Vorhaben, die mit der Zweckbestimmung des Geländes im Einklang stehen, sind grundsätzlich bahnverträglich und genehmigungsfähig. Ihre Zulässigkeit richtet sich nach den §§ 34 oder 35 BauGB bzw. nach ergänzenden Planfestsetzungen im Bebauungsplan oder nach § 30 Abs. 2 BauGB.
- Bahnfremde Vorhaben, die mit der Zweckbestimmung des Geländes nicht im Einklang stehen, sind nach § 38 BauGB unzulässig[106].

Für die Verkehrswertermittlung bedeutet dies, dass **bahnfremde Vorhaben, die mit der Zweckbestimmung des Geländes nicht im Einklang stehen und nach § 38 BauGB unzulässig** sind, bei der Verkehrswertermittlung außer Betracht bleiben müssen (z.B. Nutzungsänderung einer ehemaligen Bahnhofshalle für Nichtbahnzwecke). 210

Bahnfremde Vorhaben, die jedoch mit der Zweckbestimmung im Einklang stehen und genehmigungsfähig sind, haben einen Verkehrswert, der sich nach **allgemeinen Grundsätzen der Verkehrswertermittlung** bestimmt. So ist auch ein auf (gewidmetem) Bahngelände angesiedelter, als wirtschaftlich eigenständiges Unternehmen betriebener Schrottplatz auch dann nicht eine Bahnanlage, wenn der Schrottplatzbetreiber nach dem mit der Bahn abgeschlossenen Mietvertrag verpflichtet ist, Transportmittel der Bahn zu nutzen[107]. 211

Bei bahnfremden Nutzungen ist die **Bahnverträglichkeit** zu prüfen. Die Prüfung erfolgt durch das EBA. Wird die Bahnverträglichkeit bejaht, ist das Vorhaben genehmigungsfähig; wird die Bahnverträglichkeit verneint, ist für die Zulässigkeit grundsätzlich eine Entwidmung notwendig. Lediglich bei zeitlich begrenzten Zwischennutzungen ist eine Entwidmung nicht notwendig. 212

Bei genehmigungsfähigen bahnverträglichen Nutzungen kann auch eine Genehmigung nach § 33 BauGB in Betracht kommen. 213

Bezüglich der Genehmigungsfähigkeit nach den §§ 34 und 35 BauGB sind die hierzu in § 5 ImmoWertV erläuterten Grundsätze zu beachten. 214

105 Ribbert, Institut für Städtebau Bln. am 4.11.1998.
106 BVerwG, Urt. vom 16.12.1988 – 4 C 48/86 –; BVerwGE 81, 111 = EzGuG 18.109a.
107 OVG Münster, Urt. vom 27.04.1998 – 7 A 3818/96 –, BRS Bd. 60 Nr. 165 = EzGuG 4.170c.

215 Bei **gemischt genutzten Anlagen kann entsprechend dem vorliegenden Sachverhalt zum Zwecke der Verkehrswertermittlung eine (gedachte) Aufteilung des Objektes in Betracht kommen, nämlich in**

- einen Teilbereich, der Bahnzwecken dient und entsprechend als Gemeinbedarfseinrichtung zu behandeln und als privatwirtschaftliche Fläche zu werten ist, und
- einen Teilbereich, der einer baurechtlichen Genehmigung bedarf.

216 Bei dieser Konstellation muss im Rahmen einer Verkehrswertermittlung aber geprüft werden, ob die privatwirtschaftliche Teilnutzung zeitlich befristet ist. Dieser Fall kann gegeben sein, wenn die Bahnnutzung aufgegeben wird und infolgedessen die privatwirtschaftliche Nutzung obsolet wird.

217 **Bahnhöfe** können in den großen Ballungszentren mit einem nicht unerheblichen Flächenanteil sog. **Frequenzimmobilien** zugerechnet werden, da sie sich durch hohe Besucherströme mit einem erheblichen Anteil an Einzelhandelsflächen verbunden mit verlängerten Ladenöffnungszeiten auszeichnen. So verfügt beispielsweise der Leipziger Hauptbahnhof über ca. 30 000 m² Einzelhandelsflächen mit rd. 140 Geschäften und einen Jahresumsatz von 125 Mio. € im Jahre 2000.

218 Der Verkehrswert des dem Einzelhandel zurechenbaren Anteils eines Bahnhofs ist im Wege des Ertragswertverfahrens mit den für Einzelhandelsnutzungen maßgeblichen Parametern zu bewerten.

4 Post- und Fernmeldewesen

4.1 Allgemeines

Schrifttum: *Stüer, B.*, Handbuch des Bau- und Fachplanungsrechts, 2. Aufl. München.

219 Die Bundesanstalt für Post und Telekommunikation hatte nach dem (Privatisierungs-)Gesetz zur Neuordnung des Postwesens und der Telekommunikation (Postneuordnungsgesetz) alle Vermögensgegenstände des Sondervermögens Deutsche Bundespost nach den §§ 1 bis 3 sowie 14 des Postumwandlungsgesetzes auf die Deutsche Post AG, die Deutsche Postbank AG und die Deutsche Telekom AG zu übertragen, soweit diese Vermögensgegenstände zur Wahrnehmung der Aufgaben dieser 3 AGs benötigt werden.

- Die Belange der Post ergeben sich im Wesentlichen aus dem Telekommunikationsgesetz.
- Soweit für Telegrafenlinien nach § 7 TWG eine Planfeststellung erforderlich ist, findet § 38 BauGB Anwendung. Die dort erfassten haben Vorrang gegenüber den städtebaulichen Belangen der Gemeinde.
- Die Belange des Post- und Fernmeldewesens können vor allem durch **Ausweisung entsprechender Gemeinbedarfsflächen sowie durch Festsetzung von Leitungsrechten** auf den zu belastenden Flächen berücksichtigt werden (§ 9 Abs. 1 Nr. 21 BauGB).
- Mit dem Inkrafttreten der zweiten Stufe der Postreform ist allerdings die bisherige Privilegierung des Grunderwerbs im Rahmen des Vorkaufsrechts nach § 26 BauGB zu Zwecken des Post- und Fernmeldewesens entfallen.

220 **Dienstleistungen** in den Bereichen des Postwesens und der Telekommunikation werden im GG als privatwirtschaftliche Tätigkeit qualifiziert, die nicht von entsprechenden Aktiengesellschaften des Bundes, sondern auch von anderen Unternehmern („Wettbewerber") erbracht werden können (Art. 87f Abs. 2 Satz 1 GG).

221 **Hoheitsaufgaben** werden nur noch von der zuständigen Bundesbehörde wahrgenommen (Art. 87f Abs. 2 Satz 2 GG). Von den Überleitungsregelungen (Gesetz über die Regulierung der Telekommunikation und des Postwesens; Telekom- und Postdienst-Pflichtleistungsver-

ordnung) gilt noch die Postbank-Pflichtleistungsverordnung: Diese sieht lediglich vor, dass dort keine Pflichtleistungen bestehen.

4.2 Antennengrundstücke

▶ *Vgl. § 5 ImmoWertV Rn. 269 ff.*

Die **Mindestfläche für Antennenträgergrundstücke** bestimmt sich nach 222

a) bauordnungsrechtlichen,

b) immissionsschutzrechtlichen sowie

c) fachplanungsrechtlichen (z.B. FStrG: 40 m zu Bundesautobahnen und 20 m zu Bundesstraßen)

Anforderungen.

Zur Beurteilung der Mindestfläche für Antennenträgergrundstücke ist zunächst zu unterscheiden zwischen 223

- Gebäuden oder Antennenträger mit gebäudegleicher Wirkung und
- Antennenträger, die sich auf Gebäuden befinden, denen keine gebäudegleiche Wirkung zukommt.

Bei Gebäuden oder Antennenträger mit gebäudegleicher Wirkung[108] ist zu unterscheiden zwischen

- Antennenträger mit Mobilfunknutzung und
- Antennenträger für Fernsehen.

Größere begehbare Antennenträger mit einer Höhe von bis zu 200 m stellen dabei Gebäude dar. Auf diese Anlagen finden die bauordnungsrechtlichen Vorschriften einschließlich der Abstandsvorschriften Anwendung. Kleinere Masten mit einem Durchmesser oder einer Seitenlänge bis zu 1 m bzw. Stahlgittermaste mit einer Kantenlänge – in den Bundesländern unterschiedlich – von 1–2 m haben keine gebäudegleiche Wirkung. 224

Die Tiefe der notwendigen **Abstandsflächen**, die von Antennenträgern einzuhalten ist, bemisst sich nach der Wandhöhe H. Die übliche Abstandsfläche zu Nachbargebäuden variiert in den Bundesländern zwischen 0,4 bis 1,0 der Wandhöhe. Als Mindestabstand ist in den meisten Bundesländern eine Abstandsfläche von 3 m vorgesehen. In Gewerbe-, Industrie und Sondergebieten, die nicht der Erholung dienen, ist die Abstandsfläche in den meisten Bundesländern auf 0,25 der Wandhöhe H reduziert. Entsprechendes gilt im Außenbereich. 225

Einige Bundesländer sehen für die Bemessung der Abstandsflächen ein sog. **Schmalseitenprivileg** vor. Danach können die Abstandsflächen bei Gebäuden bzw. baulichen Anlagen mit gebäudegleicher Wirkung mit Seitenwänden von weniger als 16 m Länge geringer sein; d.h., sie müssen nur 0,4 bis 0,5 H betragen[109]. 226

108 § 5 Abs. 9 LBO BW; VV zur BauO LSA Ziff. 6.10; VV zur ThürBO Ziff. 6.10; Hess. Erl. zur hess. BO § 6.9; VV zur LBO M-V Ziff. 6.10; VV zu § 6 BauO NRW; VGH München, Urt. vom 15.12.1992 – 14 CS 92.3208 –; OVG Münster, Beschl. vom 28.02.2001 – 7 B 214/01 –, BauR 2001, 1089 = EzGuG 3.126d; OVG Münster, Beschl. vom 27.07.2000 – 7 A 3558/96 –, BauR 2001, 232 = EzGuG 3.126d; OVG Münster, Beschl. vom 28.02.2001 – 7 B 214/01 –, BauR 2001, 1089 = EzGuG 3.125h; OVG Bautzen, Urt. vom 17.12.1997 – 1 S 746/96 –, BRS Bd. 59 Nr. 118.

109 § 5 Abs. 8 LBA BW; Art. 6 Abs. 5 BayBO; § 6 Abs. 6 BlnBO; § 6 Abs. 5 Satz 3 BOBbg; § 6 Abs. 9 Satz 2 HbgBO; § 6 Abs. 6 BauO M-V; § 6 Abs. 6 BauO NRW; § 6 Abs. 6 SächsBO; § 6 Abs. 6 BauO LSA; § 6 Abs. 6 LBO Schl.-Hol.; § 6 Abs. 6 ThürBO; VGH München, Urt. vom 20.05 1998 – 14 B 92.2959 -; OVG Münster, Urt. vom 29.08.1997 – 7 A 629/95 –, BRS Bd 59 Nr. 110.

Abb. 16: Mindestfläche für Antennenträger im Außenbereich

Mindestfläche für Antennenträger, die Gebäude oder bauliche Gebilde mit gebäudegleicher Wirkung sind, im Außenbereich	
Bundesland	**Formel für die bauordnungsrechtlich erforderliche Mindestfläche**
Baden-Württemberg	Kreisförmige Fläche von 0,6 H
Bayern	Kreisförmige Fläche von 0,5 H
Berlin	Kreisförmige Fläche von 0,5 H
Brandenburg	Kreisförmige Fläche von 0,5 H
Bremen	Kreisförmige Fläche von 0,6 H
Hamburg	Kreisförmige Fläche von 1,0 H
Hessen	Kreisförmige Fläche von 0,4 H
Mecklenburg-Vorpommern	Kreisförmige Fläche von 0,5 H
Niedersachsen	Kreisförmige Fläche von 0,5 H
Nordrhein-Westfalen	Kreisförmige Fläche von 0,8 H
Rheinland-Pfalz	Kreisförmige Fläche von 0,4 H
Saarland	Kreisförmige Fläche von 0,4 H
Sachsen	Kreisförmige Fläche von 0,5 H–1,0 H
Sachsen-Anhalt	Kreisförmige Fläche von 0,5 H
Schleswig-Holstein	Kreisförmige Fläche von 0,5 H
Thüringen	Kreisförmige Fläche von 0,5 H

227 **Plattformen und Betriebsgeschosse** müssen mit ihrer gesamten Tiefe bei der Berechnung der Abstandsflächen berücksichtigt werden.

228 Mit der 26. BImSchV wurden **Grenzwerte für elektromagnetische Felder von Mobilfunkbasisstationen** festgelegt. Zum Betrieb bedarf es einer Standortbescheinigung, in der als Sicherheitsabstand ein Bereich festgelegt wird, in dem sich zum Schutz vor schädlichen Immissionen keine Personen aufhalten dürfen.

- Für Mobilfunkanlagen werden üblicherweise Sicherheitsabstände von 3 m bis 15 m festgesetzt, die von der Unterkante der Antenne einzuhalten sind, d.h., bei einer 40 m hohen Antenne wird dieser Sicherheitsabstand bereits weit oberhalb des Erdbodens eingehalten.
- Bei Fernsehsendeanlagen betragen die Sicherheitsabstände teilweise 100 bis 250 m.

229 Antennenträgern mit einer Höhe von weniger als 20 m und einem geringen Durchmesser bzw. einer geringe Kantenlänge kommt keine gebäudegleiche Wirkung zu. Grundsätzlich sind dafür keine Abstandsflächen bauordnungsrechtlich vorgegeben, jedoch gilt allgemein das Gebot der Rücksichtnahme[110].

4.3 Abgehender Post- und Fernmeldebedarf

230 Grundstücke der ehemaligen Deutschen Bundespost sind in den Bebauungsplänen vielfach noch als Grundstücke des Gemeinbedarfs ausgewiesen, die eine Nutzung der Grundstücke für Post- und Fernmeldezwecke vorsehen. Gemeinbedarfsflächen, die am Wertermittlungsstichtag formell noch einer öffentlichen Zweckbindung – z.B. auf Grund entsprechender Festset-

110 OVG Münster, Urt. vom 27.06.2000 – 7 A 3558/96 –, BauR 2001, 232 = EzGuG 3.125h.

zungen im Bebauungsplan – unterliegen, von denen aber **auf absehbare Zeit erwartet wird, dass sie wieder einer privatwirtschaftlichen Nutzung (durch Umplanungen) zugeführt werden** sollen, befinden sich in einer Übergangsphase. In dieser Zeit öffnen sich die Flächen wieder dem gewöhnlichen Geschäftsverkehr. Auf die Verkehrswertermittlung sind demzufolge die bei Rn. 800 ff. dargelegten Grundsätze anzuwenden.

Vielfach und insbesondere in innerstädtischen Lagen sind Grundstücke für Post- und Fernmeldezwecke genutzt worden, ohne dass eine planungsrechtliche Zweckbindung bestand. Mit der **Aufgabe der öffentlichen Zweckbindung** sind die Grundstücke nach § 34 BauGB i.V.m. der BauNVO zu beurteilen. Ein im innerstädtischen Bereich gelegenes Postamt (vgl. Abb. 17) fällt nach den Kommentierungen zur BauNVO unter „Geschäfts- und Bürogebäude"[111] und dementsprechend kann sein Verkehrswert ermittelt werden. Stellt die Bebauung und Nutzung des Grundstücks einen „Solitär" dar, (z.B. GE Nutzung in einem WA-Gebiet), so geht auch von dieser solitären Nutzung eine prägende Wirkung aus und es ist nach seiner realisierten Nutzungsart zu bewerten, wenn aufgrund des Bestandsschutzes weiterhin die gewerbliche Nutzung ausgeübt wird. 231

Abb. 17: Innerstädtisches Postamt

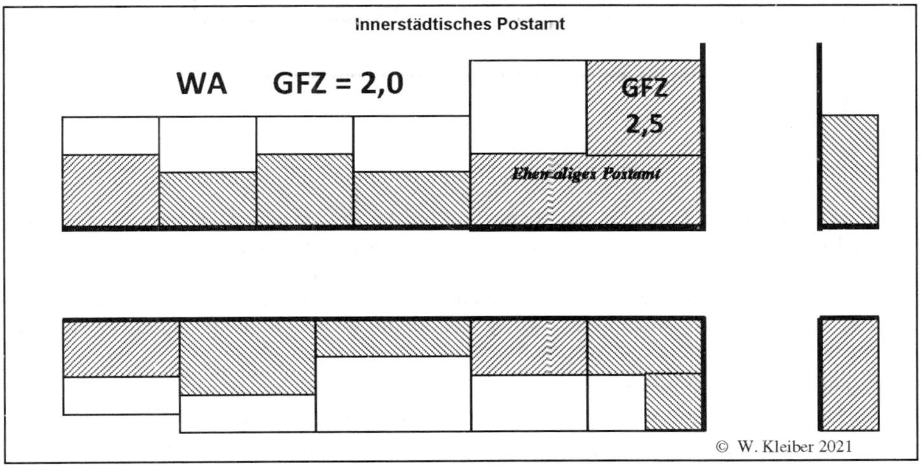

Sind im vorstehenden Fall in einem Bebauungsplan Festsetzungen getroffen worden, die eine Nutzung des Grundstücks für Post- bzw. Fernmeldezwecke vorsehen und soll diese Nutzung aufgegeben werden, so tritt mit der Aufgabe der öffentlichen Nutzung (ggf. obsolete Planausweisung) die Frage der bauplanungsrechtlichen Einstufung auf. Sofern es sich um eine erhaltungswürdige Bebauung handelt, kann auf Grund des Bestandschutzes von der vorhandenen Nutzungsart ausgegangen werden. Problematisch kann indessen die Aufgabe einer Gemeinbedarfsnutzung sein, für die **keine Möglichkeiten einer privatwirtschaftlichen Anschlussnutzung** besteht. In diesem Fall kann das Grundstück bei obsolet gewordenem Bebauungsplan unter Anwendung des § 34 BauGB – je nach Lage – als baureifes Land einzustufen sein; es kann aber auch – bei der in der Abb. 18 dargestellten Situation – seine Baulandeigenschaft verlieren, wenn eine rückwärtige Bebauung unzulässig ist. 232

111 König/Roeseler/Stock, BauNVO, München 1999, § 4a Rn. 29; mit der Privatisierung der Post dürften die Gebäude nicht mehr „Verwaltung" sein (so noch Boeddinghaus, BauNVO; Jehle-Rehm 2000).

Abb. 18: Obsolet gewordene Gemeinbedarfsnutzung

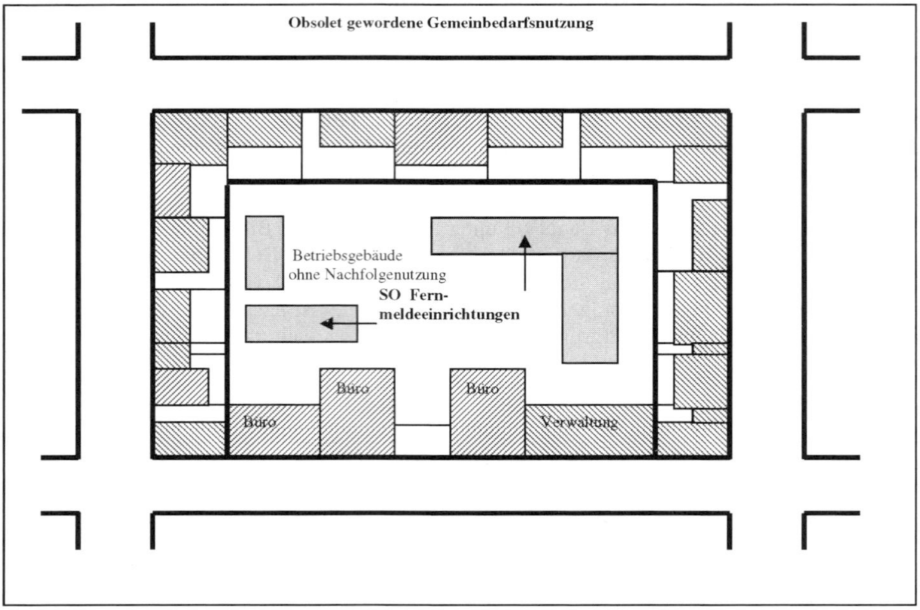

a) Mit der Aufgabe der Gemeinbedarfsnutzung für die straßenseits gelegenen Verwaltungs- und Büroflächen steht in dem Beispielsfall die vorhandene Bebauung auch künftig ohne Baugenehmigung zivilen Verwaltungszwecken zur Verfügung, da es sich um die Aufnahme einer gleichartigen Nutzung[112] handelt. Selbst wenn dabei allein wegen der Aufgabe der öffentlichen Nutzung eine Baugenehmigungspflicht besteht, steht dies dem nicht entgegen, wenn hierauf ein Anspruch besteht.

b) Besteht für die Technikgebäude keine Möglichkeit einer Anschlussnutzung, so fällt das bestehende Baurecht fort und die Fläche wird zu Hinterland bzw. bedarf der Neuplanung[113].

c) Ist der Abriss geboten, so kann dies im Ergebnis dazu führen, dass für die baulich möglicherweise sogar neuwertigen Betriebsanlagen, die nur für den ursprünglichen Gemeinbedarfszweck sinnvoll nutzbar war, schlagartig die wirtschaftliche Restnutzungsdauer gegen null geht. Bei Anwendung des Sachwertverfahrens gilt Entsprechendes für die wirtschaftliche Wertminderung. Die neuwertige Bebauung kann – unabhängig vom angewandten Wertermittlungsverfahren – sogar zu einer Belastung des Grundstücks mit der Folge werden, dass letztlich als Verkehrswert nur der Bodenwert abzüglich der Freilegungskosten verbleibt (§ 40 Abs. 5 Nr. 3 ImmoWertV). Übersteigen die Abbruchkosten darüber hinaus auch noch den Bodenwert, könnte im gewöhnlichen Geschäftsverkehr allerdings kaum damit gerechnet werden, dass der Eigentümer bei gleichzeitiger Übernahme des überschießenden Betrags verkaufswillig ist. Insoweit können Unwerte ausgeschlossen werden.

233 Wird die Nutzung eines für Post- und Fernmeldezwecke **im Außenbereich nach § 35 bzw. § 38 BauGB errichteten Gebäudes** aufgegeben (vgl. Abb. 19), ist wiederum die Möglichkeit einer Nachfolgenutzung ggf. in Verbindung mit Umstrukturierungsmaßnahmen zu prüfen. Als Anschlussnutzung kommt in Betracht: Speditionsbetrieb, Lagerhalle, Großmarkt, Freizeitzentrum.

---

112 BVerwG, Urt. vom 03.02.1984 – 4 C 25/82 –, BVerwGE 68, 360 = EzGuG 4.98a.
113 BVerwG, Urt. vom 17.05.2002 – 4 C 6/01 –, GuG 2002, 314 = EzGuG 15.105.

Abb. 19: Aufgegebene Post- oder Fernmeldefläche im Außenbereich

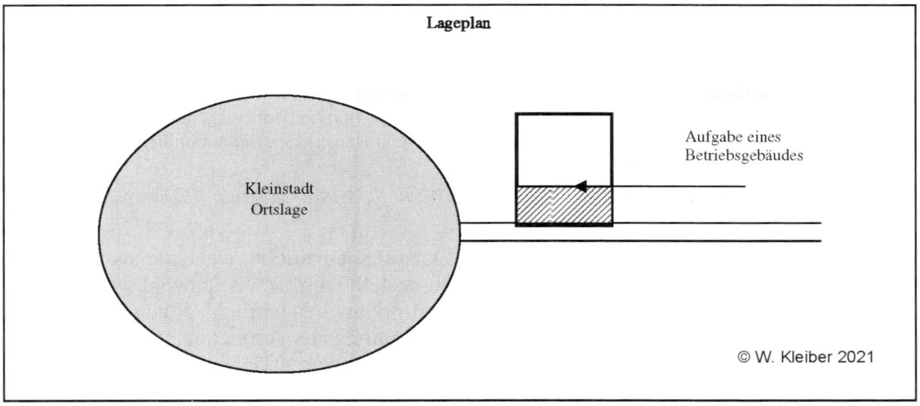

Bei der Wertermittlung ist der zum Wertermittlungsstichtag zu erwartende künftige Entwicklungszustand nach Maßgabe des § 3 Abs. 4 ImmoWertV unter Berücksichtigung der voraussichtlichen **Dauer für den Vollzug der erforderlichen Maßnahmen** einschließlich des für den Vollzug dieser Maßnahmen bestehenden Realisierungsrisikos nach den üblichen Gegebenheiten und den besonderen Verhältnissen des Grundstücks und seiner Umgebung zu berücksichtigen; soweit im Hinblick auf die künftige Nutzung Aufwendungen entstehen (z.B. Abbruchkosten), müssen sie aber wertmindernd berücksichtigt werden. **234**

Zur Anwendung kommt in erster Linie das Ertragswertverfahren: **235**

Beispiel:

Gebäudeertragswert	500 000 €	
Bodenwert	300 000 €	
Ertragswert	800 000 €	
Umstrukturierungskosten	– 600 000 €	(unter Berücksichtigung der Wartezeit und des Risikos)
Verbleiben	200 000 €	

Bei Anwendung des Ertragswertverfahrens „fressen" dabei vielfach die Umstrukturierungskosten den sich auf der Grundlage der künftigen Nutzung ergebenden Ertragswert auf, sodass es letztlich bei einem **(aufgeschobenen) Liquidationswert** verbleibt. **236**

Auch die Anwendung des Sachwertverfahrens kann in Betracht kommen, insbesondere wenn die Umstrukturierungskosten, die den Ertragswert „auffressen", geringer als die Neubaukosten sind. Zur Anwendung kann in diesem Fall die **Restwertmethode** kommen. **237**

Beispiel:

Neubaukosten	2 000 €/m² NF	
Umstrukturierungskosten	1 500 €/m² NF	(unter Berücksichtigung der Wartezeit und des Risikos)
Restwert	500 €/m² NF	

Dieses Verfahren lässt sich allerdings nur durchsetzen, wenn der Nachfolgenutzer keine Möglichkeit der alternativen Anmietung hat.

5 Flugplatz

5.1 Allgemeines

Schrifttum: *Kadel/Hauk/Hackelberg,* Bewertung von Flughafenimmobilien, GuG 2021, 167; *Haiber* in Bienert, Bewertung von Spezialimmobilien 2018, 574; *Kippes/Sailer,* Immobilienmanagement, Boorberg Verlag 2005, S. 228; *Poungias/Sternberg,* Bewertung von Flughäfen, in Bienert, Spezialimmobilien, S. 617. *Simon,* Der Verkehrswert eines Flughafens, GuG 1996, 226.

▶ *Zur Wertminderung infolge Fluglärms vgl. § 5 ImmoWertV Rn. 228 ff.; zu Schutzgebieten § 3 ImmoWertV Rn. 290 ff.*

238 **Flughäfen sind öffentliche Grundstücke „im Anstaltsgebrauch“,** wenn sie als solche gewidmet und faktisch für den Flugbetrieb in Dienst gestellt wurden. Gleichwohl wird der Verkehrswert solcher Flächen maßgeblich durch deren privatwirtschaftliche Nutzung bestimmt, d.h. aus dem sog. *Non-Aviation* Bereich, d.h. aus Einkünften aus Vermietung und Verpachtung von Läden, Büros, Parkhäusern, der Gastronomie und aus Werbeflächen. Der Einzelhandelssektor ist dabei zumeist von dominierender Bedeutung.

239 Das **Luftverkehrsgesetz – LuftVG –** unterscheidet bei Flughäfen zwischen:

- Flughäfen,
- Landeplätze und
- Segelfluggelände.

240 Ein **Verkehrslandeplatz** liegt luftrechtlich zwischen Flughafen und Segelfluggelände. Des Weiteren werden Flugplätze untergliedert nach:

- internationalen Flugplätzen[114] und nationalen Flugplätzen, wobei Letztere noch untergliedert werden nach:
  - Regionalflugplätze,
  - Verkehrslandeplatz,
  - Segelflugplätze,
  - Sonderflughafen,
  - Sonderlandeplatz.

Flughäfen lassen sich ferner nach ihrer Ausrichtung für den Passagier- und Luftfrachtbetrieb unterscheiden.

241 Bei Wertermittlungen im Zusammenhang mit Flughäfen ist zunächst danach zu **unterscheiden,** ob die Wertermittlung

a) künftige Flughafenflächen (neue Flughäfen bzw. Flughafenerweiterung),

b) bestehende Flughäfen oder

c) künftig fortfallende bzw. zur Umnutzung anstehende Flughäfen

zum Gegenstand hat.

114 Nach einer Studie der Beratungsgesellschaft Boston Consulting Group (BCG) aus dem Jahre 2004 werden von den weltweit 200 operierenden Großflughäfen auf Dauer nur 9 Flughäfen als große Drehkreuze des internationalen Flugverkehrs bestehen bleiben.

5.2 Künftige Flughafenfläche

Schrifttum: *Dieterich*, GuG 2000, 309.

Rechtsgrundlage für den Bau neuer Flughäfen ist das Luftverkehrsgesetz (LuftVG). Der Bau neuer Flughäfen und die Erweiterung bestehender Flughäfen sind i.d.R. mit dem Erwerb großer Flächen verbunden. Für den Erwerb dieser Flächen ist nach § 28 Abs. 1 LuftVG die Enteignung auf der Grundlage des nach den §§ 8 bis 10 LuftVG festgestellten Plans zulässig. Für die Enteignung gelten nach § 28 Abs. 2 und 3 die jeweiligen Enteignungsgesetze der Länder. Im Hinblick auf den Gemeinbedarfszweck sehen die Enteignungsgesetze eine **Entschädigung für die zu erwerbenden Grundstücke** vor, **die sich nach dem Verkehrswert der Grundstücke unter Ausschluss von der konjunkturellen Weiterentwicklung** (Vorwirkung) **von dem Zeitpunkt ab bemisst, zu dem mit Sicherheit und hinreichender Bestimmtheit eine Enteignung erwartet werden konnte.** Wie bei anderen Gemeinbedarfsflächen kann der Ausschluss bereits aufgrund von vorbereitenden Planungen und Maßnahmen eintreten, die in einem ursächlichen Zusammenhang mit der späteren Entziehung des Eigentums stehen, wenn die genannten Voraussetzungen gegeben sind, d.h., sie müssen eine hinreichende Bestimmtheit haben und die spätere Enteignung sicher erwarten lassen. 242

Bei der Planung neuer und der Erweiterung bestehender Flughäfen kommen dafür sogar entsprechende **politische Beschlüsse** in Betracht, **wenn sie sich verfestigt haben und die künftigen Grenzen erkennen lassen.** Darüber hinaus sind insbesondere Landes- und Regionalplanungen hervorzuheben. Die im Falle einer Enteignung nach diesen Grundsätzen zu gewährende Entschädigung ist im gewöhnlichen Geschäftsverkehr die maßgebliche Orientierungsgröße, denn ein vernünftig handelnder Käufer, der selbst nicht das Vorhaben realisieren will, würde kaum zu darüber hinausgehenden Preiszugeständnissen bereit sein, da er mit einer Enteignung zum Entschädigungswert rechnen muss. Der Verkehrswertermittlung ist damit auch im Hinblick auf ein angemessenes Angebot im freihändigen Erwerb grundsätzlich der Entschädigungswert zugrunde zu legen. 243

Zum Schutz der Allgemeinheit vor Gefahren werden nach dem Gesetz gegen Fluglärm (Fluglärmgesetz) für Flugplätze **Lärmschutzbereiche** festgesetzt, und zwar zwei Schutzzonen (oberhalb und unterhalb 75 dB(A); vgl. § 5 ImmoWertV Rn. 228). 244

Rechtsfolge der Festlegung von Lärmschutzbereichen ist, dass in ihnen grundsätzlich keine schutzbedürftigen Einrichtungen errichtet werden dürfen. Zusätzlich dürfen in **Schutzzone** 1 keine Wohnungen gebaut werden. Dies gilt nicht, wenn bereits eine Baugenehmigung erteilt worden ist oder die Errichtung von Wohnungen nach der Rechtslage vor Festlegung des Lärmschutzbereichs zulässig war (§ 5 Fluglärmgesetz). An zulässigen Bauten sind Schallschutzmaßnahmen vorzunehmen. Für Bauverbote wird eine Entschädigung gewährt, für Schallschutzmaßnahmen eine Erstattung der Aufwendungen (§§ 8 und 9 Fluglärmgesetz). Zahlungspflichtiger ist gemäß § 12 Fluglärmgesetz der Flugplatzhalter. 245

Nach § 16 Fluglärmgesetz bleiben Vorschriften, die weitergehende Planungsmaßnahmen zulassen, unberührt. Solche Vorschriften befinden sich etwa im Recht der Raumordnung. So bestimmt § 2 Abs. 2 Nr. 8 Satz 8 ROG, dass der Schutz der Allgemeinheit vor Lärm sicherzustellen ist. Dieser **Grundsatz der Raumordnung** ist im jeweiligen Raumordnungsplan zu konkretisieren. I.d.R. geschieht dies durch die Festlegung von Zielen der Raumordnung, die gemäß § 4 ROG von öffentlichen Stellen und bestimmten Personen des Privatrechts zu beachten sind. Auf Grund der Festlegungen im Raumordnungsplan kann die Raumordnungsbehörde Bauleitplanungen der Gemeinden untersagen. 246

Anlage und Betrieb eines Flugplatzes bedürfen der Genehmigung. Nach § 8 Abs. 5 LuftVG ist für die zivile Nutzung eines aus der militärischen Trägerschaft entlassenen ehemaligen Militärflugplatzes eine **Änderungsgenehmigung nach § 6 Abs. 4 Satz 2 LuftVG** durch die zuständige Zivilluftfahrtbehörde erforderlich. 247

248 Bei der Genehmigung eines Flughafens ist nach § 12 LuftVG für den Ausbau ein Plan festzulegen; aus dem Plan soll ersichtlich sein:

- die **Start- und Landebahnen** einschließlich der sie umgebenden Schutzstreifen (Start- und Landeflächen),
- die **Sicherheitsflächen,** die an den Enden der Start- und Landeflächen nicht länger als je 1 000 Meter und seitlich der Start- und Landeflächen bis zum Beginn der Anflugsektoren je 350 Meter breit sein sollen,
- der **Flughafenbezugspunkt,** der in der Mitte des Systems der Start- und Landeflächen liegen soll,
- die **Startbahnbezugspunkte,** die je in der Mitte der Start- und Landeflächen liegen sollen,
- die **Anflugsektoren,** die sich beiderseits der Außenkanten der Sicherheitsflächen an deren Enden mit einem Öffnungswinkel von je 15 Grad anschließen; sie enden bei Hauptstart- und Hauptlandeflächen in einer Entfernung von 15 km, bei Nebenstart- und Nebenlandeflächen in einer Entfernung von 8,5 km vom Startbahnbezugspunkt.

5.3 Bleibende Flughafenfläche

▶ *Zum Fluglärm vgl. § 5 ImmoWertV Rn. 228 ff.*

249 Die **Verkehrswertermittlung eines in Nutzung stehenden Flughafens** (insbesondere eines internationalen Verkehrsflughafens) ist im Grunde nicht möglich, da Flughäfen am Grundstücksmarkt nicht zum Kauf angeboten werden[115]. Es fehlt das Merkmal der freien Disponierbarkeit der Anlage auf dem Markt. Wertaussagen über laufende Flughafenbetriebe gleichen daher im Kern einer Unternehmensbewertung, die nur von Branchenkennern und nicht vom Grundstückssachverständigen geleistet werden kann. Zur Wertermittlung sollten die für den Betrieb der Flughäfen wichtigsten Auszüge der maßgeblichen Genehmigungen herangezogen werden.

250 Die ertragswirtschaftliche Analyse eines Flughafens, so sie überhaupt möglich ist, führt vielfach zu der Erkenntnis, dass ein Flughafen aus sich selbst heraus nicht immer rentierlich ist. Gleichwohl ist der Flughafen deshalb nicht ohne Wert. **Sein Wert erschließt sich vielfach aus seiner Bedeutung für die Region.** Dies machen insbesondere indirekte und direkte Förderungen deutlich.

251 Wird der **Wert eines unrentierlichen Flugplatzes** durch seine Bedeutung für die Region bestimmt, lässt er sich mit den herkömmlichen Verfahren der Wertermittlung größenmäßig kaum erfassen. Im Einzelnen kann der Flughafen die Attraktivität einer Region erhöhen und insbesondere auch zu erhöhten Steuereinnahmen führen, Arbeitsplätze sichern und vor allem die wirtschaftliche Attraktivität einer Region stärken. Oftmals müssen Landeplätze daher mithilfe der Wirtschaftsförderung finanziert werden, wenn der Flugbetrieb keine Rendite erbringt; die Förderung kann im Einzelfall sogar höher ausfallen als der Verkehrswert des Flughafens. Der Verkehrswert bemisst sich in derartigen Fällen nach seiner wirtschaftlichen Bedeutung für die Region.

252 Für den Verkehrswert sind folgende **Kriterien** von Bedeutung:

- Verkehrsaufkommen (Personen- und Frachtaufkommen),
- Kapazität und Auslastung,
- Umfang der Betriebserlaubnis (Tag- und Nachtflug),
- Attraktivität (Standort allgemeines Einzugsgebiet),

115 BVerwG, Urt. vom 29.01.1991 – 4 C 51/89 –, GuG 1991, 273 = EzGuG 13,127; FG Brandenburg, Urt. vom 13.12.2000 – 2 K 2501/98 –, GuG 2001, 308 = EzGuG 4.179 (nicht rechtskräftig); zur Gebührenstruktur von Flughäfen GuG 1993, 23; GuG 2000, 230.

- Lage zum nächsten Flugplatz,
- wirtschaftliche Struktur der Region,
- Zustand der Flugeinrichtungen (Einhaltung der Sicherheitsbestimmungen, Belastbarkeit, Tragfähigkeit),
- Siedlungsdruck/Nachfrage,
- gewerbliche Mitbenutzung (Flugschulen), sonstige Gewerbegebiete und
- verkehrliche Anbindung (Infrastruktur).

Bei großen internationalen Flughäfen sind die Umsätze im „Nichtflugbetrieb" (*non aviation*) 253
bereits höher als die Umsätze aus dem Flugbetrieb. Neben den verkehrlich bedeutsamen Kriterien sind deshalb die **„am Boden" erzielten Umsätze** (des Nichtflugbetriebs) bedeutsam.

Die **Flächenproduktivität** von Verkaufsflächen ist nach Hinweisen der GfK Geo-Marketing 254
bei Flughäfen außerordentlich hoch und lag bereits 2008 bei 15 000 €/m² Verkaufsfläche.

Der Wert eines Flughafens kann hilfsweise (i.S. eines Mindestwerts) unter der **Annahme** er- 255
mittelt werden, dass der **Flughafenbetrieb entwidmet oder aufgegeben** wird. Alsdann ist zu überlegen, welche potenziellen Nutzungsmöglichkeiten den Flächen und den aufstehenden Gebäuden beigemessen werden können. Der gleiche Grundsatz gilt in den Fällen, in denen der Flughafenbetrieb schon aufgegeben wurde (stillliegender Flughafen) oder in denen er sich bereits in Liquidation befindet. Dabei spielt keine Rolle, ob es sich um einen (ehemals) militärisch oder zivil genutzten Flughafen handelt[116].

Allgemein gilt also der Grundsatz, dass über bestehen bleibende Flugplätze ein **Mindestwert** 256
in Höhe des Verkehrswerts anzusetzen ist, **der im Falle der Aufgabe der Nutzung (Entwidmung) nach der im Übrigen vorhandenen Situation angemessen wäre.**

Abb. 21: Passagierzahlen nach Flughäfen*

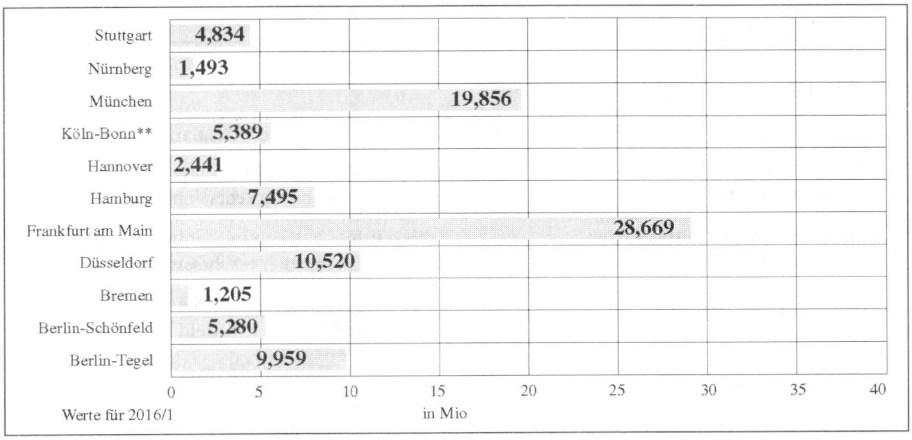

Quelle: ADV

116 Kleiber, GuG 1996, 296.

Abb. 22: Wirtschaftliche Kenndaten von Flughäfen

1. Verkehrsstrukturkennzahlen

$$\text{MTOW* je Landung} = \frac{\Sigma \text{ gewerbliches MTOW}}{\text{Anzahl gewerblicher Landungen}}$$

$$\text{Passagiere je Landung} = \frac{\text{Anzahl angekommener Passagiere**}}{\text{Anzahl gewerblicher Landungen}}$$

* *Maximum take off weight*
** alle im gewerblichen Verkehr an Bord befindlichen Passagiere (einschließlich Transit)

Abb. 23: Umsatzstrukturzahlen

2. Umsatzstrukturkennzahlen

a) **Struktur der Gesamterlöse** (Anteil der *Aviation* und *Non-Aviation*-Erlöse am Gesamterlös in %)

Aviation- und Abfertigungserlöse ... %
+ *Non-Aviation*-Erlöse einschließlich BVD-Gestattungen ... %

= Gesamterlöse ... = 100 %

b) **Struktur der *Aviation-* und Abfertigungserlöse** (Anteile einzelner Erlösarten an den *Aviation-* und Abfertigungserlösen in %)

Erlöse aus Lande- (fix und variabel) und Abstellentgelten ... %
+ Abfertigungserlöse ... %

= Aviation- und Abfertigungserlöse insgesamt ... = 100 %

c) **Struktur der *Non-Aviation*-Erlöse einschließlich BVD-Gestattungen** (Anteile einzelner Erlösarten an den *Non-Aviation*-Erlösen einschließlich BVD-Gestattung in %)

Mieten/Pachten ... %
+ Konzessionen-/Gestattungsentgelte (einschließlich BVD-Gestattungen) ... %
+ Versorgungsleistungen in Bezug auf Vermietung/Verpachtung ... %
+ eigene *Retail*-Erlöse (land- und luftseitiger Bereich) ... %
+ Parkplatzbewirtschaftung (nur Fluggastparkplätze als Erlöse bzw. Konzessionsentgelte) ... %
+ sonstige *Non-Aviation*-Erlöse ... %

= *Non-Aviation*-Gesamterlöse ... = 100 %

Abb. 24: Umsatzkennzahlen

Umsatzkennzahlen (einzelne Erlössegmente in Relation zu bestimmten Basisdaten)

a) Erlöse aus Lande- und Abstellentgelten je Verkehrseinheit* $= \frac{\text{Lande- und Abstellentgelterlöse}}{\text{Anzahl Verkehrseinheiten}}$

b) Erlöse aus Zentraler Infrastruktur je Verkehrseinheit* $= \frac{\text{Erlöse aus Zentraler Infrastruktur**}}{\text{Anzahl Verkehrseinheiten}}$

c) Erlöse aus BVD-Dienstleistungen je Abfertigung $= \frac{\text{Erlöse aus BVD-Dienstleistungen**}}{\text{Anzahl eigener Vorfeldabfertigungen***}}$

d) *Non-Aviation*-Erlöse je Verkehrseinheit $= \frac{\textit{Non-Aviation}\text{-Erlöse}}{\text{Anzahl Verkehrseinheiten}}$

*1 Verkehrseinheit = 1 Fluggast (an oder ab) o d e r 100 kg Luftfracht (an oder ab) o d e r 100 kg Luftpost (an oder ab); Transit- und Truckingaufkommen werden nicht berücksichtigt.
** Soweit keine Trennung von Zentraler Infrastruktur (ZI) und BVD-Dienstleistungen vorhanden, wird alles in BVD zusammengefasst.
*** Von Flughafengesellschaft ganz oder teilweise selbst durchgeführt.

Abb. 25: Aufwandsstruktur

1. **Aufwandsstruktur** (Anteile einzelner Aufwandsarten an der Aufwandssumme in %)

Personalaufwand		%
+ Materialaufwand/Fremdleistungen abzüglich Wareneinsatz		%
+ Wareneinsatz für eigenes Retail- und Gastronomiegeschäft		%
+ Abschreibung (ohne Sonder-AfA)		%
+ sonstiger betrieblicher Aufwand (einschließlich Leasing für Grundstücke, aber ohne Ertragsteuer)		%
+ Zinsaufwand		%
= Betriebsaufwand einschließlich Zinsaufwand	= 100	%

2. **Aufwandskennzahlen** (einzelne Aufwandssegmente in Relation zu bestimmten Basisdaten)

a) Personalaufwandsquote $= \frac{\text{Personalaufwand}}{\text{Umsatz}} \times 100$

b) Abschreibungsquote $= \frac{\text{Abschreibungen (ohne Sonder-AfA)}}{\text{Anlagevermögen zu Anschaffungskosten*}} \times 100$

* historische Anschaffungskosten gemäß Anlagenspiegel

Abb. 26: Personalkennzahlen

Personalkennzahlen

a) Personalaufwand je Mitarbeiter $\frac{\text{Personalaufwand}}{\text{Mitarbeiterjahre*}}$

b) Betriebsaufwand je Mitarbeiter $= \frac{\text{Betriebsaufwand einschließlich Zinsaufwand}}{\text{Mitarbeiterjahre*}}$

c) Umsatz je Mitarbeiter $= \frac{\text{Umsatz}}{\text{Mitarbeiterjahre*}}$

d) Krankheitsquote** $= \frac{\text{Krankheitstage}}{\text{Mitarbeiterjahre*}} \times \frac{100}{\text{Soll-Arbeitstage p. a.}}$

* auf Vollzeitmitarbeiter umgerechnet
** ohne Langzeitkranke außerhalb der Lohnfortzahlung

Abb. 27: Marktkennzahlen

Marktkennzahlen

a) Marktanteil bei BVD-Dienstleistungen $= \frac{\text{Anzahl eigener Vorfeldabfertigungen*}}{\text{Anzahl aller Vorfeldabfertigungen}} \times 100$

b) Marktanteil bei Passagierabfertigungen $= \frac{\text{Anzahl selbstabgefertigter Passagiere**}}{\text{Anzahl abgehender Passagiere**}} \times 100$

c) Retailumsatz je Passagier $= \frac{\text{Retailumsatz am gesamten Flughafen}}{\text{Anzahl abgehender Passagiere**}} \times 100$

d) Gastronomieumsatz je Passagier $= \frac{\text{Gastronomieumsatz am gesamten Flughafen}}{\text{Anzahl abgehender Passagiere**}} \times 100$

* von Flughafengesellschaft ganz oder teilweise selbst durchgeführt
** im gewerblichen Verkehr

Abb. 28: Rentabilitätskennzahlen

Rentabilitätskennzahlen

a) Umsatzrentabilität $= \frac{\text{Jahresüberschuss*}}{\text{Umsatz}} \times 100$

b) Betriebliche Umsatzrentabilität $= \frac{\text{Betriebsergebnis**}}{\text{Umsatz}} \times 100$

c) Gesamtrentabilität $= \frac{\text{Jahresüberschuss* + FK-Zinsen***}}{\text{Gesamtkapital}} \times 100$

d) Eigenkapitalrentabiltät $= \frac{\text{Jahresüberschuss*}}{\text{Eigenkapital}} \times 100$

e) Eigenkapitalquote $= \frac{\text{Eigenkapital}}{\text{Gesamtkapital}} \times 100$

* vor Steuern
** ermittelt auf der Basis der G + V (operatives Ergebnis)
*** Fremdkapital

Abb. 29: Kapitalflusskennzahlen

Kapitalflusskennzahlen

a) *Cashflow* = Jahresüberschuss nach Steuern
+ Abschreibungen
+/– Veränderung der Rückstellungen (ohne Pensionsrückstellungen)
+/– Bestandsveränderungen
= *Cashflow*

b) *Cashflow*-Umsatz-Quote $= \frac{\textit{Cashflow}}{\text{Umsatz}} \times 100$

c) Selbstfinanzierungsquote $= \frac{\textit{Cashflow}}{\text{Zugänge zum Anlagevermögen*}} \times 100$

* gesamtes Anlagevermögen gemäß Anlagenspiegel

257 Für die Wertermittlung können grundsätzlich alle Wertermittlungsverfahren (Vergleichs-, Sachwert- und Ertragswertverfahren) herangezogen werden. Dabei kann der **Verkehrswert** auch **unter Berücksichtigung einer fiktiven Folgenutzung** und Abzug des dafür zu erwartenden Kostenaufwands ermittelt werden.

258 Der **Bodenwert** ist unter Anwendung des direkten oder indirekten Preisvergleichs zu ermitteln. Hierbei sind die Folgenutzungsmöglichkeiten der Flächen des Flughafengeländes zu beachten. In aller Regel ist es zweckmäßig, den Flughafen insgesamt in Flächen unterschiedlicher Nutzung zu gliedern:
a) Bebaute Flächen

- Flugzeug-Dienstleistungscharakter (Passagierabfertigung, Büroverwaltung und Geschäftsnutzung); oftmals in unmittelbarem räumlichen Zusammenhang mit der äußeren Erschließungsanlage (PKW, LKW, Bus, Bahn) und Parkflächen (Parkhäuser, Tiefgaragen, Parkplätze).
- Überwiegend gewerblicher Nutzungscharakter (Werkstätten, Lager und Sonstiges einschließlich dazugehöriger Büronutzung).

Der **in direktem Zusammenhang mit der Bebauung stehende Teil eines Flughafens** ist im Allgemeinen als gewerbliches Bauland anzusehen. Insofern kann sein Bodenwert aus dem angrenzenden Gewerbebaulandpreisen (ebf.) abgeleitet werden. 259

Allgemein wird in der Praxis dabei von höherwertigerem Gewerbebauland ausgegangen, ohne dass jemals eine höhere Ertragskraft der baulich genutzten Flugplatzflächen gegenüber den zum Vergleich herangezogenen Baulandflächen nachgewiesen werden konnte. Angesichts der mit der Aufrechterhaltung des Flugbetriebs hohen Bewirtschaftungskosten (in Bezug auf die Flächenvorhaltung, Sicherheitsbestimmungen, die Umweltbelange und dgl.) wird man die Bodenertragskraft nach der Kapazitätsauslastung des Flugplatzes berücksichtigen. 260

b) Unbebaute Flächen

Ein weiterer abgrenzbarer Bereich sind die **unbebauten Verkehrsflächen** oder so genannten Flughafenbetriebsflächen (Start- und Landebahnen, Taxiways etc.). Der Wert dieser Flächen hängt von der zu erwartenden Folgenutzung ab. 261

Besteht beispielsweise große **Gewerbebaulandknappheit,** können diese Flächen durchaus den Charakter von Bruttorohbauland besitzen. Da davon auszugehen ist, dass die Flächen zumindest teilerschlossen sind, wären – ausgehend vom Gewerbebaulandpreis (ebf) – ein Anteil Erschließungskosten sowie die Kosten der „inneren Erschließung" abzurechnen. Letztere können dadurch erfasst werden, dass die Bruttofläche um 25 % gekürzt wird[117]. Ist nach Aufgabe des Flughafens die künftige gewerbliche Nutzung nicht sicher absehbar, können diese Flächen gewissermaßen als „Rohbauland im Wartestand" oder als Bauerwartungsland anzusehen sein. Ihr Wert dürfte dann mit 20 bis 30 v. H. des Gewerbebaulandpreises (ebpf) angemessen berücksichtigt sein. 262

In den Fällen, in denen wegen ungünstiger Lagequalität (z.B. Lage in wirtschaftlich rückständigen Regionen) eine **gewerbliche Folgenutzung in absehbarer Zeit nicht in Betracht** kommt, dürfte der Wert dieser Flächen mit etwa dem zwei- bis dreifachen ortsüblichen innerlandwirtschaftlichen Verkehrswert in Ansatz zu bringen sein., d.h., der Wert orientiert sich am Wert der besonderen Flächen der Land- und Forstwirtschaft[118]. Die bei einem Flughafen üblicherweise vorhandenen – nicht betriebsnotwendigen – Randzonen sind im Allgemeinen geringwertig. Je nach tatsächlichen Gegebenheiten sind sie zumeist als „Umland", Waldflächen, Acker- oder Grünland mit den entsprechenden ortsüblichen Preisen anzusetzen. Ein höherer Wert wäre nur dann gerechtfertigt, wenn diesen Flächen wegen zu erwartender Folgenutzung eine höherwertige Qualität beigemessen werden muss. 263

c) Umgriffsflächen

Dem Flugplatz zugehörige nicht betriebsmäßig erforderliche **Umgriffsflächen** sind allgemeinen Grundsätzen der Wertermittlung unterworfen, wobei aber Baubeschränkungen zu berücksichtigen sind. Nach dem Luftverkehrsgesetz des Bundes bedarf beispielsweise jede **Errichtung von Bauwerken im Umkreis von 1,5 km Halbmesser um den Flughafenbezugspunkt** der Zustimmung der Luftfahrtbehörde. Eine Zustimmung ist unter anderem ferner erforderlich bei Bauwerken in einer Höhe von mehr als 25 m, wenn sie außerhalb der Anflugsektoren, aber im Umkreis von 4 km Halbmesser um den Flughafenbezugspunkt geplant sind, und mit einer Höhe von mehr als 15 m, wenn es sich um einen Flughafen der Klasse A bis D handelt. Der Zustimmungsbereich erweitert sich bis zu 15 km Halbmesser um den Startbahnbezugspunkt bei Bauvorhaben innerhalb der Anflugsektoren. Die Luftfahrtbehörde kann ihre Zustimmung von Auflagen abhängig machen, die der Baugenehmigung hinzugefügt werden. 264

Bei der Bodenwertermittlung ist also einerseits auf eine **plausible und nachvollziehbare Flächenabgrenzung** besonderer Wert zu legen und anderseits ist der Wahrscheinlichkeitsgrad der potenziellen Nutzung mit Sorgfalt nachprüfbar abzuleiten (vgl. Abb. 30). 265

---

117 Dieses Verfahren ist marktkonform, da in vergleichbaren Fällen die erforderlichen Erschließungsflächen (20–25 %) oftmals kostenlos der Gemeinde abgetreten werden, die dann auf ihre Kosten die (öffentliche) Erschließung erstellt.

118 Noch ausdrücklich so geregelt in § 4 Abs. 1 Nr. 2 WertV 88.

Abb. 30: Flächenaufteilung Lageplan

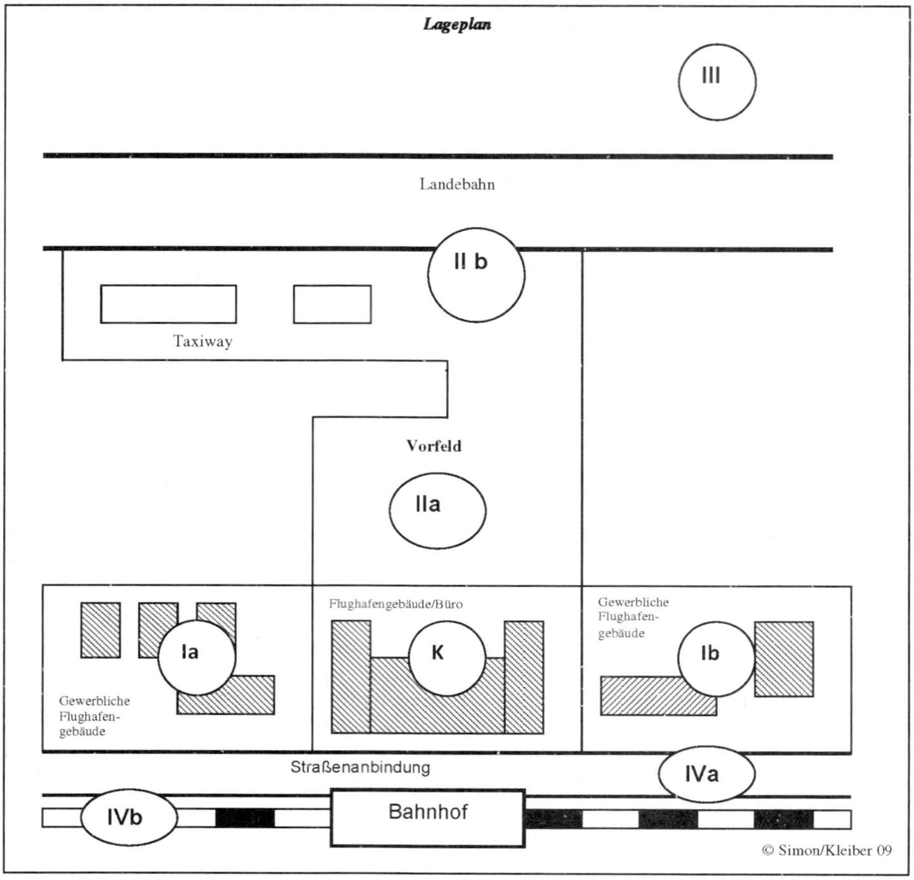

Erläuterung:

Zone	Erläuterung	Entwicklungszustand
Kernzone K	Zentralbereich (Terminals), Hotels, Gastronomie, Handel	Baureifes Land (ebf)
Gewerbezone Ia	Höherwertiges Gewerbe: Büro und Verwaltung, Parkhäuser	Baureifes Land (ebf)
Gewerbezone Ib	Produzierendes Gewerbe: Lager, Werkstätten, Logistik, (Fracht), Feuerwehr	Baureifes Land (ebf)
Freiflächenzone IIa	Vorfelder	Bauerwartungsland/ Rohbauland
Freiflächenzone IIb	Start- und Landebahnen, Taxiways	Bauerwartungsland/ Rohbauland
Freiflächenzone III	Sicherheitsflächen, Anflugssektoren	Land- und Forstwissenschaftlich
Straßenflächen IVa	Straßenanbindung	Gemeinbedarf
Bahnflächen IVb	Bahnanbindung	Gemeinbedarf

I a Fläche für höherwertiges Gewerbe

I b Fläche für produzierendes Gewerbe

II ggf. Bauerwartungsland

III ggf. Acker oder Grünland

In einer älteren **aus dem Jahre 1976 stammenden Untersuchung** der nds. Kataster- und Vermessungsverwaltung wurde hierzu lediglich festgestellt, dass für den Grund und Boden stets ein Mehrfaches der jeweiligen „reinen“ land- oder forstwirtschaftlichen Flächen (innerlandwirtschaftlicher Verkehrswert 0 reine land- oder forstwirtschaftliche Flächen) vereinbart wurde und lediglich in wenigen Einzelfällen der innerlandwirtschaftliche Verkehrswert die Grundlage der Preisvereinbarung bildete. I.d.R. wurde das Zwei- bis Fünffache des innerlandwirtschaftlichen Verkehrswerts, in besonderen Fällen bis zum Sechsfachen des innerlandwirtschaftlichen Verkehrswerts bezahlt. **266**

Bei der **Gebäudewertermittlung** von Gebäuden auf Flughafengelände ergeben sich im Vergleich zu anderen Hochbauwertermittlungen keine besonderen Abweichungen. Allerdings ist auf folgende Problematik hinzuweisen: **267**

Die alleinige Anwendung des Sachwertverfahrens führt zu Substanzwerten, die üblicherweise bei einer Folgenutzung zu einem unrealistisch hohen Ausgangswert führen und damit das Problem der Marktanpassung verschärfen. Sinnvoller ist es, die Gebäudewerte primär aus dem Ertragswertverfahren abzuleiten, da eine derartige Wertermittlung unter Berücksichtigung der Folgenutzung von vornherein zu einem marktkonformen Ausgangswert für die Ableitung des Verkehrswerts führt. **268**

5.4 Abgehende Flughafenfläche

Der Verkehrswert abgehender Flughäfen, d.h. solcher, die ihre Eigenschaft als Flughafen verlieren, bestimmt sich nach der künftigen Nutzung der aufgegebenen Flughafenfläche. Bei den bebauten Bereichen sind die weiterhin nutzbaren Anlagen und Einrichtungen unter Berücksichtigung der Kosten ihrer Umstrukturierung und der mit der Umnutzung einhergehenden Wartezeit zu bewerten, sofern nicht auf Grund der Art der Gebäude und ihrer Lage eine bauliche Anschlussnutzung ausgeschlossen werden muss[119]. **269**

119 FG Brandenburg, Urt. vom 13.12.2000 – 2 K 2501/98 –, GuG 2001, 307 = EzGuG 4.179 (Revision BFH, Urt. vom 18.12.1992 – II R 20/01 –, BFHE 200, 397 = BStBl II 2003, 228 = EzGuG 5.185a).

§ 45 ImmoWertV
Wasserflächen

Der Verkehrswert von Wasserflächen hängt in erster Linie von der rechtlich zulässigen Nutzungsmöglichkeit ab. Dabei kann insbesondere eine Abhängigkeit von dem Verkehrswert einer mit der Wasserfläche in unmittelbarem wirtschaftlichen Zusammenhang stehenden Landfläche bestehen oder eine ertragsorientierte Nutzung der Wasserfläche maßgeblich sein.

Gliederungsübersicht *Rn.*

1 Wasserflächen

▶ *Zu Wasserschutz-, Überschwemmungs- und Heilquellengebieten vgl. § 3 ImmoWertV Rn. 298 ff.; zu Ufergrundstücken vgl. Syst. Darst. des Vergleichswertverfahrens Rn. 401; zu den Wasserflächen vgl. § 5 ImmoWertV Rn. 137*

Mit § 45 ImmoWertV finden erstmals Wasserflächen in der ImmoWertV zusammen mit wenigen allgemeingültigen Hinweisen zu ihrer Marktwertermittlung Erwähnung. 1

Die Regelung geht auf entsprechende Hinweise zur Marktwertermittlung von Wasserflächen in der WERTR 06 (Nr. 5.3.3) zurück und war darin begründet, dass die Wertermittlungsrichtlinien ursprünglich als Verwaltungsanweisung für den Bereich der Bundesvermögens- und Bauverwaltung erlassen wurde und von dieser Seite einschlägige Grundsätze gefordert wurden. 2

Inhaltlich wird mit § 45 ImmoWertV lediglich bestimmt, dass der Verkehrswert von Wasserflächen 3

a) in erster Linie von der rechtlich zulässigen Nutzungsmöglichkeit abhänge und

b) dabei insbesondere eine Abhängigkeit von dem Verkehrswert einer mit der Wasserfläche in unmittelbarem wirtschaftlichen Zusammenhang stehenden Landfläche oder eine ertragsorientierte Nutzung der Wasserfläche maßgeblich sein kann.

2 Marktwertermittlung von Wasserflächen

2.1 Definition

Schrifttum:*Hugel, G.*, Bewertung von Wasserkraftanlagen und Wirtschaftlichkeitsbetrachtung bei kleinen und mittleren Anlagegrößen, GuG 2007, 75; *Jens, G.*, Die Bewertung der Fischgewässer; *Pahl, G.*, Steuerliche Bewertung von Baggerseen, BKS-Informationen 2009/2; *Upmeyer, B.*, Wert einer Flutrinne (Wasserlauf), GuG 2002, 33.

▶ *Vgl. zur Verkehrswertermittlung von Ufergrundstücken Syst. Darst. des Vergleichswertverfahrens Rn. 401, § 3 ImmoWertV Rn. 398 ff.; zu Wasserschutz-, Überschwemmungs- und Heilquellengebieten vgl. § 3 ImmoWertV Rn. 298; zu Brunnenrechten vgl. Teil VIII Rn. 306 ff.*

4 Wasserflächen werden als von oberirdischen Gewässern ständig bedeckte Flächen definiert. Hierzu gehören insbesondere Seen, Teiche, frei fließende und staugeregelte Flüsse, Kanäle, Häfen, Talsperren und Meeresteile.

5 Die **Abgrenzung der Gewässer gegen ihre Ufer** richtet sich nach den wasserrechtlichen Vorschriften. Der Verkehrswertermittlung ist i.d.R. die zuletzt ermittelte Uferlinie, bei staugeregelten Flüssen und Kanälen die Wasserlinie bei Normalstau zugrunde zu legen. Auskunft über den Verlauf der Begrenzungslinien erteilen die zuständigen Stellen, z.B. die Wasserbehörden.

2.2 Allgemeine Grundsätze der Marktwertermittlung

6 Der Verkehrswert von Wasserflächen hängt vor allem ab von der **rechtlich zulässigen Nutzung**. Aufwendungen des Gewässereigentümers für Ausbau und Unterhaltung bleiben dagegen im Regelfall außer Betracht. Bei renditeorientierten Nutzungen wie z.B. Häfen und Fischteichen kann der Verkehrswert der Wasserfläche aus dem daraus erzielten Ertrag ermittelt werden.

7 Wenn kein wirtschaftlicher Zusammenhang zwischen den Wasser- und Landflächen besteht, können Vergleichspreise die Grundlage für die Ermittlung des Verkehrswerts der Wasserfläche bilden.

8 Eine über den Gemeingebrauch bzw. Eigentümer- oder Anliegergebrauch hinausgehende werterhöhende Nutzungsmöglichkeit entsteht i.d.R. durch öffentlich-rechtliche Erlaubnisse, Bewilligungen und Genehmigungen (Wasser- bzw. baurechtliche Genehmigungen). Im Einzelfall können Zu- und Abschläge geboten sein, wenn z.B. rechtliche Belastungen oder tatsächliche Nutzungserschwernisse einen wesentlichen Einfluss auf die rechtlich zulässige Nutzungsmöglichkeit haben.

9 Es besteht vielfach eine Abhängigkeit zwischen dem Verkehrswert einer Wasserfläche und dem Verkehrswert einer mit dieser Wasserfläche in unmittelbarem wirtschaftlichem Zusammenhang stehenden Landfläche (benachbarter Uferbereich). Eine unmittelbare Nachbarschaft braucht nicht zu bestehen.

10 Der **Wegfall der unmittelbaren Nachbarschaft eines Wasserlaufs** führt zwar zu einem Verlust des durch den Wasserlauf bedingten wirtschaftlichen Reizes und mag im Einzelfall auch die tatsächlichen Möglichkeiten des Grundstücksgebrauchs mindern, jedoch führt sie i.d.R. nicht zu Entschädigungsansprüchen, soweit – anders als bei einer Zufahrtsverschlechterung – die Benutzbarkeit des Grundstücks nicht beeinträchtigt wird. Insoweit ist der daraus resultierende Mehrwert nicht Bestandteil des Grundstücks, der zu entschädigen ist[1].

1 BGH, Urt. vom 20.10.1967 – V ZR 78/65 –, BGHZ 48, 340 = EzGuG 4.27.

Generell stehen bei alldem folgende Nutzungen als **wertbeeinflussende Parameter** im Vordergrund: 11

- Umschlag, Industrie (z.B. Werften), Lagerei, Restaurants,
- Liegeplätze und Landeanlagen für Personenschifffahrt, Bootsverleih, Bootshäuser, Camping (privat) und dgl.,
- Gewinnung von Bodenschätzen, Bodenentnahmen, Bodenablagerungsflächen,
- Fischerei, Schilf-, Weidenanpflanzungen,
- sonstige private Nutzungen (z.B. Triebkraft, Wasserentnahme, Gartenanlagen),
- Sport und Erholung (nicht gewerblich),
- Kreuzungen wie Ein- und Durchleitungen (z.B. Ein- oder Auslassbauwerke) u.ä.,
- Anlagen des öffentlichen Verkehrs sowie Hochwasserschutzanlagen.

Im Normalfall wird der **Verkehrswert der Wasserfläche niedriger** sein **als der Verkehrswert der Bezugsfläche an Land**, weil die Nutzung der Wasserfläche durch die Natur der Gewässer eingeschränkt oder erschwert ist. 12

Bei Anwendung des Vergleichswertverfahrens wird der **Verkehrswert der Wasserfläche** in der Wertermittlungspraxis zumeist **als Vomhundertsatz des Verkehrswerts der Bezugsfläche** an Land ermittelt. Die Höhe dieses Vomhundertsatzes bestimmt sich insbesondere nach dem Grad des wirtschaftlichen Zusammenhangs der Wasserfläche mit der Bezugsfläche. In der Regel soll der Verkehrswert einer Wasserfläche bei der Hälfte des Verkehrswerts der Bezugsfläche liegen[2]. 13

2.3 Wirtschaftlich selbstständige Wasserflächen

Wirtschaftlich selbstständige Wasserflächen sind insbesondere Fischgewässer sowie Flächen des Wassersports und des Badebetriebs. Ihr Wert lässt sich **auf der Grundlage des Ertragswertverfahrens** im Wege der Kapitalisierung nachhaltiger Pachteinnahmen und Nutzungsentgelte[3] ermitteln. Diese können regional stark streuen kann und liegen bei etwa einem Drittel des Jahresrohertrags[4]. Nach *Jens* (a.a.O.) kann der Kapitalwert (des Pachtentgelts) mit dem 25-Fachen des Jahresreinertrags angesetzt werden. Hilfsweise kann auch die Kapitalisierung der für Agrarland durchschnittlicher Beschaffenheit erzielbaren Pacht in Betracht kommen[5]. Der Wert kann bei Liebhabernutzungen davon beträchtlich abweichen. 14

Die **Anwendung des Vergleichswertverfahrens** ist vorrangig, wo geeignete Vergleichspreise oder dafür geeignete Auswertungen der Gutachterausschüsse zur Verfügung stehen. 15

Vergleichspreise für Wasserflächen **streuen zumeist nicht unerheblich. Dies kann auf die maßgeblichen wertbeeinflussenden Parameter zurückgeführt werden, insbesondere** 16

- die Lage,
- die Erschließung der Wasserfläche,

---

2 Bereits mit Nr. 5.3.4 WERTR wurde ein Regelsatz von 50 v.H. der Bezugsfläche angesetzt. Der BMV hatte schon gemäß RdErl. vom 04.06.1991 zur VV-WSV 2608 – Nutzungsentgelte – den Wertansatz auf „bis zu 50 v.H." erhöht. Zuvor hatte bereits der BMF mit Schreiben vom 22.02.1988 (VI C 1 P 3000 – 1/88) an die Oberfinanzdirektionen mitgeteilt, diesen Satz in den Fällen anzuhalten, in denen eine funktionelle Verknüpfung von Land- und Wasserflächen (z.B. bei Werftanlagen, gewerblich genutzten Yachtflächen) gegeben ist, wobei der Grad der funktionellen Verknüpfung als Anhaltspunkt „der Feineinordnung" dienen soll. Den seither auf dieser Grundlage allgemein vereinbarten Nutzungsentgelten entspricht ein Wasserflächenwert in Höhe des hälftigen Bodenwerts der zugeordneten Landfläche.

3 Zur Bemessung der Nutzungsentgelte vgl. die Verwaltungsvorschrift der Wasser- und Schifffahrtsverwaltung des Bundes (VV-WSV 2608 vom 16.01.1987; hrsg. vom Bundesministerium für Verkehr = http://www.bmvbw.bund.de).

4 Jens, Die Bewertung der Fischgewässer, Verlag Paul Parey, Hamburg/Berlin 1969; Upmeyer, Der Wert einer Flutrinne, GuG 2001, 33; Ertragsverhältnisse von Yachthäfen in GuG 2001, 52.

5 Hierzu GuG 2001, 52.

– den Wasserzufluss und
– das Verhältnis der Wasserfläche zur Umgebung.

17 In den Grundstücksmarktberichten der Gutachterausschüsse werden zu alldem die Ergebnisse einschlägiger Auswertungen der Kaufpreissammlung veröffentlicht.

– Der Grundstücksmarktbericht 2024 des Gutachterausschusses in *Bergisch-Gladbach* verzeichnet als Mittelwert für Wasserflächen im Stadtgebiet 4,50 €/m² (Streubreite 2,90 bis 5,60 €/m² aus 11 Kaufpreisen).
– Der Grundstücksmarktbericht 2021 des Gutachterausschusses im *Oberbergischen Kreis* weist für private Fischteiche einen Mittelwert von 2,60 €/m² (2 500 m²) und für gewerbliche Fischteiche einen Mittelwert von 4,15 €/m² (6400 m²) aus, wobei die Höhe des Verkaufspreises mit der Größe des Fischteiches sinkt.
– Der Grundstücksmarktbericht 2021 des Gutachterausschusses in *Moers* verzeichnet für offene Wasserflächen Werte bis 0,50 EUR/m².
– Für Einzelparzellen mit Erholungsfunktion und der Möglichkeit einer **Wassersportnutzung** werden als Anhalt für *Berlin* (1999) im Bodenrichtwertatlas 150 bis 250 €/m² genannt. Für im Außenbereich gelegene Wasserflächen, deren Dauerhaftigkeit sicher ist, zahlen eingetragene Angelsportvereine 0,75 bis 1,50 €/m² (1996).
– Im Kreis *Kleve* haben WasserflächenFreizeitwert (2024), d.h. für Gräben, Sumpf-flächen und rekultivierte Abgrabungsflächen im Durchschnitt eine Wertigkeit von 0,50 bis 3,00 EUR/m². Im unteren Rahmenbereich handelt es sich vorwiegend um Angelgewässer, im oberen Rahmenbereich um Hafengewässer und Erholungsflächen an Badeseen mit einem hohen Wasseranteil von bis zu 90 %.
– Nach dem Grundstücksmarktbericht 2019 des Gutachterausschusses vomLandkreis *Wesel* ist der Wert nicht kommerziell genutzter Wasserflächen i.d.R. mit 0,50 €/m² anzusetzen; größere nicht wirtschaftlich nutzbare Wasserflächen, insbesondere mehrere ha große ausgekieste Baggerseen, sind meist nur zu Preisen unterhalb 0,50 €/m² verkäuflich.
– Für Wasserflächen in *Brandenburg* gibt der Grundstücksmarktbericht *Brandenburg* 2012 Preise zwischen 0,01 bis 1,57 €/m² (im Mittel 0,22 €/m²) für Wasserflächen einschließlich der Kaufpreise von Gräben an.
– In *Frankfurt an der Oder* wurden nach dem Grundstücksmarktbericht 2011 Kaufpreise von 0,25 bis 0,33 €/m² für Wasserflächen registriert. Im *LK Oder-Spree* wurden Gewässerflächen nach dem Grundstücksmarktbericht 2012 bei einer Flächengröße von 0,04 bis 2,5 ha zu einem Preisniveau von 0,10 bis 0,58 €/m² gehandelt; der Fischzucht dienende Gewässer wurden im Zeitraum 2008 bis 2012 zwischen 0,03 bis 0,48 €/m bei Flächen von 0,2 bis 62,7 ha gehandelt.
– Im Landkreis *Dahme-Spreewald* wurden (im Jahre 2003) Gräben innerhalb von landwirtschaftlichen Nutzflächen in einer Preisspanne von 0,05 bis 0,26 €/m² bei einem Durchschnitt von 0,09 €/m², Teiche und Seen, die zum Teil auch bewirtschaftet werden, wurden in einer Preisspanne von 0,07 bis 1,02 €/m² gehandelt; das Mittel lag bei 0,39 €/m².
– Im Landkreis *Oberspreewald-Lausitz* wurden im Jahr 2011 Wasserflächen vornehmlich von Zuchtteichen sowie der Fischerei- und Teichwirtschaft zu Kaufpreisen von 0,15 €/m² bis 0,35 €/m² (im Mittel zu 0,24 €/m²) bei einer Flächengröße von 500 bis 178 000 m² gehandelt.
– Ausweislich des Grundstücksmarktberichtes 2019 von *Göttingen* liegen die mittleren Gesamtkaufpreise für Grundstücke mit Teichen und Grundstücksgrößen ab 1000 m² zwischen 0,07 €/m² und 14,00 €/m², der mittlere Preis beträgt 1,47 €/m². Die relativ großen Spannen ergeben sich durch Abweichungen der einzelnen Grundstücke bezüglich des Zustands der Anlage (z.B. Außenanlagen, Wasserversorgung und wasserrechtliche Genehmigung).

Abb. 1: Preise für Wasserflächen (Teiche) in Göttingen

Wasserflächen (Teiche)				
Stadt/Landkreis	**Anzahl 2009–2018**	**Spanne (€/m²)**	**Mittlerer Preis (€/m²)**	**Mittlerer Bodenrichtwert für Ackerland (€/m²)**
Altkreis Göttingen (einschließlich der Stadt Göttingen)	19	0,07–14,00	2,32	1,50
Altkreis Osterode im Harz	13	0,28–6,22	1,52	0,80
Landkreis Goslar	11	0,11–5,05	0,91	0,90
Landkreis Holzminden	13	0,12–5,05	1,20	1,25
Landkreis Northeim	28	0,16–6,38	1,20	1,50

Quelle: Grundstücksmarktbericht Göttingen 2019

Wirtschaftlich selbstständige, jedoch wirtschaftlich nicht nutzbare Wasserflächen werden im Allgemeinen mit mindestens 10 % und in besonderen Fällen höchstens mit dem hälftigen Bodenwert der angrenzenden Landfläche bewertet. Sie werden vielfach auch im Wege des Preisvergleichs mit landwirtschaftlich unrentablem Agrarland (auch Öd- und Unland) bewertet. 18

2.4 Hafen

Schrifttum: *Mediamare consulting*, Hafenstudie 2012, Wildau; PLANCO Consulting GmbH Schwerin (2008): Benchmarkingstudie für Sportboothäfen an der Ostseeküste für das Jahr 2005. – Teil des Interreg IIIB Projekts MariTour.

Als Nutzungsentgelt für Hafenflächen sehen die Verwaltungsvorschriften des Bundes[6] 7 % des halben Bodenwerts des angrenzenden Ufergrundstücks vor. 19

Beispiel: 20

Das an eine Hafenfläche angrenzende Ufergrundstück wird als Gewerbe- und Industriefläche mit einem Verkehrswert von 15 €/m² genutzt.

Bei 7 % des hälftigen Werts als dem gedanklichen Wert der Wasserfläche ergibt sich ein jährliches Nutzungsentgelt von:

15 €/m² / 2 x 7 / 100 = 0,52 €/m² p.a

Soweit diese Grundsätze allgemein zur Anwendung kommen und das Geschehen auf dem „Grundstücksmarkt für Wasserflächen in Häfen" bestimmen, lässt sich umgekehrt bei bekannten Nutzungsentgelten der Wert der Wasserfläche[7] wie folgt bestimmen: 21
Wert der Wasserfläche$_{\text{Hafen}}$ = (Jahresnutzungsentgelt x 100) / 7

Hinweise zur Ermittlung des Verkehrswerts von unbebauten See-Hafengrundstücken können den steuerlichen Richtlinien der OFD Hamburg für die Bewertung der Hafengrundstücke in Seehäfen (BewRSh) vom 09.02.1971[8] entnommen werden. Nach diesen Richtlinien gelten als Hafengrundstück nur Grundstücke, die dem Betrieb, der Erhaltung und der Verwaltung eines Hafens dienen und in räumlichem Zusammenhang mit den Hafenanlagen stehen; dient ein Grundstück auch anderen Zwecken und ist dieser Teil nicht räumlich abgrenzbar, so soll es auf die überwiegende Nutzung ankommen. Nach den Richtlinien ist der Bodenwert wiederum aus Bodenwerten benachbarter Industriegrundstücke abzuleiten, und erst wenn geeignete Vergleichsflächen nicht zur Verfügung stehen, kann vom Verkehrswert baureifer Grundstücke an- 22

6 BMV: VV Nutzungsentgelte VV-WSV 2608 (1987).
7 Klocke, GuG 1994, 222.
8 S 3014 – 4/70 – St 31; abgedruckt auf S. 2168 der 3. Aufl. dieses Werks.

derer Nutzung ausgegangen werden, der dann durch Abschläge auf den Verkehrswert von Industrieland umzurechnen ist. Weitere Maßgaben dieser Richtlinien sind:

23 *(a)* Der Wert „der mit Wasser bedeckten Fläche des Hafens" erhöht sich in Abhängigkeit von der Ausbaggerung nach diesen Richtlinien durch folgende auf den Quadratmeter bezogene Zuschläge (Abb. 2):

Abb. 2: Zuschläge

Tiefe des Hafenbeckens bis	Zuschlag €/m² Stand 1971	Zuschlag €/m² Stand 1995
3,00 m	1,25	3,75
4,00 m	1,50	4,50
5,00 m	1,75	5,00
6,00 m	2,00	6,00
8,00 m	3,00	9,00
10,00 m	4,00	12,00
12,50 m	5,00	15,00
15,00 m	6,00	17,50
17,50 m	6,75	20,00
20,00 m und mehr	7,50	22,50

(b) Die **Zweckgebundenheit der mit Wasser bedeckten Fläche** des Hafens ist durch einen Abschlag von 40 v.H. von dem sich nach vorstehender Textziffer ergebenden Wert zu berücksichtigen. Bei öffentlichen Häfen erhöht sich der Abschlag auf 80 v.H. Der Abschlag ist auch auf den Wert der Grundflächen der Kaimauern sowie den Wert der Böschungen und der anderen Ufereinfassungen zu erstrecken.

24 *Beispiel:*
Für die Berechnung des Quadratmeterpreises der mit Wasser bedeckten Fläche eines öffentlichen Hafens:

Durchschnittlicher Wert für benachbartes Industrieland 5,00 €/m²,
Tiefe des Hafenbeckens 4 m

Durchschnittlicher Wert für Industrieland pro m²	15,00 €
Abschlag wegen Größe, Zuschnitt, Gestaltung angenommen 30 v.H.	– 4,50 €
	10,50 €
Zuschlag wegen Tiefe des Hafenbeckens	+ 4,50 €
	15,00 €
Abschlag wegen Zweckgebundenheit: 80 v.H.	– 12,00 €
Wert pro m² der mit Wasser bedeckten Fläche	**3,00 €**

25 Das Verfahren versagt, wenn ein ortsübliches Nutzungsentgelt nicht ermittelt werden kann, wie z.B. an den Bundeswasserstraßen, wo die Wasser- und Schifffahrtsverwaltung einziger Anbieter ist. In der Praxis wird hier von dem nächsten Bodenrichtwert für ein Grundstück vergleichbarer Nutzung ausgegangen.

In der **steuerlichen Bewertung** werden **Boots- und Yachthäfen** sowie Häfen der See- und Binnenschifffahrt mit **26**

- 60 % des Werts der Ufergrundstücke bzw.
- 25 % des Werts des angrenzenden Baulands

bewertet[9].

Die Einnahmen setzen sich zumeist aus Einnahmen der Vermietung von Liegeplätzen inkl. Ver- und Entsorgung sowie den verschiedenen Leistungen im Zusammenhang mit der Überwinterung von Sportbooten (Winterlager) zusammen (Strom, Wasser, Parkplatz, Abfallentsorgung und Bewachung). Die Einnahmen resultieren aus sog. Dauerliegern und sog. Gastliegern und variieren stark. Nach einer älteren Untersuchung des FVSF und der Mediamare Consulting[10] von 2008 beliefen sich die Liegeplatzgebühren für Dauerlieger an der deutschen Nord- und Ostseeküste[11] und den daraus abgeleiteten jährlichen Bruttoeinnahmen eines Sportboothafens mit 250 Liegeplätzen durch Dauerlieger bei einer 80-prozentigen Auslastung (200 Sportboote) auf folgende Größenordnungen (Endpreise):

Einnahmen der Vermietung von Liegeplätzen (2012)					
		Bootsgröße 1	**Bootsgröße 2**	**Bootsgröße 3**	**Bootsgröße 4**
		7,5 x 2,8 m	9,0 x 3,2 m	11,0 x 3,5 m	13,0 x 4,3 m
Liegeplatzpreis pro Saison (März bis Oktober)	durchschnittlicher Bruttopreis	750,00 €	999,14 €	1 355,63 €	1 857,62 €
	Bruttopreisspanne	535,5–1 182,0 €	535,5–1 240,0 €	654,0–1 700,0 €	773,5–2 408,0 €
	Saisonpauschale Nebenkosten (Dusche, Wasser, Strom) inkl. 19 % MwSt.		50,00 €	50,00 €	50,00 €
Jahreseinnahmen für saisonal vergebene Liegeplätze (April bis Oktober)	Prozentuale Verteilung	57 %	27%	12 %	4 %
	Anzahl Sportboote	114	54	24	8
	Brutto-Einnahmen	85.500 €	56.654 €	33.735 €	15.261 €
Durchschnittliche Brutto-Einnahmen Dauerlieger p.a. (Nettopreis inkl. 19% MwSt.)		**191 150 €**			

Quelle: Mediamare Consulting, Hafenstudie 2012; dort auch zu Einnahmen aus dem Winterlager, Lagerung von Masten und Bewirtschaftungskosten und der Kostenentwicklung bis 2027

9 Vgl. GuG 2001, 52; zu einer Steganlage vgl. BerlVerfGH, Urt. vom 2[illegible].03.2003 – VerfGH 60/01 –, GuG 2003, 250 = EzGuG 10.20a

10 FVSF (2008) Strukturen im Bootsmarkt, – FVSF-Forschungsbericht [illegible], *Mell, W.-D.*, Mediamare consulting, Hafensstudie 2012.

11 Quelle: Auswertung Preisabfrage, Liegeplatzgebühren, 13 teilnehmende VDSH-Mitglieder Saison 2011.

Abschnitt 2
Grundstücksbezogene Rechte und Belastungen

Unterabschnitt 1
Allgemeines

Vorbemerkung zu grundstücksbezogenen Rechten und Belastungen

▶ *§ 1 ImmoWertV Rn. 109; Teil VIII*

Abschnitt 2 der ImmoWertV gliedert sich in zwei Unterabschnitte, nämlich in den 1

1. **Unterabschnitt** (§§ 46 und 47 ImmoWertV) **über grundstücksbezogene Rechte und Belastungen und**
2. **Unterabschnitt** (§§ 48–52 ImmoWertV) **über Erbbaurechte und Erbbaugrundstücke.**

Die **Vorschriften** sind mit der ImmoWertV erstmals in das Wertermittlungsrecht aufgenommen worden und beschränken sich auf wenige allgemeine nicht regelungs- und klärungsbedürftige Feststellungen. 2

So werden im *1. Unterabschnitt* lediglich die als Gegenstand einer Marktwertermittlung in Betracht kommenden Rechte und Belastungen mit dem Hinweis aufgezählt, dass diese jeweils eigenständiger Gegenstand einer Wertermittlung sein können (§ 46 ImmoWertV). Mit den *§§ 47 und 48 ImmoWertV* werden hierzu nur wenige allgemeingültige Grundsätze der Marktwertermittlung von Rechten und Belastungen vorgegeben. 3

Die Ermittlung des Marktwerts der aufgezählten Rechte und Belastungen wird ergänzend in § 47 ImmoWertV nur in allgemeinen Grundzügen geregelt. Weiteres kann den Hinweisen zu § 47 ImmoWertV der ImmoWertV-Anwendungshinweise – ImmoWertA entnommen werden (vgl. Erl. zu § 47 ImmoWertV). 4

Im *2. Unterabschnitt* werden mit den *§§ 48ff. ImmoWertV* die Grundzüge der in der Wertermittlungspraxis gebräuchlichen Verfahren der **Marktwertermittlung von Erbbaurechten und Erbbaurechtsgrundstücken** vorgestellt. 5

Es handelt sich hierbei um einen sehr umfangreichen und komplexen Bereich der Wertermittlungspraxis, zu dem die aufgehobene Wertermittlungsrichtlinie des Bundes, zuletzt i.d.F. der Bekanntmachung vom 01.03.2006 (WertR 06)[1], ausführliche Hinweise gegeben hat. Die Hinweise sollen durch Anwendungshinweise zur ImmoWertV ersetzt werden. 6

Angesichts der Vielfalt von Rechten und Belastungen und der Komplexität dieser Materie muss sich die Kommentierung auf die neuen Rechtsvorschriften beschränken. Die Marktwertermittlung von grundstücksbezogenen Rechten wird umfassend in Teil VIII erläutert. 7

1 BAnz Nr. 108a vom 10.06.2006; abgedruckt in Kleiber, Sammlung amtlicher Vorschriften, 12. Aufl. 2016.

§ 46 ImmoWertV
Allgemeines zu grundstücksbezogenen Rechten und Belastungen

(1) Grundstücksbezogene Rechte und Belastungen können den Wert des begünstigten und den Wert des belasteten Grundstücks beeinflussen sowie Gegenstand einer eigenständigen Wertermittlung sein.

(2) Als grundstücksbezogene Rechte und Belastungen kommen insbesondere in Betracht:

1. grundstücksgleiche Rechte,

2. weitere beschränkte dingliche Rechte,

3. Baulasten,

4. grundstücksbezogene gesetzliche Beschränkungen des Eigentums sowie

5. miet-, pacht- und wohnungsrechtliche Bindungen.

Gliederungsübersicht *Rn.*

1 Gegenstand der Wertermittlung (§ 46 Abs. 1 ImmoWertV)

▶ *Vgl. zum Wegerecht Rn. 52; zum Notwegerecht vgl. Rn. 288 ff.; § 1 ImmoWertV Rn. 96 ff.; § 2 ImmoWertV Rn. 61 ff.; § 3 ImmoWertV Rn. 229 ff.; § 8 ImmoWertV Rn 43; § 47 ImmoWertV Rn. 11, 18 ff.*

1 Mit § 46 Abs. 1 ImmoWertV wird zunächst klargestellt, dass **grundstücksbezogene Rechte und Belastungen den Verkehrswert des begünstigten bzw. belasteten Grundstücks beeinflussen*können*** [1]. Selbst wenn sie den Marktwert nicht beeinflussen, sind sie in einem Gutachten schon aus Gründen der Vollständigkeit grundsätzlich zu konkretisieren.

2 Hieran anknüpfend muss geprüft werden, ob die im konkreten Einzelfall festgestellten **grundstücksbezogenen Rechte und Belastungen** den Verkehrswert des betroffenen Grundstücks nicht unerheblich beeinflussen. Prüfmaßstab ist regelmäßig der materielle und immaterielle **Vor- bzw. Nachteil für das herrschende bzw. dienende Grundstück**. Ist davon auszugehen, bestimmt sich der Marktwert (Verkehrswert) der davon betroffenen Grundstücke unter Berücksichtigung der aus den Rechten und Belastungen resultierenden Werterhöhungen bzw. Wertminderungen (§ 2 Abs. 3 Nr. 12 ImmoWertV). Nach der Systematik der ImmoWertV wird bei der Ermittlung des Marktwerts derart betroffener Grundstücke zunächst vom vorläufigen marktangepassten Verfahrenswert eines fiktiv unbelasteten Grundstücks ausgegangen. Die wertbeeinflussende Rechte und Belastungen werden nach § 8 Abs. 3 Nr. 6 ImmoWertV subsidiär als besondere objektspezifische Grundstücksmerkmale (boG) in der Höhe berücksichtigt, wie sie den jeweiligen Verkehrswert (im gewöhnlichen Geschäftsverkehr) insbesondere unter Berücksichtigung der wirtschaftlichen Vor- und Nachteile beeinflussen (§ 47 Abs. 3 ImmoWertV).
Abweichend von den vorstehenden Vorgaben der ImmoWertV kann es aus bewertungstechnischen Gründen angezeigt sein, bei der Marktwertermittlung des begünstigten Grundstücks die mit dem Recht einhergehenden wirtschaftlichen Vorteile bereits im marktangepassten vorläufigen Verfahrenswert zu berücksichtigen (z.B. beim Wegerecht, Notweg, Überbau). Dies gilt indessen nicht für die wirtschaftlichen Nachteile).

3 Geht mit dem Recht an einem Grundstück gleichzeitig eine Belastung des „dienenden“ Grundstücks einher, so kann die **Werterhöhung des „herrschenden“** nicht unerheblich von der **Wertminderung des „dienenden“ Grundstücks** abweichen, so z.B. wenn der aus einer Grunddienstbarkeit (Wegerecht) resultierende Vorteil für das herrschende Grundstück deutlich den Nachteil des dienenden Grundstücks überschreitet[2].

---

1 Gemäß § 4 Abs. 3 Nr. 6 WertV 72 waren die wertbeeinflussenden Rechte und Belastungen den ungewöhnlichen oder persönlichen Verhältnissen zugeordnet.

2 BGH, Beschl. vom 30.01.1957 – V ZR 263/56 –, BGHZ 23, 205 = EzGuG 14.5; KG Berlin, Urt. vom 10.07.1967 – 4 U 486/67 –, NJW 1968, 2014 = EzGuG 14.39.

Abb. 1: Auswirkungen der Rechte und Belastungen auf den Grundstückswert

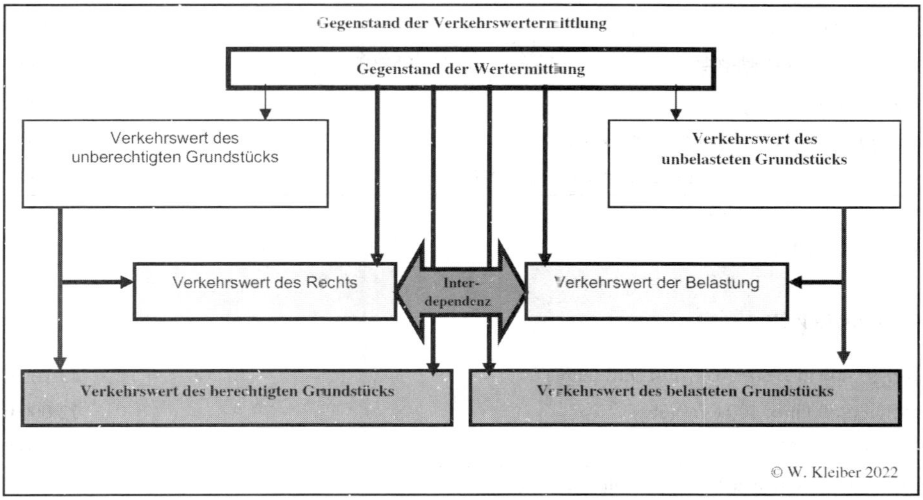

Beispiel: 4

Ein an einer Erschließungsstraße gelegenes Grundstück A soll mit einem Wegerecht (Baulast bzw. Grunddienstbarkeit) belastet werden, das dessen Bebaubarkeit nicht beeinflusst. Der anzulegende Weg dient zugleich als Zufahrtsfläche zur eigenen Garage.Das dahinter liegende Grundstück wird damit erstmals erschlossen und erfährt dadurch einen erheblichen Wertzuwachs; aus dem Rohbauland entsteht eine baureife Fläche.

Abb. 2: Wegerecht

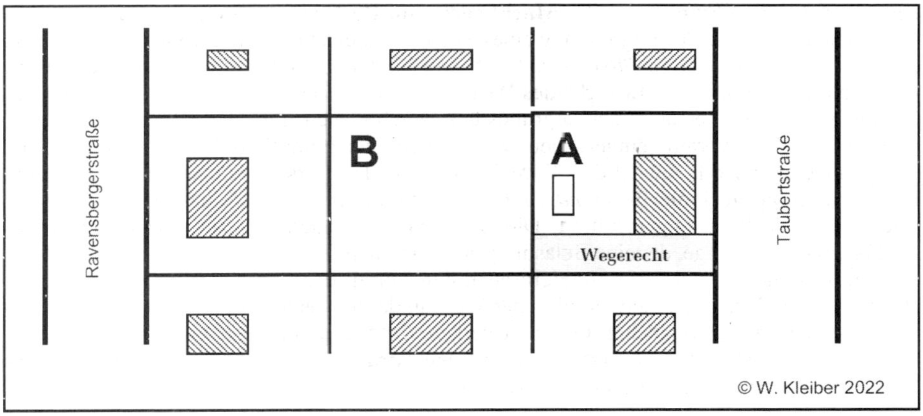

Der Wertzuwachs des Grundstücks B ist aufgrund des Wegerechts deutlich höher als der Wertverlust des Grundstücks A. Im Zuge der Begründung des Rechts würde sich bei hälftiger Aufteilung des Wertzuwachses der Wert des Wegerechts nach der Wertminderung des dienenden Grundstücks zuzüglich des hälftigen Wertzuwachses des Grundstücks B bemessen.

Grundstück A

600 m²× 150 €/m² (ebf) =		90 000 €
Weg 120 m²× 150 €/m² =		– 18 000 €
Restgrundstück		= 72 000 €
abzüglich Beeinträchtigung durch Weg 5 %		– 3 600 €
zuzüglich Eigennutz Garagenzufahrt 10 % von 18 000 €		1 800 €
Wert belastetes Grundstück		= 70 200 €
Wertverlust 22 %	19 800 €	

Grundstück B

vorher: 600 m²× 60 % von 120 €/m² (ebpf)		43 200 €
nachher: 600 m²× 120 €/m² (ebpf)		72 000 €
Wertzuwachs 67 %		28 800 €
Aufteilung Wertzuwachs ½ auf A und B	14 400 €	

Wert des Wegerechts

Wertminderung dienendes Grundstück A	19 800 €
zuzüglich ½ Anteil Wertzuwachs von B	14 400 €
Wert Begründung des Wegerechts	34 200 €

5 § 46 Abs. 1 ImmoWertV stellt weiterhin klar, dass **Gegenstand der Wertermittlung auch eine eigenständige Ermittlung des Marktwerts von Rechten und Belastungen** sein kann, insbesondere im Zuge der Begründung eines Rechts. Dabei ist oftmals der Fall gegeben, dass sich der *„gewöhnliche Geschäftsverkehr"* auf zwei Marktteilnehmer verengt, z.B. wenn es im vorstehenden Fall um den „Erwerb" des Wegerechts oder eines Vorkaufsrechts geht, das ein Grundstückseigentümer am Nachbargrundstück begehrt, weil mit dem Erwerb des Grundstücks persönliche Vorteile einhergehen (vgl. Vorbem. zur ImmoWertV Rn. 59 ff.). Dabei ist es regelmäßig sinnvoll, sowohl die *Werterhöhung*, die das herrschende Grundstück aus dem Recht erfährt, als auch die *Wertminderung* zu ermitteln, die daraus für das dienende Grundstück durch die Belastung resultiert. Dies ist darin begründet, dass im gewöhnlichen Geschäftsverkehr derjenige, der eine Belastung einräumt, nicht nur die daraus resultierende Wertminderung seines Grundstücks, sondern auch den Vorteil des Berechtigten „im Auge" hat. Dieser kann im Einzelfall deutlich über der Wertminderung seines Grundstücks liegen. Insoweit bestehen im gewöhnlichen Geschäftsverkehr **Interdependenzen zwischen dem Verkehrswert des belasteten Grundstücks und den daraus resultierenden Änderungen des Verkehrswerts des begünstigten Grundstücks**.

Rechte können nach Maßgabe des Art. 14 GG auf der Grundlage eines Gesetzes, das Art und *Ausmaß der Entschädigung* regelt, **auch im Wege der Enteignung entzogen und begründet werden** (vgl. z.B. § 86 ff. BauGB; Teil VI Rn. 18 ff., 30 ff.). Dementsprechend ist vielfach die Ermittlung eines zur Vermeidung einer Enteignung unterbreiteten „angemessenen Angebots" Gegenstand der Wertermittlung. Grundlage dafür ist der Preis, der nach Maßgabe der einschlägigen entschädigungsrechtlichen Bestimmungen im Falle eines Enteignungsverfahrens zu zahlen wäre. Jedoch werden unter den vorstehenden Voraussetzungen zur „Vermeidung einer Enteignung" in freihändig abgeschlossenen Kaufverträgen häufig und teilweise regelmäßig **zum Zwecke eines zügigen Erwerbs** deutlich höhere Preise vereinbart, als sie entschädigungsrechtlich für den Rechtsverlust zu gewähren sind. Im Ergebnis kann das dazu führen, dass das **Marktgeschehen durch überhöhte Preise gekennzeichnet ist** (vgl. § 44 ImmoWertV Rn. 130 ff.).

6 Ein bei der Begründung eines Rechts bzw. einer Belastung entrichtetes Entgelt ist in aller Regel für ein am Wertermittlungsstichtag bestehendes Recht unbeachtlich. Keinen oder einen allenfalls marginalen Einfluss auf den Verkehrswert haben i.d.R. dingliche oder gesetzliche Vorkaufsrechte sowie generell schuldrechtliche Verpflichtungen ohne dingliche Wirkung und auch solche, die am Qualitätsstichtag obsolet sind. Auf der anderen Seite kann z.B.die **bloße Eintragung einer Belastung** (z.B. ein Unterfahrrecht in großer Tiefe ohne jedwede Auswirkung) **wertmindernd** sein, wenn die Grundbucheintragung im gewöhnlichen Geschäftsverkehr als wertmindernde „Grundbuchverschmutzung" angesehen wird. Für die Beeinträchtigung eines Grundstücks sind im Übrigen nicht nur die rechtlich mögliche, sondern auch die tatsächlich vorhandene oder absehbare Inanspruchnahme und die Auswirkung auf das Gesamtgrundstück entscheidend.

8 Das **im Zuge der Begründung eines Rechts entrichtete (Einmal-)Entgelt** ist bei einer späteren Bewertung unbeachtlich. Lediglich die – bezogen auf den Wertermittlungsstichtag – künftig zu tragenden Lasten und die dafür aufzubringenden (einmaligen oder wiederkehrenden) Gegenleistungen sind unter Berücksichtigung der Restlaufzeit zu berücksichtigen.

2 Grundstücksbezogene Rechte und Belastungen (§ 46 Abs. 2 ImmoWertV)

2.1 Allgemeines

► *Vgl. § 8 ImmoWertV Rn. 43 ff.*

9 Mit § 46 Abs. 2 ImmoWertV wird ein Überblick über die in Betracht kommenden *grundstücksbezogenen* Rechte und Belastungen gegeben. Es handelt sich um einen unvollständigen Katalog. Darüber hinaus können insbesondere auch z.B. mit einem städtebaulichen Vertrag vertraglich eingegangene und mit dem Eigentum am Grundstück verbundene Rechte und Verpflichtungen den Verkehrswert eines Grundstücks beeinflussen (z.B. § 566 BGB, Kauf bricht nicht Miete).

10 Rechte und Belastungen ergeben sich insbesondere aus dem Grundbuch (vgl. Teil II Rn. 574 ff.). Zur Sachverhaltsaufklärung ist grundsätzlich in das **Grundbuch, das Baulastenverzeichnis, das Altlastenkataster und in die Denkmalschutzliste (Denkmalbuch)** einzusehen. Man kann jedoch nicht in jedem Fall davon ausgehen, dass alle wesentlichen Beschränkungen des Grundeigentums aus Abt. II des Grundbuchs erkennbar sind. Dem Grundbuch können nur die dinglich gesicherten Rechte entnommen werden.

Belastung des Grundstücks

Registrierung im/in	Art	Belastungen – Beispiele
Grundbuch Abt. II	Dienstbarkeiten	Leitungsrechte, Wegerechte u.a.
	Nießbrauch	Nutzungsrecht
	Erbbaurecht	als dingliches Recht
	Fischereirecht	als dingliches Recht im Grundbuchblatt des Gewässers
Grundbuch, Deckblatt	Hofvermerk	in Hamburg, Niedersachsen
	Höfeordnung	Nordrhein-Westfalen, Schleswig-Holstein

Registrierung im/in	Art	Belastungen – Beispiele
Bücher, Listen, Verzeichnisse	Denkmalschutz	Bau-Bodendenkmal
	Baulast	Abstandsflächenübernahme
	Wasserbuch/Fischereibuch	Wasserrechte/Fischereirecht
	Altlastenkataster	Altlastenverdachtsflächen
nicht im Grundbuch oder anderen Büchern, Listen, Verzeichnissen erkennbar	Bauplanungs-, Bauordnungsrechte	öffentlich-rechtliche Belastungen
	Landesnachbarrechte	privatrechtliche Belastungen

2.2 Grundstücksgleiche Rechte (§ 46 Abs. 2 Nr. 1 ImmoWertV)

11 Die an erster Stelle genannten **grundstücksgleichen Rechte sind beschränkt dingliche Rechte, die**

- **in ihrer Ausgestaltung dem Eigentum am Grundstück gleichkommen**, also dinglichen Charakter haben,
- eine möglichst unbeschränkte Herrschaftsbefugnis verleihen und
- im Grundbuch oder einem vergleichbaren öffentlichen Buch (z.B. Erbbaugrundbuch) eingetragen sind.

12 Zu den grundstücksgleichen Rechten gehört das Erbbaurecht. Weitere grundstücksgleiche Rechte sind z.B. das Bergwerk-seigentum (BBergG), das Jagd- und Fischereirecht.

Abb. 3: Grundstücksgleiche Rechte

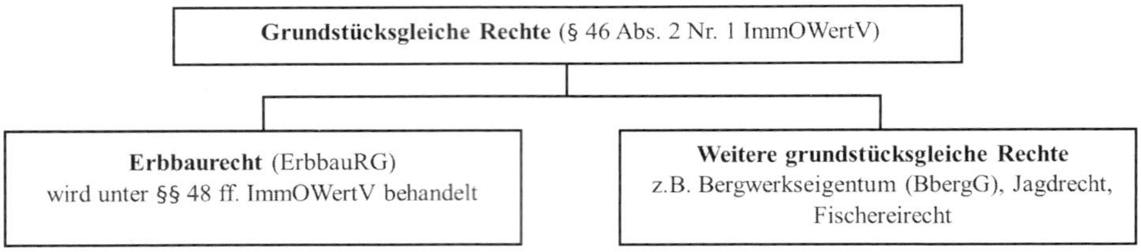

13 Auf grundstücksgleiche Rechte werden lt. Gesetz die gleichen Vorschriften angewendet, die für Grundstücke gelten. Dazu zählen das **Erbbaurecht** (ErbbauRG) mit den Unterabteilungen **Wohnungs- und Teilerbbaurecht** (Erbbaugrundbuch, § 30 WEG), das **Gebäudeeigentum** (Gebäudegrundbuch, begründet vor dem Beitritt; Art. 231, § 5, Art. 233, §§ 2b, c, § 4 EGBGB), **Wohnungs- und Teileigentum** (Wohnungs- und Teileigentumsgrundbuch, § 7 WEG), **Bergbaueigentum** (Bergrecht, § 8 f. BBergG), **Luftfahrzeuge** (eingetragene Flugzeuge), Luftfahrzeugrolle (LuftVG, § 64 Abs. 5, i.V.m. § 11 Abs. 2 LuftVZO, § 1 LuftfzRG), **Schiffseigentum** (Gesetz über Rechte an eingetragenen Schiffen und Schiffsbauwerke, SchRG). Das Schiffseigentum ist dem grundstücksgleichen Recht eine zuordnende parallele Regelung. Es wird in das Schiffsregister eingetragen. Das Schiffsregister dient, ähnlich dem Grundbuch, zur dinglichen Sicherung von Schiffen und Rechten und hat öffentlichen Glauben. Das Fischereirecht kann unterschiedlich in das Grundbuch eingetragen werden. Das **Selbstständige Fischereirecht** erhält ein Grundbuchblatt auf Antrag oder bei Veräußerung bzw. Belastung. Es setzt die Einigung zwischen dem Eigentümer des Gewässergrundstücks und dem Erwerber voraus; § 873 BGB ist zu beachten. In einigen Bundesländern wird das Recht im Wasserbuch bzw. Fischereibuch (bei der Fischereibehörde) eingetragen (FischG der Länder, z.B. BayFiG Art. 11, LFiG Rh.-Pf. §§ 6, 7), **Fischereirecht und die Fischereiberechtigung** stehen dem Eigentümer des Gewässergrundstücks zu, soweit keine besonderen Rechte Dritter

bestehen, und ist untrennbar mit dem Eigentum am Gewässergrundstück verbunden (Art. 3 BayFiG). In diesem Falle kann es nicht in das Grundbuch eingetragen werden. Es kann aber als Belastung in Abt. II des Grundbuchblatts des Gewässergrundstücks eingetragen werden. Das **Jagdrecht** (Bundesjagdgesetz – BJagdG) als Rahmengesetz und Jagdgesetze der Länder (z.B. BayJG) ist untrennbar mit dem Eigentum an Grund und Boden verbunden (§ 3 BJG), steht unter dem Schutz des Art. 14 GG und wird nicht in das Grundbuch eingetragen. Es ist zu unterscheiden zwischen dem Jagdrecht und dem Jagdausübungsrecht. Das Jagdausübungsrecht ist an Jagdbezirke gebunden.

2.3 Beschränkt dingliche Rechte (§ 46 Abs. 2 Nr. 1)

2.3.1 Allgemeines

Ein dingliches Recht ist das Eigentum an einem Grundstück, d.h. die Zuordnung einer Sache zu Personen als Rechtsinhaber. **Das dingliche Recht ist also absolutes Recht, das gegenüber „jedermann" wirkt** und durch Einigung und Eintrag in das Grundbuch (§ 873 BGB) entsteht. **14**

Die im BGB geregelten Grundstücksrechte sind dingliche Rechte[3]. Sie erfassen das Grundstück unmittelbar; sie sind mit dem Grundstück verbunden und gelten als Bestandteile des Grundstücks, unabhängig davon, wer der jeweilige Eigentümer des Grundstücks ist. **15**

Sachenrecht nach BGB unbewegliche Sachen (Grundstücke)

Buch			Bezeichnung	Paragraphen
Abschnitt	Titel	Untertitel		
	1		**Sachen und Tiere**	**90 bis 103**
2			Begriff der Sache	90
			Wesentlicher Bestandteil eines Grundstücks oder Gebäudes	94
			Rechte als Bestandteil eines Grundstücks	96
			Verteilung der Lasten	103
	3		**Sachenrecht**	
2			Allgem. Vorschriften über Rechte an Grundstücken	873 bis 902
3			Inhalt des Eigentums	903 bis 924

3 Dingliche Rechte zeichnen sich dadurch aus, dass zwischen dem Rechtsinhaber und der Sache eine unmittelbare Beziehung besteht. Man bezeichnet sie auch als die „absoluten Rechte", weil sie gegen jedermann wirken. Arten sind: Eigentum, beschränkt dingliche Rechte (Nießbrauch §§ 1030 ff., Grunddienstbarkeit §§ 1018 ff., beschränkt persönliche Dienstbarkeit §§ 1090 ff., Sicherungs- und Verwertungsrechte §§ 1204 ff. und §§ 1113 ff., Reallast und dingliches Vorkaufsrecht §§ 1094 ff. BGB).

Buch			Bezeichnung	Paragraphen
Abschnitt	Titel	Untertitel		
	2		Erwerb und Verlust des Eigentums	925 bis 928
		3	Verbindung, Vermischung, Verarbeitung	946 bis 952
	4		Ansprüche aus dem Eigentum	985 bis 1007
	5		Miteigentum	1008 bis 1011
4			**Dienstbarkeiten**	1018 bis 1029
	1		Grunddienstbarkeiten	1018 bis 1029
	2		Nießbrauch	1030 bis 1067
		1	Nießbrauch an Sachen	1030 bis 1067
		2	Nießbrauch an Rechten	1068 bis 1084
		3	Nießbrauch an Vermögen	1085 bis 1089
	3		Beschränkt persönliche Dienstbarkeit	1090 bis 1093
5			**Vorkaufsrecht**	1094 bis 1104
6			Reallasten	1105 bis 1112
7			Hypotheken, Grundschuld, Rentenschuld	
	1		Hypotheken	
	2		Grundschuld, Rentenschuld	
		1	Grundschuld	
		2	Rentenschuld	

16 Man unterscheidet zwischen einem dem Eigentümer eines Grundstücks persönlich zustehenden „subjektiv" dinglichen Recht und dem an zweiter Stelle genannten **beschränkt dinglichen Recht**, das in Abhängigkeit von der Art des Rechts den rechtlichen Zugriff auf die Sache beschränkt.

Die beschränkt dinglichen Rechte gehören zu den grundstücksgleichen Rechten, insbesondere solche im Grundbuch eingetragenen**Rechte, die dem Rechtsinhaber einen beschränkten rechtlich Zugriff auf ein Grundstück gewähren**. Das beschränkt dingliche Recht begrenzt die absolute Herrschaft des Eigentums durch Rechte Dritter. Zu diesen beschränkten dinglichen Rechten gehören insbesondere:

** Wegerecht und Leitungsrecht können sowohl als subjektiv-persönliches Nutzungsrecht zugunsten einer bestimmten Person oder als Grunddienstbarkeit zugunsten des jeweiligen Eigentümers eines Grundstücks bestellt werden.*

*** Gegenstand einer Vormerkung kann auch ein Wiederkaufsrecht sein.*

Abb. 4: Weitere beschränkte dingliche Rechte

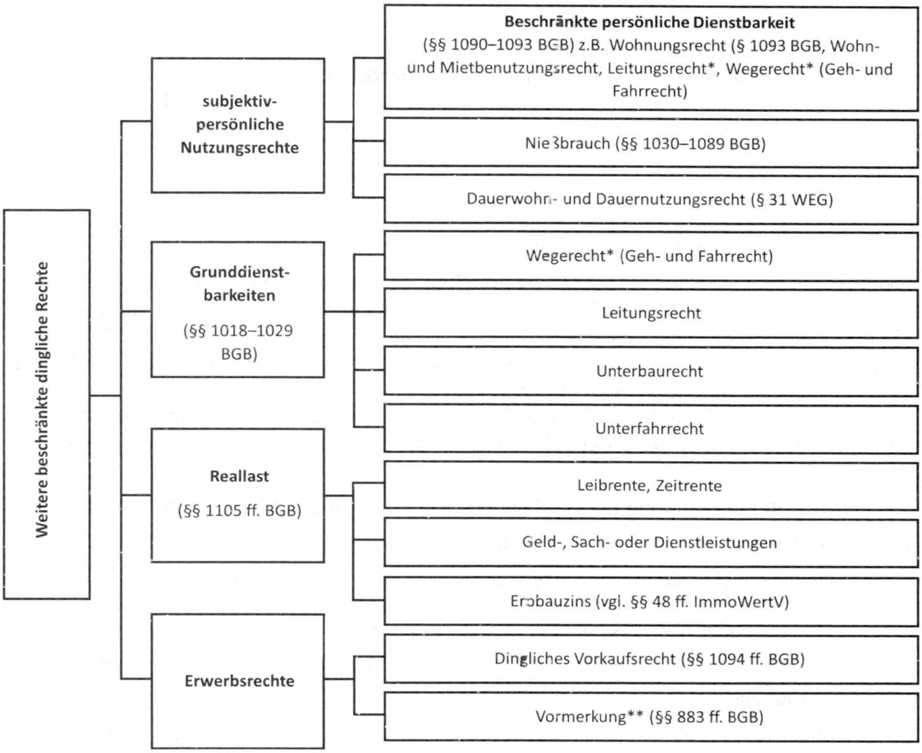

2.3.2 Beschränkt persönliche Dienstbarkeit

2.3.2.1 Allgemeines

Dienstbarkeiten sind dingliche Nutzungsrechte. Sie unterscheiden sich durch ihre dingliche Natur von inhaltlich ähnlichen Rechtsverhältnissen wie Miete und Pacht. Gemeinsames Merkmal aller drei Formen der Dienstbarkeiten ist ihre Ausrichtung auf ein 17

- Dulden der Nutzung eines Grundstücks (Benutzung bzw. Nutzentziehung) oder
- Unterlassen der Nutzung eines Grundstücks (Rechtsausübung).

Das Bürgerliche Gesetzbuch unterscheidet im Fünften Abschnitt (§§ 1018 bis 1093 BGB) zwischen **drei Arten von Dienstbarkeiten (servitude)**, ohne sie zu definieren: 18

i) die Grunddienstbarkeit (§§ 1018 bis 1029 BGB),

ii) den Nießbrauch (§§ 1030 bis 1089 BGB) und

iii) die beschränkt persönliche Dienstbarkeit (§§ 1090 bis 1093 BGB).

Die **beschränkt persönliche Dienstbarkeit** (*limited personal servitude*; §§ 1090 bis 1093 BGB) **berechtigt denjenigen, zu dessen Gunsten die Belastung erfolgt ist, das Grundstück zu nutzen** bzw. befugt ihn zu dem, was auch den Inhalt der Grunddienstbarkeit bilden kann. Im Gegensatz zum Nießbrauch darf dem Berechtigten allerdings kein umfassendes Nutzungsrecht an dem belasteten Grundstück eingeräumt werden.

19 Demgegenüber ist die **Reallast** (*onera realia*) umgekehrt auf eine aktive Handlung ausgerichtet (§ 1105 BGB).

20 Die **beschränkt persönliche Dienstbarkeit** (*limited personal servitude*; §§ 1090 bis 1093 BGB) entspricht der Grunddienstbarkeit. Im Unterschied zur Grunddienstbarkeit ist jedoch eine bestimmte natürliche oder juristische Person oder rechtsfähige Personengesellschaft „Berechtigter" und nicht der jeweilige Eigentümer eines bestimmten Grundstücks. Der Eigentümer des dienenden Grundstücks muss

- die Benutzung dulden,
- bestimmte Handlungen unterlassen,
- bestimmte Eigentumsrechte nicht ausüben.

21 **Bestellung und Löschung und Übertragbarkeit** einer beschränkt persönlichen Dienstbarkeit erfolgen wie bei der Grunddienstbarkeit. Sie ist nicht übertragbar, nicht vererblich und erlischt spätestens mit dem Tode des Berechtigten. Die Übertragbarkeit ist gem. § 1092 Abs. 3 BGB unter gewissen Voraussetzungen möglich. Sie umfasst aber nicht das Recht, die Dienstbarkeit nach ihren Befugnissen zu teilen.
Berechtigter der beschränkt persönlichen Dienstbarkeit kann auch der Eigentümer (Miteigentümer) des belasteten Grundstücks sein. Man spricht dann von einer **Eigentümerdienstbarkeit**[4].

22 Das BGB regelt die beschränkt persönliche Dienstbarkeit in den **§§ 1090 bis 1092 BGB**:

„**§ 1090 BGB Gesetzlicher Inhalt der beschränkt persönlichen Dienstbarkeit**

(1) Ein Grundstück kann in der Weise belastet werden, dass derjenige, zu dessen Gunsten die Belastung erfolgt, berechtigt ist, das Grundstück in einzelnen Beziehungen zu benutzen, oder dass ihm eine sonstige Befugnis zusteht, die den Inhalt einer Grunddienstbarkeit bilden kann (beschränkt persönliche Dienstbarkeit).

(2) Die Vorschriften der §§ 1020 bis 1024, 1026 bis 1029, 1061 finden entsprechende Anwendung.

§ 1091 BGB Umfang

Der Umfang einer beschränkt persönlichen Dienstbarkeit bestimmt sich im Zweifel nach dem persönlichen Bedürfnis des Berechtigten.

§ 1092 BGB Übertragbarkeit; Überlassung und Ausübung

(1) Eine beschränkt persönliche Dienstbarkeit ist nicht übertragbar. Die Ausübung der Dienstbarkeit kann einem anderen nur überlassen werden, wenn die Überlassung gestattet ist.

(2) Steht eine beschränkt persönliche Dienstbarkeit oder der Anspruch auf Einräumung einer beschränkt persönlichen Dienstbarkeit einer juristischen Person oder einer rechtsfähigen Personengesellschaft zu, so gelten die Vorschriften der §§ 1059a bis 1059d entsprechend."

23 Nach § 1092 Abs. 3 BGB ist die **beschränkt persönliche Dienstbarkeit für eine juristische Person oder eine rechtsfähige Personengesellschaft übertragbar**, wenn das Grundstück folgenden Zwecken dient:

- Fortleitung von Elektrizität, Gas, Fernwärme, Wasser, Abwasser, Öl oder Rohstoffen einschließlich der dazugehörigen Anlagen,
- Telekommunikation(-anlagen),
- Transport von Produkten zwischen Betriebsstätten von Unternehmen,
- Straßen- und Eisenbahnanlagen.

Eine Teilung nach Befugnissen ist nicht möglich. Eine beschränkt persönliche Dienstbarkeit zugunsten einer juristischen Person muss nicht zeitlich beschränkt sein[5].

---

4 BGH, Urt. vom 11.03.1964 – V ZR 78/62 –, BGHZ 41, 209 = EzGuG 14.18a; BGH, Urt. vom 14.07.2011 – V ZB 271/10 –, BGHZ 190, 267 = EzGuG 14.159.
5 BayObLG, Urt. vom 22.05.2000 – 2 Z BR 43/00 –, NJW-RR 2001, 1022 = EzGuG 14.134e.

Zu den beschränkt persönlichen Dienstbarkeiten gehören: 24

- Wohnungsbesetzungsrechte,
- Benutzungsrechte und Unterlassungsansprüche,
- Wohnungsrechte (§ 1093 BGB), die als besondere Form der beschränkt persönlichen Dienstbarkeit das Recht verleihen, ein Gebäude oder einen Teil des Gebäudes unter Ausschluss des Eigentümers als Wohnung zu benutzen,
- Wettbewerbsbeschränkungen, sofern nicht als Grunddienstbarkeit begründet (Konkurrenzklauseln),
- Aussichtsrechte,
- Leitungsrechte, wenn sie z.B. für einen Versorgungs- oder Verkehrsträger in dieser Form begründet sind,
- Transportrechte,
- Nutzung für Straßen- oder Eisenbahnanlagen (§ 1092 Abs. 3 BGB).

2.3.2.2 Wohnungsrecht

Das im **Grundbuch in Abt. II** als beschränkt persönliche Dienstbarkeit eingetragene dingliche **Wohnungsrecht** (§ 1093 BGB) kommt bei der Bewertung i.d.R. dort vor, wo ein Altenteiler seinen Grundbesitz im Rahmen der Erbfolge übergeben und sich ein Wohnrecht an einem Gebäude oder an einem Teil eines Gebäudes unter Ausschluss des Eigentümers als Wohnung gesichert hat. Das ist bei der Ermittlung des Zugewinnausgleichs bei Ehescheidungen und bei Erbauseinandersetzungen, vorwiegend im landwirtschaftlichen Bereich u.U. zu berücksichtigen (vgl. Teil VIII Rn. 407 ff.). 25

Der gesetzliche Inhalt des Wohnungsrechts bestimmt sich nach den §§ 1090 bis 1092 BGB sowie aufgrund der Verweisung in 1093 Abs. 1 BGB nach den dort genannten Vorschriften des Nießbrauchs, nämlich den §§ 1031[6], 1034[7] und 1036 BGB, § 1037 Abs. 1 BGB und den §§ 1041, 1042, 1044, 1049, 1050, 1057 und 1062 BGB. Das **Wohnungsrecht ist in § 1093 BGB** wie folgt definiert: 26

„**§ 1093 BGB Wohnungsrecht**

(1) Als beschränkte persönliche Dienstbarkeit kann auch das Recht bestellt werden, ein Gebäude oder einen Teil eines Gebäudes unter Ausschluss des Eigentümers als Wohnung zu benutzen. Auf dieses Recht finden die für den Nießbrauch geltenden Vorschriften der §§ 1031, 1034, 1036, des § 1037 Abs. 1 und der §§ 1041, 1042, 1044, 1049, 1050, 1057, 1062 entsprechende Anwendung.

(2) Der Berechtigte ist befugt, seine Familie sowie die zur standesmäßigen Bedienung und zur Pflege erforderlichen Personen in die Wohnung aufzunehmen.

(3) Ist das Recht auf einen Teil des Gebäudes beschränkt, so kann der Berechtigte die zum gemeinschaftlichen Gebrauche der Bewohner bestimmten Anlagen und Einrichtungen mitbenutzen."

Der gesetzliche **Inhalt des Wohnungsrechts** bestimmt sich nach den §§ 1090 bis 1092 BGB sowie aufgrund der Verweisung in § 1093 Abs. 1 BGB nach den dort genannten Vorschriften des Nießbrauchs, nämlich den §§ 1031, 1034 und 1036 BGB, § 1037 Abs. 1 BGB und den §§ 1041, 1042, 1044, 1049, 1050, 1057 und 1062 BGB. Der gesetzliche Inhalt hat dingliche Wirkung. Abweichende und nicht gegen zwingendes Recht verstoßende Vereinbarungen sind zulässig und sind schuldrechtlich zu vereinbaren.

---

6 Das Wohnungsrecht umfasst auch das Zubehör nach den für den Erwerb des Eigentums geltenden Vorschriften.

7 Der Wohnungsberechtigte kann ebenso wie der Eigentümer den Zustand der Wohnung auf seine Kosten durch einen Sachverständigen feststellen lassen.

27 Das Wohnungsrecht umfasst auch die **Befugnis zur Benutzung von Anlagen und Einrichtungen außerhalb des Gebäudes, wenn dies wesensmäßig zum Wohnen dazugehört**[8]. Der Wohnungsberechtigte ist (nur) zum Besitz der Wohnung befugt und hat die bisherige wirtschaftliche Bestimmung aufrechtzuerhalten und nach den Regeln der ordnungsgemäßen Wirtschaft zu verfahren; der Wohnungsberechtigte ist nicht berechtigt, die Wohnung umzugestalten und wesentlich zu verändern.

28 **Bestellung, Übertragung und Löschung eines Wohnungsrechts** erfolgen nach den für beschränkt persönliche Dienstbarkeiten geltenden Regeln. Das Wohnungsrecht ist demzufolge auch unveräußerlich (§§ 1092 Abs. 1 Satz 1, § 1093 Abs. 1 BGB) und unvererblich (§§ 1090 Abs. 2, § 1061 Satz 1, § 1093 Abs. 1 Satz 1 BGB).

2.3.2.3 Nießbrauch

Schrifttum: *Fischer/Biederbeck*, Bewertung eines Nießbrauchs, in Neue Fallstudien zur Wertermittlung, 2. Aufl. Bundesanzeiger Verlag, S. 347; *Weigt/Homa*, Auswirkungen der neuen Wertermittlungsrichtlinien (WertR 2006) auf die Praxis – am Beispiel des Nießbrauchs, ZfV 2007, 168; *Fischer/Biederbeck* (Hrsg.), Bewertung im ländlichen Raum, 2019, S.406; *Götz/Hülsmann*, Der Nießbrauch im Zivil- und Steuerrecht, 12. Aufl. 2019; *Ossola-Haring*, Vermögensberatung und Nießbrauch, 2019.

▶ *Vgl. Unterschied zum Wohnungsrecht Teil VIII Rn. 408, ferner Teil VIII Rn. 326; Teil IX Rn. 104*

a) Allgemeines

29 Der Nießbrauch (§§ 1030 bis 1089 BGB) ist das umfassendste Nutzungsrecht, das den Eigentümer von der Nutzung der Sache ausschließt. Die **Nutzung des Nießbrauchs umfasst** gemäß § 100 BGB die **Gebrauchsvorteile** und die „Früchte einer Sache“ oder eines Rechts, insbesondere

- die Sachnutzung mit ihren Gebrauchsmöglichkeiten,
- die Gewinnung von Erzeugnissen der Sache (§ 99 Abs. 1 sowie § 100 BGB) und den Eigentumserwerb daran,
- die Erträge, die die Sache aufgrund des Rechtsverhältnisses erwirtschaftet.

Nicht möglich ist, die Sachnutzung auf eine einzelne Nutzungsart zu beschränken. Dem Nießbraucher eines Miet- und Pachtverhältnisses gehören die Miet- und Pachtzinseinnahmen auch dann, wenn das Grundstück vor der Bestellung des Nießbrauchs bereits vermietet war. Der Nießbraucher ist nach Entstehung des Rechts auch berechtigt, einen Miet- und Pachtvertrag selbst abzuschließen. Im Übrigen stellen Miete und Pacht keine Überlassung der Ausübung nach § 1059 Abs. 2 BGB dar.

im Gegensatz zum Wohnungsrecht, das im Wesentlichen nur die Wohnnutzung zum Gegenstand hat, erlaubt der **Nießbrauch nicht nur das Bewohnen der Immobilie, sondern auch deren wirtschaftliche Nutzung, wie zum Beispiel die Vermietung oder Verpachtung**. Der Nießbrauch unterscheidet sich vom Eigentum am Grundstück nur insoweit, dass es dem Nießbraucher kein Recht zur Einwirkung auf die Substanz des Grundstücks gibt (er darf z.B. nicht aus einem Ackergrundstück eine Kiesgrube machen).

30 Der Nießbrauch (*usus fructus*) gewährt dem Nießbraucher das nicht veräußerliche und nicht vererbliche Recht, die Nutzung aus einer Sache (§ 1030 BGB), einem Recht (§ 1068 BGB) oder einem Vermögen (§ 1085 BGB) – ganz oder teilweise – zu ziehen. Der Nießbraucher ist indessen nach § 1037 BGB nicht berechtigt, die Sache umzugestalten oder wesentlich zu verändern. Im Übrigen ist die Beschränkung des Nutzungsziehungsrechts des Nießbrauchers auf einzelne Teile eines Gebäudes (z.B. Mietwohnungen) unzulässig[9].

---

8 BGH, Urt. vom 20.06.1984 – IVa ZR 34/83 –, NJW 1985, 1533 = EzGuG 14.75a; RFH, Urt. vom 21.12.1928 – II A 533/28 –; RFH, Urt. vom 05.03.1929 – 11 A 533/28 –; BayObLG, Urt. vom 17.01.1985 – BReg 2 Z 132/84 –, BayObLGZ 1985, 31= EzGuG 14.77a.

9 BGH, Urt. Vom 27.01.2006 – V ZR 243/04 –, GuG 2006, 245 = EzGuG 6.245.

Des Weiteren sind die jeweiligen dinglichen und gegebenenfalls die weiteren schuldrechtlichen Vereinbarungen zu beachten, insbesondere die Fragen, ob 31

- das Recht befristet oder auf Lebenszeit,
- entgeltlich oder unentgeltlich eingeräumt wurde und
- wer die Kosten und gegebenenfalls auch die Lasten trägt, die im Zusammenhang mit dem Grundstück sowie dessen Nutzung entstehen.

Der Nießbrauch ist u.a. wie folgt im **BGB** geregelt: 32

„**§ 1030 BGB (Begriff):**

(1) Eine Sache kann in der Weise belastet werden, dass derjenige, zu dessen Gunsten die Belastung erfolgt, berechtigt ist, die Nutzungen der Sache zu ziehen (Nießbrauch).

(2) Der Nießbrauch kann durch den Ausschluss einzelner Nutzungen beschränkt werden.

§ 1036 BGB (Besitzrecht; Ausübung des Nießbrauchs):

(1) Der Nießbraucher ist zum Besitze der Sache berechtigt.
(2) Er hat bei der Ausübung des Nutzungsrechts die bisherige wirtschaftliche Bestimmung der Sache aufrechtzuerhalten und nach den Regeln einer ordnungsgemäßen Wirtschaft zu verfahren.

§ 1037 BGB (Umgestaltung):
(1) Der Nießbraucher ist nicht berechtigt, die Sache umzugestalten oder wesentlich zu verändern.

(2) Der Nießbraucher eines Grundstücks darf neue Anlagen zur Gewinnung von Steinen, Kies, Sand, Lehm, Ton, Mergel, Torf und sonstigen Bodenbestandteilen errichten, sofern nicht die wirtschaftliche Bestimmung des Grundstücks dadurch wesentlich verändert wird.“

Dem Nießbraucher eines Miet- und Pachtverhältnisses gehören die Miet- und Pachtzinseinnahmen auch dann, wenn das Grundstück vor der Bestellung des Nießbrauchs bereits vermietet war. Der Nießbraucher ist nach Entstehung des Rechts auch berechtigt, einen Miet- und Pachtvertrag selbst abzuschließen. Im Übrigen stellen Miete und Pacht keine Überlassung der Ausübung nach § 1059 Abs. 2 BGB dar. 33

Der **§ 1059d BGB** regelt für Miet- und Pachtverhältnisse bei Übertragung des Nießbrauchs Folgendes: 34

„**§ 1059d BGB Miet- und Pachtverhältnisse bei Übertragung des Nießbrauchs**

Hat der bisherige Berechtigte das mit dem Nießbrauch belastete Grundstück über die Dauer des Nießbrauchs hinaus vermietet oder verpachtet, so sind nach der Übertragung des Nießbrauchs die für den Fall der Veräußerung von vermieteten Wohnraum geltenden Vorschriften der §§ 566 bis 566e, 567a und 567b entsprechend anzuwenden.“

Nießbraucher sind im Baurecht als Nachbarn den Grundstückseigentümern gleichgestellt[10]. 35

b) Ausgestaltung

Man kennt folgende Ausgestaltungen des Nießbrauchs[11]: 36

- **Quotennießbrauch:** Dem Nießbraucher steht dabei ein bestimmter Anteil (Quote) an den Einkünften des Grundstücks zu.
- **Bruchteilsnießbrauch:** Der Nießbrauch ist dabei lediglich an einem Bruchteil des Grundstücks bestellt.
- **Sicherungsnießbrauch:** Die Vereinbarung des dinglichen Nutzungsrechts dient dabei der dinglichen Absicherung der dem Berechtigten versprochenen Leistung, ohne dass der Berechtigte Art und Umfang beeinflussen kann.
- **Zuwendungsnießbrauch:** Ein Zuwendungsnießbrauch liegt vor, wenn der Nießbrauch vom Grundstückseigentümer dem Berechtigten (Nießbraucher) bestellt (zugewendet)

10 VGH München, Urt. vom 25.04.1969 – 28 I 69 –, BRS Bd. 22 Nr. 170 = EzGuG 14.36b.
11 Zur einkommensteuerrechtlichen Behandlung vgl. Schreiben des BMF vom 24.07.1998 (BStBl. I 1998, 914).

wird. Dabei wird unterschieden zwischen einem entgeltlichen Zuwendungsnießbrauch, einem teilweise entgeltlichen Zuwendungsnießbrauch und einem unentgeltlich bestellten Nießbrauch.

- **Vermächtnisnießbrauch:** Ein Vermächtnisnießbrauch liegt vor, wenn auf Grund einer letztwilligen Verfügung des Grundstückseigentümers durch dessen Erben einem Dritten der Nießbrauch an einem Grundstück eingeräumt wird.
- **Vorbehaltsnießbrauch:** Ein Vorbehaltsnießbrauch liegt vor, wenn bei der Übertragung eines Grundstücks gleichzeitig ein Nießbrauchsrecht für den bisherigen Eigentümer an dem übertragenen Grundstück bestellt wird[12].
- **Bruttonießbrauch:** Übertragen Eltern ihren minderjährigen Kindern ein Nießbrauchsrecht an Grundstücken, so sind Besonderheiten zu berücksichtigen. Ein unentgeltlich eingeräumtes Nießbrauchsrecht, dessen Pflichten nach §§ 1041, 1045 und 1047 BGB vom Eigentümer und alle anderen Pflichten (§§ 1037 Abs. 1, 1039 Abs. 1 S. 2 BGB) vom Nießbrauchberechtigten zu tragen sind, wird als Bruttonießbrauch bezeichnet[13].

c) Bestellung und Beendigung

37 Der Nießbrauch wird am häufigsten bei der Erbfolge eingeräumt und erlischt im Allgemeinen mit dem Tode des Berechtigten.
Die **Bestellung eines Nießbrauchs** erfolgt wie bei anderen dinglichen Grundstücksbelastungen durch Einigung und Eintragung in das Grundbuch nach § 873 BGB. Dabei wird gemäß den §§ 926 und 1031 BGB vermutet, dass sich der Nießbrauch auch auf das Grundstückszubehör erstreckt. Der Nießbrauch an beweglichen Sachen wird gemäß § 1032 Abs. 1 BGB durch Einigung und Übergabe begründet. An Rechten an Grundstücken wird der Nießbrauch nach § 1069 Abs. 1 BGB durch Übertragung des Rechts begründet. An beweglichen Sachen kann der Nießbrauch im Übrigen unter den Voraussetzungen des § 1033 BGB durch Ersitzung begründet werden.

38 Der Nießbrauch ist, wie bereits dargelegt, nicht übertragbar (§ 1059 BGB). Dies gilt jedoch nicht für juristische Personen oder rechtsfähige Personengesellschaften. Für die Übertragbarkeit bei juristischen Personen oder rechtsfähigen Personengesellschaften gelten die §§ 1059a ff. BGB.
Der **Nießbrauch endet**

- mit dem Tod des Nießbrauchers
- bei juristischen Personen oder rechtsfähigen Personengesellschaften mit dem Erlöschen (§ 1061 BGB).

39 Wenn das Nießbrauchsrecht bei juristischen Personen oder rechtsfähigen Personengesellschaften nicht übertragbar sein sollte, kann die Ausübung einem anderen übertragen werden (Vermietung und Verpachtung). Die **Überlassung der Ausübung des Nießbrauchs** kann jedoch vertraglich ausgeschlossen werden, wobei dies durch Eintragung in das Grundbuch auch dinglich gesichert werden kann.

d) Die wesentlichen Wertparameter bei der Verkehrswertermittlung von Nießbrauchrechten und nießbrauchsbelasteten Grundstücken im Überblick

40 **Wesentliche Wertparameter** sind

- die wirtschaftlichen Gebrauchsvorteile des Berechtigten, d.h. insbesondere die Sachnutzung, die (ersparten) marktüblich erzielbaren Erträge,
- die im Einzelfall geltenden Regelungen bzw. Vereinbarungen zu den bei **ordnungsgemäßer Bewirtschaftung des Grundstücks anfallenden Kosten**,

---

12 BFH, Urt. vom 15.05.1990 – IX R 21/86 –, BFHE 162, 26 = BStBl. 11 1992, 67 = EzGuG 14.90a.
13 Hülsmann, Der Nießbrauch im Zivil- und Steuerrecht, S. 124, Rn. 447.

- die vom **Alter des Nießbrauchers und seiner Lebenserwartung abhängige Laufzeit des Rechts** am Wertermittlungsstichtag (vgl. hierzu Vorbem. zur ImmoWertV Rn. 57, 62)[14],
- der angemessene **Zinssatz** bzw. Kapitalisierungs- und Abzinsungsfaktor (Leibrentenfaktoren),
- sonstige Vor- und Nachteile.

Es besteht wie beim Wohn- und Altenteilsrecht die **Unsicherheit der Laufzeit des Rechts**, da sie von der Lebenserwartung des Berechtigten abhängt. Deshalb sind Verkäufe derartig belasteter Grundstücke äußerst selten, zumal ein Käufer aus dem Grundstück keine Erträge ziehen kann, solange der Nießbraucher lebt. Abschläge zur Anpassung an den Grundstücksmarkt, sog. Marktanpassung, werden in der Literatur genannt, wobei dem Sachverständigen dazu jegliche Datengrundlage fehlt.

Dem Nießbraucher obliegt grundsätzlich die ordnungsgemäße Bewirtschaftung, d.h. die Instandhaltung auf eigene Kosten. Öffentliche und privatrechtliche Lasten (Grundsteuer, Gebäudeversicherung usw.) sind von ihm nach § 1036 BGB zu tragen, soweit vertraglich nichts anderes vereinbart worden ist. Dies gilt auch dann, wenn ein unentgeltlicher Nießbrauch an einem Grundstück eingetragen ist[15].

Je nach vertraglicher Ausgestaltung ist insbesondere die Frage der **Lastentragung nach § 1047 BGB** zu klären. Das heißt, es ist festzustellen, wer die Kosten und Lasten trägt, die in Zusammenhang mit der Nutzung des Grundstücks entstehen. Die Höhe der vom Nießbraucher zu tragenden Kosten oder Lasten können den Wert des Rechts als auch den Wert des belastenden Grundstücks mehr oder minder stark beeinflussen.

Im Übrigen ist bei der Wertermittlung des Rechts und der Verkehrswertermittlung des unbelasteten Grundstücks darauf zu achten, dass keine Doppelberücksichtigung erfolgt. **41**
Bei den üblicherweise selbst genutzten Objekten wie Einfamilienhäusern und Eigentumswohnungen entspricht der **Wert des Rechts** i.d.R. **nicht der Wertminderung des belasteten Grundstücks**.

2.3.2.4 Verkehrswertermittlung

▶ *Zu den wirtschaftlichen Vor- und Nachteilen vgl. § 47 ImmoWertV Rn. 11 ff.*

Der **Verkehrswert des mit einem Nießbrauch belasteten Grundstücks bestimmt sich** ausgehend vom marktangepassten vorläufigen Verfahrenswert des fiktiv unbelasteten Grundstücks im Wesentlichen durch die im Einzelfall gegebenen wirtschaftlichen Vor - und Nachteile (§ 47 Abs. 3 Nr. 1 ImmoWertV; vgl. dort Rn. 11 ff.). **42**
Was für das nießbrauchbelaste Grundstück einen wirtschaftlichen Vor - oder Nachteil darstellt, ist für den Nießbrauch ein Vor- bzw Nachteil und wesentliche Grundlage der Ermittlung des Werts eines Nießbrauchs.
Die Ermittlung **des** *Verkehrswerts eines nießbrauchbelasteten Grundstücks und des Nießbrauchs wird mit Beispielen* in Verkehrswertermittlung von Grundstücken, 10. Aufl. Teil VIII unter Rn. 327 ff. dargestellt.

---

14 Die Nichtberücksichtigung der persönlichen Verhältnisse des Nießbrauchers kann nicht pauschal mit dem Hinweis auf § 194 BauGB begründet werden, nach dem ungewöhnliche und persönliche Verhältnisse bei der Verkehrswertermittlung nicht zu berücksichtigen sind, denn dann dürfte auch nicht das Alter des Nießbrauers berücksichtigt werden. Bei der Verkehrswertermittlung von Rechten und Belastungen, die sich auf die konkrete Ausgestaltung von „bipolaren" Rechtsbeziehungen beziehen, beeinflussen die am Wertermittlungsstichtag vorgegebenen Verhältnisse im gewöhnlichen Geschäftsverkehr die Kaufpreise und somit den Marktwert (vgl. Vorbem. zur ImmoWertV Rn. 57, 62 ff.); vgl. Glosse in GuG 2018, 25.

15 BGH, Urt. vom 21.12.1973 – V ZR 157/72 –, DB 1974, 718 = EzGuG 14.4c.

2.3.3 Grunddienstbarkeit

2.3.3.1 Allgemeines

43 Die **Grunddienstbarkeit** (easement) **gehört zu den** in den §§ 1018 bis 1029 BGB geregelten **beschränkt dinglichen Nutzungsrechten**.

44 Die Grunddienstbarkeit gewährt dem jeweiligen Eigentümer eines Grundstücks das i.d.R. unbefristete Recht zur Benutzung eines anderen Grundstücks (§ 1018 BGB). Kennzeichnend für die Grunddienstbarkeit ist nach § 1018 BGB **die Belastung des Grundstücks „zugunsten des jeweiligen Eigentümers eines anderen Grundstücks"**; sie schränkt damit die Befugnisse des Eigentümers des dienenden Grundstücks insoweit ein, dass er etwas zu dulden und zu lassen hat. Die Grunddienstbarkeit unterscheidet sich insoweit von der beschränkt persönlichen Dienstbarkeit, bei der eine bestimmte Person „Berechtigter" ist und nicht der jeweilige Eigentümer eines Grundstücks. Nicht alle beschränkten persönlichen Dienstbarkeiten können auch als Grunddienstbarkeit eingetragen werden (vgl. zum Wohnungsrecht). Bei Grunddienstbarkeiten wird das **begünstigte Grundstück auch als herrschendes und das belastete Grundstück auch als dienendes Grundstück** bezeichnet.

45 **§ 1018 BGB Gesetzlicher Inhalt der Grunddienstbarkeit:**

„Ein Grundstück kann zugunsten des jeweiligen Eigentümers eines anderen Grundstücks in der Weise belastet werden, dass dieser das Grundstück in einzelnen Beziehungen benutzen darf oder dass auf dem Grundstück gewisse Handlungen nicht vorgenommen werden dürfen oder dass die Ausübung eines Rechts ausgeschlossen ist, das sich aus dem Eigentum an dem belasteten Grundstück gegenüber dem anderen Grundstück ergibt (Grunddienstbarkeit)."

46 Gegenstand einer Grunddienstbarkeit kann mithin auch ein **Anspruch auf Nutzungsunterlassung** sein, d.h., auf dem belasteten Grundstück dürfen bestimmte Handlungen, die der Eigentümer ansonsten kraft seines Eigentums vornehmen dürfte, nicht vorgenommen werden (z.B. Aussichtsrecht). Auch kann die Ausübung eines Rechts ausgeschlossen werden, das sich sonst aus dem Recht am dienenden Grundstück gegenüber dem herrschenden Grundstück ergeben würde (z.B. Ausübung nachbarrechtlicher Befugnisse). Die Grunddienstbarkeit kann indessen nicht auf ein positives Handeln des Eigentümers des belasteten Grundstücks gerichtet sein[16]. Leistungspflichten können nur über eine Reallast geregelt werden. Die Einschränkung der rechtlichen Verfügungsfreiheit des Eigentümers ist nach der Rechtsprechung des BGH[17] nicht zulässig.

47 Nach § 1018 BGB gibt die Grunddienstbarkeit **drei Möglichkeiten zur Einwirkung auf ein anderes Grundstück:**

1. Die **Benutzungsdienstbarkeit** (§ 1018 1. Alt. BGB): Sie erlaubt dem Berechtigten das dienende Grundstück in einzelnen Beziehungen zu nutzen. Der Eigentümer des dienenden Grundstücks ist umgekehrt verpflichtet, die Nutzung zu dulden. Als Benutzungsdienstbarkeit kommen insbesondere in Betracht:
   a) Wege- und Fahrrechte (§ 1023 BGB),
   b) Leitungs- und Kanalisationsrechte (soweit sie nicht als beschränkt persönliche Dienstbarkeit ausgestaltet sind),
   c) Gewerbebetriebs- und Warenvertriebsrechte,
   d) Ausbeutungs- und Entnahmerechte (von Bodenbestandteilen, Wasser),
   e) Errichtung und Nutzung von Bauwerken oder gewerblichen Anlagen,
   f) Betretungsrechte,

16 Jauering, BGB München S. 1092; Schmenger, BWNotZ 2007, 74.
17 BGH, Urt. vom 14.03.2003V ZR 304/02 –, NJW-RR 2003, 733 = EzGuG 14.137a.

g) Errichtung von Windkraftanlagen[18] und

h) Ferienparkbetriebsrechte (§ 1090 BGB)[19].

2. Die **Unterlassungsdienstbarkeit** (§ 1018 2. Alt. BGB): Sie verbietet die Vornahme bestimmter Handlungen auf dem dienenden Grundstück. Als Unterlassungsdienstbarkeit kommen insbesondere in Betracht

   a) Bau- und Benutzungsbeschränkungen, Bauverbote (Freihalten von Abstandsflächen, Sicherung eines Aussichtsrechts und dgl.),

   b) Wettbewerbs- und Verkaufsbeschränkungen (Gewerbebetriebsdienstbarkeit) einschließlich Bezugs- und Vertriebsverbote,

   c) Wärme- und Energiebezugsdienstbarkeit,

   d) Wohnungsbelegungsrechte,

   e) Verbot von Immissionen wie Geruch, Lärm oder Rauch, soweit sie gesetzlich an sich zu dulden wären, und

   f) Fensteröffnungsverbot zugunsten des jeweiligen Eigentümers einer anderen Eigentumswohnung[20].

3. **Die Ausschlussdienstbarkeit** (§ 1018 3. Alt. BGB): Sie verbietet dem Eigentümer des belasteten (dienenden) Grundstücks die Ausübung eines Rechts, das sich aus dem Eigentum am dienenden Grundstück ergibt. Als Ausschlussdienstbarkeit kommen in Betracht:

   a) der Ausschluss von Einwirkungsrechten, wie z B. der Verzicht auf
      - zulässige Immissionen gemäß § 906 BGB,
      - einen entschuldigten Überbaugemäß § 912 BGB,
      - einen zu duldenden Notweg gemäß § 917 BGB.

   b) der Ausschluss von Abwehrrechten, z.B. Verzicht auf
      - Einhaltung nachbarschützender Bauvorschriften,
      - Abwehr übermäßiger nach § 906 BGB nicht zu duldender Immissionen,
      - Beseitigung eines unentschuldigten Überbaus (§ 912 BGB),
      - Beseitigung der nach § 907 BGB nicht hinzunehmenden gefährlichen Anlagen,
      - Beseitigung nachbarrechtlich nicht hinzunehmender Grenzbäume,

   c) der Ausschluss von Ausgleichsansprüchen, z.B. Verzicht auf
      - künftige Entschädigungsansprüche (§ 1004 BGB),
      - Entschädigungsansprüche wegen Bergschäden gemäß § 112 BBergG (Bergschadensverzicht),
      - Schadensersatz aus § 906 Abs. 2 Satz 2 BGB,
      - Ansprüche aus § 14 BImSchG und
      - gesetzliche Überbau- oder Notwegerente nach § 914 Abs. 2 Satz 2 sowie § 917 Abs. 2 BGB.

18 OLG Naumburg, Urt. vom 18.12.2001 – 11 U 213/01 –, IBBRS 2002, 0564 = EzGuG 14.1351.

19 BGH, Urt. vom 14.03.2003 – V ZR 304/02 –, NJW 2003, 2167 = EzGuG 14.137a; Leitsatz: Ein Ferienparkbetriebsrecht, wonach eine Eigentumswohnung nur als Ferienwohnung bewirtschaftet und einem wechselnden Personenkreis zur Erholung zur Verfügung gestellt werden darf und wonach allein dem Berechtigten die Verwaltung und Vermietung der Wohnung, die Wärmeversorgung, der Betrieb einer Kabelfernseh- und einer Telefonanlage obliegt, kann Inhalt einer beschränkten persönlichen Dienstbarkeit sein.

20 BGH, Urt. vom 19.05.1989 – V ZR 182/87 –, NJW 1989, 2391 = EzGuG 14.84e.

Abb. 5: Grunddienstbarkeiten

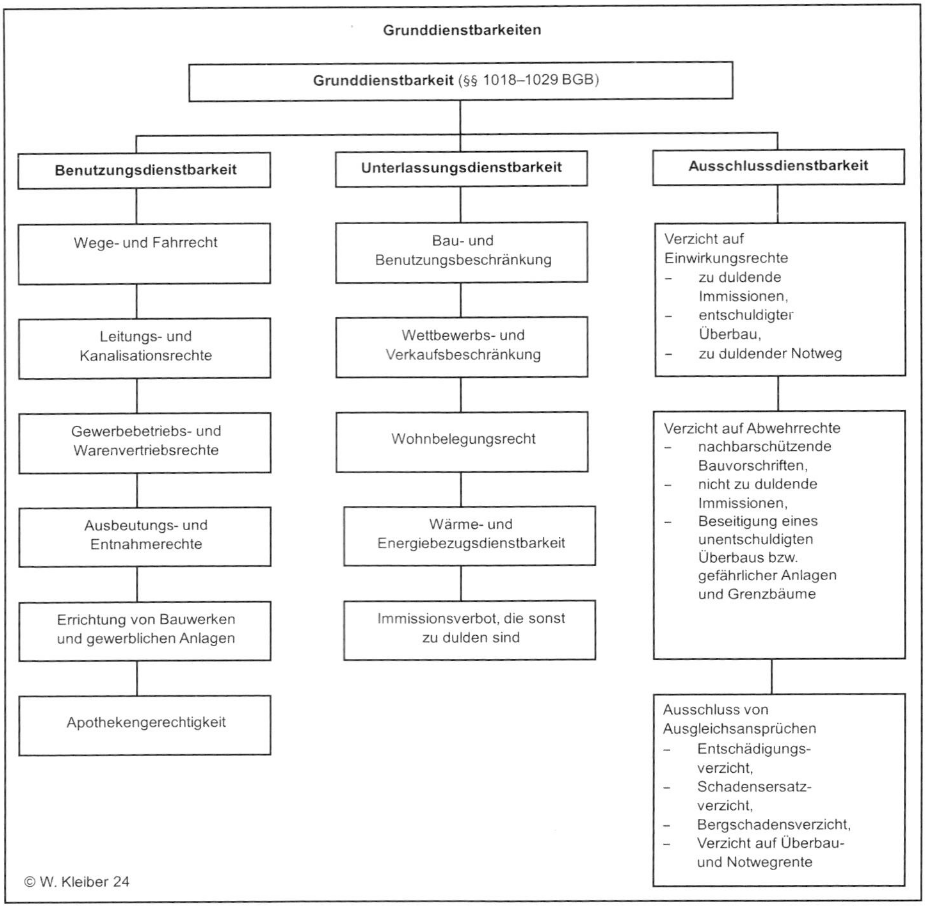

2.3.3.2 Begründung und Erlöschen

48 **Grunddienstbarkeiten werden** nach § 873 BGB **durch Rechtsgeschäft**, d.h. durch Einigung und Eintragung im Grundbuch, in Ausnahmefällen durch Tabularersitzung nach § 900 Abs. 2 BGB oder durch hoheitlichen Akt, z.B. auf Grund des Energiewirtschaftsgesetzes,**begründet**. Die Grunddienstbarkeit ist im Grundbuch in Abt. 11 des dienenden Grundstücks eingetragen. Sie ist als dingliches Recht Bestandteil des herrschenden Grundstücks.

49 Die Einigung muss sich auf das herrschende „Wirtschaftsgrundstück" erstrecken. Das obligatorische Rechtsgeschäft, welches auch über eine mögliche Gegenleistung bestimmt, ist formfrei.Die Bestandseigenschaften einer Grunddienstbarkeit (§ 96 BGB) schließen eine selbstständige Übertragung aus. Die **Grunddienstbarkeit erlischt mit der Aufhebung** nach den §§ 875 f. BGB durch den Staatsakt (§ 71 ZVG). Zur Aufhebung eines Rechts ist im BGB Folgendes geregelt:

„**§ 875 BGB** Aufhebung eines Rechts

(1) Zur Aufhebung eines Rechts an einem Grundstück ist, soweit nicht das Gesetz ein anderes vorschreibt, die Erklärung des Berechtigten, dass er das Recht aufgebe, und die Löschung des Rechts im Grundbuch erforderlich. Die Erklärung ist dem Grundbuchamt oder demjenigen gegenüber abzugeben, zu dessen Gunsten sie erfolgt.

(2) Vor der Löschung ist der Berechtigte an seine Erklärung nur gebunden, wenn er sie dem Grundbuchamt gegenüber abgegeben oder demjenigen, zu dessen Gunsten sie erfolgt, eine den Vorschriften der Grundbuchordnung entsprechende Löschungsbewilligung ausgehändigt hat"

Sie erlischt[21] auch:

- wenn die Ausübung aus tatsächlichen oder rechtlichen Gründen auf Dauer ausgeschlossen ist,
- unmöglich wird,
- der Vorteil für das herrschende Grundstück dauernd nach § 1019 BGB entfällt.

2.3.3.3 Steuerliche Bewertung und Kostenrecht

In der **steuerlichen Bewertung[22] von unbebauten Grundstücken** ist die Belastung mit einer Grunddienstbarkeit bei der Ermittlung des Bodenwerts zu berücksichtigen[23]. In den Fällen der **Bewertung der bebauten Grundstücke** im Ertragswertverfahren kommt ein Abschlag nach § 82 Abs. 1 BewG nur insoweit in Betracht, als die Wertminderung infolge der Belastung nicht bereits in der Höhe der Jahresrohmiete berücksichtigt ist. Die Ermäßigung des Grundstückswerts unterliegt hier keiner Begrenzung (§ 82 Abs. 3 BewG). In den Fällen der Bewertung der bebauten Grundstücke im Sachwertverfahren wirkt sich eine Wertminderung im Allgemeinen im Bodenwert aus[24]. 50

Im Rahmen des **Kostenrechts** erfolgt die Wertermittlung bei Grunddienstbarkeiten (§§ 1018 bis 1029 BGB) nach den Regelungen des Gesetzes über Kosten der freiwilligen Gerichtsbarkeit für Gerichte und Notare (Gerichts- und Notarkostengesetz — GNotKG, nach § 3 Abs. 2; vgl. Teil VIII Rn. 233)[25]. Der nach dem Kostenrecht zugrunde gelegte Wert entspricht nicht dem Verkehrswert gem. § 194 BauGB. 51

2.3.3.4 Wegerecht

Schrifttum: Holznagel, Entschädigung von Wegerechten beim Bau von Energietransportleitungen, DÖR 2010, 847; Kröll/Hausmann, Rechte und Belastungen bei der Verkehrswertermittlung, 4. Aufl. 2011 S. 189ff.; Schaper, D., Belastung durch ein Geh- und Fahrrecht, GuG 2015, 42; Simon, J., Wertermittlung eines Wegerechts, GuG 2004, 228; Sandner/Weber, Lexikon der Immobilienwertermittlung, 2. Aufl. Bundesanzeigerverlag 2007, S. 288.

▶ *Vgl. § 2 ImmoWertV Rn. 61ff., § 3 ImmoWertV Rn. 229ff.; § 8 ImmoWertV Rn. 43; zum Notwegerecht vgl. Teil VIII Rn. 288ff.; zum Wegerecht vgl. VIII Rn. 355 ff. mit zahlreichen Beispielen*

Wegerechte werden am häufigsten als Grunddienstbarkeit begründet. Das liegt darin begründet, dass ein vertraglich als beschränkt persönliche Dienstbarkeit vereinbartes Wegerecht bei einem Verkauf des Grundstücks untergehen würde. Wird das Recht durch eine Grunddienstbarkeit in Abt. II des Grundbuchs eingetragen oder als öffentlich-rechtliche Baulast begründet, so bleibt es bei einem Verkauf des herrschenden Grundstücks bestehen. Zu beachten ist, dass es das Instrument der Baulast nicht in allen Bundesländern gibt. 52

---

21 Schmenger, BWNotZ 2007, 86.
22 Erl. des MfFuW des Landes Rheinland-Pfalz vom 11.08 1970 (S. 3101 A — IV/2).
23 Abschn. 10 Abs. 4 Satz 1 BewG Gr.
24 Abschn. 35 Abs. 2 BewR Gr.
25 Krodel, J.: Überblick über die Kostenerhebung im Nachlassverfahren, GuG 2019, 282 ff.

53 **Wegerechte können** entweder als **öffentlich-rechtliche Beschränkungen** (tatsächlich öffentliche Wege[26], rechtlich öffentliche Wege[27]**oder als privatrechtliche Beschränkungen auftreten** (vgl. Abb. 6):

Abb. 6: Begründung und Nutzung des Wegerechts

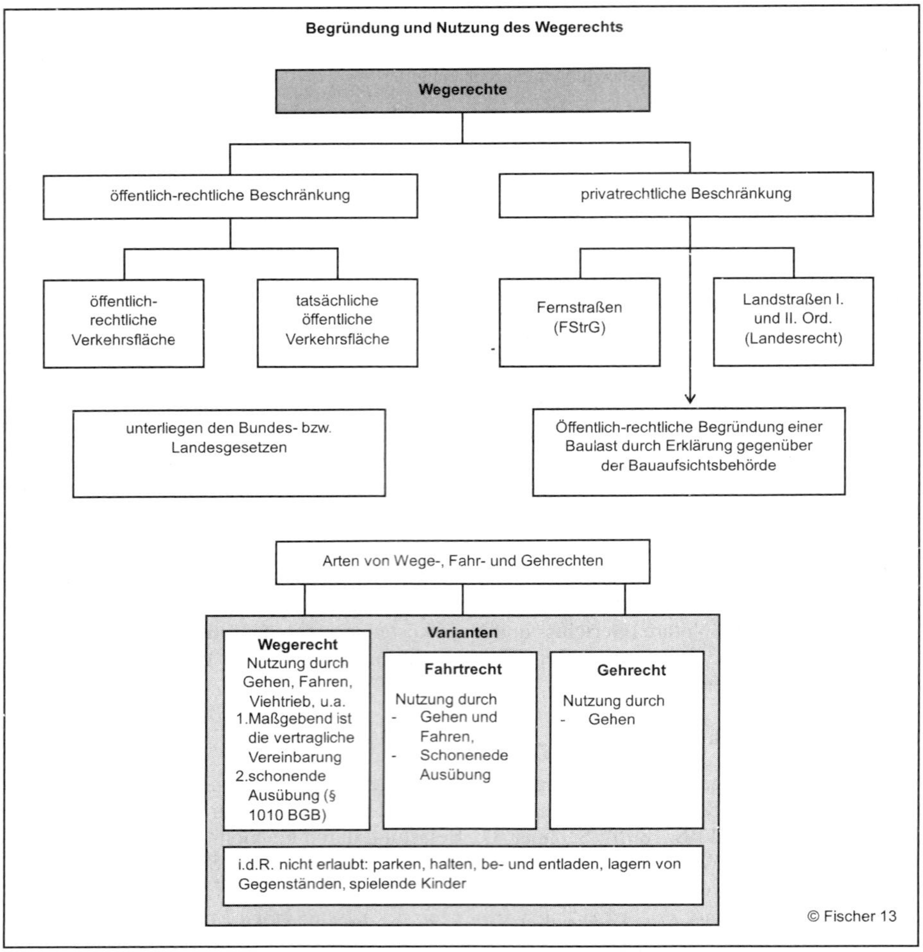

54 Inhalt solcher (Grund-) Dienstbarkeiten können insbesondere **Geh-, Fahr- und Triebgerechtigkeiten** sein. Ist das Wegerecht nur durch einen einfachen Vertrag begründet und nicht durch Baulast oder Grunddienstbarkeit gesichert worden, so kann das Wegerecht nur aus wichtigem Grund gekündigt[28] werden. Soweit es sich bei dem Wegerecht nicht um eine nicht im Grundbuch eingetragene altrechtliche Dienstbarkeit handelt, ergeben sich Inhalt und Umfang des Wegerechts aus den Bestimmungen bei der Bestellung der Dienstbarkeit bzw. aus dem Grundbucheintrag[29].

---

26 „Tatsächlich öffentliche Wege" sind Grundflächen im Privateigentum, die durch ausdrückliche Erklärung oder schlüssiges Verhalten für den öffentlichen Verkehr freigegeben sind.
27 „Rechtlich öffentliche Wege" stehen im Eigentum einer Gebietskörperschaft, die die privatrechtliche Verfügungsmacht hat. Die Wege stehen durch Widmung dem öffentlichen Verkehr offen.
28 OLG Nürnberg, Urt. vom 07.09.2010 – 1 U 258/10 –, EzGuG 14.158c
29 KG, Urt. vom 25.06.1984 – 12 U 4853/83 –, AVN 1986, 104 EzGuG 14.76

Beispiel: 55

Ein altrechtliches Fahrrecht wurde 1862 in einem Kaufvertrag begründet, wobei dem Berechtigten das Recht eingeräumt wurde, den Hofraum des Nachbargrundstücks der Länge nach zu befahren. Das Fahrrecht wurde danach auch in Anspruch genommen. Dieses vor inkrafttreten des BGB bestehende Recht bleibt in Inhalt und Rang bestehen, auch wenn es nicht in das Grundbuch eingetragen wurde.

Ist ein Wegerecht nicht bindend begründet worden, liegt lediglich ein „Leihverhältnis"[30] vor, welches jederzeit gekündigt werden kann.

Die Befugnis zur Benutzung öffentlicher Straßen und Wege ergibt sich direkt aus dem öffentlichen Recht. **Eine öffentliche Straße entsteht durch Widmung** durch die zuständige staatliche bzw. kommunale Stelle. Die jedermann im Rahmen der Widmung und der Straßenverkehrsvorschriften innerhalb der verkehrsüblichen Grenzen zustehende Benutzung öffentlicher Straßen wird als Sondernutzung bezeichnet. Diese Nutzungsmöglichkeit begründet kein Recht auf den Fortbestand einer öffentlichen Straße[31]. 56

Das Wegerecht ist als beschränkt dingliches Recht Bestandteil des herrschenden Grundstücks (§ 96 BGB) und schränkt die Befugnisse des Eigentümers des dienenden Grundstücks insoweit ein, als er etwas zu dulden hat. Ein aktives Tun wird von ihm nicht verlangt (Abb. 7): 57

Abb. 7: Herrschendes und dienendes Grundstück bei einem Wegerecht

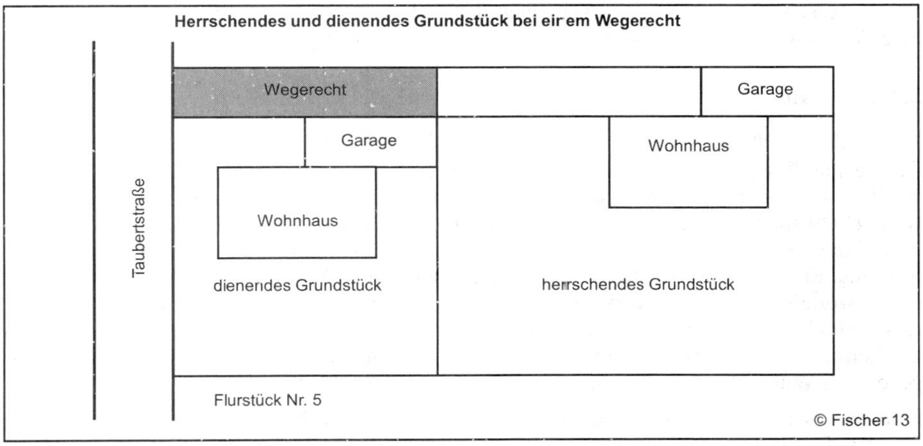

Die dingliche Belastung geht aus Abt. II des Grundbuchs hervor. Dabei wird die Grunddienstbarkeit im Allgemeinen zu Lasten des gesamten dienenden Grundstücks eingetragen. Da aus der Eintragung nicht ohne Weiteres der Umfang der Belastung durch das Wegerecht hervorgeht, sollte in jedem Fall in die den Grundakten beiliegende Eintragungsbewilligung eingesehen werden, **in der die Lage der Wegerechtsfläche auf dem belasteten Grundstück meistens eindeutig bestimmt ist**. 58

Der Berechtigte ist – soweit nichts anderes bestimmt wurde – zur Unterhaltung und Instandsetzung einer der Ausübung der Dienstbarkeit dienenden Anlage auch dann verpflichtet, wenn der Eigentümer die Anlage mitnutzen darf (§ 1020 Satz 2 BGB)[32] . § 1021 BGB regelt die Unterhaltspflicht einer Anlage auf der belasteten Fläche. Diese Unterhaltspflicht kann je nach Interessenslage vereinbart werden. Bei Interesse der Berechtigten kann bestimmt werden, dass 59

30 OLG Hamm, Urt. vom 31.03.2014 – 5 U 168/13 –, BauR 2014, 1833 = EzGuG 11.164.
31 BGH, Urt. vom 08.02.1971- 111 ZR 33/68 NJW 1971, 605 = EzGuG 18.54.
32 BGH, Urt. vom 12.11.2004 – V ZR 42/02 –, GE 2005, 121 = EzGuG 14.142.

der Eigentümer die Anlage unterhält. Hat der Eigentümer ein Recht zur Mitbenutzung, so kann bestimmt werden, dass der Berechtigte die Anlage zu unterhalten hat, soweit es für das Benutzungsrecht des Eigentümers erforderlich ist.

60 Probleme können sich ergeben, wenn ein altes Wegerecht besteht, dessen Benutzung vom Grundstückseigentümer des belasteten Grundstücks plötzlich bestritten wird. In diesem Fall könnte eine Duldungspflicht unter dem Gesichtspunkt der „**unvordenklichen Verjährung**" oder aus dem Tatbestand der Ersitzung abgeleitet werden. Die unvordenkliche Verjährung[33] kann jedoch nur auf die Einräumung eines Wegerechts vor Einführung des BGB angewendet werden und auch nur dann, wenn in dem Gebiet das Allgemeine Preußische Landrecht nicht galt, was das Rechtsinstitut der unvordenklichen Verjährung nicht kannte. In den Gebieten, in denen das Allgemeine Preußische Landrecht galt, war der Tatbestand der Ersitzung nach 30 Jahren erfüllt, wenn also der Wegenutzer den Weg länger als 30 Jahre in Anspruch genommen und die Nutzung ununterbrochen ausgeführt hatte. Voraussetzung ist allerdings, dass der Benutzer ausdrücklich ein Wegerecht geltend gemacht hatte und kein Widerspruch seitens des Eigentümers des Wegs erhoben worden ist. Die Annahme eines Gewohnheitsrechts, aus dem die Duldungspflicht abgeleitet werden könnte, scheidet aus, da das Gewohnheitsrecht nicht auf die Rechtsbeziehung zwischen zwei Personen abstellt.

61 **Wegerechte können** entweder **als öffentlich-rechtliche Beschränkungen** (tatsächlich öffentliche Wege, rechtlich öffentliche Wege) **oder als privatrechtliche Beschränkungen auftreten.**

62 Der **Unterschied zum Notwegerecht** liegt darin, dass das Notwegerecht nur bis zur Erstellung der notwendigen Verbindung mit einem öffentlichen Weg gesetzlich zu gewähren ist.

2.3.4 Reallast

▶ *Vgl. zur Erbbauzinsreallast vgl. Teil VIII Rn. 86ff.; zum Altenteilsrecht Teil VIII Rn. 461ff.*

63 Die Reallast[34] (land charges) verleiht kein unmittelbares Nutzungsrecht am Grundstück[35]. Die Reallast stellt vielmehr eine Belastung des Grundstücks derart dar, dass an den Berechtigten **wiederkehrende Leistungen aus dem Grundstück** zu entrichten sind (§ 1105 BGB), z.B. im Rahmen des Altenteilsrechts: Pflegeverpflichtungen, Zahlung einer Rente, Lieferung von Nahrung, Energie, Wasser u.Ä. Soweit die Reallast bei einer Veräußerung nicht abgelöst wird, ist ein Werteinfluss auf den Verkehrswert des Grundstücks zu berücksichtigen. Hierbei beeinflussen Leibrenten i.d.R. den Verkehrswert eines Grundstücks, da ein Grundstück, das mit einer Leibrente belastet ist, im Gegensatz zu mit Grundpfandrechten belasteten Grundstücken gegen den Willen des Berechtigten nicht enthaftet werden kann.

64 Reallasten lassen sich nach privatrechtlichen und öffentlich-rechtlichen Reallasten unterscheiden. Die Reallast nimmt eine Mittelstellung zwischen den Nutzungs- und Sicherungsrechten ein; ihrem Charakter nach ist sie den Nutzungsrechten zuzuordnen, wenn es um Leistungen geht, die aus dem Grundstück kommen, während bei den „auf Geld gerichteten Reallasten" der Sicherungszweck im Vordergrund steht.

65 Die Reallast unterscheidet sich von der **Rentenschuld** (§ 1199 BGB) insbesondere darin, dass sie außer Geldbeträgen auch andere Leistungen zum Gegenstand haben kann. Hierzu gehören

- **Sicherung von Erbbauzinsen**,
- **Altenteile** (Leibgeding, Auszug, Leibzug, d.h. Ansprüche auf Sach- und Dienstleistungen, die aus einem Grundstück dem Berechtigten ganz oder teilweise für eine bestimmte Zeit

---

33 Das Rechtsinstitut der unvordenklichen Verjährung ist nicht im BGB geregelt. Es gilt für Rechtsobjekte wie Straßen-, Wege- und Nachbarrecht. Nach Auffassung des BGH, Urt. vom 04.02.1955 – V ZR 112/52 –, BGHZ 15, 234 = EzGuG 14.3c und des BVerfG, Beschl. vom 15.04.2009 – 1 BA 3478/08 –, BVerfGK 15, 2946 = EzGuG 9.297a,z. B. ein Wegerecht, wenn ein Weg vor Inkrafttreten des Straßengesetzes als öffentlicher Wegbenutzt wurde und wo für die vorausgegangenen 40 Jahre eine gegenteilige Erinnerung nicht feststellbar ist.

34 Baur, Lehrbuch des Sachenrechts, München 1983, S. 22, 314.

35 Staudinger, BGB, 11. Aufl., Anm. I 2 zu § 1105 BGB.

oder dauernd Versorgung gewähren. Das typische Altenteilsrecht besteht aus einer beschränkt persönlichen Dienstbarkeit in Form eines Wohnungsrechts (§ 1093 BGB) und einer Reallast (§ 1105 BGB), die (zumeist unentgeltliche) Pflege- und Sachleistungen (z.B. Hege und Pflege in alten und in kranken Tagen) oder eine Verpflichtung zu monatlichen Rentenzahlungen zum Inhalt hat.

Das Grundstück haftet nach vorstehenden Ausführungen nur für die Entrichtung der Leistungen durch den Eigentümer. Bei dieser Betrachtungsweise nähert sich die Reallast den Grundpfandrechten, insbesondere der Rentenschuld. Sie gehört daher wie diese zu den Sicherungs- und Verwertungsrechten. **66**

Abb. 8: Sicherungs- und Verwertungsrechte

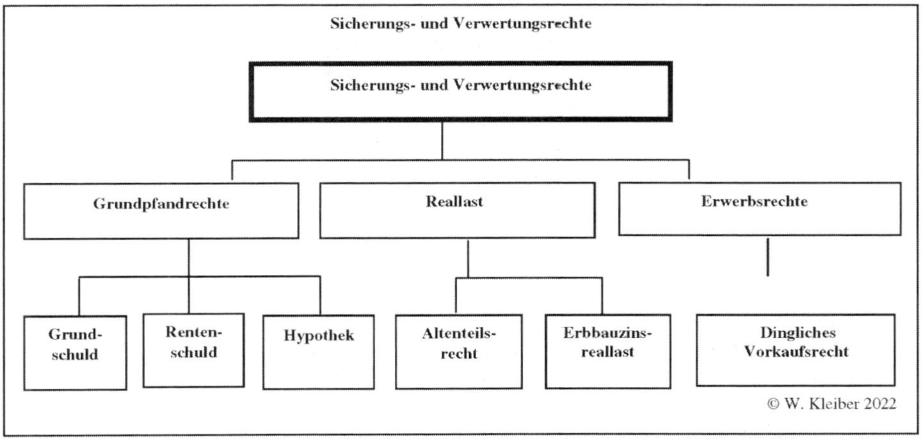

Da bei der Verkehrswertermittlung nur solche Beschränkungen zu berücksichtigen sind, die nach Inhalt und Entstehung mit der Beschaffenheit des Grundstücks zusammenhängen, werden **Reallasten im Allgemeinen nicht den Verkehrswert beeinflussen**. Im Rahmen des Altenteilsrechts wird zwar grundsätzlich kein unmittelbares Nutzungsrecht am Grundstück gewährt wird, jedoch haftet das Grundstück für die Entrichtung der Leistungen. Ein Einfluss auf den Verkehrswert des Grundstücks kann aber nach dieser Richtlinie gleichwohl bestehen, soweit die Reallast nicht abgelöst wird und im Falle der Veräußerung der Grundstücke nicht untergeht. **67**

Die Reallast kann im Übrigen auch **zugunsten des jeweiligen Eigentümers eines anderen Grundstücks** bestellt werden (§ 1105 Abs. 2 BGB). **68**

Reallasten werden nach § 873 BGB durch **Einigung und Eintragung im Grundbuch** begründet.Dies gilt entsprechend für die Übertragung von Reallasten. Die Reallast erlischt als Ganzes durch Aufhebung gemäß § 875 BGB, durch Ablösung oder durch Zuschlag des Grundstücks in der Zwangsversteigerung. **69**

Die Reallast lastet als Ganzes auf dem Grundstück. Die Haftung für einzelne Leistungen wird – wie bei Hypothekenzinsen – im Wege der **Zwangsvollstreckung**durchgesetzt (§ 1107 BGB), wobei sich die Haftung auf alle Gegenstände erstreckt, für die die Hypothek eingeräumt wurde.Die dingliche Haftung trifft den jeweiligen Eigentümer ohne Rücksicht darauf, ob die Leistungen während seines Eigentums fällig werden oder es sich um Rückstände aus vorangegangem Eigentum handelt. **70**

Zu den grundstücksgleichen Rechten, die rechtlich wie Grundstücke behandelt werden, zählen das **Erbbaurecht** mit den Unterabteilungen Wohnungs- und Teilerbbaurecht, das **Jagd- und Fischereirecht und das Bergrecht**; Schiffseigentums-, Jagd- und Fischereirechte gehören **71** nach dem EGBG nur noch teilweise und nach Bundesländern unterschiedlich zu den grundstücksgleichen Rechten.

2.3.5 Erwerbsrechte

2.3.5.1 Allgemeines

▶ *Vgl. Teil VI Rn. 252 f., 292, 304, 015; Teil VIII Rn. 484 ff.; zur Beleihungswertermittlung Teil IX Rn. 103.*

72 Unter die Erwerbsrechte fallen insbesondere

a) das Vorkaufsrecht, d.h. die gesetzlich oder vertraglich eingeräumte Befugnis, in einen Kaufvertrag an Stelle des Käufers einzutreten (§§ 463 ff., 1094 ff. BGB; §§ 24 ff. BauGB);

b) die Vormerkung (§§ 883 ff. BGB), soweit damit ein schuldrechtlicher Anspruch auf Einräumung oder Aufhebung eines Rechts an einem Grundstück auch Dritten gegenüber gesichert wird[36];

c) das Aneignungsrecht[37] (z.B. Jagdrecht);

d) das Anwartschaftsrecht, insbesondere

- das Wiederkaufsrecht (z.B. nach § 10 Abs. 1 Satz 2 i.V.m. § 4 Abs. 2 des Reichsiedlungsgesetzes oder auf Grund einer Vereinbarung),
- das Ankaufsrecht (Option) und
- die Vorhand.

73 Unter der **Vorhand** versteht man die Verpflichtung des Eigentümers, den Vertragsgegenstand vor einem beabsichtigten Verkauf zuerst dem Vorhandsberechtigten anzubieten. Der die Vorhand einräumende Vertrag bedarf der Schriftform nach § 313 BGB[38].

Abb. 9: Übersicht über die Erwerbsrechte

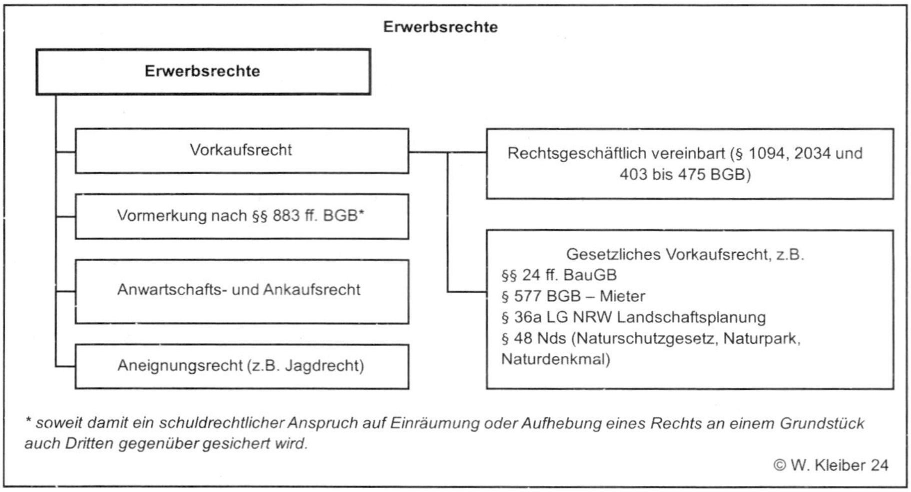

---

36 Baur, a.a.O., S. 195, 26.
37 Baur, a.a.O., S. 23, 275.
38 RG, Urt. vom 21.4.1937 – V 297/36 –, RGZ 169, 65 (71).

2.3.5.2 Vorkaufsrecht

Schrifttum: *Behnke, G./Glenn, D.*, Der wundersame Aufstieg des § 24 BauGB, BlnGE 2019, 431; *Kronisch*, Vorkaufsrecht im Erhaltungsgebiet, NVwZ 2018, 1163; *Kronisch, J.*, Rechtsfragen bei der Ausübung des Vorkaufsrechts zum Verkehrswert, GuG 2019, 136.

▶ *Vgl. Teil VIII Rn. 486 ff.; Teil VI Rn. 305, 915; , zur Beleihungswertermittlung vgl. Teil VIII Rn. 506; Teil IX Rn. 103.*

Ein Vorkaufsrecht (rights of pre-emption) räumt dem Berechtigten die **Befugnis** ein, **eine bestimmte Sache zu denselben Bedingungen zu erwerben, die der Verkäufer in einem Kaufvertrag mit einem Dritten rechtswirksam vereinbart hat**[39]. Es kann auch zugunsten des jeweiligen Eigentümers eines anderen Grundstücks (subjektiv dinglich) bestellt werden (§ 1094 Abs. 2 BGB). Ferner kann es auch für einen, für mehrere oder für alle Verkaufsfälle eingetragen werden (§ 1097 BGB). 74

Im Falle des Verkaufs der Sache – z.B. eines Grundstücks – kann der Berechtigte durch einseitige Erklärung gegenüber dem Verpflichteten einen Kauf mit diesem zustande bringen. Mit der Ausübung des Vorkaufsrechts kommt ein neuer Kaufvertrag zwischen dem Berechtigten und dem Verpflichteten zustande. Das Vorkaufsrecht ist jedoch bei Schenkung, Tausch[40] und Erbfolge nicht wirksam. 75

Es ist zwischen den **vertraglichen** Vorkaufsrechten (schuldrechtlich nach den §§ 463 bis 473 BGB bzw. dinglich nach den §§ 1094ff. BGB) einerseits **und** den **gesetzlichen** (z.B. Vorkaufsrecht der Gemeinden gem. § 24 und § 25 BauGB), insbesondere öffentlich-rechtlichen **Vorkaufsrechten** andererseits zu **unterscheiden**. 76

Abb. 10: Vorkaufsrechte

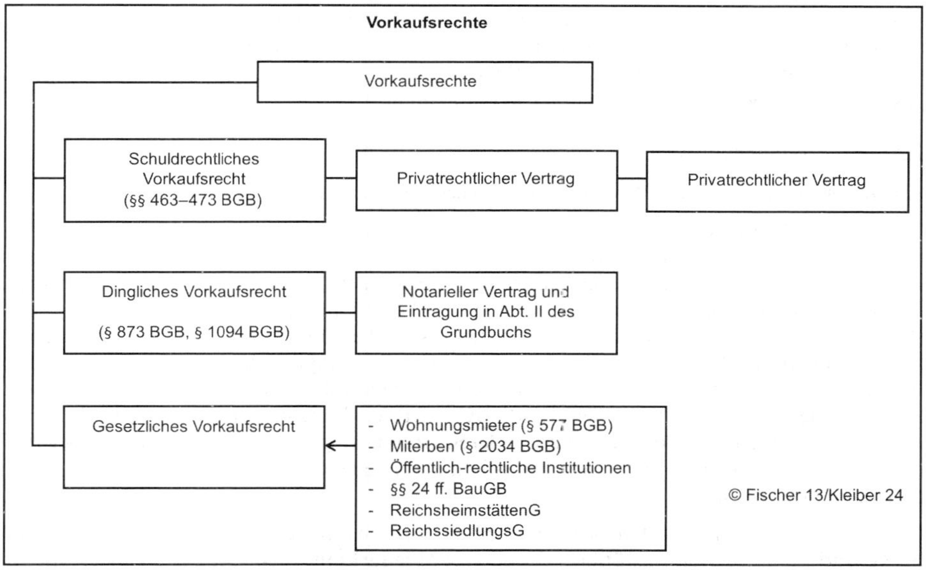

39 BGH, Urt. vom 19.12.1962 – V ZR 259/60 –, MDR 1963, 396 = EzGuG 20.32; BayObLG, Beschl. vom 19.01.1982 – BReg 2 Z 37/81 –, BayObLGZ 1982, 15 = EzGuG 14.68a; BayObLG, Urt. vom 10.02.1971– BReg 2 Z 10/71 –, BayObLGZ 1971, 28 = EzGuG 14.43a; in Sanierungsgebieten: VGH Mannheim, Urt. vom 25.09.1997 – 8 S 665/97 –, NJW 1998, 1089 = EzGuG 14.129b.

40 OLG Düsseldorf, Beschl. vom 26.05.2010 – 3 Wx 90/10 –, NJW-RR 2011, 307= EzGuG 14.158d.

77 Nur **das dingliche Vorkaufsrecht ist grundbuchfähig und -bedürftig**. Es kann zugunsten einer bestimmten Person, aber auch zugunsten des jeweiligen Eigentümers eines anderen Grundstücks bestellt werden.
Das dingliche Vorkaufsrecht ist abgrenzungsbedürftig gegenüber

- dem Wiederkaufsrecht,
- dem Ankaufsrecht und
- der Vorhand.

In der neueren Rechtslehre wird das vertragliche, dingliche Vorkaufsrecht entweder als dingliche Anwartschaft auf ein Grundstück, vergleichbar etwa mit der Auflassungsvormerkung im Grundbuch, oder als Gestaltungsrecht angesehen.

78 In besonderen Fällen ist der bei Ausübung des Vorkaufsrechts zu zahlende Preis limitiert. Dies trifft insbesondere bei Ausübung des **Vorkaufsrechts** nach § 24 Abs. 1 Satz 1 Nr. 1 BauGB auf Flächen zu, für die nach dem Bebauungsplan eine Nutzung für öffentliche Zwecke oder für Flächen oder Maßnahmen zum Ausgleich i.S. des § 1a Abs. 3 BBauG (naturschutzrechtliche Ausgleichsflächen) festgesetzt ist.

79 Nach § 24 Abs. 1 S. 1 Nr. 6 BauGB steht Gemeinden beim (Ver-)Kauf von unbebauten Baugrundstücken in Gebieten, die nach den §§ 30, 33 oder 34 Abs. 2 BauGB vorwiegend mit Wohngebäuden bebaut werden können, ein Vorverkaufsrecht zu. Nach § 24 Abs. 1 S. 1 Nr. 8 haben Gemeinden beim (Ver-)Kauf von Grundstücken in Gebieten mit einem städtebaulichen oder gebäudebezogenen Missstand ein Vorverkaufsrecht.

80 Nach § 28 Abs. 3 Satz 1 kann die Gemeinde den bei Ausübung des Vorkaufsrechts zu zahlenden Betrag auf den Verkehrswert im Zeitpunkt des Kaufes limitieren, wenn der „vereinbarte Kaufpreis den Verkehrswert überschreitet. Der zu zahlende Betrag bestimmt sich dann nach den Vorschriften des Zweiten Abschnitts des Fünften Teils des BauGB, wenn der Erwerb des Grundstücks für die Durchführung des Bebauungsplans erforderlich ist und es nach dem festgesetzten Verwendungszweck enteignet werden könnte[41].

2.3.5.3 Wiederkaufsrecht

Schrifttum: *Staudenmaier*, Zur Bewertung eines Wiederkaufsrechts, BWNotZ 1969, 419

81 Unter einem Wiederkaufsrecht ist ein im Zuge eines Verkaufs eines Grundstücks dem Verkäufer eingeräumtes Recht zu verstehen, den gekauften Gegenstand gegebenenfalls gegen Zahlung eines frei vereinbarten Wiederkaufpreises zurückzugeben (§ 457 Abs. 1 BGB). Der Käufer geht schuldrechtlich aufschiebend bedingt die Verpflichtung ein, den gekauften Gegenstand gegen Zahlung des Wiederkaufpreises herauszugeben. Dabei kann der Wiederkaufpreis frei vereinbart werden; es kann auch ein Schätzwert vertraglich festgelegt werden (§ 460 BGB). Ist als Wiederkaufspreis der Schätzwert vereinbart, den der gekaufte Gegenstand zur Zeit des Wiederkaufs hat, so ist nach § 501 BGB der Wiederverkäufer für eine Verschlechterung, den Untergang oder die aus einem anderen Grunde eingetretene Unmöglichkeit der Herausgabe des Gegenstands nicht verantwortlich, der Wiederkäufer zum Ersatze von Verwendungen nicht verpflichtet.

82 Das BGB enthält keine gesetzlichen Vorschriften über ein dingliches Wiederkaufsrecht[42]. **Ein im Grundbuch eintragungsfähiges dingliches Wiederkaufsrecht gibt es insoweit nicht.** Lediglich in den §§ 20 und 21 RSG ist für die betreffenden Siedlungsunternehmen bundes-

41 LG Darmstadt, Urt. vom 28.04.1993 – 3 O 17/92 –, GuG 1994, 62 = EzGuG 20.145.

42 BGH, Urt. vom 15.09.2000 – V ZR 420/98 –, NJW 2001, 284 = EzGuG 14.135a; BGH, Urt. vom 11.12.1998 – V ZR 377/97 –, BGHZ 140, 218 = EzGuG 14.131b; BGH, Urt. vom 30.11.1990 – V ZR 272/89 –, BB 1991, 503 = EzGuG 14.96a; BGH, Urt. vom 15.11.1974 – V ZR 78/73 –, WM 1975, 54 = EzGuG 14.48g; OLG Karlsruhe, Urt. vom 20.02.1992 – 9 U 294/91 ZMR 1992, 300 = EzGuG 14.108.

rechtlich ein eintragungspflichtiges Wiederkaufsrecht[43] vorgesehen, dem damit eine dingliche Wirkung beizumessen ist.

Ansonsten ist der **Wiederkauf in den § 456 bis 462 BGB geregelt**. Als schuldrechtliches Institut kann ein Wiederkaufsrecht durch Vormerkung nach den §§ 883 ff. BGB gesichert werden. 83

Bei **Grundstücken kann ein Wiederkaufsrecht nach § 462 BGB nur bis zum Ablauf von dreißig Jahren nach der Vereinbarung des Vorbehalts ausgeübt werden**, sofern nicht für die Ausübung eine Frist bestimmt ist. Die Vertragsparteien sind aber nicht dadurch gehindert, längere Ausübungsfristen zu vereinbaren[44]. Bei einem Wiederkaufsrecht für die öffentliche Hand, um bevölkerungspolitische Ziele zu verwirklichen, kann nach der BGH-Rechtsprechung[45] das Wiederkaufsrecht für mehr als 30 Jahre nicht mehr ausgeübt werden. Der BGH stellt klar, dass die Vereinbarung eines Wiederkaufsrechts für einen längeren Zeitraum als für eine Generation gegen die guten Sitten verstößt und deshalb unwirksam ist, wenn damit das Ziel, nämlich einer Familie zu einem Eigenheim zu verhelfen, erreicht ist. 84

Der **Verkehrswert eines Grundstücks kann durch ein Wiederkaufsrecht** nur beeinflusst werden, wenn das Wiederkaufsrecht (durch Eintragung einer Vormerkung oder nach dem RSG) dingliche Wirkung entfaltet, weil nur in diesem Fall ein Erwerber davon betroffen sein könnte. Der Einfluss des Wiederkaufsrechts auf den Verkehrswert (i.d.R. eine Wertminderung) bestimmt sich dann nach den näheren Vereinbarungen über die Ausübung des Wiederkaufsrechts (z.B.Ausübung zu einem besonderen vom Verkehrswert am Wertermittlungsstichtag abweichenden Wert)[46]. 85

Der **Wert eines (im Grundbuch eingetragenen) siedlungsrechtlichen Wiederkaufsrechts** (nach § 20 Abs. 1 Satz 2 i.V.m. § 4 Abs. 2 RSG) ist in der Rechtsprechung nach dem Interesse der Berechtigten festgesetzt worden. Der BGH[47] hat als Wert eines in einem Zwangsversteigerungsverfahren erloschenen Wiederkaufsrechts bei einem Grundstückswert von 120 000 € den Betrag von 1 500 € anerkannt. Entscheidend für den Wert eines Wiederkaufsrechts ist im Einzelfall vor allem der Preis, zu dem das Wiederkaufsrecht ausgeübt werden kann (zur Vereinbarung eines Wiederkaufsrechts[48]). 86

2.3.5.4 Ankaufsrecht und Ankaufsverpflichtung

▶ *Vgl. zum Ankaufsrecht und zur Ankaufsverpflichtung bei Erbbaurechten Rn. 223 ff., zum Vorkaufsrechtverzicht bei Beleihungswertermittlungen vgl. Rn. 249 ff., Teil VIII Rn. 519ff.*

Mit der Einräumung eines Ankaufsrechts verpflichtet sich der Verkäufer, dem zukünftigen Käufer das Grundstück innerhalb einer zeitlichen Frist zu verkaufen. Im BGB ist ein „Ankaufsrecht" nicht vorgesehen. Ein Ankaufsrecht kann 87

a) in der Rechtsform eines (sofort abgeschlossenen) bedingten Kaufvertrags[49], d.h. unter der aufschiebenden Bedingung (§ 158 Abs. 1 BGB), dass der Berechtigte durch spätere Ausübungserklärung von seinem Recht Gebrauch macht, oder Vorvertrags, aus dem für den

---

43 Zum Wiederkaufsrecht bei Einheimischenmodellen: OLG München, Urt. vom 20.01.1998 – 25 U 4623/97 –, GuG 1999, 125 = EzGuG 14.131; OLG München, Urt. vom 27.06.1994 – 30 U 974/93 –, BayVBI 1995, 282 = EzGuG 14.122a; OLG Karlsruhe, Urt.vom 14.03.1991 – 9 U 260/89 –, NJW 1992, 518 = EzGuG 14 98a.

44 BGH, Urt. vom 20.05.2011 – V ZR 76/10 –, NJW-RR 2011, 1582 = EzGuG 14.160.

45 BGH, Urt. vom 21.07.2006 – V ZR 252/05 –, WM 2006, 2046= EzGuG 14.148a.

46 Zum Wert eines Wiederkaufsrechts nach KostO: BayObLG, Beschl. vom 16.12.1975 – BReg 3 Z 108/74 –, BayObLGZ 1975, 470 = EzGuG 14.51a; OLG Schleswig, Beschl. vom 14.01.1960 – 7 W 289/59 Rpfleger 1962, 3951; OLG Schleswig, Beschl.vom 15.01.1959 – 7 W 251/58 Rpfleger 1962, 395 = EzGuG 7.2b; zum Wiederkaufsrecht beim Zugewinnausgleich: BGH, Urt.vom 23.10.1985 – IVb ZR 62/84 –, NJW-RR 1986, 226 = EzGuG 20.110b.

47 BGH, Urt. vom 23.06.1972 – V ZR 95/70 –, BGHZ 59, 94 = EzGuG 14.46; BGH, Urt. vom 07.07.1993 – XII ZR 35/92 –, GuG 1994, 115 = EzGuG 20.146.

48 BGH, Urt. vom 29.01.1988 – V ZR 156/86 –, BGHZ 103, 175 = EzGuG 14.82; ferner KG Berlin, Urt. vom 09.09.1986 – U 212/85 – , EzGuG 18.102; BMWo, Erl. vom 28.3.1956, BBauBl. 1956, 242.

49 BGH, Urt. vom 13.07.1960 – V ZR 66/59 –, WM 1961, 800 = EzGuG 14.12b; BGH, Urt. vom 31.01.1961 – V ZR 6/60 –, MDR 1961, 400 = EzGuG 14.13c; Thieme, MDR 1961, 586 und DNotZ 1961, 314; Reincke, DNotZ 1953, 210.

einen Teil ein Recht auf ein Vertragsangebot des anderen mit bestimmtem Inhalt erwächst[50], und

b) einseitig durch ein befristetes Kaufangebot begründet werden[51]. Der Anspruch des Ankaufsberechtigten auf Kaufvertragsabschluss unterliegt der Verjährung[52].

88 Ankaufsrechte können sich insbesondere bei Erbbaurechten, Heimstätten[53] sowie nach dem SachenRBerG[54] ergeben. Zum **Ankaufsrecht an einem Erbbaugrundstück** hat der BGH darauf verwiesen, dass bei einem Verkauf an den Erbbauberechtigten andere Preise erzielt werden können als bei einem Verkauf an Dritte, weil nach dem Entstehen eines Eigentümererbbaurechts dieses Recht wirtschaftlich keine wertmindernde Belastung mehr darstellt und der Käufer nicht gehindert ist, den vollen Wert zu realisieren[55].

89 Darüber hinaus kann eine Verpflichtung zur käuflichen Übernahme eines Grundstücks vereinbart werden (**Ankaufsverpflichtung**). Davon wird insbesondere im Rahmen von Erbbaurechtsverträgen Gebrauch gemacht. So wird z.B. vereinbart, dass der Erbbauberechtigte auf Verlangen des Grundstückseigentümers erwirbt[56].

2.3.5.5 Vormerkung

Schrifttum: *Schulz, W.*, Grundstücksübertragungen mit Rückfallklausel, FamRZ 2018, Heft 2.

90 Eine Vormerkung dient in erster Linie der **Absicherung eines Verkaufsfalls durch Eintragung in das Grundbuch**. Sie gehört zu den Sicherungs- und Verwertungsrechten, denn damit wird sichergestellt, dass bis zur Umschreibung und Eintragung kein Weiterverkauf stattfinden kann.Sie wird gelöscht, wenn der neue Eigentümer in das Grundbuch eingetragen ist.

91 Eine Besonderheit der Vormerkung ist eine **Rückauflassungsvormerkung,** sie dient in erster Linie der Absicherung des Verkäufers/Übergebers. In der Regel wird eine Rückauflassungsvormerkung dann vereinbart, wenn eine Immobilie an Erben im Wege der vorweggenommenen Erbfolge übergeben wird und der Schenker sich ein weiteres Verfügungsrecht sichern will. Es handelt sich dabei um einen schuldrechtlichen Anspruch, dass bei einer Weiterveräußerung die Zustimmung des Berechtigten erfolgen muss und bei Nichteinhaltung der vereinbarten Bestimmungen eine Rückübertragung des Grundstücks oder des Betriebs erfolgen kann

50 RG, Urt. vom 21.04.1937 – U 297/63 –, RGZ 154, 355 sowie RG, Urt. vom 15.06.1942 – V 132/41 –, RGZ 169, 185.

51 BGH, Urt. vom 28.09.1962 – V ZR 8/61 –, MDR 1963, 35 = EzGuG 14.14d.

52 BGH, Urt. vom 21.04.1967 – V ZR 75/64 –, BGHZ 47, 287 = EzGuG 12.8d.

53 BGH, Urt. vom 19.03.1975 – IV ZR 9/74 –, NJW 1975, 1021 = EzGuG 14.49.

54 OLG Jena, Urt. vom 02.11.1999 – 8 U 310/99 –, OLGR-Jena 2000, 121 = EzGuG 10.12b.

55 BGH, Urt. vom 19.05.1989 – V ZR 103/88 –, MDR 1989, 980 = EzGuG 7.104b; BGH, Urt. vom 22.02.1980 – V ZR 135/76 –, MDR 1980, 659 = EzGuG 7.74; BGH, Urt. vom 14.10.1988 – V ZR 157/87 –, NJW 1989, 2189 = EzGuG 7.107; BGH, Urt. vom 09.06.1972 – V ZR 81/70 –, WM 1973, 15 = EzGuG 7.30a; BFH, Urt. vom 23.11.1993 – IX R 101/92 –, GuG 1994, 318 = EzGuG 7.119; OLG Hamburg, Urt. vom 08.07.1971 – 6 U 24/71 –, MDR 1971, 842 = EzGuG 7.28; zum Ankaufsrecht bei gesunkenen Bodenwerten vgl. LG Berlin, Urt. vom 08.12.2005 – 13 0 211/05 –, GuG 2006, 314 = EzGuG 7.139. Zur Bewertung von Ankaufsrechten nach GNotKG/KostO: BayObLG, Beschl. vom 16.12.1975 – BReg 3 Z 108/74 –, BayObLGZ 75, 450 = EzGuG 14.51a.

56 BGH, Urt. vom 01.10.1976 – V ZR 10/76 –, BGHZ 68, 1 = EzGuG 7.52; BGH, Urt. vom 08.06.1979 – V ZR 191/76 –, BGHZ 75, 15 = EzGuG 7.70; BGH, Urt. vom 22.02.1980 – V ZR 135/76 –, MDR 1980, 659 = EzGuG 7.74.

Abb. 11: Vormerkung - Rückauflassungsvormerkung

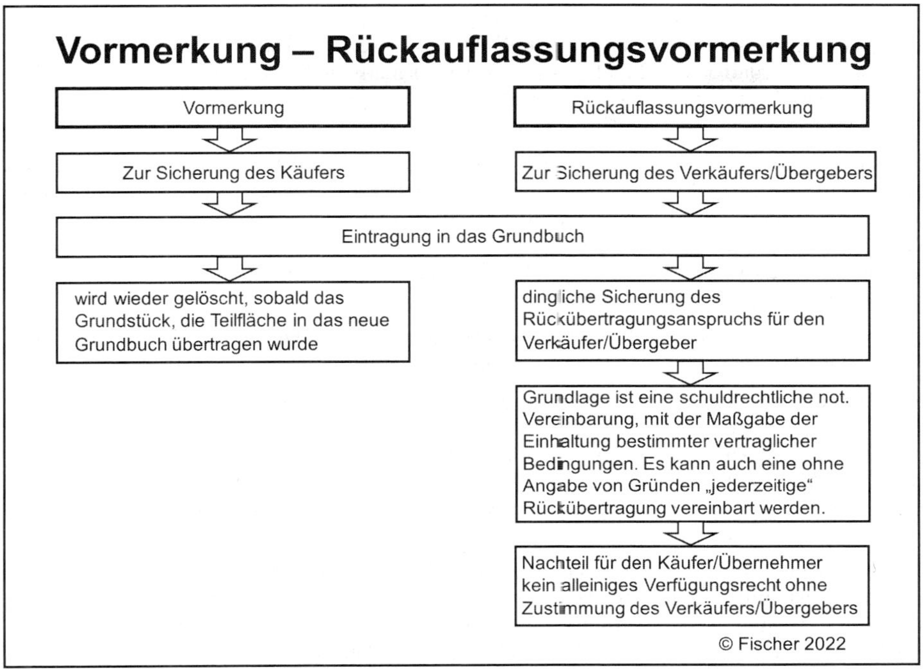

Es bestehen keine gesetzlichen Vorschriften bezüglich des Inhalts der Rückauflassungsvormerkung, sie kann individuell gestaltet werden. 92
In der notariellen Urkunde wird ein Rückübertragungsanspruch festgelegt, der im Grundbuch in Abt. II eingetragen wird und damit dinglich gesichert ist. Diese Form der Absicherung erfolgt i.d.R.bei einer privilegierten Vermögensübertragung zu Lebzeiten. Der Übergeber möchte sich dahingehend absichern, dass der Übernehmer die Immobilie nicht veräußert. In einem derartigen Fall kann er die Rückübertragung beanspruchen. I.d.R. werden im notariellen Vertrag die Bedingungen, wann die Rückübertragung greifen soll, festgelegt.

Folgende Bedingungen, die eine Rückübertragung auslösen können, sollten im Notarvertrag vereinbart werden: 93

- kein Weiterverkauf außerhalb der Familie,
- Gewalteinwirkung, Nötigung, Bedrohung gegen den Übergeber,,
- im Fall einer Zwangsvollstreckung oder eines Konkurs-/Insolvenzverfahrens,
- wenn der Übernehmer vor dem Übergeber verstirbt,
- der Anspruch sollte nicht übertragbar und nicht vererblich sein,
- die Ausübung des Rechts soll nur innerhalb einer bestimmten Zeit Gültigkeit haben,
- im Falle, dass der Übernehmer bzw. dessen Ehefrau einen Scheidungsantrag gestellt hat.

Wenn das Recht aus einer **Rückauflassungsvormerkung vererblich** ist, bedarf es im ersten Jahr nach dem Tod des Berechtigten der Zustimmung der Erben(§ 23 GB0). Sollten diese die Zustimmung verweigern, so kann nach einem Jahr beim Grundbuchamt ein erneuter Antrag auf Löschung gestellt werden. 94

95 Eine Rückübertragungsvormerkung, die bewilligt worden ist, um einen nicht übertragbaren und nicht vererblichen Anspruch zu sichern, erlischt mit dem Tod des Gläubigers. Das Grundbuch wird mit dem Tod des Berechtigten wegen der Akzessorietät der eingetragenen Vormerkung zum gesicherten Anspruch unrichtig[57]. Der Nachweis des Todes des Berechtigten reicht als Löschungsgrund aus. Geht allerdings aus der Vormerkung hervor, dass das Recht mit dem Tod des Veräußerers erlöschen soll, so kann diese Festlegung bereits vorzeitig zur Unrichtigkeit und Löschung der Rückauflassungsvormerkung führen[58].

96 Es kommen aber auch Fälle vor, wo ein „generelles" Recht auf Rückübertragung vereinbart wurde, d.h. der Übergeber kann in diesem Falle **„jederzeit"** ohne Angabe von Gründen die Rückübertragung verlangen. Das hat aber für den Übernehmer nachteilige Folgen, da eine Rückübertragung auch aus der Laune des Übergebers heraus jederzeit, auch nach Ablauf der 10-Jahresfrist erfolgen kann, wenn vertraglich keine zeitliche Begrenzung der Rückauflassungsvormerkung festgelegt worden ist.

97 Eine derartige Absicherung des Schenkers erfolgt in der Landwirtschaft z.B. bei einer **Hofübergabe**. Die Übergabe zu Lebzeiten ist eine Schenkung.

98 Ein Problem kann dann auftreten, wenn der **Übergeber nach § 528 Abs. 1 BGB nach der Schenkung verarmt und Sozialhilfe beansprucht**. Die Sozialverwaltung kann aufgrund der vorliegenden Rückauflassungsvormerkung einen Anspruch anmelden und beim Beschenkten unter Umständen die Schenkung wegen Verarmung zurückfordern. Liegt die Schenkung bereits länger als 10 Jahre zurück, so kommt eine Rückforderung nicht mehr in Betracht, es sei denn, es besteht ein Vorbehalt.

99 Einen Vorbehalt stellt die Rückauflassungsvormerkung dar. Wurde diese aber nach Ablauf der 10-Jahresfrist durch den Beschenkten in beiderseitigem Einvernehmen durch notariellen Vertrag durch Zahlung eines Kaufpreises abgelöst und hat der gezahlte Kaufpreis dem wahren Wert entsprochen, so besteht kein Anspruch mehr. Hat allerdings der gezahlte Kaufpreis nicht dem wahren Wert entsprochen und sind nach der Grundbuchbereinigung noch keine 10 Jahre vergangen, so kann die Sozialverwaltung auf den **Wert der Rückauflassungsvormerkung** zurückgreifen, der sich aus der Differenz des wahren Wertes und dem gezahlten Kaufpreis ergibt.In diesem Falle stellt die Differenz eine erneute Schenkung dar. Die Anspruchsfrist endet erst mit Ablauf von 10 Jahren.
Sollten weitere Ansprüche bestehen, so stellt sich die Frage,was eine derartige Rückauflassungsvormerkung zum Zeitpunkt der Grundbuchbereinigung wert ist und ob der gezahlte Kaufpreis dem wahren Wert der Rückauflassungsvormerkung entsprochen hat.

100 Festgestellt werden muss, dass es für eine Rückauflassungsvormerkungen keinen Verkehrs-/Marktwert i.S. des § 194 BauBG gibt, da derartige Rückauflassungsvormerkungen nicht auf dem Grundstücksmarkt gehandelt werden. In der Regel ist die Rückauflassungsvormerkung auf die familiäre Situation abgestellt. Will der Übernehmer das Grundstück/Betrieb veräußern, so muss er die Zustimmung des Berechtigten einholen. Verweigert er die Zustimmung, kann er die Rückauflassung in Anspruch nehmen, Damit ist für den Übernehmer die Handelbarkeit des Objektes auf dem freien Grundstücksmarkt faktisch so gut wie ausgeschlossen. Die Rückauflassungsvormerkung ist eine Belastung für das Grundstück.Bei beiderseitigem Einverständnis kann die Belastung ggf. durch die Zahlung einer Ablösesumme gelöscht werden. Durch den Wegfall der Belastung erhält der Beschenkte ein Grundstück, das frei verfügbar und handelbar ist. Der Schenker dagegen kann bei Ausübung der Rückauflassung zwar den Vermögenswert zurückerhalten, muss aber auch in der Lage sein, die Kosten für die Grunderwerbssteuer, die Notarkosten, die Grundbuchumschreibung und ggfs. den Verwendungsersatz, der dem Beschenkten zusteht, tragen zu können[59].

---

57 BGH, Urt. vom 15.12.1972 – V ZR 76/71 –, BGHZ 60, 46.

58 OLG München, Urt. vom 11.06.2012 – 34 Wx 115/12 –, FamRZ 2013. 733 . und OLG München, Urt. i , vom 25.04.2018 – 34 Wx 359/17-, NJOZ 2018. 972.

59 OLG München, Urt. vom 17.10.2016 – 34 Wx 208/16 –, Rewis RS 2016, 38711.

101 Die Belastung des Grundbuchs und die Einschränkung der Handelbarkeit des Grundstücks und der jederzeitige Vermögensentzug aufgrund der Rückauflassungsvormerkung bewirken einen Werteinfluss.
In der Folge spielen folgende Kriterien eine Rolle:

- Alter des Berechtigten. Handelt es sich um eine Rückauflassungsvormerkung ohne Bedingungen, z.B. um eine „jederzeitige" Rückforderung, so sind die familiaren Verhältnisse, z.B. das Alter der/s Berechtigten, zu berücksichtigen, da nach dem Tod des Berechtigten die Löschung beantragt werden kann, wenn keine Vererblichkeit vereinbart wurde.
- der Grund (Zweck), der zur Rückauflassungsvormerkung geführt hat,
- kein Weiterverkauf außerhalb der Familie,
- Gewalteinwirkung, Nötigung, Bedrohung gegen den Übergeber,
- Zwangsvollstreckung oder Konkurs-/Insolvenzverfahren,
- wenn Übernehmer vor dem Übergeber verstirbt,
- der Anspruch sollte nicht übertragbar und nicht vererblich sein
- die Ausübung des Rechts soll nur innerhalb einer bestimmten Zeit Gültigkeit haben.

102 Bei der Übergabe von landwirtschaftlichen Betrieben an die nachfolgende Generation wird gelegentlich eine Rückauflassungsvormerkung vereinbart, um den **Betrieb innerhalb der Familie** zu erhalten.

103 Der Marktwert eines derartigen belasteten Objekts wird durch die Rückauflassungsvormerkung nicht beeinflusst, da der Berechtigte nach der Rückübertragung jederzeit das Objekt auf dem Grundstückmarkt ohne diese Belastung zum Verkehrswert veräußern kann. Beim Übernehmer dagegen besteht der Nachteil, dass er das übernommene Objekt nicht ohne Einwilligung des Rechtsinhabers veräußern kann. Der Berechtigte wird ggf. für die Freigabe des Rechts eine Abstandssumme verlangen, die aus dem Kaufpreis abgegolten wird und somit nicht den Verkehrs-/Marktwert beeinflusst. Die Verkehrswertdefinition des § 194 BauGB besagt, dass ungewöhnliche oder persönliche Verhältnisse nicht zu berücksichtigen sind.

104 Ausgangspunkt ist deshalb der unbeeinflusste Verkehrs-/Marktwert des Grundstücks, der bei Vorhandensein eines Leibgedings um diese Belastung zu bereinigen ist. Handelt es sich um einen landwirtschaftlichen Betrieb und hat der Übergeber angeordnet, dass der Betrieb zum Ertragswert gem. § 2049 BGB übergeben worden ist, so bildet der Ertragswert des landwirtschaftlichen Betriebs die Bewertungsgrundlage.

105 Gegebenenfalls ist in Scheidungsfällen zu prüfen, ob sich die Rückauflassungsvormerkung im Rahmen der Ermittlung des Zugewinns im Anfangs- bzw. Endvermögen auswirkt[60]. Dabei handelt es sich aber um eine Rechtsfrage, die von den Gerichten entschieden werden muss.

2.3.6 Grundpfandrechte

▶ *Vgl. zur sozialen Wohnraumförderung Rn. 55 ff.; § 6 ImmoWertV Rn. 91; § 32 ImmoWertV Rn. 135*

106 **Grundpfandrechte** gehören wie die Reallast und die Erwerbsrechte zu den Sicherungs- und Verwertungsrechten. Sie **dienen der Darlehenssicherung**. Das BGB kennt den Begriff „Grundpfandrechte" nicht. Er hat sich aber im allgemeinen Sprachgebrauch eingebürgert und bezeichnet zusammenfassend die so genannten **Verwertungsrechte** (Pfandrechte) wie **Hypotheken** (§§ 1133 bis 1190 BGB), **Grundschulden** (§§ 1191 bis 1198 BGB) und **Rentenschulden** (§§ 1199 bis 1203 BGB). Sie geben dem Berechtigten ein dingliches Verwertungsrecht am belasteten Grundstück und sind zur Sicherung von Krediten in Abteilung III des Grundbuchs eingetragen.

60 OLG München, Urt. vom 13.04.2000 – 12 UF 765/00 –, FamRZ, 2000, 1152 = EzGuG.

107 Nach § 1113 Abs. 1 BGB kann zu diesem Zweck ein Grundstück in der Weise belastet werden, dass an denjenigen, zu dessen Gunsten die Belastung erfolgt, eine bestimmte Geldsumme zur Befriedigung einer ihm zustehenden Forderung aus dem Grundstück zu zahlen ist. Im Unterschied zur Grundschuld ist die **Hypothek** (mortgages) – streng akzessorisch –**abhängig von dem tatsächlichen Bestand der Forderung**, d.h. derjenige, zu dessen Gunsten die Belastung in der Weise erfolgt, dass eine bestimmte Geldsumme zur Befriedigung einer ihm zustehenden Forderung aus dem Grundstück zu zahlen ist, kann sie nur in der jeweiligen Höhe der Forderung geltend machen. Eine auf 100 000 € eingetragene Darlehnsforderung, die bereits um 20 000 € getilgt wurde, besteht nur noch in Höhe der Restforderung von 80 000 €. Die Grundschuld kann hingegen trotz getätigter Tilgung in voller Höhe vom Gläubiger geltend gemacht werden (§§ 1191 ff. BGB). Der Zusammenhang von Forderung und Grundschuld wird durch den Sicherungsvertrag (Darlehensvertrag) hergestellt, wobei ein Wechsel der Forderung jedes Mal durch Grundbucheintragung hergestellt werden muss.

108 Die in Abt. III eingetragenen **Grundpfandrechte** beeinflussen nach vorherrschender Auffassung nicht den Verkehrswert des Grundstücks. Dies ist darin begründet, dass sie i.d.R. im Falle der Veräußerung des Grundstücks nicht auf den Erwerber übergehen und damit nicht den Preis beeinflussen, der im gewöhnlichen Geschäftsverkehr erzielt werden könnte (vgl. die Definition des Verkehrswerts nach § 194 BauGB).Im Verkaufsfall werden sie i.d.R. allenfalls „verrechnet“[61] und wirken sich auch dann nicht auf den Marktwert (Verkehrswert) aus.

109 In besonders gelagerten Fällen können Pfandrechte „auch so gestaltet sein, dass sie im Falle einer Grundstücksveräußerung vom Erwerber mit Vorteilen (z.B. Zinsverbilligung) und Nachteilen (z.B. Belegungsbindung) übernommen werden müssen. Sie stellen dann rechtliche Gegebenheiten i.S. der Verkehrswertdefinition des § 194 BauGB dar, die im gewöhnlichen Geschäftsverkehr auch berücksichtigt werden“[62].

110 Nach vorherrschender Auffassung sollen Finanzierungskosten die Höhe des Marktwerts (Verkehrswert) nicht beeinflussen[63]. In der Rechtsprechung wird diesem Grundsatz nicht immer konsequent gefolgt[64]. Zumindest können die auf einem Grundstück lastenden dinglichen Belastungen z.B. einen höheren Kaufpreis, nicht aber Verkehrswert rechtfertigen, wenn sie besonders günstig sind und vom Erwerber übernommen werden. Derartig beeinflusste Kaufpreise mögen zwar grundsätzlich dem gewöhnlichen Geschäftsverkehr zuzurechnen sein, sie können gleichwohl nicht ohne Weiteres als Vergleichspreise herangezogen werden. Eine **Verkehrswertbeeinflussung kann sich aber ergeben, wenn z.B. die auf einem bestimmten Objekt üblicherweise ruhenden Belastungen vergleichsweise besonders günstig und von jedem Erwerber zu übernehmen sind**. Im Rahmen der Verkehrswertermittlung von Grundstücken im Bereich der sozialen Wohnraumförderung ist die Berücksichtigung günstiger Kre-

---

61 BGH, Urt. vom 02.04.1954 – V ZR 135/52 –, NJW 1954, 955 = EzGuG 19.3d; BGH, Beschl. vom 13.06.1958 – V ZR 268/56 NJW 1958, 1397 = EzGuG 14.8; OLG Köln, Beschl. vom 18.10.1958 – 9 W 20/58 –, MDR 1959, 223 = EzGuG 20.23; OLG München, Beschl. vom 13.01.1981 – 5 W 2607/80 –, MDR 1981, 501 = EzGuG 19.35e; OLG Köln, Urt. vom 16.09.1960 – 4 U 152/59 –, NJW 1961, 785 = EzGuG 20.27.

62 BGH, Urt. vom 02.04.1954 – V ZR 135/52–, BGHZ 12, 380 = EzGuG 19.3d; BGH, Beschl. vom 13.06.1958 – V ZR 268/56 –, NJW 1958, 1397 = EzGuG 14.8; OLG Köln, Beschl. vom 18.10.1958 – 9 W 20/58 –, MDR 1959, 223 = EzGuG 20.23; OLG Köln, Urt. vom 16.09.1960 – 4 U 152/59 –, NJW 1961, 785 = EzGuG 20.27; OLG München, Beschl. vom 13.01.1981 – 5 W 2607/80 –; MDR 1981, 501 = EzGuG 13.35c; LG Köln, Beschl. vom 21.07.1976 – 70 0 40/76 –, NJW 1977, 255 = EzGuG 19.30; RFH, Urt.vom 08.10.1926 – 11 A 429/26 –, JW 1928, 44 = EzGuG 14.1a; BFH, Urt. vom 14.08.1953 – 111 33/53 U BFHE 57, 733 = BStBI Ill 1953, 279 = EzGuG 20.16a; a.A. LG Köln, Beschl. vom 21.07.1976 – 70 0 40/76 –, NJW 1977, 255 = EzGuG 19.30.

63 Einen gewissen „Einbruch“ in diese Auffassung stellt die erstmals mit § 22 Abs. 2 WertV 88 in das Wertermittlungsrecht eingeführte Ergänzung der Baunebenkosten um die „in unmittelbarem Zusammenhang mit den Herstellungskosten einer baulichen Anlage“ anfallenden Finanzierungskosten dar (vgl. auch Beschl. 1 Ziff. 3 zu § 5 Abs. 5 11. BV sowie DIN 276). Im Rahmen der Anwendung des Extraktionsverfahrens (Residualwertverfahrens) werden abweichend von dem hier vorgestellten Grundsatz die Finanzierungskosten zum Ansatz gebracht.

64 BFH, Urt. vom 14.08.1953 – Ill 33/53 U BFHE 57, 733 = BStB1 Ill 1953, 279 = EzGuG 20.16a; RFH, Urt. vom 08.10.1926 – II A 429/26 –, ZfV 1928, 117 = JW 1928, 44 = EzGuG 14.1a; LG Köln, Beschl. vom 21.07.1976 – 70 0 40/76 –, NJW 1977, 255 = EzGuG 19.30.

dite sogar üblich, denn – wirtschaftlich betrachtet – stellen zinsgünstige öffentliche Darlehen ein Äquivalent für mietpreisrechtliche Bindungen dar[65].

im Unterschied zur Grundschuld ist die **Hypothek** (mortgages) – streng akzessorisch – forderungsabhängig, d.h. derjenige, zu dessen Gunsten die Belastung in der Weise erfolgt, dass eine bestimmte Geldsumme zur Befriedigung einer ihm zustehenden Forderung aus dem Grundstück zu zahlen ist, kann sie nur in der jeweiligen Höhe der Forderung geltend machen.Eine auf 100 000 € eingetragene Darlehnsforderung, die bereits um 20 000 € getilgt wurde, besteht nur noch in Höhe der Restforderung von 80 000 €. Die Grundschuld kann hingegen trotz getätigter Tilgung in voller Höhe vom Gläubiger geltend gemacht werden (§§ 1191ff. BGB). 111

Fazit: Allgemein lässt sich am vorstehenden Beispiel erkennen, dass Pfandrechte bei Verkehrswertermittlungen allgemein nicht berücksichtigungsfähig sind. Pfandrechte, die mit dem Eigentum derart eng verbunden sind, dass sie für jeden vernünftig handelnden Erwerber im gewöhnlichen Geschäftsverkehr zwangsläufig ein zu berücksichtigender Umstand sind, müssen dagegen als verkehrswertbeeinflussend angesehen werden. Andernfalls wäre dies als ein ungewöhnlicher Geschäftsverkehr zu klassifizieren, wenn wirtschaftliche Vorteile nicht in das Preisgeschehen Eingang fänden. 112

2.4 Baulasten (§ 46 Abs. 2 Nr 3 ImmoWertV)

2.4.1 Allgemeines

Schrifttum: *Dageförde, H.-J.,* Die öffentlich-rechtliche Baulast und ihre Möglichkeiten, Bln GE 2004, 524; *Döring, Ch.*, Die öffentlich-rechtliche Baulast und das nachbarrechtliche Grundverhältnis, Werner Verlag 1994; *Meendermann, D.,* Die öffentlich-rechtliche Baulast, Waxmann Verlag 2003; *Sandner/Weber* (Hrsg.), Lexikon der Immobilienwertermittlung, 2.Aufl. Bundesanzeiger 2005, S. 92; *Serong*, Anspruch auf Bewilligung einer Baulast, BauR 2004, 433; *Schwarz, B.*, Baulasten im öffentlichen Recht und im Privatrecht, Bauverlag Berlin 1995; *Seitz, A.,* Baulast unter der Lupe, GuG 2014, 325; *Weismann*, Anspruch des Grundeigentümers auf Löschung der Baulast, NJW 1997, 2857; *Wenzel, G.*, Baulasten in der Praxis, 2. Aufl. BundesanzeigerVerlag 2006; *Kroll/Hausmann/Rolf,* Rechte und Belastungen in der Immobilienbewertung, 5. Aufl. Werner Verlag 2015; Stumpe/Tillmann, Versteigerung und Wertermittlung, Bundesanzeiger Verlag 2009.

▶ *Vgl. § 1 ImmoWertV Rn. 110; § 2 ImmoWertV Rn. 61ff.,§3 ImmoWertV Rn. 239; § 46 ImmoWertV Rn. 52; § 8 ImmoWertV Rn. 43, 372 ff.; Tell VIII Rn. 18 ff., 53.*

Baulasten sind freiwillig übernommene **öffentlich-rechtliche Verpflichtungen, die den Grundstückseigentümer zu einem sein Grundstück betreffendes Tun, Dulden oder Überlassen verpflichten** (vgl. § 3 ImmoWertV Rn. 239). Hierzu zählen insbesondere nachfolgende Baulasten: 113

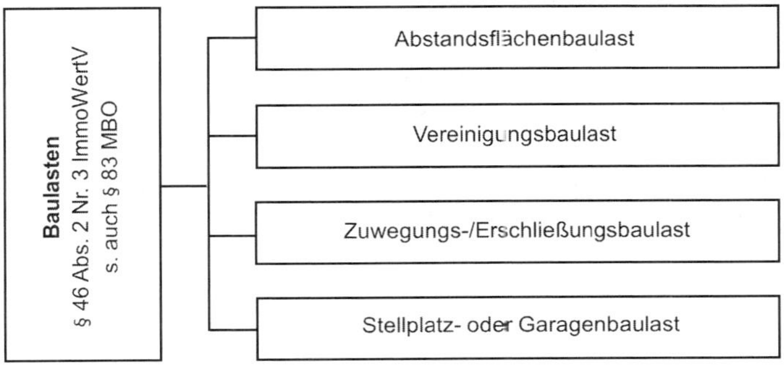

65 BFH, Lit vom 18.12.1985 – II R 229/83 –, BFHE 146, 95 = BStBI II 1986, 445 = EzGuG 29.111. Der Hinweis von Zimmermann/Heller (Der Verkehrswert von Grundstücken, München 1995, S. 196), nach dem dies zu einer in der Praxis nicht handhabbaren Kasuistik führe, ist nicht überzeugend. Wer sich bei der Verkehrswertermittlung von Grundstücken nicht der Kasuistik des Einzelfalls stellt, sollte sich dieser Aufgabe dann nämlich gar nicht erst annehmen.

Baulasten sind i.d.R. im **Baulastenverzeichnis** aufgeführt.

Das Bauordnungsrecht ist in fünfzehn der sechzehn Bundesländer in den Landesbauordnungen mit Ausnahme von Bayem verankert. Im Land Brandenburg bestand eine Sonderregelung, da die Baulast nach der Wiedervereinigung eingeführt und im Jahre 1994 aus der BbgBO wieder entfernt wurde. Am 01.07.2016 ist die novellierte BbgBO in Kraft getreten, die in § 84 die Baulast und das Baulastverzeichnis wieder vorsieht. Die bis 1994 bestehenden Baulastverzeichnisse werden seit 2016 fortgeführt und die ab 1994 begründeten beschränkten persönlichen Dienstbarkeiten behalten ihre Gültigkeit[66], soweit die Auflagen zwischenzeitlich nicht privatrechtlich gesichert wurden. Die alten Baulastverzeichnisse sind deshalb bei der Bewertung von Grundstücken neben dem Grundbuch einzusehen. In diesen Ländern erfolgt die Sicherung von Verpflichtungen als beschränkte persönliche Grunddienstbarkeit zugunsten der Gebietskörperschaft als Träger der Bauaufsichtsbehörde bzw. des Bundeslandes.

114 Eine Baulast ist kein Recht am Grundstück i.S. des § 434 BGB und auch keine öffentliche Last i.S. des § 54 GBO. Die auf einem Grundstück ruhenden öffentlichen Lasten als solche sind von der Eintragung in das Grundbuch ausgeschlossen, es sei denn, dass ihre Eintragung gesetzlich besonders zugelassen oder angeordnet ist. Baulasten stellen **Grundstücksbelastungen sui generis** dar, die der Systematik des Sachenrechts des BGB fremd sind. Inhaltlich können Baulasten nach ihrer konkreten Ausgestaltung mit der zivilrechtlichen Grunddienstbarkeit (§§ 1018 f. BGB) und der beschränkt persönlichen Dienstbarkeit (§ 1090 BGB) übereinstimmen, jedoch besteht das wesentliche Merkmal darin, dass mit einer Baulast eine nach öffentlich-rechtlichen Vorschriften nicht bestehende Verpflichtung des Grundeigentümers **gegenüber der öffentlichen Verwaltung, und zwar der Bauaufsichtsverwaltung, begründet** wird.

115 Nicht nur das **Erbbaugrundstück**, sondern auch das **Erbbaurecht** oder das Erbbaugrundstück und das Erbbaurecht zusammen können mit einer Baulast belastet werden, und zwar unabhängig voneinander. Erfolgt die Belastung des Grundstücks vor Erteilung eines Erbbaurechts, so lastet sie nach h.M. auch am Erbbaurecht[67]. Erfolgt die Belastung des Grundstücks nach Erteilung des Erbbaurechts, so ist es rechtlich nicht gesichert, ob der Grundstückseigentümer dazu die Zustimmung des Erbbauberechtigten benötigt. Bezüglich der Bindewirkung der Baulast bei nicht gemeinsamer Zustimmung von Erbbaurechtsgeber und Erbbaurechtsnehmer ist die Rechtsauffassung in der Literatur nicht einheilig[68]. Nach Landesrecht NRW (§ 83 Abs. 1 S. 2 BauO NRW) bedarf es bei einer Baulast des mit einem Erbbaurecht belasteten Grundstücks der Zustimmung des Erbbauberechtigten. Ist die Rechtslage nicht eindeutig, so soll der Sachverständige darauf hinweisen und ggf. die Belastungen alternativ bewerten. Nicht nur das Erbbaurecht, sondern auch das Sondereigentum[69] an Gebäudeteilen ist nach h.M. baulastfähig.Bei Erbbaugrundstücken ist deshalb nicht nur das Baulastverzeichnis des Erbbaugrundstücks, sondern auch des Erbbaurechts einzusehen. Mit der Baulast entstehen keine Rechte Dritter an einem Grundstück.

116 Die Einhaltung einer durch eine Baulast öffentlich-rechtlich gesicherten Verpflichtung kann mit bauaufsichtsrechtlichen Mitteln, d.h. durch Erlass einer mit Zwangsmitteln bewehrten Bauordnungsverfügung, durchgesetzt werden[70]. Nur die Bauaufsichtsbehörde kann aus der Baulast Rechte herleiten.

117 Die Bauaufsichtsbehörde kann eine Baulast auch gegen den Willen des Begünstigten wieder aufheben. Anders als die Grunddienstbarkeit sichert die Baulast die Stellung des Grundeigentümers nicht zivilrechtlich. Um ein Nutzungsrecht des Begünstigten zu begründen, ist eine ge-

---

66 § 65 Abs. 5 (BbgB0) i.d.F. vom 17.09.2008 (GVBl.1 /10, Nr. 39).

67 Dt. Notarinstitut, GA Nr. 11333 24.10.2003, http://www.dnoti.de/gutachten/index.html/baulast-und-erbbaurecht-(nordrheinwestfalen)/ 90761cbb-b103-4683-8bbf-73f65d012fdf?mode=detail.

68 Wenzel und Schwarz, zitiert in Kroll/ Hausmann/Rolf, S. 419.

69 Wenzel, G., Baulast in der Praxis, 3. Aufl., Bundesanzeiger Verlag, 2016, S. 16.

70 Gädtke/Böckenförde/Temme/Heintz, BauO Nordrh.-Westf., § 83 Rn. 47; Zum Rechtsanspruch: BGH, Urt. vom 08.03.2004 – II ZR 5/02 –, GuG 2004, 317; BGH Urt. vom 03.12.1990 – 11 ZR 107/90 –, WM 1991, 821 = EzGuG 14.96a.

sonderte privatrechtliche Vereinbarung notwendig (sog. „Doppelsicherung“[71]. Für den Begünstigten besteht allenfalls ein Anspruch auf **ermessensfehlerfreie Entscheidungen über die Durchsetzung einer Baulast**[72].

Die Baulast wird durch Erklärung des Grundstückseigentümers gegenüber der Bauaufsichtsbehorde begründet[73]. Sie wird konstitutiv wirksam mit der Eintragung in dem von der Baubehörde eingerichteten und geführten Baulastenverzeichnis, in das für Zwecke der Verkehrswertermittlung stets einzusehen ist. Ein Einsichtsrecht besteht bei berechtigtem Interesse. Im automatisierten Liegenschaftsbuch (ALB) wird nachrichtlich auf Baulasten hingewiesen. **118**

BAULASTENVERZEICHNIS von Treptow ....Grundbuchbezeichnung Grundstück: Berlin- .... Grundbuchbezirk Blatt Groß-Berliner Damm Nr. XX, Trennstück GIFIK Treptow 4xxxxx		Baulastenblatt Nr. 1 Seite 1
Lfd. Nr. 1	Inhalt der Eintragung 2	Bermerkungen 3
	Das durch die Teilung des o.a. Grundstück entstehende Teilgrundstück G/F/D ist mit den Trenngrundstücken H und E/C – gemäß Lageplanausschnitt vom 21.12.1995 des öffentlich bestellten Vermessungsingenieurs Dipl.-Ing. XXX– so zu behandeln und zu nutzen, dass diese in ihrer Gesamtheit bauordnungsrechtlich und hinsichtlich des zulässigen Nutzungsmaßes ein Grundstück darstellen. Eingetragen am 05.06.1996 Stempel und Unterschrift des Bezirksamtes Siegel	Folgende Seite:

Baulasten genießen keinen öffentlichen Glauben. Es besteht allerdings eine gesetzliche Vermutung für den Bestand der im Baulastenverzeichnis eingetragenen Baulasten. Umgekehrt besteht jedoch keine Vermutung für die Vollständigkeit des Baulastenverzeichnisses. **119**

Gegen **unrichtige Eintragungen im Baulastenverzeichnis** kann im Übrigen derjenige, dessen Rechte durch die Eintragung verletzt werden, die Löschung bzw. Berichtigung der Eintragung verlangen und ggf. vor den Verwaltungsgerichten geltend machen. **120**

Die Baulast geht i.d.R. durch schriftlichen Verzicht der Bauaufsichtsbehörde unter. Der Verzicht wird erst ausgesprochen, wenn ein öffentliches Interesse an der Baulast nicht mehr besteht. **121**

71 BGH, Urt. vom 08.07.1983 – III ZR 105/81 –, BGHZ 88, 97 = EzGuG 14.74; BGH, Urt. vom 19.04.1985 – V ZR 152/83 –, BGHZ 94, 160 = EzGuG 14.77a; BGH, Urt. vom 03.02.1989 – V ZR 224/87 –, BGHZ 106, 348 = EzGuG 14.84c; BGH, Urt. vom 24.06.1993 – IX ZR 84/92 –, NJW 1993, 2741 = EzGuG 14.118a; BGH, Urt. vom 07.10.1994 – V ZR 4/94 –, NJW 1995, 53 = EzGuG 4.122b; BGH, Urt. vom 09.01.1981 – V ZR 58/79 –, BGHZ 79, 210 = EzGuG 14.65; OVG Münster, Urt. vom 28.01.1997 – 10 A 3465/95 –, BauR 1998, 323; vgl. Grziwotz, BauR 1990, 20; Masloh, NJW 1995, 1993; Steinkamp, MittRhNotK 1998, 117.

72 VGH Kassel, UM vom 04.06.1992 – 4 TG 2815/91 –, NVwZ-RR 1993, 236 = EzGuG 14.112b; OVG Berlin, Urt. vom 29.10.1993 – 2 B 35/92 –, NJW 1994, 2971 = EzGuG 14.120a; OVG Lüneburg, Urt. vom 02.09.1983 – 1 A 72/82 –, NJW 1984, 380 EzGuG 14.74b; vgl. Harst, MittRhNotK 1984, 229; Lorenz, NJW 1996, 2612; Ziegler, BauR 1988, 16.

73 Bayern und Brandenburg kennen das Rechtsinstitut der Baulast nicht. Bei Bedarf werden in diesen Ländern eine Grunddienstbarkeit zugunsten des herrschenden Grundstücks und eine gleichlautende beschränkt persönliche Dienstbarkeit zugunsten der Bauaufsichtsbehörde (in Bayern i.d.R. zugunsten des Freistaates) bestellt.

122 Die Baulast kommt insbesondere in den Fällen zur Anwendung, in denen eine rechtliche Sicherung einer bestimmten Voraussetzung für die **Erteilung einer Baugenehmigung** gefordert ist, insbesondere bezüglich der Erschließung oder der Nichtbebauung eines Grundstücks(-teils).

123 **Mit der Baulast kann die Genehmigungsfähigkeit eines Vorhabens geschaffen werden**, das ansonsten nicht genehmigungsfähig wäre, d.h., sie ermöglicht der Bauaufsichtsbehörde die Genehmigung eines Bauvorhabens, das ohne eine Baulast unzulässig wäre (z.B. aufgrund einer unzureichenden Abstandsfläche); sie ermöglicht einen GFZ-Ausgleich zwischen zwei Grundstücken durch Verpflichtung des Grundeigentümers, bestimmte Flächen seines Grundstücks nicht zu überbauen und bei der GFZ-Berechnung auf ein Nachbargrundstück anrechnen zu lassen[74]. Kann ein im Miteigentum stehendes Grundstück nur durch die Einräumung einer entsprechenden Baulast einer bestimmungsgemäßen Nutzung zugeführt werden, so kann der Miteigentümer die anderen Miteigentümer auf Einräumung einer Baulast in Anspruch nehmen.Die Grenze des § 745 Abs. 3 BGB muss gewahrt bleiben und die angestrebte Regelung nach billigem Ermessen dem Interesse aller Teilhaber entsprechen[75]. Die Baulast ist mit der Grunddienstbarkeit nach § 1018 BGB in ihrer Auswirkung vergleichbar, begründet jedoch kein Recht, welches gegenüber Dritten geltend gemacht werden könnte. Das bedeutet, dass ein Käufer keine Gewährleistungsansprüche hat, es sei denn, dass der Verkäufer das Nichtbestehen einer Baulast zugesichert hat.

124 Im Gegensatz zum Baulastverzeichnis genießt das Grundbuch öffentlichen Glauben, d.h., dass die Angaben im Grundbuch als richtig unterstellt werden können. Die Art und Ausgestaltung der Baulast bedeuten in der Praxis eine Entwertung der **Warn- und Schutzfunktion** des Grundbuchs. Dies wird insbesondere von Banken, Bausparkassen, Sparkassen und Versicherungsinstituten bedauert, denn nachträglich übernommene Baulasten können zu einer Entwertung von Grundpfandrechten führen. So können Grunddienstbarkeiten in der Zwangsversteigerung untergehen. Baulasten bleiben dann bestehen und gehen bei einem Eigentümerwechsel nicht unter. Ist dagegen zum Zeitpunkt der Eintragung der Baulast in das Baulastverzeichnis bereits ein Zwangsversteigerungsvermerk im Grundbuch eingetragen, so ist der nachfolgende Eigentümer an die Baulast nicht gebunden[76]. Das BVerwG[77] hat dazu im amtlichen Leitsatz festgestellt:

1. „Das Bundesrecht ergibt nicht, dass eine öffentliche Baulast im Verfahren der Zwangsversteigerung aufgrund eines erteilten Zuschlages (§ 90 Abs. 1 ZVG) erlischt.
2. Die öffentliche Baulast ist ein eigenständiges Rechtsinstitut des Landesrechts. Das Landesrecht kann daher auch bestimmen, unter welchen formellen und materiellen Voraussetzungen eine öffentliche Baulast erlischt.“

125 Zum Schutz des Erwerbers eines Baugrundstücks ist es deshalb zweckmäßig, den Veräußerer darüber eine Erklärung abgeben zu lassen, dass auf dem Grundstück keine Baulast ruht, bzw.eine Einsicht in das Baulastverzeichnis vorzunehmen. **Denn nach § 436 Abs. 2 BGB haftet der Verkäufer eines Grundstücks nicht für die Freiheit des Grundstücks** („[...] von anderen öffentlichen Lasten, die zur Eintragung in das Grundbuch nicht geeignet sind“)[78].

126 Die Übernahme einer Baulast (z.B. zugunsten eines anderen Grundstücks Kfz-Stellplätze anlegen und nutzen zu lassen) bewirkt nur eine öffentlich-rechtliche Verpflichtung gegenüber der Baubehörde. Sie verpflichtet den belasteten Eigentümer nicht, die Nutzung auch tatsächlich zu dulden. Der begünstigte Eigentümer hat auch keinen Nutzungsanspruch[79].

---

74 BGH, Urt. vom 18.03.1994 – V ZR 159/92 –, NJW 1994, 2757 = EzGuG 14.120a.
75 BGH, Urt. vom 08.03.2004 – II ZR 5/02 –, GuG 2004, 317 = EzGuG 14.141.
76 Wenzel, Baulasten in der Praxis, S. 33, Rn. 4.
77 BVerwG, Urt. vom 14.03.1994 – 4 B 218/92 –, NJW 1992, 480 = EzGuG 14.116.
78 Lauer, MDR 1988, 915; Sachse, NJW 1979, 195.
79 BGH, Urt. vom 08.07.1983 – V ZR 204/82 –, BGHZ 88, 97 = EzGuG 14.74.

Eine Duldungspflicht entsteht erst durch zusätzliche privatrechtliche Vereinbarung (z.B. zivil- 127
rechtliche Absicherung durch eine Dienstbarkeit). Die Baulast hat dingliche Wirkung, ist aber nicht im Grundbuch, sondern im Baulastenverzeichnis eingetragen. Die **Eintragung ist** im Gegensatz zur Grundbucheintragung **nicht rechtsbegründend,** d.h,. die Baulast besteht auch dann, wenn die Eintragung in das Baulastenverzeichnis versehentlich vergessen wurde (kein Gutglaubensschutz). Nach § 54 GBO ist eine Eintragung in das Grundbuch ausgeschlossen, es sei denn, dass ihre Eintragung gesetzlich besonders zugelassen oder angeordnet ist.

Probleme entstehen, wenn eine Baulast besteht, die nicht durch eine entsprechende privat- 128
rechtliche Dienstbarkeit abgesichert ist.

In einem Streitfall gab der Eigentümer zweier Grundstücke eine Verpflichtungserklärung gegenüber der Baubehörde ab, auf dem einen Grundstück Teilflächen als Garagen und Stellplätze zugunsten des anderen Grundstücks anlegen und nutzen zu lassen.Später verkaufte er beide Grundstücke. Der neue „Baulastverpflichtete" teilte dem „Baulastbegünstigten" mit, dass der zwar bereit sei, seiner Verpflichtung aus der Baulast nachzukommen, berechne aber dafür ein Entgelt.
Der „Baulastbegünstigte" verweigerte die Zahlung. In dem darauf folgenden Rechtsstreit führte der BGI-186 aus, dass allein aus der übernommenen Baulast sich die Pflicht des Verpflichteten, das Abstellen von Fahrzeugen des Begünstigten zu dulden, nicht herleiten lässt. Im Urteil vom 19.4.198566 stellte der BGH in einem ähnlich gelagerten Fall noch deutlicher heraus, dass die Baulast dem dadurch Begünstigten privatrechtlich weder einen Nutzungsanspruch gewährt noch den Eigentümer verpflichtet, die Nutzung zu dulden. Die Baulast ist damit kein Rechtsgrund für die Nutzung.

Folgende **Inhalte einer Baulast** treten in der Praxis auf: 129

a) *Zufahrtsbaulast* mit dem Inhalt einer öffentlich-rechtlich gesicherten Zufahrt über ein Drittgrundstück zu einer Erschließungsstraße, wenn das Grundstück selbst nicht an einer Erschließungsstraße liegt (vgl. für die Feuerwehr gem. § 5 Abs. 1 BauO NRW), Fluchtweg über ein Nachbargrundstück.

b) *Abstandsflächenbaulast* mit dem Inhalt der öffentlich-rechtlich gesicherten Übernahme einer Abstandsfläche auf einem anderen Grundstück (vgl. § 6 Abs. 1 und 2 BauO NRW).Die Landkreise und kreisfreien Städte89 in Bayern führen gem. Art. 6 Abs. 2, S. 3 BayBO ein sog.Abstandsflächenverzeichnis, in dem eine Abstandsflächenübernahme registriert wird. In das Verzeichnis kann jeder Einsicht nehmen, der ein berechtigtes Interesse nachweisen kann. In Sachsen gibt es ein sog. Abstandsflächenverzeichnis, in dem eine Abstandsflächenübernahme registriert wird.

Beispiel:

Im Baulastenverzeichnis sind folgende Eintragungen vorhanden:

„1. Der Eigentümer des dienenden Grundstücks B erklärt sich für sich und seine Rechtsnachfolger mit der Nichteinhaltung der Abstandsflächen durch das zu errichtende Gebäude auf dem Grundstück A, für das bei der Bauaufsichtsbehörde unter dem Aktenzeichen ein positiver Baubescheid erteilt wurde, einverstanden. Er übernimmt die nicht eingehaltenen Abstandsflächen auf sein Grundstück. Die genauen Maße ergeben sich aus den gesetzlichen Anforderungen der BauO.

2. Die vom dienenden Grundstück B übernommenen Abstandsflächen sind in dem dieser Vereinbarung als Anlage beigefügten Lageplan mit den Buchstaben e-n-o-p-q-r-s-t-u-v-w-m-e- und m-x-y-m- gekennzeichnet (vgl.Abb.). Der Lageplan wurde von den Parteien genehmigt.

3. Der Eigentümer des dienenden Grundstücks B übernimmt für sich zu Lasten seiner Rechtsnachfolger diese Abstandsflächen zusätzlich zu den sich für die Gebäude auf dem dienenden Grundstück B gesetzlich ergebenden Abstandsflächen und verpflichtet sich, diese von jeglicher oberirdischen Bebauung freizuhalten.Hiervon unberührt bleiben Maßnahmen des Straßenbaus.

4. Der Eigentümer des dienenden Grundstücks B übernimmt für sich und zu Lasten seiner Rechtsnachfolger die öffentlich-rechtliche Verpflichtung einer Baulast gemäß § 73 BauO entsprechenden vorstehenden Ziff. 1–3. Die Parteien bewilligen und beantragen hiermit gegenüber der Baulastenstelle die Eintragung dieser Baulastverpflichtungserklärung in das Baulastenverzeichnis. Eingetragen am ..."

Abb. 12: Lageplan

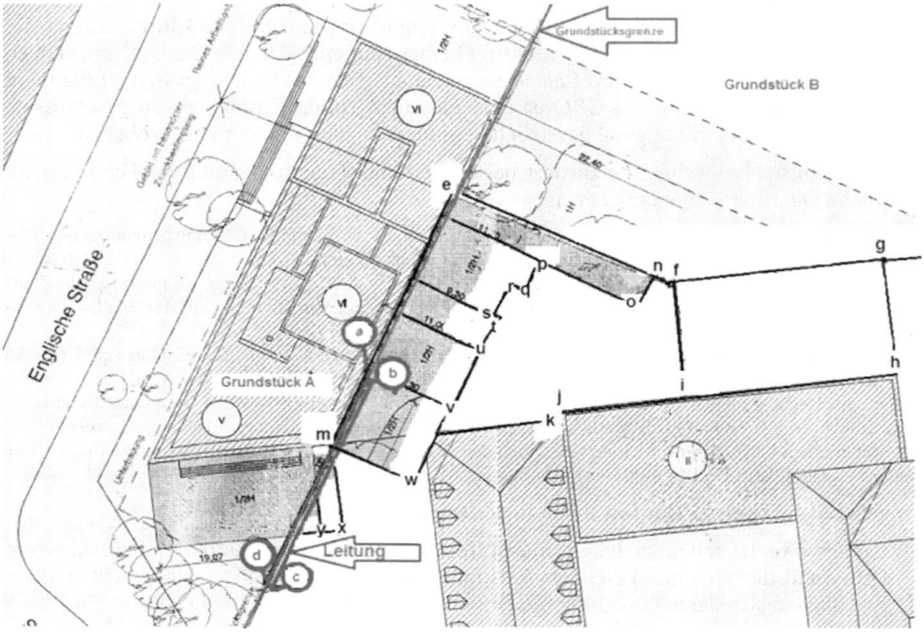

Der Wert des Nachbargrundstücks A hat sich mit der Baulast erheblich erhöht, da damit dessen bauliche Nutzbarkeit deutlich verbessert wurde. In diesem Fall wurde ein Betrag von ...€ für die Eintragung entrichtet.Dieser Betrag führt nicht zu einer entsprechenden Werterhöhung des dienenden Grundstücks. Es kann sich allenfalls eine Wertminderung infolge der heranrückenden Bebauung ergeben. Für das dienende Grundstück B fällt die Wertminderungen allenfalls gering aus, da Grundstücksteilflächen betroffen sind, die ohnehin nicht zur Bebauung vorgesehensind und infolge der Denkmaleigenschaft der vorhandenen Bebauung eine intensivere Nutzung nicht ansteht. Darüber hinaus wird auch die Besonnung und Belichtung des Gebäudes nicht erheblich beeinträchtigt, da sich die angrenzenden Gebäude angewinkelt gegenüber stehen.

c) *Vereinigungsbaulast* mit dem Inhalt einer öffentlich-rechtlich gesicherten Zusammenfassung von Grundstücken zu einem Baugrundstück (vgl. § 4 Abs. 2 BauO NRW),

Abb. 13: Vereinigungsbaulast

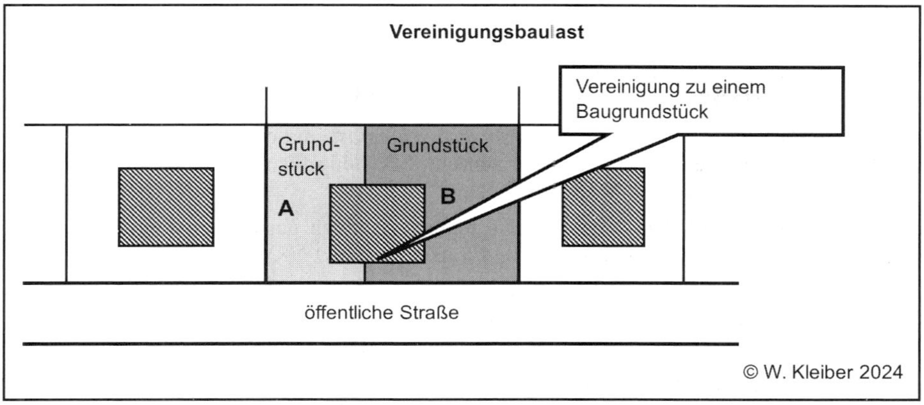

d) *Stellplatzpflichtbaulast* mit dem Inhalt der öffentlich-rechtlich gesicherten Herstellung der notwendigen Stellplätze auf einem anderen geeigneten und in der Nähe liegenden Grundstück (vgl. § 51 Abs. 3 Satz 1 BauO NRW). Für Stellplätze sind ggf. Ausgleichsbeträge zu entrichten (Heranziehung zu Ausgleichsbeträgen für Stellplätze gem. Rechtsprechung des BVerfG)[80].Ob Parkplätze durch „Fremde“ auf einem Nachbargrundstück (z.B. für Patienten einer Arztpraxis) genutzt werden können und wie hoch das Entgelt dafür ist, bedarf der juristischen Klärung[81].

Abb. 14: Stellplatzpflichtbaulast

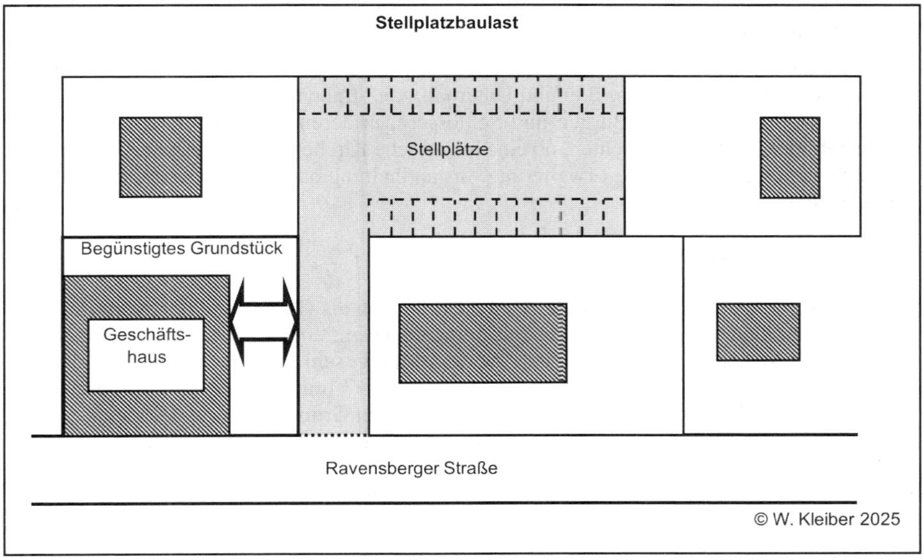

e) *Grenzbebauungsverpflichtung* mit dem Inhalt einer öffentlich-rechtlich gesicherten Verpflichtung, ein Gebäude ohne Grenzabstand zu errichten (vgl. § 6 Abs. 1 Satz 2b BauO

80 BVerfG, Urt. vom 05.03.2009 – 2 BvIR 1824/05 –, NVwZ 2009, 837 = EzGuG 1.73b.
81 BGH, Urt. vom 19.09.2008 – V ZR 164/07 –, NJW 2008, 37 = EzGuG 14.156a.

NRW), in diesem Zusammenhang sind auch Fragen der Grundstücksteilung, Grenzbebauung und Lichtrechte zu klären[82].

f) *Spielflächenbaulast* (Kinderspielplatzflächenbaulast) mit dem Inhalt eines öffentlich-rechtlich gesicherten „Hausspielplatzes" auf einem anderen in unmittelbarer Nähe befindlichen Grundstück (vgl. § 9 Abs. 2 Satz 2 a BauO NRW),

g) *Bauteilerhaltungsverpflichtung (Standsicherheitsbaulast)* mit dem Inhalt einer öffentlich-rechtlich gesicherten Verwendung gemeinsamer Bauteile für mehrere Anlagen (z.B.Gebäudeabschlusswände, vgl. § 15 Abs. 2 BauO NRW),

h) *Leitungsbaulast* mit dem Inhalt einer öffentlich-rechtlich gesicherten Leitung über ein Fremdgrundstück (vgl. § 4 Abs. 2 und 3 i.V.m. § 44 BauO NRW),

i) *Festsetzungsanerkenntnisbaulast* mit dem Inhalt einer öffentlich-rechtlich gesicherten Unterwerfung unter künftige Bebauungsplanfestsetzungen (Grundlage: Bauplanungsrecht nach § 33 Abs. 1 Nr. 3 BauGB für Vorhaben während der Planungsphase)[83],

j) *Flächenbaulast* aus Brandschutzgründen (§ 31 Abs. 1 BauO NRW) mit vergleichbaren Auswirkungen wie die Abstandsflächenbaulast und die Flächenbaulast nach Bauplanungsrecht mit dem Inhalt einer öffentlich-rechtlich gesicherten Verpflichtung des Eigentümers, ein Grundstück nicht oder nur teilweise zugunsten einer höheren Nutzung auf einem Nachbargrundstück zu bebauen (vgl. § 19 Abs. 3 BauO NRW),

k) *Erschließungsbaulast* mit dem Inhalt, die Nutzung einer bestimmten Fläche für Zugang, Zufahrt und/oder Duldung von Leitungen (vgl. § 4 Abs. 14 HBauO).

l) *Standsicherheitsbaulast* mit dem Inhalt, dass bei Verwendung gemeinsamer Bauteile auf mehreren Grundstücken bei der Beseitigung einer der baulichen Anlagen die gemeinsamen Bauteile erhalten bleiben (vgl. § 15 Abs. 2 HBauO).

m) *Rückbauverpflichtungsbaulast* mit dem Inhalt, dass bei Nutzungsaufgabe das Grundstück im Außenbereich von der baulichen Anlage freigelegt wird (§ 35 Abs. 5 BauGB).

130 Zu den Baulasten im vorstehenden Sinne zählen nicht die **Straßenbaulast**, d.h. die Verpflichtung der öffentlichen Hand zum Bau und Unterhalt von Straßen; auch nicht die **Kirchenbaulast**. Bei der Bewertung von Burgen und Schlössern, in deren Nähe sich eine Kapelle oder Kirche befindet, ist darauf zu achten, ob eine historische Kirchenbaulast besteht. Die Kirchenbaulast bezieht sich i.R. auf die Erweiterung, Instandhaltung oder Wiederherstellung des Kirchengebäudes.

2.4.2 Wertermittlungsgrundsätze

131 § 1 ImmoWertV hebt die Baulast zwar nicht ausdrücklich als Gegenstand der Wertermittlung hervor, jedoch kann sie gleichwohl im Zusammenhang mit einem belasteten und einem begünstigten Grundstück Gegenstand der Wertermittlung sein. Als rechtliche Gegebenheit i.S.des § 194 BauGB ist sie zu berücksichtigen. Nach § 47 ImmoWertV wird vorgeschlagen, den Wert sowohl des begünstigten als auch des belasteten Grundstücks aus Vergleichspreisen oder vom Wert des fiktiv nicht begünstigten oder unbelasteten Grundstücks abzuleiten. Im ersten Fall müssen vergleichbare Daten zur Verfügung stehen, was in der Praxis nur eingeschränkt möglich ist. Abs. 2 bis 4 geben weitere Anweisungen, u.a. auch „in anderer geeigneter Weise". Damit steht der Vorgehensweise kein Hindernis im Wege; es muss bei abweichender Vorgehensweise nur eine sachgerechte Begründung folgen.

A: Für den Verpflichteten: Die Baulast wirkt sich wie eine dingliche Nutzungsbeschränkung (z.B.Grunddienstbarkeit) aus. Sie ist bei der Wertermittlung entsprechend zu berücksichtigen.

82 BGH, Urt. vom 11.07.2003 – V ZR 199/02 NJW-RR 2003, 1313 = EzGuG 5.63f.

83 Gädtke/Böckenförde/Temme/Heintz, Landesbauordnung Nordrhein-Westfalen, 9. Aufl. 1998, § 83 Rn. 12 ff.

B: Für den Begünstigten: Die Baulast gibt dem Begünstigten kein Recht am Grundstück und kann deshalb auch nicht selbstständig bewertet werden. Es kann nur der Wert (bzw.Wertzuwachs) der zumeist im Zusammenhang mit der Baulast im Allgemeinen bestehenden privatrechtlichen Nutzungsvereinbarung (z.B. eine Dienstbarkeit) ermittelt werden. Wird die Baulast nicht privatrechtlich durch eine Grunddienstbarkeit abgesichert, so ist die dadurch entstehende Rechtsunsicherheit sachverständig einzuschätzen.

Der Wert entspricht der baulastbedingten Wertänderung, die sich als **Differenz zum Wert des** 132
fiktiv unbelasteten Grundstücks ergeben würde. Einen Anhalt kann dabei der Preis geben, der bei Ankauf der belasteten Fläche hätte aufgewendet werden müssen.

2.4.3 Abstandsflächenbaulast

Wichtigster Anwendungsfall ist die Abstandsflächenbaulast. 133

Beispiel:

Der Eigentümer des Grundstücks A beabsichtigt, sein Gebäude an der Grundstücksgrenze zu Grundstück B zu errichten. Das hat zur Folge, dass der gesetzlich vorgeschriebene Bauwich (seitlicher Grenzabstand) von 3 m zur Grundstücksgrenze vom Nachbarn B übernommen werden müsste (Abstandsflächenbaulast). Der Eigentümer B könnte danach sein Gebäude nur noch mit einem Grenzabstand von (3 m + 3 m =) 6 m von der Grenze zu A bauen. Im vorliegenden Fall übernimmt der Eigentümer B die Abstandsflächenbaulast zugunsten A (vgl. Abb. 15).

Abb. 15: Abstandsflächenbaulast

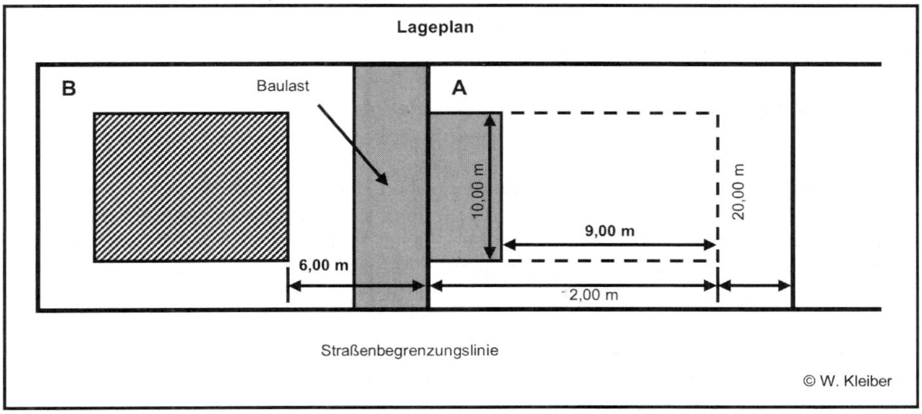

Verkehrswert des herrschenden Grundstücks A

a) ohne Baulast

Grundstücksgröße 20,00m x 15,00 m	=		300 m^2
Bebaubare Fläche 10,00 m x 9,00 m	=		90 m^2
$GFZ_{tats.ausnutzbar}$ 90 m^2: 300 m^2	=		0,3
$GFZ_{zulässig}$	=	0,5	
Die Baulast berechtigt den Eigentümer des Grundstücks A zusammen mit einer Grunddienstbarkeit, bis zur Grenze zu bauen: Bebaubare Fläche: 12,00 m x 10,00 m	=	120 m^2	
$GFZ_{realisierbar}$ 120 m^2 : 300 m^2	=		0,4

Bodenwert des 300 m² großen Grundstücks bei einem Bodenwert von 200 €/m²und einer GFZ von 0,3: 300 m² x 200 €/m²	=	60 000 €	
Bei einem Bodenwert von 220 €/m²(gemäß örtlichem Umrechnungskoeffizienten für GFZ : GFZ) für eine bauliche Ausnutzbarkeit von GFZ	=	0,4	
300 m² x 220 m²	=	66 000 €	
Wertvorteil (A) = 66 000 € – 60 000 €	=	6 000 €	

Verkehrswert des dienenden Grundstücks B

Wertminderung 5 bis 15% der Abstandsfläche (keine 100 %, da Fläche zumindest als Garten(land) nutzbar)

Abstandsfläche 3 m x 20 m	=		60 m²
Wert der Abstandsfläche 60 m² x 200 €/m²	=		12 000 €
Wertminderung 12 000 €/m² x 0,10	=		1 200 €

Mittelwert aus Wertvor- und -nachteil:

Wertvorteil (A)	=		6 000 €
Wertnachteil (B)	=	1 200 €	
Mittelwert(6 000 €+ 1 200 €)/2	=	3 600 €	

Dieser Vorgehensweise liegt das „Modell" zu Grunde, dass sich die Eigentümer des herrschenden und dienenden Grundstücks die Werterhöhung (des herrschenden) Grundstücks und die (volle) Wertminderung des dienenden Grundstücks (Spanne) teilen. Besteht die Baulast bereits, so ergibt sich i.d.R. lediglich eine Wertminderung des „dienenden" Grundstücks, soweit die Baulast seine Nutzbarkeit beeinträchtigt.

2.4.4 Zwangsversteigerung

▶ *Vgl. hierzu Rn. 80ff. 216ff., Rn. 519, 526ff.*

134 Probleme mit der Wertermittlung der Baulast ergaben sich bisher bei der Zwangsversteigerung. Die in der Praxis bestehende Unsicherheit, ob eine Baulast ebenso wie die nicht durch Zahlung gedeckten nachrangigen Grundstücksrechte erlischt, ergab sich aus der unterschiedlichen Auslegung des Begriffs „Rechtsnachfolger". Ein Ersteigerer erhält in der Zwangsversteigerung ein Grundstück durch Zuschlag und ist nicht Rechtsnachfolger des vorherigen Eigentümers, auch nicht eines vorangegangenen Zwangsverwalters[84]. Daraus wurde im einschlägigen Schrifttum abgeleitet, dass eine Baulast in der Zwangsversteigerung – sofern sie nicht als besondere Versteigerungsbedingung geltend gemacht wird – erlischt. Das OVG Hamburg[85] legt den Begriff „Rechtsnachfolger" dahin gehend aus, dass als Rechtsnachfolger jeder spätere Inhaber des Grundeigentums gemeint ist und nicht auf die Fälle des von einem Rechtsnachfolger abgeleiteten Rechtserwerbs Bezug genommen wird.

135 Darüber hinaus stellte das BVerwG[86] klar, dass die **öffentliche Baulast ein eigenständiges Rechtsinstitut des Landesrechts** ist. Das Landesrecht kann daher auch bestimmen, unter welchen formellen und materiellen Voraussetzungen eine öffentliche Baulast erlischt. Das Bundesrecht ergibt jedenfalls nicht, dass eine öffentliche Baulast im Zwangsversteigerungsverfahren auf Grund des erteilten Zuschlags erlischt[87]. Daraus ist abzuleiten, dass eine öffentli-

84 BGH, Beschl. vom 14.06.2012 – VII ZB 48/10 –, MDR 2012, 997 = EzGuG 12.139.
85 OVG Hamburg, Urt. vom 12.11.1992 – Bf II 29/91 –, NJW 1993, 1877 = EzGuG 14.116a.
86 BVerwG, Beschl. vom 29.10.1992 – 4 B 218/92 –, BRS Bd. 54 Nr. 157 = EzGuG 14.116a.
87 BVerwG, Urt. vom 29.10.1992 – 4 B 218/92 –, BRS Bd. 54 Nr. 157 = EzGuG 14.116; OVG Münster, Urt. vom 26.04.1994 – 11 A 2345/92–, GuG 1995, 185 = EzGuG 14.121a.

che Baulast nur dann erlöschen kann, wenn kein öffentliches Interesse an der Aufrechterhaltung der Baulast mehr besteht.

In **Zwangsversteigerungsgutachten** sind Baulasten gesondert aufzuführen. Im Einzelfall entscheidet der Rechtspfleger, wie die Baulast im Zwangsversteigerungsfall rechtlich einzuordnen ist. **136**

Bei der Wertermittlung ist gemäß § 6 Abs. 2 ImmoWertV die Baulast ausdrücklich als wertbeeinflussende Belastung genannt. Im Rahmen der **Wertermittlung** des „dienenden" Grundstücks/Flurstücks in einem Zwangsversteigerungsverfahren ist darauf zu achten, dass eine wertmindernd wirkende Baulast immer gesondert je Grund-/Flurstück ermittelt und nicht in den Bodenwert eingerechnet wird. Zuerst ist das fiktiv **lastenfreie** Grund-/Flurstück nach den bekannten Verfahren zu bewerten, dann die durch die Baulast entstehende Wertbeeinträchtigung als besonderes objektspezifisches Grundstücksmerkmal (boG) gem. § 8 Abs. 3 Nr. 6 ImmoWertV i.V.m. § 46 Abs. 2, 3 ImmoWertV darzustellen. **137**
Auf dieser Basis kann das Zwangsversteigerungsgericht entscheiden, ob die Baulast im Zwangsversteigerungsverfahren bestehen bleibt oder erlischt, da es sich hierbei um eine Rechtsfrage handelt.

2.5 Grundstücksbezogene gesetzliche Beschränkungen des Eigentums

2.5.1 Allgemeines

Grundstücksbezogene gesetzliche Beschränkungen gibt es in privatrechtlicher und öffentlich-rechtlicher Form[88]; sie ergeben sich insbesondere aus den Vorschriften des BGB und des Nachbarrechts sowie dem Grundbuch. Man kann jedoch nicht in jedem Fall davon ausgehen, dass alle wesentlichen Beschränkungen des Grundeigentums aus Abt. II des Grundbuchs erkennbar sind. **138**

Gesetzliche Beschränkungen sind nicht eintragungsfähig. Damit entsteht bei der Wertermittlung zunächst das Problem der Feststellung, ob eine gesetzliche Beschränkung auf dem Wertermittlungsobjekt lastet. Der Umfang gesetzlicher Rechte und Belastungen ist auf der Grundlage der einschlägigen Bestimmungen (Landesnachbarrecht, Bauplanungs- und Bodenordnungsrecht, Bauordnungsrecht, usw.) festzustellen. **139**

Öffentlich-rechtliche Beschränkungen ergeben sich insbesondere aus öffentlichen, zum Teil online einsehbaren Verzeichnissen (z B. Wasserbuch, Baulastenverzeichnis, Denkmalbuch bzw. der Denkmalschutzliste, Altlastenkataster, Karte der Überschwemmungsgebiete). **140**

88 Rebmann/Säcker, BGB MüKo, 1986, 529; Soergel, BGB Komm., Stuttgart 1984, 183 ff.

141 Wesentliche grundstücksbezogene gesetzliche Beschränkungen können folgender Übersicht entnommen werden:

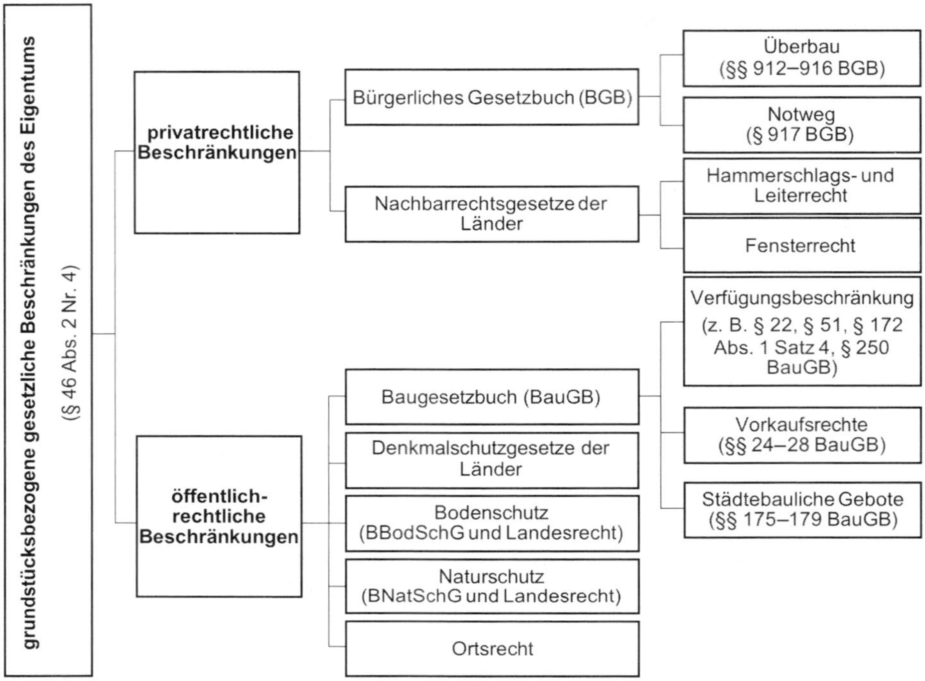

142 Die öffentlich-rechtlichen Beschränkungen beziehen sich auf Normen zur Konkretisierung der Sozialpflichtigkeit des Eigentums und die privatrechtlichen Beschränkungen auf die Abgrenzung des Eigentums gegenüber Nachbarn und private Normen. Bei den privatrechtlichen Beschränkungen ist nach den nachbarrechtlichen Beschränkungen des BGB (§§ 906 bis 924 BGB) (Immissionen § 906, Überhang § 910, Überfall § 911, Überbau §§ 912 bis 916, Notweg §§ 917 und 918 und Grenzverhältnisse §§ 919 bis 923 BGB, darunter fällt auch die Grenzscheidung, die als Folge der Grenzverwirrung § 920 BGB durch eine Grenzscheidungsklage zu einer richterlichen Abgrenzung der Grundstücke führt) und den Beschränkungen des landesrechtlichen Nachbarrechts zu unterscheiden (vgl. § 46 ImmoWertV Rn. 8).

143 Der durch die gesetzlichen Beschränkungen belastete Nachbar hat die Beschränkungen seines Grundeigentums zu dulden. Er ist dafür durch eine angemessene Rente zu entschädigen. Die unter die gesetzlichen Beschränkungen fallenden Rechte sind nicht im Grundbuch eintragungsfähig. Die Höhe der angemessenen Entschädigung (Rente) ist aber meistens im Grundbuch des mit der Rente belasteten Grundstücks vermerkt (dingliche Sicherung des Rentenanspruchs). **Bei den privatrechtlichen Nachbarrechtsbeschränkungen ist eine Wertminderung des belasteten Grundstücks lediglich beim Überbau oder beim Notwegerecht anzunehmen**. Die übrigen nachbarrechtlichen Beschränkungen haben keinen oder nur unwesentlichen Einfluss auf den Grundstückswert. Derartige Rechte sind auch i.d.R. bereits im Richtwert der Gutachterausschüsse enthalten und sind dann nicht gesondert zu berücksichtigen.

144 Für die Verkehrswertermittlung mit Rechten am Grundstück gilt der Grundsatz, dass entsprechend dem Prinzip der Modell- und Marktkonformität bei der Anwendung von abgeleiteten Faktoren die Rechte und Belastungen erst nachträglich zu berücksichtigen sind (§ 8 Abs. 3 ImmoWert!). Dies ist darin begründet, dass die nach der ImmoWertV heranzuziehenden Lie-

genschaftszinssätze und Sachwertfaktoren regelmäßig aus Vergleichsobjekten abgeleitet werden, die keine besonderen rechtlichen Belastungen aufweisen.
Das heißt der vorläufige Vergleichs-, Ertrags- und Sachwert ist zunächst auf der Grundlage des **unbelasteten Bodenwerts** zu ermitteln. Die Wertminderung nach § 8 Abs. 3 ImmoWertV ist erst nachträglich bei den besonderen objektspezifischen Grundstücksmerkmalen zu berücksichtigen.

2.5.2 Überbau

Schrifttum: *Kinne, H.*, Rechtsfragen des Überbaus, BlnGE 2007, 490, *Stollenwerk, D.*, Praktische Fallgestaltung zum zivilen Nachbarrecht, GuG 2017, 175 ff. ; *Seitz. A.M.*, Grenzüberschreitend. Der Überbau, GuG 2015, 270; *Schaper, D.* , Überbau. Bewertung des begünstigten und des belasteten Grundstücks, GuG 2015, 165 ff.

▶ *Vgl. zum Überhang vgl. Syst. Darst. des Vergleichswertverfahrens Rn. 417; zu den Begriffen „Gebäude"„bauliche Anlage" usw. vgl. § 1 ImmoWertV Rn. 37 ff ; Teil VIII Rn. 240 ff.*

Von einem Überbau[89] wird gesprochen, wenn ein (einheitliches) Gebäude zu einem Teil auf dem benachbarten Grundstück errichtet wurde. Dabei macht es keinen Unterschied, ob die Bebauung unter (Fundamente), auf (Gebäude) oder über (Dachvorsprung, Balkon, Erker) der Erdoberfläche die Grundstücksgrenze überschreitet. Zäune, Mauern und ein seitenoffener Carport[90] fallen indessen nicht unter den Tatbestand des Überbaus. **145**
Des Weiteren fallen nur die vom Eigentümer oder Erbbauberechtigten (§ 11 Abs. 1 ErbbauRG) und nicht die vom Besitzer oder Pächter errichteten Bauwerke unter den Tatbestand des Überbaus.[91] Dagegen werden Ansprüche gegen einen Bauunternehmer, der einen Überbau verursacht hat, als Drittschädiger durch § 912 BGB nicht ausgeschlossen[92].

Der Überbau ist in den **§§ 912 bis 916 BGB** geregelt: **146**

„§ 912 BGB Überbau; Duldungspflicht

(1) Hat der Eigentümer eines Grundstücks bei der Errichtung eines Gebäudes über die Grenze gebaut, ohne dass ihm Vorsatz oder grobe Fahrlässigkeit zur Last fällt, so hat der Nachbar den Überbau zu dulden, es sei denn, dass er vor oder sofort nach der Grenzüberschreitung Widerspruch erhoben hat.

(2) Der Nachbar ist durch eine Geldrente zu entschädigen. Für die Höhe der Rente ist die Zeit der Grenzüberschreitung maßgebend.

§ 913 BGB Zahlung der Überbaurente

(1) Die Rente für den Überbau ist dem jeweiligen Eigentümer des Nachbargrundstücks von dem jeweiligen Eigentümer des anderen Grundstücks zu entrichten.

(2) Die Rente ist jährlich im Voraus zu entrichten."

Demnach hat der **147**

- Nachbar, dessen Grundstück überbaut wurde, den Überbau zu dulden und einen Anspruch auf eine sich nach dem Zeitpunkt der Grenzüberschreitung bemessene Überbaurente und
- der jeweilige Eigentümer des Grundstücks, von dem überbaut worden ist, die Überbaurente im Voraus zu entrichten.

Das Rentenrecht ist Bestandteil des überbauten Grundstücks (§ 96 BGB). Es geht allen übrigen Rechten vor (§ 914 Abs. 1 BGB) und wird gemäß § 914 Abs. 2 BGB nicht in das Grundbuch eingetragen; **die Überbaurente wird** jedoch im Grundbuch des Grundstücks, von dem die Überbauung ausgeht, als **Reallast abgesichert**. Im Übrigen finden die Vorschriften An-

89 Zum Begriff des Überbaus: BGH, Urt, vom 22.5.1981 – V ZR 102/80 NJW 1982, 756 = EzGuG 3.64; BGH, Urt. vom 16.1.2004 – V ZR 243/03 –, JurBüro 2004, 510 = EzGuG 14.142.
90 OLG Karlsruhe, Urt vom 9.9.1992 – 6 U 45/92 –, NJW-RR 1993, 665.
91 BGH, Urt. vom 16.01.2004 – V ZR 243/03 –, NJW 2004, 1237 = EzGuG 14.141.
92 BGH, Urt. vom 21.05.1958 – V ZR 225/56 –, MDR 1958, 591 = EzGuG 3.11.

wendung, die für eine zugunsten des jeweiligen Eigentümers eines Grundstücks bestehende Reallast gelten (§ 914 Abs. 3 BGB).

148 In den neuen Bundesländern galt vom 01.01.1976 bis zum 03.10.1990 die Regelung des § 320 ZGB, der folgende Fassung hat:

„§ 320 ZGB Überbau

(1) Hat der Nutzungsberechtigte eines Grundstücks ohne Einverständnis des Grundstücksnachbars über die Grundstücksgrenze gebaut, kann der Grundstücksnachbar verlangen, dass der Überbau beseitigt wird, soweit das nicht gesellschaftlichen Interessen widerspricht.

(2) Kann die Beseitigung des Überbaus nicht verlangt werden, hat der Grundstückseigentümer Anspruch auf angemessene Entschädigung in dem Umfang, in dem sein Nutzungsrecht beeinträchtigt ist.“

Im **Kommentar zum ZGB**[93] heißt es hierzu:
„2. Maßgeblich für den Anspruch auf angemessene Entschädigung und dessen Höhe ist nicht die Tatsache des Überbaus selbst, sondern der dadurch hervorgerufene Umfang der Beeinträchtigung der Grundstücksnutzung. Folglich ist kein Entschädigungsanspruch gegeben, wenn der Überbau keine Beeinträchtigung hervorgerufen hat, jedoch führt bereits eine unwesentliche Beeinträchtigung zum Entstehen eines Entschädigungsanspruchs. Für die Beurteilung des Umfangs der Beeinträchtigung sind Größe, Lage und Art der Nutzung des Grundstücks von Bedeutung. Wird ein mit einem Wohngebäude bebautes Grundstück überbaut und kommt es dadurch zu einem besonders engen Nebeneinander von Gebäuden, kann eine erhebliche Beeinträchtigung des Nutzungsrechts vorliegen. Eine Beeinträchtigung muss nicht erheblich sein, wenn ein Grundstück überbaut wurde, das lediglich an Wochenenden ausschließlich für Erholungszwecke genutzt wird (vgl. auch 1.2 zu § 319). Für die Entscheidung über den Anspruch und auch die Höhe der Entschädigung, die nicht als einmalige Zahlung, sondern in bestimmten Zeitabständen zu erbringen ist, sind die Gerichte zuständig (vgl. OG, Urt. vom 11.3.1977 – 2 OZK 31/76 –, NJ 1977, 424).“

149 Es ist nach **drei Formen des Überbaus** zu unterscheiden:

a) dem rechtmäßigen Überbau mit Einverständnis des Nachbarn,

b) dem unbeabsichtigten (und entschuidigten) Überbau (ohne Vorsatz und grobe Fahrlässigkeit) und

c) dem unentschuldigten Überbau aufgrund von Vorsatz oder grober Fahrlässigkeit (Abb. 38).

§ 11 Abs. 1 Satz 1 ErbbauRG besagt: „Auf das Erbbaurecht finden die sich auf Grundstücke beziehenden Vorschriften [...]sowie die Vorschriften über Ansprüche aus dem Eigentum entsprechende Anwendung[...]

Abb. 16: Überbau

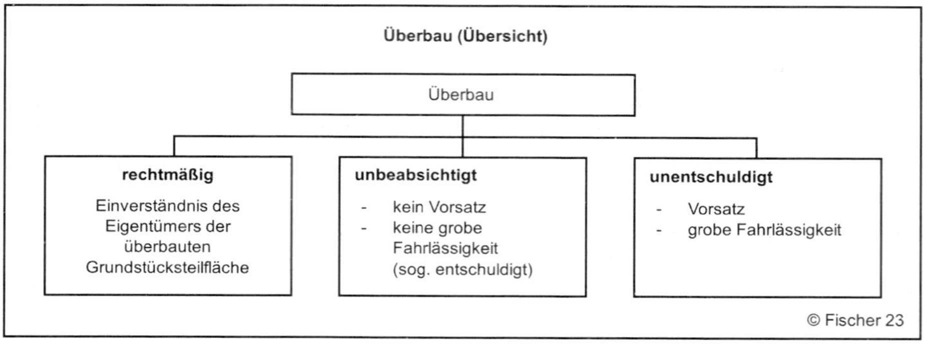

93 Ministerium der Justiz der DDR, Komm. zum ZGB, Staatsverlag der DDR Berlin 1993.

In der Praxis treten aber auch Fälle auf, in denen der Eigentümer zweier benachbarter Grundstücke zunächst über seine eigene Grundstücksgrenze gebaut hat (**Eigengrenzüberbauung**[94]) und die Grundstücke später (z.B. durch Verkauf oder Zwangsversteigerung) unterschiedlichen Eigentümern zufallen. Auch hier gilt der Zeitpunkt der Grenzüberschreitung für die Höhe der Rente. Das Recht auf Zahlung einer Rente entsteht zum Zeitpunkt der Überbauung, das Recht auf Rentenzahlung ruht bis zu dem Zeitpunkt, an dem die Grundstücke in unterschiedliche Hände kommen[95]. 150
Des Weiteren kann ein Überbau auch durch Grundstücksteilung entstehen (nachträglicher Eigengrenzüberbau bzw. Teilungsfälle). § 912 BGB wird in diesen Fällen zwar analog angewandt, jedoch bestimmt sich die Überbaurente dann nach den Verhältnissen im Zeitpunkt der Teilung, da erst zu diesem Zeitpunkt der Tatbestand des Überbaues geschaffen wird[96].

Beim **rechtmäßigen Überbau** liegt das Einverständnis des Eigentümers des überbauten Grundstücks vor. Die Eigentumsverhältnisse bestimmen sich wie beim entschuldigten Überbau nach den §§ 912 ff. BGB. 151

Unter einem **entschuldigten Überbau** versteht man die unbeabsichtigte Errichtung eines Gebäudes über die Grundstücksgrenze ohne Vorsatz oder grobe Fahrlässigkeit. Der Eigentümer des Grundstücks, das überbaut worden ist, muss den Überbau dulden, wenn er nicht „vor oder sofort nach der Grenzüberschreitung" (Überbau) Widerspruch erhoben hat (§ 912 Abs. 1 BGB).Der Überbau wird jedoch nicht wesentlicher Bestandteil des überbauten Grundstücks, sondern des Grundstücks, von dem aus die Grenze baulich überschritten wurde. Der Überbau bleibt im Eigentum des Überbauers (§ 95 Abs. 1 Satz 2 BGB). Als Ausgleich für die Duldungspflicht ist der Eigentümer des überbauten Grundstücks bei Anspruchsstellung durch eine Geldrente zu entschädigen (§ 912 Abs. 2 BGB). 152
Ein **unentschuldigter Überbau** liegt bei Vorsatz oder grober Fahrlässigkeit vor[97]. Einen Widerspruch hat der Eigentümer des überbauten Grundstücks vor oder sofort nach der Grenzüberschreitung zu erheben.

Ein **gegen geltendes Baurecht oder gegen die allgemein geltenden Regeln der Baukunst verstoßender Überbau und eingefahrenträchtiger Zustand** muss nicht geduldet werden[98]. 153

2.5.3 Notweg

Schrifttum: *Bengel/Simmerding*, Grundbuch, Grundstück/Grenze 2000, S. 340 ff.; *Palandt,* Bürgerliches Gesetzbuch 2006, S. 1406 ff.; *Kröll/Hausmann/Rolf*, Rechte und Belastungen in der Immobilienbewertung, 2015, S. 289 ff.; *Stollenwerk, D.*, Praktische Fallgestaltung zum zivilen Nachbarrecht, GuG 2017, S. 175 f.

▶ *Vgl. Teil VIII Rn. 282 ff.*

§ 917 BGB definiert als Notweg den **Weg, den der Eigentümer eines Grundstücks zu dulden hat, weil es einem Nachbargrundstück an der zur ordnungsgemäßen Benutzung notwendigen Verbindung mit einem öffentlichen Weg mangelt**[99]. Der Notweg gehört wie der Überbau zu den im BGB gesetzlichen (privatrechtlichen) Beschränkungen und unterliegt strengen Anforderungen (vgl. § 46 ImmoWertV Rn 8). Der Notweg kommt nur als ultima ratio in Frage: 154

94 BGH, Urt. vom 12.10.2001 – V ZR 168/00 –, GuG 2004, 383 = EzGuG 14.135d; OLG Hamm, Urt. vom 13.12.1990 – 5 U 179/80 –, NJW-RR 1991, 656 = EzGuG 14.96b.
95 BGH, Urt. vom 22.11.2013 – V ZR 199/12 –, GuG 2014, 257 = EzGuG 14.163a.
96 BGH, Urt. vom 22.11.2013 – V ZR 199/12 –, GuG 2014, 257 = EzGuG 14.163a.
97 BGH, Urt. vom 19.9.2003 – V ZR 360/02 –, NJW 2003, 3621 = EzGuG 14.139a.
98 BGH, Urt. vom 22.9.2000 – V ZR 443/99 –, NJW-RR 2001, 232 = EzGuG 14.135b.
99 Zur Prüfung, ob die zur ordnungsgemäßen Benutzung notwendige Verbindung fehlt: BGH, Urt. vom 15.04.1964 – V ZR 134/62 NJW 1964, 1321 = EzGuG 14.19; BGH, Urt. vom 04.11.1959 – V ZR 49/58 –, NJW 1960, 93 = EzGuG 14.10a; weitere Rspr BGH, Urt. vom 26.05.1978 – V ZR 72/77 –, NJW 1979, 104 = EzGuG 14.59; 119; OLG Koblenz, Urt. vom 11.07.1991 – 5 U 1808/90 –, OLGZ 92, 347 = EzGuG 14.101; BGH, Urt. vom 15.11.2013 – V ZR 24/13 –, GuG 2014, 255 = EzGuG 14.163.

§ 917 BGB (Notweg)

(1) Fehlt einem Grundstück die zur ordnungsmäßigen Benutzung notwendige Verbindung mit einem öffentlichen Wege, so kann der Eigentümer von den Nachbarn verlangen, dass sie bis zur Hebung des Mangels die Benutzung ihrer Grundstücke zur Herstellung der erforderlichen Verbindung dulden. Die Richtung des Notwegs und der Umfang des Benutzungsrechts werden erforderlichenfalls durch Urteil bestimmt.

(2) Die Nachbarn, über deren Grundstücke der Notweg führt, sind durch eine Geldrente zu entschädigen. Die Vorschriften des § 912 Abs. 2 Satz 2 und der §§ 913, 914, 916 finden entsprechende Anwendung.

§ 918 BGB (Ausschluss des Notwegrechts)

„(1) Die Verpflichtung zur Duldung des Notwegs tritt nicht ein, wenn die bisherige Verbindung des Grundstücks mit dem öffentlichen Wege durch eine willkürliche Handlung des Eigentümers aufgehoben wird.

(2) Wird infolge der Veräußerung eines Teils des Grundstücks der veräußerte oder der zurückbehaltene Teil von der Verbindung mit dem öffentlichen Wege abgeschnitten, so hat der Eigentümer desjenigen Teils, über welchen die Verbindung bisher stattgefunden hat, den Notweg zu dulden. Der Veräußerung eines Teils steht die Veräußerung eines von mehreren demselben Eigentümer gehörenden Grundstücken gleich."

Nach § 917 Abs. 2 BGB ist der Eigentümer, dessen Grundstück beansprucht wird und der den Notweg zu dulden hat, durch eine Geldrente zu entschädigen. Nach § 912 Abs. 2 S. 2 ist die Höhe der Rente auf den Zeitpunkt der „Grenzüberschreitung" = Zeitpunkt der Einräumung des Notwegs abzustellen. Das Recht auf die Notwegrente ist wesentlicher Bestandteil des belasteten Grundstücks. Die Notwegrente hat – wie auch die Überbaurente – unabhängig vom Zeitpunkt ihrer Entstehung nach § 917 Abs. 2 i.V.m. § 914 BGB Vorrang vor allen anderen Grundstückslasten. Bei der Zwangsversteigerung bleibt diese Last auch dann bestehen, wenn sie bei der Feststellung des geringsten Gebots nicht berücksichtigt wurde (§ 52 Abs. 2 ZVG).Schuldner der Notwegerente ist der Eigentümer des zuweglosen Grundstücks und nicht etwa ein den Weg benutzender Mieter oder Pächter.

155 Der Anspruch auf Entschädigung (Notwegrente) entsteht gleichzeitig mit der Pflicht des Grundeigentümers zur Duldung des Notwegs, d.h., indem das berechtigte **Verlangen auf Einräumung eines Notwegs** gestellt wird[100]. Auf den Zeitpunkt, zu dem die gesetzlichen Voraussetzungen vorliegen, kommt es nicht an. Auch kommt es nicht darauf an, dass der Notweg in Benutzung genommen wird. Ein Anspruch auf Notwegerente besteht im Übrigen nicht, wenn das in Anspruch genommene Überwegungsrecht über eine lange Zeit ausgeübt wurde (**Gewohnheitsrecht**).

Bei der Ermittlung der Entschädigung für einen Verbindungsweg, der schon seit mehreren Jahren für eine neue Siedlung zum allgemeinen Wegenetz hergerichtet und verwendet worden ist, bei dem aber die förmliche Widmung zur öffentlichen Straße und die vorgesehene Übereignung an die Gemeinde unterblieben ist, hat der BGH[101] in seiner Rechtsprechung auf den Betrag abgestellt, den der Grundstückseigentümer als Notwegerente erhalten könnte.

156 Die Duldungspflicht entsteht unter folgenden Voraussetzungen:

- Die notwendige Verbindung mit einem öffentlichen Weg zur ordnungsgemäßen Nutzung des Grundstücks fehlt,
- ein entsprechendes Fahrrecht oder Gehrecht über ein fremdes Grundstück ist nicht vorhanden bzw. nicht durch eine Dienstbarkeit (z.B. durch ein Wegerecht) gesichert,
- wenn der Eigentümer eine bestehende Verbindung zu einem öffentlichen Weg nicht willkürlich unterbrochen oder aufgegeben hat.

Ein Notwegrecht ist hingegen nicht gegeben, wenn der Rechtsvorgänger des Eigentümers die Verbindung zu einem öffentlichen Weg durch Verzicht auf ein Wegerecht herbeigeführt hat[102].

---

100 BGH, Urt. vom 19.4.1985 – V ZR 152/83 –, BGHZ 94, 160 = EzGuG 14.77a; RG, Urt. vom 22.12.1915 – V 263/95 –, RGZ 87, 424; Staudinger, Komm. zum BGB, § 917 Rn. 44; a.A. Säcker in MüKo., BGB, § 917 Rn. 19, 39.
101 BGH, Urt. vom 11.6.1970 – III ZR 7/69 –, NJW 1970, 1644 = EzGuG 118.51.
102 LG Bielefeld, Urt. vom 10.10.1962 – 2 S 149/62 –, MDR 1963, 678 = EzGuG 14.14d.

Auch der Besitzer eines zugangslosen Grundstücks kann die Einräumung eines Notwegrechts nicht verlangen, auch dann nicht, wenn er Eigentümer von Scheinbestandteilen ist, die sich auf dem Grundstück befinden[103].

§ 917 Abs. 2 BGB erklärt im Übrigen nicht die entsprechende Anwendbarkeit des § 915 BGB über den **Abkauf einer überbauten Grundstücksfläche**. Der Grund ist offensichtlich darin zu suchen, dass der Gesetzgeber davon ausgeht, dass das Notwegrecht zeitlich begrenzt ist „[...] bis zur Hebung des Mangels [...]" und es sich nicht um einen Überbau,sondern um einen Notweg handelt. **157**

Im Übrigen gelten bezüglich der **Überfahrts- und Treppenrechte** für württembergische Landesteile besondere Vorschriften (vgl. Art. 234 bis 242 EGBGB). **158**

Das **Notwegerecht ist** eine gesetzliche Beschränkung des Eigentums und deshalb im **Grundbuch nicht eintragungsfähig**. Das Recht auf die Notwegerente ist wesentlicher Bestandteil des belasteten Grundstücks. Notwegerente sowie eine zusätzliche Duldungspflicht des Notwegerechts (in Erweiterung ihrer nicht eintragungsfähigen Eigenschaft als gesetzliche Beschränkung) ist als Grunddienstbarkeit eintragungsfähig. **159**
Die **Notwegerente hat**– wie auch die Überbaurente – unabhängig vom Zeitpunkt ihrer Entstehung nach § 917 Abs. 2 i.V.m. § 914 BGB **Vorrang vor allen anderen Grundstückslasten**.

Das Notwegerecht beschränkt sich nicht nur auf das Begehen und Befahren, sondern kann ebenfalls die Duldung von **Versorgungsleitungen** (Elektrizität, Wasser, Gas) zum Gegenstand haben[104]. Es beinhaltet jedoch nicht das Recht auf Zufahrtsmöglichkeiten zu einer Garage[105].Auch kann ein Notwegerecht nicht verlangt werden, wenn der Kraftfahrzeugverkehr nach der planerischen Konzeption von den Wohnungsgrundstücken ferngehalten werden soll[106]. Allerdings kann das bei gewerblichen Objekten u.U. anders zu beurteilen sein. **160**
Anlage und Unterhaltung des Notwegs obliegen dem, der ihn beansprucht[107].
Die Duldungspflicht entsteht unter folgenden Voraussetzungen:

- Die notwendige Verbindung mit einem öffentlichen Weg zur ordnungsgemäßen Nutzung des Grundstücks fehlt,
- ein entsprechendes Fahrrecht oder Gehrecht über ein fremdes Grundstück ist nicht vorhanden bzw. nicht durch eine Dienstbarkeit (z.B. durch ein Wegerecht) gesichert,
- wenn der Eigentümer eine bestehende Verbindung nicht willkürlich unterbrochen oder aufgegeben hat.

Bezüglich eines Notwegerechts liegen zahlreiche aktuelle Urteile verschiedener Instanzen vor:

- Sind vorhandene Wege umständlicher und unbequemer zu nutzen, ist das für die Begründung eines Notwegs nicht ausreichend[108].
- Unbequemlichkeiten wie eine moderne Torschließanlage sind hinzunehmen[109].
- Einem Grundstückseigentümer steht gegen seinen Nachbarn ein Anspruch auf Duldung der Benutzung dessen Zufahrtswegs zu, damit er sein Grundstück mit einem Kfz erreichen kann.
- Ein anderweitig bestehender Zugang zu Fuß oder mit dem Fahrrad über eine öffentliche Fläche reicht für eine ausreichende Nutzung eines Anwesens nicht aus, da so die Grundbe-

103 BGH, Urt. vom 5.5.2006 – V ZR 139/5 –, NJW-RR 2006, 1160 = EzGuG 14.145a.
104 BGH, Urt. vom 15.04.1964 – V ZR 134/62 –, MDR 1964, 583 = EzGuG 14.19.
105 BGH, Urt. vom 09.11.1979 – V ZR 85/78 –, BGHZ 75, 315 = EzGuG 14.63a; vgl. hierzu BGH, Urt. vom 06.04.1995 – III ZR 27/94 –, GuG 1995, 310 = EzGuG 18.117.
106 BGH, Urt. vom 11.12.2020 – V ZR 268/19 –, NJW-RR 2021, 738 = EzGuG 14.216.
107 BGH, Urt. vom 07.07.2006 – V ZR 159/05 –, NJW 2006, 3426 = EzGuG 14.148.
108 OLG Karlsruhe, Urt. vom 28.07.2010 – 6 U 105/08 –, IMR 2010, 1138 = EzGuG 14.158b; OLG Brandenburg, Urt. vom 30.10.2008 – 5 U 131/07 –, EzGuG 14.157a.
109 OLG Karlsruhe, Urt. vom 23.02.2006 – 9 U 132/05 –, NJW-RR 2006, 1678 = EzGuG 14.143a.

dürfnisse wie die problemlose Anlieferung von Gegenständen des täglichen Bedarfs nicht richtig befriedigt werden können[110].

- Auf dem Notweg (Wegerecht als Grunddienstbarkeit) besteht kein Recht auf Parkmöglichkeiten oder des Be- und Entladens[111].
- Ein eingetragenes Notwegerecht erlischt nicht deshalb, weil das Grundstück anders genutzt werden soll[112].
- Erlischt das Erbbaurecht, so wird die für ein Wegerecht bestellte Grunddienstbarkeit nach § 12 Abs. 3 ErbbauRG mit dem Erlöschen des Erbbaurechts Bestandteil des Erbbaugrundstücks[113].
- Die Kosten für die Verlegung eines Notwegs und die entgangene Nutzung aus einer Baugenehmigung reichen nicht aus zur Darlegung der Verkehrswertminderung des Grundstücks[114].
- Auch aus dem nachbarschaftlichen Gemeinschaftsverhältnis lässt sich ein Wegerecht nicht ableiten[115].

2.6 Miet-, pacht- und wohnungsrechtliche Bindungen (§ 46 Abs. 2 Nr 5 ImmoWertV)

2.6.1 Übersicht

▶ *Vgl. Rn. 85, § 31 ImmoWertV Rn. 32 ff., 121; zu Belegungsrechten Rn. 85, Teil VIII Rn. 405 ff.; zu Mieterdienstbarkeiten vgl. § 32 ImmoWertV Rn. 105; Teil XI Rn. 79.*

161 Miet-, pacht- und wohnungsrechtliche Bindungen sind vertragliche und sonstige Vorgaben, die Einfluss insbesondere auf die Ertragsverhältnisse haben können. **Wohnungs- und mietrechtliche Bindungen beeinflussen den Verkehrswert**. Dies gilt

- für gesetzliche wohnungs- und mietrechtliche Bindungen, insbesondere solche, die im Rahmen der sozialen Wohnraumförderung oder einer sonstigen Wohnraumförderung dem Verfügungsberechtigten auferlegt werden(Belegungsbedingungen),
- als auch für vertragliche wohnungs- und mietrechtliche Bindungen (§ 31 ImmoWertV Rn.51ff.).

Die allgemein geltenden Miet-, pacht- und wohnungsrechtlichen Bindungen (§§ 335 bis 606 BGB) einschließlich wettbewerbsbeschränkender Dienstbarkeiten (Konkurrenz- und Sortimentsklauseln), Bierbezugsverträge sind bei § 31 ImmoWertV Rn. 121; erläutert; vgl. auch Teil VIII Rn. 398 f.

162 **Miet-, pacht- und wohnungsrechtliche Bindungen** sind vertragliche und sonstige Vorgaben, die Einfluss insbesondere auf die Ertragsverhältnisse haben können. Hierzu können z.B. Miet- und Belegungsbindungen gehören, die im Rahmen der sozialen Wohnraumförderung dem Verfügungsberechtigten auferlegt werden. Wenn miet-, pacht- und wohnungsrechtliche Bindungen nicht nur vereinzelt, sondern in einer gewissen Häufigkeit auftreten, kann es sich anbieten, dass die Gutachterausschüsse Kaufpreise und sonstige Daten für entsprechende Objekte systematisch erfassen und in der Kaufpreissammlung differenziert kennzeichnen.

---

110 BGH, Urt. vom 12.12.2998 – V ZR 106/07 –, NJW-RR 2009, 515 = EzGuG 14.156b.
111 OLG Saarbrücken, Urt. vom 24.07.2002 – 1 U 81/02 –, NJW-RR 2002, 1385 = EzGuG 14.137; AG Paderborn, Urt. vom 28.06.2000 – 54 C 188/00 –, NJW-RR 2006, 1678 = EzGuG 14.134d.
112 BGH, Urt. vom 18.07.2008 – V ZR 171/07 –, NJW 2008, 3123 = EzGuG 14.156.
113 BGH, Urt. vom 17.02.2012 – V ZR 102/11 NJW-RR 2012, 845 = EzGuG 7.149.
114 BGH, Urt. vom 18.06.2015– V ZR 234/14 –, GuG 2016, 74 = EzGuG 14.171.
115 BGH, Urt. vom 15.11.2013 – V ZR 24/13 –, GuG 2014, 257 = EzGuG 14.163.

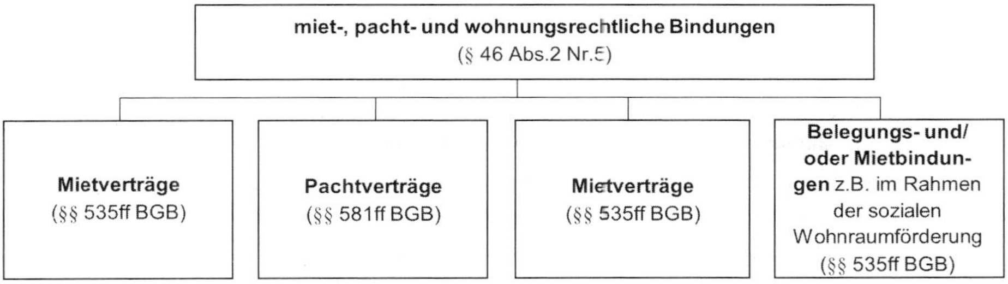

2.6.2 Soziale Wohnraumförderung

Schrifttum: *Bachmann, St.*, Die Bewertung eines Mietwohnhauses (sozialer Wohnungsbau), GuG 2002, 237; BKI, Objektdaten Neubau Sozialer Wohnungsbau, Stuttgart 2016; *Gottschalk, G.-J.*, Der öffentlich geförderte soziale Wohnungsbau, Bewertung nach der finanzmathematischen Methode, GuG 2015, 10; *Ohler, A.*, Zur Berücksichtigung von Mietpreisbindungen bei der Ermittlung des Ertragswerts von Mietwohngrundstücken, AVN 1994, 78; *Kippes/Saier*, Immobilienmanagement, Boorberg Verlag 2005 S. 315ff.; *Schmidt, K.*, Immobilienbewertung im öffentlich geförderten Wohnungsbau, GuG 2015, 155; *Werling, U.* Bewertung von Wohnanlagen mit öffentlicher Förderung, in Pohnert, Kreditwirtschaftliche Wertermittlung Wiesbaden 2015, 202ff.

▶ *Vgl. § 5 ImmoWertV Rn. 85; § 6 ImmoWertV Rn. 91; § 27 ImmoWertV Rn. 22; § 31 ImmoWertV Rn. 52; § 32 ImmoWertV Rn. 51, 135; zu Personengruppen mit besonderem Wohnbedarf vgl. § 6 ImmoWertV Rn. 91; Teil V Rn. 11 ff.; Teil VI Rn. 721; Teil VIII Rn. 55*

Im Rahmen des **öffentlich geförderten sozialen Wohnungsbaus** stehen wohnungs- und miet- **163**
rechtlichen Bindungen in aller Regel **Finanzierungsvorteile** gegenüber. Ob und ggf. in welchem Maße ein im öffentlich geförderten Wohnungsbau (soziale Wohnraumförderung) gefördertes Objekt in seinem Verkehrswert von einem vergleichbaren freifinanzierten Objekt abweicht, beantwortet sich bei alledem danach, wie sich Vor- und Nachteile ausgleichen.

Zunächst soll jedoch kurz ein Blick auf die bisherigen verschiedenen **Förderungen** geworfen **164**
werden:
Bis zum 31.12.2001 bestimmte sich die Wohnungsbauförderung nach den Vorschriften des **Zweiten Wohnungsbaugesetzes (11. WoBauG)**. Das II. WoBauG ist mit dem Wohnraumförderungsgesetz aufgehoben worden. Mit dem Inkrafttreten des Gesetzes zur Reform des Wohnungbaurechts bestimmt sich die Förderung nach dem **Wohnraumförderungsgesetz (WoFG)**. Einzelne Vorschriften des 11. WoBauG finden ebenso wie das **Wohnungsbindungsgesetz (WoBinG)**, die **Neubaumietenverordnung (NMV)** sowie die **Zweite Berechnungsverordnung (11 BV)** in der jeweils gültigen Fassung für sog. Altförderfälle weiterhin Anwendung.

Die **soziale Wohnraumförderung** kann unterschieden werden nach dem **165**

- 1. Förderungsweg für Wohnraum von Personen, deren Gesamteinkommen die Einkommensgrenzen nach § 9 WoFG nicht übersteigt, mit der Folge öffentlich-rechtlicher Belegungs- und Mietpreisbindungen aufgrund des Wohnungsbindungsgesetzes (WoBindG),
- 2. Förderungsweg für Wohnraum von Personen, deren Einkommen um bis zu 60 % über den Einkommensgrenzen des 1. Förderungswegs lagen, nach den besonderen Vorschriften der §§ 88 bis 88c des 11. WoBauG mit der Folge öffentlich-rechtlicher Bindungen, und zwar der Belegungsbindung nach § 88a des II WoBauG i.V.m. dem Bewilligungsbescheid und der Mietpreisbindung nach § 88b des 11. WoBauG und der §§ 8 bis 11 des WoBindG, und
- 3. Förderungsweg für fremdgenutzten und freifinanzierten Wohnraum nach einer Vereinbarung zwischen Darlehens- und Zuschussgeber und dem Bauherrn in Abweichung von den Vorschriften des II. WoBauG (§ 88d des II. WoBauG), also in privatrechtlicher Form (Kostenmiete nach § 8 WoBindG), und der einkommensorientierten Förderung (EOF) auf der Grundlage des Wohnungsbauförderungsgesetzes 1994 (§ 88e WoBindG).

166 Der Einsatz der öffentlichen Mittel ist in den **§§ 42–44 des 11. WoBauG** geregelt. § 42 WoBauG enthält einen Katalog objektbezogener Fördermittel, wobei sowohl die Kapitalsubvention in Form von Baudarlehen als auch die Ertragssubvention in Form von Aufwendungsdarlehen, Aufwendungszuschüssen oder Zinszuschüssen aufgeführt werden. Für die nicht öffentlichen Mittel gilt die objektbezogene Fördersystematik analog.

167 Öffentliche und nicht öffentliche Mittel werden von der für das jeweilige Bauvorhaben zuständigen Bewilligungsbehörde gewährt.

168 Grundlage für die Bewilligung der Fördermittel ist die Aufstellung einer Wirtschaftlichkeitsberechnung, in der die Kostenmiete für die geförderten Wohnungen ermittelt wird. Inhalt und Form der Wirtschaftlichkeitsberechnung werden in der Zweiten Berechnungsverordnung (II.BV) geregelt[116]. Gemäß § 3 II. BV muss die Wirtschaftlichkeitsberechnung eines Objekts enthalten:

1. Zinsen für Fremdmittel
2. laufende Verwaltungskostenbeiträge.

169 Die **Zinsen für Fremdmittel** sind mit dem Betrag anzusetzen, der sich aus den im Finanzierungsplan ausgewiesenen Fremdmitteln mit dem maßgebenden Zinssatz errechnet. Maßgebend ist, soweit nichts anderes vorgeschrieben ist, der vereinbarte Zinssatz (vgl. § 12 Abs. 1 und § 21 Abs. 2 und 3 II. BV).

170 Neben den Baudarlehen können öffentliche und nicht öffentliche Mittel auch als Darlehen (**Aufwendungsdarlehen**) oder nicht zurückzuzahlender Zuschuss (Aufwendungszuschuss)[117] zur Deckung der laufenden Aufwendungen gewährt werden. Vergleiche dazu §§ 42, 88 11.WoBauG.

171 Als besonderer Aufwendungszuschuss sei hier noch der **Zinszuschuss** genannt, der zur Deckung der für Finanzierungsmittel zu entrichtenden Zinsen gegeben wird. Die ausdrückliche Nennung des Verwendungszwecks ist allerdings das einzig Besondere am Zinszuschuss, ansonsten gelten alle Regelungen für den Aufwendungszuschuss auch für den Zinszuschuss.

172 Werden dem Bauherrn **Darlehen oder Zuschüsse zur Deckung der laufenden Aufwendungen** gewährt, so mindern diese jährlichen Zahlungen den Gesamtbetrag der jährlich laufenden Aufwendungen und senken somit die Kostenmiete auf ein tragbares Niveau. Es handelt sich hier um Ertragssubventionen. Der verringerte Gesamtbetrag der Aufwendungen ist für den Zeitraum anzusetzen, in dem die Ertragssubventionen gewährt werden. Entfällt oder kürzt sich die jährliche Zahlung aus dem Aufwendungsdarlehen bzw. Aufwendungszuschuss, so erhöht sich der Gesamtbetrag der jährlich laufenden Aufwendungen, also die Kostenmiete, entsprechend.

173 Werden die für ein Bauvorhaben als Darlehen gewährten öffentlichen Mittel ohne rechtliche Verpflichtung vorzeitig zurückgezahlt, so gelten die Wohnungen des Objekts bis zum Ablauf des zehnten Kalenderjahres nach dem Jahr der Rückzahlung als öffentlich gefördert (**Nachwirkungsfrist**). Sind neben den Darlehen Zuschüsse zur Deckung der laufenden Aufwendungen oder Zinszuschüsse aus öffentlichen Mitteln gewährt worden, so gelten die Wohnungen des Objekts bis zum Ablauf des Kalenderjahres als öffentlich gefördert, in dem der Zeitraum endet, für den sich die laufenden Aufwendungen durch die Gewährung der Zuschüsse vermindern (vgl. § 16 Abs. 1 WoBindG). Für Objekte, die sich in der Nachwirkungsfrist befinden, darf folglich nur die Kostenmiete genommen werden.

174 Das geltende **Wohnraumförderungsgesetz (WoFG)** unterscheidet nicht mehr nach einzelnen Förderungswegen und verzichtet auch auf bundesrechtliche Vorschriften zur Förderung. Die

116 Vgl. hierzu § 72 11. WoBauG und §§ 8, 8a WoBindG und §§ 1,2 NMV 1970, Fischer-Dieskau, Pergande, Schwender, Komm. zum Wohnungsbaurecht, § 2 NMV 1970, Anmerkung 2: Verhältnis von 11. BV zur NMV 1970.

117 Vgl. § 18 (2) II. BV, Fischer-Dieskau, Pergande, Schwender, Komm. zum Wohnungsbaurecht, § 18 II. BV, Anm. 3: Behandlung von Verbilligungsmitteln.

Förderung wird nunmehr in einer auf Antrag des Förderempfängers von der zuständigen Bewilligungsstelle erlassenen Förderzusage festgelegt. Gegenstand der **Förderzusage** sind

- Höhe, Dauer, Verzinsung und Tilgung der Fördermittel (Zuschuss oder Darlehen),
- Einhaltung der Einkommensgrenzen nach § 9 WoFG,
- Begrenzung der Wohnungsgröße,
- Belegungs- und Mietbindungen bei der Förderung von Mietwohnungen.

Mietwohngrundstücke können auch mit **anderen zinsverbilligten Finanzierungsmitteln** erstellt werden. Hierzu gehören insbesondere 175

- Arbeitgeberdarlehen,
- Darlehen aus Wohnungsfürsorgemitteln für Angehörige des öffentlichen Dienstes,
- Mittel aus dem Lastenausgleichsfonds und
- Mittel aus Wohnungsbauförderungsprogrammen.

In diesen Fällen liegt die vereinbarte Miete i.d.R. unter der Marktmiete und es stellt sich die Frage, ob auch hier der Verkehrswert wie im Bereich der sozialen Wohnraumförderung wegen der über einen längeren Zeitraum erzielten Mindereinnahmen gegenüber einem freifinanzierten Objekt zu mindern ist. Nach überkommener Auffassung stellen diese rein privatrechtlichen Vereinbarungen **ungewöhnliche oder persönliche Verhältnisse** i.S. des § 9 Abs. 2 ImmoWertV dar und sind bei der Verkehrswertermittlung außer Betracht zu lassen. Diese Auffassung wird nicht geteilt. 176

Zur **indirekten Förderung durch steuerliche Vergünstigungen** sei angemerkt, dass diese i.d.R. bereits bei der Ermittlung des Liegenschaftszinssatzes Berücksichtigung findet, soweit es sich um allgemeine das Investitionsgeschehen beeinflussende Förderungen handelt. Solche steuerlichen Vorteile dürfen von daher nicht noch besonders berücksichtigt werden (Gefahr der Doppelberücksichtigung). 177

Zur Wertermittlung von Grundstücken, die im Bereich der sozialen Wohnraumförderung bebaut wurden, bietet die Fachliteratur mehrere Verfahren an; sie gehen von unterschiedlichen Ermittlungsgrundlagen aus. Zum Teil dienen Herstellungskosten, die Ertragsverhältnisse oder auch Vergleichswerte als Ausgangsparameter. Die in der Praxis überwiegend angewendeten Ertragsmodelle unterscheiden sich hauptsächlich in der **unterschiedlichen Berücksichtigung der niedrig verzinslichen öffentlichen Mittel**. Einigkeit besteht bei allen Modellen darin, dass die nach dem Ertragswertverfahren errechnete Wertminderung nicht auf die Restnutzungsdauer des Gebäudes, sondern auf die Dauer der Bindung an die Kostenmiete abzustellen ist[118]. 178

2.6.3 Wertermittlungsverfahren

Schrifttum: *Feldhaus, W,* Die Ermittlung des Verkehrswerts des öffentlich geförderten Mietwohnungsbaus, DAB 1974, 169; *Gottschalk, G.-J.*, Der öffentlich geförderte soziale Wohnungsbau – Bewertung nach einer finanzmathematischen Berechnungsmethode, GuG 2015, 10; *Gottschalk, G.-J.*, Immobilienwertermittlung, 3. Aufl. München 2014, Kap. D.II Rn. 4 ff.; Hawerländer, Informationsdienst für Sachverständige 1988, Heft 2; *Hofbaur*, DWW 1982, 322; *Vogels*, Grundstücks- und Gebäudebewertung – marktgerecht, 5. Aufl. Bauverlag Wiesbaden und Berlin, S. 319 f.

2.6.3.1 Standardverfahren

Das Standardverfahren geht zur Ermittlung des Ertragswerts der baulichen Anlagen, von einem marktüblich erzielbaren Rohertrag (Nettokaltmiete) normal finanzierter Objekte gleicher Art, Lage und Ausstattung aus. Dieser Wert wird korrigiert um 179

118 BGH, Urt. vom 12.02.1988 – V ZR 184/86 –, WM 1988, 1238 = EzGuG 20.123.

a) **den kapitalisierten Unterschiedsbetrag aus den geminderten Mieteinnahmen und**

b) **dem Zinsvorteil aus den valutierten verbilligten Zinsmitteln**[119]**.**

180 *Beispiel 1*

Mietwohngrundstück: Tatsächliche Jahresnettokaltmiete 25 000 €; marktüblich erzielbare Jahresnettokaltmiete 34 000 €; Bewirtschaftungskosten 8 500 €; Restnutzungsdauer des Gebäudes 70 Jahre; Bodenwert 80 000 €; Liegenschaftszinssatz 5 v.H., zinsverbilligte Mittel (valutiert) 110 000 €.

Berechnung des vorläufigen Ertragswerts:

Bodenwert	=		80 000 €
Vorläufiger Ertragswert der baulichen Anlage:			
Jahresnettokaltmiete	=		34 000 €
Bewirtschaftungskosten	=	– 8 500 €	
= Reinertrag	=	25 500 €	
abzüglich Bodenwertverzinsungsbetrag (80 000 € x 5/100)	=	– 4 000 €	
Reinertrag der baulichen Anlagen	=		21 500 €
Vorläufiger Ertragswert der baulichen Anlage: 21 500 € x 19,34 (Kapitalisierungsfaktor KF bei 5 % und 70 Jahren)	=	415 810 €	
Mindereinnahmen und Zinsvorteile:			
Mindereinnahmen: 34 000 € – 25 000 €	=	– 9 000 €	
Zinsvorteile			
8 v.H. von 110 000 € = 8 800 €			
zu zahlende Zinsen = – 825 €	=		+ 7 975 €
Minderbetrag	=		– 1 025 €
Barwert: 1 025 € x 6,71 (Kapitalisierunqsfaktor KF bei 8 %	=	– 6 878 € = + 408 932 €	
Ertragswert des Grundstuücks	=		rd. 489 000 €

181 Bei dem einfachsten Verfahren wird der **Ertragswert unter Berücksichtigung der marktüblich erzielbaren Miete ermittelt und die kapitalisierte Differenz zwischen marktüblicher und aufgrund der Sozialbindung tatsächlich gezahlter Miete abgezogen**. Der Kapitalisierungszeitraum hängt vom Ablauf der Eigenschaft „öffentlich gefördert unter Berücksichtigung einer etwaigen Nachwirkungsfrist“ und Anschlussförderung ab.

- Eine vorzeitige Ablösung der zum Wertermittlungsstichtag noch nicht getilgten Förderungsmittel ist ergänzend zu berücksichtigen, wenn sie unter Berücksichtigung der sich dann ergebenden Nachwirkungsfrist sowie eines Schuldnachlasses für den Darlehnsnehmer wirtschaftlich von Vorteil ist.
- Umgekehrt ist im Anschluss an die Grundförderung auch eine Anschlussförderung ex ante zu berücksichtigen, wenn sie zum Wertermittlungsstichtag „mit hinreichender Sicherheit aufgrund konkreter Tatsachen“ i.S. des § 11 ImmoWertV zu erwarten ist und diese für den Empfänger wiederum von wirtschaftlichem Vorteil ist. Als konkrete Tatsache kann auch die bisherige Verwaltungspraxis selbst dann gelten, wenn keine entsprechenden „Anschlussförderungsrichtlinien“ erlassen worden sind. Hat indessen die öffentliche Hand ver-

119 BFH, Urt. vom 12.12.1979 – II R 127/74 –, BFHE 129, 404 = BStBI II 1980, 218 = EzGuG 20.81c; BFH, Urt. vom 05.11.1975 – II R 106/70 –, BFHE 117, 304 = BStBI II 1976, 130 = EzGuG 3.57: Übernimmt der Käufer eines ganz oder teilweise mit öffentlichen, zinsverbilligten Mitteln finanzierten Mietwohngrundstücks diese Darlehensverbindlichkeiten, so entspricht der Wert der gleichzeitig übernommenen Mietpreisbindung regelmäßig der Differenz zwischen Nennwert und abgezinstem Wert der Darlehnsverbindlichkeiten.

kündet, dass keine Anschlussförderung (mehr) gewährt werde, so fehlt es an der hinreichenden Sicherheit i.S. des § 11 ImmoWertV.
So hat z.B. im Jahre 2003 der Senat von Berlin verkündet, dass keine Anschlussförderungen mehr gewährt werden, sodass damit bei Grundstücken, die nach 1981 eine Grundförderung erhalten haben, damit nicht mehr gerechnet werden kann.

Beispiel 2: 182
4 dreigeschossige Mietwohnhäuser mit insgesamt 29 Wohneinheiten, Baujahr 1980, 1 329 m²Wohnfläche, marktüblich erzielbarer Ertrag 6,84 €/m² WF (insgesamt 109 084 €/Jahr), Sozialmiete 5,26 €/m²WF (insgesamt 83 886 €/Jahr). Ablauf der Mietbindung in 8 Jahren, Bodenwert 450 000 E.

Abb. 17: Zusammensetzung der Miete

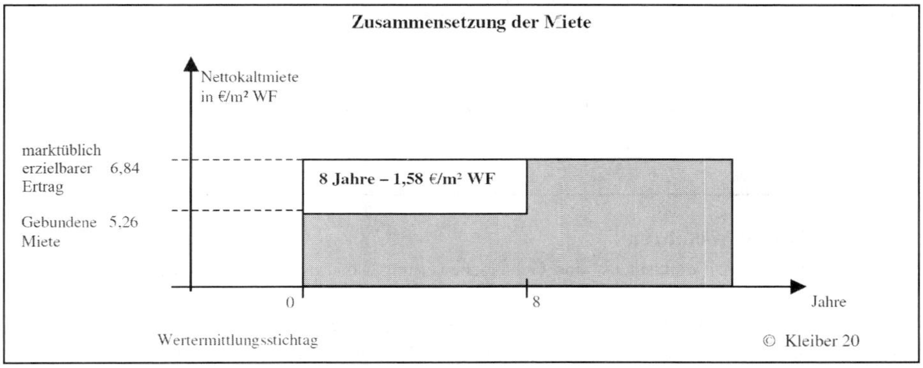

a) Vorläufiger Ertragswert

Jahresnettokaltmiete			
1 329 m2 x 6,84 €/m² x 12 Monate	=		109 084 €
Bewirtschaftungskosten abzüglich 25 %	-		27 271 €
= Reinertrag	=		81 813 €
- Bodenwertverzinsungsbetrag: 5 % von 450 000 €	-	22 500 €	
= Reinertragsanteil der baulichen Anlagen			59 313 €
Restnutzungsdauer 45 Jahre,			
Liegenschaftszinssatz 5 %			
Kapitalisierungsfaktor KF 17,77			
Vorläufiger Ertragswert der baulichen Anlage: 59 313 € x 17,77			1 053 992 €
+ Bodenwert	+		450 000 €
= Vorläufiger Ertragswert	=		1 503 992 €
b) Barwert der Ertragsminderung			
6,84 €/m²– 5,26 €/m² = 1,58 €/m² WF			
1,58 €/m² x 12 Monate x 1 329 m² x 6,46	=	– 162 778 €	
(Kapitalisierungsfaktor KF bei 8 Jahren und 5 % Zins)	=	1 341 144 €	
c) Verkehrswert des Grundstücks	=	**1 340 000 €**	

183 Wenn der Fall eintritt, dass der Vermieter bei **Wegfall der Mietpreisbindung** trotz 30%iger Mieterhöhung innerhalb von 10 Jahren nicht die übliche Marktmiete erreicht, muss die Wertermittlung nach dem nachfolgend aufgezeigten Schema erfolgen (Abb. 18):

Abb. 18: Zusammensetzung der Miete

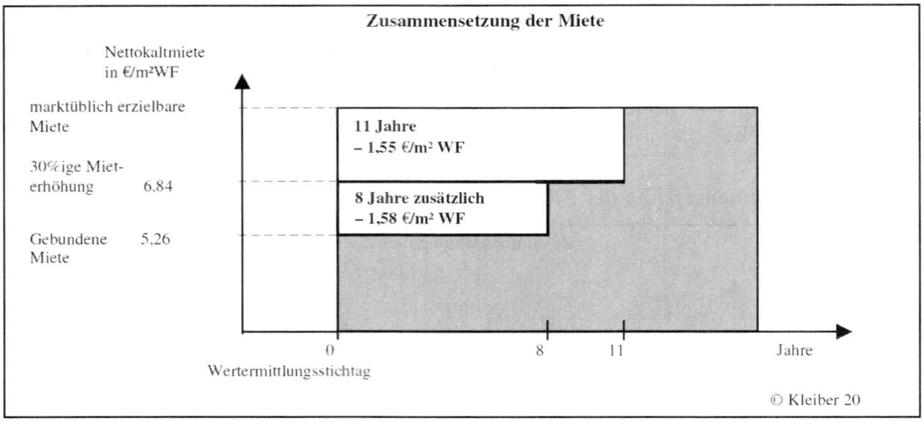

2.6.3.2 Vogels-Verfahren

Schrifttum: *Vogels, M.* Grundstücks- und Gebäudebewertung - marktgerecht, Bauverlag Wiesbaden und Berlin, 5. Aufl.

184 Vogels[120] schlägt die **Wertermittlung nach dem Hypothekenkoeffizientenverfahren** vor.Dieses Verfahren wurde von dem Amerikaner Ellwood entwickelt. Es ist für praktisch alle Problemfälle des Ertragswertverfahrens anwendbar. Dabei wird die gesamte „Performance" des Objekts, also die Zinsvorteile, die gezahlten Erträge, der Eigenkapitalzins, aber auch künftige Wertsteigerungen und Wertminderungen in einem ebenfalls überschaubaren Zeitraum (üblicherweise 10 Jahre) nach der Formel

$$\text{Barwert (Ertragswert)} = \frac{\text{Grundstücksreinertrag + Hypothek + c}}{\text{Eigenkapitalzinssatz} - \text{w}}$$

berücksichtigt.

185 Der „c-Wert" ergibt sich aus den Hypothekenkonditionen, der zugrunde gelegten Laufzeit und den Erträgen und wird ebenso wie der „w-Wert", der die erwarteten Wertänderungen und den zugrunde gelegten Eigenkapitalzins repräsentiert, aus Tabellen (Auszüge in Abb. 19 und Abb. 20) entnommen.

186 *Beispiel:*

Grundstücksreinertrag	30 000 €/Jahr
Hypothek	160 000 €
Zins	0,5 %
Tilgung	1 %
Eigenkapital	8 %
Laufzeit	10 Jahre
geschätzte Wertsteigerung	60 %
geschätzte Wertminderung	10 %
Barwert (Ertragswert) $= \frac{30\,000\,€ + 160\,000\,€ \times 0{,}072060}{0{,}08 - 0{,}0303737}$ = rd. 275 000 €	

120 Vogels, Grundstücks- und Gebäudebewertung - marktgerecht, Bauverlag Wiesbaden und Berlin, 5. Aufl., S. 319 f.

Abb. 19: Ausgewählte c-Koeffizienten für soziale Wohnraumförderung für n = 10 Jahre

Hypothekentilgung 1 %		Eigenkapitalzins y in %						
Zins	Laufzeit	12,00	10,00	9,00	8,00	7,00	6,00	5,00
0,0	100,00	0,115690	0,096267	0,086574	0,076895	0,067230	0,057579	0,047942
0,5	81,30	0,110828	0,091418	0,081732	0,072060	0,062403	0,052760	0,043132
1,0	69,66	0,105962	0,086565	0,076886	0,067222	0,057572	0,047937	0,038318
1,5	61,54	0,101099	0,081715	0,072045	0,062388	0,052746	0,043120	0,033509
2,0	55,48	0,096240	0,076870	0,067207	0,057559	0,047925	0,038307	0,028706
2,5	50,73	0,091384	0,072030	0,062374	0,052734	0,043109	0,033500	0,023907

Abb. 20: Wminbei einem Berechnungszeitraum n = 10 Jahre, y = 8 %

Wertzuw. Wz %	Wertminderung „Wmin“ in %						
	70,0	50,0	30,0	20,0	15,0	10,0	0,0
100	–0,027612	0,000000	0,027612	0,041418	0,048321	0,055224	0,069029
95	–0,028647	–0,001726	0,025196	0,038657	0,045387	0,052117	0,065578
90	–0,029683	–0,003451	0,022780	0,035895	0,042453	0,049011	0,062127
85	–0,030718	–0,005177	0,020364	0,033134	0,039519	0,045905	0,058675
80	–0,031754	–0,006903	0,017948	0,030373	0,036586	0,042798	0,055224
75	–0,032789	–0,008629	0,015532	0,027612	0,033652	0,039692	0,051772
70	–0,033824	–0,010354	0,013116	0,024851	0,030718	0,036586	0,048321
65	–0,034860	–0,012080	0,010700	0,022089	0,027784	0,033479	0,044869
60	–0,035895	–0,013806	0,008284	0,019328	0,024851	0,030373	0,041418
55	–0,036931	–0,015532	0,005868	0,016567	0,021917	0,027267	0,037966
50	–0,037966	–0,017257	0,003451	0,013806	0,018983	0,024160	0,034515
45	–0,039002	–0,018983	0,001035	0,011045	0,016049	0,021054	0,031063
40	–0,040037	–0,020709	–0,001381	0,008284	0,013166	0,017948	0,027612
35	–0,041073	–0,022435	–0,003797	0,005522	0,010182	0,014841	0,024160
30	–0,042108	–0,024160	–0,006213	0,002761	0,007248	0,011735	0,020709
25	–0,043143	–0,025886	–0,008629	0,000000	0,004314	0,008629	0,017257
20	–0,044179	–0,027612	–0,011045	–0,002761	0,001381	0,005522	0,013806
15	–0,045214	–0,029338	–0,013461	–0,005522	–0,001553	0,002416	0,010354
10	–0,046250	–0,031063	–0,015877	–0,008284	–0,004487	–0,000690	0,006903
5	–0,047285	–0,032789	–0,018293	–0,011045	–0,007421	–0,003797	0,003451
0	–0,048321	–0,034515	–0,020709	–0,013806	–0,010354	-0,006903	0,000000

Im Grunde genommen bildet die hier **angesetzte Laufzeit von 10 Jahren schon die absolute Obergrenze**, denn bei allem Vertrauen in die Finanzmathematik erscheint bedenklich, dass künftige, nicht vorhersehbare, aber – wegen der Abkoppelung des Verfahrens vom Liegenschaftszins –als zwingend einzuschätzende künftige Werterhöhungen und Wertminderungen das Ergebnis erheblich beeinflussen. Diese Kritik gilt auch für Verfahrensvorschläge anderer Autoren, die mit teilweise abenteuerlichen finanzmathematischen Operationen eine Ergebnisgenauigkeit suggerieren, die in der Praxis nicht nachvollzogen wird. **187**

2.6.3.3 Weitere Verfahren

188 Im Verfahren nach *Feldhaus*[121] wird vom Grundstücksertragswert ohne Berücksichtigung der Sozialbindung der Barwert der Ertragsminderung und des **Zinsvorteils** abgezogen. *Möckel* schließlich favorisiert das Vergleichswertverfahren. Da hierzu eine ausreichende Anzahl von Vergleichsgrundstücken benötigt wird, ist der Anwendungsbereich zwangsläufig stark eingeschränkt.

189 Abweichend von den hier vorgestellten Grundsätzen der Verkehrswertermittlung wird in der Rechtsprechung zum GNotKG (vormals KostO) die Auffassung vertreten, dass der Wert eines Grundstücks, für das eine Verpflichtung zur Bebauung mit sozialer Wohnraumförderung besteht, wegen des **eingeschränkten Interessentenkreises** i.d.R. nur einen Bruchteil des nach allgemeinen Grundsätzen zu ermittelnden Werts „ausmache"[122].

2.6.3.4 Belegungsbindungen

▶ *Zu Belegungsrechten Teil VIII Rn. 405 ff.*

190 Im Rahmen des öffentlich geförderten sozialen Wohnungsbaus (§ 5 WoBindG) darf Wohnraum nur an berechtigte Personen i.S. des Wohnungsbindungsgesetzes - WoBindG - vermietet werden (Bele-gungs-bindung - oft auch als Wohnungsbindung bezeichnet).

191 Berechtigt sind Personen, die die Einkommensgrenze nach dem Zweiten Wohnungsbaugesetz eine festgelegte Einkommensgrenze nicht überschreiten bzw. nur minimal überschreiten und über eine „Bescheinigung über die Wohnberechtigung" (**Wohnberechtigungsschein**) verfügen. Des Weiteren wird bei der Ermittlung des Gesamteinkommens auch das Einkommen bei der Person berücksichtigt, die mit in die Wohnung einzieht. Der Verfügungsberechtigte darf die Wohnung einem Wohnungs-suchenden nur zum Gebrauch überlassen, wenn dieser ihm vor der Überlassung einen Wohn-berechtigungsschein (§ 5 WoBindG) übergibt und wenn die in der Bescheinigung angegebene Wohnungsgröße nicht überschritten wird.

192 Darüber hinaus sind die Landesregierungen mit § 5a WoBindG ermächtigt, für Gebiete mit erhöhtem Wohnungsbedarf Rechtsverordnungen zu erlassen, die befristet oder unbefristet bestimmen, dass der Verfügungsberechtigte eine frei oder bezugsfertig werdende Wohnung nur einem von der zuständigen Stelle benannten Wohnungssuchenden zum Gebrauch überlassen darf.

193 Der Verfügungsberechtigte darf die Wohnung nicht gegen ein höheres Entgelt zum Gebrauch überlassen, als zur Deckung der laufenden Aufwendungen erforderlich ist (Kostenmiete). Die Kosten-miete ist nach den §§ 8a und 8b WoBindG zu ermitteln (vgl. § 31 ImmoWertV Rn. 51).

2.6.3.5 Steuerliche Bewertung

194 Zur steuerlichen Bewertung[123] vgl. BFH, Urt. vom 16.06.1999 - II R 86/97 -, GuG 2000, 187 = EzGuG 20.171.[1]

---

121 *Feldhaus, W.,* Die Ermittlung des Verkehrswerts des öffentlich geförderten Mietwohnungsbaus, DAB 1974, 169.

122 LG München I, Beschl. vom 28.01.1999 – 13 T 10870/98 –, EzGuG 14.132; BayObLG, Urt. vom 05.01.1995 – 3 Z BR 291/94 –, JurBüro 1995, 432 = EzGuG 19.43a (Altenheim); BayObLG, Urt. vom 08.04.1998 – 3 Z BR 354/97 –, GuG 2000, 249 = EzGuG 19.45a (Betriebsgrundstück).

123 Zur steuerlichen Bewertung vgl. BFH, Urt. vom 24.03.1981 - II R 118/78 -, BFHE 133, 95 = BStBl II 1981, 487 = EzGuG 20.88; BFH, Beschl. vom 11.07.1980 - III B 3/80 -, BFHE 131, 80 = BStBl II 1980, 559 = EzGuG 20.84; BFH, Urt. vom 12.12.1979 - II R 127/74 -, BStBl II 1980, 218 = BFHE 129, 404 = EzGuG 20.81c; BFH, Beschl. vom 12.05.1978 - III R 18/76 -, BFHE 142, 297 = BStBl II 1985, 200 = EzGuG 20.74, BFH, Urt. vom 16.06.1999 - II R 86/97 -, GuG 2000, 187 = BFH/NV 1999, 1587 = EzGuG 20.171.

§ 47 ImmoWertV
Grundsätze der Wertermittlung bei Rechten und Belastungen

(1) Der Wert des begünstigten oder des belasteten Grundstücks kann ermittelt werden

1. aus Vergleichspreisen oder

2. ausgehend vom Wert des fiktiv nicht begünstigten oder des fiktiv unbelasteten Grundstücks.

Hierbei sind die allgemeinen Wertverhältnisse im Hinblick auf das Recht oder die Belastung zu berücksichtigen.

(2) In den Fällen nach Absatz 1 Satz 1 Nummer 2 kann der Wert des begünstigten oder des belasteten Grundstücks ermittelt werden

1. durch den Ansatz von Umrechnungskoeffizienten oder

2. durch Berücksichtigung des Werteinflusses des Rechts oder der Belastung.

(3) Der Werteinfluss im Sinne des Absatzes 2 Nummer 2 kann ermittelt werden

1. durch Berücksichtigung der wirtschaftlichen Vor- und Nachteile oder

2. in anderer geeigneter Weise.

(4) Der Wert eines Rechts oder einer Belastung kann ermittelt werden

1. aus dem Vergleich mit Kaufpreisen für vergleichbare Rechte oder Belastungen,

2. durch Berücksichtigung der wirtschaftlichen Vor- und Nachteile,

3. ausgehend vom Wert des fiktiv nicht begünstigten oder des fiktiv unbelasteten Grundstücks oder

4. in anderer geeigneter Weise.

Hierbei sind die allgemeinen Wertverhältnisse im Hinblick auf das Recht oder die Belastung zu berücksichtigen.

(5) Wird der Werteinfluss oder der Wert des Rechts oder der Belastung aus wirtschaftlichen Vor- und Nachteilen ermittelt, so sind die jährlichen Vor- und Nachteile über die Restlaufzeit des Rechts oder der Belastung zu kapitalisieren. Sind Rechte oder Belastungen an das Leben gebunden, ist mit Leibrentenbarwertfaktoren zu kapitalisieren. Ist der Berechtigte eine juristische Person, ist von einem angemessenen Zeitrentenbarwertfaktor auszugehen.

Gliederungsübersicht *Rn.*

1 Übersicht

1 Die Vorschriften des § 47 ImmoWertV beschränken sich auf wenige allgemeine Grundsätze der Marktwertermittlung grundstücksbezogener Rechte und Belastungen und der Ermittlung von Marktwerten davon belasteter oder begünstigter Grundstücke.

2 Entsprechend den Ausführungen zu § 46 ImmoWertV wird unterschieden zwischen

a) der Ermittlung des Marktwerts eines Grundstücks unter Berücksichtigung einer rechtlichen Belastung oder einer Begünstigung durch ein Recht (§ 47 Abs. 1 bis 3 ImmoWertV) sowie

b) der Ermittlung eines eigenständigen Werts eines Rechts oder einer Belastung (§ 47 Abs. 4 ImmoWertV).

3 **Der Werteinfluss durch Rechte und Belastungen auf den Wert des begünstigten oder belasteten Grundstücks ist i.d.R. nicht mit dem Wert des Rechts oder der Belastung identisch.**

4 Mit **§ 47 Abs. 5 ImmoWertV** werden ergänzende Hinweise zur Kapitalisierung wirtschaftlicher Vor- und Nachteile bei

- der Ermittlung des Werteinflusses (eines Rechts oder der Belastung) sowie
- des eigenständig ermittelten Werts des Rechts oder der Belastung

gegeben.

Abb. 1: Gliederung des § 47 ImmoWertV (Übersicht)

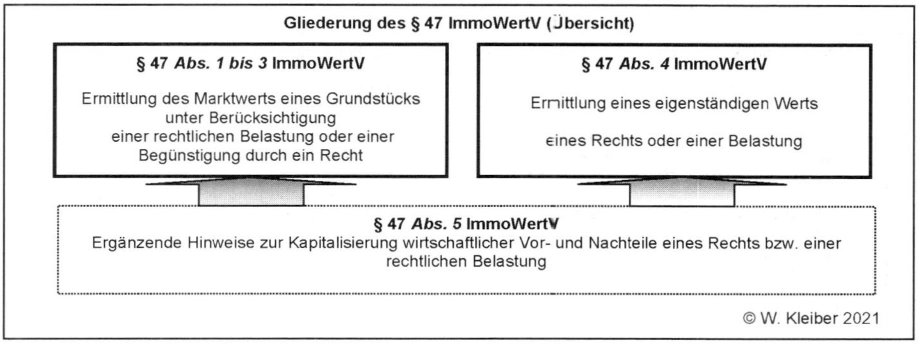

2 Marktwertermittlung von Grundstücken unter Berücksichtigung eines Rechts oder einer Belastung (§ 47 Abs. 1 bis 3 ImmoWertV)

2.1 Wertermittlungsmethoden (Übersicht)

Mit **§ 47 Abs. 1 ImmoWertV** wird die Marktwertermittlung von Grundstücken unter Berücksichtigung eines Rechts oder einer Belastung **methodisch untergliedert in ein direktes und indirektes Verfahren**: 5

- Bei **Anwendung der direkten Methode** (§ 47 Abs. 1 Nr. 1 ImmoWertV) wird der Marktwert eines Grundstücks unter Berücksichtigung eines Rechts oder einer Belastung direkt im Wege des Preisvergleichs aus Vergleichspreisen von Grundstücken abgeleitet, die nicht nur in Bezug auf die allgemeinen Grundstücksmerkmale, sondern auch in Bezug auf ein begünstigendes Recht oder eine Belastung mit dem zu bewertenden Grundstück vergleichbar sind.
- Bei **Anwendung der indirekten Methode** (§ 47 Abs. 1 Nr. 2 i.V.m. Abs. 2 und 3 ImmoWertV) wird ausgehend vom „Wert eines vergleichbaren Grundstücks ohne Berücksichtigung der Belastung oder der Begünstigung durch das Recht“ die Werterhöhung oder Wertminderung (Werteinfluss) nach Maßgabe des § 47 Abs. 2 ImmoWertV gesondert ermittelt und als „besonderes objektspezifisches Grundstücksmerkmal“ (boG) ergänzend berücksichtigt.

Abb. 2: Direkte und indirekte Methode zur Marktwertermittlung von rechtsbegünstigten oder rechtsbelasteten Grundstücken

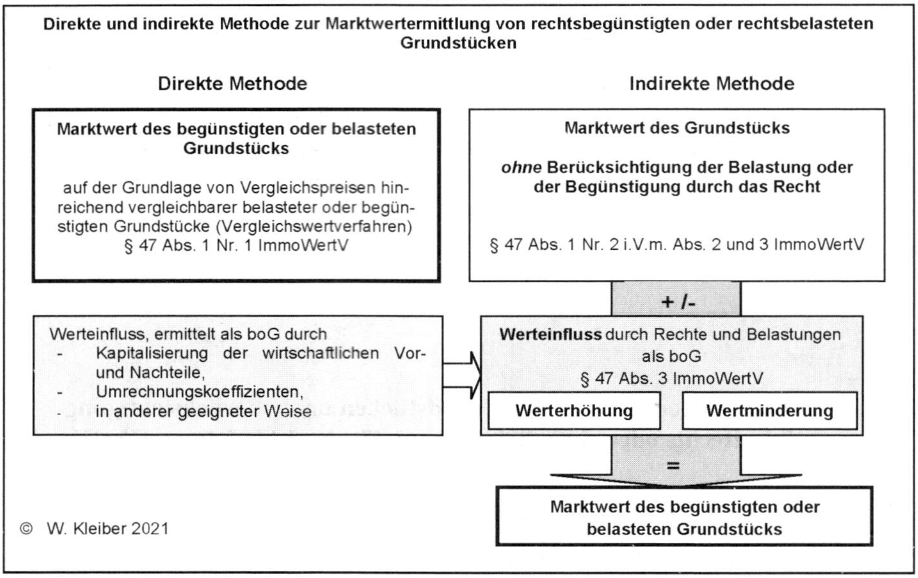

2.2 Direkte Ermittlung im Wege des Vergleichswertverfahrens (§ 47 Abs. 1 Nr. 1 ImmoWertV)

▶ *Vgl. Erläuterungen zu §§ 24 f. ImmoWertV*

6 Mit § 47 Abs. 1 Nr. 1 ImmoWertV wird klargestellt, dass der **Wert des belasteten oder des begünstigten Grundstücks** aus Vergleichspreisen, d.h. **im Wege des Vergleichswertverfahrens,** ermittelt werden kann. Der einseitige Hinweis auf das Vergleichswertverfahren ist nicht nachvollziehbar, denn auch die übrigen Wertermittlungsverfahren, insbesondere das Ertrags- und Sachwertverfahren, müssen in Betracht gezogen werden.

a) Wird die Ertragsfähigkeit eines Grundstücks infolge der Belastung oder der Begünstigung durch das Recht beeinträchtigt oder erhöht, so kann dieser Werteinfluss (Wertminderung oder Werterhöhung) bei *Anwendung des Ertragswertverfahrens* direkte Berücksichtigung finden.

b) Wird die bauliche Nutzbarkeit eines Grundstücks durch ein Leitungsrecht beeinträchtigt und kann die daraus resultierende Beeinträchtigung durch bauliche Maßnahmen kompensiert werden, können auch die daraus resultierenden Mehrkosten nach den *Grundsätzen des Sachwertverfahrens* zur Ermittlung der Wertminderung herangezogen werden.

7 Das in der Vorschrift angeführte **Vergleichswertverfahren** ist eine seit jeher anerkannte Schätzmethode von besonderem Rang, dem eine hohe Überzeugungskraft und Plausibilität und sogar Vorrangigkeit beigemessen wird, wenn die Voraussetzungen für die Anwendbarkeit des Vergleichswertverfahrens erfüllt sind. Es kann insbesondere zur Anwendung kommen, wenn die Nutzbarkeit des Grundstücks durch ein belastendes oder begünstigendes Recht geändert wird.

a) Wird Art und Maß der baulichen oder sonstigen Nutzung eines Grundstücks z.B. infolge eines Leitungs-, Wege-, eines Aussichtsrechts zugunsten des Nachbarn oder infolge eines sonstigen Rechts beeinträchtigt, so kann der geminderte Marktwert des belasteten Grundstücks direkt z.B. auf der Grundlage des geminderten Maßes der baulichen Nutzung (z.B. unter Heranziehung von Umrechnungskoeffizienten) ermittelt werden.

b) Wird umgekehrt Art und Maß der baulichen oder sonstigen Nutzung eines Grundstücks durch ein begünstigendes Recht qualitativ verbessert, kann auch der dadurch erhöhte Marktwert des begünstigten Grundstücks direkt auf der Grundlage geänderter Grundstücksmerkmale ermittelt werden. So kann beispielsweise eine bislang nicht erschlossene Rohbaulandfläche durch ein Wegerecht in den Entwicklungszustand des „baureifen Landes" mit einem erhöhten im Wege des Preisvergleichs ermittelten Marktwert hineinwachsen, wenn dadurch die Erschließung gesichert ist.

2.3 Indirekte Methode (Abs. 1 Nr. 2 i.V.m. Abs. 2 bis 4 ImmoWertV)

2.3.1 Allgemeine Grundsätze

Folgende **Grundsätze** sind bei der **Wertermittlung von Rechten oder Belastungen an Grundstücken** zu beachten: 8

a) Wertvorteil oder Wertminderung ergeben sich aus dem wirtschaftlichen Vor- oder Nachteil, wobei auf objektive Gesichtspunkte abzustellen ist.

b) Wird für die Einräumung eines Rechts künftig eine wiederkehrende Gegenleistung erbracht, so ist sie bei der Wertermittlung des Rechts oder der Belastung zu berücksichtigen. Ist sie bezogen auf die Belastung nachhaltig angemessen, so wirkt sich die Belastung i.d.R. nicht oder nur geringfügig wertmindernd aus.

c) Wird die Grundstücksqualität durch das Recht auf Dauer geändert, so ist bei der Ermittlung des Grundstückswerts von dem durch das Recht geänderten Grundstückszustand auszugehen. Bei vorübergehenden (temporären) Abweichungen können die Ausführungen bei § 8 ImmoWertV Rn. 226 ff. entsprechend Anwendung finden.

d) Bei befristeten Rechten und Belastungen ist der sich ergebende jährliche Vor- oder Nachteil über die Restlaufzeit zu kapitalisieren.

Die wirtschaftlichen Vor- und Nachteile für das begünstigte bzw. belastete Grundstück ergeben sich nach den am maßgeblichen Stichtag im Rahmen des Zulässigen tatsächlichen Gegebenheiten und konkret absehbaren Änderungen. Sie müssen nach Maßgabe des § 11 ImmoWertV mit hinreichender Sicherheit aufgrund konkreter Tatsachen zu erwarten sein. Die voraussichtliche Dauer bis zum Eintritt dieser Änderung (Wartezeit) ist i.V.m. einer verbleibenden Unsicherheit des Eintritts dieser Änderung (Realisierungsrisiko) angemessen zu berücksichtigen. 9

2.3.2 Verfahrensgang

Bei der indirekten Methode wird der Marktwert in folgenden Schritten ermittelt: 10

1. **Ausgangspunkt der indirekten Methode** ist nach § 47 Abs. 1 Nr. 2 ImmoWertV der Marktwert des Grundstücks *ohne* Berücksichtigung der Belastung oder der Begünstigung durch das Recht. Die zur Ermittlung dieses Marktwerts anzuwendenden Verfahren sind „nach der Art des Wertermittlungsobjekts unter Berücksichtigung der im gewöhnlichen Geschäftsverkehr bestehenden Gepflogenheiten und der sonstigen Umstände des Einzelfalls, insbesondere der zur Verfügung stehenden Daten", zu wählen (8 Abs. 1 Satz 2 ImmoWertV).

2. Im zweiten Schritt wird die aus dem Recht und der Belastung resultierende Werterhöhung oder Wertminderung (**Werteinfluss**) ermittelt; davon ausgenommen sind die in den §§ 48 ff. ImmoWertV geregelten Erbbaurechte.
   - Begrifflich wird die **Werterhöhung und Wertminderung des begünstigten oder belasteten Grundstücks** im Verhältnis zum Marktwert eines „*vergleichbaren Grundstücks ohne Berücksichtigung der Belastung oder der Begünstigung*“ **mit dem Begriff des „Werteinflusses“** zusammengefasst.
   - Verfahrenstechnisch sollen die **Werteinflüsse** (Werterhöhungen und Wertminderungen) nach § 47 Abs. 2 Nr. 2, letzter Halbsatz ImmoWertV **„regelmäßig“ als besonderes objektspezifisches Grundstücksmerkmal (boG)** des begünstigten oder des belasteten Grundstücks zum Ansatz kommen.
3. Der **Marktwert des belasteten oder des begünstigten Grundstücks** ergibt sich sodann aus dem als Ausgangswert ermittelten Marktwert des Grundstücks *ohne* Berücksichtigung der Belastung oder der Begünstigung durch das Recht zu- und abzüglich der als „besonderes objektspezifisches Grundstücksmerkmal“ ermittelten Werterhöhung oder Wertminderung (Werteinfluss).

2.3.3 Werteinfluss (Werterhöhung und Wertminderung) von Rechten und Belastungen

2.3.3.1 Allgemeines

▶ *Vgl. § 46 ImmoWertV Rn. 11*

11 Ein Recht kann vertraglich entgeltlich oder unentgeltlich eingeräumt werden. Die vom Berechtigten für die Begründung des Rechts vereinbarte **Entschädigung etwa in Form eines Einmalbetrags oder einer wiederkehrenden Leistung (Verrentung) sind gegebenenfalls unter Berücksichtigung von Anpassungsmöglichkeiten (Wertsicherungsklauseln)**festzustellen. Darüberhinaus kann vertraglich geregelt sein, wer die Kosten und gegebenenfalls auch die Lasten trägt, die im Zusammenhang mit dem belasteten Grundstück sowie dessen Nutzung entstehen.

Soweit die Möglichkeit besteht, an einem Grundstück z.B. ein Wege- oder Leitungsrecht im Weg einer Enteignung zu begründen, sind bei der Bemessung der Entschädigung auch die **enteignungsrechtlichen Grundsätze** zu beachten. Der BGH[1] hat hierzu festgestellt, dass die Sozialbindung des Eigentums durch Dienstbarkeiten überschritten wird, wenn im Einzelfall die Maßnahme spürbar wird und eine eigentumsmäßig geschützte Rechtsposition[2] betroffen ist.

12 In der gewachsenen Praxis der Marktwertermittlung wird der Einfluss von Rechten und Belastungen auf die davon betroffenen Grundstücke schon seit jeher unter anderem durch **Kapitalisierung der wirtschaftlichen Vor- und Nachteile** ermittelt. Mit § 47 Abs. 3 ImmoWertV wird diese Praxis neben anderen Verfahren als „Kann-Bestimmung“ zugelassen.

Aus der namentlichen Hervorhebung von „*wirtschaftlichen Vor- und Nachteilen*“ kann nicht geschlossen werden, dass Rechte und Belastungen, aus denen keine wirtschaftlichen Vor- und Nachteilen resultieren, keinen Werteinfluss haben können.

- Eine Wertminderung des belasteten Grundstücks kann auch dann gegeben sein, wenn keine tatsächliche Einschränkung der baulichen oder sonstigen Nutzung vorliegt (z.B. Unterfah-

1 BGH, Urt. vom 29.04.1968 – III ZR 80/67 –, BGHZ 50, 93 = EzGuG 6.113; BGH, Urt. vom 25.06.1981 – III ZR 12/80 –, NJW 1982, 95 = EzGuG 4.77.

2 Vgl. Biederbeck, M., Bewertungsaufgaben und Bewertungsbeispiele beim Bau von ober- und unterirdischen Leitungen, HLBS-Infodienste GmbH, Nr. 1 2008, 9.

rung). Allein die Eintragung z.B. der Dienstbarkeit in das Grundbuch kann sich auf den Wert des belasteten Grundstücks auswirken („Verschmutzung" des Grundbuchs)[3].

– Als Vorteil ist z.B. bei einem Wohnungsrecht allein schon die Unkündbarkeit und ein Schutz vor Mieterhöhungen zu sehen.

2.3.3.2 Wirtschaftliche Vor- und Nachteile

▶ *Vgl. § 46 ImmoWertV Rn. 11*

Was den Berechtigten bzw. dem begünstigten Grundstück von Vorteil ist, ist für das entsprechend belastete Grundstück i.d.R. ein Nachteil. Der Nutzen der betroffenen Fläche für den Inhaber des Rechts und die Nachteile, die sich durch die Einräumung des Rechts für das belastete Grundstück ergeben, sind selten deckungsgleich. Ist der Nutzen für die Einräumung des Rechts höher als die damit einhergehenden Nachteile für das belastete Grundstück, liegt es nahe, dass dies im gewöhnlichen Geschäftsverkehr bei der Preisvereinbarung sowie im Falle einer Verrentung auch bei der Bemessung der Höhe der Rente Beachtung findet (vgl. Rn. 23). Auf diese unter Rn. 60 ff. der Vorbem. zur ImmoWertV behandelte Problematik der Verkehrswertermittlung wird in der ImmoWertVA nicht näher eingegangen. 13

Vor- und Nachteile können sogar erheblich unterschiedlich ausfallen. Darüber hinaus ist zu beachten, dass

– aus dem Recht für das begünstige Grundstück sowohl wirtschaftliche Vor-, aber auch wirtschaftliche Nachteile resultieren können, die dann aufsummiert i.d.R. zu einer Werterhöhung führen,

– aus der entsprechenden Belastung nicht nur wirtschaftliche Nachteile, sondern auch wirtschaftliche Vorteile resultieren können, die aufsummiert i.d.R. zu einer Werterhöhung führen.

Wirtschaftliche Vor- und Nachteile eines Rechts **bestimmen sich** – innerhalb der rechtlichen Zulässigkeit – **aus dem tatsächlichen und absehbaren Gebrauch und der absehbaren Inanspruchnahme**. Dabei müssen auch die Möglichkeiten einer künftigen Inanspruchnahme der Rechte – sei es durch den gegenwärtigen, sei es durch einen künftigen Eigentümer des herrschenden Grundstücks – berücksichtigt werden[4]. 14

Aus alledem folgt, dass zur Ermittlung der Werterhöhung und Wertminderung (d.h. des Werteinflusses) durch Rechte und Belastungen die wirtschaftlichen Vor- und Nachteile jeweils für das begünstigte und belastete Grundstück gesondert zu ermitteln und aufzusummieren sind. 15

Wirtschaftliche Nachteile können sich **bei dem belasteten Grundstück** entsprechend den gesetzlichen Regelungen und vertraglichen Vereinbarungen ergeben, insbesondere in Bezug auf 16

– Nutzungsbeschränkungen (eingeschränkte oder erweiterte Möglichkeiten der baulichen und sonstigen Nutzung eines Grundstücks) bis hin zur eingeschränkten Bebaubarkeit (z.B. durch ein Aussichtsrecht),

– die tatsächlich vorhandene und absehbare Inanspruchnahme des Grundstücks einschließlich etwaiger Auswirkung auf nicht direkt vom Recht betroffener Grundstücksteile (z.B. bei Wege- und Leitungsrechten) entsprechend der Art, Dauer und Häufigkeit der Beeinträchtigung,

– entgangene Mieten oder Pachten und weitere Aufwendungen sowie Übernahme von sonstigen üblicherweise nicht vom Inhaber des Rechts zu tragenden Kosten und Lasten, soweit sie nicht bereits bei der angesetzten Miete oder Pacht berücksichtigt wurden,

---

3 OLG Frankfurt am Main, Urt. vom 31.03.1988 – 1 U 15/85 –, EzGuG 15.82a.
4 BGH, Urt. vom 15.05.2014 – V ZB 2/14 –, GuG 2014, 377 = EzGuG 14.169.

- eine Minderung des Lagewerts (z.B. aus ästhetischen Beeinträchtigungen, optischen Auffälligkeiten; Geltungswert),
- Immissionen, Geruchs-, Lärm- und Staubeinwirkungen sowie Erschütterungen,
- aus erhöhten Kosten und Lasten (Bewirtschaftungskosten; Duldungs-, Unterhaltungs- und Verkehrssicherheitspflichten) und
- sonstige Beeinträchtigungen wie etwa ein Betretungsrecht zum Zwecke der Instandhaltung, Wartung oder ggf. Erweiterung von Leitungen.

Dabei ist zu beachten, dass sich Dienstbarkeiten insbesondere bei Wege- und Leitungsrechten häufig nur auf Teilflächen des belasteten Grundstücks beziehen, gleichwohl aber Auswirkungen auf das Gesamtgrundstück haben. Eine sich an der angemessenen Bodenwertverzinsung der von dem Recht betroffenen Fläche orientierende Wertminderung bildet bei alledem die Beeinträchtigungen häufig nicht ab.

Bei der Ermittlung des **Verkehrswerts des begünstigten Grundstücks** sind insbesondere Änderungen der Nutzungsmöglichkeit und gegebenenfalls auch die Übernahme der üblicherweise vom Eigentümer des belasteten Grundstücks zu tragenden Aufwendungen durch den Berechtigten zu berücksichtigen.

17 **Wirtschaftliche Vorteile beim belasteten Grundstück** können umgekehrt dann vorliegen, wenn sich z.B. bei Wegerechten die Kosten und Lasten (Bewirtschaftungskosten, Unterhaltungs- und Verkehrssicherheitspflichten) durch regelmäßige Ausgleichszahlungen vermindern und eine Wegerechtsrente vereinbart worden ist.

Wirtschaftliche Vorteile können sich auch ergeben

- aus ersparten üblicherweise zu zahlenden Mieten oder Pachten bzw. aus den aus dem Grundstück zustehenden Erträgen und gegebenenfalls aus der Ersparnis weiterer Aufwendungen, soweit sie nicht bereits beim Ansatz der Miete oder Pacht berücksichtigt wurden (z.B. Bewirtschaftungskosten; insbesondere die Betriebskosten nach der Betriebskostenverordnung), sowie
- aus der Unkündbarkeit und auch der Sicherheit vor Mieterhöhungen (Nießbrauch; Wohnungsrecht).

18 Die **ImmoWertV-Anwendungshinweise – ImmoWertA** geben zu § 47 ImmoWertV folgende Hinweise:

47.1 Der Werteinfluss von Rechten und Belastungen auf das begünstigte und das belastete Grundstück (§ 47 Absatz 1 bis 3 und 5) bzw. der Wert des Rechts und der Wert der Belastung (§ 47 Absatz 4 und 5) bestimmt sich aus der tatsächlich vorhandenen oder möglichen Inanspruchnahme des Rechts innerhalb der rechtlichen Zulässigkeit. Dabei sind ggf. auch aufschiebende Bedingungen zu berücksichtigen.

47.2 Auch bei einer fehlenden faktischen und wirtschaftlichen Beeinträchtigung des belasteten Grundstücks kann der Grundstücksmarkt allein auf die Eintragung einer Belastung (z.B. im Grundbuch, Altlastenkataster) mit einer Wertminderung reagieren (z. B. Unterfahrung in großer Tiefe).

47.3 Der Wert eines Rechts oder einer Belastung kann von dem Werteinfluss auf das betroffene Grundstück abweichen.

47.4 Wird der Wert des begünstigten oder belasteten Grundstücks ausgehend vom Wert des fiktiv nicht begünstigten oder des fiktiv unbelasteten Grundstücks ermittelt (§ 47 Abs. 1 Satz 1 Nr. 2), so ist vom marktangepassten vorläufigen Verfahrenswert des fiktiv nicht begünstigten oder des fiktiv unbelasteten Grundstücks auszugehen. Dabei kann es auch sachgerecht sein, beim begünstigten Grundstück die Vorteile durch das Recht (nicht aber dessen Nachteile) bereits im marktangepassten vorläufigen Verfahrenswert zu berücksichtigen (z.B. beim Wegerecht, Notweg, Überbau). Im Übrigen erfolgt die Berücksichtigung des Rechts oder der Belastung nach § 47 Abs. 2 Nr. 2 und Abs. 3, nach § 8 Abs. 3 Satz 2 Nr. 6 und Satz 3 als besonderes objektspezifisches Grundstücksmerkmal durch marktübliche Zu- und Abschläge.

47.5 Die Berücksichtigung der allgemeinen Wertverhältnisse im Hinblick auf das Recht oder die Belastung (§ 47 Abs. 1 Satz 2 sowie § 47 Abs. 4 Satz 2) erfolgt durch Prüfung, inwieweit die allgemeinen Wertverhältnisse durch Verwendung marktüblicher Wertansätze insbesondere für die wirtschaftlichen Vor- und

Nachteile (vgl. Nr. 47.4) bereits ausreichend berücksichtigt sind; andernfalls sind marktübliche Zu- und Abschläge vorzunehmen. Dies entspricht der Vorgehensweise nach § 7 Abs. 2.

47.6 Bei Anwendung des § 47 Abs. 3 Nr. 1und Abs. 4 Satz 1 Nr. 2 können sich wirtschaftliche Vorteile beispielsweise ergeben

- aus den ersparten üblicherweise zu zahlenden Mieten, Pachten oder sonstigen Erträgen,
- aus ersparten und üblicherweise anfallenden Aufwendungen, soweit sie nicht bereits beim Ansatz der Miete oder Pacht berücksichtigt wurden, oder
- aus Vorteilen für die bauliche oder sonstige Nutzung.

47.7 Die wirtschaftlichen Nachteile (§ 47 Abs. 3 Nr. 1 und Abs. 4 Satz 1 Nr. 2) können sich beispielsweise ergeben

- aus den entgangenen Mieten, Pachten oder sonstigen Erträgen,
- aus zu leistenden und üblicherweise nicht anfallenden Aufwendungen oder
- aus Nachteilen für die bauliche oder sonstige Nutzung.

47.8 Ist für die Einräumung eines Rechts künftig eine einmalige oder eine wiederkehrende Gegenleistung zu erbringen (z.B. Erbbauzins, Wegerechtsrente, Unterhaltungspflicht auf dem belasteten Grundstück), so ist diese bei der Ermittlung des Werts des Rechts oder der Belastung bzw. bei der Ermittlung des Werts des begünstigten oder des belasteten Grundstücks zu berücksichtigen. Ist die Gegenleistung z.B. bezogen auf die Belastung nachhaltig angemessen, so wirkt sich diese Belastung in der Regel nicht wertmindernd aus.

47.9 Bei Rechten, deren Ausübung räumlich beschränkt ist, ist neben der Betrachtung des Ausübungsbereiches stets auch eine Auswirkung auf das Gesamtgrundstück zu prüfen. Dies betrifft insbesondere linienhafte Belastungen wie Leitungs- und Wegerechte.

47.10 Wird die Bebaubarkeit durch das Recht eingeschränkt (z.B. durch ein Aussichtsrecht) oder ermöglicht (z.B. durch ein Wegerecht), ist für die Ermittlung des Grundstückswerts der durch das Recht bewirkte Grundstückszustand maßgebend.

47.11 Die Übernahme von sonstigen üblicherweise nicht vom Inhaber des Rechts zu tragenden Kosten und Lasten ist beim Wert des Rechts bzw. beim begünstigten Grundstück wertmindernd sowie beim Wert der Belastung bzw. beim belasteten Grundstück werterhöhend zu berücksichtigen, soweit sie nicht anderweitig berücksichtigt wurden.

47.12 Nähere Hinweise zur Wertermittlung sowie Beispielrechnungen finden sich

- zum Nießbrauch und zur beschränkten persönlichen Dienstbarkeit in Form des Wohnungsrechts in Anhang D,
- zu Grunddienstbarkeiten und weiteren beschränkten persönlichen Dienstbarkeiten in Anhang E,
- zum Überbau und zum Notweg in Anhang F.

47.13 Der Kapitalisierung der Vor- und Nachteile nach § 47 Abs. 5 ist ein geeigneter Zinssatz zugrunde zu legen, der der Nutzung des Objekts durch den Berechtigten und dem Marktverhalten entspricht. Die Wahl des Zinssatzes ist zu begründen.

47.14 Folgendes Ablaufschema stellt die Verfahrensvarianten zur Ermittlung des Werts des begünstigten oder des belasteten Grundstücks nach § 47 Abs. 1 bis 3 dar. Eine andere Vorgehensweise ist möglich.

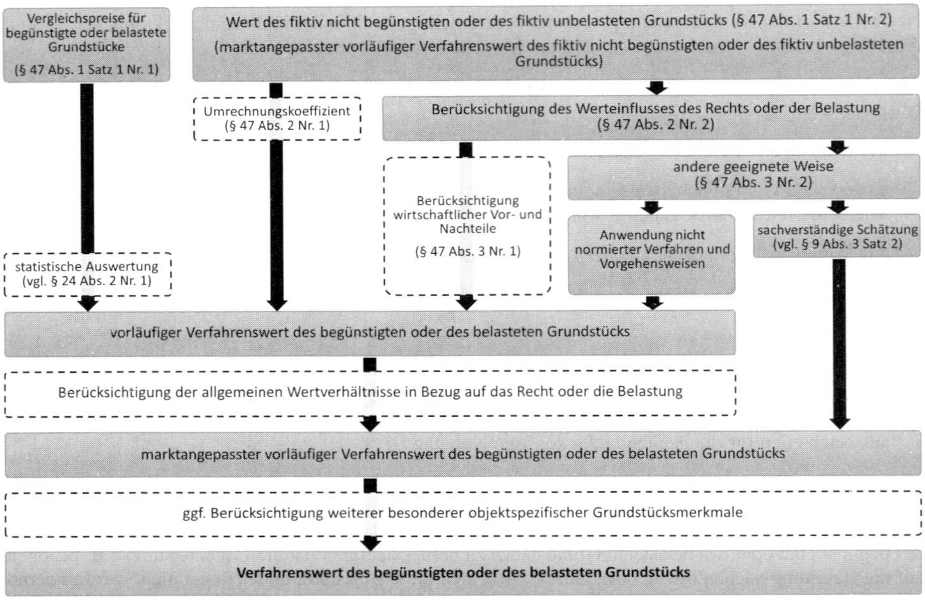

47.15 Folgendes Ablaufschema stellt die Verfahrensvarianten zur Ermittlung des Werts des Rechts oder der Belastung dar. Eine andere Vorgehensweise ist möglich.

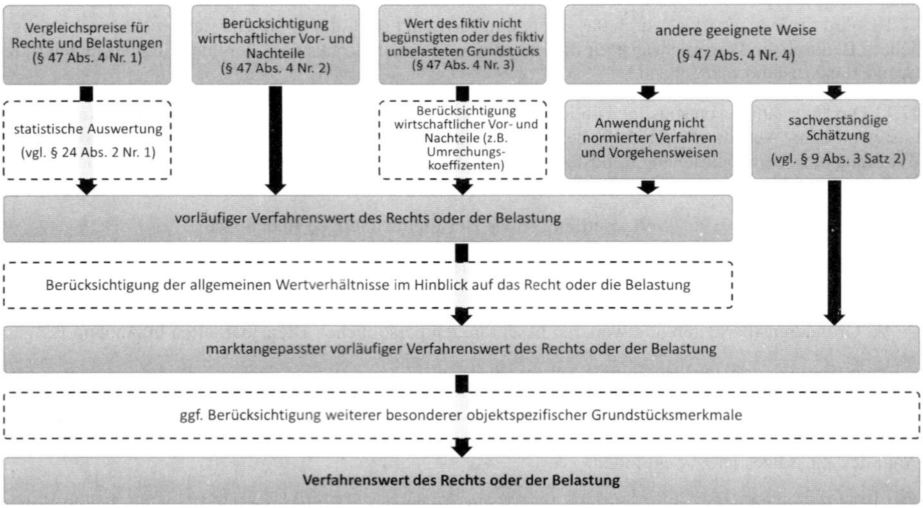

47.16 Eine Rangfolge der Vorgehensweisen besteht grundsätzlich nicht. Die Wahl der Vorgehensweise erfolgt in Abhängigkeit der Art des Bewertungsobjekts, unter Berücksichtigung der zur Verfügung stehenden Daten und der Relevanz des Rechtes bzw. der Belastung (vgl. § 6 Absatz 1 Satz 2).

3 Marktwertermittlung von Rechten oder Belastungen (§ 47 Abs. 4 und 5 ImmoWertV)

3.1 Wertermittlungsmethoden (Übersicht)

Schrifttum: *Kronisch, J.*, Rechtsfragen bei der Ausübung des Vorkaufsrechts zum Verkehrswert, GuG 2019, 136.

▶ *§ 46 ImmoWertV Rn. 11 ff.; Teil VIII; zu Wohnungsrechten Rn. 407 ff.; zum Dauerwohnrecht Rn. 456 ff.; zum Nießbrauch Rn. 330 ff.; zu Miet- und Pachtrechten Rn. 354 ff.; zum Altenteil Rn. 461 ff.; zum Aussichtsrecht Rn. 402 ff.; zum Vorkaufsrecht Rn. 486; zum Wiederkaufsrecht Rn. 514 ff.; zur Ankaufsverpflichtung Rn. 520 ff.; zum Notweg Rn. 282; zum Wegerecht Rn. 356 ff.; zum Wassernutzungs- und Brunnenrecht Rn. 303 ff.*

§ 47 Abs. 4 ImmoWertV regelt die Ermittlung des eigenständigen Marktwerts von Rechten und Belastungen, beispielsweise zum Zwecke einer entsprechenden Belastung oder auch Ablösung bzw. Entschädigung. Der eigenständige Wert des Rechts oder der Belastung entspricht i.d.R. nicht dessen Werteinfluss auf den Marktwert des begünstigten oder belasteten Grundstücks. **19**

Neben diesen Verfahren „kann" nach § 47 Abs. 4 der eigenständige Marktwert von Rechten und Belastungen **20**

- gemäß § 47 Abs. 4 Satz 1 Nr. 2 ImmoWertV durch Berücksichtigung der nach Maßgabe des § 47 Abs. 5 ImmoWertV ermittelten wirtschaftlichen Vor- und Nachteile oder
- in *„anderer geeigneter Weise"* ermittelt werden.

3.2 Direkte Ermittlung im Wege des Vergleichswertverfahrens (§ 47 Abs. 4 Nr. 1 ImmoWertV)

▶ *Vgl. Erläuterungen zu §§ 24 ff. ImmoWertV*

Eine Ermittlung des Marktwerts eines Rechts oder einer Belastung „aus dem Vergleich mit Kaufpreisen für vergleichbare Rechte oder Belastungen" kann in erster Linie nur möglich sein, wenn das Recht oder die Belastung veräußerlich sind, und selbst dann liegen regelmäßig keine belastbaren Vergleichsdaten vor. **21**

3.3 Indirekte Methode (§ 47 Abs. 4 Nr. 2 i.V.m. Abs. 2 bis 4 ImmoWertV)

▶ *Vgl. § 46 ImmoWertV Rn. 11 ff.*

Die Frage nach dem eigenständigen Marktwert eines Rechts oder einer Belastung stellt sich in aller Regel immer dann, wenn ein solches Recht begründet oder aufgelöst werden soll. Dabei besteht zumeist ein sehr eingeschränktes bis hin zu einem bilateralen Beziehungsgeflecht zwischen dem Eigentümer des Grundstücks, das mit einem Recht belastet werden soll, und demjenigen, dem das Recht eingeräumt werden soll. Es handelt sich dabei um einen sehr eingeschränkten Teilmarkt sui generis (vgl. § 46 ImmoWertV Rn. 11 ff.). Die mit der Begründung des Rechts an einem Grundstück einhergehende Wertminderung kann dabei erheblich von dem mit dem Erwerb des Rechts einhergehenden Vermögenswert abweichen. Bei dieser Sachlage kann **22**

- der **eigenständige Marktwert des Rechts** aus dem wirtschaftlichen Vorteil für das nach § 47 Abs. 4 Nr. 3 ImmoWertV fiktiv begünstigte Grundstück (Wert des fiktiven Volleigentums) und
- der **eigenständige Marktwert der Belastung** aus dem wirtschaftlichen Nachteil für das nach § 47 Abs. 4 Nr. 3 ImmoWertV fiktiv belastete Grundstück (Wert des fiktiven Volleigentums) ermittelt werden.

23 **Im Falle der Begründung des Rechts** wird sich der Erwerbspreis mindestens am wirtschaftlichen Nachteil des zu belastenden Grundstücks orientieren müssen, jedoch kann sich nach den Usancen des gewöhnlichen Geschäftsverkehrs auch ein deutlich höherer Marktwert ergeben, wenn der wirtschaftliche Vorteil des Erwerbers erheblich höher als der wirtschaftliche Nachteil des zu belastenden Grundstücks ist (vgl. Rn. 13 Vorbem. Zur ImmorWertV).

24 Bezüglich der **wirtschaftlichen Vor- und Nachteile** wird auf die Ausführungen bei Rn. 14 ff. hingewiesen.

3.4 Andere geeignete Weise

▶ *Vgl. Erläuterung zu § 44 ImmoWertV*

25 Bei typisierbaren Fallgestaltungen lassen sich Werterhöhungen und insbesondere Wertminderungen vielfach auf der Grundlage begründbarer Erfahrungssätze sowie im gewöhnlichen Geschäftsverkehr als Ausgleich vereinbaren bzw. nach in der einschlägigen Rechtsprechung[5] ausgesprochenen Wertminderungsquoten (vgl. Teil VIII Rn. 366).

26 Beispielsweise sind zur Bemessung der Entschädigung für Unterfahrungsdienstbarkeit –Untertunnelungen (U-Bahnbau) – von verschiedenen Städten spezielle Verfahren entwickelt worden.

4 Kapitalisierung wirtschaftlicher Vor- und Nachteile (§ 47 Abs. 5 ImmoWertV)

▶ *Vgl. Teil VIII Rn. 247, 340ff., 346; Notwegerente Teil VIII Rn. 286; zum Nießbrauch Teil VIII Rn. 326ff.*

27 Wird der Werteinfluss oder der Wert des Rechts oder der Belastung aus wirtschaftlichen Vor- und Nachteilen ermittelt, so sind die jährlichen **Vor- und Nachteile über die Restlaufzeit des Rechts oder der Belastung zu kapitalisieren.**

28 Bei der **Wahl des „zutreffenden“ Kapitalisierungszinssatzes**[6] herrschen in der Fachwelt unterschiedliche Auffassungen. Nach allgemeinen Grundsätzen empfiehlt es sich, bei der Ermittlung des Werteinflusses oder des Werts des Rechts oder der Belastung i.d.R. den objektspezifisch angepassten Liegenschaftszinssatz heranzuziehen. Als **Kapitalisierungsfaktor** sind

– bei Rechten und Belastungen, die sich auf feste Zeiträume beziehen, der Zeitrentenbarwertfaktor und
– bei Rechten und Belastungen, die an das Leben einer oder mehrerer Personen gebunden sind, der Leibrentenbarwertfaktor[7]

heranzuziehen.

29 Mit § 47 Abs. 5 Satz 2 ImmoWertV wird hierzu lediglich vorgegeben, dass im Falle an das Leben gebundener Rechte oder Belastungen mit den Leibrentenbarwertfaktoren zu kapitalisie-

---

5 Zu Leitungsrechten: BGH, Urt. vom 13.03.1991 – VIII ZR 373/89 –, GuG 1992, 222 = EzGuG 14.98; BGH, Urt. vom 01.02.1982 – III ZR 100/80 –, MDR 1982, 731 = EzGuG 14.70; BGH, Urt. vom 25.01.1973 – III ZR 118/70 –, BGHZ 60, 145 = EzGuG 16.19; BGH, Urt. vom 20.12.1963 – III ZR 60/63 –, BGHZ 40, 312 = EzGuG 14.17; BGH, Urt. vom 09.11.1959 – III ZR 149/58 –, MDR 1960, 119 = EzGuG 14.11; OLG Hamm, Urt. vom 28.11.1983 – 22 U 23/83 –, AgrarR 1984, 185 = EzGuG 14.75; OLG Hamm, Urt. vom 14.03.1961 – 10 U 3/60 –, MDR 1963, 677 = EzGuG 14.13c.

6 OVG Koblenz, Urt. vom 18.11.1985 – 12 A 55/85 –, ZfF 1990, 133 = EzGuG 14.78a.

7 Diese können den Veröffentlichungen des Statistischen Bundesamts entnommen werden; Leibrentenfaktoren werden unter der Bezeichnung „Kommutationszahlen und Versicherungswerte für Leibrenten 20../20..“ in unregelmäßigen Abständen vom Statistischen Bundesamt veröffentlicht (E-Mail: info@destatis.de). Der Begriff „Versicherungsbarwerte für Leibrenten“ ist im Übrigen inhaltsgleich mit dem Begriff „Leibrentenbarwertfaktoren“, hierzu BFH, Urt. vom 20.11.1969 – IV R 22/68 –, BFHE 98, 28 = BStBl II 1970, 309 = EzGuG 19.19.

ren ist und im Falle einer juristischen Person von einem angemessenen Zeitrentenbarwertfaktor auszugehen sei.

Ansonsten ist nach § 47 Abs. 5 Satz 3 ImmoWertV i.d.R. der objektspezifisch angepasste Liegenschaftszinssatz zu verwenden. **30**

5 Verrentung von Kaufpreisen: Leib- und Zeitrente

5.1 Allgemeines

Schrifttum: *Bertz, U.*, Bewertung von beschränkt persönlichen Dienstbarkeiten und Nießbrauch – Leibrenten- oder Zeitrentenfaktoren? GuG 2003, 134, 239; *Petersen/Schnoor*, Leibrentenberechnung, GuG 2012, 1; *Steinkamp, Chr.*, Modifizierte Leibrentenbarwertfaktoren für die abgekürzte Sterbetafel 1998/2000, GuG 2003, 151; *Simon, Th.*, Verwendung von Leibrenten- und Leibrentendiskontierungsfaktoren, GuG 2009, 15.

▶ *Vgl. Rn. 39; § 34 ImmoWertV Rn. 3 ff.; 13 ff.*

Im Falle einer **Verrentung des Kaufpreises ist zu unterscheiden zwischen Zeitrenten und Leibrenten:** **31**

- Bei einer nicht personengebundenen *Zeitrente* endet die Zahlung der Rente zu einem vertraglich genau festgelegten Zeitpunkt; dies gilt auch dann, wenn die berechtigte Person innerhalb des Zeitraums stirbt; rentenberechtigt ist ggf. der Erbe oder mehrere Erben (terminierte Laufzeit).
- Bei einer personengebundenen *Leibrente* endet die Zahlungsverpflichtung durch den Tod des oder der Berechtigten; über den Zeitpunkt lassen sich auf der Grundlage von Sterbetafeln nur Vermutungen anstellen, wobei Frauen i.d.R. eine höhere Lebenserwartung als Männer haben (vgl. Rn. 39 ff.).

5.2 Zeitrente

5.2.1 Allgemeines

▶ *§ 34 ImmoWertV Rn. 3 ff., 13 ff.*

Zeitrenten lassen sich nach unterschiedlichen **Zahlungsweisen** (Zahlungsintervallen und Zahlungszeitpunkten) unterscheiden. **32**

Bei der Rentenzahlung ist nach der **Zahlungsweise** zu unterscheiden, d.h. nach **33**

1) Zahlungs*intervallen* (monatlich, viertel- und halbjährlich, jährlich);
2) Zahlungs*zeitpunkt* (innerhalb des Zahlungsintervalls), wobei wiederum zu unterscheiden ist zwischen
   - der *vorschüssigen* (pränumerando) am Anfang eines Zahlungsintervalls,
   - der *nachschüssigen* (postnumerando) am Ende eines Zahlungsintervalls fälligen Zahlungspflicht und
   - der *mittelschüssigen* Zahlweise, wenn in der Mitte des jeweiligen Zahlungsintervalls die Zahlungspflicht fällig ist.

Die **monatlich vorschüssige Zahlungsweise ist vorherrschend**; hierauf bauen die meisten Tabellenwerke auf. **34**

5.2.2 End- und Barwert von Zeitrenten

5.2.2.1 Ermittlung des Endwerts von Zeitrenten

35 **a) nachschüssig**

A zahlt am Ende eines jeden Jahres 10 Jahre lang 2 000 €, die mit 5 % verzinst werden, auf ein Konto. Wie hoch ist der gesparte Betrag?

n = 10

i = 5

r = 2 000

$$K_n = r \times \frac{q^n - 1}{q - 1}$$

$$K_n = 2000\ € \times \frac{1{,}05^{10} - 1}{0{,}05} = 25\ 156\ €$$

36 **b) vorschüssig**

Aufgabe wie vor, jedoch wird der Betrag von 2 000 € am Anfang jeden Jahres eingezahlt.

$$K_n = rq \times \frac{q^n - 1}{q - 1}$$

$$K_n = 2\ 000\ € \times 1{,}05 \times \frac{1{,}05^{10} - 1}{0{,}05} = 26\ 414\ €$$

5.2.2.2 Ermittlung des Barwerts von Zeitrenten

37 **a) nachschüssig**

Wie hoch ist der Barwert einer nachschüssigen Rente von r = 2 000 €, die 5 Jahre lang gezahlt werden soll, bei einem Zinssatz von 5 %?

$$K_0 = r \times \frac{q^n - 1}{q^n (q - 1)}$$

$$K_0 = 2\ 000\ € \times \frac{1{,}05^5 - 1}{1{,}05^5 \times 0{,}05} = 8\ 660\ €$$

38 **b) vorschüssig**

Aufgabe wie vor, jedoch vorschüssige Einzahlung

$$K_0 = rq \times \frac{q^n - 1}{q^n (q - 1)}$$

$$K_0 = 2\ 000\ € \times 1{,}05 \times \frac{1{,}05^5 - 1}{1{,}05^5 \times 0{,}05} = 9\ 093\ €$$

5.3 Leibrente

5.3.1 Allgemeines

Schrifttum: *Bertz, U.*, Bewertung von beschränkt persönlichen Dienstbarkeiten und Nießbrauch – Leibrenten- oder Zeitrentenfaktoren? GuG 2003, 134, 239; *Möckel, R.*, Aktuelle Probleme bei der Verwendung von Leibrentenfaktoren, GuG 2003, 343; *Möckel, R.*, Leibrentenfaktoren 2000/2002, GuG 2004, 340; *Schneider/Schlund/Haas*, Kapitalisierungs- und Verrentungstabellen, 2. Aufl. 1992; *Statistisches Bundesamt:* Kommutationszahlen und Versicherungsbarwerte für Leibrenten 2001/2003; *Steinkamp, Chr.*, Modifizierte Leibrentenbarwertfaktoren für die abgekürzte Sterbetafel 1998/2000, GuG 2003, 151.

▶ *Vgl. Rn. 31; zur Lebenserwartung vgl. Teil VIII Rn. 339, 435 ff.; zum Beleihungswert Teil IX Rn. 105*

Leibrenten i.S. des § 759 BGB **sind regelmäßig wiederkehrende** (z.B. monatlich oder jährlich) **bis zum Lebensende des Empfängers** im Voraus zu entrichtende **Leistungen**, z.B. für die Einräumung eines Wohnungsrechts oder eines Nießbrauchs. 39

Leibrenten dürfen dabei nicht als Zeitrenten verstanden werden, bei denen die mittlere **Lebenserwartung** des Berechtigten zugrunde zu legen ist. Vielmehr muss für jedes einzelne der künftigen Jahre, in denen die Leibrente anfällt, die Wahrscheinlichkeit berücksichtigt werden, mit der der Leibrentenberechtigte noch leben wird. 40

Bleiben solche Renten während der gesamten Laufzeit unverändert, spricht man von einer **„konstanten Rentenhöhe“;** häufig sind die Renten allerdings durch Wertsicherungsklauseln dynamisiert, wobei man zwischen genehmigungsfähigen, -pflichtigen und -freien Wertsicherungsklauseln unterscheidet[8]. 41

Der für die Rente bestimmte Betrag ist nach § 759 Abs. 2 BGB im Zweifel der Jahresbetrag der Rente. Zur Gültigkeit eines Vertrags, durch den eine Leibrente versprochen wird, ist, soweit nicht eine andere Form vorgeschrieben ist, gemäß § 761 BGB eine schriftliche Erteilung des Versprechens erforderlich. Die Erteilung des **Leibrentenversprechens** in elektronischer Form ist ausgeschlossen, soweit das Versprechen der Gewährung familienrechtlichen Unterhalts dient. 42

Bei Leibrenten ist zu unterscheiden zwischen 43

a) **lebenslänglichen Leibrenten** „auf das Leben“
   - *einer* Person (Mann oder Frau),
   - *zweier* Personen (z.B. Ehepaar),

b) **„aufgeschobenen“ Leibrenten**, d.h. lebenslänglichen Leibrenten auf das Leben einer oder mehrerer Personen, die erst zu einem späteren vertraglich vereinbarten Zeitpunkt beginnen,

c) **temporären Leibrenten**, wobei eine zeitlich begrenzte (temporäre) Leibrente vereinbart wird („Höchstbetragsrente“); im Unterschied zur Zeitrente soll dabei die Zahlungsverpflichtung zusätzlich zu einem vertraglich vereinbarten Ende durch den Tod des Berechtigten innerhalb dieses Zeitraums beendet werden.

---

8 Schneider/Schlund/Haas, Kapitalisierungs- und Verrentungstabellen, 2. Aufl., S. 45.

44 Kombinationen der verschiedenen Leibrentenformen sowie Kombinationen von Leib- und Zeitrenten sind möglich (Abb. 3):

Abb. 3: Leibrenten

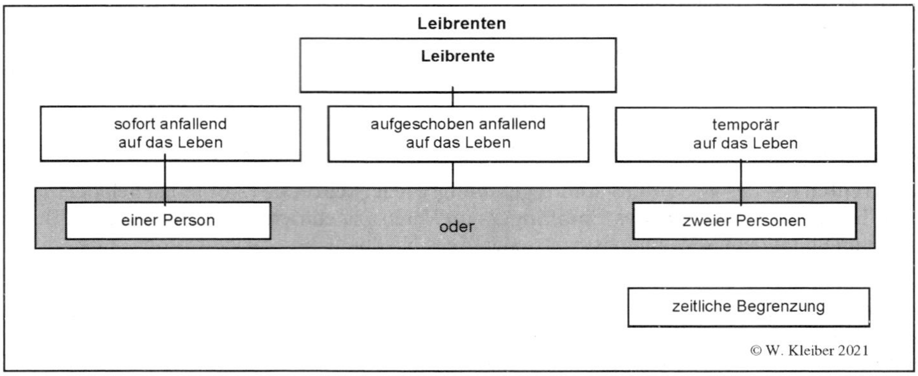

45 **Als Kalkulationsgrundlage von Leibrenten dienen Versicherungsbarwerte**[9], die auf der Grundlage der Sterblichkeitsverhältnisse einer Bevölkerung erstellt werden. Dabei wird eine durchschnittliche Lebenserwartung nach der jeweils allgemeinen oder abgekürzten **Sterbetafel des Statistischen Bundsamtes** (Destatis) zu Grunde gelegt, mit der nicht berücksichtigt wird, dass der Berechtigte seine durchschnittliche Lebenserwartung „überlebt", also länger lebt[10], als nach der Sterbetafel „vorgesehen", und die von der jeweils **individuellen Lebenserwartung** durchaus abweichen kann. Da die Sterbetafel versicherungsmathematisch eine „Absterbeordnung" darstellt, bei der nicht berücksichtigt wird, dass der Berechtigte seine durchschnittliche Lebenserwartung überlebt, hatte man in der Vergangenheit anstatt den Sterbetafeln auch Anwartschaftsfaktorentabellen bei Lebensversicherungen verwendet, welche die Überlebenswahrscheinlichkeit mit berücksichtigen[11].

Die Versicherungsbarwerte können dem Rentenrechner für Leibrenten entnommen werden. **Der Rentenrechner ist zugänglich unter: https://service.destatis.de/DE/leibrentenrechner/**.Die Auswahl der jeweiligen Periodensterbetafel (ab Berichtszeitraum 2002/2004) sowie Angaben zu Kaufpreisen, Rentenhöhe, Zinsfuß, Zahlungsfrequenz, Zeitpunkt der Zahlung sowie zu Beginn und Dauer der Leibrente lassen sich variabel einstellen und sowohl für Einzelpersonen als auch für verbundene Leben ausgeben.

---

9 Der Begriff „Versicherungsbarwerte für Leibrenten" ist inhaltsgleich mit dem Begriff „Leibrentenbarwertfaktoren"; gebräuchlich ist auch der Begriff „Kapitalisierungsfaktoren".

10 Eine 60 Jahre alte männliche Person hat 2021 nach der veröffentlichten Sterbetafel 2019/2021 noch eine Lebenserwartung von 21,66 Jahren. Statistisch gesehen muss also im Jahr 2043 mit ihrem Ableben bei einem Alter von 81,66 Jahren gerechnet werden. Ist sie aber bereits rd. 80 Jahre alt geworden, wird ihr nach der Sterbetafel noch eine Restlebenserwartung von 8,09 Jahren eingeräumt. Hätte sie auch das Alter von (81,66 + rd. 8,09 Jahren =) 89,75 Jahren erreicht, würde sie wiederum noch eine Restlebenserwartung von rd. 3,67 Jahren haben. Wird nun für die 60 Jahre alte Person im Jahr 2021 der Wert einer beschränkten persönlichen Dienstbarkeit über die Sterbetafel (Lebenserwartung 21,66 Jahre) ermittelt, wird diese Überlebenswahrscheinlichkeit nicht mit berücksichtigt. Gleichwohl wird ein Kaufinteressent (ceteris paribus) dieses Risiko in die Kaufverhandlungen mit einbeziehen. Die Statistik stellt die Sterbewahrscheinlichkeit [q (x)] vom Alter x bis x+1 und die Überlebenswahrscheinlichkeit [p (x)] vom Alter x bis x+1 dar. Bei der 60 Jahre alten männlichen Person beträgt die Sterbewahrscheinlichkeit 0,0096153 und die Überlebenswahrscheinlichkeit 0,9903847.

11 Petersen in GuG 1997, 91, auch diesbezüglich wird vom Deutschen Städtetag allerdings keine Notwendigkeit zur Änderung des Verfahrens gesehen.

Beispielsrechnung:

Nach § 46 immoWertV sind **Rechte und Belastungen, die an das Leben gebunden sind, mit dem Leibrentenbarwertfaktor zu kapitalisieren**. 46

Die Versicherungsbarwerte werden aus der Absterbeordnung einer Sterbetafel mithilfe der sog.Kommutationszahlen (D_x, und N_x) in Abhängigkeit von dem Zinsfuß abgeleitet. Der **Versicherungs-barwert** $ä_x$ entspricht beispielsweise dem Wert einer sofort beginnenden und lebenslänglich jährlich vorschüssig zahlbaren Leibrente vom Werte „1“ für eine x-jährige Person. 47

Bezieht sich die Leibrente auf zwei unabhängige Personen, z. B. Geschwister, so spricht man von „**unabhängigen Leibrenten**“. Der Barwert ermittelt sich in diesen Fällen als Summe der Barwerte der Leibrenten für die einzelnen Personen. Sind die Leibrenten auf das Leben mehrerer Personen sowohl in ihrer Höhe als auch in der Laufzeit verbunden, spricht man von „verbundenen Leibrenten“ (Verbindungsrente), wobei zu unterscheiden ist nach 48

a) Leibrente auf das kürzere Leben (Leibrente bis zum Tode des zuerst Versterbenden) und

b) Leibrente auf das längere Leben (Leibrente bis zum Tode des zuletzt Versterbenden).

Bei Anwendung der Kommutationszahlen des Statistischen Bundesamtes gilt folgende Notation:

x = vollendetes Alter des Mannes

y = vollendetes Alter der Frau

Für die Altersbestimmung ist das versicherungsmathematische Alter maßgebend. Zur Ermittlung des versicherungsmathematischen Alters wird das auf den Berechnungsstichtag (Wertermittlungsstichtag) bis auf den Tag berechnete Lebensalter auf ganze Jahre auf- oder abgerundet, d. h., ein Lebensalter von x und weniger als sechs Monaten wird auf x Jahre abge- 49 rundet und ein Lebensalter von x und mehr als sechs Monaten auf x + 1 aufgerundet. Bei einem Lebensalter von x und sechs Monaten kann der Barwert als Mittelwert einer Berechnung von x sowie von x + 1 Jahren ermittelt werden.

l_x bzw. l_y	Lebende gemäß Sterbetafel (im Alter x)
D_x bzw. D_y	Abgezinste Zahl der Lebenden (im Alter x) = $v_x \times l_x$
v^x	Abzinsungsfaktor = $1/(1 + i)^x$
i	Zins uß f
N_x bzw. N_y	Erste Summe der diskontierten Zahl der Lebenden $= D_x + D_{x+1} + \dots D_\omega = \sum_{a=x}^{\omega} D_a$
ω	höchstes in der Sterbetafel von den Überlebenden erreichbares Alter ($l_\omega \geq 0$, $l_{\omega+1} = 0$)
$ä_x$ bzw. $ä_y$	Barwert der sofort beginnenden und lebenslänglich, jährlich vorschüssig zahlbaren Leibrente „1" für einen x-jährigen Mann bzw. eine y-jährige Frau
$^{(12)}a_x$ bzw. $^{(12)}ä_y$	Barwert der sofort beginnenden und lebenslänglich, monatlich vorschüssig zahlbaren Leibrente „1" für einen x-jährigen Mann bzw. eine y-jährige Frau
$(m)_k$	Reduktionsfaktor für vorschüssige unterjährige Zahlungsweise (monatlich m = 12)

Abb. 4: Reduktionsfaktor für vorschüssig monatliche Zahlweise

Zinsfuß i %	$^{(m)}$**k**	**Zinsfuß i %**	$^{(m)}$**k**	**Zinsfuß i %**	$^{(m)}$**k**	**Zinsfuß i %**	$^{(m)}$**k**
1,00	0,45998	3,75	0,46442	6,50	0,46874	9,25	0,47293
1,25	0,46039	4,00	0,46482	6,75	0,46913	9,50	0,47331
1.50	0,46080	4,25	0,46522	7,00	0,46951	9,75	0,47368
1,75	0,46120	4,50	0,46561	7,25	0,46990	10,00	0,47406
2,00	0,46161	4,75	0,46601	7,50	0,47028	10,25	0,47443
2,25	0,46202	5,00	0,46640	7,75	0,47066	10,50	0,47480
2,50	0,46242	5,25	0,46679	8,00	0,47104	10,75	0,47517
2,75	0,46282	5,50	0,46719	8,25	0,47142	11,00	0,47554
3,00	0,46322	5,75	0,46758	8,50	0,47180	11,25	0,47591
3,25	0,46362	6,00	0,46797	8,75	0,47218	11,50	0,47627
3,50	0,46402	6,25	0,46835	9,00	0,47256	11,75	0,47664

5.3.2 Berechnung des Barwerts

5.3.2.1 Leibrentenfaktoren

▸ *Vgl. Teil VIII Rn. 343, 432 ff.*

50 Um den Barwert einer Leibrente zu ermitteln, ist es nicht zulässig, die durchschnittliche Lebenserwartung (nach den Angaben der Sterbetafel) in eine Zeitrentenformel einzusetzen. Vielmehr muss zunächst die Höhe der Jahresrente mit der Wahrscheinlichkeit multipliziert werden, die aus der Sicht des Berechtigten im Jahr des Rentenbeginns bezüglich des Erlebensfalls besteht. Das Produkt aus Jahresrentenbetrag und Erlebenswahrscheinlichkeit ist auf den Zeitpunkt des Rentenbeginns abzuzinsen; rechentechnisch erfolgt dies unter Anwendung sog. **Leibrenten(barwert)faktoren.**

Nach § 46 ImmoWertV sind **Rechte und Belastungen, die an das Leben gebunden sind, mit dem Leibrentenbarwertfaktor zu kapitalisieren.** Dies betrifft insbesondere den Nießbrauch und das Wohnungsrecht. In den Leibrentenbarwertfaktoren ist die **Überlebenswahrscheinlichkeit** über die Lebenserwartung nach der Sterbetafel berücksichtigt und darf nicht zusätzlich berücksichtigt werden, sodass keine Doppelberücksichtigung erfolgt. Im Ansatz der statistischen Lebenserwartung (Leibrentenbarwertfaktor) ist die Unsicherheit, ob der Altenteilsberechtigte vor oder nach der statistischen Lebenserwartung ablebt, bereits berücksichtigt. Verkäufe derartig belasteter Grundstücke sind äußerst selten und werden auch von den Gutachterausschüssen i.d.R. nicht registriert, sodass jegliche Datengrundlage fehlt. 51

Aktuelle Leibrentenfaktoren werden unter dem Titel „Kommutationszahlen und Versicherungsbarwerte für Leibrenten 200../200.. (Tabellen zur monatlich und jährlich vorschüssigen Zahlungsweise) als Versicherungsbarwerte ($ä_x$ bzw. $ä_x$) **vom Statistischen Bundesamt zu den jeweils aktuell erscheinenden Sterbetafeln herausgegeben**[12]. Für zurückliegende Wertermittlungsstichtage vor Erscheinen der Tabellen zu den Leibrentenfaktoren 2000/2002 im August 2004 ist die seit dem Erscheinen der letzten Allgemeinen Sterbetafel gestiegene Lebenserwartung in geeigneter Weise zu berücksichtigen. Ab der Allgemeinen Sterbetafel 2010/2012 vom 22.04.2015[13] wurden Ansätze zur Glättung und zur Extrapolation der Sterbewahrscheinlichkeiten berücksichtigt. Damit ist es möglich, die altersspezifischen Sterbewahrscheinlichkeiten abzuleiten[14]. Aktuelle Sterbetafel: Periodensterbetafel 2019/2021[15]. 52

Mit den Leibrentenfaktoren wird die **Lebenserwartung des oder der Berechtigten in der Höhe** berücksichtigt, **wie sich die Lebenserwartung aus der jeweiligen allgemeinen Sterbetafel des Statistischen Bundesamtes ergibt**. Bei geringen Änderungen der Ausgangsgrößen ergeben sich, wie nachstehend dargestellt, signifikant unterschiedliche Abweichungen. 53

Abb. 5: Auswirkung von Abweichungen

Auswirkung von Abweichungen				
Jahresreinertrag des Rechts (€ p.a.)	**Zinsertrag (in %)**	**Lebenserwartung des Berechtigten (Jahre)**	**Barwert des Rechts (€)**	**Differenz (in %)**
50 000	5,0	30	768 500	+/- 0,0
50 000	5,0	35	818 500	+ 6,5
50 000	5,0	25	704 500	- 8,4
50 000	5,0	30	845 350	+ 10,0
50 000	5,0	30	691 000	- 10,0
50 000	3,5	30	919 000	+ 19,0
50 000	6,5	30	653 000	- 15,0

Bei **ungünstigen Konstellationen** (Lebenserwartung 35 Jahre, Reinertrag 55 000 €, Zinssatz 3,5 %) **ergibt sich bereits eine Wertdifferenz von 43,1%** von der Ausgangsrechnung der Zeile 1 des Beispiels. Die Erhöhung des Jahreswerts des Rechts als auch die Erhöhung der 54

---

12 Kommutationszahlen des Statistischen Bundesamtes, Schneider/Schlund/Haas, Kapitalisierungs- und Verrentungstabellen, 2. Aufl., S. 45.

13 https://wwwgenesis.clestatis.de/genesis/online/data;sid=CB3D6C22E528FD3266638C6F6CAAE8C1.G0_1_2?operation=abruftabelleBearbeiten&levelindex- 1&levelic1=1569781084302&auswahloperation=abruftabelleAuspraegungAuswaehlen&auswahlverzeichnis=ordnungsstruktur&auswahlziel=werteabruf&selectionname=12621-0001&auswahltext=&werteabruf=Werteabruf.

14 https://www.destatis.de/DE/Themen/Gesellschaft-Umwelt/Bevoelkerung/Sterbefaelle-Lebenserwartund/Publikationen/Downloads-Sterbefaelle/sterbetafeln-allgemein-erlaeuterund- 5126205129004.pdf? blob=publicationFile.

15 https://www-genesis.destatis.de/genesis/online?sequenz=tabelleErgebnis&selectionname=12621-001&sachmerkmal=GES&sachschluessel=GESW#abreadcrumb.

Lebenserwartung wirkt sich werterhöhend auf das Nießbrauchsrecht aus und umgekehrt wertmindernd auf den Wert des mit dem Nießbrauch belasteten Grundstücks. Insoweit ist zu beachten, dass die vorstehenden drei Parameter bei der Wertermittlung marktgerecht plausibel und nachvollziehbar angesetzt werden.

55 Vor diesem Hintergrund stellt sich auch aus grundsätzlichen Erwägungen (vgl. Vorbem. zur ImmoWertV Rn. 57, 62ff.)[16] die Frage, ob und wie die **individuelle Lebenserwartung des bzw. der Berechtigten**[17] aufgrund persönlicher Lebensumstände berücksichtigt werden muss, wenn diese aufgrund objektiv erkennbarer Gegebenheiten nicht unerheblich von der statischen Lebenserwartung abweicht. Nach den apodiktischen Empfehlungen der Arbeitshinweise Anhang D1.5, ImmoWertA 2023 soll die **individuelle Lebenserwartung** selbst im Falle eines Ablebens des Berechtigten zwischen Wertermittlungsstichtag und dem Zeitpunkt der Gutachtenerstellung unberücksichtigt bleiben. Diese Empfehlung kann auch nicht mit dem Hinweis auf § 194 BauGB begründet werden, nach der ungewöhnliche oder persönliche Umstände bei der Verkehrswertermittlung unberücksichtigt bleiben. Damit sind nämlich nur ungewöhnliche oder persönliche Umstände gemeint, die im Einzelfall nicht dem gewöhnlichen Geschäftsverkehr entsprechen (Liebhaberpreise, Verwandtenkäufe). Dementsprechend werden ungewöhnliche Verhältnisse wie z.B. eine singuläre Ölquelle bei der Verkehrswertermittlung berücksichtigt und dementsprechend ist es bei der Verkehrswertermittlung von „beschränkt persönlichen Dienstbarkeiten" geradezu wesensimmanent, dass die individuelle Lebenserwartung des Berechtigten berücksichtigt wird, wenn aufgrund von Tatsachen[18] hinreichend erkennbar ist, dass die Lebenserwartung des Berechtigten von der statistischen Lebenserwartung erheblich abweicht. Deshalb hat ein verständiger Käufer im gewöhnlichen Geschäftsverkehr ein hohes Interesse, die individuelle gesundheitliche Verfassung des Berechtigten möglichst genau einzuschätzen (Vorbem. zur ImmoWertV Rn. 57, 62ff.) um sein Marktverhalten daran ausrichten.

56 Es kommt hinzu, dass die Sterbetafeln die Lebenserwartung der Gesamtbevölkerung wiedergeben, während z. B. die Inhaber von Wohnrechten „gehobenen" Bevölkerungskreisen zugerechnet werden können, und diese weisen eine längere Lebenserwartung als die Durchschnittsbevölkerung auf. Will man bezüglich der anzusetzenden Lebenserwartung auf die **gruppenspezifische oder die individuelle Lebenserwartung** Einzelner abstellen, so spricht auch der Umstand dafür, dass bei den Erwerbsverhandlungen eines mit einem Wohnrecht belasteten Grundstücks im gewöhnlichen Geschäftsverkehr die individuelle gesundheitliche Verfassung des Berechtigten Beachtung findet.

5.3.2.2 Barwert einer jährlich zahlbaren Leibrente

57 Mit Leibrentenbarwertfaktoren lassen sich Leistungen, die an das Leben von Personen gebunden sind, kapitalisieren.

Leibrentenfaktoren werden unterscheiden nach:

$ä_x$ Leibrentenbarwertfaktor für die sofort beginnende, lebenslängliche, *jährlich vorschüssige* Leibrente vom Wert 1,

$^{(12)}ä_x$ Leibrentenbarwertfaktor für die sofort beginnende, lebenslängliche, *monatlich vorschüssige* Leibrente vom Wert 1,

a_x Leibrentenbarwertfaktor für die sofort beginnende, lebenslängliche, *jährlich nachschüssige* Leibrente vom Wert $1 = ä_x - 1$,

16 Vgl. Glosse in GuG 2018, 25.
17 Vgl Glosse in GuG 2018, 25.
18 Das konkrete Sterbealter könnte praktisch aber nicht anders als durch ärztliche Auskunft in nachvollziehbarer Weise festgestellt werden. was ohne Einwilligung des Betroffenen nicht möglich ist. Die Intimsphäre müsste dabei zurücktreten. Rechtsstaatlich wäre dies nur unter Wahrung des Verhältnismäßigkeitsgrundsatzes möglich. Bei der Frage, ob die Würde des Menschen durch Offenbarung ärztlicher Zeugnisse über den Gesundheitszustand verletzt würde, kommt es im Übrigen nicht auf die Art des bescheinigten Befindens als vielmehr auf die Missachtung des Willens an, höchstpersönliche Dinge aus der Intimsphäre wie die gesundheitliche Verfassung vor fremdem Einblick zu bewahren.

Leibrentenfaktoren für *lebenslängliche* Zahlungen:

- ${}^{(12)}ä_x$ für Männer
- ${}^{(12)}ä_y$ für Frauen
- ${}^{(12)}ä_{xy}$ für verbundene Leben.

Leibrentenfaktoren für *temporäre* Leibrenten:

- ${}^{(12)}ä_{x:n}$ für Männer
- ${}^{(12)}ä_{y:n}$für Frauen

wobei n = zeitliche Begrenzung in Jahren.

Der **Barwert einer lebenslänglichen Leibrente** berechnet sich als Produkt aus der Jahresrente und dem Leibrentenfaktor ${}^{(m)}ä$, d.h. nach der Formel: 58

$B = R \times {}^{(m)}ä_x$ für Männer

$B = R \times {}^{(m)}ä_y$ für Frauen

$B = R \times {}^{(m)}ä_{xy}$ für „verbundene" Leben bis zum Tode des zuerst Versterbenden

wobei

R	= Jahresbetrag der Rente (bei Wohnrechten: Jahresmietertrag)
m	= Anzahl der Zahlungen/Jahr, d.h. bei monatlicher Zahlung = 12
${}^{(m)}ä_x$	= Leibrentenfaktor für Männer; vorschüssig
${}^{(m)}ä_y$	= Leibrentenfaktor für Frauen; vorschüssig
${}^{(m)}ä_{xy}$	= Leibrentenfaktor für „verbundene" Leben.
y	= Alter der Frau
x	= Alter des Mannes

Bei nachschüssiger Zahlweise werden die Leibrentenfaktoren mit ${}^{(m)}ä_x$, ${}^{(m)}ä_y$ bzw. ${}^{(m)}ä_{xy}$ bezeichnet.

Auch **Wohn- und Nießbrauchrechte** sind im Übrigen nach den Methoden der Leibrentenberechnung und nicht nach Zeitrenten zu ermitteln. 59

Zur Ermittlung jährlich nachschüssiger Leibrentenbarwertfaktoren – Grundlage der Ermittlung des an das „Leben gebundenen Abzinsungsfaktors"– werden von der Geschäftsstelle des Gutachterausschusses in der Landeshauptstadt Kiel im Internet unter der Adresse „Gutachterausschuss Kiel" auf Basis der jeweils aktuellen Sterbetafel „Rechenmaschinen" angeboten: 60

	Datum der Veröffentlichung
Rechenmaschine 2020–2022 (Grundlage Absterbeordnung 2020–2022)	25.07.2023
Rechenmaschine 2019–2021 (Grundlage Absterbeordnung 2019–2021)	26.07.2022
Rechenmaschine 2018–2020 (Grundlage Absterbeordnung 2018–2020)	09.07.2021
Rechenmaschine 2017–2019 (Grundlage Absterbeordnung 2017–2019)	29.09.2020
Rechenmaschine 2016–2018 (Grundlage Absterbeordnung 2016–2018)	05.11.2019
Rechenmaschine 2015–2017 (Grundlage Absterbeordnung 2015–2017)	18.10.2018
Rechenmaschine 2014–2016 (Grundlage Absterbeordnung 2014–2016)	26.03.2018
Rechenmaschine 2013–2015 (Grundlage Absterbeordnung 2013–2015)	20.10.2016
Rechenmaschine 2012–2014 (Grundlage: Absterbeordnung 2012–2014)	04.03.2016
Rechenmaschine 2011–2013 (Grundlage: Absterbeordnung 2011–2013)	04.03.2016
Rechenmaschine 2010–2012 (Grundlage: Absterbeordnung 2010–2012)	22.04.2015

Rechenmaschine 2009–2011 (Grundlage: Absterbeordnung 2009–2011) hierzu GuG 2015, 178	02.10.2012
Rechenmaschine 2008–2010 (Grundlage: Absterbeordnung 2008–2010)	20.09.2011
Rechenmaschine 2007–2009 (Grundlage: Absterbeordnung 2007–2009)	04.11.2010
Rechenmaschine 2006–2008 (Grundlage: Absterbeordnung 2006–2008)	24.09.2009
Rechenmaschine 2005–2007 (Grundlage: Absterbeordnung 2005–2007)	22.08.2008
Rechenmaschine 2004–2006 (Grundlage: Absterbeordnung 2004–2006)	27.08.2007
Rechenmaschine 2003–2005 (Grundlage: Absterbeordnung 2003–2005)	19.10.2006
Rechenmaschine 2002–2004 (Grundlage: Absterbeordnung 2002–2004)	02.09.2005
Rechenmaschine 2001–2003 (Grundlage: Absterbeordnung 2001–2003)	17.11.2004
Rechenmaschine 2000–2002 (Grundlage: Absterbeordnung 2000–2002)	02.06.2004
Rechenmaschine 1986–1988 (Grundlage: Absterbeordnung 1986–1988)	ohne

61 Zur **Anwendung** werden folgende Erläuterungen gegeben: Zur Ermittlung des Werts des durch ein Recht im vorstehenden Sinne belasteten Grundstücks ist der Verkehrswert (Marktwert) des fiktiv unbelasteten Grundstücks mit dem aus dem Leibrentenbarwertfaktor ermittelten Abzinsungsfaktor (an das Leben gebundener Abzinsungsfaktor) zu multiplizieren. Die mathematische Grundlage bildet nachstehende Formel:

f(x) = 1 – (ä(x) – 1) x p

wobei

f(x) = Abzinsungsfaktor

ä(x) = Leibrentenbarwertfaktor

p = Zinsfaktor (z.B. 0,05 bei 5 %)

62 Die vorstehend erläuterte Vorgehensweise ist darin begründet, dass einerseits innerhalb der durchschnittlichen Lebenserwartung eine **mit zunehmendem Alter anwachsende Sterbewahrscheinlichkeit** besteht und andererseits über die durchschnittliche Lebenswahrscheinlichkeit noch eine nicht unbeträchtliche **Erlebenswahrscheinlichkeit** gegeben ist. Mit den Abfindungsfaktoren werden Sterbe- und Erlebenswahrscheinlichkeit mit berücksichtigt. Insoweit ist die Ermittlung des Barwerts von Leibrenten auf der Grundlage der Sterbetafel mithilfe der durchschnittlichen Lebenserwartung nicht sachgerecht.

63 Soweit im Rahmen der Verkehrswertermittlung „verbundene Leibrenten" zu berücksichtigen sind, ist zwischen Zahlungen

- „bis zum Tode des der letztversterbenden Person" oder
- „bis zum Tod der erstversterbenden Person" (ab Version 2003 bis 2005 vom Gutachterausschuss Kiel eingepflegt)

zu unterscheiden

5.3.2.3 Barwert einer jährlich vorschüssig zahlbaren Leibrente

64 Die Jahresrente ermittelt sich durch Umstellung der vorstehenden Formel für die Verrentung von Kapitalbeträgen:

$$Jahresrente = \frac{Barwert}{\ddot{a}_x \text{ bzw. } \ddot{a}_y}$$

Beispiel A: 65

Eine 70-jährige Frau verkauft ihr Grundstück für eine lebenslänglich jährlich vorschüssig zu zahlende Rente. Der Wert des Grundstücks beträgt 200 000 €. Gesucht ist die Höhe der Leibrente bei einer Verzinsung des Kaufpreises von 5 %.

Bei einem Zinssatz von 5,0 % ergibt sich für eine 70-jährige Frau nach dem Tabellenwerk der Kommutationszahlen 2002/2004 : $ä_y$: 10,853

Rentenbetrag = Kaufpreis/$ä_y$ = 200 000 € / 10,853 = 18 428,08 €

Beispiel B: 66

Eine 70-jährige Frau möchte eine lebenslänglich jährlich vorschüssig zu zahlende Rente in Höhe von 24 000 € erhalten. Gesucht ist die Höhe des Kaufpreises bei einem Zinssatz von 5 %.

Kaufpreis = Rentenbetrag × $ä_y$ = 24 000 € × 10,853 = 260 472 €

5.3.2.4 Barwert einer monatlich vorschüssig zahlbaren Leibrente

▶ *Vgl. Teil VIII Rn. 342*

Beispiel: 67

Eine 70-jährige Frau verkauft ihr Grundstück für eine lebenslänglich monatlich vorschüssig zu zahlende Rente. Der Wert des Grundstücks beträgt 200 000 €. Gesucht ist die Höhe der Leibrente bei einer Verzinsung des Kaufpreises von 5 %.

Bei einem Zinssatz von 5,0 % ergibt sich für eine 70-jährige Frau nach dem Tabellenwerk der Kommutationszahlen 2002/2004:

$^{(12)}ä_y$: 10,387, wobei $^{(m)}ä_y = {}^{(12)}ä_{70} = ä_y - {}^{(12)}k = 10{,}853 - 0{,}4664$

wobei:

$^{(12)}ä_y$ = Leibrentenbarwertfaktor für die sofort beginnende, lebenslängliche *monatlich vorschüssige* Leibrente vom Wert 1,

$ä_y$ = Leibrentenbarwertfaktor für die sofort beginnende, lebenslängliche *jährlich vorschüssige* Leibrente vom Wert 1,

$^{(m)}k$ = Reduktionsfaktor für vorschüssige monatliche Zahlweise

Rentenbetrag = Kaufpreis/$^{(12)}ä_y$ = 200 000 €/10,387 = 19 254,84 €

5.3.2.5 Barwert einer aufgeschobenen Leibrente

Eine 70-jährige Frau verkauft ihr Grundstück für eine lebenslänglich jährlich vorschüssig zu zahlende Rente, beginnend ab dem 75. Lebensjahr. Der Wert des Grundstücks beträgt 200 000 €. Gesucht ist die Höhe der Leibrente bei einer Verzinsung des Kaufpreises von 5 %. 68

Bei einem Zinssatz von 5,0 % ergibt sich für eine 70-jährige Frau nach dem Tabellenwerk der Kommutationszahlen 2002/2004:

$_nä_y = (D_{y+n}/D_y) \times ä_{y+n} = 6{,}445$

Rentenbetrag = Kaufpreis/$^{(m)}ä_{y\ m}$ = 200 000 € / 6,445 = 31 031,81 €

5.3.2.6 Temporäre Leibrente

Eine 70-jährige Frau verkauft ihr Grundstück für eine lebenslänglich jährlich vorschüssig zu zahlende Rente, die auf eine Laufzeit von 20 Jahren begrenzt sein soll. Der Wert des Grundstücks beträgt 200 000 €. Gesucht ist die Höhe der Leibrente bei einer Verzinsung des Kaufpreises von 5 %. 69

Bei einem Zinssatz von 5,0 % ergibt sich für eine 70-jährige Frau nach dem Tabellenwerk der Kommutationszahlen 2002/2004:

$ä_{70:20}$ $(N_y - N_{y+n})/D_y$ = (30 674,151 – 1 251,577) / 2 826,290 = 10,410

Rentenbetrag = Kaufpreis/$^{(m)}ä_{y\,m}$ = 200 000 € / 10,410 = 19 212,30 €

5.3.2.7 Verbundene Leibrenten

70 Bei der Berechnung des Barwerts verbundener Leibrenten – auch **Verbindungsrente** genannt – sind zwei Besonderheiten zu beachten:

a) Der Leibrentenfaktor $^{(m)}ä_{xy}$ ist vom Altersunterschied z. B. des Ehepaares abhängig; insoweit muss auf die einschlägigen Tabellenwerke zurückgegriffen werden.

b) Der Altersunterschied ist dadurch zu ermitteln, dass zunächst beide Alter (genau) bezogen auf den Wertermittlungsstichtag zu ermitteln sind und anschließend die Differenz gebildet wird.

c) Es müssen besondere Bestimmungen beachtet werden, wenn beim Tode des einen Berechtigten die Höhe der Rente nur zum Teil auf den anderen Berechtigten übergeht. Dazu werden die Faktoren F eingeführt, die jeweils den prozentualen Übergang der Leibrentenhöhe kennzeichnen. Bei vollem Übergang ist F = 1, bei 50%igem Übergang ist F = 0,5 usw.:
F_x = Übergangsfaktor an den Mann
F_y = Übergangsfaktor an die Frau
$F_{xy} = (F_x + F_y) - 1$
Geht die Leibrente beim Tode eines Berechtigten jeweils voll auf den Überlebenden über, ist
$F_{xy} = 1 + 1 - 1 = 1$

71 Der **Barwert für eine verbundene Leibrente** (monatlich und vorschüssig) berechnet sich dann nach folgender Formel:

$B = R \times m\ (F_x \times {}^{(m)}ä_x + F_y \times {}^{(m)}ä_y - F_{xy} \times {}^{(m)}ä_{xy})$

wobei m = 12 bei monatlicher Zahlweise.

72 *Beispiel:*

Ein Ehepaar will eine monatlich vorschüssig zahlbare Leibrente in Höhe von 2 000 € erhalten.

Versicherungsmathematisches Alter des Mannes	55 Jahre
Versicherungsmathematisches Alter der Frau	50 Jahre

Verstirbt der Mann zuerst, dann sollen 70 % der Leibrente an die Frau weitergezahlt werden.

Verstirbt die Frau zuerst, dann sollen 100 % der Leibrente an den Mann weitergezahlt werden.

Gesucht ist der Barwert.

Mithin ist

F_x =	1,000
F_y =	0,700
F_{xy} =	(1,000 + 0,700) – 1 = 0,700

Barwert = Rentenbetrag × m × $(F_x \times {}^{(12)}ä_x + F_y \times {}^{(12)}ä_y - F_{xy} \times {}^{(12)}ä_{xy})$

Barwert = 2 000 € × 12 × (1,000 × 13,366 + 0,700 × 15,828 – 0,700 × 12,590) = 375 182,40 €

5.4 Zinssatz

Für die Kapitalisierung von Leibrenten wird üblicherweise ein Zinssatz von 5,5 % (monatlich vorschüssig) **angesetzt**. Dieser Zinssatz ist allerdings nur deshalb praxisüblich, weil die entsprechenden Tabellen der Finanzverwaltung hierauf aufbauen. Tatsächlich kommt es aber maßgeblich auf den Zinssatz an, den die Vertragsparteien ausgehandelt haben. Dabei ist vor allem zu beachten, ob eine Wertsicherungsklausel vereinbart worden ist, die i.d.R. zu einem effektiv höheren Zinssatz führt. 73

Unterabschnitt 2
Erbbaurecht und Erbbaugrundstück

§ 48 ImmoWertV
Allgemeines zum Erbbaurecht und Erbbaugrundstück

Der Verkehrswert des Erbbaurechts und der Verkehrswert des Erbbaugrundstücks sind unter Berücksichtigung der vertraglichen Vereinbarungen und der sonstigen wertbeeinflussenden Umstände in Abhängigkeit von den zur Verfügung stehenden Daten zu ermitteln. Der Verkehrswert des Erbbaurechts kann im Vergleichswertverfahren nach den §§ 49 und 50 oder auf andere geeignete Weise ermittelt werden. Der Verkehrswert des Erbbaugrundstücks kann im Vergleichswertverfahren nach den §§ 51 und 52 oder auf andere geeignete Weise ermittelt werden.

Gliederungsübersicht *Rn.*

1 Allgemeines zur Marktwertermittlung von Erbbaurechten und Erbbaugrundstücken

Schrifttum: *Bentrup, H.*, Vorschlag für eine einfache und universelle Methodik der Bewertung von Erbbaurechten, GuG 2010, 129; *Czerlinsky,* Anpassung von Erbbauzinsen an die „wirtschaftlichen Verhältnisse“, NJW 1977, 1228; *Debus/Pelegrino/Thiel,* Bewertung von Wohnungseigentum und Eigenheimen im Erbbaurecht mittels Münchener Verfahren, GuG 2015, 338; *Debus*, M., Marktgerechte Verkehrswertermittlung von Erbbaurechten in der Niedrigzinsphase, GuG 2021, 213; *Dedekind,* Der Konflikt zwischen Erbbauzinsreallast und Finanzierungsgrundpfandrecht, MittRhNotK 1993, 109; *Fischer/Lorenz/Biederbeck*, Bewertung eines Erbbaurechts in Neue Fallstudien zur Wertermittlung, 2. Aufl. Bundesanzeiger Verlag, S. 309; *Freise, J.*, Marktwertermittlung bei Erbbaurechten mit Gewerbenutzung, GuG 2014, 157; *Geißel, W.-H.,* Der Erbbauzins in der Zwangsversteigerung, Diss. Münster 1992; *Glaser,* Ermittlung des Verkehrswerts eines Erbbaurechts, DB 1978, 1775; *Gerardy, Th.,* Anpassung des Erbbauzinses an den veränderten Grundstückswert, GWW 1966, 35; *Gerardy, Th.*, Wertermittlungen im Zusammenhang mit Erbbaurechten, BlGBW 1974, 121; Ingenstau, Komm. zum Erbbaurecht, 7. Aufl. 1994; *Gottschalck, G.-J.,* Kapitalmarktzins – Zinssätze bei Belastungen und Rechten von Immobilien, GuG 1997, 24; *Gilich, T./Simon, Th.*, Anpassung von Erbbauzinsen nach Einstellung der Bruttomonatsverdienste für Angestellte und Arbeiter im Produzierenden Gewerbe, GuG 2008, 99; *Groß, E.*, Das Erbbaurecht, Zur Frage, ob die Bebauung bei der Ermittlung des Bodenwerts (wertmindernd) zu berücksichtigen ist, GuG 1996, 224; *Hildebrandt, H.,* Wertermittlungsprobleme bei Erbbaurechten, ZfV 1987, 563; *Ingenstau/Hustedt,* Komm. zum Erbbaurecht, 2002; *Kröll/Hausmann,* Rechte und Belastungen bei der Verkehrswertermittlung von Grundstücken, 3. Aufl. Neuwied 2006; *Lehmann, F.,* Zur Wertermittlung von Erbbaurechtsgrundstücken, Diss. Hannover 1974; *Lehmann, F.,* Rechtliche und technische Probleme bei der Bewertung von Erbbaurechten, ZfV 1978, 104; *Lindner, I.*, Bewertung von Erbbaurechten mit kurzen Laufzeiten, GuG 2024, 22; *Löhr, D.,* Erbbauzins, Einfach marktgerecht, GuG 2023, 268; *Löhr, D.,* Zur Ermittlung eines marktgerechten Erbbauzinses – ein Praktikermodell, Zeitschrift für Immobilienökonomie, Springer Fachmedien, 2017, 3:1. https://doi.org/10.1365/s41056-016-0016-z; *Moll-Amrein, M.,* Erbbaurecht und Erbbaugrundstück, GuG 2019, 49; *Linde/Richter,* Erbbaurecht und Erbbauzins, 3. Aufl. Köln 2001; *Räfle,* Erbbaurechtsverordnung, 12. Aufl. 1986; *Ruland,* Wegfall des Erbbauzinses in der Zwangsversteigerung, NJW 1983, 96; *Staudinger, J.,* Staudingers Komm. zum BGB, 12. Aufl. 1979; *Oefele in* MüKo BGB, 3. Aufl. 1997; *Oefele/Winkler,* Handbuch des Erbbaurechts, 4. Aufl. 2008; *Petersen, H.,* Zinssätze bei der Ermittlung von Verkehrswerten in Verbindung mit grundstücksbezogenen Rechten, GuG 1997, 91; *Petersen, H.*, WertR 2006: Ging der Richtliniengeber erneut in die Leibrentenfalle?, GuG 2007, 102; *Promberger,* Vertragsklauseln über die Dauer des Erbbaurechts und ihre Auslegung, Rpfleger 1975, 233; *Richter,* Die rechtliche Behandlung von Kaufzwangklauseln in Erbbaurechtsverträgen, BWNotZ 1978, 61; *Ripfel,* Konkretisierung des Begriffs „Bauwerk“ im Erbbaurechtsvertrag, BB 1967, 1357; *Winkler,* Der Erbbauzins in der Zwangsversteigerung des Erbbaurechts, NJW 1985, 940; *Scharen,* Der Heimfallanspruch in der Zwangsversteigerung des Erbbaurechts, Rpfleger 1983, 342; *Schmidt-Ränsch,* Wertsicherungsklauseln nach dem Euro-Einführungsgesetz, NJW 1998, 3166; *Simon, J.,* Das Erbbaurecht, GuG 1991, 69; *Seitz, A.,* Die typische Fehlerquelle bei der Verkehrswertermittlung im Zusammenhang mit Erbbaurechten: Der Erbbauzins GuG 2016, 6; *Seitz,* Erbbaurecht auf der Karriereleiter, GuG 2022, 67; *Tillmann, H.-G.,* Verkehrswertermittlung im Zusammenhang mit Erbbaurechten – Besonderheiten im Zwangsversteigerungsverfahren, GuG 2009, 136; *Tradt,* Der Erbbauzins in der Zwangsversteigerung des Erbbaurechts, DNotZ 1984, 370; *Vogel, R.,* Verkehrswert erbbaurechtebelasteter Grundstücke bei vorausbezahltem Erbbauzins, GuG 2012, 75 ff.; *Vogels, M.,* Erbbaurecht und Beleihungswert, GuG 1994, 92; *Weichhaus,* Der Heimfallanspruch in der Zwangsversteigerung, Rpfleger 1979, 329; *Werth, A.*, Erbbaurecht, GuG 1995, 105; *Werth, A.*, Zinssätze und Wertfaktoren bei Erbbaurechten, GuG 1999, 193; *Ziegenbein, W./Meyer, R.,* Zur marktgerechten Wertermittlung von Erbbaurechtsgrundstücken, ZfV 1988, 381.

1 Mit den Vorschriften des 2. Unterabschnitts des Abschnitts 2 (Grundstücksbezogene Rechte) werden ergänzend zu den allgemeinen Grundsätzen der Wertermittlung von Rechten und Belastungen des 1. Unterabschnitts (§§ 46 f. ImmoWertV) erstmals Regelungen zur Wertermittlung von Erbbaurechten und Erbbaugrundstücken in die ImmoWertV aufgenommen. Die Regelungen beschränken sich auf **allgemeine Grundsätze zu den in der Praxis gebräuchlichen Wertermittlungsverfahren**, wie sie schon in der außer Kraft getretenen Wertermittlungsrichtlinie (WertR 06) empfohlen wurden.

2 Mit den Regelungen werden insbesondere die gängigen **Verfahren in ihrem Aufbau und die maßgeblichen Wertermittlungsparameter standardisiert**.

2 Vorbemerkung zum Erbbaurecht

2.1 Rechtsgrundlagen

2.1.1 Gesetzliche Grundlagen

2.1.1.1 Allgemeines

▶ *Zum Wohnungserbbaurecht vgl. Teil V Rn. 75*

3 **Das im Erbbaurechtsgesetz** (ErbbauRG)[1] geregelte **Erbbaurecht gehört** einschließlich des Wohnungserbbaurechts und des Teilerbbaurechts (§ 30 WEG) **zu den grundstücksgleichen Rechten** (superficies, *Heritable Building Right Ordinance*). Es handelt sich dabei um Rechte, die

- ihrer Ausgestaltung nach dem Eigentum am Grundstück nahe kommen, also dinglichen Charakter haben,
- eine möglichst unbeschränkte Herrschaftsbefugnis verleihen und
- in das Grundbuch oder ein entsprechendes öffentliches Buch eingetragen werden.

Das Erbbaurecht einschließlich dem Wohnungserb-baurecht und dem Teilerbbaurecht kann auf der Grundlage des § 42 WEG mit einem **Dauerwohnrecht** belastet werden. Das Wohnungs- und Teilerbbaurecht entsteht in entsprechender Anwendung des § 8 WEG.

4 **Rechtsgrundlage für Erbbaurechte, die bereits vor dem 22.01.1919 begründet wurden**, sind die §§ 1012 bis 1017 BGB. Diese Vorschriften sind durch die Erbbaurechtsverordnung (§ 35 ErbbauVO) abgelöst worden und damit weggefallen. Die Erbbaurechtsverordnung wurde – inhaltlich unverändert – mit der Verordnung vom 30.11.2007 in Erbbaurechtsgesetz14 (ErbbauRG) umbenannt.

5 In den neuen Bundesländern (Beitrittsgebiet) sind die Regelungen des § 46 SachenRAnpG zur Zinsanpassung an veränderte Verhältnisse zu beachten.

6 Das Wohnungs- und Teilerbbaurecht entsteht in entsprechender Anwendung des § 8 WEG. Das Erbbaurecht einschließlich dem Wohnungserbbaurecht und dem Teilerbbaurecht kann auf der Grundlage des § 42 WEG mit einem **Dauerwohnrecht** belastet werden. **Wohnungserb-**

---

1 Erbbaurechtsgesetz in der im BGBl. Teil III, Gliederungsnummer 403-6, veröffentlichten bereinigten Fassung, zuletzt geändert durch Art. 4 Ab. 7 des Gesetzes vom 1.10.2013 (BGBl. I 2013S. 3719). Zu den Perspektiven des Erbbaurechts vgl. Parl. Anfrage im Deutschen Bundestag (BT-Drs. 13/8932 = GuG 1998, 102); zum Wesen des Erbbaurechts: Bengel/Simmerding, Grundbuch, Grundstücksgrenze, 3. Aufl. Schweitzer Verlag Frankfurt am Main 1989, S. 168; Hartmann, NJW 1976, 403; Nordalm, NJW 1977, 1956; Linde/Richter, Erbbaurecht und Erbbauzins, 3. Aufl. Köln 2001; Winkler, NJW 1992, 2514; Butzer, DStZ 1992, 265; Oefele/Winkler, Handbuch des Erbbaurechts; Czerlinsky, NJW 1977, 1228; Holtzmann, NJW 1967, 915; Macke, NJW 1969, 24; Geißel, Der Erbbauzins in der Zwangsversteigerung, Berlin 1992; Groß, GuG 1996, 224; Reinhold, GuG 1998, 222.

baurecht ist das Recht an einer Eigentumswohnung, die sich in einem auf einem Erbbaugrundstück errichteten Gebäudes befindet, das nach Maßgabe des § 30 WEG[2] begründet wurde. Alle Wohnungseigentümer in der Gemeinschaft zahlen anteilig den Erbbauzins für das Grundstück. Das Wohnungs- und Teilerbbaurecht entsteht in entsprechender Anwendung des § 8 WEG.

§ 30 WEG: (1) Steht ein Erbbaurecht mehreren gemeinschaftlich nach Bruchteilen zu, so können die Anteile in der Weise beschränkt werden, dass jedem der Mitberechtigten das Sondereigentum an einer bestimmten Wohnung oder an nicht zu Wohnzwecken dienenden bestimmten Räumen in einem auf Grund des Erbbaurechts errichteten oder zu errichtenden Gebäude eingeräumt wird (Wohnungserbbaurecht, Teilerbbaurecht).

(2) Ein Erbbauberechtigter kann das Erbbaurecht in entsprechender Anwendung des § 8 teilen.

(3) Für jeden Anteil wird von Amts wegen ein besonderes Erbbaugrundbuchblatt angelegt (Wohnungs-erb-baugrundbuch, Teilerbbaugrundbuch). Im Übrigen gelten für das Wohnungserbbaurecht (Teilerbbaurecht) die Vorschriften über das Wohnungs-eigentum (Teileigentum) entsprechend."

7 Als **Erbbaurecht** (solarium) definiert § 1 Abs. 1 ErbbauRG **das „veräußerliche und vererbliche Recht"**[3], ***„auf oder unter der Oberfläche des Grundstücks ein Bauwerk zu haben"*** (zum Bauwerk vgl. Rn. 29, 62). Auf das Erbbaurecht finden nach § 11 Abs. 1 ErbbauRG (mit Ausnahme der §§ 925, 927, 928 BGB) grundsätzlich die Vorschriften über Grundstücke und über Ansprüche aus dem Eigentum entsprechend Anwendung[4].

„§ 1 ErbbauRG (Gesetzlicher Inhalt des Erbbaurechts)

(1) Ein Grundstück kann in der Weise belastet werden, dass demjenigen, zu dessen Gunsten die Belastung erfolgt, das veräußerliche und vererbliche Recht zusteht, auf oder unter der Oberfläche des Grundstücks ein Bauwerk zu haben (Erbbaurecht).

(2) Das Erbbaurecht kann auf einen für das Bauwerk nicht erforderlichen Teil des Grundstücks erstreckt werden, sofern das Bauwerk wirtschaftlich die Hauptsache bleibt.

(3) Die Beschränkung des Erbbaurechts auf einen Teil eines Gebäudes, insbesondere ein Stockwerk ist unzulässig.

(4) Das Erbbaurecht kann nicht durch auflösende Bedingungen beschränkt werden. Auf eine Vereinbarung, durch die sich der Erbbauberechtigte verpflichtet, beim Eintreten bestimmter Voraussetzungen das Erbbaurecht aufzugeben und seine Löschung im Grundbuch zu bewilligen, kann sich der Grundstückseigentümer nicht berufen."

8 Der **Erbbauberechtigte** (Inhaber eines Erbbaurechts) erwirbt ein Nutzungsrecht, das bei langen Laufzeiten einem **Eigentum auf Zeit gleich kommt**.kann jede natürliche und juristische Person sein, wobei es sich sowohl um eine einzelne Person, als auch um mehrere Personen handeln kann. Auch kann der Grundstückseigentümer gleichzeitig als Erbbauberechtigter eine sog. doppelte Rechts-stellung haben (ein sogenanntes Eigentümer-Erbbaurecht). Das kann z.B. bei einem Heimfall entstehen, da das Erbbaurecht nicht automatisch erlischt.

9 Der **Erbbaurechts(aus)geber** hat den Vorteil, dass ihm ohne eigene wirtschaftliche Aktivität laufend Einnahmen aus dem zur Nutzung überlassenen Vermögenswert zufließen. Zudem bleibt ihm der *Wertzuwachs des Grundstücks*, das er nach Ablauf des Erbbaurechtsvertrags zurückerhält. So ist die Vergabe von Erbbaurechten vor allem für Institutionen, die über geeignete Ländereien verfügen (Kommunen, Kirchen, Stiftungen, kommerzielle Institutionen), die sie nicht selbst nutzen können oder wollen, auch im Hinblick auf die Wertbeständigkeit, insbesondere in Zeiten von Nullzinsphasen, durchaus interessant.

---

2 WEG i.d.F. vom 15.03.1951 (BGBl. I, S. 175), zuletzt geändert durch Gesetz vom 11.03.2013, BGBl. I, 2013. 434.

3 Das veräußerliche und vererbliche Recht ist nicht abdingbar; ein vertraglicher Ausschluss führt zum Unwirksamwerden des Erbbaurechtsvertrags.

4 BVerfG, Beschl. vom 19.06.1985 – 1 BvL 57/97 –, BVerfGE 70, 191 = EzGuG 14.77c.

Auch kann der Grundstückseigentümer gleichzeitig als Erbbauberechtigter eine sog. doppelte Rechtsstellung haben (ein sog. **Eigentümer-Erbbaurecht**). Das kann z.B. bei einem Heimfall oder durch Zuschlag in einem Zwangsversteigerungsverfahren entstehen, da das Erbbaurecht nicht automatisch erlischt. 10

Das Erbbaurecht darf nicht mit der **Erbpacht** gleichgesetzt werden; bei der Erbpacht handelt es sich um ein dingliches Nutzungsrecht an einem landwirtschaftlichen Grundstück, das gemäß Art. 64 EGBGB landes-rechtlich zulässig war und unter Aufhebung des Art. 63 BGB mit Kontrollratsgesetz 45 Art. X verboten wurde[5]. Vom Erbbaurecht zu unterscheiden ist auch das Zeiteigentum (time-sharing property) nach dem **Gesetz über die Veräußerung von Teilnutzungsrechten an Wohngebäuden** (Teilzeit-Wohnrechte-Gesetz – TzWrG[6]). 11

Typologisch lassen sich Erbbaurechte wie folgt untergliedern: 12

- Das **Eigentümererbbaurecht:** Es handelt sich hierbei um ein Erbbaurecht, das für den Grundstückseigentümer selbst bestellt wird, ins-besondere wenn dieser auf seinem Grundstück eine bauliche Anlage mit dem Ziel errichten möchte, die bauliche Anlage wegen des Erbbaurechts zu veräußern. Für den Eigentümer hat die Bestellung eines Eigentümererbbaurechts den Vorteil, dass das Erbbaurecht als Sicherungsmittel für die Finanzierung des Vorhabens eingesetzt und mit den entsprechenden Belastungen auf den Erwerber übertragen werden kann. Ein Eigentümererbbaurecht entsteht auch dann, wenn durch den Heimfall gem. § 32 ErbbauRG das Erbbaurecht an den Grund-stückseigentümer übertragen wird oder wenn der Erbbauberechtigte das belastete Grundstück erwirbt.

- Das **Gesamterbbaurecht:** Es handelt sich hierbei um ein einheitliches Erbbaurecht, das gleichzeitig an mehreren Grundstücken bestellt wird, wobei das Eigentum verschiedenen Eigentümern zustehen kann[7]. Nach § 6a GBO ist hierfür Voraussetzung, dass die betroffenen Grundstücke im Bezirk desselben Grundbuch- bzw. Vermessungs-amts liegen und unmittelbar aneinander grenzen. Im ErbbauRG ist ein Gesamt-erbbaurecht nicht vorgesehen, gleichwohl ist es gem. § 6a GBO und § 39 Abs. 2 SachenRBerG unter vorgenannten Bedingungen zulässig, wobei der gesetzliche als auch der vertragliche Inhalt einheitlich sein muss. Es kann bei größeren Bauvorhaben sinnvoll sein.

- **Das Nachbarerbbaurecht**[8]:Es handelt sich hierbei um mehrere selbstständige Erbbaurechte an benachbarten Grundstücken zwecks Errichtung eines Gebäudes. Das Gebäude befindet sich im Gegensatz zum Gesamterb-baurecht auf verschiedenen rechtlich unabhängigen Erbbaurechten. Über die Zulässigkeit des Nach-barerbbaurechts besteht ein Meinungsstreit[9]. Als subjektiv-dingliches Recht für das herrschen-de Grundstück ist das Nachbarerbbaurecht in den in § 39 Abs. 3 SachenRBerG genannten Fällen zulässig. Das Gesamt- und das Nachbarerbbaurecht regeln die Bebauung im Erbbaurecht bei Grenzüberschreitung. Dazu zählt auch der Überbau im Erbbaurecht. In diesen Fällen gelten die gesetz-lichen Vorschriften nach §§ 912 ff. BGB.

- Das **Untererbbaurecht (§ 6a GBO):** Es handelt sich hierbei um ein Erbbaurecht an einem anderen Erbbaurecht, dem sog. Obererbbaurecht. Belastungsgegenstand des Untererbbaurechts ist mithin das Obererbbaurecht. Innerhalb der Grenzen, die sich aus dem Obererbbaurecht ergeben, ermöglicht es dem Untererbbaurechtsnehmer die bauliche Nutzung des durch das Obererbbaurecht belasteten Grundstücks[10]. Da ein Erbbaurecht belastet werden kann, ergibt sich, dass ein Erbbaurecht an einem Erbbaurecht entstehen kann. Es darf nicht

5 Ingenstau/Hustedt, Komm. zum Erbbaurecht, 10. Aufl. Düsseldorf 2014, § 1 Rn. 10.

6 Teilzeit-Wohnrechte-Gesetz – TzWrG vom 20.12.1996 (BGBl. I, 1996S. 2154). Das Gesetz regelte die Teilnutzungen (Timesharing) von Ferienwohnungen -häusern im Ausland. Das Gesetz wurde am 01.01.2002 außer Kraft gesetzt. Die §§ 481 bis 485 BGB ersetzten das TzWrG.

7 BGH, Urt. vom 21.11.1975 – V ZR 21/74 –, BGHZ 65, 345 = EzGuG 7.42a sowie OLG Stuttgart, Beschl. vom 17.01.1975 – 8 W 281/73 –, NJW 1975, 786 = EzGuG 7.40.

8 Linde/Richter, Erbbaurecht und Erbbauzins, 3. Aufl. 2001, S. 18; Oefele, v./Winkler,a.a.O. 5. Aufl., S. 108.

9 Oefele, v./Winkler, a. a. O. 5. Aufl., S. 108, Rn. 3.71; Ingenstau/Hustedt, ErbbauRG, Komm., 11. Aufl. S. 47, Rn. 91.

10 BGH, Urt. vom 22.02.1974 – V ZR 67/72 –, BGHZ 62, 179 = EzGuG 7.36.

mit der Aufteilung eines Erbbaurechts in einzelne selbstständige Erbbaurechte verwechselt werden. Das Untererbbaurecht findet z.B. dort Anwendung, wo ein großes mit einem Erbbaurecht belastetes Grundstück aufgeteilt und mehrere einzelne Häuser in Wohnungs- und/oder Teilerbbaurechten errichtet werden sollen.

- Das **Wohnungs- und Teilerbbaurecht:**Es handelt sich hierbei um eine Bruchteilsberechtigung am Erbbaurecht nach § 30 WEG, verbunden mit dem Sondereigentum an einer abgeschlossenen Wohnung (Wohnungserbbaurecht) oder an nicht zu Wohnzwecken dienenden Räumen (Teilerbbaurecht). Im Unterschied zum Wohnungs- oder Teileigentum tritt an die Stelle des Miteigentumsanteils am Grundstück der Mitberechtigungsanteil am Erbbaurecht[11] mit allen geltenden Vorschriften zum Wohnungs- und Teileigentum.

2.1.1.2 Bestellung von Erbbaurechten

13 Das **Erbbaurecht entsteht durch die Einigung** zwischen dem Grundstückseigentümer und dem Erbbauberechtigten sowie der notariell beurkundeten Eintragung des Erbbaurechts in Abt. II (an erster Rangstelle) des Grundbuchs des belasteten Grundstücks und gleichzeitiger Anlegung eines separat zum Grundbuch des Grundstückseigentümers für das bestellte Erbbaurecht angelegten Erbbaugrundbuchs (§ 29 GBO).**Belastungen und Verkäufe** des Erbbaurechts bedürfen der Zustimmung des Grund-stücks-eigentümers.

14 Das **Erbbaugrundbuch** besteht aus einem besonderen separat zum Grundbuch des Grundstücks-eigentümers für das bestellte Erbbaurecht angelegtes Grundbuchblatt. In das Bestandsverzeichnis des Erbbaugrundbuchs werden die Bezeichnung Erbbaurecht, das belastete Grundstück, die Dauer des Erbbaurechts, der jeweilige Grundstückseigentümer sowie Vereinbarungen über Veräußerungs- und Belastungsbeschränkungen eingetra-gen.

15 Die **Belastung durch das dingliche Recht** ist stets in Abt. II des Grundbuchs des dienenden Grundstücks eingetragen (§ 96 BGB). Das mit einem Erbbaurecht belastete Grundstück ist das **Erbbaugrundstück.**

16 **Ein Grundstück kann nur im Ganzen mit einem Erbbaurecht belastet werden** (§ 1 Abs. 1 ErbbauRG). Im Bestandsverzeichnis des herrschenden Grundstücks kann deklaratorisch ein sog. Herrsch-vermerk eingetragen werden (§ 9 Abs. 1 GBO). Zum Zweck der **Bewertung des Herrschvermerks** kann in die entsprechende Urkunde (Eintragungsbewilligung) in die Grundakte Einblick genommen werden

17 Die Bestellung eines Erbbaurechts an einem Grundstücksteil oder einem Miteigentumsanteil ist unzulässig. Soll das Erbbaurecht an einem realen Grundstücksteil bestellt werden, so muss es infolgedessen als selbstständiges Grundstück im Grundbuch eingetragen werden (§ 7 GBO). Zulässig ist bei alledem die Beschreibung der Ausübung eines auf das ganze Grundstück bestellten Erbbaurechts auf einen bestimmten realen Teil des Grundstücks. Die Festlegung der Grundstücks-teilfläche, die als Ausübungsbereich gelten soll, kann rechtsgeschäftlich erfolgen[12]. Es ist aber auch ausreichend, wenn der Ausübungsbereich der tatsächlichen Ausübung überlassen bleibt. Für den festgestellten und überlassenen Ausübungsbereich bezieht sich § 1 Abs. 2 ErbbauRG dann nur auf die Teilfläche, wenn diesbezüglich das Bauwerk wirtschaftlich die Hauptsache darstellt[13]. Ist die Ausübung auf eine Teilfläche des Grundstücks beschränkt, so ist bei der Wertermittlung zwischen Ausübungs- und Belastungsfläche zu unterscheiden.[1] Die Rechtsgeschäftlichkeit wird durch eine Willenserklärung, die auf das Herbeiführen einer Rechtsfolge gerichtet ist, bewirkt. In diesem Falle bezieht sich die Beschränkung der Ausübung des Erbbaurechts auf den festgelegten Grundstücksbereich.

---

11 Weber, GuG 2001, 88

12 Die Rechtsgeschäftlichkeit wird durch eine Willenserklärung, die auf das Herbeiführen einer Rechtsfolge gerichtet ist, bewirkt. In diesem Falle bezieht sich die Beschränkung der Ausübung des Erbbaurechts auf den festgelegten Grundstücksbereich.

13 Böttcher, a.a.O., S. 8,9, Rn. 35 bis 38.

Das Erbbaurecht kann nach § 10 Abs. 1 Satz 1 ErbbauRG ausschließlich **nur zur ersten Rangstelle**[14] **bestellt werden**. Dieser Rang kann nicht geändert werden (zu den Ausnahmen vgl. § 10 Abs. 1 Satz 2 ErbbauRG). Damit ist gewährleistet, dass das Erbbaurecht in der Zwangsversteigerung des Erbbaurecht-grund-stücks nicht erlischt. 18

2.1.1.3 Veräußerung und Vererbung von Erbbaurechten

Die Belastung eines Grundstücks mit einem Erbbaurecht ist nach § 1 ErbbauRG veräußerlich und vererblich. Die **Veräußerungsbefugnis** kann grundsätzlich nicht abgedungen werden, wohl aber nach Maßgabe der §§ 5 bis 8 ErbbauRG eingeschränkt/modifiziert bzw. von der Zustimmung (§ 5 Abs. 1 ErbbauRG) abhängig gemacht werden. Wird der mit dem Erbbaurecht verfolgte Zweck bei einer Veräußerung erfüllt und gewährt die Person des Erwerbers die Erfüllung der Verpflichtungen aus dem Erbbaurechtsvertrag, so kann die Zustimmung nicht versagt werden (§ 7 ErbbauRG). Eine Übertragung im Rahmen einer **vorweggenommenen Erbfolge** ist einer Veräußerung gleichzustellen. Die Partei-autonomie findet ihre Grenzen im generellen Verbot eines Verstoßes gegen die guten Sitten (§ 138 Abs. 1 BGB) und dem Grundsatz von Treu und Glauben (§ 242 BGB). Im Falle eines Vertrags-verstoßes kommen die Regelungen des BGB und das Institut der positiven Vertragsverletzung zur Anwendung. Darüber hinaus regelt § 2 Nr. 5 ErbbauRG die Vertragsstrafen. Sie ermöglichen es dem Eigentümer, den Erbbauberechtigten nach Maßgabe der §§ 339 bis 345 BGB zur ordnungsgemäßen Erfüllung der im Erbbauvertrag übernommenen Verpflichtungen anzuhalten. 19

Als **Veräußerung eines Erbbaurechts** gelten alle rechtsgeschäftlichen Übertragungen des Erbbaurechts unter Lebenden und der Erwerb des Erbbaurechts auf Grund Zuschlags in der Zwangsver-steigerung (§ 8 ErbbauRG). Nicht zur Veräußerung gehören 20

- die Übertragung eines **Erbteils** (keine Übertragung des Erbbaurechts, sondern nur Mitberechtigung),
- die Aufteilung des Erbbaurechts in Wohnungs- und Teilerbbaurechte,
- die Bestellung eines Untererbbaurechts und
- die Bestellung eines dinglichen Vorkaufsrechts zugunsten Dritter (§ 1103 BGB).

Rechtsgrundlage für Erbbaurechte, die bereits vor dem 22.01.1919 begründet wurden, sind die §§ 1012 bis 1017 BGB. Diese Vorschriften sind durch die Erbbaurechtsverordnung (§ 35 ErbbauVO) abgelöst worden und damit weggefallen. Die Erbbaurechtsverordnung wurde – inhaltlich unverändert – mit der Verordnung vom 30.11.2007 in Erbbaurechtsgesetz[15] (ErbbauRG) umbenannt.

14 Gemäß § 10 Abs. 2 ErbbauRG können jedoch durch landesrechtliche Verordnungen Bestimmungen getroffen werden, nach denen bei der Bestellung von Erbbaurechten von dem Erfordernis der ersten Rangstelle abgewichen werden kann.

15 Gesetz über das Erbbaurecht (Erbbaurechtsgesetz – ErbbauRG) vom 25.01.1919, in der im BGBl. III, Gliederungsnummer 403-6 veröffentlichten bereinigten Fassung, das zuletzt durch Art. 4 Abs. 7 des Gesetzes vom 01.10. 2013 (BGBl. I S. 2013, 3719) geändert worden ist. Zur Entstehung vgl. Glaß/Scheidt, Das Erbbaurecht, Komm. Carl Heymann Berlin 1919.

Abb. 1: Situation beim Erbbaugrundbuch

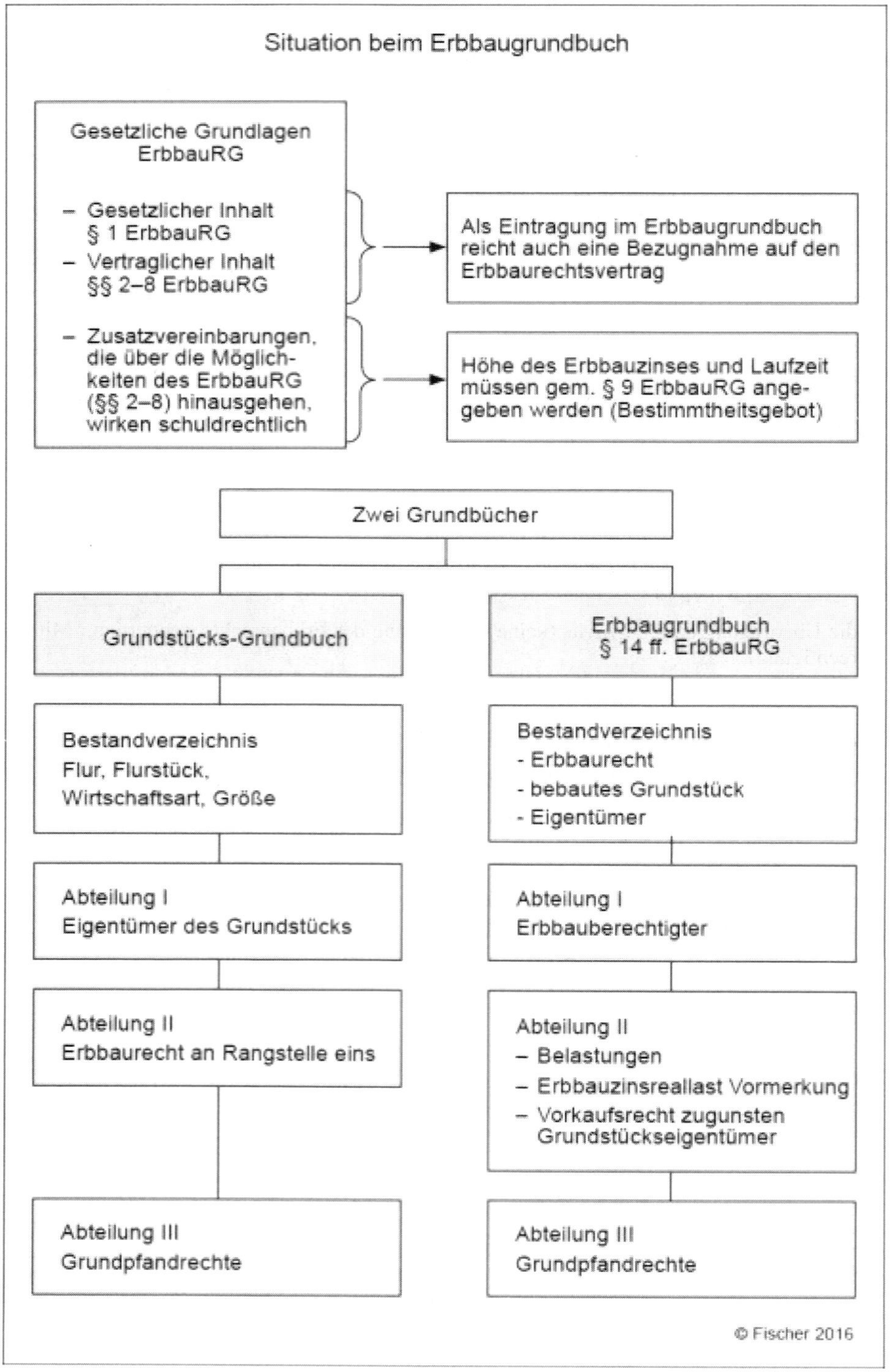

2.1.1.4 Erlöschen von Erbbaurechten

a) Beendigung des Erbbaurechts durch Zeitablauf

Das **Erbbaurecht erlischt durch Zeitablauf**, ohne dass es einer Aufhebung oder Verzichtserklärung bedarf. Damit wird das Grundbuch unrichtig. Auf Antrag des Grundstückseigentümers und des Erbbauberechtigten (§ 19 GBO) wird das Erbbaurecht im Grundbuch gelöscht und das Erbbau-grundbuch geschlossen (§ 46 Abs. 1 GBO). **21**

Bei einem einseitigen Antrag des Grundstückseigen-tümers kann eine Grundbuchberichtigung nur dann erfolgen, wenn gleichzeitig die Entschädigungs-forderung des Erbbauberechtigten für den Eigentumsverlust an dem Bauwerk (soweit im Erbbaurechtsvertrag geregelt) eingetragen wird[16]. Da nach § 28 ErbbauRG die Entschädigungs-forderung auf dem Grundstück an Stelle des Erbbaurechts und mit an dessen Rangstelle haftet. **22**

Bei Erlöschen des Erbbaurechts durch Zeitablauf fällt das aufstehende Gebäude in das Eigentum des Grundstückseigentümers. Der Grundstückseigentümer hat nach § 27 Abs. 1 Satz 1 ErbbauRG dem Erbbaube-rechtigten eine **angemessene Entschädigung für das Bauwerk** zu leisten. **23**

Der Grundstückseigentümer hat nach § 27 Abs. 1 Satz 1 ErbbauRG dem Erbbauberechtigten grundsätzlich eine Entschädigung für das Bauwerk zu leisten. Diese bemisst sich nach dem *gemeinen Wert des Bauwerks* unter Berücksichtigung der Lage auf dem Grundstücksmarkt zum Zeitpunkt des Ablaufs des Erbbaurechts (Zeitwert). Gemeiner Wert i.S. des ErbbauRG ist dabei der Verkehrswert (-anteil) des Bauwerks[17]. **24**

Abb. 2: Erlöschen des Erbbaurechts

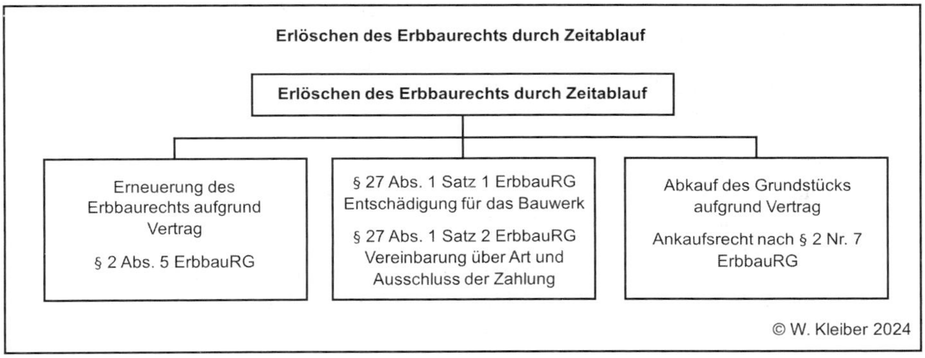

- Nach § **27 Abs. 1 Satz 2 ErbbauRG** können „Vereinbarungen über die Höhe der Entschädigung und die Art ihrer Zahlung sowie über ihre Ausschließung getroffen werden". Es muss deshalb in jedem Fall der Erbbaurechtsvertrag geprüft werden, ob und welche rechtswirksamen Vereinbarungen insbesondere über die Höhe der Entschädigung getroffen worden sind. **25**
- Ist das Erbbaurecht zur Befriedigung des *Wohnbedürfnisses minderbemittelter Bevölkerungskreise* bestellt, so muss die Entschädigung mindestens zwei Dritteile des gemeinen Werts (des Verkehrswerts) betragen, den das Bauwerk bei Ablauf des Erbbaurechts hat (§ 12 Abs. 3 und § 27 ErbbauRG; vgl. § 48 ImmoWertV Rn. 29, 62). Auf eine abweichende Vereinbarung kann sich der Grundstückseigentümer nicht berufen.

16 Da nach § 28 ErbbauRG die Entschädigungs-forderung auf dem Grundstück an Stelle des Erbbaurechts und mit an dessen Rangstelle haftet.[1] BGH, Beschl. vom 11.04.2013 - V ZB 109/12 -, BGHZ 197, 140 = EzGuG 7.160.

17 BGH, Urt. vom 06.12.1974 - V ZR 95/73 -, WM 1975, 256 = EzGuG 11.95; BGH, Urt. vom 06.02.1976 - V ZR 191/74 -, NJW 1976, 895 = EzGuG 7.47.

– Darüber hinaus kann der Eigentümer nach § 27 Abs. 3 ErbbauRG die Entschädigung dadurch abwenden, dass er dem Erbbauberechtigten das Erbbaurecht vor dessen Ablauf für die voraussichtliche „**Standdauer des Bauwerks**" verlängert. Wenn dieser das ablehnt, erlischt der Anspruch auf Entschädigung. Dabei ist unter „Standdauer des Bauwerks" nicht die zu erwartende technische Restlebensdauer, sondern die wirtschaftliche Restnutzungsdauer des Bauwerks zu verstehen.

26 **§ 27 Abs. 1 bis 3 ErbbauRG** hat folgende Fassung:

„(1) Erlischt das Erbbaurecht durch Zeitablauf, so hat der Grundstückseigentümer dem Erbbauberechtigten eine Entschädigung für das Bauwerk zu leisten. Als Inhalt des Erbbaurechts können Vereinbarungen über die Höhe der Entschädigung und die Art ihrer Zahlung sowie über ihre Ausschließung getroffen werden.

(2) Ist das Erbbaurecht zur Befriedigung des Wohnbedürfnisses minderbemittelter Bevölkerungskreise bestellt, so muss die Entschädigung mindestens zwei Dritteile des gemeinen Werts betragen, den das Bauwerk bei Ablauf des Erbbaurechts hat. Auf eine abweichende Vereinbarung kann sich der Grundstückseigentümer nicht berufen.

(3) Der Grundstückseigentümer kann seine Verpflichtung zur Zahlung der Entschädigung dadurch abwenden, dass er dem Erbbauberechtigten das Erbbaurecht vor dessen Ablauf für die voraussichtliche Standdauer des Bauwerks verlängert; lehnt der Erbbauberechtigte die Verlängerung ab, so erlischt der Anspruch auf Entschädigung. Das Erbbaurecht kann zur Abwendung der Entschädigungspflicht wiederholt verlängert werden."

27 Zu den **minderbemittelten Bevölkerungskreisen** wird allgemein die Auffassung vertreten, dass sich dieser Begriff mit dem „sozialen Wohnungsbau" (soziale Wohnraumförderung) decke[18]. Die Tatsache, dass ein Bauwerk im steuerbegünstigten Wohnungsbau errichtet worden ist, soll dagegen nicht ausreichen. Das KG Berlin hat im Übrigen zu diesem Begriff die Auffassung vertreten, dass nicht jeder, der mit seiner Familie die Einkommenshöchstgrenzen des II. WoBauG nicht überschreitet und daher Förderungsmaßnahmen in Anspruch nehmen kann, zu den minderbemittelten Bevölkerungskreisen gehört[19]. Maßgebend ist nicht alleine die Tatsache, dass der Erbbauberechtigte selber dem o.g. Personenkreis angehört, sondern Voraussetzung ist der Nutzungszweck. D.h.,entscheidend ist, dass das Objekt zur Vermietung an diesen Personenkreis erstellt worden ist[20].

b) Beendigung des Erbbaurechts bei Heimfall

28 Als **Heimfall** definiert § 2 Nr. 4 ErbbauG eine *„Verpflichtung des Erbbauberechtigten, das Erbbaurecht beim Eintreten bestimmter Voraussetzungen auf den Grundstückseigentümer zu übertragen (Heimfall)"*.
Für die Übertragung bedarf es der **Einigung in notariell beurkundeter Form** (§ 925 BGB) und der Eintragung in das Grundbuch (§ 873 BGB). Insoweit ist der Begriff „Heimfall" irreführend, denn das Erbbaurecht fällt bei Vertragsverletzung nicht automatisch in das Eigentum des Grundstückseigentümers.

29 Eine Vereinbarung, die den Erbbauberechtigten verpflichtet, beim Eintreten bestimmter Voraussetzungen das Erbbaurecht auf den Grundstückseigentümer zu übertragen, gehört damit grundsätzlich zum vertragsgemäßen Inhalt des Erbbaurechts und kann nicht abbedungen werden. Der Eigentümer hat danach einen **vertraglichen Anspruch auf Übertragung des Erbbaurechts**. Nach § 3 ErbbauRG kann der Grundstückseigentümer verlangen, das Erbbaurecht auf einen von ihm zu bezeichnenden Dritten zu übertragen[21].

30 Sofern am Wertermittlungsstichtag der **Heimfallanspruch** geltend gemacht worden ist, bestimmt sich der der nicht zu vergütende Wertanteil an den baulichen und sonstigen Anlagen nach den dafür im Erbbaurechtsvertrag getroffenen vertraglichen Vereinbarungen ü*ber die Höhe der Vergütung und* die Art der Zahlung sowie ihre Ausschließung. Ohne eine vertragli-

18 Ingenstau, Komm. zum Erbbaurecht, 5. Aufl., § 27 Rn. 10 unter Hinweis auf LG Frankfurt am Main, Urt. vom 8.11.1967 – II 72/63 –, DNotZ 1969, 222; a.A. Staudinger/Ring, BGB, § 27 ErbbauVO Rn. 12.
19 KG Berlin, Beschl. vom 17.10.1980 – 1 W 3363/80 –, OLGZ 1981, 266 = EzGuG 7.79.
20 V. Oefele/Winkler, Handbuch des Erbbaurechts, a.a.O., S. 175, Rn. 4.115.
21 Weichhaus, Rpfleger 1979, 329; Scharen, Rpfleger 1983, 342.

che Vereinbarung über den Heimfall kann der Grundstückseigentümer auch nicht unter Berufung auf § 242 BGB (Leistung nach Treu und Glauben) einen Heimfall beanspruchen.

Vertragliche Voraussetzungen können z.B. sein: 31

- ein Zahlungsverzug des Erbbauberechtigten bei Zahlung des Erbbauzinses gemäß § 9 Abs. 3 ErbbauRG,
- eine Nutzungsänderung des aufstehenden Gebäudes, die vertraglich ausgeschlossen war,
- eine Nichterfüllung von Instandhaltungspflichten[22] nach fruchtlos abgelaufener Frist,
- eine Eröffnung eines Insolvenzverfahrens über das Vermögen des Erbbauberechtigten,
- eine Belastung in Abteilung II des Grundbuchs ohne vorherige Zustimmung des Grundstückseigentümers, die nicht einer Hypothek, Grund- oder Rentenschuld entspricht bzw. den Inhalt einer Hypothek, Grund- oder Rentenschuld ändert, die eine weitere Belastung des Erbbaurechts enthält (§ 5 Abs. 2 ErbbauG),
- ein vertragswidriges Austreten aus der Kirche bzw. kirchenfeindliche Betätigung (nur bei Erbbaurechten, die von der Kirche vergeben wurden).

Nach § 32 Abs. 1 ErbbauRG ist bei einem für den Wohnbedarf minderbemittelter Bevölkerungskreise bestellten Erbbaurecht grundsätzlich eine **angemessene Vergütung für das Erbbaurecht** zu gewähren, sofern keine Ausschließung vertraglich vereinbart wurde. Die Zahlung einer angemessenen Vergütung kann nicht ausgeschlossen werden, wenn das Erbbaurecht zur Befriedigung des Wohnbedürfnisses minderbemittelter Bevölkerungskreise bestellt wurde (vgl. § 48 ImmoWertV Rn. 11; § 32 Abs. 2 Satz 1 ErbbauRG). Im Übrigen bestimmt sich die **Heimfallvergütung** nach § 32 Abs. 2 Satz 3 ErbbauRG nach dem Verkehrswert zum Zeitpunkt der Übertragung[23] und nicht schon mit der Geltendmachung des Heimfallrechts. 32

§ 32 ErbbauRG hat folgende Fassung: 33

„(1) Macht der Grundstückseigentümer von seinem Heimfallanspruch Gebrauch, so hat er dem Erbbauberechtigten eine angemessene Vergütung für das Erbbaurecht zu gewähren. Als Inhalt des Erbbaurechts können Vereinbarungen über die Höhe dieser Vergütung und die Art ihrer Zahlung sowie ihre Ausschließung getroffen werden.

(2) Ist das Erbbaurecht zur Befriedigung des Wohnbedürfnisses minderbemittelter Bevölkerungskreise bestellt, so darf die Zahlung einer angemessenen Vergütung für das Erbbaurecht nicht ausgeschlossen werden. Auf eine abweichende Vereinbarung kann sich der Grundstückseigentümer nicht berufen. Die Vergütung ist nicht angemessen, wenn sie nicht mindestens zwei Drittel des gemeinen Wertes des Erbbaurechts zur Zeit der Übertragung beträgt."

Macht der Grundstückseigentümer von seinem **Heimfallanspruch** Gebrauch, so hat er nach § 32 Abs. 1 ImmoWertV dem Erbbauberechtigten eine „angemessene Vergütung für das Erbbaurecht" zu gewähren. Als Inhalt des Erbbaurechts können Vereinbarungen über die Höhe dieser Vergütung und die Art ihrer Zahlung sowie ihre Ausschließung getroffen werden. 34

Als **„angemessene Vergütung"** wird dessen Verkehrswert angesehen. 35

Eine Besonderheit gilt nach § 32 Abs. 2 ErbbauG wiederum für den Fall, dass das Erbbaurecht zur Befriedigung der **Wohnbedürfnisse minderbemittelter Bevölkerungskreise** bestellt worden ist. Die Zahlung einer „angemessenen Vergütung" für das Erbbaurecht darf für diesen Fall nicht ausgeschlossen werden und muss mindestens zwei Drittel des gemeinen Werts (des Verkehrswerts) des Erbbaurechts zur Zeit der Übertragung betragen; abweichende Vereinbarungen sind unbeachtlich. 36

22 Für Schäden, die infolge unterlassener Instandhaltungspflichten an dem Gebäude entstanden sind, haftet der Erbbauberechtigte (LG Dortmund, Urt. vom 2.9.1999 – 3 O 372/98 –, GuG 2001, 256 = EzGuG 7.129).

23 BGH, Urt. vom 20.4.1990 – V ZR 301/88 –, BGHZ 111, 154 = EzGuG 1.09; BGH, Urt. vom 22.11.1991 – V ZR 187/90 –, BGHZ 116, 161 = EzGuG 7.114b.

37 Zu den **minderbemittelten Bevölkerungskreisen** wird allgemein die Auffassung vertreten, dass sich dieser Begriff mit dem „sozialen Wohnungsbau" (soziale Wohnraumförderung) decke[24]. Die Tatsache, dass ein Bauwerk im steuerbegünstigten Wohnungsbau errichtet worden ist, soll dagegen nicht ausreichen. Das KG Berlin hat im Übrigen zu diesem Begriff die Auffassung vertreten, dass nicht jeder, der mit seiner Familie die Einkommenshöchstgrenzen des II. WoBauG nicht überschreitet und daher Förderungsmaßnahmen in Anspruch nehmen kann, zu den minderbemittelten Bevölkerungskreisen gehört[25]. Maßgebend ist nicht alleine die Tatsache, dass der Erbbauberechtigte selber dem o.g. Personenkreis angehört, sondern Voraussetzung ist der Nutzungszweck. Entscheidend ist, dass das Objekt zur Vermietung an diesen Personenkreis erstellt worden ist[26].

38 Der Begriff Bauwerk ist nicht gesetzlich geregelt. Als **Bauwerk**[27] i.S. des § 1 Abs. 1 und § 37 Abs. 1 Satz 1 ErbbauRG ist eine unter Verwendung von Material und Arbeit i.V.m. dem Erdboden hergestellte Sache zu verstehen (vgl. Rn 62). Der Ausdruck bezeichnet dabei nicht nur das Bauwerk als Ganzes, sondern auch einzelne Bauteile und Bauglieder, unabhängig davon, ob sie äußerlich hervortreten oder körperlich abgesetzt in Erscheinung treten. Es muss sich dabei auch nicht um ein Gebäude handeln; vielmehr fallen auch Brücken, Gleisanlagen, Kanalisationsanlagen, Schwebe- und Drahtseilbahnen, als Grabdenkmal gemauerte Gruften, befestigte Straßen, Leitungsmasten, Golf- und Sportplätze sowie Campingplätze und dgl. darunter. Das auf Grund eines Erbbaurechts errichtete Bauwerk ist nach § 12 Abs. 1 ErbbauRG wesentlicher Bestandteil des Erbbaurechts und nicht des mit einem Erbbaurecht belasteten Grundstücks. Eigentümer des Bauwerks ist mithin der Erbbauberechtigte.

39 Sofern sich der Erbbaurechtsnehmer verpflichtet hat, die **Erschließungsmaßnahmen** des Grundstücks zu übernehmen, um das Bauwerk zu errichten und zu nutzen, stellen die Erschließungsanlagen nach *Oefele*[28] einen Teil der Baumaßnahmen dar. Insofern ist bei der Bemessung der Entschädigung auch der Erschließungszustand zu berücksichtigen, da der Erbbaurechtsgeber ein erschließungsbeitragsfreies Grundstück zurückbekommt.

40 Anders als bei der Beendigung des Erbbaurechts bleiben die im Zeitpunkt des Heimfalls auf dem Erbbaurecht **ruhenden Hypotheken-, Grund- und Rentenschulden sowie Reallasten** bestehen, soweit sie nicht dem Erbbauberechtigten selbst zustehen. Bestehen bleiben auch Dauerwohn- und Dauernutzungsrechte (§ 31 sowie § 41 Abs. 2 WEG) sowie Vormerkungen eines gesetzlichen Anspruchs auf Eintragung einer Sicherungshypothek.

2.1.2 Inhalt von Erbbaurechten

2.1.2.1 Überblick

41 Das Erbbaurecht setzt sich inhaltlich zusammen aus

a) dem *gesetzlichen* Mindestinhalt des Erbbaurechts (§§ 1, 3 und 12 ErbbauRG) und

b) dem *vertraglichen* Inhalt des Erbbaurechts (§§ 2 bis 8 ErbbauRG).

---

24 Ingenstau, Komm. zum Erbbaurecht, 5. Aufl., § 27 Rn. 10 unter Hinweis auf LG Frankfurt am Main, Urt. vom 08.11.1967 – II 72/63 –, DNotZ 1969, 222; a.A. Staudinger/Ring, BGB § 27 ErbbauVO Rn. 12.

25 KG Berlin, Beschl. vom 17.10.1980 – 1 W 3363/80 –, OLGZ 1981, 266 = EzGuG 7.79.

26 Oefele/Winkler, Handbuch des Erbbaurechts, a.a.O., S. 175, Rn. 4.115.

27 BGH, Urt. vom 24.02.2016 – VIII ZR 38/15 –, NJW 2016, 2645; BGH, Urt. vom 20.05.2003 – X ZR 57/02 –, NJW-RR 2003, 1320; BGH, Urt. vom 15.05.1997 – VII ZR 287/95 –, NJW-RR 1998, 89; Oefele, v., MittBayNot 1992, 29; Ripfel DNotZ 1958, 455.

28 Oefele/Winkler, 5. Aufl., S. 148, Rn. 4.46, so auch Ingenstau/Hustedt, ErbbauRG, 10. Aufl. S. 72, Rn. 23; Winkler/Schlögel, a.a.O., S. 34 ff.; Oefele, v., MittBayNot 1992, 29; Ripfel, DNotZ 1958, 455.

2.1.2.2 Gesetzlicher Inhalt

Zum gesetzlichen Mindestinhalt des Erbbaurechts gehört nach den §§ 1, 3 und 12 ErbbauRG insbesondere, dass 42

- das Erbbaurecht nur die *bauliche Nutzung* eines fremden Grundstücks zum Inhalt haben kann (§ 1 ErbbauRG),
- das Erbbaurecht *nur für bestimmte natürliche oder juristische Personen* bestellt werden kann,
- die *Art des Bauwerks konkretisiert wird und*
- die *Laufzeit des Rechts* angegeben wird.

2.1.2.3 Vertraglicher Inhalt

in Ergänzung des gesetzlichen Mindestinhalts des Erbbaurechts haben die Vertragsparteien die Möglichkeit im Erbbaurechtsvertrag weitere Vereinbarungen vertraglich zu treffen. **Grundlage für die Bestellung von Erbbaurechten und dem vertraglichen Inhalt des Erbbaurechts ist der Erbbauvertrag.** Er beinhaltet sämtliche Verein-barungen und bedarf nach § 11 Abs. 2 ErbbauRG i.V.m. 311b Abs. 1 BGB der notariellen Beurkundung. Das Erbbaurecht entsteht allerdings erst mit 43

- der Eintragung des Erbbaurechts in Abt. II des Grundstücks an erster Rangstelle und
- der Anlegung eines besonderen Erbbaugrundbuchs für das Erbbaurecht

Der vertragliche Inhalt des Erbbaurechts erhält damit dinglichen Charakter und ist sowohl für den derzeitigen Grundstückseigentümer, als auch für dessen Rechtsnachfolger wirksam. Schuldrechtliche Vereinbarungen, die dinglich nicht gesichert sind, können dagegen bei einem Verkauf oder einer Übertragung untergehen. 44

Im Normalfall gelten vertragliche Regelungen nur schuldrechtlich. Weitere Vereinbarungen werden im Erbbaurechtsvertrag festgelegt. Sie brauchen nicht im Grundbuch eingetragen zu werden, es genügt die Bezugnahme im Grundbuch auf den Erbbaurechtsvertrag. Mit der Bezugnahme im Grundbuch auf den Erbbaurechtsvertrag gelten die **Vereinbarungen** als **vertragsgemäßer Inhalt des Erbbaurechts** (§§ 2 bis 8 ErbbauRG). 45

Diese Regelungen sind insbesondere:

a) **Vereinbarungen über den Erbbauzins** einschließlich seiner Anpassungsmöglichkeiten (Wertsicherungsklauseln) oder den Ausschluss der Anpassung des Erbbauzinses gegebenenfalls unter Berücksichtigung einer bei Abschluss des Erbbaurechtsvertrags bereits vorhandenen Bebauung,

b) **Vereinbarungen über die Dauer des Erbbaurechts** (Laufzeit, Gesamt- und Restlaufzeit des Erbbaurechts),

c) **Vereinbarung über die Errichtung, Instandhaltung und Verwendung des Bauwerks (§ 2 Nr. 1 ErbbauRG)**, z.B. die ausdrückliche Bauverpflichtung innerhalb eines festgelegten Zeitraums; Konkretisierung der Art und Größe des Bauwerks; Verpflichtung des Erbbauberechtigten zur turnusmäßigen Durchführung von Schönheitsreparaturen; Verpflichtung des Erbbauberechtigten, nur an bestimmte Personenkreise zu vermieten u.a.m.,

d) **Vereinbarung über die Versicherung des Bauwerks und seinen Wiederaufbau im Falle der Zerstörung (§ 2 Nr. 2 ErbbauRG)**, z.B. für welche Schadensfälle Versicherungen abgeschlossen werden sollen und welche Mindestversicherungssummen zu vereinbaren sind (z.B. zum gleitenden Neuwert); Verpflichtung des Erbbauberechtigten zum Wiederaufbau des Gebäudes im Falle der Zerstörung u.a.m.,

e) **Vereinbarung über die Tragung öffentlicher Lasten und Abgaben (§ 2 Nr. 3 ErbbauRG)**, z.B. Verpflichtung des Erbbauberechtigten zur Tragung der Lasten, die auf dem Grundstück selbst ruhen (Erschließungskosten lasten auf dem Erbbaurecht und nicht auf dem belasteten Grundstück) u.a.m. (vgl. § 49 ImmoWertV Rn. 32; § 2 Nr. 3 ErbbauRG, § 134 Abs. 1 Satz 2 BauGB). Auch wenn bezüglich der Erschließungsbeiträge keine Vereinbarungen getroffen wurden, sind diese vom Erbbaurechtsnehmer zu tragen.

f) Vereinbarungen über die **Ausgleichsbetragspflicht des Eigentümers** nach § 154 BauGB und **Geldleistungen in Umlegungsverfahren** nach den §§ 57 bis 61 BauGB,

g) **Vereinbarung über die Verpflichtung des Erbbauberechtigten, das Erbbaurecht beim Eintreten bestimmter Voraussetzungen auf den Grundstückseigentümer zu übertragen (Heimfall**; § 2 Nr. 4 ErbbauRG), z.B. bei Eintritt bestimmter Umstände (z.B. Zahlungsverzug des Erbbauberechtigten bei Zahlung des Erbbauzinses gemäß § 9 Abs. 3 ErbbauRG; Nutzungsänderung des aufstehenden Gebäudes, die vertraglich ausgeschlossen war) kann der Erbbauverpflichtete vom Erbbauberechtigten verlangen, das Erbbaurecht vor Zeitablauf auf ihn zu übertragen (Heimfallanspruch); auch in diesem Fall ist das Gebäude angemessen (zum Zeitwert) zu entschädigen (vgl. Rn. 73),

h) **Vereinbarung über die Verpflichtung des Erbbauberechtigten zur Zahlung von Vertragsstrafen** (§ 2 Nr. 5 ErbbauRG), z.B. Vereinbarung, dass bei gewissen Vertragsverletzungen der Erbbauberechtigte eine Vertragsstrafe in einer bestimmten Höhe oder einen erhöhten Erbbauzins zu zahlen hat,

i) **Vereinbarung über die Einräumung eines Vorrechts für den Erbbauberechtigten auf Erneuerung des Erbbaurechts nach dessen Ablauf** (§ 2 Nr. 6 ErbbauRG); diese Vereinbarung ist keine Verlängerung, sondern ein Neuabschluss, etwa vergleichbar mit dem dinglichen Vorkaufsrecht, entsprechenden Anspruch für den Fall dar, dass der Grundstückseigentümer nach Ablauf der Erbbaurechtszeit innerhalb der folgenden drei Jahre an demselben Grundstück mit einem Dritten einen Vertrag über ein Erbbaurecht mit gleichem wirtschaftlichen Zweck abgeschlossen hat (§ 31 Abs. 1 S. 1 ErbbauRG). Ausgeschlossen ist das Vorrecht dann, wenn das zu bestellende Erbbaurecht mit einem Dritten einem anderen wirtschaftlichen Zweck dienen soll und die Dreijahresfrist verstrichen ist. Aufgrund dieser Konstellation hat das Vorrecht auf Erneuerung keine praktische Bedeutung[29].

j) **Vereinbarung über die Verpflichtung des Grundstückseigentümers, das Grundstück während der Dauer des Bestehens des Erbbaurecht an den jeweiligen Erbbauberechtigten zu veräußern** (Ankauffsrecht[30] § 2 Nr. 7 ErbbauRG), Anspruch des Erbbauberechtigten, dass ihm der Grundstückseigentümer das Grundstück verkauft: Bei Inanspruchnahme entsteht ein Eigentümererbbaurecht (Ankaufsberechtigungen bzw. -verpflichtungen). Im Gegensatz dazu können beide Beteiligten auch eine Ankaufsverpflichtung des Erbbauberechtigten zu bestimmten Bedingungen (Kaufzwangklausel) vereinbaren. Diese Verpflichtung kann jedoch nur schuldrechtlich vereinbart werden. Für die Wertermittlung des Erbbaurechts ergeben sich hier Besonderheiten.

Ansonsten sind die Parteien hinsichtlich der vertraglichen Ausgestaltung des Ankaufsrechts frei. Wird das Ankaufsrecht ausgeübt, so entsteht ein Eigentümererbbaurecht, da das Erbbaurecht nicht untergeht (§ 889 BGB).

k) **Vereinbarung über die Zustimmung des Grundstückseigentümers zur Veräußerung und zur Belastung des Erbbaurechts** (§§ 5 bis 8 ErbbauRG),

l) **Vereinbarung über die Entschädigung für das Bauwerk bei Erlöschen des Erbbaurechts durch Zeitablauf** (§ 27 Abs. 1 Satz 2 ErbbauRG). Bei Erlöschen des Rechts durch Zeitablauf fallen die baulichen und sonstigen Anlagen (Bauwerk) in das Eigentum des Grundstückseigentümers. Sie sind vom Grundstückseigentümer angemessen zu entschädigen, wobei die Höhe der Entschädigung von den Vereinbarungen im Erbbaurechtsvertrag

29 Ingenstau/Hustedt, a.a.O. S. 105, Rn. 96, Böttcher, a.a.O. S.55, Rn. 254.
30 Eine Ankaufsverpflichtung muss zwingend mit dem Erbbaurechtsvertrag notariell beurkundet werden (§ 311b Abs. 1 BGB, Hustedt in Ingenstau/Hustedt, ErbbauRG, a.a.O., S. 112 Rn. 115.

abhängig ist. Ist der Erbbaurechtsvertrag für den Fall der Befriedigung der Wohnbedürfnisse „minderbemittelter Bevölkerungskreise" abgeschlossen worden (§ 27 Abs. 2 ErbauRG), so kann eine Entschädigung nicht abbedungen werden,

m) sonstige besondere Beschränkungen im Erbbaurechtsvertrag.

2.1.3 Laufzeit von Erbbaurechten

Das Erbbaurecht wird i.d.R. über einen längeren Zeitraum (75 bis 99 Jahre) bestellt. Bei gewerblichen Erbbaurechtsverträgen betragen die Laufzeiten i.d.R. 30 bis 60 Jahre. Das ErbbauRG enthält jedoch keine Regelung zur Befristung des Erbbaurechts, sodass auch ein Erbbaurecht auf ewige Dauer („ewiges Erbbaurecht") denkbar ist. Die Vertragsdauer kann frei vereinbart werden. Besteht das Erbbaurecht mit einer bestimmten Dauer, so muss der Endtermin bestimmt sein. Bei gefördertem Wohn-raum werden Fördermittel nur gewährt, wenn ein Erbbaurecht von angemessener Dauer vereinbart wurde (§ 11 WoFG[31]). Grundlage ist, dass die Fördermittel auch innerhalb der Laufzeit des Erbbaurechts getilgt werden können. 46

Die **durchschnittlichen Laufzeiten von Erbbaurechten** in Abhängigkeit von der Grundstücks-nutzung betra-gen: 47

	Einfamilienhausgrundstücke	**Mietwohngrundstücke**	**Gewerblich genutzte Grundstücke**	**Sonstige Grundstücke**
Laufzeit in Jahren	99	99	50 bis 75	50 bis 75

Anmerkung: Erbbaurechte werden lt. einer Schätzung [32]nur an ca. 5 % aller Wohngrundstücke bestellt, somit haben sie eine untergeordnete Bedeutung in Bezug auf den Grundstücksmarkt. Entsprechend gering ist die vorhandene Datenbasis, sodass Vergleiche nur über einen längeren Zeitraum möglich sind. Das kann sich in Zukunft ändern, da die institutionellen Erbbaurechtsvergeber vermehrt bereit sind, ihre Grundstücke nicht zu verkaufen, sondern im Erbbaurecht zu angepassten Marktbedingungen zu vergeben[2]. Das Gesetz schreibt eine bestimmte Laufzeit des Erbbaurechtsvertrages nicht vor, sie ist zwischen den Vertragsparteien verhandelbar. Der Deutscher Erbbaurechtsverband weist auf seiner Homepage Zeiträume von 60 bis 99 Jahre aus, merkt aber an, dass auch kürzere Laufzeiten möglich sind. So weist der Gutachterausschuss der LH München in seinem Immobilienmarktbericht 2011 für den Zeitraum von 2006 bis 2010 für höherwertiges Gewerbe (hG) eine Laufzeit von 20 bis 60 Jahren aus. Zu berücksichtigen ist bei kurzen Laufzeiten, dass nach § 20 Abs. 2 ErbbauRG das Erbbaurecht mindestens so lange laufen muss, dass die Tilgung einer Hypothek aus den Erträgen des Erbbaurechts möglich ist. D.h., die Mindestlaufzeit muss sich an der Finanzierbarkeitsdauer des Bauwerkes orientieren.

2.2 Erbbauzins

2.2.1 Allgemeines

▶ **Schrifttum:** *Löhr, D., Erbbauzins, Einfach marktgerecht, GuG 2023, 268; Löhr, D., Zur Ermittlung eines marktgerechten Erbbauzinses – ein Praktikermodell, Zeitschrift für Immobilienökonomie, Springer Fachmedien, 2017, 3:1. https://doi.Org/10. f365/s41056-016-0016-z; Seitz, A., Die typische Fehlerquelle bei der Verkehrswertermittlung im Zusammenhang mit Erbbaurechten: Der Erbbauzins, GuG 2017, 6; Tillmann/Seitz, Wertermittlung von Erbbaurechten und Erbbaugrundstücken, Reguvis Fachmedien, 2019, S. 81 ff.; Moll-Amrein, M., Erbbaurecht und Erbbaugrundstück, GuG 2020, 49 ff.; Seitz, A., Das Erbbaurecht und seine Tücken – Knackpunkte der Verkehrswertermittlung im Zusammenhang mit Erbbaurechten, GuG 2020, 19 ff., Winkler/Schlögel, Erbbaurecht, 7. Aufl. C.H.Beck 2021.*

31 Gesetz über die soziale Wohnraumförderung (WoFG) vom 13.9.2001 (BGBl. I, 2001, 2376), zuletzt geändert durch Art. 3 des Gesetzes vom 02.10.2015 (BGBl. I 2015, 1610).

32 JLL, DT Erbbaurechtsverband e.V. (Hrsg.) Wohnerbbaurechte in Deutschland, Studie vom 02.02.2020, Berlin, 02.03.2020.[2] C. Christoph, Vermehrte Neubestellung von Erbbaurechten, in ErbbauZ, 2020, 31.

48 Gegenleistung für die Bestellung des Erbbaurechts ist der Erbbauzins (solarium). Der **Erbbauzins ist das wiederkehrende Entgelt,** das der Erbbauberechtigte für die Nutzungsüberlassung an den Grundstückseigentümer entrichtet. Wird eine wiederkehrende Leistung vereinbart, so gelten nach § 9 Abs. 1 ErbbauRG die Vorschriften des Bürgerlichen Gesetzbuches über die Reallasten (§ 1105 ff. BGB).

49 Das Gesetz schreibt nicht zwingend wiederkehrende Leistungen vor. Erbbaurechte können auch unentgeltlich, gegen eine einmalige Zahlung oder aus Zahlungen mehrerer Einzelbeträgen und aus wiederkehrenden Sachleistungen[33] bestellt werden.

50 Hinsichtlich des Kapitaleinsatzes unterscheiden sich ein Grundstückskauf und ein Erbbaurecht darin, dass sich der Erbbauberechtigte den Kaufpreis erspart und stattdessen ein jährliches Nutzungsentgelt (Erbbau-zins) für die Nutzung des Erbbaugrundstücks bezahlt. Dabei ergibt sich für ihn immer dann ein Vorteil, wenn der **Erbbauzins unter dem Kapital-marktzins** liegt. Beträgt der Kapitalmarktzins für langfristige Hypothekarkredite 5,5 % und der Erbbauzins für die Nutzung des Erbbaurechtsgrund-stücks (mit einem Einfamilienhaus) 4,0 %, liegt der Vorteil bei 1,5 % p.a. Bei einem Grundstückswert von 250 000 € sind das 312,50 € im Monat. Allerdings wächst dem Erbbauberechtigten dabei kein Eigentum zu; dafür spart er sich die Kosten für die Tilgung eines Kredits für einen Grundstückskauf. Das galt vor der Zeit der Niedrigzinsphase.

51 Im Gegensatz zum Erbbauzins mit schuldrechtlicher Wirkung hat der dingliche Erbbauzins als Reallast einen vorteilhaften Einfluss auf die **Beleihbarkeit des Erbbaurechts.**

52 Es wird unterschieden in:

- **Erbbauzinssatz**
- **Erbbauzins**

Der **Erbbauzinssatz** ist die relative Gegenleistung des vertraglich zugrunde gelegten Bodenwerts bei Vertragsabschluss z.B. 2,5 % des Bodenwerts p.a.

Der **Erbbauzins** ist das Entgelt für die Nutzung des Grundstücks in €/m² bzw. €. Er kann auch aus dem monetären Wert der vereinbarten sonstigen wiederkehrenden Sachleistung bestehen.

Beispiel: Erbbauzinssatz 2,5 %, Bodenwert 300 €/m², Grundstücksgröße 500 m²,
Erbbauzins: 2,5 % x 300 €/m² **= 7,50 €/m²** x 500 m² = **3.750 € p.a.**
Fälschlicherweise wird der **Erbbauzins** häufig auch als **Erbpachtzins** bezeichnet und beim Erbbaurecht von einer **Erbpacht** gesprochen. Bei der Erbpacht handelt es sich jedoch um ein dingliches unbegrenztes Nutzungsrecht an einem landwirtschaftlich genutzten Grundstück, während nach § 1 Abs. 1 ErbbauRG beim Erbbaurecht *„auf oder unter der Oberfläche des Grundstücks ein Bauwerk zu haben"* (Errichtung und Unterhaltung) bestimmend ist. Art. 63 EGBGB ließ allerdings landesrechtliche Vorschriften über das Erbpachtrecht beschränkt zulässig. Die Erbpacht wurde durch das Kontrollratsgesetz 45 Art. X vom 24.04.1947 unter gleichzeitiger Aufhebung des Art. 63 EGBGB verboten. Auch das Erbpachtrecht war im Übrigen ein grundstücksgleiches Recht[34].

53 In rechtlicher Hinsicht ist zwischen **zwei Erscheinungsformen des Erbbauzinses** zu unterscheiden:

- schuldrechtlicher Erbbauzins

Der Erbbauzins mit schuldrechtlicher Wirkung beruht auf schuldrechtlicher Beziehung der Vertragsparteien (Erbbaurechtsgeber/Erbbaurechtsnehmer), nämlich zwischen dem ersten Grundstückseigentümer und dem ersten Erbbauberechtigten. Bei einem Wechsel des Grundstückseigentümers ist darauf zu achten, dass die schuldrechtliche Vereinbarung auf den neuen Eigentümer übertragen wird.

33 Ingenstau/Hustedt, ErbbauRG, 11. Aufl. S. 189, Rn. 4, 5.
34 Bengel/Simmerding, a.a.O., S. 138.

- Reallastgesicherter Erbbauzins (Erbbauzinsreallast)

Vertragsparteien sind der Grundstückseigentümer und der Erbbauberechtigte. Der Erbbauzins wird dann eine **dingliche Belastung des Erbbaurechts**, wenn der Erbbauzins als Reallast im Erbbaugrundbuch in Abteilung II eingetragen ist **(Erbbauzinsreallast)**. Durch die Eintragung einer Reallast im Erbbaugrundbuch steht dem Grundstückseigentümer der Erbbauzins zu. Bei einem Wechsel des Grundstückseigentümers bleibt die Erbbauzinsreallast erhalten. Der dingliche Erbbauzins setzt allerdings wiederkehrende Leistungen voraus[35].

54 Die Verpflichtung zu einer Gegenleistung gehört nicht zum Inhalt des Erbbaurechts. Als dingliche Belastung des Erbbaurechts muss der Erbbauzins im Grundbuch eingetragen sein (Erbbauzinsreallast; § 9 Abs. 1 Satz 1 ErbbauRG).

55 Nach § 9 Abs. 1 Satz 1 ErbbauRG finden auf den Erbbauzins die **Vor-schriften des BGB über die Reallast** entsprechend Anwendung (§ 1105 ff. BGB). Ein schuldrechtlich vereinbarter Erbbauzins ermöglicht im Unterschied zur Erbbauzinsreallast keine Voll-streckung in das Erbbaurecht aus einem dinglichen Titel.

56 Zum **dinglichen Erbbauzins** bestimmt § 9 Abs. 1 Satz 1 ErbbauRG, dass auf den Erbbauzins die Vor-schriften des BGB über die Reallasten entsprechend anzuwenden sind. Gläubiger des Erbbau-zinses ist danach der-jenige, der bei Fälligkeit des Erbbauzinses Eigentümer des Erbbaugrundstücks ist.

57 Als dingliche Belastung des Erbbaurechts muss der Erbbauzins im Grundbuch eingetragen sein (Erbbauzinsreallast; § 9 Abs. 1 Satz 1 ErbbauRG). Neben aber auch an Stelle des in § 9 ErbbauRG geregelten dinglichen Erbbauzinses kann im Erbbaurechts-ver-trag schuldrechtlich etwas anderes vereinbart werden[36]. Hauptanwendungsfall ist eine schuldrechtlich vereinbarte Anpassung des Erbbauzinses an sich verändernde Verhältnisse.

58 Darüber hinaus kann die Eintragung einer weiteren Erbbauzinsreallast für den jeweils geänderten Erbbauzins bzw. die entsprechende Änderung der Erbbauzinsreallast vereinbart werden.

59 Die Verpflichtung des Erbbau-berechtigten zu einer Gegenleistung gehört **nicht zum Inhalt des Erbbaurechts**, sondern stellt eine schuldrechtliche Belastung des Erbbaurechts dar. Der **Anspruch kann durch eine Vormerkung im Grundbuch gesichert werden**. Der Erbbaurechtsvertrag muss eindeutig sein, so dass ohne Zweifel erkennbar ist, ob die Parteien einen dinglichen Erbbauzins gem. § 9 Abs. 1, S. 1 ErbbauRG oder eine schuldrechtliche Zahlungsverpflichtung dem Vertrag zugrunde legen wollen. Im Gegensatz zum dinglichen Erbbauzins besteht bei schuldrechtlichen Vereinbarungen die Möglichkeit der Abtretung, Pfändung und Verpfändung[37]. Im Übrigen ermöglicht der schuldrechtliche Erbbauzins im Unterschied zum dinglichen Erbbauzins (Erbbauzinsreallast) keine Vollstreckung in das Erbbaurecht.

---

35 Ingenstau/Hustedt, a.a.O. S. 190, Rn. 7.

36 BGH, Urt. vom 28.11.1956 - V ZR 40/56 -, BGHZ 22, 220 = EzGuG 7.2; BGH, Urt. vom 20.03.1964 - V ZR 46/63 -, WM 1964, 561 = EzGuG 7.9; Ingenstau, Komm zur ErbbauVO 7. Aufl. 1994, § 9 Rn. 4.

37 Ingenstau/Hustedt, Komm zum ErbbauRG, a.a.O. 2018, Rn. 12.

2.2.2 Erbbauzins in einmaliger Zahlung

▶ *Vgl. Rn. 85.*

60 Der Erbbauzins kann bei Bestellung des Erbbaurechts auch in einer Summe im Voraus bezahlt werden.

Beispiel:

1995 wurde an einem Grundstück ein Erbbaurecht mit einer Laufzeit von 50 Jahren bestellt, dessen Ertragswert 2015 zu ermitteln ist. Die Restlaufzeit beträgt am Stichtag noch 30 Jahre. Der Erbbauberechtigte hat bei Vertragsabschluss 1995 den gesamten Erbbauzins (6 % p.a. bei einem Bodenwert von 800 000 € = 48 000 € p.a. × 15,7619 = 756 571 €) für 50 Jahre im Voraus bezahlt. Dabei ist der Kapitalisierungsfaktor jährlich nachschüssig anzuwenden[38]. Der Bodenwert beträgt am Wertermittlungsstichtag 1 200 000 €. Es wird ein Jahresreinertrag von 800 000 € erzielt. Der Liegenschaftszinssatz beträgt 6 %. Entspricht die Restnutzungsdauer des Gebäudes der Restlaufzeit des Erbbaurechts, so ermittelt sich der **Ertragswert des Erbbaurechts** aus dem Grundstücksreinertrag mal Kapitalisierungsfaktor jährl. nachschüssig, somit:

Ertragswert des Erbbaurechts:

Grundstücksreinertrag	800 000 €		
Bodenwertverzinsung 6 % LZ von 1 200 000 €	– 72 000 €	angemessener Erbbauzins am Stichtag	
Gebäudeertrag p.a.	728 000 €	Kapitalisierungsfaktor bei 6 % LZ, 15 J. RND = 9,7122	
Gebäudeertragswert bis erreichte RND	728 000 € × 9,71	rd.	7 070 480 €
Gebäudeertragswert RND bis Vertragsende (–10 % RE)	655 200 € x 4,05		+ 2 653 560 €

Bodenwertanteil am Erbbaurecht. Da dem Erbbauberechtigten der Bodenwert von 1,2 Mio. € nicht „ewig“, sondern nur noch für 30 Jahre zur Verfügung steht, ist er entsprechend zu mindern.

ansetzbarer Bodenwert	72 000 € × 13,76		+ 990 720 €
Ertragswert des Erbbaurechts		**rd.**	**10 714 760 €**

Variante:

Gebäudeertragswert bis erreiche RND		7 070 480 €
Gebäudeertragswert RND bis Vertragsende (-10 % RE)		+ 2 653 560 €

Vorteil des Erbbauberechtigten aus der Bodennutzung:

angemessener Erbbauzins am Stichtag	72 000 €	6 % LZ von 1 200 000 €
vertraglicher Erbbauzins	– 48 000 €	6 % LZ von 800 000 €
Vorteil aus Bodennutzung	24 000 €	
Vorteil über die Restlaufzeit des Rechts, 30 J.	24 000 € × 13,76	+ 330 240 €
Kapitalisierung des Erbbauzinses, 30 J.	48 000 € × 13,76	+ 660 480 €
Ertragswert des Erbbaurechts		**10 714 760 €**

Erbbauzinsen können auch dann als Werbungskosten bei den Einkünften aus Vermietung und Verpachtung im Kalenderjahr ihrer Leistung sofort angesetzt werden, wenn sie in einem Einmalbetrag vorausgezahlt werden[39].

---

38 Nachschüssige Renten werden am Ende einer (Monats-/Jahresende) Periode gezahlt, vorschüssige Renten werden jeweils zu Beginn eines Intervalls gezahlt (Monats-/Jahresbeginn).

39 BFH, Urt. vom 23.9.2003 – IX R 65/02 –, BFHE 203, 355 = BStBl II 2005, 159 = GuG 2004, 180 = EzGuG 7.136.

2.2.3 Angemessene Erbbauzinsen

2.2.3.1 Allgemeines

In § 50 Abs. 3 Satz 2 ImmoWertV wird der angemessene Erbbauzinssatz als der **Zinssatz** definiert**, der sich bei Neubestellung von Erbbaurechten der betroffenen Grundstücksart am Wertermittlungsstichtag im gewöhn-lichen Geschäftsverkehr ergibt** (vgl. § 50 ImmoWertV Rn 13ff.). Es handelt sich um den am Wertermittlungsstichtag bei Neubestellung eines vergleichbaren Erbbaurechts marktüblich, d.h. *im gewöhnlichen Geschäftsverkehr* per annum erzielbaren Zins (ggf. Betrag in EUR). Bei Anwendung der finanzmathematischen Methode zur Ermittlung des Werts eines Erbbaurechts bestimmt sich der Bodenwertanteil des Erbbaurechts aus der über die Restlaufzeit des Erbbaurechts kapitalisierten Differenz aus dem angemessenen und den im konkreten Fall im Erbbaurechtsvertrag vereinbarten und unter Berücksichtigung vertraglich vereinbarter oder gesetzlich zulässiger Möglichkeiten angepassten Erbbauzins. 61

In der Abb. 2 werden entsprechende stichtagsbezogene Erbbauzinssätze für unterschiedliche Nutzungen als Durchschnitts-werte, als auch als Wertspannen aufge-zeigt. Dabei sind die Erbbauzinssätze regional unterschiedlich, so dass auf den örtlichen Markt abgestellt werden muss. Die Gutachter-ausschüsse liefern i.d.R. dazu Datenmaterial, z.T. auf geringer Datenbasis und/ oder über einen längeren Zeitraum vgl- dazu auch Rn. 75 in der 9. Aufl. dieses Werks). 62

Abb. 3: Erbbauzinssätze

Nutzung	Mittelwert %		Spanne %	
	2018	**2021**	**2018**	**2021**
Ein- bis kleine Mehrfamilienhaus-grundstücke Laufzeit 60 Jahre	1,48	1,3	1,0 – 1,8 min. 0,9 max. 2,2	1,2 – 1,4 min. 1,2 max. 1,5
Geschosswohnungsbau Laufzeit 75 bis 70 Jahre	2,4	1,5 min. 0,9 max. 2,0	1,7–3,1	k.A.
Gewerbe GE (klassisch)	k.A.	k.A.*	k.A.	k.A.*
Gewerbe hG (höherwertiges) Laufzeit 32 bis 76 Jahre	5,1	4,1	4,8 – 5,4 min. 4,6 max. 5,5	k.A. min. 3,6 max. 4,6
Gewerbe MK (Kern-, Mischgebiet) Laufzeit 68 Jahre	3,5	3,5	3,4 – 3,6 min. 3,4 max. 3,6	3,4 – 3,6 min. 3,4 max. 3,6

Die Aufstellung zeigt deutlich, dass die Erbbauzinssätze (Ausnahme sind höherwertige Gewerbe (hG)) deutlich gesunken sind, was auf die veränderte Marktlage zurückzuführen ist. Bei sehr niedrigen Kapitalmarktzinsen und deutlich gestiegenen Grundstückspreisen ist der Grundstücksmarkt nicht mehr bereit, die Erbbauzinssätze aus der Zeit vor der Niedrigzinsphase zu akzeptieren.

Im ruralen Raum ist die Vergabe von Erbbaurechten nicht stark verbreitet. Erbbaurechtsgeber sind Kommunen, kirchliche Einrichtungen, Stiftungen, Kapitalgesellschaften und vereinzelt auch Privatpersonen, die Erbbaurechte auf Baugrundstücke überwiegend für den individuellen Wohnungsbau vergeben. 63

In großen Städten gibt es Erbbaurechte für Wohnungen, Apartments, Büro- und Geschäftshäuser und Gewerbe. Viele Städte wollen verstärkt das Erbbaurecht für bezahlbaren und geförderten Wohnungsbau vergeben. So haben viele Großstädte aufgrund der ständig steigenden Grundstückspreise i.V.m. der Niedrigzinsphase Probleme mit der Nachfrage nach Erbbau- 64 rechten auf der bisherigen Erbbauzinssatz-Basis. Nach der JLL-Studie[40] hat Hamburg den Erbbauzinssatz zum 1.1.2020 auf 1,5 % für Wohnen und auf 1,8 % für Gewerbe abgesenkt. Auch Frankfurt a.M. hat sich mit einem Erbbauzinssatz von 2,0 bis 2,5 % dem Markt angepasst.

65 Eine **Niedrigzinsphase** wirkt sich auf den Erbbauzinssatz aus, da die sehr niedrigen Kapitalmarktzinssätze in gewisser Kongruenz zu den Erbbauzinssätzen stehen. Bei anhaltend niedrigem Zinsniveau sind Erbbauzinssatzanpassungen zu erwarten. Dementsprechend hat der Gutachter-ausschuss München in der Niedrigzinsphase darauf hingewiesen, dass eine unbesehene Anwendung vergangener Daten nicht zulasse. Ein niedriges Zinsniveau lässt die Finanzierung eines Baugrundstücks über ein Erbbaurecht bei hohen Erbbauzinssätzen und hohen Grundstückspreisen und damit hohen Erbbauzinsen nicht sehr attraktiv erscheinen. Bei einem Hypothekarkredit von 1,0 % bis 1,5 % beträgt die Differenz zu einem Erbbauzins von 4,0 % 2,5 % bzw. 3,0 %. Mit dieser Differenz lässt sich das Grundstück, zumindest für die Dauer der Zinsbindung, finanzieren.

Abb. 4: Typische Erbbauzinssätze bis zur Niedrigzinsphase

Nutzung des Erbbaurechtsgrundstücks	Erbbauzinssatz (%)	Spanne (%)
Ein- und Zweifamilienhausgrundstücke	2,5	2,0 bis 3,0
Mehrfamilienhausgrundstücke	3,5	3,0 bis 4,0
Gemischt genutzte Grundstücke	5,0	4,5 bis 5,5
Gewerblich genutzte Grundstücke	6,0	5,5 bis 6,5*
Büro- und Geschäftshausgrundstücke	6,5	6,0 bis 7,0**

* Mitunter sind hier niedrigere Erbbauzinssätze, etwa 2 bis 4 % der marktgerechten Bodenwerte, zutreffend. Diese ergeben sich auf der Grundlage von Umsatzpachten (meist 3 bis 8 % der Gesamterlöse – Mieten (netto) ohne MwSt. – aus dem Erbbaugrundstück), worauf ein günstiger „Basis-Erbbauzins“ angerechnet wird, oder durch Gewinnbeteiligungen (z.B. 20 bis 25 % des Handelsbilanzgewinns nach Steuern) und geringere Erbbauzinsen. Für eine Gewinnbeteiligung ist regelmäßig ein Mindestbetrag zu zahlen.
** Im Einzelfall auch bis 10 %.

2.2.3.2 Außergewöhnlich hoher Erbbauzins in städtischen Bereichen

66 In innerstädtischen Bereichen kann es vorkommen, dass ein außergewöhnlich hoher Erbbauzins gezahlt wird, der bei weitem nicht der üblichen Verzinsung des Bodenwerts vergleichbarer Grund-stücke zum Zeitpunkt des Abschlusses des Erbaurechtsvertrags entspricht. Diese ungewöhnliche Situation hat im Allgemeinen steuerliche Gründe, da der Erbbauberechtigte einen Teil seiner Steuern auf den Erbbaurechtsgeber abwälzt, der seinerseits seine Dienste durch einen entsprechend hohen Erb-bauzins entgelten lässt. Für ein großes Unternehmen (z.B. eine Kaufhauskette) ist es günstiger, ein Erbbaurecht zu erwerben als den Grund und Boden zu kaufen. Der **jährliche Erbbauzins wird beim Gewerbebetrieb als Betriebsausgabe** berücksichtigt. **Die höhere Kostenbelastung schmä-lert den Gewinn und spart damit G**ewerbe- und Körperschaftsteuer. Würde ein Unternehmen das Grundstück kaufen, wäre der Kaufpreis nicht abschreibungsfähig, da Grund und Boden nicht vergänglich ist. Der Erbbaurechtsgeber dagegen muss allerdings den Kapitalwert des Erbbauzinses versteuern. Als Ausgleich dafür lässt er sich einen entsprechend hohen Erbbauzins zahlen. Der überhöhte Erbbauzins lässt keine Rückschlüsse auf den ortsüblichen Bodenwert zu. In derartigen Fällen ist von **ungewöhnlichen Verhältnissen** auszugehen, die bei einer Bewertung nicht Eingang finden dürfen.

40 JLL Studie, Erbbaurechte im Wohnungsmarkt, März 2020. https://www.jll.de/content/dam/jll-com/documents/pdf/research/emea/germany/de/Erbbaurechte-im-Wohnungsmarkt-JLL-Deutschland.pdf.

2.2.4 Bis zum 30.09.1994 begründete Erbbaurechte

2.2.4.1 Allgemeines

Bis zum 30.09.1994 musste der Erbbauzins nach Zeit und Höhe für die gesamte Laufzeit des Erbbaurechts im Voraus bestimmt (d.h. nicht nur bestimmbar) sein z.B. jeweils zum 1.1. d. Jahres im Voraus in Höhe von 550,00 DM bis zum ... (Vertragsende). Es war der freien Parteivereinbarung überlassen, an welcher Rangstelle der Erbbauzins dinglich gesichert werden sollte. Mit der Entscheidung des BGH[41] vom 28.11.1956 wurden auch Anpassungsklauseln für zulässig erklärt; § 9a der am 23.01.1974 in Kraft getretenen Fassung der Erbbaurechtsverordnung (jetzt ErbbauRG) findet Anwendung. Danach ist zu unterscheiden zwischen Erbbaurechten, die gewerblichen und Wohnzwecken dienen. 67

Für **„gewerbliche" Erbbaurechte** kann die Höhe der Anpassung beliebig vereinbart werden und wird lediglich durch die Bestimmungen über den Wucher (§ 138 BGB) begrenzt. Bei Erbbaurechten für Wohnzwecke ist eine Anpassung nur im Rahmen von § 9a ErbbauVO möglich. 68

Bei der Vereinbarung von Wertsicherungsklauseln war bisher auf folgende rechtliche Problematik zu achten: Die dingliche Sicherung des Erbbauzinses erfolgte durch Bestellung einer in Abt. II des Grundbuchs möglichst erstrangig einzutragenden **Erbbauzinsreallast am Erbbaurecht.** Der Erbbauzins musste über die gesamte Laufzeit des Rechts im Voraus bestimmt werden; eine Gleitzinsvereinbarung war unwirksam (vgl. gesetzlichen Inhalt des Erbbaurechts; Grundsätze zur Bestellung einer Reallast nach §§ 1105 bis 1109 BGB). 69

Wurde eine Wertsicherungsklausel über den Erbbauzins vereinbart, konnte sie nur Inhalt einer schuldrechtlichen Anpassungsklausel sein. War danach eine Erhöhung des Erbbauzinses zulässig, konnte der Erbbaurechtsgeber vom Erbbauberechtigten die Bestellung einer weiteren Reallast für den Erhöhungsbetrag verlangen. Diese Erbbauzinserhöhung war dem Wesen nach eine Bestellung einer neuen Erbbauzinsreallast und keine Inhaltsänderung des bestehenden Rechts. Der schuldrechtliche Anspruch auf wiederholte Erhöhung des Erbbauzinses wurde durch Vormerkung nach § 883 BGB gesichert. Damit war gewährleistet, dass die Erhöhungsreallast den gleichen Rang wie die Vormerkung[42] besaß. 70

Die Rechtskonstruktion, nach der der Erbbauzins eine Reallast am Erbbaurecht und nicht Inhalt des Erbbaurechts ist und der Erbbauzins nach Zeit und Höhe für die ganze Erbbauzeit im Voraus bestimmt sein musste **(Bestimmtheitsgrundsatz),** wurde im Jahre 1919 gewählt, um damit die Beleihungsfähigkeit zu gewährleisten, da die Hypothek für die Hypothekenbanken Vorrang vor allen Grundstückslasten hatte. Wäre der Erbbauzins Inhalt des Erbbaurechts geworden, wäre damit eine Beleihung ausgeschlossen gewesen. 71

2.2.4.2 Rangrücktritt bei Zwangsversteigerungen (Stillhalteerklärung)

Da die Erbbauzinsforderung lediglich eine in Abt. II des Grundbuchs eingetragene Reallast am Erbbaurecht ist, kann sie gegenüber der Forderung der Hypothekenbank im Rang zurücktreten und so die volle Beleihung des Rechts ermöglichen. Allerdings hatte der **Rangrücktritt Folgen für den Erbbaurechtsausgeber.** Betrieb die erstrangig (vorrangig oder gleichstehend) abgesicherte Bank die *Zwangsversteigerung,* erlischt die Erbbauzinsforderung als nachrangig abgesichertes Recht bei Zuschlagserteilung gem. §§ 44, 52, 91 ZVG[43]. In diesem Falle ist der Ersteigerer Erbbauberechtigter ohne die Verpflichtung zur Zahlung des Erbbauzinses, und der Erbbaurechtsgeber hätte bis zum Ablauf des Erbbaurechts auf den Erbbauzins verzichten müssen. Aus diesen Gründen war die Bereitschaft des Erbbaurechtsgebers, mit seiner Erbbauzinsforderung gegenüber der Bank zurückzutreten, gering. 72

41 BGH, Urt. vom 28.11.1956 – V ZR 40/56 –, BGHZ 22, 220 = EzGuG 7.2.

42 Die Vormerkung sichert den schuldrechtlichen Anspruch auf Einräumung der Erhöhungsreallast. Sie bewirkt, dass der durch sie eingetragene Anspruch nicht durch nachfolgende Verfügungen beeinträchtigt wird.

43 Zu den Besonderheiten im Zwangsversteigerungsverfahren, siehe auch Tillmann/Seitz, a.a.O., Kap. 7, S. 291 ff.

73 Um die Beleihung doch zu gewährleisten, boten sich andere Möglichkeiten an. Der Erbbaurechtsausgeber konnte mit seiner Erbbauzinsforderung gegenüber der Bank zurücktreten, wenn die Bank gleichzeitig eine **Stillhalteerklärung** für den Erbbauzins abgab[44]. Diese Regelung barg allerdings noch Restrisiken für den Erbbaurechtsausgeber, da die Erklärung nur schuldrechtlich wirkte, also nur zwischen beiden Beteiligten, nicht gegenüber einem Rechtsnachfolger[45]. Eine andere Möglichkeit bestand darin, dass der Erbbaurechtsausgeber nicht zurücktrat, aber gegenüber der Bank erklärte, dass er im Falle der Zwangsversteigerung auf die Kapitalisierung der Erbbauzinsforderung verzichtete und weiterhin den Erbbauzins wie bisher in Raten entgegennahm. In diesem Fall hatte die Hypothekenbank gemäß § 19 Abs. 2 der ErbbauVO den im Rang vorgehenden Erbbauzins zu kapitalisieren und vom Wert des Erbbaurechts in Abzug zu bringen, was die Beleihungsmöglichkeit zwangsläufig einschränkte. Hinzu kam das Problem der Wertsicherung des Erbbauzinses, die – da die Wertsicherung der Höhe nach im Voraus nicht bestimmbar war – nicht über eine weitere Reallast (**Bestimmtheitsgebot**!), sondern nur über eine Vormerkung nach § 883 BGB an der Erbbauzinsreallast möglich war. Auch war die Anpassungsverpflichtung vom dinglichen Erbbauzins aufgrund der eigenständigen Ansprüche zu trennen.

2.2.5 Ab dem 01.10.1994 begründete Erbbaurechte

2.2.5.1 Allgemeines

74 Die vorstehend beschriebene grundbuchlich komplizierte Situation ist mit Art. 2 § 1 des SachenRBerG vom 21.09.1994 (BGBl. I 1994, 2457, 2489) wesentlich vereinfacht worden. Durch das Sachenrechtsänderungsgesetz (SachenRÄndG) vom 21.09.1994 wurde § 9 Abs. 2 ErbbauRG mit Wirkung ab 01.10.1994 dahingehend geändert, dass der Erbbauzins nach Zeit und Höhe für die gesamte Dauer des Erbbaurechtsvertrages im Voraus nicht mehr zwingend bestimmt werden muss, sondern nur noch bestimmt werden kann und der Inhalt des Erbbauzinses auch die veränderten Verhältnisse unter bestimmten Vorgaben (Bestimmbarkeit) berücksichtigt[46]. Damit entfallen die erneute Bestellung einer Erbbauzinsreallast sowie eine Vormerkung zur Sicherung von Ansprüchen auf Eintragung neuer Erbbauzinsreallasten, wie es vor dem 30.09.1994 Rechtslage war.

75 Eine erneute *Änderung wurde am 16.06.1998* wirksam, die eine Regelung über die Anpassung an veränderte Verhältnisse bei Reallasten (§ 1105 BGB) erlaubte.

2.2.5.2 Bestehenbleibensvereinbarungen bei Zwangsversteigerungen

76 Inhalt der Erbbauzinsreallast können nunmehr auch **Bestehenbleibensvereinbarungen für den Fall der Zwangsversteigerung** sein. § 9 Abs. 3 ErbbauRG lässt nunmehr zu, dass die Erbbauzinsreallast abweichend von § 52 Abs. 1 des Gesetzes über die Zwangsversteigerung und die Zwangsverwaltung mit ihrem Hauptanspruch bestehen bleiben kann, wenn der Grundstückseigentümer aus der Reallast oder der Inhaber eines im Range vorstehenden oder gleichgestellten dinglichen Rechts die Zwangsversteigerung des Erbbaurechts betreibt. Im Rahmen der *Zwangsversteigerung* findet in diesem Fall keine Kapitalisierung des Erbbauzinses statt, d.h., der Erbbauzins bleibt bestehen, auch wenn er bei Feststellung des geringsten Gebots nicht berücksichtigt ist, und es bedarf weder eines Rangrücktritts noch der Abgabe einer Stillhalteerklärung. Bei zuvor bestellten Erbbaurechten können beide Vertragsparteien eine **nachträgliche Änderung** vereinbaren. Sie bedarf jedoch wiederum der Zustimmung der der Erbbauzinsreallast vorgehenden oder gleichstehenden dinglichen Rechte.

---

44 Werth, Verkehrswertermittlung nach § 21 ErbbauVO, DLK 1989, 74.

45 Linde/Richter, Erbbaurecht und Erbbauzins, 3. Aufl. 2001.

46 Art. 1 § 1 des SachenRÄndG, Art. 2 § 1 des SachenRBerG vom 21.9.1994 (BGBl. I 1994, 2457, 2489): Mohrbutter in ZIP 1995, 806; Maaß in NotBZ 1997, 44; Maaß/Holthausen-Dux in DStR 1995, 1230, 1273; v. Oefele in DNotZ 1995, 643; Panz in BWNotZ 1996, 5; Wilke in DNotZ 1995, 654; Schmidt-Räntsch in NJW 1998, 3166; Böttcher, a.a.O., Rn. 429, S. 93.

„§ 9 Abs. 3 ErbbauRG 77

(3) Als Inhalt des Erbbauzinses kann vereinbart werden, dass

1. die Reallast abweichend von § 52 Abs. 1 des Gesetzes über die Zwangsversteigerung und die Zwangsverwaltung mit ihrem Hauptanspruch bestehen bleibt, wenn der Grundstückseigentümer aus der Reallast oder der Inhaber eines im Range vorgehenden oder gleichstehenden dinglichen Rechts oder der Inhaber der in § 10 Abs. 1 Nr. 2 des Gesetzes über die Zwangsversteigerung und die Zwangsverwaltung genannten Ansprüche auf Zahlung der Beiträge zu den Lasten und Kosten des Wohnungserbbaurechts die Zwangsversteigerung des Erbbaurechts betreibt, und
2. der jeweilige Erbbauberechtigte dem jeweiligen Inhaber der Reallast gegenüber berechtigt ist, das Erbbaurecht in einem bestimmten Umfang mit einer der Reallast im Rang vorgehenden Grundschuld, Hypothek oder Rentenschuld im Erbbaugrundbuch zu belasten.
Ist das Erbbaurecht mit dinglichen Rechten belastet, ist für die Wirksamkeit der Vereinbarung die Zustimmung der Inhaber der der Erbbauzinsreallast im Rang vorgehenden oder gleichstehenden dinglichen Rechte erforderlich.“

Der Erbbauzins muss **nicht** mehr nach Zeit und Höhe für die gesamte Erbbauzeit im Voraus bestimmt werden; es kann auch eine Wertsicherung der Reallast als Inhalt des dinglichen Rechts vereinbart werden[47]. 78

Diese Kannbestimmungen wurden mit Wirkung ab 16.06.1998 durch eine klarstellende Regelung des § 1105 BGB ergänzt, wonach als **Inhalt der (Erbbauzins-)Reallast auch vereinbart werden kann, dass die zu entrichtenden Leistungen sich ohne Weiteres an veränderte Verhältnisse anpassen**, wenn anhand der in der Vereinbarung festgelegten Voraussetzungen Art und Umfang der Belastung des Grundstücks bestimmt werden können[48]. Seit dieser klarstellenden Regelung kann eine Wertsicherung der Erbbauzinsreallast als Inhalt des dinglichen Rechts vereinbart werden. Ist die Anpassung nach Zeit und Wertmaßstab bestimmbar, so können die Vertragsparteien den Inhalt des Erbbauzinses an veränderte Wertverhältnisse vertraglich mit automatischer Anpassung in Form einer Gleitklausel vereinbaren. Wegen der Einschränkungen des § 9a ErbbauRG (unbilliger Erhöhungsanspruch) bedarf die Anpassungsvereinbarung – soweit sie eine Automatikklausel darstellt – nicht mehr der Genehmigung[49] des Bundesamtes für Wirtschaft und Ausfuhrkontrolle (BAFA). 79

47 LG Dortmund, Urt. vom 4.3.2011 – 3 O 476/09 –, EzGuG 7.156.

48 Art. 11a EuroEG vom 9.6.1998 (BGBl I 1998, 1241); Ingenstau/Hustedt, § 9 ErbbauRG, S. 206 Rn. 50.

49 Das Verbot von Preisklauseln nach § 2 Abs. 1 S. 1 des Preisangaben- und Preisklauselgesetzes gilt nicht für Klauseln in Erbbaurechtsverträgen und Erbbauzinsreallasten mit einer Laufzeit von mindestens 30 Jahren, wobei § 9a des ErbbauRG unberührt bleibt. Das bisherige Genehmigungsverfahren für Wertsicherungsklauseln durch das BAFA entfällt, da Ausnahmen vom Indexierungsverbot direkt im Gesetz geregelt sind.

2.3 Anpassung des Erbbauzinses

2.3.1 Allgemeines

▶ *Zur Umstellung des Lebenshaltungskostenindex auf die Basis 2000 – Auswirkungen auf die Vereinbarung von Wertsicherungs-klauseln, RdSchr Nr. 31/2002 der Bundesnotarkammer vom 29.11.2002: GuG 2004, 312 sowie DNotI-Report 2001, 177*

80 Im Hinblick auf eine lange Dauer des Erbbaurechts kann sich der Erbbaurechtsausgeber gegen Wertverluste des Erbbauzinses durch **Wertsicherungsklauseln** (*value assurance clause* oder auch Preisgleitklauseln, Indexklauseln genannt) schützen. Die Wertsicherungsklauseln als Oberbegriff für die einzelnen Anpassungsklauseln sollen sicherstellen, dass der Erbbaurechtsgeber angesichts der langen Dauer des Erbbaurechtsvertrages einen Ausgleich für die „*Änderung der allgemeinen wirtschaftlichen Verhältnisse*" erhält.

81 Der Vorteil von Wertsicherungsklauseln besteht bei Erbbaurechtsverträgen vor allem darin, dass sich der Erbbauzins ohne Verhandlungen automatisch den veränderten Verhältnissen anpasst. Sie sind grundsätzlich zulässig, insbeson-dere wenn gravierenden Störungen im Verhältnis von Leistung und Gegen-leistung (Äquivalenz-störung) entgegen gewirkt werden soll[50].

82 *Beispiel:*
Der Erbbauzins wird, beginnend am 01.01.2005, an den Verbraucherpreisindex für 4 Personen-Arbeitnehmerhaushalte mit mittle¬rem Einkommen (1991 = 100), wie er vom Statistischen Bundesamt Wiesbaden ermittelt wird, gebunden. Erhöht oder vermindert sich dieser Verbraucherpreisindex gegenüber dem Stand vom 01.01.2005 um mehr als 10 Punkte, so verändert sich der Erbbauzins im gleichen Verhältnis, und zwar errechnet sich der Prozentsatz aus dem Verhältnis der Punkteveränderung zur zuvor zugrunde gelegten Indexzahl. Treten weitere Veränderungen des Verbraucherpreisindexes um mehr als 10 Punkte ein, so wird der Erbbauzins jeweils in dem gleichen Verhältnis geändert.".
Ähnliche Anpassungsklauseln gibt es in älteren Verträgen als Punkteregelung, wobei das Statistische Bundesamt die Prozentregelung forciert, da der Aufwand für eine Umbasierung der Punkte auf Prozent relativ hoch ist.

83 Es gibt vielfältige Möglichkeiten schuldrechtlicher Verpflichtungen zur **Anpassung des Erbbauzinses** an die sich verändernden wirtschaftlichen Verhältnisse. Dabei sind **generell folgende Punkte zu regeln:**

a) Bestimmung der Voraussetzungen, die den Erhöhungsanspruch auslösen,

b) Regelung des Bewertungsmaßstabs (die Vergleichs- oder Bezugsgröße) für die Änderung,

c) Bestimmung des Anpassungszeitpunkts.

Bei der Anwendung der Wertsicherungsklauseln sind bestimmte gesetzliche Anforderungen zu beachten vgl. Abb. 5.

---

50 BTDrs. 12 /5992, S. 80.

Abb. 5: Wertsicherungsklauseln

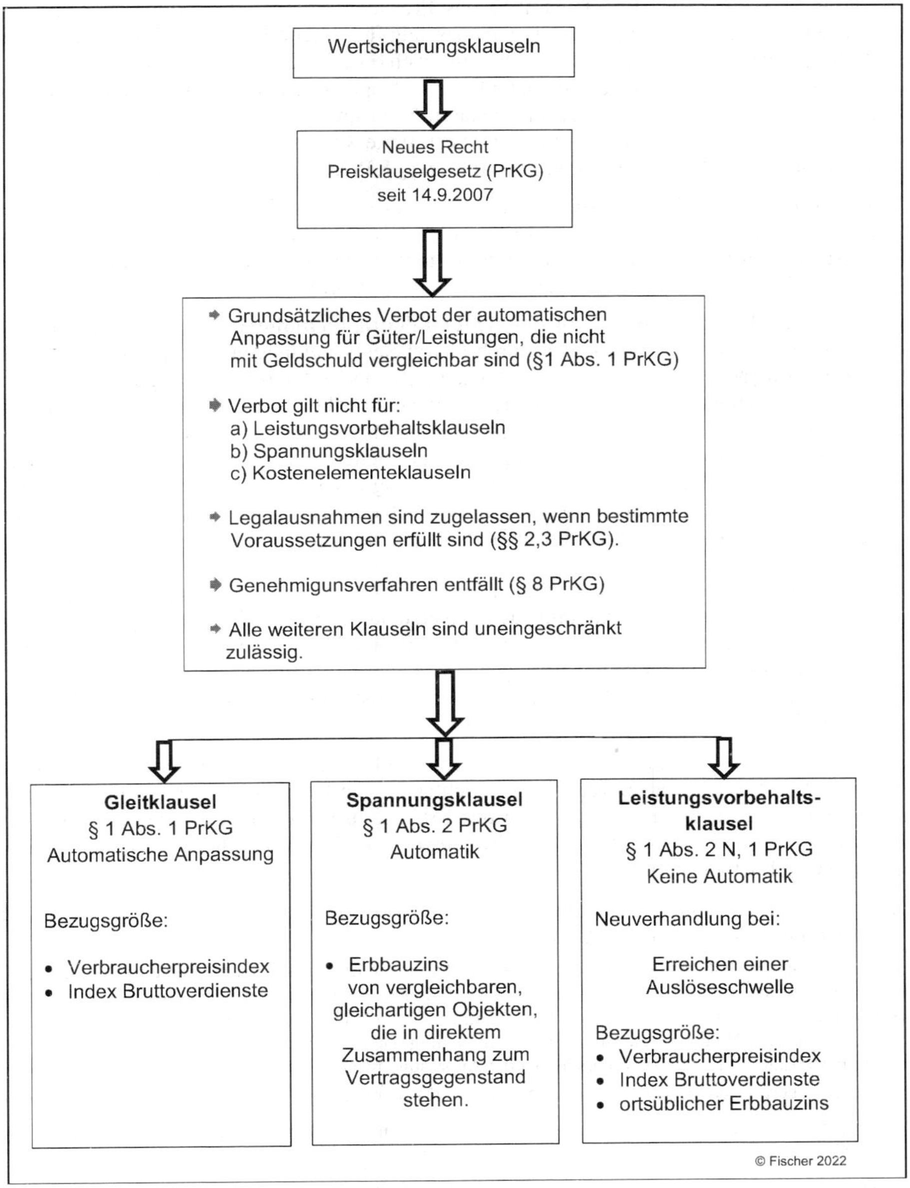

Automatische Indexierungsklauseln waren in der Vergangenheit nach § 3 WährG in Deutschland genehmigungsbedürftig. Sie waren nur genehmigungsfähig, wenn sie den Genehmigungsgrundsätzen der Deutschen Bundesbank entsprachen. Die Laufzeit der **Vereinbarung musste dabei mindestens 10 Jahre betragen.** In den anderen Teilnehmerstaaten der Europäischen Währungsunion galt jedoch kein derartiges Verbot. Insoweit wurde der § 3 WährG mit Einführung des Euroeinführungsgesetzes vom 09.06.1998 ersatzlos gestrichen, was in Deutschland aber auf Widerstände stieß. Da man in Deutschland auf dieses zum Schutz der **84**

Wirtschaft und ihrer Stabilität erforderliche Verbot nicht verzichten wollte, wurde es im **Preisangaben- und Preisklauselgesetz** (PaPkG) mit nahezu derselben Formulierung eingestellt. Ab 14.09.2007 gilt neues Recht, nämlich das Preisklauselgesetz (PrKG). Danach gilt ein grundsätzliches Verbot der automatischen Anpassung für Güter oder Leistungen, die nicht mit Geldschuld vergleichbar sind. Dieses Verbot gilt nach § 1 Abs. 2 PrKG nicht für Leistungsvorbehalts-, Spannungs- und Kostenelementeklauseln (Koppelung der zu erbringenden Leistung an die Entwicklung der Selbstkosten). Nach dem PrKG sind Legalausnahmen zum Verbot der automatischen Anpassung zugelassen, wenn bestimmte Voraussetzungen erfüllt sind (§§ 2, 3 PrKG). Das Genehmigungsverfahren ist entfallen (§ 8 PrKG).

85 Für die Vereinbarung über die Anpassung des Erbbauzinses ist die Zustimmung der Inhaber der der Erbbau-zins-reallast im Rang vorgehender oder gleichstehender dinglicher Rechte am Erbbaurecht erforder-lich[51]. Die Zustimmung ist unwiderruflich und dem Grundbuchamt oder einem Beteiligten gegenüber zu erklären (§ 880 Abs. 2 Satz 3 BGB).

86 Häufig werden die **Anpassungsklauseln nicht eindeutig formuliert,** so dass sich später Auslegungsprobleme ergeben, die oft nur durch Gerichtsentscheidungen nach **Sinn und Zweck der Anpassungsklausel** geklärt werden können. Da die Erbbaurechtsverträge durch Notare erstellt wurden, sind diese gefordert, die Klauseln verständlich zu formulieren und ggf. durch ein Berechnungsbeispiel zu hinterlegen. Dem Grundstückssachverständigen sollte jedoch bewusst sein, dass es sich bei der Auslegung von Wert-sicherungs-klauseln im Kern um **juristische Auslegungen** handelt. Ist bei der Wertermittlung eines Erbbaurechts die Formulierung der Wertsicherungsklausel unklar, sollte grundsätzlich ein Jurist zu Rate gezogen werden oder eine alternative Bewertung erfolgen. Der Hinweis auf eine juristische Auslegung darf im Gutachten nicht fehlen.
Sofern eine juristische Klärung im Rahmen der Bewertung nicht möglich ist, sollte darauf hingewiesen werden, dass die Würdigung aus sachverständiger Sicht erfolgt und ggf. die Wertansätze bei einer juristisch anderen Auslegung einer Berichtigung oder Ergänzung bedarf. Ggf. kann auch in Absprache mit dem Auftraggeber eine alternative Bewertung vorgenommen werden. Der Hinweis, dass die Wert-ansätze bei einer juristisch anderen Auslegung einer Berichtigung oder Ergänzung bedürfen, sollte nicht fehlen.

87 In den **neuen Bundesländern** (Beitrittsgebiet) sind Nutzer und Grundstückseigentümer nach§ 46 Abs. 1 Satz 1 SachenRBerG verpflichtet, in den Erbbaurechtsvertrag eine Bestimmung aufzunehmen, die eine Anpassung des Erbbauzinses an veränderte Verhältnisse vorsieht. Bei einer *zu Wohn-zwecken dienenden Nutzung* bestimmt sich die Anpassung der Erbbauzinsen nach § 9a ErbbauRG).

88 Die *Anpassung bei anderen Nutzungen* ergibt sich aus den Bestimmungen des § 46 Abs. 1 Satz 1 bis 3 und Abs. 2 SachenRBerG.

„(1) Nutzer und Grundstückseigentümer sind verpflichtet, in den Erbbaurechtsvertrag eine Bestimmung aufzunehmen, die eine Anpassung des Erbbauzinses an veränderte Verhältnisse vorsieht. Die Anpassung kann erstmals nach Ablauf von zehn Jahren seit Bestellung des Erbbaurechts verlangt werden. Bei einer zu Wohnzwecken dienenden Nutzung bestimmt sich die Anpassung nach dem in § 9a des Erbbaurechtsgesetzes bestimmten Maßstab. Bei anderen Nutzungen ist die Anpassung nach

1. den Erzeugerpreisen für gewerbliche Güter bei gewerblicher oder industrieller Nutzung des Grundstücks,
2. den Erzeugerpreisen für landwirtschaftliche Produkte bei land- und forstwirtschaftlicher Bewirtschaftung des Grundstücks oder
3. den Preisen für die allgemeine Lebenshaltung in allen übrigen Fällen

vorzunehmen. Weitere Anpassungen des Erbbauzinses können frühestens nach Ablauf von drei Jahren seit der jeweils letzten Anpassung des Erbbauzinses geltend gemacht werden.

(2) Die Anpassung nach den Sätzen 3 und 4 ist auf den Betrag zu begrenzen, der sich aus der Entwicklung der Grundstückspreise ergibt. Die Begrenzung ist auf der Grundlage der Bodenwertrichtwerte nach § 196 des

51 BTDrs. 12/7425, S. 261.

Baugesetzbuchs, soweit diese vorliegen, andernfalls in folgender Reihenfolge nach der allgemeinen Entwicklung der Grundstückspreise in dem Land, in dem das Grundstück ganz oder zum größten Teil belegen ist, dem in § 1 bezeichneten Gebiet oder im gesamten Bundesgebiet zu bestimmen. Abweichende Vereinbarungen und Zinsanpassungen sind gegenüber den Inhabern dinglicher Rechte am Erbbaurecht, die einen Anspruch auf Zahlung oder Befriedigung gewähren, unwirksam, es sei denn, dass der Erbbauzins nur als schuldrechtliche Verpflichtung zwischen dem Grundstückseigentümer und dem Nutzer vereinbart wird."

Nachfolgendes Schaubild zeigt die verschiedenen Arten von **Anpassungsklauseln** (Abb. 6). 89

Abb. 6: Abstrakte – konkrete Anpassungsklauseln

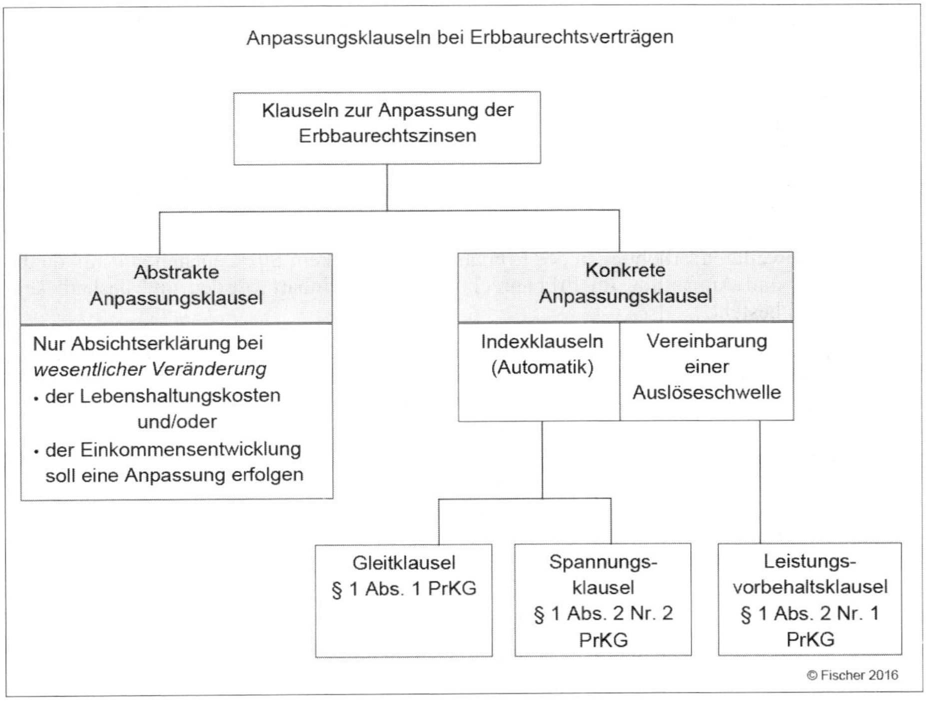

Bei der **abstrakten Anpassungsklausel** erfolgt die Anpassung dann, wenn nach *allgemeinen wirtschaftlichen Gesichtspunkten, bei wesentlichen Änderungen im Wirtschafts- und Währungsbereich oder bei Anlässen der besonderen Art* der vereinbarte Erbbauzins nicht mehr als angemessenes Entgelt für die Überlassung der Nutzung des Vermögensgegenstandes angesehen werden kann. Damit wird überwiegend auf die Kaufkraft oder auch auf die Einkommensentwicklung abgestellt. Nach der Rechtsprechung[52] und h.M. ist von einer „**wesentlichen Änderung**" bei einer Steigerung des Lebenshaltungskostenindex (Verbraucherpreisindex) von > 10 v.H. auszugehen. Die Parteien müssen in Verhandlungen treten und sich auf eine angemessene Anpassung im gegenseitigen Einvernehmen einigen. Derartige Klauseln sind genehmigungsfrei. 90

Bei den **konkreten Anpassungsklauseln** werden konkrete Festlegungen in einer freien Vereinbarung (Erbbaurechtsvertrag) getroffen, wann eine Erhöhung möglich ist. Es ist zu bestimmen, welcher Index (Bewertungsmaßstab) und welches Basisjahr maßgeblich sind. 91

52 BGH, Urt. vom 3.2.1995 – V ZR 222/93 –, GuG 1996, 310 = EzGuG 7.124.

92 Fehlt ein **Bewertungsmaßstab**, so kann der Erbbauzins nur nach billigem Ermessen gem. § 317 Abs. 1 BGB neu festgesetzt werden. Man unterscheidet die Wertsicherungsklauseln wie folgt: **Gleitklauseln**, **Spannungsklauseln** und **Leistungsvorbehaltsklauseln**.

- **Gleitklauseln** weisen eine Automatik auf und waren – im Unterschied zu Leistungsvorbehalten und Spannungsklauseln[53] – bisher in Erbbaurechtsverträgen nach § 3 WährG und nach dem Preisangaben- und Preisklauselgesetz (PaPkG) genehmigungspflichtig, wenn die Vertragslaufzeit weniger als 30 Jahre betrug. Nach neuem Recht ab 14.9.2007 sind nach dem Preisklauselgesetz (PrKG) automatische Anpassungen für Güter und Leistungen, die mit Geldschuld nicht vergleichbar sind, verboten (§ 1 Abs. 1 PrKG). Es wurde nur das Genehmigungsverfahren abgeschafft. Die betroffene Partei ist somit für die Rechtmäßigkeit der Klausel selber verantwortlich. Eine vereinbarte Gleitklausel ist so lange als wirksam zu betrachten, bis eine Vertragspartei die Unwirksamkeit erfolgreich bestritten hat (§ 8 Satz 1 PrKG). Die rechtskräftig festgestellte Unwirksamkeit wirkt nicht rückwirkend, sondern nur für die Zukunft[54]. Nach § 4 PrKG sind Preisklauseln in Erbbaurechtsverträgen und in Erbbauzinsreallasten mit einer Laufzeit von mind. 30 Jahren zulässig. Üblicherweise wird bei Gleitklauseln als Bewertungsmaßstab der Lebenshaltungskostenindex vereinbart, der Anfang 2003 durch den **Verbraucherpreisindex** (**Standard-VPI** bei Inflationsentwicklung eines Landes innerhalb der Europäischen Union) auf der Basis 2000 = 100 abgelöst wurde (derzeit 2015 = 100). Gleitklauseln haben den Vorteil, dass bei den Parteien über die jeweiligen Erhöhungen des Erbbauzinses i.d.R. kein Streit entstehen kann, da die Erhöhung und Anpassung im Erbbaurechtsvertrag vereinbart wurden und deshalb kein Spielraum besteht.
- Die **Spannungsklausel sieht wie die Gleitklausel eine automatische Anpassung vor.** Allerdings ist der Maßstab, an den der Erbbauzins angepasst werden soll, und die Leistung, für die die zu sichernde Geldschuld (Erbbauzins) gezahlt wird, gleichartig, miteinander vergleichbar und muss in ihrem Spannungsverhältnis gleich bleiben. Die Bezugsgröße steht im direkten Zusammenhang zum Vertragsgegenstand. Weicht sie dagegen davon ab, indem eine allgemeine Steigerung vereinbart wird, so handelt es sich um eine Gleitklausel. Eine solche Gleichartigkeit besteht z.B. zwischen dem Mietertrag der auf einem Grundstück aufstehenden Gebäude und der Grundstücksnutzung, für die der Erbbauzins gezahlt wird. Da es im Allgemeinen schwierig ist, im Erbbaurechtsvertrag eine rechtssichere Vereinbarung[55] in Form einer Spannungsklausel zu treffen, wird diese Form in der Praxis selten gewählt.
- Unter einem **Leistungsvorbehalt** (**Leistungsvorbehaltsklausel**) versteht man die Vereinbarung, nach der im Falle einer Änderung von Preisen oder Werten bestimmter Güter oder Leistungen die Vertragspartner oder ein Dritter den Schuldbetrag neu festsetzen sollen, ohne dass das Ausmaß der Änderung bindend festgelegt ist. So liegt z.B. ein Leistungsvorbehalt vor, wenn eine Veränderung des gewählten Anpassungsmaßstabs (z.B. Verbraucherpreisindex) nicht automatisch zu einer bestimmten Änderung des Erbbauzinses führt und den Parteien oder dem zur Festlegung der Anpassung aufgeforderten Dritten noch ein gewisser Ermessensspielraum verbleibt.
  Ein solcher Ermessensspielraum besteht z.B., wenn bei einer bestimmten Indexänderung eine *„angemessene Änderung des Erbbauzinses"* verlangt werden kann. Bei Leistungsvorbehaltsklauseln stellt die Änderung bestimmter Preise oder Indizes nur die Voraussetzung für eine Anpassung des Erbbauzinses dar. Für die Erhöhung des Erbbauzinses lässt diese Klausel einen Beurteilungsspielraum zu, wobei die tatsächliche Erhöhung im Gegensatz zur Gleit- und Spannungsklausel zu verhandeln ist. Für den Fall, das keine Einigung erzielt werden kann, ist es angebracht, eine Schiedsgutachterabrede zu vereinbaren.

53 Dürkes in BB 1990, 1608; Holtzmann in NJW 1967, 915; Holtzmann/Münzberg in NJW 1969, 407; Czerlinsky in NJW 1977, 1228.
54 Böttcher, a.a.O., S.117, Rn. 532.
55 Siehe zur rechtlichen Einordnung: Böttcher, a.a.O., S. 118, 119, Rn. 536 bis 540.

- **Kostenelementeklausel.** Nach § 1 Abs. 2 S. 3 PrKG ist auch die Kostenelementeklausel erwähnt. Dabei wird der geschuldete Betrag an die Entwicklung der Preise oder Werte für Güter oder Leistungen gebunden, falls diese die Selbstkosten des Gläubigers bei der Erbringung der Gegenleistung direkt beeinflussen. Diese Klausel hat bei der Erbbaurechtsbestellung praktisch keine Bedeutung.

Abb. 7: Wertsicherung des Erbbauzinses

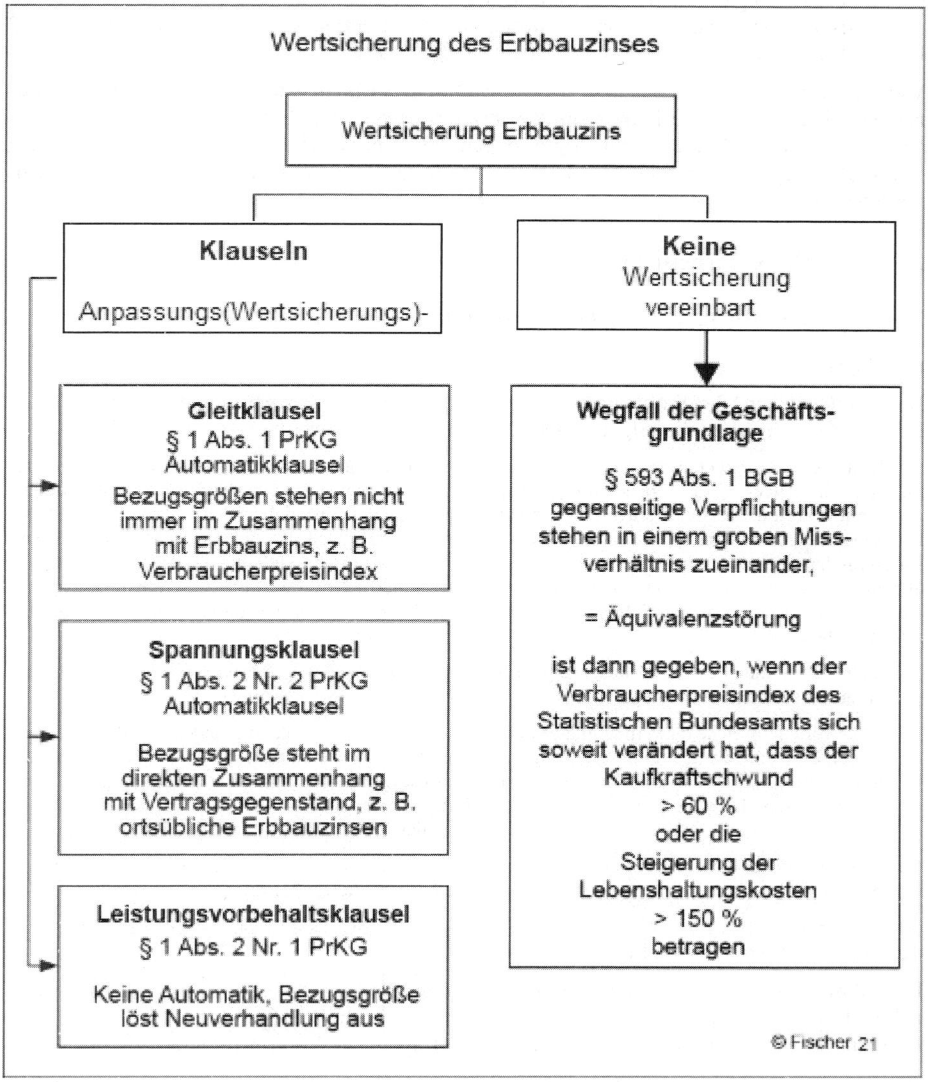

Automatische Indexierungsklauseln waren in der Vergangenheit nach § 3 WährG in Deutschland genehmigungsbedürftig. Sie waren nur genehmigungsfähig, wenn sie den Genehmigungsgrundsätzen der Deutschen Bundesbank entsprachen. Die Laufzeit der **Vereinbarung musste dabei mindestens 10 Jahre betragen.** In den anderen Teilnehmerstaaten der Europäischen Währungsunion galt jedoch kein derartiges Verbot. Insoweit wurde der § 3 WährG mit 93

Einführung des Euroeinführungsgesetzes vom 09.06.1998 ersatzlos gestrichen, was in Deutschland aber auf Widerstände stieß. Da man in Deutschland auf dieses zum Schutz der Wirtschaft und ihrer Stabilität erforderliche Verbot nicht verzichten wollte, wurde es im **Preisangaben- und Preisklauselgesetz** (PaPkG) mit nahezu derselben Formulierung eingestellt. Ab 14.09.2007 gilt neues Recht, nämlich das Preisklauselgesetz (PrKG). Danach gilt ein grundsätzliches Verbot der automatischen Anpassung für Güter oder Leistungen, die nicht mit Geldschuld vergleichbar sind. Dieses Verbot gilt nach § 1 Abs. 2 PrKG nicht für Leistungsvorbehalts-, Spannungs- und Kostenelementeklauseln (Koppelung der zu erbringenden Leistung an die Entwicklung der Selbstkosten). Nach dem PrKG sind Legalausnahmen zum Verbot der automatischen Anpassung zugelassen, wenn bestimmte Voraussetzungen erfüllt sind (§§ 2, 3 PrKG). Das Genehmigungsverfahren ist entfallen (§ 8 PrKG).

94 Wertsicherungsklauseln können zum Teil **erheblichen Einfluss auf den Wert des Erbbaurechts** haben und sind deshalb in die Wertermittlung mit einzubeziehen. Kann der Sachverständige die Klauseln nicht eindeutig auslegen, so ist juristischer Beistand und Klarstellung erforderlich, ggf. ist eine alternative Bewertung unter Benennung des juristischen Problems vorzunehmen.

2.3.2 Besonderheiten für Grundstücke die Wohnzwecken dienen

2.3.2.1 Rechtsgrundlage (§ 9a ErbbauRG)

a) *Allgemeines*

95 Bei Grundstücken, die Wohnzwecken dienen, darf eine Anpassung gemäß § 9a Abs. 1 S. 2 ErbbauRG **nicht über die allgemeinen wirtschaftlichen Verhältnisse hinausgehen**.

(1) Dient das auf Grund eines Erbbaurechts errichtete Bauwerk Wohnzwecken, so begründet eine Vereinbarung, daß eine Änderung des Erbbauzinses verlangt werden kann, einen Anspruch auf Erhöhung des Erbbauzinses nur, soweit diese unter Berücksichtigung aller Umstände des Einzelfalles nicht unbillig ist. Ein Erhöhungsanspruch ist regelmäßig als unbillig anzusehen, wenn und soweit die nach der vereinbarten Bemessungsgrundlage zu errechnende Erhöhung über die seit Vertragsabschluß eingetretene Änderung der allgemeinen wirtschaftlichen Verhältnisse hinausgeht. Änderungen der Grundstückswertverhältnisse bleiben außer den in Satz 4 genannten Fällen außer Betracht. Im Einzelfall kann bei Berücksichtigung aller Umstände, insbesondere

1. einer Änderung des Grundstückswerts infolge eigener zulässigerweise bewirkter Aufwendungen des Grundstückseigentümers oder

2. der Vorteile, welche eine Änderung des Grundstückswerts oder die ihr zugrunde liegenden Umstände für den Erbbauberechtigten mit sich bringen,ein über diese Grenze hinausgehender Erhöhungsanspruch billig sein. Ein Anspruch auf Erhöhung des Erbbauzinses darf frühestens nach Ablauf von drei Jahren seit Vertragsabschluß und, wenn eine Erhöhung des Erbbauzinses bereits erfolgt ist, frühestens nach Ablauf von drei Jahren seit der jeweils letzten Erhöhung des Erbbauzinses geltend gemacht werden.

(2) Dient ein Teil des auf Grund des Erbbaurechts errichteten Bauwerks Wohnzwecken, so gilt Absatz 1 nur für den Anspruch auf Änderung eines angemessenen Teilbetrags des Erbbauzinses.

(3) Die Zulässigkeit einer Vormerkung zur Sicherung eines Anspruchs auf Erhöhung des Erbbauzinses wird durch die vorstehenden Vorschriften nicht berührt.

96 **Eine Anpassung des Erbbauzinses an einen Bodenpreisindex** ist nach § 9a Abs.1 Satz 3 ErbbauRG **unzu-lässig.** Ausnahmen sind in § 9a Abs.1 Satz 4 aufgeführt.
Dies gilt nach § 35 ErbbauRG[56] auch für „Altverträge“. Die Vorschrift lautet:

(1) Für nach dem Inkrafttreten des Gesetzes zur Änderung der Verordnung über das Erbbaurecht vom 8. Januar 1974 (BGBl I S. 41) am 23. Januar 1974 fällig werdende Erbbauzinsen ist § 9a auch bei Vereinbarung des dort bezeichneten Inhalts anzuwen-den, die vor dem 23. Januar 1974 geschlossen worden sind.

---

56 Die mit Art. 138 Nr. 4 des Gesetzes vom 19.04.2006 (BGBl. I 2006, 866) eingefügte Regelung übernimmt die gleich lautende Regelung des Art. 2 des Gesetzes vom 08.01.1974 (BGBl. I 1974, 41).

(2) Ist der Erbbauzins auf Grund einer Vereinbarung nach Absatz 1 vor dem 23. Januar 1974 erhöht worden, so behält es hierbei sein Bewenden. Der Erbbauberechtigte kann jedoch für die Zukunft eine entsprechende Anwendung der in Absatz 1 genannten Vorschrift gerechtfertigte Herabsetzung dann verlangen, wenn das Bestehenbleiben der Erhöhung für ihn angesichts der Umstände des Einzelfalles eine besondere Härte wäre.

Nach dieser **Übergangsregelung** gilt § 9a ErbbauV nach seinem Inkrafttreten am 23.01.1974 **97** auch für Ver-ein-barungen, die vor Inkrafttreten getroffen worden sind. Bei Erbbauzinserhöhungen, die nach dem 23.01.1974 getroffen wurden, kann dem-nach bei besonderer Härte eine Herabsetzung des Erbbauzinses möglich sein (Abs. 2 Satz 2).

Nach § 9a ErbbauRG darf ein **Anspruch auf Erhöhung des Erbbauzinses** im Übrigen **frühestens nach Ablauf von drei Jahren seit Vertragsabschluss** geltend gemacht werden. Ist **98** der Erbbauzins bereits erhöht worden, so darf ein Anspruch auf Erhöhung des Erbbauzinses wiederum frühestens nach Ablauf von weiteren drei Jahren seit der jeweils letzten Erhöhung geltend gemacht werden. Ist der Erbbauzins bereits erhöht worden, so darf ein Anspruch auf Erhöhung des Erbbauzinses wiederum frühestens nach Ablauf von weiteren drei Jahren seit der jeweils letzten Erhöhung geltend gemacht werden. Die Vorgehensweise bei der Wertsicherung des Erbbauzinses geht aus Abb. 6 hervor. Es ist zu prüfen, ob vertraglich eine Anpassungs (Wertsicherungs)klausel vereinbart worden ist. Gemäß der vereinbarten Klausel ist die Anpassung vorzunehmen.

§ 9a ErbbauRG findet auf Bauwerke, die gewerblichen (Hotel, Pflegeheim usw.), industriellen **99** oder öffentlichen Zwecken dienen (Schule, Kindergarten, Sportplatz usw.) keine Anwendung[57].

a) *Wohnzwecken dienende Grundstücke*

a) *Wohngrundstück*

a) *Teilerschlossenes Gewerbegrundstück*

a) *Gewerblichen Zwecken dienende Grundstücke*

2.3.2.2 Allgemeinen wirtschaftlichen Verhältnisse

a) *Allgemeines*

Unter „Änderung der allgemeinen wirtschaftlichen Verhältnisse" ist nach ständiger Recht- **100** sprechung des BGH[58] der Mittelwert aus der Lebenshaltungskosten- und Einkommensentwicklung zu verstehen, weil damit, die die allgemeine Wirtschaftlage des Durchschnitts der Bevölkerung am besten abgebildet werden. Danach kommt es daher auf den Mittelwert

- **der Veränderung des Lebenshaltungskostenindexes**(eines 4-Personen-Haushalts von Arbeitern und Angestellten mit mittlerem Einkommen) einerseits und
- der Änderung der Indizes der Bruttowochenverdienste der Arbeiter/-innen im produzierenden Gewerbe und der Angestellten in Industrie und Handel andererseits an[59].

57 BGH, Urt. vom 15.11.1974 - V ZR 63/73 - NJW 1975, 211 = EzGuG 7.39; Dürkes in BB 1980, 1609; Sager/-Peters in NJW 1976, 409.

58 BGH, Urt. vom 02.03.2012 – V ZR 159/11 -, NJW-RR 2012, 1223 = EzGuG 7.58; BGH, Urt. vom 31.10.2008 - V ZR 71/08 -, NJW 2009, 679 = EzGuG 7.147a.

59 BGH, Urt. vom 4.7.1980 – V ZR 49/79 –, NJW 1980, 2519 = EzGuG 7.77; BGH, Urt. vom 27.5.1981 – V ZR 20/80 –, NJW 1981, 2567 = EzGuG 7.82; BGH, Urt. vom 20.12.1985 – V ZR 96/84 –, BGHZ 96, 372 = EzGuG 7.95a.

Die sich hieraus abzuleitende **Formel**[60] aus den Lebenshaltungskosten und dem Einkommen lautet:

Änderungsprozentsatz = (Änderung der Lebenshaltungskosten + Änderung der Einkommen) / 2

Änderung der Einkommen = (Änderung der Arbeiterlöhne + Änderung der Angestellteneinkommen) / 2

101 Es gelten folgende **Grundsätze:**

a) Soll sich vereinbarungsgemäß der Erbbauzins erhöhen, wenn sich die allgemeinen Verhältnisse derart nachhaltig ändern, dass der bisherige Erbbauzins dem Eigentümer nach Treu und Glauben nicht mehr zumutbar ist, so genügt dafür eine Änderung um mehr als 20 % der Entwicklung der Lebenshaltungskosten und der Einkommen[61], respektive 10 % nach 5 Jahren[62].

b) Ist vereinbarte Voraussetzung einer Anpassung des Erbbauzinses eine Änderung der allgemeinen wirtschaftlichen Verhältnisse, so ist auch die Entwicklung in dem zum Zeitpunkt der Erhöhung schon abgelaufenen Teil eines Kalenderjahres einzubeziehen.

c) Ist nach dem Erbbaurechtsvertrag eine Anpassung des Erbbauzinses an die Änderung der wirtschaftlichen Verhältnisse durch einen Schiedsgutachter nur insoweit zulässig, als sie unter Berücksichtigung aller Umstände des Einzelfalls nicht unbillig ist (§ 319 BGB), darf im Falle der Bestellung des Erbbaurechts zur Errichtung eines Mietshauses im sozialen Wohnungsbau bei der Anpassung nicht unberücksichtigt bleiben, dass die erzielbaren Mieten auf Dauer hinter der Kostenmiete zurückbleiben[63].

102 Die **Lebenshaltungskosten** werden hierbei nach einem 4-Personen-Arbeitnehmerhaushalt mittleren Einkommens bis 12/2002 bestimmt. Dieser wurde ab 1/2003 durch den Verbraucherpreisindex ersetzt. Die **Einkommensverhältnisse** sind nach einem Mittelwert der Bruttoeinkünfte der Industriearbeiter sowie der Angestellten in Industrie und Handel zu bestimmen. Dabei sind die für die Gesamtbevölkerung der Bundesrepublik Deutschland maßgebenden Zahlen heranzuziehen, ohne Berücksichtigung regional unterschiedlicher Entwicklungen und ohne Beschränkung auf männliche Arbeitnehmer. Maßgebende Werte für den Abschluss der **Entwicklung sind die Monatsindizes,** die vor der Stellung des Veränderungsverlangens zuletzt veröffentlicht worden sind[64].

103 Anstelle des Lebenshaltungskostenindexes wird vom **Statistischen Bundesamt Wiesbaden** seit dem 01.01.2003 der **Verbraucherpreisindex** (VPI) auf der Basis 2000 = 100 veröffentlicht (vgl. www.gug-aktuell.de). Seither ist nur noch eine Bezugnahme auf den Verbraucherpreisindex möglich[65]. Die fortgefallene Bemessungsgrundlage ist im Wege einer ergänzenden Vertragsauslegung durch diejenige zu ersetzen, die den fortgefallenen Indizes am nächsten kommen und die deshalb am geeignetsten sind. Somit kommt nur der neue Verbraucherpreisindex (VPI) zur Anwendung, ohne dass dafür eine neuerliche Genehmigung bzw. Zustimmung nachrangiger Gläubiger erforderlich wird. Aktuell existiert der Verbraucherpreisindex für Deutschland auf der Basis 2015 = 100.

104 Das Statistische Bundesamt hat darüber hinaus zum Januar 2007 die Veröffentlichung der Indizes der Bruttomonatsverdienste von Arbeitern und Angestellten im Produzierenden Gewerbe eingestellt und durch die neue Indexreihe der **Bruttomonatsverdienste vollzeitbe-**

60 Erman/Hagen, BGB § 9a ErbbauVO Rn. 6; Staudinger/Ring, BGB § 9a ErbbauVO Rn. 7; v. Oefele MüKo, § 9 ErbbauVO, Rn. 6.

61 BGH, Urt. vom 24.4.1992 – V ZR 52/91 –, NJW 1992, 2088 = EzGuG 7.114c.

62 LG Osnabrück, Urt. vom 20.7.2011 – 12 O 802/11 – EzGuG 7.147b; BGH, Urt. vom 11.12.2009 – V ZR 110/09 –, NZM 2010, 253 = EzGuG 7.146b.

63 BGH, Urt. vom 19.1.2001 – V ZR 217/00 –, GuG 2001, 306 = EzGuG 7.131.

64 BGH, Urt. vom 15.4.1983 – V ZR 9/82 –, NJW 1983, 2252 = EzGuG 7.89; BGH, Urt. vom 3.5.1985 – V ZR 23/84 –, BGHZ 94, 257 = EzGuG 7.94.

65 Reul, DNotZ 2003, 93; DNotI-Report 2003, 9.

schäftigter Arbeitnehmer (VerdI) (ohne Sonderzahlungen) (Verdienstindizes für Erbbauzinsberechnungen) ersetzt[66].

Ferner hat das Statistische Bundesamt für den Umstieg von speziellen Haushaltstypen und Basisjahren auf den Verbraucherpreisindex für Deutschland eine Anleitung für die Berechnung von Schwellenwerten für Wertsicherungsklauseln[67] herausgegeben. Deren Anwendung ist für die Ermittlung der exakten Erbbauzinserhöhung von Bedeutung. Maßgebend ist die zugrunde liegende Vertragsform, nämlich: **105**

a) kein weggefallener Index (Vertragsbeginn oder letzte Anpassung **ab** Dezember 1999): Verkettung **nicht** erforderlich, es wird nur mit dem VPI gerechnet;

b) weggefallener Index (letzte Anpassung oder Vertragsbeginn **vor** Dezember 1999):

Verkettung **ist** erforderlich, **Verkettungsmonat ist der Monat Dezember 1999**: Berechnung vom Vertragsbeginn bis Dezember 1999 mit dem weggefallenen Index, ab Dezember 1999 mit dem VPI.

a) *Wohnzwecken dienende Grundstücke*

a) *Wohngrundstück*

a) *Teilerschlossenes Gewerbegrundstück*

a) *Gewerblichen Zwecken dienende Grundstücke*

2.3.2.3 Beispiele

Die Berechnung der Erbbauzinserhöhung bei Änderung der allgemeinen wirtschaftlichen Verhältnisse ist nachfolgend beispielhaft dargestellt[68]. **106**

Beispiel: **107**
Der Erbbauzins bei Vertragsabschluss im II. Quartal 2008 beträgt 750,00 €/Jahr. Eine Anpassungsklausel wurde vereinbart, aber nicht genutzt.
Nun soll eine erstmalige Erbbauzinserhöhung im Juli 2022 vorgenommen werden (Basis Durchschnitte der Quartalsdaten). Sofern im Erbbaurechtsvertrag keine anderweitigen Vereinbarungen getroffen wurden, ist wie folgt vorzugehen:

Ermittlung der Änderung der allgemeinen wirtschaftlichen Verhältnisse zwischen II. Quartal 2020 und II. Quartal 2021

a) **Verbraucherpreisindex (VPI)** *2015 = 100*

Jahr 2020
I. Quartal = (105,2 + 105,6 + 105,7) / 3 = 105,50
II. Quartal = (106,1 + 106,0 + 106,6) / 3 = 106,23

Jahr 2021
I. Quartal = (106,3 + 107,0 + 107,5) / 3 = 106,93
II. Quartal = (108,2 + 108,7 + 109,1) / 3 = 108,67
Steigerung I. Quartal: (106,93 / 105,5 × 100) – 100 = 1,36 %
Steigerung II. Quartal: (108,6 / 106,23 × 100) – 100 = 2,23 %

Steigerung im Mittel aus Q I + II: (1,36 % + 2,23 %) / 2 = **1,79 %**

---

66 Entsprechend Verdienststatistikgesetz (VerdStatG) vom 21.12.2006 (BGBl. I 2006, 3291) i.V.m. Bundesstatistikgesetz (BStatG) vom 22.1.1987 (BGBl. I 1987, 462, 565), zuletzt geändert durch Art. 1 des Gesetzes vom 12.8.2020 (BGBl. I 2007, 1872), https://www.destatis.de/DE/Themen/Arbeit/Verdienste/Verdienste-Verdienstunterschiede/Publikationen/Downloads-Verdienste-und-Verdienstunterschiede/verdienstindizes-erbbauzins-pdf-5623207.pdf?__blob=publicationFile.

67 Statistisches Bundesamt, Anleitung für die Berechnung von Schwellenwerten und Veränderungsraten für Wertsicherungsklauseln, https://www.destatis.de/DE/Themen/Wirtschaft/Preise/Verbraucherpreisindex/Methoden/Internetprogramm.html.

68 Dürkes, Die Wertsicherung von Erbbauzinsen, BB 1980, 1614.

b) **Index der Bruttomonatsverdienste der Arbeitnehmer in Deutschland (VerdI)**

2015 = 100

Jahr 2020

I. Quartal = 110,8

II. Quartal = 106,2

Jahr 2021

I. Quartal = 109,7

II. Quartal = 112,4

Steigerung I. Quartal: (109,7 / 110,8 × 100) – 100 = –0,99 %

Steigerung II. Quartal: (112,4 / 106,2 × 100) – 100 = 5,84 %

Steigerung im Mittel aus Q I + II: (-0,99 % + 5,84 %) / 2 = **2,43 %**

c) **Steigerung aus Verbraucherpreisindex und Bruttomonatsverdiensten**

$\frac{a) + b)}{2}$ = (1,79 % + 2,43 %) / 2 = **2,11%**

d) **Anpassung des Erbbauzinses**

750,00 € × 0,0211 = **15,83€**

e) **Neuer Erbbauzins ab III. Quartal 2021**

750,00 € + 15,83 € = **765,83 €**

a) *Allgemeines*

a) *Wohnzwecken dienende Grundstücke*

a) *Wohngrundstück*

a) *Teilerschlossenes Gewerbegrundstück*

a) *Gewerblichen Zwecken dienende Grundstücke*

2.3.2.4 Statistische Grundlagen

108 Das Statistische Bundesamt hat zum Januar 2007 die **Veröffentlichung der Indizes der Bruttomonatsverdienste von Arbeitern und Angestellten im Produzierenden Gewerbe eingestellt** und diese durch die neuen Indizes der **Arbeitnehmerverdienste in der Wirtschaft** (Index der Bruttomonatsverdienste vollzeitbeschäftigter Arbeitnehmer) ersetzt. Darin wird nicht mehr zwischen Arbeitern und Angestellten unterschieden. Die neuen Indizes werden auf Basis der vierteljährlichen **Verdiensterhebung** errechnet. Die Rechtsgrundlage bildet das neue Verdienststatistikgesetz (VerdStatG)[69] i.V.m. dem Bundesstatistikgesetz (BStatG)[70]. Das Verdienststatistikgesetz ersetzt das bis dahin geltende Lohnstatistikgesetz und ist am 01.01.2007 in Kraft getreten. Das seit 1951 geltende Lohnstatistikgesetz erfüllte den heutigen Informationsbedarf nicht mehr, da keine Daten über die Verdienste im Dienstleistungs- und Teilzeitbereich erfasst wurden, zudem wurden Daten erhoben, die an Bedeutung verloren haben[71].

---

69 Verdienststatistikgesetz (VerdStatG) vom 21.12.2006 (BGBl. I 2006, 3291), zuletzt geändert durch Art. 1 des Gesetzes vom 12.8.2020 (BGBl. I S. 1872).

70 Bundesstatistikgesetz (BStatG) vom 20.10.2016 (BGBl. I S. 2394), zuletzt geändert durch Art 2 des Gesetzes vom 14.6.2021 (BGBl. I S. 1751).

71 N.N.: Verdienste und Arbeitskosten – Indizes der Arbeitnehmer in der Wirtschaft – vorläufige Ergebnisse, 2. Quartal 2007. Statistisches Bundesamt, Fachserie 16 Reihe 2.2, erschienen am 8.1.2008.

Hervorzuheben ist, dass die Indexreihen der Arbeitsverdienste in der deutschen Wirtschaft ab Januar 2007 bis zum Kalenderjahr 2021 nur quartalsweise vorliegen (§ 4 Verdienststatistikgesetz). Letzteres führt, wie im Beispiel unter Rn. 109 dargestellt, zur notwendigen Mittelwertbildung von Quartalen, um bei den Steigerungsraten der Bruttomonatsverdienste richtige Bezugsbasen zu haben. Denn nach gängiger Rechtsprechung[72] ist auf den Monatsindex abzustellen. Inwieweit das auch für die Ermittlung der Steigerungsraten gilt, für die der Verbraucherpreisindex die Grundlage ist, ist rechtlich nicht entschieden. Zum Zwecke der Vergleichbarkeit könnte anstatt des Monatsindex auch ein Mittelwert des entsprechenden Quartals zugrunde gelegt werden. Es ist zu empfehlen, klare Regelungen dazu in Erbbaurechtsverträgen zu vereinbaren. **109**

Nach § 4 VerdStatG wird im Kalenderjahr 2021 einmal für den Monat April und ab dem Kalenderjahr 2022 die Erhebung der Arbeitsverdienste monatlich durchgeführt, sodass sich ab 2022 die quartalsweise Auswertung erübrigt. **110**

Die alten Indexreihen bis 2006 stehen nicht mehr zur Verfügung. Für die Berechnung der Erbbauzinsanpassung muss deshalb auf eine andere Indexreihe zurückgegriffen werden. Die bisher getrennt dargestellten Indizes für Angestellte und Arbeiter sind mit gleichem Gewicht in die Berechnung der Erbbauzinsanpassung eingegangen. Der neue Index für **Bruttomonatsverdienste vollzeitbeschäftigter Arbeitnehmer** basiert ebenfalls auf Verdiensten von Arbeitern und Angestellten, ohne diese gesondert auszuweisen. Zukünftig kann deshalb der **Index der Bruttomonatsverdienste vollzeitbeschäftigter Arbeitnehmer** herangezogen werden, da dieser dem fortgefallenen Index am nächsten kommt[73]. Das Statistische Bundesamt bietet eine **Rechenhilfe** zur Anpassung von Verträgen an[74]. **111**

Abb. 18: Verhältnis der Indexreihen Lebenshaltung – Verbraucherpreis bis bzw. ab 1999 **112**

Indexreihe	Verhältnis
bis Dezember 1999	1
Lebenshaltungskostenindex von 4-Personen-Haushalten von Arbeitern und Angestellten mit mittlerem Einkommen	
ab Dezember 1999	1
Verbraucherpreisindex für Deutschland (VPI)	
Index der Bruttomonatsverdienste vollzeitbeschäftigter Arbeitnehmer (Verdienstindex)	

Beispiel: **113**
Herr Müller ist Eigentümer eines Erbbaurechts an einem Einfamilienhausgrundstück. Mit dem Erbbaurechtsgeber wurde im April 1972 ein Erbbauzins in Höhe von 5 000 DM (rd. 2 556 €) vereinbart, der bisher nicht angepasst wurde. Der Erbbaurechtsgeber beabsichtigt nunmehr eine Anpassung des Erbbauzinses zum 1. Januar 2019. Die vertraglichen und gesetzlichen Bestimmungen (§ 9a Abs. 1 ErbbauRG) sind zu beachten.
Im *ersten Schritt* wird die Veränderungsrate der Lebenshaltungskosten vom April 1972 bis zum 1. Januar 2022 ermittelt.
Da sich die Indizes geändert haben, ist eine getrennte Berechnung erforderlich, nämlich **bis** Dezember 1999 und **ab** Dezember 1999 (Verkettungsmonat).

---

72 LG Osnabrück, Urt. vom 20.7.2011 – 12 O 802/11 -, EzGuG 7.154, BGH, Urt. vom 11.12.2009 – V ZR 110/09 –, NZM 2010, 253 = EzGuG 7.146b.

73 N.N.: Verdienste und Arbeitskosten – Verdienstindizes für Erbbauzinsberechnungen. Statistisches Bundesamt, Fachserie 16 Reihe 2.4, 4. Vierteljahr 2015.

74 https://www.destatis.de/SiteGlobals/Forms/Suche/Servicesuche_Formular.html?nn=3628&resourceId=2414&input_=249406&pageLocale=de&templateQueryString=Rechenhilfe+&submit.x=0&submit.y=0.

a)Veränderungsrate Lebenshaltungskosten (LHK)

bis Dezember 1999, Lebenshaltungskostenindex von 4-Personen-Haushalten von Arbeitern und Angestellten mit mittlerem Einkommen, Basis 1995 = 100

April 1972	44,8	(105,2 / 44,8 × 100) – 100 = 134,82
Dezember 1999	105,2	

ab Dezember 1999 Verbraucherpreisindex für Deutschland (VPI), Basis 2015 = 100

Dezember 1999	79,3	(111,5 / 79,3 × 100) – 100 = 40,61
1. Januar 2022	111,5	

$Veränderungsrate_{LHKgesamt}$ = [(1 + 134,82 / 100) × (1 + 40,61 / 100)] × 100 – 100 = 230,18 %

Es folgt die Berechnung der Veränderungsrate der Verdienste und Arbeitskosten auf der Grundlage der Verdienstindizes für Erbbauzinsberechnungen (keine Verknüpfung erforderlich, da diese Indexreihe zu einer langen Reihe zusammengefügt wurde). Allerdings liegen diese Indizes ab 2007 nur als Quartalindizes vor. Vor 2007 werden sie nur für die Monate Januar, April, Juli und Oktober ausgewiesen. Insofern können sich geringe Ungenauigkeiten ergeben.

b)Veränderungsrate, Index der Bruttomonatsverdienste vollzeitbeschäftigter Arbeitnehmer (Verdi)

Basis2015=100[75]

April 1972	21,2
Januar 2021 (Q1)	109,7

$Veränderungsrate_{Verdi\ gesamt}$ = (109,7/21,2× 100) – 100 = 417,45 %

c)Steigerungsrate aus $Veränderungsrate_{LHK\ gesamt}$ **und** $Veränderungsrate_{Verdi\ gesamt}$

Steigerungsrate = (LHK gesamt + Verdi gesamt)/2 = (230,18 + 417,45)/2 = 323,82 %

Im *zweiten Schritt* erfolgt die Berechnung des an die veränderten wirtschaftlichen Verhältnisse angepassten Erbbauzinses.

Berechnung des neuen Erbbauzinses

Erbbauzins im April 1972	5 000 DM/1,95583 =	2 556,46 €
Steigerungsbetrag zwischen April 1972 und Januar 2022		
2 556, 46 € × 3,2382	323,82 %/100 = 3,2382)	+ 8 278,33 €
Angepasster Erbbauzins ab Januar 2021		**= 10 834,79 €**
	rd.	**10 830 €**

Ein Beispiel der Erbbauzinsanpassung erfolgt auf der Basis der Quartalsindizes, wobei beim Verbraucherpreisindex eine Umrechnung vom Monatsindex auf einen Quartalsmittelwert erfolgen muss.

75 https://www.destatis.de/DE/Themen/Arbeit/Verdienste/Verdienste-Verdienstunterschiede/Publikationen/Downloads-Verdienste-und-Verdienstunterschiede/verdienstindizes-erbbauzins-pdf-5623207.pdf?__blob=publicationFile&v=5.

Beispiel: Einfamilienhaus

Anpassung eines Erbbauzinses im II. Quartal 2019, bisherige Höhe 2 500,00 €.

a) **Verbraucherpreisindex (VPI) Basis 2015 = 100**

2007

I. Quartal Mittelwert Jan. bis März: (88,3 + 88,7 + 88,9)/3 = 88,6

II. Quartal Mittelwert April bis Juni: (89,3 + 89,3 + 89,4)/3 = 89,3

2019

I. Quartal Mittelwert Jan. bis März: (103,4 + 103,8 + 104,2)/3 = 103,8

II. Quartal Mittelwert April bis Juni: (105,2 + 105,4 + 105,7)/3 = 105,4

b) **Veränderungsrate**

Steigerung I. Quartal: $\left(\frac{103{,}8}{88{,}6} \times 100\right) - 100 = 17{,}16\,\%$

Steigerung II. Quartal: (105,4 / 89,3 × 100) – 100 = 18,03 %

Steigerung im Mittel: $\frac{17{,}16 + 18{,}03}{2} = \mathbf{17{,}6\,\%}$

c) **Index der Bruttomonatsverdienste vollzeitbeschäftigter Arbeitnehmer (2015 = 100)**

2007

I. Quartal Mittelwert Jan. bis März: = 82,2

II. Quartal Mittelwert April bis Juni: = 83,1

2019

I. Quartal Mittelwert Jan. bis März: = 108,6

II. Quartal Mittelwert April bis Juni: = 108,6 (in diesem Beispiel geschätzt, da noch keine Daten vorliegen)

d) **Veränderungsrate**

Steigerung I. Quartal: $\left(\frac{108{,}6}{82{,}2} \times 100\right) - 100 = 32{,}12\,\%$

Steigerung II. Quartal: $\left(\frac{108{,}6}{83{,}1} \times 100\right) - 100 = 30{,}69\,\%$

Steigerung im Mittel: $\left(\frac{32{,}12 + 30{,}69}{2}\right) = \mathbf{31{,}41\,\%}$

e) **Steigerung aus Verbraucherpreisindex und Bruttomonatsverdiensten**

$= \left(\frac{17{,}6 + 31{,}41}{2}\right) = \mathbf{24{,}51\,\%}$

f) **Anpassung des Erbbauzinses**

2 500,00 € × 0,2451 = **612,75 €**

g) **Neuer Erbbauzins ab III. Quartal 2019**

2 500,00 € + 612,75 € = **3 112,75 €**

Die Erhöhung basiert auf der Rechtsprechung des LG Osnabrück. Die Lebenshaltungskosten und Einkommen müssen sich nach 5 Jahren um 10 % ändern, was im vorliegenden Beispiel der Fall ist (24,51 %).

a) *Allgemeines*

a) *Wohnzwecken dienende Grundstücke*

a) *Wohngrundstück*

a) *Teilerschlossenes Gewerbegrundstück*

a) *Gewerblichen Zwecken dienende Grundstücke*

2.3.2.5 Geltendmachung und Verjährung

114 **Voraussetzung für die Anpassung des Erbbauzinses ist, dass der Berechtigte die Erhöhung oder Senkung des Erbbauzinses geltend macht.** Die Fälligkeit der Erhöhung ist der freien Vereinbarung der Parteien im Zeitpunkt der Einigung über die Erhöhung des Erbbauzinses über-lassen. Wurde eine rechtlich nicht zulässige Erbbauzinsanpassungsklausel tatsächlich doch umge-setzt, dann gibt es folgende Möglichkeiten:

a) Feststellung der rechtlich zulässigen Klausel auf dem Rechtsweg,

b) Einigung über die Anwendung des Erbbauzinses, der der rechtlichen Regelung am nächsten kommt.

115 Wurde von der Möglichkeit einer Erbbauzinsanpassungsklausel kein Gebrauch gemacht, so sind zwei Verfahrens-weisen denkbar:

116 Erstens verjähren sowohl die dinglichen und schuldrechtlichen rückständigen Erbbauzinsen nach § 195 BGB in 3 Jahren. Der § 902 Abs. 1 Satz 1 besagt, dass eingetragene Rechte unverjährbar sind. Der Satz 2 besagt, dass sich diese Unverjährbarkeit nicht auf Ansprüche rückständiger wieder-kehren-der Leistungen oder auf Schadensersatz bezieht. Der § 196 BGB als Sonderregelung (Verjährungs-frist bei Rechten an einem Grundstück) ist nicht auf den dinglichen oder schuld-rechtlichen Erbbauzins anwendbar, da diese nicht als Gegenleistung für das Erbbaurecht gelten. Die Verjährungsfrist beginnt am Schluss des Jahres, in dem der Anspruch entstanden ist. Auch muss der Eigentümer von den Anspruchsumständen einschließlich der Person des Schuldners ohne grobe Fahrlässigkeit Kenntnis erlangt haben[76]. Bei vereinbarten Strafzinsen bzgl. der Erhöhung von Erbbauzinsen gilt eine Verjährung von 6 Monaten.

117 In § 9 und § 9a ErbbauRG sind für rückständige Erbbauzinsen keine Verjährungsklauseln enthalten, sodass sich die Verjährung auf der Grundlage des § 195 BGB ergibt.

118 Zweitens könnte auf den Wegfall der Geschäftsgrundlage abgestellt werden und in diesem Wege einer ergänzenden Vertragsauslegung eine Anpassung i.S. des wesentlich gewollten Zwecks herbeigeführt werden[77].

a) *Allgemeines*

a) *Wohnzwecken dienende Grundstücke*

a) *Wohngrundstück*

a) *Teilerschlossenes Gewerbegrundstück*

a) *Gewerblichen Zwecken dienende Grundstücke*

---

76 Oefele/Winkler, a.a.O., 5. Aufl., Rn. 6.120; Winkler/Schlögel, a.a.O., S. 416, Rn.120; Böttcher a.a.O., S. 90, Rn. 411, 412, Ingenstau/Hustedt, a.a.O., S. 234, Rn. 123.

77 Kleiber, W., in Sandner/Weber, Lexikon der Immobilienwertermittlung, Bundesanzeiger Verlag, 2. Aufl., 242; BGH, Urt. vom 23.5.1980 - V ZR 129/76 -, BGHZ 77, 188 = EzGuG 7.76.

2.3.2.6 Besonderheiten für gewerblichen Zwecken dienenden Grundstücke

Bei einem gewerblichen Zwecken dienenden Erbbaurecht ist jede Anpassungsklausel zulässig, die nicht gegen die Wucherbestimmungen verstößt; der Anpassung des Erbbauzinses an die „allgemeine wirtschaftliche Lage" der allgemeinen wirtschaftlichen Lage des Durchschnitts der Bevölkerung[78] kommt kein Vorzug vor anderen Kriterien zu[79]. Denkbar und zulässig ist es, den Erbbauzins an den Umsatz aus dem Gewerbe[80] oder auch an die Entwicklung der Grundstückwerte[81] zu orientieren. 119

a) *Allgemeines*

a) *Wohnzwecken dienende Grundstücke*

a) *Wohngrundstück*

a) *Teilerschlossenes Gewerbegrundstück*

a) *Gewerblichen Zwecken dienende Grundstücke*

2.3.3 Außergewöhnlich hoher Erbbauzins in städtischen Bereichen

2.3.3.1 Missver-hältnis zwischen Leistung und Gegenleistung (Äquivalenz-störung)

Bei Erbbaurechtsverträgen ohne Anpassungsklausel kann nach dem Grundsatz von Treu und Glauben (§ 242 BGB) über das Rechtsinstitut „Störung der Geschäftsgrundlage[82]" (§ 313 Abs. 1 BGB) bei einem **Missverhältnis zwischen Leistung und Gegenleistung, bei einer sog. Äquivalenzstörung,** im Wege der ergänzenden Vertragsauslegung der im Wesentlichen 120

78 BGH, Urt. vom 18.05.1979 - V ZR 237/77-, BGHZ 75, 279 = EzGuG 7.68.
79 BGH, Urt. vom 12.01.2001 - V ZR 372/99 -, BGHZ 146, 280 = EzGuG 7.130.
80 Ingenstau/Hustedt, 2014,a. a. O., S. 209 Rn. 67.
81 Ingenstau/Hustedt, 2014, a. a. O., S. 212, Rn. 78.
82 Vor Inkrafttreten der Schuldrechtsreform war der „Wegfall der Geschäftsgrundlage" (WGG) ein aus den Grundsätzen von Treu und Glauben durch die Rechtsprechung entwickeltes Rechtsinstitut. Seit dem 1.1.2002 (Inkrafttreten der Schuldrechtsreform) ist der § 313 BGB eingefügt worden und wird nun als „Störung der Geschäftsgrundlage" bezeichnet.

gewollte Zweck herbeigeführt werden[83]. Dies gilt bei Erbbaurechten für wohn- und gewerbliche Zwecke gleichermaßen. Liegen Erbbaurechtsverträge ohne Wertsicherungsklausel vor, kann u.U. eine Anpassung infrage kommen,[84] wenn sich das Gleichgewicht zwischen Leistung und Gegenleistung im Laufe der Zeit so stark verschoben hat, dass dem dadurch benachteiligten Vertragspartner ein weiteres Festhalten an der ursprünglichen Vereinbarung billigerweise nicht mehr zuzumuten ist (Überschreitung der Opfergrenze). Unabhängig davon, ob es sich um ein Wohn- oder Gewerbegrundstück handelt, kann der Erbbauzins bei einem Anstieg der **Lebenshaltungskosten** von > 150 % oder einem **Kaufkraftschwund von mehr als 60 v.H.** – bemessen nach den vom Statistischen Bundesamt veröffentlichten Indizes – wegen Wegfalls der Geschäftsgrundlage angepasst werden[85]. Dabei bemessen sich die Lebenshaltungskosten bis Dezember 1999 nach dem Lebenshaltungskostenindex (LHK) und ab Dezember 1999 nach dem Verbraucherpreisindex (VPI). Bei der Beurteilung, ob ein Anspruch auf eine Erbbauzinserhöhung aufgrund einer Äquivalenzstörung eingetreten ist, ist

– der *gesamte Zeitraum* seit Abschluss des schuldrechtlichen Erbbaurechtsvertrags zu berücksichtigen[86] und

---

83 BGH, Urt. vom 21.12.1960 – V ZR 56/60 –, NJW 1961, 499 = EzGuG 7.4; OLG Celle, Urt. vom 20.2.1962 – 4 U184/61 –, Der Siedlungsberater 1962, 28 = EzGuG 7.6; OLG Celle, Urt. vom 18.7.1963 – 4 U 20/63 –, Der Siedlungsberater 1964, 16 = EzGuG 7.6; BGH, Urt. vom 20.3.1964 – V ZR 46/63 –, WM 1964, 561 = EzGuG 7.9; OLG Hamburg, Urt. vom 12.1.1967 – 12 O 150/65 –, AVN 1988, 12 = EzGuG 7.13; LG München, Urt. vom 16.2.1967 – 4 O 221/66 –, AVN 1968, 123 = EzGuG 7.14; OLG Hamm, Urt. vom 31.3.1967 – 15 W 346/66 –, NJW 1967, 2362 = EzGuG 7.15; BGH, Urt. vom 10.11.1967 – V ZR 105/65 –, WM 1967, 1220 = EzGuG 7.17; BGH, Urt. vom 18.10.1968 – V ZR 93/65 –, WM 1969, 64 = EzGuG 7.17a; BGH, Urt. vom 18.10.1968 – V ZR 63/65 –, WM 1969, 62 = EzGuG 7.17a; OLG Hamburg, Urt. vom 20.5.1969 – 2 U 214/67 –, MDR 1970, 49 = EzGuG 7.20; BGH, Urt. vom 13.2.1970 – V ZR 63/67 –, MDR 1970, 486 = EzGuG 7.23; BGH, Urt. vom 5.2.1971 – V ZR 172/69 –, MDR 1971, 381 = EzGuG 7.27; BGH, Urt. vom 14.7.1971 – V ZR 54/70 –, BGHZ 57, 47 = EzGuG 7.29; BGH, Urt. vom 19.11.1971 – V ZR 88/69 –, NJW 1972, 198 = EzGuG 7.30; BGH, Urt. vom 20.10.1972 – V ZR 137/71 –, NJW 1973, 142 = EzGuG 7.31; BGH, Urt. vom 20.10.1972 – V ZR 196/71 –, WM 1973, 42 = EzGuG 7.31a; BGH, Urt. vom 29.3.1974 – V ZR 128/72 –, NJW 1974, 1186 = EzGuG 7.37; OLG Celle, Urt. vom 25.3.1975 – 4 U 124/71 –, EzGuG 7.40a; OLG Celle, Urt. vom 16.9.1975 – 4 U 44/75 –, AVN 1976, 243 = EzGuG 7.41; OLG Nürnberg, Urt. vom 16.1.1976 – 1 U 81/75 –, NJW 1976, 1507 = EzGuG 7.44; BGH, Urt. vom 23.1.1976 – V ZR 76/74 –, NJW 1976, 846 = EzGuG 7.46; BGH, Urt. vom 23.4.1976 – V ZR 167/74 –, WM 1976, 1034 = EzGuG 7.48; BGH, Urt. vom 8.10.1976 – V ZR 213/74 –, DB 1977, 92 = EzGuG 7.53; BGH, Urt. vom 3.12.1976 – V ZR 60/76 –, BGHZ 68, 152 = EzGuG 7.55; OLG Hamm, Urt. vom 20.10.1977 – 5 U 89/77 –, NJW 1978, 1634 = EzGuG 7.57; BGH, Urt. vom 18.11.1977 – V ZR 172/76 –, BGHZ 70, 47 = EzGuG 7.58; BGH, Urt. vom 30.3.1979 – V ZR 150/77 –, BGHZ 74, 341 = EzGuG 7.66; BGH, Urt. vom 18.5.1979 – V ZR 237/77 –, BGHZ 75, 279 = EzGuG 7.68; BGH, Urt. vom 8.6.1979 – V ZR 59/76 –, WM 1979, 1212 = EzGuG 7.69; BGH, Urt. vom 28.9.1979 –V ZR 18/78 –, NJW 1980, 588 = EzGuG 7.71; BGH, Urt. vom 28.9.1979 – V ZR 206/75 –, WM 1979, 1332 = EzGuG 7.72; BGH, Urt. vom 23.5.1980 – V ZR 20/78 –, BGHZ 77, 194 = EzGuG 7.75; BGH, Urt. vom 23.5.1980 – V ZR 129/76 –, NJW 1980, 2243 = EzGuG 7.76; BGH, Urt. vom 4.7.1980 – V ZR 49/79 –, NJW 1980, 2519 = EzGuG 7.11; BGH, Urt. vom 27.3.1981 – V ZR 19/80 –, BGHZ 77, 188 = EzGuG 7.81; BGH, Urt. vom 27.5.1981 – V ZR 20/80 –, NJW 1981, 2567 = EzGuG 7.82; BGH, Urt. vom 3.7.1981 – V ZR 100/80 –, BGHZ 81, 135 = EzGuG 7.83; BGH, Urt. vom 30.4.1982 – V ZR 31/81 –, NJW 1982, 2383 = EzGuG 7.85; BGH, Urt. vom 17.12.1982 – V ZR 306/81 –, BGHZ 86, 167 = EzGuG 7.88; BGH, Urt. vom 15.4.1983 – V ZR 9/82 –, BGHZ 87, 198 = EzGuG 7.89; BGH, Urt. vom 23.9.1983 – V ZR 147/82 –, MDR 1984, 216 = EzGuG 7.90; BGH, Urt. vom 24.2.1984 – V ZR 222/82 –, BGHZ 90, 227 = EzGuG 7.92a; BGH, Urt. vom 29.3.1984 – III ZR 11/83 –, BGHZ 91, 20 = EzGuG 13.68; BGH, Urt. vom 30.3.1984 – V ZR 119/83 –, BGHZ 91, 32 = EzGuG 7.93; BGH, Urt. vom 3.5.1985 – V ZR 23/84 –, BGHZ 94, 257 = EzGuG 7.94; BGH, Urt. vom 20.12.1985 – V ZR 96/84 –, BGHZ 96, 372 = EzGuG 7.95a; BGH, Urt. vom 21.2.1986 – V ZR 195/84 –, BGHZ 97, 171 = EzGuG 7.96; BGH, Urt. vom 17.10.1986 – V ZR 267/85 –, WM 1986, 1475 = EzGuG 7.98; OLG Celle, Urt. vom 16.6.1987 – 20 U 10/87 –; BGH, Urt. vom 26.2.1988 – V ZR 155/86 –, NJW-RR 1988, 775 = EzGuG 7.104; BGH, Urt. vom 4.5.1990 – V ZR 21/89 –, BGHZ 111, 214 = EzGuG 7.110; BGH, Urt. vom 24.4.1992 – V ZR 52/91 –, NJW 1992, 2088 = EzGuG 7.114c; BGH, Urt. vom 18.9.1992 – V ZR 116/91 –, BGHZ 119, 220 = EzGuG 7.115; BGH, Urt. vom 3.2.1995 – V ZR 222/93 –, GuG 1996, 310 = EzGuG 7.124; BGH, Urt. vom 12.1.2001 – V ZR 372/99 –, BGHZ 146, 280 = GuG 2001, 305 = EzGuG 7.130; BGH, Urt. vom 19.1.2001 – V ZR 217/00 –, NJW 2001, 1930 = EzGuG 7.131; BGH, Urt. vom 20.12.2001 – V ZR 260/00 –, NJW 2002, 1424 = EzGuG 7.133a; BGH, Urt. vom 24.1.2002 – IX ZR 228/00 –, NJW 2002, 1421 = EzGuG 7.133b; BGH, Urt. vom 25.10.2002 – V ZR 396/01 –, NJW 2003, 354 = EzGuG 7.133c; OLG Frankfurt am Main, Urt. vom 19.2.2003 – 21 U 37/02 –, GuG 2005, 56 = EzGuG 7.134a; OLG Karlsruhe, Urt. vom 24.4.2003 – 9 U 47/02 –, GuG 2004, 47 = EzGuG 7.135; LG Berlin, Urt. vom 22.12.2005 – 13 O 216/05 –, GuG 2006, 316 = EzGuG 7.140.

84 BGH, Urt. vom 23.5.1980 – V ZR 20/78 –, BGHZ 77, 194 = EzGuG 7.75.

85 BGH, Urt. vom 21.2.1986 – V ZR 195/84 –, BGHZ 97, 171 = EzGuG 7.96.

86 Winkler/Schlögel, Erbbaurecht, 7. Aufl., S. 458, Rn. 234; BGH, Urt. vom 20.12.1985 – V ZR 96/84 –, BGHZ 96, 372 = EzGuG 7.95a.

– auf *Monatsindizes*[87] abzustellen.

Der **gesamte Zeitraum** ist als Bemessungsgrundlage auch dann maßgebend, wenn das mit einem Erbbaurecht belastete Grundstück oder das Erbbaurecht veräußert worden ist und der Erwerber in die sich aus dem Erbbaurechtsvertrag ergebenden Rechte eingetreten ist[88]. *Beispiel* zur Vorgehensweise in der Literatur[89] sowie nachfolgend. 121

Beispiel: 122
Es besteht ein Erbbaurecht an einem Einfamilienhausgrundstück. Der Erbbauzins betrug bei Vertragsabschluss im Juni 1950 412 DM/Jahr bzw. 210,65 €/Jahr. Eine Anpassungsklausel war im Erbbaurechtsvertrag nicht vereinbart worden. Im Oktober 1997 verlangte der Erbbaurechtsgeber unter Hinweis auf die vorstehend erwähnte BGH-Rechtsprechung eine Erbbauzinserhöhung wegen **Störung der Geschäftsgrundlage nach § 313 Abs. 1 BGB.** Sofern im Erbbaurechtsvertrag keine anderweitigen Vereinbarungen getroffen wurden, kann die Anpassung wie folgt vorgenommen werden.
Zusätzlich wird dargestellt, wie bei entsprechender Regelung im Erbbaurechtsvertrag nach weiteren 10 Jahren vorgegangen werden kann. Es wird dabei davon ausgegangen, dass die Geschäftsgrundlage bereits 1997 gestört war, weil der Kaufkraftschwund von 1950 bis 1997 mehr als 60 % betrug.

a)Ermittlung der Änderung der allgemeinen wirtschaftlichen Verhältnisse zwischen Juni 1950 und Oktober 1997

Zeilen			1950		1997		Steigerung	
			Monat	Index	Monat	Index	Formel	in %
a	LHK	Preisindex für die Lebenshaltung für 4-Personen-Haushalte von Arbeitern und Angestellten mit mittlerem Einkommen, 1995 = 100	6	26,1	10	103,4	$\left(\frac{103,4}{26,1} \times 100\right) - 100 =$	296,2
b	Einkommen	Index der durchschnittlichen Bruttowochenverdienste der Arbeiter im produzierenden Gewerbe, 2010 = 100	6	4,8	10	77,0	$\left(\frac{77,0}{4,8} \times 100\right) - 100 =$	1504,2
c		Index der durchschnittlichen Bruttomonatsverdienste der Angestellten im produzierenden Gewerbe und Handel, 1995 = 100		6,4*		103,5	$\left(\frac{103,5}{6,4} \times 100\right) - 100 =$	1517,2
Steigerung % (Mittelwert) Zeilen a, b, c			$\left[\left(\frac{+c}{2}\right) + a\right] : 2 = \left[\left(\frac{1.504,2 + 1.517,2}{2}\right) + 296,2\right] : 2 =$					903,5
* Der Index wurde erstmals zum Februar 1957 ermittelt. Für die Zeit vor 1957 werden die Indizes der durchscnittlichen Bruttowochenverdienste der Arbeiter im Produzierenden Gewerbe verwendet.								

b)Ermittlung des Geldwert- oder Kaufkraftschwundes

Der Kaufkraftschwund wird bis Dezember 1999 nach dem Lebenshaltungskostenindex und ab Dezember 1999 nach dem Verbraucherpreisindex (VPI) bemessen. Er beträgt im vorliegenden Fall:

$$Kaufkraftschwund = \left(\frac{Index\ 6/1950}{Index\ 10/1997} \times 100\right) - 100 = \left(\frac{26,1}{103,4} \times 100\right) - 100 = -74,76\ \%$$

Die Preissteigerung (Anstieg der Lebenshaltungskosten) beträgt 296,2 % (s.o.) und der Kaufkraftschwund –74,76 %. Damit liegt bereits im Oktober 1997 eine Äquivalenzstörung vor.

87 BGH, Urt. vom 15.4.1983 – V ZR 9/82 –, BGHZ 87, 198 = EzGuG 7.89; BGH, Urt. vom 3.5.1985 – V ZR 23/84, Urt. vom 21.2.1986 – V ZR 195/94 –, BGHZ 97, 171 = EzGuG 7.96.

88 Winkler/Schlögel, Erbbaurecht, 7. Aufl., S. 459, Rn. 238.

89 Tillmann, Verkehrswertermittlung im Zusammenhang mit Erbbaurechten, GuG, 2009, 136; Tillmann/Seitz, Wertermittlung von Erbbaurechten und Erbbaugrundstücken, S. 142 ff.

c)Ermittlung der Erbbauzinserhöhung

Erbbauzins lt. Vertrag in 1950	412,00 DM =	210,65 €
Erbbauzinserhöhung ab Oktober 1997		
210,65 € × 903,5/100	=	+ 1 903,22 €
Neuer Erbbauzins ab Oktober 1997	=	2 113,87 €

d)Ermittlung weiteres Anpassungsverlangen im Dezember 2018

1) Lebenshaltungskosten

Der neue Erbbauzins ist ab Oktober 1997 fällig. Eine erneute Überprüfung erfolgte im Dezember 2018.

Da sich die Indizes geändert haben, ist eine getrennte Berechnung erforderlich, nämlich von der letzten Anpassung bis Dezember 1999 (Verkettungsmonat) und ab Dezember 1999 bis zum Zeitpunkt der Anpassungsverlangung (Dezember 2018). Auch bei der weiteren Anpassung ist die Frage der Äquivalenzstörung zu prüfen.

Von Oktober 1997 bis Dezember 1999:

Lebenshaltungskostenindex von 4-Personen-Haushalten von Arbeitern und Angestellten mit mittlerem Einkommen, Basis 1995 = 100

Oktober 1997: 103,4

Dezember 1999: 105,2

(105,2 / 103,4 × 100) – 100 = 1,74

ab Dezember 1999 bis Dezember 2018

Verbraucherpreisindex für Deutschland (VPI), Basis 2015 = 100

Dezember 1999: 79,3

Dezember 2018: 104,2

$\frac{104,2}{79,3} \times 100 - 100 = 31,40$

Veränderungsrate LHK + VPI von Oktober 1997 bis Dezember 2018

$\textit{Veränderungsrate}_{\text{LHK + VPI gesamt}} = [(1 + 1,74 / 100) \times (1 + \frac{31,4}{100})] \times 100 - 100 = \mathbf{33,69\ \%}$

2) Bruttomonatsverdienste vollzeitbeschäftigter Arbeitnehmer (2015 = 100)

letzte Anpassung Oktober 1997	Anpassungsverlangen Dezember 2018
Index für $Q_{4\ 1997}$ = 68,3	Index $Q_{4\ 2018}$ = 109,1

Steigerungsraten:

Veränderungsrate $_{\text{LHK + VPI gesamt}}$: = 33,69 %

Bruttomonatsverdienst $_{\text{Verdi}}$: [109,1 / 68,3 × 100] – 100 = 59,74 %

Steigerung $_{\text{LHK + VPI}}$ und $_{\text{Verdigesamt}}$: $\left(\frac{33,69\ \% + 59,74\ \%}{2}\right) = \mathbf{46,72\ \%}$

Kaufkraftschwund = (68,3 / 109,1 × 100) – 100 = – 37,4 %

Der Mittelwert aus der Steigerungsrate der Lebenshaltungskosten, Verbraucherpreisindex und der Kaufkraftschwund erfüllen nicht den Tatbestand der „**Opfergrenze**". Eine weitere Anpassung kommt somit nicht zum Tragen.

Die praktische Bedeutung der Anpassung von Erbbaurechtsverträgen ohne Wertsicherungsklausel hat bei einer niedrigen Inflationsrate nur eine geringe Bedeutung, bzw. es wird lange

Zeit dauern, bis eine Äquivalenzstörung vorliegt[90]. Liegt die letzte Anpassung nach dem Dezember 1999, so entfällt die Aufteilung nach zwei Teilabschnitten. Ab Dezember 1999 kommen nur noch der Verbraucherpreisindex und der Verdienstindex zur Anwendung.

Der Erbbauberechtigte hat keinen Anspruch auf **Senkung des Erbbauzinses** wegen Störung der Geschäftsgrundlage (§ 313 Abs. 1 BGB) bei unklaren vertraglichen Regelungen, z.B. wenn sich für ein gewerbliches Grundstück der Bodenwert deutlich vermindert hat[91].

2.3.3.2 Anpassung nach billigem Ermessen

Für die Firma A wurde ein Erbbaurecht an einem Bürogrundstück bestellt. Im Erbbaurechtsvertrag wurde vereinbart, dass der festgelegte Erbbauzins auf der Grundlage der Lebenshaltungskosten angepasst werden soll. Grundlage sollte der Lebenshaltungskostenindex für alle privaten Haushalte (1985 = 100) sein. Es handelt sich um eine bislang nach § 3 WährG genehmigungspflichtige Anpassungsklausel (Gleitklausel), nach der sich der Erbbauzins entsprechend der Änderung des Lebenshaltungskostenindexes im gleichen Verhältnis ändert. Die Änderung des Erbbauzinses wird bei einer Veränderung des Lebenshaltungskostenindexes von mehr als 5 % ausgelöst. **123**

Es war weiter vereinbart, dass bei wesentlicher Änderung der wirtschaftlichen Verhältnisse (wenn der Erbbauzins nach **Treu und Glauben** (§ 242 BGB) kein angemessenes Entgelt mehr darstellt) eine Anpassung nach „**billigem Ermessen**“ (§ 317 Abs. 1 BGB) verlangt werden kann. Dabei sollten der jeweilige Bodenwert und ein Erbbauzins von 6 % des jeweiligen Bodenwerts Grundlage einer freien, die Interessen beider Vertragsparteien wahrender Vereinbarung sein. **124**

Die Wertsicherung des Erbbauzinses über den Lebenshaltungskostenindex (neu Verbraucherpreisindex, VPI) gehört zu den üblichen Vereinbarungen bei Erbbaurechtsverträgen. Diese Verfahrensweise führte in der Vergangenheit sowohl für den Erbbauberechtigten als auch für den Erbbaurechtsgeber überwiegend zu akzeptablen Anpassungen. Dabei wurde zumindest bei gewerblich genutzten Objekten stillschweigend unterstellt, dass die Steigerung des Lebenshaltungskosten-/Verbraucherpreisindexes mit einer entsprechenden Mietsteigerung einhergeht. Bei manchen wirtschaftlichen Situationen (sinkende Gewerberaummieten, steigende Inflationsrate) kann diese Automatikklausel (Gleitklausel) jedoch zu erheblichen Nachteilen für den Erbbauberechtigten führen. **125**

Eine Vereinbarung, nach der bei wesentlicher Änderung der wirtschaftlichen Verhältnisse eine Anpassung nach „billigem Ermessen“ (gemäß § 317 Abs. 1 BGB) verlangt werden kann, ist dahingehend auszulegen, dass **alle Umstände unter Einbeziehung vergleichbarer Fälle in sachlich begründeter und persönlich zumutbarer Weise berücksichtigt werden**[92]. Die Auslegung des Begriffs des „billigen Ermessens“ hat die Interessen beider Parteien zu berücksichtigen. Im vorliegendem Fall ist allerdings der Maßstab für die Beurteilung des „billigen Ermessens“ auf 6 % des Bodenwerts des Erbbaurechtsgrundstücks festgelegt und damit die Grundlage der freien, die Interessen beider Vertragsparteien wahrenden Vereinbarung eingeschränkt. Dieser Passus ist nicht überzeugend und mit dem Begriff „billiges Ermessen“ nicht vereinbar, da er in seinen Auswirkungen nicht die „Interessen beider Vertragsparteien“, sondern einseitig die Interessen des Erbbaurechtsgebers berücksichtigt. Es ist bekannt, dass die Bodenwertsteigerung die im gleichen Zeitraum sich ergebende Steigung der wirtschaftlichen Verhältnisse übersteigt. Das bedeutet, dass bei Verschlechterung der allgemeinen wirtschaftlichen Lage, sofern sie mit einem Rückgang der erzielbaren Mieten verbunden ist und der Erbbauberechtigte eine Erhöhung des Erbbauzinses gerade wegen sinkender Erträge wirtschaft- **126**

90 Seitz, A. M., GuG, 2016, 13.

91 LG Berlin, Urt. vom 22.12.2005 – 13 O 216/05 –, GuG 2006, 316 = EzGuG 7.140; LG Berlin, Urt. vom 8.12.2005 – 13 O 211/05 –, GuG 2006, 314 = EzGuG 7.139. Die Folge gem. § 313 Abs. 1 BGB ist die Anpassung des Vertrages an die veränderten Verhältnisse. Sind diese allerdings unzumutbar, kommt es nach § 313 Abs. 3 BGB zu einem Rücktrittsrecht der benachteiligten Partei bzw. zu einem Kündigungsrecht von Dauerschuldverhältnissen.

92 Larenz, Schuldrecht, Bd. I, § 6 IIa.

lich nicht mehr tragen kann, nach v.g. Klausel einen noch höheren Erbbauzins zahlen müsste. Offensichtlich war den Parteien bei Vertragsschluss nicht bewusst, welche Auswirkungen die zusätzliche Festlegung des Erbbauzinses auf 6 % des Bodenwerts des Erbbaurechtsgrundstücks haben könnte. Wenn schon eine Wertsicherung auf der Grundlage des Lebenshaltungskosten-/Verbraucherpreisindexes vereinbart wurde, bedeutet das, dass damit die wesentliche Veränderung der wirtschaftlichen Verhältnisse zu einer Erbbauzinsanpassung nach „billigem Ermessen" berücksichtigt wurde. Danach war es vermutlich nicht der Wille beider Parteien, dass dies zu einer absolut einseitigen Bevorteilung des Erbbaurechtsgebers führen sollte, denn die Auslegung des Begriffs „billiges Ermessen" bedeutet, dass die Interessen beider Parteien zu berücksichtigen sind.

127 **Eine Bestimmung ist billig, wenn sie sich im Rahmen des in vergleichbaren Fällen Üblichen hält** und nach Lage der besonderen Umstände des Falles als angemessen, sachlich begründet und persönlich zumutbar erscheint. Hieraus ergibt sich, dass es sich bei einer Bestimmung nach der **Billigkeit**, bei der die Interessen sowohl des Gläubigers als auch des Schuldners zu berücksichtigen sind, um eine Entscheidung handelt, die einen gewissen Spielraum voraussetzt.

128 **Billig und angemessen** bedeutet auch, dass zwischen Leistung und Gegenleistung ein ausgewogenes Verhältnis im Sinne der §§ 315 ff. BGB besteht. Es stellt sich also die Frage, welches Risiko mit der Zusatzabrede abgedeckt werden sollte.

129 *Risiko des Erbbaurechtsgebers:*
Bei langjähriger Stagnation des Verbraucherpreisindexes (VPI) und gleichzeitiger überproportionaler Bodenwertsteigerung würde sich für den Erbbaurechtsgeber dann ein Nachteil ergeben, wenn er die Bodenwertsteigerung in die Betrachtung mit einbezieht. Dieser Nachteil ist aber nicht gleichbedeutend mit einem entsprechenden Vorteil des Erbbauberechtigten. Der Vorteil würde sich nur einstellen, wenn mit der Bodenwertsteigerung gleichzeitig auch die Mieten steigen würden. Für diesen Fall wäre der Erbbauzins nach „billigem Ermessen" über die Verbraucherpreisindexänderung hinaus anzupassen.

130 *Risiko des Erbbauberechtigten:*
Für den Erbbauberechtigten ergibt sich ein Nachteil bei Anwendung der Zusatzabrede. Nur wenn der Verbraucherpreisindex drastisch ansteigt und dabei der Bodenwert sinken würde, ergäbe sich ein Vorteil für den Erbbauberechtigten, der eine Anpassung rechtfertigen würde. Für diese rein „fiktive" Situation ergibt sich jedoch kein Anhaltspunkt. Insoweit ist die gesamte Anpassungsklausel unglücklich formuliert. Eine Anpassung nach billigem Ermessen ergibt sich dadurch nur einseitig zugunsten des Erbbaurechtsgebers.

131 Bei dem hier angesprochenen gewerblichen Erbbaurechtsvertrag gelten nicht die Vorschriften des § 9a ErbbauRG. Somit entfällt auch die **Billigkeitsgrenze** nach § 9a Abs. 1 Satz 1 und 3. Hier könnte allenfalls mit den § 157 (Auslegung von Verträgen) und § 242 BGB (Leistung nach Treu und Glauben) argumentiert werden. Wenn eine **von keinem vorhersehbare und damit auch nicht im Vertrag berücksichtigte völlige Veränderung der für den Fortbestand notwendigen Verhältnisse eintritt,** dann wäre es mit „Treu und Glauben" nicht zu vereinbaren, den dadurch unverhältnismäßig benachteiligten Teil unverändert an dem unter anderen Voraussetzungen geschlossenen Vertrag festzuhalten. Es könnte dann ggf. im Wege einer korrigierenden Vertragsauslegung der Vertrag so umgestaltet werden, dass er seinen ursprünglichen Sinn wieder erfüllt.

132 Im angesprochenen Fall kann man von einer **Äquivalenzstörung** sprechen. Das Ansteigen des Verbraucherpreisindexes und der gleichzeitige längerfristige Rückgang der Mieten waren bei Abschluss des Erbbaurechtsvertrags nicht vorhersehbar, da sich in der Vergangenheit vor Abschluss des Erbbaurechtsvertrags eine derartige Situation bislang nicht eingestellt hatte. Insoweit ist die bei Vertragsabschluss gegebene oder zumindest angenommene Gleichwertigkeit von Leistung und Gegenleistung durch die Änderung der wirtschaftlichen Verhältnisse über die Grenze des normalerweise zumutbaren Risikos hinaus aufgehoben. Ob dieser Argumentation angesichts der Tatsache, dass „Vollkaufleute“ den Erbbaurechtsvertrag abgesichert haben, im Streitfall gefolgt wird, bleibt dahingestellt.

Wäre im Wege der korrigierenden Vertragsauslegung eine Vertragsumgestaltung möglich, sollte besser eine Formulierung gewählt werden, die einer Spannungsklausel nahe kommt. Dabei sollte der Erbbauzins im direkten Zusammenhang in einer Spannung zu einer bestimmten Leistung stehen. So sichert eine Spannungsklausel oder eine daran anknüpfende Vertragsgestaltung, dass das ursprünglich gewählte Verhältnis zwischen Leistung und Gegenleistung gewahrt bleibt. Eine derartige Spannungsklausel sollte demzufolge auf die Relation von Erbbauzins und Mieten für Gewerbeimmobilien abstellen. **Wertmesser** könnten die vom Erbbauberechtigten erzielten Mieten oder generell der Mietzins für bestimmte Objekte gleicher Lagequalität, Bauart, baulicher Ausstattung und gleichen Alters sein. Die erste Formulierung könnte auf Ablehnung stoßen, da der Erbbaurechtsgeber die Folgen von ggf. mangelnder baulicher Unterhaltung und versäumten Modernisierungen, die zur Erzielung eines nachhaltigen Mietzinses erforderlich sind, ungerechtfertigterweise und zu seinem Nachteil mittragen müsste. Bei der zweiten Formulierung ist zur Vermeidung von Streitigkeiten eine Schiedsgutachterabrede zu empfehlen. Es zeigt sich immer häufiger, dass Gleitklauseln auch bei Gewerbeimmobilien Anwendung finden, weil diese auf „Leistungsparameter“ abstellen. **133**

3 Allgemeines zur Wertermittlung von Erbbaurechten und Erbbaugrundstücken (§ 48 ImmoWertV)

Schrifttum: *Pinkwart*, ZfV 1929, 388; *Vollmar*, ZfV 1967, 165; ders., BuG 1965, 382; *Beiderwieden*, AVN 1965, 93; ders., AVN 1967, 463; *Müller*, BuG 1963, 463; *Lehmann*, ZfV 1978, 104; *Neisecke*, AVN 1975, 362; *Vogel*, AVN 1969, 263; *Engelbert*, Nachr. der nds Kat.- und VermVw 1963, 74; *Gerardy*, BIGBW 1974, 121; *Gerardy*, GWW 1966, 35; *Glaser*, DB 1978, 175; *Simon*, GuG 1991, 69; *Räfle*, Erbbaurechtsverordnung, Sonderausgabe aus BGB-RGRK 12. Aufl. 1986 § 32 Rn. 3; *Wang*, Wertermittlung eines mit einem Erbbaurecht belasteten Grundstücks, Peter Lang, Europäischer Verlag der Wissenschaften 1994; *Morgan/Kögeböhn*, GuG 2000, 270; *Werth*, GuG 1999, 193; *Lehmann*, Wertermittlung von Erbbaurechten, Diss. Sonderdruck aus der Schriftenreihe des nds. Landesvermessungsamtes; *Tillmann/ Seitz*, Wertermittlung von Erbbaurechten und Erbbaugrundstücken; *Ziegenbein/Meyer*, ZfV 1988, 381.

3.1 Allgemeines

Grundsätzlich ist bei der Verkehrswertermittlung[93] **zu unterscheiden** zwischen **134**

a) dem Verkehrswert des Erbbaurechts und

b) dem Verkehrswert des mit einem Erbbaurecht belasteten Grundstücks (Erbbaugrundstück).

Der Verkehrswert des Erbbaurechts und der Verkehrswert des damit belasteten Grundstücks (Erbbaugrundstück) müssen zusammen nicht den Verkehrswert des unbelasteten Grundstücks ergeben. **135**

93 Pinkwart in ZfV 1929, 388; Ziegenbein/Meyer, ZfV 1988, 381; Vollmar, ZfV 1967, 165; ders., BuG 1965, 382; Beiderwieden, AVN 1965, 93; ders, AVN 1967, 463; Müller, BuG 1963, 463; Lehmann, ZfV 1978, 104; Neisecke, AVN 1975, 362; Vogel, AVN 1969, 263; Engelbert, Nachr. Der nds. Kat.- und VermVw 1963, 74; Gerardy, BIGBW 1974, 121; Gerardy, GWW 1966, 35; Glaser, DB 1978, 175; Simon, GuG 1991, 69; Räfle, Erbbaurechtsverordnung, Sonderausgabe aus BGB-RGRK 12. Aufl. 1986 § 32 Rn. 3; Wang, Wertermittlung eines mit einem Erbbaurecht belasteten Grundstücks, Peter Lang, Europäischer Verlag der Wissenschaften 1994; Morgan/Kögeböhn, GuG 2000, 270; Werth, GuG 1999, 193; Lehmann, Wertermittlung von Erbbaurechten, Diss. Sonderdruck aus der Schriftenreihe des nds. Landesvermessungsamtes.

3.2 Wertermittlungsverfahren

▶ *Vgl. Allgemeines zu den Wertermittlungsverfahren § 6 ImmoWertV Rn. 37 ff.*

136 Nach § 48 ImmoWertV kann der **Verkehrswert des Erbbaurechts und der Verkehrswert des Erbbaugrundstücks im Vergleichswertverfahren** ermittelt werden. Sowohl das in den §§ 49 und 50 ImmoWertV geregelte Vergleichswertverfahren für die Ermittlung des Marktwerts von Erbbaurechten als auch das in den §§ 51 und 52 ImmoWertV geregelte Vergleichswertverfahren für die Ermittlung des Marktwerts von Erbbaugrundstücken unterscheiden nach dem direkten und indirekten Preisvergleich.

137 Tatsächlich stellen beide Varianten ein Vergleichswertverfahren dar (vgl. Abb. 1 bei § 49 ImmoWertV):

1. Bei dem **direkten (unmittelbaren) Vergleichswertverfahren** nach § 49 ImmoWertV wird der vorläufige Vergleichswert des Erbbaurechts auf der Grundlage einer hinreichenden Anzahl geeigneter Vergleichspreise von Erbbaurechten abgeleitet (§ 49 ImmoWertV Rn. 2 ff.).
2. Bei Anwendung des **indirekten (mittelbaren) Vergleichswertverfahrens nach § 50 ImmoWertV** kann der vorläufige Vergleichswert des Erbbaurechts alternativ ermittelt werden
   a) aus dem Produkt des nach § 50 ImmoWertV ermittelten **finanzmathematischen Werts des Erbbaurechts** und dem modellkonform angesetzten objektspezifisch angepassten Erbbaurechtsfaktor nach § 22 ImmoWertV oder
   b) aus dem Produkt des fiktiven marktangepassten **vorläufigen Verfahrenswerts des unbelasteten, unbebauten Grundstücks** (Volleigentum) und dem modellkonform angesetzten objektspezifisch angepassten Erbbaurechtskoeffizienten i.S. des § 23 ImmoWertV auf den vorläufigen Vergleichswert des Erbbaurechts umgerechnet.

138 Begrifflich wird das bislang als **„finanzmathematische Methode der Ermittlung von Erbbaurechten und Erbbaugrundstücken“** bezeichnete Verfahren dem Vergleichswertverfahren mit der Begründung zugerechnet, dass die finanzmathematische Methode strukturell ein Vergleichswertverfahren sei, wobei der finanzmathematisch ermittelte Wert des Erbbaurechts und des Erbbaugrundstücks lediglich Ausgangswerte seien und mittels eines Erbbaurechts- bzw. Erbbaugrundstücksfaktors an den Marktwert angepasst werden.

Abb. 9: Verfahrensübersicht zu den Vergleichswertverfahren

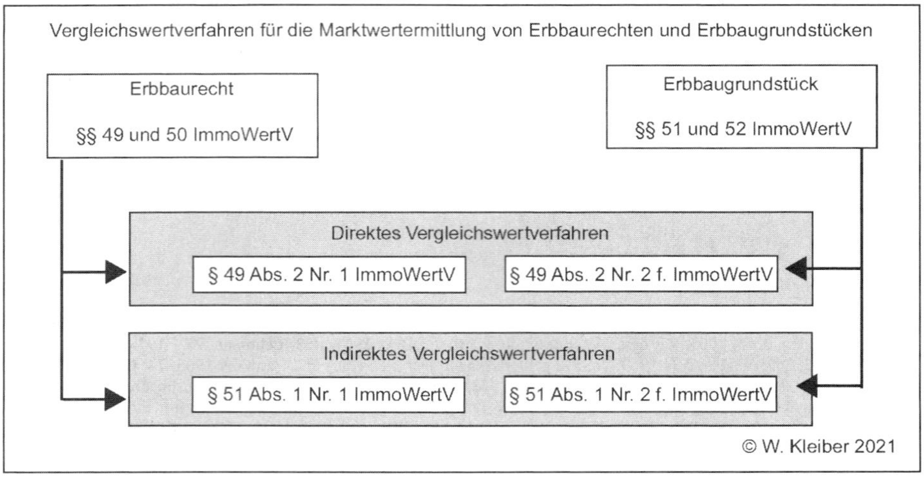

Nach § 48 ImmoWertV können der Verkehrswert des Erbbaurechts und der Verkehrswert des Erbbaugrundstücks auch auf *„andere geeignete Weise"* ermittelt werden. Dies steht unter der Voraussetzung, dass sie sachgerecht sind und sie das „Wertbild" nicht verzerren[94]. 139
Die **Wahl des** geeigneten **Wertermittlungsverfahrens ist grundsätzlich zu begründen.**

Das zur Anwendung kommende **Verfahren ist in Abhängigkeit von den „zur Verfügung stehenden Daten"** zu wählen. Als solche „Daten" sind insbesondere die bei Anwendung des jeweiligen Verfahrens erforderlichen Wertermittlungsparameter hervorzuheben, d.h. 140

- eine hinreichende Anzahl geeigneter Vergleichspreise von veräußerten Erbbaurechten bzw. Erbbaugrundstücken,
- eine vertrauenswürdige Datengrundlage zur Ermittlung des Werts des fiktiven Volleigentums auf der Grundlage vergleichbarer unbelasteter Grundstücke (ohne Erbbaurecht),
- ein objektspezifischer Erbbaurechtsfaktor bzw. Erbbaugrundstücksfaktor i.S. des § 22 ImmoWertV,
- ein objektspezifischer Erbbaurechtskoeffizient bzw. Erbbaugrundstückskoeffizient i.S. des § 19 ImmoWertV.

Im Übrigen sind bei der Ermittlung des Verkehrswerts von Erbbaurechten und Erbbaugrundstücken die allgemeinen in Teil I der ImmoWertV geregelten Grundsätze der Wertermittlung zugrunde zu legen, d.h. die allgemeinen Wertverhältnisse auf dem Grundstücksmarkt (§ 2 Abs. 2 ImmoWertV), der Grundstückszustand am Qualitätsstichtag (§ 2 Abs. 5 ImmoWertV), künftige Entwicklungen wie absehbare anderweitige Nutzungen, wenn sie mit hinreichender Sicherheit auf Grund konkreter Tatsachen zu erwarten sind (§ 11 ImmoWertV). 141

Eine **genehmigte und rechtlich zulässige Nutzung zum Stichtag** kann nicht dadurch eingeschränkt werden, dass der Standort planungsrechtlich herabgestuft wird, um dadurch diese Nutzung nach dem Stichtag als unzulässig zu erklären und die angemessene Vergütung der baulichen Anlagen zu minimieren. Eine andere Situation tritt ein, wenn die zum Stichtag zulässige Nutzung zeitlich befristet war und mit hinreichender Sicherheit nicht mit einer Verlängerung gerechnet werden kann. Zu übernehmende Belastungen sind entsprechend zu berücksichtigen[95]. 142

Nach § 48 ImmoWertV können der Verkehrswert des Erbbaurechts und der Verkehrswert des Erbbaugrundstücks im Vergleichswertverfahren oder auf *„andere geeignete Weise"* ermittelt werden. 143

Die **Wahl des** geeigneten **Wertermittlungsverfahrens ist grundsätzlich zu begründen.** 144

3.3 Berücksichtigung der vertraglichen Vereinbarungen und der sonstigen wertbeeinflussenden Umstände

3.3.1 Allgemeines

▶ *Vgl. § 49 ImmoWertV Rn. 16 ff.*

Bei der Marktwertermittlung von Erbbaurechten und Erbbaugrundstücken sind in jedem Falle stets 145

1. die vertraglichen Vereinbarungen und
2. die sonstigen wertbeeinflussenden Umstände

in Abhängigkeit von den zur Verfügung stehenden Daten zu berücksichtigen.

94 BVerwG, Urt. vom 16.01.1998 – 4 B 69/95 –, GuG 1996, 111 = EzGuG 15.83; BGH, Beschl. vom 11.03.1993 – III ZR 24/92 –, GuG 1994, 116 = EzGuG 20.144 b; BGH, Urt. vom 19.06.1958 – III ZR 39/57 –, WM 1958, 1360 = EzGuG 20.22; auch OLG Hamburg, Urt. vom 10.10.1969 – 1 U 61/68 –, MDR 1970, 150 = EzGuG 6.126; BGH, Urt. vom 24.01.1963 – III ZR 149/61 –, BGHZ 39, 40 = EzGuG 20.34.

95 Oefele/Winkler, Handbuch des Erbbaurechts, 5. Aufl., S. 175, Rn. 4, 115.

146 In diesem Zusammenhang sind die jeweils heranzuziehenden Erbbaurechts- bzw. Erbbaugrundstückskoeffizienten i.S. des § 23 ImmoWertV sowie die Erbbaurechts- bzw. Erbbaugrundstücksfaktoren i.S. des § 22 ImmoWertV ein wesentliches Element der in den §§ 50 ff. ImmoWertV geregelten Vergleichswertverfahren. Die jeweiligen Basisfaktoren und -koeffizienten werden vom örtlichen Gutachterausschuss für Grundstückswerte aus geeigneten Kaufpreisen seiner Kaufpreissammlung (§ 195 BauGB) abgeleitet. Diese sind bei der Ermittlung des finanzmathematischen Werts eines Erbbaurechts bzw. Erbbaugrundstücks nach den §§ 50 und 52 ImmoWertV dem Bewertungsobjekt anzupassen.

147 Soweit vertragliche Vereinbarungen und sonstige wertbeeinflussende Umstände mit der **objektspezifischen Anpassung des Erbbaurechts- bzw. Erbbaugrundstücksfaktors und des Erbbaurechts- bzw. Erbbaugrundstückskoeffizienten** keine Berücksichtigung finden können, muss der Werteinfluss vertraglicher Vereinbarungen und sonstiger wertbeeinflussender Umstände ergänzend als besonderes objektspezifisches Grundstücksmerkmal (boG) berücksichtigt werden.

148 Eine sachgerechte und insbesondere eine ausdrücklich (z.B. in §§ 50 Abs. 8 ImmoWertV) vorgegebene modellkonforme Anwendung der Erbbaurechts- und Erbbaugrundstückskoeffizienten sowie Erbbaurechts-undErbbaugrundstücksfaktoren setzt voraus, dass dabei konkretisiert wird,

- welche vertragliche Ausgestaltung den zur Ableitung dieser Daten herangezogenen Kaufpreisen typischer Erbbaurechte zugrunde liegt und
- um welche vertraglichen Besonderheiten die Kaufpreise bereinigt worden sind.

149 Zu den zu berücksichtigenden **vertraglichen Vereinbarungen** können dementsprechend gehören insbesondere

- die Höhe des erzielbaren Erbbauzinses einschließlich seiner Anpassungsmöglichkeiten (vgl. § 50 ImmoWertV Rn. 12 ff.),
- die Restlaufzeit des Erbbaurechts,
- eine bei Zeitablauf nicht zu zahlende Entschädigung für die baulichen Anlagen (vgl. § 49 ImmoWertV Rn. 20, § 50 ImmoWertV Rn. 25, § 51 ImmoWertV Rn. 13; § 52 ImmoWertV Rn. 14).
- die Regelung zum Heimfall.

150 Werteinflüsse aus besonderen vertraglichen Gestaltungen sind i.d.R. als besonderes objektspezifisches Grundstücksmerkmal zu berücksichtigen (wie z.B. fehlende Wertsicherungsklauseln, der Ausschluss der Anpassung des Erbbauzinses oder sonstige besondere vertragliche Bindungen wie Bau- und Nutzungsbeschränkungen, Begrenzung der Beleihbarkeit des Erbbaurechts), soweit sie nicht anderweitig bereits berücksichtigt wurden.
Fehlt eine Wertsicherungsklausel, kann aufgrund des Kaufkraftschwunds bei langen Laufzeiten ein Anpassungsanspruch wegen Störung der Geschäftsgrundlage (§ 313 BGB) bestehen.

151 Soweit ein Grundstück bereits bei Abschluss des Erbbaurechtsvertrags bebaut war, ist zu prüfen, ob dieser Umstand ggf. durch die Vereinbarung eines erhöhten Erbbauzinses berücksichtigt wurde.

152 Daneben sind gesetzliche Besonderheiten zu berücksichtigen, insbesondere

- zur begrenzten Anpassung des Erbbauzinses für Erbbaurechte bei Gebäuden, die Wohnzwecken dienen, nach § 9a ErbbauRG (vgl. § 48 ImmoWertV Rn. 27),
- zur Entschädigung für nach Ablauf des Erbbaurechts verbleibende Wertanteile der baulichen und sonstigen Anlagen einschließlich der Besonderheiten nach § 27 Abs. 2 ErbbauRG bei Erbbaurechten, die zur Befriedigung der **Wohnbedürfnisse minderbemittelter Bevölkerungskreise** bestellt worden sind.

Schließlich sind auch die nach der Rechtsprechung des BGH gegebenen Besonderheiten einer Anpassung des Erbbauzinses für Erbbaurechte, die Wohnzwecken dienen, wenn eine Anpassung des Erbbauzinses nicht vereinbart wurde und eine Erhöhung wegen Wegfalls der Geschäftsgrundlage geltend gemacht werden kann, zu beachten. **153**

3.3.2 Ermittlung des nach Ablauf des Erbbaurechts verbleibenden Wertanteils der baulichen Anlagen (§ 50 Abs. 2 Satz 2 ImmoWertV)

▶ *Vgl. § 49 ImmoWertV Rn. 20; § 50 ImmoWertV Rn. 25; § 51 ImmoWertV Rn. 13; § 52 ImmoWertV Rn. 12; zum Sachwertfaktor vgl. § 21 ImmoWertV Rn. 136 ff.; zur Aufteilung des Marktwerts in Boden- und Gebäudeanteil vgl. § 40 ImmoWertV Rn. 82 ff.*

Nach vorstehenden Ausführungen (vgl. Rn. 9) hat der Grundstückseigentümer nach § 27 ErbbauRG dem Erbbauberechtigten mit Erlöschen des Erbbaurechts durch Zeitablauf eine **Entschädigung für das Bauwerk** zu leisten, jedoch können „Vereinbarungen über die Höhe der Entschädigung und die Art ihrer Zahlung sowie über ihre Ausschließung getroffen werden". **154**

Entsprechendes gilt nach § 32 ErbbauRG auch **im Fall vorzeitigen Heimfalls** nach Maßgabe der vertraglichen Vereinbarungen. Danach kann eine angemessene Vergütung ausgeschlossen werden. Bei Erbbaurechten zur Befriedigung der Wohnbedürfnisse minderbemittelter Bevölkerungskreise ist allerdings mindestens zwei Drittel des „gemeinen Werts des Erbbaurechts zum Zeitpunkt der Übertragung" zu vergüten. **155**

Abb. 10: Entschädigung bei Heimfall und Zeitablauf des Erbbaurechts

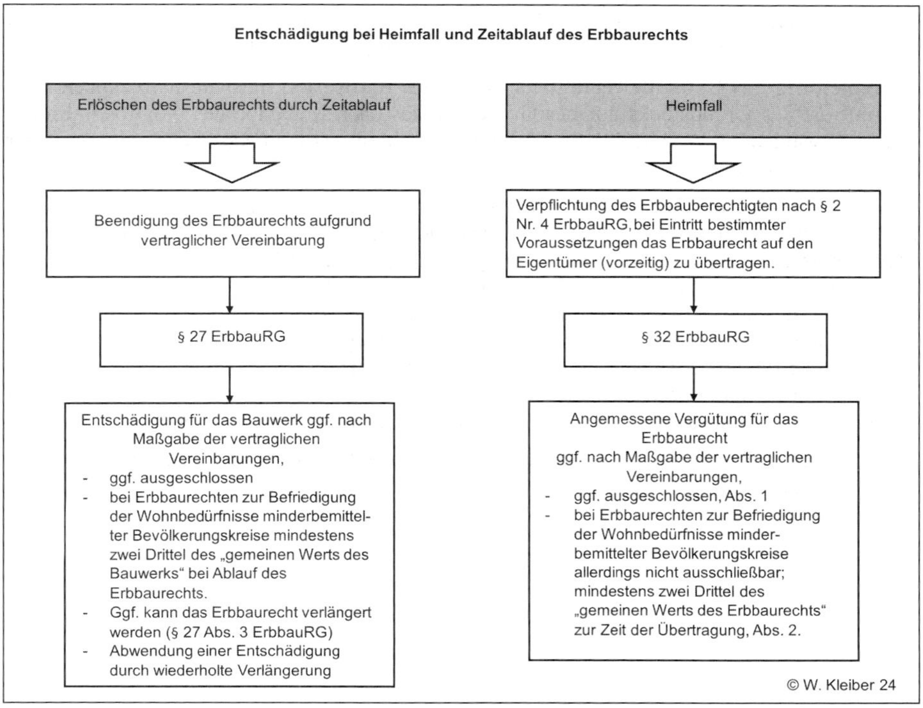

156 Dementsprechend muss deshalb in jedem Fall der Erbbaurechtsvertrag geprüft werden, ob und welche rechtswirksamen Vereinbarungen insbesondere über die Höhe der Entschädigung **für das Bauwerk** getroffen worden sind. Ein Wertanteil der baulichen Anlage kann sich nur bei einer über die Restlaufzeit des Erbbaurechts hinausgehenden Restnutzungsdauer der baulichen Anlagen ergeben. Soweit der Wertanteil der baulichen Anlagen nicht zu entschädigen ist, mindert er den Marktwert des Erbbaurechts und erhöht den Marktwert des Erbbaugrundstücks.

157 Die **Höhe der für das Bauwerk zu gewährenden Entschädigung** wird in § 27 Abs. 2 ErbbauRG nicht konkretisiert. Nur im Zusammenhang mit der Regelung des § 27 Abs. 2 ErbbauRG über die zur Befriedigung der Wohnbedürfnisse minderbemittelter Bevölkerungskreise spricht der Gesetzgeber vom „gemeinen Wert" des Bauwerks.

158 Unter dem **„gemeinen Wert"** des Bauwerks ist der Verkehrs- bzw. Marktwert zu verstehen[96]. Die ImmoWertV spricht in diesem Zusammenhang zutreffenderweise vom „Wertanteil der baulichen Anlage". **Qualitätsstichtag der Ermittlung dieses Wertanteils der baulichen Anlage** ist dabei der Zeitpunkt des Ablaufs des Erbbaurechts, sodass die dann verbleibende Restnutzungsdauer des Gebäudes anzuhalten ist. Der auf den Qualitätszeitpunkt bezogene Wertanteil der baulichen Anlage ist auf den Wertermittlungsstichtag des Erbbaurechts bzw. Erbbaugrundstücks abzuzinsen.

159 Ein **verkehrswertgemäßer „Wertanteil" eines auf einem Grundstück befindlichen Bauwerks** lässt sich bei strenger Betrachtungsweise allerdings nicht ermitteln, da das Bauwerk (für sich allein) nicht im gewöhnlichen Geschäftsverkehr handelbar ist. Mithin ist auch ein „Verkehrswert" des Bauwerks nicht direkt ermittelbar, sondern kann allenfalls aus dem Verkehrswert des Grundstücks, auf dem das Bauwerk steht, abgeleitet werden (vgl. zu dieser Problematik grundsätzlich § 40 ImmoWertV Rn. 29 ff. sowie zum „Verkehrswertanteil" eines Gebäudes für steuerliche Abschreibungen § 40 ImmoWertV Rn. 82 ff., 96).

160 Zur **Ableitung des Gebäudewertanteils (Wert des Bauwerks)** muss deshalb zunächst der Gesamtwert des Grundstücks auf der Grundlage des nach Maßgabe des § 6 Abs. 1 ImmoWertV zu wählenden Wertermittlungsverfahrens ermittelt werden (Vergleichs-, Ertrags- oder Sachwertverfahren).

161 Bei der Ermittlung des Wertanteils des Bauwerks stellt sich das Problem, wie der gemeine Wert des Gesamtgrundstücks in einen Boden- und Gebäudewertanteil bei **Anwendung des Sachwertverfahrens** unter Berücksichtigung der Lage auf dem Grundstücksmarkt aufzuteilen ist, denn die einschlägigen Sachwertfaktoren beziehen sich auf Boden *und* Gebäude. Würde man deshalb den Sachwertfaktor anteilsmäßig sowohl auf den Gebäudesachwert als auch auf den Bodenwert anwenden, kann sich der zu vergütende Gebäudesachwert im Falle eines Sachwertfaktors ≤ 1 (Marktanpassungsabschlag) vermindern bzw. im Falle eines Sachwertfaktors ≥ 1 (Marktanpassungszuschlag) erhöhen, wenn bei der Ermittlung des Bodenwertanteils von der Grundsatzregelung des § 40 Abs. 1 ImmoWertV abgewichen wird.

162 Das aufgezeigte Problem wird am nachfolgenden *Beispiel* eines Sachwertfaktors ≤ 1 (Marktanpassungsabschlag) verdeutlicht.

96 BGH, Urt. vom 06.12.1974 – V ZR 95/73 –, WM 1975, 256 = EzGuG 11.95; BGH, Urt. vom 06.02.1976 – V ZR 191/74 –, NJW 1976, 895 = EzGuG 7.47.

Abb. 11: Marktanpassung bei der Gebäudesachwertermittlung

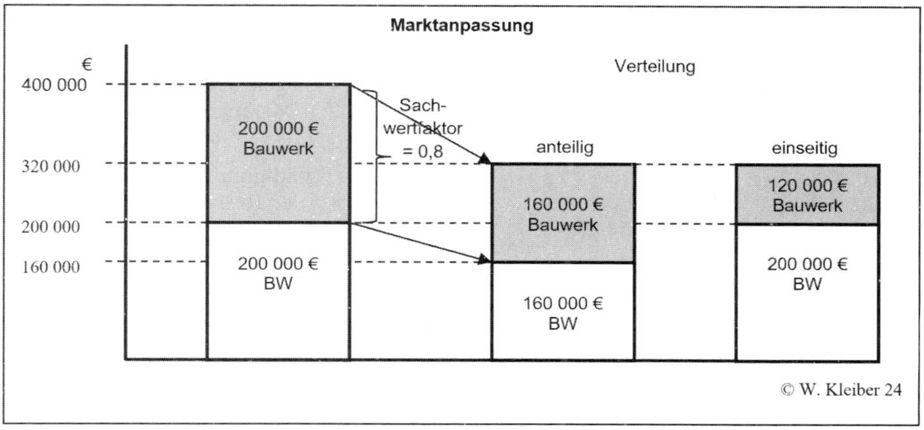

Die oben vorgestellte Berechnungsweise führt im Ergebnis dazu, dass

– im ersten Fall sich der Marktanpassungsabschlag anteilig auf den Boden- und Bauwert verteilt und sich ein Verkehrswertanteil für das Bauwerk von 160 000 € (Abschlag: 20 % von 200 000 € = 40 000 E, 200 000 € – 40 000 = 160 000) ergibt, und

– im zweiten Fall die Marktanpassung für das Gesamtgrundstück allein dem Bauwerk zugeordnet wird und sich ein Verkehrswertanteil für das Bauwerk von 120 000 € (Abschlag: 20 % von 400 000 € = 80 000 E, 200 000 € – 80 000 = 120 000 €) ergibt.

Der Unterschied der Entschädigung beläuft sich damit je nach Betrachtungsweise in dem Beispiel auf 40 000 € (160 000 – 120 000 € = 40 000 €).

Das hier aufgezeigte Problem verschärft sich dadurch, dass die Sachwertfaktoren nicht nur der **163**
Anpassung des vorläufigen Sachwerts an den Verkehrswert dienen, sondern zugleich Korrekturfaktor sind für

– nicht marktgerechte Normalherstellungskosten i.V.m. einer nicht marktgerechten Alterswertminderung sind und

– möglicherweise auch sonstige bauliche und nichtbauliche Anlagen (§ 39 ImmoWertV) abbilden.

§ 49 ImmoWertV
Vergleichswertverfahren für das Erbbaurecht

(1) Im Vergleichswertverfahren kann der Wert des Erbbaurechts insbesondere ermittelt werden

1. aus Vergleichspreisen für veräußerte Erbbaurechte,

2. ausgehend von dem nach § 50 zu ermittelnden finanzmathematischen Wert des Erbbaurechts oder

3. ausgehend vom Wert des fiktiven Volleigentums im Sinne des Satzes 2.

Der Wert des fiktiven Volleigentums ist der Wert des fiktiv unbelasteten Grundstücks, der dem marktangepassten vorläufigen Vergleichs-, Ertrags- oder Sachwert ohne Berücksichtigung von besonderen objektspezifischen Grundstücksmerkmalen entspricht.

(2) Der vorläufige Vergleichswert des Erbbaurechts kann insbesondere ermittelt werden

1. auf der Grundlage einer statistischen Auswertung einer ausreichenden Anzahl von Vergleichspreisen,

2. durch Multiplikation des finanzmathematischen Werts des Erbbaurechts mit einem objektspezifisch angepassten Erbbaurechtsfaktor oder

3. durch Multiplikation des Werts des fiktiven Volleigentums mit einem objektspezifisch angepassten Erbbaurechtskoeffizienten.

Zur Ermittlung des objektspezifisch angepassten Erbbaurechtsfaktors und des objektspezifisch angepassten Erbbaurechtskoeffizienten ist das nach dem § 22 oder § 23 ermittelte Datum auf seine Eignung im Sinne des § 9 Absatz 1 Satz 1 zu prüfen und bei etwaigen Abweichungen nach Maßgabe des § 9 Absatz 1 Satz 2 und 3 an die Gegebenheiten des Wertermittlungsobjekts anzupassen.

(3) Der marktangepasste vorläufige Vergleichswert des Erbbaurechts entspricht nach Maßgabe des § 7 dem vorläufigen Vergleichswert des Erbbaurechts.

(4) Der Vergleichswert des Erbbaurechts ergibt sich aus dem marktangepassten vorläufigen Vergleichswert des Erbbaurechts und der Berücksichtigung vorhandener besonderer objektspezifischer Grundstücksmerkmale des Wertermittlungsobjekts.

Gliederungsübersicht *Rn.*

1 Verfahrensübersicht zur Marktwertermittlung von Erbbaurechten im Vergleichswertverfahren

1 § 49 ImmoWertV beschreibt in vier Absätzen die **Marktwertermittlung von Erbbaurechten im Wege des Vergleichswertverfahrens differenziert nach dem direkten und indirekten Preisvergleich**. Der dem indirekten Vergleichswertverfahren als Ausgangswert zugrunde liegende finanzmathematische Wert des Erbbaurechts wird ergänzend in § 50 ImmoWertV geregelt.

1. Bei dem **direkten (unmittelbaren) Vergleichswertverfahren** nach § 49 ImmoWertV wird der vorläufige Vergleichswert des Erbbaurechts auf der Grundlage einer hinreichenden Anzahl geeigneter Vergleichspreise von Erbbaurechten abgeleitet.
2. Bei Anwendung des **indirekten (mittelbaren) Vergleichswertverfahrens nach § 50 ImmoWertV** kann der vorläufige Vergleichswert des Erbbaurechts alternativ ermittelt werden
   a) aus dem Produkt des nach § 50 ImmoWertV ermittelten **finanzmathematischen Werts des Erbbaurechts** und dem modellkonform angesetzten objektspezifisch angepassten Erbbaurechtsfaktor nach § 22 ImmoWertV oder
   b) aus dem Produkt des fiktiven marktangepassten **vorläufigen Verfahrenswerts des unbelasteten, unbebauten Grundstücks** (Volleigentum) und dem modellkonform angesetzten objektspezifisch angepassten Erbbaurechtskoeffizienten i.S. des § 23 ImmoWertV, mit dem der Bodenwert zum vorläufigen Wert des Erbbaurechts transformiert wird.

2 Der so ermittelte **Vergleichswert des Erbbaurechts wird** sodann mit einem objektspezifischen Marktanpassungsfaktor **der Lage auf dem Grundstücksmarkt** angepasst (Marktanpassung) und ergibt den *marktangepassten vorläufigen Vergleichswert* des Erbbaurechts.

3 Der **Vergleichswert des Erbbaurechts** ergibt sich unter ergänzender Berücksichtigung besonderer objektspezifischer Grundstücksmerkmale (boG).

Abb. 1: Vergleichswertverfahren für das Erbbaurecht

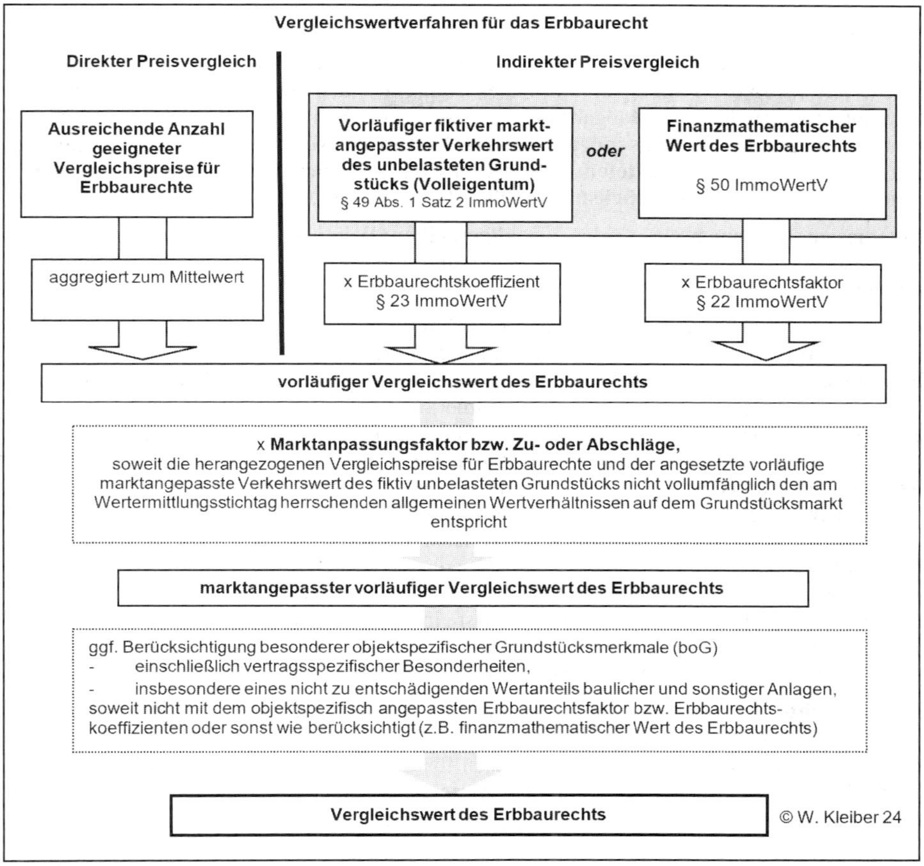

2 Ermittlung der Ausgangswerte beim indirekten Preisvergleich (§ 49 Abs. 2 ImmoWertV)

2.1 Vorläufiger Vergleichswert des Erbbaurechts als Ausgangswert

Der Vergleichswert des Erbbaurechts wird bei Anwendung des direkten Preisvergleichs auf der Grundlage einer hinreichenden Anzahl geeigneter Vergleichspreise von Erbbaurechten abgeleitet, wobei Vergleichspreise solcher Erbbaurechte geeignet sind, die insbesondere nach den Grundstücksmerkmalen und der Ausgestaltung des Erbbaurechts mit dem Bewertungsobjekt hinreichend vergleichbar sind. Die nach den allgemeinen Grundsätzen des Vergleichswertverfahrens aggregierten Vergleichspreise (z.B. Mittelwert) ergeben den *vorläufigen* Vergleichswert des Erbbaurechts. 4

2.2 Verkehrswert des unbelasteten Grundstücks als Ausgangswert

▶ *Zur Ermittlung von Erbbaurechtskoeffizienten vgl. § 23 ImmoWertV Rn. 1 ff.*

5 Ausgangswert ist im Falle der 1. Alternative der nach § 49 Abs. 1 Satz 2 ImmoWertV ermittelte „Wert des fiktiven Volleigentums". Dies ist aus Gründen der Modell- und Referenzkonformität der Wert, der nach Maßgabe des § 6 Abs. 1 ImmoWertV als **marktangepasster vorläufiger Vergleichs-, Ertrags- oder Sachwert (Verfahrenswert) des fiktiv nicht begünstigten oder des fiktiv unbelasteten Grundstücks ohne Berücksichtigung von besonderen objektspezifischen Grundstücksmerkmalen** (boG) zu ermitteln ist.

6 Mit diesem Ausgangswert werden die **allgemeinen Wertverhältnisse auf dem Grundstücksmarkt** (Marktanpassung) berücksichtigt und sind insoweit dann nicht mehr berücksichtigungsfähig.

7 Dieser Ausgangswert wird nachfolgend unter Anwendung des *objektspezifisch angepassten Erbbaurechtskoeffizienten* i.S. des § 23 ImmoWertV zum **„vorläufigen Vergleichswert des Erbbaurechts"** transformiert. Dabei sind etwaige Abweichungen der allgemeinen Wertverhältnisse und Abweichungen der Grundstücksmerkmale des Wertermittlungsobjekts durch geeignete Indexreihen, Umrechnungskoeffizienten oder in anderer Weise (z.B. mittels marktüblicher Zu- oder Abschläge) zu berücksichtigen. Der marktangepasste vorläufige Vergleichswert des Erbbaurechts ist i.d.R. mit dem vorläufigen Vergleichswert identisch. Eine Berücksichtigung der allgemeinen Wertverhältnisse im Hinblick auf das Recht nach § 47 Abs. 4 Satz 2 ist erforderlich, wenn die Vergleichspreise oder der objektspezifisch angepasste Erbbaurechtsfaktor bzw. der objektspezifisch angepasste Erbbaurechtskoeffizient die allgemeinen Wertverhältnisse auch nach einer ggf. erfolgten Anpassung nach § 9 Abs. 1 Satz 2 nicht detailliert oder aktuell genug abbilden. Ist eine Berücksichtigung der allgemeinen Wertverhältnisse im Hinblick auf das Recht nach § 47 Abs. 4 Satz 2 notwendig, erfolgt dies aufgrund ergänzender Analysen und sachverständiger Würdigung.

8 **Erbbaurechtskoeffizienten** geben das Verhältnis des vorläufigen Vergleichswerts des Erbbaurechts zum Wert des fiktiven Volleigentums an und werden vom Gutachterausschuss für Grundstückswerte aus geeigneten Kaufpreisen für Erbbaugrundstücke abgeleitet, die gemäß § 19 Abs. 2 Satz 3 ImmoWertV um den Werteinfluss von besonderen objektspezifischen Grundstücksmerkmalen (boG) bereinigt werden müssen. Dabei ist zu fordern, dass

- die aus den zur Ableitung des Erbbaurechtskoeffizienten herangezogenen Grundstücken sich ergebenden wertbestimmenden Grundstücksmerkmale einschließlich
- der maßgeblichen Angaben zur (vertrags-)spezifischen Ausgestaltung des Erbbaurechts

als Referenzgrößen bekannt gemacht werden. Diese sind erforderlich, um etwaige Abweichungen des Wertermittlungsobjekts berücksichtigen zu können.

Mit dem Erbbaurechtskoeffizienten werden die dem Erbbaurecht allgemein beizumessenden Einflüsse auf den Wert des fiktiven Volleigentums berücksichtigt.

9 Die nach § 22 Abs. 2 ImmoWertV ermittelten Erbbaurechtsfaktoren bzw. die nach § 23 Abs. 2 ImmoWertV ermittelten Erbbaurechtskoeffizienten sind an die Gegebenheiten des konkreten Einzelfalls anzupassen (objektspezifisch angepasster Erbbaurechtsfaktor bzw. objektspezifisch angepasster Erbbaurechtskoeffizient).

Der im Einzelfall herangezogene **objektspezifisch angepasste Erbbaurechtskoeffizient** ist auf seine Eignung i.S. des § 9 Abs. 1 Satz 1 ImmoWertV zu prüfen. Dementsprechend ist zu fordern, dass der Erbbaurechtskoeffizient aus Vergleichsdaten abgeleitet wurde, die hinsichtlich Aktualität in Bezug auf den maßgeblichen Stichtag und hinsichtlich Repräsentativität den jeweiligen Grundstücksmarkt zutreffend abbilden, und etwaige Abweichungen in den allgemeinen Wertverhältnissen sowie wertbeeinflussende Abweichungen der Grundstücksmerkmale des Wertermittlungsobjekts durch geeignete Indexreihen, Umrechnungskoeffizienten oder in anderer Weise (mittels marktüblicher Zu- oder Abschläge) berücksichtigt werden können.

Die **Berücksichtigung der besonderen objektspezifischen Grundstücksmerkmale** (boG) einschließlich vertragsspezifischer Besonderheiten bleibt dem abschließenden Verfahrensschritt nach § 49 Abs. 4 ImmoWertV vorbehalten. 10

2.3 Finanzmathematischer Wert des Erbbaurechts als Ausgangswert

▶ *Zur Ermittlung von Erbbaurechtsfaktoren vgl. § 22 ImmoWertV Rn. 1 ff.*

Ausgangswert ist im Falle der 2. Alternative der nach § 50 ImmoWertV ermittelte finanzmathematischen Wert des Erbbaurechts unter Ausschluss besonderer objektspezifischer Grundstücksmerkmale (boG). Auf die Ausführungen bei § 50 ImmoWertV wird verwiesen. 11

Dieser Ausgangswert wird nachfolgend unter Anwendung des *objektspezifisch angepassten Erbbaurechtsfaktors* i.S. des § 22 ImmoWertV zum **„vorläufigen Vergleichswert des Erbbaurechts"** transformiert. 12

Erbbaurechtsfaktoren geben das Verhältnis des vorläufigen Vergleichswerts des Erbbaurechts zum finanzmathematischen Wert des Erbbaurechts an und werden vom Gutachterausschuss für Grundstückswerte aus geeigneten Kaufpreisen für Erbbaugrundstücke abgeleitet, die gemäß § 19 Abs. 2 Satz 3 ImmoWertV um den Werteinfluss von besonderen objektspezifischen Grundstücksmerkmalen (boG) bereinigt werden müssen. Dabei ist zu fordern, dass 13

- die aus den zur Ableitung der Erbbaurechtsfaktoren herangezogenen Grundstücken sich ergebenden wertbestimmenden Grundstücksmerkmale einschließlich
- der maßgeblichen Angaben zur (vertrags-)spezifischen Ausgestaltung des Erbbaurechts

als Referenzgrößen bekannt gemacht werden.

Mit dem objektspezifisch angepassten Erbbaurechtsfaktor werden die sich aus dem Erbbaurecht ergebenden Besonderheiten berücksichtigt, z.B. zu besonderen **vertraglichen Vereinbarungen**, zum Verhältnis der marktüblichen zu den erzielbaren Erbbauzinsen und zu den Vereinbarungen zur Entschädigung des Werts der baulichen Anlagen bei Ablauf des Erbbaurechts. 14

Der im Einzelfall herangezogene **objektspezifisch angepasste Erbbaurechtsfaktor** ist auf seine Eignung i.S. des § 9 Abs. 1 Satz 1 ImmoWertV zu prüfen. Dementsprechend ist zu fordern, dass der Erbbaurechtsfaktor aus Vergleichsdaten abgeleitet wurde, die hinsichtlich Aktualität in Bezug auf den maßgeblichen Stichtag und hinsichtlich Repräsentativität den jeweiligen Grundstücksmarkt zutreffend abbilden, und etwaige Abweichungen in den allgemeinen Wertverhältnissen sowie wertbeeinflussende Abweichungen der Grundstücksmerkmale des Wertermittlungsobjekts durch geeignete Indexreihen, Umrechnungskoeffizienten oder in anderer Weise (mittels marktüblicher Zu- oder Abschläge) berücksichtigt werden können. 15

Die **Berücksichtigung der besonderen objektspezifischen Grundstücksmerkmale** (boG) einschließlich vertragsspezifischer Besonderheiten bleibt dem abschließenden Verfahrensschritt nach § 49 Abs. 4 ImmoWertV vorbehalten. 16

3 Marktanpassung

Eine Marktanpassung ist nur erforderlich, soweit die herangezogenen Vergleichspreise für Erbbaurechte, der als Ausgangswert angesetzte Verkehrswert des fiktiv unbelasteten Grundstücks bzw. der finanzmathematische Wert des Erbbaurechts nicht den am Wertermittlungsstichtag herrschenden allgemeinen Wertverhältnissen auf dem Grundstücksmarkt entsprechen. 17

4 Ergänzende Berücksichtigung besonderer objektspezifischer Grundstücksmerkmale (boG)

4.1 Allgemeines

Schrifttum: *Münchehofen, M./Springer, U.*, Bewerten von sonstigen vertraglichen Vereinbarungen bei Erbbaurechten zur gewerblichen Nutzung, GuG 2006, 201; *Schnabel, C.*, Die Bewertung des Erbbaurechts für Zwecke der Zwangsversteigerung, GuG 2004, 140; *Weiland, H.-O.*, Zur Beleihung von Erbbaurechten im Realkredit, GuG 1993, 263; *Bentrup, H.*, Vorschlag für eine einfache und universelle Methodik der Bewertung von Erbbaurechten, GuG 2010, 129; *Stumpe, B./Tillmann, H.-G.*,Versteigerung und Wertermittlung, 2. Aufl. 2014, S. 207.

18 **Besondere objektspezifische Grundstücksmerkmale** (boG) sind bei konsequenter Beachtung des Grundsatzes der Modellkonformität mithin auch solche Grundstücksmerkmale, die

a) von den Grundstücksmerkmalen der bei Anwendung des *direkten Vergleichswertverfahrens* zugrunde gelegten Vergleichsgrundstücke bzw. des bei Anwendung des *indirekten Vergleichswertverfahrens* als Ausgangswert angesetzten Verkehrswerts abweichen und unberücksichtigt geblieben sind,

b) von den Referenzgrundstücken abweichen, die den herangezogenen Liegenschaftszinssätzen, Sachwertfaktoren, Erbbaurechtskoeffizienten, Erbbaurechtsfaktoren (§ 14 Abs. 2 ImmoWertV) usw. zugrunde liegen und mit der objektspezifischen Anpassung dieser Daten unberücksichtigt geblieben sind, sowie

c) besondere vertragsspezifische Besonderheiten des Erbbaurechtsvertrags und sonstige unberücksichtigt gebliebene wertbeeinflussende Umstände i.S. des § 48 Satz 1 ImmoWertV.

19 Die besonderen objektspezifischen Grundstücksmerkmale (boG) werden nach allgemeinen Grundsätzen ergänzend mit dem Betrag berücksichtigt, um den sich derMarktwert infolge ihres Werteinflusses erhöht bzw. vermindert.

4.2 Wertanteil der baulichen Anlagen

▶ *Vgl. § 48 ImmoWertV Rn. 60; § 50 ImmoWertV Rn. 25; § 51 ImmoWertV Rn. 13; § 52 ImmoWertV Rn. 15*

20 Nach **§ 27 Abs. 1 Satz 1 ErbbauRG** ist dem Erbbauberechtigten grundsätzlich eine „Entschädigung" für ein nach zeitlichem Ablauf des Erbbaurechts verbleibendes werthaltiges Bauwerk (vgl. § 48 ImmoWertV Rn. 45) zu leisten. Wird ein mit Ablauf des Erbbaurechts verbleibendes werthaltiges Bauwerk

- bei Anwendung des direkten Vergleichswertverfahrens auf der Grundlage **einer ausreichenden Anzahl geeigneter Vergleichspreise für Erbbaurechte sowie**
- bei Anwendung des indirekten Vergleichswertverfahrens auf der Grundlage **eines vorläufigen fiktiven marktangepassten Verkehrswerts des unbelasteten Grundstücks (Volleigentum)**

mit den als Ausgangswert angesetzten Verfahrenswerten vollumfänglich unter Berücksichtigung ihrer Restnutzungsdauer am Wertermittlungsstichtag erfasst, bedarf es insoweit keiner ergänzenden Berücksichtigung.

21 Als Inhalt des Erbbaurechts können jedoch nach § 27 Abs. 1 Satz 2 ErbbauRG vorbehaltlich der Regelung des § 27 Abs. 2 ErbbauG für Erbbaurechte, die zur Befriedigung der **Wohnbedürfnisse minderbemittelter Bevölkerungskreise** bestellt wurden, Vereinbarungen insbesondere über die Höhe der Entschädigung und ihre Ausschließung getroffen werden. Diese mindern den Wert des Erbbaurechts und müssen in marktkonformer Höhe berücksichtigt werden.

22 Soweit also der mit Ablauf des Erbbaurechts verbleibende Wert der baulichen Anlage dem Erbbauberechtigten nach Maßgabe der rechtlichen und vertraglichen Gegebenheiten nicht zu entschädigen ist, vermindert sich infolgedessen der Wert des Erbbaurechts um diesen Wertanteil. Im Unterschied zu der in § 50 ImmoWertV geregelten finanzmathematischen Methode der Marktwertermittlung von Erbbaurechten bleiben aufstehende Bauwerke (Gebäude), soweit sie ganz oder teilweise nach Ablauf des Erbbaurechts dem Erbbauberechtigten nicht zu entschädigen sind, in § 49 ImmoWertV unerwähnt. Theoretisch könnte eine entsprechende Wertkomponente bei Anwendung des direkten Vergleichswertverfahrens mit den zum Preisvergleich herangezogenen Vergleichspreisen für Erbbaurechte darin enthalten sein, jedoch kann nicht regelmäßig davon ausgegangen werden.

Zu alledem werden in § 49 ImmoWertV keine Hinweise gegeben. Lediglich im Falle der Anwendung des indirekten Vergleichswerts auf der Grundlage des finanzmathematischen Werts des Erbbaurechts soll nach § 50 Abs. 2 Satz 2 ImmoWertV bei einer über die Restlaufzeit des Erbbaurechts hinausgehenden Restnutzungsdauer der baulichen Anlagen der bei Zeitablauf nicht zu entschädigende Wertanteil der baulichen Anlagen bereits bei dem als Ausgangswert ermittelten finanzmathematischen Wert berücksichtigt werden (vgl. die entsprechende Regelung des § 52 Abs. 2 Satz 2 ImmoWertV zur Ermittlung des finanzmathematischen Werts des Erbbaugrundstücks). 23

Ist im konkreten Bewertungsfall zu erwarten, dass die nach Ablauf des Erbbaurechts verbleibenden baulichen und sonstigen Anlagen ganz oder teilweise nicht zu entschädigen sind, ist aus Gründen der Modell- und Referenzkonformität nach der hier vertretenen Auffassung der bei Zeitablauf vom Erbbaurechtsgeber nicht zu entschädigende Wertanteil der baulichen Anlagen generell gesondert in der über die Restlaufzeit des Erbbaurechts abgezinsten Höhe ggf. unter Berücksichtigung des Risikos einer Zustandsverschlechterung zu ermitteln und im Rahmen der Ermittlung des Vergleichswerts des Erbbaugrundstücks als besonderes objektspezifisches Grundstücksmerkmal (boG) in marktkonformer Weise zum Abzug zu bringen. 24

5 Beispielsrechnung des Anhangs G zur ImmoWertVA zum Wert des Erbbaurechts

Modellbeschreibung für Erbbaurechtskoeffizienten		
Erbbaurechtskoeffizient z.B. aus der im Grundstücksmarktbericht des zuständigen Gutachterausschusses veröffentlichten Tabelle		0,8
Sämtliche Parameter verstehen sich als beispielhafte Darstellung und sind nicht allgemeingültig.		
Beschreibung des Modells für den Erbbaurechtsfaktor		**Objektbeschreibung**
Zeitlicher Bezug:	Stichtag des Erbbaurechtskoeffizienten: XX.XX.XXXX	Wertermittlungsstichtag: 24.01.2023
Sachlicher Anwendungsbereich:	Erbbaurechte für Reihenmittelhäuser; Begründungsjahre der Erbbaurechte: 1950 bis 1965	Fall (3): Freistehendes Einfamilienhaus; Begründungsjahr des Erbbaurechts: 1964 Fall (4): Freistehendes Einfamilienhaus; Begründungsjahr des Erbbaurechts: 1950
Räumlicher Anwendungsbereich	Kreis X	–
Datengrundlage:	Kaufpreissammlung des örtlichen Gutachterausschusses X	–
Auswertungszeitraum:	2018 bis 2022	

Modellbeschreibung für Erbbaurechtskoeffizienten	
Erbbaurechtskoeffizient z.B. aus der im Grundstücksmarktbericht des zuständigen Gutachterausschusses veröffentlichten Tabelle	0,8

Sämtliche Parameter verstehen sich als beispielhafte Darstellung und sind nicht allgemeingültig.

Beschreibung des Modells für den Erbbaurechtsfaktor		**Objektbeschreibung**
Größe der Stichprobe:	45 Fälle alle Fälle Restlaufzeit Erbbaurecht > Restnutzungsdauer der baulichen Anlagen; Spanne der Erbbaurechtsfaktoren: 0,6 – 1,1	–
Beschreibende (statistische) Kenngrößen:	Grundstücksgröße: Ø 800 m² Wohnfläche: Ø 150 m² Restlaufzeit des Erbbaurechts: Ø 30 Jahre	Grundstücksgröße: 900 m² Wohnfläche: 125 m² Restlaufzeit des Erbbaurechts: Fall (3): 55 Jahre Fall (4): 26 Jahre
	Restnutzungsdauer der bauiichen Anlagen unter Berücksichtigung von Modernisierungen: Ø 25 Jahre	Restnutzungsdauer der baulichen Anlagen: 33 Jahre
	angemessener Erbbauzinssatz: 3,0 % erzielbarer Erbbauzinssatz: Ø 0,3 %	angemessener Erbbauzinssatz: 3,0 % erzielbarer Erbbauzins: 360 €
	wesentliche vertragliche Vereinbarungen: – Anpassung des Erbbauzinses mittels Verbraucherpreisindex; – Gebäudeentschädigung bei Ablauf: 2/3	wesentliche vertragliche Vereinbarungen: – Anpassung des Erbbauzinses mittels Verbraucherpreisindex; – Letzte Anpassung des Erbbauzinses: 31.12.2022; – Gebäudeentschädigung bei Ablauf des Erbbaurechts: 80 %;
	Bodenrichtwert: Ø 150 €/m²; Bodenrichtwertbereich: 50 €/m² bis 500 €/m²	Bodenrichtwert: 80 €/m²
Zinssatz für die Kapitalisierung und Abzinsung:	2,0 %	
Ermittlungsmethodik:	Regressionsanalyse	
Ergebnis (Darstellung je nach Methodik gemäß Anhang A.II.2 zur ImmoWertVA):	Regressionsanalyse	

Die Höhe der nachfolgenden Ansätze gilt nur für die jeweilige Beispielrechnung. Die entsprechenden Ansätze sind für den konkreten Wertermittlungsfall zu ermitteln und zu begründen. 25

Wert des fiktiven Volleigentums	220 000 EUR
Wertanteil der baulichen Anlagen (d.h. ohne Bodenwertanteil) bei Ablauf des Erbbaurechts	59 000 EUR
objektspezifisch angepasster Erbbaurechtskoeffizient (§ 49 ImmoWertV)	Fall (3): 0,85 Fall (4): 0,82
Berücksichtigung der allgemeinen Wertverhältnisse im Hinblick auf das Erbbaurecht (§ 47 Abs. 4 Satz 2 ImmoWertV)	1,0
keine weiteren besonderen objektspezifischen Grundstücksmerkmale	

Beispielrechnung: Fall (3) – Restlaufzeit des Erbbaurechts 40 Jahre

Wert des fiktiven Volleigentums (§ 49 Abs. 1 Satz 2)		**220.000 €**
Objektspezifisch angepasster Erbbaurechtskoeffizient (§ 49 Abs. 2 Satz 1 Nr. 3)	×	0,85
Vorläufiger Vergleichswert des Erbbaurechts	=	**187.000 €**
(ggf.) Berücksichtigung der allgemeinen Wertverhältnisse im Hinblick auf das Erbbaurecht (§ 47 Abs. 4 Satz 2; vgl. auch Nr. 49.2)	+/–	0
Marktangepasster vorläufiger Vergleichswert des Erbbaurechts	=	**187.000 €**
ggf. weitere besondere objektspezifische Grundstücksmerkmale	+/–	0 €
Vergleichswert des Erbbaurechts	=	**187.000 €**
Verkehrswert des Erbbaurechts		**187.000 €**

Beispielrechnung: Fall (4) – Restlaufzeit des Erbbaurechts 26 Jahre

Wert des fiktiven Volleigentums (§ 49 Abs. 1 Satz 2)				**220.000 €**
Objektspezifisch angepasster Erbbaurechtskoeffizient*** (§ 49 Abs. 2 Satz 1 Nr. 3)			×	0,82
Vorläufiger Vergleichswert des Erbbaurechts			=	**180.400 €**
(ggf.) Berücksichtigung der allgemeinen Wertverhältnisse im Hinblick auf das Erbbaurecht (§ 47 Abs. 4 Satz 2; vgl. auch Nr. 49.2)			+/–	0 €
Marktangepasster vorläufiger Vergleichswert des Erbbaurechts			=	**180.400 €**
Wertanteil der baulichen Anlagen**, (d.h. ohne Bodenwertanteil) bei Ablauf des Erbbaurechts	×	59.000 €		
Abzinsungsfaktor bei Zinssatz: 2,0% und RLZ: 26 Jahre	=	0,5976		
Wertanteil der baulichen Anlagen (abgezinst auf den Wertermittlungsstichtag)	×	35.258 €		
Nicht zu entschädigender Wertanteil der baulichen Anlagen 20 %		0,20		

Wert des fiktiven Volleigentums (§ 49 Abs. 1 Satz 2)				**220.000 €**
besonderes objektspezifisches Grundstücksmerkmal			–	**7.052 €**
hier: nicht zu entschädigender Wertanteil der baulichen Anlagen (dieses Merkmal ist im Erbbaurechtskoeffizient nicht enthalten***) RLZ = 26 Jahre < RND = 33 Jahre				
ggf. weitere besondere objektspezifische Grundstücksmerkmale			+/–	0 €
Vergleichswert des Erbbaurechts			=	**173.348 €**
Verkehrswert des Erbbaurechts				**173.000 €**

** Das Verfahren zur Ermittlung des Wertanteils der baulichen Anlagen ist entsprechend § 6 Absatz 1 zu wählen.

*** In dem Modell, welches in diesem Beispiel der Ermittlung des Erbbaurechtskoeffizienten zugrunde liegt, werden nur Vergleichsfälle berücksichtigt, bei denen die Restlaufzeit des Erbbaurechts größer als die Restnutzungsdauer der baulichen Anlagen war. Daher ist der nicht zu entschädigende Wertanteil der baulichen Anlagen durch Anpassung des Erbbaurechtskoeffizienten zum objektspezifisch angepassten Erbbaurechtskoeffizienten zwar denkbar, allerdings erscheint die Berücksichtigung dieser Modellabweichung hier als besonderes objektspezifisches Grundstücksmerkmal praktikabler.

§ 50 ImmoWertV
Finanzmathematischer Wert des Erbbaurechts

(1) Ausgangsgröße für die Ermittlung des finanzmathematischen Werts des Erbbaurechts ist der Wert des fiktiven Volleigentums im Sinne des § 49 Absatz 1 Satz 2.

(2) Der finanzmathematische Wert des Erbbaurechts wird ermittelt durch Bildung der Summe aus

1. dem Wert des fiktiven Volleigentums abzüglich des Bodenwerts des fiktiv unbelasteten Grundstücks und

2. der über die Restlaufzeit des Erbbaurechts kapitalisierten Differenz aus dem angemessenen und dem erzielbaren Erbbauzins oder ausnahmsweise der Differenz aus dem jeweils über die Restlaufzeit des Erbbaurechts kapitalisierten angemessenen und erzielbaren Erbbauzins.

Bei einer über die Restlaufzeit des Erbbaurechts hinausgehenden Restnutzungsdauer der baulichen Anlagen ist ergänzend zu Satz 1 der bei Zeitablauf nicht zu entschädigende Wertanteil der baulichen Anlagen abzuzinsen und abzuziehen.

(3) Der angemessene Erbbauzins wird in der Regel auf der Grundlage des angemessenen Erbbauzinssatzes und des Bodenwerts des Grundstücks, an dem das Erbbaurecht bestellt wird, ermittelt. Der angemessene Erbbauzinssatz ist der Zinssatz, der sich bei Neubestellung von Erbbaurechten der betroffenen Grundstücksart am Wertermittlungsstichtag im gewöhnlichen Geschäftsverkehr ergibt, oder ein anderer geeigneter Zinssatz.

(4) Der erzielbare Erbbauzins ist der Betrag, der sich aus dem im Erbbaurechtsvertrag vereinbarten Erbbauzins unter Berücksichtigung vertraglich vereinbarter und gesetzlich zulässiger Anpassungsmöglichkeiten ergibt.

Gliederungsübersicht *Rn.*

1 Marktwert des Erbbaurechts (Finanzmathematische Methode)

1.1 Verfahrensübersicht

▶ *Vgl. auch Erl. zum indirekten Preisvergleich bei § 49 ImmoWertV Rn. 4*

1 § 50 ImmoWertV regelt in vier Absätzen die Ermittlung des dem indirekten Vergleichswertverfahren als Ausgangswert zugrunde liegenden **finanzmathematischen Werts des Erbbaurechts**. Der Verfahrensablauf entspricht der schon in den zwischenzeitlich aufgehobenen Wertermittlungsrichtlinien empfohlenen Methode.

2 Der vorläufige finanzmathematische Wert des Erbbaurechts setzt sich zusammen aus

- dem Wert des fiktiv unbelasteten Grundstücks, der dem marktangepassten vorläufigen Vergleichs, Ertrags- oder Sachwert ohne Berücksichtigung von besonderen objektspezifischen Grundstücksmerkmalen entspricht, d.h. dem Wert des fiktiven Volleigentums i.S. des § 49 Abs. 1 Satz 2 ImmoWertV, und
- dem sog. Bodenwertanteil, im Regelfall ermittelt aus der Differenz des jeweils über die Restlaufzeit des Erbbaurechts kapitalisierten angemessenen und erzielbaren Erbbauzinses.

3 Der insoweit marktangepasste finanzmathematische Wert des Erbbaurechts ist im Falle einer über die Restlaufzeit des Erbbaurechts hinausgehenden Restnutzungsdauer der baulichen Anlagen nach § 2 Satz 2 ImmoWertV noch um den **Wertanteil der baulichen Anlage** zu vermindern, wenn dieser bei Zeitablauf nicht zu entschädigen ist (vgl. Rn. 26; § 48 ImmoWertV Rn. 45, § 49 ImmoWertV Rn. 24).

4 Im **Falle einer über die Restlaufzeit des Erbbaurechts hinausgehenden Restnutzungsdauer der baulichen Anlagen** soll nach § 50 Abs. 2 Satz 2 ImmoWertV der bei Zeitablauf nicht zu entschädigende Wertanteil der baulichen Anlagen bereits bei der Ermittlung des finanzmathematischen Werts des Erbbaurechts und dementsprechend bereits bei der Ermittlung des vorläufigen Vergleichswerts des Erbbaurechts berücksichtigt werden. Dieser Wertanteil bestimmt sich nach dem Marktwert des Grundstücks bezogen auf den Zeitpunkt des Auslaufens des Erbbaurechts (Qualitätsstichtag), abgezinst über die Restlaufzeit des Erbbaurechts, und ist von dem nach § 50 Abs. 2 Satz 1 ImmoWertV ermittelten finanzmathematischen Wert des Erbbaurechts abzuziehen. Eine mit § 50 Abs. 2 Satz 2 ImmoWertV vergleichbare Regelung sieht die ImmoWertV im Falle der Anwendung des direkten Vergleichswertverfahrens nicht vor.

5 Ob und in welchem Maße die nach Ablauf des Erbbaurechts verbleibenden Wertanteile der baulichen Anlagen nicht zu entschädigen sind, bestimmt sich nach den Gegebenheiten des Einzelfalls und bleibt deshalb auch bei der Ableitung von Erbbaurechtsfaktoren unberücksichtigt. Nach der hier vertretenen Auffassung ist es nicht sachgerecht, den bei Zeitablauf nicht zu entschädigenden Wertanteil der baulichen Anlagen bereits mit dem nach § 50 Abs. 2 ImmoWertV ermittelten finanzmathematischen Wert des Erbbaurechts zu berücksichtigen, denn dies verletzt im Hinblick auf die Anwendung des Erbbaurechtsfaktors und des Erbbaurechtskoeffizienten nach § 49 Abs. 2 und 3 ImmoWertV den Grundsatz der Modell- und Referenzkonformität. Dies muss der ergänzenden Berücksichtigung besonderer objektspezifischer Grundstücksmerkmale vorbehalten bleiben.

Abb. 1: Finanzmathematische Methode für den Wert des Erbbaurechts

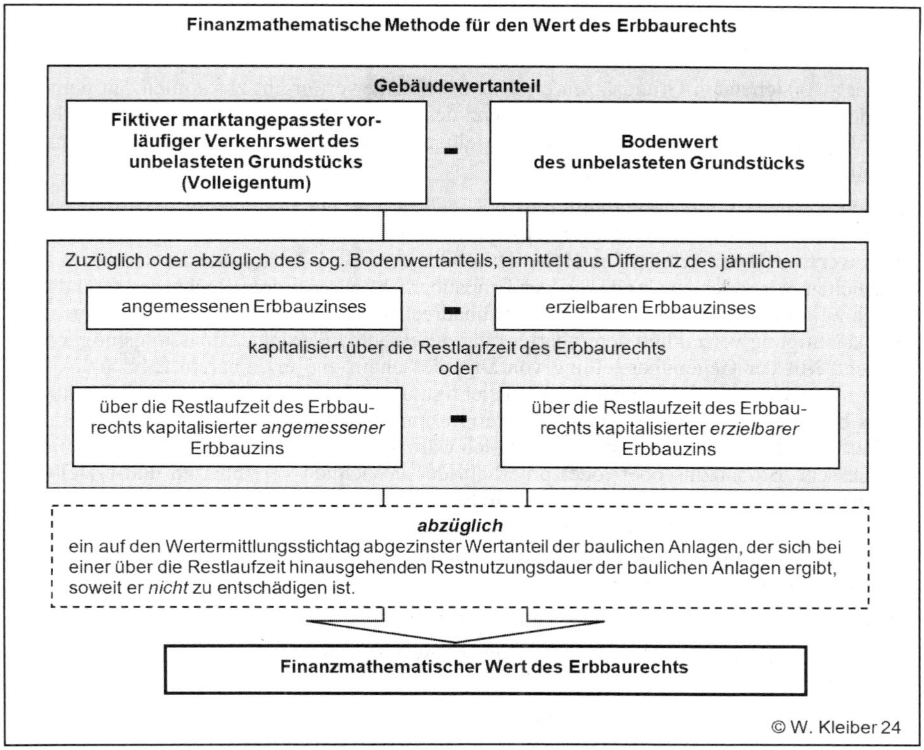

1.2 Gebäudewert

Der **Wert des vom Erbbauberechtigten errichteten Gebäudes** soll sich nach Maßgabe des § 50 Abs. 2 Nr. 1 ImmoWertV aus „dem Wert des fiktiven Volleigentums … abzüglich des Bodenwerts des fiktiv unbelasteten Grundstücks“ bestimmen. 6

„**Wert des fiktiven Volleigentums**“ soll nach § 49 Abs. 1 Satz 2 ImmoWertV, auf den die Vorschrift Bezug nimmt, der Wert nach dem Grundstückszustand eines vergleichbaren unbelasteten Grundstücks sein. Er entspricht dem marktangepassten vorläufigen Vergleichs-, Ertrags- oder Sachwert ohne Berücksichtigung besonderer objektspezifischer Grundstücksmerkmale. Auf den Verkehrswert hebt die Vorschrift nicht ab. Dies ist, wie schon ausgeführt, wiederum darin begründet, dass sich die konkrete Ausgestaltung des Verfahrens am Grundsatz der Modell- und Referenzkonformität ausrichtet und es sich dementsprechend um den vorläufigen marktangepassten Vergleichs-, Ertrags- oder Sachwert des Bewertungsobjekts (Verfahrenswert) unter Ausschluss besonderer objektspezifischer Grundstücksmerkmale handeln soll. Eine ergänzende Anpassung an die Lage auf dem Grundstücksmarkt ist insoweit nicht mehr erforderlich. 7

Entsprechendes gilt für den davon abzuziehenden „Bodenwert des unbelasteten Grundstücks“. 8

1.3 Bodenwertanteil

1.3.1 Allgemeines

9 Der nach vorstehenden Grundsätzen ermittelte Gebäudewert ergibt zusammen mit dem Betrag, der sich aus der kapitalisierten Differenz des jeweils über die Restlaufzeit des Erbbaurechts kapitalisierten angemessenen und erzielbaren Erbbauzinses errechnet, den finanzmathematischen Wert des Erbbaurechts.

10 Der sich aus der kapitalisierten Differenz des jeweils über die Restlaufzeit des Erbbaurechts kapitalisierten marktüblichen und erzielbaren Erbbauzinses ergebende Betrag wird auch als **Bodenwertanteil** bezeichnet. Die Höhe des Bodenwertanteils bestimmt sich nach dem wirtschaftlichen Vor- oder Nachteil, den der Erbbauberechtigte aus dem Recht, das Grundstück baulich zu nutzen, entsprechend dem im Erbbaurechtsvertrag vereinbarten Erbbauzins unter Berücksichtigung vertraglich vereinbarter oder gesetzlich zulässiger Anpassungsmöglichkeiten zieht. Mit der Gegenüberstellung von angemessenem und erzielbarem Erbbauzins wird also der Wertvor- bzw. Wertnachteil berücksichtigt, der sich für den Erbbauberechtigten eines bereits bestehenden Erbbaurechts am Wertermittlungsstichtag ergibt, wenn das Erbbaurecht am Wertermittlungsstichtag neubestellt worden wäre und wenn in diesem Fall der zu zahlende angemessene Erbbauzins ober- oder unterhalb des tatsächlich vereinbarten und erzielbaren Erbbauzinses läge. Dies betrifft insbesondere Erbbaurechte, die für eine Wohnnutzung bestellt wurden, weil hier eine Anpassung des Erbbauzinses in der Regel nur entsprechend der Entwicklung der allgemeinen wirtschaftlichen Verhältnisse, nicht aber entsprechend der Entwicklung der Bodenwerte erfolgen kann.

Bei der Wertermittlung gerade neu bestellter Erbbaurechte wäre dieser Wertanteil gleich null.

- Entspricht der vertraglich erzielbare Erbbauzins dem angemessenen Erbbauzins, ergeben sich mithin weder Vor- noch Nachteile.
- Bei einem unter dem angemessenen Erbbauzins liegenden vertraglichen Erbbauzins partizipiert der Erbbauberechtigte wirtschaftlich am Grund und Boden und der sich dann ergebende Bodenwertanteil ist gleichsam der wirtschaftliche Vorteil des Erbbauberechtigten.
- Im umgekehrten Fall hat der Erbbauberechtigte wirtschaftliche Nachteile (negativer Bodenwertanteil).

11 Im Falle unterschiedlicher Zinssätze kann der sich aus der Differenz des jeweils über die Restlaufzeit des Erbbaurechts kapitalisierten angemessenen und erzielbaren Erbbauzinses ergebende Betrag auch aus der Differenz der jeweiligen Barwerte ermittelt werden (vgl. § 50 Abs. 2 Nr. 2, 2. Halbsatz).

1.3.2 Angemessener und erzielbarer Erbbauzins

1.3.2.1 Allgemeines

12 Grundsätzlich muss im Rahmen der Marktwertermittlung von Erbbaurechten und Erbbaugrundstücken unterschieden werden zwischen folgenden Zinssätzen

a) dem „angemessenen Erbbauzins“,

b) dem „erzielbaren Erbbauzins“ und

c) dem für eine Kapitalisierung und Abzinsung geeigneten Zinssatz.

1.3.2.2 Angemessener Erbbauzins (§ 50 Abs. 3 ImmoWertV)

Der „angemessene Erbbauzins" ist der **Betrag (in EUR), der am Wertermittlungsstichtag bei Neubestellung eines vergleichbaren Erbbaurechts marktüblich,** d.h. im *gewöhnlichen Geschäftsverkehr* **per annum gezahlt wird**. 13

Der „**angemessene Erbbauzins**" wird i.d.R. **auf der Grundlage des angemessenen Erbbauzinssatzes und des jeweiligen Bodenwerts ermittelt** (§ 50 Abs. 3 Satz 2 ImmoWertV). Bei Grundstücken, die bereits bei Abschluss des Erbbaurechtsvertrags bebaut waren, wird regelmäßig ein erhöhter Erbbauzins vereinbart. 14

Nach § 50 Abs. 3 ImmoWertV kann auch ein **„anderer geeigneter" Zinssatz"** herangezogen werden. Bei Grundstücken, die bereits bei Abschluss des Erbbaurechtsvertrags bebaut waren, wird regelmäßig ein erhöhter Erbbauzins vereinbart.

Der angemessene Erbbauzinssatz soll nach § 50 Abs. 3 Satz 2 der Zinssatz sein, der sich bei Neubestellung von Erbbaurechten der betroffenen Grundstücksart am Wertermittlungsstichtag im gewöhnlichen Geschäftsverkehr ergibt, oder ein anderer geeigneter Zinssatz. 15

Der Begriff des **„marktüblichen Erbbauzins*satzes*"** (in %) wird in der ImmoWertV nicht mehr gebraucht. Es handelt sich dabei um den **Zinssatz, mit dem sich der Verkehrswert des Grundstücks, an dem das Erbbaurecht bestellt wird, bei Neubestellungen von Erbbaurechten der betroffenen Grundstücksart am Wertermittlungsstichtag** im gewöhnlichen Geschäftsverkehr ohne Rücksicht auf ungewöhnliche oder persönliche Verhältnisse **marktüblich verzinst**. Der „marktübliche Erbbauzins*satz*" (in %) kann ermittelt werden aus dem üblichen Verhältnis des jährlichen Erbbauzinses (in EUR) zum jeweiligen Verkehrswert des Grundstücks, an dem das Erbbaurecht bestellt wird.

Der angemessene Erbbauzinssatz kann dem auf dem regionalen Grundstücksmarkt üblichen Liegenschaftszinssatz entsprechen. Ist ein angemessener Erbbauzinssatz nicht feststellbar, kann es deshalb sachgerecht sein, hilfsweise zur Ermittlung des angemessenen Erbbauzinses einen geeigneten Liegenschaftszinssatz zugrunde zu legen (vgl. 50.1 **ImmoWertV-Anwendungshinweise – ImmoWertA**). 16

1.3.2.3 Erzielbarer Erbbauzins (§ 50 Abs. 4 ImmoWertV)

Schrifttum: *Gilich, T./Simon, Th.*, Anpassung von Erbbauzinsen nach Einstellung der Bruttomonatsverdienste für Angestellte und Arbeiter im produzierenden Gewerbe, GuG 2008, 99; *Tillmann, H.-G.*, Verkehrswertermittlung im Zusammenhang mit Erbbaurechten – Besonderheiten im Zwangsversteigerungsverfahren, Teil 1, GuG 2009, 136, Teil 2, 266; *Ingenstau/Husted*, Erbbaurechtsgesetz, 10. Aufl. Carl Heymanns Verlag 2014, S. 247, Rn. 9, *Oefele/Winkler*, Handbuch des Erbbaurechts, 5. Aufl. C. H. Beck Verlag 2012, S. 351, 686; *Seitz, A. M.*, Die typische Fehlerquelle bei der Verkehrswertermittlung im Zusammenhang mit Erbbaurechten, Der Erbbauzins, GuG 2016, 6.

▶ *Teil VIII Rn. 74 ff.*

a) Allgemeines

Der im konkreten Fall erzielbare Erbbauzins ist der Betrag, der sich aus dem im Erbbaurechtsvertrag vereinbarten Erbbauzins unter Berücksichtigung vertraglich vereinbarter oder gesetzlich zulässiger Anpassungsmöglichkeiten ergibt. 17

Der erzielbare Erbbauzins ist der Zinsertrag, der sich aus den vertraglich vereinbarten und gesetzlich zulässigen Anpassungsmöglichkeiten zum Wertstichtag ergibt.

Der **am Wertermittlungsstichtag tatsächlich erzielte Erbbauzins** ist nicht die maßgebende Grundlage der Wertermittlung. Er kann deutlich unter, aber auch über dem erzielbaren Erbbauzins liegen, wenn der Berechtigte eine vertraglich vereinbarte oder gesetzlich zulässige Anpassung des Erbbauzinses nicht nach Maßgabe der vertraglich vereinbarten Anpassungs- 18 möglichkeiten ggf. unter Berücksichtigung einer Verjährung[1] sowie gesetzlicher Regelungen (§ 9 und § 9a ErbbauRG) geltend gemacht hat.

19 Bei Erbbaurechtsverträgen ohne Anpassungsklausel kann über das Rechtsinstitut „Störung der Geschäftsgrundlage[2] " (§ 313 Abs. 1 BGB) bei einem **Missverhältnis zwischen Leistung und Gegenleistung (Äquivalenzstörung)** im Wege der ergänzenden Vertragsauslegung der im Wesentlichen gewollte Zweck herbeigeführt werden[3].

20 Eine Anpassung des Erbbauzinses von Wohn- oder Gewerbegrundstücken wegen **Wegfalls der Geschäftsgrundlage** ist nach der Rechtsprechung erst möglich, wenn ein Kaufkraftschwund von 60 % eingetreten ist, d.h., der Verbraucherpreisindex muss zwischen den Stichtagen um mehr als das 2,5-Fache gestiegen sein[4].

---

1 Die § 9 und § 9a ErbbauRG enthalten keine Verjährungsklauseln.

2 Vor Inkrafttreten der Schuldrechtsreform war der „Wegfall der Geschäftsgrundlage" (WGG) ein aus den Grundsätzen von Treu und Glauben durch die Rechtsprechung entwickeltes Rechtsinstitut. Seit dem 1.1.2002 (Inkrafttreten der Schuldrechtsreform) ist der § 313 BGB eingefügt worden und wird nun als „Störung der Geschäftsgrundlage" bezeichnet.

3 BGH, Urt. vom 21.12.1960 – V ZR 56/60 –, NJW 1961, 499 = EzGuG 7.4; OLG Celle, Urt. vom 20.02.1962 – 4 U 184/61 –, Der Siedlungsberater 1962, 28 = EzGuG 7.6; OLG Celle Urt. vom 18.07.1963 – 4 U 20/63 –, Der Siedlungsberater 1964, 16 = EzGuG 7.8; BGH, Urt. vom 20.03.1964 – V ZR 46/63 –, WM 1964, 561.= EzGuG 7.9; OLG Hamburg, Urt. vom 12.01.1967 – 12 O 150/65 –, AVN 1968, 122 = EzGuG 7.13; LG München, Urt. vom 16.02.1967 – 4 O 221/66 –, AVN 1968, 123 = EzGuG 7.14; OLG Hamm, Urt. vom 31.03.1967 – 15 W 346/66 –, NJW 1967, 2362 = EzGuG 7.15; BGH, Urt. vom 10.11.1967 – V ZR 105/65 –, MDR 1968, 138 = EzGuG 7.17; BGH, Urt. vom 18.10.1968 – V ZR 93/65 –, WM 1969, 64 = EzGuG 7.18; BGH, Urt. vom 18.10.1968 – V ZR 63/65 –, WM 1969, 62 = EzGuG 7.17a; OLG Hamburg, Urt. vom 20.05.1969 – 2 U 214/67 –, MDR 1970, 49 = EzGuG 7.20; BGH, Urt. vom 13.02.1970 – V ZR 63/67 –, WM 1970, 353 = EzGuG 7.23; BGH, Urt. vom 05.02.1971 – V ZR 172/69 –, WM 1971, 356 = EzGuG 7.27; BGH, Urt. vom 14.07.1971 – V ZR 54/70 –, BGHZ 57, 47 = EzGuG 7.29; BGH, Urt. vom 19.11.1971 – V ZR 88/69 –, NJW 1972, 198 = EzGuG 7.30; BGH, Urt. vom 20.10.1972 – V ZR 137/71 –, NJW 1973, 142 = EzGuG 7.31; BGH, Urt. vom 20.10.1972 – V ZR 196/71 –, WM 1973, 42 = EzGuG 7.31a; BGH, Urt. vom 29.03.1974 – V ZR 128/72 –, NJW 1974, 1186 = EzGuG 7.37; OLG Celle, Urt. vom 25.03.1975 – 4 U 124/71 –, EzGuG 7.40a; OLG Celle, Urt. vom 16.09.1975 – 4 U 44/75 –, AVN 1976, 243 = EzGuG 7.41; OLG Nürnberg, Urt. vom 16.01.1976 – 1 U 81/75 –, NJW 1976, 1507 = EzGuG 7.44; BGH, Urt. vom 23.01.1976 – V ZR 76/74 –, NJW 1976, 846 = EzGuG 7.46; BGH, Urt. vom 23.04.1976 – V ZR 167/74 –, WM 1976, 1034 = EzGuG 7.48; BGH, Urt. vom 08.10.1976 – V ZR 213/74 –, DB 1977, 92 = EzGuG 7.53; BGH, Urt. vom 03.12.1976 – V ZR 60/76 –, BGHZ 68, 152 = EzGuG 7.55; OLG Hamm, Urt. vom 20.10.1977 – 5 U 89/77 –, NJW 1978, 1634 = AVN 1980, 459 = EzGuG 7.57; BGH, Urt. vom 18.11.1977 – V ZR 172/76 –, BGHZ 70, 47 = EzGuG 7.58; BGH, Urt. vom 30.03.1979 – V ZR 150/77 –, BGHZ 74, 341 = EzGuG 7.66; BGH, Urt. vom 18.05.1979 – V ZR 237/77 –, BGHZ 75, 279 = NJW 1980, 181 = EzGuG 7.68; BGH, Urt. vom 08.06.1979 – V ZR 59/76 –, WM 1979, 1212 = EzGuG 7.69; BGH, Urt. vom 28.09.1979 – V ZR 18/78 –, NJW 1980, 588 = EzGuG 7.71; BGH, Urt. vom 28.09.1979 – V ZR 206/75 –, WM 1979, 1332 = EzGuG 7.72; BGH, Urt. vom 23.05.1980 – V ZR 20/78 –, BGHZ 77, 194 = EzGuG 7.75; BGH, Urt. vom 23.05.1980 – V ZR 129/76 –, NJW 1980, 2243 = EzGuG 7.76; BGH, Urt. vom 04.07.1980 – V ZR 49/79 –, NJW 1980, 2519 = EzGuG 7.11; BGH, Urt. vom 27.03.1981 – V ZR 19/80 –, BGHZ 77, 188 = EzGuG 7.81; BGH, Urt. vom 27.05.1981 – V ZR 20/80 –, NJW 1981, 2567 = EzGuG 7.82; BGH, Urt. vom 03.07.1981 – V ZR 100/80 –, BGHZ 81, 135 = EzGuG 7.83; BGH, Urt. vom 30.04.1982 – V ZR 31/81 –, NJW 1982, 2383 = EzGuG 7.85; BGH, Urt. vom 17.12.1982 – V ZR 306/81 –, BGHZ 86, 167 = EzGuG 7.88; BGH, Urt. vom 15.04.1983 – V ZR 9/82 –, BGHZ 87, 198 = EzGuG 7.89; BGH, Urt. vom 23.09.1983 – V ZR 147/82 –, MDR 1984, 216 = EzGuG 7.90; BGH, Urt. vom 24.02.1984 – V ZR 222/82 –, BGHZ 90, 227 = EzGuG 7.92a; BGH, Urt. vom 29.03.1984 – III ZR 11/83 –, BGHZ 91, 20 = EzGuG 13.68; BGH, Urt. vom 30.03.1984 – V ZR 119/83 – , BGHZ 91, 32 = EzGuG 7.93; BGH, Urt. vom 03.05.1985 – V ZR 23/84 –, BGHZ 94, 257= EzGuG 7.94; BGH, Urt. vom 20.12.1985 – V ZR 96/84 –, BGHZ 96, 372 = EzGuG 7.95a; BGH, Urt. vom 21.02.1986 – V ZR 195/84 –, BGHZ 97, 171 = EzGuG 7.96; BGH, Urt. vom 17.10.1986 – V ZR 267/85 – , WM 1986, 1475 = EzGuG 7.98; OLG Celle, Urt. vom 16.06.1987 – 20 U 10/87 –; BGH, Urt. vom 26.2.1988 – V ZR 155/86 –, NJW-RR 1988, 775 = EzGuG 7.104; BGH, Urt. vom 04.05.1990 – V ZR 21/89 –, BGHZ 111, 214 = EzGuG 7.110; BGH, Urt. vom 24.04.1992 – V ZR 52/91 –, NJW 1992, 2088 = EzGuG 7.114c; BGH, Urt. vom 18.09.1992 – V ZR 116/91 –, BGHZ 119, 220 = = EzGuG 7.115; BGH, Urt. vom 03.02.1995 – V ZR 222/93 –, GuG 1996, 310 = EzGuG 7.124; BGH, Urt. vom 12.01.2001 – V ZR 372/99 –, BGHZ 146, 280 = GuG 2001, 305 = EzGuG 7.130; BGH, Urt. vom 19.01.2001 – V ZR 217/00 –, NJW 2001, 1930 = EzGuG 7.131; BGH, Urt. vom 20.12.2001 – V ZR 260/00 –, NJW 2002, 1424 = EzGuG 7.133a; BGH, Urt. vom 24.01.2002 – IX ZR 228/00 –, NJW 2002, 1421 = EzGuG 7.133b; BGH, Urt. vom 25.10.2002 – V ZR 396/01 –, NJW 2003, 354 = EzGuG 7.133c; OLG Frankfurt am Main, Urt. vom 19.2.2003 – 21 U 37/02 –, GuG 2005, 56 = EzGuG 7.134a; OLG Karlsruhe, Urt. vom 24.04.2003 – 9 U 47/02 –, GuG 2004, 47 = EzGuG 7.135; LG Berlin, Urt. vom 22.12.2005 – 13 O 216/05 –, GuG 2006, 316 = EzGuG 7.140.

4 BGH, Urt. vom 21.02.1986 – V ZR 195/84 –, BGHZ 97, 171 = EzGuG 7.96.

b) Besonderheiten für Wohngrundstücke

Bei Grundstücken, die Wohnzwecken dienen, **ist eine Anpassung des Erbbauzinses an einen Bodenpreisindex unzulässig.** Eine **Anpassung** darf gemäß § 9a ErbbauRG (abgedruckt bei § 48 ImmoWertV Rn. 27) **nicht über die allgemeinen wirtschaftlichen Verhältnisse hinausgehen**. 21

1.3.2.4 Kapitalisierungs- und Abzinsungszinssatz

▶ *Vgl. § 52 ImmoWertV Rn. 5*

Der im Rahmen der Marktwertermittlung von Erbbaurecht und Erbbaugrundstücken bei der „jeweiligen" Kapitalisierung und Abzinsung zugrunde zu legende Zinssatz wird in der Verordnung nicht näher definiert. 22

Als **geeigneter Zinssatz** muss unter dem Regime der Modell- und Referenzkonformität jeweils der Zinssatz als geeignet angesehen werden, der vom Gutachterausschuss für Grundstückswerte bei der Ableitung der Erbbaurechtsfaktoren und Erbbaugrundstücksfaktoren i.S. des § 22 ImmoWertV (Marktanpassungsfaktoren) jeweils zur Anwendung gekommen ist. 23

Wenn der Gutachterausschuss keine Marktanpassungsfaktoren veröffentlicht hat, kann insbesondere auf den Liegenschaftszinssatz und den angemessenen Erbbauzinssatz zurückgegriffen werden. In den Fällen, bei denen die Restlaufzeit des Erbbaurechts die Restnutzungsdauer des Gebäudes übersteigt, ist dies in geeigneter Weise zu berücksichtigen. Im Übrigen können für die Kapitalisierung und die Abzinsung auch unterschiedliche Zinssätze in Betracht kommen: 24

a) Im Rahmen der Abzinsung (z.B. des Bodenwerts von Erbbaugrundstücken und der bei Ablauf eines Erbbaurechts nicht zu entschädigenden Wertanteile für bauliche Anlagen) kommt – wie bei Anwendung des vereinfachten Ertragswertverfahrens – insbesondere der angemessene Liegenschaftszinssatz in Betracht, weil es sich dabei um einen Zinssatz handelt, der die künftige Entwicklung der Immobilienpreise einschließlich der Ertragsentwicklung berücksichtigt. Dies ist von ausschlaggebender Bedeutung, denn die im Rahmen der finanzmathematischen Methoden abzuzinsenden und zu kapitalisierenden Werte und Ertragsflüsse werden auf der Grundlage der allgemeinen Wertverhältnisse des Wertermittlungsstichtags ermittelt und angesetzt, obwohl sie konjunkturellen Veränderungen unterliegen (vgl. § 21 ImmoWertV Rn. 4).
b) Im Rahmen der Kapitalisierung (z.B. von Erbbauzinsen nach § 50 Abs. 4 Nr. 2 und 52 Abs. 4 Nr. 2 ImmoWertV) kommt der angemessene Erbbauzinssatz in Betracht, denn die Dynamik der Erbbauzinsen hebt sich deutlich von der Immobilienverzinsung ab.

1.4 Wertanteil der baulichen Anlage nach Ablauf des Erbbaurechts (§ 50 Abs. 2 Satz 2 ImmoWertV)

▶ *Vgl. Rn. 3 ff.; § 48 ImmoWertV Rn. 45 ff.; § 49 ImmoWertV Rn. 24, 60; § 51 ImmoWertV Rn. 13; § 52 ImmoWertV Rn. 13*

Bei Anwendung der finanzmathematischen Methode zur Ermittlung des Werts des Erbbaurechts wird mit dem auf der Grundlage der Restnutzungsdauer des Gebäudes am Wertermittlungsstichtag ermittelten **„marktangepassten vorläufigen Verkehrswert" des unbelasteten Grundstücks (Volleigentum)** ein nach Ablauf des Erbbaurechts verbleibender Wertanteil der baulichen Anlagen, ggf. unter Berücksichtigung des Risikos einer Zustandsverschlechterung, vollumfänglich erfasst werden, wenn am Wertermittlungsstichtag die Restnutzungsdauer der baulichen Anlage länger als die Restlaufzeit des Erbbaurechts ist. Der dann verbleibende Wertanteil der baulichen Anlagen geht sowohl im Fall des Heimfalls als auch bei Erlöschen des Erbbaurechts durch Zeitablauf auf den Eigentümer des Erbbaugrundstücks über, soweit er nicht ganz oder teilweise dem Erbbauberechtigten zu entschädigen ist. 25

Zu dem dabei anzusetzenden Zinssatz vgl. vorstehende Erläuterungen zu § 52 ImmoWertV Rn. 5 ff.

26 Aus diesem Grunde bestimmt § 50 Abs. 2 Satz 2 ImmoWertV das der bei Ablauf des Erbbaurechts verbleibende Wertanteil baulicher Anlagen von dem nach § 50 Abs. 2 Satz 1 ermittelten finanzmathematischen Wert des Erbbaurechts in abgezinster Höhe abzuziehen ist. Zu dem dabei anzusetzenden Zinssatz vgl. vorstehende Erläuterungen zu § 52 ImmoWertV Rn. 5 ff.

1.5 Beispielsrechnung des Anhangs G zur ImmoWertVA zum Wert des Erbbaurechts auf Grundlage des finanzmathematischen Werts

Modellbeschreibung für Erbbaurechtskoeffizienten		
Erbbaurechtskoeffizient z.B. aus der im Grundstücksmarktbericht des Oberen Gutachterausschusses veröffentlichten Regressionsgleichung		0,7
Sämtliche Parameter verstehen sich als beispielhafte Darstellung und sind nicht allgemeingültig.		
Beschreibung des Modells für den Erbbaurechtsfaktor		**Objektbeschreibung**
Zeitlicher Bezug:	Stichtag des Erbbaurechtsfaktors: XX.XX.XXXX	Wertermittlungsstichtag: 14.01.2023
Sachlicher Anwendungsbereich:	Erbbaurechte für Reihenmittelhäuser; Begründungsjahre der Erbbaurechte: 1950 bis 1980	Fall (1): Reihenmittelhaus; Begründungsjahr des Erbbaurechts: 1979 Fall (2): Reihenmittelhaus; Begründungsjahr des Erbbaurechts: 1951
Räumlicher Anwendungsbereich	Bundesland X	–
Datengrundlage:	Zentrale Kaufpreissammlung des Oberen Gutachterausschusses X	–
Auswertungszeitraum:	2019 bis 2022	
Größe der Stichprobe:	315 Fälle 63 Fälle Restlaufzeit Erbbaurecht > Restnutzungsdauer der baulichen Anlagen; 252 Fälle Restlaufzeit Erbbaurecht < Restnutzungsdauer der baulichen Anlagen; Spanne der Erbbaurechtsfaktoren: 0,5– 0,9	–
Beschreibende (statistische) Kenngrößen:	Grundstücksgröße: Ø 200 m² Wohnfläche: Ø 130 m² Restlaufzeit des Erbbaurechts: Ø 50 Jahre	Grundstücksgröße: 207 m² Wohnfläche: 115 m² Restlaufzeit des Erbbaurechts: Fall (1): 55 Jahre Fall (2): 27 Jahre
	Restnutzungsdauer der baulichen Anlagen: Ø 40 Jahre	Restnutzungsdauer der baulichen Anlagen: 36 Jahre
	angemessener Erbbauzinssatz: 2,5 % erzielbarer Erbbauzinssatz: Ø 1,7 %	angemessener Erbbauzinssatz: 2,5 % erzielbarer Erbbauzins: 1.850 €

Modellbeschreibung für Erbbaurechtskoeffizienten		
Erbbaurechtskoeffizient z.B. aus der im Grundstücksmarktbericht des Oberen Gutachterausschusses veröffentlichten Regressionsgleichung		0,7
Sämtliche Parameter verstehen sich als beispielhafte Darstellung und sind nicht allgemeingültig.		
Beschreibung des Modells für den Erbbaurechtsfaktor		**Objektbeschreibung**
	wesentliche vertragliche Vereinbarungen: – Anpassung des Erbbauzinses mittels Verbraucherpreisindex; – Gebäudeentschädigung bei Ablauf: 2/3	wesentliche vertragliche Vereinbarungen: – Anpassung des Erbbauzinses mittels Verbraucherpreisindex; – Letzte Anpassung des Erbbauzinses: 31.12.2022; – Gebäudeentschädigung bei Ablauf des Erbbaurechts: 75 %;
	Bodenrichtwert: Ø 480 €/m²	Bodenrichtwert: 470 €/m²
Zinssatz für die Kapitalisierung und Abzinsung:	1,5 %	
Ermittlungsmethodik:	Regressionsanalyse	
Ergebnis (Darstellung je nach Methodik gemäß Anhang A.II.2 zur ImmoWertVA):	Regressionsanalyse	

Die Höhe der nachfolgenden Ansätze gilt nur für die jeweilige Beispielrechnung. Die entsprechenden Ansätze sind für den konkreten Wertermittlungsfall zu ermitteln und zu begründen. 27

Wert des fiktiven Volleigentums	300 000 EUR
Wertanteil der baulichen Anlagen (d.h. ohne Bodenwertanteil) bei Ablauf des Erbbaurechts	80 000 EUR
objektspezifisch angepasster Erbbaurechtskoeffizient (§ 49 ImmoWertV)	Fall (1): 0,70 Fall (2): 0,68
Berücksichtigung der allgemeinen Wertverhältnisse im Hinblick auf das Erbbaurecht (§ 47 Abs. 4 Satz 2 ImmoWertV)	1,0
keine weiteren besonderen objektspezifischen Grundstücksmerkmale	

Beispielrechnung: Fall (1) – Restlaufzeit des Erbbaurechts 55 Jahre

Wert des fiktiven Volleigentums (§ 49 Abs. 1 Satz 2)					**330.000 €**
	Grundstücksgröße		207 m²		
	Bodenrichtwert	×	470 €/m²		
Bodenwert des fiktiv unbelasteten Grundstücks				–	**97.290 €**
	angemessener Erbbauzins: 97.290 € x 2,5 % =		2.432 €		
	Erzielbarer Erbbauzins	–	1.850 €		
	Differenz:	=	**582 €**		
	Kapitalisierungsfaktor bei Zinssatz: 1,5 %; RLZ: 55 Jahre	×	37,2715		
Kapitalisierte Differenz aus angemessenem und erzielbaren Erbbauzins				+	**21.692 €**
nicht zu entschädigender Wertanteil der baulichen Anlagen				–	0 €
	RLZ = 55 Jahre > RND = 36 Jahre				
Finanzmathematischer Wert des Erbbaurechts				=	**254.402 €**
Objektspezifisch angepasster Erbbaurechtsfaktor (§ 49 Abs. 2 Satz 1 Nr. 2)				×	0,70
Vorläufiger Vergleichswert des Erbbaurechts				=	**178.081 €**
(ggf.) Berücksichtigung der allgemeinen Wertverhältnisse im Hinblick auf das Erbbaurecht (§ 47 Abs. 4 Satz 2 vgl. auch Nr. 49.2)				+/–	0 €
Marktangepasster vorläufiger Vergleichswert des Erbbaurechts				=	**178.081 €**
ggf. weitere besondere objektspezifische Grundstücksmerkmale				+/–	0 €
Vergleichswert des Erbbaurechts				=	**178.081 €**
Verkehrswert des Erbbaurechts					**178.000 €**

Beispielrechnung: Fall (2) – Restlaufzeit des Erbbaurechts 27 Jahre

Wert des fiktiven Volleigentums (§ 49 Abs. 1 Satz 2)				**330.000 €**
Grundstücksgröße		207 m²		
Bodenrichtwert	×	470 €/m²		
Bodenwert des fiktiv unbelasteten Grundstücks			–	**97.290 €**
angemessener Erbbauzins: 97.290 € x 2,5 % =		2.432 €		
Erzielbarer Erbbauzins	–	1.850 €		
Differenz:	=	**582 €**		
Kapitalisierungsfaktor bei Zinssatz: 1,5 %; RLZ: 27 Jahre	×	22,0676		
Kapitalisierte Differenz aus angemessenem und erzielbaren Erbbauzins			+	**12.843 €**
Wertanteil der baulichen Anlagen**, (d.h. ohne Bodenwertanteil) bei Ablauf des Erbbaurechts		80.000 €		
Abzinsungsfaktor bei Zinssatz: 1,5 %: RLZ: 27 Jahre	×	0,6690		
Wertanteil der baulichen Anlagen (abgezinst auf den Wertermittlungsstichtag)	=	53.520 €		
Nicht zu entschädigender Wertanteil der baulichen Anlagen 25 %	×	0,25		
nicht zu entschädigender Wertanteil der baulichen Anlagen			–	**13.380 €**
RLZ = 27 Jahre < RND = 36 Jahre				
Finanzmathematischer Wert des Erbbaurechts			=	**232.173 €**
Objektspezifisch angepasster Erbbaurechtsfaktor (§ 49 Abs. 2 Satz 1 Nr. 2)			×	0,68
Vorläufiger Vergleichswert des Erbbaurechts			=	**157.878 €**
(ggf.) Berücksichtigung der allgemeinen Wertverhältnisse im Hinblick auf das Erbbaurecht (§ 47 Abs. 4 Satz 2, vgl. auch Nr. 49.2)			+/–	0 €
Marktangepasster vorläufiger Vergleichswert des Erbbaurechts			=	**157.878 €**
ggf. weitere besondere objektspezifische Grundstücksmerkmale			+/–	0 €
Vergleichswert des Erbbaurechts			=	**157.878 €**
Verkehrswert des Erbbaurechts				**158.000 €**
** Das Verfahren zur Ermittlung des Wertanteils der baulichen Anlagen ist entsprechend § 6 Absatz 1 zu wählen.				

§ 51 ImmoWertV
Vergleichswertverfahren für das Erbbaugrundstück

(1) Im Vergleichswertverfahren kann der Wert des Erbbaugrundstücks insbesondere ermittelt werden.

1. aus Vergleichspreisen für veräußerte Erbbaugrundstücke,

2. ausgehend von dem nach § 52 zu ermittelnden finanzmathematischen Wert des Erbbaugrundstücks oder

3. ausgehend vom Bodenwert des fiktiv unbelasteten Grundstücks.

(2) Der vorläufige Vergleichswert des Erbbaugrundstücks kann insbesondere ermittelt werden

1. auf Grundlage einer statistischen Auswertung einer ausreichenden Anzahl von Vergleichspreisen für Erbbaugrundstücke,

2. durch Multiplikation des finanzmathematischen Werts des Erbbaugrundstücks mit einem objektspezifisch angepassten Erbbaugrundstücksfaktor oder

3. durch Multiplikation des Bodenwerts des fiktiv unbelasteten Grundstücks mit einem objektspezifisch angepassten Erbbaugrundstückskoeffizienten.

Für die Ermittlung des objektspezifisch angepassten Erbbaugrundstücksfaktors und des objektspezifisch angepassten Erbbaugrundstückskoeffizienten gilt § 49 Absatz 2 Satz 2 entsprechend.

(3) Der marktangepasste vorläufige Vergleichswert des Erbbaugrundstücks entspricht nach Maßgabe des § 7 dem vorläufigen Vergleichswert des Erbbaugrundstücks.

(4) Der Vergleichswert des Erbbaugrundstücks ergibt sich aus dem marktangepassten vorläufigen Vergleichswert des Erbbaugrundstücks und der Berücksichtigung vorhandener besonderer objektspezifischer Grundstücksmerkmale des Wertermittlungsobjekts.

Gliederungsübersicht *Rn.*

1 Marktwert des Erbbaugrundstücks (Vergleichswertverfahren)

§ 51 ImmoWertV regelt in vier Absätzen die **Marktwertermittlung** eines mit einem Erbbaurecht belasteten Grundstücks (Erbbaugrundstück) im Wege des Vergleichswertverfahrens. Der Verkehrswert (Marktwert) des Erbbaugrundstücks ist insbesondere abhängig von 1

- dem Bodenwert eines (fiktiv) unbelasteten Grundstücks,
- dem marktüblich erzielbaren Erbbauzins,

- der Restlaufzeit des Erbbaurechts,
- den Möglichkeiten der Anpassung des Erbbauzinses (Wertsicherungsklausel),
- den gesetzlichen und vereinbarten Bestimmungen zum vorzeitigen Ablauf des Erbbaurechts (Heimfallklausel),
- Wertsicherungsklauseln (z.B. Verbraucherpreisindex),
- Vereinbarungen zum Ablauf des Erbbaurechts (Heimfallklauseln, Entschädigungen etc.),
- sonstigen vertraglichen Vereinbarungen

2 Grundsätzlich können wie bei der Ermittlung von Erbbaurechten zwei Varianten des Vergleichswertverfahrens zur Anwendung kommen:

1. Bei dem **direkten (unmittelbaren) Vergleichswertverfahren** wird der Verkehrswert des Erbbaurechtgrundstücks auf der Grundlage einer hinreichenden Anzahl geeigneter Vergleichspreise von Erbbaugrundstücken abgeleitet, wobei Vergleichspreise solcher Grundstücke geeignet sind, die insbesondere nach den Grundstücksmerkmalen und der Ausgestaltung des Erbbaurechts mit dem Bewertungsobjekt hinreichend vergleichbar sind. Die nach den allgemeinen Grundsätzen des Vergleichswertverfahrens aggregierten Vergleichspreise (z.B. Mittelwert) ergeben den vorläufigen Vergleichswert des Erbbaugrundstücks.
2. Bei dem **indirekten (mittelbaren) Vergleichswertverfahren** wird der vorläufige Vergleichswert des Erbbaugrundstücks alternativ ermittelt
   a) aus dem Produkt des Bodenwerts des fiktiv unbelasteten, unbebauten Grundstücks und dem objektspezifisch angepassten Erbbaugrundstückskoeffizienten i.S. des § 19 Abs. 3 ImmoWertV oder
   b) aus dem Produkt des nach § 51 ImmoWertV ermittelten finanzmathematischen Werts des Erbbaugrundstücks und dem objektspezifisch angepassten Erbbaugrundstücksfaktor i.S. des § 22 ImmoWertV.

3 Die jeweiligen vorläufigen Vergleichswerte des Erbbaugrundstücks sind der **Lage auf dem Grundstücksmarkt** anzupassen, soweit die Lage auf dem Grundstücksmarkt noch nicht hinreichend erfasst wird (vgl. Rn. 6, 11). Der gewöhnliche Geschäftsverkehr kann dadurch geprägt sein, dass regelmäßig die Erbbauberechtigten als Käufer von Erbbaugrundstücken auftreten.

4 Der **Vergleichswert des Erbbaugrundstücks** ergibt sich unter ergänzender Berücksichtigung besonderer objektspezifischer Grundstücksmerkmale (boG).

Abb. 1: Vergleichswertverfahren für das Erbbaugrundstück

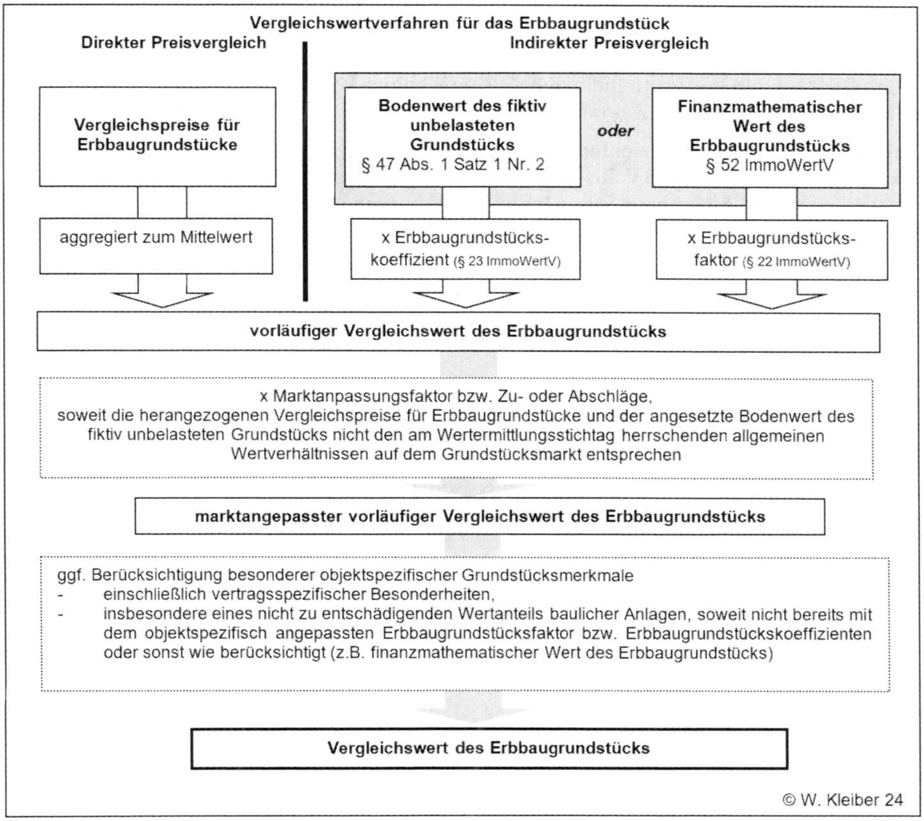

2 Ausgangswert des indirekten Preisvergleichs

2.1 Bodenwert des fiktiv unbelasteten Grundstücks

Der Vergleichswert des Erbbaugrundstücks wird bei Anwendung des direkten Preisvergleichs auf der Grundlage einer hinreichenden Anzahl geeigneter Vergleichspreise von Erbbaugrundstücken abgeleitet, wobei Vergleichspreise solcher Erbbaugrundstücke geeignet sind, die insbesondere nach den Grundstücksmerkmalen und der Ausgestaltung des Erbbaurechts mit dem Bewertungsobjekt hinreichend vergleichbar sind. Die nach den allgemeinen Grundsätzen des Vergleichswertverfahrens aggregierten Vergleichspreise (z.B. Mittelwert) ergeben den *vorläufigen* Vergleichswert des Erbbaurechts. 5

2.2 Bodenwert des fiktiv unbelasteten Grundstücks

Bei Anwendung des indirekten Preisvergleichs ist vom Bodenwert des **fiktiv unbelasteten Grundstücks** unter Ausschluss besonderer objektspezifischer Grundstücksmerkmale (als Ausgangswert) auszugehen. Mit dem Ansatz des fiktiv unbelasteten Bodenwerts werden die 6

allgemeinen Wertverhältnisse des Grundstücksmarkts regelmäßig berücksichtigt. Eine Marktanpassung ist insoweit nicht erforderlich.
Dieser Ausgangswert wird nachfolgend unter Anwendung des geeigneten objektspezifisch angepassten Erbbaugrundstückskoeffizienten i.S. des § 19 Abs. 3 ImmoWertV zum „vorläufiger Vergleichswert des Erbbaugrundstücks" transformiert. Dabei sind etwaige Abweichungen der allgemeinen Wertverhältnisse und Abweichungen der Grundstücksmerkmale des Wertermittlungsobjekts durch geeignete Indexreihen, Umrechnungskoeffizienten oder in anderer Weise (z.B. mittels marktüblicher Zu- oder Abschläge) zu berücksichtigen.

7 **Erbbaugrundstückskoeffizienten**werden vom Gutachterausschuss für Grundstückswerte nach § 23 Abs. 2 ImmoWertV aus geeigneten Kaufpreisen für Erbbaugrundstücke abgeleitet. Sie werden gemäß § 19 Abs. 3 Satz 3 ImmoWertV bezogen auf ein Referenzgrundstück abgeleitet, das keine besonderen objektspezifischen Grundstücksmerkmale (boG) aufweist. Dabei ist zu fordern, dass

- die sich aus den zur Ableitung des Erbbaugrundstückskoeffizienten herangezogenen Grundstücken ergebenden wertbestimmenden Grundstücksmerkmale einschließlich
- der maßgeblichen Angaben zur (vertrags-)spezifischen Ausgestaltung des Erbbaurechts

als Referenzgrößen bekannt gemacht werden. Diese sind erforderlich, um etwaige Abweichungen des Wertermittlungsobjekts berücksichtigen zu können.

Die Erbbaugrundstücksfaktoren bzw. die Erbbaugrundstückskoeffizienten sind an die Gegebenheiten des konkreten Einzelfalls anzupassen (**objektspezifisch angepasster Erbbaugrundstücksfaktor bzw. objektspezifisch angepasster Erbbaugrundstückskoeffizient**), soweit im Einzelfall über die allgemein einem Erbbaurecht beizumessenden Werteinflüsse hinausgehende Gegebenheiten zu berücksichtigen sind.

8 Die **Berücksichtigung der besonderen objektspezifischen Grundstücksmerkmale** (boG) einschließlich vertragsspezifischer Besonderheiten, die mit dem marktangepassten vorläufigen Vergleichswert des Erbbaugrundstücks noch nicht hinreichend berücksichtigt sind, bleibt dem abschließenden Verfahrensschritt nach § 51 Abs. 4 ImmoWertV vorbehalten.

2.3 Finanzmathematischer Wert des Erbbaugrundstücks

9 Wird alternativ bei Anwendung des indirekten Preisvergleichs vom finanzmathematischen Wert des Erbbaugrundstücks ausgegangen, ist dieser mit einem objektspezifisch angepassten Erbbaugrundstücksfaktor zu multiplizieren, wobei im Rahmen der Wertermittlung vorrangig die nach § 22 ermittelten Erbbaugrundstücksfaktoren modellkonform anzusetzen sind.

10 Soweit im Einzelfall über die allgemein einem Erbbaurecht beizumessenden Werteinflüsse hinausgehende Gegebenheiten vorhanden sind, z.B. **besondere vertragliche Vereinbarungen** zur Zahlung der Erbbauzinsen sowie zur Berücksichtigung einer fehlenden Wertsicherungsklausel, können diese, wie ausgeführt, mit dem objektspezifisch angepassten Erbbaugrundstücksfaktor berücksichtigt werden.

3 Marktanpassung

11 Eine Marktanpassung ist nach vorstehenden Ausführungen nur erforderlich, soweit die herangezogenen Vergleichspreise für Erbbaugrundstücke und der angesetzte Bodenwert des fiktiv unbelasteten Grundstücks nicht hinreichend den am Wertermittlungsstichtag herrschenden allgemeinen Wertverhältnisse auf dem Grundstücksmarkt entsprechen.

4 Ergänzende Berücksichtigung besonderer objektspezifischer Grundstücksmerkmale (boG)

Schrifttum: *Münchehofen, M./Springer, U.*, Bewerten von sonstigen vertraglichen Vereinbarungen bei Erbbaurechten zur gewerblichen Nutzung, GuG 2006, 201; *Schnabel, C.*, Die Bewertung des Erbbaurechts für Zwecke der Zwangsversteigerung, GuG 2004, 140; *Weiland, H.-O.*, Zur Beleihung von Erbbaurechten im Realkredit, GuG 1993, 263; *Bentrup, H.*, Vorschlag für eine einfache und universelle Methodik der Bewertung von Erbbaurechten, GuG 2010, 129; *Stumpe, B./Tillmann, H.-G.*, Versteigerung und Wertermittlung, 2. Aufl. 2014, S. 207.

4.1 Allgemeines

Besondere objektspezifische Grundstücksmerkmale (boG) sind bei konsequenter Beachtung des Grundsatzes der Modellkonformität mithin auch solche Grundstücksmerkmale, die 12

a) von den Grundstücksmerkmalen der bei Anwendung des *direkten Vergleichswertverfahrens* zugrunde gelegten Vergleichsgrundstücke bzw. des bei Anwendung des *indirekten Vergleichswertverfahrens* als Ausgangswert angesetzten Bodenwerts abweichen und unberücksichtigt geblieben sind,

b) von den Referenzgrundstücken abweichen und mit dem objektspezifisch angepassten Erbbaugrundstückskoeffizienten, Erbbaugrundstücksfaktoren usw. unberücksichtigt geblieben sind, sowie

c) besondere vertragsspezifische Besonderheiten des Erbbaurechtsvertrags (vgl. § 49 ImmoWertV Rn. 24) und sonstige unberücksichtigt gebliebene wertbeeinflussende Umstände i.S. des § 48 Satz 1 ImmoWertV aufweisen.

Die besonderen objektspezifischen Grundstücksmerkmale (boG) werden nach allgemeinen Grundsätzen ergänzend mit dem Betrag berücksichtigt, um den sich der Marktwert infolge ihres Werteinflusses erhöht bzw. vermindert.

4.2 Wertanteil der baulichen Anlagen

▶ *Vgl. § 48 ImmoWertV Rn 45; § 49 ImmoWertV Rn. 20; § 50 ImmoWertV Rn. 25; § 52 ImmoWertV Rn. 13*

Nach **§ 27 Abs. 1 Satz 1 ErbbauRG** ist dem Erbbauberechtigten grundsätzlich eine „Entschädigung" für ein nach zeitlichem Ablauf des Erbbaurechts verbleibendes werthaltiges Bauwerk (vgl. § 48 ImmoWertV Rn. 9, 45) zu leisten. Eine mit Ablauf des Erbbaurechts anfallende Entschädigung für ein werthaltiges Bauwerk muss bei Anwendung des direkten Vergleichswertverfahrens auf der Grundlage einer ausreichenden Anzahl geeigneter Vergleichspreise für Erbbaugrundstücke unberücksichtigt bleiben. Denn mit Ablauf des Erbbaurechts geht das verbleibende werthaltige Bauwerk kompensativ zur Entschädigung in das Eigentum des Erbbaurechtsausgebers über. 13

Das Gleiche gilt bei Anwendung des indirekten Vergleichswertverfahrens auf der Grundlage des Bodenwerts des fiktiv unbelasteten Grundstücks. 14

Als Inhalt des Erbbaurechts können jedoch nach § 27 Abs. 1 Satz 2 ErbbauRG vorbehaltlich der Regelung des § 27 Abs. 2 ErbbauG für Erbbaurechte, die zur Befriedigung der **Wohnbedürfnisse minderbemittelter Bevölkerungskreise** bestellt wurden, Vereinbarungen insbesondere über die Höhe der Entschädigung und ihre Ausschließung getroffen werden. In diesem Fall mindert sich insoweit die bei Ablauf des Erbbaurechts anfallende Entschädigung für ein werthaltiges Bauwerk und erhöht damit den Wert des Erbbaugrundstücks. 15

Im Unterschied zu der in § 52 ImmoWertV geregelten finanzmathematischen Methode der Marktwertermittlung von Erbbaugrundstücken bleiben aufstehende Bauwerke (Gebäude), soweit sie ganz oder teilweise nach Ablauf des Erbbaurechts vom Eigentümer nicht zu entschädigen sind, in § 51 ImmoWertV unerwähnt. Nach der hier vertretenen Auffassung ist aus Gründen der Modell- und Referenzkonformität der bei Zeitablauf vom Erbbaurechtsgeber 16 nicht zu entschädigende Wertanteil der baulichen Anlagen generell gesondert zu ermitteln und in der über die Restlaufzeit des Erbbaurechts abgezinsten Höhe ggf. unter Berücksichtigung des Risikos einer Zustandsverschlechterung im Rahmen der Ermittlung des Vergleichswerts des Erbbaugrundstücks als besonderes objektspezifisches Grundstücksmerkmal (boG) in marktkonformer Höhe zuzuschlagen, d.h. nur insoweit, wie sich der Marktwert des Erbbaugrundstücks dadurch erhöht. Der Wertanteil für ein nach zeitlichem Ablauf des Erbbaurechts verbleibendes werthaltiges Bauwerk geht bei langer Restlaufzeit gegen null und bleibt dann unberücksichtigt.

5 Beispielsrechnung des Anhangs G zur ImmoWertVA zum Wert des Erbbaugrundstücks auf Grundlage des fiktiv unbelasteten Grundstücks

Modellbeschreibung für Erbbaugrundstückskoeffizienten		
Erbbaugrundstückskoeffizient z.B. veröffentlichter Mittelwert aus dem Grundstücksmarktbericht des zuständigen Gutachterausschusses		0,55
Sämtliche Parameter verstehen sich als beispielhafte Darstellung und sind nicht allgemeingültig.		
Beschreibung des Modells für den Erbbaurechtsfaktor		**Objektbeschreibung**
Zeitlicher Bezug:	Stichtag des Erbbaugrundstückskoeffizienten: XX.XX.XXXX	Wertermittlungsstichtag: 17.01.2023
Sachlicher Anwendungsbereich:	Erbbaugrundstücke für freistehende Einfamilienhäuser und Doppelhaushälften; Begründungsjahre der Erbbaurechte: 1945 bis 1965 Bodenrichtwertbereich: 50 €/m² bis 500 €/m²	Fall (7): Erbbaugrundstück bebaut (Doppelhaushälfte); Begründungsjahr des Erbbaurechts: 1962 Fall (8): Erbbaugrundstück bebaut (Doppelhaushälfte); Begründungsjahr des Erbbaurechts: 1962
Räumlicher Anwendungsbereich	Bundesland X	-
Datengrundlage:	Kaufpreissammlung des Oberen Gutachterausschusses X	-
Auswertungszeitraum:	2018 bis 2022	
Größe der Stichprobe:	53 Fälle alle Fälle mit Restlaufzeit des Erbbaurechts ≥ Restnutzungsdauer der baulichen Anlagen; Spanne der Erbbaurechtsfaktoren: 0,3– 0,6	-

Modellbeschreibung für Erbbaugrundstückskoeffizienten		
Erbbaugrundstückskoeffizient z.B. veröffentlichter Mittelwert aus dem Grundstücksmarktbericht des zuständigen Gutachterausschusses		0,55
Sämtliche Parameter verstehen sich als beispielhafte Darstellung und sind nicht allgemeingültig.		
Beschreibung des Modells für den Erbbaurechtsfaktor		**Objektbeschreibung**
Beschreibende (statistische) Kenngrößen:	Grundstücksgröße: Ø 800 m² Wohnfläche: Ø 150 m²	Grundstücksgröße: 750 m² Wohnfläche: 132 m²
	Restlaufzeit des Erbbaurechts: Ø 30 Jahre Restnutzungsdauer der baulichen Anlagen unter Berücksichtigung von Modernisierungen: Ø 25 Jahre	Restlaufzeit des Erbbaurechts: 38 Jahre Restnutzungsdauer der baulichen Anlagen: Fall (7) 27 Jahre Fall (8) 56 Jahre
	angemessener Erbbauzinssatz: 3,0 % erzielbarer Erbbauzinssatz: Ø 0,3 %	angemessener Erbbauzinssatz: 3,5 % erzielbarer Erbbauzins: 360 €
	wesentliche vertragliche Vereinbarungen: - Anpassung des Erbbauzinses mittels Verbraucherpreisindex; - Gebäudeentschädigung bei Ablauf: 2/3	wesentliche vertragliche Vereinbarungen: - Anpassung des Erbbauzinses mittels Verbraucherpreisindex; - Letzte Anpassung des Erbbauzinses: 31.12.2022; - Gebäudeentschädigung bei Ablauf des Erbbaurechts: 2/3 %;
	Bodenrichtwert: Ø 150 €/m²;	Bodenrichtwert: 170 €/m²
Zinssatz für die Kapitalisierung und Abzinsung:	1,5 %	
Ermittlungsmethodik:	Regressionsanalyse	-
Ergebnis (Darstellung je nach Methodik gemäß Anhang A.II.2 zur ImmoWertVA):	Funktion xyz	-

Die Höhe der nachfolgenden Ansätze gilt nur für die jeweilige Beispielrechnung. Die entsprechenden Ansätze sind für den konkreten Wertermittlungsfall zu ermitteln und zu begründen. 17

Wertanteil der baulichen Anlagen (d.h. ohne Bodenwertanteil) bei Ablauf des Erbbaurechts	67 000 EUR
objektspezifisch angepasster Erbbaugrundstückskoeffizient (§ 51 ImmoWertV)	Fall (7): 0,52 Fall (8): 0,52
Berücksichtigung der allgemeinen Wertverhältnisse im Hinblick auf das Erbbaurecht (§ 47 Abs. 4 Satz 2 ImmoWertV)	1,0
keine weiteren besonderen objektspezifischen Grundstücksmerkmale	

Beispielrechnung: Fall (7) – Restnutzungsdauer der baulichen Anlagen 27 Jahre

Grundstücksgröße		750 m²		
Bodenrichtwert	×	170 €/m²		
Bodenwert des fiktiv unbelasteten Grundstücks			=	**127.500 €**
Objektspezifisch angepasster Erbbaugrundstückskoeffizient (§ 51 Abs. 2 Satz 1 Nr. 3)			×	0,52
Vorläufiger Vergleichswert des Erbbaugrundstücks			=	**66.300 €**
(ggf.) Berücksichtigung der allgemeinen Wertverhältnisse im Hinblick auf das Erbbaurecht für das belastete Grundstück (§ 47 Abs. 1 Satz 2 vgl. auch Nr. 51.2)			+/–	0 €
Marktangepasster vorläufiger Vergleichswert des Erbbaugrundstücks			=	**66.300 €**
ggf. weitere besondere objektspezifische Grundstücksmerkmale			+/–	0 €
Vergleichswert des Erbbaugrundstücks			=	**66.300 €**
Verkehrswert des Erbbaugrundstücks				**66.000 €**

Beispielrechnung: Fall (8) – Restnutzungsdauer der baulichen Anlagen 56 Jahre

Grundstücksgröße		750 m²		
Bodenrichtwert	×	170 €/m²		
Bodenwert des fiktiv unbelasteten Grundstücks			–	**127.500 €**
objektspezifisch angepasster Erbbaugrundstückskoeffizient*** (§ 51 Abs. 2 Satz 1 Nr. 3)			×	0,52
Vorläufiger Vergleichswert des Erbbaugrundstücks			=	**66.300 €**
(ggf.) Berücksichtigung der allgemeinen Wertverhältnisse im Hinblick auf das Erbbaurecht für das belastete Grundstück (§ 47 Abs. 1 Satz 2 vgl. auch Nr. 51.2)			+/–	0 €
Marktangepasster vorläufiger Vergleichswert des Erbbaugrundstücks			=	**66.300 €**
Wertanteil der baulichen Anlagen, (d.h. ohne Bodenwertanteil) bei Ablauf des Erbbaurechts**		**67.000 €**		
Abzinsungsfaktor bei Zinssatz: 1,5 %: RLZ: 38 Jahre	×	0,5679		
Wertanteil der baulichen Anlagen (abgezinst auf den Wertermittlungsstichtag)	=	38.049 €		
Nicht zu entschädigender Wertanteil der baulichen Anlagen 25 %	×	0,25		
besonderes objektspezifisches Grundstücksmerkmal			+	**9.512 €**
hier: nicht zu entschädigender Wertanteil der baulichen Anlagen (dieses Merkmal ist im Erbbaugrundstückskoeffizient nicht enthalten***) RLZ = 38 Jahre < RND = 56 Jahre				
ggf. weitere besondere objektspezifische Grundstücksmerkmale			+/–	0 €
Vergleichswert des Erbbaugrundstücks			=	**75.812 €**
Verkehrswert des Erbbaugrundstücks				**76.000 €**

** Das Verfahren zur Ermittlung des Wertanteils der baulichen Anlagen ist entsprechend § 6 Absatz 1 zu wählen.
*** In dem Modell, welches in diesem Beispiel der Ermittlung des Erbbaurechtskoeffizienten zugrunde liegt, werden nur Vergleichsfälle berücksichtigt, bei denen die Restlaufzeit des Erbbaurechts größer als die Restnutzungsdauer der baulichen Anlagen war. Daher ist der nicht zu entschädigende Wertanteil der baulichen Anlagen durch Anpassung des Erbbaurechtskoeffizienten zum objektspezifisch angepassten Erbbaurechtskoeffizienten zwar denkbar, allerdings erscheint die Berücksichtigung dieser Modellabweichung hier als besonderes objektspezifisches Grundstücksmerkmal praktikabler.

§ 52 ImmoWertV
Finanzmathematischer Wert des Erbbaugrundstücks

(1) Ausgangsgröße für die Ermittlung des finanzmathematischen Werts des Erbbaugrundstücks ist der Bodenwert des fiktiv unbelasteten Grundstücks.

(2) Der finanzmathematische Wert des Erbbaugrundstücks wird ermittelt durch Bildung der Summe aus

1. dem über die Restlaufzeit des Erbbaurechts abgezinsten Bodenwert des fiktiv unbelasteten Grundstücks und

2. dem über die Restlaufzeit des Erbbaurechts kapitalisierten erzielbaren Erbbauzins im Sinne des § 50 Absatz 4.

Bei einer über die Restlaufzeit hinausgehenden Restnutzungsdauer der baulichen Anlagen ist ergänzend zu Satz 1 der bei Zeitablauf nicht zu entschädigende Wertanteil der baulichen und sonstigen Anlagen abzuzinsen und hinzuzuaddieren.

Gliederungsübersicht *Rn.*

1 Marktwert des Erbbaugrundstücks (Finanzmathematische Methode)

1.1 Verfahrensübersicht

§ 52 ImmoWertV regelt in zwei Absätzen die Ermittlung des finanzmathematischen Werts des Erbbaugrundstücks, der als Ausgangswert zur Ermittlung des Marktwerts von Erbbaugrundstücken im Wege des indirekten Vergleichswertverfahrens herangezogen werden kann. Der Verfahrensablauf entspricht dem der zwischenzeitlich aufgehobenen Wertermittlungsrichtlinie. 1

Der finanzmathematische Wert des Erbbaugrundstücks setzt sichnach § 52 Abs. 2 ImmoWertV zusammen aus 2

- dem über die Restlaufzeit des Erbbaurechts auf den Wertermittlungsstichtag abgezinsten **Bodenwert** des fiktiv unbelasteten Grundstücks, das dem Eigentümer (Erbbaurechtsausgeber) nach Ablauf des Grundstücks wieder zufällt, und
- dem über die Restlaufzeit des Erbbaurechts kapitalisierten erzielbaren Erbbauzins in [EUR/Jahr] i.S. des § 50 Abs. 4 ImmoWertV.

Abb. 1: Finanzmathematischer Wert des Erbbaugrundstücks

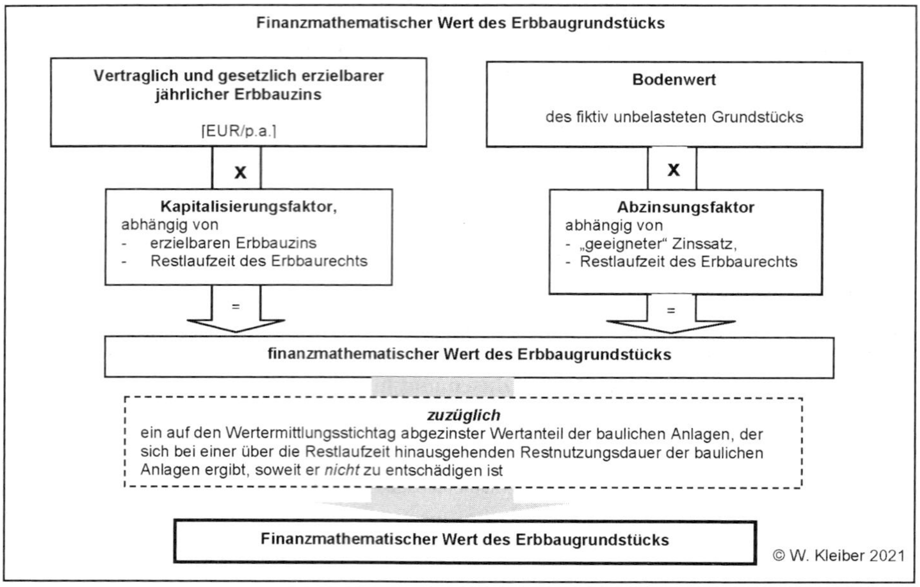

1.2 Erzielbarer Erbbauzins und Abzinsungszinssatz (§ 52 Abs. 3 ImmoWertV)

▶ *Vgl. § 50 ImmoWertV Rn. 22*

3 Der im Rahmen der Marktwertermittlung von Erbbaugrundstücken im konkreten Fall zu kapitalisierende *erzielbare Erbbauzins* ist der Betrag, der sich aus dem im Erbbaurechtsvertrag vereinbarten Erbbauzins unter Berücksichtigung vertraglich vereinbarter oder gesetzlich zulässiger Anpassungsmöglichkeiten ergibt.

4 Der im Rahmen der Marktwertermittlung von Erbbaugrundstücken der Abzinsung des Bodenwerts zugrunde zu legende Zinssatz ist unter dem Regime der Modell- und Referenzkonformität grundsätzlich der Zinssatz, der vom Gutachterausschuss für Grundstückswerte bei der Ableitung der Erbbaugrundstücksfaktoren i.S. des § 22 ImmoWertV (Marktanpassungsfaktor) zugrunde gelegt wurde.

5 Wenn der Gutachterausschuss keine Erbbaugrundstücksfaktoren veröffentlicht hat, kann insbesondere für die Abzinsung nach § 52 Abs. 2 Nr. 1 auf den Liegenschaftszinssatz und für die Kapitalisierung nach § 52 Abs. 2 Nr. 2 auf den angemessenen Erbbauzinssatz zurückgegriffen werden (vgl. § 50 ImmoWertV Rn. 13).

1.3 Beispiel

Sachverhalt: 6
Einfamilienhaus ohne besondere objektspezifische Grundstücksmerkmale
Ein nicht zu entschädigender Wertanteil an den baulichen und sonstigen Anlagen
Ausgangsdaten:

Bodenwert des unbelasteten Grundstücks	150 000 €	
Restlaufzeit des Erbbaurechts	38 Jahre	
Kapitalisierungs- bzw. Liegenschaftssatz bei 38 Jahren RND	2,8 %	= 0,028
Vertraglich und gesetzlich erzielbarer Erbbauzins	748,95 €	

Ermittlung des finanzmathematischen Werts des Erbbaugrundstücks

Bodenwert	150 000 €				
Abzinsungsfaktor bei 2,8 % und 38 Jahren	x	0,3502	=		52 530 €
Vertraglich und gesetzlich erzielbarer Erbbauzins	748,95 €				
x Kapitalisierungszinsfaktor bei 38 Jahren und 28 Jahren RND	x	23,2087			+ 17 382 €
= Finanzmathematischer Wert des Erbbaugrundstücks			rd.		**69 912 €**
Ermittlung des Verkehrswerts des Erbbaugrundstücks					x
x Erbbaugrundstücksfaktor nach Tabelle bei finanzmathematischem Wert des Erbbaugrundstücks					1,07
					74 806 €
Finanzmathematisch ermittelter Verkehrswert des Erbbaugrundstücks			rd.		**75 000 €**

2 Marktanpassung mittels Erbbaugrundstücksfaktor i.S. des § 22 ImmoWertV

Der *vorläufige finanzmathematische Wert des Erbbaugrundstücks* wird mit Hilfe von Erbbaugrundstücksfaktoren i.S. des § 22 ImmoWertV der Lage auf Grundstücksmarkt angepasst (Marktanpassung) und ergibt den „*marktangepassten vorläufigen finanzmathematischen Wert des Erbbaugrundstücks*“. 7

Erbbaugrundstücksfaktoren i.S. des § 22 ImmoWertV bestimmen sich aus dem Verhältnis geeigneter Kaufpreise zu den finanzmathematisch errechneten Werten von entsprechenden Erbbaugrundstücken. Käufer ist dabei in aller Regel der Erbbauberechtigte. 8

$$\text{Erbbaugrundstücksfaktor}_i = \frac{\text{Kaufpreis des Erbbaugrundstücks}}{\text{Finanzmathematisch ermittelter Wert des Erbbaugrundstücks}}$$

Der Erbbaugrundstücksfaktor i.S. des § 22 ImmoWertV ist ein Marktanpassungsfaktor, der von der Marktanpassung abzugrenzen ist, die bei der Ermittlung des Marktwerts von Erbbaugrundstücken unter Anwendung des Vergleichswertverfahrens nach § 51 ImmoWertV zur Anwendung kommt. 9

10 Es sind vorrangig die vom Gutachterausschuss veröffentlichten Erbbaugrundstücksfaktoren anzusetzen. Dabei sind die Möglichkeiten auszuschöpfen, den herangezogenen Erbbaugrundstücksfaktor (unter Berücksichtigung der Angaben des Gutachterausschusses zu den einschlägigen Grundstücksmerkmalen des Referenzgrundstücks) auf die Grundstücksmerkmale des Bewertungsobjektes zu kalibrieren.

11 Erbbaugrundstücksfaktoren sind nach § 22 Satz 2 und 3 ImmoWertV auf der Grundlage geeigneter Kaufpreise von Erbbaurechten oder Erbbaugrundstücken zu ermitteln, die gegebenenfalls um den Werteinfluss besonderer objektspezifischer Grundstücksmerkmale zu bereinigen sind. Dazu können neben besonderen Grundstücksmerkmalen vor allem auch **vertragliche Besonderheiten** einschließlich Besonderheiten der Entschädigung und des Ausschlusses einer Entschädigung für den nach Ablauf des Erbbaurechts verbleibenden Wert baulicher und sonstiger Anlagen gehören. Nach dem Grundsatz der Modell- und Referenzkonformität müssen solche Besonderheiten bei der Ermittlung des marktangepassten vorläufigen finanzmathematischen Werts des Erbbaugrundstücks außer Betracht bleiben und nachträglich als „besonderes objektspezifisches Grundstücksmerkmal“ (boG) berücksichtigt werden.

3 Wertanteil der baulichen Anlagen

▶ *Vgl. § 48 ImmoWertV Rn. 45 ff.; § 49 ImmoWertV Rn. 24; § 50 ImmoWertV Rn. 3, 25; § 51 ImmoWertV Rn. 13*

12 Nach **§ 27 Abs. 1 Satz 1 ErbbauRG** ist dem Erbbauberechtigen grundsätzlich eine „Entschädigung“ für ein nach zeitlichem Ablauf des Erbbaurechts verbleibendes werthaltiges Bauwerk (vgl. § 48 ImmoWertV Rn. 9, 45) zu leisten. Die Entschädigung darf bei der Ermittlung des finanzmathematischen Werts des Erbbaugrundstücks nicht berücksichtigt werden, denn mit Ablauf des Erbbaurechts geht das verbleibende werthaltige Bauwerk kompensativ zur Entschädigung in das Eigentum des Erbbaurechtsausgebers über.

13 Als Inhalt des Erbbaurechts können jedoch nach § 27 Abs. 1 Satz 2 ErbbauRG vorbehaltlich der Regelung des § 27 Abs. 2 ErbbauG für Erbbaurechte, die zur Befriedigung der **Wohnbedürfnisse minderbemittelter Bevölkerungskreise** bestellt wurden, Vereinbarungen insbesondere über die Höhe der Entschädigung und ihre Ausschließung getroffen werden und erhöhen den vorläufigen Vergleichswert des Erbbaugrundstücks.

14 Bei Anwendung der finanzmathematischen Methode zur Ermittlung des Erbbaugrundstücks soll nach § 52 Abs. 2 Satz 2 ImmoWertV bei einer **über die Restlaufzeit hinausgehenden Restnutzungsdauer der baulichen Anlagen** der bei Zeitablauf vom Erbbaurechtsgeber nicht zu entschädigende Wertanteil der baulichen Anlagen gesondert ermittelt und in der über die Restlaufzeit des Erbbaurechts abgezinsten Höhe ggf. unter Berücksichtigung des Risikos einer Zustandsverschlechterung dem „finanzmathematischen Wert des Erbbaugrundstücks“ zugeschlagen werden.

15 Zu dem dabei anzusetzenden Zinssatz vgl. vorstehende Erläuterungen zu Rn. 3 ff.

16 Nach der hier vertretenen Auffassung ist aus Gründen der Modell- und Referenzkonformität der nicht zu entschädigender Wertanteil der baulichen Anlagen generell im Rahmen der Ermittlung des Vergleichswerts des Erbbaugrundstücks nach § 51 ImmoWertV als besonderes objektspezifisches Grundstücksmerkmal (boG) in marktkonformer Höhe zu berücksichtigen, d.h. nur insoweit, wie sich der Marktwert des Erbbaugrundstücks dadurch erhöht. Der Wertanteil für ein nach zeitlichem Ablauf des Erbbaurechts verbleibendes werthaltiges Bauwerk geht bei langer Restlaufzeit gegen null und bleibt dann unberücksichtigt.

4 Beispielsrechnung des Anhangs G zur ImmoWertVA zum Wert des Erbbaugrundstücks auf Grundlage des finanzmathematischen Werts

Modellbeschreibung für Erbbaugrundstücksfaktoren		
Erbbaugrundstücksfaktor, z.B. gesonderte Untersuchung des Oberen Gutachterausschusses		0,95
Sämtliche Parameter verstehen sich als beispielhafte Darstellung und sind nicht allgemeingültig.		
Beschreibung des Modells für den Erbbaurechtsfaktor		**Objektbeschreibung**
Zeitlicher Bezug:	Stichtag des Erbbaugrundstücksfaktors: XX.XX.XXXX	Wertermittlungsstichtag: 13.01.2023
Sachlicher Anwendungsbereich:	Erbbaugrundstücke für freistehende Einfamilien-, Doppel-, und Reihenhäuser; Begründungsjahre der Erbbaurechte: 1965 bis 1975 Bodenrichtwertbereich: 300 €/m² bis 1.000 €/m²	Fall (5): Erbbaugrundstück bebaut (Reihenendhaus); Begründungsjahr des Erbbaurechts: 1968 Fall (6): Erbbaugrundstück bebaut (Reihenendhaus); Begründungsjahr des Erbbaurechts: 1968
Räumlicher Anwendungsbereich	Bundesland X	-
Datengrundlage:	Kaufpreissammlung des Oberen Gutachterausschusses X	-
Auswertungszeitraum:	2019 bis 2022	
Größe der Stichprobe:	61 Fälle 12 Fälle mit Restlaufzeit des Erbbaurechts < Restnutzungsdauer der baulichen Anlagen; 49 Fälle mit Restlaufzeit des Erbbaurechts ≥ Restnutzungsdauer der baulichen Anlagen Spanne der Erbbaurechtsfaktoren: 0,8–1,3	-
Beschreibende (statistische) Kenngrößen:	Grundstücksgröße: Ø 400 m² Wohnfläche: Ø 120 m²	Grundstücksgröße: 199 m² Wohnfläche: 113 m²
	Restlaufzeit des Erbbaurechts: Ø 48 Jahre Restnutzungsdauer der baulichen Anlagen: Ø 35 Jahre	Restlaufzeit des Erbbaurechts: 44 Jahre Restnutzungsdauer der baulichen Anlagen: Fall (5) 36 Jahre Fall (6) 56 Jahre
	angemessener Erbbauzinssatz: 2,5 % erzielbarer Erbbauzinssatz: Ø 1,1 %	angemessener Erbbauzinssatz: 2,5 % erzielbarer Erbbauzins: 250 €
	wesentliche vertragliche Vereinbarungen: - Anpassung des Erbbauzinses mittels Verbraucherpreisindex; - Gebäudeentschädigung bei Ablauf: 2/3	wesentliche vertragliche Vereinbarungen: - Anpassung des Erbbauzinses mittels Verbraucherpreisindex; - Letzte Anpassung des Erbbauzinses: 31.12.2022; - Gebäudeentschädigung bei Ablauf des Erbbaurechts: 2/3 %;
	Bodenrichtwert: Ø 550 €/m²;	Bodenrichtwert: 510 €/m²

Modellbeschreibung für Erbbaugrundstücksfaktoren		
Zinssatz für die Kapitalisierung und Abzinsung:	1,0 %	
Ermittlungsmethodik:	Regressionsanalyse	-
Ergebnis (Darstellung je nach Methodik gemäß Anhang A.II.2 zur ImmoWertVA):	Regressionsanalyse	-

Die Höhe der nachfolgenden Ansätze gilt nur für die jeweilige Beispielrechnung. Die entsprechenden Ansätze sind für den konkreten Wertermittlungsfall zu ermitteln und zu begründen.

Wertanteil der baulichen Anlagen (d.h. ohne Bodenwertanteil) bei Ablauf des Erbbaurechts	95 000 EUR
objektspezifisch angepasster Erbbaugrundstücksfaktor (§ 49 ImmoWertV)	Fall (5): 0,97 Fall (6): 0,94
Berücksichtigung der allgemeinen Wertverhältnisse im Hinblick auf das Erbbaurecht (§ 47 Abs. 4 Satz 2 ImmoWertV)	1,0
keine weiteren besonderen objektspezifischen Grundstücksmerkmale	

Beispielrechnung: Fall (5) – Restnutzungsdauer der baulichen Anlagen 36 Jahre

	Grundstücksgröße		199 m²		
	Bodenrichtwert	×	510 €/m²		
Bodenwert des fiktiv unbelasteten Grundstücks		=	**101.490 €**		
	Abzinsungsfaktor bei Zinssatz: 1,0 %: RLZ: 44 Jahre	×	0,6454		
Bodenwert des fiktiv unbelasteten Grundstücks abgezinst auf den Wertermittlungsstichtag				=	65.502 €
	Erzielbarer Erbbauzins		250 €		
	Kapitalisierungsfaktor bei Zinssatz: 1,0 %; RLZ: 44 Jahre	×	35,4555		
	Barwert des erzielbaren Erbbauzinses			+	8.864 €
nicht zu entschädigender Wertanteil der baulichen Anlagen				+	0 €
	RLZ = 44 Jahre > RND = 36 Jahre				
Finanzmathematischer Wert des Erbbaugrundstücks				=	**74.366 €**
Objektspezifisch angepasster Erbbaugrundstücksfaktor (§ 51 Abs. 2 Satz 1 Nr. 2)				×	0,97
Vorläufiger Vergleichswert des Erbbaugrundstücks				=	**72.135 €**
(ggf.) Berücksichtigung der allgemeinen Wertverhältnisse im Hinblick auf das Erbbaurecht für das belastete Grundstück (§ 47 Abs. 1 Satz 2 vgl. auch Nr. 51.2)				+/–	0 €
Marktangepasster vorläufiger Vergleichswert des Erbbaugrundstücks				=	**72.135 €**
ggf. weitere besondere objektspezifische Grundstücksmerkmale				+/–	0 €
Vergleichswert des Erbbaugrundstücks				=	**72.135 €**
Verkehrswert des Erbbaugrundstücks					**72.000 €**

Beispielrechnung: Fall (6) – Restnutzungsdauer der baulichen Anlagen 56 Jahre

	Grundstücksgröße		199 m²		
	Bodenrichtwert	×	510 €/m²		
Bodenwert des fiktiv unbelasteten Grundstücks		=	**101.490 €**		
	Abzinsungsfaktor bei Zinssatz: 1,0 %: RLZ: 44 Jahre	×	0,6454		
Bodenwert des fiktiv unbelasteten Grundstücks abgezinst auf den Wertermittlungsstichtag				=	65.502 €
	Erzielbarer Erbbauzins		250 €		
	Kapitalisierungsfaktor bei Zinssatz: 1,0 %; RLZ: 44 Jahre	×	35,4555		
Barwert des erzielbaren Erbbauzinses				+	8.864 €
	Wertanteil der baulichen Anlagen**, (d.h. ohne Bodenwertanteil) bei Ablauf des Erbbaurechts		95.000 €		
	Abzinsungsfaktor bei Zinssatz: 1,0 %: RLZ: 44 Jahre	×	0,6454		
	Wertanteil der baulichen Anlagen (abgezinst auf den Wertermittlungsstichtag)	=	61.313 €		
	Nicht zu entschädigender Wertanteil der baulichen Anlagen 1/3	×	0,3333		
nicht zu entschädigender Wertanteil der baulichen Anlagen				+	20.438 €
	RLZ = 44 Jahre < RND = 56 Jahre				
Finanzmathematischer Wert des Erbbaugrundstücks				=	**94.804 €**
Objektspezifisch angepasster Erbbaugrundstücksfaktor (§ 51 Abs. 2 Satz 1 Nr. 2)				×	0,94
Vorläufiger Vergleichswert des Erbbaugrundstücks				=	**89.116 €**
(ggf.) Berücksichtigung der allgemeinen Wertverhältnisse im Hinblick auf das Erbbaurecht für das belastete Grundstück (§ 47 Abs. 1 Satz 2 vgl. auch Nr. 51.2)				+/–	0 €
Marktangepasster vorläufiger Vergleichswert des Erbbaugrundstücks				=	**89.116 €**
ggf. weitere besondere objektspezifische Grundstücksmerkmale				+/–	0 €
Vergleichswert des Erbbaugrundstücks				=	**89.116 €**
Verkehrswert des Erbbaugrundstücks					**89.000 €**
** Das Verfahren zur Ermittlung des Wertanteils der baulichen Anlagen ist entsprechend § 6 Absatz 1 zu wählen.					

Teil 5
Schlussvorschriften

§ 53 ImmoWertV
Übergangsregelungen

(1) Bei Verkehrswertgutachten, die ab dem 1. Januar 2022 erstellt werden, ist unabhängig vom Wertermittlungsstichtag diese Verordnung anzuwenden.

(2) Bis zum Ablauf des 31. Dezember 2024 kann bei Ermittlung der sonstigen für die Wertermittlung erforderlichen Daten die Gesamtnutzungsdauer abweichend von § 12 Absatz 5 Satz 1 und Anlage 1 festgelegt sowie die Restnutzungsdauer abweichend von § 12 Absatz 5 Satz 1 und Anlage 2 ermittelt werden.

Gliederungsübersicht *Rn.*

1 Übersicht

Nach § 53 ImmoWertV ist die Verordnung ab dem 1. Januar 2022 unabhängig vom Wertermittlungsstichtag auf die Erstellung von Verkehrswertgutachten anzuwenden, wobei bis zum Ablauf des 31. Dezember 2024 bei Ermittlung der sonstigen für die Wertermittlung erforderlichen Daten 1

- die Gesamtnutzungsdauer abweichend von den mit § 12 Abs. 5 Satz 1 und Anl. 1 zur ImmoWertV festgelegten Modellansätzen der Gesamtnutzungsdauer sowie
- die Restnutzungsdauer im Fall der Modernisierung von Wohngebäuden abweichend von den in § 12 Abs. 5 Satz 1 und Anl. 2 zur ImmoWertV 21 festgelegten Modellansätzen der Ermittlung der Restnutzungsdauer

ermittelt werden können. Die Modellansätze der Bewirtschaftungskosten (Anl. 3) sowie der Normalherstellungskosten (Anl. 4) fallen indessen nicht unter die Überleitungsregelung.

Liegen für den maßgeblichen Stichtag lediglich solche für die Wertermittlung erforderlichen Daten vor, die nicht nach den vorstehenden Modellansätzen sowie den Modellvorgaben der neuen ImmoWertV, insbesondere den mit Anl. 3 vorgegebenen Modellansätzen der Bewirtschaftungskosten, ermittelt worden sind, ist nach § 10 Abs. 2 ImmoWertV bei Anwendung dieser Daten im Rahmen der Wertermittlung von dieser Verordnung abzuweichen, soweit dies zur Wahrung des Grundsatzes der Modellkonformität erforderlich ist. 2

Nach der „versteckten“ Überleitungsregelung“ des § 10 Abs. 2 ImmoWertV wird man sich auch nach dem 31.12.2024 modellkonform im alten System solange bewegen, wie von da ab die für die Wertermittlung erforderlichen Daten nicht fortgeführt worden sind.

In der Begründung zu dieser Vorschrift wird klargestellt, dass es auf den Wertermittlungsstichtag nicht ankomme. Die Vorschrift ist eine „Reaktion“ auf die finanzgerichtliche Entscheidung 3 des BFH[1] aus dem Jahre 2020, nach der sich „die zeitliche Anwendbarkeit der WertV und der ImmoWertV“ danach richte, „ob sie am Bewertungsstichtag in Kraft waren“. Dementgegen hat das BVerwG[2] bereits 2017 entschieden, dass die damalige ImmoWertV 2010 „auch auf Wertermittlungen anwendbar“ sei, die sich „auf einen Stichtag vor Inkrafttreten“ beziehen. Dies wurde damit begründet, dass die ImmoWertV 2010 nach deren Schlussvorschrift des § 24 am 01.07.2010 ohne Übergangsregelung in Kraft getreten sei und im Grundsatz daraus ohne Weiteres folge, dass sie auch auf Wertermittlungen anwendbar sei, die sich auf einen Stichtag vor Inkrafttreten beziehen. **Allerdings, so das BVerwG, können bisher abweichend abgeleitete Daten für die Wertermittlung ihre Gültigkeit behalten**; unter Umständen ergeben sich hieraus Auswirkungen auf das Wertermittlungsverfahren während der Übergangszeit.

2 Grundsatzregelung

2.1 Allgemeines

4 Die **ImmoWertV findet mit ihrem Inkrafttreten am 01.01.2022 grundsätzlich bei allen** unter den Anwendungsbereich des § 1 ImmoWertV fallenden **Verkehrswertgutachten Anwendung, die nach dem 31.12.2021 erstattet werden**, auch wenn sich das Gutachten auf einen Wertermittlungsstichtag bezieht, der vor dem Zeitpunkt des Inkrafttretens der ImmoWertV (01.01.2022) gelegen ist[3]. Maßgebend ist das im Gutachten angegebene Datum der Erstellung des Gutachtens.

5 Im Übrigen steht es in der Entscheidung des Auftraggebers und Auftragnehmers, auf welcher Grundlage ein Gutachten sinnvollerweise erstattet wird.

2.2 Sachbedingte Ausnahmen

▶ *Vgl. § 10 Rn. 18; § 11 ImmoWertV Rn. 5*

6 Liegen mit Inkrafttreten der ImmoWertV am 01.01.2022 noch keine nach dieser Verordnung ermittelten Bodenrichtwerte und sonstige für die Wertermittlung erforderlichen Daten vor, kann nach § 10 Abs. 2 ImmoWertV zur Wahrung des Grundsatzes der Modell- und Referenzkonformität von den Grundsätzen der Verordnung abgewichen werden. Dies betrifft übergangsweise insbesondere Bodenrichtwerte, Liegenschaftszinssätze, Vergleichs-, Sachwert-, Erbbaurechts- und Erbbaugrundstücksfaktoren sowie Erbbaurechts- und Erbbaugrundstückskoeffizienten, die nicht auf der Grundlage der erst mit der geltenden ImmoWertV verbindlich vorgegebenen „Modellansätze“ ermittelt wurden und erst ab 2022 zur Fortschreibung anstehen.

7 Liegen für den maßgeblichen Stichtag also lediglich solche für die Wertermittlung erforderlichen Daten vor, die nicht nach dieser Verordnung ermittelt worden sind, ist nach § 10 Abs. 2 ImmoWertV bei Anwendung dieser Daten im Rahmen der Wertermittlung von dieser Verordnung abzuweichen, soweit dies zur Wahrung des Grundsatzes der Modellkonformität erforderlich ist.

– Die von den Gutachterausschüssen für die Zeit vor Inkrafttreten der geltenden ImmoWertV zur Verfügung gestellten „erforderlichen Daten der Wertermittlung“ i.S. des § 192 Abs. 3 BauGB und § 193 Abs. 5 BauGB (vgl. 2. Abschnitt) – wie Vergleichsfaktoren, Liegen-

1 BFH, Urt. vom 16.09.2020 – II R 1/18 –, GuG 2021, 126 = EzGuG 20.355.
2 BVerwG, Urt. vom 23.10.2017 – 9 B 62/16 –, EzGuG 20.263.
3 BVerwG, Urt. vom 23.10.2017 – 9 B 62/16 –, EzGuG 20.263; so auch die steuerrechtliche Rechtsprechung zum Nachweis des niedrigeren Steuerwerts: BFH, Urt. vom 24.10.2017 – II R 40/15 –, BFHE 260, 80 = BStBl II 2019, 21 = GuG 2018, 126 = EzGuG 20. 258; a.A. möglicherweise FG Mecklenburg-Vorpommern, Urt. vom 10.12.2014 – 1 K 332/11 –, ZEV 2015, 435 = EzGuG 19.72.

schaftszinssätze und Sachwertfaktoren – wurden auf der Grundlage der Verfahrensregelungen der §§ 9 ff. ImmoWertV 10 abgeleitet und dürfen deshalb nur modellkonform zur Anwendung kommen.

– Die Regelung ist im Falle einer aktuellen Erstattung eines Gutachtens bezogen auf einen Wertermittlungsstichtag vor Inkrafttreten der geltenden ImmoWertV (z.B. 01.01.2015), d.h. in Fällen einer **retroperspektivischen Verkehrswertermittlung**, von Bedeutung. Eine rückwirkende Ableitung dieser Daten auf der Grundlage der verbindlich vorgegebenen Modelle und Modellansätze der ImmoWertV 21 wäre abwegig.

3 Übergangsregelung zu den Modellansätzen der Gesamt- und Restnutzungsdauer (§ 53 Abs. 2 ImmoWertV)

Nach § 53 Abs. 2 ImmoWertV kann bis zum Ablauf des 31.12.2024 bei Ermittlung der sonstigen für die Wertermittlung erforderlichen Daten die Gesamt- und Restnutzungsdauer abweichend von den in § 4 Abs. 2 und 3 i.V.m. Anl. 1 zur ImmoWertV zu ermittelt werden. Die verbindliche Anwendung der Anl. 1 und 2 wird mithin bis zum 31.12.2024 ausgesetzt. **8**

Die Überleitungsregelung betrifft grundsätzlich alle für die Wertermittlung erforderlichen Daten. Sie wird dadurch begründet, dass die Normalherstellungskosten 2010 im Anschluss an das Verordnungsgebungsverfahren aktualisiert werden und die Gutachterausschüsse in relativ kurzem Abstand nicht mehrmals zu Modelländerungen gezwungen werden sollen. Diese Begründung ist allenfalls für die Ermittlung von Sachwertfaktoren einschlägig und macht im Hinblick auf die übrigen erforderlichen Daten keinen Sinn. Diesbezüglich sind die Gutachterausschüsse ohnehin zu Modelländerungen bei der Ableitung von Liegenschaftszinssätzen gezwungen, denn die mit Anl. 3 zur ImmoWertV verbindlich vorgegebenen Modellansätze der Bewirtschaftungskosten sind nicht gleichzeitig ausgesetzt. **9**

Die mit § 53 Abs. 2 ImmoWertV vorgegebene Überleitungsfrist (31.12.2024) sollte mit dem am 04.09.2024 vom Bundeskabinett beschlossen Gesetz zur Stärkung der integrierten Stadtentwicklung bis zum 31.12.2027 verlängert werden, da die Bundesregierung mit der Aktualisierung der Normalherstellungskosten 2010 in Verzug geraten ist..Dieses Gesetz ist allerdings in der vergangenen Legislaturperiode nicht verabschiedet worden.

Im Übrigen bedürfen die für die Wertermittlung erforderlichen Daten einer stetigen Aktualisierung, denn sie sind nach § 7 ImmoWertV von entscheidender Bedeutung für die Berücksichtigung der allgemeinen Wertverhältnisse auf dem Grundstücksmarkt (Marktanpassung). **10**

§ 54 ImmoWertV
Inkrafttreten, Außerkrafttreten

Diese Verordnung tritt am 1. Januar 2022 in Kraft. Gleichzeitig tritt die Immobilienwertermittlungsverordnung vom 19. Mai 2010 (BGBl. I S. 639), die durch Artikel 16 des Gesetzes vom 26. November 2019 (BGBl. I S. 1794) geändert worden ist, außer Kraft.

Gliederungsübersicht *Rn.*

In- und Außerkrafttreten

Schrifttum: *Eusani, G.*, Das Verhältnis von ImmoWertV und WertV bei Stichtagsgutachten, GuG 2019, 356; *Schmeck*, NÖV NRW 2016, 57 ff.

▶ *Vorbem. zur ImmoWertV Rn. 105; zur Wurzeltheorie vgl. Vorbem. zur ImmoWertV Rn. 32; § 11 ImmoWertV Rn. 5; § 14 ImmoWertV Rn. 71; zur retroperspektivischen (retrograden) Wertermittlung vgl. § 2 ImmoWertV Rn. 75 ff.; § 53 ImmoWertV Rn. 1 ff.*

Die Schlussvorschrift regelt das Inkrafttreten der Verordnung sowie das Außerkrafttreten der ImmoWertV von 2010. **1**

Die ImmoWertV ist am 01.01.2022 in Kraft getreten. Gleichzeitig ist die Immobilienwertermittlungsverordnung vom 19.05.2010 (BGBl. I 2010S. 639), geändert durch Art. 16 des Gesetzes vom 26.11.2019 (BGBl. I 2019S. 1794), außer Kraft getreten. Dementsprechend ist die Verordnung nach der Überleitungsregelung des § 53 *Abs. 1* ImmoWertV ab dem 01.01.2022 unabhängig vom Wertermittlungsstichtag auf die Erstellung von Verkehrswertgutachten anzuwenden. **2**

Nach der Kann-Bestimmung des § 53 *Abs. 2* ImmoWertV „kann" bis zum Ablauf des 31.12.2024 bei Ermittlung der sonstigen für die Wertermittlung erforderlichen Daten **3**

– die Gesamtnutzungsdauer abweichend von den mit § 12 *Abs. 5* Satz 1 und Anl. 1 zur ImmoWertV festgelegten Modellansätzen der Gesamtnutzungsdauer sowie

– die Restnutzungsdauer im Fall der Modernisierung von Wohngebäuden abweichend von den § 12 *Abs. 5* Satz 1 und Anl. 2 zur ImmoWertV 21 festgelegten Modell der Ermittlung der Restnutzungsdauer

ermittelt werden. Unter die Überleitungsvorschrift fallen indessen nicht die Modellansätze der Bewirtschaftungskosten (Anl. 3 zur ImmoWertV) sowie der Normalherstellungskosten (Anl. 4 zur ImmoWertV).

Darüber hinaus müssen nach § 10 Abs. 2 ImmoWertV bei **Anwendung für die Wertermittlung erforderlicher Daten, die abweichend von dem Modell und den Modellansätzen der ImmoWertV ermittelt worden sind**, generell und zeitlich unbegrenzt zur Wahrung des Grundsatzes der Modellkonformität der Marktwertermittlung zugrunde gelegt werden, wenn und soweit nur solche vorliegen.

Der Zeitpunkt des In- und Außerkrafttretens sowie die Überleitungsregelung des § 53 ImmoWertV sind sowohl für die Gutachterausschüsse für Grundstückswerte als auch generell für die Erstellung von Verkehrswertgutachten maßgebend. Mit der Überleitungsregelung des § 53 Abs. 2 ImmoWertV wird den Gutachterausschüssen für Grundstückswerte, denen nach § 193 Abs. 4 BauGB die Ableitung der Bodenrichtwerte und der sonstigen erforderlichen Daten nach Maßgabe der §§ 192 ff. BauGB i.V.m. den verbindlichen Vorgaben der ImmoWertV als Pflichtaufgabe obliegt, die Möglichkeit eingeräumt, dabei von den Modellansätzen der Anl. 1 und 2 zur ImmoWertV abzuweichen. **4**

5 Soweit der Gutachterausschuss von dieser Möglichkeit Gebrauch macht bzw. zum maßgeblichen Stichtag lediglich solche für die Wertermittlung erforderlichen Daten vorliegen, die nicht nach dieser Verordnung ermittelt worden sind (§ 10 Abs. 2 ImmoWertV), ist bei Anwendung dieser Daten im Rahmen der Wertermittlung von dieser Verordnung abzuweichen, soweit dies zur Wahrung des **Grundsatzes der Modellkonformität** erforderlich ist. Die sonstigen Regelungen der am 01.01.2022 in Kraft getretenen ImmoWertV sind in diesem Fall ab dem 01.01.2022 anzuwenden (vgl. § 53 ImmoWertV Rn. 11 ff., § 11 ImmoWertV).

6 Der **Bundesrat hat der Verordnung** in seiner 1006. Sitzung am 25.06.2021 gemäß Art. 80 Abs. 2 GG **zugestimmt.**

Sachverzeichnis

N

W